『十三五』国家重点出版物出版规划项目

长江三峡工程文物保护项目报告

甲种第十三号

重庆库区考古报告集

2003卷（一）

重庆市文物局 重庆市水利局 编

科学出版社

内 容 简 介

本书共收录三峡工程重庆库区田野考古发掘简报134篇。长江三峡地区不仅山水雄奇，而且是一座瑰丽的文化宝库。考古发掘表明，自古以来，这里就是中华民族长江文明的重要舞台和文化交流的通道，保存着从旧石器、新石器时代经历夏商周直到宋元明清的各代文物古迹。

本书作为三峡工程重庆库区第七部科学发掘成果的正式报告集，相信对于三峡地区古代历史文化的研究，会起到积极的推动作用。

本书可供考古学、历史学等学科研究者，以及高等院校相关专业师生和广大文物考古爱好者阅读、参考。

图书在版编目(CIP)数据

重庆库区考古报告集. 2003卷：全5册 / 重庆市文物局，重庆市水利局编. —北京：科学出版社，2019.11
（长江三峡工程文物保护项目报告. 甲种第十三号）
"十三五"国家重点出版物出版规划项目
ISBN 978-7-03-063317-0

Ⅰ. ①重… Ⅱ. ①重…②重… Ⅲ. ①考古发掘–发掘报告–重庆–2003 Ⅳ. ①K872.719.5

中国版本图书馆CIP数据核字（2019）第252485号

责任编辑：王光明 / 责任校对：邹慧卿
责任印制：肖 兴 / 封面设计：陈 敬

科学出版社 出版
北京东黄城根北街16号
邮政编码：100717
http://www.sciencep.com
中国科学院印刷厂 印刷
科学出版社发行 各地新华书店经销
*
2019年11月第 一 版 开本：A4（880 × 1230）
2019年11月第一次印刷 印张：214 插页：115
字数：6 577 000

定价：2860.00元（全五册）

（如有印装质量问题，我社负责调换）

"13th Five-Year Plan" National Key Publications Publishing and Planning Project

Reports on the Cultural Relics Conservation
in the Three Gorges Dam Project
A(annual report) Vol.13

TGCR

Collections of Reports on the Archaeological Excavation in the Three Gorges Dam, Chongqing

in 2003 · I

Cultural Relics and Heritage Bureau of Chongqing
&
Chongqing Water Resources Bureau

Science Press

长江三峡工程文物保护项目报告

《重庆库区考古报告集·2003卷》

编 委 会

目　录

丰都袁家岩遗址2001年度发掘简报

重庆中国三峡博物馆
重庆市文化遗产研究院

重庆市丰都县位于四川盆地东部边缘，长江由西向东横贯县境。据文献记载，该区域秦属巴枳县（今涪陵）；西汉时期属益州郡枳县；东汉和帝永元二年（90年）置县，名平都，后几经易名；1958年始名丰都县。丰都县城下游的长江沿岸多缓坡台地，遗址分布密集，仅高家镇旧镇到龙孔乡凤凰嘴的短短3.4千米距离就分布了高家镇、秦家院子、袁家岩、石地坝、信号台、玉溪、玉溪坪、凤凰嘴等10余处遗址，这些遗址被冲沟和小山隔断形成既相互联系、又相互独立的遗址群，而且时代延续很长，从旧石器时代晚期一直延续到明清时期，文化内涵十分丰富。袁家岩遗址就是其中比较重要的遗址之一（图一）。

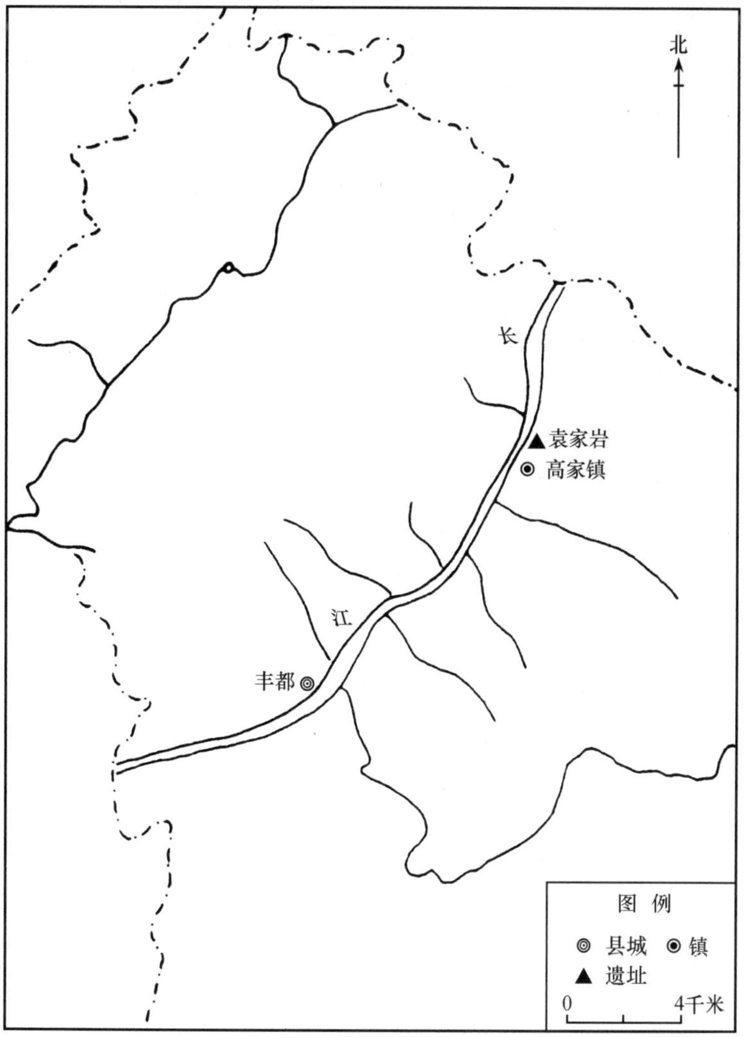

图一　遗址位置示意图

袁家岩遗址位于重庆市丰都县高家镇关田沟村二社、三社。遗址地处长江右岸一级、二级阶地上，西临长江，南、北分别隔冲沟与秦家院子遗址、石地坝遗址相望。中心地理坐标为东经107°51′27″，北纬29°59′47″。海拔120～181米，面积近6万平方米。袁家岩遗址于1992年三峡库区文物调查时发现，1993年、1994年又多次进行了复查。

2001年10月，重庆市博物馆（今重庆中国三峡博物馆）、重庆市文物考古所（今重庆市文化遗产研究院）派遣工作人员，对该遗址进行了抢救性发掘，于11月18日结束，历时40余天。根据遗址地貌将其划分为六个发掘区，其中一级台地为人类生活堆积区，为Ⅵ区；一级台地以东为缓坡山丘地带，分离五个小山丘，分属Ⅰ～Ⅴ区，为墓葬区（图二）。2001年度只对其中的Ⅰ～Ⅲ区进行了发掘。现将2001年度的发掘情况报告如下。

一、墓葬分布

本次发掘的墓葬分布于三个相对独立的墓地上，沿长江从上到下依次为黄岭堡墓地（Ⅰ区）、陈文英堡墓地（Ⅱ区）、袁家堡墓地（Ⅲ区）。

黄岭堡墓地（Ⅰ区）位于丰都县高家镇关田沟村三社，西临长江，东依高家镇新镇，南北分别与秦家院子遗址、陈文英堡墓地隔沟相望。在堡顶部开探方5个，发掘墓葬8座，分别为2001FGYM28～2001FGYM35（以下简称M28～M35）。其中M29～M32、M34为竖穴土坑墓，其余为砖室墓（图三）。

陈文英堡墓地（Ⅱ区）位于丰都县高家镇关田沟村三社，西临长江，东临高家镇新修沿江公路，南北分别与袁家堡墓地、黄泥堡墓地隔沟相望。现存地貌为一椭圆形山丘，顶部较缓，在其顶部开探方5个，发掘墓葬9座，分别为2001FGYM19～2001FGYM27（以下简称M19～M27）。其中M19～M21、M23～M25、M27为砖室墓，其余为土坑墓（图四）。

袁家堡墓地（Ⅲ区）位于丰都县高家镇关田沟村三社，西临长江，东临高家镇新修沿江公路，南北分别与陈文英堡墓地、观山堡墓地隔沟相望。在其顶部开探方13个，发掘墓葬18座，分别为2001FGYM1～2001FGYM18（以下简称M1～M18）。其中M5、M14～M18为土坑墓，其余为砖室墓（图五）。

二、墓葬形制

本次发掘的35座墓葬，可分土坑墓和砖室墓两类。

1. 土坑墓

13座。三个墓地均有分布，顺江10座、垂江3座，大部分墓葬被扰乱，可分三型。

A型　9座（M5、M14～M16、M22、M29、M30、M32、M34）。长方形竖穴土坑墓，无墓道。

M16　方向13°。墓口距地表深20～40、距墓底深100～120厘米，墓口略大于墓底，坑壁

北
179.2
179.9
T4
T3
T2
T1
T5
Ⅱ区
178.1
175.9
184.0
183.7
183.6
183.1
191.8
191.5
191.24
181.3
181.40
178.25
176.4
179.1
179.9
194.2
197.8

图二 遗址布方图

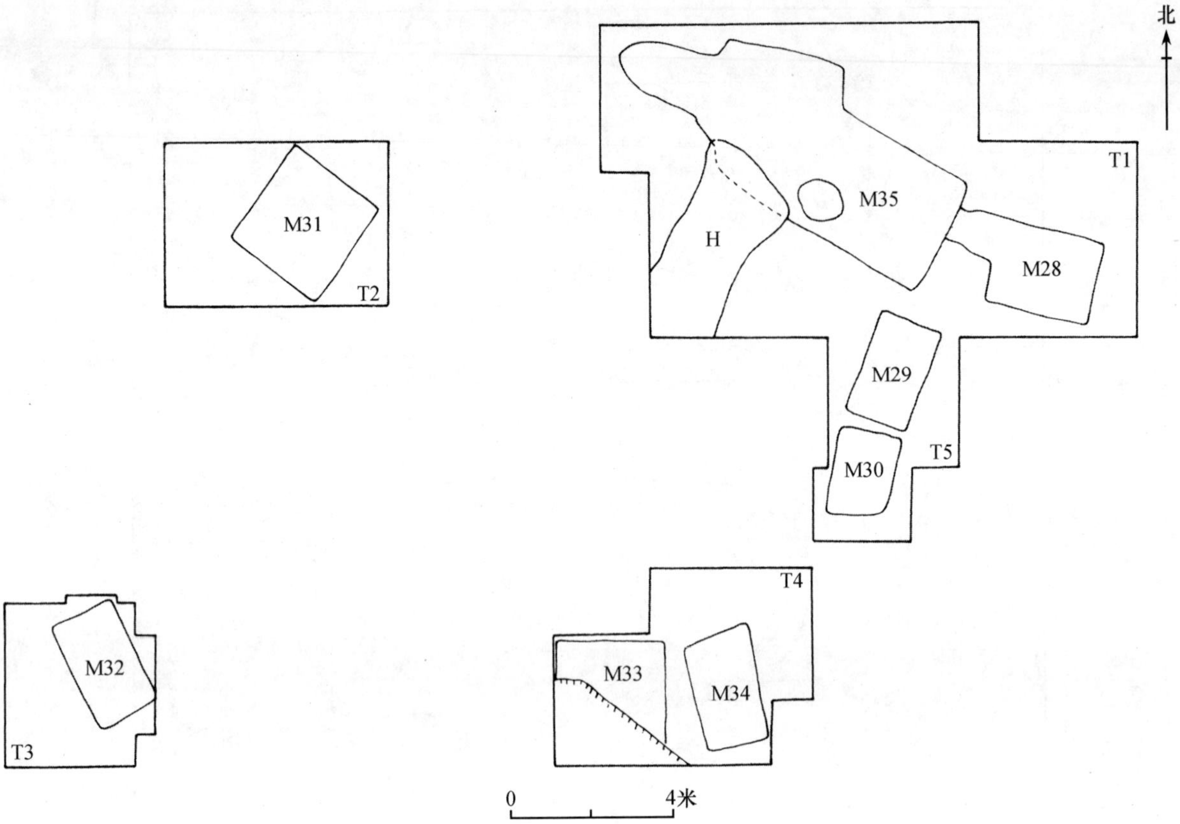

图三　黄岭堡墓地（Ⅰ区）墓葬分布图

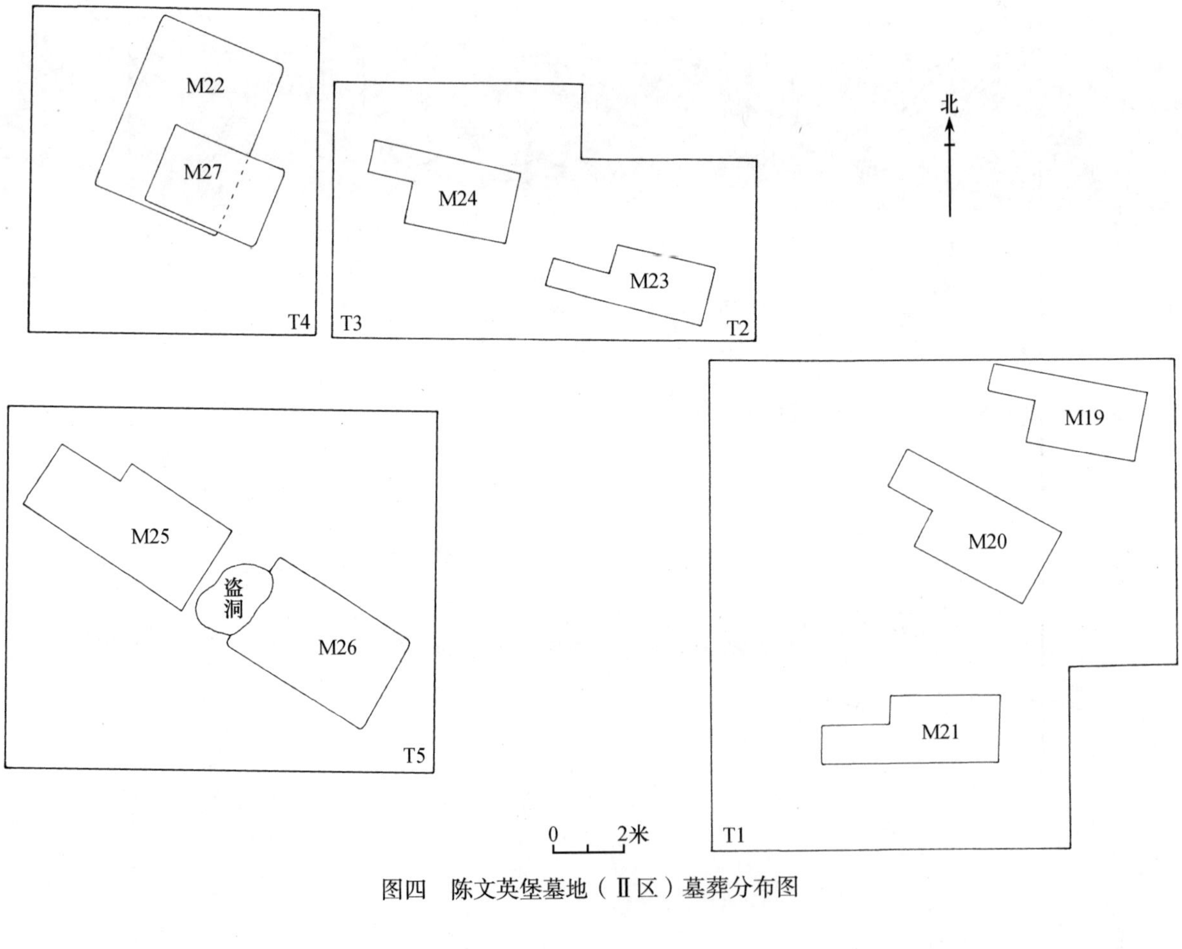

图四　陈文英堡墓地（Ⅱ区）墓葬分布图

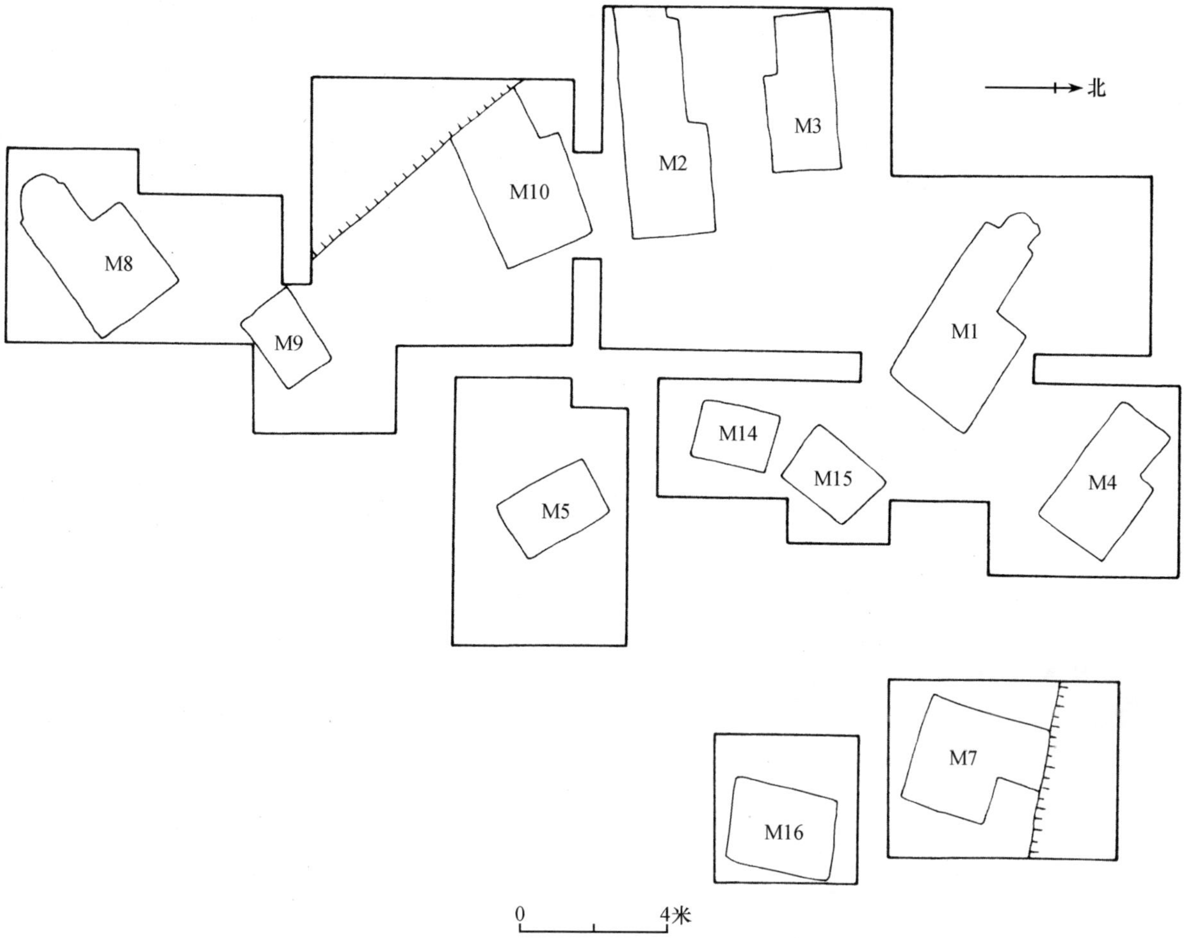

图五　袁家堡墓地（Ⅲ区）墓葬分布图（局部）

近直，较光滑，抹泥修整。墓口长362、宽260厘米，墓底长350、宽250厘米。墓室填土为红褐色花土。该墓为一椁双棺，棺椁板腐蚀，仅存板灰。清理人骨架两具，其中一具保存较好，仰身直肢。随葬品主要放置在头箱，钱币散放在棺内，随葬品共10余件，有陶器、铁器、铜器。以陶器为主，有罐、钵、甑等；铁器有釜等；铜器有洗（图六）。

M22　方向295°。墓口距地表深10～20、距墓底深280～290厘米，墓口略大于墓底，坑壁近直，较光滑，抹泥修整。墓口长430、宽360厘米，墓底长416、宽346厘米。墓室填土为红褐色花土。该墓为一椁三棺，棺、椁板腐蚀，仅存板灰。椁板灰厚8～14厘米，从板灰痕迹确定椁室长约370、宽286、残高50厘米，棺板灰长约220、宽约80厘米。该墓人骨架3具，北部人骨架仅存部分头骨和肢骨，中部仅存头骨，南部保持状况较好，存部分头骨和较完整的肢骨，为仰身直肢。随葬品共计30余件，有陶器、铜器、铁器及银器。以陶器为主，有罐、勺、钵、盆等；铜器有鍪、洗、镞等；铁器有釜等；银器为指环（图七）。

B型　2座（M17、M26）。长方形竖穴土坑墓，带墓道。

M17　方向49°。墓口距地表深20～30、距墓底深140～270厘米。由墓室和墓道两部分组成，墓室平面呈长方形，坑壁较直。墓口长372、320厘米，墓道上口长120厘米。墓室填土为红褐色花土。该墓葬具为棺椁，由于后期扰乱严重，情况不详。随葬品残存16件，以陶器为

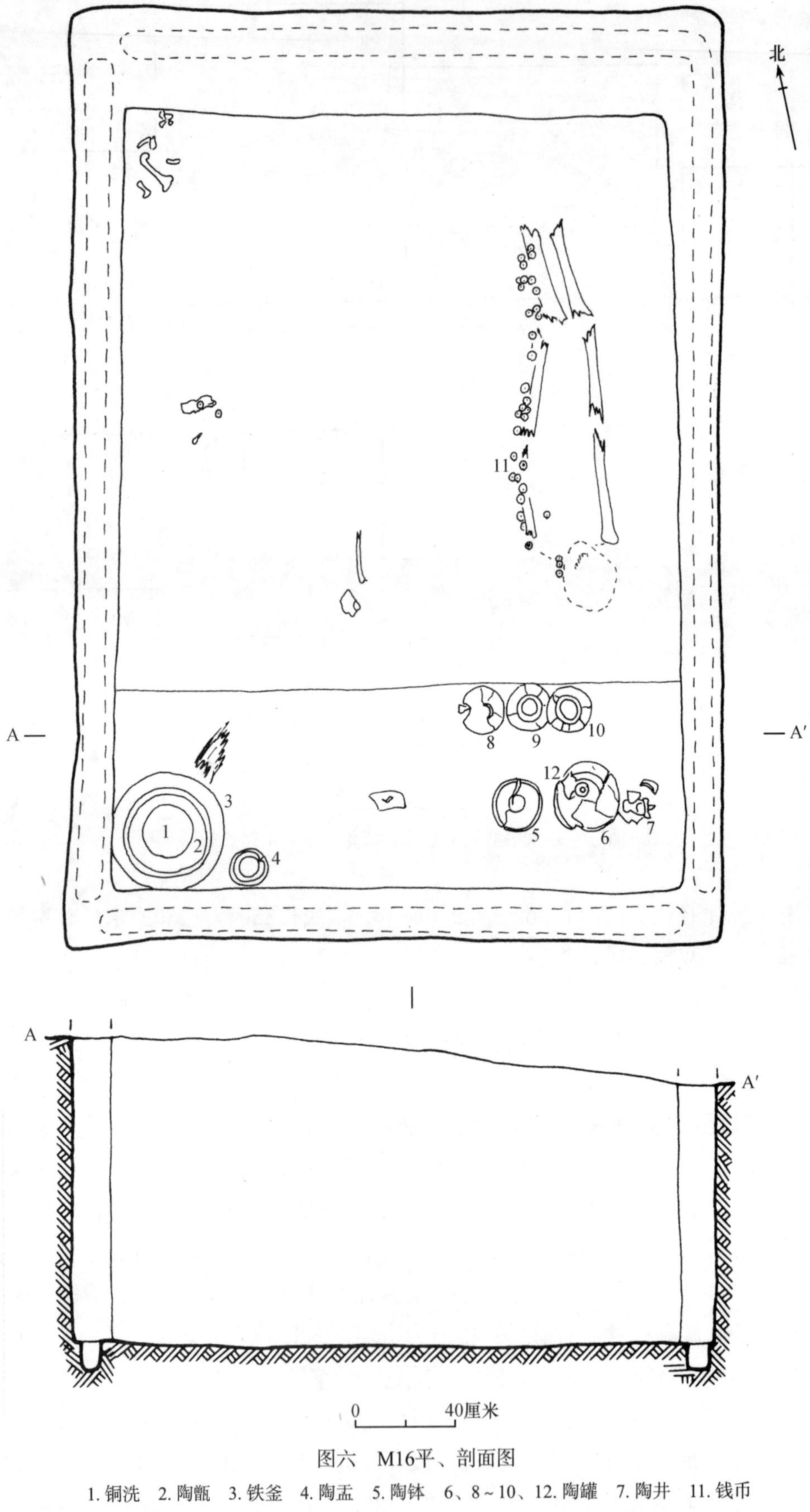

图六　M16平、剖面图

1. 铜洗　2. 陶甑　3. 铁釜　4. 陶盂　5. 陶钵　6、8～10、12. 陶罐　7. 陶井　11. 钱币

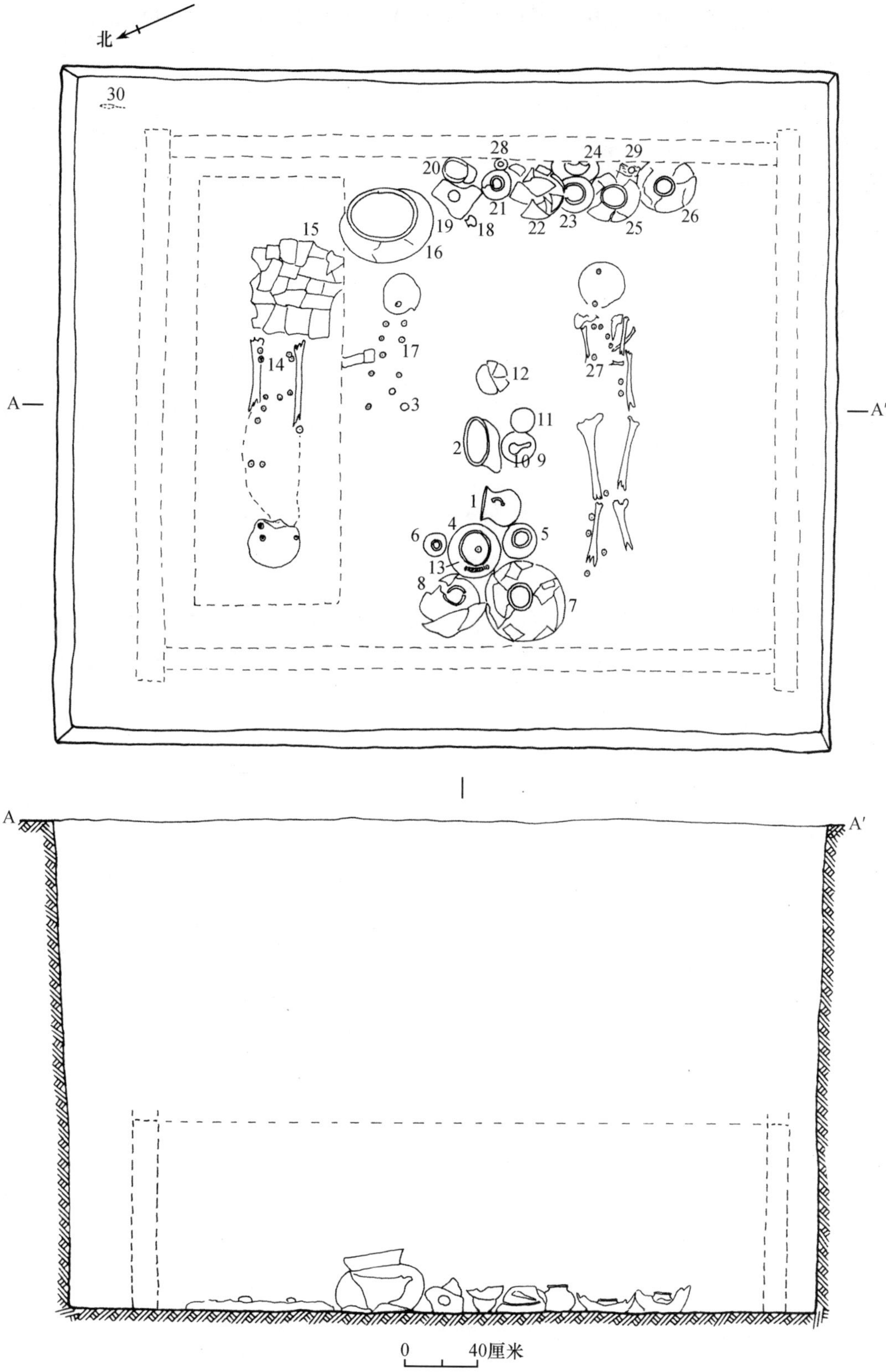

图七 M22平、剖面图

1. 铜鍪 2. 铜洗 3. 银指环 4. 陶锺 5～8、15、18、21、23～26、29. 陶罐 9. 陶魁 10. 陶勺 11、12、28. 陶钵 13、14、17、27. 钱币 16. 铁釜 19、20. 陶井 22. 陶盆 30. 铜镞

主，有罐、钵、博山炉、俑、甑等。另出土银指环1件、琉璃耳珰1件（图八）。

C型 2座（M18、M31）。近方形竖穴土坑墓。

M31 方向35°。墓口距地表深25～60、距墓底深180～210厘米。墓室平面近正方形，长350、宽330厘米。墓口与墓底基本一致，坑壁较直，光滑，经抹泥修整。墓室填土为红褐色花

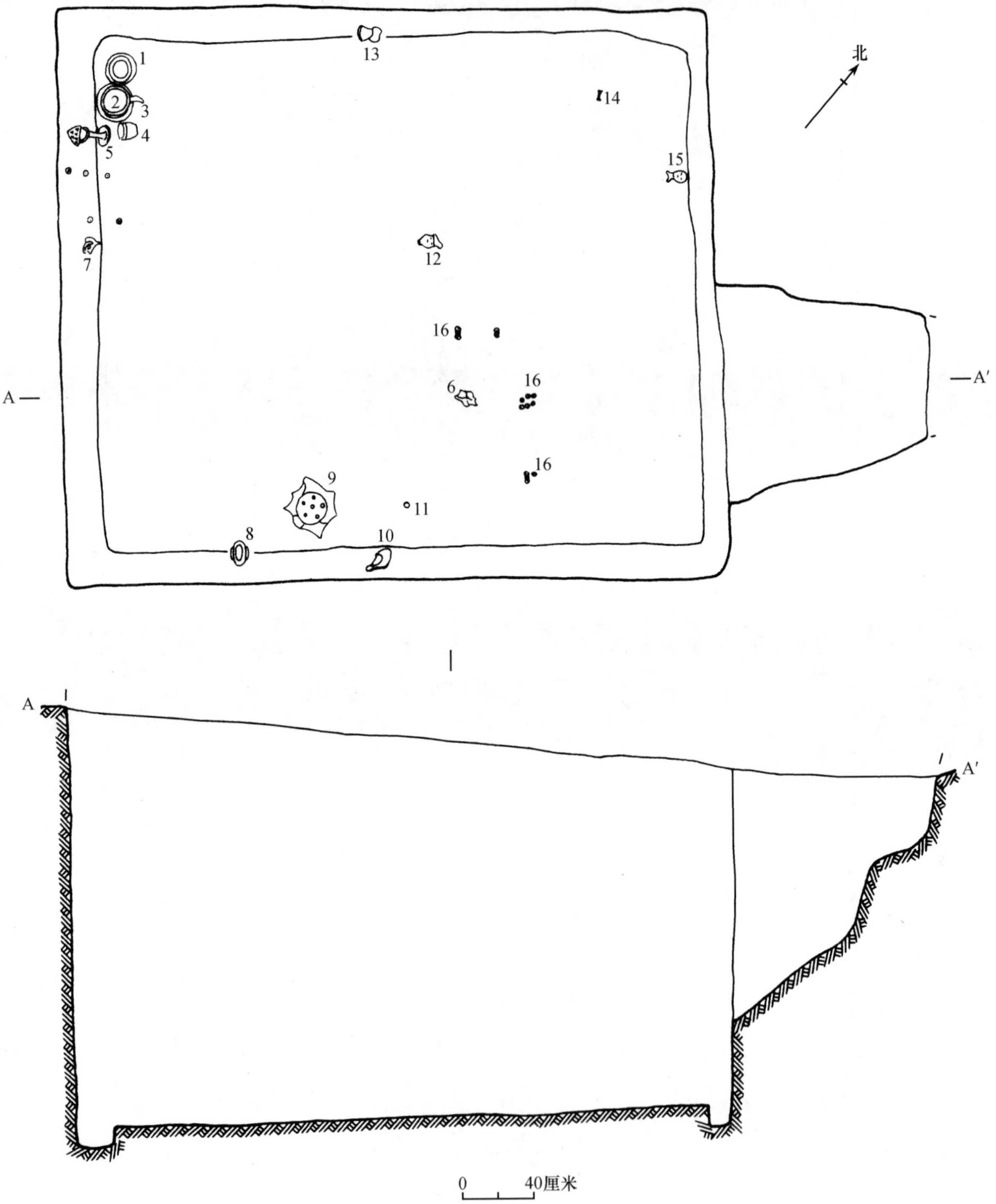

图八 M17平、剖面图

1、4. 陶罐 2. 陶魁 3. 陶钵 5. 陶博山炉 6. 陶罐底 7. 陶鸡头 8、10、13. 陶杯 9. 陶甑 11. 银指环 12、15. 陶俑头 14. 琉璃耳珰 16. 钱币

土。该墓为一椁双棺，残存椁板灰厚8～10厘米，清理部分人肢骨。随葬品共计9件（扰乱），陶器5件（罐、甑、钵等）、铜器1件（鍪）、铁器2件（釜、刀）、钱币1枚（图九）。

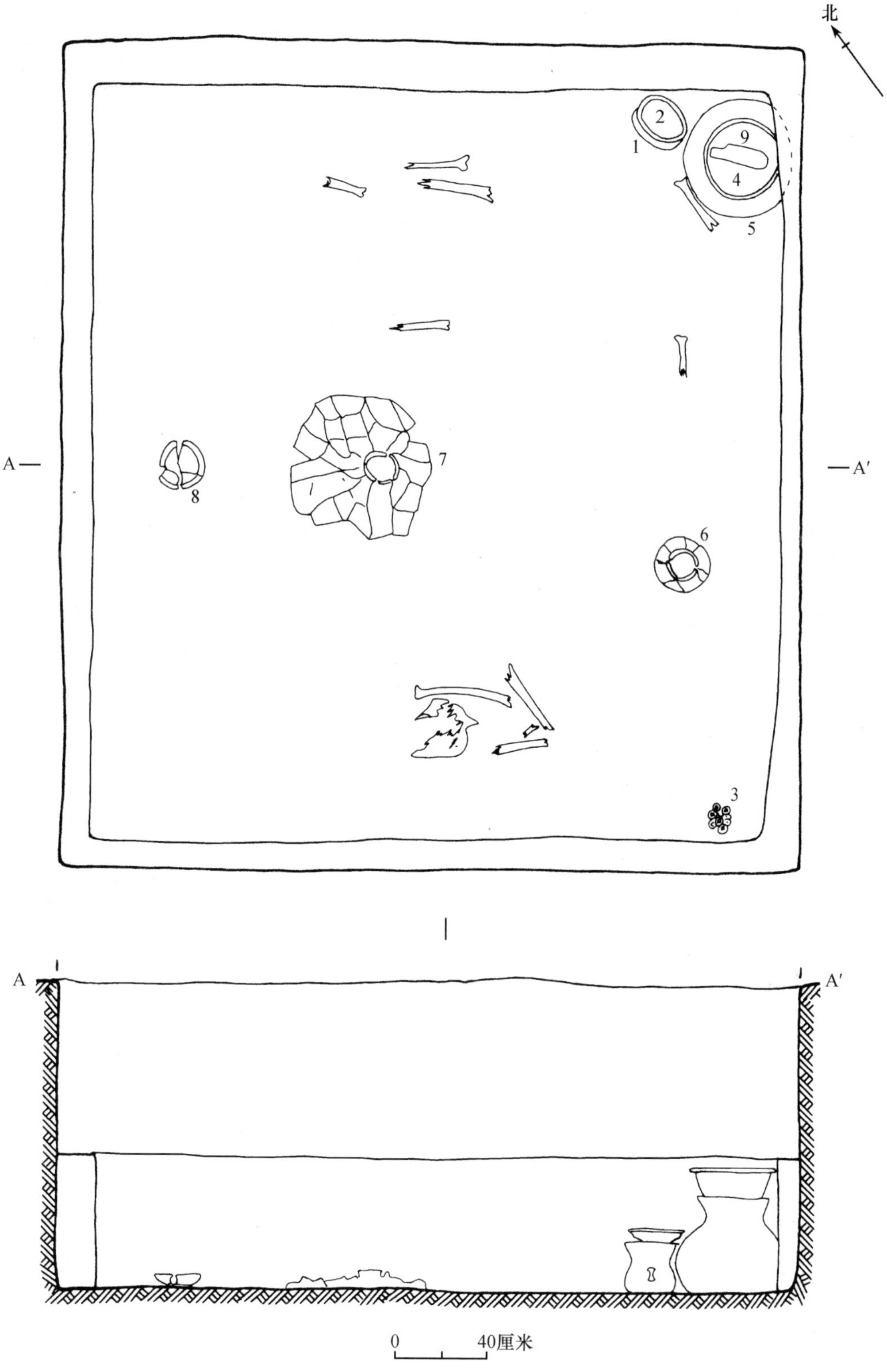

图九　M31平、剖面图

1. 铜鍪　2、8. 陶钵　3. 钱币　4. 陶甑　5. 铁釜　6、7. 陶罐　9. 铁刀

2. 砖室墓

22座。黄岭堡墓地（Ⅰ区）3座、陈文英堡墓地（Ⅱ区）7座、袁家堡墓地（Ⅲ区）12座。这22座砖室墓均遭受不同程度的破坏，大部分券顶无存，仅残存墓室下部。墓室四壁均用长方形砖错缝平砌，砖长36～42、宽18～24、厚6～10厘米，券顶用楔形砖和榫卯砖起券。一侧装饰纹饰，砖纹向内，主要有菱形几何纹、菱形与乳钉组合、菱形与“十”字纹组合等。

根据墓室结构（M27破坏严重不计）可将这批砖室墓分为三型。

A型　2座（M9、M11）。平面呈长方形。

M11　方向232°。该墓由墓圹、墓室两部分组成。墓圹长315、宽211厘米。墓口距地表深15～20、距墓底深130～160厘米。墓圹与墓砖墙相隔2～10厘米，填土为黄褐色花土。墓室长260、宽165、残高110厘米。墓室上部遭破坏无存。墓室用几何纹砖错缝叠砌，无铺地砖，人骨架已朽，仅见残痕。随葬品7件，主要为瓷器和钱币。瓷器有四系盘口壶、钵、碗等（图一〇）。

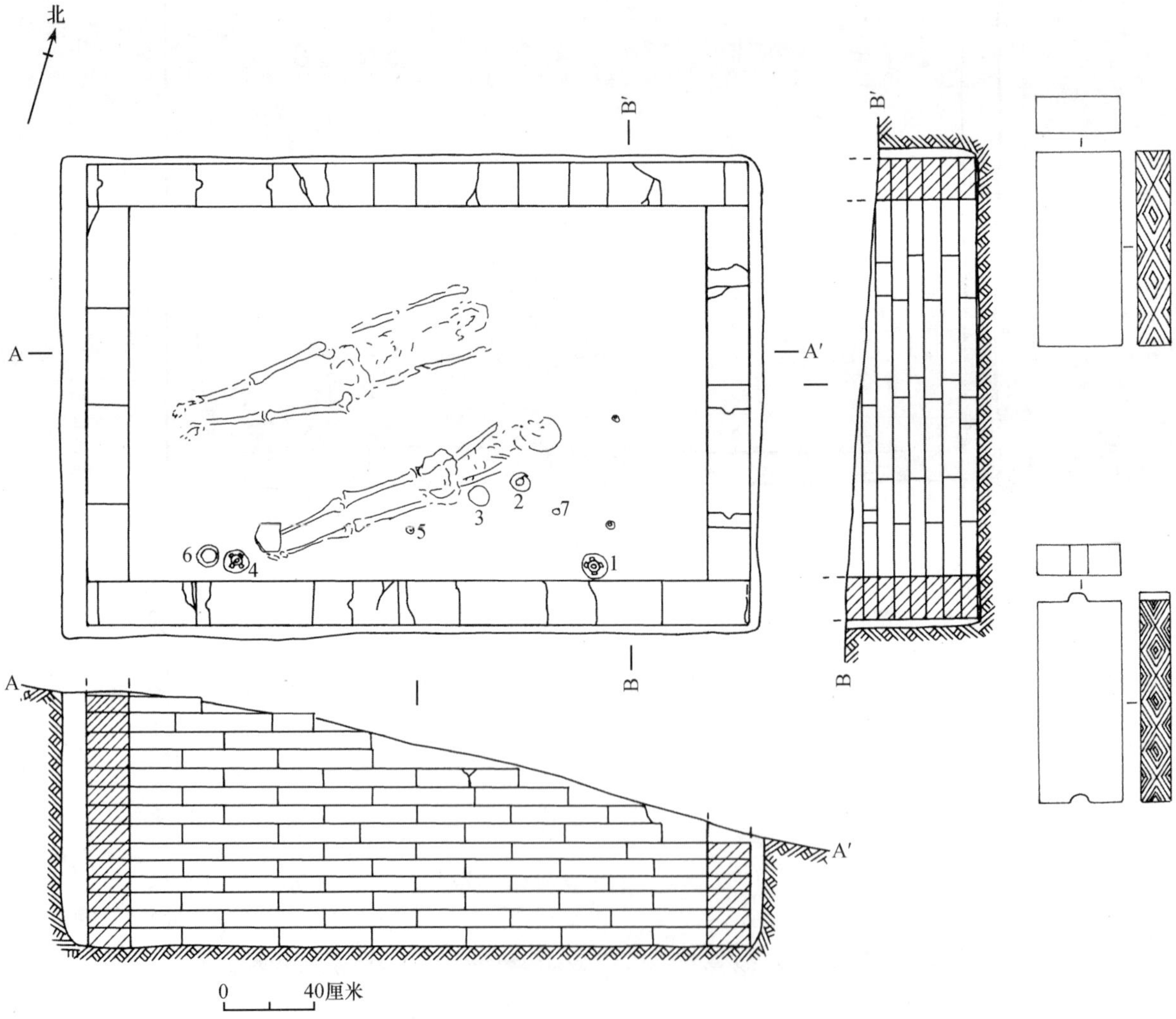

图一〇　M11平、剖面图

1. 陶井　2. 陶灯　3. 陶器盖　4. 瓷四系盘口壶　5. 瓷杯　6. 瓷碗　7. 瓷钵

B型 17座（M1～M4、M6～M8、M10、M13、M19、M20、M21、M23～M25、M28、M33）。平面呈刀把形。

M19 方向298°。该墓破坏严重，券顶不存，墓道已破坏无存，仅为墓室和甬道。墓室长270、宽304、残高36厘米。甬道长224、宽180、残深36厘米。墓壁用菱形几何纹砖错缝叠砌，砖长45、宽18、厚8厘米；墓底用榫卯砖平铺。墓室及甬道处发现5具人骨架，大部分只存少量头骨及肢骨，个别为仰身直肢，其他葬式不明。随葬品主要放置在甬道内，因扰乱严重显得很零乱，出土遗物共计26件，以陶器居多，有罐、钵、俑等；少量铜饰件，银饰件及钱币等（图一一）。

M25 方向303°。该墓破坏严重，券顶不存，由墓室、甬道、墓道组成。墓口距地表深15～20、距墓底深98厘米，填土为红褐色花土。墓室长328、宽250厘米，甬道长170、宽160厘米。墓道残长74、上口宽100、下口宽64厘米，墓壁用菱形几何纹砖错缝叠砌，砖长44、宽18、厚8厘米，墓底用榫卯砖平铺。墓底发现部分人骨朽痕。因该墓扰乱严重，随葬品放置显得零乱，出土遗物20多件。有陶器、铜器、铁器、银器及玉器等。陶器有罐、锺、钵、俑、塘、房等；铜器有簪、指环等；银器有指环等（图一二）。

C型 2座（M12、M35）。平面呈“凸”字形。

M12 方向273°。该墓券顶坍塌，墓道破坏无存，墓圹长503、宽384厘米。墓口距地表深10～30、距墓底深30～90厘米，填土为红褐色花土。墓室长290、宽240、残高63～110厘米。甬道长183、宽140、残高48厘米。墓壁用菱形几何纹花边砖错缝叠砌，砖长40、宽18、厚8厘米；墓室底部无铺地砖（铺黄褐色沙土）。人骨架腐朽无存。随葬品主要放置于墓室内，共计6件，瓷器2件、陶器1件、铜饰1件、钱币2枚（图一三）。

三、出土遗物

这批墓葬出土遗物按质地可以分为陶、瓷、铜、铁、银，以及玉、石等种类，以陶器为主。

1. 陶器

完整及修复的陶器有395件，可以分为生活用具、模型明器及俑类等。生活用具有罐、釜、钵、锺、盘、灯、博山炉、甑、魁、盆、勺、器盖等；多为泥质陶，部分器物施酱黄釉，胎釉结合较差，部分釉已剥落；器物多为轮制；纹饰有绳纹、弦纹、网格纹、戳印纹、压印纹等。模型明器主要有井、塘、房等，泥质居多。俑均合范模制而成，俑身多有刮削整修痕迹。

罐 88件，分平底罐和圜底罐两大类。

平底罐 81件。依腹部的不同可分五型。

A型 10件。鼓腹罐。依沿的不同可分二亚型。

Aa型 8件。卷沿。依体态、重心变化可分二式。

Ⅰ式：2件。重心在腹中部，体较高。M29∶10，泥质灰陶。矮领，下腹内收。肩部饰三道凹弦纹。口径13.6、腹径34.4、底径24.4、高24厘米（图一四，1）。

Ⅱ式：6件。重心上移，体较矮。M22∶7，泥质灰陶。矮领，下腹内收。肩部饰三道凹弦

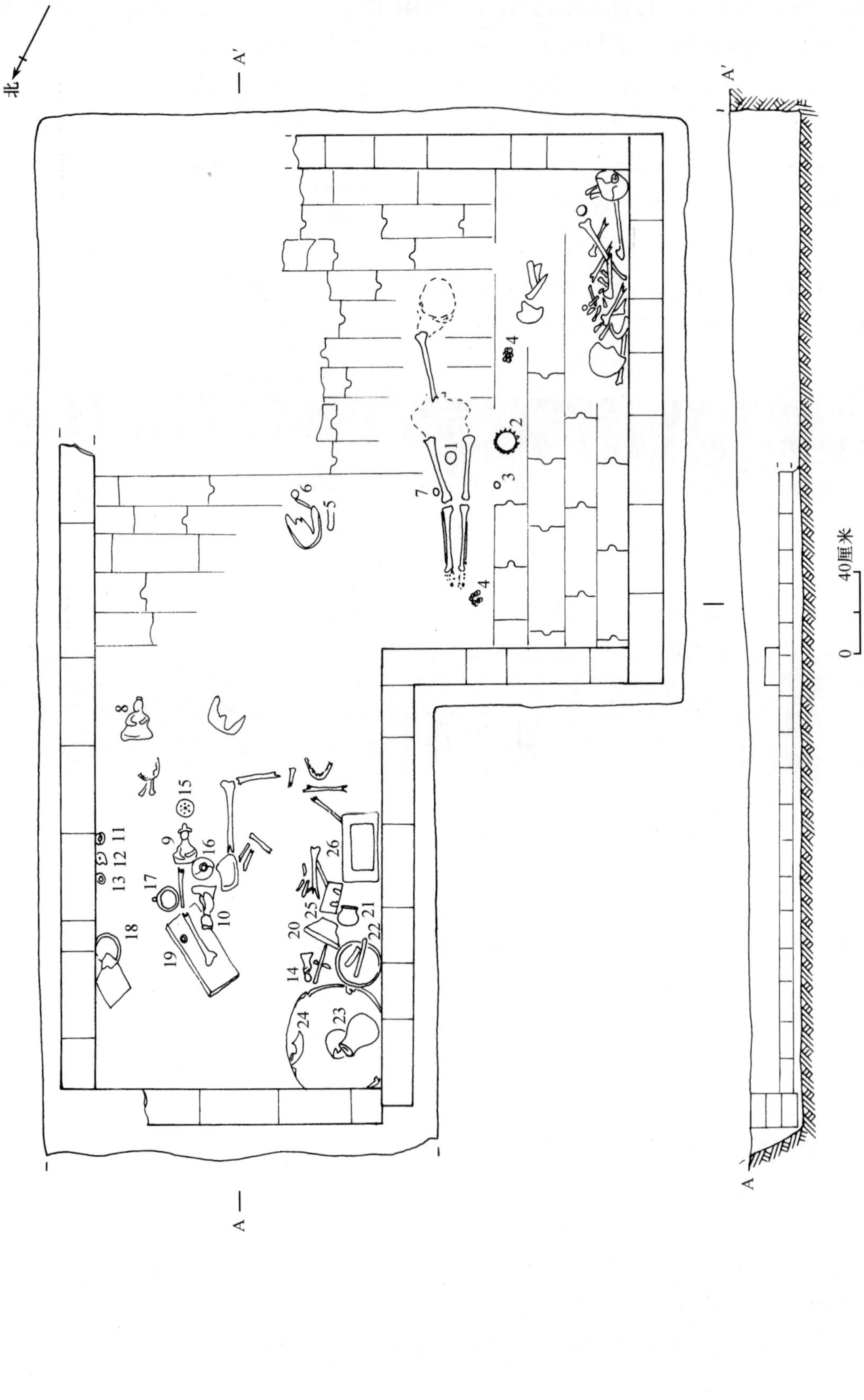

图一一 M19平、剖面图

1. 银头饰件 2. 铜手镯 3、7. 银指环 4. 钱币 5. 铜钗 6. 铜饰件 8～12、14. 陶俑 13. 陶钵 15. 陶器盖 16、21. 陶罐 17. 陶魁 18. 陶盂 19. 铜泡钉 20. 陶甑 22、24. 陶盆 23. 陶锺 25. 陶案 26. 陶塘

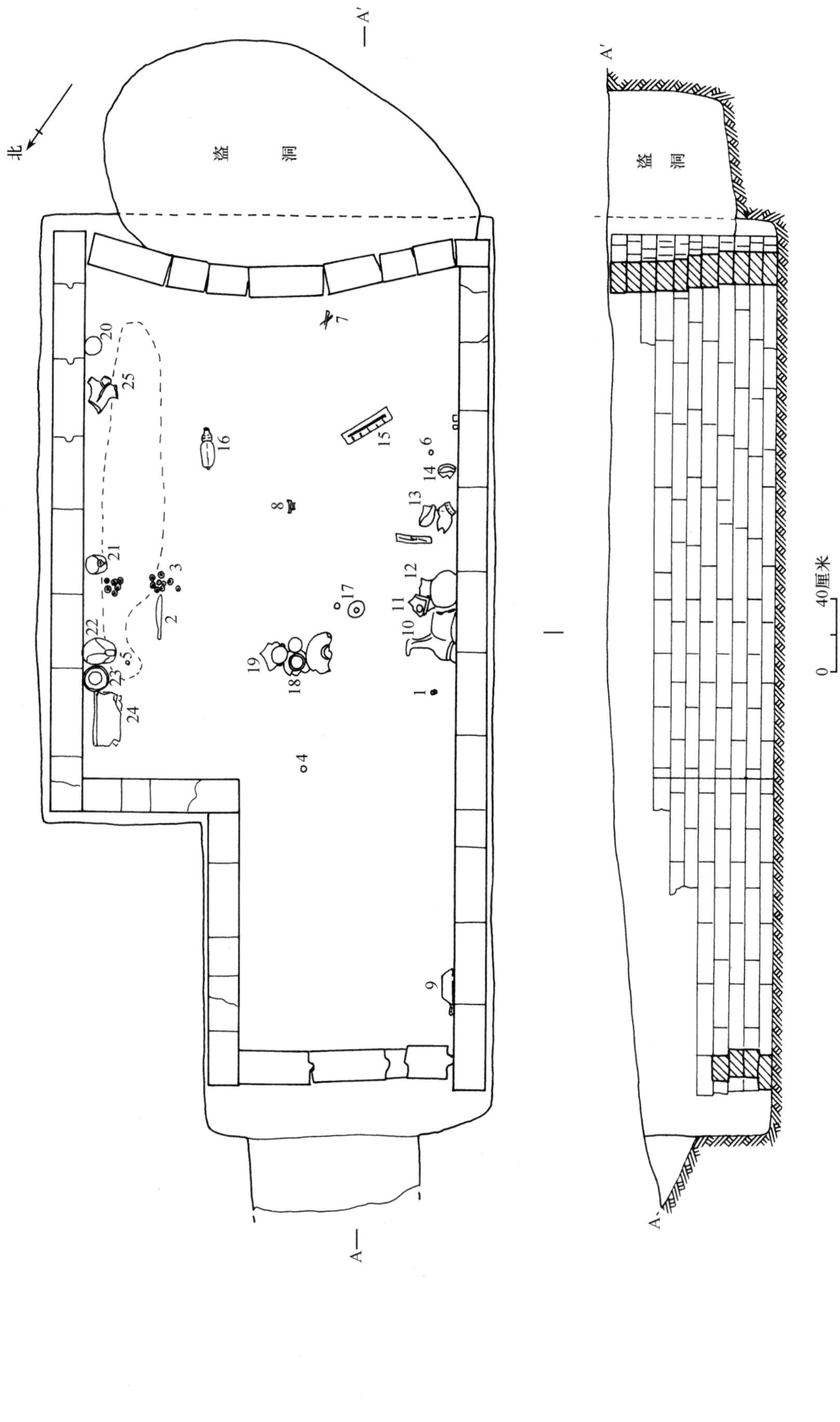

图一二 M25平、剖面图

1、6. 铜指环 2. 铁削 3. 钱币 4、5. 银指环 7. 铜簪 8. 玉耳珰 9. 陶魁 10. 陶镇墓兽 11. 陶塘 12. 陶锺 13、14. 陶盘 15、24. 陶房 16. 陶猪 17. 陶博山炉 18. 陶罐 19. 陶器底 20. 陶卮 21. 陶鸡 22、25. 陶俑 23. 陶钵

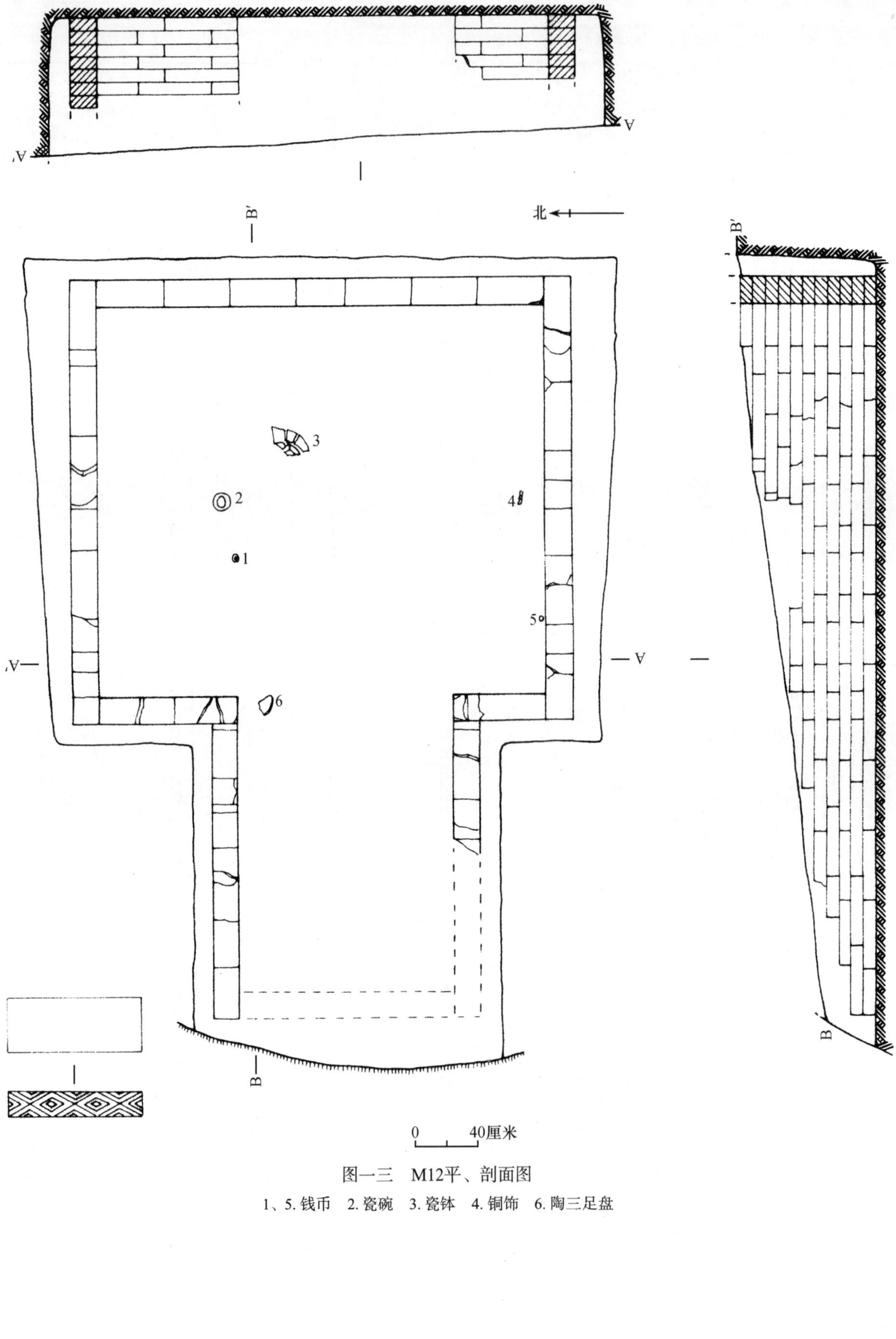

图一三 M12平、剖面图

1、5. 钱币 2. 瓷碗 3. 瓷钵 4. 铜饰 6. 陶三足盘

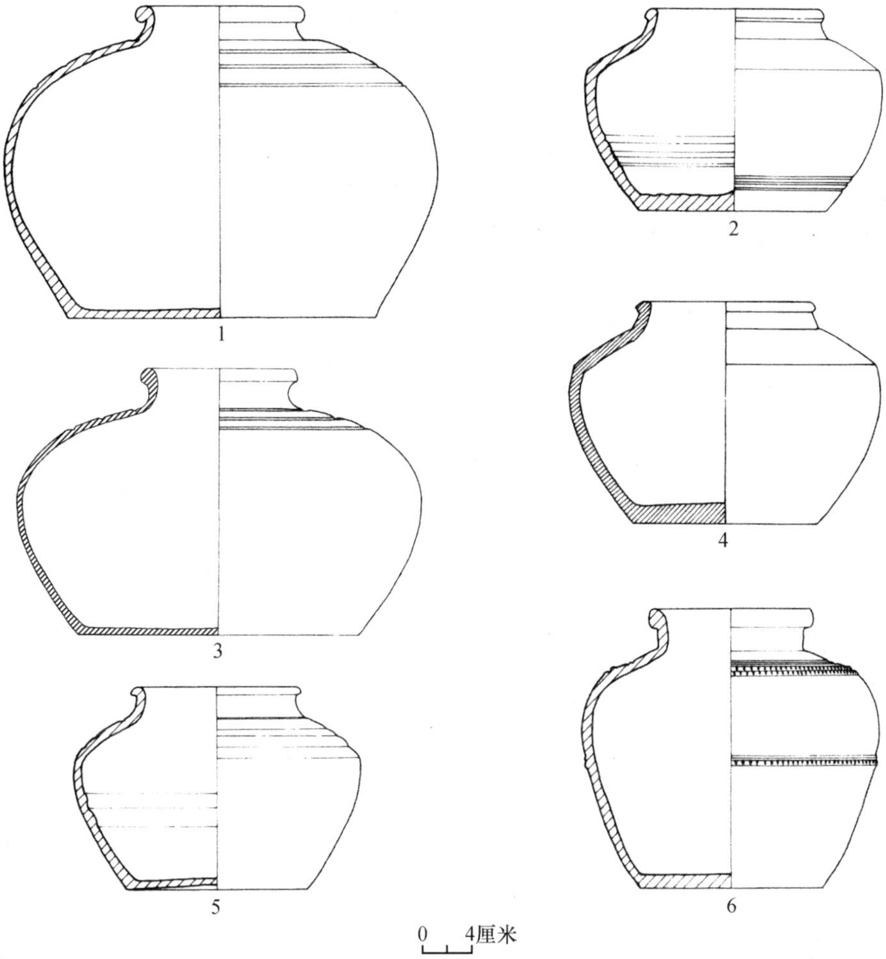

图一四 陶平底罐

1. Aa型Ⅰ式（M29：10） 2. Ca型Ⅲ式（M2：5） 3. Aa型Ⅱ式（M22：7） 4. Ca型Ⅱ式（M15：18）
5. Ab型Ⅱ式（M8：2） 6. Ea型（M35：4）

纹。口径12.4、腹径32、底径22.4、高20.5厘米（图一四，3）。

Ab型 2件。平沿。依体态、重心变化可分二式。

Ⅰ式：1件。重心在腹中部，体高。M34：9，泥质灰陶。束领，下腹内收。肩部饰两道凹弦纹。口径11.6、腹径17.2、底径11.6、高11厘米（图一五，2）。

Ⅱ式：1件。重心上移，体矮。M8：2，泥质灰陶。束领，下腹弧收。肩部饰两道凹弦纹。口径11.4、腹径22、底径14.2、高14.8厘米（图一四，5）。

B型 49件。扁腹罐。依领的不同可分二亚型。

Ba型 38件。矮领。依口、底变化可分二式。

Ⅰ式：21件。口径、底径大致相等。M14：20，泥质灰陶。卷沿，圆唇。肩部饰两道凹弦纹间饰三角纹。口径10.6、最大腹径16.8、底径9.4、高11.7厘米（图一五，4）。

Ⅱ式：17件。口径大于底径。M8：10，泥质灰陶。卷沿，尖圆唇。肩部饰两道凹弦纹间饰三角纹。口径10.6、最大腹径15.8、底径6.8、高10.6厘米（图一五，8）。M8：7（图一五，1）。

Bb型 11件。高领。依口、底变化可分二式。

Ⅰ式：2件。口径、底径大致相等。M26：12，泥质灰陶。卷沿，圆唇。肩部饰两道凹弦

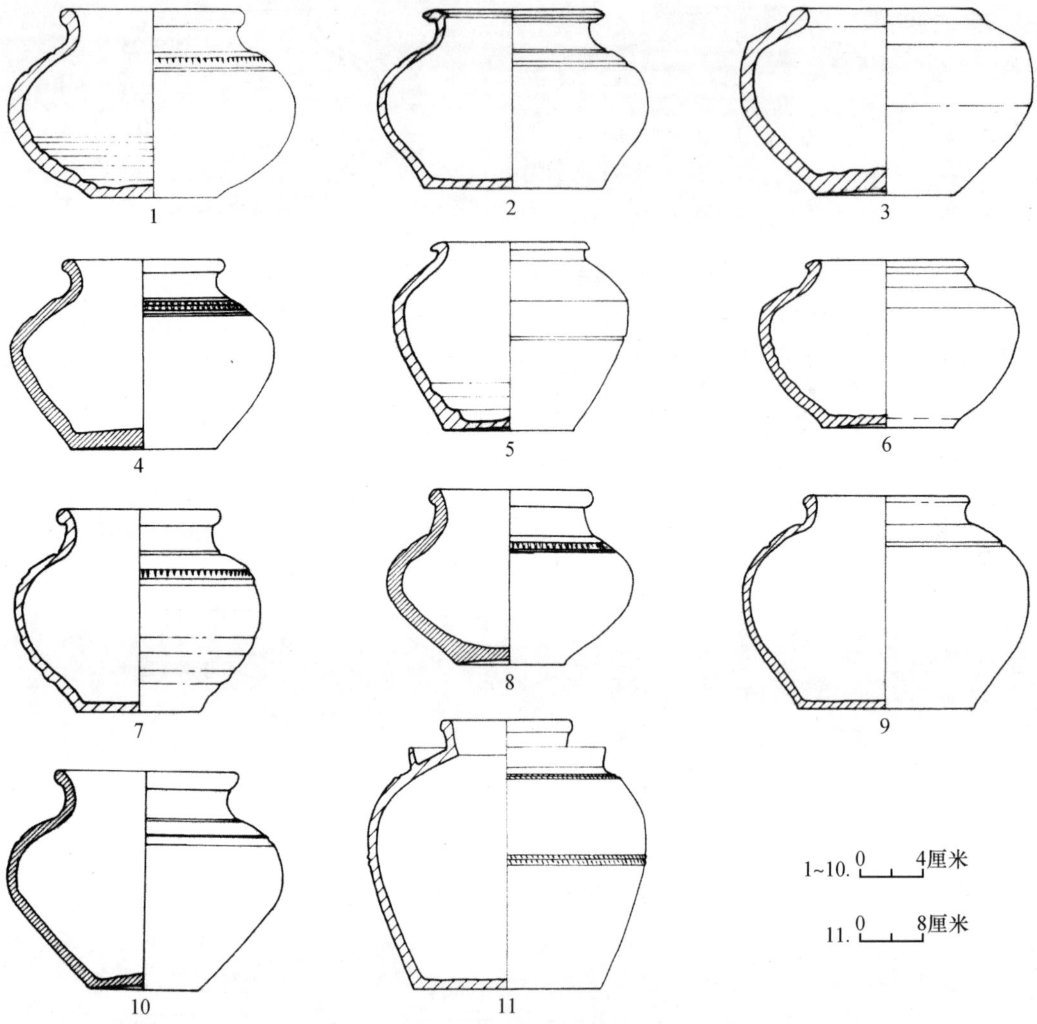

图一五 陶平底罐

1、8. Ba型Ⅱ式（M8：7、M8：10） 2. Ab型Ⅰ式（M34：9） 3. Cc型（M20：26） 4. Ba型Ⅰ式（M14：20）
5. Cb型（M8：6） 6. Ca型Ⅰ式（M14：26） 7. Bb型Ⅰ式（M26：12） 9. D型（M34：12）
10. Bb型Ⅱ式（M9：16） 11. Eb型（M14：12）

纹间饰三角纹。口径10.4、最大腹径15.8、底径8、高12.4厘米（图一五，7）。

Ⅱ式：9件。口径大于底径。M9：16，泥质灰陶。卷沿，圆唇。肩部饰两道凹弦纹。口径12、最大腹径17.8、底径7、高13.5厘米（图一五，10）。

C型 18件。折腹罐。依颈部不同可分三亚型。

Ca型 8件。斜直颈。依沿、肩变化可分三式。

Ⅰ式：2件。宽沿，斜弧肩。M14：26，泥质灰陶。斜沿，尖圆唇，下腹内收。口径10.4、最大腹径16.4、底径8.4、高10.4厘米（图一五，6）。

Ⅱ式：5件。沿较宽，微弧肩。M15：18，泥质灰陶。尖圆唇，下弧腹内收。口径14.4、最大腹径24.8、底径14.8、高17.2厘米（图一四，4）。

Ⅲ式：1件。窄沿，斜肩。M2：5，泥质灰陶。圆唇，斜弧腹内收。下腹部饰三道凹弦纹。口径14.4、最大腹径24、底径15.2、高15.6厘米（图一四，2）。

Cb型 7件。束颈。M8：6，泥质灰陶。尖圆唇，下腹斜弧内收。下腹部饰一道凹弦纹。

口径10.2、最大腹径15、底径8.4、高11.6厘米（图一五，5）。

Cc型　3件。无颈。M20：26，泥质灰陶。圆唇，下腹斜弧内收。口径12.4、最大腹径18.6、底径9、高11.6厘米（图一五，3）。

D型　1件。弧腹罐。M34：12，泥质灰陶。束颈，圆唇。肩部饰一道凹弦纹。口径10.4、最大腹径18、底径11.2、高17.2厘米（图一五，9）。

E型　3件。斜弧腹罐。依沿部不同可分二亚型。

Ea型　2件。单沿。M35：4，泥质灰陶。侈口，卷沿，矮领。肩部饰两道凹弦纹，肩腹饰两道附加锯齿纹。口径13.2、最大腹径24、底径15、高21.6厘米（图一四，6）。

Eb型　1件。重沿。M14：12，泥质灰陶。圆唇，鼓腹，平底。肩、腹饰两道附加堆纹，外口径16.8、腹径35.4、底径24、高33.4厘米（图一五，11）。

圜底罐　7件。依领部的不同可分二型。

A型　5件。矮领。依肩部不同可分三亚型。

Aa型　2件。广肩。M24：9，泥质灰陶。直口，宽沿，尖唇。肩部饰四道弦断竖向绳纹，腹部饰斜向绳纹。口径12.8、腹径34、高20.2厘米（图一六，4）。

Ab型　2件。窄肩。M34：10，泥质灰陶。束颈，宽沿，唇面内凹，折肩，肩颈结合处微凹，下腹急收。腹下拍印交错细绳纹。口径14、腹径23.2、高15.4厘米（图一六，3）。

Ac型　1件。溜肩。M34：8，泥质灰陶。束颈，宽沿，唇面内凹，腹部拍印交错细绳纹，上腹部被四道凹弦纹隔断，肩部有两个桥形耳。口径9.2、腹径22、高19厘米（图一六，2）。

B型　2件。高领。M9：3，泥质红褐陶。敛口，折沿，方唇，垂腹。肩下饰绳纹。口径

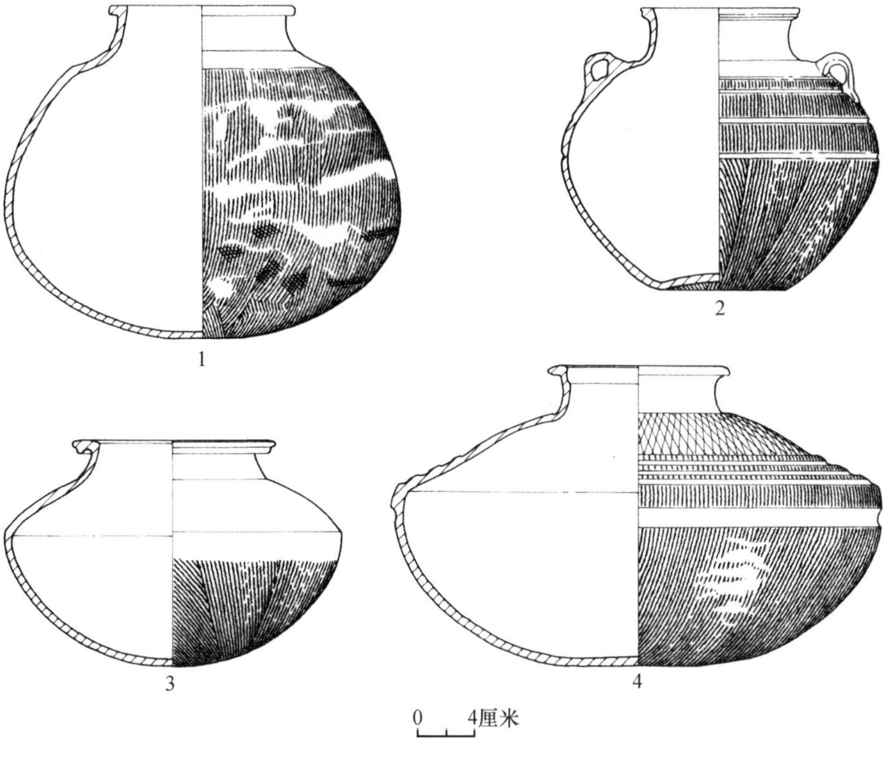

图一六　陶圜底罐

1. B型（M9：3）　2. Ac型（M34：8）　3. Ab型（M34：10）　4. Aa型（M24：9）

12.8、最大腹径27.6、高22.4厘米（图一六，1）。

锺　8件。依圈足高矮可分二型。

A型　5件。矮圈足。依腹部变化可分二式。

Ⅰ式：3件。近球腹。M22：4，泥质红胎，酱黄釉。铺首无环，盘口，方唇，圈足，子母口盖。盖表饰四道凹弦纹，腹饰六道弦纹。口径14.4、腹径26、足径14、通高35.8厘米（图一七，2）。

Ⅱ式：2件。扁腹，颈较粗短。M9：10，泥质红胎，酱黄釉。肩部饰一对铺首。盘口，方唇，圈足。肩部饰三道凹弦纹。口径15.6、腹径27.7、足径15.8、通高33.4厘米（图一七，1）。

B型　3件。高圈足。依腹部变化可分二式。

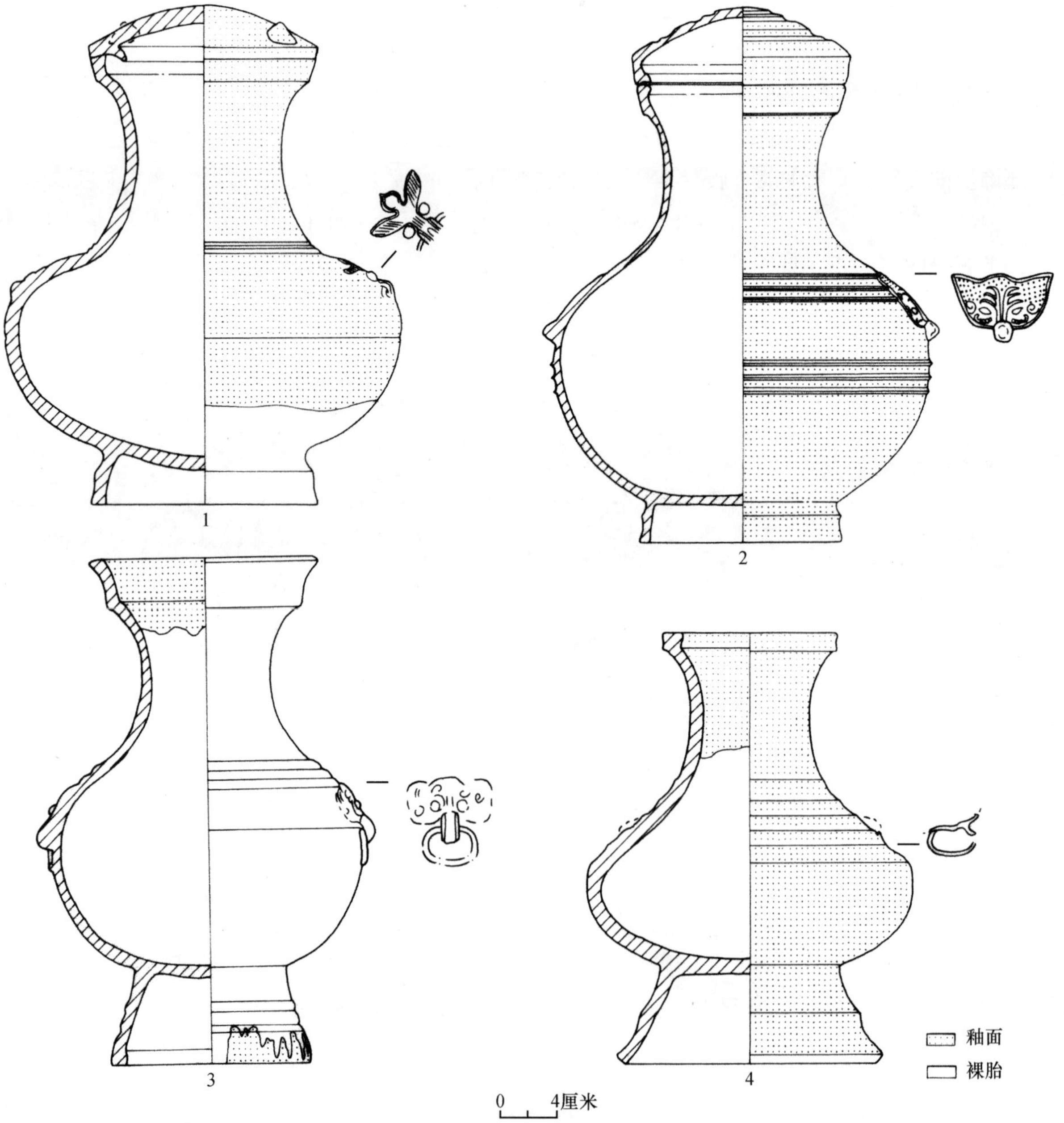

图一七　陶锺

1. A型Ⅱ式（M9：10）　2. A型Ⅰ式（M22：4）　3. B型Ⅰ式（M25：12）　4. B型Ⅱ式（M19：23）

Ⅰ式：2件。球腹。M25：12，泥质灰胎，施青绿釉。肩部饰一对铺首。盘口，方唇，束颈。肩部饰两道凹弦纹。口径16、腹径23.6、足径14、通高34厘米（图一七，3）。

Ⅱ式：1件。扁腹。M19：23，泥质灰胎，施酱黄釉。肩部饰一对铺首。盘口，方唇，束颈。肩部饰六道弦纹，圈足饰一道弦纹。口径12、腹径22.6、足径18.4、通高28.8厘米（图一七，4）。

壶 1件。M29：11，泥质灰陶。盘口，方唇，高束颈，鼓腹，矮圈足。肩部饰三道凹弦纹。口径11.6、腹径19.6、足径11.2、通高18.6厘米（图一八，6）。

盆 17件。依腹部的不同可分三型。

A型 1件。斜直腹。M29：17，泥质灰陶。折平沿，方唇，下腹内收。上腹饰一道凹弦纹，下腹饰细划纹。口径23.6、底径13.2、高14厘米（图一九，7）。

B型 6件。弧腹。依沿、腹变化可分二式。

Ⅰ式：4件。沿下一段直腹深，沿宽。M22：22，泥质灰陶。敞口，折平沿，唇面内凹，平底。上腹饰二道凹弦纹，以下饰满细弦纹。口径31.8、底径14、高17.5厘米（图一九，2）。

Ⅱ式：2件。沿下一段直腹浅，沿窄。M8：26，泥质灰陶。敞口，折平沿，唇面内凹，平

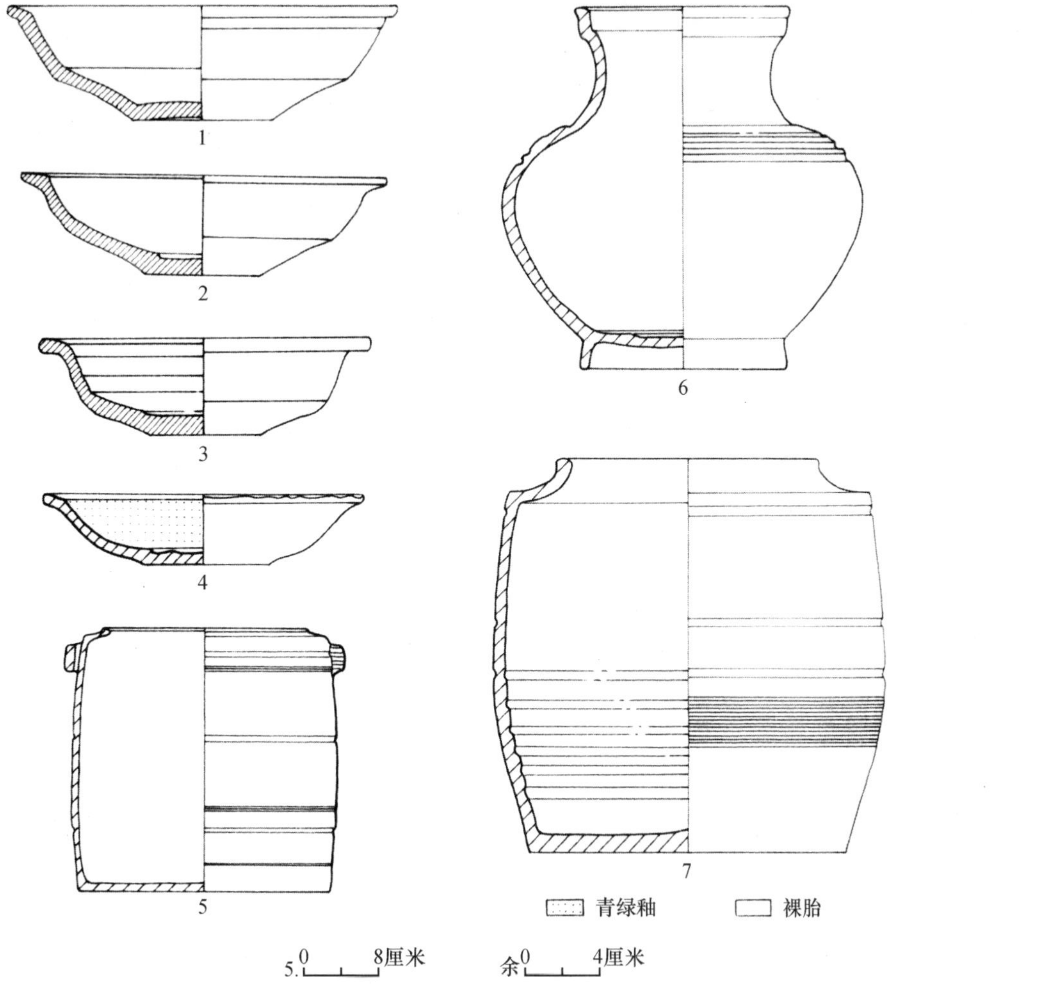

图一八 陶盘、壶、仓

1. A型Ⅰ式盘（M14：23） 2. A型Ⅱ式盘（M15：7） 3. A型Ⅲ式盘（M8：15） 4. B型盘（M25：13）
5. A型仓（M34：15） 6. 壶（M29：11） 7. B型仓（M35：11）

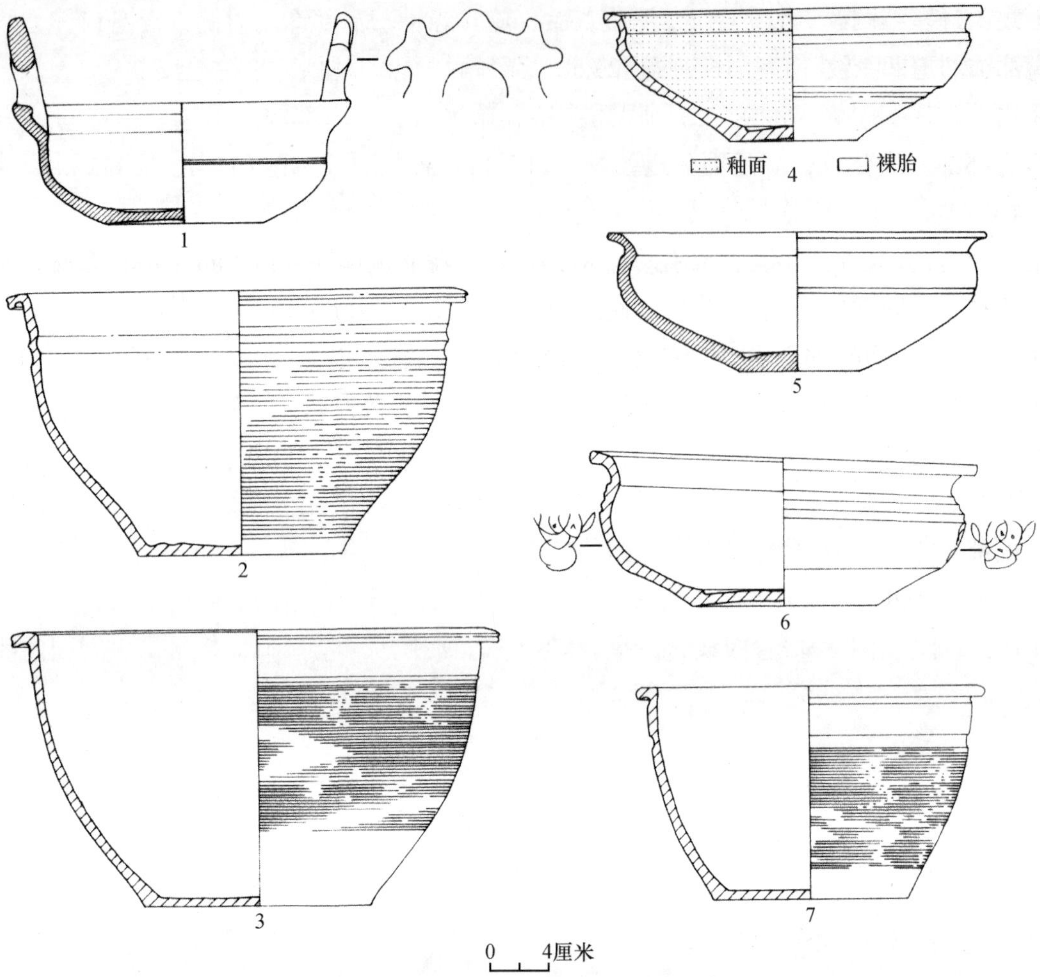

图一九　陶盆

1. Cb型（M19：22）　2. B型Ⅰ式（M22：22）　3. B型Ⅱ式（M8：26）　4. Ca型Ⅲ式（M9：9）　5. Ca型Ⅱ式（M15：5）　6. Ca型Ⅰ式（M14：14）　7. A型（M29：17）

底。上腹饰一道凸弦纹，以下饰满细弦纹。口径33.2、底径15.6、高18.3厘米（图一九，3）。

C型　10件。鼓腹。依耳的不同可分二亚型。

Ca型　9件。无耳。依腹、底变化可分三式。

Ⅰ式：2件。底大，腹深。M14：14，泥质灰陶。折沿，束颈，腹鼓，平底内凹，下腹弧收。上腹饰两道凹弦纹，下饰一对铺首。口径26、底径12.4、高10.3厘米（图一九，6）。

Ⅱ式：1件。底较小，腹较浅。M15：5，泥质红陶，内施黄釉。折平沿，束颈，腹微鼓，平底内凹，下腹斜收。腹部饰一道凹弦纹。口径25.4、底径8、高9.3厘米（图一九，5）。

Ⅲ式：6件。底小，腹浅。M9：9，泥质红陶，内施黄釉。折平沿，束颈，腹微鼓，平底内凹，下腹内收。上腹饰一道凹弦纹。口径25.6、底径8.5、高8.5厘米（图一九，4）。

Cb型　1件。有耳。M19：22，泥质红陶，施酱黄釉。折沿，鼓腹，下腹弧收，平底内凹，沿上各安一对立耳。口径23.2、底径10.6、通高13.8厘米（图一九，1）。

仓　4件。依耳的不同可分二型。

A型　2件。有耳。M34：15，泥质灰陶。敛口，圆唇，平折肩，斜直腹，平底。腹部饰三道凹弦纹及许多细弦纹。口径21.6、底径26.8、高27厘米（图一八，5）。

B型 2件。无耳。M35：11，泥质灰陶。敛口，圆唇，平折肩，腹微鼓，平底。腹部饰三道凹弦纹及许多细弦纹。口径14.2、腹径20.8、底径17.2、高20.2厘米（图一八，7）。

甑 12件。依腹部的不同可分二型。

A型 4件。斜弧腹。依腹部、沿、箅孔变化可分三式。

Ⅰ式：1件。腹深，沿宽，箅孔多。M29：13，泥质灰陶。直口，折平沿，弧腹，平底底部有箅孔15个。腹部饰二道凹弦纹。口径27、底径10.8、高16厘米（图二〇，4）。

Ⅱ式：1件。腹较浅，沿窄，箅孔少。M20：32，泥质灰陶。敛口，折平沿，尖圆唇，斜弧腹，平底内凹，底部有箅孔5个。腹部饰两道弦纹。口径26、底径13.5、高15.1厘米（图二〇，2）。

Ⅲ式：2件。腹浅，箅孔少。M19：20，泥质灰陶。敞口，折平沿，圆唇，斜直腹，平底内凹，底部有箅孔1个。口径19、底径8.8、高11.2厘米（图二〇，3）。

B型 8件。弧腹。依腹部、沿、箅孔变化可分二式。

Ⅰ式：2件。腹鼓，沿宽，箅孔多。M34：6，泥质灰陶。敛口，斜折沿，方唇，平底，底部有箅孔15个。上腹部饰一道凹弦纹，下部有许多小线纹。口径26.4、底径13.4、高15.2厘米（图二〇，5）。

Ⅱ式：6件。腹较鼓，沿窄，箅孔少。M14：3，泥质灰陶。外翻沿，尖圆唇，腹微鼓，下腹内收，平底内凹，底部有箅孔5个。上腹饰一道凹弦纹。口径32、底径15.8、高17.4厘米（图二〇，1）。

釜 11件。依口部的不同可分二型。

A型 3件。直口。依底部的不同可分二亚型。

Aa型 2件。平底。M34：11，夹砂灰褐陶。方唇，斜直颈，鼓腹，中部置二耳。腹中饰二道凸弦纹。口径24、腹径32、底径16.8、高25.6厘米（图二一，4）。

Ab型 1件。圜底。M15：24，夹砂灰陶。方唇，圜底，腹部有一对耳。口径20、腹径30、高22.4厘米（图二一，3）。

B型 8件。侈口。依腹部的不同可分二亚型。

Ba型 1件。折腹。M8：38，夹砂灰褐陶。尖圆唇，束颈，圜底。器表饰间断绳纹。口径15.2、腹径16、高11.6厘米（图二一，6）。

Bb型 7件。鼓腹。依口、腹及体态变化分三式。

Ⅰ式：1件。口、腹径相近，体矮。M8：35，夹砂灰褐陶。尖圆唇，束颈，圜底。沿下饰弦断细绳纹。口径16.8、腹径16.6、高11.8厘米（图二一，5）。

Ⅱ式：3件。口径略大于腹径，体渐高。M2：1，夹砂灰陶。方唇，束颈，圜底。器表饰绳纹。口径22.6、腹径21.8 、高16.6厘米（图二一，1）。

Ⅲ式：3件。口径大于腹径，体高。M21：1，夹砂灰陶。尖圆唇，束颈，圜底。沿下饰细绳纹。口径26.8、腹径25.2、高11.8厘米（图二一，2）。

钵 74件。依腹部的不同可分二型。

A型 72件。折腹。依口部的不同可分二亚型。

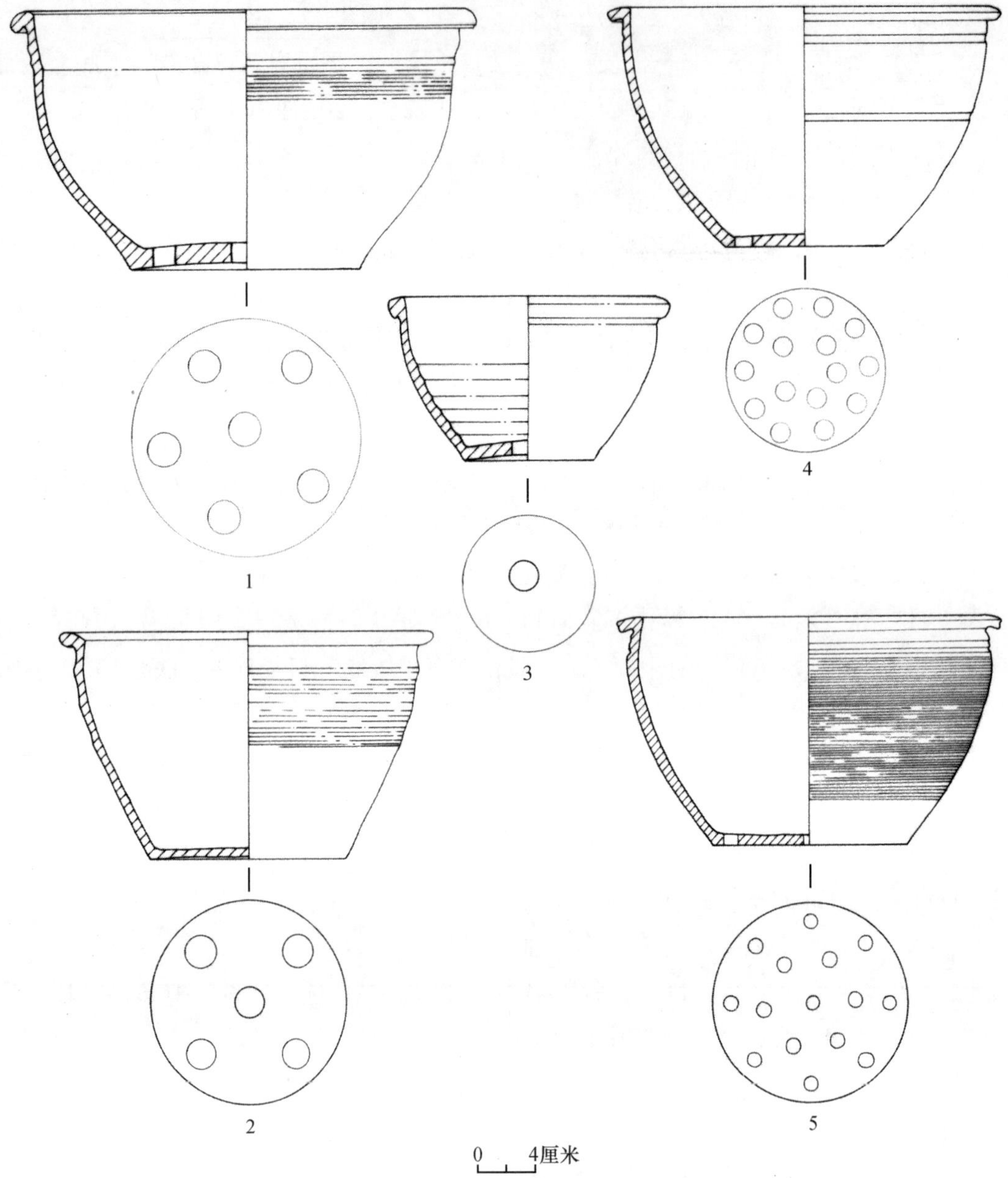

图二〇 陶甑

1. B型Ⅱ式（M14：3） 2. A型Ⅱ式（M20：32） 3. A型Ⅲ式（M19：20） 4. A型Ⅰ式（M29：13） 5. B型Ⅰ式（M34：6）

Aa型 58件。敞口。依腹部变化可分四式。

Ⅰ式：4件。上腹浅，上下腹夹角大。M34：14，泥质灰陶。圆唇，平底，下腹内收。口径18.4、底径6、高6厘米（图二二，4）。

Ⅱ式：22件。上腹渐深，上下腹夹角渐小。M26：9-1，泥质灰陶。尖圆唇，平底，下腹内收。口径13.2、底径4.4、高4.6厘米（图二二，1）。

Ⅲ式：21件。上腹较深，上下腹夹角较小。M8：23，泥质灰陶。尖唇，平底，下腹内收。口径13.2、底径4、高4.2厘米（图二二，3）。

Ⅳ式：11件。上腹深，上下腹夹角小。M4：33，泥质灰陶。圆唇，平底，下腹内收。口径14.4、底径5.4、高6.6厘米（图二二，8）。

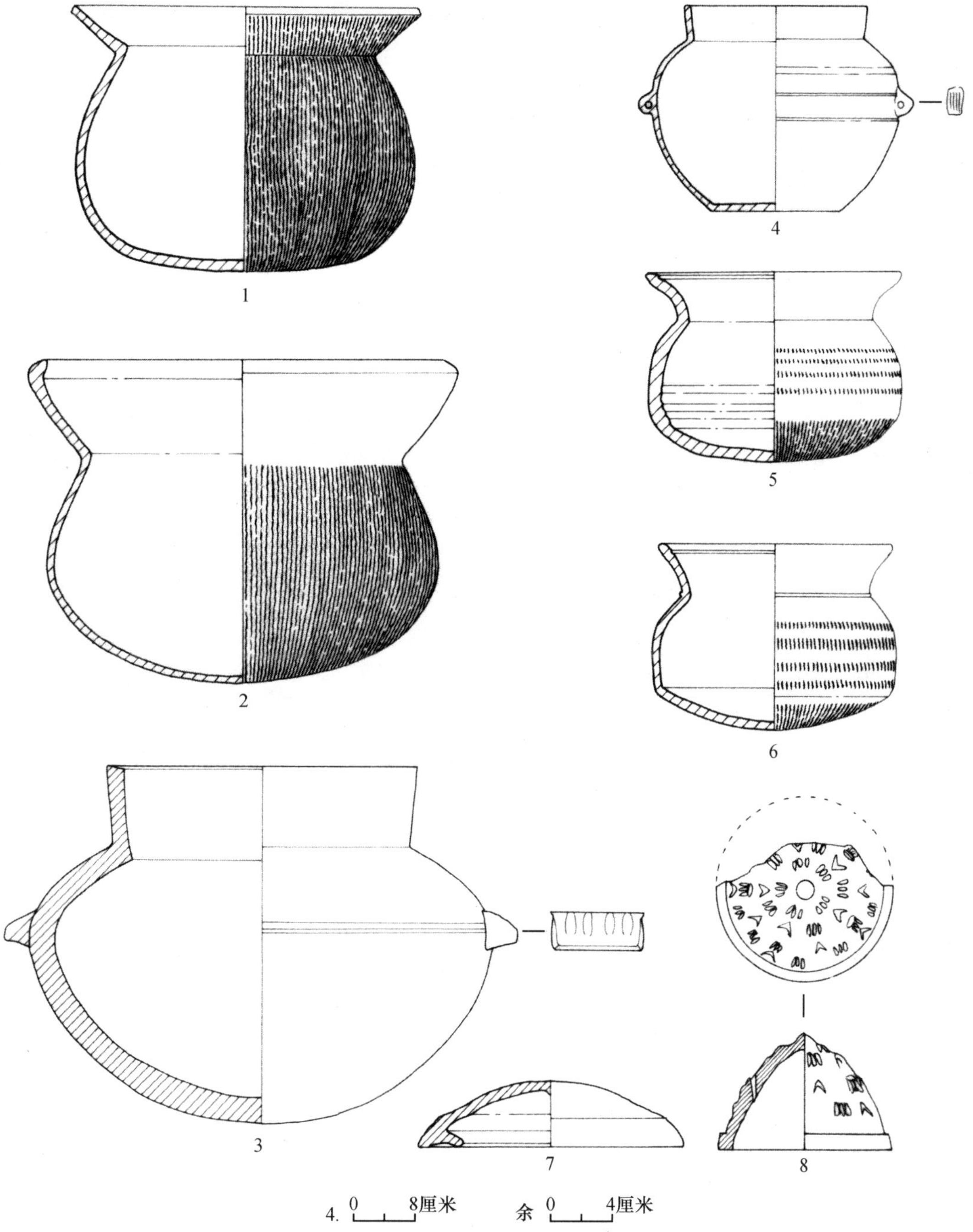

图二一　陶釜、器盖

1. Bb型Ⅱ式釜（M2：1）　2. Bb型Ⅲ式釜（M21：1）　3. Ab型釜（M15：24）　4. Aa型釜（M34：11）
5. Bb型Ⅰ式釜（M8：35）　6. Ba型釜（M8：38）　7. B型器盖（M24：25）　8. A型器盖（M7：3）

Ab型　14件。直口。依腹部变化可分二式。

Ⅰ式：4件。腹深。M5：1，泥质灰陶。方唇，平底，下腹内收。上腹饰一道凹弦纹。口径17、底径8、高7厘米（图二二，6）。

Ⅱ式：10件。腹浅。M9：13，泥质红陶，施黄釉。方唇，平底，下腹内收。上腹饰一道凹弦纹。口径16、底径6、高5.6厘米（图二二，7）。

B型　2件。弧腹。依口部不同可分二亚型。

Ba型　1件。敞口。M34：13，泥质灰陶。圆唇，平底，下腹内收。口径17.6、底径6.4、高7.4厘米（图二二，2）。

Bb型　1件。侈口。M25：23，泥质红陶。圆唇，腹微鼓，下腹内收，平底。上腹饰三道凹弦纹。口径14.4、底径10、高6. 4厘米（图二二，5）。

盘　12件。依腹部的不同可分二型。

A型　11件。折腹。依腹部变化可分三式。

Ⅰ式：3件。腹深。M14：23，泥质红陶。敞口，折斜沿，圆唇，下腹内收，平底。口径20.4、底径7.4、高6厘米（图一八，1）。

Ⅱ式：2件。腹较深。M15：7，泥质红陶，施酱黄釉。敞口，折斜沿，圆唇，下腹内收，平底。口径19.2、底径6、高5.2厘米（图一八，2）。

Ⅲ式：6件。腹浅。M8：15，泥质红陶，施酱黄釉。敞口，折斜沿，方唇，下腹内收，平底。口径17.8、底径6、高4.9厘米（图一八，3）。

B型　1件。弧腹。M25：13，泥质红陶，施青绿釉。敞口，圆唇，下腹斜收，平底。口径12.8、底径6.8、高3.6厘米（图一八，4）。

盂　19件。依腹部的不同可分二型。

A型　16件。鼓腹。依腹、底变化可分三式。

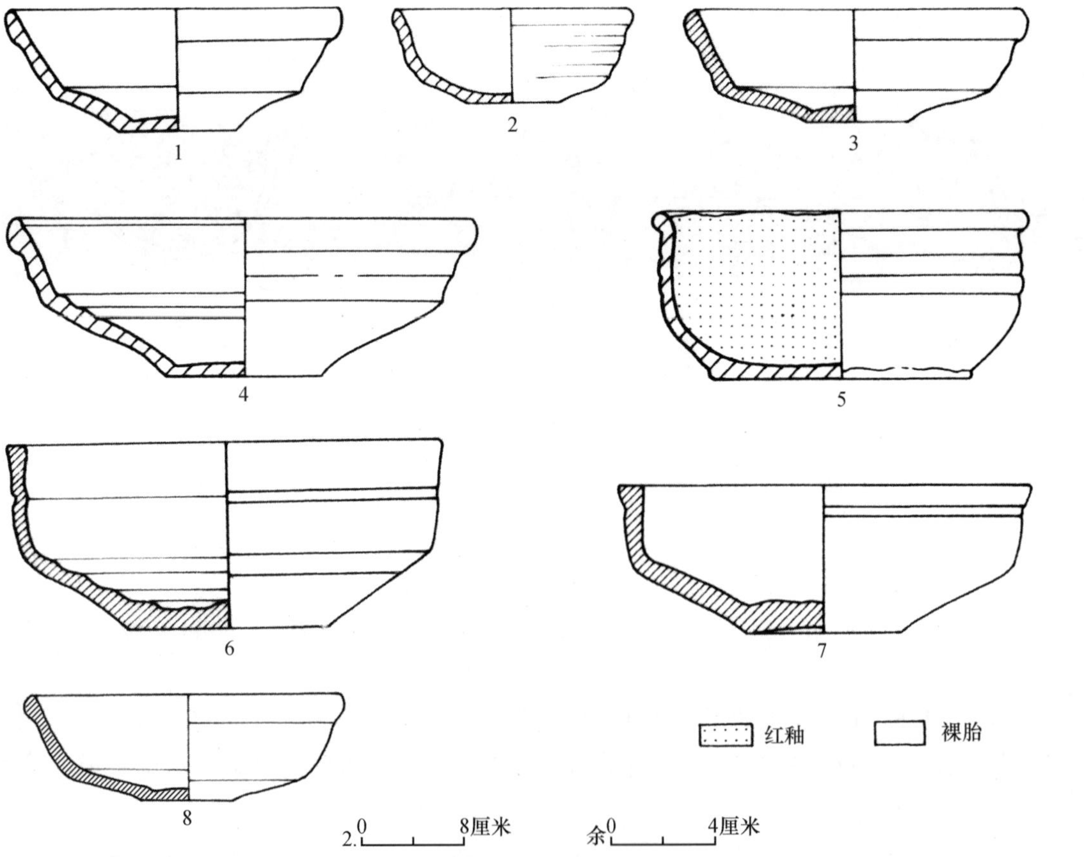

图二二　陶钵

1. Aa型Ⅱ式（M26：9-1）　2. Ba型（M34：13）　3. Aa型Ⅲ式（M8：23）　4. Aa型Ⅰ式（M34：14）　5. Bb型（M25：23）　6. Ab型Ⅰ式（M5：1）　7. Ab型Ⅱ式（M9：13）　8. Aa型Ⅳ式（M4：33）

Ⅰ式：1件。圜底，重心低。M16：4，泥质红陶，施酱黄釉。侈口，圆唇，束颈，肩上饰有二耳。口径13.2、腹径14.8、高11.5厘米（图二三，1）。

Ⅱ式：9件。圜底，重心上提。M15：25，泥质红陶，施酱黄釉。侈口，圆唇，束颈，肩上饰有二耳。腹部饰两道凹弦纹。口径12、腹径16、高11厘米（图二三，2）。

Ⅲ式：6件。平底，重心在腹中部。M20：28，泥质红陶，施酱黄釉。侈口，圆唇，束颈。肩部饰一道凹弦纹。口径15.2、腹径17.6、底径10.4、高13厘米（图二三，3）。

B型　3件。直腹。依腹部变化可分二式。

Ⅰ式：1件。腹浅。M19：18，泥质红陶，施酱黄釉。侈口，束颈，平底内凹。腹部饰三道凹弦纹。底径14.2、残高11.6厘米（图二三，5）。

Ⅱ式：2件。腹深。M20：27，泥质红陶。侈口，束颈，平底。口径15.4、底径15、高14.2厘米（图二三，4）。

魁　12件。依柄的不同可分二型。

A型　10件。条棱柄。依腹部的不同可分二亚型。

Aa型　7件。折腹。依柄变化可分三式。

Ⅰ式：1件。柄长。M14：1，泥质灰陶。直口，方唇，平底。上腹饰一道凹弦纹。口径

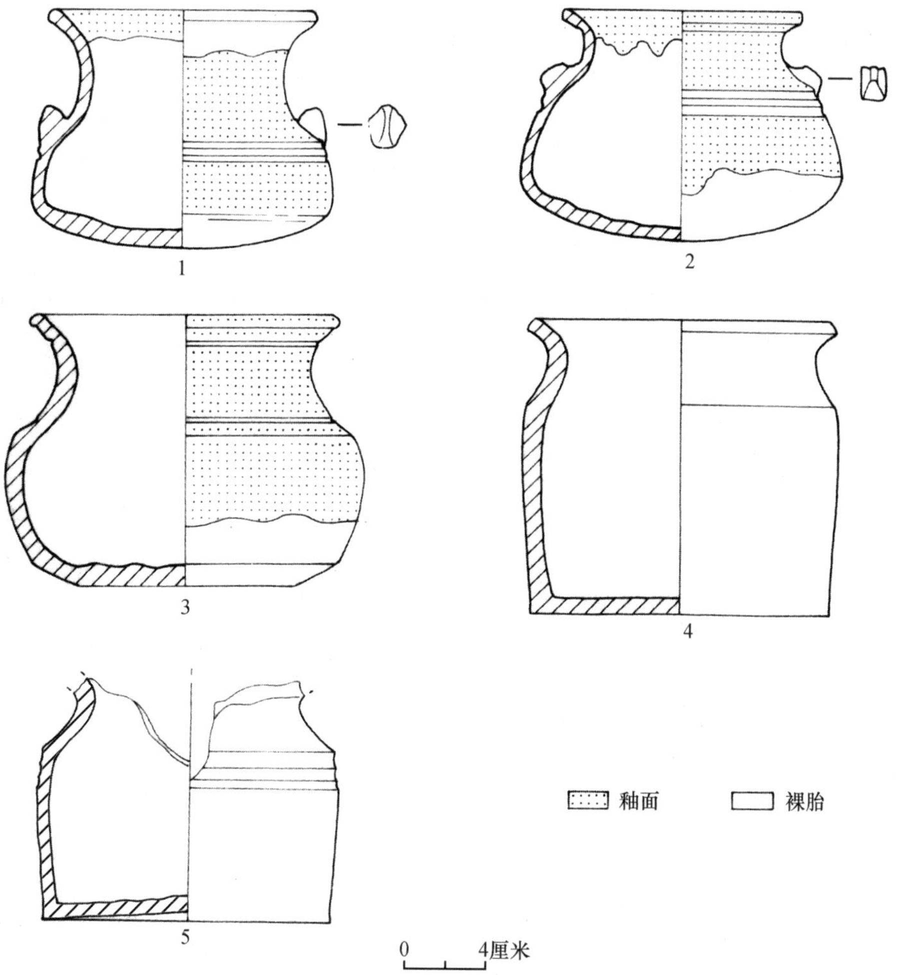

图二三　陶盂

1. A型Ⅰ式（M16：4）　2. A型Ⅱ式（M15：25）　3. A型Ⅲ式（M20：28）　4. B型Ⅱ式（M20：27）　5. B型Ⅰ式（M19：18）

18.8、底径9、通高7、通长26.3厘米（图二四，1）。

Ⅱ式：3件。柄较长。M15∶11，泥质红陶，施酱黄釉。直口，方唇，平底。上腹饰一道凹弦纹，下腹饰两道细弦纹。口径17、底径6.4、通高6.4、通长23厘米（图二四，2）。

Ⅲ式：3件。柄短。M8∶6，泥质红陶，施酱黄釉。直口，方唇，平底。上腹饰一道凹弦纹。口径16.8、底径6.6、通高6.6、通长20.2厘米（图二四，6）。

Ab型　3件。弧腹。依柄的变化可分二式。

Ⅰ式：2件。柄长。M5∶4，泥质灰陶。口微敛，圆唇，平底。上腹饰一道凹弦纹。口径18.2、底径7.6、通高7.6、通长23.8厘米（图二四，4）。

Ⅱ式：1件。柄短。M24∶24，泥质红陶。口微敞，圆唇，平底。上腹饰一道凹弦纹。口径17.6、底径6、通高6.8、通长20厘米（图二四，5）。

B型　2件。兽首柄。依兽首的变化可分二式。

Ⅰ式：1件。首昂。M19∶17，泥质红陶，施酱黄釉。微侈口，圆唇，弧腹。上腹饰一道弦纹。口径16.8、底径7.6、通高6.7、通长20.7厘米（图二四，3）。

Ⅱ式：1件。平首。M25∶9，泥质红陶，施酱黄釉。微侈口，方唇，弧腹，假圈足。上腹饰两道凹弦纹。口径17.2、底径7.2、通高7.6、通长24厘米（图二四，7）。

博山炉　8件。依盖、盘座的变化可分三式。

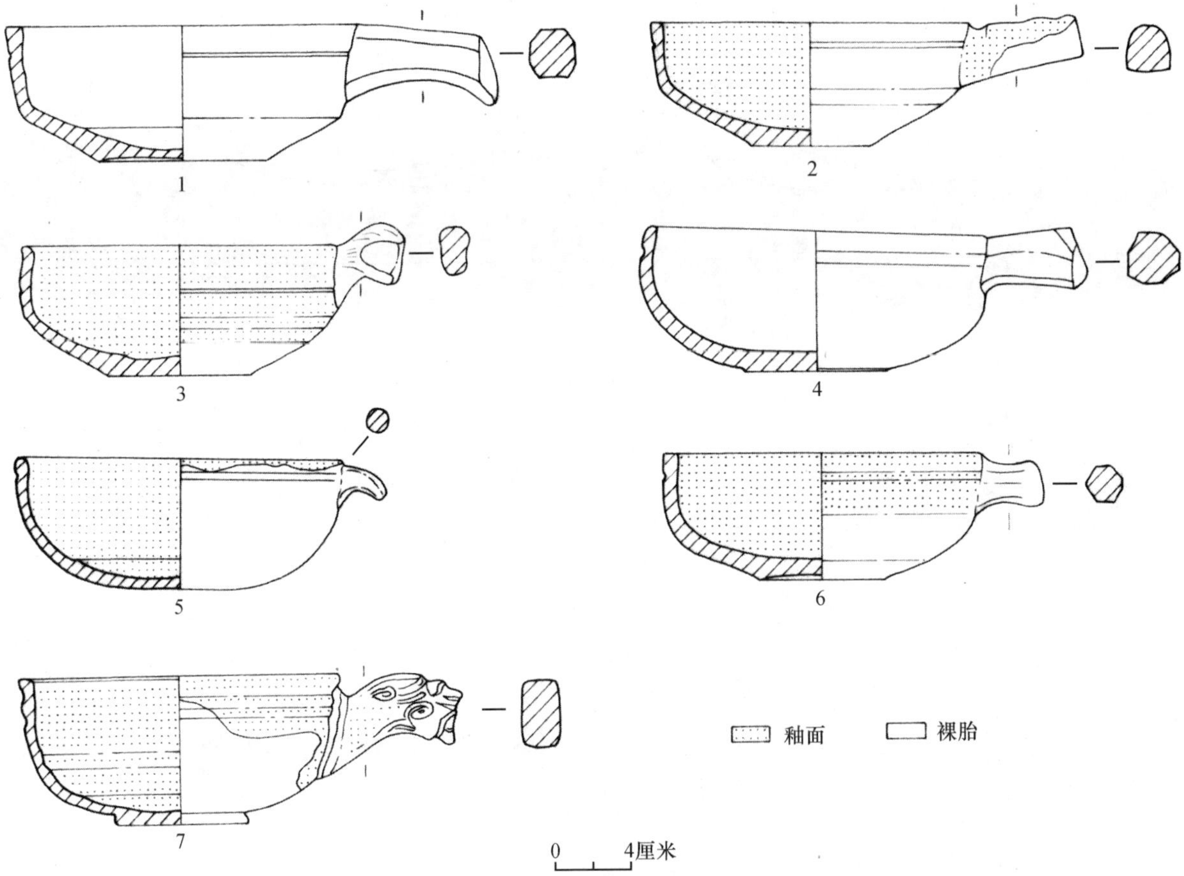

图二四　陶魁

1. Aa型Ⅰ式（M14∶1）　2. Aa型Ⅱ式（M15∶11）　3. B型Ⅰ式（M19∶17）　4. Ab型Ⅰ式（M5∶4）　5. Ab型Ⅱ式（M24∶24）　6. Aa型Ⅲ式（M8∶6）　7. B型Ⅱ式（M25∶9）

Ⅰ式：2件。盖截面呈半圆状，底盘高。M5：5，泥质灰陶。子母口，折腹，盘状座。盖面饰刻划网格纹，柄饰三道弦纹。底径9.8、通高17厘米（图二五，1）。

Ⅱ式：5件。盖截面近半圆状，底盘较高。M17：5，泥质红陶，施酱黄釉。子母口，弧腹，盘状座。盖面刻划三角纹饰并戳有穿孔。盖径10.4、口径10.4、底径9.6、盖高6、通高15厘米（图二五，2）。

Ⅲ式：1件。盖截面近锥状，底盘较矮。M24：28，泥质红陶，施酱黄釉。子母口。折腹。盖面饰乳突及刻划三角纹。盖径10.6、口径13.2、底径14.4、盖高6.2、通高17.6厘米（图二五，3）。

灯　14件。依盘的不同可分二型。

A型　9件。折腹盘。依盘、座的变化可分三式。

Ⅰ式：3件。盘腹浅、座高。M14：8，泥质灰陶。敞口，方唇，高圆柱柄，折盘座。口径12.3、底径10.4、高14.4厘米（图二五，5）。

Ⅱ式：4件。盘腹较高、座较高。M7：2，泥质灰陶。敞口，方唇，高圆柱柄，柄中饰两道凹弦纹。折盘座，上部饰一道凹弦纹。口径11.6、底径9.6、高10.6厘米（图二五，4）。

Ⅲ式：2件。盘腹较高、座较高。M24：26，泥质红陶。敞口，方唇，高圆柱柄，折盘座。上部饰一道凹弦纹。口径12、柄径3.6、高13厘米（图二五，6）。

B型　5件。弧腹盘。依口部的不同可分二亚型。

Ba型　3件。敞口。M9：4，泥质红陶，施黄釉。方唇，高圆柱柄，折盘座。上部饰一道凹弦纹。口径11.6、底径8.6、高11.8厘米（图二五，9）。

Bb型　2件。子母口。M8：16，泥质红陶，施黄釉。方唇，圆柄内曲，折盘座。上部饰一道凹弦纹。口径8.6、底径9.4、高9.8厘米（图二五，8）。

器盖　6件。依口部的不同可分二型。

A型　5件。敞口（博山炉盖）。M7：3，泥质红陶，施酱黄釉。半球状，平沿，方唇，器顶饰一乳突。器表饰雨滴纹加箭头纹，中部有一个椭圆形孔。口径11.6、高7.2厘米（图二一，8）。

B型　1件。子母口（锺盖）。M24：25，泥质红陶。弧顶，圆唇。中部饰一道凸弦纹。口径17、高4厘米（图二一，7）。

勺　11件。依柄的长短可分二型。

A型　7件。长柄。依勺身、柄的变化可分三式。

Ⅰ式：1件。勺身深，柄端直。M22：10，泥质红陶。手制。柄身微曲。通长16.7厘米（图二六，6）。

Ⅱ式：3件。勺身较深，柄端微折。M15：26，泥质红陶，施黄釉。手制。柄身直。通长17厘米（图二六，7）。

Ⅲ式：3件。勺身浅，柄端折。M24：27，泥质红陶。手制。柄身直。通长16.6厘米（图二六，5）。

B型　4件。短柄。M6：29，泥质红陶。手制。柄身曲。通长13.6厘米（图二六，4）。

耳杯　4件。M6：31，泥质红陶。手制。敞口，方唇，弧腹，平底，两对称实耳。长

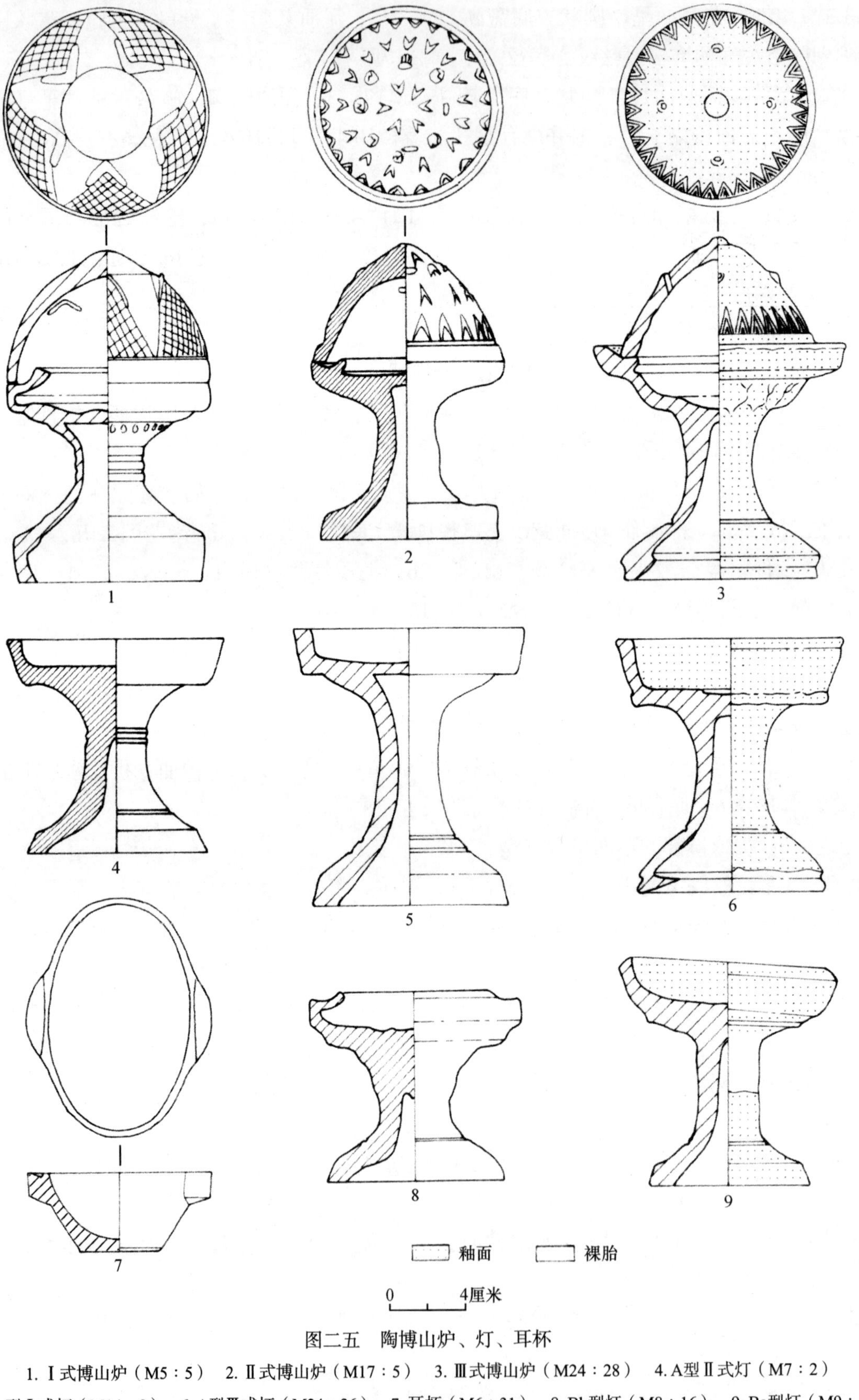

图二五　陶博山炉、灯、耳杯

1. Ⅰ式博山炉（M5：5）　2. Ⅱ式博山炉（M17：5）　3. Ⅲ式博山炉（M24：28）　4. A型Ⅱ式灯（M7：2）
5. A型Ⅰ式灯（M14：8）　6. A型Ⅲ式灯（M24：26）　7. 耳杯（M6：31）　8. Bb型灯（M8：16）　9. Ba型灯（M9：4）

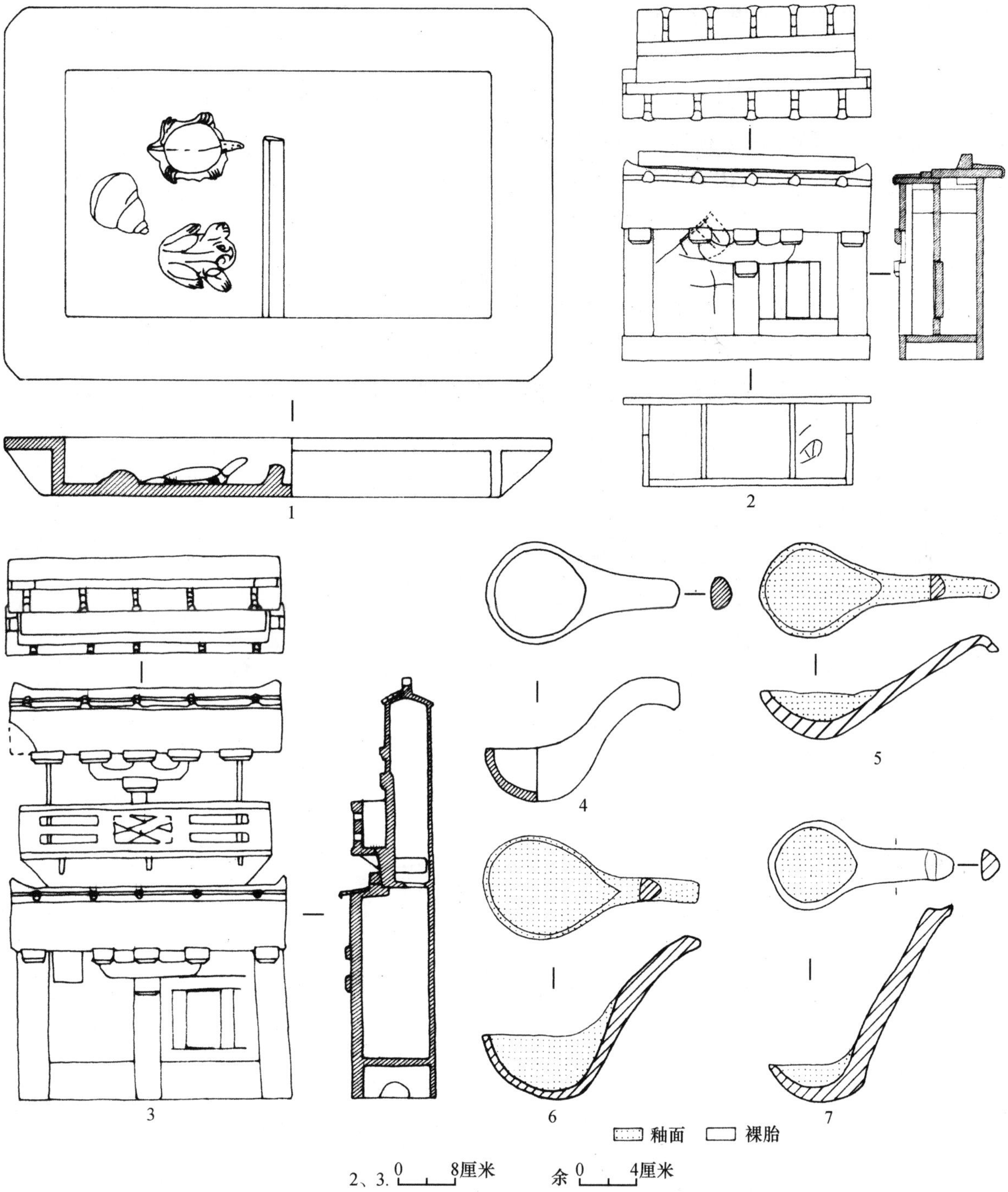

图二六 陶器

1. 塘（M24：23） 2. B型房（M6：1） 3. A型房（M24：39） 4. B型勺（M6：29） 5. A型Ⅲ式勺（M24：27） 6. A型Ⅰ式勺（M22：10） 7. A型Ⅱ式勺（M15：26）

12.2、宽9.9、高4厘米（图二五，7）。

卮　6件。依有无鋬耳可分二型。

A型　2件。无鋬耳。M24：36，泥质红陶。敛口，圆唇，微鼓腹，平底。沿下饰一道凹弦纹。口径9.6、腹径10.4、底径7.6、高8.8厘米（图二七，7）。

B型　4件。有鋬耳。依腹部变化可分二式。

Ⅰ式：3件。腹深，鋬耳短。M15：8，泥质红陶，施黄釉。敛口，方唇，微鼓腹，平底。沿下饰一道凹弦纹。口径9.6、腹径10.8、底径8.4、高9厘米（图二七，6）。

Ⅱ式：1件。腹浅，鋬耳长。M25：20，泥质红陶。敛口，圆唇，微鼓腹，平底。下腹饰两道凹弦纹。口径9.2、腹径10、底径8.8、高8厘米（图二七，8）。

案　2件。M8：2，泥质灰陶。手制。敞口，浅斜壁，兽头形足。长64、宽38、高9.2厘米（图二七，1）。

碗　1件。M3：11，硬红褐陶。敞口，圆唇，斜弧腹，平底内凹。口径18、底径6.8、高6.4厘米（图二七，2）。

三足盘　1件。M12：6，泥质灰陶。子母口，圆唇，折腹，蹄足。口径18.4、通高5厘米

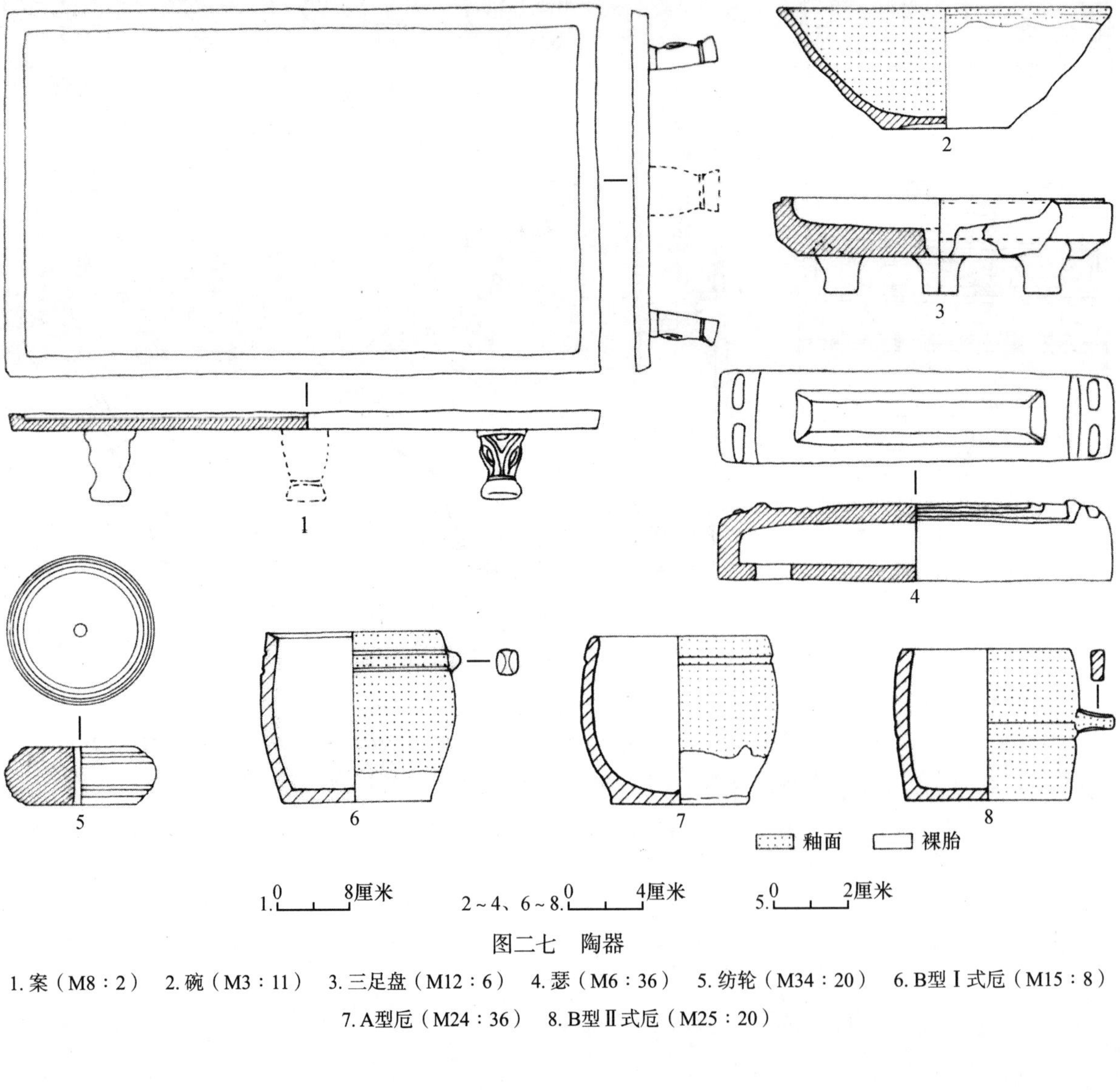

图二七　陶器

1. 案（M8：2）　2. 碗（M3：11）　3. 三足盘（M12：6）　4. 瑟（M6：36）　5. 纺轮（M34：20）　6. B型Ⅰ式卮（M15：8）　7. A型卮（M24：36）　8. B型Ⅱ式卮（M25：20）

（图二七，3）。

纺轮　1件。M34：20，泥质灰褐陶。截面呈梭形，中有一穿孔。直径4、厚1.5厘米（图二七，5）。

瑟　1件。M6：36，泥质红陶。平面呈长方形，内空，底有一孔，面微弧。饰有琴格。长21.4、宽4.8、高4.2厘米（图二七，4）。

井　14件。依井身与井盖变化可分三式。

Ⅰ式：7件。井身腹微鼓，肩斜，盖下沿长。M22：20，泥质灰陶。盖平面呈“井”字形，中部有一圆形井口，下有圈足，两边有一对长方形小孔，插井架用。四角饰细网格纹。井身敛口，圆唇，平底，底部置一小罐。盖边长25.6厘米，井身口径12.8、腹径18.4、底径12.8、高18.8厘米，小罐口径4、腹径4.8、底径3.8厘米（图二八，2）。

Ⅱ式：5件。井身腹鼓，肩平，盖下沿较长。M24：18，泥质灰陶。盖平面呈“井”字形，中部有一圆形井口，下有圈足，两边有一对长方形小孔，存一井架。四角饰网格纹。井身敛口，圆唇，平底，底部置一小罐。盖边长21厘米，井身口径11.6、腹径18.4、底径13.2厘米，小罐口径3.2、腹径4.4、底径3.6、高2.4厘米，残通高25.6厘米（图二八，1）。

Ⅲ式：2件。井身腹鼓，肩耸，盖下沿短。M2：6，泥质灰陶。盖平面呈“井”字形，中部有一圆形井口，下有圈足，两边有一对长方形小孔，上插井架，架上有山形梁。盖面饰草叶纹。井身敛口，圆唇，平底。盖边长22.8厘米，井身口径13.2、腹径20.4、底径15.6厘米，通高

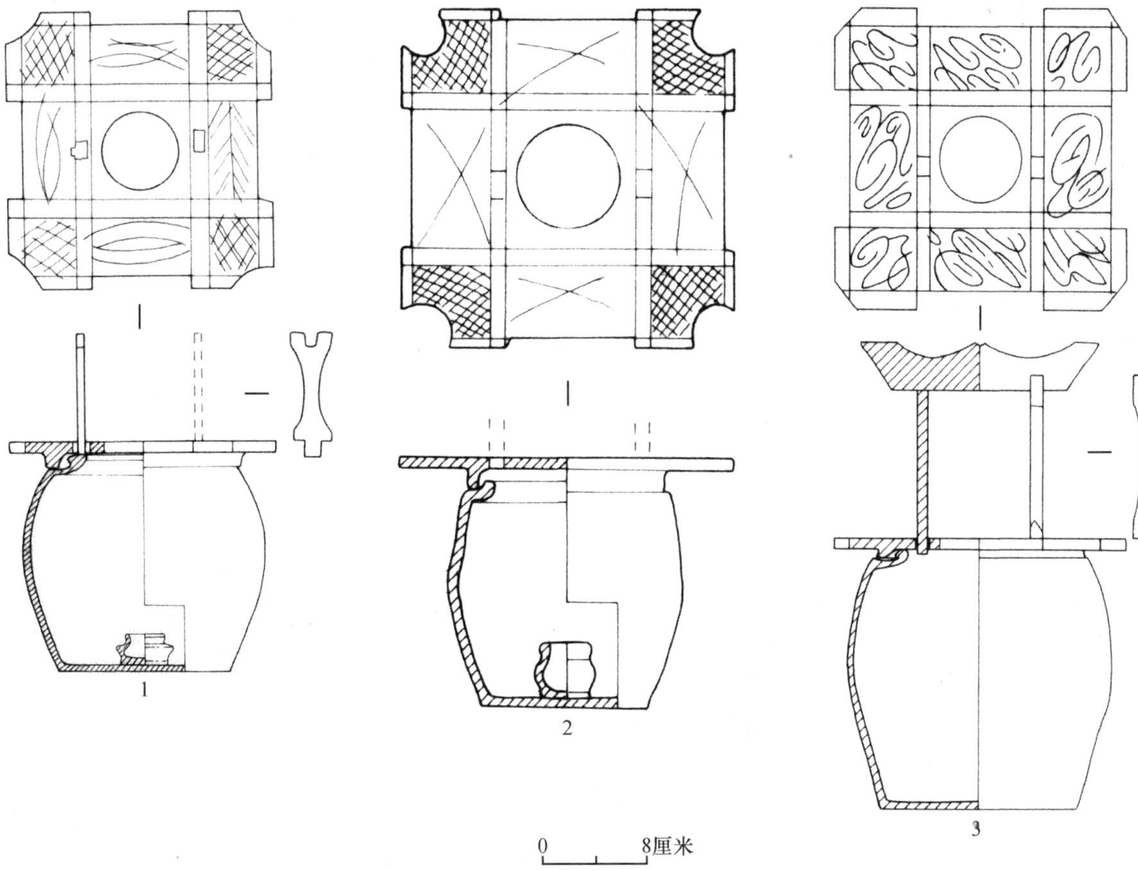

图二八　陶井

1. Ⅱ式（M24：18）　2. Ⅰ式（M22：20）　3. Ⅲ式（M2：6）

35.2厘米（图二八，3）。

房　2件。依栏的不同可分二型。

A型　1件。有栏。M24：39，泥质灰陶。二层，悬山式屋顶，脊正面有五道瓦垄，每层中柱立一斗三升斗拱，第二层廊前设栏杆，栏面饰长条形镂孔。面阔38.4、进深12.4、高56.4厘米（图二六，3）。

B型　1件。无栏。M6：1，泥质灰陶。悬山式屋顶，脊正面有五道瓦垄，中柱立一斗三升斗拱。面阔35、进深15.4、高28厘米（图二六，2）。

塘　3件。M24：23，泥质灰陶。手制。平面呈长方形，宽平沿，斜壁，平底，塘中用堤半分，塘内泥塑蛙、鳖、螺等。长38、宽25、高4 厘米（图二六，1）。

陶俑　63件。可分人物俑、动物俑两大类。

人物俑　44件。有舞俑、抚琴俑、击鼓俑、抚耳俑、吹箫俑、侍俑、童俑、佩剑侍卫俑、执袋俑及驾驭俑等。

舞俑　4件。M6：18，泥质红陶。山形髻，交领右衽，及地长裙荷叶袖，左手按胯，右手高举，左腿弯曲。高38.1厘米（图二九，1）。

抚琴俑　6件。M20：14，泥质红陶。平顶冠，交领右衽，长袍窄袖，跪坐式，琴置于两腿上。高20.9厘米（图三〇，1）。

击鼓俑　2件。M6：22，泥质红陶。圆顶冠，交领右衽，长袍宽袖，跪坐式，右手持棒靠于胸前，左手置鼓上。高20.8厘米（图三〇，5）。

抚耳俑　4件。M19：9，泥质红陶。山形髻，交领右衽，长裙广袖，跪坐式，右手抚耳，左手置腿上。高19.9厘米（图三〇，2）。

吹箫俑　4件。M6：9，泥质红陶。戴圆形尖顶冠，长袍窄袖，坐立，双手执箫。高24.8厘米（图三〇，3）。

侍俑　13件。M20：9，泥质红陶。戴圆形平顶冠，长袍窄袖，站立，双手拢于腹前。高20.2厘米（图二九，3）。

童俑　5件。M6：24，泥质红陶。光头，交领右衽，长袍窄袖，站立，露足尖，双手拱于胸前。高14.3厘米（图二九，4）。

佩剑侍卫俑　4件。M6：8，泥质红陶。戴进贤冠，交领右衽，及地长袍窄袖，站立，露足尖，双手拢于腹前。高26.4厘米（图三〇，4）。

执袋俑　1件。M20：11，泥质红陶。戴圆顶冠，交领右衽，长袍宽袖，站立，露足尖，左手执袋于胸前。高19厘米（图二九，2）。

驾驭俑　1件。M8：23，泥质红陶。戴平顶冠，交领右衽，长袍宽袖，跪立，双手抬于胸前做驾驭状。高14.7厘米（图二九，5）。

动物俑　19件。有鸡、猪、狗及镇墓兽等。

公鸡　6件。M20：3，泥质红陶。昂首，站立，翘尾。高17.8厘米（图三一，1）。

子母鸡　3件。M24：8，泥质红陶。昂首，俯卧，翘尾，双翼、背及腹前共有三只小鸡蹲伏。高12.1厘米（图三一，4）。

猪　6件。M20：2，泥质红陶。长头，翘嘴，双目凸出，体较肥。长25.8、高11.7厘米

图二九 陶人物俑

1. 舞俑（M6：18） 2. 执袋俑（M20：11） 3. 侍俑（M20：9） 4. 童俑（M6：24） 5. 驾驭俑（M8：23）

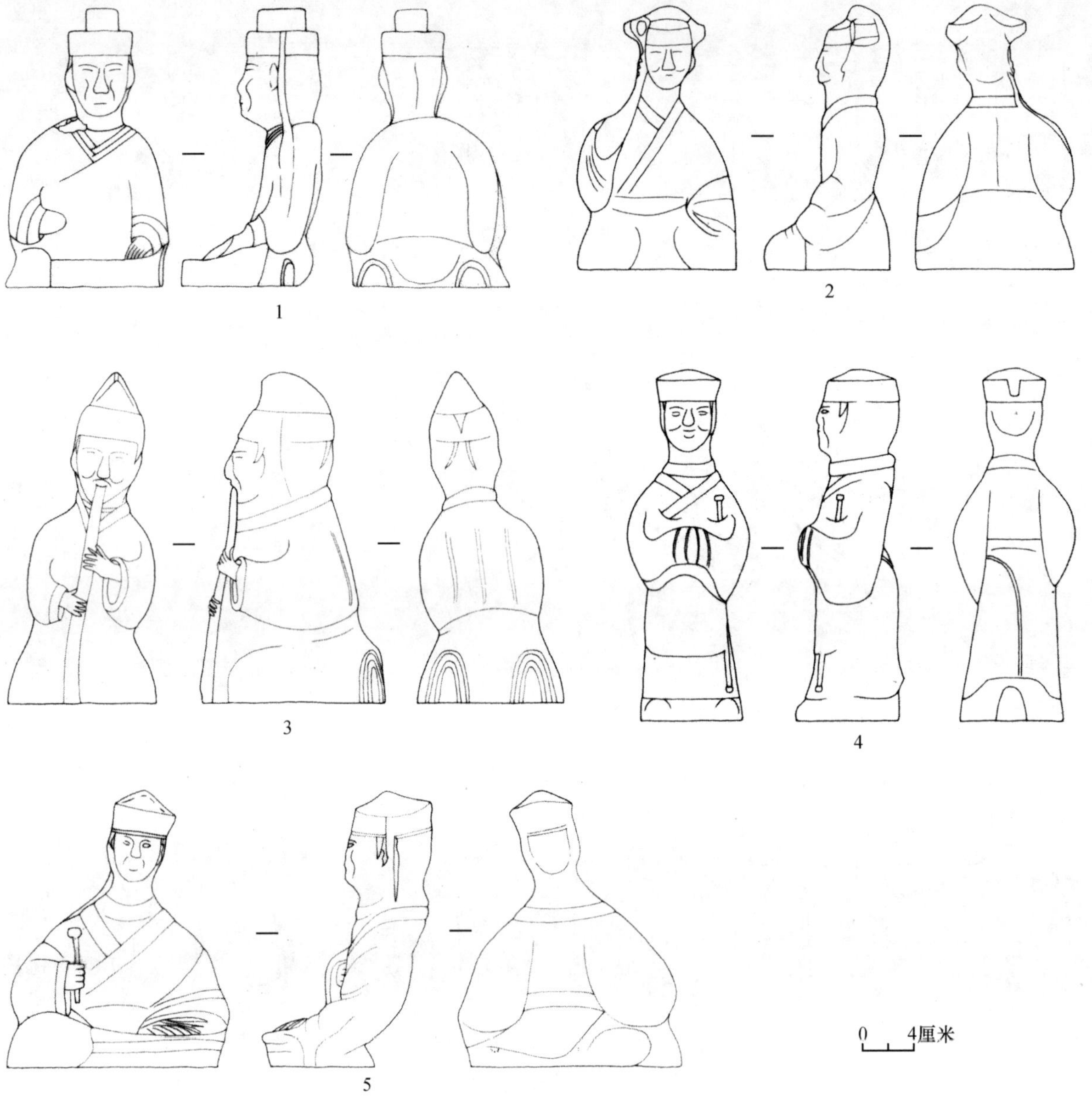

图三〇 陶人物俑

1. 抚琴俑（M20：14） 2. 抚耳俑（M19：9） 3. 吹箫俑（M6：9） 4. 佩剑侍卫俑（M6：8） 5. 击鼓俑（M6：22）

（图三一，3）。

狗 3件。M20：7，泥质红陶。昂头，耸耳，双目凸出，颈腹系栓带。长24.4、高20.6厘米（图三一，5）。

镇墓兽 1件。M6：20，泥质红陶。蹲坐，耸耳，双目凸出，张口，吐舌，舌长及地，面目狰狞。高14.4厘米（图三一，2）。

图三一 陶动物俑

1. 公鸡（M20：3） 2. 镇墓兽（M6：20） 3. 猪（M20：2） 4. 子母鸡（M24：8） 5. 狗（M20：7）

2. 瓷器

31件。以生活用具为主，有罐、壶、钵、杯、碟等。

双系罐 1件。M23：1，青白瓷。敛口，平沿，方唇，溜肩，斜弧腹，平底，肩部饰两个对称桥形耳，上部施灰白釉至中腹，中腹下施酱黑釉，有流釉。口径11.2、腹径14、底径6.4、高17厘米（图三二，12）。

四系盘口壶 4件。M11：4，青白瓷。盘口，尖圆唇，束颈，鼓腹，平底，肩部饰对称四桥形耳。口径6.4、底径6.2、高12.2厘米（图三二，2）。

钵 5件。依口部的不同可分二型。

A型　4件。微侈口。依腹部的变化可分二式。

Ⅰ式：1件。深腹。M12：3，青瓷。圆唇，弧腹，假圈足。腹部饰两道凹弦纹。口径22.8、底径14、高9.1厘米（图三二，11）。

Ⅱ式：3件。浅腹。M1：8，青瓷。圆唇，腹微鼓，假圈足，内底有一圈支钉痕迹。素面。口径17.6、底径10、高6.2厘米（图三二，7）。

B型　1件。敞口。M1：7，青瓷。圆唇，弧腹，假圈足，内底有一圈支钉痕迹。素面。口径17.6、底径10.8、高6.6厘米（图三二，6）。

碗　8件。依整体的大小可分二型。

A型　2件。体大。M21：3，青瓷。尖圆唇，弧腹，璧足。口径13.8、底径4.2、高7.6厘米（图三二，1）。

B型　6件。体小。依口部的不同可分三亚型。

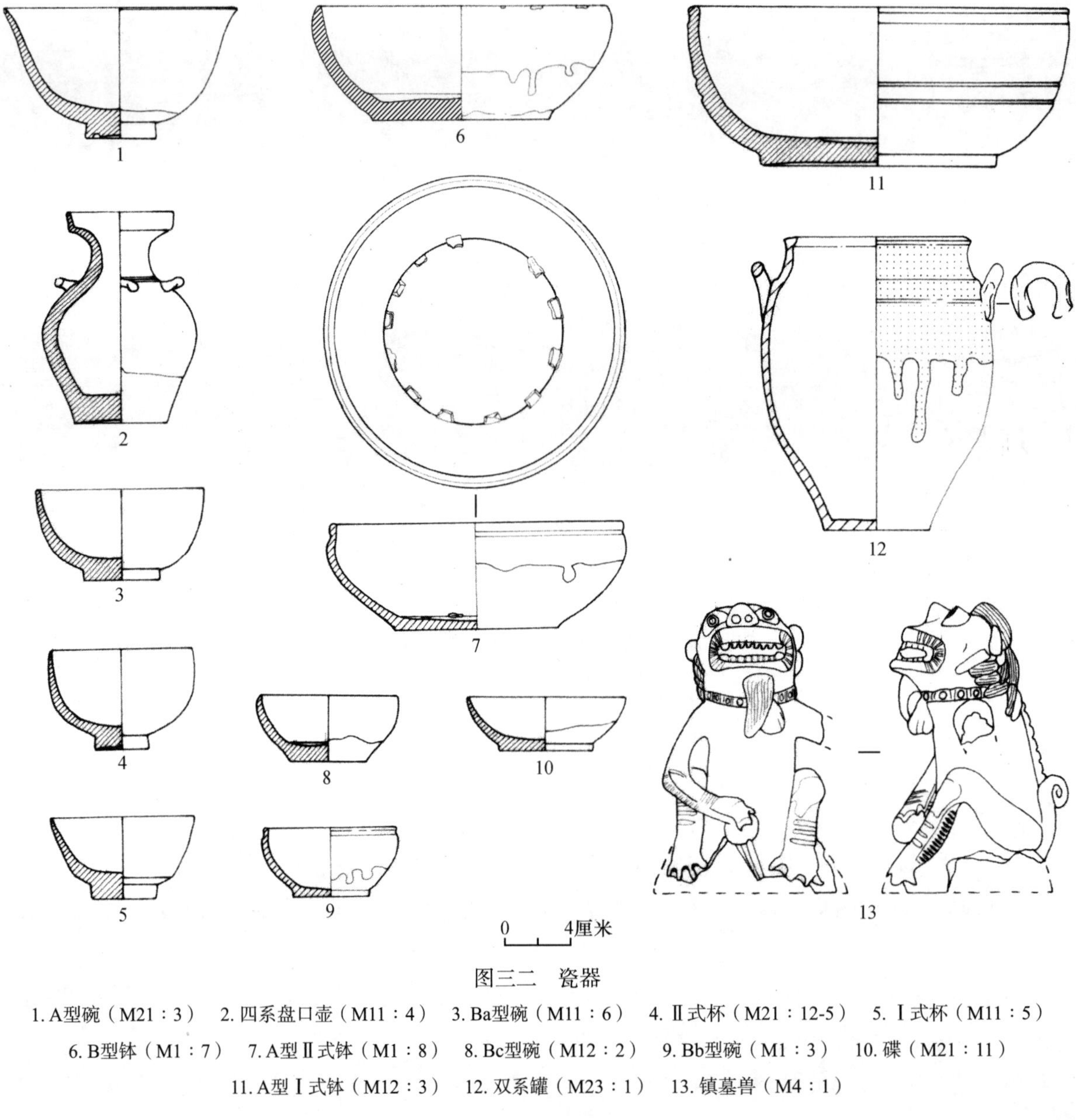

图三二　瓷器

1. A型碗（M21：3）　2. 四系盘口壶（M11：4）　3. Ba型碗（M11：6）　4. Ⅱ式杯（M21：12-5）　5. Ⅰ式杯（M11：5）　6. B型钵（M1：7）　7. A型Ⅱ式钵（M1：8）　8. Bc型碗（M12：2）　9. Bb型碗（M1：3）　10. 碟（M21：11）　11. A型Ⅰ式钵（M12：3）　12. 双系罐（M23：1）　13. 镇墓兽（M4：1）

Ba型　3件。敞口。M11∶6，青瓷。尖圆唇，斜弧腹，饼足，内底有一圈支钉痕迹。素面。口径10.1、底径4.6、高5.2厘米（图三二，3）。

Bb型　1件。侈口。M1∶3，青瓷。圆唇，弧腹，饼足。素面。口径8、底径4.8、高4厘米（图三二，9）。

Bc型　2件。敛口。M12∶2，青瓷。圆唇，弧腹，饼足，内底有一圈支钉痕迹。素面。口径8.4、底径4.8、高3.8厘米（图三二，8）。

杯　7件。依腹的变化可分二式。

Ⅰ式：1件。腹浅。M11∶5，青瓷。敞口，尖圆唇，斜弧腹，饼足。口径8.8、底径4、高4.8厘米（图三二，5）。

Ⅱ式：6件。腹深。M21∶12-5，青瓷。尖圆唇，弧腹，假圈足。素面。口径8.4、底径3.2、高5.9厘米（图三二，4）。

碟　5件。M21∶11，青瓷。敞口，尖圆唇，弧腹，饼足。素面。口径9.4、底径5.6、高3.1厘米（图三二，10）。

镇墓兽　1件。M4∶1，青瓷。蹲坐，昂首，耸耳，张牙露齿，双目凸出，束鬃，长须，长卷尾，颈系铃，右前爪抚一球。高16.8厘米（图三二，13）。

3. 铜器

29件。有容器、生活用具、兵器、饰件等。

鍪　4件。依腹部的不同可分二型。

A型　2件。直腹。M14∶9，侈口，方唇，束颈，圜底，肩部饰两个对称环耳。腹部饰两道凸弦纹。口径14.6、腹径16.4、高13.8厘米（图三三，2）。

B型　2件。鼓腹。M22∶1，侈口，圆唇，束颈，圜底，上腹饰两个对称环形耳。上腹部饰三道凸弦纹。口径18.4、腹径24.4、高19厘米（图三三，1）。

洗　1件。M16∶1，敞口，平沿，方唇，斜弧腹，平底内凹。素面。口径35.5、底径20、高13.2厘米（图三三，4）。

箭镞　4件。依翼的不同可分三型。

A型　2件。三棱形翼。M29∶7，长柱铤，尖锋。长8.2厘米（图三三，10）。

B型　1件。窄扁翼。M34∶4，长四棱铤，弧锋。长10.7厘米（图三三，9）。

C型　1件。宽扁翼。M29∶5，长四棱铤，尖锋。长5.6厘米（图三三，11）。

弩机　2件。M29∶8，由扳机、制动、望山板组成，各构件之间用榫卯连接。长6.8、宽2厘米（图三三，3）。

勺　1件。M38∶3，长柄。残长15.4厘米（图三三，8）。

钗　3件。M19∶5，顶端宽扁，有两道凹槽，末端呈锥状。长8.6厘米（图三三，6）。

漆耳杯包耳　5件。M20∶25，月牙形。长6.5厘米（图三三，7）。

镯　2件。M19∶2，外缘呈齿状。直径6.1厘米（图三三，5）。

指环　3件。M13∶4，截面呈圆形。直径2厘米（图三三，15）。

泡钉　1件。M19∶19，伞状，内中有一锥形钉。直径1、残高1 厘米（图三三，13）。

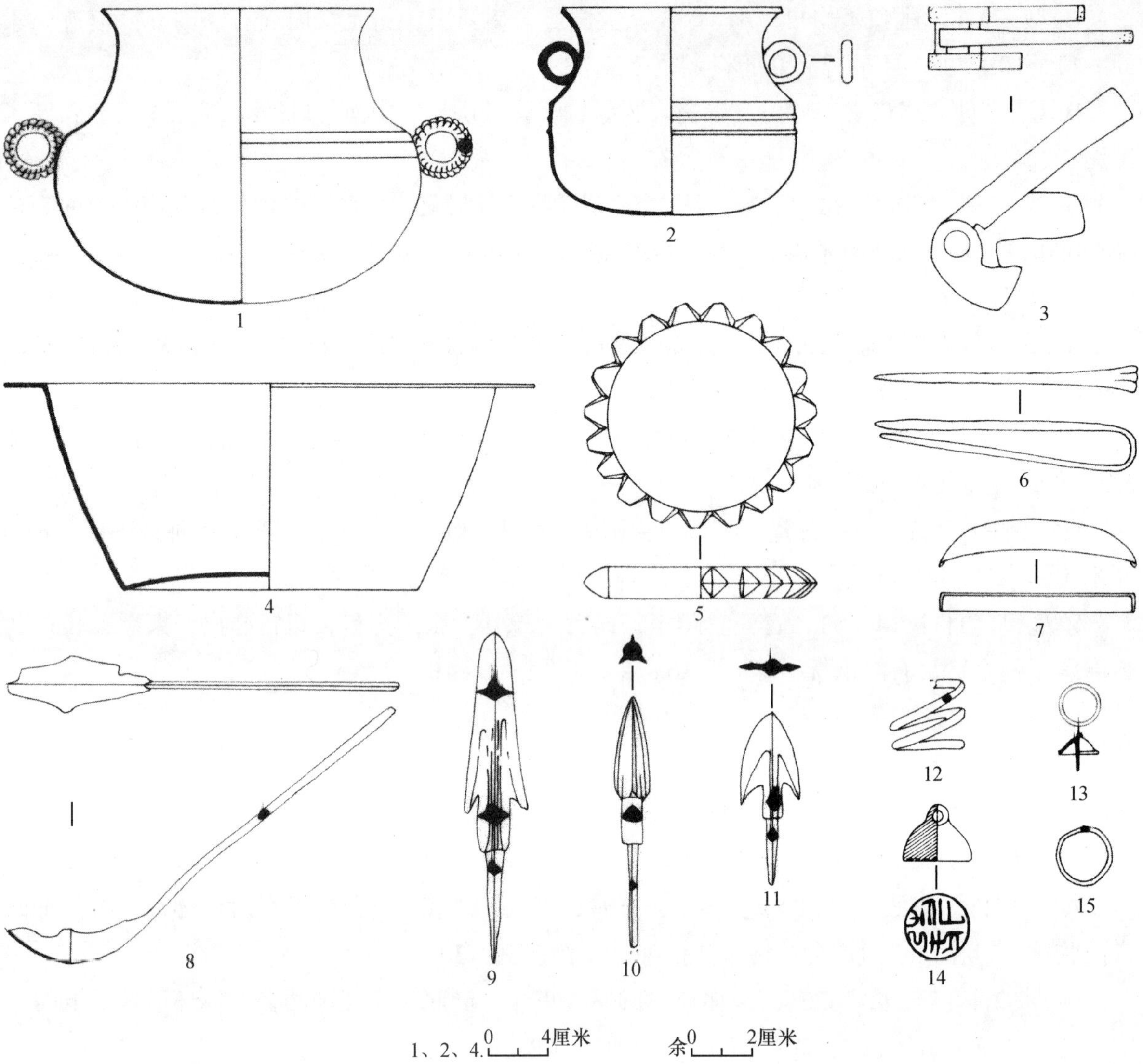

图三三 铜器

1. B型鍪（M22：1） 2. A型鍪（M14：9） 3. 弩机（M29：8） 4. 洗（M16：1） 5. 镯（M19：2） 6. 钗（M19：5） 7. 漆耳杯包耳（M20：25） 8. 勺（M38：3） 9. B型箭镞（M34：4） 10. A型箭镞（M29：7） 11. C型箭镞（M29：5） 12. 饰件（M19：6） 13. 泡钉（M19：19） 14. 印章（M26：01） 15. 指环（M13：4）

印章 1件。M26：01，半球状，顶有一衔环纽。篆字，阴刻。直径1.1、高0.9厘米（图三三，14）。

饰件 2件。M19：6，截面呈圆形，盘成柱状。高2.3厘米（图三三，12）。

4. 钱币

共1254枚。有半两、五铢、大泉五十、货泉、四铢等。部分残破严重者未统计。

半两 2枚。主要出于M1、M19。M19：4，文字较高挺，篆意浓，“半”字下横及“两”字上横较短。钱径2.2、穿宽0.8厘米。

五铢 1046枚。分二型。

A型 583枚。有郭。分六式。

Ⅰ式：35枚。主要出土于M20、M31等。铸工较粗，“五”字交股较直，“朱”字上方下圆。钱径2.3～2.4、穿宽1.1～1.2厘米。

Ⅱ式：25枚。主要出土于M34、M32等。铸工较细，“五”字交股缓曲，“朱”字上方下圆，内外郭宽窄均匀，规矩整齐。钱径2.5～2.6、穿宽1.1～1.2厘米。

Ⅲ式：141枚。主要出土于M29等。铸工较细，“五”字交股弯曲大，上下两横出头接于内、外郭，“朱”字上方下圆，“铢”字“金”头呈等腰三角形。钱径2.5～2.6、穿宽1.1～1.2厘米。

Ⅳ式：171枚。主要出土于M19、M28等。铸工较细，“五”较宽，“朱”字上下圆折，“铢”字“金”头呈等腰三角形。钱径2.5～2.6、穿宽1.1～1.2厘米。

Ⅴ式：140枚。主要出土于M24、M25等。铸工较细，“五”字交股弯曲，上下两横不出头，“朱”字上下圆折，“铢”字“金”头呈三角形。钱径2.5～2.6、穿宽1.1～1.2厘米。

Ⅵ式：71枚。主要出土于M2等。铸工精细，“五”字交股弯曲，上下两横不出头，“朱”字上下圆折，上下对称，“铢”字“金”头呈三角形。钱径2.5～2.6、穿宽1～1.1厘米。

B型　463枚。磨郭或剪郭。主要出土于M20、M24等。用Ⅰ～Ⅵ式五铢磨郭或剪郭而成。钱径1.7～2、穿宽1～1.1厘米。

大泉五十　2枚。出土于M6。有郭，钱文“大”字呈圆弧形，“泉”字中竖中断。钱径2.5～2.6、穿宽1～1.1厘米。

货泉　196枚。出土于M22。有郭，钱文“泉”字中竖中断，内郭有单双。钱径2～2.1、穿宽0.7～0.8厘米。

直百五铢　1枚。出土于M12。有郭。钱径2.5～2.6、穿宽1～1.1厘米。

四铢　7枚 。主要出土于M1、M13。有郭，“朱”圆折，上下对称，“铢”字“金”头呈三角形。钱径2.1～2.2、穿宽0.9厘米。

5. 铁器

11件。主要为工具和兵器类。有斧、钁、刀、釜等。

釜　2件。依口部的不同可分二型。

A型　1件。直口。M16∶3，方唇，高领，鼓腹，小圈足，腹饰对称衔环耳。口径29.6、腹径42、底径11.6、高34.2厘米（图三四，1）。

B型　1件。敛口。M8∶9，尖圆唇，鼓腹，小平底。腹饰一道凸弦纹。口径26.8、腹径42.8、底径10.4、高31.2厘米（图三四，2）。

斧　1件。M29∶2，弧刃，侧面呈三角形，长方形銎。长9、刃宽6厘米（图三四，4）。

钁　2件。M34∶16，长条形，直刃，顶端包卷成长方形銎。长27、宽8厘米（图三四，3）。

刀　6件。依首的不同可分二型。

A型　4件。环首。M29∶3，刀身较直，单刃。长54.4、宽2.8、厚0.8厘米（图三四，7）。

B型　2件。直首。M35∶9，刀身较直，长柄，单刃，锈蚀严重。长83.2、宽4厘米（图三四，10）。

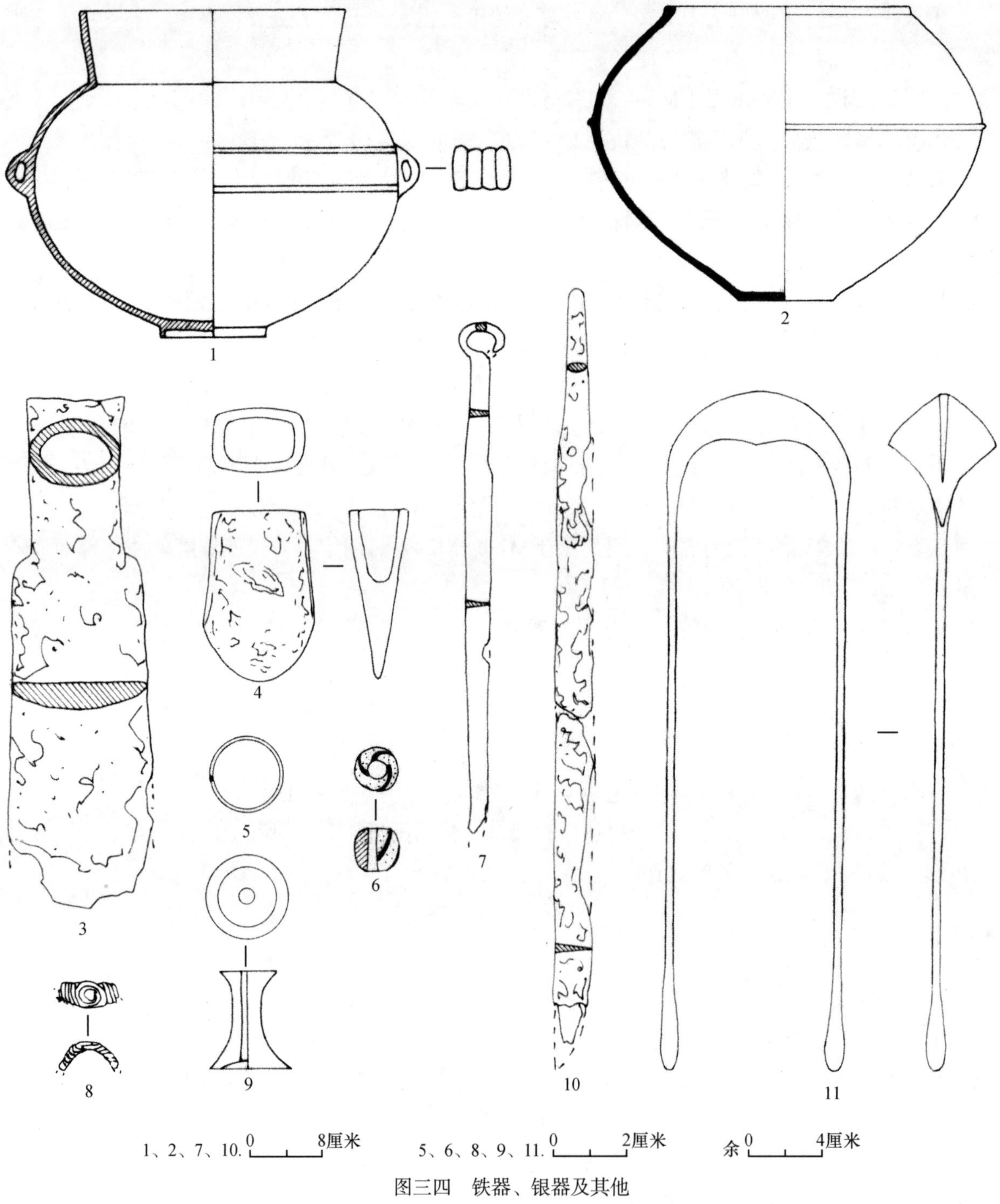

图三四 铁器、银器及其他

1. A型铁釜（M16∶3） 2. B型铁釜（M8∶9） 3. 铁钁（M34∶16） 4. 铁斧（M29∶2） 5. 银指环（M22∶3） 6. 料珠（M21∶10） 7. A型铁刀（M29∶3） 8. 银戒指（M17∶11） 9. 玉耳珰（M25∶8） 10. B型铁刀（M35∶9） 11. 银钗（M9∶1-2）

6. 银器及其他

17件。有银钗、银指环、银戒指、玉耳珰、料珠等。

银钗　2件。M19∶1-2，首端宽，平面为弓形，剖面呈伞形，下端呈扁弧状。长18厘米（图三四，11）。

银指环　4件。M22∶3，截面呈圆形。直径2厘米（图三四，5）。

银戒指　1件。M17∶11，顶部为银丝盘成圈，戒身银丝缠绕。直径2.2厘米（图三四，8）。

玉耳珰　2件。M25∶8，蓝玉，亚腰形，中有一穿。直径1.1、高1.8厘米（图三四，9）。

料珠　8件。大小不一，颜色各异。M21∶10，红黄色，半透明。近球状，中有一穿孔。直径1.2厘米（图三四，6）。

四、墓葬的分期与年代

这次发掘的35座墓葬，时代跨度大，根据墓葬形制、器物组合及钱币的共存关系，初步将这批墓葬分为六期。

第一期：西汉中晚期。属于该期的墓葬有4座（M29、M31、M32、M34），均为竖穴土坑墓。这批墓葬出土A型Ⅰ～Ⅲ式五铢，A型Ⅰ式五铢铸行于武帝元狩五年（前118年），A型Ⅱ式五铢铸行于武帝元鼎四年（前113年），A型Ⅲ式五铢铸行于汉宣帝本始元年（前73年）。据此，这4座墓葬的时代最晚应在公元前73年前后。陶器均为泥质灰陶，纹饰以网格纹、弦纹为主。器物组合陶器类以Ⅰ式居多；铜器类有鍪、镞、弩机、饰件等；铁器类有刀、斧、钁等。基本上可推断这批墓葬属西汉中晚期。

第二期：新莽时期。属于该期的墓葬有3座（M5、M14、M22），均为竖穴土坑墓，出土陶器与西汉晚期陶器相近，此期钵的数量明显增多，出土铜器有鍪、镞等。出土钱币货泉。其时代应为新莽时期。

第三期：东汉早期。属于该期的墓葬有5座（M15～M17、M26、M28），M28为刀把形砖室墓，其余均为竖穴土坑墓。M28出土大量A型Ⅳ式五铢。为东汉早期五铢，出土铜器有洗、印章等。陶俑开始出现。陶器多为Ⅱ式，部分陶器与二期相近。这批墓葬的时代应为东汉早期。

第四期：东汉中期。属于该期的墓葬有8座（M7～M9、M19、M20、M24、M25、M35）。除M9外，均为“凸”字形或刀把形砖室墓。这一时期俑的数量明显增多，部分陶器与三期相同，新出现Ⅱ式井，Aa型Ⅲ式钵，Ba型Ⅱ式、Ab型Ⅱ式平底罐等，出现釉陶器。钱币有A型Ⅳ式五铢，大量A型Ⅴ式五铢、剪轮五铢大量出现。这批墓葬的时代应为东汉中期。

第五期：东汉晚期。属于该期的墓葬有4座（M2、M6、M27、M33）。除M27外，均为“凸”字形或刀把形砖室墓。这一时期俑的数量大增，种类丰富。部分陶器与四期相同，新出现Ⅲ式井、A型Ⅳ式钵等。釉陶器数量增多。钱币数量明显减少，杂乱，以A型Ⅵ式五铢为主。这批墓葬的时代应为东汉晚期。

第六期：两晋南朝时期。属于该期的墓葬有9座（M1、M3、M4、M10～M13、M21、M23）。除M11外，均为“凸”字形或刀把形砖室墓。随葬品以瓷器为主，多为罐、盘口壶、碗、钵组合。根据器形的变化和钱币的共存关系，把这批墓葬分前后两段。

前段：属于该段的墓葬有2座（M11、M12）。罐略矮胖，杯、A型钵均为Ⅰ式。钱币有直百五铢、剪轮五铢等。故这批墓葬的时代应为两晋时期。

后段：属于该段的墓葬有7座（M1、M3、M4、M10、M13、M21、M23）。罐修长，杯、A型钵均为Ⅱ式，新出现Bb型碗。钱币有A型Ⅵ式五铢、剪轮五铢、四铢等，四铢为南朝刘宋时期铸造。故这批墓葬的时代应为南朝刘宋时期。

五、结　语

本年度袁家岩遗址发掘的面积虽然不大，只发掘了其中三个墓地，但每个墓地墓葬分布密集，时代从西汉中晚期一直延续至两晋南朝时期。这次发掘的35座墓葬中，以砖室墓为主，土坑墓次之，且土坑墓与土坑墓、砖室墓与砖室墓之间鲜有打破关系，一般为砖室墓打破土坑墓。每个墓地中土坑墓的排列有一定的次序，一般早期墓葬居墓地中部，晚期墓葬在其两旁或周围依次排列，可以推测每个墓地是相对独立的家族墓地。

附记：参加本次发掘的工作人员有徐小林、封剑平、秦光正、孙少伟、王胜利、杨晓红、陶一波、丁韦强、何海蓉、蔡远富、夏志平、王银、张勇、吴天清、王晗、郎富海、曾仙斌等。发掘中，得到丰都县文物管理所的大力支持，在此表示致谢！

领队：袁东山
资料整理：李大地　杨爱民
绘图：谭远辉
执笔：李大地　袁东山　杨爱民

附表　墓葬登记表

区号	墓号	方向	主要尺寸（长×宽-高）			形制与结构	备注
			墓室（底部）/厘米	甬道/厘米	墓道/厘米		
Ⅲ区	M1	305°	170×140-158	170×140-158	上口96×120、底坡100×100-（20～60）	刀把形砖室墓	
Ⅲ区	M2	263°	282×240-120	250×168-70	上口69×172、底坡70×170-（0～20）	刀把形砖室墓	
Ⅲ区	M3	268°	234×170-63	108×120-27		刀把形砖室墓	
Ⅲ区	M4	311°	274×210	170×140		刀把形砖室墓	剩残底
Ⅲ区	M5	333°	300×186-（28～50）			长方形竖穴土坑墓	无墓道
Ⅲ区	M6	24°	339×241-40	192×143-32		刀把形砖室墓	墓道已扰、不存
Ⅲ区	M7	19°	308×249-91	89×128-91		刀把形砖室墓	墓道已扰、不存
Ⅲ区	M8	233°	280×240-100	190×144-80		刀把形砖室墓	墓道已扰、不存
Ⅲ区	M9	237°	242×114-33			长方形砖室墓	无墓道和甬道
Ⅲ区	M10	242°	281×222-8	152×122		刀把形砖室墓	
Ⅲ区	M11	232°	260×165-110			长方形砖室墓	无墓道和甬道
Ⅲ区	M12	267°	290×240-（63～110）	183×140-48		“凸”字形砖室墓	墓道已扰、不存
Ⅲ区	M13	306°	276×216-（8～32）	160×126-（8～13）		刀把形砖室墓	墓道已扰、不存
Ⅲ区	M14	8°	200×190-76			长方形竖穴土坑墓	无墓道和甬道
Ⅲ区	M15	28°	230×154-22			长方形竖穴土坑墓	无墓道和甬道
Ⅲ区	M16	13°	350×250-（100～120）			长方形竖穴土坑墓	无墓道
Ⅲ区	M17	49°	372×320-（140～270）		上口120×120、底坡100×100-（20～60）	长方形竖穴土坑墓	带墓道
Ⅲ区	M18	326°	322×300-78			近方形竖穴土坑墓	被盗
Ⅱ区	M19	298°	270×304-36	224×180-36		刀把形砖室墓	墓道已毁
Ⅱ区	M20	298°	254×312-95	192×168-70		刀把形砖室墓	扰乱
Ⅱ区	M21	290°	466×274-92	184×168-90	上口宽114、下口宽76、残长92	刀把形砖室墓	扰乱
Ⅱ区	M22	295°	416×346-（280～290）			长方形竖穴土坑墓	扰乱
Ⅱ区	M23	295°	295×255-56	130×200-56	上口长80、上口宽140、坡长60、下端长53～116	刀把形砖室墓	扰乱
Ⅱ区	M24	295°	295×275-（90～105）	170×220-105	上口60×160、底坡155×85、深25～36	刀把形砖室墓	扰乱

续表

区号	墓号	方向	主要尺寸（长×宽-高）			形制与结构	备注
			墓室（底部）/厘米	甬道/厘米	墓道/厘米		
Ⅱ区	M25	303°	328×250-（115～122）	170×160-115	上口74×100、底坡64×76、深76～80	刀把形砖室墓	扰乱
Ⅱ区	M26	303°	320×280-190			长方形竖穴土坑墓	扰乱
Ⅱ区	M27	295°	110×74-（60～70）			砖室墓	扰乱
Ⅰ区	M28	285°	260×215-（94～114）	130×138-94	74×94-89	刀把形砖室墓	扰乱
Ⅰ区	M29	20°	320×196-（205～210）			长方形竖穴土坑墓	扰乱
Ⅰ区	M30	12°	260×185-（60～100）			长方形竖穴土坑墓	扰乱
Ⅰ区	M31	35°	350×330-（180～210）			近方形竖穴土坑墓	扰乱
Ⅰ区	M32	333°	365×210-（180～230）			长方形竖穴土坑墓	扰乱
Ⅰ区	M33	270°	334×270-（155～225）			刀把形砖室墓	墓道、甬道已扰
Ⅰ区	M34	350°	320×210-（175～245）			长方形竖穴土坑墓	扰乱
Ⅰ区	M35	267°	352×282-370		上口长282、上口宽166～182、下口长160、坡长320	“凸”字形砖室墓	扰乱

丰都袁家岩遗址2002年度发掘简报

重庆中国三峡博物馆
重庆市文化遗产研究院

重庆市丰都县位于四川盆地东部边缘，长江由西向东横贯县境。据文献记载，该区域秦属巴枳县（今涪陵）；西汉时期属益州郡枳县；东汉和帝永元二年（90年）置县，名平都，后几经易名；1958年始名丰都县。丰都县城下游的长江沿岸多缓坡台地，遗址分布密集，仅高家镇旧镇到龙孔乡凤凰嘴的短短3.4千米距离就分布了高家镇、秦家院子、袁家岩、石地坝、信号台、玉溪、玉溪坪、凤凰嘴等10余处遗址，这些遗址被冲沟和小山隔断形成既相互联系、又相互独立的遗址群，而且时代延续很长，从旧石器时代晚期一直延续到明清时期，文化内涵十分丰富，袁家岩遗址就是其中比较重要的遗址之一（图一）。

袁家岩遗址位于重庆市丰都县高家镇关田沟村二社、三社。遗址地处长江右岸一级、二级阶地上，西临长江，南、北分别隔冲沟与秦家院子遗址、石地坝遗址相望。中心地理坐标为东经107°51′27″，北纬29°59′47″。海拔120～181米，面积近6万平方米。袁家岩遗址于1992年三峡库区文物调查时发现，1993年、1994年又多次进行了复查。

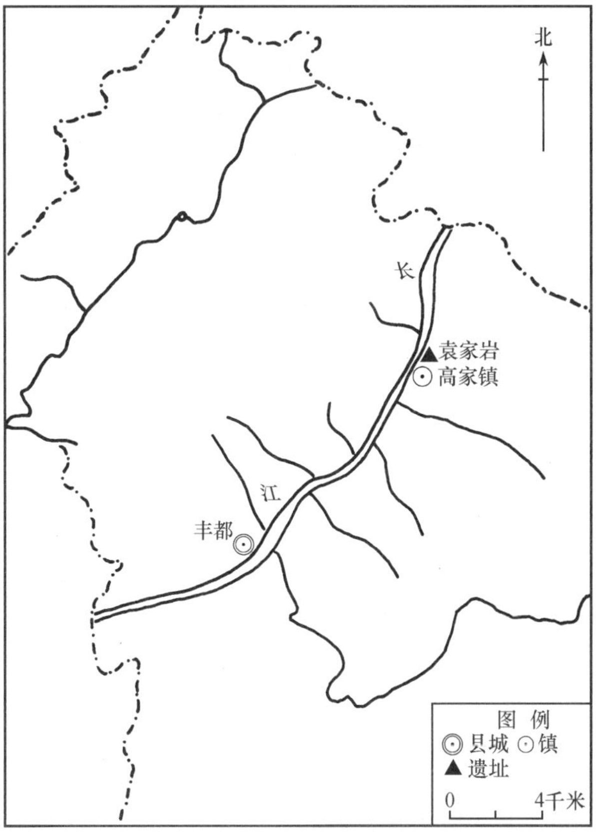

图一　遗址位置示意图

2001年10月，重庆市博物馆（今重庆中国三峡博物馆）、重庆市文物考古所（今重庆市文化遗产研究院）派遣工作人员，对该遗址进行了抢救性发掘，于11月18日结束，历时40余天。根据遗址地貌将其划分为六个发掘区，其中一级台地为人类生活堆积区，为Ⅵ区；一级台地以东为缓坡山丘地带，分离五个小山丘，分属Ⅰ～Ⅴ区，为墓葬区（图二）。Ⅰ～Ⅲ区已作为2001年度发掘任务于11月份发掘结束。Ⅳ～Ⅵ区为2002年度发掘任务，现将2002年度发掘工作按遗址和墓群两部分报告如下。

一、遗　　址

此次发掘Ⅵ区为遗址部分，位于沿江一级阶地，地势较平坦，分A、B两个发掘点，其中A发掘点位于Ⅵ区北部，共布5米×5米探方11个。编号2002QYⅥT0727～2002QYⅥT0927、2002QYⅥT0728～2002QYⅥT0928、2002QYⅥT0729、2002QYⅥT0829、2002QYⅥT1030、2002QYⅥT1130、2002QYⅥT1129。B发掘点位于Ⅵ区南部，共布5米×5米探方9个，编号2002QYT1512～2002QYT1712、2002QYT1513～2002QYT1813、2002QYT1614、2002QYT1714（以下省略“2002QYⅥ”）。

（一）地层堆积

A发掘点以T0828、T0928南壁剖面为例说明其地层堆积情况（图三）。

第1层：黑褐色耕土层。土质疏松。含大量植物根茎和近现代砖瓦碎块。厚10～22厘米。

第2层：浅灰褐色粉砂土。土质疏松。含少量近现代砖瓦碎片。厚0～35厘米。

第3层：灰褐色粉砂土。土质疏松，细腻。出土少量明清瓷片等。厚0～25厘米。

第4层：黄褐色粉砂土。颗粒较细，结构较紧密。出土少量青花瓷片等。厚20～24厘米。

第5层：红褐色粉砂土。颗粒较细，结构较紧密。含少量唐宋时期瓷片、陶片等。厚32～44厘米。

第6层：灰褐色粉砂土。土质结构紧密。含唐宋时期瓷片、陶片等。厚0～36厘米。

第7层：黄褐色粉砂土。结构较紧密。出土少量陶片等。厚7～60厘米。

第8层：黄褐色粉砂土。土质较紧密。出土少量陶片等。厚16～28厘米。

第8层下为淤砂层。

B发掘点以T1513、T1613南壁剖面为例说明其地层堆积情况（图四）。

第1层：灰黑色耕土。土质疏散。含少量近现代杂物等。厚0～24.5厘米。

第2层：浅灰褐色粉砂土。土质较紧密。出土少量近现代砖瓦及瓷片等。厚10～69.3厘米。

第3层：灰褐色粉砂土。土质紧密。出土少量明清瓷片及瓦片等。厚0～16.3厘米。

第4层：灰黄色粉砂土。土质较紧密。出土少量陶片等。厚0～36.7厘米。

第5层：浅红褐色粉砂土。土质较松，细腻。包含物较少。厚32.6～40.8厘米。

第6层：灰褐色粉砂层。土质松软，细腻。纯净，无其他包含物。厚20～36.7厘米。

根据各单位出土遗物，结合地层叠压关系，可将本次Ⅵ区发掘的遗存分为两个时期，A

北
T4
T3
T2
T1
T5
Ⅱ区
179.2
179.9
178.1
175.9
184.0
183.7
183.6
183.1
T1
T2
T3
T2
T3
178.25
181.3
181.40
191.8
191.5
191.24
194.2
197.8
176.4
179.1
179.9

图二　遗址布方图

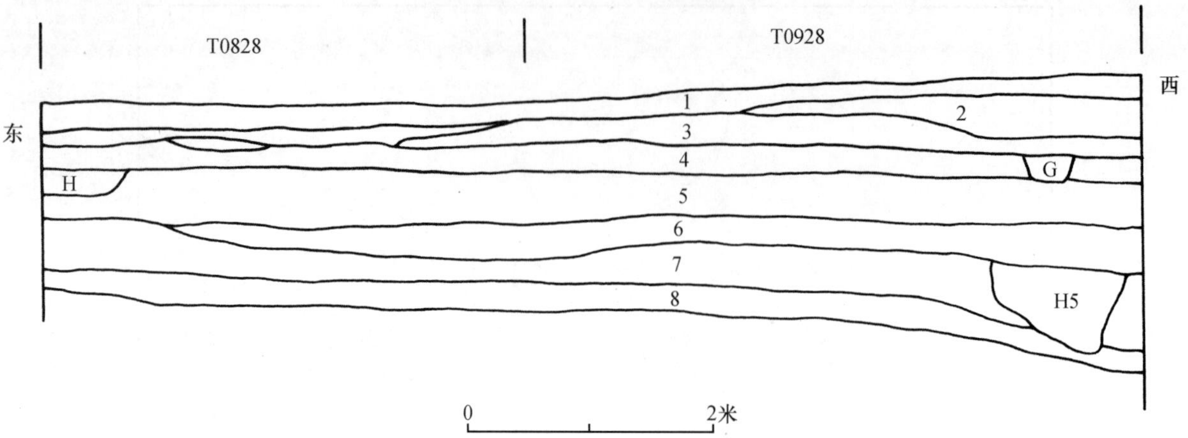

图三　T0828、T0928南壁剖面图

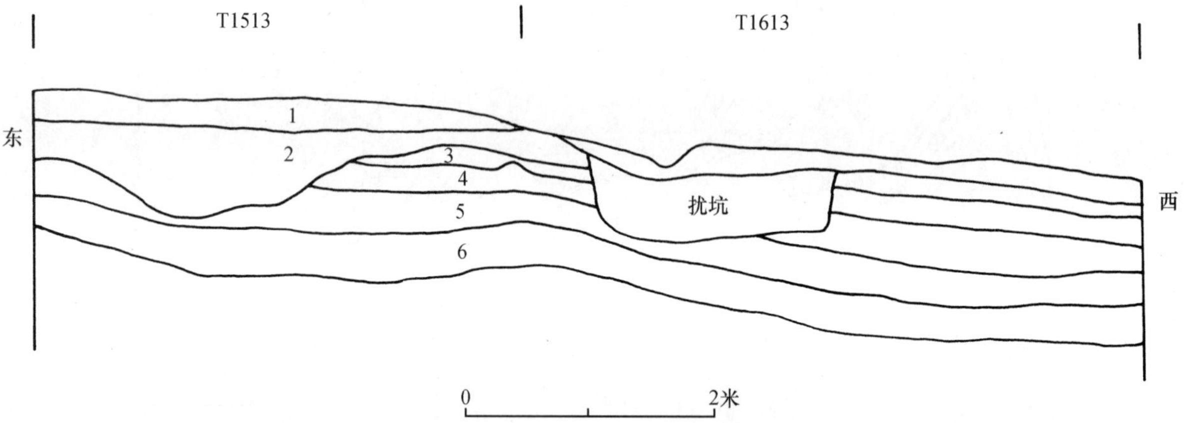

图四　T1513、T1613南壁剖面图

发掘点的第8层和B发掘点的第4～6层及H3、G3等，属早期文化遗存。A发掘点的第6、7层和B发掘点的第3层及H4、H5，属晚期文化遗存（汉—两晋南朝时期）。本年度简报暂未将明清文化遗存编入。

（二）早期文化遗存

1. 遗迹

该遗存发现遗迹较少，仅有一个灰坑（H3）和一条沟（G3）（图五）。

（1）灰坑

H3　位于遗址Ⅵ区B发掘点T1612中部。开口于第4层下，打破第5层。坑口距地表深约60厘米，坑口平面近圆形，直径约110、深约28厘米。坑底较平坦，坑壁、坑底无明显加工痕迹，坑内填土为灰褐色粉砂土，较紧密，坑内包含物较少，出土部分泥质陶片（图六）。

（2）灰沟

G3　位于遗址Ⅵ区A发掘点T1130西北角。开口于第8层下，打破淤砂层。沟口距地表深260厘米，沟口平面呈长条形，清理部分长250、宽20～53.4、深20～25厘米，由东向西倾斜，

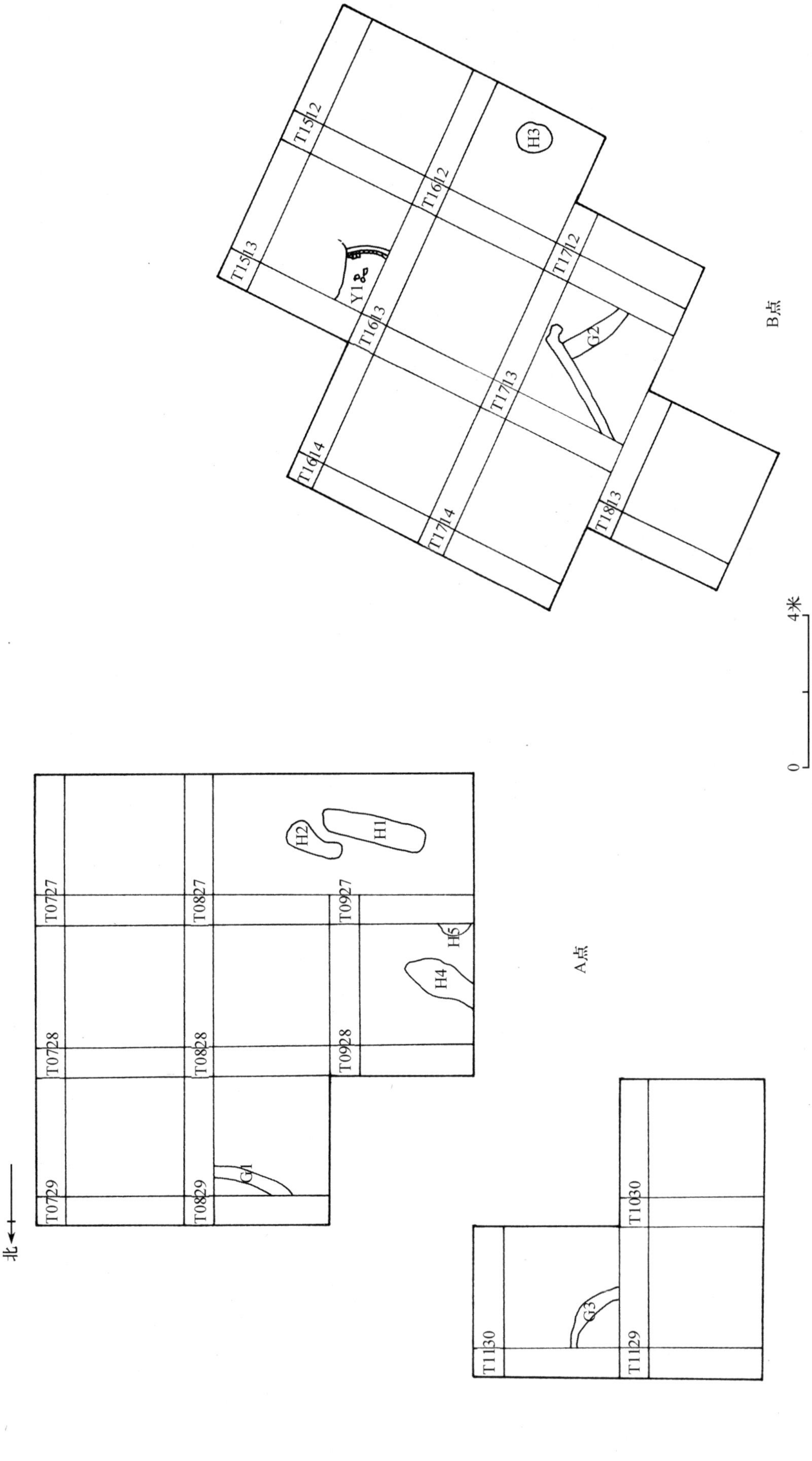
T1512
T1612
T1712
T1513
T1613
T1713
T1813
T1614
T1714
H3
Y1
G2
B点
0
4米
T0727
T0827
T0927
T0728
T0828
T0928
T0729
T0829
T1030
T1130
T1129
H1
H2
H4
H5
G1
G3
A点
北

图五　遗迹分布图

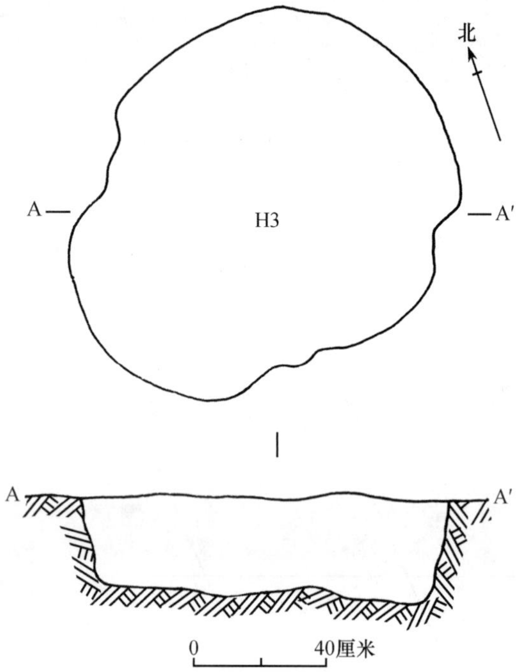

图六　H3平、剖面图

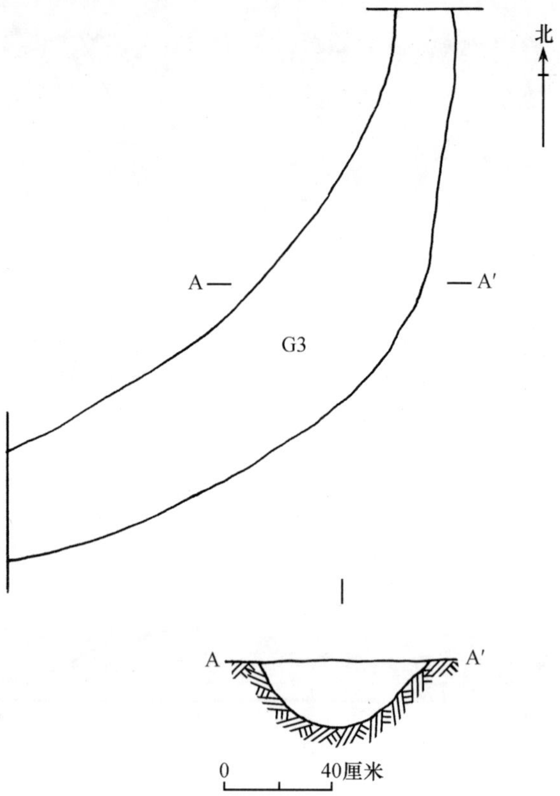

图七　G3平、剖面图

沟壁加工痕迹不明显。沟内填土为灰黄色砂土，夹少量碎土、螺蛳壳等，土质较疏松，纯净，无其他包含物（图七）。

2. 遗物

出土遗物较少，主要是陶器。陶器陶质以夹砂陶为主，约占80%；泥质陶较少，占20%。夹砂陶以灰褐陶为主，约占50%，其次是红褐陶（20%）、灰陶（20% ）和红陶（10%）。泥质陶以灰陶为主，红陶次之。陶器器表以素面为主，比例达60%，也有少量绳纹、箍带纹等，绳纹多粗绳纹、交错绳纹（图八）。陶器的制法手制、轮制兼有，器形有罐、壶、钵、盏、尖底器等。

花边圜底罐　3件。分二型。

A型　2件。T0927⑦：4，夹砂灰褐陶。大口，圆唇，束颈，溜肩。口径26、残高9.6、胎厚1～1.2厘米（图九，1）。T0927⑧：1，夹砂灰褐陶。大口，圆唇，束颈，溜肩。口径32.4、残高10、胎厚1.2～1.5厘米（图九，7）。

B型　1件。T0827⑦：3，敛口，圆唇，高领。口径22、残高 7.2厘米（图九，4）。

素缘圜底罐　1件。T0828⑧：4，夹砂灰褐陶。侈口，圆唇，束颈，溜肩。口径16、残高5.2厘米（图九，8）。

壶　2件。T0827⑦：1，夹砂灰陶。圆唇，束颈，高领。口径22、残高3.2厘米（图九，5）。T0829⑧：3，夹砂灰陶。圆唇，束颈，高领。口径17.2、残高5.2厘米（图九，2）。

钵　1件。T0828⑧：3，夹砂灰褐陶。敞口，尖圆唇，斜弧腹。口径18、残高 4.8厘米（图

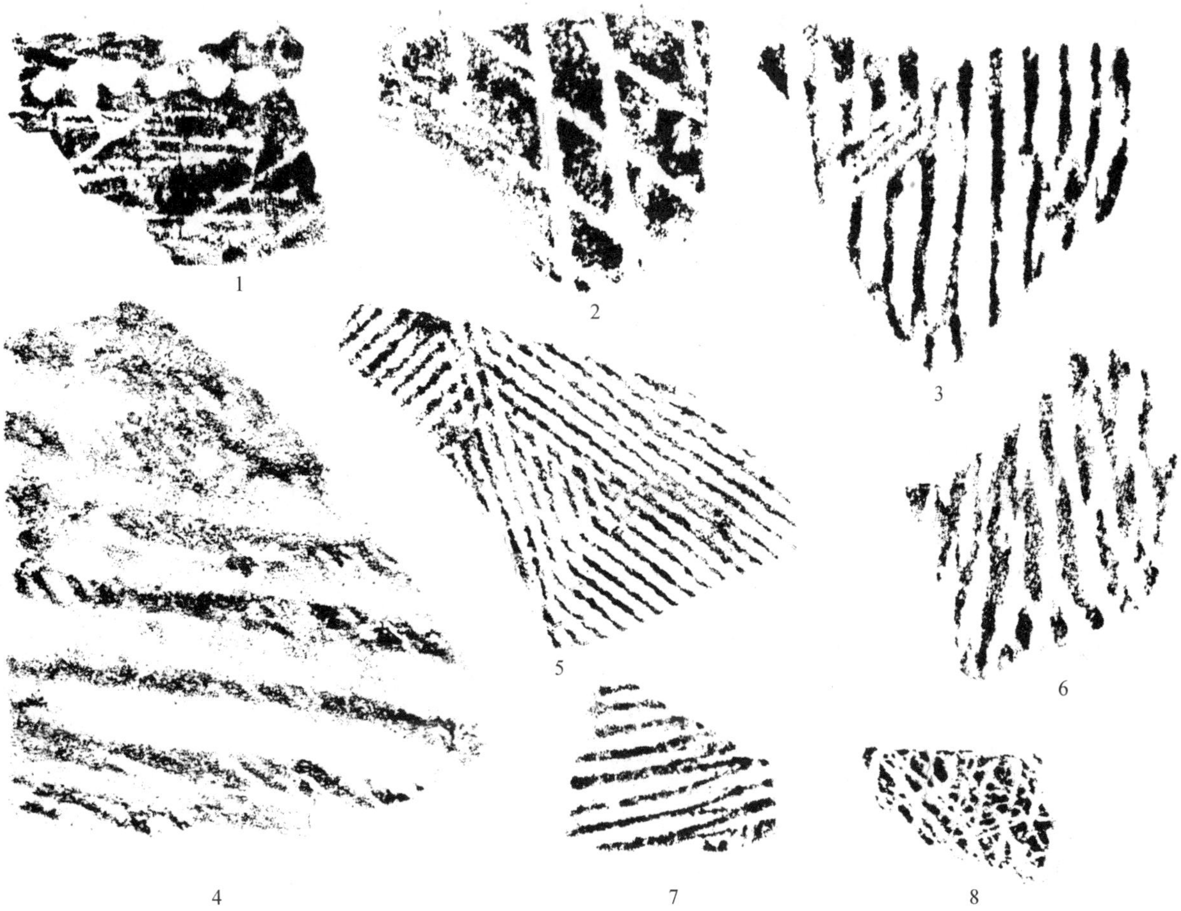

图八　早期遗存纹饰拓片

1. 连珠纹+划纹（T0829⑧：4）　2. 网格纹（T0916⑧：1）　3. 粗绳纹　4. 箍带纹（T0928⑧：9）　5. 交错细绳纹（T0827⑦：4）　6. 交错粗绳纹（T0928⑧：10）　7. 细绳纹（T0928⑧：11）　8. 划纹（T0827⑧：5）

九，3）。

盏　1件。T0829⑧：2，泥质红陶。敛口，斜弧腹。口径9.2、残高5.2厘米（图九，6）。

尖底器　1件。T0928⑧：2，泥质灰陶。残高 2.4厘米（图九，9）。

（三）晚期文化遗存

1. 遗迹

该遗存发现遗迹较少，仅见两个灰坑（H4、H5）。

H4　位于遗址Ⅵ区A发掘点T0928东部。开口于第5层下，打破第6层。坑口距地表深100厘米，坑口平面近椭圆形，长径160.8、短径69、深20.7～27.6厘米，坑壁无加工痕迹，坑底高低不平，中高两侧低。坑内填土为灰褐色砂土，较疏松，夹大量红烧土颗粒、炭屑、石块等，出土大量瓷片、瓦片、陶片等（图一〇）。

H5　位于遗址Ⅵ区A发掘点T0928东部。开口于第6层下，打破第7层。坑口距地表深140～160厘米，坑口平面近圆形，长径约108.7、深14.3～35.8厘米，坑壁无明显加工痕迹，锅底状底。坑内填土为灰褐色砂土，夹大量红烧土颗粒、炭屑、骨渣等，出土少量瓷片、陶片等（图一一）。

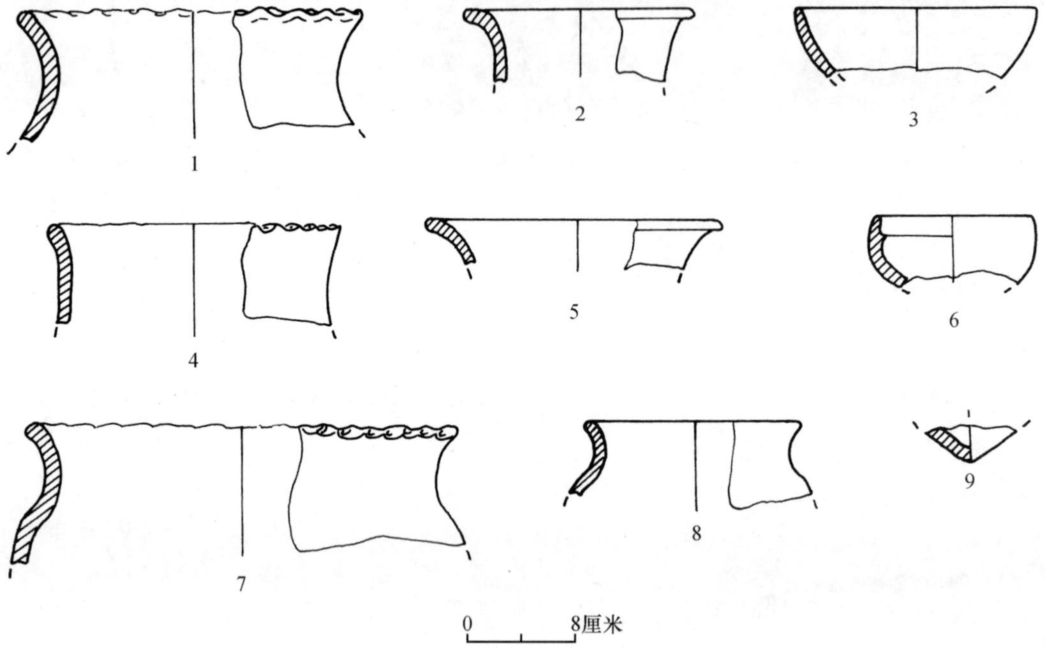

图九 陶器

1、7. A型花边圜底罐（T0927⑦：4、T0927⑧：1） 2、5. 壶（T0829⑧：3、T0827⑦：1） 3. 钵（T0828⑧：3） 4. B型花边圜底罐（T0827⑦：3） 6. 盏（T0829⑧：2） 8. 素缘圜底罐（T0828⑧：4） 9. 尖底器（T0928⑧：2）

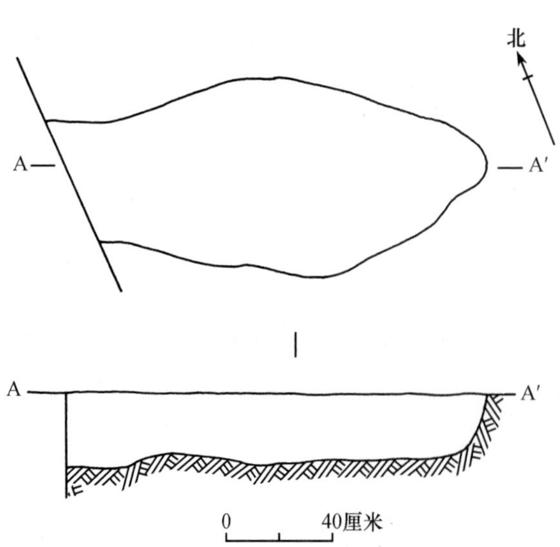

图一〇 H4平、剖面图

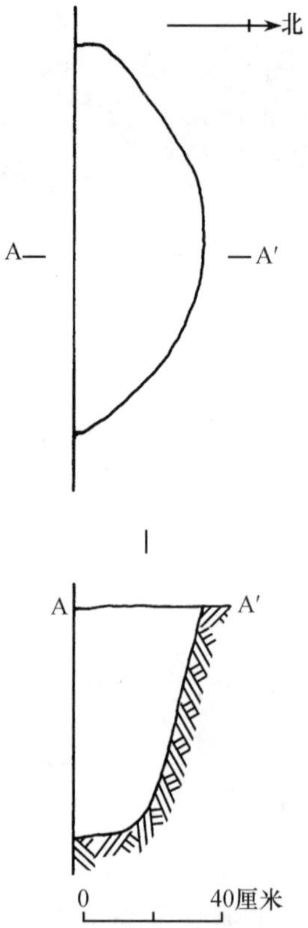

图一一 H5平、剖面图

2. 遗物

主要为陶器和瓷器。

（1）陶器

深腹罐 1件。G1：2，泥质灰陶。方折沿，圆唇，斜弧腹。上腹有一道弦纹。复原口径46、残高5.5厘米（图一二，2）。

拍 1件。G1：3，泥质灰陶。拍面平面呈圆形，后有兽形柄手。直径9、厚4.2厘米（图一二，1）。

瓦当 1件。T1813②：1，泥质灰陶。内饰卷云纹图案。当面直径14、厚1～1.5厘米（图一二，3）。

筒瓦 1件。T0928⑦：5，泥质灰陶。半圆筒状。表面饰绳纹。残长9、残宽6.5厘米（图一二，4）。

（2）瓷器

碗 1件。T0928⑥：7，青白瓷。饼足，弧腹。底径4、残高2厘米（图一二，5）。

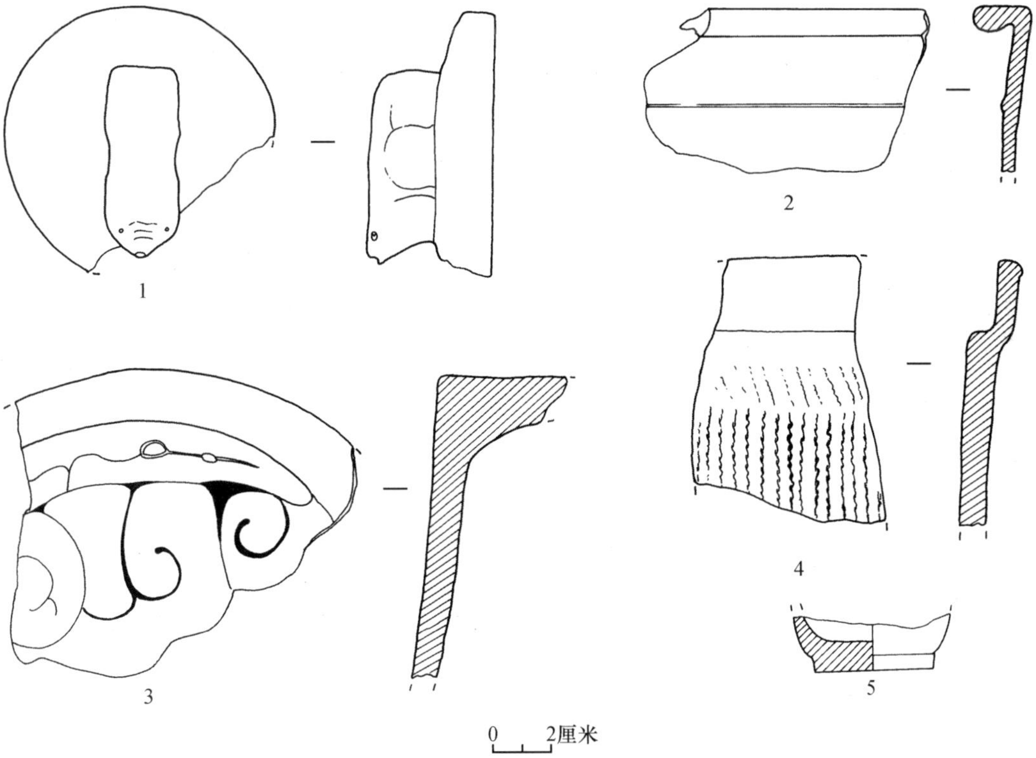

图一二 陶、瓷器

1. 陶拍（G1：3） 2. 陶深腹罐（G1：2） 3. 瓦当（T1813②：1） 4. 筒瓦（T0928⑦：5） 5. 瓷碗（T0928⑥：7）

（四）小结

遗址中的早期文化遗存，因受地势条件限制，加上自然和人为因素的影响，其主体部分遭严重破坏，出土遗物较少，发现的遗迹也不多，从出土的遗物看，部分遗物应属新石器晚期遗物，但也可以说明这一时期有人类在此活动。早期文化遗存的主体还是在商周时期。出土较多的花边圜底罐、高领壶、尖底杯、尖底盏、小平底钵等，这些器物群是该地区商周时期基本器物组合。其中花边圜底罐、高领壶等是独具地方特色的文化类型，尖底器、小平底钵等与成都平原十二桥文化相近。

晚期遗存出土一些汉代板瓦、筒瓦等建筑材料，说明在汉代人们在此定居以成规模。

二、墓葬部分

（一）墓葬分布

本次发掘的墓葬分布于两个相对独立的墓地上，沿长江从上到下依次为观山堡墓地（Ⅳ区）、黄泥堡墓地（Ⅴ区）。

观山堡墓地（Ⅳ区）位于丰都县高家镇关田沟村三社，西临长江，东临高家镇新修沿江公路，南北分别与袁家堡墓地、黄泥堡墓地隔沟相望。发掘墓葬3座，墓葬编号按2001年度编号系统往下编，分别为2001FGYM36～2001FGYM38（以下简称M36～M38）。其中M37为土坑墓，其余为砖室墓（图一三）。

黄泥堡墓地（Ⅴ区）位于丰都县高家镇关田沟村三社，西临长江，东临高家镇新修沿江公路，南与观山堡墓地隔沟相望。发掘墓葬8座，分别为2001FGYM39～2001FGYM46（以下简称M39～M46）。其中M41、M44为土坑墓，其余均为砖室墓（图一四）。

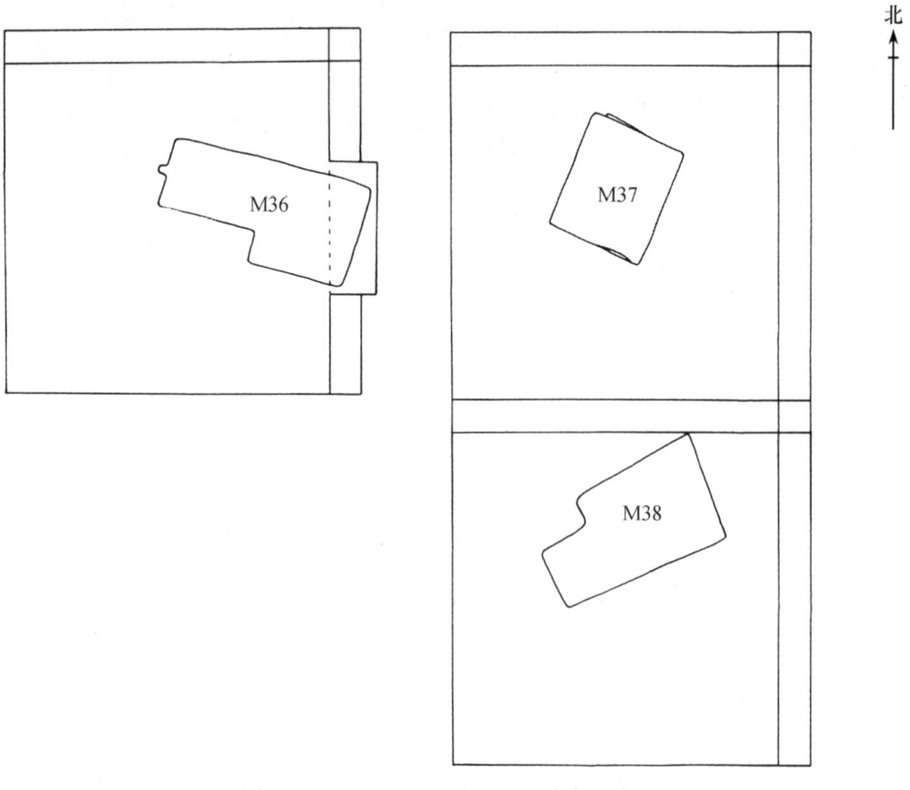

图一三　观山堡墓地（Ⅳ区）分布示意图

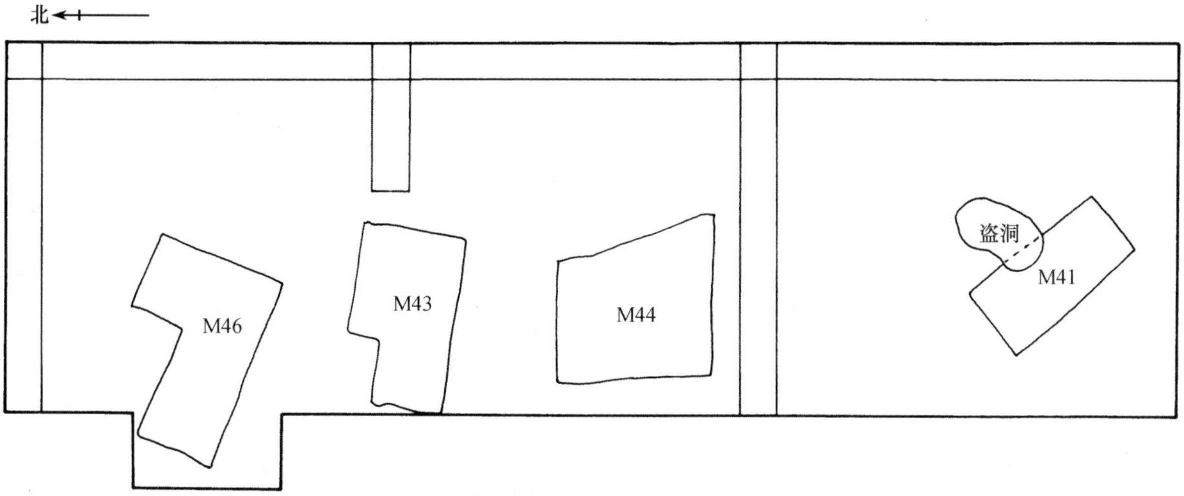

图一四 黄泥堡墓地（Ⅴ区）分布示意图

（二）墓葬形制

本次发掘的11座墓葬，可分为土坑墓和砖室墓两类。

1. 土坑墓

3座，M37、M41、M44。长方形竖穴土坑墓，无墓道。

M37 位于观山堡墓地（Ⅳ区）。墓口距地表深40～60、距墓底深166～255厘米。墓口略大于墓底，坑壁近直，较光滑，抹泥修整。墓口长351、宽303厘米，墓底长320、宽283厘米。方向30°。墓室填土为红褐色花土。墓底四周有熟土二层台，宽20～30、高40厘米。该墓为一椁一棺，棺椁板腐蚀，仅存板灰。清理人骨架一具，保存一般，仰身直肢。随葬品主要放置在边箱，钱币置放在棺内。该墓盗扰严重，随葬品仅7件，有陶器、铁器、钱币。陶器有罐、钵等，铁器有釜等（图一五）。

M41 位于黄泥堡墓地（Ⅴ区）。墓口距地表深40、距墓底深80～160厘米。坑壁近直，较光滑，抹泥修整。墓口长417、宽232厘米，墓底长420、宽220厘米。方向150°。墓室填土为红褐色花土。该墓为一椁一棺，棺椁板腐蚀，仅存板灰。人骨架无存，葬式不详。该墓盗扰严重，随葬品共14件，有陶器、铜器。陶器有罐、钵、井等；铜器有珠等（图一六）。

2. 砖室墓

8座。其中观山堡墓地（Ⅳ区）2座、黄泥堡墓地（Ⅴ区）6座。这8座砖室墓均遭到不同程度破坏，大部分券顶无存，残存墓室下部。墓室四壁均用长方形砖错缝平砌。砖长36～42、宽18～24、厚6～10厘米，券顶用楔形砖和榫卯砖起券。一侧装饰纹饰，砖纹向内，主要有菱形与几何纹组合、菱形与乳钉组合、菱形与十字纹组合等。

根据墓室结构，这批砖室墓可分二型。

A型 4座（M36、M38、M43、M46）。平面呈刀把形。

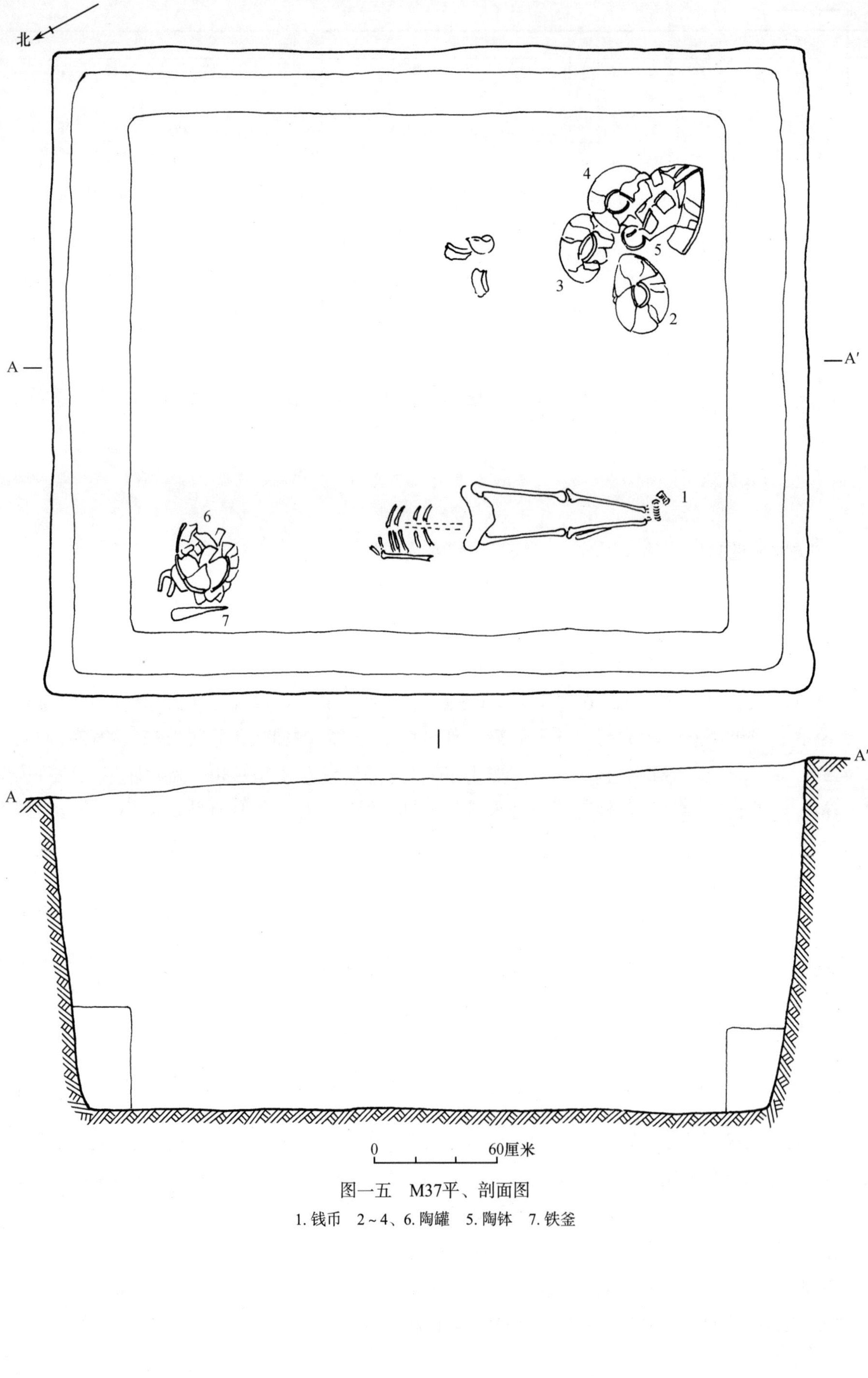

图一五 M37平、剖面图

1. 钱币 2~4、6. 陶罐 5. 陶钵 7. 铁釜

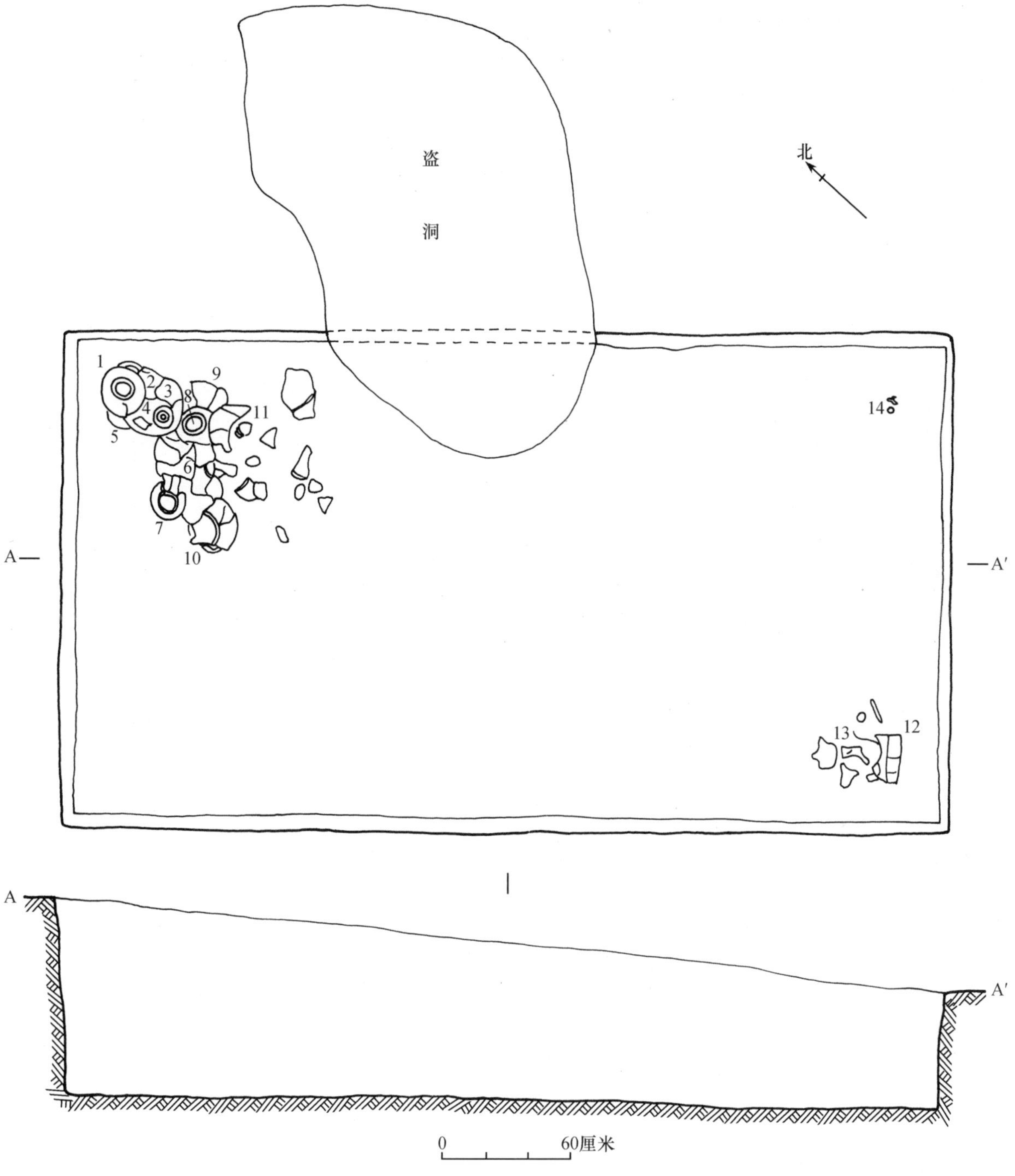

图一六　M41平、剖面图

1、3、7、8. 陶钵　2、4～6、9～11、13. 陶罐　12. 陶井　14. 铜珠、饰件

M43　位于黄泥堡墓地（Ⅴ区）。该墓破坏严重，券顶不存，墓道已破坏无存，仅存墓室和甬道。墓室长260、宽234、最大残高90厘米；甬道长212、宽140、残高20～69厘米。方向279°。墓壁用菱形几何纹砖错缝叠砌。砖长42、宽17、厚7厘米。墓底用榫卯砖平铺。人骨架无存，葬式不明。随葬品主要放置在甬道内，出土遗物共计38件。以陶器居多，有罐、钵、博山炉、魁、俑等，少量钱币等（图一七）。

M46　位于黄泥堡墓地（Ⅴ区）。该墓除墓道外，基本保存完整。顶部有两个盗洞。由墓

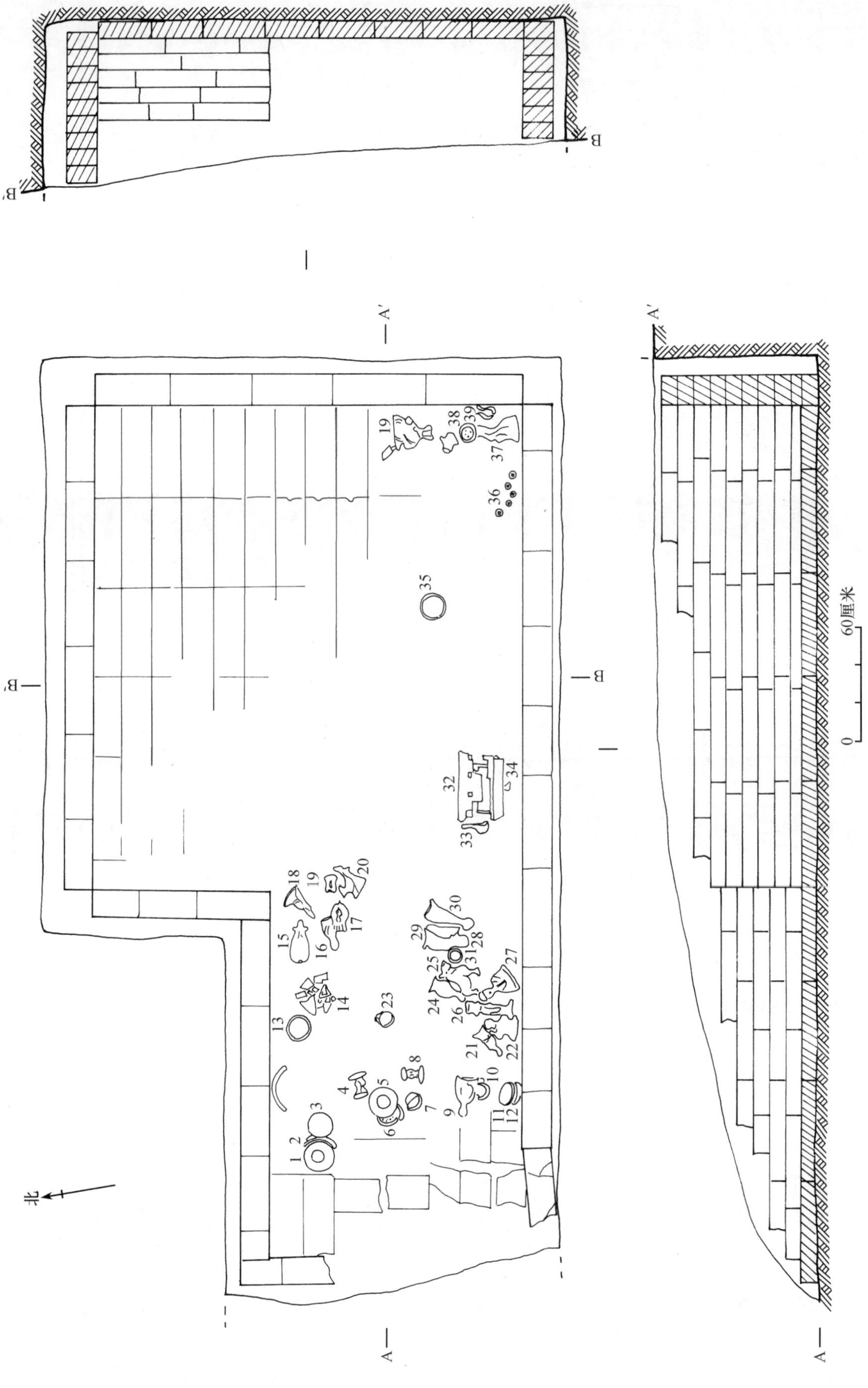

图一七　M43平、剖面图

1、5. 陶罐　2. 铜器口沿　3. 陶魁　4. 陶博山炉　6、7、10～12、23、31、35、38. 陶器盖　8. 陶灯　9、16、18、19、21、22、24、26～30、34、37. 陶俑　13. 陶钵　14、32. 陶房　15. 陶猪　17、20. 陶鸡　25. 陶狗　33、39. 陶勺　36. 铜钱

室、甬道组成。墓口距地表深50～76、距墓底深326厘米。方向282°。填土为红褐色花土。墓室长278、宽221、高266厘米，第19层砖开始起券。甬道长244、宽144、高196厘米，第12层砖开始起券。方向282°。墓壁用菱形几何纹砖错缝叠砌，券顶用楔形砖纵向起券。砖长42、宽20、厚6～8厘米，长40～44、宽18～20、厚8厘米。墓底用榫卯砖平铺。墓底发现部分人骨朽痕。随葬品主要放置在甬道内，出土遗物25件。有陶器和少量钱币。陶器有罐、钵、盆、俑、勺、灯、魁等（图一八）。

B型　4座（M39、M40、M42、M45）。平面呈“凸”字形。

M39　位于黄泥堡墓地（Ⅴ区）。该墓部分券顶坍塌，墓道破坏无存。墓圹长306～490、宽190～364厘米。墓口距地表深10～23、距墓底深102～218厘米。填土为红褐色花土。墓室长300、宽250、残高170厘米；甬道长180、宽134、残高82厘米。方向250°。墓壁用菱形几何纹花边砖错缝叠砌。砖长40、宽18、厚7厘米。墓室底部无铺地砖（铺黄褐色砂土），用榫卯砖起券。墓底发现大量漆皮及木棺朽痕，人骨架腐朽无存。随葬品主要放置于甬道内，共计38件，以陶器为主，有罐、甑、钵、勺、俑等（图一九）。

M40　位于黄泥堡墓地（Ⅴ区）。该墓破坏严重，券顶不存，残存部分墓道。墓口距地表深25～70、距墓底深120厘米。填土为红褐色花土。墓室分前室和后室，前室长286、宽240厘米；后室长180、宽167厘米。甬道长180、宽220厘米。方向305°。墓壁用几何花边纹砖错缝叠砌。砖长42、宽18、厚8厘米。券顶用楔形砖纵向起券。砖长42、宽20、厚6～8厘米。墓门用单砖叠砌。墓底用榫卯砖交错平铺。砖长47、宽20、厚8厘米。人骨架及葬具腐朽无存。随葬品主要放置在前室及甬道内，共计17件。以陶器为主，有罐、盆、塘、房、俑等（图二〇）。

（三）出土遗物

这批墓葬出土遗物按质地可以分为陶、瓷、铜、钱币及其他几类，主要以陶器为主。

1. 陶器

完整及修复的陶器有140件，可以分为生活用具、模型明器及俑类等。生活用具有罐、釜、钵、盘、灯、博山炉、魁、盆、勺、器盖等，多为泥质陶，部分器物施酱黄釉，胎釉结合较差，部分釉已剥落。器物多为轮制。纹饰有绳纹、弦纹、网格纹、戳印纹、压印纹等。模型明器主要有井、塘、房等，泥质陶居多。俑均合范模制而成，俑身多有刮削整修痕迹。

罐　10件。分平底罐和圜底罐两大类。

平底罐　9件。依腹部的不同可分三型。

A型　5件。鼓腹。依沿的不同可分二亚型。

Aa型　2件。卷沿。M42：2，泥质灰陶。矮领，下腹内收。肩部饰两道凹弦纹夹水波纹。口径11.6、最大腹径22.8、底径16.2、高15.7厘米（图二一，2）。

Ab型　3件。平沿。M41：5，泥质灰陶。束领，下腹弧收。肩部饰一道凹弦纹。口径12.8、最大腹径24.8、底径15.6、高17.3厘米（图二一，1）。

B型　1件。弧腹。M39：30，泥质灰陶。圆唇，束颈。肩部饰一道凹弦纹。口径10.4、最

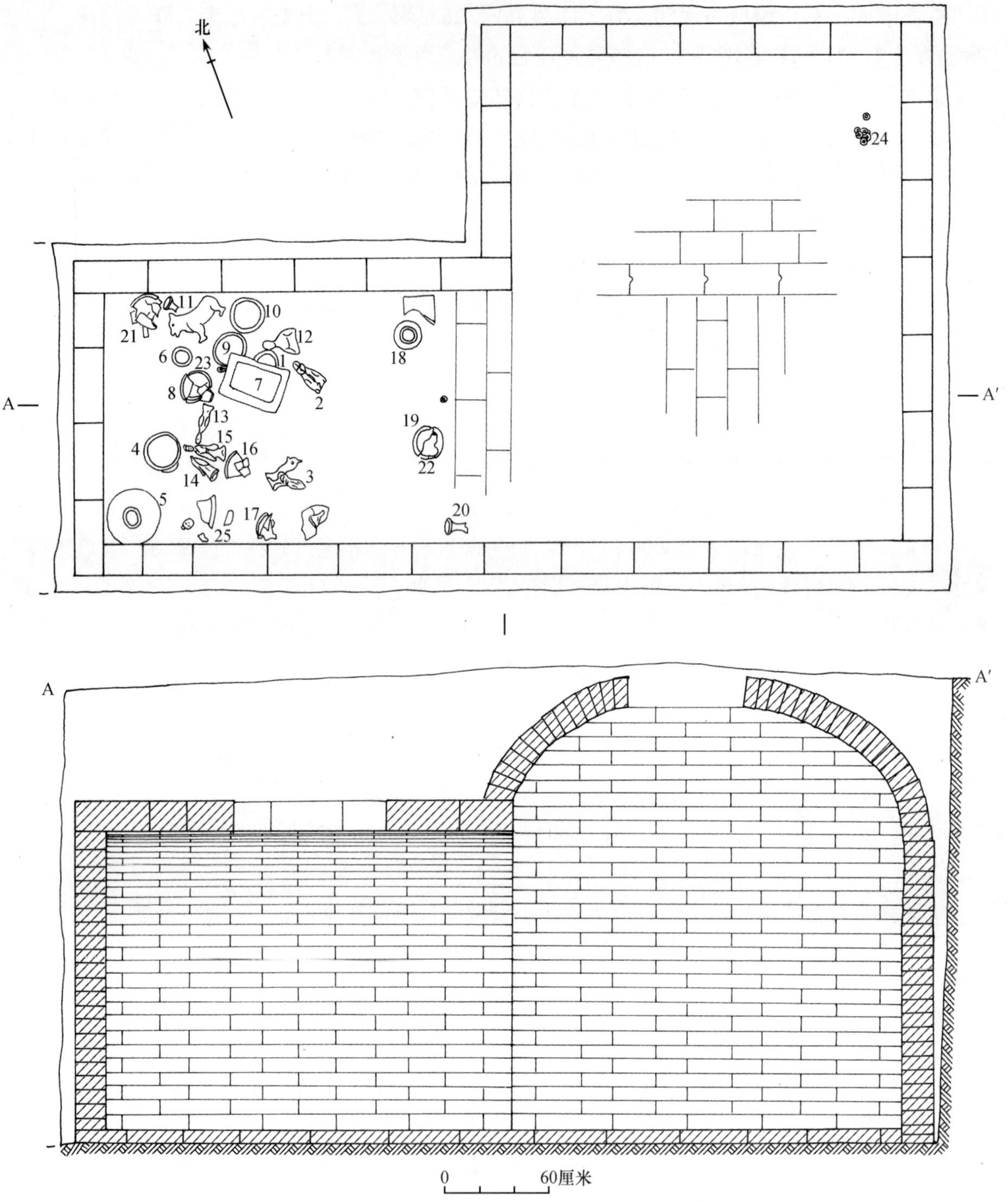

图一八　M46平、剖面图

1、10、16、17. 陶钵　2. 陶猪　3. 陶鸡　4. 陶盆　5、8、25. 陶罐　6. 陶灯　7. 陶塘　9. 陶魁　11. 陶狗　12～15. 陶俑　18. 陶器盖　19、20. 陶灯　21. 陶井　22. 陶马　23. 陶勺　24. 钱币

大腹径16.8、底径8.8、高13.4厘米（图二一，3）。

C型　3件。扁腹。依颈部的不同可分二亚型。

Ca型　1件。束颈。M39：35，泥质灰陶。下腹内收。肩部饰两道凹弦纹。口径10.4、最大腹径17.2、底径7.6、高13.4厘米（图二一，4）。

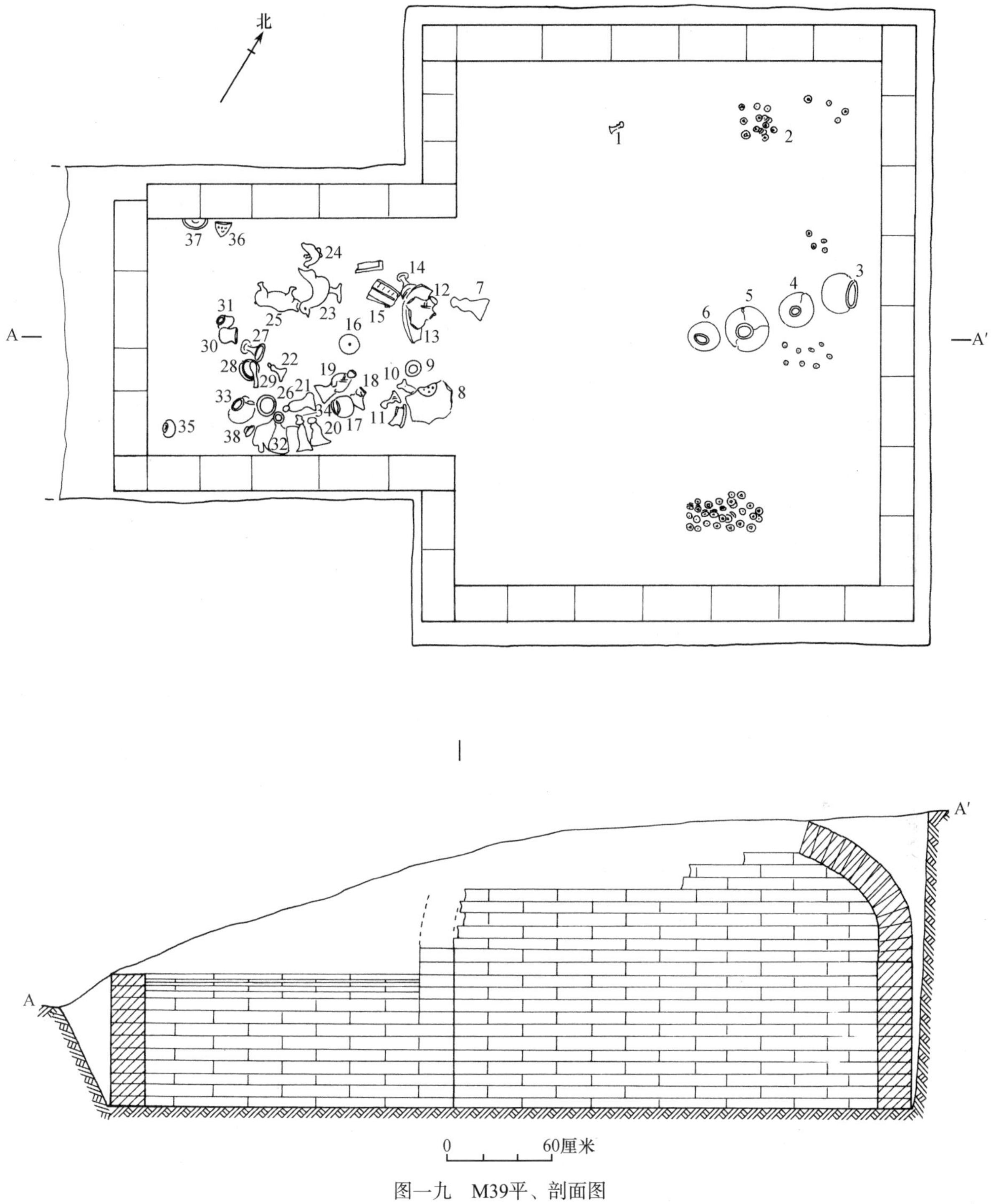

图一九 M39平、剖面图

1. 琉璃耳珰 2. 钱币 3～6、30～33、35. 陶罐 7、10～12、18～25. 陶俑 8. 陶甑 9、26、28、37、38. 陶钵 13. 陶盆 14、27. 陶灯 15. 陶房 16. 陶器盖 17. 陶盂 29. 陶勺 34. 陶魁 36. 陶博山炉

Cb型 2件。无颈。M43：1，泥质灰陶，施酱黄釉。下腹弧收。肩部饰一道凹弦纹。口径10.2、最大腹径16、底径9.4、高10.6厘米（图二一，5）。

圜底罐 1件。M46：5，泥质灰陶。直口，宽沿，尖圆唇。肩上部刻有“王朴”二字，以下饰拍印绳纹，肩部被四道凹弦纹隔断。口径11.2、最大腹径32、高19厘米（图二一，6）。

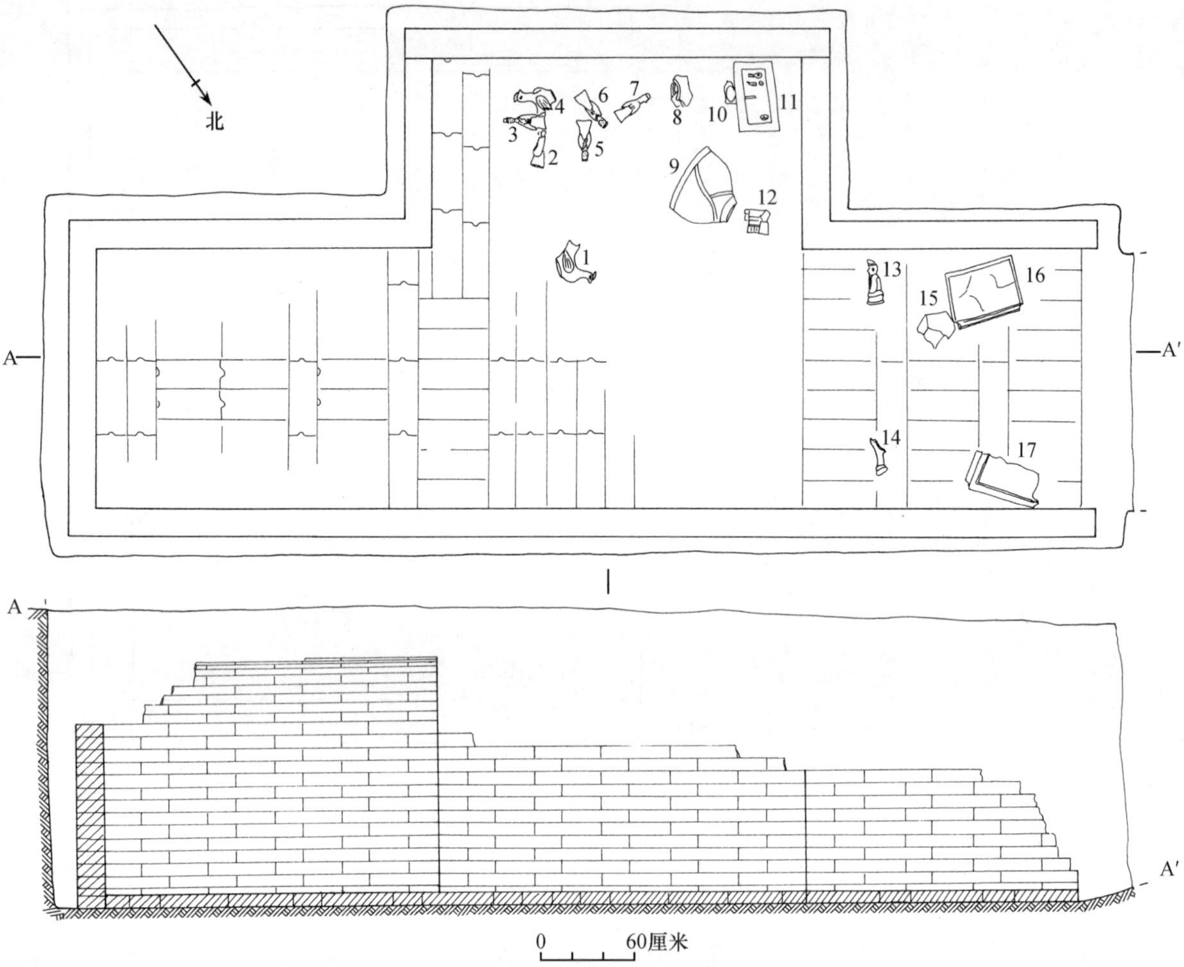

图二〇 M40平、剖面图

1、10. 陶鸡 2～7、13. 陶俑 8、15. 陶罐 9. 陶盆 11、16. 陶塘 12、17. 陶房 14. 陶马（残）

盆 1件。M46：4，泥质红陶，内施黄釉。折平沿，束颈，腹微鼓，平底，下腹斜收。腹部饰一道凹弦纹。口径22.4、底径8、高8.6厘米（图二二，1）。

甑 1件。M39：8，泥质灰陶。外翻沿，尖圆唇，腹微鼓，下腹内收，平底内凹，底部有箅孔6个。上腹部有许多小线纹饰。口径33.2、底径15、高20.2厘米（图二三，1）。

釜 2件。依沿部的不同可分二型。

A型 1件。窄沿。M42：13，夹砂红褐陶。圆唇，束颈，扁腹，圜底。器底饰绳纹。口径20.4、最大腹径22、高11.6厘米（图二二，4）。

B型 1件。宽沿。M38：12，夹砂灰陶。尖圆唇，束颈，圜底。沿下饰交错绳纹。口径17.2、最大腹径19.6、高16.4厘米（图二二，5）。

钵 33件。依腹部的不同可分三型。

A型 26件。折腹。依口部的不同可分二亚型。

Aa型 22件。敞口。依腹部的变化可分四式。

Ⅰ式：5件。上腹浅，上下腹夹角大。M41：1-1，泥质灰陶。圆唇，下腹内收，平底。口径18、底径5.2、高5厘米（图二四，3）。

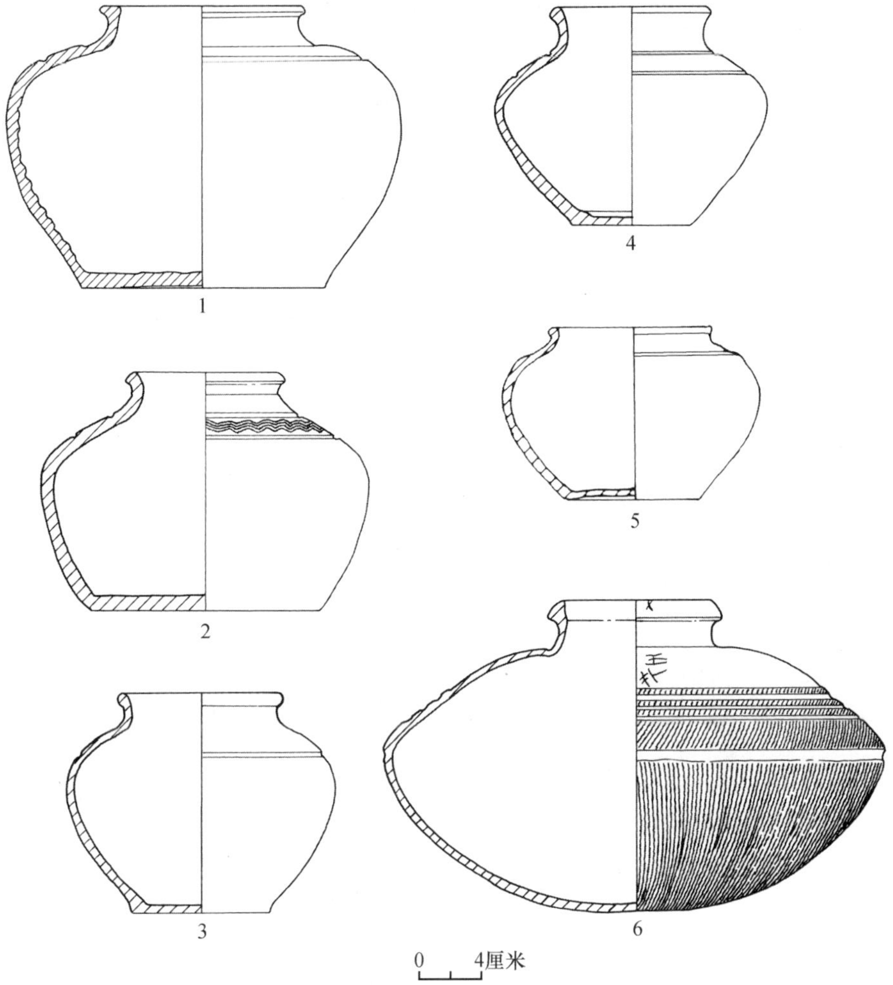

图二一　陶罐

1. Ab型平底罐（M41：5）　2. Aa型平底罐（M42：2）　3. B型平底罐（M39：30）　4. Ca型平底罐（M39：35）
5. Cb型平底罐（M43：1）　6. 圜底罐（M46：5）

Ⅱ式：10件。上腹渐深，上下腹夹角渐小。M42：16-1，泥质灰陶。尖圆唇，下腹内收，平底。口径17.6、底径6、高6.4厘米（图二四，4）。

Ⅲ式：2件。上腹较深，上下腹夹角较小。M39：37，泥质灰陶。尖唇，平底，下腹内收。口径17.6、底径5.6、高6.6厘米（图二四，6）。

Ⅳ式：5件。上腹深，上下腹夹角小。M46：1，泥质灰陶。圆唇，下腹内收，平底。口径17.2、底径8、高7厘米（图二四，2）。

Ab型　4件。直口。依腹部的变化可分二式。

Ⅰ式：1件。腹深。M42：9，泥质灰陶。方唇，下腹内收，平底。上腹饰一道凹弦纹。口径18.2、底径8.2、高7厘米（图二四，7）。

Ⅱ式：3件。腹浅。M39：9，泥质红陶，施黄釉。方唇，下腹内收，平底。上腹饰一道凹弦纹。口径18、底径8、高5.6厘米（图二四，1）。

B型　6件。弧腹。依口部不同可分二亚型。

Ba型　5件。敞口。M41：7，泥质灰陶。圆唇，下腹内收，平底。口径14.8、底径6.4、高

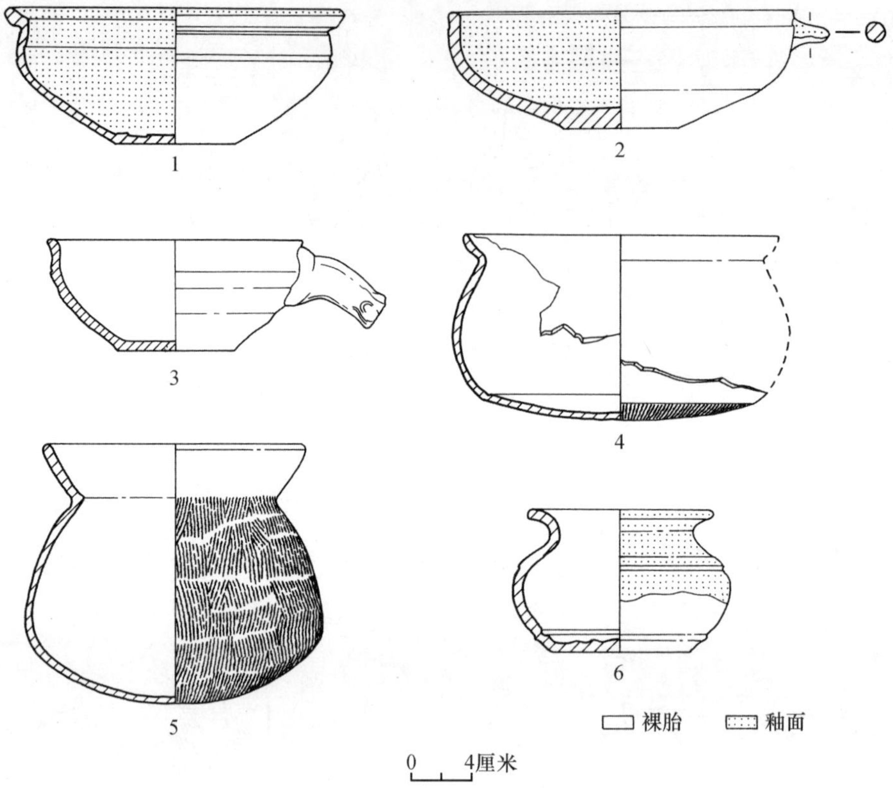

图二二　陶器

1. 盆（M46：4）　2. A型魁（M46：9）　3. B型魁（M43：3）　4. A型釜（M42：13）　5. B型釜（M38：12）
6. 盂（M39：17）

5.1厘米（图二四，5）。

Bb型　1件。侈口。M45：11，泥质红陶。圆唇，腹微鼓，下腹内收，平底。饰三道凹弦纹。口径18、底径8.5、高9厘米（图二四，9）。

C型　1件。斜直腹。M39：38，泥质红陶。敞口，方唇，平底。上腹饰两道凹弦纹。口径11.2、底径7.6、高7.4厘米（图二四，8）。

盂　3件。M39：17，泥质红陶，施酱黄釉。侈口，圆唇，束颈，鼓腹，平底。肩部饰一道凹弦纹。口径12.2、最大腹径14.2、底径9、高9厘米（图二二，6）。

魁　2件。根据柄的不同可分二型。

A型　1件。条棱柄。M46：9，泥质红陶，施酱黄釉。直口，方唇，平底。腹部饰一道凹弦纹。口径22.4、底径6.8、高7.4厘米（图二二，2）。

B型　1件。兽首柄。M43：3，泥质红陶。微侈口，尖圆唇，弧腹，平底。上腹饰两道凹弦纹。口径16.8、底径7.6、高7厘米（图二二，3）。

博山炉　3件。依座的不同可分二型。

A型　1件。盘座。M39：36，泥质红陶，施酱黄釉。子母口，弧腹。盖面刻划水波纹、条纹等。盖径11.2、盘径9.6、底径9.6、盖高7、通高16.9厘米（图二五，6）。

B型　2件。兽座。M43：4，泥质红陶。敛口盘，方唇，折腹。盖面饰乳突及花瓣纹。盖径10.4、口径10.4、底径7.4、盖高5.1、通高17.8厘米（图二五，4）。

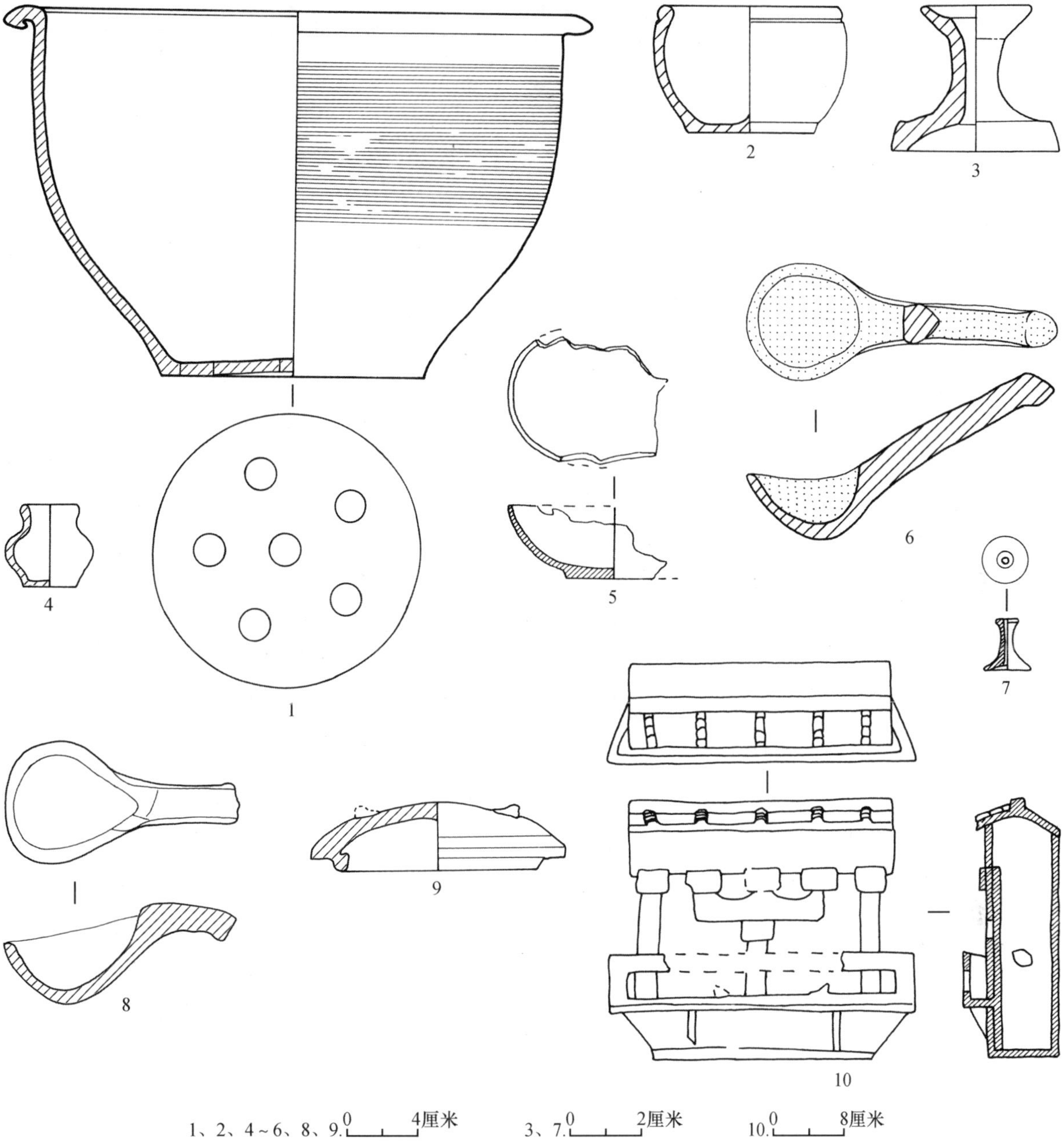

图二三　陶器及其他

1. 陶甑（M39：8） 2. 陶卮（M46：32） 3. A型陶器盖（M45：10） 4. 陶井罐（M42：6） 5. 陶耳杯（M45：13） 6. A型陶勺（M46：23） 7. 琉璃耳珰（M39：1-2） 8. B型陶勺（M43：33） 9. B型陶器盖（M46：18） 10. 陶房（M43：32）

灯　5件。依盘的不同可分二型。

A型　2件。折腹盘。M39：27，泥质红陶。敞口，方唇，高圆柱柄，折盘座。口径11.6、底径9.6、高9厘米（图二五，5）。

B型　3件。弧腹盘。依口部的不同可分三亚型。

Ba型　1件。敞口。M46：6，泥质红陶，施酱釉。方唇，高圆柱柄，折盘座。口径12.8、底径9.2、高10.4厘米（图二五，3）。

Bb型　1件。子母口。M46：29，泥质红陶，施黄釉。圆唇，圆柄内曲，折盘座。上部饰

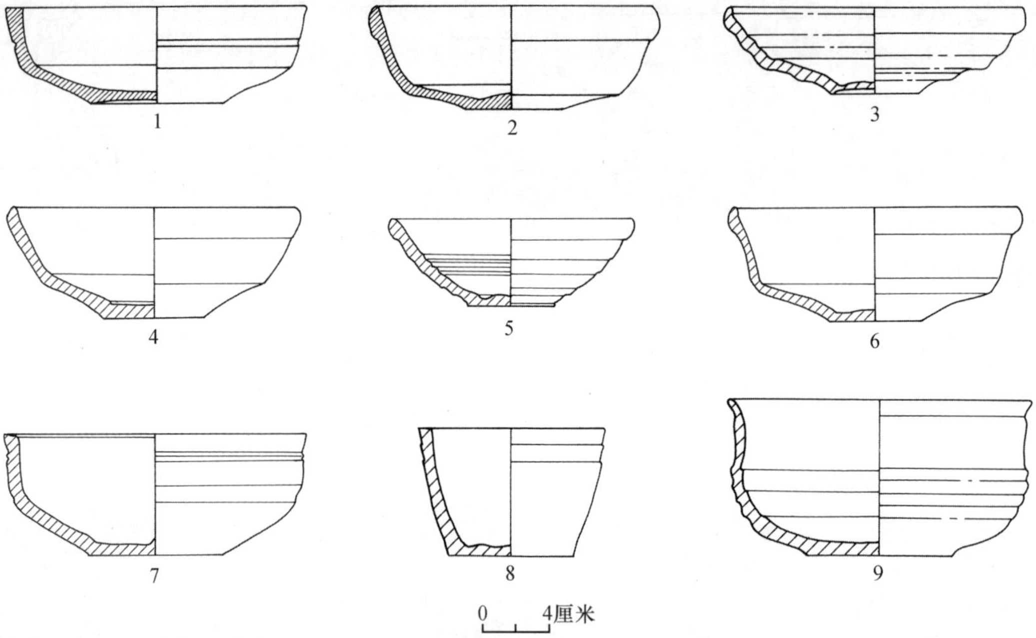

图二四 陶钵

1. Ab型Ⅱ式（M39：9） 2. Aa型Ⅳ式（M46：1） 3. Aa型Ⅰ式（M41：1-1） 4. Aa型Ⅱ式（M42：16-1） 5. Ba型（M41：7） 6. Aa型Ⅲ式（M39：37） 7. Ab型Ⅰ式（M42：9） 8. C型（M39：38） 9. Bb型（M45：11）

一道凹弦纹。口径8.8、底径9.6、高12.4厘米（图二五，1）。

Bc型 1件。敛口。M45：6，泥质红陶，施酱红釉。方唇，圆柄内曲，喇叭形敛口座。口径8、底径10、高11.2厘米（图二五，2）。

器盖 4件。依口部的不同分二型。

A型 3件。敞口（博山炉盖）。M45：10，泥质红陶，施酱黄釉。口径4、高4.6厘米（图二三，3）。

B型 1件。子母口（锺盖）。M46：18，泥质红陶。弧顶，圆唇，顶部饰三耳。口径11.8、高3.8厘米（图二三，9）。

勺 3件。依柄的长短可分二型。

A型 2件。长柄。M46：23，泥质红陶，施黄釉。手制。勺身较深，柄端微折，柄身直。长18.4厘米（图二三，6）。

B型 1件。短柄。M43：33，泥质红陶。手制。柄身曲。长13.2厘米（图二三，8）。

耳杯 1件。M45：13，泥质红陶。手制。敞口，方唇，弧腹，平底，两对称实耳。残长9、高4厘米（图二三，5）。

卮 1件。M46：32，泥质红陶。敛口，圆唇，微鼓腹，平底。沿下饰一道凹弦纹。口径10.4、最大腹径11.4、底径7.4、高7.1厘米（图二三，2）。

井罐 2件。M42：6，泥质灰陶。侈口，圆唇，鼓腹，平底。口径3.4、底径3、高4.5厘米（图二三，4）。

房 1件。M43：32，泥质灰陶。悬山式屋顶，脊正面有五道瓦垄，中柱立一斗三升斗拱，廊前设栏杆，栏面饰长条形镂孔。面阔35、进深11、高28.4厘米（图二三，10）。

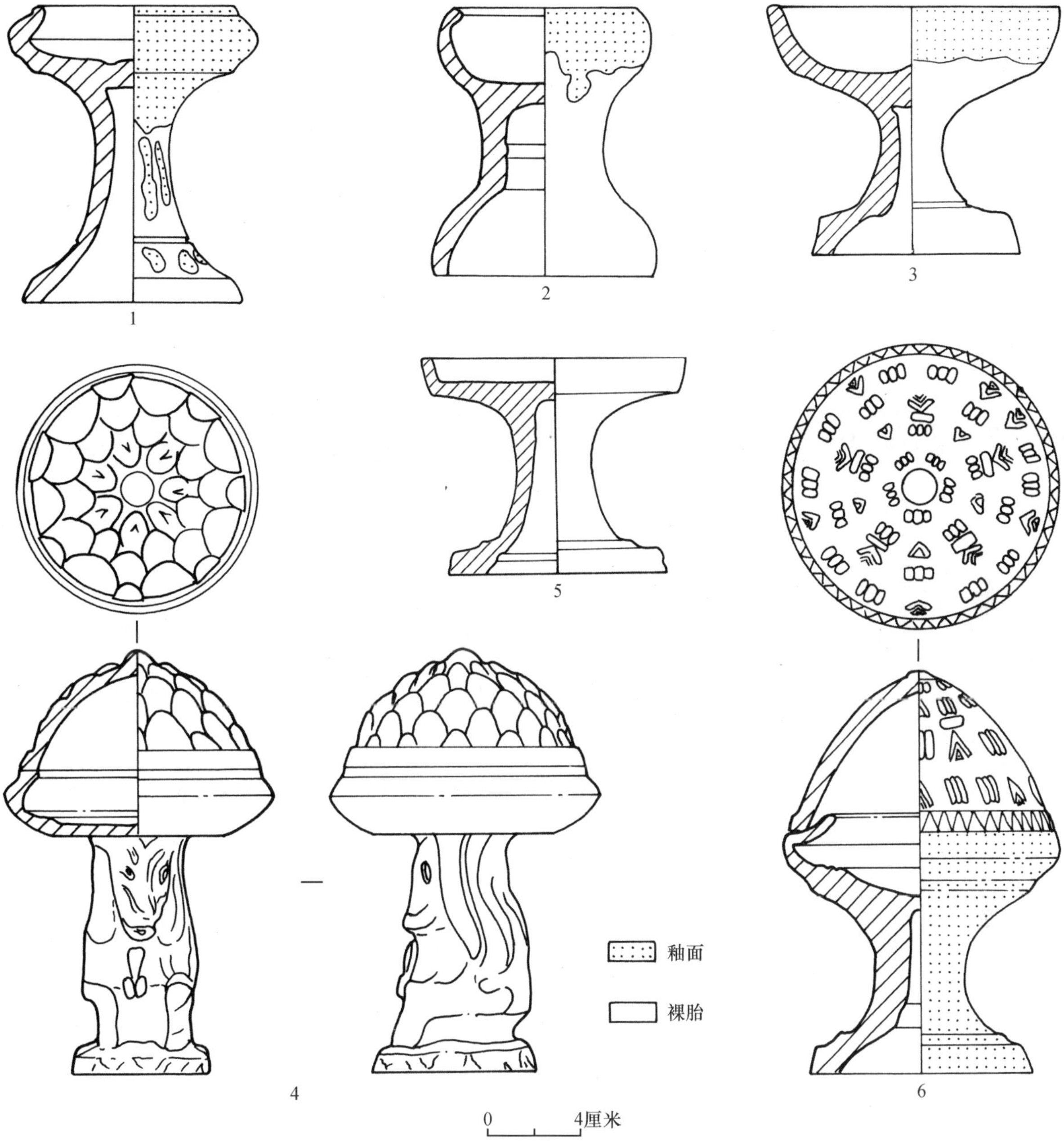

图二五　陶灯、博山炉

1. Bb型灯（M46：29）　2. Bc型灯（M45：6）　3. Ba型灯（M46：6）　4. B型博山炉（M43：4）
5. A型灯（M39：27）　6. A型博山炉（M39：36）

陶俑　45件。可分人物俑、动物俑两大类。

人物俑　31件。有舞俑、抚琴俑、执便面俑、抚耳俑、击鼓俑、吹箫俑、执袋俑、佩剑侍卫俑及侍俑等。

舞俑　2件。M43：37，泥质红陶。山形髻，交领右衽，及地长裙荷叶袖，左手按胯，右手高举，左腿弯曲。高26.8厘米（图二六，2）。

抚琴俑　2件。M43：27，泥质红陶。圆顶冠，交领右衽，长袍宽袖，跪坐式，琴置于两腿上。高19.8厘米（图二七，2）。

图二六　人物俑

1. 抚耳俑（M39：12）　2. 舞俑（M43：37）

执便面俑　1件。M43：30，泥质红陶。山形髻，交领右衽，及地长裙宽袖，露双足尖，左手执袋，右手执便面。高27厘米（图二八，1）。

击鼓俑　2件。M43：28，泥质红陶。圆顶冠，交领右衽，长袍宽袖，跪坐式，右手持棒靠于胸前，左手置鼓上。高22.8厘米（图二七，1）。

抚耳俑　3件。M39：12，泥质红陶。山形髻，交领右衽，长裙广袖，跪坐式，右手抚

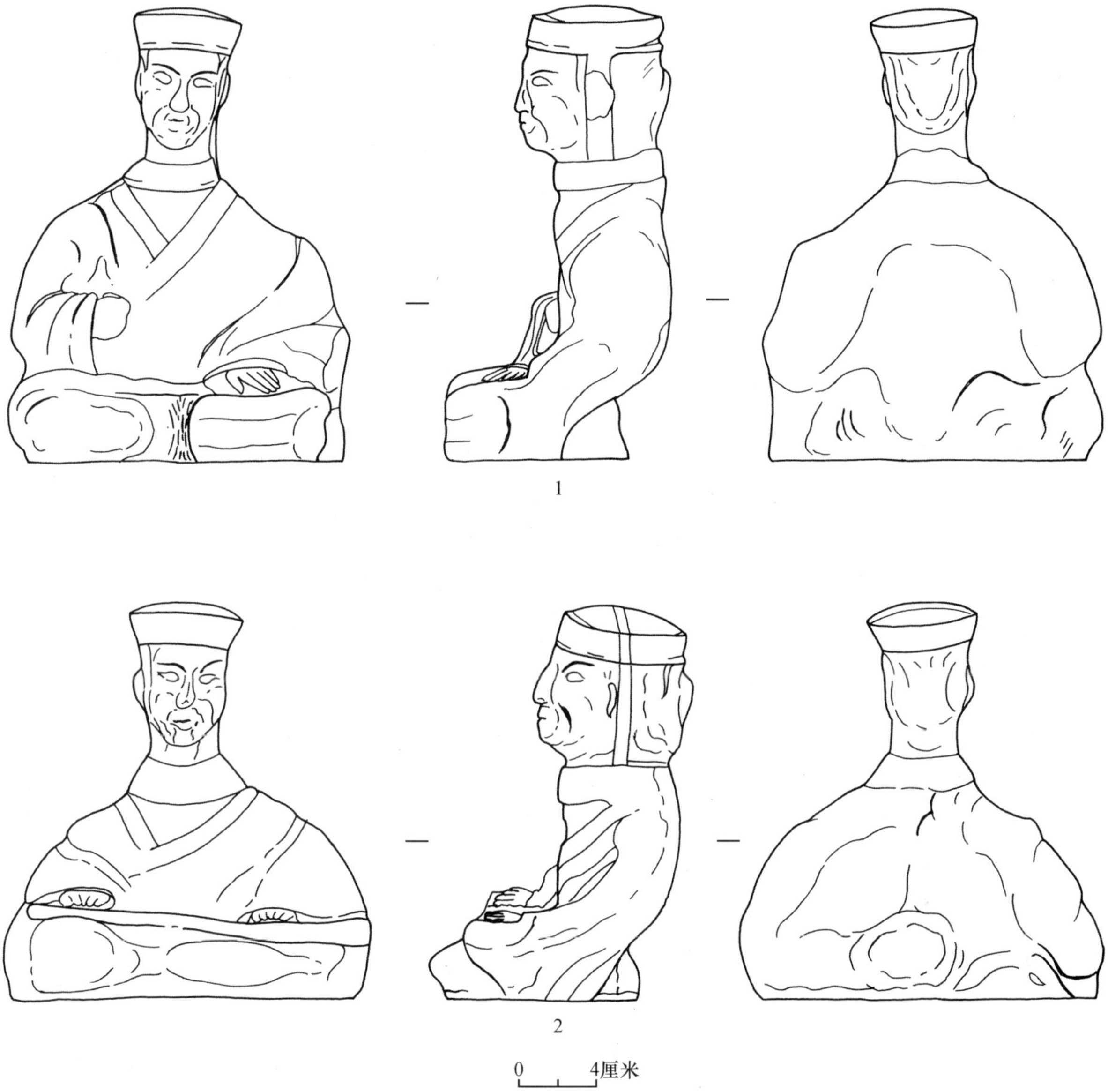

图二七　陶俑
1. 击鼓俑（M43：28）　2. 抚琴俑（M43：27）

耳，左手置腿上。高19.2厘米（图二六，1）。

吹箫俑　1件。M40：13，泥质红陶。戴圆形尖顶冠，长袍窄袖，坐立，双手执箫。高21.2厘米（图二八，4）。

侍俑　17件。M39：21，泥质红陶。戴圆形平顶冠，长袍窄袖，站立，露足尖，双手拢于腹前。高21.8厘米（图二八，3）。

佩剑侍卫俑　1件。M40：5，泥质红陶。戴进贤冠，交领右衽，及地长袍窄袖，站立，露足尖，双手拢于腹前。高20厘米（图二八，5）。

执袋俑　1件。M43：26，泥质红陶。戴平顶冠，交领右衽，长袍宽袖，站立，露足尖，左手执袋于胸前。高26.4厘米（图二八，2）。

驾弩俑　1件。M39：19，泥质红陶。戴平顶冠，交领右衽，长袍宽袖，跪立，双手抬于

图二八　陶人物俑

1. 执便面俑（M43：30）　2. 执袋俑（M43：26）　3. 侍俑（M39：21）　4. 吹箫俑（M40：13）
5. 佩剑侍卫俑（M40：5）　6. 驾驽俑（M39：19）

胸前做驾弩状。高18厘米（图二八，6）。

动物俑　14件。有鸡、猪、狗、马等。

公鸡　4件。M46：3，泥质红陶。昂首，站立，翘尾。高18.5厘米（图二九，1）。

子母鸡　3件。M45：6，泥质红陶。昂首，俯卧，翘尾，双翼、背及腹前共有3只小鸡蹲伏。高9.8厘米（图二九，2）。

猪　3件。M46：2，泥质红陶。长头，翘嘴，双目凸出，体较肥。长22.3、高11.5厘米（图二九，4）。

狗　3件。M43：25，泥质红陶。昂头，耸耳，双目凸出，颈腹系栓带。长22.8、高20.2厘米（图二九，5）。

马　1件。M46：22，泥质红陶。缺头，站立，配鞍，头与身子母相接。残长41、残高26厘米（图二九，3）。

2. 瓷器

24件。以生活用具为主，有罐、壶、碗、钵、盂等。

四系罐　1件。M38：11，青瓷，淡绿釉施至中腹，有流釉。直口，方唇，鼓肩，斜腹，平底，肩部饰对称四桥形耳。下腹饰一道凹弦纹。口径18.4、最大腹径23.6、底径12.5、高16.8

图二九　动物俑

1. 公鸡（M46：3）　2. 子母鸡（M45：6）　3. 马（M46：22）　4. 猪（M46：2）　5. 狗（M43：25）

厘米（图三〇，1）。

四系盘口壶　3件。M38：9，青瓷。盘口，尖圆唇，束颈，鼓腹，平底，肩部饰对称四桥形耳。口径12.4、底径9、高24.4厘米（图三〇，2）。

钵　10件。依口部的不同可分二型。

A型　3件。微侈口。M38：9-3，青瓷。圆唇，弧腹，假圈足，内底有一圈支钉痕迹。素面。口径14、底径10、高6.4厘米（图三〇，6）。

B型　7件。敞口。M38：8-3，青瓷。圆唇，弧腹，假圈足，内底有一圈支钉痕迹。素面。口径14.6、底径8.6、高6.8厘米（图三〇，4）。

碗　9件。依整体的大小可分二型。

A型　5件。体大。M36：3，青瓷。尖圆唇，弧腹，矮圈足。口径13.2、底径4.6、高7.2厘米（图三〇，5）。

B型　4件。体小。M38：6-3，青瓷。尖圆唇，斜弧腹，饼足，内底有一圈支钉痕迹。素面。口径8.6、底径4.8、高4.6厘米（图三〇，3）。

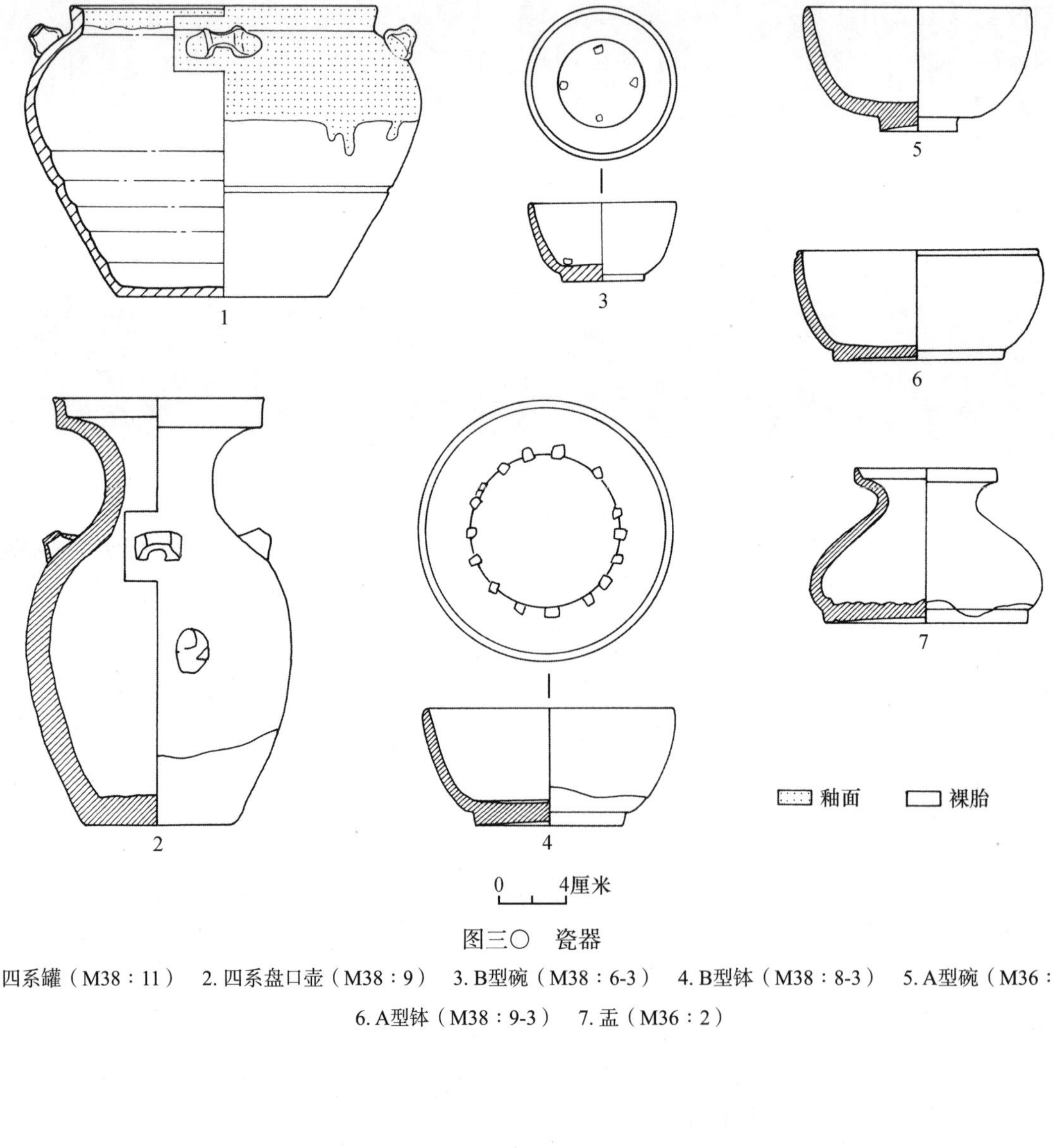

图三〇　瓷器

1. 四系罐（M38：11）　2. 四系盘口壶（M38：9）　3. B型碗（M38：6-3）　4. B型钵（M38：8-3）　5. A型碗（M36：3）　6. A型钵（M38：9-3）　7. 盂（M36：2）

盂 1件。M36：2，青瓷。盘口，尖圆唇，束颈，垂腹，矮圈足。口径8.4、底径12、高9厘米（图三〇，7）。

3. 铜器

4件。

勺 1件。M38：3，长柄。残长15.4厘米（图三一，9）。

指环 1件。M45：1，截面呈圆形。直径2厘米（图三一，8）。

珠 1件。M41：14-1，截面呈鼓状，中有一小孔。直径2.6、高2.5厘米（图三一，10）。

饰件 1件。M41：14-2，长方形銎。高2.7厘米（图三一，11）。

4. 钱币

共254枚。有五铢、大泉五十、货泉等。部分残破严重者未统计。

五铢 113枚。分二型。

A型 57枚。有郭。分三式。

Ⅰ式：35枚。主要出于M44。铸工较细，“五”字交股弯曲大，上下两横出头接于内、外郭，“朱”字上方下圆，“铢”字“金”头呈等腰三角形。钱径2.5～2.6、穿宽1.1～1.2厘米（图三一，1）。

Ⅱ式：10枚。主要出于M39。铸工较细，“五”字交股弯曲，上下两横不出头，“朱”字上下圆折，“铢”字“金”头呈三角形。钱径2.5～2.6、穿宽1.1～1.2厘米（图三一，2）。

Ⅲ式：12枚。主要出于M46、M45等。铸工精细，“五”字交股弯曲，上下两横不出头，“朱”字上下圆折，上下对称，“铢”字“金”头呈三角形。钱径2.5～2.6、穿宽1～1.1厘米（图三一，3）。

B型 56枚。磨郭或剪郭。主要出于M36、M38等。用五铢磨郭或剪郭而成。钱径1.7～2、穿宽1～1.1厘米（图三一，4）。

大泉五十 3枚。出于M38。有郭，钱文“大”字呈圆弧形，“泉”字中竖中断。钱径2.5～2.6、穿宽1～1.1厘米（图三一，6）。

货泉 129枚。出于M42。有郭，钱文“泉”字中竖中断，内郭有单双。钱径2～2.1、穿宽0.7～0.8厘米（图三一，7）。

直百五铢 1枚。出于M38。有郭。钱径2.5～2.6、穿宽1～1.1厘米（图三一，5）。

铁钱 8枚。出于M36。锈蚀严重。钱径2.7～2.8、穿宽1～1.1厘米。

5. 其他

3件。

琉璃耳珰 3件。M39：1-2，亚腰形，中有一穿。直径1.4、高1.4厘米（图二三，7）。

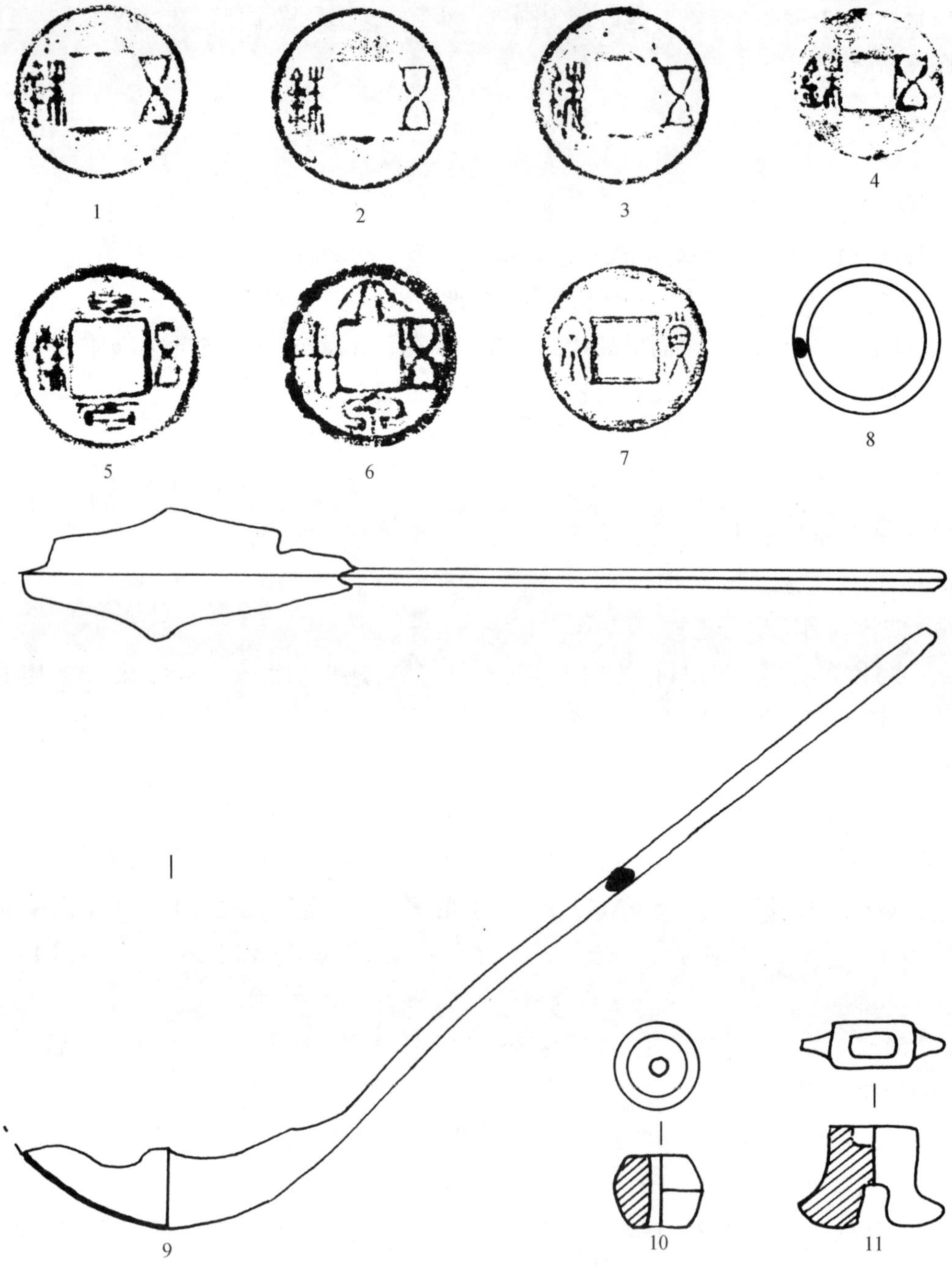

10、11. 0 4厘米　余 0 2厘米

图三一　钱币、铜器

1. A型Ⅰ式五铢（M44）　2. A型Ⅱ式五铢（M39）　3. A型Ⅲ式五铢（M45）　4. B型五铢（M38）
5. 直百五铢（M38）　6. 大泉五十（M38）　7. 货泉（M42）　8. 指环（M45：1）　9. 勺（M38：3）
10. 珠（M41：14-1）　11. 饰件（M41：14-2）

（四）墓葬的分期与年代

这次发掘的11座墓葬，时代跨度大，根据墓葬形制、器物组合及钱币的共存关系，初步将这批墓葬分为五期。

第一期：西汉中晚期。属于该期的墓葬有3座（M37、M41、M44），均为竖穴土坑墓。这批墓葬出土A型Ⅰ式五铢，A型Ⅰ式五铢铸行于汉宣帝本始元年（前73年）。据此，这3座墓葬的时代最晚应在公元前73年前后。陶器均为泥质灰陶，纹饰以网格纹、弦纹为主。器物组合陶器类以Ⅰ式居多，基本上可推断这批墓葬属西汉中晚期。

第二期：新莽时期。属于该期的墓葬有1座（M42），出土陶器与西汉晚期陶器相近，此期钵的数量明显增多。出土钱币有货泉。其时代应为新莽时期。

第三期：东汉中期。属于该期的墓葬有1座（M39），为“凸”字形砖室墓。这一时期俑的数量明显增多，新出现Aa型Ⅲ式钵等，出现釉陶器。钱币有A型Ⅱ式五铢，这批墓葬的时代应为东汉中期。

第四期：东汉晚期。属于该期的墓葬有4座（M40、M43、M45、M46）。均为“凸”字形或刀把形砖室墓。这一时期俑的数量大增，种类丰富。部分陶器与三期相同，新出现A型Ⅳ式钵等，釉陶器数量增多。钱币数量明显减少、杂乱，以A型Ⅲ式五铢为主。这批墓葬的时代应为东汉晚期。

第五期：两晋时期。属于该期的墓葬有2座（M36、M38）。均为刀把形砖室墓。随葬品以瓷器为主，多为罐、盘口壶、碗、钵组合。罐略矮胖，钱币有直百五铢、剪轮五铢等。故这批墓葬的时代应为两晋时期。

三、结　语

袁家岩遗址早期文化遗存因破坏严重出土遗物不多。但从出土遗物看，其文化内涵与相邻的石地坝遗址、秦家院子遗址十分相近，应属同一类型的文化遗址。这也是这次发掘的重要收获之一。其晚期文化遗存主要是两个墓地的墓葬，每个墓地墓葬分布密集，时代从西汉中晚期一直延续至两晋南朝时期。这次发掘的11座墓葬中，以砖室墓为主，土坑墓次之，且土坑墓与土坑墓、砖室墓与砖室墓之间鲜有打破关系，一般为砖室墓打破土坑墓。每个墓地中的土坑墓的排列有一定的次序，一般早期墓葬居墓地中部，晚期墓葬在其两旁或周围依次排列，可以推测每个墓地是相对独立的家族墓地。

附记：参加本次发掘的工作人员有徐小林、封剑平、秦光正、孙少伟、王胜利、杨晓红、陶一波、丁韦强、何海蓉、蔡远富、夏志平、王银、张勇、吴天清、王晗、郎富海、曾仙斌等。发掘中，得到丰都县文物管理所的大力支持，在此表示致谢！

领队：袁东山
资料整理：李大地　杨爱民
绘图：谭远辉
执笔：李大地　袁东山　杨爱民

附表　墓葬登记表

区号	墓号	方向	主要尺寸（长×宽-高）/厘米			形制结构	备注
			墓室	甬道	墓道		
Ⅳ区	M36	290°	230×266-（158-203）	330×168-112		刀把形砖室墓	墓道已扰，不存
Ⅳ区	M37	30°	320×283-（166-255）			长方形竖穴土坑墓	扰乱
Ⅳ区	M38	255°	274×202-132	190×126-112		刀把形砖室墓	墓道已破坏
Ⅴ区	M39	250°	300×250-170	180×134-82		“凸”字形砖室墓	扰乱
Ⅴ区	M40	305°	前：286×240-120 后：180×167-120	180×220		“凸”字形砖室墓	扰乱
Ⅴ区	M41	150°	420×220-（80-160）			长方形竖穴土坑墓	扰乱
Ⅴ区	M42	245°	283×218-（90-138）	176×120-110	残长66，坡度20°，深94～138	“凸”字形砖室墓	扰乱
Ⅴ区	M43	279°	260×234-90	212×140-（20～69）		刀把形砖室墓	墓道已扰，不存
Ⅴ区	M44	356°	396×330-（175-384）			长方形竖穴土坑墓	扰乱
Ⅴ区	M45	265°	368×230-320	196×160-140		“凸”字形砖室墓	扰乱
Ⅴ区	M46	282°	278×221-266	244×144-196	上口长119、上口宽104、下口长54、深50～320	刀把形砖室墓	扰乱

丰都玉溪坪遗址2002年度发掘简报

重庆市文化遗产研究院
丰 都 县 文 物 管 理 所

一、遗址概况

玉溪坪遗址位于丰都县龙孔乡玉溪村二社（原为八社，后与其他社合并），中心地理坐标为东经107°51′41.34″，北纬30°02′19.88″，海拔154～157米。玉溪坪西临长江（长江在高家镇一带折向北流），北靠江家山，东有玉溪小沟从遗址旁流过，至南边与玉溪大沟合为玉溪河由东向西汇入长江（图一）。

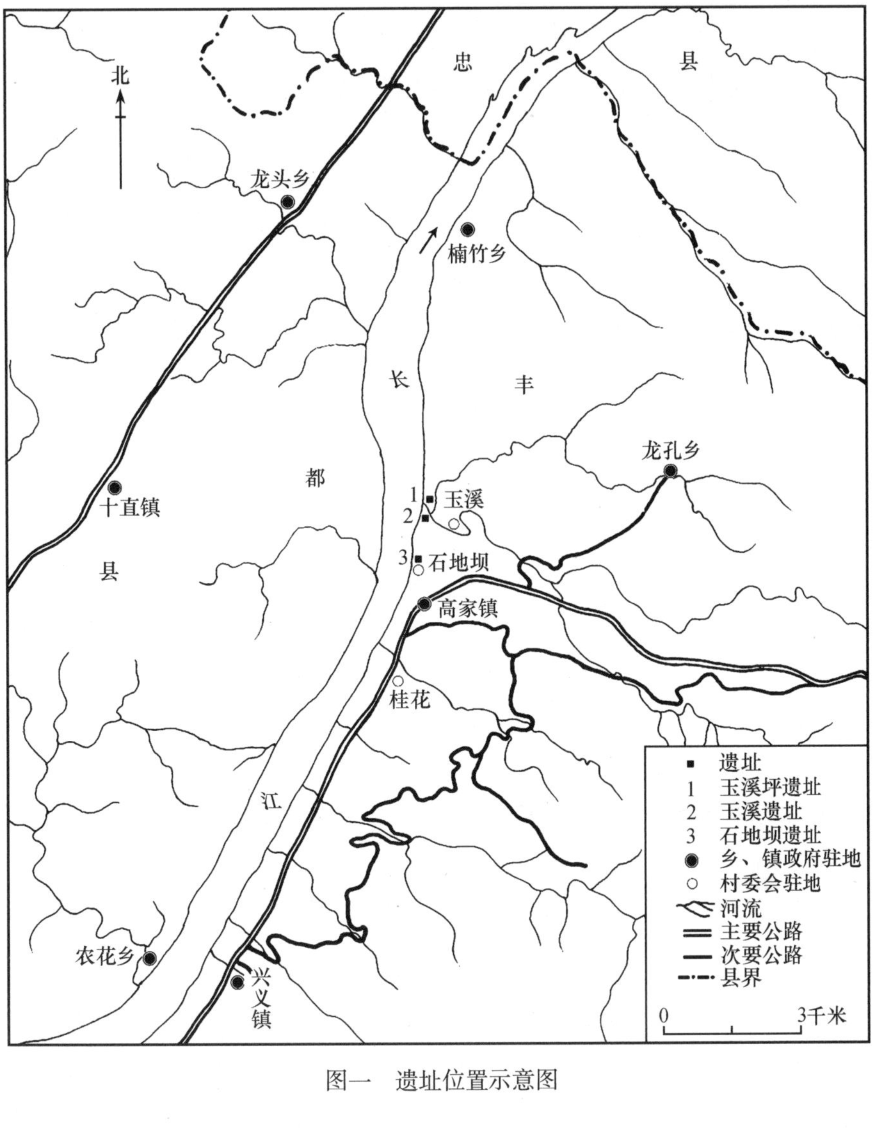

图一　遗址位置示意图

玉溪坪遗址所处台地为长江一级台地，为北面江家山余脉南伸形成。遗址三面环水，冬季玉溪大沟和小沟比较干涸，可以涉水而过。玉溪坪遗址与玉溪新石器时代早期遗址隔玉溪河互望，相距不过几十米，可以视为一个遗址的两个部分。从玉溪坪遗址往南至高家镇旧镇的沿江地带，除玉溪遗址外，还依次连续分布有信号台（金刚背）遗址、石地坝遗址、秦家院遗址、袁家岩墓群、桂花村旧石器遗址等，这一批遗址位于被冲沟分割的一个个山嘴和台地上，既互相独立又互相联系，应当视为一个整体，暂可称为“高家镇遗址群”。

玉溪坪遗址所在台地面积约有46 000平方米，地表比较平整。其中部、东部为侏罗纪基岩，覆盖风化的紫红色黏土，但土层较薄，基本没有古代遗物分布；西部土层十分深厚，主要是青黄色沙土，文化堆积相当丰富。遗址地表原多为民居、庄稼和树木覆盖，由于三峡水库二期移民清库，本次发掘前仅有少量房屋、树木存留。该遗址靠近长江的部分，由于最近十多年来洪水的掏空，已经有近20米的台地部分垮入长江，遗址破坏较大，在长江的河漫滩上散落许多石器和陶片，根据采集和发掘的结果看，垮塌部分正是玉溪坪遗址堆积最重要的部分。

二、工作情况

玉溪坪遗址是在三峡工程文物调查开展后发现的。1992年，四川省文物考古研究所（今四川省文物考古研究院）在丰都沿江地带调查时发现了该遗址。

1994年三峡文物复查时，四川省文物考古研究所对该遗址进行了试掘，布1米×4米探沟1条，资料见《丰都县三峡工程淹没区调查报告》①。

1998年以来，重庆市文物考古所（今重庆市文化遗产研究院）在高家镇一带进行考古发掘，并对玉溪坪遗址进行了踏查，多次在该遗址靠近长江的河漫滩地带采集到大量遗物，证实该遗址主要是以新石器时代遗存为主的堆积。

2001～2002年上半年，重庆市文物考古所两次对玉溪坪遗址进行发掘，发掘面积达5000平方米，发现了丰富的新石器时代、商周和唐代遗存。

2002年9～12月，重庆市文物考古所组织专业人员再次发掘玉溪坪遗址，发掘任务为2000平方米。其中，1000平方米为玉溪坪遗址2001年度发掘任务，1000平方米为相邻的玉溪遗址本年度（2002年）发掘任务转点至玉溪坪。本次发掘发现了新石器时代、商周、汉代、唐代遗存，堆积最厚达4米。

本年度的发掘，在遗址的中部和北部各布有一片探方，分别简称为北区探方和南区探方。其中，北区共布5米×5米探方40个，南区共布5米×5米探方44个（图二）。发掘面积超过2000平方米。本次南、北两个片区的探方，由于相距较远，各片区地层统一编号。探方编号则沿用前几次发掘的编号系统，本次具体代码为2002ⅡFLYⅡ，其中2002代表年号、ⅡF代表丰都、L代表龙孔乡、Y代表玉溪坪、Ⅱ代表第二象限，探方前两位为横坐标，后两位为纵坐标（在后面行文中，为求方便，只保留第二象限Ⅱ，之后接遗迹、遗物编号）。

① 四川省文物考古研究所：《丰都县三峡工程淹没区调查报告》，《四川考古报告集》，文物出版社，1998年。

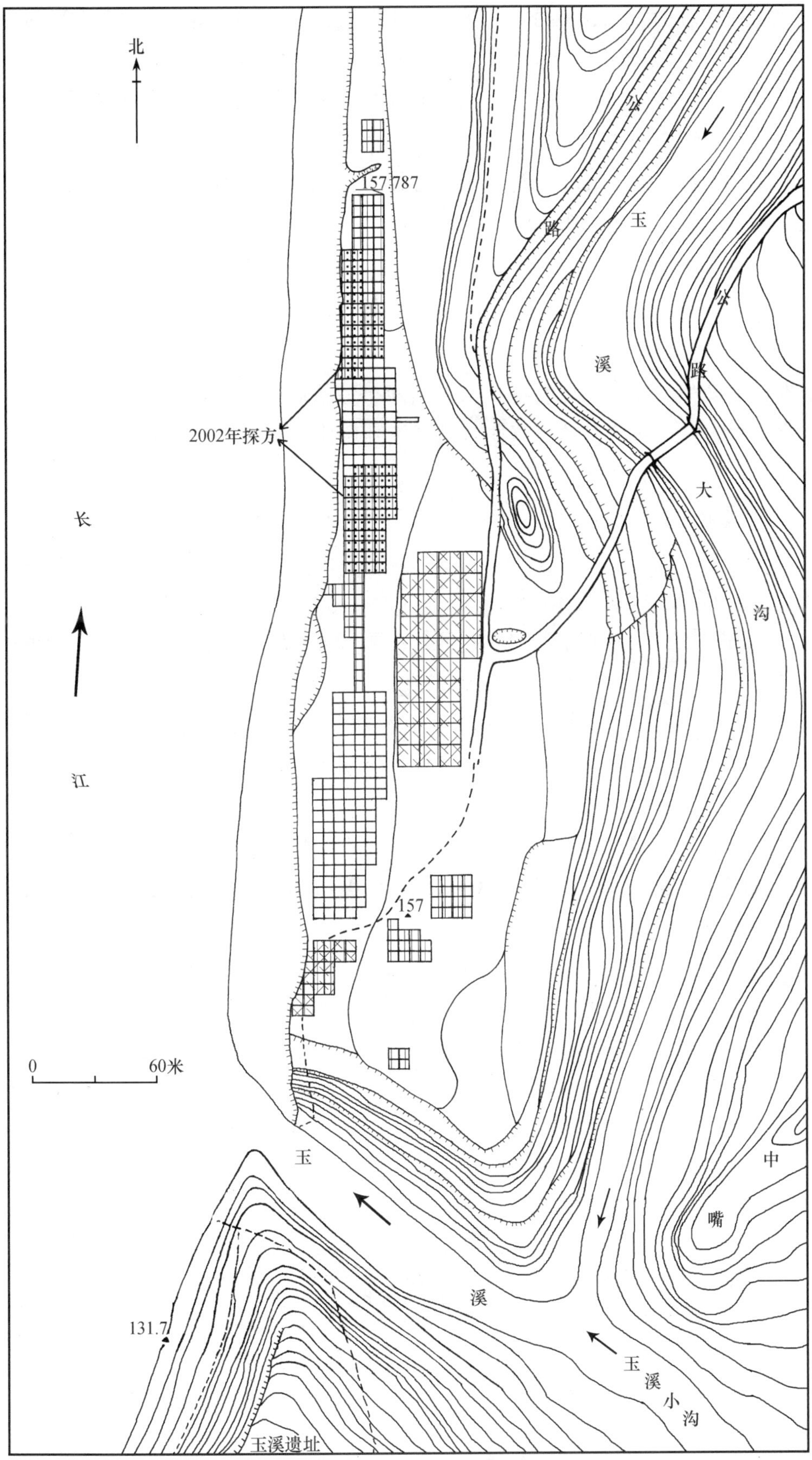

图二　遗址地形及2002年布方位置示意图

参加本次工作的有白九江、王海阔、徐静、王胜利、孙少伟、陈蓁、杨晓红、张勇、夏至平、史来兴、史全兴、秦光正、吴天青等。领队袁东山，执行领队白九江。在发掘过程中，重庆市文物考古所领导给予了大力支持，多次下到田野实地调研工作情况。丰都县文物管理所李国洪、何海蓉等在协调方面做了大量工作。

由于我们工作不够细致，在发掘过程中部分探方出土遗物未按亚层单独存放，而是按大层收集，这是读者在阅读本报告中需要注意的地方。

三、文化堆积

玉溪坪遗址的堆积深厚，总体特征是由东向西呈坡状堆积，东部的地层薄而少，西部的地层厚而多。多数探方的堆积可以从新石器时代延续到唐代。

（一）北区探方

现以ⅡT0559为例介绍地层堆积情况（图三）。

第1层：紫红色黏土。土质疏松。内含植物根茎、现代瓦片、铁钉。厚14～55厘米。该层遍布全方，呈东北高西南低的斜坡状。现代农耕土。

第2层：红褐色黏土。土质坚硬，结构紧密，有块状黏土。有少许碎青花瓷片。厚0～41、深28～96厘米。堆积由北向其他方向渐薄，斜坡状堆积。该方未遍布全方，仅出现于东北角及北部，分布面积很小。明清文化层。

第3A层：黄褐色土。由于受到第2层红褐色黏土的浸润，土质较硬，较纯净，包含物少。出土物有缸胎硬陶、青瓷，陶片不多。厚0～15、深50～110厘米。该层仅分布于东北角。唐代文化层。

第3B层：青褐色土，土内包含很多红烧土块，色泽较黑。土质较软。出土大量的缸胎硬陶，有一青瓷壁足残底。厚0～17、深20～124厘米。唐代文化层。

第4A层：土色灰黄。土质纯净，色泽发白，含砂较重，土层较薄。该层未遍布全方，仅见于本方的东半部，向西渐渐消失。出土物不多，有少量的碎陶片。厚0～27、深50～110厘米。

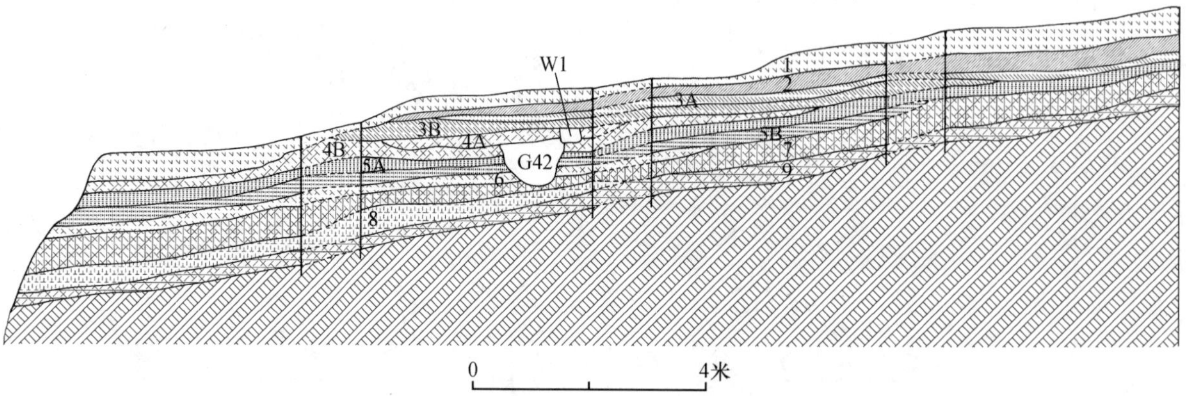

图三 ⅡT0559～ⅡT0259北壁剖面图

汉代文化层。

第4B层：灰褐色土。土质略软，内有少许炭渣、零碎的红烧土。出土物不多，主要是粗绳纹灰陶片。厚0～55、深83～138厘米。汉代文化层。

第5A层：深黄色土。土质纯净，结构紧密，色泽偏黄。陶片较多，有大量的夹砂红陶、泥质灰陶、夹细砂黑陶片。厚10～40、深90～152厘米。商周文化层。

第5B层：黄棕色砂土。土质纯净，较软。该地层遍布全方，地形由东向西略倾斜成斜坡状的堆积。陶片较少，可辨尖底杯、尖底盏、素缘绳纹罐等陶器。厚25～40、深123～165厘米。商周文化层。

第6层：土色浅棕色。土质略硬，结构紧密，较纯净。出土陶片较少，有少量的粗绳纹陶片、残石片等。厚10～25、深151～193厘米。新石器时代文化层。

第7层：深褐色土。土质较硬，结构紧密，分布均匀。内含木炭渣，有极小的白色螺蛳壳等。出土陶片很多，有箍带纹、粗绳纹、附加堆纹陶片，可辨器形有深腹罐、器盖等。厚20.7～69、深207～235厘米。新石器时代文化层。

第8层：根据土色不同又可分两层。第一层为浅灰色，土质纯净，含砂量多，有少许白色小螺壳，出土物较少。第二层为浅黄色，土质纯净，无任何包含物及出土物。该层遍布全方，为东高西低的倾斜堆积。厚0～69、深207～248厘米。新石器时代文化层。

第9层：黄褐色土。土质较硬，内含大量的红烧土块及木炭渣、白色螺壳。出土较多陶片，一般饰细绳纹和细菱格纹，也有附加堆纹、刻划纹等，可辨器形有卷沿深腹罐、高领壶、钵等。厚15～55、深223～340厘米。新石器时代文化层。

北区探方在发掘过程中，虽然每一探方的地层堆积并不完全相同，但在发掘过程中，对地层编号进行了统一。

（二）南区探方

探方地层堆积较薄，各探方堆积并不完整。地层编号与北区大体一致，但缺少汉代文化层，而新石器时代文化层则只有一层。

现以ⅡT0438剖面为例介绍地层堆积情况（图四）。

第1层：现代耕土层。黄褐色砂土。土质疏松，较软。内含植物根茎、石块、草木灰、筒瓦、残砖块等。厚15～20厘米。

第2层：红褐色黏土。土质较硬，成块状。堆积呈东高西低坡状，且自西向东逐渐消失。内含草木灰、颗粒状红烧土等。出土残砖块、青花瓷片、筒瓦、青瓷片等。厚0～60、深15～

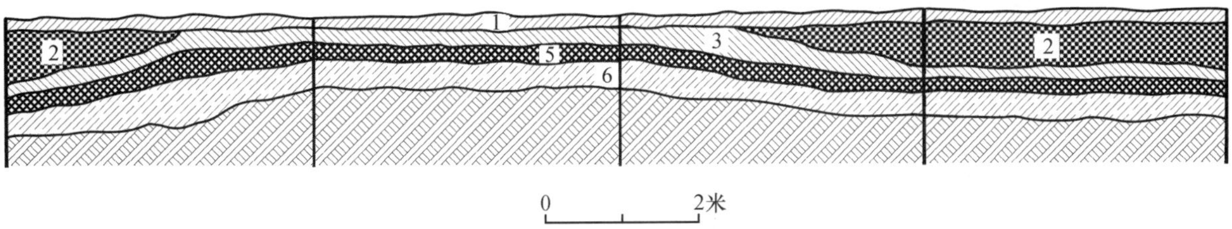

图四　ⅡT0438四壁剖面图

80厘米。明清文化层。

第3层：灰褐色砂土。土质略软。满方分布，呈东高西低坡状堆积。内含草木灰、大量红烧土块。出土较多残石制品、残砖块、陶片、筒瓦、板瓦、瓷片等，陶片有泥质红褐陶、灰褐陶、硬陶片等，瓷片有青瓷、白瓷片等，其中部分硬陶片和瓷片上有黄色釉、酱色釉、黑色釉等，器形有碗、罐、壶等。厚20～44、深33～100厘米。唐代文化层。

第4层为汉代文化层，在本方及南区绝大多数探方内无分布。

第5层：黄褐色砂土。土质较硬。满方分布，呈东高西低坡状堆积。出土较多陶片和少量石制品，陶片多为泥质红褐陶、灰褐陶片，大部分为素面，少部分陶片上纹饰为绳纹和方格纹，器形为罐、尖底杯、钵等。本层下发现柱洞5个。厚20～30、深61～122厘米。商周文化层。

第6层：黄褐色砂土，泛红。土质较软。满方分布，呈东高西低坡状堆积。内含极少量草木灰、红烧土点等。出土少量陶片，主要有泥质红褐陶、夹砂红褐陶、灰褐陶，泥质陶多饰箍带纹，夹砂陶多饰箍带纹、斜线划纹、菱格纹等。厚25～60、深89～144厘米。新石器时代文化层。

（三）遗存总体概况与发展阶段

北部探方地层堆积总体趋势：由东向西呈斜坡状堆积，倾斜度有10°左右。东部探方的地层堆积薄，地层单位少，部分地层单位缺失；西部探方地层堆积深厚，地层单位多，地层单位较全。此外，各探方还略向北微倾斜，即北部探方又比南部探方略深。各地层单位的出土遗物数量呈现一定的差异。其中，第3A层、第4A层、第5A层、第8层出土遗物少，堆积中含砂量大，第3B层、第4B层、第5B层、第6层、第7层、第9层出土遗物相对较丰富，基本上呈现出间歇性堆积的特征，可能与洪水有一定的关系。

南部探方地层堆积总体趋势：靠东侧的局部探方有1层或2层的新石器时代文化层，但包含物极少，一般耕土层下即为新石器文化层。中部探方的各时代堆积相对较全，但堆积较薄。西侧沿最外侧探方处有一道深坎，坎下堆积较深厚，但主要是唐代及其以后的堆积。据此，推测南部探方的地层堆积原本应为由东向西的斜坡状堆积，由于20世纪60年代改土造田，经过机械推平，原内侧的晚期堆积已被破坏，中部探方的堆积也经碾压，变得薄而硬。

本次发掘共发现新石器时代至唐代灰坑20座，其中北区17座、南区3座。沟6条，其中北区3条、南区3条。房址1座，位于北区。另外还发现有零星柱洞若干，相对集中的瓦砾堆积1处。石堆遗迹10个，均位于北区。瓮棺葬4座，其中北区1座、南区3座。竖穴土坑墓7座，其中北区4座、南区3座（图五、图六）。

按照地层关系和出土文化遗物的特征，本次发掘除近现代、明清文化层外，其余遗存可以分为新石器、商周、汉代、唐代四个大的发展阶段，以下分别介绍。

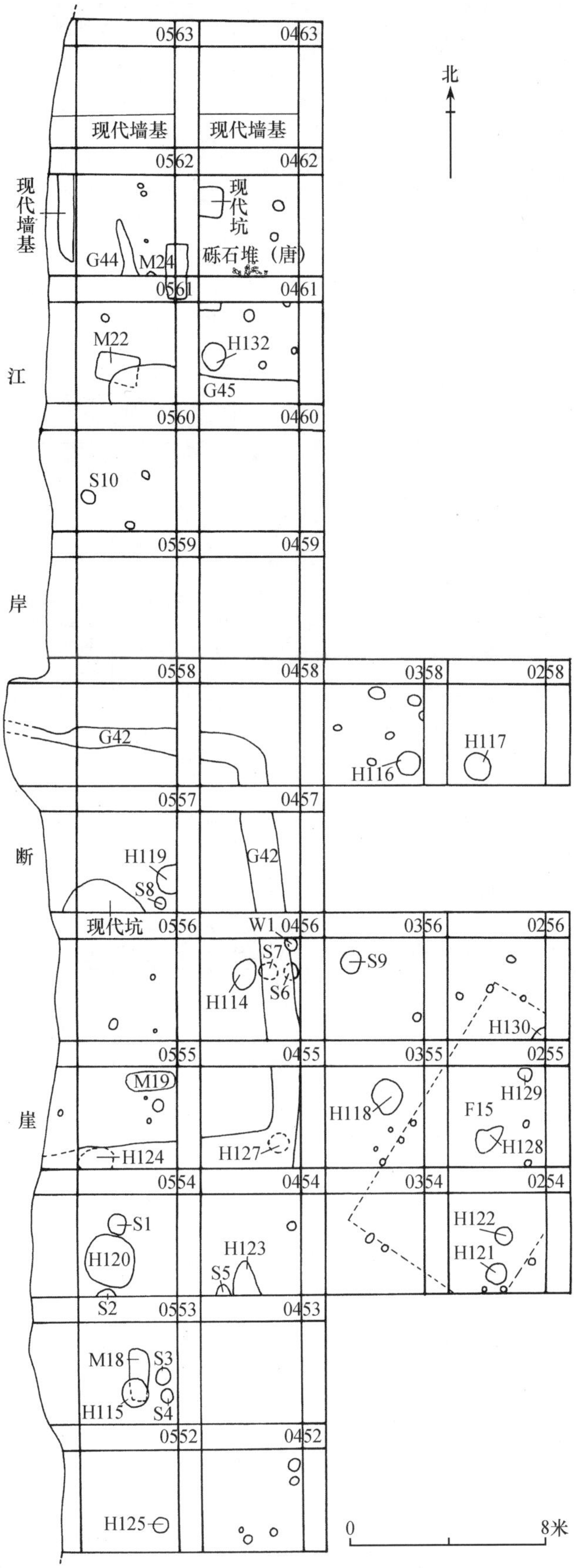

图五　Ⅱ区北部探方总平面图

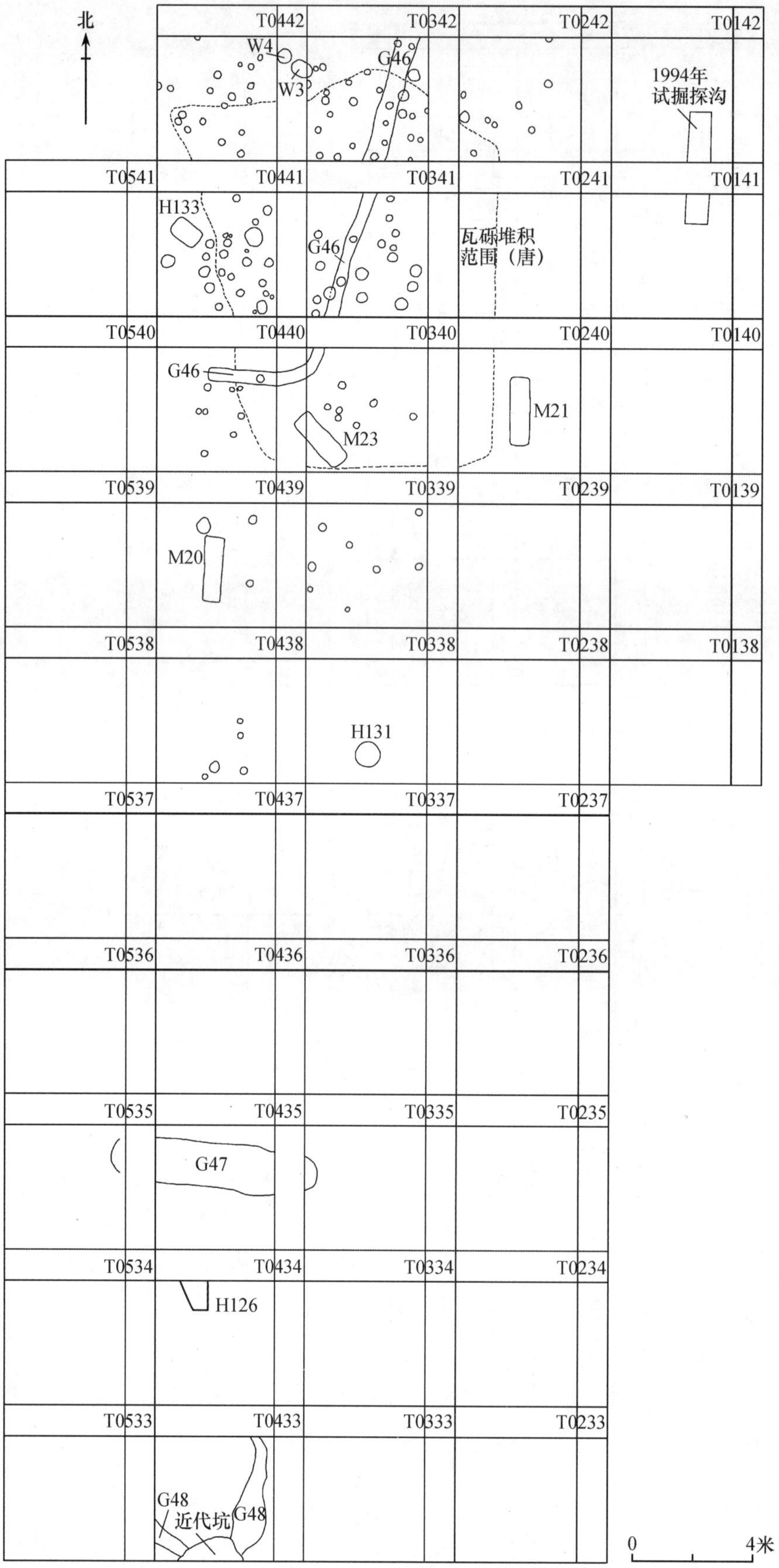

图六　Ⅱ区南部探方总平面图

四、新石器时代遗存

新石器时代遗存主要分布于北区探方，南区探方有零星发现。北区的新石器时代遗存除第6～9层几个文化层外，还包括灰坑、石堆、墓葬、房址等遗迹。

（一）遗迹

遗迹有灰坑、房址、柱洞、红烧土面、石堆，共5种。

1. 灰坑

共12座。均位于北区。有圆形、椭圆形、方形、不规则形等几种。

ⅡH118　位于北区ⅡT0355东北部。叠压于第5A层下，直接打破第7层。坑口距地表深100厘米。平面呈不规则的圆形，壁较直，底较平坦。坑口直径约57厘米，坑深约47厘米（图七）。坑内堆积分两层，第1层为黄褐色淤砂土，质细密，松软，较纯，厚约34厘米；第2层为暗褐色淤砂土，质细密，松软，夹有少量烧土颗粒和陶片。

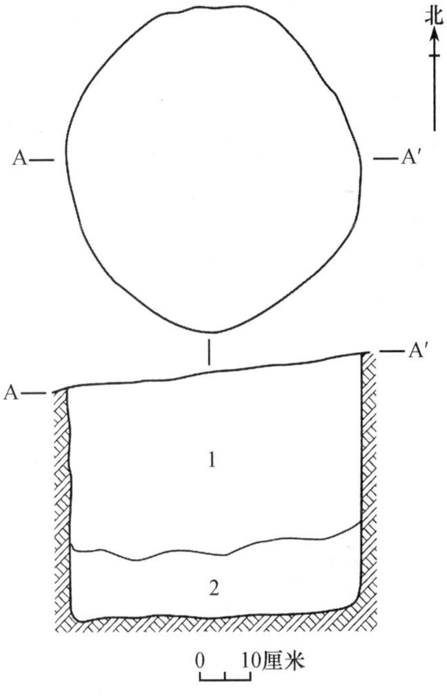

图七　ⅡH118平、剖面图

ⅡH118出土陶片可辨器形有夹砂卷沿深腹罐、夹砂折沿深腹罐、敛口钵等。

夹砂卷沿深腹罐　1件。ⅡH118：3，夹砂红褐陶。敞口，卷沿，沿面微凹，斜直腹。唇部饰浅花边，颈下刻划竖向折线纹，其下有凹弦纹一道。口径21、残高14厘米（图八，1）。

夹砂折沿深腹罐　3件。ⅡH118：1，夹砂红陶。折沿，沿面微弧，方唇，斜直腹。唇饰切削花边，上腹饰两道箍带纹，其间饰斜向绳纹。口径24、残高10厘米（图八，3）。ⅡH118：2，夹砂黄褐陶。折沿，沿面较窄，方唇，斜直腹。唇部绳勒花边，领部箍带纹加固，其上有按窝，腹壁饰绳纹交错而成的较大的菱格纹。口径30.4、残高6厘米（图八，2）。ⅡH118：4，夹砂红褐陶。敞口，卷折沿，圆唇，直腹，近底处弧收。唇饰浅花边，唇以下满饰细绳纹。口径28.7、残高8.4厘米（图八，4）。

罐底　1件。ⅡH118：6，夹砂黄褐陶。斜直腹，平底。饰菱格纹。底径10.6、残高10厘米（图八，6）。

钵　1件。ⅡH118：5，夹砂红褐陶。口微敛，圆唇，腹较深。素面。口径16、残高4.4厘米（图八，5）。

ⅡH124　位于北区ⅡT0555南部，部分伸入ⅡT0554北隔梁内。叠压于第9层下，打破生土。坑口距地表深242厘米。平面近椭圆形，坑口由东向西倾斜，坑壁加工较明显，比较平

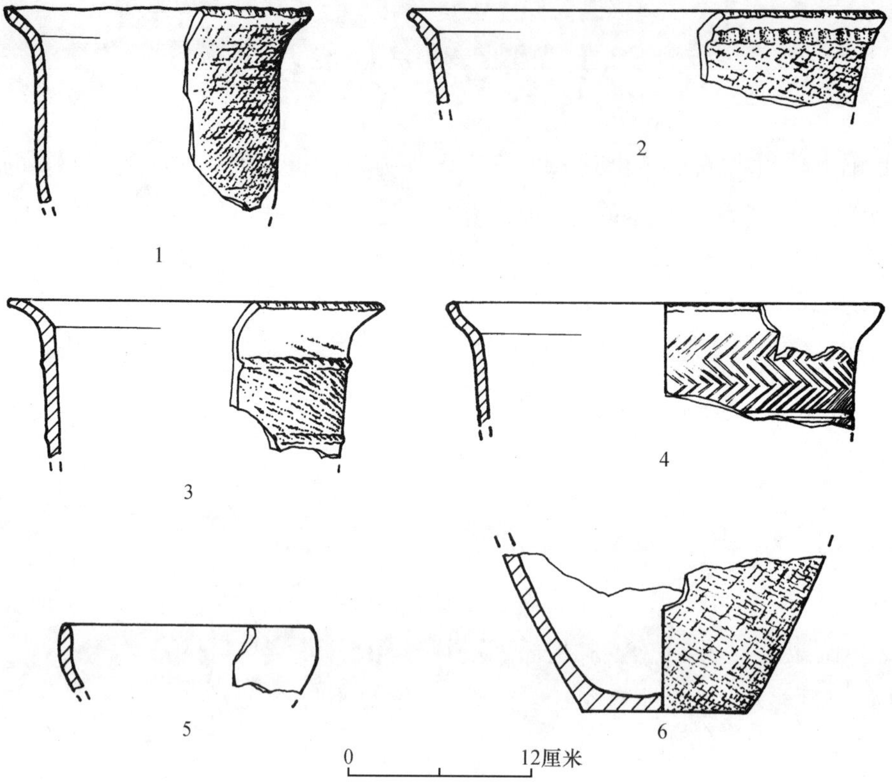

图八　ⅡH118出土陶器

1. 夹砂卷沿深腹罐（ⅡH118：3）　2～4. 夹砂折沿深腹罐（ⅡH118：2、ⅡH118：1、ⅡH118：4）
5. 钵（ⅡH118：5）　6. 罐底（ⅡH118：6）

滑。出露部分长径125、短径75.5、深18.5厘米（图九）。坑内填土为青褐色砂土，颗粒较细，结构紧密，含少量红烧土颗粒和炭屑。坑的底部有一个动物头骨，另残留部分牙齿和肢骨，肢骨弯曲，下肢骨部分有烧灼现象。由于动物骨骼不全，初步推测为一侧埋的狗。骨架上面置放大量砾石，部分砾石有打制痕迹。另出土有少量陶片，纹饰为绳纹和箍带纹。

与ⅡH124同一平面上还有4个圆形柱洞遗迹，与ⅡH124并列。

2. 房址

1座。

ⅡF15　分布于ⅡT0254～ⅡT0256、ⅡT0354～ⅡT0356六个探方内，柱洞口叠压于第7层下，打破第9层。该房址仅残存柱洞，屋内垫土层等情况不清，只在房址范围内的地表发现有一些相对集中的陶片堆积，推测系干栏式建筑。据一些迹象复原房屋为长方形，方向为西北，面向下游长江，约145°。据房屋中间的一些柱洞推测，可能是两间。房屋周边有一些柱洞，可能是檐柱或支撑干栏建筑底部的短柱。房址面阔9.5、进深6米（图一〇）。

在房址周边，亦有较多陶片发现，另外还有少量的石块，可能是该房屋主人丢弃的生活和生产用具。

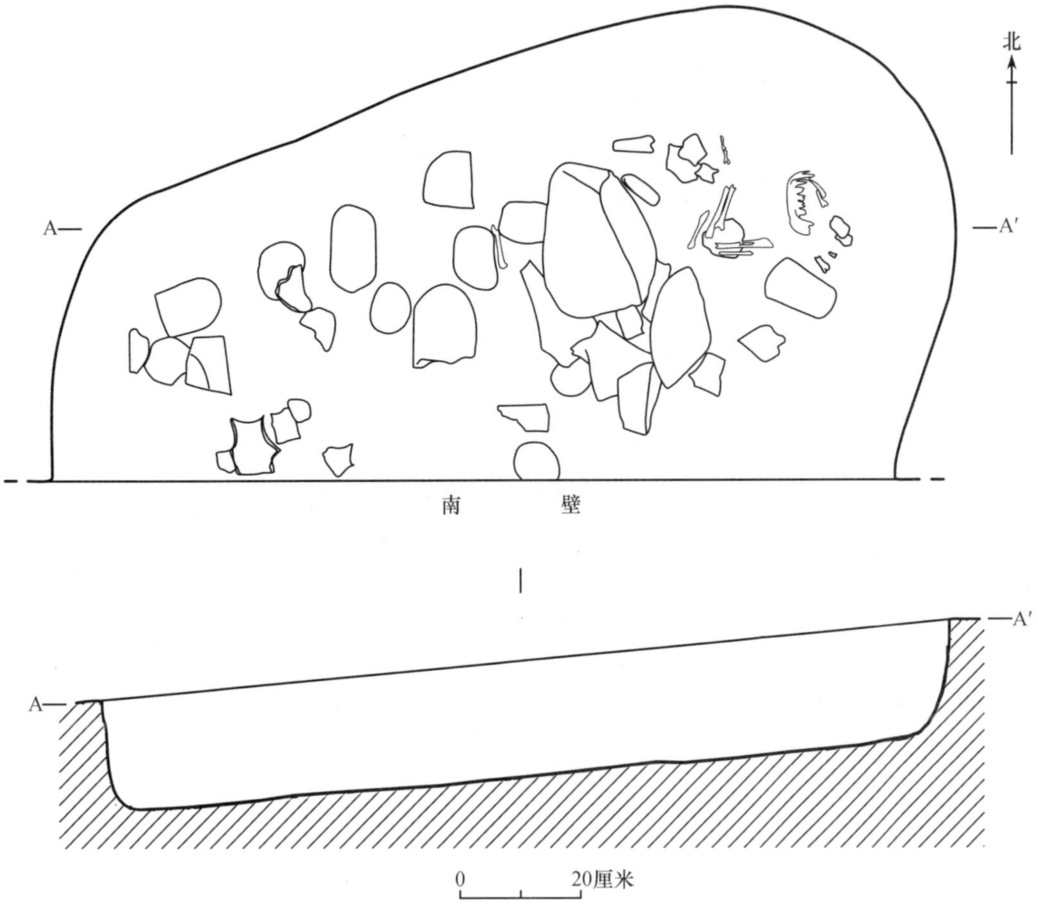

图九 ⅡH124平、剖面图

3. 柱洞

除ⅡF15外，还在部分探方发现零星柱洞，但无法复原。

4. 红烧土面

在ⅡF15的前面3～4米处，有一条红烧土带，带中含部分红烧土颗粒，堆积较薄，最厚约3厘米，随地形起伏。该红烧土带自ⅡT0356西部向ⅡT0454北部延伸，方向为北略偏东，至ⅡT0454后，向前在部分探方仍能见到极零星的红烧土颗粒，层位与ⅡF15相同。推测为当时的红烧土铺就的道路，可能连接了ⅡF15及2002年上半年发掘的一座长方形房屋。

5. 石堆

在遗址Ⅱ区北部探方，本次发掘共发现10个石堆遗迹（表一）。石堆遗迹的材料多以简单加工过的、未有固定形状的石块堆积而成，也有以自然石头垒砌的。石头的数量多寡不一，最多的11块，最少的3块。石头大小不一，有的最大直径约30厘米，小的不过10余厘米，但每一石堆内的石块大小多数较接近。石堆的堆积层次一般是一层，也有堆三层左右的，呈圆锥状。

清理发掘中，绝大多数石堆外侧未发现有土坑，极个别有浅凹坑，应为沉陷形成的。

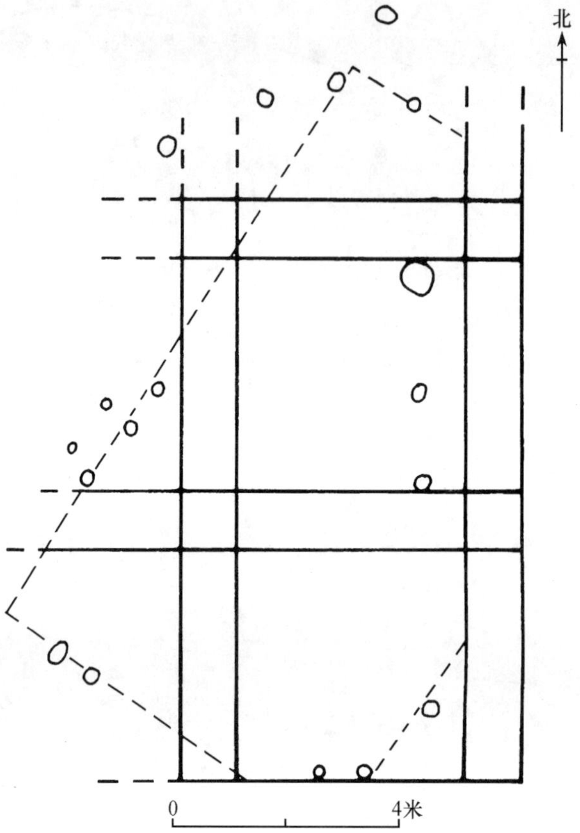

图一〇 ⅡF15平面图

这表明石块是堆积在地表的。石堆之间的距离也较大，绝大多数在一个层上，没有明显的分布规律。推测这类遗迹是加固某种竖立的柱状物的。

表一 石堆遗迹登记表

编号	位置	层位关系	堆积形状	堆积数量
ⅡS1	ⅡT0554北部	⑦→ⅡS1→⑧	圆形	11块自然石头
ⅡS2	ⅡT0554南部	⑦→ⅡS2→⑧	圆形	8块石头
ⅡS3	ⅡT0553东部	⑦→ⅡS3→⑧	圆形	7块石头
ⅡS4	ⅡT0553东部	⑦→ⅡS4→⑧	圆形	5块石头
ⅡS5	ⅡT0454南部	⑦→ⅡS5→⑧	圆形	3块石头
ⅡS6	ⅡT0456东北	⑦→ⅡS6→⑧	圆形	3块石头。每块长20～25、厚约10厘米
ⅡS7	ⅡT0456东北	⑦→ⅡS7→⑧	圆形	4块石头
ⅡS8	ⅡT0557东南	⑦→ⅡS8→⑧	圆形	5块石头
ⅡS9	ⅡT0356西北	⑦→ⅡS9→⑧	圆形	4块石头
ⅡS10	ⅡT0560西部	⑧A→ⅡS10→⑨	圆形	4块石头

（二）墓葬

共发现2座，均位于北区探方。

1. Ⅱ M18

位于ⅡT0553东北部。叠压于第6层下，打破第7层。墓口距地表深190厘米。方向3°。竖穴土坑墓，平面呈长方形，上口大，底略小。上口长198、宽71厘米，底长188、宽60厘米，深25～30厘米。未见葬具痕迹，人骨架保存较好，但肋骨、部分上肢骨不存。仰身直肢，头北足南。现场初步判断为一位年轻女性（图一一）。墓内填土为浅棕色砂土，极疏松，较纯净。含少许炭末、料姜石颗粒。无随葬器物。

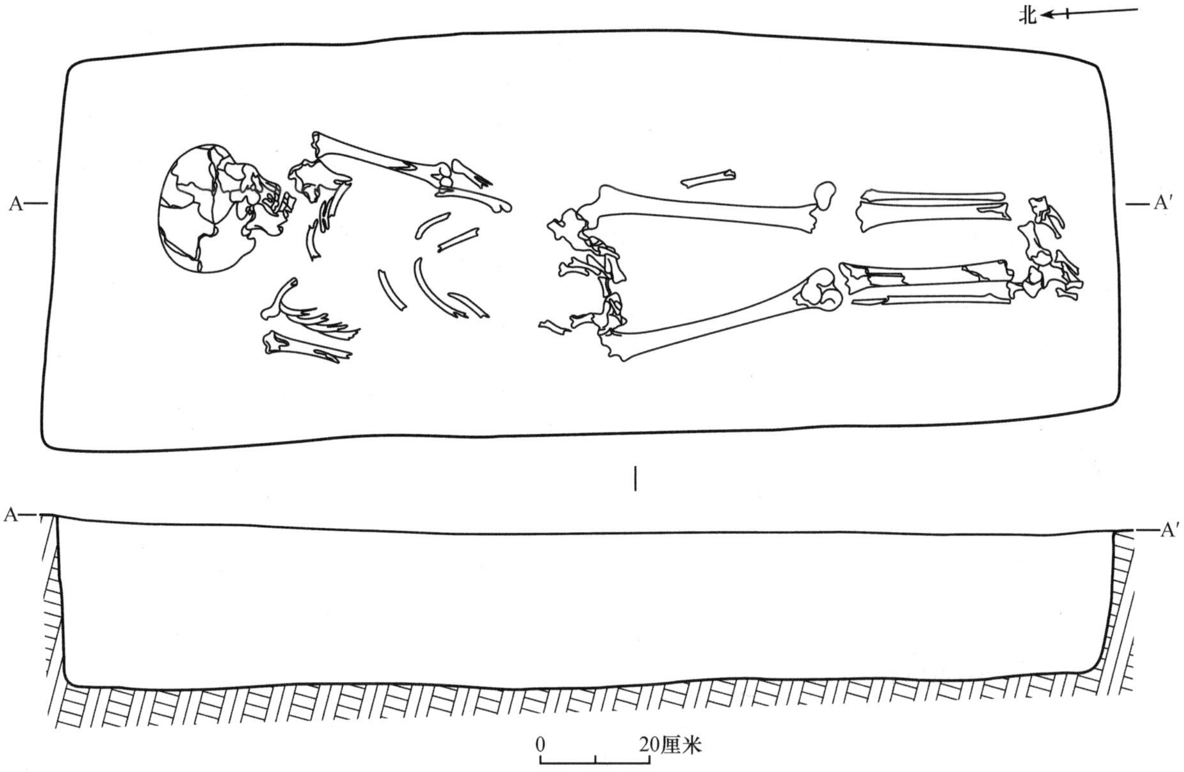

图一一　ⅡM18平、剖面图

2. Ⅱ M24

位于ⅡT0561和ⅡT0562之间的隔梁下。叠压于第7层下，打破第8层。墓口距地表深220厘米。方向0°。竖穴土坑墓，平面呈长方形，上口大，底略小，壁不直。长220、宽63、深31厘米（图一二）。墓内未见葬具痕迹。人骨架上肢、颅骨、胸骨均被早期扰毁不存，仅残存零星骨块。下肢骨及盆骨保存较好。仰身直肢，头北足南。现场初步推测为女性。从清理现状观察，墓内填土仅一层，为棕色砂泥土，较疏松，含较多的陶片、炭末、红烧土颗粒等。未见随葬品。

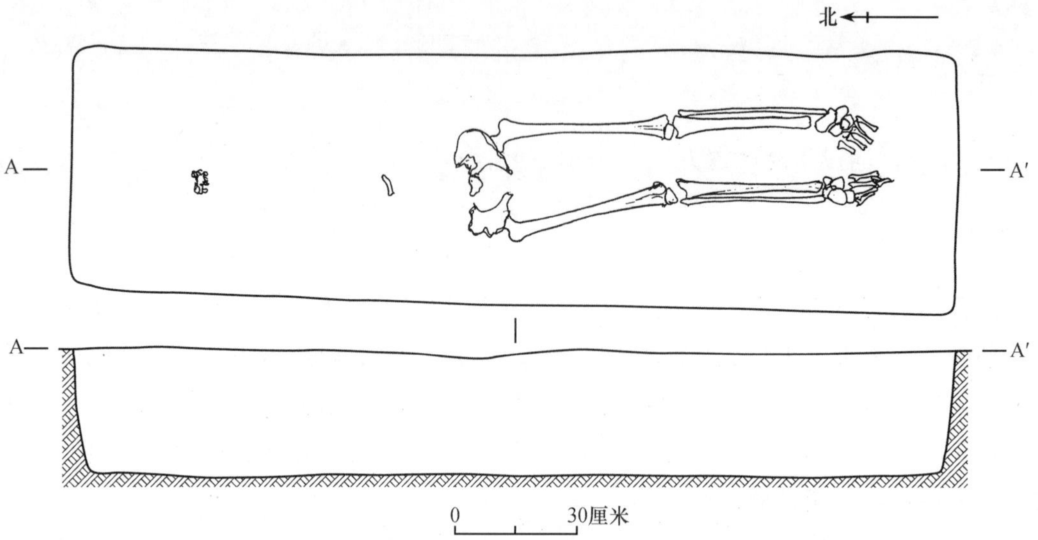

图一二 ⅡM24平、剖面图

（三）文化层出土遗物

绝大多数遗物出自北区文化层，南区遗物极为零星。以下按北区文化层逐层介绍。

1. 北区第9层出土遗物

北区第9层出土遗物的种类有陶、石、骨三大类。以陶器为主。

（1）陶器

北区第9层主要以夹砂陶为主，泥质陶相对较少。以ⅡT0552第9层为例（下同），夹砂陶占70.9%，而泥质陶只占29.1%。陶器颜色方面，夹砂陶中，又以夹砂黑灰陶占比最高，为34.5%，其余依次为红褐、灰褐、黄褐、红、青灰，分别为15%、13%、11.4%、7%、0.1%。泥质陶中，数量最多的是青灰陶，最少的是红陶，分别占陶器总量的9.8%、0.7%。黄褐陶占8.5%，而褐陶、黑皮陶、黑灰陶分别占4.8%、4.1%、1.2%（附表一）。

纹饰方面，种类较多，有绳纹、菱格纹、箍带纹、划纹、瓦纹、泥饼、戳印纹、篦划纹等。其中绳纹又可区分为粗、细两种，菱格纹也有大、小之分。总体说来，陶器施纹者比例较大（含素面+箍带），达65.8%，素面所占比例不高，为34.2%。纹饰中又以绳纹所占比例最高，达29.8%，其次为菱格纹和箍带纹，分别占16.8%、17%。此外，还有少量划纹、泥饼、瓦纹等，分别占0.2%、0.1%、1.9%。绳纹、菱格纹中，均以粗绳纹、大菱格所占比例稍高。划纹主要是竖向波折形划纹，其他探方也有横向划纹。瓦纹均为瓦沟纹。除了贴附的泥饼外，部分探方陶器上也见泥条纹（图一三）。

绳纹多施于罐类器上，一般从沿外即开始施纹，多斜向，有的器物底部亦饰绳纹。菱格纹实际上是交错绳纹形成的，施纹方式与绳纹一致。箍带纹主要施于罐类器和器盖面，且集中于罐类器上半身，呈平行分布，一般二至三道不等。划纹亦多见于罐类器上，多施于上腹。戳印纹、瓦纹常见于泥质陶器表。

图一三　北区探方第9层陶器纹饰拓本

1. 网状划纹+横弦纹+细绳纹　2. 波浪纹+横弦纹+细绳纹　3. “之”字形折线纹+横弦纹+细绳纹　4. 波折纹+横弦纹+细绳纹　5、6. 细绳纹　7. 横瓦沟纹　8. 箍带纹+细绳纹　9. 小菱格纹+米粒状戳印纹　10. 斜划纹+横弦纹+小菱格纹　11. 篦点纹+瓦沟纹　12. 方格纹　13. 细绳纹+小菱格纹+附加泥条纹

陶器均采用泥条盘筑法成形。多数器物内表面不平，有手指痕和垫具痕，应为制陶时留下的。大器物一般口部单做，于器身套接。器口喜做成花边形状，花边有压、削等多种方式。罐类器物颈部一般施箍带，以加固器身。

器类有平底器、圈足器两种。具体有夹砂折沿深腹罐、夹砂卷沿深腹罐、泥质卷沿罐、鼓肩罐、折盘口罐、尊形器、瓮、侈口缸、高领壶、钵、豆、器盖、杯、圈足、纺轮等。

夹砂折沿深腹罐　35件。均为夹砂陶。沿面外折，有折痕。ⅡT0453⑨：3，夹砂红褐陶。折沿，沿下角较大，圆唇，腹微鼓，较深，下弧收，平底，整器显得较瘦高。领部、上腹共饰三道箍带纹，外沿、腹壁至底部外侧饰绳纹交错成的菱格纹，外底中部饰稀疏的斜向绳纹。口径22、腹径21、底径10.4、高29.6厘米（图一四，1）。ⅡT0561⑨：6，夹砂褐陶。敞口，斜折沿，方唇，腹壁微外斜。唇部饰绳切花边，领部及上腹部饰两道箍带，领部上面还有按窝。腹壁有极稀疏的斜向细绳纹。口径26、残高9.6厘米（图一四，2）。ⅡT0561⑨：4，夹砂红陶。敞口，斜折沿，方唇，略束颈，腹微鼓。唇部按压稀疏的浅花边，领部以较宽的箍带加固，沿外及腹壁饰细绳纹交错而成的小菱格纹。口径19.2、残高6.6厘米（图一四，3）。ⅡT0552⑨：18，夹砂褐陶。折沿，沿面较宽，方唇，腹略鼓。唇压浅花边，沿外壁及腹满饰斜向细绳纹。口径16、残高6.6厘米（图一四，4）。ⅡT0560⑨：6，夹砂灰褐陶。斜折沿，沿

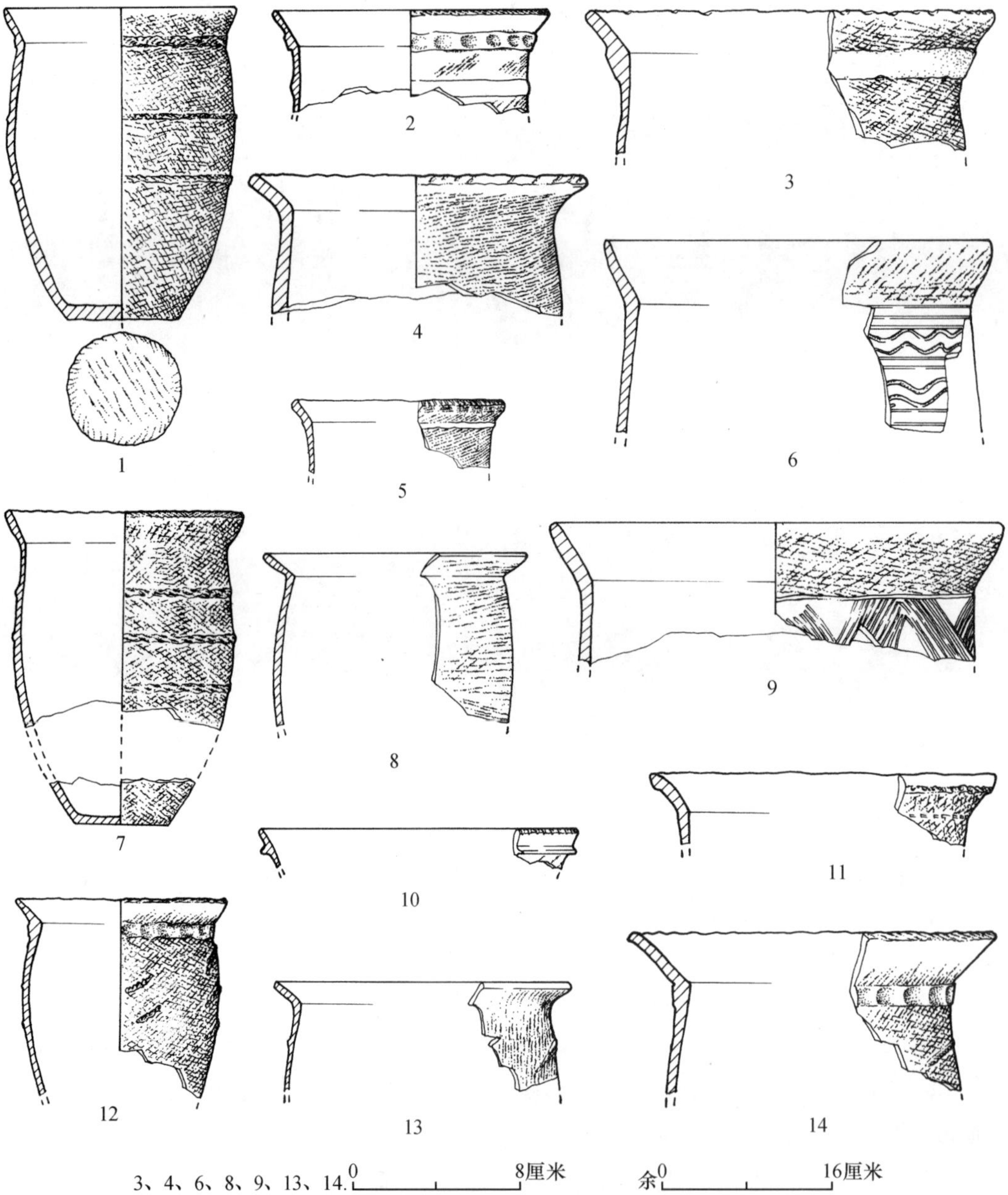

图一四　北区第9层出土夹砂陶折沿深腹罐

1. ⅡT0453⑨：3　2. ⅡT0561⑨：6　3. ⅡT0561⑨：4　4. ⅡT0552⑨：18　5. ⅡT0560⑨：6　6. ⅡT0562⑨：5　7. ⅡT0556⑨：4　8. ⅡT0256⑨：7　9. ⅡT0460⑨：3　10. ⅡT0455⑨：9　11. ⅡT0459⑨：10　12. ⅡT0453⑨：2　13. ⅡT0256⑨：6　14. ⅡT0552⑨：19

下角较大，方唇，腹略内收。唇部切削花边，领部有一道箍带纹，外壁满饰斜向绳纹。口径20、残高6.8厘米（图一四，5）。ⅡT0562⑨：5，夹砂褐陶。敞口，折沿上立，沿下角较大，尖圆唇，沿面微凹。直腹微外斜。沿外饰斜向细绳纹，腹部有三组凹弦纹，每组由两道构成，在每组弦纹之间刻划横向波浪纹。口径18、残高8.8厘米（图一四，6）。ⅡT0556⑨：4，夹砂红褐陶。侈口，斜折沿，腹微鼓，下腹斜收为平底。唇饰绳切花边，其下饰较粗的绳纹及其交错而成的菱格纹，上腹以三道箍带纹相间，箍带上压印绳纹，底部内、外壁均饰绳纹。口径22.4、底径8.8、复原后高28.8厘米（图一四，7）。ⅡT0256⑨：7，夹砂红陶。折沿，沿下角较小，圆唇，腹壁微鼓。腹部饰稀疏的横向细绳纹。口径12.4、残高8厘米（图一四，8）。ⅡT0460⑨：3，夹砂灰褐陶。斜折沿，沿下角较大，直腹略鼓。沿外饰细绳纹交错而成的小菱格纹，领部刻划一道不直的凹弦纹，上腹饰若干斜向刻划纹。口径21.2、残高6.4厘米（图一四，9）。ⅡT0455⑨：9，夹砂褐陶。沿外有凸棱。唇部压制花边。口径30.4、残高3.6厘米（图一四，10）。ⅡT0459⑨：10，夹砂褐陶。折沿，沿面较宽，厚唇，斜直腹。唇部内外两侧饰戳印花边，颈部饰戳印圆点，余饰较稀疏的绳纹。口径32、残高6.4厘米（图一四，11）。ⅡT0453⑨：2，夹砂褐陶。折沿，方唇，腹微鼓，较深。唇饰绳切花边，领部以箍带加固，上腹有饰绳纹的斜向泥条，每三个泥条为一组，现存两组，推测复原共有五组，腹壁饰细绳纹交错而成的小菱格纹。口径20、腹径18.4、残高18.4厘米（图一四，12）。ⅡT0256⑨：6，夹砂黑陶。折沿，沿下角较小，圆方唇，腹壁微鼓。沿外及腹壁饰竖向细绳纹，上腹贴有一斜向短泥条。口径14、残高5厘米（图一四，13）。ⅡT0552⑨：19，夹砂褐陶。折沿，沿面较宽，方唇，直腹微外斜。唇饰绳切花边，颈部以箍带纹加固，外壁饰细绳纹及其交错而成的菱格纹，另外附加一斜向泥条，泥条上亦饰绳纹。口径17.2、残高7.4厘米（图一四，14）。

夹砂卷沿深腹罐　11件。均为夹砂陶，沿面外卷无折痕。ⅡT0559⑨：7，夹砂褐陶。卷折沿，沿下角较小，沿面微凹，方唇。唇部饰花边，沿外壁饰细绳纹交错而成的菱格纹，颈部一周有按窝痕。口径17.7、高18.2厘米（图一五，1）。ⅡT0557⑨：9，夹砂灰褐陶。卷折沿，沿面较宽，方唇，束颈，弧腹。领部及腹上部装饰箍带，沿外饰绳纹交错而成的菱格纹。口径26、残高7厘米（图一五，2）。ⅡT0557⑨：3，夹砂褐陶。敞口，斜卷沿，沿下角较大，腹壁略内收。唇饰棍压成组的斜向绳纹，沿外及腹壁饰细绳纹交错而成的小菱格纹。口径23.2、残高5.6厘米（图一五，3）。ⅡT0562⑨：4，夹砂灰褐陶。卷折沿，尖圆唇，沿下角较大，沿面微凹。沿外饰斜向绳纹。口径18、残高4厘米（图一五，4）。ⅡT0458⑨：5，夹砂红褐陶。侈口，斜卷沿，沿下角较小，唇部内勾，弧腹微鼓。沿外及腹部满饰绳纹交错而成的细菱格纹，另在上腹还饰有两条斜向泥条，以加固器身。口径17、残高7厘米（图一五，5）。

泥质卷沿罐　10件。均为泥质陶，沿面外卷。ⅡT0455⑨：5，泥质红陶。卷沿，圆唇，沿下角较小，直腹微内收。素面。口径18、残高4.4厘米（图一六，1）。ⅡT0456⑨：1，泥质磨光黑陶。卷沿，尖圆唇，腹壁微鼓。腹饰瓦沟纹，瓦棱上有一排戳印圆点装饰。口径28、残高8厘米（图一六，2）。ⅡT0457⑨：1，泥质磨光褐陶。卷沿，沿面平，圆方唇，腹壁微鼓。腹壁饰瓦沟纹，瓦棱上有篦点纹装饰。口径14、残高4.6厘米（图一六，3）。ⅡT0553⑨：1，泥质黑衣褐陶。卷沿微外翻，圆唇。颈部饰数道凹弦纹。口径20.8、残高4.3厘米（图一六，4）。ⅡT0557⑨：6，泥质磨光褐陶。卷沿微外翻，沿面近平，方唇，腹壁微鼓。口径20、残

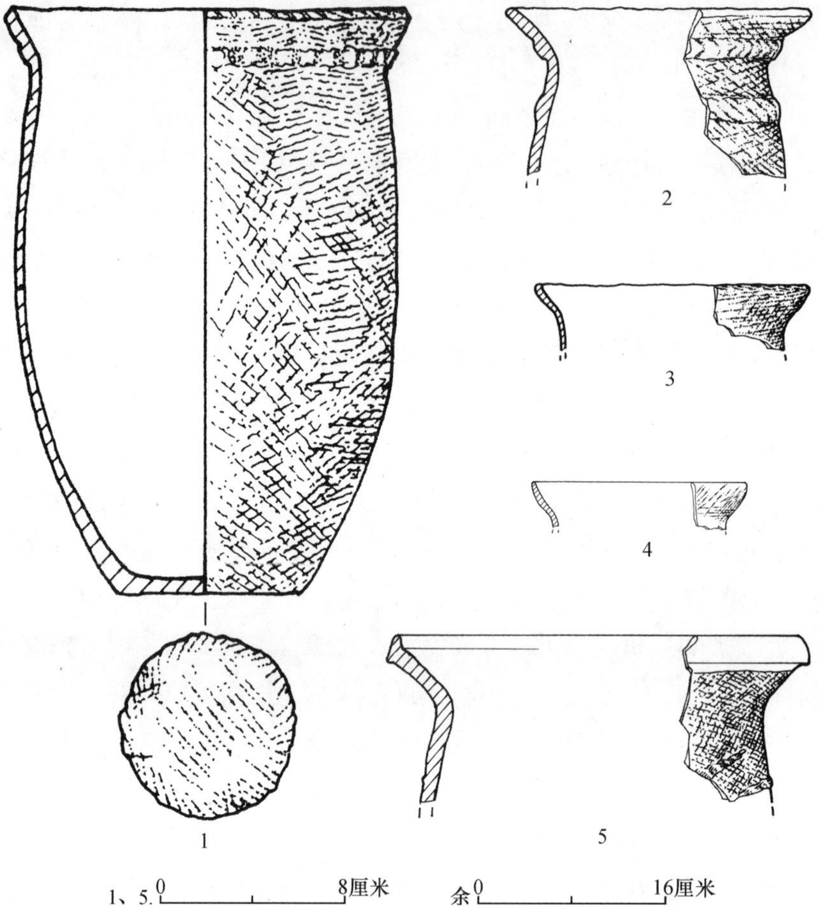

图一五　北区第9层出土夹砂陶卷沿深腹罐

1. ⅡT0559⑨：7　2. ⅡT0557⑨：9　3. ⅡT0557⑨：3　4. ⅡT0562⑨：4　5. ⅡT0458⑨：5

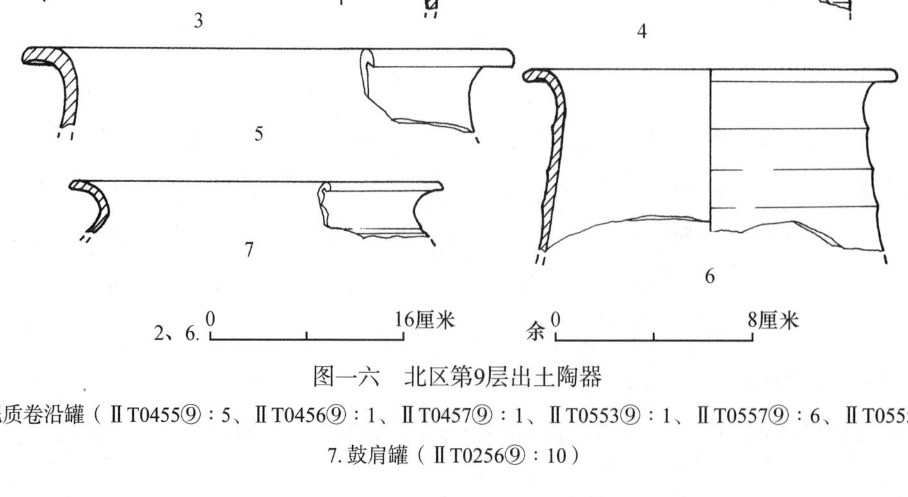

图一六　北区第9层出土陶器

1～6. 泥质卷沿罐（ⅡT0455⑨：5、ⅡT0456⑨：1、ⅡT0457⑨：1、ⅡT0553⑨：1、ⅡT0557⑨：6、ⅡT0555⑨：4）

7. 鼓肩罐（ⅡT0256⑨：10）

高3.2厘米（图一六，5）。ⅡT0555⑨：4，泥质褐陶。卷沿外翻，圆唇，腹壁外斜。器表磨光，外饰三组平行瓦沟纹。口径29.6、残高14.4厘米（图一六，6）。

鼓肩罐　1件。肩部外鼓较甚。ⅡT0256⑨：10，泥质褐陶。侈口，卷沿近平，束颈，矮领，鼓肩。肩部有瓦沟纹。口径15.2、残高3厘米（图一六，7）。

折盘口罐　6件。盘口上折，盘部与腹壁折交。ⅡT0456⑨：7，夹砂黄褐陶。斜折沿，沿上部又上折内敛，形成盘口，圆方唇，直腹微外斜。上腹刻划三道凹弦纹，以上面两道凹弦纹为边栏，其间满饰刻划的竖向折线纹。口径20、残高8.6厘米（图一七，1）。ⅡT0557⑨：4，夹砂褐陶。斜折沿，唇上折内勾，直腹。盘口折棱上饰戳印纹，领部有一道凹弦纹，余饰稀疏的斜向绳纹。口径22.4、残高4厘米（图一七，2）。ⅡT0453⑨：4，夹砂红陶。折沿，沿下角较小，沿上部又上折内敛，形成盘口，圆唇，盘口上折处形成凸棱。唇部勒花边，领部以箍带纹加固，其上还有按压的按窝。口径27.2、残高3.6厘米（图一七，3）。ⅡT0558⑨：10，夹砂红褐陶。折沿上翻，沿面下凹形成盘口，方唇，直腹微外斜。唇部棍压成组斜向绳纹，颈部、上腹依次饰两道凹弦纹和箍带，并以其为边栏，在外沿、上腹刻划网状菱格纹。口径19.6、残高8.8厘米（图一七，4）。ⅡT0258⑨：7，夹砂红褐陶。折沿，沿下角较小，唇部上折，形成盘口，圆唇。唇部饰花边，下沿饰细绳纹。口径24、残高4厘米（图一七，5）。ⅡT0560⑨：8，夹砂黄褐陶。卷折沿，沿下角较小，沿上部上翻，形成盘口，方唇，弧腹微鼓。唇部及盘外凸棱上均压印绳纹，上腹饰斜向细绳纹。口径20、残高8厘米（图一七，6）。

尊形器　2件。大口，壁外敞。ⅡT0558⑨：7，夹砂红陶。斜折沿，圆唇，沿下角极大，腹壁斜内收。腹部饰交叉划纹。口径24.8、残高4.4厘米（图一八，1）。ⅡT0462⑨：4，夹砂红陶。折沿，沿面微凹，方唇，斜直腹。领部以箍带纹加固，其上饰绳纹，腹壁刻划网状菱格纹。口径21.6、残高5.6厘米（图一八，2）。

瓮　4件。敛口，鼓肩，均为泥质陶。ⅡT0562⑨：3，泥质褐胎黑皮陶。口部内折，圆唇，沿面斜平，鼓肩。肩部饰成排篦点纹，其下有凹弦纹。口径9.2、残高2.6厘米（图一八，

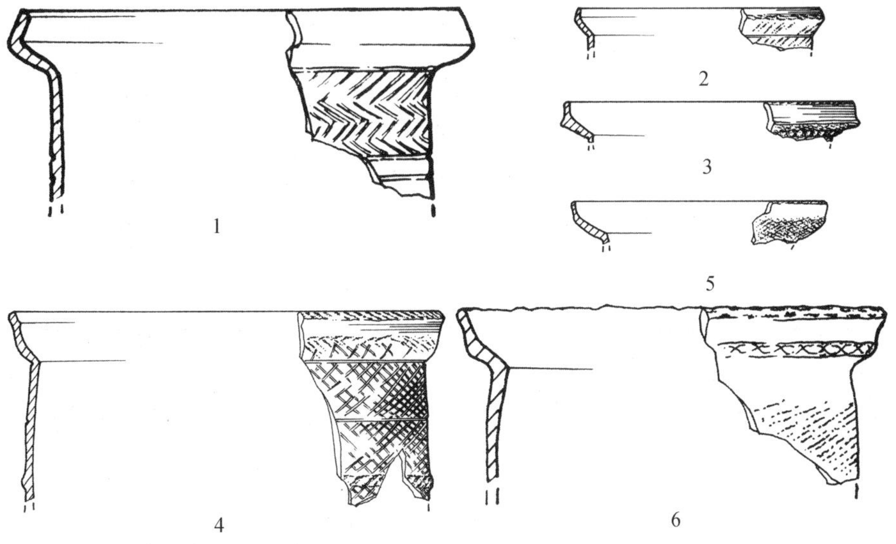

图一七　北区第9层出土陶折盘口罐

1. ⅡT0456⑨：7　2. ⅡT0557⑨：4　3. ⅡT0453⑨：4　4. ⅡT0558⑨：10　5. ⅡT0258⑨：7　6. ⅡT0560⑨：8

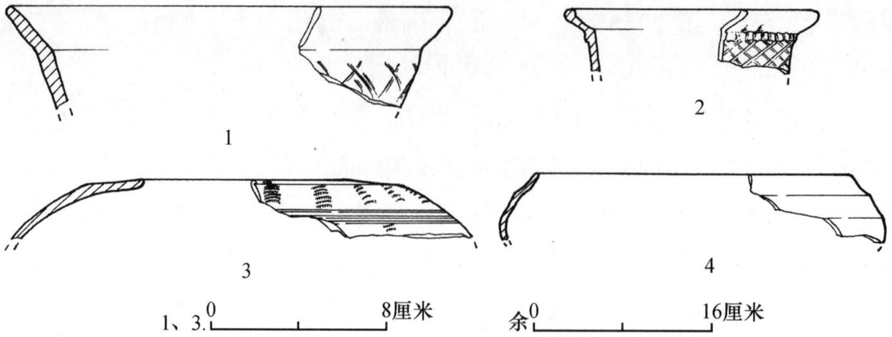

图一八　北区第9层出土陶器

1、2. 尊形器（ⅡT0558⑨：7、ⅡT0462⑨：4）　3、4. 瓮（ⅡT0562⑨：3、ⅡT0562⑨：2）

3）。ⅡT0562⑨：2，泥质磨光黑陶。敛口，圆唇，鼓肩。肩部饰瓦沟纹。已残。口径28、残高6厘米（图一八，4）。

侈口缸　9件。均夹砂陶。口沿外侈，腹微鼓。ⅡT0559⑨：6，夹砂红褐陶。敞口，沿微外撇，弧腹。唇饰绳切花边，上腹有凹弦纹，余满饰斜向细绳纹。口径24、残高16厘米（图一九，1）。ⅡT0458⑨：4，夹砂红褐陶。侈口，卷沿，沿下角较大，唇部内折，弧腹微鼓。沿外及腹部满饰绳纹交错而成的小菱格纹，另在上腹还贴塑有五条斜向泥条，紧贴于腹壁。口径16.8、残高8.2厘米（图一九，2）。ⅡT0560⑨：7，夹砂灰褐陶。口微外撇，沿下角极

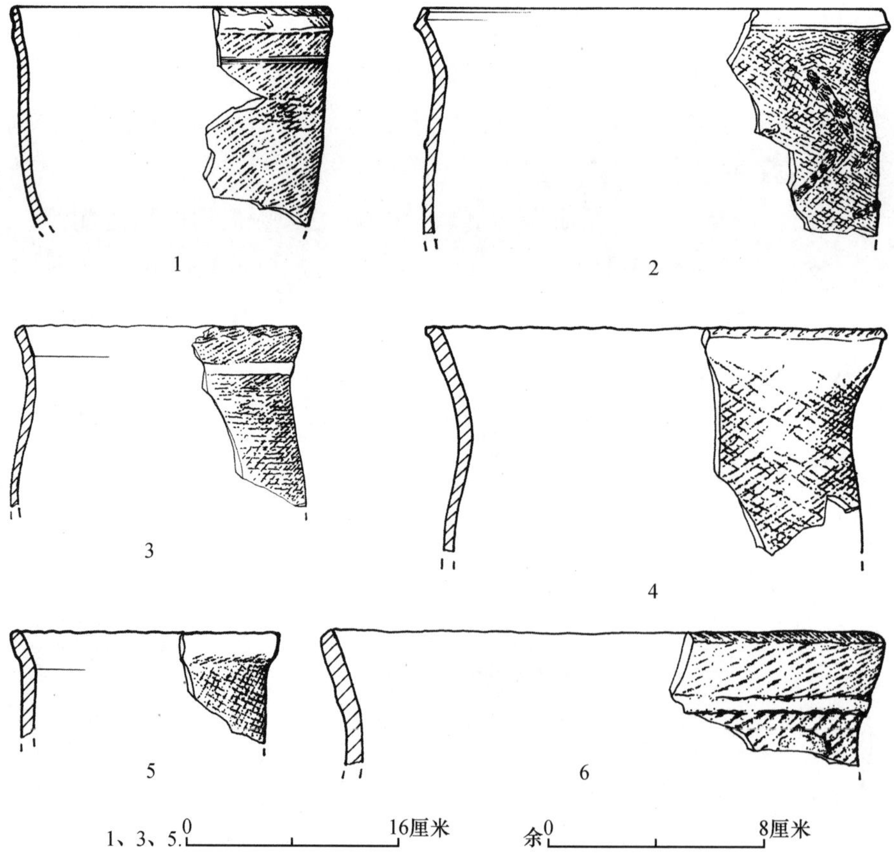

图一九　北区第9层出土陶侈口缸

1. ⅡT0559⑨：6　2. ⅡT0458⑨：4　3. ⅡT0560⑨：7　4. ⅡT0561⑨：5　5. ⅡT0552⑨：17　6. ⅡT0561⑨：1

大，圆唇，弧腹微鼓。唇部压制花边，领部以箍带纹加固，沿外及器身满饰成组斜向绳纹。口径20.8、残高13.2厘米（图一九，3）。ⅡT0561⑨：5，夹砂红褐陶。侈口，卷沿，沿下角较大，颈微束，溜肩，鼓腹。唇部饰绳切花边，腹部饰交错细绳纹。口径17、残高8.2厘米（图一九，4）。ⅡT0552⑨：17，夹砂褐陶。沿外撇，直腹。沿以下饰绳纹交错而成的菱格纹。口径20、残高8厘米（图一九，5）。ⅡT0561⑨：1，夹砂灰黑陶。沿外撇，沿下角极大，方唇，直腹。唇部压制绳纹，领部以箍带纹加固，沿外及腹壁拍印斜向绳纹。口径20、残高5厘米（图一九，6）。

高领壶　12件。高领，鼓肩。按口部大小可分为二型。

A型　8件。大口。据沿部外卷程度可分为三亚型。

Aa型　3件。斜沿。ⅡT0459⑨：7，泥质褐陶。大口，卷沿，沿面较宽，圆唇，高领。口径24、残高5.6厘米（图二〇，1）。ⅡT0459⑨：9，泥质褐陶。卷平沿，沿下可见明显的轮修痕。口径20、残高4.4厘米（图二〇，2）。

Ab型　2件。卷平沿。ⅡT0256⑨：4，泥质褐陶。敞口，卷平沿，高领。口径16、残高4厘米（图二〇，3）。

Ac型　3件。翻沿。ⅡT0552⑨：16，泥质褐陶。敞口，翻沿，圆唇。口径11.8、残高4.6厘米（图二〇，4）。ⅡT0558⑨：6，泥质灰黑陶。卷沿外翻，圆唇，高领。口径20.8、残高10.2厘米（图二〇，5）。

B型　4件。小口。ⅡT0455⑨：4，泥质磨光黑陶。卷沿外翻，小口，高领。口径11.6、残高3厘米（图二〇，6）。ⅡT0560⑨：3，泥质褐胎黑皮陶。仅存领部，小口，广肩。现口径8.2、残高4.2厘米（图二〇，7）。

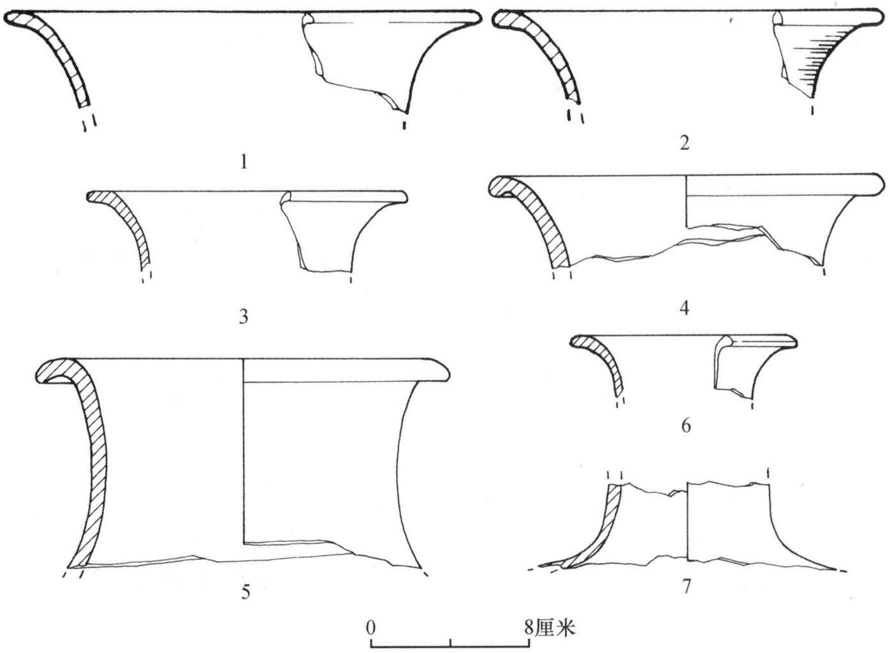

图二〇　北区第9层出土陶高领壶

1、2. Aa型（ⅡT0459⑨：7、ⅡT0459⑨：9）　3. Ab型（ⅡT0256⑨：4）　4、5. Ac型（ⅡT0552⑨：16、ⅡT0558⑨：6）　6、7. B型（ⅡT0455⑨：4、ⅡT0560⑨：3）

钵　7件。ⅡT0552⑨：13，泥质褐陶。敛口，折肩。口径20、残高3.8厘米（图二一，1）。ⅡT0552⑨：14，泥质褐陶。敛口，圆唇，鼓肩，深腹。口径20.8、残高5.4厘米（图二一，2）。ⅡT0458⑨：9，泥质黑陶。敛口，鼓肩。口径24、残高3.2厘米（图二一，3）。

豆　7件。无复原器，推测为豆。按口部情况可分为四型。

A型　1件。敛口。ⅡT0552⑨：15，泥质褐陶。直口，唇微内收，斜弧腹，浅盘。口径28、残高8厘米（图二一，4）。

B型　2件。直口。按腹部深浅可分为二亚型。

Ba型　1件。浅腹。ⅡT0561⑨：7，夹砂褐陶。直口，上折沿，圆唇，浅腹。口径25.6、残高4厘米（图二一，5）。

Bb型　1件。深腹。ⅡT0458⑨：10，泥质黑陶。直口微敛，圆唇，斜弧腹。腹饰少量细绳纹。口径18、残高4厘米（图二一，6）。

C型　3件。敞口。按腹部不同可分二亚型。

Ca型　2件。折腹。ⅡT0561⑨：13，泥质黑陶。敞口，浅盘，沿腹间有折痕。口径26.4、残高5.2厘米（图二一，7）。

Cb型　1件。斜弧壁。ⅡT0558⑨：4，夹砂褐陶。敞口，斜弧腹。素面。口径12、残高2厘米（图二一，8）。

D型　1件。翻沿。ⅡT0560⑨：2，泥质褐胎黑皮陶。敞口，折沿外翻，圆唇，斜腹内收，腹较浅。口径32.9、残高5.2厘米（图二一，9）。

器盖　6件。ⅡT0552⑨：21，夹砂褐陶。斜弧腹，尖圆唇。盖壁上饰两道箍带纹，盖面饰斜向绳纹。盖径13.4、残高3.6厘米（图二二，1）。ⅡT0559⑨：4，夹砂红陶。斜弧壁。盖唇上有切削花边，盖壁上部有三道箍带纹，箍带上和器壁均饰斜向绳纹。盖径12.3、残高4厘米（图二二，2）。ⅡT0552⑨：20，夹砂褐陶。斜弧腹。盖唇上有绳切花边，盖壁上装饰两道箍

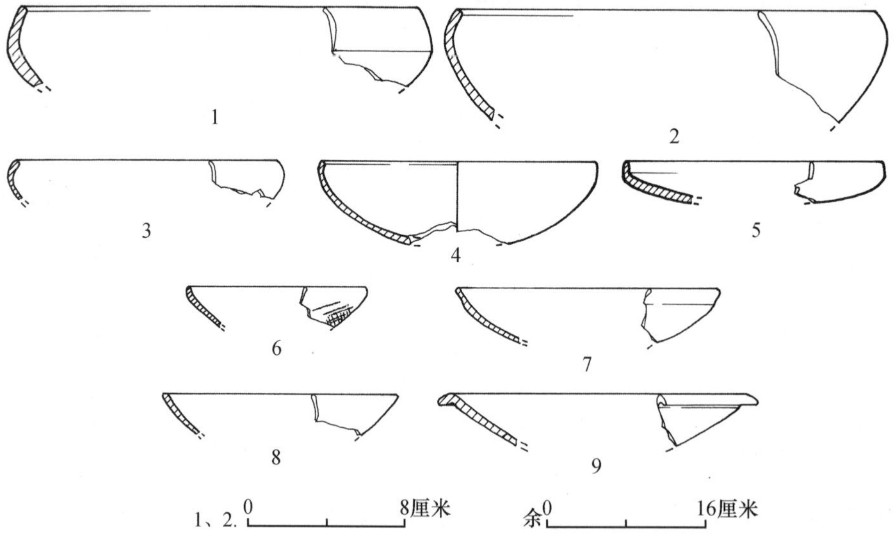

图二一　北区第9层出土陶器

1～3. 钵（ⅡT0552⑨：13、ⅡT0552⑨：14、ⅡT0458⑨：9）　4. A型豆（ⅡT0552⑨：15）　5. Ba型豆（ⅡT0561⑨：7）　6. Bb型豆（ⅡT0458⑨：10）　7. Ca型豆（ⅡT0561⑨：13）　8. Cb型豆（ⅡT0558⑨：4）　9. D型豆（ⅡT0560⑨：2）

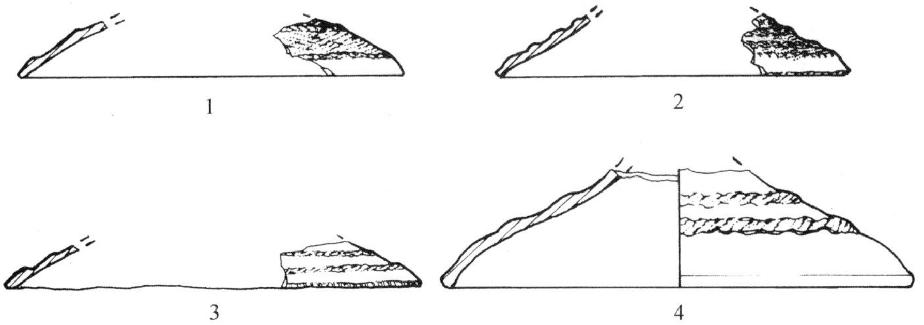

图二二　北区第9层出土陶器盖

1. ⅡT0552⑨：21　2. ⅡT0559⑨：4　3. ⅡT0552⑨：20　4. ⅡT0459⑨：11

带纹，箍带上压印斜向绳纹。盖径14.5、残高2.8厘米（图二二，3）。ⅡT0459⑨：11，夹砂褐陶。斜弧腹，圆方唇。盖壁上饰两道箍带纹。盖径8.4、残高4厘米（图二二，4）。

杯　3件。ⅡT0561⑨：9，夹砂褐陶。直口微敛，腹壁斜收为平底，底略内凹。器表可见少量斜向细绳纹。口径3.8、底径2.6、高4厘米（图二三，1）。ⅡT0459⑨：4，夹砂褐陶。直口微敞，腹壁斜收，平底。素面。口径4.6、底径2.8、高4.8厘米（图二三，4）。

圈足　4件。ⅡT0456⑨：10，夹砂褐陶。口部已残，斜弧腹，矮圈足，足壁外撇。足径4.8、残高1.8厘米（图二三，2）。ⅡT0555⑨：5，泥质褐陶。喇叭状圈足，足底微外撇。素面。足径14、残高4厘米（图二三，3）。

纺轮　2件。ⅡT0555⑨：3，夹砂褐陶。薄鼓形。顶小于底，顶面略弧，底近平。顶径3.4、底径4.4、厚1.4厘米（图二三，5）。

（2）骨器

仅有骨锥1种。

骨锥　1件。ⅡT0455⑨：2，已残。通体磨制。横截面为圆形。残长7厘米（图二三，6）。

（3）石器

石器较多，原料一般采用砾石。打制石片有一定数量，余大多数为磨制石器。器物一般先以砾石打片，挑选形状合适者局部修理成初坯，再对其进行磨制而成。石器磨制普遍应用于器物刃部，前后两面一般也加以磨制，两侧多数经浅磨，但一般仍能看到修打痕。顶部多不磨制，保留砾石自然面者较多。通体打磨者较少。

石器的器类有斧、锛、钺、凿、锄、矛、镞、砺石几大类。

斧　15件。ⅡT0459⑨：6，上部打制而成，下部及刃磨制。斜弧顶，弧刃，正锋。长8.6、宽5.8、厚2.2厘米（图二四，1）。ⅡT0258⑨：3，近梯形。弧顶，弧刃。顶及刃部均已残。长10、宽5.8、厚1.8厘米（图二四，2）。ⅡT0456⑨：1，石片石器。顶部、背面下部保留砾石自然面，背面中部、两侧及刃部磨制，但两侧仍残留打制痕迹。弧顶，圆弧刃。长7.1、宽3.2、厚1.3厘米（图二四，3）。ⅡT0456⑨：3，近长方形。顶部保留砾石自然面，余均磨制。尖顶，弧刃，正锋。长9.2、宽5.8、厚1.8厘米（图二四，4）。ⅡT0552⑨：11，

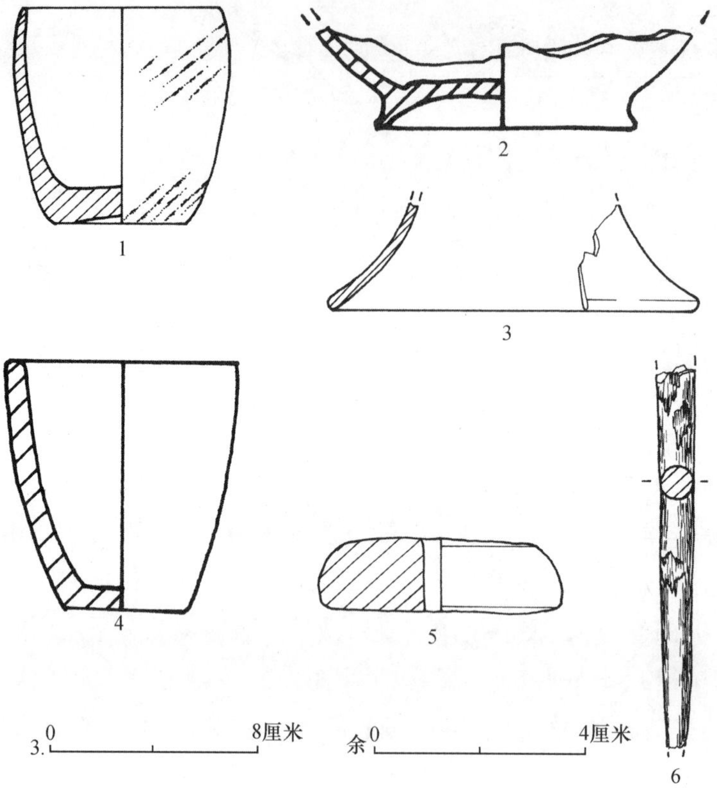

图二三　北区第9层出土陶、骨器

1、4. 陶杯（ⅡT0561⑨：9、ⅡT0459⑨：4）　2、3. 陶圈足（ⅡT0456⑨：10、ⅡT0555⑨：5）　5. 陶纺轮（ⅡT0555⑨：3）　6. 骨锥（ⅡT0455⑨：2）

近梯形。利用砾石先打击两侧成形，对两侧进行粗磨，并精磨刃部而成，保留大部分的自然面。圆顶，直刃略弧，正锋。刃部有使用崩疤。长11.3、宽4.9、厚1.8厘米（图二四，5）。ⅡT0455⑨：3，石片石器。顶部为砾石自然面，余磨制。尖弧顶。刃部已用残。长6、宽3.4、厚2厘米（图二四，6）。ⅡT0256⑨：1，石片石器。背面保留砾石自然面。刃部及两侧琢打成形。圆顶，弧刃。长11、宽7.2、厚1.5厘米（图二四，7）。ⅡT0559⑨：5，石片石器。背面保留砾石自然面，刃部及两侧经琢打成形。近梯形。圆顶，弧刃。长10、宽6.6、厚1.8厘米（图二四，8）。ⅡT0459⑨：3，顶部为砾石自然面，两侧尚见打制痕，余磨制。弧顶，弧刃，正锋。长8、宽4.9、厚2厘米（图二四，9）。ⅡT0556⑨：3，顶部及两侧保留砾石自然面。尖顶，弧刃，正锋。长9.2、宽5.4、厚2厘米（图二四，10）。

小斧　4件。器形较小，一般长4～7厘米。ⅡT0557⑨：1，背面有小部分砾石自然面，余多磨光。圆弧顶，弧刃，正锋。刃部有少量使用崩疤。长5.7、宽4.1、厚1.8厘米（图二四，11）。ⅡT0558⑨：5，石片石器。背面多保留砾石自然面，磨制两侧和刃部。圆顶，直刃略弧。长6、宽3.6、厚0.9厘米（图二四，12）。

锛　7件。ⅡT0559⑨：2，顶部为砾石自然面，余磨光。弧顶，直刃。刃部有少量使用残缺。长4.8、宽3.6、厚0.9厘米（图二五，1）。ⅡT0258⑨：9，多保留砾石自然面，两侧仍存双向打击痕。圆弧顶，弧刃，侧锋。顶部有锤打的小坑疤，刃部有使用残缺。长9.2、宽4.6、厚0.9厘米（图二五，2）。ⅡT0552⑨：9，利用砾石直接磨制刃部和两侧而成。尖圆顶，斜直

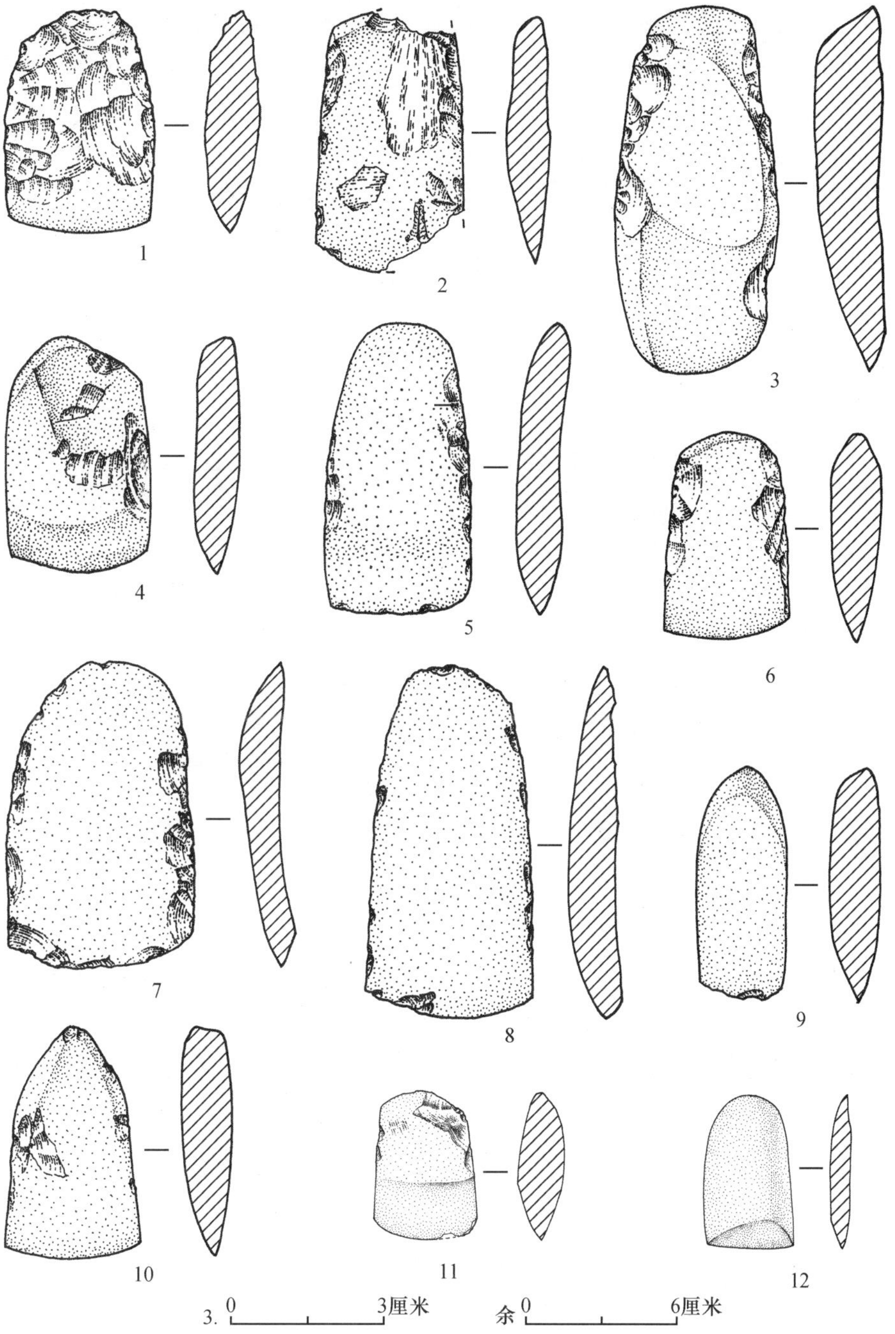

图二四　北区第9层出土石斧

1～10. 石斧（ⅡT0459⑨：6、ⅡT0258⑨：3、ⅡT0456⑨：1、ⅡT0456⑨：3、ⅡT0552⑨：11、ⅡT0455⑨：3、ⅡT0256⑨：1、ⅡT0559⑨：5、ⅡT0459⑨：3、ⅡT0556⑨：3）　11、12. 小石斧（ⅡT0557⑨：1、ⅡT0558⑨：5）

刃，侧锋。长5.1、宽2.5、厚0.9厘米（图二五，3）。ⅡT0555⑨：2，顶部为砾石自然面，余磨光。圆顶，直刃，侧锋。长5.4、宽2.9、厚0.9厘米（图二五，4）。

穿孔钺　1件。ⅡT0452⑨：4，通体磨制，已残。梯形。弧顶，顶部有3个单面钻孔，孔径一端大，一端小，在快要钻穿时，孔背面脱落。薄体。残长7.8、残宽9.4、厚0.8厘米（图二六，1）。

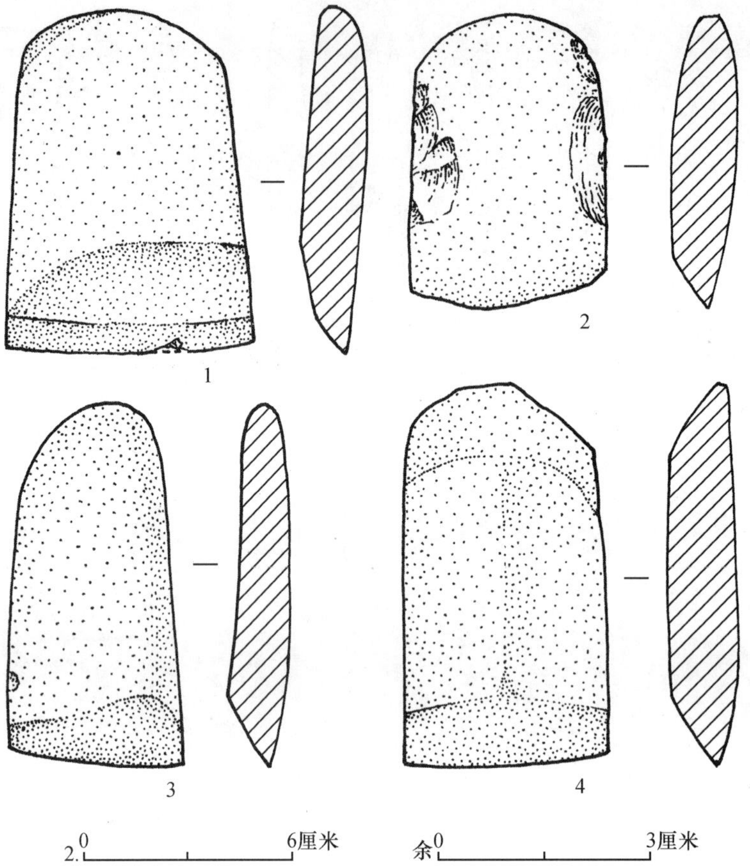

图二五　北区第9层出土石锛

1. ⅡT0559⑨：2　2. ⅡT0258⑨：9　3. ⅡT0552⑨：9　4. ⅡT0555⑨：2

双肩锄　1件。ⅡT0556⑨：2，利用薄石片打制而成，背面为砾石自然面。平面呈“凸”字形。尖顶，柄部较长，双肩不对称，弧刃，正锋。长12.2、柄宽5.2、整器宽9.5、厚2.4厘米（图二六，2）。

砺石　2件。ⅡT0552⑨：12，砂石。以石板磨制而成。已残。正面残存三道下凹的磨面，磨面宽约5 厘米，背面平整。残长13、残宽12.6、厚3.4厘米（图二六，3）。ⅡT0553⑨：3，砂石。以石板磨制而成。正面残存三道微下凹的磨面。残长11、残宽10.2厘米（图二六，4）。

凿　2件。均为圭形。ⅡT0553⑨：1，截面近方形。顶部为砾石自然面，余通体磨制，尚可见斜向磨痕。器身转折处明显，正锋。刃部一侧用残。长7.1、宽1.5、厚1.7厘米（图二七，1）。ⅡT0552⑨：6，截面呈长方形。顶部略收，已残，通体磨制。器身转折处明显，刃缘略短于器厚，正锋。残长7.7、宽2.1、厚1厘米（图二七，2）。

矛　1件。ⅡT0459⑨：5，柳叶形。利用薄的砾石打制成形，再精修而成。背面保留少量砾石自然面。基部平，两侧斜收相聚成锋。锋尖已残。残长12、宽4、厚1.5厘米（图二七，3）。

镞　2件。ⅡT0456⑨：12，通体磨制。长方形铤，两翼斜收成锋，锋尖已残。截面为菱形。铤长约1.9、宽1.5 厘米，整器残长8.4、宽3.1、厚1.1厘米（图二七，4）。ⅡT0456⑨：3，通体磨制。长方形铤，两翼斜收成锋，锋尖已残。截面为菱形。铤长约2.4、宽1.4 厘米，整器

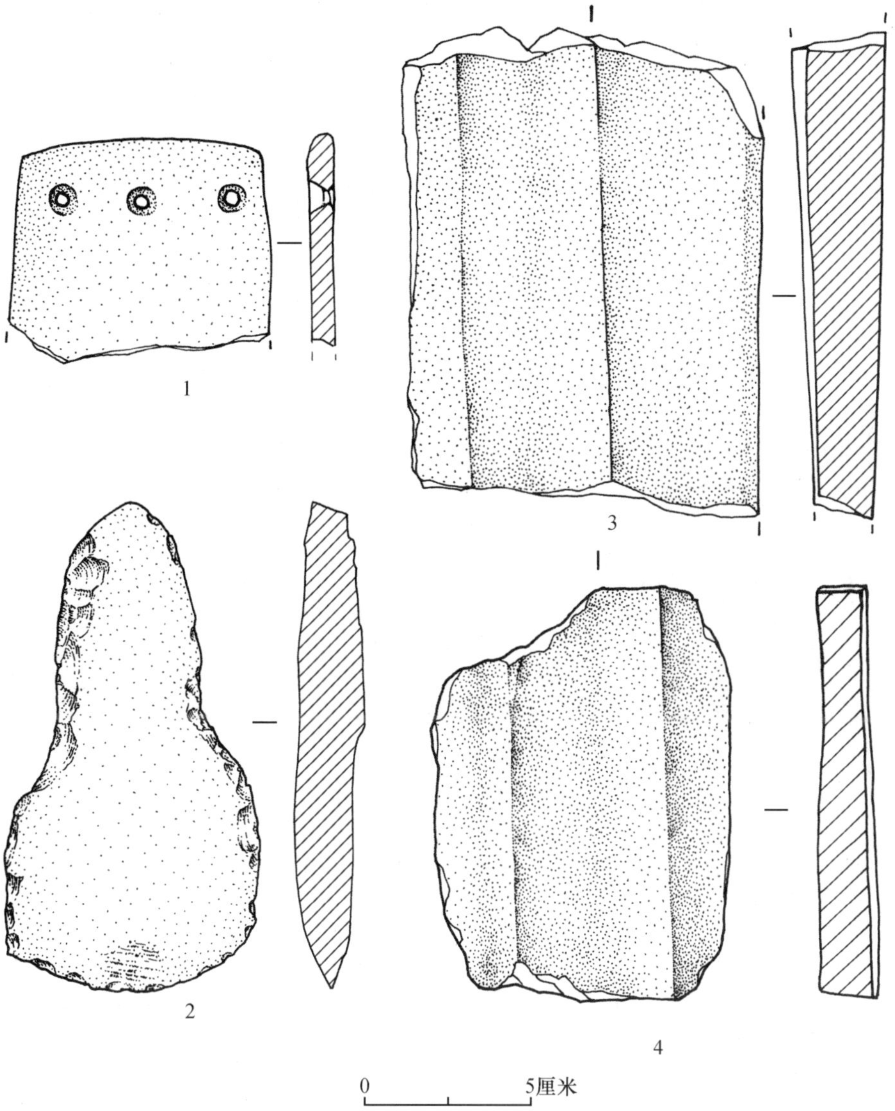

图二六　北区第9层出土石器

1. 穿孔钺（ⅡT0452⑨：4）　2. 双肩锄（ⅡT0556⑨：2）　3、4. 砺石（ⅡT0552⑨：12、ⅡT0553⑨：3）

残长12、宽3、厚1厘米（图二七，5）。

2. 北区第 8 层出土遗物

第8层为较纯净的沙层，个别探方可分为两个亚层。出土遗物极少，主要集中在ⅡT0560内，有陶器和石器两大类。

（1）陶器

由于陶片数量很少，可辨器类只有折盘口罐，另有圈足2件。

折盘口罐　2件。ⅡT0560⑧：9，夹砂黄褐陶。斜折沿，沿面上翻形成盘口，沿下角较小，圆唇，微鼓腹。盘壁外压印成组短绳纹，领部饰较方正的箍带纹，紧挨其下有一道凹弦纹，上腹刻划网状菱格纹。口径24、残高5.6厘米（图二八，1）。

圈足　2件。ⅡT0560⑧：11，夹砂褐陶。足壁呈“八”字形外撇，足缘压印绳纹花边。直

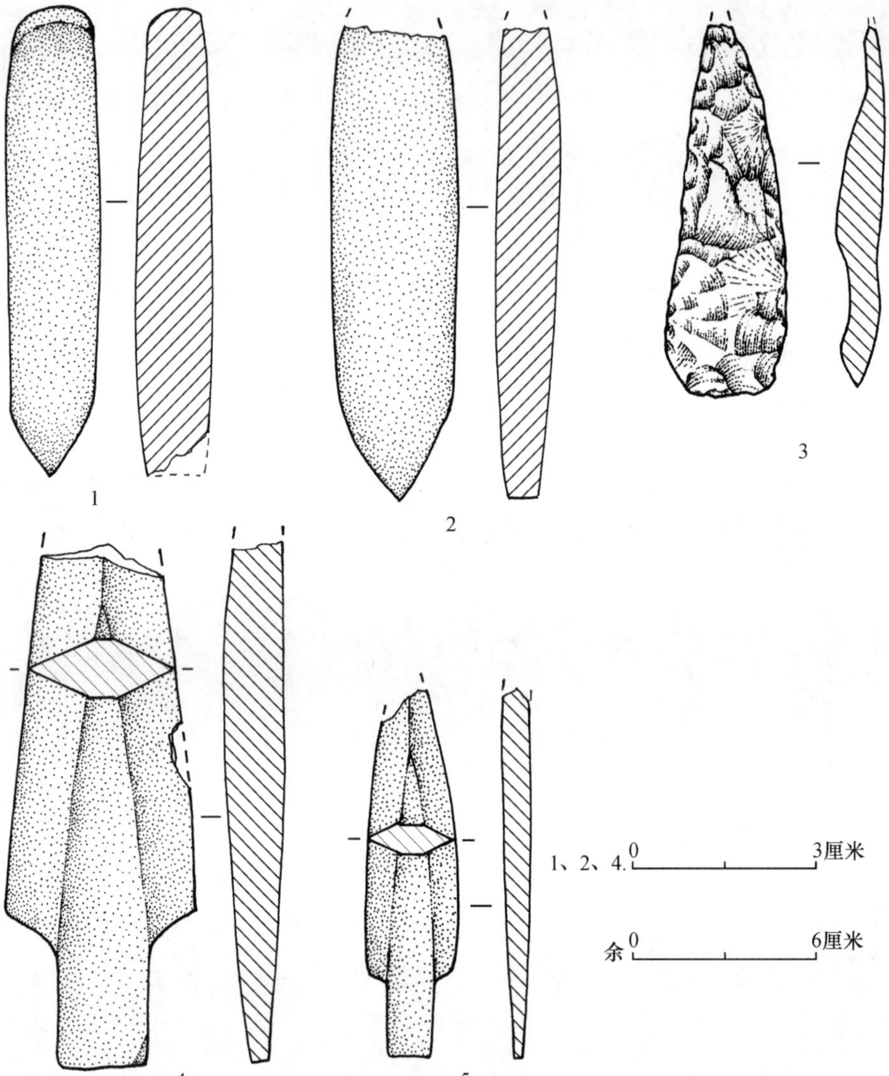

图二七　北区第9层出土石器

1、2. 凿（ⅡT0553⑨：1、ⅡT0552⑨：6）　3. 矛（ⅡT0459⑨：5）　4、5. 镞（ⅡT0456⑨：12、ⅡT0456⑨：3）

径10.8、残高3.3厘米（图二八，2）。ⅡT0560⑧：10，夹砂褐陶。足壁直立，略内凹。素面。足径16、残高3厘米（图二八，3）。

（2）石器

石器数量极少，有斧、凿各1件。

斧　1件。ⅡT0560⑧：1，长条形。顶部有多处叠压的打击片疤，两侧较直，磨制，但仍余少量修坯片疤。弧刃，中锋。长5.6、宽2.5、厚1.4厘米（图二八，4）。

凿　1件。ⅡT0560⑧：2，顶部为砾石自然面，余通磨，两侧磨制较直。斜顶，尖转折明显，中峰。长9、宽1.9、厚1.2厘米（图二八，5）。

3. 北区第 7 层出土遗物

出土遗物较多，有陶器、石器两大类。

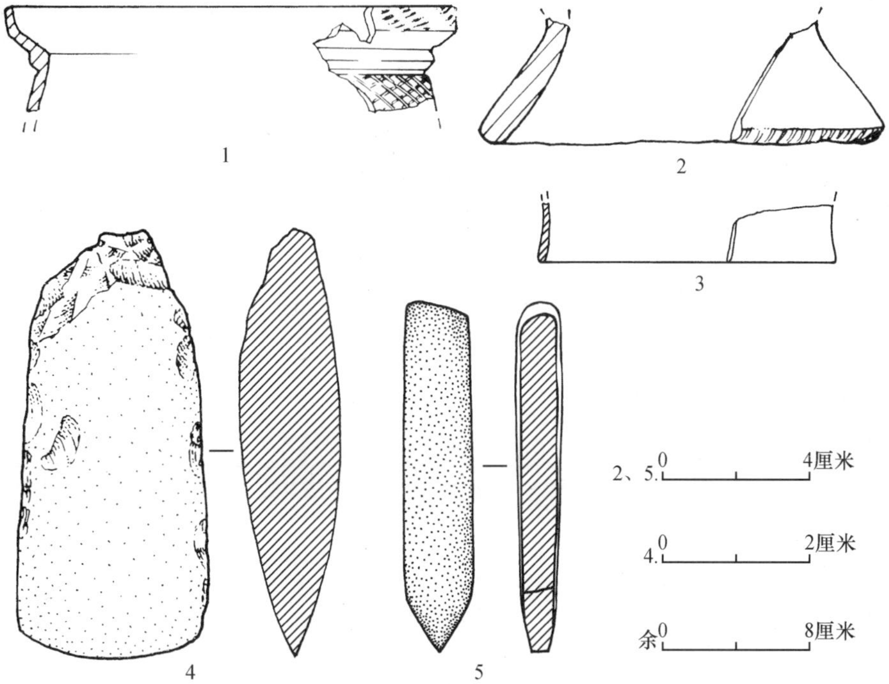

图二八　北区第8层出土陶、石器

1. 陶折盘口罐（ⅡT0560⑧：9）　2、3. 陶圈足（ⅡT0560⑧：11、ⅡT0560⑧：10）　4. 石斧（ⅡT0560⑧：1）
5. 石凿（ⅡT0560⑧：2）

（1）陶器

据ⅡT0560、ⅡT0554、ⅡT0559第7层出土陶片统计，仍以夹砂陶为大宗，占60.8%，泥质陶数量略有上升，占39.2%。陶器颜色方面，夹砂陶中以夹砂黑灰陶比例最高，占23.1%，次为灰褐陶和红陶，分别为14.6%和12.1%，青灰陶也占有一定比例，达6.8%。另外有零星的黄褐陶（2.8%）和红褐陶（1.4%）。泥质陶中，以红褐陶所占比例最高，达23.1%，次为黑灰陶和红陶，分别为7.9%和7.0%，偶有黄褐陶（0.8%）和青灰陶（0.4%）（附表二）。

器表装饰方面，素面所占比例较高，达72.5%。纹饰不太盛行，有绳纹、菱格纹、箍带纹、戳印纹、划纹、瓦纹、弦纹等。绳纹所占比例最高，达11.2%，次为箍带纹，达11.0%，其中装饰在素面上的箍带最多，装饰在纹面上的箍带较少。此外，菱格纹很少，仅有1.8%，另外划纹中的波折纹占0.1%，瓦纹占1.0%，弦纹占0.3%。在其他探方中，也还有极少量波浪纹出现（图二九）。

陶器制法仍为泥条盘筑成形。一般罐类器至颈部开始施纹，口沿花边较粗犷，缸口花边大而深，有加厚现象。器物口部较多装饰箍带纹，或在转折处起凸棱，棱上戳印坑点。

器形以平底器为主，有少量圈足器。器类有夹砂折沿深腹罐、夹砂卷沿深腹罐、鼓肩罐、泥质卷沿罐、瓮、曲盘口罐、高领壶、花边小底缸、杯、钵、盘、器盖、纺轮等。

夹砂折沿深腹罐　9件。ⅡT0254⑦：11，夹砂黄褐陶。折沿，沿下角较小，唇面下凹，形成双唇，腹微鼓。唇上、下缘均饰按窝。口径24.8、残高4.8厘米（图三○，1）。ⅡT0554⑦：4，夹砂褐陶。斜折沿，方唇，腹微斜。唇勒花边，沿外及腹壁饰横向稀疏的细绳纹。口径19.2、残高4.4厘米（图三○，2）。ⅡT0552⑦：23，夹砂红陶。斜折沿，沿面微凹，

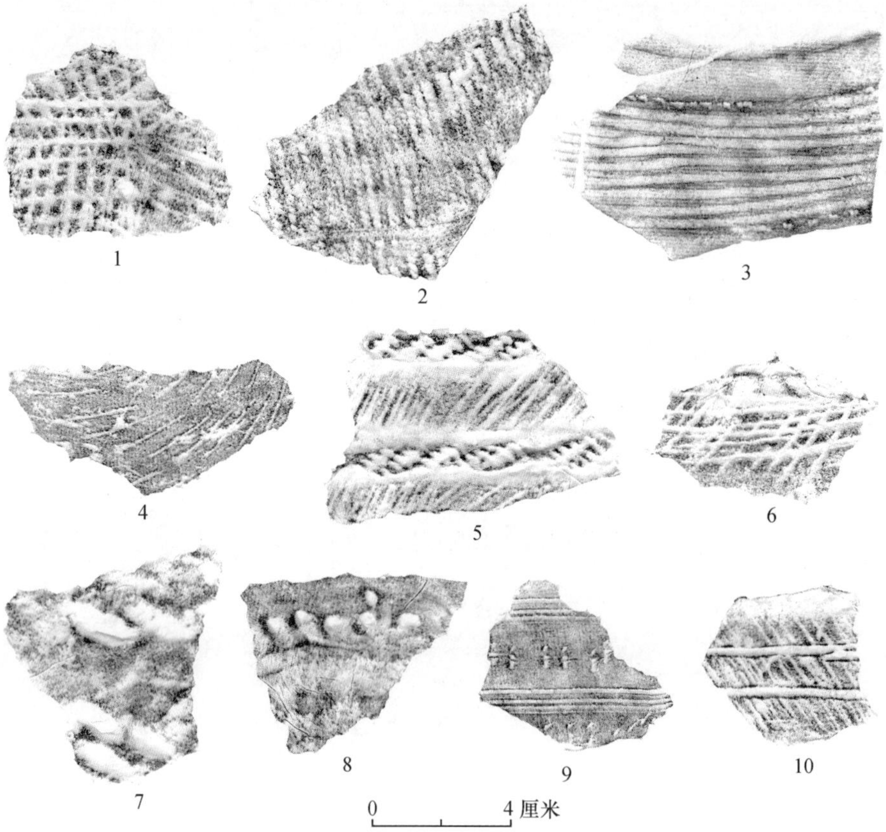

图二九 北区第7层出土陶片纹饰拓本

1、6. 菱格纹 2. 绳纹+横弦纹 3. 横瓦沟纹+戳印纹 4. 斜划纹 5. 箍带纹+绳纹 7. 米粒形戳印纹 8. 戳印纹 9. 横弦纹+戳印纹 10. 弦断绳纹

方唇。唇饰绳切花边，领部以箍带纹加固，余饰细绳纹交错而成的小菱格纹。口径20、残高4厘米（图三〇，3）。ⅡT0355⑦：3，夹砂红陶。折沿，沿下角较小，唇面下凹，形成双唇。唇上缘压印稀疏绳纹。口径28、残高2.4厘米（图三〇，4）。ⅡT0254⑦：13，夹砂红褐陶。斜折沿，直腹。领部以箍带纹加固，其上有按窝唇，沿外及腹壁饰斜向细绳纹。口径17.6、残高4厘米（图三〇，5）。ⅡT0560⑦：22，夹砂黄褐陶。斜折沿，方唇，沿下角较大，斜直腹。唇部压印成组斜向花边。口径36、残高3.6厘米（图三〇，6）。

夹砂卷沿深腹罐 6件。ⅡT0562⑦：14，夹砂红陶。敞口，斜卷沿，方唇，直腹微斜。唇部绳勒花边，沿外及腹壁满布竖向细绳纹。口径28、残高4.9厘米（图三〇，7）。ⅡT0458⑦：11，夹砂红褐陶。卷沿，沿面微凹。唇部压印绳纹。口径8、残高3.2厘米（图三〇，8）。ⅡT0562⑦：15，夹砂灰黑陶。敞口，卷沿，沿面微凹，唇较厚。唇外饰戳印纹。口径20、残高4.8厘米（图三〇，9）。

鼓肩罐 2件。ⅡT0562⑦：13，夹砂灰褐陶。侈口，卷沿斜立，微束颈，肩略鼓，下残。肩部饰绳纹。口径20.8、残高5.2厘米（图三〇，10）。

泥质卷沿罐 5件。ⅡT0357⑦：4，泥质红胎黑衣陶。卷平沿，圆唇，斜直腹。口径16、残高4厘米（图三一，1）。ⅡT0459⑦：13，夹砂褐陶。侈口，斜卷沿，圆唇，肩部略鼓。口径32、残高7.2厘米（图三一，2）。ⅡT0453⑦：10，泥质红胎黑衣陶。折平沿，尖圆唇，高

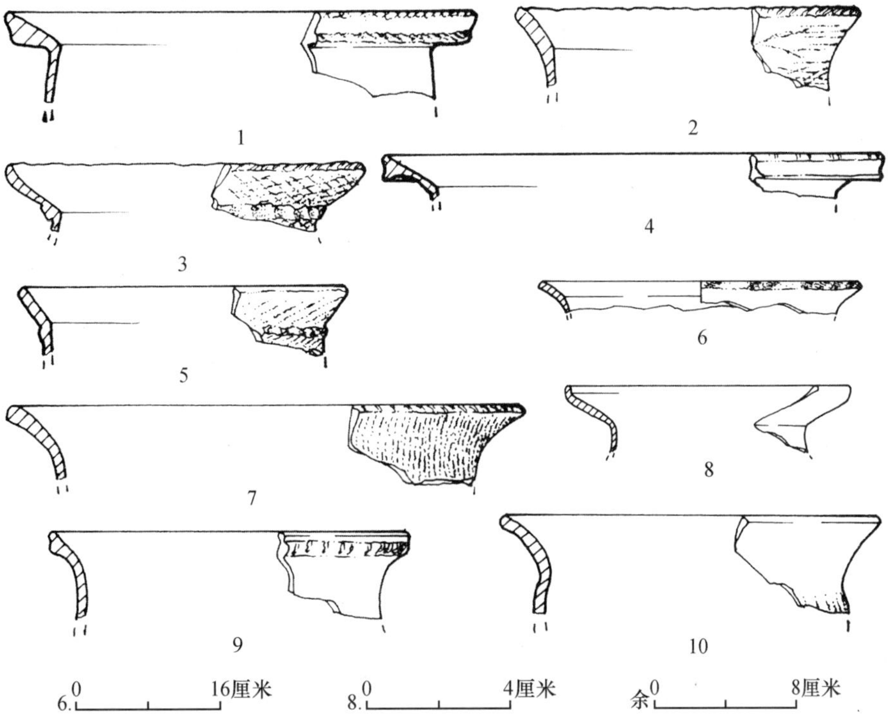

图三〇 北区第7层出土陶器

1～6. 夹砂折沿深腹罐（ⅡT0254⑦：11、ⅡT0554⑦：4、ⅡT0552⑦：23、ⅡT0355⑦：3、ⅡT0254⑦：13、ⅡT0560⑦：22）
7～9. 夹砂卷沿深腹罐（ⅡT0562⑦：14、ⅡT0458⑦：11、ⅡT0562⑦：15） 10. 鼓肩罐（ⅡT0562⑦：13）

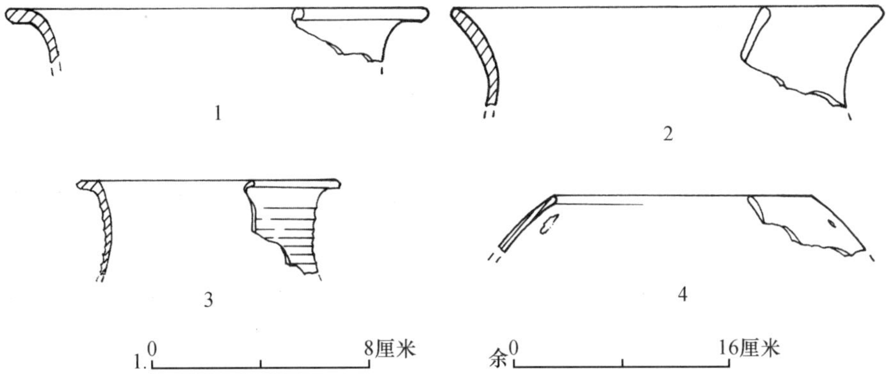

图三一 北区第7层出土陶器

1～3. 泥质卷沿罐（ⅡT0357⑦：4、ⅡT0459⑦：13、ⅡT0453⑦：10） 4. 瓮（ⅡT0559⑦：16）

领，鼓肩。领部饰若干横向瓦沟纹。口径19.2、残高6.8厘米（图三一，3）。

瓮 1件。ⅡT0559⑦：16，夹砂褐陶。敛口，圆唇，鼓肩。肩以下残。素面。肩部有一椭圆形缀补孔。口径20、残高2.2厘米（图三一，4）。

曲盘口罐 18件。盘上部上折，盘部与颈曲弧相交。ⅡT0256⑦：8，夹砂红陶。颈部卷折，沿面上翻，形成盘口，曲领，鼓腹下垂。盘外壁饰划纹，竖腹刻划由双线构成的网状菱格纹，其下又刻划四道凹弦纹为界栏，下腹则饰绳纹交叉而成的菱格纹。口径17.6、残高13厘米（图三二，1）。ⅡT0459⑦：15，夹砂褐陶。侈口，卷沿，沿面上折。盘口外折处附加凸棱，棱上饰戳印纹。口径16、残高2.8厘米（图三二，2）。ⅡT0559⑦：14，夹砂灰褐陶。卷

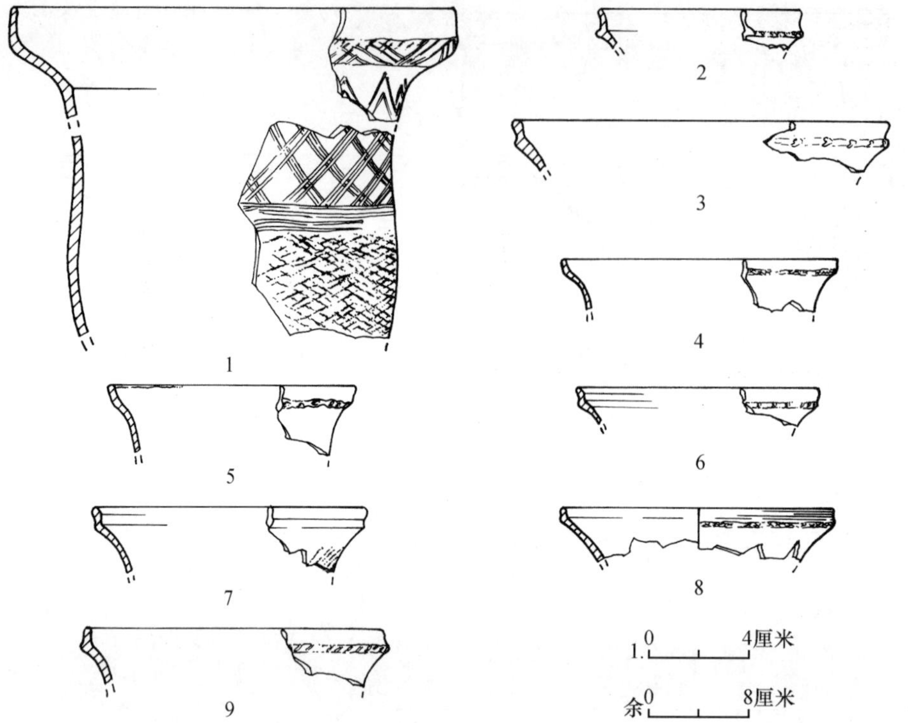

图三二　北区第7层出土陶曲盘口罐

1. ⅡT0256⑦：8　2. ⅡT0459⑦：15　3. ⅡT0559⑦：14　4. ⅡT0560⑦：24　5. ⅡT0559⑦：21
6. ⅡT0459⑦：14　7. ⅡT0559⑦：20　8. ⅡT0560⑦：23　9. ⅡT0561⑦：10

沿，沿上部上折形成盘口。盘外折棱上饰戳印坑点。口径29.6、残高4厘米（图三二，3）。ⅡT0560⑦：24，夹细砂灰褐陶。敞口，卷沿，上折唇形成盘口。盘内壁较光滑，外壁有刮抹痕，沿外折棱上饰戳印纹。口径21.6、残高4厘米（图三二，4）。ⅡT0559⑦：21，夹砂灰褐陶。卷沿，唇部上折形成盘口，沿下角较大。盘外折棱处饰戳印坑点纹。口径20、残高5.6厘米（图三二，5）。ⅡT0459⑦：14，夹砂红褐陶。侈口，卷沿，沿面上折。折棱上饰戳印纹。口径19.2、残高2.8厘米（图三二，6）。ⅡT0559⑦：20，夹砂黄褐陶。卷沿，唇部上折形成盘口，沿下角较大。领部饰斜向绳纹。口径21.6、残高4.8厘米（图三二，7）。ⅡT0560⑦：23，夹砂褐陶。卷沿，唇部上折形成盘口，尖圆唇。盘壁凸棱有压印痕。口径21.6、残高4厘米（图三二，8）。ⅡT0561⑦：10，夹砂褐陶。卷沿，沿上部上折形成盘口。盘外折棱上饰戳印纹。口径24、残高4.4厘米（图三二，9）。

高领壶　11件。按口部大小可分二型。

A型　5件。大口。ⅡT0560⑦：20，泥质黄褐陶。侈口，斜折沿，方唇。唇沿棍压成组绳纹。口径30.4、残高2.4厘米（图三三，1）。ⅡT0552⑦：22，泥质褐陶。敞口，卷平沿，圆方唇，斜腹。唇部压印成组斜向绳纹。口径24.8、残高2.8厘米（图三三，2）。

B型　6件。小口。ⅡT0357⑦：5，泥质红陶。卷平沿，唇缘略下斜，高领。唇部饰成组斜向压制绳纹。口径17.6、残高4.8厘米（图三三，3）。ⅡT0552⑦：25，泥质灰陶。卷沿外翻，圆唇。口径19.2、残高1.6厘米（图三三，4）。

花边小底缸　18件。口部饰较粗犷的花边，花边主要有捏塑和按压两种。ⅡT0560⑦：15，

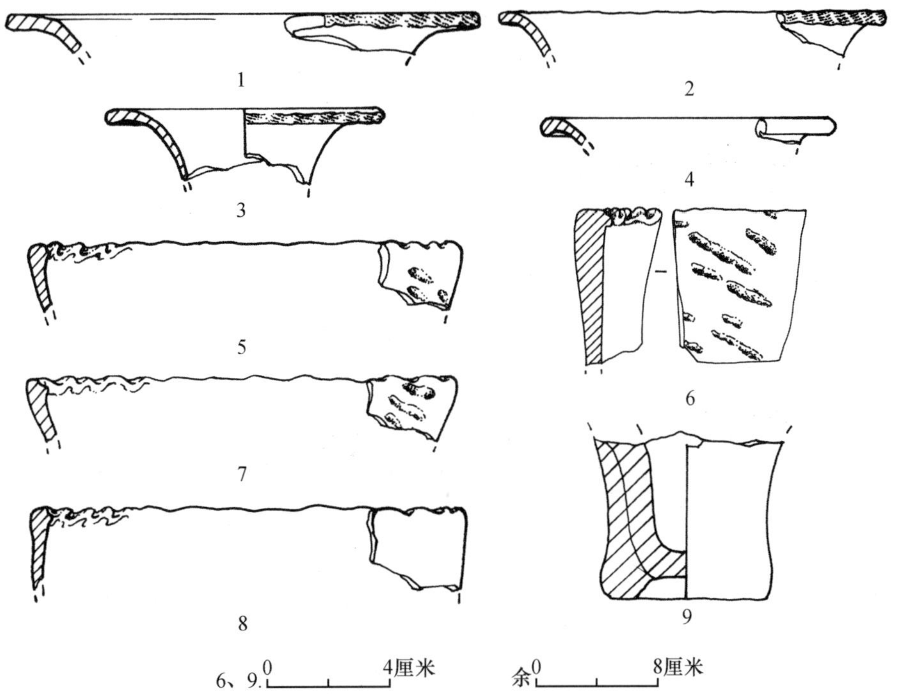

图三三　北区第7层出土陶器

1、2. A型高领壶（ⅡT0560⑦：20、ⅡT0552⑦：22）　3、4. B型高领壶（ⅡT0357⑦：5、ⅡT0552⑦：25）　5～8. 花边小底缸（ⅡT0560⑦：15、ⅡT0559⑦：10、ⅡT0562⑦：10、ⅡT0560⑦：16）　9. 缸底（ⅡT0562⑦：6）

夹砂红褐陶。敞口，圆方唇，斜腹。唇部由外向内斜向按压并经捏塑形成花边，腹壁饰少量短粗绳纹。口径28、残高4厘米（图三三，5）。ⅡT0559⑦：10，夹砂黄褐陶。直口，方唇，直腹微斜。唇部向内按压并经捏塑形成花边，腹壁饰斜向粗绳纹。残高5厘米（图三三，6）。ⅡT0562⑦：10，夹砂黄褐陶。敞口。唇部由外向内斜向按压，并经捏塑形成花边。口径28、残高4厘米（图三三，7）。ⅡT0560⑦：16，夹砂黄褐陶。敞口，圆唇，直腹微收。唇部由外向内斜向按压并经捏塑形成花边。口径28、残高5.2厘米（图三三，8）。

缸底　1件。ⅡT0562⑦：6，夹砂黄褐陶。胎较厚。原为平底，外贴一层泥片并下延形成圈足。底径5.2、残高5.2厘米（图三三，9）。

杯　1件。ⅡT0562⑦：12，夹砂褐陶。直口微收。外壁隐约可见绳纹。口径5.2、残高3.8厘米（图三四，1）。

钵　1件。ⅡT0357⑦：3，夹砂黄褐陶。敛口，圆唇，弧肩，斜弧腹，腹较深。口径21.6、残高6厘米（图三四，2）。

盘　4件。无复原器，推测为盘。ⅡT0562⑦：9，夹砂红褐陶。敞口，卷沿，圆唇，折腹斜弧收，底残。口径21.6、残高4.4厘米（图三四，3）。ⅡT0559⑦：17，夹砂红陶。直口，尖唇，浅盘。口径22.4、残高2.8厘米（图三四，4）。

圈足　1件。ⅡT0560⑦：19，夹砂褐陶。大圈足，足壁外撇，足缘磨损厉害。足径12、残高5.2厘米（图三四，9）。

器盖　3件。ⅡT0562⑦：7，夹砂褐陶。口微敛，圆唇，斜弧腹。外壁饰稀疏的斜向划纹。口径19.6、残高5.2厘米（图三四，6）。ⅡT0556⑦：1，夹砂褐陶。杯纽已残，斜

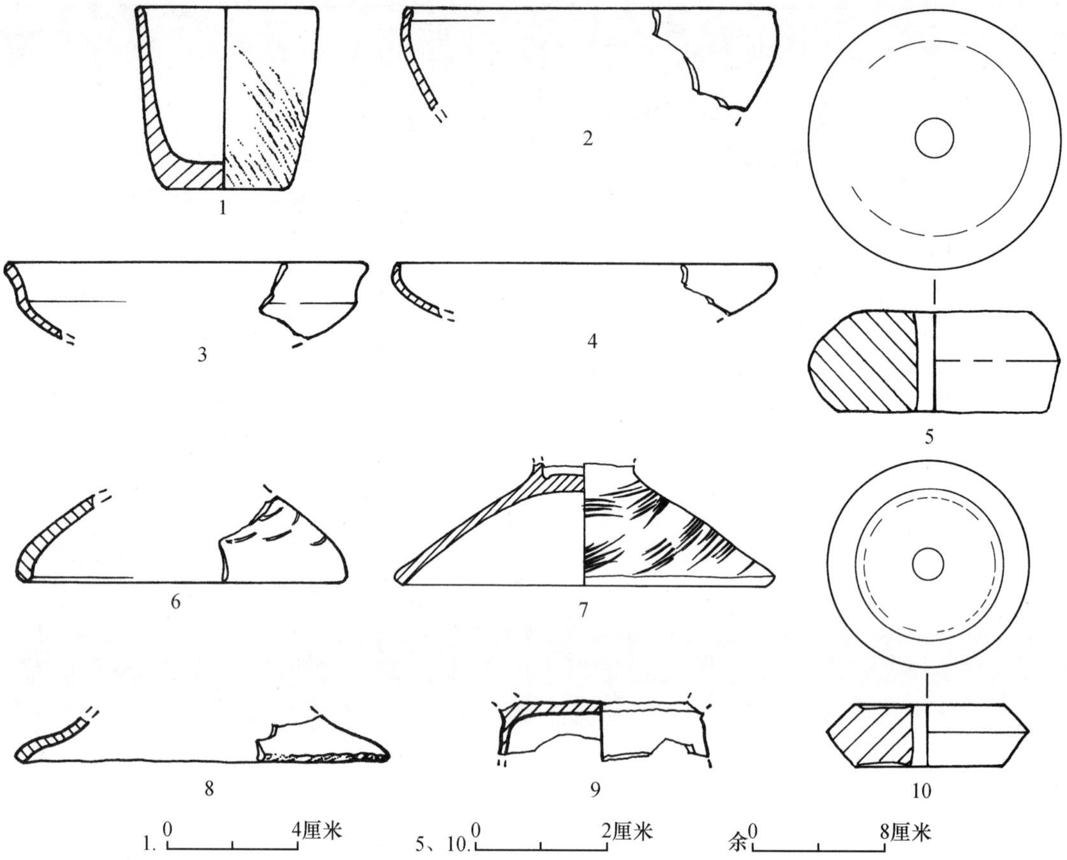

图三四　北区第7层出土陶器

1. 杯（ⅡT0562⑦：12）　2. 钵（ⅡT0357⑦：3）　3、4. 盘（ⅡT0562⑦：9、ⅡT0559⑦：17）　5、10. 纺轮（ⅡT0355⑦：1、ⅡT0254⑦：9）　6～8. 器盖（ⅡT0562⑦：7、ⅡT0556⑦：1、ⅡT0560⑦：13）　9. 圈足（ⅡT0560⑦：19）

壁微弧，圆方唇。盖面上饰两排成组斜向划纹。盖径22.8、残高7.2厘米（图三四，7）。ⅡT0560⑦：13，夹砂灰褐陶。上部已残，壁面下凹。盖唇饰花边。口径23.3、残高2.4厘米（图三四，8）。

纺轮　2件。ⅡT0355⑦：1，夹砂黑陶。顶、底略平，鼓腹，整器不规整。顶径3.2、腹径3.8、厚1.5厘米（图三四，5）。ⅡT0254⑦：9，夹砂黑陶。折腹。顶、底略凹。顶径2.3、腹径3、厚0.9厘米（图三四，10）。

（2）石器

均为磨制石器。有斧、锛、凿、镞四类。

斧　1件。ⅡT0552⑦：2，石片石器。顶面保留砾石自然面，余磨制，但部分打制痕未磨尽。尖弧顶，圆弧刃，正锋。长14、宽5.4、厚1.4厘米（图三五，1）。

小斧　2件。ⅡT0552⑦：3，石片石器。顶面为砾石自然面，余磨制，但部分打制痕未磨尽。尖弧顶，弧刃，锋略偏。长7.9、宽3.7、厚1.6厘米（图三五，2）。ⅡT0462⑦：4，顶部已残，仍保留砾石自然面。余多磨制。弧顶，弧刃，正锋。刃部有使用残缺。长7.3、宽5、厚1.9厘米（图三五，3）。

锛　1件。ⅡT0254⑦：3，上部已残。通体磨制。直刃，侧锋。残长3.6、宽3.6、厚0.7厘

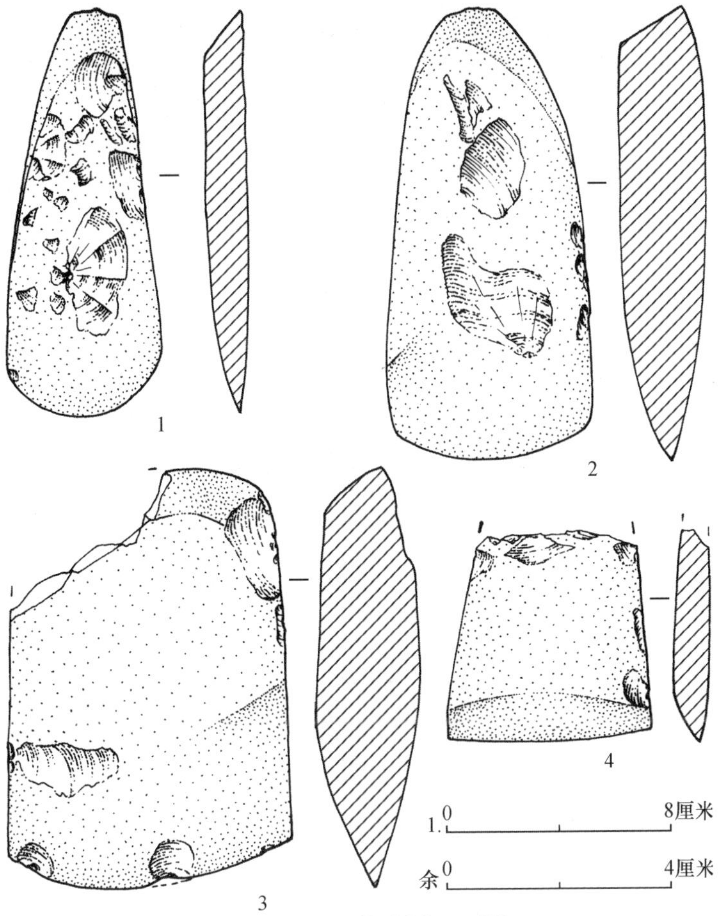

图三五　北区第7层出土石器

1. 斧（ⅡT0552⑦：2）　2、3. 小斧（ⅡT0552⑦：3、ⅡT0462⑦：4）　4. 锛（ⅡT0254⑦：3）

米（图三五，4）。

凿　1件。ⅡT0562⑦：1，圭形，截面近方形。通体磨制。刃角较小。残长6、宽1.2、厚0.8厘米（图三六，1）。

镞　1件。ⅡT0356⑦：3，通体磨制。长方形铤，两翼斜弧收成锋，叶面较宽。截面为菱形。铤长约2.2、宽1.4 厘米，整器长7.2、宽2.4 、厚0.7厘米（图三六，2）。

4. 北区第 6 层出土遗物

出土遗物较多，有陶器和石器两大类，以陶器为主。

（1）陶器

北区第6层出土陶片不多，据ⅡT0459、ⅡT0554、ⅡT0557、ⅡT0559四个探方的第6层统计，夹砂陶居多，达67.4%，泥质陶所占比例也较大，占32.6%。陶器颜色方面，夹砂陶中以黑灰陶数量最多，为27.4%，其次为青灰陶和灰褐陶，分别为13.5%、12.6%。黄褐陶、红陶和红褐陶较少，分别占5.7%、5.2%和3.0%。泥质陶中，主要是红陶和黑灰陶，分别为12.6%、10.4%。褐陶、青灰陶较少，占陶片总数量的4.3%、3.0%。而黄褐陶（1.3%）和黑皮陶（0.9%）仅偶尔出现（附表三）。

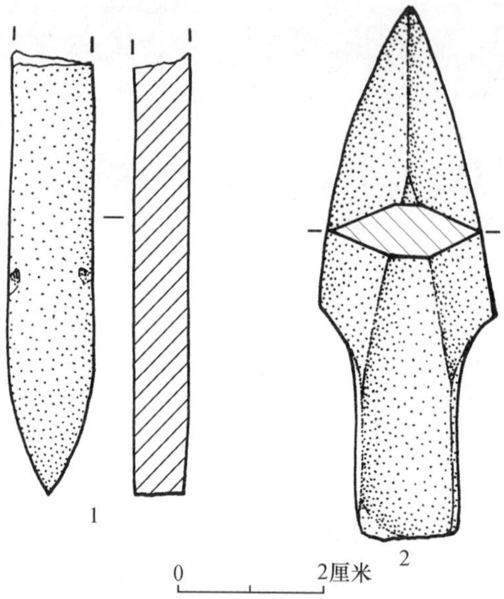

图三六　北区第7层出土石器
1. 凿（ⅡT0562⑦：1）　2. 镞（ⅡT0356⑦：3）

陶器多盛行素面，占66.5%。纹面陶所占比例不大，主要是绳纹和箍带纹，各占16.1%、10.0%。箍带纹中又以素面为地的稍多于纹面为地的。此外，菱格纹和戳印纹也有一定数量，分别为2.6%和2.2%。其他波折形划纹（0.4%）、瓦纹（1.3%）、泥饼纹（0.9%）均极少见（图三七）。

器形仍为平底器和圈足器，器类有夹砂折沿深腹罐、泥质卷沿罐、曲盘口罐、花边小底缸、盆、碗、钵、器盖、纺轮等。

夹砂折沿深腹罐　6件。按腹部的不同可分为二型。

A型　2件。腹部略鼓。ⅡT0555⑥：8，夹砂黄褐陶。口沿已残。斜折沿，腹微鼓。上腹刻划折线纹，折线连接不连贯，其下饰斜向绳纹。口径25.6、残高11.2厘米（图三八，1）。ⅡT0555⑥：9，夹砂黑陶。卷折沿，唇面略凹，形成双唇，直腹微外斜。唇上、下缘均绳勒花边，腹部饰斜向细绳纹。口径28、残高4厘米（图三八，3）。

B型　4件。敞口，腹壁内收。ⅡT0453⑥：11，夹砂褐陶。卷折沿，沿下角较小，宽沿，方唇，直腹微收。唇部棍压成组绳纹，腹饰交叉斜向细绳纹，领部有指窝痕。口径20、残高5.6厘米（图三八，2）。ⅡT0556⑥：11，夹砂红陶。斜折沿，沿面较宽，略弧，斜方唇，直腹微收。唇下缘及腹壁饰成排戳印大坑点纹。口径29.6、残高8.8厘米（图三八，4）。ⅡT0452⑥：3，夹砂褐陶。折沿，方唇，斜直腹。唇外缘饰戳印花边，领部以箍带纹加固，腹部饰斜向细绳纹。口径24、残高5.2厘米（图三八，5）。ⅡT0454⑥：5，夹砂褐陶。折沿，沿面微凹，方唇，斜直腹。唇缘压印花边，腹部饰斜向细绳纹。口径25.4、残高5.9厘米（图三八，6）。

罐底　1件。ⅡT0555⑥：11，夹砂黄褐陶。上腹及口部已残，腹斜弧收，平底。外壁饰斜向细绳纹，外底饰稀疏错乱绳纹。底径9.2、残高4.2厘米（图三八，7）。

泥质卷沿罐　3件。ⅡT0454⑥：4，泥质灰陶。斜卷沿，方唇。腹饰横瓦纹。口径18、残

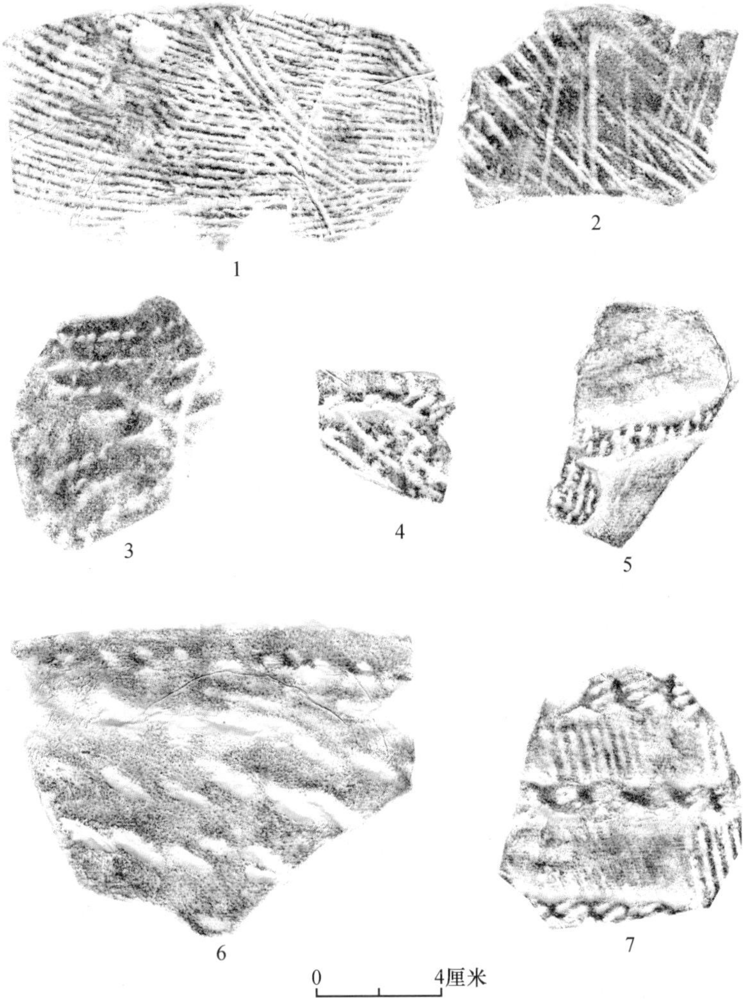

图三七　北区第6层陶片纹饰拓本

1. 绳纹　2. 菱格纹　3. 划纹　4. 箍带纹　5. 箍带纹+泥饼纹　6. 花边+戳印纹　7. 箍带纹+绳纹

高5.2厘米（图三八，8）。ⅡT0354⑥：5，泥质灰陶。卷沿，沿面微下斜，腹略鼓。素面。口径10.8、残高2.2厘米（图三八，9）。ⅡT0459⑥：16，夹砂黄褐陶。侈口，卷沿，沿面下凹形成盘口。口径28、残高4厘米（图三八，10）。

曲盘口罐　5件。ⅡT0556⑥：9，夹砂褐陶。侈口，卷沿，沿上部上折形成盘口，圆唇，盘口较深，弧领。口径22.4、残高8.4厘米（图三九，1）。ⅡT0561⑥：15，夹砂灰黑陶。侈口，卷沿，沿上部上折，圆唇，盘口较深，弧领。盘口折棱上有指压按窝，领部饰横向中绳纹。残高3厘米（图三九，2）。ⅡT0555⑥：10，夹砂红褐陶。侈口，卷沿，沿上部上折形成盘口，弧领。盘口折棱上饰戳印纹。口径13.2、残高3.4厘米（图三九，3）。ⅡT0562⑥：17，夹砂褐陶。侈口，卷沿，唇上折形成盘口。内壁较平整光滑，盘口凸棱上饰戳印纹。口径19.2、残高2.8厘米（图三九，4）。ⅡT0562⑥：17，夹砂褐陶。侈口，卷沿，唇上折形成盘口。内壁较平整光滑，盘口凸棱上饰戳印纹。口径26.4、残高2.8厘米（图三九，5）。

花边小底缸　2件。ⅡT0462⑥：4，夹砂褐陶。敞口，圆唇，斜腹。唇部向内按压并经捏塑形成花边。残高4厘米（图三九，6）。ⅡT0462⑥：5，夹砂褐陶。敞口，斜方唇，斜腹。唇

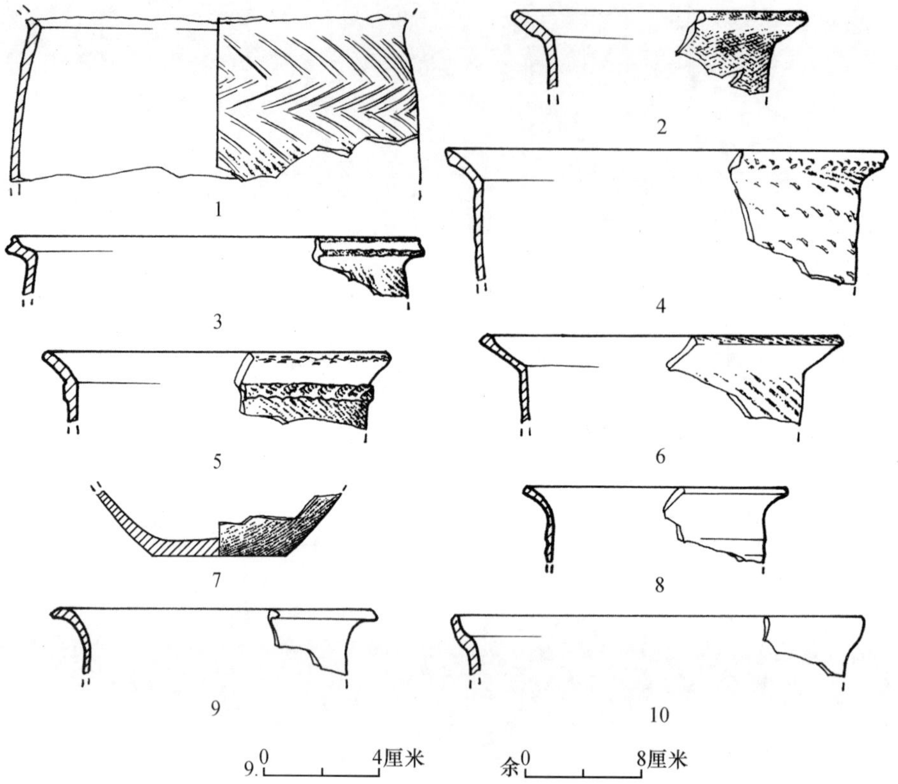

图三八　北区第6层出土陶器

1、3. A型夹砂折沿深腹罐（ⅡT0555⑥：8、ⅡT0555⑥：9）　2、4～6. B型夹砂折沿深腹罐（ⅡT0453⑥：11、ⅡT0556⑥：11、ⅡT0452⑥：3、ⅡT0454⑥：5）　7. 罐底（ⅡT0555⑥：11）　8～10. 泥质卷沿罐（ⅡT0454⑥：4、ⅡT0354⑥：5、ⅡT0459⑥：16）

部向内按压并经捏塑形成花边。残高3厘米（图三九，7）。

碗　3件。按底部的不同可分为二型。

A型　矮圈足。1件。ⅡT0256⑥：26，夹砂褐陶。坦腹，圈足较矮，足壁外撇。足径13.2、残高3厘米（图四○，1）。

B型　假圈足。2件。ⅡT0561⑥：16，夹砂灰褐陶。下腹壁斜弧，折向下形成假圈足，平底。底径8、残高1.8厘米（图四○，2）。ⅡT0556⑥：10，泥质红陶。口部已残，斜腹至底下折为假圈足，平底。底径11、残高7.5厘米（图四○，3）。

钵　1件。ⅡT0462⑥：3，夹砂灰褐陶。敞口，斜弧腹，圆唇。素面。口径24、残高4.8厘米（图四○，4）。

盆　1件。ⅡT0354⑥：4，泥质红胎黑皮陶。直口微敞。口径23.2、残高2.4厘米（图四○，5）。

器盖　1件。ⅡT0558⑥：13，泥质褐胎黑皮陶。足壁外撇成喇叭口。直径15.2、残高2.6厘米（图四○，6）。

纺轮　2件。ⅡT0254⑥：15，夹砂褐陶。折腹。顶面略凹，底平。顶面饰戳印纹。孔径上小下大。顶径2.3、腹径3.6、底径2.6、厚1.6厘米（图四○，7）。ⅡT0452⑥：4，泥质灰陶。折腹。顶、底皆平，顶面穿孔处向上凸起。顶径3.4、腹径4、厚0.9厘米（图四○，8）。

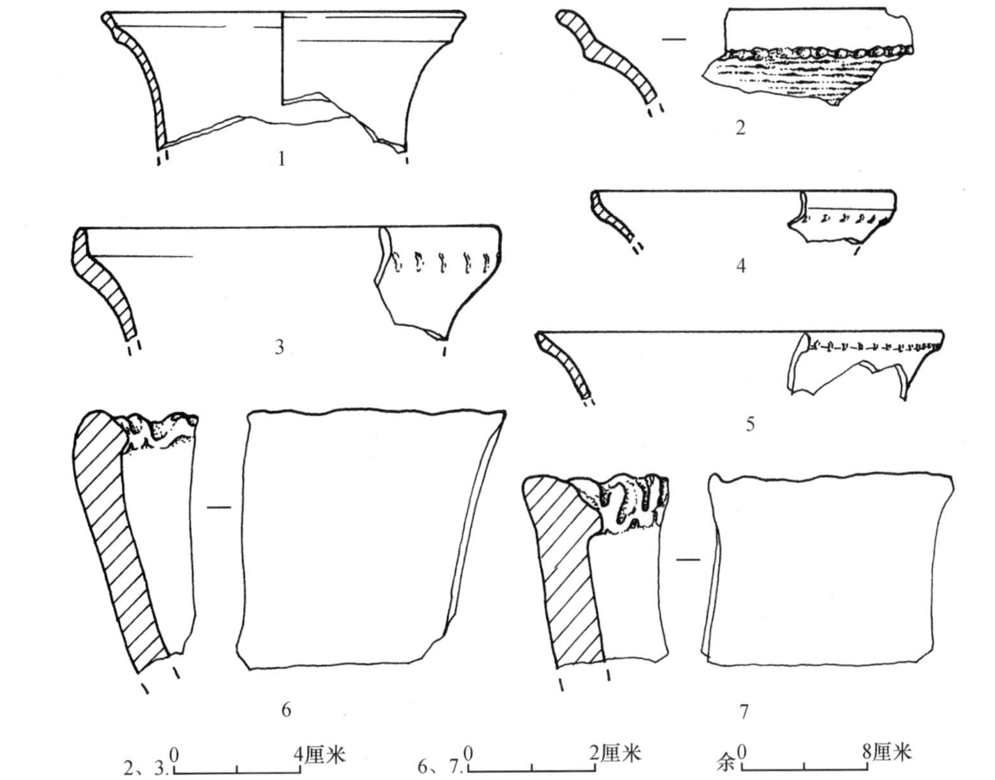

图三九　北区第6层出土陶器

1～5. 曲盘口罐（ⅡT0556⑥：9、ⅡT0561⑥：15、ⅡT0555⑥：10、ⅡT0562⑥：17、ⅡT0562⑥：17）
6、7. 花边小底缸（ⅡT0462⑥：4、ⅡT0462⑥：5）

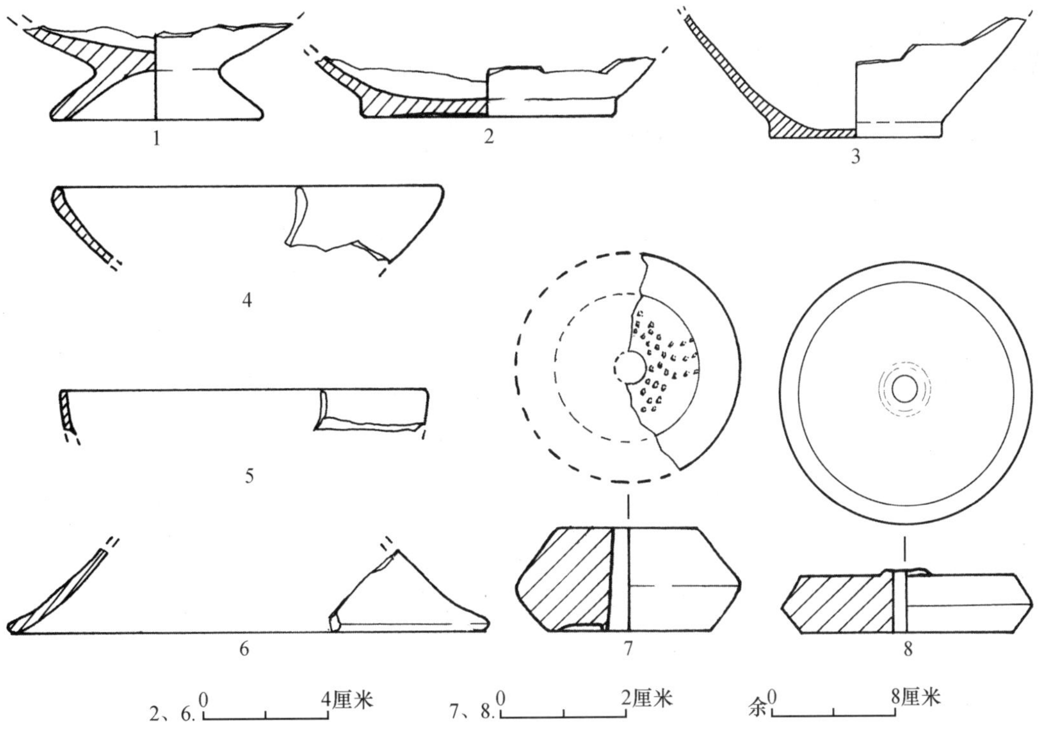

图四〇　北区第6层出土陶器

1. A型碗（ⅡT0256⑥：26）　2、3. B型碗（ⅡT0561⑥：16、ⅡT0556⑥：10）　4. 钵（ⅡT0462⑥：3）
5. 盆（ⅡT0354⑥：4）　6. 器盖（ⅡT0558⑥：13）　7、8. 纺轮（ⅡT0254⑥：15、ⅡT0452⑥：4）

（2）石器

绝大多数为磨制石器，有钺、斧、锛、凿、石料几大类。

钺　1件。ⅡT0558⑥：2，通体磨制，已残。上部右侧有一单面钻孔，孔径一端大、一端小，背面有钻孔脱落时的崩痕。孔旁有一试钻未透的小浅坑。残长7.9、厚1.1厘米（图四一，1）。

斧　1件。ⅡT0558⑥：3，近梯形，平顶，两侧略外斜，弧刃，锋略偏向一侧。刃部右侧使用残断。长7、宽3.8、厚1厘米（图四一，2）。

锛　2件。ⅡT0452⑥：1，弧顶，顶局部保留砾石自然面。两侧斜直，弧刃，正面两个磨面在中部相交，中部厚，两侧薄，侧锋。长6.1、宽3.8、厚1.1厘米（图四一，3）。ⅡT0452⑥：2，石片石器。除顶部保留砾石自然面外，余磨制。斜弧顶，弧刃，侧锋。宽3、高6、厚1厘米（图四一，4）。

凿　1件。ⅡT0552⑥：1，圭形。除顶部为砾石自然面外，余磨光。长9.5、宽1.7、厚1厘米（图四一，6）。

石料　1件。ⅡT0462⑥：3，以扁薄小砾石为原料，仅磨制砾石两侧面，未进一步加工。长10、宽6.5、厚0.8厘米（图四一，5）。

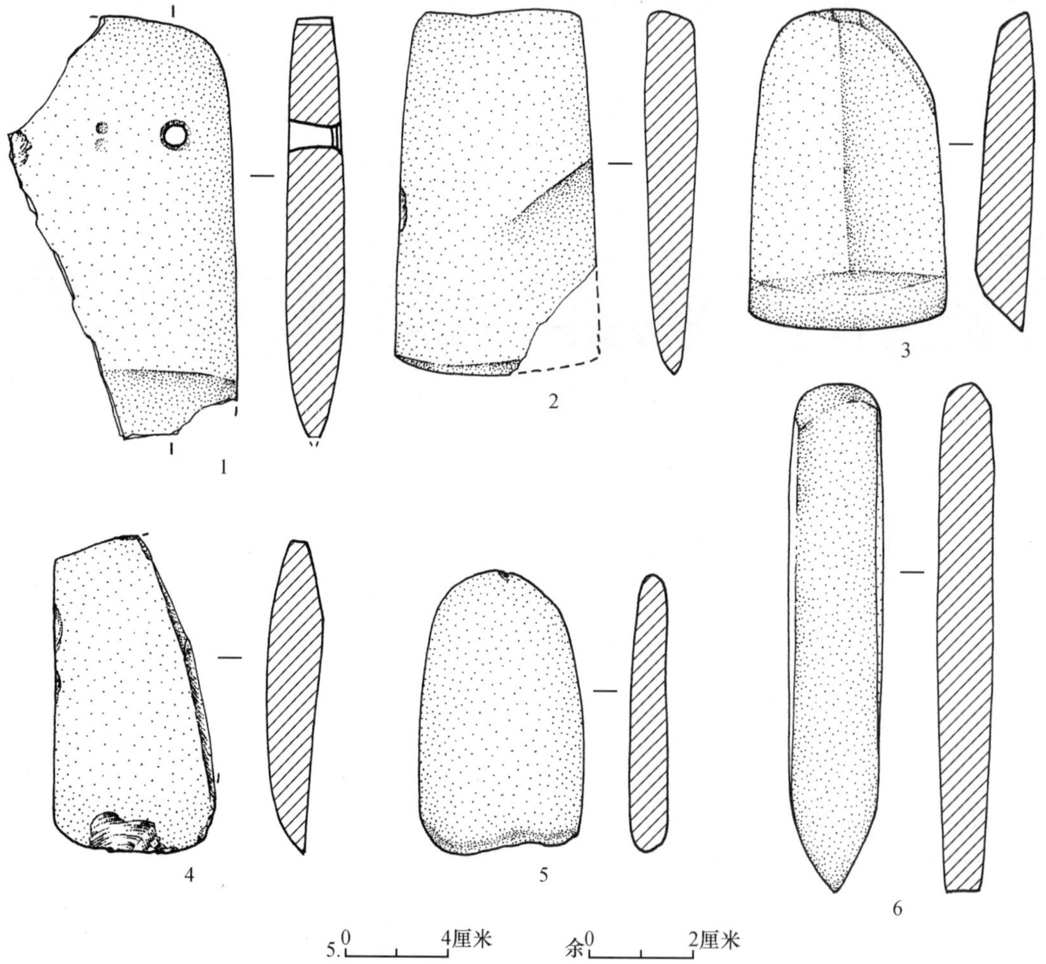

图四一　北区第6层出土石器

1. 钺（ⅡT0558⑥：2）　2. 斧（ⅡT0558⑥：3）　3、4. 锛（ⅡT0452⑥：1、ⅡT0452⑥：2）
5. 石料（ⅡT0462⑥：3）　6. 凿（ⅡT0552⑥：1）

（四）分期与年代

1. 分期

新石器时代遗迹内出土的遗物不多，绝大多数缺少分期意义，但地层堆积深厚，共有4个单位，时代跨度较大，对研究分期有决定性作用。其中，第8层出土陶片总体不过30来片，暂不纳入讨论。

第9层出土的陶器主要有夹砂折沿深腹罐、夹砂卷沿深腹罐、泥质卷沿罐、鼓肩罐、折盘口罐、尊形器、瓮、侈口缸、壶、钵、器盖、杯等。第7层出土的陶器主要有夹砂折沿深腹罐、夹砂卷沿深腹罐、鼓肩罐、泥质卷沿罐、曲盘口罐、瓮、壶、花边小底缸、钵、盘、器盖、杯等。第6层出土陶器主要有夹砂折沿深腹罐、泥质卷沿罐、曲盘口罐、花边小底缸、盆、碗、钵、器盖等。从器类上观察：一是第9层的尊形器、侈口缸、折盘口罐不见于第6、7层；二是第6、7层中常见的曲盘口罐、花边小底缸不见于第9层。从纹饰上看，第9层陶器盛行施纹，素面陶比例为1/3左右；而第6、7层陶器装饰纹饰之风大大下降，多为素面，素面陶占陶器总数的2/3左右。从陶质上看，第9层高达70%以上均为夹砂陶，第6、7层夹砂陶所占比例均在70%以下。由此可见，第9层和第6、7层间差异较大，应各自划分为独立的期。

第7层和第6层之间从器类、纹饰总类、纹饰比例等方面看，都十分接近，两者间差异较小，应为同一期。但它们之间可以划分为两段。

这样，本次发掘的北区新石器时代遗存总体上可以划分为两期，其中第二期又可以分为早、晚两段。各期段间的特征如下。

第一期：包括北区第9层、第8层及其下的相关遗迹。该期陶器主要以夹砂陶为主，泥质陶只占小部分。多数器物器表有纹饰。纹饰盛行细绳纹及其构成的小菱格纹，以及箍带纹，另外还有竖向波折划纹、横瓦纹、凹弦纹、戳印纹、泥饼纹等。从较完整的器物上看，很少单独装饰某种纹饰，一般盛行复合纹饰。施纹方式多从沿外及底，有的器底也有装饰，总体装饰繁复、细密。典型陶器有夹砂折沿深腹罐、折盘口罐、泥质卷沿罐、鼓肩罐、大口尊、侈口缸、敛口瓮、器盖等。其中罐类器腹部较深，腹略鼓，器形显得较瘦高；侈口缸口沿外侈，器表满饰细绳纹或小菱格纹，颈部装饰箍带纹。

第二期：包括北区第7层和第6层及其相关遗迹。该期陶器以夹砂陶为主，泥质陶数量减少。陶器制作较粗糙，素面者大大增多，有纹陶器数量大大减少。陶器纹饰一般较稀疏，主要有稀疏的绳纹、划纹、戳印纹等。施纹多从颈部往下施，沿外侧多为素面或湿手抹平。典型陶器有夹砂折沿深腹罐、曲盘口罐、花边小底缸、圈足盘、器盖等。其中罐类器口部变大，腹部较直或微外敞，腹部变浅，器形略显矮胖。盘口罐与器身相交处呈弧线，盘部显得较大。花边小底缸应为斜腹，敞口，花边一般系由外向内侧棍压而成，外壁饰稀疏的长条形坑状戳印纹，底部较前变小，底周缘戳印一圈较大的窝状纹饰。新出现了大圈足器。

本期还可进一步分为早、晚两段。早段以第7层和ⅡH118为代表，晚段以第6层代表。两段间器类差异不大，主要是个别器形有小的变化。

两期三段间陶器的变化趋势：

（1）陶器由盛行装饰纹饰向以素面陶为主转变。

（2）纹饰由细密向粗疏转变。

（3）夹砂折沿深腹罐、夹砂卷沿深腹罐腹部由略鼓变直、口为略敞口。

（4）盘口罐由口、颈部折交变成曲弧，盘部与器身之比变大。

（5）缸由口沿外撇、腹部微鼓变为直口、斜腹，口部饰细花边向饰大花边变化，腹饰由细密绳纹、菱格纹向饰稀疏戳印纹转变。

（6）瓮由鼓肩向斜肩变化，最大腹径往下移。

（7）器盖由表面饰箍带纹向饰稀疏划纹、素面转变。

2. 年代讨论

从器物组合和器形风格的变化看，本次发掘的新石器时代遗存第一、二期之间还存在着非常明显的缺环。2001年发掘的玉溪坪新石器时代遗存可以分为三段[①]，与之相比，本次发掘的第9层夹砂折沿深腹罐显得较瘦高，与2001年第1段接近，而与2段宽沿、敞口者有一定差异；折盘口罐等与第2段的同类器近似，但由于第1段未披露这种器物，故无法与第1段比较。总体上看，本次发掘的第9层应与2001年第1段相当或略晚；而2001年第2段和第3段在本年度未发掘出典型单位。

与哨棚嘴遗址1999年度的发掘材料相比[②]，后者罐类器盛行弦断绳纹、菱格纹，而玉溪坪遗址的同类器盛行装饰箍带纹。哨棚嘴二期也不见折盘口罐、侈口缸这类具有一些晚期文化因素的陶器。初步判断玉溪坪一期要稍晚于哨棚嘴遗址1999年发掘的第二期。

与万州苏和坪遗址比[③]，以遗址2000年度的ⅡF2为代表的新石器遗存，出土有夹砂折沿深腹罐，但腹壁斜外敞，腹部较浅；另外还有介于折盘口罐与曲盘口罐之间形态的罐。从多方面分析，玉溪坪第9层要早于苏和坪ⅡF2，而ⅡF2又要略早于本遗址北区第6、7层。

本次发掘的二期遗存在前两次玉溪坪遗址的发掘中尚未发现。这类遗存目前只在中坝遗址有所发现，具体对应中坝遗址新石器时代遗存第二期[④]。本期花边小底缸底具有较强的时代特征：花边系由外向内侧棍压而成，外壁饰稀疏的长条形坑状戳印纹，底部较小，底周缘戳印一圈较大的窝状纹饰。这种缸与哨棚嘴遗址1999年度发现的稍早的大口斜腹筒形小底缸差异明

① 邹后曦、袁东山：《重庆峡江地区的新石器文化》，《重庆·2001三峡文物保护学术研讨会论文集》，科学出版社，2003年。

② 北京大学中国考古学研究中心等：《忠县哨棚嘴遗址发掘报告》，《重庆库区考古报告集·1999卷》，科学出版社，2006年。

③ 重庆市博物馆等：《万州苏和坪遗址发掘报告》，《重庆库区考古报告集·1999卷》，科学出版社，2006年；重庆市文物考古所等：《万州苏和坪遗址第二次发掘报告》，《重庆库区考古报告集·2000卷》，科学出版社，2007年。

④ 四川省文物考古研究所等：《忠县中坝遗址1999年度发掘简报》，《重庆库区考古报告集·2000卷》，科学出版社，2007年。

显，也与中坝遗址、老关庙遗址①、大溪遗址②出现的更晚的尖底缸不同。由于这三种缸在中坝遗址中有明确的地层叠压关系，故其发展趋势十分明显。曲盘口罐也是时代特征较明显的一种器物，这种器物在哨棚嘴遗址最早出现于第三期（1999年度），在中坝遗址也有发现，其大体年代也是明确的。

具体年代方面，由于哨棚嘴遗址1999年度第二期晚段出土有屈家岭文化的彩陶壶，推测玉溪坪一期遗存应相当于屈家岭文化晚期，为公元前2900～公元前2600年。与玉溪坪第二期相同的遗存是中坝第二期有3个测年，校正后分别为公元前2650～公元前2000年（95.4%）、公元前2470～公元前2130年（95.4%）、公元前2300～公元前1650年（95.4%），由此可推测玉溪坪二期年代为公元前2400～公元前2000年。

五、商周时期遗存

（一）遗迹

只有灰坑一种。灰坑发现1座。

ⅡH133　位于南区ⅡT0441西北部。叠压于第3层下，直接打破第5层。坑口距地表深110厘米。平面呈圆角长方形，直壁，平底。坑壁与坑底未见加工痕迹。坑口平面呈东南高、西北低的斜坡状。坑口长95、宽70、深18～24厘米（图四二）。坑内填灰褐色粉砂土，土质松软。含木炭渣、颗粒状红烧土。出土少量泥质灰褐素面陶片，另有少量夹砂红褐陶片，饰绳纹或附加堆纹，可辨器形有耸肩平底罐、盆等。

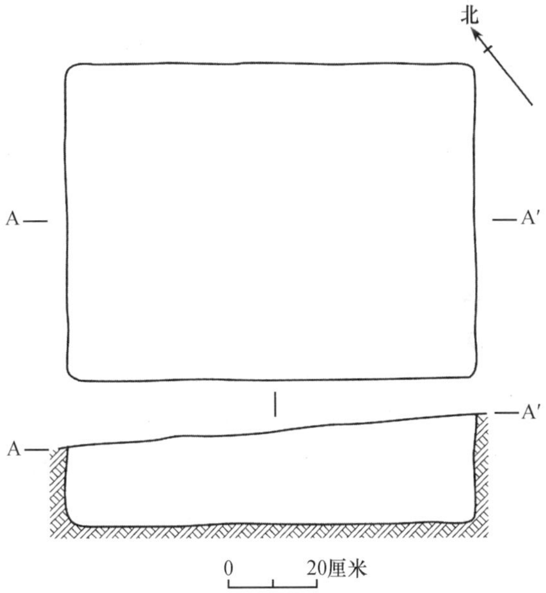

图四二　ⅡH133平、剖面图

（二）墓葬

墓葬共发现2座，均为狭长形土坑墓。

ⅡM19　位于北区ⅡT0555东北角。叠压于第5B层下，打破第6层。墓口距地表深96厘米。竖穴土坑墓，头东脚西，与长江流向垂直，墓向86°。平面为长方形，四角稍圆。墓圹长190、宽75、残深15～20厘米（图四三）。墓内填土为浅棕色砂土，颗粒较细，结构紧密，土质较纯。由于发掘过程中工作人员和民工不慎，该墓南半部被破坏，现残存人体骨架右肢骨骼和少

① 吉林大学考古学系等：《奉节县老关庙遗址第三次发掘》，《四川考古报告集》，文物出版社，1998年；吉林大学考古学系：《四川奉节老关庙遗址第一次和第二次发掘》，《江汉考古》1999年第3期。

② 重庆市文物考古所等：《巫山大溪遗址勘探发掘简报》，《重庆库区考古报告集·2000卷》，科学出版社，2007年。

许盆骨，无头骨。从盆骨和右肢骨分析，葬式为仰身直肢葬。该墓出土随葬品4件，有陶耸肩小平底罐和陶尖底盏两种器物。

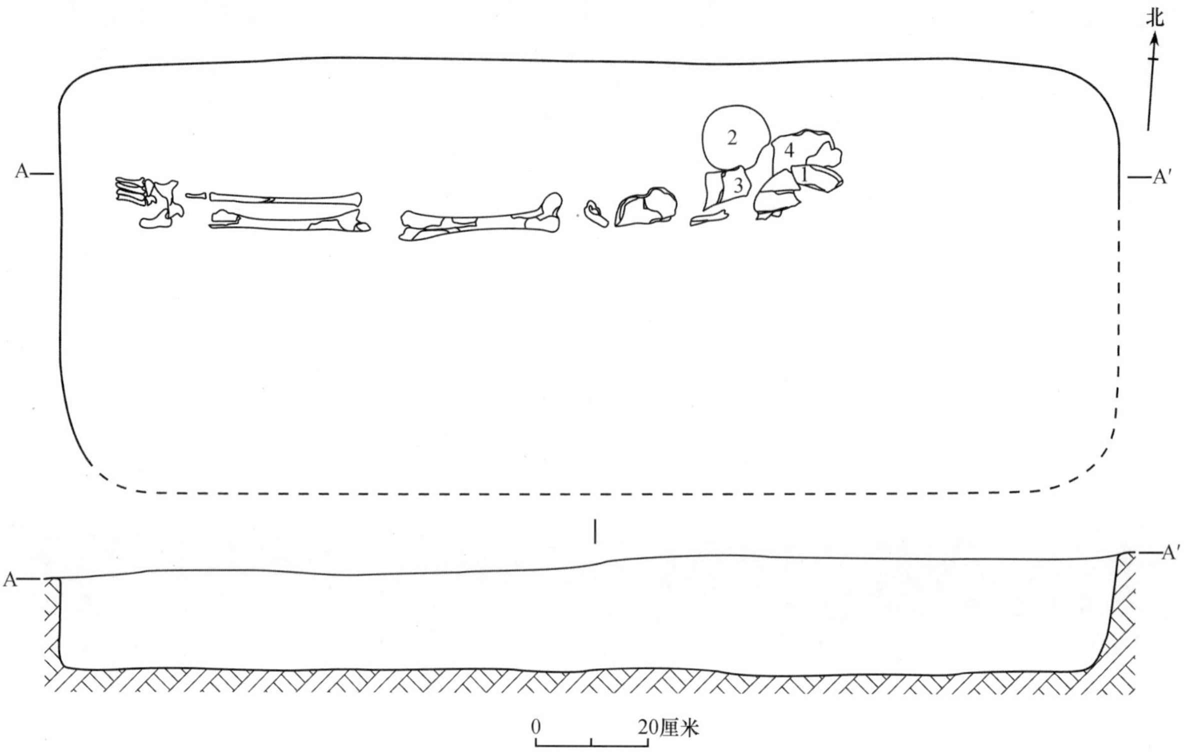

图四三 ⅡM19平、剖面图
1、3、4. 陶耸肩小平底罐 2. 陶尖底盏

陶耸肩小平底罐 3件。ⅡM19：1，夹砂灰陶。折沿上立，尖唇，弧肩，斜弧腹，小平底。复原口径13.4、底径3.6、推测复原高11.4厘米（图四四，1）。ⅡM19：3，夹砂褐陶，内黑。拼对无法复原。斜弧腹，小平底。底部有轮旋痕。底径2.8、残高8.4厘米（图四四，3）。ⅡM19：4，夹砂灰褐陶。口沿已残。耸肩，最大腹径靠上，下腹斜收为小平底。腹部较深，整器显得较高。腹径14、底径1.6、残高11.2厘米（图四四，2）。

陶尖底盏 1件。ⅡM19：2，泥质褐陶，器表尚存少量黑衣。敞口，尖圆唇，坦腹，斜弧壁，尖底近圜。器壁由口至底渐厚。口径12、高2.8厘米（图四四，4）。

ⅡM22 位于北区ⅡT0561西南部。叠压于第5B层下，打破第6层。墓口距地表深150～155厘米。方向285°。平面近梯形，竖穴土坑墓，墓口略大于底，墓壁不太直，壁与底成弧形相接。坑口长152～170、宽112～115、深20～30厘米（图四五）。墓内填土仅一层，较纯净，为黄灰色沙泥土，极疏松，内含少量炭粒、红烧土颗粒等。从清理现状观察，未见葬具及其朽痕；人骨架保存极差，多已不存，仅见朽甚的头盖骨、额骨、上下颌骨、左股骨等。从残存的骨架看，墓主为仰身直肢，头西脚东。该墓可能属于二次葬或早年被扰乱过。墓底发现较多的陶器及大量散乱陶片，经修复复原4件，另有一些陶器因太破碎或本身即为残陶器，无法复原。计有耸肩小平底罐、盆、壶、尖底盏、瓮五类。

陶耸肩小平底罐 5件，完整者1件，可复原2件，其余由于太破碎无法复原。ⅡM22：3，

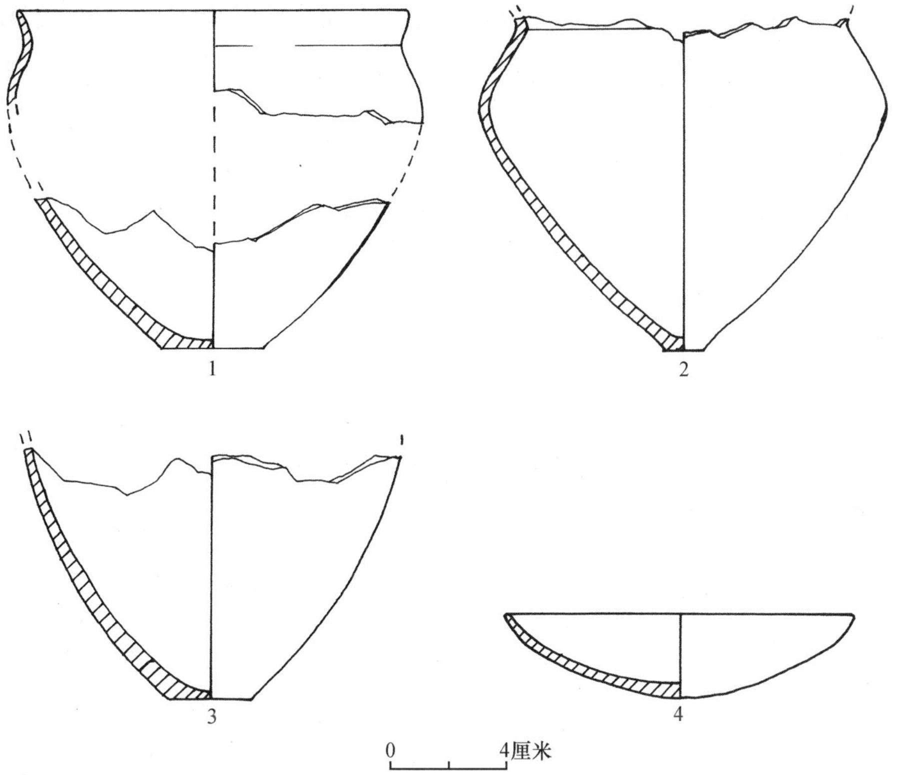

图四四　ⅡM19出土陶器

1～3. 耸肩小平底罐（ⅡM19∶1、ⅡM19∶4、ⅡM19∶3）　4. 尖底盏（ⅡM19∶2）

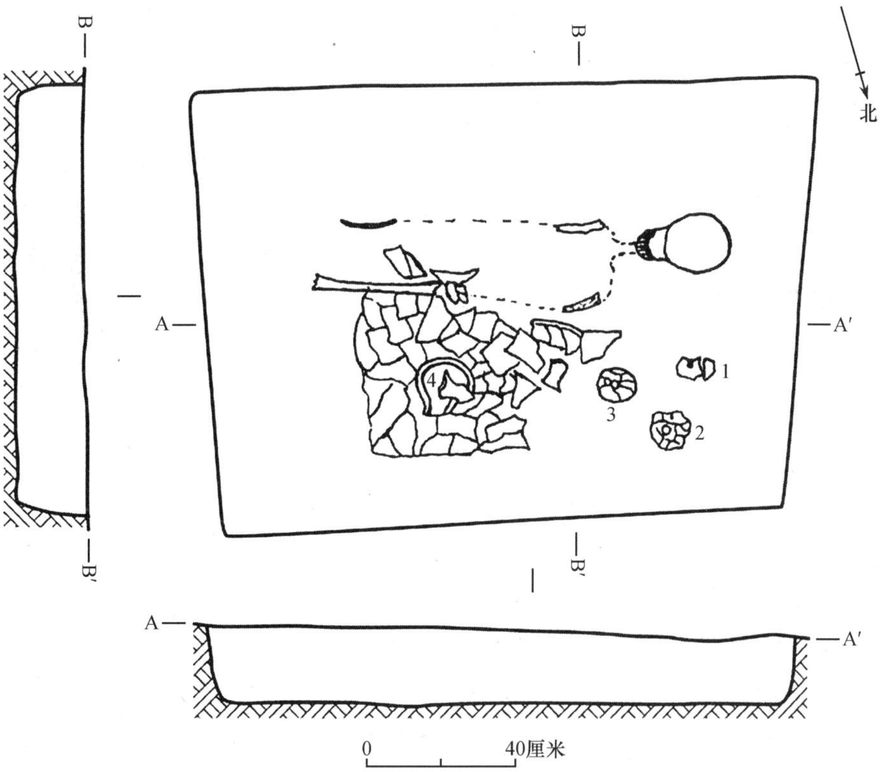

图四五　ⅡM22平、剖面图

1. 陶尖底盏　2、3. 陶罐　4. 陶壶

泥质灰黑陶。轮制。折沿上立，耸肩，最大腹径靠近肩部，弧腹斜收为小平底。器壁下部及底贴有两层泥片，泥片未经抹平，下层泥片高于上层。器壁由上至下渐厚。素面。口径9.8、最大腹径11、底径2.4、高9.2厘米（图四六，1）。ⅡM22：2，泥质灰黑陶。轮制。折沿上立，尖唇，沿面略凹，最大腹径靠近肩部，弧腹斜收为小平底。素面。复原口径9.6、底径1.6、推测复原高11.3厘米（图四六，2）。ⅡM22：9，夹砂褐陶。整器已不能拼对复原。侈口，尖唇，鼓肩，最大腹径靠上，下腹斜弧收为小平底。腹部较深。口径11.2、底径2、推测复原高12.4厘米（图四六，3）。ⅡM22：6，泥质褐陶。拼对无法复原。斜弧腹，小平底。底径1.8、残高4厘米（图四六，4）。ⅡM22：7，泥质褐陶。拼对无法复原。斜弧腹，小平底。底部为一泥片与器身套接而成。底径1.7、残高6.6厘米（图四六，5）。

陶盆　1件。ⅡM22：8，泥质褐陶。无法拼对复原。残片为侈口，卷沿，厚唇，弧腹。复原口径30、残高10厘米（图四六，6）。

陶壶　1件。ⅡM22：4，泥质灰陶。已无法复原。侈口，卷沿，唇较厚，高领，广肩，最大腹径靠上，斜弧腹，平底。口径15.3、底径7.2、推测复原高39厘米（图四六，7）。

陶瓮　1件。ⅡM22：5，夹砂灰黑陶。口部及底均不存。推测应为侈口、溜肩、弧腹。器身饰稀疏的粗绳纹。颈部复原最大直径约44、残高40厘米（图四六，9）。

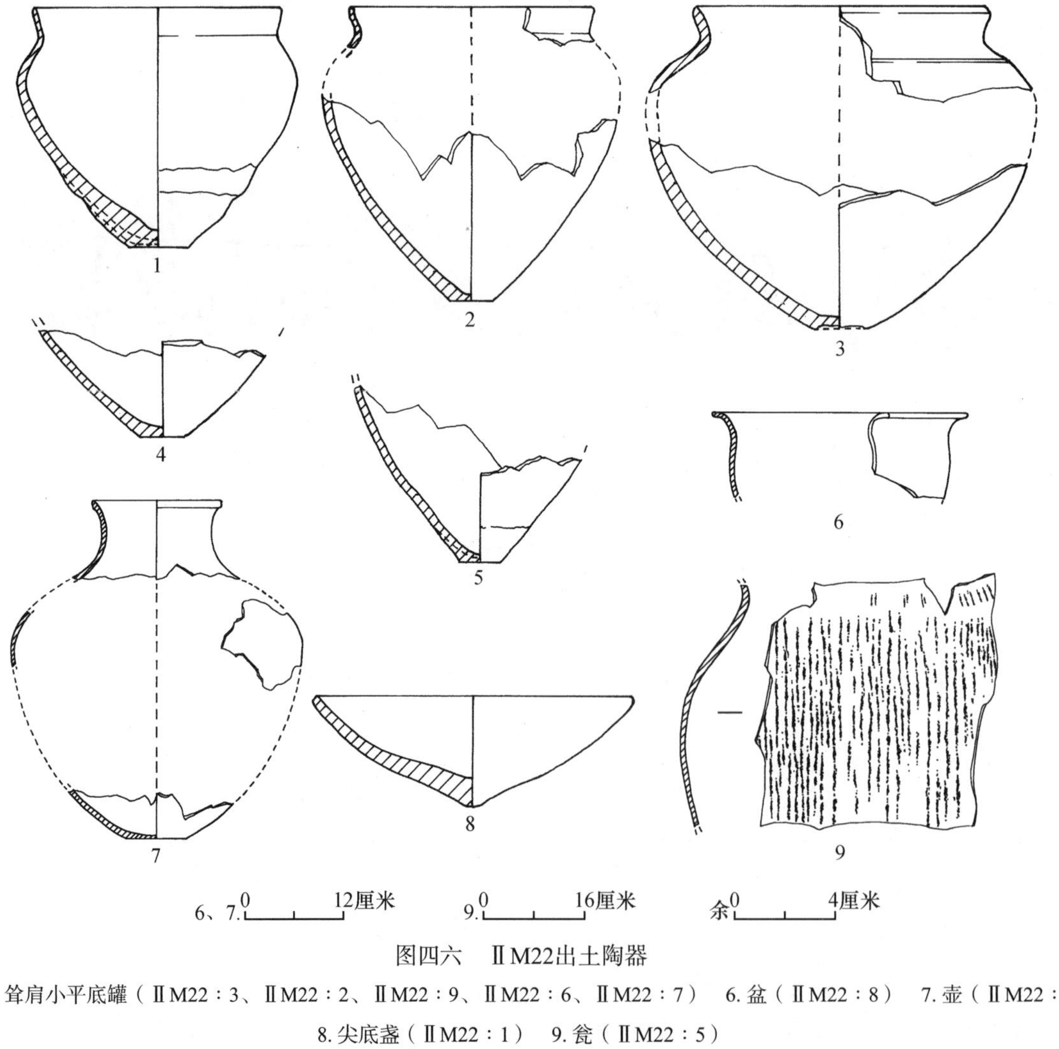

图四六　ⅡM22出土陶器

1～5. 耸肩小平底罐（ⅡM22：3、ⅡM22：2、ⅡM22：9、ⅡM22：6、ⅡM22：7）　6. 盆（ⅡM22：8）　7. 壶（ⅡM22：4）　8. 尖底盏（ⅡM22：1）　9. 瓮（ⅡM22：5）

陶尖底盏　1件。ⅡM22：1，泥质深褐色陶，器表尚存少量黑衣。敞口，坦腹，圆唇，斜弧壁，尖底略凸，呈乳状。器壁由口至底渐厚。口径12.6、高4.2厘米（图四六，8）。

（三）文化层出土遗物

北区、南区均有一定数量的遗物出土，有陶器和石器两大类。

1. 陶器

商周时期文化层出土陶器主要以夹砂陶为主，泥质陶较少。有一部分尖底杯，介于夹砂陶和泥质陶之间。陶器多以灰褐、红褐、黑褐陶为主，红陶、黑陶、灰陶亦占一定比例，器表一般颜色斑驳。纹面和素面约各占一半。纹面主要是绳纹，其余有弦纹、戳印纹等。绳纹一般竖向施，较细而凌乱。施纹时从沿外往下施及底，但口沿外侧的纹饰往往被湿手抹平。器物口部少量有花边，颈部盛行加厚。圜底器物形态多不规整，内壁有垫指或垫具痕。

器类有圜底、尖底、平底、圈足四大类，但以前三者为主。具体有素缘绳纹罐、高领绳纹罐、花边绳纹罐、鼓肩素面罐、折腹罐、盆、高领壶、尖底杯、尖底盏、钵、碗、豆、器盖、纺轮等。

素缘绳纹罐　按肩部的不同分为四型。

A型　3件。无肩。ⅡT0256⑤：16，夹砂黑陶。敞口，卷沿，尖圆唇，直腹弧收。腹壁饰竖向绳纹。口径20、残高4.4厘米（图四七，1）。

B型　3件。溜肩。ⅡT0438⑤：1，夹砂灰褐陶。侈口，卷沿，圆唇，束颈。颈以下饰竖向细绳纹。口径15.6、残高6厘米（图四七，2）。ⅡT0438⑤：2，夹砂红褐陶。侈口，卷沿，尖圆唇，束颈。颈以下饰竖向细绳纹。口径18.6、残高6.9厘米（图四七，3）。

C型　2件。圆肩。ⅡT0241⑤：3，夹砂黑陶。侈口，卷沿，尖圆唇，束颈。肩以下饰斜向绳纹。口径12.8、残高6厘米（图四七，4）。

D型　3件。耸肩。ⅡT0438⑤：7，夹砂黑褐陶。侈口，卷沿，束颈，肩部弧折。腹壁饰竖向细绳纹。口径10、残高4厘米（图四七，5）。ⅡT0438⑤：5，夹砂红褐陶。侈口，卷沿，圆唇，广肩。腹壁饰竖向细绳纹。口径18、残高6.4厘米（图四七，6）。

高领绳纹罐　1件。ⅡT0235⑤：3，夹砂红褐陶。口微外侈，尖唇，鼓肩，高领。肩饰斜向绳纹。口径10.4、残高8.8厘米（图四七，7）。

花边绳纹罐　按颈部差异分为二型。

A型　1件。颈较长，微束。ⅡT0461⑤B：3，夹砂褐陶。大口，侈沿。唇部按压波形大花边，腹饰绳纹。口径24.8、残高8.8厘米（图四七，8）。

B型　2件。短颈。ⅡT0453⑤B：12，夹砂褐陶。侈口，卷沿，鼓肩。唇部按压大花边。口径21.2、残高2.8厘米（图四七，9）。

小罐　2件。口径较小。ⅡT0438⑤：3，夹砂褐陶。侈口，卷沿，弧腹。腹饰错乱绳纹。口径7.6、残高7.6厘米（图四八，1）。ⅡT0438⑤：6，夹砂褐陶。侈口，卷沿，束颈，弧腹。腹饰粗乱绳纹。捏制。口径7.8、残高4厘米（图四八，2）。

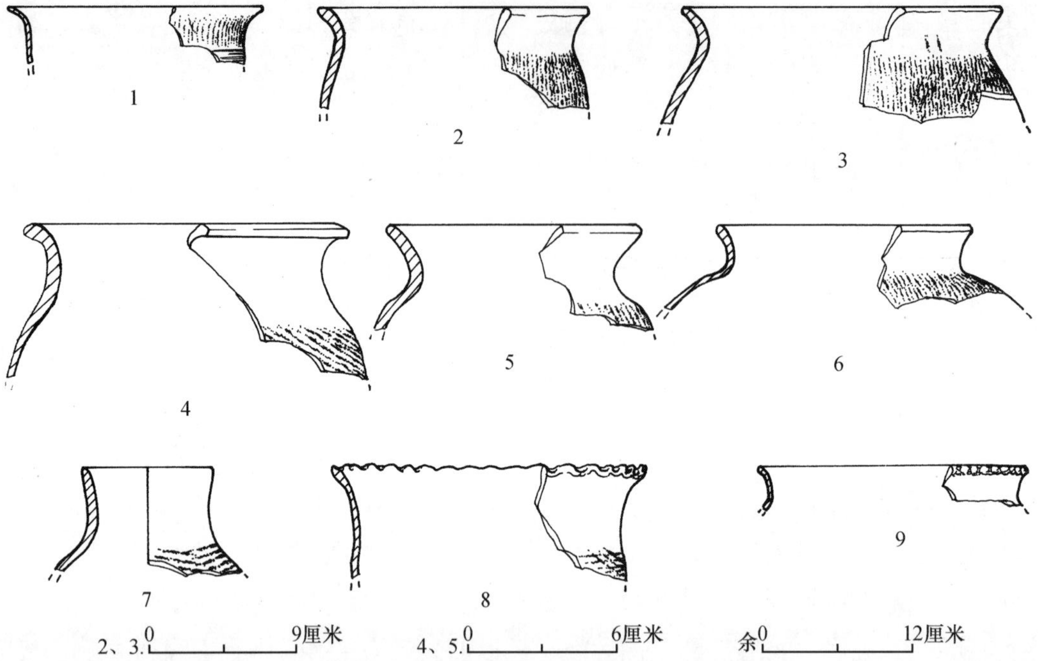

图四七　第5层出土陶器

1. A型素缘绳纹罐（ⅡT0256⑤：16）　2、3. B型素缘绳纹罐（ⅡT0438⑤：1、ⅡT0438⑤：2）　4. C型素缘绳纹罐（ⅡT0241⑤：3）　5、6. D型素缘绳纹罐（ⅡT0438⑤：7、ⅡT0438⑤：5）　7. 高领绳纹罐（ⅡT0235⑤：3）　8. A型花边绳纹罐（ⅡT0461⑤B：3）　9. B型花边绳纹罐（ⅡT0453⑤B：12）

鼓肩素面罐　按肩部宽窄分为三型。

A型　1件。肩部较窄。ⅡT0358⑤：2，泥质灰陶。折沿，沿面外翻并下斜。口径25.6、残高6厘米（图四八，3）。

B型　2件。肩部较宽。ⅡT0562⑤A：21，夹砂黄褐陶。敛口，折沿，方唇。口径24、残高6.4 厘米（图四八，4）。

C型　2件。宽肩。ⅡT0461⑤B：2，夹砂褐陶。敛口，卷沿，圆唇，鼓肩。口径24、残高12.8 厘米（图四八，5）。

折腹罐　1件。ⅡT0556⑤：13，夹砂灰褐陶。敛口，斜折沿，尖唇，斜肩，折腹。素面。口径12.8、残高4.4 厘米（图四八，6）。

盆　1件。ⅡT0256⑤：21，泥质灰陶。直口，折沿，沿面较窄，直腹弧收。腹部饰凹弦纹。口径27.2、残高6.4厘米（图四八，7）。

高领壶　2件。喇叭口。ⅡT0256⑤：17，泥质灰陶。侈口，卷沿，方唇。口径19.2、残高6.8厘米（图四八，8）。ⅡT0241⑤：4，泥质灰陶。侈口，卷沿。口径16、残高5.8厘米（图四八，9）。

尖底杯　按外形差异分为二型。

A型　8件。角状杯，近底处多有凸棱。ⅡT0438⑤：2，泥质褐陶。口已残。斜弧腹，尖底，底部略平。残高6.3厘米（图四九，1）。ⅡT0340⑤：5，泥质灰陶。口已残。斜弧腹。内壁有泥条盘筑痕。残高7厘米（图四九，2）。ⅡT0340⑤：6，泥质灰陶。口已残。斜弧腹，尖底。内壁有泥条盘筑痕。残高6.6厘米（图四九，3）。ⅡT0438⑤：1，泥质红褐陶。口已残。

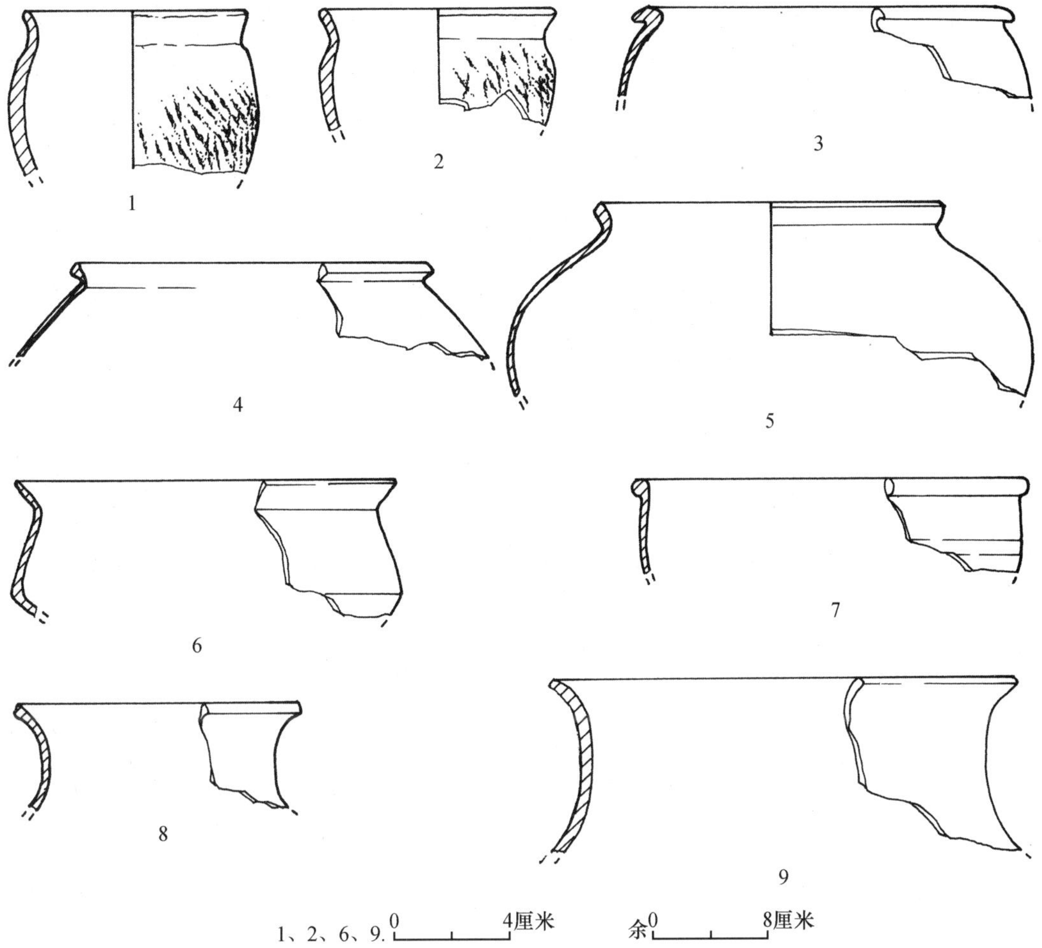

图四八　第5层出土陶器

1、2. 小罐（ⅡT0438⑤：3、ⅡT0438⑤：6）　3. A型鼓肩素面罐（ⅡT0358⑤：2）　4. B型鼓肩素面罐（ⅡT0562⑤A：21）
5. C型鼓肩素面罐（ⅡT0461⑤B：2）　6. 折腹罐（ⅡT0556⑤：13）　7. 盆（ⅡT0256⑤：21）
8、9. 高领壶（ⅡT0256⑤：17、ⅡT0241⑤：4）

斜腹，底部略圜。残高5.8厘米（图四九，4）。ⅡT0438⑤：8，泥质红褐陶。口已残。斜腹，底部斜平。内壁有泥条盘筑痕。残高7厘米（图四九，5）。

B型　2件。炮弹形杯。ⅡT0256⑤：22，泥质黑陶。器壁极薄。上部已残。下斜直腹折收，底为小平底。底径1.2、残高3.6厘米（图四九，6）。

尖底盏　按口部不同分为二型。

A型　2件。敛口。ⅡT0256⑤：27，泥质黑陶。尖唇，鼓肩。下残。口径13.2、残高2.2厘米（图四九，7）。

B型　2件。母口。ⅡT0556⑤：12，夹砂红褐陶。敞口，唇内侧贴泥条，形成母口，浅盘，弧腹斜收。口径14.8、残高4厘米（图四九，8）。

盏底　2件。从陶质陶色看，应为A型尖底盏底。ⅡT0256⑤：28，泥质灰黄陶。上腹已残。斜腹，尖底微凸。残高2.2厘米（图四九，9）。ⅡT0340⑤：8，泥质灰黑陶。斜腹，腹部较深，尖底。内壁有轮旋痕。残高3.5厘米（图四九，10）。

钵　1件。ⅡT0340⑤：7，泥质灰黑陶。薄胎。敛口，鼓肩，弧腹斜收。底残。口径

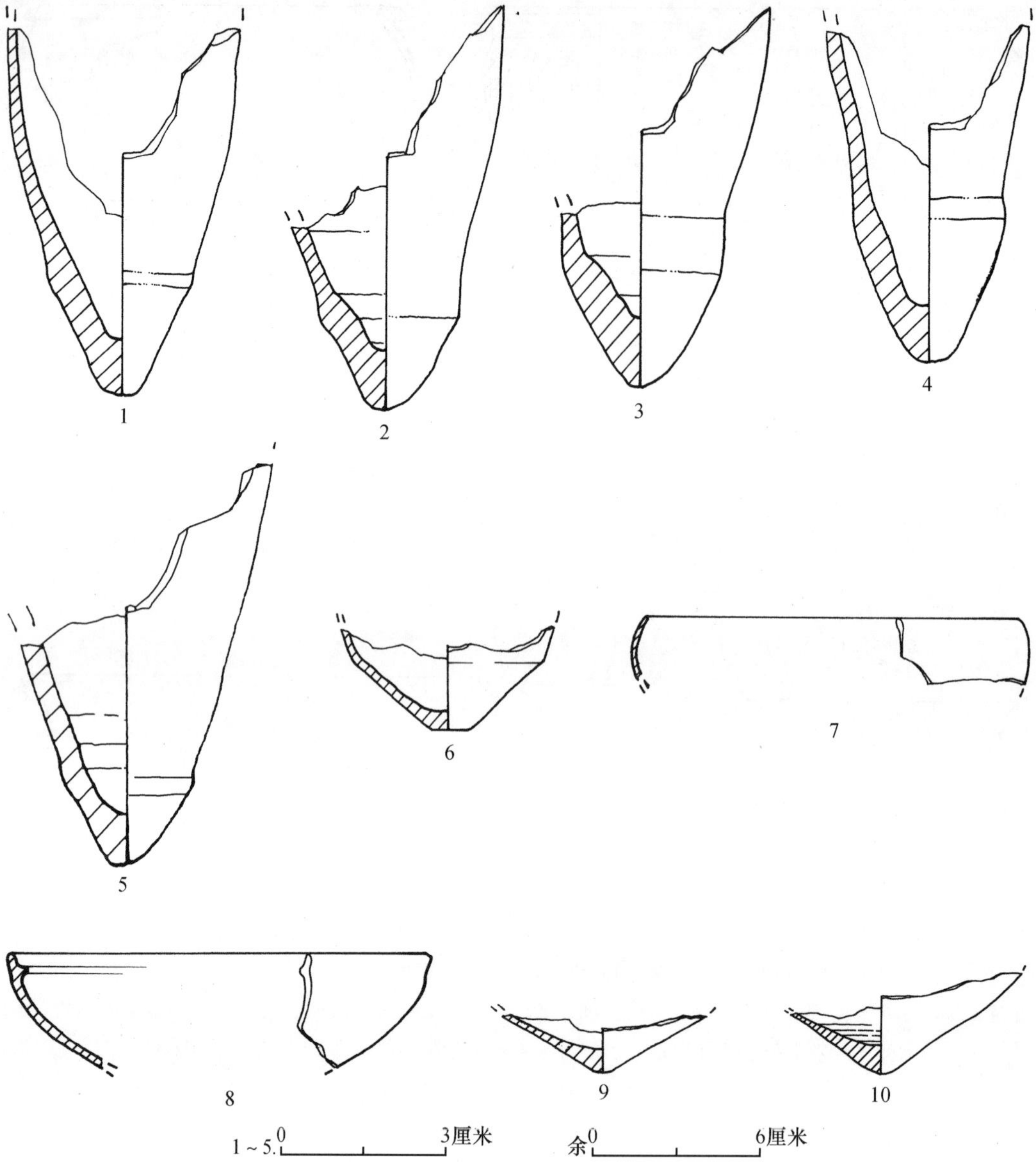

图四九　第5层出土陶器

1～5. A型尖底杯（ⅡT0438⑤：2、ⅡT0340⑤：5、ⅡT0340⑤：6、ⅡT0438⑤：1、ⅡT0438⑤：8）　6. B型尖底杯（ⅡT0256⑤：22）　7. A型尖底盏（ⅡT0256⑤：27）　8. B型尖底盏（ⅡT0556⑤：12）　9、10. 盏底（ⅡT0256⑤：28、ⅡT0340⑤：8）

12.8、残高4厘米（图五○，1）。

碗　1件。ⅡT0459⑤A：20，夹砂灰陶。斜弧腹，矮圈足，足壁外撇。圈足直径10.8、残高3.2厘米（图五○，2）。

豆　仅有4件残器。其中高圈足1件、柄状圈足3件。ⅡT0462⑤A：6，夹砂褐陶。豆盘已残，高圈足，呈喇叭状，近底处外撇。底径11.6、残高8.5厘米（图五○，3）。ⅡT0459⑤A：18，泥质黑皮陶。已残，纺锤形。最大径3.2、残高9厘米（图五○，5）。ⅡT0459⑤A：19，泥质黑皮陶。已残。近底处外撇。柄径2.4、残高8.7厘米（图五○，6）。

器盖纽　1件。ⅡT0458⑤：14，泥质黑皮陶。已残。竹节形柄，饰两道凸弦纹。残高4.3

厘米（图五○，7）。

纺轮　1件。ⅡT0454⑤A：1，夹砂褐陶。利用陶片改制而成。陶片上压印方格纹。直径3.8、厚0.8厘米（图五○，4）。

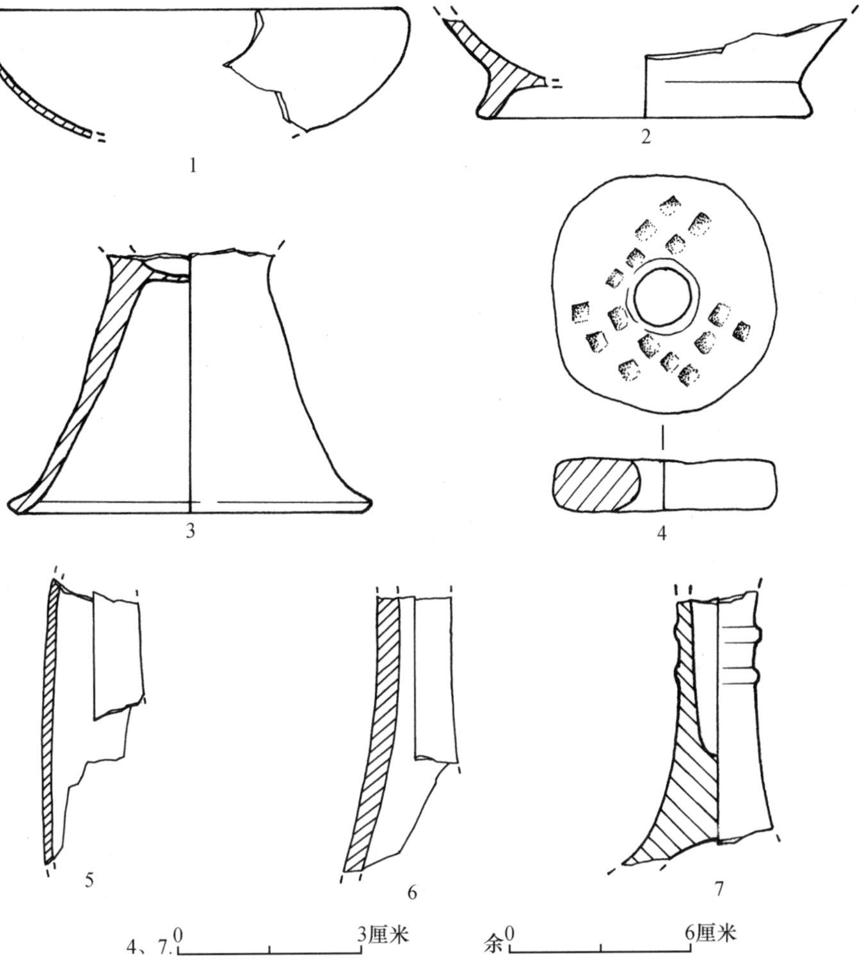

图五○　第5层出土陶器

1. 钵（ⅡT0340⑤：7）　2. 碗（ⅡT0459⑤A：20）　3. 豆圈足（ⅡT0462⑤A：6）　4. 纺轮（ⅡT0454⑤A：1）
5、6. 豆柄（ⅡT0459⑤A：18、ⅡT0459⑤A：19）　7. 器盖纽（ⅡT0458⑤：14）

2. 石器

石器发现不多，绝大多数为磨制石器。除一件细石核外，余均以砾石打片，经修理、琢打后，通体或局部磨光而成。器形较简单，主要有斧、锛、半成品、细石核。

斧　4件。ⅡT0355⑤：1，顶部略残，通体磨制。长条形，顶略窄于刃部，薄体。平刃，侧锋。长4.4、宽1.7、厚0.5厘米（图五一，1）。ⅡT0462⑤B：2，背面除刃部磨制外，余均砾石自然面。梯形。平顶，弧刃。长4.3、宽3、厚1.2厘米（图五一，2）。

锛　3件。ⅡT0459⑤B：2，背面除中部磨制外，大部分保留砾石自然面，正面磨光，弧平。圆顶，弧刃，侧锋。长5、宽3.6、厚1.6厘米（图五一，3）。ⅡT0559⑤A：1，以扁薄砾石为原料稍加打击，并局部磨制而成。近梯形，弧顶，弧刃。长6.6、宽5.3、厚1.2厘米（图五一，4）。

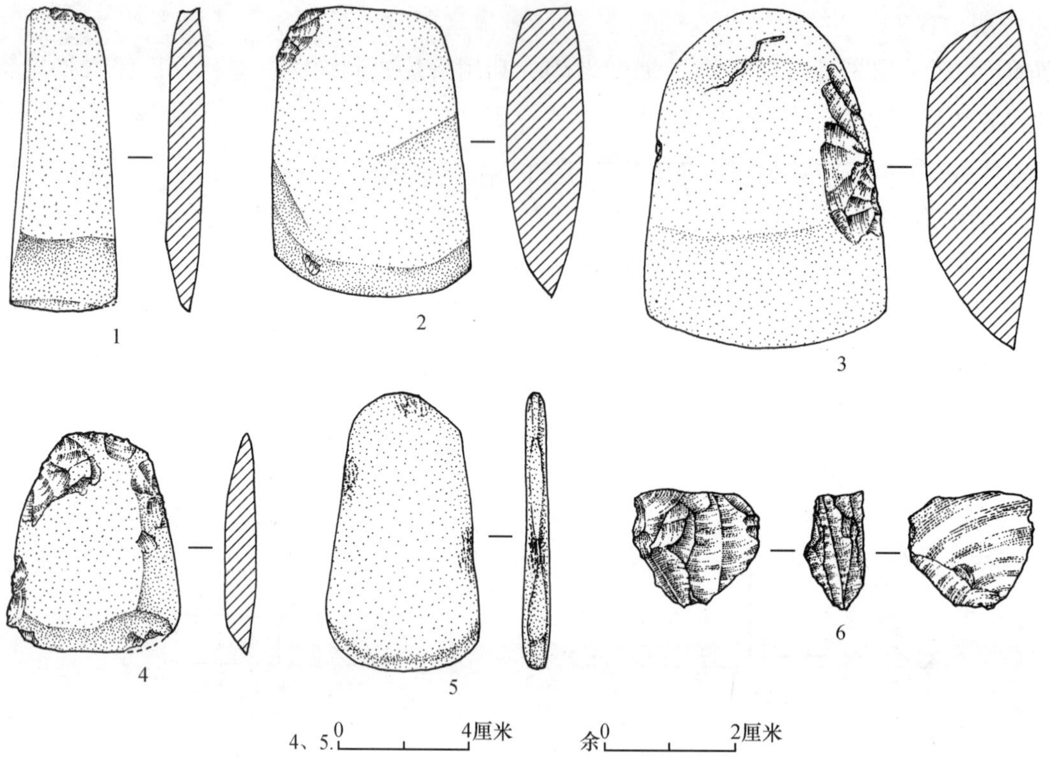

图五一　第5层出土石器

1、2. 斧（ⅡT0355⑤：1、ⅡT0462⑤B：2）　3、4. 锛（ⅡT0459⑤B：2、ⅡT0559⑤A：1）
5. 半成品（ⅡT0254⑤：2）　6. 细石核（ⅡT0461⑤B：1）

半成品　1件。ⅡT0254⑤：2，以扁薄砾石为原料，仅磨制砾石两侧面，未进一步加工。弧顶，顶小于底。长8.6、宽5、厚1.2厘米（图五一，5）。

细石核　1件。ⅡT0461⑤B：1，黑色。顶部为人工预制台面，背面较平整，为剥片后的阴面，正面有多个剥片后留下的长条形阴面。扁锥形。长1.7、宽1.8、厚1厘米（图五一，6）。

（四）分期与年代

1. 分期

商周时期文化层中的第5A、5B两层，出土遗物差异不大，再加上部分探方发掘时未做区分，故分期的意义不大。遗迹只发现一座灰坑，基本不出文化遗物。倒是两座商周墓葬，出土随葬品丰富，又与文化层的叠压关系明确，为研究商周遗存的分期提供了材料。

从器物组合上看，两座墓葬均以耸肩小平底罐、尖底盏为基本组合，而与文化层中的素缘绳纹罐、高领绳纹罐、花边绳纹罐、鼓肩素面罐、折腹罐、盆、高领壶、尖底杯、尖底盏等器物群明显不同。耸肩小平底罐在文化层中很少见，而文化层中的角状尖底杯、素缘绳纹罐等则不见于墓葬。这种情况应当是时代差异造成的，而不是一个墓葬、一个文化层的遗存性质差异的原因。因为从遗物的形态上分析，同一种器物在两者间也表现出不同的形态。因此，据文化层叠压墓葬的地层关系，可以将商周时期遗存分为两期。

第一期：典型单位有ⅡM19、ⅡM22。陶器主要是泥质陶，夹砂陶数量不多。此期陶器中泥质灰黑陶、黑皮陶较多，绝大多数为素面，有少量陶器肩部饰凹弦纹。器类以平底器为主，另有少量尖底器。器形比较简单，有耸肩小平底罐、敞口尖底盏、泥质灰陶高领瓮、卷沿盆等。

第二期：典型单位有北区第5A、5B层，南区第5层。陶器主要以夹砂陶为主，泥质陶较少。陶器多灰褐、红褐、黑褐陶，纹面和素面约各占一半。纹面主要是绳纹。少量器物口部饰花边。器类主要有圜底、尖底器等，典型器物有素缘绳纹罐、花边绳纹罐、高领壶、角状尖底杯、敛口尖底盏等。

2. 年代

第一期的尖底盏为敞口，斜壁，略具乳状尖底，这种尖底盏也见于成都平原。广汉三星堆遗址1982年发掘的Ⅰ区第3层①和一号器物坑②中出土的尖底盏均为敞口尖底盏，十二桥遗址第13层和第11层也出土有敞口尖底盏③。三星堆和十二桥的敞口尖底盏可分二型，A型深腹，唇口外折；B型腹部较浅，口外侈。A型和B型敞口尖底盏在三星堆一号器物坑共存。玉溪坪出土的敞口尖底盏更接近于B型，与三星堆一号器物坑的B型相比，腹更深，且下腹壁微弧；与十二桥遗址B型尖底盏相比，后者唇部上勾，已具有敛口尖底盏的一些特征，明显晚于玉溪坪一期的尖底盏。此外，与三星堆所出敞口尖底盏的共存器物，还有大口窄肩的小平底罐，均被划为三星堆遗址第四期。三星堆的这种小平底罐与涪陵镇安遗址④第一期的同类器更接近，而与玉溪坪一期所出的鼓肩或耸肩的小平底罐差异较大。另外，三星堆遗址第四期的折壁小底杯也和镇安遗址第一期的相近。由此看来，玉溪坪一期遗存应比三星堆遗址四期略早或相当。由于属于三星堆遗址四期的一号器物坑出土了多件中原系青铜器，分别有尊、罍、瓿、盘等，研究者将它们与中原同类器进行类型学研究后，多数都认为一号器物坑的年代在殷墟一期偏晚阶段。那么依据我们上面的推断，玉溪坪商周时期一期遗存的年代应当不晚于殷墟一期，其上限或可到二里冈上层最晚阶段。

第二期的尖底盏为敛口和敞口尖底盏，在十二桥遗址中出现于第10层。玉溪坪二期出土的B型尖底杯，下部转折明显，与成都抚琴小区第4层的炮弹形尖底杯接近。但十二桥遗址第11层及其下的炮弹形尖底杯没有折痕，下部一般斜收为尖底。由是观之，十二桥遗址第10层和抚琴台小区第4层约与玉溪坪商周时期二期相当。此外，母口尖底盏的演变规律是由深腹向浅腹演变，玉溪坪遗址的B型尖底盏腹较浅，与2001年邓家沱Ⅳ区第5A层的同类器比⑤，腹还要浅一

---

① 陈显丹：《广汉三星堆遗址发掘概况、初步分期》，《南方民族考古》（第二辑），四川科学技术出版社，1989年。

② 四川省文物考古研究所：《三星堆祭祀坑》，文物出版社，1999年。

③ 四川省文物管理委员会等：《成都十二桥商代建筑遗址第一期发掘简报》，《文物》1987年第12期。

④ 北京市文物研究所三峡考古队、重庆市涪陵区博物馆：《涪陵镇安遗址发掘报告》，《重庆库区考古报告集·1998卷》，科学出版社，2003年。

⑤ 李锋：《忠县邓家沱遗址西周时期文化遗存的初步认识》，《重庆·2001三峡文物保护学术研讨会论文集》，科学出版社，2003年。

些。邓家沱遗址的测年结果大体为商代晚期。故综合考虑，玉溪坪商周时期二期遗存的年代大约为商末周初。

六、汉代遗存

（一）遗迹

遗迹主要集中在北区，有灰坑和灰沟两种，另外发现有零星的柱洞，无法复原为房址。

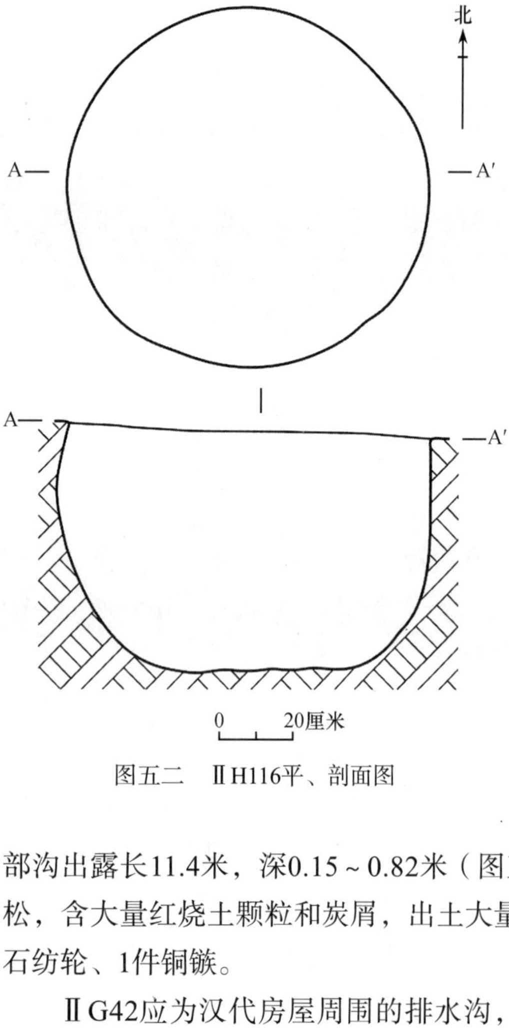

图五二 ⅡH116平、剖面图

1. 灰坑

共2座。

ⅡH116 位于ⅡT0358东南部。叠压于第4B层下，打破第5A层。坑口距地表深130厘米。坑口平面呈圆形，口稍大于底，坑壁微弧，向下内收，底平。口径96、底径65、深60～65厘米（图五二）。坑内堆积为灰褐色土，含草木灰、红烧土、石块、残兽骨、残石器、菱形方格纹残砖块等。

2. 沟

共2条。

ⅡG42 位于北区，跨越ⅡT0455～ⅡT0458、ⅡT0558和ⅡT0555。部分伸入ⅡT0554、ⅡT0454北隔梁内以及ⅡT0455、ⅡT0456东隔梁内。叠压于第4A层下，打破第4B层。沟口距地表深50～87厘米。平面形状呈“凹”字形，近南北向，南部较深，北部较浅。东侧部分出露长17.2、南部沟残长9.2、北部沟出露长11.4米，深0.15～0.82米（图五三）。沟内堆积为灰黑色砂土，颗粒较细，结构疏松，含大量红烧土颗粒和炭屑，出土大量陶片，器形有釜、罐、瓮、盆、钵、豆等，另有1件石纺轮、1件铜镞。

ⅡG42应为汉代房屋周围的排水沟，但由于晚期破坏，仅见零星房屋柱洞遗迹，房屋情况不明。

陶釜 共2件。ⅡG42∶18，夹砂褐陶，胎较薄。斜折沿，沿面较宽，近唇部外撇。口径28、残高6.4厘米（图五四，1）。ⅡG42∶17，夹砂褐陶，胎较薄。斜折沿，沿面较宽，近唇部外撇，斜肩。口径18、残高4.8厘米（图五四，2）。

陶中领罐 1件。ⅡG42∶8，泥质灰陶。折沿近平，唇略下斜，矮领，广肩。口径14.4、残高5.6厘米（图五四，3）。

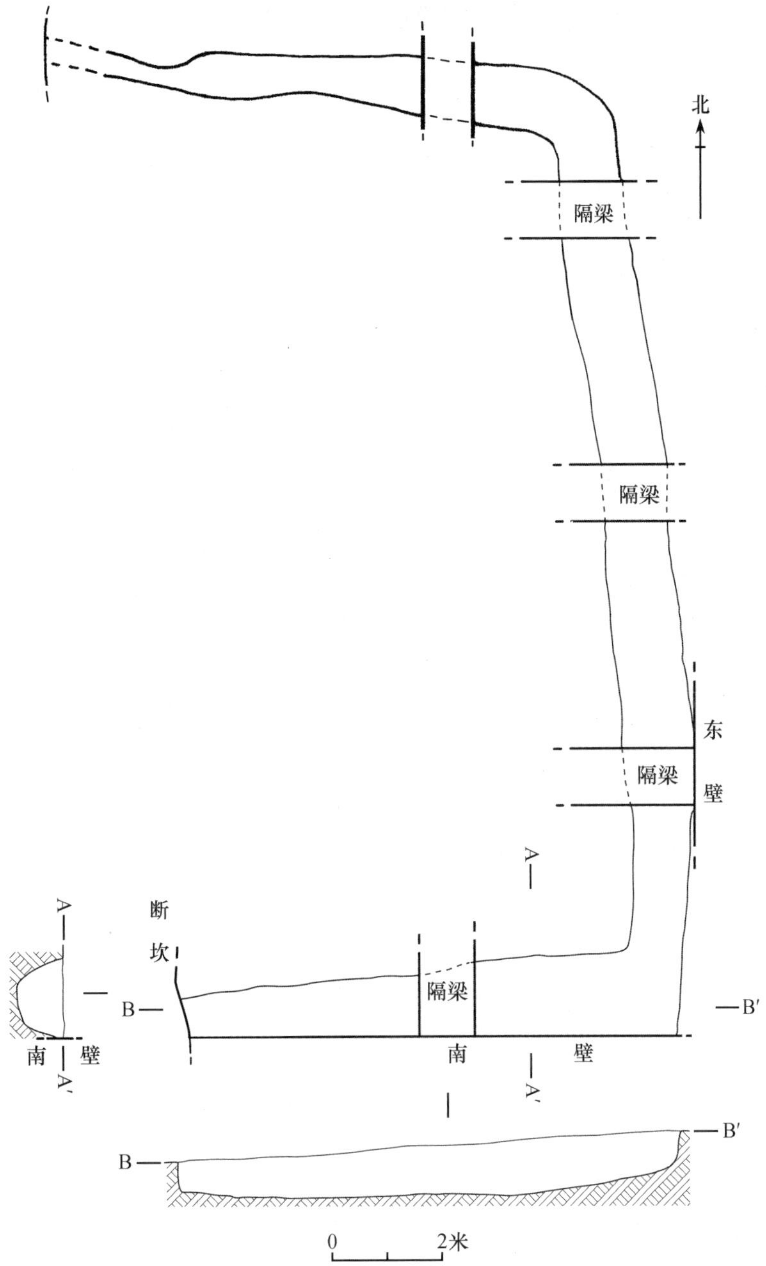

图五三　ⅡG42平、剖面图

陶矮领罐　1件。ⅡG42：6，泥质灰陶。敛口，平折唇，矮领，广肩。肩部饰凹弦纹和间断绳纹。口径13.6、残高7.2厘米（图五四，4）。

陶瓮　1件。ⅡG42：7，泥质灰陶。敛口，折唇，唇缘内凹，广肩。肩部有少量竖向绳纹。口径27.2、残高6.4厘米（图五四，5）。

陶盆　2件。ⅡG42：9，夹砂灰褐陶。折沿，方唇，唇略下斜，斜直腹。口径39.2、残高4.8厘米（图五四，6）。ⅡG42：19，泥质黑灰陶。直口微敛，折沿，斜方唇，唇微下斜，束颈，折肩，斜弧腹。腹部饰少量细绳纹。口径40.8、残高7厘米（图五四，7）。

陶钵　9件。ⅡG42：1，泥质灰陶。敞口，厚圆唇，斜浅腹，至中部折弧收，平底，内底

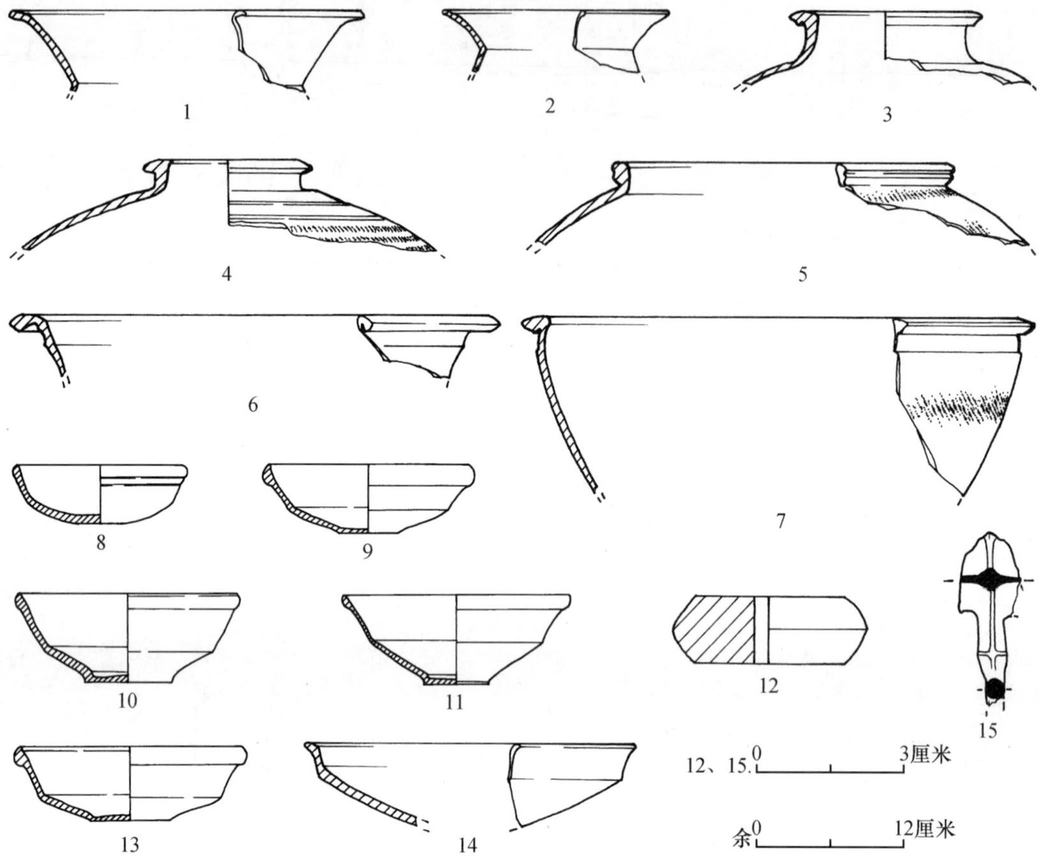

图五四　ⅡG42出土陶、石、铜器

1、2. 陶釜（ⅡG42：18、ⅡG42：17）　3. 陶中领罐（ⅡG42：8）　4. 陶矮领罐（ⅡG42：6）　5. 陶瓮（ⅡG42：7）　6、7. 陶盆（ⅡG42：9、ⅡG42：19）　8～11、13. 陶钵（ⅡG42：1、ⅡG42：2、ⅡG42：4、ⅡG42：11、ⅡG42：3）　12. 石纺轮（ⅡG42：5）　14. 陶豆（ⅡG42：14）　15. 铜镞（ⅡG42：12）

下凹。口径12.6、底径3.6、高4.6厘米（图五四，8）。ⅡG42：2，泥质灰陶。敞口，厚圆唇，斜腹，至中部折内收，平底。口径16、底径4.4、高5.4厘米（图五四，9）。ⅡG42：4，泥质黑皮陶。敞口，厚圆唇，斜深腹，至中部折内收，平底。口径17.2、底径6.8、高7厘米（图五四，10）。ⅡG42：11，夹砂褐陶。敞口，厚圆唇，斜腹，至中部折内收，平底，内底下凹。口径18.4、底径5.2、高7厘米（图五四，11）。ⅡG42：3，泥质灰陶。敞口，厚圆唇，斜腹，至中部折内收，平底。口径18、底径6.4、高5.8厘米（图五四，13）。

陶豆　1件。ⅡG42：14，泥质灰陶。敞口，唇略外撇，斜腹，至中部折收，浅盘。口径26.4、残高6.4厘米（图五四，14）。

石纺轮　1件。ⅡG42：5，黑色。通体磨制。折腹，顶、底皆平。顶径3、腹径3.8、厚1.3厘米（图五四，12）。

铜镞　1件。ⅡG42：12，铤已残。叶面较宽，铤前伸为脊。残长3.4厘米（图五四，15）。

（二）文化层出土遗物

文化层内出土遗物不多，陶器多为泥质灰陶，器表盛行弦纹。器类主要是平底器，有瓮、盆、钵、网坠。

瓮　1件。ⅡT0455④B：14，泥质灰陶。敛口，斜折沿，斜方唇，广肩。口径24、残高4.4厘米（图五五，1）。

盆　4件。ⅡT0562④B：24，泥质灰陶。敞口，折沿外翻，斜方唇，斜弧腹。上腹饰凹弦纹。口径32.8、残高6厘米（图五五，2）。ⅡT0562④B：23，泥质灰陶。直口微敞，平折沿，斜方唇，唇下缘下垂，弧腹。上腹饰凹弦纹。口径38.4、残高10厘米（图五五，3）。ⅡT0455④B：13，夹砂褐陶。直口，折沿，斜方唇，唇微下斜，折腹。口径36.8、残高4.4厘米（图五五，4）。ⅡT0562④B：26，泥质灰陶。敛口，平折沿，斜方唇，唇微下斜，束颈，折肩，斜弧腹。口径35.2、残高6厘米（图五五，5）。

钵　2件。ⅡT0562④B：22，泥质灰陶。敞口，厚圆唇，斜腹，至中部折收，平底略凹。口径12.4、残高4.2厘米（图五五，7）。ⅡT0562④B：11，泥质灰陶。敞口，厚圆唇，弧腹。口径16.8、残高6厘米（图五五，8）。

网坠　1件。ⅡT0455④B：10，泥质灰陶。鼓腹，两端小，中间大，中空。长4、腹径2.1、孔径0.4厘米（图五五，6）。

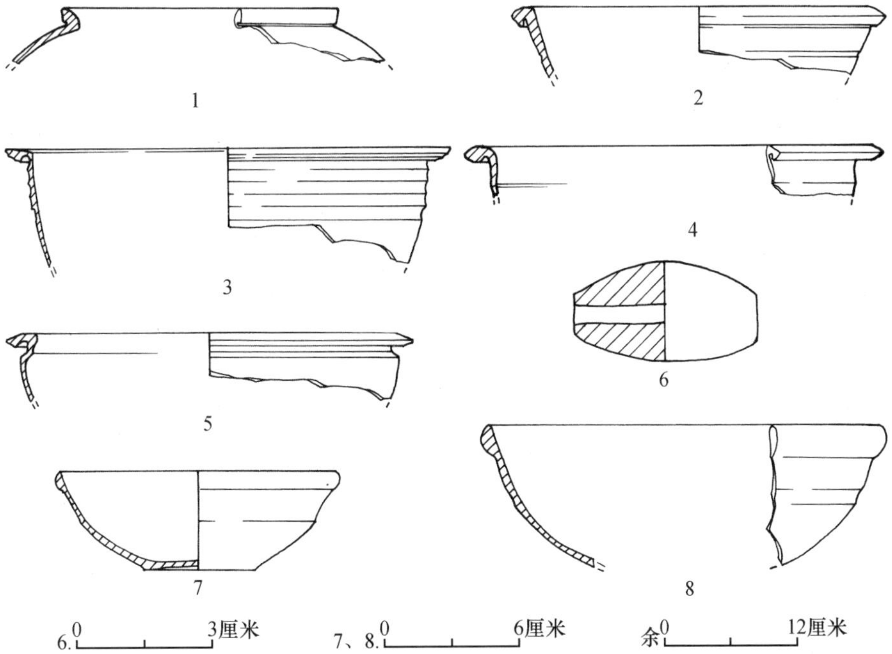

图五五　北区第4层出土陶器

1. 瓮（ⅡT0455④B：14）2～5. 盆（ⅡT0562④B：24、ⅡT0562④B：23、ⅡT0455④B：13、ⅡT0562④B：26）
6. 网坠（ⅡT0455④B：10）7、8. 钵（ⅡT0562④B：22、ⅡT0562④B：11）

（三）简单认识

玉溪坪遗址的汉代遗存主要集中在北部片区，南部片区只在靠近北边的极个别探方内发现有汉代文化层，但文化层很薄，在操作中难以进行区分。北部片区的ⅡG42是一大收获，虽然由于晚期被破坏，没有发现汉代柱洞或地面建筑基址，但从ⅡG42的形状分析，应为房屋建筑周围的排水沟。从其长达17米的规模看，建筑的体量较大，应非一般的居住房址。

玉溪坪遗址的汉代遗存丰富，在历次发掘中，既有陶窑的发现，也有土坑墓的出土，还发现过炼铁遗迹。玉溪坪在汉代可能是一处重要的手工业基地。

七、唐代遗存

（一）遗迹

遗迹有灰坑、灰沟、柱洞、瓦砾堆积等几种。

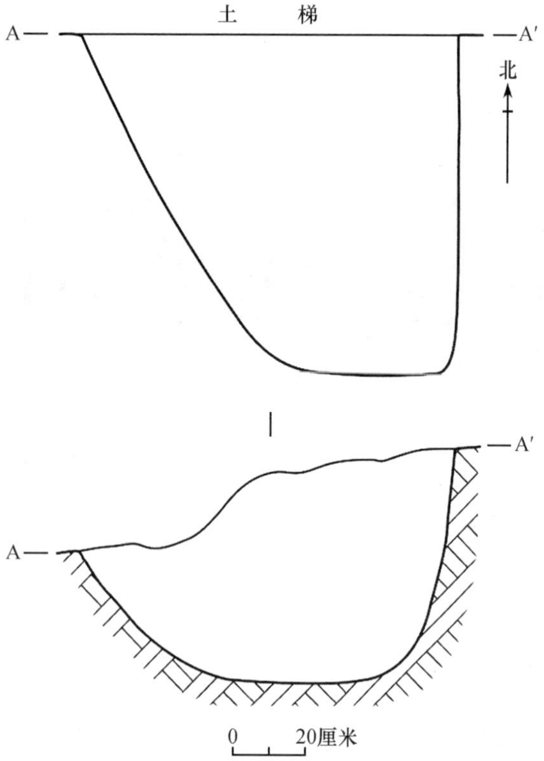

图五六 ⅡH126平、剖面图

1. 灰坑

共5座，其中北区3座、南区2座。有圆形和不规则形两种。

ⅡH126 位于南区ⅡT0434西北部，部分延伸入ⅡT0434北隔梁下。叠压于第2层下，打破第3层。坑口距地表深60～80厘米。出露部分平面不规则，坑壁平滑，坑底剖面呈圆弧形。坑内堆积为灰褐色砂土，较松软，夹杂少量红烧土及炭屑。坑口可见长径107.5、短径90、深60厘米（图五六）。坑内出土少量陶、瓷残器。复原2件。

青瓷碗 1件。ⅡH126∶2，灰白胎，内外壁施青釉。口微敛，弧腹，平底略内凹。口径8.2、底径4.8、高4.2厘米（图五七，3）。

陶折腹钵 1件。ⅡH126∶1，泥质灰陶。敞口，厚圆唇，中腹有折痕，下腹壁内弧收，平底。口径17.6、底径5.6、高6.3厘米（图五七，4）。

2. 灰沟

共4条，北区1条、南区3条。其中长条形3条、曲尺形1条。

ⅡG46 跨4个探方，由南区ⅡT0342的北隔梁始，向南部延伸至ⅡT0341、ⅡT0340，跨入

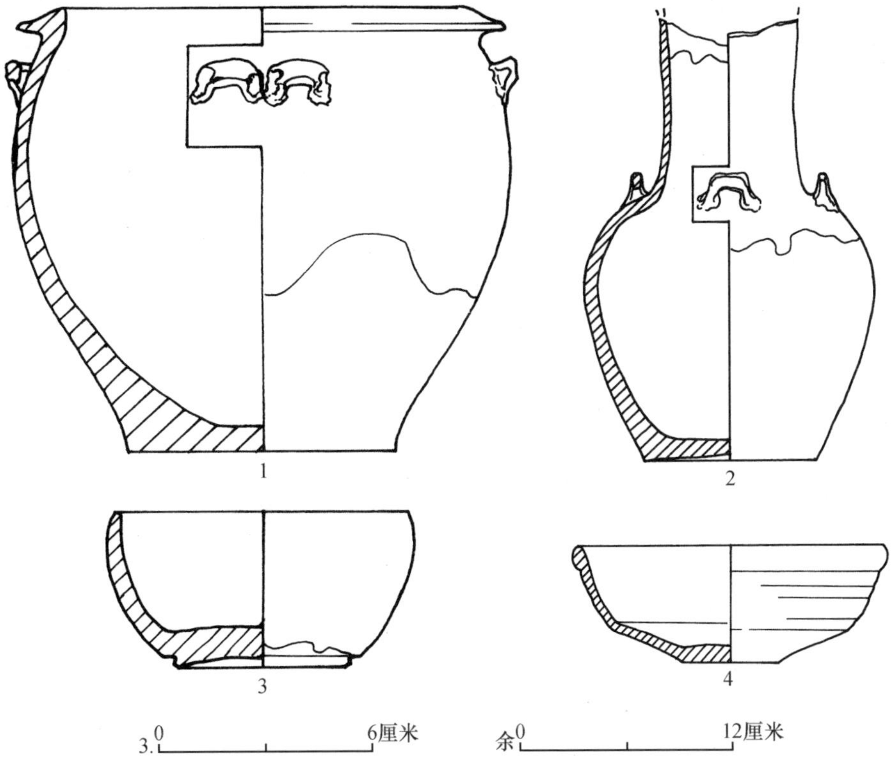

图五七　墓葬、灰坑出土陶、瓷器

1. 瓷罐（ⅡW4：1）　2. 瓷盘口壶（ⅡM23：1）　3. 青瓷碗（ⅡH126：2）　4. 陶折腹钵（ⅡH126：1）

ⅡT0440北部后消失。叠压于第3层下，直接打破第5层。距地表深80～100厘米。平面呈曲尺形，剖面呈半圆形，沟壁与沟底圆弧连接，较为光滑。沟的东北部高、西南部低。沟出露部分长约1637、沟口宽40～70、深30厘米（图五八）。沟内堆积为灰褐色淤积土，质细密，松软，土中夹有烧土颗粒和木炭碎渣。出土零星泥质黄褐陶、青瓷片等。

ⅡG46两侧及附近有密集的柱洞，初步推断ⅡG46为当时房屋外的排水沟。

3. 柱洞、红烧土、瓦砾堆积

南部发掘区以ⅡT0240～ⅡT0242、ⅡT0340～ⅡT0342等几个探方为中心，于第2层下发现一片较密集的瓦砾堆积，多为筒瓦，也有部分为板瓦，另有少量莲花纹瓦当。瓦砾堆积的面积约100平方米，瓦多为碎片，堆积较乱，厚约15厘米，形状为不规则的正方形。

在瓦片废弃堆积层下，在ⅡT0342西部和北部、ⅡT0341西部、ⅡT0242西部有一条厚薄不均、密集程度不同的烧土分布，有的烧土中夹有大量的木炭块或颗粒。

在瓦砾堆积下及周边地区，则分布有十分密集的柱洞。就分布范围而言，主要集中在ⅡT0439～ⅡT0442、ⅡT0341、ⅡT0342、ⅡT0339等几个探方。柱洞直径大者有15厘米，小者5～10厘米。深浅不一。这些柱洞由于太过密集，个别间还有打破现象，难以复原出房址，可能系多次维修、重建、加固支撑的结果。

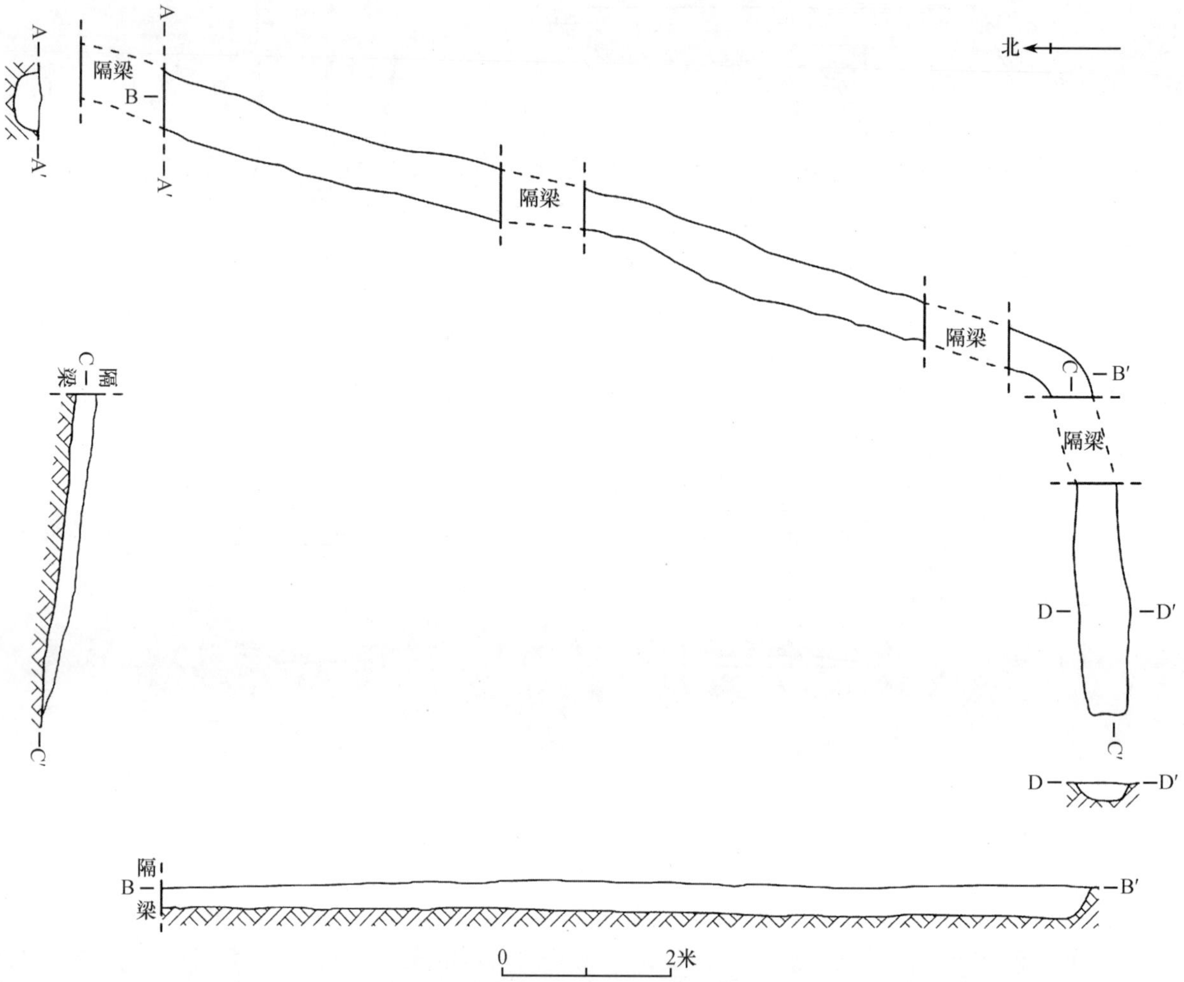

图五八　ⅡG46平、剖面图

（二）墓葬

墓葬有瓮棺葬和狭长形竖穴土坑墓两大类。

1. 瓮棺葬

3座。均位于南部探方。葬具有陶瓮和瓷罐两种，口部盖薄石板。

ⅡW4　位于ⅡT0442东隔梁北端西侧。叠压于第2层下，打破第3层。墓口距地表深约1米。平面呈圆形，坑口与底大小接近，底部较平，坑壁斜直。墓口径43、深37厘米（图五九）。葬具为青瓷罐，正立于墓圹内。罐口上部加盖石板，石板上垒压祭祀动物头骨和砾石。坑内填土为深褐色砂土，土中夹有烧土颗粒和木炭颗粒，质细密，松软。瓷罐内为水浸淤积土，黑褐色，质细密，粉沙状，松软，较纯洁。罐内未观察到骨骼残骸。

葬具为六系大口罐（ⅡW4：1），胎质近缸胎，呈灰白色，上腹施青黄釉，釉多脱落。折沿，沿面微下斜，溜肩，弧腹，平底。肩部施4组6个横耳，其中两组由两个并排的耳组成。口径26.4、高24厘米（图五七，1）。

2. 竖穴土坑墓

3座。均为窄长形浅土坑墓，其中ⅡM20人骨左右手各握“开元通宝”钱币一枚；ⅡM21未出随葬品。

ⅡM23　位于ⅡT0340的西南部。叠压于第3层下，直接打破第5层。墓口距地表深68厘米。方向135°。平面呈窄长方形，四角稍圆，墓壁较直，墓底较平坦。墓长195、宽65～70、残深10～23厘米（图六〇）。墓内填土为灰褐色砂土，土质较松软，土中夹杂少量红烧土颗粒及炭屑，其中有几块缸胎硬陶和灰陶片。墓内有人骨架一具，葬式为仰身直肢，头向东南，面向上，左手下垂，右手屈置于腰椎上，盆骨及左大股骨残缺。现场初步判断性别为女性。墓主口中含陶片一块，或为一种埋葬风俗。葬具不明。出土随葬品共2件。

瓷盘口壶　1件。ⅡM23∶1，浅灰色胎，施灰白色化妆土，上腹施豆绿色釉。口部已残，高直领，鼓肩，斜腹，平底略凹。肩部有4个横耳。最大腹径16、底径9.6、残高24厘米（图五七，2）。

铜簪　1件。ⅡM23∶2，已朽，现仅余两小截。

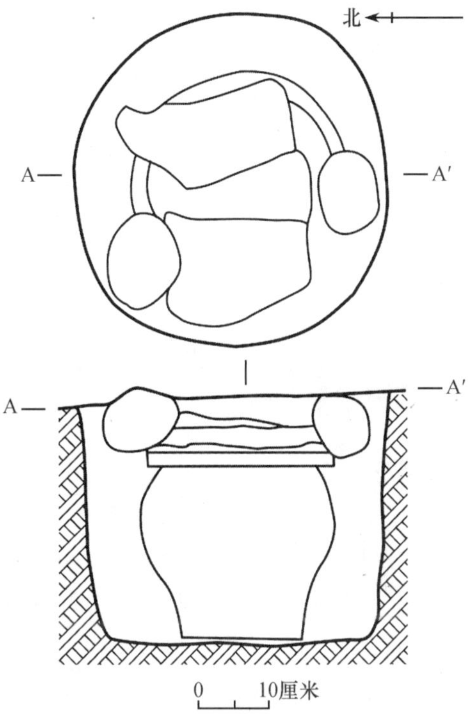

图五九　ⅡW4平、剖面图

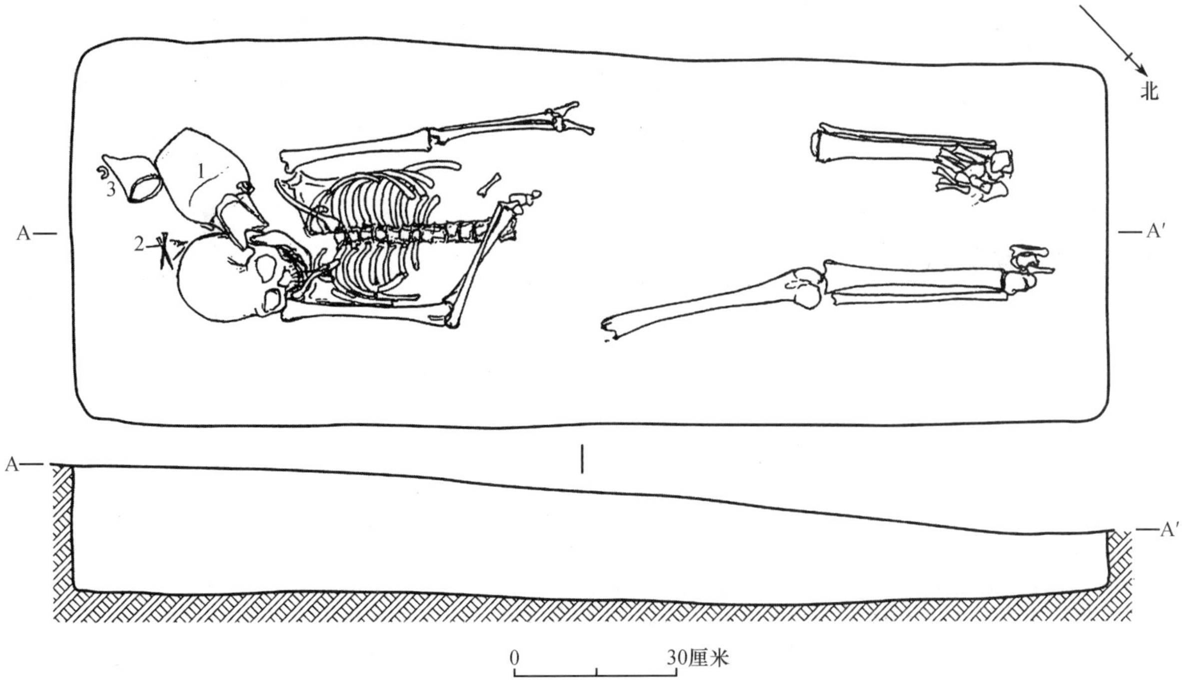

图六〇　ⅡM23平、剖面图
1. 瓷盘口壶　2. 铜簪　3. 陶片

（三）文化层出土遗物

文化层出土遗物较多，有陶、瓷器（含缸胎）两大类。

1. 陶器

陶器多为泥质灰陶，有盆、壶、瓮、网坠、圆片、瓦当等。

翻沿盆 1件。ⅡT0439③：2，泥质灰陶。敞口，沿外翻贴肩，形成叠唇。口径28.8、残高3.6厘米。

高领壶 1件。ⅡT0441③：8，泥质灰陶。折平沿，斜方唇，唇略下垂，高领。口径15.2、残高3.8厘米。

敛口瓮 2件。ⅡT0441③：7，泥质灰陶。敛口，厚圆唇，耸肩。口径24.8、残高5.2厘米。

网坠 2件。ⅡT0442③：1，夹砂黑陶。长条形，微鼓腹，两端小，中间大，中空。长4.2、腹径1.4、孔径约0.4厘米（图六一，4）。ⅡT0454③B：1，夹砂黑陶。鼓腹，两端小，中间大，中空。长4.6、腹径2.5、孔径约0.5厘米（图六一，5）。

圆片 1件。ⅡT0442③：2，泥质红陶。利用陶瓦残片打制而成。顶面饰粗绳纹。最大径5.4、厚0.9厘米（图六一，6）。

瓦当 2件。均模制。ⅡT0341③：2，泥质灰陶。瓦体已残，仅存瓦当。当面中央有一大乳钉。近边轮处有一圈凹弦纹，将当面分内外两区。外区饰一圈连珠纹，内区等距离地饰9瓣凸起的莲花，莲花间以螺钉形凸起相隔。在莲花纹与乳钉间饰11枚连珠。直径14厘米（图六一，2）。ⅡT0356③A：2，泥质灰陶。瓦体已残，当面与瓦体直角相交，瓦当截面呈弧形。当面外轮饰两圈长方形凹坑，中部饰紧紧相连的10瓣凸起的莲花，内饰两圈长方形凹坑。直径11.6厘米（图六一，1）。

2. 瓷器

瓷器多数火候不高，有的胎质不纯，实为缸胎器。瓷器多为青瓷，有一部分施姜黄釉，一般施釉不及底。多平底、璧形底，有的底有鸡心状凸起。器类有双系罐、折沿罐、瓜棱壶、龙柄带流壶、双唇坛、高圈足盘、钵、碗、纺轮、扳指等。

双系罐 2件。ⅡT0560③A：25，缸胎，外壁上半部施姜黄釉。敛口，溜肩，鼓腹，肩部有两个对称的横向耳。轮制，内壁有轮旋痕。口径10.8、残高15厘米（图六二，1）。

折沿罐 1件。ⅡT0453③B：17，缸胎，外壁施化妆土。直领微外敞，圆肩，弧腹，平底。口径8.8、最大腹径11.6、底径7.6、高13厘米（图六二，2）。

瓜棱壶 1件。ⅡT0240③：1，白略偏灰胎，外壁除底外满施青釉，开片，釉厚处呈深褐色。上腹已残，弧腹，四瓣瓜棱腹，平底，假圈足。底径20.8、残高18厘米（图六二，3）。

龙柄带流壶 1件。ⅡT0455③A：1，灰白胎，外壁施青釉，釉色偏褐。器身呈蛋形，饰竖向刻划线条，2条为1组，共5组，使器身略具瓜棱形。流已残，流截面呈八瓣形，顶部及一侧匍匐一兽，兽头在顶部，兽身已残，其腹起着系的作用，长尾呈“S”形卷曲，四足蹲伏于

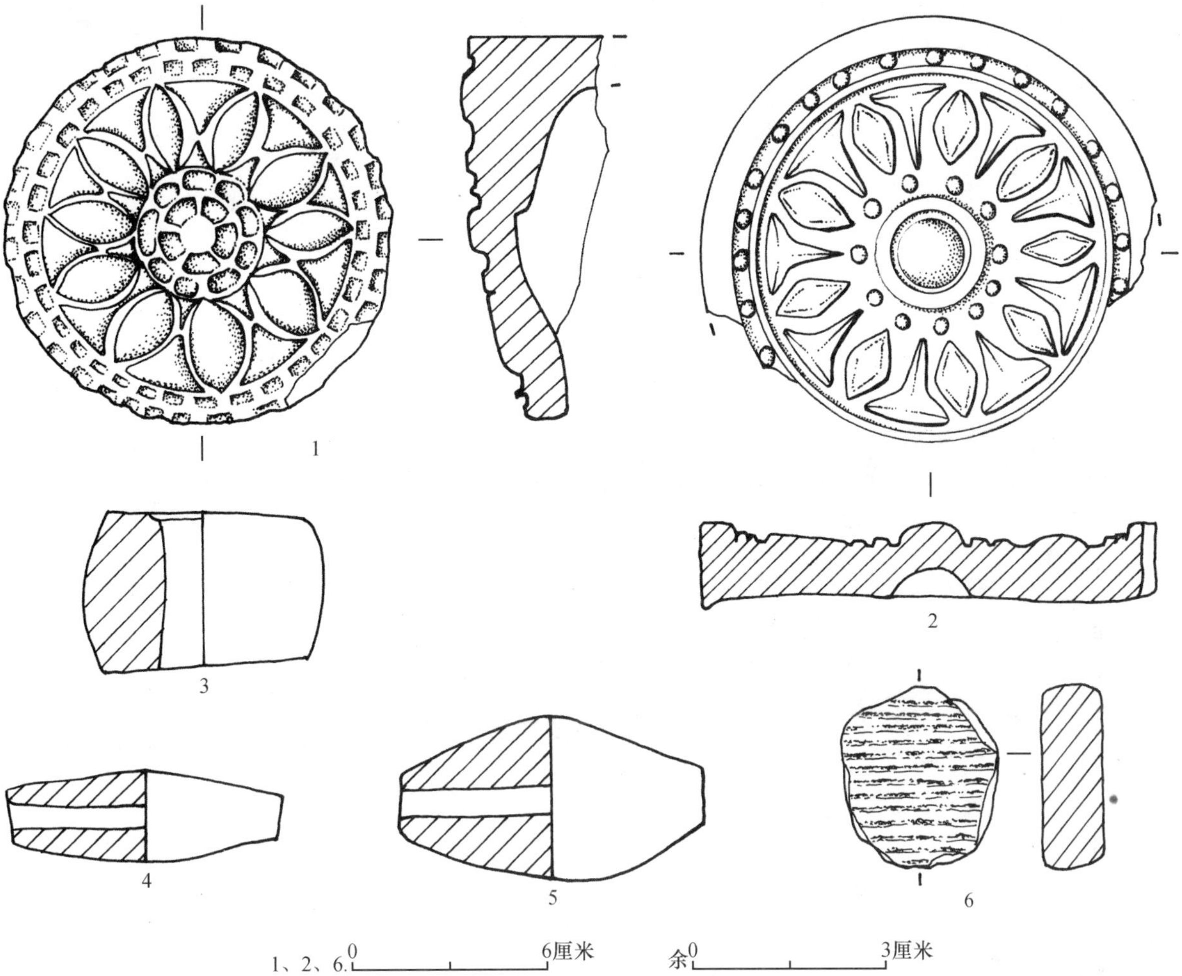

图六一　出土唐代陶、瓷器

1、2. 陶瓦当（ⅡT0356③A：2、ⅡT0341③：2）　3. 瓷扳指（ⅡT0555③A：1）
4、5. 陶网坠（ⅡT0442③：1、ⅡT0454③B：1）　6. 陶圆片（ⅡT0442③：2）

器壁，圈足外撇。圈足直径4.4、高8.6厘米（图六二，5）。

双唇坛　1件。ⅡT0453③B：16，缸胎，外施青绿色釉，釉多已脱落。敛口，双唇，外沿外敞，且低于内沿，斜肩，肩部有4个对称的竖向条式耳。口径11.2、残高7.8厘米（图六二，4）。

高圈足盘　1件。ⅡT0346③A：1，灰胎，满施青褐色釉，并开裂片。敞口，浅盘，盘为平底，圈足外撇呈喇叭状。口径14.4、足径10、高6.4厘米（图六二，6）。

钵　2件。ⅡT0461③B：4，胎较白，器壁内外半施青绿色釉。直口微敞，折腹斜收，平底。口径18、底径9.4、高6厘米（图六二，7）。ⅡT0433③：1，施黄白色化妆土。敛口，坦腹，平底略凹。口径12.8、底径4.4、高3厘米（图六二，8）。

碗　4件。ⅡT0374③B：4，灰胎，外施青褐釉。口微敛，弧腹，饼形底，中心略向内凹，边缘有凸起略具圈足意。内底有8个粗支钉。口径15.9、足径9.8、高4.8厘米（图六二，9）。ⅡT0454③B：2，灰胎，外施褐色化妆土，再施黄白色釉。敛口，弧腹，璧形足。口径8.8、足径3.6、高4.8厘米（图六二，10）。ⅡT0441③：1，白胎略偏黄，外壁上半部及器内施

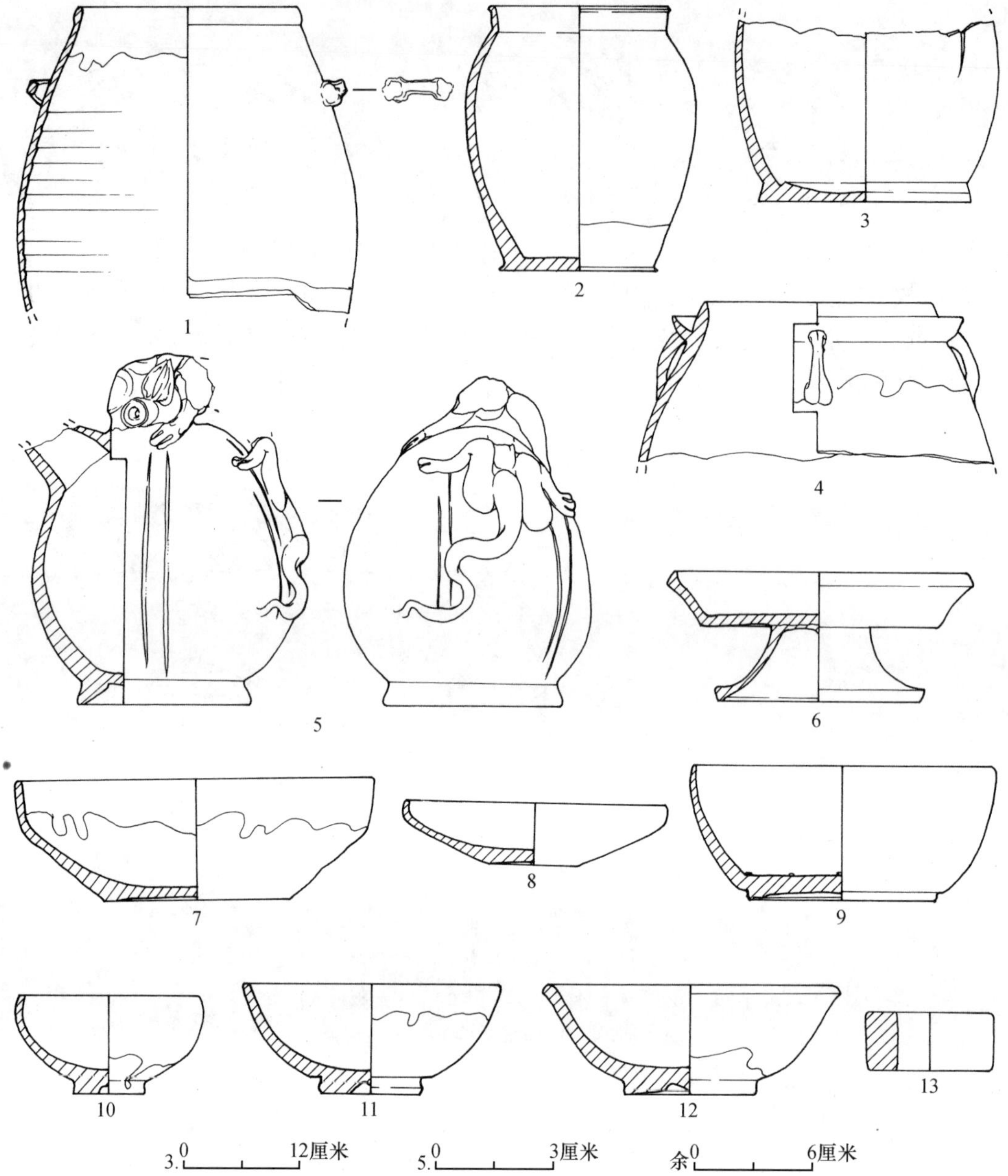

图六二　出土唐代瓷器

1. 双系罐（ⅡT0560③A：25）　2. 折沿罐（ⅡT0453③B：17）　3. 瓜棱壶（ⅡT0240③：1）　4. 双唇坛（ⅡT0453③B：16）　5. 龙柄带流壶（ⅡT0455③A：1）　6. 高圈足盘（ⅡT0346③A：1）　7、8. 钵（ⅡT0461③B：4、ⅡT0433③：1）　9～12. 碗（ⅡT0374③B：4、ⅡT0454③B：2、ⅡT0441③：1、ⅡT0458③B：2）　13. 纺轮（ⅡT0441③：9）

米黄色化妆土。敞口，弧腹，近底处旋削，下接璧形足，足系旋削而成。口径12.8、高5.4厘米（图六二，11）。ⅡT0458③B：2，米白色胎，外壁施半釉，釉为青色。敞口，口部外撇，弧腹斜收。璧形足，足心有鸡心状凸起。口径14.8、足径6.6、高5.4厘米（图六二，12）。

纺轮　1件。ⅡT0441③：9，素白胎。截面呈长方形。直径6.8、孔径1.6、高1.4厘米（图六二，13）。

扳指　1件。ⅡT0555③A：1，灰白胎，底、孔内壁施白色化妆土。鼓腹，顶、底皆斜平，一边厚、一边略薄。顶径3、腹径3.6、孔径1.3、高2.1～2.4厘米（图六一，3）。

3. 铜器

只有钱币一类。均为开元通宝钱，可分为二式。

Ⅰ式：1枚。钱文雄浑，笔画饱满。ⅡT0462③A：1，“通”的“之”字旁三笔不连。“元”字第一横笔较短，第二笔略有左挑。“宝”字下的“贝”中间两笔较短。背光素无文。钱径2.25厘米（图六三，1）。

Ⅱ式：2枚。钱文纤秀，笔画较细。ⅡT0358③A：1、ⅡT0358③A：2，“通”的“之”字旁三笔接近。“元”字第一笔较长，第二笔左挑。“宝”字下的“贝”中间两笔较长，与两竖相接。钱径2.45厘米（图六三，2、3）。

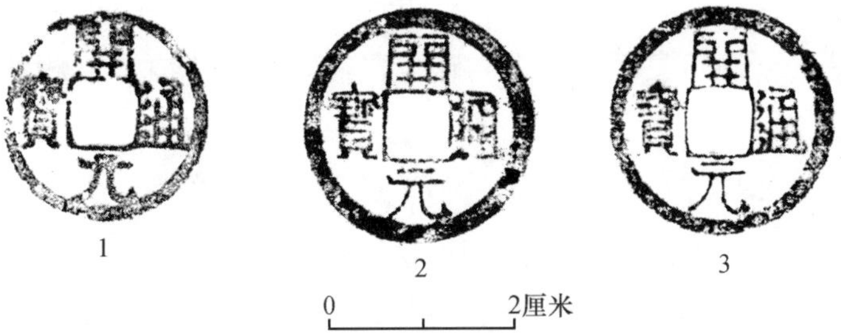

图六三　玉溪坪遗址出土的开元通宝钱

1. Ⅰ式（ⅡT0462③A：1）　2、3. Ⅱ式（ⅡT0358③A：1、ⅡT0358③A：2）

（四）年代与分期

1. 年代

本年度玉溪坪遗址的唐代遗存，总体上呈现出较早的一些特征。一是钱币，Ⅰ式开元通宝钱具有唐早期特征，Ⅱ式开元通宝钱具有唐中期特征；二是出土的瓷碗，主要是璧形足，底足内有鸡心状凸起，均为唐代早、中期的特征；三是高圈足盘，圈足较高，接近隋代的特征；四是瓜棱壶，壶身瓜棱为4道，与晚唐时期多为5道不同，应属于早中期造型特征；五是盘口壶，颈部细高，壶身最大径靠上，亦具有唐早期特征。由此大致可以将本次发掘的唐代遗存年代确定在唐代早、中期。

2. 分期

唐代遗存在北区有第3A、第3B两个地层单位，南区只有第3层一个地层单位。但是南区第3层下发现有多座墓葬，墓葬之上存在大量房屋建筑的遗存，应当说与北区的两个地层单位一样，南区二者间存在一定的时间跨度。

据以上分析，唐代遗存大体也可以分为早、晚二期。第一期包括本年度发掘的北区第3B层，南区ⅡM20、ⅡM21、ⅡM23、ⅡW2等单位，第二期包括北区第3A层，南区第3层、ⅡW4等单位。

按出土钱币特征，第一期应相当于唐代早期，第二期应相当于唐代中期。

（五）简单认识

本次发掘的唐代墓葬，既有瓮棺葬，也有土坑墓，这两种墓葬在此前三峡地区的发掘中数量均很少。从规模上看，玉溪坪的狭长形土坑墓属于小型墓，与奉节上关[1]等地出土的唐墓一样，主要随葬盘口壶或四系罐，但两地间也有一些不同的地方，奉节一带盛行土洞墓和砖室墓，玉溪坪没有发现这两种墓葬类型，反映了两地之间丧葬习俗的差异。

此外，我们注意到在原属墓地的地方，人们开始居住生活，表明聚落的结构在随时间发生变迁。由此，从唐代遗存墓地的形成，到房屋建筑的多次修建，再到最后倒塌、倾圮，可见玉溪坪遗址在唐代早、中期阶段经历了非常频繁的变动。

本次发现的房屋建筑毁弃遗存，若以瓦砾堆积的大致范围看，面积约在100平方米。由于20世纪60年代南区经机械推平，导致东部唐代遗存被毁，现有瓦砾堆积的东界并非原有的边界，推测面积还有可能更大。结合大范围柱洞、曲尺形灰沟等情况分析，这一片区域的建筑规模应当不小。另外，屋面材料以筒瓦为主，存在较多莲花纹瓦当，可见其规格也不低。结合此前发现的金铜造像等看，或许是大片宗教建筑的一个重要构成部分。

八、结　　语

2002年玉溪坪遗址发掘的遗迹众多、遗物丰富，部分阶段的遗存在三峡地区属于首次发现。综合上述对各时代遗存的描述和分期研究成果，可以将本年度的发掘整合为七期。各期对应典型单位如表二。

表二　2002年玉溪坪遗址发掘各阶段遗存分期表

<table>
<tr><th>整合期别</th><th colspan="2">对应遗存</th><th>典型单位</th><th>年代</th></tr>
<tr><td>一期</td><td colspan="2">新石器时代一期</td><td>北区第9层、第8层</td><td>“玉溪坪文化”中晚期，当公元前2900～前2600年</td></tr>
<tr><td rowspan="2">二期</td><td rowspan="2">新石器时代二期</td><td>1段</td><td>北区第7层、ⅡH118等</td><td rowspan="2">“中坝文化”中期，当公元前2400～前2000年</td></tr>
<tr><td>2段</td><td>北区第6层</td></tr>
<tr><td>三期</td><td colspan="2">商周时期一期</td><td>ⅡM19、ⅡM22</td><td>“石地坝文化”早期，不晚于殷墟一期</td></tr>
<tr><td>四期</td><td colspan="2">商周时期二期</td><td>北区第5A层、5B层，南区第5层</td><td>“石地坝文化”晚期，商末至西周早期</td></tr>
<tr><td>五期</td><td colspan="2">汉代遗存</td><td>北区第4层</td><td>汉代</td></tr>
<tr><td>六期</td><td colspan="2">唐代一期</td><td>北区第3B层，南区ⅡM20、ⅡM21、ⅡM23、ⅡW2</td><td>唐代早期</td></tr>
<tr><td>七期</td><td colspan="2">唐代二期</td><td>北区第3A层，南区第3层、ⅡW4</td><td>唐代中期</td></tr>
</table>

本次发掘的新石器时代两期遗存，属于两个有前后承继关系，但处于不同阶段的考古学文化。

2002年度新石器时代一期遗存，与2001年发掘的新石器遗存相比，时代上虽然存在一定的

① 重庆市文物考古所：《奉节上关遗址发掘简报》，《重庆库区考古报告集·1998卷》，科学出版社，2003年。

早晚关系，但文化总体特征一致。这类文化遗存，以各类深腹的卷、折沿罐为主，器表盛行饰密集的纹饰，纹饰多细绳纹、小菱格纹、箍带纹、划纹，代表了文化发展的一个重要阶段。以前就有人注意到这一发现，曾提出了“玉溪坪文化”的概念[①]，其年代为距今5000年以前至4600年，以进一步细分重庆峡江地区新石器文化。本次发掘，对进一步建立玉溪坪文化的序列提供了补缺材料。

2002年度新石器时代二期遗存，在以前玉溪坪的发掘中没有类似遗存，属于该遗址的新发现。第二期遗存特征明确，时代性强，与中坝遗址二期能明显对应，属于“中坝文化”。这类文化遗存的重要特征是出现了斜直腹的大口缸、曲盘口罐，陶器中素面比例大大增加，纹饰粗大、粗犷。从哨棚嘴遗址、玉溪坪遗址观察，“中坝文化”是承接“玉溪坪文化”发展而来的。

本次发掘的商周时期遗存，从大的方面来看，应属于十二桥文化。但重庆峡江地区的十二桥文化与成都平原的同时期遗存有一定差异，可以在十二桥文化下成为一个单独的类型，有的学者主张叫“川东类型”，笔者认为石地坝遗址的商周时期遗存具有一定的典型性，或可以“石地坝类型”来称呼，这样也更符合考古学文化的命名原则。玉溪坪商周时期遗存无疑应属于石地坝类型，其中的一期遗存是本次工作的重要收获，在重庆峡江地区类似的遗存还是第一次发现，对建立石地坝类型的发展谱系、完善分期有一定的作用，对研究尖底器的产生和传播规律提供了新材料。

本遗址的商代墓葬对江而葬，与新石器墓葬的顺江而葬明显不同，体现了不同时代丧葬习俗的变化。重庆地区发现的商代墓葬不多，玉溪坪遗址的墓葬，出土随葬品丰富，具有一定的代表性，对研究峡江商周墓葬具有一定的参考价值。

汉、唐遗存虽然不是特别丰富，但对于研究本遗址的历时性变化，研究遗址不同时代聚落对空间的利用差异问题都有重要作用。特别是唐代遗存，由于在此前和此后的发掘中，均分别出土了一批晚唐的金铜造像，本次的考古发现对于认识遗址在唐代时的性质可以起到一定的参考作用。出土的唐代瓷器，以青瓷为主，龙柄带流壶的造型是典型长沙窑的产品，对于认识峡江地区的青瓷来源与贸易也有十分重要的作用。

领队：袁东山
执行领队：白九江
修复：王海阔
照相：徐　静
绘图：徐　静
资料整理：白九江
执笔：白九江　袁东山　何海蓉

① 邹后曦、袁东山：《重庆峡江地区的新石器文化》，《重庆·2001三峡文物保护学术研讨会论文集》，科学出版社，2003年。

附表一 Ⅱ T0552第9层陶器陶质陶色及纹饰统计表

（单位：件）

陶质	陶色	绳纹		菱格纹		箍带纹		划纹	瓦纹	泥饼	素面	合计		百分比/%	
		粗	细	大	小	纹面+箍带	素面+箍带	竖向波折形							
夹砂	红	12	15	24	20	22				1	13	107	1087	7	70.9
	红褐	20	42	5	54	32	2	1			74	230		15	
	黄褐	25	34	33	31	44	1				6	174		11.4	
	灰褐	81	14	32		48	4	2			19	200		13	
	青灰										1	1		0.1	
	黑灰	138	70	46	13	34	12				62	375		34.5	
泥质	红		1				6		2		2	11	446	0.7	29.1
	褐	2	3				6		10		52	73		4.8	
	黄褐						13		2		116	131		8.5	
	青灰					4	28				118	150		9.8	
	黑灰					3	2				13	18		1.2	
	黑皮								15		48	63		4.1	
合计		278	179	140	118	187	74	3	29	1	524	1533			
		457		258		261									
百分比/%		18.1	11.7	9.1	7.7	12.2	4.8	0.2	1.9	0.1	34.2				
		29.8		16.8		17.0									

附表二　ⅡT0560、ⅡT0554、ⅡT0559第7层陶器陶质陶色及纹饰统计表

陶质 \ 纹饰		绳纹		菱格纹		箍带纹		戳印纹		划纹	瓦纹	弦纹	素面	合计		百分比/%	
		粗	细	大	小	纹面+箍带	素面+箍带	纹面+戳印	素面+戳印	波折形							
夹砂	红	2	13	1	5			1	2				121	145	726	12.1	60.8
	红褐								1				16	17		1.4	
	黄褐	5	1	1	2	2	1		3				18	33		2.8	
	灰褐	18	28	4	2	3		7		1			111	174		14.6	
	青灰		1			1	3						76	81		6.8	
	黑灰	15	46	3	3	6	1		7			1	194	276		23.1	
泥质	红						5				2		77	84	469	7.0	39.2
	红褐						105	1			7		163	276		23.1	
	黄褐		1				1						7	9		0.8	
	青灰												5	5		0.4	
	黑灰	1	3				4	1	3		3	2	78	95		7.9	
合计		41	93	9	12	12	120	10	16	1	12	3	866				
		134		21		132		26									
百分比/%		3.4	7.8	0.8	1.0	1.0	10.0	0.8	1.3	0.1	1.0	0.3	72.5				
		11.2		1.8		11.0		2.2									

附表三 Ⅱ T0459、Ⅱ T0554、Ⅱ T0557、Ⅱ T0559第6层陶器陶质陶色及纹饰统计表

陶质	纹饰	绳纹		菱格纹		箍带纹		戳印纹		划纹	瓦纹	泥饼	素面	合计		百分比/%	
		粗	细	大	小	纹面+箍带	素面+箍带	纹面+戳印	素面+戳印	波折形							
夹砂	红	3	2			1							6	12	155	5.2	67.4
	红褐	1	2	1			1						2	7		3.0	
	黄褐	3		1	1		2						6	13		5.7	
	灰褐	11	4										14	29		12.6	
	青灰						8					1	22	31		13.5	
	黑灰	3	6		3	5	4	1		1			40	63		27.4	
泥质	红	1	1						2				25	29	75	12.6	32.6
	褐												10	10		4.3	
	黄褐												3	3		1.3	
	青灰												7	7		3.0	
	黑灰					1	1	1	1		2		18	24		10.4	
	黑皮										1	1		2		0.9	
合计		22	15	2	4	7	16	2	3	1	3	2	153	230			
		37		6		23		5									
百分比/%		9.6	6.5	0.9	1.7	3.0	7.0	0.9	1.3	0.4	1.3	0.9	66.5				
		16.1		2.6		10.0		2.2									

丰都农花庙遗址2001年度发掘简报

重庆中国三峡博物馆
宝鸡市考古工作队
丰都县文物管理所

一、遗址概况

农花庙遗址位于重庆市丰都县农花庙乡青泉村一、二社，属长江北岸一级台地，海拔150米。遗址的地理坐标为东经107°48′55″，北纬29°58′35″。1992年6～7月，四川省文物考古研究所（现四川省文物考古研究院）三峡库区地下文物调查组确定该遗址（图一）。

2001年10月宝鸡市考古工作队由陕来渝，对其进行了详细、全面的考古调查，进一步搞清了遗址的范围。农花庙遗址北起当地俗称"金刚背"的土丘，南界清泉村三社民居，东临长江北岸滩地，西靠连绵起伏的山岭。遗址台地西北高、东南低，呈缓坡状。由于当地可耕土地稀少，中心部位有民房多处和大面积的柑橘林、芭蕉林，遗址遭人为破坏严重，加之文化堆积不厚，保存状况较差。

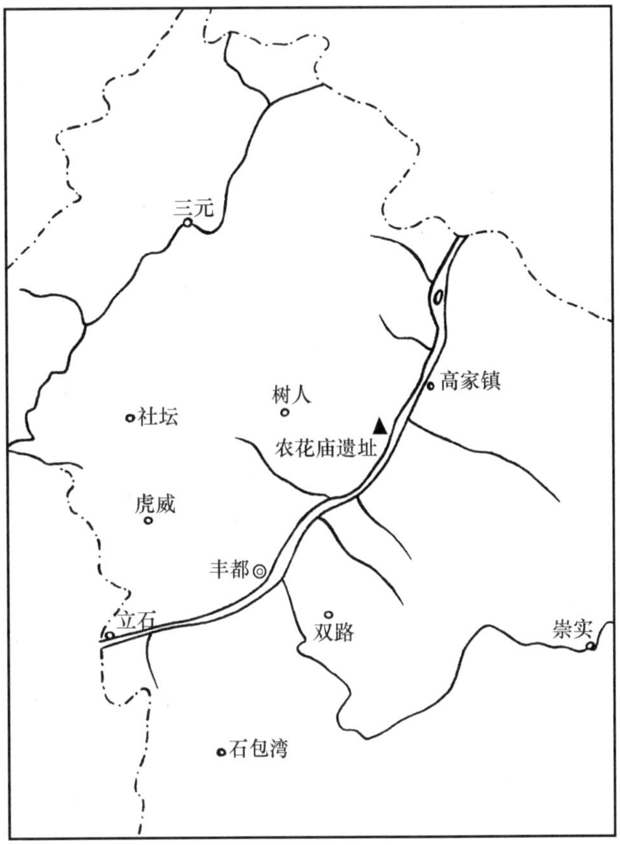

图一　遗址位置示意图

农花庙遗址的发掘，布5米×5米的探方9个，编号2001FNNT101、2001FNNT102、2001FNNT103、2001FNNT201、2001FNNT202、2001FNNT203、2001FNNT301、2001FNNT302、2001FNNT303（2001指2001年度，F表示丰都县，N为农花庙乡，N是农花庙遗址。以下省略2001FNN）。除T301未发掘外，实际发掘8个探方，发掘面积200平方米（图二）。

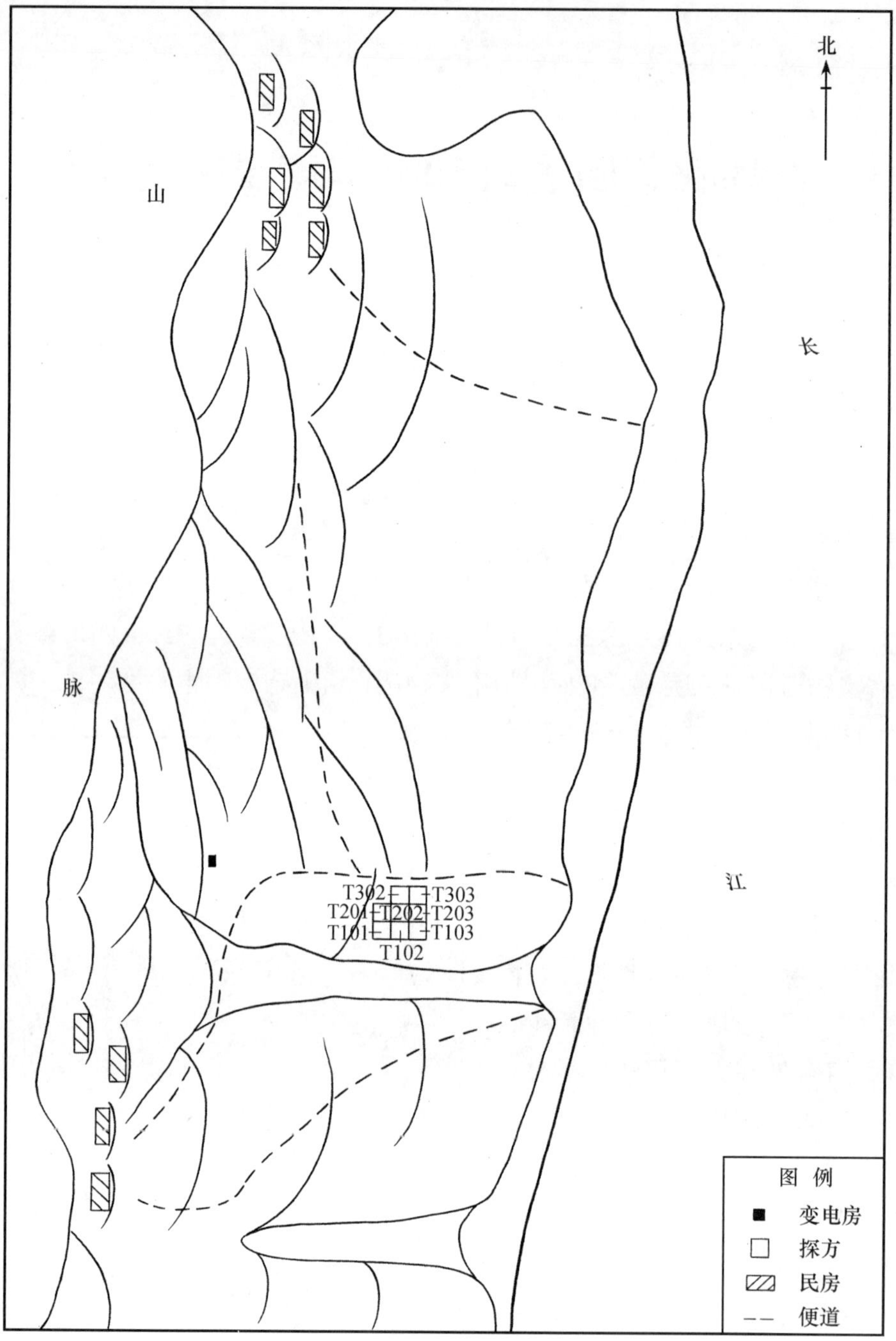

图二　布方平面示意图

二、地层堆积

本次发掘的地层，自上而下分为3层，现以T303北壁剖面为例说明如下（图三）。

第1层：现代耕土层。土质松散，为灰褐色砂土。土中包含有布纹小板瓦片、塑料、玻璃碎片等现代杂物和少量青花瓷片以及泥质灰陶片。厚15～20厘米。

第2层：明清文化层。土色深褐，土质坚硬、致密，黏性很大。土中包含有少量的陶片、泥质灰陶小板瓦的碎片和较多青花瓷片，所有遗物均十分细小。厚65～70厘米。

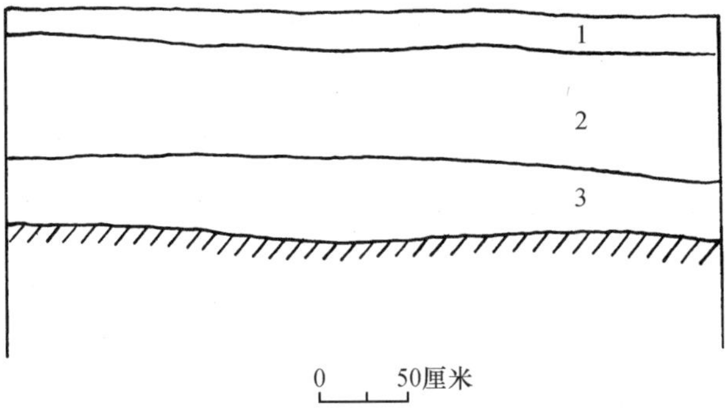

图三　T303北壁剖面图

第3层：宋代文化层。土呈黄褐色，质较致密，砂质化。土中包含有陶片、青釉瓷片、黄绿釉瓷片等。厚30～35厘米。

三、遗　物

由于文化堆积遭到的破坏程度较严重，发掘出土的遗物不十分丰富，主要是陶器、瓷器两大类。

1. 陶器

均为碎片，无可复原者。

冶炼罐　1件。T101③：3，口沿部残片。夹砂深灰陶。侈口，卷沿，圆唇，弧肩。器内壁附着有因冶炼而留下的矿渣。残长4、残宽3.2厘米（图四，1）。

盆　1件。T102③：1，口沿部残片。泥质红陶，除口沿外，内、外壁均施一层灰白色粗釉，釉层较薄、开裂，有剥落。烧制温度较高。敛口，圆唇。残长4.5、残宽2厘米（图四，2）。

2. 瓷器

均为残片，无可复原者。

碗　3件。T303②：1，青花瓷碗圈足部残片。灰白胎，青灰釉，内底未施釉。矮圈足。腹外有青色花卉图案。足径4.3、残高2.7厘米（图四，3）。T303③：2，碗口沿部残片。灰白胎，内外均施一层较薄青灰釉，釉层晶莹细腻，光滑均匀，开细裂片。敞口，沿微卷，弧腹内收。腹外有花卉图案，呈墨黑色。残长5.4、残宽4厘米（图四，4）。T101③：1，碗口沿部残片。内外均施奶油色粗釉，釉层有酥粉现象。敞口，尖唇。器外口沿下原饰有纹饰，模糊无法辨认。

盆　2件。均为残片。夹砂灰陶胎，施黄绿色釉。T302③：1，敛口，圆唇，宽沿。口沿上挂少许釉。残长3.5、残宽2.2厘米（图四，5）。T303③：4，口沿上未施釉。敛口，圆唇。残长4.5、残宽3厘米（图四，6）。

罐　1件。T302③：1，口沿部残片。灰白胎，器外表施黄绿色釉，器内口沿部施酱釉。侈

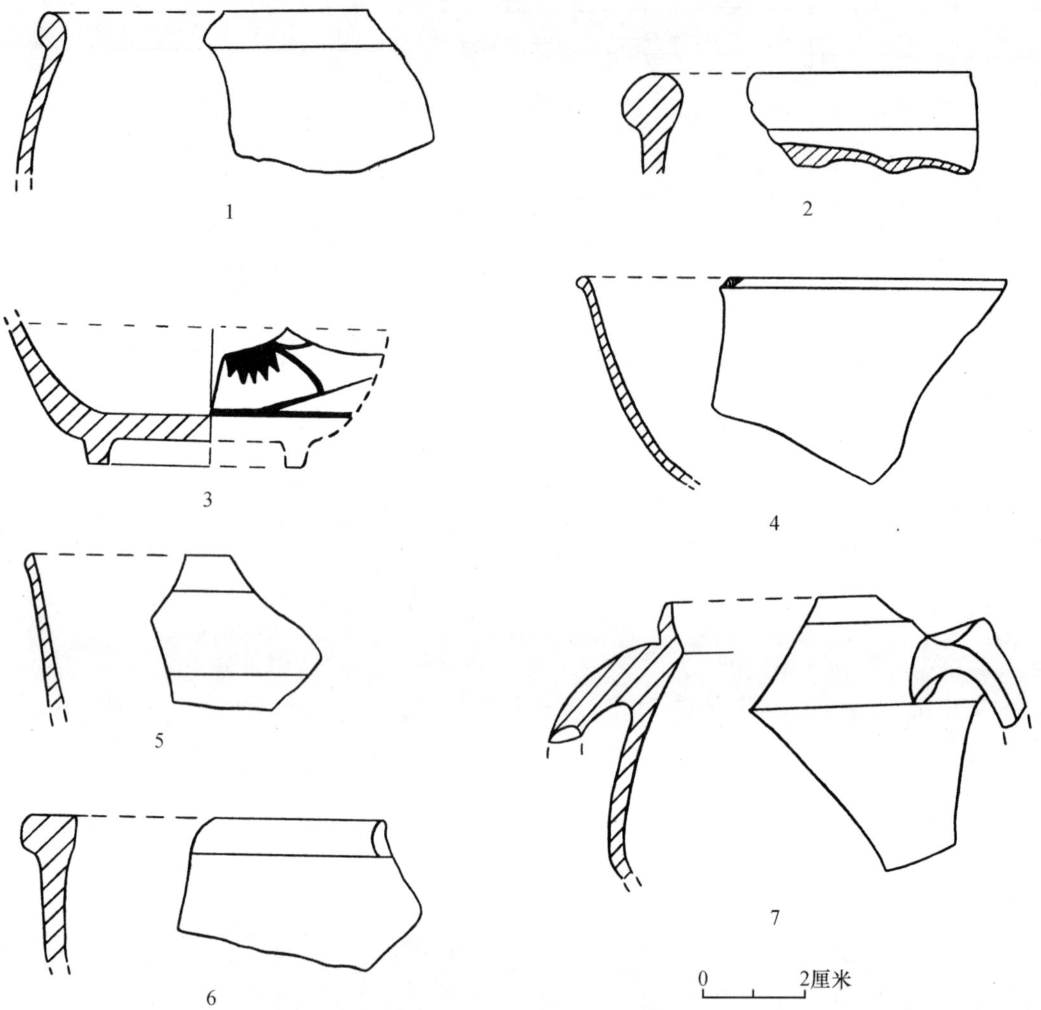

图四　出土遗物

1. 陶冶炼罐（T101③：3）　2. 陶盆（T102③：1）　3、4. 瓷碗（T303②：1、T303③：2）
5、6. 瓷盆（T302③：1、T303③：4）　7. 瓷罐（T302③：1）

口，尖唇，矮颈，鼓腹。半圆形耳从颈部开始。内壁有凹凸槽，色呈红褐。残长5.4、残宽4.5厘米（图四，7）。

3. 采集品

石刮削器　1件。采：2，青灰色砾石。系以河卵石单向打击剥离而成，打击点清晰，放射线以打击点为圆点呈扇形分布。椭圆形。刃部尖薄。长12.6、宽6.9、背厚1.8厘米（图五，1）。

瓷碗　1件。采：4，青花瓷碗底部残片。白胎，通体施青白釉。圈足较矮。器表饰有花卉图案，内底有双线圆圈及圆形花卉图案。有垫烧痕迹。外底落款为“大清乾隆年制”。足径4.6、残高2.8厘米（图五，2）。

陶盆　1件。采：1，口沿部残片。夹砂褐陶胎，通体施黄绿色釉，釉面光亮。敛口，宽平沿，尖圆唇，腹微鼓。残长8、残宽6厘米（图五，3）。

陶冶炼罐　1件。采：3，夹砂灰陶。敛口，卷沿，圆唇，深腹，底中部内凹。罐内外附着

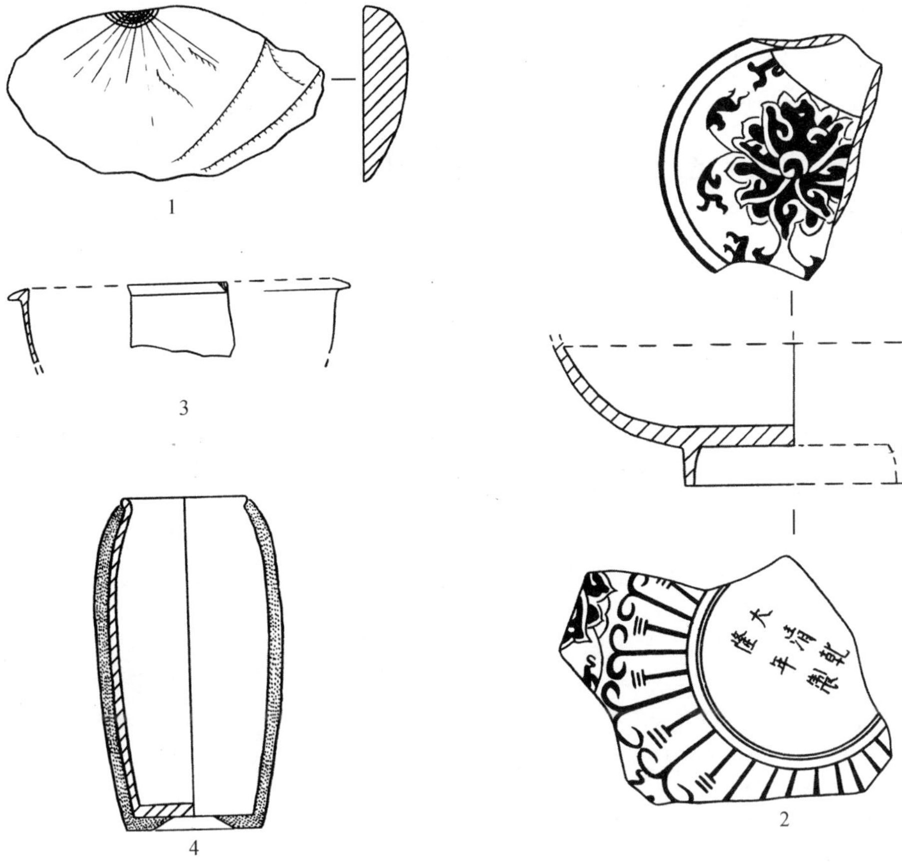

1. 0 4厘米　2. 0 2厘米　3、4. 0 8厘米

图五　采集遗物

1. 石刮削器（采：2）　2. 瓷碗（采：4）　3. 陶盆（采：1）　4. 陶冶炼罐（采：3）

较厚烧流的炼渣。口径10、底径10.8、通高26厘米（图五，4）。

四、结　　语

本次对农花庙遗址的发掘，取得了一定的收获，主要表现在以下两个方面。

（1）农花庙遗址发掘区文化堆积薄，包含物较少，文化内涵单纯。从这次发掘出土物的情况来看，晚期堆积中的青花瓷器残片，大部分胎呈灰白色，不细腻，有杂质，青花部分发黑且有晕散现象。这为本地区明清时期烧制青花瓷的选料及烧制情况提供了重要的实物资料。第3层中出土的黄绿釉粗瓷罐、瓷盆、青灰釉瓷碗较清晰地反映了丰都地区宋代遗址中出土物普遍的特征，为研究长江流域这一时期人类生存环境、生活状况、活动地望提供了重要的资料。

（2）从采集的标本来看，该遗址范围内或附近存在宋代的冶炼遗址。

发掘人员：王　颢　杨富科　张喜文

摄影：王力军

绘图：刘军户

执笔：王力军　王　颢

丰都赤溪遗址2001年度发掘简报

长春市文物保护研究所
丰 都 县 文 物 管 理 所

赤溪遗址是三峡工程（重庆库区）地下文物保护抢救发掘的项目，2001年长春市文物保护研究所受重庆市文化局的委托对遗址进行了全面的田野勘探并进行了区域发掘。出土并采集了一批古代文化遗物，现将此次田野工作情况及主要收获报告如下。

一、遗址概况

赤溪遗址位于重庆市丰都县东约5千米的长江北岸一级台地上，行政区划隶属镇江镇赤溪村二、三组。地理坐标为东经107°48′05″，北纬29°57′16″，海拔145～155米。遗址所在阶地北高南低，北靠大山，南临长江，西边有一条小溪，称赤溪，由北向南注入长江（图一）。此次发掘在详细调查和普遍钻探的基础上，对赤溪遗址进行了大面积的科学发掘。

发掘中结合钻探情况及遗址的自然地貌将遗址划分三个区予以发掘。Ⅰ区布方4个，面积10米×10米；Ⅱ区布方12个，面积5米×5米；Ⅲ区布方三个，面积10米×10米。

二、地层堆积

赤溪遗址地层堆积厚度因地点不同而异，一般在0.4～2.3米，以宋代堆积为主，厚0.5～1.3米。

因各发掘地点距离相对较远，土质土色和层次区别较大。地层在相邻发掘单位间统一划分，遗迹单位编号由工地统一发放。

下面分别以T104东壁、T201南壁为例来介绍遗址地层堆积情况。

T104东壁（图二）：

第1层：现代耕土层。土色为红褐色。内含少量现代遗物。厚5～25厘米。

第2层：红褐色土。土质较硬。出土遗物有瓷碗、瓷盘、器盖等。厚10～40厘米。

第3层：褐色土，夹杂有青沙。土质较硬。其中可见少量陶片等遗物。厚0～50厘米。

第4层：红褐色土。土质疏松。其中夹杂有陶片等遗物。厚0～120厘米。

第5层：褐色土。土质较硬。其中包含有汉砖、布纹瓦等遗物。厚0～25厘米。此层下为生土。

T201南壁（图三）：

第1层：现代农耕土。出有少量现代遗物。厚10～20厘米。

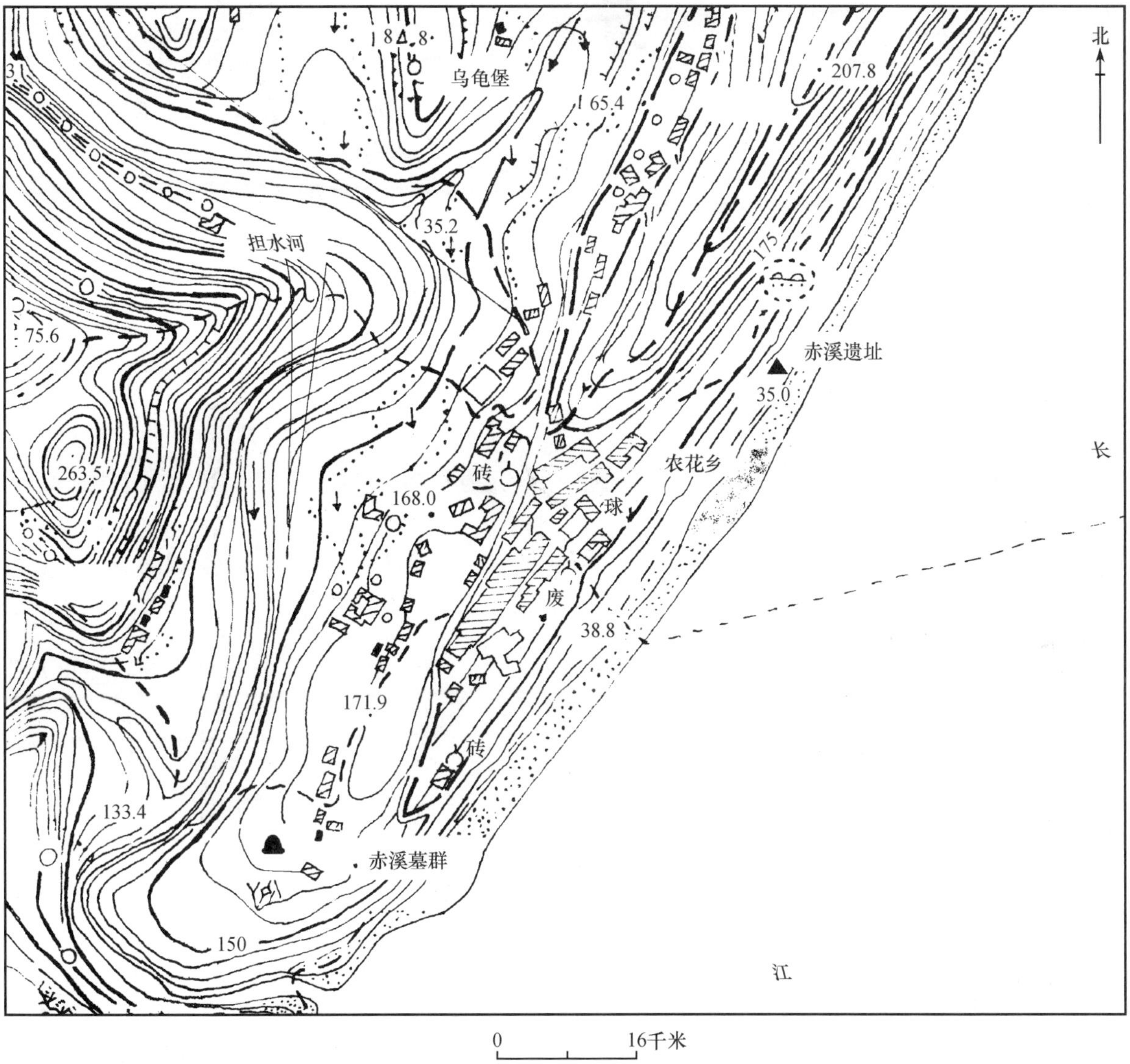

图一　遗址位置示意图

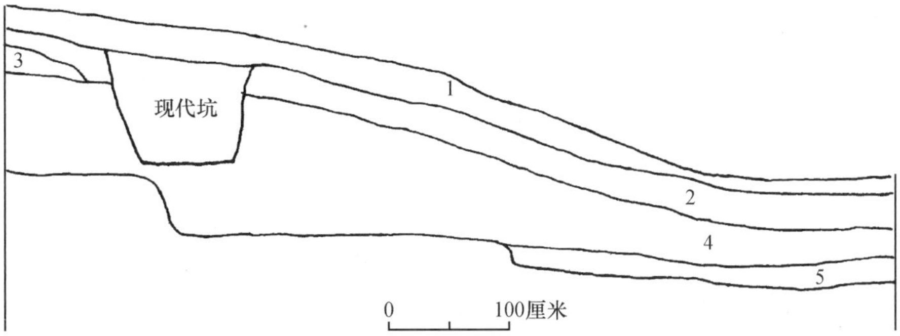

图二　T104东壁剖面图

第2层：红色土。土质较硬。包含少量陶器残片。厚0～125厘米。

第3层：煤渣层。厚0～50厘米。该层下为浅黄色生土。

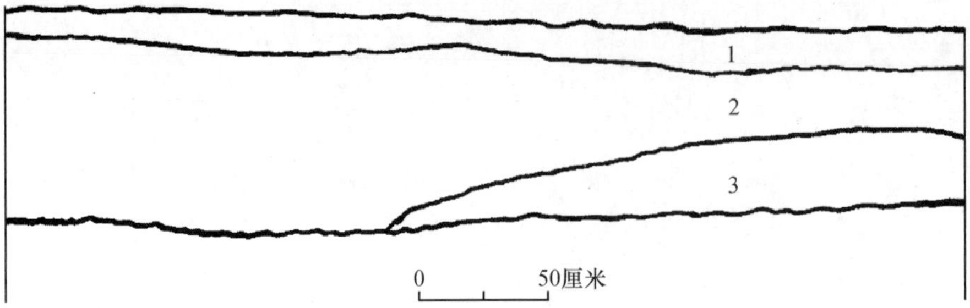

图三　T201南壁剖面图

三、遗　　迹

本次工作清理出窑址1座（编号Y01），位于T104内及T104扩方部分。开口于第4层下，建于生土之上。窑口呈喇叭形，其左侧因山体滑坡毁坏，因此窑口的宽度不详。火膛呈不规则半圆形，残存部分最宽157、长径170厘米，呈浅坑状。窑床平面呈长方形，横长228、进深226厘米，西壁残高20厘米，东壁残高40厘米，北壁残高54厘米。窑壁厚约30厘米，其中红烧土厚24厘米。红烧土外侧是一层烧制的灰色土，与窑床火膛等连为一体。北壁有三个烟囱，呈正方体形状，宽约20厘米，残高24~30厘米。烟囱靠近窑室一侧为汉砖砌成，汉砖应是来源于汉墓，窑顶形状不详。窑内堆积只有一层，为黑褐色土，土质较硬，其中含有大量的汉砖残片及少量布纹瓦残片。在窑的周围没有发现与窑有关的遗迹，由于窑内没有出土遗物，又没有发现窑外堆积　因此该窑用途不详。此窑的年代应该为宋代（图四）。

四、遗　　物

赤溪遗址出土遗物较少，且多是冶炼罐的残片，也有少量瓷器和石器，下面按质地分类介绍。

1. 陶器

3件。

冶炼罐　2件。ⅡT202②：1，夹砂陶。卷沿，鼓腹，平底。口径8.5、最大腹径14、底径8.3、高28.5厘米（图五，1）。ⅡT202②：2，夹砂陶。侈口，鼓腹，平底。口径9、最大腹径13、底径7.5、高22.5厘米（图五，2）。

器盖　1件。ⅠT104②：3，圆形，带乳钉状纽（图五，3）。

2. 瓷器

2件。

碗　1件。ⅠT104②：1，葵口，尖唇，圈足，釉上彩。外壁饰有梅、菊、牡丹、荷四种花卉。内底饰有花卉图案，并刻一“金”字，碗底有徽记。口径19、足径7.5、器高7.5、足高1.2厘米（图六，1）。

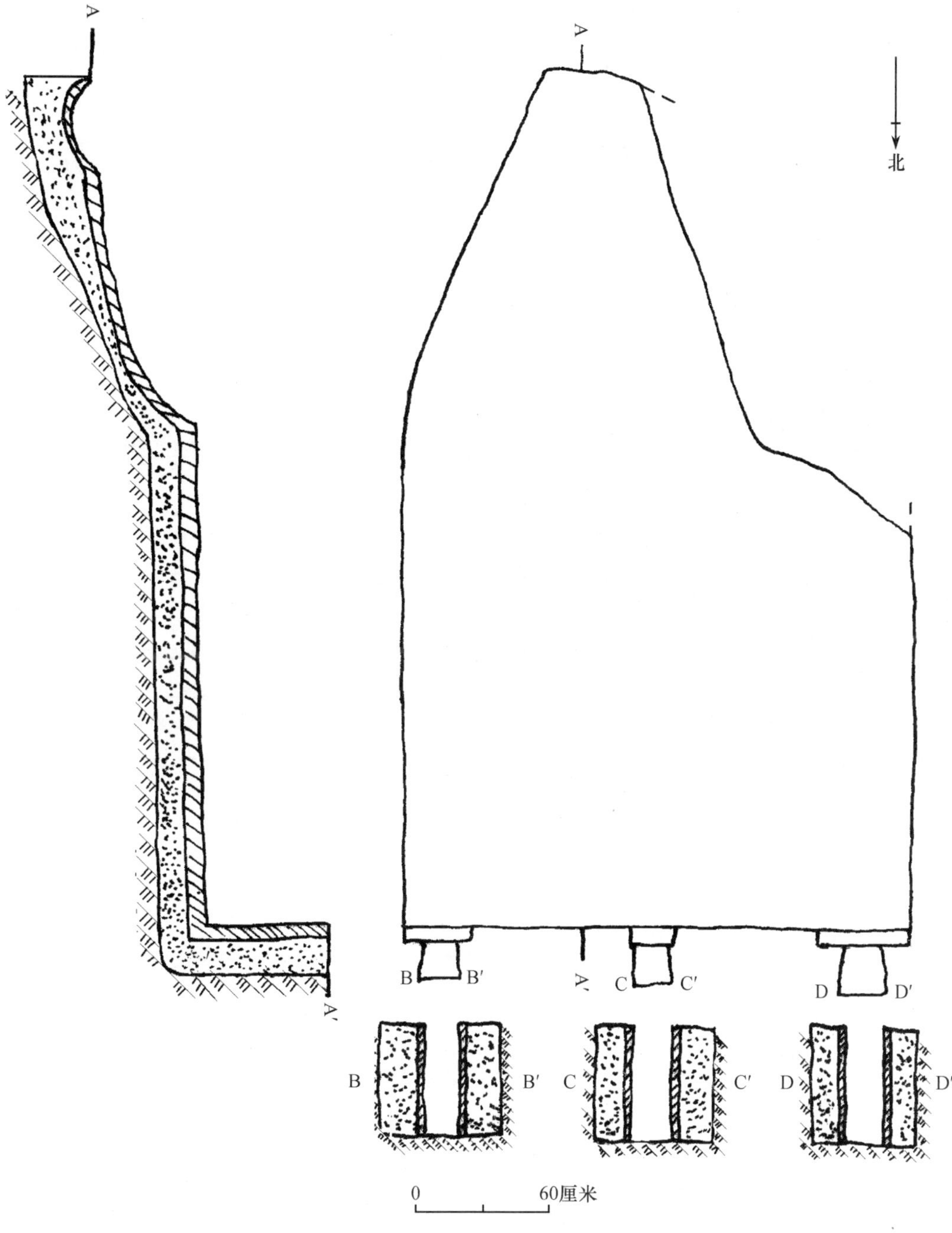

图四　Y01平、剖面图

碟　1件。ⅠT104②：2，器底外侧饰三道弦纹，外壁下部有两道弦纹。口径14.6、足径8.8、高2.2厘米（图六，2）。

3. 石器

石斧　2件。ⅠT102②：1，打制。刃部稍加磨制。长8.5厘米（图七，1）。ⅡT203②：1，亚腰形。刃部打制。长12.5厘米（图七，2）。

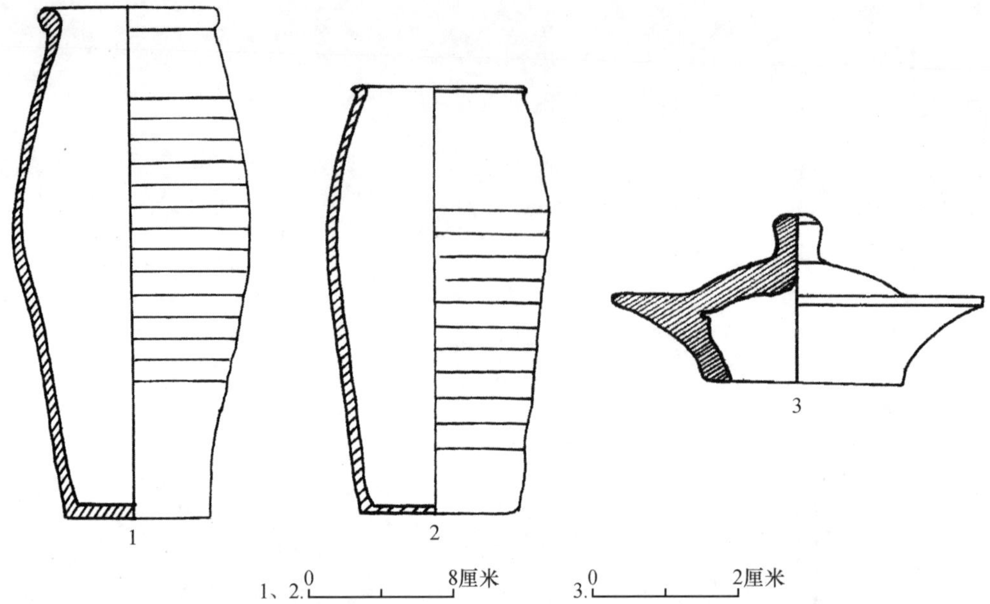

图五　出土陶器

1、2. 冶炼罐（ⅡT202②：1、ⅡT202②：2）　3. 器盖（ⅠT104②：3）

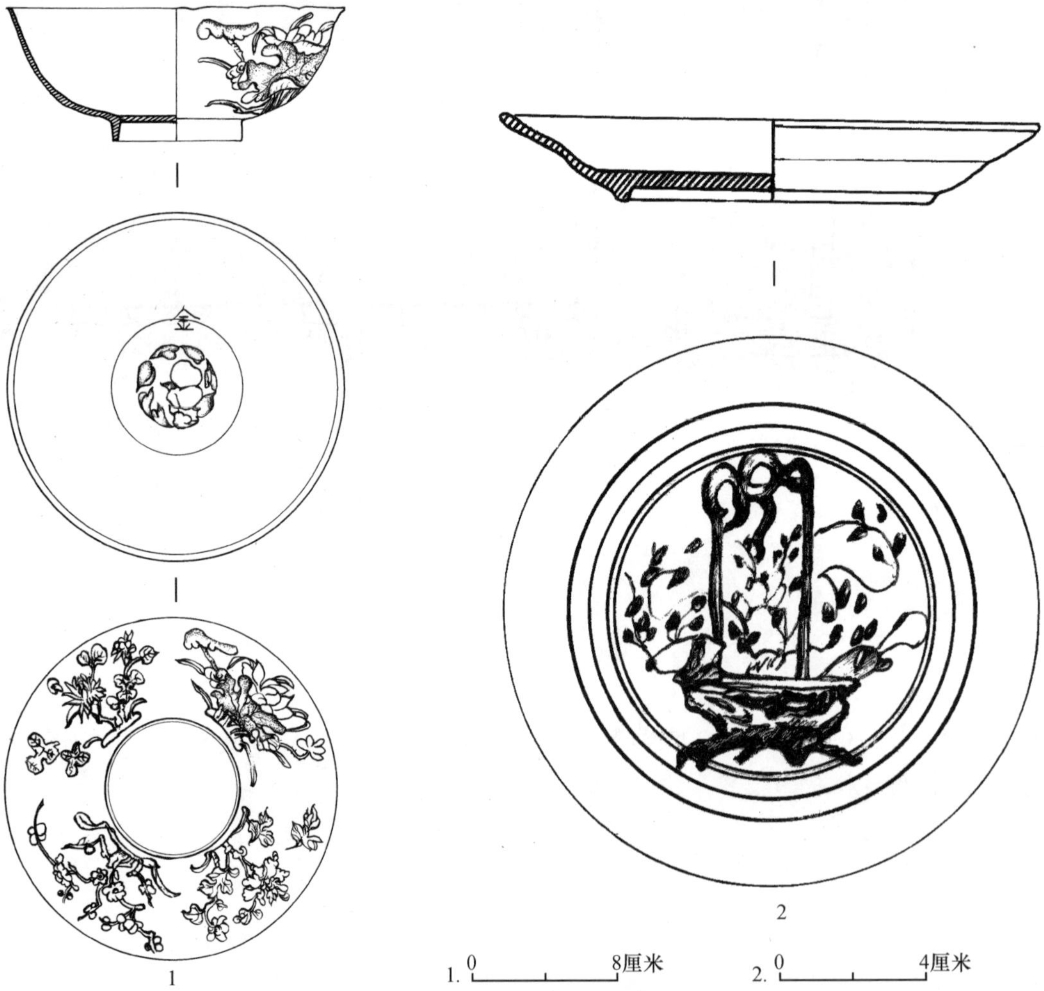

图六　出土瓷器

1. 碗（ⅠT104②：1）　2. 碟（ⅠT104②：2）

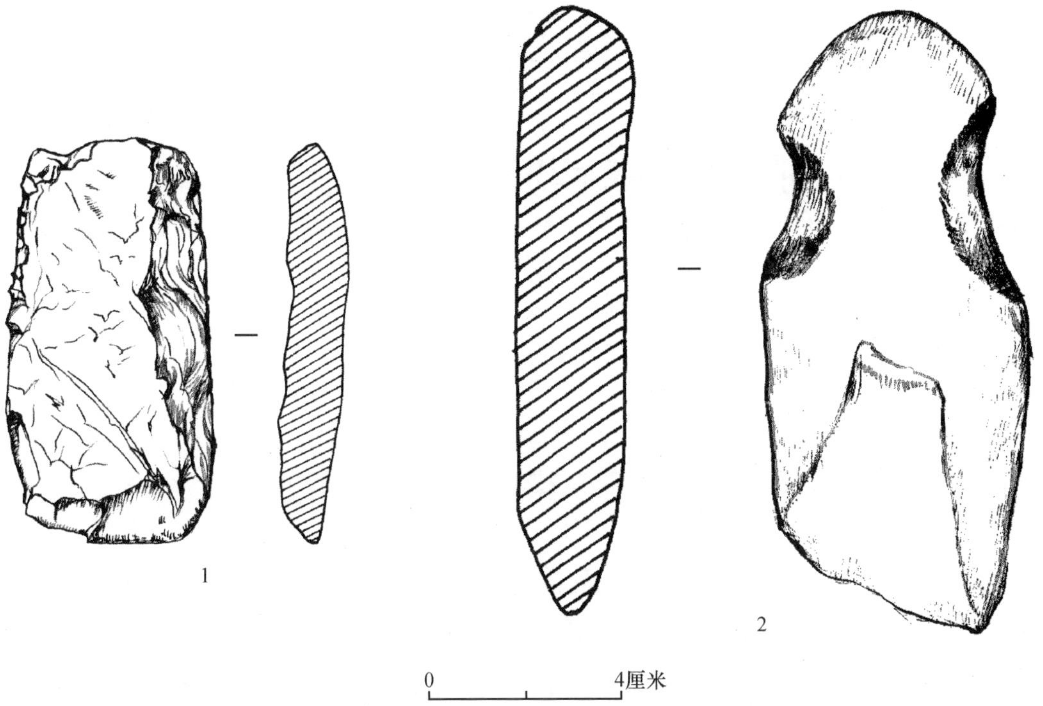

图七 石斧

1. ⅠT102②：1 2. ⅡT203②：1

五、结 语

通过对赤溪遗址的发掘工作，我们对长江流域的窑址有了初步的认识。另外，根据煤渣层堆积的发现和冶炼罐的出土，我们可以判断此处应该有冶炼址，但是由于各种自然原因和人为因素的破坏，没有发现冶炼炉等遗迹。这是这次发掘的一个遗憾。

附记：此次发掘工作得到了丰都县文物管理所的大力支持和协助，特别是该所的徐本远同志，亲临工地帮助协调工作，在此表示衷心的感谢。参加此次发掘的有领队安文荣，队员王义学、王卫民、吴铁军、孙东文、姚启龙等。

执笔：王义学 王卫民

丰都赤溪墓群2002年度发掘简报

吉林省文物考古研究所
长春市文物保护研究所
丰 都 县 文 物 管 理 所

一、绪　　言

丰都县位于重庆市中部，四川盆地东部边缘，其境东临石柱，南接武隆，西靠涪陵，北毗忠县，长江由西向东横贯县境。根据文献记载，该区域先秦时曾为“巴子别都”，至秦属巴郡枳县（今涪陵）；西汉时属益州巴郡枳县，东汉和帝永元二年（90年）置县，名平都，置所因依平都山（今名山）故名；蜀汉延熙十七年（254年）并入临江县（今忠县），属益州巴郡；东晋属梁州巴郡，南朝时期、宋初属益州巴郡，齐属巴州巴郡，梁属楚州临江郡，北朝西魏、北周属临江郡，其后几经易名；至1958年，始名丰都县。

赤溪墓群位于长江三峡重庆库区北岸的二、三级台地上，海拔175～195米，中心地理坐标为东经107°48′05″，北纬29°57′16″。行政区划隶属丰都县镇江镇赤溪村二队，赤溪村原为丰都县农花乡，后因长江三峡库区淹没，农花乡迁至镇江易名为镇江镇，原农花乡改为镇江镇赤溪村，距赤溪墓群200米左右为赤溪遗址（图一）。

1992年，在国家文物局统一组织的三峡水库淹没区考古调查中，确认了丰都县镇江镇赤溪古墓葬群，1993年9月复查，1993年12月四川省文物考古研究所（现四川省文物考古研究院）、丰都县文物管理所联合对赤溪墓群进行了小规模的试掘，共发掘了3座砖室墓，其中2座为刀形砖室墓、1座形制不明。

此次发掘按当地地形可分为三个区。

A区　名为挖断梁，其西与乡路相连，向东延伸至交椅山南侧，南为阶形台地直至江边，北为缓坡与乌龟堡相望。1993年四川省文物考古研究所与丰都县文物管理所曾联合对这里进行过试掘工作。此次在A区共布10米×10米探方9个，共发现墓葬9座，均是遭不同程度破坏而裸露于地表的砖室墓，墓葬编号为02CFCAM1～02CFCAM9。

B区　名屋基坪，西与深基坪相连，向东与挖断梁相接，中间被乡路隔开，其上原为农田和果树。此次B区布10米×10米探方21个，发现墓葬7座，编号为02CFCBM1～02CFCBM7，均为砖室墓。

C区　名深基坪，向西为阶形台地直至与担水河相接，隔担水河与流沙坡相望，向东与屋基坪相连。此次发掘在C区布10米×10米探方2个，发现砖室墓1座，编号为02CFCCM1（以下均省略02CFC）。

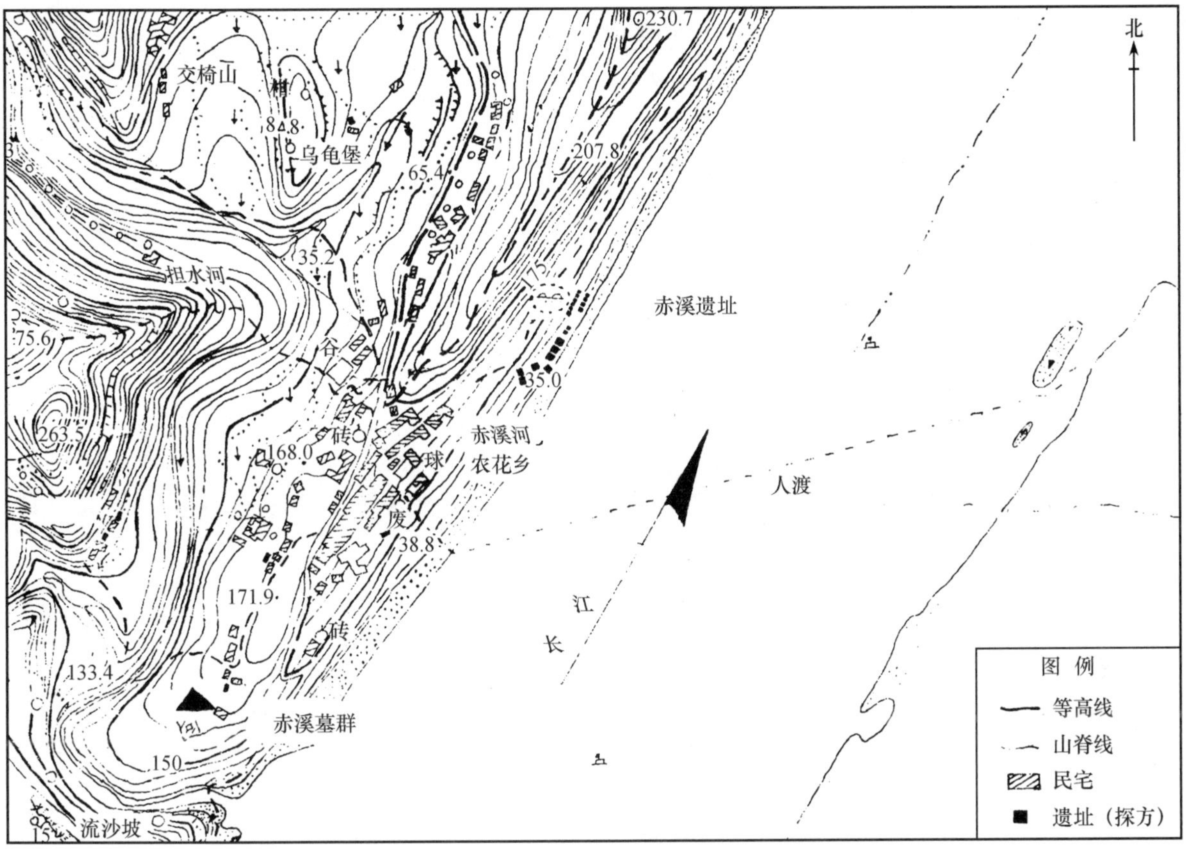

图一　墓群位置示意图

二、墓葬形制

A、B、C三区共发现墓葬17座，均为砖室墓，所见墓葬均未见封土，且均遭到不同程度的盗扰；盗扰严重者所剩无几，有的甚至空无一物。墓葬多由墓道、甬道、墓室三部分组成，但由于盗扰原因，有的墓葬的墓道或甬道已破坏殆尽，券顶也多遭破坏，只CM1甬道券顶保存尚好。多数墓葬均残存有随葬品，尤以AM6、BM3、BM5、BM6、CM1出土随葬品丰富，AM3、AM4、AM8、AM9、BM7因盗扰严重未见随葬品（图二）。

AM3、AM4、AM8破坏严重，不知其平面结构。只CM1发现有完整墓道，其余均破坏或未发现。

墓圹　依墓葬形制不同可形成不同形制竖穴，坑壁较直，而且多经拍打修整，与墓砖壁的间距多在0.05～0.2米。

墓道　只CM1发现完整墓道，较甬道略窄，为长方形竖穴土坑斜坡式墓道，四壁规整，坡度35°，其内发现有一组以釜、罐为组合的随葬器物。

墓室　四壁均由长方形子母扣砖叠砌，砖长多在40～47、宽18～24、厚7～10厘米。墓顶用楔形砖以子母扣式起券。楔形砖刃部一般厚5～6、背部厚6～8厘米。长宽与长方形砖大致相同，墓砖均为青灰色，多侧面模印纹饰，砖纹多向内，所见多为菱形几何纹、菱形纹与乳钉纹组合、菱形纹与十字纹组合，三角几何纹与网格纹组合、菱形网格纹与乳钉纹组合等。

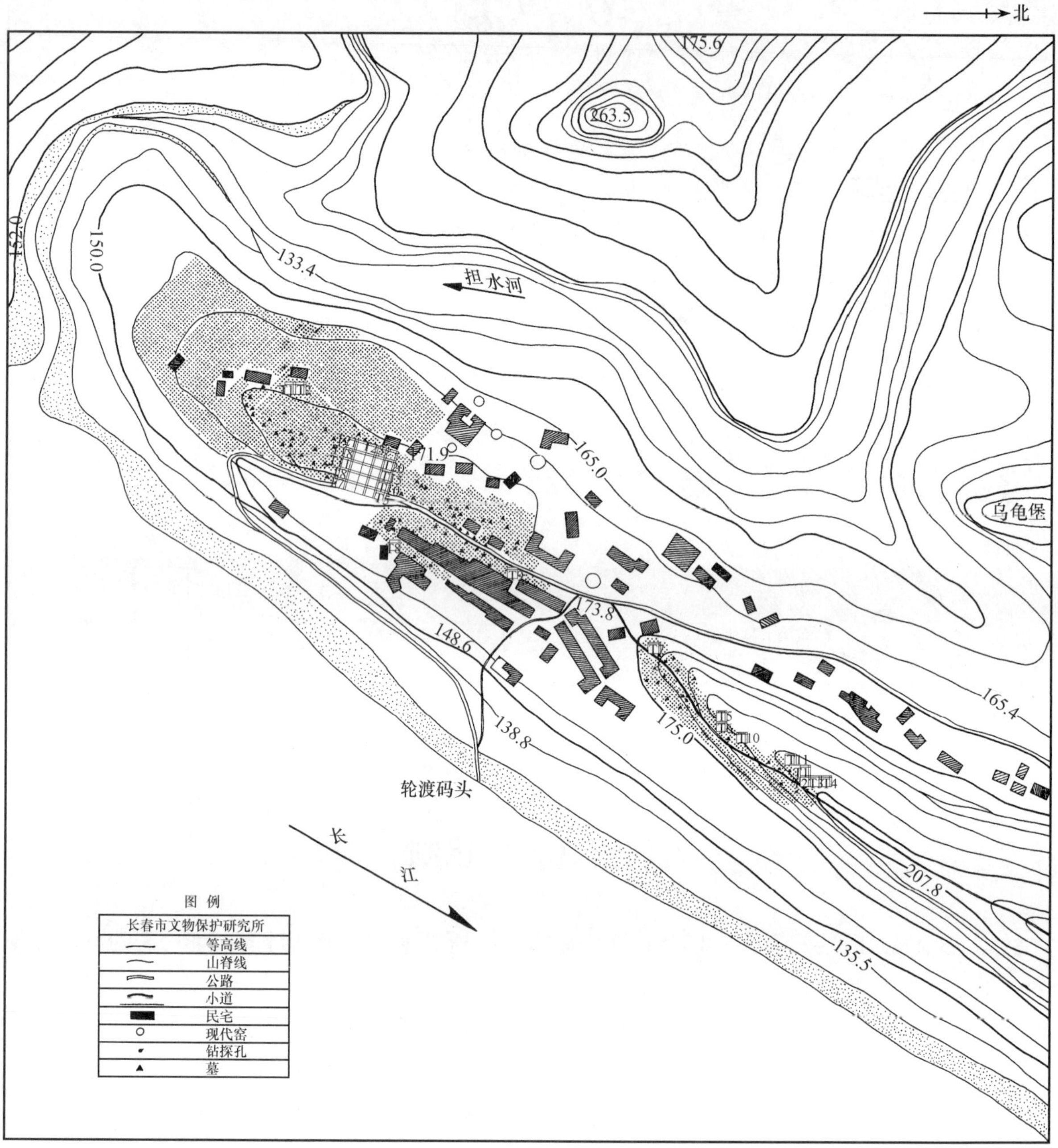

图二　墓群勘探、探方分布示意图

墓底　墓底先铺一层厚5～10厘米的细沙或黏土，再用长方形砖单层平铺而成。墓底与墓壁所用砖基本相同，有的无子母扣。有直铺和斜铺两种，平铺是以纵排或横排或纵横相间，错缝或对缝平砌而成；斜铺分为“人”字形和斜排两种。有的墓葬甬道平铺、墓室斜铺或甬道斜铺、墓室平铺；也有甬道或墓室不铺墓砖的。墓室与甬道底多同高，少数墓葬墓室高出甬道一砖的厚度。

封门　保存有封门的墓，用长方形砖错缝叠砌。

根据墓室平面结构，这批墓葬可分为二型。

A型　13座（AM1、AM2、AM5～AM7、AM9、BM1～BM4、BM6、BM7、CM1）。平

面呈刀形。

AM6　方向225°。券顶遭破坏不复存在，墓葬前部为一断崖，因此墓道和甬道均遭破坏。墓室下部保存尚好。墓圹长3.2、宽1.6米，墓口距地表0.35～0.45米，墓底距地表1.27～1.37米，墓内填土为红褐色黏土。甬道长0.3、宽1.2、残高0.92米；墓室长2.75、宽1.5、残高0.92米（图三）。墓底采用纵横相间平铺的方法。砖长0.42、宽0.21、厚0.09米。墓室内未发现人骨架和棺椁痕迹。随葬品多置于墓室南部中间及靠近甬道的位置，多为陶器及陶俑，陶器主要有罐、塘、灯、杯等，陶俑保存很差，仅能复原几件。另外，在墓室后部出现有铜钱和铜泡。

BM6　方向300°。开口于第2层下，打破生土。券顶遭破坏已不复存在，未见墓道。墓圹长5.4、宽2.7米，墓口距地表约0.5米，墓底距地表约1.2米。墓内填土为黄褐色填土（图四）。甬道长1.6、宽1.3、残深0.7米。墓底采用素面青砖斜平铺而成，砖长0.42、宽0.2、厚0.09米。墓内未发现人骨架及棺椁痕迹，墓室内随葬品摆放凌乱，且不处于同一水平层位，因此判定该墓经盗扰。该墓出土随葬品较之其他墓葬要丰富，且能复原者较多，其中陶器有人物俑、动物

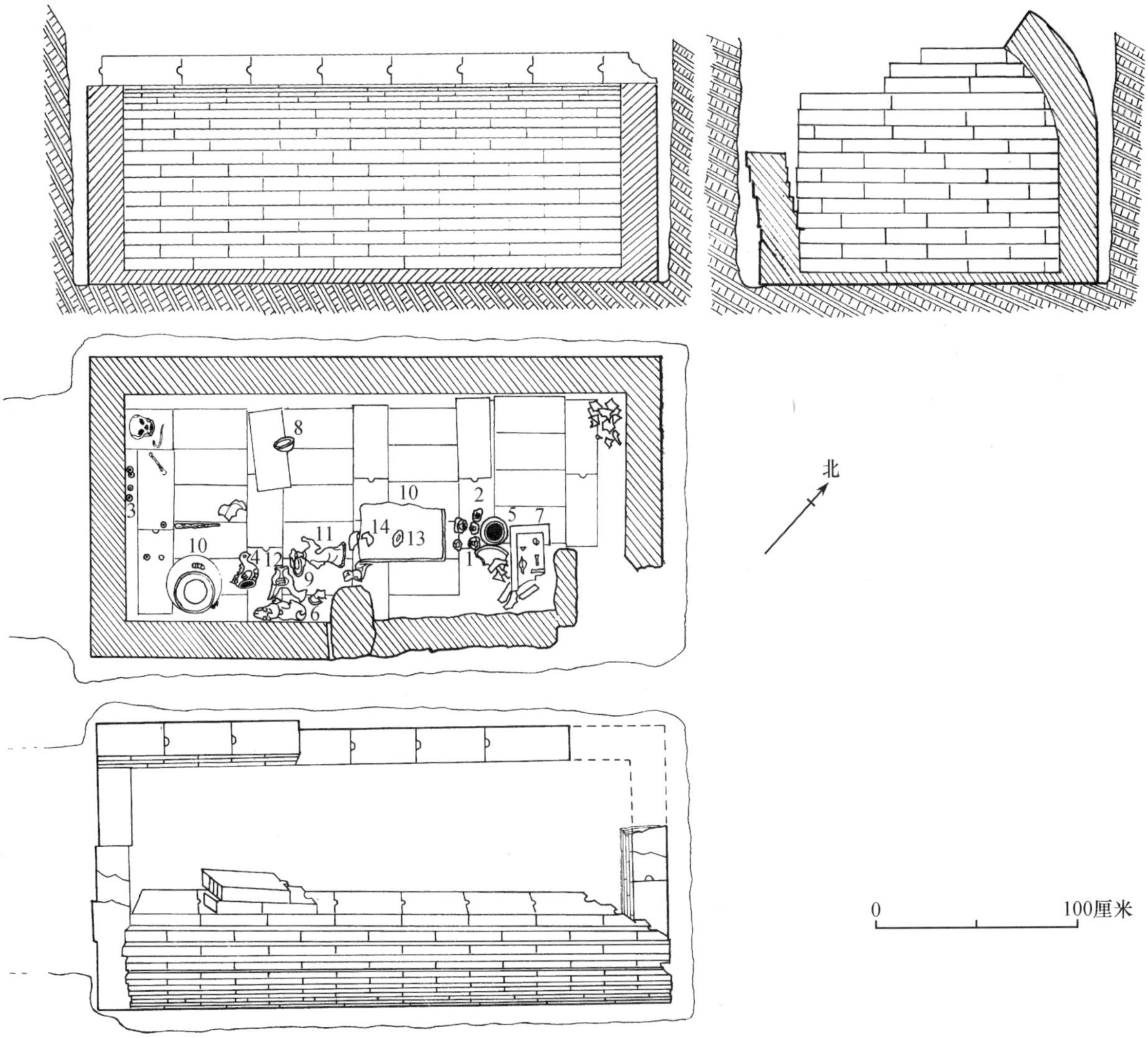

图三　AM6平、剖面图

1. 陶钵　2. 铜泡（2枚）　3. 铜钱（8枚）　4. 陶子母鸡　5. 陶罐　6. 陶狗　7. 陶塘　8. 陶灯　9、13、14. 陶杯　10. 陶釜　11. 陶人物俑　12. 陶鸡

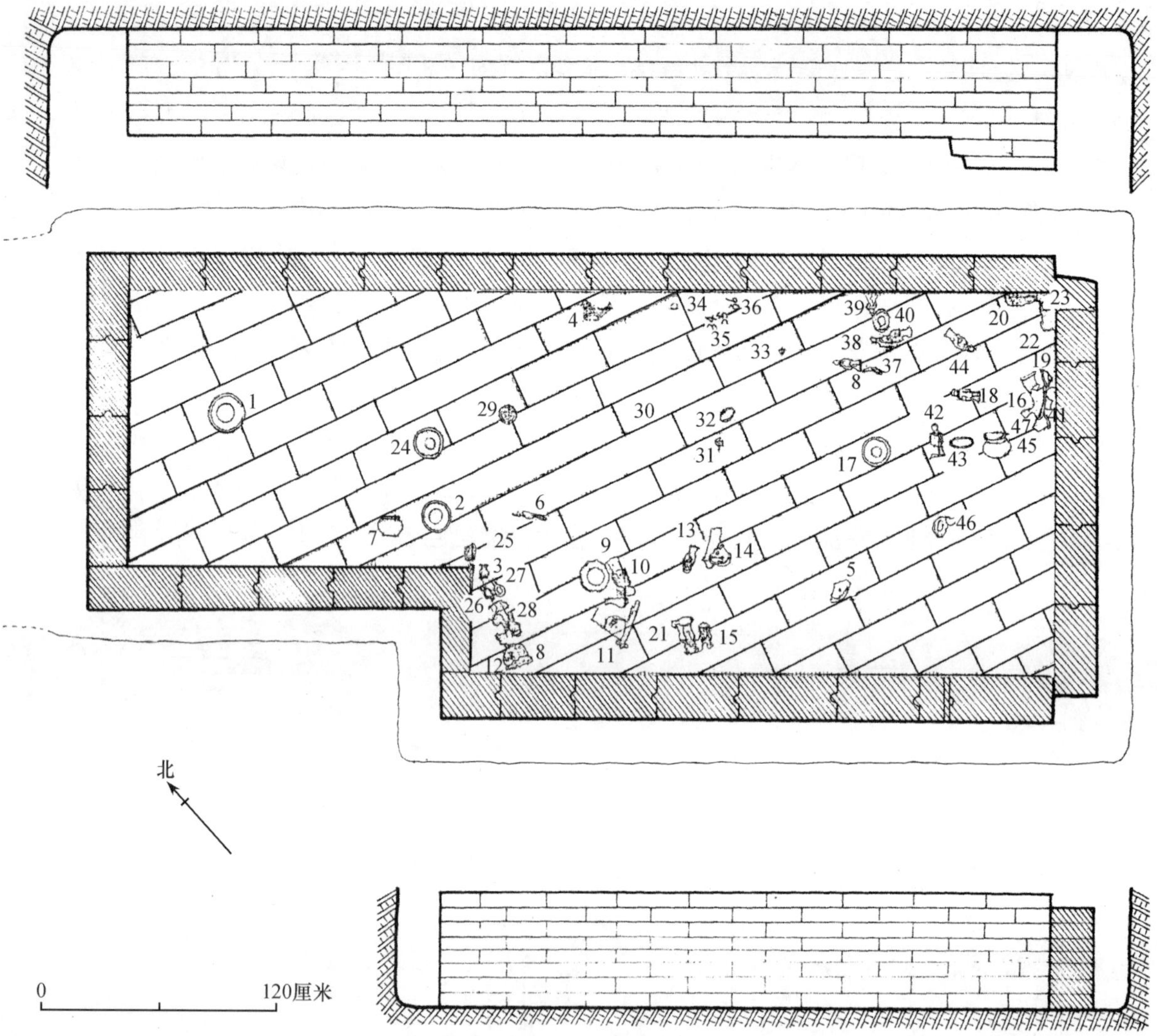

图四　BM6平、剖面图

1、9、47. 陶钵　2、27. 陶釜　3、19、40、45. 陶罐　4、5、11、20、26、28、29、36、37、43. 陶器盖　6. 陶勺　7、8、12、13、15、18、22、23、34、35、38、39、41、42、44. 陶人物俑　10. 陶构件　14. 陶镇墓兽　16. 铜钱（3枚）　17. 陶锺　21. 陶甑　24. 陶杯　25、30～33、46. 陶耳杯

俑、罐、甑、釜、钵、锺、耳杯、勺、器盖等。铜器有铜钱等。

CM1　该墓是在此次发掘中形制相对较为完整的一座墓，位于C区T2内。方向321°。开口于第2层下，打破生土。墓圹长5.2、宽0.6～1.9米，墓口距地表约0.3米，墓底距地表2.8米。墓道为长方形竖穴土坑斜坡式墓道，长1.4、宽0.6～1.4米，坡度35°。甬道长1.4、宽0.9、深1.4米，甬道砖墙采用长条砖横平错缝相砌，之后用子母砖竖立并列叠砌弧顶。甬道底未见铺地砖。墓室长1.7、宽1.3、残高1.3米（图五）。墓室券顶已遭破坏，只余一层起券砖，墓室壁砌法与甬道一致，墓室底部是用条砖“人”字形斜铺而成。在墓室中部偏西发现有紫红色的腐朽痕迹，可能是棺椁腐朽而致，但未发现人骨架的痕迹。在墓道与甬道之间有封门，封门用单砖错缝平铺相砌而成，至上未完全封顶。除在墓道内发现的几件随葬品摆放有规则外，墓室内随葬品摆放较为凌乱，显然是经盗扰而致。所见陶器有罐、釜、钵、囤、器盖、人物俑、动物俑

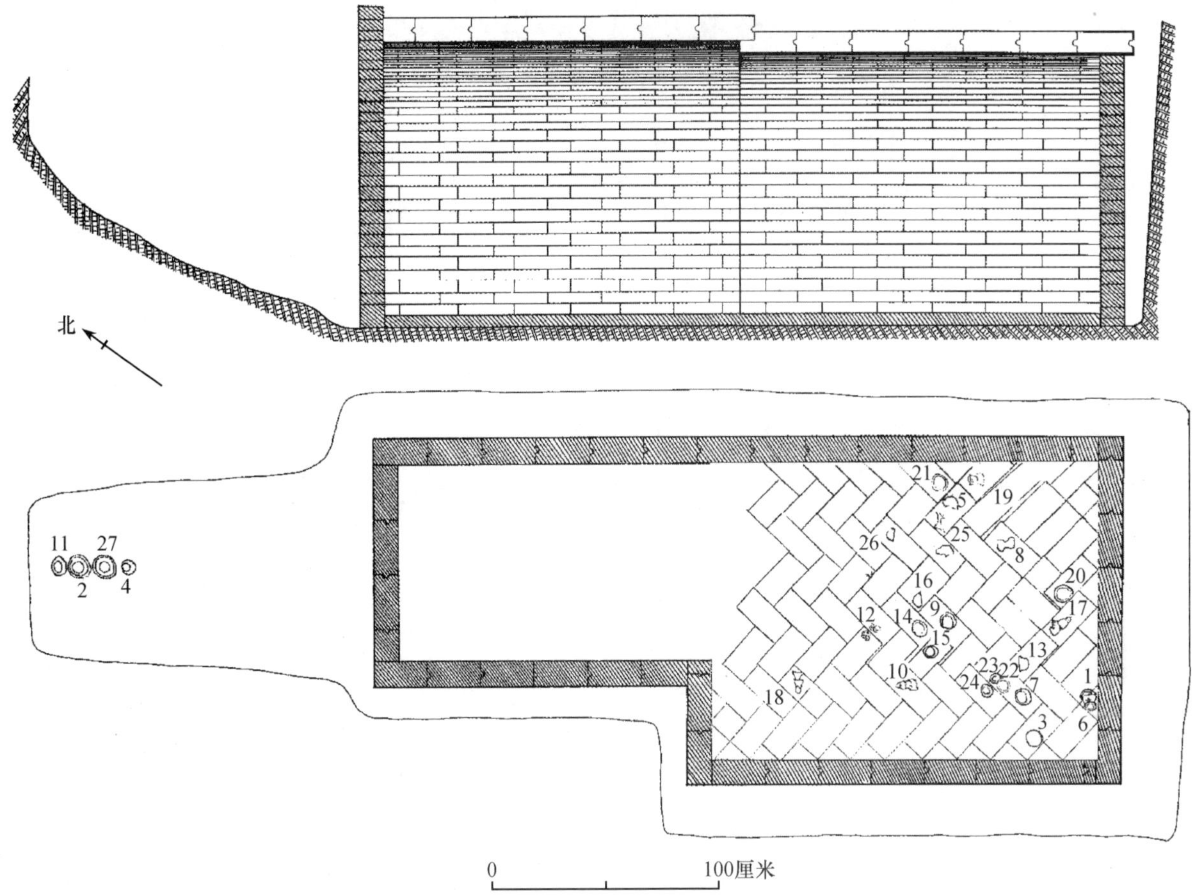

图五　CM1平、剖面图

1、3、7、9、13～15、22～24. 陶钵　2. 陶釜　4、11、20、21. 陶罐　5. 陶锺底　6. 陶囤　8. 陶马足
10、16～19. 陶人物俑　12. 铜钱（12枚）　25. 陶狗　26. 陶器盖　27. 陶瓮

等。铜器有铜钱等。

B型　1座（BM5）。平面呈“凸”字形。

BM5　方向290°。开口于第2层下，打破生土。墓圹长4.8、宽2.4～3.5米，墓道已遭破坏。墓口距地表0.5米，墓底距地表2.1米。甬道部分遭破坏，残长0.75、宽1.8米，甬道壁用单砖错缝平铺相砌而成。墓室券顶已遭破坏，墓室长2.8、宽2.4、残高0.6～2米（图六）。墓底用黄色细沙平铺而成，在甬道与墓室之间有一用墓砖围成的“凹”字形槽，其中两侧是用两块墓砖错位而立，尾端是用两块砖叠砌在一起，前端开口朝向甬道口，在其内发现有随葬品。该墓内未发现人骨架和棺椁痕迹。该墓由于经盗扰，故随葬品摆放无秩序，所见器物均为陶器，有罐、锺、盆、器盖、俑等。

三、出土器物

1. 陶器

由于烧制火候及保存状况等原因，保存较差，完整者较少，完整和修复的陶器及俑类共计

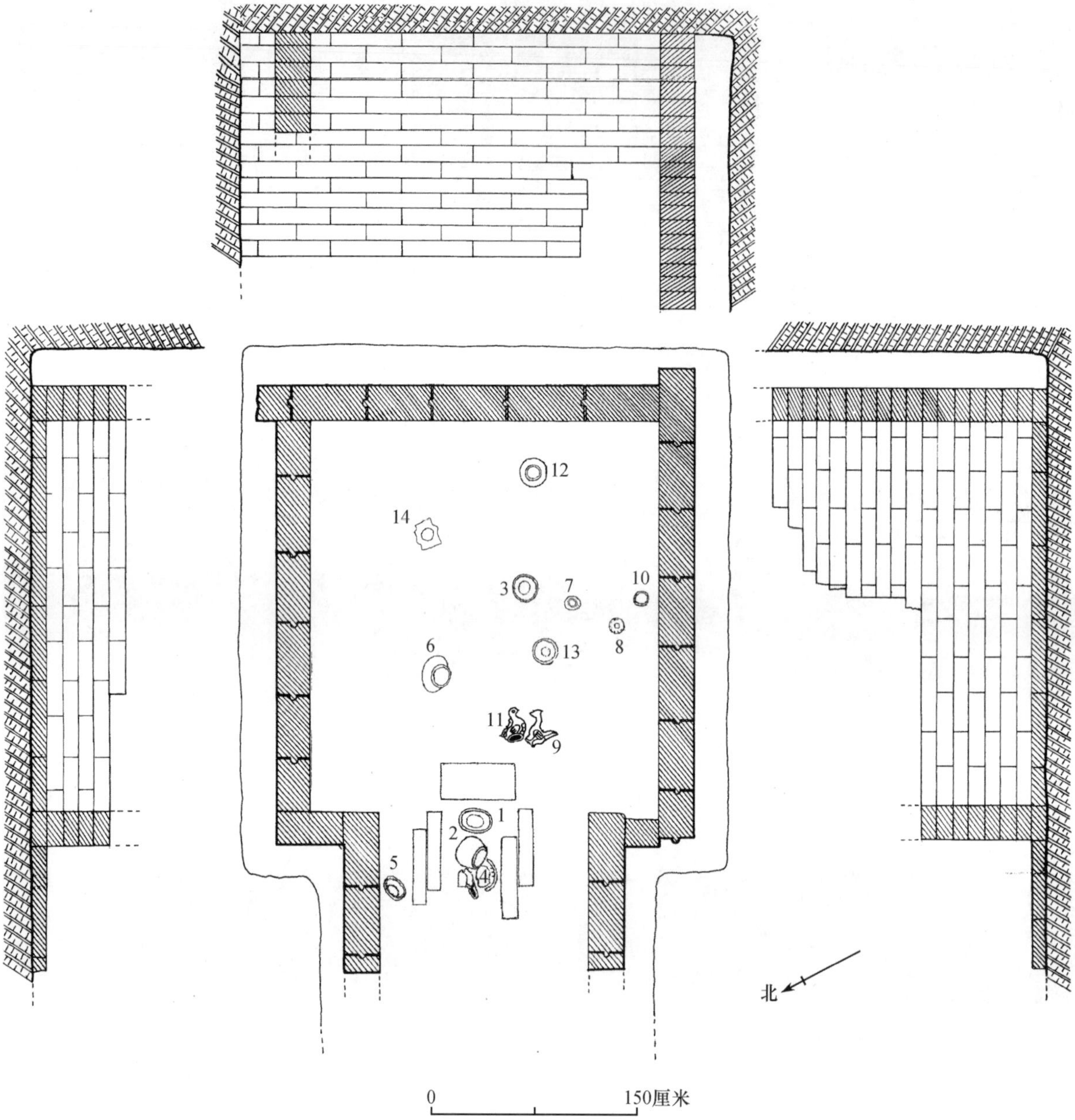

图六　BM5平、剖面图

1、8、13. 陶钵　2、6. 陶罐　3、12. 陶盆　4. 陶釜　5. 陶锺　7. 陶三足器　9、11. 陶鸡　10. 陶器盖　14. 陶构件

169件，可分为生活用具、模型明器及俑类等。生活用具以钵、罐、釜等居多，另有盆、杯、锺、灯、甑、囤等，均为轮制。模型明器主要有塘、井、房等，除井身外，均为手制而成。俑类为合范制作。

陶器多为泥质陶，且多为泥质红陶或泥质灰陶。陶俑以红陶居多，罐、灯、锺等器类的少量陶器器表施酱釉或绿釉。可见纹饰多为弦纹、绳纹等。

钵　24件。依沿、腹、底部特征可分五型。

A型　15件。侈口，圆唇，折腹，小平底。分为三亚型。

Aa型　11件。折腹内收，平底，素面。分为三式。

Ⅰ式：7件。CM1∶7，泥质灰陶。侈口，圆唇，折腹内收，小平底。口径16、底径4.2、高7.6厘米（图七，1）。

Ⅱ式：1件。BM3：11，泥质红陶。侈口，圆唇，折腹，平底。口径16、底径4.2、高6.2厘米（图七，2）。

Ⅲ式：3件。CM1：22，泥质灰陶。侈口，圆唇，折腹，平底。口径18、底径5.6、高6.4厘米（图七，3）。

Ab型　3件。折腹，平底。分为二式。

Ⅰ式：2件。BM2：2，泥质灰陶。侈口，折腹，小平底。口径18.3、底径4.4、高6.4厘米（图七，4）。

Ⅱ式：1件。BM2：1，泥质灰陶。侈口，折腹，小平底。口径8.4、底径2.4、高2.8厘米（图七，5）。

Ac型　1件。BM3：3，泥质灰陶。侈口，圆唇，折腹，小平底。口径16.4、底径5、高7.5厘米（图七，6）。

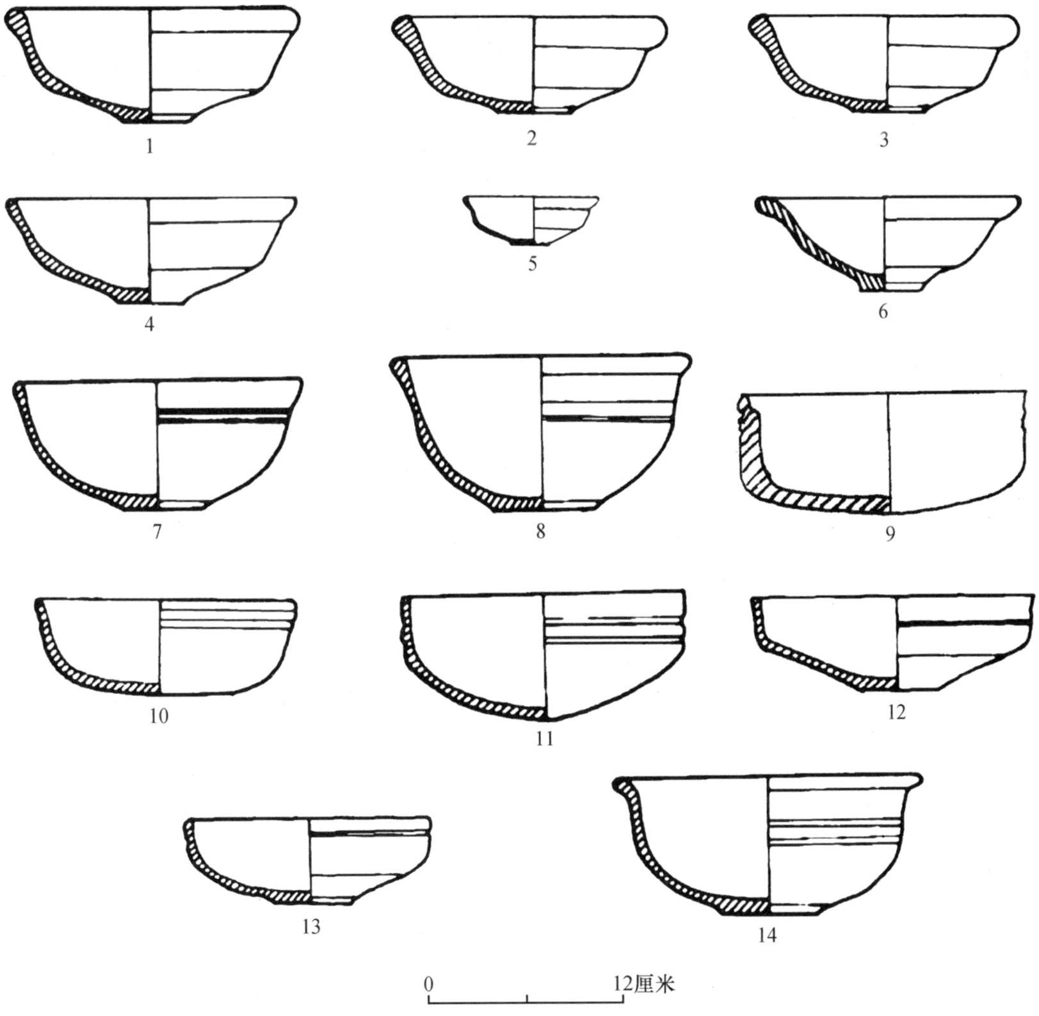

图七　陶钵

1. Aa型Ⅰ式（CM1：7）　2. Aa型Ⅱ式（BM3：11）　3. Aa型Ⅲ式（CM1：22）　4. Ab型Ⅰ式（BM2：2）　5. Ab型Ⅱ式（BM2：1）　6. Ac型（BM3：3）　7. B型Ⅰ式（CM1：14）　8. B型Ⅱ式（BM6：9）　9. B型Ⅲ式（BM3：50）　10. C型Ⅰ式（AM6：1）　11. C型Ⅱ式（BM5：1）　12. D型Ⅰ式（BM6：47）　13. D型Ⅱ式（BM5：13）　14. E型（CM1：13）

B型　4件。泥质红陶。侈口，圆唇，深腹，平底。分为三式。

Ⅰ式：2件。CM1：14，口微侈，圆唇，深腹，平底。口沿下饰两道弦纹。口径17、底径4.8、高8厘米（图七，7）。

Ⅱ式：1件。BM6：9，侈口，圆唇，斜腹内收，平底。口内侧及腹上部至口沿施浅褐色釉。腹上部饰两周弦纹。口径18、底径7.8、高10厘米（图七，8）。

Ⅲ式：1件。BM3：50，口微敛，圆唇，斜直腹至下急内收，平底。口径16、高4厘米（图七，9）。

C型　2件。泥质红陶。斜直腹内收，平底。分为二式。

Ⅰ式：1件。AM6：1，侈口，斜壁内收，平底。口沿下饰三周凹弦纹。口径16.8、底径7.6、高6厘米（图七，10）。

Ⅱ式：1件。BM5：1，直口，直腹内收，平底。口沿下饰两周凹弦纹，内外表施青黄釉。口径18、底径4、高8厘米（图七，11）。

D型　2件。泥质红陶。折腹，平底。分为二式。

Ⅰ式：1件。BM6：47，侈口，折腹，小平底。腹部饰两周弦纹。口径16.8、底径4.4、高5.8厘米（图七，12）。

Ⅱ式：1件。BM5：13，直口，浅腹，平底。器表施酱黄釉。口径15、底径5.6、高6厘米（图七，13）。

E型　1件。CM1：13，侈口，平沿，直腹内收，平底。腹部饰两周弦纹。口径20、底径6.4、高8.8厘米（图七，14）。

罐　11件。依整体特征分为五型。

A型　6件。深鼓腹。依肩部特征分为二亚型。

Aa型　3件。鼓肩。依腹部变化分为二式。

Ⅰ式：2件。下腹部斜收，小平底，口大于底。CM1：20，泥质红陶。直口，圆唇，矮领。器表施墨绿釉。口径13.6、底径8.2、高16厘米（图八，1）。

Ⅱ式：1件。AM6：5，泥质灰陶。敛口，鼓腹至下急收，平底。口径11、底径8.4、高13.8厘米（图八，2）。

Ab型　3件。溜肩。依腹部变化分为二式。

Ⅰ式：2件。下腹部急收，小平底，口大于底。BM5：6，泥质灰陶。侈口，圆唇，平底。口径8、底径4.2、高10.5厘米（图八，3）。

Ⅱ式：1件。BM5：2，泥质灰陶。敛口，下腹缓收，口径、底径大致相等。口径14、底径14、高16厘米（图八，4）。

B型　2件。侈口，肩微鼓，折肩，下腹缓收，圜底。CM1：2，泥质灰陶。肩以上饰弦纹，以下饰绳纹，在口沿下刻有一“宗”字。口径13.5、最大腹径34、高19厘米（图八，5）。

C型　1件。BM2：4，口部残。有颈，溜肩，鼓腹，平底，肩部贴以等距四系。最大腹径19.6、底径8、残高20厘米（图八，6）。

D型　1件。BM6：19，泥质红陶。侈口，平沿，腹微鼓。腹上部饰三周弦纹。口径16、

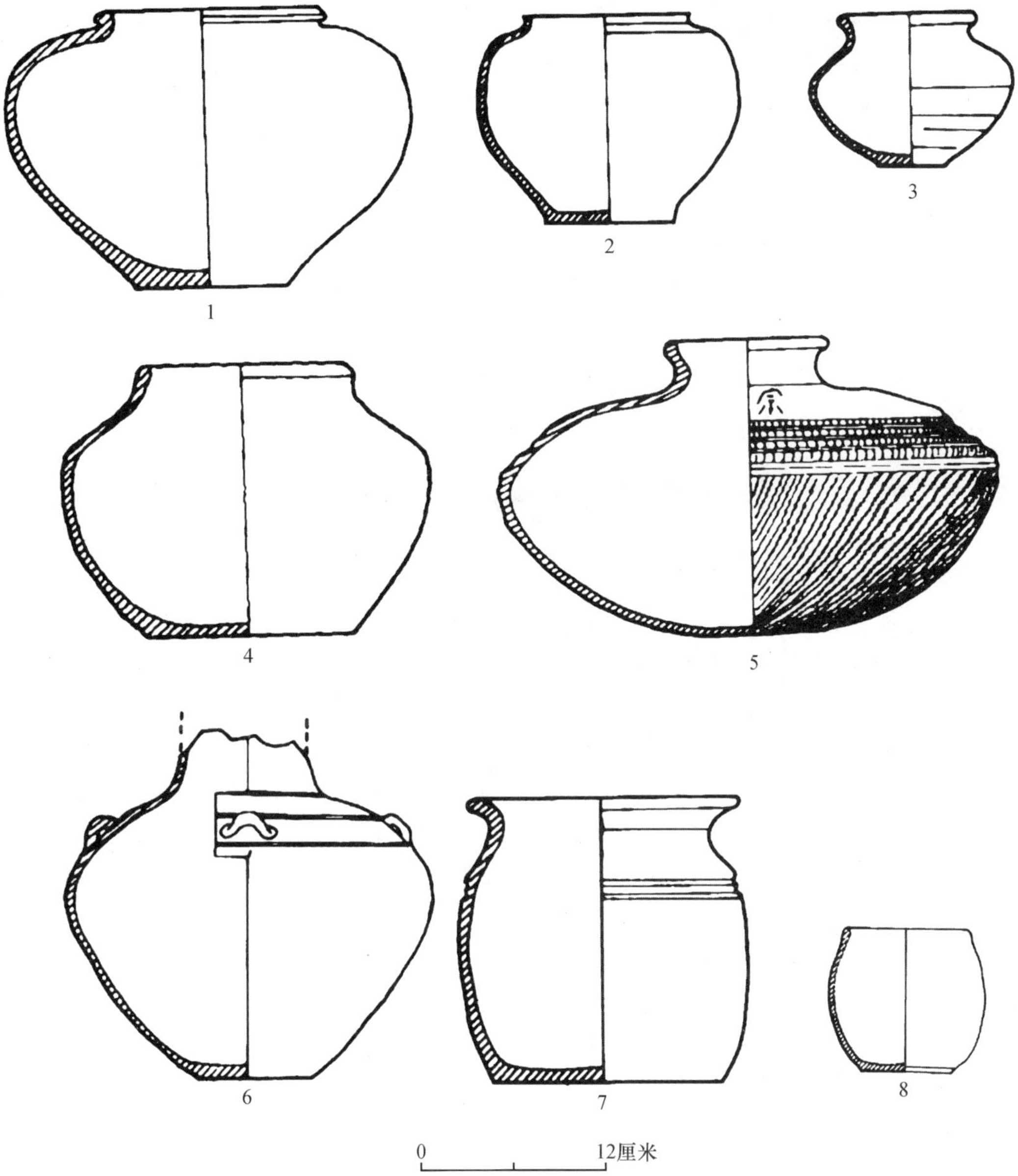

图八　陶罐

1. Aa型Ⅰ式（CM1：20）　2. Aa型Ⅱ式（AM6：5）　3. Ab型Ⅰ式（BM5：6）　4. Ab型Ⅱ式（BM5：2）　5. B型（CM1：2）　6. C型（BM2：4）　7. D型（BM6：19）　8. E型（BM6：45）

底径15.6、高18厘米（图八，7）。

E型　1件。BM6：45，泥质红陶。敛口，腹微鼓，平底。器表施酱黄釉，腹以下施釉不匀。口径8.4、底径6、高8.8厘米（图八，8）。

釜　6件。依整体特征变化分为二型。

A型　4件。卷沿。依腹部变化分为三式。

Ⅰ式：2件。鼓腹，器形相对较小。BM6：27，侈口，束颈，垂腹，圜底。器表施浅褐釉。颈以下饰两周弦纹。口径12、最大腹径12.6、高10.5厘米（图九，1）。

Ⅱ式：1件。鼓腹，器形稍大。BM6：2，侈口，折沿，束颈，鼓腹，圜底。器身饰三周弦

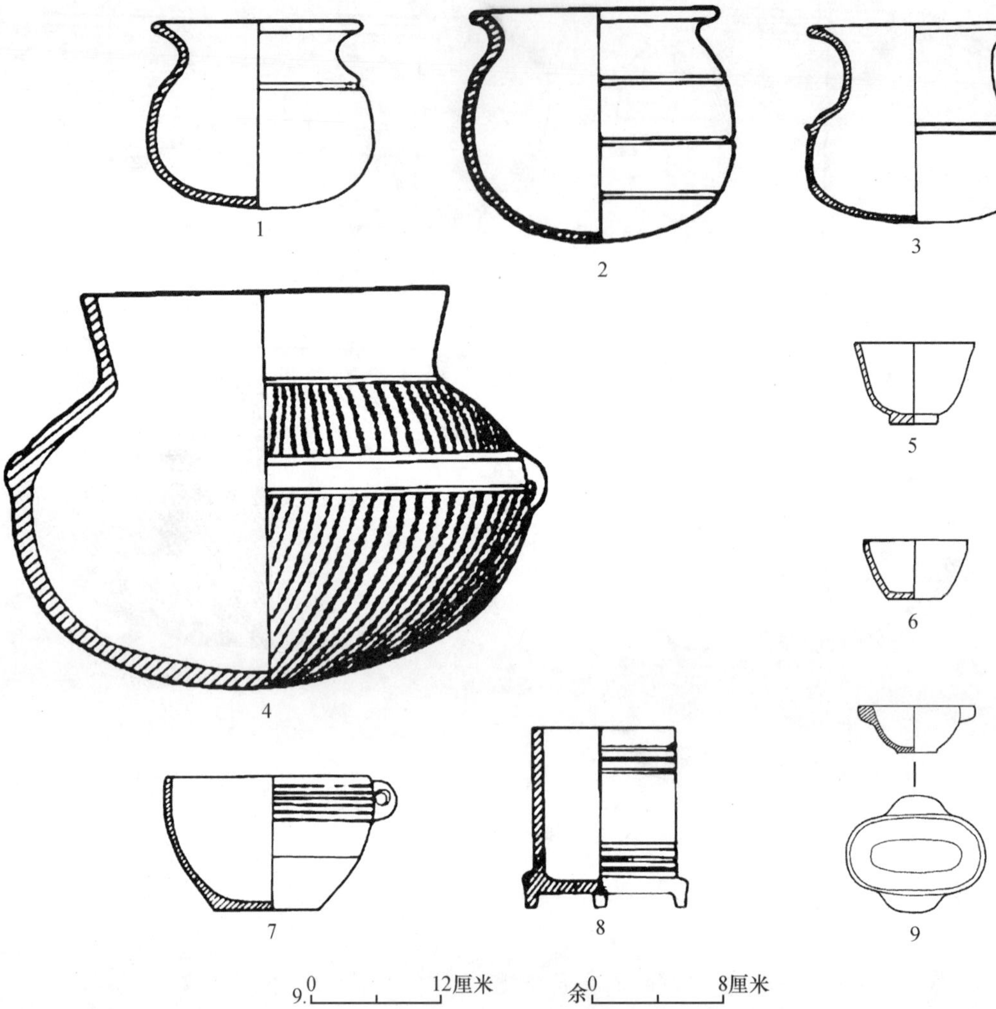

图九　陶釜、杯

1. A型Ⅰ式釜（BM6：27）　2. A型Ⅱ式釜（BM6：2）　3. A型Ⅲ式釜（BM5：4）　4. B型釜（AM6：10）　5. Ⅰ式杯（CT2②：1）　6. Ⅱ式杯（BM3：47）　7. Ⅲ式杯（BM6：24）　8. Ⅳ式杯（BM3：2）　9. 耳杯（BM3：24）

纹。口径15、高14厘米（图九，2）。

Ⅲ式：1件。器形与大小与Ⅰ式基本相同，只是肩部带耳。BM5：4，侈口，束颈，垂腹，圜底，肩部两侧对称有二瘤状耳。内外表均施青黄釉，肩部有两周弦纹。口径12、最大腹径13、高11厘米（图九，3）。

B型　2件。泥质灰陶。敞口，直颈。AM6：10，鼓腹，圜底。腹部两侧有两个对称的耳，并饰两周弦纹，腹、底部饰绳纹。口径23、高22.5厘米（图九，4）。

杯　4件。依整体特征分为四式。

Ⅰ式：1件。CT2②：1，泥质红陶。侈口，直壁内收，平底，假圈足。内外壁均施乳白色釉。素面。口径7.3、底径2.7、高5.1厘米（图九，5）。

Ⅱ式：1件。BM3：47，泥质红陶。侈口，斜腹，平底。素面。口径6、底径3.8、高3.6厘米（图九，6）。

Ⅲ式：1件。BM6∶24，泥质红陶。单环耳，直口，弧腹，平底。口下饰凹弦纹。口径14.4、底径6、高7.4厘米（图九，7）。

Ⅳ式：1件。BM3∶2，泥质红陶。三足杯，直口，直壁，底部边缘有三个等距蹄足。器身上部和下部饰有弦纹。器表施浅褐釉，多已脱落。口径9.2、高12厘米（图九，8）。

耳杯 11件。BM3∶24，泥质红陶。手制。敞口，方唇，弧腹，平底，两对称实耳。口长径13.5、口短径7.8、底长径9、底短径3、高4.6厘米（图九，9）。

盆 3件。依整体特征分为二型。

A型 2件。侈口，平宽沿，平底。依腹部变化分为二式。

Ⅰ式：1件。BM5∶3，泥质红陶。侈口，宽平沿，曲腹内收，小平底。素面。口径18、底径5.2、高6厘米（图一〇，1）。

Ⅱ式：1件。BM5∶12，泥质红陶。曲折腹内收。内施酱釉。口径24.8、底径6、高8厘米（图一〇，2）。

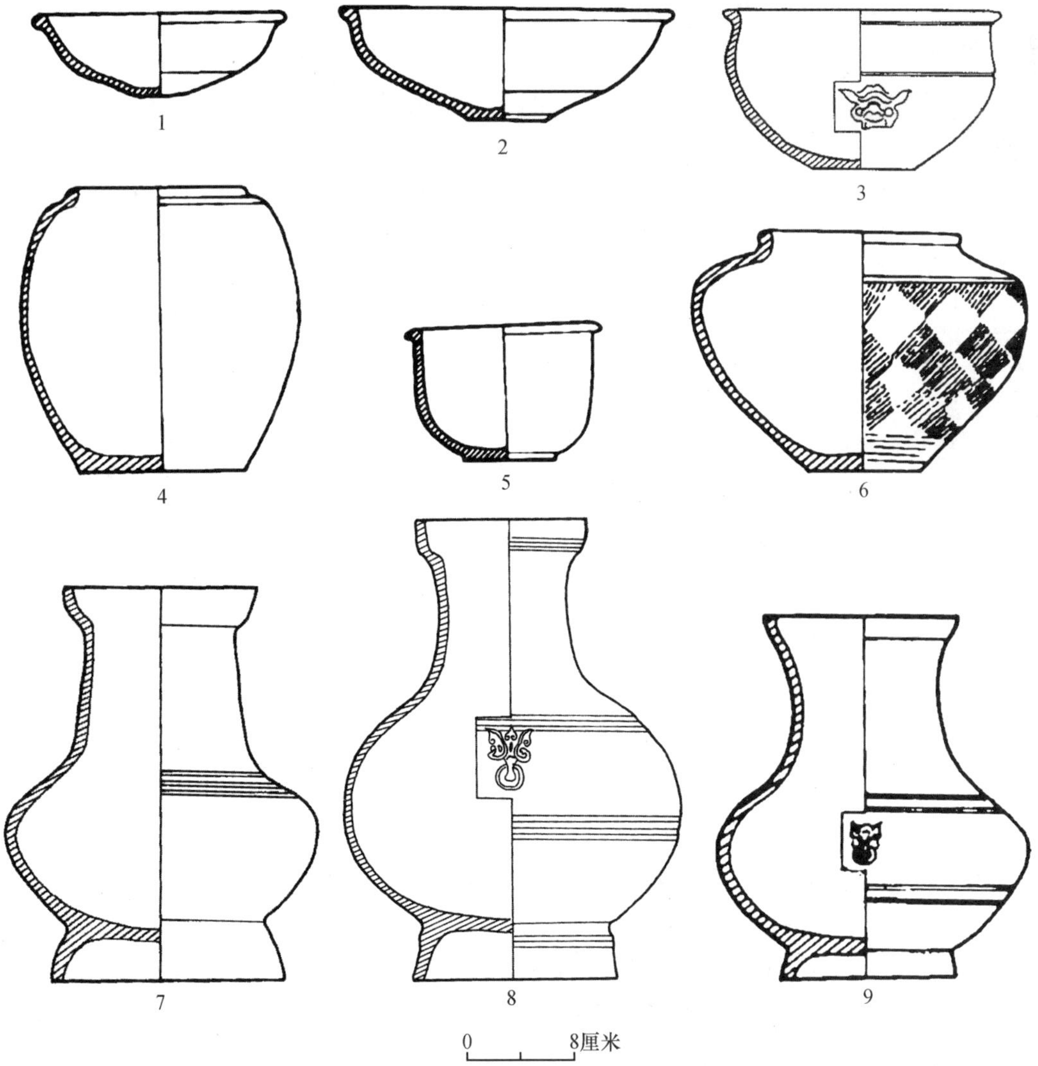

图一〇 陶盆、囷、瓮、锺

1. A型Ⅰ式盆（BM5∶3） 2. A型Ⅱ式盆（BM5∶12） 3. B型盆（BM3∶10） 4. Ⅰ式囷（CM1∶6） 5. Ⅱ式囷（BM2∶3） 6. 瓮（CM1∶27） 7. A型锺（AM7∶1） 8. B型Ⅰ式锺（BM3∶45） 9. B型Ⅱ式锺（BM5∶5）

B型　1件。BM3∶10，泥质红陶。直口，平沿，鼓腹内收，腹部有两个对称的兽首耳，平底。内外壁均施浅褐釉，多已脱落。口径21.5、底径8、高11.6厘米（图一〇，3）。

囤　3件。依整体特征分为二式。

Ⅰ式：2件。CM1∶6，泥质灰陶。直口，溜肩，腹微鼓，平底。口径12、底径11.8、高19.6厘米（图一〇，4）。

Ⅱ式：1件。BM2∶3，泥质灰陶。直口，直腹，平底。素面。口径15、底径7.2、高10厘米（图一〇，5）。

瓮　1件。CM1∶27，泥质灰陶。直口，圆唇，鼓肩，平底。肩以下饰成组的菱形纹，其下为三周弦纹。口径15.2、底径8.4、高17.2厘米（图一〇，6）。

锺　6件。依整体特征分为二型。

A型　3件。其中2件口部残破。完整者为AM7∶1，泥质红陶。轮制。盘口，直颈较长，鼓腹，高圈足，器身与圈足分制。器表施黄褐釉。口径13、底径17.2、高28.5厘米（图一〇，7）。

B型　3件。依口部变化分为二式。

Ⅰ式：2件。1件圈足已残，完整者为BM3∶45，泥质红陶。盘口，折长直颈，鼓腹，高圈足，腹部有两个对称的铺首衔环。肩腹部饰凹弦纹。口径12.6、最大腹径24、高34.8厘米（图一〇，8）。

Ⅱ式：1件。BM5∶5，泥质红陶。器形较小，浅盘口，长颈，鼓腹，圈足，腹部有两个对称的铺首衔环。器表施酱黄釉。口径14.8、足径13.2、高26厘米（图一〇，9）。

勺　1件。BM6∶6，泥质红陶。手制。勺体呈半圆形，实心短柄，柄略弯曲。长12、勺直径6厘米（图一一，1）。

甑　1件。BM6∶21，泥质灰陶。轮制。直口，窄沿，弧腹斜收，平底，底部有箅孔5个。口径24、底径12、高26厘米（图一一，2）。

三足器　1件。BM5∶7，泥质红陶。手制。上为盘状，有子母口，底部有等距三足。表面施浅褐釉。口径16、高4厘米（图一一，3）。

灯　3件。依整体特征分为二型。

A型　2件。依口部特征分为二式。

Ⅰ式：1件。BM3∶44，夹砂褐陶。口近直，方唇，柄部呈柱状，座呈喇叭状。内、外表均施褐色釉。口径11.3、底径7.7、高10厘米（图一一，6）。

Ⅱ式：1件。BM3∶35，夹砂红褐陶。已残，只余灯碗部。口近直，方唇，弧腹内收。素面。口径13、残高8厘米（图一一，7）。

B型　1件。BM4∶1，盘口，方唇，斜弧腹，底部有三个马蹄形足，圆盘内有三个灯芯柱，其中两个已残。盘底部一手柄已残。内外均施酱釉。口径15、高6.4厘米（图一一，4）。

灯座　5件。均为兽形灯座。BM3∶28，灯体已残，座为一动物，尖嘴，圆眼，鼓腹，坐立。残高14.8厘米（图一一，8）。

器盖　17件。分为三型。

A型　7件。覆钵状，器表均为乳突，应为博山炉盖。BM3∶9，泥质红褐陶。口径12、高5厘米（图一二，1）。

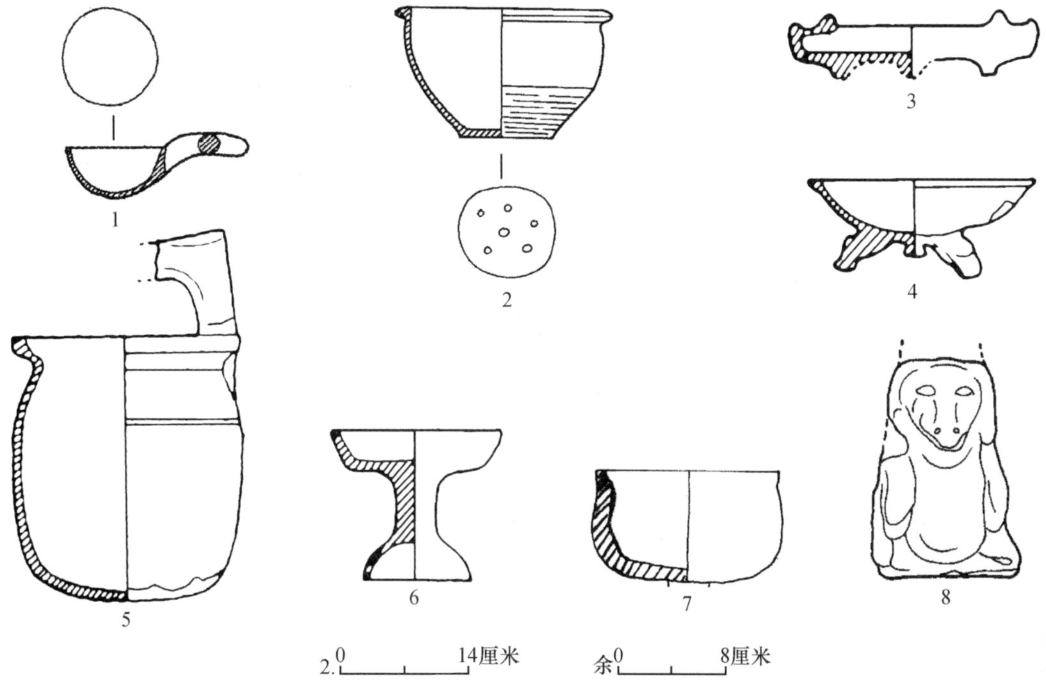

图一一　出土陶器

1. 勺（BM6：6）　2. 甑（BM6：21）　3. 三足器（BM5：7）　4. B型灯（BM4：1）　5. 井（AM7：3）
6. A型Ⅰ式灯（BM3：44）　7. A型Ⅱ式灯（BM3：35）　8. 灯座（BM3：28）

B型　3件。覆钵状，子母口。BM6：28，泥质红褐陶。上部纽已残。表面施绿釉。口径19、高6厘米（图一二，2）。

C型　7件。均出于BM6。2件完整。覆钵状，直口，弧腹急内收，纽部为雀形。BM6：36，泥质红褐陶。雀身施绿釉。口径12、高7.2厘米（图一二，3）。

井　1件。AM7：3，泥质红陶。分为井身与井上建筑两部分，井上建筑已残，故其形制不清，井身为轮制，腹微鼓，平底。口沿及腹上部施褐釉。素面。口径16、底径14、高25.6厘米（图一一，5）。

塘　2件。均已残。AM5：9，长方形，一侧略残，内有堤半分，两塘相通，其中一侧塘内有一鱼一蛙。残长33、宽24、高6.6厘米（图一二，4）。AM6：7，长方形，一侧已残，内用堤半分，两塘相通，一侧塘内塑有鱼、螺等。残长17、宽14、高5厘米（图一二，5）。

人物俑　50件。其中有抚琴俑、舞俑、吹箫俑、吹埙俑、击鼓俑、持袋俑、持剑侍卫俑、抚耳俑、庖厨俑等。

抚琴俑　2件。AM5：8，泥质红陶。呈坐式，圆冠，眉目清晰，右衽宽袖，一长琴置于双膝之上，双手抚琴，似在弹曲。宽22、高23.5厘米（图一三，1）。

舞俑　2件。1件残破，不见头部。BM3：10，泥质红陶。右衽短袖长袍，做舞蹈状，左手舞起，右手执袍。高22厘米（图一三，2）。

吹箫俑　2件。均为胡人吹箫俑。BM6：7，泥质红陶。头戴圆冠，坐立呈吹箫状，左手在上，右手在下，面目轮廓清晰，似胡人。高26.5厘米（图一三，3）。

吹埙俑　1件。BM3：42，泥质红陶。头戴尖顶冠，盘膝而坐，双手合起置于口下，做吹

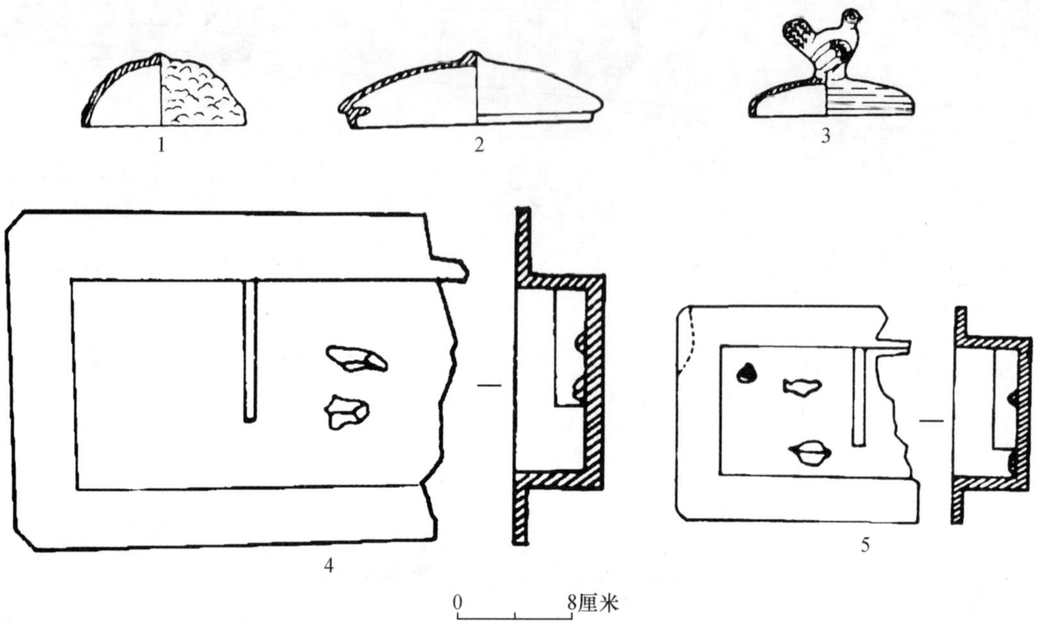

图一二　陶器盖、塘

1. A型器盖（BM3∶9）　2. B型器盖（BM6∶28）　3. C型器盖（BM6∶36）　4、5. 塘（AM5∶9、AM6∶7）

图一三　陶俑

1. 抚琴俑（AM5∶8）　2. 舞俑（BM3∶10）　3. 吹箫俑（BM6∶7）　4. 吹埙俑（BM3∶42）

5、6. 击鼓俑（BM6∶42、BM3∶14）

奏状。高18厘米（图一三，4）。

击鼓俑 2件。BM6：42，泥质红陶。头戴平顶圆冠，右衽宽袖长袍，呈坐式，左手置于左腿上，右手执锤，做击鼓状。高21厘米（图一三，5）。BM3：14，泥质红陶。坐立，鼓置左侧，左手扶于鼓上，右手呈击鼓状，右衽宽袖长袍。高12厘米（图一三，6）。

抚耳俑 2件。BM3：40，泥质红陶。戴平顶冠，右衽宽袖长袍，右手抚耳，左手置于左膝上，呈坐式，做听琴状。高17.3厘米（图一四，1）。BM6：12，泥质红陶。左手抚耳做听琴状。高26厘米（图一四，2）。

持袋俑 1件。CM1：19，泥质红陶。圆顶冠，右衽宽袖长袍，左臂持袋。高36厘米（图一四，3）。

持剑侍卫俑 1件。BM3：23，泥质红陶。右衽宽袖长袍，两手抱于体前并持剑，头向右侧视。高22厘米（图一四，4）。

庖厨俑 1件。BM6：18，已残，不见头部。泥质红陶。坐立，双腿盘起，上平放一案板，右手执刀，做庖厨状，右衽宽袖长袍。残高20厘米（图一四，5）。

侍俑 23件。均双手拢于腹前，有戴平顶冠、圆顶冠、进贤冠、束高髻等几种。BM3：43，泥质红陶。头戴平顶冠，右衽宽袖长袍。高28厘米（图一四，6）。BM3：4，泥质红陶。头戴进贤冠，右衽宽袖长袍，面目轮廓清晰。高20厘米（图一四，7）。BM6：23，泥质红陶。头戴圆顶冠，右衽宽袖长袍。高20.4厘米（图一四，8）。CM1：17，泥质红陶。

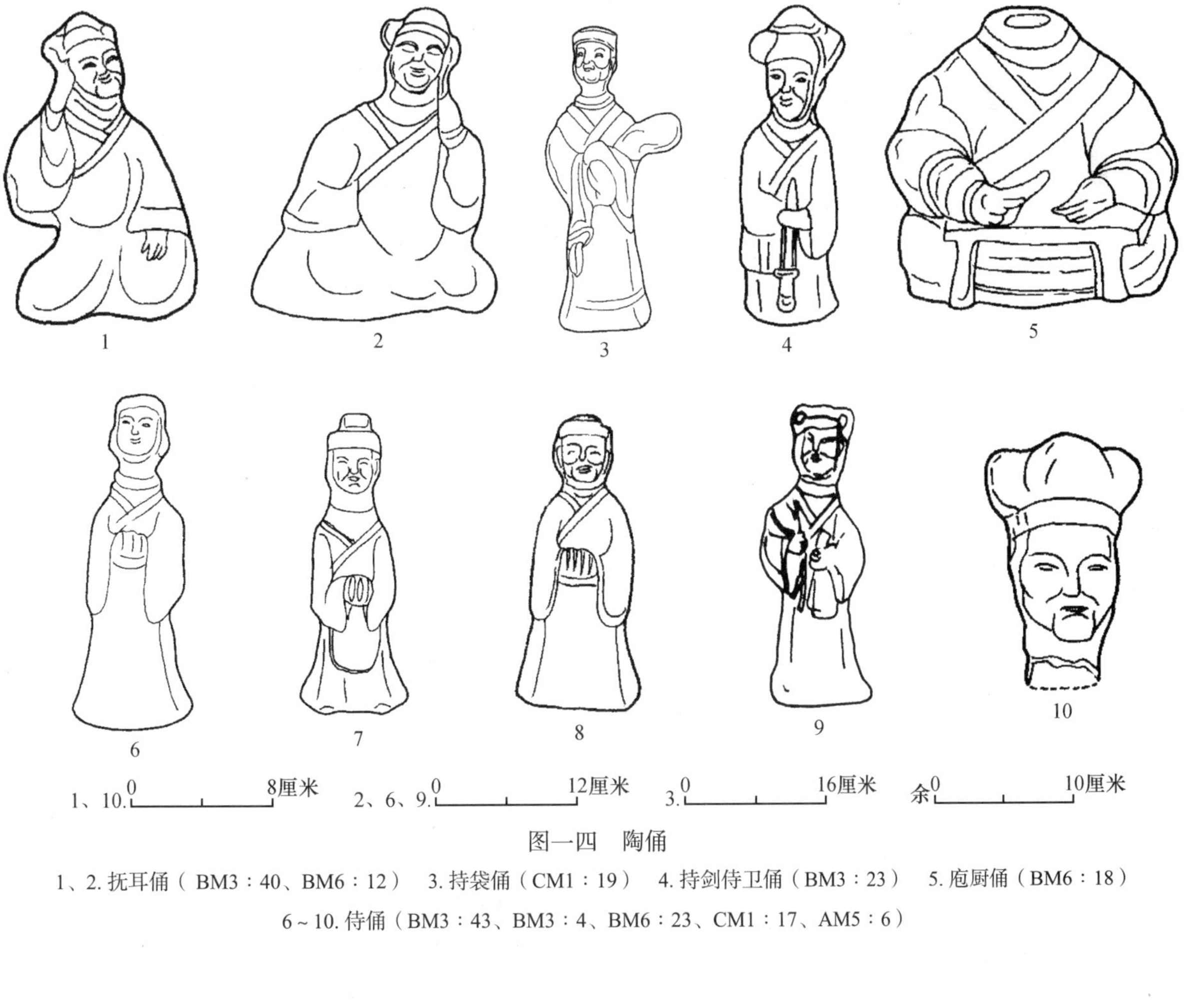

图一四 陶俑

1、2. 抚耳俑（BM3：40、BM6：12） 3. 持袋俑（CM1：19） 4. 持剑侍卫俑（BM3：23） 5. 庖厨俑（BM6：18） 6～10. 侍俑（BM3：43、BM3：4、BM6：23、CM1：17、AM5：6）

头缠巾，形成左右两个圆形发髻，右衽宽袖长袍，右手提带，左手握扇。高24厘米（图一四，9）。AM5：6，仅存头部。束高髻，面目清晰。残高14厘米（图一四，10）。

光头童俑　8件。BM3：33，泥质红陶。右衽宽袖及地长袍。高18厘米（图一五，1）。

跪坐俑　1件。AM6：11，泥质红陶。戴高筒冠，坐式，双手合起置于胸前，圆嘴，眉目清晰。高15.3厘米（图一五，2）。

动物俑　18件。多为泥质红陶，少数为泥质灰陶，主要有狗、鸡、猪、马、镇墓兽等。

狗　3件。泥质红陶。AM5：1，狗尾上翘，贴背，张口昂首，双耳直立，颈、腹系带，四肢直立。身长23、高18.4厘米（图一五，3）。

鸡　3件。泥质红陶。BM3：38，做直立状，尖喙，无冠，睁眼，直颈昂首，鸡尾高翘，爪撑立，合范而成。长22.5、高22厘米（图一五，4）。BM5：9，双腿直立，生动传神，为手制而成。长20、高19.5厘米（图一五，5）。

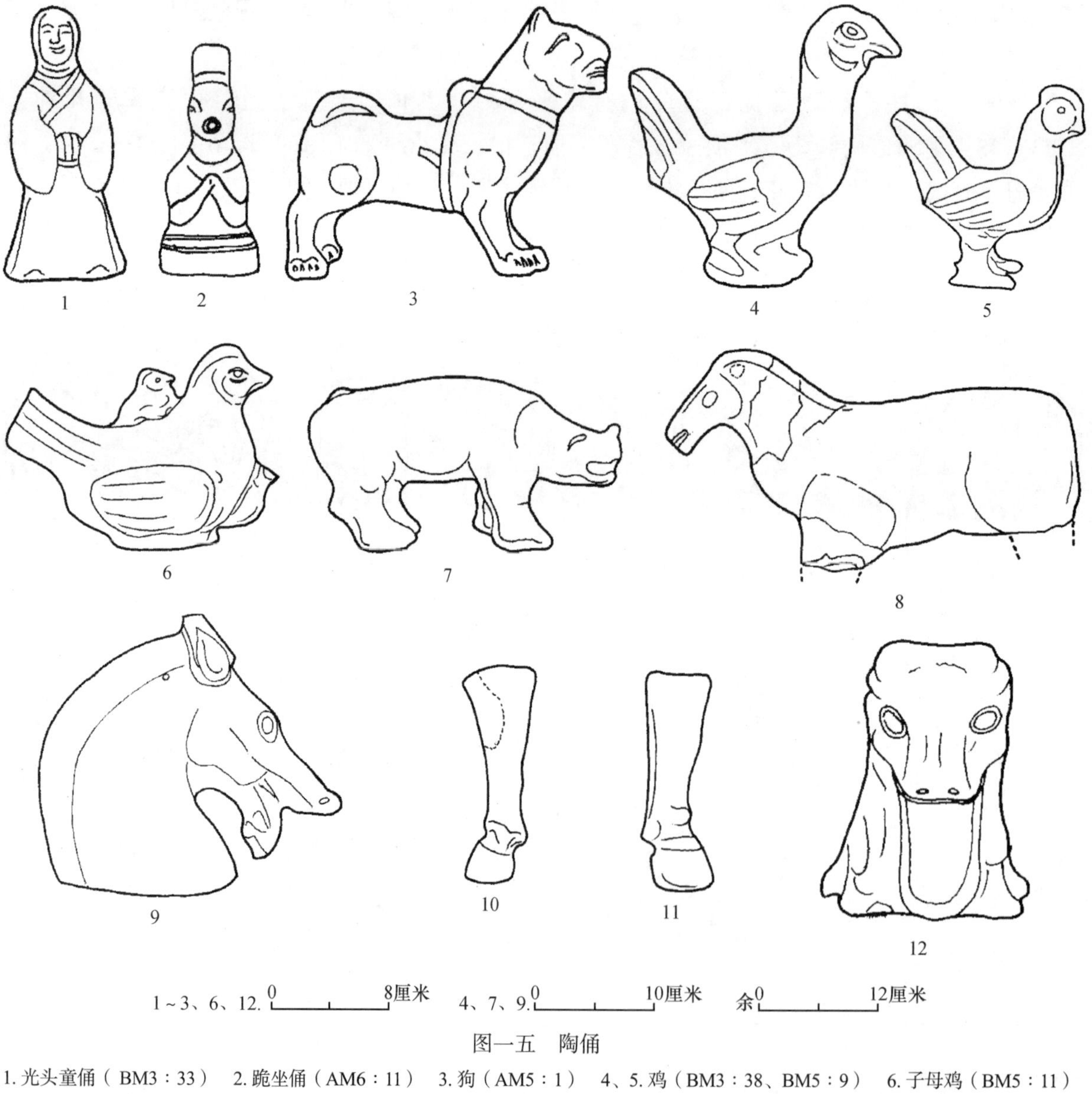

图一五　陶俑

1. 光头童俑（BM3：33）　2. 跪坐俑（AM6：11）　3. 狗（AM5：1）　4、5. 鸡（BM3：38、BM5：9）　6. 子母鸡（BM5：11）　7. 猪（BM3：34）　8、9. 马（AM7：2、BM3：41）　10、11. 马足（BM3：51、BM3：52）　12. 镇墓兽（BM6：14）

子母鸡　3件。1件为泥质灰陶，其中2件为泥质红陶。BM5：11，泥质红陶。呈伏状，底部平，左右两侧翼下、胸前及背上各有一只小鸡。长13.2、高10厘米（图一五，6）。

猪　2件。泥质红陶。BM3：34，嘴微凸，体肥，四肢直立。长25、高14厘米（图一五，7）。

马　2件。均已残，为泥质红陶。AM7：2，抬头前视，背脊平直，尾、腿、耳均残缺。身长42、残高22厘米（图一五，8）。BM3：41，只余马首，下颌略残，双耳直立，嘴张开做嘶鸣状，颈部断面平直。器表施浅褐釉，多已脱落。残高22厘米（图一五，9）。

马足　3件。泥质红陶。BM3：51、BM3：52，存小腿和蹄，上口平齐，空腔。表面施褐釉，多脱落。残高均约20厘米。由于和BM3：41均出于同一墓葬，因此可能是同一个体（图一五，10、11）。

镇墓兽　2件。泥质红陶。BM6：14，合范而成。口大张，长舌，怒目圆睁，尾短，耳小，呈蹲坐状，体前倾。高17.2厘米（图一五，12）。

2. 青瓷器

所见青瓷器仅5件，均为生活用具，为壶和钵，器表施青灰釉不及底，为灰白胎。

壶　2件，1件残。依整体特征分为二式。

Ⅰ式：1件。AM1：2，盘口，短颈，鼓肩，肩有等距四系，平底。口径11.8、底径8.4、高22.5厘米（图一六，1）。

Ⅱ式：1件。AM1：3，颈以上部分残缺，垂腹，平底。底径10.7、残高8厘米（图一六，2）。

碗　3件。分二式。

Ⅰ式：2件。敞口，尖圆唇，斜腹内收，平底。AM2：1，口径19.5、底径11.8、高6.2厘米（图一六，3）。

Ⅱ式：1件。直口，弧壁，平底。内外壁均施青灰色釉。AM1：1，口径8、底径5.8、高3.4厘米（图一六，4）。

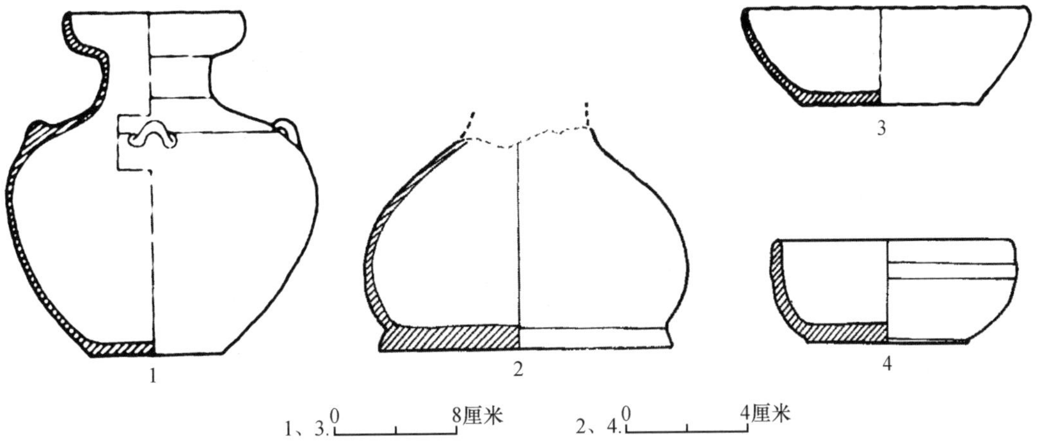

图一六　青瓷器

1. Ⅰ式壶（AM1：2）　2. Ⅱ式壶（AM1：3）　3. Ⅰ式碗（AM2：1）　4. Ⅱ式碗（AM1：1）

3. 铜器

仅见少量钱币和2件铜泡。

钱币　均为五铢钱，仅见于AM6、BM6、CM1，其中AM6计8枚，BM6计3枚，CM1计12枚，少量残甚者未统计。分为二式。

Ⅰ式：20枚。磨郭，剪边，质地较差，字迹难辩。钱径2～2.3、穿径0.9～1厘米。

Ⅱ式：3枚。出于BM6，有郭，质地较好，铸工精细，钱文规范。钱径2.7、穿径1厘米。

泡　2件。锈蚀严重、AM6：2，底径1.9、高0.9厘米。

四、结　语

赤溪墓群处于长江北岸海拔在175～195米的二、三级台地上，尤以三级台地居多，从勘探和发掘情况来看，墓葬分布相对密集，但破坏尤其严重，这对整个墓葬群的发掘和保护应该说是一个巨大的挑战。

此次发掘的17座墓葬均为砖室墓，形制相对比较单一，规模都不大，但这不应该代表赤溪墓群的全貌，随着赤溪墓群发掘的不断深入，应该会不断丰富其文化内涵。所出土的随葬品因为墓葬盗扰严重，除个别墓葬相对较丰富外，多数较少甚至不见，随葬品的配套组合也不全，所出陶器多制造粗糙，且火候较低，易破碎，这些都表明这些墓主人的身份和社会地位都不是很高，应该为一些下层平民墓葬。

在CM1发现带有刻划"宗"字的陶罐，应该具有特定含义，有待于进一步研究。

这批墓葬的年代，从墓葬形制和出土的随葬品看，多集中在东汉中后期至南北朝，除几座墓葬未见随葬品外，只AM1、AM2出土5件随葬品为青瓷器，因此可以断定这两座墓葬年代稍晚，但这并不代表整个赤溪墓群的断代体系，相信随着赤溪墓群墓葬发掘的不断深入、材料的不断丰富，其断代体系也会越来越清晰。

附记：此次发掘的领队为安文荣，参加此次发掘的人员有长春市文物保护研究所驻赤溪墓群考古工作队的王卫民、王义学、孙东文、佟有波、姚启龙；丰都县文物管理所的徐本远。王卫民摄影，徐本远绘图。此次发掘得到了重庆市文化局三峡办以及丰都县文物管理所的李国洪所长及全所工作人员的大力支持，在此一并致谢。

执笔：王义学　王卫民

附表　墓葬登记表

墓号	方向/（°）	尺寸（长×宽-深）			类型	形制与结构	备注
		墓室/米	甬道/米	墓道/米			
AM1	232	4×3.5-0.7	3.25×2.65-0.5		砖室墓A型	刀形竖穴，券顶	被破坏，长、宽为内长、内宽，深度为残存高度
AM2	233	4.25×2.7-0.85	2.75×2.25-0.55		同上	同上	同上
AM3	244	1.5（残长）×2.5-0.5	破坏	破坏	形制不清	形制不清	同上
AM4	240	2.0（残长）×2.6-0.45	同上	同上	同上	同上	同上
AM5	260	3.2×2.3-0.55	1.15（残长）×1.4-0.35	同上	砖室墓A型	刀形竖穴	同上
AM6	225	2.75×1.5-0.92	0.3×1.2-0.92	同上	砖室墓A型	刀形竖穴，券顶	同上
AM7	140	2.05（残长）×1.1（残宽）-1.34	被破坏	同上	同上	同上	同上
AM8		1.65（残长）×1.8-0.2	同上	同上	形制不清	形制不清	同上
AM9		2.58×1.39（残宽）-0.3	只余北壁，残长1.39米	同上	砖室墓A型	刀形竖穴	同上
BM1	65	2.8×2.05-0.97	1.2（残长）×1.4-0.97	同上	同上	刀形竖穴	同上
BM2	310	3.5×2.4-0.25	破坏	同上	同上	同上	同上
BM3	312	3.5×2.7-1.5	2.3×2.1-1.3	同上	同上	刀形竖穴，券顶	同上
BM4	145	3.1×2.75-0.24	1.5（残长）×1.6-0.24	同上	同上	刀形竖穴	同上
BM5	290	2.8×2.4-（0.6～2）	0.75（残长）×1.8-0.5	同上	砖室墓B型	“凸”字形竖穴，券顶	同上
BM6	300	3.4×2.5-0.7	1.6×1.3-0.7	同上	砖室墓A型	刀形竖穴	同上
BM7	150	2.65（残长）×2.5-1.1	2.1（残长）×1.9-0.2	同上	同上	刀形竖穴	同上
CM1	321	1.7×1.3-1.3	1.4×0.9-1.4	1.4×0.6～1.4	同上	刀形竖穴，券顶。带有长方形竖穴土坑斜坡式墓道，墓道坡度35°	同上

丰都凤凰踊遗址2001年度发掘简报

重庆市文化遗产研究院
宜昌博物馆
丰都县文物管理所

丰都县位于重庆库区中心位置，地理坐标为东经107°28′03″～108°12′37″，北纬29°33′18″～30°16′25″，呈西北—东南走向分布，南北长87、东西宽54千米，面积2901平方千米。长江横穿县境47千米，水上距离重庆主城区172、陆上150千米。东依石柱土家族自治县，南接武隆县、彭水县，西靠涪陵区，北邻忠县、垫江县，属亚热带季风气候，气候温和、降水充沛。丰都是著名的旅游名城，周属巴国，曾建"巴子别都"，东汉和帝永元二年（90年）建县，以"鬼城"扬名海内外，被誉为东方"神曲之乡"，是一个典型的移民大县。县城是全市唯一跨江全淹全迁的县城。三峡大坝蓄水175米后，将淹没县内陆地30.47平方千米，耕地1.3万亩①，淹没总人口54 592人，实际搬迁人口81 307人。

一、概　　况

凤凰踊遗址位于长江南岸的二级台地上，东起同马溪，西至凤凰滩石刻，北到长江，南抵观音庙，现存面积约5万平方米。由于江水冲刷、台地崩塌、耕作破坏等，遗址遭到比较严重的破坏，地表特别是临江边可见一些零星陶、瓷片。行政隶属于丰都县龙孔乡凤凰村三社，中心地理坐标为东经109°23′17″，北纬30°58′32″，海拔130～140 米（图一）。自2001年10月9日起，宜昌博物馆三峡考古队受重庆市文化局三峡办委托对该遗址进行了抢救性考古发掘，计划勘探面积50 000平方米，发掘面积1000平方米。田野工作历时70余天，共计完成勘探面积55 000平方米，发掘面积1025平方米。

二、发掘分区及地层堆积

凤凰踊遗址本次发掘按地形、地势分为三个发掘区，Ⅰ区布8个5米×5米探方，Ⅱ区布8个5米×5米探方，Ⅲ区布24个5米×5米探方，共布探方40个，实际发掘面积1025平方米（图二）。

Ⅰ区位于整个发掘区的东北部，为当地村民的耕地，现主要种植冬小麦、油菜等农作物，地势东南比西北高，两侧为田间沟壑，西部为一片杂草林，间长有小杂树，东为同马溪，溪沟两旁杂草丛生，乱石密布。该区地层共分为三层，现以Ⅰ区T5北壁为例介绍其地层

① 1亩≈666.7平方米。

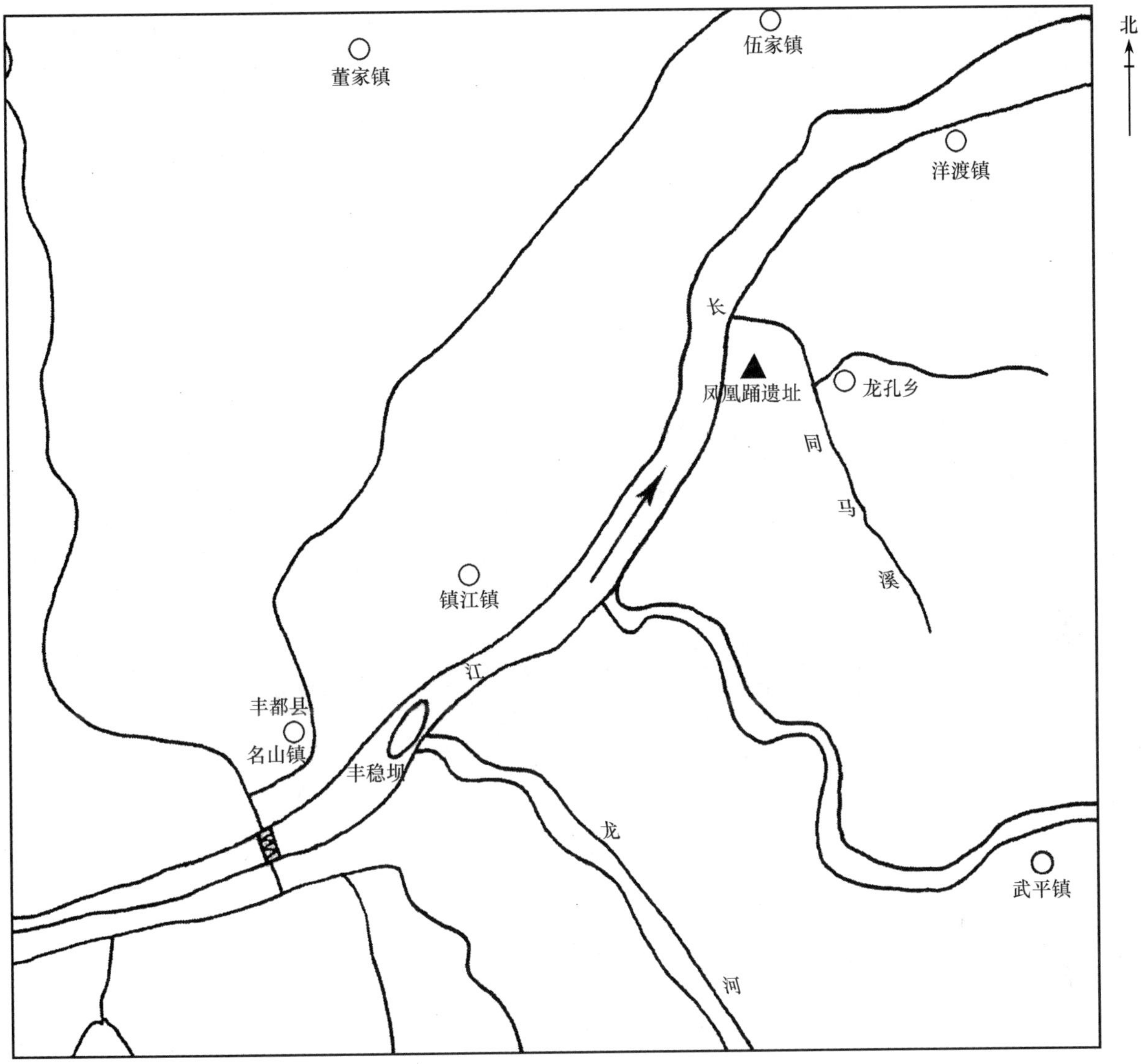

图一　遗址位置示意图

堆积（图三）。

第1层：现代耕土层。灰褐色。土质疏松。包含少量近现代砖瓦片、碎石块等，分布于整个Ⅰ区表面。厚10～21厘米。本层下未见遗迹单位。

第2层：黑褐色黏土层。土质紧密。呈板块状分布于发掘区西、北部。包含零星的陶、瓷片，可辨别形有罐、盘、碗等。厚10～60、深30～60厘米。M3、M5、M6、M8开口于此层下。

第3层：红黄色黏性土。土质紧密。分布于发掘区东北部。包含物主要为陶片，以泥质灰陶为主，器形主要为罐、钵、壶等。厚0～30、深55～60厘米。M4、M7开口于此层下。其下为生土。

Ⅰ区发现墓葬6座，其中土坑墓5座、砖室墓1座，大部分墓葬都有随葬器物出现，所出器形有陶罐、陶钵、陶甑、陶壶、铜鍪、铜镜、铜剑、铜戈、铜饰件、铜指环、铜钱、铁削刀等。

Ⅱ区位于整个发掘区的东南部，为当地村民的耕地，现主要种植冬小麦等农作物，地势东南比西北略高，发掘点较为平坦，两侧为田间小沟壑，东为同马溪溪沟。该区地层共分为两层，现以Ⅱ区T2北壁为例介绍其地层堆积（图四）。

第1层：现代耕土层。灰褐色。土质疏松。包含少量近现代砖瓦片、碎小石块等，分布整个Ⅱ区表面。厚20～25厘米。此层下未见遗迹单位。

第2层：黑褐色黏土层。土质紧密。整个发掘区都有分布。出土有少量青花瓷片，本区未发现遗迹现象。厚30～35、深50～60厘米。此层下即为生土。

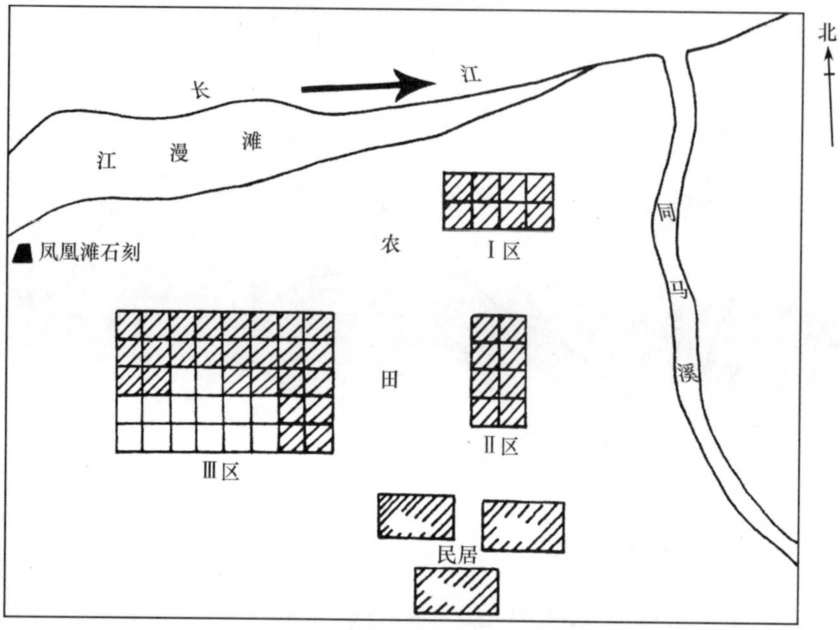

图二　探方分布示意图

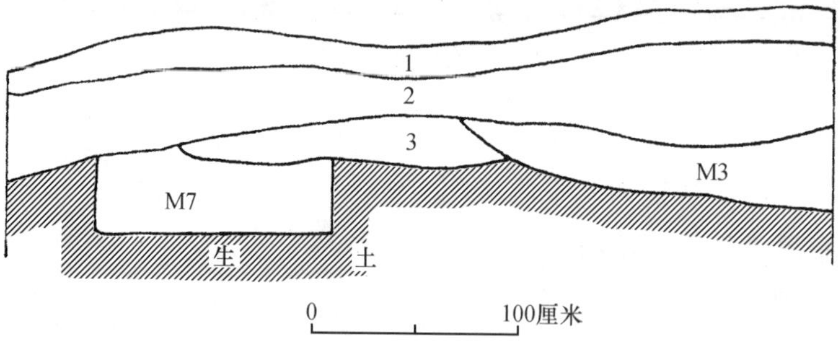

图三　Ⅰ区T5北壁剖面图

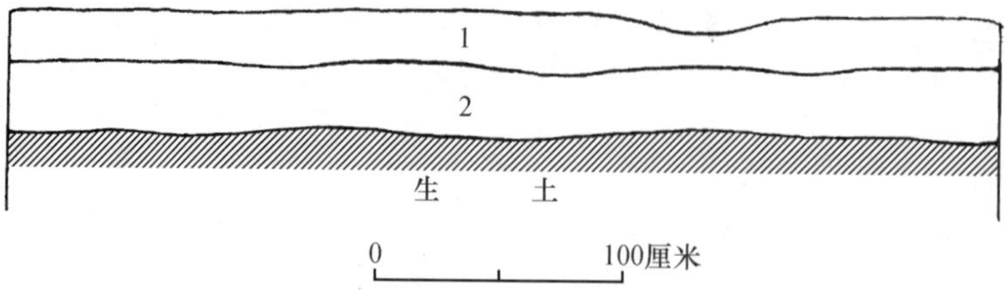

图四　Ⅱ区T2北壁剖面图

Ⅲ区位于整个发掘区的西部，为当地村民的耕地，现主要种植油菜、白菜等农作物，地势南比北高，呈梯田状分布，发掘点为一处白菜地，较为平坦，南北两侧为田间高坎。该区地层分四层，现以Ⅲ区T11东壁为例介绍其地层堆积（图五）。

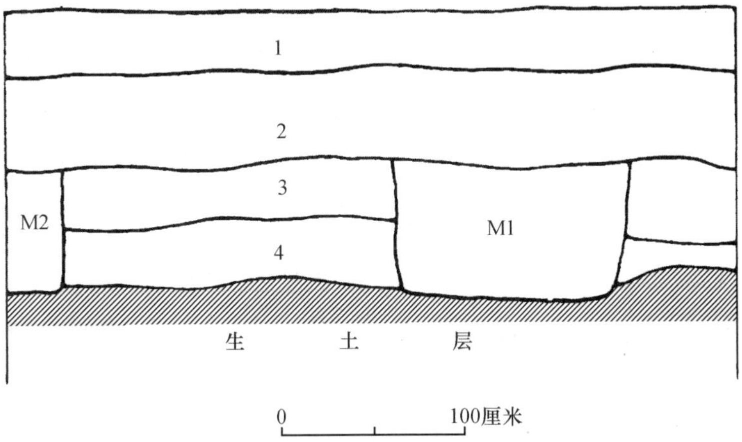

图五 Ⅲ区T11东壁剖面图

第1层：现代耕土层。黑褐色黏土。土质松散。较平坦地分布于整个发掘区表面。包含有植物根茎、小石块及部分现代杂物等。厚25～30厘米。此层下未见遗迹单位。

第2层：黄褐色黏土层。土质细密、板结，为常年种植水稻等作物形成。较平坦地分布于整个发掘区。包含少量近代砖、瓦、瓷片等，同时可见长年耕种水稻等作物后的根茎腐烂后的残留物。厚40～45、深75～80厘米。M1、M2开口于此层下。

第3层：黄灰色泥沙。土质疏松。较平坦地分布于整个发掘区。包含有少量的陶、瓷片，器形主要为罐、碗、钵等。厚25～40、深105～125厘米。此层下未见遗迹单位。

第4层：灰黄色淤积沙土层。分布于发掘区西北部。包含有零星的陶片，主要为泥质灰陶，可辨器形主要为罐、壶等。厚15～35、深140～145厘米。此层下即为生土。

Ⅲ区发现两座明清时期石板石室墓，有棺钉，无随葬品。

三、东周时期遗存

1. 遗迹

东周时期遗存主要位于长江边的沿河二级台地上，呈东西向排列，往南除发现两座晚期墓葬外，未见其他遗迹单位。东周时期遗存全部位于发掘Ⅰ区第3层下，遗迹单位主要为墓葬2座，具体介绍如下。

M4 位于Ⅰ区T3东隔梁、T4以及T8的北隔梁内。开口于第3层下，打破生土。长方形竖穴土坑墓，无墓道。墓口距地表深35～70、长500、宽280厘米；墓底距地表深205～250、长472、宽254厘米。填土为灰红色夹沙花土。墓向220°。棺椁痕迹明显，人骨架两具，均保存极差，仅可见骨痕，葬式为仰身直肢，面向上。随葬器物有陶罐、陶勺、陶鼎、陶壶、铜鍪、铜剑、铜戈镦、铜戈、铜牌饰、骨饰、铜铃、银指环、铁削刀等（图六）。

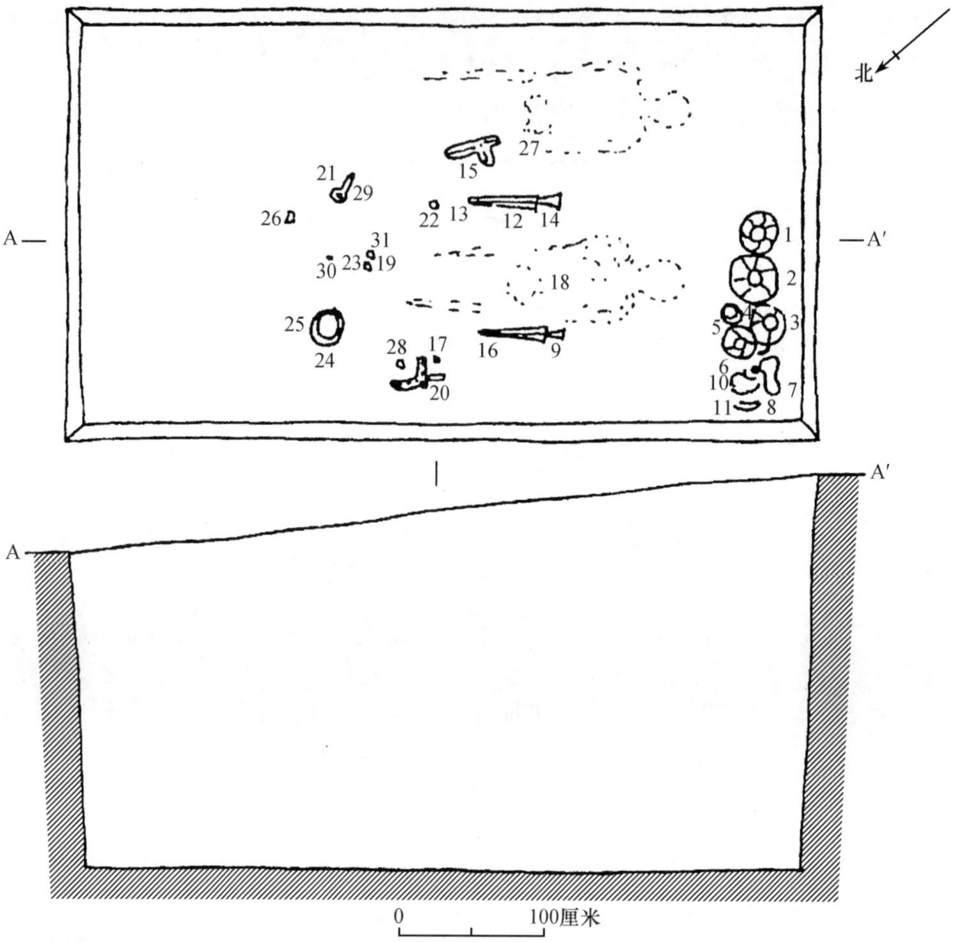

图六　M4平、剖面图

1、2. 陶罐　3、4、7、8、25. 陶壶　5. 铜鍪　6. 铜戈镈　9～11. 陶器盖　12、16. 铜剑　13. 铜剑柄饰　14、21、29. 骨饰　15、20. 铜戈　17、18. 铜饰品　19、26、31. 陶片　22. 铁削刀　23. 陶饰　24. 陶鼎　27. 铜牌饰　28. 铜铃　30. 银指环　32. 陶勺

M7　位于Ⅰ区T1南部、T5北部。开口于第3层下，打破生土。长方形竖穴土坑墓，无墓道。墓口距地表深60、长270、宽132厘米；墓底距地表深30～62、长270、宽132厘米。填土为红褐色夹灰沙花土，土质黏结。墓向160°。有棺椁痕迹，人骨架一具，保存极差，仅可见骨痕，葬式为仰身直肢，面向上。随葬器物有陶罐、陶壶、铜镜、铁削刀（完全锈蚀，无法完全确定器形）等数件（图七）。

2. 遗物

遗址出土遗物全部为墓葬随葬器物，计有陶、铜、铁、银、骨五类，分述如下。

陶器　共12件。全部为泥质灰陶，可分为细泥陶、粗泥陶两种，常夹有细河砂，可能为直接利用当地河边夹有细砂的泥土作为陶土烧制而成；均轮制、刮修，少数器物有磨光痕迹；器表多素面，纹饰以弦纹为主，绳纹次之。弦纹主要为轮制形成，绳纹主要为拍印而成。器形主要为鼎、罐、壶、勺等。

鼎　1件。M4：24，鼎身扁圆，曲形双耳稍外撇，子母口，子口略敛，圆唇，扁圆形腹，腹底缓弧，兽蹄足外撇。半圆形盖，盖上有三个钮形纽。素面。口径11、腹径13.2、通高14厘

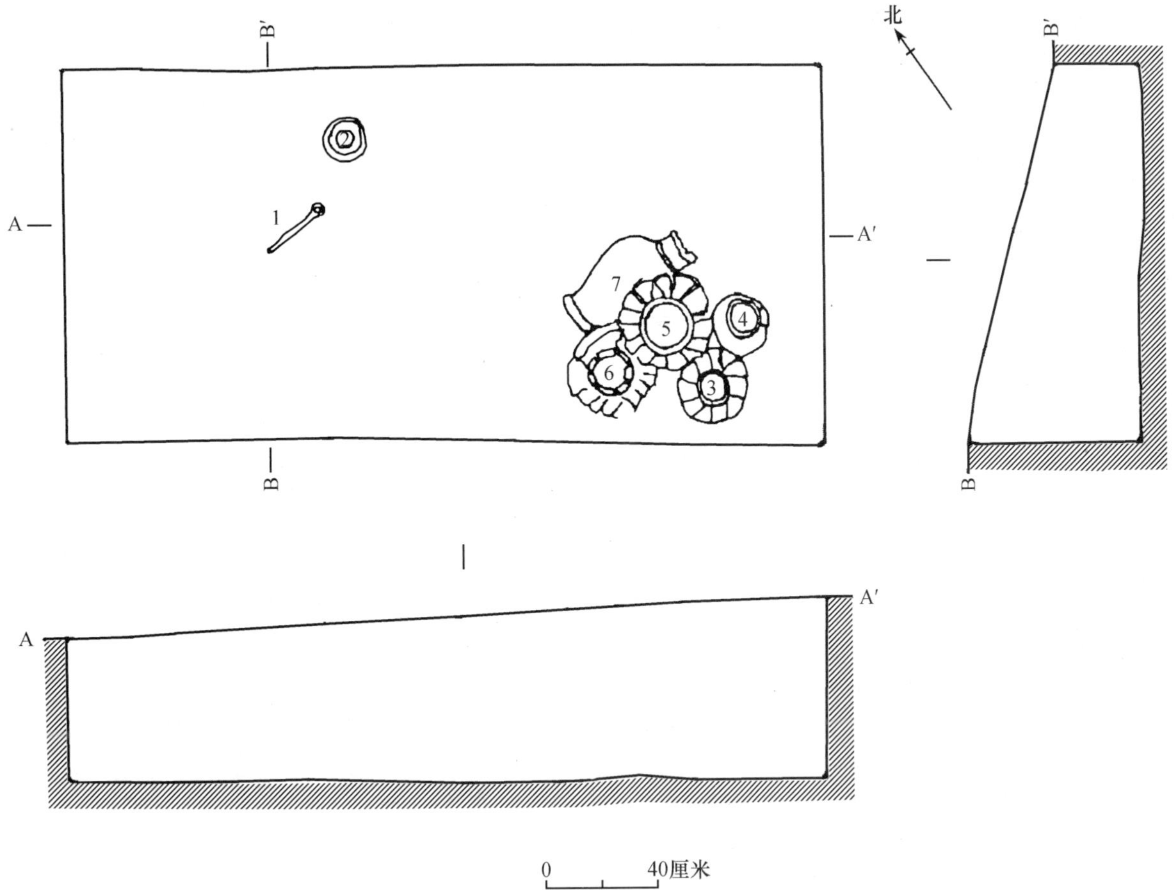

图七　M7平、剖面图
1. 铜镜　2. 铁削刀　3～6. 陶罐　7. 陶壶

米（图八，1）。

罐　5件。M4：1，直口，平折沿，方唇，高领，微折肩（领肩转折明显），鼓腹，凹底。领肩处有一道、上腹部有三道凹弦纹，肩以下至器底饰绳纹。口径12、最大腹径22.8、底径10.4、高20厘米（图八，7）。

壶　共6件。依口部、底部变化分为三型。

A型　2件。分为二式。

Ⅰ式：1件。M4：4，敞口斜伸，长弧领，溜肩，鼓腹，盘状高圈足略折，上腹有对称双环耳。肩及上腹饰数道凹弦纹。盘状盖，子母口，盖面凸圆，上有三纽饰。口径7.5、最大腹径12.7、足径7.2、通高19.6厘米（图八，8）。

Ⅱ式：1件。M7：7，敞口斜伸，长弧领，溜肩，鼓腹，盘状高圈足略折，上腹有对称双耳。颈部饰凸棱纹，肩、腹部饰数道凹弦纹。盘状盖，子母口，盖面凸圆，盖心有一乳凸纽。口径10.4、最大腹径21.2、足径13.2、通高30.8厘米（图八，3）。

B型　1件。M4：7，口微侈，平折沿，方唇，高直领，溜肩，鼓腹，底内凹。素面。口径11.4、最大腹径16.8、底径8、高16.3厘米（图八，4）。

C型　3件。分为二式。

Ⅰ式：1件。M4：25，喇叭口，尖唇外撇，高领，颈内束，圆折肩，鼓腹，足外撇，平

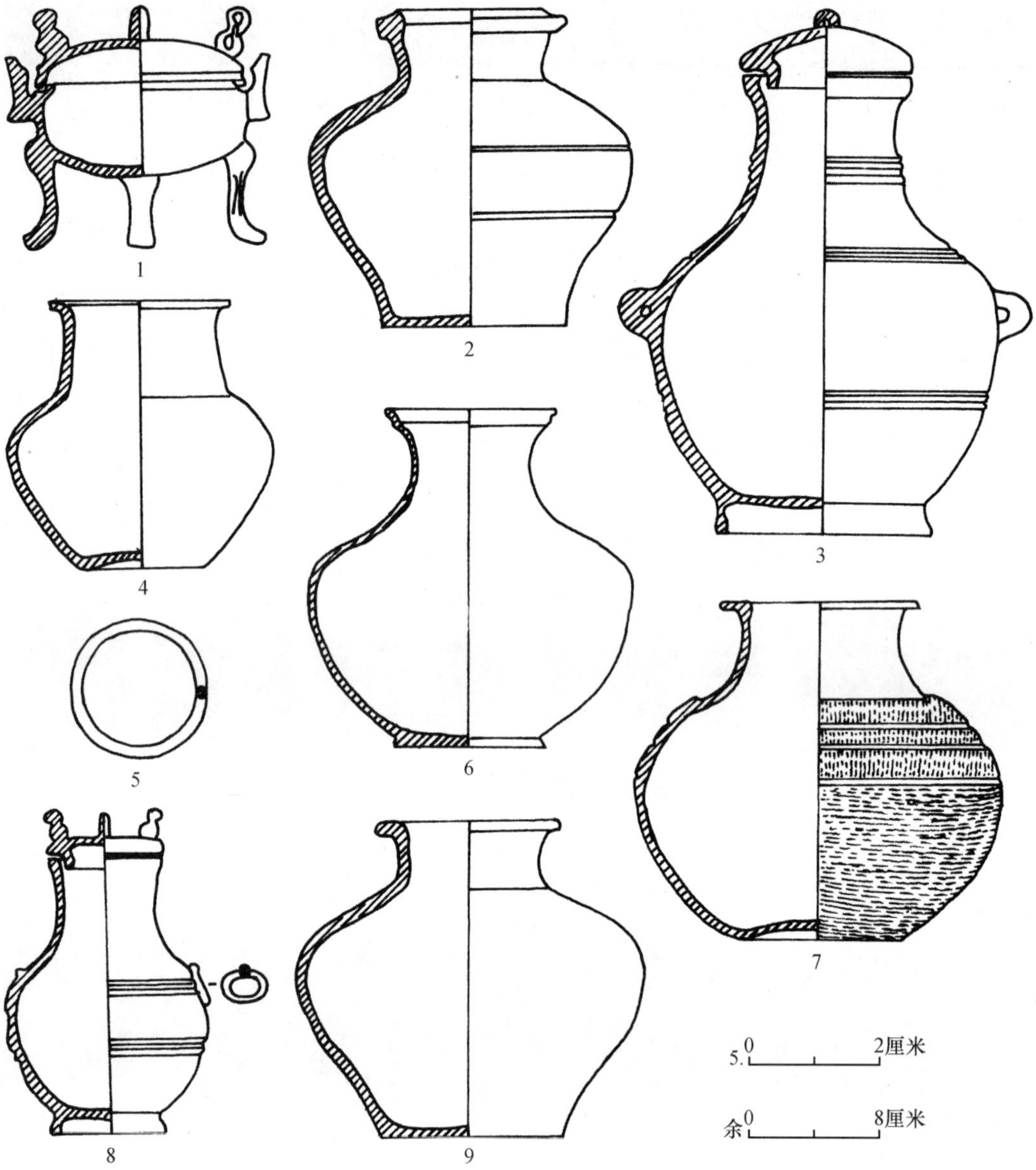

图八　东周时期遗物

1. 陶鼎（M4：24）　2、9. C型Ⅱ式陶壶（M4：3、M4：8）　3. A型Ⅱ式陶壶（M7：7）　4. B型陶壶（M4：7）　5. 银指环（M4：30）　6. C型Ⅰ式陶壶（M4：25）　7. 陶罐（M4：1）　8. A型Ⅰ式陶壶（M4：4）

底。素面。口径11、最大腹径20、底径9.6、高20厘米（图八，6）。

Ⅱ式：2件。M4：3，喇叭口，翻沿，领口内凹，高领，束颈，斜肩，领肩和肩腹圆转，腹下内收，平底。肩腹相连处和腹下部有两道细弦纹。口径11.4、最大腹径20、底径11.6、高18.8厘米（图八，2）。M4：8，口微侈，平折沿，尖唇外撇，高领，斜肩，鼓腹，下腹内凹，平底。素面。口径11.2、最大腹径 21.6、底径11.2、高18.4厘米（图八，9）。

勺　1件。M4：32，柄有削棱，勺首呈萁形，勺把与勺面近垂直。素面。勺面宽5、勺面长7.2、把长6.4、把径2.2厘米（图九，7）。

铜器　12件。基本为青铜范模铸造而成，其中主要为双范合铸，器类有鍪、镜、铃、剑、戈、剑柄饰、戈镈等，以兵器为主。

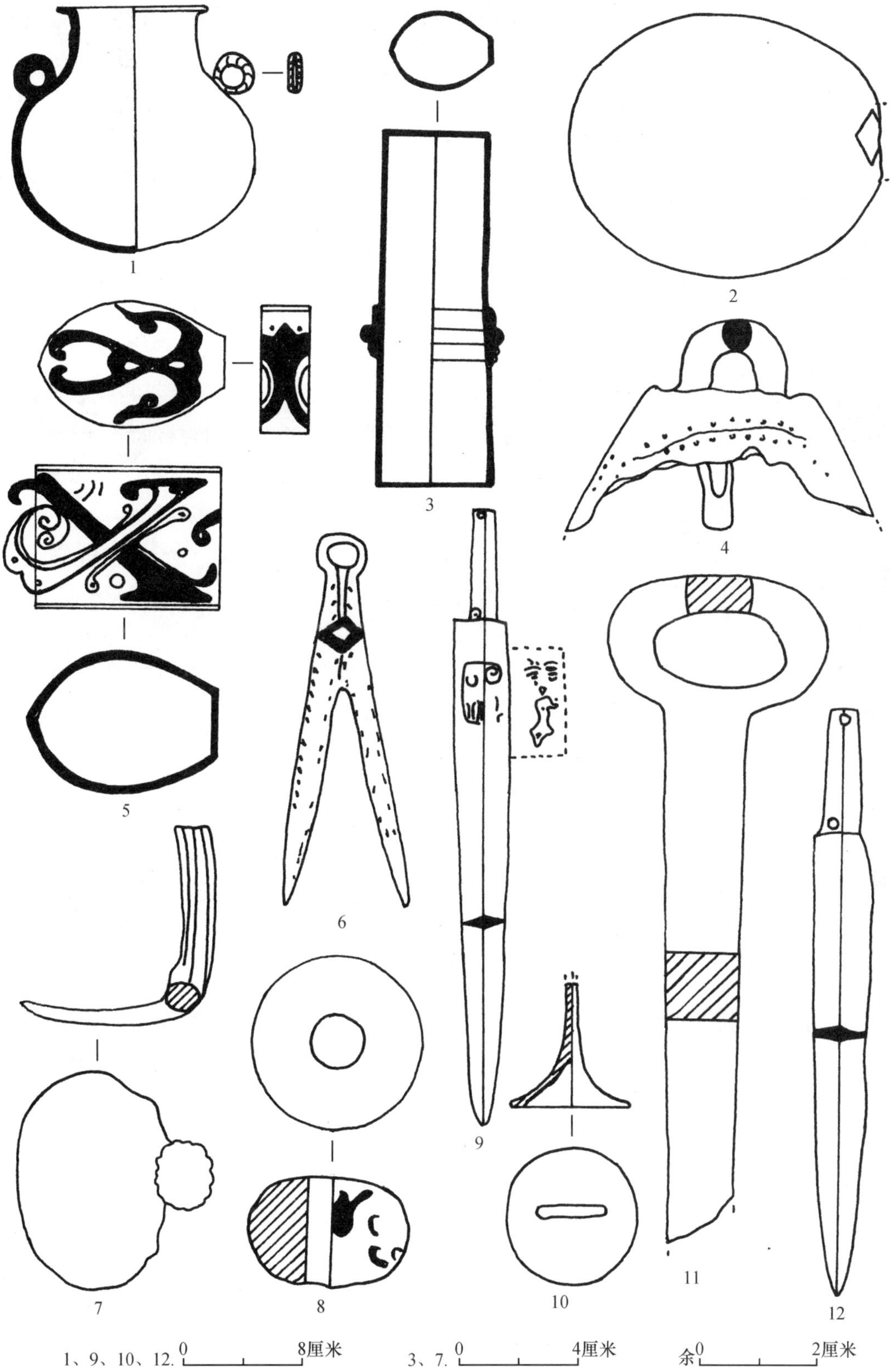

图九　东周时期遗物

1. 铜鍪（M4：5）　2. 骨剑坠（M4：14）　3. 铜戈镈（M4：6）　4. 铜铃（M4：28）　5. 铜剑柄饰（M4：13）　6、10. 铜饰品（M4：17、M4：18）　7. 陶勺（M4：32）　8. 骨珠（M4：29）　9、12. 铜剑（M4：12、M4：16）　11. 铁削刀（M4：22）

鍪　1件。M4：5，侈口，平折沿，高领，圆鼓腹，圜底，肩部饰有对称双耳。素面。口径10、最大腹径16、高16.1厘米（图九，1）。

铃　1件。M4：28，铃身残。呈喇叭口，桥形纽，纽断面呈圆形，内置“U”形吊纽，可用于系铃舌。铃身饰连珠状凸点纹。残口径5、纽高1.1、残高3.4厘米（图九，4）。

剑　2件。均为柳叶形。M4：12，扁茎无格，茎上有二圆形穿，无首无箍，近末端内收，剑身扁平，两面起脊直贯身柄，断面呈菱形，三角形尖锋，刃薄而锋利，短柄。腊部与茎相接处的脊两面铸有虎纹。通长40厘米，茎长7.2、茎宽1.6厘米，剑刃宽1.6~3.8、长32.8厘米（图九，9；图一〇）。M4：16，扁茎无格，无首无箍，近末端内收，茎上有二穿，剑身扁平，两面起脊直贯身柄，剑身断面呈菱形，三角形尖锋，刃薄而锋利，短柄。素面。通长37.6厘米，茎长8、茎宽2.4厘米，剑刃宽1.6~3.2、长29.6厘米（图九，12）。

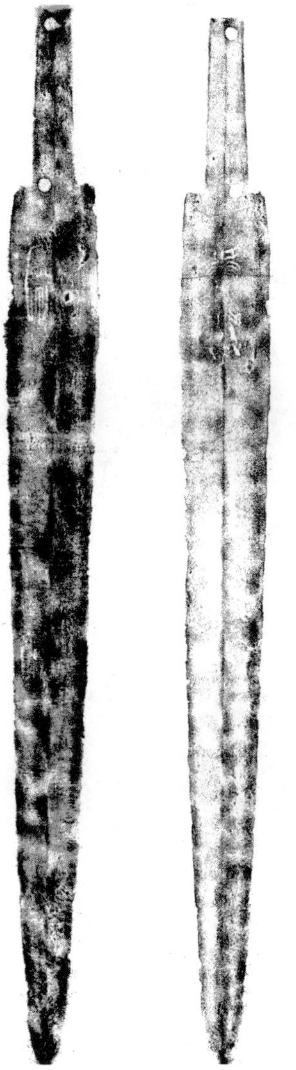
图一〇　铜剑纹饰拓片（M4：12）

剑柄饰　1件。M4：13，扁圆筒形，横截面椭圆形，一端为菱形。通体镶嵌金质变形凤鸟、卷云纹图案。长2.2、直径2.1~3厘米（图九，5）。

戈　2件。分为二型。

A型　1件。M4：15，援狭长弯曲，锋部内曲，援部剖面呈菱形，刃部呈锥状，长胡，援胡交角略大于90°，长内外撇，栏上有4个长方形穿，内一长方形穿。素面。援长16、援宽2.8厘米，胡长14、内长12.4、阑长16 厘米（图一一，1）。

B型　1件。M4：20，援狭长，锋部上扬，援部剖面呈菱形，长胡，援胡交角略大于90°，短内，内与援平直，栏上3个长方形穿，内一长方形穿略上扬， 胡与内部呈81°夹角。素面。援长14.4、援宽2.8厘米，胡长10.8、内长3.6、阑长12.4厘米（图一一，2）。

戈镈　1件。M4：6，管状，横截面呈椭圆形，一侧边平直。腹部饰凸棱纹。长11.2、直径2.4~3.2 厘米（图九，3）。

镜　1件。M7：1，圆形，圆纽，宽素缘，素心。菱形连弧纹。直径14.4、厚0.32 厘米（图一一，4；图一二）。

牌饰　1件。M4：27，牌面呈椭圆形，长条形系，两旁对称半圆形双耳，系孔呈半圆形。牌面顶部饰倒三角形凸棱，系部饰长方形和倒三角形凸棱，系旁半圆形双耳中心饰凸角。通长8.8、 牌径6.3、厚0.2厘米（图一一，3）。

饰品　2件。M4：18，喇叭口，器身一长方形穿孔，细长柄，柄残。素面。口径2、高2、柄径2厘米（图九，10）。M4：17，“人”字形，顶部有圆环系孔，上端呈四棱状，下端柱状、尖锥状足。通体饰凹点纹。长5.9、最宽2.1厘米，足径0.4厘米（图九，6）。

铁器　2件。M4：22，铁削刀，铸造而成，环首，长条形器身，器身剖面呈正方形，刃部

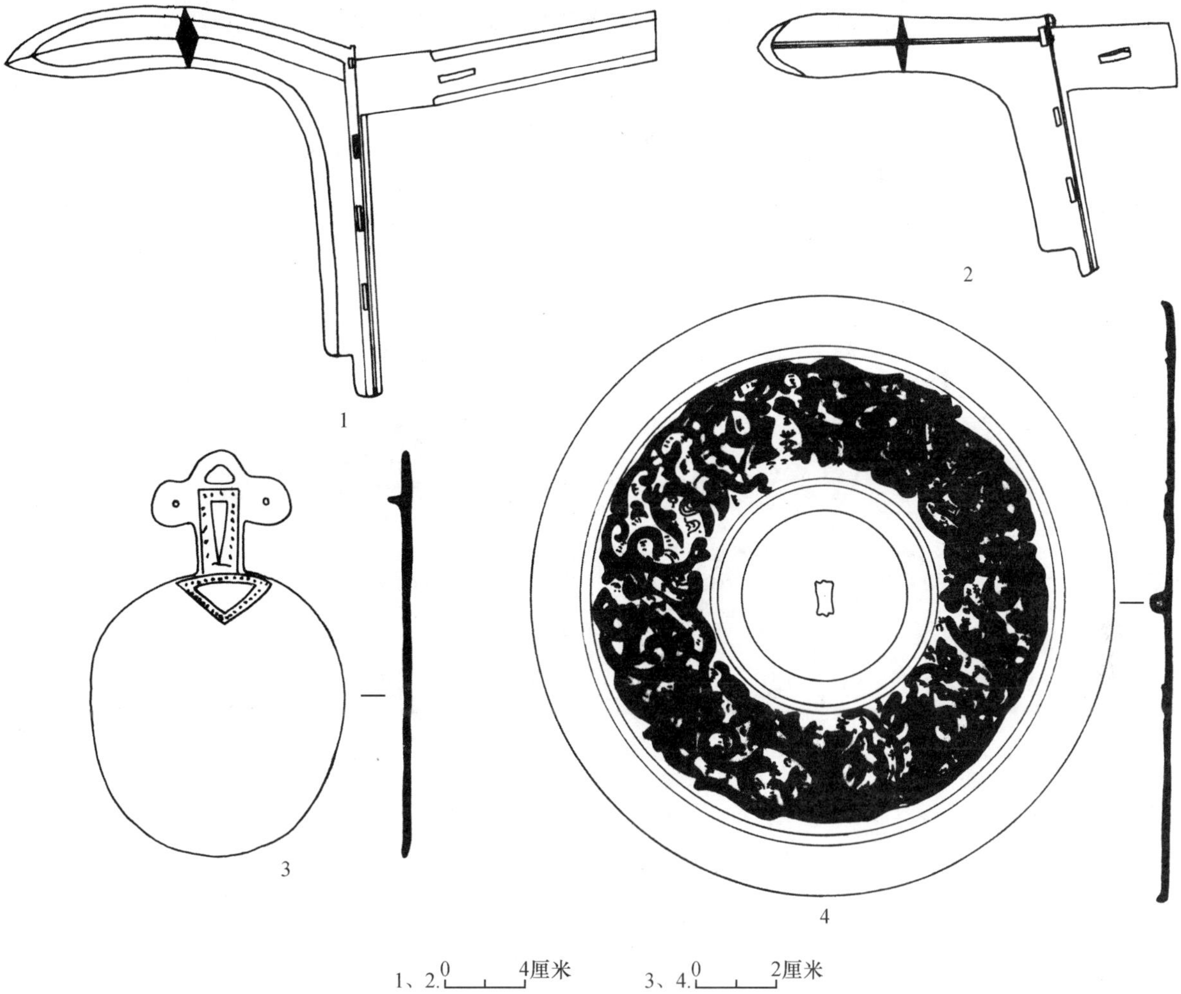

图一一　东周时期铜器

1. A型戈（M4：15）　2. B型戈（M4：20）　3. 牌饰（M4：27）　4. 镜（M7：1）

残，器身满布铁锈。素面。残长10.8厘米，器身残长8.6厘米，器身宽1.1、厚1.2厘米（图九，11）。

银器　1件。M4：30，银指环。铸造，圆环形，剖面为圆形。素面。直径2、剖面直径0.2厘米（图八，5）。

骨饰　2件。M4：29，珠。动物骨骼磨制而成，扁圆形，中间一圆形穿孔，立面呈椭圆形。彩绘变形云纹。直径2.9、孔径0.9、厚1.8厘米（图九，8）。M4：14，剑坠。动物骨骼磨制而成，呈椭圆形，一端有方穿。素面。直径4.4～5.2厘米（图九，2）。

四、汉代遗存

1. 遗迹

汉代遗存全部位于Ⅰ区第2层下，遗迹单位主要为墓葬4座，具体介绍如下。

M3　砖室墓，被毁严重，仅残留墓室墓底局部，其他部位均被完全破坏，不见随葬品。

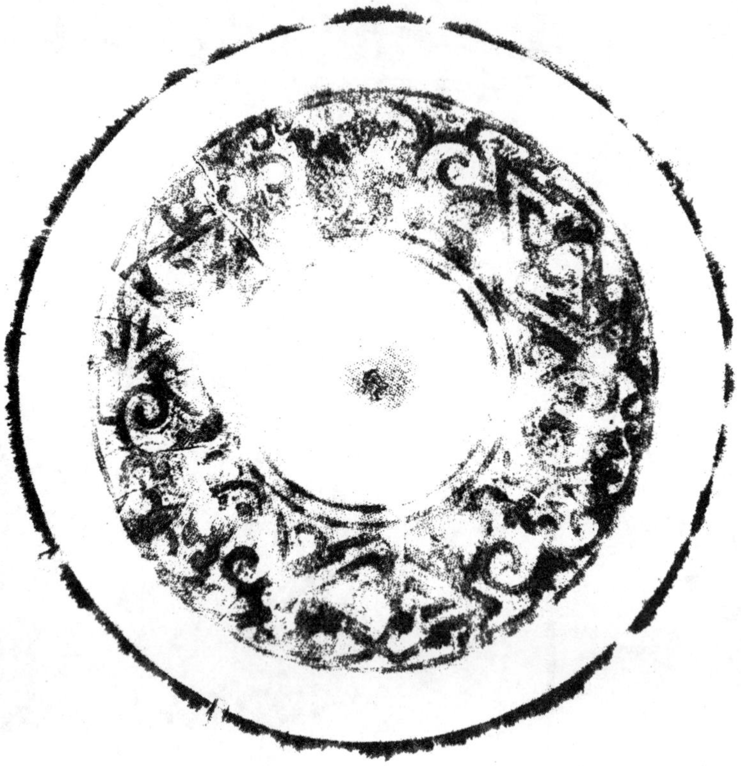

图一二　M7出土铜镜纹饰拓片（M7：1）

从墓葬形制和墓砖分析当是东汉晚期墓葬。

M5　位于Ⅰ区T1东壁向外延伸2米处。开口于第2层下，打破第3层及生土。长方形竖穴土坑墓，无墓道。墓口距地表深50～65、长290、宽160厘米；墓底距地表深70～130、长290、宽160厘米。填土为灰沙红黄色花土。墓向210°。有棺椁痕迹，人骨架两具，均保存极差，仰身直肢，面向上。随葬器物有陶罐、陶甑、铜钱等10余件（图一三）。

M6　位于Ⅰ区T2东北、T3西北部。开口于第2层下，打破第3层及生土。长方形竖穴土坑墓，无墓道。墓口距地表深25、长300、宽160厘米；墓底距地表深50～75、长296、宽160厘米。填土为红黄色夹灰沙花土。墓向160°。有棺椁痕迹，人骨架两具，均保存极差，仰身直肢，面向上。随葬器物有陶罐、陶钵、陶甑、铜鍪、铜钱、料珠（已残毁）等20余件（图一四）。

M8　位于Ⅰ区T7东部、T8西部。开口于第2层下，打破第3层及生土。长方形竖穴土坑墓，无墓道。墓口距地表深50～80、长480、宽220厘米；墓底距地表深144、长480、宽220厘米。填土为灰红色花土，土质黏结。墓向50°。有棺椁痕迹，人骨架已完全残毁。随葬器物有陶罐、陶釜、陶豆8件（图一五）。

2. 遗物

遗址出土遗物全部为墓葬随葬器物，计有陶、铜、铁三类，分述如下。

陶器　除M8出土一件陶釜为夹砂红陶外，其余全部为泥质灰陶，可分为细泥陶、粗泥陶两种，均轮制、刮修，器表多素面，纹饰以弦纹为主，绳纹次之。弦纹主要为轮制形成，绳纹

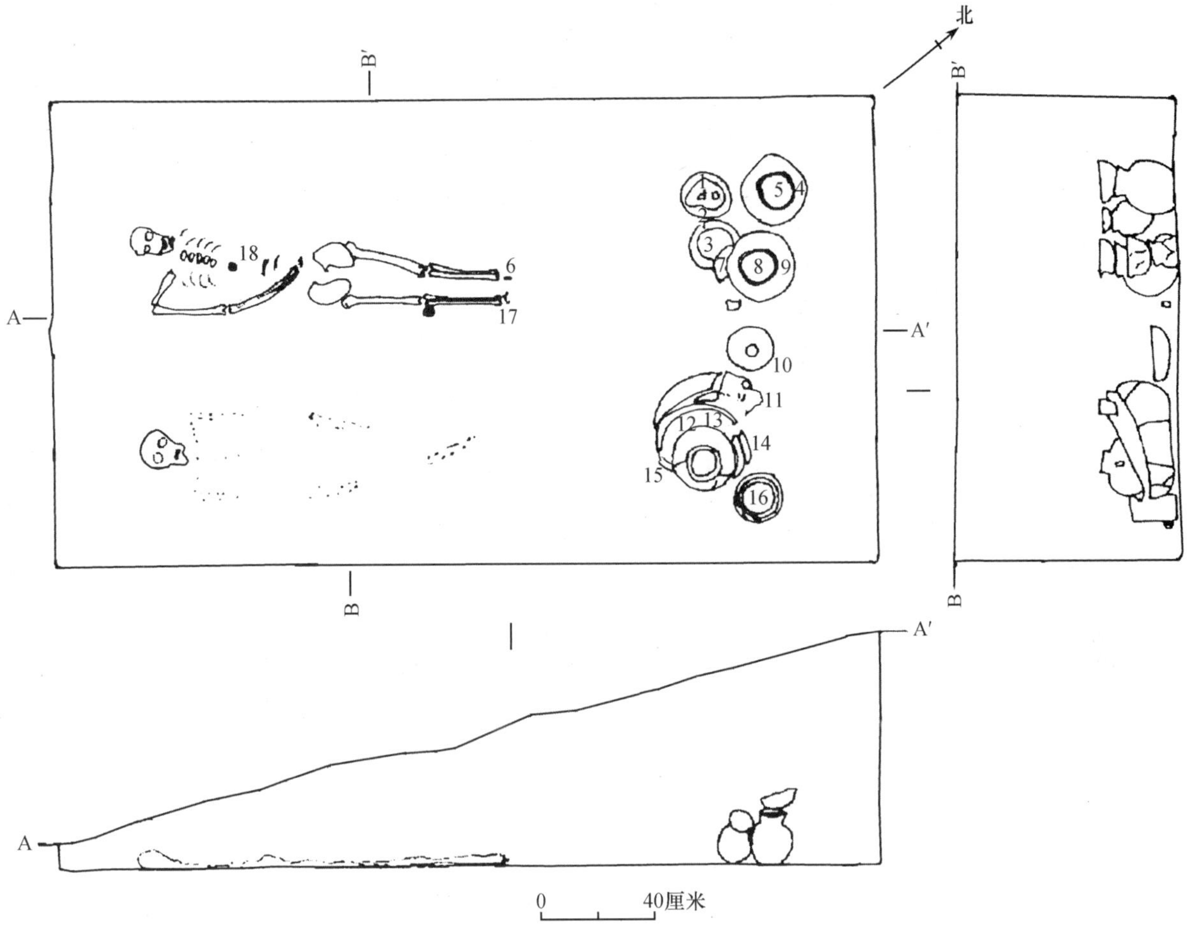

图一三　M5平、剖面图

1、3、5. 陶片　2、4、6、9、11、14、16. 陶罐　7. 铜指环　8、10. 陶器盖　12. 陶甑　13. 铁斤　15、17、18. 铜钱

主要为拍印而成。下面主要介绍釜、罐、甑、器盖。

釜　1件。M8∶6，夹砂红陶。侈口，宽沿外翻，圆唇，鼓腹，底残。腹部饰绳纹。口径12.1、最大腹径15.6、残高8.9厘米（图一六，2）。

罐　18件。依口部变化分为三型。

A型　7件。侈口，卷沿。分三亚型。

Aa型　2件。高领。M6∶10，方唇，高束领，溜肩，鼓腹，内凹底。素面。口径11.4、最大腹径16.8、底径8、高12.4厘米（图一六，9）。M6∶15，圆唇，束颈，斜肩，肩腹曲折，底微凹。肩颈相接处有一周刮棱，肩部有一周凹弦纹，腹部有刮棱。口径10、最大腹径17.2、底径9.6、高12.2厘米（图一六，4）。

Ab型　3件。形体矮胖，颈部较短。M5∶9，圆唇，曲肩，鼓腹，底微凹。肩部饰一道凹弦纹。口径12.8、最大腹径22.8、底径13.2、高16.5厘米（图一六，10）。M5∶4，带钵式盖，圆唇外撇，矮领，曲肩，鼓腹，下腹曲收，平底。肩部饰一道凹弦纹。盖顶平直，内微凹。盖径13.6、口径11、最大腹径17.6、底径9.6、通高11.2厘米（图一六，8）。M5∶2，带钵式盖，圆唇外撇，短直领，斜弧肩，鼓腹，下腹曲收，平底。素面。盖顶内凹，双折腹，口外撇。口径11.4、最大腹径17.2、底径11.2、通高11.2厘米（图一六，11）。

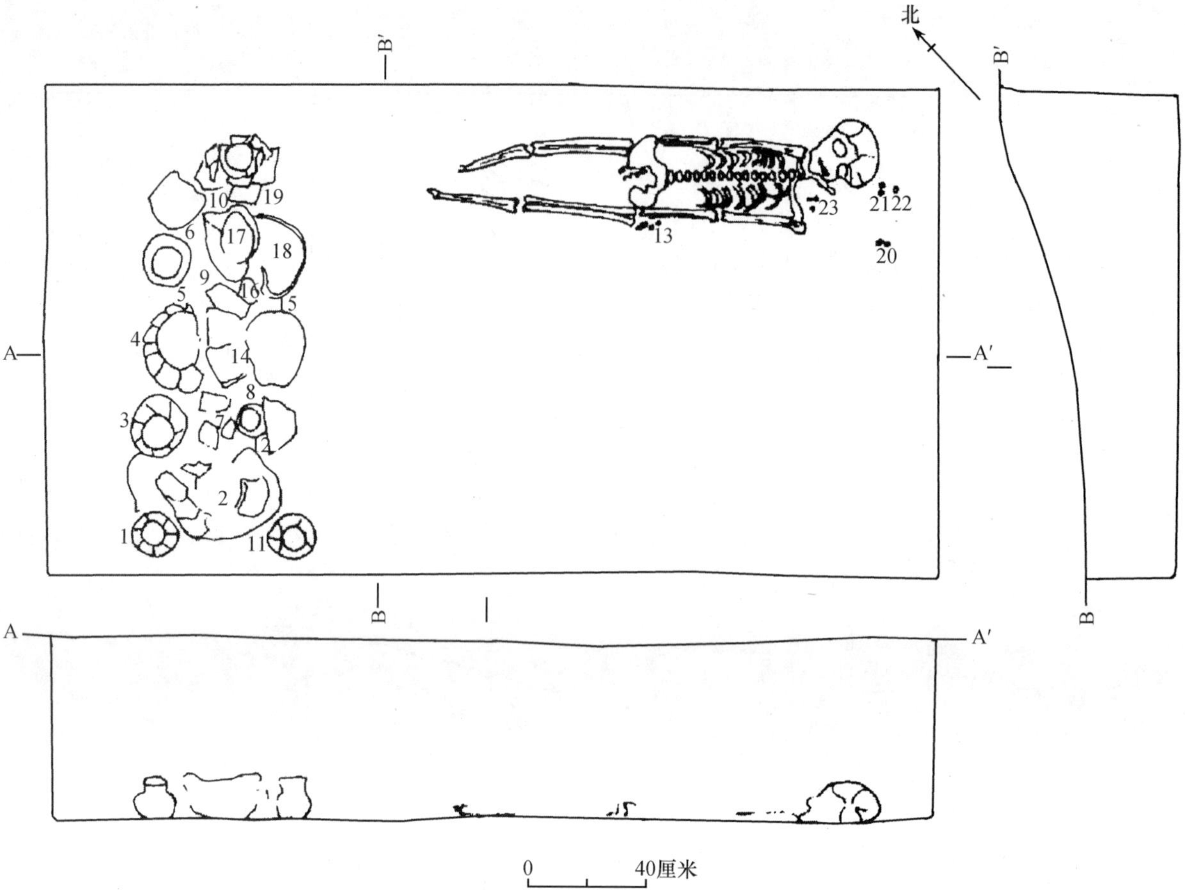

图一四 M6平、剖面图

1. 铜鍪 2. 陶甑 3、4、6、8～10、14～16、18、19. 陶罐 5、7. 陶器盖 11、12、17. 陶钵 13、21. 陶片 20. 料珠 22、23. 铜钱

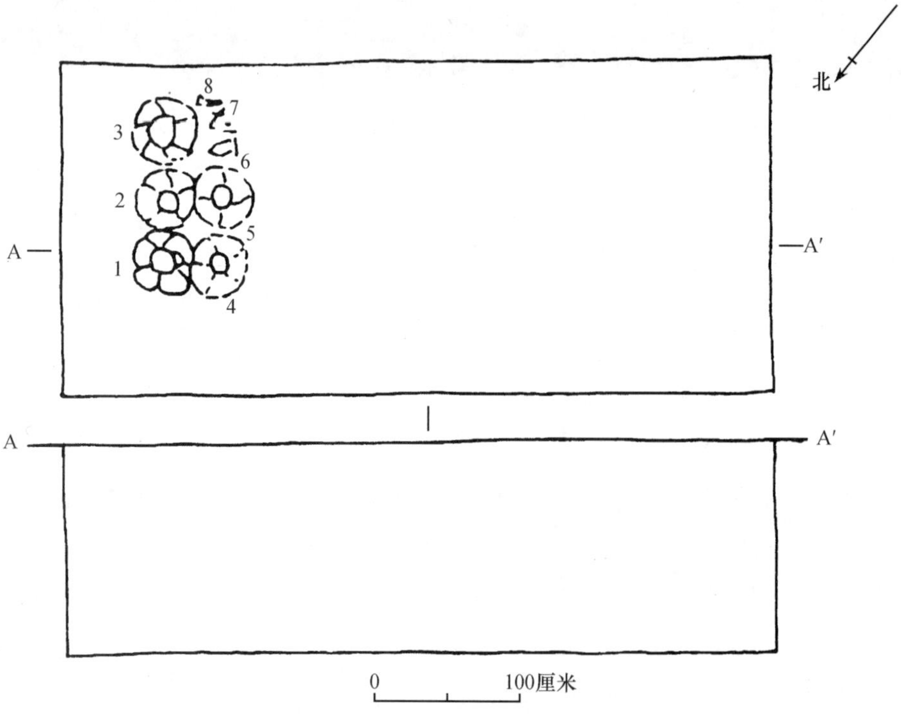

图一五 M8平、剖面图

1～5、7. 陶罐 6. 陶釜 8. 陶豆

Ac型　2件。短颈近无，最大腹径在肩腹交接处。M6：8，圆唇，曲肩，鼓腹，底微凹。肩部及上腹部饰弦状绳纹。口径19.5、最大腹径31.2、底径18、高24.6厘米（图一六，5）。M5：6，领肩处有一道刮棱，翻沿，圆唇，短领，斜肩，鼓腹内收，凹底。肩部有一周凹弦纹。口径12.2、最大腹径24、底径12.2、高17.5厘米（图一六，7）。

B型　4件。直口。分为二亚型。

Ba型　1件。高直领。M5：11，尖唇，斜肩，肩腹圆转，曲腹内收，肩腹部有对称双耳，底微凹。肩腹部饰二周弦纹。口径22.5、最大腹径34.2、底径15.6、高24.6厘米（图一六，1）。

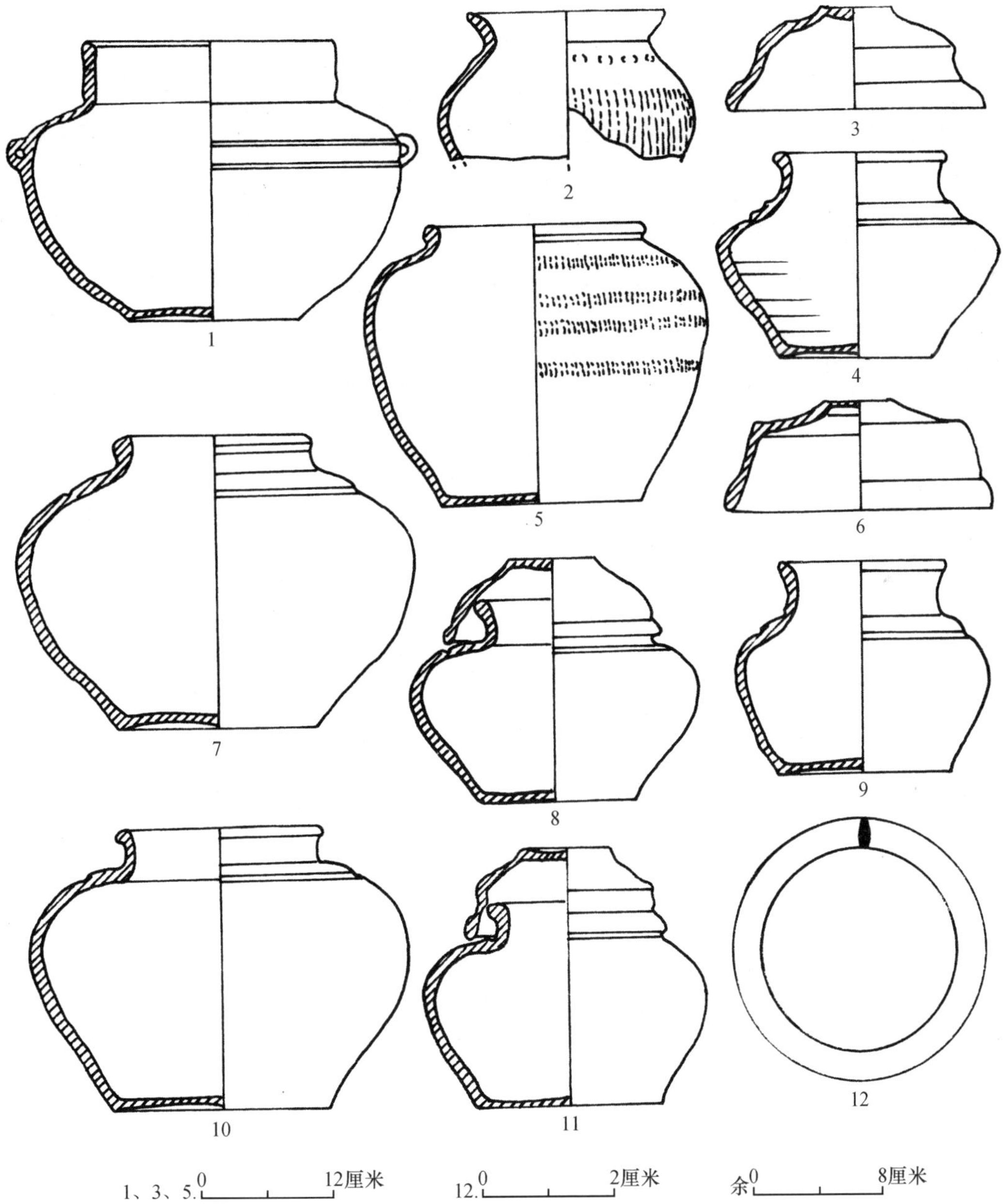

图一六　汉代遗物

1. Ba型陶罐（M5：11）　2. 陶釜（M8：6）　3. A型Ⅱ式陶器盖（M5：10）　4、9. Aa型陶罐（M6：15、M6：10）　5、7. Ac型陶罐（M6：8、M5：6）　6. B型Ⅰ式陶器盖（M6：7）　8、10、11. Ab型陶罐（M5：4、M5：9、M5：2）　12. 铜指环（M5：7）

Bb型 3件。沿部外翻。M6：9，尖唇，平折沿，沿面较宽，短颈，肩面斜弧，腹上部圆鼓，下微收，凹底。肩颈相接处有一道凹弦纹，肩面饰两道凹弦纹。口径14.6、腹径25.6、底径10.4、高18.4厘米（图一七，4）。M5：14，翻沿，束领，曲肩，肩部有对称的双耳，鼓腹，底微凹。唇部有一道凹弦纹，肩颈相接处、肩部和肩腹相接处各有一道凹弦纹，颈以下饰绳纹。口径12、最大腹径24.4、底径8、高18.5厘米（图一七，2）。M8：1，折沿，尖唇，短直领，肩面斜弧，折肩明显，腹圆鼓，腹下微收，凹底。肩颈相接处有一周、腹部有两周凹弦纹。口径14.4、最大腹径26.4、底径12、高18.1厘米（图一七，1）。

C型 7件。敛口。分三亚型。

Ca型 2件。卷沿。M6：16，矮领，曲肩，肩腹圆转，微凹底。腹部以下拍印方格纹。口径23.5、最大腹径38.4、底径22.2、高23.4厘米（图一七，7）。M8：2，短领，尖唇，肩面近平，扁圆腹较深，腹下内收，凹底。肩颈相接处有一道、肩部有二道、肩腹相接处有一道凹弦纹，颈部以下拍印有绳纹。口径15.1、最大腹径26.4、底径13.6、高17.5厘米（图一七，5）。

Cb型 4件。短颈，筒形腹。分二式。

Ⅰ式：3件。翻沿，高体深筒腹，折肩。M6：3，方唇，矮束领，微鼓腹，底微凹。素面。口径15、肩径18、最大腹径20.4、底径15.6、高18.5厘米（图一八，1）。M6：6，圆唇外翻，矮束领，腹微鼓，底微凹。素面。口径15、肩径17.6、最大腹径21.2、底径16.8、高18.5厘米（图一八，5）。M6：14，矮直领略弧曲，平口有凹圈，平折肩，腹微鼓内下收，平底。腹下部有弦纹。口径10.3、肩径13.6、最大腹径15.2、底径10、高13.8厘米（图一八，2）。

Ⅱ式：1件。M5：16，翻沿，尖唇，无领，平折肩外鼓出，高体深筒腹，腹内收，足微外撇，凹底。肩腹相接处和腹部各有一道凹弦纹，肩部拍印绳纹后抹平，下腹部饰细弦纹。口径13.2、肩径16.4、最大腹径18、底径12.8、高18.2厘米（图一八，7）。

Cc型 1件。M6：4，圆唇外撇，矮领，曲肩，鼓腹，底微凹。颈部饰两道凹弦纹，肩腹相接处刻印宽弦纹。口径11、最大腹径 18.4、底径11.6、高11.2厘米（图一八，3）。

甑 2件。敞口。M6：2，翻沿，深直腹，平底，有11孔的小圆箅。唇部有一道凹弦纹，上腹部有一道凸弦纹，腹部以下饰细小弦纹。口径30.6、最大腹径28.8、底径17.2、高18.9厘米（图一七，3）。M5：12，卷沿，深腹斜收，平底，有10个小圆孔箅。唇部有一道凹弦纹，上腹部饰一周凸弦纹，以下饰细小凹弦纹。口径31、最大腹径27.6、底径14.4、高18.6厘米（图一六，6）。

器盖 4件。盖纽均残毁。依肩部变化分为二型。

A型 弧肩。分二式。

Ⅰ式：1件。M6：5，盖顶平直，曲弧腹微折，卷唇外翻。肩部一道细弦纹，口沿有一道凹弦纹。盖径21、高8厘米（图一八，6）。

Ⅱ式：1件。M5：10，盖顶平直，弧肩外鼓，曲折腹，底部外撇，圆唇。素面。盖径11.6、高5.9厘米（图一六，3）。

B型 折肩。分二式。

Ⅰ式：1件。M6：7，盖顶平直，内弧腹，底部外撇，圆唇。素面。盖径17、高6.4厘米（图一六，6）。

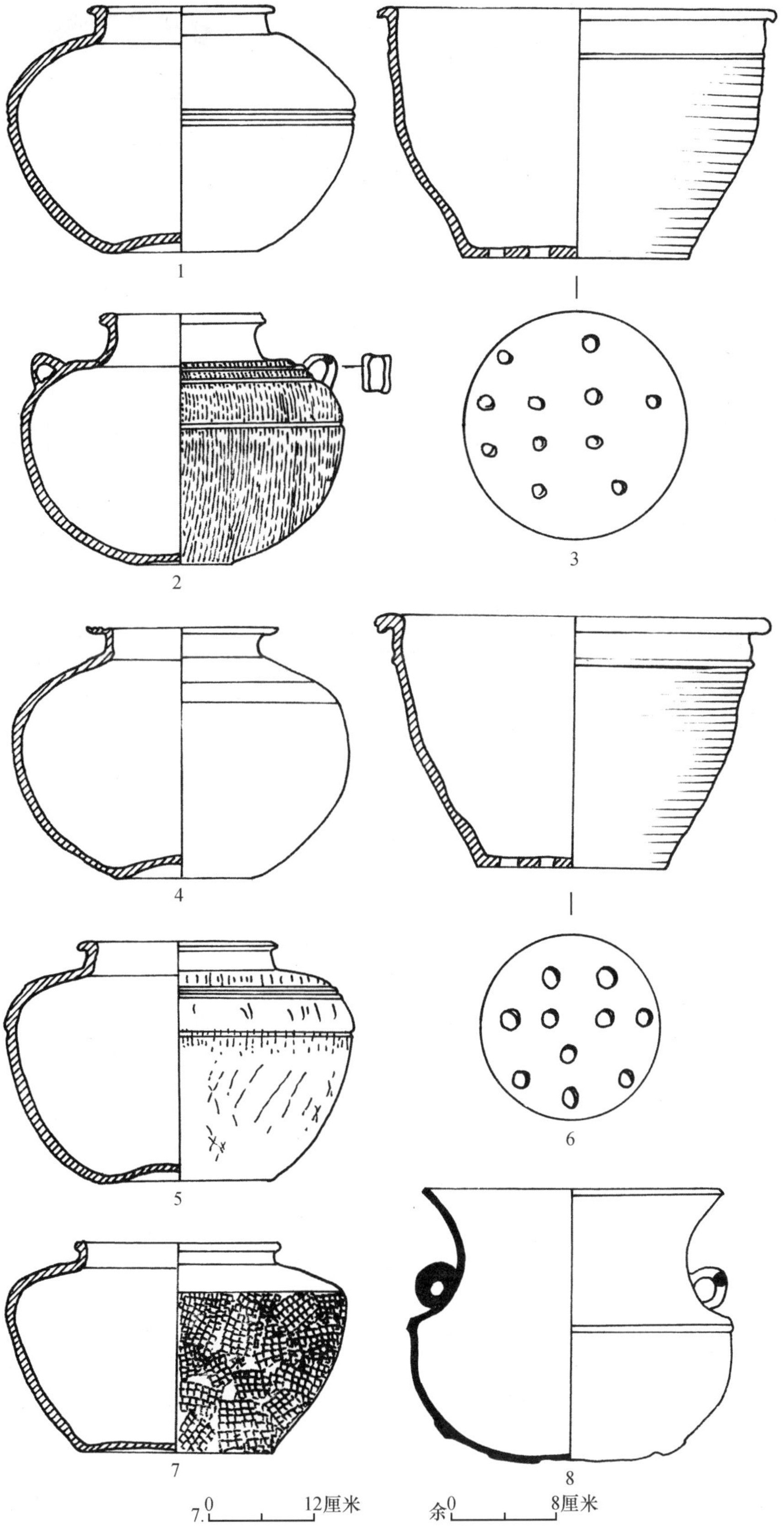

图一七 汉代遗物

1、2、4. Bb型陶罐（M8：1、M5：14、M6：9） 3、6. 陶甑（M6：2、M5：12）

5、7. Ca型陶罐（M8：2、M6：16） 8. 铜鍪（M6：1）

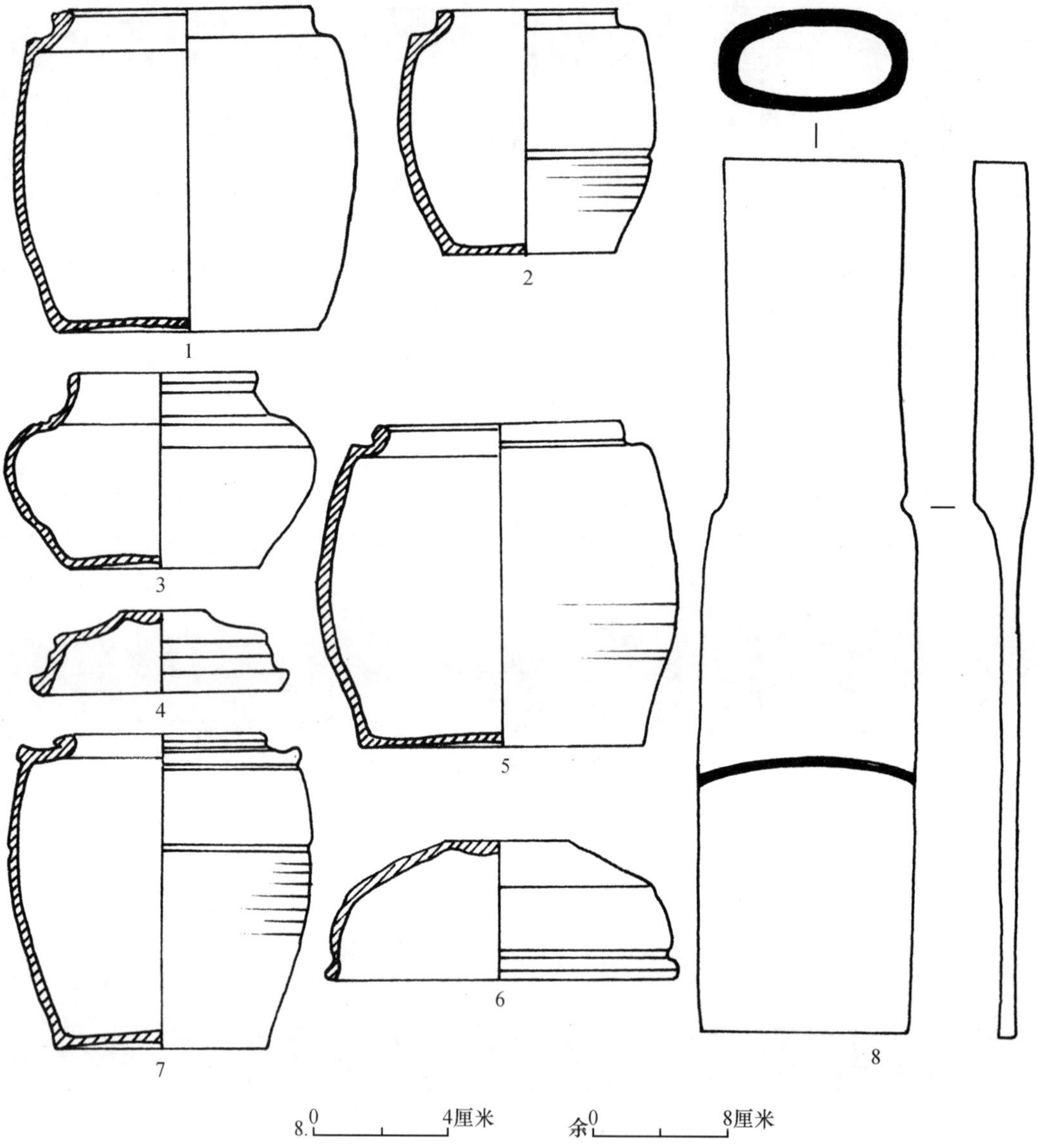

图一八　汉代遗物

1、2、5. Cb型Ⅰ式陶罐（M6∶3、M6∶14、M6∶6）　3. Cc型陶罐（M6∶4）　4. B型Ⅱ式陶器盖（M5∶8）
6. A型Ⅰ式陶器盖（M6∶5）　7. Cb型Ⅱ式陶罐（M5∶16）　8. 铁斤（M5∶13）

Ⅱ式：1件。M5∶8，盖顶平直，微外折鼓腹，底部外撇，卷唇。腹部饰瓦棱纹。盖径14.1、高4.7厘米（图一八，4）。

铜器　基本为青铜范模铸造而成，器类有鍪、钱币、指环等。

鍪　1件。M6∶1，侈口，仰沿，高弧领，折肩，圆鼓腹，圜底，肩部饰有对称环形双耳，下腹及底部有补痕。素面。口径20.8、最大腹径24.8、高20厘米（图一七，8）。

指环　5件。形制完全一致。M5∶7，圆环形，截面呈圆形。外径3.9、内径2.9、截面直径0.5厘米（图一六，12）。

钱币　数十枚，计有秦半两、四铢半两、货泉三种，均圆形方穿，篆体阳文。

秦半两　M6∶22，字体狭长。“两”字上面一横较短，“半”字横等齐。直径3.3厘米（图一九，1）。

四铢半两　M6：23-1、M6：23-2，字体纤细。“两”字两肩呈直角状。直径2.4～2.8厘米（图一九，2、3）。

货泉　M5：18，“货泉”二字为悬针篆，“泉”字中竖中断，书风工整，线条纤细。直径2.2厘米（图一九，4）。

铁器　1件。M5：13，铁斤，椭圆形环首，上端呈柱体，至中部外撇，下端缓外撇，上窄下宽，侧立面上宽下窄，截面呈弧状，锈蚀较为严重。首端长径9.6、短径2.8、底端最宽6、通长25厘米（图一八，8）。

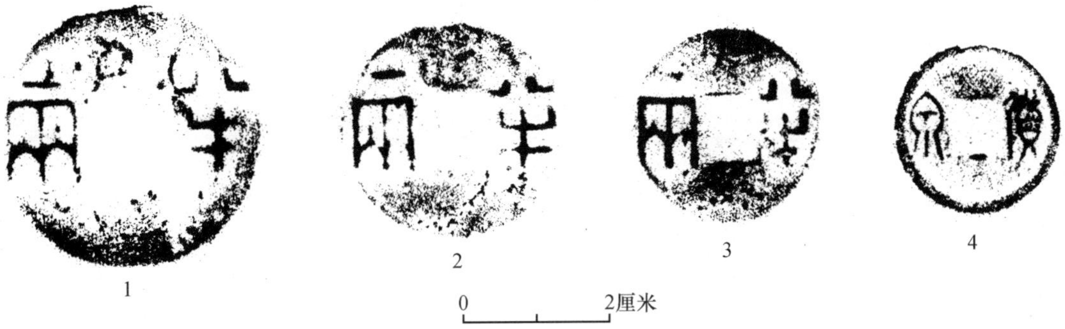

图一九　铜钱拓片

1. 秦半两（M6：22）　2、3. 四铢半两（M6：23-1、M6：23-2）　4. 货泉（M5：18）

五、明代遗存

明代遗存全部位于发掘Ⅲ区第2层下，遗迹单位主要为墓葬2座，具体介绍如下。

M1　位于Ⅲ区T11东部，并延伸至其东隔梁及T3西部。开口于第2层下，打破第3、4层及生土。长方形竖穴石室墓，无墓道，墓口距地面深75、长260、宽110厘米；墓室由石板拼砌成，长200、宽65、深135厘米，底部由较为规则的大小不一的两块石板铺地。填土为灰褐色夹碎石花土，方向50°。人骨架保存极差，仅剩少许腿骨残块。葬具为木棺，已完全腐烂，仅残留较多的铁棺钉，未见随葬器物（图二〇）。

M2　位于Ⅲ区T11东北角，并延伸至其北隔梁及T4北隔梁内。开口于第2层下，打破第3、4层及生土。长方形竖穴石室墓，无墓道，墓口距地面深80、长240、宽94～108厘米；墓室由石板拼砌成，长186、宽60、深140厘米，底部由较为规则的大小不一的两块石板铺地。填土为黄褐色夹碎石花土，方向55°。人骨架保存极差，仅剩少许腿骨残块。葬具为木棺，已完全腐烂，仅残留数枚铁棺钉，未见随葬器物（图二一）。

六、结　　语

凤凰踊遗址为三峡库区淹没区一处较为重要的遗址，虽然因江水冲刷、农田改造及其他人为的破坏，致使遗址的本来面貌（特别是原居址遗址）被严重损毁，但通过本次发掘，我们对该遗址的时代、文化内涵以及其在三峡淹没区古遗址中的重要性有了比较深刻的认识。

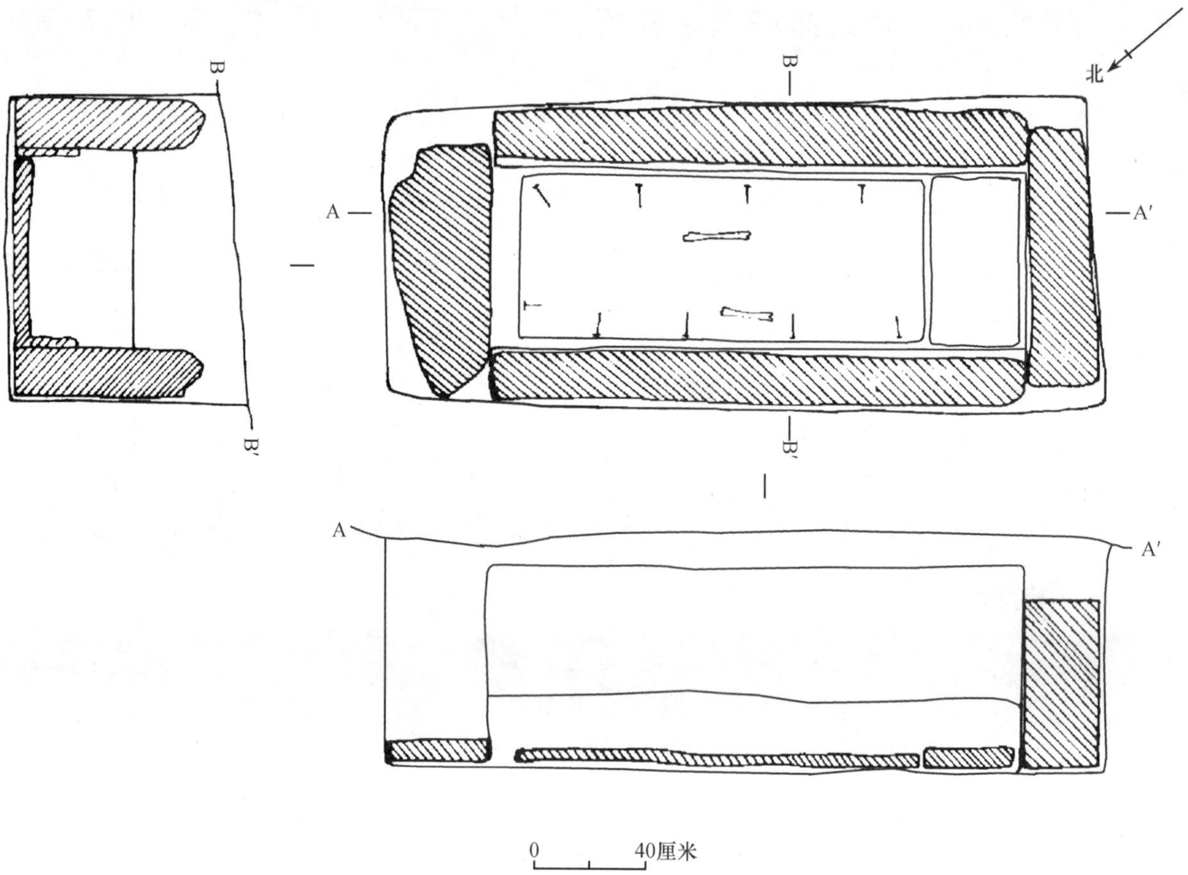

图二〇　M1平、剖面图

（1）从本次发掘出土东周时期遗物分析，对该遗址总的文化面貌而言，巴蜀文化因素占据着主导位置，墓葬出土的铜容器主要为鍪，而鍪为战国时期巴蜀文化中最具代表性的容器。M4出土的青铜兵器为柳叶形扁茎无格虎纹剑，而这种兵器又正好是巴蜀文化类型中最常见的兵器。M4、M7出土陶器以罐、壶的器类组合形式存在，陶质主要为火候不均的灰陶，这些器物组合是比较典型的战国晚期巴蜀文化墓葬中的器物组合形式。同时，在本次清理出的周代遗物中，又有比较典型的楚式鼎、壶的器物组合，说明在当时外来文化对当地的影响也是比较深刻的，这种文化的普遍交流给当地带来实质性的经济、社会文化和生活的质变。陶壶（M4：4）与云阳李家坝东周墓地[①]陶壶（M33：6）形制大体一致；M7：7与湖北秭归官庄坪遗址[②]出土东周晚期B型壶（M60：5）形制完全一致，当为同期遗物。铜镜在战国时期，至少在统治阶级中已经普遍使用了。古文献中有许多关于战国人使用铜镜的记载，如《韩非子·现行篇》“古之人目短于自见，故以镜观面”，《楚辞·九辩》“今修饰而窥镜兮”。当时楚地制作的铜镜轻薄、精美，图案多作双层处理，规范化的形制、精美的装饰纹饰，标志着当时铜镜的制作工艺已经从早期的稚朴走向了成熟，多为圆形镜，主要有弦纹纽和镂空纽。弦纹纽是战国铜镜的重要特征之一，一般均有纽座。纽座一般为圆形和方形，连弧纹为战国晚期铜镜的

① 四川大学历史文化学院考古系、云阳县文物管理所：《云阳李家坝东周墓地发掘报告》，《重庆库区考古报告集·1997卷》，科学出版社，2001年。

② 国务院三峡工程建设委员会办公室、国家文物局：《秭归官庄坪》，科学出版社，2005年。

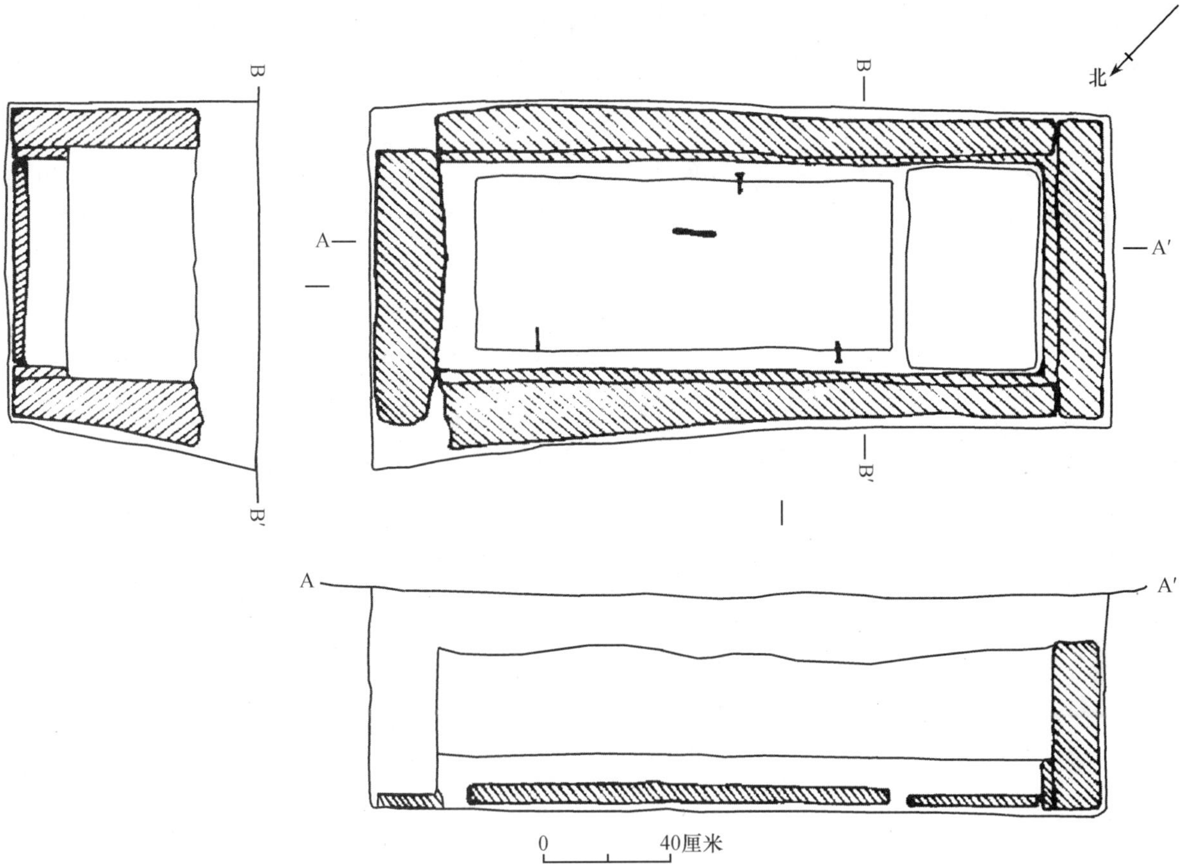

图二一　M2平、剖面图

主要纹饰之一，M7出土铜镜的特征为典型的战国晚期楚式铜镜。综上所述，凤凰踊遗址本次发掘M4、M7出土遗物的时代应为战国晚期。

（2）汉代为我国古代墓葬方式发生大转变的时代。西汉中期以后随葬品中的地方文化因素越来越少直至完全消失，在随葬器物组合上与其他地区大同小异，由早期的礼器组合逐渐发展为以仓、井、灶以及各种陶俑为主的模型明器组合，反映出全国大一统的汉文化因素已渐渐占据主导地位。汉以前为墓葬主流的竖穴木椁土坑墓，在汉代逐渐转变为砖室墓。凤凰踊遗址本次发掘清理的M6出土Cc型陶罐（M6：4）与巫山麦沱汉墓[①]出土Ab型Ⅰ式罐（M32：5）大体相同，铜钱主要为西汉早期的秦半两及四铢半两，其他所出遗物在峡江地区西汉中期以前的墓葬中多有同类器，同样，M8所出遗物在峡江地区西汉中期以前的墓葬中也多有同类器。因此，M6、M8时代应不晚于西汉中期。M5出土Bb型陶罐（M5：14）与湖北当阳岱家山汉墓[②]出土的A型Ⅲ式东汉早期陶罐（M76：14）形制大体相同，所出钱币为王莽时期的货泉，货泉的使用下限不会晚于东汉建武十六年（40年），因此M5时代应为王莽时期，最晚不晚于东汉建武十六年。

（3）明代石板墓在三峡库区重庆市境内各地多有发现，但数量都很少，分布零星。同

① 湖南省文物考古研究所、巫山县文物管理所：《巫山麦沱汉墓发掘报告》，《重庆库区考古报告集·1997卷》，科学出版社，2001年。

② 湖北省宜昌博物馆：《当阳岱家山楚汉墓》，科学出版社，2006年。

时，此前文物部门对晚期考古工作重视力度不大，虽有发掘，但工作开展比较简单。本次发掘的两座石板墓仅见棺钉，未见随葬器物。从明代中期以后，铁棺钉在三峡地区墓葬中基本绝迹，因此本次发掘的两座石板墓绝对年代不会晚于明代中叶。

（4）从墓葬群目前暴露出的情况推测，早在周代，这一区域就有大量的人类居住，密集度较高。凤凰踊地区所在区域为河边低山地带，俯瞰长江，符合人类居住选址的条件与特征。

附记：本次发掘领队为宜昌博物馆刘继东；参加发掘人员有宜昌博物馆乔峡、向光华、吴义兵、王超，当阳市博物馆王小云，秭归县屈原纪念馆王成武等。丰都县文物管理所李国红所长基本全程参与了本次发掘工作，并做了大量的协调工作；重庆市文物考古所（今重庆市文化遗产研究院）邹后曦、袁东山二位所长给予了大量的指导工作；本次的发掘及整理工作得到了宜昌博物馆王志琦、肖承云二位馆长的大力支持。在此对以上对本次发掘、整理工作给予热情帮助和支持的各位领导表示最诚挚的谢意。

绘图：王　超

执笔：周华蓉　向光华

丰都金钢背遗址2002年度发掘简报

南宁市博物馆

金钢背遗址位于重庆市丰都县高家镇向家庄村二社（原金钢村三社），南距高家镇老镇3千米、新镇约1千米（图一）。地理位置为东经107°57′56″，北纬30°00′18″，海拔143～158米。遗址分布于向家庄村二社西部长江右岸上的高差8～10米的上、下两级阶地，西临长江，南望石地坝遗址，北邻玉溪村和长江，为冲积形成的缓坡地带，遗址地表现为耕地上，主要种植蔬菜、玉米等经济作物。1987年四川省文物普查时发现，1992年四川省文物考古研究所（今四川省文物考古研究院）对遗址进行了复查。1999年重庆文物考古研究所（今重庆市文化遗产研究院）在发掘玉溪遗址时，对金钢背遗址进行了局部钻探。2002年5～7月，为配合三峡工程建设，南宁市博物馆承担了该遗址2002年度的抢救性发掘任务。计划发掘面积为1000平方米，经过两个月的艰辛发掘，实际完成发掘面积1000平方米。现将发掘结果报告如下。

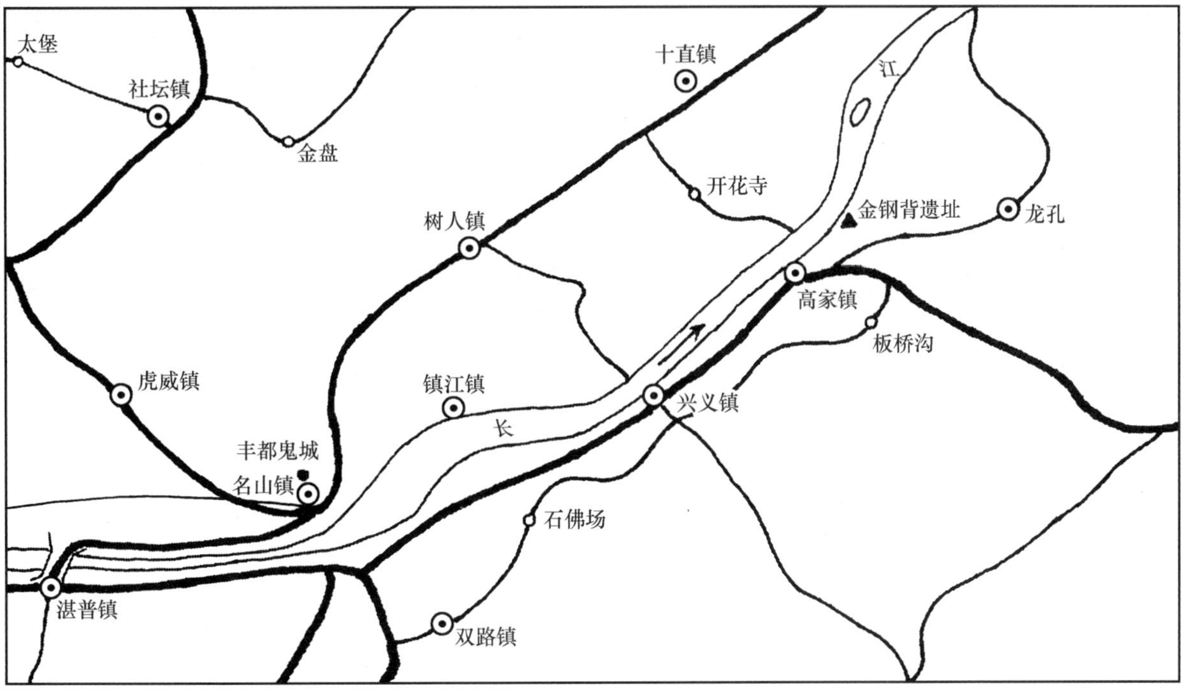

图一　遗址位置示意图

一、地层堆积

2002年度金钢背遗址的发掘采取探方法进行。遗址代号为2002CFGJ（C代表重庆，F代表丰都，G代表高镇，J代表金钢背）。该遗址处于长江右岸的一、二级阶地及二级阶地周边的缓坡地带，在经过发掘前大量的钻探工作之后仍无法确定遗址的分布范围和中心区的情况下，为了解遗址的分布范围和堆积状况，根据遗址的地形地貌，我们将遗址划分为三个发掘区进行发掘。一级阶地为第一发掘区，布5米×5米探方20个，发掘面积500平方米。二级阶地为第二发掘区，布5米×5米探方8个，发掘面积200平方米。第一、二发掘区均处于长江二期水位线以下。第三发掘区位于第二发掘区的东北侧，为二级阶地东北边沿的一处缓坡，布10米×10米探方3个，发掘面积300平方米（图二）。

遗址各个发掘区因海拔不一样，地层堆积情况也不相同。现分别以T1014北壁、T2034东壁为例，说明该遗址的地层堆积情况。

T1014北壁（图三）：

第1层：灰褐色淤砂土。现代耕土层。质松散，含零星陶、瓷片。厚0~25厘米。

第2层：红褐色淤砂土。稍黏，质松。厚0~30厘米。

第3层：灰黄色细砂。质纯、松散，无黏性。厚0~45厘米。

第4层：红褐色淤砂土。稍黏，含有少量螺壳和零星钙质胶结块。厚0~20厘米。

第5层：浅黄色细砂。质纯、松散，无黏性。厚0~15厘米。

第6层：红褐色淤砂土。稍黏，质松。含少量小石块。厚0~10厘米。

第7层：浅黄色细砂。质纯、松散。厚0~20厘米。

第8层：红褐色淤砂土。稍黏。含少量钙质胶结块。厚0~20厘米。

第9层：浅黄色细砂。砂质细密，纯净松散。含较多钙质胶结块。厚0~30厘米。

第10层：红褐色淤砂土。稍黏，质纯净。含少量细小胶结块。厚0~70厘米。

第11层：黄褐色淤砂土。稍黏，质松散。含零星螺壳。厚0~50厘米。

第12层：红褐色淤砂土。稍黏。含较多细小钙质胶结块。厚20~65厘米。

第13层：黄褐色淤砂土。稍黏，质松散。含少量细小钙质胶结块。厚0~35厘米。

第14层：灰黄色细砂。质纯、松散。含较多钙质胶结块。厚0~85厘米。

第15层：灰白色细砂。质纯、松散。含较多大块的钙质胶结块。厚0~80厘米。

第16层：浅黄色细砂。质纯、松散。含少量钙质胶结块。厚25~100厘米。

第17层：浅灰色细砂。质密纯净。厚0~55厘米。

第18层：灰黄色淤砂土。稍黏，含少量细小钙质胶结块。厚0~45厘米。

第19层：灰黑色细砂。质纯、松散。厚0~15厘米。

第19层以下为暗红色河床基岩。

T2034东壁（图四）：

第1层：红褐色胶泥土。现代耕土层。土质黏性大，较坚硬。厚15~20厘米。

第2层：暗红色胶泥土。近现代垅土层。黏性较大。厚20~40厘米。M1开口于此层下，并打破第3~5层。

第3层：浅黄色淤砂土。含大量细砂，间含少量暗红色胶泥土，几无黏性，质松、较纯净。偶有清代青花瓷片发现。厚15~35厘米。被M1打破。

第4层：灰黄色黏土。含少量西周时期陶片。厚65~95厘米。被M1打破。

第5层：红褐色黏土。质密较硬。含零星西周时期陶片。厚35~40厘米。被M1打破。

第5层以下为暗红色黏性生土，含少量砾石块。

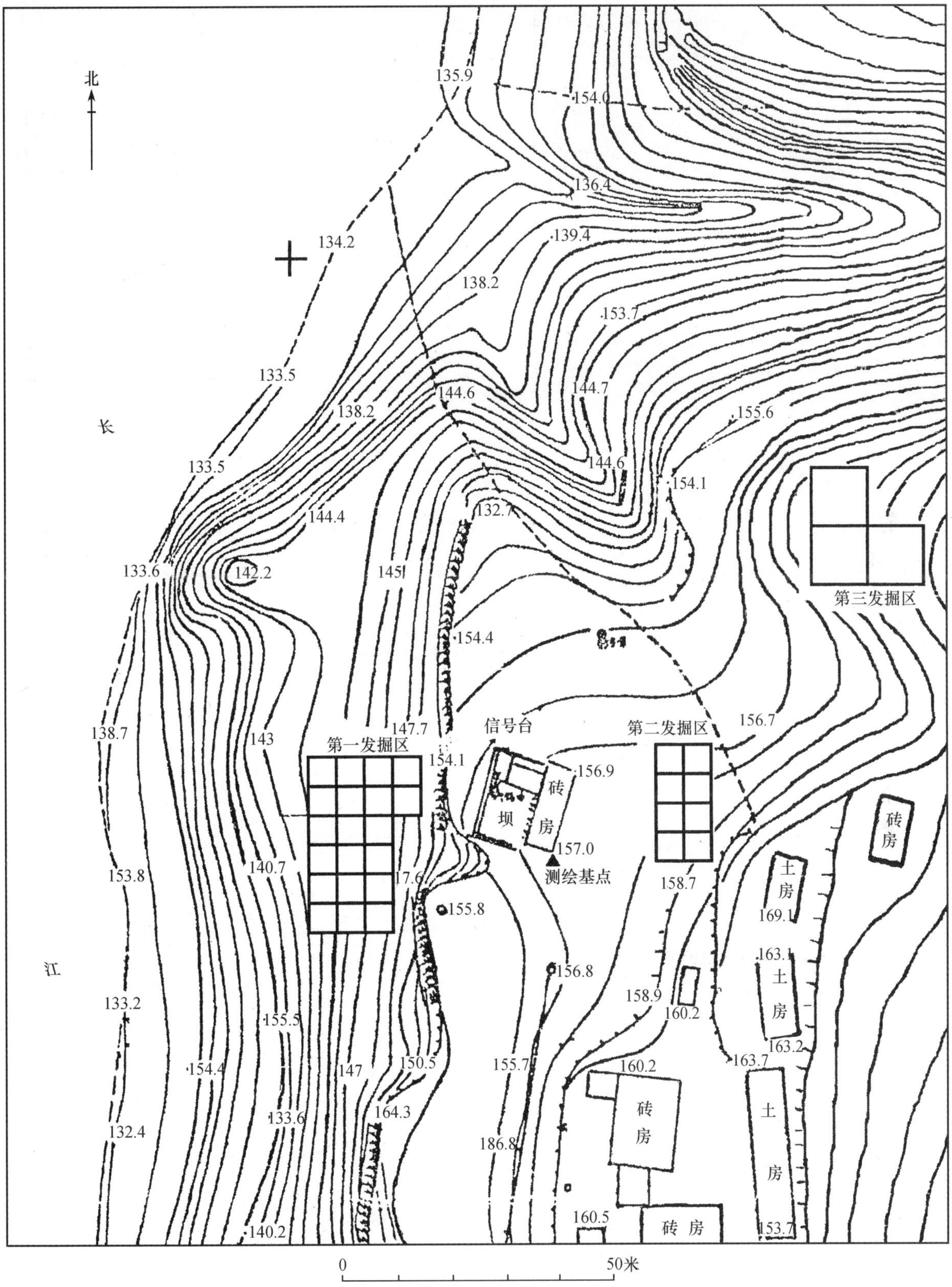

图二　探方分布示意图

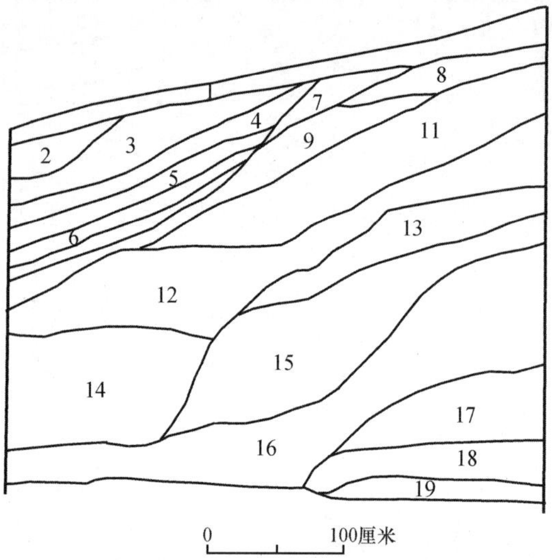

图三　T1014北壁剖面图

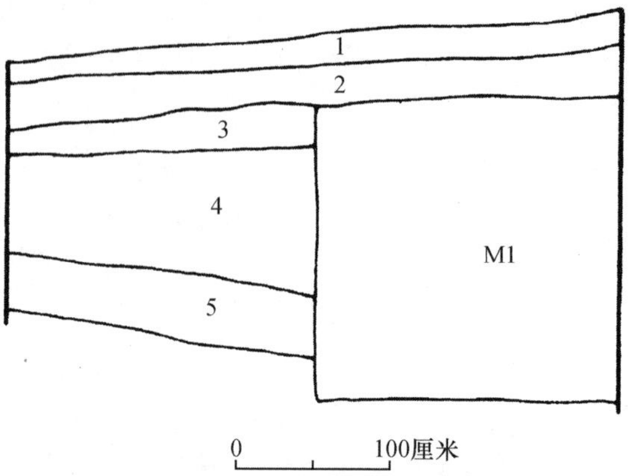

图四　T2034东壁剖面图

发掘表明，该遗址的第一发掘区为次生淤沙堆积，没有发现原生文化层，仅在二区发现少量的西周时期文化遗存，而三区则为墓葬区。

二、西周文化遗存

西周文化遗存仅在第二发掘区有少量发现，主要分布于T2014、T2024、T2034、T2044等几个相邻的探方，堆积较薄，文化遗物数量甚少，分陶器、石器等两类。分述如下。

1. 陶器

无完整器。陶片数量少，陶片细碎，很少见到口沿片，多为碎腹片。在发现的170多片陶片中，夹砂红褐陶最多，夹砂灰黑陶或夹砂灰褐陶其次，夹砂红陶次之，泥质陶少量。纹饰以素面最多，绳纹其次，戳印纹少量，方格纹最少。绳纹有斜行绳纹、交叉绳纹、间断绳纹等，戳印纹一般与绳纹或凹弦纹组合。

陶罐　2件。T2034④：1，夹砂灰陶。花边口沿，尖唇稍外卷。口径26厘米（图五，5）。T2044③：4，夹砂灰黑陶。敛口。素面。口径14.4厘米（图五，6）。

陶网坠　1件。T2044③：3，泥质红陶。橄榄形，中有穿，一端残。残长4.8厘米（图五，1）。

2. 石器

均为打制石器，数量少，有刮削器、砍砸器、盘状器等。

刮削器　3件。T2044③：2，青灰色。上端平，弧刃，一面保留砾石自然面，放射线较明显。长10.2、宽9.2、厚1.8厘米（图五，2）。

砍砸器　1件。T2014⑥：1，青灰色。打击疤痕明显。长8.2、宽10.7、厚4.2厘米（图五，3）。

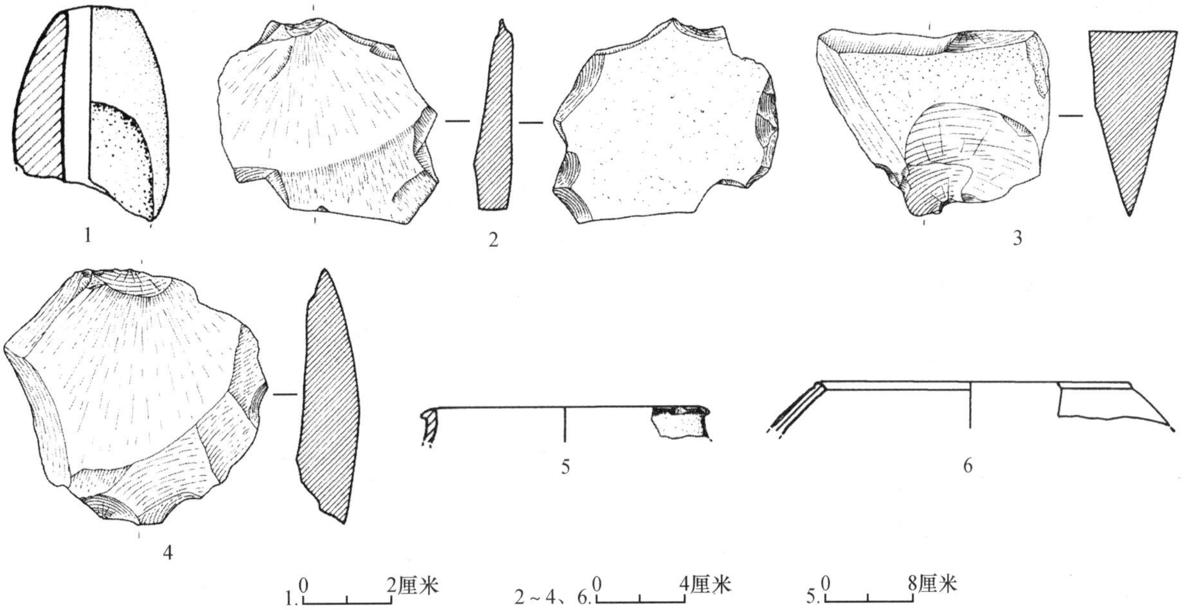

图五 西周时期陶、石器

1. 陶网坠（T2044③：3） 2. 石刮削器（T2044③：2） 3. 石砍砸器（T2014⑥：1） 4. 石盘状器（T2044③：1）
5、6. 陶罐（T2034④：1、T2044③：4）

盘状器 1件。T2044③：1，灰色。利用近圆形砾石石片打制而成，一面保留砾石自然面，疤痕较明显。直径约11.5、厚2.5厘米（图五，4）。

这一阶段的文化遗存具有堆积薄、分布范围小、文化遗物少的特点。从发现的少量陶片来看，陶器以夹砂陶为主，极少量为泥质陶。在遗存中发现有花边口沿陶片。花边口沿陶器是川东地区具有浓厚地方特色的一类文化遗物，在从新石器时代晚期一直到春秋时期的遗址中均有发现，而在周代遗址中，陶器的这种纹唇风格是十分普遍的。此次发掘出土的花边口沿陶器，与忠县哨棚嘴遗址第四期出土的花边口沿陶器风格相似①，其年代应该是相近的。因此，结合所发现的与之共存的其他陶器碎片的整体风格及打制石器的特点，我们把这一时期的文化遗存的年代定为西周时期。

三、东汉墓葬

（一）M1

M1位于第二发掘区T2034东南部第2层下。打破第3层。长方形竖穴土坑墓。墓口距地面深50～60、长376、宽312厘米；墓底距地面深240、长368、宽260厘米。墓向东北，头向东北，两侧有生土二层台，宽约25厘米。葬具、骨架无存，仅剩棺木漆痕。无墓道（图六）。出土器物包括陶器、石器、铜器、铁器、铜钱等，共计60件（套），现分述如下。

① 北京大学考古文博院三峡考古队等：《忠县㽏井沟遗址群哨棚嘴遗址发掘简报》，《重庆库区考古报告集·1997卷》，科学出版社，2001年。

图六　M1平、剖面图

1～7、43. 陶钵　8. 铁刀　9～11、35. 陶盆　12. 陶井　13、17. 铜洗　14. 陶博山炉　15、16、20、24、26、36、39、41、42、44. 陶罐　18、28～30、32、33、47、48、51、52、54～56、58. 陶俑　19、53. 陶灯　21. 铜镶口　22. 石黛板　23. 陶龙凤饰　25. 陶甑　27. 铜钫　31. 铁釜　34、45、49、50. 陶鸡　37、40. 陶瓮　38、57. 陶狗　46. 陶猪　59. 陶琴　60. 铜钱

1. 陶器

罐　10件。分为五型。

A型　4件。口微敞，斜方唇，内斜颈，溜肩，深鼓腹，下腹斜收，平底。M1：16，夹细砂灰陶。肩部饰一周细凹弦纹及两周带状压印纹。口径12、底径13.6、高22.6厘米（图七，1）。M1：20，夹细砂灰陶。肩部饰一周凹弦纹及两周凸弦纹。口径10.4、底径12.4、高20.4厘米（图七，2）。

B型　1件。敛口，圆唇，口沿、肩部之间有凹槽，深鼓腹，下腹斜收，平底微内凹。素面。M1：39，夹细砂灰陶。口径13.2、底径13.2、高16.8厘米（图七，3）。

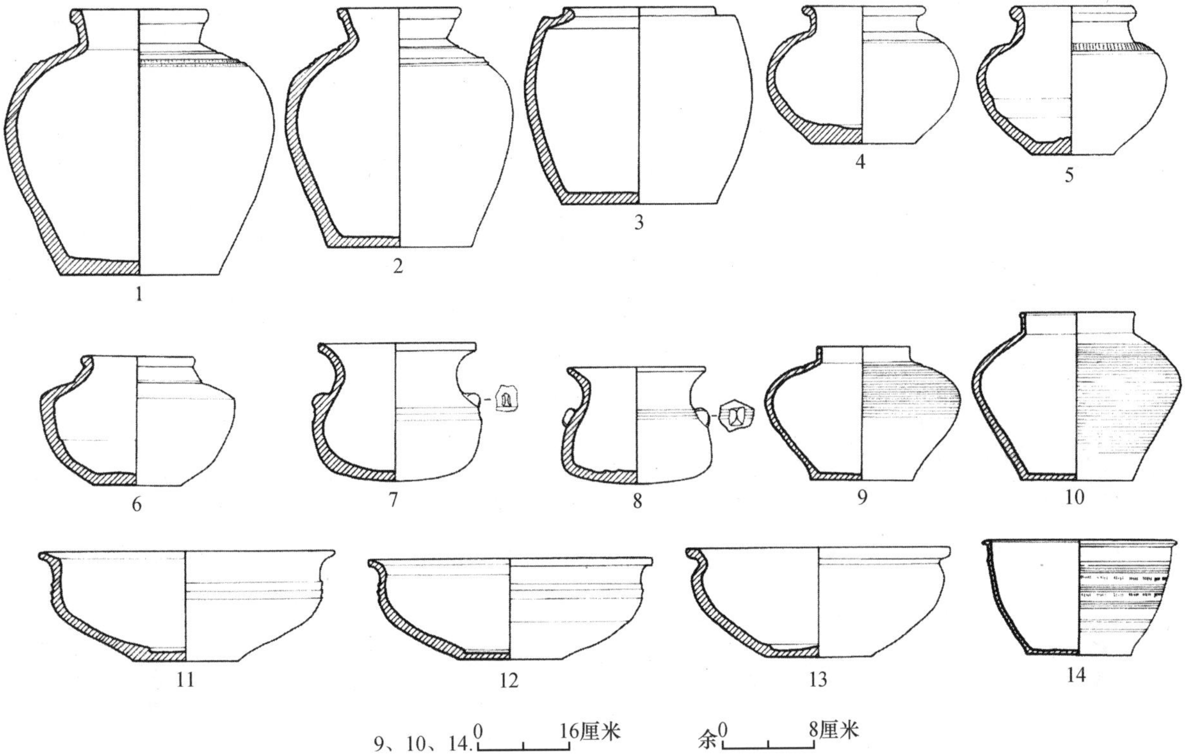

图七　M1出土陶器

1、2. A型罐（M1：16、M1：20）　3. B型罐（M1：39）　4、5. C型罐（M1：36、M1：44）　6. D型罐（M1：41）
7、8. E型罐（M1：15、M1：24）　9、10. 瓮（M1：37、M1：40）　11、12. A型盆（M1：10、M1：11）
13. B型盆（M1：35）　14. C型盆（M1：9）

C型　2件。口微敞，圆唇，束颈，溜肩，鼓腹，下腹斜收，小平底。M1：36，夹细砂灰陶。肩部饰一道凹弦纹。口径10.8、底径8.8、高11.8厘米（图七，4）。M1：44，夹细砂灰陶。肩部饰一道带状刻划纹。口径10.8、底径7.2、高12.6厘米（图七，5）。

D型　1件。敛口，平沿，方唇，外斜颈，折肩，弧腹，小平底。素面。M1：41，泥质灰陶。口径10、底径8、高11厘米（图七，6）。

E型　2件。敞口，方唇，束颈，折肩，鼓腹，圜底。肩部对称饰一对盲耳及二道弦纹，口沿及外壁均施酱色釉，外壁施釉不及底。M1：15，泥质红陶。口径13.6、高11.8厘米（图七，7）。M1：24，泥质红陶。口径12、高10厘米（图七，8）。

瓮　2件。M1：37，泥质灰陶。直口，方唇，矮领，溜丰肩，下腹斜收，平底。肩、腹部饰多组细弦纹。口径16、底径17.6、高22.8厘米（图七，9）。M1：40，泥质灰陶。直口，方唇，斜肩，下腹斜收，平底。肩、腹部饰功细弦纹。口径20、底径19.2、高28.8厘米（图七，10）。

盆　4件。分为三型。

A型　2件。敞口，宽沿，圆唇，上腹微鼓，上腹部自下而上分三级内收，下腹斜内收，平底。内壁有三个支垫痕，内外壁均施酱色釉，外壁施釉不及底。M1：10，泥质红陶。口径25.6、底径9.2、高8.8厘米（图七，11）。M1：11，泥质红陶。口径24.4、底径9.2、高8.6厘米（图七，12）。

B型　1件。M1：35，泥质灰陶。敛口，圆唇，外斜沿，鼓腹，下腹斜收，平底。下腹部饰一道细凹弦纹。口径22.8、底径8.8、高9.4厘米（图七，13）。

C型　1件。M1：9，泥质灰陶。敞口，唇微卷，斜直腹，平底。口沿下饰一组凸弦纹，弦纹下方为不规则戳印纹。口径33.6、底径18.4、高19.6厘米（图七，14）。

钵　8件。泥质灰陶。敞口，圆唇，折腹，小平底。素面，器表可见轮旋纹。M1：1，口径15.2、底径4.8、高4.8厘米（图八，1）。M1：2，口径18、底径5.6、高6厘米（图八，2）。

灯　2件。盘口，圆柱状柄，喇叭状底座。M1：19，泥质红陶。口径10.8、底径10.4、高10.8厘米（图八，3）。M1：53，泥质灰陶。口径10.8、底径13.2、高11.2厘米（图八，6）。

井　1件。M1：12，泥质红陶。由井身、井台组成。井台平面呈“井”字形，井口圆形，井口上立有井架。井身为长方体形，底平。井内置一灰色小陶罐，质差，残甚。

博山炉　1件。M1：14，泥质红陶。灯形炉身，头盔形盖，器表通体施酱黄釉，器盖顶端呈乳突状，开四个长方小孔。盖表饰锯齿状及火焰状纹饰。炉身口径6、底径9.6、高11.2厘

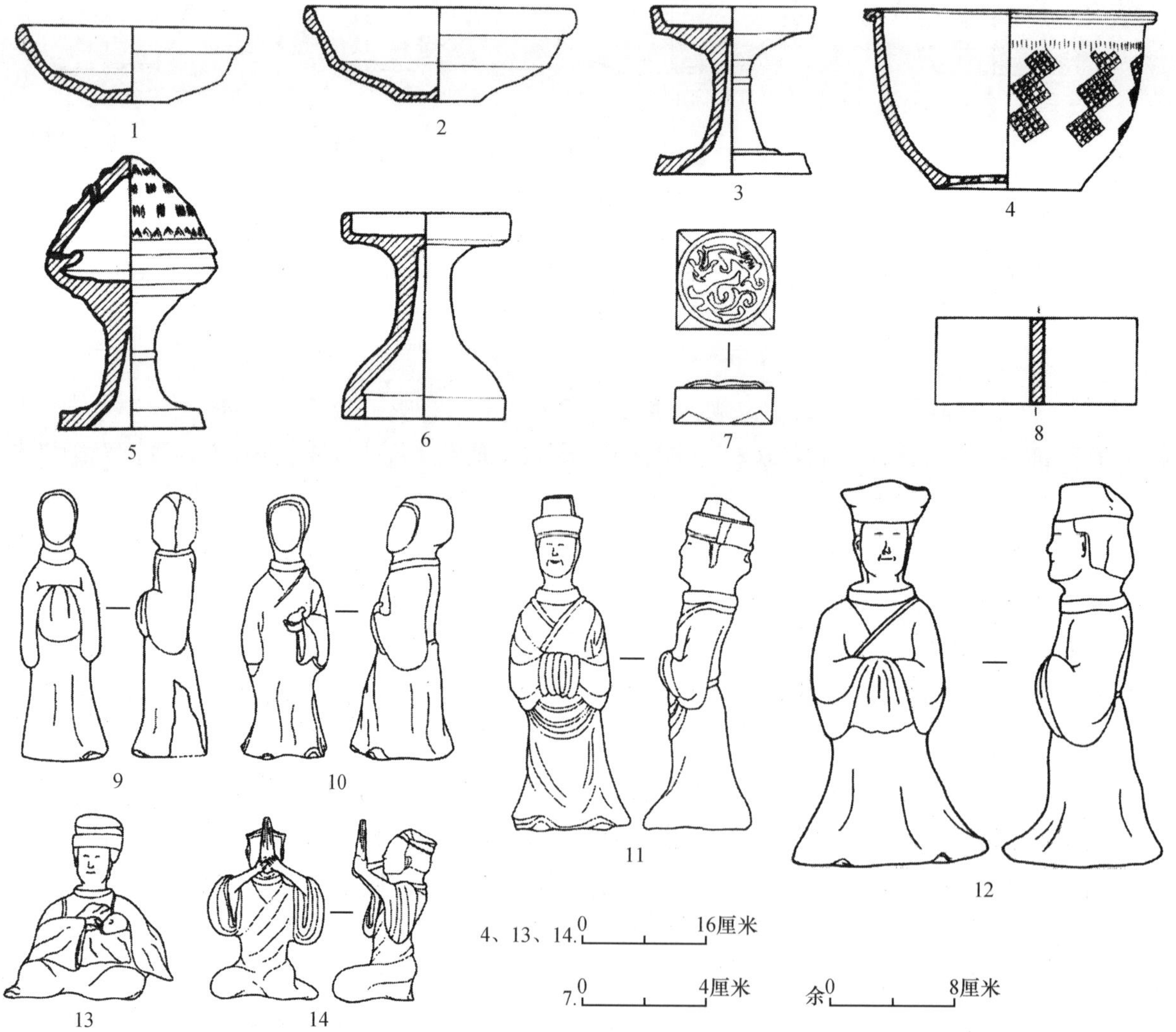

图八　M1出土器物

1、2. 陶钵（M1：1、M1：2）　3、6. 陶灯（M1：19、M1：53）　4. 陶甑（M1：25）　5. 陶博山炉（M1：14）　7. 陶龙凤饰（M1：23）　8. 石黛板（M1：22）　9～11. 陶女侍俑（M1：30、M1：51、M1：28）　12. 陶男立俑（M1：18）　13. 陶哺乳俑（M1：29）　14. 陶吹笙俑（M1：48）

米，盖口径11.2、高6.4厘米（图八，5）。

甑 1件。M1：25，泥质灰陶。敞口，宽平沿，唇微卷，深腹，下腹斜收，平底，底部有10个小圆孔，唇外沿有细凹槽。口沿下饰两道压印纹，腹中部拍印网格纹。口径38.4、底径18.4、高22.4厘米（图八，4）。

龙凤饰 1件。M1：23，泥质灰陶。体圆形，面上浮雕龙、凤各一，方形底座微残，局部有朱漆痕。面径3.2、底座边长3.2、高1.4厘米（图八，7）。

男立俑 1件。M1：18，泥质红陶。站立状，头戴平顶圆冠，面目清晰，面容慈祥，身着交领宽袖及地长袍，双手拢于胸腹前。高24.5厘米（图八，12）。

女侍俑 7件。M1：28，泥质灰陶。站立状，头戴冠，面目清晰，身着交领宽袖及地长袍，双手拢于胸腹前，足尖微露。高21.5厘米（图八，11）。M1：30，泥质红陶。站立状，头裹巾，面部模糊，身着交领宽袖及地长袍，双手拢于胸腹前。高17厘米（图八，9）。M1：51，泥质灰陶。站立状，头裹巾，面部模糊，身着交领宽袖及地长袍，右臂自然下垂，左手托一小鸟置于胸腹前。高17厘米（图八，10）。

哺乳俑 1件。M1：29，泥质红陶。跪坐状，头戴巾，面部慈祥，怀抱婴儿，做哺乳状。高23.5厘米（图八，13）。

吹笙俑 1件。M1：48，泥质灰黑陶。跪坐状，头戴冠，面部清晰，双手握笙做吹奏状，神态栩栩如生。高23厘米（图八，14）。

击鼓俑 1件。M1：58，泥质灰黄陶。跪坐状，头戴冠，面露悦色，身着交领长袍，双膝间平置一鼓，左手置于鼓之面沿，右臂上举，右手握棒做击鼓状。高24厘米（图九，1）。

弹琴俑 1件。M1：54，泥质红陶。跪坐伏，头戴冠，头微抬前视，身着交领宽袖长袍，面带微笑，双手微抬做奏琴状。高21厘米（图九，2）。

听琴俑 1件。M1：56，泥质灰黄陶。跪坐状，头戴冠微仰，身着交领长袍，左手上曲抚耳，右手置于腿上，面露悦色，做凝神听琴状。高20厘米（图九，5）。

舞俑 1件。M1：55，泥质灰黄陶。站立状，头戴冠，身着交领宽袖长袍，腰束带，左手提袍，右臂上扬，面露笑容，随歌而舞，舞姿轻盈优美，令人悦目。高27厘米（图九，3）。

子母鸡 2件。M1：34，泥质红陶。低冠，竖颈抬头，尖嘴，尾微翘，背上蹲一只小鸡，体肥，无足做蹲状，中空。长18、高12.5厘米（图九，4）。M1：50，泥质灰陶。高冠，竖颈，尖嘴，翘尾，体肥，无足做蹲状，两翼下各探出4只小鸡头，中空。长17.5、高15厘米（图九，6）。

鸡 1件。M1：49，泥质灰陶。立冠，竖颈，尖嘴，翘尾，体肥，无足做蹲状，中空。长20、高13.5厘米（图九，7）。

狗 2件。M1：38，泥质灰陶。昂首站立，目视前方，卷尾，颈部系带，颈后有环状扣。长25.4、高22厘米（图九，8）。M1：57，泥质灰黄陶。昂首站立，目视前方，卷尾，颈部系带，颈后有环状扣，体态肥壮。长35、高29厘米（图九，9）。

2. 石器

黛板 1件。M1：22，黑色页岩石质。长方形，器形扁平，表面黑亮滑润，局部有锈色斑

图九　M1出土陶器

1. 击鼓俑（M1：58）　2. 弹琴俑（M1：54）　3. 舞俑（M1：55）　4、6. 子母鸡（M1：34、M1：50）　5. 听琴俑（M1：56）　7. 鸡（M1：49）　8、9. 狗（M1：38、M1：57）

痕。长13、宽5.6、厚0.8厘米（图八，8）。

3. 铜器

3件。

洗　2件。M1：13，口微敞，宽内斜沿，斜方唇，弧腹下内收，平底。合范。口径23.6、底径10.4、高9.2厘米（图一〇，1）。M1：17，口微敞，宽内斜沿，弧腹下内收，平底。腹部饰三道凸弦纹。口径26、底径12、高11.4厘米（图一〇，2）。

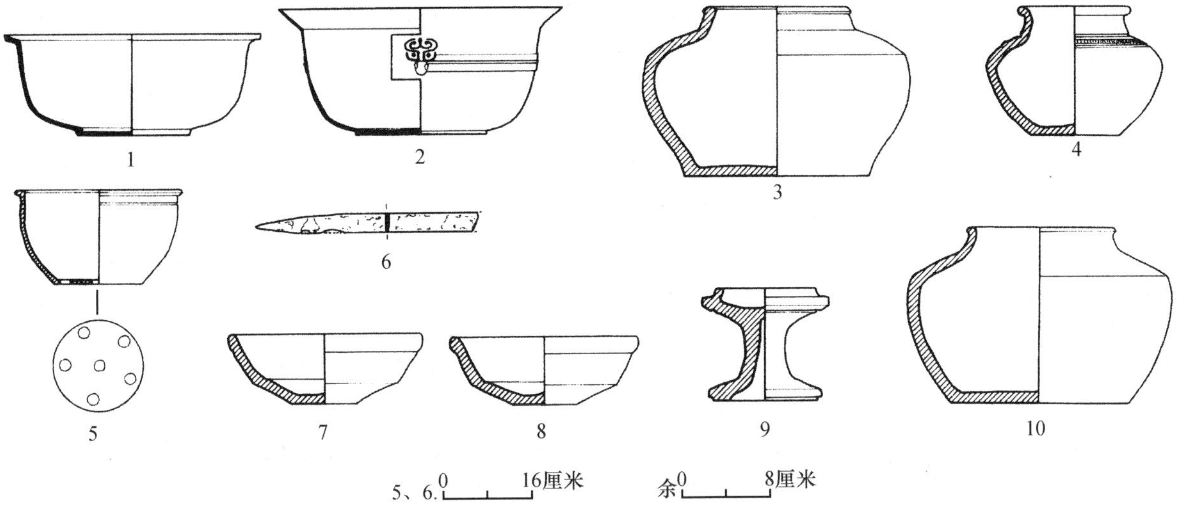

图一〇 M1～M3出土器物

1、2. 铜洗（M1：13、M1：17） 3、10. A型陶罐（M3：2、M3：8） 4. B型陶罐（M3：4） 5. 陶甑（M3：11） 6. 铁刀（M1：8） 7、8. 陶钵（M3：9、M3：10） 9. 陶博山炉（M2：1）

铜镶口 1件。M1：21，圆圈形，横截面呈“凹”字形，外表鎏金，清理时圆圈下有残漆器痕，应为漆器的圆形镶口。外径56、内径52.8厘米。

4. 铁器

1件。

刀 1件。M1：8，长条形，残存刀身，锈蚀严重，单刃，厚背。残长41.2、最大宽约3.6、厚0.8厘米（图一〇，6）。

5. 铜钱

包括货泉、五铢共约100枚。

货泉 边郭整齐，字迹清晰。外径2.2、穿径0.8厘米（图一一，2、3）。

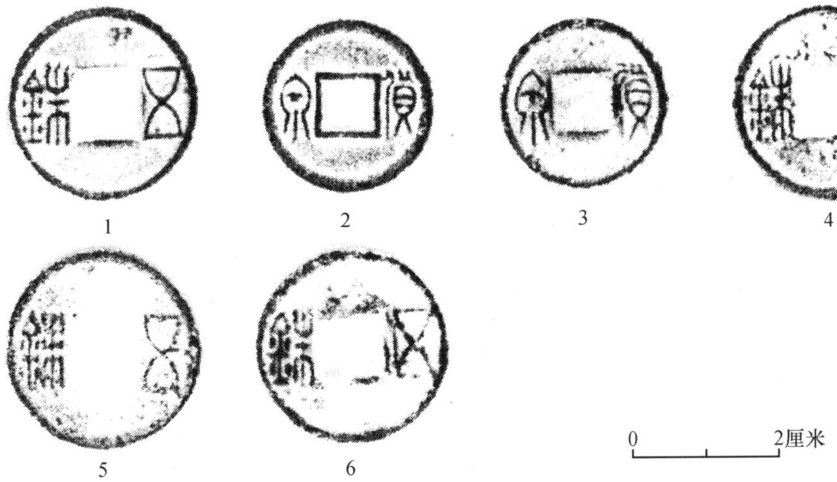

图一一 铜钱拓片

1. M1五铢 2、3. M1货泉 4. M2Ⅰ式五铢 5. M3五铢 6. M4五铢

五铢　边郭整齐，字迹清晰。外径2.5、穿径1厘米×0.9厘米（图一一，1）。

根据出土器物及五铢铜钱的特征，该墓年代应为东汉早期。

（二）M2

M2为砖室墓，位于T3101东南部第2层下。6月25日钻探发现，27日清理完T3101第2层后，在探方东南部发现青砖，寻找墓边及墓葬范围，当日开始清理墓内填土，暴露部分随葬器物，29日清理完毕，随后绘图、录像、拍照，起取随葬品。该墓在当地居民整地开荒时已遭严重破坏，仅存北侧墓壁砖一层，墓葬结构不明，未见墓地砖。墓向302°（图一二）。随葬品已受严重破坏，仅修复博山炉1件，余为陶罐、钵、壶、鸡等残片，另有五铢钱30枚。器物分述如下。

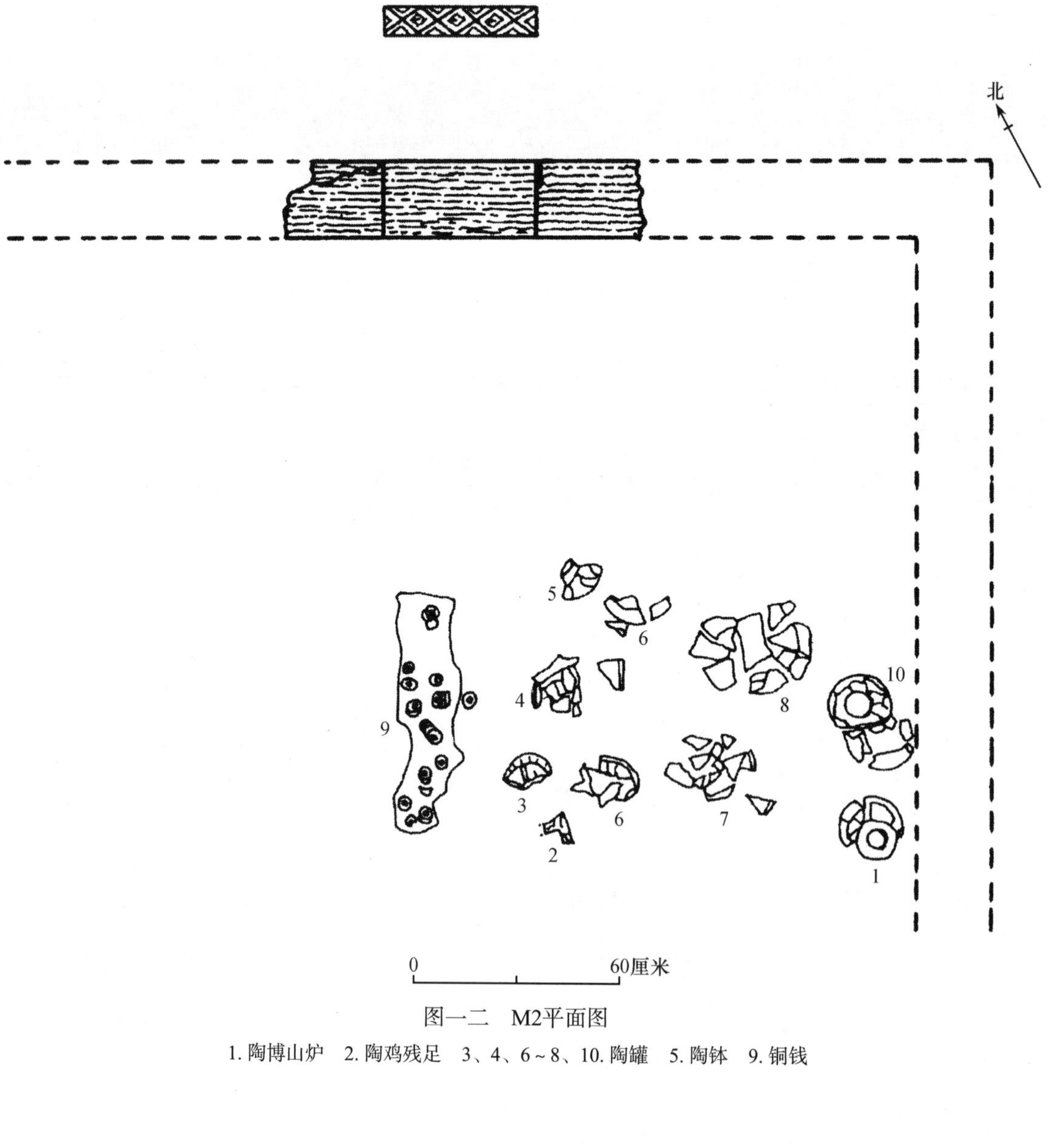

图一二　M2平面图

1. 陶博山炉　2. 陶鸡残足　3、4、6～8、10. 陶罐　5. 陶钵　9. 铜钱

1. 陶器

博山炉　1件。M2：1，泥质红陶。敛口，圆唇，浅盘，圆柱形柄，喇叭形足。盘外壁饰一道凹弦纹。器表施釉，大部分已脱落。器盖无存。口径9.2、底径9.2、高10.2厘米（图一〇，9）。

2. 铜钱

均为五铢钱。分为二式。

Ⅰ式：笔画稍长，字体较大，“五”字上半部两竖线较直，“铢”字的右部稍高于左部。外径2.6厘米（图一一，4）。

Ⅱ式：笔画较Ⅰ式较短，字体规整。径2.5厘米。

从出土器物判断，该墓的年代应为东汉中晚期。

（三）M3

M3位于第三发掘区，为砖室墓。由于该坡地已被辟为耕地，该墓绝大部分已被破坏，仅存墓室底部的一层壁砖数块，墓底未见地砖，发现残存铜钱和残破的器物数件，绘图、照相、录像后起取。随葬器物残破不堪，多数器形难辨，仅极少量能修复成形（图一三）。出土器物如下。

1. 陶器

罐　3件。分为二型。

A型　2件。敛口，圆唇，外斜颈，斜折腹，弧腹下内收，平底。M3：2，泥质灰陶。素面。口径13.6、底径16.8、高15.4厘米（图一〇，3）。M3：8，泥质灰陶。腹部饰一道宽凹弦纹。口径14、底径16.8、高16厘米（图一〇，10）。

B型　1件。M3：4，泥质灰陶。口微敞，圆唇，直颈，溜肩，微鼓腹，下腹斜内收，平底。肩部饰二道凹弦纹及一道锯齿状戳印纹。口径10.4、底径8、高11.6厘米（图一〇，4）。

甑　1件。M3：11，泥质灰陶。敞口，外斜弧沿，尖唇，弧腹下内收，平底，底部有6个小圆孔。沿下方饰一道凹弦纹，腹部饰数道细凹弦纹。口径30.4、底径16、高17.2厘米（图一〇，5）。

钵　2件。泥质灰陶。敞口，圆唇，折腹，小平底。下腹部饰一道凹弦纹。M3：9，口径18、底径6、高6.4厘米（图一〇，7）。M3：10，口径16.6、底径6、高6.2厘米（图一〇，8）。

2. 铜钱

若干枚。均为五铢钱。字体规整。外径2.6厘米（图一一，5）。

从出土器物判断，该墓的年代应为东汉中晚期。

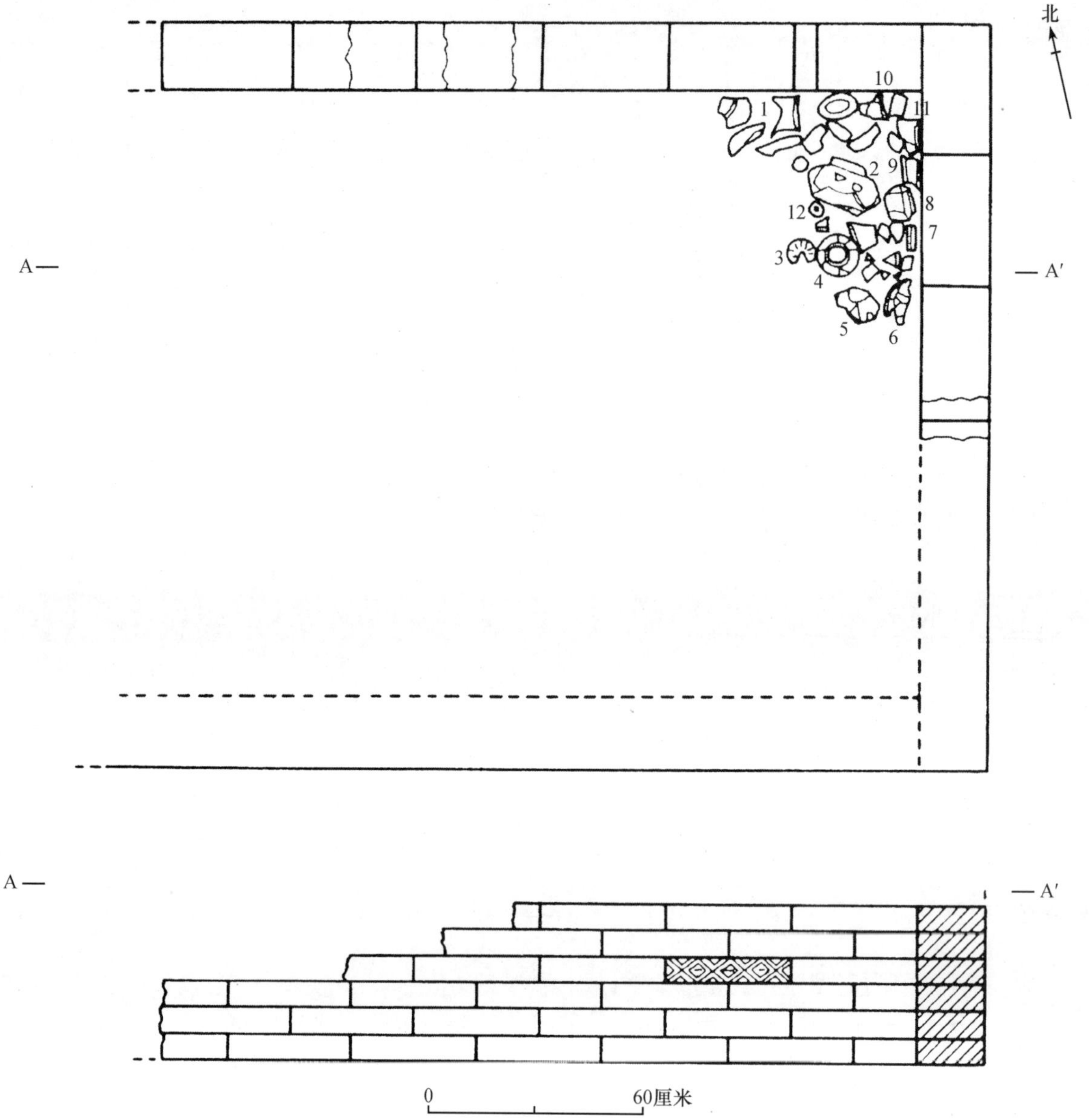

图一三　M3平、剖面图

1. 陶壶　2、4～6、8. 陶罐　3. 陶博山炉盖　7. 陶井　9、10. 陶钵　11. 陶甑　12. 铜钱

（四）M4

M4开口于探方耕土层下，平面呈刀把形，墓向20°，由墓室和甬道两部分垂直组成。在早年开荒平整土地时该墓遭严重破坏，券顶已无存。现存甬道长219、宽162、残高47厘米，墓室长378、宽270、残高94厘米，封门砖残高54厘米（图一四）。墓底无墓砖，用灰白细砂土略经夯实作底。墓底为长方形条砖，长40.5、宽17、厚6.5厘米，朝墓室一侧模印有菱形方格纹或车轮纹、菱形纹组合纹饰（图一五）。所葬尸骨已朽无存，葬式不明，未见葬棺痕迹。随葬器物较为丰富，计有陶器、铁器和铜器三类。出土器物如下。

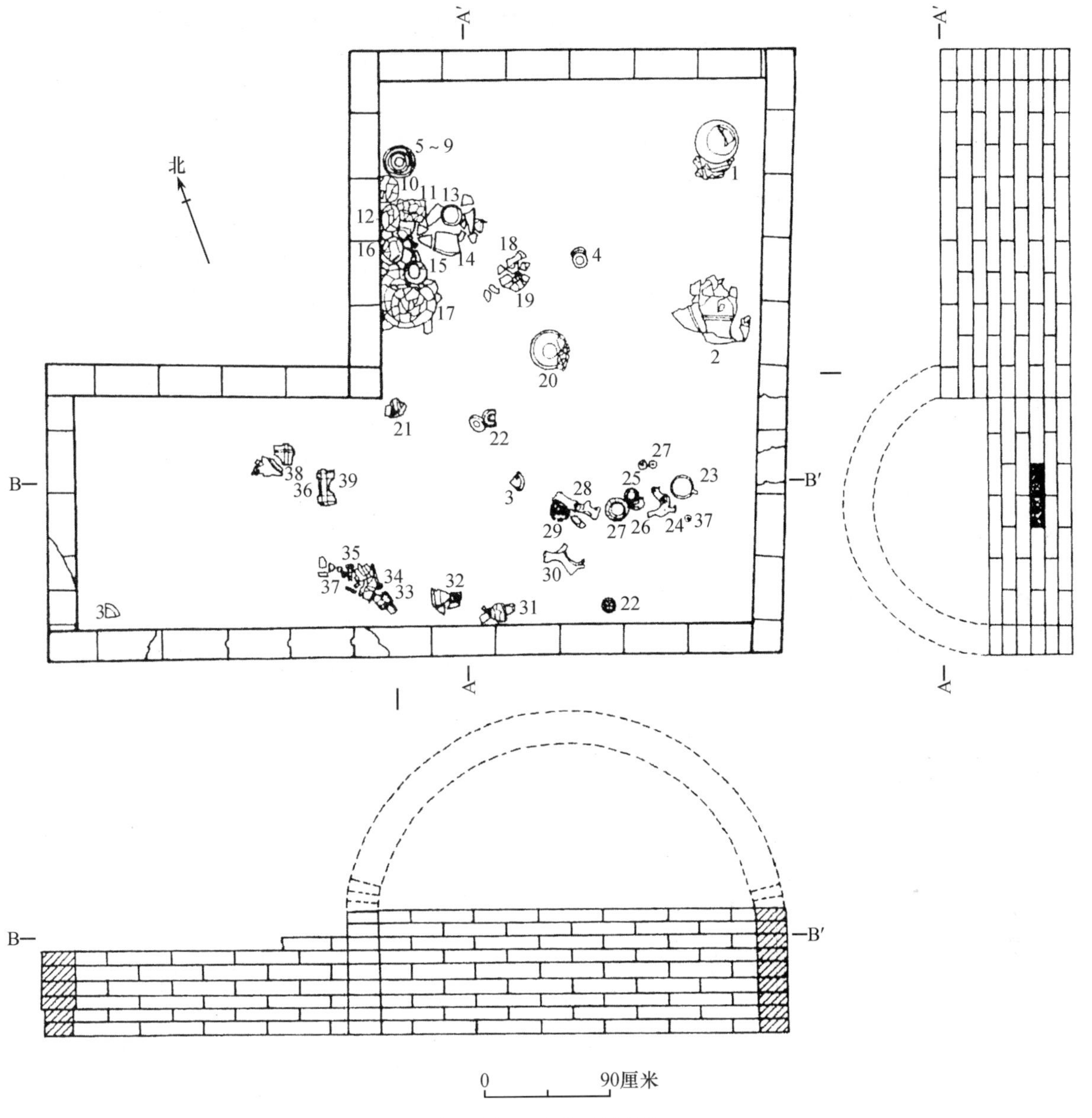

图一四　M4平、剖面图

1、14. 陶甑　2. 铁釜　3. 陶壶　4. 陶灯　5～9、12、13、18、21、25、29、31～33. 陶钵　10、11、15～17、19、27. 陶罐　20. 陶盆　22. 陶博山炉　23. 陶匜　24、26. 陶鸡　28. 陶猪　30. 陶狗　34、35. 铁削　36. 陶井　37～39. 铜钱

1. 陶器

罐　7件。分为五型。

A型　1件。M4：17，泥质灰陶。盘口，方唇，直颈，斜折肩，弧腹下内收，平底，最大径在肩部。肩中部及肩腹相接处各饰一道凹弦纹。口径13、底径12、高18.4厘米（图一六，1）。

B型　1件。M4：10，泥质灰陶。直口，方唇，平折肩，深腹微鼓，平底。肩下饰一道锯齿状压印纹。口径9.2、底径10.8、高16.2厘米（图一六，2）。

C型　1件。M4：27，泥质红陶。口微敞，宽内斜沿，圆唇，束颈，肩部微折，垂腹，底

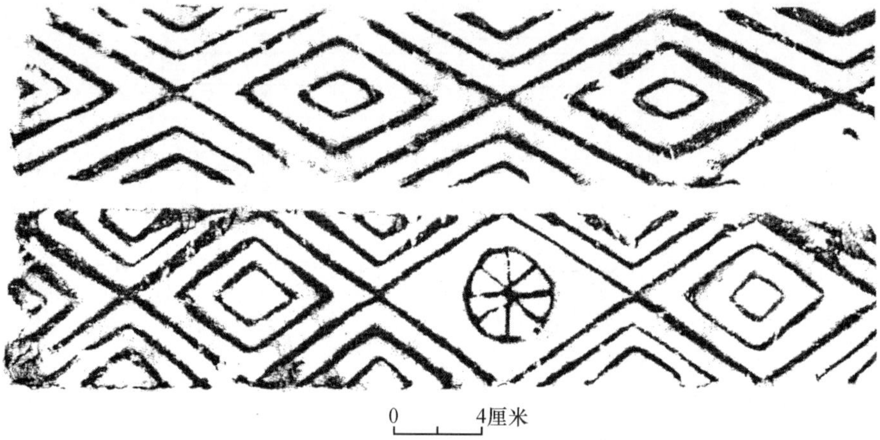

图一五　M4壁砖纹饰拓片

近平。肩部对称饰两个小盲耳。器内外壁施黄釉不及底，部分已脱落。口径13.2、底径7.2、高9.2厘米（图一六，3）。

D型　3件。泥质灰陶。口微敞，圆唇，溜肩，平底。肩部饰凹弦纹。M4：11，口径10、底径7.6、高12厘米（图一六，4）。M4：15，口径9.2、底径6.8、高11.4厘米（图一六，5）。M4：16，口径10、底径7.6、高12.6厘米（图一六，6）。

E型　1件。M4：19，泥质红陶。敛口，平沿，方唇，鼓腹，平底。通体施釉。口径8.8、底径8、高8.2厘米（图一六，7）。

钵　14件。分为二型。

A型　1件。M4：29，泥质红陶。直口，方唇，上腹直，下腹斜收，小平底略内凹。上腹部饰一道凹弦纹。口径16.4、底径6、高5.4厘米（图一六，8）。

B型　13件。敞口，圆唇，折腹，小平底。M4：5，泥质灰陶。下腹部饰一道凹弦纹。口径12.6、底径4.6、高5厘米（图一六，10）。M4：12，泥质灰陶。底部刻划一"×"纹。口径17.2、底径5.6、高6.6厘米（图一六，9）。M4：31，泥质灰陶。下腹部饰数道凹弦纹。口径18.4、底径5.6、高6.2厘米（图一六，11）。

甑　2件。M4：1，泥质灰陶。敞口，尖唇，深腹，下腹斜收，平底，底部有10个小圆孔。上腹部外饰数道锯齿状压印纹。口径34.4、底径17.6、高21.2厘米（图一六，12）。M4：14，泥质灰陶。敞口，圆唇，溜肩，深腹，下腹斜收，平底，底部有6个小圆孔。上腹部外饰数道凹弦纹。口径28、底径12、高17.2厘米（图一六，13）。

壶　1件。M4：3，泥质红陶。侈口，方唇，长颈，扁鼓腹，圈足。器表施酱釉不及底，部分已脱落。肩部饰三道凹弦纹，腹部饰一道凹弦纹及对称铺首衔环，颈部内壁饰数道凹弦纹。器盖表面施釉，置三个乳钉。口径15.2、底径15.2、通高35厘米（图一六，14）。

盆　1件。M4：20，泥质红陶。口微敞，宽平沿，圆唇，直颈，上腹微鼓，下腹斜收，平底。器内壁有三支垫。内壁及口沿施茶色釉，部分已脱落，外表不施釉。上腹饰两道凹弦纹，下腹饰数组浅细弦纹。口径24、底径8、高9厘米（图一六，15）。

匜　1件。M4：23，泥质红陶。直口，圆唇，上腹直，下腹折收，小平底。口外置一横把，把外端似鸟头。内壁及口沿施茶色釉，部分已脱落，外表不施釉。上腹饰一道凹弦纹。口

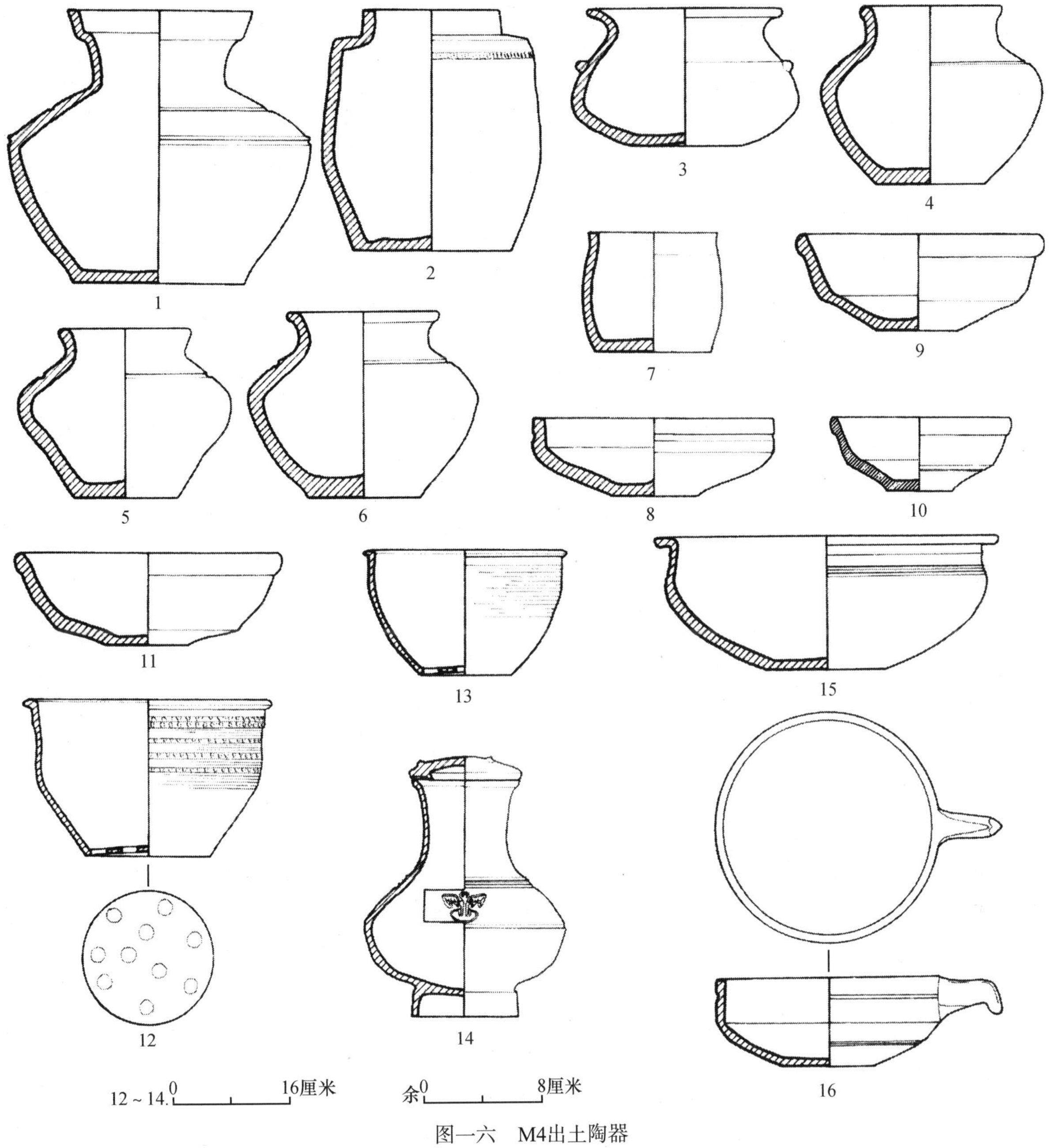

图一六　M4出土陶器

1. A型罐（M4：17）　2. B型罐（M4：10）　3. C型罐（M4：27）　4～6. D型罐（M4：11、M4：15、M4：16）　7. E型罐（M4：19）　8. A型钵（M4：29）　9～11. B型钵（M4：12、M4：5、M4：31）　12、13. 甑（M4：1、M4：14）　14. 壶（M4：3）　15. 盆（M4：20）　16. 匜（M4：23）

径15.6、底径6.4、高6厘米（图一六，16）。

井　1件。M4：36，泥质灰陶。井台呈“井”字形，中为圆形井口，下为圆形井圈，井口两侧各有一长方小孔，内各插有一束腰铲形扁平立柱，柱顶端开有凹槽。长21、孔径7.4、厚0.8厘米（图一七，1）。

灯　1件。M4：4，泥质红陶。盘口，圆柱状柄，柄中空，喇叭形足。柄下端饰一道凹弦纹。口径12、底径8.8、高10.4厘米（图一七，2）。

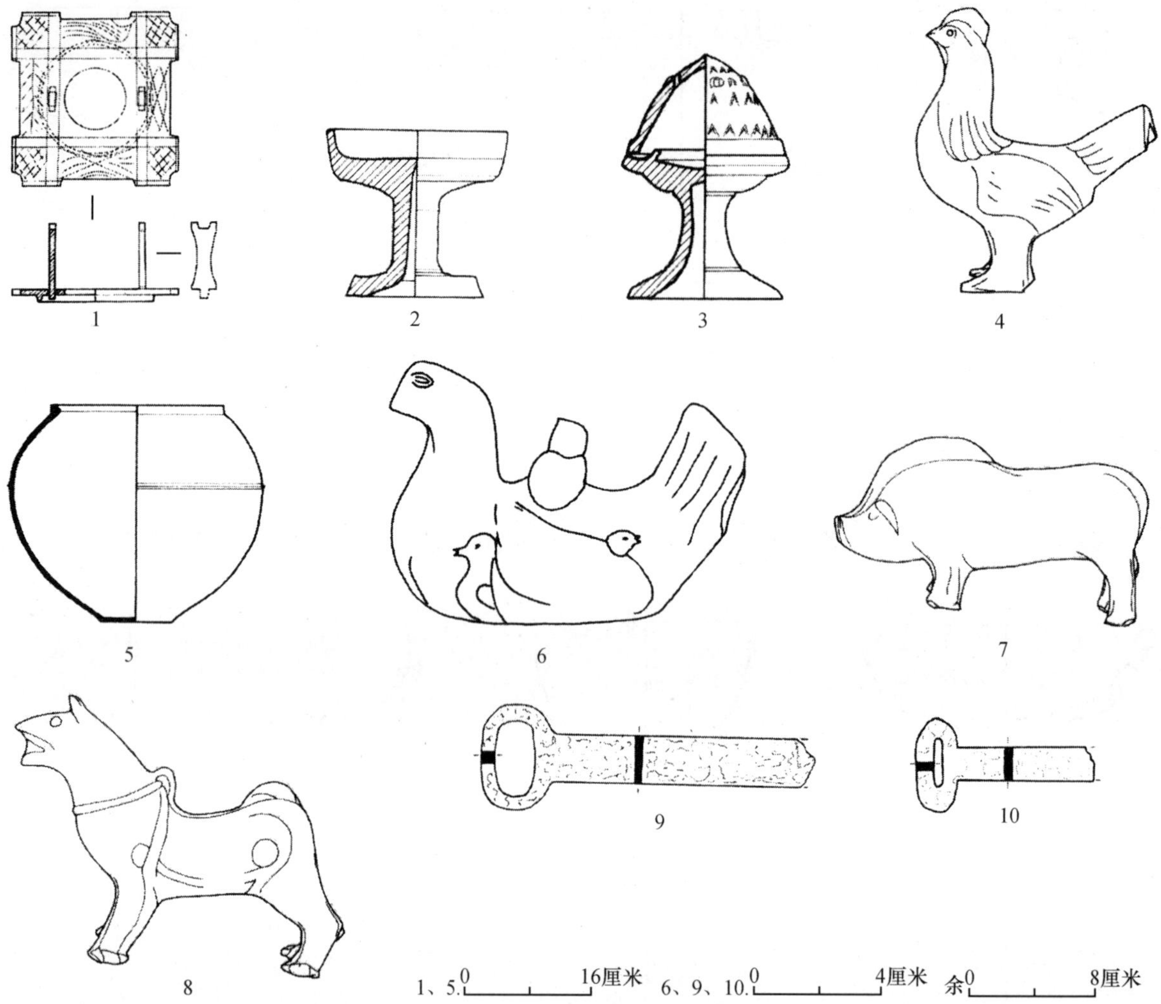

图一七　M4出土器物

1. 陶井（M4：36）　2. 陶灯（M4：4）　3. 陶博山炉（M4：22）　4. 陶鸡（M4：24）　5. 铁釜（M4：2）　6. 陶子母鸡（M4：26）　7. 陶猪（M4：28）　8. 陶狗（M4：30）　9、10. 铁削（M4：34、M4：35）

博山炉　1件。M4：22，泥质红陶。灯形炉身，半球形盖。器表施酱釉，大部分已脱落。炉柄下端饰一周凹弦纹。器盖顶部呈乳突状，中上部开四个长方形小孔，饰火焰状及锯齿状纹。炉身口径6、底径10、高9.4厘米，盖口径10、高6.4厘米（图一七，3）。

鸡　1件。M4：24，泥质红陶。抬头，立冠，竖颈，尖嘴，翘尾，羽翼清晰，体态丰腴，板形足，站立状，中空。长15、高18厘米（图一七，4）。

子母鸡　1件。M4：26，泥质红陶。平嘴，抬头，尾部上翘，背上蹲一小鸡，双翼下依偎数只小鸡，无足做蹲状，中空。长11.5、高8.5厘米（图一七，6）。

猪　1件。M4：28，泥质红陶。粗嘴微翘，耳目清晰，短尾右摆贴臀，体态肥硕笨拙，四肢粗短，站立状，中空。长20、高11厘米（图一七，7）。

狗　1件。M4：30，泥质红陶。体形小巧，抬头目视前方，双耳竖立，前足叉开，卷尾贴臀，颈部系带，颈后有环状扣，中空。长21、高17厘米（图一七，8）。

2. 铁器

3件。

釜 1件。M4：2，敛口，方唇，溜肩，鼓肩，下腹内收，小平底。锈蚀严重，口残破，体有裂痕。肩部饰一道凸弦纹。口径22、底径9.2、高27厘米（图一七，5）。

削 2件。扁平长条形，残存器身断块。M4：34，残长10.7、宽1.5、厚0.3厘米（图一七，9）。M4：35，残长5.6、宽1、厚0.3厘米（图一七，10）。

3. 铜钱

均为五铢钱。若干枚。字体规整。外径2.6厘米（图一一，6）。

从出土器物判断，该墓的年代应为东汉中晚期。

四、结 语

金钢背遗址在20世纪80年代后期调查发现以后，为配合三峡工程建设，做好淹没区的文物保护工作，四川省文物考古研究所曾于90年代初对该遗址做过复查及补查工作，并认定其年代为宋代①。但是，由于遗址所处地理位置即濒临长江易受洪水的侵蚀等原因，进行文物调查时在遗址地表采集到的文物标本，缺乏明确的地层层位关系，对于确定遗址的年代往往显得证据不够充分。因此，此次对金钢背遗址的正式发掘，为揭示遗址的文化内涵，了解和认识遗址的文化面貌，正确把握遗址的年代及其文化延续性，提供了第一手资料。

由于该遗址在发掘规划前缺乏较翔实的调查资料，尽管我们在此次发掘前进行了认真钻探，但对遗址的分布范围和堆积情况仍不甚明了，因而选点布方难度较大。此次发掘，我们选择遗址不同的地形、高程，采取分区布方的方法进行，其目的是通过抢救性发掘，能够较全面地了解整个遗址的文化堆积状况，多角度地揭示遗址的文化面貌和文化内涵。

发掘结果表明，该遗址的第一发掘区由于地处长江岸边的第一级阶地，位置较低，汛期频受洪水浸泡，原生文化堆积已被冲刷，现存堆积均为后期的次生堆积。第二发掘区虽发现有西周时期的原生文化堆积，但堆积薄，出土遗物极少。同时，在遗址中还清理发现一座东汉土坑墓。第三发掘区没有发现原生文化堆积，但东汉时期砖室墓的分布较为集中，墓葬形制及随葬品与周边地区同一时期的墓葬具有相似的特征。根据此次发掘的情况进行综合分析，我们认为金钢背遗址自西周以来一直是古人类活动的重要区域，遗址年代跨度大，具有一定的文化延续性，但活动的间歇期较长，说明因受自然条件和因素的制约，古人类曾在此发生多次迁徙行为。遗址的三个发掘区可分别认定为次生淤积区、遗址墓葬区和墓葬区。此次发掘，由于发掘面积有限，对该遗址整体文化面貌的认识还存在一定的局限性，但仍为认识该遗址的文化面貌提供了重要的依据，同时也极大地丰富了重庆峡江地区的考古学研究资料。

① 四川省文物考古研究所：《丰都县三峡工程淹没区调查报告》，《四川考古报告集》，文物出版社，1998年。

附记：此次发掘领队为覃义生，参加发掘工作的有黄云忠、张龙、黄强、吴天清等。插图由李召銮、李召民绘制。

执笔：张　龙　黄　强　黄云忠

奉节羊安渡遗址1999～2000年度发掘简报

洛阳市第二文物工作队

为配合长江三峡水利枢纽工程建设，受重庆市文化局三峡文物保护工作领导小组委托，洛阳市第二文物工作队由副队长史家珍领队，考古部主任乔栋同志全面负责，技保部主任周立负责摄像，蔡梦珂负责电脑软件，王文浩、赵晓军、张建文、郭革委、贾小龙、王云涛、杨军、孙建国、江化国等13人，组成了羊安渡遗址考古队，于1999年12月20日～2000年1月27日、2000年2月25日～3月17日对该处遗址进行抢救性发掘，现将发掘情况简报如下。

一、遗址概况

羊安渡遗址位于重庆市奉节县长江南岸的二级台地上，北部边缘距长江中心线约100米，遗址中心位置地理坐标为东经109°30′36″，北纬31°01′47″，海拔130～140米。地处山地北麓，地势总体呈南高北低，面积约25 000平方米。遗址中部有一冲积沟，形成长约200米的断崖，东为对县村，西为安渡村。遗址中心区域多为民居，周边田地种有蔬菜和柑橘树（图一；彩版一～彩版三）。

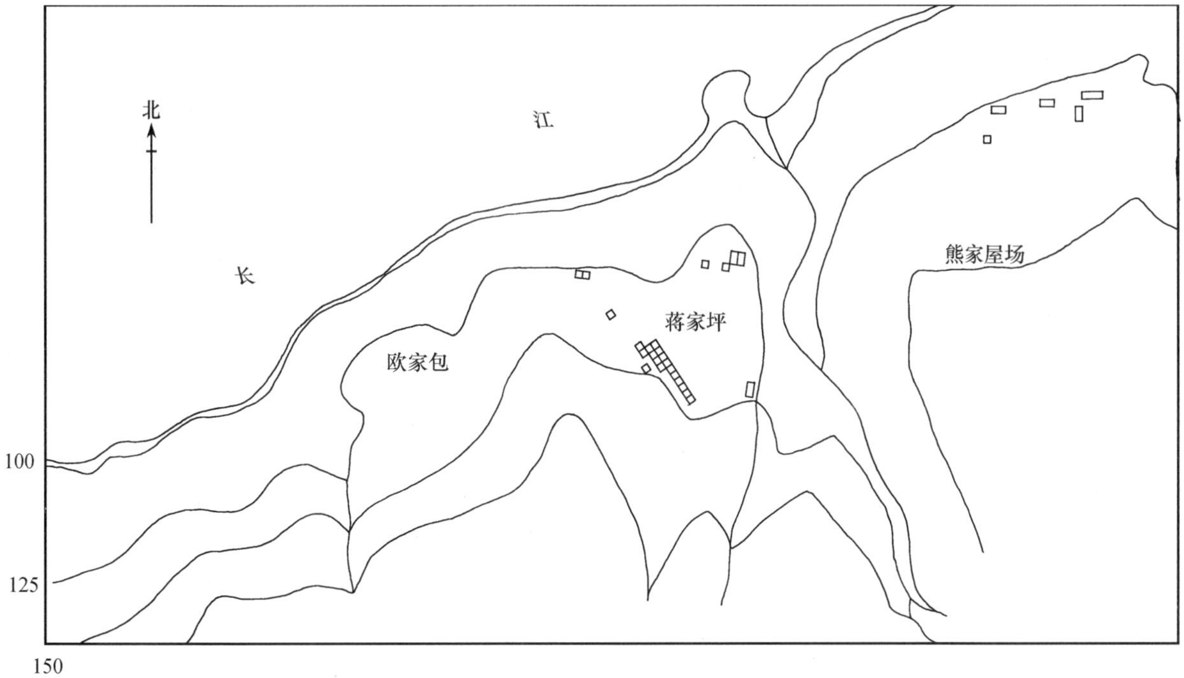

图一　遗址总平面图

二、工作方法及布方情况

根据地形，我们将遗址基点定在西端的安渡村组村民王鸿友二层砖房的东北角，并将该遗址划分为三个区，冲积沟以西民房南部为Ⅰ区，北部为Ⅱ区，属安渡村一、二社；冲积沟以东为Ⅲ区，属对县村一社。

前后分两个阶段：1999年12月25日～2000年1月25日，在安渡村一、二社发掘：2000年2月25日～3月25日，在对县村一社发掘。发掘之前，于1999年12月20～23日、2000年1月22～25日分别对其进行全面踏勘与重点钻探相结合的考古调查，Ⅰ区打孔9个、Ⅱ区打孔8个、Ⅲ区打孔27个，并结合断崖剖面，对其地层堆积情况有了初步的了解。发掘时，我们采取以探方为主、探沟为辅，整体与局部发掘相结合的方法（彩版四）。

共布方30个，总面积940平方米。Ⅰ区19个，其中18个5米×5米，1个5米×10米（彩版五）；Ⅱ区6个，其中4个5米×5米，2个5米×9米； Ⅲ区5个，其中1个5米×5米，3个5米×10米；1个5米×15米。由于地形所限，布方时无法使其完全成为正方向，只能尽量保证各区内相对统一，Ⅰ区（除T1016为0°）320°，Ⅱ、Ⅲ区均为0°。

三、地层堆积

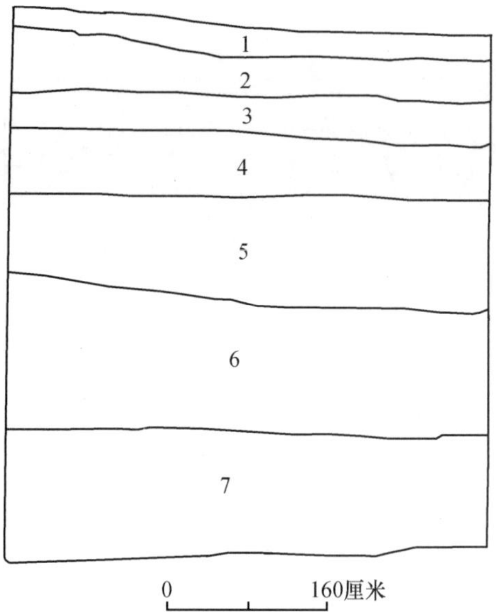

图二　ⅡT2001北壁剖面图

该遗址地处坡地，探方高程不等，地层层次和厚度差别较大。一般有3～4层，深约1.5米，最多达7层，深近4米。以堆积较丰富的ⅡT2001为例说明如下（图二）。

第1层：耕土层。灰褐色。土质松软。内含较多的树根、红砂岩、料姜石颗粒等。厚0.15～0.3米。

第2层：红褐色。土质湿软，黏性大。内含大量红砂岩、料姜石颗粒、植物根茎等。厚0.28～0.64米。出土遗物有陶片、瓦片和瓷片。陶片为泥质灰、红陶及釉陶片，其中釉陶有两块，一块为黄釉红胎，外饰平行粗线纹，另一块为绿釉红胎，内外均饰凹弦纹。瓷片中有青花瓷及白瓷，青花瓷有残圈足和口沿残片，口沿侈口、卷沿尖唇等，器形有碗等。瓦片全为外素面内布纹青灰板瓦片，火候较高。

第3层：黄褐色黏土。土质湿软。内含大量红砂岩、料姜石颗粒及少量木炭灰等。厚0.25～0.48米。出土遗物有陶片、瓦片和瓷片。陶片为泥质灰陶、红陶及釉陶片，其中釉陶有青灰釉灰胎及酱釉红胎，器表纹饰有凸弦纹、圆圈纹等，内饰波浪纹及粗绳纹，器形有罐等。瓷片中有青花瓷及白瓷，器表花草纹内弦纹，多为残圈足，可辨器形有盘、碗、盅。瓦片为外粗绳纹内布纹及外素面内布纹青灰板瓦片。

第4层：灰褐色黏土。土质软湿。内含少量红砂岩、料姜石颗粒、炭粒及兽骨等。厚0.56～0.64米。出土遗物有陶片、瓷片、瓦片及几个残铁钉等。陶片可分为泥质灰陶、泥质红陶、夹砂黑陶及釉陶四种，除夹砂黑陶火候较低外，其余火候较高。其中，泥质灰陶器表多饰凹弦纹、内边有凹弦纹。有器物口沿及底部残片，口沿有侈口卷沿尖唇、敛口方唇及敛口卷沿圆唇等。器底为平底，轮制。泥质红陶多素面，有两块器表饰环状菱纹，为器物腹部残片。夹砂黑陶有一为腹上端残片，带一鋬，火候较低，手轮兼制。釉陶片有青灰釉红胎，青釉灰及黑陶黄胎，有一块青绿釉红胎陶片，器表饰网状纹，为器腹残片，火候较高。瓷片均为青花瓷，有残圈足及口沿残片，有一口沿为侈口卷沿尖唇，内外饰花草纹。可辨器形有碗、杯、勺等。瓦片纹饰有外绳纹内布纹及外素面内布纹等。较多的青灰瓦片及几块红瓦片，均为板瓦残片。在该层下发现灰坑一个。另外，距西1.9、南2.4、深1.05米处发现1枚铜钱，编为99CFYⅡT2001④：1（以下省略“CFY”），锈蚀严重，依稀可辨认表面有“乾隆通宝”字样，残径2.4、穿径0.5厘米。距西2.9、南1.5、深1.05米处发现铜钱1枚，编为99ⅡT2001④：2，锈蚀严重，无法辨别器表面文字，残径2、孔径0.6厘米。距西2.3、南1.4、深1.35米处发现铜烟管1件，已锈残，编为99ⅡT2001④：3，前端残长3、直径0.6～0.7厘米，尾端残长3.3、直径0.8厘米。

第5层：红褐色黏土。土质较湿硬。内含少量红砂岩、料姜石颗粒、红烧土颗粒及炭粒等。西北薄，东南厚。厚0.8～1.12米。出土遗物有陶片、瓷片、瓦片及砖块等。陶片有泥质灰陶、泥质红陶及釉陶，其中泥质灰陶纹饰有外凹弦纹内素面及外素面、弦纹。泥质红陶器表纹饰有环状菱纹及凹弦纹。釉陶有两块青绿釉灰胎，外饰圆圈纹内素面，有器物口沿及底部残片，口沿有敛口卷沿折肩及敛口平沿方唇等。有一泥质红陶腹部残片上带一系，火候较高，手轮兼制。有两块器物底部残片，可辨器形为罐。瓷片有青灰瓷、青瓷及青花瓷，其中青花瓷多为残碗圈足残片及口沿等，纹饰多为花草纹，有一块圈足内面有一“贵”字。有一青瓷口沿为侈口卷沿圆唇，器形为碗。瓦片有一块筒瓦片，其余均为板瓦片，筒瓦纹饰外绳纹内布纹，板瓦纹饰有外绳纹内布纹及外素面内布纹，以外素面内布纹为主。泥质灰瓦片多，红瓦片少。砖块厚度不等，长3、7.5厘米，宽13、22.5厘米不等。有一砖块为长方形，长25、宽22.5、厚7.5厘米，侧面有菱形花纹。

第6层：浅红色黏土。土质较湿硬。内含少量红砂岩、料姜石颗粒及炭粒等。东北薄，西北厚。厚1.2～1.52米。出土遗物有陶片、瓷片及瓦片，其中陶片有泥质灰陶及釉陶。泥质灰陶有器物口沿及腹部残片，口沿有敛口卷沿圆唇、敛口卷沿尖唇及侈口平沿，唇部饰花边。腹部残片器表上部带有一系，可辨器形有罐。瓷片有青瓷、青花及粗瓷，其中青花瓷多为残圈足残片，饰草叶纹、鱼，粗瓷胎质较粗，含砂粒较多，表面粗糙，为缸底残片。瓦片均为泥质灰瓦片，火候较高，多外素面内布纹，少外绳纹内素面及外绳纹内布纹。

第7层：浅灰色黏土。土质较湿硬。内含少量红砂岩、料姜石颗粒、红烧土颗粒及炭粒。厚1.12～1.28米。该层下即为黄色生土，纯净无遗物。出土遗物有陶片、瓷片及瓦片。陶片仅有3块泥质灰陶及一块釉陶片，其中泥质灰陶表面饰凹弦纹。釉陶片为青绿釉灰胎，火候较高，残碎不辨器形。瓷片有青瓷及青花瓷，多为器物残圈足及腹部残片，青花瓷局部饰草叶纹。瓦片有外绳纹内布纹及外素面内布板瓦片，泥质灰瓦片，火候较高。

年代推断：第1层，现代层；第2、3层，清代晚期堆积；第4层，清代中晚期堆积；第5～7层，明清时期堆积。

四、主要遗迹及遗物

（一）墓葬

2座。

99M1　位于99ⅠT1003西北角，北部压于探方北隔梁之下，距探方西壁0.1～0.33米。开口于第2层下，打破第3层和生土，墓口距地表深0.35～0.37米。填土为褐色花土，土质较疏松，土中含有红砂岩颗粒、料姜石粒、炭粒等。

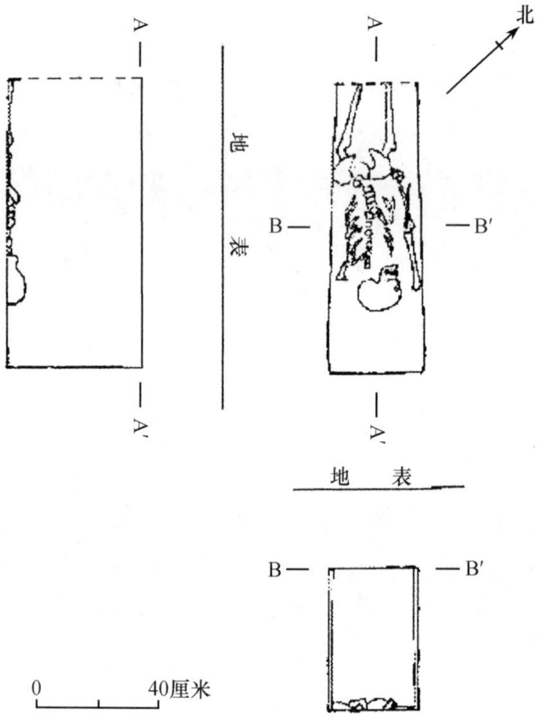

图三　99M1平、剖面图

长方形竖穴土坑墓，平面东南宽，西北窄，直壁，平底。口部残长0.94、宽0.28～0.32米。底部长、宽与口部相同。深0.44米。方向164°。填土和墓内均无遗物出土，人骨架保存较完整，葬式为仰身直肢葬，头向东南，面向东（图三；彩版六）。根据99M1开口层次和打破关系以及第2、3层出土遗物，推测99M1为一近代墓。

99M2　位于99ⅠT1012的西部、99T1011的东部。该墓的西南角距西壁0.75、距南壁0.4米，东南角距南壁0.85米。开口于第3层红烧土面下，打破第4层，距地表1米。填土为黄褐色花土，土质较松软，含炭层、料姜石颗粒、红砂岩颗粒。陶片极少，为泥质红陶与泥质灰陶器物残片（图四；彩版七）。长方形竖穴土坑，直壁，平底。长1.14、宽0.72、深0.72米。墓壁为黄褐色沙土，因坍塌不整齐。墓的四周底部有不明显木灰痕迹，北长2.4、宽0.15～0.2米，南长2.4、宽0.2米，西长1.4、宽0.16～0.18米，东长1.2、宽0.1～0.12米。墓底部有骨架一具，腐朽严重且不完整，下肢骨与上肢骨交叉在一起，头向西，面向下。随葬品共7件。

陶罐　夹砂红陶：侈口，卷沿，束颈，溜肩，鼓腹，圜底。外饰斜向粗绳纹（腹部有烟熏痕迹）。口径10.4、最大腹径11、高8厘米。泥质灰陶：①敛口，卷沿，圆唇，短颈，鼓肩，腹部斜收，底内凹。口径10.4、最大腹径18.4、底径10.8、高12厘米。②直口，宽平沿，尖唇，直颈，折肩，腹部斜收，圜底。外饰竖向细绳纹。口径13、最大腹径23、高15厘米。③直口，宽平沿，尖唇，直颈，折肩，腹部斜收，圜底。外饰菱形纹。口径13、最大腹径23、高15厘米。④直口，卷沿，圆唇，颈部较长，折肩，腹部斜收，平底，口部制作不规整，呈椭圆形。

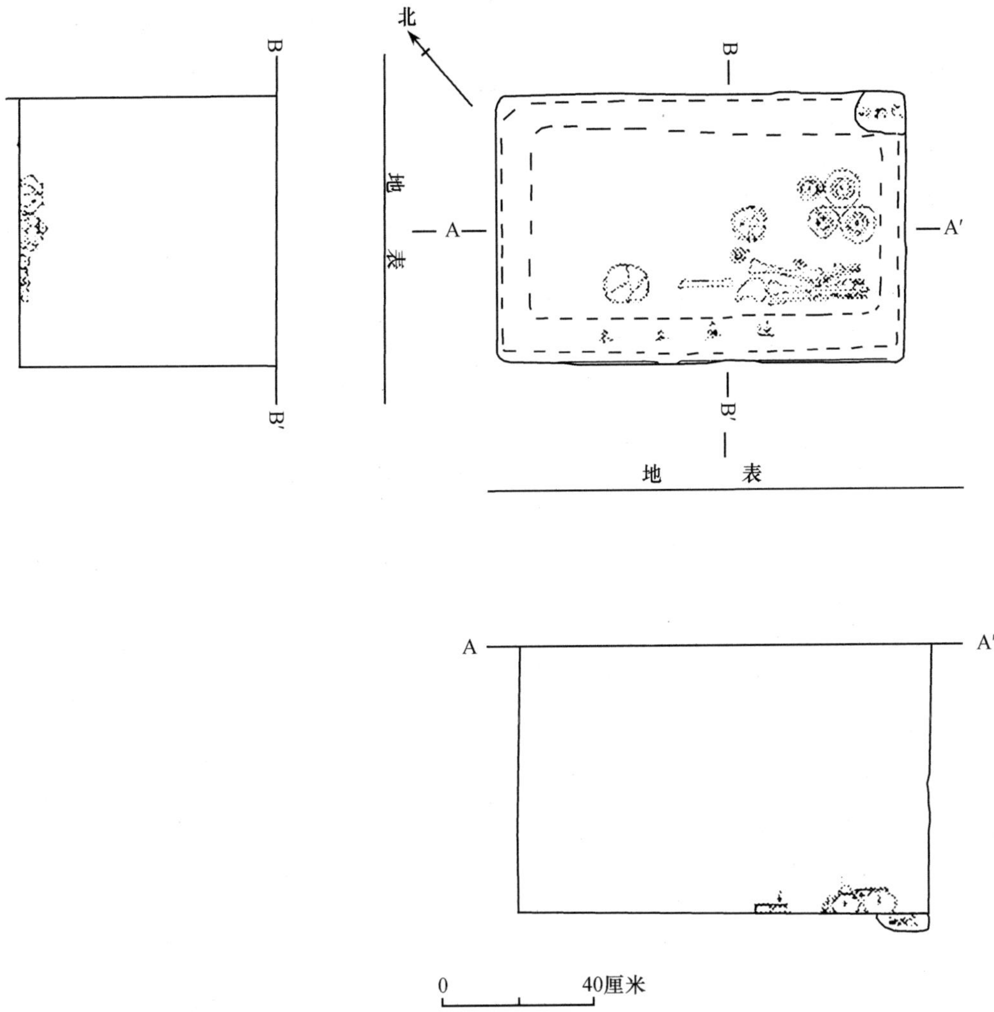

图四　99M2平、剖面图

口径10.5、最大腹径16、底径9、高10厘米。

陶甑　泥质灰陶。①直口，圆唇，沿稍卷，腹部斜收，平底。口径18.5、最大腹径17.7、底径10.5、高10.5厘米。②直口，平沿，鼓肩，平底。口径6、最大腹径8、底径5、高6.8厘米。

根据墓口的开口层位及随葬品，推断该墓为东汉时期。

（二）灰坑

3个。

1. 99H1

位于ⅠT1001内西北部第3层下。打破第4、5层和生土。坑向大致为西北—东南走向，坑中心距探方西壁1.46、距南壁1.7米，坑口距地表深0.92米。平面近椭圆形，口大底小，斜壁，平底。口长1.15、宽0.8米，底长0.7、宽0.54米，深0.6米。坑壁较为平整，底部较平（图五）。

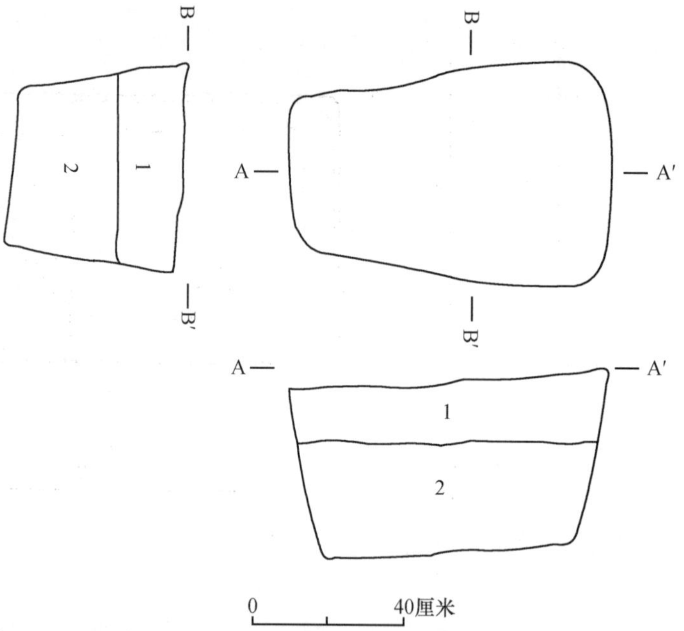

图五　99H1平、剖面图

坑内填土由上而下可分为两次性填充。上部填土为红砂淤积土，土质湿润、松软、较纯，夹杂有少量料姜石颗粒，无遗物。厚0.2～0.25米。0.25米以下为灰褐色填土，湿软、黏度大，夹杂有少量的木炭灰、红砂岩及料姜石颗粒。

出土遗物有瓦片、陶片、瓷片。瓦片有灰陶外素面内布纹瓦片，火候较高，厚度有1.2、1.5厘米两种。陶片包括：①泥质灰陶器物残片，火候较高，为轮制，外饰有瓦纹；②泥质灰陶器残片，火候较高，轮制，素面；③泥质红陶器物残片，火候较高，轮制，素面；④泥质红陶器物残片，火候较高，轮制，外素面内瓦纹；⑤泥质红陶器物残片，火候较高，轮制，内外均饰有瓦纹；⑥酱釉陶器残片，火候较高，轮制，内饰弦纹。瓷片种类：①灰白瓷片，素面；②青花瓷片，内外饰有花纹。

99H1的包含物及出土遗物同探方内第3、4层内的包含物，由此推断该坑早于第3层，晚于第4层，基本同属一个时代，可初步判断为明清时期。

2. 99H2

位于整个遗址区西北部的99ⅡT2001中部偏西，通向探方外。开口于第4层下，打破第5层。坑口距地表1.4米。口部平面略成方形，南北两壁为斜壁，东壁较直，西壁因出99ⅡT2001外，尚不知。南深北浅，平底。口部东西长1.6～1.9、南北宽1.7～1.8米，底部长1.6～1.9、宽1.3～1.7米，深0.55～0.75米（图六）。坑东南两壁有火烧土面。坑内堆积由上至下可归纳为一层，为同一时期填充。土质较湿软，黏性大，呈灰褐色。包含有少量红砂岩、料姜石颗粒、大量红烧土及木炭颗粒。遗物有陶片、瓷片、瓦片、砖块及铁链、铜镜等。

陶片为泥质灰陶、泥质红陶及釉陶片。泥质灰陶有内外饰凹弦纹等，有较多的器物口沿及底部残片，另有少量腹部残片。有的上端带系，可辨器形有罐。口沿有侈口卷沿圆唇、敛口平沿方唇及直口平沿尖唇等。泥质红陶器表饰凹弦纹、粗绳纹等，内饰凹弦纹或为素面，多为器

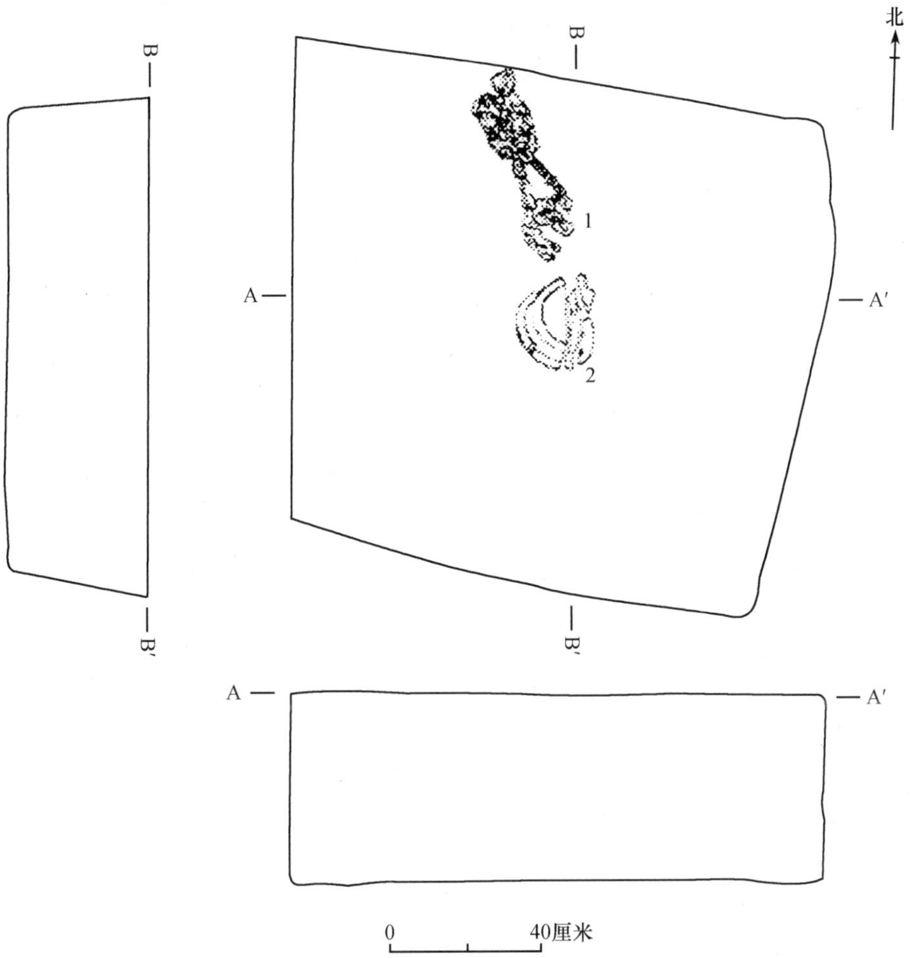

图六　99H2平、剖面图

腹残片，少量口沿及底部残片，器物口沿有罐等。瓷片有青瓷、青花瓷及粗瓷。青花瓷有一器底饰有动物图案，其余均饰花草纹，残圈足较多。口沿有侈口卷沿尖唇、敛口卷沿圆唇及直口宽平沿斜唇等。瓦片均为青灰瓦及红瓦片，泥质灰陶，火候较高，外素面内布纹。

在该坑底部，距西0.9、距南1.25、深0.5米处有一铁链出土，编为99H2：1，锈蚀严重，无法展开，由多个铁环连接而成，铁环为椭圆形，直径宽3.5～5.5厘米。在其南端，距西0.95、距南0.9、深0.65米处出土一铜镜，锈蚀严重，在靠郭与外部边缘之间有一圆纽，可能为镜纽滑落至边缘，编为99H2：2。

根据H2开口层位及出土物的类型，可初断与ⅡT2002第4层下石块与小砖墙为同时期遗存，时代为明清时期。

3. 99H3

位于99ⅡT2003中部偏南。开口于第5层下，打破生土。距地表深1.65～1.9米。

平面呈不规则状，向东延伸至探方外，坑口在探方内长3.8、宽2.56米。坑壁向下斜收，平底。坑底在探方内长3.2、宽1.2米。坑西边较浅，东边较深。坑深1.3～1.4米（图七）。99H3内仅发现一层堆积，为灰褐色黏土，土质较疏松，土中包含有较多红烧土块、料姜石块、炭粒、

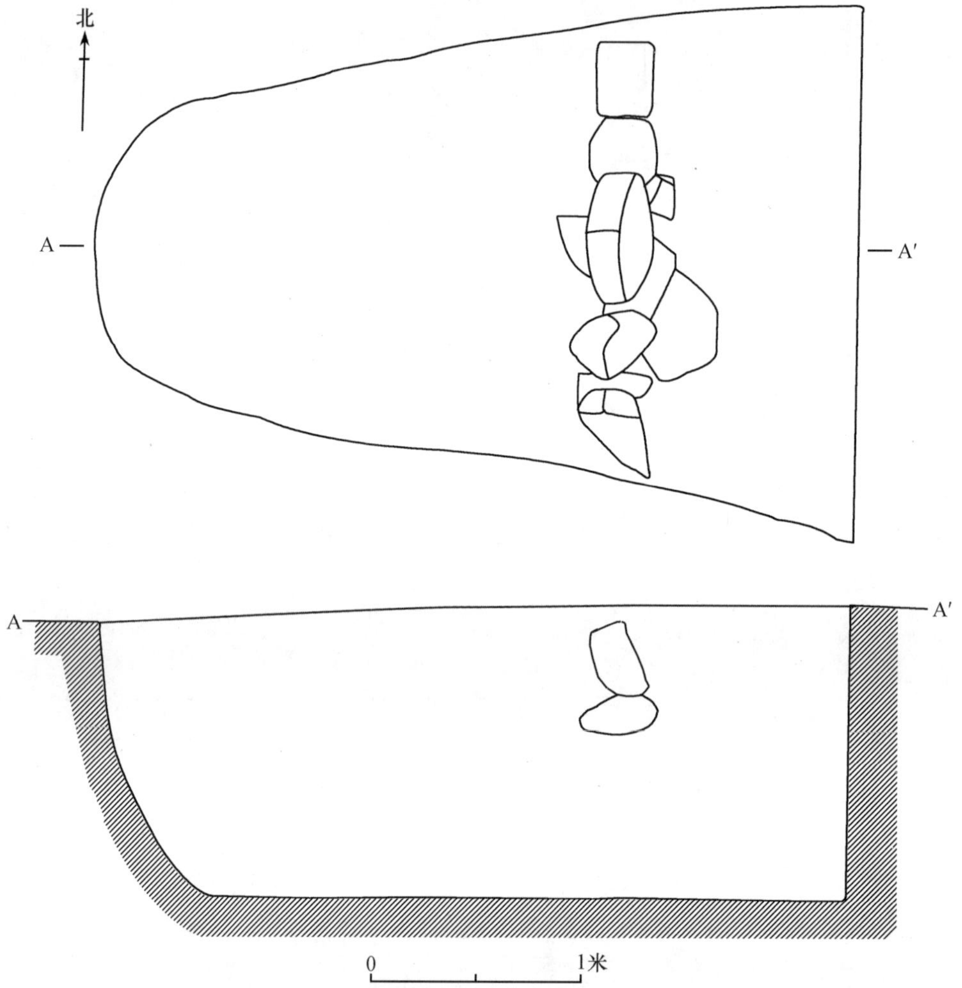

图七　99H3平、剖面图

石块等。

出土遗物有瓷片、陶片、瓦片和砖块。瓷片有青花瓷片和粗瓷片两种，青花瓷片中多残圈足，口沿有侈口卷沿，器形有碗；粗瓷片有残圈足、残平底和敛口卷沿尖唇、敛口卷沿圆唇、敛口宽平沿圆唇，残片中有一外部饰凹弦纹，器形为罐。陶片有青釉陶片、黑釉陶片和泥质灰、红陶片以及夹砂灰陶等，青釉陶片中有一口沿，为侈口卷沿尖唇；黑釉陶片中发现几个小陶罐的残平底，外饰凹弦纹；泥质红陶片中有几个残罐平底，底上轮制痕迹明显，口沿中有敛口卷沿，器形可能为缸；泥质灰陶片中有一残陶罐平底。陶片中部分外饰凹弦纹，火候均比较高，另有一夹砂厚胎灰陶罐口沿，为敛口斜沿尖唇。瓦片除1块内外绳纹板瓦片外，其余全为外素内布纹板瓦片。另有4块残砖，其中3块为菱形纹砖，宽度和厚度分别为24、7厘米，19、9厘米，（缺宽）、6厘米。另一块为素面砖，宽12、厚3.5厘米。第1块菱形纹砖一端有圆弧状凸起，可能为榫卯结构。

99H3：1，灰黑釉陶罐，腹部以上为夹砂红胎，以下为夹砂黑胎，内外均施灰黑釉，口部和器内部釉已全部脱落。侈口，肩部略鼓，最大径在腹部，腹部斜收，平底，一鋬已残。器外表自腹部以下饰凹弦纹，器内全饰凹弦纹。器残。口径9.6、最大腹径16.4、底径11.2、高21.2厘米。

99H3：2，青花瓷碗。残。侈口，沿稍外卷，腹部略鼓。器外表饰青花，外底和器内均无纹饰。口径13.4、底径6.6、高5.7厘米。

由99H3的开口层位及打破关系，再结合其中出土的遗物，推断为H3为明清时期灰坑。

（三）房基

1处。

99F1位于99ⅡT2003中部。开口于第3层下，打破第4、5层。北部距地表较浅，深0.6米，南部距地表较深，深1米（图八）。

由残存的两段墙基推断房屋基本呈方形，南北向墙基即房屋两墙基距探方西壁0.55～0.64、长约2.24米。东西向墙基即房屋北墙的方向稍斜，西边距探方北壁0.8、东边距探方前壁0.3、残长2.1米。方向315°。其建筑方法为地面式房屋，除墙基上发现一层砖石外，其余部分全毁。墙基深约0.5米，呈长条状，宽约0.5米，北房基有的地方较窄，仅0.32米。清理时，发现砖块下土质紧密，土中有光滑硬面，而砖旁边土质坚硬，在其上从下而上依次砌砖。墙基上仅发现一层砖，砖为两两竖向相靠依次向前砌，同时也发现用大石块砌墙。门已不存在，在发掘中，在房屋西部北端与北墙西南端之间稍低于墙基处发现一块踩踏面，平面基本呈长方形，应为门道，宽约0.46、进深约0.56米。

99F1现仅存墙基，屋内除残存墙倒塌后形成的乱砖石堆积外，无其他遗物，也未发现其他堆积情况，发掘过程中，在墙基上的砖和墙基旁倒塌的砖石中心有7块砖，其中一块较完整，

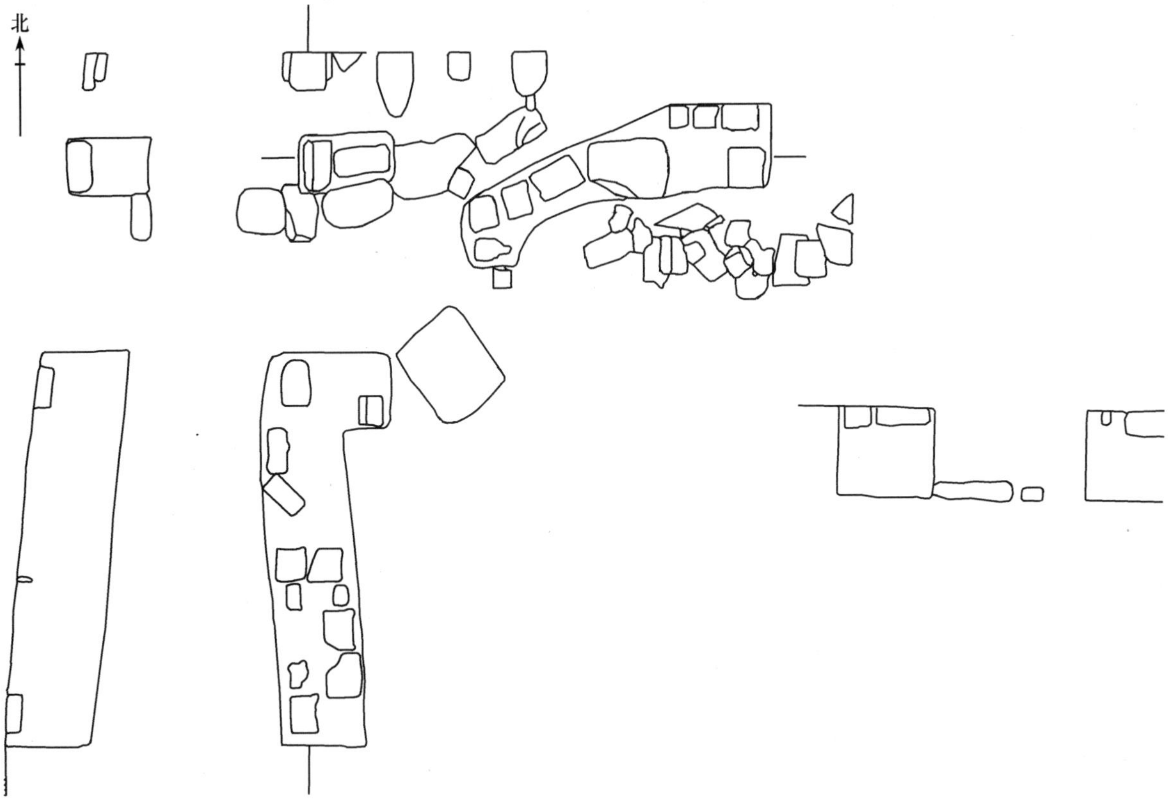

图八　99F1平、剖面图

作为小件，编为99F1：1，青灰色。一侧面有菱形花纹，一端修整成圆弧状圆窝，可能为榫卯结构，长28、宽17、厚6.5厘米。另外6块砖中，一侧有菱形纹的3块，素面3块，3块菱形纹砖宽度和厚度分别为18、6.5厘米，18、7厘米，22、7厘米。其中前2块一端均有加工的圆弧状凹窝，可能为榫卯结构，砖色分别为青色、灰色、灰红色。3块素面砖的长度、宽度和厚度分别为24、18.5、6厘米，25、13、4厘米（残长），14.5、6厘米，均为青灰色砖。

在门道前方约0.8米处有一段墙基，上有两块石头，估计为房子外面的附属建筑，除此而外，屋外仅发现了一些墙倒塌后形成的乱砖石块堆积。

由F1开口层位及打破关系，另查《奉节县志》卷五《城池（井塔附）》“同治九年，夏六日，洪水泛涨，漫城而过，遂将由西而东，临江一带城墙全行湮没……”故推断F1建于明清时期，毁于清同治九年长江发大水。

（四）重要遗物

1. 瓦

泥质灰陶，数量较多，均残。以板瓦片为主，筒瓦残片极少。以外素面内布纹为主，外绳纹内布纹、外绳纹内素面较少。厚1.2～1.5厘米。

2. 砖

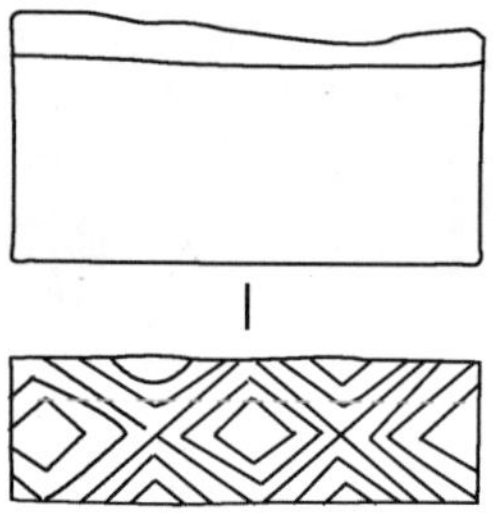
图九　砖

大都残损，菱形纹和无纹饰两种。菱形纹砖是在侧面饰菱形纹，有单线、双线、三线，其中有一块带一榫。无纹饰砖中有一块阴刻楷书“……氏墓”。两种砖的尺寸大致相同。长28、宽14～19、厚6～9厘米（图九）。

3. 陶器

泥质灰陶为主，也有红陶、釉陶和夹砂灰陶。大都为器物残片，能分辨出器形和完整的有陶灯、陶罐、陶甑等。

4. 瓷器

均残。有青花瓷、白瓷。青花瓷器数量较多，内外多饰花草纹，个别器底上有款识。能辨器形有碗、盘、碟、杯、勺等。

5. 铜钱

开元通宝1枚，康熙通宝1枚，其余多为明清时期“通宝”钱。

6. 铜镜和铁链

各1件。铜镜残，镜纽位移至边缘，无纹饰。直径32、厚1.3厘米。铁链由数个铁环相扣连接而成，锈蚀严重，无法展开。铁环为椭圆形，直径3.5～5.5厘米。

五、初步认识

通过两个多月的发掘，我们对羊安渡遗址，即冲积沟两侧的安渡村一、二社和对县村一社的古代地层堆积情况有了全面的了解。早期堆积不丰富，早期遗物大都出土晚期地层或遗迹单位，最早的遗迹只有99M2，初步断定为汉代。主要为明清时期堆积，出土较多的砖瓦残片、陶器和青花瓷碎片等遗物。因此，羊安渡遗址是一处从汉代至明清时期（以明清为主），且遗迹、遗物不太丰富的遗址。

其形成的原因与它所处的地形有很大的关系。受自然和人为因素的影响，主要是明清时期长江水害的侵蚀，使二级台地上的早期堆积荡然无存。水退之后，晚期的堆积覆盖其上，形成今天我们发掘所见到的情形。

奉节羊安渡遗址2001年度发掘简报

洛阳市第二文物工作队

为配合长江三峡水利枢纽工程建设，受重庆市文化局三峡文物保护工作领导小组委托，洛阳市第二文物工作队由副队长史家珍带队，考古部蔡梦珂、赵晓军、郭改伟、孙建国、杨军、桑永军、陈文超等8人组成了羊安渡遗址考古队，在1999年12月～2000年12月洛阳市第二文物工作队和中国科学院古脊椎动物与古人类研究所对遗址两次发掘的基础上，于2001年4月18日～5月29日对该遗址进行了第三次抢救性发掘，现将发掘情况简报如下。

一、遗址概况

羊安渡遗址位于重庆市奉节县长江南岸的二级台地上，北部边缘距长江中心线约100米，中部有一冲积沟，形成长约200米的断崖。中心位置地理坐标为东经109°30′36″，北纬31°01′47″，面积约25 000平方米。遗址地处山地北麓，地势南高北低，海拔130～140米。地表现有民居和农田，种植有柑橘和蔬菜（彩版八～彩版二一）。

二、工作方法及布方情况

经过几天的调查工作之后，于4月25日对遗址开始了大规模的发掘。此次发掘仍以1999年首次发掘基点为准（遗址区西南——永乐镇安渡村2～12号房屋东北角），沿基点向东将遗址分为南北二区，南为Ⅰ区，北为Ⅱ区。根据当时具体环境，发掘时以探沟为主，Ⅰ区共布9个探沟，由于受地形所限，各探沟方向无法完全统一，T01～T06为10°，T07～T09为320°，布方面积均为5米×15米；Ⅱ区共布6个探沟（方），方向均为0°，T01、T02布方面积为5米×15米，T03、T05、T06为5米×10米，T04为5米×5米，发掘面积共1000平方米。

三、地层堆积

遗址地处坡地，探方高程不等，地层层次和厚度差别较大，一般有2～3层，深约1.6米，最多达6层，深3.1米。现以堆积较丰富的2001CFYⅡT02（以下省略“CFY”）为例说明如下。

第1层：地表层。灰褐色。土质疏松。包含较多植物根系、煤渣、石块、料姜石颗粒等。厚0.25～0.65米。

第2层：黄褐色。土质较疏松。包含较多木炭星、红烧土及料姜石颗粒等。此层在探沟南部缺失。厚0.2～0.78米。出土遗物有陶片、瓦片、瓷片等。陶片为泥质灰、红陶，有素面和外饰弦纹两种；瓦片有外绳纹内布纹和外素纹内布纹两种板瓦；瓷片为青绿釉和酱釉粗瓷，有口沿，器形不辨。

第3层：冲积沙土。灰色。包含物少。此层在探沟南部缺失。厚0.17～0.45米。出土有陶片、瓦片和瓷片。陶片为泥质灰、红陶，均为素面，个别内部有轮制形成的弦纹，有红陶口沿，器形不明；瓦片有外素面内布纹和外绳纹内布纹两种板瓦；瓷片有青花和青瓷残碗圈足、青绿釉和酱釉粗瓷片。

第4层：灰褐色。土质较松。包含有木炭星、红烧土颗粒等。此层在探沟南部缺失。厚0.25～0.6米。该层下发现一房基，编号2001F1。出土有陶片、瓦片、瓷片、砖块、石器、铜钱等。陶片为泥质灰、红陶，均外素面，个别内有弦纹；瓦片有外素面内布纹和外绳纹内布纹两种板瓦；瓷片有青花瓷、酱釉和青绿釉粗瓷，其中有残侈口圈足青花瓷碗、侈口卷唇酱釉粗瓷碗口沿以及酱釉残圈足和青绿釉粗瓷残平底。另出土2个小件：2001ⅡT02④：1，铜钱。方孔圆钱，钱体轻薄，锈蚀严重，字迹不清。直径0.9、孔径0.6、厚0.1厘米。2001ⅡT02④：2，石铲。石英岩，一面浅褐色，另一面黄褐色，为先打击剥片后再整体磨光而成。刃缘明显，偏刃，表面较平，上有一小打击点，一侧表面稍残。长4.5、宽3.2、厚3厘米。

第5层：灰褐色。土质较松。包含物有木炭星、红烧土颗粒。此层迹在探沟南部缺失。厚0.15～0.95米。出土有瓦片、瓷片、砖块、石器、铜器等。瓦片有外素面内布纹和外绳纹内布纹两种板瓦。陶片有泥质和夹砂两种，泥质有灰、红两色，均素面，有敛口圆唇口沿，器形不辨，夹砂陶全为灰陶，有弦纹和素面两种。瓷片有青花瓷、青瓷、青绿釉和酱釉粗瓷，有青花和青瓷残碗圈足和残平底，器形有碗、盘等；青绿釉粗瓷斜沿尖唇口沿，酱釉粗瓷残平底，器形均不明。另出土有石刮削器、铲，陶器盖及砖块等。另出土7个小件：2001ⅡT02⑤：1，砖块。半残。青灰色。一侧有菱形纹，其余面为素面。残长20、宽20、厚9厘米。2001ⅡT02⑤：2，石铲。黄色砂岩。表面粗糙，两侧磨光，下端稍残。长11、宽6～9、厚2～3厘米。2001ⅡT02⑤：3，刮削器。青色石英岩。系利用一剥片后所剩石核修整而成，石器上端较厚，刃部较为锋利。长9、宽7.5、厚0.1～3.5厘米。2001ⅡT02⑤：4，铜器。锈蚀严重。柄部细长，下端呈薄铲状。长11.7、宽0.5～1.5厘米。2001ⅡT02⑤：5，器盖。直径8.5厘米。2001ⅡT02⑤：6，刮削器。青色石英岩。系利用一剥片后所剩余石核修整而成，石器上端厚，刃部锋利。长11、宽4～5.4、厚0.1～4.5厘米。2001ⅡT02⑤：7，刮削器。红色砂岩，将一打制石核修整而成，石器较为厚重，但刃部锋利。长14.3、宽4～5.8、厚0.1～2.5厘米。

第6层：黄褐色。土质较硬。包含有植物根系、料姜石、红烧土颗粒等。该层只堆积于探沟南部，北部缺失，厚0.7～1.25米。第6层同时被第1层和第2层叠压。该层未出土遗物，但据土质土色、深度等可与邻方ⅡT01第2层相对照。

探沟北部第5层下、南部第6层下均为生土。

据出土遗物及叠压打破关系，推断各层年代如下：第1层为现代；第2层为近代；第3层为清代；第4层、第5层为明清时期；第6层为汉代。

四、重要遗迹及遗物

（一）房基

1座，编号2001F1。

位于2001ⅡT02内。开口于第4层下，打破第5层。仅发现一东西向墙基，向西延伸至探沟外，东西残长2.63、宽0.13～0.26米。墙基平地而起，东部多砖块，西部多石块，砖平砌两层，有横砌、竖砌，石块垒砌不规整。砖既有明清时期素面方砖，又有汉代菱形纹砖，共有四种规格：①长24、宽12、厚4厘米，素面；②长（残）20、宽16、厚5.5厘米；③长（残）8～20、宽17、厚8.5厘米；④长（残）17、宽19、厚6厘米。后三种一侧均有菱形纹。

从层位关系推断房基的时代为明清时期。

（二）冲积沟

1条，编号2001G1。

位于2001ⅠT08内。开口于第3层下，打破生土。平面呈宽带状，由西向东、北穿过探沟。沟为圜底状，最深处达1.8、宽1～5.3米。沟内填灰褐色土，土质紧密，包含较多河卵石、炭灰、细沙、少量料姜石、炭星及零星红烧土与红砂岩颗粒。出土有较多泥质红陶片，火候较高，轮制；其次为泥质、夹细砂灰陶，外饰粗绳纹，手轮兼制，火候高；少量泥质灰陶器耳与底部残片。

G1另出土石器5件。

2001G1：1，刮削器。红褐色，石质较硬。磨制。偏锋。长4、宽3.6、厚0.1～3.1厘米。

2001G1：2，石器。灰褐色，石质较软。磨制。椭圆形，器表有使用疤痕。长9、宽0.9～4.2、厚0.3～1厘米。

2001G1：3，石器。灰色石英岩，石质较硬。通体磨光。椭圆形。长9.2、宽0.6～5.7、厚0.6～2.6厘米。

2001G1：4，刮削器。黄色。石质较硬。近似圆形，刃部有使用疤痕。直径2.2～2.4、厚0.1～0.3厘米。

2001G1：5，石铲。青灰色石英岩，石质较硬。器表有打击后留下的疤痕，为先打击剥片后再磨制而成，刃缘明显，刃部有使用疤痕。长9.6、宽6、厚0.3～1.5厘米。

根据G1出土遗物及层位关系，推断其为汉代冲积沟。

（三）重要遗物

遗址目前出土的重要遗物有铜器、石器、砖块和陶器等（彩版二二～彩版二八）。

1. 铜器

共4件。

铜钱　2枚。1枚“政和通宝”，2001ⅠT08①：1，为北宋徽宗年间所铸。直径2.4、穿径0.6、厚0.1厘米。另一枚为2001ⅡT02④：1，前面已叙述。

铜箭镞　1枚。2001ⅠT08③：3，已残。前端两侧带翼，后部有铤，锈蚀严重。出土于汉代地层中。长5.4厘米。

另一件铜器为2001ⅡT02⑤：4，前面已叙述。

2. 石器

此次发掘最大的特点就是出土了大量石器，主要出自明清和汉代地层及遗迹单位中，包括磨制石器和打制石器。

磨制石器　9件，除前面已叙述的外，还有2件石铲、1件石锛。

2001ⅠT08③：1，石铲。青色石英岩。通体磨光。上端呈弧形，刃部有使用形成的缺口。长8.4、宽5.4、厚0.2～1.8厘米。

2001ⅠT08③：2，石铲。黄色，石质较软。略残。磨制中峰，刃部有使用疤痕。长8.4、宽2～4.2、厚0.2～1.2厘米。

2001ⅠT09③：1，石锛。青色石英岩。通体磨光。上端呈弧形，刃缘明显，刃部有使用缺口。长3.9、宽2.4、厚0.9厘米。

打制石器　10件。多刮削器，砍砸器较少，除前面已叙述的外，还有6件。

2001ⅡT01①：1，石片石器。青色石英岩。打击点、放射线、同心波纹均较明显，据观察此石器系砸击法剥片，可做切割之用。长10.6、宽7.2、厚1.4厘米。

2001ⅡT01①：2，砍砸器。灰色砂岩。整体呈椭圆状，中部两端经剥片修整呈凹槽状，两侧端有砍砸痕迹。长14、宽11、厚3.3厘米。

2001ⅡT01②：1，刮削器。灰砂岩。打击点和同心波纹明显，刃部有使用痕迹。长9.8、宽7.2、厚1.2厘米。

2001ⅡT01②：2，刮削器。青色水成岩。打击点、放射线和同心波纹较明显，刃部有使用缺口。长11.3、宽5.6、厚1.5厘米。

2001ⅡT01②：3，刮削器。红色火成岩。打击点、放射线、同心波纹均较明显，刃部有使用缺口。长5.5、宽4、厚0.7厘米。

2001ⅡT05④：1，砍砸器。青灰色石英岩，石质较硬。石器一侧打击点与同心波纹明显，系利用一剥片后所剩余石核单面修整而成。长13、宽8.1、厚0.1～3.2厘米。

除以上石器外，遗址各探沟（方）还出土了十几件打制石片和石核。

3. 砖块

1块。

2001ⅡT02⑤：1，一侧有菱形纹。属汉代遗物。前面已叙述。

4. 陶器

完整器仅1件器盖。2001ⅡT02⑤：5，前面已叙述。另外，Ⅰ区T08、T09，Ⅱ区T01以及G1内除出土有火候较高的汉代灰陶片外，还出土了少量时代较早的陶片，胎质疏松、夹有砂粒的灰、褐陶片，时代应属商周时期；另有一些泥质红陶片，火候低，分析很可能属于大溪文化时期遗物。

五、初步认识

结合以前的发掘工作，我们认为羊安渡遗址是一处从新石器时代至明清时期（以明清和汉代为主），且遗迹、遗物不太丰富的遗址。羊安渡遗址晚期（尤其是明清至近代）堆积比较丰富，说明此处晚期人类活动比较频繁，加之明清时期长江大水的侵袭，更使得早期遗存（主要是汉代以前）所剩无几。通过发掘，我们推断，基于古今人类选择居址时对生存条件的同样考虑，羊安渡遗址的中心区域应与现代民居分布位置一致，应被叠压于现有民居之下，且受晚期扰动严重。

奉节白马墓群2000年度发掘简报

重庆市文化遗产研究院
宜　昌　博　物　馆
奉节县白帝城博物馆

白马墓群位于奉节县永安镇白马村二社一面对长江的坡地上，中心地理坐标为东经109°23′17″，北纬 30°58′32″，海拔180～210米。东距原永安镇1千米左右，南临长江，西距奉节县新县城1.5千米左右。地势北高南低，东部有一陡坎，陡坎下是奉节县烟草公司的仓库，南面是当地村民的居住区和预制板厂，西部是奉节县中学，北部是高山和丘陵地带，墓群所在区域有一条曲折蜿蜒的简易盘山土路。白马墓群所在地属于三峡工程的迁建区，为配合三峡工程建设，受国家文物局委托，1993年7月，吉林大学考古系组成的三峡库区文物调查组对奉节县所涉三峡库区的文物点进行复查，并对淹没区和迁建区进行系统全面的文物调查，1997年10月，在此发现古墓葬（图一）。

2000年10月15日～12月14日，受重庆市文物考古所（今重庆市文化遗产研究院）委托，宜昌博物馆对白马墓群进行了第一次发掘，下面将此次发掘情况简报如下。

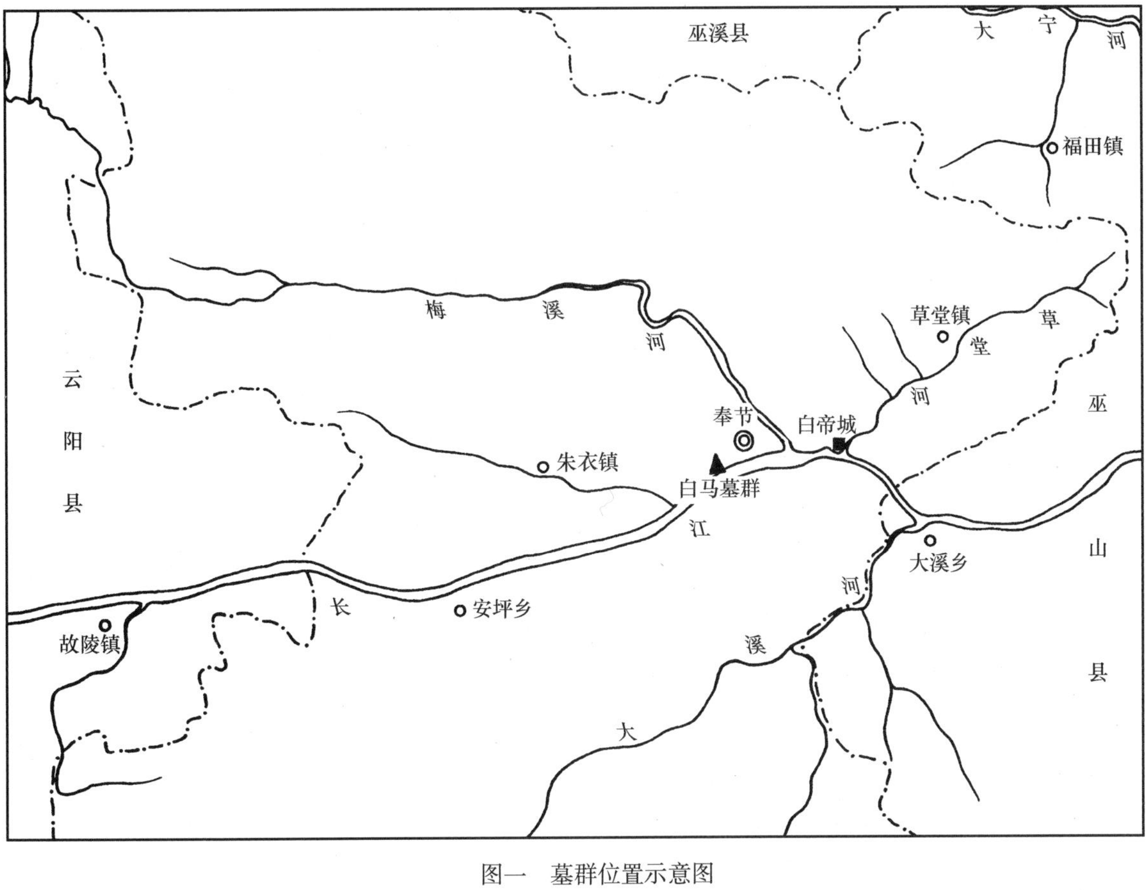

图一　墓群位置示意图

一、基本情况

此次发掘以土路为中心，分A、B、D三区，共布5米×5米探方120个，加上部分扩方，实际发掘面积2045平方米，文化堆积地层较为单一，分为三层，分别为现代耕土层、近代地层、汉以后至宋以前地层，其中汉墓、宋墓开口于第3层下，其他墓葬开口于第2层下，共发掘汉至明清时期墓葬123座（实际编号125座，其中M79、M96销号），其中汉代墓葬2座、宋代墓葬3座、明清墓葬118座，出土陶器、瓷器、釉陶器、铜器、铁器、玉器等260余件。

A区位于墓群所在区域盘山公路的南部，也是整个墓群区域的南部范围，探方编号采用第三象限内编号，基点定在该区的东北角。2000年10月17日开始在此依地势布方，共布5米×5米探方48个，其中T0211的北壁、T0410的南壁、T0506的西壁有扩方情况，发掘面积1220余平方米，清理墓葬72座。12月14日发掘结束（图二）。

B区位于墓群所在区域盘山公路拐弯处，是整个墓群区域的中部和东部范围，探方编号采用第一象限内编号，布方时间为2000年11月4日，共布5米×5米探方29个，发掘面积725平方米，清理墓葬50座。12月13日发掘结束（图三）。

D区位于墓群所在区域之外的东南部，属该墓群南部与擂鼓台墓群北部的交接地带，探方编号采用阿拉伯数字顺时针方向编号，主要围绕M38分布范围进行布方。本区布方时间为2000年12月1日，共布5米×5米探方4个，发掘面积100平方米，清理墓葬1座。当日发掘结束。

二、汉代墓葬

共2座，编号M99、M112，其中M112破坏严重，不详细介绍。

M99 位于墓群南部，2000年11月16日发现于A区T0301第3层下，打破生土。位于T0301西部、南部，T0302东部、北部，T0201西南部，T0202东南部，部分伸出T0401的北壁以南部位，M53、M54、M14、M27、M75、M51打破该墓。

土坑墓圹依坡势而建，断面呈北高南低坡状，墓口上大下小，坑壁较规整，坑底较平，墓口距地表深130~160厘米，南部浅，北部渐深；底部东西最窄处为南部墓道，宽150厘米，最宽处为北部墓室，宽434厘米，南北总长748厘米。平面为带墓道的刀形，由墓道、墓室两部分组成，以墓道所在的方向为准，方向为158°（图四）。

墓道为土坑最南端，位于土坑中部 刀柄形前室南部长边的中部，为长方形斜坡墓道。残长186、宽150~160厘米，底部斜坡残长120厘米。

墓室由前室、后室组成，位于墓道之北，为带柄刀形双室。前室为墓坑的中部区域，属“刀柄”部位，位于“刀身”南部长边的右侧，平面呈横长方形，坑口南北长194、东西宽240、距地表深130厘米，坑底南北长200、东西宽244、坑最深100厘米。后室为墓坑的最北部区域，属“刀身”部位，平面为横长方形，坑口南北长377、东西宽440、距地表深171厘米，坑底南北长308、东西宽365、坑最深100厘米。墓坑斜壁，墓壁较规整，墓底较平。

该墓填土较紧密，为暗红褐色和黄褐色花土两种。其中暗红褐色花土占多数，夹一定数量

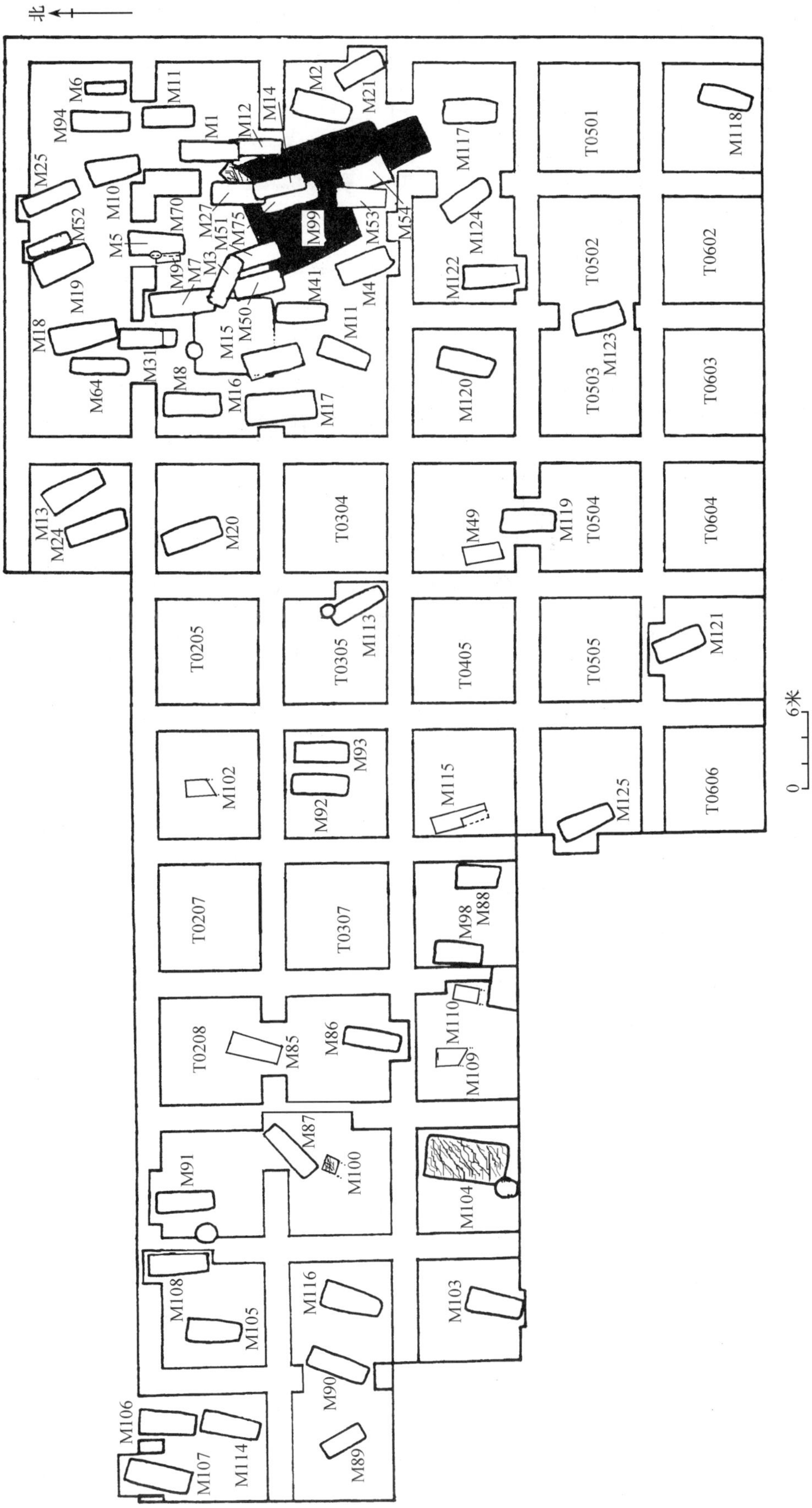

图二　A区探方及墓葬平面分布图

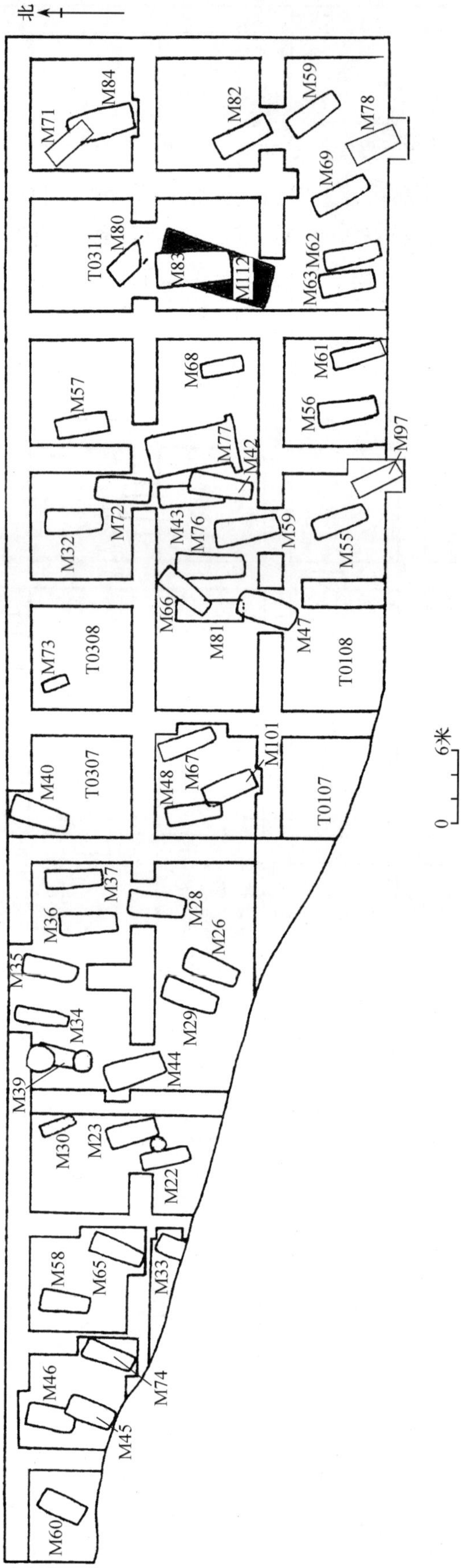

图三　B区探方及墓葬平面分布图

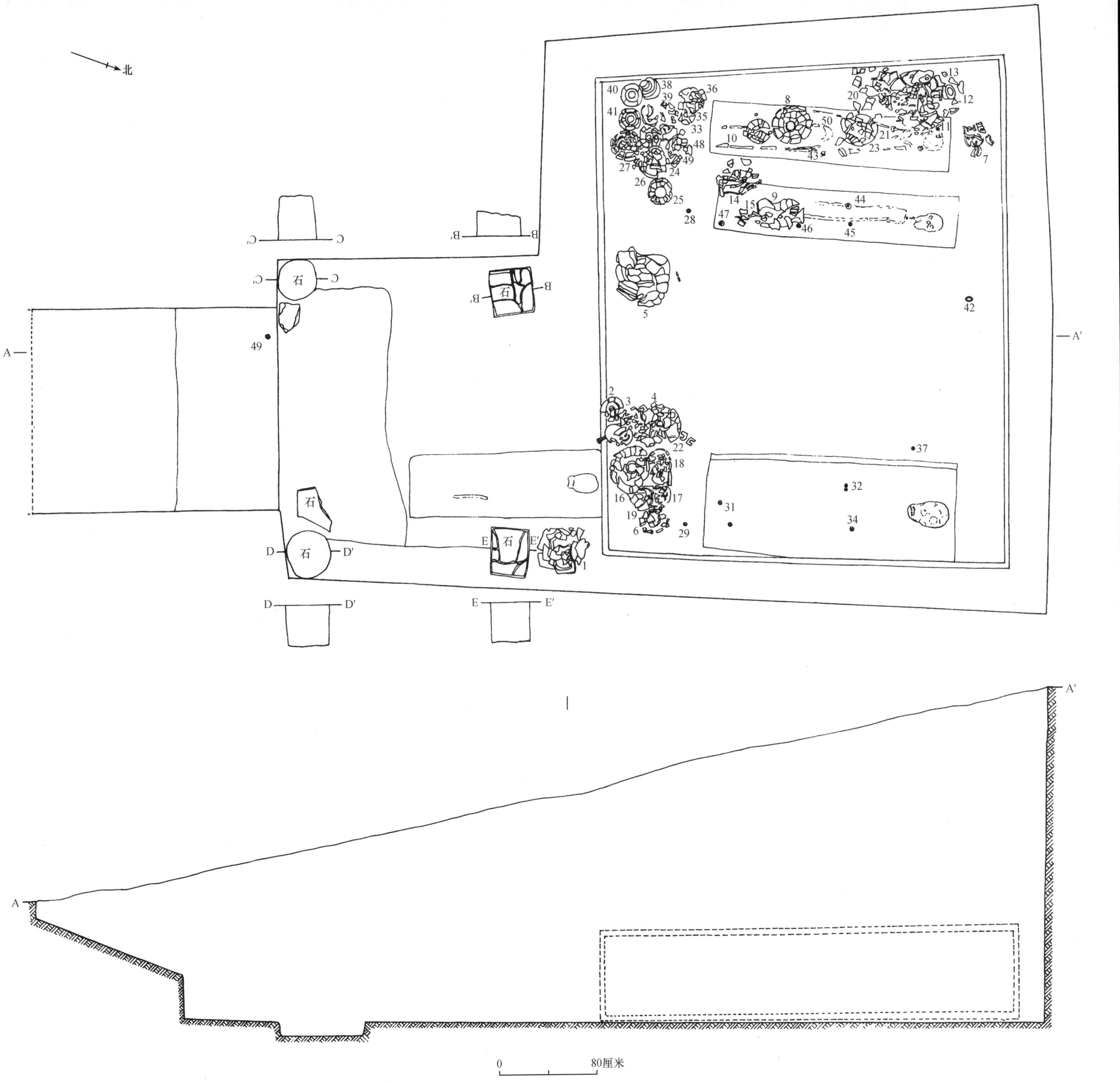

图四　M99平、剖面图

1、16. 陶瓮　2、10、20、48. 陶钵　3、6、11、15、18、27、30、35、36、38～41. 陶罐　4. 釉陶鼎　5. 陶釜　7. 陶熏炉盖　8. 釉陶盆　9. 釉陶鉴　12. 釉陶魁　13. 釉陶壶　14. 釉陶盒　17. 釉陶熏炉　19. 陶盆　21. 陶灶　22. 釉陶量　23. 釉陶灯　24. 釉陶勺　25. 陶三足器　26、33. 陶壶　28、29、31、32、34、37、42～47. 铜钱　49. 陶球　50. 陶环

的黄色碎石块，填土中含有东周时期的绳纹瓦片及陶器口沿，汉代的陶豆口沿、绳纹瓦片（板瓦、筒瓦）等，主要为后室的填土颜色；在前室与后室交接处距地表深80～165厘米的部位有一级宽25～35厘米的台阶，前室及墓道为黄褐色花土，填土相对松软一些，仍含有一定数量的瓦片、陶片，纹饰有细绳纹、粗绳纹、素面等，还包含石化程度很高的动物化石、鹅卵石等。在墓道东壁约160厘米的部位有一个圆形土坑陷入墓道，为自然塌陷的坑。墓道入口约186厘米处开始变宽，底呈坡状进入前室，墓壁经过修整，部分填土自然脱落，前室四角有柱洞4个，编号d1、d2、d3、d4，d1、d2距离125厘米，d2、d4距离158厘米，d1、d3距离140厘米，d3、d4距离120厘米。d1呈正方形，深15～25、边宽35厘米，柱洞底置青石板；d4近圆形，深25、直径33厘米，柱洞底置青石板；d2圆形，深25、直径30厘米，柱洞底放置青石板；d3近长方形，深25、直径27厘米×26厘米，柱洞底置青石板。前室与墓道间用一小坎分隔开，高30厘米。

墓内葬具已朽，在前室东北部位有人骨和头骨残腐痕迹，残有极少量红色棺片。后室留有呈灰白色的棺椁腐烂痕迹，厚约4厘米。墓室内共有4具棺木及尸骨腐乱痕迹，皆呈南北向，其中后室西北部置2具，东北部1具，前后室之间的东部置1具，后室的3具棺木周围均有五铢钱币，有鲜红色棺漆片。葬式都是头北脚南，仰身直肢。

从上述数据推测，该墓为4人分两次进行合葬的墓葬。第一次下葬时修建了前室、后室，将三个墓主人以一椁三棺的形式葬于后室，并在前室四角做了地面标记（有无地面建筑不得而知），四角柱洞上的石板可能为地面标记的柱础。第二次下葬时按照地面标记准确找到下葬位置，在前室以单棺的形式将墓主下葬，下葬时在前室南端专门修建了墓道，由于前室、后室、墓道是分两次修建的，其中墓道为第二次下葬时形成的，后室是第一次下葬时形成的，前室则经过了两次修建，故前室与后室形成了一条宽25～35厘米的台阶，前室与墓道之间还留下了一个高30厘米的小坎。墓道、前室的填土与后室的填土颜色略有区别，分别呈黄褐色和暗红褐色花土两种。

随葬器物49件，其中陶器27件、釉陶器10件、铜器12件。陶器、釉陶器主要分布在后室西北部的边箱、头箱、棺上，西南部的脚箱，东南部的脚箱三个区域；墓道和前室只有少量随葬品。墓道出土陶球1件，前室东边箱出土陶瓮1件；铜器大部分出土于后室三具尸骨腐痕的腰部和脚部，少量出土于椁室。后室出土铜钱12件53枚。这里需要说明的是平面图编号到了50号，其中M99：7为M99：17的器盖，修复时合并为一件器物，原有编号仍没有销号，统计器物时按49件计算。

出土的陶器器类有陶罐13件、陶瓮2件、陶壶2件、陶钵4件、陶釜1件、陶盆1件、陶灶1件、陶三足器1件、陶环1件、陶球1件，釉陶器器类有釉陶鼎1件、釉陶壶1件、釉陶鉴1件、釉陶灯1件、釉陶盒1件、釉陶熏炉1件、釉陶魁1件、釉陶量1件、釉陶勺1件、釉陶盆1件，铜器器类只有铜钱，共12件53枚。器物组合大体可分为两组，一组为鼎、盒、壶等仿铜陶礼器组合，二组为量、灶、瓮、熏炉等生活用品组合（图四）。

陶罐　13件。有2件（M99：38、M99：40）型式不明，另11件按肩部的及整体形态的不同分为三型。

A型　1件。斜沿罐。M99：35，泥质灰陶。轮制，刮修。侈口，折斜沿，尖唇，高领束颈，溜肩略鼓，肩腹圆折，腹斜曲收，底微向上凹。颈部饰一道弦纹。口径9.6、最大腹径12.8、底径4.8、高11.6厘米（图五，1）。

B型　2件。平沿罐。M99：6，泥质灰陶。轮制，刮修。敛口，宽平折沿，圆唇，高领束颈，斜折肩，肩腹折接，腹斜直下收，平底。素面。口径17.9、最大腹径16.8、底径10.4、高12.4厘米（图五，2）。

C型　8件。卷沿罐。M99：3，泥质灰陶。轮制，刮修。侈口，卷沿，圆唇，直领，束颈，广肩略上鼓，肩腹圆折，扁鼓腹，腹下斜直收，平底略上凹。肩部饰一道凹弦纹。口径

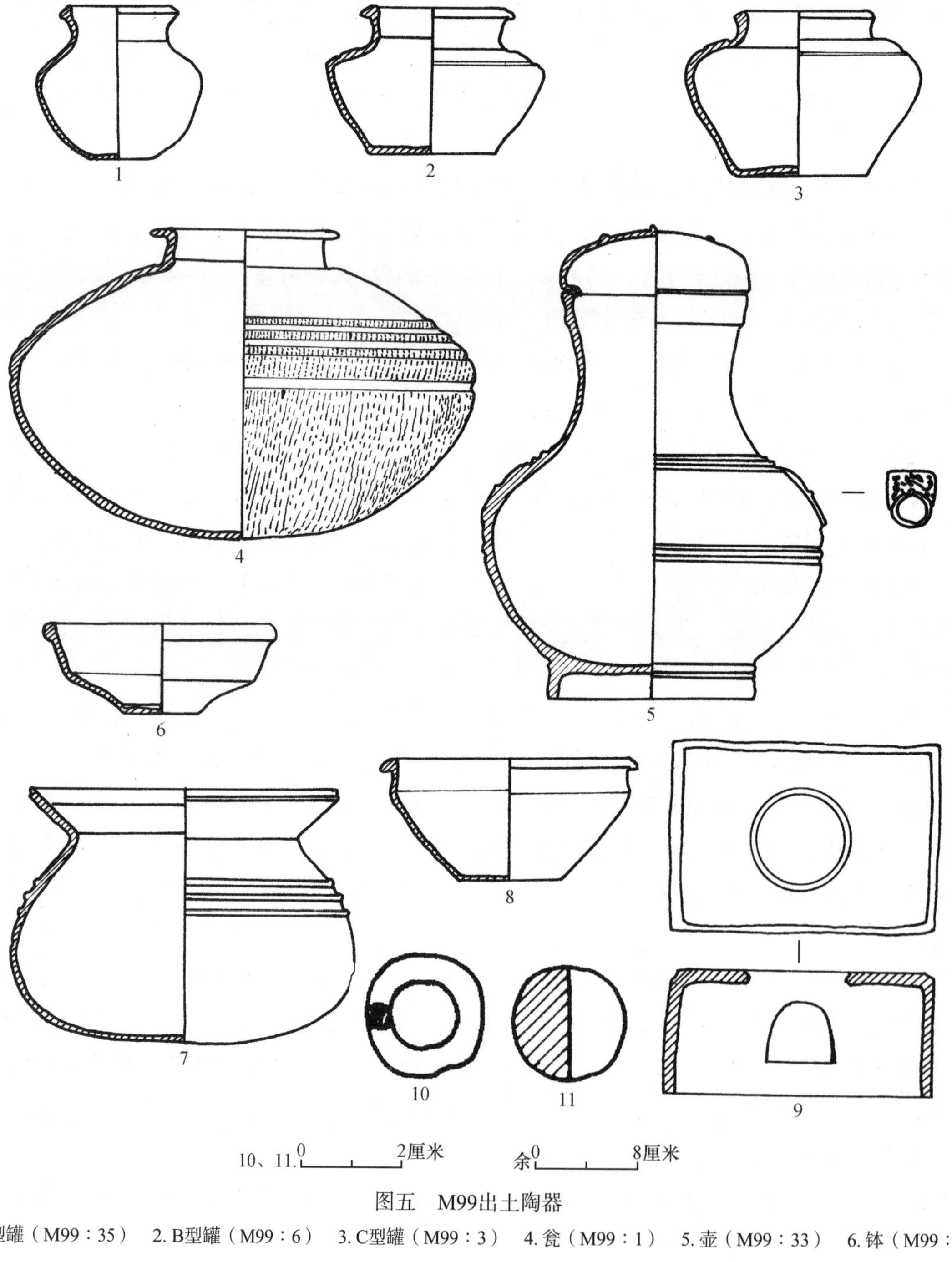

图五　M99出土陶器

1. A型罐（M99：35）　2. B型罐（M99：6）　3. C型罐（M99：3）　4. 瓮（M99：1）　5. 壶（M99：33）　6. 钵（M99：2）　7. 釜（M99：5）　8. 盆（M99：19）　9. 灶（M99：21）　10. 环（M99：50）　11. 球（M99：49）

10.4、最大腹径18.4、底径10.4、高12.4厘米（图五，3）。

陶瓮　2件。M99：1，泥质灰陶。轮制，刮修。侈口，平折沿，尖唇，矮直领，束颈，广斜肩略上鼓，肩腹圆接，扁球腹向下弧收，圜底。从肩中部至底部满饰拍印细绳纹，肩中部以下饰三道凹弦纹，腹上部饰一道凹弦纹，凹弦纹之间也饰满拍印的竖细线纹。口径14、最大腹径36.8、高23.2厘米（图五，4）。

陶壶　2件。其中M99：26型式不明。M99：33，泥质灰陶。轮制，刮修，粘接，雕刻。由器盖和器身两部分组成，二者通过子母口连接，器盖为母口，器身为子口。器盖圆弧顶，直口，平沿，方唇，矮直领，折平肩，弧顶上鼓凸，其上均匀分布三个小乳突纽；器身敞口，平沿，方唇，长弧束领，广肩，鼓腹，其间饰对称兽面衔环铺首，腹下部向内弧收至平底，底部折接盘状矮圈足，足壁直略折，足底平。肩上部及腹中部饰数道凹弦纹。口径14.8、最大腹径26.4、圈足径16、盖高4.8、通高33.2厘米（图五，5）。

陶钵　4件。M99：2，泥质灰陶。轮制，刮修。敞口，卷沿，圆唇，腹上部斜直，中部折腹，腹下略内凹，平底。通体素面。口径18、最大腹径16、底径5.6、高6.9厘米（图五，6）。

陶釜　1件。M99：5，泥质灰黑陶。轮制，刮修。敞口，宽折沿内斜，尖唇，斜领，束颈，溜肩，鼓腹下垂弧收，最大腹径位于腹壁下部，形似垂腹，圜底。腹上部饰三道凸棱纹。口径24、最大腹径27.2、高19.5厘米（图五，7）。

陶盆　1件。M99：19，泥质灰黑陶。轮制，刮修。敞口，斜折沿下卷，尖唇，颈微内束，颈腹折接，上有一道明显折接凸棱，深腹斜直向下曲凹收，平底。通体素面。口径18.8、最大腹径18.4、底径8、高9.4厘米（图五，8）。

陶灶　1件。M99：21，泥质灰黑陶。模制，刮修。整体呈长方体状，灶面整体略小于灶底，灶壁笔直，灶面与灶壁交界处折角斜削，呈棱形；单釜眼单火门，单釜眼位于灶面正中，圆形，单火门位于灶壁一长边的正中，圆弧形顶，与釜眼相对。通体素面。长21.2、宽14.4、高9.5厘米（图五，9）。

陶三足器　1件。M99：25，具体型式不明。

陶环　1件。M99：50，泥质灰白陶。圆环形，截面呈扁方直角梯形，斜边在环外侧，直边在环内侧。通体素面。外径1.5、内径0.8厘米（图五，10）。

陶球　1件。M99：49，泥质灰陶。手制。圆球状，实心。通体素面。直径1.8厘米（图五，11）。

釉陶鼎　1件。M99：4，泥质红陶胎，内外施酱红色釉，釉面保存较好。轮制，刮修，圆雕，粘接。由器盖和器身两部分组成，二者之间为子母口相接，器盖为母口，器身为子口。器盖呈弧顶圆盘形，盖沿敞口，斜沿，尖唇，盖身上鼓，中部均匀分布三个乳突纽；器身微敛口，平折沿，双方唇，双唇承接器盖，鼓腹向下弧收，腹上部附对称双耳，方曲形耳外撇，中有长方形小孔，圜底，底部下接三个兽蹄足，足底尖翘外撇。通体素面。口径16.8、最大腹径21.6、盖高5.6、足高4、通高17.4厘米（图六，1）。

釉陶壶　1件。M99：13，泥质红陶胎，内外施青黄色釉，施釉较均匀，釉层薄，有较多的脱釉部位。轮制，刮修，粘接，雕刻。侈口，平沿，方唇，高斜直领内凹，长弧束颈，溜肩，鼓腹，腹上部有贴塑的对称铺首衔环耳，平底，下接盘状高圈足，足壁斜直，外撇，足

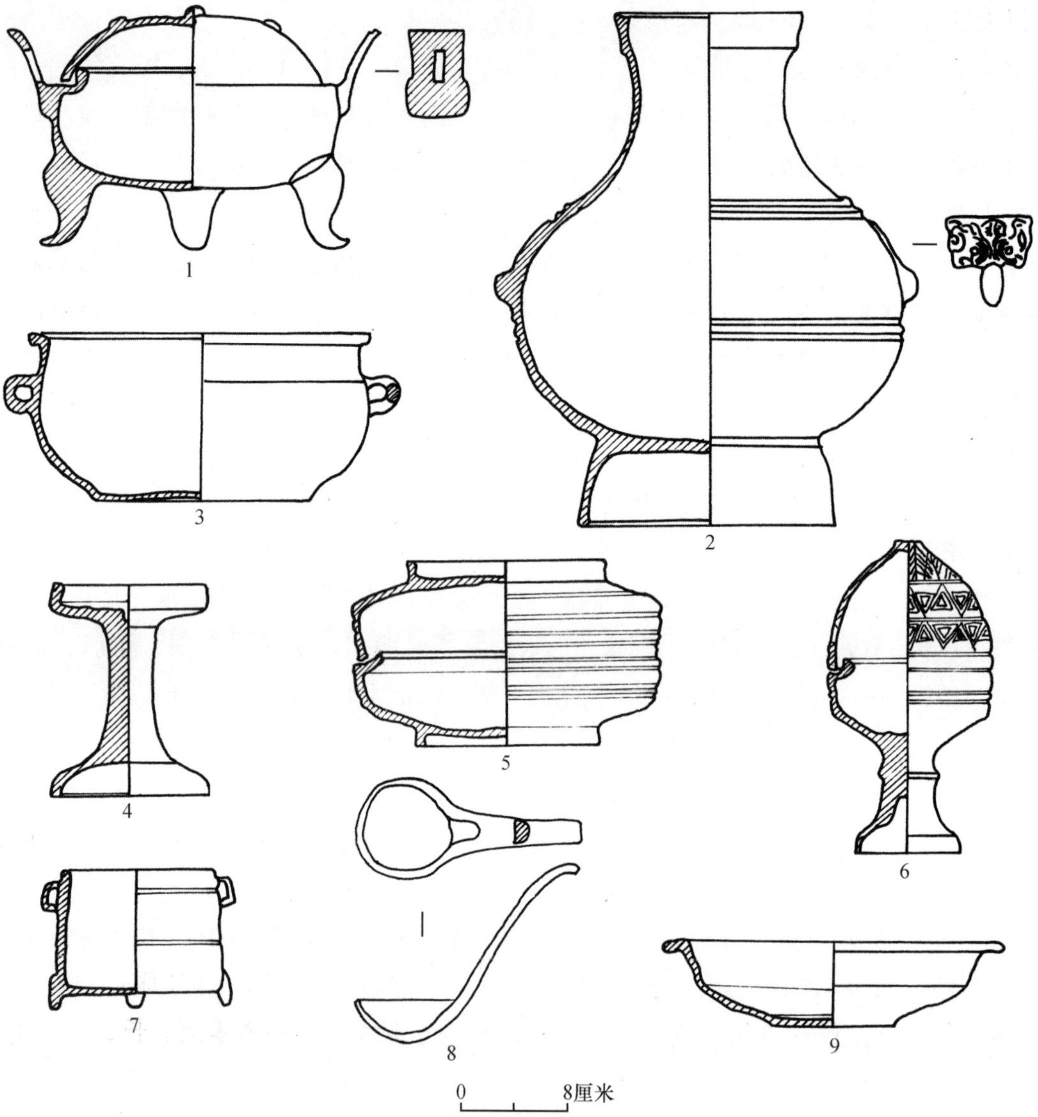

图六　M99出土釉陶器

1. 鼎（M99：4）　2. 壶（M99：13）　3. 鉴（M99：9）　4. 灯（M99：23）　5. 盒（M99：14）
6. 熏炉（M99：17）　7. 量（M99：22）　8. 勺（M99：24）　9. 盆（M99：8）

底微敛。肩下部及腹中部各有两道凹弦纹。口径14.2、最大腹径28.4、足径19.6、高37.8 厘米（图六，2）。

釉陶鉴　1件。M99：9，泥质红陶胎，内外施青黄色釉，施釉不均，釉层较薄，有大面积脱釉现象。轮制，刮修，粘接。敛口，卷平沿，圆唇，微束颈，小端肩，弧腹微鼓，向下弧收，腹上部附着有对称环形双耳，耳中空，腹下内凹斜收，底微向上凹。腹领处有一道弦纹。口径26、最大腹径24.8、底径16、高12厘米（图六，3）。

釉陶灯　1件。M99：23，整器形状酷似高柄豆。泥质红陶胎，内外施青黄色釉，施釉不均，有大量脱釉现象。轮制，刮修。整体形状呈豆形，器体从上至下可分为盘、柄、足三个部位，盘口内敛，圆唇，腹较浅，向下向外斜直折收，内底略向下凹，底心有一小圆孔，外盘底向下斜收，下接上下略粗、中间平直的圆柱形实心高圆柱柄，柄身布满竖削棱痕，柄下为喇叭形中空圈足，足壁上鼓，足底略内敛。通体素面。口径11.8、最大腹径12、圈足径12、通高15.5厘米（图六，4）。

釉陶盒　1件。M99：14，泥质红陶胎，内外施青黄釉，有脱釉露胎现象。由器盖和器身组成，二者通过子母口连接，器盖为母口，器身为子口，盖和身的大小形状略同，扣合之后整体断面呈方形。器盖直口微敛，方唇，直壁向上折弧向顶心内收，顶心上有环形扳形似圈足；器身敛口，平沿，方双唇，平肩折收至腹，上腹笔直，下腹折弧收至平底，底部接盘状圈足，足壁直。器盖及器身腹部饰数道凹弦纹。口径15.4、最大腹径23.2、圈足径14.4、通高15.2厘米（图六，5）。

釉陶熏炉　1件。M99：17，泥质红陶胎，内外施青黄釉，施釉不均，釉层较薄，有大量的脱釉现象。轮制，刮修，镂空，雕刻。由器盖和器身两部分组成，二者通过子母口连接，器盖为母口，器身为子口。器盖断面呈弧边三角形状，盖沿敛口，圆唇，盖腹弧壁上鼓弧收至顶，顶部平直，形成一小圆台顶心；器身整体呈豆形，敛口，斜折沿，方唇，折弧肩较宽，深腹，上腹直，下腹折斜直收至平底，底下接竹节形高圆柄足，高柄为实心，形似一节竹筒，柄下接喇叭形圈足，圈足上壁弧收，下部笔直，足底方平微敛，内中空。盖身纹饰分为上下两部分，下部雕刻三角菱形回纹，用三道凹弦纹分隔，纹间因势镂空，上部满饰刻划的斜菱形网纹；器身腹上部有两道凹弦纹，柄中间有一道凸棱。口径9.6、最大腹径12、圈足径8、盖高9.2、通高 22.4厘米（图六，6）。

釉陶魁　1件。M99：12，泥质红陶胎，内外施酱红色釉，施釉不均，有大面积脱釉。器身轮制，刮修。由器柄和器身构成，分体制作后再粘接而成。器柄呈圆柱形略曲，上面刮削痕迹清晰，布满削棱，呈水平状粘接在器身外腹近口沿处。敛口，卷沿，圆唇，弧腹曲收，平底微向下凸，下接圆盘状圈足，足壁较矮，足底外直内斜，略外敞。通体素面。口径18.6、最大腹径18.4、圈足径9.6、柄长8.4、通高7.8厘米。

釉陶量　1件。M99：22，泥质红陶胎，外壁施青黄釉，内壁无釉，施釉不均，积釉处釉色呈棕色，有大量脱釉现象。轮制，刮修，粘接。器身呈圆筒状，直口，平沿，方唇，短斜肩，腹壁平直，上腹近肩处有一外方形内圆环形耳，平底，在腹壁与底部交接处均匀分布三个倒三角形矮足，足底较尖。肩腹处及腹中部各饰一道凹弦纹。口径11.6、最大腹径12、底径12.4、足高1.2、通高10.1厘米（图六，7）。

釉陶勺　1件。M99：24，泥质红陶胎，内外施酱红色釉，施釉均匀，釉面保存较好。轮制，刮修。勺柄较长，有削棱痕，平面呈长方条形，上平下略弧，首端向下弧曲，整体由上至下斜接至勺身口沿处；勺身整体呈不完全规整的半圆球形，敞口，平沿，方唇，弧腹，圜底。通体素面。勺身口径7.2、柄长13.2、勺高3.2、通高12.8厘米（图六，8）。

釉陶盆　1件。M99：8，泥质红陶胎，内外施酱红色釉，施釉不及底，釉层较薄，有大面积脱釉现象。轮制，刮修。敞口，宽平折沿，圆唇，腹上部斜直，中部折腹，折痕清晰，腹下略内凹曲收，平底。通体素面。口径25.6、最大腹径20、底径8.8、高6.1厘米（图六，9）。

铜器器类只有铜钱，皆为西汉五铢钱，共12件53枚，其中21枚残锈。

三、宋代墓葬

共3座，可分为土坑墓和土圹墓两种。

（一）土坑墓

2座（M70、M100）。

M70　2000年11月21日发现于A区T0302的关键柱部位，部分伸入T0202东隔梁及T0201西南角。开口于第3层下。方向40°。长方形土坑竖穴墓（图七）。

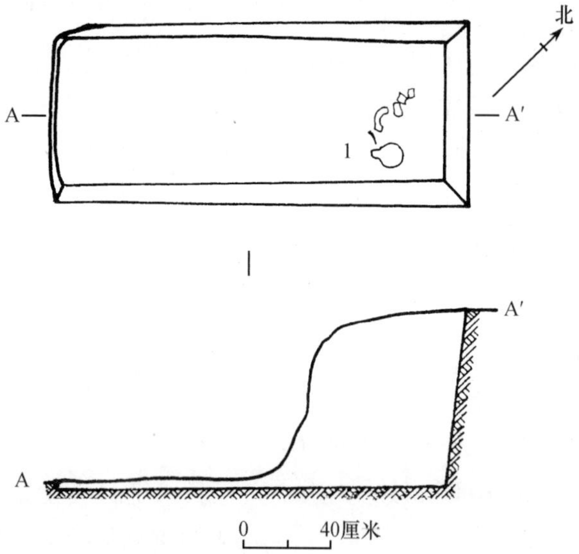

图七　M70平、剖面图

1. 铜镜

墓葬建在山坡一相对平坦的地带上，南壁与西壁大部、东壁南部少许分别被M14、M27、M75打破，北部尚未遭破坏，残墓平面呈长方形，北部略宽于南部，断面呈梯形，南部因多座后期墓葬的打破已基本毁坏，只存底部，北部相对完整，整体墓口长宽略大于墓底。墓口残长193、宽77～83、距地表深100～110厘米，墓底长177、宽60厘米，墓最深77厘米。墓葬填土为黄褐色五花土，结构较紧密。

葬具为木棺，已腐烂，从墓底腐烂痕迹推测可能为长方形木质单棺。

人骨架1具。仅存少量头骨碎片和下颌骨，位于墓底北部，故确定尸骨为头北脚南，但葬式不明。

随葬器物有铜镜1件，出土于墓底北部，人头骨右侧，推测墓主为女性。

铜镜　1件。M70：1，带柄镜，柄残，只存柄根部少许。镜身圆形，外缘有一处缺口，正面光洁平整，局部有青绿色锈和铁色锈，背面外郭较宽，中部上凸。外缘斜内缘直折与柄两侧外沿相连，内饰两周凸弦纹，弦纹内为人物故事图案，内容是一棵古树下盘坐着一男子，前有一妇人和一只鹅。镜面直径10.4、厚3、残柄长1.4厘米（图八）。

图八　M70出土铜镜（M70：1）

M100　2000年12月5日发现于A区T0309中部。开口于第2层下，墓葬南部已损毁。方向22°。长方形土坑竖穴墓（图九）。

墓葬建在山坡一相对平坦的地带上，南壁、西壁大部、东壁南部少许都遭破坏，残墓底平面呈长方形，北部略宽于南部，断面呈梯形，北部相对完整，整体墓口长宽略大于墓底。墓口残长70、宽60、距地表深20厘米，墓底残长70、宽60厘米，墓深0～40厘米。填土为黄褐色五花土。

葬具不存，情况不详。

人骨不存，葬式不明。

随葬器物有釉陶罐1件、瓷碗1件，出土于墓底北部。

釉陶罐　1件。M100：2，泥质灰胎，口沿内壁及腹中部以上的外壁施青绿釉，其他部位无釉露胎，胎体有明显的旋痕。小侈口，卷沿，圆唇，中束领，斜鼓肩，鼓腹斜直收至底，平底微向上内凹，有明显旋痕，内壁可见泥条盘贴拉坯痕迹。腹肩部满饰凹弦纹。口径10.8、最大腹径22.8、底径7.2、高24厘米（图一〇，1）。

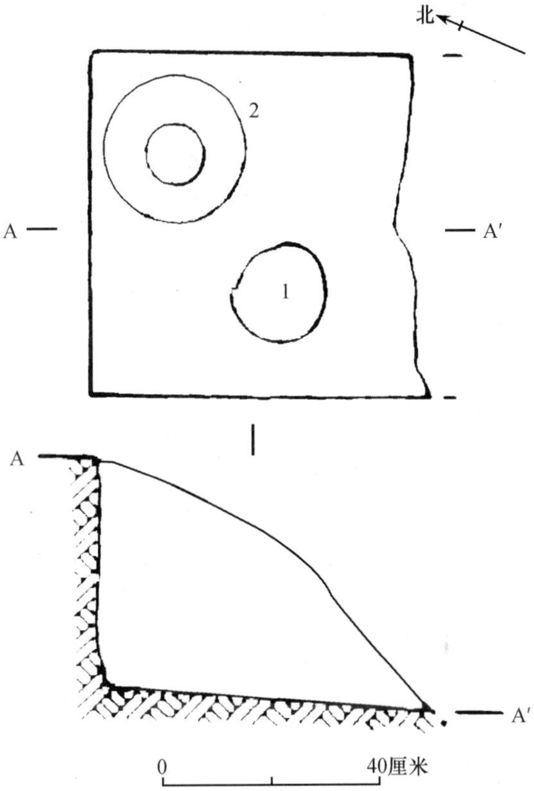

图九　M100平、剖面图
1. 瓷碗　2. 釉陶罐

瓷碗　1件。M100：1，龙泉窑产品。泥质黄白胎。沿部有一处小残缺口。敞口，方圆唇，斜弧腹，足墙外撇内斜，足底平。内外施青釉，釉面失透，釉面口腹部位釉层厚，泛绿色，足面及足内无釉，足面有刮釉痕。器体内外布满冰裂纹，有少量气孔和棕眼，外腹及足墙局部有沾沙。口径20.8、底径8、高10.4厘米（图一〇，2）。

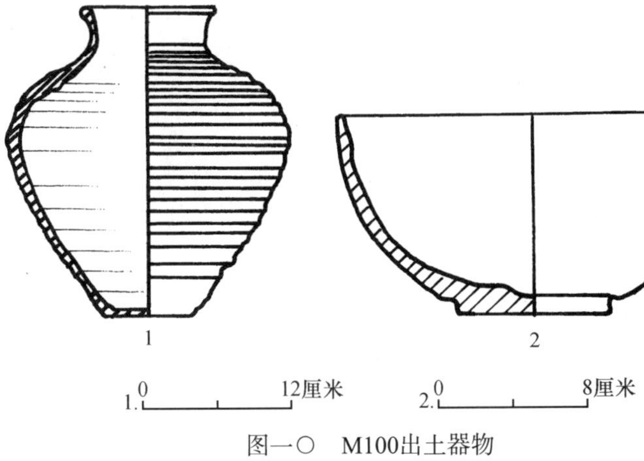

图一〇　M100出土器物
1. 釉陶罐（M100：2）　2. 瓷碗（M100：1）

（二）土圹墓

1座。

M104　2000年12月7日发现于A区T0409中南部。开口于第2层下，打破生土。方向187°。长方形土坑券顶带壁龛砖（石）椁墓。墓葬由土坑和砖（石）椁室组成。

墓葬西南角有一个现代盗洞，盗洞为圆形，深入砖室底部，对墓葬造成一定的破坏；砖

（石）椁室券顶自然塌陷，南部遭后期破坏，墓壁有较多毁坏。

土圹直接开挖在生土上，平面呈长方形，断面北高南低，坑壁上部略宽于底部，坑口南北长326、东西宽160、距地表深20厘米左右，坑底南北长320、东西宽154厘米，南壁残高90、北壁残高164厘米。北壁中部向北扩深8厘米。由于南部遭后期严重扰乱，有无墓道不知。

椁室由砖墓室和石墓门两部分组成。砖墓室建在土圹内，呈弧顶长方形，内空南北长313、东西宽153、南残高44、北残高140厘米。修筑方法是先紧贴土坑的四壁用规格为40厘米×18厘米×10厘米的长方形青砖平砖错缝砌成厚18、高32厘米的墓壁墙基，四角交互叠压，砖与砖之间用白石灰粘连。然后紧贴东、西两侧墙基用相同规格的青砖竖向平铺一层铺地砖，再紧贴铺地砖内侧用相同规格的青砖竖向铺成一个长方形的棺床外框。外框紧贴北壁墙基，不及南壁，棺床外框内及与南壁之间没有铺地砖的地方用三合土填平，填平之后在棺床范围用规格为26厘米×26厘米×3厘米的正方形薄叶青砖对缝平铺成南北长240、东西宽88厘米的棺床。棺床用砖为南北9列、东西3行共27块，其中北部中间一行第三块镶嵌的相同规格的青砖为墓志铭。最后修筑墓室的四壁及券顶，除南壁为封门石外，其他各壁用砖规格及砌筑方式与墙基相同；两侧墓壁厚16.4厘米，从第10层高86厘米处开始起券，券顶已塌陷，仅残留北部一小部分，其修建方法为从第10层起，每层砖向内收1～2厘米叠压平铺起顶。北壁中间部分深入到土坑北壁，背面用竖砖闭合，厚18厘米，修筑成上下两个壁龛，两壁龛之间相隔一块青砖，下壁龛正立面呈方形，两侧分别竖立一块直砖，面阔48、通高48、进深22厘米，内面右侧放置有一件陶豆；上壁龛正立面呈竖长方形，其结构上显得比下壁龛小，是在与下壁龛大小基本相同的一个近正方形的外框内部两侧各竖砌有一块直砖，顶部已遭破坏，残存下壁龛面阔36、残高28、进深22厘米。联系到北壁壁龛下部棺床上随葬的瓷器、釉陶器被一块青砖压破的情况，推测这些随葬品应是放置在两壁龛内的，券顶塌陷，致使这些随葬器物滑落下来，其中青白釉瓷瓶可能原先放在上壁龛内，其他器物放在下壁龛内。

石墓门位于墓室南部，左右与墓壁相连，封门石破坏较多，现存部分宽112、残高50、厚8厘米。

葬具已朽，残存铁棺钉20余枚。从残存棺钉分布位置推测，原有棺室为长方形木质单棺，置放在棺床上，棺木底部长180、宽48厘米。

人骨腐烂无存，葬式不明。从整个腐烂痕迹的堆积情况推测应为头北脚南。

随葬器物有陶豆1件，出土于砖室北壁下头龛的右侧；瓷盏1件、瓷碗1件、釉陶罐1件、瓷瓶1件，出土于棺床北端紧靠北壁底部中间的部位；棺木腐烂痕迹北部还出土铜饰1件，器形不明；棺木腐烂痕迹中部棺床上镶嵌一块与棺床用砖相同规格的青砖质地的墓志铭（图一一）。

陶豆　1件。M104：1，泥质灰陶。整器有变形，上部口沿有倾斜。敞口，斜沿较宽，尖唇，浅弧腹，束腰部为矮粗柄，下接喇叭口状圈足。腹下部与束腰之间饰一周曲带形附加堆纹。口径11.6、足径7.2、高7.8厘米（图一二，1）。

墓志铭　1件。出土于砖室棺床北部棺木腐烂痕迹下中部，镶嵌在棺床中。M104：8，规格大小形状与棺床用砖相同。泥质灰陶砖。正方形。素面，原有字迹已不存。边长26、厚3厘米。

釉陶罐　1件。M104：5，红褐色缸胎，外腹中部以上及内腹上部施青釉，沿面局部及其

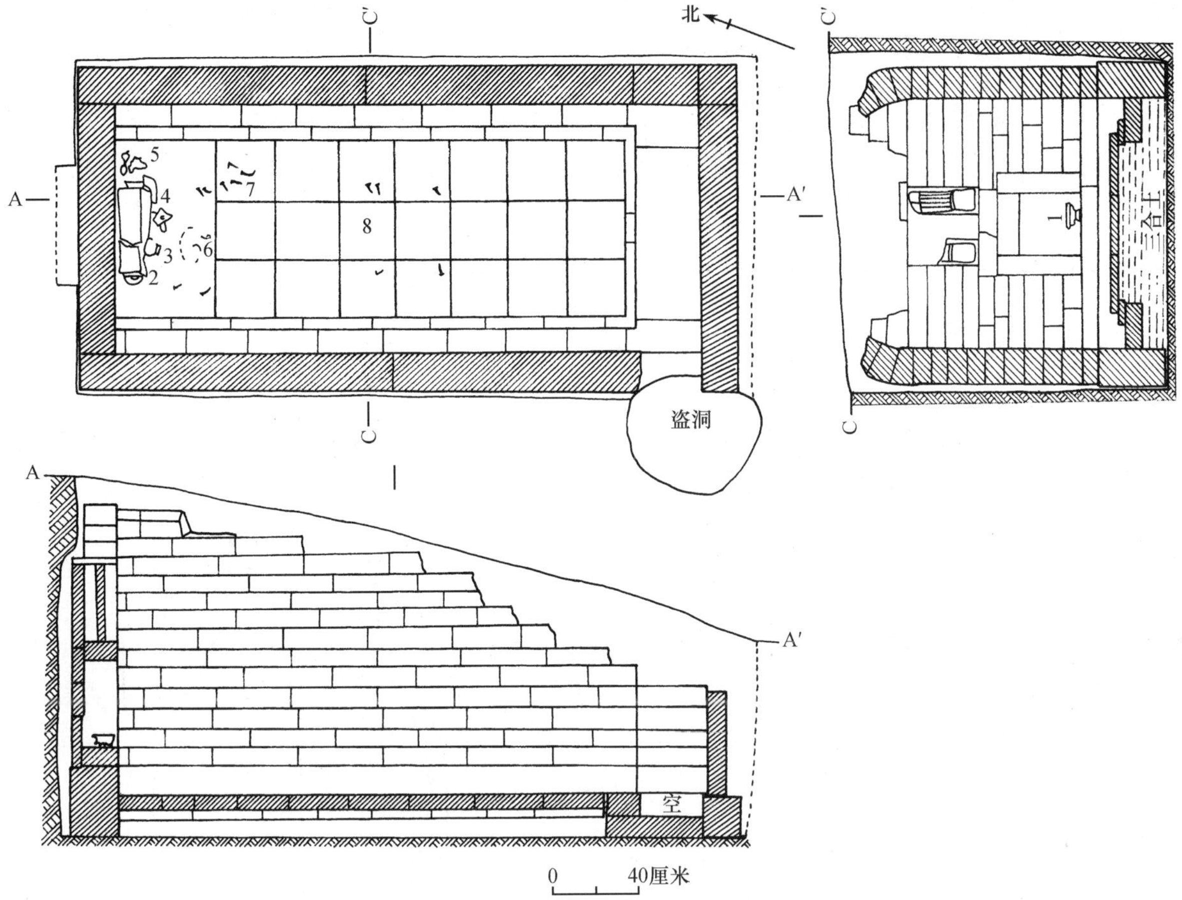

图一一　M104平、剖面图

1. 陶豆　2. 瓷盏　3. 瓷瓶　4. 瓷碗　5. 釉陶罐　6. 铜饰　7. 铁棺钉　8. 墓志铭

他部位无釉露胎，胎体有明显的旋痕。残，敛口，平沿，圆唇，沿面中间有一周凹弦纹形成双唇，宽领直至肩，溜肩，弧腹中部微鼓，弧收至平底。肩腹处有一道凹弦纹。口径9、最大腹径9.6、底径5.6、高12.2厘米（图一二，2）。

瓷盏　1件。M104：2，吉州窑产品。泥质褐胎，内外施棕褐色釉，器外施釉不及底，有流釉，施釉不均，积釉处呈黑色。敛口，尖唇，沿内凸，斜弧腹，底心内凹，平饼足。胎体有明显的轮修痕和跳刀痕，有多处气孔，底足交界处刮修为平折状。口径12、足径3.3、高5.5厘米（图一二，3）。

瓷碗　1件。M104：4，湖田窑产品。泥质灰白胎，内外施青白釉，釉面失透，有多处黑斑点和裂片，局部有棕眼，底内凹，足面无釉，有明显的轮修痕，整体碎为六片后修复。斗笠碗。敞口，斜直腹，小饼足。口径13、足径5.4、高7厘米（图一二，4）。

瓷瓶　1件。M104：3，湖田窑产品。泥质黄白胎，口沿及外壁施青白釉，釉变严重，大部呈青绿色，圈足足面及足内无釉。侈口，卷沿，长直颈，溜肩，鼓腹，圈足，足墙外直内斜，足底平，足心有乳突。口径6、最大腹径8.4、足径4.8、高18.2厘米（图一二，5）。

铜饰　1件。出土于棺室内北部中间。M104：6，锈蚀严重，器形已不可辨，从其出土部位为尸骨的头部来推测，可能为头饰。

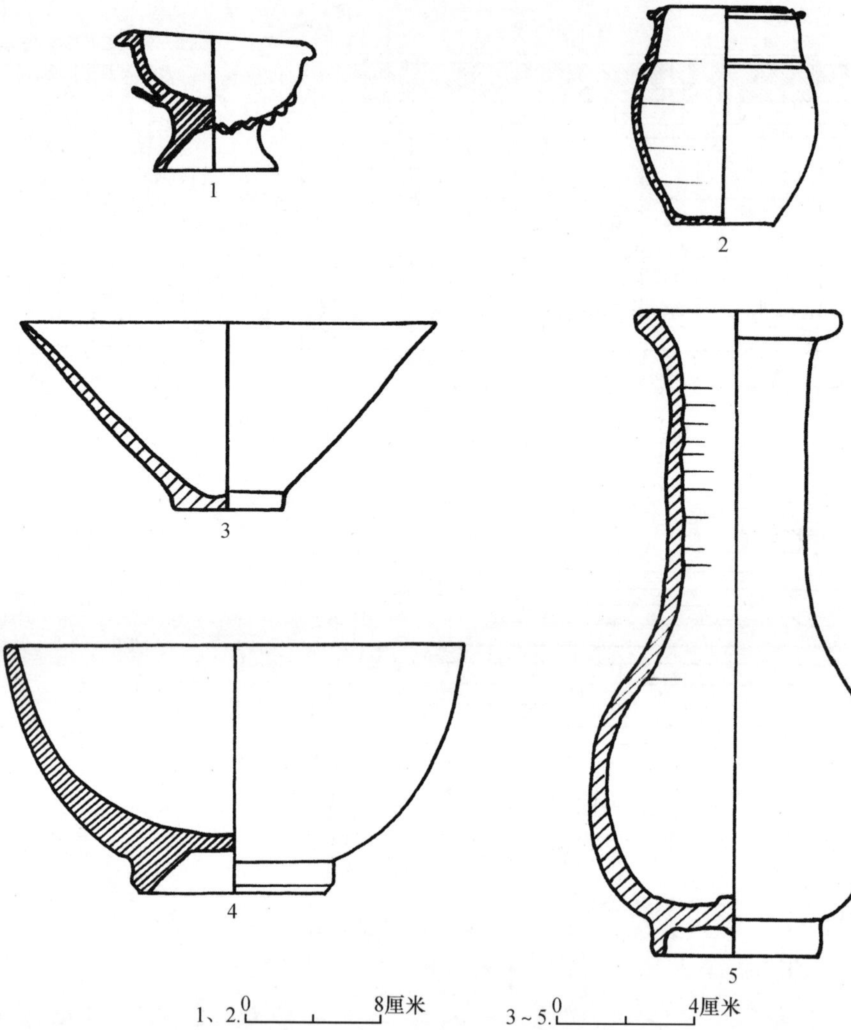

图一二 M104出土器物

1. 陶豆（M104：1） 2. 釉陶罐（M104：5） 3. 瓷盏（M104：2） 4. 瓷碗（M104：4） 5. 瓷瓶（M104：3）

铁棺钉 1件。M104：7，锈蚀严重。实际数量20枚，呈长方形状分布在砖室内棺床中间，为棺木腐烂后残留下来的。长7厘米。

四、明清墓葬

共118座，可分为土坑墓和土圹墓两种。

（一）土坑墓

113座。85座墓葬有随葬品。随葬器物按质地分为陶器、彩陶器、釉陶器、瓷器、铜器、铁器、石器、玉器、骨器、琉璃器十类。根据随葬器物质地、组合形式区别，分为八类。

1. 甲类墓

只随葬陶器的墓葬2座（M19、M81）。这里只介绍M19。

M19　2000年11月4日发现于A区T0102西侧略偏北部位。开口于第2层下，打破第3层及生土。方向343°。梯形竖穴土坑墓。墓葬依山势而建，平面呈梯形，北端略宽于南端，断面北高南低呈簸箕状，墓口略大于墓底。墓口南北长213、东西宽84～110、距地表深85～140厘米，墓底南北长195、东西宽75～96厘米，墓深14～70厘米。填土为灰褐色黏性土，土质较紧密，夹有黄色小碎石块。

葬具已腐烂，有长方形棺痕及残存的一些木质棺板残片，应为长方形木质单棺，棺痕长190、宽55厘米。

人骨架1具，保存很差。侧面向西，侧身屈肢，头北脚南。残长135厘米。

随葬器物有陶罐1件，出土于墓底北端棺痕与北壁之间的中部略偏东的部位（图一三）。

陶罐　1件。M19：1，泥质橙红胎为主，局部窑变为泥质灰胎。小口微侈，卷沿，圆唇，束颈，广肩微鼓，斜弧腹微折收，平底。腹部布满数道瓦棱纹，胎体有明显旋痕。口径9.6、最大腹径20、底径9.6、高20.4厘米（图一四）。

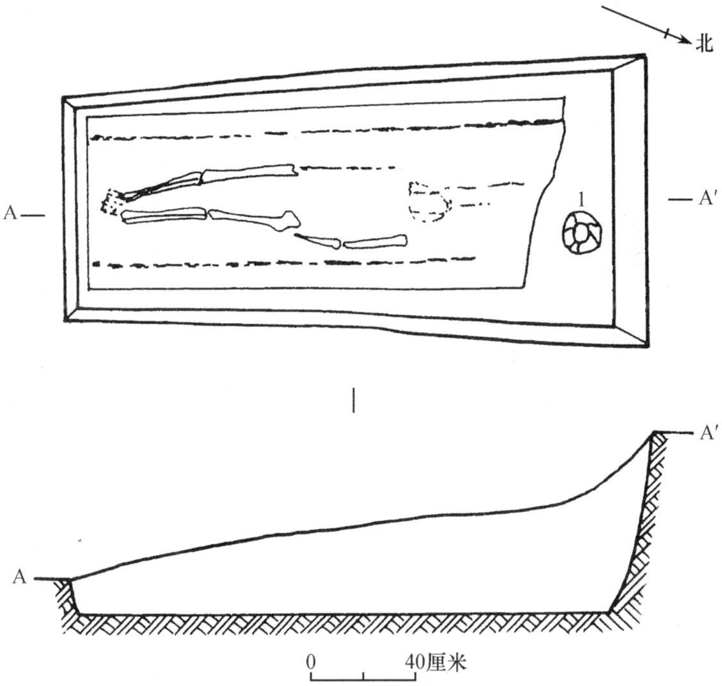

图一三　M19平、剖面图
1. 陶罐

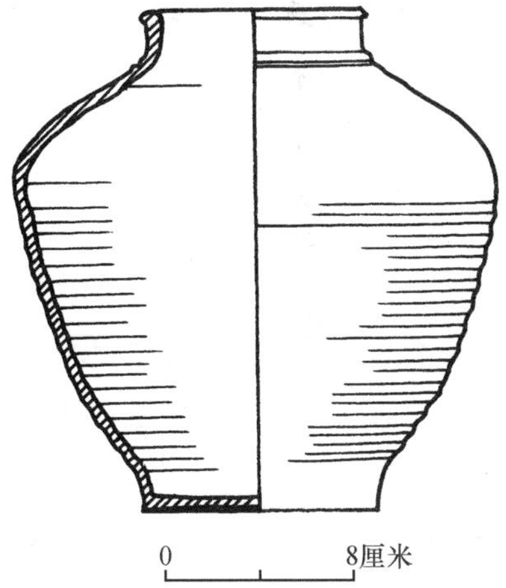

图一四　M19出土陶罐（M19：1）

2. 乙类墓

只随葬釉陶罐的墓葬64座（M1、M3、M4、M6～M8、M10、M11、M13、M14、M16、M18、M20、M21、M24～M26、M28～M30、M32、M35、M36、M40～M42、M44、M45、M47～M49、M53、M56、M58、M59、M61～M63、M66、M68、M69、M71、M74、M75、M78、M80、M84、M88～M91、M98、M102、M103、M107～M109、M111、M113、M117、M118、M122、M124、M125）。这里以M7、M13、M24、M25、M74、M75为例进行介绍。

M7　2000年11月3日发现于A区T0202西壁中部，大部分伸入T0203东隔梁。开口于第2层下，打破M15、第3层及生土，M3打破该墓的南端。方向358°。长方形竖穴土坑墓。墓葬依山势而建，平面呈长方形，断面北高南低，墓口大于墓底。墓口南北长257、东西宽92、距地表深32～75厘米，墓底南北长240、东西宽83厘米，墓深18～92厘米。填土为灰褐色五花土，结构较紧密。葬具已腐烂，存棺痕及桃红色棺漆痕，有铁棺钉7枚分布在棺痕四周，由此推测为长方形木质单棺，棺底有石灰泥。残存棺痕长200、宽66厘米。

人骨架1具，保存较好。头北脚南，面向上，葬式为仰身直肢葬。全长168厘米。现场对人骨进行鉴定，墓主为男性，年龄在22～25岁。

随葬器物有釉陶罐1件，出土于墓底棺外东北角；铁棺钉1件7枚，出土于墓底中间棺痕四周（图一五）。

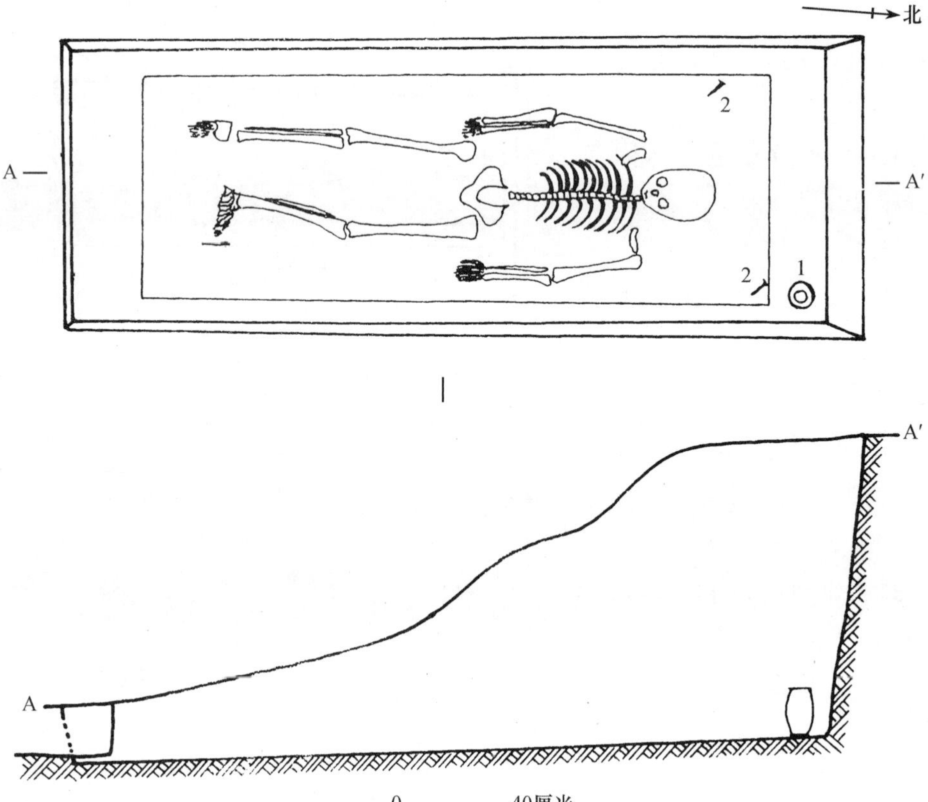

图一五 M7平、剖面图
1. 釉陶罐 2. 铁棺钉

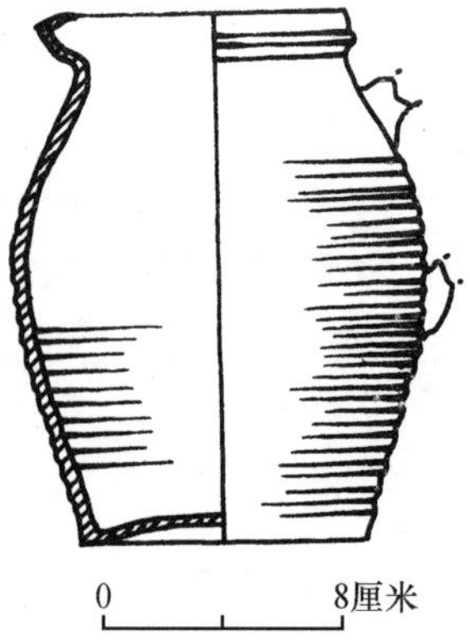

图一六 M7出土釉陶罐（M7：1）

釉陶罐 1件。M7：1，口沿下部至外腹中部施青黄色釉，其他部位无釉露胎，外壁灰色，内壁红黄色。直口，沿上有一流，斜沿，尖唇，无领，束颈，溜肩，鼓腹，肩中部和腹中下部有一耳鋬，已残，存耳根，平底向上微凹，内底凸起，器身沾满砂粒。肩腹外壁布满凹弦纹。口径8.8、最大腹径13.6、底径10.4、高16.8厘米（图一六）。

M13 2000年11月2日发现于A区T0104东北部。开口于第2层下，打破第3层。方向330°。梯形竖穴土坑墓。墓葬依山势而建，平面呈梯形，北端略宽于南端，断面北高南低呈缓坡状，墓口略大于墓底。墓口南北长240、东西宽70～84、距地表深40厘米，墓底南北长210、东西宽56～60厘米，墓深64～110厘米。填土为灰黑色黏性土，土质松软，夹有小碎石块。推测与西90厘米处的M24为夫妻异穴合葬墓。

葬具已腐烂，有长方形棺痕，棺痕四周分布11枚铁棺钉，推测为长方形木质单棺，棺底有草木灰，棺痕长194、宽54厘米。

人骨架1具，保存较好。全长150厘米。头北脚南，人头骨下及北部有灰色板瓦3叠17块，其中间一片覆铺，另二片放置两旁仰铺，头骨枕在中间瓦片上，面向上，上身略向上抬起，仰身直肢，脚部垫一块长方形青砖，两侧各放一块灰色板瓦。现场进行人骨鉴定，墓主性别男，年龄在30～35岁。

随葬器物有釉陶罐1件，出土于墓底北部中间偏东部位；铁棺钉1件11枚，出土于墓底棺痕四周（图一七）。

釉陶罐　1件。M13：1，夹砂灰黄色陶胎，口沿内壁及外壁至腹中下部施黄青釉，口沿刮釉，腹部釉层大部脱落，露棕色底釉，腹内外有流釉，积釉处呈黑色，有漏釉、沾沙现象。敛口，宽平沿折收，尖唇，无领，溜肩，上鼓腹略斜直收至平底，外底平略凹，内底心有一乳突。腹上部有一道凹弦纹。口径13.2、最大腹径13.6、底径10.4、高12厘米（图一八）。

M24　2000年11月7日发现于A区T0104中部，向南伸入南壁附近。开口于第2层下，打破第

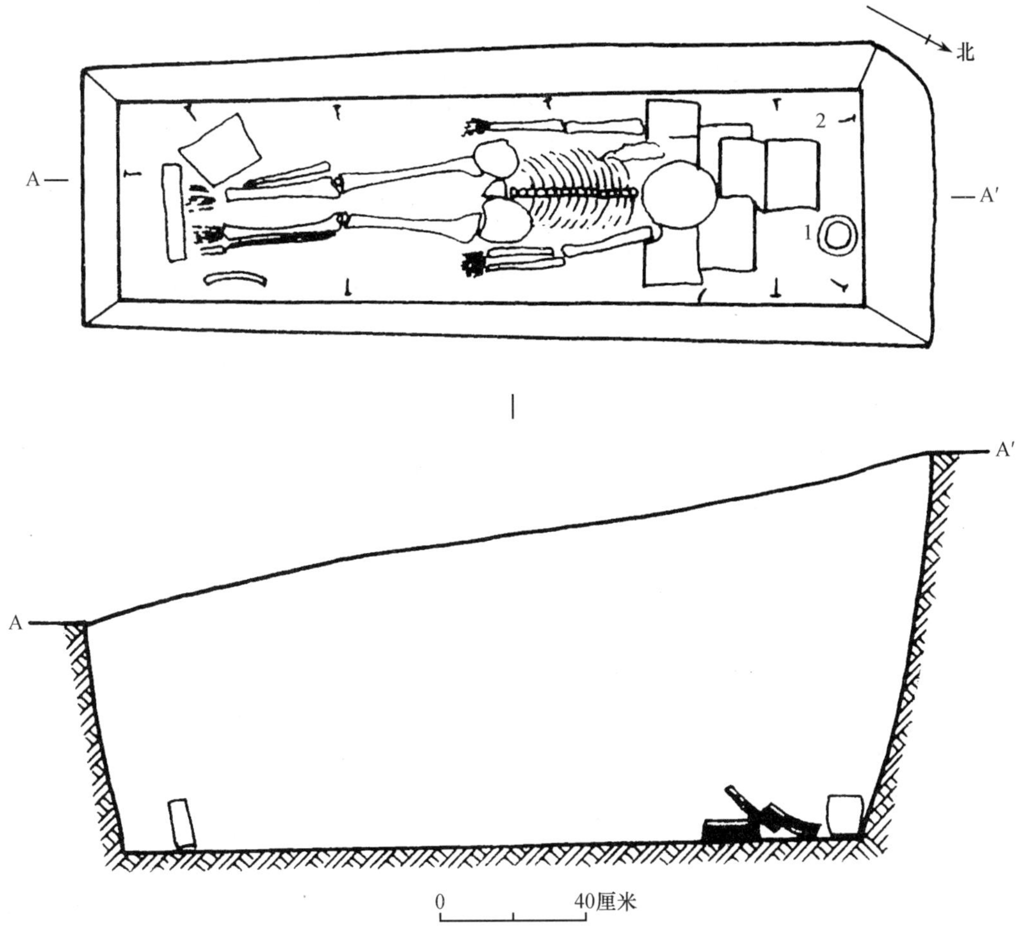

图一七　M13平、剖面图
1. 釉陶罐　2. 铁棺钉

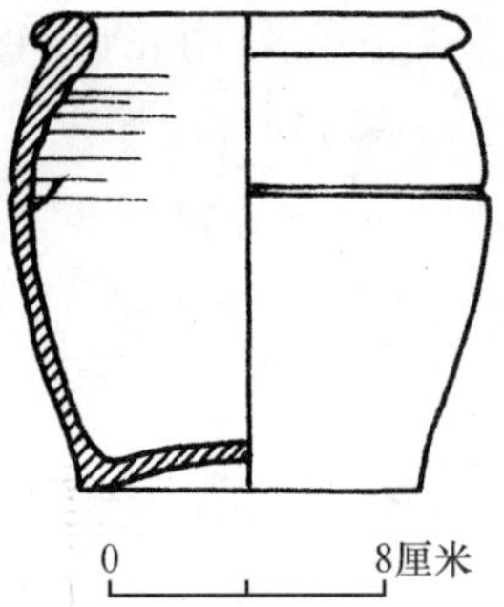

图一八　M13出土釉陶罐（M13：1）

3层。方向344°。梯形竖穴土坑墓。墓葬依山势而建，平面呈梯形，北端略宽于南端，断面北高南低呈缓坡状，墓口略大于墓底。墓口南北长250、东西宽70～80、距地表深85厘米，墓底南北长220、东西宽60～70厘米，墓深80～140厘米。填土为灰褐色黏性土，土质较紧密，夹有黄色小碎石块。推测与东90厘米处的M13为夫妻异穴合葬墓。

葬具已腐烂，有长方形棺痕及4枚铁棺钉，应为长方形木质单棺，棺痕长190、宽60厘米。

人骨架1具，保存基本完整。面向上，头骨两侧各放置板瓦一片，头北脚南，仰身直肢。全长164厘米。现场对人骨进行鉴定，墓主为女性，年龄35岁左右。

随葬器物有釉陶罐1件，出土于墓底棺痕外北端偏东部位；铁棺钉1件4枚，分布在棺痕两侧（图一九）。

釉陶罐　1件。M24：1，夹砂灰色缸胎，内外施薄薄的青釉，釉变明显，有严重流釉、脱

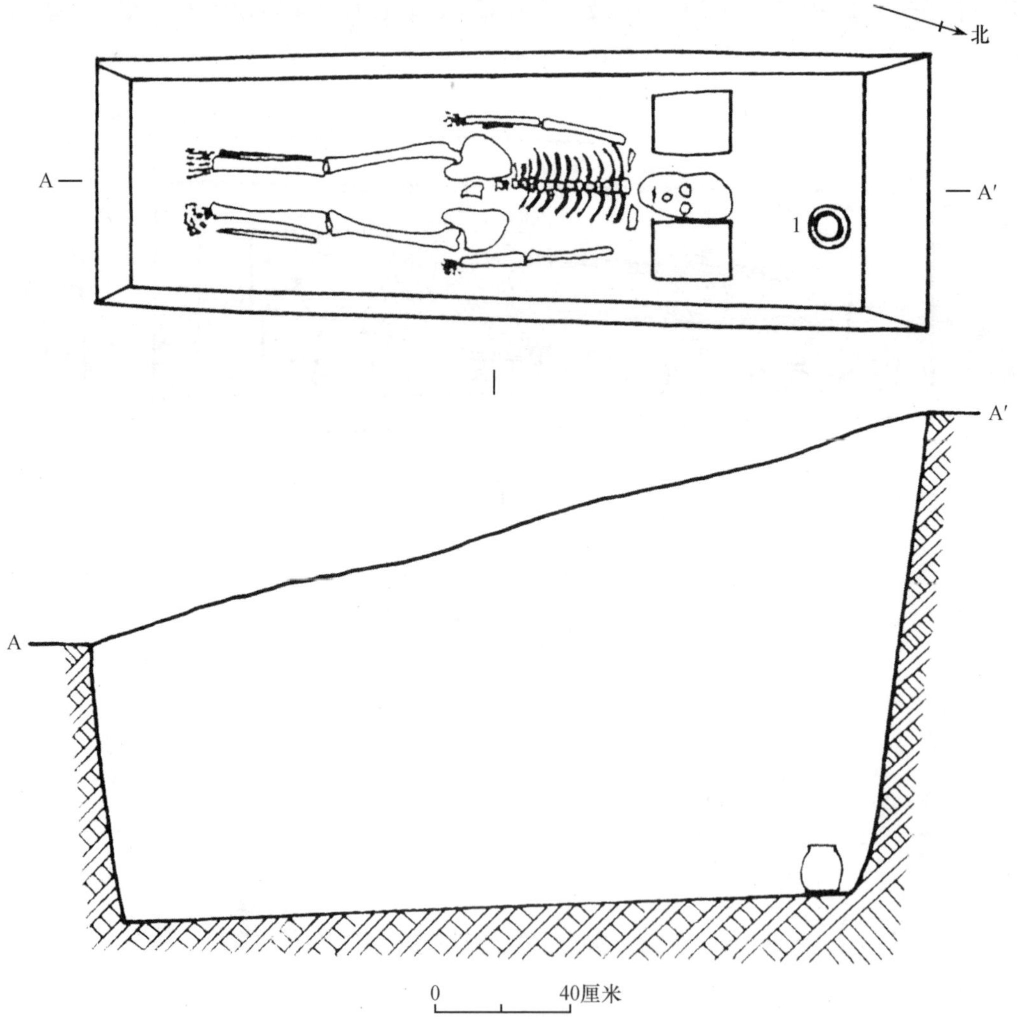

图一九　M24平、剖面图
1. 釉陶罐　2. 铁棺钉

釉现象，底无釉。敛口，斜沿较窄，尖唇，沿微外卷，直领微垂，溜肩，鼓腹斜直折收至平底，平底微凹，有明显旋痕，内底心向上有一乳突。领中部有两道凹弦纹，肩部有一道凹弦纹，腹部有数道凹弦纹。口径8、最大腹径15.2、底径9.6、高16厘米（图二〇）。

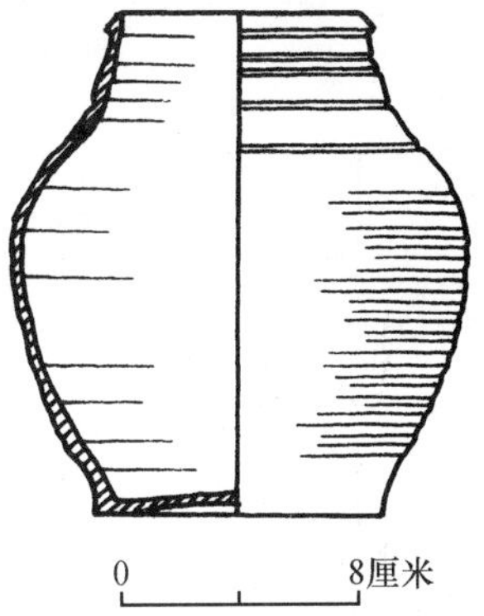

图二〇　M24出土釉陶罐（M24：1）

M25　2000年11月7日发现于A区T0102东北角，部分伸入东、北隔梁。开口于第2层下，打破第3层和生土。方向342°。梯形竖穴土坑墓。墓葬依山势而建，平面呈梯形，北端略宽于南端，断面北高南低呈缓坡状，墓穴壁较整齐，清理时能自然脱落，墓口略大于墓底。墓口南北长229、东西宽55～70、距地表深67～95厘米，墓底南北长210、东西宽50～65厘米，墓深36～86厘米。填土为红褐色黏性土，土质较紧密，夹有灰白色小碎石块。

葬具为梯形木质单棺，已腐烂，有残腐梯形棺底板及6枚铁棺钉，棺底灌注石灰泥，棺痕长200、宽40～54厘米。

人骨架1具，保存较好。面向上，右臂略向内曲，头北脚南，仰身直肢。全长184厘米。现场对人骨进行鉴定，墓主为男性，年龄25岁左右。

随葬器物有釉陶罐1件，出土于墓底棺痕外东壁中部略偏北处；铜钱1件1枚，出土于人骨右手腕处；铁棺钉1件6枚，对称分布在棺痕四周（图二一）。

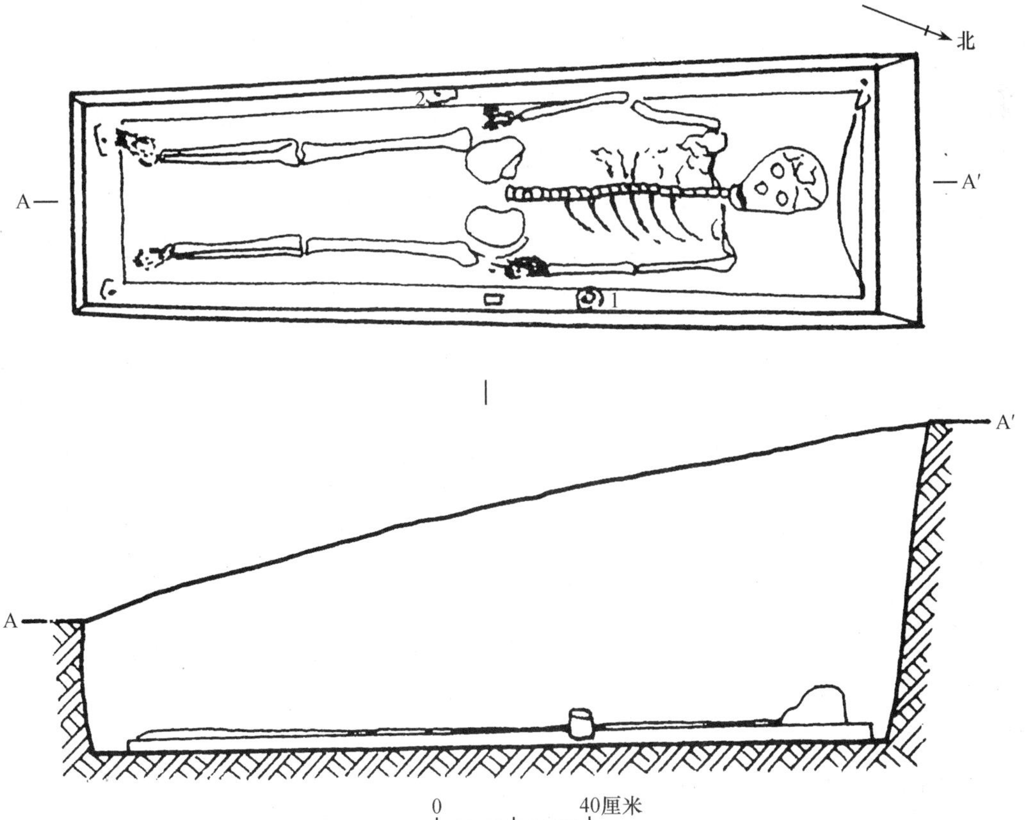

图二一　M25平、剖面图

1. 釉陶罐　2. 铜钱　3. 铁棺钉

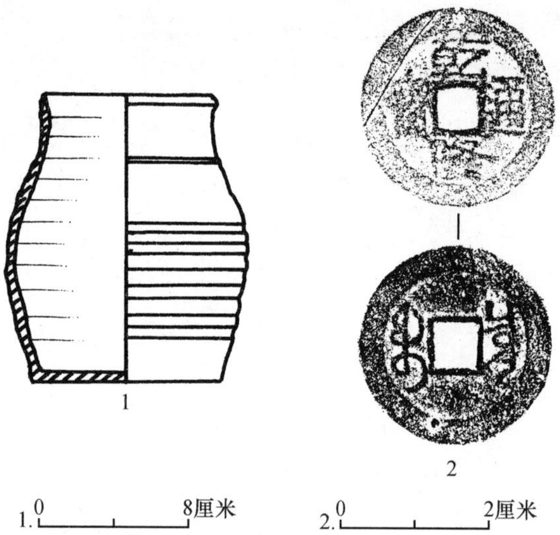

图二二　M25出土器物

1. 釉陶罐（M25：1）　2. 铜钱拓片（M25：2）

釉陶罐　1件。M25：1，泥质灰色陶胎，有窑变，底部呈黄色，口沿内壁施黑釉，有漏釉，外壁口沿下部至腹下部施青黄釉，施釉较薄，脱釉较多，有釉变，釉变处呈黄色、灰色，有流釉、漏釉、沾沙现象。直口微向外侈，斜沿，沿下弧收至领，尖唇，垂领，垂肩，领肩下垂基本形成一条斜直线，之间有一道凹弦纹，鼓腹向下斜弧折收至平底，最大径位于腹中部，外底内凹，内底平。口径9、最大腹径13、底径9.6、高14.6厘米（图二二，1）。

铜钱　1件1枚。M25：2，折二钱，基本完整。圆形方孔，正背面都有内外郭，外郭较宽。面文“乾隆通宝”阳文楷书，对读；背左一满文，穿右一回文，工部宝源局。直径2.5、穿径0.6厘米（图二二，2）。

M74　2000年11月23日发现于B区T0302东南部，部分伸入东隔梁及探方南壁外。开口于第2层下，打破第3层及生土。方向16°。梯形竖穴土坑墓。墓葬依山势而建，平面呈梯形，北端略宽于南端，断面北部略高于南部，墓口长宽略大于墓底。墓口南北长222、东西宽65～80、距地表深45～78厘米，墓底南北长210、东西宽60～72厘米，墓深14～72厘米。填土为灰褐色黏土，夹有较多的灰色碎石渣，结构较紧密。

葬具为木棺，已腐烂，有木棺腐烂痕迹及铁棺钉，墓底有一层草木灰。

人骨架1具，保存一般。面向上，头北脚南，上肢中间向外弯曲，左手向外，右手向下平放，双腿间距很大，葬式为仰身直肢葬。全长140厘米。现场对人骨进行鉴定，墓主为女性，年龄25～30岁。

随葬器物有釉陶罐1件，出土于墓底东壁北部（图二三）。

釉陶罐　1件。M74：1，浅黄色砂质陶胎，口沿内壁局部沾釉，外壁口沿沿面无釉，沿口至腹中下部施黄青釉，釉面呈色泛黄，有流釉、漏釉现象，底无釉。微敛口，斜沿较宽，沿外垂，尖唇，向内弧收至领，直领微垂，溜肩，鼓腹斜弧折收至平底。领肩处有一道凹弦纹，外腹布满瓦棱纹，底部有明显旋痕。口径7.2、最大腹径12、底径8、高11.6厘米（图二四）。

M75　2000年11月23日发现于A区T0302东北部及东、北隔梁上。开口于第2层下，打破第3层、M99。方向354°。长方形竖穴土坑墓。墓葬依山而建，东壁及北壁东部分别被M14、M27打破。平面呈长方形，断面北部略高于南部，墓口长宽略大于墓底。墓口南北长235、东西宽80、距地表深50～58厘米，墓底南北长235、东西宽72～77厘米，墓深20～50厘米。填土为红褐色黏土，夹有灰白色碎渣石块，结构较紧密。

葬具为木棺，已腐烂，墓底有2枚铁棺钉。

人骨架1具，保存较好。面向东，头北脚南，仰身直肢。全长185厘米。现场对人骨鉴定，墓主为男性，年龄25岁左右。

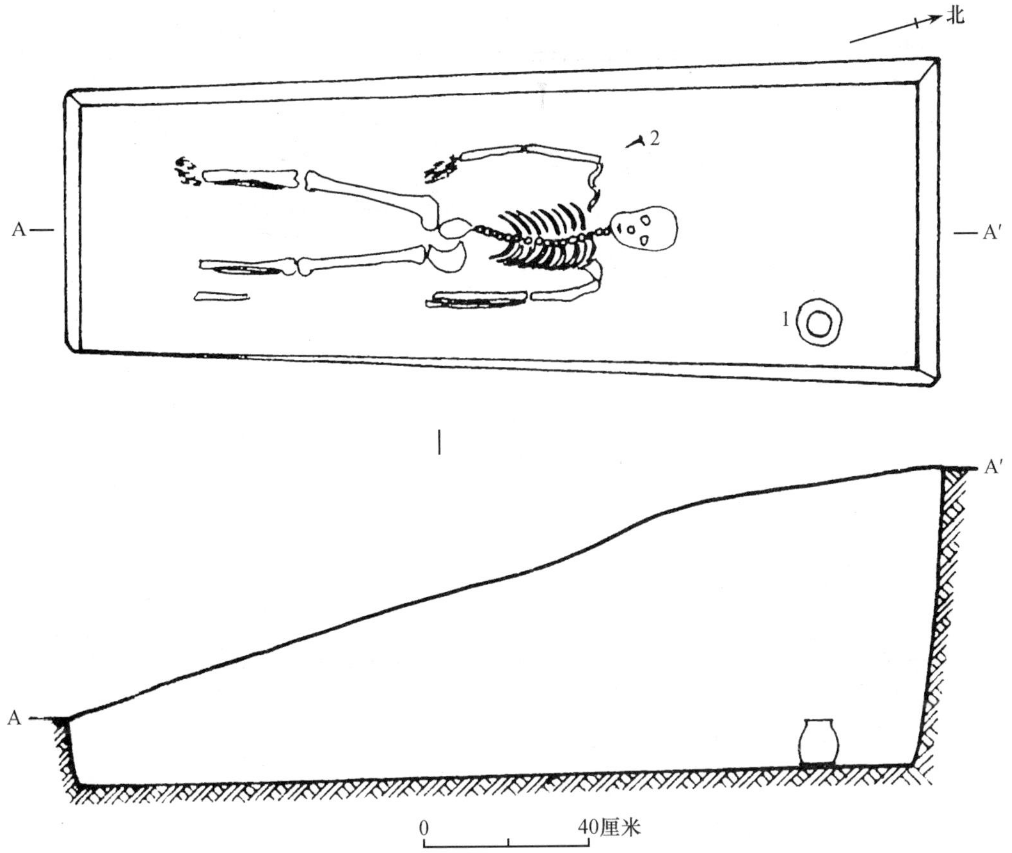

图二三　M74平、剖面图
1. 釉陶罐　2. 铁棺钉

随葬釉陶罐1件。出土于墓底南部西侧，出土时器物底部置放在专门开挖在墓底下的小方坑中；铁棺钉1件2枚，出土于人骨西侧（图二五）。

釉陶罐　1件。M75：1，夹砂灰色陶胎，内壁口沿及外壁口沿至腹上部施黄釉，已大部脱落，器身沾满砂粒。口部残。直口，平窄沿，方唇，直领，斜肩略鼓，沿面中间有一道凹弦纹，领下部有一道凸弦纹，腹部有瓦棱纹。肩上部对称分布两曲桥形纽，直腹略斜直收平底，腹部有变形。口径8.8、最大腹径16、底径8.8、高23.8厘米（图二六）。

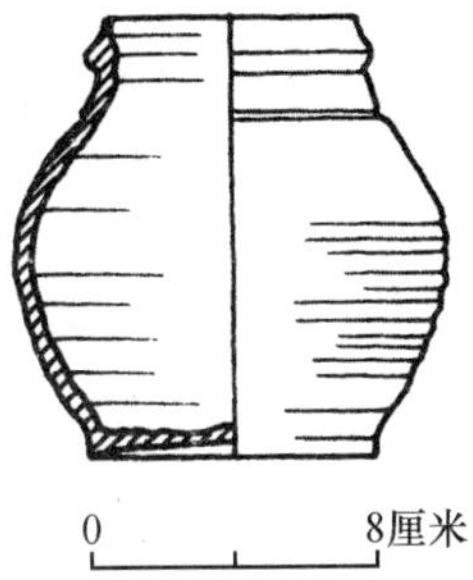

图二四　M74出土釉陶罐（M74：1）

3. 丙类墓

只随葬瓷器的墓葬有3座（M39、M73、M101）。这里对M73、M101进行介绍。

M73　2000年11月22日发现于B区T0308西北部。开口于第2层下，打破第3层。方向337°。长方形竖穴土坑墓。墓葬依山而建，平面呈长方形，断面北部高于南部，墓口长宽略大于墓底。墓口南北长116、东西宽36、距地表深50厘米左右，墓底南北长104、东西宽30厘米，墓深16～30厘米。填土为灰黑色黏土，夹有灰白色碎渣石块，结构较紧密。

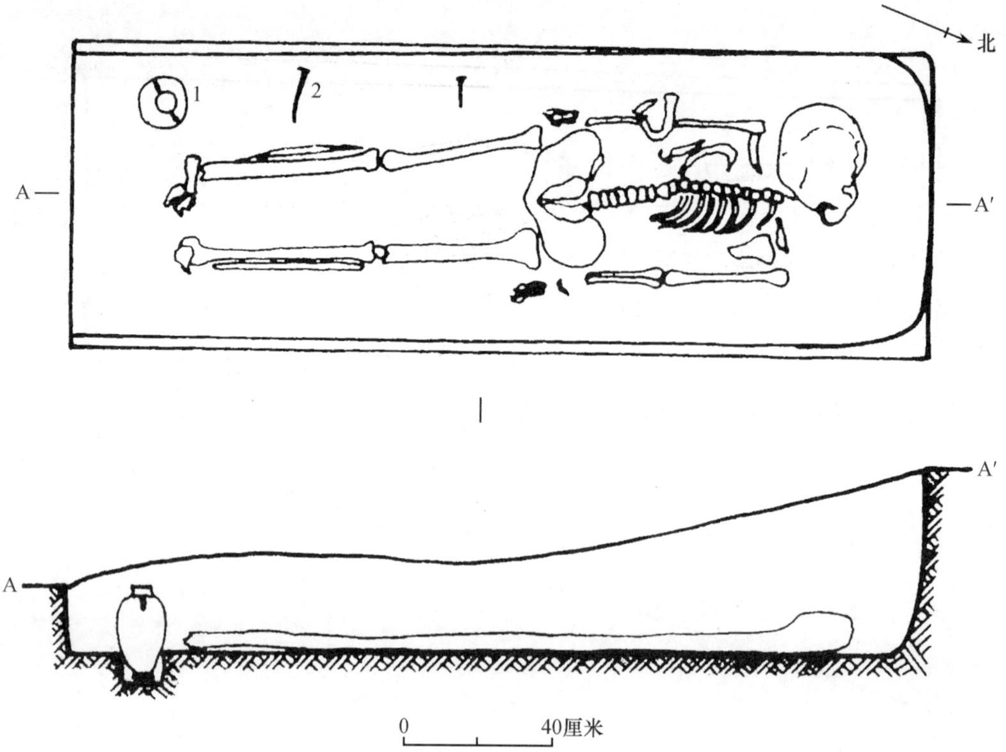

图二五　M75平、剖面图

1. 釉陶罐　2. 铁棺钉

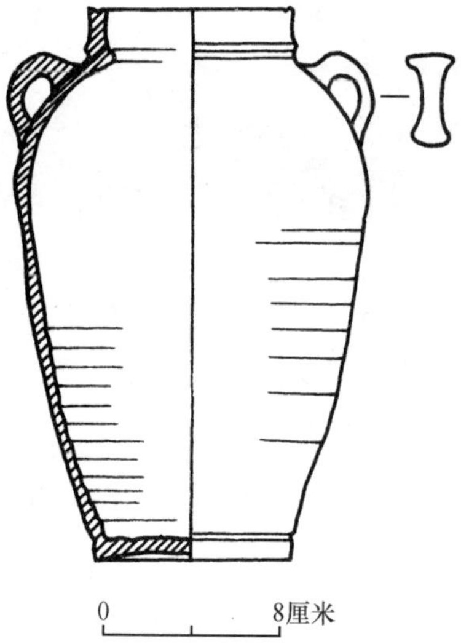

图二六　M75出土釉陶罐（M75∶1）

葬具为木棺，已腐烂，墓底有10枚铁棺钉。

人骨架1具，保存很差，大部分已腐烂。面向上，头北脚南，仰身直肢。全长70厘米。现场对人骨鉴定，墓主为女性，年龄6～8岁。

随葬青花瓷盏1件，出土于墓底南部中间部位；铁棺钉1件10枚，出土于人骨四周（图二七）。

瓷盏　1件。M73∶1，半透明薄白胎，内外施乳白釉，釉面光亮，足面刮釉，足底施釉较薄，呈白色。尖唇，直弧腹至圈足，足壁直，足底心微外凸，器内平底微凹。青花绘纹，双笔勾绘，平涂晕染，积青料处呈黑色，整体呈色浓艳，沿面绘一周细线纹和六朵花瓣，底部绘双圈细线纹，底心绘一麒麟和祥云纹，有极少量棕眼和黑斑。口径10.4、足径4.4、高5.4厘米（图二八）。

M101　2000年12月5日发现于B区T0207南部中央，南端伸入T0107北隔梁。开口于第2层下，打破第3层及生土。方向337°。梯形竖穴土坑墓。墓葬依山而建，平面呈梯形，北端略宽于南端，断面北部略高于南部呈坡状，墓坑西北角被M48打破少许，墓口长宽略大于墓底。墓口南北长220、东西宽64～80、距地表深40厘米左右，墓底南北长210、东西宽60～80厘米，墓深38～100厘米。填土为灰褐色黏土，夹有灰白色碎渣石块，结构较紧密。

葬具为木棺，已腐烂，情况不详。

人骨架1具，保存较好。头北脚南，仰面向上，胫骨下方上面覆铺一排缸片，共三块，葬式为仰身直肢葬。全长168厘米。现场对人骨进行鉴定，墓主性别为男，年龄35岁左右。

随葬器物有青花瓷碟2件，出土于墓底东北部，出土时两瓷碟叠摞在一起（图二九）。

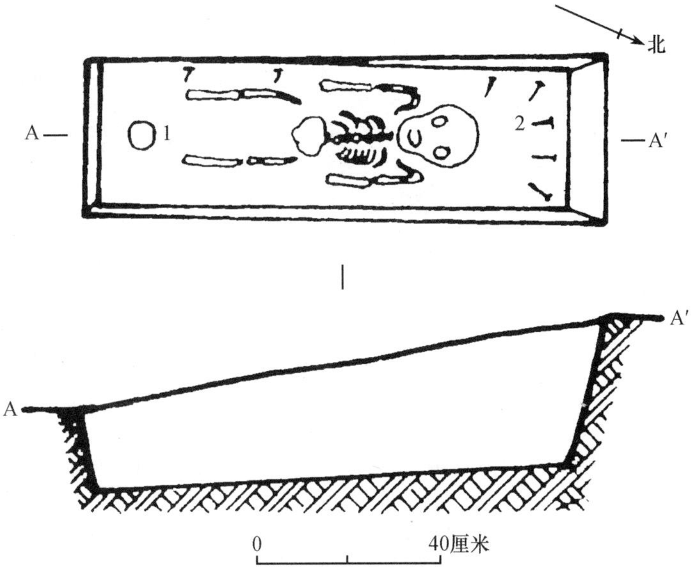

图二七　M73平、剖面图
1. 瓷盏　2. 铁棺钉

瓷碟　2件。M101：2，灰白胎，器内外施乳白釉，釉面失透，足内无釉，足面刮釉，多处有漏釉、气孔、釉变，内壁有冰裂纹。口沿残。敞口，沿外局部凸起，方唇，斜直腹至圈足，足墙矮不及肩，足底平，有明显的旋痕和跳刀痕，器内底有微凸起。青花绘纹，单笔勾绘，整体呈色淡青。口部绘一周宽线纹，底外缘绘双圈细线纹，底内书“三”字。有较多的棕眼和黑斑。口径10.8、足径5.2、高3.4厘米（图三〇）。

图二八　M73出土瓷盏（M73：1）

4. 丁类墓

随葬陶器、瓷器的墓葬，8座（M5、M12、M22、M64、M83、M94、M95、M114）。这里以M5为例进行介绍。

M5　2000年10月19日发现于A区T0202北部，部分伸入北隔梁及T0102南端中。开口于第2层下，打破第3层及生土层。方向0°。梯形竖穴土坑墓。墓葬依坡势而建，平面北宽南窄，断面北高南低，墓口略大于墓底，呈簸箕状，墓葬西壁有一个盗洞，编号D2。盗洞为圆形，没有对墓葬造成实质性破坏；M9打破该墓的西南部，对墓葬西南的部分填土造成了一定的破坏。墓口南北长230、东西宽60～100、距地表深50～60厘米，墓底南北长225、东西宽58～80厘米，墓深80～187厘米。填土为黑褐色黏性土，夹有黄色砂岩土。

葬具为梯形木质单棺，棺木腐烂较多，残存少量棺板，棺底有木炭灰，见铁棺钉12枚、铁攀钉6枚。棺底长190、宽34～62.5厘米。

人骨架1具，保存一般。下肢骨、趾骨保存较好，头骨、胸骨、肋骨、盆骨腐乱严重，头北脚南，面向上，仰身直肢。全长170厘米。头枕板瓦3片，两侧板瓦仰铺，中间的瓦覆铺在两侧仰瓦上。

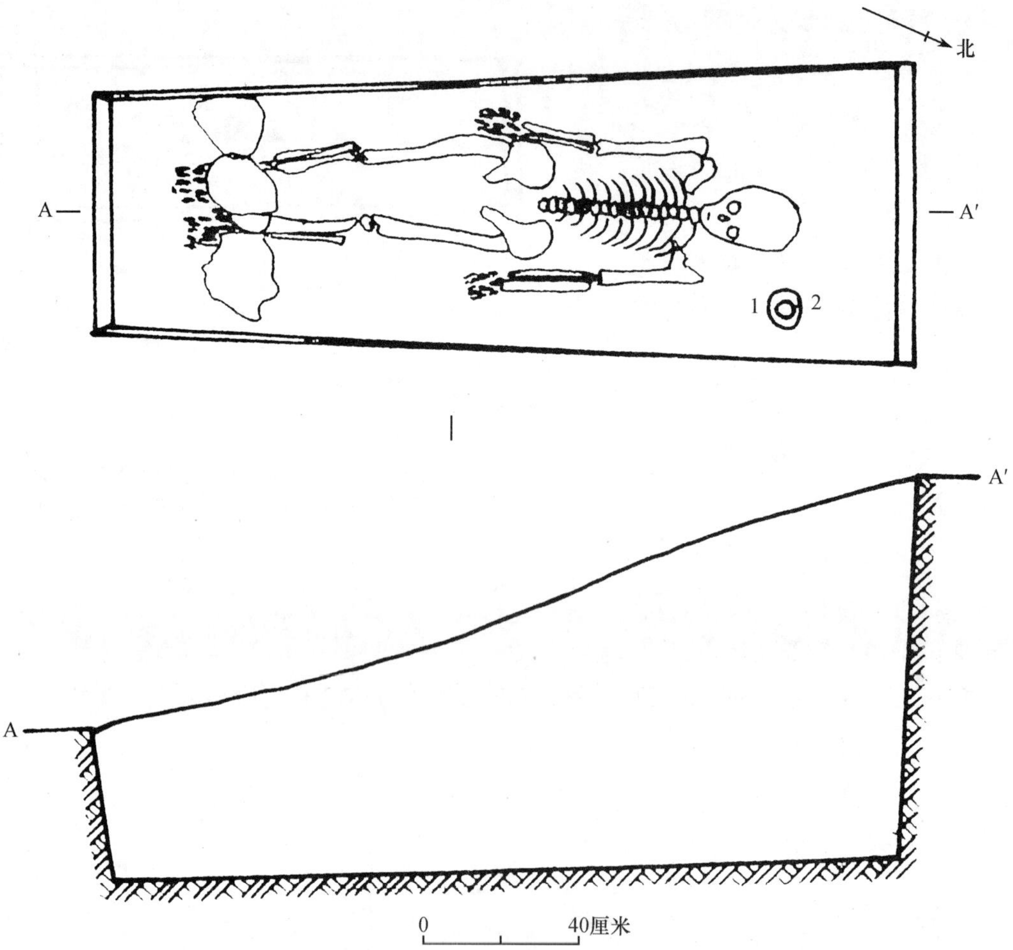

图二九　M101平、剖面图
1、2. 瓷碟

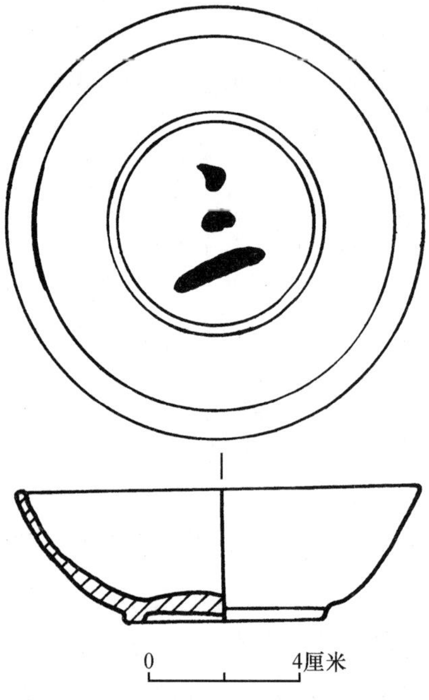

图三〇　M101出土瓷碟（M101：2）

随葬器物有陶罐1件、青花瓷碟2件，出土于墓底北壁棺外中部；铁棺钉1件12枚，铁攀钉1件6枚，出土于墓底棺木四周，呈梯形分布（图三一）。

陶罐　1件。M5：1，泥质砖红陶，局部呈色不同，腹部多处呈褐色。小口微敛，卷沿，圆唇，束颈，广肩微鼓，颈肩之间捏贴两对称的双耳，斜弧腹微折收至平底，最大径位于腹肩处。腹部有数道瓦棱纹，胎体有明显旋痕。口径6.5、最大腹径18、底径9.5、高21厘米（图三二，1）。

瓷碟　2件。M5：2，灰白胎，器内外施青白釉，釉面失透，有冰裂纹，足面刮釉，足墙有漏釉。残。敞口，尖唇，弧腹至圈足，足墙外斜内直，内足墙过肩，足底平，底心有一乳突，器内底有微凸起。青花绘纹，单笔勾绘，积青料处呈黑色，整体呈色泛绿，口部绘一周不连接的扁体日字纹，纹带上下细线纹，底外缘绘双圈细线纹，底内隶书一

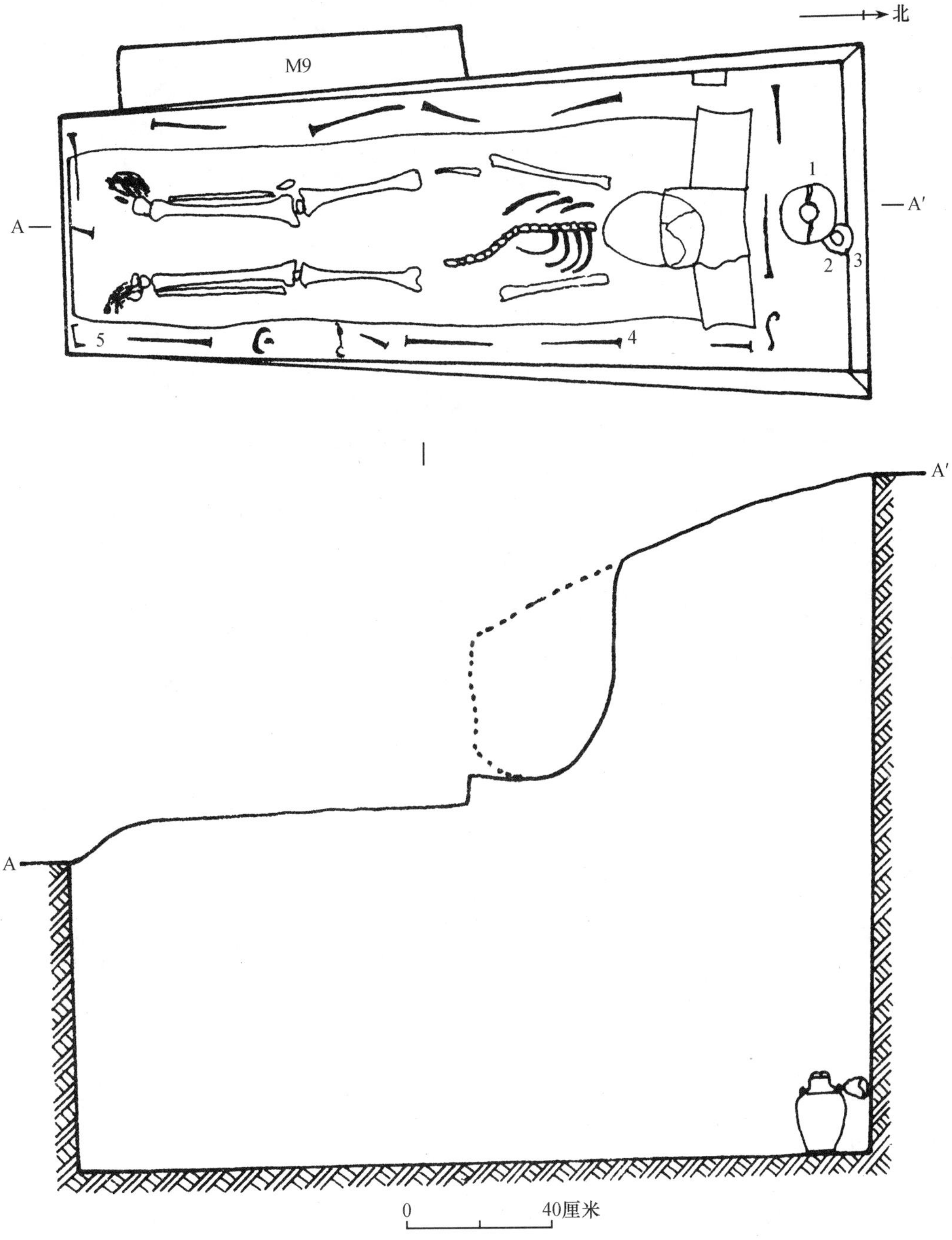

图三一　M5平、剖面图

1. 陶罐　2、3. 青花瓷碟　4. 铁棺钉　5. 铁攀钉

"寿"字。有较多的棕眼和黑斑，足上多沾沙。口径12.8、足径4、高4.4厘米（图三二，2）。

5. 戊类墓

随葬釉陶器、瓷器的墓葬，3座（M27、M76、M82、M97）。这里对M76、M82进行介绍。

M76　2000年11月29日发现于B区T0209西部。开口于第2层下，打破第3层及生土，方向

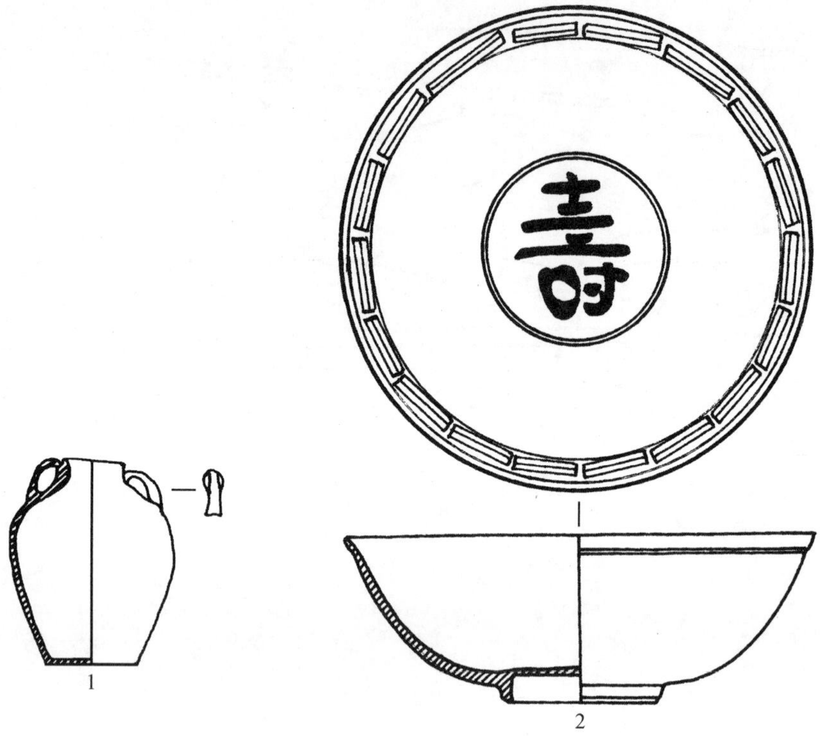

图三二　M5出土器物

1. 陶罐（M5：1）　2. 青花瓷碟（M5：2）

0°。梯形竖穴土坑墓。墓葬依山势而建，西北角被M66打破，部分墓壁毁坏，平面呈梯形，北端略宽于南端，断面北部略高于南部，墓口长宽略大于墓底。墓口南北长270、东西宽80～105、距地表深80厘米左右，墓底南北长250、东西宽80～96厘米，墓深110～180厘米。填土为黄褐色黏土，夹有较多的灰白色碎石块，结构较紧密。推测与西1米处的M81为夫妻异穴合葬墓。

葬具为木棺，已腐烂，有木棺腐烂痕迹及12枚铁棺钉，墓底有一层草木灰，棺痕南北长190、东西宽80厘米。

人骨架1具，保存较好。头北脚南，侧面向东，头骨枕一块仰铺的灰色板瓦，两侧各置覆铺板瓦三片，葬式为仰身直肢葬。全长178厘米。现场对人骨进行鉴定，墓主为男性，年龄在25～28岁。

随葬器物有饼足釉陶罐1件、青花瓷碗1件、青花瓷盏1件、其中釉陶罐有盖，青花瓷盏覆扣在青花瓷碗上，皆出土于墓底北端中部偏西部位；铁棺钉1件12枚，对称分布在墓底人骨两侧（图三三）。

釉陶罐　1件。M76：1，砖红色缸胎，外壁和内壁上部施薄薄的黄釉，底无釉，大部已脱落，有流釉现象。泥条盘接，轮制与手捏结合制成。由罐盖和罐身两部分组成，整体呈瓶形。盖为带鋬圆盘子口状，圆盘上部外缘微上翘，一侧有一方形纽，中部向上凸起一竖宽扁柱鋬，鋬两侧塑两层叠压的几何造型，上层为叉形，下为方形，顶上为双箭头形，盖盘下部向内微鼓，中心凸起一中空的圆子口。罐身敛口，圆唇，斜折肩，斜直腹，底平，下接双层饼足。口

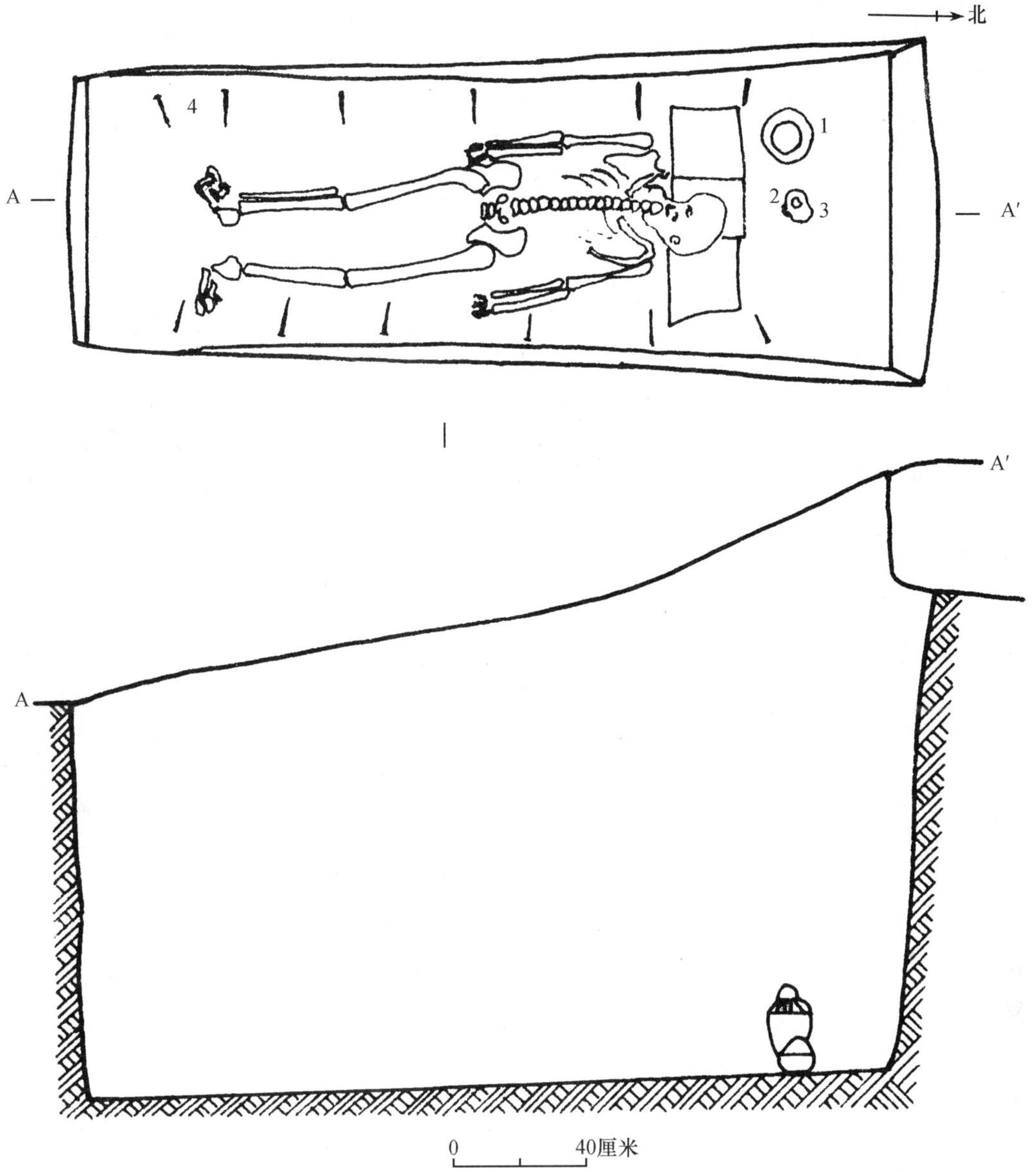

图三三　M76平、剖面图

1. 釉陶罐　2. 瓷碗　3. 瓷盏　4. 铁棺钉

沿和腹肩交接处之间堆塑11根麦穗状柱，器身口径8.8、最大腹径17.6、底径9.6、高22.8厘米，盖口径5.6、盘径9.6、高6.4厘米，通高28厘米（图三四，1）。

瓷碗　1件。M76：2，白胎，内外施青白釉，釉面失透，足面刮釉，足底施釉较薄，呈白色。圆唇外加厚，直腹折收至底，底平，圈足，足墙外斜内直，足心一乳突。青花绘纹，双笔勾绘，积青料处呈黑色，沿口内外绘宽线纹，内腹下部绘双圈线纹，内底绘“十”字莲花纹，腹外壁上部绘双圈线纹组成的宽带，内绘两排圆点线纹，下绘两组对称的缠枝梅花，器体有少量黑斑和棕眼。口径12、足径6.2、高6.6厘米（图三四，2）。

瓷盏　1件。M76：3，白胎，内外施青白釉，釉面失透，足面刮釉，足底施釉较薄，呈乳白色。口沿及足面残。尖唇，斜直腹弧收至圈足，足墙外斜内直，足底外凸，足心有一小乳突，器内平底。青花绘纹，单笔平涂晕染，积青料处呈黑色，整体呈色淡青。沿口及腹底处内

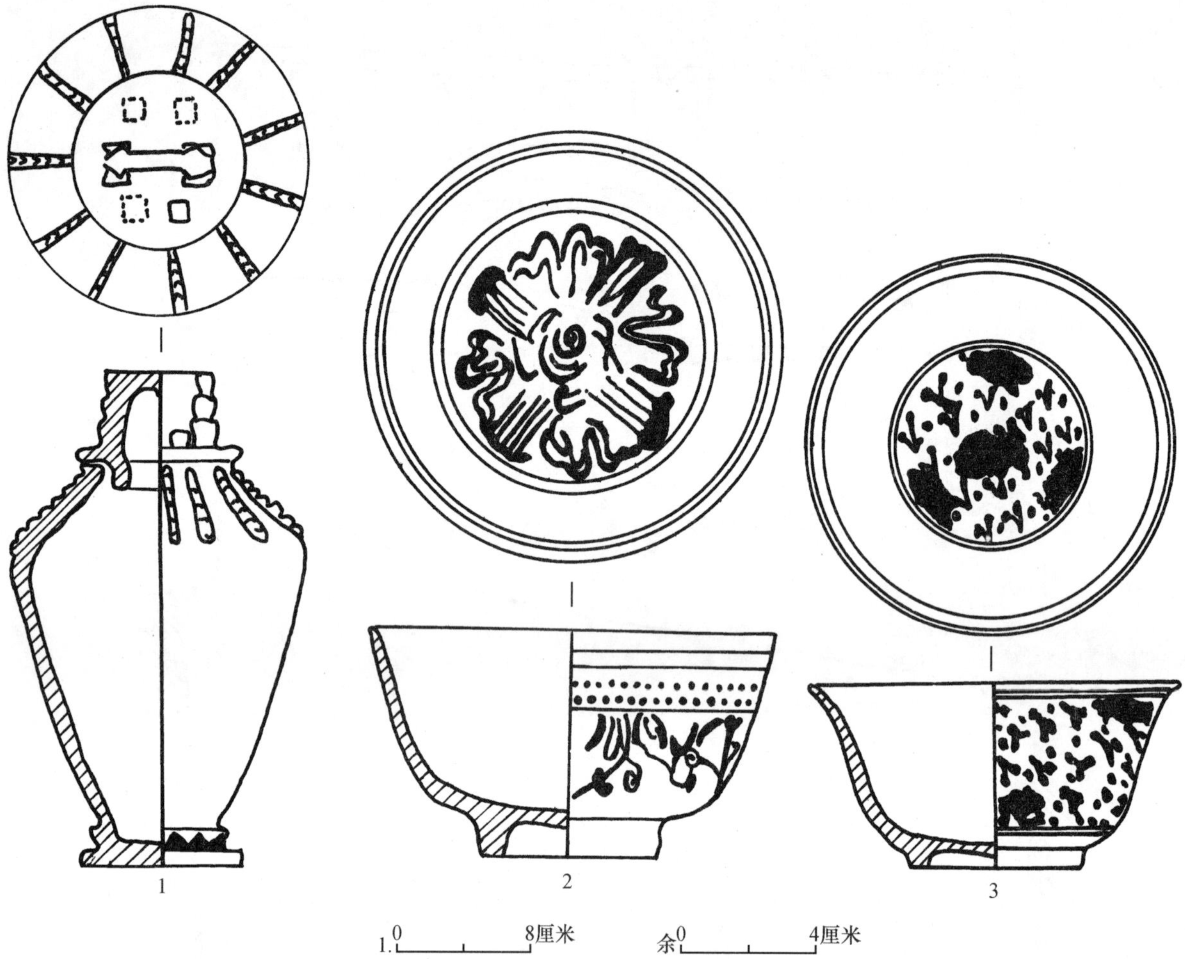

图三四　M76出土器物

1. 釉陶罐（M76∶1）　2. 瓷碗（M76∶2）　3. 瓷盏（M76∶3）

外分饰双圈细线纹，足墙外壁绘三周细线纹，器内底及腹外壁满饰鱼草纹，有少量棕眼和黑斑。口径11.8、足径6.2、高5.2厘米（图三四，3）。

M82　2000年11月3日发现于B区T0212南部偏西区域，部分伸入T0112的北隔梁之中。开口于第2层下，打破第3层及生土。方向330°。梯形竖穴土坑墓。墓葬依山势而建，平面呈梯形，北端宽于南端，断面北部高于南部，墓壁较直，墓口长宽略大于墓底。墓口南北长220、东西宽60～80、距地表深70厘米左右，墓底南北长210、东西宽58～76厘米，墓深70～120厘米。填土为黄褐色黏土，夹有较多的灰色碎石渣，结构较紧密。

葬具为梯形木棺，已腐烂，有棺木腐烂痕迹及铁棺钉11枚，棺底痕呈梯形，北部略宽于南部，南北长170、东西宽50～60厘米。

人骨架1具，保存一般。头北脚南，面向上，头骨两侧分别放有一块覆铺的灰色板瓦，葬式为仰身直肢葬。全长160厘米。现场对人骨进行鉴定，墓主为女性，年龄25岁左右。

随葬器物有釉陶罐1件、青花瓷碟1件、青花瓷碗1件，出土于墓底棺外北壁偏西部位；铁棺钉1件11枚，出土于墓底棺痕两侧，出土时呈对称状分布（图三五）。

釉陶罐　1件。M82∶1，夹砂黄色陶胎，口沿内壁及外壁至腹中下部施青黄釉，口沿沿面刮釉，釉层大部脱落，腹内外有流釉，积釉处呈黑色，有漏釉、沾沙现象。敛口，宽平

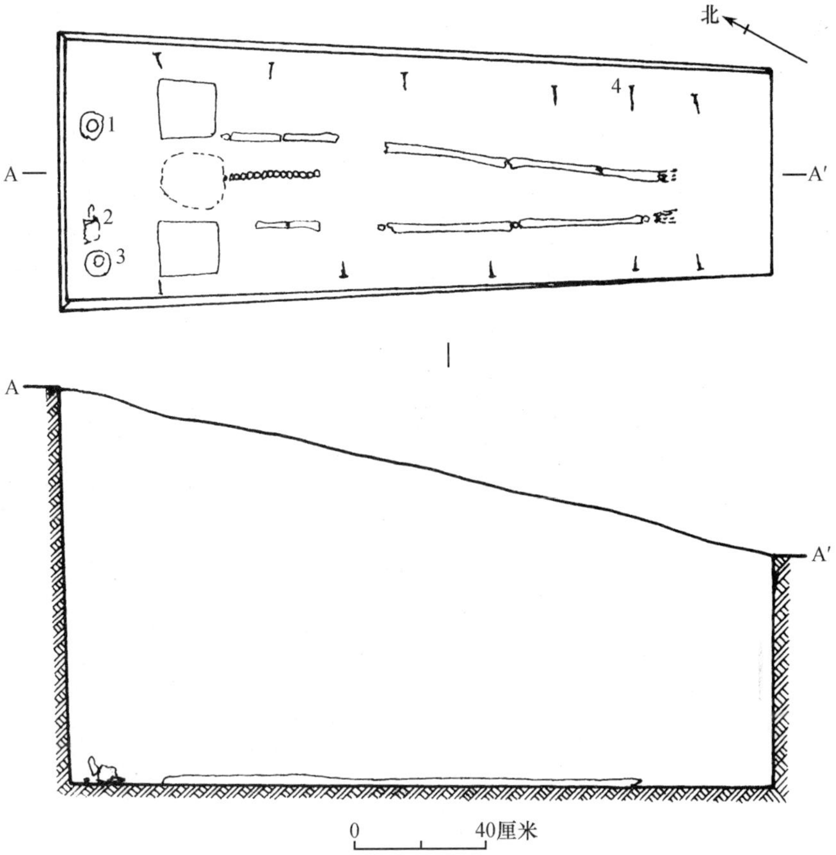

图三五　M82平、剖面图
1. 釉陶罐　2. 瓷碟　3. 瓷碗　4. 铁棺钉

沿折收，沿面略向上弧凸，圆唇，无领，溜肩，中鼓腹略斜直收至平底，外底平略凹，底心与器壁拼接痕明显，内底心有一乳突。口径12、最大腹径14.8、底径8.8、高13.6厘米（图三六，1）。

瓷碟　1件。M82：2，白胎，器内施青白釉，釉面光亮，外施乳白釉，釉面失透，足面刮釉。足墙残。敞口，圆唇，弧腹至圈足，足墙外斜内直，内足墙过肩，足底平，器内底上鼓。青花绘纹，双笔勾绘，平涂晕染，积青料处呈黑色。口径13.2、足径5.6、高4.2厘米（图三六，2）。

瓷碗　1件。M82：3，白胎，器内外施青白釉，釉面光亮，釉面失透，足面刮釉。足墙残。敞口，尖唇，弧腹至圈足，足墙外斜内直，内足墙过肩，足底平微凹，器内底上鼓，有跳刀痕。青花绘纹，双笔勾绘，平涂晕染，积青料处呈黑色，整体呈色淡青。口部绘一周宽线纹，底外缘绘双圈细线纹，底内绘月亮、山石、花草、戴冠宽袖坐姿回望人物，外腹上下分绘一周细线纹，足底绘一周宽线纹，内有“大明年产”款。有少量棕眼。口径12.8、足径4.4、高4.8厘米（图三六，3）。

6. 己类墓

随葬彩陶罐的墓葬，1座（M72）。以下具体介绍。

M72　2000年11月22日发现于B区T0309东南部，部分伸入T0209北隔梁。开口于第2层下，

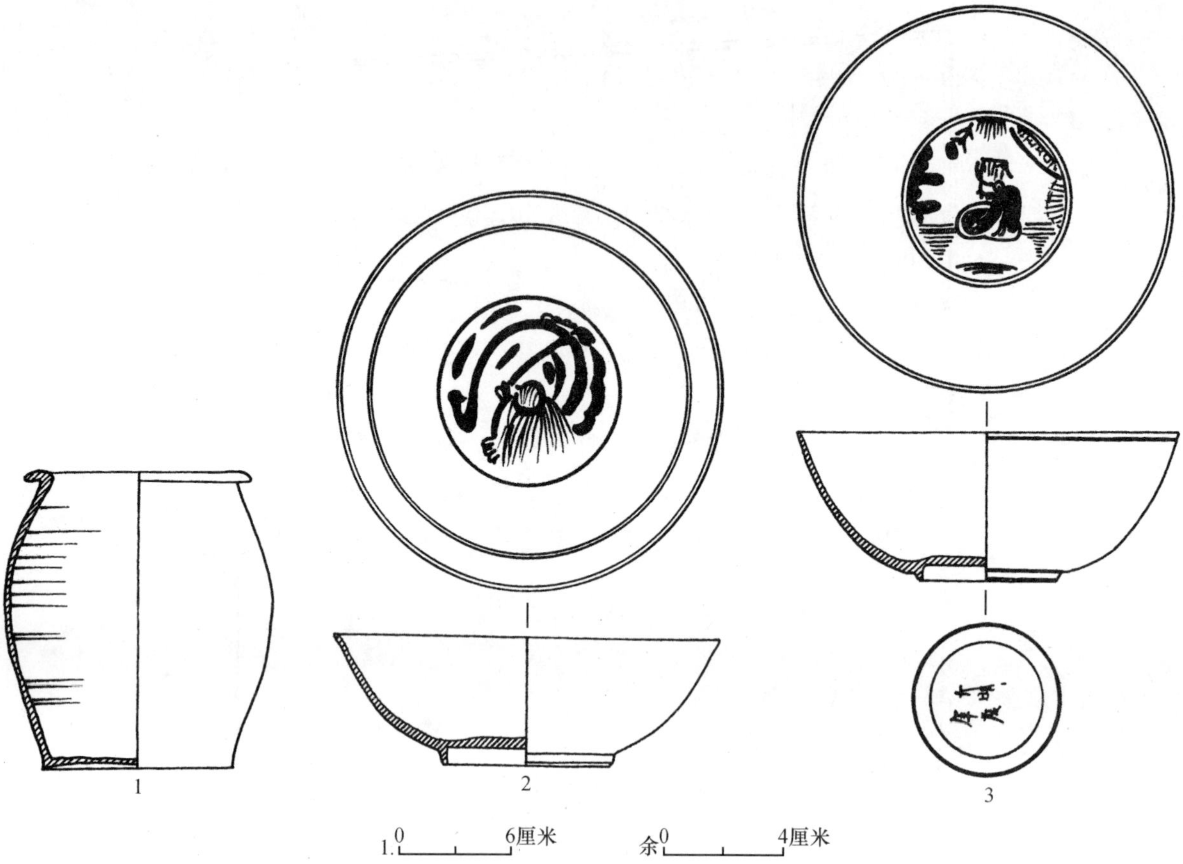

图三六　M82出土器物

1. 釉陶罐（M82：1）　2. 瓷碟（M82：2）　3. 瓷碗（M82：3）

打破第3层。方向5°。长方形竖穴土坑墓。墓葬建在山坡一相对平坦的地带，平面呈长方形，断面北部略高于南部，墓口长宽略大于墓底。墓口南北长214、东西宽90、距地表深25厘米左右，墓底南北长206、东西宽80厘米，墓深40～66厘米。填土为灰褐色黏土，夹有灰白色碎渣石块，结构较紧密。

葬具为木棺，已腐烂，墓底有石灰和漆皮。

人骨架1具，保存一般。下肢骨扰动较大，有挪位现象，面向西，左手置于左股骨上，头北脚南，仰身直肢。全长154厘米。现场对人骨鉴定，墓主为男性，年龄55岁左右。

随葬彩陶罐1件，已残，出土于墓底北壁东端（图三七）。

彩陶罐　1件。M72：1，泥质橙红胎。已残，整器拼对修复。整体呈球形，敛口，圆唇，直领，广鼓肩，鼓腹直弧收至平底，底心微上凹。肩上有一道凹弦纹。肩腹之间绘有一处金黄色图案，内容为折枝牡丹，褪色严重。器体制法为泥条盘塑。口径8、最大腹径19.2、底径16、高19.6厘米（图三八）。

7. 庚类墓

3座（M9、M46、M92）。这里只对M9进行介绍。

M9　2000年10月30日发现于A区T0202北部。开口于第2层下，打破M5及生土。方向0°。

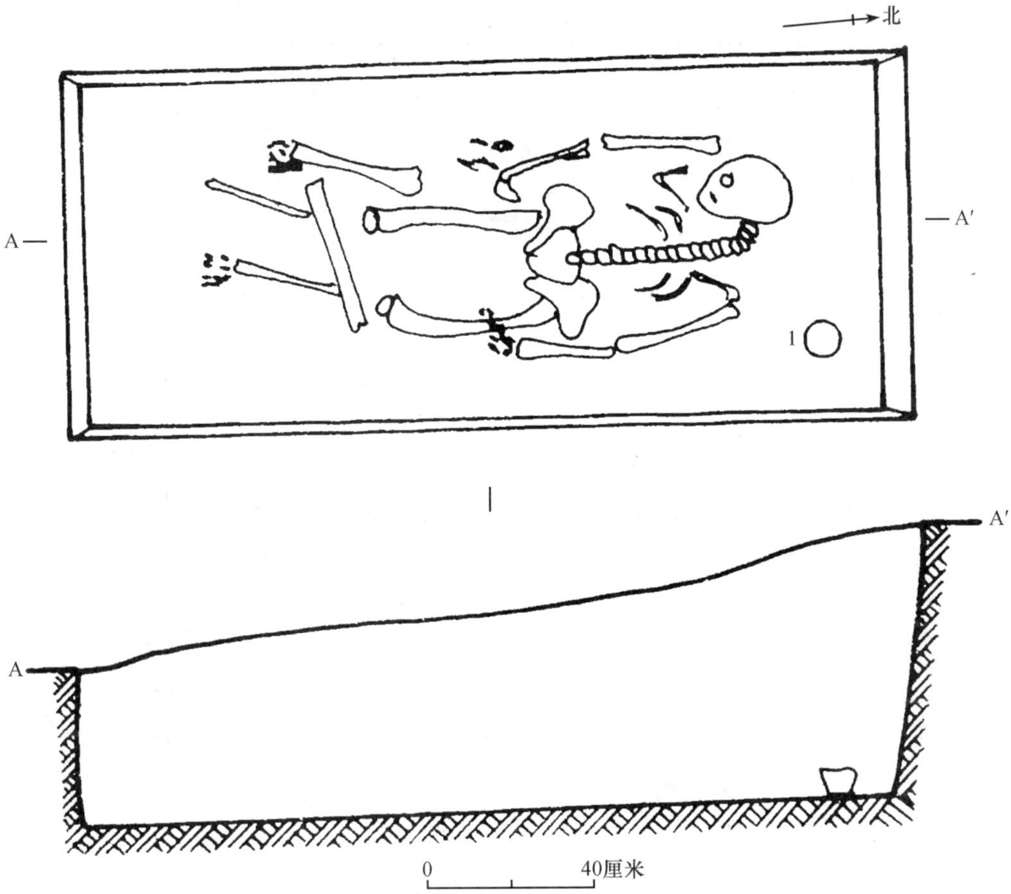

图三七　M72平、剖面图
1. 彩陶罐

图三八　M72出土彩陶罐（M72∶1）

长方形竖穴土坑墓。墓葬依山势而建，平面呈长方形，断面北高南低，墓口与墓底长宽一致，南部由于处于田坎部位遭到破坏。墓口南北残长90、东西宽30、距地表深55～75厘米，墓底南北残长90、东西宽30厘米，墓深8～40厘米。填土为褐色五花土，夹一定数量小黄色砂石块，结构较紧密。

葬具为木棺，已腐烂。

人骨架1具，部分遭破坏，胫骨不存，头北脚南，侧面向西，仰身直肢。残长70厘米。现场进行人骨鉴定，墓主性别男，年龄六七岁。

随葬器物有铜扣1件，出土于人骨右手部位；骨质饰品1件，出土于人骨左侧肩胛骨部位（图三九）。

铜扣　1件。M9∶1，原记录为铜手坠，基本完整。锈蚀，器表呈青绿色和棕褐色，为半球形铜铁坠，由小圆环和半球体组成，小环用两根掐丝扭结制成，呈圆形，其上还套有两个绳状环，整体呈半球形。底部有多道曲线纹皱褶，二者之间焊接而成，焊接处呈白色，锡焊。扣径1.2、通高1.5厘米（图四〇，1）。

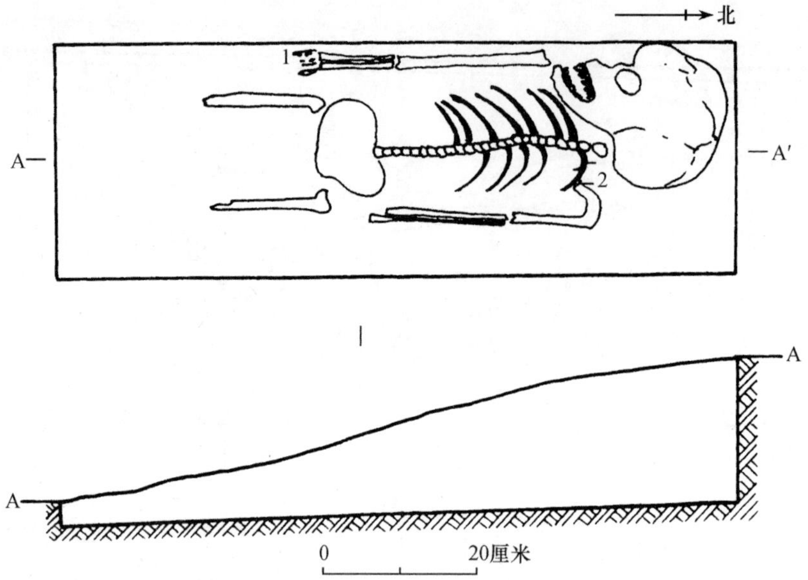

图三九 M9平、剖面图
1. 铜扣 2. 骨饰

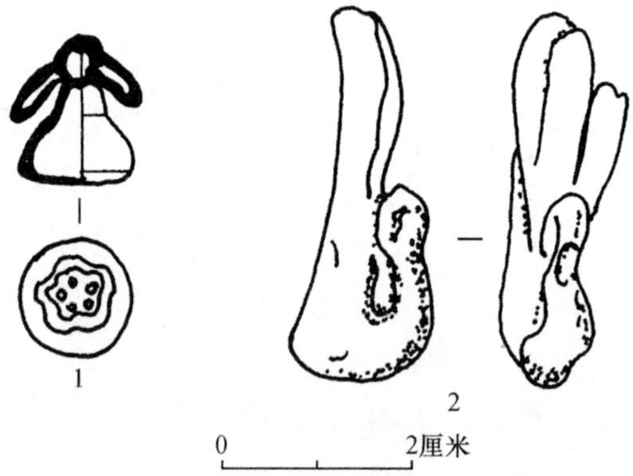

图四〇 M9出土器物
1. 铜扣（M9∶1） 2. 骨饰（M9∶2）

骨饰 1件。M9∶2，基本完整。为一凶禽的利爪骨制成，爪下有一道切痕，其他修饰痕迹不见。长3.8、宽1.5厘米（图四〇，2）。

8. 辛类墓

无随葬品的墓葬，28座（M2、M23、M31、M33、M34、M37、M43、M50～M52、M55、M57、M60、M65、M67、M85～M87、M93、M105、M106、M110、M115、M116、M119～M121、M123）。这里不做介绍。

（二）土圹墓

5座，分为砖室墓、石室墓两类。

1. 砖室墓

4座（M15、M17、M54、M77）。这里只对M15、M17进行介绍。

M15　2000年11月3日发现于A区T0203的东南部，部分伸入T0303北隔梁。开口于第2层下，打破第3层及生土。方向195°。长方形土坑双券顶砖椁室墓。墓葬建在山坡一个相对平缓的区域，由土圹和砖椁室组成。

墓葬东壁被M3打破少许，东北部被M7打破少许，西南部被M16打破少许。北壁偏西的部位有一个现代盗洞，盗洞为圆形，编号D4，深入砖室底部，多种因素致使砖室顶部全部毁坏不存，对墓葬造成严重破坏。

土圹直接开挖在生土上，平面呈近正方形，坑口上部略宽于底部。坑口南北长320、东西宽280、距地表深170厘米左右，坑底南北长317、东西宽280厘米，坑深77厘米。填土为灰褐色花土夹小碎石渣。

砖椁室建在土圹内，平面、断面皆呈方形，直壁，券顶，券顶大部分已塌陷，南北长310、东西宽240、高170厘米，由左右两个大小形状相同的墓室组成，应为夫妻同穴合葬墓，每个墓室内空南北长260、东西宽110、南残高100、北残高150厘米。砖室的修筑方法是紧贴土坑的四壁用规格为长30、宽12、厚4厘米的长方形青砖错缝平砌成墓壁，中间用相同规格的青砖错缝平砌成两堵墓墙将墓室分为左右两个墓室，各墓室皆用石灰铺墓底，从第10层开始起券封顶。墓壁四角交互叠压，砖与砖之间用白石灰粘连，皆厚18厘米左右，北壁北部竖砖错缝起外墙，内墙平砖错缝砌起夹墙，中央各设一“凸”字形壁龛。壁龛面宽20、进深18、高24厘米。左右墓室相邻墓壁中部偏北部位近墓底处留有一个方形小孔使两室相通，右墓室墓壁用石灰抹面，其他墓壁为清水墙。

葬具已朽，情况不详。

人骨全部腐烂无存，葬式不明。

随葬器物有青花瓷碗2件，出土于右砖室北壁壁龛内（图四一）。

瓷碗　2件。M15：1，黄白胎，内外施青白釉，足面无釉，足墙内局部有刮釉。口沿和圈足有残损。折沿，弧腹，平底，圈足，足墙直，有轮修旋痕，足底平，局部凹凸。青花绘纹，单笔勾绘，平涂晕染，积青料处呈黑色，整体呈色淡青，沿面饰一周宽线纹，腹内底部饰双圈细线纹，底内饰一朵折枝牡丹，沿外下部饰一周宽线纹，腹外壁下部饰一周细线纹，腹上饰满植物、动物图案，图案内容为对称的芭蕉和乳虎。器体有少量棕眼。口径14.8、足径5.6、高6.6厘米（图四二）。

M17　2000年11月3日发现于A区T0303北部并伸入北隔梁及T0203南部。开口于第2层下，打破第3层及生土。方向354°。梯形土圹单砖椁室墓。墓葬建在山坡一个相对平缓的区域，由土圹和砖椁室组成。

土圹直接开挖在生土上，平面呈梯形，北端略宽于南端，坑口上部略宽于底部。坑口南北长245、东西宽135～150、距地表深100厘米左右，坑底南北长240、东西宽110～120厘米，坑深130厘米。填土为灰褐色花土夹小碎石渣。

砖椁室建在土圹内，平面呈梯形，北壁略宽于南壁。内空南北长228、东西宽97～111、高

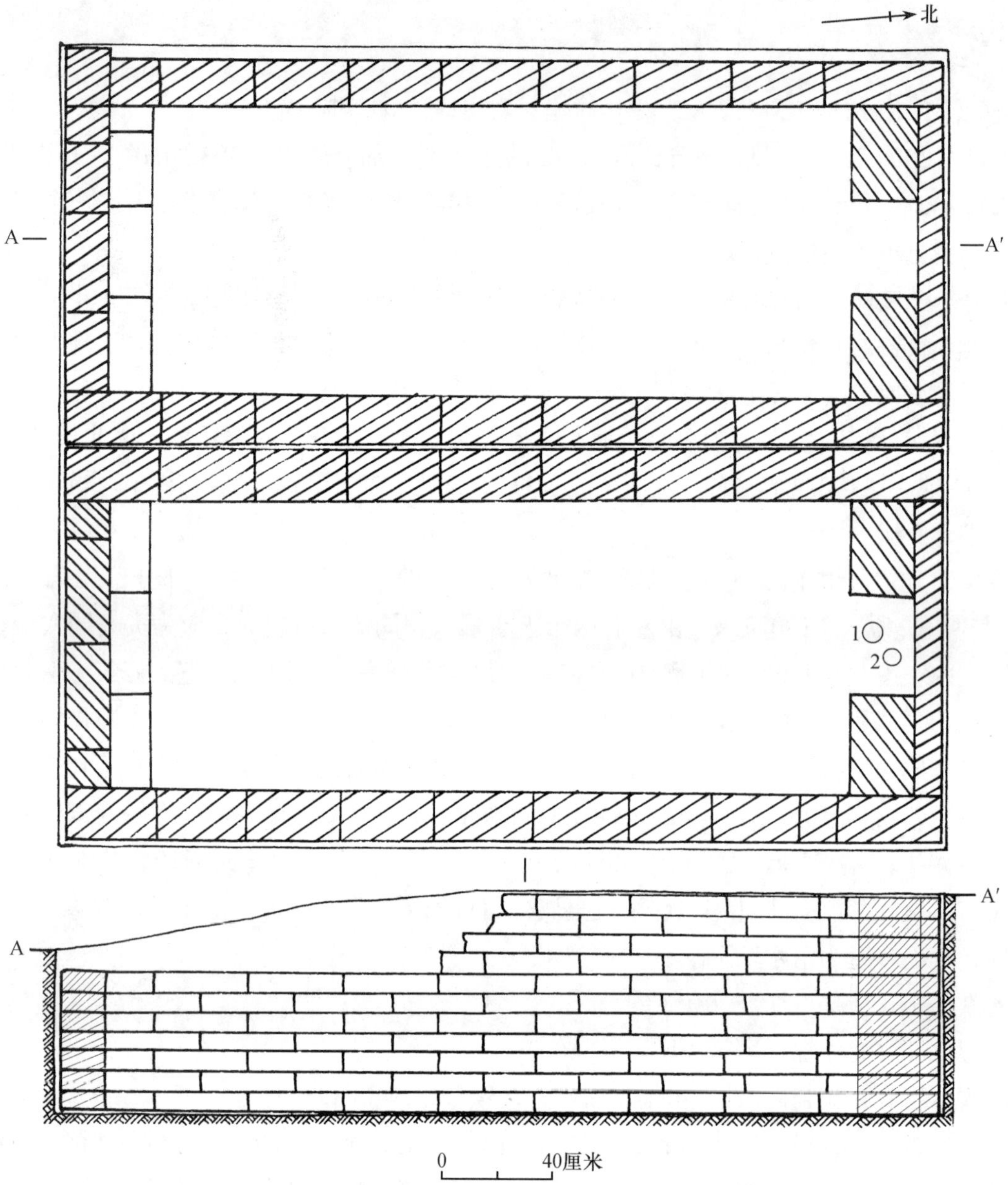

图四一　M15平、剖面图
1、2. 瓷碗

114厘米。椁室的修筑方法是紧贴土圹的四壁用规格为30厘米×12厘米×4厘米的长方形青砖砌成墓壁，其中东、南、西墓壁砌法为平砖错缝，厚12厘米，北壁北部竖砖错缝起外墙，内墙平砖错缝砌起夹墙，中间有一竖长方形叠涩顶头龛，头龛面阔30、进深20、高32厘米，四角交互叠压，砖与砖之间用白石灰粘连。墓室底部南北两端各有一行平铺的铺地砖，其余部分没有铺地砖。

葬具已朽，情况不详。

人骨架1具，保存较差，仅见腐痕。头北脚南，面向上，仰身直肢，头骨枕灰板瓦，两侧及两脚皆有灰板瓦。无法确定性别、年龄。

随葬器物有釉陶罐1件、青花瓷碗1件、青花瓷碟1件，出土于墓室北壁头龛内，出土时瓷碟盖着釉陶罐口，瓷碟上覆扣着瓷碗（图四三）。

釉陶罐　1件。M17∶1，棕红色夹砂胎，内口沿及器外壁施黑釉，外壁腹下部及底无釉露胎。直口，圆唇，中直领，鼓肩，鼓腹弧收至矮圈足，足墙矮宽，足底平微向上鼓，器内底下凹，器身沾满沙粒。口径12.4、最大腹径18、底径9.6、高21厘米（图四四，1）。

瓷碗　1件。M17∶2，白胎，内外施乳白釉，釉面失透，足面刮釉，足底施釉较薄，呈白色。足底有裂线。圆唇外加厚，弧腹，底内凸，圈足，足墙直，足底内凹。青花单笔绘纹，口沿内外及腹足、腹底交界处绘细线纹，呈色淡青，足底青花方形“豆腐干”底款“平安富贵”。器体有少量黑斑和棕眼。径12.4、足径4.4、高5.4厘米（图四四，2）。

图四二　M15出土瓷碗（M15∶1）

瓷碟　1件。M17∶3，白胎，器内施青白釉，釉面光亮，外施乳白釉，釉面失透，足面刮釉，足墙外壁有少量漏釉，足底施釉较薄，呈白色。敞口，圆唇，弧腹至圈足，足墙外斜内直，内足墙过肩，足底平，器内底微上鼓。青花绘纹，双笔勾绘，平涂晕染，积青料处呈黑色，整体呈色艳丽，沿面绘一周宽带菱形纹，内填空心“十”字纹，纹带下绘双圈细线纹，底外缘绘双圈细线纹，底内团绘四爪盘龙纹，足底心有“豆腐干”款。有极少量棕眼和黑斑，整体有一定变形。口径12.8、足径4.8、高4.2厘米（图四四，3）。

2. 石室墓

1座（M38）。详述如下。

M38　2000年12月1日发现于D区中部，T1、T2、T3、T4将其包围。开口于第2层下，打破第3层及生土。方向202°。长方形土坑双石室墓。墓葬建在山坡一个相对平缓的区域，由土坑和石室组成。该墓已被盗掘，盗掘入口位于墓葬的东南角，盗洞平面呈不规则圆形，将土坑的东南角的坑壁全部毁坏，将石室东南的墓壁全部毁坏，并深入墓室内，将墓室严重破坏。

土圹直接开挖在生土上，平面呈长方形，坑口上部宽于底部。坑口南北长352、东西宽310、距地表深50～65厘米，坑底南北长328、东西宽290厘米，坑深140～160厘米。填土为灰褐色花土夹小碎石渣。

石椁室建在土圹内，平面、断面皆呈方形，直壁，平顶，南北长300、东西宽260、高130厘米，由左右两个大小相同的墓室组成，应为夫妻同穴合葬墓，每个墓室内空南北长250、东

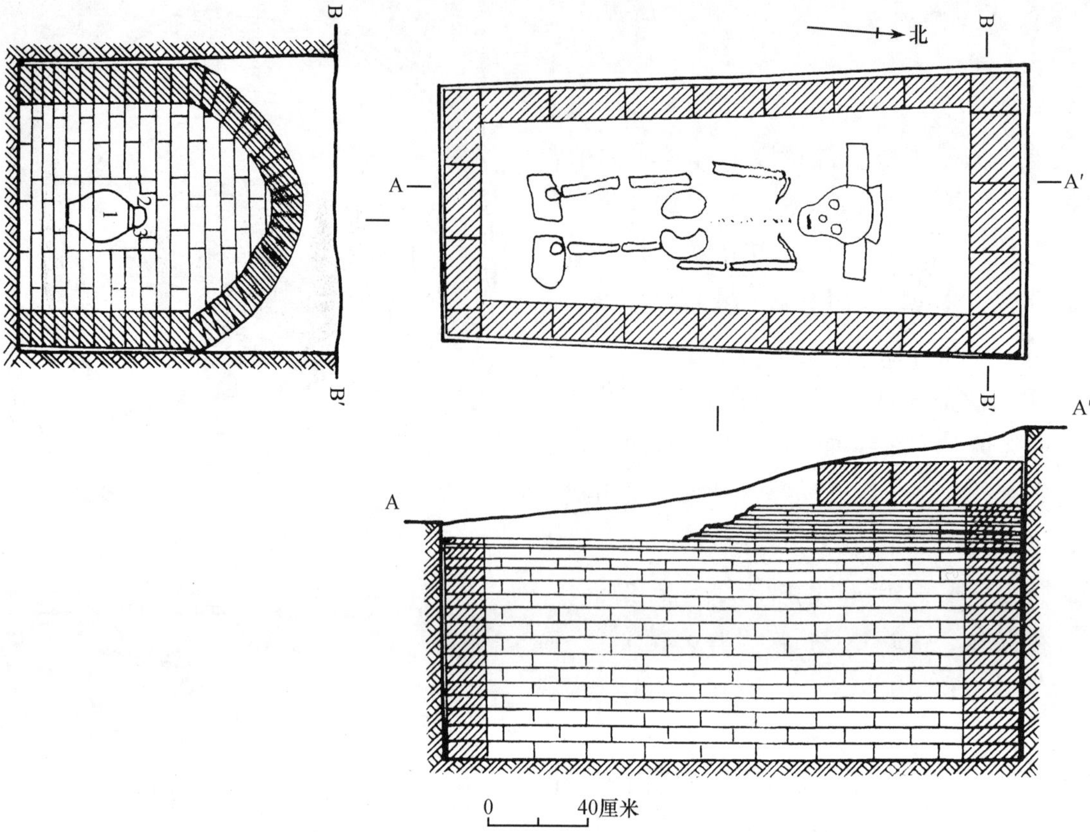

图四三 M17平、剖面图
1. 釉陶罐 2. 瓷碗 3. 瓷碟

西宽90、高90厘米。石室的修筑方法是紧贴土坑的四壁用规格为长40～120、宽30、厚30～40厘米的长方形条石错缝平砌成墓壁，中间用相同规格的石条错缝平砌成一堵隔墙将墓室分为左右两个墓室，各墓室底部皆用不规则的厚5～6厘米的石板对缝平铺墓底，顶部用规格为长130、宽30、厚30的条石平铺封顶。所有面向墓室的石条面都经过细加工，十分平整。墓壁四角交互叠压，石条与石条之间用白石灰粘连，皆厚30厘米左右，左右墓室北壁中央各设一长方形壁龛，壁龛面宽30、进深14、高26厘米；隔墙中部偏北部位的中央留有一个方形小孔使两室相通，小孔宽32、高26、深30厘米；内墙平砖错缝砌起夹墙，中间有一竖长方形叠涩顶壁龛，壁龛面阔30、进深20、高32厘米。

葬具不存，情况不详。

人骨架不存，葬式不明。

无随葬器物（图四五）。

五、结　　语

（1）此次共发掘123座墓葬，以明清墓葬为主，汉代墓葬2座，宋代墓葬3座，从一定程度上反映出该地明清以前开发利用很少，但汉墓随葬器物丰富，宋墓棺室结构较好，说明汉代、

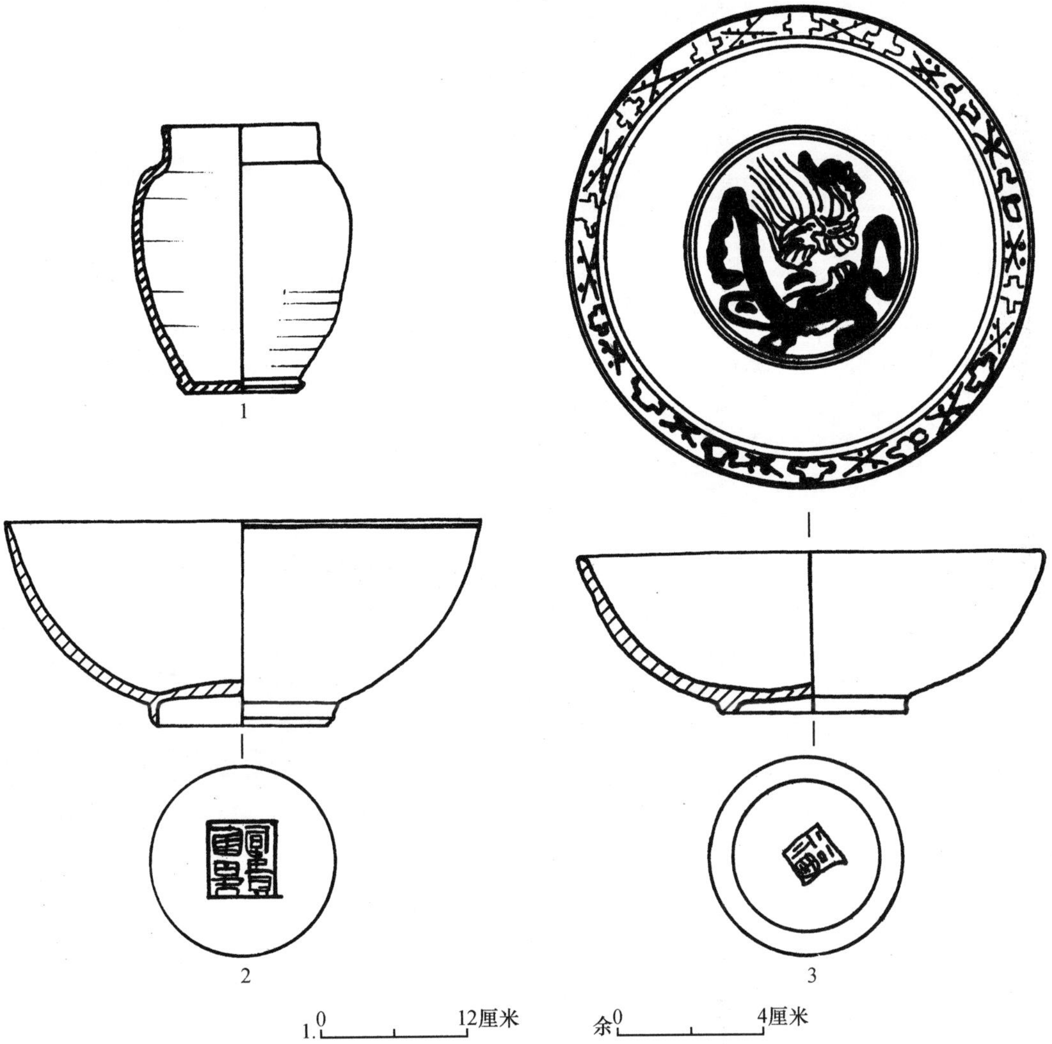

图四四　M17出土器物

1. 釉陶罐（M17：1）　2. 瓷碗（M17：2）　3. 瓷碟（M17：3）

宋代附近居民生活较为富足、安定；成规模的明清墓葬说明从明代开始，这里有了众多居民，一直延续至今。

（2）M99为汉代异时合葬墓，时代上可以分为两期。

第一期：M99后室，推测时代为西汉中晚期。主要依据：一是墓葬形制为刀形竖穴土坑墓；二是随葬仿铜陶礼器鼎、盒、壶主体组合齐全，是战国楚墓特点的延续，日用陶器组合以罐类为主，开始出现灶等少量模型明器，其中鼎的整体形态、量的三足又具有关中秦人的风格；三是与周边部分汉墓出土资料进行比对，其出土的陶壶与巫山秀峰一中出土的时代为西汉的A型Ⅱ式陶壶[①]相似，釉陶鼎与忠县老鸹冲AM8出土的时代为西汉中后期的Ⅱ式陶鼎[②]相似；

① 河南省文物考古研究所等：《巫山秀峰一中战国、两汉墓地发掘报告》，《重庆库区考古报告集·2000卷·上》，科学出版社，2007年。

② 重庆市文物考古所等：《忠县老鸹冲遗址（墓葬部分）发掘简报》，《重庆库区考古报告集·2000卷·上》，科学出版社，2007年。

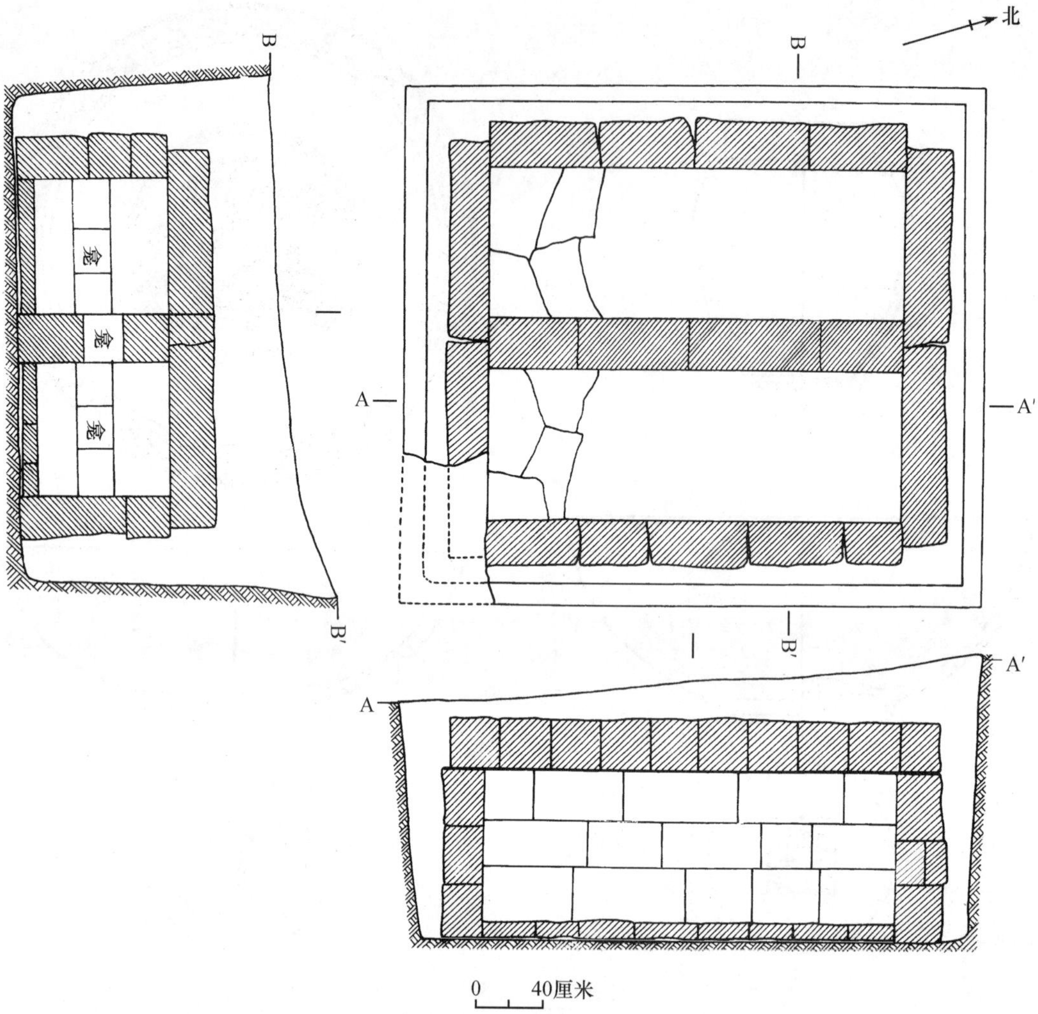

图四五 M38平、剖面图

四是出土的铜钱全部为西汉中后期铜钱①。

第二期：M99前室，推测时代为西汉晚期。主要依据：一是墓葬形制上为带有较短的斜坡墓道的竖穴土坑墓，墓室四角放置有较规整的石板，这一特点是王莽时期后室四角放置石头的源起；二是属M99第二次下葬，时间上不会与第一次相距太久；三是随葬品仅一件，为陶瓮，与巫山高唐观M16出土的东汉初年的陶瓮②相似。

（3）M70出土的带手柄的铜镜是北宋时期流行的铜镜，图案内容为“羲之爱鹅”，这种形制的铜镜主要流行于北宋时期，结合奉节地方历史，我们推测该墓为北宋晚期的墓葬。

M100出土的龙泉窑的绿釉瓷碗具有南宋晚期特点，M104出土的湖田窑的青白釉瓷碗及瓷瓶流行于北宋晚期至南宋时期，吉州窑的瓷盏主要流行于南宋时期，我们推测M100、M104都是南宋时期的墓葬。

① 洛阳区考古发掘队：《洛阳烧沟汉墓》，科学出版社，1959年；高英民、张金乾著：《中国古代钱币略说》，地质出版社，1996年；丁福保原编、马定祥批注：《历代古钱图说》，上海人民出版社，1992年。

② 湖南省文物考古研究所等：《巫山高唐观墓群发掘简报》，《重庆库区考古报告集·2000卷·上》，科学出版社，2007年。

（4）明清墓葬可分为五期。

第一期：时代不晚于明代早期，以M72、M75为代表。部分乙类土坑墓和庚类土坑墓归入该期。不管是M75的泥质灰胎黄釉罐，还是M72的彩陶罐，都显示了外来文化因素。

第二期：时代推测为明代中期，以M5、M13、M15、M24、M38为代表。部分乙类、丙类、丁类土坑墓及甲类土圹墓归入该期。M5出土的双耳陶罐时代较早，出土的碟为明嘉靖风格；M12出土的釉陶小罐与M24随葬的釉陶罐上釉工艺是M75的延续，M13与M24为夫妻合葬墓，M13随葬的釉陶罐与M84一致，M84被M71打破，时代略早于M71，故将M13与M24归为此期；M15出土的青花瓷碗与秭归庙坪M35：1、M46-3：2出土的Aa型Ⅰ式青花瓷碗相同，报告将这两座墓的年代定在嘉靖四十一年前后[①]，故白马墓群的M15时代推测应在嘉靖四十一年前后；M38的墓室结构与湖北省宜昌市夷陵区黄花乡大坟包M1相似，该墓墓碑纪年为明万历十二年[②]，而M38设有头龛的风格明显早于该墓。综合上述理由，我们将该段时代推测为明中期晚段，主要集中在明嘉靖年间。

第三期：时代推测为明代晚期，具体为明隆庆至万历年间。部分丙类、丁类土坑墓和部分乙类土圹墓归入该期。以M17、M19、M73、M76、M82、M101为代表。M82：1出土的溜肩罐与秭归庙坪M32：3出土的瓷罐相同，M83：2出土的青花瓷碗与秭归庙坪青花瓷碗M32：4相似，这座墓的年代在明万历十三年前后[③]，故白马墓群M82时代推测应在万历十三年前后。另有14座墓葬出土的青花瓷碗已有研究表明，时代也应在万历前后。万历之后民间已经停烧青花瓷，M27的黑釉陶罐与青花瓷同出，似乎暗示为了弥补不能广泛使用瓷器的遗憾，这时除青釉陶得到长足发展外，还出现了棕釉陶、酱红釉陶等，但最终都归到青釉系列了。

第四期：时代推测为明末清初。戊类、己类及大部分辛类土坑墓归入该期。以M7、M9、M74为代表。M7、M74随葬的釉陶罐为斜沿、尖唇，沿面上无釉，M9随葬铜扣，这些特点是都是当时社会时局不稳的反映。

第五期：时代推测为清代中期。以M25为代表。M25出土的铜钱为乾隆通宝，出土的釉陶罐斜沿、尖唇，沿面也施釉，为其他同类器形提供了参考。

需要特别说明的是本简报只对简报中介绍的墓葬进行了分期，其他材料将在专题报告之中一一公布。

附记：此次发掘领队为重庆市文物考古所袁东山，执行领队刘继东，先后参加发掘的有宜昌博物馆的李孝配、乔峡、向光华、王超，长阳博物馆的罗建平、龚玉龙、杨爱民，奉节县白帝城博物馆的雷庭军等。

绘图：王　超　吴义兵

拓片：胡德荣

执笔：吴义兵

① 湖北省文物事业管理局、湖北省三峡工程移民局：《秭归庙坪》，科学出版社，2003年。

② 吴义兵等：《夷陵大坟包墓群发掘简报》，《宜昌文博》2010年第1期。

③ 湖北省文物事业管理局、湖北省三峡工程移民局：《秭归庙坪》，科学出版社，2003年。

奉节白马墓群2001年度发掘简报

重庆市文化遗产研究院
宜　昌　博　物　馆
奉节县白帝城博物馆

白马墓群位于奉节县永安镇白马村二社一面对长江的坡地上，中心地理坐标为东经109°23′17″，北纬 30°58′32″，海拔180～210米。东距原永安镇1千米左右，南临长江，西距奉节县新县城1.5千米左右，地势北高南低，东部有一陡坎，陡坎下是奉节县烟草公司的仓库，南面是当地村民的居住区和预制板厂，西部是奉节县中学，北部是高山和丘陵地带，墓群所在区域有一条曲折蜿蜒的简易盘山土路。白马墓群所在地属于三峡工程的迁建区，为配合三峡工程建设，受国家文物局委托，1993年7月吉林大学考古系组成的三峡库区文物调查组对奉节县所涉三峡库区的文物点进行复查，并对淹没区和迁建区进行系统全面的文物调查，1997年10月，在此发现古墓葬（图一）。

2001年3月29日～5月26日，受重庆市文物考古所（今重庆市文化遗产研究院）委托，宜昌博物馆对白马墓群进行了第二次发掘，下面将此次发掘情况简报如下。

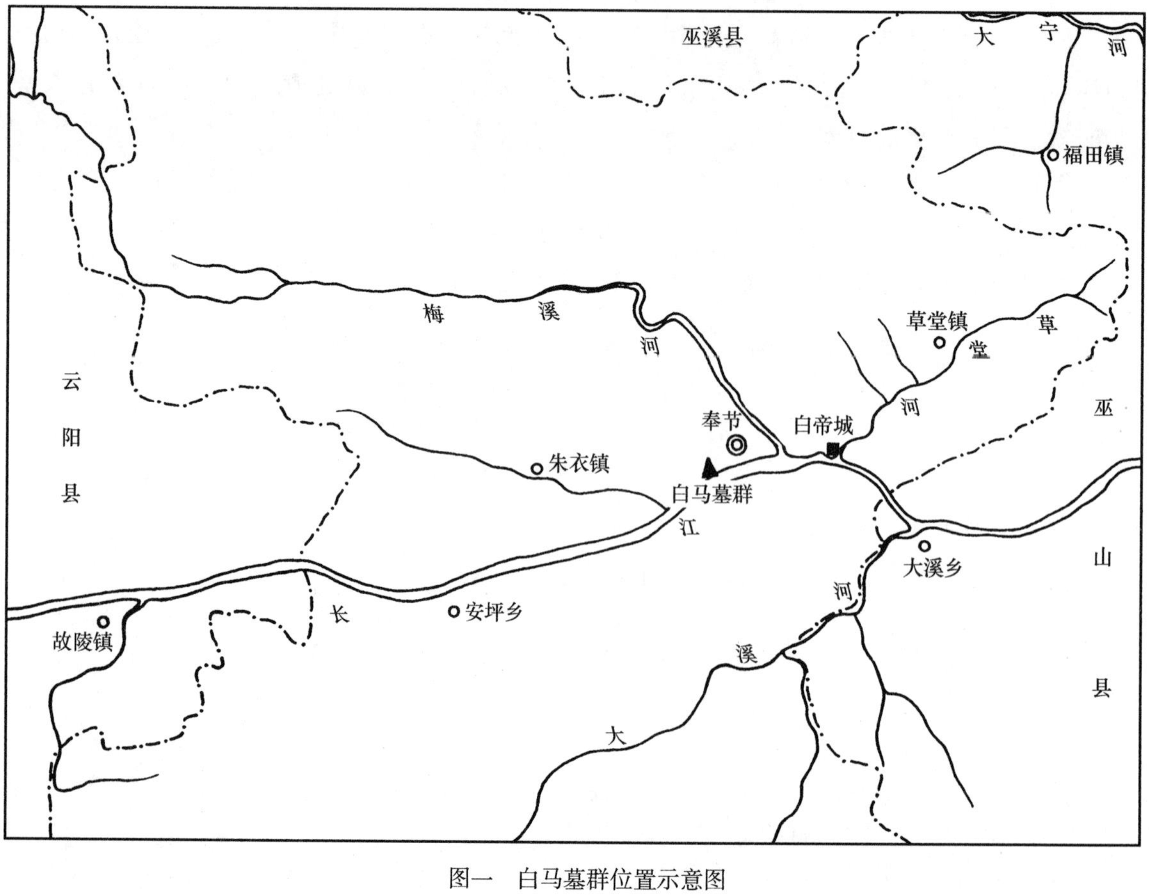

图一　白马墓群位置示意图

一、基本情况

此次发掘以2000年第一次发掘的A、B、D三区为基础，在其周围共布5米×5米探方121个，分B、C、E三区进行发掘，实际发掘面积3025平方米。文化堆积地层较为单一，分为三层，分别为现代耕土层、近代地层、汉以后至宋以前地层，其中汉墓开口于第3层下，其他墓葬开口于第2层下，共发掘汉至明清时期墓葬98座，其中汉代墓葬3座、明清墓葬95座，出土陶器、瓷器、釉陶器、铜器、铁器、玉器等220余件。

B区位于墓群所在区域盘山公路拐弯处的东侧，是第一次发掘时B区向东、向东北的延伸，探方编号采用第一象限内编号，与去年B区的编号相统一，布方时间为2001年4月8日，共布5米×5米探方35个，其中“T0113”“T0114”的南壁有扩方情况，发掘面积875余平方米，清理了25座墓葬。5月24日发掘结束（图二）。

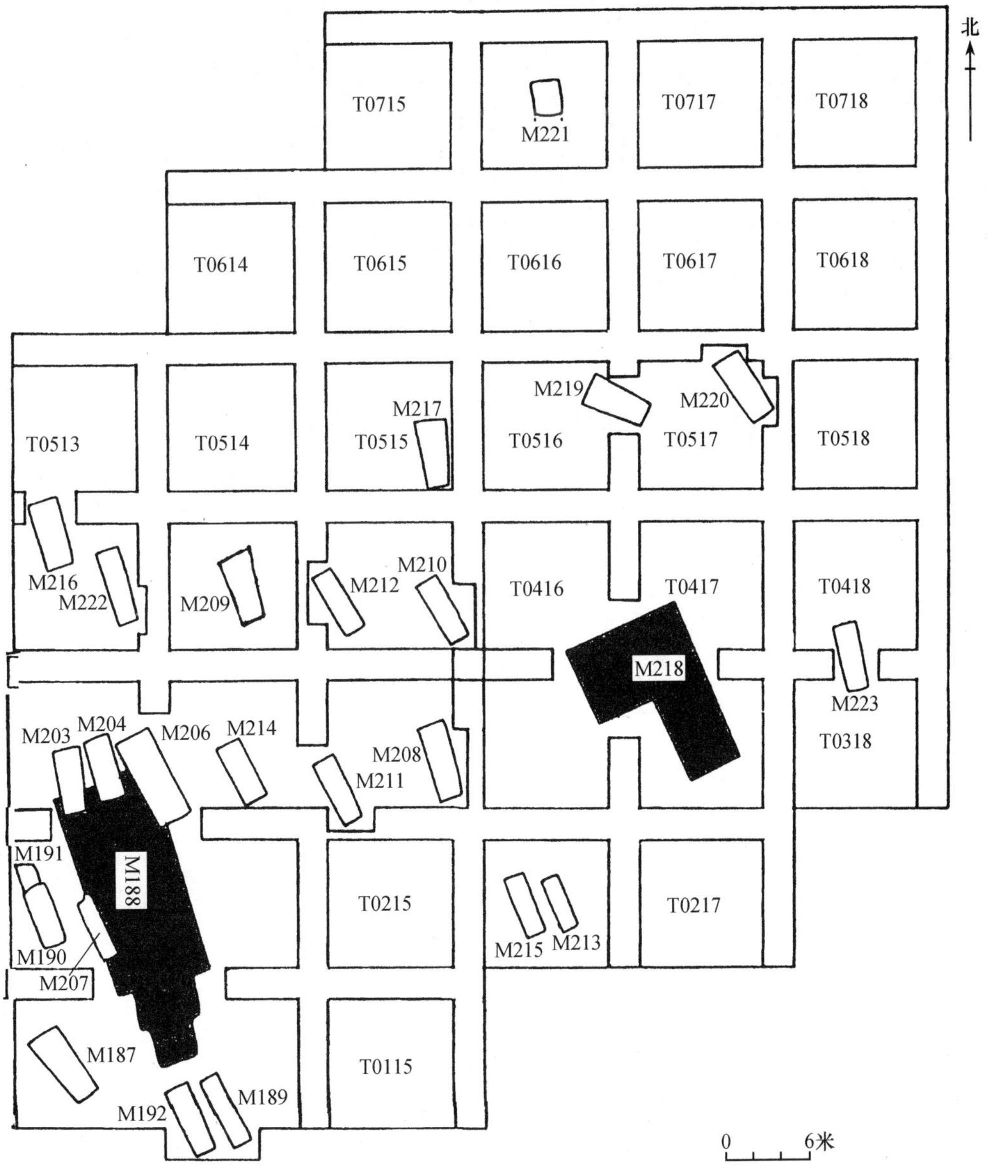

图二　B区探方及墓葬平面分布图

C区位于墓群所在区域盘山公路北部，是整个墓群区域的北部范围，探方编号采用第四象限内编号，基点定在该区的西北角。本区布方时间为2001年3月31日，共布5米×5米探方45个，发掘面积1125平方米，清理43座墓葬。5月24日发掘结束（图三）。

E区位于墓群所在区域盘山公路西部，是整个墓群区域的西部范围，探方编号采用第四象限内编号，基点定在该区的西北角。本区布方时间为2001年4月7日，共布5米×5米探方41个，发掘面积1025余平方米，清理32座墓葬。5月24日发掘结束（图四）。

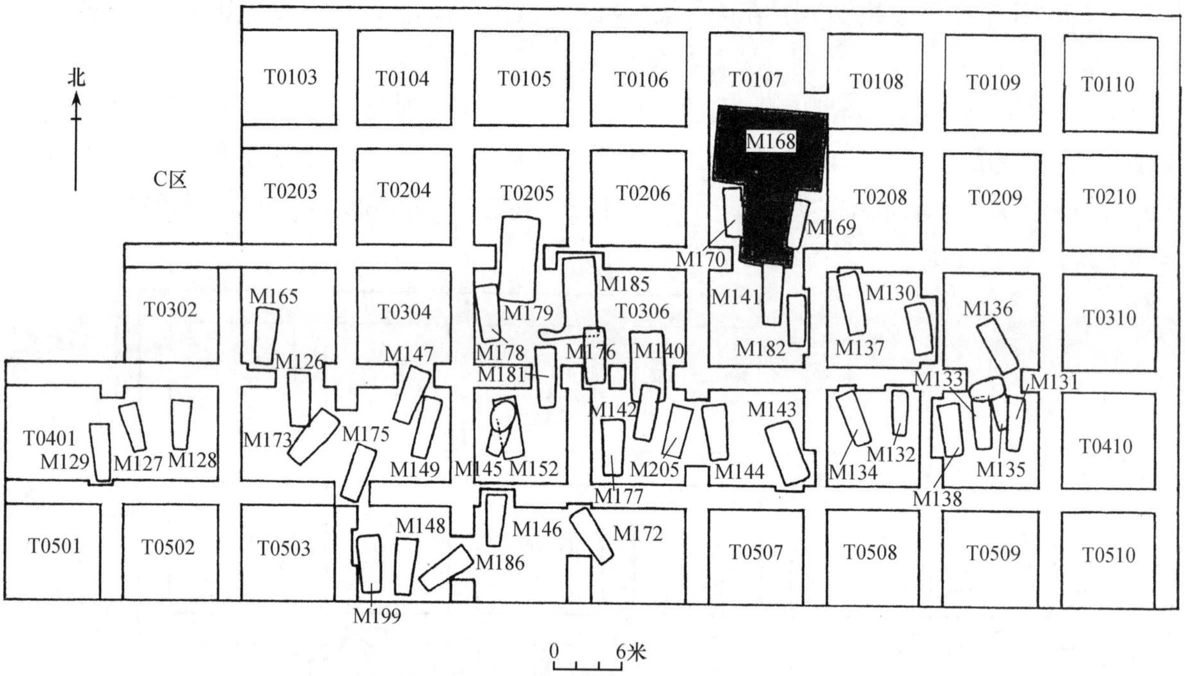

图三　C区探方及墓葬平面分布图

二、汉代墓葬

共3座，编号为M168、M188、M218。

（一）墓葬形制

按墓室建筑材料的不同分为土坑墓、砖室墓、石室墓三类。

1. 土坑墓

1座（M218）。

M218　2001年5月17日发现于B区T0317第3层下，打破生土。位于T0317中部，西北部并伸入北隔梁到达T0316东北隔梁、东北部及T0416东隔梁、东南部，T0417西南部。

土坑墓圹依坡势而建，断面呈北高南低坡状。墓口上大下小，斜壁，坑壁较规整，坑底较平。墓口距地表深50～100厘米，墓底据地面深90～200厘米；底部东西最窄处为南部前室，宽

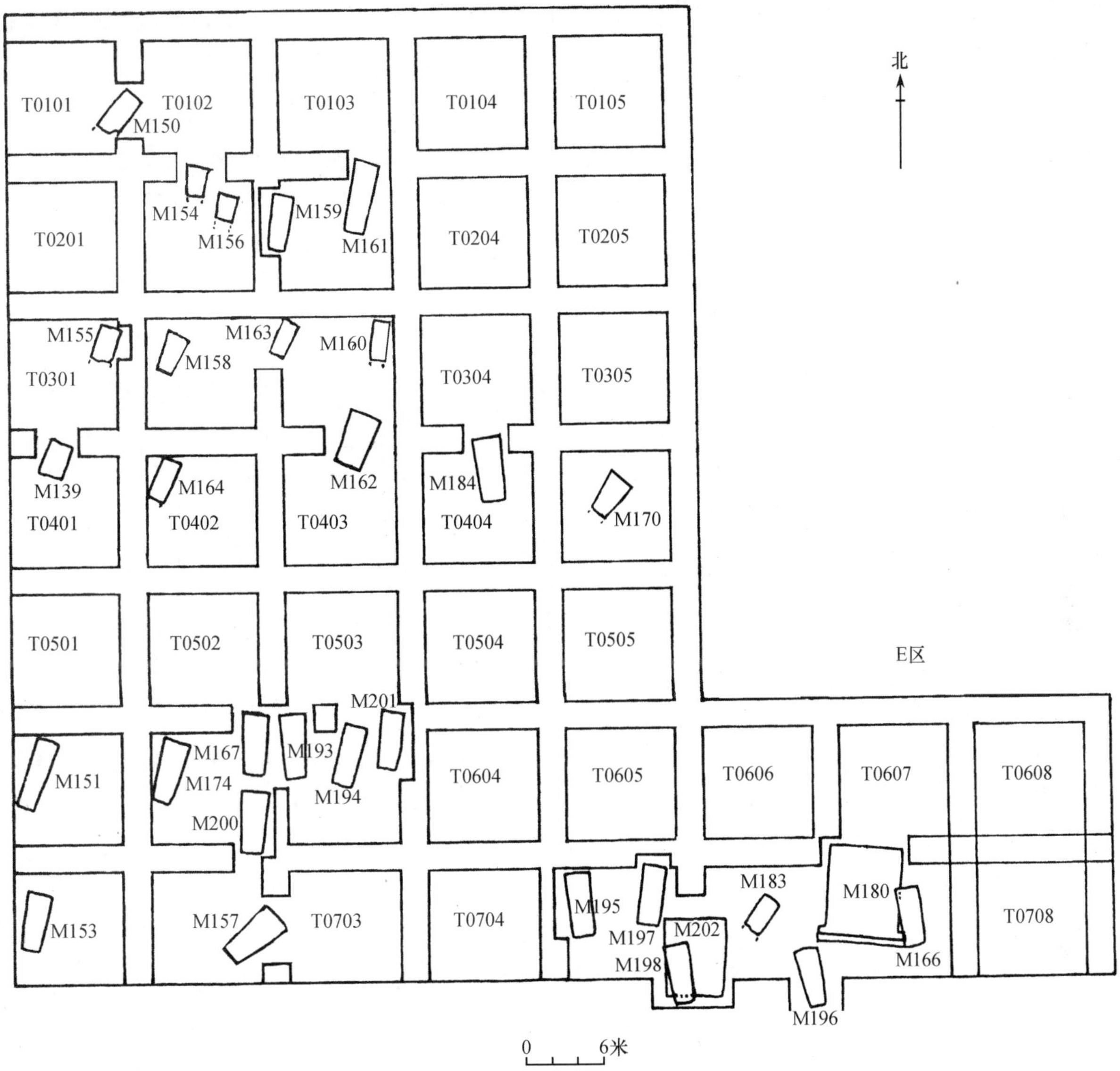

图四　E区探方及墓葬平面分布图

180厘米，最宽处为北部墓室，宽380厘米，南北总长564厘米，直接开挖在生土之上。平面为带柄“刀”形，由前室、后室两部分组成；以前室所在的方向为准，该墓的方向为156°。

前室位于墓葬南部，是“刀”形平面的“刀柄”部位。“刀柄”位于“刀身”南部长边的右侧，平面为竖长方形，开口处南北长260、东西宽184～190厘米，据地表深50～70厘米；底部南北长260、东西宽180、墓坑深40～70厘米，主要放置随葬品。后室位于墓葬的北部，是“刀”形平面的“刀身”部位，“刀身”为横长方形，位于土坑最北部，为墓葬的棺椁所在，开口处南北长300、东西宽400厘米，据地表深70～100厘米；底部南北长260、东西宽364厘米，墓坑深70～100厘米。

该墓填土较紧密，填土中含有绳纹瓦片及东周时期的陶器口沿等，土色为黄褐色，夹一定数量的黄色碎石块，包含有少量汉代的陶片。

墓内葬具已朽，后室留有呈灰白色棺椁腐烂痕迹，厚约4厘米，在墓室内共有一椁双棺及尸骨腐乱痕迹，皆呈南北向，长方形椁室内东西各置一长方形棺木，有鲜红色棺漆片；椁痕东西长306、南北宽228、厚6～8厘米；东西棺痕大小一致，南北长206、东西宽72、厚6厘米。从此数据分析，该墓葬具为木质棺椁，是一椁双棺合葬墓，从棺内尸骨腐烂痕迹可见葬式都是头北脚南，仰身直肢。此外，墓室四角各放置有一块天然的石头，推测为下葬时的承重点，也就是说，棺椁进入墓室没有经过前室，而是利用绳索、木棍之类的辅助工具直接吊进去的。

随葬器物共38件，其中陶器30件、铜器7件、铁器1件。绝大部分出土自前室，后室只有棺内出土了铜钱3件82枚。这里需要说明的是原记录登记的随葬品编号至40号，其中M218：18为M218：17的器盖，M218：25为M218：24的器盖，M218：30为M218：29的器座，M218：35～M218：38都是铜钱；按出土地点计件，另行统计实际数量，故随葬品实际数量为38件，原有编号仍没有销号。

出土的陶器器类有陶灶1件、陶仓2件、陶壶3件、陶钫1件、陶罐12件、陶杯1件、陶魁形灯1件、陶盆1件、陶甑1件、陶洗2件、陶盒2件、陶鋬2件、陶钩1件、陶器盖2件，铜器器类有铜洗1件、铜鋬1件、铜镞1件、铜钱2件82枚，铁器仅铁支架1件（图五）。

2. 砖室墓

1座（M168）。

M168　位于墓群北部，2001年4月13日发现于C区T0207东北部第3层下，打破生土。位于T0107南部，T0207北部至南部，部分伸入到T0307的北隔梁东南部；M141、M169、M170打破该墓。按墓葬前室向南的方位测量，方向187°。由土坑墓圹和砖砌墓室两部分组成。

土坑墓圹依坡势而建，直接开挖在生土之上，由前后相互垂直的两个方形土坑组成，平面呈坐北朝南的“甲”字形，断面呈北高南低坡状，坑口上大下小，斜壁，坑壁较规整，坑底较平，墓口南北总长640、东西总宽293～594、距地表深68～120厘米，坑底南北总长623、东西宽280～574、坑壁深212～342厘米。南部土坑平面呈竖长方形，位于北部土坑南侧长边的中部，墓口南北长335、东西宽240厘米，距地表深68～90厘米；底部低于北部土坑底部42、南北长300、东西宽220、深212～272厘米。北部土坑平面呈横长方形，位于整个墓圹的北部，墓口南北宽313、东西长573、距地表深90～120厘米；底部东西长527、南北宽267、深232～342厘米。

砖室也由前室、后室两部分组成。前室与后室相互垂直，平面呈坐北朝南的“甲”字形。前室位于后室南部长边的中部，平面呈竖长方形，底部低于后室40厘米。内空南北长310、东西宽184、高178～184、墙厚20厘米；顶为券顶，从第15层开始起券。后室平面呈横长方形，内空东西长420、南北宽280、高248、墙厚20厘米；顶为券顶，从第16层开始起券。

前室和后室的建筑方式略有不同，前室有铺地砖，先在前室墓圹底部两侧南北纵向平铺两行铺地砖，再在中间东西横向平铺满前室铺地砖，墓壁建在东西两端铺地砖上，为单砖错缝平砌至第15层，然后用子母口砖南北向起券至顶，南墙共有两层，内面一层中间没有砖墙，外面一层大部分封堵中间部位，也为单砖错缝平砌至23层与顶相连，没有北墙，四角交互叠压。后室直接在土坑四壁建墓壁，皆为单砖错缝平砌，至第16层时用楔形砖东西向起券至顶，四角交互叠压。前室与后室之间没有砖墙，中空相通。

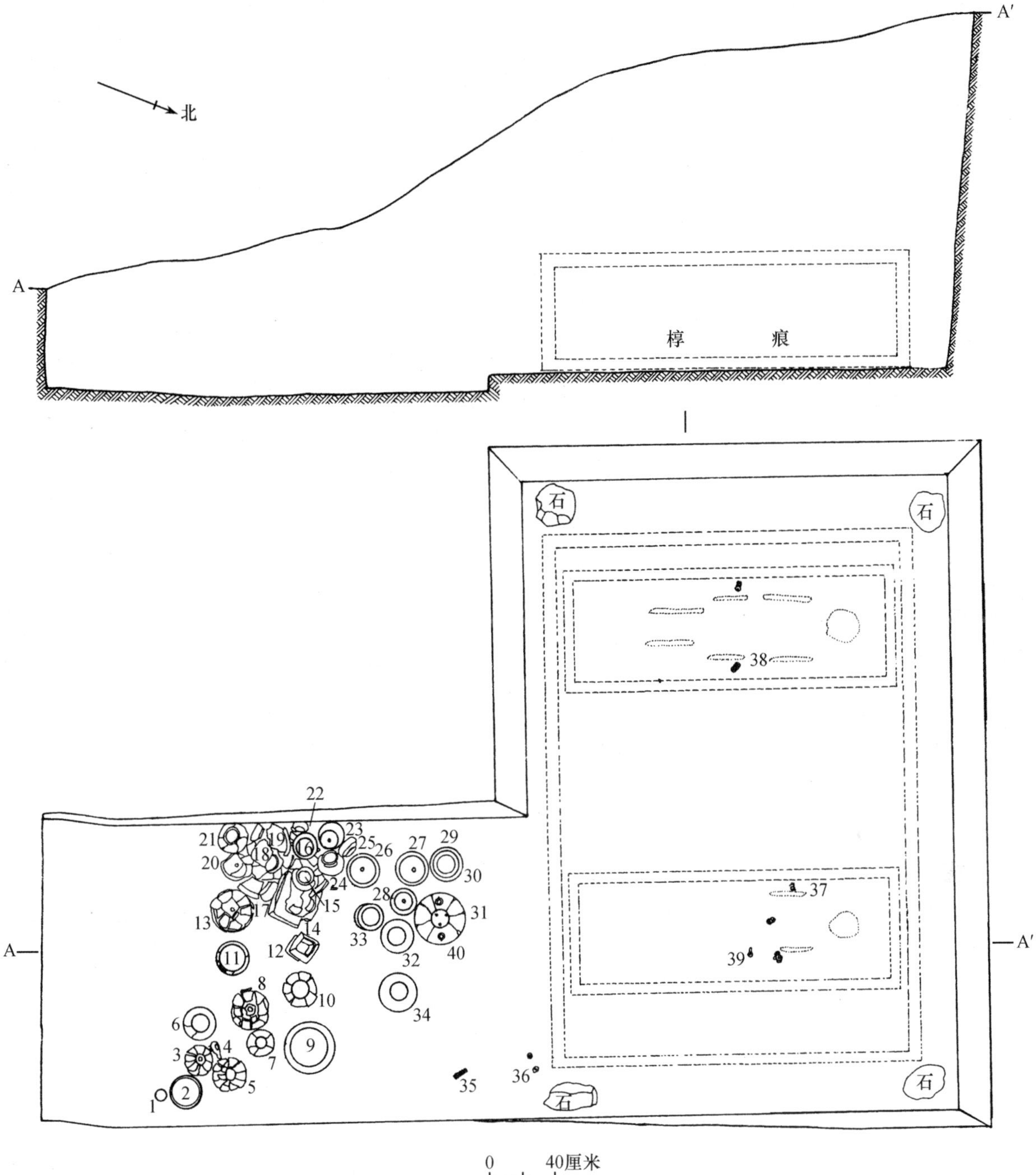

图五 M218平、剖面图

1. 陶杯 2、19. 陶洗 3. 陶盆 4. 陶魁形灯 5、8、11、13、15、20～23、26～28. 陶罐 6、32. 陶仓 7. 陶甑 9. 铜洗 10、17. 陶盒 12. 陶钫 14. 陶灶 16、33. 陶鍪 18. 陶盒盖 24、31、34. 陶壶 25. 陶壶盖 29. 铜鍪 30. 铁支架 35～38. 铜钱 39. 陶钩 40. 铜镞

砖室所用的墓砖可分为三种。

一种为花纹砖。长方形，绝大部分为泥质灰陶砖，有少量泥质黄褐陶砖和泥质砖红色陶砖（推测为窑变所致），其中一面布满粗绳纹，长边一侧为菱形方格纹，方格内有“十”字纹，其余各部位素面，规格基本一致，长34.5、宽17、厚8厘米。此种砖为铺地砖和墓墙砖，铺地砖一般有绳纹的一面朝下，墓墙砖一般有花纹的一侧向内。

一种为子母口砖。近似长方形，均为泥质灰陶，通体素面，短边的一侧中间内凹弧圆，一侧中间凸起弧圆，分别形成母口和子口，规格基本一致，长38.5、宽17、厚7厘米。此种砖为前室的券顶砖。

一种为楔形砖。近似长方形的梯形砖，均为泥质灰陶，通体素面，短边一侧略短于另一侧，形成一端长一端短的楔子形，规格基本一致，长34、宽15.5～17、厚7厘米。此种砖为后室的券顶砖。

该墓土坑内填土较紧密，土色为黄褐色花土，是填充在砖室以外的土坑之中的填土，由于M141、M169、M170分别打破土坑前室的南部、东部、西部，故在土坑前室的这三个部位形成三处灰褐色花土的小方坑，同时前室东南部的券顶塌陷，砖室内堆积许多券顶的子母口灰砖，局部有黄褐色的花土，底部有一层厚薄不均的灰黑色土层，应为葬具及尸骨腐烂后的沉积物。

墓内葬具已朽，人骨基本无存，只有前室的东北部残存两根下肢骨，可推测前室的人骨为一具，应为头北脚南，仰身直肢；其他葬具、葬式不明。

随葬器物共43件，随葬器物组合基本为生活日用器类，其中陶器34件、彩陶器2件、釉陶器6件、铜器1件。由于前室南部的券顶遭到破坏，前后室又相互贯通，墓内随葬品扰动很大；从随葬品的质地上看，基本上只有陶器，推测此墓已被盗掘，原有随葬品数目不清，现存的许多器物被移位或者破碎了，前后室都有分布。其中，M168：6和M168：2实为一件器物，M168：12陶瓦统计器物时没有计算在内，平面图编号至45号，所有编号仍保留，实际统计时就只有43件了。

经过修复整理后，陶器器类有陶罐6件、陶瓮1件、陶盆3件、陶盒1件、陶支架1件、陶鏊2件、陶井1件、陶俑13件、陶案1件、陶灶1件、陶器盖1件、陶屋1件、陶甑2件，彩陶器器类有彩陶碗1件、彩陶器盖1件，釉陶器器类有釉陶壶1件、釉陶熏炉1件、釉陶勺1件、釉陶盆2件、釉陶器盖1件，铜钱3件17枚（图六）。

3. 石室墓

1座（M188）。

M188　位于墓群东部近中部的位置，2001年5月10日上午发现于B区T0213东北部第3层下，打破生土。分布在T0214西部、T0114西北部、T0113东北部、T0213东部和北部、T0313东南部、T0314西南部，M203、M204、M206、M207打破该墓。按墓葬墓道向南的方位测量，方向160°。由土坑墓圹和石室两部分组成。

土坑墓圹由墓道、甬道、墓室三部分组成。依坡势而建，分两次建成，直接开挖在生土之上，第一次建成甬道和墓室，第二次建成墓道，平面呈坐北朝南的“凸”字形，断面呈北高南低坡状。墓口上大下小，斜壁，坑壁较规整，坑底较平。墓口南北总长853、东西总宽147～300、距地表深70～135厘米，坑底南北总长767、东西宽167～280、深0～320厘米。墓道位于墓葬的南部，平面呈梯形，断面呈坡状三角形，其中南部比北部略宽，为一较短的斜坡墓道，南部宽147、北部宽140、南北长74、深0～88厘米，坡底长90厘米。甬道位于墓道的北部和墓室的南部之间，整体平面呈不太规整的长方形，断面呈梯形，南北长140、南部宽140、北部宽

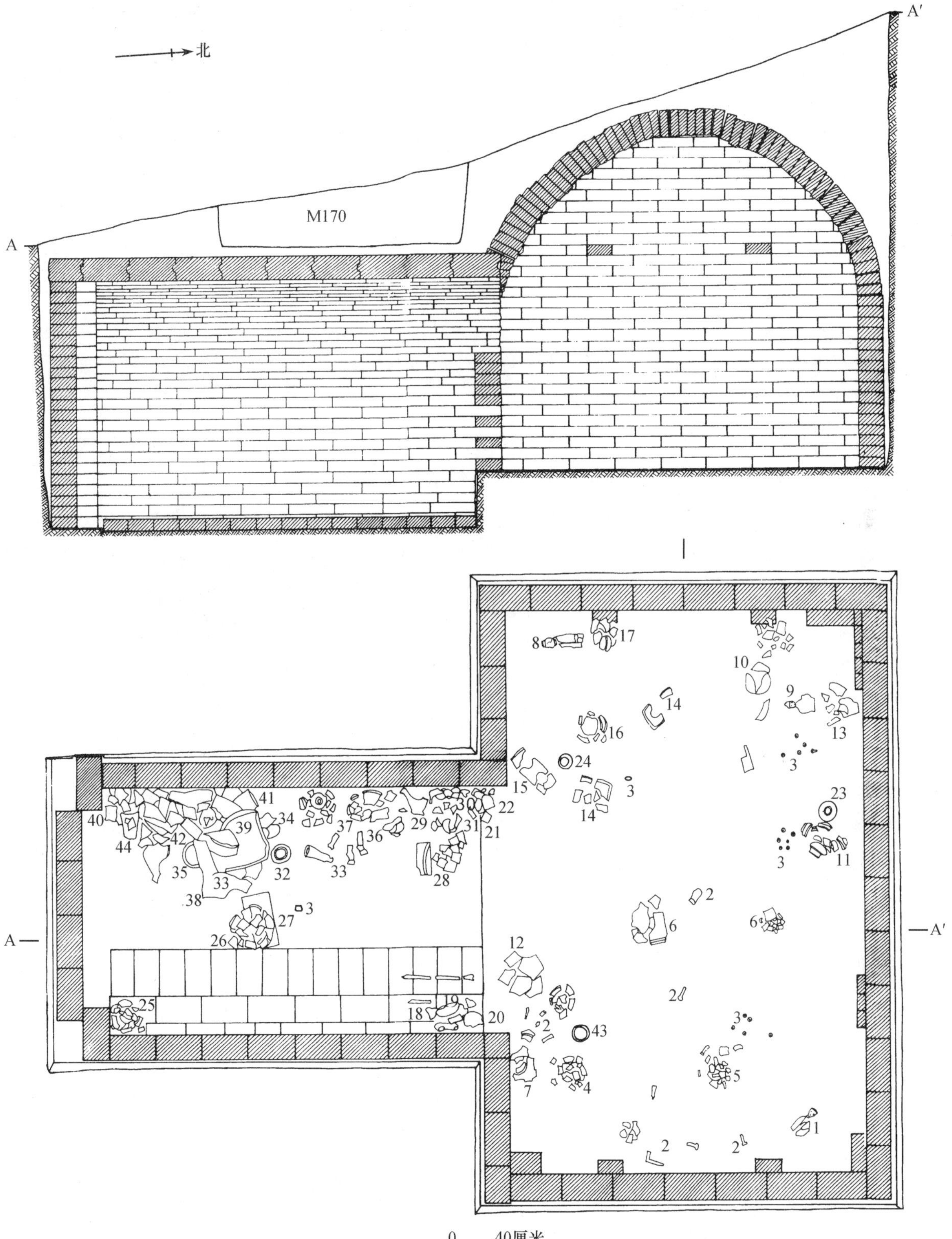

图六　M168平、剖面图

1. 陶踞坐男俑　2. 陶支架　3. 铜钱　4、24. 陶鍪　5. 陶瓮　6. 陶支架　7. 陶井　8、10. 陶听乐男俑　9. 陶舞蹈女俑　11、22、23、31、32、40. 陶罐　12. 陶瓦　13. 陶手舞男俑　14. 陶案　15. 陶灶　16. 陶器盖　17. 彩陶碗　18. 陶击鼓男俑　19. 陶抚琴男俑　20. 彩陶器盖　21. 陶俑　25、26、34. 陶盆　27. 釉陶壶　28. 陶屋　29. 陶公鸡　30. 陶狗　33. 陶马　35、41. 釉陶盆　36、45. 陶甑　37. 釉陶熏炉　38. 釉陶勺　39. 陶持琴男俑　42. 陶胡人男俑　43. 釉陶器盖　44. 陶盒

168、深106～173厘米。墓室位于甬道北部，是墓坑的最北部位，整体平面呈长方形，断面呈梯形，南北长660、东西宽280、深180～300厘米。

石室由甬道、墓室两部分组成，平面呈坐北朝南的“凸”字形。甬道位于墓室南部，直接建在土坑的甬道部位，整体呈长方形，内空南北长186、东西宽146、残高106、墙厚20厘米，底部已被破坏，形制不清。墓室从性质上可分为前室、后室，从形状上又是一个整体，平面呈长方形，内空南北长590、东西宽260、高250、墙厚20厘米；顶为券顶，从第11层开始起券。石室的建筑方式是直接在土坑上用单石砖错缝平铺甬道和墓室，四角交互叠压，其中甬道南部在第二次修建墓道时被撤除较多，残存在甬道口有数块石砖散落在土坑甬道中，顶部被后期彻底破坏，墓室前端顶部和部分墙体塌陷，但后室保存较完整，故整个墓室形制清楚。石室的建筑材料全部为石砖，这些石砖是利用天然的石灰岩石块经过简单的六面打磨加工，形成大小不太相同的弧角长方形石砖，长28～44、宽20、厚14厘米左右。

该墓土坑内填土较紧密，土色为黄褐色花土，是填充在砖室以外的土坑之中的填土，由于M203、M204、M206、M207分别打破土坑墓室的北部、西部，故在土坑墓室的北部、西部形成四处灰褐色花土的小方坑；同时墓道的修建时间晚于甬道和墓室，故墓道的填土与其他部位填土略有区别，黄褐色花土相对疏松一些；石室的券顶大部塌陷，石室内堆积许多石砖，局部有黄褐色的花土，底部有一层厚薄不均的灰黑色土层，应为葬具及尸骨腐烂后的沉积物。

墓内葬具已朽，前室东北部残存1具人骨的下肢骨及头骨，后室并排残存3具人骨的下肢骨及头骨，左右2具的头骨移位；从其置放位置上看，此墓4人合葬，后室下葬时间与石室建成时间一致，前室下葬时间与墓道建成时间一致；从人骨残存形式上看，葬式都是头北脚南，仰身直肢。

随葬器物共81件，其中陶器51件、釉陶器27件、铜器2件、铁器1件。这里需要说明的是原记录登记的随葬品编号至86号，其中M188：50与M188：45拼接为一件陶楼，M188：59、M188：61、M188：63、M188：82都是陶罐盖，已分别和相应的陶罐组成一件器物，M188：53是铜钱，尽管出土地点不一，但全部只给了一个编号，另行统计实际数量，故随葬品实际统计为81件，原有编号仍没有销号。

出土的陶器器类有陶仓2件、陶灶2件、陶壶1件、陶罐9件、陶瓮6件、陶盆1件、陶甑4件、陶耳杯4件、陶俑16件、陶鉴1件、陶屋2件、陶案1件、陶池塘2件，釉陶器器类有釉陶壶3件、釉陶魁4件、釉陶钵2件、釉陶囷5件、釉陶盂2件、釉陶盘3件、釉陶盆3件、釉陶灶1件、釉陶熏炉2件、釉陶鼎式炉1件、釉陶勺1件、釉陶洗1件，铜器器类有铜鍪1件、铜钱5件152枚，铁器仅铁釜及支架1件（套）（图七）。

（二）随葬器物

此次发掘汉代墓葬3座，都有较多的随葬器物，共出土器物166件（套）（按出土登记编号统计，多件相同器物给一个号的按1件统计）。按质地划分，有陶器、彩陶器、釉陶器、铜器、铁器五大类，陶器115件、彩陶器2件、釉陶器33件、铜器14件（套）、铁器2件（套）。

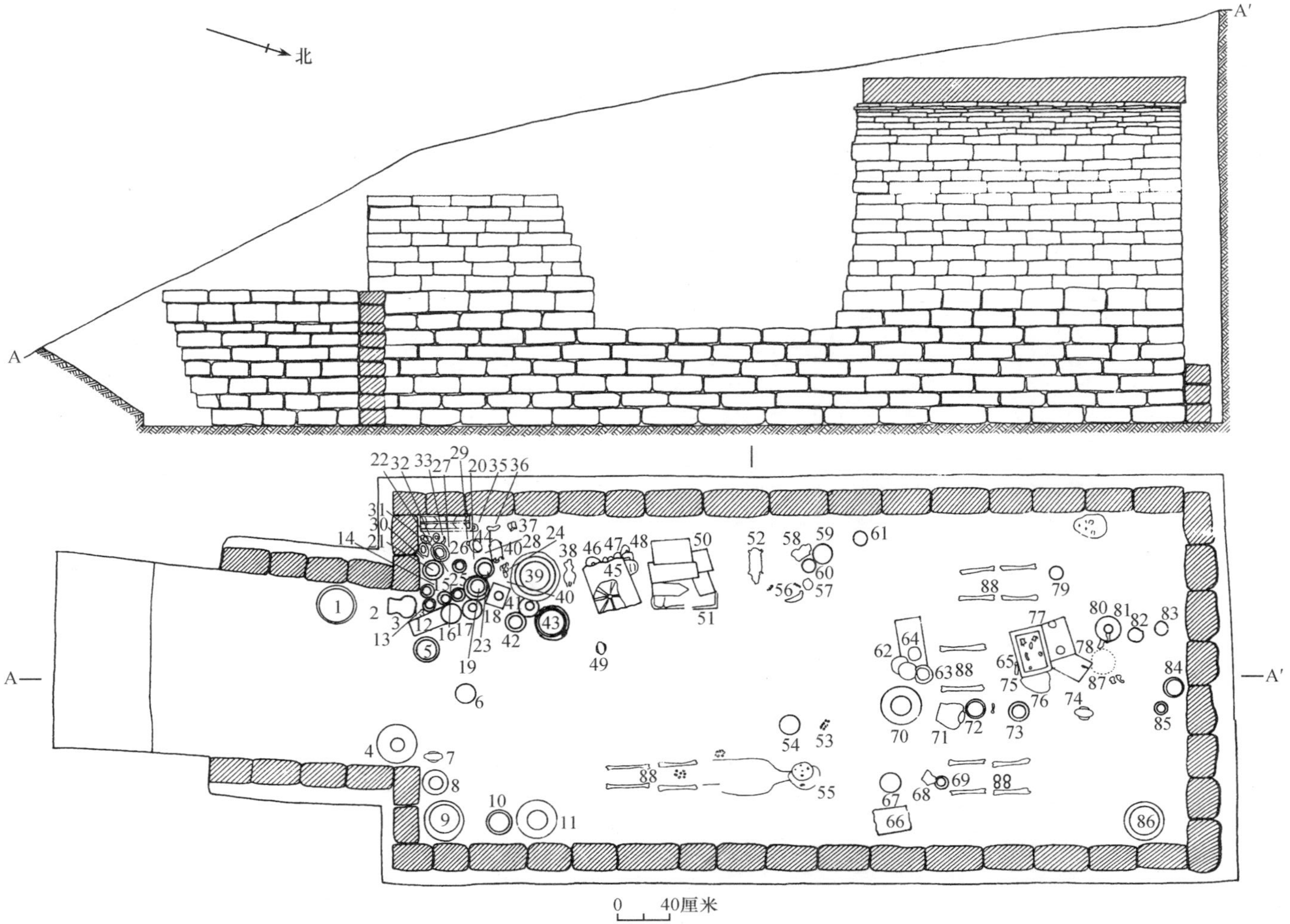

图七　M188平、剖面图

1、4、8、69、70、73. 陶瓮　2、23、40. 陶甑　3. 铜鍪　5、10、11. 釉陶壶　6、81、83、84. 釉陶魁　7、49、57、74. 陶耳杯　9、86. 陶仓　12. 釉陶灶　13～17、24、46、64、67. 陶罐　18. 陶灶　19、71. 釉陶钵　20. 陶壶　21、25、41、55、68. 釉陶囷　22. 釉陶洗　26、62. 釉陶盂　27、54、56. 釉陶盆　28、42、66. 釉陶盘　29. 陶站姿男俑　30. 釉陶鼎式炉　31. 陶吹箫男俑　32. 陶持剑男俑　33. 陶抚琴男俑　34. 陶镇墓兽　35. 陶舞蹈男俑　36. 陶听乐女俑　37. 陶击鼓男俑　38. 陶公鸡　39. 铁釜及支架　43. 陶鉴　44、45、50. 陶屋　47. 陶子母鸡　48. 陶狗　51. 陶案　52. 陶猪　53. 铜钱　58. 陶动物俑　59、61、63、82. 陶器盖　60. 陶盆　65. 陶池塘　72、75. 陶站姿女俑　76. 陶抱物男俑　77. 陶池塘　78. 陶灶　79、85. 釉陶熏炉　80. 釉陶勺

1. 陶器

115件。器形有罐、瓮、壶、钫、盆、甑等。

罐　26件，分别出土于3座墓中。型式清楚的有25件，另有1件（M168：32）型式不明。根据器物形态的不同，分为五型。

A型　斜沿罐。3件。根据肩部的变化，可分为二式。

Ⅰ式：折肩。2件。全部出自M218。M218：11，泥质灰黑陶。轮制，刮修。敞口，折斜沿外翻，尖唇，高领束颈，斜折肩，领肩圆接，肩腹折接，斜直腹弧内收，平底。肩腹相连处和肩中部各有一道细弦纹。口径10.2、最大腹径14.4、底径6.4、高12.7厘米（图八，1）。

Ⅱ式：平肩。1件。M168：40，泥质灰陶。轮制，刮修。侈口，斜折沿，尖唇，高领束颈，广平肩，肩腹圆接，鼓腹向内弧收，平底。肩上下各饰一道凹弦纹。口径12、最大腹径16、底径8、高13.2厘米（图八，2）。

B型　平沿罐。1件。M168：11，泥质灰陶。轮制，刮修。侈口，圆唇，高领微束，斜肩，肩腹折接，腹斜直内收，平底。肩上下各饰一道凹弦纹。口径9.6、最大腹径13.6、底径8、高10.8厘米（图八，3）。

C型　卷沿罐。4件。根据肩部的变化，可分为三式。

Ⅰ式：广肩。1件。M168：31，泥质灰陶。轮制，刮修。侈口，卷沿，圆唇，高领束颈，广肩，肩腹圆接，上腹鼓，下腹弧收，平底。肩部饰两道凹弦纹，其间再饰双道三角戳印排点线纹，腹身布满宽边的刮棱痕。口径9.6、最大腹径15.2、底径6.8、高11.2厘米（图八，4）。

Ⅱ式：斜肩。2件。皆出自M168。M168：22，泥质灰陶。轮制，刮修。侈口，卷沿，圆厚唇，高领束颈，斜肩，肩腹折接，扁腹，腹斜曲收，圜底。肩部上下及腹上部各饰一道凹弦

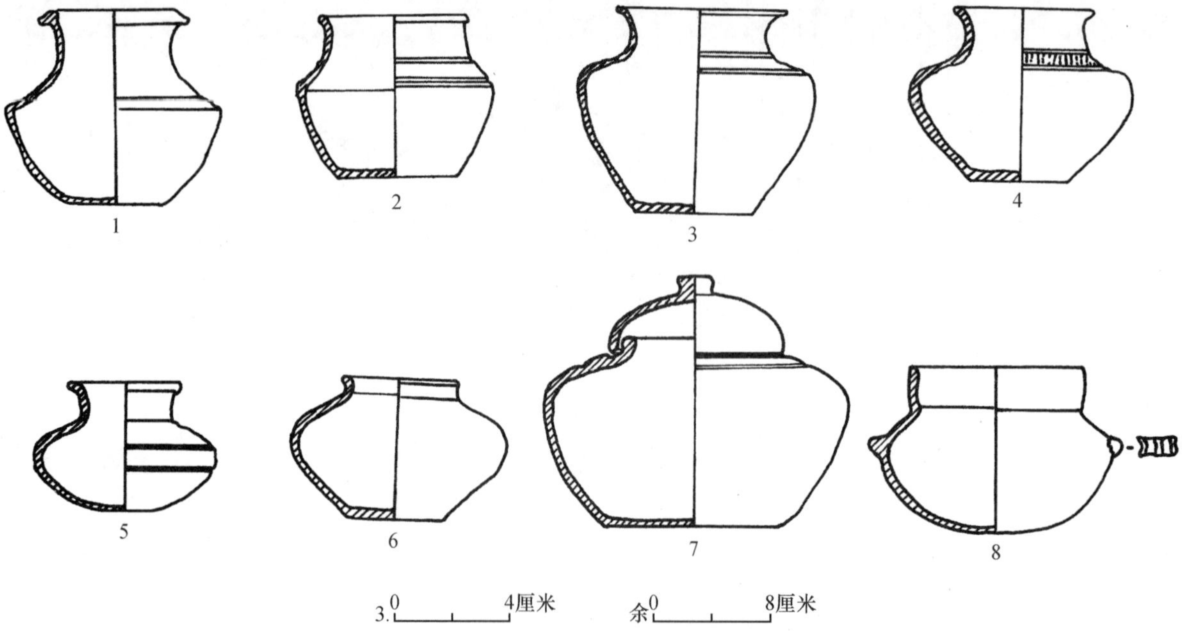

图八　汉代墓葬出土陶罐

1. A型Ⅰ式（M218：11）　2. A型Ⅱ式（M168：40）　3. B型（M168：11）　4. C型Ⅰ式（M168：31）　5. C型Ⅱ式（M168：22）　6. C型Ⅲ式（M188：64）　7. D型（M218：5）　8. E型Ⅰ式（M218：13）

纹。口径7.2、最大腹径12.4、高4.8厘米（图八，5）。

Ⅲ式：鼓肩。1件。M188：64，泥质灰黑陶。轮制，刮修。通体布满轮旋痕，侈口，卷沿，圆唇，矮领束颈，鼓肩，肩腹圆接，鼓腹向内弧收，平底。通体素面。口径7.8、最大腹径15.2、底径6.4、高9.2厘米（图八，6）。

D型 无领罐。8件。皆出自M218。M218：5，泥质灰黑陶。轮制，刮修。由罐盖和罐身两部分组成，二者由子母扣连接，其中盖为母口，身为子口；罐盖敛口，卷沿，方唇，弧壁，弧顶上鼓，顶心有一圆形纽；罐身侈口，卷沿，广肩，肩腹圆接，鼓腹斜直内收，平底。肩部中间有一周凹弦纹，其余部位素面。罐盖口径11.4、高5.2厘米，罐身口径9.6、最大腹径20.8、底径12、高13.2厘米，通高16.4厘米（图八，7）。

E型 直领罐。10件。根据肩部的变化，可分为二式。

Ⅰ式：溜肩。3件。分别出自M218、M188两座墓葬，其中M218出土2件、M188出土1件。M218：13，泥质灰黑陶。轮制，刮修。敛口，平沿，方唇，高领斜直略外鼓，溜肩上鼓，鼓腹弧收，肩腹交接处附着有对称双乳突小耳，下部旋痕清晰，圜底。耳面上有数道竖凹弦纹，腹上部饰两道凹弦纹。口径12、最大腹径15.8、高11.7厘米（图八，8）。

Ⅱ式：鼓肩。7件。全部出自M188。M188：13，泥质灰陶。轮制，刮修。由器盖和器身两部分组成，二者通过子母口相连接，器盖为母口，器身为子口；器盖呈圆弧顶盘状，敛口，卷沿，圆唇，短斜直壁内收，弧顶上略鼓，顶心附着一半圆形小纽；器身敛口，内平斜沿，圆唇，矮直领略束颈，鼓肩，鼓腹向下内弧收，平底。腹肩部饰有弦纹，下腹有明显削棱痕。罐盖口径9.2、高2.8厘米，罐身口径8、最大腹径11.6、底径5.2、高7.2厘米，通高9.2厘米。

瓮 7件。分别出土于2座墓中。根据器物形态的不同，分为三型。

A型 扁腹瓮。4件。根据口沿的变化，可分为二式。

Ⅰ式：平沿。1件。M168：5，泥质灰陶。轮制，刮修。敞口，尖唇，高领内收，广斜肩，肩腹折接，腹斜内弧收，圜底。颈肩处饰凹弦纹。口径12.4、最大腹径22.8、高15.2厘米（图九，1）。

Ⅱ式：卷沿。3件。皆出自M188。M188：1，泥质灰黑陶。轮制，刮修。侈口，卷沿，圆唇，矮领束颈，广斜肩略上鼓，肩腹圆接，折扁腹，最大径位于腹上部，圜底。肩上部饰刻划的细菱形纹，肩中部以下饰五道凹弦纹，腹上部饰一道凹弦纹，凹弦纹之间饰满刻划的竖细条线纹，从腹上部至底部满饰拍印斜方格网纹。口径11.4、最大腹径35.2、高17.3厘米（图九，2）。

B型 鼓腹瓮。1件。M188：73，泥质灰陶。轮制，刮修。敛口，宽平沿，圆唇，矮直领，折斜肩，肩腹折接，弧腹略鼓，平底。腹中部以上布满粗绳纹，腹上部饰一道凹弦纹将粗绳纹打断，腹下部刮削，削棱明显。口径11.4、最大腹径19.2、底径11、高15厘米（图九，3）。

C型 直腹瓮。2件。皆出土于M188。M188：8，陶瓮。泥质灰黑陶。轮制，刮修。整体呈直筒形，敛口，卷沿，圆唇，矮领束颈，折斜肩，深腹，腹壁斜直内收，略向外鼓，平底。肩腹处有宽边弦纹接痕和刮修痕，外腹先满饰拍印的斜绳纹，然后在腹上部和下部各饰一道凹弦纹、腹中部饰两道凹弦纹将通体的斜绳纹隔断。口径12.4、最大腹径21.6、底径15、高22.4

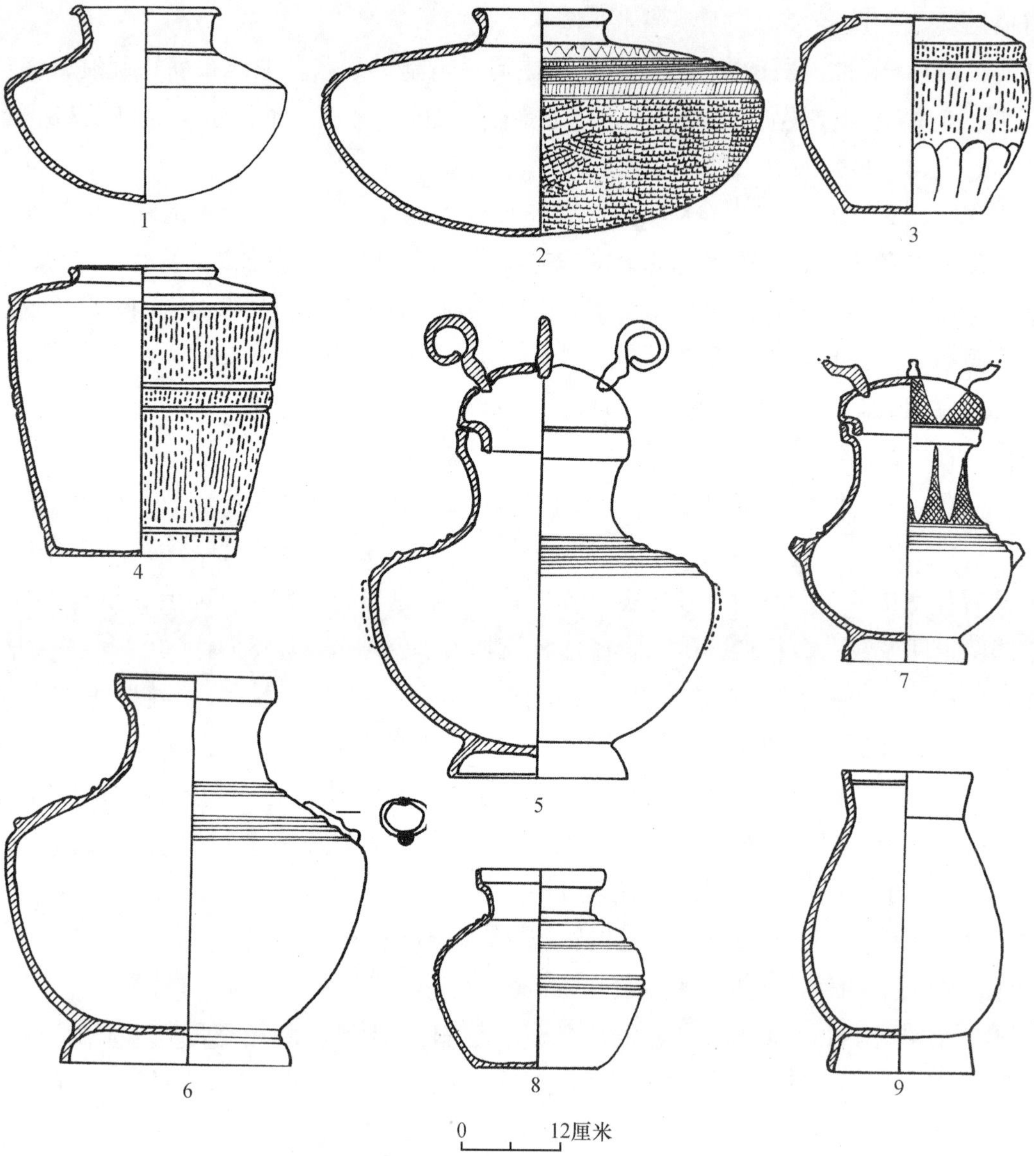

图九 汉代墓葬出土陶瓮、壶、钫

1. A型Ⅰ式瓮（M168：5） 2. A型Ⅱ式瓮（M188：1） 3. B型瓮（M188：73） 4. C型瓮（M188：8） 5. A型壶（M218：34） 6. Ba型壶（M218：31） 7. Bb型壶（M218：25） 8. C型壶（M188：20） 9. 钫（M218：12）

厘米（图九，4）。

壶 4件。分别出土于2座墓中。按器物底部的区别，分为三型。

A型 1件。喇叭形矮圈足，足壁底部略外撇。M218：34，泥质灰陶。轮制，刮修。由壶盖与壶身两部分组成，二者为子母口连接，其中壶盖为子口，壶身为母口；盖口双唇，平沿，壁直，折弧顶上鼓，顶中央均匀分布三个环柄形纽；壶身侈口，平沿，方唇，高束领，斜肩，肩下部有对称圆形耳，鼓腹弧收，平底，下接盘状圈足，足壁曲直收，略鼓，足底略内敛。肩部饰数道凹弦纹。壶盖口径9.6、高10.4厘米，壶身口径13.6、最大腹径27.6、圈足径13.4、高26.8厘米，通高35.2厘米（图九，5）。

B型 2件。盘状形矮圈足，足壁中部向下略直收。根据肩部的变化，分为二亚型。

Ba型　鼓肩壶。1件。M218：31，泥质灰陶。轮制，刮修。侈口，平沿，方唇，矮直领，斜长束颈，鼓肩，肩下部平贴有对称圆环状双耳，鼓腹向下曲弧收至平底，底下接盘状高圈足，足壁斜曲直收，略鼓足底略内敛。肩上部及近腹处有三道凹弦纹。口径12.8、最大腹径28.8、圈足径18.6、高30厘米（图九，6）。

Bb型　折肩壶。1件。M218：25，泥质灰陶。轮制，刮修。雕刻，粘接，由器盖与器身两部分组成，二者为子母口连接，其中壶盖为子口，壶身为母口；盖口双唇，平沿，壁直，折弧顶上鼓，顶中央均匀分布三个鸟形纽；壶身侈口，卷沿，圆唇，高领束颈，折肩，肩腹折接，鼓腹弧收，腹上部有对称圆形双耳，平底，下接盘状高圈足，足壁折直。壶盖顶部及壶身颈部外壁饰数道三角形纹带，纹带内填满阴刻的细小斜方格纹，壶身肩部饰三道凹弦纹。壶盖口径8.8、高5.6厘米，壶身口径11.2、最大腹径16、圈足径9.6、高18.4厘米，高23.2厘米（图九，7）。

C型　1件。平底，无圈足，可称为罐形壶。M188：20，泥质灰黑陶。轮制、刮修。盘形侈口，斜折沿，尖唇，高领束颈，广肩上鼓，肩腹圆接，鼓腹弧收，平底。颈、肩、腹分别饰有多道凹弦纹。口径10.6、最大腹径16.8、底径9.6、通高15.4厘米（图九，8）。

钫　1件。M218：12，泥质灰陶。轮制，刮修。口、腹、圈足平面皆呈方形，敞口，平沿，方唇，斜直领向内折收，溜肩，肩腹交接不明显，腹最大径在中下部，形成垂腹，鼓腹弧收，平底，下接高圈足，圈足底座斜壁外撇。通体素面。口径10.6、最大腹径16、圈足径11.8、高23.4厘米（图九，9）。

盆　4件。分别出土于2座墓中。根据器物腹部的不同，分为二型。

A型　深腹盆。2件。根据口沿的变化，分为二式。

Ⅰ式：斜折沿。1件。M218：3，泥质灰黑陶。轮制，刮修。敞口，斜折沿，尖唇，深腹斜直内收，平底。通体素面。口径19.2、最大腹径16.8、底径8、高9.6厘米（图一〇，1）。

Ⅱ式：平折沿。1件。M168：26，泥质灰陶。轮制，刮修。侈口，平折沿向外略斜，沿面上有一道很浅的凹痕，圆唇，深腹，上腹斜直壁，下腹向内略曲折收，平底。腹中部饰两道凹弦纹。口径26.6、最大腹径25.2、底径8.8、高9.6厘米（图一〇，2）。

B型　浅腹盆。2件。皆出自M168。M168：25，泥质灰陶。轮制，刮修。敞口，卷沿，外沿较厚，圆唇，斜直壁略折收，平底。腹中部饰一道凹弦纹。口径17、最大腹径16、底径6.4、高6.4厘米（图一〇，3）。

甑　7件，分别出土于3座墓中。其中，6件型式清楚，1件（M168：45）型式不明。根据腹部的不同，分为二型。

A型　弧腹甑。4件。根据肩部的变化，分为二式。

Ⅰ式：无肩，深腹。2件。分别出自M218、M188。M218：7，泥质灰陶。轮制，刮修。敞口，斜折沿，圆唇，深弧腹略鼓，腹中部以下削棱痕清晰，平底，底部有6个小圆孔。上腹饰两道凹弦纹。口径14.6、最大腹径12.8、底径4.8、高6.7厘米（图一〇，4）。

Ⅱ式：有肩，略束颈。2件。皆出自M188。M188：2，泥质灰黑陶。轮制，刮修。侈口，卷沿，圆唇，矮领略束颈，小端肩，深弧腹，上腹斜直内收，中部折腹接下腹，下腹斜直内收，平底，底部有5个小圆孔。腹上部饰有凸棱。口径13.8、最大腹径12.6、底径5.8、高6.7厘

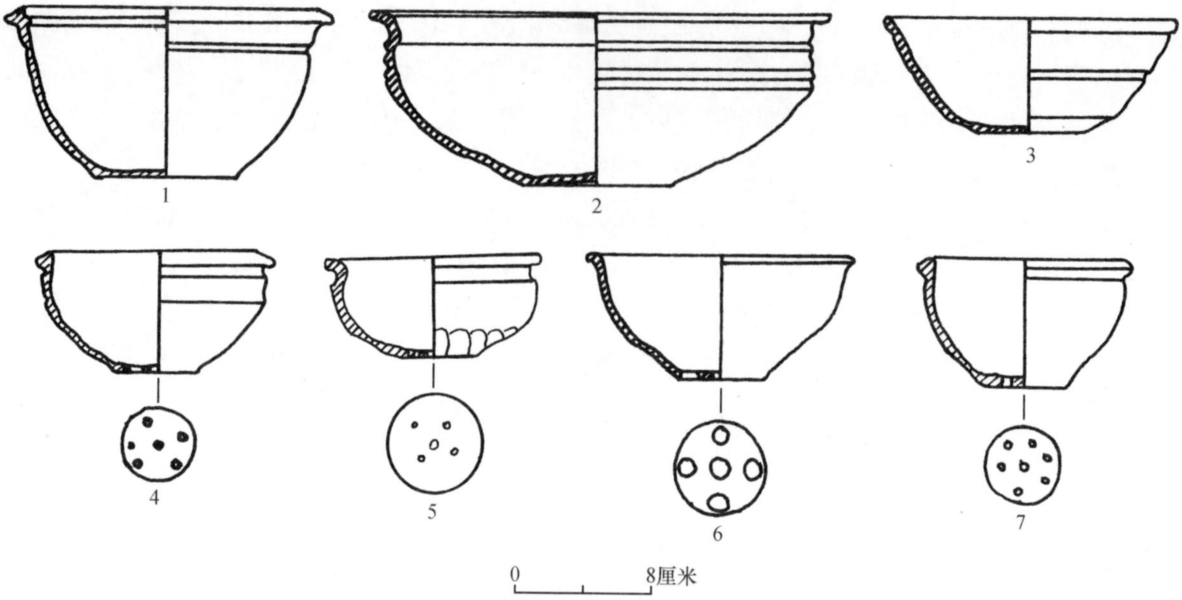

图一〇 汉代墓葬出土陶盆、甑

1. A型Ⅰ式盆（M218：3） 2. A型Ⅱ式盆（M168：26） 3. B型盆（M168：25） 4. A型Ⅰ式甑（M218：7）
5. A型Ⅱ式甑（M188：2） 6. B型Ⅰ式甑（M168：36） 7. B型Ⅱ式甑（M188：23）

米（图一〇，5）。

B型 2件。曲腹内凹，小平底。根据肩部的变化，分为二式。

Ⅰ式：无肩，深腹。1件。M168：36，泥质灰陶。轮制，刮修。敞口，折沿，沿面略上弧凸，尖唇，上腹斜直至中下部内凹曲收，平底，上有5个小圆孔。腹部饰数道凹弦纹。口径15.6、最大腹径14.4、底径5.2、高7厘米（图一〇，6）。

Ⅱ式：有肩，略束颈。1件。M188：23，泥质灰陶。轮制，刮修。敞口，折斜沿外翻，尖唇，略束颈，小端肩，深腹，上腹斜直，下腹向内弧收，平底，底部有7个小圆孔。通体素面。口径13.2、最大腹径11.6、底径4.8、高7.2厘米（图一〇，7）。

鍪 4件，分别出土于2座墓中。根据耳部的不同，分为二型。

A型 无耳鍪。1件。M168：24，泥质灰陶。轮制，刮修。侈口，斜折沿，方唇，高领束颈，斜肩，肩腹折接，有明显折痕，半球腹，腹弧曲收，圜底。腹上部饰两道凹弦纹。口径7.2、最大腹径12.2、高8.8厘米（图一一，1）。

B型 环耳鍪。3件。根据肩部的变化，分为二式。

Ⅰ式：折肩。2件。皆出自M218。M218：33，泥质灰陶。轮制，刮修。侈口，斜沿，方唇，斜长束颈，短斜折肩，肩下部有对称圆环状双耳，肩腹折接，折痕明显，弧腹向下曲收，圜底。通体素面。口径14、最大腹径14.4、高12.4厘米（图一一，2）。

Ⅱ式：溜肩。1件。M168：4，泥质灰陶。轮制，刮修。侈口，斜沿，方唇，短束颈，溜肩，肩部有对称圆环形双耳，鼓腹，下腹斜曲收，圜底。耳面上饰辫索纹，腹上部饰三道弦纹。口径17.6、最大腹径16.2、高13.6厘米（图一一，3）。

洗 2件。皆出土于M218。M218：2，泥质灰陶。轮制，刮修。敞口，宽平折沿，方唇，高领束颈，小端肩，肩腹折接，腹斜直向下曲内收，上部对称附着有两铺首环形耳，平底。

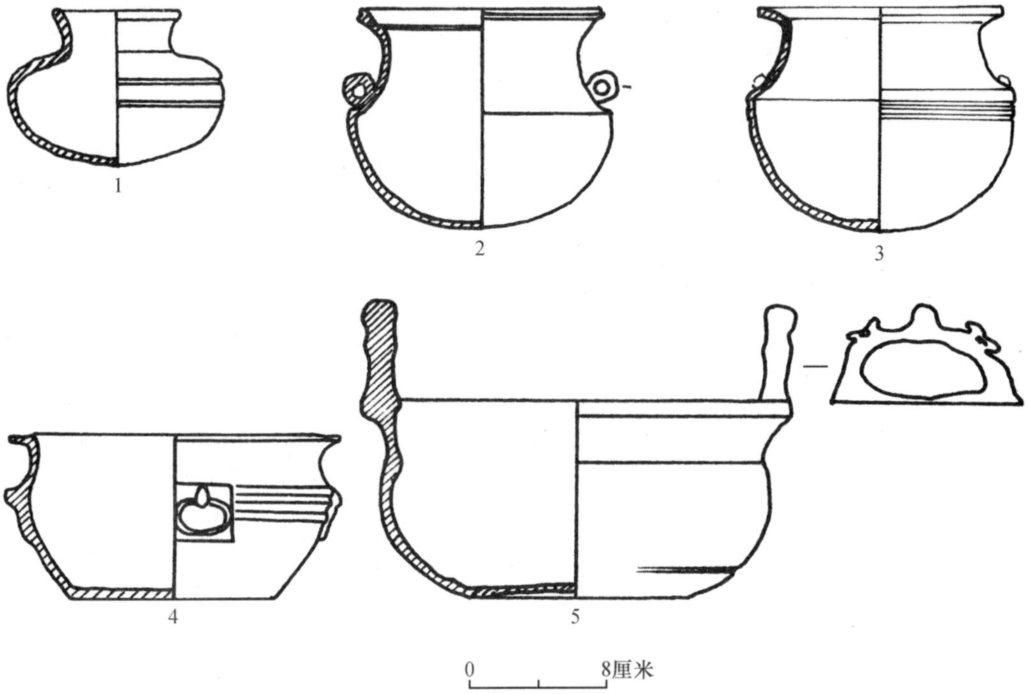

图一一　汉代墓葬出土陶鍪、洗、鉴

1. A型鍪（M168：24）　2. B型Ⅰ式鍪（M218：33）　3. B型Ⅱ式鍪（M168：4）　4. 洗（M218：2）　5. 鉴（M188：43）

近腹处有一道凸棱，腹上部饰数道凹弦纹。口径19.5、最大腹径18、底径7.2、高9.4 厘米（图一一，4）。

鉴　1件。M188：43，泥质灰陶。轮制，刮修。敛口，宽平沿，沿面对称竖立两山形立耳，耳中空呈半圆弧环状，耳桥上附着数个不规则的小纽，方圆唇，斜高领内束，鼓腹，向下弧收，平底。通体素面。口径24.8、最大腹径23.2、底径12、高16.4厘米（图一一，5）。

盒　3件。分别出土于2座墓中。根据腹部的变化，分为二式。

Ⅰ式：直折腹。1件。M168：44，泥质灰陶。轮制，刮修。子母口之子口，敛口，卷沿，双圆唇，深圆腹，上腹笔直，下腹折弧收至平底，下接圆盘形圈足，足壁直，足面平。腹上部饰有两道凹弦纹。口径14.8、最大腹径18、圈足径9.6、高9厘米（图一二，1）。

Ⅱ式：弧曲腹。2件。皆出自M218。M218：10，泥质灰陶。轮制，刮修。盖与器身略同，二者由子母口连接，盖为母口，身为子口；盖敞口，平沿，方唇，弧腹向上曲收，平顶，上附着圆盘状鋬；器身敛口，卷沿，圆唇，折肩，肩腹折接，鼓腹曲弧收，平底，其下接盘状高圈足，足底略直折。盖近口沿处饰两道凹弦纹。器盖口径20、鋬径9.6、高8.8厘米，器身口径17.6、最大腹径20、圈足径9.2、高10.4厘米，通高18.4厘米（图一二，2）。

灯　1件。M218：4，陶魁形灯，由灯柄和灯体两部分构成，形似魁。泥质灰陶。轮制，刮修，粘接。灯柄位于灯体一侧，与灯体同高，粘接在灯体口腹处，柄首下部有两柱，柄首前端面部向内凹陷，内凹底心有一小圆窝，上有“十”字形引线槽与灯体相通；灯体为圆钵形，直口，平沿，方唇，鼓腹曲内收，平底。口部有一宽凸棱，腹上部有一周凸弦纹，下腹部满饰削棱纹。柄长9.2、柄宽3.2～6.8厘米，口径16.6、最大腹径16.8、底径12.6、高6.2厘米（图一二，3）。

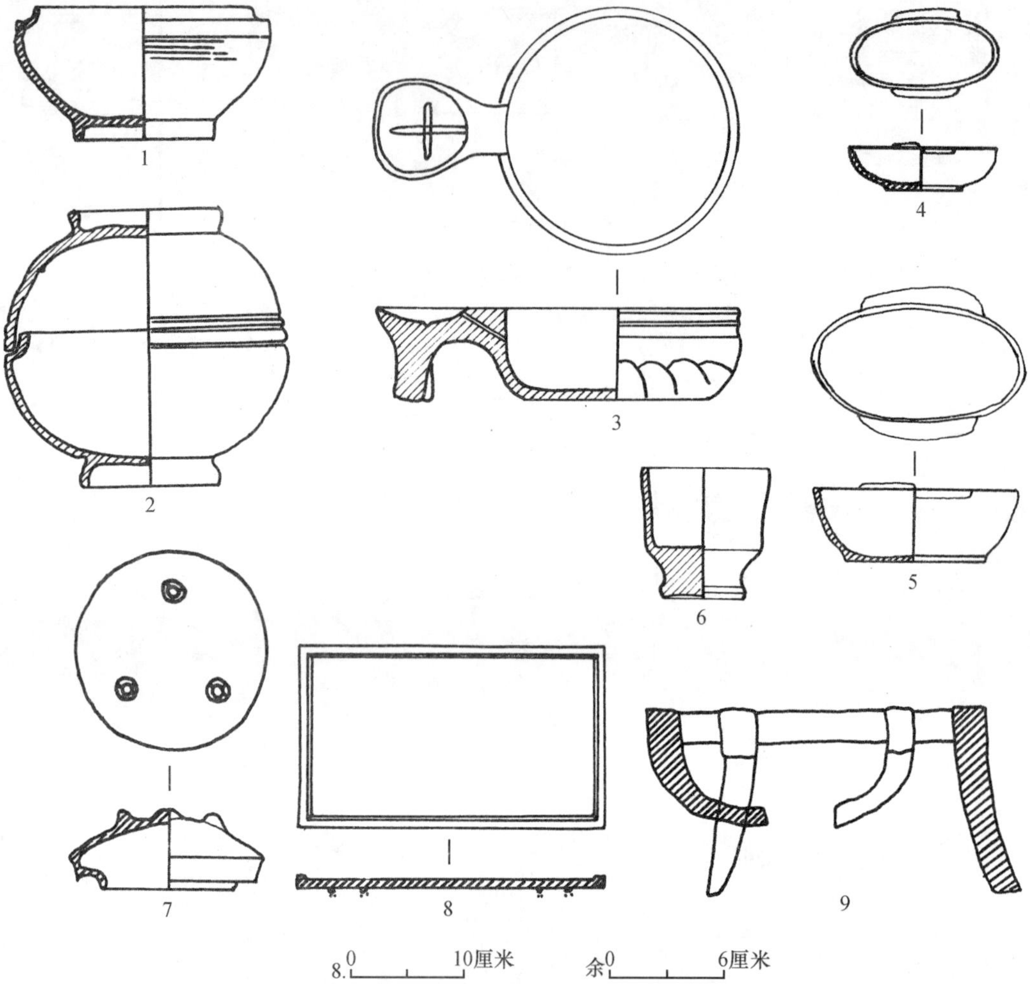

图一二 汉代墓葬出土陶器

1. Ⅰ式盒（M168：44） 2. Ⅱ式盒（M218：10） 3.灯（M218：4） 4. A型耳杯（M188：7） 5. B型耳杯（M188：49） 6. 杯（M218：1） 7. 器盖（M168：16） 8. 案（M168：14） 9. 支架（M168：2）

耳杯 4件。皆出土于M188中。根据腹部的不同，分为二型。

A型 斜直腹耳杯。3件。M188：7，泥质灰陶。轮制，刮修。敞口，平沿，方唇，沿口呈较规整的椭圆形状，斜直腹内弧收，外沿长边中部两侧附对称的狭长圆弧双耳，耳面略向上翘起，平底，下接低矮的椭圆形盘状实心饼足。通体素面。长径12.2、短径4.8、耳宽0.4、高2.4厘米（图一二，4）。

B型 弧腹耳杯。1件。M188：49，泥质灰陶。轮制，刮修。整体呈椭圆形，敞口，窄平沿略内斜，方唇，深弧腹内收，长边腹上部与沿口平处的中间附对称的半弧形双耳，盘状实心矮平底。通体素面。长径14.8、短径8、底径8.8、耳宽1.2、高4.8厘米（图一二，5）。

杯 1件。M218：1，泥质灰陶。轮制，刮修。小敞口，圆唇，斜直腹向下内收壁，平底，下接束腰实心矮圆柄，柄下为实心薄饼盘足。通体素面。口径9、底径8、高8.8厘米（图一二，6）。

勺 1件。M218：39，具体型式不明。

器盖 1件。M168：16，泥质灰陶。轮制，刮修。整体平面呈圆盘状，下部为子母口之子口，撇口微敛，卷沿，双唇，斜直壁，弧顶上鼓，顶中部均匀分布三个圆形乳突纽。通体素面。口径9.2、高5.2厘米（图一二，7）。

案　2件。出土于M168、M188中。M168：14，泥质灰陶。轮制，刮修。整体平面呈长方形，由一长方形案板和四只案足组成；案板直口、平沿、方唇、浅直腹，平底，板面四边都有方凸棱护边，内部下凹少许，案板背面平，下接四个分叉“人”字小足，已残。腹外壁中部饰一道凹弦纹。案板长42.4、宽24.4、厚2、残高3.2厘米（图一二，8）。

支架　1件。M168：2，泥质灰陶。轮制，刮修。上为一圆环，环断面为方形，环下均匀分布三个方蹄形足，足跟外撇，足与足之间均匀分布三个向内弯曲的曲尺托架，托架向内曲弧悬于半空。通体素面。环径22.4、宽1.6、厚2、高12.4厘米（图一二，9）。

仓　4件。出土于3座墓中。根据腹部的不同，分为二型。

A型　斜直腹，略外鼓。2件。皆出自M218中。M218：6，泥质灰黑陶。轮制，刮修。小敛口，折平沿，尖唇，矮领略束颈，斜折肩，肩腹圆折接，斜直腹略鼓，下腹折曲弧收，圜底。腹至底满饰绳纹，腹中部及下部各有一道宽体附加堆粗绳纹带。口径11.8、最大腹径19.2、高17.7厘米（图一三，1）。

B型　直腹。2件。皆出自M188中。M188：9，泥质灰黑陶。轮制，刮修。整体呈直筒形，器形较大，直口，平沿，方唇，矮直领，折斜肩，直深腹腹下折收，尖圜底。外腹至底部

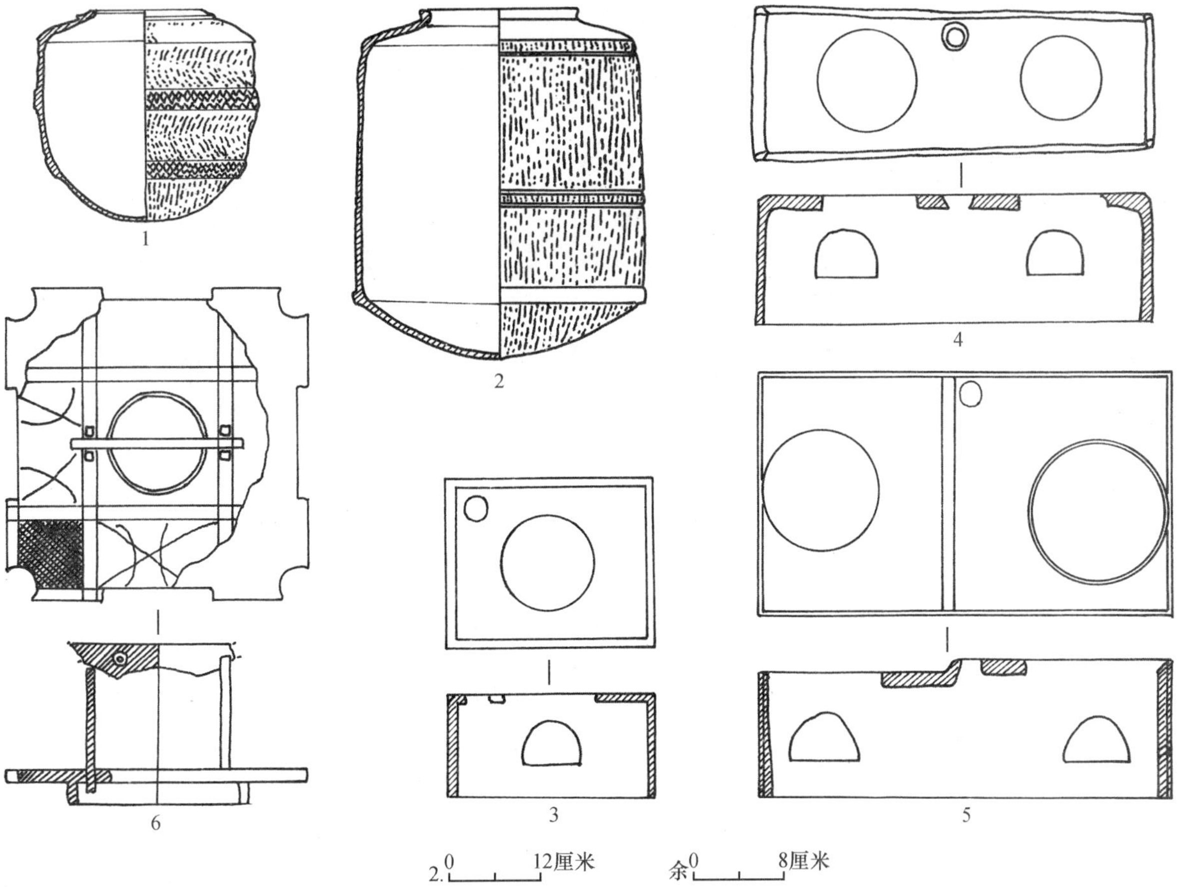

图一三　汉代墓葬出土陶仓、灶、井

1. A型仓（M218：6）　2. B型仓（M188：9）　3. A型灶（M188：18）　4. B型Ⅰ式灶（M218：14）　5. B型Ⅱ式灶（M188：78）　6. 井（M168：7）

先满饰拍印的细绳纹，然后在腹上部饰一道凹弦纹、腹中部饰两道凹弦纹、腹下部饰一道凸棱将通体的细绳纹隔断。口径20.4、最大腹径34.8、高42厘米（图一三，2）。

灶　4件。分别出土于3座墓中。根据釜眼、火门的不同，分为二型。

A型　单釜眼单火门灶。1件。M188：18，泥质灰陶。轮制，刮修。长方形单门灶，灶面中间设一圆形釜眼，左上角设一小圆孔烟囱，四边有明显的刮棱宽带弦痕，直壁，与烟囱相对的长边断面中间设半圆形火门，四角相接处刮削痕明显，无底，腹中空。通体素面。长18、宽14.4、高8.4厘米（图一三，3）。

B型　双釜眼双火门灶。3件。根据灶面的变化，分为二式。

Ⅰ式：釜眼在同一平面。2件。出自于M218、M168中。M218：14，泥质灰黑陶。轮制，刮修。平面呈长条状梯形，一端宽另一端略窄，灶面平面略小于灶底平面，灶面上两侧中间分别有一大一小两个圆形釜眼，灶面中后部两釜眼之间近后部斜边部位有一小的圆形烟囱孔，相对的斜边断面两侧中间各设一圆弧顶方形火门与灶面上的釜眼一起形成双灶共一烟囱的形制。通体素面。面长34.8、面宽12～12.8、底长35、底宽12.6～13、高10.7厘米（图一三，4）。

Ⅱ式：釜眼在上、下两个平面。1件。M188：78，泥质灰黑陶。轮制，刮修。整体平面呈长方形，上、下基本等长等宽，相交各边都有刮削斜面截边，双火门双釜眼将灶体分为高低两个部分，灶面上的釜眼为一大一小两个圆孔，大釜眼所在灶面高于小釜眼所在灶面，相交处为斜边，大釜眼右上角有一个小圆的烟囱，与两釜眼相对的一侧长壁中间各有一弧顶半圆形火门，其他各壁实心，直壁，无底，腹中空。通体素面。长36、宽20.4、高11.6厘米（图一三，5）。

井　1件。M168：7，泥质灰陶。轮制，刮修。由井架、井台、井筒三部分组成，整体平面呈凹边内弧角正方形。井架由两根方形立柱和一根上平下曲的曲尺方形横梁构成，横梁架在立柱上端的叉口上，两端略残，立柱立在井台中的方口中，并部分伸入井台下的井筒中；井架下为井台，平面凹边凹圆角正方形，由四条方形宽带凸弦纹将其分隔为九个区域，四角的四个区域平面都呈小正方形，外沿用宽带凸弦纹包边，外角凸棱没有连接平实，而是形成一内凹的半圆弧口，表面饰满细小的网格纹，外围中间的四个区域平面呈长方形，表面饰有不规则的多条相交的曲线纹，中心区域平面呈一大的正方形，正中有一圆形井圈；井台下为井筒，直口，直壁，浅腹，无底。井架宽14、高12.8厘米，井台边长26、厚1厘米，井筒深2.8厘米，通高13.5厘米（图一三，6）。

屋　3件。出土于2座墓中。其中2件型式清楚，1件（M168：28）型式不明。根据整器形态的不同，分为二型。

A型　单层屋。1件。M188：45，泥质灰陶。分体模制后对接，刮修。整体平面呈长方形，单层单檐斗拱，两面坡屋顶，五行瓦垄，正脊为长方形，正立面檐下设一斗三升的斗拱两个，山墙、背立面为实心清水墙。面阔28.8、进深9、高42.3厘米（图一四，1）。

B型　双层屋。1件。M188：44，泥质灰陶。分体模制后对接，刮修。整体平面呈横长方形，立面呈竖长方形，上下两层重檐，两面坡屋顶，五行瓦垄，正脊两端正吻呈三角形，正立面上下檐下各设一斗三升的斗拱一个，二楼设方形回廊，半闭合栏杆，如意轩支撑，山墙上下设圆形孔，背立面上下连为一体，实心清水墙。面阔38、进深12、高32厘米（图一四，2）。

池塘　2件。根据整器形态的不同，分为二型。

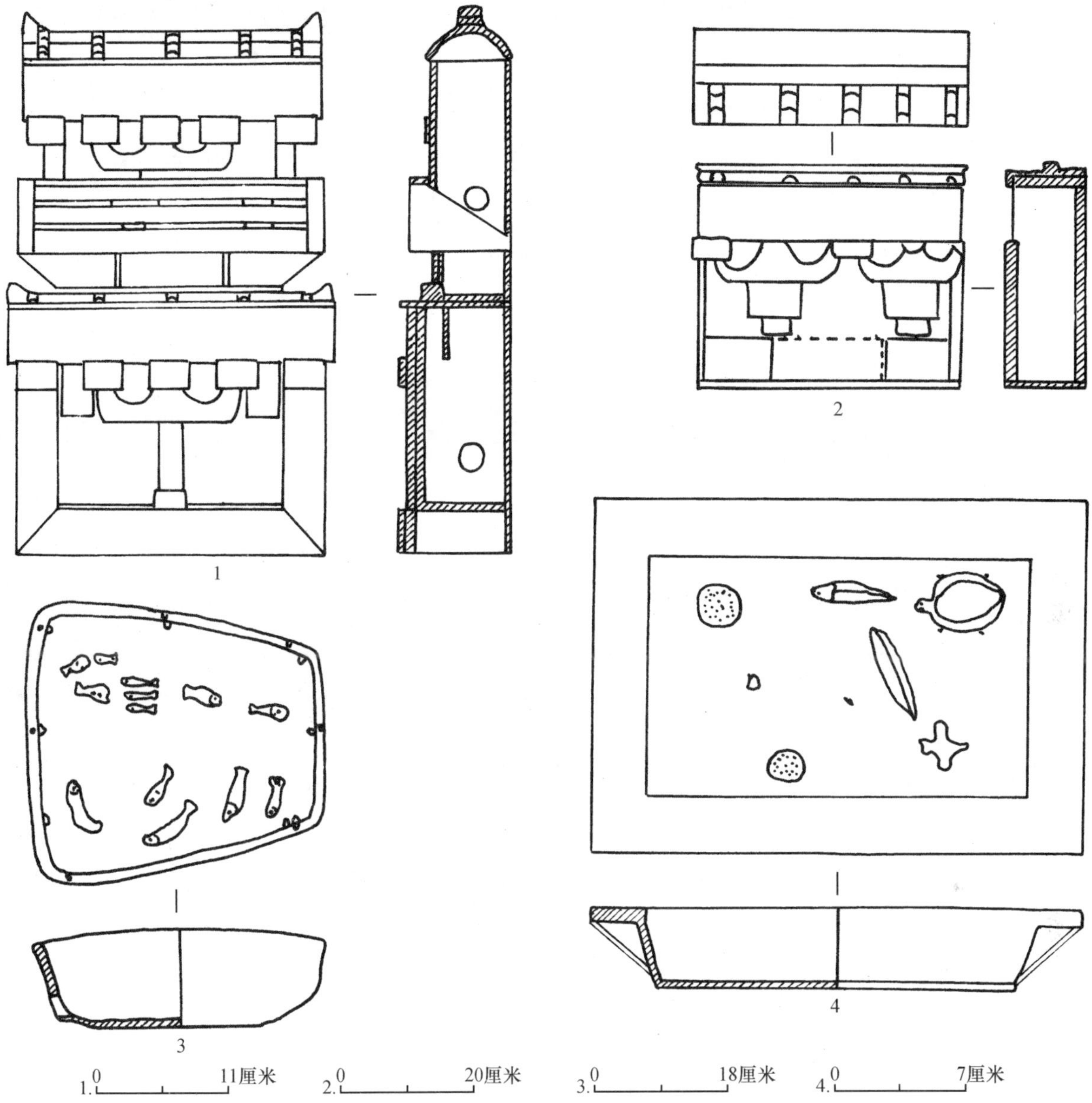

图一四　汉代墓葬出土陶屋、池塘

1. A型屋（M188：45）　2. B型屋（M188：44）　3. B型池塘（M188：65）　4. A型池塘（M188：77）

A型　长方形平底池塘。1件。M188：77，泥质灰陶。轮制，刮修，分体制作后拼接，圆雕动植物后粘接在器底。整体平面呈长方形，上大下小，敞口，宽平沿，方唇，斜直壁，平底，底部与腹部有明显的拼接痕迹，沿下与器底之间用斜方柱支撑，内底上粘接有圆雕的鱼、鳖、莲子等水生动植物。通体素面。口沿长24.8、最宽18.6厘米，底长19.2、宽12.6厘米，通高5.7厘米（图一四，4）。

B型　不规则圆形圜底池塘。1件。M188：65，泥质灰陶。轮制，刮修。压模，圆雕，整体平面呈弧角梯形，直口略敛，平沿，方唇，弧壁内收，腹下部一边近底处中间有一个小方孔为出水洞，内壁上部附着数个圆雕的螺蛳壳，底部压模13条大小不一的鱼，平底。长27、宽21～30、高10.2厘米（图一四，3）。

人俑 21件。分别出土于2座墓中。其中型式清楚的有19件，另外2件（M168：21、M188：58）型式不明。根据整器表现内容的不同，分为男俑、女俑、乐舞俑三类。

男俑 4件。出土于2座墓中。根据整器姿势的不同，分为二型。

A型 跽坐俑。1件。M168：1，泥质灰陶。捏制，圆雕。头着方冠，圆方脸，双目平视，高鼻，小嘴紧抿，身着两层右衽交领广袖长袍，束腰，跽坐，双手抚腿。着红彩，已大部脱落。宽14、厚10、高20厘米（图一五，1）。

B型 站姿俑。3件。根据表现内容的不同，分为三亚型。

Ba型 抱琴男俑。1件。M168：39，泥质红陶。模制，圆雕。站立状，头着单帻，国字脸，眉清目秀，窄细鼻，小口略抿，略向左侧视，内着翻领曳地长裙，外着右衽交领广袖长袍，右臂向前曲平伸，右手隐于广袖中，左上臂裹挟一圆头长琴，下臂紧靠腰部伸向脐上，左手伸出袖外，轻握长长的双缨琴带，双腿直立隐于长裙内。宽16、厚8、高29.2厘米（图一五，2）。

Bb型 持物男俑。1件。M188：76，泥质红陶。范模压坯，粘接，圆雕。正面和背面分体压模成型后再对接成一个整体，有明显对接痕，方脸，头挽方髻包单方巾至后颈，眼模糊，小尖鼻，小嘴歪斜微启，内着圆领内衣，外着交领广袖曳地长袍，双臂前曲，左臂包裹一长条形物件斜插于腹前，双手相握交于腹前，双腿自然站立隐于长衫内。宽8.8、厚7、高19厘米（图一五，3）。

Bc型 持剑男俑。1件。M188：32，泥质红陶。范模压坯，粘接，圆雕。正面和背面分体压模成型后再对接成一个整体，有对接痕，站姿，头挽髻着双层高冠，上层为方形，下层为圆形，圆胖脸，略向右倾，斜眼专注平视前方，窄小圆鼻，小嘴微启，面部丰腴富态，内着圆领曳地长裙，外着右衽交领广袖短衫，双臂前曲，双手交握于腹前，左侧斜挂长剑，下肢隐于长裙内。宽9.8、厚8.2、高23厘米（图一五，4）。

女俑 3件。皆出土于M188中。M188：72，泥质红陶。范模压坯，粘接，圆雕。正面和背面分体压模成型后再对接成一个整体，有明显对接痕，圆脸，头挽圆髻包单巾至后颈，眼模糊，小圆鼻，小嘴微启，内着圆领内衣，外着双层右衽交领广袖曳地长裙，双臂前曲，双手相握交于腹前，双腿自然站立隐于长衫内，整体富态、恬静。宽7.3、厚5.6、高15.4厘米（图一五，5）。

乐舞俑 12件。根据角色的不同，分为六型。

A型 听乐男俑。4件。出自于M168、M188两座墓葬中，其中M168有3件、M188有1件。M168：10，泥质灰陶。捏制，圆雕。头着帻，瓜子脸，眯眼，窄鼻，口微启，内着翻领内衣，外着右衽交领广袖长袍，右臂向下曲垂，右手置于腹前，左臂上举，左手抚左耳，做聆听状，腰间束带，双腿向前跪坐，神态专注入迷。着红彩，已大部脱落。宽14、厚15、高19厘米（图一六，1）。

B型 抚琴男俑。2件。出自于M168、M188两座墓葬中。M168：19，泥质灰陶。捏制，圆雕。头着单帻，瓜子脸，浓眉大眼，尖鼻，嘴唇张启，露舌露齿，面带微笑，细颈，内着高圆领内衣，外着右衽交领广袖长袍，双腿跽坐，上面放置一把长条形琴，双臂下垂，双手平放在琴面上，做正在拨动琴弦状。宽18、厚12、高20.8厘米（图一六，3）。

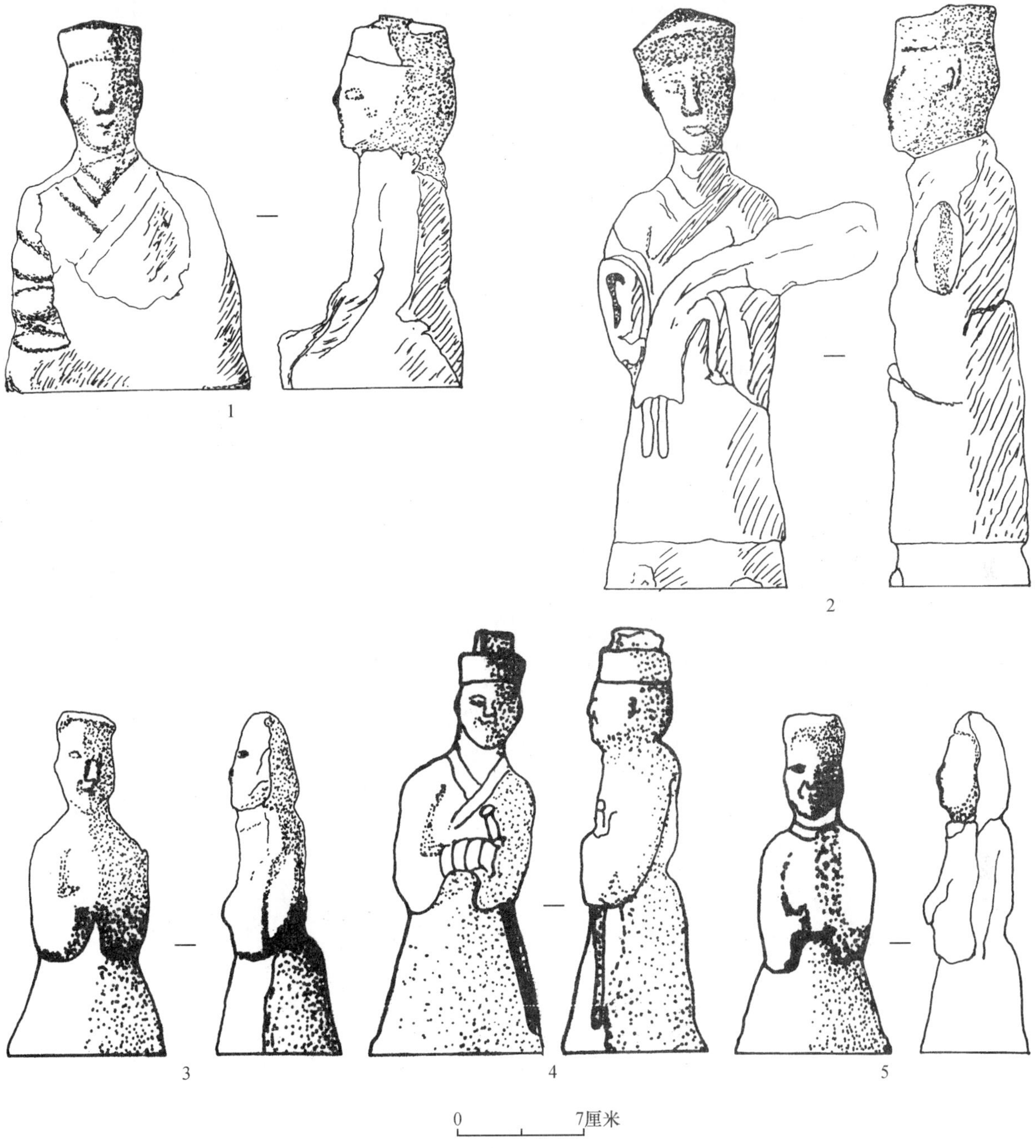

图一五　汉代墓葬出土陶男俑、女俑

1. A型男俑（M168：1）　2. Ba型男俑（M168：39）　3. Bb型男俑（M188：76）

4. Bc型男俑（M188：32）　5. 女俑（M188：72）

C型　击鼓男俑。2件。出自于M168、M188两座墓葬中。M168：18，泥质红陶。捏制，圆雕。头戴双层高冠，上层为方柱形，下层为圆形，圆脸，斜眯眼，宽鼻，大嘴紧抿，内着翻领内衣，外着右衽交领广袖长袍，右臂平曲上举，右手残毁不存，左臂下垂，左手持小圆鼓平放在左腿上，双腿跽坐。宽15.6、厚13.2、高27厘米（图一六，4）。

D型　吹箫男俑。1件。M188：31，泥质灰陶。范模压坯、粘接、圆雕。正面和背面分体压模成型后再对接成一个整体，对接痕明显，坐姿，圆脸，头着双层高冠，挽髻，两眼微闭，

图一六　汉代墓葬出土陶乐舞俑

1. A型（M168：10）　2. D型（M188：31）　3. B型（M168：19）　4. C型（M168：18）　5. E型（M168：9）　6. F型（M168：42）

窄长鼻，颧骨高耸，嘴唇轻启，口含一长条形箫上端，做吹奏状，矮粗脖，着双层交领广袖长袍，左臂向前上举，左手轻握箫的中部，右臂向前平举，右手轻握箫的下部，箫的下端隐于外袍之中，跽坐，下肢隐于袍内。宽13.4、厚11、高20.8厘米（图一六，2）。

E型　舞蹈女俑。2件。出自于M168、M188两座墓葬中。M168：9，泥质灰陶。捏制，圆雕。头部包巾挽髻，圆脸，眉清目秀，小窄鼻，小口微抿含笑，细长颈，褺衣圆领，右衽广袖曳地长裙，胸部向右微侧，右手曲上举，左手斜抚细腰，略提裙服，腰部束带，右腿后斜踮微向下蹲，左腿向右微侧上曲抬离地，手舞足蹈，活灵活现。着红彩，现已脱落。宽13.8、厚11、高20.4厘米（图一六，5）。

F型　男面具俑。1件。M168：42，泥质灰黑陶。模制，圆雕。只有头部，整体用夸张的手法刻划出一个异域风格的脸部，扁圆形脸庞，头戴单层瓜皮尖顶帽，大耳竖起，双目硕大，向外凸起，鼻梁坚挺高耸，颧骨肌肉肥大，嘴唇微张，嘴边变形，面带微笑，形似化妆后戏化的小丑面具。面宽16、厚18.6、高19.2厘米（图一六，6）。

鸡俑　3件。根据公母的变化，分为二型。

A型　公鸡。2件。出自于M168、M188两座墓葬中。M168：29，泥质红陶。模制，刮修。站姿，尖嘴向下张开，鸡冠直立，呈三角形，颈脖圆粗斜向上伸出，背部较宽，后部斜竖高高的鸡尾，鼓腹，下接有点变形的圆柱形中空的底座；背腹两侧饰两凸棱斜线，形成两翼痕，尾部正面饰数道曲折的凹弦纹，形成羽毛痕。长21.4、厚10、高19厘米（图一七，1）。

B型　子母鸡。1件。M188：47，泥质红陶。模制，圆雕。坐姿，母鸡尖嘴抬起，目视前方，脖子竖立，双翅微张，尾部短宽，背部较宽，上面蹬立一小鸡，胸前附着另一只小鸡，低矮圆环中空底座。长32.2、宽17.6、高25.8厘米（图一七，2）。

狗俑　2件。出自于M168、M188两座墓葬中。M168：30，泥质红陶。模制，刮修。身材矮胖，体健，站姿，抬头挺胸，目视前方，嘴巴闭合，圆颈粗壮，背腹浑圆，屁股高抬，尾巴只存根部，颈腹处拴有宽方凸棱状的条带狗绳，四腿笔直站立，内侧刮修光滑，趾角刻画分明。长24.4、宽13、高21.4厘米（图一七，3）。

猪俑　1件。M188：52，泥质红陶。范模压坯、粘接、圆雕。左右两侧分体压模成型后再对接成一个整体，有明显对接痕。站姿，头前深，噘嘴，双耳趿拉，尾巴弯曲贴身。长28、宽10.8、高12.1厘米（图一七，4）。

马俑　1件。M168：33，泥质灰黑陶。模制，刮修。身材优美，体健，站姿，头向上抬起，挺胸，目视上前方，嘴巴闭合，圆颈粗壮，背腹浑圆，尾巴上翘，尾尖不存，前腿笔直站立，后腿略曲，四蹄刻画生动。通体素面。长77.6、宽25.6、高85.8厘米（图一七，5）。

辟邪俑　1件。M188：34，泥质红陶。范模压坯，粘接，圆雕。左侧和右侧分体压模成型后再对接成一个整体，有明显对接痕，似狗非狗拟人状镇墓兽。坐姿，扁平方形头，双耳竖立，二目凸起，瓜瓣鼻，嘴巴张开，长舌落地，前肢细长弯曲，前蹄落地，身体竖立呈前倾状，后肢下蹬，屁股着地。长15、宽9、高21.8厘米（图一七，6）。

2. 彩陶器

共2件，皆出土于M168中，器形有碗、器盖。

碗　1件。出土于1座墓中。M168：17，泥质红陶胎。轮制，刮修。制作较粗糙。整体呈碗形，敞口，卷沿，圆唇，深腹，上腹向下向内斜直收，饰数道凹弦纹，下腹折收至平底，折痕明显，底下接圆形圈足，足墙直，足面平。外壁饰红黑彩，大面积脱彩。口径16.4、最大腹径16、圈足径9.6、高8厘米（图一八，1）。

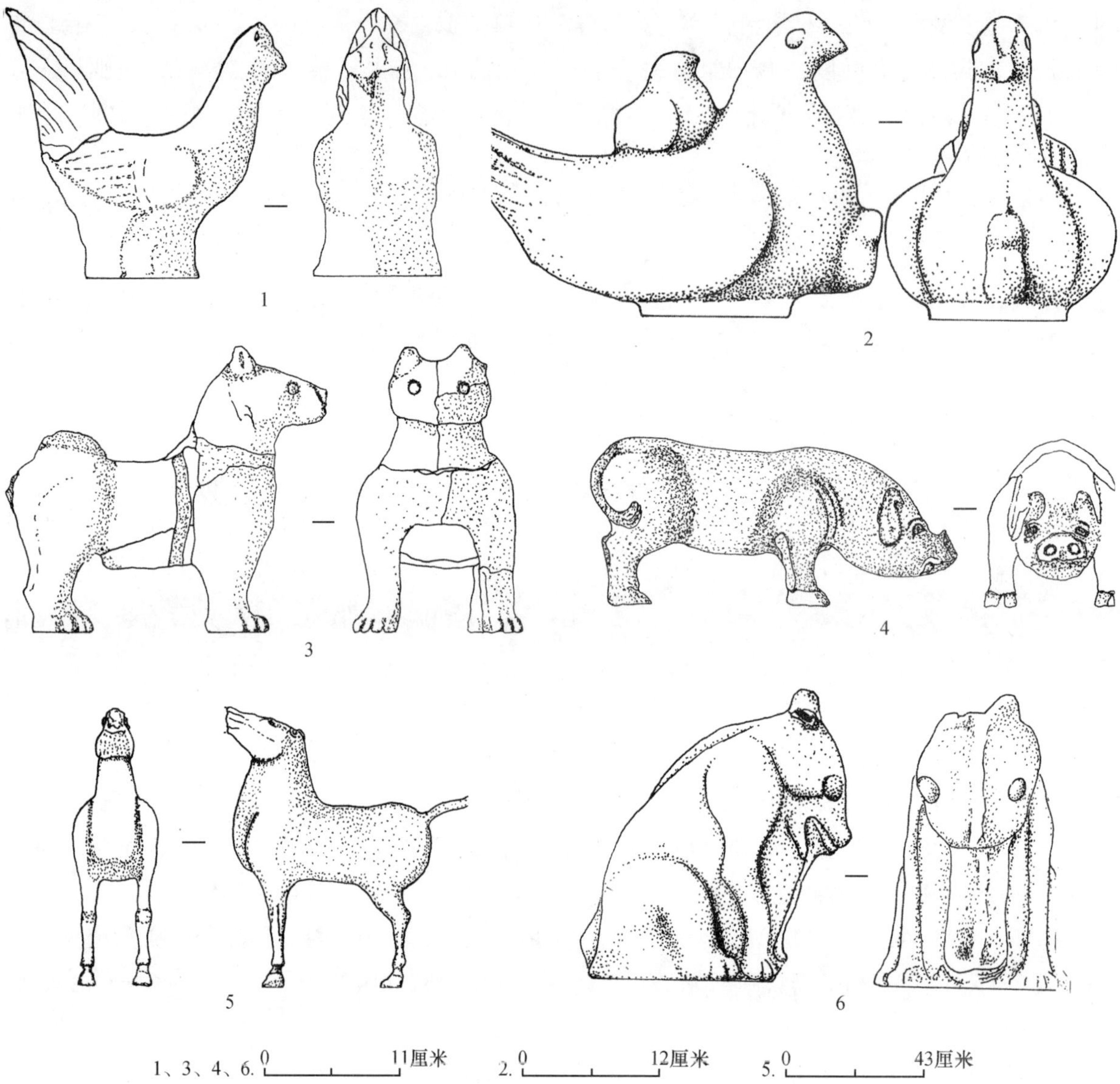

图一七　汉代墓葬出土陶动物、辟邪俑

1. A型鸡俑（M168：29）　2. B型鸡俑（M188：47）　3. 狗俑（M168：30）　4. 猪俑（M188：52）
5. 马俑（M168：33）　6. 辟邪俑（M188：34）

器盖　2件。出土于1座墓中。M168：20，泥质红陶胎。轮制，刮修。表面磨光，上漆红黑彩，整体平面呈圆盘形，下部为子母口之母口，敞口，平沿，方唇，壁弧顶上鼓，中部饰两道凹弦纹，上顶均匀分布三个圆形乳突纽。盖顶通体磨光，饰深褐色底漆，再在上面用朱砂彩绘点线纹及勾连云气纹。口径16.6、高5.6厘米（图一八，2）。

3. 釉陶器

共33件，分别出自3座墓葬中。包括壶、盆、盘、钵、囷、盂、洗、勺、魁、熏炉、灶、器盖等器类。

壶　4件。出土于2座墓中。根据器物底部的不同，可分为三型。

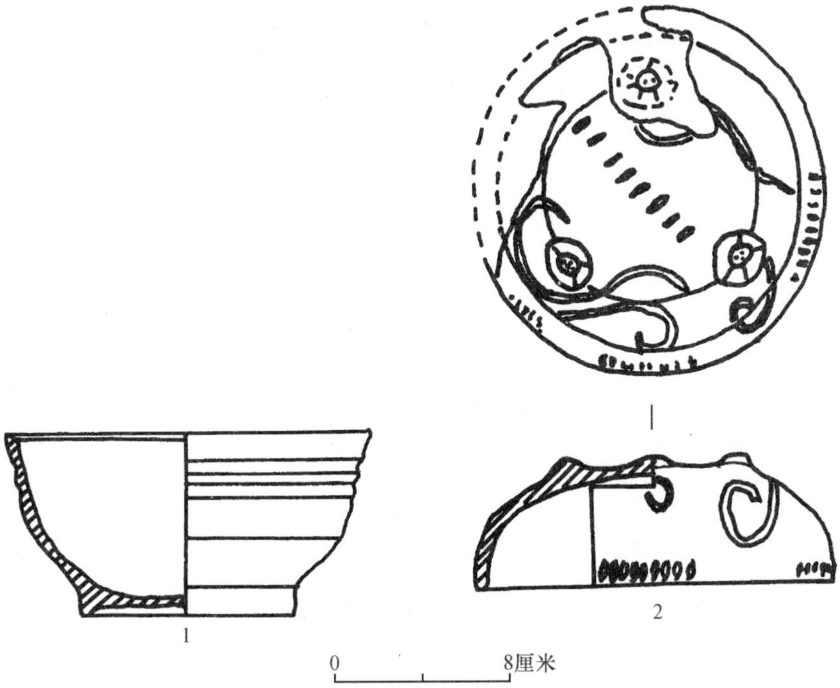

图一八　汉代墓葬出土彩陶器

1. 碗（M168：17）　2. 器盖（M168：20）

A型　喇叭形高圈足壶。2件。皆出自于M188中。M188：5，泥质红陶胎。轮制，刮修。侈口，平沿，方唇，高领，束颈，溜肩，鼓腹，肩腹处附对称的两铺首衔环，腹壁弧收，平底略下凸，下接圆盘形高圈足，足壁斜直，向外略撇，足面平。颈中部有两道凹弦纹，肩上部和中部各有一道凹弦纹，腹中上部有一道凹弦纹，圈足壁中部有一道凹弦纹。内外施酱红色釉，施釉不均，多出有脱釉现象。口径15、最大腹径24、圈足径14.4、高30.4厘米（图一九，1）。

B型　圈足残。1件。M168：27，泥质红陶胎。轮制，刮修。侈口，平沿，尖唇，高领束颈，鼓肩，肩上部饰两个对称的兽面铺首衔环，鼓球腹，腹斜曲收至平底，底下折接盘状圈足，足残。沿下、颈肩交接处及腹中部饰有凹弦纹。器表磨光后再施一层青黄釉。口径10.2、最大腹径19.2、底径11.4、残高21.6厘米（图一九，2）。

C型　盘状高圈足壶。1件。M188：10，泥质红陶胎。轮制，刮修。由器盖和器身两部分组成，二者通过子母口连接，器盖为子口，器身为母口；器盖整体为圆弧顶饼状形，敛口，折沿，双唇，顶部向上弧凸，顶心近平，顶中均匀竖立三个弧角三角形小纽；器身侈口，平斜沿，尖唇，高长领束颈，溜肩，肩下部有对称的铺首衔环双耳，肩腹圆接，鼓腹弧收，平底，下接圆盘形高圈足，足壁上弧下直，足面平。肩腹饰有数道凹弦纹。内外施青黄釉，釉层厚薄不均，有大量的脱釉。壶盖口径15、高5.2厘米，壶身口径14.2、最大腹径24、圈足径13.2、高28厘米，通高33.2厘米（图一九，3）。

盆　4件，出土于2座墓中。根据腹部的不同，分为三型。

A型　折腹盆。1件。M168：41，泥质红陶胎。轮制，刮修。敞口，宽平折沿略向内斜，圆唇，浅折腹，腹壁斜直内收，中部有明显折痕，小平底。通体素面。内外通体施酱红釉，施釉厚薄不均，外壁脱釉严重。口径19.6、最大腹径18.2、底径6、高6厘米（图一九，4）。

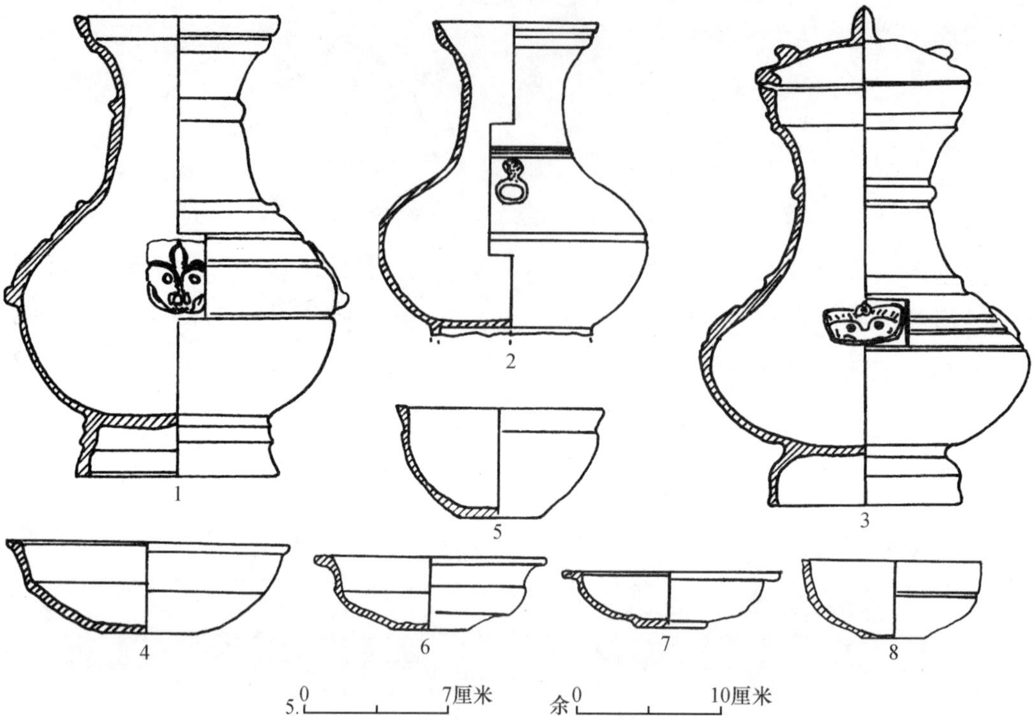

图一九　汉代墓葬出土釉陶器

1. A型壶（M188：5）　2. B型壶（M168：27）　3. C型壶（M188：10）　4. A型盆（M168：41）
5. C型盆（M188：27）　6. A型盘（M188：66）　7. B型盘（M188：28）　8. 钵（M188：19）

B型　垂腹盆。1件。M168：35，泥质红陶胎。侈口，宽斜沿，方唇，折领，鼓腹向下外弧曲收，最大径位于腹中下部，形成垂腹，平底。腹中部饰三道凹弦纹。口沿及内壁施酱红色釉，施釉不均，有多处脱釉。

C型　弧腹盆。2件。皆出自M188中。M188：27，泥质红陶。轮制，刮修。敞口，平沿，圆唇，矮直领束颈，弧腹向内曲收，平底。腹上下各有一道凹弦纹。口径13.8、最大腹径12、底径4.8、高5厘米（图一九，5）。

盘　3件。皆出土于M188中。根据腹部的不同，分为二型。

A型　深腹盘。1件。M188：66，泥质红陶胎。轮制，刮修。敞口，宽平沿，圆唇，高领略束颈，窄折肩，肩腹折接，斜腹弧收，平底。通体素面。口沿及内壁施青黄釉，施釉不均，有脱釉现象。口径16.2、最大腹径13.2、底径5.2、高4.7厘米（图一九，6）。

B型　浅腹盘。2件。M188：28，泥质红陶胎。轮制，刮修。盆形，敞口，宽平沿，方唇，略束颈，上腹弧略鼓，下腹曲弧收，腹较浅，平底。通体素面。内外施青黄釉，施釉不均，外壁釉层基本脱落。口径15.2、最大腹径12.4、底径5.4、高3.6厘米（图一九，7）。

钵　2件。皆出土于M188中。M188：19，泥质红陶胎。轮制，刮修。敛口，平沿，方唇，深直腹，上腹直略外鼓，下腹向内弧收，平底。腹中部饰两道凹弦纹。内外施酱红色釉，施釉不均，有多处脱釉。口径13.2、最大腹径13.2、底径4.2、高5.1厘米（图一九，8）。

囷　5件。皆出土于M188中。根据器物肩部的不同，可分为二型。

A型　鼓肩囷。3件。M188：41，泥质灰陶胎。敛口，宽平沿外翻，尖唇，矮领束颈，鼓肩，肩腹圆接，鼓腹向下斜直收，平底内凹。肩腹中部各有一道凹弦纹。内外施青黄釉，施釉较均匀，局部表面有磕碜，釉层有脱落。口径10.5、最大腹径18.4、底径10.8、高11.6厘米（图二〇，1）。

B型　折肩囷。2件。M188：21，泥质红陶胎。轮制，刮修，圆雕。由器盖和器身两部分组成，二者通过子母口相连接，器盖为母口，器身为子口；器盖呈圆弧顶锅状，敞口，平沿，方唇，斜直壁内收，圆弧顶上鼓，顶心附着一鸟嘴小纽；器身敛口，卷沿，圆唇，矮直领略束颈，折肩，肩腹折接，腹向下斜直收，平底。罐盖顶上面布满刻划的菱形网纹。内外施酱红色釉，施釉不均，脱釉严重，罐身釉层基本脱落。罐盖口径8.2、高6.8厘米，罐身口径7.2、最大腹径10.4、底径5、高6厘米，通高11.2厘米（图二〇，2）。

盂　2件。皆出土于M188中。根据器物肩部的不同，分为二型。

A型　折肩盂。1件。M188：26，泥质红陶胎。轮制，刮修。侈口，卷沿外翻，尖唇，高直领略束颈，折肩，肩腹折接，腹向下斜弧收，平底。腹上饰数道凹弦纹。内外施青黄色釉，施釉不均，脱釉严重，腹部以下釉层基本脱落，口径9.2、最大腹径10、底径5.2、高7.4厘米（图二〇，3）。

B型　溜肩盂。1件。M188：62，泥质红陶胎。轮制，刮修。侈口，卷沿，圆唇，高领束颈，溜肩，肩腹圆接，鼓腹弧收，平底略凹。腹部布满瓦棱状凹弦纹。内壁口沿及外壁腹中部以上部分施酱红色釉，釉层较厚，局部有脱釉，积釉处釉色泛黑。口径13、最大腹径13.6、底径8.8、高7.6厘米（图二〇，4）。

洗　1件。M188：22，泥质红陶胎。轮制，刮修。敛口，折宽斜沿上翘，方唇，矮束颈，深腹，上腹直略外鼓，下腹向内弧收，平底，下接矮饼足。腹中部饰数道凹弦纹。内外施酱红色釉，施釉不均，有多处脱釉。口径19.4、最大腹径18、底径10.8、高7.8厘米（图二〇，5）。

勺　2件。分别出土于M168、M188中。根据器柄的变化，分为二式。

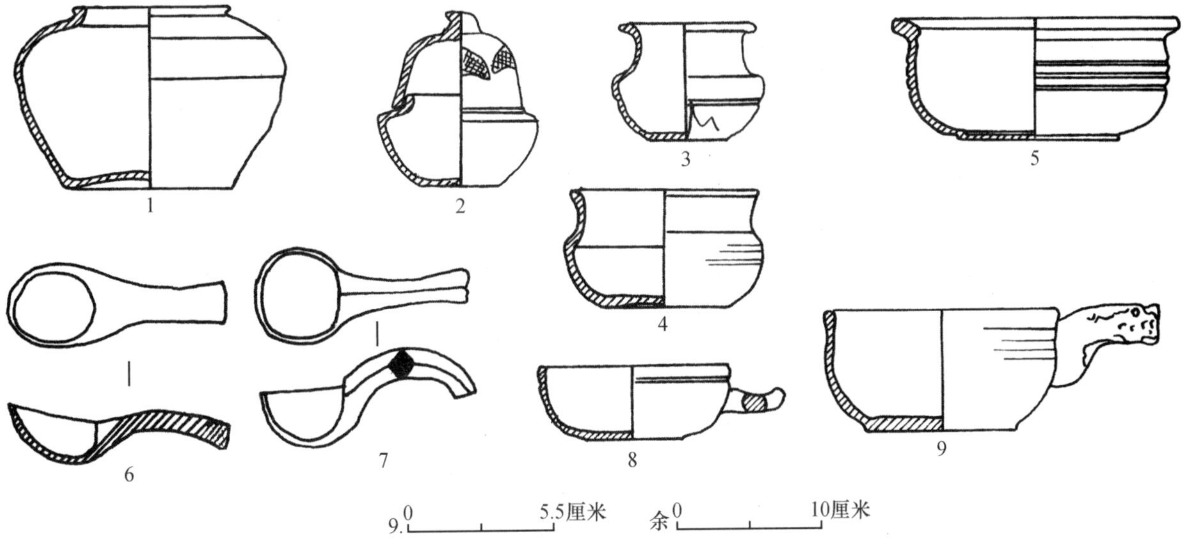

图二〇　汉代墓葬出土釉陶器

1. A型囷（M188：41）　2. B型囷（M188：21）　3. A型盂（M188：26）　4. B型盂（M188：62）　5. 洗（M188：22）　6. Ⅰ式勺（M168：38）　7. Ⅱ式勺（M188：80）　8. A型魁（M188：6）　9. B型魁（M188：83）

Ⅰ式：1件。半圆柱条形柄，柄身向下略曲。M168：38，泥质红陶胎。轮制，刮修。勺身为半球形，敞口，平沿略向内斜，方唇，弧腹内收，圆圜底，口沿一侧伸出曲尺形实心勺柄，断面呈半圆形，柄面平，其余部位圆弧，近面处两侧各有一道凹弦纹，柄身略弯曲，柄首略加宽。内外施酱红釉，脱釉严重，大部分部位的釉层脱落。口径5.6、长14.6、高4.2厘米（图二〇，6）。

Ⅱ式：1件。弯曲柱形柄，柄首向下弯曲近垂直状。M188：80，泥质红陶胎。轮制，刮修。由器柄和器身两部分构成，器柄柄面和器身内部施酱红色釉，施釉较均匀，釉面保存较好，口沿有流釉，积釉处釉色发黑；器柄呈弯曲条柱状，断面呈不规则多边形，柄面及两侧刮削截面，削棱清晰，背面为圆弧状，整体从器身的口沿处延伸而出，柄首弯曲幅度很大，接近垂直状态。器身整体呈半球形，敞口，卷沿，圆唇，弧腹向下曲收，圜底。口径5.6、长14.4、高6厘米（图二〇，7）。

魁　4件。皆出土于M188中。按器柄的部位不同，分为二型。

A型　平柄魁。3件。平底，器柄为兽首。M188：6，泥质红陶胎。轮制，刮修。由器身和器柄组成；器身为圆钵形，敛口，平沿，方唇，深弧腹内收，平底；器柄为蛇首形小鋬手，贴附在器身腹壁一侧的中部，蛇首向上翘起。腹上部有一道凹弦纹。内外施酱红色釉，施釉不均，多出有脱釉现象。口径13、最大腹径13、底径6.4、高5厘米（图二〇，8）。

B型　斜柄魁。1件。M188：83，泥质红陶胎。轮制，刮修。由器柄和器身两部分构成，器柄呈弯曲圆柱状，上细下粗，柄首卷曲为鸟嘴形，鸟嘴朝前，整体粘接在器身口沿上向上斜伸；器身整体呈圆盘形，敛口，卷沿，圆唇，弧腹向下曲收，最大径位于腹中部，平底。器身内部施青黄色釉，施釉较薄，釉面保存不好，局部有脱釉现象。口径5.6、长8.4、底径2.4、高4.4厘米（图二〇，9）。

熏炉　4件。分别出土于2座墓中。根据整器形态的不同，分为二型。

A型　博山炉。3件。器身呈豆形，器盖呈山峦形。根据豆柄的变化，分为二式。

Ⅰ式：1件。细高柄。M188：85，泥质红陶胎。由器盖和器身组成，二者用子母口相连接，器盖为母口，器身为子口。器盖轮制，刮修口沿和中空的三角形内腹，手工圆雕顶部，整体呈圆顶三角形博山状，敞口，平沿，方唇，外沿为一周方形宽带边，顶身堆塑层层山峦；器身轮制，刮修，表面磨光，豆形，直口，平沿，方唇，浅直腹，向下折收，折痕明显，平底，下接粗短的实心曲圆柄，柄下接盘状高圈足，足壁向下曲弧收，足底略向外撇。外壁施青黄色釉，施釉很薄，绝大部分釉层脱釉。器盖口径11、高5.2厘米，器身口径11、最大腹径11、圈足径8.8、高10.4厘米，通高15.6厘米（图二一，1）。

Ⅱ式：2件。矮粗柄。分别出自M168、M188中。M168：37，器盖为泥质红陶胎，器身为泥质黑灰陶。器盖和器身二者用子母口相连接，器盖为母口器身为子口。器盖轮制、刮修口沿和中空的三角形内腹，手工圆雕顶部，表面施有一层薄薄的青釉，釉变明显，釉色泛灰白，有大面积脱釉现象，整体呈三角形博山状，敞口，平沿，方唇，三角尖顶；器身轮制，刮修，表面磨光，豆形，敛口，平沿，方唇，深腹，腹上部直壁略向外鼓，下部向内曲弧收，小平底，下接粗短的实心圆柄，柄下接盘状高圈足，足壁向上弧鼓，中部略折，有折痕，足底略向外撇。器盖外沿有一周方形宽带边，顶身堆塑层层山峦，器身腹中部有一道凹弦纹。器盖口

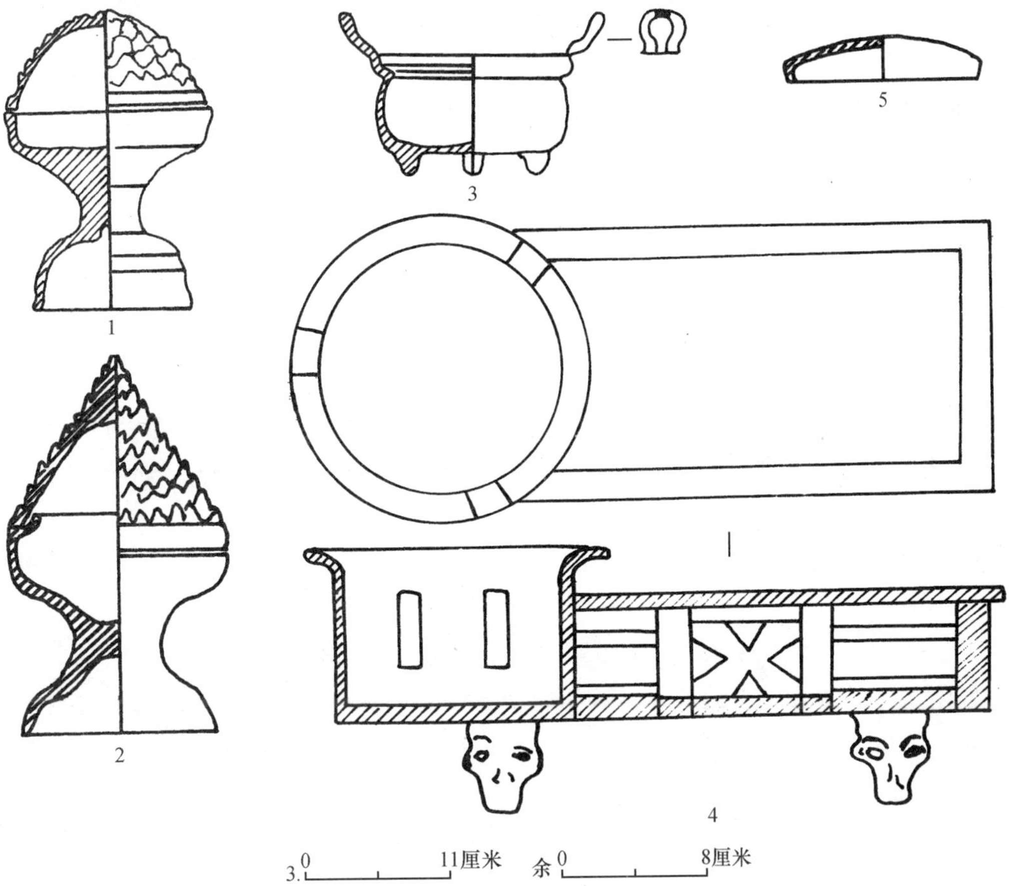

图二一　汉代墓葬出土釉陶炉、灶、器盖

1. A型Ⅰ式熏炉（M188：85）　2. A型Ⅱ式熏炉（M168：37）　3. B型熏炉（M188：30）　4. 灶（M188：12）　5. 器盖（M168：43）

径11.6、高8.8厘米，器身口径9.2、最大腹径12、圈足径10.8、高10.8厘米，通高20.1厘米（图二一，2）。

B型　鼎式炉。1件。器身呈鼎形。M188：30，泥质红陶胎。轮制，刮修。侈口，折沿，沿面宽曲，中间内凹，圆唇，唇上附着竖立对称半圆环曲形双耳，矮束颈，直腹略外弧，腹上下各饰一道凹弦纹，平底，下接三个三角柱形小矮足。内外施青黄釉，施釉不均，外壁釉层大面积脱釉露胎。口径5.6、最大腹径10.8、底径8、耳高3.6、足高1.2、高8.8厘米（图二一，3）。

灶　1件。M188：12，泥质红陶胎。是加热食物的工具，俯视平面呈横长方套圆环组合主辅灶形。轮制、刮修、粘接、圆雕相结合制成胎体。内外施青黄釉，釉层厚薄不均，有大量的脱釉。由主灶、辅灶、基座三部分构成，三部分粘接成一个整体，不可分割；主灶呈圆筒形，侈口，斜折沿上翘，沿面均匀附着三个方形纽，方唇，直壁，壁上均匀镂空四个竖长条形散热孔，与辅灶相连之壁开方形大孔与辅灶直接沟通，平底；辅灶呈长方形箱式，平面低于主灶，短边一侧两端粘接在主灶的腹部，将主灶的壁体包裹近一半，直口，平宽沿，外沿伸出灶体之外，方唇，直壁，长边壁对称镂空横长条形、三角形等几何形散热孔，中间刻划交叉线纹，平底；基座为四个兽面蹄形柱，矮粗，足面平实，形成将整个主辅灶体悬空的风格。主灶直径16.4、高9.2厘米，辅灶长26、宽14.6、高6.5厘米，总长38.4、宽14.6～16.4、通高13.6厘米（图二一，4）。

器盖 平顶。1件。M168：43，泥质红陶胎。轮制，刮修。器表磨光，整体呈圆盘饼状，敛口，平沿，方唇，浅斜直壁，顶部略向上鼓，顶心近平。器身刮痕较多，有多道旋痕，通体素面。内外施酱红釉，有脱釉现象。口径10.4、高2.4厘米（图二一，5）。

4. 铜器

共14件（套），分别出自4座墓中，包括炊器、水器、兵器和货币，器形有鍪、洗、箭镞、铜钱等。

鍪 2件。分别出土于M218、M188中。根据耳部位置的不同，分为二式。

Ⅰ式：1件。双耳设在肩腹处。M218：29，范模铸造。敞口，平沿，方唇，斜长束颈，折肩，肩腹折接，肩腹处有不太对称的圆环状双耳，上腹直，下腹斜曲弧收，圜底较平，下有烟熏痕，置放在铁支架上。肩腹处饰三道凹弦纹，双耳耳面饰叶脉纹。口径15、最大腹径17.5、底径7.5、高15厘米（图二二，1）。

Ⅱ式：1件。双耳设在颈肩处。M188：3，范模分铸。敞口，折沿，尖唇，高领束颈，溜肩，颈肩处附对称的半圆环形双耳，肩腹折接，上腹斜直内收，下腹弧收，圜底近平。腹上部饰两道凸棱纹。口径20、最大腹径21、高17.4厘米（图二二，2）。

洗 1件。M218：9，范模铸造。敞口，折斜沿，尖唇，高领束颈，端肩，鼓腹内弧收，

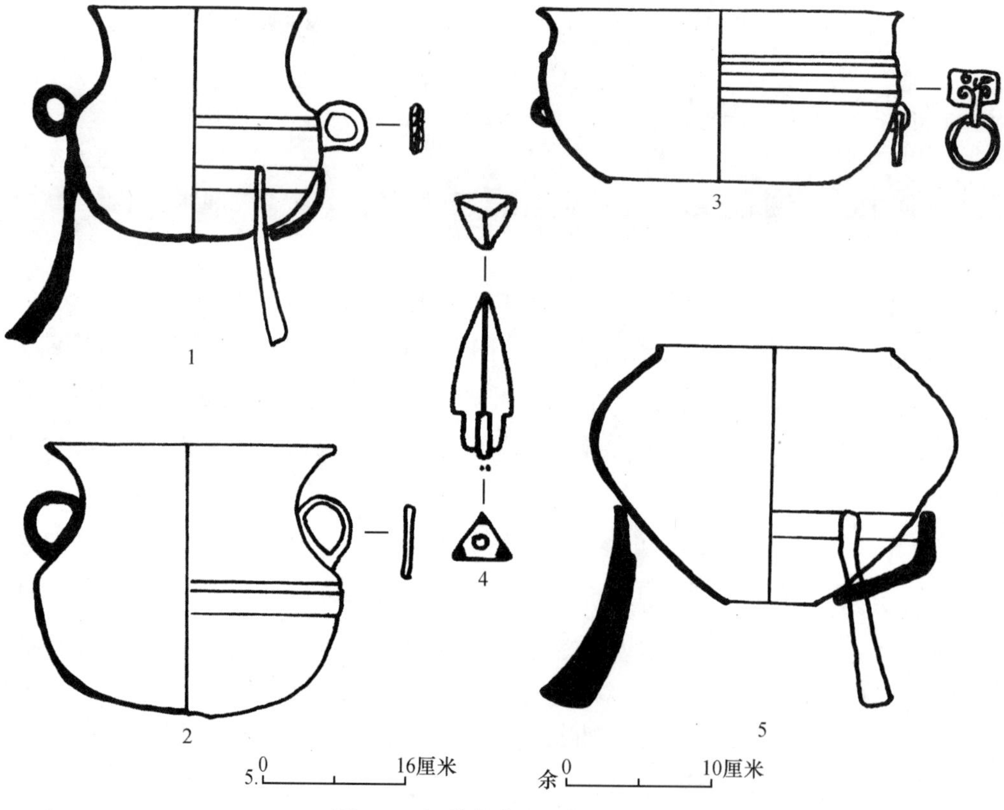

图二二 汉代墓葬出土铜、铁器

1. Ⅰ式铜鍪及铁支架（M218：29） 2. Ⅱ式铜鍪（M188：3） 3. 铜洗（M218：9） 4. 铜箭镞（M218：40） 5. 铁釜及支架（M188：39）

腹中部有对称的铺首环形双耳，平底。腹上部饰五道凸棱。口径24.6、最大腹径25.5、底径15.2、高11.2厘米（图二二，3）。

箭镞　1件。出土于1座墓中。M218：40，范模铸造。镞刃三翼，三角锥状，断面呈等腰三角形，镞铤很短，圆形（图二二，4）。

半两　2枚。全部出土于M188中。

西汉五铢　76枚。出土于M218、M188两座墓中，其中M218出土70枚、M188出土6枚。

东汉五铢　139枚。出土于M168、M188两座墓中，其中M168出土1枚、M188出土138枚。

货泉　17枚。出土于2座墓中。其中M168出土13枚、M188出土4枚。

大泉五十　17枚。出土于3座墓中。其中M168出土3枚、M218出土12枚、M188出土2枚。

5. 铁器

共2件（套），分别出土于2座墓中，器类有釜、支架等。

釜　1件。M188：39，生铁铸造，由器身和支架组成，二者可以分开单独成器；器身敛口，平沿内斜，尖唇，矮领略束颈，溜肩，鼓腹，肩腹圆接，腹最大径位于腹上部，腹壁曲弧收，平底。通体素面。整体放置在一铁支架上。支架器身口径35、最大腹径40、底径9.6、高27厘米，通高37.6厘米（图二二，5）。

支架　2件。出土于M218、M188两座墓中。M188：39，生铁铸造，平面为圆环形，由方形圆环和三根曲尺形足柱构成。与铁釜构成一套器物（图二二，5）。

三、明清墓葬

共95座，可分为土坑墓和土圹墓两种。

（一）土坑墓

89座，52座墓葬有随葬品。随葬器物按质地分为陶器、釉陶器、瓷器、铜器、铁器、石器、玉器、骨器、琉璃器九类，根据随葬器物质地、组合形式区别，分为八类。

1. 甲类墓

只随葬陶器的墓葬，2座（M172、M220）。这里只对M172进行介绍。

M172　2001年4月26日发现于C区T0506西北部，部分伸入T0505东隔梁之中，开口于第2层下，打破第3层及生土，方向327°，梯形竖穴土坑墓。墓葬依山而建，平面呈梯形，北端略宽于南端，断面北部略高于南部，墓口长宽略大于墓底。墓口南北长200、东西宽70～90、距地表深35～40厘米，墓底南北长190、东西宽52.5～70、墓深16～83厘米。填土为灰黑色黏土，夹有较多的灰白色砂石渣。墓坑东壁近墓底处设有不规则熟土二层台。

葬具为木棺，已腐烂，墓底布满黑色棺漆皮。

人骨架1具，保存极差，只存少量头骨及下肢骨，头北脚南，其他情况不详。

随葬器物有高领红陶罐2件，出土于墓底东壁中部二层台上（图二三）。

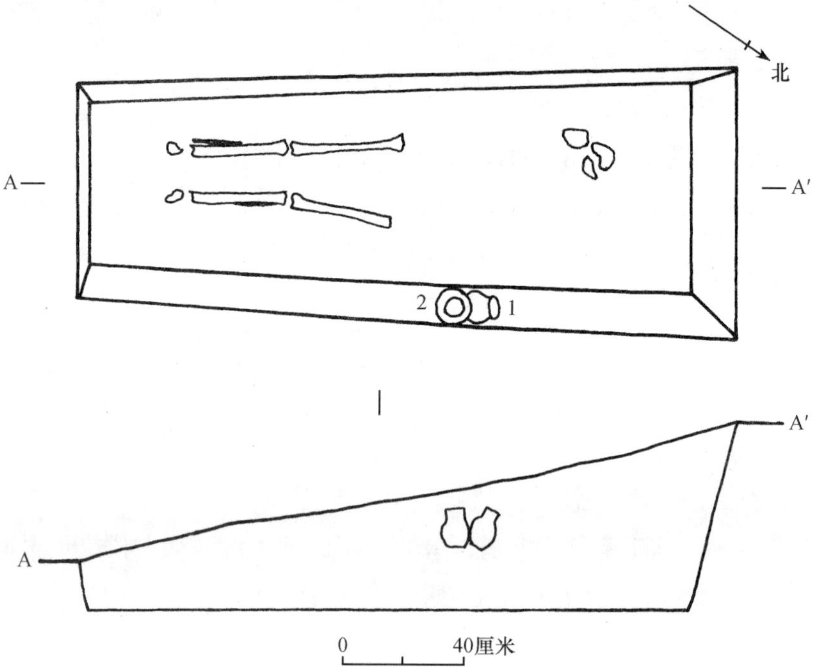

图二三 M172平、剖面图
1、2. 红陶罐

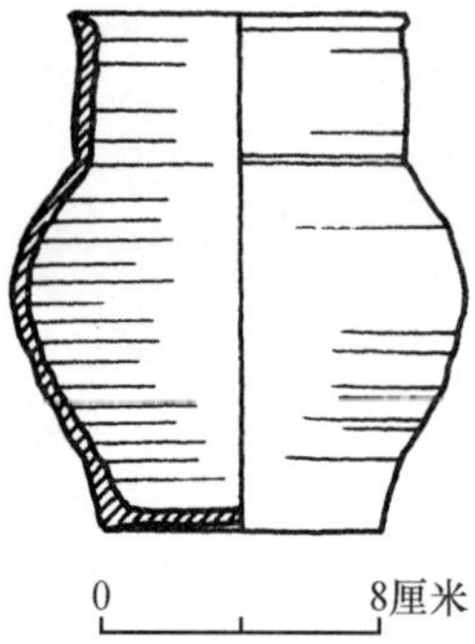

图二四 M172出土陶罐（M172：1）

陶罐 2件。M172：1，泥质黄红陶。撇口，尖唇，高直领，折溜肩，鼓腹，腹下部折弧至平底，腹有残。领肩处饰一周凹弦纹。口径9.6、腹径12.8、底径8、高14厘米（图二四）。

2. 乙类墓

主体全部为只随葬釉陶罐的墓葬，部分墓葬棺内有服饰品、釉陶罐上有盖石或者盖砖，42座（M127、M135、M137、M146、M151、M153、M157、M159、M160、M161、M165、M167、M171、M174、M175、M176、M181、M186、M187、M191～M196、M197、M200、M201、M203、M204、M207、M208～M212、M215～M217、M219、M221、M222）。这里只对M215进行介绍。

M215 2001年5月16日发现于B区T0216中部偏西区域，开口于第2层下，打破第3层及生土，方向338°，长方形竖穴土坑墓。墓葬依山而建，平面呈长方形，断面北部略高于南部呈缓坡状，墓口长宽与墓底基本一致。墓口南北长200、东西宽70、距地表深60～65厘米，墓底南北长194、东西宽70、墓深20～80厘米。填土为灰黑色黏土，夹有灰白色碎渣石块，结构较紧密。

葬具已腐烂，情况不详。

人骨架1具，保存一般。头北脚南，仰面向上，葬式为仰身直肢葬。全长168厘米。现场对人骨进行鉴定，墓主性别为女性，年龄35岁左右。

随葬器物有釉陶罐1件，出土于墓底东北角（图二五）。

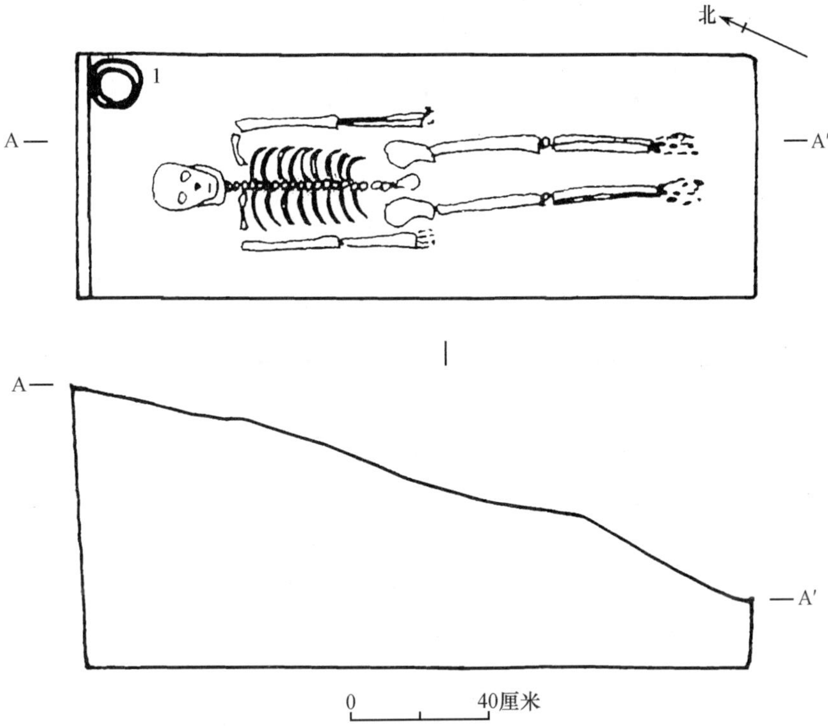

图二五 M215平、剖面图

1.釉陶罐

釉陶罐 1件。M215：1，敛口，圆唇，卷沿，沿面上凸，无领，溜肩，鼓腹向下弧折收至平底，最大径位于腹上部，外底平，内底有一小乳突。有流釉、漏釉、粘沙现象。通体素面。黄红色缸胎，口沿内壁及外壁口沿下部至腹下部施黄白釉，釉面呈色泛绿，口部釉层大部脱落。口径9.8、最大腹径13.6、底径8.8、高17.3厘米（图二六）。

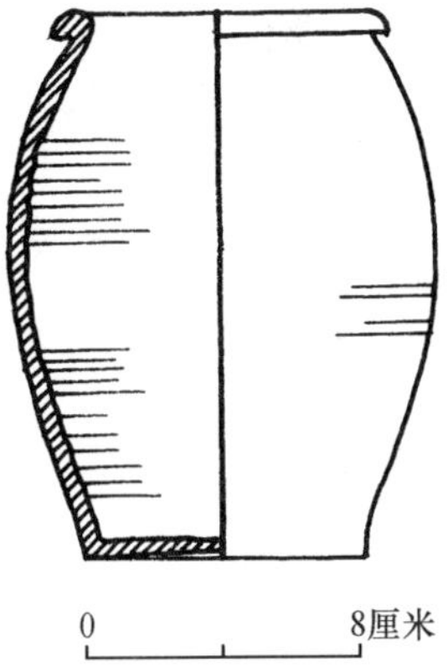

图二六 M215出土釉陶罐（M215：1）

3. 丙类墓

只随葬瓷器的墓葬，1座（M150）。

M150 2001年4月17日发现于E区T0101东部偏南部位，大部深入到东隔梁之中，开口于第2层下，打破第3层及生土，方向46°，长方形竖穴土坑墓。墓葬依山而建，南部被现代取土破坏至底，残墓平面呈长方形，断面北部略高于南部呈缓坡状，墓口长宽略大于墓底。残墓口南北长182、东西宽80～91、距地表深85～90厘米，墓底南北长200、东西宽80、墓深10～60厘米。填土为灰黑色黏土，夹有灰白色碎渣石块，结构较紧密。

葬具已腐烂，墓底铺有一层草木灰，其他情况不明。

人骨架1具，保存一般。头北脚南，仰面向上，葬式为仰身直肢葬。全长158厘米。现场对人骨进行鉴定，墓主性别为男性，年龄40～45岁。

随葬器物有青花瓷盏2件，出土于墓底北壁，出土时一盏覆扣在另一盏之上（图二七）。

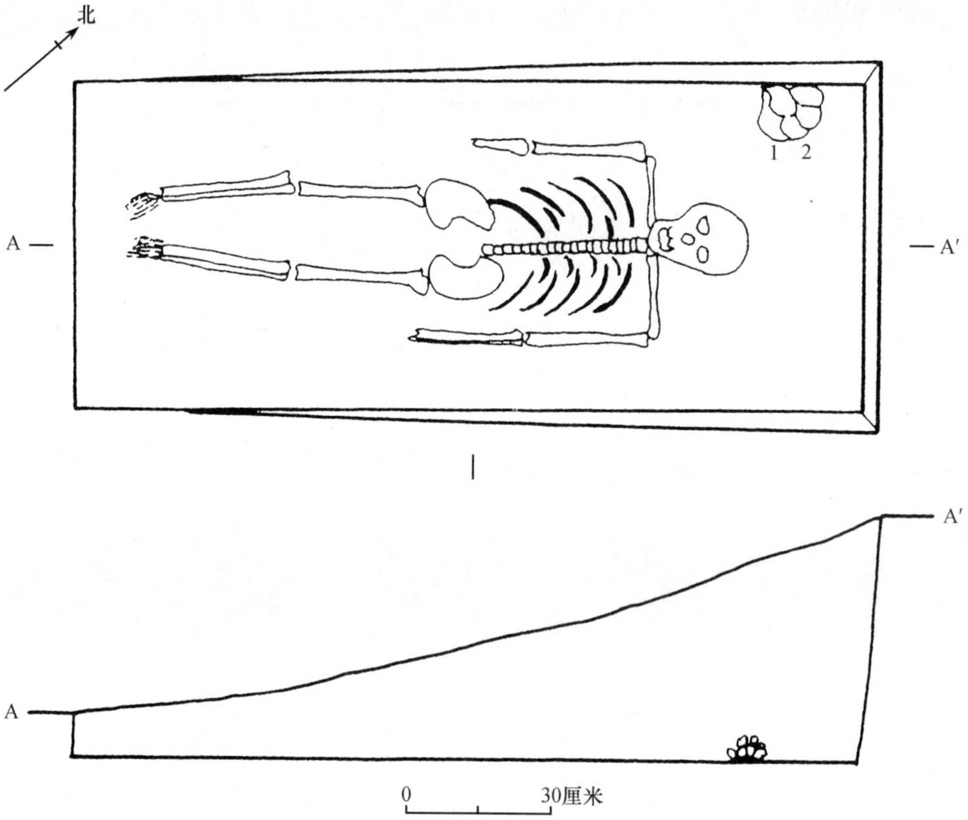

图二七 M150平、剖面图

1、2. 瓷盏

瓷盏 2件。M150：1，圆唇，斜直腹弧收至圈足，足墙上厚直下窄，足底外凸，足心有一小乳突，器内平底，半透明薄白胎，内外施青白釉，釉面光亮，足面刮釉，足底施釉较薄，呈白色，青花绘纹，单笔勾绘，积青料处呈黑色，整体呈色淡青，沿面及内底绘双圈细线纹，底部行书一“贵”字，腹外壁中上部行书“金榜题名”四字，腹足交接处绘一周细线纹，足墙中部绘一周斜线宽带纹，口沿有残，器为拼对而成。口径8.4、圈足径4、高4.8厘米（图二八，1）。M150：2，尖唇，斜直腹弧收至圈足，足墙上厚直下窄，足底外凸，足心有凸起，器内平底，半透明薄白胎，内外施青白釉，釉面光亮，足面刮釉，足底施釉较薄，呈白色，青花绘纹，单笔勾绘，积青料处呈黑色，整体呈色淡青，沿面及内底绘双圈细线纹，底部行书一“贵”字，腹外壁中上部行书“金榜题名”四字，腹足交接处一周细线纹，足墙中部绘点线纹，口沿有残，器为拼对而成。口径10、圈足径4.4、高5厘米（图二八，2）。

4. 丁类墓

同时随葬陶器、瓷器的墓葬，1座（M184）。

M184 2001年5月4日发现于E区T0404中部，开口于第1层下，打破第2层及生土，方向355°，梯形竖穴土坑墓。墓葬依山而建，平面呈梯形，北端略宽于南端，断面北部略高于南部，墓口长宽略大于墓底。墓口南北长230、东西宽80～100、距地表深20～30厘米，墓底南北

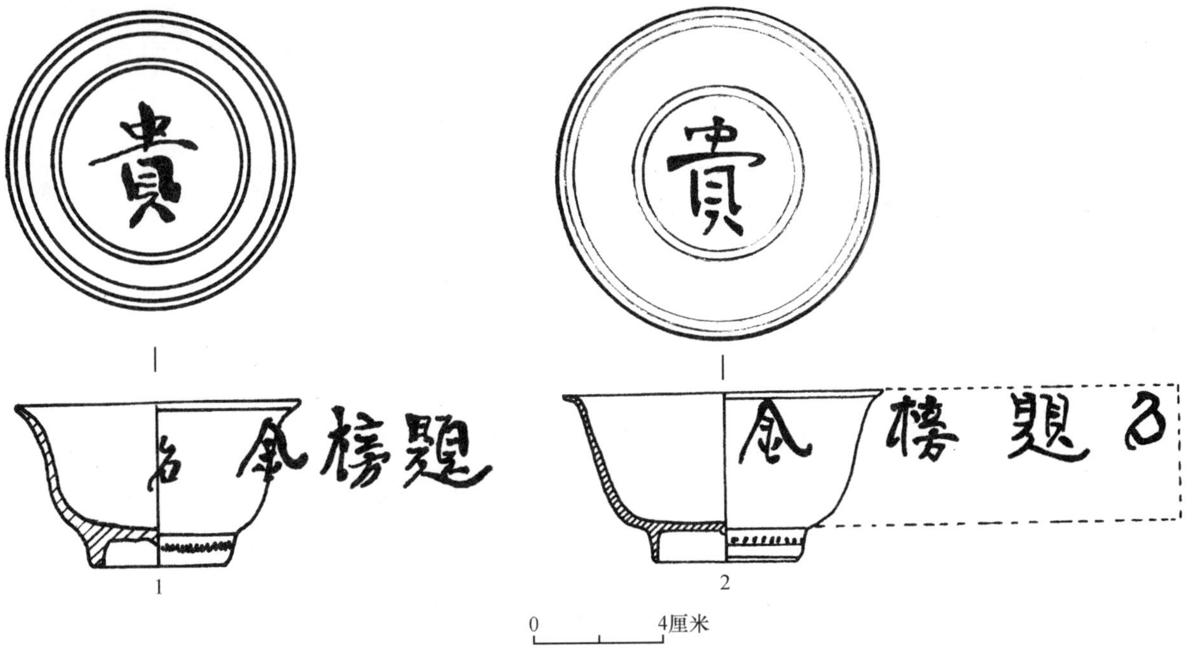

图二八　M150出土瓷盏

1. M150：1　2. M150：2

长230、东西宽80～100、墓深30～80厘米。填土为灰黑色黏土，夹有较多的灰白色砂石渣。

葬具为木棺，已腐烂，墓底东西两侧有6枚铁棺钉。

人骨架1具，保存一般。头北脚南，仰面向上，头骨下枕一排灰色布瓦，布瓦共三摞，两侧各覆铺一摞两片相叠的瓦，中间仰铺一片瓦，头骨放在中间瓦片上，上肢下臂向内略弯曲，双手放在盆骨上，掌心向下，葬式为仰身直肢葬。全长160厘米。现场对人骨进行鉴定，墓主性别为男性，年龄22～25岁。

随葬器物有陶罐1件、瓷碗1件、瓷碟1件，出土于墓底北壁中央，出土时陶罐位于西侧，瓷碟倒扣在瓷碗上，位于东侧；铁棺钉1件6枚，出土于墓底人骨两侧（图二九）。

陶罐　1件。M184：1，胎体泥质缸胎，呈色不一，内壁呈深红色，外壁上部呈灰色，下部呈浅褐色，底部呈砖红色，腹肩局部可见黄釉，并有流釉现象。小口微侈，卷沿，圆唇，束颈，广肩微鼓，斜弧腹微折收至平底，腹部布满数道瓦棱纹，胎体有明显旋痕。口径9.4、最大腹径18.5、底径9.5、高19.8厘米（图三〇，1）。

瓷碗　1件。M184：2，折沿，弧腹，平底，圈足，足墙直，足底平。黄白胎，内外施满青白釉，釉面失透，口沿有漏釉，足墙内有刮釉，青花绘纹，单笔勾绘，平涂晕染，积青料处呈黑色，整体呈色淡青。沿面饰一周宽线纹，腹内底部饰双圈细线纹，底内饰一朵折枝牡丹，沿外下部饰一周宽线纹，腹外壁下部饰一周细线纹，腹上饰满植物图案，图案内容为对称的单朵和双朵折枝菊花。器体有少量棕眼。口径14.8、圈足3.6、高8厘米（图三〇，2）。

5. 戊类墓

同时随葬釉陶器、瓷器的墓葬，3座（M199、M144、M205）。这里只对M199进行介绍。

M199　2001年5月12日发现于C区T0504西南部，部分伸到T0503的东隔梁之中，开口于第

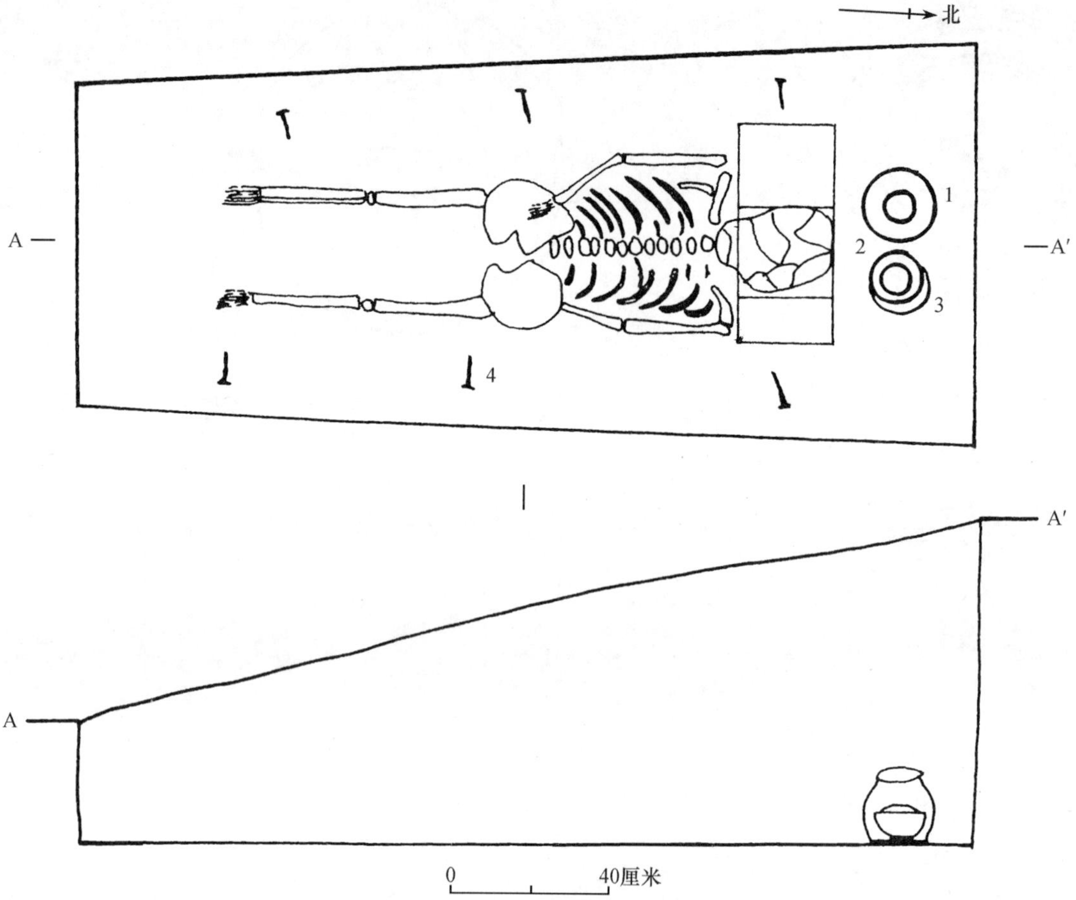

图二九 M184平、剖面图
1. 陶罐 2. 瓷碗 3. 瓷碟 4. 铁棺钉

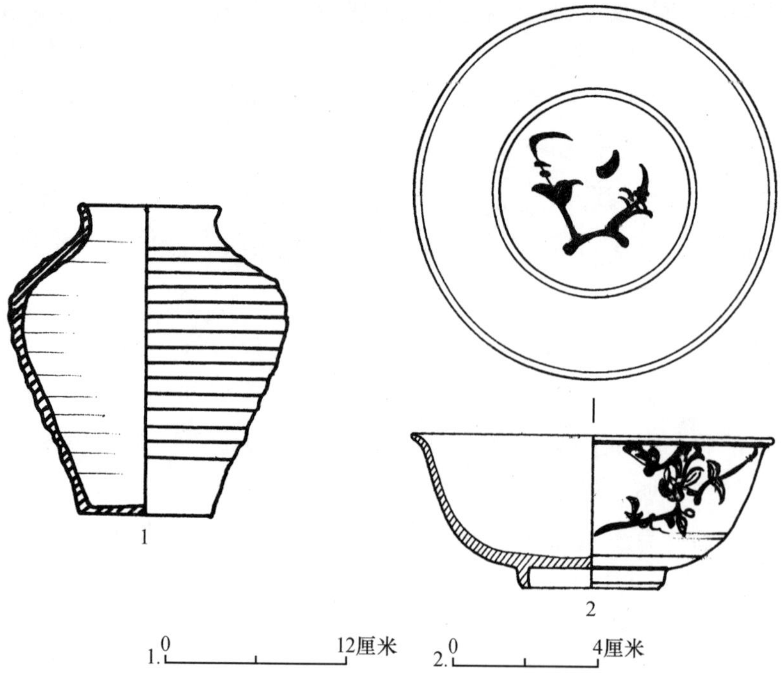

图三〇 M184出土陶罐、瓷碗
1. 陶罐（M184：1） 2. 瓷碗（M184：2）

2层下，打破第3层及生土，方向356°，梯形竖穴土坑墓。墓葬依山而建，平面呈梯形，北端略宽于南端，断面北部略高于南部，墓口长宽大于墓底，北壁坡度较大。墓口南北长230、东西宽84～100、距地表深60～70厘米，墓底南北长190、东西宽66～84、墓深46～68厘米。填土为灰黑色黏土，夹有较多的灰白色砂石渣。推测与东80厘米处的M148为夫妻异穴合葬墓。

葬具为木棺，已腐烂，墓底东、西两侧有5枚铁棺钉。

人骨架1具，保存一般。头北脚南，仰面向上，头骨下枕一块覆铺的灰色布瓦，上肢骨下臂略向内弯曲，双手放在盆骨上，掌心向下，葬式为仰身直肢葬。全长152厘米。现场对人骨进行鉴定，墓主性别为女性，年龄25岁左右。

随葬器物有单把双系釉陶罐1件，出土于墓底西北角，出土时所在部位高出墓底数厘米；瓷碗2件，出土于墓底北部中央，出土时一碗倒扣在另一碗口沿上；铜簪2件，出土于墓底人骨头顶；铁棺钉1件5枚，出土于墓底人骨两侧（图三一）。

釉陶罐　1件。M199：1，夹砂灰色陶胎。撇口，沿上有一流，圆唇，束领，斜肩，肩上部对称分布两曲桥形纽，鼓腹斜直收，肩上部和腹中下部有一曲桥形耳鋬。腹外壁有数道凹弦纹，小平底。外壁口沿至腹上部施黄釉，已大部脱落，器身沾满沙粒。口径12.6、最大腹径15、底径8、高21厘米（图三二，1）。

瓷碗　2件。M199：2，龙泉窑产品。敞口，方唇，斜弧腹，圈足，足墙外斜内直，足底平，泥质黄白胎，内外施青釉，釉面失透，足面及足内无釉，足外墙下半部刮釉。器体内外布满冰裂纹，有少量气孔和棕眼，外腹及足墙局部有沾沙，沿部有一处拼对后修复的损口。口径15.4、圈足径5.6、高7厘米（图三二，2）。M199：3，景德镇青花瓷。折沿，沿面略内凹，直弧腹，平底，圈足，足墙外斜内直，有轮修旋痕，足底平，有跳刀痕。黄白胎，内外

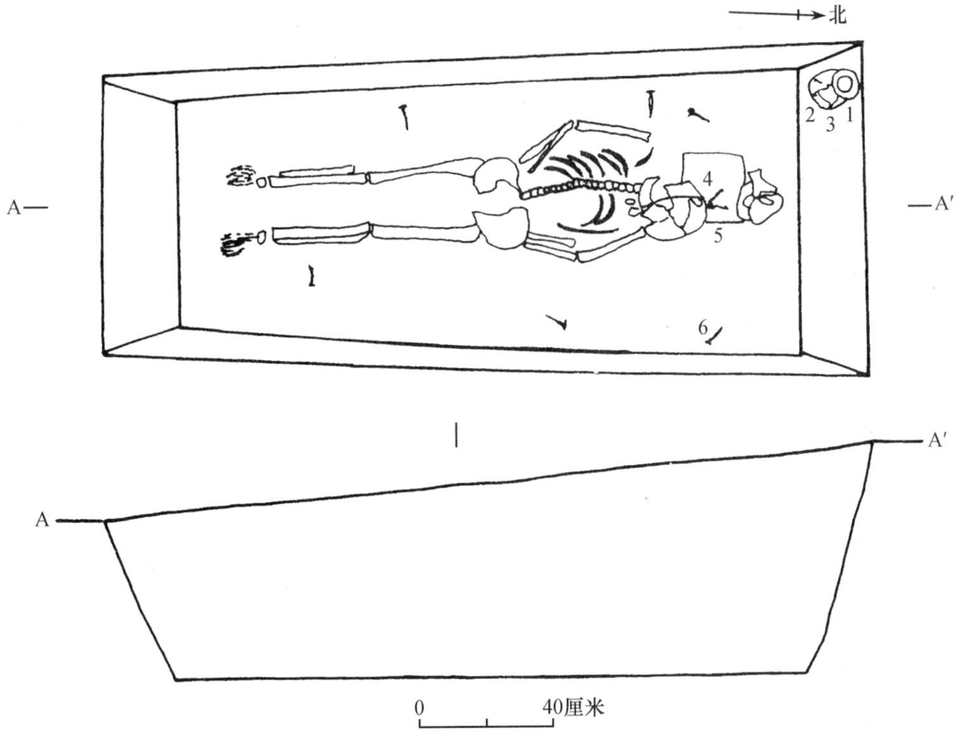

图三一　M199平、剖面图

1. 釉陶罐　2、3. 瓷碗　4、5. 铜簪　6. 铁棺钉

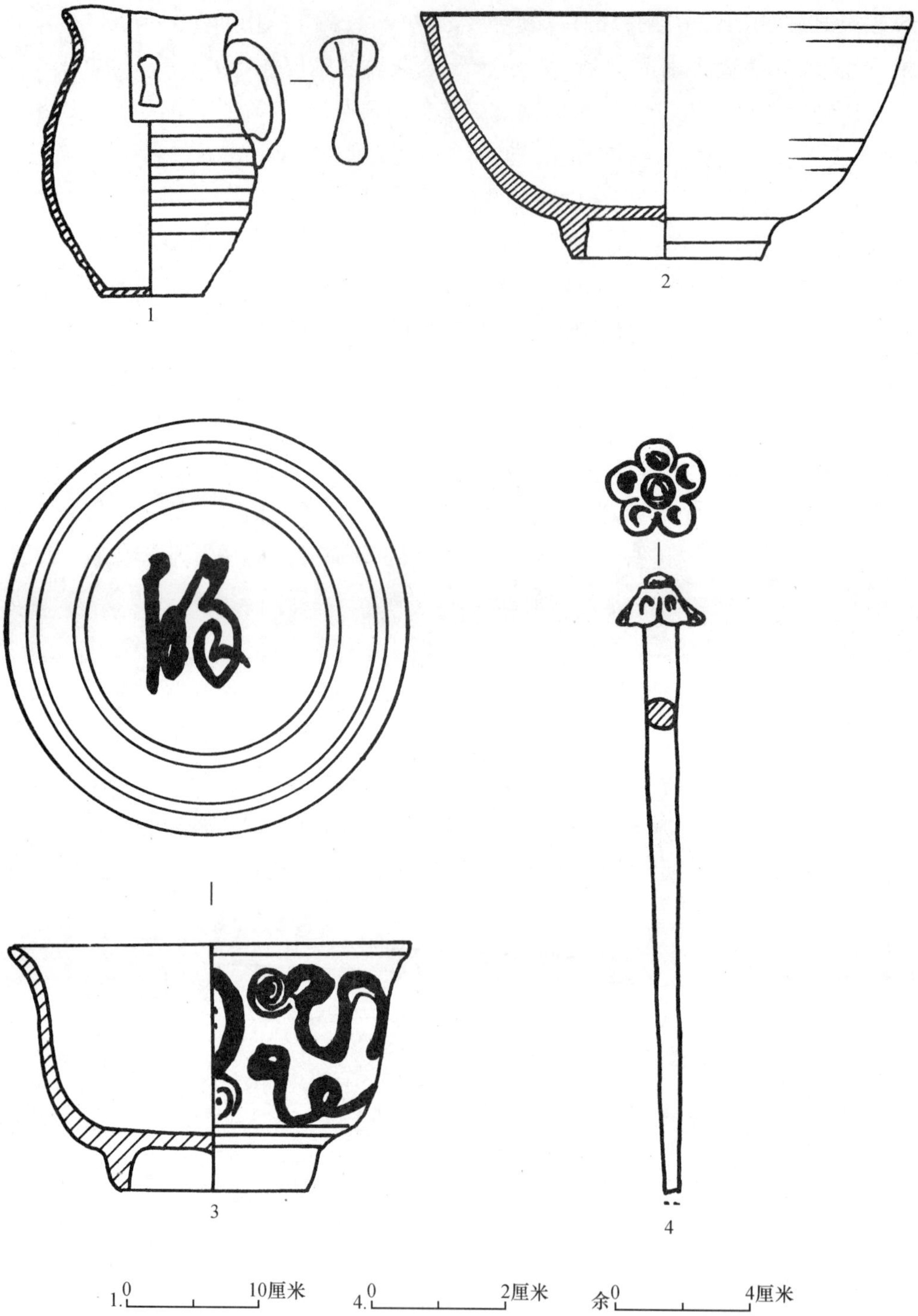

图三二　M199出土器物组合

1. 釉陶罐（M199：1）　2、3. 瓷碗（M199：2、M199：3）　4. 铜簪（M199：4）

施青白釉，足面及足内无釉，青花绘纹，双笔勾绘，平涂晕染，积青料处呈黑色，整体呈色淡青。沿面内侧饰一周宽线纹，底腹部饰双圈细线纹，内饰草书“福”字，腹外壁上下及足墙上部各饰一周细线纹，腹中饰满折枝莲花，由三幅莲花组成，足墙外壁有刮釉，器体有少量棕眼和沾沙，整体为残片拼对而成，仍有少量残失部位。口径12、圈足径5.6、高7厘米（图三二，3）。

铜簪　2件。M199：4，基本完整。实际为两件。形制相同，其中一间簪身略残。长条针状，由顶饰和簪身组成，顶部饰五瓣花镶包在簪身的顶部，正面花瓣斜，底部平；簪身上径略大，逐步渐小形成簪尖，顶部圆凸，上有线纹形成花蕊。簪头径1、残通长8.8厘米（图三二，4）。

6. 己类墓

同时随葬陶罐、釉陶罐各1件的墓葬，2座（M134、M177）。这里只对M177进行介绍。

M177　2001年5月1日发现于C区T0406西南角，开口于第2层下，打破第3层及生土，方向0°，梯形竖穴土坑墓。墓葬依山而建，南部因现代取土破坏至底，平面呈梯形，北端略宽于南端，断面北部略高于南部，墓口长宽略大于墓底。墓口南北长220、东西宽80～100、距地表深60～70厘米，墓底南北长200、东西宽70～80、墓深82～130厘米。填土为灰黑色黏土，夹有较多的灰白色砂石渣。

葬具为木棺，已腐烂，中间有黑色木棺腐痕，两侧有10枚铁棺钉。

人骨架1具，保存很差。只存下肢骨，头北脚南，葬式为仰身直肢葬。现场对人骨进行鉴定，墓主性别为男性，年龄30岁左右。

随葬器物有单耳釉陶罐1件，出土于墓底东北角；陶罐1件，出土于墓底西北角（图三三）。

釉陶罐　1件。M177：1，直口，有一流，圆唇，中垂领，溜肩，领腹间和腹中下部有一耳錾，已残，存耳痕，鼓腹，平底向上微凹，器身沾满沙粒。内外通体施棕褐色釉，腹下部及底无釉露胎，为灰色缸胎，胎壁涂深红色底釉。肩腹外壁有数道凹弦纹。口径7.8、最大腹径13、底径8.8、高16.4厘米（图三四，1）。

陶罐　1件。M177：2，小罐。泥质灰色缸胎。小口微侈，卷沿，圆唇，高领微垂，溜肩微鼓，斜弧腹至平底，腹部有数道刮削痕，胎体有明显旋痕。内壁上部口沿及外壁腹中部以上施薄薄的黄釉，有脱釉、漏釉、流釉现象。口径6.4、最大腹径10.8、底径6、高12.4厘米（图三四，2）。

7. 庚类墓

只有服饰品的墓葬，1座（M213）。

M213　2001年5月16日发现于B区T0216中部偏东的区域，开口于第2层下，打破第3层及生土，方向338°，长方形竖穴土坑墓。墓葬依山而建，平面呈长方形，断面北部略高于南部呈缓坡状，墓口长宽与墓底基本一致。墓口南北长170、东西宽70、距地表深60～70厘米，墓底南北长170、东西宽70、墓深20～50厘米。填土为灰黑色黏土，夹有灰白色碎渣石块，结构较紧密。

葬具已腐烂，情况不详。

人骨架1具，保存一般。头北脚南，仰面向上，葬式为仰身直肢葬。全长140厘米。现场对人骨进行鉴定，墓主性别为女性，年龄25岁左右。

随葬器物有铜扣1件，出土于墓底人头骨右侧（图三五）。

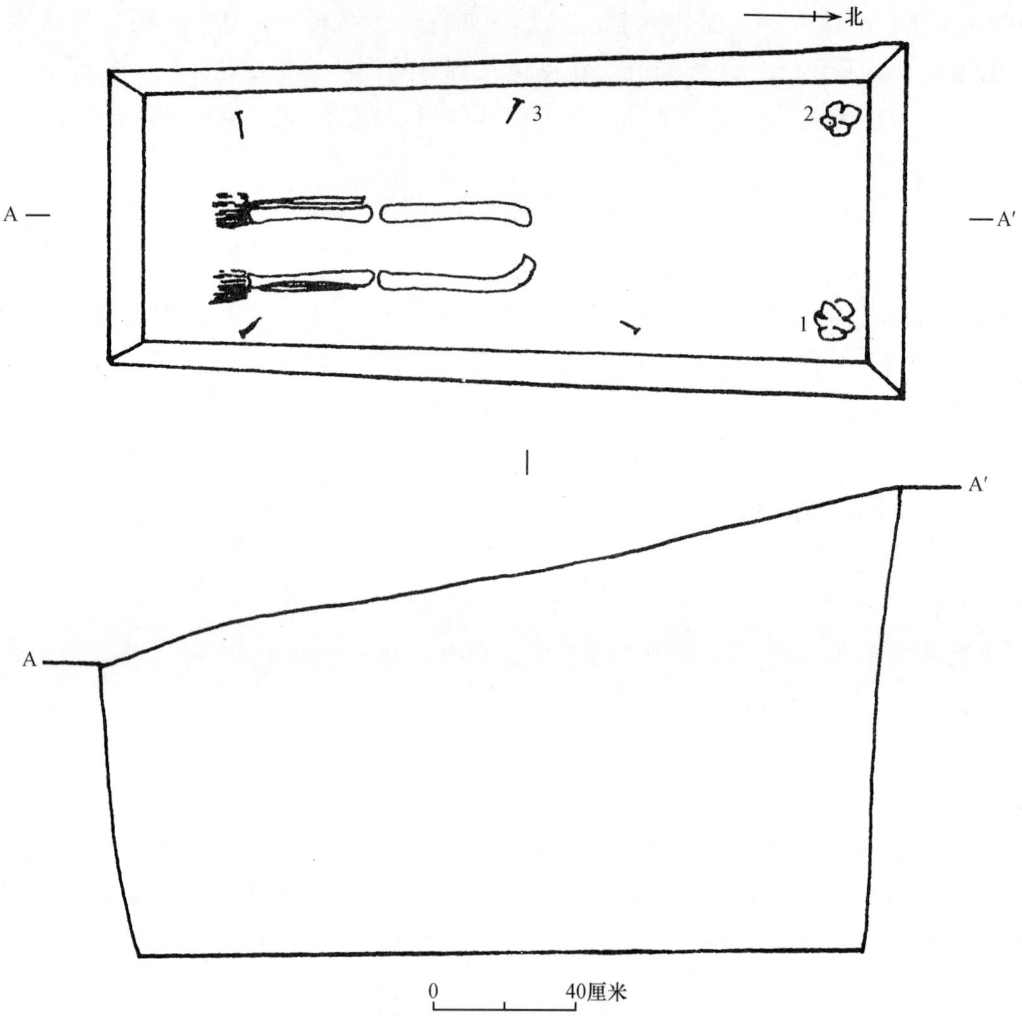

图三三　M177平、剖面图

1. 釉陶罐　2. 陶罐　3. 铁棺钉

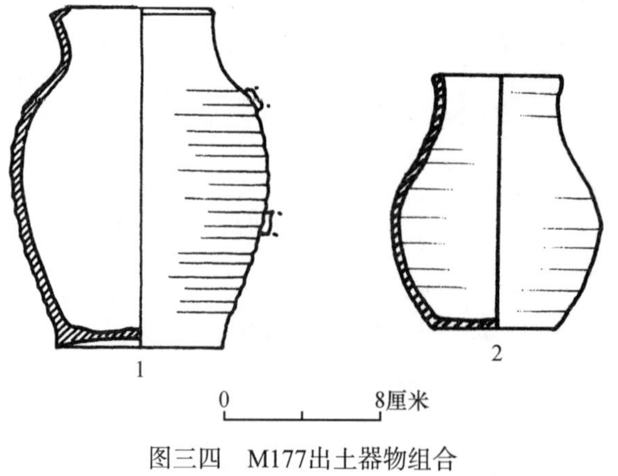

图三四　M177出土器物组合

1. 釉陶罐（M177：1）　2. 陶罐（M177：2）

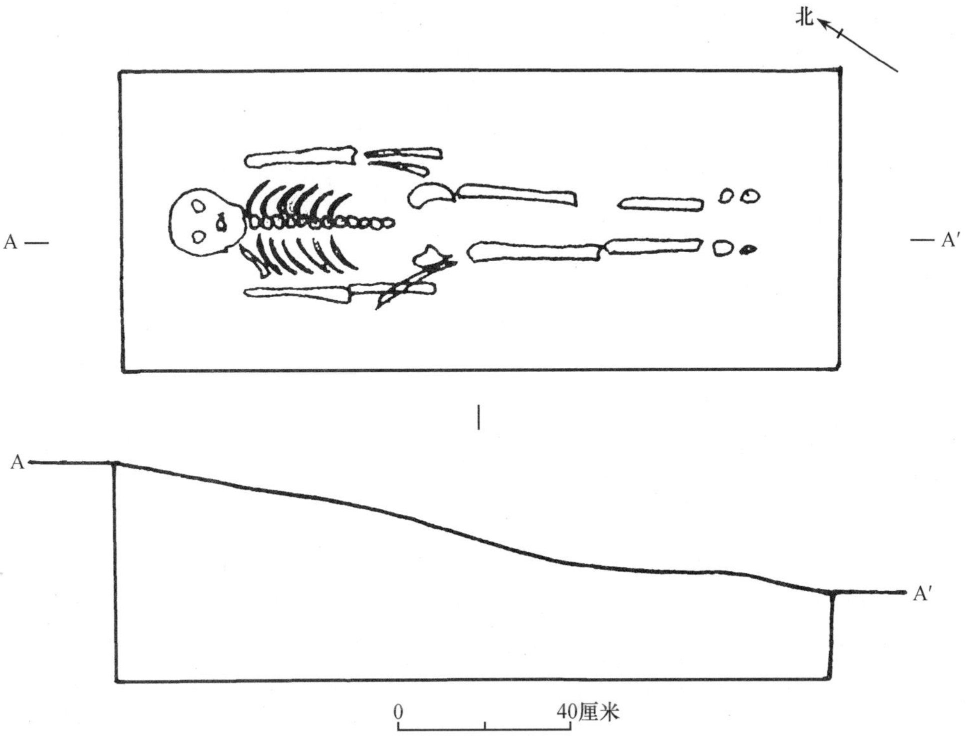

图三五 M213平、剖面图

图三六 M213出土铜扣
（M213：1）

铜扣 1件。M213：1，实际3件，原记录为铜扣品。基本完整。有锈蚀，器表呈青绿色，一件为桃形铜扣，两件为球形铜扣，桃形铜扣由一小环和一球体组成，小环用三根掐丝扭结制成，呈圆形，球体整体呈桃形，上有多道皱褶，二者之间通过一个伞形叶片焊接，焊接处呈白色，为锡焊；球形铜扣由一小环和一球体组成，小环用一根掐丝扭结制成，呈圆形，球体较规整，呈圆球状，中间有一条横细线纹接缝。扣径1.1、通高1.3厘米（图三六）。

8. 辛类墓

无随葬品的墓葬，37座（M126、M128～M133、M136、M138、M139、M141～M143、M145、M147～M149、M152、M154～M156、M158、M162～M164、M166、M169、M170、M173、M178、M182、M183、M189、M190、M198、M214、M223）。这里对各墓葬形制不单独介绍。

（二）土圹墓

6座。墓向都朝南，全部为砖室墓，分为双室、单室两类。

1. 甲类墓

双室墓，2座（M180、M202）。这里只对M180进行介绍。

M180　2001年4月27日发现于E区T0707的西北部，部分伸入北隔梁及T0706东隔梁之中，开口于第2层下，打破生土，东南部被M166打破少许，后期取土等活动深入砖室底部，多种因素致使砖室顶部大部毁坏不存，对墓葬造成严重破坏，方向185°，长方形土坑双券顶砖室墓。墓葬建在山坡一个相对平缓的区域，由土圹和砖石椁室组成。

土圹直接开挖在生土上，平面呈近正方形，坑口上部略宽于底部，坑口南北长340、东西宽256～296、距地表120～130厘米，坑底南北长340、东西宽248～292、坑深84～150厘米。填土为灰黑色花土夹小碎石渣。

砖石椁室建在土圹内，由两个砖砌墓室和一堵石砌封门墙组成。两个砖砌墓室平面皆呈方形，直壁券顶，券顶大部分已塌陷，南北长336、东西宽264、高142厘米，由左右两个大小形状相同的墓室组成，为夫妻同穴合葬墓，每个墓室内空南北长260、东西宽92、高122厘米。砖室的修筑方法是紧贴土坑墓圹东、西、北三壁用规格为长32、宽16、厚6厘米的长方形青砖错缝平砌成东墓室的东壁、北壁及西墓室的西壁、北壁，东西墓室之间用相同规格的青砖错缝平砌成两堵墓墙将墓室分为左右两个墓室，各墓室皆用边长为30、厚6厘米的正方形青砖对缝平铺墓底，中间空隙没有铺地砖，从第十层开始起券封顶。墓壁四角交互叠压，砖与砖之间用白石灰粘连，皆厚 16厘米左右，北壁北部竖砖错缝起外墙，内墙平砖错缝砌起夹墙，中央各设一“凸”字形壁龛，壁龛面宽34、进深16、高54厘米；各墓室的南壁为在东西墓壁南端之间平砖错缝砌起的两堵封门墙，其墓室东西墓壁南端外侧另外用青砖竖起一堵封门柱与封门墙相呼应，各墓室内墓壁用石灰抹面；墓室南部用大小不等的调试砌垒砌一堵石墙将全部墓室挡在视线外，石墙面宽296、厚18、高140厘米，中央镶嵌一通长55、宽35、厚15厘米的石碑，碑文记载了男女墓主人的姓名及竖碑时间，石墙与南封门墙之间有一定空隙，整体宽296、厚60、高122～140厘米。

葬具为木棺，已朽，西墓室墓底两侧可见铁棺钉6枚，其他情况不详。

人骨2具，保存极差，仅存下肢骨，葬式不明。

随葬器物有青石墓碑1件，出土于墓室南部石墙中央；铁棺钉1件6枚，出土于西墓室墓底两侧（图三七）。

石碑　1件。在发掘总记录上可看到记载。镶嵌在M180前的石墙上，青石质地，长方形，中间竖刻四行三十一字，从上自下从右自左碑文内容如下：“嘉靖六年拾二月初二日立 故显考万公讳仲挥神主（妣万门高氏三孺人）之墓。”长55、宽35、厚15厘米。

2. 乙类墓

单室墓，4座（M140、M179、M185、M206）。这里只对M140进行介绍。

M140　2001年4月15日发现于C区T0406北部中央并伸入北隔梁及T0306南部，开口于第2层下，打破第3层及生土，南部被M142打破，方向177°，长方形土圹单砖椁室墓。墓葬建在山坡一个相对平缓的区域，由土圹和砖椁室组成。

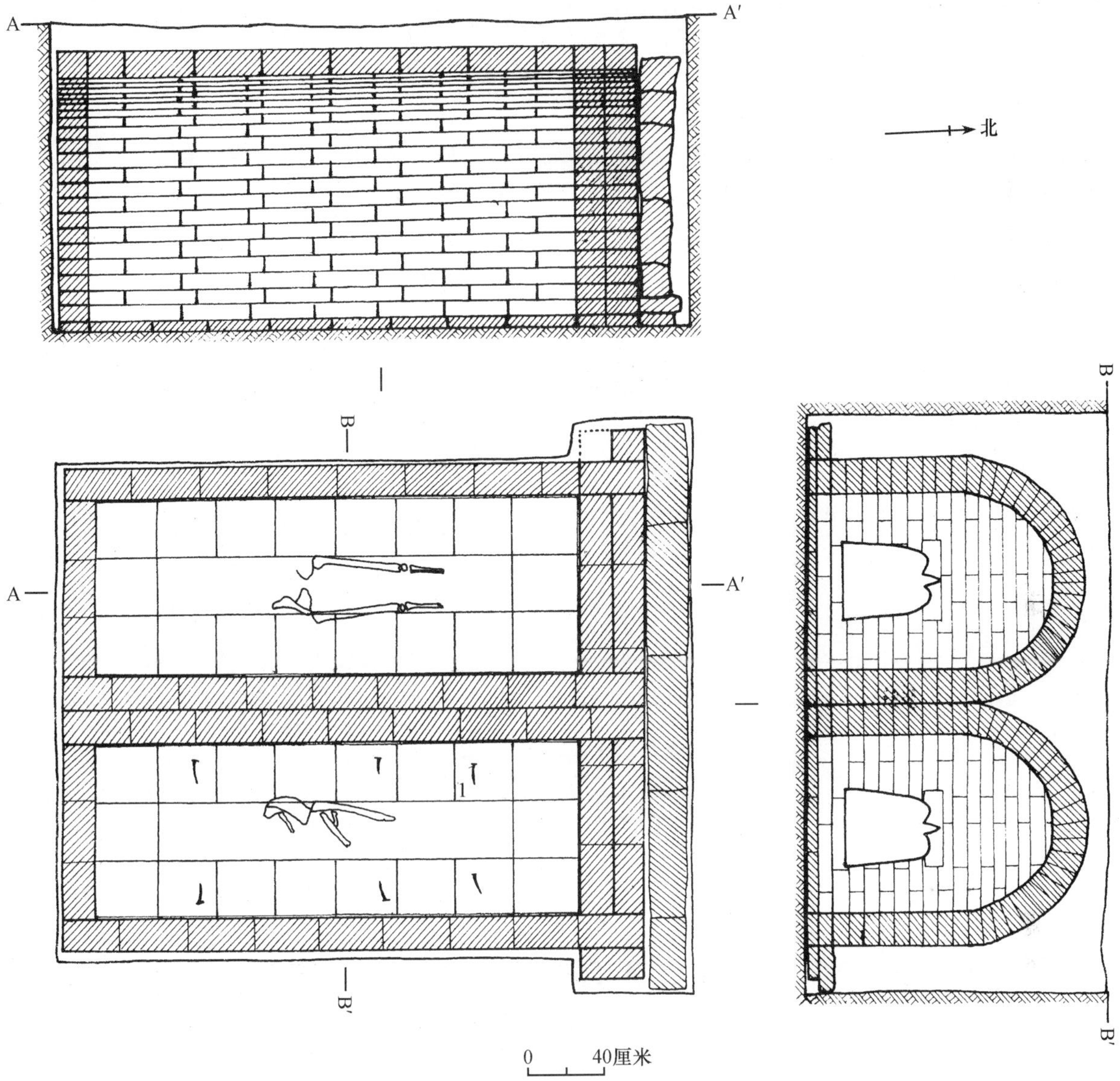

图三七　M180平、剖面图
1. 铁棺钉

土圹直接开挖在生土上，平面呈长方形，坑壁较直，坑口上部长宽与底部基本一致，断面北部略高于南部呈坡状。坑口南北长320、东西宽160、距地表深65～70厘米，坑底南北长289、东西宽126～160、坑深80～150厘米。填土为灰褐色花土夹小碎石渣。

砖椁室建在土坑内，为长方形带头龛的券顶单椁室墓，南部被M142打破至底，墓道情况不详，原应有封门墙，残留的封门墙两端分别伸出到东西墓壁南端16厘米，东西宽160、南北厚16厘米，上下高度不详；东西墓壁破坏较大，上部大部倒塌，南北长290、厚16、残高30～120厘米；北墙保存完整，中间设有一叠涩顶的方形头龛，东西宽128、南北厚16、高120厘米；券顶大部塌陷，只有北部残留部分；砖室底部两侧没有铺地砖，中间用青砖铺地设长方形棺床；砖室内空南北长256、东西宽92、高126厘米。砖室的修筑方法是紧贴土坑的四壁用规格为32厘米×16厘米×8厘米的长方形青砖砌成墓壁，砌法为平砖错缝，墙厚16厘米，北壁北部竖砖错缝起外墙，内墙平砖错缝砌起夹墙，中间有一竖长方形叠涩顶壁龛，壁龛面阔32、进深26厘米，通高40厘米，四角交互叠压，砖与砖之间用白石灰粘连，墓室底部南北两端各有一行平铺的铺地砖。

葬具为木棺，墓室底部棺床两侧有9枚铁棺钉，长方形棺床位于砖室底部中间，为长方形青砖对缝平铺而成，其上铺有一层石灰，与北壁相连，与东西墓壁各相距6厘米，与墓门相距32厘米，南北长224、东西宽80、厚6厘米。

人骨架已朽，葬式不明。

随葬器物有陶罐1件，瓷盘1件，出土于砖室底部棺床北端中央，出土时陶罐位于左侧，瓷盘位于右侧；铁棺钉1件9枚，出土于墓底两侧（图三八）。

陶罐　1件。M140：1，小罐。泥质红褐色缸胎，肩腹局部及底部呈灰色。小口微侈，卷沿，圆唇，高领微垂，溜肩微鼓，斜弧腹至平底，腹部有数道刮削痕，胎体有明显旋痕。器体拼对而成，有残。口径10.4、最大腹径16.4、底径10.5、高18厘米（图三九，1）。

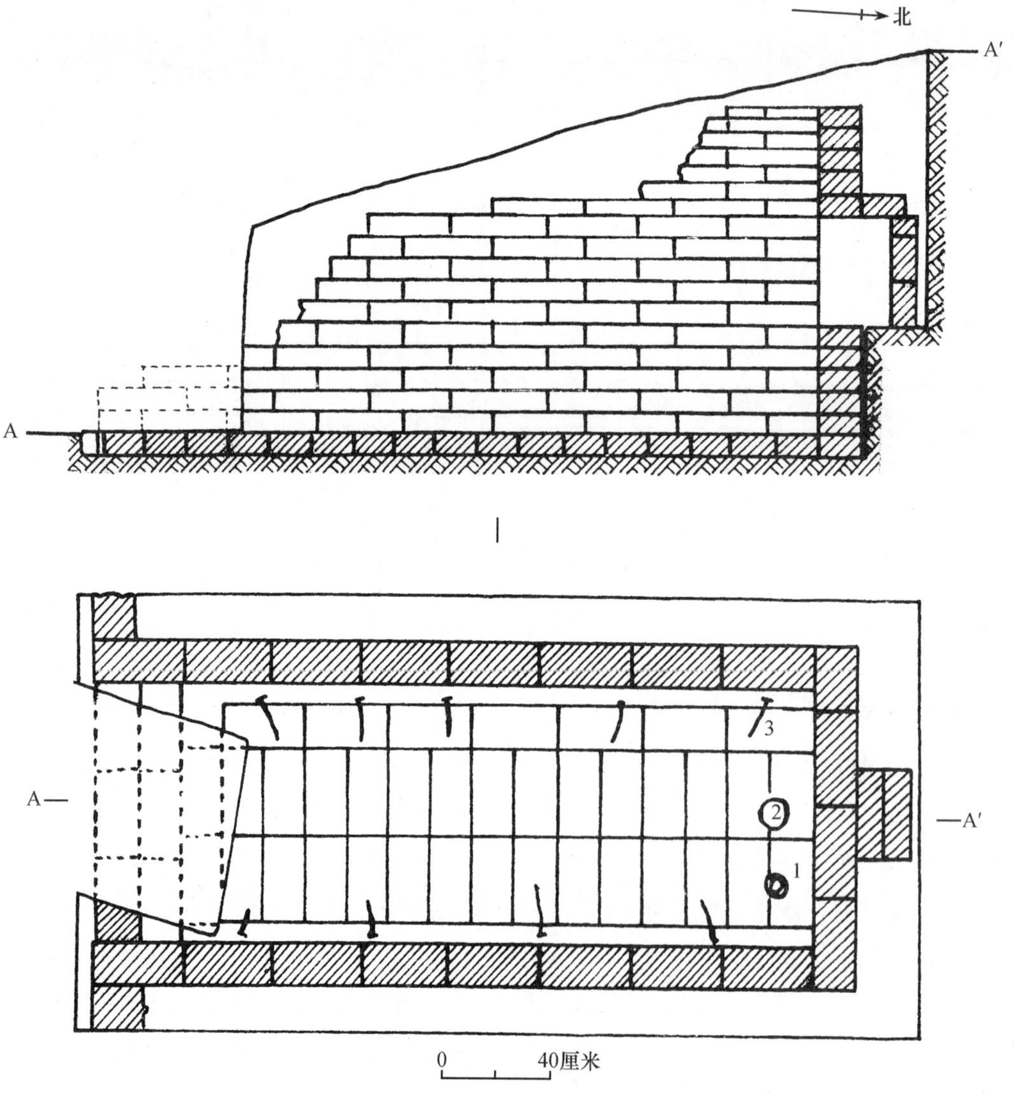

图三八　M140平、剖面图

1. 陶罐　2. 瓷盘　3. 铁棺钉

图三九 M140出土器物

1. 陶罐（M140：1） 2. 瓷盘（M140：2）

瓷盘 1件。M140：2，撇口，折沿，斜弧腹至圈足，足墙外斜内直，内墙过肩，足底平微凸起，器内底有稍微凹凸，白胎。内外施青白釉，釉面光亮，圈足内施釉较薄，釉色白，足面刮釉，上有沾沙。青花绘纹，单笔平涂点绘，整体呈色泛绿，积青料处呈黑色，外壁绘满缠枝莲花，内壁口饰宽单线纹，底部双线内狮子盘球舞带图案。器身有少量黑斑和棕眼，口部和足部有残。口径12.4、圈足径6.4、高2.6厘米（图三九，2）。

四、结　语

（1）此次共发掘98座墓葬，以明清墓葬为主，汉代墓葬3座，从一定程度上反映出该地明清以前开发利用很少，但汉墓随葬器物丰富，说明汉代附近居民生活较为富足、安定；成规模的明清墓葬说明从明代开始，这里有了众多居民，一直延续至今。

（2）汉代墓葬皆为合葬墓，M218为同时合葬，M168、M188为异时合葬，时代上可以分为五期。

第一期：M218，推测时代为新莽篡汉前后，具体时间可能为汉孺子婴居摄二年（7年）之后至新莽天凤元年（14年）之前。主要依据：一是墓葬形制为典型的“刀”形土坑竖穴墓，后室四角放置有四块不规整的石块。二是尽管有三棺，但为一次葬，下葬时间应是单一的。三是随葬的仿铜陶礼器主体组合不全，日用陶器组合种类增加，模型明器仓、灶出现。四是随葬的铜鍪与巫山高唐观M15出土的新莽前后的铜鍪一致，随葬的铜洗与巫山高唐观M17出土的东汉初年的铜洗一致①；随葬的Ba型陶壶与奉节宝塔坪M1006出土的时代为西汉晚期的陶壶相似，随葬的E型Ⅰ式陶罐与奉节宝塔坪M1025出土的时代为新莽至东汉初年的陶釜相似②，尽管随葬的A型Ⅱ式、E型Ⅰ式陶罐分别与时代为东汉中后期的巫山水田湾ⅠM5出土的广肩罐、ⅡM8出土的小罐相似③，但我们可以认为这些器物一致沿袭到了东汉中后期。五是出土的大量铜钱只有西汉五铢和大泉五十，没有货泉和东汉五铢，也就是说，该墓下葬时间应在大泉五十产生的汉孺子婴居摄二年之后至货泉产生的新莽天凤元年之前④。

第二期：M168后室，推测时代为新莽至东汉初年，具体时代应为新莽天凤元年至东汉光武帝建武十六年（40年）。主要依据：一是墓葬形制为券顶砖室墓，砖室墓在峡江地区出现的时间在“刀”形土坑墓之后；二是随葬的器物中仿铜陶礼器组合中主体组合已消失，部分附属器物的礼器功能消失，成为日用陶器，随葬的日用陶器中器类更加丰富，模型明器中开始出现中原地区从西汉中期开始流行的陶俑，但只有人物俑；三是与周边部分汉墓的出土资料对比，随葬的B型陶罐与奉节宝塔坪M1006出土的西汉晚期陶罐相似⑤，随葬的A型Ⅰ式陶瓮与忠县老鸹冲AM13出土的西汉末年至东汉初年的A型Ⅲ式陶釜相似⑥；四是随葬的铜钱为大泉五十和货泉，没有西汉五铢和东汉五铢，说明时间上限为货泉货泉产生的新莽天凤元年，下限为恢复五铢钱制度的东汉光武帝建武十六年⑦。

第三期：M168前室，推测时代为东汉早期，具体时代应为东汉光武帝建武十六年之后不久。主要依据：一是是墓葬形制为券顶砖室墓，墓砖为菱形“十”字回纹砖，墓底低于后室40厘米，且有铺地砖，明显晚于后室一段时间；二是随葬的仿铜陶礼器组合器物礼器功能已失去，实为日用陶器，日用陶器组合中，陶俑种类增加，新出现了乐俑、动物俑等；三是与周边部分汉墓比对，随葬的Ba型抱琴男俑与巫山胡家包M26出土的西汉时期的抱琴俑相似⑧，随葬

① 湖南省文物考古研究所等：《巫山高唐观墓群发掘简报》，《重庆库区考古报告集·2000卷·上》，科学出版社，2007年。

② 吉林大学边疆考古研究中心等：《奉节宝塔坪墓群战国、汉代墓葬发掘报告》，《重庆库区考古报告集·2000卷·上》，科学出版社，2007年。

③ 重庆市文物考古所、武汉市文物考古研究所等：《巫山水田湾东周、两汉墓地发掘简报》，《重庆库区考古报告集·2000卷·上》，科学出版社，2007年。

④ 洛阳区考古发掘队：《洛阳烧沟汉墓》，科学出版社，1959年；高英民、张金乾：《中国古代钱币略说》，地质出版社，1996年；丁福保原编、马定祥批注：《历代古钱图说》，上海人民出版社，1992年。

⑤ 吉林大学边疆考古研究中心等：《奉节宝塔坪墓群战国、汉代墓葬发掘报告》，《重庆库区考古报告集·2000卷·上》，科学出版社，2007年。

⑥ 重庆市文物考古所等：《忠县老鸹冲遗址（墓葬部分）发掘简报》，《重庆库区考古报告集·2000卷·上》，科学出版社，2007年。

⑦ 洛阳区考古发掘队：《洛阳烧沟汉墓》，科学出版社，1959年；高英民、张金乾：《中国古代钱币略说》，地质出版社，1996年；丁福保原编、马定祥批注：《历代古钱图说》，上海人民出版社，1992年。

⑧ 洛阳市第二文物工作队等：《巫山胡家包墓地发掘报告》，《重庆库区考古报告集·2000卷·上》，科学出版社，2007年。

的Ⅰ式釉陶盒与奉节宝塔坪M1006出土的西汉晚期的陶盒相似①，随葬的A型Ⅱ式釉陶熏炉与忠县老鸹冲AM6出土的东汉前、中期的博山炉相似②；四是随葬的铜钱尽管以莽钱为主，但也出土了一枚东汉五铢，说明其时代应在仍盛行莽钱，但应在恢复五铢钱制度的东汉光武帝建武十六年之后不久③。

第四期：M188石室与后室的棺木、随葬品，不排除前室的部分随葬品，推测时代为东汉中期。主要依据：一是墓葬形制为石室墓，其时代应晚于砖室墓；二是该墓葬俗为二次葬，第一次下葬时已将石室建好，包括甬道、墓室，后室的三具棺木有明显的挪动痕迹，其中西北部左侧棺木上还放置有随葬品，推测为第二次下葬时首先将放置在后室中间的棺木挪到左侧，并将其部分原放置在墓底的随葬品移位到棺木上，然后将原放在前室也许还包括甬道内的另两具棺木挪动到后室的中间和右侧，形成现存三具棺木并排放置在后室的状态，故后室的棺木、随葬品应都是第一次下葬时留下的，不排除前室有部分随葬品在第二次下葬时没有移位至后室的可能性；三是随葬的仿铜陶礼器组合器物礼器功能已失去，实为日用陶器，日用陶器组合中，器类更加丰富，新出现了池塘等模型明器；四是与周边部分汉墓的出土资料进行比对，随葬的A型Ⅱ式陶瓮与忠县老鸹冲AM21出土的西汉末年至东汉初年的A型Ⅳ式陶瓮相似④，随葬的A型釉陶魁与奉节宝塔坪M1025出土的陶魁一致⑤，随葬的A型Ⅰ式釉陶熏炉、B型釉陶魁、A型釉陶魁与万州钟嘴M3出土的东汉晚期的Ⅱ式陶熏炉、A型陶魁、B型陶魁相似⑥；五是随葬的铜钱除少量西汉铜钱、货泉外，大量铜钱为东汉五铢⑦。六是由于不能排除前室留有该期的器物，而前室有部分器物明显为西汉中期开始出现的新器物，也有东汉中晚期的器物，综合考量后我们推测该期为东汉中期较为合理。

第五期：M188墓道、甬道内随葬品与前室的棺木、部分随葬品，推测时代为东汉中晚期。主要依据：一是墓道为明显的第二次下葬时所为，并破坏了原有的封门石（甬道前残留少量石块），甬道相对狭小，随葬品摆放较有规律，应该是第二次下葬时留下的，而前室西侧摆放的随葬品整体给人的感觉较为拥挤或不太有序，似乎是将部分第一次下葬时的器物挪动对放在西南一角后再放置第二次的随葬品和棺木，故前室的棺木和部分随葬品应属于此期，另有部分随葬品属于第一次下葬留下的，实际操作中分开较为困难，只能将它们一起归为此期；二是

① 吉林大学边疆考古研究中心等：《奉节宝塔坪墓群战国、汉代墓葬发掘报告》，《重庆库区考古报告集·2000卷·上》，科学出版社，2007年。

② 重庆市文物考古所等：《忠县老鸹冲遗址（墓葬部分）发掘简报》，《重庆库区考古报告集·2000卷·上》，科学出版社，2007年。

③ 洛阳区考古发掘队：《洛阳烧沟汉墓》，科学出版社，1959年；高英民、张金乾：《中国古代钱币略说》，地质出版社，1996年；丁福保原编、马定祥批注：《历代古钱图说》，上海人民出版社，1992年。

④ 重庆市文物考古所等：《忠县老鸹冲遗址（墓葬部分）发掘简报》，《重庆库区考古报告集·2000卷·上》，科学出版社，2007年。

⑤ 吉林大学边疆考古研究中心等：《奉节宝塔坪墓群战国、汉代墓葬发掘报告》，《重庆库区考古报告集·2000卷·上》，科学出版社，2007年。

⑥ 山东省博物馆等：《万州钟嘴墓群发掘简报》，《重庆库区考古报告集·2000卷·下》，科学出版社，2007年。

⑦ 洛阳区考古发掘队：《洛阳烧沟汉墓》，科学出版社，1959年；高英民、张金乾：《中国古代钱币略说》，地质出版社，1996年；丁福保原编、马定祥批注：《历代古钱图说》，上海人民出版社，1992年。

这期的随葬器物仿铜陶礼器组合器物礼器功能已失去，实为日用陶器，日用陶器组合中，器类丰富多彩，几乎涵盖了当时日常生活的方方面面，新出现的镇墓兽、圈等模型明器，动物俑的种类增多，有体型较大的陶马；三是与周边汉墓出土资料比对，随葬的A型Ⅱ式陶甑、陶鉴与万州钟嘴的M1出土的东汉中晚期的A型Ⅱ式陶甑、M3出土的东汉晚期的B型Ⅰ式陶鉴如出一辙[①]，随葬的Ⅱ式铜鍪与巫山水田湾ⅢM8出土的东汉中晚期Ⅰ式铜鍪[②]、巫山高唐观M16出土的新莽前后的B型Ⅱ式铜鍪一致[③]，随葬的E型舞蹈女俑、Bc型站姿男俑、B型子母鸡、C型釉陶盆与巫山古城遗址T506M6出土的东汉时期的立式男俑、立式男俑、母鸡、陶碗相似[④]，随葬的A型Ⅱ式陶瓮与忠县老鸹冲AM5出土的东汉中期的A型Ⅴ式陶釜相似[⑤]，随葬的镇墓兽与巫山胡家包M26出土的西汉时期的镇墓兽极为相似，陶鉴的双耳与M26出土的西汉时期的双耳盆的双耳一样[⑥]，只是器体有一定的区别，明显看出后者是前者的演变轨迹，随葬的釉陶主辅灶与巫山双堰塘遗址M711出土的东汉时期的灶相似[⑦]；四是出土的大量铜钱涵盖了从西汉早期至东汉中晚期的各种型式，尤其是有一定数量的剪边钱，学界普遍认为始于西汉的剪边钱在东汉桓、灵二帝时明显增多[⑧]，此点与上述四点综合后，我们认为将此期时代定为东汉中晚期较为合理。

（3）明清墓葬可分为五期。

第一期：时代不晚于明代早期，以M172为代表。甲类土坑墓都可归入该期，M172随葬的高领罐显示了外来文化因素。

第二期：时代推测为明代中期，以M140、M180为代表。甲类土圹墓和部分乙类土圹墓可归入该期，M180出土的石碑有明确的时间纪年，M140随葬的狮子绣球瓷盘为嘉靖时期风格。

第三期：时代推测为明代晚期，具体为明隆庆至万历年间。以M150、M199为代表。丙类土坑墓、丁类土坑墓及部分乙类土圹墓可归入该期，M150、M199的青花瓷碗与秭归庙坪M32：4出土的青花瓷碗相似，这座墓的年代在明万历十三年前后[⑨]，故白马墓群的M150、

① 山东省博物馆等：《万州钟嘴墓群发掘简报》，《重庆库区考古报告集·2000卷·下》，科学出版社，2007年。

② 重庆市文物考古所、武汉市文物考古研究所等：《巫山水田湾东周、两汉墓地发掘简报》，《重庆库区考古报告集·2000卷·上》，科学出版社，2007年。

③ 湖南省文物考古研究所等：《巫山高唐观墓群发掘简报》，《重庆库区考古报告集·2000卷·上》，科学出版社，2007年。

④ 中国社会科学院考古研究所等：《巫山古城遗址发掘报告》，《重庆库区考古报告集·2000卷·上》，科学出版社，2007年。

⑤ 重庆市文物考古所等：《忠县老鸹冲遗址（墓葬部分）发掘简报》，《重庆库区考古报告集·2000卷·上》，科学出版社，2007年。

⑥ 洛阳市第二文物工作队等：《巫山胡家包墓地发掘报告》，《重庆库区考古报告集·2000卷·上》，科学出版社，2007年。

⑦ 中国社会科学院考古研究所长江三峡工作队等：《巫山双堰塘遗址发掘报告》，《重庆库区考古报告集·1999卷》，科学出版社，2006年。

⑧ 洛阳区考古发掘队：《洛阳烧沟汉墓》，科学出版社，1959年；高英民、张金乾：《中国古代钱币略说》，地质出版社，1996年；丁福保原编、马定祥批注：《历代古钱图说》，上海人民出版社，1992年。

⑨ 湖北省文物事业管理局、湖北省三峡工程移民局：《秭归庙坪》，科学出版社，2003年。

M199时代推测应在万历十三年前后。

第四期：时代推测为明末清初。以M177、M215为代表。乙类土坑墓、戊类土坑墓、已类土坑墓、大部分辛类土坑墓可归入该期。明末民间停烧青花瓷，陶器与釉陶器组合出现，但更多为只随葬釉陶器，且在釉陶罐上有盖石或者盖砖，社会大动荡反映在墓葬上是大量无任何随葬品墓葬的出现。

第五期：时代推测为清代中期，以M213为代表。M213出土的铜扣与去年第一次发掘的随葬有“乾隆通宝”铜钱的M10出土的铜扣相同。

需要特别说明的是本简报只对简报中介绍的墓葬进行了分期，其他材料将在专题报告之中一一公布。

附记：此次发掘领队为宜昌博物馆的刘继东，执行领队为宜昌博物馆的李孝配，先后参加发掘的有宜昌博物馆的乔峡、向光华、王超、刘晓伟，长阳博物馆的罗建平、龚玉龙、杨爱民，奉节县白帝城博物馆的雷庭军、贺皓亮，巫溪县文物管理所的黎明，技工曹祖德等。

绘图：王　超

执笔：吴义兵

奉节二溪沟墓地2001年度发掘简报

重庆市文化遗产研究院

一、概　　述

二溪沟墓地位于长江北岸小支流草堂河西北岸，为长江左岸二级台地。地属奉节县白帝镇白帝村八组，南距长江瞿塘峡约2千米。墓地坐北朝南，东西长，南北宽，总面积约15000平方米。东、西两侧为自然冲沟，当地称西沟为“头溪沟”，东沟为“二溪沟”，因墓地更靠近二溪沟，故名。

该墓地为1995年在配合三峡工程建设的文物调查中发现。调查时，确认该墓地为东汉墓地。但此次发掘仅发现3座东汉墓，这有几种可能：一是由于调查的局限性所致；二是因东汉墓为砖室，当地农民为取砖盗毁严重；三是农民建房和修公路挖毁。从这次发现的3座东汉墓看，均位于墓地前沿，靠近居住区和公路。另外，该墓地自调查发现以来，盗墓猖獗，墓地百孔千疮，随处可见盗墓者从墓中挖出的陶瓷器碎片。

发掘工作从2001年10月28日开始，至12月31日结束，历时两月。从北至南开探沟（方）26个，总面积1100平方米，目的是寻找墓葬。探沟（方）内地层简单，多者3层，少者2层，其下为生土，一般深0.6～2.8米；均为自然堆积和扰乱的地层，有的地方是20世纪60、70年代“农业学大寨”运动中修梯田时推填，均基本呈水平分布或依自然地形的坡状堆积。第1、2层形成于清至近、现代，局部地区的第3层因被明墓打破，因而应形成于明代或略早。晋以前墓均位于第3层下，直接打破生土。本次发掘共发现墓葬11座。其中3座空墓，8座有随葬品的墓中，战国1座、东汉3座、晋代1座、明代3座；分布有一定规律，发掘区北部以明墓为主，三座东汉墓均位于南端。编号为2001FRM1～2001FRM11，M11为战国墓，M5～M7为东汉墓，M8为东晋墓，M3、M9、M10为明墓，余为空墓，时代不明。

以下按时代顺序予以叙述。为行文简便，墓号前代号省略。

二、战国墓葬

1座（M11）。位于发掘区西南角T21的南端。开口于第3层下，打破生土。墓坑东段被M5的墓道打破，但未及底。

M11为长方形竖穴土坑，方向60°。墓口长3.6、宽2.2、距地表深1～1.3米，底长2.55、宽1.6、墓深3.5米。墓坑较宽，长宽之比约为3∶2。墓壁上部略斜，下部接近垂直，两端收缩率较两侧略大，墓壁修整光滑。填土为灰褐色五花土。墓坑西端有一长方形盗洞，长1.3、宽0.6

米，斜着向下直达墓底。墓内葬具及骨架均朽无存。因盗扰，铜器等荡然无存，陶器支离破碎，散布于东部。

M11出土陶片经拼对修复，共4件器物，为鼎、敦、壶、盘，鼎仅剩残盖，壶失圈足。均为泥质黑皮红褐陶。

鼎盖　M11∶1，顶残。浅盘形，上有凸圈。口径24厘米（图一，3）。

敦　M11∶2，上下同形，相合略呈球形。口部有对称凸纽，上下各有三个简化兽纽（足）并一周弦纹。口径22、通高27厘米（图一，2）。

壶　M11∶3，敞口，弧颈，溜肩，长鼓腹，圜底，圈足残。盖呈浅盘状，子母口，盖面三个简化卧兽纽。肩、腹三组凹弦纹。口径11.6、最大腹径23.2、残通高32.8厘米（图一，1）。

盘　M11∶4，斜折沿，上壁斜直，下壁斜收，平底。口径23.6、高6.8厘米（图一，4）。

M11墓坑形制，随葬品组合、形态都具有典型楚墓特征。从器物形态看，与战国晚期楚墓出土同类器一致。其中，敦、壶、盘分别与江陵雨台山楚墓中的Ⅳ式敦、Ⅳ式壶、Ⅱ式盘形态

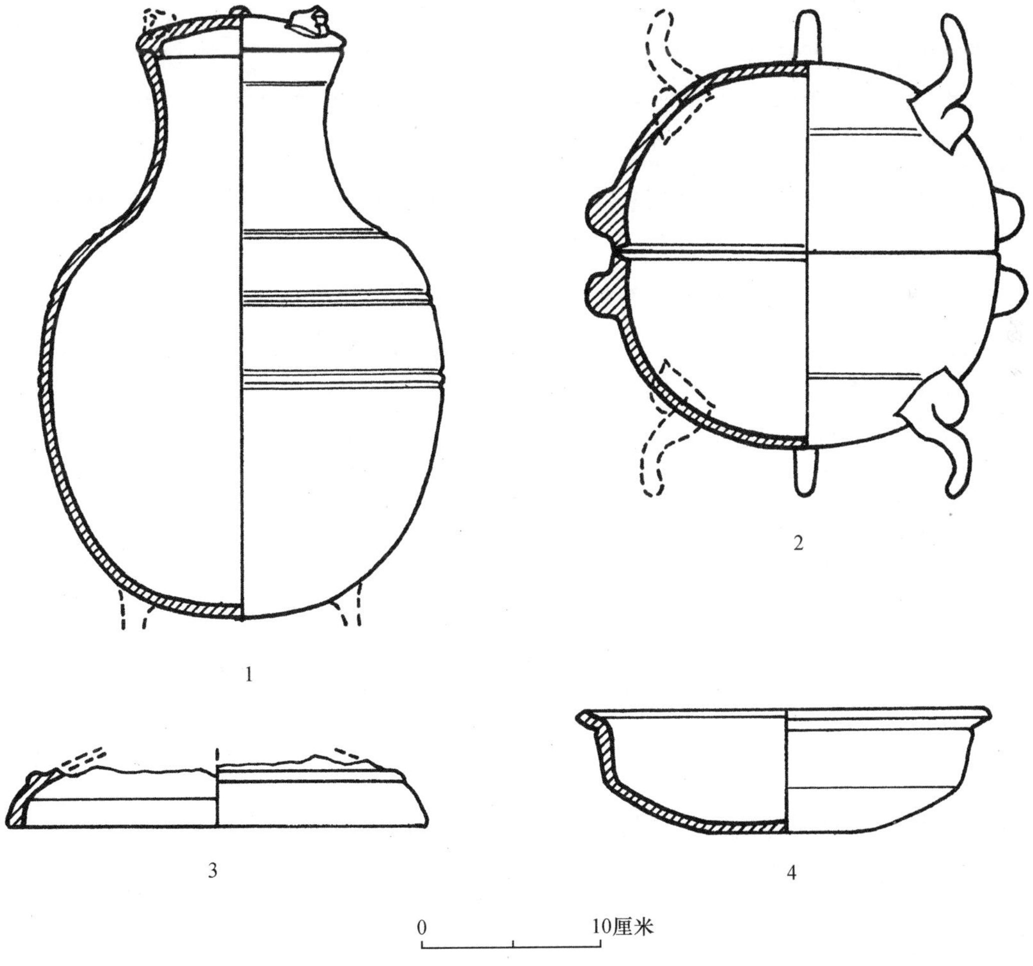

图一　M11出土陶器

1. 壶（M11∶3）　2. 敦（M11∶2）　3. 鼎盖（M11∶1）　4. 盘（M11∶4）

接近，时代为战国晚期前段[①]。

三、东汉墓葬

（一）形制

3座（M5～M7） 位于发掘区南端，依山体走势由西到东排列，首尾相距约26米。M5与M6相隔较近，约6米，墓向基本与山体走势垂直。三墓均为土坑竖穴，砖砌墓室和甬道，前接土坑墓道。墓砖为几何花纹砖，花纹一侧朝内。甬道与墓室为船篷形券顶，甬道券顶略底，平面呈“凸”字形。墓上原有封土堆，现不存。因盗扰、生产、建设和自然损毁等原因，券顶和墓壁以及整个墓的结构都受到程度不一的破坏。3座墓均为多人合葬墓，骨架有火烧痕迹。不见葬具，或已腐朽。

1. M5

位于T21正中，方向155°。墓室及甬道长（指内空，下同）7.7米。其中墓室长5.7、宽2.3、高2.25米；甬道长2、宽1.4米，券顶不存，可能为盗墓者捣毁。墓壁厚等于砖宽，为17厘米。甬道前接斜坡土坑墓道，长3.35、宽1.3米。竖穴土坑略宽于砖室，坑深3.8米。墓坑内填黄褐色土。墓室及甬道两侧的直壁、后墙、封门砖均为顺砖错缝平铺，券顶为丁砖咬榫搭肩对缝叠砌。以黄泥黏合。墓底铺筑红烧土。

墓砖均一侧饰菱形几何花纹，其他各面皆素面。根据适用部位不同，有三种形态。

（1）普通长方形砖，用于砌墓两侧直壁、后墙及墓门。标本2，中心菱形纹内一竖杠。长45、宽19、高10厘米（图二，1）。

（2）平面呈四边形，一端直，一端斜并有一凹榫，横断面为双面错开的半肩榫。为丁砖竖砌券顶基部第一排砖。标本4，中心菱形纹内有“十”字纹，一端为三横一竖，中心一半球形纹。长40、宽17、厚10厘米（图二，2）。

（3）两端凹凸榫，两面错开半肩榫，两档斜边。为券顶基部以上的砖。标本3，长27～42、宽47、厚11厘米（图二，3）。

该墓共有7具骨架，其中5具沿墓室中部横向并列，一具靠近后壁，一具位于墓室右前角。骨架方向除后室1具外，余基本与墓向同。骨架均不完整，从骨架的分布位置看，有一次葬也有二次葬，可能以后者为主。墓经盗扰，大件铜器已不存，陶器亦多破碎。器物主要位于甬道左侧至墓室右前角。共出器物31件（同类铜钱以1件计），主要为陶俑和模型器等。详情如下（器物后数字为件数，未注者为1件；相同质地器物只在最先出现时注明，后同）。

陶抚琴俑、说书俑、舞蹈俑、听歌俑头、男侍俑4、女侍俑6、镇墓兽、猪、狗、屋2、廊、案，釉陶壶，银戒指2，铜杯耳、五铢52、半两、货泉2，铁棺扣、棺钉、残铁器。

① 荆州博物馆：《江陵雨台山楚墓》，文物出版社，1984年。

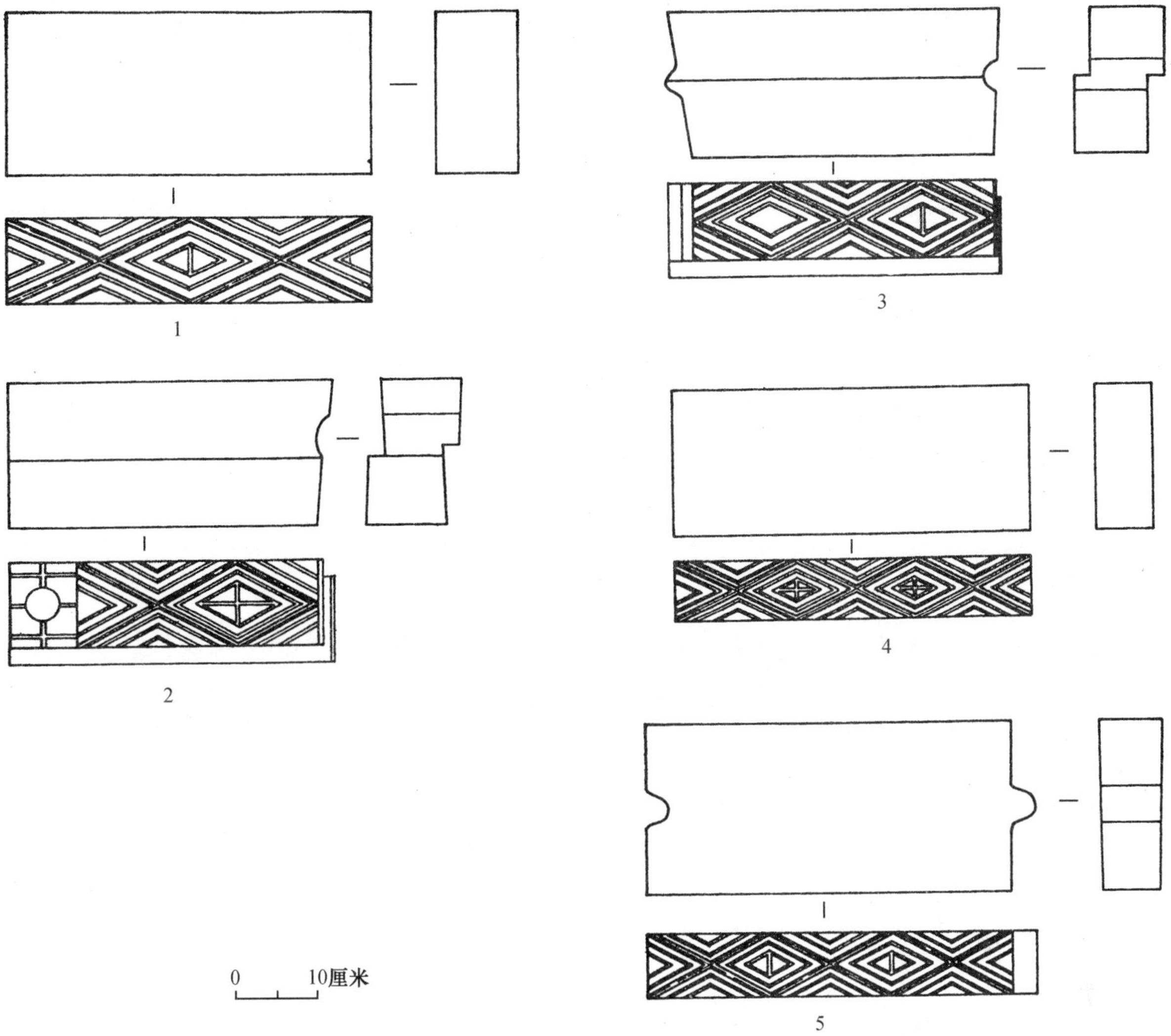

图二 东汉墓出土墓砖

1～3. M5 4. M6 5. M7

2. M6

位于T22西侧，方向141°。墓室及甬道长7米，墓室长5、宽2.4、高2.38米，甬道长2、宽1.52米，顶残。甬道前未发掘，有无墓道情况不明。竖穴土坑残深3米。墓壁、墓门等砌法同M5，为顺砖错缝平铺。券顶砌法有别于M5，而与墓壁砌法相同，只是砖形有别而已。甬道及墓室前端错缝横铺地砖，墓室中、后部铺红烧土。墓室前端顶部券顶被盗墓者捣毁一长方形洞，后壁也部分捣毁，该墓可能经数次盗掘。有两种形态的墓砖。

（1）普通长方砖。标本1，中心菱形纹内有“十”字纹。长44、宽17、高7厘米（图二，4）。

（2）长方形凹凸榫砖，横断面略呈梯形。为券顶用砖。形制、尺寸同M7标本5（详后）。

该墓可见8具骨架，其中墓室内6具、甬道内2具。方向不一，分布散乱，多为二次葬。随葬品主要置于甬道至墓室入口处的左侧。出土器物46件，以陶俑和模型器为主。详情如下。

陶说唱俑、听歌俑2、男侍俑6、女侍俑3、猪、狗、公鸡、子母鸡、屋、廊、案、盆2、盘、器盖6、博山炉盖、耳环6、勺，釉陶锏，铜戒指、五铢26、货泉，铁棺扣3、残铁器4。

3. M7

位于T23内，方向116°。墓葬结构、砌法均与M6同。唯墓室两侧及后壁向内弧曲，应为外部土石挤压所致。墓上部被摧毁，纵向被一条晚期房基打破，墓室东南角有一盗洞。墓室及甬道通长7.1米，墓室长4.8、宽2.4米，甬道长2.3、宽1.3米，墓残深1.84米。墓底铺红烧土。两种形态的墓砖与M6同。标本5，中心菱形纹内有一竖杠。长45、宽20、厚7～8厘米（图二，5）。墓内大致有7具内架，除1具位于甬道左侧外，余6具分布于墓室内。分布零乱，应为二次葬。随葬品极少，仅有陶罐3件，釉陶男侍俑、陶灶各1件，铜五铢1件6枚。

（二）随葬品

3座墓共出土随葬器物84件（各墓钱币以1件计）。主要为陶器，极少釉陶，铜、铁、银器。M5、M6出土器物较多，器类以俑为主，有舞乐俑、侍俑、动物俑等，次有日用明器、模型器及其他。

1. 陶舞乐俑

7件。有抚琴、说唱、舞蹈、听歌等。抚琴、说唱俑为男性，舞蹈、听歌俑为女性。均着阔袖长袍，右衽，头戴冠帻，造型生动传神。多为泥砂质的红褐陶或红陶。人物俑均为前后范合制。

抚琴俑　1件。M5：30，右臂及后背残。跪坐，膝上置琴，双手抚琴。高27、宽24厘米（图三，1）。

说唱俑　2件。M6：31，击鼓说唱俑。跪坐。左膝前置一鼓，左手击鼓，右手上举。此造型所表现的应是连说带唱的艺人形象。高18.5、宽12.5厘米（图三，5）。M5：3，说书俑。跪坐。前置一案，左手扶案，右手执一牙板。俑头与身分制，头插于领口部位孔内。此俑所表现的应是那种只说不唱的评书艺人形象。高27.6、宽20厘米（图三，2）。

舞蹈俑　1件。M5：22，头与身分制。身着连衣长裙，裙脚委地，臂上有百折花边。俑左手提裙，右手上举，长袖后甩。右腿抬起，轻移莲步，舞姿婀娜。通高41厘米（图三，6）。

听歌俑　3件。一件，M5：10，仅残存俑头。左手抚耳。残高9厘米（图三，4）。另两件形制相同，为同范制作。出自M6。M6：13，跪坐。身略右侧，头右偏，右手抚耳，左手自然垂下。颇有侧耳倾听，心旷神怡之感。高18厘米（图三，3）。

2. 陶侍俑

20件。分男侍俑和女侍俑。造型相同，均站立，双手合于胸前。服饰亦同，均为及地阔袖长袍，右衽。制作较粗糙，面部刻划尤简略。性别据发式和体型略可区分。

图三　东汉墓出土陶舞乐俑

1. 抚琴俑（M5：30）　2、5. 说唱俑（M5：3、M6：31）　3、4. 听歌俑（M6：13、M5：10）　6. 舞蹈俑（M5：22）

男侍俑　11件。其中M5出土4件，为同范制作。M6出土7件，两种范。M5：29，高21.6厘米（图四，3）。M6：28，高19.4厘米（图四，2）。M6：40与之同范。M6：32，高15.4厘米（图四，4）。同范还有3件。

女侍俑　9件。其中M5出土6件，三种范。M6出土3件，同范制作。M5：7，高17.6厘米（图四，7），另有两件同范。M5：14，高14厘米（图四，8）。M5：16与之同范。M5：25，高24厘米（图四，5）。M6：27，高19厘米（图四，6）。另有2件同范。

3. 陶动物俑

7件。有镇墓兽、猪、狗、鸡。手法粗放，但神态毕现。泥砂质红陶或红褐陶，左右范合制。

图四　东汉墓出土陶侍俑

1~4. 男侍俑（M7：1、M6：28、M5：29、M6：32）　5~8. 女侍俑（M5：25、M6：27、M5：7、M5：14）

（注：1为釉陶）

镇墓兽　1件。M5：18，头似狗。坐式。龇牙咧嘴，长舌垂地。高19厘米（图五，1）。

猪　2件。M5：19，形体粗犷，短嘴，粗项身体浑圆，鬃毛竖立，应为公猪。形态生动，细部刻划简略。长21.6、高12.8厘米（图五，2）。M6：9，头残。形体修长柔和，姿态较前者

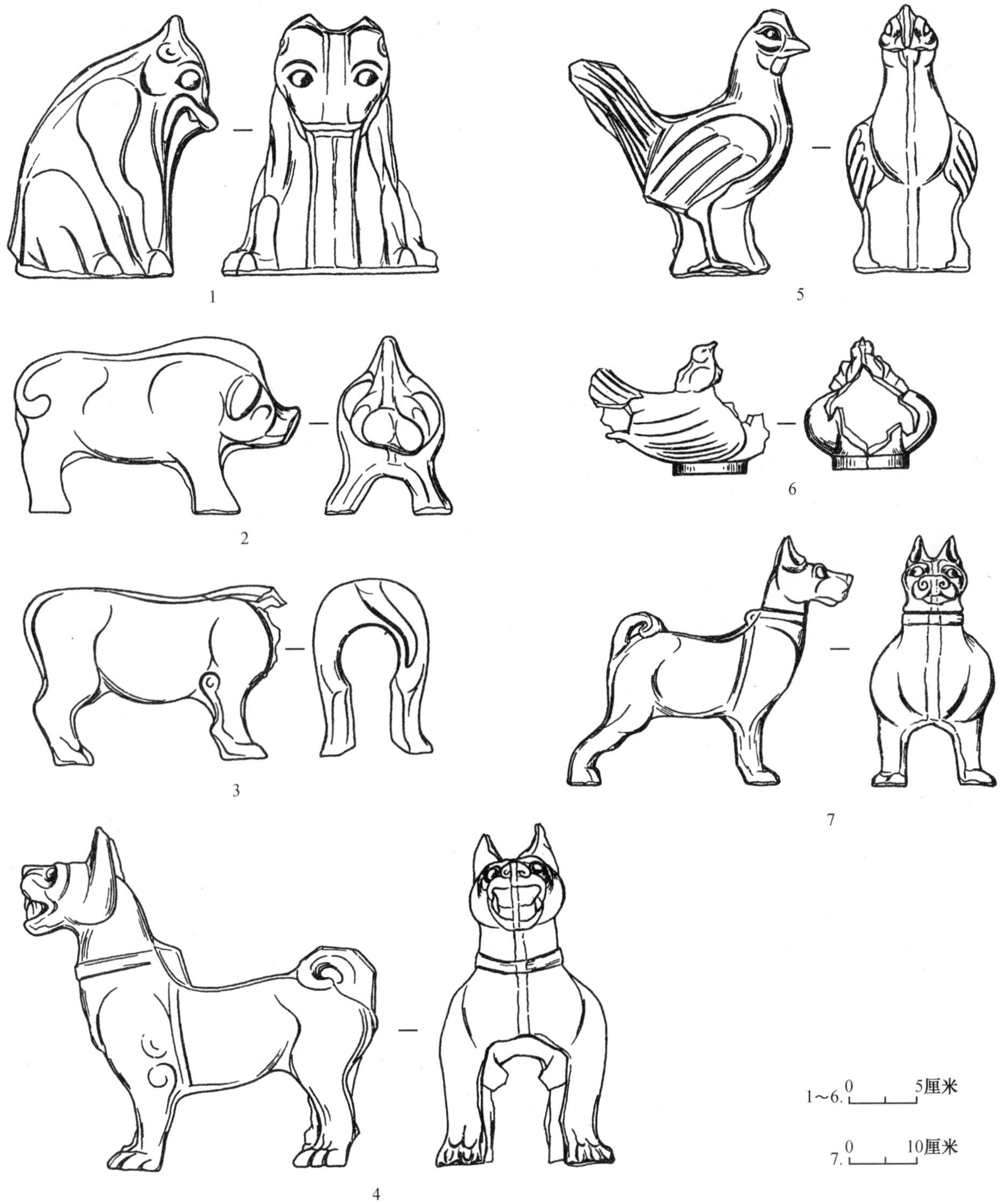

图五　东汉墓出土陶动物俑

1. 镇墓兽（M5：18）　2、3. 猪（M5：19、M6：9）　4、7. 狗（M6：16、M5：24）　5. 公鸡（M6：11）　6. 子母鸡（M6：20）

温顺，应为母猪。长20、高12.8厘米（图五，3）。

狗　2件。形态各异，动静相生。M6：16，直立，昂头前视，张嘴做吠状。长26.6、高25.1厘米（图五，4）。M5：24，形态较大，头、身分制，双目炯炯，前腿直立，后腿绷直，显得机警威猛。长43.2、高36.3厘米（图五，7）。

鸡　2件。M6：11，公鸡，昂头翘尾静立。腿间以圆柱形座支撑。长18.5、高19.4厘米（图五，5）。M6：20，头部残。子母鸡，母鸡卧于一圆座上，一雏鸡蹲于母鸡背上。残长13.4、高9.8厘米（图五，6）。

4. 陶模型器

8件。有房屋、廊、案、灶。多为泥灰陶，个别黄灰、红陶。

房屋　3件。其中M5出土2件，M6出土1件；修复2件。M5：15，单坡屋顶，单斗拱，前有阳台。宽34.4、高25.6、厚9.2厘米（图六，2）。M6：43，长方形，平顶，单斗拱。宽34.5、高25.4、厚12厘米（图六，1）。

廊　2件。M5：6，长形。上下各一平板，上端两侧各立一挡板，兽形廊柱。长27.5、宽8.8、高15.4厘米（图六，6）。M6：21，未修复。形态结构应与前者同，兽形廊柱略别（图六，4）。

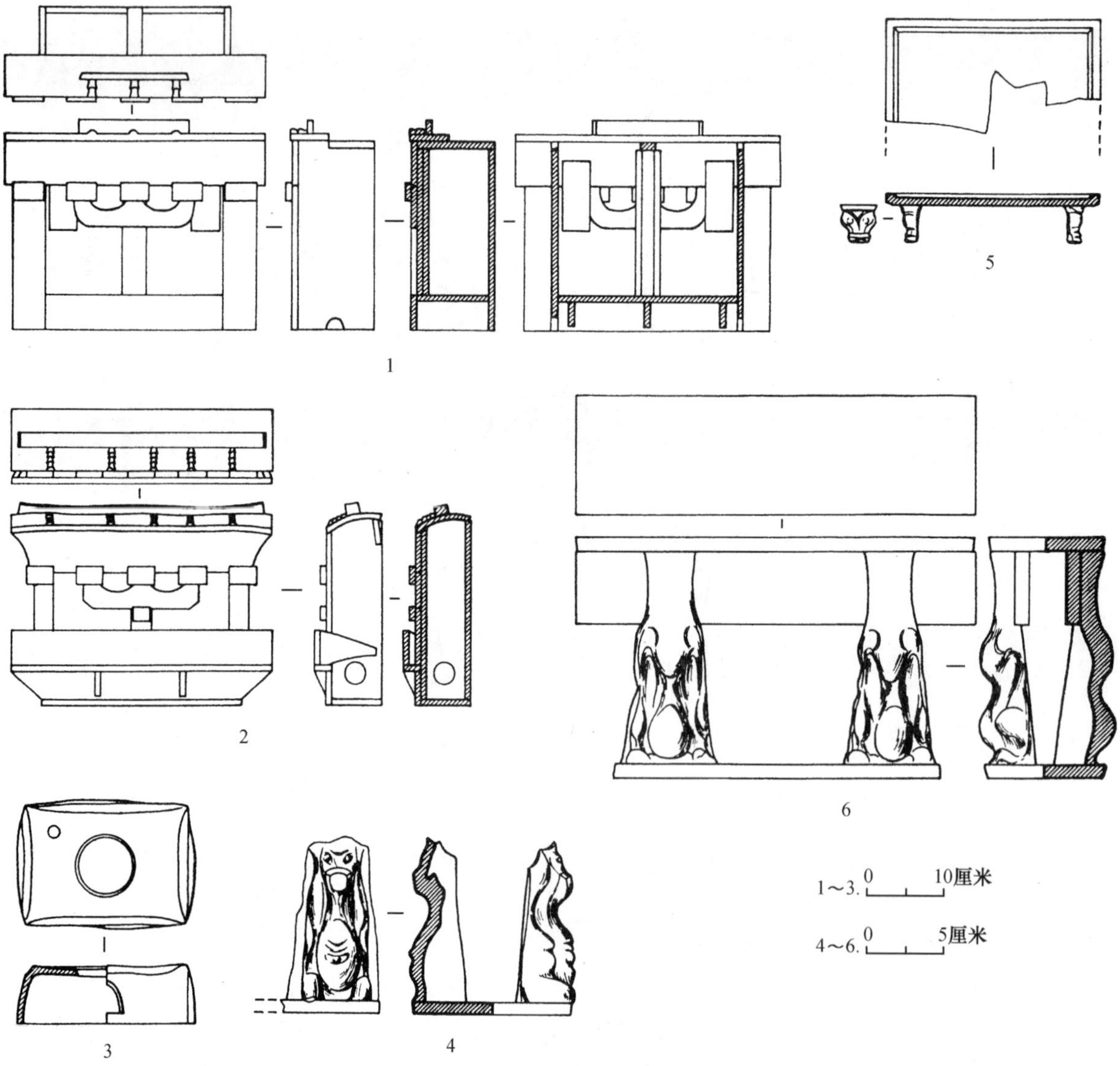

图六　东汉墓出土陶模型器

1、2. 屋（M6：43、M5：15）　3. 灶（M7：6）　4、6. 廊（M6：21、M5：6）　5. 案（M6：8）

案 2件。M5、M6各出1件，形制相同。M6：8，长方形平案面，边缘矮而窄，足呈兽蹄状，刻兽面纹。长度已残。宽14、高3.2厘米（图六，5）。

灶 1件。M7：6，长方形。单釜座，左上有囱孔，一侧悬置一火门。长23.5、宽16.4、高7.6厘米（图六，3）。

5. 陶日用明器

20件。

罐 M7出土3件，修复2件。灰陶。M7：2，短弧颈，厚圆唇，斜肩，扁鼓腹，下腹斜直，平底较小。下腹有削棱。口径7、最大腹径12.7、高7.8厘米（图七，11）。M7：5，短折沿，斜肩，折弧腹，凹圜底。口径18.8、最大腹径28.4、高16.8厘米（图七，12）。

盆 2件。M6：3，泥质橙红陶。下腹及底残。折沿，三角唇，弧腹较深。器内施绿釉，外无釉。口径15厘米（图七，9）。M6：33，泥灰陶。敞口，厚圆唇，斜折腹，小平底。口径

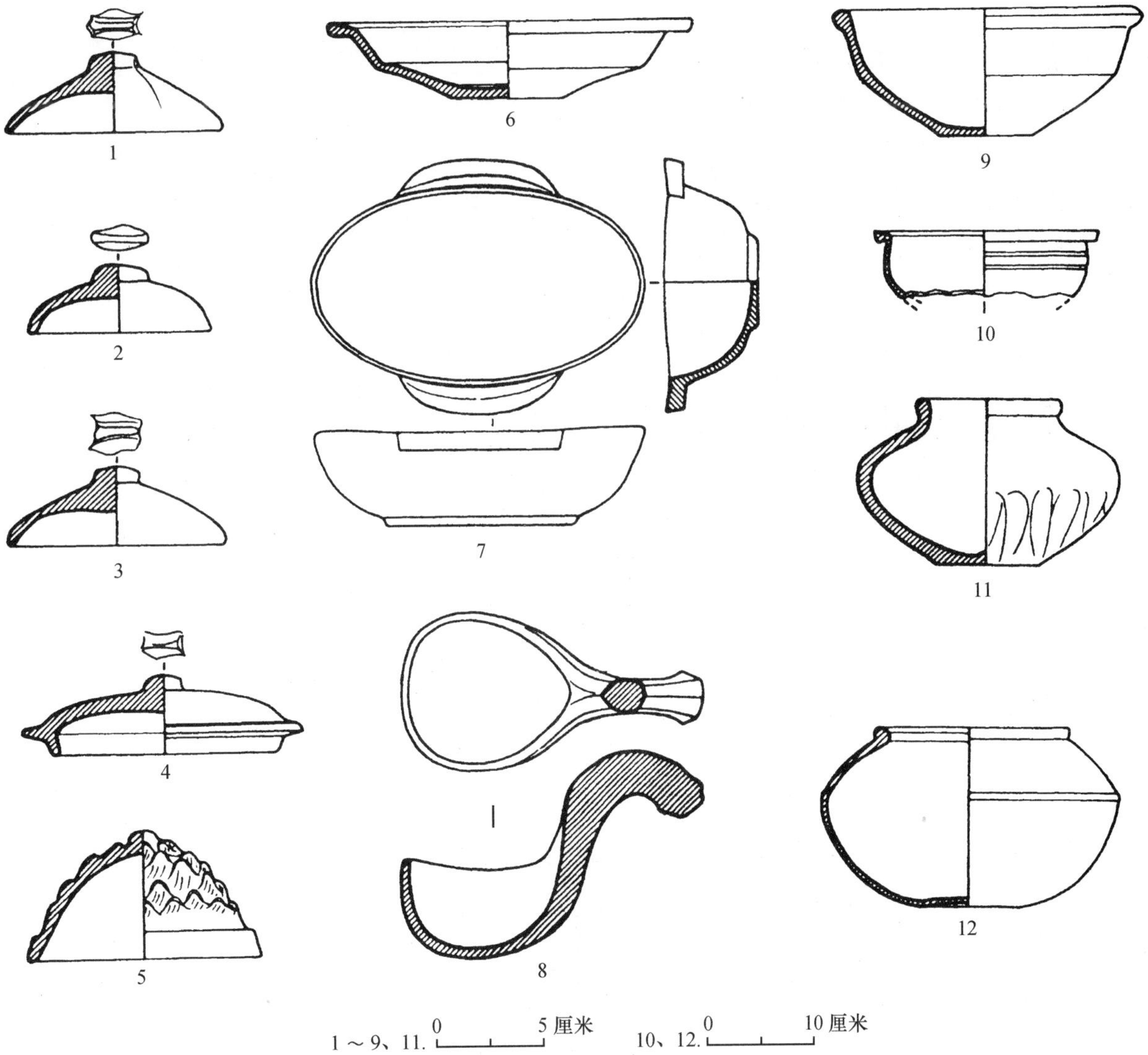

图七 东汉墓出土陶日用明器

1～4. 器盖（M6：24、M6：25、M6：23、M6：44） 5. 博山炉盖（M6：26） 6. 盘（M6：38） 7. 耳杯（M6：37） 8. 勺（M6：14） 9、10. 盆（M6：3、M6：33） 11、12. 罐（M7：2、M7：5）

20.7、残高6厘米（图七，10）。

盘　1件。M6：38，泥红陶。敞口，折沿，厚圆唇，折壁，平底较小。口径17.6、高3.6厘米（图七，6）。

器盖　6件。均出自M6，灰陶。有两种形态，一为敞口，一为子母口，后者仅1件。前者为弓弧形浅盘状，顶有一扁纽。M6：24，纽两侧有刀削痕。口径10.2、高3.7厘米（图七，1）。M6：25，盖径较小，盖边略折。口径8.8、高3.2厘米（图七，2）。M6：23，口径10.4、高3.7厘米（图七，3）。与此器相同的还有两件。M6：44，子母口，边缘平伸，盖面较平，顶一扁纽。口径10.8、高3.8厘米（图七，4）。

博山炉盖　1件。M6：26，红陶。宽贴沿，圆唇，拱弧形盖。盖周浮雕山形纹。口径11.2、高6厘米（图七，5）。

耳杯　6件。均出自M6。形制相同，大小有别。有三种规格，最大的长16、次13.3、最小的10厘米。均泥质红陶。椭圆形，口部两侧有新月形耳，弧壁、平底出边。M6：37，长16、宽12、高4.5厘米（图七，7）。

勺　1件。M6：14，夹砂红陶。弯柄呈六边形，弧形深斗。长14.6厘米（图七，8）。

6. 其他

23件。其中釉陶器3件、银器2件、铜器8件、铁器10件。

釉陶壶　1件。M5：12，下腹及圈足残。盘状口，高弧颈，鼓腹，肩部有对称简化铺首。肩、腹有弦纹。酱红胎，鳝黄釉，局部有银釉。口径15、最大腹径21.6、残高24厘米（图八，2）。

釉陶铆　1件。M6：22，泥质红陶。柄残。侈口，圆唇，曲腹，平底呈矮圈足状。器内及器外上腹施绿釉，下腹及底露胎。口径16.4、高7.4厘米（图八，1）。

釉陶男侍俑　1件。M7：1，泥灰陶。头残。酱褐釉。造型同陶侍俑。从形体特征看，应为男侍俑。残高19.4厘米（图四，1）。

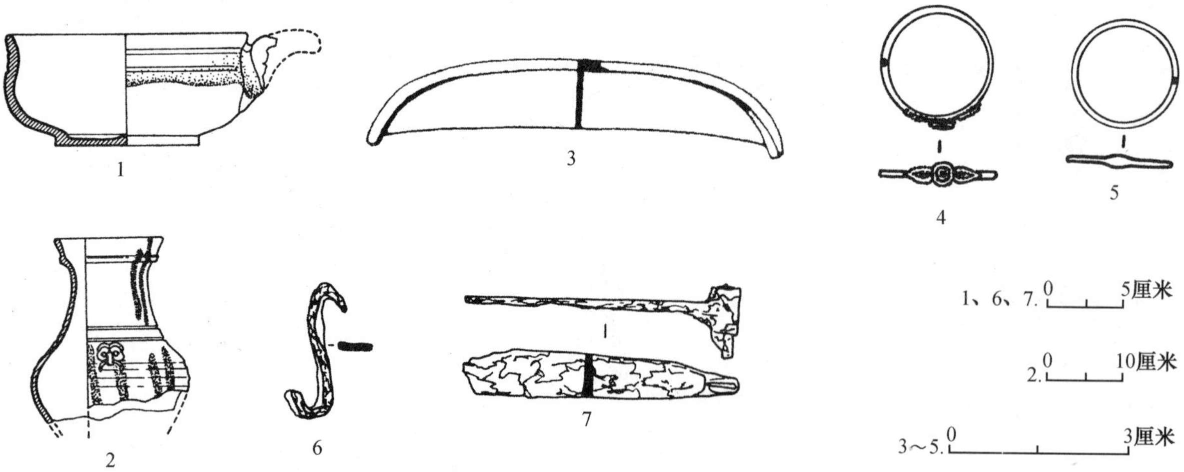

图八　东汉墓出土器物

1. 釉陶铆（M6：22）　2. 釉陶壶（M5：12）　3. 铜杯耳（M5：5）　4、5. 银戒指（M5：9、M5：8）　6. 铁棺扣（M5：13）　7. 铁棺钉（M5：1）

银戒指　2件。M5：8，环形，圆茎，戒面略扁宽。径1.8厘米（图八，5）。M5：9，环形，圆茎，戒面呈连珠状花叶形，镶嵌绿松石。径1.9厘米（图八，4）。

铜杯耳　1件。M5：5，平面呈弓形，断面曲尺形。长7厘米（图八，3）。

铜戒指　1件。M6：12，已残。径约6厘米。

铜钱　6件，88枚，其中“半两”1枚，“货泉”3枚，余为五铢。

M5出土55枚。“半两”1枚。M5：31，无周郭及穿郭，钱文模糊。隐约可辨字形，“两”字较清晰，为四铢半两。钱径2.3、好径0.69厘米（图九，1）。“货泉”2枚。M5：30，双面均有周郭及穿郭。一枚磨郭，字体较宽，垂笔作悬针。钱径2.3、好径0.7厘米（图九，2）。“五铢”52枚。M5：26，其中常形五铢15枚、磨郭五铢13枚、剪边五铢4枚、小五铢1枚、榆荚五铢19枚。常形五铢一般钱径2.6、好径0.9厘米。面有周郭无穿郭，背周，穿均有郭。有三种基本式样：一种肉较厚，翠青色，轮郭及文字精整，字体中宽。“五”字交笔微曲，上下呈对顶弹头形。“铢”字“金”字头呈三角镞形，“朱”字上下折笔圆转，垂笔如玉箸。仅2枚（图九，3）。另两种均质劣肉簿，文字肤浅，表面呈铁锈色或蓝紫色，多见锈穿变形。一种字体较宽，一种字体狭窄。小五铢字体窄而粗，泉谱称之为“肥字五铢”，制作粗陋。钱径2.23、好径0.9厘米（图九，5）。磨郭、剪边、榆荚五铢为利用常形五铢和小五铢改制。三者的区别在于：磨郭五铢为将完整五铢同郭磨蚀，尚残留一线轮郭；剪边则已无周郭。剪边程度不一，达到极限或接近极限者称为榆荚钱，或称“水上漂”。极轻薄微小，像漂浮于水上的榆荚，故名。磨郭钱一般钱径2.45厘米左右，剪边钱一般钱径2.1～2.3厘米，榆荚钱最小径仅1.5、大者约1.8厘米（图九，4、6、7）。

M6出27枚。货泉、常形五铢各1枚；私铸小钱、磨郭、剪边五铢各4枚；榆钱荚13枚。小五铢钱径2.25、好径0.95厘米，一枚下方有阴刻“十”字记号。榆荚钱较M5钱径稍大，约2厘米。其他大致同M5所出（图九，8、9）。

M7仅6枚，均常形五铢，较精整。可能为挑选质优者入葬。钱径2.55、好径0.9厘米（图九，10）。

残铁器　10件。M5出土数枚，锈蚀太甚。

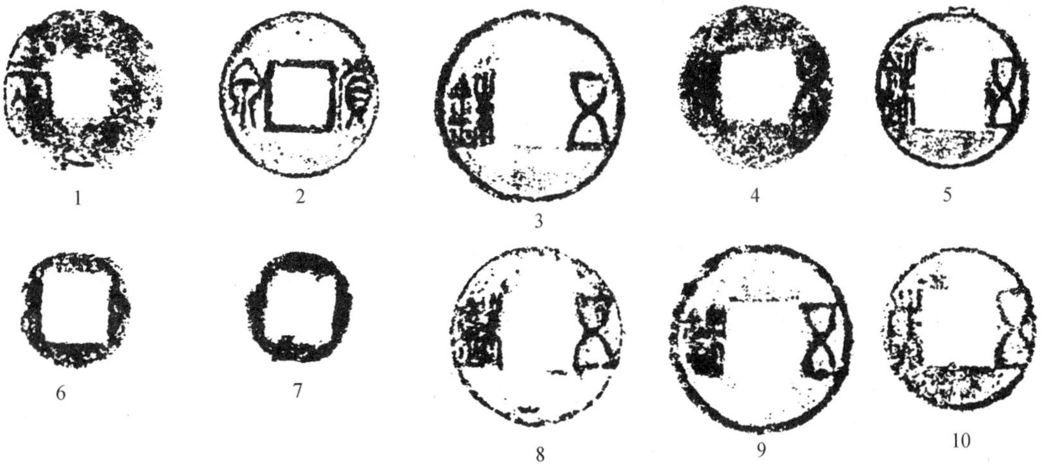

图九　东汉墓葬出土钱币

1～7. M5　8、9. M6　10. M7

"S"形铁棺扣　M5、M6出土若干，可能为棺盖锁扣，M5：13，长8.6、宽2.4厘米（图八，6）。

残棺钉、棺扣　若干。或锈蚀成团，或残作数段，不辨器形，应为棺钉、棺扣之类。1件（M5：1）呈"T"形，上窄下宽，一边厚一边薄，似削。残长18.6、宽3厘米（图八，7）。

（三）小结

1. 年代

3座汉墓均为带甬道双券顶砖室墓，墓砖花纹和形制也基本一致。从随葬品看，M5与M6两墓更多相似之处，两墓均出土了较多陶俑、模型器，而且器形与组合多类同。例如，陶模型器中的屋、廊、案；动物俑中的猪、狗；人物俑中的听歌俑、说唱俑、男侍俑、女侍俑等，所出五铢钱的类别也相同。两墓具有明显的东汉晚期墓的特点。从历年来三峡地区考古发掘与研究的结果表明，俑的大量随葬入墓和陶屋等模型器的普通出现当在东汉晚期。巫山麦沱墓地1997～1998年发掘了19座西汉中期至东汉中期前后的墓葬，出土各类文物1000多件，但没有出土一件如M5、M6中所出之陶俑和模型器①（麦沱M40所出6件手制陶俑为气功导引俑，属西汉晚期，当作别论）。其他墓地东汉中期以前墓葬的情况都与此相似。而在东汉晚期墓中陶俑和陶屋则普通出现，如巫山瓦岗槽M5②、万州松岭包M4③、陈家坝M1④、安全M12⑤等。从所出钱币看，多磨郭五铢、剪边五铢、榆荚钱等，其大批涌现及广泛流通均在东汉中晚期，而且铜钱质差肉薄。一方面体现当时"铜荒"，另一方面则暴露了东汉王朝国势孱弱，行将崩溃的趋向。小五铢钱谱上称"肥字五铢"，认为是刘备入蜀后所铸⑥。那么，M5、M6两墓的年代就应为东汉末至三国蜀汉初。从某些器形看也和六朝早期有相似之处，如陶钵的底部形态就与三国至晋的碗、钵类器底相同；陶耳杯也多出现于汉晋墓中。

M7形制、结构及墓砖均与M6同，由于出土器物很少，时代特征不十分明显，所出器物有灶、罐等，五铢钱均为常形五铢，时代似乎略早于M5和M6，为东汉晚期。

2. 文化特色

三墓的葬制，葬俗较为特别，均为多人合葬，有二次葬也有一次葬，头骨有烧烤痕迹。这种现象在峡区内的东汉墓中似乎较为普通，且多为东汉晚期墓，如万州上河坝M1三具骨架⑦、安全M1九具骨架⑧。另外，1999年中国社会科学院考古所在巫山大昌双堰塘发现的7座东汉晚

---

① 重庆市文物局、重庆市移民局：《重庆库区考古报告集·1997卷》，科学出版社，2001年。
② 重庆市文物局、重庆市移民局：《重庆库区考古报告集·1997卷》，科学出版社，2001年。
③ 重庆市文物局、重庆市移民局：《重庆库区考古报告集·1997卷》，科学出版社，2001年。
④ 重庆市文物局、重庆市移民局：《重庆库区考古报告集·1997卷》，科学出版社，2001年。
⑤ 重庆市文物局、重庆市移民局：《重庆库区考古报告集·1997卷》，科学出版社，2001年。
⑥ 高汉铭：《简明古钱辞典》，江苏古籍出版社，1990年。
⑦ 重庆市文物局、重庆市移民局：《重庆库区考古报告集·1997卷》，科学出版社，2001年。
⑧ 重庆市文物局、重庆市移民局：《重庆库区考古报告集·1997卷》，科学出版社，2001年。

期砖室墓也都是多人合葬，骨架零乱不全，多为二次葬，且有烧烤痕迹[①]。这种现象所反映的可能是峡区内一种特有的葬俗，即人死后先火化然后将骨架收殓，待死者达到一定数目后再修墓入葬，或先修墓然后将经火化的死者骨架放入墓内，待墓内死者达到一定数目后再封闭墓门及封土。同一墓内的死者或为同一家族成员。也有可能是由于某种灾难（如瘟疫、战争等），将成批死亡的人群集体合葬，为防止瘟疫扩散传播，而将尸体火焚，也合情理。东汉晚期，三国鼎立之势已然形成，战争颇仍，因而战争的可能性也是存在的。当然，这些都只能作为一种推测。真实情况，还有待深入研究。

东汉晚期墓中以大量随葬各种陶俑、模型器为主要特色。M5、M6两墓所出为其最基本的组合，即人物俑中的抚琴男俑，说唱男俑，女舞俑，女听歌俑，男、女侍俑；动物俑中的猪、狗、鸡（公鸡、子母鸡）以及镇墓兽；模型器中的屋、廊、案等。有的墓中还有吹箫俑、武士俑、文吏俑、汲水俑、西王母俑、庖厨俑等[②]。动物俑还见有马。模型器中除普通房屋外，还有性质明确的谯楼、水田、池塘、猪圈，铜质的摇钱树及陶质的摇钱树座等。陶俑全为双合范制作，个体较大者一般头、身分制，有的分制后捏合成整体，有的则任其分离，大型立俑腿也分制且不与身捏合。可见，当时此一带应有许多专门烧制陶俑及模型器等明器的窑址及作坊。大凡一墓同一造型的俑多为同范制作，有的俑头为同范制作，然后分别与不同造型的俑身捏合。目前尚未见有资料报道在不同的墓中发现有相同造型的俑为同范制作者，但这种情况应该是有的，只是考古发现的局限性或未有意识的在这方面去做工作而已。陶俑制作较为粗糙，双范并未完全合拢，合范处有很厚的接合痕，用刀削平，有的甚至前后错位。从侧面看人物俑显得很肥厚，尤以小型侍俑为甚。有的俑比例也有些失当，造型呆板。小型侍俑和一些动物俑、镇墓兽细部刻划（尤其面部）简略。县志云夔峡之民“工不求精，物无至巧”，由此可见一斑。然舞乐俑、动物俑的神态尚生动，尤其听歌女俑和女舞俑，将女性的风姿表现得淋漓尽致。但有些墓中所出同类俑也有粗制滥造者，这应是一些粗鄙工匠所为。

四、东晋墓葬

1座（M8）。位于发掘区北部T25内，方向81°，开口于第3层下，打破生土。整个墓葬破坏严重，捣毁殆尽。残长5.8、宽2、残深仅0.8米。甬道形状不清，或为“刀”形。墓壁亦以菱形几何花纹砖顺砌，不见铺地砖。砖为普通长方形菱形几何纹砖，与汉墓同类砖基本一致。长约36、宽17、厚8.4厘米（图一〇，1）。另有少量绳纹砖。墓中仅存青瓷盏1件。

青瓷盏　M8：1，灰白胎，胎细腻致密，施青绿釉，下底露胎。胎、釉结合较好。敞口，尖圆唇，口外一周凹槽，弧腹，平底略呈假圈足。口径8.3、高3.2厘米（图一〇，2）。

该墓形制基本同东汉墓形制，墓砖也大都与东汉墓砖无异，因而应相去东汉不远。在长江流域中、下游地区汉至六朝时期墓葬形制有着一定的延续性，往后“刀”形墓有增多的趋势，墓砖也有一定变化。但该墓中这两方面都不足以成为断代的依据。唯一可资断代的便是青瓷

① 中国社会科学院考古研究所1998年度巫山大昌双堰塘发掘资料。

② 湖南省文物考古研究所1998年度巫山麦沱发掘资料。

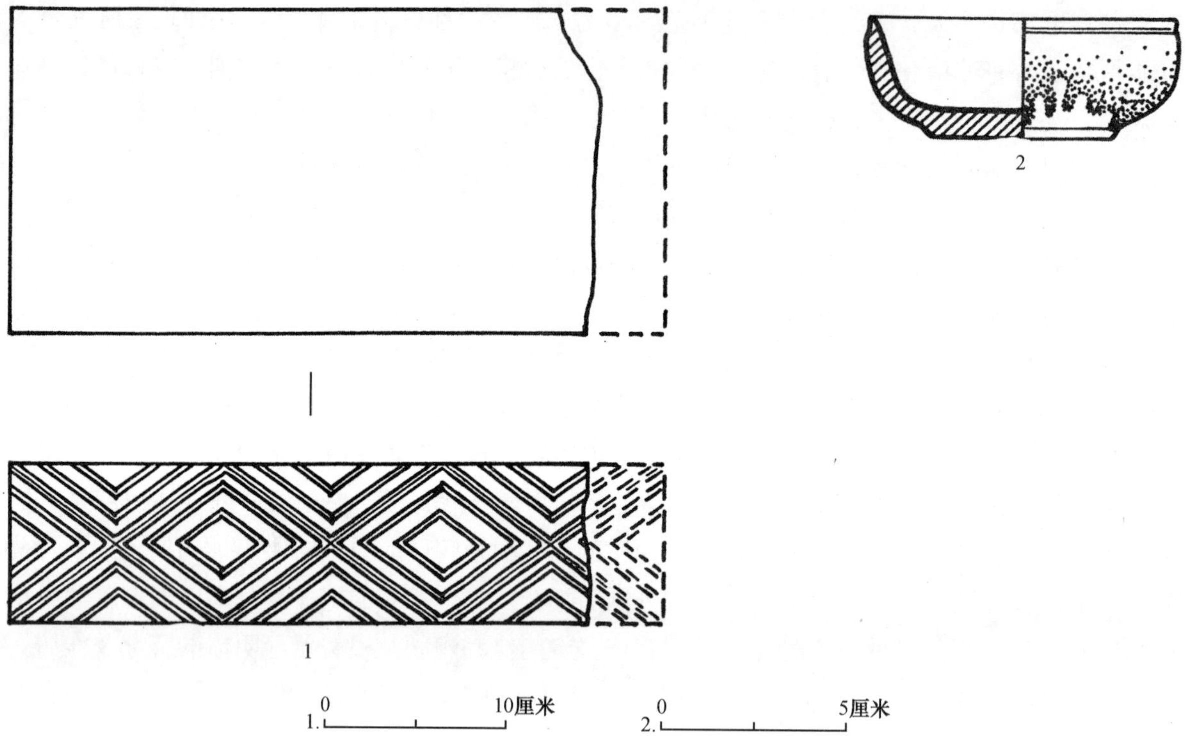

图一〇 东晋M8出土墓砖、青瓷盏

盏。据文献记载和出土资料，盏始于东晋江南，以后成为饮茶的主要器皿，并与盏托相配使用①。早期的盏假圈足转折明显，外底弧形内凹。M8所出盏的形态并不很早，为东晋中期形态。因而该墓最早也只能早到东晋中期或略早。

五、明代墓葬

1. 形制

3座（M3、M9、M10）。M3位于发掘区南端，M9、M10位于北端。墓向大致与山势垂直。均为长方形竖穴土坑，墓坑浅而窄小，填土松软混杂。单人仰身直肢，残留部分木棺渣。随葬器物置于棺内头端，基本组给为一罐二碗。M9、M10头端与木棺空隙处垫瓦。棺钉若干。

M3　位于T22内M6右侧，方向312°。底长2.3、宽0.75、深0.4米。随葬品有硬陶双系罐1件、青花瓷碗2件、铜发簪2件。头端棺外靠北壁立一墓志铭，朱书铭文脱落。

M9　位于T24南端，足端已残。方向330°。底残长0.55～1.3、宽0.7、残深0.3米。随葬硬陶谷仓罐1件及青花瓷碗2件，头端垫瓦5片。

M10　位于T24东壁，方向310°。底长2.46、宽0.75～0.8、残深0.3米。随葬硬陶丰肩罐1件及青花瓷碗2件，头部垫瓦6片。

① 冯先铭：《中国古陶瓷图典》，文物出版社，1997年。

2. 随葬品

3座明墓出土随葬品不到20件。主要为青花碗和硬陶罐。少量铜、铁器及其他。

（1）青花瓷碗

6件，每墓2件。形制基本相同，均敞口，侈沿，斜壁略弧，近底转折，腹较深，矮圈足微内斜。施淡蓝釉。碗心和外壁绘青花图案，周围及上下以青料画圈框。M3：2，折枝牡丹纹碗，沿微侈，腹壁弧转，足断面呈三角形，鸡心底。底露胎。口径15、高6.4厘米（图一一，5）。M3：3，折枝花碗，形制同M3：2，除足沿外，通体施釉。折枝花形随意点画，上腹绘一周点、划组成的花边。脐底。口径14.6、高6厘米（图一一，7）。M9：2，人物故事纹碗。口沿微折，圈足极矮。碗心一持物（扇）人物，人物上下前后补以花草、华盖图案。外壁绘山水、树木，"渔家乐"图，马上别行图等。口径15.2、高5.5厘米（图一一，4）。M9：3形制、花纹与之同。M10：2，三虎纹碗。斜折沿，下腹折转，圈足较高。碗心一虎，外壁两组虎、月亮、树木，树木为两棵，双木为"林"，表现的大概是林中虎啸月的景象。虎、树木均图案化。口径15、高6.4厘米（图一一，6）。M10：3形制、花纹与之同，青料颜色较深。

（2）硬陶罐

3件，每墓1件，与2件碗形成组合。罐上腹部施有薄釉，形态各异。M3：1，双系罐。青灰胎，粉白釉脱尽，下腹釉泪垂挂。侈口，卷沿，弧颈，长鼓腹，上腹双系，平底。口径11、通宽17.6、高19.8厘米（图一一，1）。M9：1，谷仓罐。青灰胎，上腹、盖施淡绿釉，外罩绿釉，下腹釉泪垂挂。塔式盖，子母口，顶略残。器身直口，厚方唇，长鼓腹，底呈器座状，平底微凹。肩部竖向排列一周锯齿状扉棱纹，象征屋瓦。口径9、通高30厘米（图一一，2）。M10：1，丰肩罐。青灰胎，上腹施姜黄釉，下腹釉泪流挂，凝釉处呈翠绿色。短弧颈，卷沿，斜肩丰圆，斜直壁，平底。口径9.6、最大腹径20.2、高19.8厘米（图一一，3）。

（3）其他

铜簪　2件。出自M3，形制相同。M3：4，圆茎，前端尖，簪头呈菊花形。长12厘米（图一一，10）。

铁棺钉　6枚。M9出土2枚，M10出土4枚，形制相同。长方形茎，头端扁宽弯曲。M10：5，长26.4厘米（图一一，9）。M9所出长20.2厘米。

墓志铭　M3：5，正方形。朱书文字漫蚀。边宽32、厚4.5厘米（图一一，8）。

板瓦　垫于死者头端与棺木空隙处。M9出土5片，M10出土6片。弓弧面，平面略呈梯形。

3. 小结

明墓中没有明确的断代依据，所出墓志铭也不辨文字。三墓的基本组合皆为一硬陶罐加两只青花碗。从青花碗的形态看，M3似乎略早，脐底流形于金元时期至明初[①]，因而该墓应为明初或明代早期。M9、M10两墓死者头端都垫有瓦，唯M3没有。垫瓦习俗在明清两代普通流行，亦可证明，M3的时代在明墓中应较早。M9、M10青花瓷碗形态基本一致，通体施釉，鸡心底，青花图案为人物故事和动物纹。从各种因素分析，两墓可能为明代中晚期。

① 冯先铭：《中国古陶瓷图典》，文物出版社，1997年。

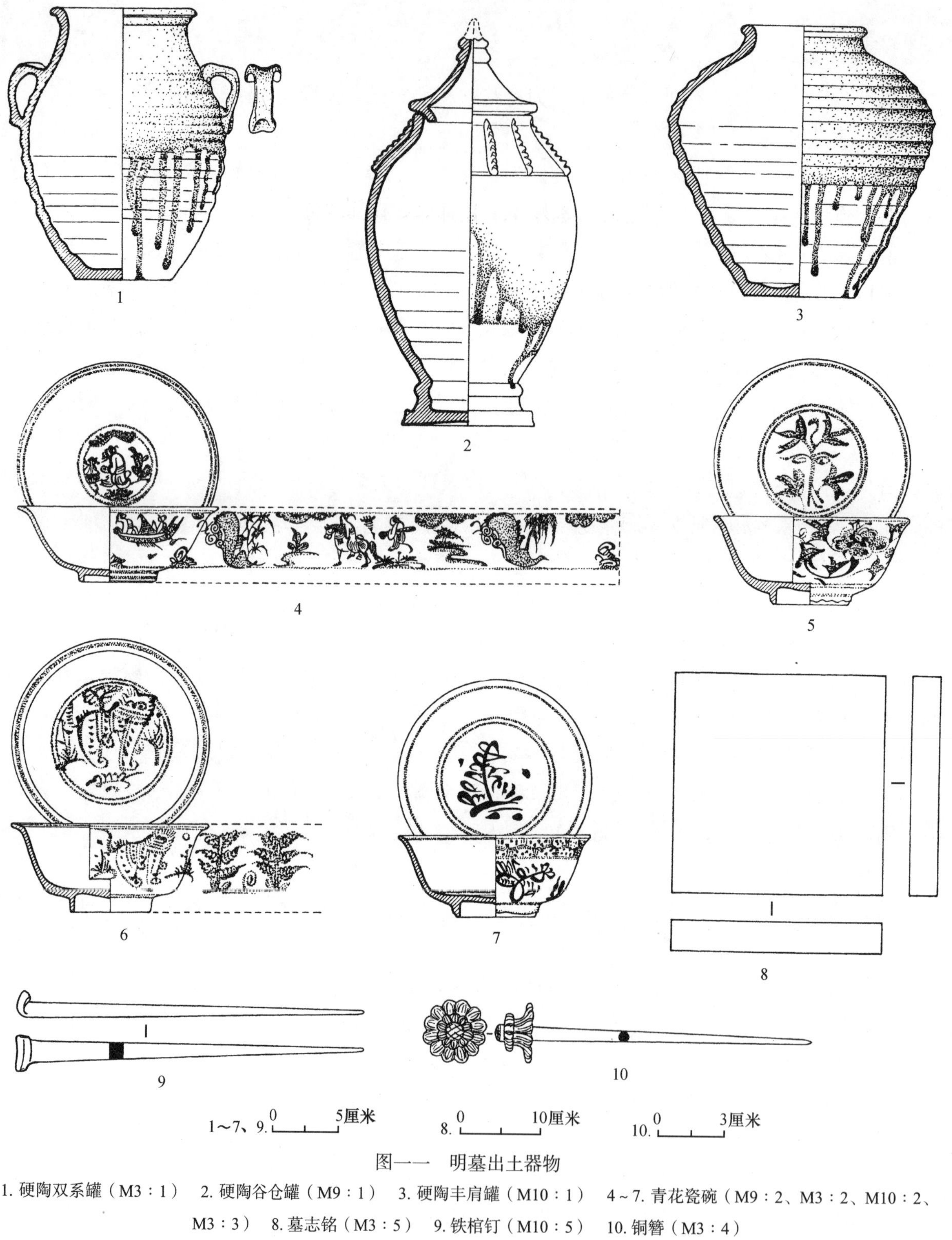

图一一　明墓出土器物

1. 硬陶双系罐（M3：1）　2. 硬陶谷仓罐（M9：1）　3. 硬陶丰肩罐（M10：1）　4～7. 青花瓷碗（M9：2、M3：2、M10：2、M3：3）　8. 墓志铭（M3：5）　9. 铁棺钉（M10：5）　10. 铜簪（M3：4）

六、空　　墓

3座（M1、M2、M4）。M1、M4墓坑小而浅，时代应晚。两墓均位于发掘区北部。可能为明代墓葬。且M1位于第2层下，打破第3层，同时打破M2，因而将两墓判为明或明以后墓大致不谬。

M2位于第3层下，打破生土，其上又被M1打破，墓坑较大而深，因而时代不会太晚。墓为长方形土坑竖穴，底长4.4、宽2.1～2.2、残深2.7米。墓壁一侧有台阶，墓底有棺椁灰痕，填黄褐色五花土。从以上几个方面的情况分析，该墓可能为东周墓葬。

七、地层出土及采集遗物

多为明代遗物，仅2件宋代青瓷器。明代遗物主要为青花碗和硬陶碗。由于该地点不存在遗址文化层，地层均为扰乱层，这些遗物均系盗墓者扰乱明代墓坑所致。因不见墓坑或分布散乱，组合关系不明，故作地层出土物处理。

1. 宋元遗物

4件。青瓷碗和盘，均出自T24第2层。

青瓷碗　T24②：5，青白胎致密坚硬，通体施豆青釉。胎、釉结合紧密，质量上乘，为龙泉窑产品，碗内釉下刻花，釉层厚而均匀，釉面光亮滋润。侈口，弧壁，脐底，矮圈足。口径14.6、高6.3厘米（图一二，1）。T25②：3，黄灰胎，粉绿釉，内底一道涩圈，碗心涡纹。敞口，斜壁，坠底，矮圈足削边。口径16.4、高5.2厘米（图一二，3）。

青瓷盘　T24②：4，粉青釉，内底涩圈，外底露胎。浅盘，敞口，弧壁，矮圈足。口径14.8厘米（图一二，2）。

釉陶碗　采集：1，豆绿釉，碗心一道涩圈，外底露胎。敞口，圆唇，弧壁，厚底，矮圈足，平足沿。口径15.2、高7.2厘米（图一二，4）。

2. 明代遗物

16件。主要为硬陶罐和青花碗，其他少量。分别出自T20、T23～T26五个方，采集1件。各方出土情况如表一所示。

表一　各方器物出土情况

	硬陶罐	青花碗	其他
T20	T20②：1；T20③：2；T20③：3；T20③：5	T20③：4	
T23		T23③：1；T23③：4	铜簪2件
T24	T24②：1；T24②：3	T24②：2	
T25	T25②：1；T25②：2		
T26	T26②：1	T26②：2	

从表一中可以看出，一般硬陶罐与碗相伴出土，有的或缺其中之一，或为盗墓者取走或砸碎。

（1）硬陶罐

9件，形制各异。

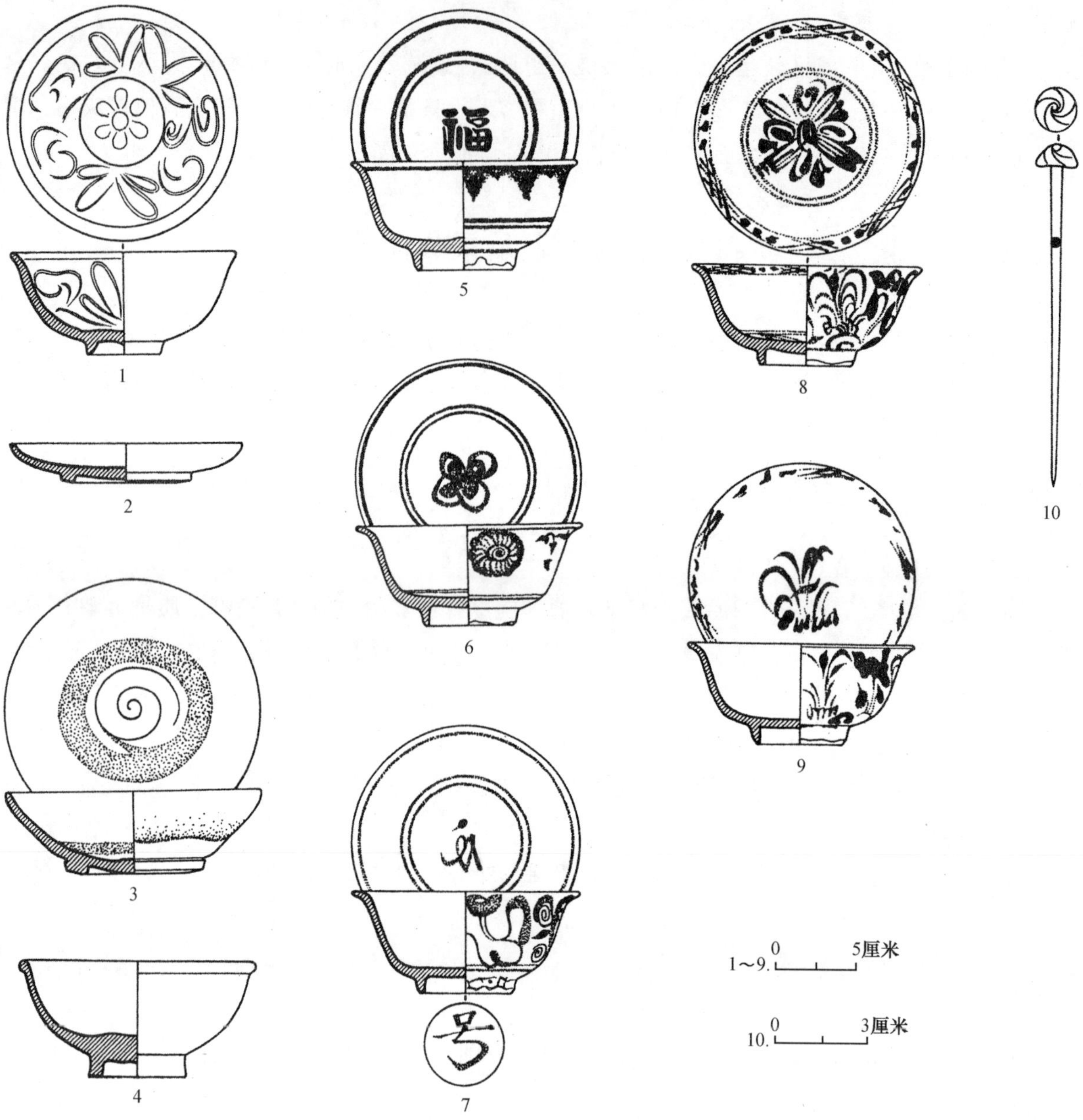

图一二　地层出土及采集器物

（1～4为宋元，余为明代）

1、3. 青瓷碗（T24②：5、T25②：3）　2. 青瓷盘（T24②：4）　4. 釉陶碗（采：1）　5～9. 青花瓷碗（T20③：4、T23③：1、T23③：4、T26②：2、T24②：2）　10. 铜簪（T23：2）

流口罐　T20③：2，夹砂褐陶，灰绿釉晦暗无光泽。口有一流。短弧颈，鼓腹，下腹斜收，小平底。与流对称位置上腹有一鋬，鋬两侧对称位置有双系。腹饰螺旋状瓦棱纹。口径12、最大腹径17.2、高20.6厘米（图一三，1）。

弦纹罐　T26②：1，酱胎，蟹青釉，口及下腹流釉。弧颈，侈口，鼓腹微坠，平底微凹。器身满饰弦纹。口径8.6、最大腹径14、高16.1厘米（图一三，2）。

大口罐　T25②：1，黄胎，灰绿釉。口内及下腹釉泪流挂。翻沿，圆折腹，底内凹。口径12.4、底径11、高16.8厘米（图一三，3）。

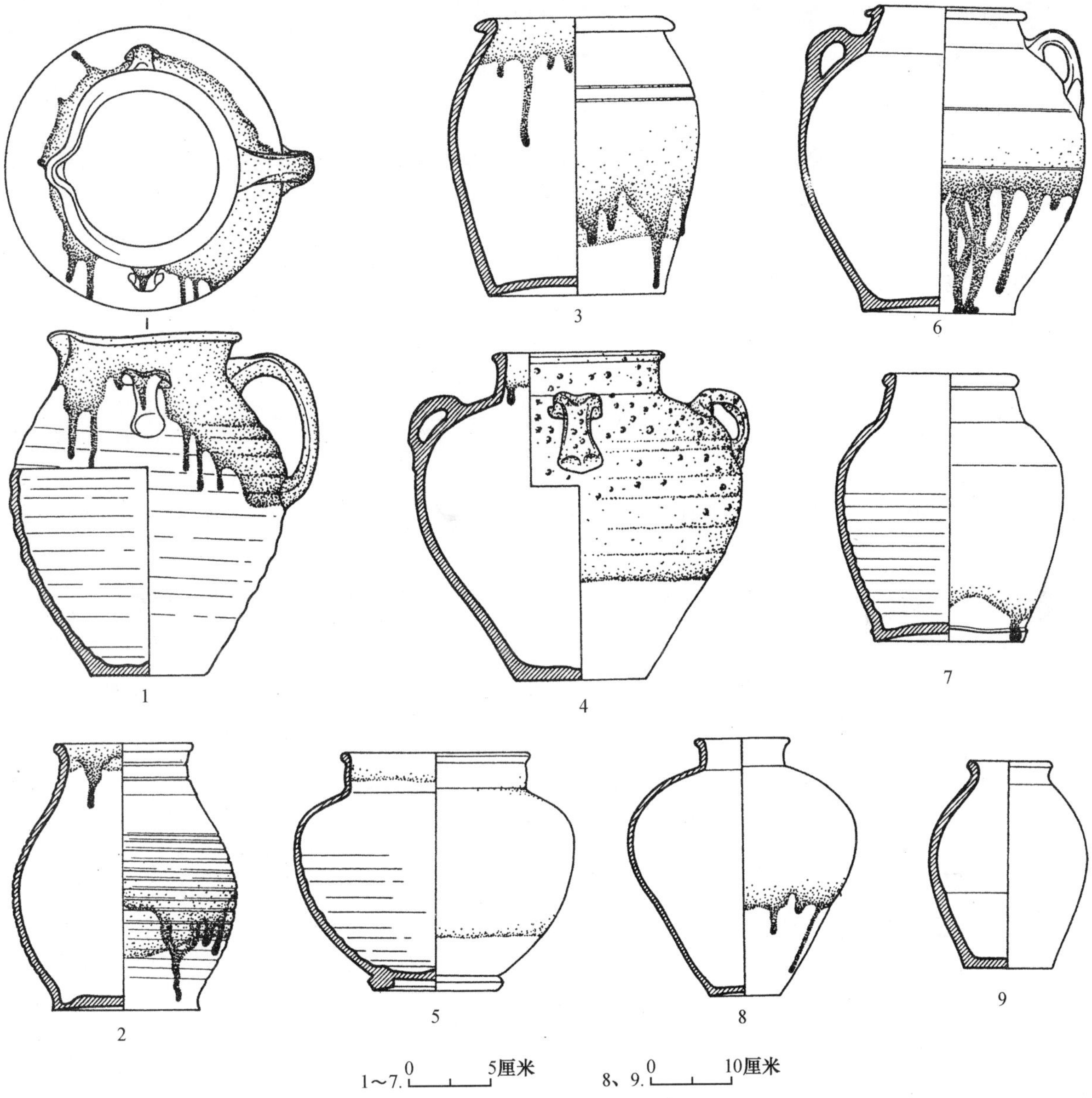

图一三 明代硬陶罐

1. 流口罐（T20③：2） 2. 弦纹罐（T26②：1） 3. 大口罐（T25②：1） 4. 四系罐（T24②：3） 5. 圈足罐（T25②：2）
6. 双系罐（T20③：5） 7. 斜领罐（T24②：1） 8. 丰肩罐（T20③：3） 9. 长腹罐（T20②：1）

四系罐 T24②：3，青灰胎，褐绿釉，釉面多气泡。矮直领，圆肩，肩有对称四系，鼓腹，下腹斜收，平底。口径10.6、最大腹径20.2、高19.6厘米（图一三，4）。

圈足罐 T25②：2，青灰胎，灰黑釉。矮领，圆唇，斜圆肩，弧腹，平底，矮圈足削边。口径11.8、最大腹径17.4、高14.3厘米（图一三，5）。

双系罐 T20③：5，酱褐胎，灰绿釉，底有轮刮涡纹。下腹流釉。弇口，翻沿，斜直颈，圆肩，肩有对称双系，鼓腹，下腹斜收，底微凹。口径10.2、最大腹径18、高18.5厘米（图一三，6）。

斜领罐 T24②：1，黄白胎，内、外均施褐绿釉，下底露胎。弇口，斜直领，溜肩，深弧腹，底边外凸，底微凹。口径8.6、高16.1厘米（图一三，7）。

丰肩罐　T20③：3，酱褐胎，蟹青釉，下腹流釉。小口，短弧颈，圆唇，肩丰圆，深腹，上下腹分开制作然后斗合，斗合处内凹，小凹底。口径12、最大腹径28.8、高31厘米（图一三，8）。

长腹罐　T20②：1，砂褐陶，厚胎，外施酱色釉。短弧颈，卷沿，长鼓腹，平底。口径11.2、最大腹径20.4、高25厘米（图一三，9）。

（2）青花瓷碗

5件。形制接近，与明墓青花碗同，花纹图案各异。

“福”字碗　T20③：4，口呈火石红色。碗心书一“福”字，上腹绘葡萄纹花边。口径14.6、高6.8厘米（图一二，5）。

团花碗　T23③：1，碗心四花瓣纹，外壁团花间草叶纹。口径14.6、高6.2厘米（图一二，6）。

“号”字款碗　T23③：4，碗心书一梵文，下底书一简体“号”字，器腹绘涡纹和菩提树纹。口径14.6、高6.4厘米（图一二，7）。

兰纹碗　T26②：2，碗心绘俯视兰花瓣，器壁绘五组兰草纹。口径14.6、高6.1厘米（图一二，8）。

兰荷纹碗　T24②：2，碗心绘兰草纹，器壁绘兰草间荷叶纹。口径14.4、高6.2厘米（图一二，9）。

（3）铜簪

2件。T23：2，圆茎，前端尖。簪头半圆形，上刻旋涡纹。长10.5厘米（图一二，10）。T23：3与M3：4所出形制相同。

3. 小结

地层出土及采集品均应为墓中随葬品，为盗墓者所扰乱。一件莲花纹青瓷碗和青瓷盘同出于T24第2层，两件器物时代特征也较鲜明，时代接近。均为龙泉窑产品，质量上乘，因而应为同墓所出。青瓷碗上刻莲花纹，小圈足，脐底，应为南宋至元初产品；青瓷盘心的涩圈也是金元时期的鲜明特征。另一件青瓷碗和釉陶碗碗心皆有涩圈，涩圈叠烧是金元时期流行的一种装烧工艺[①]。再说釉陶碗的平足沿也具有元代器形特征，明代大都为三角形断面圈足。

明代遗物中青花碗的形态基本一致，与M9、M10所出青花碗相似，因而时代应接近。硬陶罐较多，形态各异，其中圈足罐、丰肩罐、四系罐、流口罐时代特征较鲜明，这些器物都应属明代器物，个别可能略早。

附记：参加二溪沟墓地发掘的有袁东山（领队）、龚玉龙、杨爱民、罗建平、胡文忠、张勇等；器物照相：黎明；绘图：谭远辉、王银。

执笔：袁东山

① 冯先铭：《中国古陶瓷图典》，文物出版社，1997年。

奉节莲花池墓地2001年度发掘简报

河北省文物研究所
奉节县白帝城博物馆

为配合三峡库区工程建设，受重庆市文化局委托，河北省文物研究所会同奉节县白帝城博物馆于2001年4～6月对奉节县永安镇莲花池墓地进行清理。莲花池墓地位于永安镇茶店村11社长江北岸的坡地上（图一），中心坐标为东经109°30′59″，北纬30°02′52″。此次发掘共分5个区，发掘面积达2525平方米，共清理汉至明清时期墓葬69座，发现各类罐、碗、扣、簪、钗、钱币等80件，质地有釉陶、陶、瓷、铜、铁、玉、蚌等。现将此次发掘情况汇报如下。

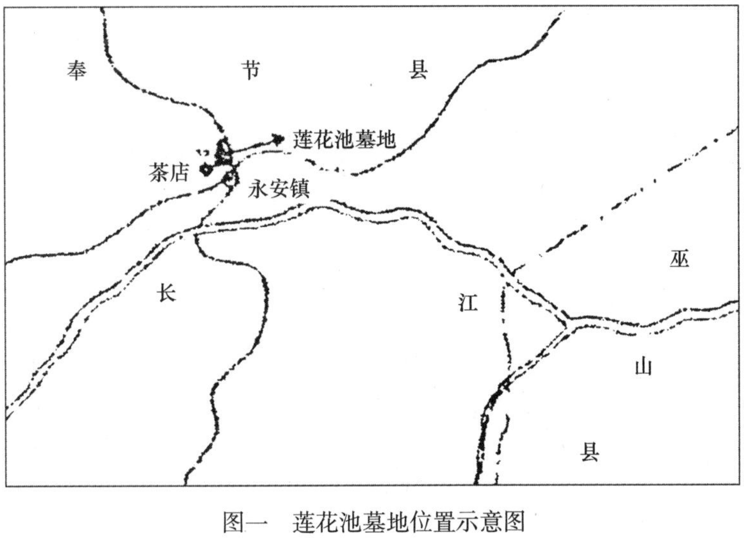

图一　莲花池墓地位置示意图

一、汉代墓葬

1. 墓葬形制

2座汉代墓葬（ⅠM6、ⅤM1）。墓葬形制基本一致，均为带墓道的长方形砖室墓，墓道朝南。墓葬早年遭到严重盗掘，墓壁砖墙所剩无几。随葬品大多数被毁坏，形制不辨。葬具、墓主人的身份不详。

ⅤM1　墓道为长斜坡，残长1、宽0.7米，位于墓室的南侧，墓向165°。墓圹平面呈长方形，南北长5.9、东西宽2.9、墓深1.4～4.6米。墓顶的结构不详。从残存的砖墙看，墓壁的砌法为平砖错缝叠砌，墓底不见铺地砖。仅发现1件陶碗和1件陶罐（图二）。所用的墓砖为长方形泥质灰陶砖，在长侧面饰花纹，其余为素面，纹饰为菱形纹，有的中间间饰“十”字纹、“鱼”纹，长约0.4、宽0.14、厚0.08米（图三，1，2）。

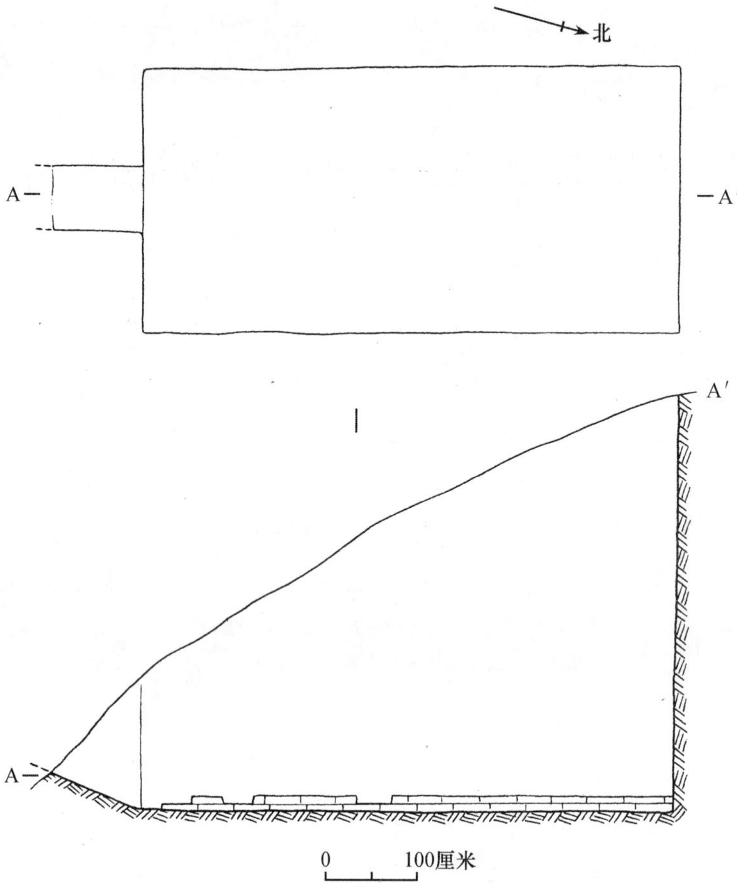

图二 ⅤM1平、剖面图

1

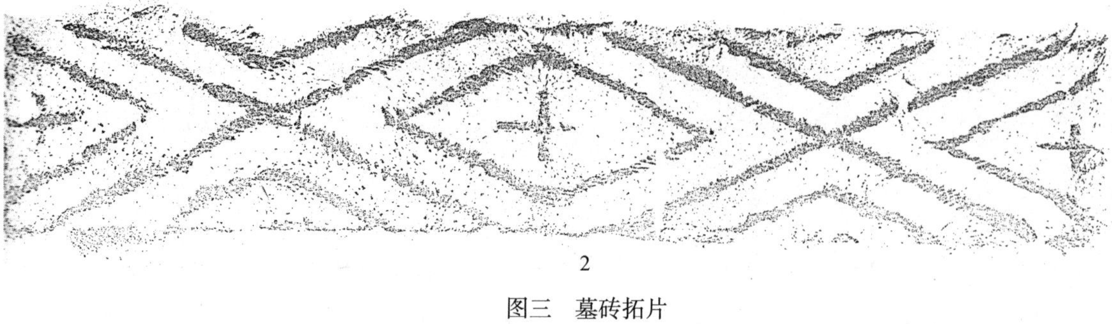

2

图三 墓砖拓片

1. 菱形纹 2. “十”字纹

2. 出土遗物

共2件，皆为陶器。

碗　1件。ⅤM1：1，泥质灰陶。方唇，侈口，斜直腹，底略内凹。素面。口径13.2、底径6.3、高4.8厘米（图四，8）。

罐　1件。ⅤM1：2，泥质灰陶。圆唇，口微侈，束颈，鼓肩，下腹斜收，平底。素面。口径5.4、底径4、高5.4厘米（图四，9）。

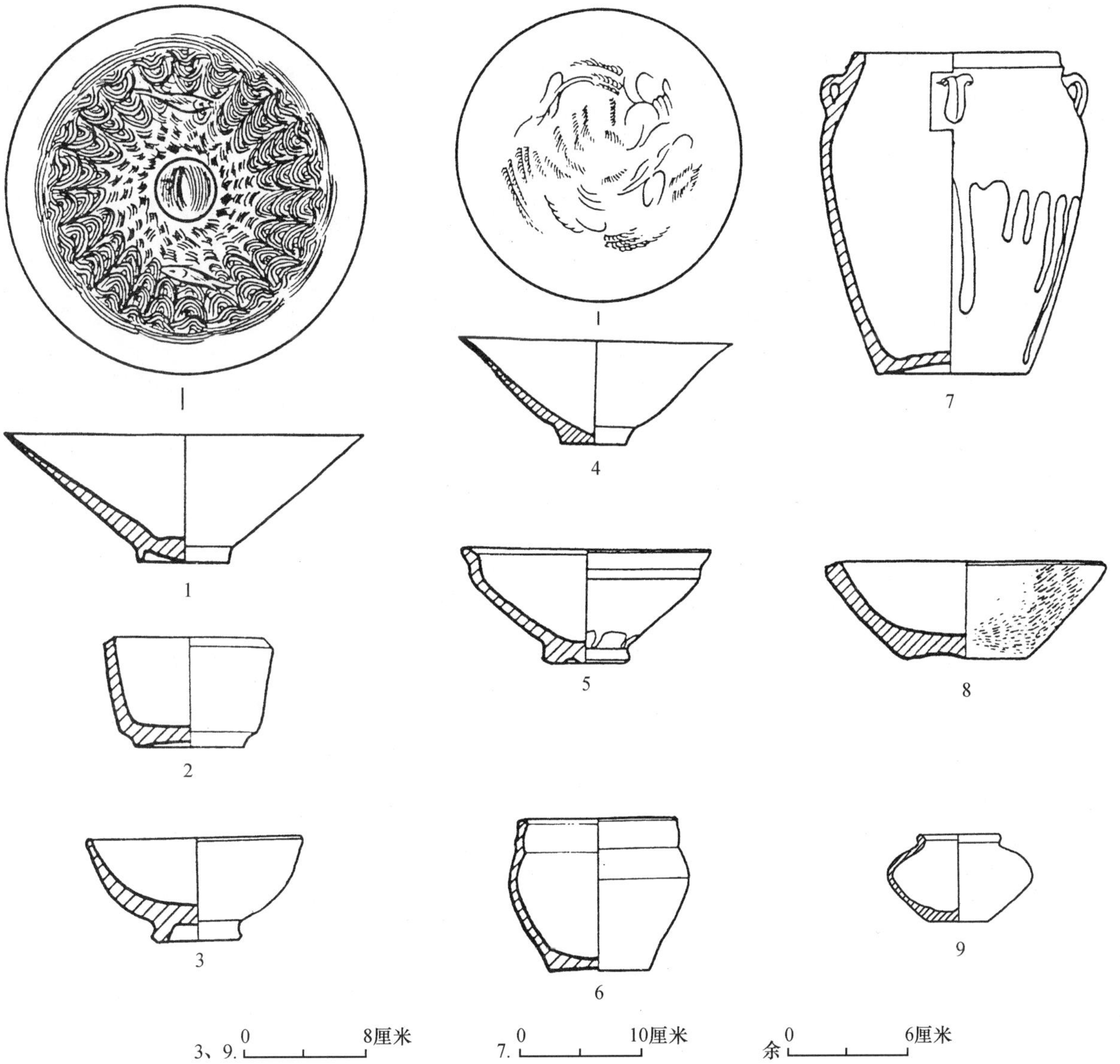

图四　出土遗物

1. Aa型瓷碗（ⅠM7：3）　2. 瓷杯（ⅠM7：5）　3. C型瓷碗（ⅡM27：1）　4. B型瓷碗（ⅠM7：2）
5. Ab型瓷碗（ⅤM3：1）　6、9. 陶罐（ⅠM7：1、ⅤM1：2）　7. 釉陶四系罐（ⅠM7：4）　8. 陶碗（ⅤM1：1）

二、宋、元时期墓葬

此次发现4座宋、元时期墓葬（ⅠM7、ⅡM27、ⅡM28、ⅤM3），散布于发掘区中。墓圹的南半部一般受到破坏，墓葬之间没有发现叠压、打破关系。

1. 墓葬形制

这4座墓葬均为长方形土坑竖穴墓，不带墓道，墓向340°～360°，长2～2.5、宽0.5～0.8米，没有发现合葬墓。大多数墓有葬具，为木棺。棺底铺一层草木灰，葬式为仰身直肢。随葬品一般一墓一件，放置于棺与墓圹之间的北部。

ⅡM27　墓向340°。长方形土坑竖穴墓，长2、宽0.8、墓深0～1米。根据残存的木板灰痕迹及出土的若干枚棺钉，葬具应为木棺，葬式仰直肢，墓主人右手放于盆骨上，男性，年龄25岁左右。随葬品为1件青瓷碗，放于棺与墓圹之间的西北部（图五）。

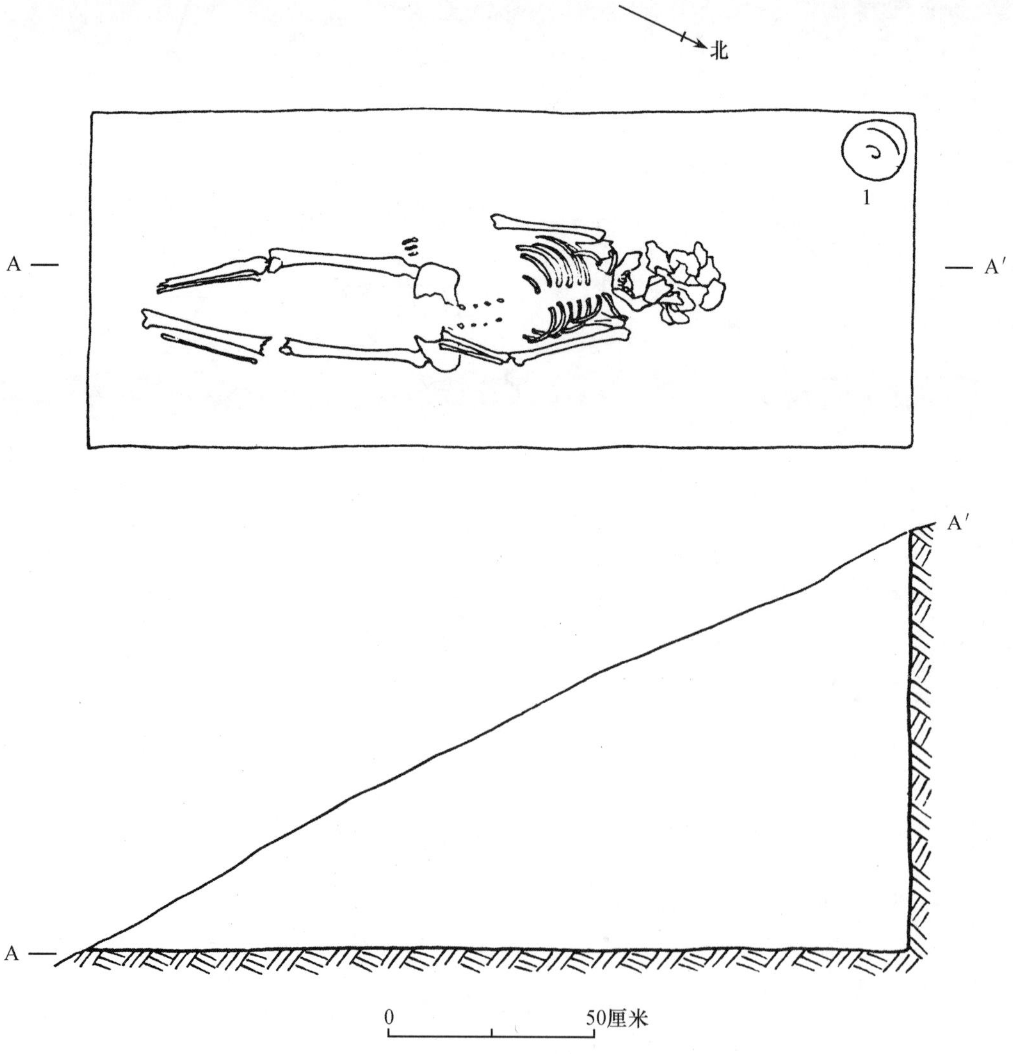

图五　ⅡM27平、剖面图

1. 青瓷碗

ⅤM3　墓向0°。长方形土坑竖穴墓，长2.1、宽0.5、墓深0.2～1米，没有发现葬具，葬式为仰身直肢。墓主人双手平置身体的两侧。男性，年龄35岁左右。随葬品为1件黑釉瓷碗，位于墓圹的西北角（图六）。

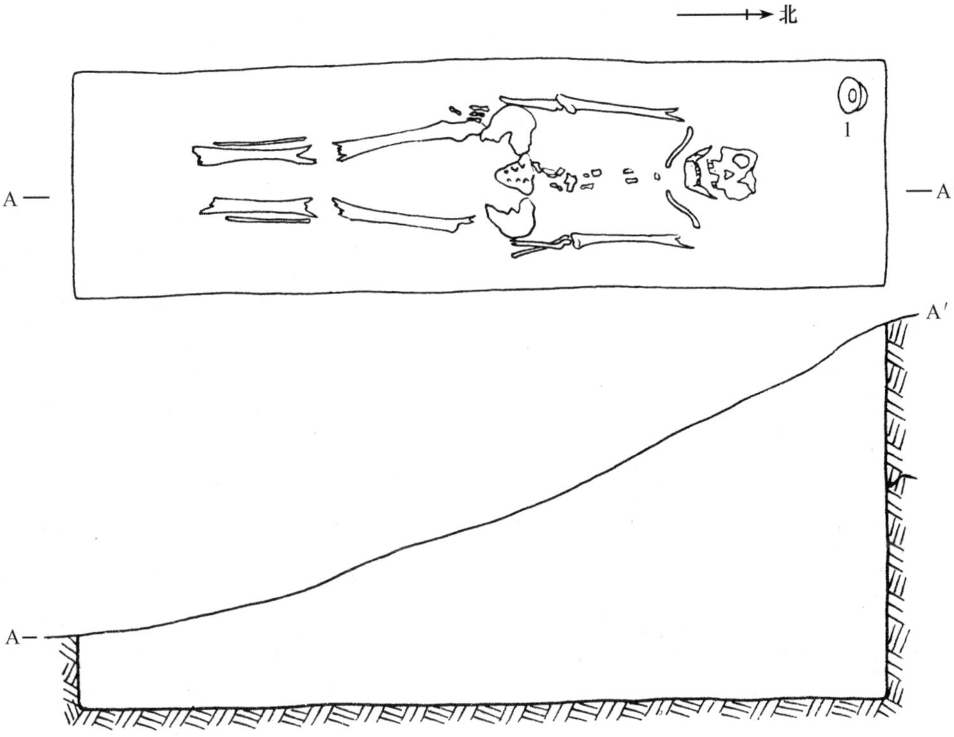

图六　ⅤM3平、剖面图
1. 黑釉瓷碗

2. 出土遗物

共发现遗物9件，其中瓷器占大多数，釉色以白、青为主，也有少量的釉陶、陶器；器形以碗为主，有少量的罐、杯等。

瓷碗　6件。内外施釉，釉不及底，分三型。

A型　3件。斜直腹，分为二亚型。

Aa型　2件。敞口。ⅠM7：3，白瓷。尖唇，圈足，有细碎开片。器物内釉下印花，叠云纹，间饰“点”纹。口径18.8、底径4.8、高4.5厘米（图四，1）。

Ab型　1件。盘口。ⅤM3：1，黑瓷。尖圆唇，内口沿下有一周凸棱，圈足略外撇。口径12、底径5.2、高5.4厘米（图四，5）。

B型　2件。斜弧腹。ⅠM7：2，白瓷。大敞口，尖唇，假圈足，有细碎开片。器物内釉下印花“鸾鸟”图案。口径14.1、底径3.6、高5.1厘米（图四，4）。

C型　1件。弧腹。ⅡM27：1，青瓷。敞口，圆唇，假圈足，有细碎开片。口径14.4、底径6、高6.4厘米（图四，3）。

釉陶四系罐　1件。ⅠM7：4，方唇，敛口，口沿下有一周凸棱，肩部饰四个泥条系耳，溜肩，斜直腹，底内凹。器物施酱绿釉，施釉到上腹，下露褐红色胎。口径17.5、底径12.5、高26.5厘米（图四，7）。

陶罐 1件。ⅠM7：1，泥质灰陶。口微敛，方唇，高领，束颈，溜肩，下腹内收，平底。素面。口径8.1、底径5.1、高7.5厘米（图四，6）。

瓷杯 1件。ⅠM7：5，影青瓷。直口微敛，方尖唇，长直腹，圈足，内底留有3个支钉痕。内外施釉，足底不施釉。口径7.8、底径5.4、高5.4厘米（图四，2）。

三、明清墓葬

1. 墓葬形制

共发现明清时期墓葬63座，多分布于Ⅰ、Ⅱ区，因当地群众耕作及雨水冲刷，墓葬遭到不同程度的破坏。根据墓葬平面的形状大致可分为二型。

A型 25座。长方形土坑竖穴墓，无墓道，墓向为南北向。墓圹长1.7～2.3、宽0.5～0.8、深0～1米。大多数有葬具，为木棺，棺内铺一层草木灰。葬式多为仰身直肢，少量的为迁葬，仅发现1例侧身屈肢。随葬品多为罐、碗，一般一墓一件，放置于墓圹的北部。

ⅠM8 墓向347°。墓圹残长2.3、宽0.7、墓深0.05～0.65米。葬具为木棺，棺内大量填充用布包裹的石灰块，块长20～25、直径7～8厘米。从上到棺底现存3层，葬式为仰身直肢，墓主人年龄50岁左右，男性，胫骨粗大，直径达14厘米，推测墓主人曾患过腿病。随葬品为1件姜黄釉陶罐，位于棺于墓圹之间的西北部（图七）。

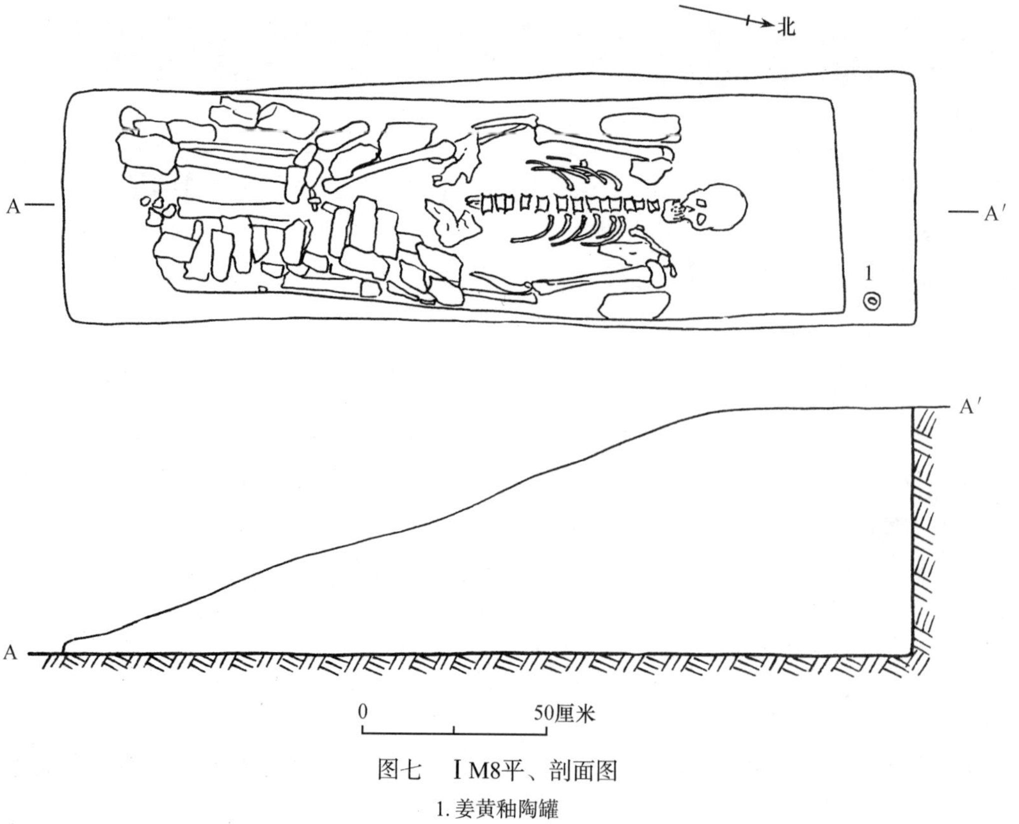

图七 ⅠM8平、剖面图

1. 姜黄釉陶罐

Ⅰ M16 墓向354°。墓圹残长1.7、宽0.6、深0.05 ~ 0.5米。无葬具，葬式为侧身屈肢，墓主人的右手叠压于股骨下，左手置于胸前。年龄35岁左右，男性，没有发现随葬品（图八）。

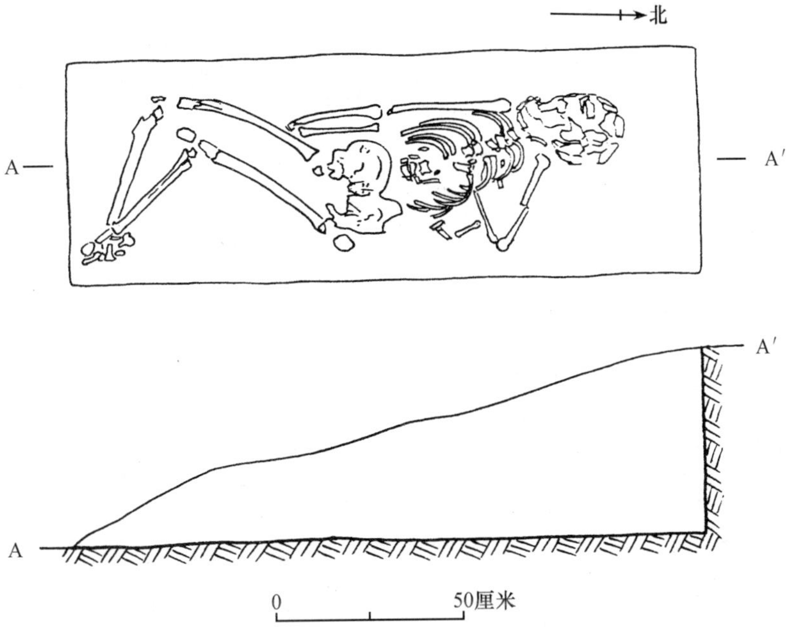

图八 Ⅰ M16平、剖面图

B型 38座。梯形土坑竖穴墓，墓向南北向。墓圹长1.8 ~ 2.2、北侧宽0.7 ~ 0.8、南侧宽0.4 ~ 0.5、深0.6米。葬具为木棺，棺内有横置板瓦的现象；葬式为仰身直肢，少量为迁葬。随葬品一墓一件，位于墓圹内的北部。

Ⅰ M24 墓向0°。残长2.1、北侧宽0.8、南侧宽0.5、深0.1 ~ 0.6米。葬具为木棺，葬式为仰身直肢，面向上，女性，35岁左右。墓主人的头部两侧各放置2块板瓦，以固定头部，墓圹内东北角放置1件釉陶罐（图九）。

Ⅰ M3 墓向335°，长2.2米、北侧宽0.8、南侧宽0.48、深0.3 ~ 1米。葬具为木棺，保存较好，木棺长2、宽0.4 ~ 0.55米。葬式仰身直肢，墓主人年龄35岁左右，女性。棺内北部横置两行板瓦，西侧9块，东侧8块，随葬品位于棺与墓圹之间的西北部，为1件釉陶罐，上盖1块石板（图一〇）。

2. 出土遗物

共计出土69件。器形以罐、双系罐为主，有少量的碗、耳环、簪、钗、钱币等，质地有釉陶、瓷、陶、玉、铜、铁、蚌之分。

（1）釉陶器

共35件。

罐 共20件。釉色以豆绿色为主，有少量的姜黄釉；施釉不到底，大多数为素面，纹饰以弦纹为主。分为五型。

A型 7件。腹微鼓。分二亚型。

Aa型 4件。敛口。ⅢM8∶1，豆绿色釉。圆唇，腹部最大径上移，下腹略内收，平底。

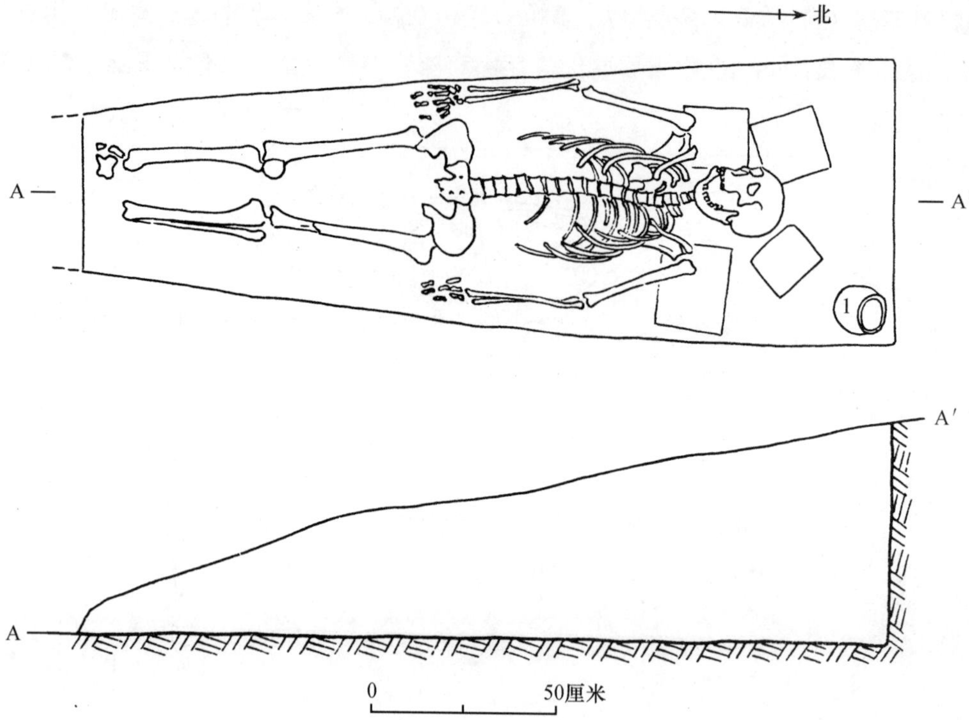

图九 ⅠM24平、剖面图

1. 釉陶罐

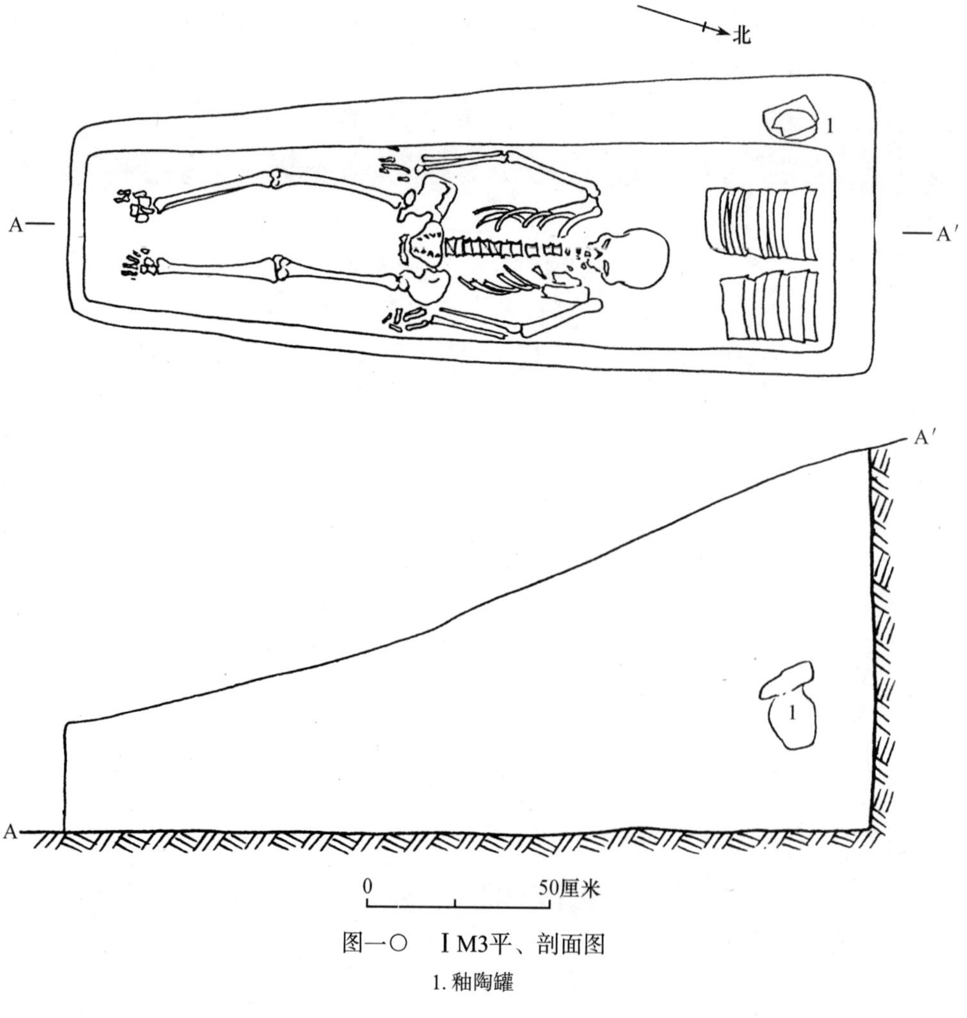

图一〇 ⅠM3平、剖面图

1. 釉陶罐

口径10、口沿下有一周凸棱。底径10.4、高12.8厘米（图一一，8）。

Ab型 3件。敞口。ⅠM13：1，姜黄色釉。圆唇，束颈，溜肩，下腹内收，平底。口沿下有一周凸棱。口径8.8、底径8.8、高12.8厘米（图一一，10）。

B型 6件。鼓腹。分三亚型。

Ba型 2件。尖唇。ⅠM8：1，豆绿色釉。敛口，溜肩，下腹内收，平底。器物饰多周凹弦纹。口径12、底径12、高19.2厘米（图一一，3）。

Bb型 3件。圆唇。ⅠM15：1，豆绿色釉。口微敛，长颈，溜肩，假圈足，平底。器物腹部饰多周凹弦纹。口径9.2、底径10、高13.2厘米（图一一，9）。

Bc型 1件。方唇。ⅠM23：1，豆绿色釉。下腹内收，假圈足，足略外撇。口沿下有一周凸棱，肩部饰两周凹弦纹。口径10、底径10、高16厘米（图一一，5）。

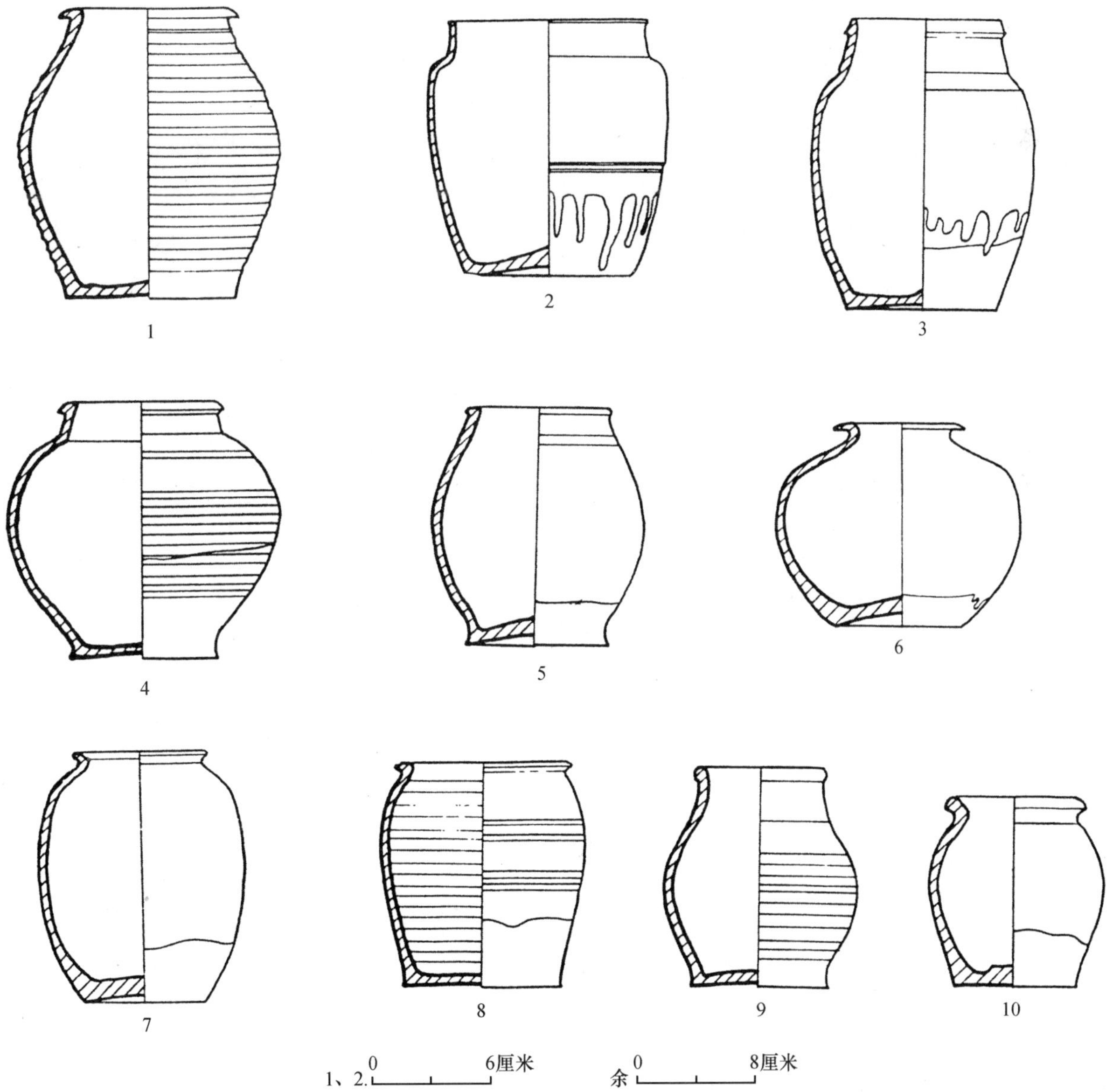

图一一 出土釉陶罐

1. Cb型（ⅠM8：1） 2. Cc型（ⅢM2：1） 3. Ba型（ⅠM8：1） 4. D型（ⅡM21：1） 5. Bc型（ⅠM23：1）
6. E型（ⅢM5：1） 7. Ca型（ⅣM2：1） 8. Aa型（ⅢM8：1） 9. Bb型（ⅠM15：1） 10. Ab型（ⅠM13：1）

C型　4件。深腹。分为三亚型。

Ca型　2件。侈口。ⅣM2：1，豆绿釉。尖唇，口沿下有一周凸棱，溜肩，腹微鼓，下腹内收，底略内凹。口径8.8、底径8、高16.8厘米（图一一，7）。

Cb型　1件。口微敛。ⅠM8：1，豆绿釉。尖唇，口沿下有一周凸棱，高领，溜肩，底略内凹。口径7.5、底径7.8、高14.4厘米（图一一，1）。

Cc型　1件。直口。ⅢM2：1，豆绿釉。方唇，高领，束颈，溜肩，腹斜收，底内凹。腹部饰两周凸弦纹。口径9.9、底径8.4、高12.3厘米（图一一，2）。

D型　2件。圆腹。ⅡM21：1，豆绿釉。敛口，方唇，口沿下有凸棱，矮领，束颈，假圈足，足略外撇。腹部饰凸弦纹。口径9.6、底径10.4、高19.2厘米（图一一，4）。

E型　1件。大鼓腹。ⅢM5：1，姜黄釉。尖唇外展，敛口，广肩，下腹内收，底内凹。口径5.6、底径8.8、高13.6厘米（图一一，6）。

双系罐　13件。施釉不到底，釉色以豆绿釉为主，有少量的姜黄釉。分四型。

A型　5件。腹微鼓。分二亚型。

Aa型　3件。直口。ⅡM13：2，豆绿釉。方唇，高领，束颈，折肩，下腹略收，饼形足，肩部饰一对泥条系耳。口径8.8、底径8、高16厘米（图一二，10）。

Ab型　2件。敞口。ⅠM20：1，豆绿釉。方尖唇，肩部对称饰一对泥条系耳，深腹，下腹略内收，平底。口径10、底径7.2、高13.2厘米（图一二，9）。

B型　5件。鼓腹。分三亚型。

Ba型　2件。盘口。ⅠM1：2，豆绿釉。尖唇，束颈，折肩，对称饰一对泥条系耳，下腹略收，饼形足。口径8.8、底径8.8、高16.8厘米（图一二，4）。

Bb型　2件。口微敞。ⅣM1：1，豆绿釉。尖圆唇，高领，束颈，肩部饰一对泥条系耳，腹最大径上移，平底。口径9.6、底径8.4、高16.8厘米（图一二，2）。

Bc型　1件。直口。ⅡM1：1，姜黄釉。方唇，矮领，束颈，肩部饰一对桥形鋬耳，腹最大径下移，底内凹。口径9.6、底径10、高18厘米（图一二，1）。

C型　2件。长圆腹。ⅠM19：1，姜黄釉。圆唇，口沿下有一周凸棱，肩部饰一对泥条系耳，饼形足，底略内凹。下腹有多周凸弦纹。口径8.8、底径6.8、高17.2厘米（图一二，3）。

D型　1件。大鼓腹。ⅡM23：1，豆绿釉。方唇，直口，矮领，束颈，肩部饰一对泥条系耳，下腹内收，饼形足。口径13.6、底径8.8、高14.4厘米（图一二，6）。

碗　2件。ⅡM13：1，黑釉。圆唇，敞口，斜直腹，矮圈足。内口沿下有一周凸棱，口沿及器底不施釉，器内底有砂圈。口径17.2、底径6.4、高5.6厘米（图一二，7）。ⅤM2：1，黑釉。尖圆唇，敞口，弧腹，矮圈足，器内底开砂圈。外施釉不到底，下腹有多周凹弦纹。口径18、底径6.4、高6.4厘米（图一二，8）。

（2）瓷器

共计8件，其中7件为青花碗，只发现1件黑釉瓷罐。

碗　7件。分二型。

A型　5件。深腹。分三亚型。

Aa型　2件。平折沿。ⅢM1：2，尖唇，圈足。器内底为“兰花”开光图案，外饰“花

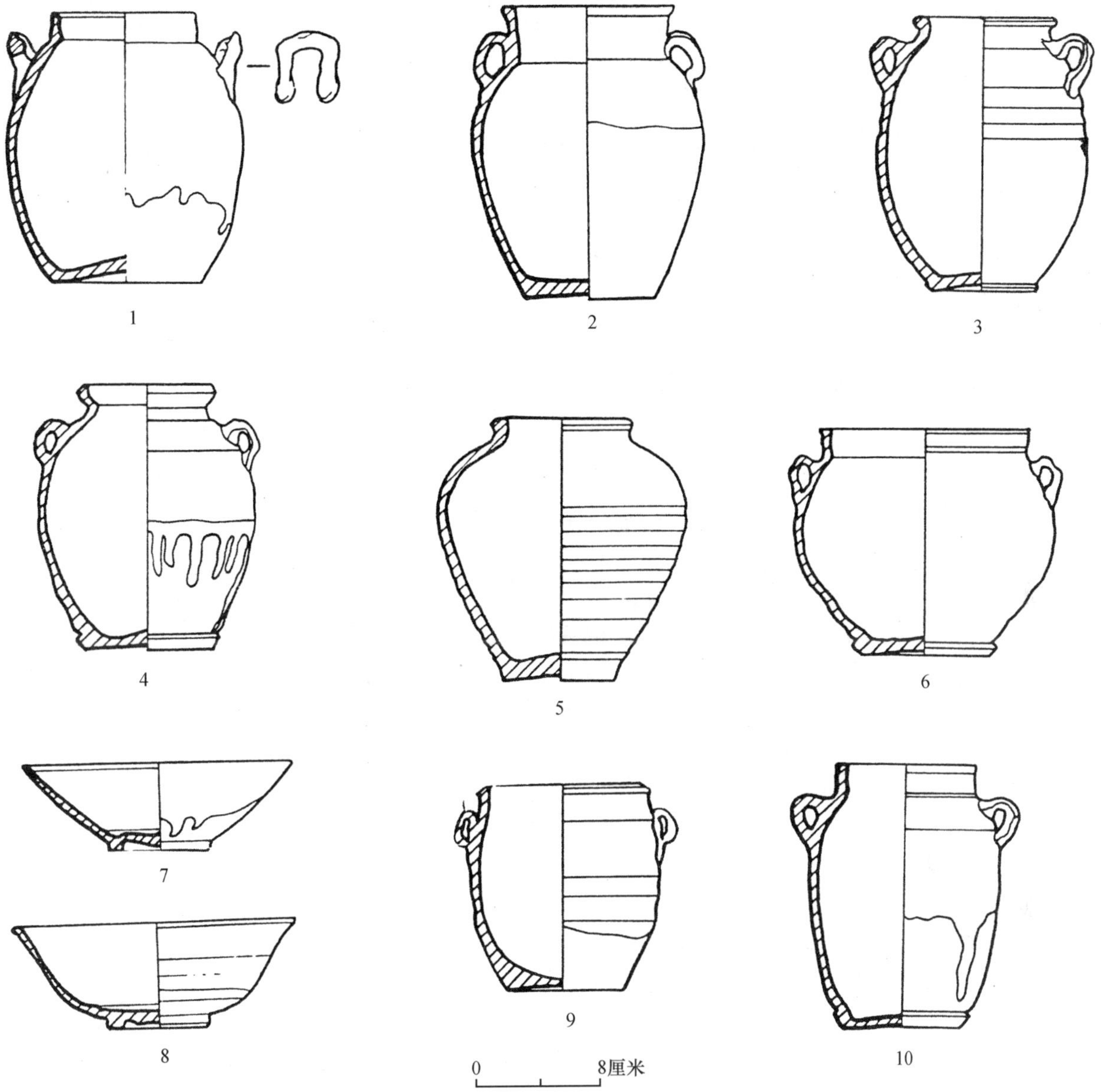

图一二 出土器物

1. Bc型釉陶罐（ⅡM1：1） 2. Bb型釉陶罐（ⅣM1：1） 3. C型釉陶罐（ⅠM19：1） 4. Ba型釉陶罐（ⅠM1：2） 5. 泥质红陶罐（ⅠM10：3） 6. D型釉陶罐（ⅡM23：1） 7、8. 黑釉碗（ⅡM13：1、ⅤM2：1） 9. Ab型釉陶罐（ⅠM20：1） 10. Aa型釉陶罐（ⅡM13：2）

枝”图案。口径14.8、底径6.4、高4.4厘米（图一三，1）。

Ab型 2件。侈口。ⅡM12：2，尖唇，圈足。内口沿饰青花圈，内底饰“火焰”图案，上戳刻“刘国□”字，外饰“花卉”图案。口径8.7、底径3.9、高4.5厘米（图一三，3）。

Ac型 1件。敞口。ⅠM21：1，尖唇，圈足，略外撇。器外绘“花草”图案。口径9.9、底径5.1、高5.4厘米（图一三，5）。

B型 2件。浅腹。ⅠM10：1，敞口，尖唇，弧腹，圈足。器内底绘“正”字，外绘“点”纹间饰“丰”纹。口径12.6、底径5.1、高4.2厘米（图一三，2）。

罐 1件。ⅠM5：1，圆唇，口微敞，高领，束颈，折肩，对称饰一对方形鋬耳，直腹，

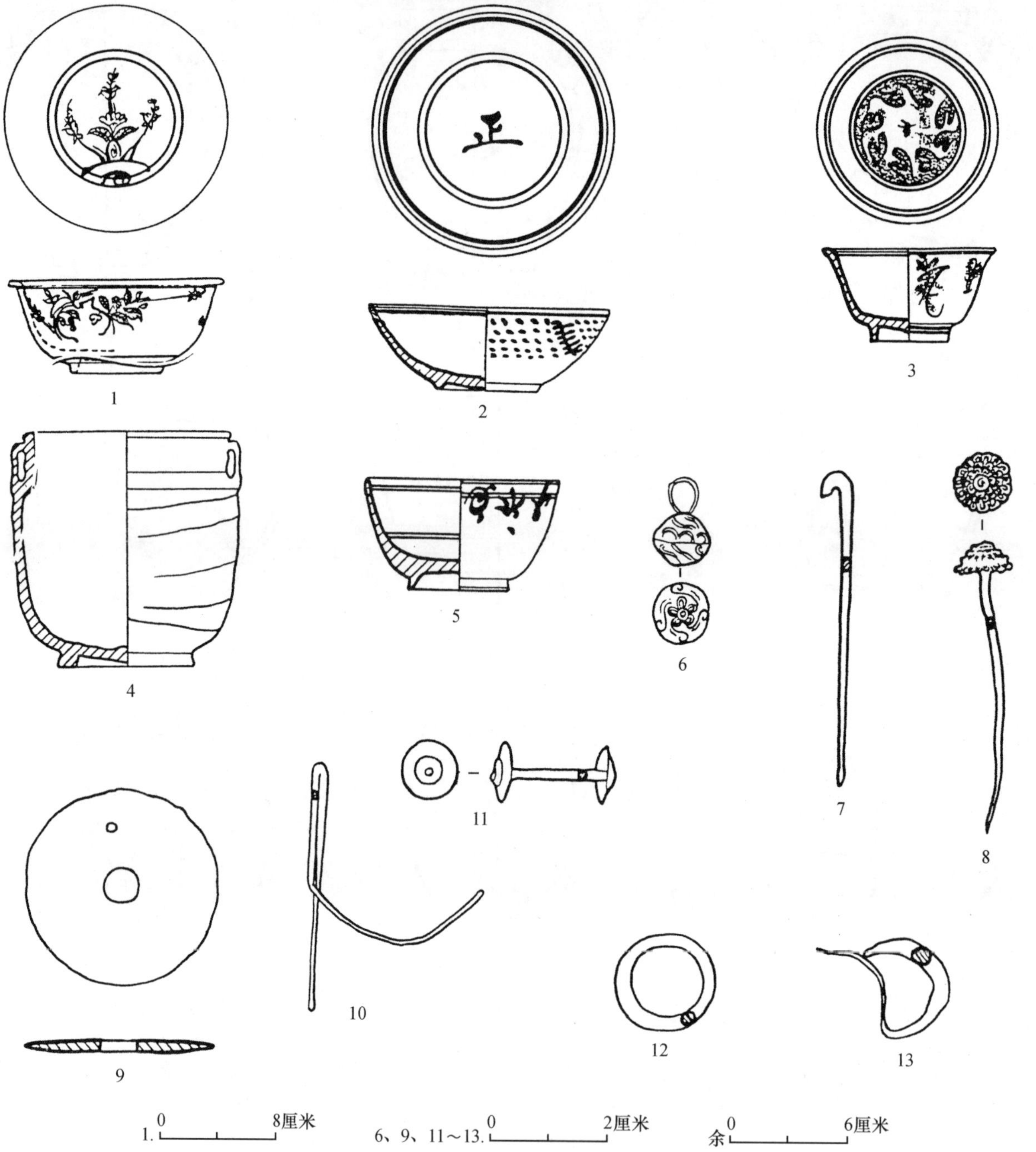

图一三　出土器物

1. Aa型瓷碗（ⅢM1：2）　2. B型瓷碗（ⅠM10：1）　3. Ab型瓷碗（ⅡM12：2）　4. 瓷罐（ⅠM5：1）　5. Ac型瓷碗（ⅠM21：1）　6. 铜扣（ⅡM20：1）　7. 玉簪（ⅡM11：1）　8. 铜簪（ⅡM17：1）　9. 蚌饰（ⅢM7：1）　10. 铜钗（ⅠM19：2）　11. 铜饰件（ⅡM7：2）　12. A型铜耳环（ⅡM10：2）　13. B型铜耳环（ⅡM1：3）

下腹内收，矮圈足。内外施釉，施釉不到底，腹部饰多周凸弦纹。口径10.5、底径7.2、高12厘米（图一三，4）。

（3）铜器

8件。器类有耳环、簪、钗、扣等。

耳环　3件。分二型。

A型　2件。圆环形。ⅡM10：2，素面。外径1.7、厚0.5厘米（图一三，12）。

B型　1件。弯月形。ⅡM1：3，通长2.3厘米（图一三，13）。

钗　2件。形制一致。ⅠM19：2，两股，一端通直，一端弯曲。长13.2、通径0.3厘米（图一三，10）。

簪　1件。ⅡM17：1，顶部为花蒂形，柄细长，下端尖锐。长15厘米（图一三，8）。

饰件　1件。ⅡM7：2，外形为哑铃形，中间为一圆柄，两端各有一外形似伞形圆片。通长2厘米（图一三，11）。

扣　1件。ⅡM20：1，环形穿孔，扣表刻葵花、流云纹饰。通径0.9厘米（图一三，6）。

（4）其他

共4件（套）。

蚌饰　1件。ⅢM7：1，圆饼形，中部厚，边缘薄，中间有一穿孔。外径3.3、内径0.5厘米（图一三，9）。

玉簪　1件。ⅡM11：1，长柄，一端尖锐。长15.2厘米（图一三，7）。

陶罐　1件。ⅠM10：3，泥质红陶。圆尖唇，鼓肩，下腹斜收，假圈足。口沿外有一周凸棱。下腹饰多周凸弦纹。口径8.8、底径7.6、通高16.8厘米（图一二，5）。

铁钱，15枚。锈蚀，形制不辨。

四、结　　语

ⅤM1所出土的罐、碗与重庆丰都冉家路口的东汉墓[①]的罐、碗形制接近，并且ⅤM1带墓道的长方形砖室墓为东汉时期较流行的墓葬形制，ⅤM1墓砖为峡江地区东汉时期所常见的墓砖，所以推测ⅤM1为东汉时期的墓葬。所发现的明清时期的墓葬为小型土坑竖穴墓，随葬品简单，墓葬之间很少有叠压打破关系，推测此处为公众墓地，墓主人的身份低下，多为下层人士。

据《奉节县志》记载，莲花池墓地所在之处为义地。义地碑记云“夔郡……有义山，以葬死者之无归，迄今远年湮，荒冢毫无空隙余地”。从发掘的情况看，墓地内宋元、明清时期墓葬分布密集，绝大多数为小型土坑竖穴墓，且随葬品简单。这些情况正是上述碑记的真实写照。

附记：此次发掘领队有任亚珊、李君，参加此次发掘的工作人员有杨海勇、成胜泉、郭少青、李君、雷霆军等。

执笔：张小峥　李　君　任亚珊

① 四川省文物考古研究所：《丰都县三峡工程淹没区调查报告》，《三峡考古之发现》（二），湖北科学技术出版社，2000年。

奉节白衣庵墓群2002年度发掘简报

重庆市文化遗产研究所
宜　昌　博　物　馆
奉节县文物管理所

白衣庵墓群位于三峡库区奉节县长江北岸的二级坡地上，隶属于奉节县永安镇白马村二组，东距奉节新县城约3千米。其地理坐标为东经109°23′17″，北纬30°58′32″，海拔160～200米（图一）。

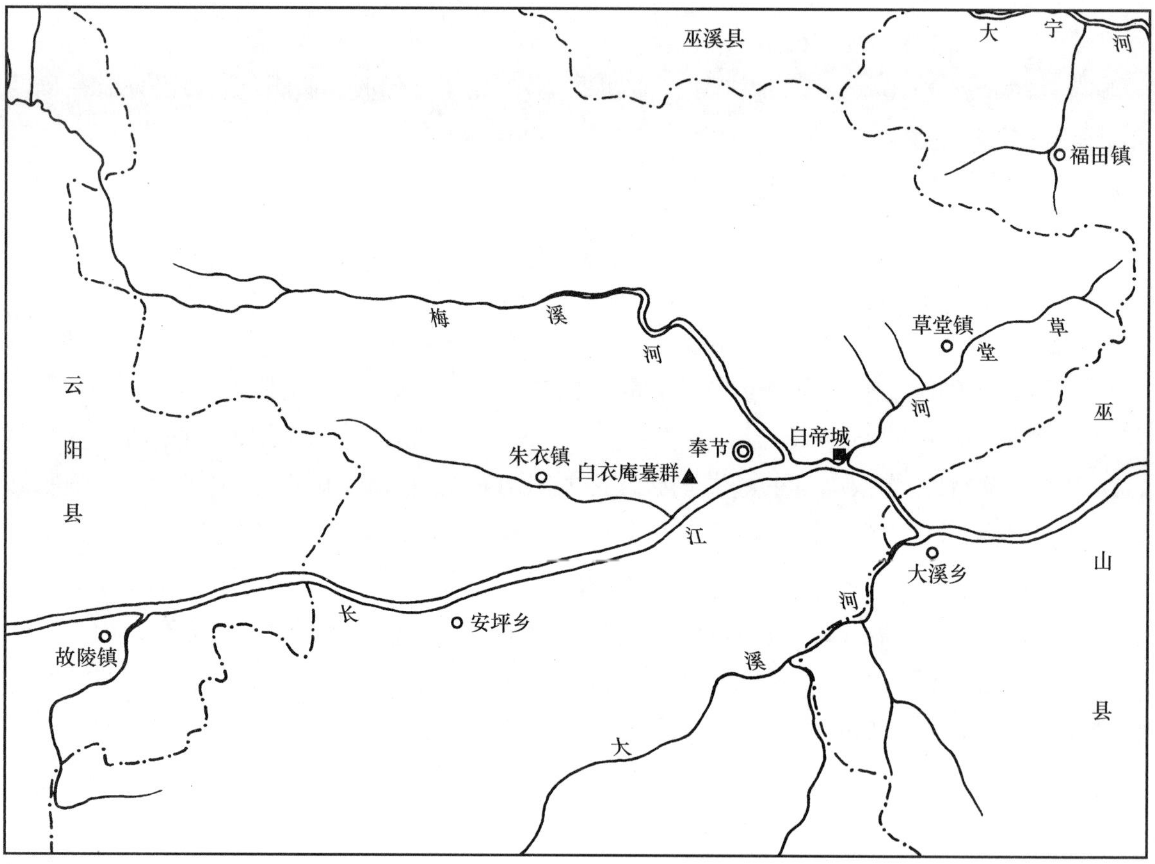

图一　白衣庵墓群位置示意图

2002年10月初～11月底，在重庆市文化局三峡办的委托下，重庆市文物考古所（今重庆市文化遗产研究院）与宜昌博物馆合作，在奉节县文物管理所的协作下组织了三峡考古队，对白衣庵墓群进行考古勘探和发掘；在大约65 000平方米的范围内开展了重点勘探和普通钻探，并以此为依据于重点区域布5米×5米探方40个，分A、B两个区域，A区布方32个、B区布方8个，发掘面积共1000平方米；发现了六朝至唐代的文化层，并发掘出汉代墓葬2座、明清墓葬22座（图二）。

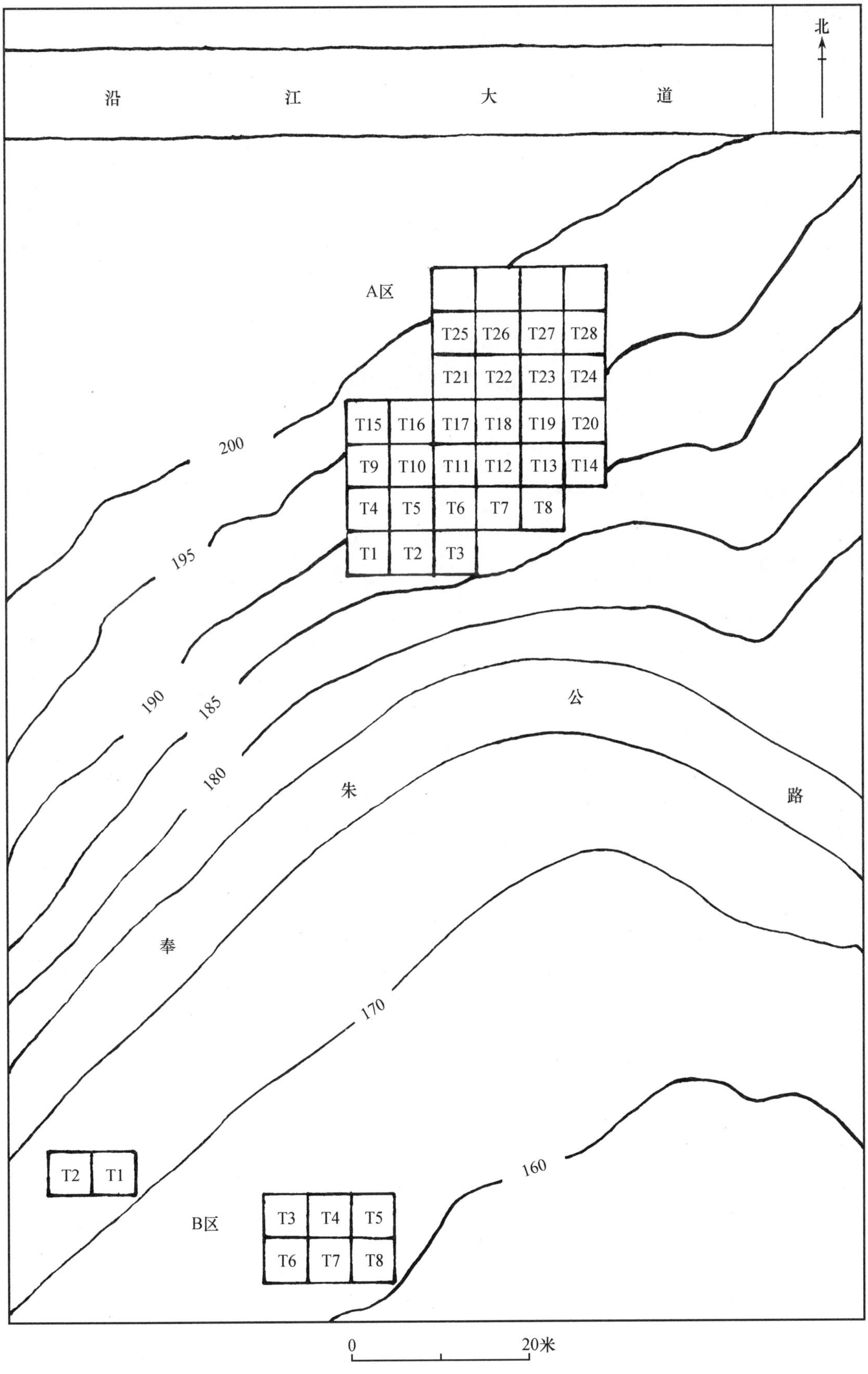

图二 白衣庵墓群探方分布图

需要指出的是，由于山体滑坡以及现代的改土造田、古墓盗掘等因素，墓群中心区域遭到严重破坏，这给本次发掘资料的整体性和完整性造成很大的影响。

一、文化层堆积

白衣庵墓群地处斜坡地带，地势北高南低，其文化层随地势自北向南倾斜分布。A发掘区文化层可分三层，AT6的东壁大体可反映A区的文化层堆积情况（图三）。

第1层：耕土层。土质较疏松。自北向南倾斜分布。厚25～40厘米。土色略黑。

第2层：黄色硬土层。自北向南倾斜分布。夹杂小石块，特硬，出有清末—民国时期的零星瓷片。厚25～35、深25～40厘米。M3、M4均在此层下开口；M3打破M4和M5，M4又打破M5。

第3层：棕红色胶泥层。较黏。自北向南倾斜分布。出土少量汉代—唐宋时期的陶片及瓷片。厚25～35、深50～60厘米。M5在此层下开口。

第3层下即为生土。

B区可分三层，BT1西壁大体可反映B区的文化层堆积（图四）。

第1层：耕土层。灰黑色土。土质疏松。

第2层：灰黑色土层。土质较疏松。可见有清末—民国时期零星瓷片。

第3层：棕红色土，土色略黑。出土少量汉代—唐宋时期零碎的陶片及瓷片。

第3层下即为生土。

根据A、B两区地层出土遗物等情况分析，白衣庵遗址时代脉络大致为：第1层为近现代层，第2层为明清时期，第3层主体文化可定在六朝时期。

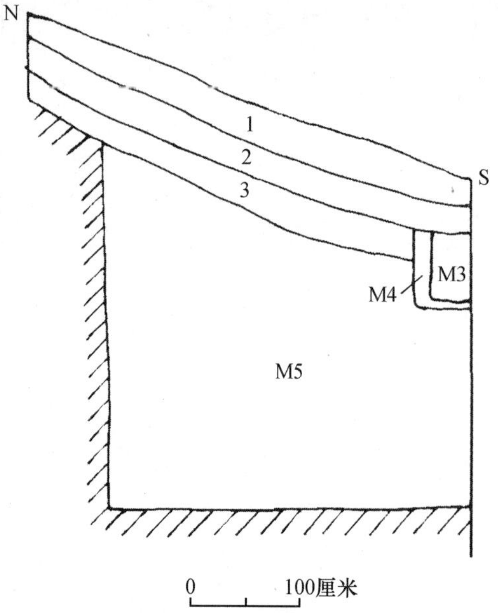

图三　AT6东壁剖面图

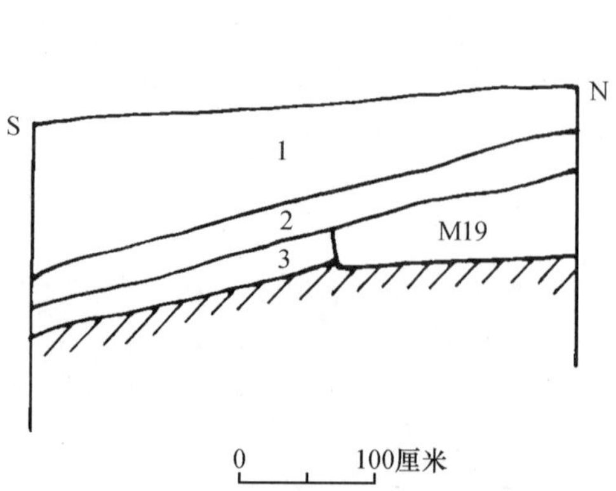

图四　BT1西壁剖面图

二、汉代遗存

（一）遗迹

汉代遗迹共发现砖室墓2座，分别编号为M1和M5。

M1 位于A区T1的中部。开口于第3层下，打破生土。墓葬形制为长方形砖室单室墓，因东南部为断坎，故有缺失。墓口残长336、宽195、深50～84厘米；墓底残长327、宽195、深220厘米。方向325°。填土呈棕黄色，土质较为疏松。葬具为木棺，出土人骨架一具，葬式为仰身直肢，保存一般，经鉴定为男性，约30岁。随葬品有陶罐6件、陶钵1件、陶灶1件、陶甑1件、陶釜1件、陶盒1件（图五）。

M5 位于A区T6中部和东南部、T3东北和东隔梁、T7西南部。开口于第3层下，打破生土。墓葬形制为长方形券顶砖室单室墓，因东南部为断坎，故有缺失。墓口残长533、宽290、墓深256厘米。方向335°。填土呈棕黄色，土质较为疏松。葬具为木棺，出土人骨架一具，葬

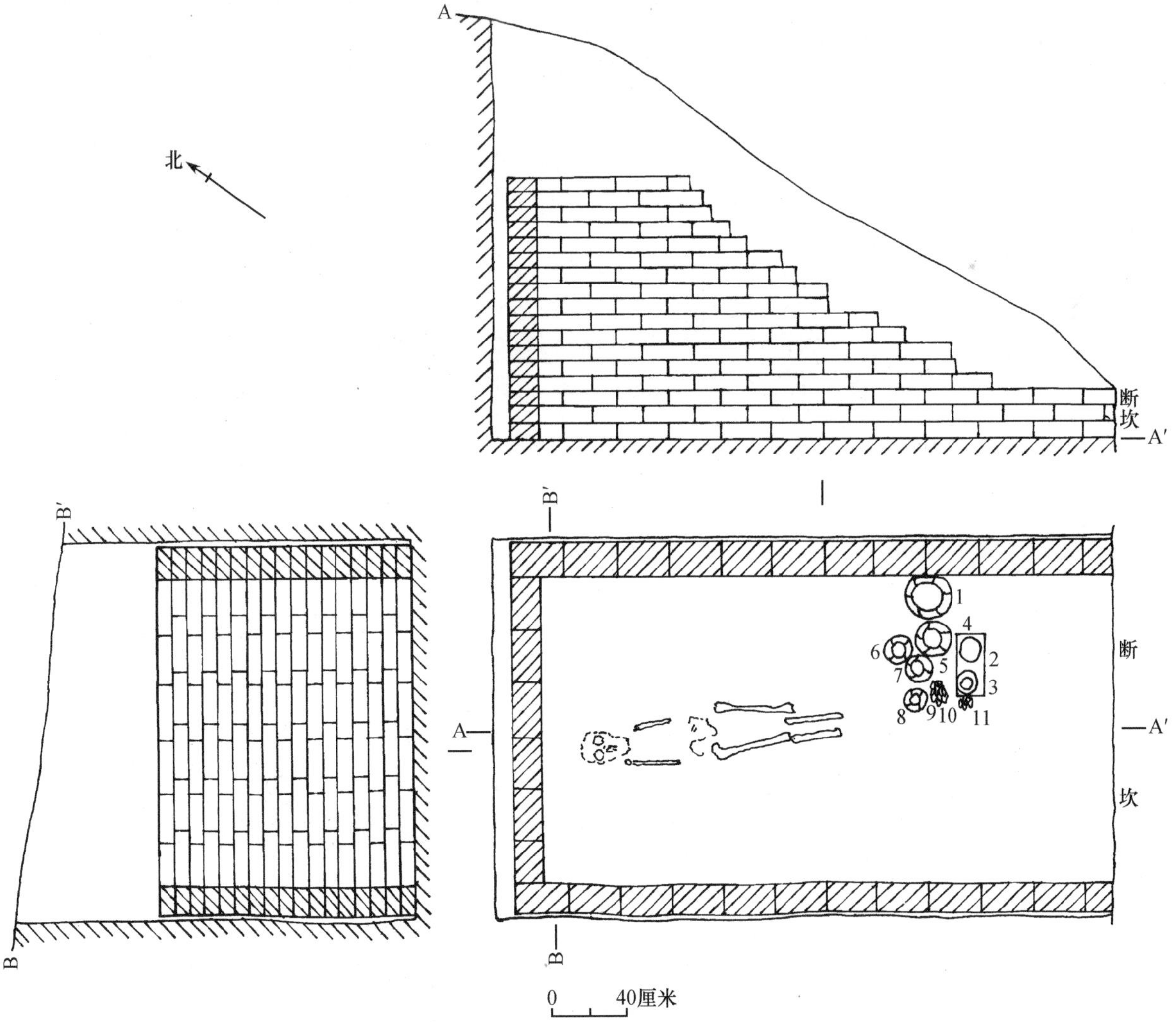

图五 M1平、剖面图

1、6～8、10、11. 陶罐 2. 陶灶 3. 陶釜 4. 陶甑 5. 陶钵 9. 陶盒

式为仰身直肢，保存很差，性别不详，应为成人。出土器物为陶罐3件、陶钵2件、铜钱4枚（图六）。

需要指出的是，在M1、M5之上各打有一个盗洞，分别编号为D1和D2。在D1内出有陶罐1件，在D2内出有釉陶壶1件。

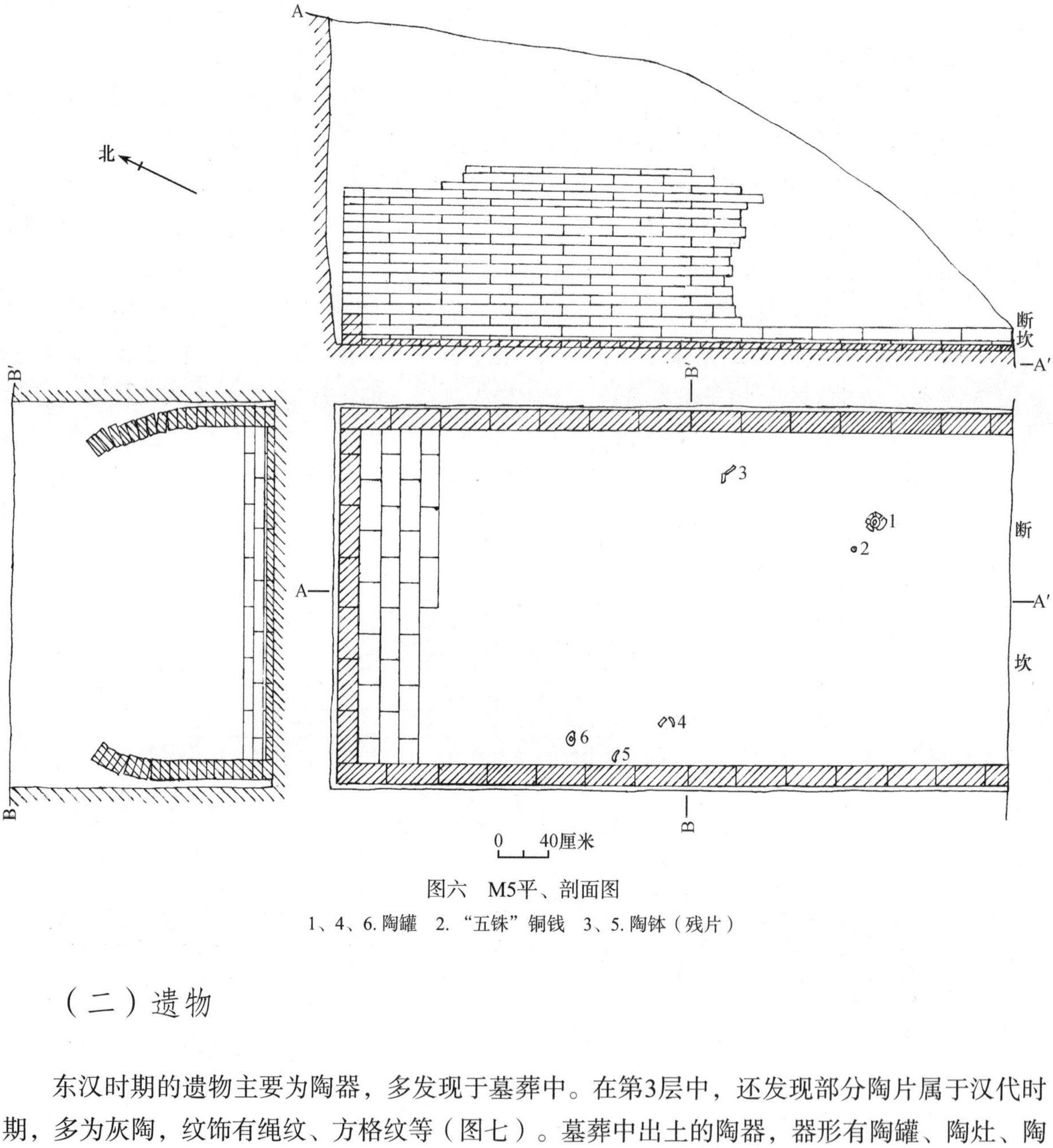

图六　M5平、剖面图

1、4、6. 陶罐　2. “五铢”铜钱　3、5. 陶钵（残片）

（二）遗物

东汉时期的遗物主要为陶器，多发现于墓葬中。在第3层中，还发现部分陶片属于汉代时期，多为灰陶，纹饰有绳纹、方格纹等（图七）。墓葬中出土的陶器，器形有陶罐、陶灶、陶釜、陶甑、陶钵等。多为泥质灰陶，只见有少量褐陶。制法多为轮制，并经刮削处理，少量为手制。

陶罐　共10件。均为泥质灰陶。轮制，刮修处理。可分二型。

A型　高肩罐。共2件。M1：1，微侈口，圆唇，矮直领略曲弧，斜折肩，高体深腹，中腹内凹，斜腹微弧，平底。腹部拍印绳纹，腹肩折棱下有一周凹弦纹，腹下部绳纹抹平，有削棱。口径13.4、底径15.2、高23.4厘米（图八，1）。M5：1，微侈口，圆唇，斜折肩，高体深

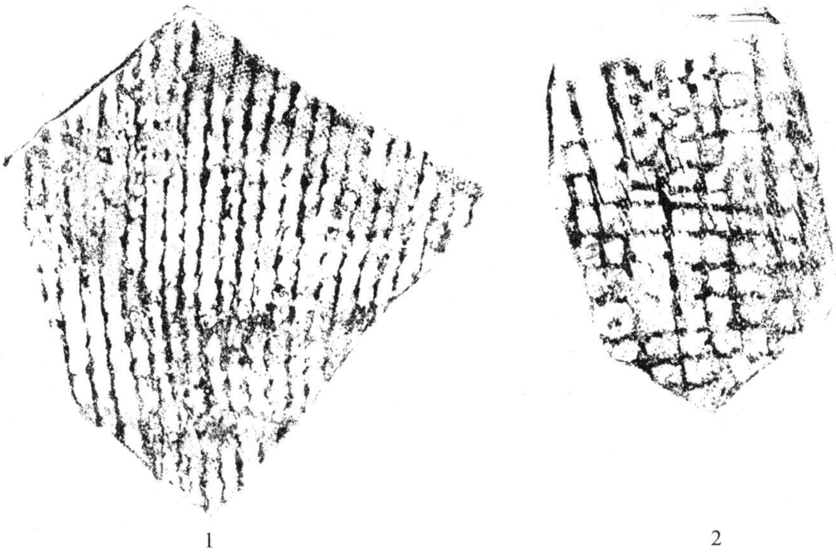

图七　汉代陶片纹饰拓片

1. 绳纹（AT2③：1）　2. 方格纹（BT6③：1）

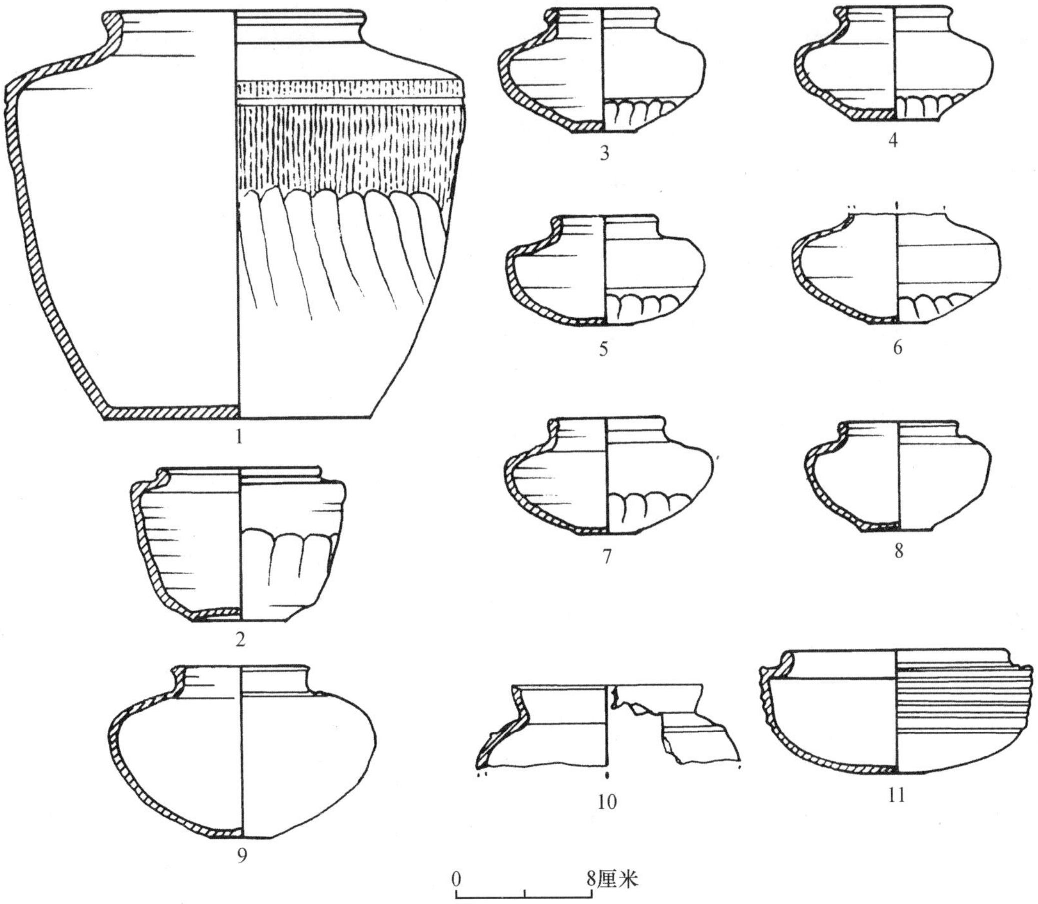

图八　汉代时期陶器

1、2. A型罐（M1：1、M5：1）　3～6. B型Ⅱ式罐（M1：6、M1：10、M1：11、M1：8）　7、8. B型Ⅲ式罐（M1：7、M5：4）　9. B型Ⅳ式罐（D1：1）　10. B型Ⅰ式罐（M5：6）　11. 盒（M1：9）

腹，斜腹微弧，下底内凹。腹下部有削棱。口径9.8、底径5.6、高8.8厘米（图八，2）。

B型 鼓腹罐。共8件。根据口沿，可分四式。

Ⅰ式：敞口鼓腹罐，1件。M5：6，泥质灰陶。制法为轮制，并经刮修处理。敞口，斜沿，溜肩。肩腹部以下已残。肩部有一道凸棱（图八，10）。

Ⅱ式：微侈口鼓腹罐。共4件。M1：6，微侈口，圆唇外凸，溜肩，鼓腹，下腹内收，平底。下腹部有刮削痕迹。口径7.2、高7.2厘米（图八，3）。M1：10，微侈口，圆唇外凸，溜肩，鼓腹，下腹内收，平底。下腹部有刮削痕迹。口径7.2、高10.2厘米（图八，4）。M1：11，微侈口，圆唇外凸，溜肩，鼓腹，下腹内收，平底。下腹部有刮削痕迹。口径6.4、高6.4厘米（图八，5）。M1：8，溜肩，鼓腹，下腹内收，平底。下腹部有刮削痕迹，但口部已残。残高6.2厘米（图八，6）。

Ⅲ式：直口鼓腹罐。共2件。M1：7，直口，圆唇，溜肩，鼓腹，下腹内收，平底。下腹部有刮削痕迹。口径5.6、高6.6厘米（图八，7）。M5：4，直口，圆唇，溜肩，鼓腹，下腹内收，下底内凹。口径6.4、高6.5厘米（图八，8）。

Ⅳ式：微敛口鼓腹罐。1件。D1：1，微敛口，圆斜沿外凸，矮颈，圆溜肩，鼓腹，下腹内收，下底内凹。口径8.8、高10厘米（图八，9）。

陶盒 1件。M1：9，子母口，圆唇，斜腹内收，圜底。腹部饰有多道凹弦纹。口径12、高7.2厘米（图八，11）。

陶灶 1件。M1：2，泥质灰陶。制法为手制，并经刮削处理。整体呈长方体，双釜眼双火门，圆弧形火门悬置于一长侧面与釜眼相对；灶面中后部有一烟囱孔，灶面与侧面折角呈棱形，灶上置一釜一甑。灶面为素身。长33.6、宽15.6厘米（图九，1）。

陶釜 1件。M1：3，置于陶灶之上。侈口，内斜沿，溜肩，鼓腹，下腹内收，小平底。腹部饰有一道凸弦纹。口径7.2、高8.4厘米（图九，2）。

陶甑 1件。M1：4，置于陶灶之上。侈口，尖唇，附唇外凸，斜腹内收，平底，底部有13个镂孔。下腹部有刮修痕迹。口径12、高7.6厘米（图九，3）。

陶钵 共3件。M5：5，直口，尖唇，附唇外凸，斜腹内收，下底内凹。腹部饰有多道凹弦纹。口径17.4、高5.6厘米（图九，4）。M1：5，侈口，尖唇外伸，束腹，下腹内收，平底。下腹部有刮修痕迹。口径13.6、高6.8厘米（图九，5）。

铜钱 共出有4枚“五铢”钱（图一〇）。

三、六朝至唐宋时期遗存

六朝时期的遗存发现于第3层中，另外在盗洞D2内发现釉陶壶1件，因地层中没有发现可复原器，故这里只对盗洞内的釉陶壶进行介绍。

釉陶壶 1件。泥质红陶，火候很高。制法为轮制，并经刮修。器形为直口，圆唇，附唇外伸，高领，溜肩，鼓腹，平底足外敞。领肩间附对称双耳，耳间饰双凹弦纹，在领部和肩部饰一纵向鋬耳，在对称的肩部饰一流注，但流已残。外施黄釉，但下部有缺失。口径9、高25.8厘米（图一一）。

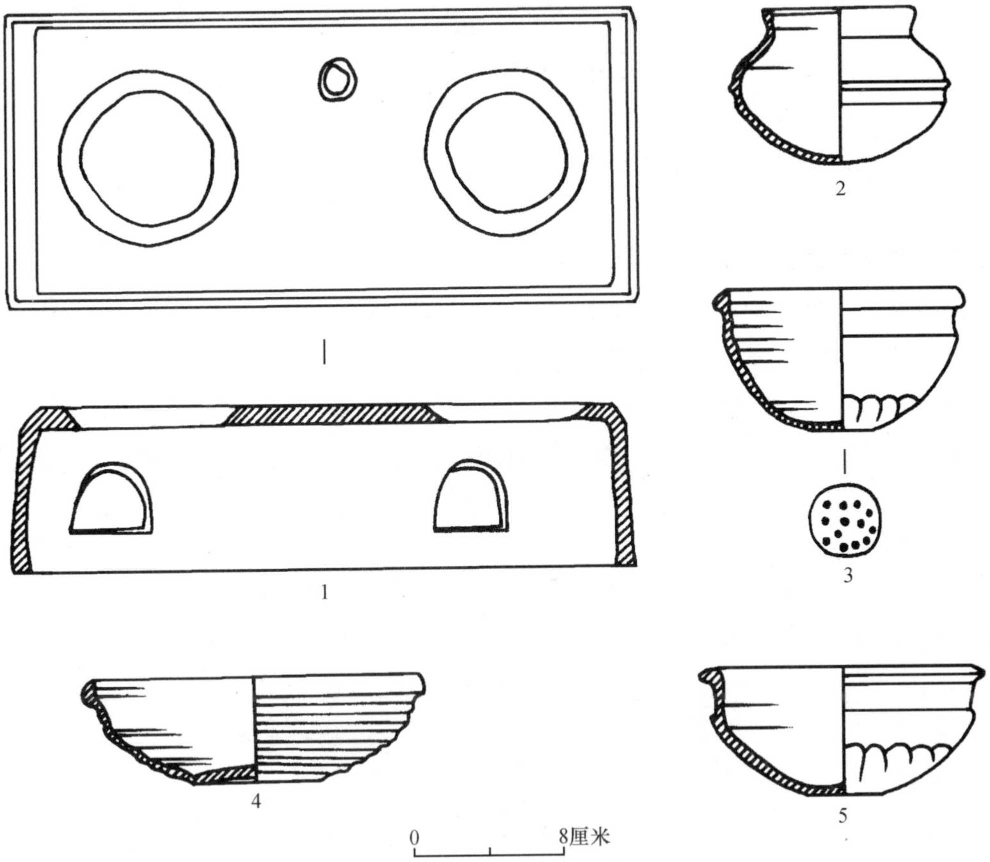

图九　汉代出土陶器

1. 灶（M1：2）　2. 釜（M1：3）　3. 甑（M1：4）　4、5. 钵（M5：5、M1：5）

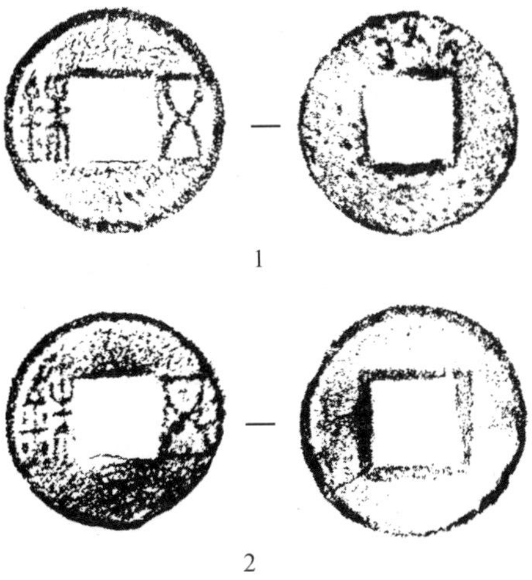

图一〇　汉代铜钱拓片

1、2. “五铢”钱（M5：2）

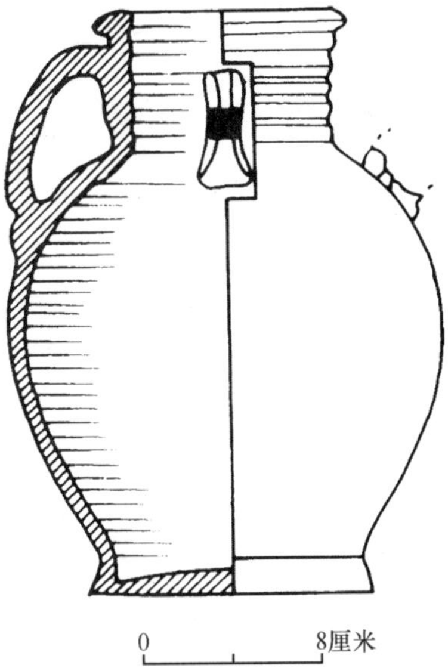

图一一　宋代釉陶壶（D2：1）

四、明清遗存

（一）遗迹

共清理明清时期墓葬22座，编号为M2～M4、M6～M24。明清墓葬的形制单一，均为长方形土坑竖穴单室墓；规模都不大，随葬品亦不丰富，是一处贫民墓地；葬具都为木棺，葬式为仰身直肢。现选取比较重要、有随葬品的墓葬介绍如下。

M2　位于AT2北部及北隔梁。开口于第2层下，打破第3层。墓口长211、宽78～98、深50～52厘米；墓底长207、宽78～98、深67～91厘米。方向330°。填土为灰黑色，土质疏松。出土骨架1具，保存较差，经鉴定性别为男性，年龄为成人。随葬品仅出土陶罐1件（图一二）。

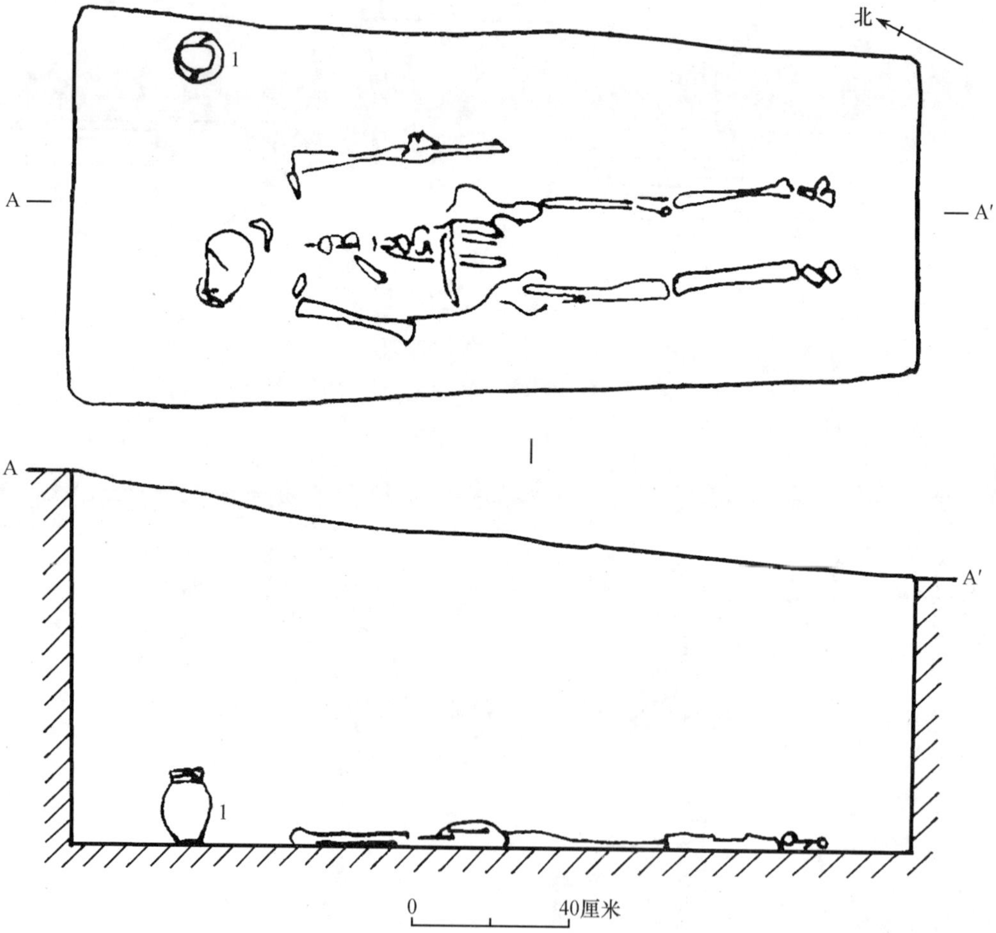

图一二　M2平、剖面图

1. 陶罐

M3　AT6东南部，以及T6东隔梁和T3北隔梁。开口于第2层下，打破第3层。墓口长214、宽67～78、深50～95厘米；墓底长200、宽62～71、深47～87厘米。方向327°。填土呈黄褐色，土质较为疏松。出土人骨架1具，保存较差，经鉴定性别为男性，年龄约43岁。随葬品仅出土陶罐1件（图一三）。

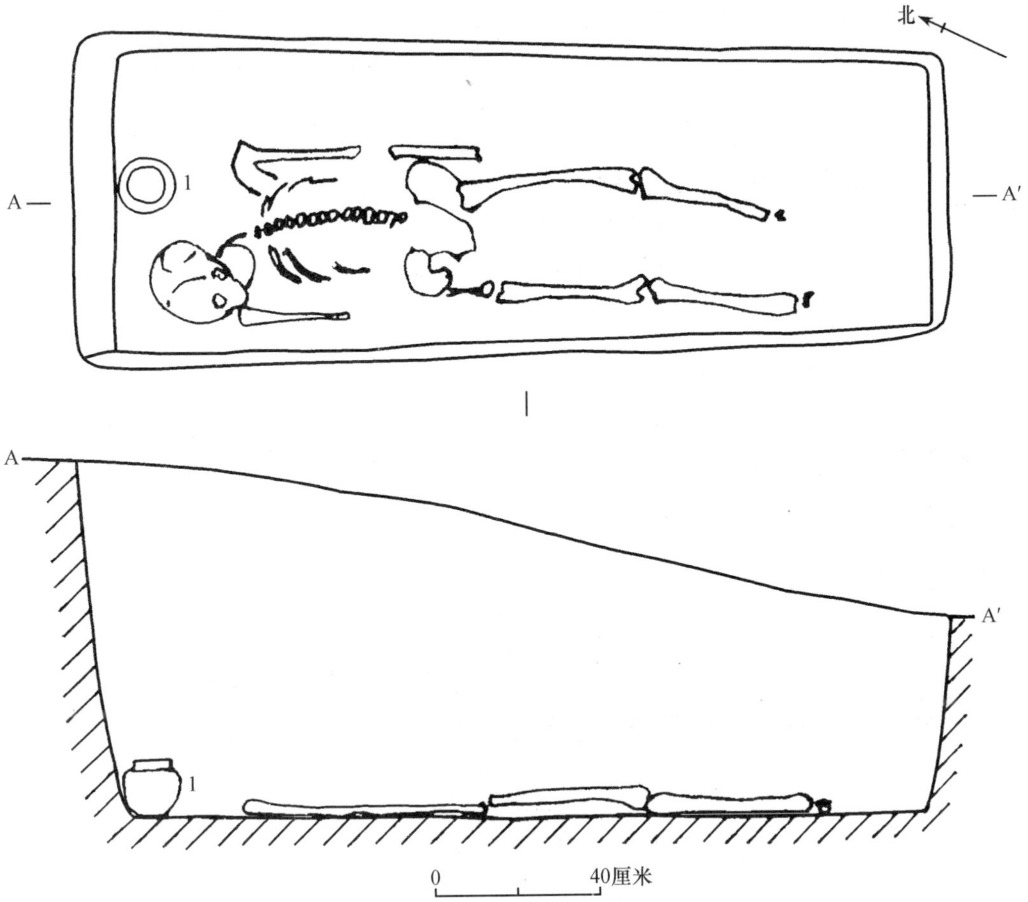

图一三　M3平、剖面图

1. 陶罐

M6　位于AT11西部及T10东隔梁。开口于第2层下，打破第3层。东南部已遭破坏。墓口残长195、宽76、深60～65厘米；墓底残长195、宽76、深0～68厘米。方向为329°。填土呈灰黑色，土质较为疏松。出土人骨架1具，保存很差，经鉴定性别为男性，年龄为成年。随葬品仅出土陶罐1件（图一四）。

M7　位于AT7南部。开口于第2层下，打破生土。墓口长205、宽53～71、深50厘米；墓底长200、宽44～64、深190厘米。方向为14°。填土呈黄褐色，土质较为疏松。出土人骨架1具，保存较好，经鉴定性别为男性，年龄约50岁。随葬品出有瓷碗2件（图一五）。

M8　位于AT12西北部。开口于第2层下，打破生土。墓口长200、宽60、深50厘米；墓底长170、宽50、深120厘米。方向为34°。填土呈灰褐色，土质较为疏松。出土人骨架1具，保存较差，经鉴定性别为女性，年龄约45岁。随葬品仅出土陶罐1件（图一六）。

M9　位于AT12北部。开口于第2层下，打破生土。墓口长205、宽80、深50厘米；墓底长182、宽72、深130厘米。方向为34°。填土呈灰褐色，土质较为疏松。出土人骨架1具，保存较差，经鉴定性别为男性，年龄约55岁。随葬品仅出土陶罐1件（图一七）。

M10　位于AT12东北部。开口于第2层下，打破生土。墓口长220、宽100、深50厘米；墓底长198、宽93、深140厘米。方向为44°。填土呈灰黑色，土质较为疏松。出土人骨架1具，

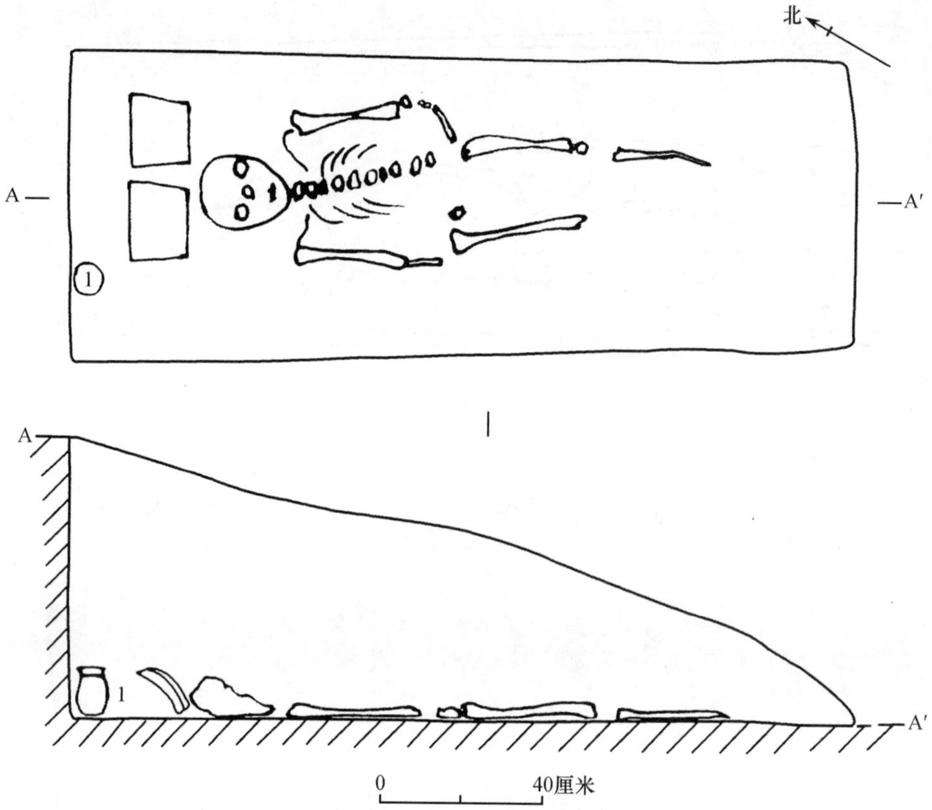

图一四　M6平、剖面图

1. 陶罐

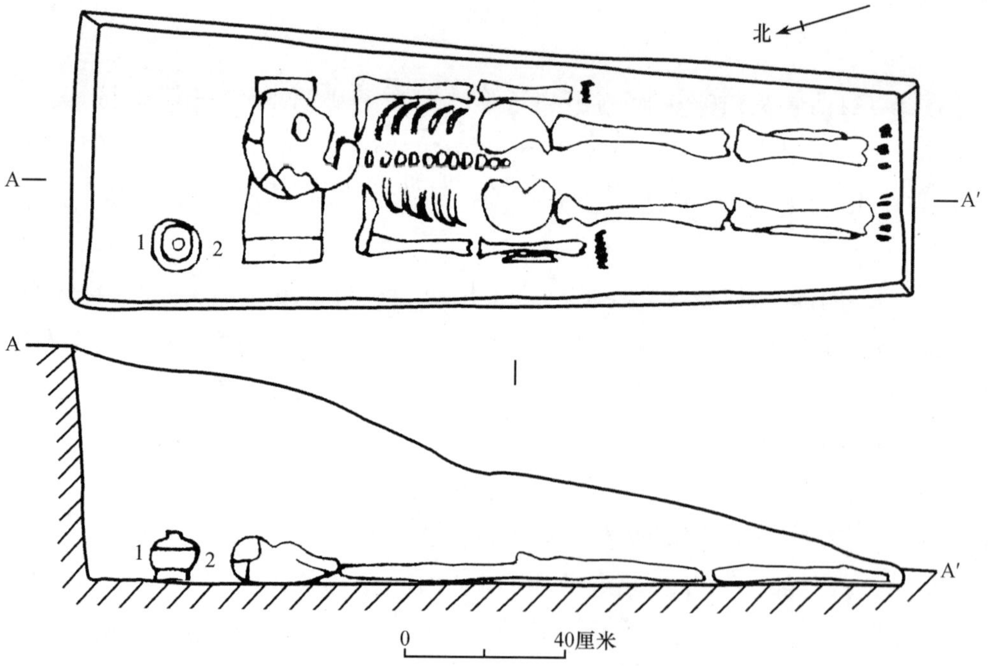

图一五　M7平、剖面图

1、2. 瓷碗

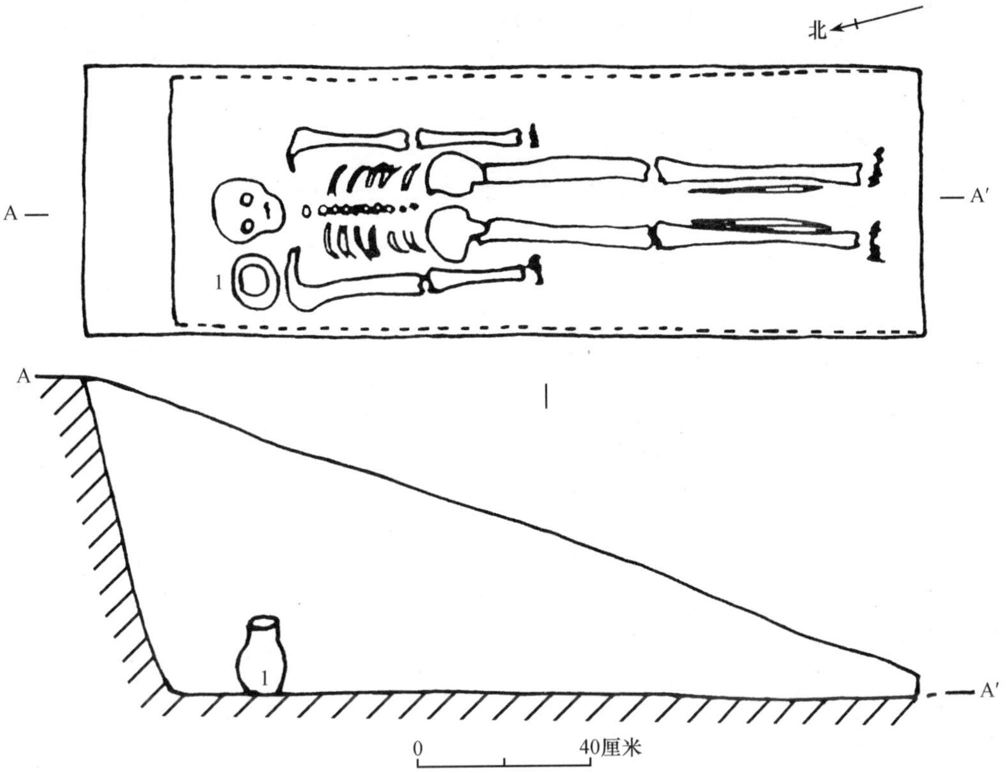

图一六　M8平、剖面图

1. 陶罐

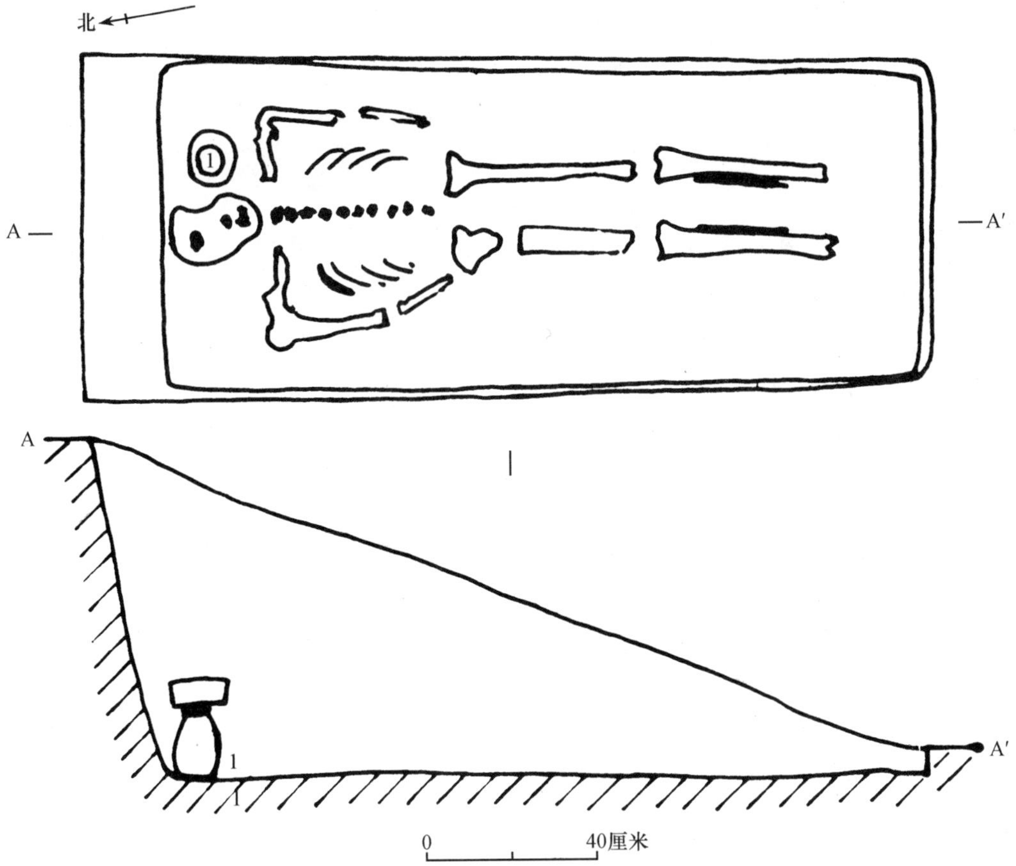

图一七　M9平、剖面图

1. 陶罐

保存较好，葬式为仰身直肢，经鉴定性别为女性，年龄约45岁。随葬品仅出土陶罐1件（图一八）。

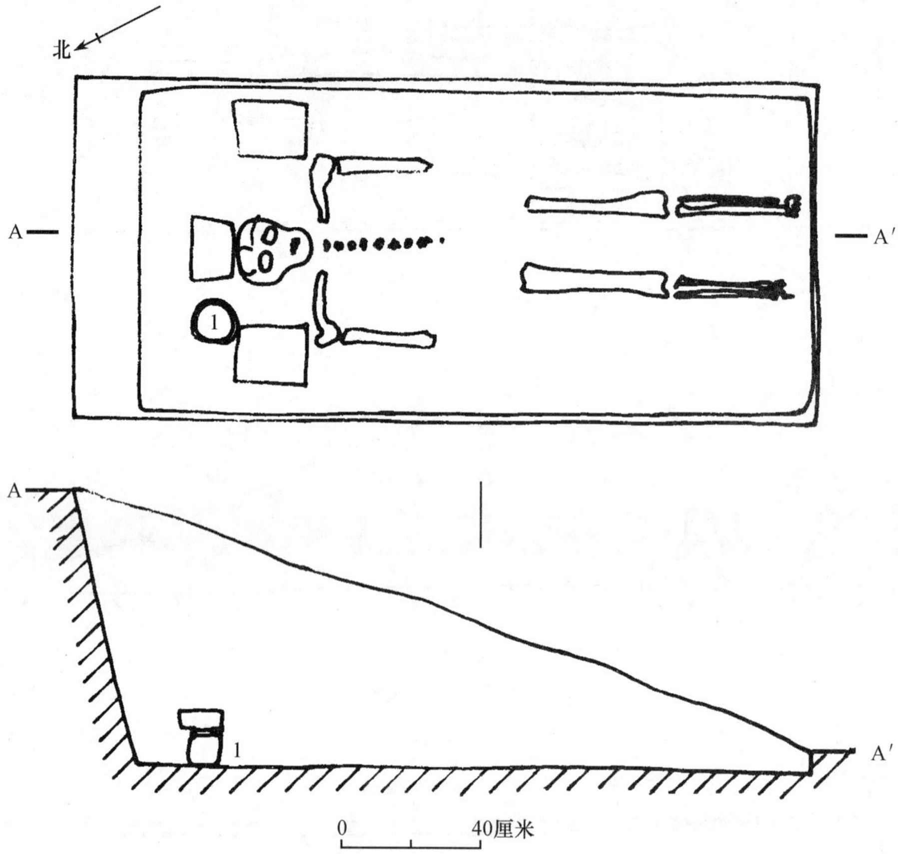

图一八　M10平、剖面图

1. 陶罐

M11　位于AT9的西南部和T4的北隔梁。开口于第2层下，打破生土。墓口长180、宽74～80、深30～125厘米；墓底长170、宽74、深30～180厘米。方向24°。填土呈灰黑色，土质较为疏松。出土人骨架1具，保存很差，仅剩少量肢骨，性别不详，年龄也不详，但应为成人。随葬品出有陶罐1件，还出有较多的瓦块（图一九）。

M12　位于AT9的南部和T4的北隔梁。开口于第2层下，打破生土。墓口长220、宽70～76、深30～40厘米；墓底长210、宽74、深30～140厘米。方向为23°。填土呈灰黑色，土质较为疏松。出土人骨架1具，保存很差，性别不详，年龄应为成人。随葬品出有陶罐1件，还出有很多瓦块（图二〇）。

M15　位于AT10西北部和T9的东隔梁。开口于第2层下，打破生土。其东南部已遭破坏，墓口残长186～214、宽80、深35～50厘米。方向25°。墓底残长175～200、宽70、深35～150厘米。填土呈灰黑色，土质较为疏松。出土人骨架1具，保存较好，经鉴定性别为女性，年龄约60岁。随葬品出有陶罐1件，还有较多的瓦块（图二一）。

M16　位于BT2南部。开口于第2层下，打破生土。墓口长248、宽84～106、深90～140厘米；墓底长240、宽80～100、深164～254厘米。方向357°。填土呈灰黑色，土质较为疏松。出土人骨架1具，保存很差，性别不详，年龄应为成人。随葬品仅出有陶罐1件（图二二）。

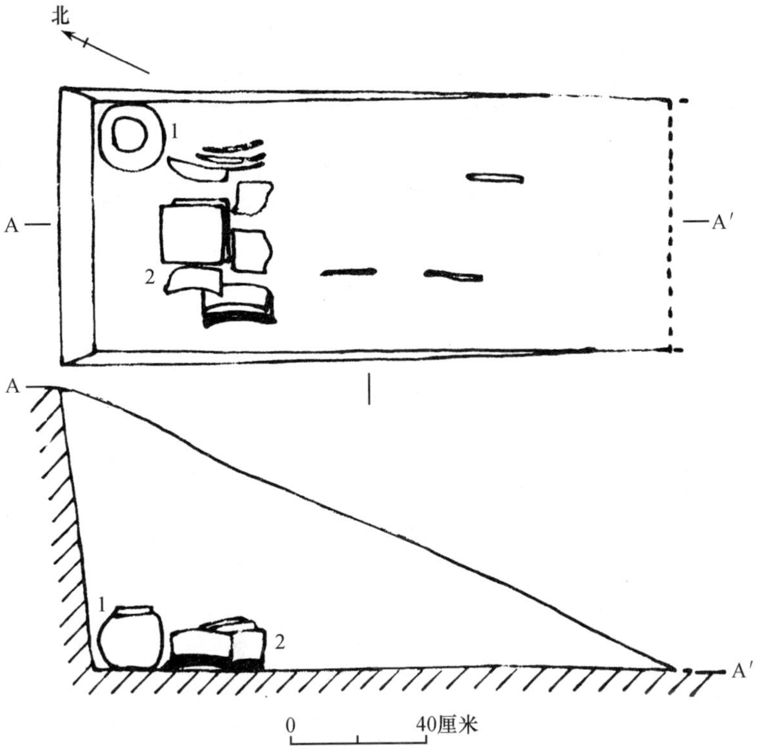

图一九　M11平、剖面图

1. 陶罐　2. 瓦块

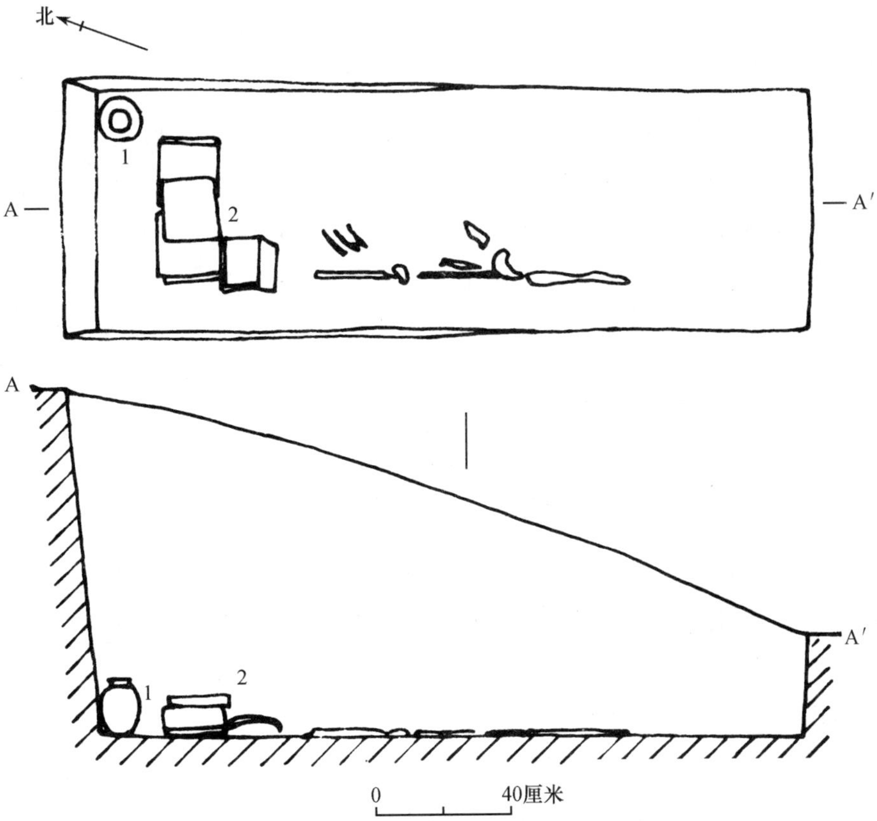

图二〇　M12平、剖面图

1. 陶罐　2. 瓦块

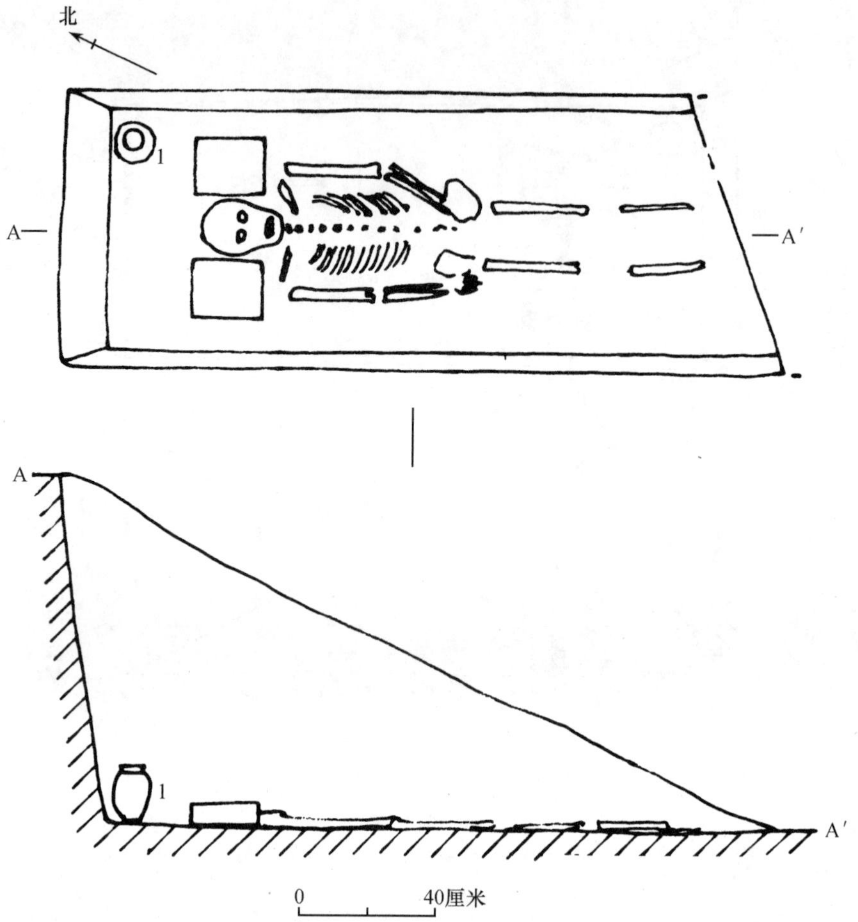

图二一 M15平、剖面图
1. 陶罐

M18 位于BT2东北部。开口于第2层下，打破生土。墓口长216、宽88、深60～100厘米；墓底长200、宽69、深110～135厘米。方向348°。填土呈灰黑色，土质较为疏松。出土人骨架1具，保存较好，经鉴定为女性，约35岁。随葬品出土铜坠2件（图二三）。

M20 位于BT1西北部。开口于第2层下，打破生土。墓口长218、宽80～106、深50厘米；墓底长210、宽76～100、深132～154厘米。方向323°。填土呈灰黑色，土质较为疏松。出土人骨架1具，保存较好，经鉴定性别为男性，年龄约50岁。随葬品出土陶罐1件、瓷碗2件（图二四）。

M23 位于BT1东部。开口于第2层下，打破生土，但被M22打破。墓口长218、宽70～80、深60～80厘米；墓底长204、宽60～70、深100厘米。方向9°。填土呈灰黑色，土质较为疏松。出土人骨架1具，保存较好，经鉴定性别为男性，年龄约50岁。随葬品仅出土陶罐1件（图二五）。

M24 位于BT1南部。开口于第2层下，打破生土，但被M22打破。墓口长180、宽78～80、深60～120厘米；墓底长170、宽74～76、深120～140厘米。方向358°。填土呈棕黄色，土质较为疏松。出土人骨架1具，保存较差，经鉴定性别为女性，年龄约20岁。随葬品出土陶罐1件、铜纽扣2件、铜坠1件、“乾隆通宝”钱4枚（图二六）。

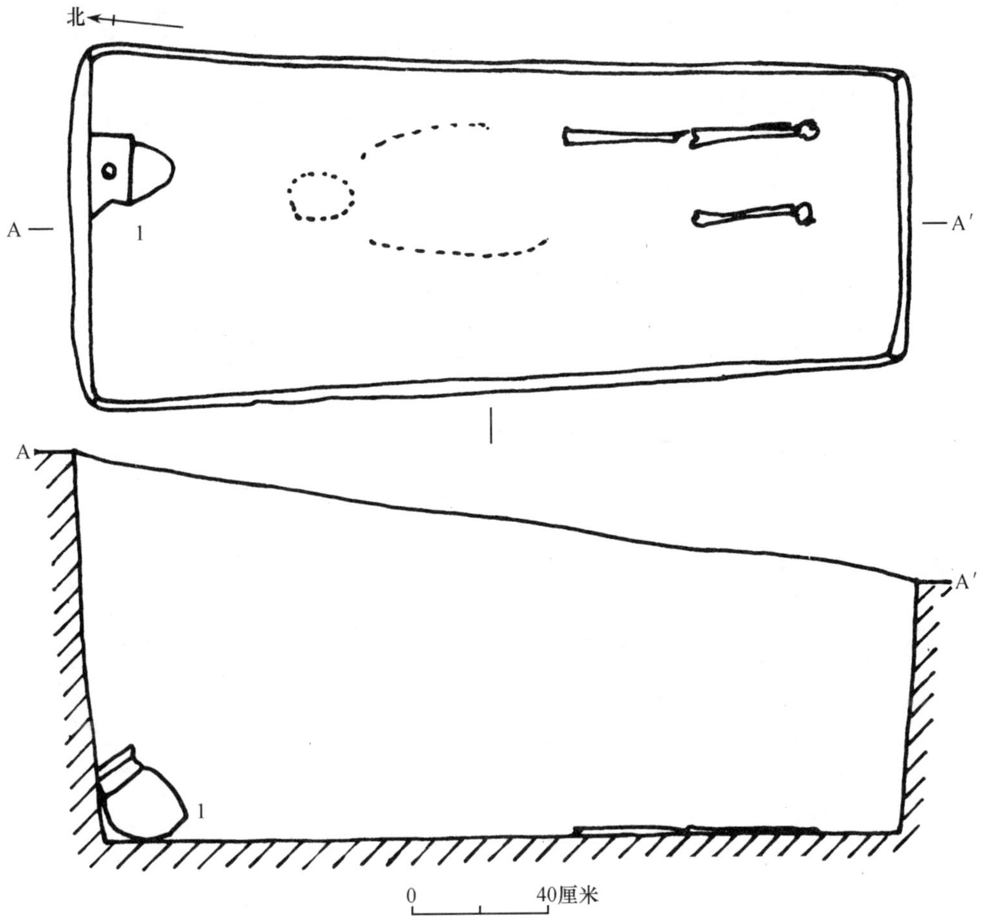

图二二 M16平、剖面图

1. 陶罐

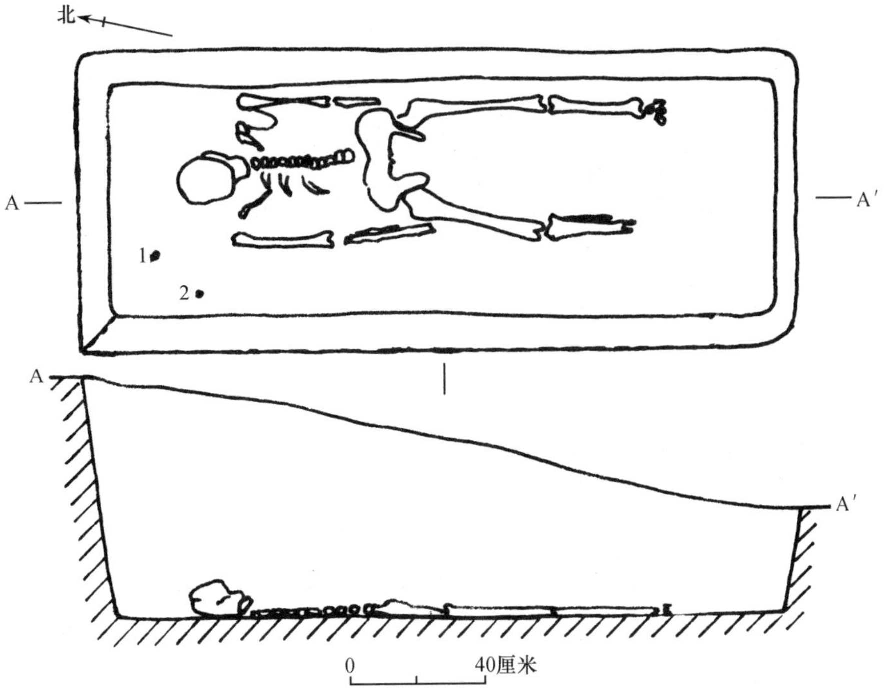

图二三 M18平、剖面图

1、2. 铜坠

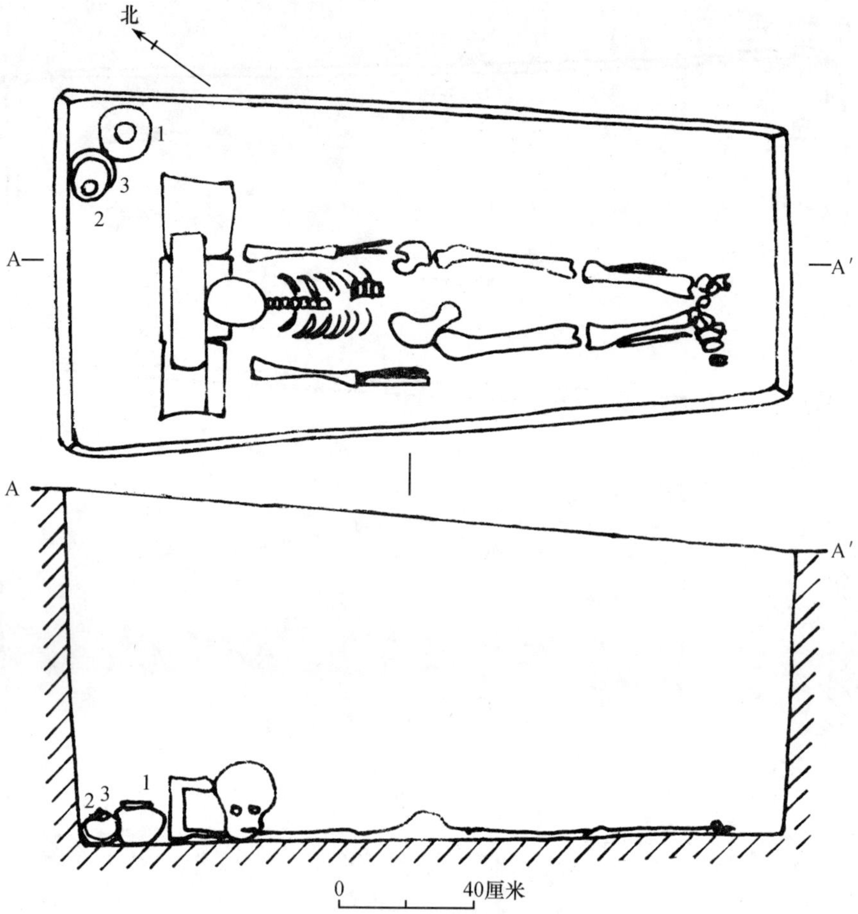

图二四　M20平、剖面图

1. 陶罐　2、3. 瓷碗

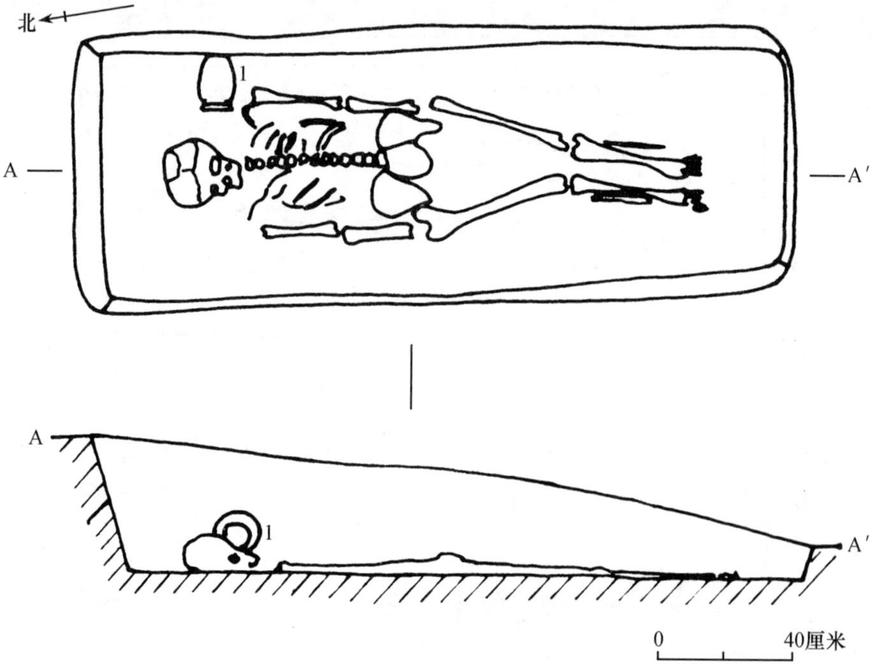

图二五　M23平、剖面图

1. 陶罐

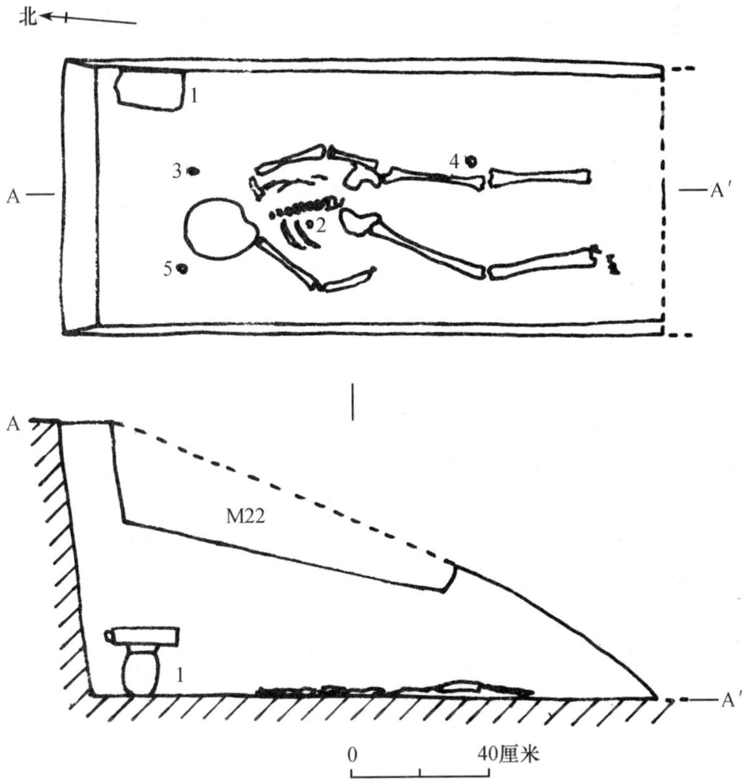

图二六　M24平、剖面图
1. 陶罐　2、5. 铜纽扣　3. 铜坠　4. 铜钱

（二）遗物

明清时期出土的器物有陶器、瓷器和少量的铜器。陶器都是釉陶罐，大部分为泥质红陶，只有一件为泥质黑褐色陶；火候都较高，均使用轮制、刮修处理。瓷器都是白胎、质密，且都为轮制。铜器见有铜坠等，还出有少量铜钱。

1. 陶器

陶罐　共有13件。按口沿来分，可分为三型。

A型　侈口罐。4件。M20：1，泥质红陶。侈口，圆唇外凸，矮领，溜肩，肩部饰有对称的四系（无孔），鼓腹，下腹曲收，凹底。内外均施薄酱釉。口径9.2、高12厘米（图二七，1）。M23：1，侈口，圆唇外伸，矮领，溜肩，鼓腹，下腹内收，凹底。腹部饰有多道凹弦纹。外壁上半部施浅黄釉，釉薄而脱落。口径8.6、高15厘米（图二七，2）。M24：1，泥质红陶。微侈口，圆唇外翻，圆腹，下腹内收，微凹底。外施酱釉，器表施半釉，多已脱落。口径11.2、高10.6厘米（图二七，3）。M6：1，微侈口，圆唇外翻，圆腹，下腹内收，微凹底。外表施浅绿色半釉。口径 11.8、高12.6厘米（图二七，4）。

B型　直口罐。5件。M2：1，直口，圆唇外凸，矮领，溜肩，鼓腹，下腹内收，凹底。外施薄黄釉。领和下腹部饰凹弦纹。口径12、高19.2厘米（图二八，1）。M9：1，直口，圆唇外凸，矮领，溜肩，鼓腹，下腹内收，底微凹。外施浅黄色半釉，但釉已脱落。领和腹部饰

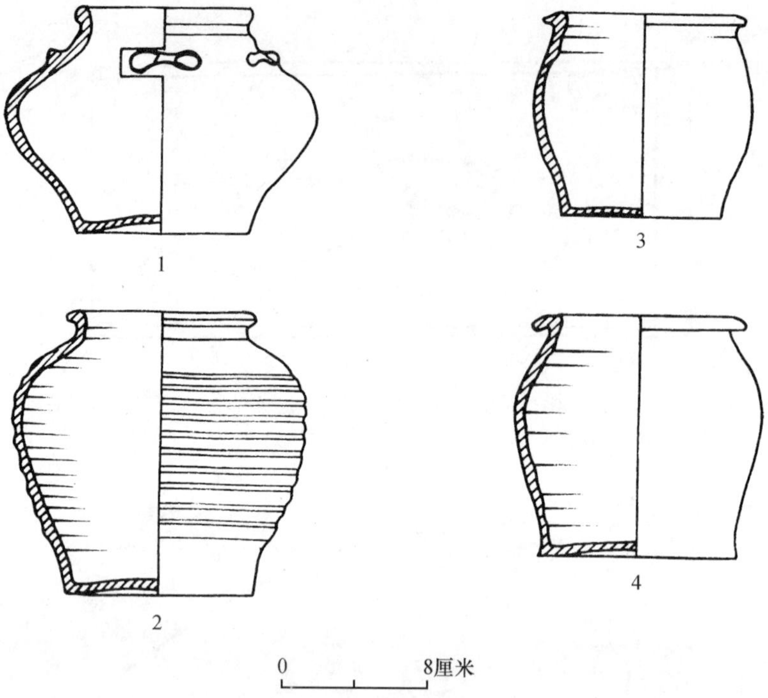

图二七　A型陶罐

1. M20：1　2. M23：1　3. M24：1　4. M6：1

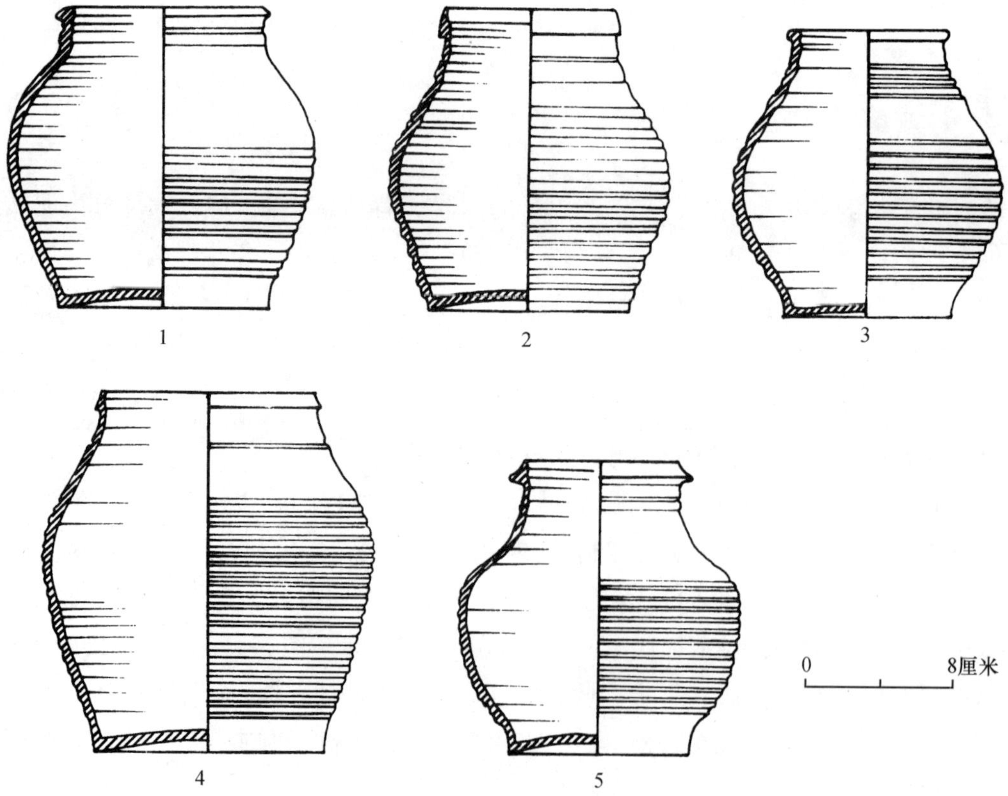

图二八　B型陶罐

1. M2：1　2. M9：1　3. M12：1　4. M15：1　5. M8：1

有凹弦纹。口径9、高15厘米（图二八，2）。M12：1，泥质红陶。直口，尖唇，附唇下垂，领略高，微鼓腹，下腹内收，凹底。施薄黄釉，但釉薄脱落。外饰凹弦纹。口径9.6、高16厘米（图二八，3）。M15：1，泥制黑褐陶。直口，尖唇，附唇下垂，领略高，微鼓腹，下腹内收，凹底。外壁上半部施浅黄釉，但釉薄而脱落。外饰凹弦纹。口径11.6、高19厘米（图二八，4）。M8：1，直口，尖唇，附唇外伸，领略高，溜肩，鼓腹，下腹内收、凹底。内外均施薄酱釉。领和下腹部饰凹弦纹。口径8、高15.6厘米（图二八，5）。

C型　敛口罐。4件。M16：1，敛口，圆唇，附唇外伸，微鼓腹，下腹微收，凹底。外壁上半部施浅黄釉。腹部饰两道凹弦纹。口径14、高18厘米（图二九，3）。M10：1，敛口，圆唇，附唇外伸，微鼓腹，下腹微收，凹底。外壁上半部施浅黄釉，但釉薄脱落。口径11.6、高9.6厘米（图二九，1）。M11：1，敛口，尖唇，矮领，溜肩，鼓腹，下腹内收，凹底。腹下部饰凹弦纹，腹部拍印圆圈花瓣，施浅绿釉。口径11.9、高19.2厘米（图二九，4）。M3：1，敛口，圆唇，矮领，高溜肩，微鼓腹，下腹内收，平底。领和上腹部施薄黄釉。口径10.7、高11.8厘米（图二九，2）。

2. 瓷器

都是瓷碗，共有4件。按口沿形状可分为二型。

A型　敞口碗。1件。M7：2，敞口，方唇，弧腹内收，平底，侈圈足。内外施浅青色釉。釉下绘蓝黑色花草图案，碗心绘圆圈和花卉。口径12.5、高5厘米（图三〇，1）。

B型　侈口碗。3件。M7：1，侈口，尖唇，弧腹内收，平底，敛圈足。内外施浅青色釉。

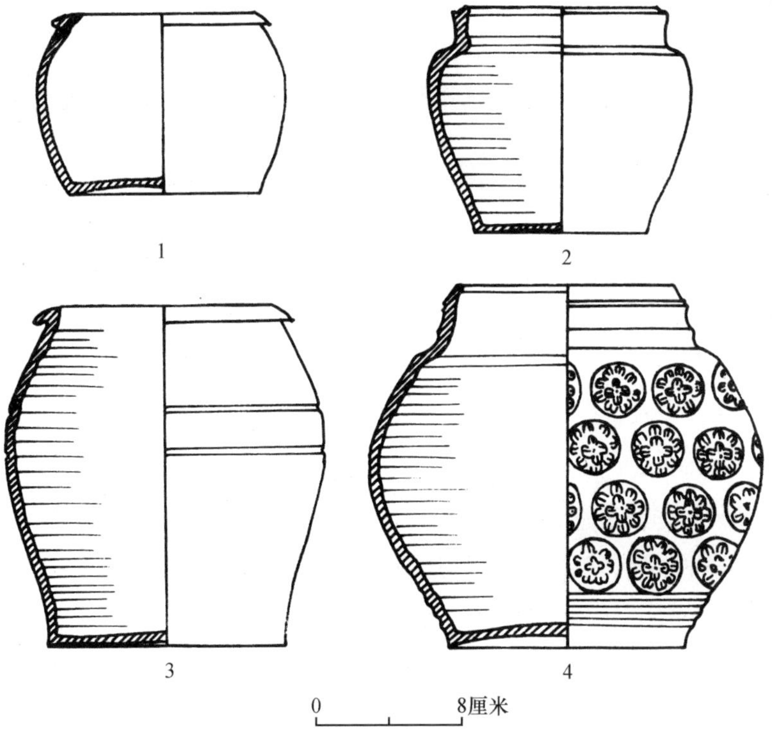

图二九　C型陶罐

1. M10：1　2. M3：1　3. M16：1　4. M11：1

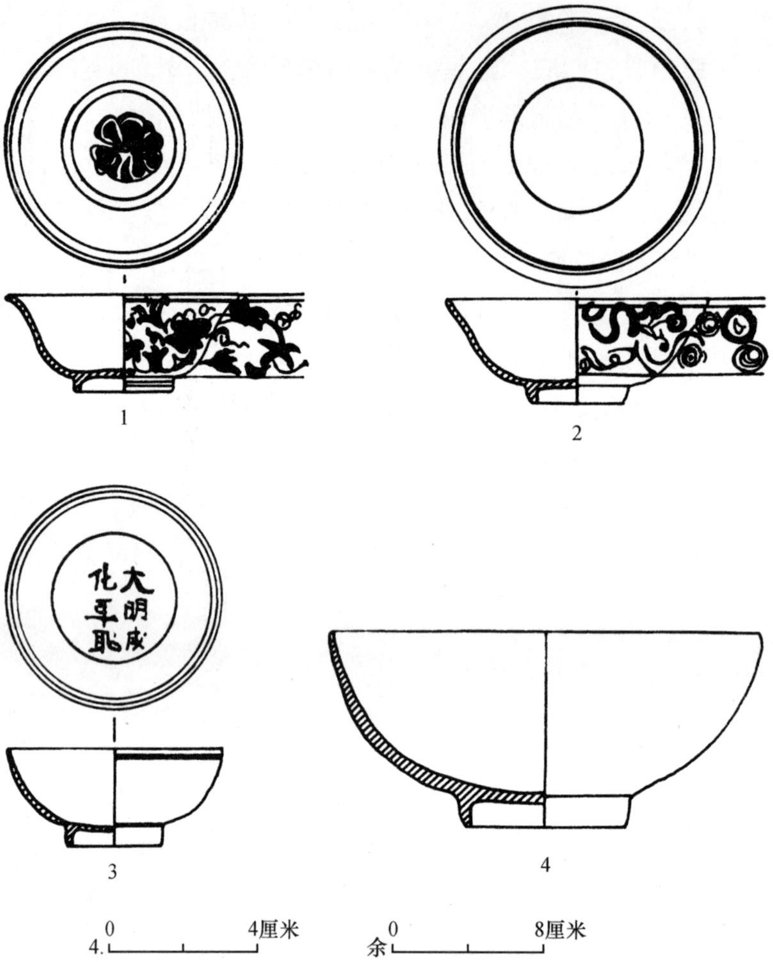

图三〇 明清时期瓷碗

1. A型（M7：2） 2~4. B型（M7：1、M20：2、M20：3）

外表釉下绘蓝黑色缠绕线条，碗心绘圆圈。口径14.6、高5.4厘米（图三〇，2）。M20：2，侈口，尖唇，弧腹内收，圜底，侈圈足。内外施白釉较暗，口沿内外和碗心各饰一道弦纹，外底部有“大明成化年制”的款识。口径11.6、高5厘米（图三〇，3）。M20：3，侈口，尖唇，弧腹内收，圜底，敛圈足。内外施白釉。口径11.6、高5厘米（图三〇，4）。

3. 铜器

铜坠 3件。M18：1，为一铜球体，上饰一圆纽。球径0.95、高1.45厘米（图三一，1）。M18：2，形状与M18：1相同，只是其圆纽已残，故未绘图。M24：3，为一铜球体，外表饰有疙瘩，上有一圆纽。球径1.1、高1.6厘米（图三一，2）。

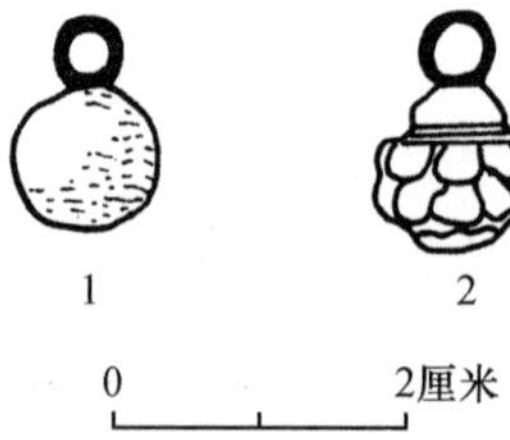

图三一 铜坠

1. M18：1 2. M24：3

铜钱 仅出土“乾隆通宝”钱4枚（M24：4）（图三二）。

图三二 “乾隆通宝”钱（M24：4）

五、结　语

白衣庵墓群是三峡库区中一处比较重要的墓群。该墓群所发现的24座墓葬，分属东汉和明清两个时期。东汉时期的两座墓葬，随葬器物中的陶灶（M1：2），与奉节小营盘遗址西汉晚期墓葬M2出土的A型灶（ⅡM2：16）①非常类似，又A型陶罐（M1：1、M5：1）与大周溪遗址东汉中期的M2出土的C型罐（M2：10、M2：19）②非常类似，其时代应很接近。因此，M1、M5也应属于东汉中期左右。

D2出土的釉陶壶，与巴东罗坪墓葬中北宋晚期墓BLJM2出土的瓷直口圆腹壶③非常接近，其时代大体可推定为宋代。

因M20出有“大明成化年制”的瓷碗，故M20应为明代墓葬；M24出土有“乾隆通宝”钱，而M22打破M24，故M22、M24可确定为清代墓葬；而其他的土坑竖穴墓中出土的器物，与奉节瞿塘关遗址出土的明清时期的相关器物④很接近，因此这些土坑墓的时代也应为明清时期。

白衣庵墓群发掘了24座墓葬，其中有汉代墓葬、明清墓葬，以明清墓葬为主，说明至少从汉代时期起，白衣庵一带就是人口众多、经济较发达的地区，并且人口有逐步增多的趋势。而且，此次考古发掘的材料为今后研究该地区汉代至明清时期的文化传统、生活习惯、风土民俗、自然环境、生态状况等情况提供了重要的参考资料。

由于坡地太陡、山崖容易坍塌、水土流失严重，现代人为破坏，白衣庵墓群的破坏较严重。为今后做进一步的保护造成一定的困难。

附记：本次发掘工作由宜昌博物馆刘继东主持。宜昌博物馆乔峡、李孝配、王超、刘晓伟同志参加了发掘工作。陕西省考古研究院凤翔工作站的侯清伟、许卫国同志也参加了田野发掘

① 内蒙古文物考古研究所：《奉节小营盘遗址发掘报告》，《重庆库区考古报告集·1999卷》，科学出版社，2006年。

② 山东大学考古系等：《万州大周溪遗址发掘报告》，《重庆库区考古报告集·1999卷》，科学出版社，2006年。

③ 湖北省文物考古研究所：《巴东罗坪墓葬发掘报告》，《湖北库区考古报告集·第二卷》，科学出版社，2005年。

④ 重庆市文物考古所：《奉节瞿塘关遗址发掘报告》，《重庆库区考古报告集·1999卷》，科学出版社，2006年。

工作并具体负责墓群勘探。报告线图由宜昌博物馆的王超绘制。发掘过程中得到了奉节县文化体育局和奉节县文物管理所的大力支持，特此鸣谢。

绘图：王　超

执笔：李孝配　刘继东

涪陵薛家坪墓群2002年度发掘简报

重庆市文化遗产研究院
开封市文物工作队
涪陵博物馆

薛家坪墓群位于重庆市涪陵区珍溪镇东北约2千米的薛家坪村，西南距涪陵约30千米（图一）。薛家坪村有8个生产社，近400户村民，村民大多散居于长江左岸七八个山梁的一级山前台地上。薛家坪山前台地较多，部分平缓，发育良好。薛家坪西南毗邻长江，村东与村西分别有渠溪与小珍溪流入长江，两条溪流与长江对薛家坪形成环抱之势。薛家坪可谓是山清水秀，物华天宝。

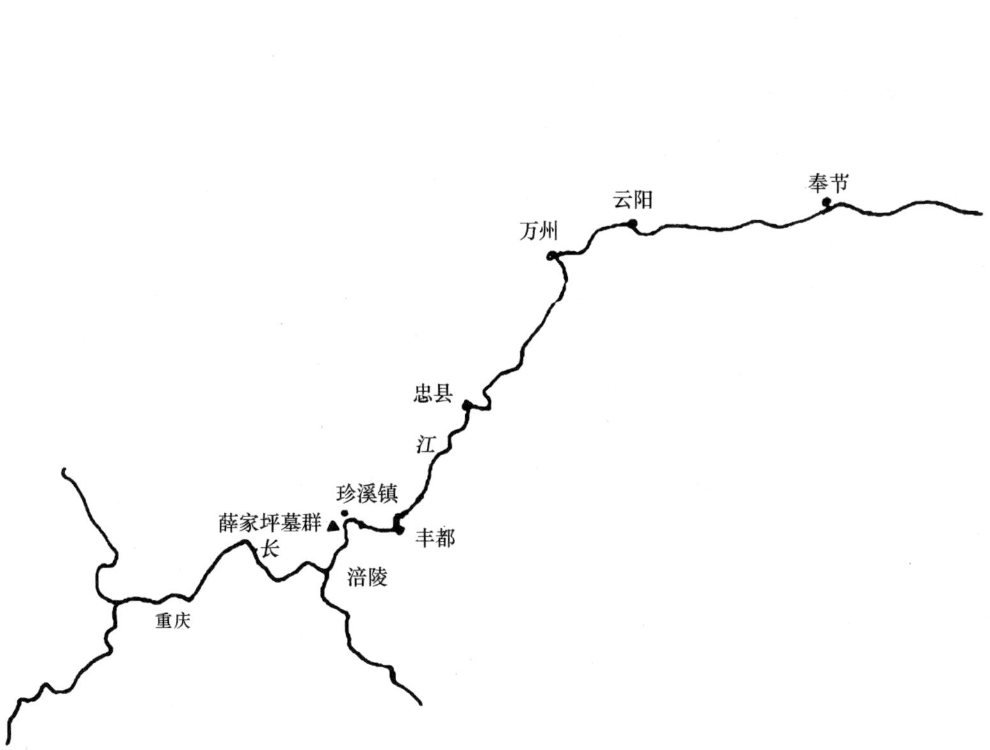

图一　薛家坪墓群位置示意图

薛家坪墓群由涪陵博物馆调查发现，20世纪90年代作为三峡库区淹没区地下文物墓群上报。为配合三峡工程建设，根据与重庆市文化局签订的《三峡工程淹没及迁建区考古发掘项目协议书》的要求，2002年5～7月，开封市文物工作队三峡考古队对该墓群进行了正式发掘，共发掘砖室墓2座、土坑墓1座、石棚墓5座，现将发掘情况简要报告如下。

一、砖 室 墓

（一）02FZXAT001：M1

02代表2002年，F代表涪陵，Z代表珍溪，X代表薛家坪，A代表A区，T001代表探方l，M代表墓，02FZXAT001：M1以下简称AM1。

AM1位于当地村民称为垭口的一个地方。垭口就是两座山梁之间一个通向长江的缺口。缺口东北部是一山梁的坡地，坡地较平缓，AM1就在该坡地上。

1. 墓葬形制

AM1为一座“凸”字形砖室墓，方向130°。墓葬由墓道、甬道、墓室三部分构成。墓道为斜坡墓道，长1.8、宽0.64～0.75、深0.21～0.64米；甬道长1.17、宽1.8、残深0.75米；墓室长160、宽1.17、残深1.01米。墓门用单排砖平砌封堵，墓室和甬道顶部用契形子母砖横向券拱而成，墓室顶部中心有部分券砖缺失，可能为早期盗洞，墓室和甬道西南部分顶砖被当地村民取土时破坏。墓室及甬道内随葬品摆放比较零乱，特别是陶器多残破，有明显扰乱痕迹，且器物主要在甬道内出土。墓室内出土器物较少（图二）。

该墓券顶砖和壁砖朝向墓室内一侧面都模印有花纹，其中部分壁砖端面也模印有花纹，墓砖侧面花纹类型有5种，主要有菱形纹、车轮纹、三角纹等；端面花纹类型约有两种，形状不太规则。墓壁用单排砖错缝平砌而成，由于受挤压，墓室两侧壁略向内鼓腹，墓室后山墙壁向内部塌陷；墓底没有发现铺地砖，而是黄黏硬土地面，由甬道向墓室方向呈斜坡状。甬道两侧壁中心部位各有一个小龛，可能用来放置食物或作灯台用。

根据墓砖用砖位置和砖面纹饰，可将墓砖大致分为6种，券顶砖有3种、墓壁砖有3种。

券顶砖1　“福”字砖。楔形子母砖，砖的两端有了母扣，用于墓室顶部券拱。内侧面模印有凸线花纹，花纹中间模印有篆书“福”字，两侧为对称三角纹构成的长方形纹饰。长边47.8、短边38、宽22、厚10厘米。

券顶砖2　菱形纹砖。楔形子母砖，砖的两端有子母扣，用于墓室顶部券拱。内侧面模印有花纹，中间花纹为不规则形，两边为对称菱形纹和三角纹。长边42、短边32.8、宽22、厚10.4厘米。

券顶砖3　轮形纹砖，楔形子母砖，砖的两端有方形子母扣。侧面中间饰车轮纹，两端各饰半个轮纹，车轮之间饰不规则形纹。砖长边44、短边34、宽22.4、厚10.4厘米。

壁砖1　“田”字砖。长方体砖，用于墓壁。该种类型砖一侧面和两个端面分别模印有纹饰。侧面纹饰中间为一“田”字，“田”字四格中分别饰有小圆，圆内有小“十”字；“田”字纹饰两侧为对称的菱形纹和三角纹；两端面纹饰中都有圆圈纹，圆圈周围有三角纹，其余或像蚕纹，或像不可识别文字。砖长42、宽20.8、厚10厘米。

壁砖2　“轮”形纹砖。长方体。用于墓壁，侧面模印有凸线纹饰，端面无纹饰，侧面中间主纹饰为一车轮纹，两边分别有两半个椭圆形纹，车轮纹与半椭圆形纹之间为顶角成组三角

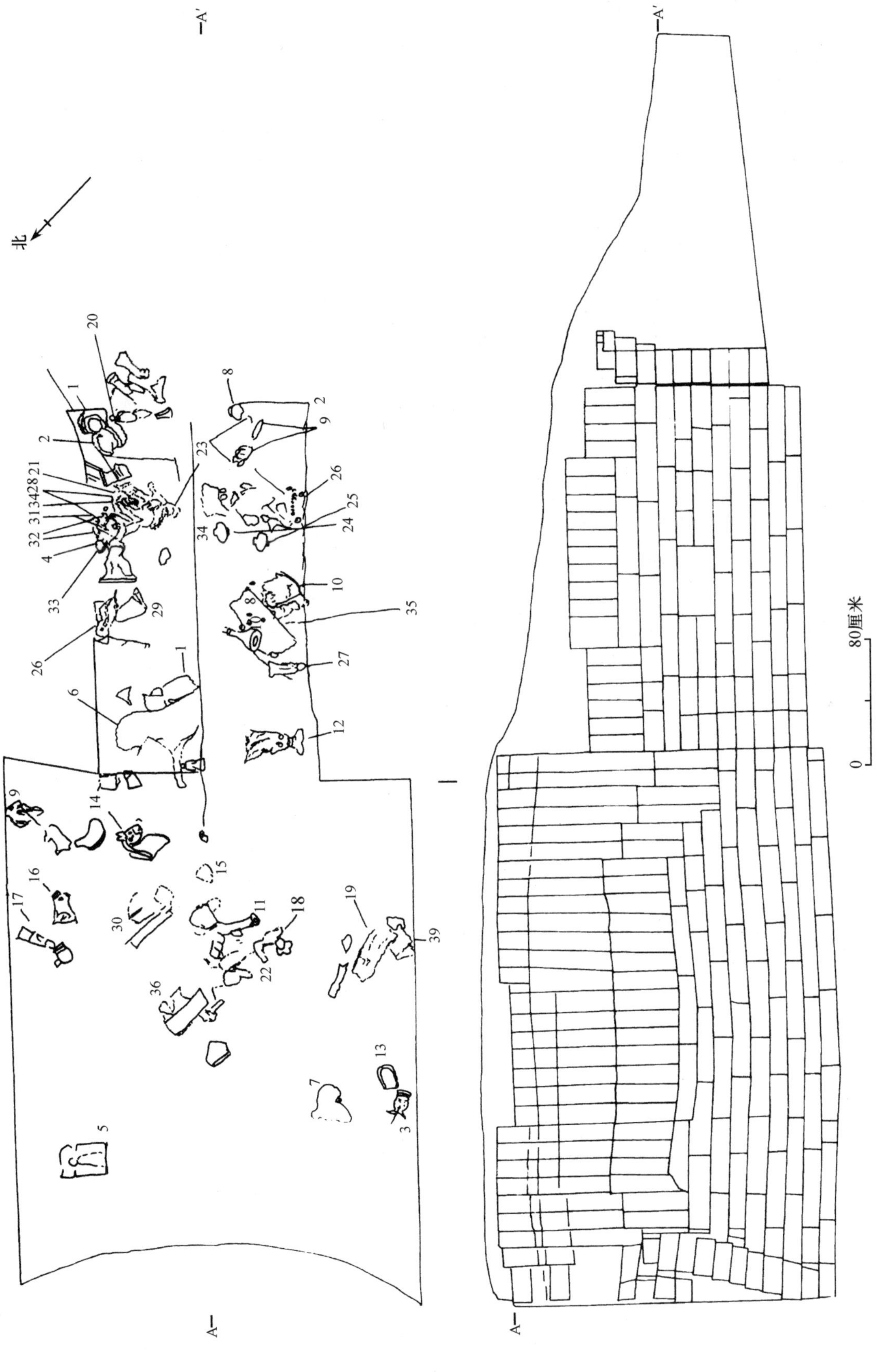

图二 AM1平、剖面图

1、35、39.陶盘 2.陶盂 3、13.陶器盖 4.陶男立俑 5.陶猪圈 6、14.陶马 7.陶女立俑 8、9、21、28.陶耳杯 10.陶男坐俑 11、12.陶灯 15.陶猪 16.陶公鸡 17、19、34、37、38.铜饰件 18、22.陶女舞俑 20.铜串饰（27件） 23.陶抱物俑 24、25.铜耳杯 26.铜钱（15枚） 27.陶男侍俑 29.陶镇墓俑 30.铁杯（3件） 31.铜指环 32.石箍 33.铜牌饰 36.铁钩（余为丝织品，只有痕迹，无法提取）

纹构成的方形。砖长41.6、宽20.4、厚9.6厘米。

壁砖3 “轮”形纹砖。长方体。用于墓壁。只有内侧面模印有纹饰，纹饰中心为车轮纹，车轮纹两侧为两组对称的尖角向中心的尖角纹。砖长41.6、宽20.4、厚9.6厘米。

2. 葬具葬式

墓室内填土比较杂乱，没有发现葬具和人体骨架，葬具葬式不清。

3. 随葬器物

在该墓中共出土随葬器物92件，按其质地可分为陶、铜、铁、石、丝织品等，其中丝织品仅存痕迹，不能提取，在此不做表述。

（1）陶器

由于此墓已遭破坏，所以其墓内的陶器分布较为凌乱，且残破严重。在出土的陶器中，完整和能修复的共有31件。

耳杯 4件。泥质红陶，陶质略硬。手制。椭圆形，敞口，方唇，耳近长方形，抹角，腹壁外弧，外底为平底，内底略弧。素面。有打磨修整的痕迹，但器壁仍不甚平滑。AM1：9，口部长径17.4、短径11.2、高6.2厘米（图三，1）。AM1：21，口部长径17.4、短径11.4、高6.2厘米（图三，2）。AM1：8，口部长径12、短径7、高4.2厘米（图三，3）。AM1：28，口部长径10.8、短径6.4、高4厘米（图三，4）。

盘 3件。分二式。

Ⅰ式：1件。AM1：35，泥质红陶。内壁呈浅灰色，质疏松。轮制。侈口，口沿外撇，圆唇，弧壁，平底。腹部饰一条凹弦纹。口径17.6、底径4.8、高4厘米（图四，1）。

Ⅱ式：2件。泥质红陶，质疏松。轮制。侈口，方唇，腹部斜收，微外弧，平底。下腹饰一条凹弦纹。AM1：1，口径16.4、底径6.4、高2.8厘米（图四，2）。AM1：39，口径15.6、底径6.8、高3厘米（图四，3）。

灯 2件。分二式。

Ⅰ式：1件。AM1：11，泥质红陶，质稍硬。模制。覆钵形灯座，柱状灯柄，柄中部饰一凸棱纹，柄上有三个柱状灯托，均匀分布，外弧上举，上托一圜状灯盘。灯盘外口侈，圆唇；内口直，方唇。灯盘较浅且被三等分。外口径20、内口径13.6厘米，灯座底径13.6厘米，通高36厘米（图五，1）。

Ⅱ式：1件。AM1：12，泥质红陶，但灯盘呈灰色。直口，方唇。口沿下饰一周凹弦纹，束腰状柄，柄中部饰两周凸棱纹。兽形底座，瞪目龇牙，胡须下飘，三角脸，臀及双足着地，后肢粗壮有力，前屈，前肢抚膝。灯盘口径13.6、通高30.8厘米（图五，2）。

器盖 2件。分二式。

Ⅰ式：1件。AM1：13，泥质红陶，质疏松。圆形器盖，饰鸟形纽，站立状，稍显肥硕，鸟头有些模糊，子母口，圆唇。外径12.4、高7.6厘米（图五，3）。

Ⅱ式：1件。AM1：3，泥质红陶，质疏松。模制。残损较为严重。平沿，圆唇，纽部缺失。残高4厘米（图五，4）。

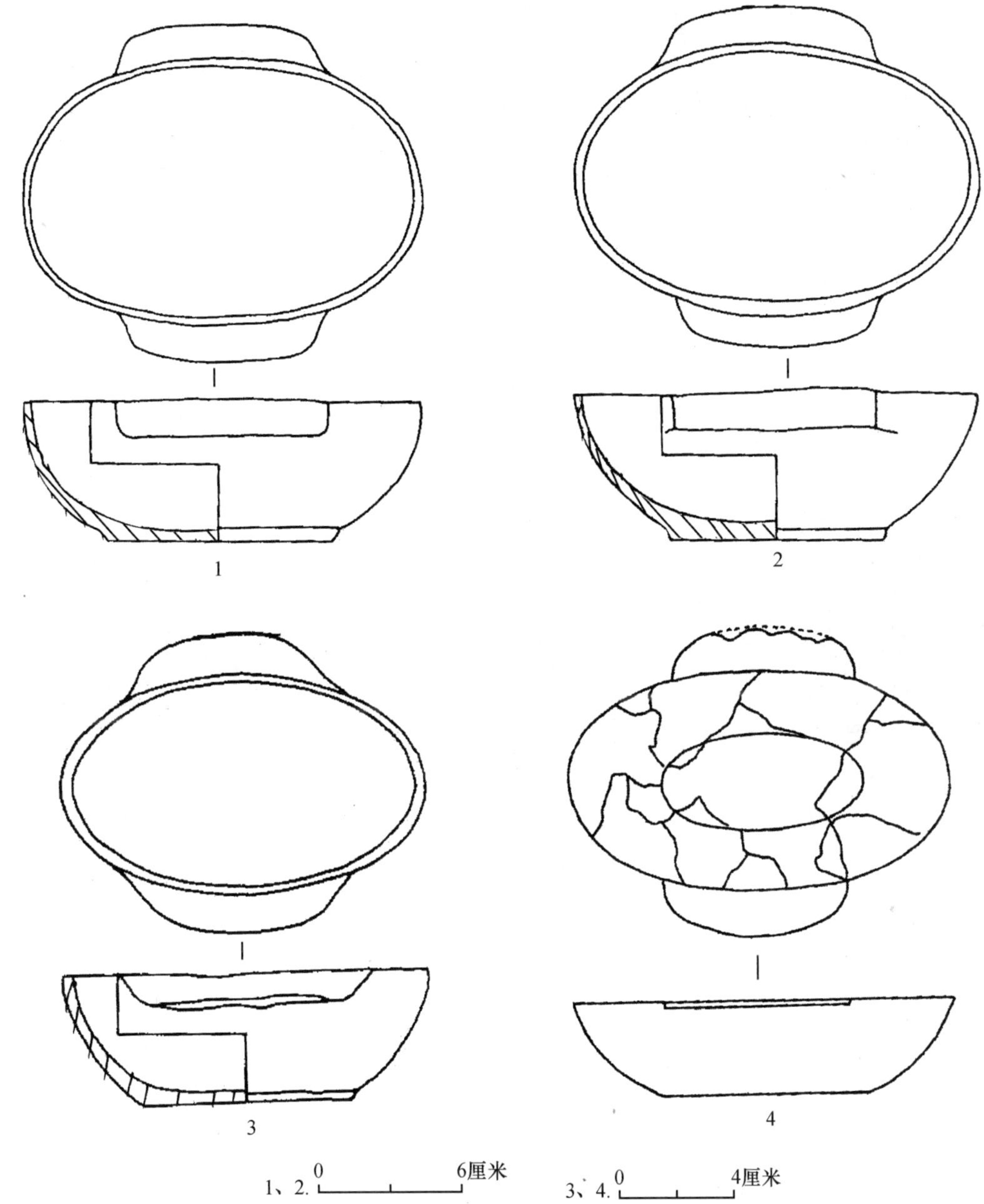

图三 AM1出土陶耳杯

1. AM1：9 2. AM1：21 3. AM1：8 4. AM1：28

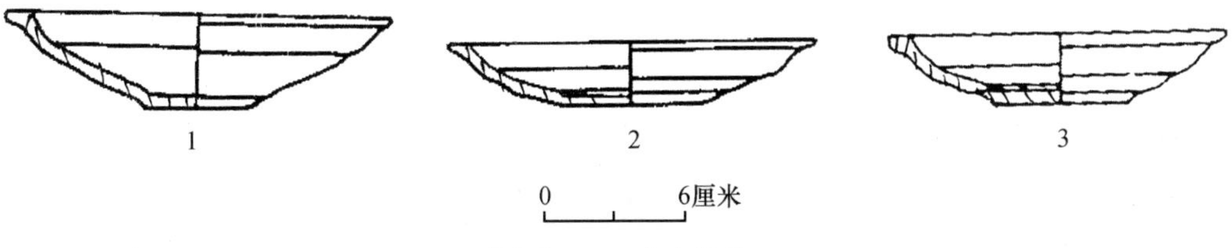

图四 AM1出土陶盘

1. AM1：35 2. AM1：1 3. AM1：39

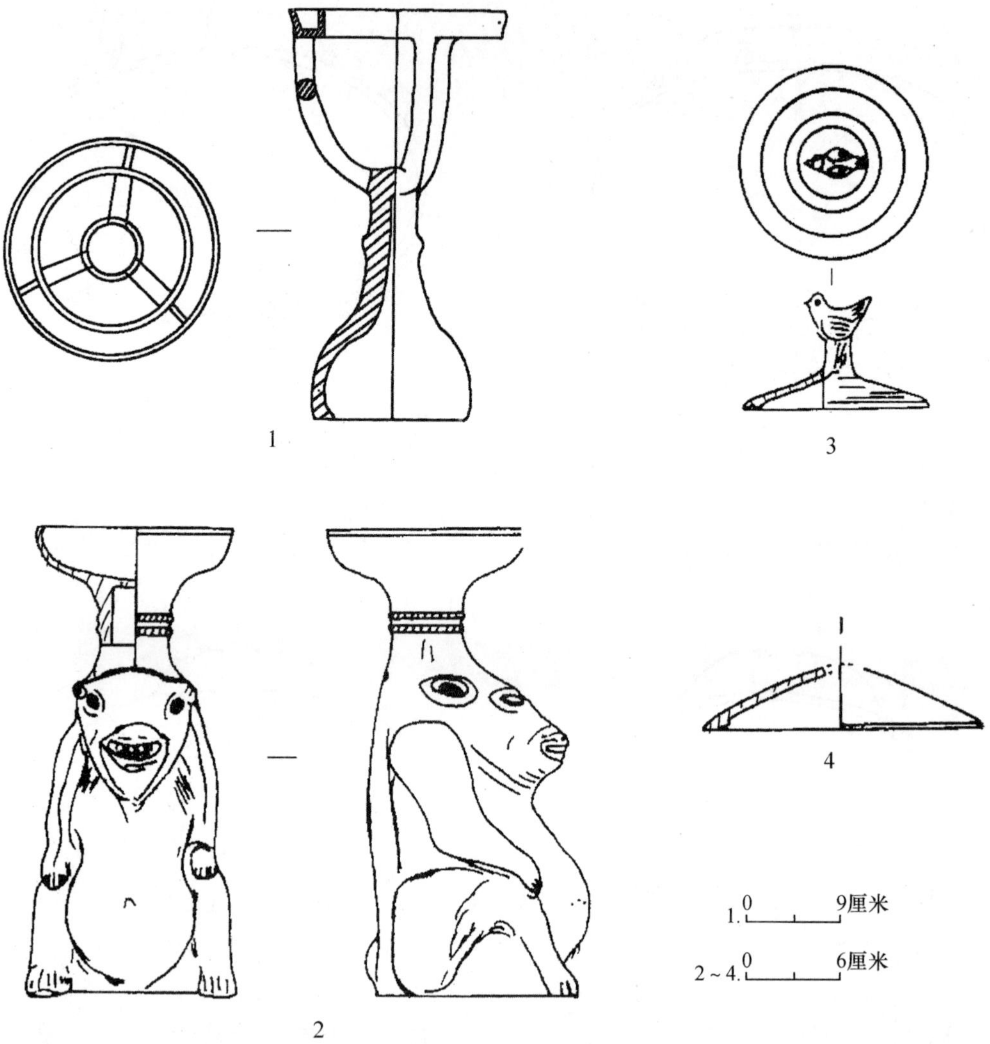

图五 AM1出土陶灯和陶器盖

1. Ⅰ式灯（AM1：11） 2. Ⅱ式灯（AM1：12） 3. Ⅰ式器盖（AM1：13） 4. Ⅱ式器盖（AM1：3）

洗 1件。AM1：43，泥质红陶，质疏松。轮制。沿口外折，方唇，上腹较直，下腹斜收，平底。上腹饰三道凹弦纹。口径21.6、底径8.8、高8.4厘米（图六，1）。

盂 1件。AM1：2，泥质红陶，质疏松。轮制。侈口，方唇，束颈，鼓腹，平底。上腹部饰两道凹弦纹，鼓腹外亦有几道不甚明显的弦纹装饰。口径17.6、腹径19.2、底径9.6、高14.4厘米（图六，2）。

猪圈 1件。AM1：5，泥质红陶，质疏松。前半部为圆柱体，后半部为长方体，圆柱体周侧饰长条形镂孔，长方体周侧饰三角形镂孔，二者交界面有一较大的圆孔相通，底部在同一平面上，下有四矮柱状足着地。通长36、宽16.8、高10.4厘米（图六，3）。

俑 17件。分人物俑和动物俑。人物俑12件，其中5件仅存俑头；动物俑5件，其中1件马俑头部缺失。俑的陶质较疏松。

抱物俑 1件。AM1：23，泥质红陶，质疏松。模制。站立状，长衣，右衽，头方巾，上平，高鼻梁，一臂屈肘环抱一圆柱状物体，一手在下侧轻扶。通高30.4厘米（图七，1）。

女舞俑 2件。根据人物发式不同可分为二式。

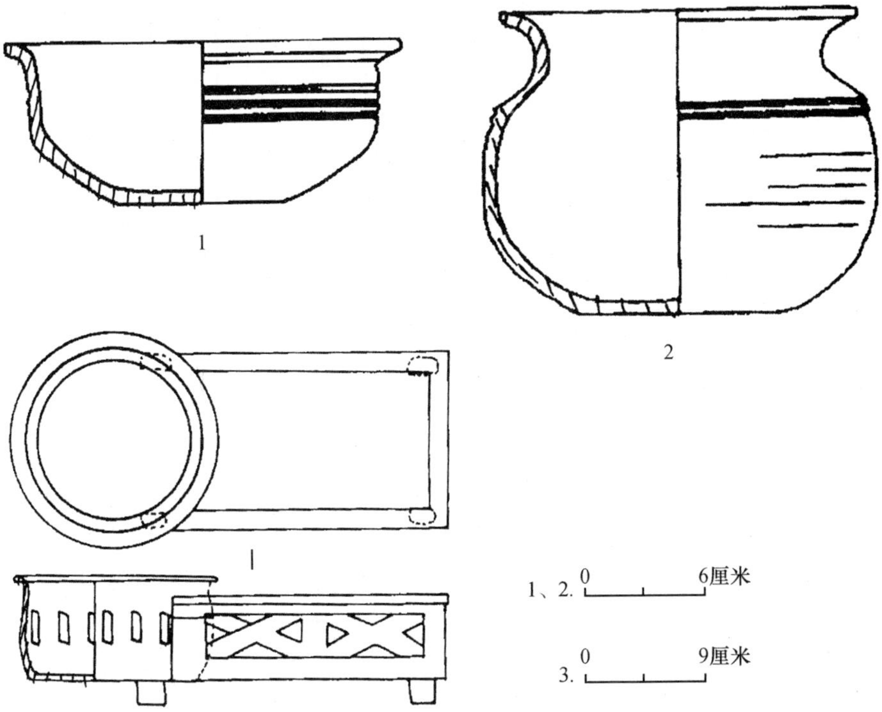

图六　AM1出土陶洗、陶盂和陶猪圈

1. 洗（AM1：43）　2. 盂（AM1：2）　3. 猪圈（AM1：5）

Ⅰ式：1件。AM1：18，泥质红陶，质疏松。模制。高髻，插簪，高鼻，身着右衽宽袖长袍，右手侧后上举，左手提袍，身微后仰。通高35.2厘米（图七，2）。

Ⅱ式：1件。AM1：22，泥质红陶，质疏松。模制。峨冠，高鼻，身着右衽宽袖长袍，左手提袍，右手向侧后上举，身微后仰，舞姿轻盈优美。通高39.6厘米（图七，3）。

男坐俑　1件。AM1：10，泥质红陶，质疏松。模制。峨冠，高鼻，跽坐状，着右衽外衣，肩下围一外披，双手拢于胸前。通高26厘米（图七，4）。

男侍俑　1件。AM1：27，泥质灰陶，质疏松。高冠，长脸，高鼻，身着右长袍，手扰于腹前。模制。通高24厘米（图七，5）。

女立俑　1件。AM1：7，泥质红陶，质疏松。模制。头包方巾，发梳于鬓，面目漫漶不清，身着右衽长袍，双手拢于胸前。通高13.6厘米（图七，6）。

男立俑　1件。AM1：4，泥质红陶，质疏松。模制。头包方巾，上略平，身着长衣，右衽，双手拢于腹前。通高20.8厘米。

俑头　5件。AM1：42-1，泥质红陶，质疏松。模制。头挽方巾，上平，高鼻，大嘴，耳目不清。残高12厘米（图七，7）。AM1：42-2，泥质红陶，质疏松。模制。头包方巾，上平，高鼻，高颧骨，耳目不清，嘴下有箫管。残高13厘米（图七，10）。AM1：42-3，泥质红陶，质疏松。模制。挽髻，插簪，面目不清，圆领衣服。残高14.4厘米（图七，11）。AM1：42-4，泥质红陶，质疏松。模制。高髻，高鼻，面目不清。残高7.4厘米（图七，9）。AM1：42-5，泥质红陶，质疏松。模制。面目漫漶不清，发式不清，个体较小。模制。残高5.5厘米（图七，8）。

图七　AM1出土陶人物俑

1. 抱物俑（AM1：23）　2. Ⅰ式女舞俑（AM1：18）　3. Ⅱ式女舞俑（AM1：22）　4. 男坐俑（AM1：10）
5. 男侍俑（AM1：27）　6. 女立俑（AM1：7）　7～11. 俑头（AM1：42-1、AM1：42-5、AM1：42-4、AM1：42-2、AM1：42-3）

镇墓兽　1件。AM1：29，泥质红陶，质稍硬。前踞状，四肢及臀部着地，四肢粗壮有力，头有两犄角，瞪目张嘴，眼外凸，头微下俯，前爪有五趾。通高17.2厘米（图八，1）。

公鸡　1件。AM1：16，泥质红陶。耸冠尖嘴，垂耳，曲颈，身肥腿细，站立状，尾巴上翘。通高22厘米（图八，2）。

猪　1件。AM1：15，泥质红陶。嘴巴上翘，鼻眼清晰，双目外凸，两耳下垂，尾巴扁平摆向一侧，四肢粗短，身体肥硕，站立状。身长24、通高11.6厘米（图八，3）。

马　2件。分二式。

Ⅰ式：1件。AM1：14，泥质红陶。昂首嘶鸣状，尾上扬，背有鞍，两耳上耸，四腿直立，通体肥硕。长40、通高41.2厘米（图八，4）。

Ⅱ式：1件。AM1：6，泥质红陶。头部残缺，站立状，尾上扬，身体肥硕。残高39.8、残长54厘米（图八，5）。

（2）铜器

墓葬内出土铜器12件，器形有耳杯、串饰、牌饰、指环、饰件等。

耳杯　2件。AM1：24、AM1：25，两件耳杯样式一致，大小一样，其中1件已破碎，另1件耳部稍残，器壁及底部有几个小孔。口部椭圆形，方唇，平底，耳部有细密的方格纹，内底

图八　AM1出土陶动物俑

1. 镇墓兽（AM1：29）　2. 公鸡（AM1：16）　3. 猪（AM1：15）　4. Ⅰ式马（AM1：14）　5. Ⅱ式马（AM1：6）

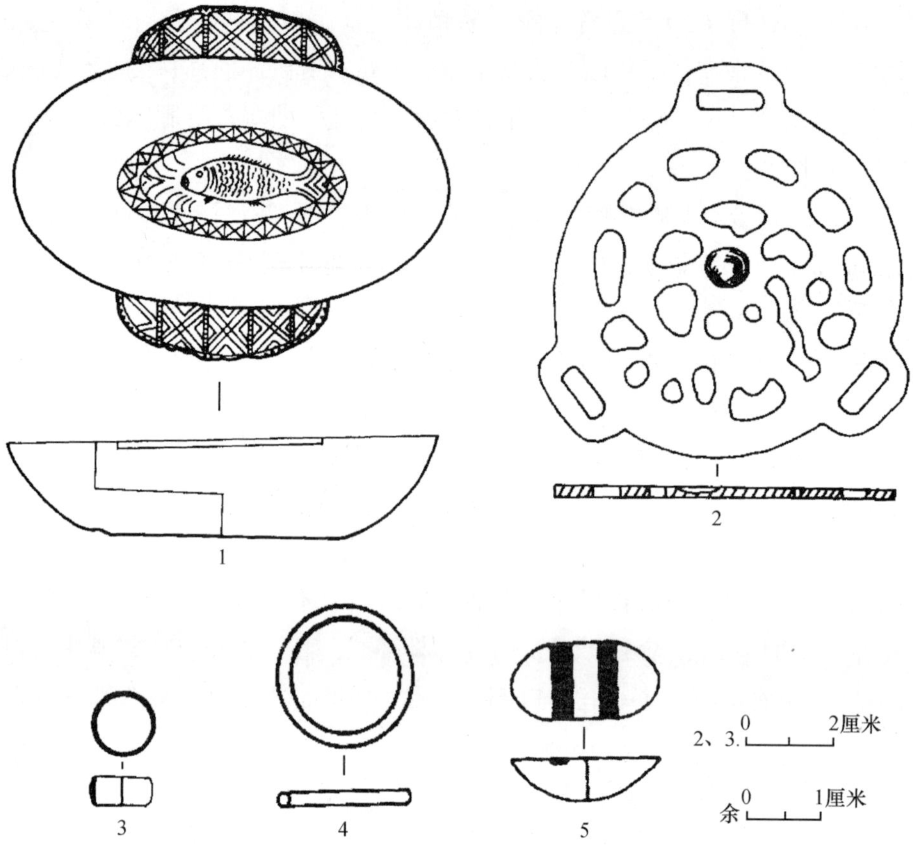

图九　AM1出土铜器

1. 耳杯（AM1：25）　2. 牌饰（AM1：33）　3. 串饰（AM1：20）　4. 指环（AM1：31）　5. 饰件（AM1：34）

饰有鱼纹，线条流畅，造型优美。口部长径10.2、短径5.6、高2.4厘米（图九，1）。

串饰　1件。AM1：20，由27枚小铜环组成，其中2个已残，出土时已不见串线，每枚铜环形制一样，剖面为圆柱状，环形，无接口，壁薄。素面。外径1.2、内径1、高0.55厘米（图九，3）。

牌饰　1件。AM1：33，近圆饼状，外周饰有三个穿耳，穿为长方形，牌内分布着大小不一、形状各异的镂孔。直径6.4、厚0.2厘米（图九，2）。

指环　1件。AM1：31，环形，无接口，剖面呈圆柱状。素面。外径1.8、内径1.6厘米（图九，4）。

饰件　7件，其中3件残甚。饰件形制一致，剖面呈船形，两端尖，鼓腹，内空，但有两个横隔，用途不明。AM1：34，长2、腹宽1、厚0.5厘米（图九，5）。

（3）铁器

墓葬内出土铁器数量不多，仅有4件且均已残蚀，器形有铁钩、铁环。

铁钩　1件。AM1：36，锈蚀厉害，鱼钩形，剖面呈圆柱状。长4厘米（图一〇，1）。

铁环　3件。AM1：30，锈蚀严重，均已残损，造型大小一致，环形，剖面呈圆柱状。外径3、内径2.3（图一〇，2）。

（4）石器

墓葬内出土石器只有1件。

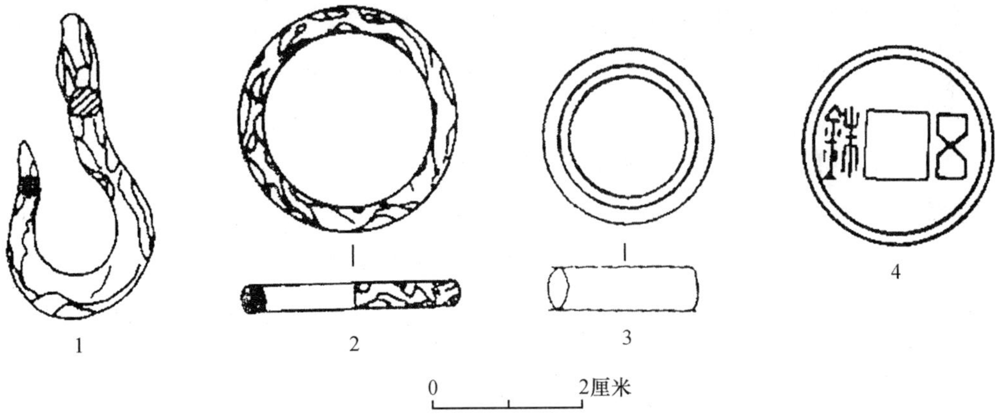

图一〇 AM1出土铁器、石器和铜钱

1. 铁钩（AM1：36） 2. 铁环（AM1：30） 3. 石箍（AM1：32） 4. 铜钱（AM1：26-1）

石箍 1件。AM1：32，灰白色，圆环状，剖面呈圆柱形，通体磨光，内略显对钻的痕迹。外径2.3、内径1.6厘米（图一〇，3）。

（5）钱币

共出土钱币15枚，其中10枚残毁严重，另有3枚残一部分，只有2枚较为完整。

五铢 2枚。M1：26-1，“五”字中间两笔略直，“金”字头作三角形，“朱”字两端较方直，钱面周郭略高窄。廓径2.6、穿径0.9厘米（图一〇，4）。

（二）02FZXBT001：M2

02FZXBT001：M2简称BM2。该墓位于薛家坪四社一名后湾的山梁坡地上，坡地为玉米地。墓道由于一居民建房占地部分被毁。墓室残壁距地深0.1～0.4米。

1. 墓葬形制

BM2为略呈正方形的砖室墓，方向150°。墓圹残长2.2、宽2米。该墓有并列双室，应为一夫妇合葬墓。双室均呈长方形，左室长2、宽0.83米，保存略完整。右室墓门部分被村民建房取土挖毁，墓室残长1.5、宽0.83米。两室间距靠墓门处0.37、墓背处0.3米（图一一）。墓顶已全部塌陷，从陷落墓室内的楔形子母砖分析，墓顶应为楔形子母砖纵向券拱。

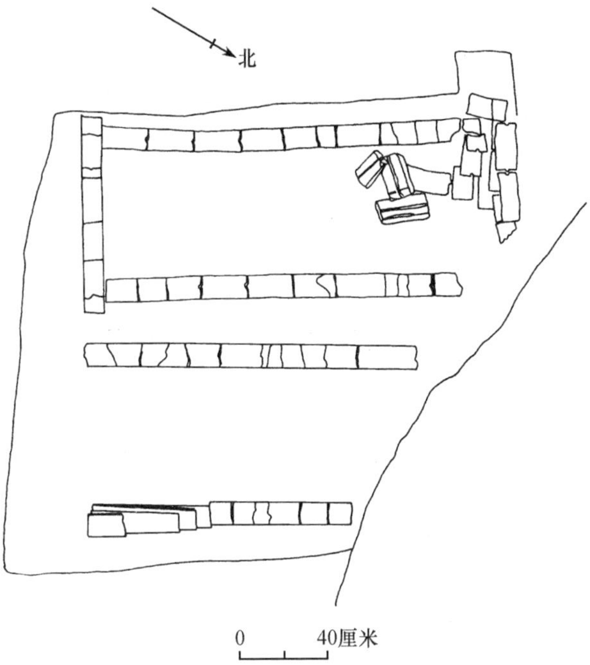

图一一 BM2平面图

BM2墓壁残高0.46米，是用长方形子母扣砖单排错缝平砌而成，砖缝用灰为白石灰，墓室内壁有明显的用白灰涂抹痕迹。墓门左室用双排砖错缝平砌封堵，右室被毁不清。墓底有铺砖，其中左室铺砖为二层、上层为方形砖。砖长29、宽28、厚4厘米。铺砖方式为对缝平铺，横三块纵八块，砖上有一层2毫米厚的白灰面，铺砖与墓壁相近处留有间隙；方形铺砖层下又有一层长方形铺砖，长方形铺地砖与墓壁砖相同。另外，在墓主人头骨处靠墓壁有一立砖。与其他砖尺寸不同，且没有子母扣。长25、宽12、厚4厘米。右室铺地砖与墓壁砖相同，为长方形子母扣砖，铺砖方法为对缝平铺，砖面上也涂有白灰面。

BM2用砖均为素面灰砖，形制基本有四种：第一种为券顶砖，楔形子母扣砖，砖长32、宽19.5、厚壁厚9.5、薄壁厚7.5厘米；第二种为壁砖或铺地砖，长方形子母扣砖，长34、宽17、厚2.5厘米；第三种为近方形铺地砖；第四种为左室头顶砖。

2. 葬具葬式

BM2墓室填土被扰动严重，清理过程中，只在左室发现有一具人体骨架，保存不太好，有扰动痕迹，头向东南方向，仰身直肢，应为墓主人骨架。据推测墓主人应为一男性，年龄在50～60岁。在骨架周围，出土有散乱的铁棺钉，应有棺，但棺木已朽。

3. 随葬器物

由于BM2被破坏扰动严重，出土随葬器物极少，仅在左室墓主人腰部发现一枚铜带扣。

铜带扣　扣部分为圆形，穿部分为长方形，圆扣表面刻满线纹。

二、土坑墓（02FZXBT004：M1）

02FZXBT004：M1简称BM1。BM1位于薛家坪四社后弯一山坡上，与BM2相邻，坡地为村民耕地。

1. 墓葬形制

BM1为一竖穴土坑墓，墓圹呈长方形，墓向145°。墓坑坑口长2.34、宽0.7米，距地表深1.1米；墓底长2.24、宽0.7、深0.55米。墓圹北半部分局部塌陷（图一二）。

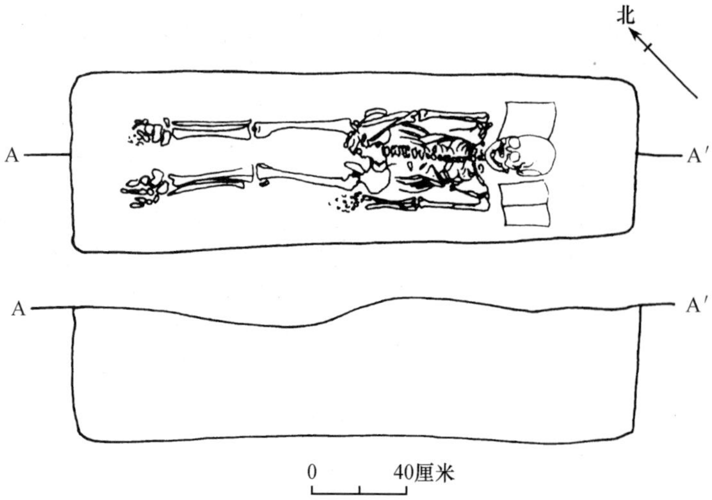

图一二　BM1平、剖面图

2. 葬具葬式及随葬器物

BM1出土一具比较完整的人体骨架，保存较好，葬式仰身直肢，骨骼较粗壮，长1.8米。推测应为一男性，年龄40岁左右。墓圹内没有发现棺木，墓内填土较硬，颗粒状，含有少量煤渣颗粒，头骨上有灰白色的骨头一样的碎片，头骨下有一层木灰，头骨两侧有两片板瓦，似为固定死者头骨以防滚动用。

三、石 棚 墓

石棚墓就是用石条、石板垒砌起来的石室墓，当地人称为“生基”。“生基”即死者生前为自己建造的墓葬，以备去世后用。“生基”在薛家坪数量较多，且多成组、成排分布，3～5座一组，依山坡而建，墓口裸露于地表，墓门用封门石封堵。薛家坪的石棚墓主要分布在大湾山坡、中丰堡等山梁坡地上，由于受各种条件限制，我们本次主要在大湾石棚墓地选了几座有代表性的进行发掘，下面把发掘情况一一介绍如下。

（一）02FZXCT00l：M1

1. 墓葬形制

02FZXCT001：M1简称CMl。该墓用加工过的石板、石条，铺地盖顶，垒砌而成，平面呈长方形，方向0°。墓长2.9、宽1.3、墓门宽0.8、高1.26米。墓门用一块厚20厘米的规整石板封堵，封门石外有长条石横眉斜顶支撑（图一三）。

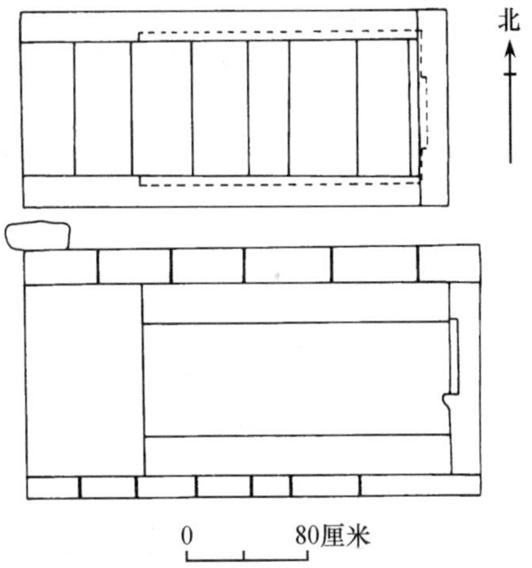

图一三 CM1平、剖面图

墓门有石条做的石门框、门楣。墓室内壁垒砌也较规整，墓室左右两壁分别用石板、石条砌成，其中两壁横置石板均内凹6厘米；石板中间各浮雕有一圆形石刻花卉，左右两壁对称（图一三）。墓底和墓顶都用石板铺盖，墓室内正壁正对墓门分上下两部分，上部有一歇山型小龛，高48、宽47厘米，内凹约5厘米；龛内无雕刻，龛左右有浅浮雕，部分已剥落，内容是两只花瓶，瓶内插有花束，内壁下部比上部向外凸出5厘米，也有浮雕，内容为一桌子，桌子上下置有花卉（图一四）。

2. 葬具葬式

墓室内没有发现骨架，只在室内堆积土中发现有铁棺钉、朽棺木，推测应有棺，葬式不清。

3. 随葬器物

墓内填土扰乱严重，除一件残器盖外，没有其他随葬品出土。

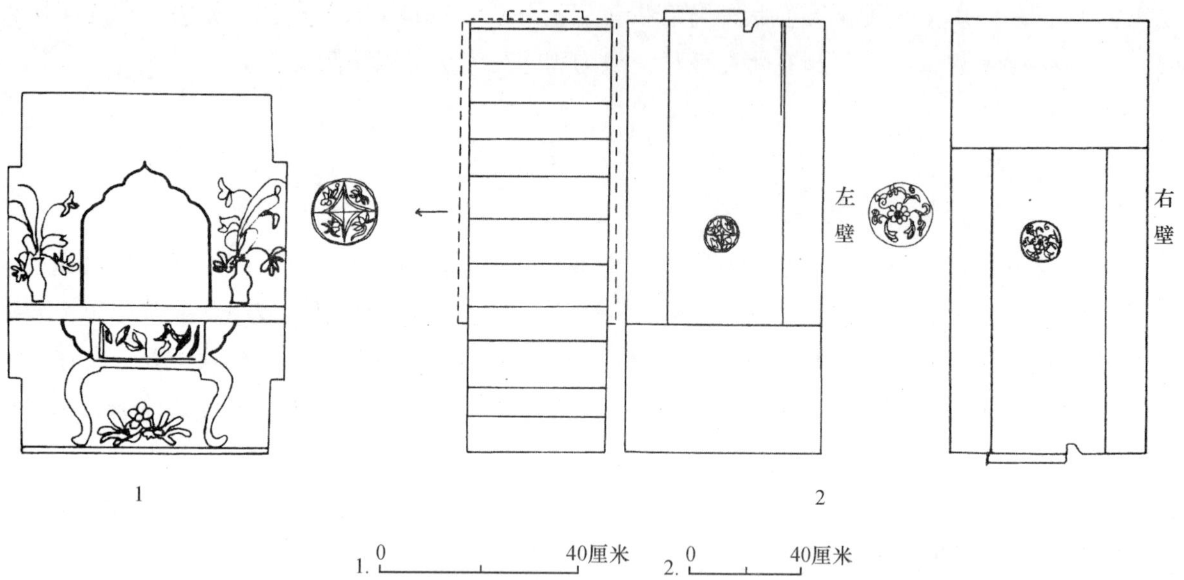

图一四　CM1形制
1. 小龛浮雕　2. 墓室内壁

（二）02FZXCT001：M2

1. 墓葬形制

02FZXCT001：M2简称CM2。方向180°，建筑方法与CM1相似，但结构不同。CM2是一座南北方向长方形并列双室墓，墓长4.68、宽2.1米。由台阶、甬道、墓门、墓室四部分组成。台阶长0.9、宽0.22米；甬道铺地石长1.2、宽1.14、厚0.3米，铺地石上两侧有立石为壁，中间纵立一条石把甬道一分为二，甬道两壁部分被破坏。与甬道相连的是墓门，左室墓门高1.06、宽0.76米，右室墓门高1.06、宽0.77米。墓门口有放封门石的凹槽，封门石已不见。左右墓室大小基本相同，长2.3、宽0.7、高0.9米。墓壁均素面。两室底部分别由三块石板铺成，墓壁、墓顶均用石板构筑（图一五）。

2. 葬具葬式

墓室已被严重盗扰，从两室内都出土有不少棺钉可以判断，两室内都应有棺。左室发现有墓主人部分腿骨，其余部分骨架已不见，由左室清理出来的腿骨看，应为仰身直肢。

CM2没有发现随葬品。

（三）02FZXCT002：M3～02FZXCT002：M5

02FZXCT002：M3、02FZXCT002：M4、02FZXCT002：M5简称CM3、CM4、CM5。三墓并排分布，互用相邻墓壁，结构、形制、建筑方法相同，所以我们就以CM3为代表重点介绍该类墓情况。

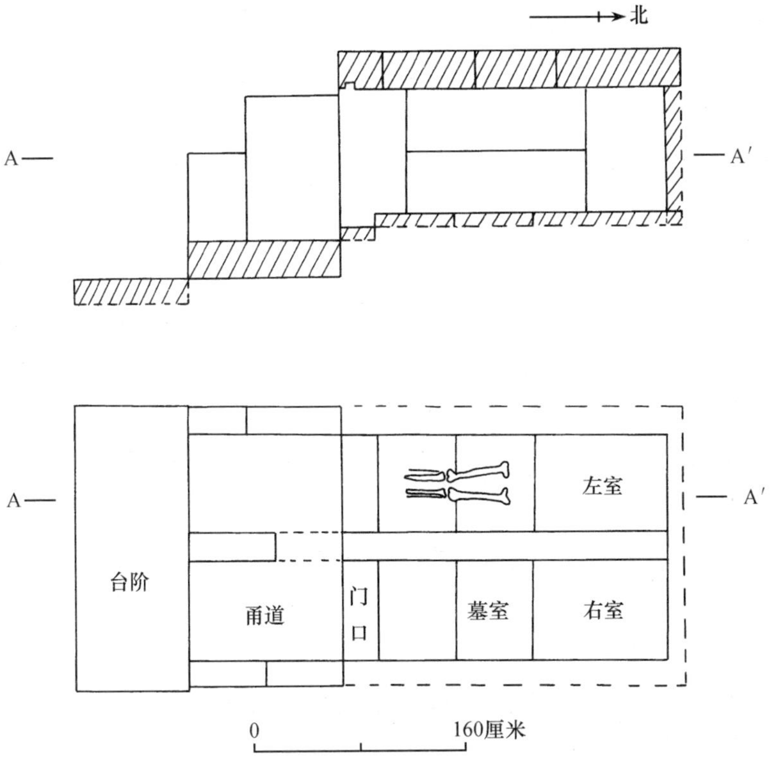

图一五　CM2平、剖面图

1. 墓葬形制

CM3平面呈长方形，方向180°。CM3门框高1、宽0.7米。墓门有两道封门石，封门石表面平滑，背面粗糙。墓门框上有凹槽两道，用以镶嵌两道石门。推测封门时将石门板向上先顶入凹槽，再慢慢落下，这样封闭较严，且不易打开。两道封门石还各自分为两扇石门，第一道封门石，左扇门高1、宽0.34、厚0.04米；右扇门高1、宽0.37、厚0.06米。墓室长2.26、宽0.92、高0.94米。墓壁素面，顶部盖顶石3块，两侧壁各用3块，后壁2块，铺地4块，除墓门外砌墓共用石板、石条15块（图一六）。

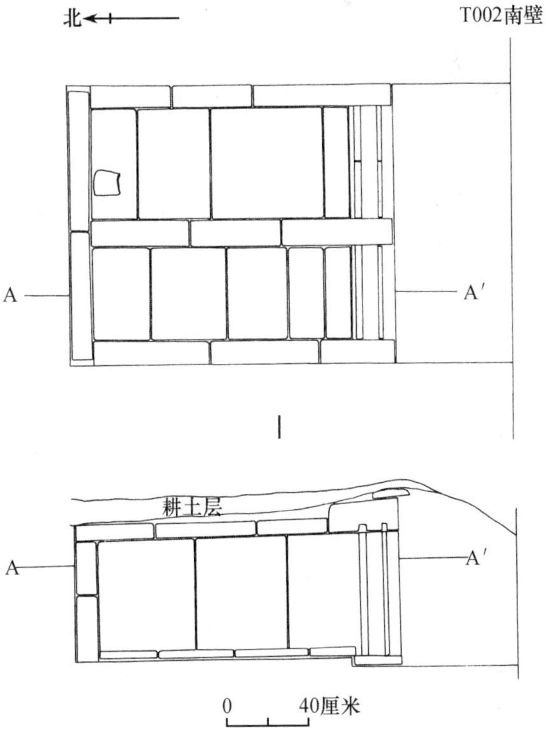

图一六　CM3平、剖面图

2. 葬具葬式

CM3墓室内都没有发现墓主人骨架，只发现有棺钉。由棺钉推测，墓室内应有棺。葬式不清。

除CM4内出土一片青灰板瓦外，三座墓都没有随葬品出土。

四、结　语

本次共发掘砖室墓2座，土坑墓1座，石棚墓5座，共8座。

1. 砖室墓

本次清理的砖室墓有2座，其中AM1为“凸”字形，BM2为略正方形。砌筑方法都为单砖砌墙，用楔形子母砖叠砌起券，从东汉到六朝时期，这种建筑形式在我国渝东地区是墓葬的常见形制。特别是AM1墓顶起券的砌筑形式在丰都汇南、槽房沟、赤溪①等地都能见到。墓砖侧面多有模印花纹，花纹类型以车轮纹、几何纹、三角纹常见，万州安全墓地东汉墓②、万州龙宝陈家坝东汉墓③都有类似墓砖。

BM2建筑形式与AM1有相似之处，也为单砖砌墙，但壁砖也带子母扣，这是与AM1不同的地方。BM2墓顶已遭破坏，但从散落于墓室的楔形子母砖分析，墓顶建筑形式也为券顶，但是BM2墓砖均为素面。

AM1墓室没有发现朽骨痕迹，葬具葬式不清；BM2右室出土有墓主人部分骨架和一些散乱的棺钉，分析应有棺，葬式为仰身直肢。

从随葬器物看，AM1出土有陶器、铜器和铁器，其中陶器居多，陶质多为红陶，器形主要是陶俑，其中人物俑有舞俑、侍俑、抱物俑，动物俑有陶鸡、猪、马等，形象生动。另外还有一部分陶明器，如陶灯、陶猪圈，制作精美；还有一座陶阁楼未能修复。部分陶器皿有耳杯、盘等，不见有青瓷器。铜器有耳杯、串饰、环，特别是铜耳杯造型成熟大方，没有东汉晚期特征。出土有10多枚五铢钱，钱郭径2.6、穿径1厘米，不见有东汉晚期的剪轮五铢。蜀汉晚期开始，该地区随葬品以青瓷器为主。该墓随葬品没有发现东汉晚期或六朝时期特征，由此基本可以确定为东汉中期。

BM2由于盗扰严重，除出土一枚铜带扣外，没有发现其他的随葬品。从其墓葬结构看，基本呈长方形，楔形子母扣砖券顶，单排砖子母相扣砌墙，墓砖均素面，具有当地六朝时期砖券墓特征，推测年代应为六朝晚期。

2. 土坑墓

BM1为竖穴土坑墓，有棺，仰身直肢，没有随葬器物，墓主人头部有两片防止头骨滚动的板瓦，推测年代应较晚。从地层关系看，应为明清时期。

---

① 四川省文物考古研究所：《丰都县三峡工程淹没区调查报告》，《四川考古报告集》，文物出版社，1998年。

② 陕西省考古研究所、万州区文物管理所：《万州安全墓地发掘报告》，《重庆库区考古报告集·1997卷》，科学出版社，2006年。

③ 青海省文物考古研究所、万州区文物管理所：《万州龙宝陈家坝东汉墓发掘报告》，《重庆库区考古报告集·1997卷》，科学出版社，2006年。

3. 石棚墓

共发掘清理5座，有三种结构。CM1为一种，单室，室内有石刻；CM2为一种，并列双室，有台阶、门廊；CM3～CM5为一种，单室，室内石壁粗糙，素面。5座石棚墓均没有出土随葬品。CM1、CM2应有随葬品，被盗扰；CM3～CM5本身就没有随葬品。石棚墓有一墓一组，两墓一组，多墓一组，多墓组可能为家族墓葬，如万州安全墓地①、万州上忠坝遗址②都清理有类似墓葬，出土有青花瓷器，年代基本确定为明代。

薛家坪墓群的发掘为研究渝东地区不同时期的墓葬，如形制特点、分类、分期等提供了重要资料。

附记：本次发掘工作得到重庆市文化遗产研究院、涪陵博物馆的大力支持，在此谨表谢忱！参加此次发掘的有刘春迎、王三营、葛奇峰、李健、张清池、刘善杰等。参加整理的有王三营、葛奇峰、李健。绘图张清池。摄影王三营。

执笔：王三营

① 陕西省考古研究所、万州区文物管理所：《万州安全墓地发掘报告》，《重庆库区考古报告集·1997卷》，科学出版社，2006年。

② 西北大学考古队、万州区文物管理所：《万州上忠坝遗址发掘报告》，《重庆库区考古报告集·1997卷》，科学出版社，2006年。

万州大地嘴墓地2000年度发掘简报

青海省文物考古研究所
重庆中国三峡博物馆

一、概　　述

大地嘴遗址位于万州区长坪乡树合村。该遗址分布在长江右岸的二级台地上，东面背负椿树梁，南距长坪乡政府约3千米，西与禹安陈家坝、涪溪口、上河坝遗址隔江相望。遗址所处台地西低东高，呈缓坡状，起伏不平。地理位置约在东经108°58′，北纬30°27′，海拔148米。遗址上农作物主要为小麦、水稻及少量柑橘树。为配合举世瞩目的三峡工程，青海省文物考古研究所受重庆市文化局委托组成三峡工作队，于1999～2001年分4次对大地嘴遗址进行了发掘。发掘时间分别为1999年2月26日～6月5日、1999年12月10日～2000年5月28日、2000年10月27日～2001年1月8日、2001年3月2日～6月20日，共发掘面积6500平方米。大地嘴有遗址区和墓葬区两部分。墓葬区分三区，沿长江右岸逶迤约250米（图一）。青海文物考古研究所三峡工作队继1998年、1999年大地嘴遗址发掘完毕后，于2000年开始发掘大地嘴墓地，发掘面积共4000平方米（图二；彩版二九；彩版三〇，2）。

墓葬分三个区，从北至南分别被当地人称为大地嘴（Ⅰ区）遗址、瓦厂（Ⅱ区）遗址和包汉（Ⅲ区）遗址。

Ⅰ区墓葬位于重庆市万州区长坪乡树合村长江右岸的二级台地上，海拔约154米。东北距大地嘴遗址约50米。由于山上流水形成沟渠，将台地分割为一个个彼此孤立的山丘状台地，台地南、西、北三面为斜缓坡。发掘前为当地农民的稻田和菜地，间或种植柑橘树，隶属树合村十一组。整个台地面积约2500平方米。2000年，该地布5米×5米探方60个，发掘1500平方米，清理墓葬11座。

Ⅱ区指南距大地嘴墓地150米被称作瓦厂的山丘台地，该地隶属树合村二组。Ⅱ区的发掘区域分两片，一片临江，另一片傍山，中间被一条小路隔开。台地的地质地貌与大地嘴遗址相同，均为山丘状台地，海拔153米，其南、西、北三面为斜缓坡地或断崖，东面负山。台地上种植的农作物有水稻、红薯、白菜、柑橘树等。据当地人云，20世纪50年代以前临江台地南面的缓坡上建有瓦厂，故名。现在在缓坡上遍布近代瓦片，此外，还处处可见明清时期的陶、瓷片。对该地进行调查时在缓坡与山湾的交界处发现明清时期陶窑一处，但基本上已在历次的土地平整中破坏殆尽。台地面积总将近2000平方米，布5米×5米探方48个，发掘面积近1200平方米，发现墓葬3座。

Ⅲ区位于大地嘴遗址南面230米左右的包汉，隶属和平村十组。包汉台地的情况与瓦厂遗

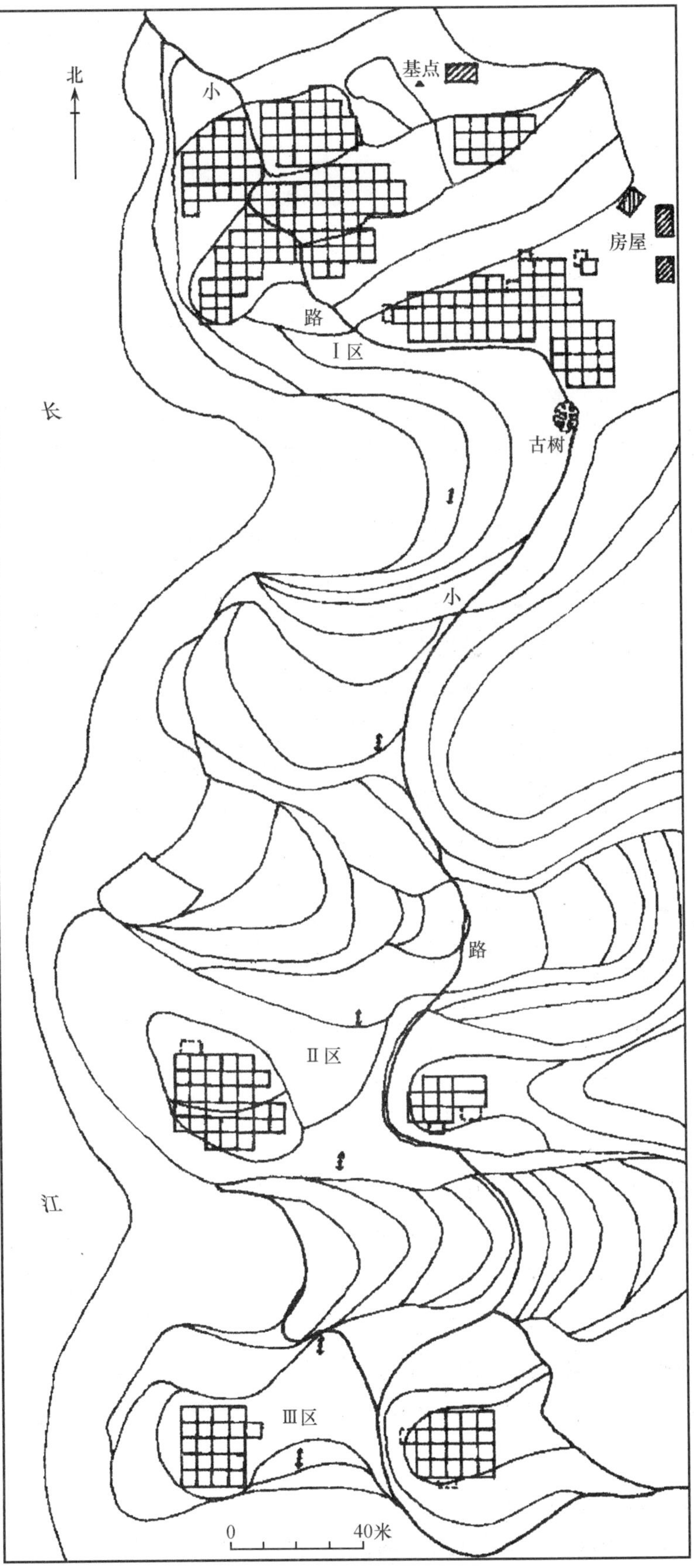

图一　大地嘴遗址平面图

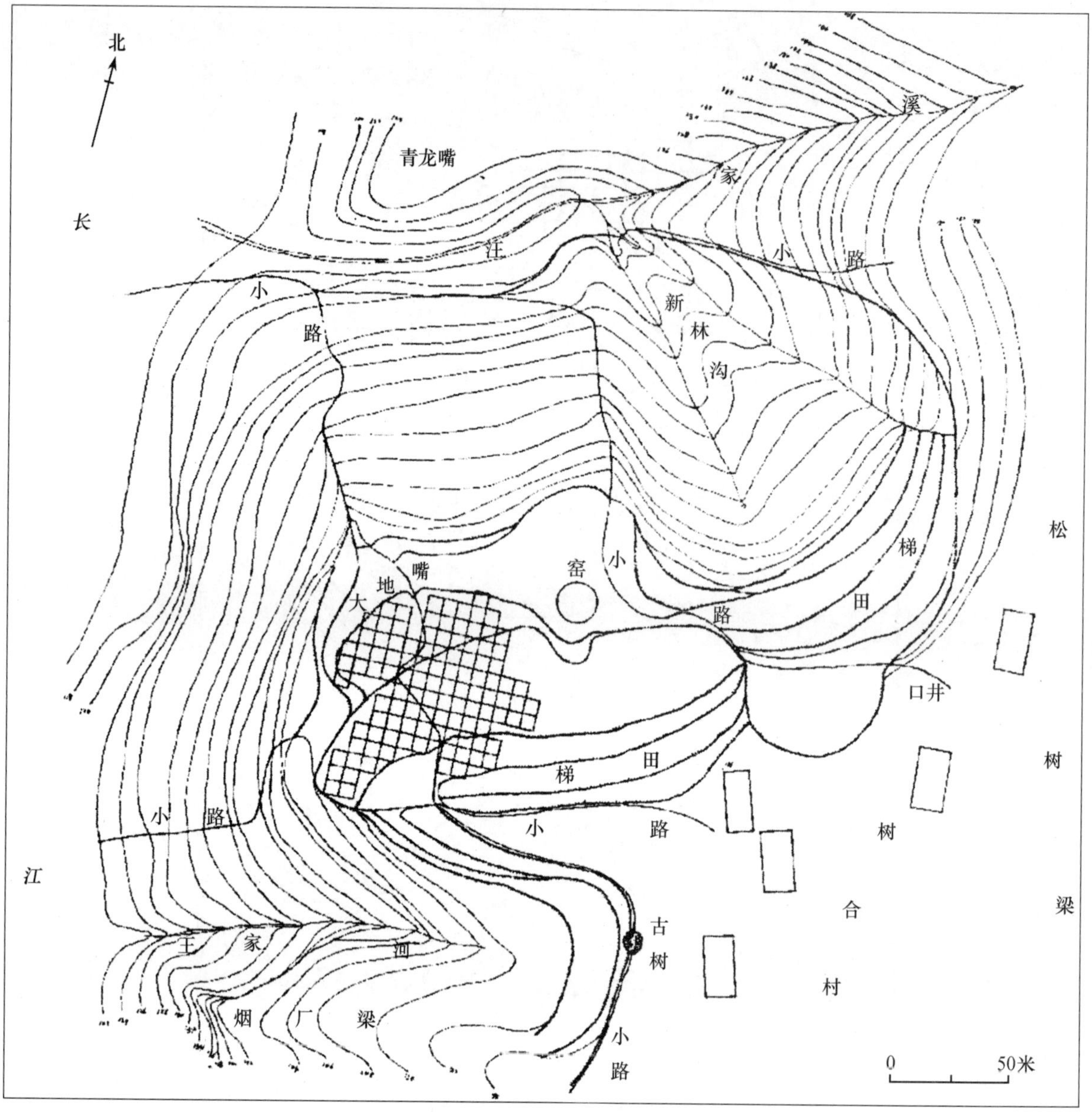

图二　大地嘴遗址地形图

址相似，亦分作临江和倚山两片，中间被一条小路间隔开来。倚山的台地为山梁状，东面倚山，南、北、西三面为斜坡地，海拔约165米。其上种植小麦、红薯、豌豆、马铃薯等。布方面积1000平方米左右，发掘面积500平方米。临江的台地南、北两面为向下缓坡，东面为向上缓坡，西面为临江断崖。1999年青海省文物考古研究所三峡工作队对该台地进行调查和初步的勘探，地面上可以捡到小型磨光石斧、汉魏砖块等。据云，此间耕作时经常出土汉魏墓砖。2000年青海省文物考古研究所三峡工作队在此布5米×5米探方21个，发掘525平方米，清理墓葬6座。

三个发掘区的地层情况都一样（图三）。

第1层：耕土层。色黑褐。土质较疏松。内含大量的腐殖质及植物根茎，几乎不见文化遗物。

第2层：褐色土。堆积很薄，且不整合，时断时续。土质稍硬，黏度较大。内含明清时期

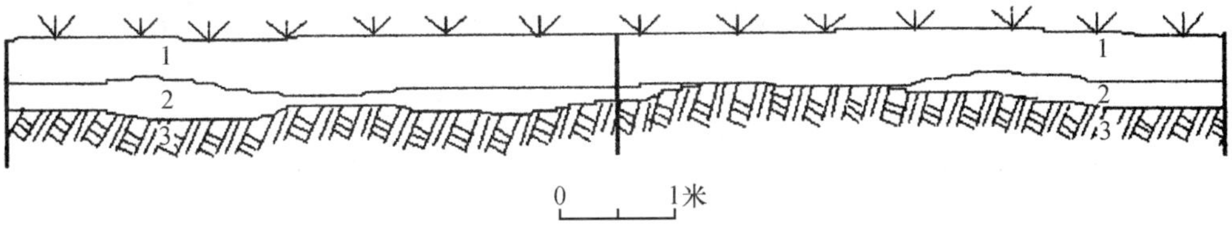

图三　Ⅰ区TS15W1、TS15E1探方西壁地层剖面图

的青花瓷、黑釉瓷片。

第3层：黄色生土。内含大量钙质结核的料姜石和沙砾黄色土。

在三个台地中间的许多探方，特别是Ⅱ区的大部分探方内，不见第2层，耕土层下即生土层。耕土层和生土层之间的变化和差异很大，无论土质、土色均截然不同，二者之间没有任何的自然过渡，而是相互分离。显然，这说明耕土层非长时期的堆积层，而是出于农耕平整土地目的的一次性垫土，且该行为的发生时间不是很久。台地中央的墓葬大抵均在平整土地时遭到破坏，这一事实也说明了这一点。

三个区共发掘墓葬35座。其中商周时代墓葬2座（M1、M2）、汉代墓葬18座（M4～M7、M9、M11～M14、M17～M19、M27、M28、M30、M33～M35）、六朝墓葬9座（M3、M8、M10、M15、M20、M24～M26、M32）、宋代以后的晚期墓葬6座（M16、M21～M23、M29、M31）。下面我们按时代对发掘墓葬逐一加以介绍和描述。

二、东汉墓葬

（一）M4

1. 地层堆积情况

墓葬所处台地地层较简单，其地层分三层。

第1层：耕土层。含有大量的有机质，土色为黑褐色。

第2层：灰褐色土。土质坚硬，遇水则黏性增大，颗粒细密透气性能不好，没有垂直节理。

第3层：黄色土。土质较硬。颗粒较之第2层为粗。也具有较大的黏性。

2. 位置及其层位关系

M4开口于第3层下，其墓道被M9的北壁打破，其层位关系如图四所示。

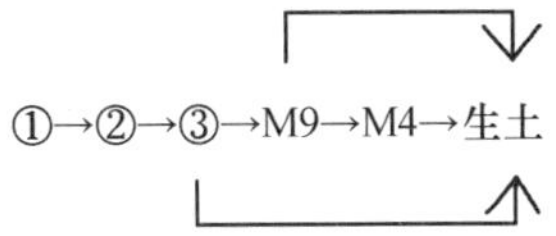

图四　M4层位关系图

3. 墓葬结构

此墓为不规则方形、带喇叭口状墓道的竖穴土坑墓。墓道为喇叭口状，位于墓室南部偏

东，上口长50～120、宽110～130、深约40厘米；底长50～120、下端宽110～130、深150厘米。墓室呈不规则的方形，墓口距地表30、长555、宽436厘米；墓底距地表309、长555、宽463厘米。墓葬的方向为135°。墓内填土为五花土（图五）。

4. 骨架及葬具情况

此墓早期已被扰乱，骨架散乱且腐朽严重，已无法确定其头向、面向及葬式，但可以看出其中只有一个个体。在墓室的东北角发现木板且有烧灼的痕迹，推测是棺木之类的葬具。

5. 遗物

由于早期受到扰乱，墓室中器物均已发生位移，且不在一个平面上。但此墓出土遗物相当丰富，其中绝大部分为陶器，还有少量的银饰、货币、铁器等（图六）。陶器器形较多，主要有壶、罐、钵、盆、盂等。

陶盆　1件。M4：1，敞口，束颈，平底略内凹，肩部附有铺首衔环双耳。肩部饰有三道凸道纹。口径24.8、最大腹径24.6、底径15、通高16厘米，器壁厚0.1厘米（图七，1）。

陶钵　16件。M4：2，泥质灰陶。敞口，圆唇，折腹，小平底。口径14.2、底径5.4、高6厘米（图七，2）。M4：3，泥质灰陶。敞口，圆唇，折腹，小平底。口径17.4、底径4.8、高6.6厘米。M4：4，夹细砂灰陶。敞口，圆唇，折腹，小平底，器内底下凹。口径15.4、底径4.8、高6厘米。M4：6，夹细砂灰陶。敞口，圆唇，折腹，小平底。口径16.8、底径5.6、高6厘米。M4：7，夹细砂灰陶。敞口，圆唇，折腹，小平底，器内底上凹。口径16.6、底径5.7、高6厘米。M4：12，夹细砂灰陶。敞口，圆唇，折腹，小平底。口径16.8、底径5.4、高5.6厘米。M4：13，夹细砂灰陶。敞口，圆唇，折腹，小平底。口径16.5、底径5.4、高6.3厘米。M4：14，夹细砂灰陶。敞口，圆唇，折腹，小平底。口径16.8、底径5.4、高6厘米。M4：21，泥质红陶。直口，折腹，小平底。近口处饰有两道凹弦纹。口径17.5、底径6、高5.4厘米。M4：23，夹细砂灰陶。敞口，圆唇，折腹，小平底。上腹部饰有凹弦纹。口径16.8、底径5.1、高6厘米。M4：24，夹细砂灰陶。敞口，圆唇，折腹，小平底。上腹部饰有凹弦纹。口径17.4、底径6、高6厘米。M4：39，夹细砂灰陶。敞口，圆唇，折腹，小平底。口径17.8、底径5.4、高5.4厘米。M4：40，夹细砂灰陶。敞口，圆唇，折腹，小平底。口径12、底径3.9、高4.5厘米。M4：45，夹细砂灰陶。敞口，圆唇，折腹，小平底。口径15.8、底径4.8、高5.9厘米。M4：47，夹细砂灰陶。敞口，圆唇，折腹，平底。口径15.6、底径6、高6.6厘米。M4：48，夹细砂灰陶。敞口，圆唇，折腹，小平底。口径17.2、底径7.2、高6.5厘米（图七，24）。

陶纺轮　2件。M4：5，泥质灰陶。算珠形，弧缘，中心穿一圆孔。直径3.4、厚1.5、孔径0.7厘米（图七，4）。M4：36，泥质灰陶。上下面皆平，各有三周弦纹，中部外鼓，中心打有圆孔，整体近算珠形。通高1.8、直径3.8、孔径0.4厘米（图七，17）。

陶圜底罐　2件。M4：8，夹砂灰陶。小口，平沿略卷，尖唇，短束颈，折肩，肩略平，圜底，腹下收。腹部饰细绳纹至底。口径11、肩径21、高12厘米（图七，3）。M4：15，夹砂灰陶，小口，平沿略卷，尖唇，短束颈，斜肩，圜底，扁圆腹。腹部饰细绳纹至底。口径11、

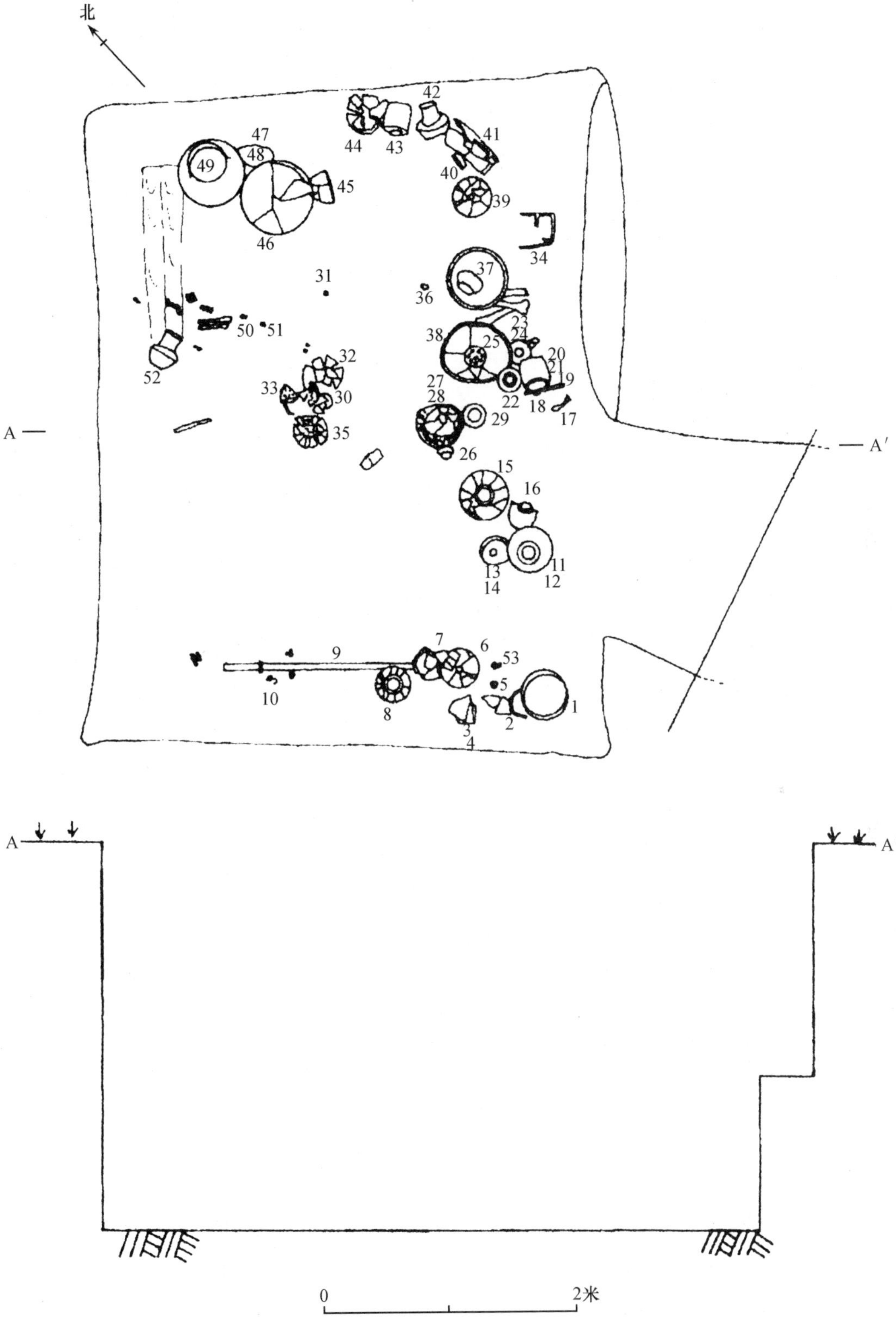

图五　M4平、剖面图

1. 陶盆　2～4、6、7、12～14、21、23、24、39、40、45、47、48. 陶钵　5、36. 陶纺轮　8、15. 陶圜底罐　9. 铁剑　10. 玉带钩　11. 釉陶壶　16、20、43. 陶仓　17、18. 陶井架　19. 陶井　22、37. 陶罐　25. 陶甑　26、35. 釉陶盂　27. 釉陶匜　28. 釉陶盘　29. 釉陶器盖　30、31. 釉陶灯　32. 釉陶钵　33. 釉陶熏炉盖　34. 釉陶勺　38. 釉陶盒　41. 陶盆　42、52. 陶壶　44. 铁环　46. 陶大口圜底罐　49. 铁罐　50、51. 银指环

图六　大地嘴Ⅰ区M4出土的铜钱

最大腹径20、高14.5厘米（图七，8）。

铁剑　1件。M4：9，剑身瘦长，剑身两面起脊，断面呈菱形，锋尖呈三角形，腐朽严重。柄长11、身长70厘米。

玉带钩　1件。M4：10，器物整体呈“S”形，扣纽呈圆形，扣头呈心形，通体呈灰绿色。长3.5、扣高1.3厘米（图七，5）。

釉陶壶　1件。M4：11，泥质红陶胎。器表施黄绿色釉，釉厚薄不匀，有滴痕。颈腹相交处饰有两对称铺首衔环，敞口，方唇，束颈，颈部细长，鼓腹，圈足外撇。圈足饰凹弦纹。口径13.5、最大腹径24、底径16.8、高25.2厘米（图七，6）。

陶仓　3件。M4：16，轮制。夹细砂灰陶。口微敞，斜折肩，无颈，筒形腹，下腹微斜收，平底。腹部饰有凹弦纹。口径10.8、最大腹径15、底径8.8、高13.2厘米（图七，7）。M4：20，夹细砂灰陶。口微敞，平肩，无颈，筒形腹，平底。腹部有凹弦纹。口径13、腹径18、底径14、高18.5厘米。M4：43，夹细砂灰陶。直口，方唇，无颈，平折肩，筒形腹，下腹微斜收，平底。下腹部饰有纹印。口径12、腹径17.4、底径12、高16.5厘米。

陶井架　2件。M4：17，夹细砂灰陶。整体呈刀形。宽3.2、厚0.8、高15.1厘米。M4：18，夹细砂灰陶，竖插在井口旁的方形小孔内，做井架用。长7.3、肩宽2.4、下宽3厘米。

陶井　1件。M4：19，夹细砂灰陶。平面呈“井”字形，井台下有圆形井筒，井口两侧有插井架的小孔。井台饰有网格纹、刻划纹。长20、宽21.5、高2.3厘米。

陶罐　2件。M4：22，夹细砂灰陶。小口微敞，短束颈，斜肩，肩腹相交处向下内收，小平底。肩部饰细凹弦纹和戳印纹。口径9、最大腹径15.9、底径7.2、高12厘米（图七，9）。M4：37，夹细砂灰陶。圆唇，侈口，短颈，鼓腹，近底处内收，小平底。颈、肩部饰有一道凹弦纹。口径9、最大腹径15、底径6.6、高10.8厘米（图七，18）。

陶甑　1件。M4：25，夹细砂灰陶。敞口，方唇，圆腹，下腹至底处略内收。上腹部饰有戳印纹，底部带箅孔。口径31.2、最大腹径28.2、底径14.4、高18.6厘米（图七，19）。

釉陶盂　2件。M4：26，泥质红陶胎。内外施酱色釉，釉层较薄有脱落。敞口，方唇，束颈，斜肩鼓腹，圜底，肩部对称两乳钉。肩下饰有凹弦纹。口径15、最大腹径15.6、底径6.6、高13.8厘米（图七，11）。M4：35，泥质红陶胎，内外壁施釉，釉薄脱落严重，直口折沿，方唇，短束颈，斜肩，肩部对称乳钉，垂腹圜底。肩下有凹弦纹。口径13.2、高9厘米（图七，16）。

釉陶匜　1件。M4：27，泥质红陶胎。器物内外施釉，釉层较薄，剥落严重，直口，直腹，底部内缩呈小平底，有兽头鋬。口下饰有一道凹弦纹。口径17.8、底径6.6、柄长5、高

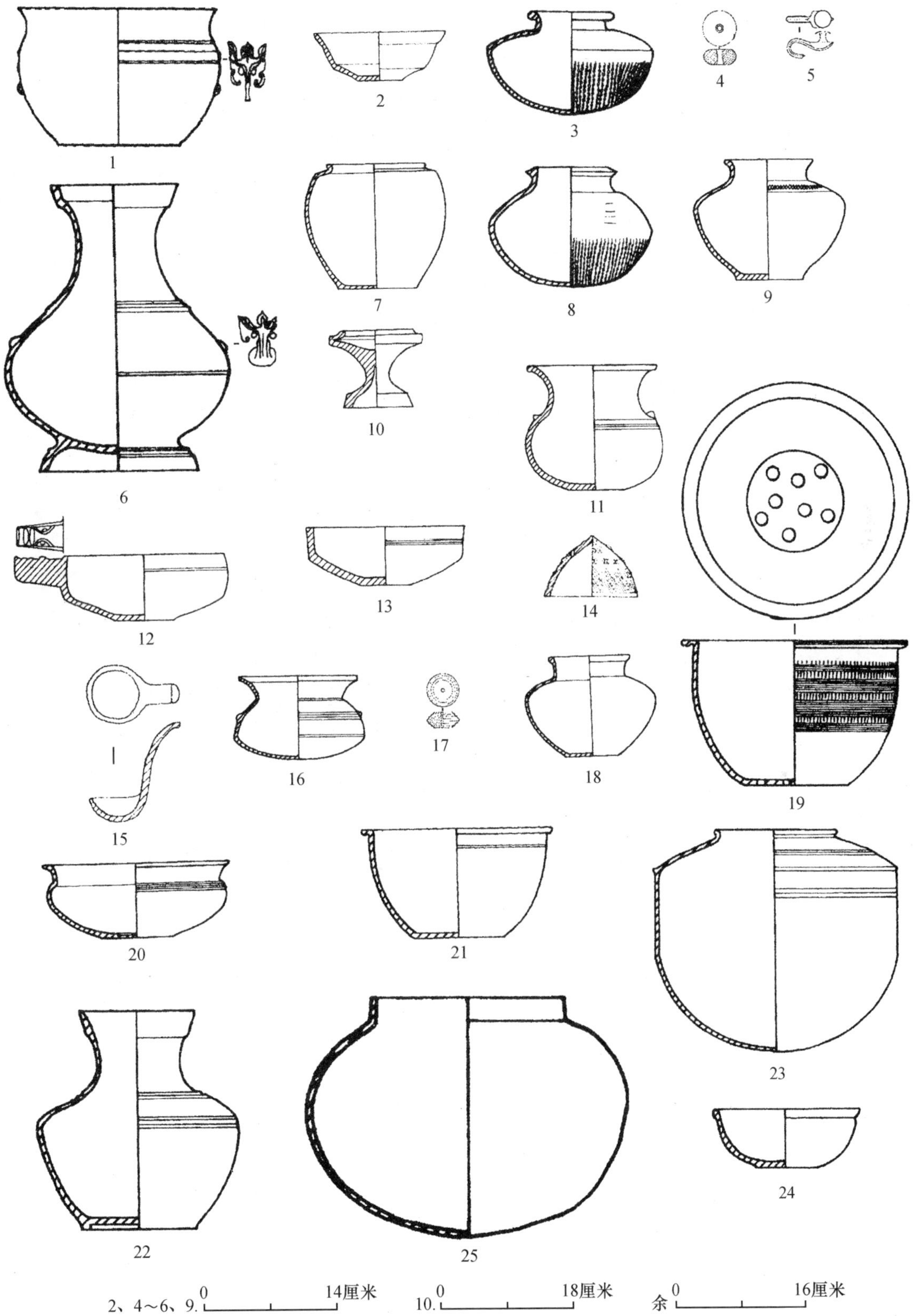

图七　大地嘴Ⅰ区M4出土的随葬器物

1. 陶盆（M4：1）　2、24. 陶钵（M4：2、M4：48）　3、8. 陶圜底罐（M4：8、M4：15）　4、17. 陶纺轮（M4：5、M4：36）　5. 玉带钩（M4：10）　6. 釉陶壶（M4：11）　7. 陶仓（M4：16）　9、18. 陶罐（M4：22、M4：37）　10. 釉陶灯（M4：31）　11、16. 釉陶盂（M4：26、M4：35）　12. 釉陶匜（M4：27）　13. 釉陶钵（M4：32）　14. 釉陶熏炉盖（M4：33）　15. 釉陶勺（M4：34）　19. 陶甑（M4：25）　20. 釉陶盆（M4：38）　21. 陶盆（M4：41）　22. 陶壶（M4：42）　23. 陶大口圜底罐（M4：46）　25. 铁罐（M4：49）

2.7、高6.9厘米（图七，12）。

釉陶盘　1件。M4：28，泥制红陶胎。内外施釉，釉层较薄，脱落严重，敞开折平沿，曲腹，小平底，盘较浅，器壁较厚。盘内饰有凸弦纹一道。口径18.5、底径5.7、高5.1厘米。

釉陶器盖　1件。M4：29，泥质红陶胎。内外壁施釉，釉层较薄，脱落严重，平口，平顶，盖顶有三角对称乳钉。口径14.4、高3.6厘米。

釉陶灯　2件。M4：30，泥质红陶胎。器表施釉，子母口灯盖，盘较浅，短柱状柄，盘式座。口径9.6、底径9、柄径3、高9.6厘米。M4：31，泥质红陶胎。器表施釉，方唇，敞口，浅盘，柱状柄，灯座饰有凸弦纹一道。圈足近平。口径11.3、底径10.2、柄径3、高10.5厘米（图七，10）。

釉陶钵　1件。M4：32，泥质红陶胎。内外壁施釉，脱落严重，直口微敞，方唇，折腹斜下收，小平底。上腹部饰有凹弦纹。口径18.6、底径6.2、高6.6厘米（图七，13）。

釉陶熏炉盖　1件。M4：33，泥质红陶胎。外壁施釉，平口，盖身较高，外壁遍饰乳钉纹，整体呈博山状。口径11.4、高7.2厘米（图七，14）。

釉陶勺　1件。M4：34，泥质红陶胎。内外壁施釉，弧形柄。口径5.4、高10.5厘米（图七，15）。

釉陶盆　1件。M4：38，泥质红陶胎。器壁内外均施釉，广口，折沿，方唇，弧腹下收为平底。上腹部饰有三道凸弦纹。口径26、最大腹径25、底径9.5、高10厘米（图七，20）。

陶盆　1件。M4：41，夹细砂灰陶。广口，折沿，圆唇，弧腹，平底。上腹部饰有一道凸弦纹。口径26、最大腹径23.4、底径14.4、高16.8厘米（图七，21）。

陶壶　2件。M4：42，夹细砂灰陶。敞口，方唇，束颈，斜肩较广，上腹较鼓，下腹斜收，圈足。颈下肩部和肩腹交接处饰有弦纹。口径12、最大腹径24.8、底径12、高25.6厘米（图七，22）。M4：52，夹细砂灰陶。敞口，方唇，束颈，斜肩，上腹较鼓，下腹斜收，圈足。肩部饰有两道凸弦纹，肩腹交接处饰有一道凸弦纹。口径11.5、腹径18、底径12.5、高19.3厘米。

陶大口圜底罐　1件。M4：46，夹细砂灰陶。敛口，卷唇，广肩，圜底。唇下饰有一道弦纹，肩部和上腹部各饰两道凹弦纹。口径15、最大腹径26.4、高26厘米（图七，23）。

铁环　1件。M4：44，锈蚀不可辨认。

铁罐　1件。M4：49，直口，鼓腹，圜底。口径24、最大腹径40、高28厘米（图七，25）。

银指环　2件。M4：50，外径2、内径1.8厘米。M4：51，外径2、内径1.8厘米。

（二）M5

1. 地层堆积情况

墓葬所处台地地层较简单，最上一层为耕土层，耕土层下为一层夹细砂的黄色土，黄色土下即为含有大量钙质结合的生土，墓葬一般开口于第1层或2层下。

2. 位置及其层位关系

此墓位于2000年度发掘规划的Ⅰ区内。在发掘探方TS14E4时发现，墓的西南角在探方的东北角内、东南角TS14E5内。整个墓跨四个探方，编号为2000WWDⅠM5（以下简称M5）。

此墓开口于耕土层下，打破第2层，直接叠夺于生土之上。层位关系如图八所示：

①→M5→②→生土

图八　M5层位关系图

3. 墓葬结构

此墓为带喇叭口状墓道的正方形竖穴土坑墓。墓道为喇叭口状，位于墓室北部偏西，上口长140、宽70～160、深约30厘米；底径约140、下端宽70～160、深110厘米。墓室距地表30、长280、宽378.8厘米，墓底距地表80、长280、宽378.8厘米。墓葬内填土为带黏性的五花土。墓向为340°（图九）。

4. 骨架及葬具情况

此墓早期已被扰乱及土壤中含酸量较大，骨骼腐朽严重，已无法看到完整的骨架，只有少量的残骨，但可辨别一个个体。在清理过程中没有发现葬具的痕迹。

5. 遗物

此墓在早期受到扰动，因此器物均已位移，且不在一个水平面上，已看不出其摆放规律，但此墓出土器物仍很丰富，其中绝大多数为陶器，还有少量钱币、铁器、琉璃器等，陶器保存较为完整，主要是含细砂红陶和泥质灰陶、泥质红陶，器形较丰富，有壶、罐、盆、钵、灯、勺等。

釉陶盆　1件。M5：1，泥质红陶胎。内外壁施釉，敞口，卷唇，深腹略鼓，平底。上腹部饰有一对铺首衔及三道弦纹。口径23、腹径22.5、底径13.5、高10厘米（图一〇，1）。

陶勺　1件。M5：3，泥质红陶。曲柄。长14.4厘米（图一〇，2）。

釉陶簋　1件。M5：4，泥质红陶胎。内外壁均施釉。敛口，平折肩，弧腹，圈足。上腹部饰有两道凹弦纹。口径14.1、最大腹径18、底径10.8、高8.1厘米。

陶钵　14件。M5：5，夹质红陶胎。内外壁均施釉。直口，方唇，直壁，下腹折收，圈足。口沿下外壁饰有两道凹弦纹。口径12.3、底径4.8、高3.6厘米。M5：12，夹细砂灰陶。敞口，圆唇，折腹，小平底。口径17.1、底径4.8、高6.6厘米（图一〇，3）。M5：18，夹细砂灰陶。敞口，圆唇，折腹，小平底。口径17.4、底径6、高6.3厘米。M5：20，夹细砂灰陶。敞口，圆唇，折腹，小平底。内壁有凹弦纹。口径15.9、底径4.8、高6厘米。M5：21，夹细砂灰陶。敞口，圆唇，折腹，小平底。口径15.6、底径4.5、高6.3厘米（图一〇，9）。M5：22，夹细砂灰陶。敞口，圆唇，折腹，小平底。口径12.9、底径5.7、高4.5厘米。M5：25，夹细砂

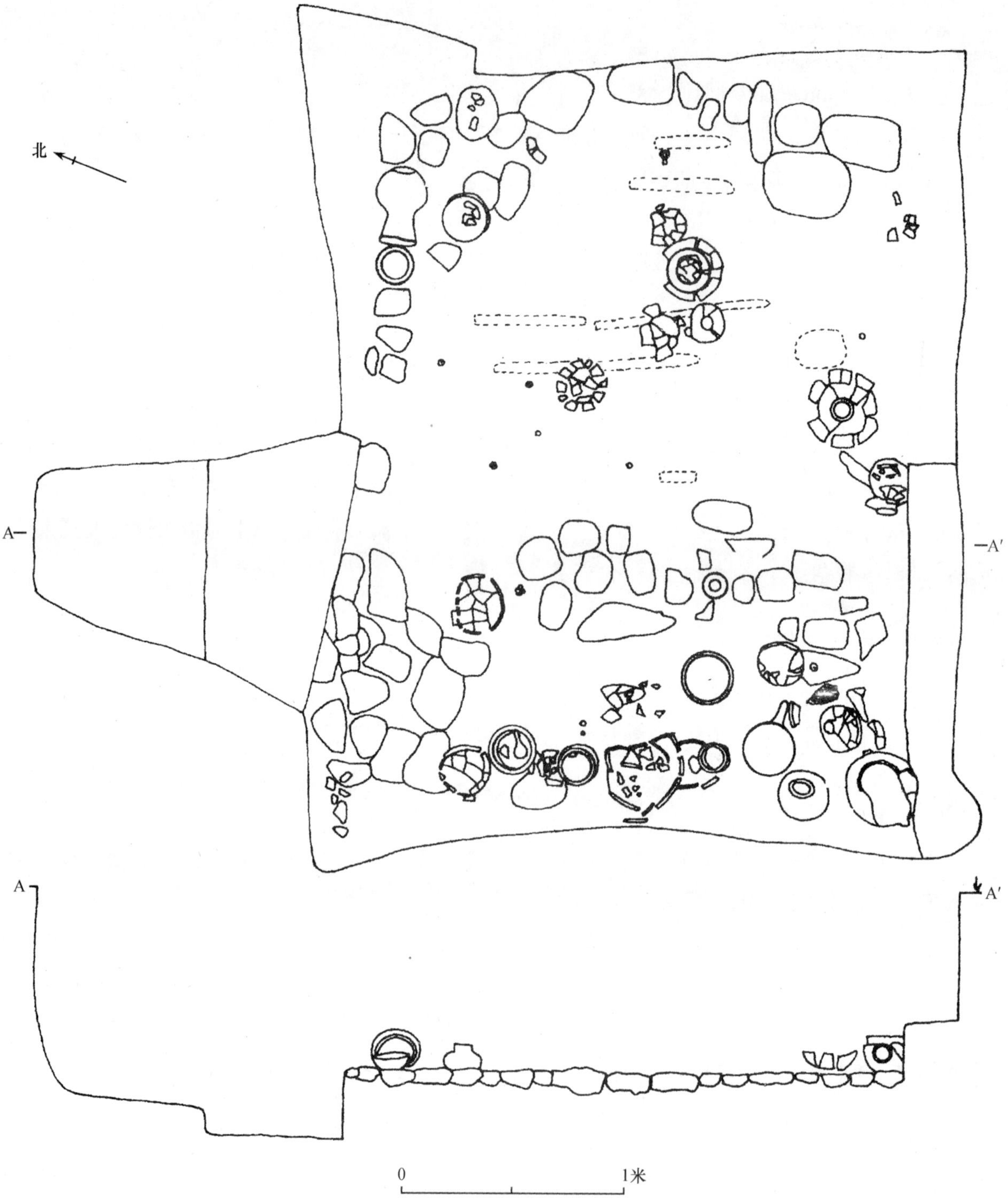

图九　M5平、剖面图

灰陶。敞口，圆唇，折腹，小平底。口径15.9、底径4.5、高6厘米。M5：29，夹细砂灰陶。敞口，圆唇，折腹，小平底。口径12.6、底径3.9、高4.8厘米。M5：35，夹细砂灰陶。敞口，圆唇，折腹，小平底。口径16.8、底径5.7、高6.3厘米。M5：36，夹细砂灰陶。敞口，方唇，直腹，平底。口径18、底径7.8、高7.5厘米。M5：38，夹细砂灰陶。敞口，圆唇，曲腹，小平底。口径13.2、底径5.1、高3.9厘米。M5：39，夹细砂灰陶。敞口，圆唇，折腹，小平底。

图一〇　大地嘴Ⅰ区M5出土的随葬器物

1. 釉陶盆（M5：1）　2. 陶勺（M5：3）　3、9. 陶钵（M5：12、M5：21）　4. 铜盆（M5：16）　5. 釉陶匜（M5：15）　6、10. 陶甑（M5：10、M5：23）　7. 釉陶灯（M5：14）　8、11. 陶罐（M5：19、M5：24）　12、13. 陶壶（M5：42、M5：43）

口径12.6、底径4.8、高4.8厘米。M5：40，夹细砂灰陶。敞口，圆唇，折腹，小平底。口径16.8、底径5.4、高6厘米。M5：41，夹细砂灰陶。敞口，圆唇，折腹，小平底。口径12.9、底径4.5、高5.1厘米。

银指环　1件。M5：7，银质细环。直径2.2厘米。

琉璃珠　1件。M5：8，琉璃釉烧制而成，中心有圆孔，呈蓝色。直径0.8厘米。

陶甑　2件。M5：10，夹细砂灰陶。广口，折沿，方唇，斜弧腹下收成小平底，底面带有箅孔。上腹外壁饰有凹弦纹（图一〇，6）。M5：23，夹细砂灰陶。广口，折沿，圆唇，弧腹，平底，底面带有箅孔。口径27、底径14.4、高15厘米（图一〇，10）。

釉陶灯　1件。M5：14，盆形座。泥质红陶胎。器内外壁均施釉。盘形底座，内有豆形灯。口径6.3、底径6、通高9厘米（图一〇，7）。

釉陶匜　1件。M5∶15，泥质红陶胎。内外壁施釉。八棱形鋬。内外壁饰一道凹弦纹。口径17.5、底径11.5、柄长9.5、高7.5厘米（图一〇，5）。

铜盆　1件。M5∶16，敞口，折沿，束颈，弧腹，平底。上腹部饰四道凸弦纹，附一对铺首衔环。口径25、底径15.5、高11.5厘米（图一〇，4）。

陶罐　6件。M5∶19，夹细砂灰陶。敞口，折沿，尖唇，短束颈，广肩，弧腹，圜底。腹部至底饰有绳纹。口径10、最大腹径22.5、高16厘米（图一〇，8）。M5∶24，夹细砂灰陶。直口，方唇，高颈，球形腹，圜底。腹部饰有双耳带环，耳上饰有条纹。口径24、最大腹径35.5、高23.5厘米（图一〇，11）。M5∶26，夹细砂灰陶。直口，折沿，尖唇，短束颈，广肩，弧腹，圜底。腹部至底饰有绳纹。口径13、最大腹径22、高13厘米。M5∶30，夹细砂灰陶。小口，圆唇，短束颈，斜肩，上腹圆鼓，下腹曲内收，平底。肩部饰有一道凹弦纹，下腹饰有旋刮痕。口径10.5、最大腹径21.5、高15.5厘米。M5∶31，夹细砂灰陶。小口，圆唇，短束颈，斜肩，上腹圆鼓，下腹曲内收，平底。肩部饰有一道凹弦纹，肩部及腹部饰有戳印纹和旋刮痕。口径9、最大腹径21、底径12.5、高15.5厘米。M5∶34，夹细砂灰陶。小口，圆唇，短束颈，斜肩，上腹圆鼓，下腹曲内收，平底。肩部饰两道凹弦纹，腹部饰有旋刮痕。口径10.5、腹径21.5、底径12.5、高15.5厘米。

陶盘　1件。M5∶37，泥质红陶。敞口，平沿，方唇，折腹，小平底。口径25、底径11、高6厘米。

陶壶　2件。M5∶42，泥质红陶胎。外壁施酱釉。敞口，方唇，高束颈，球形腹，圈足斜直。颈腹相交处和圈足饰有凹弦纹，上腹饰两对称铺首衔环。口径15、最大腹径25.2、底径16.8、高31.8厘米（图一〇，12）。M5∶43，泥质红陶胎。外壁施酱釉。敞口，方唇，高束颈，球形腹，高圈足斜直。颈腹相交处、腹部及圈足饰有凹弦纹，腹部饰两对称铺首衔环。器身与圈足分制。口径13.8、最大腹径24、底径14.4、高31.2厘米（图一〇，13）。

陶器盖　1件。M5∶44，泥质红陶胎。外壁施酱釉，盖顶无纽，整体近覆钵形，盖沿较平，盖口微内收。高5.4厘米。

出土少量铜钱，如图一一所示。

图一一　大地嘴Ⅰ区M5出土的铜钱

（三）M6

1. 地层堆积情况

该地层堆积较简单。第1层为耕土层，耕土层下为一层厚薄不一的含细砂的黄色土，黄色土下即为含大量钙质结核的浅黄色土，这种含大量钙质结核的浅黄色生土在这一地区普遍存在。

2. 位置及其层位关系

此墓位于2000年度发掘规划的Ⅰ区范围之内，于TS14E6内发现，编号为2000WWDⅠM6（简称M6）。此墓开口于第1层下，打破第2层，直接叠压在生土之上。其层位关系如图一二所示。

①→M6→②→生土

图一二　M6层位关系图

3. 墓葬结构

此墓可能为带长方形偏墓道的方形竖穴土坑墓。由于墓道正位于电线杆下无法清理，故墓道情况不清。

墓室为正方形，墓口距地表深25、长335、宽310厘米，墓室距地表深120、长335、宽310厘米，墓内填土为五花土。墓向265°（图一三）。

4. 骨架及葬具情况

此墓早期扰乱较大，加之土壤中所含腐蚀性成分较多，因此骨架腐蚀严重，扰动较多。但从墓室中出土的骨骼来看，仍可判定有5个个体，但只有3具可辨别头向向东，其他两具不可辨别头式、面向、葬式，性别都无法判定。在清理过程中没有发现葬具痕迹。

5. 遗物

由于受到扰乱，墓内器物均已发生较大位移，甚至不在一个平面上，因此无法获知其原来的摆放位置。

随葬器物以陶器为主，还有少量的铜钱、铜器。出土陶器主要是灰陶，器形有壶、罐、钵、甑、灯等。

釉陶盆　1件。M6：1，泥质红陶胎。外壁施酱釉。敞口，方唇，折沿，短束颈，曲腹，小平底。颈下饰有瓦楞纹。口径22.5、最大腹径20.5、底径10、高9厘米（图一四，1）。

圜底罐　1件。M6：2，夹细砂灰陶。敞口，方唇，高颈，球形腹，圜底，腹部外鼓处饰两对称耳。上腹部饰有凹弦纹。口径22、最大腹径32、高24厘米（图一四，2）。

陶器盖　2件。M6：4，泥质红陶胎。外壁施釉。整体扁平，中心略鼓，盖顶饰有三个对称的孔钉纹。高3厘米。M6：13，泥质红陶胎。外壁施釉。遍饰乳钉纹和尖状凸起“人”字纹，整体呈博山形。高6.9厘米（图一四，8）。

陶钵　16件。M6：5，夹细砂灰陶。敞口，圆唇，折腹，小平底。口径17.1、底径6.6、高6.3厘米。M6：7，夹细砂灰陶。敞口，圆唇，折腹，小平底。口径16.2、底径6、高5.4厘米

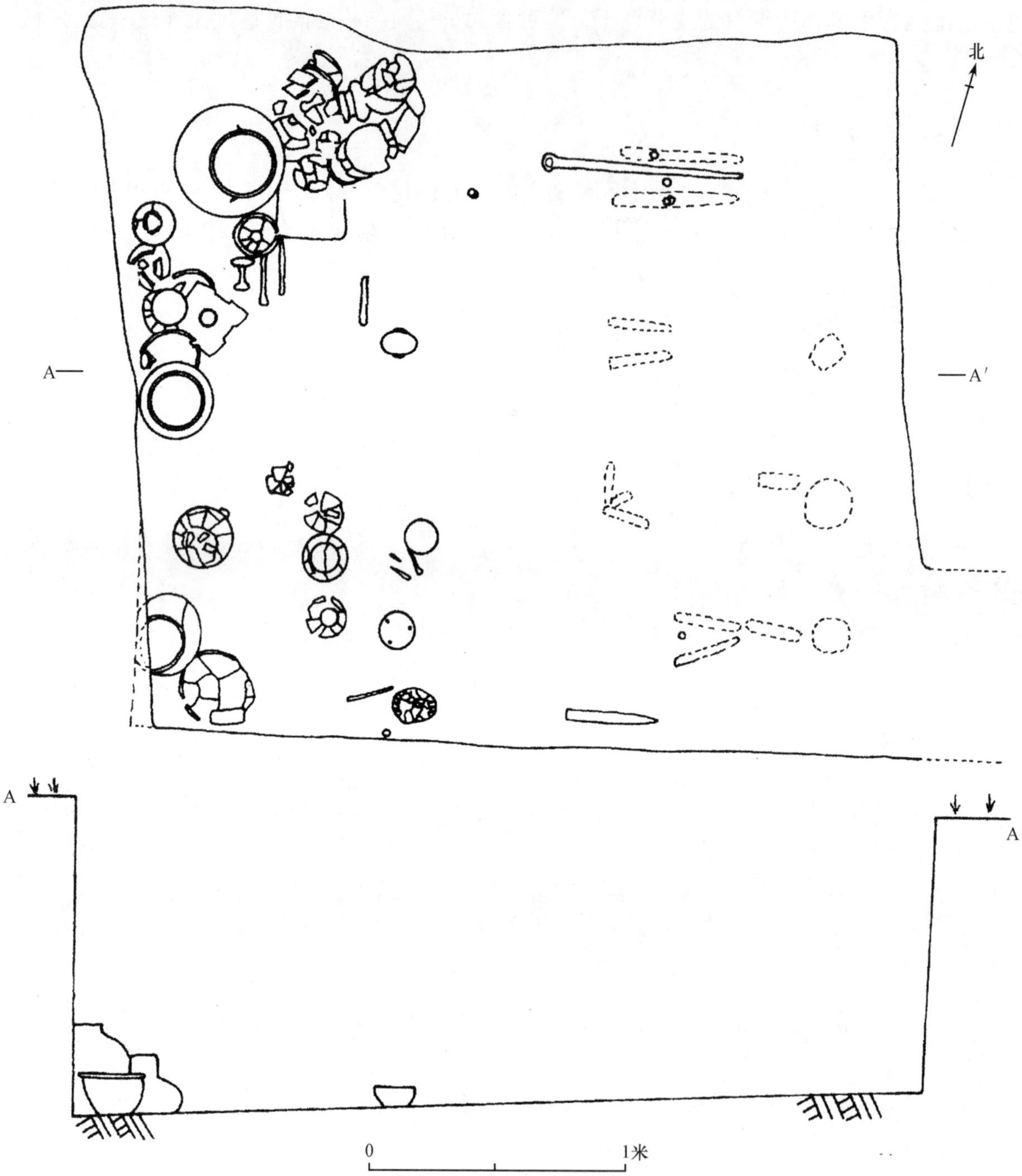

图一三　M6平、剖面图

（图一四，3）。M6：10，夹细砂灰陶。敞口，圆唇，折腹，小平底。口径16.5、底径4.8、高5.7厘米。M6：14，泥质红陶胎。内外壁施釉，底部无釉。敞口，折沿，圆唇，折腹，小平底。口径19.5、底径6.9、高4.5厘米（图一四，9）。M6：16，夹细砂灰陶。敞口，圆唇，折腹，小平底。口径12.9、底径3.6、高5.1厘米。M6：19，泥质红陶胎。外壁施釉。直口，方唇，折腹，小平底。口下饰一首凹弦纹。口径16、底径6.5、高6厘米。M6：20，泥质红陶胎。外壁施釉。直口，折腹，小平底。口下饰一道凹弦纹。口径18、底径6、高5.7厘米（图一四，11）。M6：29，夹细砂灰陶。敞口，圆唇，弧腹，平底。口径16.5、底径6、高6.6厘米（图

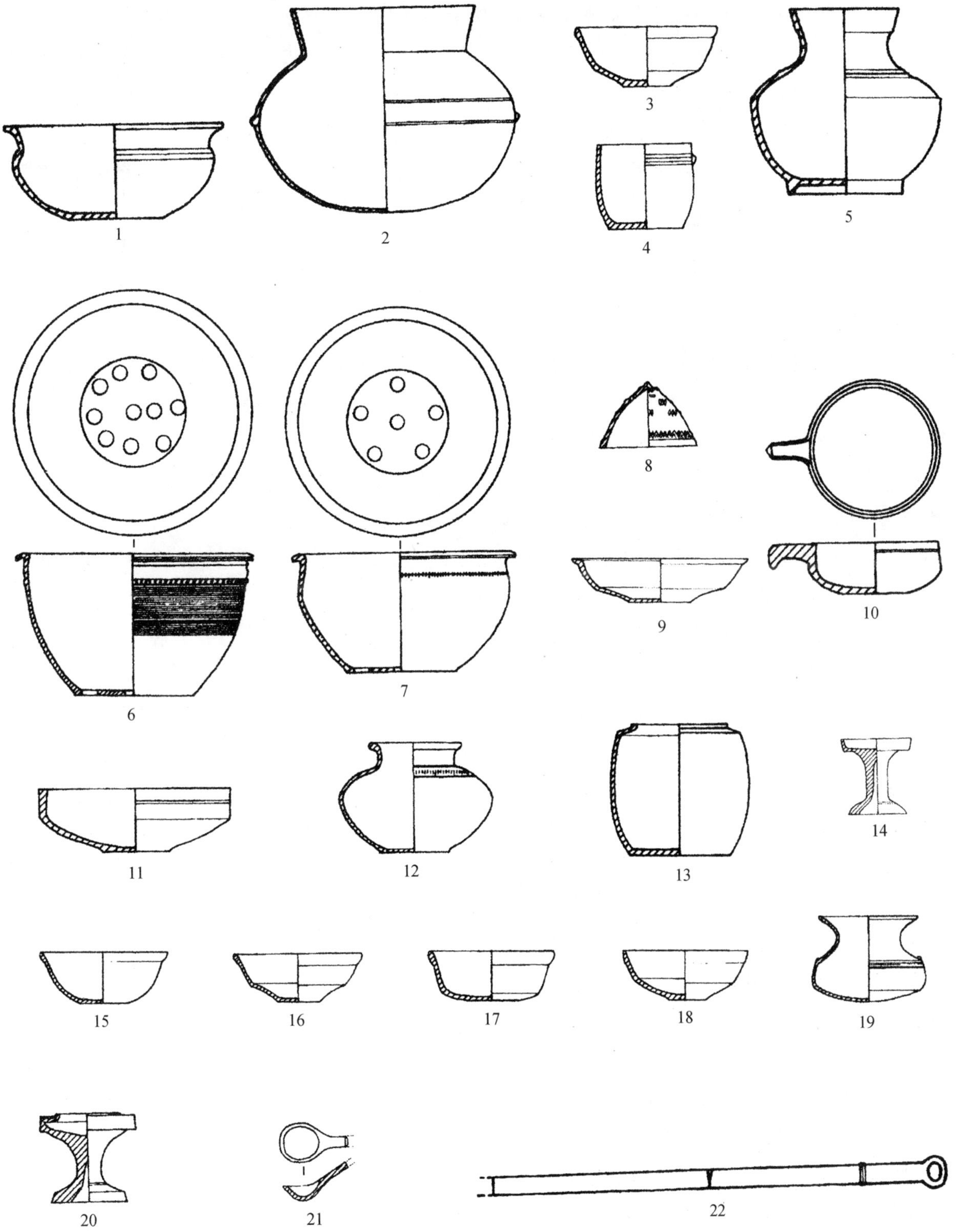

图一四　大地嘴Ⅰ区M6出土的随葬器物

1. 釉陶盆（M6：1）　2. 陶圜底罐（M6：2）　3、9、11、15 ~ 18. 陶钵（M6：7、M6：14、M6：20、M6：29、M6：30、M6：31、M6：35）　4. 釉陶杯（M6：8）　5. 陶壶（M6：9）　6、7. 陶甑（M6：11、M6：12）　8. 陶器盖（M6：4）　10. 釉陶匜（M6：15）　12. 陶罐（M6：23）　13. 陶仓（M6：22）　14. 釉陶灯（M6：24）　19. 釉陶盂（M6：38）　20. 陶灯（M6：39）　21. 陶勺（M6：41）　22. 铁刀（M6：43）

一四，15）。M6：30，夹细砂灰陶。敞口，圆唇，折腹，小平底。口径16.5、底径5.4、高6厘米（图一四，16）。M6：31，夹细砂灰陶。敞口，圆唇，弧腹，小平底。口径12.6、底径4.8、高5.1厘米（图一四，17）。M6：32，夹细砂灰陶。敞口，圆唇，弧腹，平底。口径12、底径5.1、高5.1厘米。M6：33，夹细砂灰陶。敞口，圆唇，折腹，平底。口径11、底径5、高5厘米。M6：34，夹细砂泥质灰陶。敞口，圆唇，折腹，小平底。口径16.8、底径5.1、高5.7厘米。M6：35，夹细砂灰陶。敞口，圆唇，折腹，小平底。口径17.1、底径5.1、高6厘米（图一四，18）。M6：36，夹细砂灰陶。敞口，圆唇，折腹，小平底。口径17.1、底径5.1、高6厘米。

釉陶杯　1件。M6：8，泥质红陶胎。外壁施釉。直口，方唇，直壁略曲。口下饰有两道凹弦纹并有一乳钉状凸起物，平底。口径9.6、底径7.8、高8.4厘米（图一四，4）。

陶壶　1件。M6：9，夹细砂灰陶。敞口，方唇，束颈，斜肩，曲腹，圈足。颈下肩部及肩腹相接处饰有凹弦纹。口径11、最大腹径20、底径12、通高18.5厘米（图一四，5）。

陶甑　2件。M6：11，夹细砂灰陶。敞口，卷沿，圆唇，曲腹，平底，底部带有箅孔。唇部有一周凹痕，口下上腹部饰有戳印纹。口径30.5、底径15.5、高17.5厘米（图一四，6）。M6：12，夹细砂灰陶。敞口，卷沿，圆唇，曲腹，平底，底部带有箅孔。口沿下上腹部饰有一周戳印纹。口径29、底径13、高13.5厘米（图一四，7）。

釉陶匜　1件。M6：15，泥质红陶胎。内外壁施釉，底部无釉。直口，直腹，八棱形鋬。高6.5厘米（图一四，10）。

陶井　1件。M6：17，夹细砂灰陶。平面为“井”字形，井台上四角处饰网格纹，还划有鱼纹，井口为圆形，井口旁有放置井架的方孔，井台下有井圈。长23、宽22、通高2.25厘米。

陶井架　2件。M6：18，夹细砂灰陶。竖插在井口旁的方形小孔内，做井架用。长10厘米。M6：21，夹细砂泥质灰陶。担在井口两旁的井架上。长15厘米。

陶仓　2件。M6：22，夹细砂泥质灰陶。敛口，平沿，折肩，筒形腹，平底。下腹部饰有梳篦纹。口径13.5、底径14、高17厘米（图一四，13）。M6：37，夹细砂灰陶。直口，圆唇，平肩，筒形腹，平底。口径13.5、底径15、高18.5厘米。

陶罐　1件。M6：23，夹细砂泥质灰陶。侈口，圆唇，短束颈，鼓腹，平底。颈下两道凹弦纹，弦纹中间为一周戳印纹。口径9.9、最大腹径16.5、底径7.5、高11.4厘米（图一四，12）。

釉陶灯　1件。M6：24，泥质红陶胎。外表施釉，底心无釉。灯盘较浅，斜直，柱状柄，灯座似覆碗状。灯座近柄处饰一周凹弦纹。高11.1厘米（图一四，14）。

釉陶盂　1件。M6：38，泥质红陶胎。外壁及口施釉。敞口，圆唇，束颈，垂腹，圜底，左右有对称乳钉耳。上腹部饰两道凹弦纹。口径12、最大腹径14.1、高9.9厘米（图一四，19）。

陶灯　1件。M6：39，泥质红陶胎。外表施釉，底无釉。双浅盘，高把，类似盘式座。通高10.2厘米（图一四，20）。

陶勺　1件。M6：41，泥质红陶。勺面椭圆形，背面圆形，柄残。长10.5厘米（图一四，21）。

铁刀 1件。M6：43，环首，直柄，直刃。长87厘米（图一四，22）。

（四）M7

1. 地层堆积情况

墓葬所处台地地层较简单。最上一层为耕地层，耕地层下是夹细砂的黄土，黄土层下为生土，生土含大量钙质结核的浅黄色土，墓葬开口于第1层或2层下。

2. 位置及其层位关系

墓葬在2000年度发掘区的Ⅰ区TS14E7内发现，因此其具体地点归纳为2000WWDⅠM7（简称M7），开口于第1层下，打破第2层叠压在生土之上。其层位关系如图一五所示。

①→M7→②→生土

图一五 M7层位关系图

3. 墓葬结构

此墓为不规则方形墓道的竖穴土坑墓。墓室呈不规则的方形，距地表深30、长60、宽80厘米，下口距地表深60厘米，墓室的墓口距地表30、长300、宽300厘米，墓底距地表60～70、长300、宽300厘米，为正方形的墓室（图一六）。

4. 骨架及葬具情况

此墓早期被扰乱，加之土壤中含酸量偏高，因此骨架保存不好，没有发现完整的骨架，只发现少量残骨，因此头向、面向及葬式均没有发现。此外，在清理中也没有发现葬具的痕迹。

5. 遗物

由于早期受到扰乱，墓室中器物均已发生位移，且较多破碎，但出土物数量较多，品种也较丰富，出土物绝大部分为陶器，还有少量的货币、铁器等。

陶井 1件。M7：1，夹细砂灰陶。平面为“井”字形，井台四角对称网格纹、“十”字纹，台面饰有席纹、鱼纹，中间有圜形井，口下有圆形井圈，井口两侧有放置井架的方孔。长24.2、宽24、高2.5厘米。

陶仓 2件。M7：2，夹细砂泥质灰陶。直口，圆唇，平肩，筒形腹，平底。口径12、最大腹径18、底径12、高17.5厘米（图一七，1）。M7：4，夹砂灰陶。直口，方唇，高领，斜肩，筒形腹，平底。上腹饰戳印纹。口径11.5、最大腹径17、底径13、高23.5厘米（图一七，6）。

陶灯 1件。M7：3，泥质灰陶。灯盘较浅，柱状柄，底座扁平。口径16.5、底径8.1、通高8.7厘米（图一七，2）。

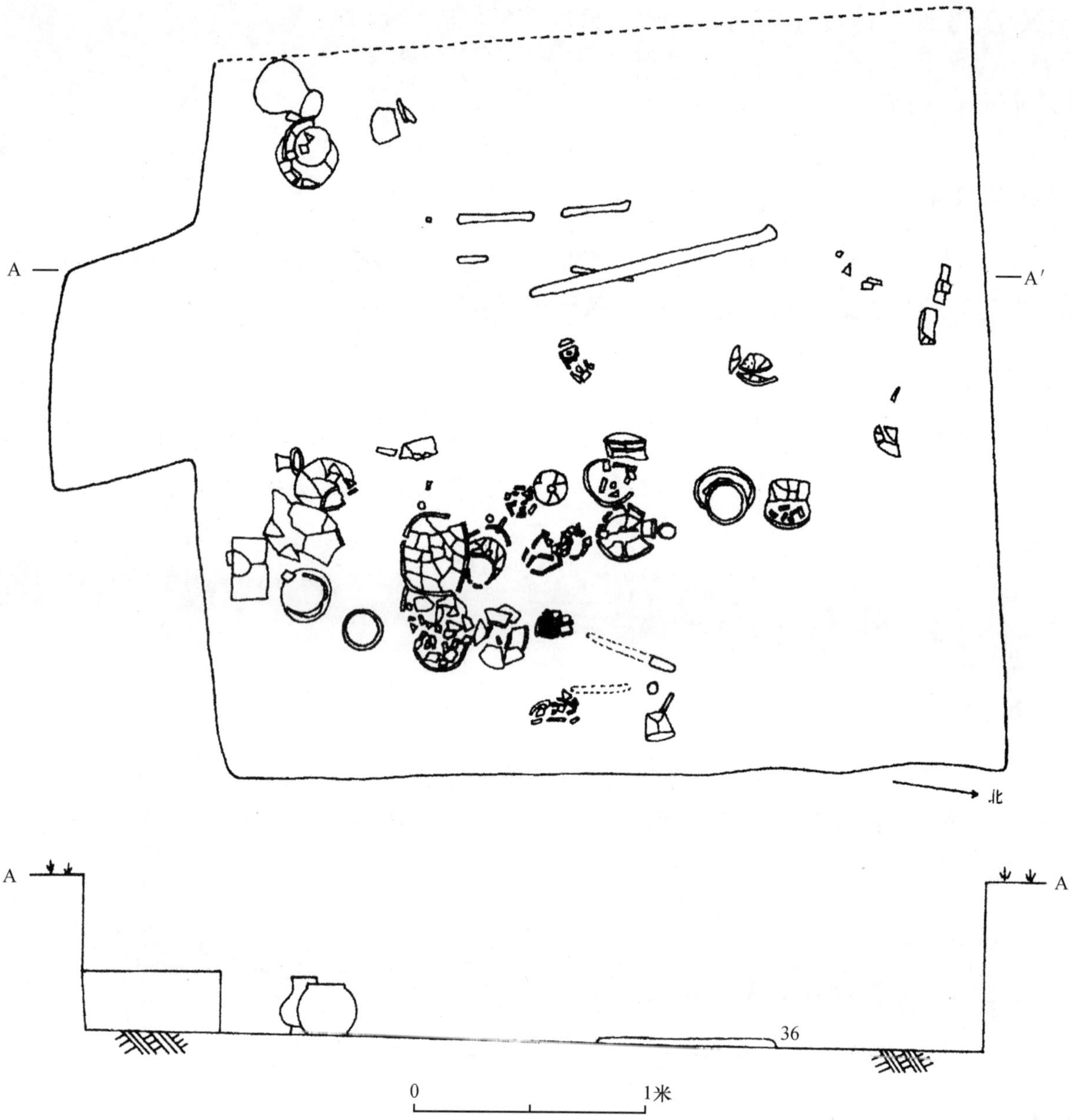

图一六 M7平、剖面图

釉陶壶盖 1件。M7：6，泥质红陶胎。外表施釉，盖心无釉，扁平状圆形，盖顶饰三角对称乳钉。口径12.3、直径16.2、通高3.5厘米。

琉璃耳珰 1件。M7：8，琉璃釉烧制而成，形似豆柄，中间有一圆孔相通，深蓝色，有透明感。底径1.3、高1.7厘米。

陶盆 1件。M7：9，夹细砂灰陶。敞口，圆唇，短束颈，腹壁斜直略弧，小平底。口径27、最大腹径26.5、底径8、高9厘米（图一七，3）。

釉陶灯盖 2件。M7：10，泥质红陶胎。外表施釉，整体呈博山状，外表遍饰乳钉状凸起物。口径11.4、通高6.9厘米（图一七，4）。M7：35，泥质红陶胎。外表施釉，整体呈博山状，顶端有一乳突。外表饰有锯齿纹和乳钉纹。口径10.8、通高6.3厘米。

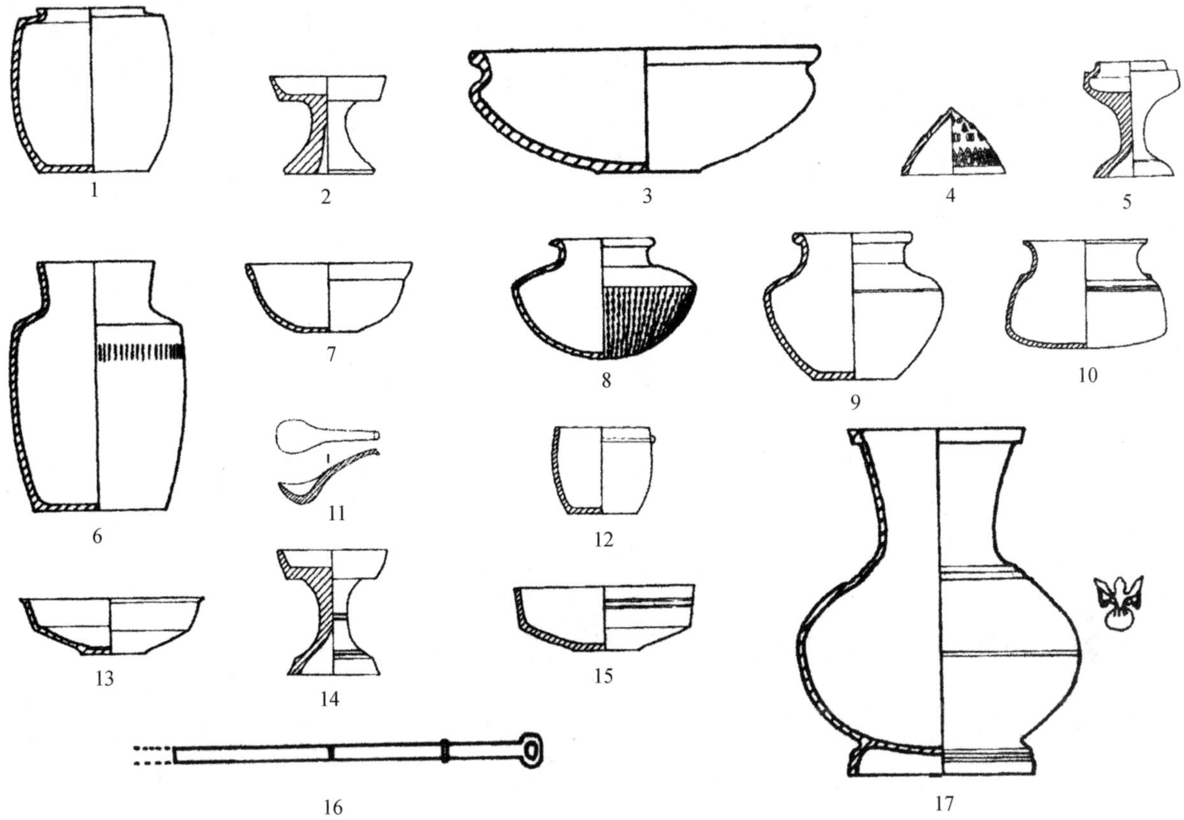

图一七　大地嘴Ⅰ区M7出土的随葬器物

1、6. 陶仓（M7：2、M7：4）　2. 陶灯（M7：3）　3. 陶盆（M7：9）　4. 釉陶灯盖（M7：10）　5、14. 釉陶灯（M7：11、M7：26）　7、13. 陶钵（M7：12、M7：15）　8. 陶圜底罐（M7：13）　9. 陶罐（M7：14）　10. 陶盂（M7：17）　11. 釉陶勺（M7：16）　12. 釉陶杯（M7：24）　15. 釉陶钵（M7：32）　16. 铁刀（M7：36）　17. 釉陶壶（M7：40）

釉陶灯　2件。M7：11，泥质红陶胎。外表施釉，灯盘心和底心无釉。灯盘为双浅盘，柱状柄，座为覆碗状。座面上部饰有一周凹弦纹。口径7.8、底径9.6、通高12.9厘米（图一七，5）。M7：26，泥质红陶胎。器表施釉，盘形灯盘，柱状柄，盘形灯座口径略小于灯盘。柄部中心饰有两道凹弦纹，座表饰两道凹弦纹（图一七，14）。

陶钵　7件。M7：12，夹细砂灰陶。敞口，圆唇，弧腹，平底。口径12、底径4.8、高4.7厘米（图一七，7）。M7：15，夹细砂灰陶。敞口，圆唇，折腹，小平底。口径17.2、底径4.8、高6厘米（图一七，13）。M7：22，夹细砂灰陶。敞口，圆唇，折腹，小平底。口径16.2、底径4.8、高6.3厘米。M7：27，泥质灰陶。敞口，圆唇，折腹，小平底。口径16.8、底径5.1、高5.4厘米。M7：31，夹细砂灰陶。敞口，折腹，小平底。口径18.6、底径7.8、高6厘米。M7：37，夹细砂灰陶。敞口，圆唇，折腹，小平底。口径15.8、底径5.1、高6厘米。M7：43，夹细砂灰陶。直口，方唇，弧腹，小平底。口径18、底径7、高6.5厘米。

陶圜底罐　2件。M7：13，夹细砂灰陶。直口，折沿，尖唇，短束颈，斜肩，腹部上鼓下收成圜底。下腹至底饰有绳纹。口径9、底径16、高10.5厘米（图一七，8）。M7：23，夹细砂灰陶。直口，折沿，尖唇，短束颈，斜肩，上腹外鼓，下腹内收成圜底。口径10、最大腹径19.5、高12厘米。

陶罐　3件。M7：14，夹细砂灰陶。敞口，圆唇，束颈，鼓腹，平底。上腹部有凹弦纹。口径9.6、最大腹径14.4、底径6.6、高11.4厘米（图一七，9）。M7：19，夹细砂灰陶。轮制。敞口，折沿，束颈，斜肩，鼓腹，下腹内收成平底。肩上饰有一道弦纹。口径9.6、底径4.8、高11.7厘米。M7：21，夹细砂灰陶。敞口，圆唇，弧腹，小平底。素面。口径15.9、底径6.6、高6.9厘米。

釉陶勺　1件。M7：16，泥质红陶。勺面椭圆形，背面圜形，弧形柄。内外均施色釉。口径5.5、长17.6、高3.6厘米（图一七，11）。

陶盂　1件。M7：17，夹细砂灰陶。敞口，圆唇，束颈，垂腹，圜底。颈下饰凹弦纹并在左右对称饰乳钉耳。口径13、底径14、高11厘米（图一七，10）。

红陶盂　2件。M7：20，泥质红陶。敞口，折沿，束颈，垂腹，圜底，腹部对称一对乳钉耳。并饰有四道凹弦纹。口径13.8、底径14.4、高10.2厘米。M7：29，泥质红陶。敞口，折沿，垂腹，圜底。腹部对称一对乳钉耳，并饰有两道凹弦纹。口径14、底径15、高11.5厘米。

釉陶杯　1件。M7：24，泥质红陶胎。外表施釉，底部无釉。口微敛，筒形腹，平底。上腹近口处饰有一道凹弦纹并有一乳钉耳。口径10.8、底径7.8、高9.6厘米（图一七，12）。

釉陶盆　1件。M7：25，泥质红陶胎。内壁施釉，口沿有釉，外壁到底无釉。敞口，折沿，方唇，折腹，小平底。口径20、底径7、高6厘米。

釉陶盂　1件。M7：28，泥质红陶胎。外壁及口沿部施釉。敞口，圆唇，束颈，垂腹，圜底，颈下，腹上饰有两对称乳钉耳。耳下有四周凹弦纹。口径11.7、高10.5厘米。

陶灯盖　1件。M7：30，夹细砂灰陶。整体呈博山状，外表饰有锯齿纹和一周乳钉纹，顶端有一乳突。口径11.1、高6.9厘米。

釉陶钵　1件。M7：32，泥质红陶胎。外壁施釉至底。敞口，直腹，小平底。口径17.4、底径6.3、高6厘米（图一七，15）。

釉陶盘　1件。M7：33，泥质红陶胎。内外壁施釉。敞口，折沿，斜直腹，小平底。口径21.9、底径6、高5.1厘米。

铁刀　1件。M7：36，直柄，直刃，环形首。长58、宽2.5厘米（图一七，16）。

陶壶盖　2件。M7：38，泥质红陶胎。外表施釉。扁平状圆形，中间略鼓，盖顶饰三角对称乳钉。底径17、高31.5厘米。M7：39，泥质红陶胎。外表施酱釉。敞口，高束颈，球形腹，高圈足，腹部对称有一对铺首衔环。颈下饰有四道凹弦纹，腹部中间有一道凹弦纹，圈足饰三道凹弦纹。口径14.4、底径18、高34.8厘米。

釉陶壶　1件。M7：40，泥质红陶胎。外表施釉。敞口，方唇，束颈，球形腹，圈足，两侧对称铺首衔环。上腹部饰有瓦楞纹，腹部中心有一道凹弦纹。口径16.8、最大腹径27.6、底径18、高31.8厘米（图一七，17）。

铜顶针　1件。M7：42，直径2、通高0.8厘米。

（五）M9

1. 地层堆积情况

墓葬所处台地地层较简单，其地层分三层。

第1层：耕土层。

第2层：灰褐色土。土质黏。出土少量瓷片、瓦片，包含有一定的细砂粒。厚5～10厘米。

第3层：黄色土。土质较硬。第3层以下为生土层。

2. 位置及其层位关系

此墓位于2000年发掘所划分的Ⅰ区内，其主体部分位于TS15W1内，墓前端压在TS15E1的隔梁内，墓葬在第3层下开口，同时打破M4的墓道，其层位关系如图一八所示：

①→②→③→M9→M4→生土

图一八　M9层位关系图

3. 墓葬结构

此墓为长方形斜坡状竖穴土坑墓道，上口长170、宽120～100、深3厘米，下端宽100～120、深35～150厘米。

墓室形状为正方形，墓口距地表深35厘米，墓底距地表深150厘米。墓口长320、宽360厘米。墓底相同，墓室内填土为五花土。土质颗粒较细，透气性不好。墓向为155°。

4. 骨架及葬具情况

此墓骨架保存情况不好，但隐约可辨。发现人骨一具，头向朝北。其他骨骼已完全扰乱且腐朽严重，根本无法提取。由于骨架已严格扰乱，无法辨认其葬式。

葬具情况也不是很清楚，在头骨下发现腐朽很严重的木板。在墓室西南角也发现一块木板，且有被火烧烤过的痕迹（图一九）。

5. 遗物

此墓出土遗物较为丰富，包括陶、铜、铁、货币等，共出土50余件。无论从种类或数量上来讲都是较为丰富，其中以陶器数量最多，包括罐、壶、盆、灯、盂、甑等十数个种类。其按陶质划分又可分为红陶和灰陶两种。陶器由于烧成温度较低，加之土壤含酸量较高，破坏较为严重，出土时几乎都为碎片，尤其是红陶，破碎最为严重，给修复带来了相当的不便。此外还出土有铜、铁釜及五铢钱等其他遗物。

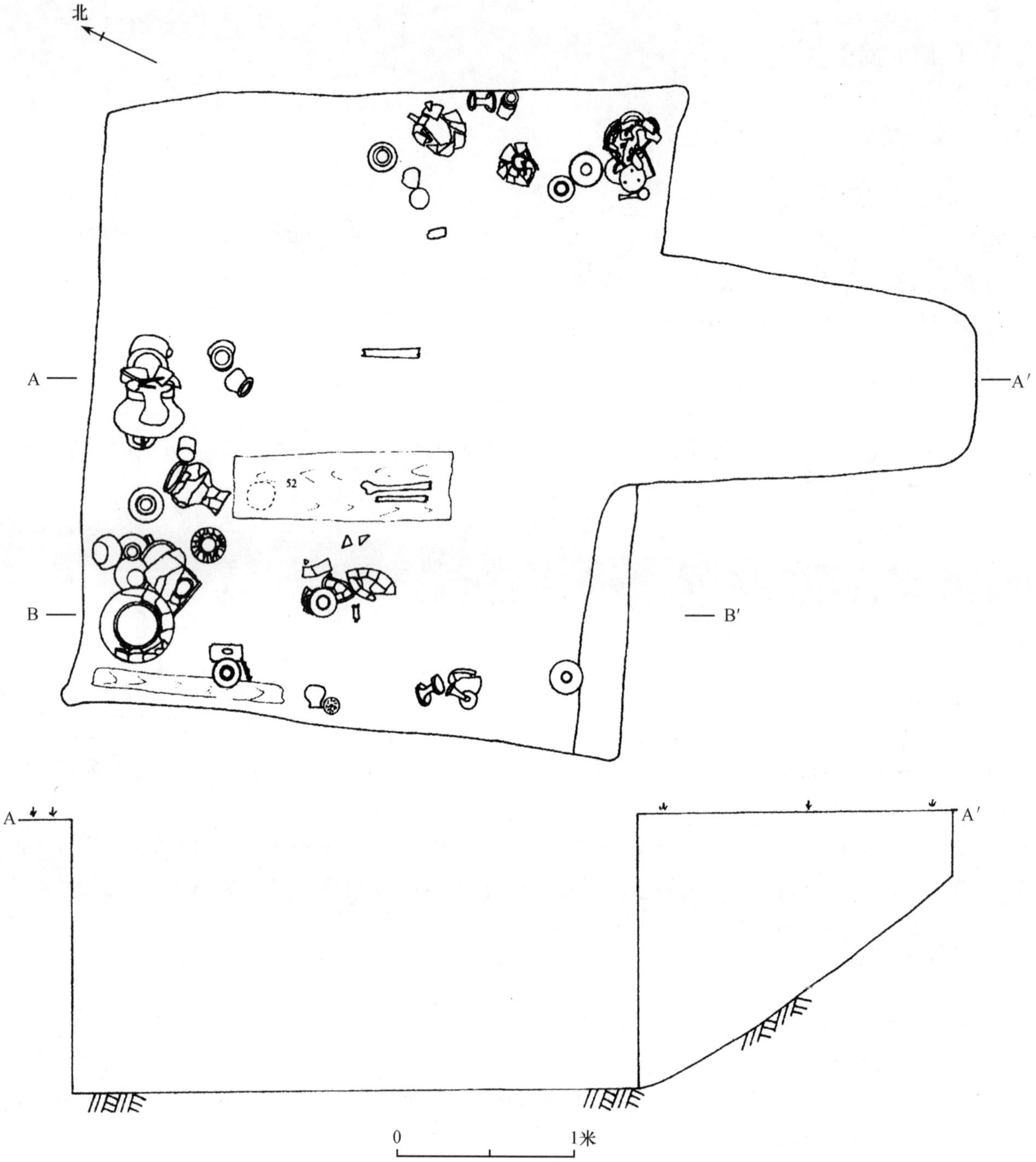

图一九 M9平、剖面图

釉陶勺 2件。M9：1，泥质红陶胎。勺面施釉。长16、通高2.4厘米。M9：20，泥质红陶胎。勺面施釉。直柄较长。长17.1、高3厘米（图二〇，14）。

釉陶壶盖 2件。M9：2，泥质红陶胎。外表施釉。扁平状圆形盖，盖高较矮，盖顶略鼓，顶面有三角形对称乳钉。口径10.2、直径15、通高2.4厘米。M9：38，泥质红陶胎。外表施釉。圆形器盖，盖高较矮，盖顶饰有三角形对称乳钉。口径15.6、通高2.1厘米。

陶罐 7件。M9：3，夹细砂泥质灰陶。直口，卷唇，短束颈，斜肩，弧腹，平底。口径10.4、最大腹径16.8、底径7.8、通高10.8厘米（图二〇，2）。M9：6，夹细砂泥质灰陶。口

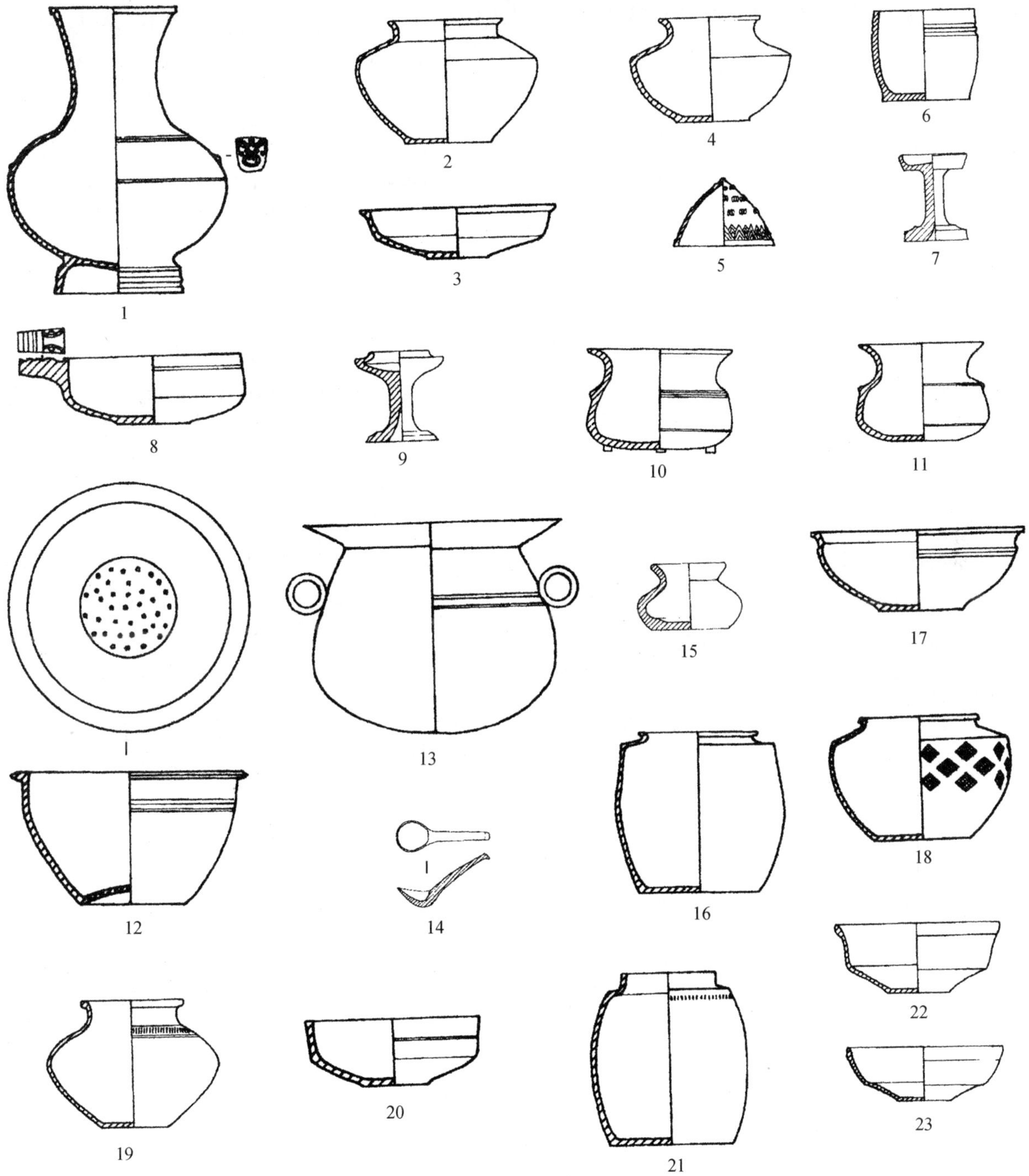

图二〇　大地嘴Ⅰ区M9出土的随葬器物

1. 釉陶壶（M9：4）　2、4、19. 陶罐（M9：3、M9：7、M9：41）　3. 陶盘（M9：5）　5. 釉陶灯盖（M9：8）　6. 陶杯（M9：9）　7、9. 釉陶灯（M9：10、M9：12）　8. 陶匜（M9：11）　10. 釉陶三足盂（M9：15）　11. 釉陶盂（M9：16）　12. 陶甑（M9：17）　13. 陶鍪（M9：18）　14. 釉陶勺（M9：20）　15. 陶小罐（M9：27）　16. 灰陶仓（M9：31）　17. 釉陶盘（M9：35）　18. 陶瓮（M9：36）　20. 釉陶钵（M9：45）　21. 陶仓（M9：47）　22、23. 陶钵（M9：50、M9：48）

微敞，卷唇，短束颈，斜肩，弧腹，平底。下腹部饰有凹弦纹。口径9、最大腹径17.4、底径8.4、高12.3厘米。M9：7，夹细砂灰陶。口微敞，卷唇，短束颈，斜肩，弧腹，平底。口径10.8、最大腹径16.8、底径7.8、高10.8厘米（图二〇，4）。M9：13，夹细砂灰陶。卷沿，圆唇，短束颈，斜肩，鼓腹，平底。口径10.5、最大腹径16.5、底径7.8、高11.1厘米。M9：23，夹细砂灰陶。卷沿，圆唇，短束颈，斜肩，鼓腹，平底。腹部饰有一道凹弦纹。口径10.2、最大腹径16.8、底径8.4、高11.4厘米。M9：24，夹细砂灰陶。卷沿，圆唇，短束颈，斜肩，鼓腹，平底。肩部饰有戳印纹和凹弦纹。口径9.6、最大腹径16.8、底径6.3、高12厘米。M9：26，夹细砂灰陶。卷沿，圆唇，短束颈，斜肩，鼓腹，平底。肩部饰有戳印纹和一道凹弦纹，下腹部饰三道凹弦纹。口径10.8、最大腹径17.4、底径6.6、高12厘米。M9：41，夹细砂灰陶。敞口，圆唇，短束颈，鼓腹，平底。上腹部饰有一周戳印纹和一道凹弦纹。口径10.2、最大腹径16.8、底径6.6、高12厘米（图二〇，19）。

釉陶壶 1件。M9：4，泥质红陶胎。外表施釉。敞口，方唇，高束颈，球形腹，腹上对称有一对铺首衔环，高圈足。颈下饰有两道凹弦纹，腹部中间饰有一道凹弦纹，足部饰有五道凹弦纹。口径17.2、最大腹径28.2、底径16.8、高33厘米（图二〇，1）。

陶盘 1件。M9：5，夹细砂泥质灰陶胎。盘内及口沿施釉。敞口，折沿，折腹，小平底。盘内饰有凹弦纹。口径20、底径6、高5厘米（图二〇，3）。

釉陶灯盖 1件。M9：8，夹细砂泥质红陶胎。盖表施釉。整体呈博山形。盖表饰有锯齿纹和乳钉状纹。口径10.8、高6.6厘米（图二〇，5）。

陶杯 1件。M9：9，泥质红陶。直口，直腹，平底。口下饰有两周凹弦纹。口径9.6、底径8.4、高8.1厘米（图二〇，6）。

釉陶灯 3件。M9：10，泥质红陶胎。外表施釉。盘形灯盘，灯盘较浅，柱状柄，圆形底座。座面饰有一周凸弦纹。口径10.2、底径9.4、柄径3、盘高2.1、座高1.5、通高12厘米（图二〇，7）。M9：12，泥质红陶胎。外表施釉。灯盘为双浅盘，柱状柄，圆形底座。座面饰有一周凸弦纹。口径7.2、底径8.8、柄径2.8、通高10.8厘米（图二〇，9）。M9：43，泥质红陶胎。内外施釉，底部无釉。盘形灯盘，柱状柄，圆形灯座。口径11.4、通高10.8厘米。M9：44，泥质红陶胎。内外施釉。灯盘口内敛呈子母口状，柱状柄，圆形灯座。口径9.6、通高10.2厘米。

陶匜 1件。M9：11，泥质红陶胎。外表施釉。敛口，直壁，平底，有一兽头鋬。口径17、底径8、柄长4.5、高6.5厘米（图二〇，8）。

石器 1件。M9：14，打制石器，两侧有打制的痕迹，为砍砸器。长13.2、宽8、厚2.6厘米。

釉陶三足盂 1件。M9：15，夹细砂泥质红陶胎。外表施釉，釉面有强小开片。敞口，折沿，束颈，垂腹，三对称底足，一足脱落，两侧对称乳钉耳。上腹部饰有两周凹弦纹。口径13.8、高9.6厘米（图二〇，10）。

釉陶盂 2件。M9：16，泥质红陶胎。外表施釉，口沿有釉。敞口，折沿，束颈，垂腹，圜底，两侧对称乳钉耳。上腹部饰有两周凹弦纹，腹部近底处饰有一周凹弦纹。口径13.2、底径7.2、高10.2厘米（图二〇，11）。M9：19，泥质红陶胎。外表施釉，但大半脱落。斜沿外折，敞口，束颈，垂腹，圜底，两侧对称乳钉耳。腹部饰凹弦纹。口径12、最大腹径13.2、高10.2厘米。

陶甑 1件。M9：17，夹细砂灰陶。敞口，折沿，深腹，底面上凸并带有箅孔。上腹部饰有两周凹弦纹。口径31.8、底径13.8、高17厘米（图二〇，12）。

铜鍪 1件。M9：18，斜沿外折，敞口，鼓腹，圜底，两对称圜耳。上腹饰两道凹弦纹。口径22、最大腹径21、高17.5厘米（图二〇，13）。

釉陶杯 1件。M9：21，泥质红陶胎。外表施釉。口微敛，筒形腹，平底，口下饰一道凹弦纹并有一乳钉耳。口径9.6、底径8.8、高8.3厘米。

陶壶 1件。M9：22，敞口，束颈，球形腹，圈足，两侧对称铺首衔环。上腹部饰瓦棱纹，腹部中间和圈足上饰有凹弦纹。口径15、最大腹径25.2、底径16.8、高31.8厘米。

陶小罐 3件。M9：27，泥质灰陶。敞口，鼓腹，平底。口径3.8、最大腹径5.4、底径4、高3.3厘米（图二〇，15）。M9：34，泥质灰陶。器形小。敞口，鼓腹，平底。口径4.2、最大腹径6、底径3、高4.9厘米。M9：40，泥质灰陶。器形小。敞口，圆唇，鼓腹，平底。口径4、最大腹径5.8、底径3、高4.5厘米。

陶井 2件。M9：28，夹细砂灰陶。平面为“井”字形，四角对称饰有网格纹，井台面另饰有鱼纹和斜直纹，井口圆形，口下有井圈，井口旁有放置井架的小方孔。长22、宽22、通高2.5厘米。M9：37，夹细砂灰陶。平面为“井”字形，井台面饰有鱼纹，四角有网格纹，井台中心有圆形井口，井口有井圈，井口旁有放置井架的方形小孔。长21、宽21、通高2.3厘米。

灰陶井架 2件。M9：29，泥质灰陶。呈布币形，竖放在井口旁的方形小孔内，做井架用。长9.8、肩宽2.8、中宽1.2、厚0.6厘米。M9：30，泥质灰陶。担在布币状井架上，用作缠井绳。长13、中宽3厘米。

灰陶仓 1件。M9：31，夹细砂泥质灰陶。折沿，尖唇，敛口，小平肩，筒形腹，平底。口径15、最大腹径21、底径15、高19厘米（图二〇，16）。

红釉陶匜 1件。M9：32，泥质红陶胎。内外壁均施釉。口部微敛，平底，八棱形鋬。口径17、底径8.5、柄长5.5、高6.9厘米。

釉陶盆 1件。M9：33，泥质红陶胎。内壁及口沿施酱釉，外壁无釉。敞口，平折沿，方唇，弧腹，平底。上腹部饰三道瓦棱纹。口径25、最大腹径23、底径10、高9厘米。

釉陶盘 1件。M9：35，泥质红陶胎。内壁及口沿施酱釉，外壁无釉。敞口，平折沿，圆唇，折腹，平底。口径20、最大腹径17、底径8、高5.5厘米（图二〇，17）。

陶瓮 1件。M9：36，夹细砂灰陶。敛口，卷唇，斜肩，深弧腹，平底。上腹部饰三排菱形网格纹。口径26、最大腹径40、底径22、高26厘米（图二〇，18）。

陶仓 2件。M9：39，夹细砂灰陶。敛口，小平肩，筒形腹，平底。口径15、最大腹径22、底径16、高20厘米。M9：47，夹细砂灰陶。直口直领，小斜肩，筒形腹，平底。肩部饰一圈戳印纹。口径12、最大腹径19.5、底径15、高21厘米（图二〇，21）。

器盖 1件。M9：42，夹细砂红陶。外表施釉。造型呈博山形。器表饰有凸起的锯齿纹和乳钉纹。口径10.8、高7.5厘米。

釉陶钵 2件。M9：45，泥质红陶胎。内外施釉。直口，折腹，小平底，器壁较厚。口沿下部饰一道凹弦纹。口径19、底径7、高7.2厘米（图二〇，20）。M9：46，泥质红陶胎。内外施釉。直口，折腹，小平底，器壁较厚。口径18.6、底径6.6、高6厘米。

陶钵 3件。M9：48，夹细砂灰陶。敞口，圆唇，折腹，小平底。口径16、底径6、高6.6厘米（图二〇，23）。M9：49，夹细砂灰陶。敞口，圆唇，折腹，小平底。口径18、底径6、高6.6厘米。M9：50，夹细砂灰陶。敞口，圆唇，折腹，小平底。口径18、底径5.4、高6.9厘米（图二〇，22）。

陶井架　2件。M9：51，残。M9：52，残。

（六）M11

1. 地层堆积情况

此处地层可分为二层。第1层为耕土层；第2层是含有细砂的黄土层，地层堆积较为简单。这种地层的形成有其必然性，因为属于山丘状台地，面积有限，每次后来的居住者都要对原来的居住面进行清理平整，因此很难形成很厚的叠压堆积。

2. 位置及其层位关系

M11位于今年发掘布方的Ⅰ区内，在布方时于TS11E11内发现，编号为2000WWDⅠM11（简称M11）。该墓口在耕土层中即被发现，因此，耕土层已打破此墓，而此墓又直接打破第2层，进入生土，其层位关系如图二一所示。

①→M11→②→生土

图二一　M11层位关系图

3. 墓葬结构

此墓清理后发现，除墓顶已被破坏外，墓道的大部分也被破坏，但经过仔细辨认，仍可确认其属于长方形偏墓道的砖室墓。

墓道大部分已被破坏，其位于墓室的西北角残长100厘米，上口距地表40厘米，下端为60厘米。墓室呈正方形，墓口距地表0～10厘米，长340、宽260厘米，墓底距地表60～80厘米，长、宽与上同。可以看出墓室原来为券顶，后来倒塌在墓室内残面有塌陷下来的起券所用的子母砖，墓室砖长50、宽26、厚10厘米。墓向为300°（图二二）。

4. 骨架及葬具情况

此墓早期扰乱，骨架已很散乱，可辨认的有一个个体。骨架已不完整，且腐朽已经相当严重。因此具体的葬式、头向、面向均无法得知。在清理过程中没有发现葬具的痕迹。

5. 遗物

此墓因早期被扰动，随葬品均无完整出土的器物，只有两件陶器和数枚货币。

陶罐　1件。M11：1，泥质灰陶夹细砂。直口，圆唇，鼓腹，平底。口径11.1、最大腹径16.8、底径7.8、高9.3厘米（图二三，2）。

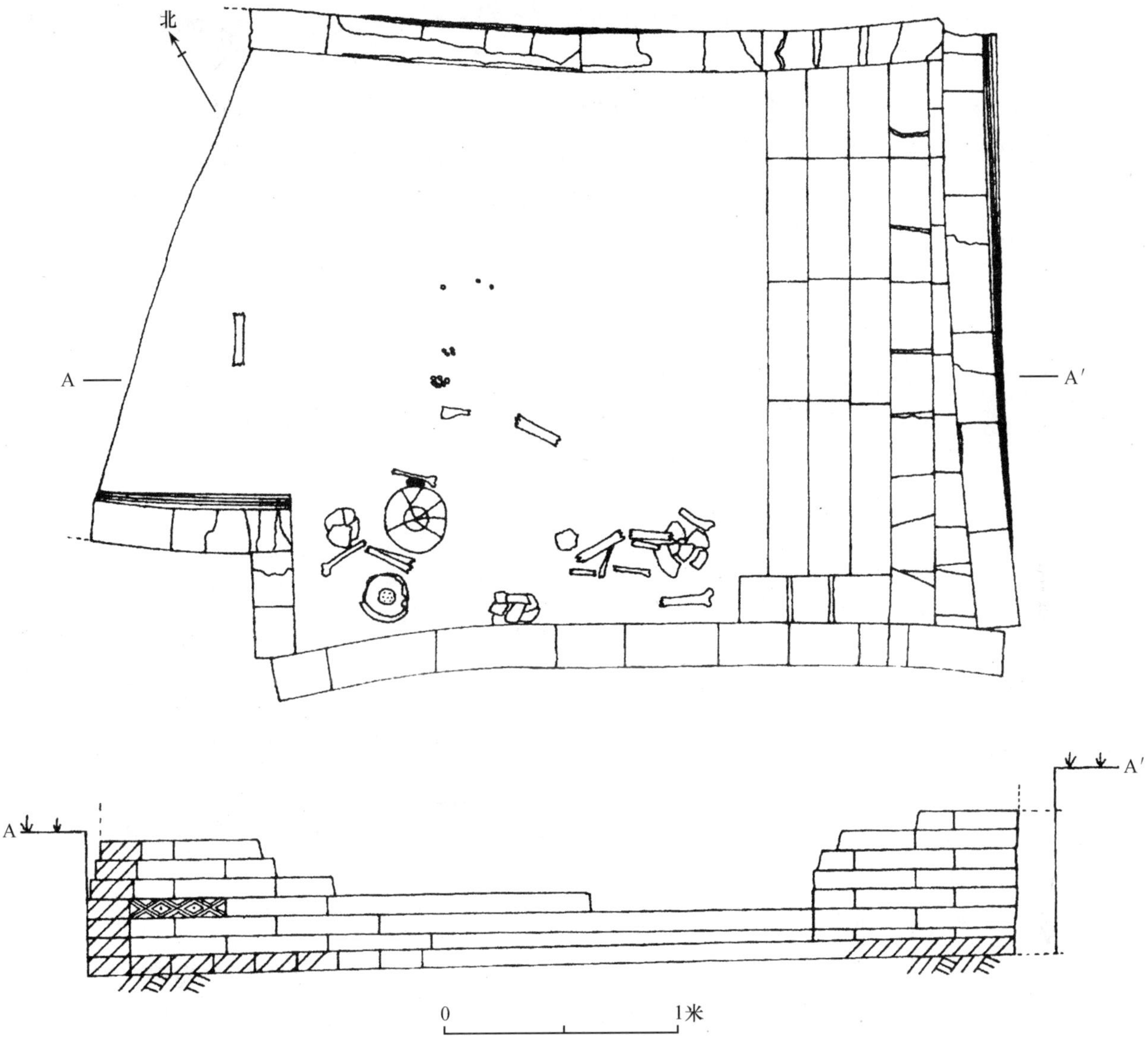

图二二　M11平、剖面图

陶甑　1件。M11：2，泥质灰陶夹细砂。敛口，方唇，斜折沿，鼓腹，平底，底部带有箅孔。腹部饰有凹弦纹。口径23、最大腹径23、底径14、高10.5厘米（图二三，1）。

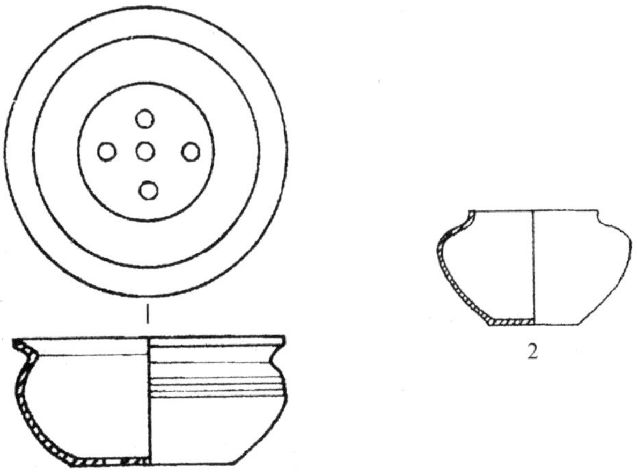

图二三　大地嘴Ⅰ区M11出土的随葬陶器
1. 甑（M11：2）　2. 罐（M11：1）

（七）M12

1. 地层堆积情况

整个山丘台面地层堆积较为简单，最上一层为耕土层，平均厚度在0.3米左右。在西边耕土层下即为生土层，生土是含有大量钙质结合的浅黄土，钙质结核颗粒较大，显得很坚硬，东边与西边略有不同，在耕土层下还有一层绿色黏土，其厚度在0.35米以上，绿色土质地细密，颗粒较小，透气性较差，从其中包含的一些水生生物来看，此层堆积的形成原因大概与水有一定的关系或可称为水成层。综合来看，在台面上当时应该是西高东低，东边有可能存在一个水塘，但由于这一绿色层中没有具有文化特征的遗物，因此我们仍然将其归入第1层，将耕土层划分为第1A层，绿色土划分为第1B层。

2. 位置及其层位关系

M12位于台面的西北角（此台面规定为今年发掘的Ⅲ区），其编号为2000WWDⅢM12（简称M12）。M12开口于耕土层下，具体层位关系如图二四所示。

①→M12→②→生土

图二四　M12层位关系图

3. 墓葬结构

此墓为长方形砖室墓，由于遭到破坏墓道的情况不清，但根据这一地区的同类墓葬来看均带有墓道，此墓亦应有墓道。

此墓墓室的墓口距地表30厘米，墓底距地表80厘米，墓深48厘米（上部已遭破坏）。从残存的情况看墓顶应该属券顶，起券高度约50厘米。

墓室长240、宽190厘米。墓室内的淤土为褐色黏土，土质细密，黏性较大。墓室由青灰色砖砌筑而成，砖长44、宽18.5、厚8厘米。墓室南、北、西三壁，内侧砖面均为模印菱形花纹。这一纹饰是这一地区汉至六朝墓葬中墓砖上的共同纹饰，可以说是这一区这一时期的传统，但此墓的东壁与其他三壁略有不同，其砌筑方式是一层为有花纹砖，一层为无花纹砖交错砌筑。

这一地区砖室墓的起券方式是逐层向内收缩，因此为了使券顶坚固结实，这里起券用砖均为子母砖套榫砌筑。榫头长约5厘米，形状为圆形榫头，圆形榫窝，结合较为紧密。

由于墓道情况不明，加之骨架及葬具已基本损毁，在墓向判断上有一定的难度，但根据西壁在砌筑上较为随意，且中间带有一定的弧度及一般的东西向的墓葬，头向基本向西的规律，可以确定此墓的墓向是东西向，头向向西。根据测量，角度为360°，基本正西（图二五）。

4. 骨架及葬具情况

在清理过程中，没有完整的骨架，也没有发现头骨，只在南壁西外发现少量残存的肢骨碎片，且已腐朽相当严重，这一地区的墓葬中人骨保存情况均较差，原因可能是该地区为酸性土质，并含有大量水分；另外是人为扰乱，许多墓葬早期被盗，许多骨架可能已被抛出墓外。

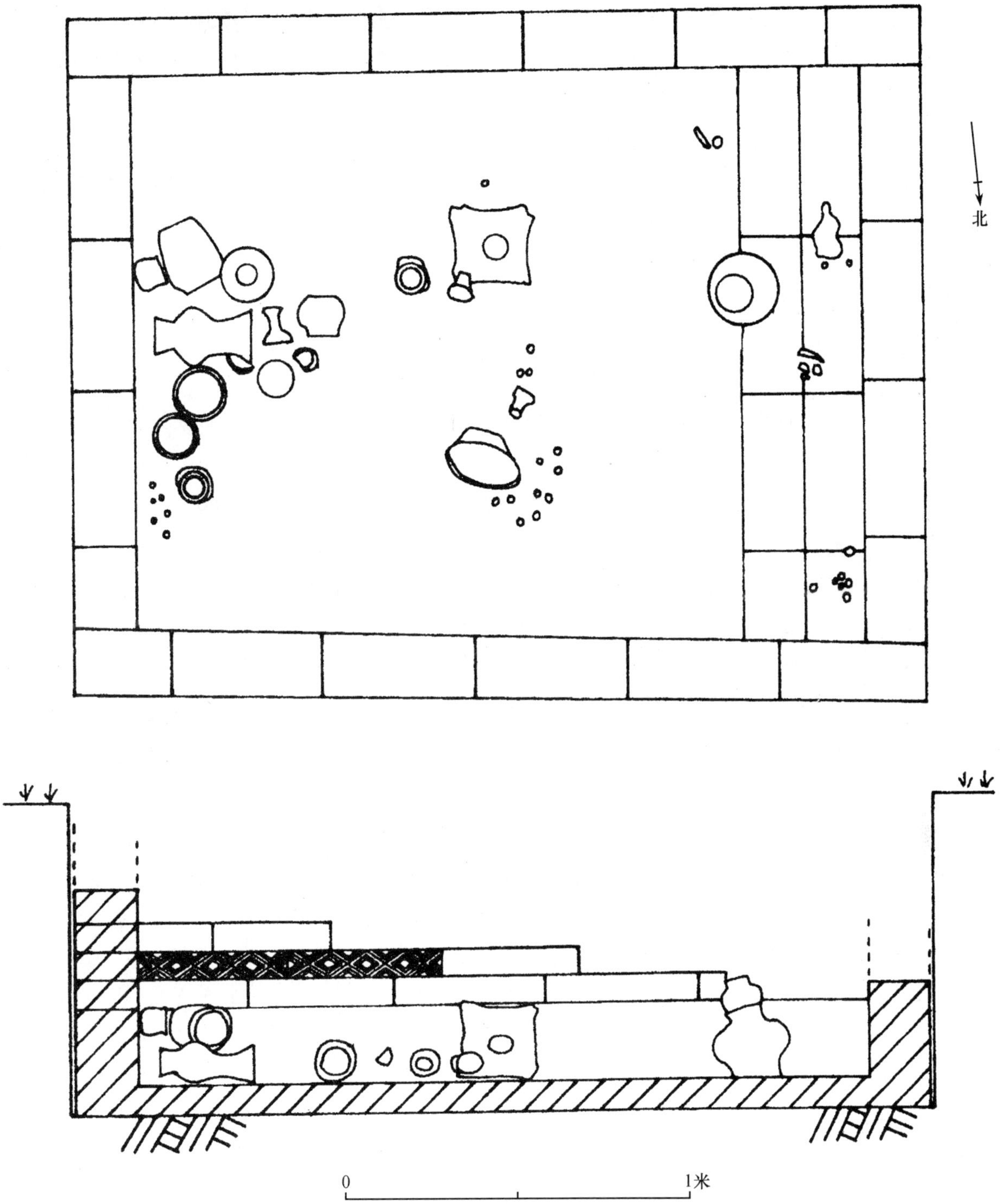

图二五 M12平、剖面图

5. 遗物

此墓从规模上看并不大，但出土遗物情况较好，遗物较为丰富。由于早期扰乱，器物已不在原来的位置上。此墓室后部即东壁附近较为集中。

出土器物包括陶、铜、货币等，以陶器最多，器物种类丰富，以泥质灰陶和泥质红陶为主，有少量夹细砂红陶，保存情况以泥质灰陶最多，泥质红陶次之，夹细砂红陶保存情况最差。陶器可辨器形共出土21件，包括陶罐、陶勺、陶钵、陶灯、陶杯、陶井、陶碗、陶壶、器盖等。铜器只在墓室西南角发现一块上饰弦纹的铜釜腹部残片。货币出土数量较多，几乎散布于墓室各处，共出土约130余枚，保存情况较好，可辨认的种类有“五铢”和“货泉”两种。

釉陶盂　2件。M12：2，泥质红陶胎。口沿及外壁施釉，底无釉。敞口，折沿，圆唇，短束颈，垂腹，平底。上腹部饰有一周凹弦纹。口径11.4、最大腹径14.1、底径6.9、高9.3厘米。M12：20，泥质红陶胎。口沿及外壁施釉。敞口，折沿，圆唇，垂腹，圜底。上腹部饰有两道凹弦纹。口径12、高9.9厘米。

釉陶勺　1件。M12：3，泥质红陶胎。勺面施釉。斜直柄，柄端平切。口径3.9、长15.3、高3厘米。

陶罐　2件。M12：4，夹细砂灰陶。敛口，卷唇，外斜颈，鼓腹，平底。颈下饰一道凹弦纹。口径14、最大腹径22.4、底径14、高17.5厘米。M12：10，夹细砂灰陶。敞口，圆唇，短束颈，斜肩，鼓腹，平底。肩部饰一道凹弦纹。口径10.2、最大腹径15.9、底径8.1、高11.7厘米。

釉陶盆　1件。M12：5，泥质红陶胎。内壁及口沿施釉。敞口，折沿方唇，弧腹，平底。上腹部饰三周凹弦纹。口径13.2、底径4.2、高5.1厘米。

陶杯　1件。M12：7，泥质红陶。口微敛，筒形腹，平底。口径9、底径7.5、高8.7厘米。

陶井　1件。M12：8，夹细砂灰陶。平面为“井”字形，四角及四边对称弧形，井台上饰弧线纹相交错，四角饰对称网格纹，中心有圆形井口，口下有井圈，井口旁有放置井架的方形孔。长23、宽23、高2.5厘米。

釉陶灯　2件。M12：9，泥质红陶胎。器表施釉。灯盘为双浅盘，柱状柄，圆形灯座。口径6.4、底径9、柄径3、高3.9厘米。M12：12，泥质红陶胎。除底心外均施釉。敞口灯盘，灯盘较深，柱状柄，圆形灯座。口径11.4、底径9、柄径3.6、高12.9厘米。

陶钵　2件。M12：13，夹细砂泥质灰陶。敞口，圆唇，弧腹，平底。口径15、底径6、高5.1厘米。M12：16，泥质灰陶夹细砂。敞口，圆唇，弧腹，小平底。口径15.4、底径5.4、高6.6厘米。

釉陶壶　1件。M12：14，泥质红陶胎。外表施酱色釉。敞口，折沿，高束颈，鼓腹，高圈足，两侧饰有一对铺首衔环。腹部饰有四道凹弦纹。口径15、最大腹径18.5、底径15、高29厘米。

釉陶钵　1件。M12：15，泥质红陶。外部施酱色釉。直口，折腹斜下收，小平底。口径16.2、底径6、高5.4厘米。

陶仓　2件。M12：17，泥质灰陶夹细砂。敛口，卷唇，小平肩，筒形腹，平底。口径12、最大腹径19、底径14、高20厘米。M12：18，泥质灰陶夹细砂。敛口，方唇，溜肩，直腹，平底。口径8.6、底径6、高9.1厘米。

釉陶器盖　1件。M12：19，泥质红陶胎。外表施釉。盖顶有圆环形盖纽。口径15、高6.3厘米。

釉陶灯盖　1件。M12：21，泥质红陶胎。外表施酱釉，整体呈博山形，器盖上有三个三角形对称气孔。器表遍饰凸起的锯齿纹和乳钉纹。口径12、高5.8厘米。

铜指环　1件。M12：22，外径3.6、内径2.6厘米。

陶钎　1件。M12：23，残长1.4、环径0.6厘米。

陶井架　1件。M12：24，泥质灰陶夹细砂。竖放在井口旁的方形小孔内，做井架用。长10.4、上宽3、下宽3厘米。

陶盂　1件。M12：25，泥质红陶。敞口，斜折沿，垂腹，平底，器形颇小。口径8、最大腹径7.4、底径5.6、高4.8厘米。

此外，尚有五铢、泉货、大泉五十等钱币。

（八）M13

1. 地层堆积情况

整个山丘台面地层堆积较为简单。第1层为耕土层，平均厚度在30厘米左右，西边耕土层下即为生土。生土是含有大量钙质结核的浅黄色土，钙质结核颗粒较大，显得很坚硬。东边与西边略有不同，在耕土层下还有一层绿色黏土，其厚度在35厘米左右。

2. 位置及其层位关系

此墓位于2000年度发掘规划的Ⅲ区范围之内，于TS2W2内发现，其编号为2000WWDⅢM13（简称M13）。此墓开口于第1层下，同时叠压在生土之上，其层位关系如图二六所示。

①→M13→生土

图二六　M13层位关系图

3. 墓葬结构

此墓为带不规则长方形偏墓道的竖穴土坑墓。墓道位于墓室西南角，上口长120、宽150、深64厘米；底长120、下端宽150、深64厘米。墓室为正方形，墓口距地表33、长260、宽220厘米。墓底距地表64、长260、宽220厘米。墓中填土为王花土，墓向为255°（图二七）。

4. 骨架及葬具情况

清理中未发现骨架及葬具。

5. 遗物

仅出土五铢钱一枚。

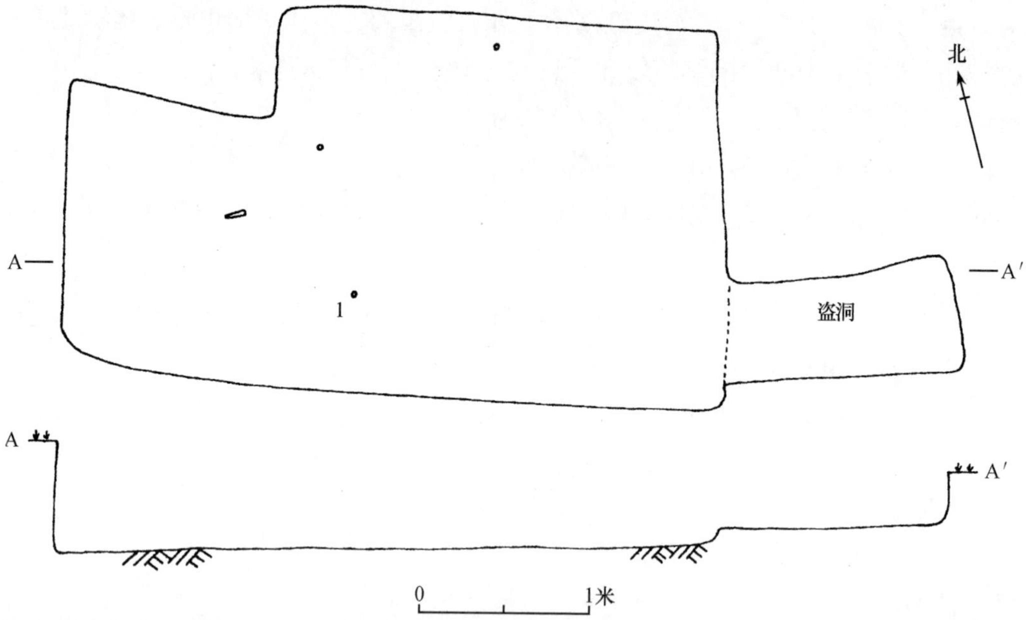

图二七　M13平、剖面图
1. 五铢钱

（九）M14

1. 地层堆积情况

整个山丘台面地层堆积较为简单，最上一层为耕土层，平均厚度在0.3米左右。在西边耕土层下即为生土层，生土是含有大量钙质结合的浅黄土，钙质结核颗粒较大，显得很坚硬；东边与西边略有不同，在耕土层下还有一层黏土，其厚度在0.35米以上。

2. 位置及其层位关系

M14位于2000年发掘的Ⅲ区内于探方TS3W4内发现并延伸至TS4W4内，编号为2000WWDⅢM14（简称为M14）。

M14开口耕土层下，具体层位关系如图二八所示。

①→M14→②

图二八　M14层位关系图

3. 墓葬结构

此墓是一座带长方形偏墓道的竖穴土坑墓，墓道位于墓室西部，呈长方形。墓道上口长254、宽154、深54厘米，上端长236、宽15、深70厘米。

此墓墓室呈正方形，墓室的墓口距地表33、墓底距地表156、长304～322、宽390～402厘米。墓室及墓道内填土为褐色花土，墓向269°（图二九）。

4. 骨架及葬具情况

此墓骨架保存情况不好，可以辨认的骨架有3具。其中墓道中2具，墓室中1具。其头向均向西，但因为高度腐朽，已无法辨认其面向及葬式，更无法提取骨骼。墓道内北侧的骨架较为完整，体格较小，似为儿童。在清理过程中没有见到葬具的痕迹。

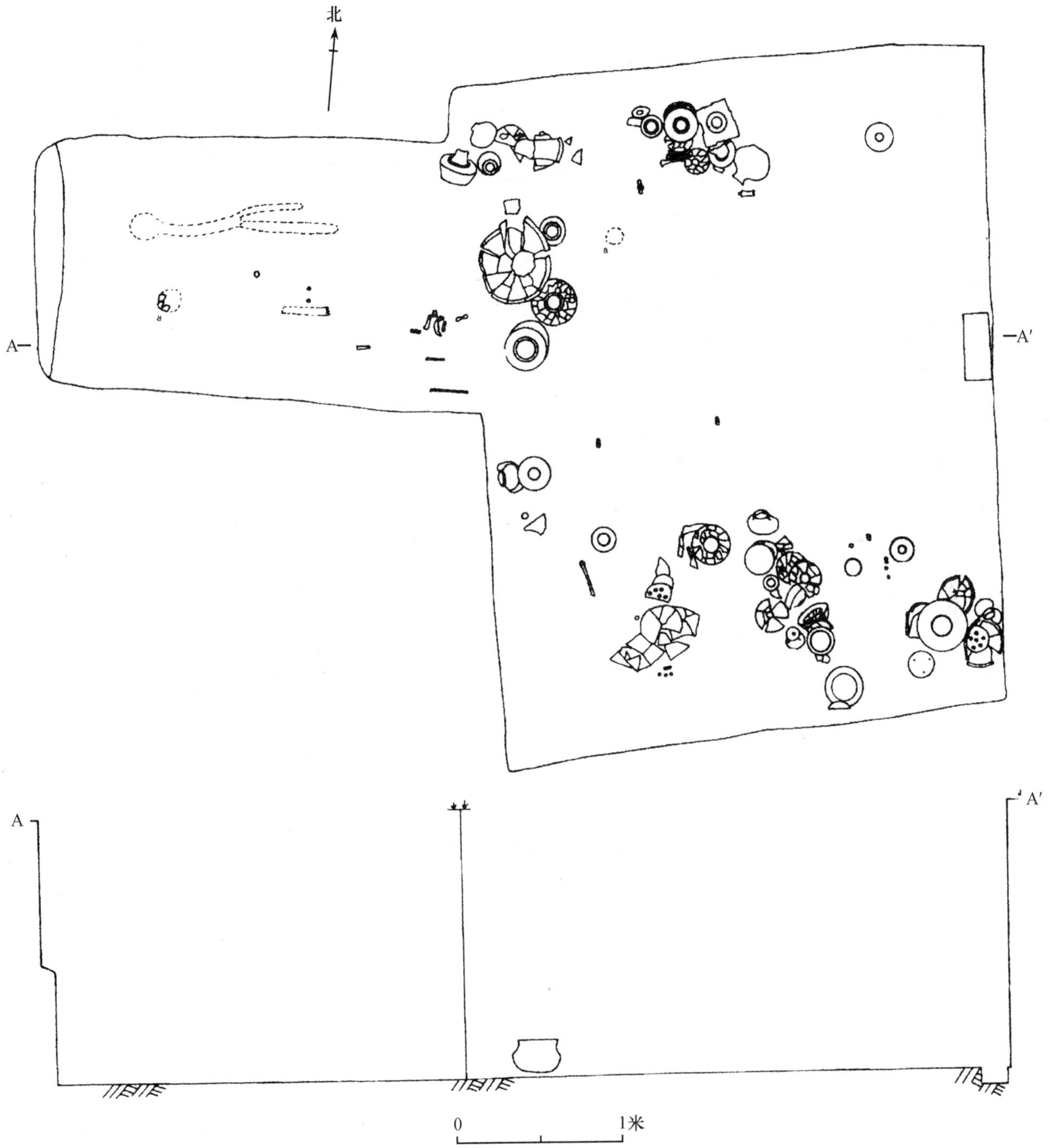

图二九　M14平、剖面图

5. 遗物

此墓中随葬品摆放较有规律，除因上部坍塌和挤压发生局部位移外，大致都在原位，可以看出器物以墓室南壁附近最为集中，其次是北壁及墓道的接头处。出土的器物绝大多数为陶器，还有少量的铁、铜、银等器物，陶器全部都是泥质灰陶的器物，没有发现其他陶质的陶器，器形主要以壶、罐、甑、碗、盘为主。另外出土的7件银指环也较为珍贵（彩版三〇，1）。

陶纺轮　2件。M14：1，泥质灰陶。中心有圆孔上下贯通，上小下大。孔径0.6、直径1.9～3、高2厘米（图三〇，1）。M14：33，泥质灰陶。算珠形，中心有一孔上下贯通。直径3.5、厚1.5、孔径0.6厘米。

陶井架　2件。M14：2，泥质灰陶。竖插在井口旁的方形小孔内，做井架用。残长5、宽1.6～2.8、厚0.8厘米。M14：27，泥质灰陶夹细砂。竖插在井口旁的方形小孔内，做井架用。长9.4、宽2.6～3.2、厚0.8厘米。

陶壶　5件。M14：3，泥质灰陶夹细砂。口部和颈部残缺，斜肩，弧腹，圈足。肩部饰有三道瓦棱纹，肩腹相交处饰两道凹弦纹。最大腹径23、底径14.5、残高19厘米。M14：11，泥质灰陶夹细砂。敞口，方唇，高束颈，球形腹，圈足，腹部饰有对称铺首衔环。颈下饰有三道凹弦纹，腹部饰有一道凹弦纹，圈足上饰有两道凹弦纹。口径14.4、最大腹径26.4、底径18、高33厘米（图三〇，11）。M14：38，泥质灰陶夹细砂。敞口，方唇，高束颈，丰肩，鼓腹，圈足。颈下饰有三周凹弦纹，腹部饰有网格纹，腹部饰有两道凹弦纹。口径14、最大腹径26.5、底径16、高27.5厘米（图三〇，12）。M14：59，泥质灰陶夹细砂。敞口，高束颈，球形腹，高圈足，上腹部饰有对称的铺首衔环。颈下饰三道凹弦纹，腹部饰有一道凹弦纹，足部饰有两道凹弦纹。口径16、最大腹径26、底径16.5、高30厘米。M14：61，泥质灰陶夹细砂。敞口，圆唇，高束颈，丰肩，鼓腹，圈足。颈下饰有三道凹弦纹和网格纹，腹部饰有两道凹弦纹，腹下饰有三道凹弦纹。口径14.4、最大腹径30、底径18、高33.6厘米。

陶盂　1件。M14：4，泥质灰陶夹细砂。敞口，斜折沿，圆唇，束颈，垂腹，圜底，腹部饰有两道凹弦纹，弦纹上饰有一对乳钉耳。口径11.4、最大腹径14.4、底径12、高11.1厘米。

陶罐　9件。M14：5，泥质灰陶夹细砂。敛口，卷唇，外斜颈，斜肩，弧腹，平底。下腹部饰有四道凹弦纹。口径7.8、最大腹径15.6、底径8.4、高11.2厘米。M14：9，泥质灰陶夹细砂。侈口，折沿，圆唇，短束颈，鼓腹，平底。上腹部饰有一周戳印纹。口径11、最大腹径21、底径13、高20厘米。M14：25，泥质灰陶夹细砂。侈口，圆唇，束颈，鼓腹，平底。颈下饰有一周戳印纹。口径9、最大腹径15、底径9、高10.5厘米（图三〇，5）。M14：29，泥质灰陶夹细砂。侈口，圆唇，束颈，鼓腹，平底。肩部饰有一周戳印纹及一周凹弦纹。口径10.2、最大腹径16.5、底径7.8、高12厘米。M14：30，泥质灰陶夹细砂。侈口，圆唇，束颈，斜肩，鼓腹，平底。肩部饰有一周戳印纹。口径9.3、最大腹径17.4、底径9、高12厘米。M14：32，泥质灰陶夹细砂。侈口，圆唇，束颈，丰肩，鼓腹，平底。肩部饰有一周戳印纹和凹弦纹。口径9.5、最大腹径16、底径7.5、高12.5厘米。M14：50，泥质灰陶夹细砂。侈口，圆唇，短束颈，鼓腹，平底。肩部饰有两道凹弦纹。口径9.3、最大腹径14.1、底径7、高11.4厘米。M14：65，轮制。泥质灰陶夹细砂。侈口，圆唇，束颈，鼓腹，平底。上腹部饰有四道戳印纹。口径

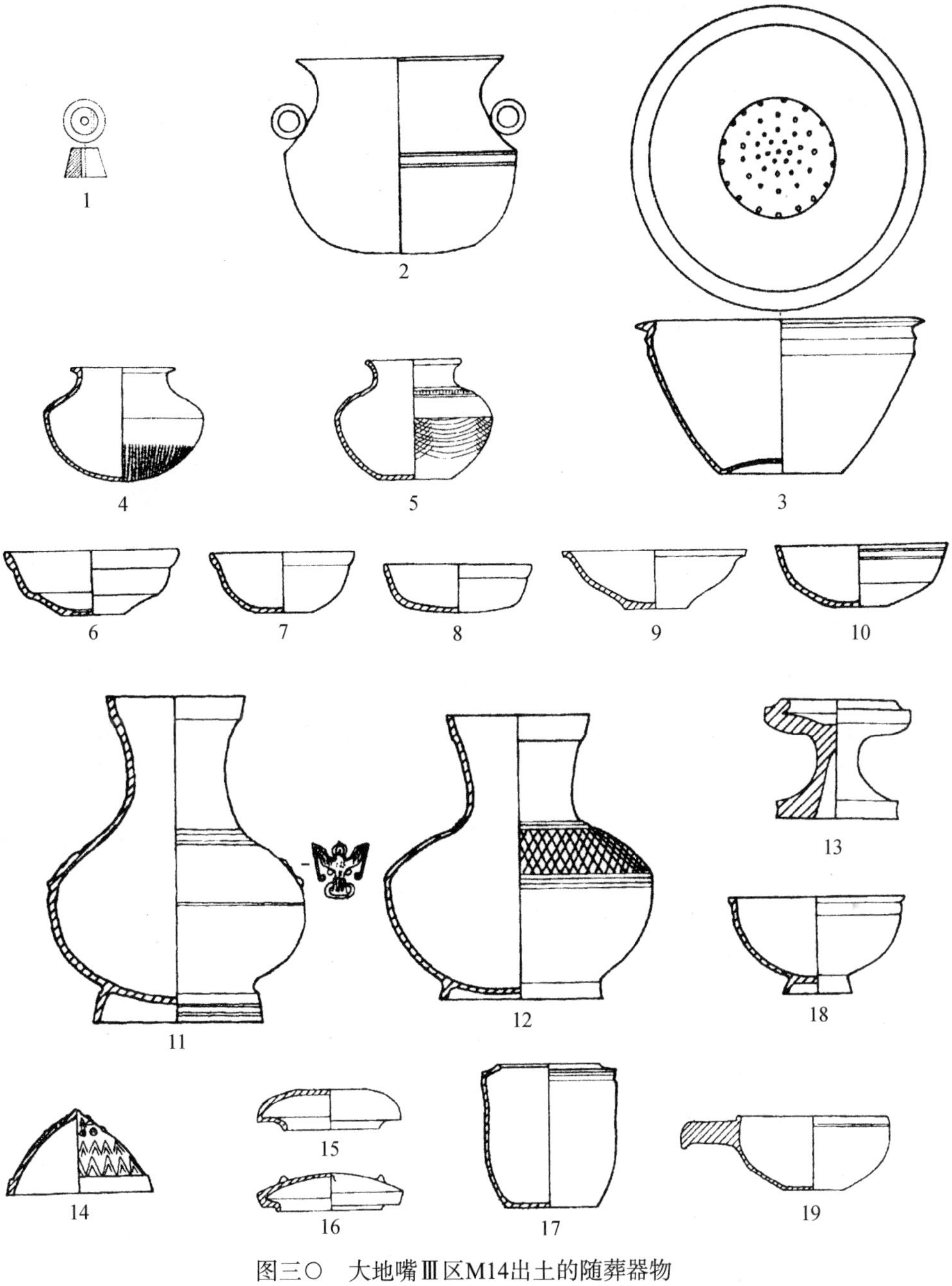

图三〇　大地嘴Ⅲ区M14出土的随葬器物

1. 陶纺轮（M14：1）　2. 铁釜（M14：7）　3. 陶甑（M14：6）　4. 陶圜底罐（M14：10）　5. 陶罐（M14：25）　6～8、10. 陶钵（M14：14、M14：15、M14：24、M14：41）　9. 陶盘（M14：39）　11、12. 陶壶（M14：11、M14：38）　13. 陶灯（M14：48）　14. 陶灯盖（M14：47）　15、16. 陶壶盖（M14：58、M14：60）　17. 陶仓（M14：56）　18. 陶碗（M14：64）　19. 陶匜（M14：16）

9.6、最大腹径15.9、底径9、高13厘米。

陶甑　3件。M14：6，泥质夹细砂灰陶。敞口，折沿，圆唇，深弧腹，底部上凸，底部带有箅孔。上腹部饰有一道凸弦纹和一道凹弦纹。口径40.8、底径17.4、高20.4厘米（图三〇，3）。M14：36，泥质夹细砂灰陶。敞口，折沿，圆唇，深腹，底部带有箅孔。上腹部饰有一周锥刺纹，锥刺纹下饰有凸弦纹，凸弦纹下饰有两道戳印纹。口径33、底径15、高18.6厘米。M14：63，泥质夹细砂灰陶。敞口，圆唇，深腹，平底，底部有箅孔。唇部有一周凹弦纹，上腹部有一周戳印纹，戳印纹下遍饰梳篦纹。口径27.6、底径13.2、高16.2厘米。

铁釜　1件。M14：7，铁制。敛口，鼓腹，圜底。口径27、最大腹径43、高30厘米（图三〇，2）。

铜鍪　1件。M14：8，铜制。敞口，斜折沿，束颈，垂腹圜底，颈部有对称环形耳。腹部饰二周凸弦纹。口径25.2、最大腹径36.6、高20.4厘米。

陶圜底罐　1件。M14：10，泥质灰陶夹细砂。侈口，折沿，尖唇，短束颈，斜肩，弧腹，圜底。底部饰有绳纹。口径17、最大腹径15、高10.2厘米（图三〇，4）。

铜指环　1件。M14：12，铜制。圆环。外径2.4、内径1.8厘米。

银指环　1件。M14：13，银制。圆环。外径1.9、内径1.7厘米。

陶钵　24件。M14：14，泥质夹细砂灰陶。敞口，圆唇，折腹，小平底。口径12.6、底径4.8、高4.5厘米（图三〇，6）。M14：15，泥质夹细砂灰陶。敞口，圆唇，弧腹，小平底。口径11.4、底径4.8、高4.8厘米（图三〇，7）。M14：17，泥质夹细砂灰陶。敞口，圆唇，弧腹，小平底。口径12、底径3.6、高4.5厘米。M14：18，泥质夹细砂灰陶。敞口，圆唇，弧腹，小平底。口径12.3、底径4.2、高4.3厘米。M14：19，泥质夹细砂灰陶。敞口，圆唇，折腹，小平底。口径16.8、底径5.7、高6.9厘米。M14：20，泥质夹细砂灰陶。敞口，圆唇，折腹，小平底。口径17.4、底径5.4、高6厘米。M14：21，泥质夹细砂灰陶。敞口，圆唇，折腹，小平底。口径17.8、底径5.7、高6.6厘米。M14：23，泥质夹细砂灰陶。敞口，圆唇，折腹，小平底。口径13.2、底径4.2、高5厘米。M14：24，泥质夹细砂灰陶。敞口，圆唇，圜底。口径12、底径3.6、高3.9厘米（图三〇，8）。M14：28，泥质夹细砂灰陶。敞口，圆唇，折腹，小平底。口径13.2、底径4.8、高4.7厘米。M14：31，泥质夹细砂灰陶。敞口，圆唇，弧腹，小平底。口径16.8、底径5.4、高6.3厘米。M14：35，泥质夹细砂灰陶。敞口，折沿，折腹，小平底。口径21、底径7.5、高5厘米。M14：41，泥质夹细砂灰陶。敞口，尖唇，弧腹，小平底。口沿下饰有二道凹弦纹。口径18、底径6.5、高6厘米（图三〇，10）。M14：42，泥质夹细砂灰陶。敞口，圆唇，折腹，小平底。口径17.1、底径6.6、高6厘米。M14：43，泥质夹细砂灰陶。敞口，圆唇，折腹，小平底。口径16.8、底径6.2、高6.3厘米。M14：44，泥质夹细砂灰陶。敞口，圆唇，折腹，假圈足。口径15.9、底径6.6、高6厘米。M14：45，泥质夹细砂灰陶。敞口，圆唇，折腹，小平底。口径17.4、底径5.1、高6.3厘米。M14：46，泥质夹细砂灰陶。敞口，圆唇，弧腹，平底。口径12.3、底径4.8、高4.8厘米。M14：49，泥质夹细砂灰陶。敞口，圆唇，弧腹，小平底。口径17.1、底径6、高6厘米。M14：51，泥质灰陶夹细砂。敞口，圆唇，弧腹，平底。口径12.6、底径4.2、高4.5厘米。M14：52，泥质夹细砂灰陶。敞口，圆唇，折腹，小平底。口径13.5、底径5.1、高4.8厘米。M14：53，泥质夹细砂灰陶。敞口，圆唇，弧腹，平底。口径16.8、底径6、高6.3厘米。M14：54，泥质夹细砂灰陶。敞口，圆唇，弧腹，平底。口径12、底径5.1、高4.5厘米。M14：57，泥质夹细砂灰陶。敞口，圆唇，折腹，平底。口径18、底径5.7、高6.6厘米。M14：66，泥质夹细砂灰陶。敞口，圆唇，折腹下收，平底。口径13、底径5.2、高4.4厘米。

陶匜　1件。M14：16，泥质灰陶夹细砂，敛口，圆唇，弧腹，小平底，有栓形手柄，口下饰有一道凹弦纹。口径16.2、底径6.6、柄长6、柄径2.4、高7.8厘米（图三〇，19）。

陶井　1件。M14：22，泥质灰陶夹细砂。平面，“井”字形，一个角饰网格纹，三个角饰有“十”字纹，台面饰有鸟衔鱼纹、鱼纹、麦穗纹，井台中心有井口，井口下有井圈，井口旁有放置井架的小孔。长23、宽23、通高2厘米。

铁刀　1件。M14：34，铁制，环首直柄。长23、刀宽2.2、首孔径1.6厘米。

陶盘　1件。M14：39，泥质夹细砂灰陶。敞口，方唇，小平底。口径18、底径6、高5.6厘米（图三〇，9）。

陶灯盖　1件。M14：47，泥质夹细砂灰陶。博山状，盖表饰有凸起的三角纹及乳钉纹。盖顶处有五个对称的气孔。口径10.8、高6厘米（图三〇，14）。

陶灯　2件。M14：48，泥质夹细砂灰陶，灯盘为双浅盘，柱状柄，圆形底座。口径8.4、底径8.7、柄径3、通高8.1厘米（图三〇，13）。M14：55，泥质夹细砂灰陶，灯盘为双浅盘，柱状柄，圆形底座。口径7.5、底径9、通高8.7厘米。

陶仓　2件。M14：56，泥质夹细砂灰陶，敛口，小平肩，筒形腹，平底，上腹部饰有一周戳印纹。口径12、腹径18.5、底径14、高17.5厘米。M14：62，泥质夹细砂灰陶，敛口，小平肩，筒形腹，平底。口径13、腹径16.5、底径11、高17厘米。

陶壶盖　2件。M14：58，泥质夹细砂灰陶，弧形拱顶，拱顶略平。口径10.5、高4.2厘米（图三〇，15）。M14：60，泥质夹细砂灰陶，弧形拱顶，顶部饰有三角对称乳钉并有三道凹弦纹。口径10.4、高3.9厘米（图三〇，16）。

陶碗　1件。M14：64，泥质夹细砂灰陶，敞口，深腹，圈足。口下饰有一道凹弦纹。口径20、底径8、高10.5厘米（图三〇，18）。

（一〇）M17

1. 地层堆积情况

整个山丘台面地层堆积较为简单。第1层为耕土层，平均厚度在30厘米左右，西边耕土层下即为生土。生土是含有大量钙质结核的浅黄色土，钙质结核颗粒较大，东边与西边略有不同。在耕土层下还有一层绿色黏土，其厚度在35厘米左右。

2. 位置及其层位关系

此墓位于2000年度发掘规划的Ⅲ区范围之内，于TSlW4内发现，其编号为2000WWDⅢM17（简称M17）。

此墓开口于第1层下，直接叠压在生土之上。其层位关系如图三一所示。

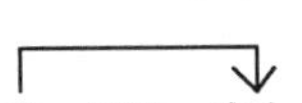

图三一　M17层位关系图

3. 墓葬结构

此墓为竖穴土坑墓，但只遗留了约10厘米深的一个墓圹。墓口距地表深33、长286、宽180厘米；墓底距地表深42、长286、宽180厘米。此墓很可能是在平田整地时被损毁（图三二）。

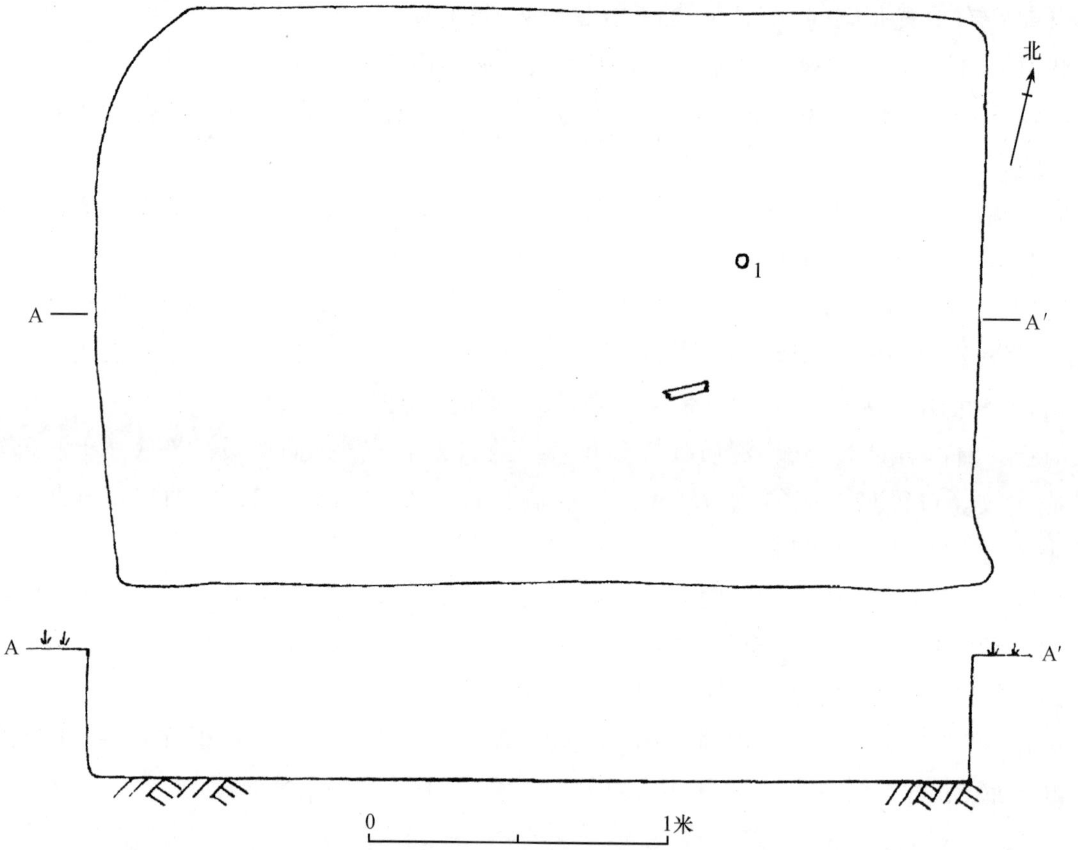

图三二 M17平、剖面图
1. 五铢钱

仅出土五铢铜钱一枚。

（一一）M19

1. 墓葬位置及周围地理环境

墓葬位于重庆市万州区长坪乡树合村境内的长江二级台地上，由于水流的冲刷又将其分割为各自独立的塬状土丘，又由于水流的横向切割，墓葬所在的土丘又被分为前后两个部分。此墓位于面临长江的前半部分，发掘前为农民的菜地。

2. 地层堆积情况

这里的地层非常简单，耕土层下即为含有大量钙质结核的黄色生土。钙质结核颗粒粗大，土质坚硬。

3. 位置及其层位关系

墓葬位于2000年度发掘规划的Ⅱ区范围内，在探方TS1W5中发现，并且扩方清理。其编号为2000WWDⅡM19（简称M19）。墓葬在耕土层下开口，直接叠压在生土之上，其层位关系如图三三所示。

①→M19→生土

图三三　M19层位关系图

4. 墓葬结构

此墓为带斜坡墓道的竖穴土坑墓。墓道为斜坡状，上口长196、宽116、深64、底长196厘米；下端宽116、深98厘米。墓室为正方形，距地表34、长335、宽368厘米；墓底距地表深140、长270、宽343厘米。墓内填土为五花土，方向295°。

5. 骨架及葬具情况

此墓骨架较多，也很散乱，但可辨认的个体有5具，其中3具骨架已散乱，看不出其葬式及面向，中间的两具保存较为完好，可以看出其头向向东，为仰身直肢葬，初步判断为两名男性。在清理过程中未发现葬具（图三四）。

6. 遗物

此墓出土遗物较为丰富，但也较为散乱，已看不出放置规律。出土物主要为陶器，在陶器中最为引人注目的是出现了1件陶鸡和2件陶俑，在这个地点尚属首次。其余还有铜、铁等器物。

铜鍪　1件。M19：2，敞口，斜折沿，束颈，垂腹，平底，肩径间有一对环形耳。腹部饰有两道凸弦纹。口径20、最大腹径21.5、底径6、高18厘米（图三五，1）。

陶匜　1件。M19：3，泥质红陶胎。内外施釉。敞口，方唇，直腹，底部内收成小平底，八棱鋬。口沿下有一道凹弦纹。口径16、底径6、高6.5厘米（图三五，3）。

铁釜　1件。M19：4，敞口，斜折沿，折沿间饰以对称的环形耳，球形腹，圜底。腹饰有三道凸弦纹。口径28.5、最大腹径28、高20厘米（图三五，2）。

陶豆　1件。M19：5，泥质红陶胎。深腹，口内敛呈子母口状，柱状柄，喇叭口底座。口径10.8、高8.7厘米（图三五，4）。

釉陶匜　1件。M19：6，泥质红陶胎。内壁满施酱釉，外壁半釉。敛口，直壁，腹下部内收成小平底，兽头鋬。口沿处饰一道凹弦纹。口径18.5、底径8、高7.5厘米（图三五，5）。

陶罐　2件。M19：8，夹砂细泥灰陶。敞口，卷沿尖唇，短束颈，丰肩，弧腹，圜底。肩部以下饰绳纹。口径10.5、高12厘米（图三五，6）。M19：13，夹砂泥质灰陶。敞口，圆唇，折腹，小平底。口径17、最大腹径26、底径15、高17厘米（图三五，8）。

陶盂　1件。M19：12，泥质红陶。敞口，方唇，高束领，腹部内收成小平底，肩颈间饰

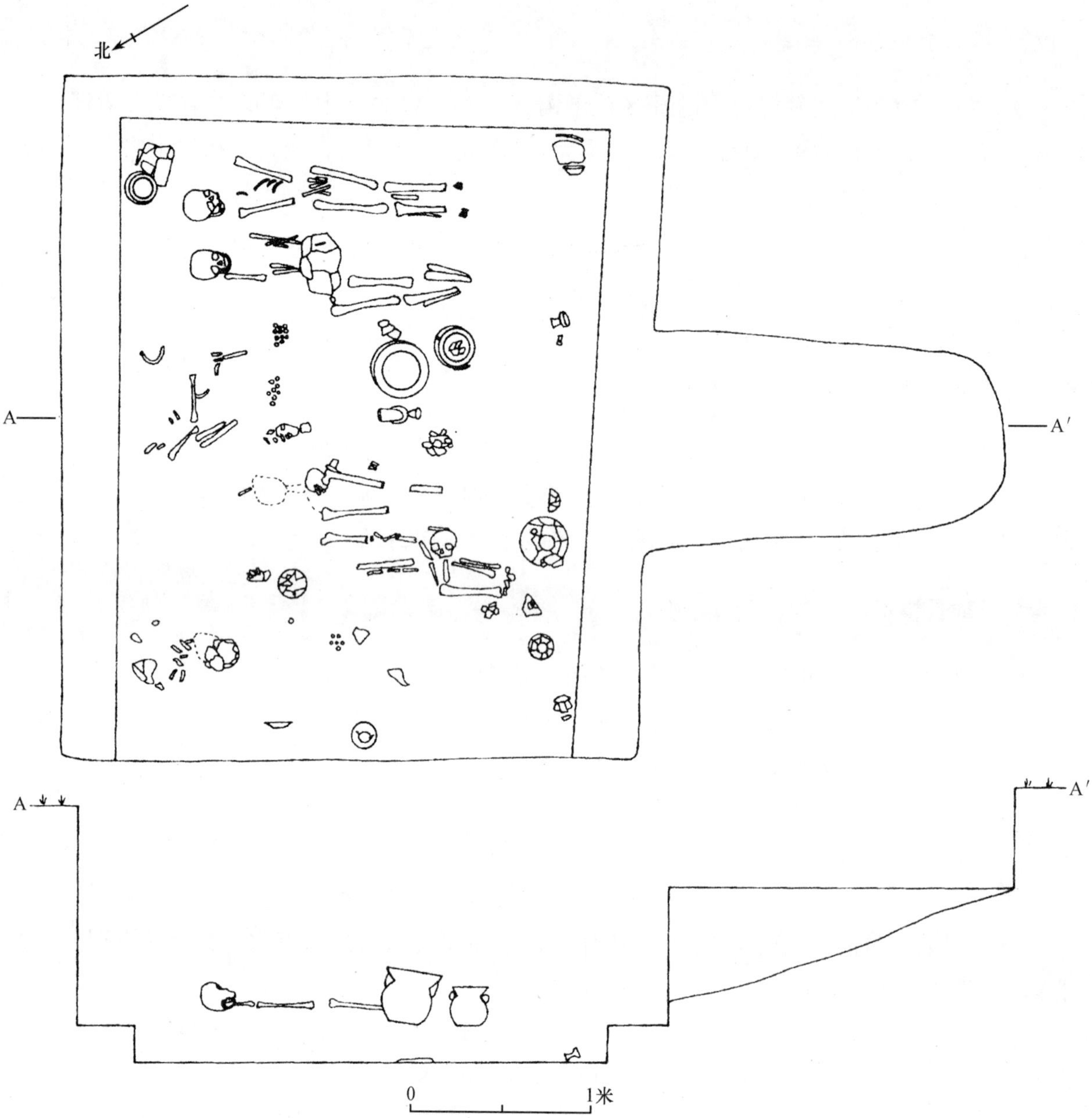

图三四 M19平、剖面图

有对称的环形耳。腹部饰两道凹弦纹。口径12.4、最大腹径13.8、底径6.6、高10.3厘米（图三五，7）。

陶壶 1件。M19：14，泥质红陶胎。敞口，方唇，高束领，球形腹，高圈足，肩部有对称的铺首衔环饰。肩、腹、足部分分别饰两道凹弦纹。口径13.8、最大腹径30、底径19.8、高31.2厘米（图三五，9）。

陶钵 1件。M19：17，夹砂细泥灰陶。敞口，圆唇，折腹，小平底。口径13.8、底径4.3、高4.4厘米（图三五，10）。

陶俑 1件。M19：18，泥质红陶。为站立妇人像，双手合交于腹部，盘头并有发髻。高21厘米（图三五，11）。

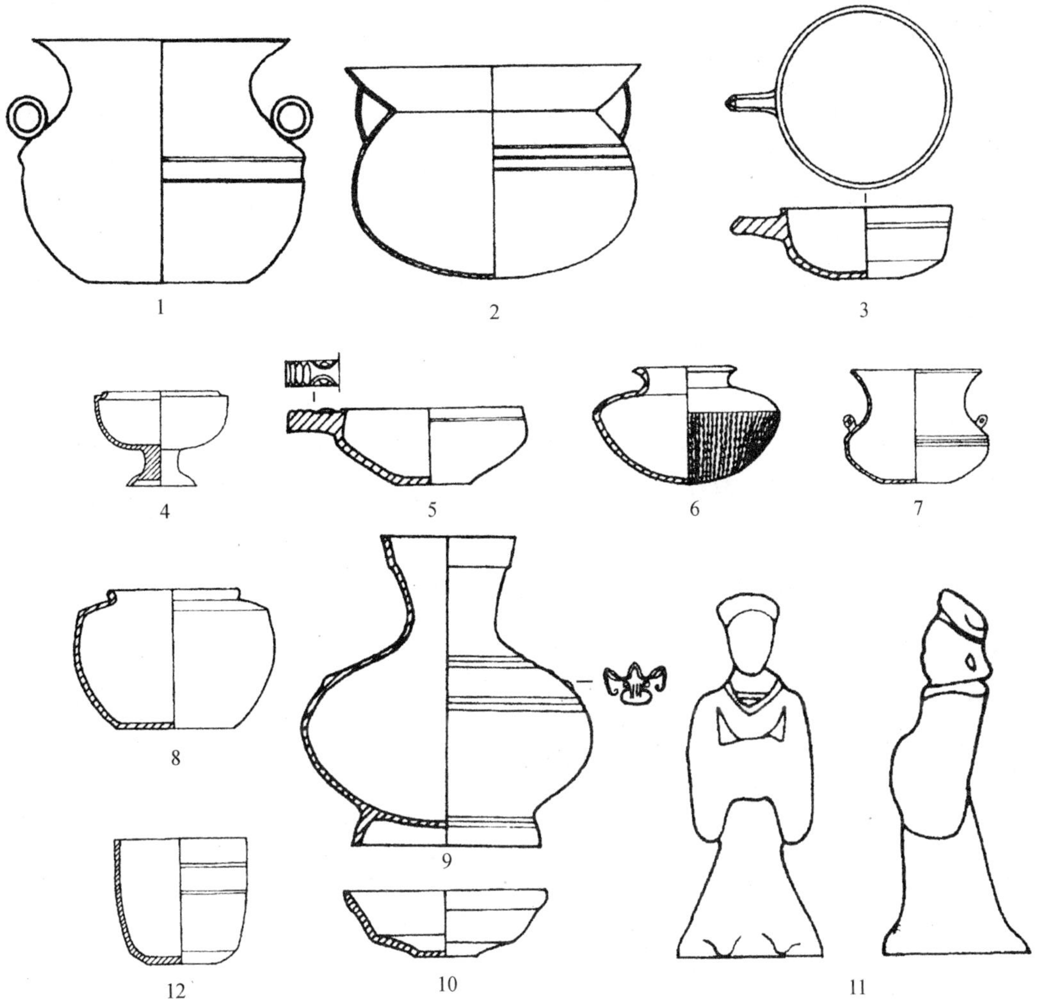

图三五　大地嘴Ⅱ区M19出土的随葬器物

1. 铜鍪（M19：2） 2. 铁釜（M19：4） 3. 陶匜（M19：3） 4. 陶豆（M19：5） 5. 釉陶匜（M19：6） 6、8. 陶罐（M19：8、M19：13） 7. 陶盂（M19：12） 9. 陶壶（M19：14） 10. 陶钵（M19：17） 11. 陶俑（M19：18） 12. 陶杯（M19：21）

陶杯　1件。M19：21，泥质红陶。直口，方唇，直腹，平底。腹部饰三道凹弦纹。底径5.4、高9.6厘米（图三五，12）。

三、六朝墓葬

（一）M3

1. 地层堆积情况

整个台地堆积情况较简单，其地层堆积可分三层。第1层：耕土层。第2层：含有砂粒的黄色土。第3层：含有大量钙质结合的黄色生土。

2. 位置及其层位关系

M3发现于TS15E2内，北为TS14W2，南为TS16W2，东为TS15W1，其编号为2000WWDⅠM3（简称M3）。该墓开口于第2层下，直接打破生土层。其地层关系如图三六所示。

①→②→M3→生土

图三六　M3层位关系图

3. 墓葬结构

此墓为带长方形偏墓道的砖室墓。墓道为长方形，偏于墓室西北面，上口长300、宽160、残深90厘米；底长250、下端宽160、深120厘米。墓室呈正方形，残口距地面深30、长300、宽280厘米；墓底距地表120、长300、宽208厘米。墓向为300°。

墓室内部填满淤土。淤土中含有大量的碎砖，墓顶已被破坏，但根据两侧砖的砌筑形成仍

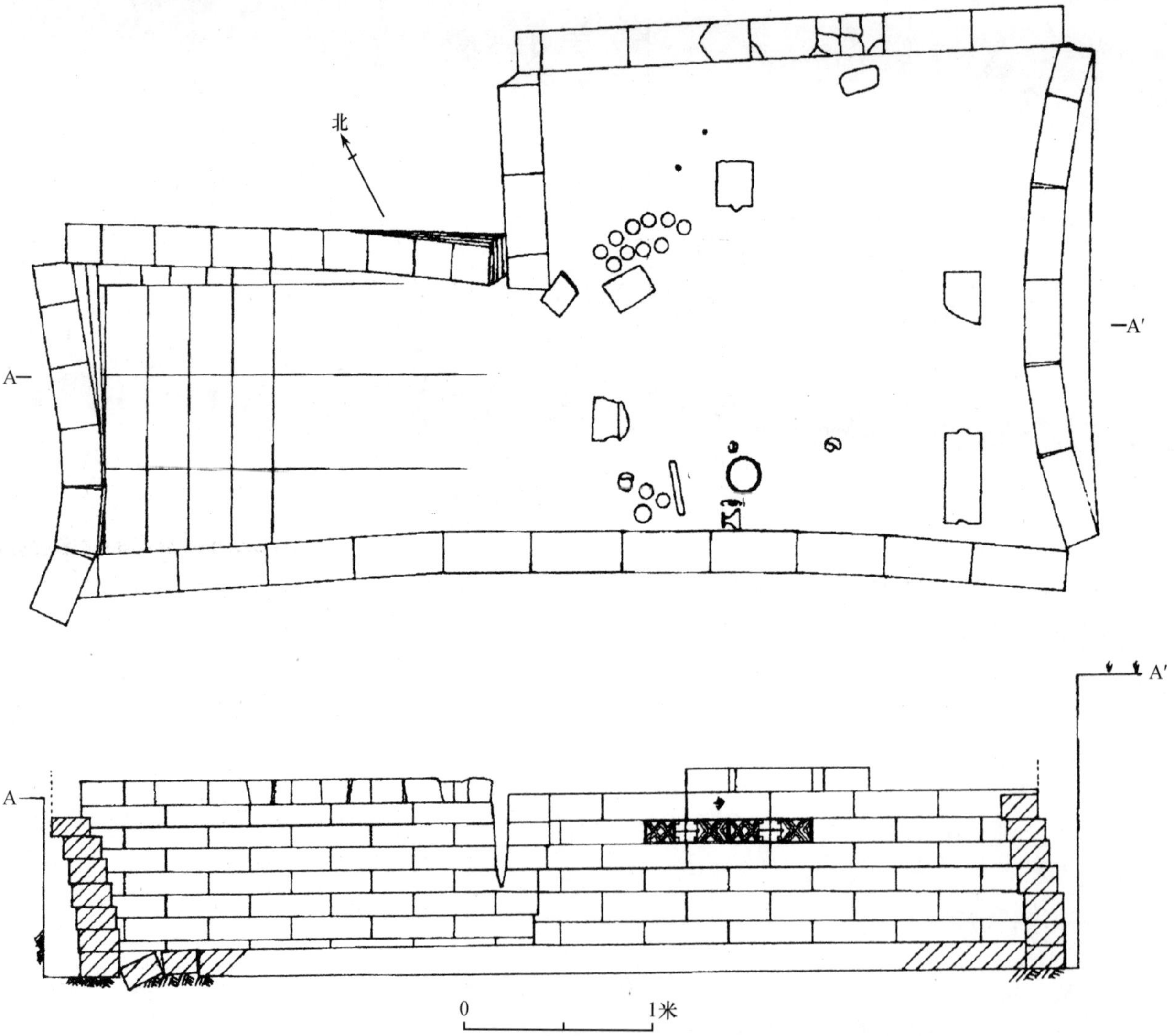

图三七　M3平、剖面图

可判断出其原来是券顶。墓室内侧砖上均带有花纹，花纹为交叉菱形。墓砖长50、宽24、厚18厘米。

4. 骨架及葬具情况

此墓早期扰动较大，没有发现完整的骨架，只有零星的残骨出现，且腐朽相当严重，因此关于骨架的数目、墓式等均不得而知。在清理过程中没有发现葬具的痕迹（图三七）。

5. 遗物

出土器物比较散乱，已发生了较大的位移但主要集中于墓室的前部。出土遗物主要是瓷器，而且是青瓷，其次还有铁器、玉器、银器等，保存情况尚好。

瓷碗　15件。M3：1，侈口，斜弧壁，饼形足。内外壁施釉，足底无釉，釉色青灰，釉层有细小开片。口径9、底径4.4、高4厘米（图三八，1）。M3：2，侈口，斜弧壁，饼形足。内外壁施釉，足底无釉，釉层已基本脱落。口径8.6、底径4.6、高4厘米。M3：3，侈口，斜弧壁，饼形足。内外壁施釉，足底无釉，釉色青灰，细层有细小开片。口径8、底径4、高4.4厘米。M3：4，侈口，斜弧壁，饼形足。内满釉，外壁施釉不至底，釉色青灰，釉层有细小开片。口径8、底径4、高4厘米。M3：5，侈口，斜弧壁，饼形足。内满釉，外壁施釉不至底，釉色青灰。口径8.4、底径4.4、高4.6厘米。M3：10，侈口，直弧壁，饼形足。内外壁施釉，足底无釉，釉层已脱落。口径8、底径4.4、高4厘米。M3：15，侈口，直弧壁，饼形足。内满釉，外壁施釉不至底，釉色青灰，釉层有细小开片。口径8、底径5.2、高4厘米。M3：16，侈口，直弧壁，饼形足。内满釉，外壁施釉不至底，釉色青灰，釉层有细小开片。口径8、底径4.2、高4厘米。M3：17，侈口，斜弧壁，饼形足。内外壁施釉，足底无釉，釉色青灰，釉层有细小开片。口径8、底径5、高4.4厘米。M3：18，侈口，弧壁，饼形足。内满釉，外壁施釉不至底，釉色青灰，釉层有细小开片。口径8、底径4、高4厘米（图三八，2）。M3：19，侈口，弧壁，饼形足。内外施釉不至底，釉色青灰，釉层有细小开片。口径8.4、底径4.8、高4.8厘米（图三八，3）。M3：20，侈口，弧壁，饼形足。内外壁施釉，足底无釉，釉色青灰，釉层有细小开片。口径8.4、底径4.6、高4厘米。M3：21，侈口，弧壁，饼形足。内满釉，外壁施釉不至底，釉色青黄，釉层有细小开片。口径10、底径4.8、高4厘米。M3：22，侈口，弧壁，饼形足。内满釉，外壁施釉不至底，釉色青灰，釉层有细小开片，碗底内心有支钉痕。口径8.8、底径4.4、高3.6厘米（图三八，4）。M3：23，侈口，弧壁，饼形足。内满釉，外壁施釉不至底，釉色青灰，釉层有细小开片，碗底内心有支钉痕。口径8.6、底径4、高3.6厘米。M3：24，侈口，弧壁，饼形足。内满釉，外壁施釉不至底，釉色青灰，釉层有细小开片，碗底内心有支钉痕。口径8.4、底径4、高3.4厘米。

陶盘　1件。M3：7，泥质夹细砂灰陶。盘口饰有二道凹弦纹，盘口略高于盘面，底部有三角对称的足，盘面为圆形。腹径23、底径22.5、高2.5厘米（图三八，5）。

玉佩　1件。M3：8，玉制。短戟形。正面饰有精美的卷云纹。长9.3厘米（图三八，6）。

唾壶　1件。M3：9，盘口，束颈，腹下垂，假圈足。外表施釉，釉层已脱落。口径5.1、底径9.6、高9厘米（图三八，7）。

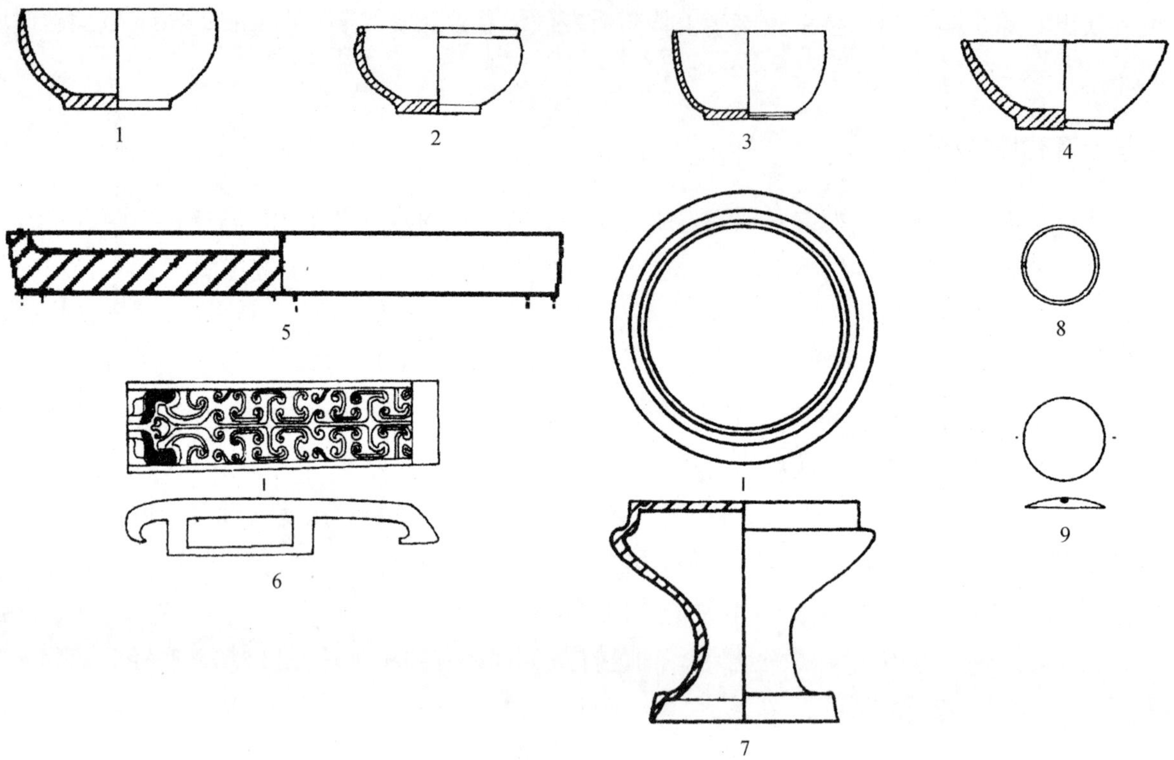

图三八　大地嘴Ⅰ区M3出土的随葬器物

1～4. 瓷碗（M3：1、M3：18、M3：19、M3：22）　5. 陶盘（M3：7）　6. 玉佩（M3：8）　7. 唾壶（M3：9）
8. 银指环（M3：12）　9. 银扣（M3：14）

银指环　2件。M3：12，银制。细圆环。直径2厘米（图三八，8）。M3：13，银制，细圆环。直径1.7厘米。

银扣　1件。M3：14，银制。圆形，顶部略拱。直径1.8厘米（图三八，9）。

（二）M8

1. 地层堆积情况

整个台地堆积情况较简单，其地层堆积可分三层。第1层：耕土层，含有大量的有机质，土色为黑褐色。第2层：灰褐色土，土质坚硬，遇水则黏性增大，颗粒细密透气性能不好。第3层：黄色土，土质较硬。

2. 位置及其层位关系

M8发现于TS12E7内，经扩方全部暴露出来，编号为2000WWDⅠM8（简称M8）。该墓开口于第2层下，直接打破生土层，其地层关系如图三九所示。

①→②→M8→生土

图三九　M8层位关系图

3. 墓葬结构

此墓为平面带长方形墓道，“亚”字形墓室的砖室墓。墓道为长方形，位于墓室北面，上口长186、宽164、深约40厘米；底长186、下端宽164、深160厘米。

墓室“亚”字形砖室墓。墓口距地表40、长560、宽280、墓底距地表160厘米。墓室分为前后室，前室长374、后室长186厘米（图四〇）。

墓砖长50、宽26、厚18厘米。在墓室内侧砖上均带有花纹，花纹分为两种：一种为交叉菱形（图四一，6），一种为圆形团花状花纹（图四一，7、8）。墓道及墓室地面均铺有铺地砖，墓道内封门砖已遭到破坏，但封门砖仍可看出其大致形状，整个墓葬结构基本完整。

4. 骨架及葬具情况

发现的4具骨架均位于前室正中部位，腐朽已很严重，可以看出其头向向北。除一具可以清晰地辨认为仰身直肢外，其他3具均不知葬式如何，因为其腐朽严重，只是一些痕迹，骨架无法提取。在清理过程中始终没有发现葬具的痕迹。

5. 遗物

在墓道、前室、后室均发现有遗物，但由于该墓早期被盗，许多器物均发生了位移，其摆放规律已不可知。出土遗物数量不多，但种类相对而言还算丰富，包括瓷器、货币、玛瑙、铁器等。其中以瓷器居多，瓷器主要是青瓷器，品种较为单一，器形主要为壶、碗等。

瓷碗　14件。M8：1，青瓷小碗。内外壁施釉，釉不过足。敞口，弧腹，饼形足，碗内底有支钉痕，釉层有细小开片。口径8.4、底径3.6、高6厘米（图四一，1）。M8：2，内壁满釉，外壁釉不过半，釉色青黄，胎体发灰。釉层较薄，脱落严重。敛口，弧腹，平底。口沿下有弦纹，碗内心有支钉痕及弦纹一道。口径15.9、底径10.8、高6.3厘米（图四一，3）。M8：3，内外壁满釉，足部无釉，釉层有细小开片。直口，深弧壁，平底。碗底内心有支钉痕及一道凹痕。口径14.7、底径10.5、高6.9厘米。M8：4，内外壁满釉，外壁釉不到底，底中无釉，釉层有细小开片。直口，尖唇，弧腹，平底。碗底内心有支钉痕，胎体较厚。口径15.3、底径9.3、高6.6厘米。M8：6，内壁满釉，外壁施半釉，底无釉，釉层薄，已基本脱落。胎体发灰，较厚重。敞口，尖唇，弧腹，平底，碗底内心有支钉痕。口径14.7、底径8.4、高5.1厘米。M8：7，内壁满釉，外壁釉不至底，足无釉，釉层有细小开片。侈口，圆唇，弧腹，高足为假圈足，碗底内心有支钉痕。口径12.6、底径4.2、高7.4厘米（图四一，5）。M8：8，内壁满釉，外壁釉不过半，底无釉，釉层薄，脱落严重。胎体发灰，较厚重。敛口，圆唇，弧腹，平底，碗底内心有支钉痕并上凸。口径14.1、底径9.6、高5.4厘米。M8：9，内壁满釉，外壁釉不过半，底无釉，釉层薄，脱落严重，胎体发灰，较厚重。敞口，圆唇，弧腹，平底，碗底内心有支钉痕并有一明显乳突。口径14.4、底径9.3、高5.1厘米。M8：11，内外壁施釉，外底无釉，釉层有细小开片。敛口，尖唇，弧腹，饼形足，碗底内心有支钉痕。口径10、底径5.2、高4.4厘米。M8：15，内壁满釉，外壁釉过半不至底，底无釉。釉层薄，脱落严重。胎体发灰，较厚。敛口，圆唇，弧腹，平底。口径8、底径5.2、高3.8厘米。M8：16，内外壁满釉，

图四〇 M8平、剖面图

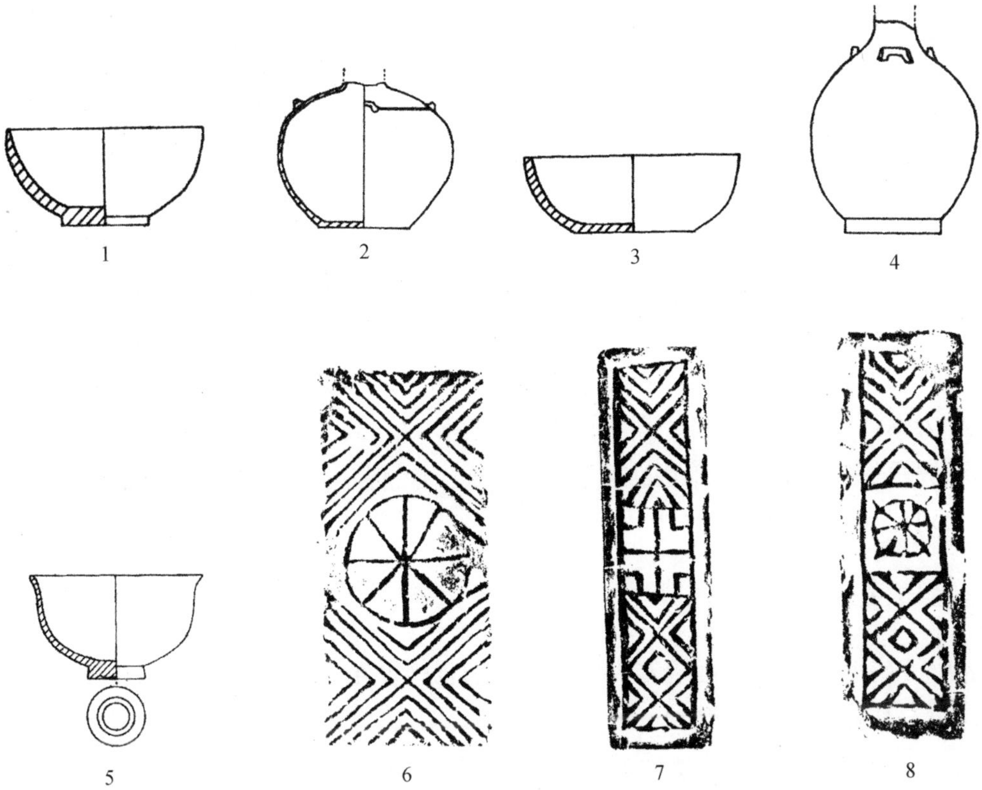

图四一　大地嘴Ⅰ区M8出土的随葬器物

1、3、5. 瓷碗（M8：1、M8：2、M8：7）　2、4. 瓷四系壶（M8：5、M8：10）　6～8. 墓砖

足底无釉。敞口，尖唇，弧腹，平底，碗底内心有支钉痕并上凸。口径10、底径5.2、高4.6厘米。M8：17，内壁满釉，外壁釉过半不至底，足底无釉。敛口，弧腹，饼形足。口径8.4、底径4.8、高4.2厘米。M8：18，青瓷碗。内外壁满釉，足底无釉，釉层有细小开片。直口，尖唇，弧腹，饼形足。口径8、底径5、高4.4厘米。M8：19，内外壁满釉，足底无釉。直口，尖唇，弧腹，饼形足。口径8.2、底径4、高4.4厘米。

四系壶　3件。M8：5，器外壁施釉，釉不到底，有滴釉痕。口部情况不清。球形腹，上腹部有对称的四个桥形系，平底。系之间有一道凹弦纹。最大腹径12.6、底径6.6、高10.2厘米（图四一，2）。M8：10，外壁施釉不至底，底无釉，釉层薄，脱落严重。口和颈已残坏，鼓腹，肩部有四个对称的桥形系，假圈足。最大腹径11.4、底径6.6、高14.1厘米（图四一，4）。M8：12，外壁施釉不至底，釉层薄，有脱落。腹鼓。上腹部有四个对称的桥形系，颈和口沿已损，情况不明。最大腹径8.4、底径4.2、高8厘米。

玛瑙珠　1件。M8：14，圆珠形，中心有孔。枣红色，有天然形成的黑斑及黑纹。直径1.1厘米。

（三）M10

1. 地层堆积情况

整个山丘台面地层堆积较为简单，最上一层为耕土层，平均厚度在0.3米左右。在西边耕土层下即为生土层。生土是含有大量钙质结合的浅黄土，钙质结核颗粒较大，显得很坚硬，东边与西边略有不同，在耕土层下还有一层绿色黏土，其厚度在0.35米以上，绿色土质细密，颗粒较小透气性较差；从其中包含的一些水生生物来看，此层堆积的形成原因大概与水有一定的关系或可称为水成层。综合来看，在台面上当时应该是西高东低，东边有可能存在一个水塘，但由于这一绿色层中没有有文化特征的遗物，我们仍然将其归入第1层，将耕土层划分为第1A层，绿色土划分为第1B层。

2. 位置及其层位关系

位于台面的东南角（此台面规定为今年发掘的Ⅲ区）在探方TS3W1和TS3W2的中间，其编号为2000WWDⅢM10（简称M10）。

M10开口于耕土层下，具体层位关系如图四二所示。

①→M10→生土层

图四二　M10层位关系图

3. 墓葬结构

此墓为刀把形砖室墓，由于遭到破坏，墓顶的情况不清，但根据在墓内填土清理出的子母砖可判定墓顶为券项。墓道在墓室南面，墓的方向为南北走向。

此墓墓室的墓口距地表30、墓底距地表103.5、墓深73.5厘米；起券高度约60厘米，墓室为近似长方形。墓室长238、宽231厘米，墓室内的淤土为褐色黏土，土质细密，黏性较大。墓室由青灰色砖砌筑而成。砖长46、宽16、厚10厘米。墓室内砖面均为模印菱形花纹，是这一地区汉至六朝墓葬中墓砖上的共同纹饰。墓道长202、宽156、深73.5厘米，墓道上口距地表30厘米。墓道砖内侧的纹饰与墓室相同，墓道门为堵口，所用砖为碎砖，封门宽约80厘米。

此墓的起券是逐层向内收缩，起券砖为子母砖套榫砌筑，榫头长约5厘米，形状为圆形榫头，圆形榫窝，结合较为紧密。

4. 骨架及葬具情况

在清理过程中，没有完整的骨架，仅在墓室东壁和西壁及墓道内发现有残缺的人头盖骨（墓室东壁）和四肢骨（西壁和墓道）已腐朽严重。在清理过程中没有发现葬具。这种现象的成因可能是该地区为酸性土质，并含有大量水分，另外就是人为扰乱（人骨无序，零乱地出现），加上墓顶塌陷故而损毁严重（图四三）。

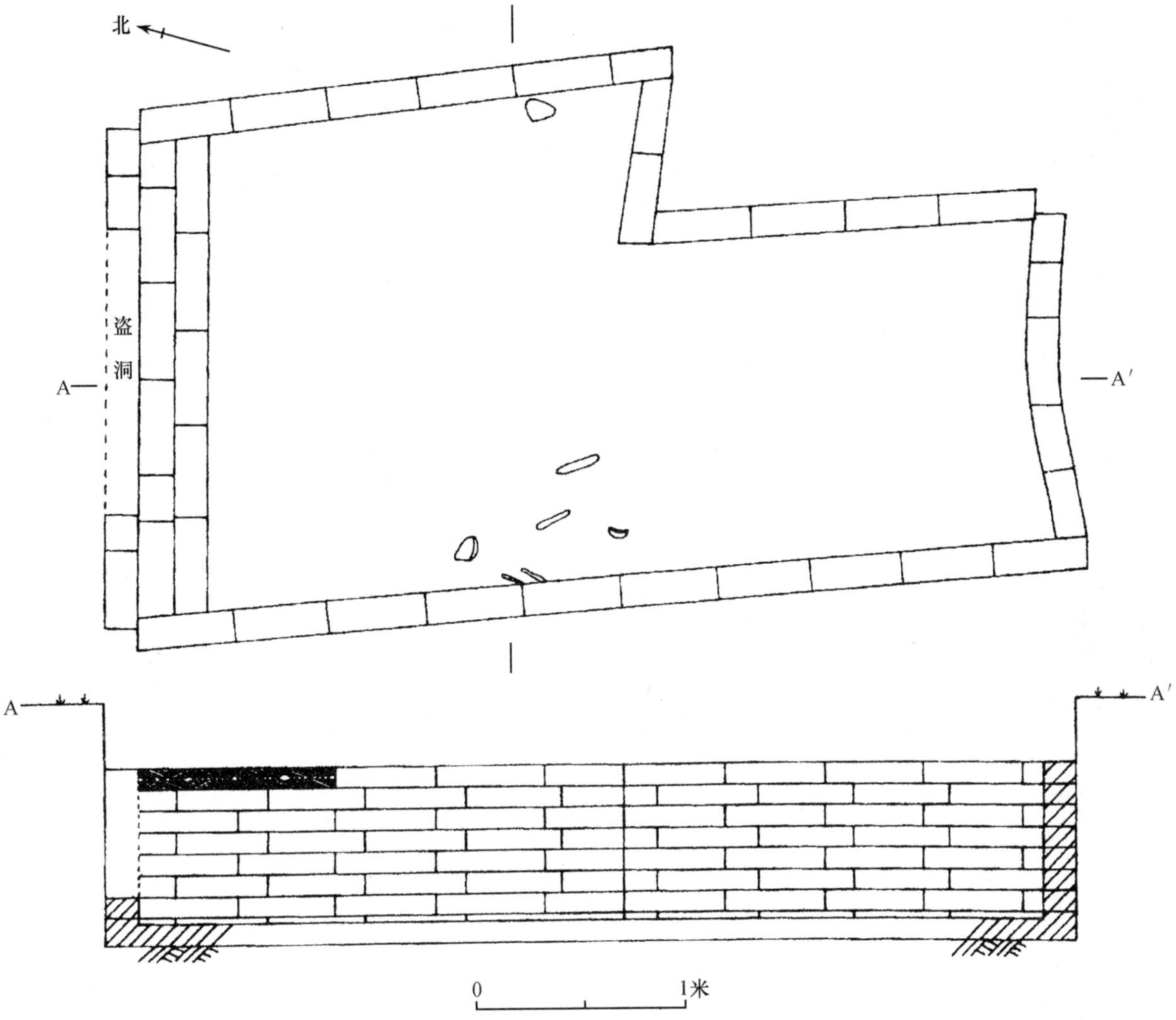

图四三　M10平、剖面图

5. 遗物

此墓中随葬品情况不明，在清理过程中未出土完整的器物，仅在墓底发现半个残碗和几片残瓷片。从随葬品和出土物的情况来判断该墓早期被盗的可能性较大。

青瓷碗　1件。M10：1，内壁施满釉，外壁施半釉，釉层有开片纹，胎体厚重。敛口，圆唇，弧腹，平底。碗底内心有支钉痕。口沿有褐色彩点，口沿下有一道凹弦纹。口径16.2、底径10.8、高6.6厘米。

（四）M15

1. 地层堆积情况

整个山丘台面地层堆积较为简单，最上一层为耕土层，平均厚度在0.3米左右。在西边耕土层下即为生土层。生土是含有大量钙质结合的浅黄土，钙质结核颗粒较大，显得很坚硬，M15

的地层情况属于台面西边这种情况。

2. 位置及其层位关系

M15位于台面的南面偏西（此台面规定为今年发掘的Ⅲ区）在探方TS4W4和TS4W3之间，其编号为2000WWDⅢM15（简称M15）。

M10开口于耕土层下，具体层位关系如图四四所示。

①→M15→②

图四四　M15层位关系图

3. 墓葬结构

此墓为刀把形砖室墓，墓的券项已塌陷。墓道在墓室西南面，墓的方向为东西走向。此墓墓室的墓口距地表30、墓底距地表174、墓深144厘米，墓室的北墙已基本被破坏，墓室东墙靠近南墙处部分遭破坏，墓室南墙也大部分被破坏，仅有墓室西墙较为完整，墓室近似长方形。

墓室长346、宽214厘米，起券高度77厘米，墓室深144厘米，从墓底处向上致墓室开口处起砖19层。墓砖内侧均为模印菱形花纹，墓砖向上的宽面为直线绳纹。墓砖长43.5、宽l7、厚8厘米，是这一地区汉至六朝墓葬中墓砖所用的共同纹饰，颜色为青灰色墓砖。墓道长280、宽150、深144厘米。墓道砖内侧的纹饰与墓室相同，墓道向南扩方。

此墓的起券是逐层向内收缩，起券砖为子母砖套榫砌筑，榫头长约5厘米，形状为圆形榫头，圆形榫窝，结合较为紧密。

4. 骨架及葬具情况

在清理过程中，没有发现骨架，也没有发现葬具。由于该墓的墓墙损毁严重，估计可能盗过后又引发墓顶塌毁，被多次扰乱故而没有发现骨架及葬具。在清理时M15内积满乱土和塌毁的墓砖，还有许多后期的陶、瓷碎片及动物骨头。在墓口向下清理到1.2～1.3米处还出现有青花瓷碎片和动物骨骼，而该墓深1.44米可以想象被扰乱的情况（图四五）。加之该地区属酸性土质又潮湿多雨。这种情况出现应在情况之中。

5. 遗物

此墓出土的随葬品仅有小残瓷碗1个、铜钱6枚、铜泡1个，其余的随葬品没有发现，估计已被盗完。就这几件出土物来说铜钱和铜泡保存还算较为完整，瓷碗可以复原。

青瓷碗　1件。M15：1，内外壁施釉，底满釉。敛口，弧腹，饼形足。口径8、底径5.2、通高4厘米。

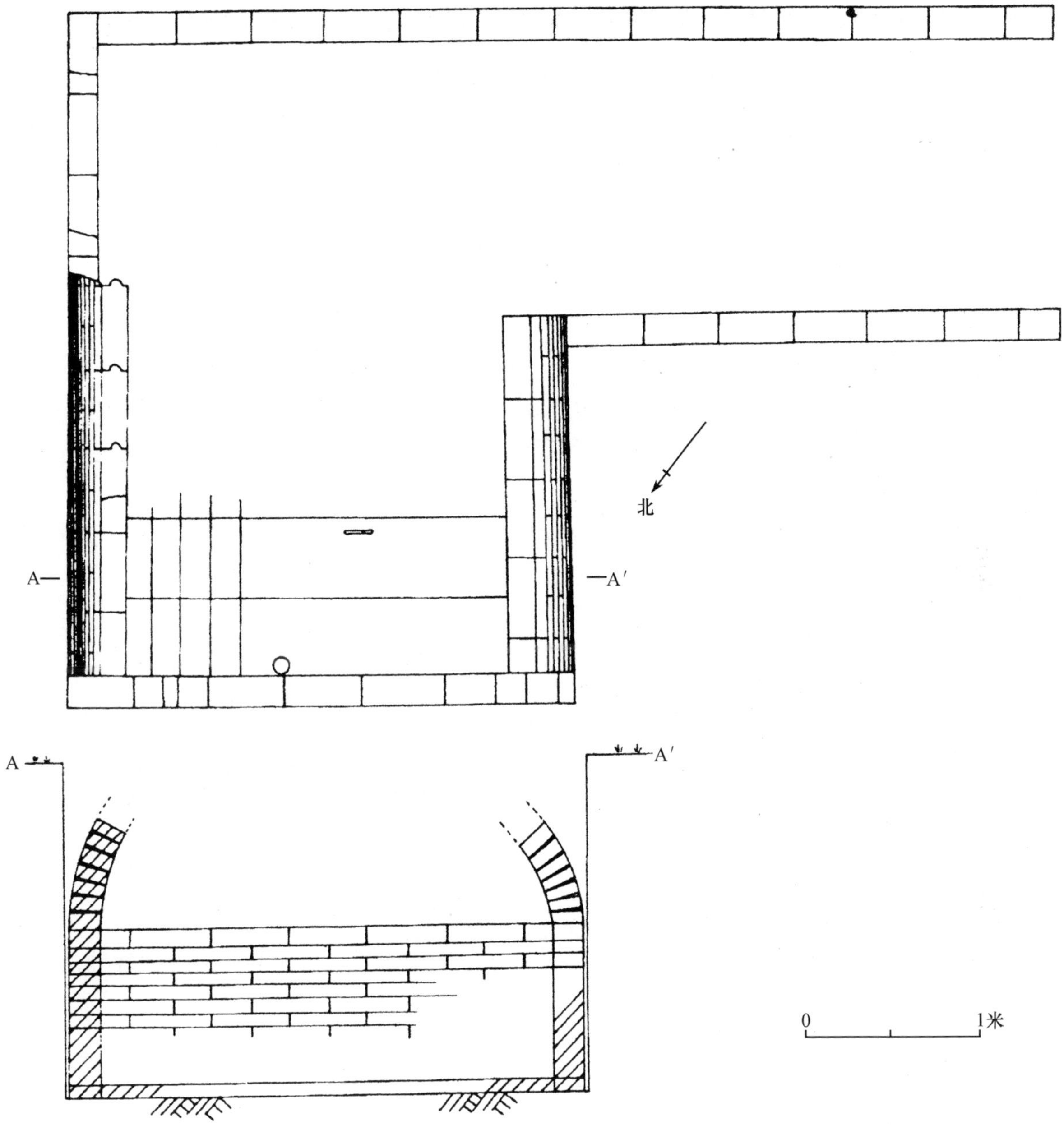

图四五　M15平、剖面图

（五）M20

1. 墓葬位置及周围地理环境

该墓位于重庆市万州区长坪乡树合村大地嘴墓地的第Ⅱ发掘区，ⅡTS3E14内，北邻M18、M16，南邻台地南缘，西邻TS2E13，东邻TS3E15。地面种植蔬菜。

2. 地层堆积情况

地层共分二层。第1层：厚15～25厘米的耕土层，土色为褐色，内含植物根系，土质较硬。第2层：填色为红褐色土，土质略僵硬。M20位于第1层下，其层位关系如图四六所示。

①→M20→②

图四六　M20层位关系图

3. 墓葬结构

M20为“凸”字形砖室墓，分前后室墓。墓顶已在早期破坏，现墓室长550、宽244厘米，墓口距地面深50厘米，墓底距地面深90～102厘米。墓底用长条砖铺成“人”字形，墓室中有前、后室，甬道，四角有相似通道的砌法。墓室四壁砌法为自底向上、用长方形灰色花纹砖平铺错缝相砌四层，一层丁立砖法，带有花纹。花纹上有三种花草纹。墓门上有许多河卵石。

4. 骨架及葬具情况

墓室内有零星人骨和少量碎陶片，没有发现任何葬具痕迹（图四七）。

5. 遗物

无。

（六）M24

1. 墓葬位置及周围地理环境

位于重庆市万州区长坪乡树合村境内的第Ⅱ发掘区，在TS4E12东北部及TS4E13西北部（TS4E13为扩方）。此地被当地老乡称为“转转丘”。该山丘地形东高西低，地表种植物为豌豆。

2. 地层堆积情况

此处地层共分二层。第1层：土色为褐色土，土质较硬，内含大量植物根茎，厚10～25厘米。第2层：厚20～50厘米的红褐色土层，质略僵硬，内纯净，似为早期人类造地时形成。M24位于第1层下并打破第2层，其北部被M23叠压，具体层位关系如图四八所示。

3. 墓葬结构

M24现仅存长方形砖室墓到的部分墓室，其西北部已在早期被破坏。现墓室口部残长180、底部残长322厘米，现墓口距地表深14厘米，墓底距地表深100厘米，墓室宽150厘米。墓室原有券顶，现已塌落。墓壁用长方形灰色花纹砖平铺错缝相砌，花纹为两组横向相连的菱形回纹，墓底亦用灰砖横向或纵向铺成。该墓的完整情况似为“刀”形墓。

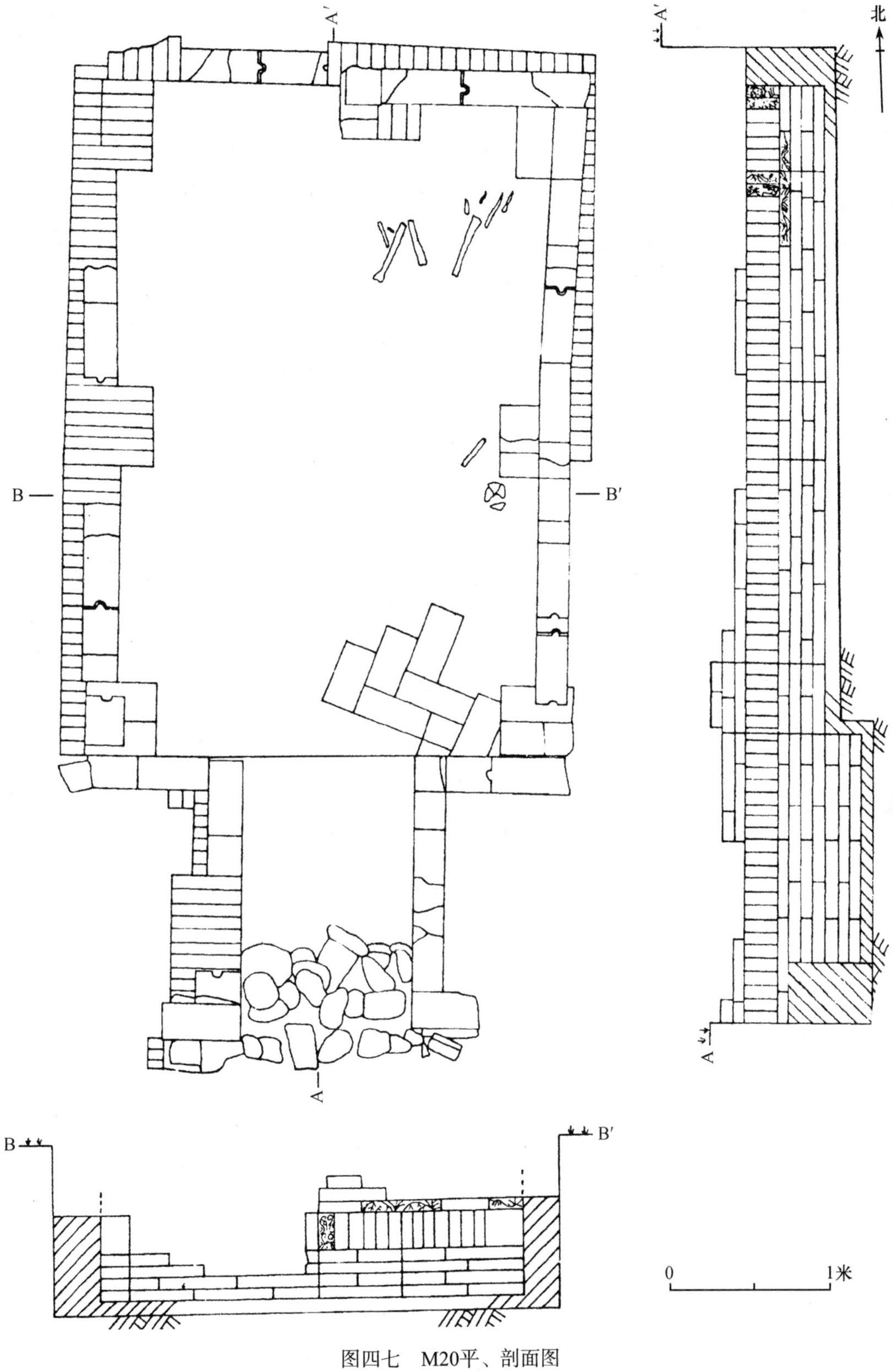

图四七　M20平、剖面图

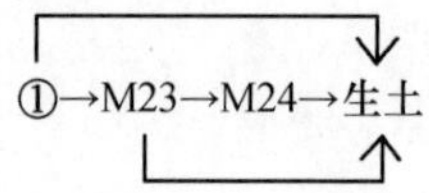

图四八　M24层位关系图

4. 骨架及葬具情况

墓内未见葬具痕迹，仅存一些零星骨骼，其个体与数量已难以辨别，保存极差，未采集（图四九）。

5. 遗物

由于该墓曾在早期被盗，故随葬器物摆放零乱。

瓷碗　4件。M24：1，青瓷碗。内外壁施满釉，外壁施釉过半不及底，釉色青绿，有开

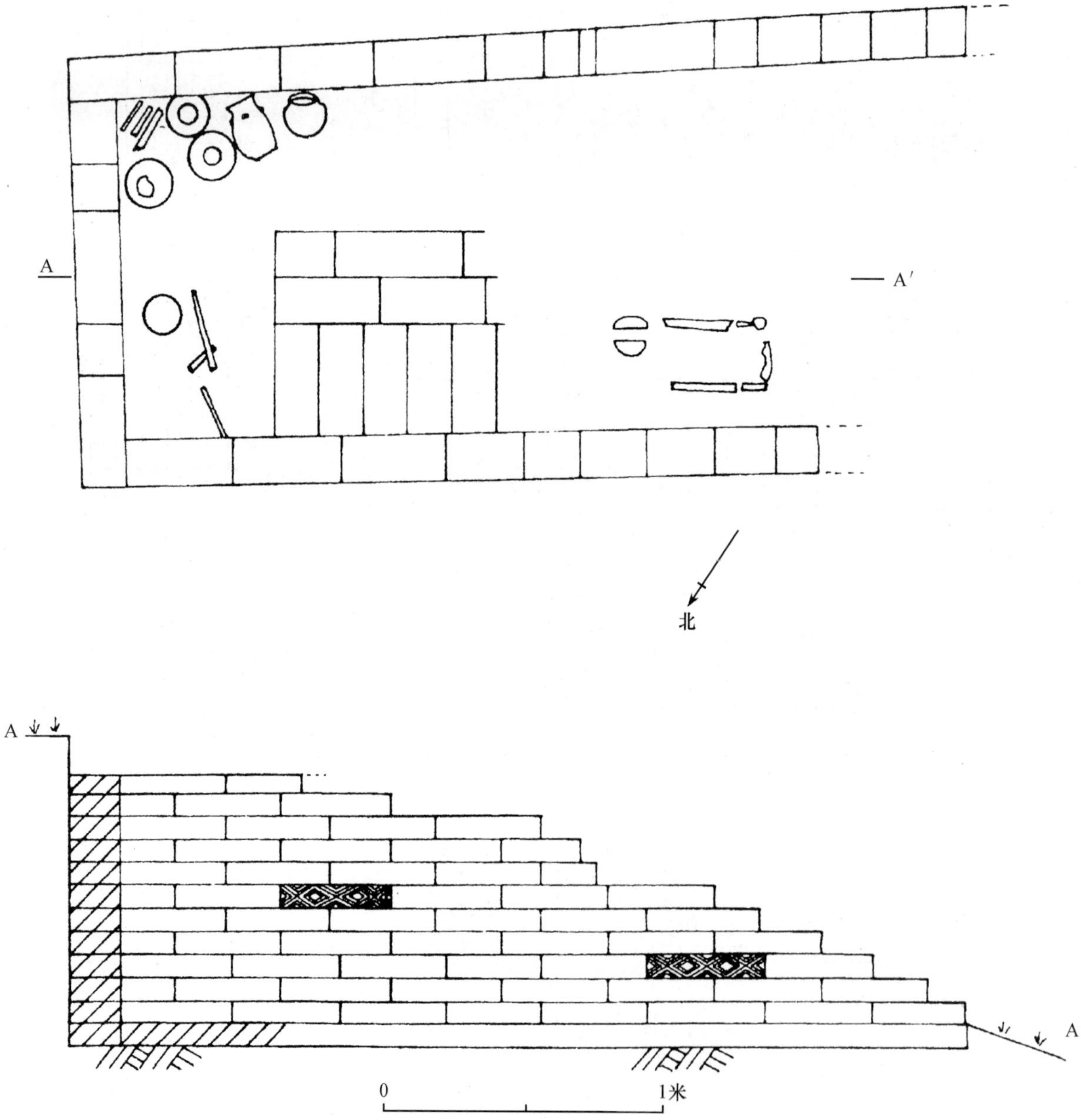

图四九　M24平、剖面图

片。敛口，尖唇，深弧腹，饼形足，足部较小，足底面外凸。口径8、底径2.8、高6.2厘米。M24：6，内外壁施釉，底部无釉，釉色青天黄，有开片。敛口，弧腹，平底，碗底内心有支钉痕。口径15、底径9、高6厘米。M24：8，内外壁施釉，底部无釉，釉色天灰，有开片。敛口，圆唇，弧腹，平底，碗底内心下凹有支钉痕。口沿下有一道凹弦纹。口径15.9、底径10.8、高6.2厘米。M24：9，内外壁施釉，底部无釉，釉色青灰，有开片。敛口，尖唇，弧腹，饼形足。碗底内心有一道凹形纹。通高4.8、口径12.9、底径8.1厘米。

瓷盘口壶　1件。M24：2，外壁及盘口施满釉，底部无釉，釉色青绿，釉面有开片。盘口，束颈，扁圆腹，平底，盘口外壁中部略内凹。上腹部饰有弦纹。通高14.5、口径12、最大腹径17、底径13厘米。

瓷盘口四系壶　1件。M24：4，盘口施釉，外壁施釉不到底，釉色闪黄。盘口，束颈，上腹外鼓，下腹斜直，平底，肩至上腹处有四个对称的桥形系，系下有道凹弦纹，盘口外壁为竹节形。口径7.5、最大腹径17、底径11.5、高24厘米。

瓷四系重口罐　1件。M24：5，口部施釉，外壁施半釉，釉色青灰。子母口，腹部中间鼓，两头略缩，上腹部对称四个桥形系，系有捏痕，平底。内口径8.5、最大腹径15、底径11、外口径13.5、高19.3厘米。

瓷钵　1件。M24：7，内壁施满釉，外壁施釉不过半，有流釉，釉色青灰，有开片。敛口，弧腹，平底，钵底内心有支钉痕。口沿饰一周褐彩点，口沿下有一道凹弦纹。口径16.8、底径10.2、高6厘米。

（七）M25

1. 墓葬位置及周围地理环境

位于重庆市万州区长坪乡树合村境内的第Ⅱ发掘区，在TS2W18、TS3W18及扩方内，该山丘地形北高南低，地表种植为白菜。

2. 地层堆积情况

此处地层共分一层。第1层：土色为褐色土，土质较硬，内含大量植物根茎。厚10～25厘米。M25位于第1层并打破生土层。其层位关系如图五〇所示。

①→M25→生土层

图五〇　M25层位关系图

3. 墓葬结构

M25为“凸”字形砖室墓，分墓室与墓道两部分，墓室为长方形，东西长4.78、南北宽2.46、北壁残高1.1、南壁残高0.85米。墓道位于墓室东部，长2.3、宽1.56米。壁砖仅存一层。墓顶部原用楔形“富贵”文字花纹砖券顶，现已被破坏。砖长43、宽21、厚10.5厘米。砖中部除阳刻篆书“富贵”二字外，两侧还有交叉复线的“×”纹。墓壁用长方形灰色花纹砖平铺错缝相砌，其最上层为长43、宽21、厚10厘米的网纹车轮线印文砖，其余壁砖为长44、宽21.8、厚10厘米的对角方格纹砖，中间为车轮纹。墓底亦用灰砖横向铺成，地砖长44.5、宽21.5、厚5.8厘米（图五一）。铺地砖已大多被破坏。

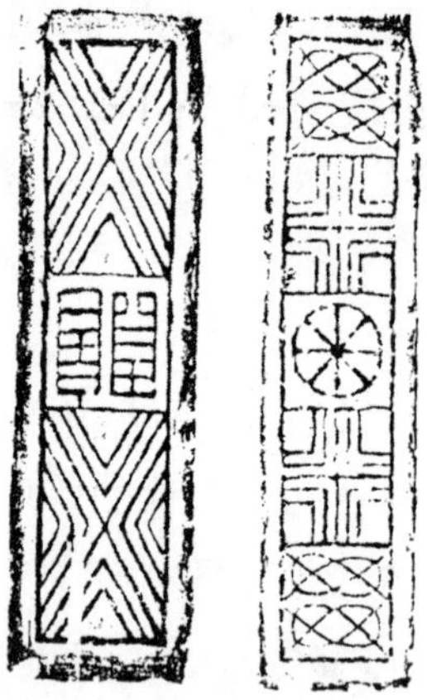

图五一　M25出土的墓砖

4. 骨架及葬具情况

墓内未见葬具痕迹及骨骼（图五二）。

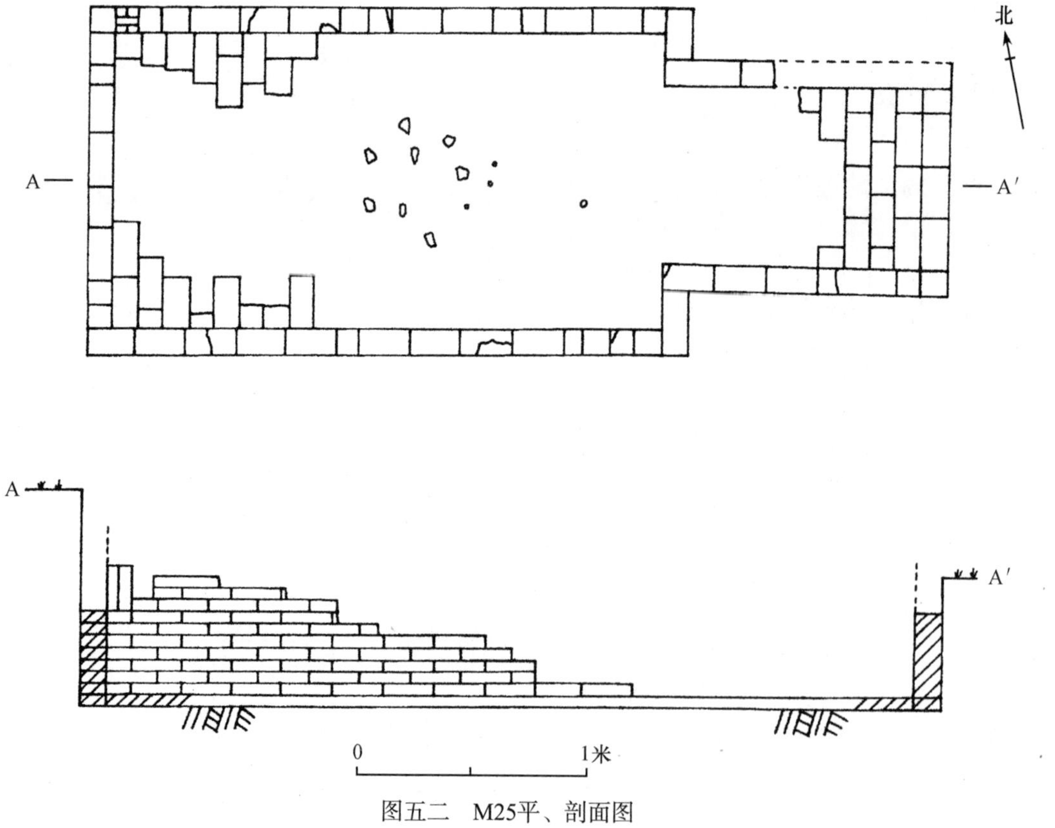

图五二　M25平、剖面图

5. 遗物

由于该墓曾在早期被盗，墓内仅出土一些残陶片、瓷片。其器形不可辨。另出土一些残铜钱和一枚银指环。

四、宋代墓葬

（一）M16

1. 墓葬位置及周围地理环境

墓葬位于重庆市万州区长坪乡树畲村境内的长江二级台地上，由于水流的冲刷将其分割为各自独立的塬状山丘，该墓葬所在的土丘又被分为前后两个部分。此墓位于后面的山丘。

2. 地层堆积情况

这里的地层非常简单，耕土层下即为含有大量钙质结核的黄色生土。钙质结核颗粒粗大，土质坚硬。

3. 位置及其层位关系

墓葬位于2000年度发掘规划的Ⅱ区范围内，在探方FS2E14中发现，编号为2000WWDⅡM16（简称M16）。墓葬开口于耕土层下，直接叠压在生土之上，其层位关系如图五三所示。

①→M16→生土

图五三　M16层位关系图

4. 墓葬结构

此墓为长方形圆角土坑墓。墓口距地表15～19、长235、宽90～105厘米；墓底距地表26～45、长210、宽90～105厘米；墓葬填土为带黏性的五花土，方向160°。

5. 骨架及葬具情况

此墓骨架及棺木保存较为完整，棺木呈船形，长200、宽60、最高40厘米。由两块横板及底板和盖板组成互相之间的卯榫结合。保存情况非常良好，是研究古代葬具的好资料。骨架在棺木中保存情况也非常良好，初步观察为一男性（图五四）。

6. 遗物

该墓没有发现随葬器物，仅在死者头部的两侧发现一些似起固定作用的板瓦。

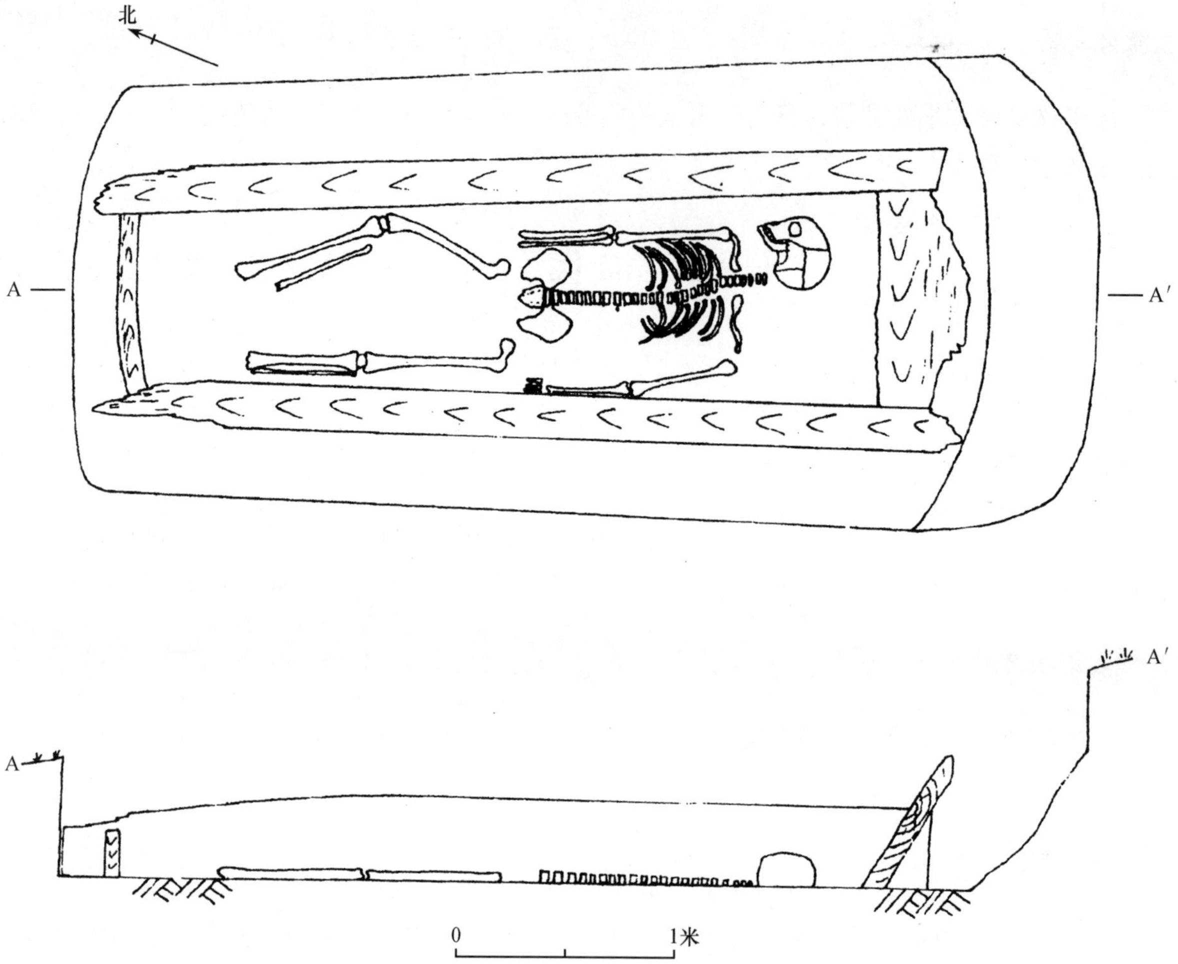

图五四　M16平、剖面图

（二）M21

1. 墓葬位置及周围地理环境

位于重庆市万州区长坪乡树合村境内的长江东岸二级台地上，此地被当地老乡称为“转转丘”。该山丘地形东高西低，北、西、南三面为斜坡，地表种植物为豌豆。

2. 地层堆积情况

墓葬位于第1层下，打破第2层。第1层：土色为耕土层，为褐色土，土质较硬，内含大量植物根茎；第2层：红褐色土，土质硬；第3层：浅黄色含有料姜石的生土层。其层位关系如图五五所示：

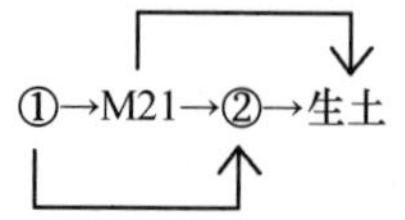

图五五　M21层位关系图

3. 墓葬结构

此墓为竖穴土坑墓，因处于东高西低的位置，其西部部分已残，可能为农民平整土地时破坏。

4. 骨架及葬具情况

此墓有骨架1具，保存较为完整，据判断为45～50岁的女性。葬具为木棺，木棺的盖板已朽烂，头部有挡板，足部有一部分已朽烂，情况不明。木棺底板在清理过程中仅见三条木板，中间木板厚5、宽8厘米，两边木板厚5、宽10厘米，故估计为三条木板充做木棺底板。两边侧板已基本朽坏，在木棺底部铺有防潮的石灰，骨架的头部两侧各用6片瓦片固定。在骨架的四肢发现有锥形木楔固定（图五六）。

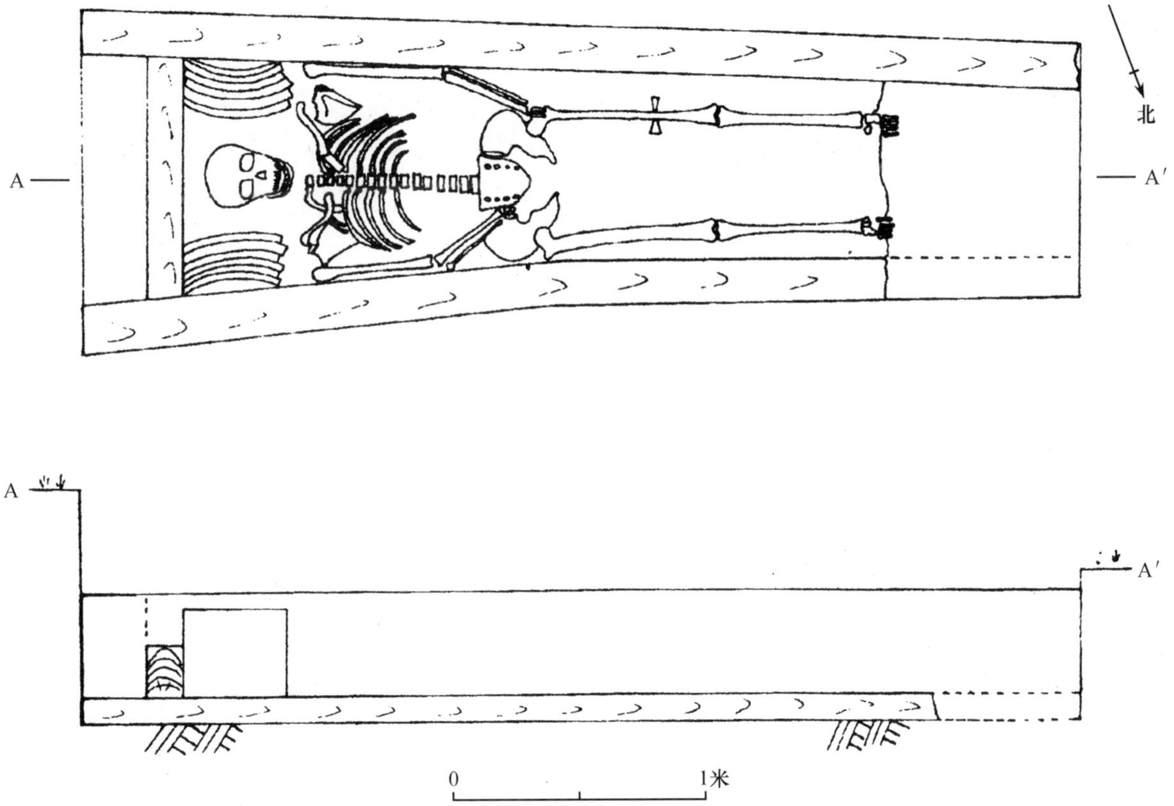

图五六　M21平、剖面图

（三）M22

1. 墓葬位置及周围地理环境

位于重庆市万州区长坪乡树合村境内的长江东岸二级台地上，此地被当时老乡称为“转转丘”。该山丘地形东高西低，地表种植物为豌豆。

2. 地层堆积情况

墓葬位于第1层下。第1层：土色为褐色土，土质较硬，内含大量植物根茎。该墓打破红褐质僵硬的第2层。层位关系如图五七所示：

①→M22→生土

图五七 M22层位关系图

3. 墓葬结构

此墓为竖穴土坑墓，因处于东高西低的位置，其西部部分已残。墓口距地表42厘米，墓底距地表深度79厘米，墓室残长210、宽87厘米。方向115°。

4. 骨架及葬具情况

此墓无木棺痕迹，骨架用桦树皮包裹，用藤条及锥形木楔固定。该墓葬骨架腰部以上，两侧放置有石灰石，头部两侧各用2片瓦固定；盆骨以下两侧放置有石灰石，双足两侧各用3片瓦固定。性别据判断为女性，40~50岁。

5. 遗物

此墓没有发现随葬器物。

（四）M23

1. 墓葬位置及周围地理环境

位于重庆市万州区长坪乡树合村境内的长江东岸二级台地上，跨TS4E12、TS4E13两方。此地被当地老乡称为“转转丘”，该山丘地形东高西低，地表种植物为豌豆。

2. 地层堆积情况

墓葬位于第1层下。第1层：土色为褐色土，土质较硬，内含大量植物根茎，未含陶片。该墓打破红褐质僵硬的第2层，其层位关系如图五八所示：

①→M23→M24→生土

图五八 M23层位关系图

3. 墓葬结构

M23为竖穴土坑墓，因处于东高西低的位置，其西部部分已残。墓口距地表37厘米，墓底距地表深度57厘米，墓室残长190、宽59厘米。方向92°。

4. 骨架及葬具情况

此墓无木棺葬具痕迹，但从墓内所存的一些木（竹）质锥形楔钉来看，人骨原来可能有一些藤、布类包裹物，楔钉用来固定。人骨1具，因地形关系西部的足部已残，其余完整，似为一成年男性，40～50岁。

5. 遗物

此墓没有发现随葬器物（图五九）。

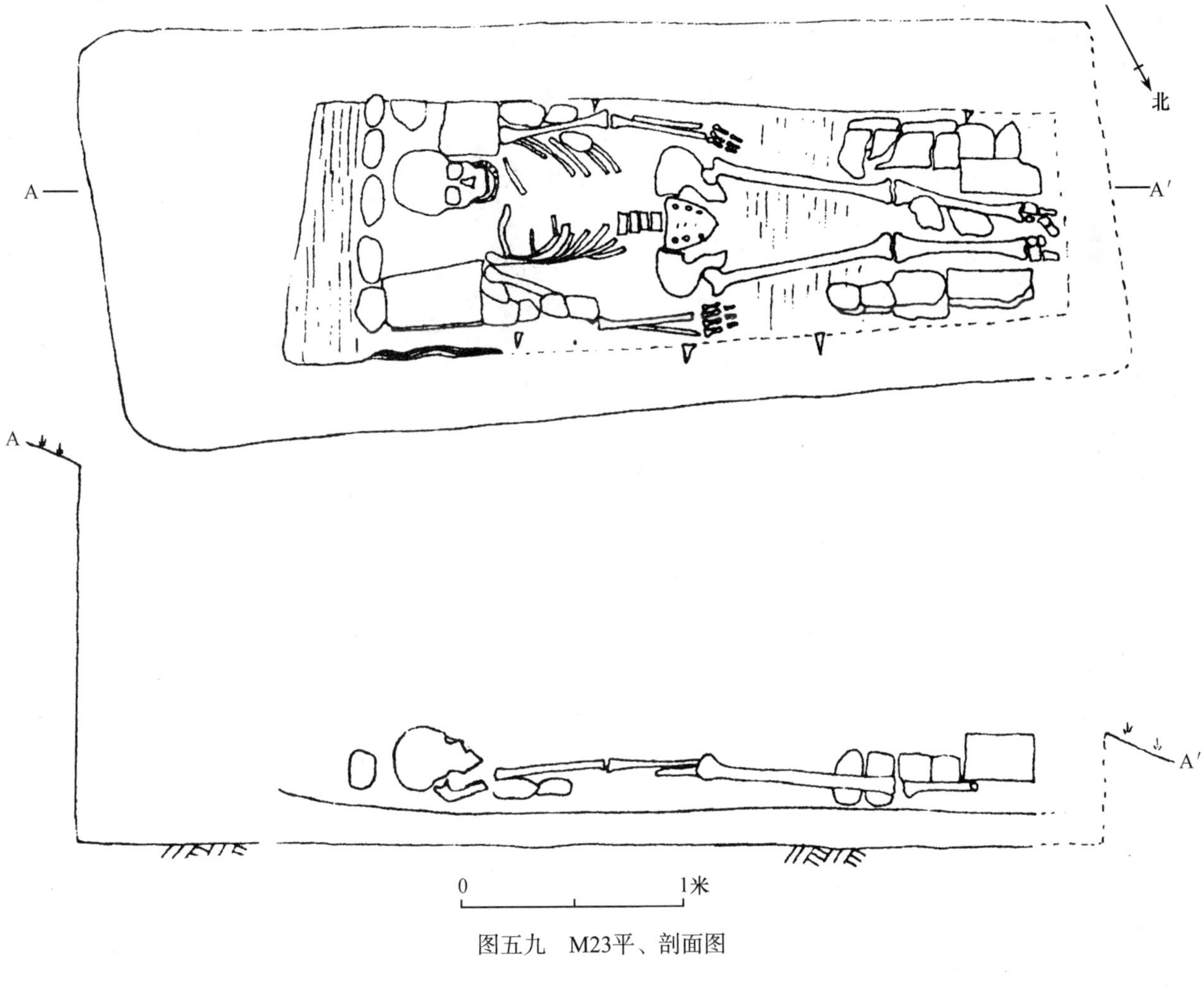

图五九　M23平、剖面图

万州梁上墓群2001年度发掘简报

上海大学文物考古研究中心
北京大学考古文博学院
万州区文物管理所

梁上墓群位于重庆市万州区武陵镇西约2.5千米的风安村九社西南方，长江北岸的二级台地上，自然地理坐标为东经约108°15′，北纬约30°31′，海拔约165米（图一；彩版三一）。

墓地地势平坦。考古发掘前，当地农民在这里种植小麦，周围还间有种植油菜和柑橘树的。在地面道路上，村中民居墙壁、台阶和猪圈中，可随意发现汉墓墓砖。墓砖上的纹饰以

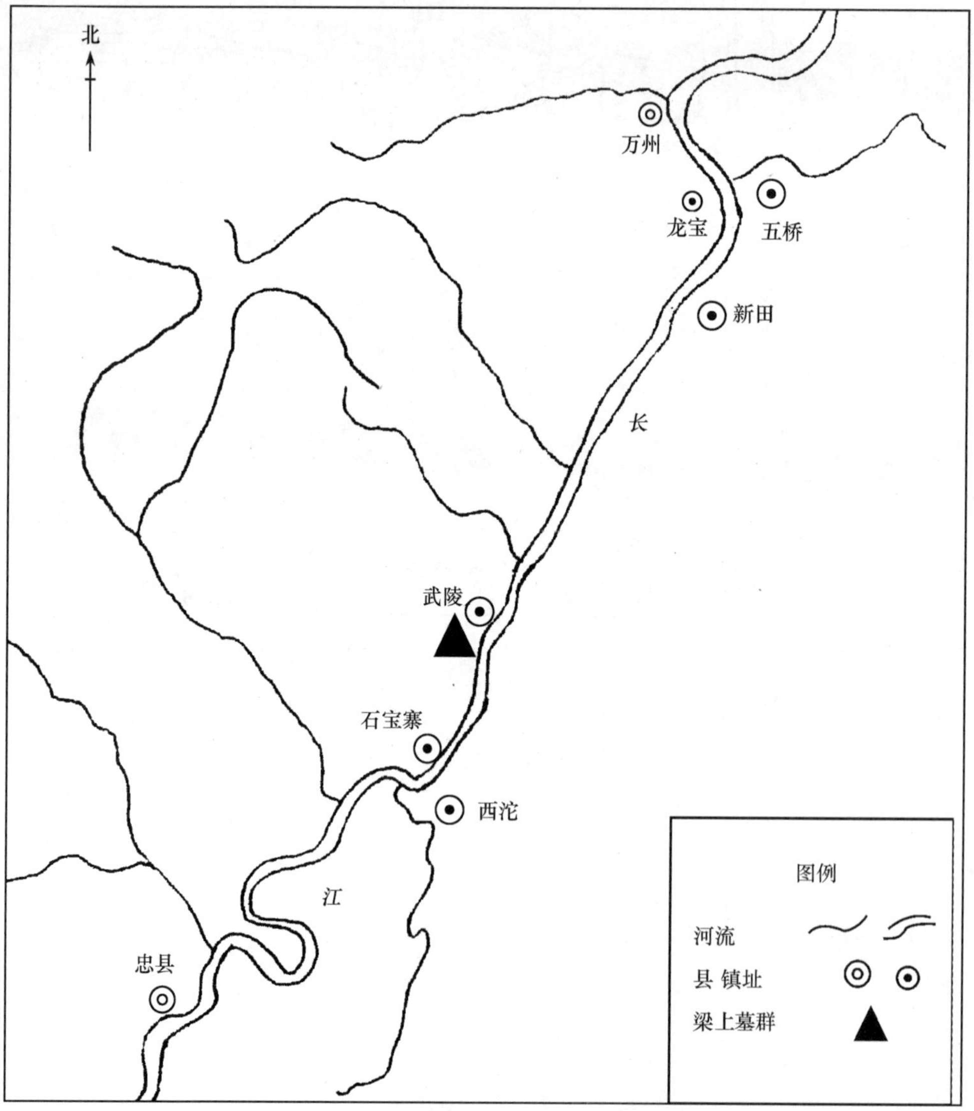

图一　梁上墓群地理位置示意图

“车轮”和“富贵”字样为主，有的砖面上饰有绳纹。由此可见该墓地被破坏严重，故对考古发掘资料的完整性影响颇大。

墓地的地层堆积比较简单，基本上呈水平状态，而且只有三层。

第1层：耕土层。灰黑色黏土，土质疏松干燥。厚0.1～0.3米。含有大量的植物根系，夹杂着草木灰、红烧土和少许沙子。

第2层：灰褐色黏土层。色比耕土层略浅。质因致密而潮湿，显得较硬。深0.1～0.3、厚0.1～0.15米。出土有少量青花瓷片、白瓷片、汉砖碎块、碎石块及铁棺钉等，应为因埋葬及后来的耕作所形成的扰乱层。

第3层：棕红色砂土层。土质较硬结，但含砂量大，故拿在手中，稍一用力，即呈疏松粉碎状，当为自然淤积的生土层。深0.2～0.45米。此次发掘的战国至南朝墓葬均开口于此层，并打破此层（图二）。

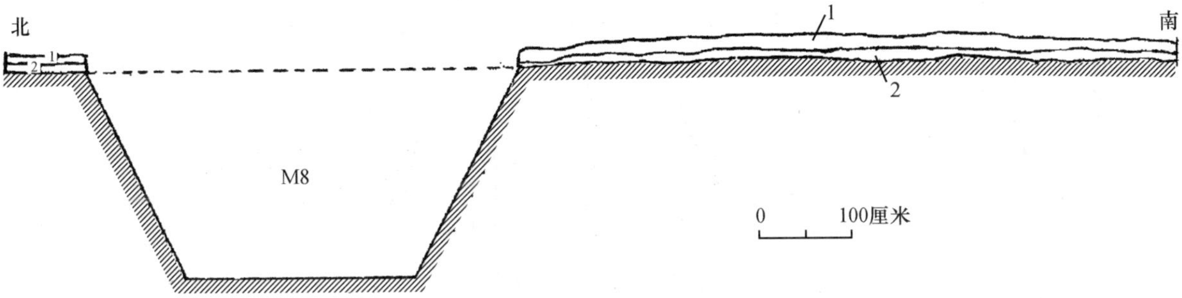

图二　T1及其北扩方东壁剖面图

2001年11月下旬至同年年底，上海大学文物考古研究中心和北京大学考古文博学院，受重庆市文物局三峡文物保护领导小组委托，派出上海大学考古队，对梁上墓地进行了全面的考古勘探和有计划的科学发掘，共完成考古勘探13 000平方米，并根据勘探情况进行考古发掘。本次发掘采用正方向10米×10米的探方法，共布方7个，在发掘过程中，随发掘需要，每个探方都或多或少地进行了扩方，实际发掘面积达1000平方米。共发掘清理出古墓葬8座，包括战国墓葬1座、西汉墓葬1座、东汉墓葬3座、蜀汉至南朝墓葬3座（图三）。出土各类文物136件。

现将这次发掘的情况和结果按时代顺序报告如下（全文省略2001CWL）。

一、战国墓葬

这次考古发掘，发现了战国墓葬1座，编号为2001CWLM8。

M8　位于T1东北角和T2西北角及其向北扩方的地方。竖穴土坑墓。墓坑口距地表深0.38米，长3.84、北宽3、南宽3.1米，为宽比长略短的近方形。方向45°。墓底为生土二层台，深2.52、长2.56、南北均宽0.8米，呈狭长方形。从形制结构看，这是一座墓壁明显向下内收的口大底小、口呈近方形、底呈狭长形的斜墓壁竖穴斗形土坑墓。在发掘清理时，墓室下部土层和底层中发现有较凌乱的黑色朽木痕迹，应为木质葬具腐朽后的遗存。墓室底部偏左处，留有基本保存完整但已成白色骨粉不能提取的人骨架残痕1具，为仰身直肢葬。从身高及骨盆处的骨粉分布痕迹判断，墓主可能为女性，年龄不详。墓室底部生土二层台下为棕红色含砂量极大的

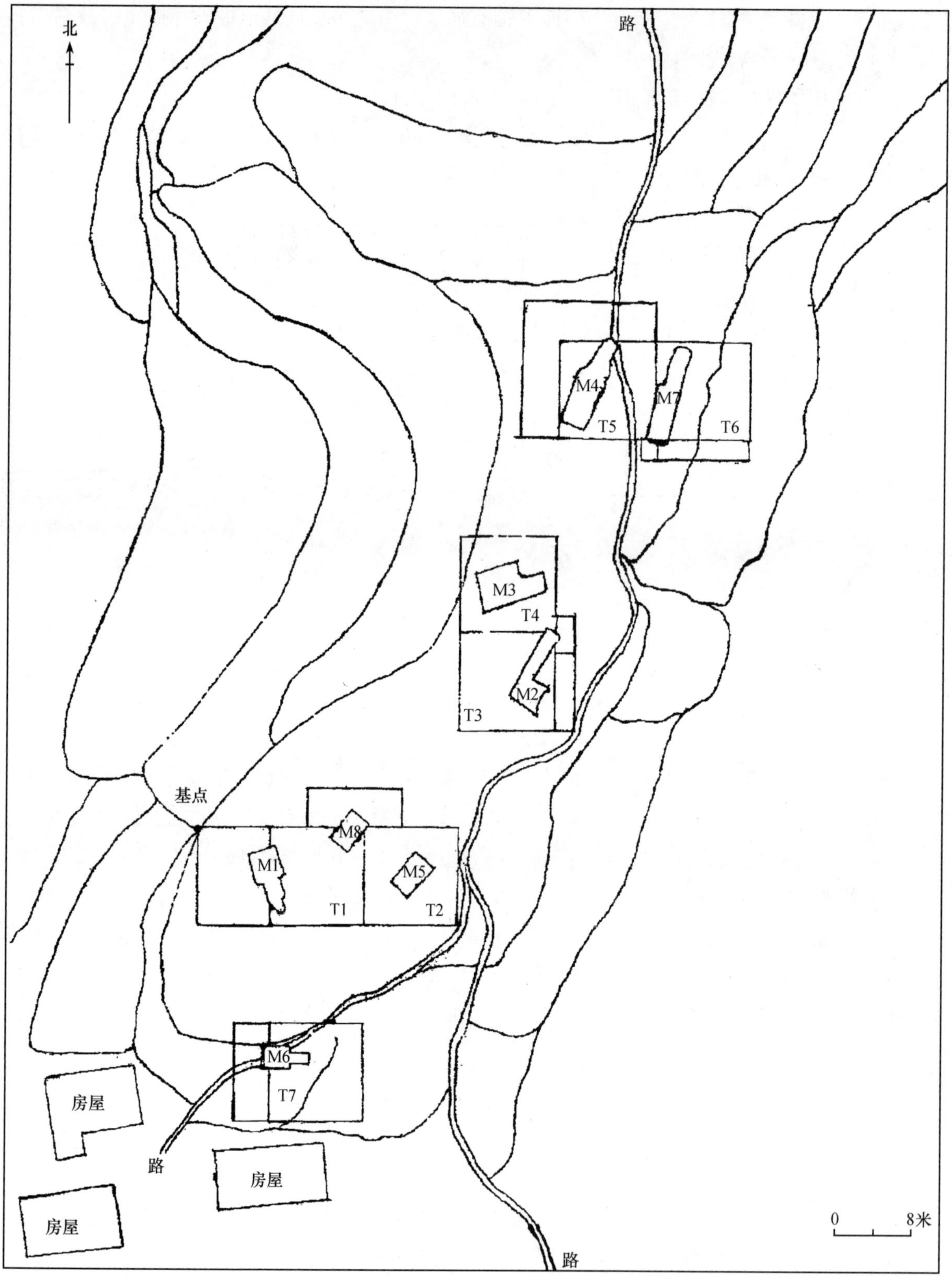

图三 梁上墓群探方和墓葬分布图

砂质土（图四）。墓内出土的随葬品共12件，其中陶器6件、铜器4件、铁器1件、石器1件。现分述如下。

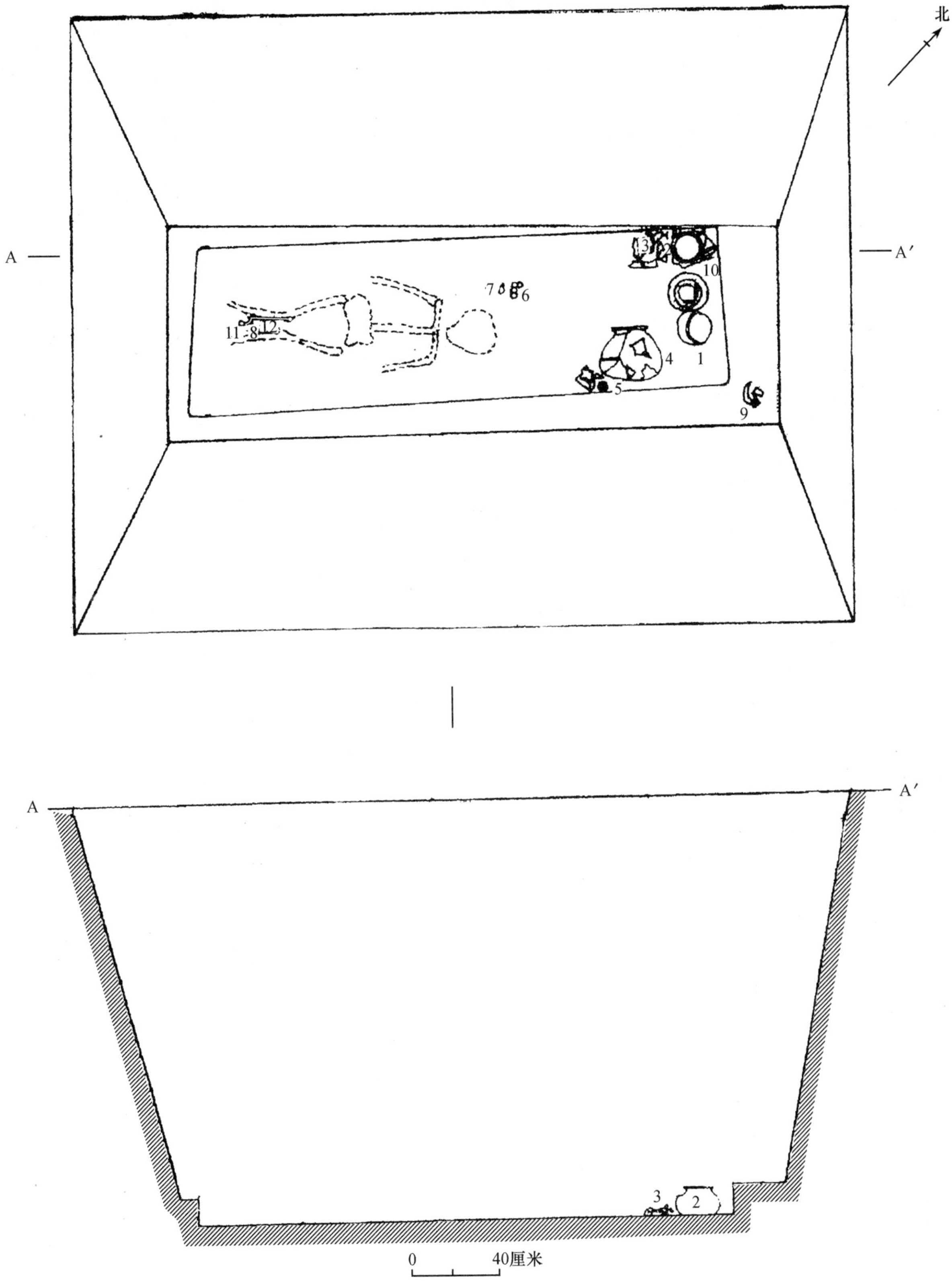

图四 M8平、剖面图

1、3、4. 陶釜 2. 陶罐 5. 陶蒜头壶 6. 先秦半两钱 7. 铜带钩 8. 铜印章 9、10. 残陶片 11. 石串珠 12. 铁削
（后在整理时，发现在先秦半两钱中夹有铜环，编号为M8：13；残陶片拼对出一陶盂，编号为M8：14）

1. 陶器

罐　1件。M8：2，泥质灰陶。侈口，方唇外翻，束颈。圆肩，圆鼓腹，平底微上凸。肩上有一凸弦纹。口径6.4、腹径14.8、底径8、高13.6厘米（图五，11；彩版三二，1）。

釜　3件。均为夹砂陶。可分为三式，每式1件。

Ⅰ式：M8：1，红褐色。敞口，尖唇，束颈，斜肩，圆鼓腹，腹较浅，圜底微尖凸，一侧肩部有一桥状圆形耳。耳下器表饰浅细绳纹。口径12、腹径14.9、高11.5厘米（图五，8；彩版三二，2）。

Ⅱ式：M8：4，灰色。口微外侈，方唇外折，较高向外斜直状束颈，圆折肩，垂腹，圜底较平缓。器表饰绳纹。口径13.2、腹径25.3、高22.3厘米（图五，10）。

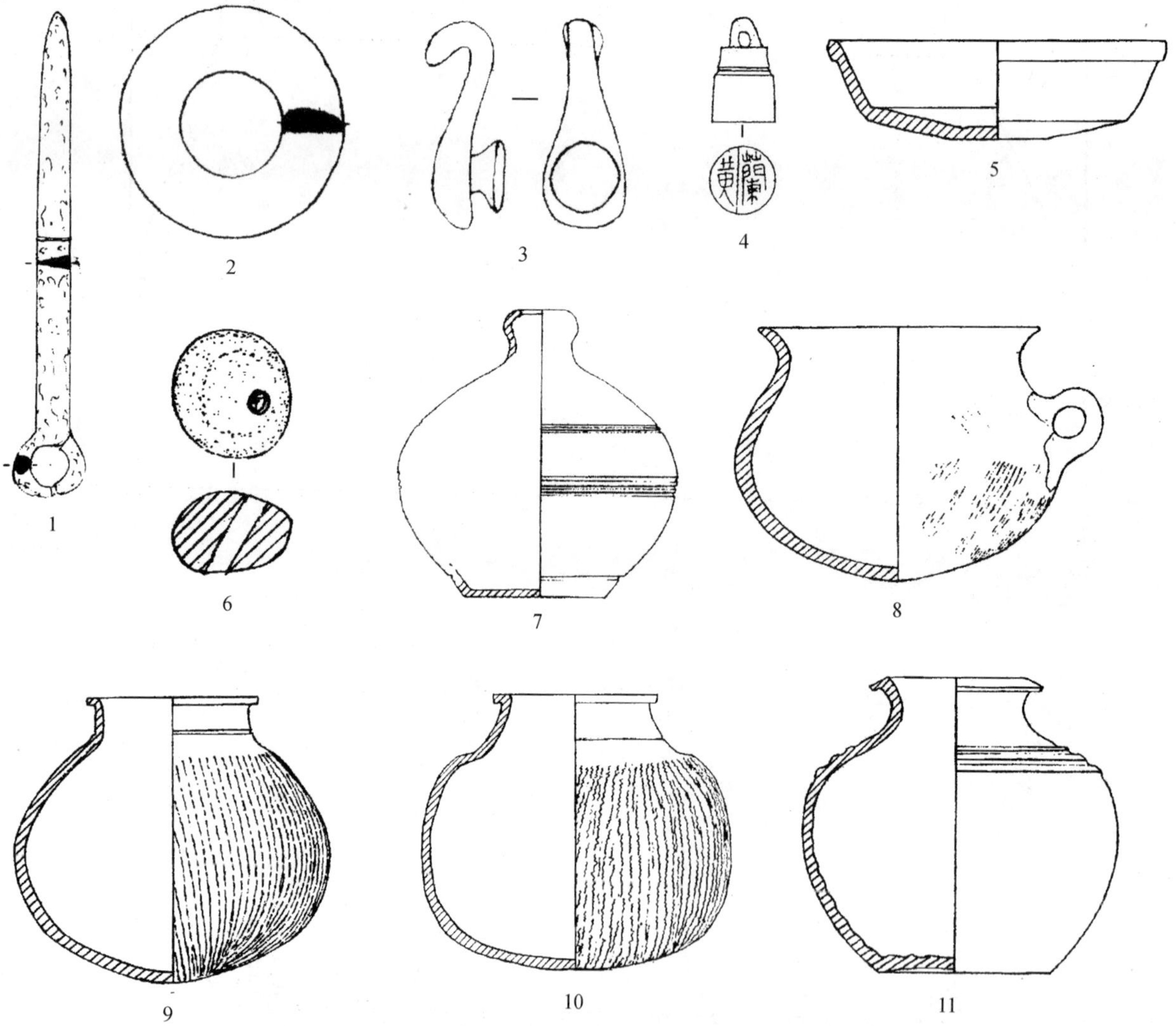

1、5、8、11. 0　4厘米　2～4、6. 0　2厘米　7、9、10. 0　8厘米

图五　M8出土器物

1. 铁削（M8：12）　2. 铜环（M8：13）　3. 铜带钩（M8：7）　4. 铜印章（M8：8）　5. 陶盂（M8：14）　6. 石串珠（M8：11）　7. 陶蒜头壶（M8：5）　8. Ⅰ式陶釜（M8：1）　9. Ⅲ式陶釜（M8：3）　10. Ⅱ式陶釜（M8：4）　11. 陶罐（M8：2）

Ⅲ式：M8：3，灰色。侈口，方唇外折，短直颈，斜肩鼓腹，圜底尖凸。器表饰绳纹。口径13、腹径24.5、高21厘米（图五，9）。

蒜头壶　1件。M8：5，泥质夹细砂陶。青灰色。小敛口，圆唇圆内折，口部外形圆凸呈蒜头形，短束颈，斜肩鼓腹，内收，平底。肩、腹分别饰有二道和三道阴弦纹，近底部也有一周阴弦纹，使壶底呈现出假圈足模样。口径3.6、腹径22.2、底径11.1、高22厘米（图五，7；彩版三二，3）。

盂　1件。M8：14，泥质灰陶。敞口，尖圆唇外折，浅斜上腹，急内折更浅斜下腹，上下腹转折处有棱，平底。口径15、底径4.2、高4.4厘米（图五，5）。

2. 铜器

带钩　1件。M8：7，钩首作鸭首形，钩体较短、宽，形似琵琶，近尾端有蘑菇状圆纽。长3.6厘米（图五，3；彩版三二，4）。

印章　1件。M8：8，形呈上小下大的圆钟状，顶部有桥形纽，顶下1/3处有一圈凸弦纹，将印章分为上、下两部分。印章整体发黑发亮，小巧玲珑，十分精致、可爱。印面为圆形，印文用日（◫）字格，即在中偏右处有一将印面竖直划分为两部分的界线。右界略小，故印文“黄”字也略小；左界较大，故印文“蘭”字也较大。印文“黄蘭”为阴文篆体，经錾刻而成，非常清晰。通高1.8、印面直径1.1厘米（图五，4；彩版三三，1～3）。

铜环　1件。M8：13，表面似有纹饰，但已浸漫不清。一面平整，一面微凸。外径4、内径1.8厘米（图五，2）。

半两钱币　4枚。M8：6，直径达3.6～3.7厘米。无内外郭。钱文“半两”高挺清晰，略狭长而稍呈弧形，笔韵豪放大气，朴拙浑然，具有浓郁的大篆气势，显得既俊逸又豪放。当为战国时期的秦国货币（图六）。

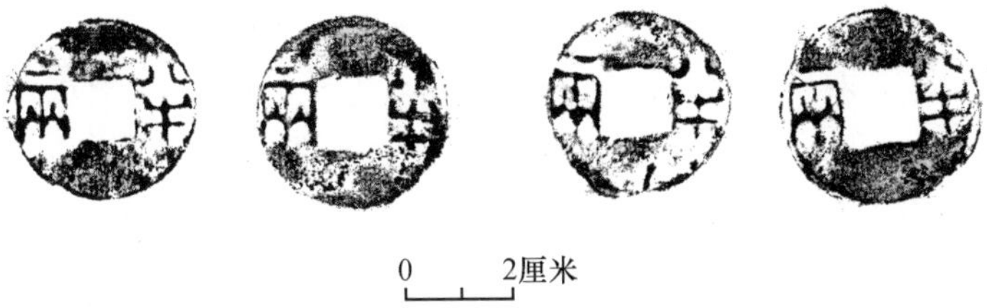

图六　M8出土战国先秦半两

3. 铁器

削　1件。M8：12，直背直刃，尖锋，圆环首。长20.5、宽1.5厘米（图五，1）。

4. 石器

串珠　1件。M8：11，灰白色，不太规则的扁圆形，斜直穿有一孔。长直径2、厚1.4、孔径0.32厘米（图五，6）。

上述随葬品在墓中的位置是，陶器都置于墓主头部北端靠近墓壁处；半两钱币、铜环和铜带钩在靠近墓主头部的右上方处；石串珠、铜印章、铁削在墓主两脚之间发现（这3件随葬品当为墓主随身物品，原来应是挂在墓主腰间的，因墓室坍塌，尸体腐朽而滑落至两脚之间）。

对该墓族属和时代判定有决定意义的随葬品，首先当属陶蒜头壶。蒜头壶有陶制和青铜铸就两种，是战国晚期在秦国突然涌现，并具有浓厚秦国特色的新的器形之一，是独特的典型的秦器。除关中地区有较多的秦墓出土外，在全国其他地区出土蒜头壶的墓葬，也必是秦人秦墓。例如，湖北宜昌前坪[①]、云梦大坟头[②]和睡虎地[③]、河南泌阳秦墓[④]等秦人墓葬中都出土有蒜头壶。因此，M8既然出土了陶蒜头壶，则该墓无疑是秦人秦墓。再从早晚蒜头壶的演变发展趋势看，蒜头壶的“口部蒜瓣由短细内收变为长粗外展，壶颈由短粗变细长……壶腹由高长趋扁鼓，重心渐下移，圈足升高”[⑤]。

梁上墓群M8：5蒜头壶口部很短，内收明显，颈也很短，腹高长圆鼓，“假圈足”很矮，应是早期陶蒜头壶。已被确定为早期铜蒜头壶的，有陕西凤翔高庄野狐沟M1：10蒜头壶，年代应在秦昭襄王时期[⑥]。发掘者也认为，野狐沟M1、M2“两座战国墓，应是战国晚期早段的秦国墓葬”，包括M1：10蒜头壶在内的“两座墓出土的器物也具有战国中晚期的特点”[⑦]。将野狐沟M1：10铜蒜头壶与梁上墓群M8：5陶蒜头壶比较，后者似乎显得更加古朴原始，所以梁上墓群M8的相对年代至少不会比野狐沟M1晚，即应不晚于战国晚期早段。

其次，梁上墓群M8中还出土了4枚精美的先秦半两钱币，为该墓属秦人秦墓增添了有力的证据。值得注意的是，在秦国以外的其他地方发现战国时的先秦半两钱，这“大多不离秦对外之经略路线”，即“先秦半两钱之出土多集中于秦对外战争之战略要地”[⑧]。发现M8的梁上，无疑属古巴子国地方。秦灭巴是在秦昭襄王二十七年（公元前280年），秦将司马错受命由蜀领兵沿涪水而下，东灭巴国。过了两年，至秦昭襄王三十年（公元前277年），为配合白起攻楚，司马错再度由蜀起兵，攻取巴的黔中之地，置黔中郡（治在今湖南沅陵）。所以，既出土陶蒜头壶，又出土了4枚先秦半两钱的梁上墓群M8，应该与司马错的这两次起兵有着密不可分的关系。据此，该墓的绝对年代很可能在秦灭巴的这一年或以后数年间，即秦昭襄王二十七年或以后几年。

另外，M8中还出土了铜带钩、铜印章和铁削，这些也都是关中地区秦墓中常见出土器物，为判定该墓是战国时期的秦人秦墓提供了强有力的佐证。

总之，梁上墓群M8的发现与发掘，对研究峡江地区的秦巴文化关系，梁上和所在武陵地区在秦灭巴过程中的战略地位等，都是很重要的考古学证据，应该说是填补了这一方面的空白。

---

① 湖北省博物馆：《湖北前坪战国西汉墓》，《考古学报》1972年第2期。

② 湖北省博物馆：《云梦大坟头一号汉墓》，《文物资料丛刊》（4），文物出版社，1981年。

③ 云梦县文物工作组：《湖北云梦睡虎地秦汉墓发掘简报》，《考古》1981年第1期；《湖北云梦睡虎地11号秦墓发掘简报》，《文物》1976年第6期。

④ 驻马店地区文管会、泌阳县文教局：《河南泌阳秦墓》，《文物》1980年第9期。

⑤ 陈平：《试论关中秦墓青铜容器的分期问题》，《考古与文物》1984年第3、4期。

⑥ 陈平：《试论关中秦墓青铜容器的分期问题》，《考古与文物》1984年第3、4期。

⑦ 雍城考古工作队：《凤翔县高庄战国秦墓发掘简报》，《文物》1980年第9期。

⑧ 蒋若是：《秦钱论（秦半两钱三议）》，《秦汉钱币研究》，中华书局，1997年。

二、西汉墓葬

1座，编号为2001CWLM5。

M5　位于T2中部偏东北方。长方形竖穴土坑墓。坑口距地表深2.38米，长4.5、北宽3、南宽2.6米。方向北偏东44°。在距墓口深1.25米处有生土二层台，长4.16、东宽0.38～0.4、西宽0.3～0.36米。在距墓口深1.8米处形成第二个生土二层台，内置平面呈“Ⅱ”形的椁室。椁长2.5、南宽1.58、北宽1.9、高0.6米。椁室内放棺，棺距墓口深2.2米，长方形，长2.3、宽0.5、高0.18米。棺椁间填塞青膏泥。总体来看，墓葬形制呈现墓坑口大底小、墓壁从墓口和二层台向下内收呈斜壁状结构。葬具已腐朽，仅存黑灰色板灰痕迹。墓主骨架也甚朽，仅剩一颗臼齿及少量肢骨，头部痕迹隐约可见，为仰身直肢葬。从臼齿观察，墓主可能为一20岁左右的女性。奇怪的是，如此规模、形制上也比较讲究的一棺一椁墓葬，随葬品却只有形制基本相同但质地不同、略有大小的陶罐2件，置于棺外东北部椁室内（图七）。

陶罐　2件。微侈口，平折沿，斜方唇，短直颈，斜折肩，弧腹缓收，平底内凹。肩部饰两圈阴弦纹，肩部以下饰绳纹。M5：1，夹砂灰陶。口径12.6、腹径22.2、底径9、高18厘米（图八，1）。M5：2，泥质灰陶。下腹部为斜内收，腹较扁。口径14.1，腹径20.4、底径9、高14.7厘米（图八，2）。

M5为口大底小、填塞有青膏泥的一棺一椁框架式长方形竖穴土坑墓，此种形制结构的墓葬流行于战国晚期至西汉早期。出土的2件陶罐，与云阳李家坝秦到西汉初的M10岩坑墓出土的M10：14和M10：15两件陶罐、李家坝巴人墓地第三期秦至西汉早期的M43：3DⅡ式陶罐①、巴县冬笋坝M26：1陶罐②形制接近；M5：2还与丰都汇南M7：46Aa型陶罐相似③。故综合以上各种文化因素，此墓的年代应定为西汉初期为妥。

三、东汉墓葬

（一）墓葬形制和类型

本次发掘的东汉墓葬共3座，根据建墓方法和结构不同。可分为“凸”字形洞穴砖室双券顶墓和“刀”形洞穴砖室双券顶墓二型。

A型　M1和M6。均为“凸”字形洞穴砖室双券顶墓。

M1　位于T1西部及其西扩方处。墓口距地表深0.4米，长1.9、宽1.5米。方向150°。券顶已

---

① 四川大学历史文化学院考古系、云阳县文物管理所：《云阳李家坝10号岩坑墓发掘报告》，《云阳李家坝巴人墓地发掘报告》，分别见《重庆库区考古报告集》1997卷和1998卷，科学出版社，2001年、2003年。

② 四川省博物馆：《四川船棺葬发掘报告》，文物出版社，1960年；西南博物院、四川省文物管理委员会：《四川巴县冬笋坝战国和汉墓清理简报》，《考古通讯》1958年第1期。

③ 四川省文物考古研究所、丰都县文管所：《丰都汇南墓群发掘简报》，《重庆库区考古报告集·1977卷》，科学出版社，2001年。

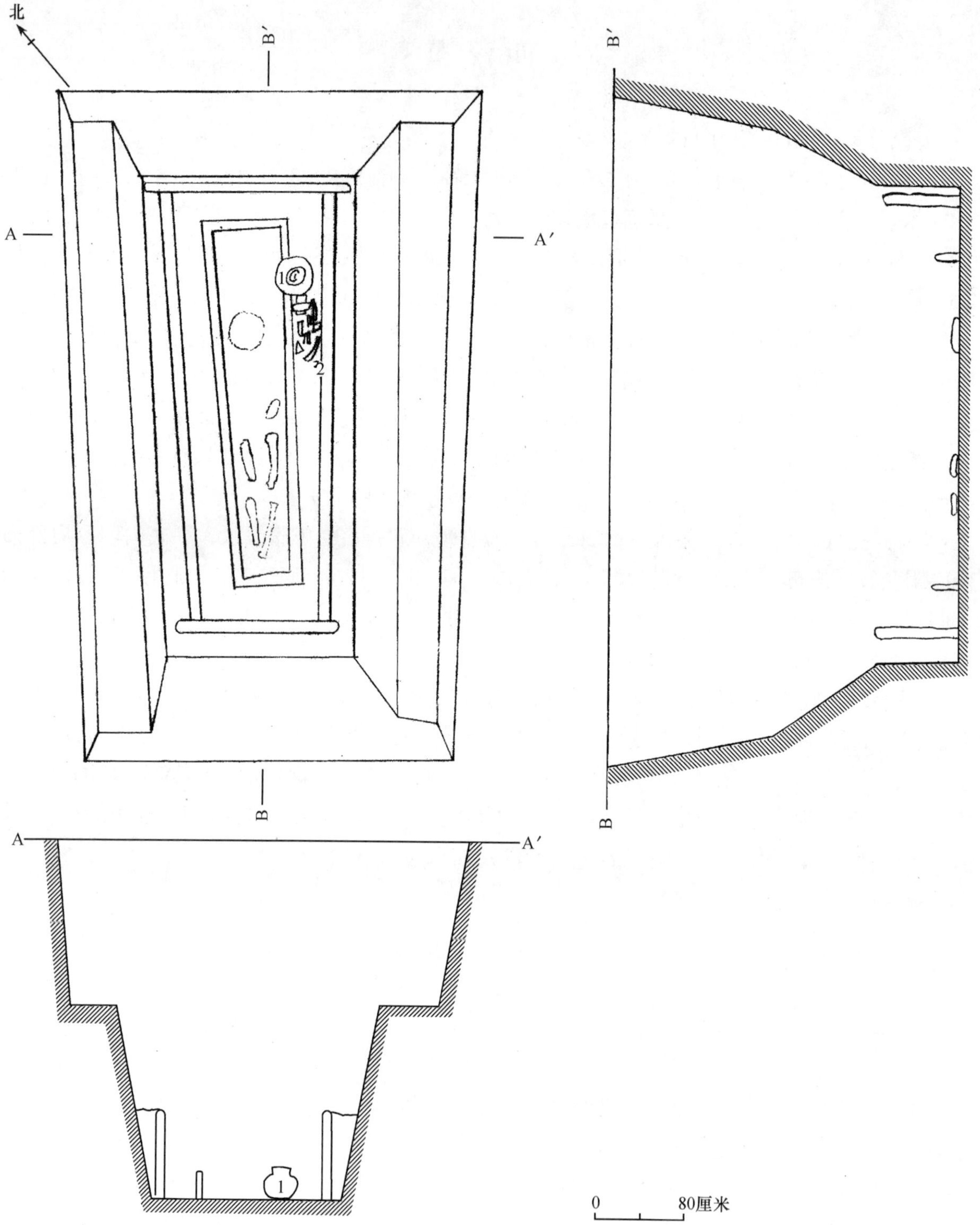

图七　M5平、剖面图
1、2. 陶罐

坍塌，故情况不明。墓室底部用不太规则的砖块铺砌成平面，长2.7、宽2.3、深1.4米。墓室前方正中有甬道，长1.9、宽1.5、深1.4米。甬道前有长方形斜坡墓道，长1.3、宽1.1、深1.3米。墓室和甬道四壁用平砖错缝平砌筑成（图九）。出土有用于券顶、砖面上有“富贵”两字的券顶富贵子母砖。子母砖长0.38、宽0.21、厚0.11米；砖侧面有车轮纹饰或菱形回纹图案的平砖，

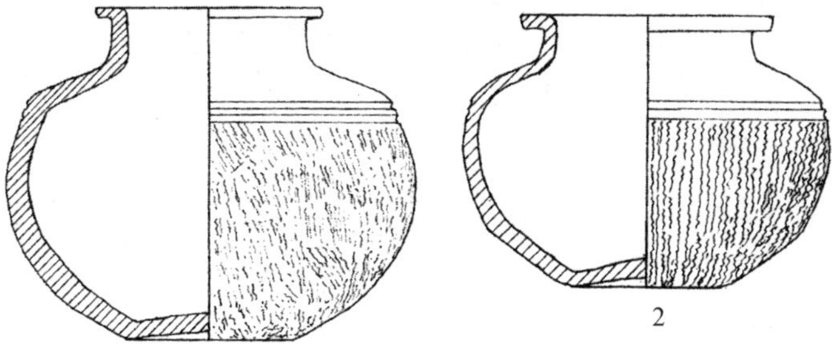

图八 M5出土陶罐

1. M5：1 2. M5：2

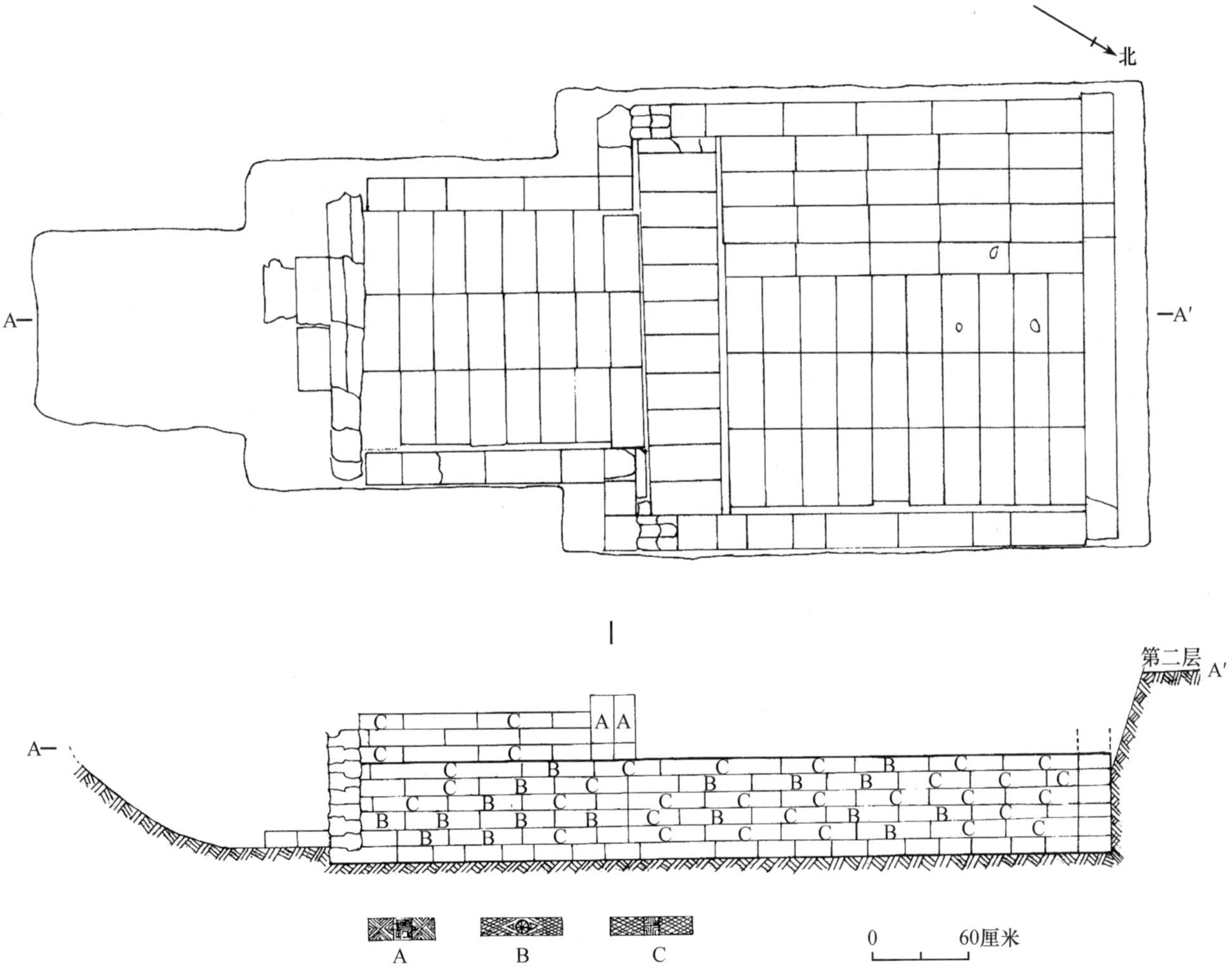

图九 M1平、剖面图

长0.45、宽0.21、厚0.1米（图一〇）。人骨架基本上未被保存，仅发现一段长7～8厘米的碎骨，故墓主性别、年龄不详。也未见葬具及其残痕。因此墓被严重扰乱至墓底，随葬器物被掩埋在塌陷的废墟中，故原来位置不能确定。出土的随葬品共8件：陶池塘1件、陶案1件、陶勺1件、陶残兽头俑2件、残铜镜1件、石墨1件、五铢钱1件35枚。

M6 位于T7西北部及其西扩方处。墓口距地表深0.6米，长1.7、宽1.4米。方向90°。券顶

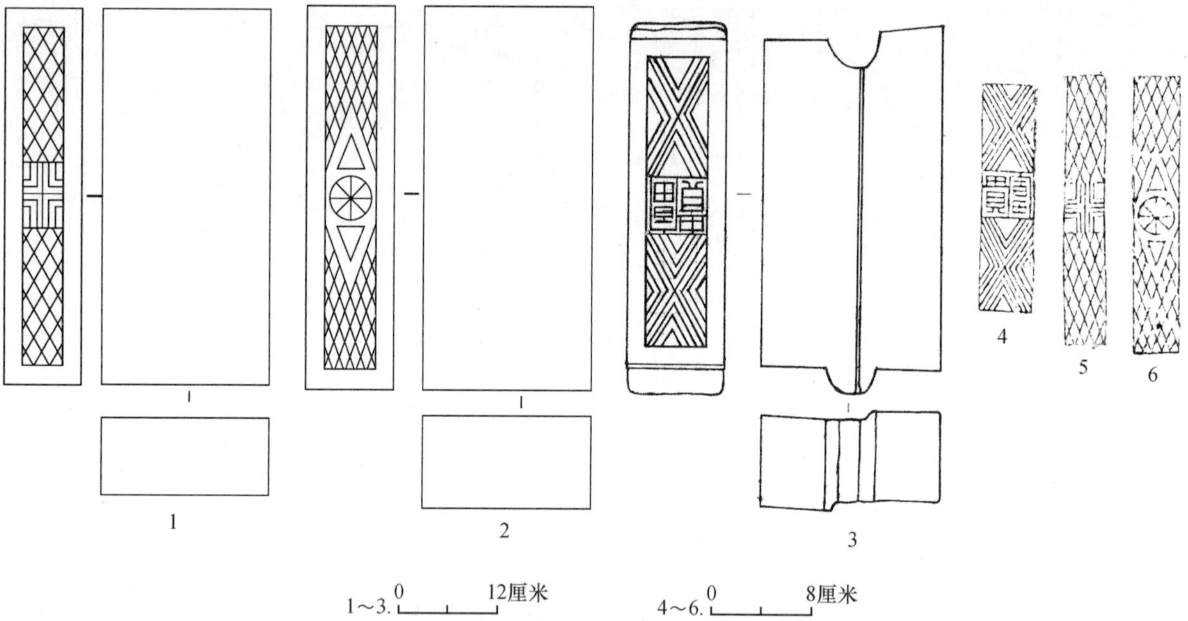

图一〇　M1花边墓砖

已坍塌，故情况不明。墓室底部用规则的砖块铺砌成平面，长2.8、宽2.4、深1.1米。墓室后壁因地层外力挤压而向墓室内凹进。墓室前方正中有甬道，长1.7、宽1.4、深1.1米。墓室和甬道四壁用平砖错缝平砌筑成（图一一）。未发现墓道。发现的十字几何纹券顶子母砖长0.37、宽0.22、厚0.12米；车轮纹子母砖长0.272、宽0.208、厚0.11米；十字菱形纹平砖长0.44、宽0.204、厚0.102米（图一二）。人骨架未被保存，故墓主性别、年龄不详。也未发现葬具及其痕迹。因墓葬被严重扰乱，故随葬器物的原来位置不能确定。共发现出土文物8件：陶博山炉1件、陶罐1件、陶钵1件、陶器盖1件、陶公鸡1件、陶子母鸡1件、五铢钱1件36枚，还有1件因扰乱而混入的瓷碗。

B型　M4。为“刀”形洞穴砖室双券顶墓。

M4　位于T5西北部。墓口距地表深0.7米，长5.4、宽3.3米。方向20°。券顶保存完好。墓门（封墓墙）左上方有古代盗洞一个（图一三）。长方形单室墓，墓室前方偏东一侧有甬道。甬道前有不太规则的舌形台阶式墓道，每阶高约0.3米，共8阶，坡度约35°，长3.1、宽1.4米。甬道长2.2、宽1.9米，券顶高1.86米。墓室长3、宽2.4、深2.75米，券顶高2.04米。券顶用有“富贵”字样的带榫卯结构的子母楔形券砖扣式起券筑成。墓底用规则的平砖铺砌成平面。墓室内未发现人骨架、葬具及其痕迹，故葬式、性别、年龄等墓主情况均不明。墓室和甬道四壁用平砖错缝平砌筑成。该墓使用的墓砖有两种，“富贵”子母券砖和车轮平砖。前者长0.376、宽0.212、厚0.12米；后者长0.428、宽0.21、厚0.12米（图一四）。随葬品主要置于甬道内，其次是墓室前部。除2枚东汉五铢钱、1枚铁钉及1件琉璃器外，其余62件均为陶器，计有罐、钵、釜、杯、盘、壶、锺、灯、博山炉、勺、井、井桶、屋、俑等（图一五）。

值得注意的是，在该墓发掘前，曾在离该墓很近的T5东北角和北隔梁交界处，发现用3块车轮纹平砖围成的长方形小坑，坑长54.3、宽42.7厘米，坑内并排摆放着两件陶罐（复原1件）。故该坑很可能是M4的奠基坑或祭奠坑。

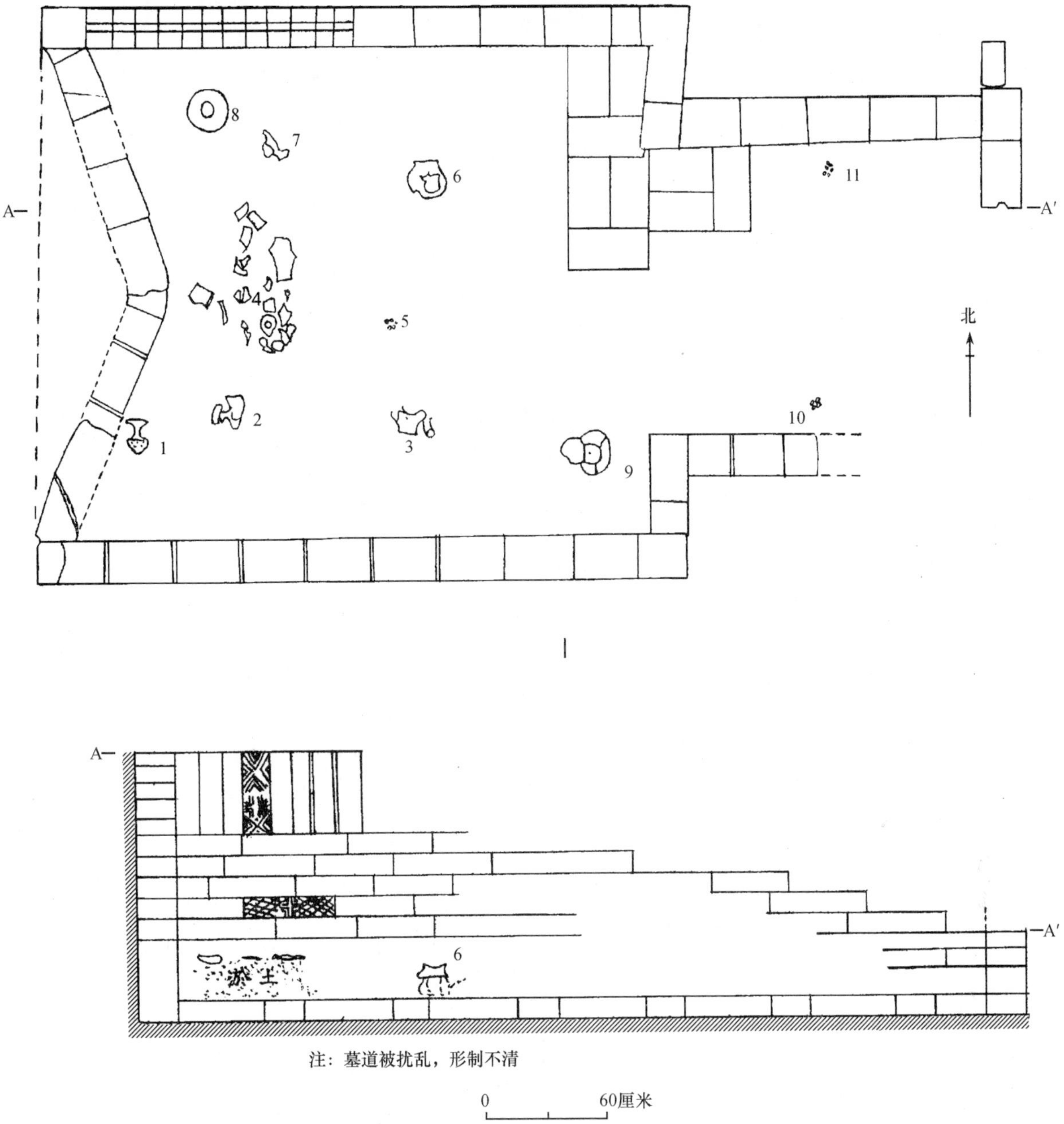

图一一　M6平、剖面图

1. 陶博山炉　2. 陶子母鸡　3. 陶公鸡　4. 陶罐　5、10、11. 铜钱　6. 陶钵　7. 陶器盖　8. 陶碗　9. 残瓷片（M6：13）

（二）出土遗物

上述三座东汉墓出土的遗物共计78件，其中陶器72件、瓷器1件、铁器1件、铜器1件、石器1件、琉璃器1件、钱币73枚。

1. 陶器

有夹砂陶、泥质陶和釉陶三种。以泥质陶为最多，其中又以泥质红陶为主。其次是釉陶，釉色有黄、酱黄、姜黄、酱色和黑色。以器形与用途分，则有实用生活器具、模型器和俑（包

图一二　M6花边墓砖

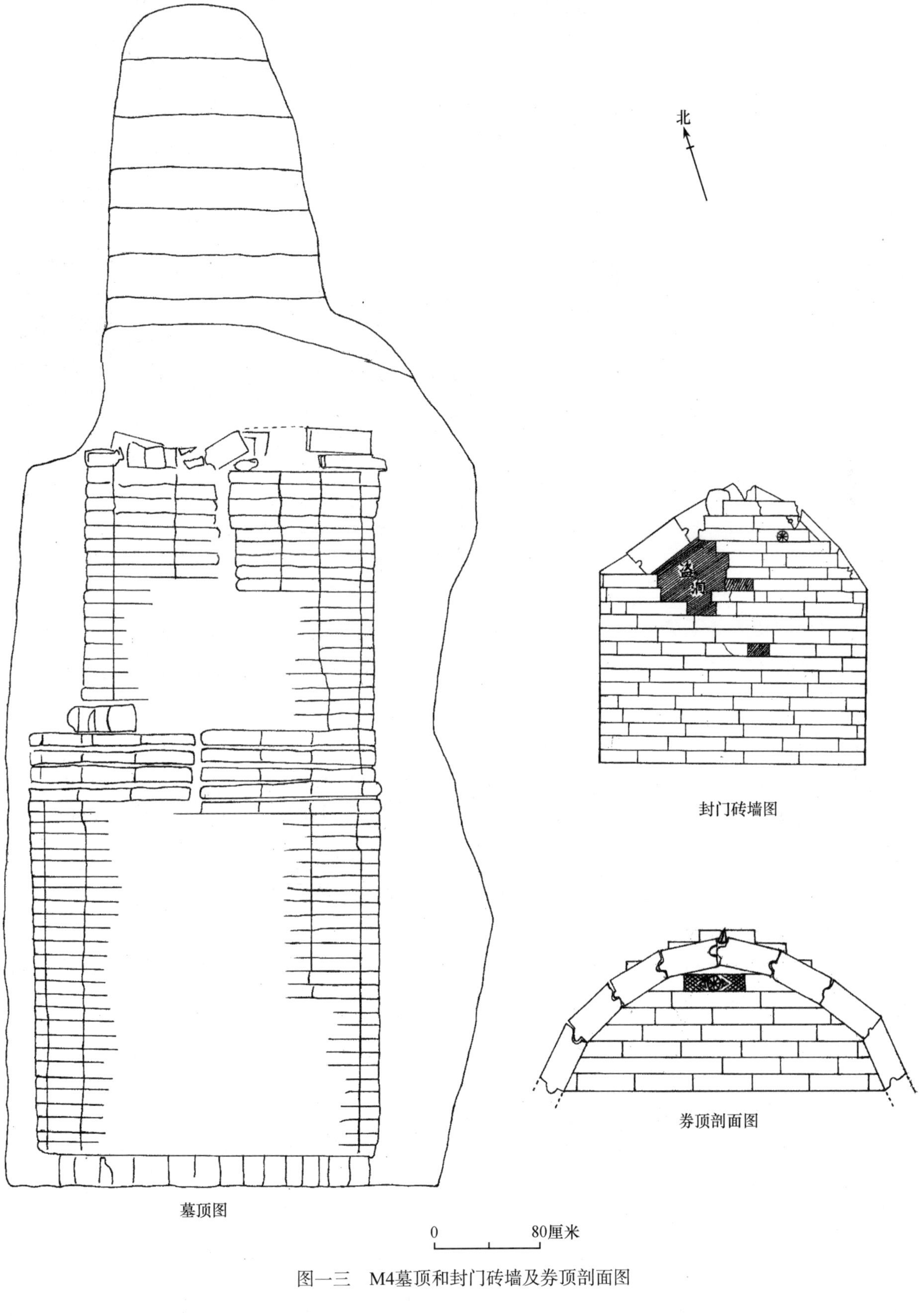

图一三 M4墓顶和封门砖墙及券顶剖面图

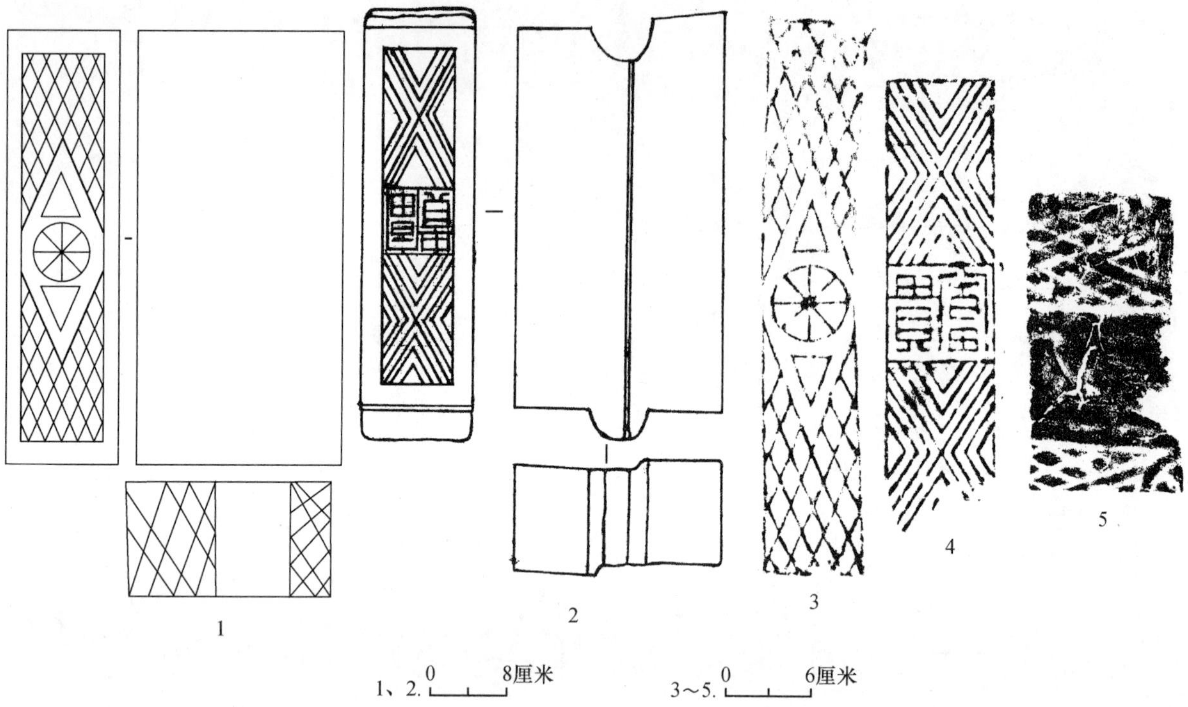

图一四　M4花边墓砖

括人物俑和动物俑）三类。全部陶器以素面为大宗，以弦纹为主，主要饰于罐、钵、盘、仓肩、腹部；也有少量绳纹、斜方格纹和铺首等纹饰。一般实用陶器以轮制为主，陶俑应为双范合模制成。

（1）实用器

罐　10件。以夹砂灰陶为主，也有少许泥质灰陶和个别夹砂黑陶。依形制特征分为五型。

A型　5件。均为夹砂灰陶。侈口，圆唇，弧颈，斜肩，斜收腹，平底。口径大于底径。器壁较厚，达0.5～1厘米。颈、腹部有两或三道横粗弦纹。依肩、腹变化分为四式。

Ⅰ式：1件。M4：8，矮盘口微侈，斜矮颈，急折肩，斜腹缓收，口径略大于底径。口径8.6、腹径15、底径8.4、高11厘米（图一六，4）。

Ⅱ式：1件。M4：10，折肩处较高，肩部在两道凹弦纹间加饰两周致密的竖向细绳纹，斜腹微鼓缓收。口径9.6、腹径14.8、底径7.8、高11.6厘米（图一六，1）。

Ⅲ式：1件。M4：1，折肩处下移至腹中部，急折肩，斜腹缓收，至底部偏上处略外折呈假圈足。口径9.8、腹径15、底径7.8、高11.4厘米（图一六，2）。

Ⅳ式：2件。斜肩圆鼓，最大腹径在腹中部，下腹斜收，平底略内凹。M4：9，口径9.4、腹径15.4、底径8.8、高11.1厘米（图一六，3）。M4：11，近底部呈假圈足状。口径9.6、腹径15.3、底径8.4、高11.3厘米（图一六，7）。

B型　2件。侈口，圆唇，斜矮颈，扁圆形体，平底。依肩、腹部特征分为二式。

Ⅰ式：1件。M4：39，夹砂灰陶。扁圆鼓腹，急内收，平底。颈下部、腹上、中部有三道凹弦纹，腹下部和近底部有三道细凸弦纹。口径10.8、腹径14.6、底径5.2、高8.4厘米（图一六，9）。

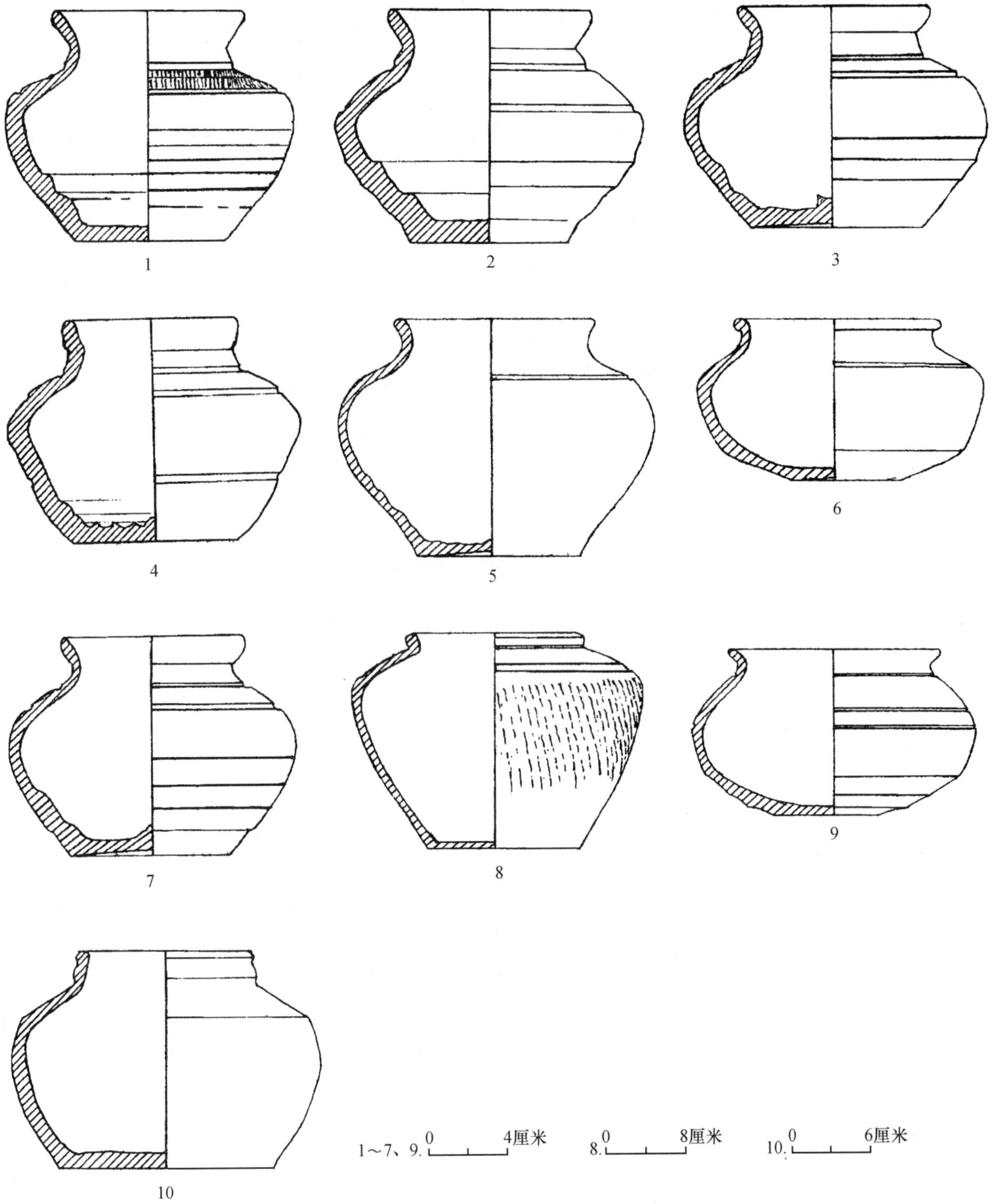

图一六　东汉墓葬出土陶罐

1. A型Ⅱ式（M4：10） 2. A型Ⅲ式（M4：1） 3、7. A型Ⅳ式（M4：9、M4：11） 4. A型Ⅰ式（M4：8） 5. C型（M6：4） 6. B型Ⅱ式（M4：43） 8. D型（M4：64） 9. B型Ⅰ式（M4：39） 10. E型（M4奠基坑：1）

Ⅱ式：1件。M4：43，夹砂黑陶。斜肩，缓内折，急内收，平底略内凹。肩下部有凹弦纹一道，腹下部有细凸弦纹一道。口径10.3、腹径14.9、底径5.7、高8.3厘米（图一六，6）。

C型　1件。M6：4，泥质灰陶。侈口，圆唇，束颈，圆肩，鼓腹，微曲内收，平底内凹。肩部有一道凹弦纹。口径10、腹径16.4、底径8.4、高11.8厘米（图一六，5）。

D型　1件。M4：64，泥质灰陶。侈口，方唇，折沿，微束颈，斜折肩，腹斜收，平底。肩上饰弦纹，腹部满饰粗绳纹。口径16.4、底径15.2、高21厘米（图一六，8）。

E型　1件。M4奠基坑：1，泥质灰陶。敛口，方唇，斜矮弧颈，斜折肩，弧腹内收，平底。口径明显小于底径。素面。口径12.9、腹径23.6、底径16.2、高15.9厘米（图一六，10）。

釜　5件。以器表施釉的泥质红陶为主，仅一件为夹砂灰陶。依形制特征分为二型。

A型　1件。M4：37，夹砂灰陶。侈口，圆唇，斜折沿，圆鼓腹，圜底。器外壁满饰粗绳纹。口径15.6、腹径19.2、高13.5厘米（图一七，2；彩版三三，6）。

B型　4件。均为器表施釉的泥质红陶，但釉质易脱落。器形基本一致：侈口，圆唇，斜折沿，弧颈。斜折肩，微鼓腹略下垂，急内收或曲内收，平底。肩部有一周粗凹弦纹。器壁较厚，在0.4～1.3厘米。M4：5，施黄釉。器内壁自底部起至肩部有数圈凸弦纹。剖面呈连续弧形。口径13、腹径14.8、底径8、高10厘米（图一七，1）。M4：16，施酱色釉。口径12.4、腹径14.8、底径8.5、高9.4厘米（图一七，3）。M4：18，外表釉质脱落。口径12.3、腹径15.2、底径7.2、高10厘米（图一七，4）。M4：42，施姜黄色釉。平底略内凹。口径12.7、腹径14.7、底径7.2、高10厘米（图一七，5；彩版三四，1）。

钵　10件。依器形特征不同分为三型。

A型　7件。均为泥质黑陶。敞口，尖圆唇，卷缘，折腹，曲内收，小平底。素面。据大小分为二亚型。

Aa型　6件。个体较大。依腹部变化，分为二式。

Ⅰ式：4件。上腹较斜，外壁微鼓，下腹显著曲内收。M4：12，口径16.2、底径5.2、高7厘米（图一八，1）。M4：31，口径15.6、底径5、高6.6厘米（图一八，2）。M4：38，口径15.3、底径5.1、高6.3厘米（图一八，3）。M4：2，口径16.8、底径4.8、高6.6厘米（图

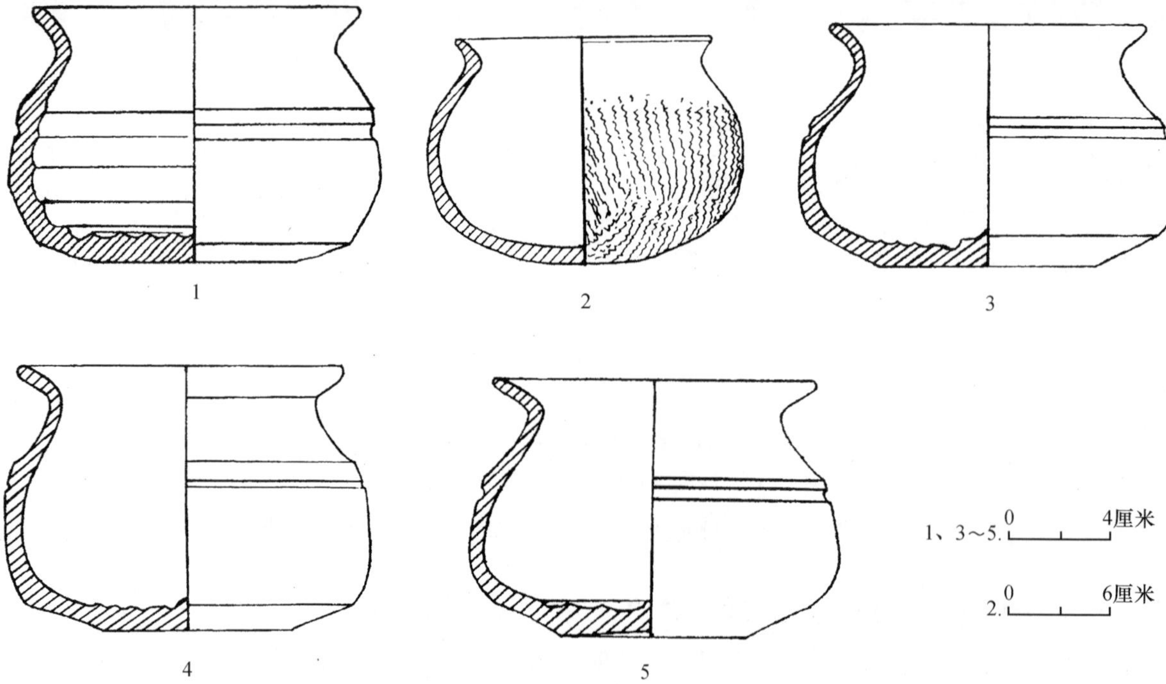

图一七　东汉墓葬出土陶釜

1、3～5. B型（M4：5、M4：16、M4：18、M4：42）　2. A型（M4：37）

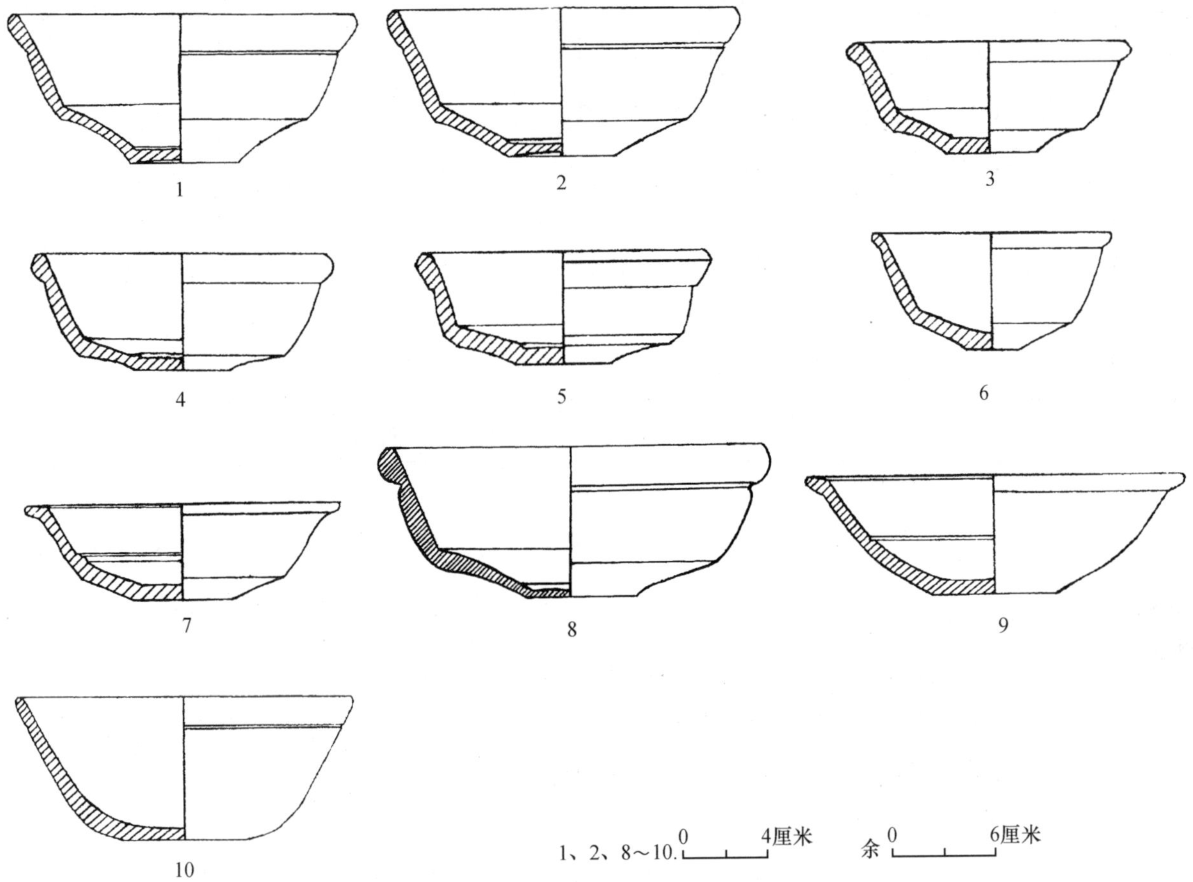

图一八　东汉墓葬出土陶钵

1～3、8. Aa型Ⅰ式（M4：12、M4：31、M4：38、M4：2）　4、5. Aa型Ⅱ式（M4：30、M4：36）　6. Ab型（M4：65）　7、9. B型（M4：27、M4：24）　10. C型（M6：6）

一八，8）。

Ⅱ式：2件。上腹斜立，下腹曲内收较缓，上腹较下腹深。M4：30，口径16.5、底径5.4、高6.6厘米（图一八，4）。M4：36，口径15.3、底径5.1、高6厘米（图一八，5）。

Ab型　1件。个体较小。上腹斜立，下腹斜内收；深腹，小平底。M4：65，口径13.8、底径2、高6.6厘米（图一八，6）。

B型　2件。泥质红陶。敞口，斜折沿，厚圆唇，斜弧腹，下腹缓曲收，平底。M4：24，口径17.6、底径6、高5.5厘米（图一八，9）。M4：27，器表施黄釉。口径18.3、底径5.7、高5.4厘米（图一八，7）。

C型　1件。M6：6，泥质灰陶。敞口，尖圆唇，斜腹内收较急，平底。口径16、底径5.8、高6.6厘米（图一八，10）。

盘（盒）　5件。泥质红陶，器表施黄釉或酱黄釉。方唇，弧腹斜收，下腹内曲，平底。器腹饰两或三道粗凹弦纹。依口部变化，分为二式。

Ⅰ式：3件。直口。M4：22，施黄釉。内壁下腹有五道细凸弦纹。口径16.4、底径6、高5.8厘米（图一九，1）。M4：25，施酱黄釉。口径16.2、底径6、高5.1厘米（图一九，2）。M4：26，施黄釉。口径15.4、底径5.1、高6厘米（图一九，3）。

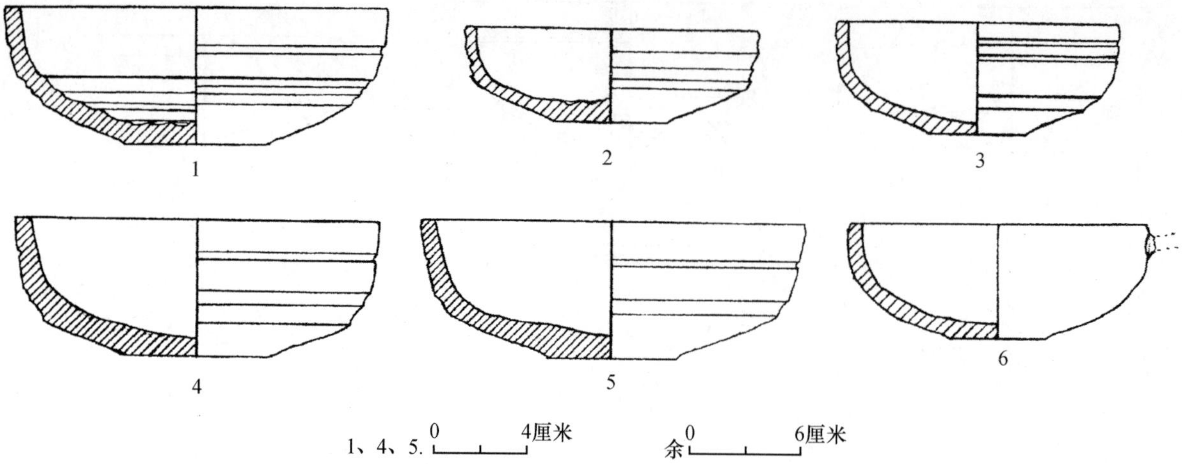

图一九　东汉墓葬出土陶器

1～3. Ⅰ式盘（盒）（M4：22、M4：25、M4：26）　4、5. Ⅱ式盘（盒）（M4：28、M4：29）　6. 魁（M4：23）

Ⅱ式：2件。敞口。M4：28，施黄釉。口径15.6、底径6、高5.8厘米（图一九，4）。M4：29，施黄釉。口径16.4、底径5.4、高5.8厘米（图一九，5）。

魁　1件。M4：23，泥质红褐陶。器表施黄釉。直口，方唇，弧腹，斜收，下腹内曲，平底。柄残。口径16.2、底径5.1、高6.3厘米（图一九，6）。

杯　2件。据器形特征分为二型。

A型　1件。M4：15，泥质红陶。器表施酱黄釉，外壁下腹近底部无釉。侈口，方唇，卷缘，深腹略鼓，假圈足，平底。口沿下有一周凹弦纹。口径9.4、腹径9.4、底径6.8、高7厘米（图二〇，4）。

B型　1件。M4：17，泥质红陶。器表施黄釉。微敛口，方唇，深腹，斜壁微鼓，假圈足，平底，口缘外右侧有一短圆凸把手，在把手下端有一周凹弦纹。口径10、底径6.6、高7.5厘米（图二〇，7）。

锺　1件。M4：35，泥质红陶。器表施酱色釉。盘口，方唇，长弧颈，溜肩，扁圆腹，矮圈足外撇。下腹底与圈足间有一周粗凹弦纹，肩腹处有三周较细瓦棱状弦纹，弦纹下有对称的两个衔环铺首。有弧顶式盖，盖上有三个乳钉状插纽。口径16、腹径25.7、底径16.5、通高31.8厘米（图二〇，8）。

壶　1件。M4：34，泥质灰陶。侈口，尖圆唇，斜直领，折肩，斜扁腹，假圈足外撇，平底。口径4、腹径5.6、底径5、高3.7厘米（图二〇，5）。

勺　3件。手制。依勺柄与勺体间夹角角度不同，分为二式。

Ⅰ式：2件。泥质红陶。勺柄与勺体间夹角为一显著钝角。勺柄端部平圆。M4：14，勺体高3.5、长径8、短径6.4、勺长15.6厘米（图二〇，1）。M4：13，勺体高3.4、长径7.3、短径6.4、勺残长12.6厘米（图二〇，2）。

Ⅱ式：1件。M1：4，泥质红陶。器表施酱黄釉。勺柄与勺体间的夹角不明显。勺柄端部向下平折。勺体高3、长径5.3、短径4.5、勺长14.8厘米（图二〇，3）。

器盖　1件。M6：7，夹砂黑陶，喇叭式矮圈足形把手，浅盘状盖，方唇，子母口。高

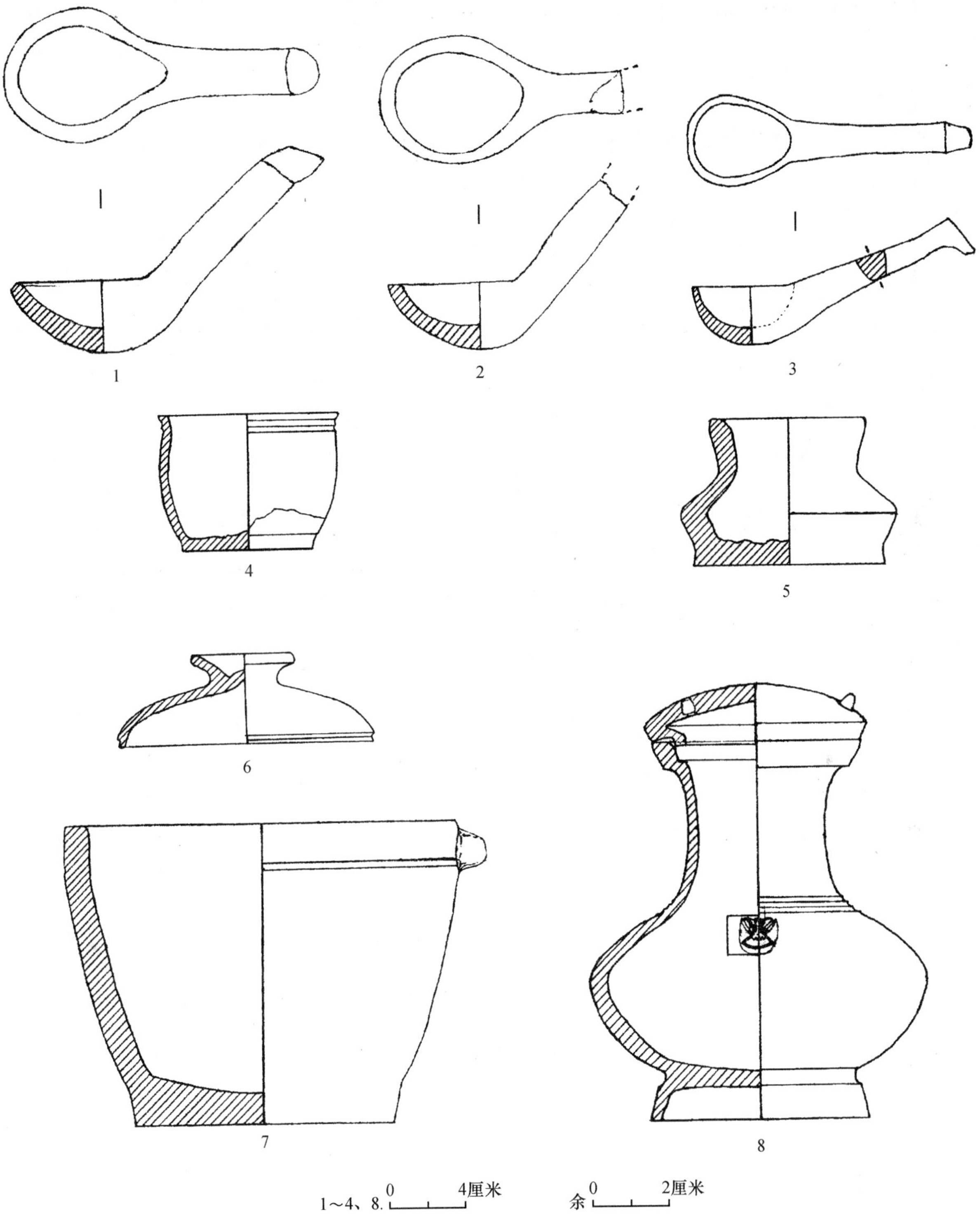

图二〇　东汉墓葬出土陶器

1、2. Ⅰ式勺（M4：14、M4：13）　3. Ⅱ式勺（M1：4）　4. A型杯（M4：15）　5. 壶（M4：34）　6. 器盖（M6：7）　7. B型杯（M4：17）　8. 锺（M4：35）

4.8、口径13.4、把手圈足径5.4厘米（图二〇，6）。

灯　4件。按形状特征不同分为三型。

A型　2件。依灯盘口部变化分为二式。

Ⅰ式：1件。M4：19，泥质红陶。器表施酱黄色釉。浅盘，直口，圆唇。盘壁较直，盘底外壁先内曲后略外凸。柄中空，近柱状，圈足座底部较直。口径10.8、底径9.8、通高11.8厘米（图二一，1）。

Ⅱ式：1件。M4：46，泥质红陶。器表施姜黄色釉。浅盘，敛口，圆唇，盘壁斜弧，盘底外壁内曲，但外凸不明显。柄中空，近柱状，下部饰一周凹弦纹，圈足座厚、直。口径10.5、底径8.6、通高12.5厘米（图二一，2）。

B型　1件。M4：66，泥质红陶。器表施黄釉。盘较深，侈口，方唇，斜弧腹。柄部残，中空外撇。口径10、残高6.2厘米（图二一，3）。

C型　1件。M4：20，泥质红陶。直口，圆唇，盘较深，盘壁圆鼓。柄中空，柄壁先内曲再外撇，最后微内收，中空，呈喇叭状座。口径7.8、底径8.8、通高11.8厘米（图二一，5）。

博山炉　3件（其中一件为炉盖）。依炉盖形制不同区分为三式。

Ⅰ式：1件。M4：45，泥质红陶。浅盘，双重口，外口侈，内口敛，内外口连接的口沿上有一周“V”形凹槽，形成子母口。盘壁微鼓，柄部内曲外撇，中空，喇叭状座。斗笠形盖，顶有一乳突；底为侈口，方唇，恰好扣在浅盘的子母口上；盖面饰有模印略凸的三重三角形锯齿纹和三个一组的火焰状堆纹，以及数个长方形小孔。口径11.6、底径8.5、通高15厘米（图

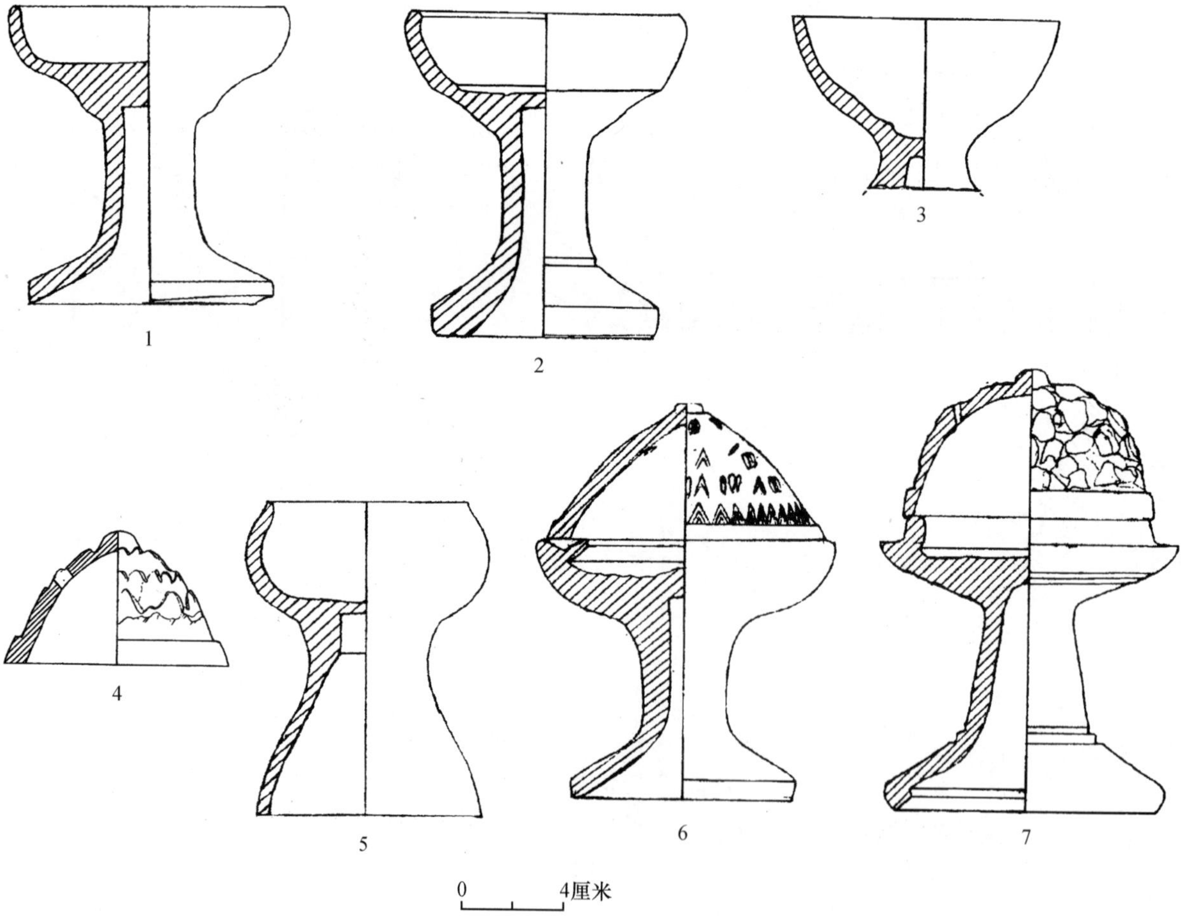

图二一　东汉墓葬出土陶器

1. A型Ⅰ式灯（M4：19）　2. A型Ⅱ式灯（M4：46）　3. B型灯（M4：66）　4. Ⅱ式博山炉盖（M4：21）
5. C型灯（M4：20）　6. Ⅰ式博山炉（M4：45）　7. Ⅲ式博山炉（M6：1）

二一，6）。

Ⅱ式：1件。M4：21，仅剩炉盖，泥质红褐陶，施黄釉。头盔形，表面饰满火焰状或曰山峦状堆纹，有数个近方形小孔。下口径8.4、通高5厘米（图二一，4）。

Ⅲ式：1件。M6：1，泥质红陶。施黄釉。浅盘，子母盘口，圆唇，盘底斜直，束腰形柄，中空，喇叭状座，柄下部与底座连接处有二周凹弦纹。半球形盖，表面饰满云山状堆纹，有数个近方形小孔。口径9.41、底径9.88、通高16.6厘米（图二一，7；彩版三四，2）。

（2）模型器

仓（囷） 1件。M4：40，夹砂灰陶。子母口，方圆唇，斜折肩，直腹微鼓，平底。腹中部饰一周凹弦纹。口径7.6、腹径10.3、底径5.6、高9.1厘米（图二二，1）。

案 1件。M1：2，夹细砂灰陶。长方形平案面，案面下方有两块长度和案面长度相同的长条形陶板作横梁，与案成“Π”形，再在每条陶横梁左右用浮雕方法，各饰两只对称的大腹便便、脸面憨态可掬的蹲立状怪兽，作为案的四足。造型精致有趣。案面长29.7、宽11.3、高14.8厘米（图二二，2；彩版三三，4、5）。

井盖 1件。M4：33，夹砂灰陶。平面呈方形，有双直线纹“井”字，四角略内凹，中心有圆形井圈，两侧各有一近方形的孔，用以插井架。井架上置山形横梁。井盖下有圈足，可套在井桶上。井架中部“束腰”，下部有凸榫，用以插入井盖方孔内；上部呈“U”形，用以承接山形横梁。井盖四角饰菱形网格纹。上下两侧，上侧饰弧线状交汇水波纹，下侧饰弧线状反向相交水波纹；左右两侧，左侧饰分流水波纹（以直线分左右再各饰相反方向的弧线纹），右侧饰叶脉纹。井盖长19.9、宽19.1、高1.5、圈足径13.8厘米。井架高约7.5、宽1.4～2.6、厚0.8厘米。山形横梁残长11.5、厚0.9厘米（图二二，3）。

井桶 1件。M4：32，夹砂灰陶。子母口，卷沿，圆唇，耸肩，直腹微鼓，下腹近底处略曲内收，平底。腹外壁饰数圈细弦纹，腹内壁则饰数圈细凸弦纹，使剖面呈瓦棱状。这件井桶应是上述井盖的配套部件，因此墓曾被盗过，故被移位与盖分离。口径12.6、肩径16.8、腹径19.8、底径15.6、高19.5厘米（图二二，4）。

池塘 2件。泥质灰陶。依形制不同分为二型。

A型 1件。M4：3，口大底小的长方形，塘内有陶塑的鱼、鳖、蛙、螺、鸟等，手制。口长37.6、宽24.8、底长30、宽17、高3.8厘米（图二二，5）。

B型 1件。M1：1，口底相同尺寸的梯形，中偏右用堤隔分为两部分，堤上陶塑一蛙，塘内遍布陶塑的蛙、螺、鱼、飞鸟等。长34.4、宽分别为14和17.6厘米（图二二，6）。

屋 3件。均为夹细砂灰陶。结构形状基本一致。房体呈长方形空心箱形，左右和后面为板块结构，前面是斗拱檐架结构，即上为悬山式瓦顶，瓦顶前檐饰4或5条瓦垄，垄下有照壁，下有1或2个斗拱，斗拱为一斗三升，下有立柱。M4：41，屋正面正中开一门，两立柱旁各有一窗。长33.2、宽10.8、高25.7厘米（图二二，7）。M4：44，屋正面无门，两侧有凸窗台。残长39、宽10、高28.8厘米（图二二，8）。M4：57，屋内正中有隔墙，将房屋分为两间，右屋正面开有一窗，屋内近后墙有人物俑两个。长36.8、宽15.2、高31.4厘米（图二二，9）。

（3）俑

17件。有人物俑和动物俑两类。俑内中空，系用双范合模制成。人物俑为前后范，动物俑

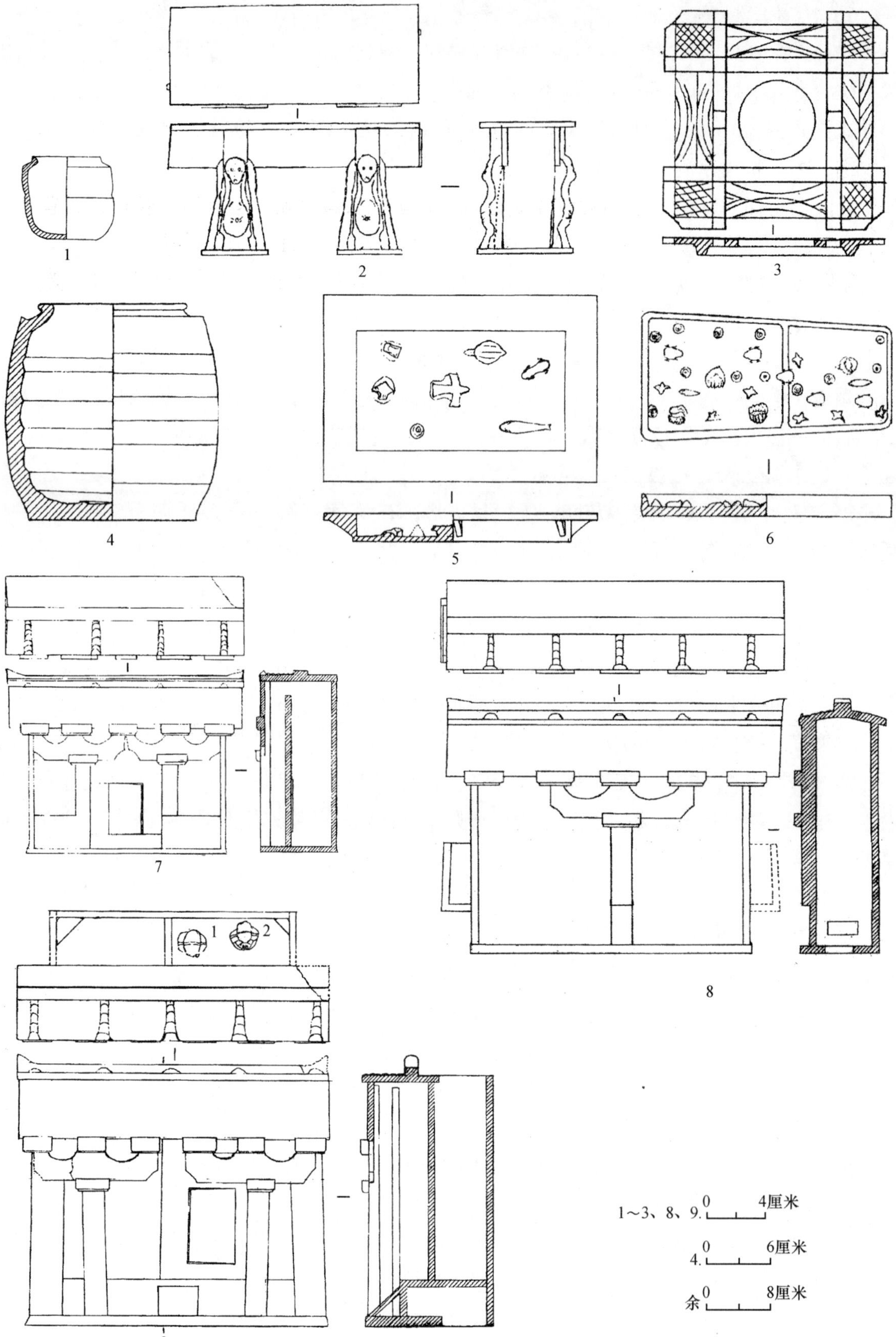

图二二 东汉墓葬出土陶模型器

1. 仓（囷）（M4：40） 2. 案（M1：2） 3. 井盖（M4：33） 4. 井桶（M4：32） 5. A型池塘（M4：3）
6. B型池塘（M1：1） 7～9. 屋（M4：41、M4：44、M4：57）

用左右范。合范模制痕迹显著。以泥质红陶为主，有少量灰陶和夹砂陶。

人物俑　9件，均出于M4。

抚耳女俑　1件。又名听歌女俑或听琴女俑。M4：47，泥质红陶。跪坐，梳髻裹巾，右衽宽袖衣裙，右手抚耳，左手抚膝，头向右倾，脸半仰，做聆听状。高16.8厘米（图二三，1）。

击鼓说唱男俑　1件。M4：48，泥质红陶。跪坐，头戴帷帽，右衽宽衣长袖，鼓置于左膝，左手击鼓，右手掌向外平举，双眼正视前方，做说唱状。高18.2厘米（图二三，2）。

吹埙男俑　1件。M4：53，泥质红褐陶。跪坐，头戴帷帽，紧衣窄袖，双手持埙至嘴唇，两腮圆鼓、两眼圆睁，做努力吹奏状。高16.3厘米（图二三，3）。

图二三　M4出土陶人物俑

1. 抚耳女俑（M4：47）　2. 击鼓说唱男俑（M4：48）　3. 吹埙男俑（M4：53）　4. 抚琴男俑（M4：54）
5. 女舞俑（M4：50）　6、7. Ⅰ式男侍俑（M4：52、M4：59）　8、9. Ⅱ式男侍俑（M4：51、M4：49）

抚琴男俑 1件。M4：54，泥质红陶。跪坐，头戴帷帽，右衽宽袖长袍，琴置于膝前，双手做弹奏状。高17.6厘米（图二三，4）。

女舞俑 1件。M4：50，泥质红陶。高髻束发，右衽宽袖及地长裙，右手弯曲，向下提裙；长袖包住左手，上举后扬，左脚略向前跨，做舞蹈状。高23.4厘米（图二三，5）。

男侍俑 4件。双手拢袖，拱手胸前。据顶冠和袖口不同分为二式。

Ⅰ式：2件。进贤冠，圆领，右衽宽衣及地长袍，袖口宽大。M4：52，夹砂红陶。高17.6厘米（图二三，6）。M4：59，泥质红陶。高17.9厘米（图二三，7）。

Ⅱ式：2件。均泥质红陶。平顶冠，圆领，右衽宽衣及地长袍，袖口较窄。M4：51，高19.1厘米（图二三，8）。M4：49，高19.1厘米（图二三，9）。

动物俑 8件。其中M4出土4件，M1和M6各出土2件。都为鸡、猪、狗等家畜。

公鸡 2件。夹砂红陶。昂头，翘尾，站立。M4：60，高17.6厘米（图二四，1；彩版三四，5）。M6：3，高19.8厘米（图二四，2）。

子母鸡 2件。泥质红陶。昂头，短平尾，蹲卧，背上有一只小鸡趴伏。M4：62，高11.6厘米（图二四，3）。M6：2，高13.6厘米（图二四，4）。

猪 1件。M4：61，泥质红陶。体肥壮，头前伸仰举，眼向上望视，嘴张开向上翘凸露齿，尾摇摆卷曲。整体与现代家养肥猪相似。长20.3、高10.6厘米（图二四，5；彩版三四，6）。

狗 1件。M4：58，夹砂红褐陶。昂首张嘴，前脚跳跃，似在狂吠；颈间系铃，兜肚拴环，尾巴上翘，后脚站立。长24、高16.3厘米（图二四，6）。

残兽头 2件。泥质灰陶。两眼圆睁，双耳竖起，做张嘴狂吠状。从造型看，这应是两个狗头，M1：6，残长10.8、残高8.9厘米（图二四，7）。M1：7，残长10.3、残高6.3厘米（图二四，8）。

2. 瓷器

碗 1件。M6：13，敞口，尖唇，斜直腹，矮圈足，上腹部施黑釉。瓷质粗糙。高5.2、口径16、底径7.6厘米（图二五）。从形制分析，该粗瓷碗的年代应属宋代，是因M6墓室被严重扰乱而混入的器物。

3. 铜器

铜镜 1件。M1：3，残，仅剩不到1/3。但质优制精，整体漆黑发亮，镜面微凸，光可鉴人。背面纹饰复杂，为浮雕式花纹，似是鸟兽类的足部，因此应该是兽首镜或神禽兽镜。直径11厘米（图二六）。

4. 钱币

M1、M4、M6共出土完整的“五铢”钱币73枚，其中M1出土35枚、M6出土36枚、M4出土2枚（因锈蚀过甚，无法提取）。还有部分残破严重者均未统计在内。

图二四　东汉墓葬出土陶动物俑

1、2. 公鸡（M4：60、M6：3）　3、4. 子母鸡（M4：62、M6：2）　5. 猪（M4：61）　6. 狗（M4：58）
7、8. 残兽头（M1：6、M1：7）

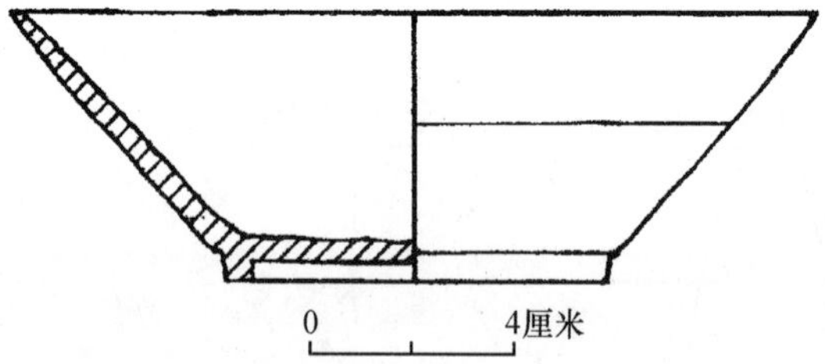

图二五　混入M6中的宋代粗瓷碗
（M6：13）

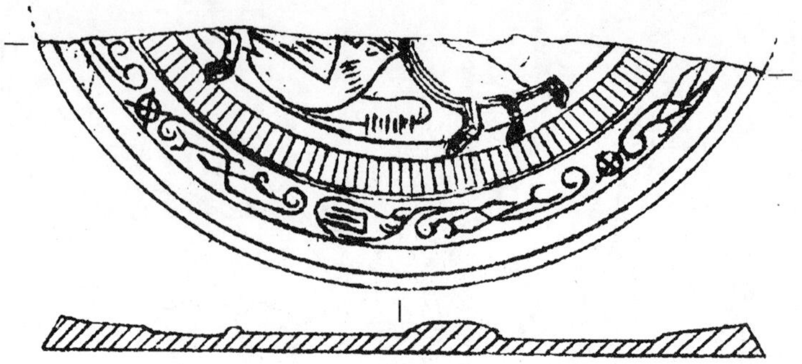

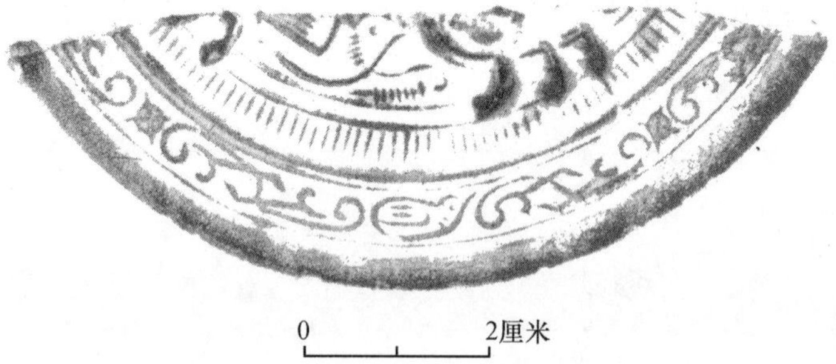

图二六　M1：3铜镜及其拓片

M1和M6出土的五铢钱币，有较明显的不同，M1出土的五铢钱，铸造较为粗劣，字文笔画不仅较粗而且浅，且有变形，“五”字较狭长又不规整。而“铢”字则模糊不清。总之，字迹漫漶较严重，钱径为2.4厘米，似为减重五铢钱（图二七）。M6出土的五铢钱，则钱型规整，字文清晰，笔画较细，并有符号钱“穿上一横”和“穿上一横穿下一星”。钱径为2.5厘米，在《洛阳烧沟汉墓》中被定为第三型。但有个别剪轮钱，钱径仅2.3厘米。

5. 铁器

钉　1件。M4：4，圆头，圆柱体略弯，锥尖残。直径0.9～1、残长9.8厘米（图二八，1）。

6. 石器

石墨　1件。M1：5，半球形，底平。高2.5、底长径3.8、短径（厚）2.8厘米（图二八，2）。

7. 琉璃器

耳珰　1件。M4：7，浅蓝色，半透明，束腰圆柱状，中有一小圆孔。高1.8、孔径0.2厘米（图二八，3）。

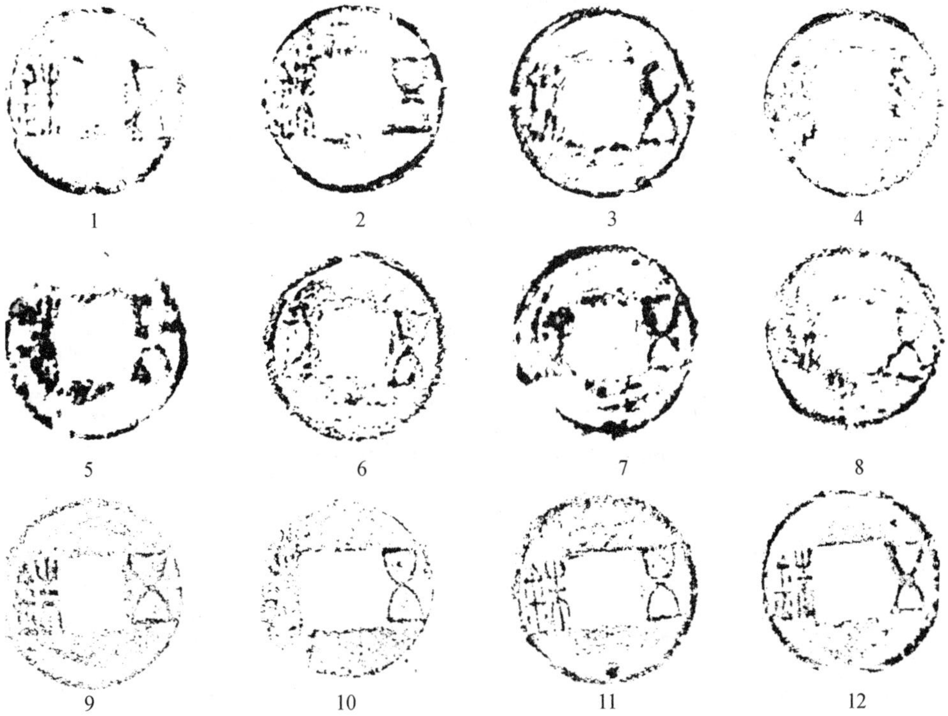

图二七　M1、M6出土五铢钱

1～8. M1出土　9～12. M6出土

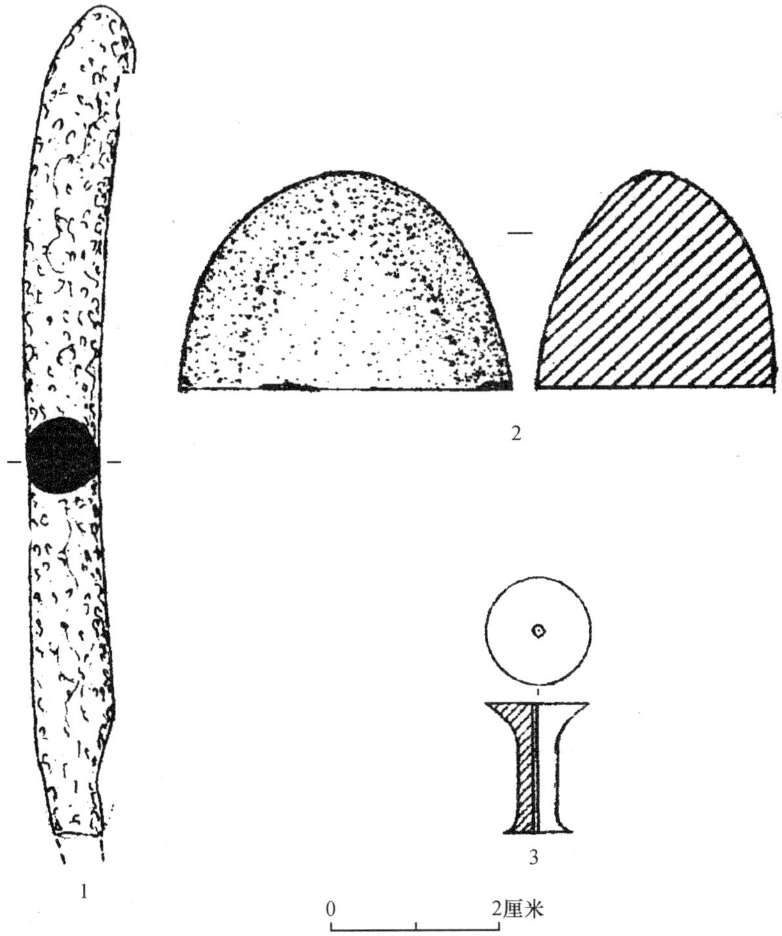

图二八　东汉墓葬出土器物

1. 铁钉（M4：4）　2. 石墨（M1：5）　3. 琉璃耳珰（M4：7）

（三）年代与分期

根据出土器物特征，可将这三座墓葬分为三期。

1. 第一期：东汉中期

1座。M4，该墓的台阶式墓道、甬道和墓室的结构形制都保存完好，这是十分难得的。惜在封门砖墙上有一古代盗洞，墓内金属器物被盗一空，就钱币也只剩下2枚，为该墓正确的断代增加了不少难度。但从对出土的以陶器为主体的66件随葬品分析研究看，该墓有不少陶器具有时代较早的特征，如A型Ⅰ式陶罐与属于新莽至东汉初年的93丰都汇南墓群M16：2陶罐较为相似[①]。A型Ⅱ式、Ⅲ式陶罐与属于东汉早期的赤溪墓群M3：40陶罐相近[②]，也与属于东汉前期的巫山琵琶洲M3：7高领小罐相像[③]。B型罐则与赤溪M3：18陶罐相同[④]。D型罐与属于东汉早期的丰都汇南墓群M21：8B型瓮[⑤]、属新莽或可晚至东汉初期的忠县崖脚墓地BM22：114A型鼓肩罐类似[⑥]。E型罐与崖脚墓地BM22：49Cb型鼓肩罐[⑦]，属新莽时期的丰都汇南墓地M18：47Da型Ⅰ式陶罐、M18：52F型Ⅰ式陶罐都相似[⑧]。M4出土的陶盘（盒）与万州安全墓地属新莽最晚到东汉初期的M26：57钵[⑨]、巫山瓦岗槽墓地属东汉早期的M21：10B[⑩]型钵相

① 四川省文物管理委员会、四川省文物考古研究所、丰都县文物管理所：《丰都县汇南两汉—六朝墓发掘简报》，《四川考古研究论文集》，《四川文物》1996年增刊；王力军：《丰都地区两汉—南朝墓葬的初步研究》，《重庆·2001三峡文物保护学术研讨会论文集》，科学出版社，2003年。

② 四川省文物考古研究所：《丰都县三峡工程淹没区调查报告》，《四川考古报告集》，文物出版社，1998年；王力军：《丰都地区两汉—南朝墓葬的初步研究》，《重庆·2001三峡文物保护学术研讨会论文集》，科学出版社，2003年。

③ 中国社会科学院考古研究所三峡工作队：《巫山琵琶洲遗址发掘报告》，《重庆库区考古报告集·1998卷》，科学出版社，2003年。

④ 四川省文物考古研究所：《丰都县三峡工程淹没区调查报告》，《四川考古报告集》，文物出版社，1998年；王力军：《丰都地区两汉—南朝墓葬的初步研究》，《重庆·2001三峡文物保护学术研讨会论文集》，科学出版社，2003年。

⑤ 四川省文物考古研究所、丰都县文管所：《丰都汇南墓群发掘报告》，《重庆库区考古报告集·1998卷》，科学出版社，2003年。

⑥ 北京大学考古文博学院三峡考古队、重庆市忠县文物管理所：《忠县崖脚墓地发掘报告》，《重庆库区考古报告集·1998卷》，科学出版社，2003年。

⑦ 北京大学考古文博学院三峡考古队、重庆市忠县文物管理所：《忠县崖脚墓地发掘报告》，《重庆库区考古报告集·1998卷》，科学出版社，2003年。

⑧ 四川省文物考古研究所、丰都县文管所：《丰都汇南墓群发掘报告》，《重庆库区考古报告集·1998卷》，科学出版社，2003年。

⑨ 重庆市文化局、陕西省考古研究所：《万州安全墓地发掘报告》，《重庆库区考古报告集·1998卷》，科学出版社，2003年。

⑩ 南京博物院考古研究所、重庆市博物馆、巫山县文管所：《巫山瓦岗槽墓地发掘报告》，《重庆库区考古报告集·1998卷》，科学出版社，2003年。

同。还有M4：20C型陶灯与属于东汉早期的丰都汇南B型Ⅰ式陶灯（M22：25）[①]接近。该墓出土的陶井与崖脚墓地BM22：34陶井[②]类似等。

至于M4出土的4件B型红胎泥质釉陶釜，与属于东汉早中期的丰都赤溪墓地M3：14、M3：26、M3：43三件陶釜[③]的形状接近。但追溯釉陶釜的渊源，探索其发展演变规律，可能更有利于对它们年代的判定。根据器物形态学原理可以发现，这种釉陶釜的来源很可能是西汉中期的陶釜，但更可能是仿金属釜或鍪制造的。巫山麦沱古墓群出土的属西汉中期的M32：4[④]和M54：1铁鍪[⑤]以及重庆临江支路墓地出土的属西汉中期的M5：1和M4：1铜鍪[⑥]很可能是釉陶釜的祖型；巫山麦沱属新莽前后的M22：7[⑦]和属东汉早期的M47：71铜鍪[⑧]除肩有双耳外，形状与釉陶釜已经很接近了。云阳故陵M11：1铜釜[⑨]形状与麦沱的M47：71铜鍪基本相同。在万州庙湾墓地则出土了一件没有双耳、形状却与麦沱M47：71铜鍪相似的东汉泥质灰陶釜（M4：1）[⑩]。在巫山双堰塘遗址东汉墓葬中，发现了形状更逼近釉陶釜的M703：2双耳铜釜，出土了M701：3泥质灰陶双耳釜，以及与梁上M4所出釉陶釜几乎相同的M707：6釉陶釜[⑪]。遗憾的是发掘者没有对这7座东汉墓做更进一步的分期。在巫山跳石遗址M1东汉墓中，则出土了一件与釉陶釜形状更酷似的泥质红陶假双耳釜（M1：3）[⑫]，为双耳泥质灰陶釜与无耳红胎泥质釉陶釜之间找到了一个很重要的形态学过渡环节。根据以上线索，再结合丰都赤溪

① 四川省文物考古研究所、丰都县文管所：《丰都汇南墓群发掘报告》，《重庆库区考古报告集·1998卷》，科学出版社，2003年。

② 北京大学考古文博学院三峡考古队、忠县文物管理所：《忠县崖脚墓地发掘报告》，《重庆库区考古报告集·1998卷》，科学出版社，2003年。

③ 四川省文物管理委员会、四川省文物考古研究所、丰都县文物管理所：《丰都县汇南两汉—六朝墓发掘简报》，《四川考古研究论文集》，《四川文物》1996年增刊；王力军：《丰都地区两汉—南朝墓葬的初步研究》，《重庆·2001三峡文物保护学术研讨会论文集》，科学出版社，2003年。

④ 湖南省文物考古研究所、巫山县文物管理所：《巫山麦沱汉墓群发掘报告》，《重庆库区考古报告集·1997卷》，科学出版社，2001年。

⑤ 重庆市文化局、湖南省文物考古研究所、巫山县文物管理所：《巫山麦沱古墓群第二次发掘报告》，《重庆库区考古报告集·1998卷》，科学出版社，2003年。

⑥ 王川平、刘豫川：《重庆市临江支路西汉墓》，《考古》1986年第3期。

⑦ 湖南省文物考古研究所、巫山县文物管理所：《巫山麦沱汉墓群发掘报告》，《重庆库区考古报告集·1997卷》，科学出版社，2001年。

⑧ 重庆市文化局、湖南省文物考古研究所、巫山县文物管理所：《巫山麦沱古墓群第二次发掘报告》，《重庆库区考古报告集·1998卷》，科学出版社，2003年。

⑨ 中国历史博物馆故陵考古队、云阳县文物管理所：《云阳故陵楚墓发掘报告》，《重庆库区考古报告集·1998卷》，科学出版社，2003年。

⑩ 重庆市博物馆、万州区文物管理所：《万州庙湾墓地发掘报告》，《重庆库区考古报告集·1997卷》，科学出版社，2001年。

⑪ 中国社会科学院考古研究所长江三峡工作队、巫山县文物管理所：《巫山双堰塘遗址发掘报告》，《重庆库区考古报告集·1998卷》，科学出版社，2003年。

⑫ 南京博物馆考古研究所、巫山县文物管理所：《巫山跳石遗址发掘报告》，《重庆库区考古报告集·1997卷》，科学出版社，2001年。

墓葬出土的3件东汉早中期陶釜，以及东汉晚期93丰都汇南M18：56和M9：67两件陶釜[①]，可以基本判定，梁上M4出土的4件釉陶釜在发展序列上应在以上两者之间，即东汉中期是较为妥当的（图二九）。

还应该注意的是，梁上M4出土的A型夹砂灰陶釜（M4：37）。这件陶釜与较早的小口圜底釜（罐）以及东汉晚期的宽沿圜底釜都不相同。与早期的小口圜底釜（罐）相比，这件陶釜已成了大口圜底釜；与晚期宽沿圜底釜相比，这件陶釜的口沿不算很宽，只能算是卷折沿，而且口径也明显小于腹径，不似晚期宽沿圜底釜的口径几乎等于甚至大于腹径。所以这件陶釜正是连接早期小口圜底釜与晚期宽沿圜底釜的中间环节，时代当在东汉中期。

梁上M4出土的M4：3池塘，与丰都汇南M16：25池塘相似，M4：19陶灯与丰都汇南M16：15A型灯类似，而丰都汇南M16的时代属略早的东汉中晚期[②]，故M4的年代应与此接近或相当。

另外，梁上M4出土的陶锺、陶俑也都具有东汉早、中期的一般特点。因此，将M4判定为东汉中期墓应该是较为妥当的。

2. 第二期：东汉中晚期

1座。M6，该墓被严重扰乱，甚至混进了一件宋代瓷碗。出土物很少。C型钵（M6：6）与丰都赤溪墓群属于东汉早期的M3：30钵有些接近[③]，也与丰都汇南墓群属东汉中晚期墓（M23、M29）出土的Ba型钵相近[④]。C型罐（M6：4）与丰都汇南墓群属东汉早期的Ba型罐（M21：48）[⑤]、93丰都汇南M18：41陶罐较相似[⑥]。所出土的五铢钱属洛阳烧沟汉墓中的第三型，但有个别剪轮钱或磨郭钱。因此，综合以上各种因素，M6的年代为东汉中晚期。

3. 第三期：东汉晚期

1座。M1，该墓被扰乱至墓底，出土文物也不多。五铢钱文字粗劣，模糊不清，钱径只有2.4厘米，似为私铸减重之钱币。从残破的铜镜背面纹饰分析，似是兽首镜或群神禽兽镜，

---

① 四川省文物管理委员会、四川省文物考古研究所、丰都县文物管理所：《丰都县汇南两汉—六朝墓发掘简报》，《四川考古研究论文集》，《四川文物》1996年增刊；王力军：《丰都地区两汉—南朝墓葬的初步研究》，《重庆·2001三峡文物保护学术研讨会论文集》，科学出版社，2003年。

② 四川省文物考古研究所、丰都县文管所：《丰都汇南墓群发掘报告》，《重庆库区考古报告集·1998卷》，科学出版社，2003年。

③ 四川省文物考古研究所：《丰都县三峡工程淹没区调查报告》，《四川考古报告集》，文物出版社，1998年；王力军：《丰都地区两汉—南朝墓葬的初步研究》，《重庆·2001三峡文物保护学术研讨会论文集》，科学出版社，2003年。

④ 四川省文物考古研究所、丰都县文管所：《丰都汇南墓群发掘报告》，《重庆库区考古报告集·1998卷》，科学出版社，2003年。

⑤ 四川省文物考古研究所、丰都县文管所：《丰都汇南墓群发掘报告》，《重庆库区考古报告集·1998卷》，科学出版社，2003年。

⑥ 四川省文物管理委员会、四川省文物考古研究所、丰都县文物管理所：《丰都县汇南两汉—六朝墓发掘简报》，《四川考古研究论文集》，《四川文物》1996年增刊。

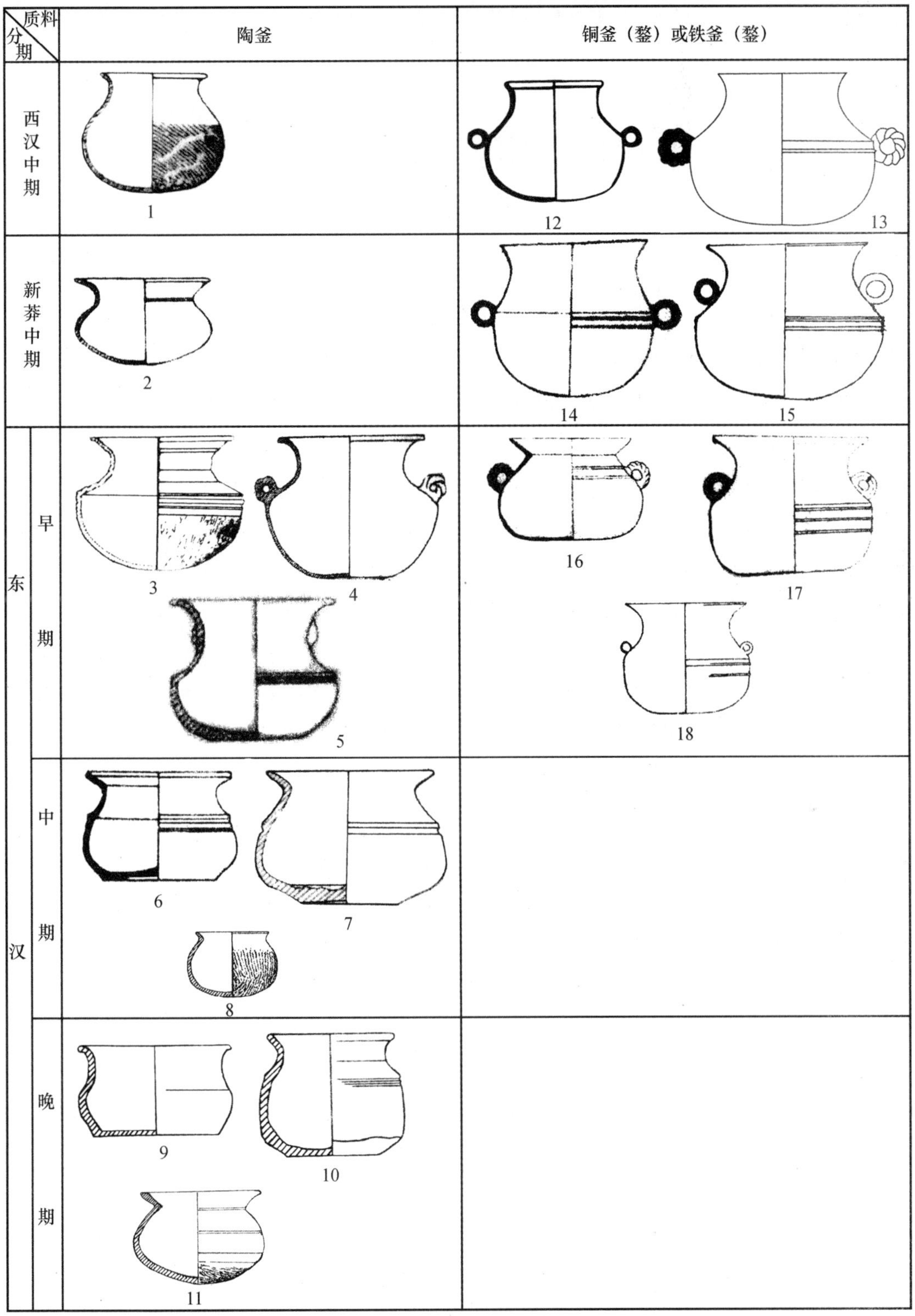

图二九　东汉釜和釉陶釜渊源及其演变轨迹分期探索

1. 重庆临江支路墓地M5：9　2. 重庆水泥石崖墓　3. 重庆巫山麦沱墓地M33：4　4. 巫山双堰塘M703：3　5. 巫山跳石遗址M1：3　6. 巫山双堰塘M707：6　7. 万州梁上墓地M4：12　8. 万州梁上墓群M4：37　9. 93丰都汇南M9：67　10. 93丰都汇南M18：56　11. 93丰都汇南M9：54　12. 巫山麦沱墓地M54：1　13. 巫山麦沱墓地M32：4　14. 巫山麦沱墓地M29：4　15. 巫山麦沱墓地M22：7　16. 巫山双堰塘M703：2　17. 巫山麦沱墓地M47：71　18. 云阳古陵墓地M11：1

在《洛阳烧沟汉墓》中属十二型“人物画像镜”或十三型“三兽镜”。所以，M1的年代应为东汉晚期。

四、蜀汉—南朝墓葬

（一）墓葬形制和类型

本次发掘的蜀汉—南朝墓葬共3座。根据建墓方法和结构、用材不同，可分为“刀”形洞穴砖室双券顶墓和“刀”形洞穴石室（棚）墓二型。

A型　M7和M2两座。均为“刀”形洞穴砖室双券顶墓。

M7　位于T6西部和T5东南角及其两探方向南扩方部分。墓口距地表深0.85、长5.8、宽2.65米。方向10°。券顶已坍塌，故情况不明。长方形墓室底部用素面无纹的平砖铺砌成整齐的平面，深2.45、长5.16、宽2.78米。墓室前部偏于东侧有甬道，甬道长2.44、宽2.4米。甬道前有斜坡形墓道，墓道上口被扰乱坑所毁，残长2.6、宽2米，坡度21°（图三〇）。墓壁上发现的明显盗洞至少有4个，说明该墓在古代曾多次遭到盗掘。

墓壁残存最高处高1.74米，用花边砖错缝叠砌筑成。至墓顶部用楔形子母扣砖竖直扣叠起券。该墓墓砖质地比较松软，似乎烧造时火候不高，甚至有些墓砖中间夹杂着红褐色砖心，显示出没有烧透的迹象。花纹边砖的种类也比较繁复，共发现8种：①三菱形回纹图案砖，长0.435、宽0.19、厚0.11米。②双菱形回纹图案砖，长0.4、宽0.18、厚0.11米。③“米”字和“十”字回纹图案砖，长0.308、宽0.188、厚0.11米。④“十”字纹图案砖，长0.35、宽0.17、厚0.1米。⑤“十”字菱形回纹图案砖，长0.3、宽0.18、厚0.11米。⑥“田”字纹图案砖，长0.42、宽0.19、厚0.11米。⑦扁长双菱形回纹图案砖，长0.445、宽0.17、厚0.085米。⑧车轮纹图案砖，长0.42、宽0.21、厚0.11米（图三一）。

葬具已腐朽无存，但在墓室中部近墓底的填土呈红色，很可能是棺木漆皮所染。红色填土的分布区域较广，再考虑到墓室也较大，故此墓不排除可能为多人合葬墓。人骨架也基本未被保存，仅发现一颗残破的牙齿，因朽蚀过甚，不能鉴别年龄性别。

该墓因在古代多次遭盗，故出土的随葬品仅14件，计有陶灯2件、陶钵2件，银环2件，铁剑和铁环首刀各1件，石砚和石墨各1件、五铢钱9枚、大泉五十钱1枚、小五铢钱1枚、剪轮五铢钱1枚。

M2　位于T3东部和T4东南角及其两探方向东扩方的地方，处在整片墓地的中部位置。墓口距地表深0.3、长3.7、宽3.2米。方向30°。墓顶塌陷严重，故情况不明。墓室近方形，深1.4、长3.05、宽2.7米。墓室东壁因地层挤压向内凹进成缓弧形。西壁中部发现盗洞一个，故此墓早在古代即被盗过。墓底用素面平砖错缝铺砌而成。墓室前部偏西侧有甬道，甬道长1.94、宽1.78米，前有斜坡形墓道，长2.94、宽1.36～2.14米，坡度28°。墓壁残存最高处，高1.6米，用花边砖错缝叠砌筑成。至顶部用楔形子母扣砖竖直扣叠起券（图三二）。券顶用楔形几何纹子母扣砖，砖长0.46、宽0.17、厚0.08米；菱形回纹平砖长0.5、宽0.17、厚0.08米（图三三）。

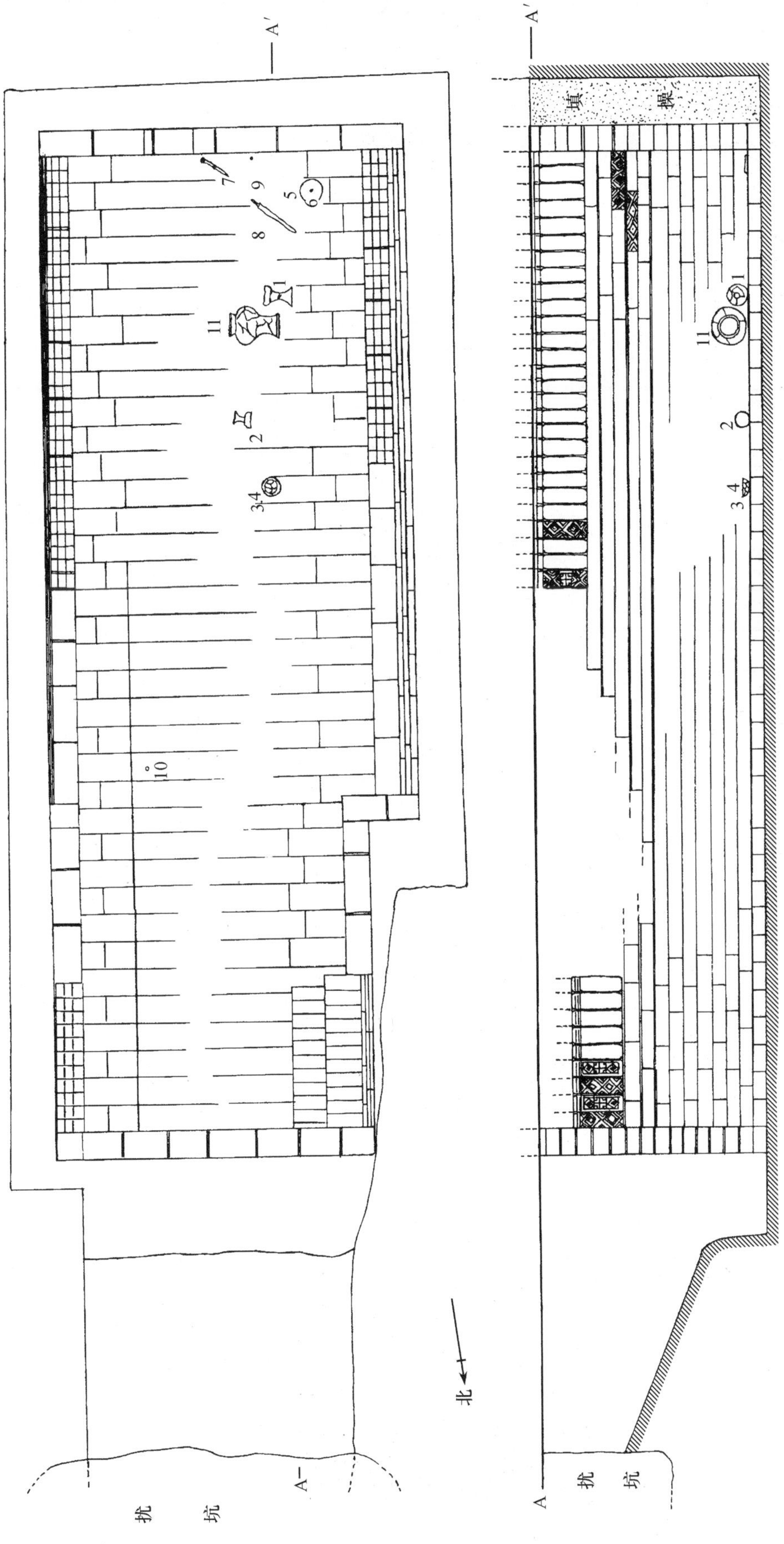

0 60厘米

图三〇 M7平、剖面图

1、2. 陶灯 3、4. 陶钵 5. 石砚 6. 石墨 7. 铁环首刀 8. 铁剑 9、10. 银环 11. 釉陶壶碎片

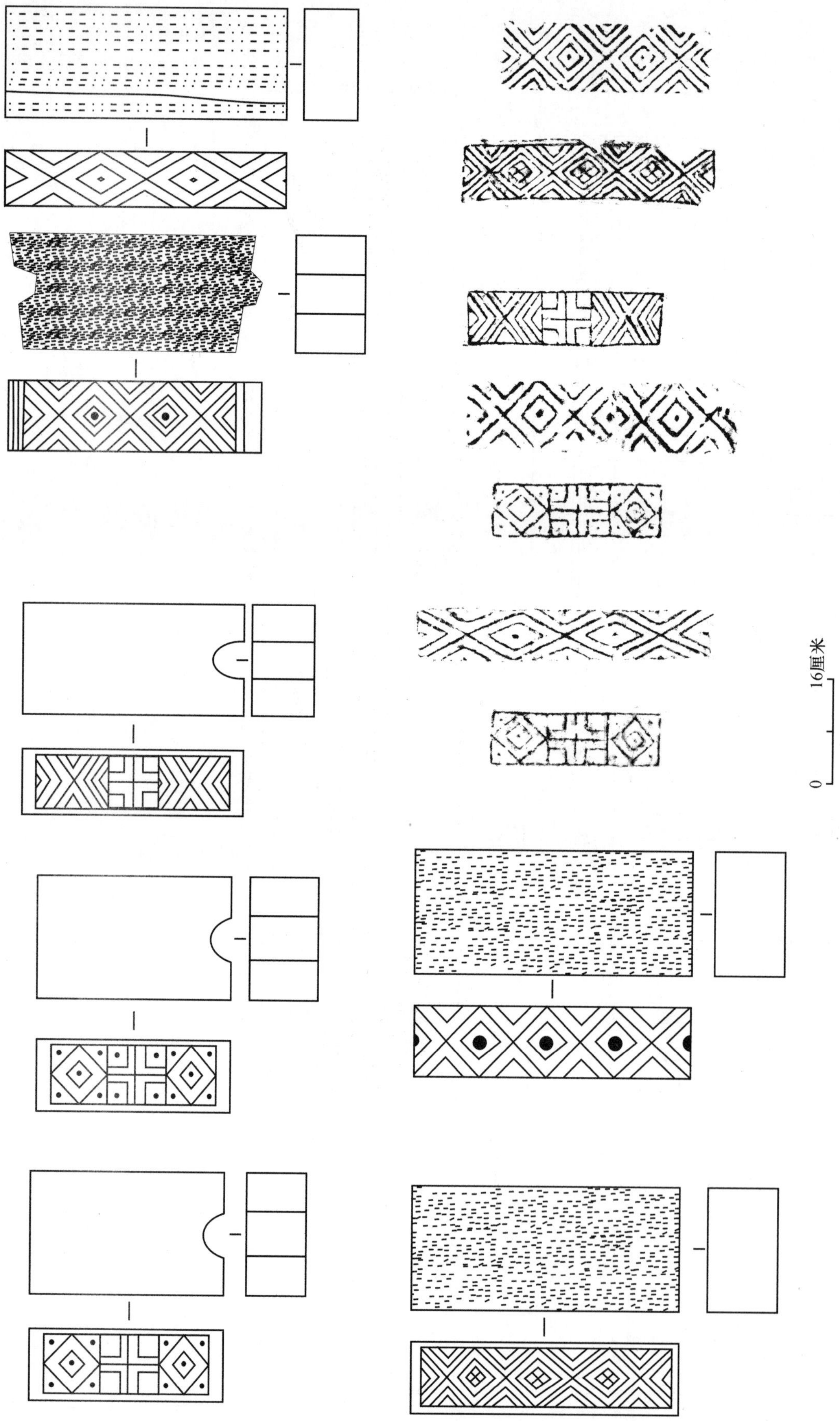

图三一　M7花边墓砖及拓片

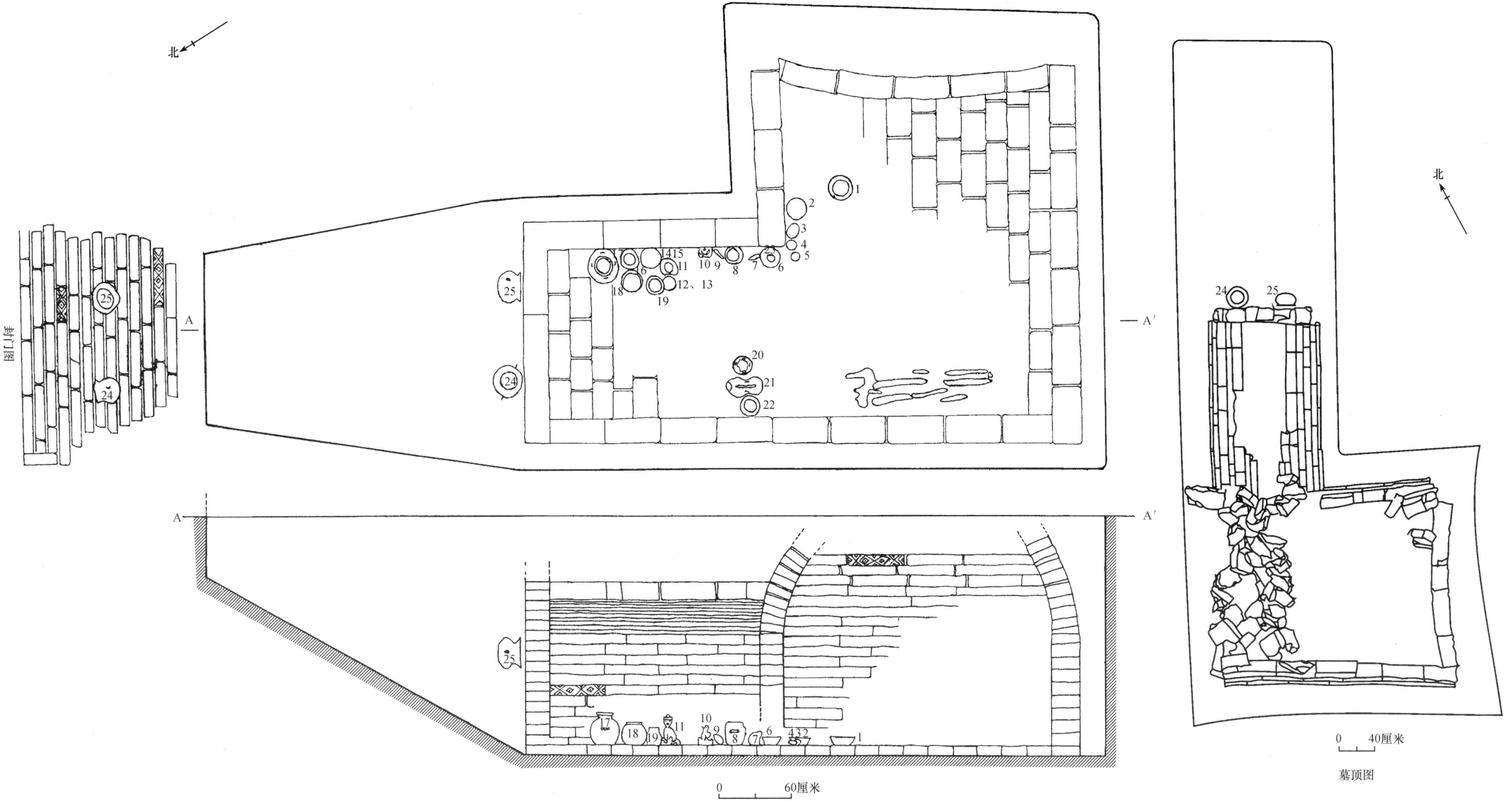

图三二 M2平、剖面图、墓顶图和封门图

1、2、6、14、15.瓷碗 3、5、12、13、23.青瓷杯（盏） 4.陶杯（M2：4） 7.陶砚 8、16、19.四系瓷罐 9.瓷碗底 10、11.陶俑 17、20.盘口四系瓷罐 18.双耳瓷罐 21.瓷虎子 22.瓷唾盂 24、25.铜釜

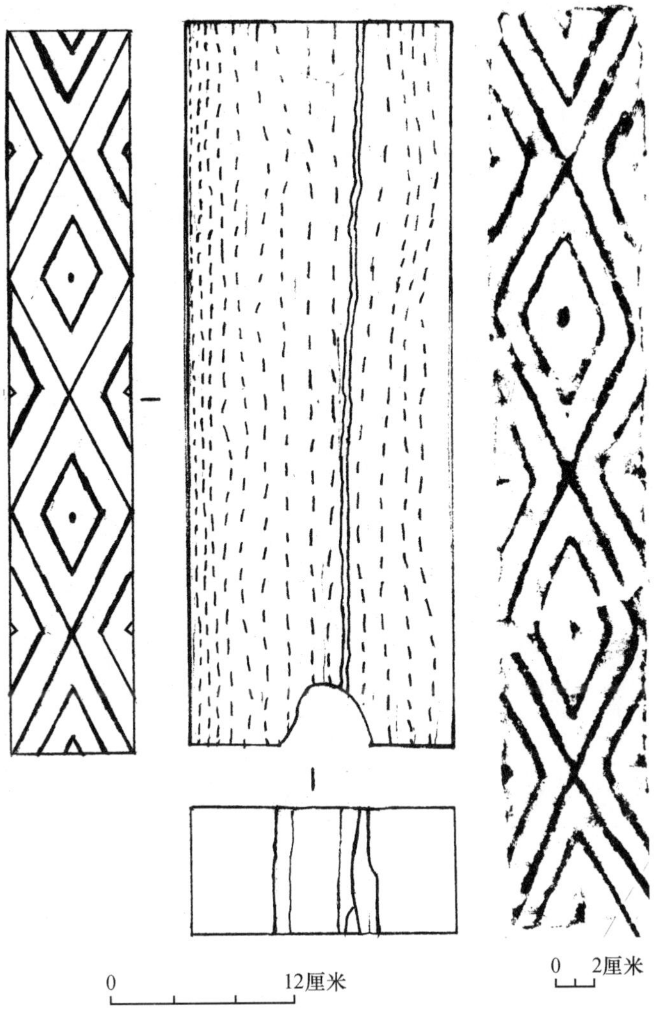

图三三　M2平墓砖纹饰和拓片

墓底棺椁葬具已基本腐朽，不能辨认，仅在墓室近西壁中部，发现墓底上有数块残剩骨骸，黏附在下面的几块腐烂棺木上。出土随葬品共24件，其中罐、壶、杯、碗等青瓷器18件，杯、砚陶器各1件，陶俑2件，铜釜2件。绝大部分随葬品都放置在甬道内，铜釜则是在封门墙外的墓道内发现的，出土时能看到铜釜表面有一层泾渭分明的黑色炭灰，因此可以肯定，铜釜在入葬时曾被麻布袱所包裹。

B型　1座。M3，为“刀”形洞穴石室（棚）墓。

M3　位于T4中部，M2的西北部。墓口距地表深0.3、长3.2、宽3.2米。方向80°。墓顶已完全坍塌，故情况不明。墓室近方形，深0.5、长2.9、宽2.72米。墓壁应该用条石砌成，现残存最高处仅高0.2米，南壁因被严重扰乱而不存。墓底用大小不一、形状各异的石块铺成平面。墓室前部偏南有甬道，甬道长2.6、宽1.9米。葬具和墓主遗骸都已腐朽无存，仅发现一颗基本上无磨损的臼齿，估计墓主可能是一个25岁上下的女性。随葬品仅剩碗、碟3件青瓷器和2件磨制石斧（图三四）。

该墓填土由小石子和黄土掺和而成。小石子应是建墓时打击石材而形成的石屑。入葬时就地取材与黄土掺和后成为墓葬填土。发掘时发现小石子与黄土结合紧密，密度很高，但仍有一些细小的缝隙，估计填土未经夯打。

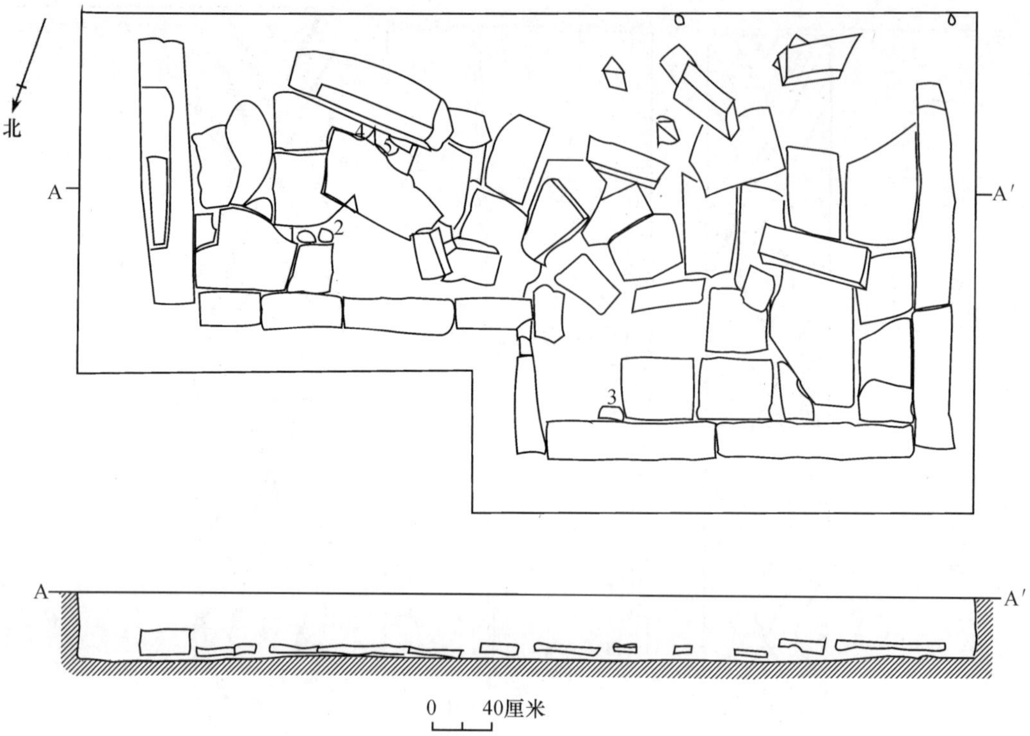

图三四 M3平、剖面图

1、2. 磨制石斧 3. 青瓷碟 4、5. 青瓷碗

（二）出土遗物

上述三墓出土的遗物共计43件，其中陶器8件、青瓷器21件、铜器2件、铁器2件、银器2件、石器4件、五铢钱9枚、大泉五十钱币1枚、小五铢钱1枚、剪轮五铢钱1枚。

1. 陶器

8件。有泥质灰陶、泥质红陶两种。器形和器类有钵、杯、灯、砚、俑等。

钵 2件。均为泥质灰陶。敞口，厚圆唇，卷缘，斜折腹微鼓，下腹曲内收，平底。素面。M7：3，口径12、底径5.2、高4.4厘米（图三五，1）。M7：4，口径12、底径4.8、高4.4厘米（图三五，2）。

杯 1件。M2：4，敛口，圆唇，斜鼓腹，平底。口沿下有一周凹弦纹。口径8、底径5、高3.8厘米（图三五，3）。

灯 2件。均为泥质红陶。依形制不同，分为二型。

A型 1件。M7：1，子母盘口，尖圆唇，微侈，浅盘，盘底外壁有凸棱；柄部内曲外鼓，中空，呈大圈足复钵状座。盘口径6.5、底座径9.7、通高8.6厘米（图三五，5）。

B型 1件。M7：2，微侈口，方唇，浅盘，折壁；柄部内曲外鼓，中空，呈大圈足复钵状座。盘口径8.3、底座径9.6、通高7.8厘米（图三五，4）。

砚 1件。M2：7，泥质灰陶。敞口，浅盘，双尖圆唇，中间内凹，形成子母口，斜浅腹，平底内凹，底部有三外撇舌形矮足。口径15.1、底径12.4、高3.1厘米（图三五，6；彩版

图三五　蜀汉—南朝墓葬出土陶器

1、2. 钵（M7∶3、M7∶4）　3. 杯（M2∶4）　4. B型灯（M7∶2）　5. A型灯（M7∶1）　6. 砚（M2∶7）　7. 吹箫俑（M2∶10）　8. 击鼓俑（M2∶11）

三四，3）。

俑　2件。均为泥质红陶。前后合范模制而成，内空。都是跪坐人物俑。

吹箫俑　1件。M2∶10，头部缺失，交领长袍，窄袖挽于腕部，衣袖多折，双手在胸前执箫。残高13.6厘米（图三五，7）。

击鼓俑　1件。M2∶11，脸面丰满，眉清目秀，鼻直耳阔，貌似胡人；头戴圆尖形顶冠，左斜衽长袍，右手持棒举靠在胸前，左手置鼓上，鼓置左膝上，手指刻划分明生动。高22.6厘米（图三五，8）。

2. 青瓷器

21件。均为生活用具，有双耳罐、四系罐、壶、碗、杯、唾盂等。大多为青灰胎，有的器表施釉不及底。这些青瓷器在刚出土时，显现出青绿色亮釉彩，但过了一段时间后，估计是空气中的氧化作用，便都变为黄绿色，釉色也稍变暗。

四系罐　3件。肩上均有用泥条捏制粘接的对称四横桥形耳。据形制特征不同，分为二型。

A型　2件。深鼓腹，平底。依口、腹部变化分为二式。

Ⅰ式：1件。M2：8，敛口，方唇，下腹微弧内收，最大腹径在腹中部，肩下至腹中部一圈稍内凹。器表施青釉。口径10.2、腹径15、底径9.75、高17.4厘米（图三六，1）。

Ⅱ式：1件。M2：16，微侈口，方唇；下腹斜收，最大腹径在腹中部偏上处，腹内壁呈连续瓦棱纹，平底内凹。器表上部施黄釉，下部施酱色釉。口径10.8、腹径12.8、底径9、高19.2厘米（图三六，2）。

B型 1件。M2：19，侈口，圆唇，卷缘，斜圆肩，圆鼓腹，下腹曲内收，呈假圈足状，平底。腹部为扁球形。口沿下有一周凸弦纹，肩部四耳两端上下方各有一周弦纹，下腹曲内收处有一凹弦纹。器表施蓝绿色釉。口径9.8、腹径15.6、底径7.8、高10.4厘米（图三六，3）。

双耳罐 1件。M2：18，直口，折沿，方唇，沿下肩上有用泥条捏制粘贴的对称两竖桥

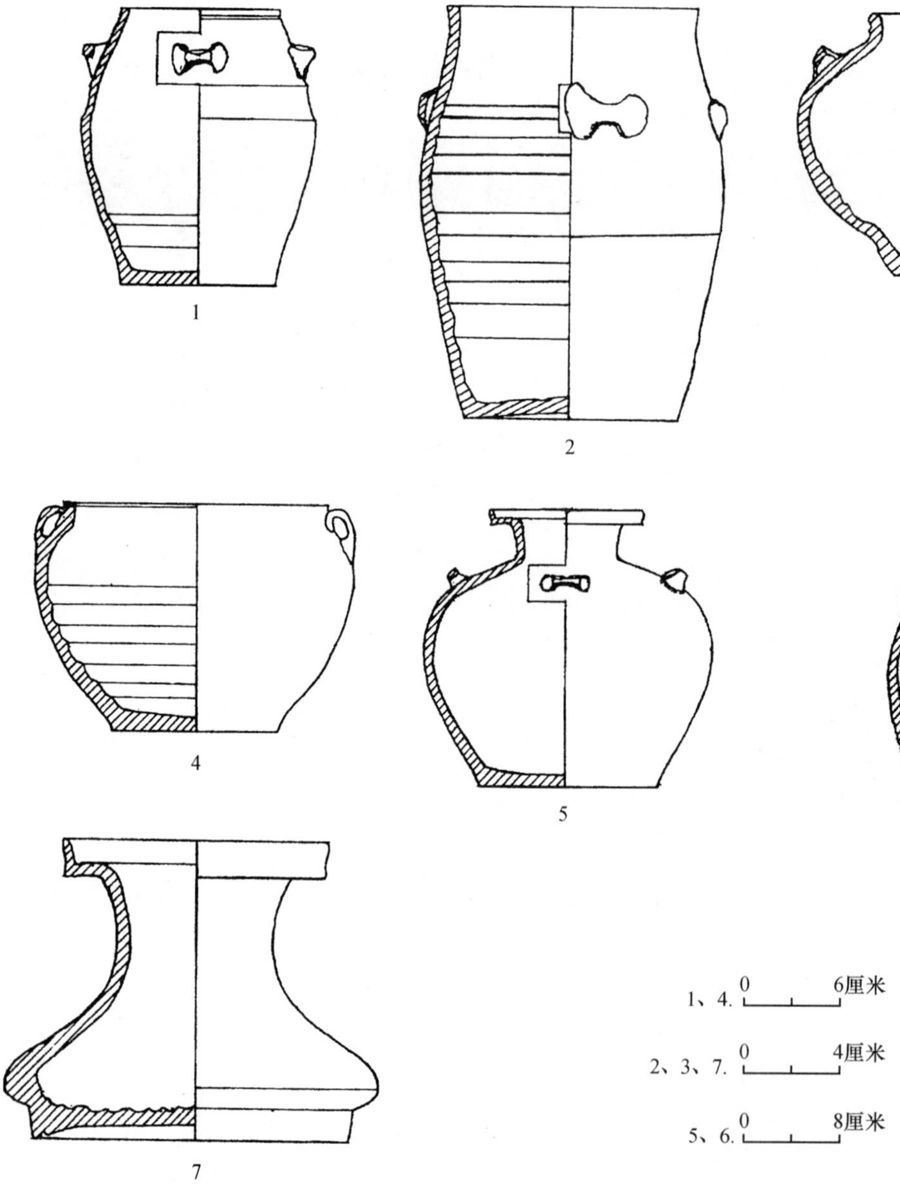

图三六 M2出土青瓷器

1. A型Ⅰ式四系罐（M2：8） 2. A型Ⅱ式四系罐（M2：16） 3. B型四系罐（M2：19） 4. 双耳罐（M2：18）
5. A型盘口四系壶（M2：17） 6. B型盘口四系壶（M2：20） 7. 唾盂（M2：22）

形耳，斜鼓腹，下腹微弧内收，平底。腹内壁呈连续瓦棱纹。器表施青釉。口径16.8、腹径20.4、底径10.5、高14.1厘米（图三六，4）。

盘口四系壶　2件。盘口，细短颈，肩上都有用泥条捏制粘接的对称四横桥形附耳，平底，器表施青釉。依颈、腹部特征分为二型。

A型　1件。M2：17，颈近直，较短、粗，斜鼓肩，球形腹，下腹微弧内收。口径14、腹径26、底径16、高24厘米（图三六，5）。

B型　1件。M2：20，盘口残缺。弧颈较细、长，溜肩，腹略鼓，斜直收。下腹有四周凹弦纹。腹径16.8、底径9.6、残高24.8厘米（图三六，6）。

唾盂　1件。M2：22，盘口，尖唇，粗弧颈，斜肩，扁垂腹，折内收，平底内凹呈圈足状。器表施青釉。口径11.6、底径13.8、高12.6厘米（图三六，7）。

碗　7件。其中M2出土5件，一般内外均施釉，有的外壁下部和底部无釉；内底有垫烧支丁痕迹。按形状特征分四型。

A型　1件。M2：1，敞口，尖唇，斜腹，平底。器表施黄釉。外壁饰有粗细不等的数圈凹弦纹。口径18.6、底径10、高6.5厘米（图三七，1）。

B型　1件。M2：2，敞口，尖圆唇，卷缘，斜弧腹，璧足底。沿下有一周凹弦纹。器表施绿釉。口径15.2、底径8.9、高5.8厘米（图三七，2）。

C型　3件。敞口，尖圆唇，斜弧腹，假圈足平底（饼足底）。M2：6，器表施黄釉，器外壁近底部无釉。口径15.2、底径9.2、高7.2厘米（图三七，3）。M2：14，器表施青釉。口径14.8、底径9.2、高7.5厘米（图三七，4），M2：15，器表施青釉。口径14、底径9.4、高7.5厘米（图三七，5）。

D型　2件。侈口，尖唇，弧腹内收，腹深，小圈足（璧足底）较高。器表施青釉。依腹，足变化分二式。

Ⅰ式：1件。M3：4，弧腹和小圈足都较直。口径15、圈足径6、高7.5厘米（图三七，6）。

Ⅱ式：1件。M3：5，弧腹，上腹口部下微内弧，小圈足外撇。口径9.4、圈足径3.3、高5.65厘米（图三七，7）。

杯（盏）　5件。都出自M2，均假圈足，口径都在9厘米以下。依腹、足等特征分为三型。

A型　1件。M2：3，敞口，尖唇，弧腹曲内收，上腹较直，很矮的平底假圈足。腹中部偏下有一周宽凹弦纹。器表施青釉。口径8.2、底径4、高3.5厘米（图三八，1）。

B型　1件。M2：5，敞口，尖唇，弧腹曲内收，腹较浅，很矮的平底略微内凹呈假圈足状。器表施黄釉，近底部呈褐色。口径7.5、底径4.8、高3厘米（图三八，2）。

C型　3件。敞口，尖唇，斜弧腹，较高假圈足平底（饼足底）。器表施黄釉，器外壁近底部处无釉。M2：12，口径8.6、底径3.8、高3.6厘米（图三八，3）。M2：13，口径8.8、底径4.2、高4.12厘米（图三八，4）。M2：23，口径8.6、底径4、高4厘米（图三八，5）。

碟　1件。M3：3，敞口，尖唇，缓弧腹，浅盘，平底近圜。器表施青釉。口径12.6、高2厘米（图三八，6）。

虎子　1件。M2：21，圆口，头上略做虎头状，器体呈蚕茧形。四足前曲，后足平蹲，前

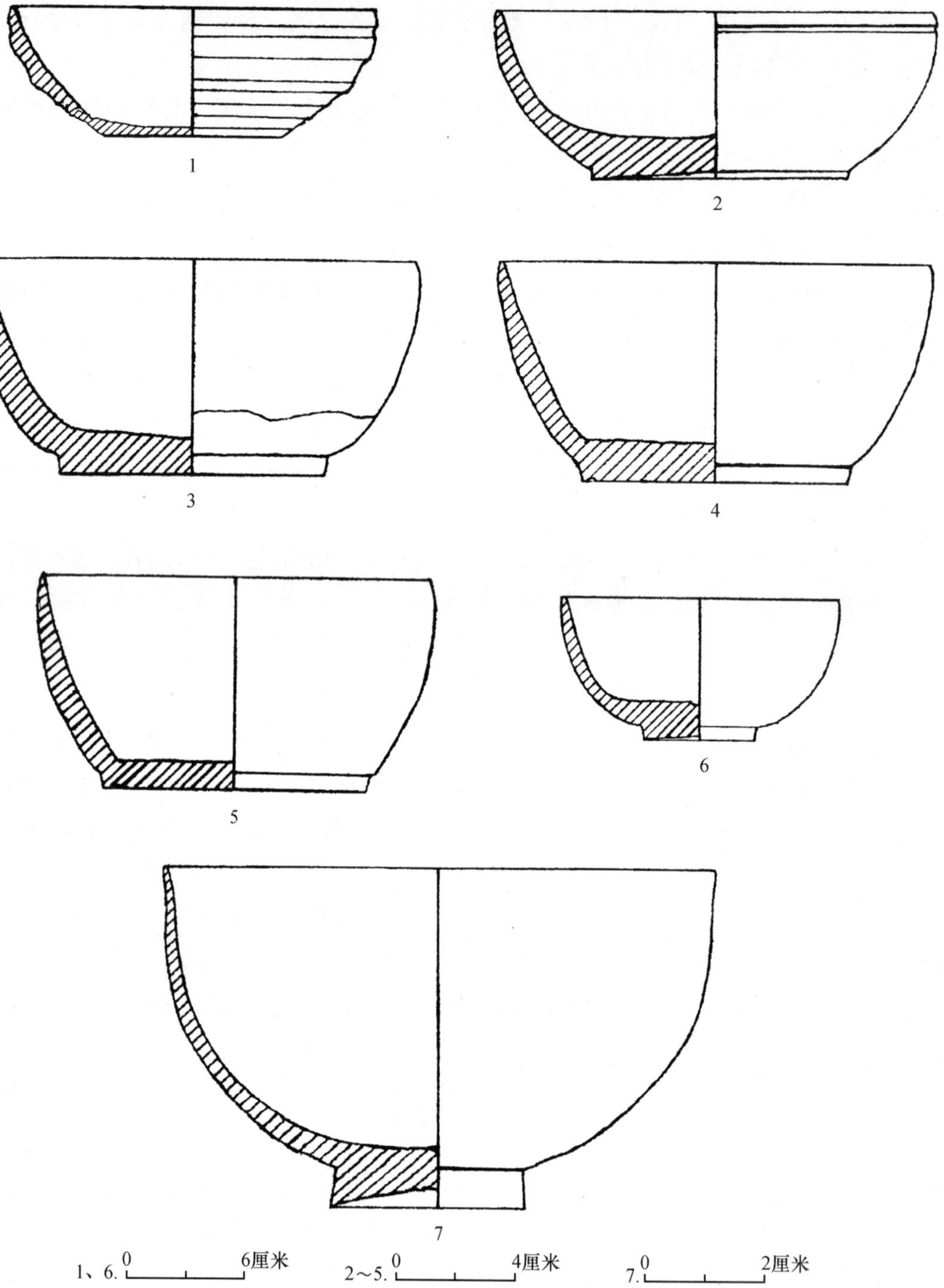

图三七　蜀汉—南朝墓葬出土青瓷碗

1. A型（M2：1）　2. B型（M2：2）　3～5. C型（M2：6、M2：14、M2：15）　6. D型Ⅰ式（M3：4）　7. D型Ⅱ式（M3：5）

足略抬，趾爪蜷曲，总体做卧伏状。腹背中部有三周凹弦纹，背中部偏前方有左右一对桥形耳作为两翼。背上有连接颈部和尾部的弧形提梁，提梁前接颈，后向下延伸成细尾。器表通体施青釉。长25.5、通高21.3厘米（图三八，7；彩版三四，4）。

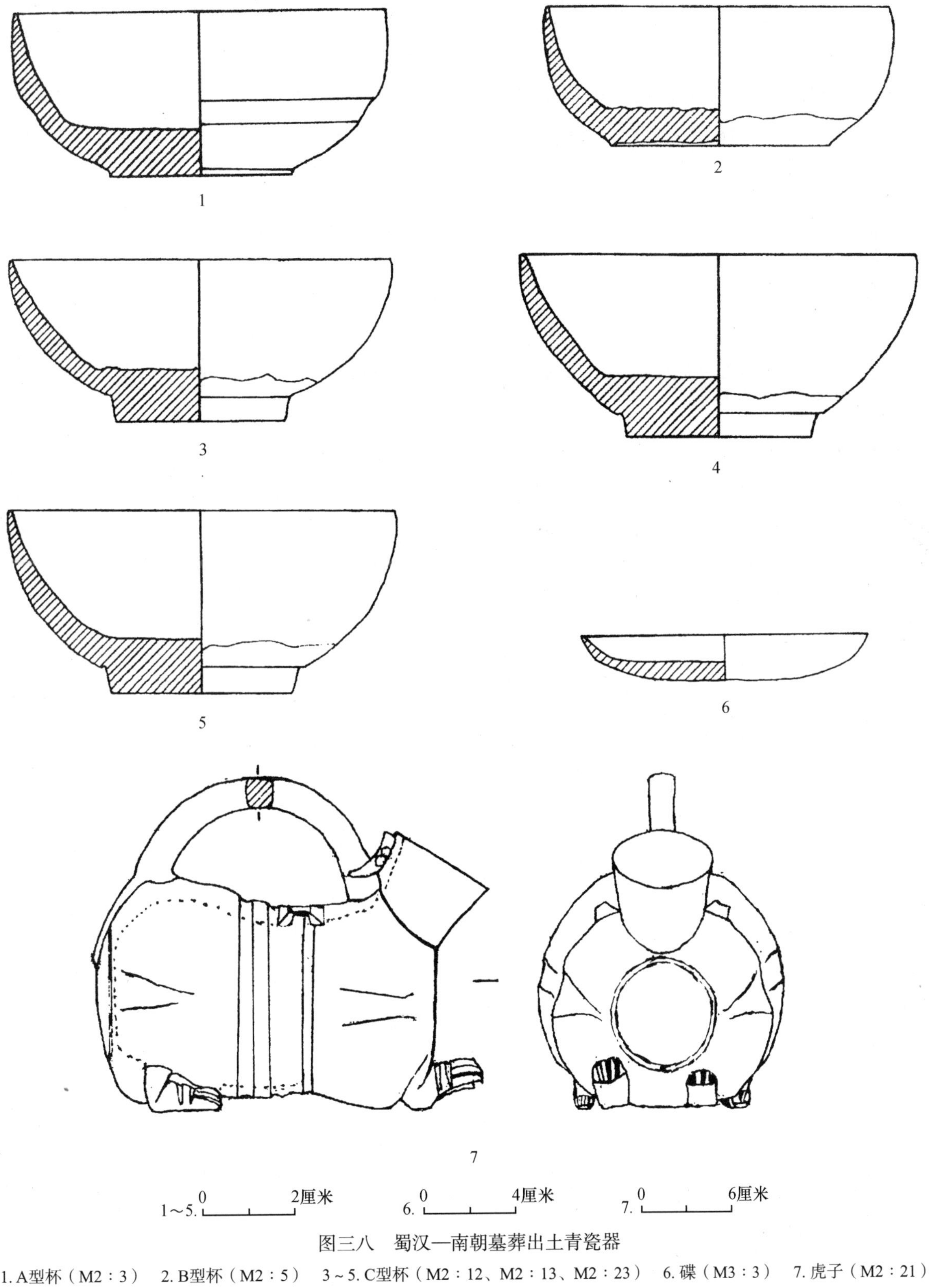

图三八　蜀汉—南朝墓葬出土青瓷器

1. A型杯（M2：3）　2. B型杯（M2：5）　3～5. C型杯（M2：12、M2：13、M2：23）　6. 碟（M3：3）　7. 虎子（M2：21）

3. 铜器

釜　2件。形制相同，均为敞口，宽沿，束颈，弧腹，圜底。上腹部两侧有对称半环形附耳。M2：24，口径23.4、腹径21.6、高16.2厘米（图三九，1）。M2：25，口径25.3、腹径22、高16.5厘米（图三九，2）。

4. 铁器

环首刀　1件。M7：7，刀身呈长条形，直背直刃，圆环首。残长18、刀身宽1.29厘米（图三九，3）。

剑　1件。M7：8，缺首，锋残。剑身狭长，直背直刃、尖锋。残长64.2、宽2.25厘米（图三九，4）。

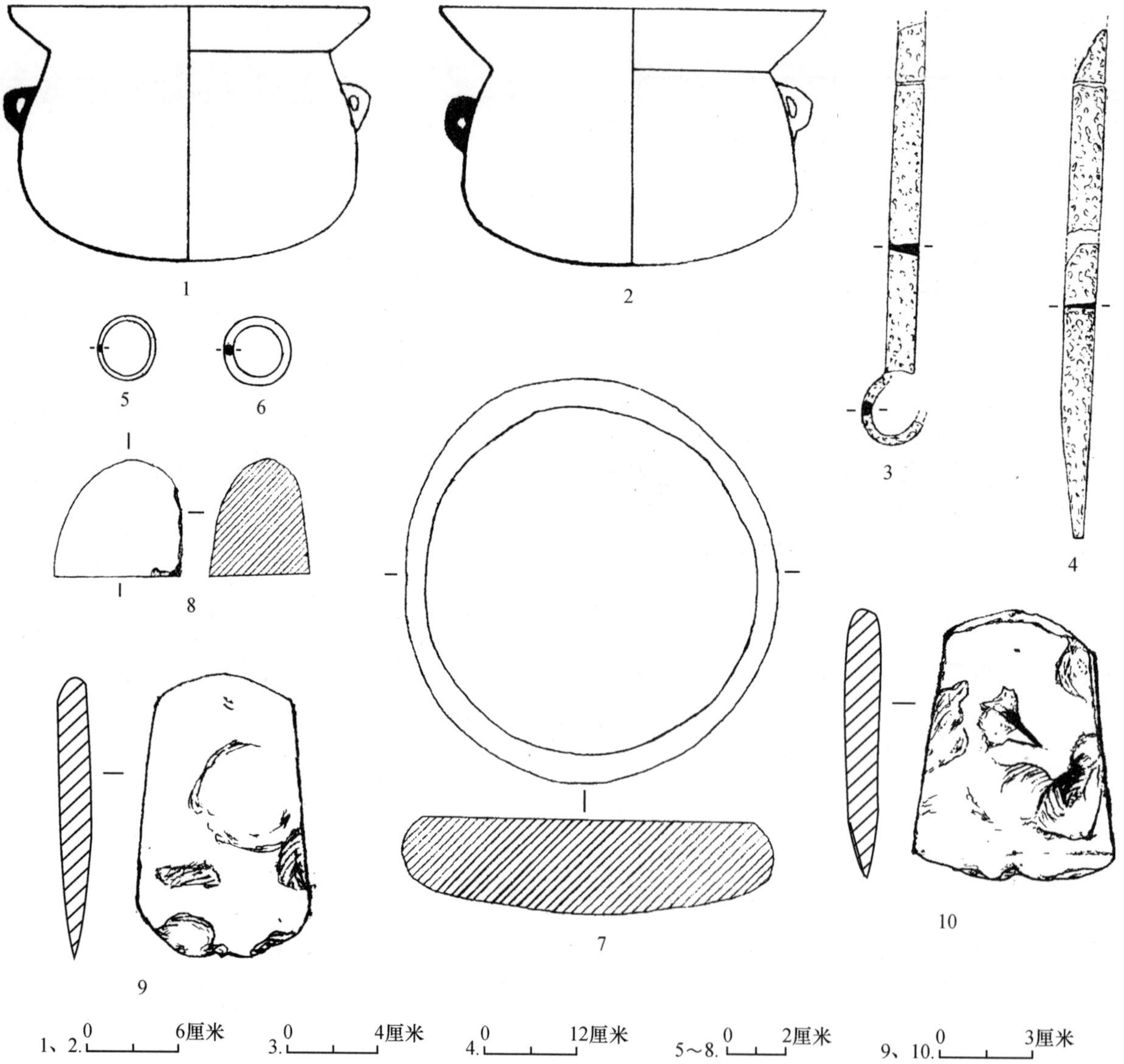

图三九　蜀汉—南朝墓葬出土器物

1、2. 铜釜（M2：24、M2：25）　3. 铁环首刀（M7：7）　4. 铁剑（M7：8）　5、6. 银环（M7：9、M7：10）　7. 石砚（M7：5）　8. 石墨（M7：6）　9、10. 磨制石斧（M3：1、M3：2）

5. 银器

环　2件。圆环形，无接口，剖面呈圆形。素面。M7：9，外径1.9、内径1.6厘米（图三九，5）。M7：10，外径2.3、内径1.7厘米（图三九，6）。

6. 石器

墓葬内出土石器很少，仅4件，器形有砚、墨和磨制石斧。磨制石斧出自M3，说明在峡江地区，晚至南朝时期，石器依然存世。

砚　1件。M7：5，灰黑色，扁平状，基本上呈圆形，通体磨光。砚面平整，砚底呈凸弧形，砚壁弧凸。砚台厚3.1、直径12.7～13.2厘米（图三九，7）。

墨　1件。M7：6，灰黑色，形似馒头，通体磨光。磨面平整，呈椭圆形。磨面长径4.3、短径3.4、墨高3.8厘米（图三九，8）。

磨制石斧　2件。平面呈梯形，横剖面呈椭圆形，凸肩，弧刃，表面留有打制痕迹，通体经过磨光。M3：1，红褐色。肩宽4.5、刃宽5.7、长9、厚1厘米（图三九，9）。M3：2，灰绿色。肩宽4.8、刃宽6.4、长8.6、厚1厘米（图三九，10）。

7. 钱币

只在M7中有出土，计五铢9枚、大泉五十1枚、小五铢1枚、剪轮小五铢1枚。

五铢　9枚。“五”字交笔弯曲，“铢”字“金”字头呈“△”，“朱”字头圆折，外郭宽，字画较肥、粗，钱文不太清晰。钱径2.5厘米（图四〇，1、2）。

大泉五十　1枚。M7：13，稍残，钱文不太清晰，钱之边缘与方穿两面均有周郭。钱径2.6、穿径0.9、郭厚0.3厘米（图四〇，3）。

小五铢　1枚。M7：14，钱面有较宽外郭，形体较小，字画不清而稍肥。钱径2.2、穿径1.1厘米（图四〇，4）。

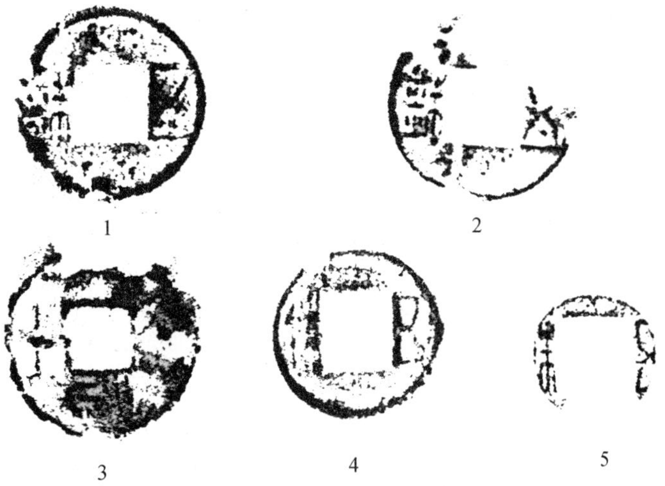

图四〇　M7出土钱币拓本

1、2. 魏五铢　3. 大泉五十（M7：13）　4. 蜀汉小五铢（M7：14）　5. 剪轮小五铢（M7：15）

剪轮小五铢 1枚。M7：15，也称“剪郭五铢”或“磨郭五铢”。这枚剪轮五铢的原型应是小五铢，已被“剪”掉或“磨”去约1/2。钱径1.6、穿径1.1厘米（图四〇，5）。

（三）年代与分期

上述三墓没有发现打破和叠压关系，而且不是在古代遭遇过盗掘就是遭到过严重的扰乱，这对于研究它们的年代与分期非常不利。现只能根据发掘出来的残剩器物的形制特征及其变化规律，并与相关墓葬的随葬器物进行比较研究，来探讨分期和确定年代。初步将这三座墓葬分为三期。

1. 第一期：蜀汉晚期

1座。M7，该墓出土的陶钵、陶灯与东汉时期的同类器物非常相似，但出土的钱币为研究它的年代和分期提供了依据。该墓出土的五铢钱与东汉五铢有明显不同，尤其是它的外郭较宽，应是三国时魏明帝复行的五铢钱，即魏五铢钱是也。而小五铢钱正是蜀汉时期通行的蜀钱，所谓蜀五铢是也。在忠县涂井蜀汉崖墓中出土的3000多枚钱币中，就包括了309枚直百五铢和532枚蜀汉五铢[①]。而剪轮小五铢在M7中的出土，说明当时蜀汉的钱法混乱，经济已出现衰败现象。综合上述各种因素，故将M7定为蜀汉晚期。

2. 第二期：东晋时期

1座。M2，该墓出土的器物、特别是青瓷器比较丰富，说明此墓的随葬品是以瓷器为主的，瓷器中的四系罐、四系壶、碗、杯（盏）、唾盂等，既与峡江地区丰都汇南墓群、上河嘴墓群中的东晋时期墓葬同类出土物相同或相似[②]，也与湖南、江西、江苏等地东晋时期墓葬出土的同类青瓷器十分接近[③]。更值得注意的是M2：21青瓷虎子，与浙江黄岩秀岭水库M20晋墓[④]、南京象山M7东晋墓[⑤]出土的虎子类似。黄岩秀岭水库M20晋墓出土有“咸和二年八月廿日立功故□日月”的纪年砖文，“咸和”为东晋成帝司马衍的年号，咸和二年即是327年。南京象山M7墓主据考证可能是死于东晋永昌元年，即322年的门阀豪族王廙。所以根据以上的比较研究，万州梁上墓群M2也当为东晋时期。

---

① 四川省文物管理委员会：《四川忠县涂井蜀汉崖墓》，《文物》1985年第7期。

② 四川省文物管理委员会、四川省文物考古研究所、丰都县文物管理所：《丰都县汇南—六朝墓发掘简报》，《四川考古研究论文集》，《四川文物》1996年增刊；四川省文物考古研究所、丰都县文物管理所：《丰都汇南墓群发掘简报》，《重庆库区考古报告集·1997卷》，科学出版社，2001年；重庆市博物馆、宝鸡市考古工作队、丰都县文物保管所：《丰都上河嘴墓群发掘报告》，《重庆库区考古报告集·1999卷》，科学出版社，2006年。

③ 湖南省博物馆：《湖南资兴晋南朝墓》，《考古学报》1984年第3期；江西省文物管理委员会：《江西清江洋湖晋墓和南朝墓》，《考古》1965年第4期；刘建国：《镇江东晋墓》，《文物资料丛刊》（8），文物出版社，1983年。

④ 浙江省文物管理委员会：《黄岩秀岭水库古墓发掘报告》，《考古学报》1958年第1期。

⑤ 南京市博物馆：《南京象山5号、6号、7号墓清理简报》，《文物》1972年第11期。

3. 第三期：南朝晚期

1座。M3　此墓出土的青瓷器仅3件，2件碗、1件碟。这两件碗的腹部均呈深弧形，圈足都较小但较高、厚，这都是南朝晚期青瓷碗的典型特征，与93丰都汇南M14：33、M14：26和M6：2青瓷碗相似[①]。所以，M3和该期的年代当在南朝晚期。

五、结　语

本年度对梁上墓群的考古勘探和发掘，发现并清理了8座墓葬，出土了包括银器、铜器、铁器、青瓷器、陶器和石器在内的许多珍贵文物考古标本。这8座墓葬时代跨越幅度大，而且形制多样，结构不同，有竖穴土坑墓、“凸”字形和“刀”形洞穴砖室双券顶墓，以及石室（棚）墓等，使我们对梁上墓群的墓葬文化和内涵实质有了一个全新的认识。

首先是M8战国晚期早段秦人秦墓的发现和发掘，填补了峡江地区考古学资料和研究的空白。特别是该墓出土的4枚先秦半两钱币、早期陶蒜头壶和印文为“黄蘭”的铜印章，是较为罕见的文物精品和考古学标本，有着比较重要的学术价值。对于研究峡江地区的秦巴文化关系、梁上和所在武陵地区在秦灭巴战争中的战略地位等，M8都是很重要的新的考古学证据。

其次，M5西汉初期填塞青膏泥的一棺一椁框架式长方形竖穴土坑墓的发现和发掘。该墓从规模及形制上看，不算太小，但仅随葬了2件陶罐，使人颇觉意外和奇怪。但是，将此墓放到西汉初期这个大的社会历史背景中去考虑，就可以理解了。因为秦末农民战争和紧随而来的汉楚相争的长期战乱，使社会生产力遭到严重破坏，从而使西汉初年的社会经济呈现出一片凋敝萧瑟的景象，甚至“自天子不能具醇驷，而将相或乘牛车”[②]。连皇帝、将相的出行待遇都可怜到如此地步，M5中只随葬2件陶罐的情况也应不算什么了。这只是当时经济残破局面的一个小小的真实写照而已。

至于东汉时期的3座墓葬中，最重要的无疑是M4。该墓虽被盗过，但墓顶没有坍塌，所以阶梯式墓道、甬道和墓室都得以较为完整地保存了下来，使我们能比较清晰地了解峡江地区东汉砖室墓的形制和结构的总体情况，这在三峡的东汉考古中也是不太多见的。该墓出土物中值得注意的是泥质红胎釉陶釜，即B型釜。这种陶釜比较少见，又富有特色，与西汉中晚期的金属釜（鍪）也似乎有着渊源关系，对它的深入研究或许有益于万州地区东汉考古学文化序列的建立。该墓出土的陶俑，造型生动，形象逼真，也具有较高的造型艺术价值。

最后，在蜀汉—南朝时期的3座墓葬中，比较可惜的是M7，因为其是这次考古发掘中发现的规模最大的一座墓，也许正因为规模较大，所以在古代曾被多次盗掘，随葬器物几乎被盗一空。当然最值得注意的是M2，该墓虽也曾被盗过，但留剩了一批较为难得的东晋时期的青瓷

① 四川省文物管理委员会、四川省文物考古研究所、丰都县文物管理所：《丰都汇南两汉—六朝墓发掘简报》，《四川考古研究论文集》，《四川文物》1996年增刊；王力军：《丰都地区两汉—南朝墓葬的初步研究》，《重庆·2001三峡文物保护学术研讨会论文集》，科学出版社，2003年。

② 《汉书·食货志》。

器。这批青瓷器的特征，既与峡江地区及四川地区的同时代青瓷器非常相似，也与湖南、江西、江苏、浙江等东部地区东晋墓葬出土的青瓷器十分接近，特别是青瓷四系罐，壶、碗、唾盂和虎子，都是考古学上分期用的标形器物，这既为M2的断代在器物形态学上提供了充足的依据，也为峡江地区东晋考古学增添了一批可贵的文物考古标本。这些青瓷器胎质较硬，造型典雅，色泽光润，呈现出比较成熟的烧造水平，说明从东晋起，尽管青瓷器的主要产地还是在江浙地区，但峡江地区由于长期烧制陶器和瓷器的实践在不断积累和发展，其水平也在逐步提高，甚至接近江浙等东部地区。

总之，本年度首次对梁上墓群的考古勘探和发掘，使我们对该墓地墓葬的分布情况、年代性质和文化内涵有了新的发现和新的认识，丰富了三峡地区的考古学资料，有利于推进峡江地区考古学和历史学更深入地探索和进一步的研究。

附记：本年度考古发掘领队为杨群。参加发掘和初步整理的人员有上海大学文学院历史系教师周正平和99级文博专业全体学生。发掘期间，万州区文物管理所协调部周主任、万州区龙宝文物管理所袁所长和谭忠伟先生，曾多次来工地协助工作，在此一并感谢。

执笔：杨　群

万州下中村遗址2001年度发掘简报

重庆中国三峡博物馆
万 州 区 博 物 馆

下中村遗址位于重庆市万州区武陵镇下中村十二组，东临长江，西靠尖山，北隔小浪口与大丘坪墓群相望，南依武陵中学，遗址地势西高东低，坡度较平缓，长期江水冲蚀对遗址造成较大破坏，遗址面积逐年缩小。台地近江处形成极陡断坎。地表大部分为水稻田，东部近江低矮处则为蔬菜地、柑橘林及现代民居。

遗址海拔为135～175米，中心地理坐标为北纬30°30′25″，东经108°15′42″，现存面积约6万平方米（图一）。

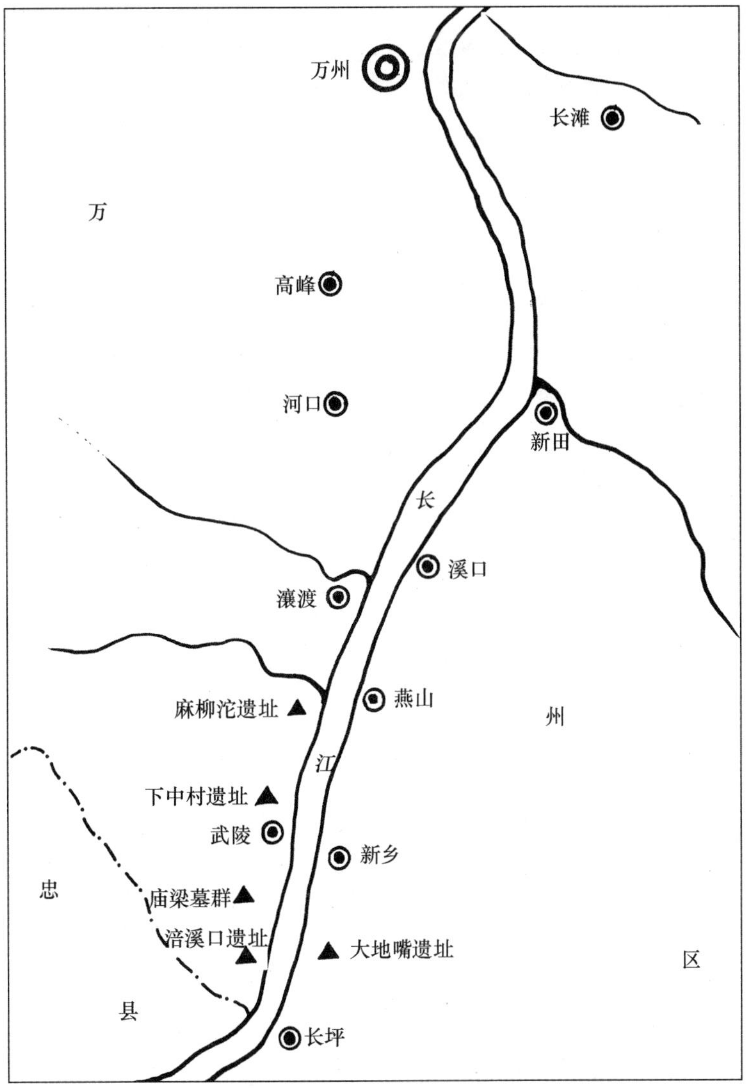

图一　下中村遗址位置示意图

该遗址于是1986年文物普查时发现的，1994年厦门大学考古队对遗址进行了试掘，根据发掘情况，把文化层分为早、晚两期，早期包含物有绳纹瓦、莲花瓦当、青瓷片、陶钵等，定为汉至六朝时期；晚期包含物主要有素面板瓦、筒瓦、瓷碗、罐等，定为唐宋时期。在上层遗迹中，发现三列长方形石构基址，“推测这是一处大型建筑基址或一组有统一规划的建筑群的残迹”①。囿于试掘面积所限，当时没有完整揭示其整体面貌，但发掘者推断下中村遗址“是一处延续时间较长且有多层关系的汉唐时期的居住遗址”②。

2001年10月，为配合三峡文物抢救保护工作，重庆中国三峡博物馆与万州区博物馆联合组成考古队对下中村遗址进行了详细的勘探，测绘与发掘规划，在遗址东部确立了永久性的测量总基点，由南至北把遗址划分为Ⅰ、Ⅱ、Ⅲ、Ⅳ 4个发掘区，本年度发掘集中在遗址中部的Ⅱ区及Ⅲ区。考古队由邹后曦任领队，参加发掘工作的人员有向渠奎、彭学斌、岳中英、李应东、郑燮、刘江、谭建华及陕西技工齐文军、齐军、许新明、许映旗等同志。遗址代号为2001CWX（分别为重庆万州下中村拼音第一字母），共开挖5米×5米探方72个、10米×10米探方2个，完成发掘面积2000平方米（图二），清理了一批新石器时期遗物，战国至东汉墓葬及唐宋房址灰坑，取得了重要收获，现将本次发掘主要收获报告如下。

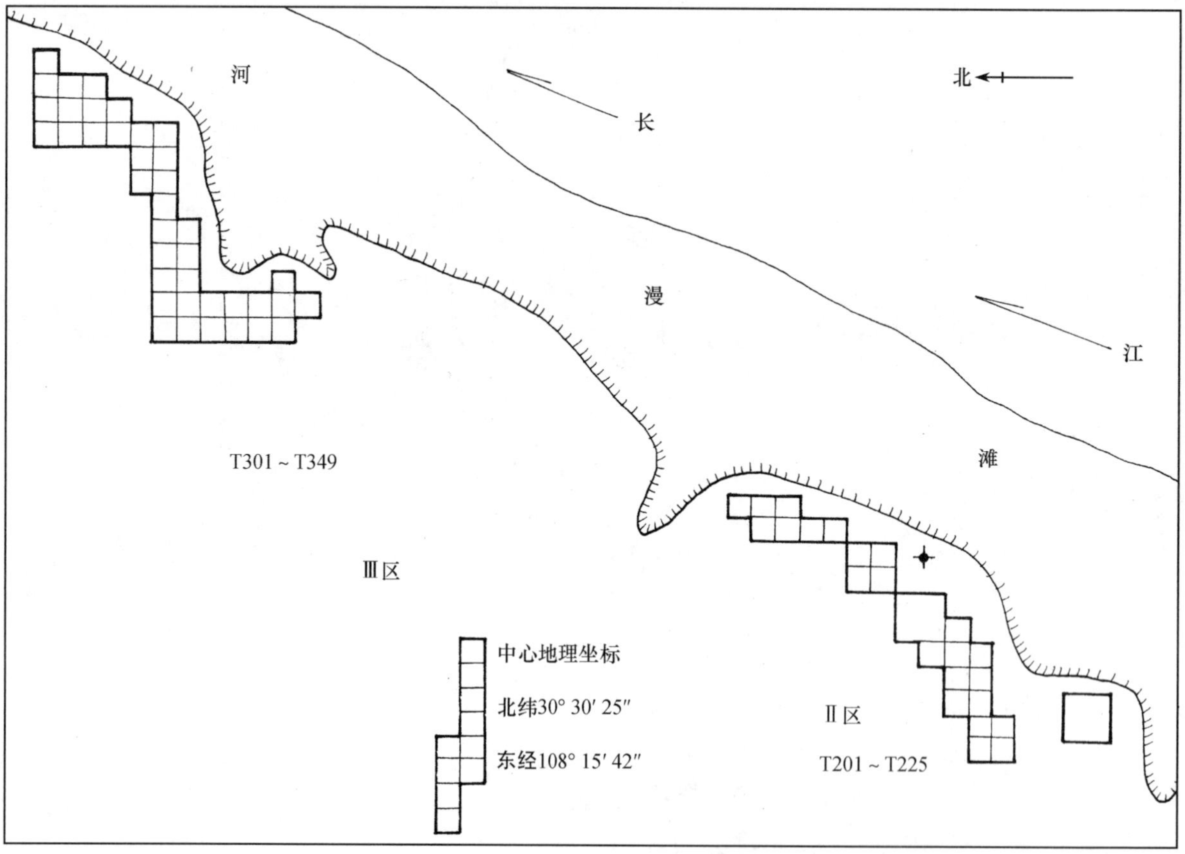

图二　下中村遗址布方位置示意图

① 邓聪、吴春明：《东南考古研究（三峡考古）》（第二辑），厦门大学出版社，1999年。

② 邓聪、吴春明：《东南考古研究（三峡考古）》（第二辑），厦门大学出版社，1999年。

一、地层堆积

遗址Ⅱ区、Ⅲ区地层堆积情况有所不同，现以T208北壁、T342北壁为例，分述如下。

T208北壁。

第1层：耕土层。厚10～35厘米。黑褐色土，土质疏松。遗物有青花瓷片、灰陶瓦片等。F1在本层下露头。

第2层：明清层。厚15～20厘米。灰褐色土，较疏松。遗物较多，有青花瓷碗、瓷杯、瓷盘、灰陶瓦片等。

第3层：明清层。深65～75、厚18～30厘米。深灰色土，较疏松。遗物较多，有青花瓷碗、瓷盘等。F2在本层下露头。

第4层：明清层。深95～100、厚0～40厘米。灰黄土，较致密。包含物较多，主要为青瓷片、白瓷残片、红胎硬陶残片、红烧土块。可辨器形有印花瓷碗、黄釉陶盆、酱釉陶钵、绿釉陶罐等。F3、F4在本层下露头。

第5层：汉代层。深160～170、厚10～20厘米。深黄色土，较松软。包含物较少，有泥质灰陶豆盘及灰陶戳印圆点纹小口罐。

以下为浅黄色生土。

T342北壁（图三）。

第1层：耕土层。厚15～20厘米。黑褐土，土质松软。包含物主要为植物根茎。H8在本层下露头。

第2层：唐宋层。深15～20、厚25～30厘米。青灰土，较坚硬。包含物较小，出灰陶绳纹瓦片及“开元通宝”铜钱。H18在本层下露头。

第3层：汉代层。深40～45、厚30～50厘米。青黄土，较坚硬。遗物较小，出灰陶绳纹陶罐、陶钵及红褐陶粗绳纹陶片。

第4层：商周层。深80～95、厚35～60厘米。青褐色土，较坚硬。包含物较少，较细碎，出夹砂粗绳纹陶片、花边口沿罐残片、尖底杯及人工石片等。

第5层：新石器文化层。深130～145、厚25～40厘米。黄褐色土，土质较疏松。遗物较多，有陶片、石器、红烧土块、天然小石粒等，陶片较细碎，以夹砂陶居多。纹饰主要为交错细绳纹、戳印纹、附加堆纹，可辨器形有深腹罐、敞口壶等，出小件石斧、石锛各1件。

第6层：新石器文化层。深150～200、厚30～50厘米。深黄色土，土质松软。含砂量较大，包含物极少，仅出磨光黑陶片数片。

以下为浅黄色生土。

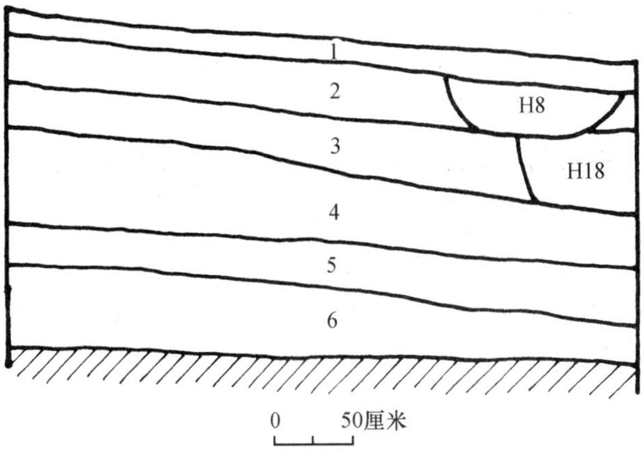

图三　T342北壁剖面图

二、新石器时代遗存

本次发掘未见该时期遗迹，出自地层堆积中的遗物仅见陶器、石器两类。

1. 陶器

根据胎质可分夹砂陶、泥质陶两类，其中夹砂陶比例较大，约占总量的67.5%，泥质陶较少，约占总量的32.5%，夹砂陶中多加有羼和料，一般为较小砂粒，也有白色石英颗粒，陶器烧制火候普遍较低，陶片松散易碎；泥质陶胎土较细腻，烧制温度较高，胎质较坚实，陶器器表多打磨光滑，个别器物上施红褐色陶衣。

陶器器表颜色较杂驳，陶色以红褐色、灰褐色为主，约占总量的38.2%，其他颜色占14.3%。

陶器纹饰种类较丰富，常见纹饰有细绳纹、戳印纹、附加堆纹、弦纹、瓦棱纹等。复合纹饰较多，纹饰排列规整、疏密得当，一般底纹为绳纹，主纹为附加堆纹或戳印纹，器物口沿唇部饰纹现象较常见，多见于夹砂陶，主要为切压花边口，纹饰较小，较密集（图四）。

该时期陶器可辨器类不多，均为平底器，主要器形有深腹罐、卷沿盆、曲腹钵、敞口壶等。

深腹罐　3件。T336⑧：4，夹砂黑灰陶，胎中含白色石英颗粒。敛口，折沿，深弧腹。腹部饰交错绳纹。腹径22、残高16.2厘米（图五，6）。

卷沿盆　4件。根据口、腹部形态分二型。

A型　3件。沿面较平，上腹竖直。T337⑧：9，夹砂灰褐陶，胎中含石英颗粒。侈口，圆唇，切压花边口。沿下饰短细绳纹，腹饰戳点纹（四个一组）。口径20.2、残高6.4厘米（图五，1）。

B型　1件。沿面上折，斜弧腹。T342⑤：17，夹砂红褐陶，胎中含较多石英颗粒。侈口，圆唇。腹部饰长条戳点纹（两个一组）。口径13.6、残高4.2厘米（图五，2）。

敞口壶　2件。敞口，卷沿，尖圆唇，束颈。根据沿面特征分二型。

A型　1件。沿面外翻，体型较大。T342⑥：13，泥质红褐陶。素面。口径25、残高6.3厘米（图五，4）。

B型　1件。体型较小。沿面较平直。T337⑧：17，夹砂灰褐陶，胎较薄。素面。口径15、残高3.3厘米（图五，3）。

曲腹钵　3件。T337⑧：13，泥质磨光黑陶。体型较大。直口，尖圆唇，折腹。饰凸弦纹。口径25.8、残高4.5厘米（图五，5）。

器底　6件。均为平底。T332⑪：11，泥质黄褐陶。斜弧腹。素面。底径14.8、残高4.2厘米（图五，7）。T337⑧：16，夹砂红褐陶。下腹斜直。腹、底饰交错细绳纹。底径14、残高4厘米（图五，8）。

图四 新石器时代遗存陶器纹饰拓本

1. 附加堆纹 2、4、10、11、13. 戳印纹 3、14、15. 交错绳纹 5、7、9、12. 弦纹 6. 凸点纹 8. 瓦棱纹

2. 石器

石器分打制和磨制两种，打制石器多为石片石器，一面保留原岩皮，另一面进行加工修整，磨制石器均为通体打磨，制作较精细。本次发掘出土石器均为斧、锛等小型工具，未发现大型石制品。

斧 3件。根据制作方法分二型。

A型 2件。打制。一面为破裂面，另一面保留自然面，仅对侧缘及刃部加工修整。

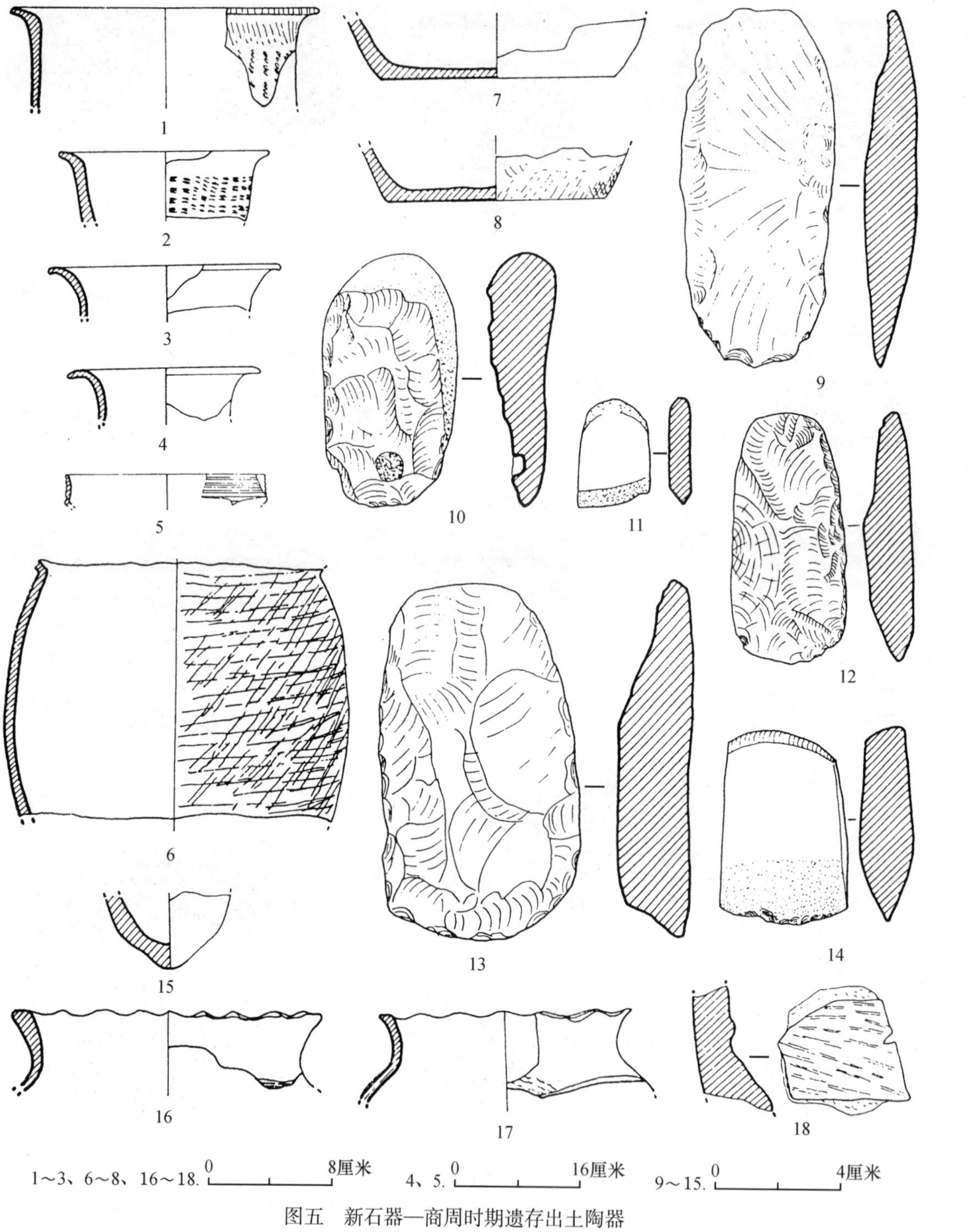

图五 新石器—商周时期遗存出土陶器

1. A型卷沿盆（T337⑧：9） 2. B型卷沿盆（T342⑤：17） 3. B型敞口壶（T337⑧：17） 4. A型敞口壶（T342⑥：13） 5. 曲腹钵（T337⑧：13） 6. 深腹罐（T336⑧：4） 7、8. 器底（T332⑪：11、T337⑧：16） 9、13. A型斧（T342⑤：6、采：7） 10、12. 锛（T219②：1、采：8） 11. 刻刀（T323⑤：4） 14. B型斧（T342⑤：5） 15. 尖底杯（T334⑧：10） 16、17. 花边口沿罐（T338④：6、T338④：7） 18. 厚胎缸（T337⑦：18）

T342⑤：6，体呈长条形，圆弧顶，侧缘较直。长11、宽4.8厘米（图五，9）。采：7，体呈长方形，顶近平，弧刃。长11.1、宽6.1厘米（图五，13）。

B型 1件。磨制。T342⑤：5，圆弧顶，两侧斜直，刃部较宽，有崩疤，通体磨制精细。

长6、宽4厘米（图五，14）。

锛　2件。单面弧刃，体型较小。一面为自然面，另一面为破裂面。T219②：1，尖圆顶，体较厚重，对破裂面及刃部加工修整。长7.8、宽4.3厘米（图五，10）。采：8，圆弧顶，弧刃，对侧缘及刃部加工修整。长7.8、宽3.6厘米（图五，12）。

刻刀　1件。T323⑤：4，体型较小。通体磨制精细。双刃近平，刃部锋利，稍残缺。长3.3、宽2.3厘米（图五，11）。

三、商周时期遗存

未发现遗迹现象，遗物仅见陶器。陶片数量较少，可辨器形有花边口沿罐、尖底杯、厚胎缸。

花边口沿罐　2件。均为波浪状花边口。T338④：7，夹砂红褐陶。口部花边较浅，较稀疏，侈口，束颈，溜肩。饰绳纹。口径16.2、残高5.2厘米（图五，17）。T338④：6，夹砂黄褐陶。口部花边较密，侈口，束颈，溜肩，个体较大。饰绳纹。口径20.5、残高4.6厘米（图五，16）。

尖底杯　2件。T334⑧：10，泥质红褐陶。尖底，似羊角，下腹斜弧略折。素面。腹径4、残高2.4厘米（图五，15）。

厚胎缸　1件。仅为腹部残片。T337⑦：18，厚胎夹砂黄褐陶，胎中含粗砂及较大石英颗粒。饰斜向粗绳纹。胎厚4.1、残高6.8厘米（图五，18）。

四、汉代遗存

1. 遗迹

共清理墓葬3座，其中2座土坑墓，编号为M5、M6；1座石室墓，编号M4，兹分别介绍如下。

M5　位于T346西部，开口于第3层下，被H13、H16、H18打破，结构为长方形竖穴土坑墓，无墓道，墓向为40°，墓口距地表深233、长289、宽160厘米，墓内填土为青黄色粉砂土。未见骨架及葬具，随墓品位于墓室北部，有1件灰陶圆肩罐、3件灰陶矮柄豆（图六）。

M6　位于T340东南部，开口于第2层下，打破第3层及生土，结构为长方形竖穴土坑墓，无墓道，墓向为42°，墓口距地表深50、长320、宽160厘米，墓底距地表深260、长310、宽140厘米，墓内填土为青黄色粉砂土，土中含较多料姜石粒。墓内出人骨架一具，保存较好，葬式为仰身直肢葬，头向朝北，死者性别为女性，年龄45～50岁[①]。葬具为木棺，保存极差，仅见棺木朽痕，随葬品出陶器两件，置于头部上方，一件为灰陶圆肩罐，另一件为黑褐陶圜底釜（图七）。

① 承蒙辽宁省文物考古研究所陈山同志鉴定。

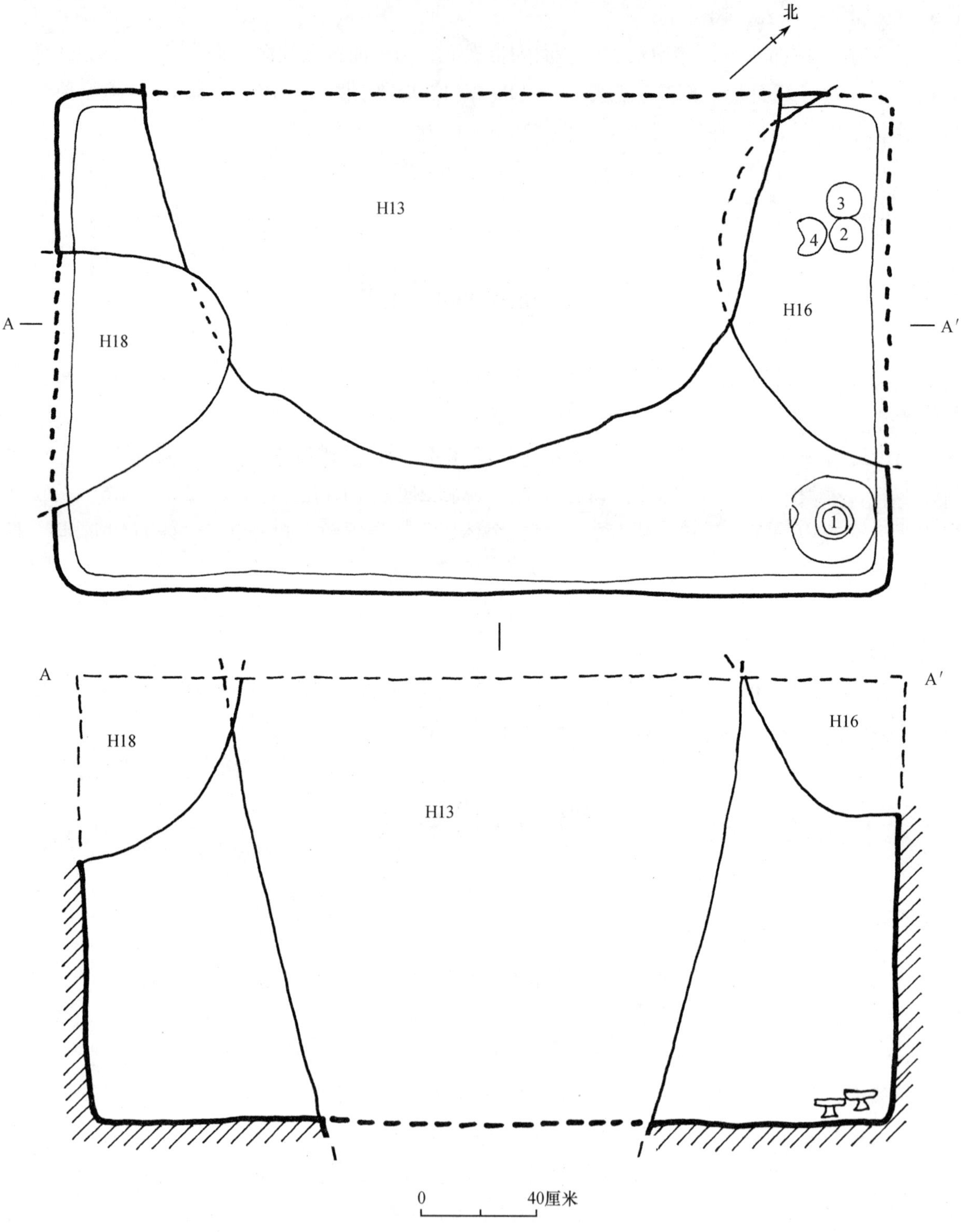

图六 M5平、剖面图
1. 陶罐 2～4. 陶豆

M4 位于T335南部，部分压于T334北隔梁与T333东隔梁下，开口于第4层下，打破第5、6层及生土，结构为“凸”字形石室墓。墓向120°，墓圹长404、宽180～270、残高155厘米。墓室及甬道用较规整石块垒砌，中间夹杂少量碎砖块，墓底用细小石粒铺垫，厚约6厘米。墓内

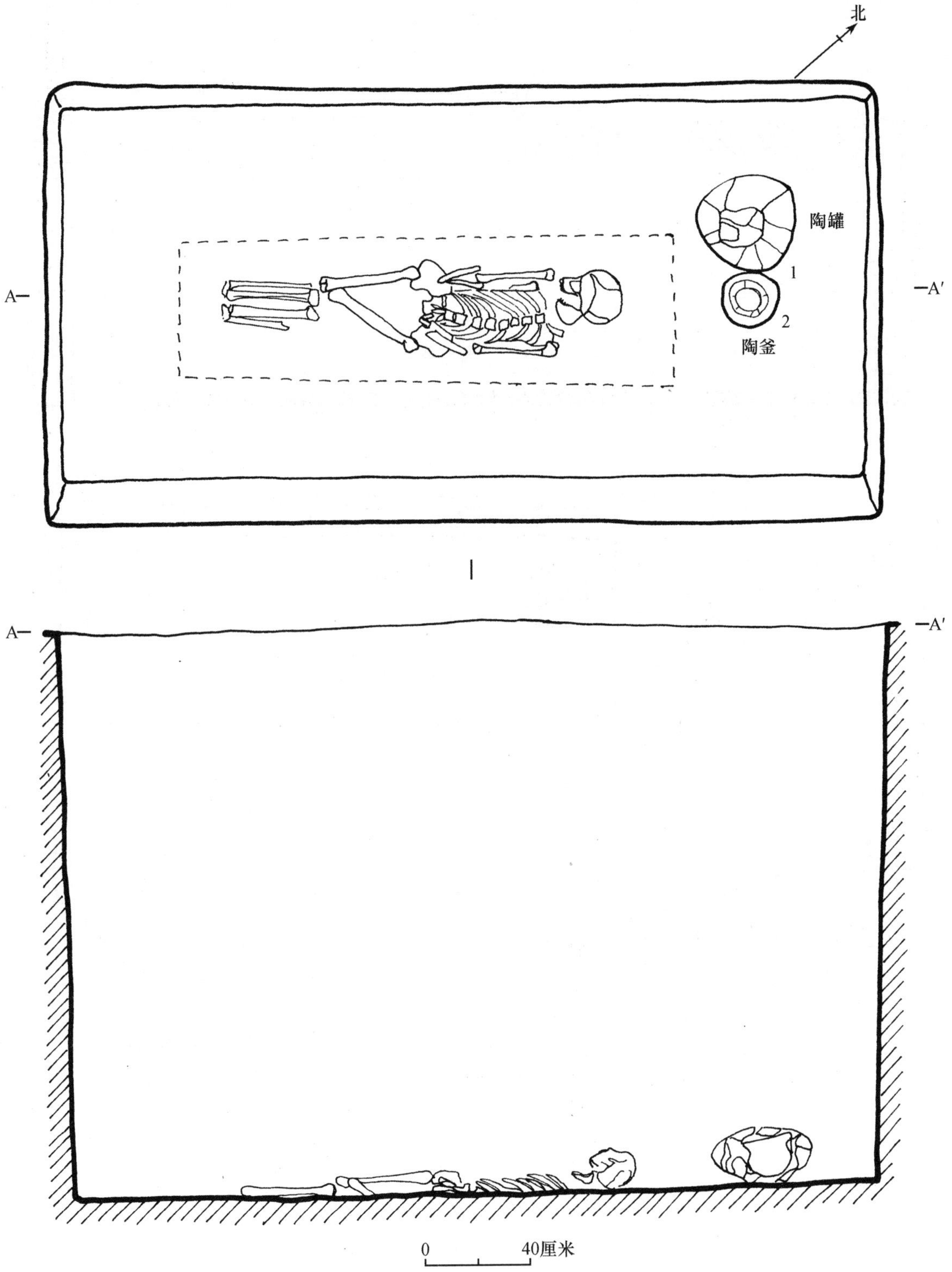

图七　M6平、剖面图
1. 陶罐　2. 陶釜

用石块铺砌棺床，棺床长194、宽66厘米，棺床上置骨架，葬式为仰身直肢葬，头向60°，周围有较多炭屑，推测为木棺朽痕。随葬品有陶罐4件、陶俑1件、铜耳杯6件、鎏金耳釦2件、铜指环1件、铜耳环2件、铜钱若干。墓室及甬道相交处有一盗洞（图八）。

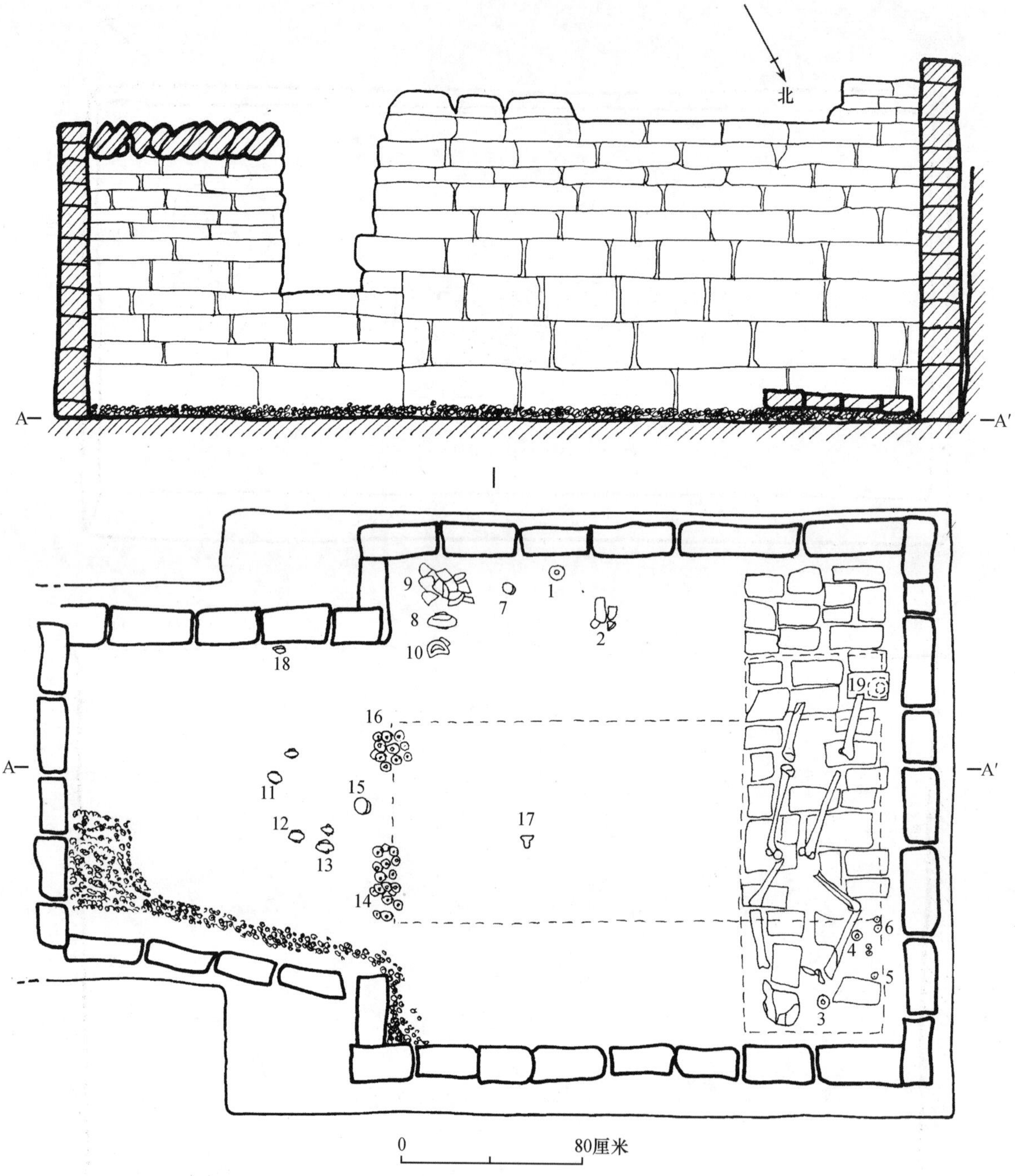

图八 M4平、剖面图

1、3~6、14、16. 铜钱 2、9、10、19. 陶罐 7. 铜指环 8、11~13、15、18. 铜耳杯 17. 陶俑

2. 遗物

遗物分陶器、铜器两类，主要为墓葬出土器物，地层遗物极少。

（1）陶器

器类有罐、釜、豆、俑等。

圆肩罐 2件。形制为小口，方唇，矮领，圆肩，底部略内凹。M5：1，灰陶。圆弧腹。肩饰凹弦纹，下腹饰交错绳纹。口径15.5、高21、底径11厘米（图九，2）。M6：1，泥质灰

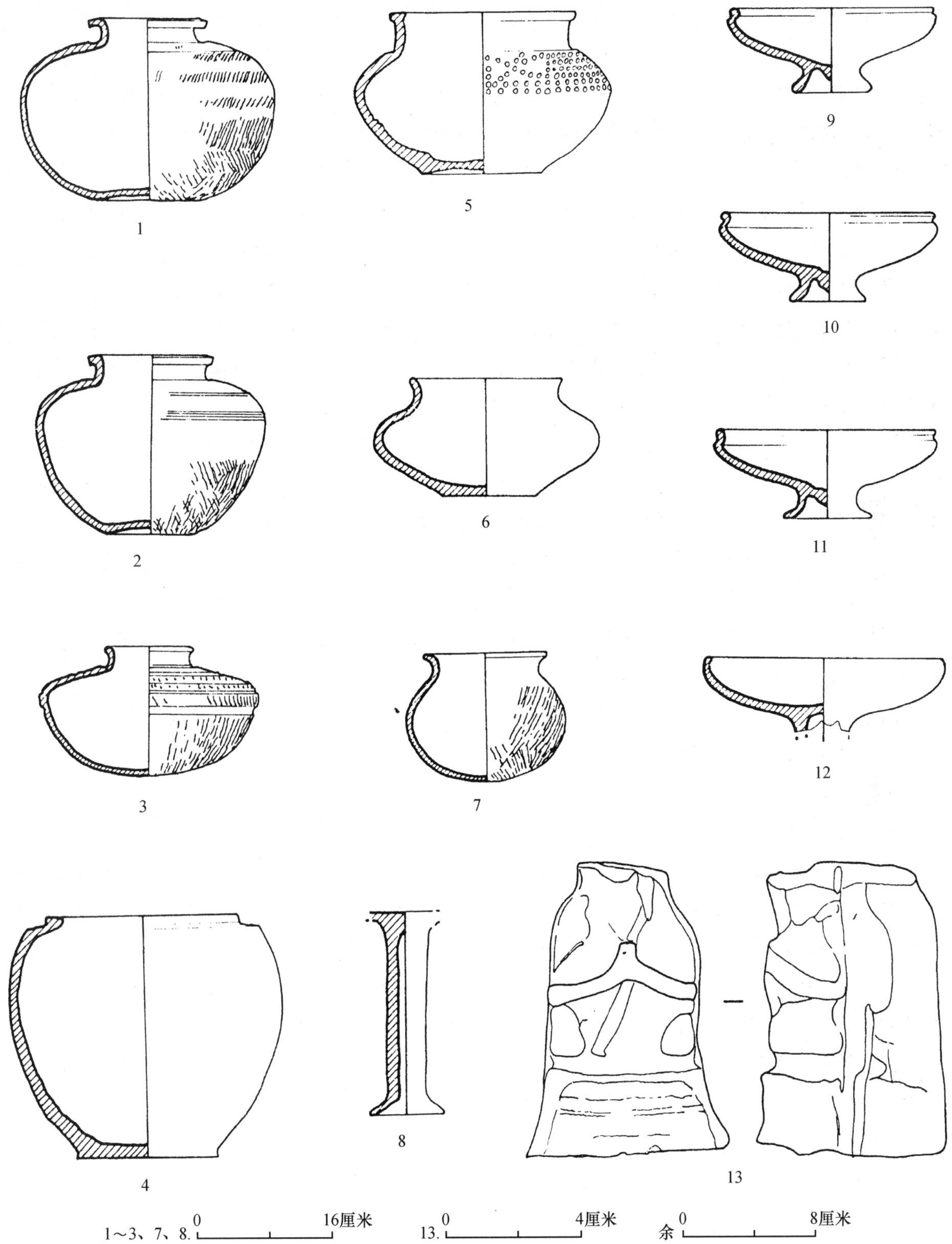

图九　汉代遗存出土陶器

1、2. 圆肩罐（M6：1、M5：1）　3. 广肩罐（M4：9）　4. 平肩罐（M4：10）　5、6. 溜肩鼓腹罐（T208⑥：5、M4：19）　7. 圜底罐（M6：2）　8. 豆柄（T327③：16）　9～11. 矮柄豆（M5：2、M5：3、M5：4）　12. 豆盘（T208⑥：2）　13. 执杖俑（M4：17）

黑陶。腹部浑圆。上腹饰横断绳纹，下腹饰交错绳纹。口径15、高21.5、底径12.5厘米（图九，1）。

广肩罐　1件。小口，圆唇，矮领，广肩，扁腹，圜底。M4：9，夹砂灰黑陶。肩饰凹弦纹，上腹饰横断绳纹，下腹及底饰竖向绳纹。口径11、高15.2厘米（图九，3）。

溜肩鼓腹罐　2件。器形较小，溜肩鼓腹，平底。M4：19，夹砂灰褐陶。侈口，圆唇，矮领。素面。口径9.2、底径5.6、高7厘米（图九，6）。T208⑥：5，夹砂灰黑陶。直口，方唇，领较长，平底略内凹。肩饰戳印圆圈纹。口径11.4、底径7.2、高9.5厘米（图九，5）。

平肩罐　1件。M4：10，泥质青灰陶。敛口，方唇，无领，短平肩，深弧腹，平底。素面。口径11.8、底径8.6、高14.2厘米（图九，4）。

圜底罐　1件。M6：2，夹砂黑褐陶。侈口，折沿，圆唇，溜肩，圆弧腹，圜底，底及下腹有较多烟炱。饰斜向绳纹。口径15.2、高15.2厘米（图九，7）。

矮柄豆　3件。夹砂黑灰陶。敛口，圆唇，斜弧腹，矮柄，圈足内底心外凸。素面。M5：2，口径12.4、足径4.8、高5厘米（图九，9）。M5：3，口径13.4、足径5.4、高5.2厘米（图九，10）。M5：4，口径12.7、足径4.6、高5.2厘米（图九，11）。

豆盘　1件。T208⑥：2，夹砂灰褐陶。敛口，圆唇，浅弧腹，平底，柄残。素面。口径14.6、残高4.4厘米（图九，12）。

豆柄　1件。T327③：16，泥质灰褐陶。厚胎，高粗柄，圈足较小，盘残。素面。足径9、柄径4.8、残高24厘米（图九，8）。

执杖俑　1件。M4：17，夹砂红褐陶。跪坐，双手执杖于胸前，双膝外露，底座较高，头部残缺，残高8.6厘米（图九，13）。

（2）铜器

有耳杯、指环、耳环、铜钱。

耳杯　6件。双耳，椭圆形口，弧壁，平底。M4：13，体型较大。耳上及内底饰一周蕉叶纹，底心饰鱼纹。口部最大径12.5、底最大径6.8、高2.6厘米（图一〇，8）。M4：12，体型较小。耳上及内底饰一周蕉叶纹，底心饰鱼纹。口部最大径9.5、底最大径5.1、高2厘米（图一〇，9）。M4：8，耳上饰菱格纹，内底饰连弧锯齿纹，底心为西王母及仙树形象。口部最大径9.6、底最大径5.1、高1.95厘米（图一〇，10）。

鎏金耳釦　2件。为木耳杯耳上釦饰。M4：21，形状为月牙形，正面、侧面鎏金，内面粘有较多炭屑，金黄色。素面。长6.7、高1厘米（图一〇，5）。

指环　1件。M4：7，体型较小。锈蚀严重。素面。直径2.1厘米（图一〇，6）。

耳环　2件。M4：20，体型细小。环缺较小，锈蚀严重。素面。直径1.6厘米（图一〇，7）。

铜钱　67枚。五铢、剪轮五铢、货泉三种。

五铢　46枚。平均直径约2.5厘米，其中5枚“朱”字头方折，“五”字交笔较直，为西汉五铢，另41枚为东汉五铢（图一〇，1、2）。

剪轮五铢　20枚。钱文大多锈蚀不清。直径1.9厘米（图一〇，3）。

货泉　1枚。钱文清晰。直径2.3厘米（图一〇，4）。

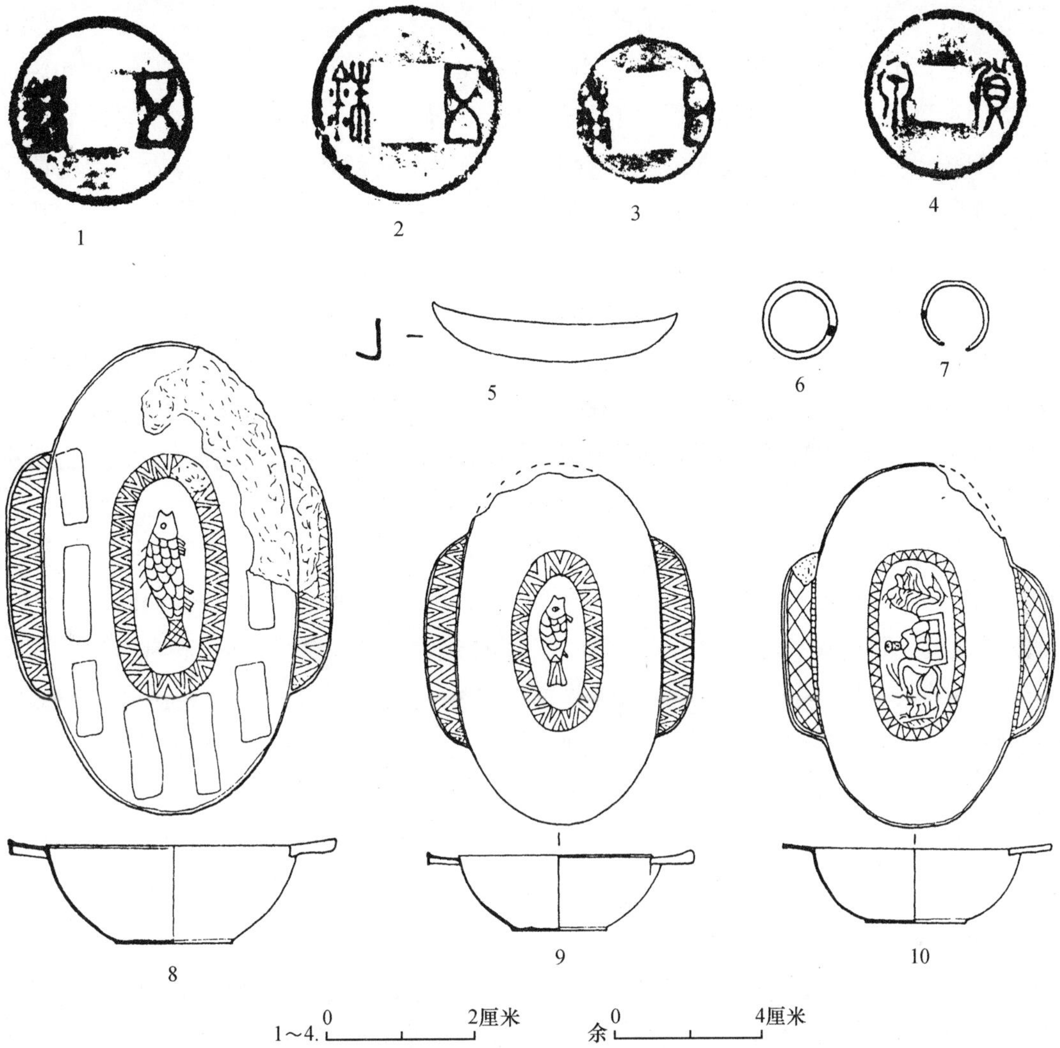

图一〇　汉代遗存出土铜器

1、2. 五铢（M4：29、M4：43）　3. 剪轮五铢（M4：41）　4. 货泉（M4：32）　5. 鎏金耳釦（M4：21）
6. 指环（M4：7）　7. 耳环（M4：20）　8～10. 耳杯（M4：13、M4：12、M4：8）

五、唐宋时期遗存

1. 遗迹

共清理房屋7座，灰坑17处。房屋均为多间式大型石构建筑，分布较密集。灰坑大多为口大底小锅底形坑，坑内填土较多，多弃有破碎陶、瓷器等生活垃圾。

F4　位于Ⅱ区东部，开口于第5层下，被F1、F2、H14、H21打破，距地表深140～175厘米，为地面式建筑，残存范围平面呈长方形。现存建筑面阔2间，左间残存6米×5.2米，右间残存7米×3.8米。建筑结构为石构房基，有基槽，基槽宽40～60厘米，内以细小石粒填塞，墙体为木骨泥墙，房后及房侧有散水沟，居住面为红烧土面，较平整，烘烤不充分，厚约1厘米，灶坑位于右间内，口径100～140、深15厘米，内有四块卵石铺垫。居住面上遗物有釉陶盆、白瓷碟、石磨盘、“天圣元宝”铜钱，废弃堆积内遗物主要为红烧土块、灰陶板瓦、筒瓦、莲花纹瓦当、莲花纹滴水、狮面脊兽等（图一一）。

F13　位于Ⅱ区中部，开口于第5层下，被H14、H22、F4打破，距地表深160～190厘米，房屋为地面式建筑，残存范围平面呈长方形，方向不明。墙基、墙体、居住面散水等主体结构与F4相同，房屋面阔2间，左间残存4.5米×5米，右间残存2.5米×5米。灶坑位于左间内，为三联灶。出土遗物有陶单柄带流三足釜、釉陶罐、釉陶盆、陶盏、瓷碗、瓷碟等（图一二）。

F8　位于Ⅲ区西部T330内，揭露结构仅为房屋一间，其主体向北延伸至现代民居下。开口于第4层下，距地表深68厘米，平面形状为长方形，2.54米×1.86米，方向246°。石构房基，椭圆形门柱石，门宽88厘米，石墙残高48厘米。房内遗物有较多黑灰色岩石碎块，石质细腻，应为制作砚台剥离的废料，部分房基亦用大块砚台石砌成，结合周围地层遗迹中出土砚台成品、半成品及大量砚台石废料，推测该房屋用途应与制作砚台有关的作坊或仓储间（图一三）。

H7　位于T332东北角，开口于第5层下，打破第6层，平面略呈圆形，剖面为口大底小锅底形，口部距地表深85、口径最大94厘米，坑自深35厘米，坑内堆满细碎砚台石块，其质地与F8出土遗物相同，且二者相距不远，由此推断该坑用途与F8有关，为堆积制砚废料的废弃坑（图一四）。

2. 遗物

出土遗物，分陶器、瓷器、石器、铜器、铁器、骨器几种。

（1）陶器

以釉陶居多，无釉陶较少，釉色有青釉、黄釉、酱釉、褐釉、茶色釉，陶器烧制温度较高，胎质坚硬，胎色有紫红色、灰黑色、灰白色等，陶器大多无纹饰，器类丰富，有容器、炊器、食用器、生产用具、吉祥物品、玩具等类。

罐　52件。根据肩部附系多少分三型。

A型　27件。双系罐。均为泥条圆系，根据口、腹部特征分二式。

Ⅰ式：9件。体型矮胖。敛口，方唇，鼓腹。T326④：17，青黄釉，施釉及中腹，垂釉较多。口径12.8、底径7.8、高12.8厘米（图一五，2）。

Ⅱ式：18件。体型瘦高。敛口，斜方唇，弧腹。F4：40，青绿釉，施釉及上腹。口径12.2、底径7.4、高16.4厘米（图一五，1）。

B型　17件。四系罐。均为泥条圆系，敛口，方唇，溜肩，深弧腹，平底，体型较瘦高，施釉至上腹。F4：39，青釉，垂釉较多。口径16.5、底径11.5、高26.7厘米（图一五，4）。F4：60，绿釉，肩上有一道弦纹。口径15.2、底径11.6、高26.4厘米（图一五，6）。

C型　8件。无系罐。敛口，圆唇，短平肩，深弧腹。F4：41，酱黄釉较薄，釉下黑彩绘缠枝花卉。口径12、残高9.2厘米（图一五，5）。

盆　18件。根据口部形态分三型。

A型　7件。敛口。H14：7，方唇，上腹外鼓，下腹斜直内收，平底内凹。上腹施较薄青釉。口径18、底径8.6、高7.8厘米（图一五，8）。F4：22，圆唇外卷，下腹斜直内收，平底，

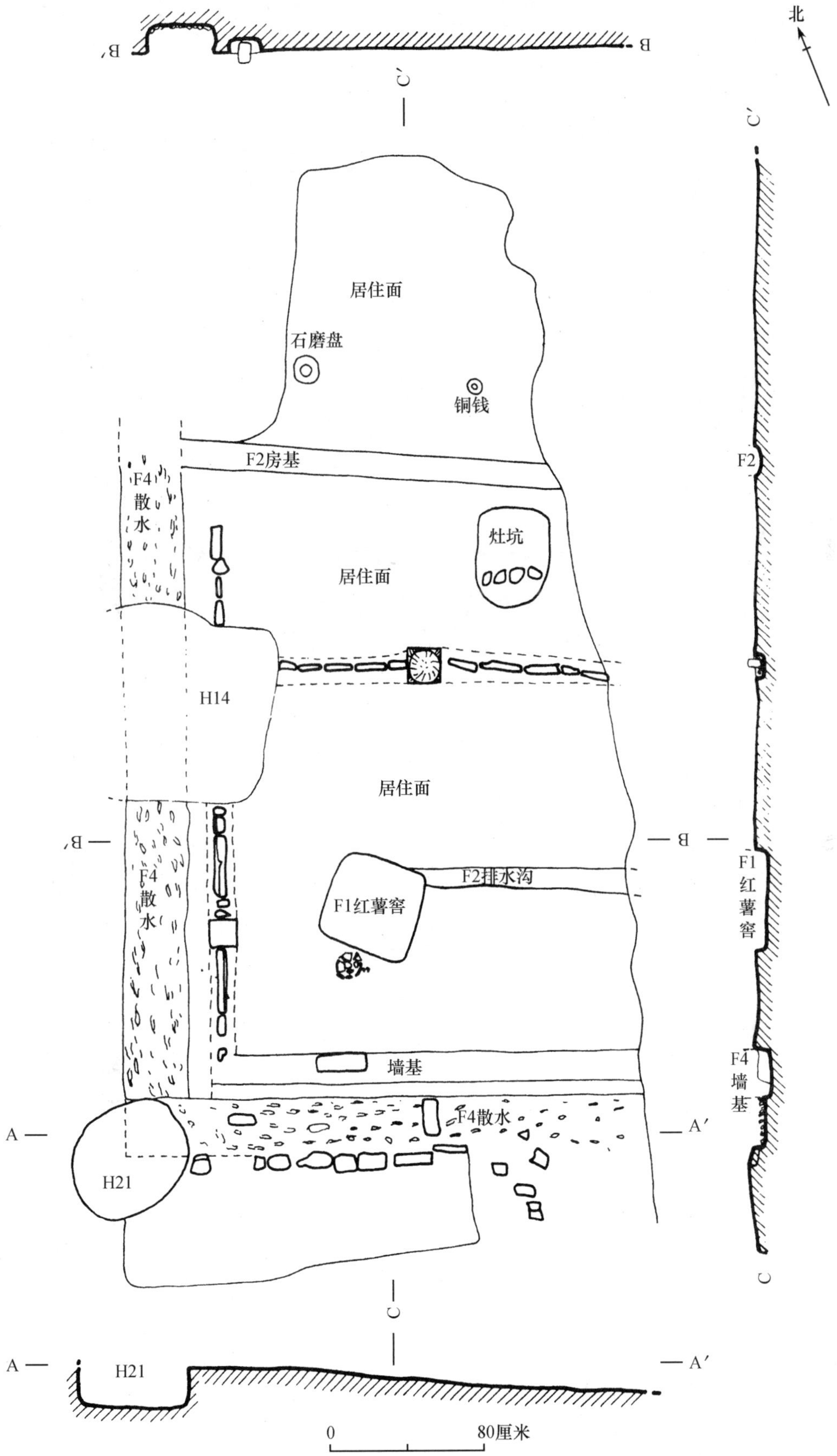

北
B′
B
C′
居住面
石磨盘
铜钱
F2房基
F2
F4
散
水
灶坑
居住面
H14
居住面
B′
B
F1
红
薯
窖
F4
散
水
F2排水沟
F1红薯窖
墙基
F4
墙
基
A
F4散水
A′
H21
C
C
A
H21
A′
0
80厘米

图一一　F4平、剖面图

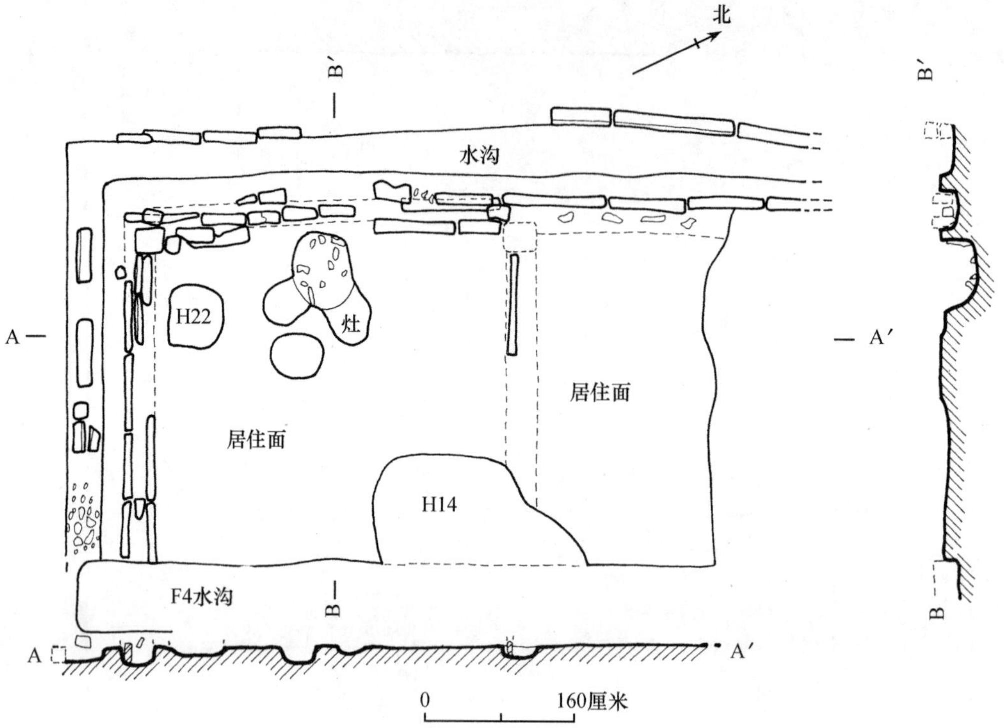

图一二 F13平、剖面图

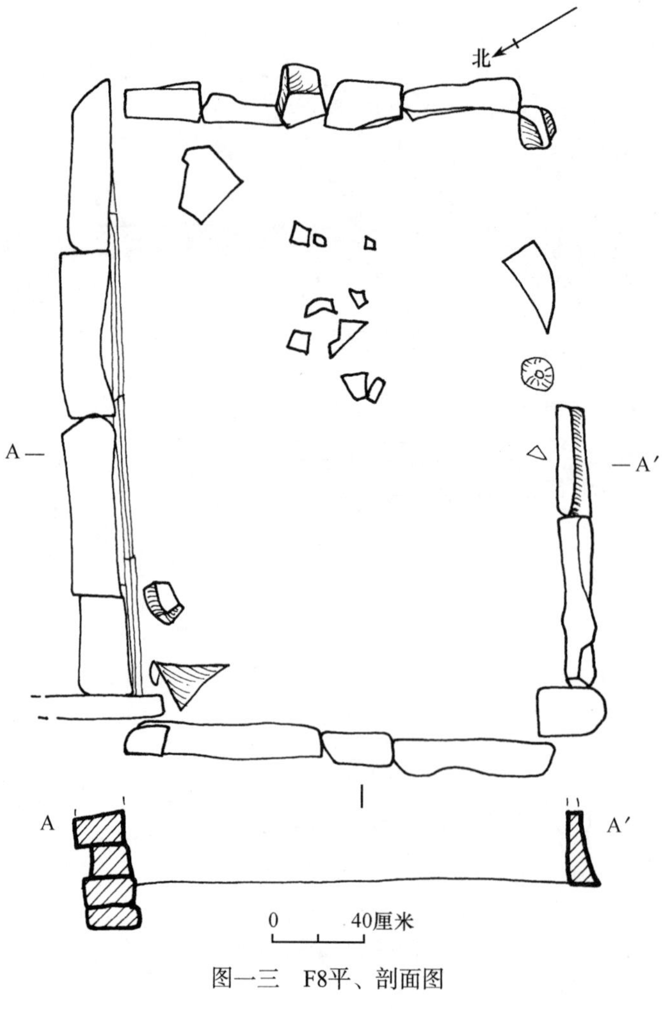

图一三 F8平、剖面图

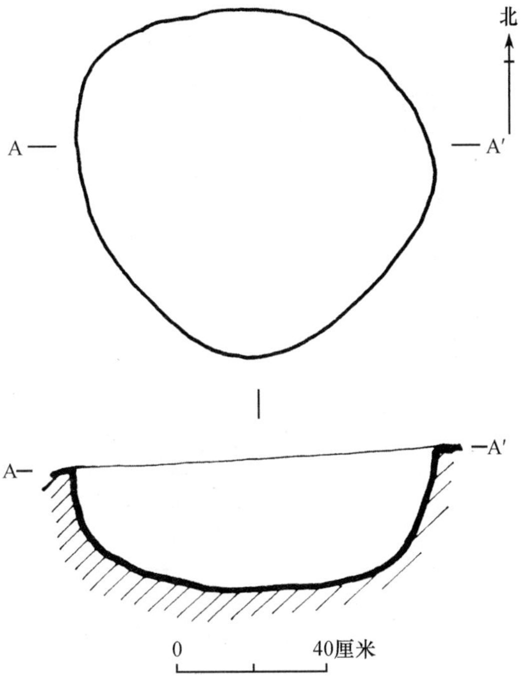

图一四　H7平、剖面图

底心外凸。内壁满施米黄釉，外壁施釉至沿下。口径35.5、底径19.8、高1.5厘米（图一五，10）。T306⑩：53，圆唇外卷，斜弧腹，平底。内壁及外壁上部施米黄釉。口径39、底径16、高12.5厘米（图一五，7）。

B型　6件。敞口。F4：35，圆唇，外卷，斜弧腹，平底。内壁及外壁上部施二层釉，底釉为青釉，面釉为米黄釉。口径39、底径20、高度12厘米（图一五，12）。T306⑩：12，圆唇，沿下内束，浅弧腹，平底，灰褐陶，无釉。口径36、底径23、高11.2厘米（图一五，9）。

C型　5件。侈口。T306⑨：5，沿下外鼓，斜直腹，平底，底心外凸。内壁及外壁上部施青釉，垂釉较多。口径27、底径11.3、高11.2厘米（图一五，13）。

注子　1件。F4：14，体型较小。直口，尖唇，溜肩，斜弧腹，平底，管状流，有提梁。外壁施黑褐釉。口径3.6、底径3.6厘米（图一五，11）。

三足釜　9件。H14：15，泥质黄褐陶。侈口，尖唇，鼓腹，圜底，薄胎，口部外折出流嘴，腹下三个锥状实心高足，其中一足与斜直柄相连，底部烟炱较厚，应为实用炊器。素面。口径17.5、高18.9厘米（图一五，3）。

器盖　22件。大小不等，分有榫、无榫两类，盖有弧面、平面两种，以弧面为主，盖纽有柱状纽、圆纽、圆顶纽等。

A型　14件。有榫盖。F4：42，圆弧面，圆顶纽，子母口盖，面上施青黄釉。面径15.6、榫径11.4、高5.2厘米（图一六，12）。T307⑩：10，夹砂灰褐陶。盖面内凹，柱状纽，实心榫。无釉。面径7.5、榫径2.4、高2.5厘米（图一六，6）。

B型　8件。无榫盖。F4：51，圆弧面，尖顶圆纽，盖上附两泥条圆耳，面上黑褐釉。面径11.4、高5.4厘米（图一六，17）。F3：24，夹砂黄褐陶。平顶圆纽，盖面平直，体型较大。无釉。面径22.6、高4.2厘米（图一六，11）。

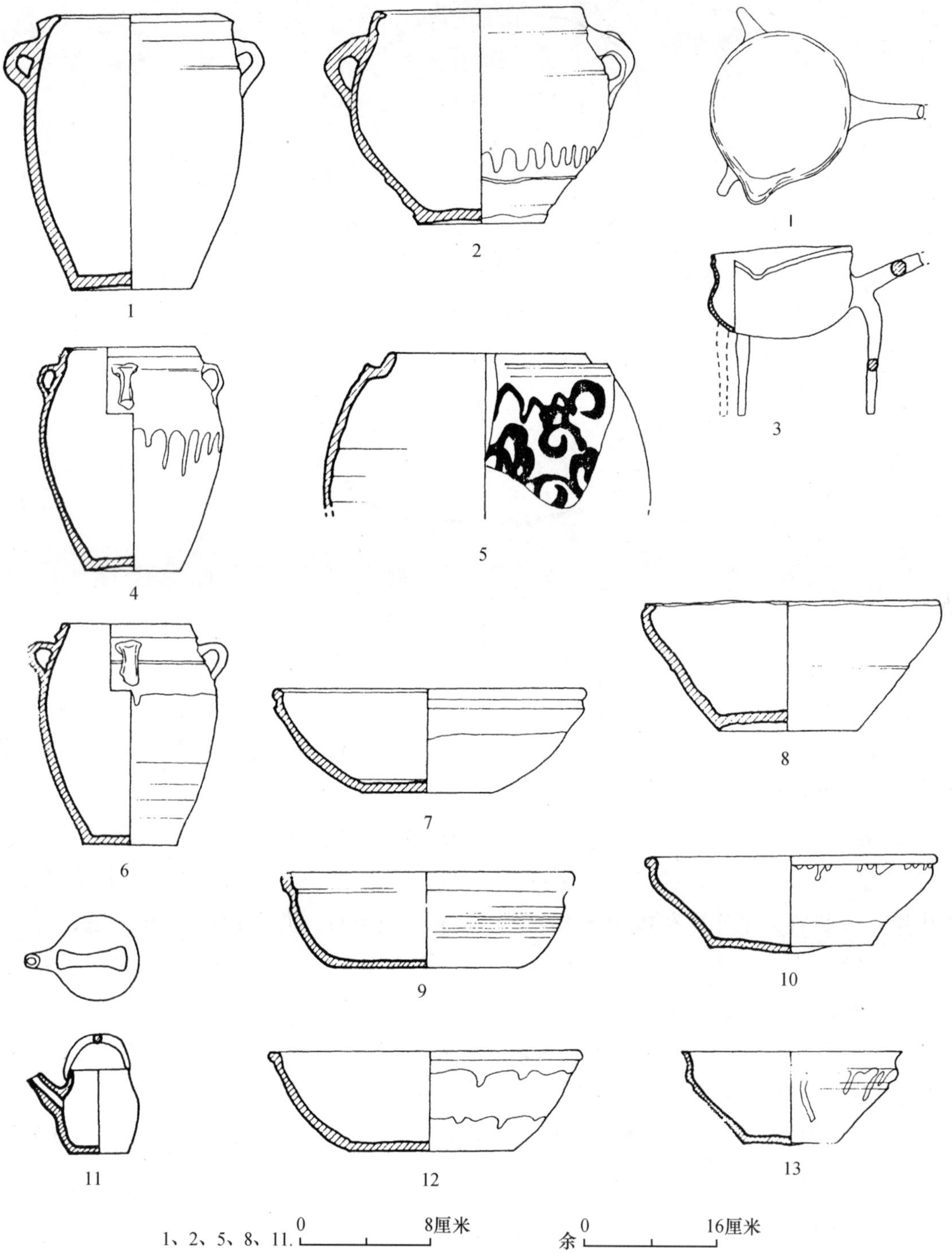

图一五 唐宋遗存出土陶器

1. A型Ⅱ式罐（F4：40） 2. A型Ⅰ式罐（T326④：17） 3. 三足釜（H14：15） 4、6. B型罐（F4：39、F4：60） 5. C型罐（F4：41） 7、8、10. A型盆（T306⑩：53、H14：7、F4：22） 9、12. B型盆（T306⑩：12、F4：35） 11. 注子（F4：14） 13. C型盆（T306⑨：5）

碗 80件。根据底部形态分三型。

A型 11件。平底碗。T326③：1，敞口，尖圆唇，斜弧腹，平底。口沿薄施黄釉，垂釉较多。口径16、底径6.4、高5.4厘米（图一七，11）。

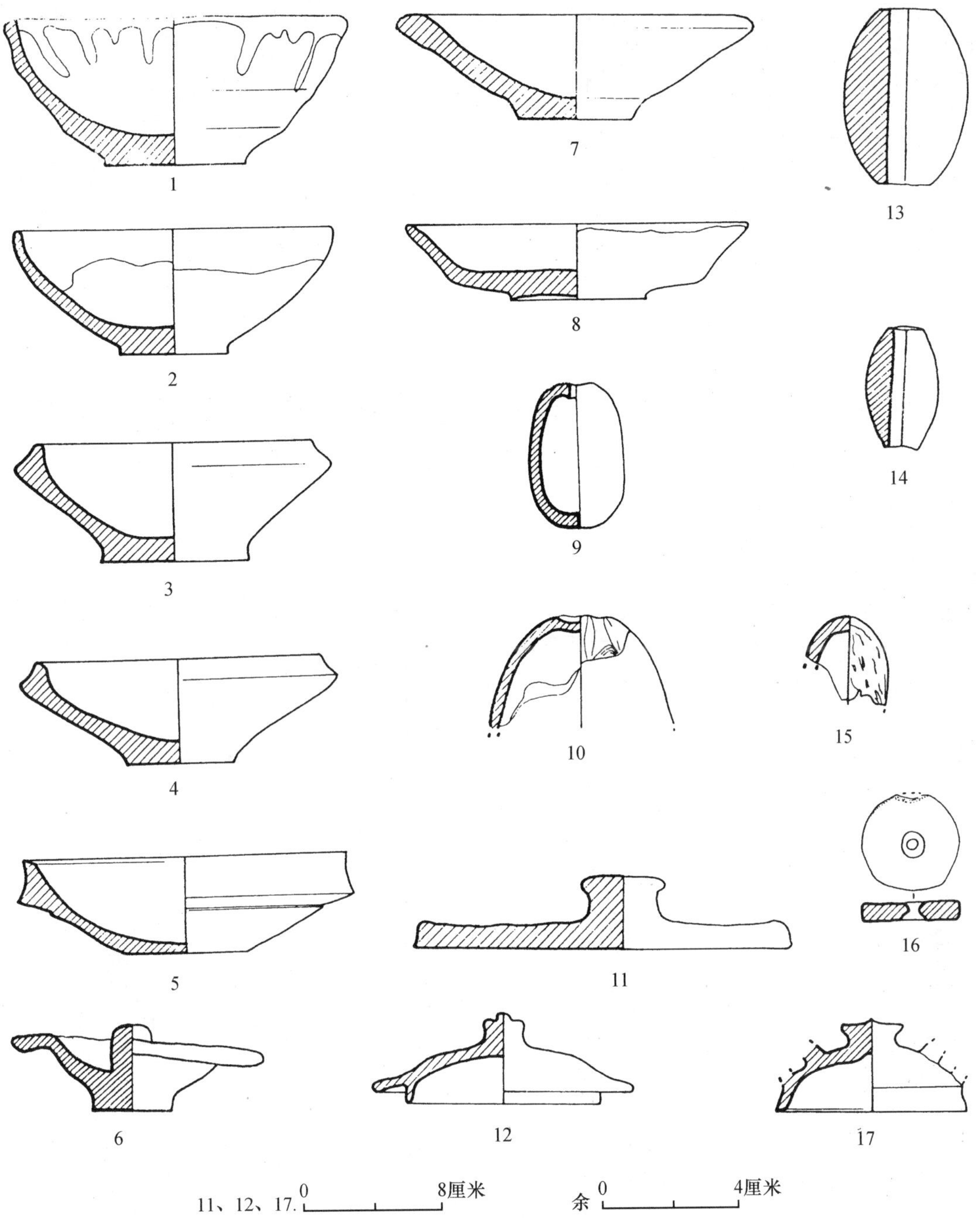

图一六 唐宋遗存出土陶器

1、2. B型盏（T326③：2、F13：2） 3. Ⅰ式碟（F4：33） 4. Ⅱ式碟（F3：21） 5. Ⅲ式碟（T202③：3） 6、12. 有榫盖（T307⑩：10、F4：42） 7、8. A型盏（T334④：1、F6：25） 9. 枣（F4：11） 10. 南瓜（F3：33） 11、17. 无榫盖（F3：24、F4：51） 13. Ⅱ式网坠（T328③：1） 14. Ⅰ式网坠（H26：4） 15. 核桃（F3：26） 16. 饼形器（T335④：2）

B型 27件。饼足碗。根据口部情况分二亚型。

Ba型 6件。侈口。T306⑩：24，尖圆唇，斜弧壁，足底略凹。内壁施米黄釉。口径16.4、足径6.7、高5.5厘米（图一七，7）。

Bb型 21件。敛口。T306⑩：15，圆唇，浅弧壁，足底略凹。内壁施青釉。口径15.7、足

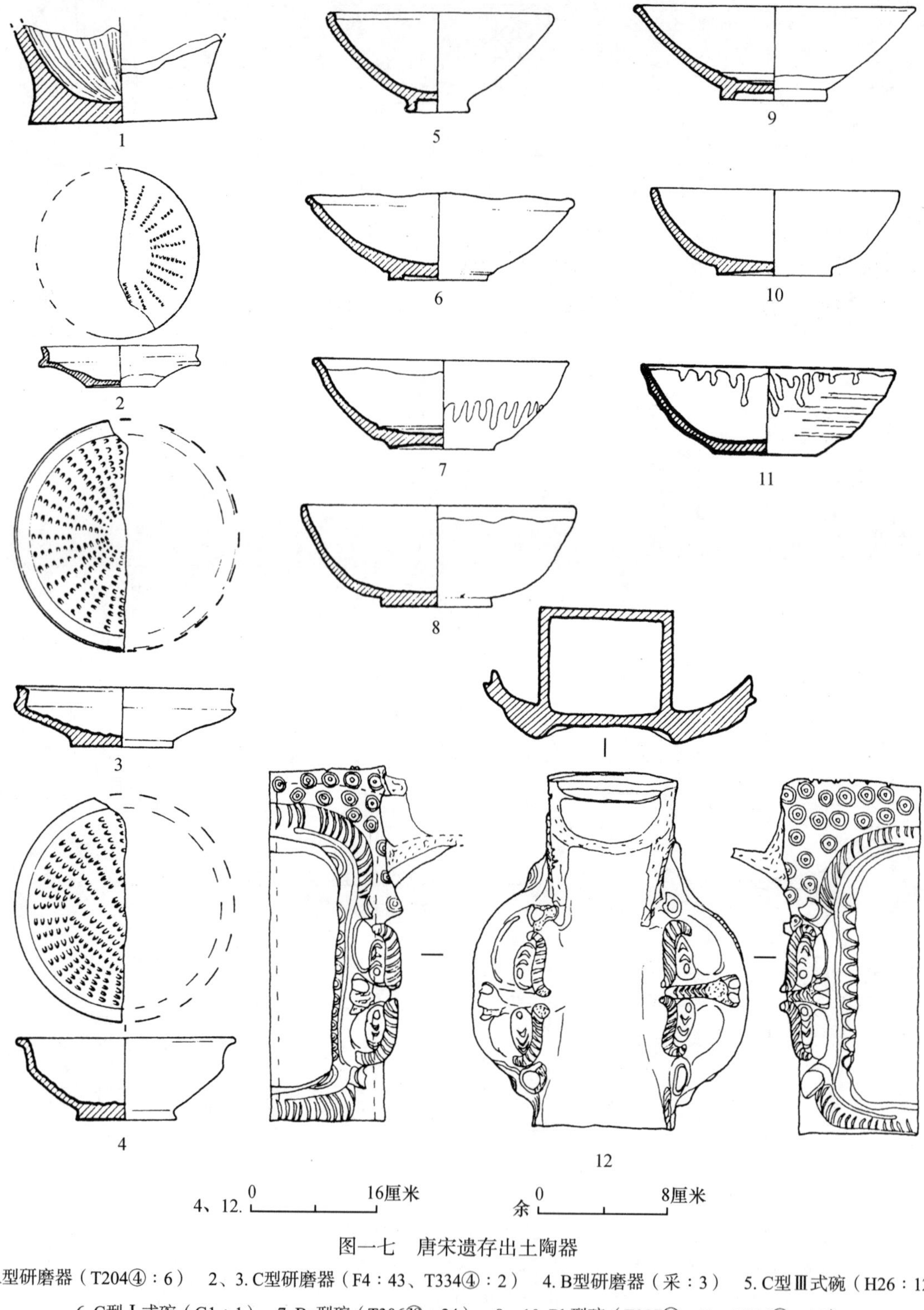

图一七 唐宋遗存出土陶器

1. A型研磨器（T204④：6） 2、3. C型研磨器（F4：43、T334④：2） 4. B型研磨器（采：3） 5. C型Ⅲ式碗（H26：12） 6. C型Ⅰ式碗（G1：1） 7. Ba型碗（T306⑩：24） 8、10. Bb型碗（T307⑩：11、T306⑩：15） 9. C型Ⅱ式碗（T306⑩：23） 11. A型碗（T326③：1） 12. 脊兽（F4：13）

径7.3、高5.3厘米（图一七，10）。T307⑩：11，尖圆唇，深弧壁，足底平整。内壁及沿外侧施青黄釉。口径17.4、足径7、高6.2厘米（图一七，8）。

C型　42件。圈足碗。根据圈足高矮分三式。

Ⅰ式：4件。低圈足。G1：1，敞口，圆唇，浅弧壁，足跟较宽，碗口不规整。内壁及外上壁施青黄釉。口径17.2、足径6.2、高4厘米（图一七，6）。

Ⅱ式：31件。中圈足。T306⑩：23，敞口，尖圆唇，斜直壁，内底有涩圈。内壁及外上壁施黑褐釉。口径17.9、足径6.6、高5.8厘米（图一七，9）。

Ⅲ式：7件。高圈足。H26：12，敛口，圆唇，斜弧壁，足跟较窄。内壁及外上壁施青釉。口径29、足径8、高12厘米（图一七，5）。

盏　86件。根据口、腹部特征可分二型。

A型　27件。盘形盏。均为敞口。F6：25，圆唇，折腹，饼足，底略内凹。内壁施米黄釉，外上壁施酱褐釉。口径10.3、足径4、高2.2厘米（图一六，8）。T333④：1，圆唇，浅斜壁，饼足，厚胎。口沿薄施青釉。口径9.8、足径3.4、高3厘米（图一六，7）。

B型　59件。碗形盏。均为敛口，圆唇，弧壁，饼足。T326③：2，胎较厚，腹部有折棱。口沿薄施浅黄釉，垂釉较多。口径10、足径4.2、高4.3厘米（图一六，1）。F13：2，胎较薄。内壁及外上壁施米黄釉。口径9.5、足径3.2、高3.6厘米（图一六，2）。

碟　20件。侈口，斜折沿，沿面内凹，斜直壁，内坦底，厚胎。根据外底形态可分三式。

Ⅰ式：饼足。F4：33，无釉。口径8.2、足径4.4、高3.4厘米（图一六，3）。

Ⅱ式：平底，底胎较厚。F3：21，外壁施米黄釉。口径8.5、底径3.2、高3厘米（图一六，4）。

Ⅲ式：平底，底胎较薄。T202③：3，内壁施茶色釉。口径9.2、底径3.6、高2.8厘米（图一六，5）。

研磨器　6件。为研磨植物根茎或姜蒜类器皿。根据外形特征分三型。

A型　1件。罐状（擂钵）。T204④：6，仅存下腹至底残片，内坦底，外饼足，内底满刻篦线纹。外施青釉。足径11.8、残高6厘米（图一七，1）。

B型　1件。碗状。采：3，侈口，圆唇，折弧壁，饼足。内底布满凿齿钉纹，内壁及外上壁施茶色釉。口径14、足径6.4、高5厘米（图一七，4）。

C型　4件。盘状。F4：43，直口，尖唇，上腹近直，下腹外折内收成平底，底略内凹。内壁戳刺放射状凿齿纹钉，内壁及外上壁施褐色釉。口径10.1、底径4.5、高2.5厘米（图一七，2）。T333④：2，敛口，方唇，折腹，饼足。内壁戳刺放射状凿齿纹钉，内壁及外上壁施青釉。口径14、足径6.6、高3.6厘米（图一七，3）。

网坠　5件。梭状，中空。根据个体大小分二式。

Ⅰ式：3件。体型较小。H26：4，夹砂黄褐陶。长3.4、宽2.1、孔径0.3厘米（图一六，14）。

Ⅱ式：2件。体型较大。T328③：1，夹砂黄褐陶。长5.1、宽3.7、孔径0.5厘米（图一六，13）。

枣　2件。吉祥物品，寓“早生贵子”之意，分制合接，内空，有枣核。F4：11，褐陶，施浅黄釉。长4.2、宽2.8厘米（图一六，9）。

南瓜　1件。吉祥物品，寓“瓜熟蒂落”之意，薄胎，内空。F3：33，泥质黄褐陶。器表呈瓜棱形。残长3.2厘米（图一六，10）。

核桃　1件。吉祥物品，寓“和和美美”之意，薄胎，中空。F3：26，泥质黄褐陶。器表有凸点。残高2.4厘米（图一六，15）。

饼形器　1件。玩具，扁圆形，两面打磨平整光滑，双面钻，圆形穿孔，周缘不规整。T335④：2，夹砂青灰陶。素面。面径2.9、孔径0.7、厚0.4厘米（图一六，16）。

脊兽　1件。建筑构件。F4：13，泥质灰褐陶。弧背，平底，方孔，一孔上竖，两侧刻划狮面及铜钱形象。长43.5、高24.5、孔径16.8厘米（图一七，12）。

瓦当　46件。均为泥质陶，外表无釉。形状有圆形、三角形两种，圆形瓦当数量较多。当面纹饰种类丰富，有莲瓣纹、菊花纹、兽面纹、萱草纹、树叶纹、鸟首纹等，其中莲瓣纹数量较多，有六瓣、八瓣、九瓣三种（图一八，1～12、17）。

滴水　25件。均为泥质陶，外表无釉。形状为三角形，面纹有莲花纹、萱草纹、缠枝花卉纹三种（图一八，13、15、16、18）。

（2）瓷器

有青瓷、白瓷、青白瓷、黑瓷几种，胎色多呈灰白、黄白，精细者亦有雪白。纹饰有刻花、划花、印花三种，器形有罐、壶、水匜、泡菜坛、碗、碟、砚、砚滴、器盖等类。

罐　4件。T307⑨：2，体形瘦高。敛口，方唇，圆肩，深鼓腹，小平底微内凹，肩附四对称泥条扁系。青釉，施釉至下腹。口径12.5、底径10.8、高40.3厘米（图一九，7）。

壶　8件。均为带流单把壶。G1：5，葫芦形口，束颈，溜肩，深圆腹，饼足，足心内凹，复式系，流残。青黄釉，施及中腹，垂釉较多。口径6、底径9、高19.4厘米（图一九，2）。采：5，漏斗形口，束颈，溜肩，斜直腹，平底略内凹。青绿釉，施及中腹。口径6、底径6.6、高17.4厘米（图一九，1）。

水匜　3件。F4：53，侈口，折沿，尖圆唇，溜肩，肩上一短粗流，下部情况不明。青黄釉。口径11、残高6厘米（图一九，4）。

泡菜坛　1件。H16：1，敛口，圆唇，斜肩，鼓腹，平底略内凹，双沿间凹槽较深，肩附四扁曲系。青黄釉，施及肩部。口径12.3、底径14.2、高22.3厘米（图一九，8）。

碗　51件。根据腹部形态分四型。

A型　19件。弧腹。依据圈足高矮分三式。

Ⅰ式：6件。矮圈足。T337③：2，侈口，圆唇，沿下起折棱。青釉。口径16.6、足径7.8、高7.4厘米（图二〇，7）。

Ⅱ式：4件。中圈足。T306⑩：54，直口，尖唇。黑釉。口径13.2、足径5.8、高8厘米（图二〇，4）。

Ⅲ式：9件。高圈足。T306⑩：39，侈口，折沿，尖唇。青白釉。口径11.8、足径4.8、高5.9厘米（图二〇，2）。

B型　斜弧腹。20件。根据口部情况分三亚型。

Ba型　12件。侈口。T327③：14，尖唇，浅腹，饼足略凹。青白釉。口径14、足径4.3、高4.2厘米（图二〇，5）。

Bb型　6件。敞口。T327③：4，尖唇，矮圈足。黑釉。口径12、足径3.8、高5厘米（图二〇，8）。T330③：3，圆唇，腹较深，高圈足。青白釉。口径15.8、足径5.6、高8厘米（图

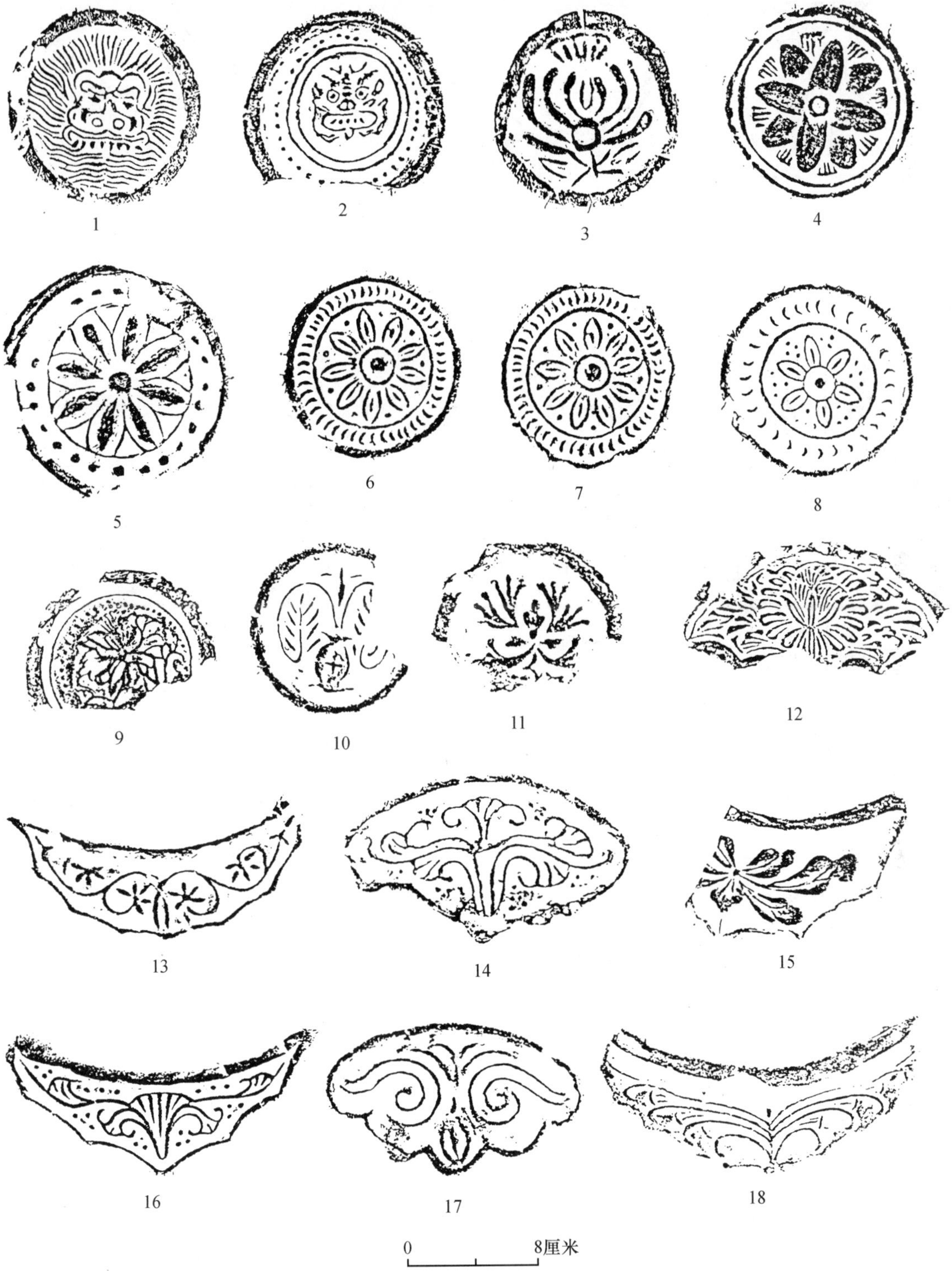

图一八　唐宋遗存出土瓦当、滴水拓本

1、2. 兽面瓦当（H14：2、F3：1）　3、9、11、14. 莲花纹瓦当（T310⑨：1、T213⑨：25、T213⑩：27、采：10）
4～8. 莲瓣纹瓦当（采：9、T343①：1、T210⑦：3、F4：37、F4：38）　10. 树叶纹瓦当（F4：67）
12. 菊花纹瓦当（F3：20）　13. 缠枝纹滴水（T308⑨：1）　15、16. 莲花纹滴水（T213⑩：26、T329④：2）
17. 鸟首纹瓦当（T239④：3）　18. 萱草纹滴水（T210⑦：10）

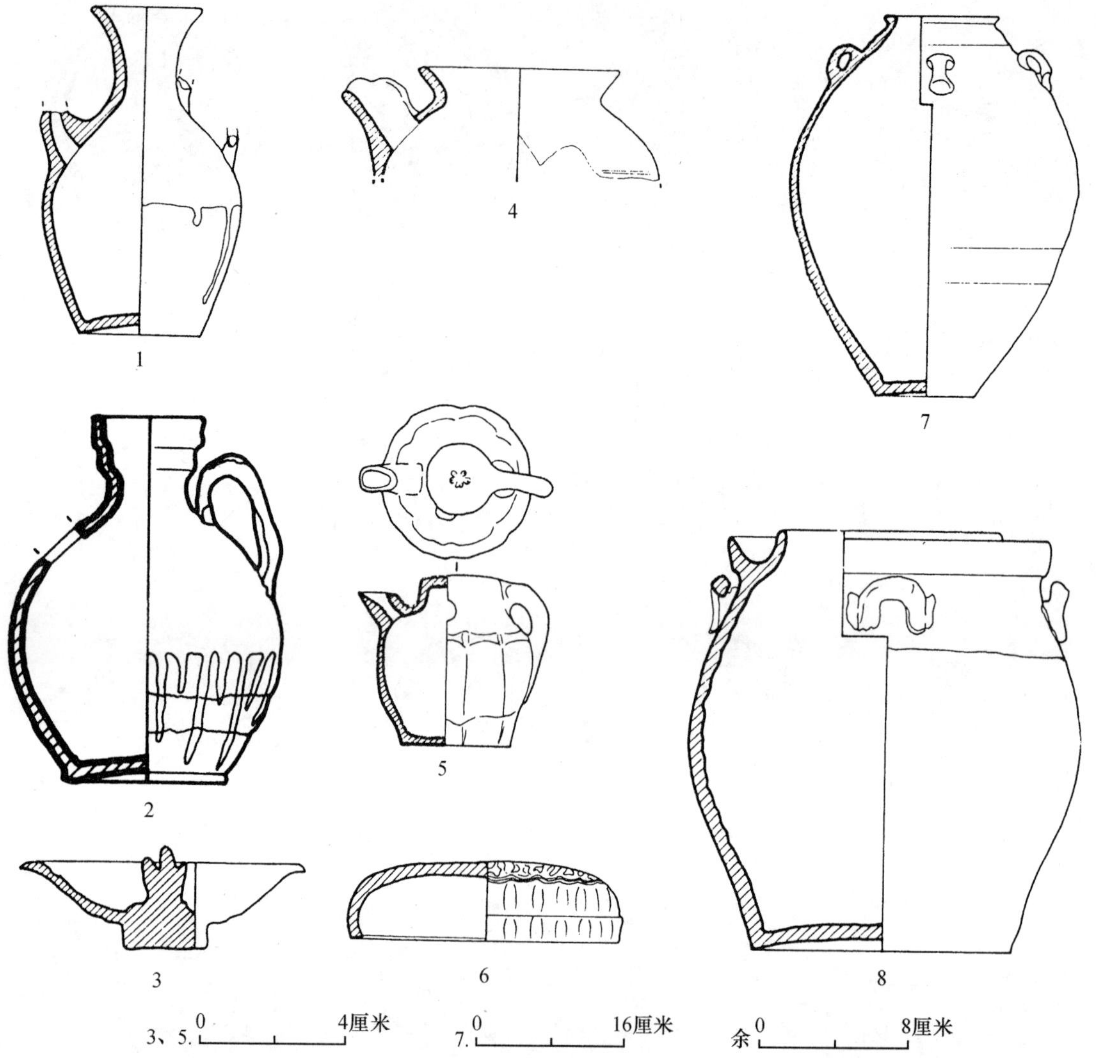

图一九　唐宋遗存出土瓷器

1、2. 壶（采：5、G1：5）　3、6. 器盖（T307⑩：9、F3：24）　4. 水匜（F4：53）　5. 砚滴（采：6）　7. 罐（T307⑨：2）　8. 泡菜坛（H16：1）

二〇，9）。

Bc型　2件。敛口。T307⑨：3，尖圆唇，深弧壁，饼足。黑釉。口径11.6、足径3.6、高5.7厘米（图二〇，6）。

C型　8件。斜直腹。T327③：5，敞口，圆唇，矮圈足。青白釉。内壁印牡丹花卉。口径17.9、足径7.1、高6.8厘米（图二〇，3）。T306⑨：3，大敞口，浅腹，饼足略凹，内底为坦底。青白釉。口径15.3、足径4、高3.9厘米（图二〇，1）。

D型　4件。折腹。根据口部情况分二亚型。

Da型　3件。葵口。F3：23，六出葵口，尖圆唇，折中腹，圈足。白釉。口径19.8、足径6、高3厘米（图二〇，14）。

Db型　1件。素口。T213⑦：22，体型较小。尖唇，折下腹，饼足。黑釉。口径7.2、足径4、高3.3厘米（图二〇，11）。

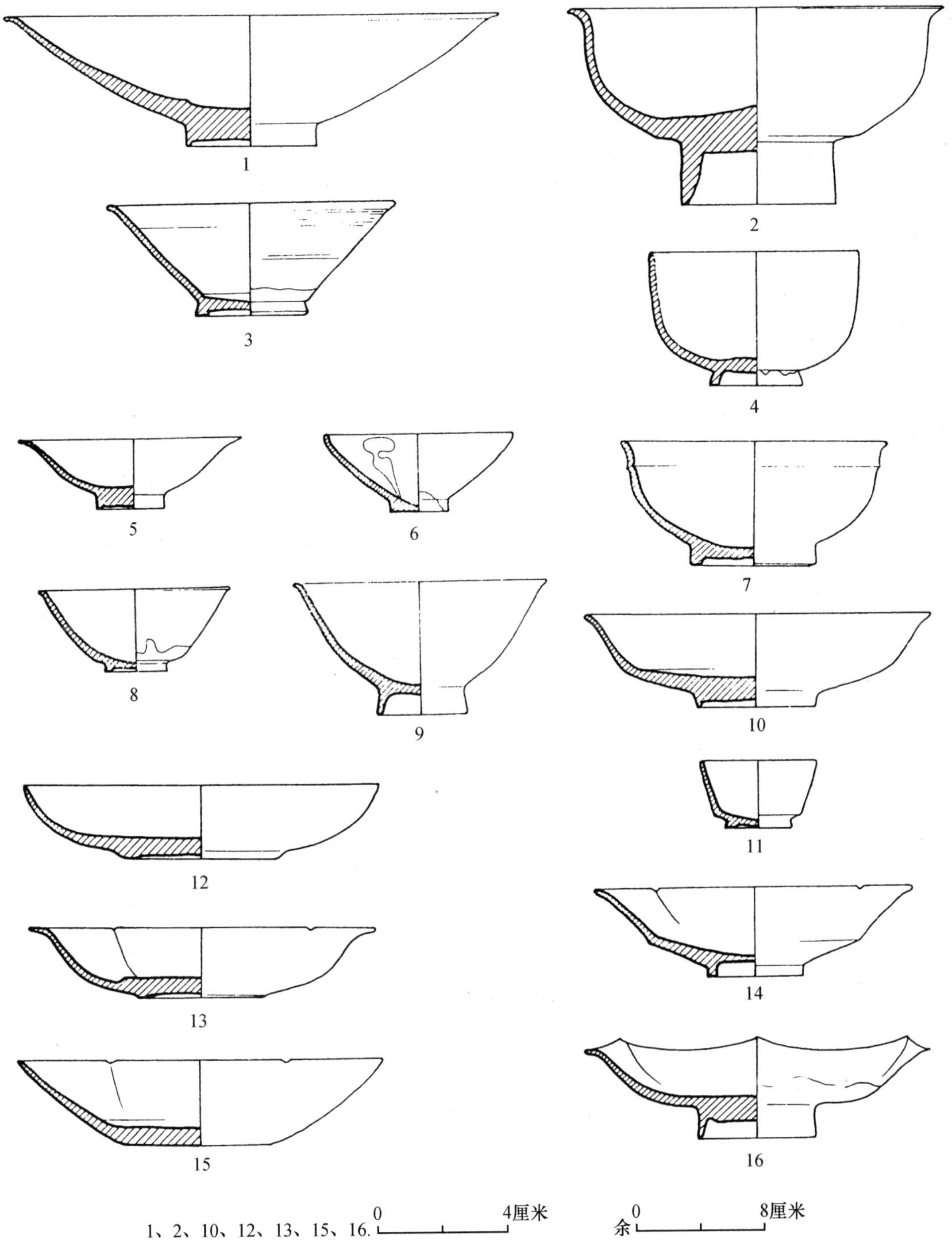

图二〇　唐宋遗存出土瓷器

1、3. C型碗（T306⑨：3、T327③：5）　2. A型Ⅲ式碗（T306⑩：39）　4. A型Ⅱ式碗（T306⑩：54）　5. Ba型碗（T327③：14）　6. Bc型碗（T307⑨：3）　7. A型Ⅰ式碗（T337③：2）　8、9. Bb型碗（T327③：4、T330③：3）　10. Aa型碟（F3：19）　11. Db型碗（T213⑦：22）　12. Ab型碟（T306⑩：38）　13. Bb型碟（T307⑩：6）　14. Da型碗（F3：23）　15. Ba型碟（T306⑩：16）　16. Bc型碟（采：1）

碟　40件。根据口部情况分二型。

A型　18件。素口。依据口部、底部特征分二亚型。

Aa型　2件。侈口，矮圈足。F3：19，青白釉。内底刻划含羞草。口径10.8、足径3.7、高

2.8厘米（图二〇，10）。

Ab型 16件。敞口，平底略凹。T306⑩：38，青白釉。内底印团花。口径11、底径4.8、高2厘米（图二〇，12）。

B型 22件。花口。均为六出葵口。依据口、底部特征分三亚型。

Ba型 7件。敞口，平底。T306⑩：16，白釉。口径13、底径4.3、高5厘米（图二〇，15）。

Bb型 14件。侈口，平底略凹。T307⑩：6，白釉。口径10.7、底径3.8、高2.1厘米（图二〇，13）。

Bc型 1件。侈口，高圈足。采：1，莲瓣形口。青白釉。口径10.7、足径3.6、高3厘米（图二〇，16）。

器盖 2件。T307⑩：9，盖面内凹，花蕾纽，实心榫，面上白釉。面径8、榫径2.3、高2.7厘米（图一九，3）。F3：24，圆弧面，无纽，瓜棱形外壁。面上青白釉，印缠枝花卉。口径15、高4.3厘米（图一九，6）。

砚滴 1件。采：6，体型小巧。执壶状，平顶，无口，肩部有一圆形小气孔，瓜棱腹，平底。青白釉。顶部饰小莲瓣。顶面径2.1、底径2、高4.5厘米（图一九，5）。

（3）石器

有砚、磨盘、臼、纺轮、网坠、饼形器、小石球等。

砚 3件。均为抄手砚。T329⑤：3，平面开头为长方形，四周有边框，内端边框上立一乌龟，做俯首饮水状。长16.3、宽10.1、高2.6厘米（图二一，1）。T306⑩：13，平面呈“U”形，外框较宽，石质较粗疏。长7.4、高2.7、宽7.3厘米（图二一，3）。T334③：1，为废半成品，平面呈“风”字形，两面起边框，器身满布凿痕，里端有一破碎孔。长15.8、宽7.8～10、高4.8厘米（图二一，2）。

磨盘 1件。F4：36，宽槽，窄缘，平底，有流。磨径18、盘径31.5、高8厘米（图二一，12）。

臼 2件。T332④：1，直口，平沿，外壁微弧，平底。臼窝深9.7厘米（图二一，7）。

纺轮 1件。T308⑥：2，体型较小。亚腰形，上、下台面平整光滑，通体磨制精细。面径3.1、高3厘米（图二一，5）。

网坠 1件。T306⑩：49，整体呈椭圆形，中部凹槽较深且整齐，加工痕不明显，似利用自然石材。长17.8、宽8.8、厚4.6厘米（图二一，10）。

饼形器 1件。T304⑦：1，圆饼形，未加工修整，周缘凹点密布，使用痕较明显。直径11.6、厚2.8厘米（图二一，4）。

小石球 3件。T202③：2，实心圆球形，凹点密布。直径3厘米（图二一，6）。

（4）铜器

仅发现铜钱，有开元通宝、天圣元宝两种。

开元通宝 8枚，钱文对读，有内外郭。直径2.3厘米（图二一，13、14）。

天圣元宝 1枚。F4：36，钱文环读，有内外郭。直径2.5厘米（图二一，15）。

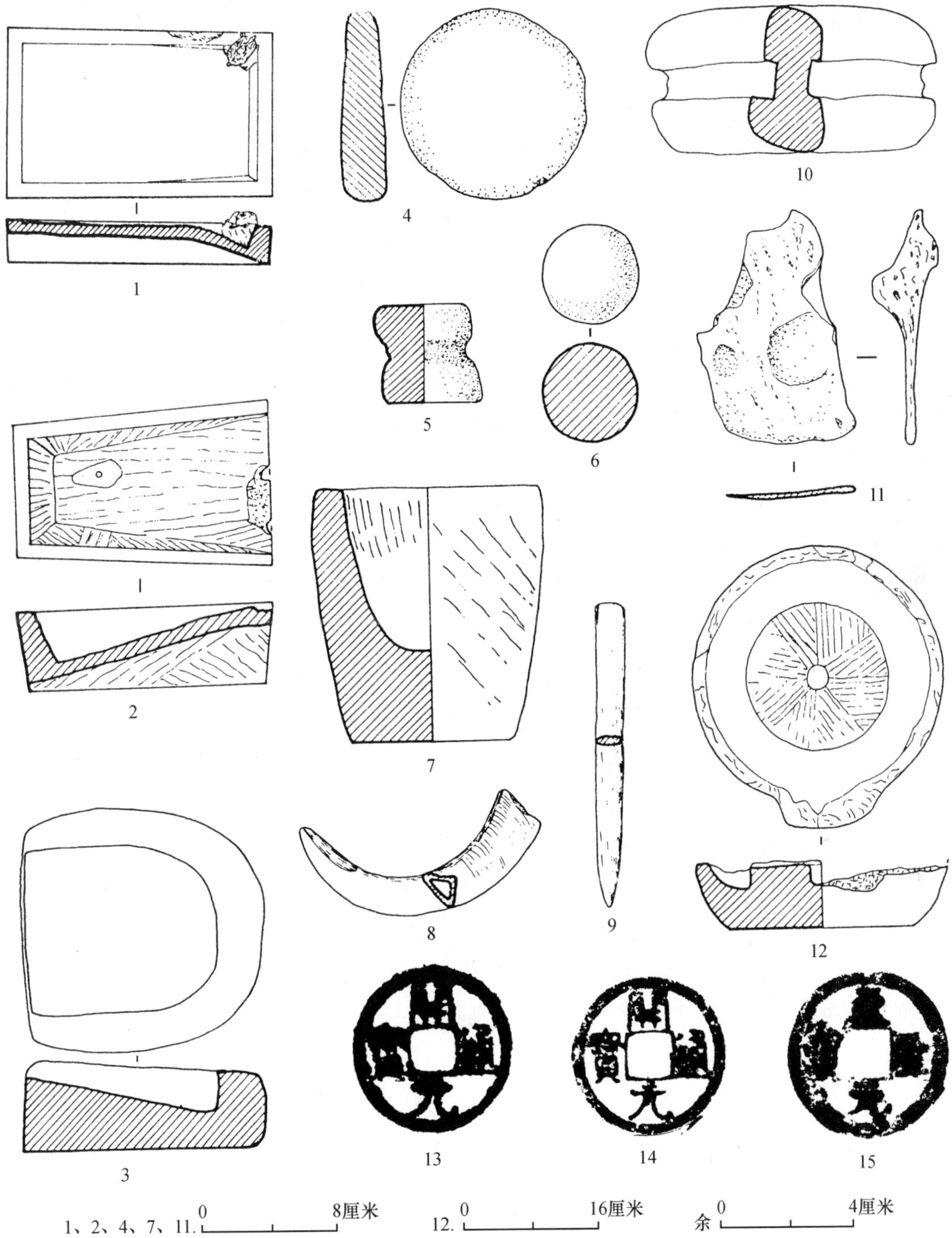

图二一　唐宋遗存出土石器、铁器、骨器、铜器

1～3. 石砚（T329⑤：3、T334③：1、T306⑩：13）　4. 石饼形器（T304⑦：1）　5. 石纺轮（T308⑥：2）　6. 小石球（T202③：2）　7. 石臼（T332④：1）　8. 骨锥（F4：31）　9. 骨笄（T201②：1）　10. 石网坠（T306⑩：49）　11. 铁锸（T306⑩：32）　12. 石磨盘（F4：36）　13、14. 开元通宝（T336③：1、T329⑥：15）　15. 天圣元宝（F4：36）

（5）铁器

仅发现铁锸。

锸　1件。T306⑩：32，体型较小。铲形，有銎，锈蚀严重。銎长5.8、刃宽8、高14厘米（图二一，11）。

（6）骨器

有骨笄、骨锥两种。

笄　1件。T201②：1，圆锥形，通体磨制精细。长9.1厘米（图二一，9）。

锥　12件。均用兽齿制成。F4：31，剖面呈三角形，齿尖切削修整，使锥尖更锐。长8.5厘米（图二一，8）。

六、初步收获

（1）发现并发掘了新石器—商周时期文化堆积。本年度发掘仅在Ⅲ区，东部紧临断崖的部分探方内发现早期文化堆积，由此可推知早期人类生息之地应在距江面更近的东部低矮台地上。据老乡讲，从20世纪70年代至今，由于江水、山洪原因致使台地逐年坍塌，台地后退距离至少有30米，可见遗址文化层（特别是早期文化堆积）受破坏的程度。新石器时期遗物虽然较少，较细碎，但无论从陶质、陶色、纹饰、器形上都可看出其具有峡江腹地典型新石器时代中晚期文化特征。以卷沿盆、深腹罐为代表的文化，与周边的忠县哨棚嘴一期遗存[①]、万州苏和坪遗址新石器时代文化[②]具有较多共性，而与成都平原的宝墩文化及江汉平原的大大溪—屈家岭文化则有较大差异。与下中村遗址相邻的涪溪口遗址、大地嘴遗址、麻柳沱遗址均发现了同一类型的文化遗物，表明以武陵镇为中心的长江两岸广泛分布着新石器时代文化遗存。

根据钻探和初步发掘情况看，下中村遗址商周时期文化堆积分布范围与新石器时代重叠，出土遗物以花边口沿罐、尖底杯为代表，从其形态特征看，应属商末至西周时期文化范畴。

（2）汉代地层遗物较少，遗迹中两座土坑墓墓葬结构相同，墓向大体一致，随葬器物虽然分别为罐、豆及罐、釜，但二者均为当时巴人墓葬常见器物组合，且陶罐风格无异，均为小口、圆腹、凹底，故两墓应为同一时期墓葬。而M6陶釜与涪陵小田溪战国土坑墓出土陶釜（M3：36）[③]、M5陶豆与涪陵黄溪西汉墓出土陶豆（M1：4）完全一致[④]。由此推断墓葬时代为战国晚期至西汉初年。由于墓葬形制较小，结构单一，随葬品较少，且无铜器，故两墓应为平民墓葬。

另一座石室墓（M4），虽然早期受到破坏，但从出土陶器及钱币判断，其时代大致应为东汉中晚期，铜器中耳杯上的西王母、仙树、鱼等吉祥图案亦可作为时代判定之旁证。

（3）从现在保存下来的材料看，唐宋时期文化应是下中村遗址主体文化，具体体现在分布范围广大、遗迹现象众多、遗物也非常多。遗迹方面，清理了一组有叠压打破关系的房址（F3→F4→F13），三个房屋基本结构大体相似，出土遗物大多类同，故三个房屋时代应相隔不远，从F4居住面上的“天圣元宝”铜钱看，该房屋始建的晚近年代应为宋仁宗天圣年间（1024～1032年）。F8虽然目前无法知道其明确用途，但根据房内遗物及地层遗物及H7判

① 北京大学考古文博院三峡考古队等：《忠县㽏井沟遗址群哨棚嘴遗址发掘简报》，《重庆库区考古报告集·1997卷》，科学出版社，2001年。

② 重庆市博物馆、万州区博物馆：《2000年度重庆万州苏和坪遗址发掘报告》，待刊。

③ 四川省博物馆：《四川涪陵地区小田溪战国土坑墓清理报告》，《文物》1974年第5期。

④ 四川省文物管理委员会：《四川涪陵西汉土坑墓发掘简报》，《考古》1984年第4期。

断，应与制作砚台有关的房屋是明确无疑的，部分房基用大块砚台石（金星石墨）垒砌（据调查武陵本地并不产此类石材），说明F8是在一批石材运来后才搭建的房屋；石材珍稀度较差，材料来源地必定不远，在武陵东北约40千米的五桥长滩有条小河名砚溪，河床上大块砚台石较多，该地石材自古有名，清同治《万县志·地理志·物产》皆有记载，北宋黄庭坚在《黄山谷集》中亦有"万州金岩（长滩）出砚，今尚未开采"的记载。由此推测F8所用制砚石料可能来源于今长滩一带。

遗物方面，陶器大多为釉陶，均为本地土窑烧造。瓷器釉色以青白瓷最多，符合南宋蒋祈《陶记》中"江、湖、川、广尚青白，出于镇之窑者"的记载，而本次发掘所获除青白瓷外，黑瓷、白瓷、酱釉瓷、青瓷也较多，结合器形判断，其窑口分别有江西景德镇湖田窑，重庆涂山窑，陕西耀州窑，四川青羊宫窑、彭州窑、西坝窑等①，如此众多窑口产品集中于一地，可表明当时武陵繁荣的景况。瓷器中较多花口瓷碗、盘、碟，均为六出葵口，而不见唐—五代流行的四出、五出葵口器，六出葵口器盛行时代在北宋至南宋初，所以下中村遗址唐宋堆积的主体文化时代也应在这一时间范畴。

（4）武陵西汉属临江县，后周年间析临江县东部置源阳县，后改为武宁县，一直沿用至明初，隋时隶属巴东郡；唐武德二年隶属南浦州，武德八年隶属临州，武德九年隶属浦州，贞观八年隶属万州；宋元时，隶属万州；明洪武四年并武宁县入万州，洪武六年改万州为万县。《读史方舆纪要》："武宁废县万县西百二十里，汉巴郡临江县地。"《太平寰宇记》："武宁县万州西南一百三十里大江，在县南十三步。"《明史》："万西有苎溪，又西南武宁县，洪武四年，省有武宁巡检司。"文献所载方位，与武陵镇大体吻合，说明六朝以来的源阳、武宁故县治在武陵一带，武陵应为武宁讹音。下中村遗址作为万州规模最大的唐宋遗址，通过本年度发掘清理的大量遗迹和遗物表明，该地很可能就是北宋武宁县治所所在地。

整理：岳中英　李应东　郑　燮　彭学斌
绘图：李应东
执笔：向渠奎　彭学斌

① 承蒙重庆中国三峡博物馆陈丽琼先生指导见告。

万州银家嘴墓群2002年度发掘简报

上海大学文物考古研究中心
北京大学考古文博学院
万州区文物管理所

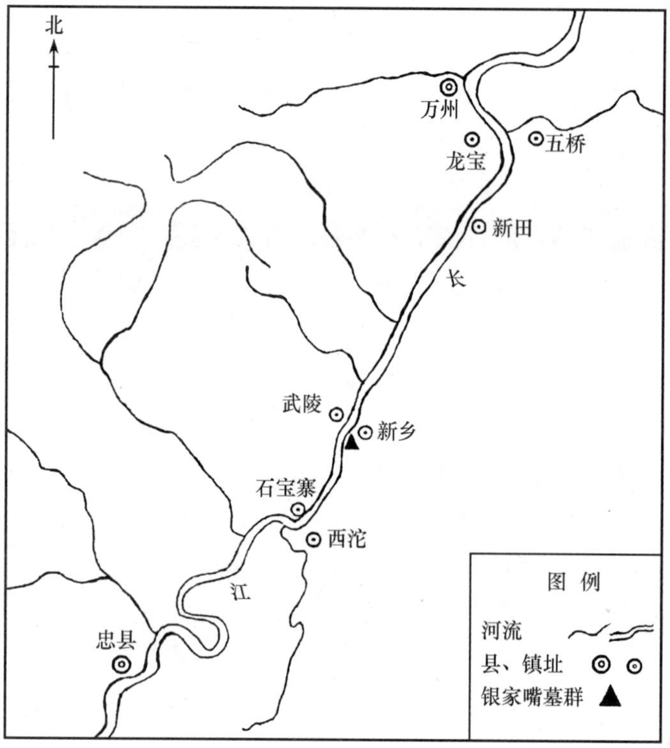

图一 银家嘴墓群地理位置示意图

银家嘴墓群位于重庆市万州区新乡镇西南方的寨子村四队，地处长江东岸的一级台地上，呈东北高西南低的阶梯式梯田状地貌。海拔140～152米，自然地理坐标为东经108°15′，北纬30°31′。墓地西临长江，呈圆角尖嘴状；东靠寨子村；南面断崖下有一长年流水、汇入长江的大冲沟，名为龙洞沟；沟对岸即为和平村；北面的小地名叫湾树沟。隔着长江的正北稍偏西，则与武陵镇相望。墓地东北方向的长江东岸畔有嘴嘴墓群和包上墓群；而正对面的长江西岸，是万州梁上墓群（图一）。

考古发掘前，墓地所在梯田内原来种植的水稻早已收割完毕，处于被翻耕的状态，村民们正在准备播植小麦。田埂上则长满了大豆。近长江边的低台地段种有红苕、蔬菜等作物。近长江漫滩边的墓地西侧地面，散布有带花纹的汉墓砖块。村民也反映，耕地时曾翻出过汉墓砖块和铜器、陶器等遗物。显示出该墓地曾经遭到过破坏，这无疑会影响到考古发掘资料的完整性。发掘的结果也证实了这一点。

2002年10月12日至11月12日，上海大学文物考古研究中心和北京大学考古文博学院，受重庆市文化局三峡文物保护领导小组委托，派出上海大学考古队对银家嘴墓地进行了全面的考古勘探和有计划的科学发掘。共完成考古勘探6600平方米，并根据勘探结果进行考古发掘，采用正方向10米×10米的探方法，共平面布方9个，随发掘进展和需要，有3个探方（编号为2002CWYT3、2002CWYT4、2002CWYT9）进行了扩方，实际发掘面积达1020平方米。计发掘清理了墓葬8座、窑址1座（图二），出土各类文物145件（附表）。

现将这次发掘的情况和结果做一正式报告如下（以下正文省略2002CWY）。

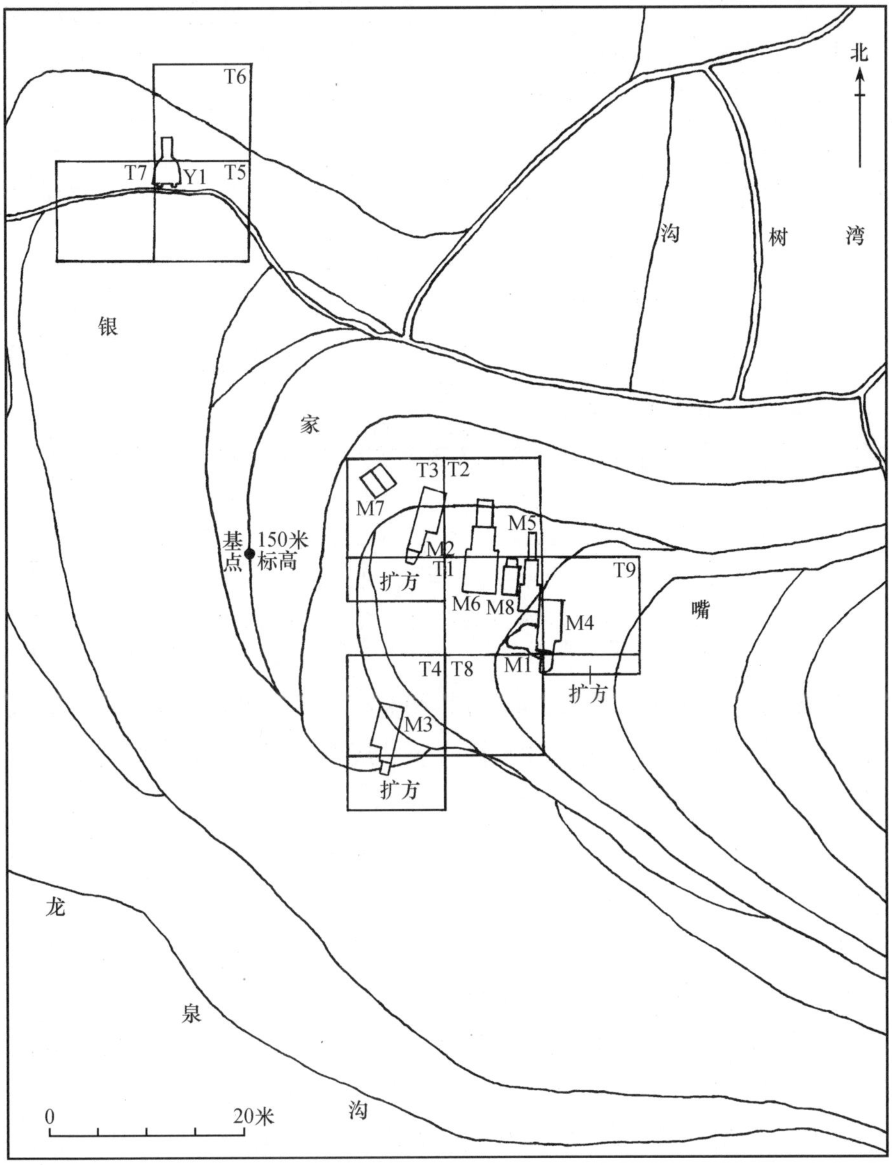

图二　银家嘴墓群探方和墓葬、窑址分布图

一、地层堆积和墓葬打破关系

（一）地层堆积

银家嘴墓地地层关系虽然比较简单，但东西两部分的地层堆积略有不同。以150米标高水位线为界，东部为150米标高水位线以上地区，西部为150米标高水位线以下地区。下面以实例说明之。

东部地区：以T1东壁剖面为例（图三，1）。

第1层：现代耕土层。灰黑色黏土。厚0.2～0.6米。土质疏松但较为细密，内含大量稻草根系，并有少量黑炭颗粒及零星近现代砖瓦片和少许汉代陶片、碎砖等。

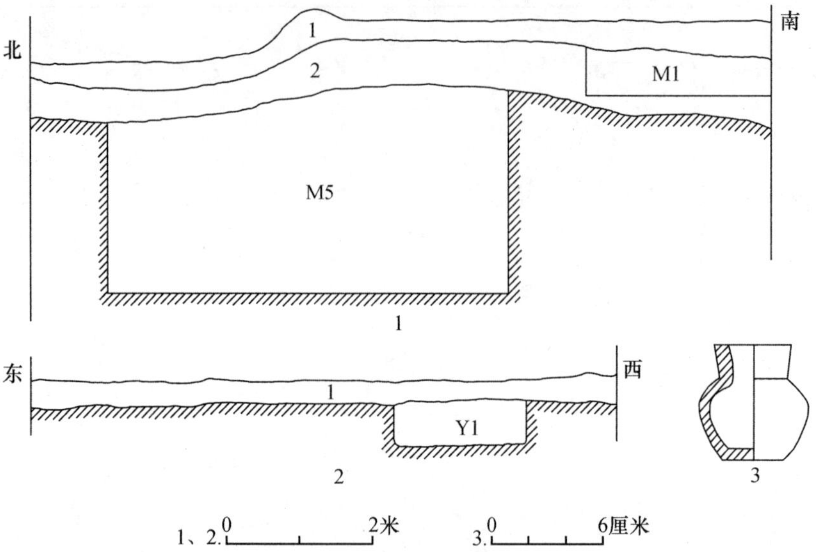

图三 T1剖面图和相关出土器物

1. T1东壁剖面图 2. T6南壁剖面图 3. 明器小陶罐（T1②：1）

第2层：汉代文化层。棕褐色黏土。厚0.38～0.8米。土质较硬、密实，分布有零星黑炭小颗粒。含有较多的汉代绳纹陶片、釉陶片和饰有菱状纹饰的汉墓砖碎块、背有布纹的汉瓦残片及瓦当残块等。还出土了一件汉代明器小陶罐，编号T1②：1，为夹砂灰陶。侈口，方唇，斜直领，溜肩，圆鼓腹，平底。高6、口径4、底径3厘米（图三，3）。

西部地区：以T6南壁剖面为例（图三，2）。

第1层：现代耕土层。灰黑色砂土。厚0.23～0.39米。土质疏松，内含大量植物根茎和少量黑炭小颗粒，少许近现代碎瓦片及一些汉瓦残片。

第2层：生土层。浅黄褐色砂土。距地表0.23～0.39米。分布均匀，含砂量大，土质呈粉状，无黏性；单一化大孔发育，呈垂直节理；夹有少量料姜石结核和螺蛳壳等。

应该指出的是，西部地区原来也应该有汉代文化层，但因处在低下地区，水土流失严重，经久历月，终使汉代文化层消失殆尽。

（二）墓葬打破关系

本次发掘，在T1、T8、T9三个探方相邻处，发现了一组三座墓葬的打破关系，即M4打破了M1和M5的墓口。M4是一座蜀汉时期的刀把形石室（棚）墓，它将土坑汉墓M1打破并毁去了大部分。M4还打破了位于M1北部的砖室汉墓M5墓口，还好没有打破墓室，从而使M5的完整性没有受到破坏而得到保存。显而易见，这是不同时代、不同文化属性的墓葬打破关系，对于墓葬的时代和文化性质的判定，有一定意义（图四）。

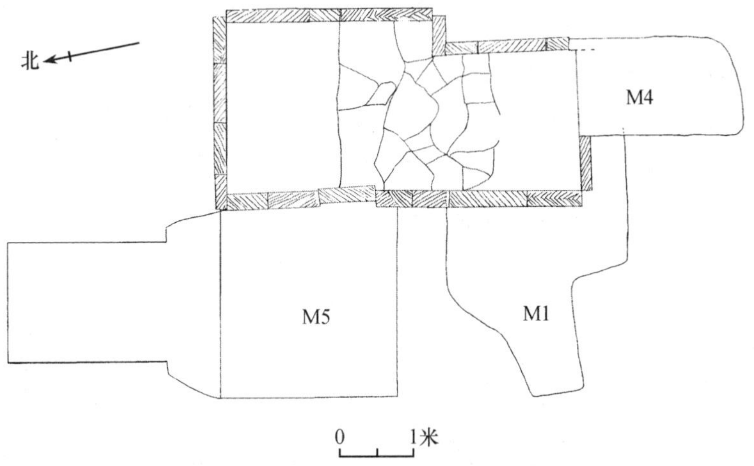

图四　M1、M4、M5打破关系图

二、东汉墓葬

（一）墓葬形制和类型

本次发掘的东汉墓葬共4座，根据建墓方法和结构的不同，可分为“凸”字形竖穴土坑墓、长方形洞穴砖室单券顶墓、“凸”字形洞穴砖室双券顶墓和刀把形洞穴砖室双券顶墓四型。

A型　M1一座。为“凸”字形竖穴土坑墓。

M1　位于T1东南部。墓口距地表深0.35～0.5米。东部大半因被M4打破而毁坏不存。墓室底距地表深1、残长1、残宽2.46米。墓室高0.56米。方向260°。墓室西部中间有竖井式长方形墓道，长1.5、宽0.7、深1米。故该墓的整体结构形制为带竖井式墓道的“凸”字形竖穴土坑墓。墓室内不见葬具和人骨架的任何痕迹，故有关情况不明。出土的随葬品仅3件，带盖陶仓2件、陶钵1件（图五）。值得注意的是，在发掘清理时，在2件陶仓的周围，发现有少许较小的白色骨骼遗存，惜已腐朽成粉状，不能提取。估计在入葬时，这2件陶仓内装满了带有骨头的肉类，后来因葬具等腐朽坍塌时，带动陶仓盖滑落，将兽骨带

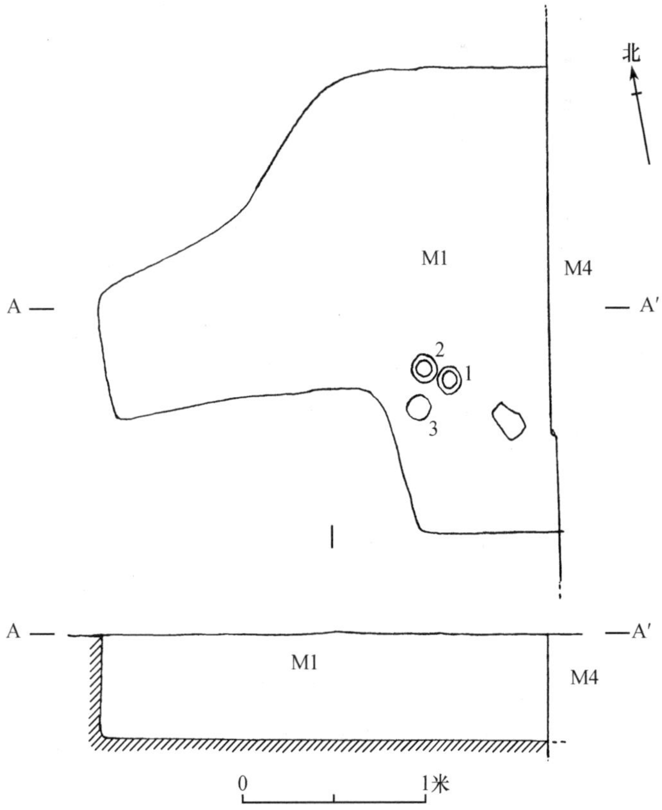

图五　M1平、剖面图
1、2. 带盖陶仓（残）　3. 陶钵

出而散落在四周所留。

B型　M8一座。为长方形洞穴砖室单券顶墓。

M8　位于T1东北部，在M5墓室西面，M6墓室东边。墓口距地表深0.6、长4.1、宽1.6米。方向10°。券顶已塌陷，故情况不明。长方形洞穴单墓室，无甬道。墓室底部用规则的平砖铺砌成平面，长2.8、宽1.6、深1.6米。墓壁残高1米。墓室前方有一梯形斜坡式墓道，坡度10°，长1.3、上口宽1.02、下口宽1.2、下口地面距地表深1.6米（图六）。

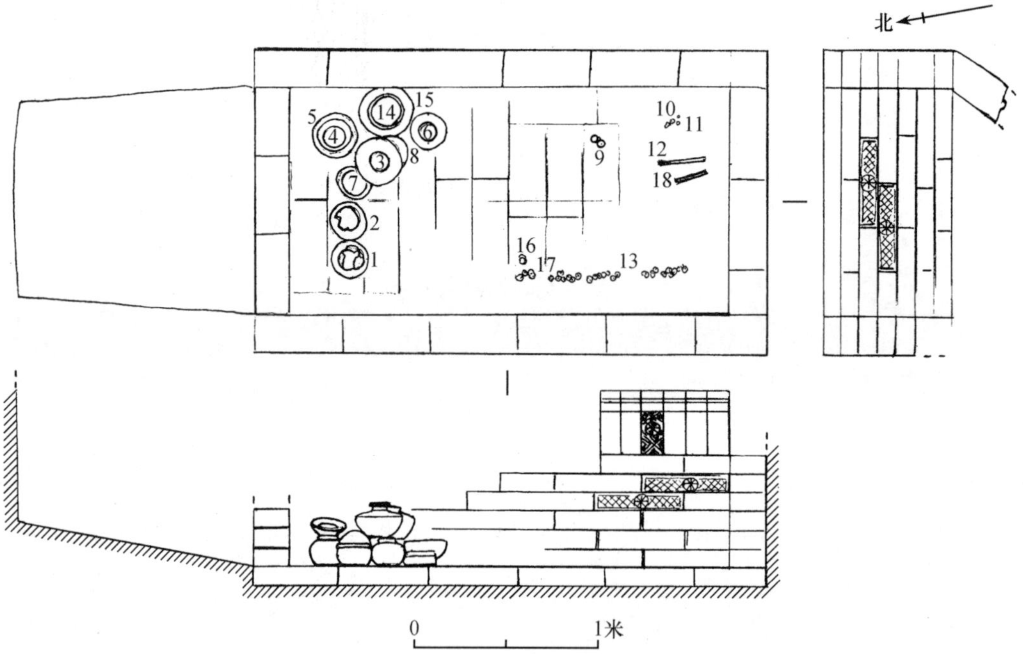

图六　M8平、剖面图

1、4. 陶罐　2、5、7、8. 带盖陶罐（2残）　3. 陶釜　6、14、18. 陶盆　9. 陶饼　10. 琉璃耳珰　11. 铜小铃铛（3个）　12、18. 铁刀（残）　13. 五铢铜钱　15. 铁釜（残）　16. 铜指环　17. 铜环

墓室内未发现墓主遗骸、葬具及其痕迹，故葬式、性别、年龄等有关墓主情况都不明。墓室壁用侧面饰有“车轮”菱形纹饰的平砖错缝平砌筑成，墓顶起券处用侧面饰有“车轮”纹的券顶子母砖扣筑。“车轮”菱形纹平砖长45.5、宽22、厚11.5厘米，“车轮”纹券顶子母砖长边长35.5、短边长30.5、宽21.5、厚12厘米（图七）。

随葬品主要置于墓室前部，以陶罐、陶盆、陶钵为主，还有1件铁釜。在墓室西部散布有五铢铜钱，以及铜环和铜指环各1件。墓室东南角出土有琉璃耳珰1件、铜小铃铛3个、铁刀2件和陶饼3个。共计出土文物18件。

C型　M5。为“凸”字形洞穴砖室双券顶墓。

M5　位于T1的东北部和T2的东南部，在M1的北面。墓口东部边缘被东边的M4打破。墓口距地表深1.3、长5.4、宽2.3米。方向10°。该墓保存完好，没有遭到破坏，墓顶未坍塌（图八；彩版三五，1），墓壁四周也未发现有盗洞，而且密封性能较好，虽历经2000来年，但墓室中的红色淤积土仅厚0.5米。西北角的淤土有一球面形凸起，土色也比较深，应是泥浆渗入淤积最多、最厚的地方，即便如此，最厚处也仅0.8米。

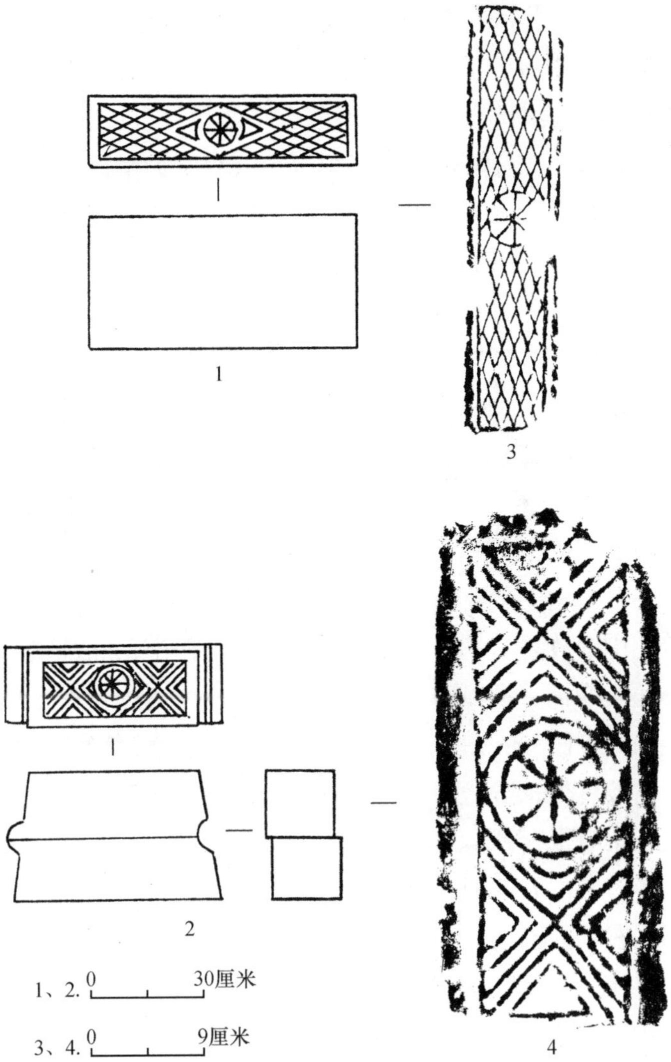

图七　M8墓砖侧平面图和纹饰拓片

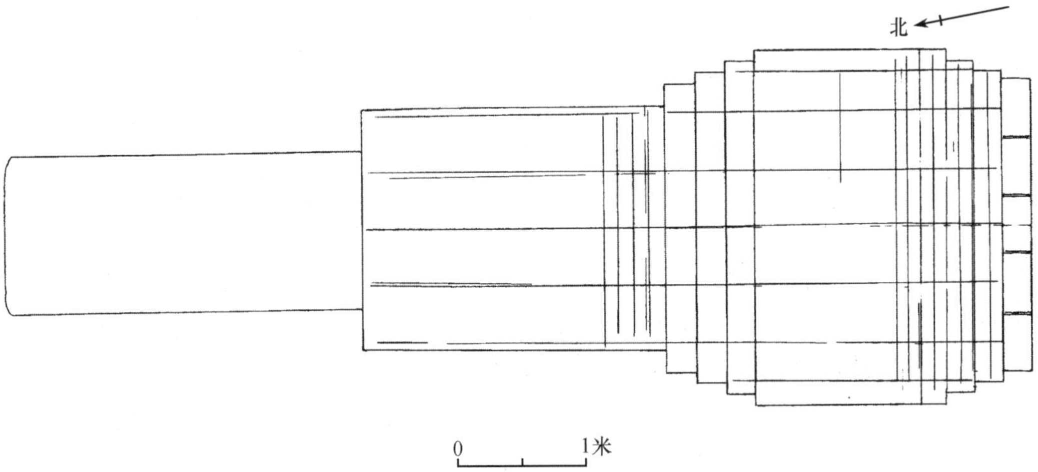

图八　M5墓顶平面图

该墓券顶用有“富贵”字样和“车轮”纹饰的带榫卯结构的子母楔形券砖扣式起券筑成。长方形单室墓。墓室前方正中有甬道。墓室壁和甬道壁用一侧饰“车轮”纹的平砖错缝平砌筑成。墓底用规则的平砖错缝铺砌成平面。甬道前有平面呈长方形、坡度为40°的斜坡墓道。在墓道近墓口、距地表1.05米处，有祭祀坑。祭祀坑由五块均为半截的墓砖摆搭成一个“亞”字形组成：东、西、南各一块，北部放两块。“亞”字中间的坑内有竖放的4个陶钵，其中上面2个为口对口上下对合。祭祀坑中及四周还出土了较多的猪牙床骨。此外，在墓道上口处，还出土了一个破碎的红陶人物俑。可见这是该墓在封门后，填土快结束时，最后设立的祭祀地方（图九）。就三峡考古来说，这应是十分难得的重要发现。

墓室底部长2.69、宽2.3、距地表深3.6、至券顶高2.3米。甬道长2.15、宽1.45、距地表深3.6、至券顶高1.96米。墓道长2.8、宽1.2、下口深3米。带榫卯结构的“富贵”子母砖长边长45、短边长41、宽22、厚10厘米；“车轮”子母砖长边长35.5、短边长30.5、宽21.5、厚12厘米；“车轮”平砖长45.5、宽22、厚11.5厘米（图一〇）。

M5共出土随葬品67件。在紧靠甬道口的甬道西北角，主要放置铁釜、铜鍪、陶盆、陶甑等大型炊器。在甬道正中，放置了一堆五铢铜钱。在甬道西南角和墓室西北口，出土的随葬品以陶罐、陶钵为主，还有陶锺、铜銷等。在墓室东北转角处摆放有陶屋2件、灰陶人物俑1件、陶狗2件、陶猪1件、陶鸡1件，还有一个小陶罐。在墓室西北转角处，放置着小陶罐4件。墓室中部偏西处，应为棺木放置处，虽然葬具与人骨架均已腐朽无存，有关葬式、性别、年龄等墓主情况均不明，但此处留有保存基本完好的铁剑一柄和剑鞘银饰残片，应是墓主人入葬时随身佩带之物。铁剑西侧还有四堆五铢铜钱，也应是原放在墓主身边或身下的钱币。此外，在此处还出土了原应戴在墓主右手的银指环和银手镯。就在这个地方的东北角出土了一盏铜灯和一件铜鍪。而正东面原应放有一大型圆形漆器，惜已腐朽不存，仅留有一些无法提取的零星漆皮和一个圆铜箍。墓室中部偏东处，摆放着铜碗、陶钵和石砚石墨各1件，还有不少五铢铜钱。在墓室东壁中部地面也有一堆五铢铜钱。而在墓室最南部靠壁处，则摆置着许多人物俑和少量鸡、鸭动物俑，陶池塘及陶屋等模型器。总之，因为该墓形制保存完好，故为三峡地区东汉早期埋葬制度的研究提供了不可多得的珍贵实物资料。

D型　M3。为刀把形洞穴双券顶砖室墓。

M3　位于T4中南部及其南扩方处。墓口距地表深0.4、长4.05、宽2.25米。方向190°。券顶已塌陷，故情况不明。长方形单室墓。墓室底部用规则的平砖错缝铺砌成平面，长2.5、宽2.25、墓壁残高1.3、距地表深1.7米。墓室前方偏东一侧有甬道，长1.55、宽1.41、壁残高1.3、距地表深1.7米。甬道前面正中有长方形斜坡式墓道，坡度8°，长1.8、宽1.1、上口深1.08、距地表深1.48米（图一一）。墓室内未发现人骨架、葬具及其痕迹，故墓式、性别、年龄等墓主情况均不明。墓室和甬道壁用一侧饰有双菱形纹或三菱形纹的平砖错缝平砌筑成。墓顶起券处则用菱形纹券顶子母砖。菱形纹平砖有两种：一种是砖面上饰有绳纹，长43.5、宽15.5、厚7.5厘米；另一种是砖面为素面，长44、宽16、厚8厘米。菱形纹券顶子母砖长48、宽17、厚7厘米（图一二）。随葬品主要置于甬道内，墓室内四处摆放有五铢铜钱。除五铢铜钱和2件铁釜外，其余18件随葬品均为陶器，计有釜、罐、盆、钵、甑、锺、仓等。

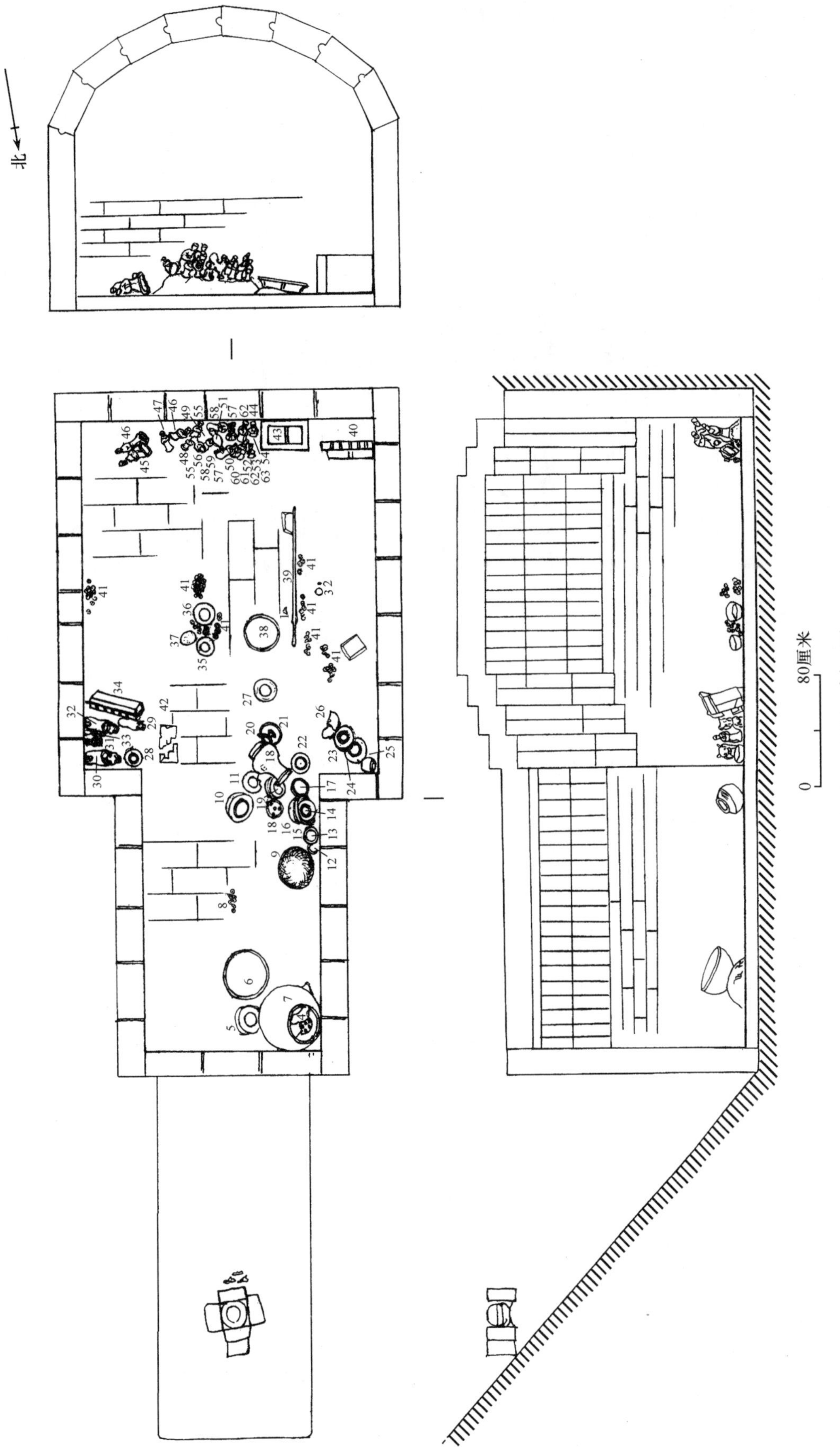

图九 M5平、剖面图

1. 剑鞘银饰 2. 银指环 3. 银手镯 4. 陶甑（残） 5、27. 铜鍪 6. 陶盆（残） 7. 铁釜（残） 8. 五铢铜钱（甬道） 9. 陶釜 10、14、22～26、28. 陶罐（26残） 11～13、16、17、21、36、64～67. 陶钵（21残） 15. 铜铒 18. 带盖釉陶锺 19. 带盖陶罐 20. 铜灯 29. 灰陶猪 30、32. 红陶狗 31、45、57. 灰陶俑 33. 红陶公鸡（残） 34、40. 灰陶屋 35. 铜碗 37. 石砚石墨 38. 铜鐎（残） 39. 铁剑 41. 五铢铜钱（墓室） 42. 红陶屋 43. 陶池塘 44. 女舞陶俑（残） 46～50、52～54、58、60～62. 红陶俑（48～50、52～54、61残） 51、59. 红陶子母鸡 55. 吹箫男俑（残） 56. 灰陶公鸡 63. 抚琴陶俑

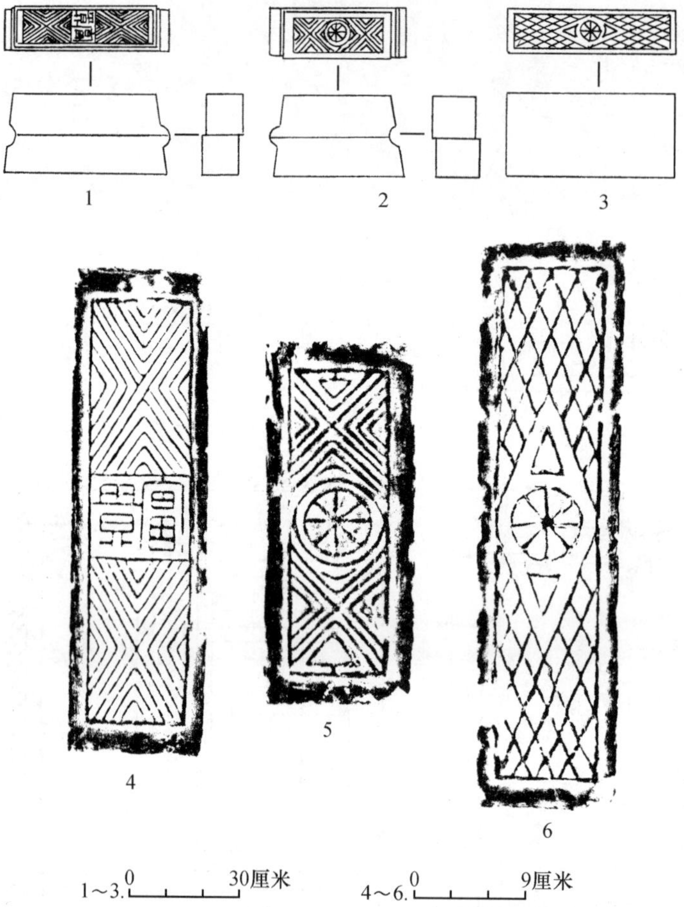

图一〇 M5墓砖侧平面图和纹饰拓片

1、4. “富贵”子母砖 2、5. “车轮”子母砖 3、6. “车轮”平砖

（二）出土遗物

4座东汉墓共出土遗物109件，其中M8：2陶罐因破碎过甚而无法修复。其余108件文物中，有陶器84件、银器3件、铜器9件、铁器7件、琉璃器1件、石器1件、钱币计381枚。

1. 陶器

全部陶器以器形和用途区分，可分为实用生活器具、模型器和俑三类。实用生活器具以泥质灰陶为主，有少量夹砂灰陶，还有一些釉陶。器形有釜、甑、钵、盆、罐、锺等。纹饰以素面为大宗，以弦纹为主，也有少量绳纹、网格纹和铺首等纹饰。制法以轮制为主。模型器有仓、屋、池塘、饼等。俑有人物俑和动物俑两种，以泥质红陶为主，也有少量泥质灰陶，用双范合模制成。

（1）实用生活器具

釜 5件。均为夹细砂灰陶。也有将以此类陶釜称为小口圜底罐。依口、肩、腹、底变化，分为四式。

Ⅰ式：2件。盘口，尖圆唇，短弧颈，斜折肩，弧腹，圜底。折肩处有一周粗凹弦纹，肩

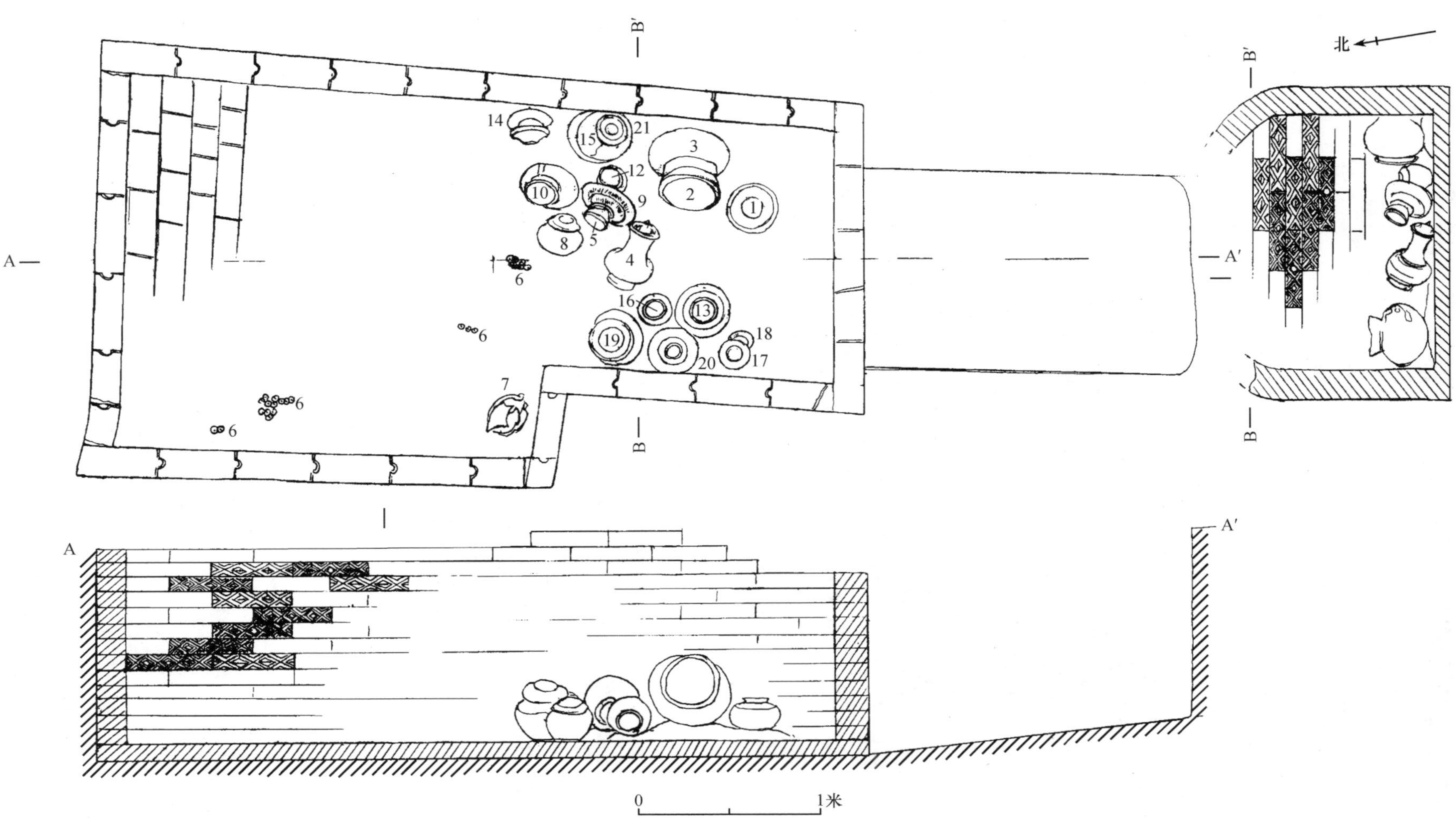

图一一　M3平、剖面图

1、7. 陶盆（残）　2. 陶甑（残）　3、19. 铁釜（均残）　4. 釉陶锺（残）　5、10、18. 小陶钵（5残）　6. 五铢铜钱　8、12. 带盖陶仓　9. 陶釜（残）　11、13、20. 陶罐（11残）　14、15. 带盖小陶釜　16. 陶仓　17、21. 陶钵

（部分器物被叠压，编号相应缺失）

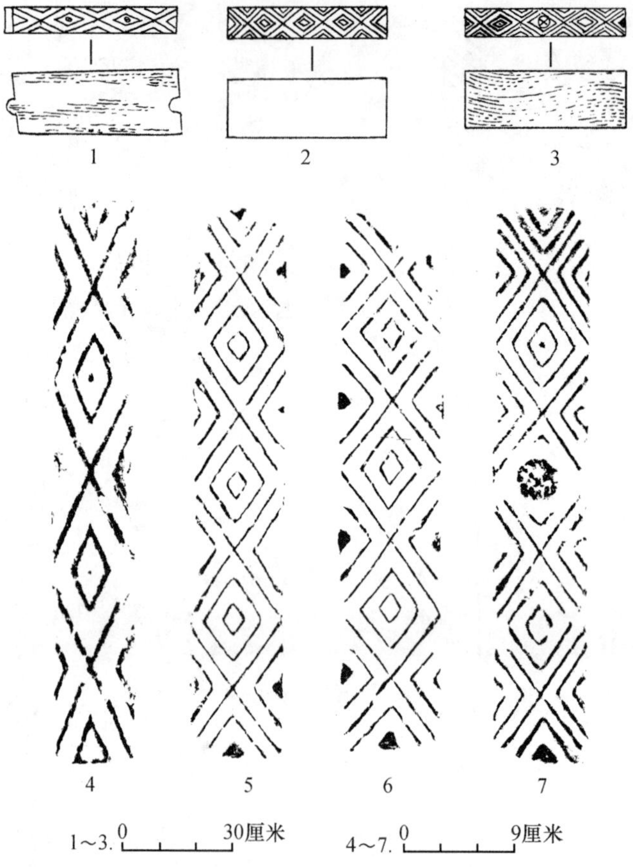

图一二　M3墓砖侧平面图和纹饰拓片

颈交接处也有一周凹弦纹，肩下部有三道较粗凹弦纹并被绳纹间断。腹、底饰竖绳纹或网格纹。M8：3，口径10.4、肩腹径26、高16厘米（图一三，1）。M5：9，口径12、肩腹径32、高20.4厘米（图一三，2）。

Ⅱ式：1件。M3：9，侈口，尖圆唇，向外斜平折翻沿，短弧颈，斜折肩，弧腹内收较缓，圜底近平，腹较深。肩颈间有一周凹弦纹，肩下部有三道粗凹弦纹并被绳纹间断，腹、底部饰竖绳纹。口径12、肩腹径28、高20厘米（图一三，3）。

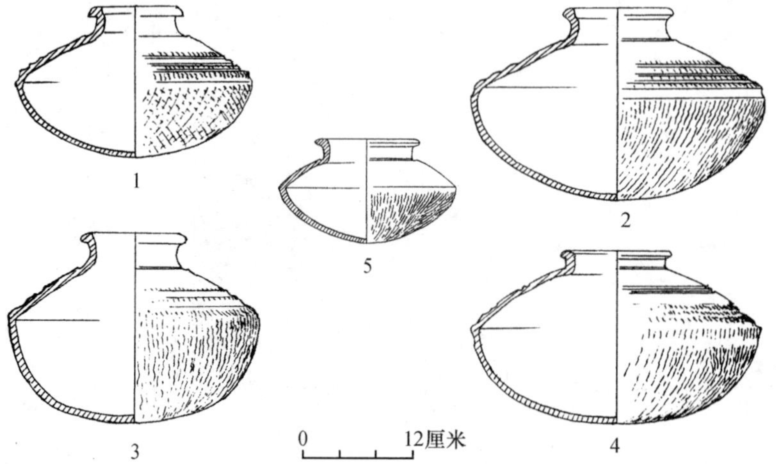

图一三　东汉时期陶釜

1、2. Ⅰ式（M8：3、M5：9）　3. Ⅱ式（M3：9）　4. Ⅲ式（M3：15）　5. Ⅳ式（M3：14）

Ⅲ式：1件。M3：15，带盖小陶釜。侈口，尖圆唇，向上斜平折翻沿，微弧凸斜折肩，折肩处略圆凸，弧腹，圜底较缓，腹较深。肩中部和下部分别有两道和三道凹弦纹，折肩处的上、下部各有一周粗凹弦纹，并被绳纹间断，腹、底部均饰竖绳纹。有复钵式盖：敞口，厚尖圆唇，卷缘，斜腹圆折，曲内收，平底。釜身高18、口径12、肩腹径31.6、盖高7.2、口径19.3、顶径4.9、通高22.8厘米（图一三，4）。

Ⅳ式：1件。M3：14，带盖小陶釜。侈口，尖圆唇，平折翻沿，短直颈，斜折肩，折肩处略尖凸，弧腹内收较急，圜底较尖凸，腹较浅。肩颈交接处有一周凹弦纹，腹、底饰浅竖绳纹。有复钵式盖：敞口，厚尖圆唇，卷缘，斜腹圆折，曲内收，平底。釜身高11、口径11.6、肩腹径19.3、盖高5.5、口径18.2、顶径5、通高12.5厘米（图一三，5；彩版三八，1、2）。

甑　2件。均为泥质灰陶，都置于大铁釜上使用。依其口、底的不同分为二式。

Ⅰ式：1件。M3：2，敛口，尖圆唇，斜平折翻沿，斜腹微鼓，平底内凹，上有30多个箅孔。上腹部有三周凹弦纹。口径34、底径16.5、高18厘米（图一四，1）。

Ⅱ式：1件。M5：4，敞口，尖圆唇，沿外卷，斜腹微鼓，平底，上有13个箅孔。素面无纹饰。口径35.5、底径14、高18.5厘米（图一四，2）。

钵　17件。均为泥质灰陶。依口、腹、底及器形大小可分为六型。

A型　2件。为折腹钵。敞口，厚尖圆唇，卷缘，折腹，平底，素面。按器形大小分为二式。

Ⅰ式：1件。个体较大。M1：3，口径18、底径5.4、高7厘米（图一四，3）。

Ⅱ式：1件。个体较小。M3：5，口径12、底径4.8、高4.2厘米（图一四，4）。

B型　1件。为双折腹钵。M3：17，敞口，厚尖圆唇，卷缘，下腹和近底部呈双折腹状，平底内凹。素面。口径17、底径6.6、高5.6厘米（图一四，5）。

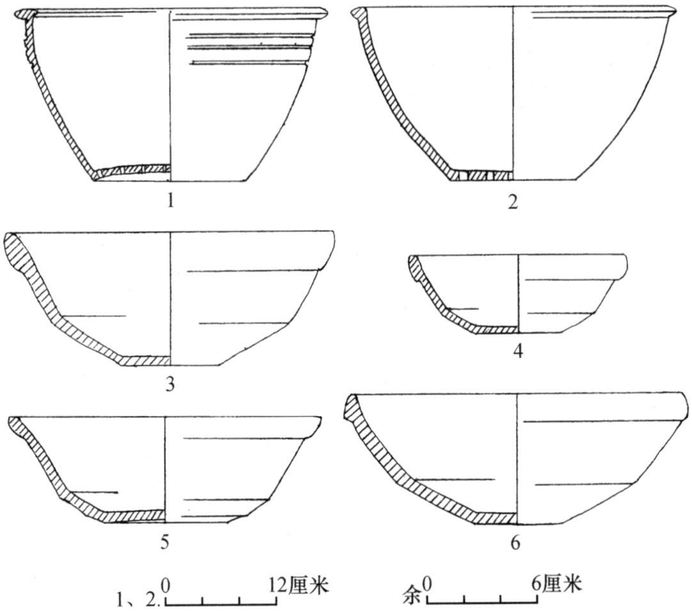

图一四　东汉时期陶甑、陶钵

1. Ⅰ式甑（M3：2）　2. Ⅱ式甑（M5：4）　3. A型Ⅰ式钵（M1：3）　4. A型Ⅱ式钵（M3：5）　5. B型钵（M3：17）　6. C型钵（M3：10）

C型　1件。为口大底小的小底折腹钵。M3：10，敞口，厚尖圆唇，卷缘，斜折腹较缓，小平底近圜。素面。口径18.2、底径4.8、高7厘米（图一四，6）。

D型　11件。为斜鼓腹钵，除M3：21外，其余10件均出自M5。敞口，厚尖圆唇，卷缘，斜腹微鼓，平底。下腹部饰二或三道凸细弦纹。依底大小分为二式。

Ⅰ式：10件。底径在4厘米以上。M5：11，口径17.2、底径5、高6.4厘米（图一五，1）。M5：12，口径16.8、底径5、高6厘米（图一五，2）。M5：13，口径16.8、底径4.8、高6厘米（图一五，3）。M5：16，口径17.2、底径5.2、高6厘米（图一五，4）。M5：17，口径16.4、底径5.6、高6.4厘米（图一五，5）。M5：21，口径16.4、底径4.8、高6.2厘米（图一五，6）。M5：65，口径16.4、底径4.4、高6厘米（图一五，7）。M5：66，口径16.4、底径4、高5.6厘米（图一五，8）。M5：67，口径16.8、底径4、高6厘米（图一五，9）。

Ⅱ式：1件。小平底近圜。M5：36，口径16.6、底径3.8、高6.6厘米（图一五，10）。

E型　1件。为斜腹钵。M3：18，敞口，厚圆唇，卷缘，斜腹，近底部微曲内收，平底。素面。形体歪斜。最高5、最低4.5、中高4.8、口径12.6、底径5.4厘米（图一六，4）。

F型　1件。为直口斜鼓腹钵。M5：64，直口，厚圆唇，斜腹微鼓，平底。内壁近口沿处有一周凹弦纹。口径19.5、底径6、高7厘米（图一六，5）。

盆　6件。均为泥质灰陶。按腹部特征可分为四型。

A型　2件。深腹盆。深弧腹微鼓，下腹斜收，平底。依口部不同特征分为二式。

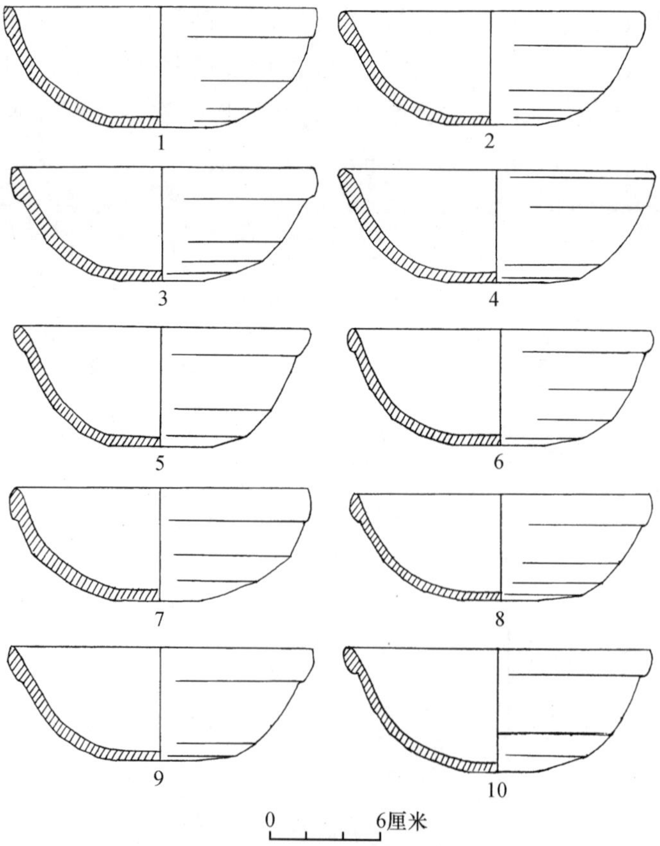

图一五　东汉时期陶钵

1～9. D型Ⅰ式（M5：11、M5：12、M5：13、M5：16、M5：17、M5：21、M5：65、M5：66、M5：67）

10. D型Ⅱ式（M5：36）

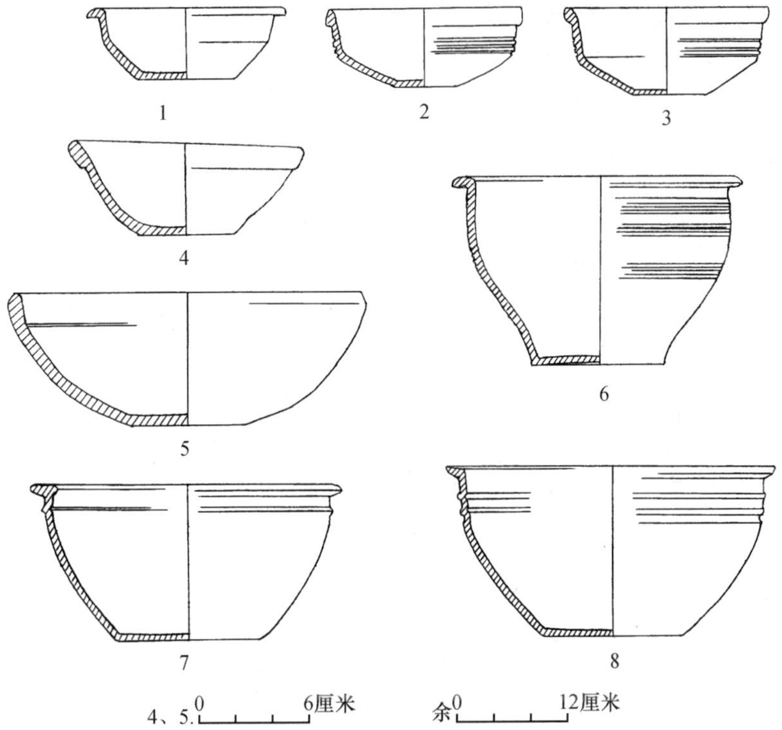

图一六　东汉时期陶钵、陶盆

1. C型盆（M8：4）　2、3. D型盆（M8：6、M8：14）　4. E型钵（M3：18）　5. F型钵（M5：64）
6. B型盆（M3：1）　7. A型Ⅰ式盆（M3：7）　8. A型Ⅱ式盆（M5：6）

Ⅰ式：1件。M3：7，敛口，斜平折翻沿，尖圆唇。口缘下有一周凸弦纹。口径34、底径15、高16.5厘米（图一六，7）。

Ⅱ式：1件。M5：6，侈口，斜平折翻沿，尖圆唇。口缘下有两周凸弦纹和一周凹弦纹。口径36、底径15、高18厘米（图一六，8）。

B型　1件。曲腹盆。M3：1，侈口，尖圆唇，斜平折翻沿，深弧腹微鼓，下腹曲内收，平底略内凹。上腹部有三组、每组含三至五周的凹弦纹。口径32、底径14.8、高20厘米（图一六，6）。

C型　1件。大平底浅腹盆。M8：4，侈口，尖圆唇，卷缘，斜折腹较缓，下腹斜内收，大平底。素面。口径22、底径10.4、高7.5厘米（图一六，1）。

D型　2件。小平底浅腹盆。敞口，厚尖圆唇。斜折腹较急，下腹斜内收，小平底。上腹部下端有三周粗凹弦纹。该型陶盆也可作为陶罐、陶仓的器盖。M8：6，口径21.4、底径6.4、高8.4厘米（图一六，2；彩版三八，5）。M8：14，口径22.4、底径8、高9.2厘米（图一六，3）。

罐　17件（含无法修复的M8：2）。均为泥质灰陶。依整体特征的不同区分为五型。

A型　1件。圆球腹罐。M8：5，侈口，方唇，高领微内斜，圆球腹，平底内凹。上腹饰网格纹，腹中部饰一周凹弦纹。口径14.8、腹径19.2、底径4.2、高15.6厘米（图一七，1；彩版三九，4）。

B型　4件。圆肩罐。依口、腹、底部变化和有无器盖，分为四式。

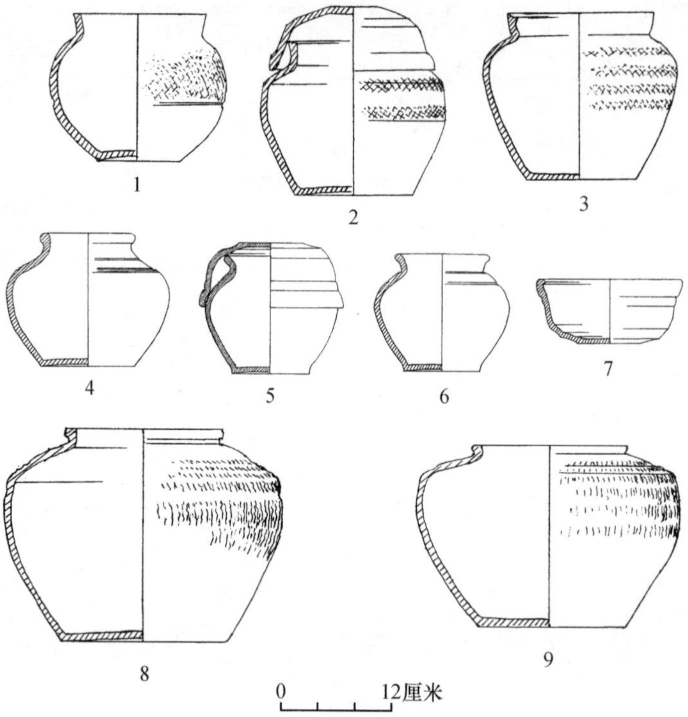

图一七　东汉时期陶罐

1. A型（M8：5）　2. B型Ⅰ式（M8：7）　3. B型Ⅱ式（M8：1）　4. B型Ⅲ式（M5：22）　5. B型Ⅳ式（M5：19）　6. 不带盖M5：19　7. M5：19之盖　8. C型Ⅰ式（M3：11）　9. C型Ⅱ式（M3：13）

Ⅰ式：1件。罐口径略大于底径。有盖。M8：7，直口，方唇，斜平折沿，高领微内斜，圆鼓肩微折，上腹微鼓略内折，下腹内收，平底内凹。肩部和上腹各饰一周网格纹。覆钵式盖，敞口，厚尖圆唇，卷缘，斜折腹，平顶。罐高16.4、口径14.8、腹径20、底径12.8厘米，盖高6.8、口径18、顶径4.8、通高20厘米（图一七，2；彩版三九，1）。

Ⅱ式：1件。口径大于底径。无盖。M8：1，敛口，方唇，斜平折沿微内凹，高领微内弧，圆鼓肩，斜腹微鼓内收，平底。肩部和上腹部从上到下饰四道网格纹。口径16、腹径21、底径12、高17.6厘米（图一七，3；彩版三九，2）。

Ⅲ式：1件。口底大小相等。无盖。M5：22，侈口，圆唇，卷缘，束颈，圆肩，斜鼓腹内收，平底内凹。肩部饰三道凹弦纹。口径10.4、腹径18、底径10.4、高14厘米（图一七，4）。

Ⅳ式：1件。口径略大于底径。有盖。M5：19，敞口，圆唇外卷，圆肩，斜鼓腹，曲内收，平底内凹。肩部上下各有一周凹弦纹。覆钵式盖，敛口，圆唇内卷，斜腹曲内收，平顶。腹饰三道细弦纹。罐高12.6、口径10.2、腹径14.6、底径8.4厘米，盖高6.8、口径16、底径6.8、通高14厘米（图一七，5~7；彩版三六，5、6）。

C型　2件。鼓肩罐。肩部和上腹部饰竖绳纹，并被数道浅凹弦纹间断。依口、腹、底部的变化分为二式。

Ⅰ式：1件。口径小于底径。M3：11，直口，方唇，平折沿外翻，斜鼓肩较缓，斜腹略鼓，内收较缓，平底内凹。口径15.2、腹径30.8、底径18.4、高22.4厘米（图一七，8）。

Ⅱ式：1件。口径略大于底径。M3：13，侈口，方唇，平折沿，斜鼓肩较急近平，斜腹略鼓，微曲内收，平底。口径16.8、腹径28.8、底径16、高19.2厘米（图一七，9）。

D型　8件。折肩罐。除M3、M8各出1件外，其余6件均出自M5。依口部、腹壁、底部和有无器盖，分为四式。

Ⅰ式：3件。平底折肩罐。侈口，圆唇外卷，外斜矮领，斜折肩，斜鼓腹内收，平底。素面。M5：10，口径15、腹径23.6、底径12、高16厘米（图一八，1）。M5：24，口径11.4、腹径17.2、底径7.2、高12厘米（图一八，2）。M5：28，口径10.8、腹径16.5、底径8、高12厘米（图一八，3）。

Ⅱ式：2件。平底内凹折肩罐。侈口，圆唇外卷，矮领，斜折肩，斜鼓腹内收，平底内凹。M8：8，矮领近直。肩、领交接处、肩中部和腹上部各饰一周凹弦纹，腹中部偏下有一周细弦纹，上腹部饰一圈网格纹。口径10.4、腹径20、底径10.8、高15厘米（图一八，4；彩版三九，3）。M5：26，外斜矮领。领、肩交接处饰一周凹弦纹。口径11、腹径16.6、底径8、高12.4厘米（图一八，5）。

Ⅲ式：2件。下腹内曲折肩罐。侈口，圆唇外卷，外斜矮领，斜折肩，斜鼓腹曲内收，平底。M5：23，素面。口径11、腹径17.7、底径8.4、高13厘米（图一八，6）。M5：14，折肩处略上耸。腹部有四道细弦纹。口径11.2、腹径17.2、底径8、高12.8厘米（图一八，7）。

Ⅳ式：1件。带盖敛口无领折肩罐。M3：20，敛口，圆唇外卷，斜折肩，弧腹曲内收，平底内凹。肩部正中，即盖口所在的位置，有一周粗凹弦纹，故正好与盖口对合。因罐高小于腹

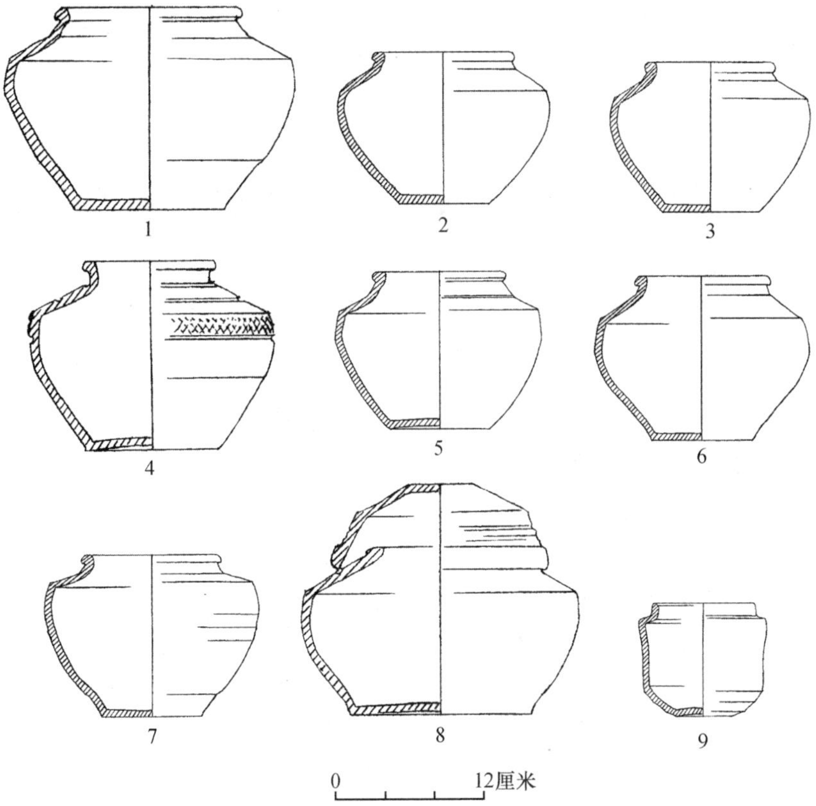

图一八　东汉时期陶罐

1～3. D型Ⅰ式（M5：10、M5：24、M5：28）　4、5. D型Ⅱ式（M8：8、M5：26）　6、7. D型Ⅲ式（M5：23、M5：14）　8. D型Ⅳ式（M3：20）　9. E型（M5：25）

径和底径，因此整体器形呈扁球形。覆钵式盖，敞口，厚尖圆唇，卷缘，斜折腹，平顶。通高18.2、罐高13.2、口径12、腹径22.4、底径14.8厘米，盖高6.8、口径17.6、顶径5.2厘米（图一八，8）。

E型 1件。直腹罐。M5：25，微敛口，圆唇，斜窄折肩微耸，直腹略内凹，近底部内收，平底内凹。近底内收部分饰细凸弦纹两周。口径8.4、肩腹径10.6、底径4.4、高9厘米（图一八，9）。

锺 2件。泥质红陶。器表施釉。盘口，方唇，长弧颈，鼓肩或溜肩，鼓腹，矮圈足外撇。肩、腹、足饰数周凹弦纹。肩饰对称兽面衔环铺首。有盖面上饰三个乳钉状纽的弧顶式盖，盖口为子母口。依口、颈、腹等的不同，分为二式。

Ⅰ式：1件。M3：4，器表施酱色釉。方唇外翻，长弧颈较高、直，鼓肩微圆折，鼓腹缓斜内收。颈、肩交接处饰三周凹弦纹，腹中部偏上和矮圈足中部各饰一周凹弦纹。弧顶式盖面上的乳钉状纽剖面呈梯形。口径14.8、腹径22.4、底径14.8、盖高3.6、口径15.6、通高32.4厘米（图一九，6）。

Ⅱ式：1件。M5：18，器表施青黄色釉。盘口内斜，长弧颈较矮、粗，溜肩，扁鼓腰。盘口下端与颈上端交接处有一周凸棱，肩上、下端各有两周较细凹弦纹，矮圈足下端有三周较

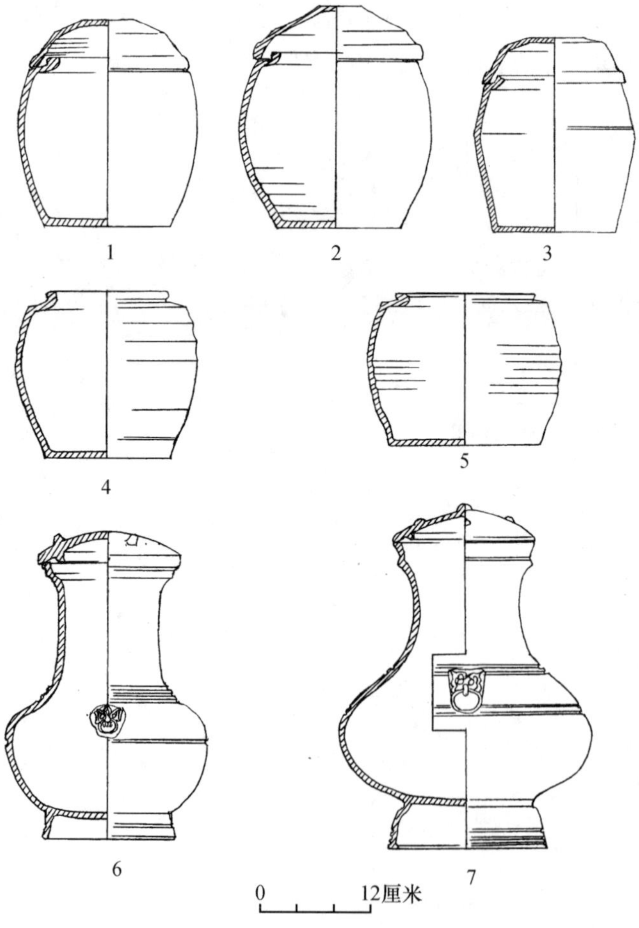

图一九 东汉时期陶锺、陶仓

1. A型Ⅰ式仓（M1：1） 2. B型Ⅱ式仓（M3：8） 3. C型仓（M3：12） 4. A型Ⅱ式仓（M3：16） 5. B型Ⅰ式仓（M1：2） 6. Ⅰ式锺（M3：4） 7. Ⅱ式锺（M5：18）

细凹弦纹，下腹底与矮圈足间有一周粗凹弦纹。弧顶式盖面上的乳钉状纽呈半球面状。口径15.2、腹径27.2、底径17.2、盖高4、口径15.2、通高36.4厘米（图一九，7）。

（2）模型器

仓　5件。均为泥质灰陶。依口部形制变化分为三型。

A型　2件。直口，方唇，斜折肩，弧鼓腹，平底。以有无器盖分为二式。

Ⅰ式：1件。带盖陶仓。M1：1，素面。覆钵式盖，敞口，厚尖圆唇，卷缘，斜折腹，平顶。仓身高17.6、口径13.6、底径14、盖高5.2、口径17.6、顶径6、通高21.8厘米（图一九，1）。

Ⅱ式：1件。无盖陶仓。M3：16，腹部饰四周细凸弦纹，近底部有一周较粗凹弦纹。腹壁近底部微曲内收。口径13.6、底径14、高17.6厘米（图一九，4）。

B型　2件。带盖陶仓。敛口，方唇，直领，斜折肩或平折肩，弧鼓腹，略曲内收，平底。覆钵式盖，敞口，厚圆唇，卷缘，斜折腹，下腹微曲内收，平顶。依口、底大小不同之比较分为二式。

Ⅰ式：1件。M1：2，斜平折沿，斜折肩微耸。腹中部饰六周细凸弦纹，使此处腹外壁呈瓦棱状，腹内壁中部也饰数周细凸弦纹。底径大于口径。口径15.2、底径16.4、盖高6.3、口径18、顶径6.2、通高21.6厘米（图一九，5）。

Ⅱ式：1件。M3：8，平折肩。腹内壁下部饰数道细凸弦纹，使之呈瓦棱状。底径小于口径。口径14.4、底径13.6、盖高5.6、口径18.4、顶径4.4、通高23.6厘米（图一九，2）。

C型　1件。带盖陶仓。M3：12，仓身黑灰色，敛口，双尖唇，口沿内凹，斜矮领，斜折肩，斜折腹，平底。折腹处有一周凹弦纹。灰白色覆钵式盖，敞口，厚圆唇，卷缘，斜圆折腹，平顶。口径9.6、底径10.2、盖高3.6、口径12、顶径4.8、通高15.8厘米（图一九，3）。

池塘　1件。M5：43，泥质灰陶。为口大底小的圆角长方形。塘内正中用堤半分，左右塘相通。左塘内陶塑鱼、龟、螺、飞鸟等。手制。口长38、宽24.4厘米，底长32.4、宽20.8厘米，高4厘米（图二〇，1）。

屋　3件。均出土于M5。泥质陶。房体为长方形空心箱形，左右和后壁为板块结构，正面为斗拱檐架结构，上为瓦顶，瓦顶前檐饰5条瓦垄，垄下有照壁，下有1或2个斗拱。斗拱为一斗三升，下有立柱。按结构和正面装饰的不同分为三式。

Ⅰ式：1件。泥质灰陶。M5：34，悬山式瓦顶，有长条形中脊。檐下照壁两侧下各有一根边柱，中间由一根单柱之一斗三升的斗拱相承。檐壁斗拱相接处饰5块横长方形小板。屋下部为阳台状结构。阳台面呈横长方形。护栏为封闭式，但正面饰有三排横长方形窗口式样的纹饰。阳台下斜收呈三角形。从整体造型看，这件陶屋应属楼房上层。面宽40、进深11.2、通高29.6厘米（图二〇，2）。

Ⅱ式：1件。泥质红陶。M5：42，瓦顶较平，有长条形中脊。檐下照壁下方有左右一对单柱之一斗三升的斗拱相承。檐拱接合处饰6块横长方形小板。两立柱中间镂塑出向内开闭的长方形房门，房门前又横竖一块狭长隔板作门槛。左右两侧边塑砌两堵矮封墙。从而使陶屋进深给人视觉上有前堂后室之感，逼真写实。面宽34、进深10.8、通高22厘米（图二〇，3；彩版三六，4）。

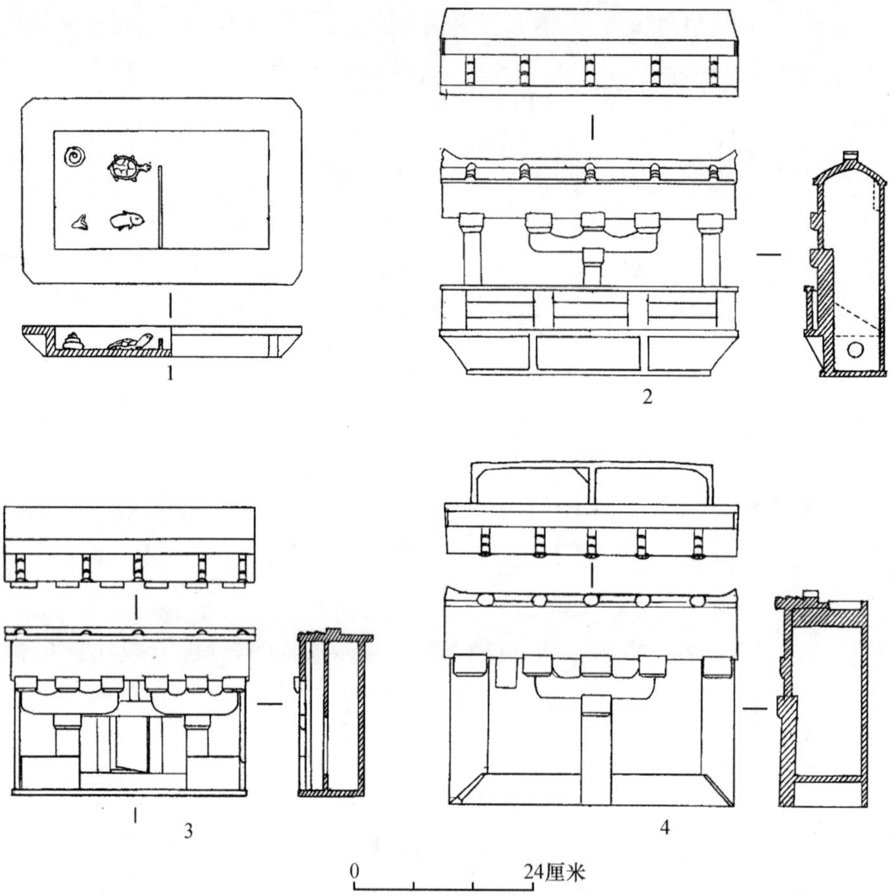

图二〇　东汉时期陶池塘、陶屋

1. 池塘（M5∶43）　2. Ⅰ式屋（M5∶34）　3. Ⅱ式屋（M5∶42）　4. Ⅲ式屋（M5∶40）

Ⅲ式：1件。泥质灰陶。M5∶40，较平的前高后低瓦顶，靠前有长条形中脊。檐下照壁正中为一根单柱的一斗三升斗拱相承。檐拱相接处饰5块横长方形小板。斗拱左边横小板与左第一横小板之间的后墙上，塑一远离地面的长方形小窗。陶屋前面没有门和门洞等装饰，但用二竖二横四斜线镂塑出前堂后室的进深部位。后室比前堂略小，正中有隔墙，将后室分为两间。通高28.4、面宽39.2、进深12.4厘米（图二〇，4）。

陶饼　1件。泥质灰陶。M8∶9，计3个。系用破碎的陶片先打制成圆形，再把边缘磨光制成。直径3.8～4.5、厚0.06～0.07厘米（彩版三八，4）。

（3）俑

25件。均出自M5紧靠墓室后壁处。有人物俑和动物俑两类。俑内中空，系用双范合模制成。人物俑用前后合范，动物俑则用左右合范。合范模制的痕迹明显。以泥质红陶为主，有少量泥质灰陶。

人物俑　18件。

女舞俑　1件。M5∶44，泥质红陶。梳山形高髻，长圆形脸，眯眼抿嘴。着双叠圆领、宽袖及地长裙。长袖裹住右手，弯曲上举后扬，左手提裙。右脚向右前跨出半步，做舞蹈状。裙服、长袖、腰部和下摆现波动起伏状。通高23.8、宽14.2、厚9.3厘米（图二一，1）。

抚琴男俑　1件。M5：63，泥质红陶。跪坐，头戴额搭式简易帏帽，方脸略圆，眯眼张嘴，做说唱状。着左斜衽宽袖长袍。横长方形琴置于双膝之上，双手抚琴，做弹奏状。衣袖多折纹。通高18、宽11、厚9.4厘米（图二一，2）。

吹箫男俑　1件。M5：55，泥质红陶。跪坐，头戴台形矮冠，长圆脸，着双叠交领、窄袖长袍，长袖多折纹。双手持箫在胸前，箫口至嘴唇，呈眯眼鼓腮吹奏状。通高19、宽12.4、厚9.6厘米（图二一，3；彩版三七，1）。

袖手侍俑　14件。身穿交领长袍，双手拢袖，藏于袖中。依冠帽不同、大小不一、陶色区

图二一　东汉时期陶人物俑

1. 女舞俑（M5：44）　2. 抚琴男俑（M5：63）　3. 吹箫男俑（M5：55）　4～6. A型袖手侍俑（M5：31、M5：45、M5：57）

别和制作差异，可分为四型。

A型 3件。泥质灰陶。头戴台形高冠，方圆形脸，眉清目秀，小口微张。通高在24厘米及以上。制作较精。M5：31，通高24、宽10、厚8.4厘米（图二一，4）。M5：45，通高24、宽10、厚9.2厘米（图二一，5）。M5：57，通高24.4、宽9.6、厚8.3厘米（图二一，6）。

B型 3件。泥质红陶。头戴圆盘状冠帽，长圆脸，脸部刻划不太清晰。通高在21～23厘米。M5：46，通高23、宽10、厚9.2厘米（图二二，1）。M5：47，通高21、宽9.5、厚8厘米（图二二，2）。M5：62，脸部残缺。通高23、宽9.4、厚9厘米（图二二，3）。

图二二 东汉时期陶人物俑

1～3. B型袖手侍俑（M5：46、M5：47、M5：62） 4～6. C型袖手侍俑（M5：50、M5：52、M5：58）

C型　3件。泥质红陶。头脸部均雕塑模糊，且易破碎，制作较粗糙。通高在16～17厘米。M5：50，头顶部残缺。残高17、宽8、厚7.1厘米（图二二，4）。M5：52，头顶部残缺。残高16、宽7.4、厚5.8厘米（图二二，5）。M5：58，通高16、宽7.4、厚6.8厘米（图二二，6）。

D型　5件。泥质红陶。头脸部似未经雕塑，眼、鼻、嘴均看不清楚，制作简略。通高都在14厘米以下。M5：49，通高13、宽7.2、厚5.8厘米（图二三，1）。M5：53，头顶残。残高14、宽7.6、厚6.2厘米（图二三，2）。M5：54，头部缺失。残高10.4、宽7.6、厚6.2厘米（图二三，3）。M5：60，通高13.2、宽7.2、厚6.3厘米（图二三，4）。M5：61，通高13.6、宽7.2、厚6.9厘米（图二三，5）。

残陶俑　1件。泥质红陶。M5：48，俑的后半部、左肩和左手，以及腰部以下均缺失。头戴圆盘状冠帽。长圆脸，眉、眼、鼻、嘴清晰，神情严肃。着交领窄袖长袍，右手弯曲，手掌心向胸。残高13.8、残宽8.8、残厚3.6厘米（图二三，6）。

动物俑　7件。有鸡、猪、狗等家畜。

公鸡　2件。尖喙，矮冠，双眼圆睁，曲颈平首，平身翘尾，爪形双足。双翅与鸡尾所饰羽毛纹饰生动逼真。M5：56，泥质灰陶。体高17、长16.8、宽9厘米（图二四，1；彩版三七，3）。M5：33，泥质红陶，尖喙与矮冠残缺。体残高20、残长19、宽11.3厘米（图二四，2）。

子母鸡　2件。泥质红陶。母鸡呈蹲卧状，尖喙，矮冠，双眼圆睁，直颈昂头，前胸圆鼓，短平尾斜立。M5：51，背上趴伏小鸡一只。体高9.8、长15.7、宽9厘米（图二四，3）。M5：59，头顶部和背部有残缺，背上趴伏小鸡一只，腹翼下三只小鸡。体残高12.5、长14、宽

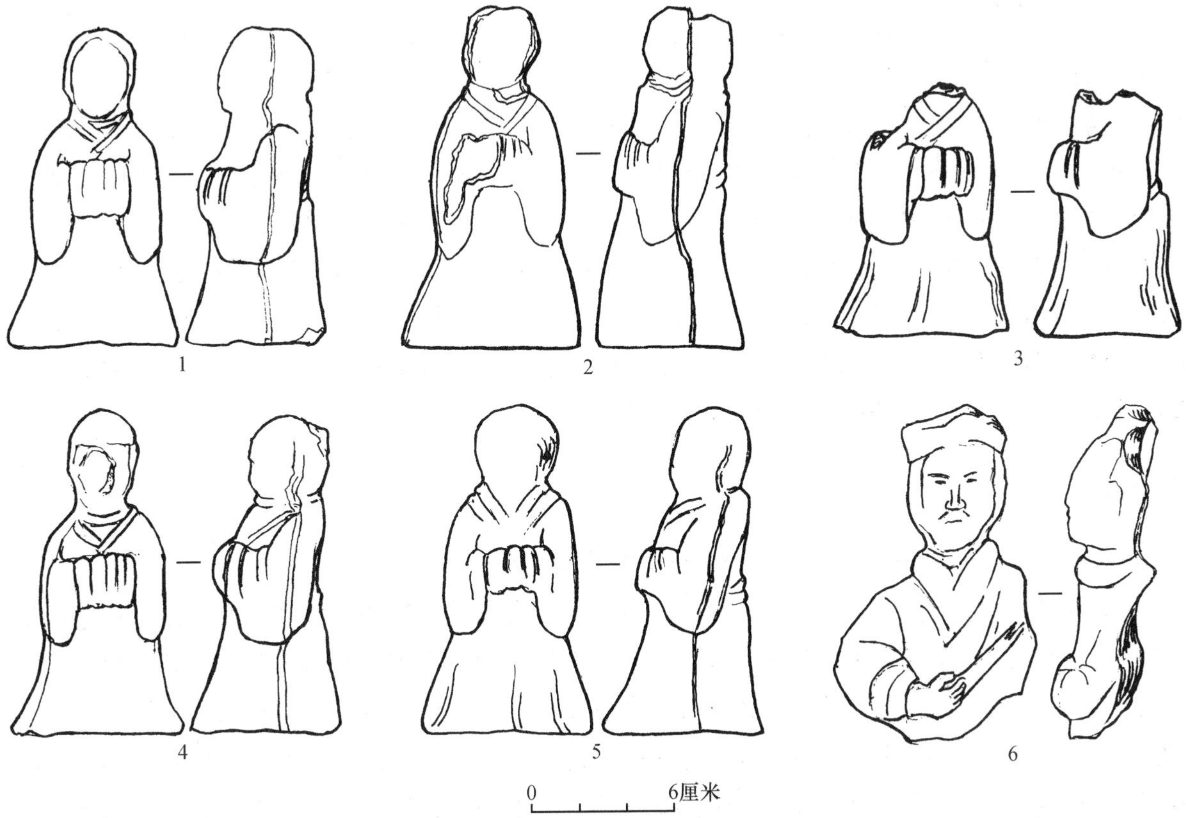

图二三　东汉时期陶人物俑

1～5. D型袖手侍俑（M5：49、M5：53、M5：54、M5：60、M5：61）　6. 残陶俑（M5：48）

图二四 东汉时期陶动物俑

1、2. 公鸡（M5：56、M5：33） 3、4. 子母鸡（M5：51、M5：59） 5. 猪（M5：29） 6、7. 狗（M5：30、M5：32）

9.2厘米（图二四，4）。

猪 1件。泥质灰陶。M5：29，体肥壮，俯首，鼻前伸，睁眼闭嘴，鬃背高耸，四肢短粗，垂尾。整体与现代家养肥猪相似。体高11、长22、宽9.2厘米（图二四，5；彩版三七，2）。

狗 2件。泥质红陶。直身直项，昂首略上扬，龇牙咧嘴，睁目立耳，双眼向上望视。颈肩部系一项带，项下脊背前部之间设环纽1个。四肢直立，短尾上卷至臀背一侧（彩版三七，4）。M5：30，体高20.2、长27.5、宽10.4厘米（图二四，6；彩版三七，5）。M5：32，体高20、长27、宽11.2厘米（图二四，7；彩版三七，6）。

2. 银器

3件。器形有剑鞘银饰残片、手镯和指环。均出自M5。

剑鞘银饰残片 1件。M5：1，不规则长方形，上有翻铸时铸印的以细小联珠纹为母题而形成的一组浮雕式对称重环珠纹图案。最上处于正中位置的两个重环圆珠最大并显著凸出隆起，两边还饰有联珠纹结构的卷云纹。其下有两个较小稍凸起的似莲花纹的对称重环圈饰，其左右角及正下方似有三瓣叶片纹。最下方靠边缘的横行小联珠纹仅微凸。初看之，似有许多大大小小的银珠镶嵌在剑鞘上。但细看之，则剑鞘整体表面纹饰主题突出，高低起伏，错落有致，显得既华丽活泼，又不失威严而神秘。残长2.85、残宽1.15、厚0.08～0.2厘米（图二五，1）。

手镯　1件。M5：3，圆环形。剖面呈方凸茎形，即上下平整，外缘外弧凸，内缘稍内凹。外径6.15、内径5.4、厚0.4厘米（图二五，2）。

指环　1件。M5：2，圆环形。剖面上下平整，外缘外弧凸，内缘稍内凹，呈方凸茎形。外径2、内径1.65、厚0.2厘米（图二五，3）。

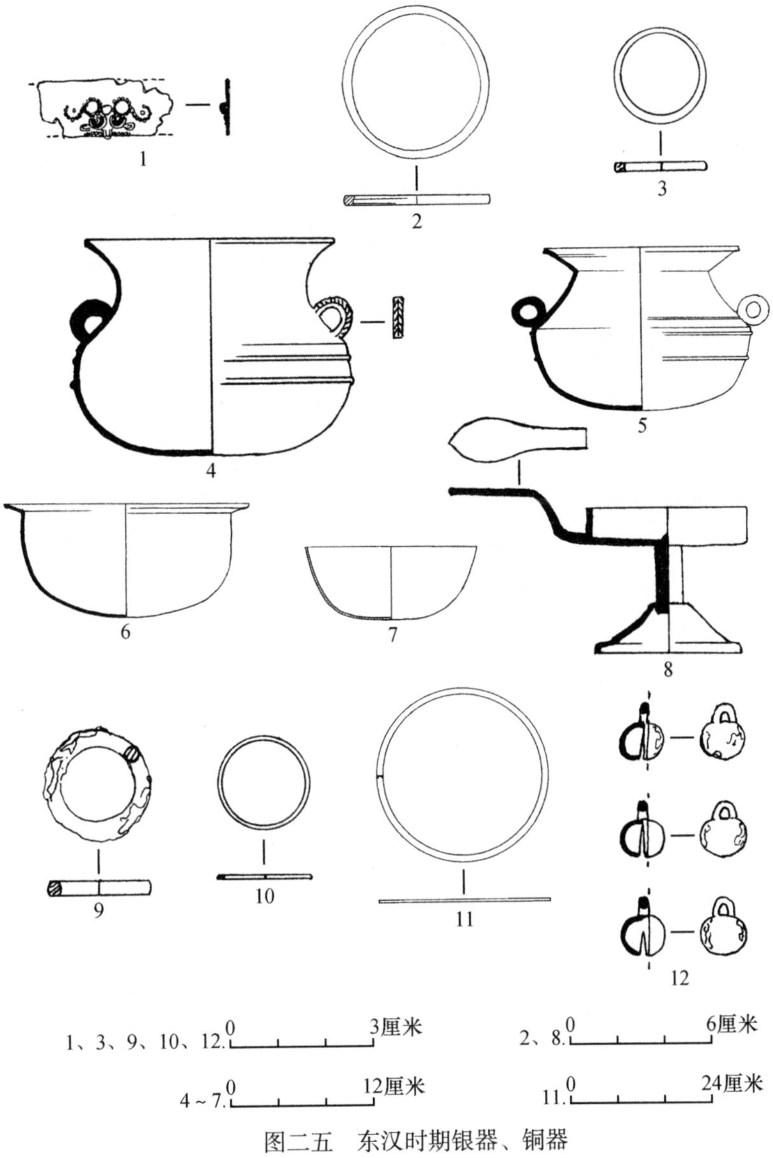

图二五　东汉时期银器、铜器

1. 剑鞘银饰残片（M5：1）　2. 银手镯（M5：3）　3. 银指环（M5：2）　4. A型铜鍪（M5：5）　5. B型铜鍪（M5：27）　6. 铜铜（M5：15）　7. 铜碗（M5：35）　8. 铜灯（M5：20）　9. 铜环（M8：17）　10. 铜指环（M8：16）　11. 铜箍（M5：38）　12. 铜小铃铛（M8：11）

3. 铜器

9件。有鍪、铜、碗、灯、环、箍、铃铛等器形。

鍪　2件。依口、颈、肩、耳、腹的变化分为二型。

A型　1件。M5：5，方唇，喇叭形侈口，束颈，缓折肩，弧鼓腹，圜底。折肩处饰对称扁半环耳一对。上腹部饰两周凸弦纹，双耳外侧饰叶脉纹。口径20.8、腹径23.8、胎厚0.3～0.4、高

18厘米（图二五，4；彩版三六，3）。

B型 1件。M5∶27，方唇，喇叭形敞口，斜折沿，斜弧颈微内凹，急折肩，弧腹内收，圜底。折肩处饰对称扁圆环形耳一对。腹部饰两周凸弦纹。口径16.6、腹径18.9、胎厚0.3～0.4、高13.4厘米（图二五，5）。

铜 1件。M5∶15，微敛口，斜折沿，方唇，卷缘，深弧腹，圜底。素面。口径20.6、腹径17.8、高9.4厘米（图二五，6；彩版三六，2）。

碗 1件。M5∶35，侈口，方唇，斜弧腹，缓内收，圜底近平。素面。口径14.4、高6厘米（图二五，7）。

灯 1件。M5∶20，直口，方唇，浅直壁平底盏，盏中心凸起一钉状芯，应是插蜡烛的钉铄；实心圆柱形托柱，喇叭形圈足灯座。盏底一侧有一曲尺形把柄。把柄前端与盏底相连接，中段斜弧状上扬，后端为高出盏口、尾部呈尖圆形的叶状扁平体。灯身高6、口径6.9、圈足底径6.2、通高6.8厘米（图二五，8；彩版三六，1）。

环 1件。M8∶17，圆环形，剖面呈圆茎形。外径2.3、内径1.6、茎径0.3厘米（图二五，9）。

指环 1件。M8∶16，圆环形。剖面上下平整，外缘外弧凸，内缘微内凹，呈方凸茎形。外径2、内径1.8、厚0.1厘米（图二五，10）。

箍 1件。M5∶38，原应箍于漆器之上，为漆器上的铜构件。圆环形，剖面为"凹"形。外径28.8、内径26.4、茎宽1.2、厚0.4厘米（图二五，11）。

小铃铛 1件。M8∶11，共3个，大小形状一致。球形，腹空，上端有一扁平状半圆形纽，纽上有一穿孔，下端开口。直径1、通高1.2厘米（图二五，12；彩版三八，3）。

4. 铁器

7件。有釜、剑、刀等。

釜 4件。依有无支架、器形大小和口、腹部变化分为三型。

A型 2件。器形较小。方唇，外斜宽折沿，大侈口，束颈，圆鼓腹，圜底。素面。M8∶15，口径29、颈径24、腹径26.6、壁厚0.4、高20厘米（图二六，1）。M3∶19，口径27.2、颈径22.4、腹径26、壁厚0.4～0.6、高21.6厘米（图二六，2）。

B型 1件。M5∶7，有支架的铁釜，器形较大。口残。球腹，圜底。安放在铁支架上。铁支架为圆环状，有扁平形外撇三足。釜、支架均素面。残通高38、釜残高30、残口径28、腹径40、壁厚0.5～1.2厘米；铁支架高16、外径40.4、内径36、足宽2.4厘米（图二六，3）。

C型 1件。M3∶3，器形较大。方唇，直口，直颈，圆鼓腹略圆折，圜底圆凸。腹部近圆折处饰对称小錾手一对。錾手上下各饰一周凸弦纹。口径30、颈径28.8、腹径42.8、壁厚0.4～0.5、高35厘米（图二六，4）。

剑 1件。M5∶39，柄首残缺。扁茎，凸字格，菱形脊，双刃，尖锋。残留一些剑鞘遗存，为木胎漆剑鞘，出土时表面残存些许红色漆皮。上述剑鞘银饰残片应从此剑鞘脱落。残长100、宽3.2、厚1厘米（图二六，5）。

刀 2件。长方首，弧曲柄，无格，直身，直背，单刃。M8∶12，长25、宽2、厚0.6厘米

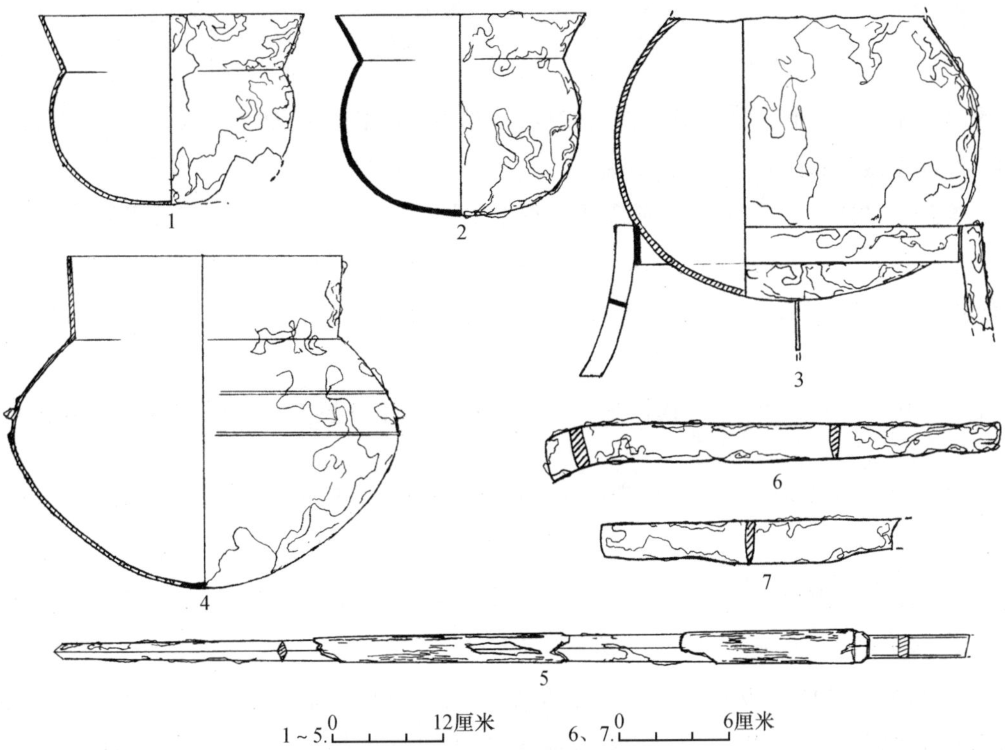

图二六　东汉时期铁器

1、2. A型釜（M8：15、M3：19）　3. B型釜（M5：7）　4. C型釜（M3：3）　5. 剑（M5：39）　6、7. 刀（M8：12、M8：18）

（图二六，6）。M8：18，柄及上半部残缺。残长16、宽2.4、厚0.4厘米（图二六，7）。

5. 琉璃器

耳珰　1件。M8：10，浅蓝色，半透明，束腰圆柱状，中有一小圆孔，一头残破。残高1.3、直径1.1、孔径0.15厘米（图二七，1）。

6. 石器

砚、墨　1件（套）。M5：37，灰黑色。砚：不太规则的圆形扁平砾石，边缘有少许打制痕迹，两面平整。长11.6、宽9.8、厚2厘米。墨：不太规则的橄榄形砾石，剖面呈月牙形。长7.4、宽2.6、厚2.6厘米（图二七，2）。

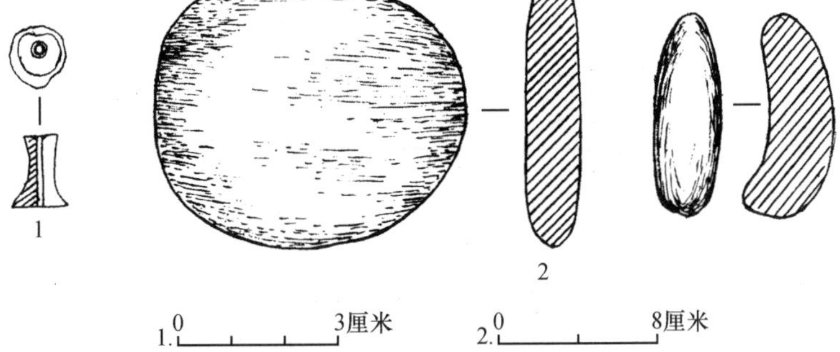

图二七　东汉时期琉璃器、石器

1. 琉璃耳珰（M8：10）　2. 石砚、石墨（M5：37）

7. 钱币

共381枚，计M3出土28枚、M5出土292枚、M8出土61枚。还有不少破碎、朽蚀太甚的钱币不计在内。均为五铢铜钱。可分为二型。

A型　均出自M8。“五铢”字体高度均略小于钱郭高度。“五”字交叉两笔弯曲。“铢”字“金”旁字头较小，为镞形或三角形，也有因铸造模糊不易辨识；而“朱”字头上画皆作方折。有的“金”比“朱”所处位置较低。字体与穿郭有挤压感。钱径2.5、穿径1厘米。可分三式。

Ⅰ式：“五”字弯曲相交，末端内收，字形较小，书体瘦长。“铢”字左边和下部模糊不清（图二八，1）。

Ⅱ式：“五”字字形宽大，书体放宽。“铢”字仍较模糊，但比Ⅰ式要好些（图二八，2、3）。

Ⅲ式：“五”字相交两笔末端外放，“五”字形成两个对头的炮弹形。“铢”字整体模糊不清（图二八，4）。

B型　出自M3、M5。钱型规整，字文清晰，笔画疏朗，与穿郭无挤压现象。“五铢”字体宽大，高度与钱郭相当。“铢”字“金”旁字头较大，略呈等边三角形；下面四点或作圆点，或作短竖。“朱”字上画圆折。钱径2.5、穿径1厘米（图二八，5～11）。

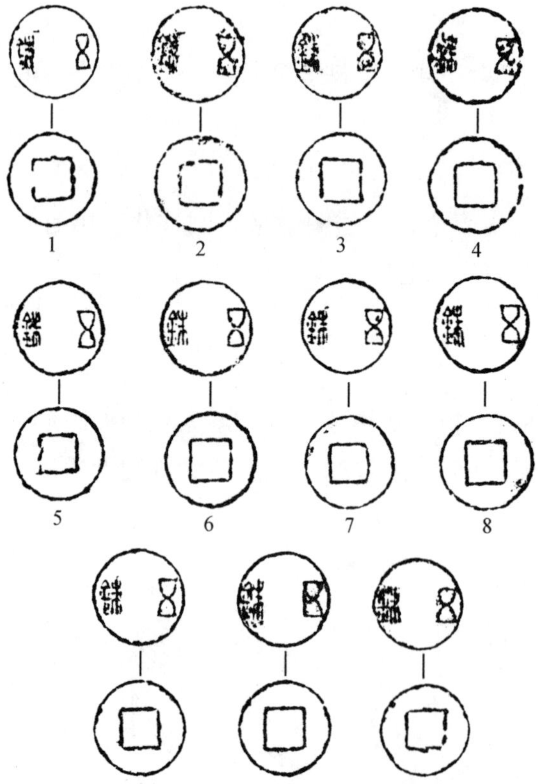

图二八　M3、M5、M8出土五铢钱币拓片

1. A型Ⅰ式　2、3. A型Ⅱ式　4. A型Ⅲ式　5～11. B型

（1～4. M8　5～8. M3　9～11. M5）

（三）年代与分期

根据墓葬形制、出土器物形态及其与相关墓葬的比较研究，上述4座墓葬可分为两期。

第一期：东汉初期，绝对年代为汉光武帝建元十六年（40年）以前。属于此期的墓葬有2座，即M1和M8。

M1为一大半因被M4打破而遭严重毁坏的“凸”字形竖穴土坑墓，但它的形制却呈现出从土坑墓向砖室墓过渡的形态，与丰都汇南墓群属新莽时期的M18墓有些类似[①]。不同的是，M1的竖井式长方形墓道的进一步发展，很可能成为“凸”字形砖室墓中的甬道。M8是一座没有甬道的长方形洞穴砖室单券顶墓，有斜坡式墓道。这种形制应是处在从土坑墓向砖室墓过渡完成后的阶段，或是砖室墓的最早阶段——无甬道的单室单券顶墓。所以，这两座墓的形制与它们所处的时代特征是相吻合的。

再从这两座墓所出的器物形态看，M8的随葬陶器组合以釜、罐、盆为主。其中M8：3为Ⅰ式釜，与属新莽前后的巫山麦沱墓群M29：28Ⅱ式瓮[②]、忠县崖脚墓地A M3：40和A M3：12釜[③]相近，也与属东汉早期的丰都赤溪M3：16圜底罐[④]、奉节营盘包墓出土的圜底罐[⑤]相似。这为该墓的年代判定，提供了佐证。

但最能为M8的时代做出确证的，一是M8所出的钱币；二是该墓所用之花纹墓砖。

M8所出的61枚五铢钱币，在本文中列为A型，均属西汉晚期常见的三官五铢钱。A型Ⅰ式的“五”字较窄而弯曲加长，末端略有内收，应属昭宣时代的五铢钱；A型Ⅱ式“五”字字形书体放宽，则始于宣帝神爵年间（公元前61～前58年）；而A型Ⅲ式“五”字形成对头之“炮弹”形，发生在元帝建昭年间（公元前38～前34年）及其以后[⑥]。那么，为什么不将M8时代断定为西汉晚期呢？主要原因不仅因为该墓为砖室墓，而且所用之花纹墓砖，无论是平砖还是券顶用子母砖，与下文要讨论的M5所用花纹墓砖完全相同。两墓出土的Ⅰ式陶釜（M8：3、M5：9），形制也几乎一致。所以，这两座墓的年代差距不会太大。两墓又几乎东西并列相靠，故在时代上很可能属于早晚期相接的同一家族，甚至是同一家庭的关系。另外，M8与M3的时代差距也不会很大，因为M8：15、M3：19铁釜形制相同均属A型。而M3和M5在下文中将被判定为东汉早期墓葬，那么，在M8只出土西汉晚期五铢钱，不出东汉早期五铢钱的情况

① 四川省文物考古研究所、丰都县文管所：《丰都汇南墓群发掘报告》，《重庆库区考古报告集·1998卷》，科学出版社，2003年。

② 湖南省文物考古研究所、巫山县文物管理所：《巫山麦沱汉墓群发掘报告》，《重庆库区考古报告集·1997卷》，科学出版社，2001年。

③ 北京大学考古文博学院三峡考古队、重庆市忠县文物管理所：《忠县崖脚墓地发掘报告》，《重庆库区考古报告集·1998卷》，科学出版社，2003年。

④ 四川省文物考古研究所：《丰都县三峡工程淹没区调查报告》，《四川考古报告集》，文物出版社，1998年。

⑤ 吉林大学考古学系：《四川省奉节县营盘包东汉土坑墓清理简报》，《三峡考古之发现》（二），湖北科学技术出版社，2000年。

⑥ 蒋若是：《西汉五铢钱断代》，《秦汉钱币研究》，中华书局，1997年。

下，它的年代只能为建武十六年（40年）以前的东汉初期或更早些时日。因为建武十六年，“初王莽乱后，货币杂用布帛金粟。是岁始行五铢钱”[①]。于是东汉五铢钱才开始流行。至于M1，既是竖穴土坑墓，其出土的陶仓、陶钵又具有东汉初、早期的特征，故也将其归入东汉初期。当然，这两座墓也都有可能早到新莽末期。

第二期：东汉早期。绝对年代为汉光武帝建武十六年以后。属于此期的墓有M3和M5两座。

首先，从出土陶器的类型学比较分析看，这两座墓出土的釜、甑、盆、钵、罐、锺、俑等陶器，都具有两汉晚期或东汉早期的风格。如其中5件陶釜，除上述M5：9、M8：3Ⅰ式釜相同外，Ⅱ式釜（M3：9）与巫山麦沱墓群属西汉晚期墓出土的M39：7Ⅰ式瓮[②]相似；Ⅲ式釜（M3：15）与巫山麦沱墓群属新莽前后墓葬出土的M29：28Ⅱ式瓮[③]类同；Ⅳ式釜（M3：14）与忠县崖脚墓地属王莽至东汉初的墓葬出土的BM22：107折肩釜[④]相近。再如锺，Ⅰ式（M3：4）与Ⅱ式（M5：18）分别与巫山麦沱墓群属东汉前期墓葬出土的M33：13Ⅱ式釉陶壶、属新莽前后墓葬出土的M10：1Ⅰ式釉陶壶[⑤]十分接近。而M5出土的陶俑，总说来制作较为粗糙，有的甚至面容模糊不清，特别是小陶俑，身材矮小，有在14厘米以下者，这些都是东汉早期陶俑的特征。所以，从以上出土陶器的比较分析看，M3和M5的时代不会晚于东汉早期。

其次，再比较M5出土的铜器。M5出土了2件铜鍪，A型铜鍪与巫山麦沱墓群属东汉早期墓葬出土的M47：71 铜鍪接近[⑥]，B型铜鍪则与巫山麦沱墓群属新莽前后墓葬出土的M22：7Ⅱ式铜鍪相似[⑦]。而M5：35铜碗也与巫山麦沱M22：9铜碗类同[⑧]。M5：15铜铜与巫山麦沱M47：74铜盆几乎相同[⑨]。可见在铜器的比较研究方面，其结果也是证明了将M5判定为东汉早期是妥当的。

最后，也是最重要的一点，M3和M5共出土了300多枚B型五铢钱币，均属钱文丰满宽清、质量严整精美之东汉早期建武型钱币。这更为这两座墓葬的断代提供了有力的证据。

---

① 《后汉书·光武帝纪》。

② 湖南省文物考古研究所、巫山县文物管理所：《巫山麦沱汉墓群发掘报告》，《重庆库区考古报集·1997卷》，科学出版社，2001年。

③ 湖南省文物考古研究所、巫山县文物管理所：《巫山麦沱汉墓群发掘报告》，《重庆库区考古报集·1997卷》，科学出版社，2001年。

④ 北京大学考古文博学院三峡考古队、重庆市忠县文物管理所：《忠县崖脚墓地发掘报告》，《重庆库区考古报告集·1998卷》，科学出版社，2003年。

⑤ 湖南省文物考古研究所、巫山县文物管理所：《巫山麦沱汉墓群发掘报告》，《重庆库区考古报告集·1997卷》，科学出版社，2001年。

⑥ 重庆市文化局、湖南省文物考古研究所、巫山县文物管理所：《巫山麦沱古墓群第二次发掘报告》，《重庆库区考古报告集·1998卷》，科学出版社，2003年。

⑦ 湖南省文物考古研究所、巫山县文物管理所：《巫山麦沱汉墓群发掘报告》，《重庆库区考古报告集·1997卷》，科学出版社，2001年。

⑧ 湖南省文物考古研究所、巫山县文物管理所：《巫山麦沱汉墓群发掘报告》，《重庆库区考古报告集·1997卷》，科学出版社，2001年。

⑨ 重庆市文化局、湖南省文物考古研究所、巫山县文物管理所：《巫山麦沱古墓群第二次发掘报告》，《重庆库区考古报告集·1998卷》，科学出版社，2003年。

总之，从出土的陶器和铜器的比较研究，到五铢钱形制特征显示，将M3和M5的年代判定为汉光武帝建武十六年以后的东汉早期，证据是充足的。

三、蜀汉—南朝墓葬

（一）墓葬形制和类型

本次发掘的蜀汉—南朝墓葬共3座。根据建墓方法和结构、用材不同，可分为“凸”字形洞穴双券顶砖室墓和刀把形洞穴石室（棚）墓二型。

A型　1座。M6。为“凸”字形洞穴双券顶砖室墓。

M6　位于T1西北部和T2西南部，在M8西边。此墓在20世纪50～60年代因平整土地被当作废弃的地窖而遭到严重扰乱和破坏。墓口深1.3、长5.5、宽2.5米。方向10°，墓顶因塌陷，故结构不明。墓室底距地表深2.5、长5.5、宽2.44米，用素面无纹的平砖铺砌成整齐的平面。墓室前部正中有甬道。甬道长2.2、宽1.54、深2.5米。甬道前有斜坡形墓道，长1.98、宽1.7米，坡度67°（图二九）。

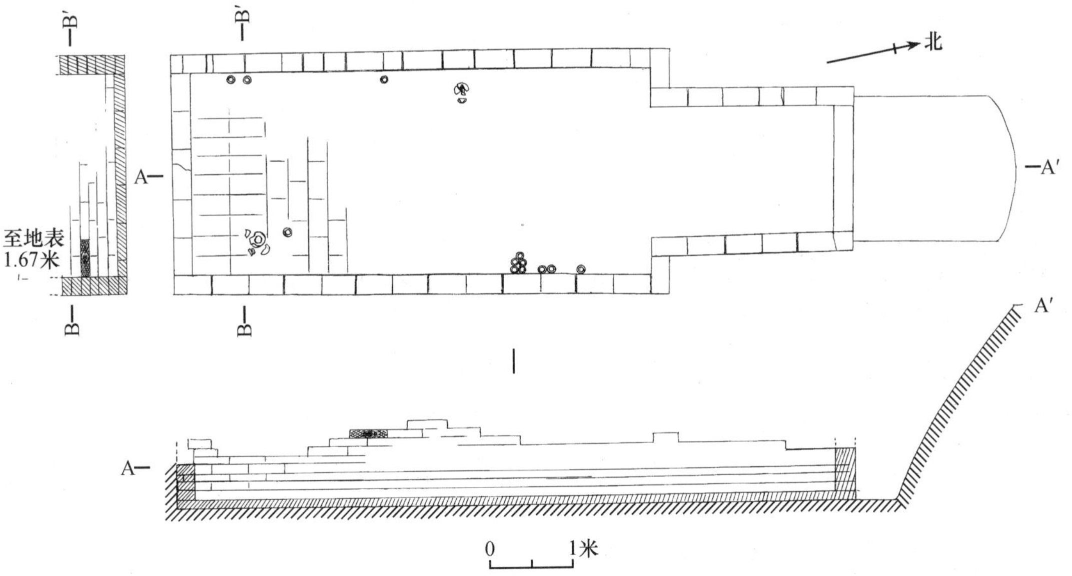

图二九　M6平、剖面图

墓壁残存最高处高1米，用侧面饰双钱莲花纹平砖错缝叠砌筑成。在墓室堆积中发现有“富贵”字样楔形子母砖，故推断此墓墓顶是用这种砖竖直扣叠起券筑成的。侧面饰有双钱莲花纹的平砖长44.5、宽21、厚11厘米。有“富贵”字样的楔形子母砖长43、宽21、厚11厘米（图三〇）。

葬具与尸骨均已无存，故墓主性别、年龄、葬式均不明。因扰乱过甚，此墓随葬品仅剩16件青瓷碗及1枚银指环。

B型　M2、M4，2座。均为刀把形洞穴石室（棚）墓。

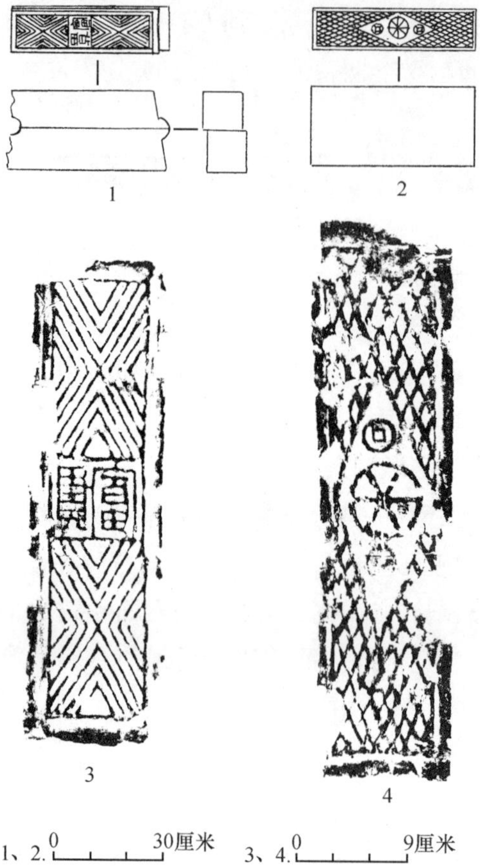

图三〇 M6墓砖侧平面图和纹饰拓片
1、3. "富贵"子母砖 2、4. 双钱莲花纹平砖

M2 位于T3东南部。此墓遭严重破坏。墓口距地表深0.4、长6.85、宽2米。方向195°。墓顶已完全坍塌，故结构不明。墓室底距地表深1.5、长4.7、宽2.32米。墓室前部偏西有甬道。甬道长2.04、宽1.76米。墓底用大小不一、形状各异的石块拼铺成平面。墓壁用条石错缝砌筑而成。甬道中石壁残存最高处高1.2米。其上部呈圆内收状，如墓顶未塌陷，似应为券顶结构，则此墓不会是石棚墓。甬道前有梯形斜坡状墓道，长1.05、宽2.02米，坡度50°（图三一）。

葬具与墓主遗骸都已不存，故有关情况均不明。因破坏严重，该墓随葬品仅剩青瓷碗2件，釉陶四系罐1件，铜环、铁棺钉各1件。

M4 位于T1东南部和T9西南部及其扩方部位。此墓打破M1和M5墓口，其本身也被严重扰乱。墓口距地表深0.5、长3、宽2.24米。方向190°。墓顶、墓壁均已破坏，故墓顶结构不详，此墓是石券顶墓还是石棚墓，也无法推断。从墓壁留存的基石看，墓壁应用条石错缝砌筑而成。墓底距地表深0.85米，用大小不一、不同形状的石块拼铺成平面。墓室长2.8、宽2.28米。墓室前部偏西有甬道。甬道长1.98、宽1.87米。甬道前偏东处有长刀把形斜坡式墓道，长2.1、宽1.3米，坡度3°（图三二）。

葬具与尸骨均已不存，故相关情况不明。随葬品尚存陶俑4件、陶池塘1件、陶罐1件，共6件，均在墓室西北方出土。另在甬道中央发现一堆无法拼对、修复的可能是陶屋的残碎陶片。

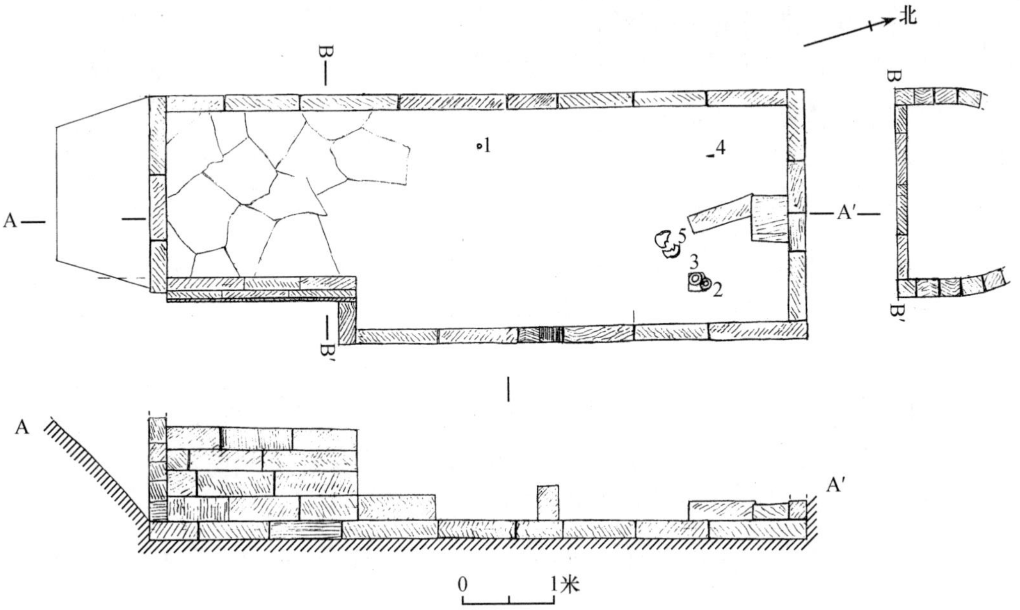

图三一　M2平、剖面图

1. 铜环　2、3. 青瓷碗　4. 铁棺钉　5. 釉陶四系罐

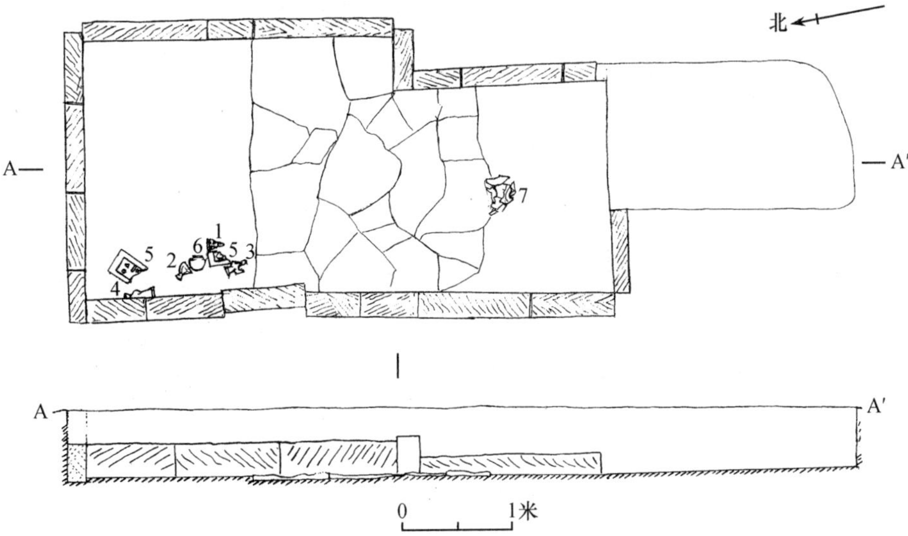

图三二　M4平、剖面图

1. 吹箫陶俑　2. 击鼓陶俑　3. 女舞陶俑　4. 跪坐陶俑　5. 陶池塘　6. 陶罐　7. 残陶片

（二）出土遗物

上述3座墓葬共出土文物28件。其中以青瓷器为最多，计18件；其次为陶器，有陶俑4件、陶罐2件、陶池塘1件；其他的铜、铁、银器各1件。

1. 陶器

7件。以泥质灰陶为主，有个别釉陶器。器形和器类有罐、池塘和俑等。

罐 2件。依形制和陶色的不同分为二型。

A型 1件。M4：6，折肩扁腹罐。泥质灰陶。侈口，方圆唇，卷缘，矮弧颈，斜折肩，扁鼓腹，曲内收，平底内凹。肩部饰凹弦纹一周。口径10.2、腹径16、底径9、高10.2厘米（图三三，1）。

B型 1件。M2：5，釉陶四系罐。泥质灰陶，器表施釉。直口，方唇，圆肩，深鼓腰，斜内收，平底内凹。肩部有用泥条捏制粘接的对称四横桥形耳。内外壁均饰数圈细弦纹。器外壁上腹部施黄绿色釉，下腹部和内壁施酱色釉。口径20、腹径25.6、底径12、高18.4厘米（图三三，2）。

池塘 1件。M4：5，泥质灰陶。为口大底小的圆角长方形。塘内正中偏左用堤半分，左右塘相通。左塘内塑龟、圆形螺各一只；右塘内有圆形螺和三角形鱼雕各一只。手制。高3.6、口长30.4、宽22、底长21.6、宽14.2厘米（图三三，3）。

俑 4件。均为人物俑，都出自M4。泥质灰陶，制作粗糙，脸部与衣褶雕塑模糊。俑内中空，系用前后双范合模制成。

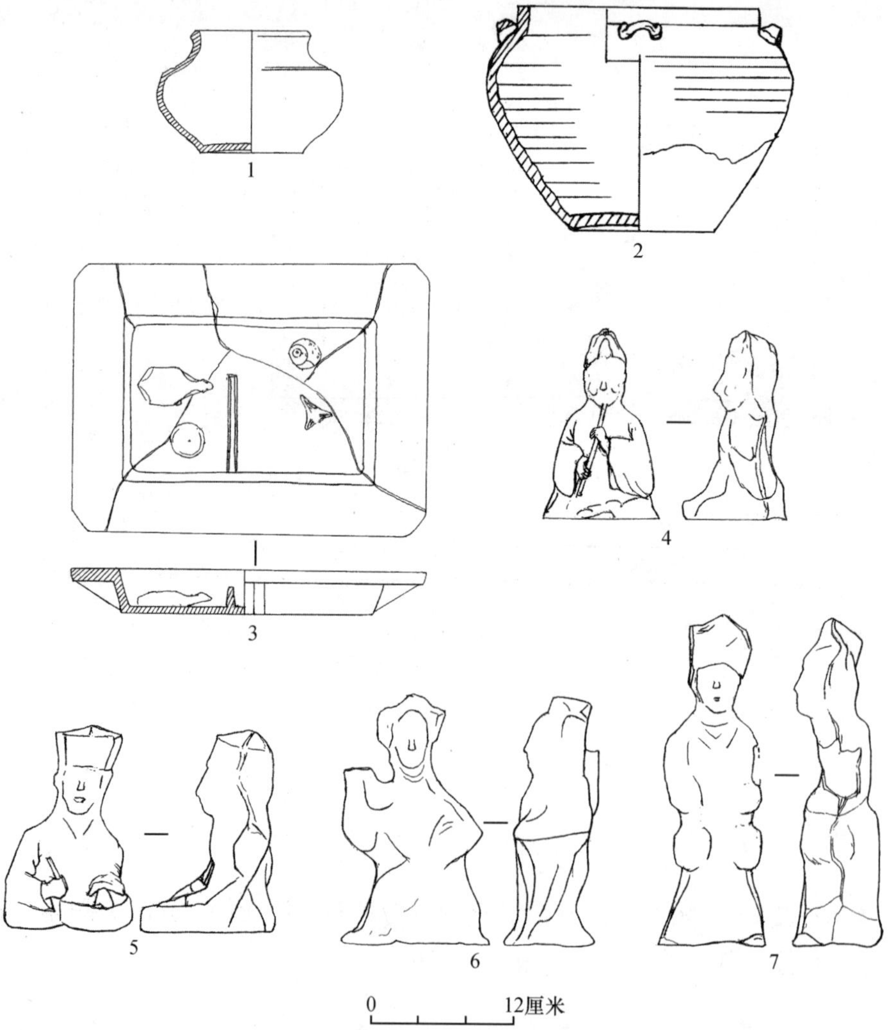

图三三 蜀汉—南朝时期陶器

1. A型陶罐（M4：6） 2. B型釉陶四系罐（M2：5） 3. 陶池塘（M4：5） 4. 陶吹箫男俑（M4：1）
5. 陶击鼓男俑（M4：2） 6. 陶女舞俑（M4：3） 7. 陶跪坐男俑（M4：4）

吹箫男俑　1件。M4：1，跪坐，头戴尖圆形帏帽，长圆脸，着宽袖长袍，双手在胸前执箫，箫口至嘴唇，两腮圆鼓，做努力吹奏状。宽10、厚8.6、通高15.8厘米（图三三，4）。

击鼓男俑　1件。M4：2，跪坐，头戴尖顶高冠，身着交领窄袖长袍，长圆脸，右手在胸前持棒，左手放在鼓上，鼓置于左膝上。宽11、厚11.6、通高17厘米（图三三，5）。

女舞俑　1件。M4：3，梳山形高髻，着圆领宽袖及地长裙。蛋形脸，左手按在腰胯间，右手弯曲上举，右脚向右跨出半步，左腿略弯，做舞蹈状。通高20.6、宽12.5、厚7.8厘米（图三三，6）。

跪坐男俑　1件。M4：4，俑跪坐在一正面为梯形的高台上，头戴尖顶高冠，身着交领宽袖长袍。长圆脸，上臂下垂。厚7.2、通高27.2厘米（图三三，7）。

2. 青瓷器

虽然这3座墓中青瓷器出土最多，但器形仅碗一种。有的碗内底部可见明显的垫烧支钉痕迹。依形态大小，18件碗可分为大型碗和小型碗两类。小型碗的直径在9厘米及其以下，有人称之为杯或盏，也有连称为碗盏或杯盏的。所有碗都为青灰色胎，占大多数的小型碗，内外壁施青绿色釉，4件大型碗则施青黄色釉，有少许碗的外壁近底部因无釉而露胎。

大型碗　4件。口径为12～15厘米。按形状分为三型。

A型　1件。M6：13，敞口，尖唇，斜腹微鼓，假圈足平底（饼足底）。素面。碗内底部有垫烧支钉痕迹。口径15、底径9、高7.2厘米（图三四，1）。

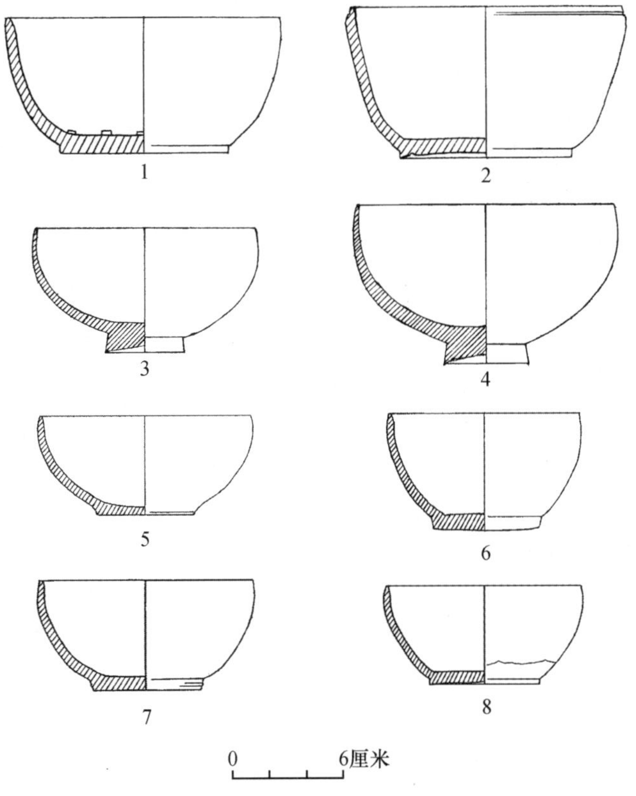

图三四　蜀汉—南朝时期青瓷碗

1. A型大型碗（M6：13）　2. B型大型碗（M6：16）　3、4. C型大型碗（M2：2、M2：3）　5. A型Ⅰ式小型碗（M6：14）　6. A型Ⅱ式小型碗（M6：12）　7. A型Ⅲ式小型碗（M6：11）　8. A型Ⅳ式小型碗（M6：8）

B型　1件。M6：16，敞口，尖唇，斜腹较直，矮圈足（璧足底）。口沿下饰一周凹弦纹。口径15、底径9.2、高8厘米（图三四，2）。

C型　2件。直口，尖唇，深弧腹内收，较高小圈足外撇。M2：2，口径12、底径4.3、高6.6厘米（图三四，3）。M2：3，口径14、底径4.6、高8.4厘米（图三四，4）。

小型碗　14件。依腹部和底部特征分为四型。

A型　4件。敞口，尖圆唇，斜腹略弧鼓，假圈足平底（饼足底）。依足底部变化分为四式。

Ⅰ式：1件。斜弧腹曲内收平底，略显假圈足状。M6：14，口径8.8、腹径9、底径4、高4厘米（图三四，5）。

Ⅱ式：1件。底部为明显的假圈足平底。M6：12，口径8.8、腹径8.2、底径4.4、高4.8厘米（图三四，6）。

Ⅲ式：1件。假圈足上有一周粗凸弦纹。M6：11，口径8.8、腹径9.05、底径4.5、高4.5厘米（图三四，7）。

Ⅳ式：1件。假圈足平底略内凹。M6：8，口径8.2、腹径8.4、底径4.6、高4厘米（图三四，8）。

B型　5件。敞口，尖圆唇，斜鼓腹较浅，假圈足平底（饼足底）。素面。依足部高低分为三式。

Ⅰ式：2件。假圈足平底较低矮。M6：1，口径8.2、腹径8.4、底径4.6、高3.9厘米（图三五，1）。M6：9，口径7.8、腹径8、底径4.4、高3.5厘米（图三五，2）。

Ⅱ式：2件。假圈足平底较高。M6：4，口径8.2、腹径8.4、底径4、高3.5厘米（图三五，3）。

Ⅲ式：1件。假圈足平底更高。M6：5，口径8、腹径9、高4.5厘米（图三五，4）。

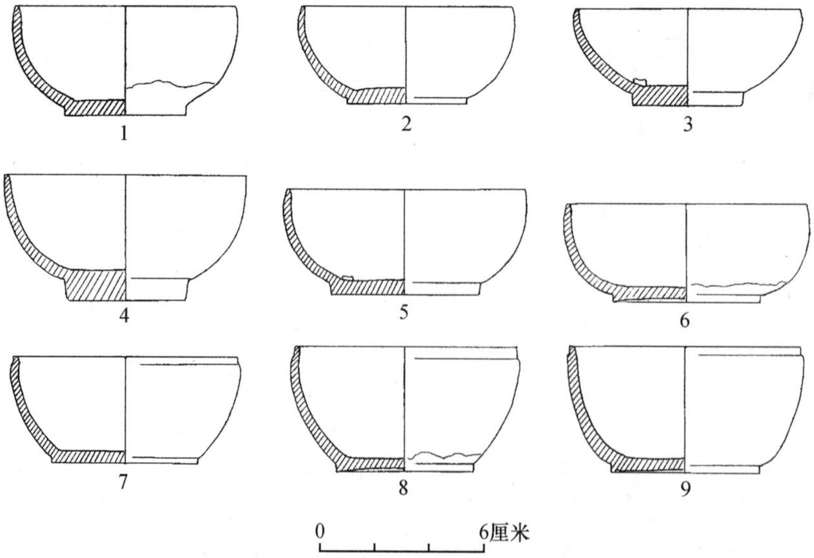

图三五　蜀汉—南朝时期青瓷碗

1、2. B型Ⅰ式（M6：1、M6：9）　3. B型Ⅱ式（M6：4）　4. B型Ⅲ式（M6：5）　5. C型Ⅰ式（M6：7）　6. C型Ⅱ式（M6：17）　7. D型Ⅰ式（M6：15）　8. D型Ⅱ式（M6：6）　9. D型Ⅲ式（M6：10）

C型　2件。直口，尖圆唇，弧腹略鼓但较浅，假圈足平底（饼足底）。口径与底径均较大。依底部不同形制分为二式。

Ⅰ式：1件。假圈足平底微内斜。M6：7，口径8.8、腹径9、底径5.4、高3.8厘米（图三五，5）。

Ⅱ式：1件。假圈足平底微内凹。M6：17，口径8.6、腹径9、底径5.4、高3.5厘米（图三五，6）。

D型　3件。子母口，方圆唇，斜腹，假圈足平底（饼足底）。依足底部的不同分为三式。

Ⅰ式：1件。假圈足平底。M6：15，口径8.4、腹径8.6、底径5.4、高3.8厘米（图三五，7）。

Ⅱ式：1件。假圈足平底略内凹。M6：6，口径8.2、腹径8.4、底径5、高4.5厘米（图三五，8）。

Ⅲ式：1件。腹壁较斜直，假圈足平底略内凹。M6：10，口径8.4、腹径8.6、底径5.4、高4.5厘米（图三五，9）。

3. 铜器

环　1件。M2：1，圆环形，剖面呈圆茎形。素面。外径4.2、内径3.4、茎径0.4厘米（图三六，1）。

4. 银器

指环　1件。M6：3，圆环形，剖面上下平整，外缘外弧，内缘平直，呈方凸茎形。外径2、内径1.75、厚0.25厘米（图三六，2）。

5. 铁器

棺钉　1件。M2：4，圆首尖锋，方锥体形。长7.8、近锋端截径0.4、近圆首截径1.1厘米（图三六，3）。

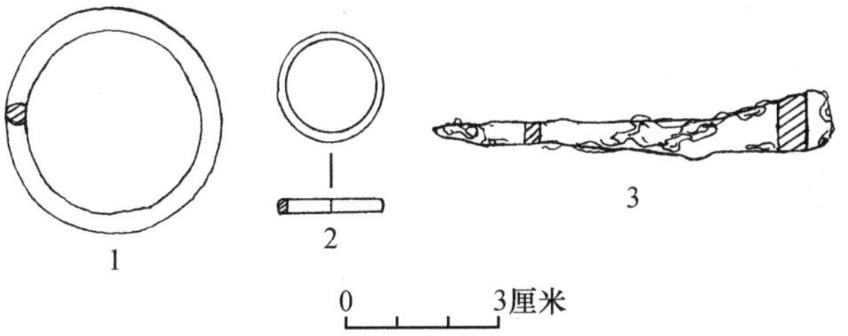

图三六　蜀汉—南朝时期金属器

1. 铜环（M2：1）　2. 银指环（M6：3）　3. 铁棺钉（M2：4）

（三）年代与分期

上述三墓均被严重破坏，也都没有出土钱币，为年代判断和分期研究带来了困难。现根据出土物的形态特征，推断这三座墓葬可分三期。

第一期：蜀汉时期。1座。

M4　该墓的出土文物仅为4个陶俑和陶池塘1件、陶罐1件。陶俑均为泥质灰陶，陶质较硬，但面容模糊，衣褶不清，与东汉晚期的同类陶俑区别较大。而陶罐的形制则与丰都槽房沟墓群属蜀汉时期的M2出土的陶罐相接近①。因此，将M4的年代判定为蜀汉时期应该是较为妥当的。

第二期：南朝早期。1座。

M6　该墓形制较大，但破坏严重。所剩遗物除一枚银指环外，其余16件均为青瓷碗，其中14件又是小型青瓷碗。这些小型碗的形制匀称，以斜腹略鼓，假圈足平底较大、较矮为主，总体上与丰都汇南属南朝早期的M2出土的青瓷碗相似②。C型小型碗的形制则与丰都汇南属两晋时期的墓葬出土的青瓷碗（M20：3、M14：1）类同③。故此推定M6属南朝早期。

第三期：南朝晚期，1座。

M2　此墓的出土物仅5件，其中对判定年代有意义的是1件釉陶四系罐和2件青瓷碗。釉陶四系罐的形状与93丰都汇南墓群属南朝晚期墓葬出土的M6：1青瓷四系罐④十分接近。青瓷碗腹部呈深腹弧形，圈足变高变小，显示了南朝晚期的风格。所以，M2的年代当在南朝晚期。

四、清朝晚期墓葬

1座，编号为2002CWYM7。

M7　位于T3北部偏西处断崖边，是一座长方形平顶石棚式双室墓。从下一阶台地往上看，这是一座部分暴露在地表的石室墓。墓顶上堆土厚0.25米。墓顶用厚0.1米的条石铺砌成平顶棚面。墓室四壁用条石间石灰砌筑建成。墓室长2.86、宽2.78、深1.05米，中间用石壁隔成双室。方向323°。墓室内残剩朽腐的棺木，棺木上用木梢而不用铁钉。另外还留剩一些尸骨。其他并无一物。但两墓室底部均有长方形腰坑。西墓室腰坑长0.74、宽0.38、深0.5米；东墓室腰坑长1.14、宽0.28、深0.45米。腰坑内土质纯净，出土了一些瓦片，内有三块完整的板瓦。除此外，没有发现该墓有其他的随葬品（图三七，1）。

在清理完M7后，发现M7下压并打破了另一座石室墓，并在紧靠M7墓底之下西南部的堆土中出土有人头盖骨及其他零星骨骼，证明该墓确被M7打破并扰乱而破坏殆尽，故对此墓不另作编号。

① 四川省文物考古研究所：《丰都县三峡工程淹没区调查报告》，《四川考古报告集》，文物出版社，1998年。

② 四川省文物考古研究所、丰都县文管所：《丰都汇南墓群发掘简报》，《重庆库区考古报告集·1997卷》，科学出版社，2001年。

③ 四川省文物考古研究所、丰都县文管所：《丰都汇南墓群发掘报告》，《重庆库区考古报告集·1998卷》，科学出版社，2003年。

④ 四川省文物管理委员会、四川省文物考古研究所、丰都县文物管理所：《丰都县汇南两汉—六朝墓发掘简报》，《四川考古研究论文集》，《四川文物》增刊，1996年。

板瓦　3块。泥质灰陶。M7：1，背面饰布纹，正面近前端有三条弦纹。长21、宽20、厚0.8厘米（图三七，2）。

M7出土的板瓦，应属清代遗物。另外，在T3耕土层中出土过1枚乾隆通宝钱币（图三七，3）。加上M7墓还打破过比它早的另一座石室墓，故判定M7的时代应为清代晚期。

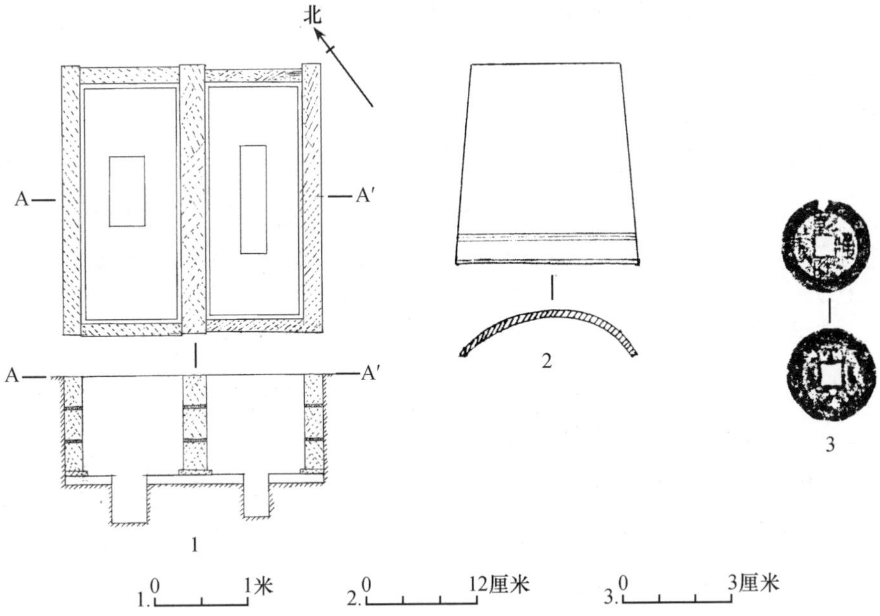

图三七　M7平、剖面图及相关器物

1. M7平、剖面图　2. M7出土的陶板瓦　3. T3耕土层出土的清乾隆通宝钱币拓片

五、六朝窑址

这次发掘有一意外而又很重要的收获，是发现并清理了一座六朝窑址，编号2002CWYY1。

（一）窑址的形制和结构

Y1　位于T5西北部和T6西南部，建在墓地西北角靠近长江畔的低阶山坡上。方向353°。在第1层下开口，打破第2层即生土层。窑口距地表深0.4、长2.55、宽1.95米。整个窑的底平面呈马蹄形，总体结构由窑道、火门、火膛、窑室、烟道等部分组成（图三八；彩版三五，2）。

窑道　距地表深1.25、本身深0.12、长2.6、宽1.8米。两旁垒有墓砖，但已坍塌。为一由南向北直条形延伸的山路，因长期踩踏，表面形成了一层坚硬的踩踏面。紧接窑道南端还有一距地表深1.15、长1、宽0.9米的长方形踩踏面。

火门　即窑门。位于长方形踩踏面的南端，呈拱形状。两侧高0.5、中高0.7、宽0.4、进深0.5米。火门下方铺垫着墓砖。火门周壁残留有夹着红烧土的坚硬烧结面。

火膛　紧接火门。呈喇叭状，平面近似梯形。距地表深1.4米。北接火门的边长为0.55米，南接窑床的边长为1.8米。火膛正中长为1.1米。上部残存着部分夹有红烧土的未坍陷的坚硬烧

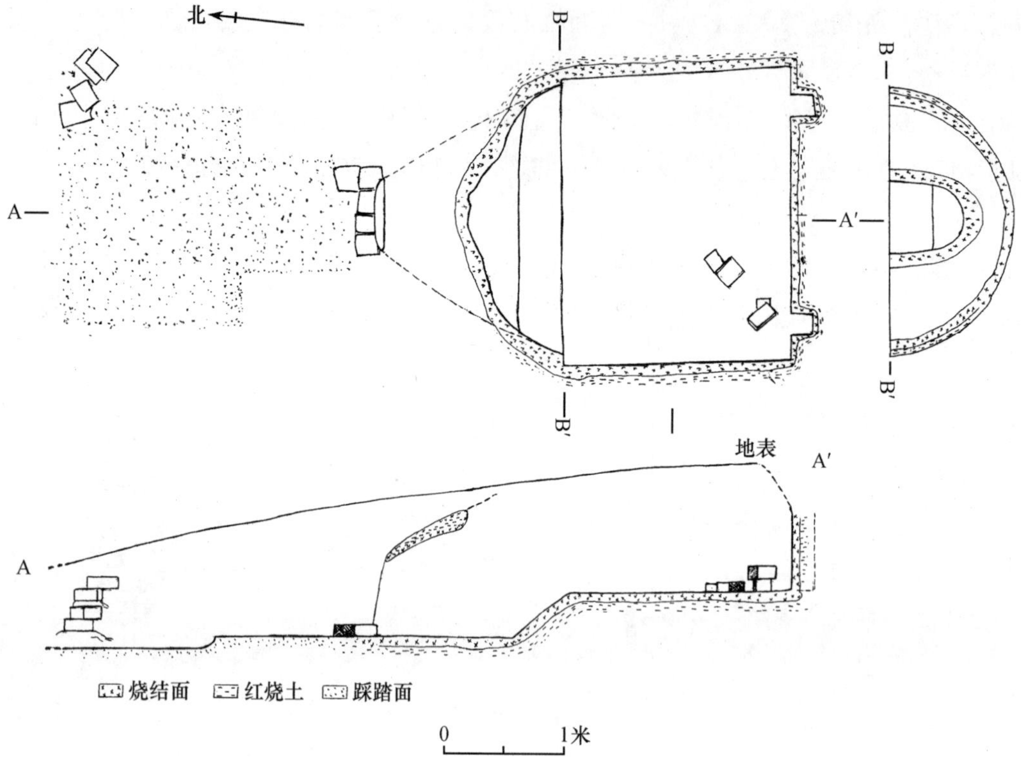

图三八　Y1平、剖面图

结面穹顶。

窑室　在火膛南，高出火膛0.4米。平面呈前（北）圆后（南）方的马蹄形。窑顶大部分已坍塌，但根据火膛上面残存的球面状穹顶，窑床堆积内大块的窑顶烧结面的弧度形状，以及窑壁上端略呈弧形推断，窑顶形状应为拱形穹顶。窑床做成平台形，距地表深0.85、长2.55、宽1.95米，略呈方形。前（北）部为凸弧形，后（南）壁在近转角处各设有一个烟道。烟道呈四方体，长0.2、宽0.18、高0.6米。

根据以上发掘结果，可以推断，该窑建筑在长江畔的南高北低的小山坡上，先在山坡上挖一个深0.85、长2.25、宽1.95米的略呈方形的深坑作为窑室和窑床，并在后壁凿筑出两个烟道；再在窑床前筑低于窑床0.4米的喇叭形状火膛，在火膛前部坡地上凿出火门；然后筑起一个球状面的穹顶；最后在火门前挖出一条山路，两侧垒筑起砖墙，便成窑道。于是，一座陶窑就建起来了。

（二）窑内堆积情况

由于厚12～13厘米带有弧度的大块窑顶烧结面碎块，出土于距地表约0.62米的窑室堆积中部，故据此将窑内填土分为上、下两层。

上层：黑褐色砂质土。堆积内多为陶片、瓦片。瓦片正面饰绳纹，背面饰布纹。在窑室开口处出土了一枚秦半两钱币。发现了少量篮纹釉陶片和一片青绿色饰细网格纹的青瓷片。还出土了许多圆形打制陶片和扁体圆形砾石，可能是烧制陶器时作为垫支陶坯用的工具。堆积内还夹杂了不少兽骨和螺蛳壳。

下层：黄褐色砂质土，质地更松散细密。堆积内陶片数量有所减少，但发现有两面均饰绳纹的厚大瓦片残块。出土了2件铁刀。继续出土兽骨和螺蛳壳。在火门、火膛底部和窑床上发现有侧面饰菱形几何纹的墓砖。在窑道倒塌的残砖中，除侧面饰菱形几何纹的墓砖外，还有侧面饰双钱莲花纹的墓砖。

值得注意的是，无论是在上层还是下层，所有的螺蛳壳尾部均保留完整，未被去除，故应属自然遗存，不是人类食用后的丢弃物，说明这座陶窑建成存世后，曾多次被洪水较长时间的淹没过。

（三）出土遗物

窑址内出土的遗物以陶片和残瓦片、残砖块为主，也有铁器和钱币。

1. 陶器

窑址内出土的陶片中，可辨器形有罐、盆、甑、缸等近十种。复原了1件上层出土的盆。另有4件口沿和1件器底有标本意义。细述如下。

盆　2件。均为夹细砂灰陶。依形制不同分为二型。

A型　1件。Y1：4，微敛口，平沿，方唇，深腹微斜弧鼓，平底。上腹部和近底部分别饰三周和两周凹弦纹；内壁上腹近口沿处有一周凹弦纹。口径26、底径14.5、高12.4厘米（图三九，1）。

B型　1件。Y1：5，仅存口沿及上腹部，故此件也可能是甑。敛口，平沿经修整，外侧呈圆尖唇。短束颈，深腹微弧鼓。领下饰三周篦纹。口径34、腹径33.6、残高11厘米（图三九，2）。

罐　2件。均仅存口沿和肩部。据形状分为二型。

A型　1件。Y1：6，夹细砂灰陶。为矮领陶罐。直口，平沿，圆唇，矮直领，斜肩。肩上饰有两周凹弦纹。口径9、残高4厘米（图三九，3）。

B型　1件。Y1：7，釉陶，为无领陶罐。侈口，卷缘，圆唇，圆溜肩。肩部满饰网格纹。器表施黄绿色釉。口径13、残高6厘米（图三九，4）。

缸（？）　1件。仅存口沿。Y1：8，夹砂灰陶。敛口，直腹微鼓。上腹部近口沿处有一周粗凹弦纹。器外表满饰粗绳纹。残高8.9、残宽8.4厘米（图三九，5；图四〇，8）。

甑　1件。仅存器底。Y1：9，夹细砂灰陶。斜腹内收，平底内凹有孔眼。底径16、残高4厘米（图三九，6）。

2. 瓦和砖

窑址内出土了较多的残瓦片和残砖块，但都不能复原。

残瓦片中以筒瓦为主，也有板瓦。筒瓦正面饰有竖行粗绳纹，背面饰有布纹（图四〇，1）。板瓦有两种，出土于窑室下层的厚大板瓦，正面饰有较为整齐的粗绳纹（图四〇，2），

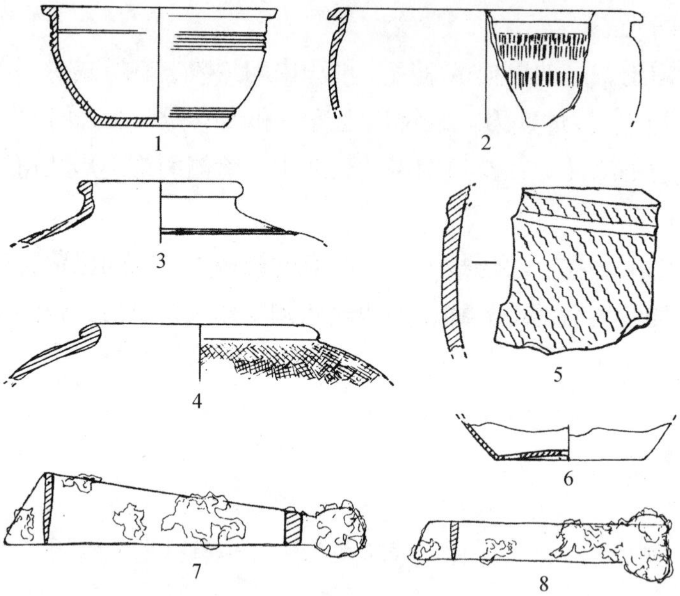

图三九 Y1出土器物

1. A型陶盆（Y1：4） 2. B型陶盆（甑）（Y1：5） 3. A型陶罐（Y1：6） 4. B型陶罐（Y1：7） 5. 陶缸（？）（Y1：8） 6. 陶甑（Y1：9） 7. Ⅰ式铁刀（Y1：2） 8. Ⅱ式铁刀（Y1：3）

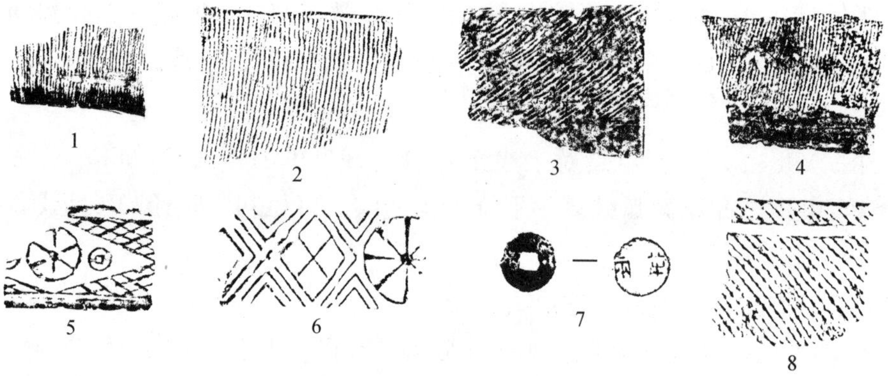

图四〇 Y1窑址出土器物拓片

1. 筒瓦正面绳纹 2. 下层出土板瓦正面粗绳纹 3. 下层出土板瓦背面稀疏斜弧形绳纹 4. 上层出土板瓦正面绳纹 5. 双钱莲花纹墓砖 6. 菱形田字车轮纹墓砖 7. 秦半两钱币（Y1：1） 8. 陶缸（？）残片

背面饰有较为稀疏的斜弧形绳纹（图四〇，3）；窑室上层出土的板瓦，则正面饰绳纹，背面饰布纹（图四〇，4），且数量较下层为多。

残砖块从侧面纹饰看，主要有两种：一种为双钱莲花纹砖（图四〇，5）；另一种为菱形田字车轮纹砖（图四〇，6）。残砖块在窑道两壁倒塌的堆积中发现最多。

3. 铁器

刀 2件。形制基本相同：直背直刃，梯形尖锋，扁圆首，长方形柄。可能是制陶用的工具。依刀身形状的不同分为二式。

Ⅰ式：Y1：2，梯形刀身。长19.6、宽3.8、厚0.5～0.8厘米（图三九，7）。

Ⅱ式：Y1：3，长条形刀身。长14.4、宽2、厚0.4厘米（图三九，8）。

4. 钱币

1枚。Y1：1，直径3.1厘米。无内外郭。穿下有一小圆孔。钱文“半两”，高挺清晰，两字上笔高于穿上缘，当为秦半两钱（图四〇，7）。

（四）时代和用途推断

Y1保存较为完好，在形制上应属半倒焰式馒头窑。窑床面积为4.97平方米。火门与火膛（即燃烧室）间有1.1米的距离，并低于窑床，从而在燃烧时可向上喷射火焰。又因窑顶封闭，火焰又倒向窑底，形成一股股强大的火道，扑向窑床。而燃烧所产生的烟雾，则通过窑床后面的两个烟道排出，因而又便于窑内通风，使燃烧时有足够的氧气，火力更加旺盛。这种把窑床做成平台形，火膛在窑床前，烟道则设在窑床后壁的陶窑，据对河北武安午汲古城中21座陶窑的考古发掘和分期研究，证明在中原地区约起始于西汉前期①。在三峡地区则很可能要晚些时日。而在发掘Y1时，因在堆积中出土有秦半两铜钱和属早期的两面均饰有绳纹的厚大板瓦，又考虑到该窑曾多次被洪水淹没，使用时间较长等因素，曾推断此窑建于西汉，废弃于东汉。但在室内整理研究和编号报告时，发现这个推断是错误的。其根据主要有以下几点。

首先，也是最重要的一点是，Y1中出土的双钱莲花纹残砖，竟与M6墓的平墓砖花纹（图三〇）相同，而M6出土的随葬品以青瓷器为主，年代已被确定为南朝早期。因此Y1的年代也应该与M6墓的年代相当。

其次，模印的钱纹和莲花纹是六朝时期墓砖上盛行的纹饰。而Y1和M6墓砖所发现的钱纹和莲花纹，与南京江宁上坊“天册元年”（275年）墓，即上坊79M1墓墓砖上的“钱心菱形三角线条纹”中的钱心纹及“莲花菱形纹”中的莲花纹相同②。应该指出的是，“天册元年”是吴末帝孙皓的年号，“天册元年”墓所出的莲花砖是当时南京地区出土最早的莲花砖。所模印的莲花纹应该是一种简化了的六瓣莲花纹，而不应该称作车轮纹。Y1和M6墓砖上的双钱纹和莲花纹，既然与上坊79M1“天册元年”墓墓砖上的同类花纹如此相似，那么在年代上也应大体相当或在其以后。

最后，对推断此窑年代有一定意义的，还有在窑址堆积中出土的篮纹釉陶片和青绿色细网格纹青瓷片，因为这两种陶瓷片出现的年代也不应太早。

所以，综合上述所论，Y1的确切年代应判定为六朝时期为妥。

至于该窑的用途，根据窑内堆积中出土物判断，此窑曾烧制过砖、瓦和陶器，但主要是用来烧制筒瓦的。

---

① 河北省文物管理委员会：《河北武安县午汲古城中的窑址》，《考古》1959年第7期。

② 南京市博物馆：《南京郊县四座吴墓发掘简报》，《文物资料丛刊》（8），文物出版社，1983年。

六、结　语

2002年度对银家嘴墓群的考古勘探和发掘，发现并清理了墓葬8座、窑址1座，出土了包括银器、铜器、铁器、青瓷器、陶器、琉璃器和石器在内的许多珍贵文物考古标本。这8座墓葬的时代不一，形制多样，结构不同。从时代上看，有东汉墓葬、蜀汉—南朝墓葬、清代墓葬等。从形制结构方面讲，有竖穴土坑墓、长方形洞穴砖室单券顶墓、“凸”字形和刀把形洞穴砖室双券顶墓、刀把形石室（棚）墓、长方形平顶石棚式双室墓等。相对于考古调查的原有认知，这些实实在在的发现和丰富多彩的考古材料，使我们对银家嘴墓群的墓葬文化及其内涵实质，有了一个新的而且是更加扎实的整体认识。所以，这次考古勘探和发掘，取得的收获是比较大的。

首先，东汉4座初、早期墓葬的发掘，形象地展示了三峡地区从土坑竖穴墓向无甬道的单券顶砖室墓，再向有甬道的双券顶砖室墓的转变发展的全过程，为我们研究这一课题提供了难能可贵的实物资料标本。以东汉光武帝建武十六年“始行五铢钱”为界，之前并推至新莽时期，为土坑墓向砖室墓转变过渡时期；之后则是带甬道的双券顶砖室墓在埋葬习俗中占据主要地位的时代。这4座墓葬中的M8和M5，所用墓砖的纹饰相同，两墓又并列相靠，但所出五铢钱却有时代之别，说明这是两座有着密切关系而又是不同时期的墓葬，显示了这很可能是同一家族，甚至是同一家庭中早晚相继的两代人，从而也清楚地证明了从单券顶砖室墓发展到双券顶砖室墓，所需时日大概最多也不过一代人的时间罢了。正因为如此，这种似M8的长方形洞穴砖室单券顶墓存世的时间不会很长，考古发现亦很少，所以在学术意义上也就显得比较珍贵。

其次，在4座东汉墓葬中，最重要的无疑是M5。因为该墓保存完好，未遭盗扰和其他方式的破坏，这在三峡地区考古发掘过程中是很少见到的，为研究东汉早期三峡地区的埋葬制度提供了完整的珍贵资料。此墓墓顶的密封性能虽不能说是密不透风，但两千多年中，墓室内的淤积土一般仅厚0.5米，泥浆渗入滴下的最厚处也只有0.8米，可见该墓券顶不仅非常牢固，而且防水、密封性能也可堪称良好，值得进一步探讨和研究。墓中出土的铁剑除柄首稍残外，保存也很完整。可贵的是在发掘时，还发现此剑上还残留了一些质料为红色木胎漆器的剑鞘遗存和剑鞘上的银饰残片，从而为研究东汉早期的铁剑及其剑鞘增添了新的、弥足珍贵的实物标本和文物资料。该墓出土的铜灯、铜鋗、铜碗等也是不多见的珍贵文物。值得注意的还有14件陶袖手侍俑中，3件头戴台形高冠的A型灰陶俑，均身高24厘米或以上，制作最为精良，似是等级最高之侍俑。头戴圆盘状冠帽的B型红陶俑，数量也是3件，身高21～23厘米，脸部雕塑不清晰，似是等级较次的侍俑。应属于第三等级的C型红陶俑仍为3件，身高16～17厘米，头脸部模糊不清，制作质量更差些。属于第四也是最低等级的D型红陶侍俑共5件，身高仅13～14厘米，头脸部似未经雕塑，制作质量最差，在身份上应属僮奴性质。这套陶侍俑反映了在当时的现实社会中，不仅统治阶级内部等级森严，不许僭越，被统治、被剥削、被奴役之人的身份也有高下之分，地位亦各不相同。从而为研究东汉时期生活在豪强地主势力下，处于依附地位的被剥削劳动者的景况，提供了新的、生动的实物资料。

就遗迹而言，这次在M5墓道上口处发现的祭祀坑也是十分重要的。这证明在当时的埋葬习俗中，在下葬、祭祀、封门到填土快结束前，还要举行一次祭奠礼仪，这应是当时厚葬风俗的有机组成部分。这也提示我们在今后的考古工作中，在发掘墓道时，要特别细心观察这种遗迹现象的有无，不可疏忽于万一。

当然，还应该提及的是六朝窑址的发现和发掘。这是这次发掘前原本不曾想到的，但发掘中又很有价值的重要发现。这座陶窑从窑道、火门、火膛、窑床和窑室，直至烟道都保存得比较完整，甚至火膛上面还残存着部分没有坍塌的坚硬烧结面穹顶。这座陶窑是直接在山坡上向下从生土中挖穴建成，窑壁也不用土坯或砖砌筑，排烟系统也仅有烟道，而没有吸烟孔或烟室，窑床面积也不是很大等，都表明该窑还存在着一定的原始性。但它的形制结构属半倒焰式馒头窑是确定无疑的，烟道也设为两条，这说明它又具有一定的先进性。这种形制结构的陶窑再进一步发展，就是隋唐时代的更为先进的陶瓷窑了。所以，仅从这一点看，银家嘴这座陶窑的发现和发掘，应该具有一定的学术意义。

最后，还要提出一个需要探讨的问题，即这次发掘的银家嘴墓群，最早为东汉初、早期的墓葬，却不见有东汉中、晚期墓葬，直到蜀汉时才重新有墓（即M4）入葬，且因时间久远，不知有早期墓葬而打破了M1和M5。可见银家嘴墓群的墓葬没有延续性，而具间断性。众所周知，东汉时期兴起了很多大家族墓地，有些甚至绵延了数百年之久，经历几个朝代。但银家嘴墓地在东汉初、早期使用后，即被废弃百年以上，这里面究竟有什么原因？目前尚无可靠解释，在此提出，供今后再次发掘时留意和研究时思考。

总而言之，这次对银家嘴墓群的考古勘探和发掘，取得了较为丰硕的成果，丰富了三峡地区的考古资料，为峡江地区考古学和历史学的研究提供了新的实物证据，从而起到了重要的推动作用。

附记：本次考古发掘领队杨群。参加发掘和初步整理的人员有上海大学文学院历史系教师宁镇疆博士和2000级文博专业19名学生。发掘期间，万州区文物管理所协调部周主任、万州区五桥文物管理所程洪先生、新乡镇文化站魏站长，曾多次来工地协助工作，在此一并感谢。

执笔：杨　群

附表　2002年度银家嘴墓群发掘墓葬登记总表

（单位：米）

墓号	方向/（°）	所在探方	尺寸（长×宽-深）			形制结构	随葬品	年代	备注
			墓室（底部）	甬道	墓道				
M1	260	T1	1×2.46−1	无	1.5×0.7−1	“凸”字形竖穴土坑墓	陶钵1件、带盖陶仓2件	东汉初期	该墓被M4打破，残缺不全
M2	195	T3	4.7×2.32−1.5	2.04×1.76−1.5	1.05×2.02−1.5	刀把形洞穴石室墓	釉陶四系罐1件、青瓷碗2件、铜环1件、铁棺钉1件	南朝晚期	此墓遭严重扰乱，基本没留有完整器
M3	190	T4	2.5×2.25−1.7	1.55×1.41−1.7	1.8×1.1−1.48	刀把形洞穴双券顶砖室墓	陶釜3件（其中2件带盖）、陶甑1件、陶钵5件、陶盆2件、釉陶锺1件、陶仓3件（其中2件带盖）、陶罐3件（其中1件带盖）、五铢铜钱（24枚整，4枚残）、铁釜2件	东汉早期	此墓顶部已坍塌
M4	190	T1、T9	2.8×2.28−0.85	1.98×1.87−0.85	2.1×1.3−0.85	刀把形石室棚墓	陶罐1件、陶池塘1件、陶俑4件	蜀汉	该墓打破了M1和M5墓口，扰乱相当严重，墓顶和甬道顶部结构不详。随葬品陶房无法修复
M5	10	T1、T2	2.69×2.3−3.6	2.15×1.45−3.6	2.8×1.2−3	“凸”字形洞穴双券顶砖室墓	陶釜1件、陶甑1件、陶钵11件、陶盆1件、陶罐9件、釉陶锺1件、陶池塘1件、陶屋3件、陶人物俑18件、陶公鸡俑2件、陶子母鸡俑2件、陶猪俑1件、陶狗俑2件；剑鞘银饰残片1件、银手镯1件、银指环1件、铜鍪2件、铜销1件、铜碗1件、铜灯1件、铜箍1件、五铢铜钱292枚（其中36枚残）、铁釜1件（有铁架）、铁剑1件、石砚石墨1套（件）	东汉早期	此墓保存完好，没有遭到破坏。墓道内有祭祀坑

续表

墓号	方向/（°）	所在探方	尺寸（长×宽−深）			形制结构	随葬品	年代	备注
			墓室（底部）	甬道	墓道				
M6	10	T1、T2	5.5×2.44−2.5	2.2×1.54−2.5	1.98×1.7−2.5	“凸”字形洞穴双券顶砖室墓	小型青瓷碗14件、大型青瓷碗2件、银指环1件	南朝早期	此墓顶部已塌。20世纪50～60年代因平整土地时当成地窖被严重扰乱和破坏
M7	323	T3	2.86×2.78−1.05	无	无	长方形平顶石棚式双室墓	完整板瓦3块	清晚期	每室均有一腰坑，东南墓室的腰坑长114、宽28、深45厘米，西北墓室的腰坑长74、宽38、深50厘米。T3耕土层中出土1枚乾隆通宝铜钱
M8	10	T1	2.8×1.6−1.6	无	1.3×1. 2−1.6	长方形洞穴单券顶砖室墓	陶釜1件、陶盆3件、陶罐6件（其中1件不能修复，4件带盖）、陶饼1件（计3个）、铜小铃铛1件（计3个）、铜指环1件、铜环1件、五铢铜钱61枚（其中10枚残）、铁釜1件、铁刀2件、琉璃耳珰1件	东汉初期	墓顶塌陷，已扰乱，该墓无甬道

万州糖坊墓群2002年度发掘简报

山东省博物馆

一、地理位置

糖坊墓群位于重庆市万州区五桥陈家坝办事处晒网村，距万州区约10千米。地处长江南岸，东经108°26′30″，北纬30°34′13″，海拔135～152米。整个墓群面积约1万平方米，北靠长江，东西两面傍小河，南倚山峦，是一处平坦的坪坝，坝子原来传说为三王坝，后因渔民常在此晒网，且坝子又像一张撒开的网，故又叫作晒网坝（图一；彩版四〇，1）。糖坊墓群位于坝子的东部，1995年南京大学考古系在此地做考古调查，发现砖室墓葬等遗迹，因此处原有榨糖作坊，故名。为配合三峡库区的建设工作，2000年10月12日至11月20日和2001年9月5日至11月28日，山东省博物馆考古队对该墓群进行了全面钻探，并在其西侧进行两次发掘；2002年10～11月又在墓群的东南进行了第三次发掘。三次共计发掘面积4800平方米，清理东汉至南朝时期砖、石室墓葬26座，窑址2座。

第三次计划发掘面积2400平方米，实际发掘5米×5米探方99个，达到2475平方米。2002年的发掘区位于2001年发掘区的东南部，此处原为耕田，地势较为平坦，采用布方的方法发掘，可以保证不遗漏任何遗迹。糖坊墓群的地层比较简单，分两层。

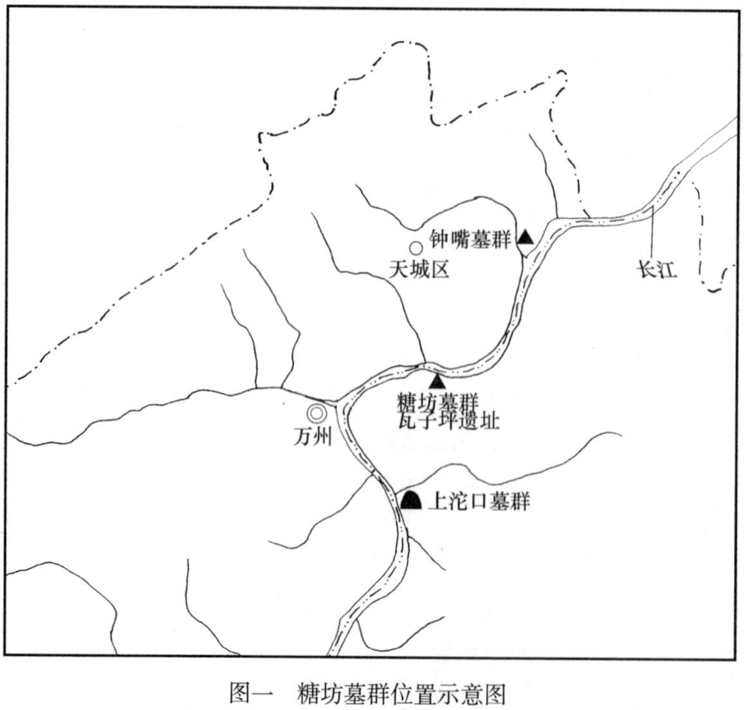

图一　糖坊墓群位置示意图

第1层：为耕土层。红褐色黏土。厚20～50厘米。包含现代人遗弃的陶、瓷片。

第2层：为近现代层。黄褐色土。厚15～30厘米。包含物有近现代瓷碗残片、瓦片等；遗迹有近现代灰坑、灰沟，有的灰坑内有少许近代瓷片。

第2层之下为次生土，土层越往下含沙量越大，有的在1米左右的地方全部变为沙层。此次共清理了10座墓葬、2座陶窑（图二）。墓葬等遗迹大多数在遗址的第2层下发现，也有的直接在耕土层下开口。

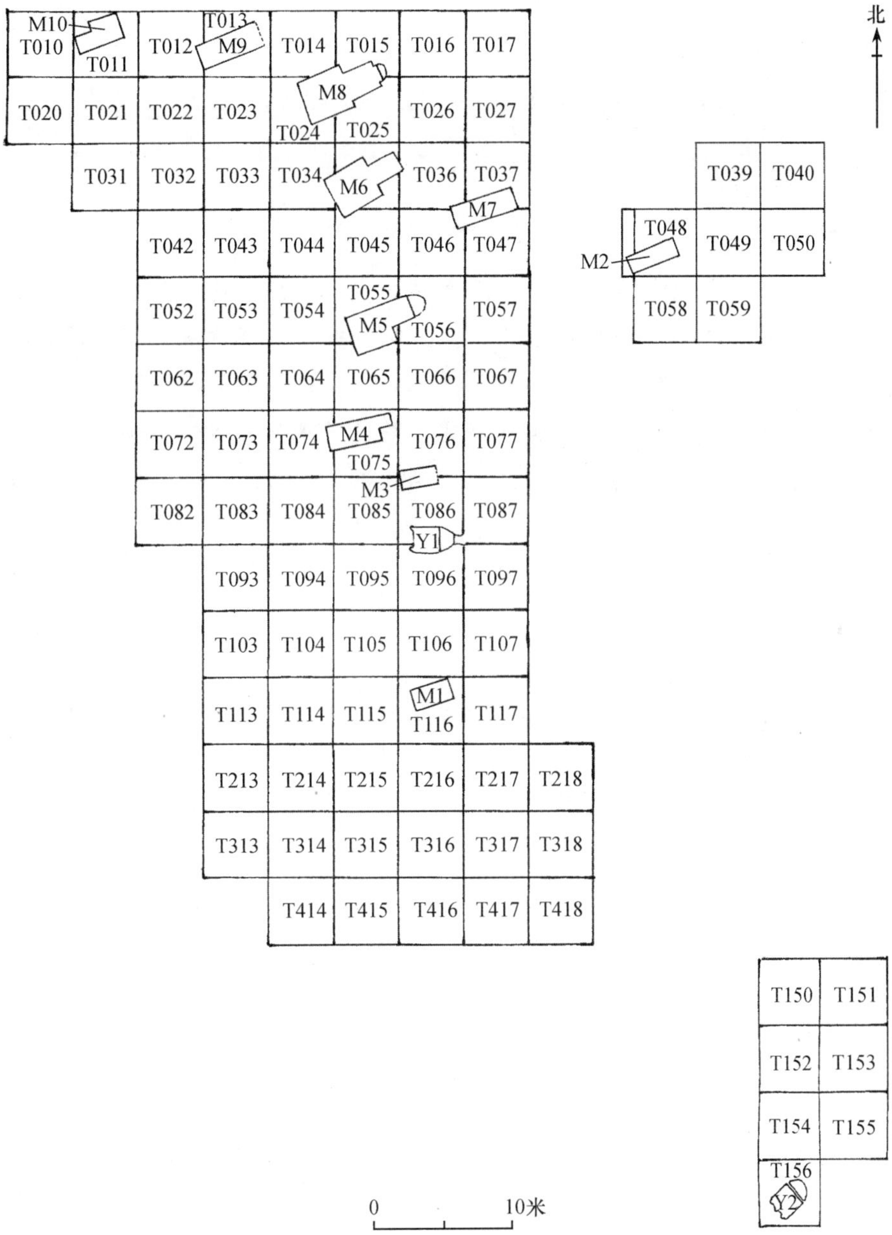

图二　2002年探方及墓葬、窑址分布图

二、墓葬和窑址形制

考虑到以后编写大报告的方便，此次墓号的编排仍从1号开始，即2002CWTM1～2002CWTM10。“CWT”是“重庆万州糖坊”的简称，“2002”为2002年度发掘（以下省略2002CWT）。

发掘的10座墓葬均为砖室墓，分布较有规律，大体呈南北向并列排开，彼此之间没有打破关系，除M10墓向为西南向外，其他墓均为东北向。依据墓葬的平面形状，可分为三种，即长方形墓、刀形墓和“凸”字形墓。窑址2座，方向亦为东北向，且分布于墓葬之间。

（一）长方形墓

M1～M3、M7、M9等属于长方形墓。该类墓的上部均被破坏，有的破坏至墓的底部，不过墓内偶尔还可以见到一面薄、一面厚的楔形砖，估计此类墓的顶部是以楔形砖横券而成的。

M1　位于发掘区南部，墓向72°。

墓葬是先挖成土坑，再依着土坑壁砌砖而成，总长3、宽1.54米。墓葬底部保存尚好，墓壁最高保存有10层砖，现存最高高度为0.7米。墓口处还有一层封门砖，残高约0.32米。墓底没有铺地砖，但有用碎砖块加工夯过的平面，十分平整（图三；彩版四一，1）。墓内的砖有两种

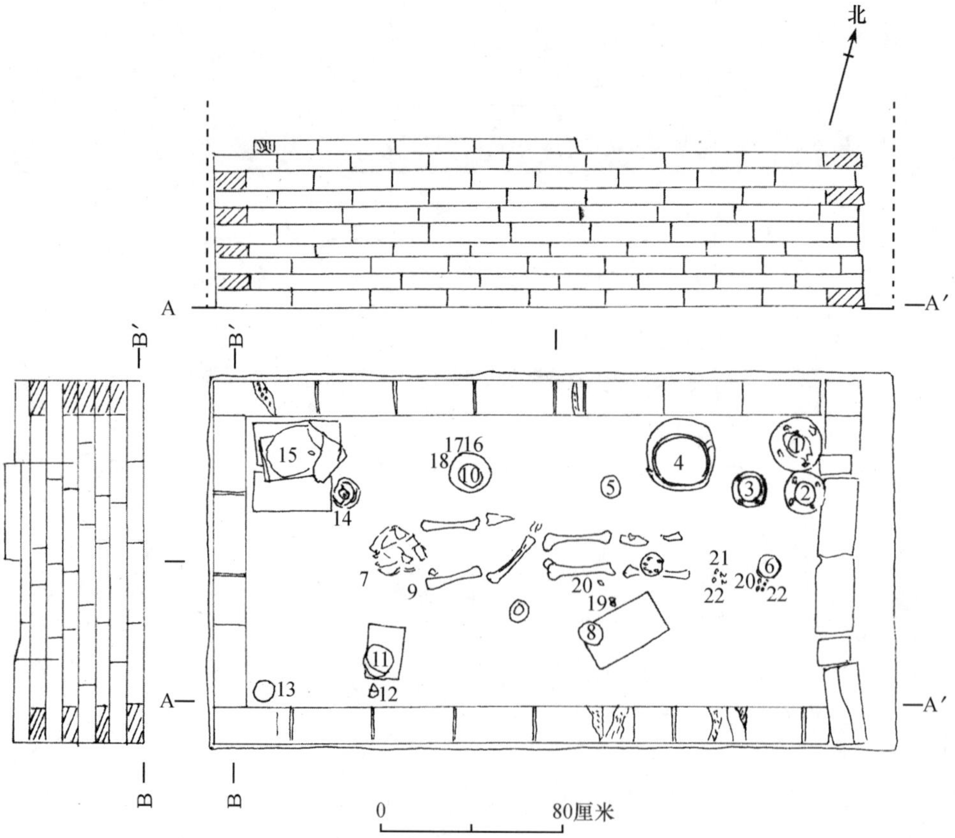

图三　M1平、剖面图

1. 瓷盘口壶　2、3、14、15. 瓷罐　4. 陶罐　5、7～13、16～18. 瓷碗　6. 铁镜　19. 银蝶形饰　20. 银指环　21. 银泡　22. 石串饰

形制：一为长方形条砖，长34、宽17～18、厚6～7厘米；一为楔形券砖，长34、宽17～18、前口厚7、后口厚4～5厘米。砖纹较为驳杂，有五种，以连体菱形纹和车轮纹为主体纹样。

在墓室的中部发现了一具人骨，有大体的人形轮廓，仰面直肢，头向与墓向相反。墓内器物几乎未经扰动，共有22件。其中瓷器有罐、盘口壶、碗等；陶罐；铁镜；银饰品3套，即指环、蝶形饰等；石串饰1套22枚。另有锈蚀的五铢铜钱。

M2　位于发掘区东北侧，墓向69°。

墓葬是先挖成土坑，再依着土坑壁砌砖而成，总长3.9、宽0.98米。墓葬保存不好，墓口处破坏至墓底。墓壁最高保存有4层砖，现存最高高度为0.32米。墓底有铺地砖（图四）。墓砖形制只有长方形条砖一种，长37、宽17、厚8厘米。砖纹两种，一为五连体菱形纹，一为车轮纹。

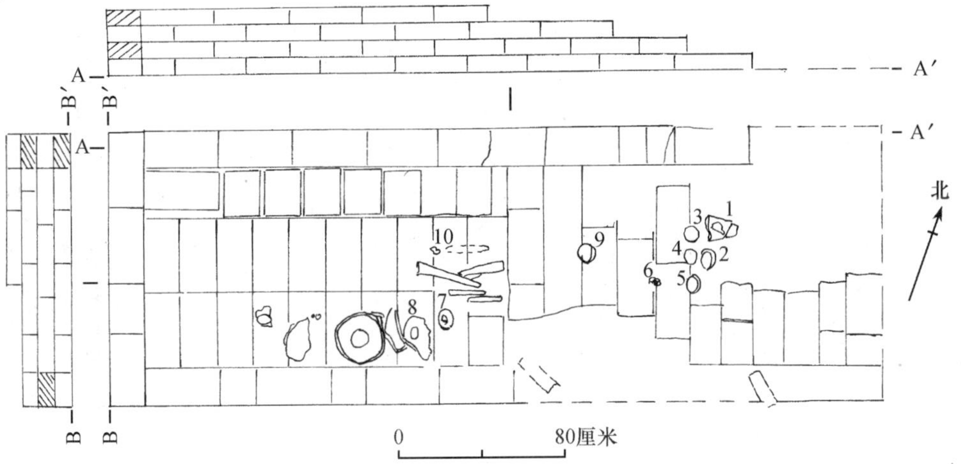

图四　M2平、剖面图

1～7. 瓷碗　8. 瓷鸡首壶　9. 铜钱　10. 石兽形辟邪

在墓室的中部发现了少量人体肢骨，应为一个个体。墓内还残存9件器物，其中瓷器有碗等；石兽形辟邪1件。另有锈蚀的五铢铜钱。

M3　位于发掘区中部，墓向83°。

墓葬是先挖成土坑，再依着土坑壁砌砖而成，总长2.84、宽1～1.06米。墓葬底部保存不好，上部完全破坏，墓壁最高保存有2层砖，墓口处破坏至墓底，墓底没有铺地砖（图五）。墓砖只有长方形条砖一种，长40～42、宽20、厚10厘米。砖纹两种，一为三个车轮组合纹、另一个为车轮组合纹。

墓内不见人骨痕迹。墓内仅存1件陶囤，另有陶片；另外还出土了五铢铜钱，除8枚完好外，其他均已锈蚀。

M7　位于发掘区东北部，墓向73°。

墓葬是先挖成土坑，再依着土坑壁砌砖而成，总长4.9、宽1.75米。墓葬上层遭破坏，底部保存尚好，墓壁最高保存有10层砖，现存高度为0.4～0.8米。墓底有铺地砖（图六；彩版四二，2）。墓砖只有长方形条砖一种，长35、宽17～18、厚8厘米。砖纹两种，一是连体菱形纹，一是车轮纹。

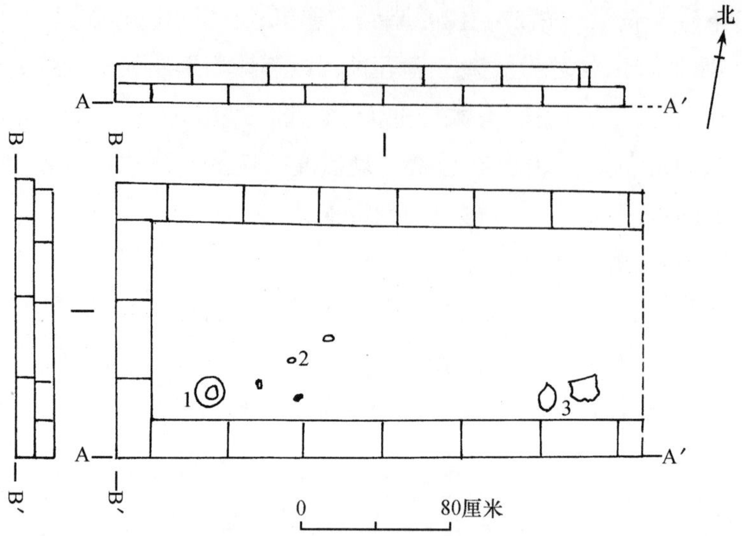

图五　M3平、剖面图

1. 陶囤　2. 铜钱　3. 陶片

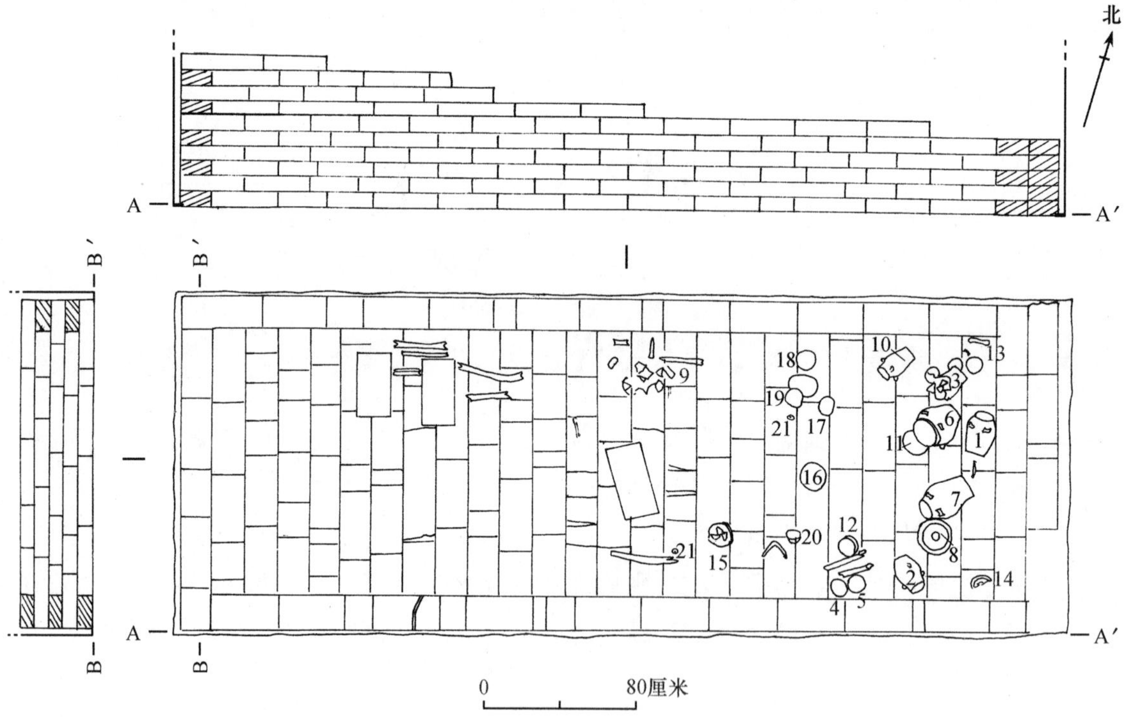

图六　M7平、剖面图

1、3、6、9、10. 瓷罐　2、4、5、11～20. 瓷碗　7. 瓷盖罐　8. 瓷盘口壶　21. 铜钱

在墓室内发现了两具人骨，分布在墓室的两侧，头向与墓向一致。墓室南侧的人骨保留了部分头骨和下颌骨，肢骨较少；北侧的人骨仅残留肢骨。墓室内还出土了数枚锈蚀的铁钉，但未见有棺木的痕迹。器物保存较好，共有20件，均为瓷器，有罐、盘口壶、碗等。另有铜钱出土。

M9　位于发掘区北部，墓向65°。

墓葬是先挖成土坑，再沿着土坑壁砌砖而成，总长5.1、宽1.84～1.98米。墓葬保存不好，墓室的前半部分几乎被破坏。墓壁最高保存有9层砖，现存最高高度为0.72米。墓底有铺地砖（图七）。墓砖有两种形制，一是长方形条砖，长36、宽17、厚8厘米；另一是楔形券砖，长36、宽17、前口厚7、后口厚5厘米。砖纹两种，一是连体菱形纹，一是车轮纹。

在墓室的两侧发现了零乱的肢骨和一例下颌骨，推测为两个个体的人骨，头向不明。墓室后部仅存器物2件，均为瓷碗。

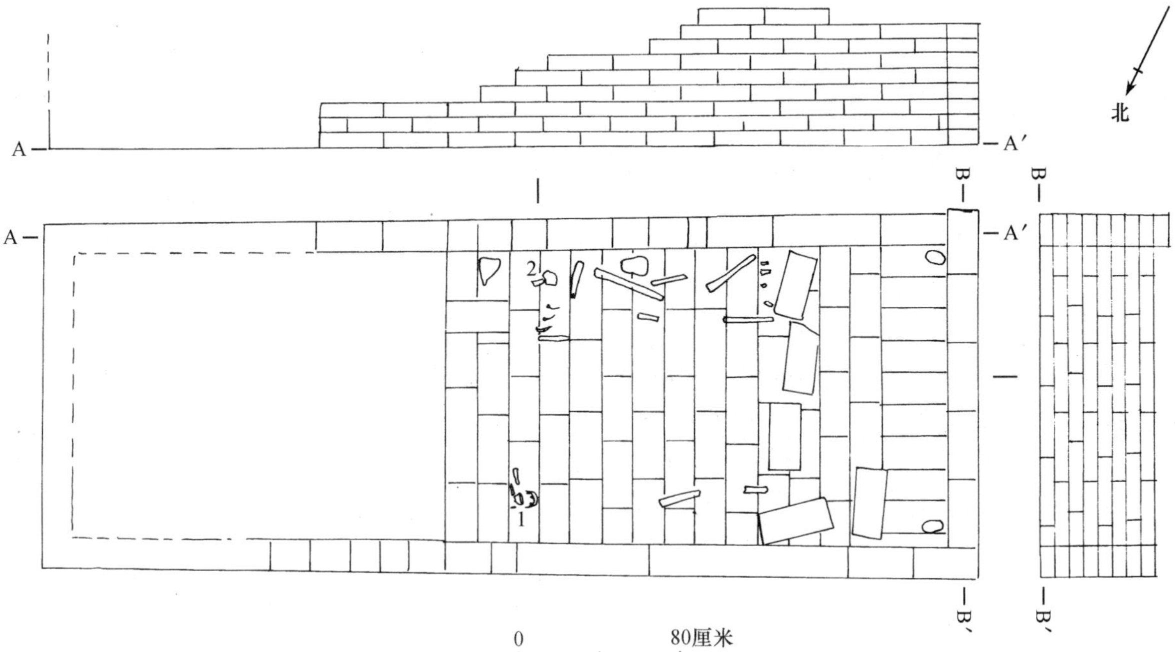

图七　M9平、剖面图

1、2. 瓷碗

（二）刀形墓

M4、M5、M10等属于刀形墓 。

M4　位于发掘区中部，墓向77°。

墓葬由甬道、墓室组成，总长5.04米。甬道长0.92、宽1.1米，墓室长4.12、宽1.9米。墓葬几乎被完全破坏，只残存墓壁最底层砖和铺地砖（图八）。墓砖只有长方形条砖一种，长34～36、宽18、厚8厘米。砖纹两种，为连体菱形纹和车轮纹。

墓内不见人骨痕迹。墓室内残存5件瓷碗。

M5　位于发掘区中部，墓向70°。

墓葬由墓道、封门砖、甬道、墓室组成，总长5.02米。墓道在墓口处，呈弧形坡状，较浅。封门砖挡在甬道口处，长 1.42、宽 0.18～0.4、高0.92米，保留有7层砖，上三层为子母口券砖垒砌而成。甬道长1.82、宽1.8、高0.84米，券顶破坏，最高保存7层砖。墓室长3.2、宽3米。墓室下部保存尚好，有7层条砖，其两端尚残存1层券顶砖，墓壁保存的最高高度为1米。墓底有铺地砖（图九；彩版四一，2）。

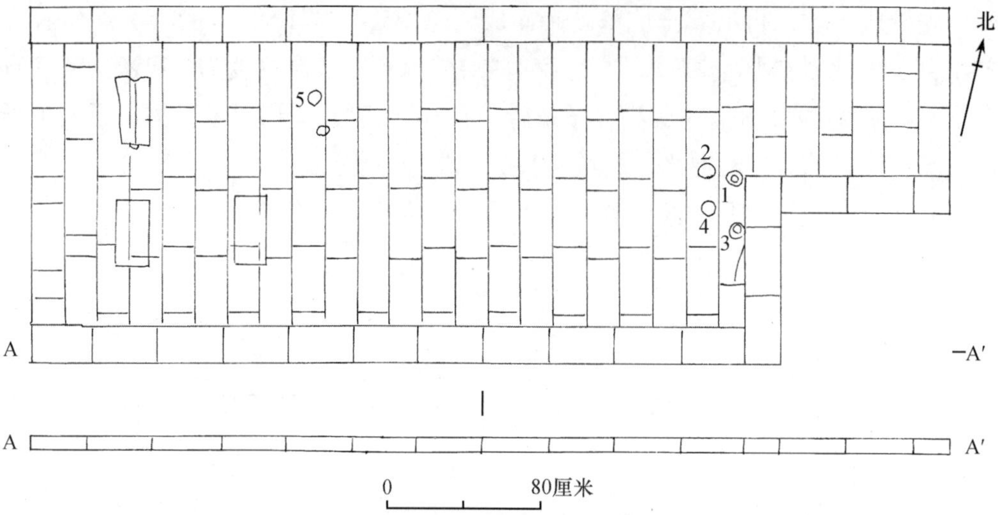

图八　M4平、剖面图

1～5. 瓷碗

墓内有长方形条砖和子母口券砖两种：条砖长42、宽20、厚12厘米。券砖尺寸两种，一长约30、宽15、厚10厘米；二长38、宽20、厚10.5厘米。砖纹有5种，墓室砖纹有连体菱形纹和车轮纹两种，其他“富贵”纹等均在封门砖上发现。

墓内人骨腐朽较甚，不成人形。墓内器物保存较好，共有35件。其中瓷器有罐、盘口壶、鸡首壶、碗等；陶器有陶盆、陶罐等；石黛板。

M10　位于发掘区西北部，墓向256°。

墓葬由封门砖、甬道、墓室组成，总长3.78米。封门砖在甬道口处，有4层，多以半砖块垒砌而成，不过底层悬空；长1、高0.4米。甬道长1.28、宽1.16、高0.6厘米，券顶破坏，最高保存8层砖。墓室长2.5、宽2.24米。墓室下部保存尚好，最高有10层砖，高约0.74米。墓底没有铺地砖（图一〇）。

墓内只有长方形条砖和子母口券砖两种，条砖长34、宽18、厚7厘米；券砖长38、宽20、厚11厘米。砖纹有一种，为连体菱形纹。

墓内残存一具人体肢骨，头向与墓向一致。出土器物19件。其中瓷器有罐、盘口壶、碗、盘等；陶罐有釜、甑、钵等；铁器1件； 琉璃耳珰1枚；另有铜钱数枚。器物出土时，可以看出大体分两层放置，上层为瓷器，下层为陶器，两层落差约为25厘米。

（三）“凸”字形墓

M6、M8属于“凸”字形墓。

M6　位于发掘区北部，墓向60°。

墓葬保存较好，由墓道、封门砖、甬道、墓室组成，总长6.3米。墓道在墓口处，为弧形斜坡状，半径长0.38、墓口处深约0.2米。有2层封门砖：一层在甬道的出口处，其底部铺两层砖，中部筑土，上部以两块大的石片及一些小的石片竖砌，保存的高度达1.7米；另一层横在甬道的中间，将甬道分成两部分，高0.5米，仅有4层砖，以子母口券砖垒砌而成。甬道长

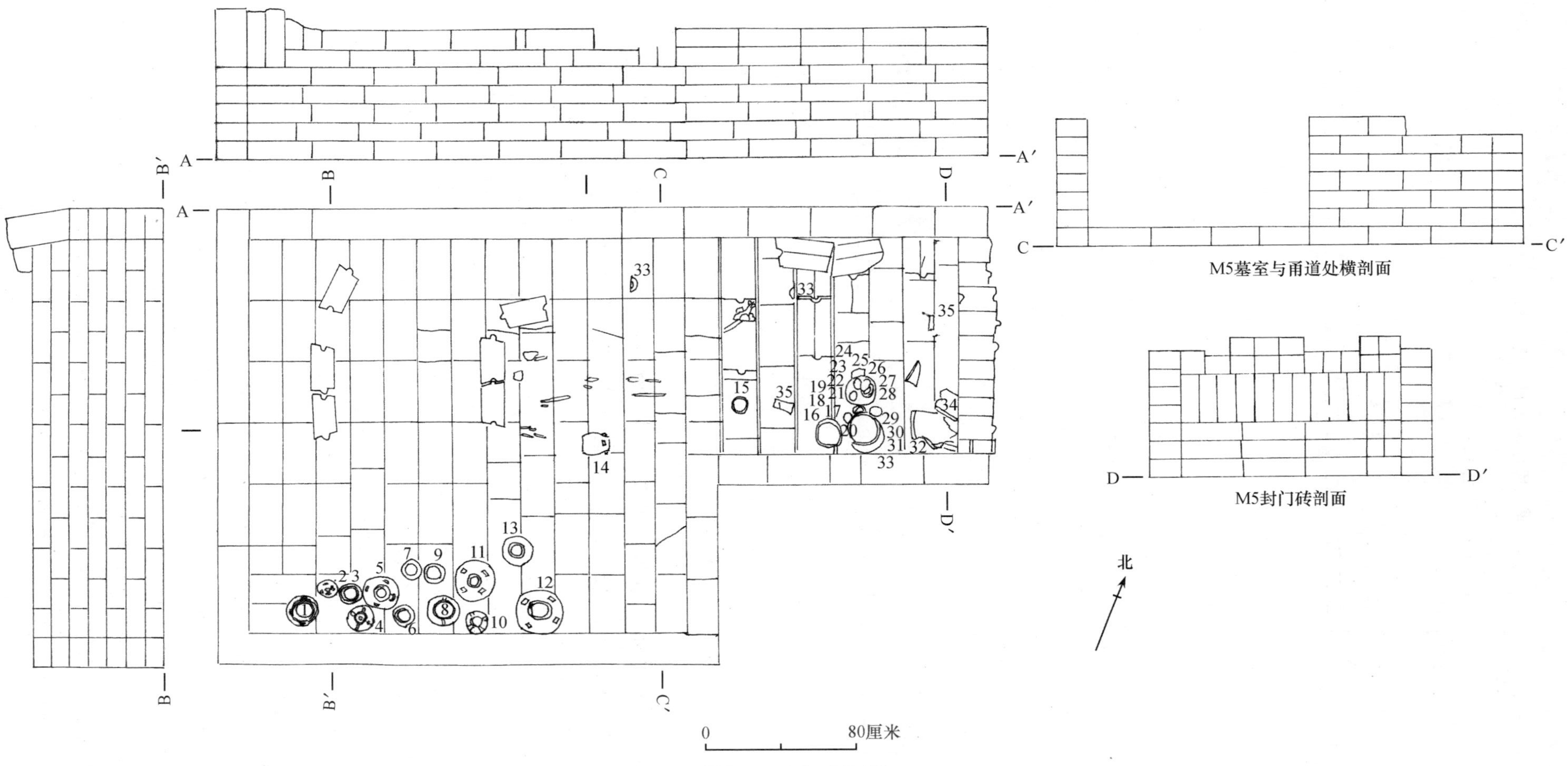

图九　M5平、剖面图

1. 瓷盖罐　2、5、11、12. 瓷盘口壶　3、9、10、14. 瓷罐　4. 瓷鸡首壶　6、7、9、13. 陶囤　8. 陶罐　15、17～33. 瓷碗　16、34. 陶盆　35. 石黛板

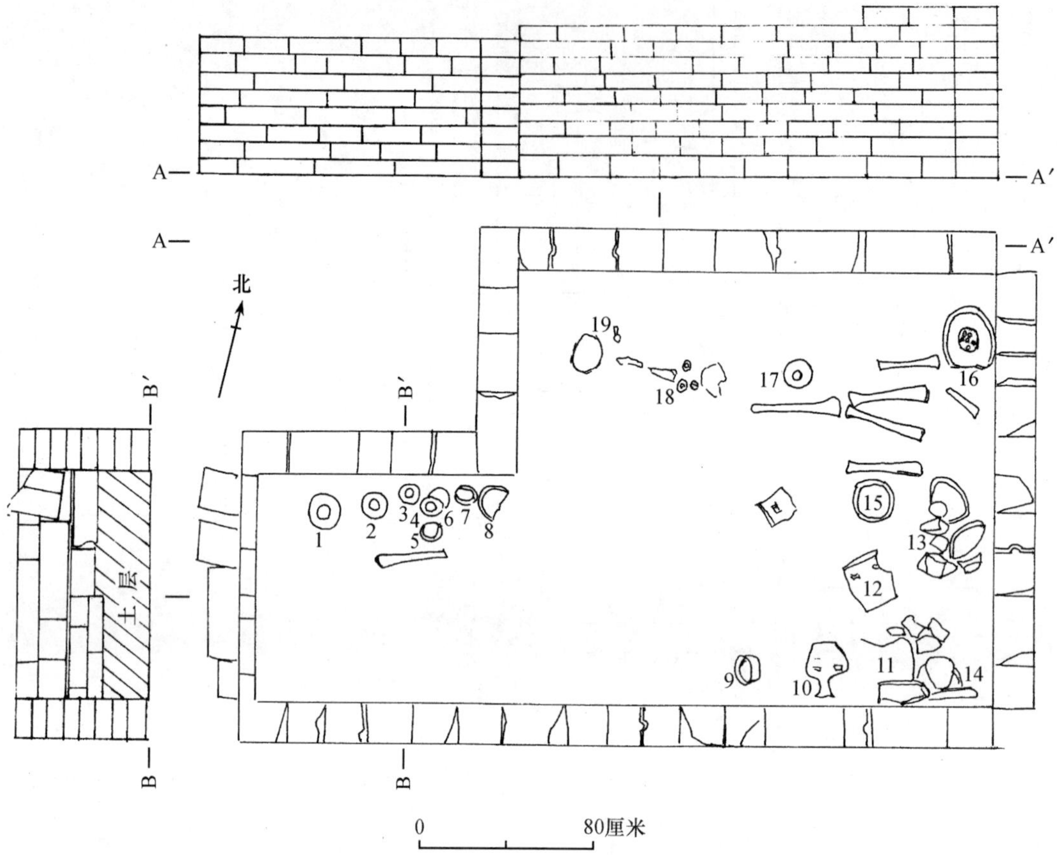

图一〇 M10平、剖面图

1～7、9、10、13. 瓷碗 8. 瓷盘 11. 陶釜 12. 瓷罐 14. 铁钉 15. 陶器盖 16. 陶甑 17. 陶钵 18. 瓷盘口壶 19. 琉璃耳珰

2.32、宽2米，券顶破坏，仅余一层券砖，以子母口券砖竖券而成，下部以10层条砖垒砌而成。墓室长3.6、宽3.32米，保存较好，券顶部分尚存一层券砖，底部保存完好，由9层条砖垒砌而成。墓壁保存的最高高度为1.36米。墓底有铺地砖（图一一；彩版四二，1）。

墓内有长方形条砖和子母口券砖两种：条砖长42、宽20、厚10厘米；券砖长34～36、宽20～21、厚11厘米。砖纹有六种，墓室和甬道内以车轮纹、连体菱形纹（券砖）和骑马出行纹（条砖）为主，其他如"富贵"纹等在封门砖才有所见。

在墓室的后部发现了一具人体肢骨，不见头骨。墓内还发现了漆皮和铁钉等物，疑有漆木葬具。共出土器物66件。瓷器有罐、壶、碗；陶器有罐、盆等；铁器；此外金饰品1套6枚；银饰品3套6枚，有簪、指环等；石串饰1套15枚；锡器。另有五铢铜钱。

M8 位于发掘区北部，墓向71°。

墓葬保存较好，由墓道、封门砖、甬道、墓室组成，总长6.15米。墓道在墓口处，为弧形斜坡状，半径长0.28、墓口处深约0.3米。封门砖在甬道的出口处，其底部铺一层砖，中部筑土为壁，上部用砖垒，再上用石块垒。保存高度达1.9米。甬道平面形状也呈"凸"字形，长2.66、最宽2.28米，最高处保留2层竖券的子母口券砖，墓壁下部以10层条砖垒成。墓室长3.49、宽3.22米，保存较好，券顶部分尚存2层券砖，底部保存完好，由9层条砖垒砌而成。墓壁保存的最高高度为1.98米。墓底有铺地砖（图一二）。

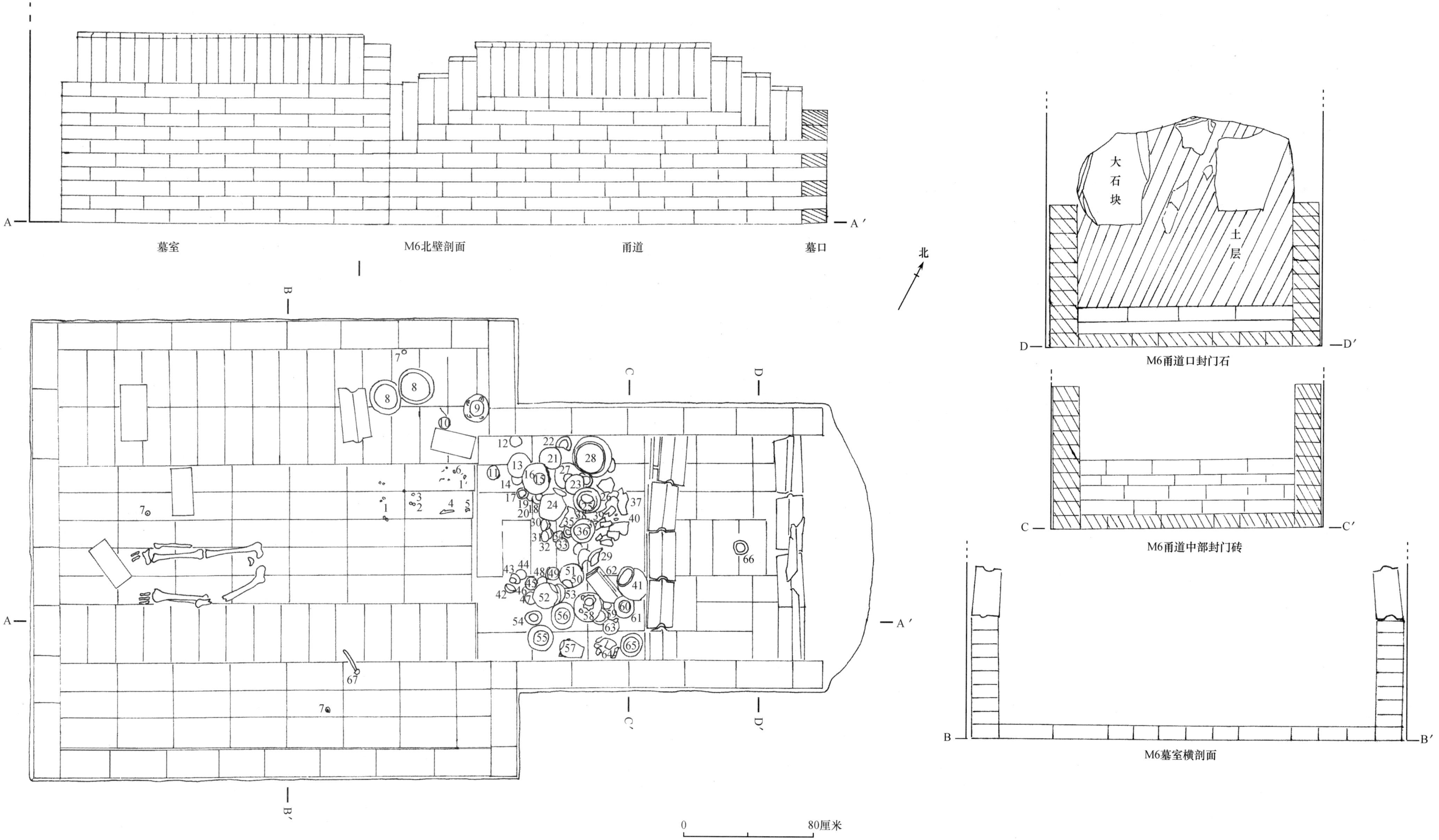

图一一　M6平、剖面图

1. 金饰品　2. 石串饰　3. 银指环　4. 银簪　5. 银饰品　6. 锡兽　7. 铜钱　8. 瓷盂　9、25、26、52、56、57、59、64、65. 瓷罐　10～23、29～39、42～51、53、54、60、61. 瓷碗　24、63. 瓷鸡首壶　27. 陶壶　28、62、66. 陶罐　40、41、58. 瓷盘口壶　55. 瓷盖罐　67. 铁削

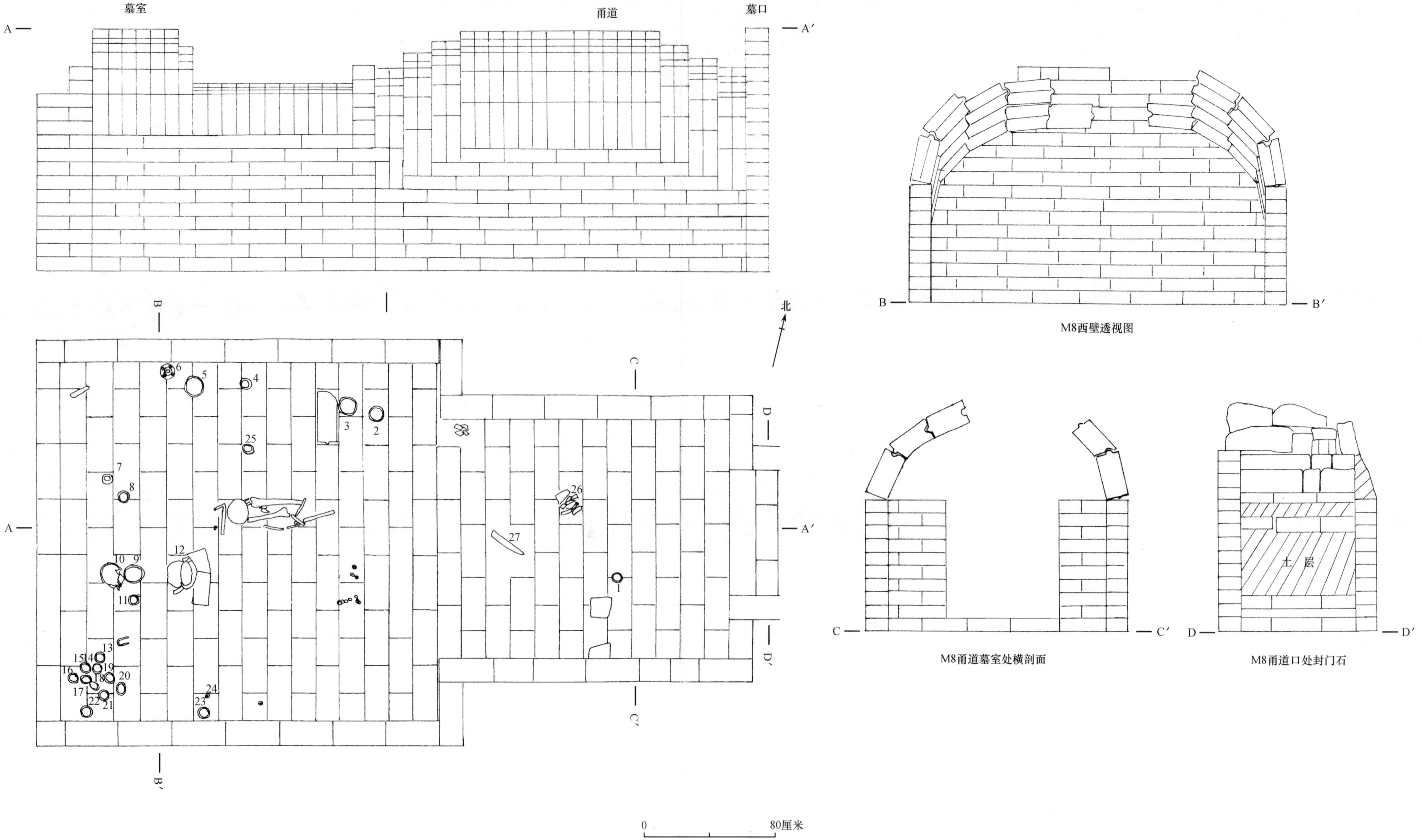

图一二　M8平、剖面图

1～5、8～11、13～23、25. 瓷碗　6、7. 瓷壶　12. 陶罐　24. 铜钱　26. 瓷罐　27. 银钗

墓内有长方形条砖和子母口券砖两种：条砖长44、宽28、厚11厘米；券砖长约38、宽20、厚11厘米。砖纹有三种，墓室和甬道内以两车轮纹、连体菱形纹（券砖）和三车轮纹（条砖）为主。

在墓室的中部发现了一个头骨和零散的肢骨，头向与墓向相反。墓内共出土器物26件。其中瓷器24件，有壶、碗等；陶罐1件；银钗1件。另有五铢铜钱。

（四）窑址

Y1　位于发掘区中部，墓向90°。

窑址平面大体呈“甲”字形，上部已破坏，下层保存较好，由火门、火塘、窑室和烟孔组成，总长3.86、深0.3～1.3米。窑址的最前端为火门，入口处有两块残砖。火门之后为火塘，火塘平面大体呈梯形，较深，底部平整，长1、宽0.5～1.8、深1.3米。火塘后是窑室，平面呈长方形，长2.1、宽1.8～1.94、深0.3米。烟孔在窑室最后端的两个角上，长0.3、宽0.2、深0.1～0.3米。窑壁呈灰色，烧结厚度为2～4厘米，壁略向外倾斜，灰色壁外侧的土壤呈红褐色，说明窑址使用时间较长（图一三）。

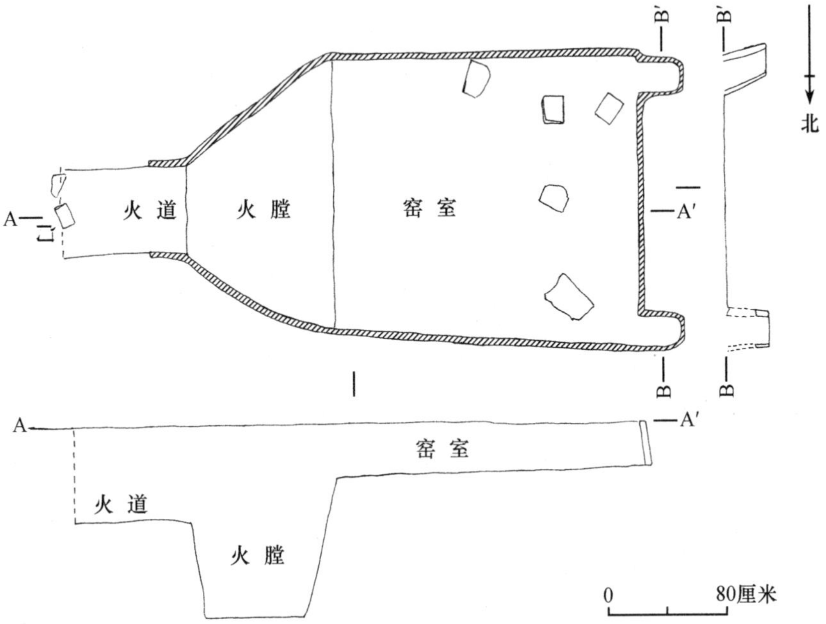

图一三　Y1平、剖面图

窑址内填土以红烧土为主，也有少量的炭粒，另外填土中还包含有绳纹瓦片和饰有花纹的碎砖块。在窑室的后端上残留半砖5块，可能是垫具。

Y2　位于发掘区中部，墓向46°。

窑址平面大体呈“甲”字形，上部已破坏，与Y1形制大致相同，由火塘、窑室和烟孔组成，但未见明显的火门痕迹。总长3.1、深0.32～0.5米。窑址的最前端为火塘，火塘平面呈弧边三角形，底面呈锅底状，底边长2.04、深0.4～0.5米；其壁的外围有一圈宽0.1～0.2米的红烧土层。火塘后是窑室，平面呈方形，长1.76、宽1.96～2.04、深0.32米；窑壁外侧有宽0.15～

0.4、厚约0.05米的红烧土层。烟孔三个，在窑室后壁角上，长0.16、宽0.14～0.16、深0.32～0.38米。窑壁呈暗红色，烧结厚度为4～8厘米，壁略向外倾斜，窑壁外侧的土壤呈深红色而且较厚，说明使用的时间相当长（图一四；彩版四〇，2）。

窑址内堆积大量红烧土和饰有车轮纹和网格钱纹的碎砖块，还有少量的绳纹瓦片。在窑室的后部，地面有8条明显的火道痕迹和大量的木炭痕迹。

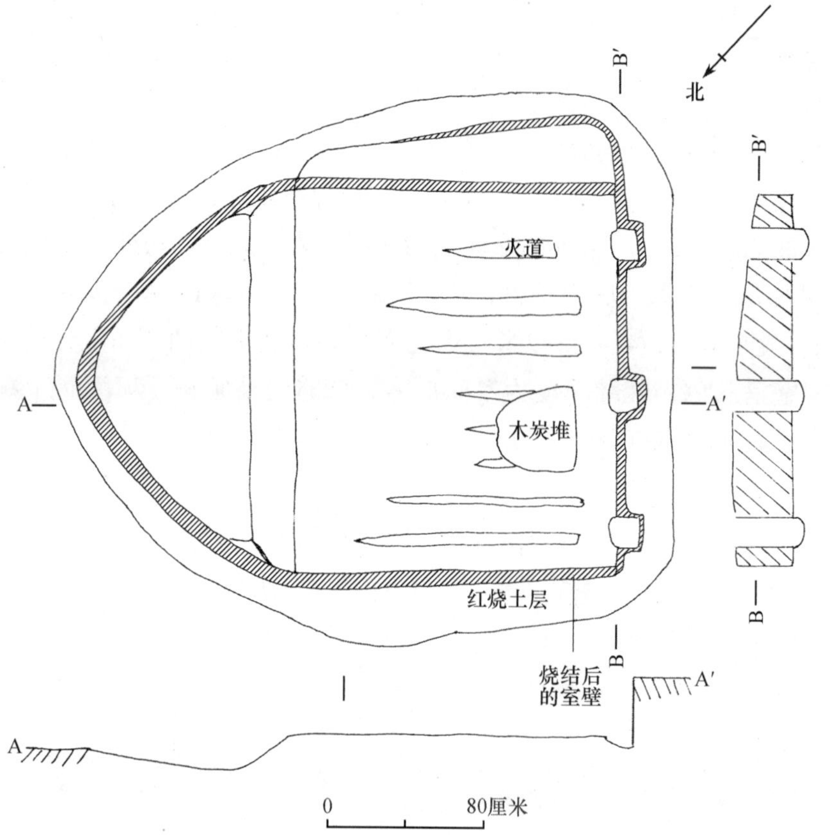

图一四　Y2平、剖面图

三、出土器物

有半数墓葬下层保存较好，器物多未被扰乱。若不计铜钱，此次发掘共出土了206件（套）器物，其中除1件大瓷碗和1件瓷盘是在探方T027中出土外，其他器物均出自墓葬；不过从清理的情况看，T027内的两件瓷器出自近现代扰土层，应也是来自附近墓葬，为后人扰动而已。这批器物主要为瓷器，另外还有陶器、铁器、金银器、石饰品、琉璃器、铜钱等。瓷器施青釉，釉保存稍好的呈青绿色，保存稍差的呈青白色；有的器物全身施釉，有的施半釉；器类有盘口壶、有系罐、碗、鸡首壶、盘等。陶器分红褐陶和灰陶两种，器类主要有釜、甑、罐、钵等。金器为耳坠等饰品、银器有钗、笄等，琉璃器为耳珰，铁器为削、匕首等，铜钱大多为五铢，还有少量的直百五铢、大泉五十等。现分类介绍如下。

1. 瓷器

170件，其中以碗居多，有126件，根据碗的尺寸的大小，可分作大碗、中碗、小碗三类。

大碗　24件。口径15厘米左右，口沿处均有一圈凹弦纹。根据腹壁的不同，分为二型。

A型　14件。又以器底的变化，分作二式。

Ⅰ式：10件。大平底，上腹壁较直，口沿稍敞。M6：23，釉色青绿，腹下部无釉。高6.2、口径17、底径10.4厘米（图一五，1；彩版四三，6）。M8：18，釉色青绿。高6.4、口径16.5、底径11.5厘米（图一五，2；彩版四三，3）。

Ⅱ式：4件。腹部加深，底径较小，有饼形底，较厚。M9：2，尖唇，深腹。口沿下刻划一圈圆圈纹。釉色青白。高8.7、口径15、底径7.5厘米（图一五，5；彩版四五，1）。M10：1，尖唇，腹部较深，内底有支钉。釉色青绿。高7.2、口径12、底径6.6厘米（图一五，6；彩版四四，5）。

B型　10件，大平底，腹壁内收。M6：16，口沿稍敞，上腹壁斜直。口沿下有一圈凹弦纹，沿上有褐色斑点。釉色青绿。高6.2、口径19.2、底径11.5厘米（图一五，3；彩版四三，5）。M6：51，口稍敞，腹壁内收。口沿处有一圈凹弦纹。釉色青绿，腹下部无釉。高6、口径18.4、底径10.8厘米（图一五，4；彩版四四，3）。

中碗　6件。口径约10厘米。不分型式，腹深，上腹壁较直，形制与A型Ⅰ式大碗相同。M6：29，卷沿，深腹，上腹壁较直。口沿下有一圈凹弦纹。釉色青绿，腹下部无釉。高4.4、口径11.7、底径7.2厘米（图一五，7；彩版四四，1）。

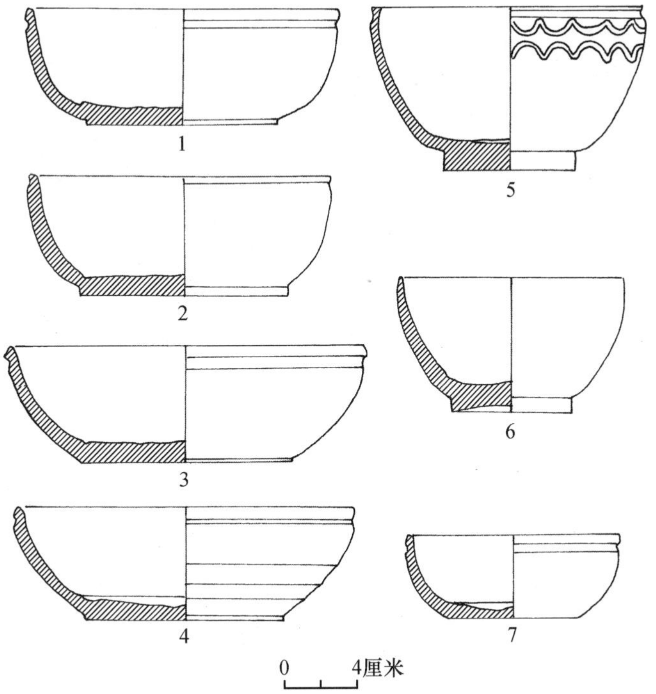

图一五　瓷器

1、2. A型Ⅰ式大碗（M6：23、M8：18）　3、4. B型大碗（M6：16、M6：51）　5、6. A型Ⅱ式大碗（M9：2、M10：1）　7. 中碗（M6：29）

小碗　96件。口径约8厘米。分为三型。

A型　59件。以腹部、器底的变化，分为三式。

Ⅰ式：22件。口沿稍内敛，口沿处有凹弦纹，有的没有凹弦纹，上腹壁较直，内底多有支钉。形制与A型Ⅰ式大碗相同。M1：8，口沿稍内敛，口沿处有凹弦纹，内底有支钉。高3.2、口径8.8、底径4.7厘米（图一六，1；彩版四三，1）。M6：45，口沿稍内敛，内底有支钉。口沿下有凹弦纹。釉色青绿。高3.2、口径7.6、底径4.2厘米（图一六，2；彩版四四，2）。

Ⅱ式：35件。深腹，出现饼形底，小底，饼形底较薄。M8：8，尖唇，口沿内敛，深腹，饼底足。釉色青绿。高4.2、口径8.4、底径4厘米（图一六，3；彩版四三，2）。M10：2，尖唇，口沿内敛，深腹，饼底足，釉色青白。高4、口径8.3、底径5厘米（图一六，4；彩版四四，6）。

Ⅲ式：2件。较之A型Ⅱ式腹部加深，底径更小，饼形底加厚。M9：1，尖唇，口沿内敛，深腹，上腹壁较直。釉色青绿。高4.8、口径9.4、底径3.4厘米（图一六，5；彩版四四，4）。

B型　13件。腹壁内收，口沿处有凹弦纹，内底多有支钉。形制与B型大碗相同。M6：43，口稍敞，内底有支钉。口沿下有凹弦纹。釉色青绿，腹下部无釉。高2.7、口径8.4、底径4.5厘米（图一六，6）。M5：24，口稍敞，内底有支钉。口沿下有凹弦纹。釉色青绿，腹下部无釉。高3、口径7.6、底径4.4厘米（图一六，7；彩版四三，4）。

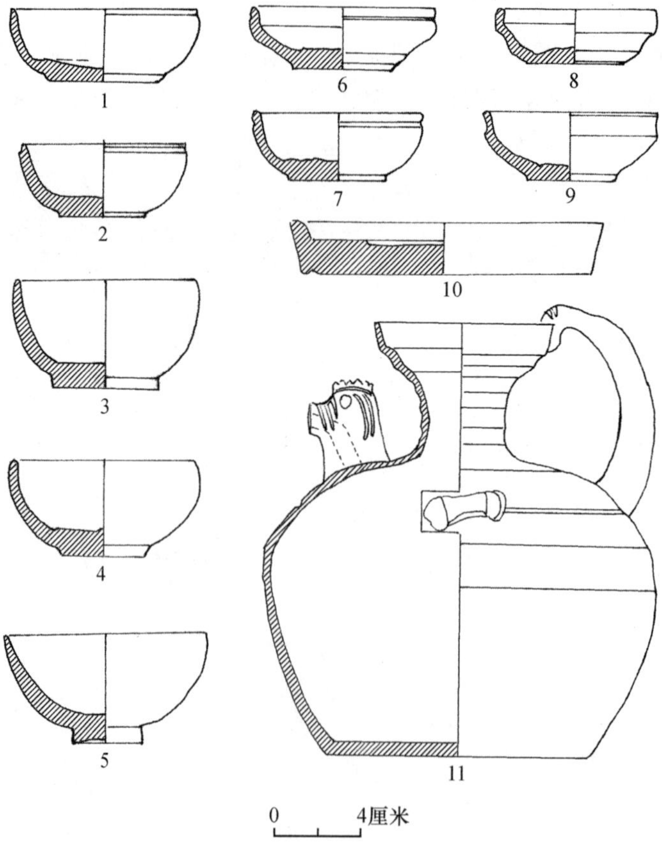

图一六　瓷器

1、2. A型Ⅰ式小碗（M1：8、M6：45）　3、4. A型Ⅱ式小碗（M8：8、M10：2）　5. A型Ⅲ式小碗（M9：1）　6、7. B型小碗（M6：43、M5：24）　8、9. C型小碗（M5：15、M6：15）　10. 盘（M10：8）　11. 鸡首壶（M5：4）

C型　24件。直口，折腹，小平底。口沿处没有凹弦纹，内底不见支钉。M5：15，釉色青绿。高2.4、口径7.2、底径4.5厘米（图一六，8；彩版四九，1）。M6：15，釉色青白。高3、口径8、底径4 厘米（图一六，9）。

盘口壶　12件，其中6件较完整，另6件口部残缺。根据其形体特征，可分为二式。

Ⅰ式：11件。盘口的口沿较低、小，颈部较短，形体矮胖。M5：12，浅盘，短颈，四系，大圆腹，平底。釉色青绿，接近底部处无釉。口径14.2、腹径27.5、底径16.8、高28厘米（图一七，2；彩版四六，6）。M6：41，盘口的口沿较低小，颈部较短，四系，平底。釉色青白，腹下部无釉。口径14.4、腹径25、底径13.2、高27米（图一七，3；彩版四六，5）。

Ⅱ式：1件。盘口的口沿较前式高、大，颈部较长，形体稍长稍瘦。M7：8，大盘口，四系，颈部细长，腹部瘦长。釉色青绿。口径13.8、腹径17.6、底径10.4、高26厘米（图一七，4；彩版四七，3）。

鸡首壶　4件，其中1件的口部和鸡首均残。

M5：4，盘口，有二系，细颈，圆柄，鸡首流，宽肩，收腹。釉色青白。口径8.2、腹径17.5、底径7.6、高19.1厘米（图一六，11；彩版四六，4）。M6：24，小盘口，细颈，圆腹，流为鸡首形，把手残缺。釉色青绿，接近底部无釉。口径11.5、腹径20.5、底径12、高26厘米（图一七，1；彩版四七，1）。

罐　26件，其中20件共性较多，可分二型。其他做独例介绍。

A型　18件，依其形体的变化，分作二式。

Ⅰ式：13件。四系，圆唇，大多口沿稍敛，鼓腹，最大径在腹的中部，形体稍胖，底径和口径大体相等。M5：3，直口，有短领，深腹，腹稍鼓腹下部挂釉。釉色青白，腹上部无釉。

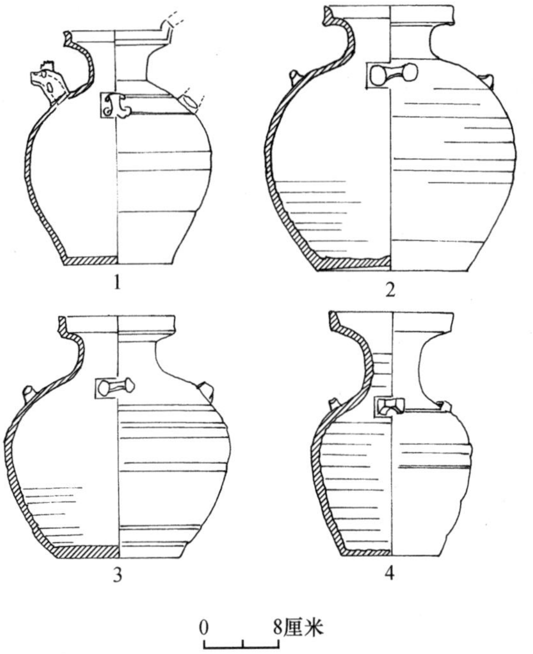

图一七　瓷器

1. 鸡首壶（M6：24）　2、3. A型Ⅰ式盘口壶（M5：12、M6：41）

4. A型Ⅱ式盘口壶（M7：8）

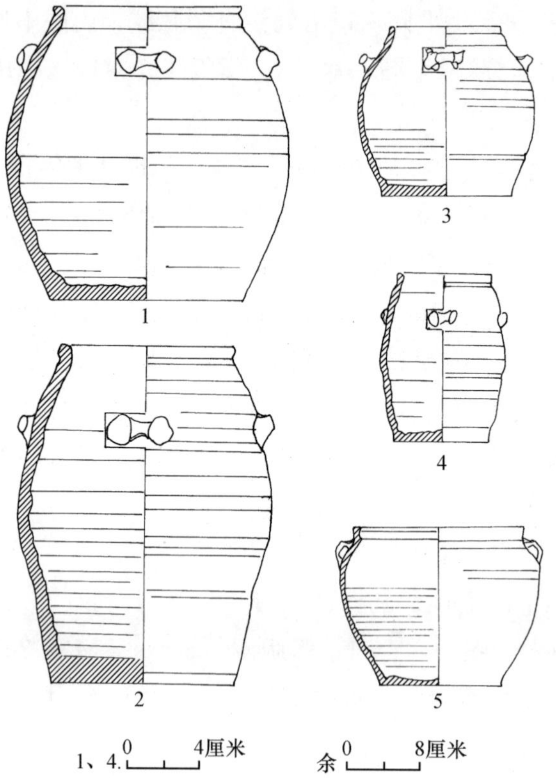

图一八 瓷罐

1、3. A型Ⅰ式（M5：3、M6：52） 2、4. A型Ⅱ式（M5：10、M7：9） 5. B型（M6：26）

饰多道凹弦纹。口径10.2、腹径15.4、底径10.6、高15.6厘米（图一八，1；彩版四六，3）。M6：52，有领，鼓腹，最大径在腹的中部，形体稍胖。釉色青绿。口径12、腹径19.3、底径14、高18.1厘米（图一八，3；彩版四五，3）。

Ⅱ式：5件。四系，圆唇，敛口，鼓腹，最大径在腹的中部，底径和口径大体相等，形体瘦长。M5：10，卷沿，直口，四系，深腹，腹稍鼓，大平底。腹上部施釉，釉色青白。口径9.4、腹径14、底径10、高18厘米（图一八，2；彩版四五，6）。M7：9，四系，圆唇，敛口，腹稍鼓，最大径在腹的中部。釉色青绿，腹下部无釉。口径10、腹径13.8、底径10.2、高18厘米（图一八，4；彩版四五，5）。

B型 2件。二系，大口，底径稍小于口径，最大径在腹的上部。M6：26，直口，有领，二系，鼓腹。釉色青白，腹下部无釉，釉色青绿。口径18.5、腹径22、底径13、高16.8厘米（图一八，5；彩版四五，2）。

独例罐 M5：1，双口沿，内敛外敞，为泡菜用，四系，圆腹，最大径在腹的中部。平底，釉色青绿，腹下部无釉。口径11.8、腹径23.5、底径16.6、高26.5厘米（图一九，1；彩版四八，1）。M6：55，盝顶盖，有纽，上有褐色斑点，盖径13、高2.5厘米。体形矮胖，釉色青绿。口径12、腹径19.3、底径11.5、高15.3厘米（图一九，3；彩版四六，2）。M6：59，小直口，有领，四系，形体粗矮，釉多剥落。腹上饰弦纹。口径8.8、腹径13.4、底径7.6、高9.5厘米（图一九，4；彩版四五，4）。M7：7，盝顶盖，小口，深腹，上部圆鼓，最大径在腹的上部，釉色青白。口径10.8、腹径22.8、底径14、高27.6厘米（图一九，2；彩版四七，2）。

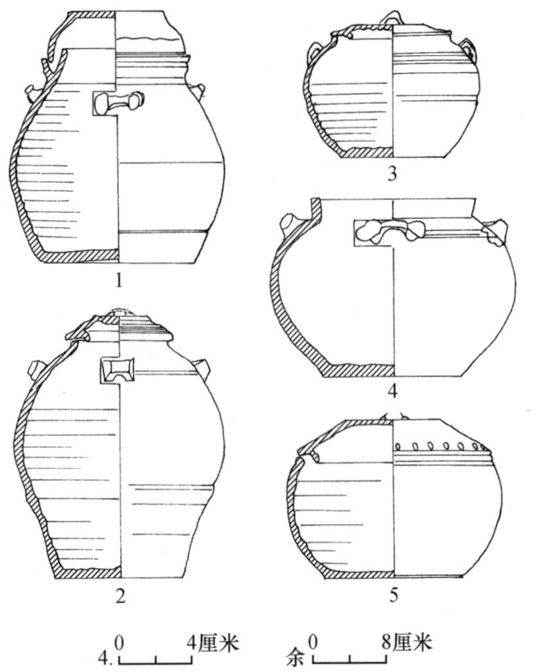

图一九　瓷罐、盖盂

1～4. 罐（M5：1、M7：7、M6：55、M6：59）　5. 盖盂（M6：8）

盖盂　1件。M6：8，大口，圆腹，大平底，盝顶盖有纽。釉色青绿。口径21.5、腹径23.5、底径15、高17厘米（图一九，5；彩版四六，1）。

盘　1件。

M10：8，侈口，浅盘，厚底。釉色青白。口径14.2、底径13.2、高2.3厘米（图一六，10；彩版四九，2）。

2. 陶器

共18件。这批墓葬中，除M3因破坏，仅出土1件完整陶器外，尚未见以陶器为主要随葬品的墓葬。陶器以灰陶为多，器形又以罐类为多。

罐　6件，可分为灰陶和红陶两类。

灰陶罐　3件。有二系，大口，小平底，形体较大。M6：28，卷沿，鼓腹，下腹壁内收，最大径在腹的上部。口径24、腹径29、底径14.5、高22.8厘米（图二〇，1；彩版四八，4）。

红陶罐　3件。M6：66，平折沿，短颈，折肩，平底。口径8、底径4.6、高5厘米（图二〇，4；彩版四七，6）。M8：12，大敞口，深腹，平底，形制类釜，烧制火候高，似瓷器的内胎。口径23、底径12.2、高19.1厘米（图二〇，5；彩版四九，6）。

囤　5件。分二型。

A型　4件。M5：7，小直口，有领，圆腹，平底。腹壁饰凹弦纹。口径8、底径8.2、高9.5厘米（图二〇，2；彩版四七，5）。

B型　1件。M3：1，尖唇，口稍敛，有短肩，小平底。口径10、底径7、高7.5厘米（图二〇，6；彩版四七，4）。

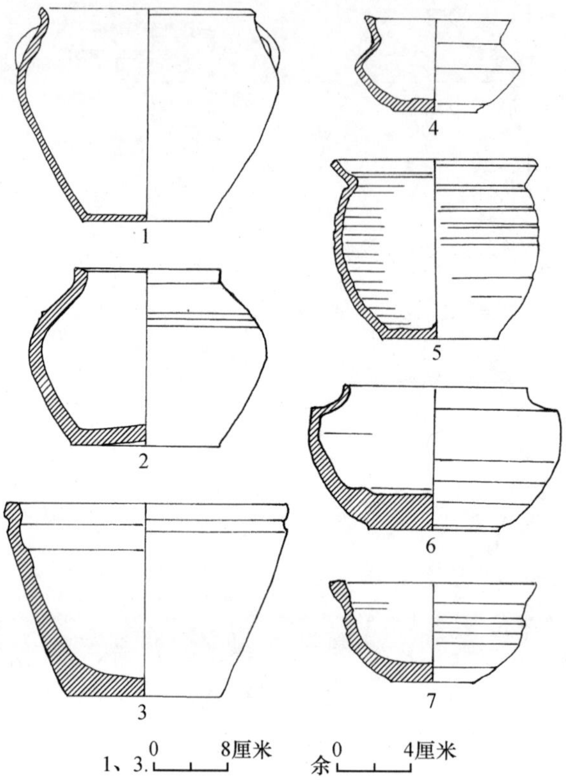

图二〇 陶器

1. 灰陶罐（M6：28） 2. A型囤（M5：7） 3. 盆（M5：16） 4、5. 红陶罐（M6：66、M8：12）
6. B型囤（M3：1） 7. 钵（M10：17）

钵 1件。M10：17，红褐色，平折沿，深腹，平底。腹饰三道弦纹。口径11.4 、底径4.4、高5.2厘米（图二〇，7；彩版四九，5）。

釜 1件。M10：11，红褐色，大敞口，束颈，鼓腹，圜底。口径24.8、腹径24、高19厘米（图二一，3；彩版四九，7）。

甑 1件。M10：16，灰褐色，卷沿，敞口，平底，底有7个箅孔。口径29.2 、底径15.2、高12厘米（图二一，2；彩版四九，3）。

壶 1件。M6：27，长颈，扁鼓腹。饰红褐色釉。口部和圈足似有意锯掉。口径9、腹径22.2、底径10.5、高17.2厘米（图二一，4；彩版四八，3）。

盆 2件。M5：16，圆唇，大敞口，斜壁，深腹，平底。口径15.6、底径8.4、高10.2厘米（图二〇，3；彩版四八，2）。

器盖 1件。M10：15，红褐色，平沿，上有环形纽和三尖状纽。高7.6、口17.4厘米（图二一，1；彩版四九，4）。

3. 铁器

保存较好者有3件。 在M1、M6、M8、M10等墓中均发现了铁制品，大多锈蚀，但仍能分辨出器形，主要是钉和镜、削之类。

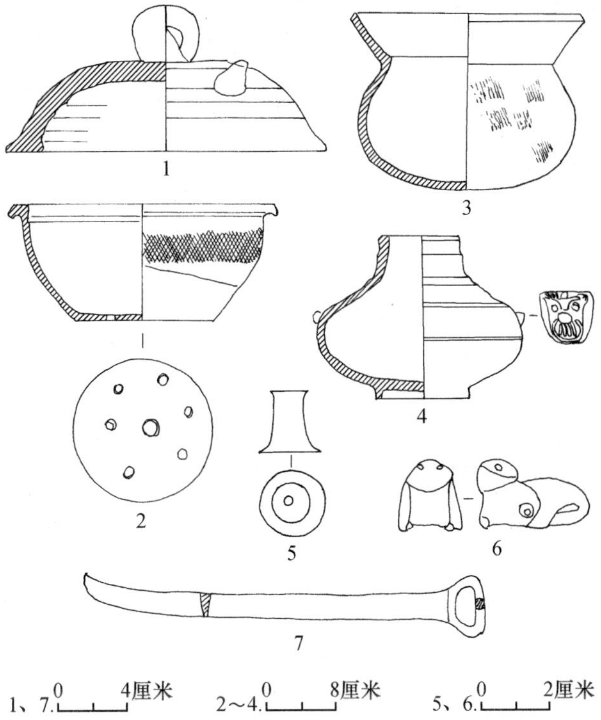

图二一 陶、铁器及其他

1. 陶器盖（M10：15） 2. 陶甑（M10：16） 3. 陶釜（M10：11） 4. 陶壶（M6：27）
5. 琉璃耳珰（M10：19） 6. 锡兽（M6：6） 7. 铁削（M6：67）

镜 M1：6，圆形，纽已锈蚀，背面纹饰不清。直径13.5厘米（彩版五二，4）。

削 M6：67，环首，刀尖稍上翘。长22、宽7厘米（图二一，7；彩版五〇，6）。

4. 金银饰品

金饰品出于M6。M6：1，螺旋形4枚、方形1枚、花形1枚，均有穿孔；其中一件螺旋形饰品高1.9、径1、孔径0.15厘米（图二二，7～9；彩版五〇，1）。

银饰品有簪、钗、指环等物。M1：19，蝶形饰。“8”字形，扁平，两面均有多个月牙形印记。长3厘米（图二二，1；彩版五一，1）。M1：20，指环，2枚。圆形，一枚断面作圆形，一枚扁平。直径分别为1.8、2.1厘米（图二二，3、4；彩版五一，6）。M1：21，银泡，2枚。圆形，中间稍凸起，且有小穿孔，疑为纽扣之类的饰品。直径1.5 厘米（图二二，2；彩版五一，2）。M6：4，簪。中段扁平，其上雕刻枝叶花纹。长17.7厘米（图二二，5；彩版五〇，4）。M6：5，坠，2枚。均镂空，一为花形，一为鼓形（图二二，10、11；彩版五〇，2、3）。M8：27，钗。两股，“凵”形，钗脚尖细。长20.6 厘米（图二二，6；彩版五〇，5）。

5. 石饰品

4件（套）。M1：22，串饰，红玛瑙2枚、绿珠9枚、灰珠10枚、蓝珠1枚。直径0.3～0.7、孔径0.1～0.4 厘米（图二三，3～6；彩版五二，1）。M2：10，兽形辟邪，雕刻成狮形，后端

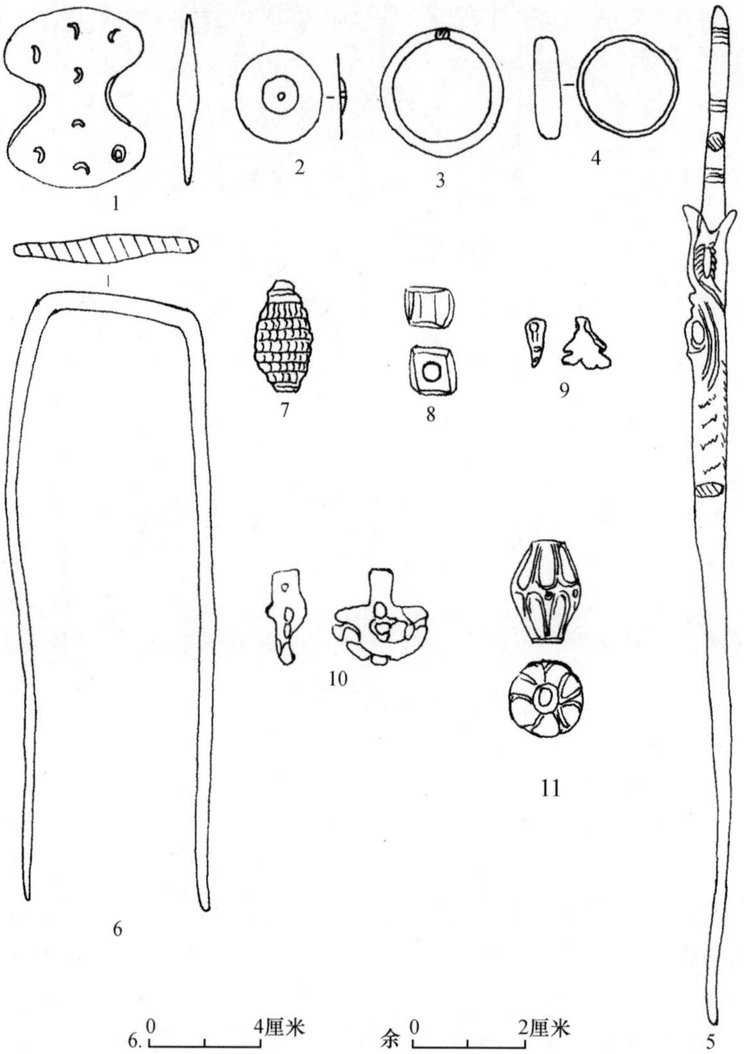

图二二　金银饰品

1. 银蝶形饰（M1∶19）　2. 银泡（M1∶21）　3、4. 银指环（M1∶20-1、M1∶20-2）　5. 银簪（M6∶4）
6. 银钗（M8∶27）　7～9. 金饰品（M6∶1-1、M6∶1-2、M6∶1-3）　10、11. 银坠（M6∶5-1、M6∶5-2）

有小穿孔。高1.5厘米（图二三，2；彩版五二，3）。M5∶35，黛板，长方形，扁平，出土时断为两截。长14.7、宽8.8、厚4厘米（图二三，1；彩版五一，4）。M6∶2，串饰，红色玛瑙4枚，料珠绿色5枚、蓝色1枚、白色1枚、黑色3枚，锡质1枚。其中一枚高1.9、直径1、孔径0.15厘米（图二三，7～10；彩版五二，2）。

6. 其他器类

2件。M6∶6，锡兽，圆首长尾，腹部有穿孔，可佩带。高1.9、长3厘米（图二一，6；彩版五一，3）。M10∶19，琉璃耳珰，1枚。亚腰形，中有穿孔。高1.6、孔径0.3厘米（图二一，5；彩版五一，5）。

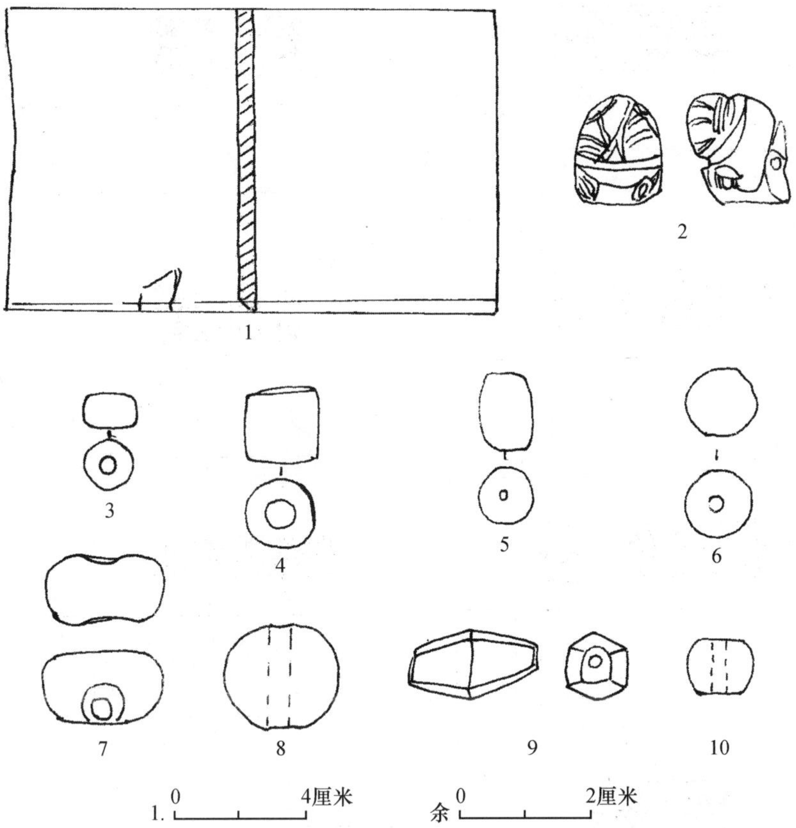

图二三　石饰品

1. 黛板（M5：35）　2. 兽形辟邪（M2：10）　3～6. 串饰（M1：22）　7～10. 串饰（M6：2）

四、花　纹　砖

墓地中墓葬的构筑材料以砖为主，砖的形式分两种，即条砖和券砖。条砖用于平垒墓壁、铺地，券砖用于起券墓顶，有时也用于封门。条砖长约40厘米，有厚薄两种：厚者11厘米左右，薄者7厘米左右。券砖可分两种：①楔形砖，砖体厚4～8厘米；②子母口砖，砖的两端有子母状隼卯，有的在砖的宽面上有台阶状卡扣，砖体稍厚，10～12厘米。

除部分铺地砖素面外，均有花纹。花纹图案以几何形为主，下面依图案形式分为五大类。

1. 车轮纹

该种纹饰较为复杂，常与其他几何纹组合成不同式样，已经线条化的车轮纹常常居于图案中心，依据车轮的形式可分作四型。

A型　两车轮纹在两边，中间为对角半菱形纹，见于M6、M8，为墓室券砖（图二四，1）。

B型　车轮纹的辐条较密较粗。可细分为三亚型。

Ba型　中间为车轮，两端为半车轮，空地辅以半矩形纹。见于M3，为墓壁用条砖（图二四，2）。

Bb型　中间为车轮，两端为半车轮，空地辅以半菱形纹。见于M3、M8，为墓壁用条砖

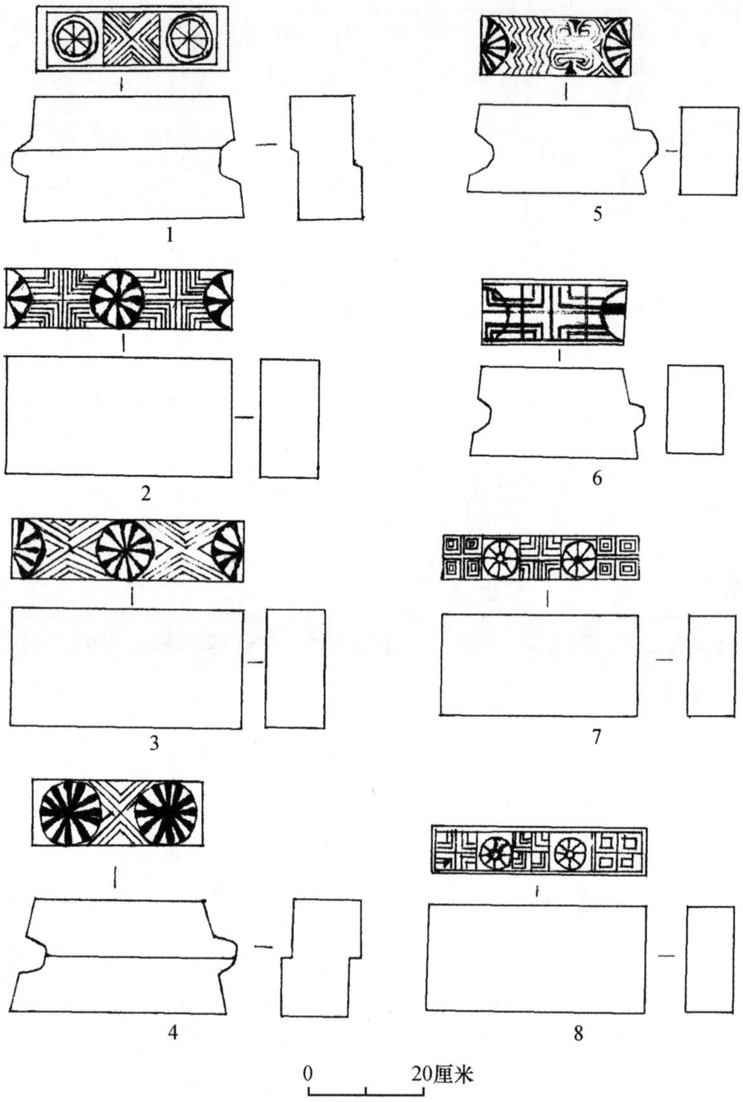

图二四 花纹砖（车轮纹）

1. A型（M6、M8） 2. Ba型（M3） 3. Bb型（M3、M8） 4. Bc型（M8） 5、6. C型（M5）
7. Da型（M1、M4、M6、M9） 8. Db型（M2、M7）

（图二四，3）。

Bc型 两端为车轮，中间为半菱形纹，见于M8，为券砖（图二四，4）。

C型 两端为半车轮，中间为几何纹。有两种，见于M5，为墓壁用券砖，用于封门（图二四，5、6）。

D型 两个车轮，空地辅以几何纹，有二亚型。

Da型 见于M1、M4、M6、M9，为墓壁用条砖（图二四，7）。

Db型 见于M2、M7，为墓壁用条砖（图二四，8）。

2. 连体菱形纹

砖纹以重环的对角菱形纹为中心，周边辅以重复的对角半菱形纹，有的在连体的菱形中加饰“×”形、“+”形、乳钉。依据连体的菱形的个数，可分为四型。

A型　两菱形，又分为三亚型。

Aa型　券砖，见于M6（图二五，1）。

Ab型　见于M1、M10（图二五，2）。

Ac型　条砖，见于M6、M10（图二五，3）。

B型　三菱形，有条砖，也有券砖，见于M5、M6、M8（图二五，4、5）。

C型　四菱形，见于M1（图二五，6）。

D型　五菱形，可分作二亚型。

Da型　为楔形券砖，见于M1（图二五，7）。

Db型　为条砖，见于M1、M2、M4、M7、M9（图二五，8）。

3.“富贵”纹

中间隶书“富贵”二字，两端辅以对角半菱形纹，见于M5、M6，用作封门（图二六，1）。

4. 骑马出行纹

前有踩凳执绳役卒，后有持仪仗兵，上有一飞禽，马上骑一人。见于M6，为墓壁用条砖（图二六，2）。

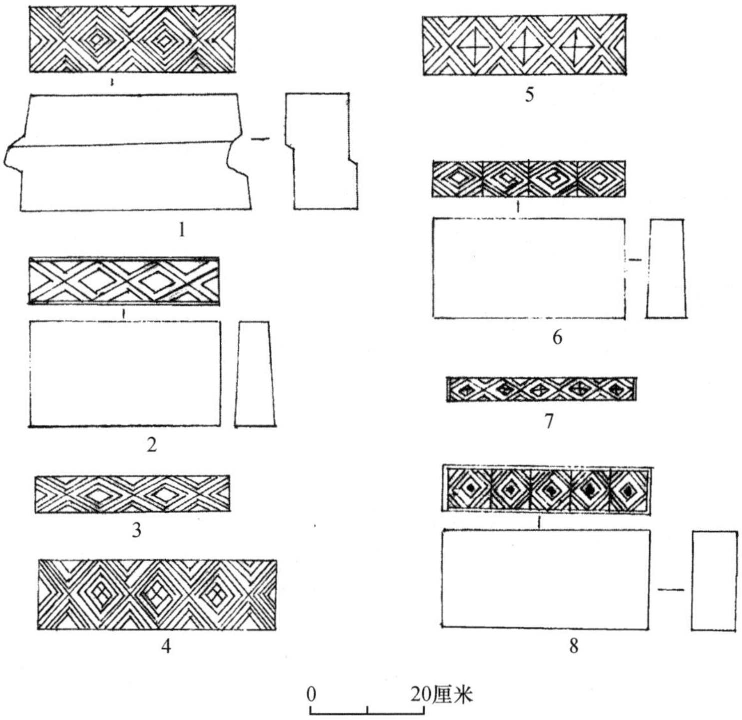

图二五　花纹砖（连体菱形纹）

1. Aa型（M6）　2. Ab型（M1、M10）　3. Ac型（M6、M10）　4、5. B型（M5、M6、M8）　6. C型（M1）　7. Da型（M1）　8. Db型（M1、M2、M4、M7、M9）

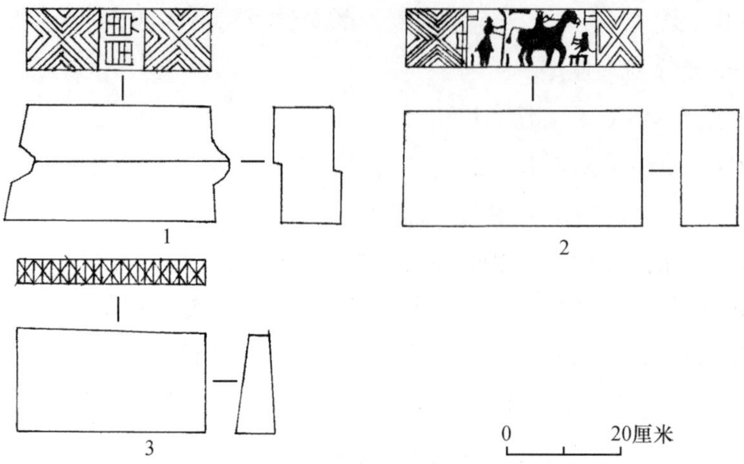

图二六　花纹砖

1.“富贵”纹　2. 骑马出行纹　3.“米”字纹

5.“米”字纹

为楔形券砖，见于M1（图二六，3）。

五、墓葬和窑址的分期与年代

（一）墓葬分期与年代

墓地中墓葬之间不见打破关系，也没有确定的纪年材料，现依据出土的器物及以往发掘的墓葬进行排比，将10座墓大体分为三期。

第一期　5座，有M1、M3、M5、M6、M8。墓葬长、宽比例适中，墓室显得宽阔。除M3只出土1件陶器外，其他墓随葬器物均较丰富，且以瓷器为主。瓷器主要组合为：A型Ⅰ式四系罐、A型Ⅰ式盘口壶、A型Ⅰ式大碗、A型Ⅰ式及B、C型小碗、鸡首壶等。

第二期　4座，M2、M4、M7、M10及T027。墓葬形制较前期有所变化，为刀形和长方形，墓室显得狭长；随葬器物以瓷器为主。瓷器主要组合为：A型Ⅱ式四系罐、Ⅱ式盘口壶、A型Ⅱ式大碗、A型Ⅱ式小碗等。

第三期　1座，有M9。墓葬破坏较严重，出土器物组合均不完整，瓷器有A型Ⅱ式大碗、A型Ⅲ式小碗。

依据瓷器的变化特征可大体判定各期墓的年代。

第一期　A型Ⅰ式大碗，A型Ⅰ式及B、C型小碗均为平底。A型Ⅰ式大碗、B型大碗、A型Ⅰ式小碗分别与丰都汇南[1]Ab型Ⅰ式大型碗、Aa型Ⅰ式大型碗、B型Ⅰ式小型碗类同。Ⅰ式盘口壶亦与丰都汇南A型Ⅰ式、A型Ⅱ式盘口壶相似。Ⅰ式盘口壶和M6：55盖罐与镇江东晋

① 四川省文物考古研究所、丰都县文管所：《丰都汇南墓群发掘简报》，《重庆库区考古报告集·1997卷》，科学出版社，2001年。

墓[①]Ⅰ式盘口壶、Ⅱ式青瓷罐相似。总体看来，该期瓷碗以平底为主，碗的腹部稍浅；瓷壶的盘口大，颈部粗短，腹部粗圆，形体显得肥胖；鸡首壶矮胖；器物装饰以弦纹为主，壶、罐上多见银锭系（系的两端在器壁上捏成饼状），另外有的碗、壶盖及盘口壶口沿处见有褐色斑点；许多瓷器釉色不好，为青白色，易剥落；有的器物还施化妆土。因此，该期墓年代可定在西晋晚至东晋早期。该期墓中M8出现A型Ⅱ式小碗和A型Ⅱ式罐，年代应较其他墓稍晚；M3出土的陶囤具有东汉晚期的特点，年代则较其他墓早。

第二期　B、C型小碗几乎不见，A型Ⅱ式大碗、A型Ⅱ式小碗流行；出现饼形底，较薄；碗的腹部变深。Ⅱ式盘口壶的盘口变浅，颈部变细变长，形体显得瘦长，与丰都汇南A型Ⅲ式盘口壶相似。瓷器的釉色以青绿为主，较上期器物好；器物装饰仍以弦纹为常见，还出现了刻划的莲花纹，壶、罐上折桥形系较为普遍。这期器物具有东晋时期瓷器的特征，年代可定在东晋中晚期[②]。

第三期　只有1座墓2件瓷器，为A型Ⅱ式大碗和A型Ⅲ式小碗。该期碗的饼形底小且厚，碗的腹部明显加深，器物装饰有弦纹和线刻的圆弧纹。其年代可定在南朝早中期[③]。

（二）窑址年代

两座窑址均为半地穴式，Y1、Y2形制分别与河南新乡前郭柳村东汉时期3号窑和1号窑类同[④]。两窑址中均未见器物出土，不过，Y1内含有绳纹瓦片，Y2内亦含有少量的绳纹瓦片及大量的车轮纹和网格钱纹墓砖。绳纹瓦片为东汉晚期和魏晋时期遗物，车轮纹和网格钱纹墓砖与墓地墓砖一致，且两窑址在墓群之中，窑壁较厚，使用时间较长，因此推测其使用时代应与墓葬群的年代相当，为东汉晚至南朝时期，窑址的建造年代可能早到东汉晚期，并推测Y1为烧瓦或陶器的窑址，Y2有明显的火道痕迹，应是烧砖的窑址。

附记：这次发掘得到重庆中国三峡博物馆和万州区博物馆大力支持和帮助，在此一并致谢！参加发掘的主要成员有杨波、于秋伟、肖贵田、魏慎玉、杨爱国等。

绘图：杨　波　魏慎玉
摄影：于秋伟
执笔：杨　波　肖贵田　于秋伟

① 镇江博物馆：《镇江东晋墓》，《文物资料丛刊》（8），文物出版社，1983年。
② 何志国：《四川六朝瓷器初论》，《考古》1992年第7期。
③ 魏正瑾、易家胜：《南京出土六朝青瓷分期探讨》，《考古》1983年第4期。
④ 新乡市文管会：《新乡北站前郭柳村汉代窑址发掘》，《考古》1989年第5期。

附表　糖坊墓群墓葬随葬器物一览表

器形		型式＼墓号	M1	M2	M3	M4	M5	M6	M7	M8	M9	M10
瓷器	大碗	AⅠ	2件。M1：10、M1：11					4件。M6：13、M6：21、M6：23、M6：53		3件。M8：5、M8：10、M8：18		1件。M10：13
		AⅡ							1件。M7：11		1件。M9：2	1件。M10：1
		B		1件。M2：1			4件。M5：17、M5：18、M5：20、M5：32	4件。M6：16、M6：36、M6：51、M6：60		1件。M8：9		
	中碗						1件。M5：19	3件。M6：22、M6：29、M6：37		2件。M8：2、M8：4		
	小碗	AⅠ	8件。M1：5、M1：7 M1：8、M1：9、M1：12、M1：13 M1：16、M1：18				1件。M5：33	13件。M6：30、M6：31、M6：33、M6：39、M6：42、M6：44～M6：49、M6：54、M6：61				
		AⅡ		5件。M2：2～M2：6		5件。M2：1～M2：5			12件。M7：2、M7：4、M7：5、M7：12～M7：20	6件。M8：1、M8：8、M8：11 M8：15、M8：16、M8：25		7件。M10：2～M10：7、M10：9

续表

器形＼墓号／型式			M1	M2	M3	M4	M5	M6	M7	M8	M9	M10
瓷器	小碗	AⅢ		1件。M2：7							1件。M9：1	
瓷器	小碗	B					3件。M5：24、M5：25、M5：27	4件。M6：18、M6：34、M6：35、M6：43		6件。M8：13、M8：14、M8：20～M8：23		
瓷器	小碗	C	1件。M1：17				9件。M5：15、M5：21～M5：23、M5：26、M5：28～M5：31	11件。M6：10～M6：12、M6：14、M6：15 M6：17、M6：19、M6：20、M6：32 M6：38、M6：50		3件。M8：5、M8：10、M8：18		
瓷器	盘口壶	Ⅰ	1件。M1：1				4件。M5：2、M5：5、M5：11 M5：12	3件。M6：40、M6：41、M6：58		2件。M8：6、M8：7		1件。M10：10
瓷器	盘口壶	Ⅱ							1件。M7：8			

续表

器形		墓号 / 型式	M1	M2	M3	M4	M5	M6	M7	M8	M9	M10
瓷器	罐	AⅠ	3件。M1：2、M6：3、M6：15				2件。M5：3、M5：14	7件。M6：9、M6：25、M6：52、M6：56、M6：57、M6：64、M6：65				1件。M10：12
瓷器	罐	AⅡ					1件。M5：10		3件。M7：1、M7：9、M7：10	1件。M8：26		
瓷器	罐	B						1件。M6：26	1件。M7：6			
瓷器	罐	独例	1件。M1：14				1件。M5：1	3件。M6：8、M6：55、M6：59	2件。M7：3、M7：7			
瓷器	盘											1件。M10：8
瓷器	鸡首壶			1件。M2：8			1件。M5：4	2件。M6：24、M6：63				
陶器	罐	灰陶罐	1件。M1：4				1件。M5：8	1件。M6：28				
陶器	罐	红陶罐						2件。M6：62、M6：66		1件。M8：12		
陶器	囤				1件。M3：1		4件。M5：6、M5：7、M5：9、M5：13					

续表

器形 \ 墓号 型式		M1	M2	M3	M4	M5	M6	M7	M8	M9	M10
陶器	钵										1件。M10：17
	釜										1件。M10：11
	甑										1件。M10：16
	壶						1件。M6：27				
	盆					2件。M5：16、M5：34					
	器盖										1件。M10：15
	铁器	镜1件。M1：6					削1件。M6：67				钉1件。M10：14
金银饰品		银指环、泡、蝶形饰3套5枚，M1：19～M19：21					金器1套6枚，M6：1。银指环、簪、坠等，M6：3～M6：5		银钗1件，M8：27		
石制饰品		串饰1套22枚。M1：22	兽形辟邪1件。M2：10			黛板1件。M5：35	串饰1套15枚。M6：2				
其他							锡兽1件。M6：6				琉璃耳珰1件。M10：14
合计		22件\套	9件	1件	5件	35件	66件\套	20件	26件	2件	18件
备注		盖盂M6：8在表中归为罐类。T027中出土的1件A型Ⅱ式大瓷碗和1件瓷盘没有归入表中。铜钱大多锈蚀，不过有少数完好者，也没有归入表中									

万州陈家坝遗址2002年度发掘简报

青海省文物考古研究所
万州区文物管理所

陈家坝遗址位于长江右岸的第二级阶地之上，行政隶属重庆市万州区五桥陈家坝街道办事处，该处东有翠屏山为障，南北两侧山丘连绵，中部呈簸箕形由东向西渐次而下直至长江岸边（图一；彩版五三，1）。中心地理坐标：东经108°23′54″，北纬30°48′43″，海拔170～195米。该遗址为1987年文物普查时发现，堆积厚度因区段的不同而有较大区别，厚度为0.5～2米，地表散布有较多的灰色瓦片和绳纹陶片。

2002年10～12月，受重庆市文化局委托，青海省文物考古研究所三峡考古队对陈家坝遗址进行了勘探和局部发掘，发掘面积700平方米。我们将本次发掘的地点选在沙塝村一组一块当地人称“瓦丘坪”的地方，面积约1800平方米，周围民居环绕，中部有2个堰塘，地表种植蔬菜、红薯、黄豆等，散布碎砖、瓦砾较多。以西南部为基点，布10米×10米探方7个，编号分别为T0101、T0102、T0103、T0201、T0202、T0203、T0502。

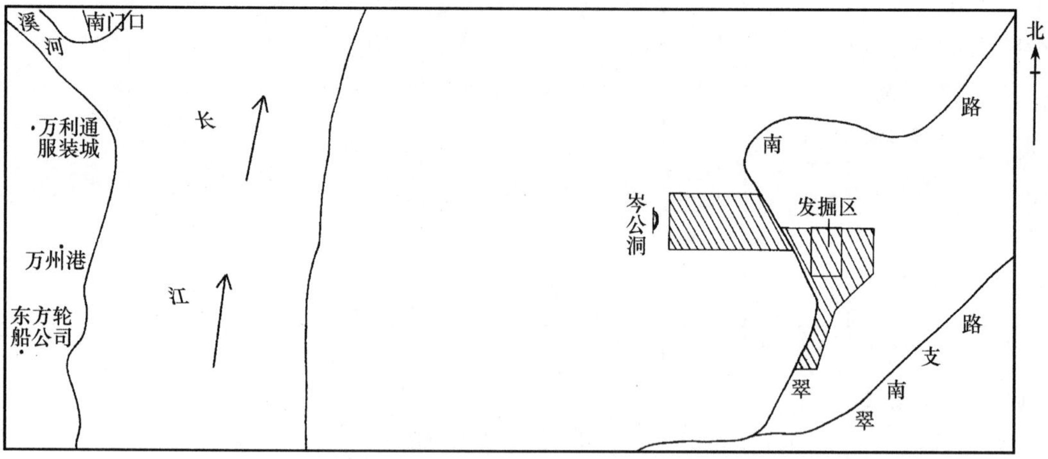

图一　陈家坝遗址位置示意图

一、地层堆积

该处遗址地层堆积较为简单，除T0502仅有一层外，其余各探方均有两层。

第1层：为耕土层。厚0.2～0.3米。深褐色，土质疏松，夹杂有大量的植物根茎、砖瓦碎片及大石块、石条等，其下发现1个灰坑和几个现代扰乱坑。

第2层：为文化层。厚0.1～0.5米，灰褐色，土质较硬，含有大量的断砖碎瓦、建筑构件及少量瓷片等，建筑遗址和石室墓均开口于该层下。该层后期扰乱较为严重。

二、文化遗存

本次发掘共清理出建筑遗址1处、石室墓1座、灰坑1个。

1. 建筑遗址

分布于T0101、T0102、T0103、T0201、T0202。该建筑遗址仅揭露部分，计有围墙基址1段、大门基址1座、房屋基址2座、下水管道1条（图二）。

围墙基址：呈东北—西南向，清理部分长8.5、高0.6米，系用打制规整的石条垒砌而成，现存三层；上面一层石条长2.16、宽0.41、厚0.18米；中间一层石条上窄下宽，使其上的石条仅有向外的部分与其实接，向里部分悬空，填以土，以防围墙外倾，石条长2.16、上宽0.25、下宽0.38、厚0.35米；底层石条位于基槽中，向外出露约5厘米。围墙西南端与大门基址相连。

大门基址：西北向，宽4米。中部横向用一根石条充作门槛，高0.2米，内侧壁上凿有三道浅槽，石条两端向外用石条砌成“八”字形，门内外两侧地面均用石板铺就。

F1　南北相连三开间。北面一间残长3.35、宽4.95米，仅余部分居住面，周围墙基部分荡然无存；居住面系用含有石子、白石灰的三合土夯筑而成，厚0.08～0.1米，留有夯筑居住面时用石板侧立而成的夹板；该间西部被M1打破，东南部被现代扰坑破坏严重。中间一间宽4.7米，长度不详，仅存夹板西侧部分三合土居住面，东侧居住面已被破坏殆尽，只有一层白石灰；仅存与南面一间相隔的一层石条墙基，石条长1.8、宽0.35、厚0.35米；该间西北部被M1打破，东部被现代扰坑破坏。南面一间宽4米，长度不详；仅揭露部分，探方西面的部分未清理；该间南墙墙基现存一层石条，石条长1.8、宽0.3、厚0.3米，部分埋于基槽中，石条外侧表面有白灰的痕迹；居住面保存十分完整，系用三合土夯筑而成，十分平整、坚硬，厚约0.2米。

F2　位于F1东侧，仅揭露房址西南角，大部压于东面堰塘下；墙基系用打制得十分规整的石条砌就，现存上下两层，高约0.6米，底层石条埋于基槽中，出露约5厘米；石条长4.5、宽0.55、厚0.3米；居住面被破坏无存；在西墙墙基外侧中部有一长方形遗迹，长7.2、宽1.2米，东靠F4西墙墙基，其余三面均用石条铺砌，石条表面外沿有一道宽约6厘米的石棱（彩版五三，2）。

下水管道位于F2南侧，呈西北—东南向，西端用石板砌有一下水口，长0.31、宽0.28米，向东有一条宽0.4、深0.1米的排水槽与之相连。

另外，在大门基址外北侧有一个以石条为基础垒砌的长方形建筑，因未完全揭露，其用途不明，该建筑宽2米，长度不详。F2西侧还发现一个圆形柱洞，直径25、深38厘米，底部有石柱础。

2. 石室墓

M1位于T0102西北部。方向85°。开口于第2层下，墓口距地表深0.35米。竖穴土坑式墓圹，平面略呈长方形，长7.5、宽4.5、深1.3米；墓室平面呈长方形，长2.62、宽2.26、深0.95

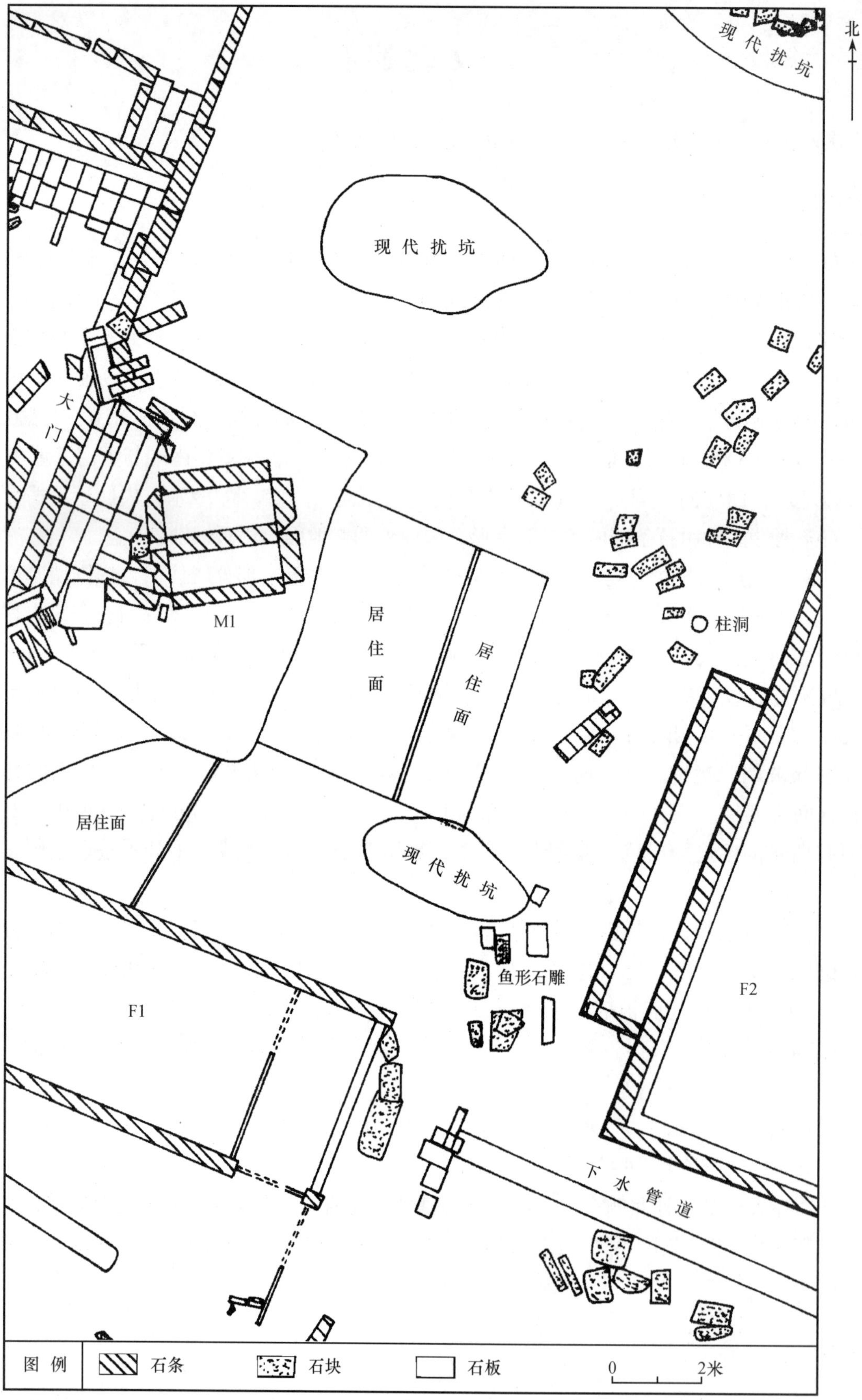

图二 陈家坝遗址总平面图

米，系用打制规整的石条垒砌而成，墓室中央一道东西向的石条把墓室分为南北两室，该道石条两端嵌于浅槽中；石条长短、宽窄、厚薄不一，长0.4～2.2、宽0.35～0.45、厚0.3～0.35米。该墓被扰乱严重，除几块碎骨外，未发现任何遗物，南室墓底被挖深约0.3米的大坑。墓圹内填有灰黄色土，土质较软，零星发现有瓦片，墓室内填满砖瓦碎片。据当地村民介绍，1964年平整土地时，曾打开过此墓，当时墓口上还有石盖板。该墓打破F1（图三；彩版五四，1）。

3. 灰坑

位于T0502中部偏南。开口于第1层下，坑口距地表深约0.3米。平面略呈方形，边长1.76、深0.4米，斜壁，平底。填土为灰褐色土，土质松软，其内发现几块碎骨，人骨或兽骨难辨，还出土有几块瓷片及铜镊子1个（图四）。

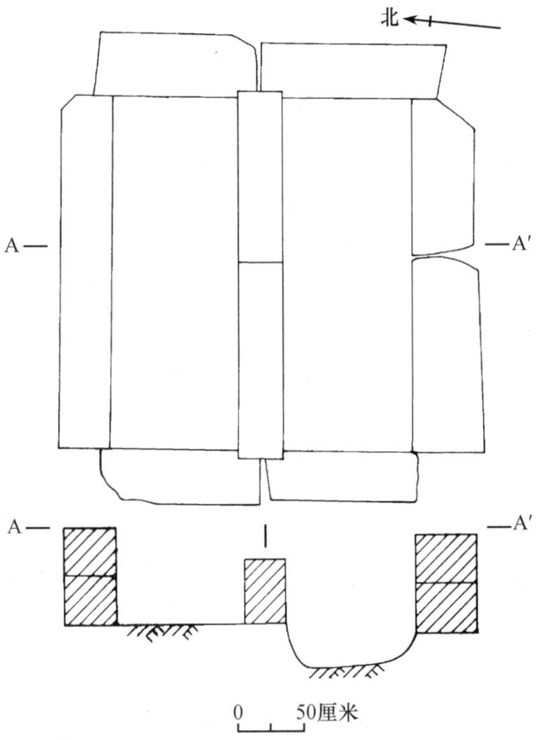

图三　M1平、剖面图

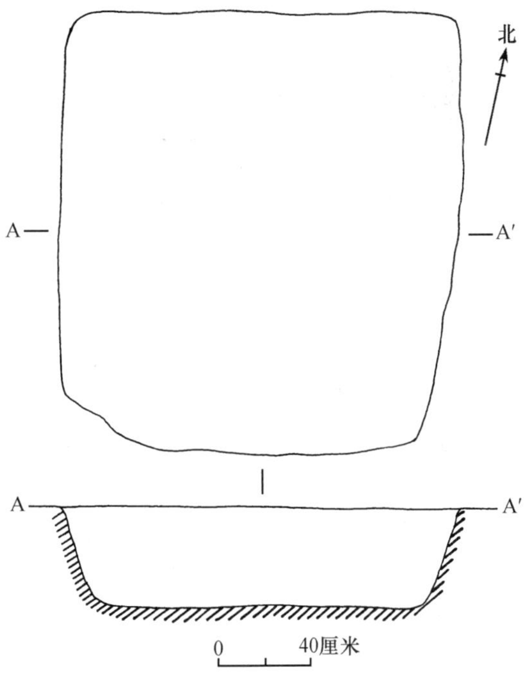

图四　H1平、剖面图

三、文化遗物

出土瓷片、印纹硬陶片、釉陶片、石雕、砖雕、铜器及建筑构件等30余件，还采集砖、瓦等建筑材料数件，其中瓷器中可辨器形有碗、杯等。下面就所选几件标本予以介绍。

青花瓷碗底　T0502①：1，圈足平削。白地青花，胎轻薄白细。外壁为缠枝花纹，碗心绘山菊纹。外底中部刻划一“官”字。足径6.5厘米（图五，1）。T0103②：3，小圈足，足跟平削。白地青花，胎灰白轻薄。外壁施茶叶末釉，内为山水青花，色泽灰暗。足径3.7厘米（图五，2）。T0201②：2，小圈足，足跟平削。白地青花，胎细而薄。碗心为莲蕾花纹，色淡偏暗。足径4.5厘米（图五，3）。T0103②：1，圈足平削。白地青花，胎细白厚重。内壁为莲

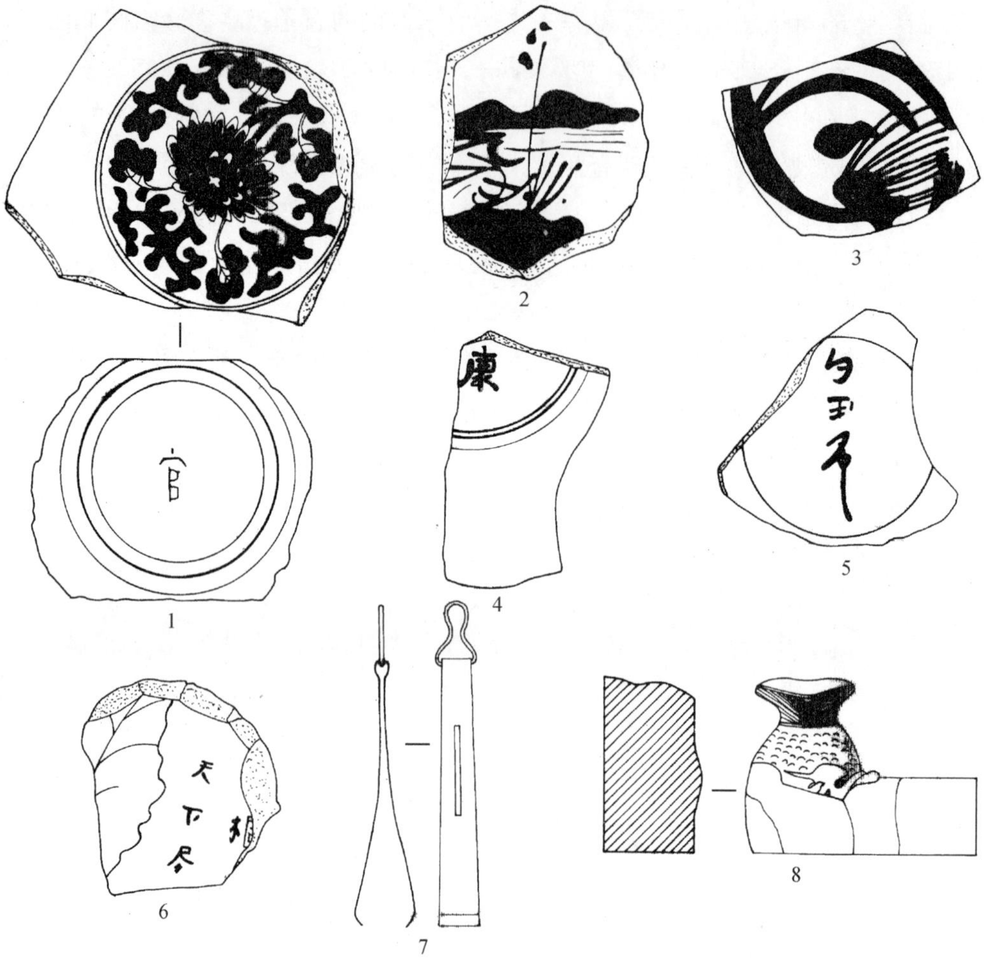

1～7. 0　2厘米　　8. 0　20厘米

图五　出土遗物

1～6. 青花瓷碗底（T0502①：1、T0103②：3、T0201②：2、T0103②：1、T0502H1：2、T0502H1：3）

7. 铜镊子（T0502H1：1）　8. 鱼形石雕（T0201②：7）

花纹，外底绘两道弦纹，内隶书“康”字（图五，4）。T0502H1：2，小圈足，足跟平削。白地青花，粗薄胎。碗心棕眼较多，有弦纹一道，草书 “白玉虎”，青中泛白。足径3厘米（图五，5）。T0502H1：3，小圈足，足跟斜削。白地青花，灰白胎。外底多棕眼，碗心行书“天下尽”，其余字迹残缺，色泽灰暗。足径3.2厘米（图五，6）。

铜镊子　T0502H1：1，带环，镊身系用长条形的铜片弯曲而成，刃端略宽，镊身中部有长条形镂孔。通长10.5、刃宽1.4厘米（图五，7；彩版五四，3）。

鱼形石雕　T0201②：7，浮雕式，龙首鱼身，头下尾上，龙首右顾。雕刻手法简练，造型生动，部分雕刻剥落。长方形石座，长75、宽30、高25厘米。雕刻部分高57厘米（图五，8；彩版五四，2）。

遗址中砖、瓦等建筑材料出土极多，但完整者极少。青砖均较薄，长23.5～26、宽13.5～16、厚2～3.5厘米。瓦片以泥质灰瓦为主，有少量红瓦，均为板瓦，未见筒瓦。瓦背素面，瓦沟有布纹。板瓦长24、宽端19.6、窄端18.6、厚1.2厘米。

四、结　　语

这次发掘的陈家坝遗址部分后期扰乱较为严重。建筑基址所用石条打制极为规整，为当地人说的“一寸五道”的打制手法，简直可以称得上精雕细琢。出土遗物中以瓷片为主，建筑材料中未见筒瓦和瓦当。瓷器多为民窑所产，具有明显的地方特点；瓷器多为青花器，其釉以影青釉为主，多呈淡青或浅青色；青花色泽浅淡，多呈灰蓝色；花纹多为明代中期常见的莲花纹、菊花纹，少数几片清代早期瓷片，可能为晚期扰乱之物。建筑遗址及灰坑应为明代遗迹；石室墓中未发现任何可资断代的遗物，但其打破建筑遗址，其年代晚于建筑遗址和灰坑。

据当地老乡介绍，中华人民共和国成立前此地曾是县治所在地，废弃后平整为田地。该遗址因未完全揭露，到底是民居还是政府机构建筑，尚难以判定。

领队：许新国　刘宝山
发掘：王忠信　　刘喜林（技工）
刘进宝（技工）　张雄辉（技工）
绘图：孙鸣生
照相：刘宝山
执笔：王忠信

万州瓦子坪遗址2002年度发掘简报

山东省博物馆

一、地理位置

瓦子坪遗址位于重庆市万州区五桥陈家坝街道办事处晒网村，分别属于晒网村三组、四组和八组，距万州区约10千米。地处长江南岸，东经108°26′30″，北纬30°34′13″，海拔135～152米。整个遗址北靠长江，东西两面傍小河，南倚山峦，是一处平坦的坝子。

瓦子坪的得名皆因耕土层下发现数量众多的瓦片，当地人疑为古代的街市，实际上是晚期墓葬的一种封土习俗，瓦片下面往往发现清代乃至民国的墓葬。为配合三峡库区的建设工作，1995年南京大学考古系在此地做考古调查，依据地面上大量的瓦片将其定名为瓦子坪遗址。2001年9月5日至11月28日，山东省博物馆考古队对该遗址进行了全面的考古钻探与发掘。钻探面积为25万平方米，发掘面积2000平方米。发掘墓葬15座，其中东汉墓10座、南朝墓4座、清墓1座。2002年10～11月，山东省博物馆考古队在此进行了第二次考古发掘，发掘面积2000平方米，发现墓葬8座，按照发现顺序编为M1～M8（图一），出土陶器、瓷器等各类器物82件（组），下面按墓葬的年代和形制报告如下。

二、东　汉　墓

5座。为M1、M2、M3、M4、M5。均为砖室墓，墓葬平面呈刀形和长方形两种。

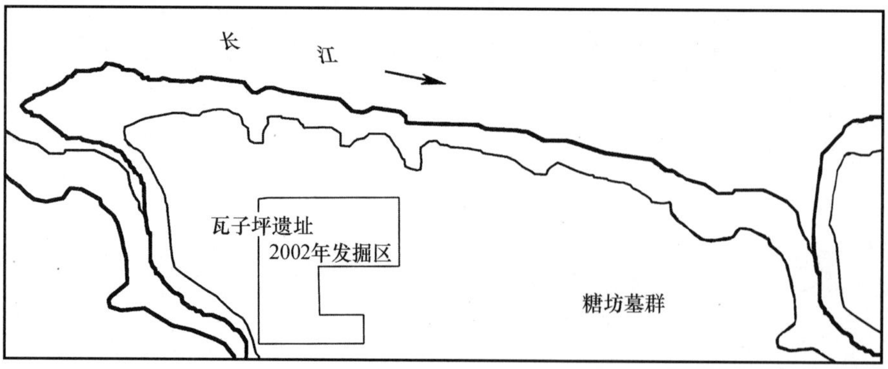

图一　瓦子坪遗址发掘区位置示意图

（一）刀形墓

1座，M3。

M3　位于发掘区的中心区域，方向313°（图二）。

（1）墓葬形制

由墓道、甬道、墓室组成。

墓道在甬道的正前方，被现代的一条深沟所破坏，形状及尺寸不明。

甬道的东侧墙壁同被现代沟扰乱，除券顶砖和壁砖被撬掉部分外，铺地砖保存尚好。长208、宽182、高138厘米。甬道的券顶除东侧一角外，保存完整，采用榫卯砖纵向起券，顶部坡度比较平整。

墓室平面呈长方形，长269、宽316、高220、墙体厚17厘米。墓室的券顶除顶部略有塌陷，基本完好。墓室和甬道都采用单层青砖错缝平砌，朝向墓室的一面均有模印的菱形花纹。砖长40、宽17、厚7厘米，铺地砖也采用相同的砖和砌法。

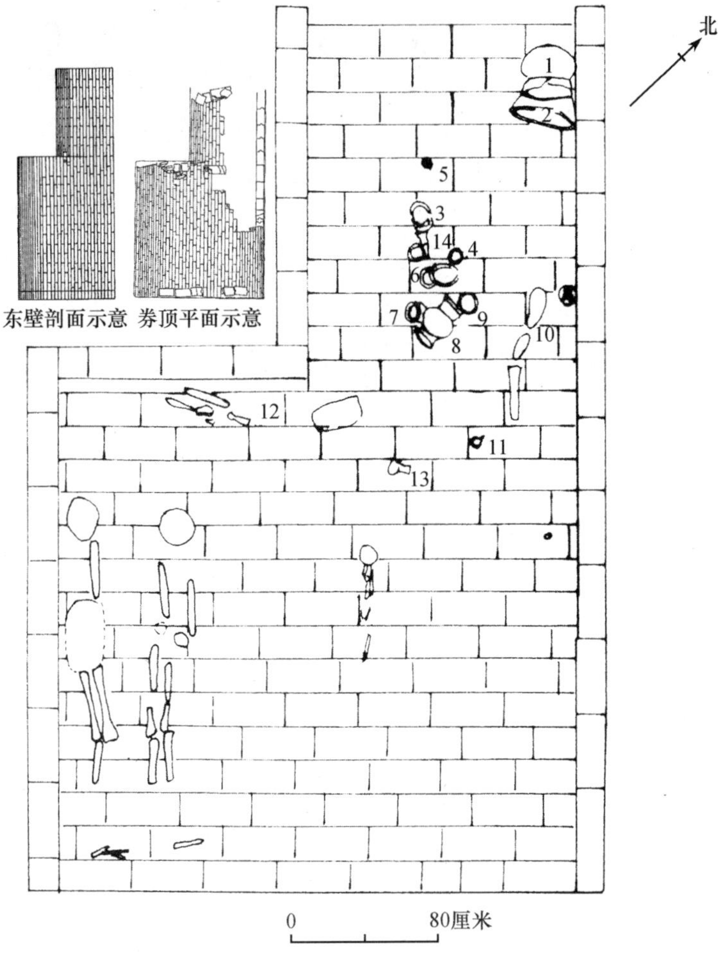

图二　M3平面图及东壁、券顶示意图

1. 铁釜　2. 陶甑　3. 陶盘　4、5. 陶罐　6、7. 陶囷　8. 陶壶盖　9、10. 陶碗　11. 陶魁　12. 陶侍俑　13. 陶熏炉　14. 五铢钱

（2）葬式葬具

尸骨6具，甬道1具、墓室5具。尸骨腐朽较甚，葬式不明，头向多与墓向一致。

（3）随葬器物

发现铁釜1件、陶器12件、五铢钱14枚。

铁釜　1件。M3：1，大敞口，尖圆腹，圜底。高19.8、口径24.6、腹径23.4厘米（图三，10）。

陶器　12件。

甑　1件。M3：2，灰陶。尖唇，折沿，斜壁，深腹，底有箅孔。高15.6、口径32.4、底径13.8厘米（图三，8）。

盘　1件。M3：3，红陶。平折沿，斜壁，浅盘，平底。高2.3、口径11.5、底径5.6厘米（图三，7）。

罐　2件。M3：4，红陶。大敞口，卷沿，折肩，平底。高5、口径9、腹径9、底径5厘米（图三，5）。

囤　2件。M3：6，灰陶。敛口，小底，最大径在肩部。高7、口径8.5、腹径10.6、底径6

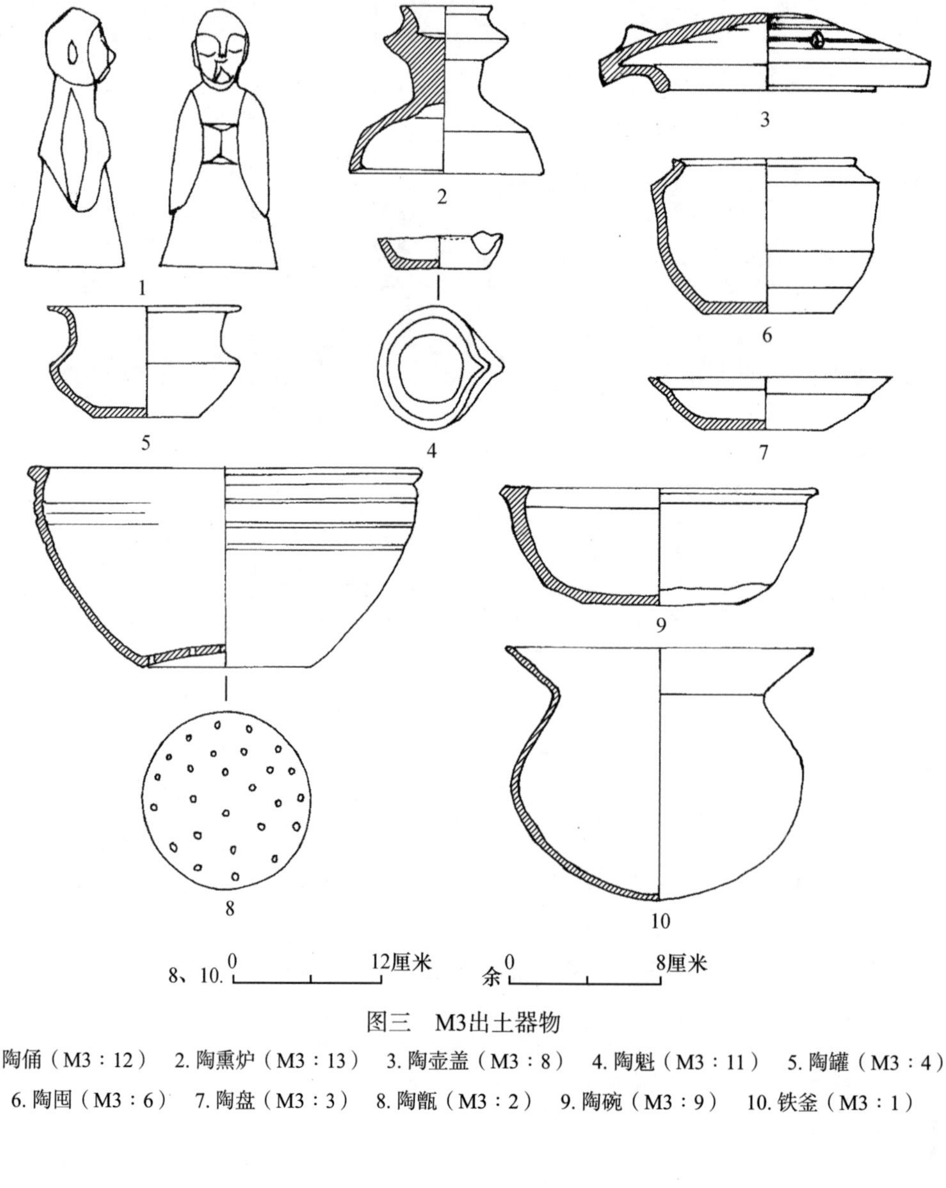

图三　M3出土器物

1. 陶俑（M3：12）　2. 陶熏炉（M3：13）　3. 陶壶盖（M3：8）　4. 陶魁（M3：11）　5. 陶罐（M3：4）　6. 陶囤（M3：6）　7. 陶盘（M3：3）　8. 陶甑（M3：2）　9. 陶碗（M3：9）　10. 铁釜（M3：1）

厘米（图三，6）。

碗　2件。M3：9，红陶。卷沿，深腹，平底。高5.2、口径14.2、底径7厘米（图三，9）。

魁　1件。M3：11，红陶。平沿，平底，流为捏制。高1.5、口径4.8、底径4.2厘米（图三，4）。

侍俑　1件。M3：12，红陶。无冕，拱手，深衣，为女俑。高11.4厘米（图三，1）。

熏炉　1件。M3：13，红陶。缺盖，豆形，小盘，大喇叭形座。高7.4、口径4.2、底径9厘米（图三，2）。

壶盖　1件。M3：8，红陶。子母口，三柱形纽。高3.4、口径9.2厘米（图三，3）。

五铢钱　14枚。

（二）长方形墓

4座。M1、M2、M4、M5。

1. M1

位于发掘区东北部，方向17°（图四）。

（1）墓葬形制

墓室长280、宽160、残高84、墙体厚20厘米。

墓壁采用单层花纹砖错缝平砌，花纹为连体菱形纹。砖长42、宽20、厚12厘米。没有发现铺地砖，也没有封门砖。

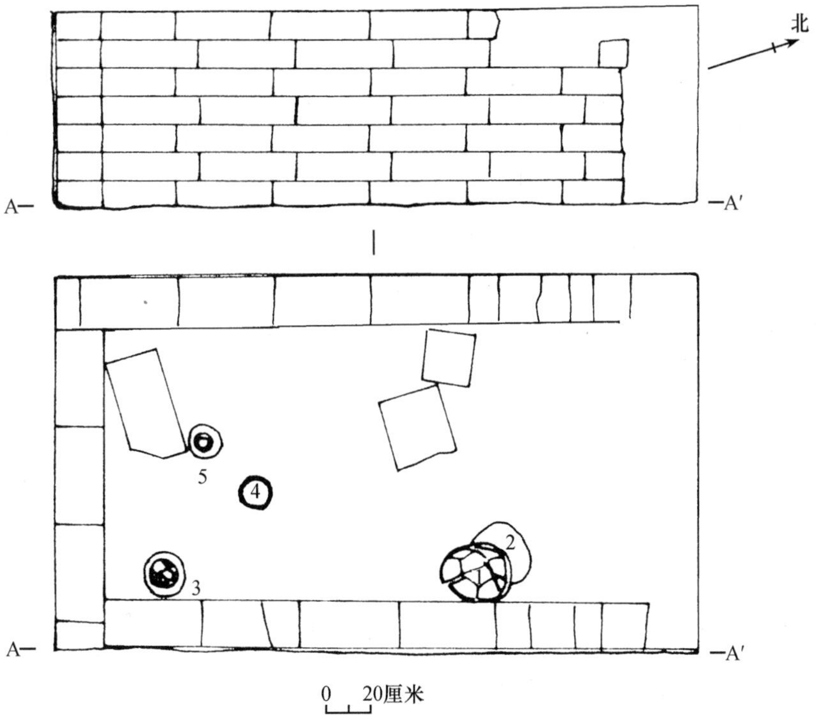

图四　M1平、剖面图

1. 陶甑　2. 铁釜　3. 陶罐　4、5. 陶碗

（2）葬式葬具

腐朽严重，只见零星尸骨，个体及葬式不清。

（3）随葬器物

陶器4件、铁釜1件（图五）。五铢钱多枚锈蚀严重，无法保存。

陶器　4件。

甑　1件。M1：1，灰陶。平折沿，腹壁内收，与铁釜相连。高16.4、口径29.6、底径4.8厘米（图五，4）。

罐　1件。M1：3，灰陶。平折沿，小口，广肩，折腹，圜底。此罐本来有盖，惜破碎严重，无法修复。高12.8、口径11.5、腹径20.8厘米（图五，3）。

碗　2件。M1：4，灰陶。敞口，尖唇，矮圈足。高7.5、口径15.3、底径7厘米（图五，1）。

铁釜　1件。M1：2，大敞口，尖圆腹，圜底。高20.8、口径28厘米（图五，4）。

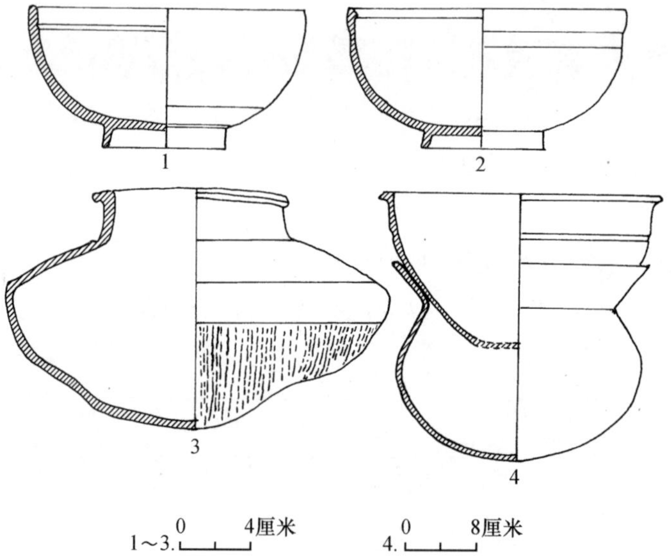

图五　M1出土器物

1、2. 陶碗（M1：4、M1：5）　3. 陶罐（M1：3）　4. 陶甑、铁釜（M1：1、M1：2）

2. M2

位于发掘区北部，方向270°（图六）。

（1）墓葬形制

墓葬保存完好，券顶砖被撬掉8块。墓道呈不规则的半圆形，斜坡状，长95、宽80～110、高0～35厘米。券顶采用横向起券法，使用梯形榫卯砖，十分坚固。起券的高度较高，但是券顶的上部呈多棱形，与纵向起券形成的半圆形券顶不同。没有发现砖砌墓门，因此墓内的淤土已满，只有近券顶处有不到10厘米的空隙。墓室长294、宽180、高180、墙体厚20厘米。墓壁采用单层模印的连体菱形花纹砖错缝平砌，砖长43、宽21、厚12厘米；券顶砖采用梯形榫卯砖，砖长39、宽21、厚12厘米；铺地砖采用平铺法，缝隙比较整齐，墓口处的铺地砖已经被破坏。

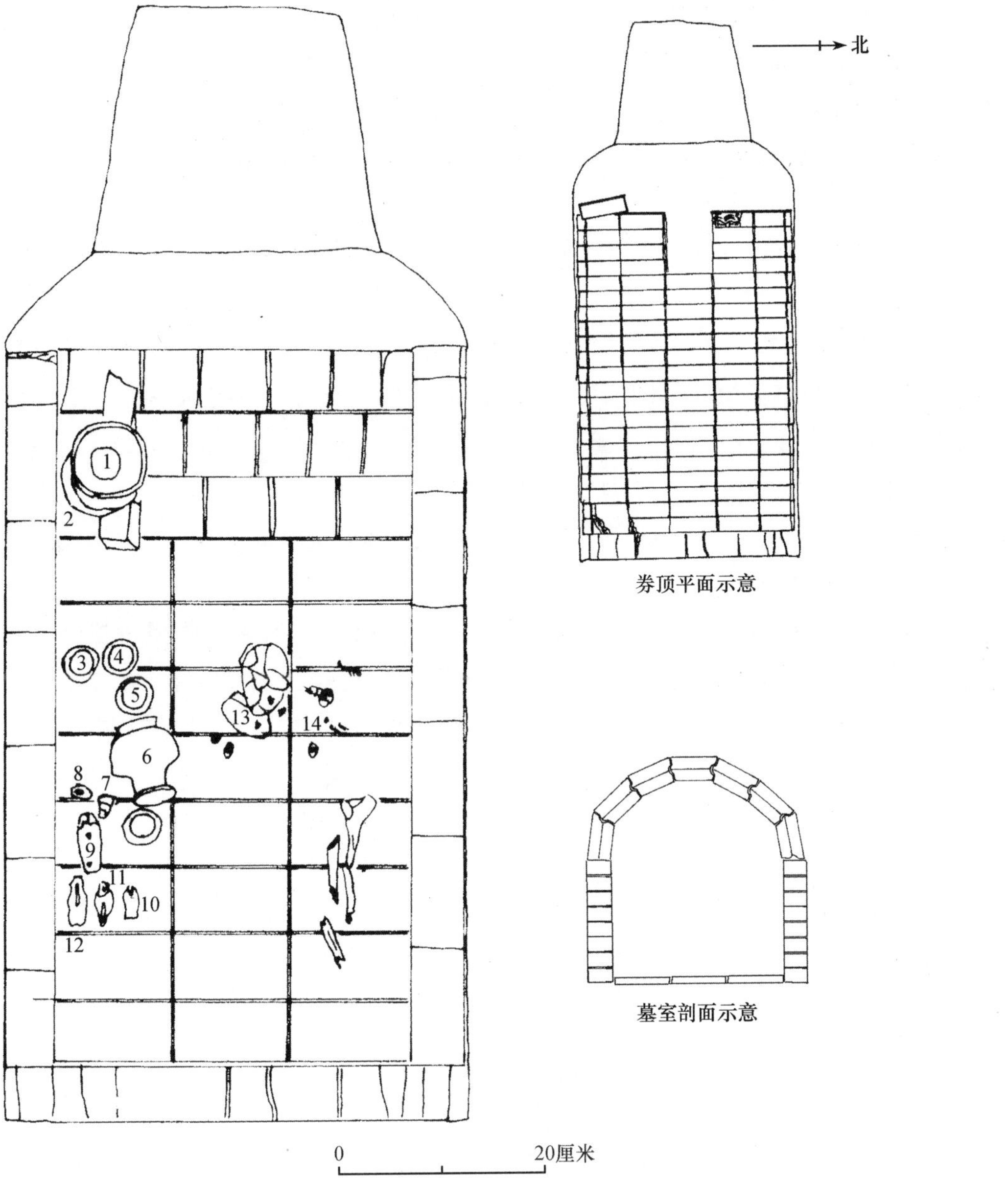

图六　M2平面图及墓室剖面、券顶平面示意图

1. 陶甑　2. 铁釜　3～6. 陶罐　7、8. 陶侍俑　9. 陶狗俑　10. 陶公鸡俑　11. 陶子母鸡俑　12. 陶猪俑　13. 琉璃耳珰4枚　14. 五铢钱

（2）葬式葬具

发现1具尸骨，腐朽较甚，葬式不明。从头骨和肢骨判断，头向西，与墓向一致。没有发现棺木痕迹。

（3）随葬器物

陶器11件、铁釜1件、琉璃耳珰4枚、五铢钱10枚。

陶器　11件。

甑　1件。M2：1，灰陶。折沿，斜壁深腹，小平底，底有6箅孔，孔径较大。高17.6、口径29.3、底径15厘米（图八，2）。

罐　3件。M2：3，灰陶。侈口，卷沿，颈较长，宽肩，收腹，小平底。肩上饰凹弦纹。口径9.6、底径6、高11.4厘米（图七，4）。M2：5，口径9、底径6、高11厘米（图七，5）。M2：4，口径9.9、底径7.3、高12厘米（图八，1）。

壶　1件。M2：6，盘口，长颈，鼓腹。饰弦纹和铺首衔环。高28.5、口径15.2、腹径26.2、底径14.8厘米（图八，3）。

侍俑　2件。M2：7，红陶。戴平顶帽，交领右衽，拱手而立。高19.2厘米（图八，5）。M2：8，高19厘米（图八，6）。

狗俑　1件。M2：9，红陶。竖耳，张嘴露牙，颈上束带环。高18.5厘米（图七，6）。

子母鸡俑　1件。M2：10，红陶。蹲伏状，两只小鸡一在胸前一在其背上面。高10厘米（图七，2）。

公鸡俑　1件。M2：11，红陶。公鸡形，站立状，高冠长尾。高16.8厘米（图七，1）。

猪俑　1件。M2：12，红陶。长嘴，露两獠牙，颈有长鬃毛，足短。高10.8厘米（图七，3）。

铁釜　1件。M2：2，大敞口，尖圆腹，圜底。高22、口径28、腹径27.2厘米（图八，4）。

琉璃耳珰　4枚。M2：13，深蓝色。两两成对，亚腰形，中有穿孔。高1.3～1.8、孔径0.2～0.3厘米。

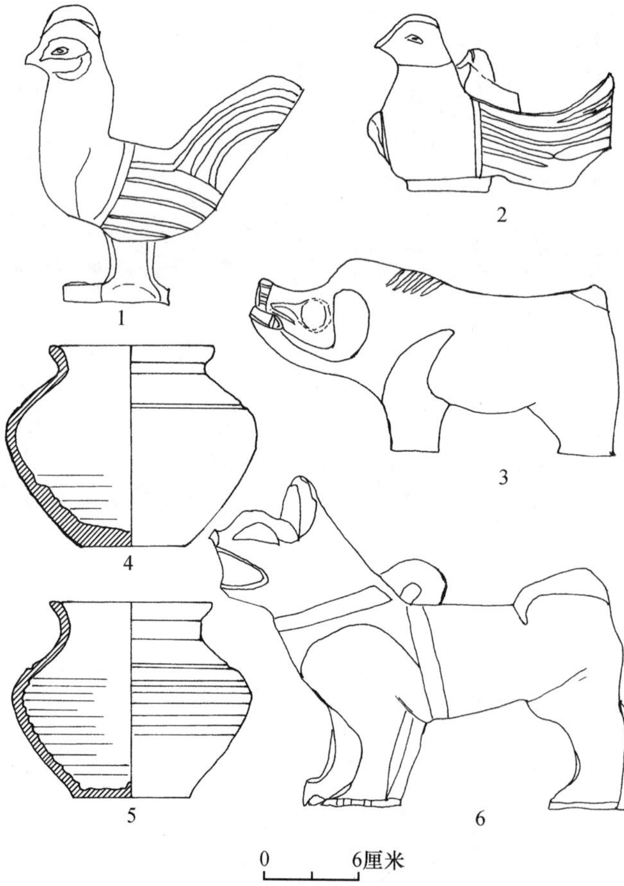

图七　M2出土陶器

1. 公鸡俑（M2：11）　2. 子母鸡俑（M2：10）　3. 猪俑（M2：12）　4、5. 罐（M2：3、M2：5）　6. 狗俑（M2：9）

图八 M2出土器物

1. 陶罐（M2：4） 2. 陶甑（M2：1） 3. 陶壶（M2：6） 4. 铁釜（M2：2）
5、6. 陶侍俑（M2：7、M2：8）

五铢钱 10枚。锈蚀较重。直径2.6厘米。

3. M4

位于发掘区的中部，方向因破坏而不明。墓室破坏严重，只残存东、西墓壁的两行砖，共7块，没有发现骨架及随葬品，但从墓向和所处位置看，其在M3的西侧，墓向一致，证明两墓的埋葬时间大体一致，因此也定为东汉墓葬（图九）。

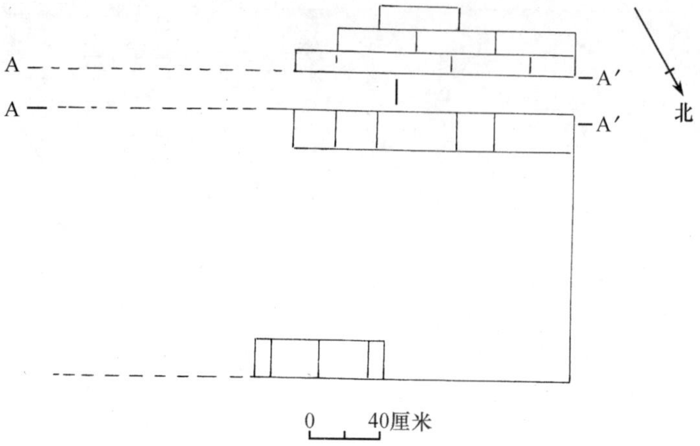

图九　M4平、剖面图

4. M5

位于发掘区南部，方向342°（图一○）。

（1）墓葬形制

墓室长305、宽124、残高36、墙体厚19厘米。墓室采用单层花纹砖错缝平砌，内壁模印车轮菱形花纹和连体菱形纹。砖长38、宽20、厚12厘米。没有铺地砖。墓室的券顶和两端被现代的深沟破坏。

（2）葬式葬具

在墓室的中部发现零星的肢骨，葬式不明，也没有发现葬具。

（3）随葬器物

陶器　11件。

罐　2件。M5：1，红陶。尖唇，折沿，鼓腹，圜底。口径9.2、腹径13.4、底径10.8、高

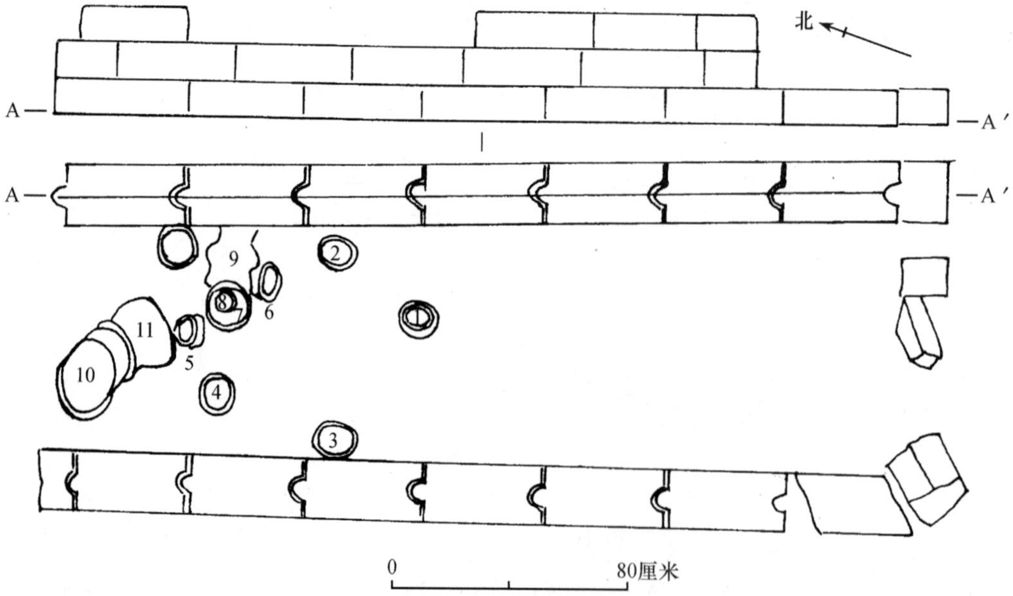

图一○　M5平、剖面图

1、5. 陶罐　2、3、6、7. 陶碗　4. 陶盘　8. 陶魁　9. 陶壶　10. 陶甑　11. 陶釜

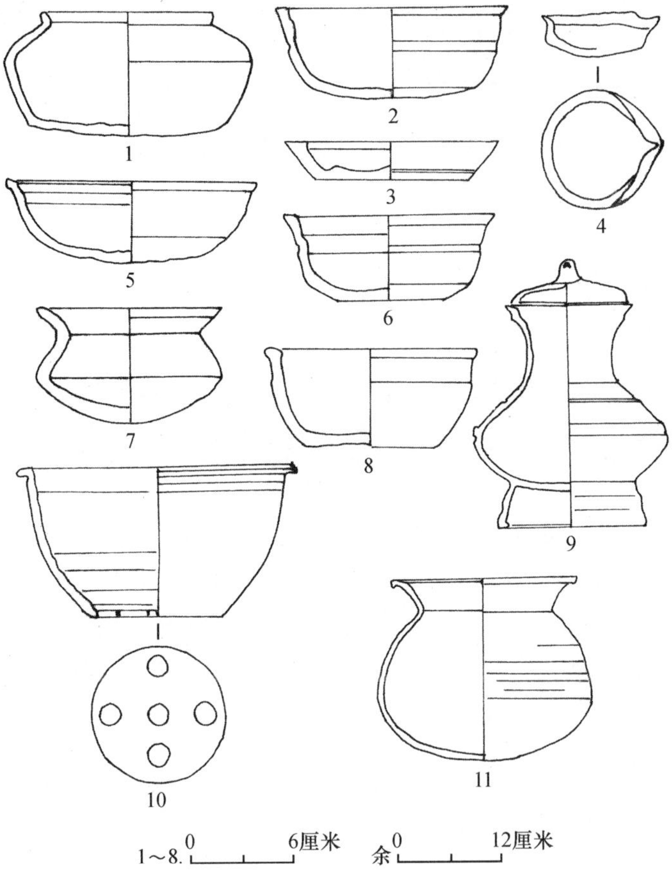

图一一 M5出土陶器

1、7. 罐（M5：1、M5：5） 2、5、6、8. 碗（M5：2、M5：3、M5：6、M5：7）
3. 盘（M5：4） 4. 魁（M5：8） 9. 壶（M5：9） 10. 甑（M5：10） 11. 釜（M5：11）

6.6厘米（图一一，1）。M5：5，红陶。卷沿，大敞口，折肩，圜底。口径10、腹径10、高6.3厘米（图一一，7）。

碗 4件。M5：2，红陶。尖唇，平沿，深腹，壁较直，平底。口径12.6、底径4.4、高4.8厘米（图一一，2）。M5：3，红陶。圆唇，平沿，腹较浅，斜壁，小平底。口径13.4、底径8、高4.4厘米（图一一，5）。

盘 1件。M5：4，红陶。平折沿，浅盘，平底。口径11.6、底径8.4、高2厘米（图一一，3）。

魁 1件。M5：8，红陶。平沿，平底，柄捏制。口径6.6、高2.2厘米（图一一，4）。

壶 1件。M5：9，红陶。平折沿，直领，鼓腹，矮圈足，有盖。口径14.2、腹径21.5、底径16.3、高28厘米（图一一，9）。

甑 1件。M5：10，灰陶。卷沿，斜腹，5个箅孔。口径31、底径14.2、高15.8厘米（图一一，10）。

釜 1件。M5：11，灰陶。大敞口，垂腹，圜底，下底部饰绳纹。口径20、腹23.5、高19.4厘米（图一一，11）。

三、南 朝 墓

3座，全部为砖室墓。

1. M6

“凸”字形墓，位于发掘区南部，方向316°（图一二）。

（1）墓葬形制

砖室墓，墓室券顶和墓室的后部遭到破坏，残存墓底和部分墓壁。墓葬形状由甬道和墓室组成，甬道残存砖壁高度20～48厘米，铺地砖也没有被破坏。长198、宽186、残高20～48厘米。甬道口处还保留一段封门砖，残宽110、高24、厚20厘米。墓室的后部被破坏，包括铺地砖，墓壁最高只保存四层砖。残长220、宽280、残高12～48、墙体厚20厘米。墓壁以花纹砖错缝平砌。铺地以条砖错缝平铺，地面很规整。发现长方形条砖和子母口券顶砖两种规格，花纹有钱币网纹、“富贵”字纹、连体菱形纹三种。由于墓葬遭到破坏，券顶已经不存。随葬品保存较好。

（2）葬式葬具

墓内的尸骨凌乱，散见三个头骨和一些肢骨，葬式不明，没有发现葬具的痕迹。骨架摆放在甬道一具、墓室二具，均靠近墓壁的位置。

（3）随葬器物

青瓷器　13件。

碗　8件。分大碗、小碗两种。

大碗　3件。按形制不同分为二式。

Ⅰ式：1件。M6：4，大平底，上腹壁较直，口沿稍内敛。口径16、底径10、高6.4厘米

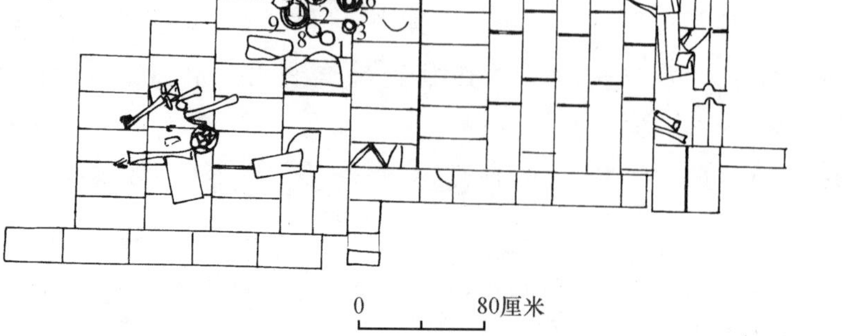

图一二　M6平、剖面图

1～6、10、11. 瓷碗　7～9. 瓷罐　12、13. 瓷盘口壶

（图一三，4）。

Ⅱ式：2件。M6：10，腹部加深，底径较小，饼形底较厚。口径14.8、底径6.5、高7.6厘米（图一三，5）。M6：11，腹部加深，底径较小，饼形底较厚。口径16、底径6、高7.2厘米（图一三，6）。

小碗 5件。形制相同。M6：2，深腹，出现饼形小底，底较薄。口径8.6、底径4.8、高4厘米（图一三，3）。M6：1，深腹，出现饼形小底，底较薄。口径8.4、底径3.7、高4厘米（图一三，1）。

罐 3件。按形制不同分为二式。

Ⅰ式：1件。M6：9，小直口，鼓腹，平底，釉较好。口径12 、腹径10.7、底径10.2、高19厘米（图一三，10）。

Ⅱ式：2件。M6：7，四系，圆唇，敛口，鼓腹，最大径在腹的中部。口径22.5、腹径27.5、底径13、高18.8厘米（图一三，9）。M6：8，四系，圆唇，敛口，鼓腹，最大径在腹的中部。口径9.5、腹径14.2、底径9.5、高16.5厘米（图一三，11）。

壶 2件。形制相同。M6：13，盘口，长颈，圆腹，大平底。口径17.2、腹径25.2、底径14.4、高34厘米（图一四，3）。

2. M7

刀形墓，位于发掘区南部偏东，方向220°（图一五）。

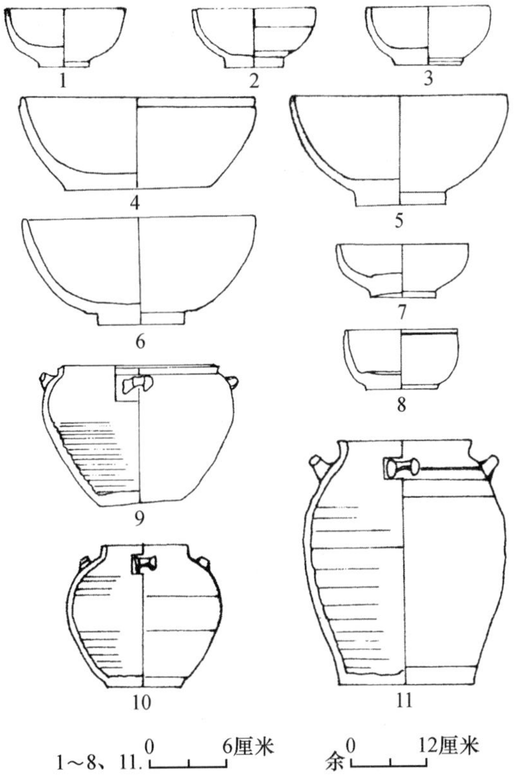

图一三 M6出土瓷器

1～8. 碗（M6：1、M6：3、M6：2、M6：4、M6：10、M6：11、M6：5、M6：6） 9～11. 罐（M6：7、M6：9、M6：8）

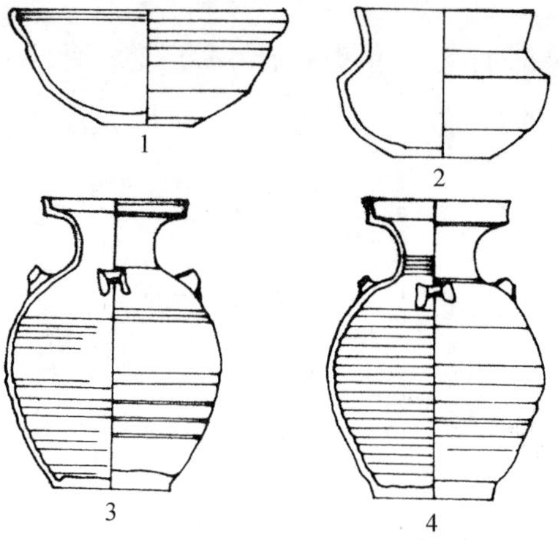

图一四　M6、M8出土器物

1. 陶碗（M8：1）　2. 陶罐（M8：2）　3、4. 瓷盘口壶（M6：13、M6：12）

（1）墓葬形制

砖室墓，由墓道、甬道、墓室组成。

墓道为半圆形斜坡状，长120、宽182、深0～124厘米。墓道与甬道之间有保存完好的封门砖，砖有6层，上部高过甬道券顶。宽178、高50厘米。甬道的券顶保存完好，券砖采用菱形花纹装饰的梯形砖，砖长40、宽18、厚8厘米。采用纵式起券法，这样起券的券顶较低，顶部比较平整。甬道长186、宽180、残高152厘米。

墓室的券顶和上部被民房叠压和破坏，但墓底保存尚好，平面呈长方形，长300、宽320、残高196、墙体厚18厘米。墓室和甬道均采用单层花纹砖错缝平砌，朝向墓室的一面模印菱形花纹。砖长40、宽18、厚8厘米，铺地砖使用平砖，十分整齐。

（2）葬式葬具

发现尸骨两具，腐朽严重，位于墓室的中部偏东位置，仰身直肢，尚有大致的人体轮廓，头向与墓葬的方向一致。没有发现葬具的痕迹。

（3）随葬器物

随葬器物集中分布在甬道与墓室的连接处，有青瓷器18件、陶器3件、五铢钱1组6枚。

青瓷器　18件。

四系盘口壶　2件。形制相同。M7：7，盘口，长颈，宽肩，肩上四系，收腹，平底，釉到腹下。口径16 、腹径25、底径13.4、高34厘米（图一六，6）。M7：8，口径18.5、底径14.1、高36厘米（图一六，5）。

罐　1件。M7：16，大口，直沿，宽肩，肩上四系，收腹，小平底。口径23.7、腹径28.5、底径14、高19.8厘米（图一六，3）。

碗　14件。分为大、小碗。

大碗　6件。按形制不同分为二式。

Ⅰ式：2件。M7：1，大平底，上腹壁较直，口沿稍内敛。口径14.8、底径9.4、高7.5厘米（图一六，1）。

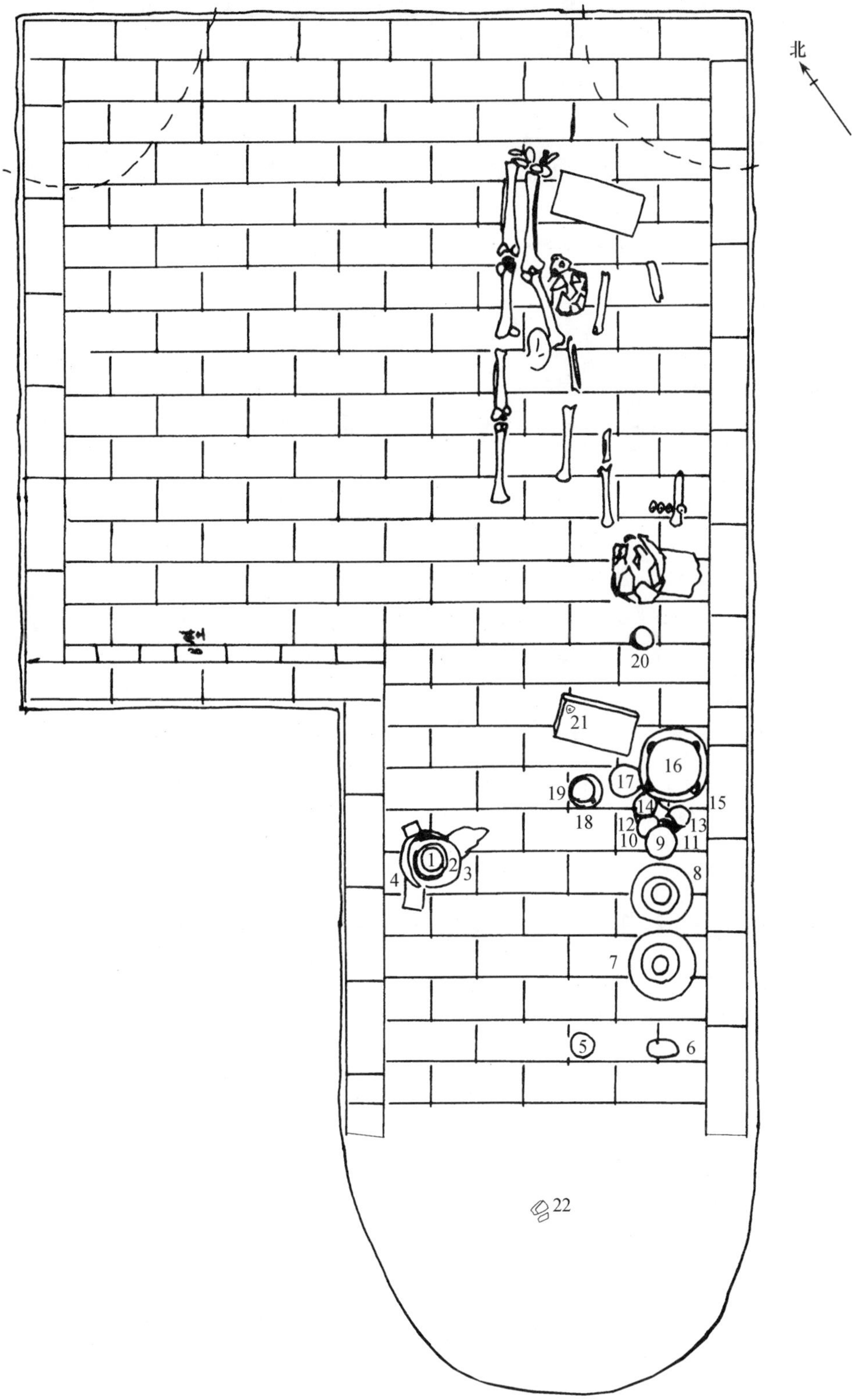

图一五 M7平面示意图

1、2、5、9～14、17～20. 瓷碗 3. 大瓷碗（无底） 4. 陶釜 6. 陶器盖 7、8. 瓷盘口壶 15. 瓷盘 16. 瓷罐 21. 铜钱 22. 陶囤

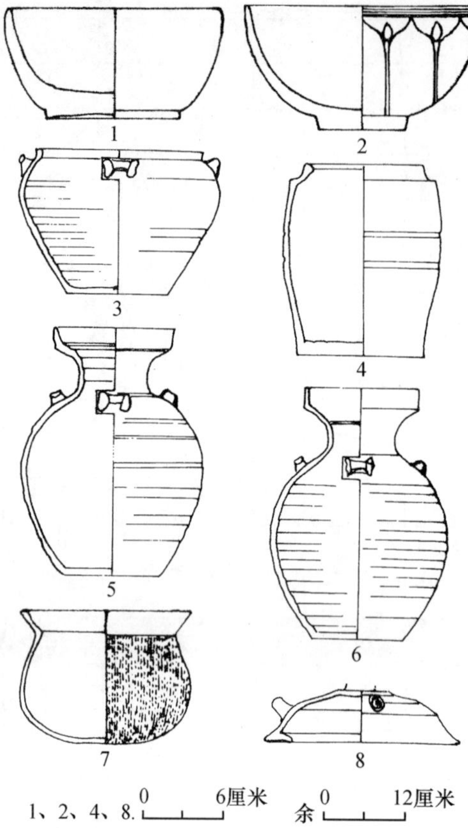

图一六　M7出土器物

1、2. 瓷碗（M7：1、M7：19）　3. 瓷罐（M7：16）　4. 陶囤（M7：22）
5、6. 瓷盘口壶（M7：8、M7：7）　7. 陶釜（M7：4）　8. 陶壶盖（M7：6）

Ⅱ式：4件。M7：3，腹部加深，底径较小，外壁装饰莲花纹。此碗与陶釜同出，底也被有意打掉，可能与甑的用途相近。残高11、口径23厘米（图一七，13）。M7：9，腹部加深，底径较小，饼形底较厚，釉较好。口径15.2、底径6.4、高7.8厘米（图一七，9）。M7：17，腹部加深，底径较小，饼形底较厚，十分完整，口沿下饰弦纹。口径15.2、底径6.4、高8厘米（图一七，10）。M7：19，腹部加深，小平底，饼形底较厚，外壁饰莲花纹。口径16.2 、底径6、高8.4厘米（图一六，2）。

小碗　8件。形制相同。其中5件（M7：10～M7：14）与青瓷盏托同出。M7：18，腹部加深，小平底，饼形底加厚，釉较好。口径10.4、底径4.8、高5.5厘米（图一七，7）。M7：10，敞口，斜壁，腹部加深，小平底，饼形底加厚。口径9、底径4.2、高3.6厘米（图一七，3）。

盏托　1件。M7：15，高3.2、内径8.8、外径20.4、底径10厘米。茶托，浅盘，平底，中心作碗形，出土时5只小碗放置在上面，成为一套完整的生活用具（图一七，12）。

陶器　3件。

釜　1件。M7：4，红褐陶。大敞口，折沿，鼓腹，圜底。口径24.5、腹径24.5、高18厘米（图一六，7）。

壶盖　1件。M7：6，红陶。覆钵形，盖纽残，有三纽。口径9.6、残高3.5厘米（图一六，8）。

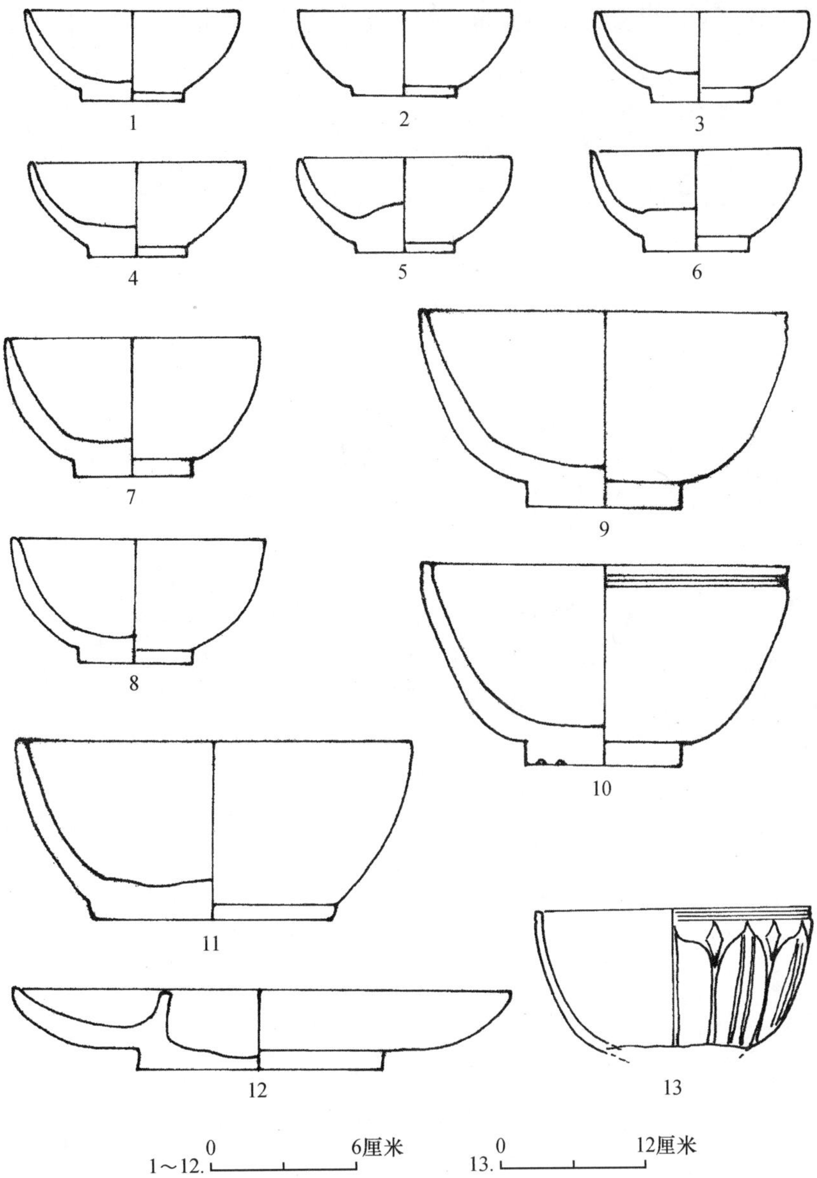

图一七 M7出土瓷器

1～11、13. 碗（M7：14、M7：13、M7：10、M7：11、M7：12、M7：20、M7：18、M7：5、M7：9、M7：17、M7：2、M7：3） 12. 盏托（M7：15）

囤 1件。M7：22，灰陶。囤形，子母口，直腹，平底。口径8.2、底径9、高13厘米（图一六，4）。

五铢钱 1组6枚。墓内发现较多，多数锈蚀，保存很差。质地轻薄，“五”字交笔较弯曲，“朱”字上面的笔画圆折，体现出时代较晚的特点。

3. M8

长方形墓，位于发掘区南部偏东，紧邻M7，方向一致，为210°（图一八）。

（1）墓葬形制

砖室墓，残存部分墓壁，保存最高处为23厘米，有三层封门砖和铺地砖，但不见边壁有砖，疑为土坑壁。砖长40、宽18、厚8厘米。墓室残长250、宽100、残高23、墙体厚8厘米。

（2）葬式葬具

墓内可见零星肢骨，葬式不明，没有发现葬具的痕迹。

（3）随葬器物

陶器 2件。

碗 1件。M8：1，灰陶。敞口，深腹，小平底。口径16、底径5.2、高6.5厘米（图一四，1）。

罐 1件。M8：2，红陶。平沿，斜直领，短肩，平底。口径8.6、底径4.8、高4厘米（图一四，2）。

另外在遗址的地层中出土了一件青瓷罐，应该是墓葬被破坏后遗留的。侈口，折沿，四系，筒形腹，大平底。釉色青绿。口径12.6、底径14.8、高17.8厘米。

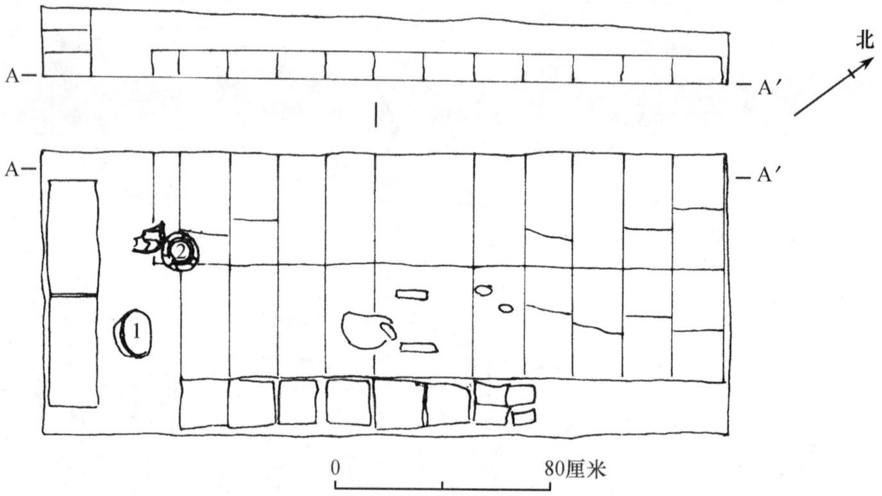

图一八 M8平、剖面图
1. 灰陶碗 2. 红陶罐

四、结 语

2002年瓦子坪遗址发掘墓葬8座，除遗址的北部近江台地和西部的一处小台地外，其他地方已经基本覆盖在发掘区内，证明这里是一处比较集中的墓地。遗址正处于江边坝地的中心部分，地势较高，受历年来取土的影响，墓葬的上部券顶部分普遍遭到破坏，但墓室中的随葬品保存尚好，出土各类随葬品82件，为判断这些墓葬的时代提供了依据。

1. 墓葬形制

砖室墓的形制比较统一，都是单室墓，没有发现多室和带耳室的墓。墓葬的建筑方式为花纹砖单砖起砌（图一九），然后在一定高度上起券。起券方式又分为横向和纵向两种，横向起券多采用无榫卯的梯形砖（M2）；纵向起券则采用有榫卯的子母口砖（M3、M7）。横向起券的高度较纵向低一些，但纵向起券的券顶接缝明显，不够平整，美观的程度略差。墓葬形制有

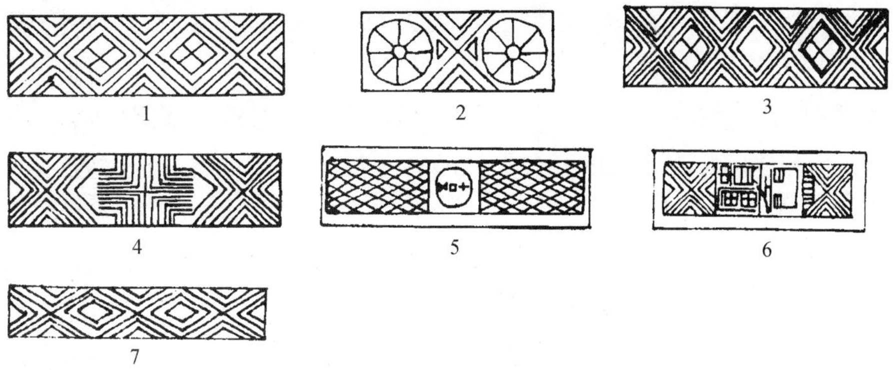

图一九　墓葬砖纹示例

1. 十字交叉纹（M1、M2）　2. 双车轮纹（M2）　3. 十字交叉菱形纹（M4、M5）　4. 正十字交叉纹（M4）
5. 钱币网格纹（M6）　6. “富贵”字纹（M6）　7. 联体菱形纹（M3、M7、M8）

刀形、“凸”字形和长方形三种。刀形墓2座，M3、M7；“凸”字形墓1座，M6；长方形墓5座，M1、M2、M4、M5、M8。这三种墓葬形制在渝东地区都比较常见，见于丰都汇南①、冉家路口②、赤溪③，万州大周④、小周⑤等地墓群。

2. 埋葬方式

所有墓葬内尸骨的保存状况不佳，从仅存的资料看，采用的均为仰身直肢葬。从葬俗看，时代较早的东汉墓多埋葬多个个体；六朝墓则固定为夫妻合葬。

3. 随葬器物组合和墓葬的年代

这批墓葬中出土的器物主要是陶、瓷器，此外有铁釜和五铢钱。陶器的基本组合为甑、壶、罐、碗、魁、熏炉等，还有陶俑。陶色分灰、红两种，灰陶多为实用器，红陶为模型明器，而且很多红陶有釉，属于釉陶，但陶质较差，釉多脱落，从残存的釉看，主要是黄釉。

出土的器物中，陶壶、圜底罐都有明显的地域特色。相同形制的陶壶见于万州安全墓地的M18、M05，万州松岭包墓地的M07⑥，丰都赤溪M02，丰都冉家路口M04；圜底罐见于万州安全墓地的M18、M04、M01等，均属东汉晚期，由此可初步断定瓦子坪M1、M2、M3、M5的年代也属东汉晚期。

① 四川省文物管理委员会、四川省文物考古研究所、丰都县文物管理所：《丰都县汇南两汉—六朝墓发掘简报》，《四川考古研究论文集》，《四川文物》增刊，1996年。

② 四川省文物考古研究所：《丰都县三峡工程淹没区调查报告》，《四川考古报告集》，文物出版社，1998年。

③ 四川省文物考古研究所：《丰都县三峡工程淹没区调查报告》，《四川考古报告集》，文物出版社，1998年。

④ 山东省博物馆：《重庆万州大周钟嘴墓地发掘报告》，待刊。

⑤ 陕西省考古研究所：《万州安全墓地发掘报告》，《重庆库区考古报告集·1997卷》，科学出版社，2001年。

⑥ 青海省文物考古研究所三峡工作队：《万州松岭包墓地发掘报告》，《重庆库区考古报告集·1997卷》，科学出版社，2001年。

瓦子坪遗址墓葬中出土的青瓷器数量较多，组合也比较固定，四系盘口壶、罐、碗成为六朝时期常见的随葬品组合，瓷器的使用标志着社会生产力的进步，简单的器物组合又揭示出六朝时期崇尚简约的生活习俗。出土的青瓷器中，盘口壶与丰都汇南墓群M10①，四系罐与丰都汇南墓群M11，莲花纹碗与丰都汇南墓群的M10中出土的器物近似，上述墓葬年代属于六朝时期，可断定瓦子坪M6、M7的年代同属六朝时期。其中M7的发现更应注意，墓葬的形状为刀形墓，随葬品以青瓷器为主，但同时伴出陶器，在墓室里发现陶釜，其上放置一件青瓷莲花大碗，碗底被整齐去掉，证明是有意为之，碗可能是早期东汉墓葬中常见釜甑组合甑的替代品。另外，在墓室中还发现一件陶壶盖，在墓道中发现一件陶壶和陶囤，这些陶器在此墓地的东汉墓葬中是典型器物，由此可以看到墓葬的时代过渡和随葬品的变化，这种现象在2001年度发掘的M8中同样存在，说明了当时墓葬习俗的延续，反证此墓地陶器墓的年代和瓷器墓相隔不远，由于没有发现明确的纪年墓，墓葬的年代尚为初定，并非最后的定论。

重庆万州瓦子坪遗址汉墓及六朝墓葬的第二次发掘，为研究重庆三峡地区的汉代及六朝时期的社会状况提供了新的资料。

绘图：杨　波
摄影：于秋伟
拓片：杨　波
执笔：杨　波　于秋伟　肖贵田

① 四川省文物考古研究所：《丰都汇南墓群发掘简报》，《重庆库区考古报告集·1997卷》，科学出版社，2001年。

万州松岭包墓地2002年度发掘简报

青海省文物考古研究所
万州区文物管理所

一、基本概况

依据调查资料，松岭包墓地是一处以汉晋时期的墓葬为主要遗存的墓地，隶属于重庆市万州区武陵镇禹安村九组。该墓地位于长江左岸的二级台地之上，具体地理坐标：东经108°14′48″，北纬30°29′37″，高程150～169米。

墓地的命名是因松岭包（又名松树包）这一小型丘陵包而命名的。依据钻探情况，墓葬主要分布在松岭包下部向南延伸、向长江凸出的缓坡部位。台地顶部地势较为平整，向南、西有阶梯状的斜坡，是因为农民修田时所致。该遗址1998年度曾经由青海省文物考古研究所发掘过一次，当时的主要工作重点放在了缓坡的上部地势较为平坦的地方。2002年9月底到10月初，我们根据钻探情况了解到松岭包的根部及其向南延伸部分的斜坡地带也有墓葬分布，地表农作物主要为红薯、黄豆、再生稻等。该墓地范围1万多平方米，发掘区地表上偶见汉砖、瓦片及细碎的陶瓷片等（彩版五五）。

根据钻探情况，为了方便我们把发掘区分成甲区和乙区两个部分进行发掘，松岭包山根部定为乙区，延伸部分的斜坡地带定为甲区。基点定在遗址的西南，采用第一象限布方，探方控制发掘，每个探方面积均为5米×5米（图一）。

地层情况如下：

第1A层：耕土层。土色褐色，土质疏松。夹杂有大量植物根茎、石块、瓦砾等。厚20～30厘米。

第1B层：垫土，土色灰褐，质地致密。包含物为石块、陶片等。厚10～50厘米。

第2层：扰土。土色黄，土质硬。夹杂有少量的黑色小炭粒和红烧土颗粒。厚5～20厘米。墓葬主要开口于这一层下。

整个发掘工地所布的82个探方全部分布在南延的台地上，从发掘情况看与调查资料基本一致，此处为汉晋墓葬区，没发现其他的文化堆积层。发现并发掘土坑墓和砖室墓各4座，出土各种随葬品共计210余件，经过修复之后，钱币除外共计189件。

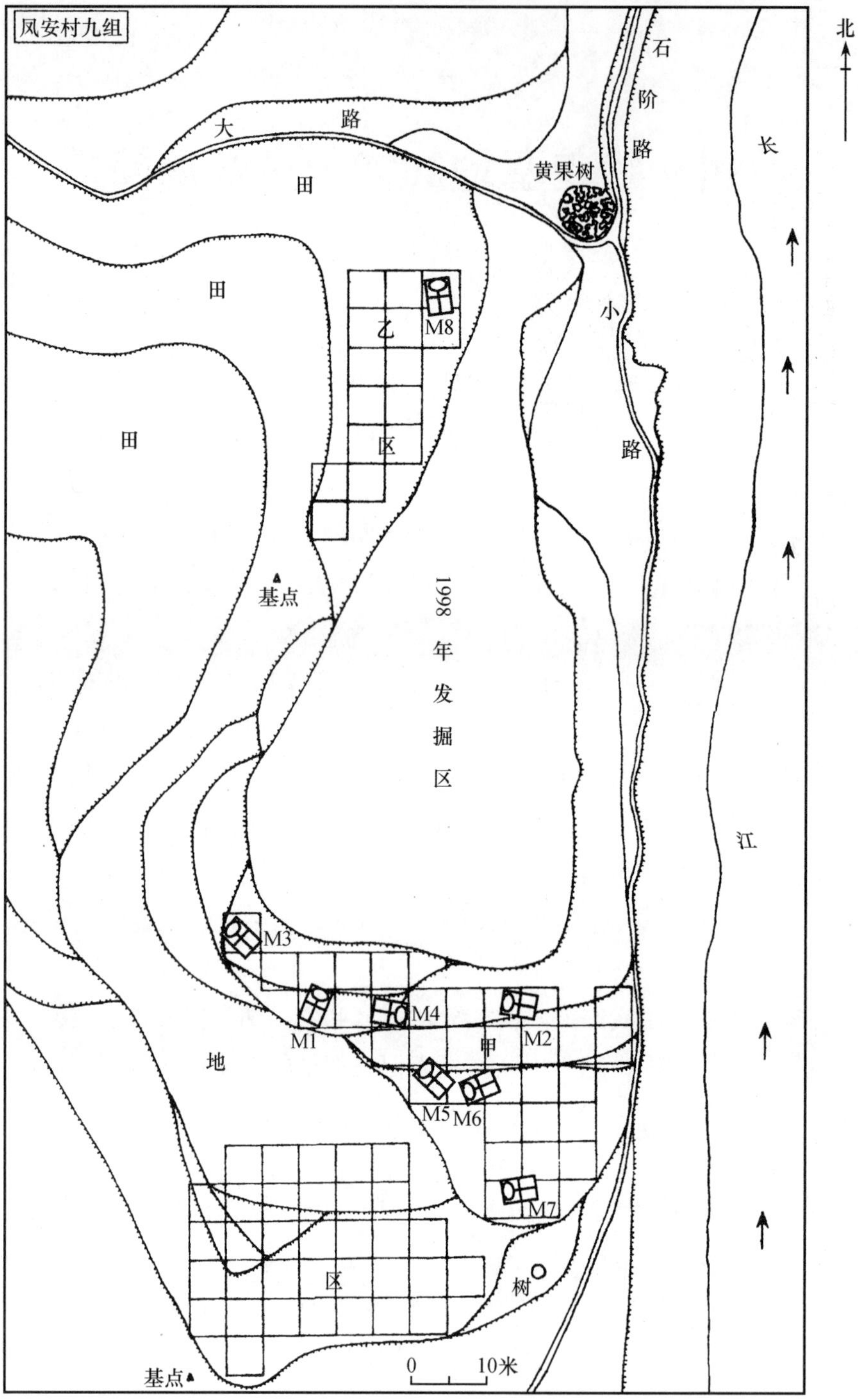

图一 2002年度发掘平面图

二、墓葬结构和随葬品[①]

1. 砖室墓

M1 “凸”字形砖室墓（图二、图三；彩版五六，1）。穹庐顶。墓室和墓道全部使用长

① 各墓随葬品可见墓葬平、剖面图。

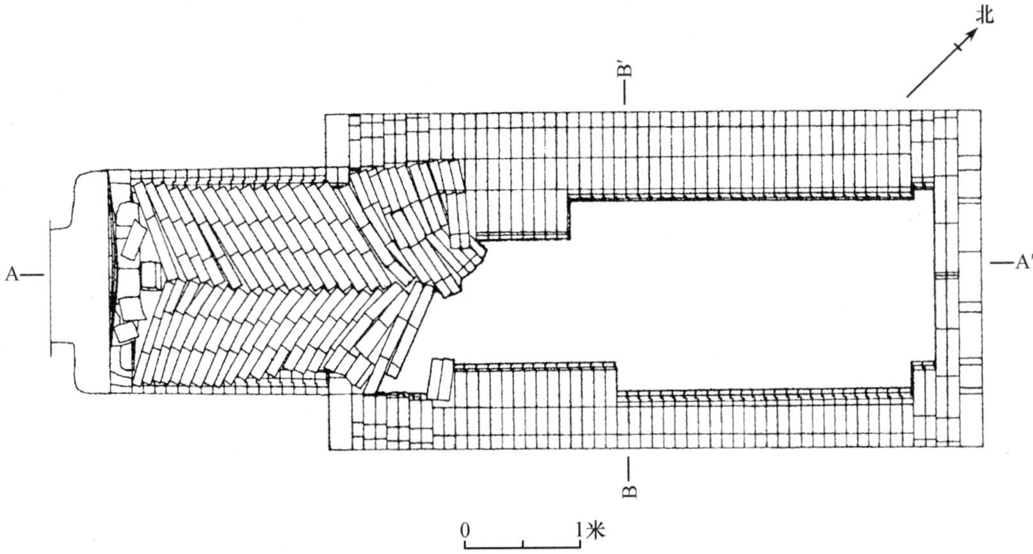

图二　M1墓顶俯视图

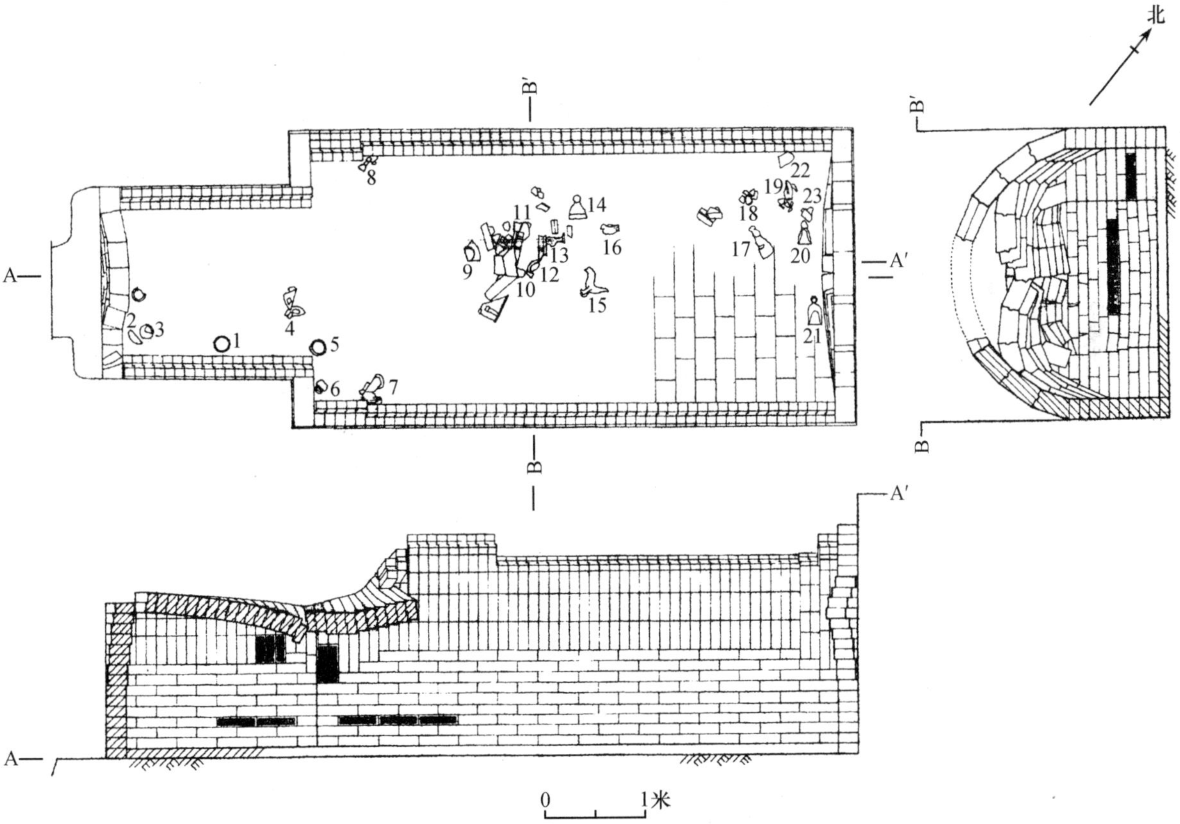

图三　M1平、剖面图

1、6、7、9. 灰陶罐　2～4. 灰陶钵　5. 红陶尊　8、17. 红陶俑　10. 陶屋　11. 釉陶壶　12. 红陶碟　13. 跪隶俑　14. 听唱俑　15. 红陶公鸡　16. 红陶子母鸡　18. 红陶狗　19. 红陶猪　20. 吹箫俑　21. 抚琴俑　22. 红陶香熏盖　23. 灰陶俑

方形的青砖砌成。墓室为长方形，墓道朝西南，墓为东北—西南向，墓口距地表深0.25米，墓底距地表深2.5米，方向223°，墓长7.8、宽2.8米，从1米处开始起券，券顶残高1.1米，顶部有三排砖列到墓室内，可能是早期被盗时取下的。墓室总高约2.4米，墓道券顶完整，但变形严重。墓道长2.1、宽1.8米，形状呈长方形，深0.25米，券顶用子母砖，砖上花纹为菱形纹，中

间有一车轮纹；墓室顶部也用子母砖，砖上花纹为菱形纹，中间有“富贵”二字；墓室壁砖为平铺错缝，每块砖上均有花纹，花纹为两边菱形网格纹，中间为一车轮纹（图二一）。墓底用平铺错缝的方法铺成。未见葬具和人骨。

M2　近方形砖室墓（图四）。东西长2.6、南北宽2.4米，墓门朝西，券顶已全被破坏，墓底到地表深1.3米。位于发掘区甲区的东北部。砌砖方法为平铺错缝，砖的规格为48厘米×16厘米×10厘米；封门砖个别尺寸为48厘米×16厘米×8厘米，大多数砖为子母砖；墓地砖均为子母砖铺地，南北向平铺错缝。墓室下面4层砖均为菱形花纹砖，4层以上有花纹砖、平砖，封门多以半片砖砌筑，也用花纹砖，砖的花纹共有3种，以双回纹菱形花纹砖为最多（图二一），另外两种只有几块。地砖下为生土。没有发现葬具，葬式不详。骨架腐朽严重，骨头成粉状，只见几节腿骨在墓室南部，头骨在墓室东北角，面向、年龄均不详。

M5　该墓破坏严重，只残存墓室北面的一角，墓葬结构和形制不详（图五）。残长3.4、残宽1.4米。墓室从第7层砖开始起券，券顶砖为富贵子母砖，墓室为平铺错缝条砖，砖上花纹有两种，一种为菱形纹，另一种为菱形纹中间有一车轮纹，铺地砖较大，而且较薄，尺寸为42厘米×24厘米×6厘米。

M8　刀把形砖室墓（图六）。墓室呈长方形，长2.1、宽2.4米。底部距地表深1.2米，墓口

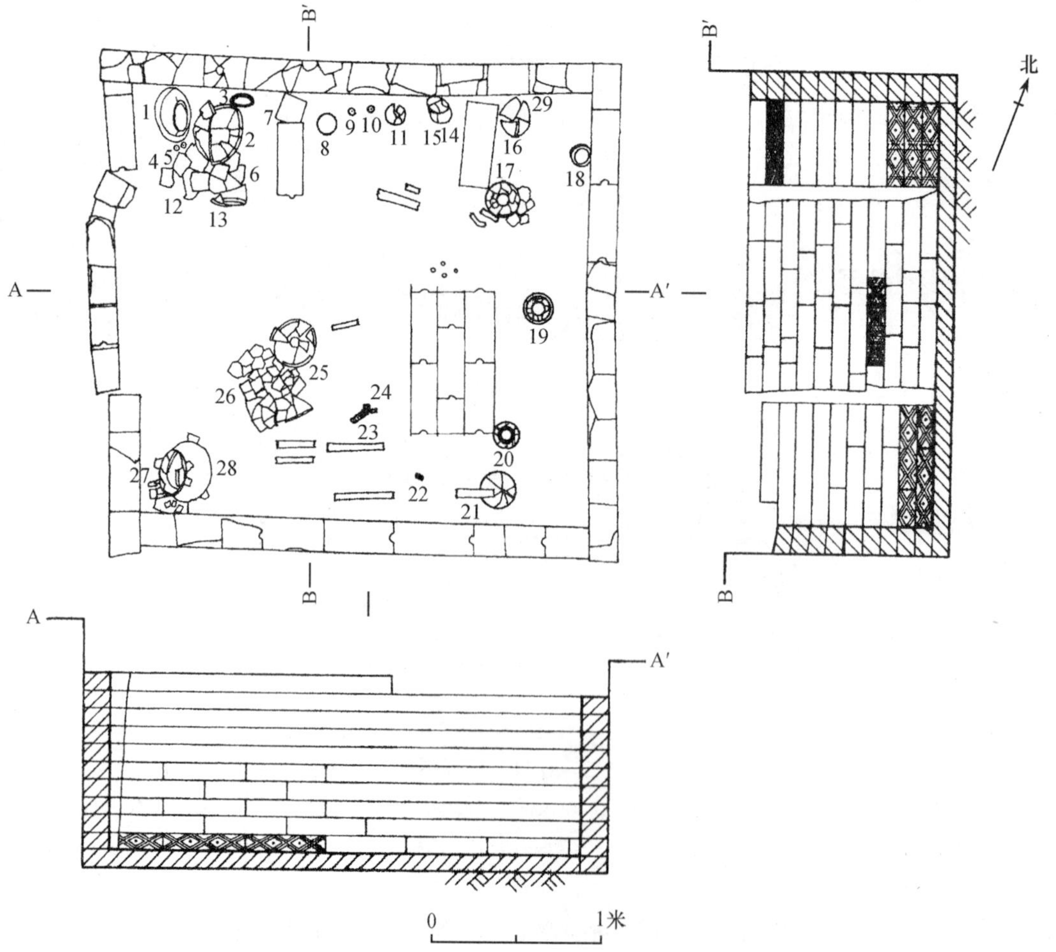

图四　M2平、剖面图

1、19、20. 灰陶罐　2、16. 灰陶盆　3、8、11、14、15、18、21、25、29. 灰陶钵　4. 陶纺轮　5、9、10、30. 石杈　6. 灰陶囷　7. 骨珠　12. 银指环　13. 石印章　17、24. 铜饰件　22、23. 铜钱　26. 高领灰陶罐　27. 灰陶甑　28. 铁釜

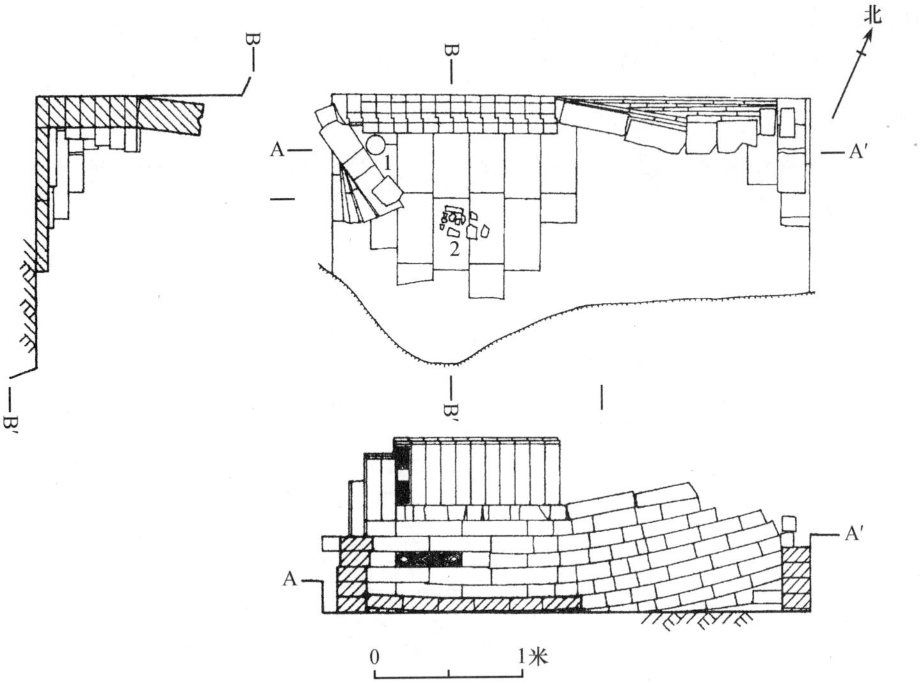

图五　M5平、剖面图

1. 灰陶囷　2. 陶片

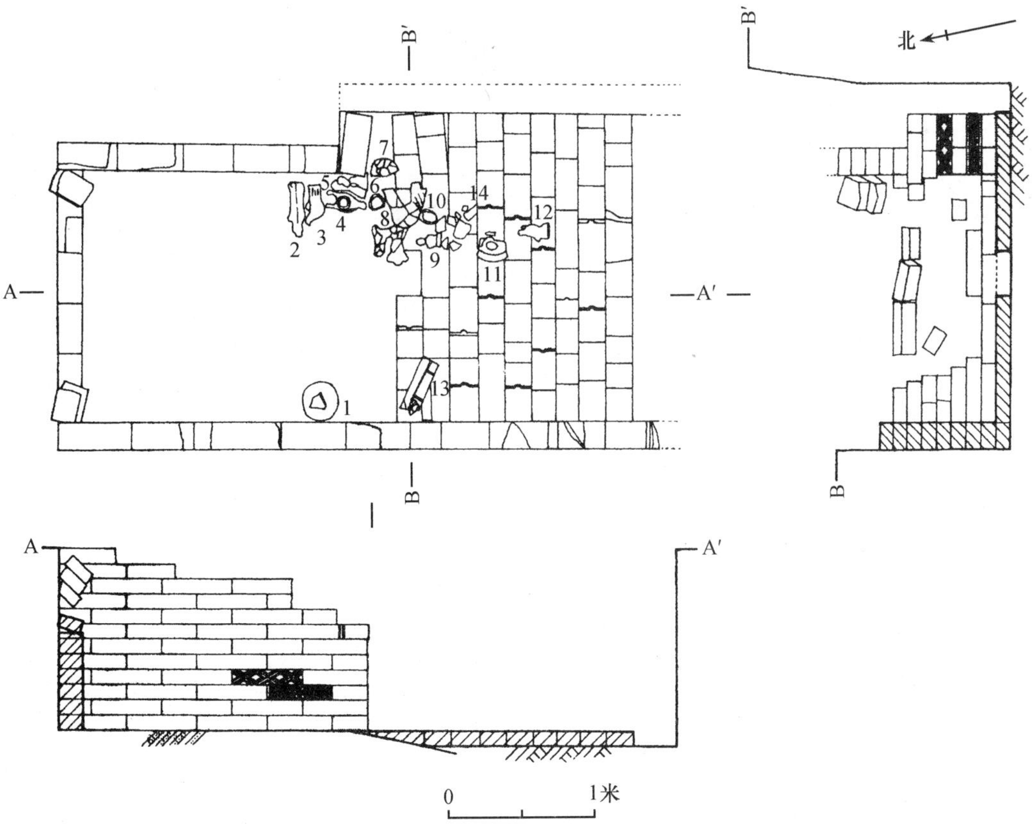

图六　M8平、剖面图

1. 灰陶罐　2. 红陶猪　3、4. 红陶鸡　5、6、8～10、12. 红陶俑　7、11. 灰陶钵　13. 灰陶屋　14. 红陶器盖

距地表深0.6米。墓道呈长方形，上口长2.1、宽2、深1.2米。下端宽1.8、距地表深2.5米。该墓破坏严重，墓室南部残缺，墓顶已不存在；墓室残高只有1.2米，东面墓砖已在耕土层，墓室青砖用平铺错缝砌法砌筑。每块砖均饰花纹，花纹共两种，一种为菱形纹，另一种为两边菱形纹，中间为“十”字形纹，多数砖面上有绳纹。墓道没用铺地砖，因为地面为岩石，墓室多用半块砖平铺错缝铺地。

2. 土坑墓

M3　为竖穴土坑墓，位于发掘西北部（图七）。长方形，东西长4.2、南北宽3.6米，墓

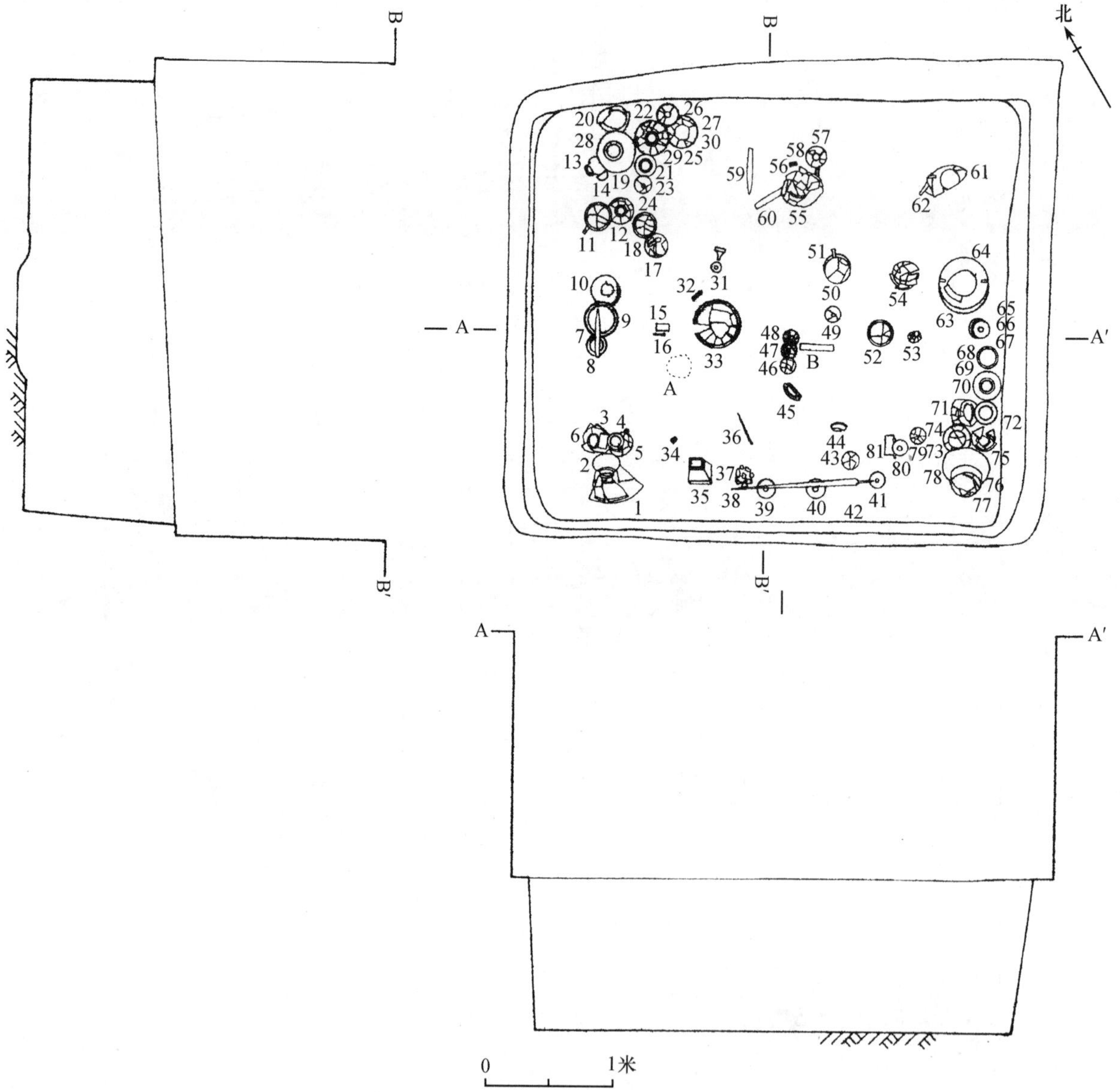

图七　M3平、剖面图

1、77. 陶甑　2、5、13、19、22、23、25、30、70、72. 灰陶平底罐　3、14、21、24、26～29、37、39～41、43、44、46～49、53、57、58、65～68、73、76、79、80. 灰陶钵　4、7、36、59. 铁削刀　6、74. 灰陶圜底罐　8、54. 釉陶尊　9. 铜盆　10. 釉陶壶　11. 红陶瓢　12. 红陶香熏　15、81. 陶板　16. 小铁刀　17. 釉陶盒　18、52. 红陶碟　20、45. 红陶釜　31. 红陶灯　32、34、56. 铜钱　33. 红陶碗　35. 铜方壶　38. 铁剑　42. 石坠饰　50. 器盖　51. 釉陶鼎　55、63、69. 铜鍪　60、62. 铁矛　61、64、78. 铁釜　71、75. 灰陶困

底东西长3.64、南北宽3.16米，墓室内四周有熟土二层台，宽0.14～0.18、高0.96～1.18、墓底到地表为3、耕土层厚0.16～0.24、第2层厚0.35～0.4、墓实际深2.3米。墓室中间东西向有凹槽，宽约0.8、深0.08米，为放骨架处。没有发现葬具，骨架腐朽成粉状，头骨向西，其年龄不详（彩版五七，1）。

M4　长方形竖穴土坑墓（图八；彩版五六，2）。墓口距地表深0.18、东西长3米、南北宽1.6米，墓底距地表深1.7、东西长2.7、南北宽1.34米，方向277°。人骨架腐朽严重，性别年龄难以判定。墓底铺一层木板，已朽，木板上有一层红漆。

M6　长方形竖穴土坑墓（图九）。墓口距地表深0.8、东西长3.66、南北宽1.44米，墓底距地表深1.26、东西长3.66、南北宽1.44米，方向253°。未见骨架，在墓底平铺有一块木板，已朽，木板上有一层红漆。

M7　近方形竖穴土坑墓，有长方形斜坡墓道，位于发掘区甲区东部（图一〇；彩版五七，2）。墓口距地表深0.54～0.64米，东西长3.54、南北宽3米，墓底距地表深0.6～2米。墓道位置在墓室西面，墓道朝西，长2.5、宽约1.7米，墓道顶端开口高出墓室开口26厘米，距地表深度0.74～1.34米。没有发现葬具，人骨由于腐朽殆尽，没有发现。

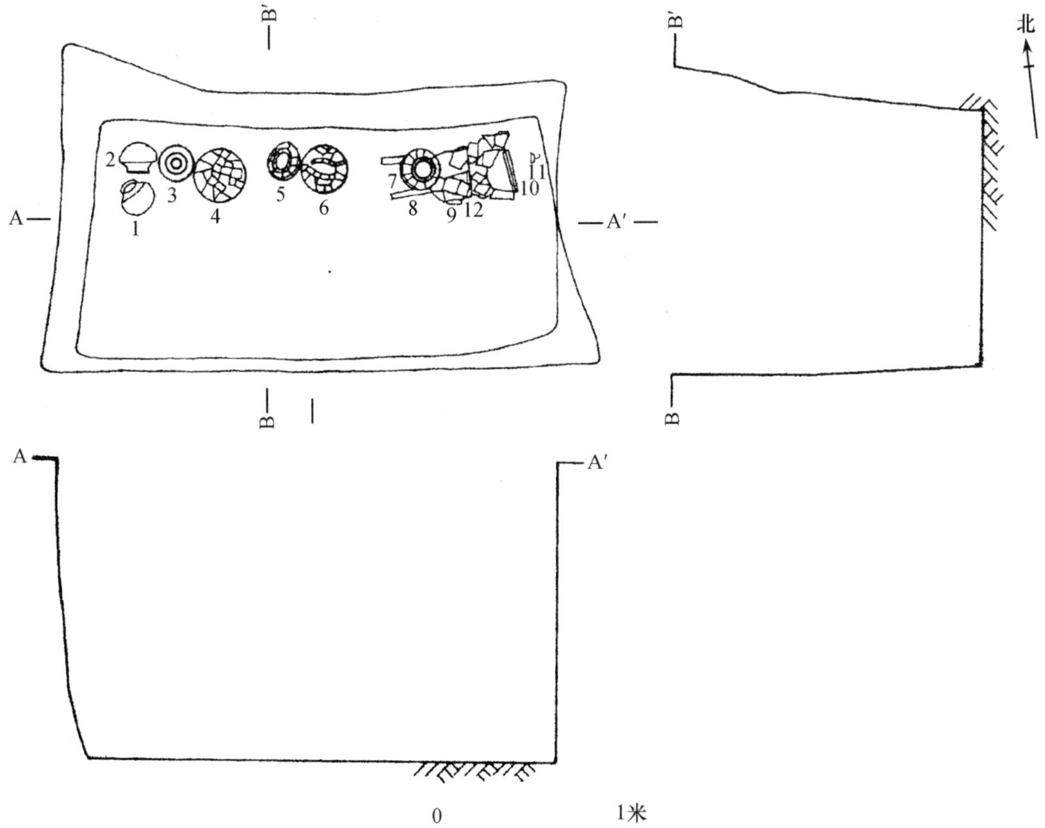

图八　M4平、剖面图

1～7. 灰陶罐　8. 铁釜支架　9. 铁釜　10. 灰陶甑　11. 玉带钩　12. 铜钱（在铁釜下）

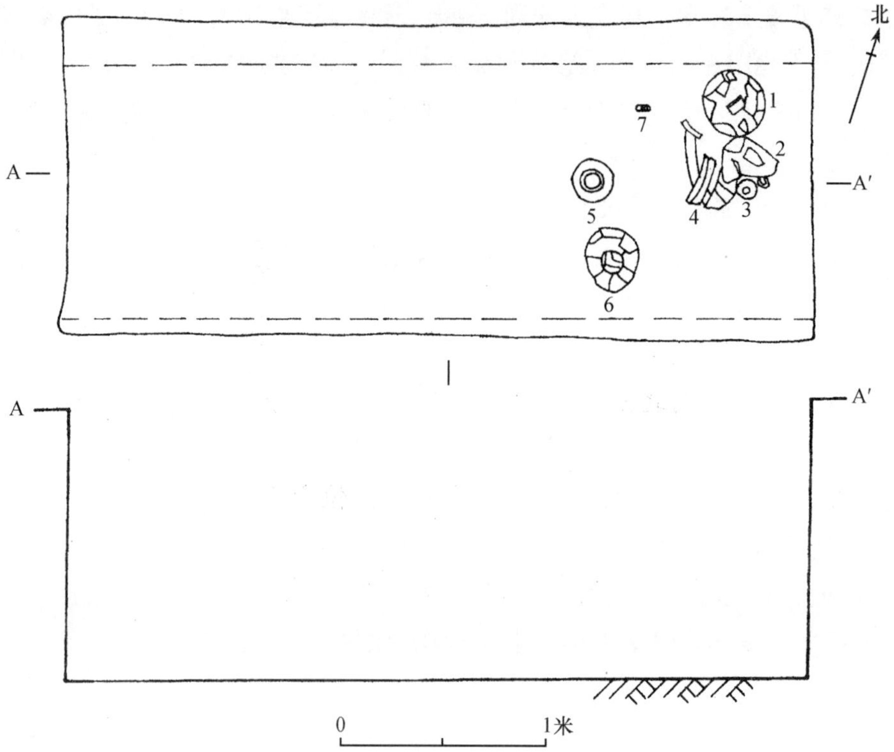

图九　M6平、剖面图
1、3、5、6. 灰陶罐　2. 铁釜　4. 灰陶甑　7. 铜钱

三、器物组合分析

随葬品和器物组合分开介绍是为了更加客观地反映发掘资料，因为随葬品列表反映的是出土的第一手资料，目的是比较客观地反映随葬物品的数量和品种。松岭包墓地主要是汉魏六朝时期的墓葬，埋葬的时间跨度由于单靠一处墓地难以准确定位，所以为了客观细致地反映每一座墓葬的发掘材料，我们不主观地把所有的墓葬出土的随葬品混合到一起分型分式，而以单个墓葬为单位展现器物组合情况，综合研究留到以后大家共同去做。

1. M1

M1　出土的陶器经过修复之后的完整器物标本共计7件，又出土的陶俑经过修复之后为9件。我们分类详细介绍于下。

灰陶罐　2件。M1：1，泥质灰陶。口微侈，圆唇，无颈，斜折肩，中鼓腹，下腹斜收。素面。口径10.8、底径9、通高12.5厘米（图一一，2）。M1：6，大体与第一件形制相同，应为同一类型的器物，口径10、腹径17.2、底径9.9、通高12.4厘米（图一一，1）。

灰陶钵　2件。M1：3，夹细砂灰陶。侈口，口外有一圈凸起的包边，深腹，下腹缓收，平底。素面。口径16.1、底径5、通高6.9厘米（图一一，3）。M1：4，夹细砂灰陶。口微侈，圆唇，口外有一圈微凸的包边，斜折腹，平底。腹部有几道弦纹。口径12.8、底径4.1、通高5厘米（图一一，7）。

图一〇　M7平、剖面图

1、12、31、47、60. 灰陶囷　2、7、45. 铜钱　3、6、8、15、18、19、21、22、24、25、27、28、32、34、35、39～41、50、51、53、56、57、59、61、63、64、68、70、71. 灰陶钵　4、55. 灰陶盆　5、30、33、36～38、42～44、52、58、65～67、69. 灰陶罐　9、16. 器盖　10. 夹砂红陶釜　11. 铁刀　13. 灰陶井　14、17. 灰陶壶　23、54. 灰陶釜　26、48. 灰陶甑　20、29、46. 红陶钵　49. 铁釜　62. 红陶囷（有些器物被压于其他器物之下，图中无法表现）

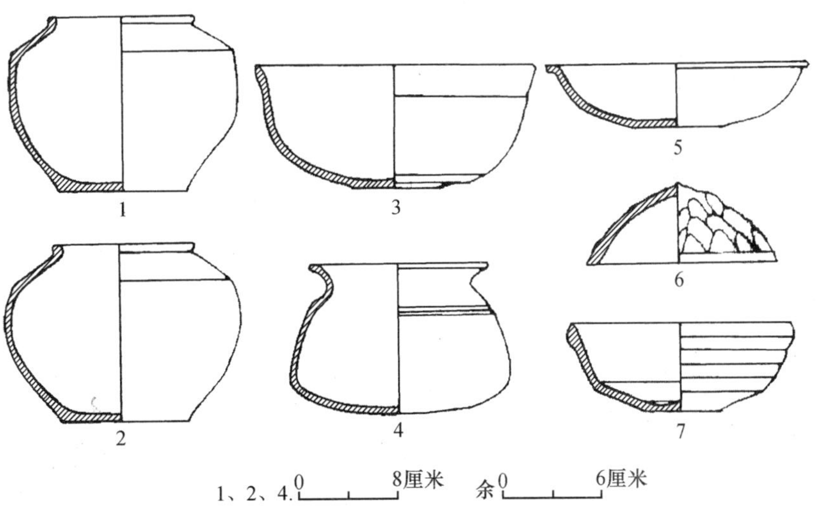

图一一　M1出土器物

1、2. 灰陶罐（M1：6、M1：1）　3、7. 灰陶钵（M1：3、M1：4）　4. 红陶尊（M1：5）　5. 红陶碟（M1：12）　6. 红陶香熏盖（M1：22）

红陶碟　1件。M1：12，泥质红陶。敞口，平沿微向里斜，方唇，腹部缓斜收，平底。通体施浅黄色釉。口径15.3、底径5.5、通高3.7厘米（图一一，5）。

红陶尊　1件。M1：5，夹细砂红陶。器物表面施红褐色釉。侈口，方唇，束颈，垂腹，略圜底。颈下上腹部有两道凹弦纹。口径13、腹径15.9、通高10.7厘米（图一一，4）。

红陶香熏盖　1件。M1：22，泥质红陶。呈圆锥形，顶部有一圆纽，器身外表有山峰形的凸纹，层层叠压，其间有小气孔。口径11.5、通高4.5厘米（图一一，6）。

灰陶俑　1件。M1：23，泥质灰陶。呈站立姿势，面部漫漶不清，性别不详，身着长衣，双手拢于胸前。体宽8、通高16.5厘米（图一二，1）。

红陶俑　1件。M1：17，泥质红陶。呈站立姿势，头部梳高山形的发髻，身着长裙，面部漫漶，双手置于小腹部，右腿有微向前跨。应为女性，体宽15、通高32厘米（图一二，2；彩版五九，6）。

红陶抚琴俑　1件。M1：21，泥质红陶。面相似男性，盘腿坐于地上，上身略向前倾，头戴方巾帽，高鼻长目，抿嘴似微笑状，身前置一案几，左手置于案几上似扶琴状，右手收于胸前。体宽20、通高25厘米（图一二，3；彩版五九，1）。

红陶吹箫俑　1件。M1：20，泥质红陶。呈跪坐姿势，头戴尖顶式联珠纹花边帽，高鼻深目，双手握箫放于嘴边，双颊因吹奏而呈凹陷状。体宽13.5、通高25厘米（图一二，4；彩版五九，3、4）。

红陶听唱俑　1件。M1：14，泥质红陶。呈跪坐姿势，头梳山形髻，面目漫漶不清，右手下垂张开置于膝之上，左手上举放于耳旁呈对歌状。体宽16、通高23.5厘米（图一二，5；彩版五八，6）。

图一二　M1出土陶俑

1.灰陶俑（M1：23）　2.红陶俑（M1：17）　3.红陶抚琴俑（M1：21）　4.红陶吹箫俑（M1：20）　5.红陶听唱俑（M1：14）　6.红陶跪隶俑（M1：13）　7.红陶公鸡（M1：15）　8.红陶猪（M1：19）　9.红陶子母鸡（M1：16）

红陶跪隶俑　1件。M1：13，泥质红陶。头顶陶钵状的灯盘，陶灯直口方唇，柱状柄，以跪坐的奴隶为灯座，人物丑陋，尖嘴，竖目，竖耳，大肚下垂，双臂放于肚子两侧，状如镇墓兽。宽12.2、通高22厘米（图一二，6；彩版五九，5）。

红陶公鸡　1件。M1：15，泥质红陶。呈站立姿势，长颈，头向前伸，圆目高冠，翘尾呈骄傲状。宽23、通高24厘米（图一二，7；彩版六〇，3）。

红陶猪　1件。M1：19，泥质红陶。身体肥壮，头伸向前略下倾，张嘴露牙，鬃毛高耸，尾部左甩。身长26、通高16厘米（图一二，8；彩版六〇，5）。

红陶子母鸡　1件。M1：16，泥质红陶。母鸡卧地，抬头，挺胸，尾巴后翘，翅膀下面有小鸡露出头，背上另卧一只小鸡。宽15.5、通高13.5厘米（图一二，9；彩版六〇，4）。

2. M2

M2　出土的器物经过修复之后共计20件，包括陶质、石质、银质、铜质、骨质等几类。

灰陶钵　可修复8件。如果按照器物的造型分类，这8件灰陶钵有着细微的差别，可以分为斜折腹小平底灰陶钵和缓折腹大平底灰陶钵两种，各占4件。斜折腹小平底灰陶钵中有一件（M2：29）个体较大，夹细砂灰陶，侈口，圆唇，口沿外有一圈凸起的包边，斜折腹，小平底，素面，口径20、底径6.6、通高12.6厘米。缓折腹大平底灰陶钵的个体比较均匀。M2：3，夹细砂灰陶，口微侈，圆唇，口外沿部有一周微凸起的宽包边，下腹部缓折，大平底。素面。口径12.5、底径3.6、通高5厘米（图一三，9）。

灰陶罐　修复2件。M2：1，夹细砂灰陶。侈口，圆唇，束颈，弧肩，上鼓腹，平底。肩部有一周凹弦纹。口径8.8、最大腹径15.8、底径6.5、通高12厘米（图一三，6）。M2：19，夹细砂灰陶。喇叭形口部外侈，圆唇，束颈，圆鼓腹，圜底。下腹以及底部有放射状竖行粗绳纹。口径14.7、腹径15.3、通高9.2厘米（图一三，11）。

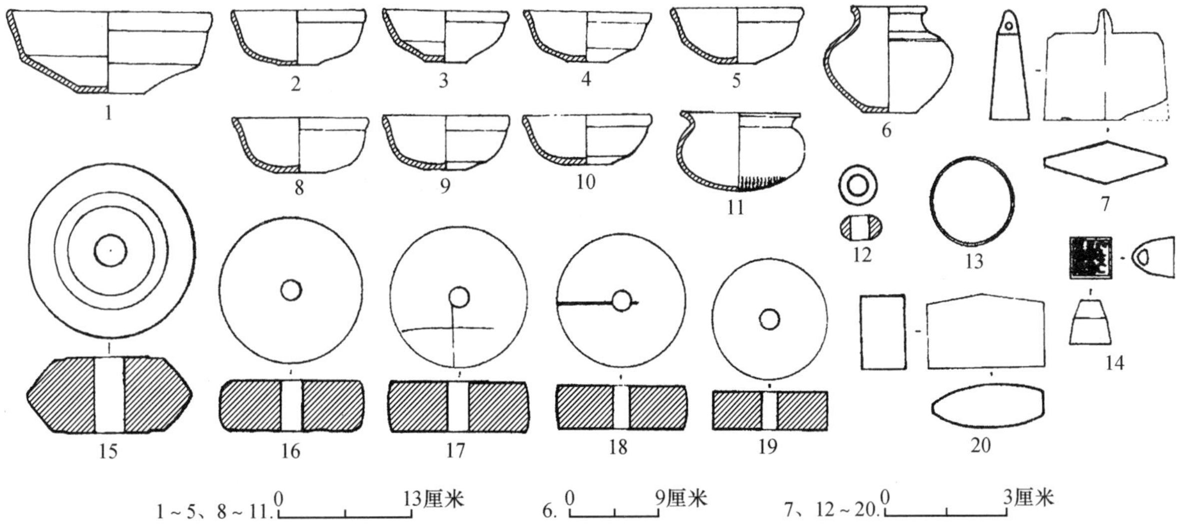

图一三　M2出土器物

1～5、8～10. 灰陶钵（M2：29、M2：15、M2：11、M2：21、M2：18、M2：14、M2：3、M2：8）　6、11. 灰陶罐（M2：1、M2：19）　7、20. 铜饰件（M2：17、M2：24）　12. 骨珠（M2：7）　13. 银指环（M2：12）　14. 石印章（M2：13）　15. 陶纺轮（M2：4）　16～19. 石权（M2：30、M2：9、M2：10、M2：5）

陶纺轮　1件。M2：4，泥质灰陶。呈算盘子形状的扁圆形，中心有一个小孔，周围刻有两周同心圆弦纹。直径4、厚度1.75厘米（图一三，15；彩版六一，1）。

石权　4件。用青石磨制而成，圆盘状，十分规整，大小有序，中心有孔，疑为当时所用的秤砣或者砝码之类的东西。M2：30，青石质。呈黑色。算盘珠状，重29克。直径3.4、厚1.2厘米（图一三，16；彩版六二，1）。M2：9，青石质。黑色，算盘珠状，一面刻画有一个"十"字。重24克。直径3.3、厚1.15厘米（图一三，17；彩版六二，2）。M2：10，青石质。黑色，呈算盘珠状，其中一面有一道刻划的痕迹。重19克。直径3、厚1厘米（图一三，18；彩版六二，3）。M2：5，青石质，黑色，呈算盘珠状。重14克。直径2.8、厚1.1厘米（图一三，19；彩版六二，4）。

石印章　1件。M2：13，青黑色石质。汉瓦纽，整体看去呈梯形，正方形印。边长1厘米，通高1厘米，阳刻篆文文字（图一三，14）。

骨珠　1件。M2：7，骨质。白色，算珠状，中穿孔。直径1厘米（图一三，12；彩版六一，4）。

铜饰件　2件。M2：17，铜质。外表呈编钟形，口部呈菱形，顶部有纽，似应是竹木器工具等顶端的包件。宽2.9、厚度约1、通高2.5厘米（图一三，7）。M2：24，铜质。外表为扁长方形，孔为不规则椭圆形，应为木或者竹器的端部装饰品。长2.9、宽1.7、厚1.1厘米（图一三，20）。

银指环　1件。M2：12（图一三，13；彩版六一，3）。

3. M3

灰陶罐　修复后11件，包括平底罐和圜底罐两类。

平底罐　9件。M3：22，夹细砂灰陶。口微侈，弧束颈，斜肩，中鼓腹，下腹斜收，大平底。肩部有一周阴刻凹弦纹。口径10.6、腹径23.8、底径14.5、通高16.8厘米（图一四，1）。M3：72，夹细砂灰陶。口微侈，圆唇，短束颈，弧肩，圆鼓腹，大平底。肩部有一周阴刻凹弦纹和水波纹。口径9.5、腹径17.2、底径10.3、通高12.4厘米（图一四，2）。M3：13，夹细砂灰陶。侈口，圆唇，短束颈，中鼓腹，大平底。颈部与肩部各有一条阴刻凹弦纹，其间有4～5条波浪纹。口径10、腹径16.5、底径10、通高11.8厘米（图一四，3）。M3：19，夹细砂灰陶。侈口，圆唇，短束颈，上鼓腹，上腹斜收，平底。上腹部饰有三周短绳纹。口径15.4、腹径30.2、底径16.3、通高23厘米（图一四，4）。M3：5，夹细砂灰陶。侈口，圆唇，束颈，上鼓腹，下腹斜收，平底。肩部饰有阴刻凹弦纹和波浪纹，下腹部饰有宽带状的一周细弦纹。口径10、腹径17.4、底径10、通高12.5厘米（图一四，5）。M3：25（彩版六三，2）。

圜底罐　2件。M3：6，夹细砂灰陶。直口，宽弧沿，尖唇，直颈，宽斜肩，折鼓腹，下腹缓收，圜底。下腹部饰有竖向细绳纹。口径12、腹径21.6、通高15厘米（图一四，6；彩版六二，6）。

釉陶尊　2件（彩版六三，3；彩版六四，1）。M3：8，泥质红陶。大敞口，口沿宽斜外侈，尖唇，折颈，垂腹，大平底。腹部有一对对称的盲耳，通体饰红褐色釉，腹中部有一周阴

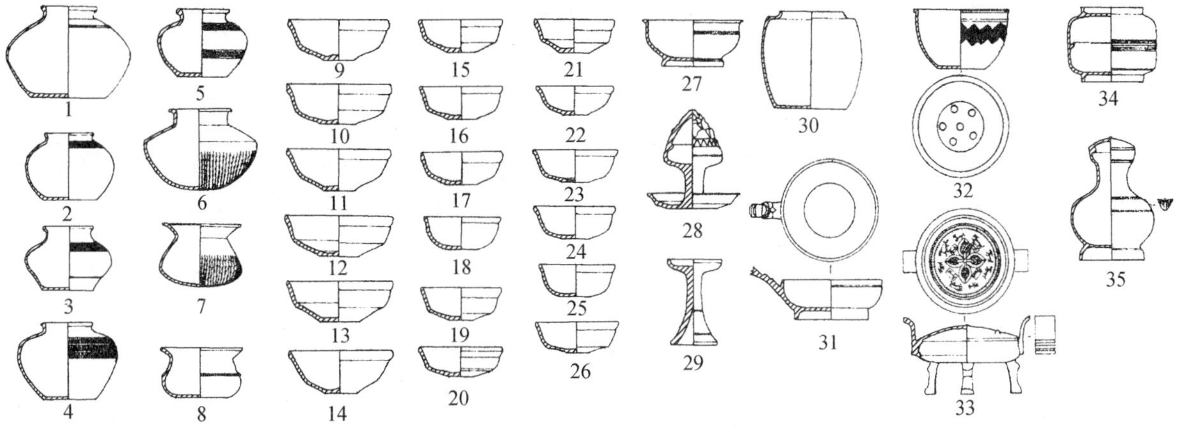

图一四　M3出土器物

1~5. 灰陶平底罐（M3：22、M3：72、M3：13、M3：19、M3：5）　6. 灰陶圜底罐（M3：6）　7. 红陶釜（M3：20）　8. 釉陶尊（M3：8）　9~26. 灰陶钵（M3：76、M3：26、M3：27、M3：67、M3：66、M3：24、M3：44、M3：21、M3：14、M3：80、M3：3、M3：29、M3：68、M3：57、M3：58、M3：40、M3：49、M3：42）　27. 红陶碗（M3：33）　28. 红陶香熏（M3：12）　29. 红陶灯（M3：31）　30. 灰陶囷（M3：71）　31. 红陶瓢（M3：11）　32. 陶甑（M3：1）　33. 釉陶鼎（M3：51）　34. 釉陶盒（M3：17）35. 釉陶壶（M3：10）

刻凹弦纹。口径15.5、腹径15、底径11.3、通高9.2厘米（图一四，8）。

红陶釜　2件。M3：20，夹砂红陶。呈喇叭状口外侈，圆唇，束颈，斜垂腹，大圜底。口内部有一周阴刻凹弦纹，腹部和底部饰斜粗绳纹。口径23.5、腹径25.5、通高18.5厘米（图一四，7；彩版六〇，1）。

灰陶钵　修复后25件。有两个类型，一类是折腹小平底灰陶钵，另一类是缓收腹大平底灰陶钵。第一类15件，占大多数。M3：66，夹细砂灰陶。侈口，圆唇，口沿外有一周微凸的包边，下腹内折收敛，小平底。素面。口径16.2、底径5.8、通高5.9厘米（图一四，13）。M3：68，夹细砂灰陶。侈口，尖唇，口沿外部有一周凸起的包边，折腹，平底。素面。口径12.2、底径4.6、通高5厘米（图一四，21）。其余为第二类，10件。M3：80，夹细砂灰陶，敞口，圆唇，口沿外部有一周凸起的包边，腹部缓收，大平底。素面。口径11.8、底径5、通高4.8厘米（图一四，18）。M3：49，夹细砂灰陶。侈口，圆唇，口沿外部有一周凸起的包边，下腹缓收，大平底。素面。口径11.5、底径4.6、通高4厘米（图一四，25）。

红陶碗　1件。M3：33，泥质红陶。敞口，平沿，尖唇，弧腹，高圈足。通体饰红褐色釉，上腹部有三道阴刻凹弦纹，圈足部也刻有一周凹弦纹。口径31.5、底径18.5、通高14厘米（图一四，27；彩版六〇，2）。

红陶香熏　1件。M3：12，泥质红陶。自上而下依次由盖、熏炉、柄、座（托）几部分组成，香熏盖呈三角形的山峰状，分三层山形双唇，盖子的口沿有一周宽带边，宽带上印有阳线三角形的波折纹，盖身镂有数十个小圆孔，熏炉和柄呈陶豆形，下部的底座呈陶盘形，器物通体施淡绿色釉，口径10、底径9、通高19厘米（图一四，28；彩版六四，3）。

红陶灯　1件。M3：31，泥质红陶。整体呈陶豆形，灯盘为直口方唇的浅盘，灯柄（灯举）为柱状，底部为中空的喇叭形。通体施较浅的黄褐色釉。灯柄和下部各有一周阴刻凹弦纹。口径10.4、底径8.8、通高16厘米（图一四，29；彩版六四，2）。

灰陶囷　2件。M3：71，夹细砂灰陶。直口微敛，圆唇，平肩，缓弧腹，大平底。素面。口径12.5、腹径19、底径17.5厘米（图一四，30）。

红陶瓢　1件。M3：11，泥质红陶。陶瓢有一鸭首柄，柄首的鸭嘴向上翘起，鸭子的双目呈凸起的三角形，高鼻长嘴，双唇外翻，鸭舌外露；瓢呈碗状，微敛口，圆唇，口沿下有一周凹弦纹，微鼓腹，圈足。通体施绿色釉，釉层较薄。口径19.1、底径14.2、通高7.3厘米（图一四，31；彩版六五，1）。

陶甑　1件。M3：1，夹细砂灰陶。敞口，弧沿，圆唇，圆鼓腹，大平底，底部有6个小孔。唇部有一周凹弦纹，颈部有一周微凸的棱，上腹部饰有菱形网格纹，口径29.5、底径14.4、通高17.6厘米（图一四，32）。

釉陶鼎　1件。M3：51，泥质红陶。直口，尖唇，鼓腹，圜底，有一圆形器盖，器盖呈凸面，其上塑有对称的四叶纹，四叶纹周围有规律地分布有龙虎纹饰等，可能有天象四时之意，鼎的两则有对称的双耳，双耳高出鼎盖，耳下部有四道凸弦纹，鼎底部有三只马蹄形的鼎足。器物通体施淡绿色釉。口径20、腹径20、通高15厘米（图一四，33；彩版六四，5、6）。

釉陶盒　1件。M3：17，泥质红陶奁盒。分上下两部分，盒与盖均呈圈足碗形相扣而成，盒盖为敞口，圆唇，弧壁，圈足。下部奁盒口沿内敛，圆唇，弧壁，圈足。盒盖与奁盒口部各有一周凹弦纹。器物通体施绿色釉。口径17.2、底径12、通高13.8厘米（图一四，34；彩版六四，4）。

釉陶壶　1件。M3：10，泥质红陶。由器盖和陶壶两部分组成，壶盖为凸面的圆形，圆弧形的顶尖部有一乳钉，周围饰有对称的四叶纹，四叶的周围塑有龙虎纹。陶壶的口部为敞口方唇，长弧颈，圆鼓腹，高圈足，上腹部有对称的两个铺首，铺首凸目，竖眉，高鼻。陶壶的颈部有三道凹弦纹，腹部有一道凹弦纹。器物通体施红褐色釉。口径14.5、腹径25、底径20、通高36厘米（图一四，35；彩版六五，2）。

M3除了出土有大量的陶器之外还出土有一些铜器和铁器等小件文物。

铜方壶　1件。M3：35，口部为方形敞口，上宽下窄，腹部为四棱中鼓腹，中腹部两侧有两个对称的衔环铺首，铺首是一凸睛竖耳的兽形，方形高圈足。口径边长8.6、腹径16、底径11、通高22厘米（图一五，1）。

铜鍪　1件。M3：69，侈口，方唇，弧束颈，斜折肩，鼓腹，圜底，肩部有对称的环形双耳。上腹部有两周凸弦纹。口径15、腹径17、通高14.8厘米（图一五，2；彩版六五，3）。

铜盆　1件。M3：9，侈口，宽沿，尖唇，缓直腹内收，平底，腹部有一对称的环形双耳。耳下有一周凸弦纹。口径25.5、底径11.5、通高10厘米（图一五，3；彩版六五，5）。

铁矛　1件。M3：62，銎剖面为圆形，喇叭状，矛头呈扁圆形，双面刃。通长30厘米（图一五，4）。

铁削刀　2件。M3：59，大部分已残，仅剩余前半部分，单面斜刃，锋锐，直背。残长32、宽3.5厘米（图一五，5）。M3：4，环首，直背，单面刃，前部刀尖已残。残长13、宽1.2厘米（图一五，6）。

石坠饰　1件。M3：42，不规则的天然小卵石加工而成，黑色，牙齿形，上端钻一小孔，

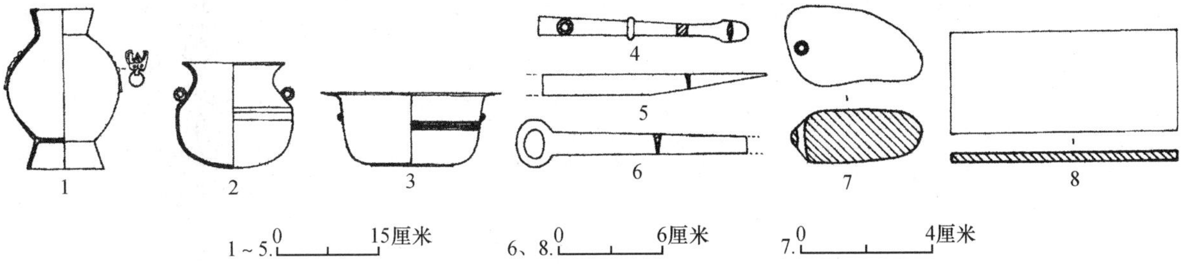

图一五　M3出土小件器物

1. 铜方壶（M33：35）　2. 铜鍪（M3：69）　3. 铜盆（M3：9）　4. 铁矛（M3：62）　5、6. 铁削刀（M3：59、M3：4）　7. 石坠饰（M3：42）　8. 灰陶板（M3：81）

孔呈喇叭状。长3.9、厚1.5厘米（图一五，7）。

灰陶板　1件。M3：81，泥质灰陶。长方形，两面磨制光滑。长13、宽5.6、厚0.5厘米（图一五，8）。

4. M4

M4出土器物较少，能够修复者只有5件。

陶罐　4件。陶器仅有4件灰陶圜底罐。M4：2，夹细砂灰陶。口微侈，平沿，双唇，颈略高，弧束颈，斜肩，上腹微鼓，下腹部缓斜收，圜底。肩部有两周阴刻凹弦纹。口径12、腹径18.7、通高14.1厘米（图一六，2；彩版六二，5）。M4：4，夹细砂灰陶。口微侈，宽平沿，圆唇，弧束颈，斜肩，腹部缓斜收，圜底。肩部以及腹中部饰绳纹和网格纹。口径15、腹径28.8、通高23厘米（图一六，4）。

玉带钩　1件。M4：11，带钩呈暗绿色，大体像倒三角形的马面状，上部弯曲的部分残，下部的钩半弯曲，上部外表刻有不完整的回纹，背面有一钉纽。带钩长2.1、宽1.9厘米（图一六，5）。

5. M5

M5出土的器物能够修复者仅有一件灰陶困，M5：1，泥质灰陶。直口微侈，方唇，窄平肩，微鼓腹，大平底。素面。口径9.8、腹径13.3、底径8、通高11.8厘米（图一七，1）。

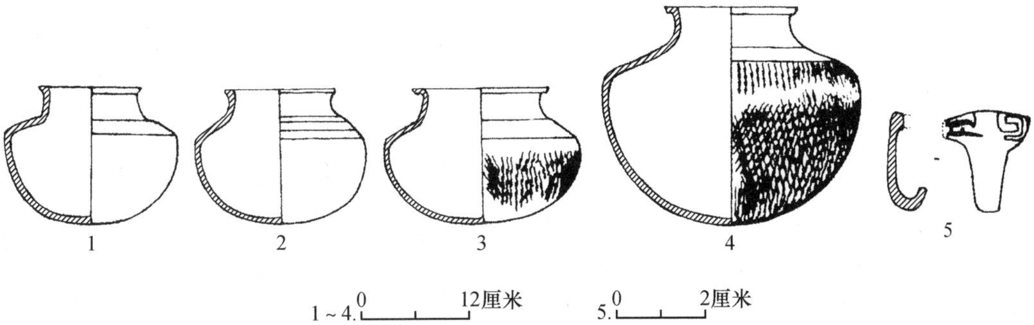

图一六　M4出土器物

1～4. 灰陶圜底罐（M4：1、M4：2、M4：3、M4：4）　5. 玉带钩（M4：11）

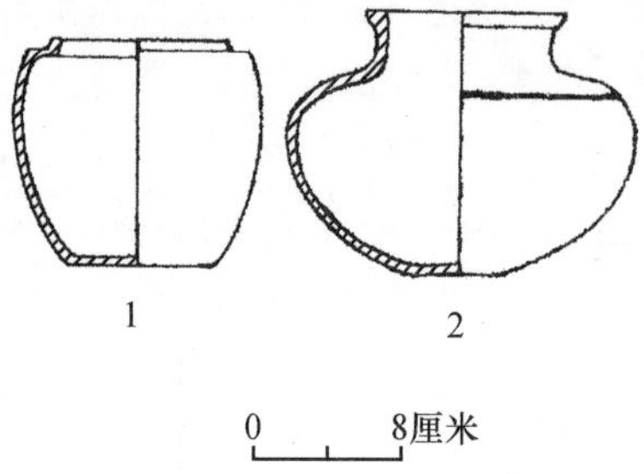

图一七　M5、M6出土器物
1. 灰陶囷（M5：1）　2. 灰陶罐（M6：5）

6. M6

M6出土的器物也仅修复了1件灰陶罐，M6：5，夹细砂灰陶。侈口，平沿，尖唇，弧束颈稍高，上鼓腹，下腹内收，小凹底。颈部以及上腹部饰有细绳纹，其间用阴刻的凹弦纹隔开。口径11.2、腹径19.3、通高14厘米（图一七，2）。

7. M7

M7出土了大量的陶器，能够修复者就达50件。分别介绍如下。

陶钵　25件。主要有两种类型，一种是折腹小平底灰陶钵，17件；另一种是缓直腹大平底红陶钵，7件；还有1件我们也把它归入陶钵的行列，比较特殊，短束颈斜腹小平底灰陶钵，器形较大。分别介绍如下。

折腹小平底灰陶钵　17件。M7：53，夹细砂灰陶。侈口，尖唇，口沿外侧有不太明显的凸棱包边，内折腹，小平底。素面。口径9.6、底径3.5、通高3.5厘米（图一八，1；彩版六一，6）。M7：21，夹细砂灰陶。侈口，尖唇，口沿外侧有一圈凸起的包边，缓折腹，小平底，腹部外面有明显的轮制棱痕。素面。口径13.5、底径4、通高4.7厘米（图一八，3）。M7：15，夹细砂灰陶。敞口，尖唇，口沿外侧有一周凸棱包边，中折腹，小平底。素面。口径16.7、底径6、通高6.5厘米（图一八，6）。M7：22，夹细砂灰陶。侈口，尖唇，口沿外侧有一周凸棱包边，中折腹，小平底。素面。口径15.9、底径5.2、通高6.8厘米（图一八，27）。

缓直腹大平底红陶钵　7件。M7：46，夹细砂红褐陶。敞口，尖唇，口沿外测有一周凸棱包边，缓直腹，大平底，素面。口径13.1、底径6、通高4.3厘米（图一八，4）。M7：20，夹细砂红陶。侈口，尖唇，口沿外侧有一周凸棱包边，腹部缓直，大平底。素面。口径12、底径5.3、通高4.7厘米（图一八，26）。M7：29，夹细砂红褐陶。侈口，圆唇，口沿外侧有一周凸起的包边，腹部缓收，大平底。素面。口径12.4、底径4.9、通高4.5厘米（图一八，11）。

短束颈小平底灰陶钵　1件。M7：71，夹细砂灰陶。口微侈，弧沿，圆唇，短束颈，腹部斜收，小平底。素面。口径21.5、底径6、通高8.6厘米（图一八，7）。这件陶钵比普通的陶钵几乎大一倍，比较特殊，其实，如果叫它灰陶盆也未尚不可。

灰陶盆　1件。M7：4，夹细砂灰陶盆。侈口，方卷唇，腹部斜收，平底。素面。口径31、底径13.8、通高10.7厘米（图一八，14）。

红陶器盖　2件。M7：16，夹细砂红陶。器盖的顶面呈圆形覆斗状，上面有三个呈三角形分布的乳钉，方唇，内敛下凸以利于扣合。素面。口径13.6、通高4.3厘米（图一八，21；彩版六一，5）。M7：9，比前一简略小，略高，形制基本相同，夹细砂红陶，器盖的顶面呈圆形覆斗状，上面有三个呈三角形分布的乳钉，方唇，内敛下凸以利于扣合。素面。口径11.4、通高5.8厘米（图一八，28）。

灰陶井　1件。M7：13，夹细砂灰陶。分井架和井台两部分，井台的整体形状像斜角的正

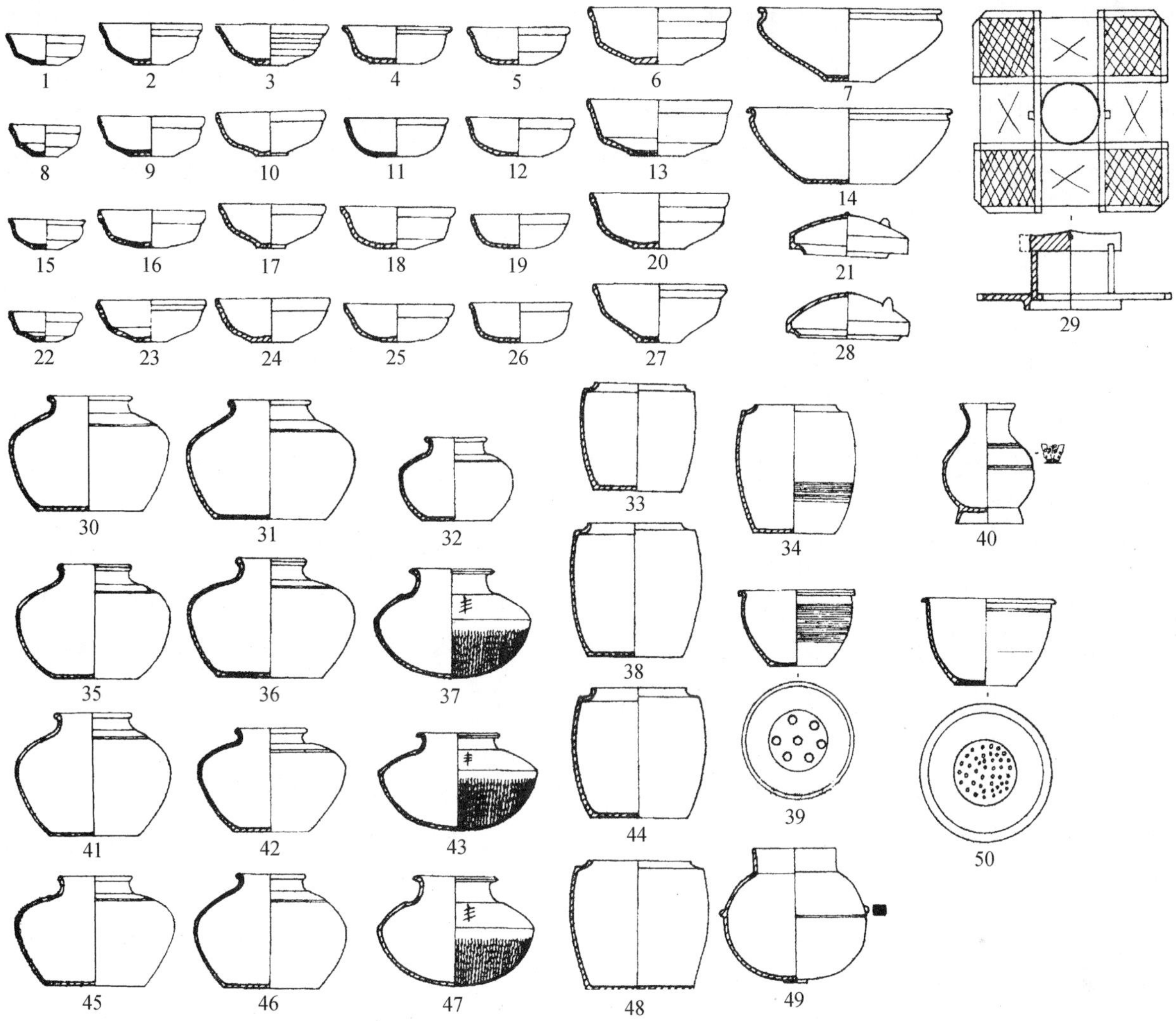

图一八　M7出土器物

1~13、15~20、22~27. 陶钵（M7：53、M7：32、M7：21、M7：46、M7：24、M7：15、M7：71、M7：40、M7：57、M7：70、M7：29、M7：19、M7：3、M7：39、M7：59、M7：35、M7：25、M7：18、M7：6、M7：51、M7：64、M7：50、M7：28、M7：20、M7：22）　14. 灰陶盆（M7：4）　21、28. 红陶器盖（M7：16、M7：9）　29. 灰陶井（M7：13）　30~32、35、36、41、42、45、46. 灰陶平底罐（M7：33、M7：44、M7：36、M7：67、M7：43、M7：69、M7：52、M7：30、M7：58）　33、34、38、44、48. 陶囷（M7：60、M7：12、M7：47、M7：31、M7：1）　37、43、47. 灰陶圜底罐（M7：37、M7：42、M7：38）　39、50. 陶甑（M7：26、M7：48）　40. 灰陶壶（M7：17）　49. 灰陶釜（M7：23）

方形，四边的中央各有一段内凹的部分，所以整体又像今天的“井”字，井台的中央是一圆形的井口，井口两侧有对称的两个方孔用来插放井架。井台的台面刻有双线“井”字形划纹，四角刻有方格纹，四边的中部刻有“X”形划纹，井台的反面井口的外围有圈足状的井圈。井架分三个部分，两个立杆插在井口两侧的方孔里，其上搭放一横梁。井台的长和宽都是29厘米，井台和井架通高是11.5厘米（图一八，29；彩版六五，4）。

陶罐　12件。灰陶罐可以分成两类，一类是灰陶平底罐（图一八，30~32、35、36、41、42、45、46），另一类是灰陶圜底罐（图一八，37、43、47）。灰陶平底罐占主要部分，而且器形基本一致。M7：33，夹细砂灰陶罐，侈口，圆唇，短弧束颈，溜肩，上鼓腹，下腹斜收，大平底。肩部有一周阴刻的凹弦纹。口径12.5、腹径23.67、底径16、通高16.6厘米（图一八，30；彩版六三，1）。M7：36，夹细砂灰陶。侈口，圆唇，弧束颈，溜肩，上鼓腹，下腹部斜收，大平底。肩部有一周阴刻的凹弦纹。口径8.9、腹径17、底径10.5、通高12厘米（图一八，32）。这是唯一相对器形较小的一件，其他几件大小较均匀。

灰陶圜底罐 3件。M7：37，夹细砂灰陶。宽斜沿，直口，尖唇，微束颈，斜肩，折腹，下腹部斜收，圜底，肩部刻有一“丰”字。下腹部饰有竖行细绳纹。口径13、腹径23.5、通高14.4厘米（图一八，37；彩版六三，5）。M7：38，夹细砂灰陶。口微侈，宽弧沿，尖唇，颈微弧，斜肩，折腹，下腹斜收，圜底，肩部刻有一“丰”字。下腹部饰有竖行细绳纹。口径13、腹径23.4、通高16厘米（图一八，47）。

陶囷 5件。其中，灰陶囷3件、红陶囷2件，M7：12，夹细砂灰陶。直口微敛，短颈，宽斜折肩，微鼓腹，大平底。下腹部饰有阴刻凹弦纹。口径12.4、腹径18.5、底径12.7、通高18.6厘米（图一八，34）。M7：60，夹细砂灰陶。直口微敛，短颈，方唇，斜折肩，直腹微鼓，大平底。素面。口径13.3、腹径17、底径13.5、通高15.5厘米（图一八，33）。M7：1，夹细砂灰陶。直口微敛，短颈，平唇，折肩，直腹微鼓，大平底，素面。口径15.5、腹径20.5、底径16、通高18.5厘米（图一八，48）。

陶甑 2件。M7：26，夹细砂灰陶。敞口，弧形，方唇，微鼓腹，小平底，底部有7个呈梅花状分布的圆形镂孔。唇上有一周凹弦纹，口沿下外部有两周凸棱纹，中腹部饰有阴刻弦纹。口径29、底径13.7、通高17.4厘米（图一八，39；彩版六一，2）。M7：48，夹细砂灰陶。敞口，圆弧沿，尖唇，微鼓腹，小平底，底部有数十个圆形的镂孔。口沿下外部有两道凸棱纹。口径20.5、底径15、通高20厘米（图一八，50）。

灰陶壶 1件。M7：17，夹细砂灰陶。侈口，平唇，口沿外部有一周宽包边，高弧颈，斜溜肩，圆鼓腹，圜底高圈足，上腹部有对称的两兽面铺首，兽面凸目，尖竖眉，突鼻，衔环。肩部与腹部各有两道凹弦纹。口径13.5、腹径23、底径17.2、通高27.5厘米（图一八，40；彩版六三，6）。

灰陶釜 1件。M7：23，夹细砂灰陶。直口，直颈，平唇，圆鼓腹，腹部两侧有对称的两鋬耳，圜底，小圈足。腹部饰有一道凹弦纹。口径20、腹径34.3、底径6、通高26.5厘米（图一八，49；彩版六三，4）。

8. M8

M8出土的器物中修复后10件，均为陶器。其中，红陶俑8件，另有灰陶钵1件，红陶器盖1件。

红陶人物俑 5件。M8：8，仅剩红陶俑的头部，泥质红陶，从面相上看应为女性，头梳高髻，细目，隆鼻，嘴角略抿，呈微笑状，双颊丰满，下颌圆润。头宽11、高13.5厘米（图一九，1；彩版六〇，6）。M8：6，歌俑，泥质红陶。似为女性，盘发，跪坐，左手下垂置于左腿上，右臂上举，置于右耳上，面目漫漶不清。陶俑宽10.5、通高18厘米（图一九，2；彩版五八，1）。M8：5，抚琴俑，泥质红陶，跪坐式，发式不清，面目漫漶不清，隆鼻高颊，双腿上置一圆角长方形乐器，双手置于其上，似做弹奏状。宽11、通高16.5厘米（图一九，3；彩版五八，2）。M8：12，舞蹈俑，泥质红陶，人物身着长裙，左腿微微向左腿跨步，右手提裙摆，右臂上举做舞蹈状，左臂已残，仅见左肘。宽11.5、通高21.5厘米（图一九，5；彩版五九，2）。M8：9，吹奏俑，泥质红陶，头戴尖形帽，跪坐，双手捧一乐器（应是陶埙）置于嘴边，双腮鼓起做吹奏状。宽10.5、通高17.5厘米（图一九，6；彩版五八，5）。

动物红陶俑　3件。M8：4，红陶鸡，泥质红陶。立姿，高冠，尖嘴，挺胸，昂首，翘尾，翅膀与尾巴的羽毛纹路明显。身长17、通高23.8厘米（图一九，4；彩版五八，4）。M8：3，红陶子母鸡，泥质红陶。母鸡伏卧，双翅微张，长尾后翘，胸下和双翅下均露出小鸡头，背上还卧有一只小鸡。鸡身体宽15.5、通高11厘米（图一九，7）。M8：2，红陶猪，泥质红陶。抬头，猪嘴向前伸，张目，双耳下垂，背上有鬃毛，肚子肥硕下坠，尾巴向右甩。身长23.5、通高14厘米（图一九，8；彩版五八，3）。

灰陶钵　1件。M8：11，夹细砂灰陶。侈口，尖唇，口沿外部有一周微凸的包边，中折腹，小平底。素面。口径16.8、底径5.3、通高6.2厘米（图一九，9）。

红陶器盖　1件。M8：14，泥质红陶。呈尖顶草帽形，顶部有一圆形乳钉，器身四周布满山峰形的模印堆纹，器盖口沿外侧有一周宽带形的包边。口径15、通高5.8厘米（图一九，10）。

铜钱　松岭包墓地出土了大量的铜钱，其中绝大部分是五铢钱，也有货泉和大泉五十，其中有代表性的几件标本拓片参见图二〇。

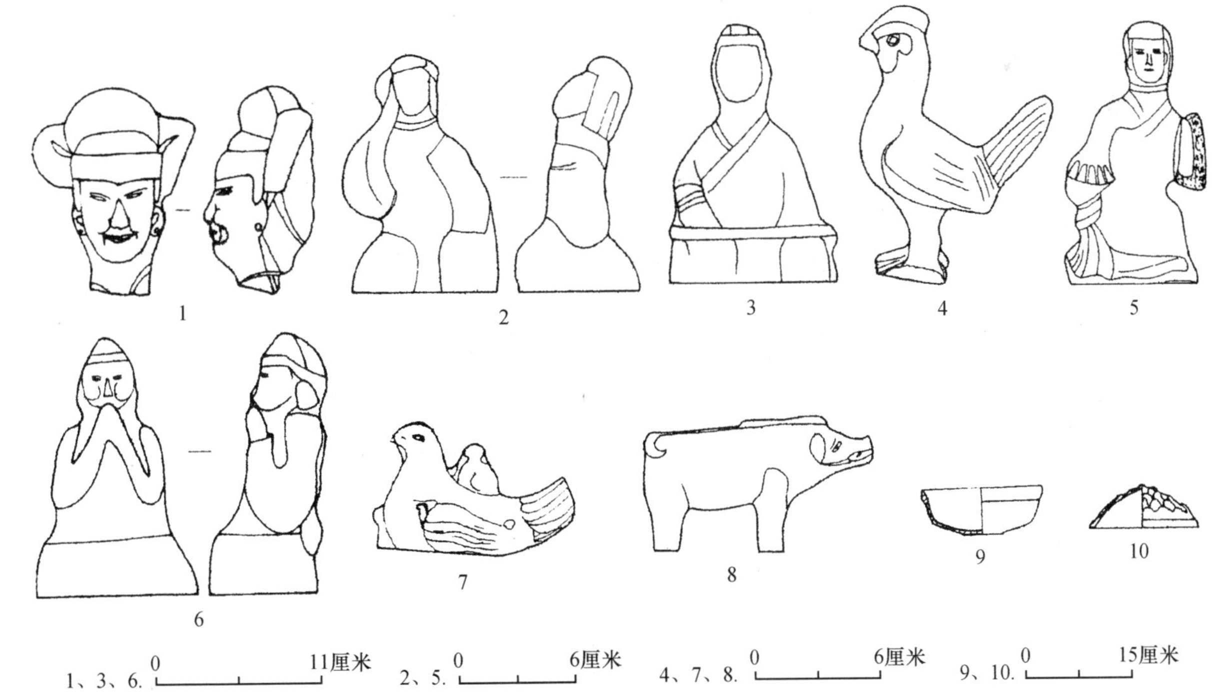

图一九　M8出土器物

1. 红陶俑头（M8：8）　2. 红陶歌俑（M8：6）　3. 红陶抚琴俑（M8：5）　4. 红陶公鸡（M8：4）　5. 红陶舞蹈俑（M8：12）　6. 红陶吹奏俑（M8：9）　7. 红陶子母鸡（M8：3）　8. 红陶猪（M8：2）　9. 灰陶钵（M8：11）　10. 红陶器盖（M8：14）

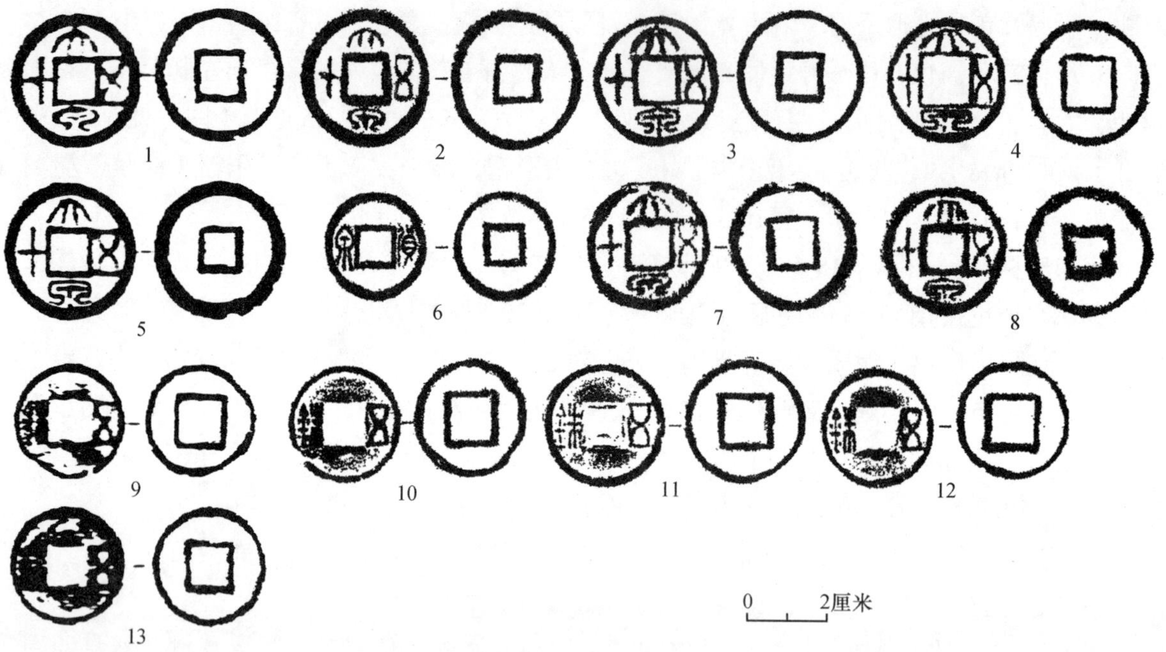

图二〇　松岭包墓地出土铜钱拓片

1～5. M2出土铜钱　6～8. M3出土铜钱　9～12. M7出土铜钱　13. M8出土铜钱

图二一　松岭包墓地出土花纹砖拓片

1、2、4. M1出土花纹砖　3. M8出土花纹砖　5、6. M2出土花纹砖

四、结　语

根据发掘出土地的随葬品和墓葬结构初步分析，松岭包墓地应该主要是一处东汉时期的墓地，最早可能到西汉晚期或者王莽时期，所发掘的4座土坑墓和4座砖室墓从墓葬结构看，都属于峡江地区汉代墓葬的典型结构，特别是用于修建砖室墓的花纹砖更属于长江流域的汉代砖室墓的特色。所以，这一批汉代墓葬的发掘无疑进一步丰富了长江流域汉代的实物资料，将为长江流域汉代社会的科学研究做出贡献。

附记：参加发掘的人员有陈海清、王忠信、孙鸣生、顾希娟、刘宝山等，其中，测绘工作由孙鸣生同志承担。另外还要感谢陕西的几位技工同行。

执笔：刘宝山

万州余家河遗址2002年度发掘简报

山西大学文博学院
万州区文物管理所

一、遗址概况

余家河遗址位于重庆市万州区高峰镇朝阳村三组，在长江西岸台地上，余家河（长江支流，入江处称溪门口）由西向东从遗址中切过，该遗址地理坐标为东经108°21′49.2″、北纬30°40′01.6″，海拔144～156米（图一）。经钻探，遗址面积约为4000平方米。由于水土流失等

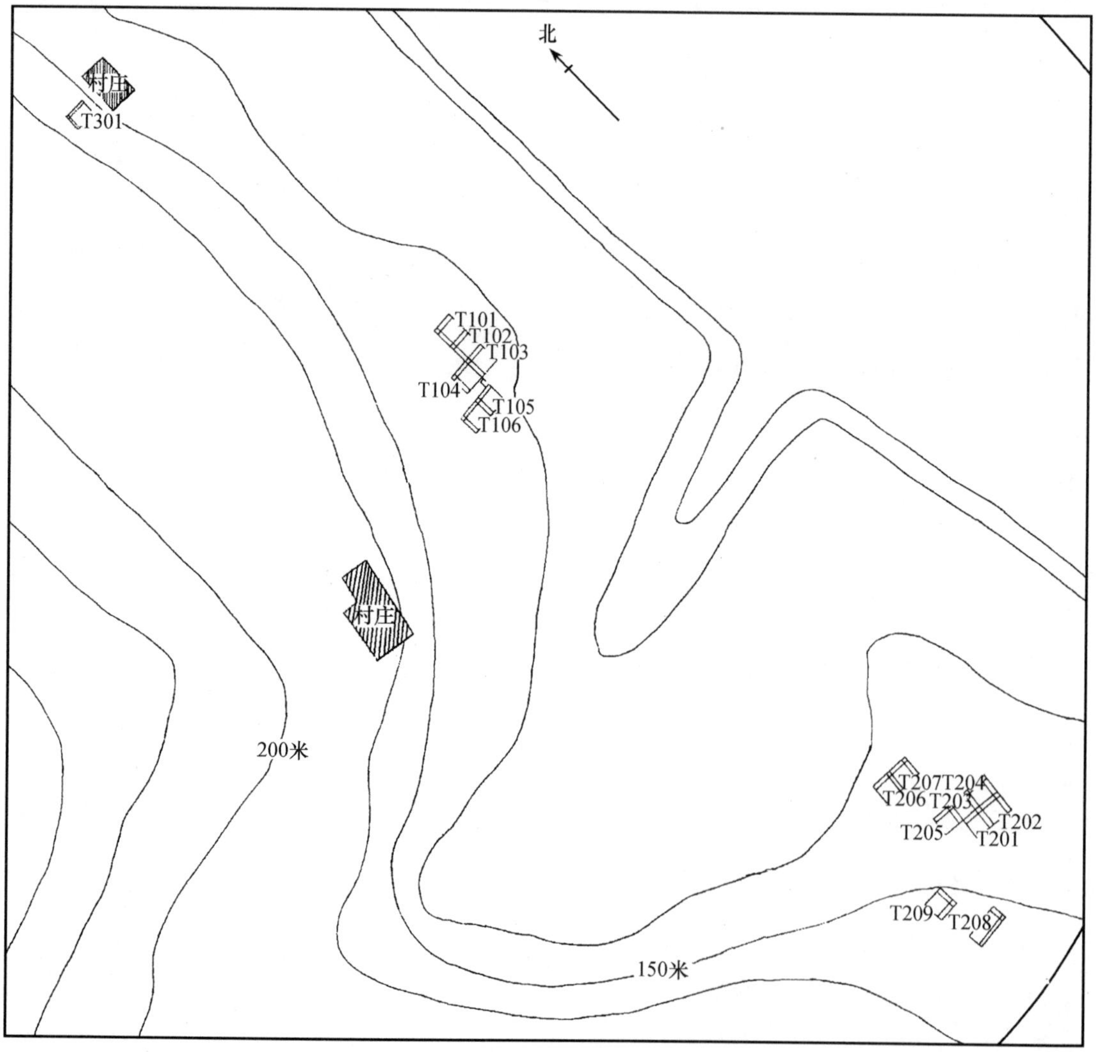

图一　余家河遗址地形测绘示意图

原因，遗址保存情况较差。2002年9～11月，为配合长江三峡水库工程建设，山西大学文博学院和重庆市万州区文物管理所联合对余家河遗址进行了抢救性发掘。

本次发掘是在厦门大学1994年调查的基础上，先做普遍钻探，然后根据遗址地形情况和钻探结果，将遗址分为三区分别进行布方发掘，共开10米×10米探方16个、1米×5米探沟1条（图二）。

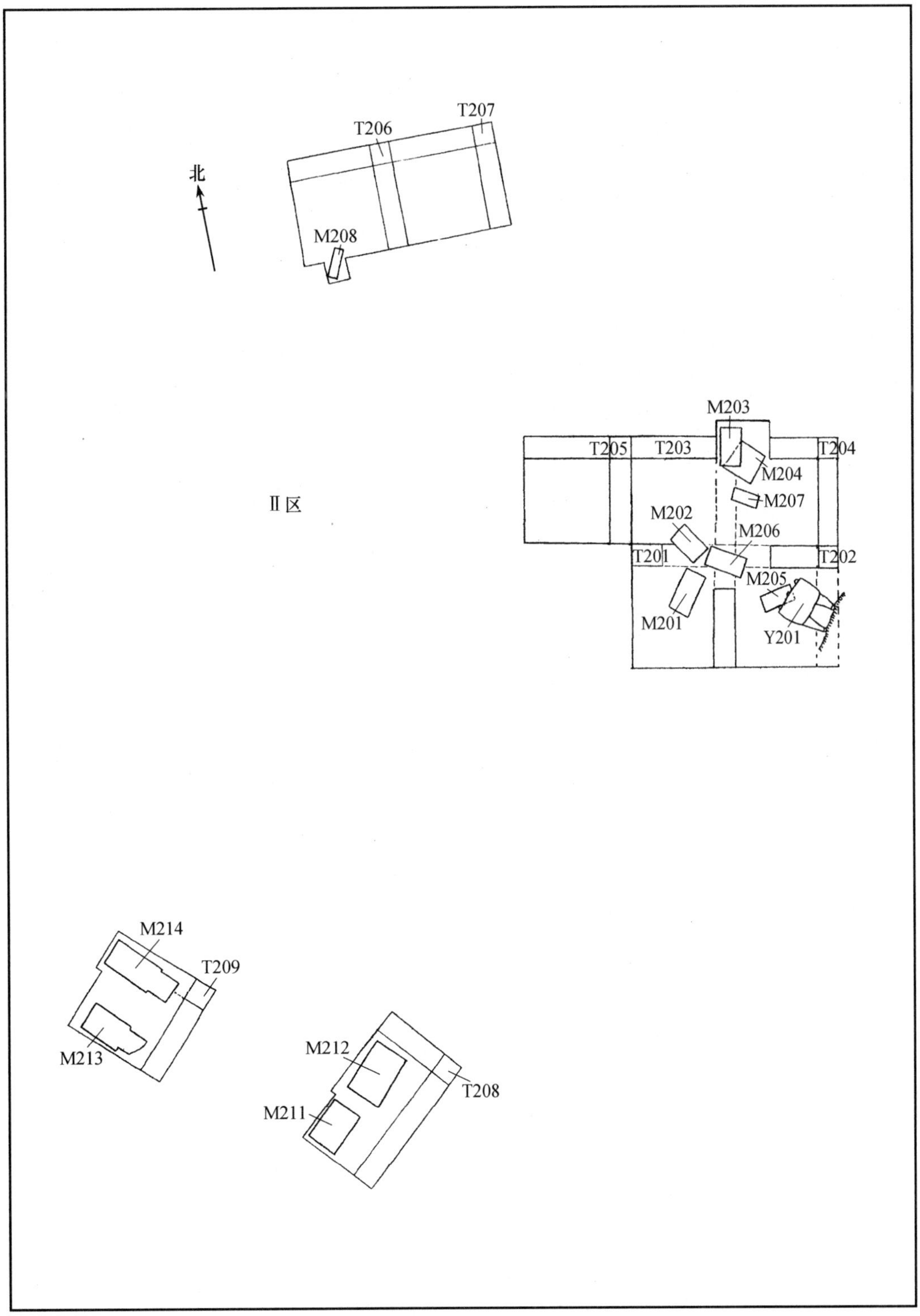

图二　余家嘴遗址Ⅱ区完工平面示意图

Ⅰ区位于余家河北岸，面积较大，布方6个，编号为T101～T106，开探沟1条，编号为T107。文化堆积较厚，但文化层内涵极为简单，未见遗迹，遗物出土较少。从上至下依次有五层堆积，依T106东壁为例：第1层为现代耕土层，第2层为明清堆积，第3～5层为汉代堆积。堆积均为冲积堆积，非原生文化层。

Ⅱ区位于Ⅰ区的西南部，余家河南岸，开方9个，编号为T201～T209。地层堆积简单，耕土层下即为生土，发现了开口于耕土层下的陶窑1座（编号Y201）、墓葬12座（编号M201～M208、M211～M214），其中Y201打破M205、M203打破M204，器物出土较丰富。

Ⅲ工区位于Ⅰ区北部，距Ⅰ区约200米，开方1个，编号为T301。地层堆积亦很简单，耕土层下即为生土，发现了开口于耕土层下的墓葬1座（编号M301），随葬品较丰富。

二、遗　　迹

本次余家河遗址的发掘，发现了陶窑址、墓葬等遗迹现象，未见房址、窖穴、灰坑等其他遗迹现象，因墓葬是本次发掘主要收获，另做专门说明，本节单述陶窑址。

陶窑址发掘1座，编号Y201，位于余家河遗址Ⅱ区T202东部，开口于耕土层下，打破M205和生土。

1. 陶窑的形状与结构

Y201　为双火膛长方形窑，顶部已毁，由两个火膛、窑室、火道、三个烟道等几部分组成。火膛略低于窑室，左右并列两个，平面均呈喇叭形，最宽处1.24米，上部弧内收，残高0.6～0.7米，底面上有一层草木灰堆积，厚约2毫米。火口位于火膛前方，宽0.58米。窑室平面呈长方形，靠火膛一壁略内凹，长3.36、宽2.1～2.24、残高0.88～1.36米，窑室底部和窑壁的上层或内层为7厘米厚的青灰色烧土，下层或外层为0.07～0.08米厚的红烧土，壁面基本平直，在窑壁上留有明显的工具痕迹，宽度0.09米，应为镐或铲一类的痕迹。窑箅已失。沿窑室两侧和后壁下围绕有一条宽6、深6厘米的火道，与窑室后壁的三股烟道相连，火道底部为红色烧土。烟道在窑室后壁，形状为圆形，直径24厘米，垂直靠窑室部分用长方形砖顺砌封堵，垂直通向窑外，仅窑底留孔与火道连接。窑室、火膛、烟道皆为一次性挖制而成，做窑时用素泥糊裹封窑，在烟道旁边也有素泥痕迹（图三）。

窑内有3层文化堆积，由上至下依次为灰黄土层，厚0.1～0.3米，土质较硬，含有少量陶片和陶器、板瓦片、筒瓦片、绳纹砖块、菱形格纹砖块及较多的烧土块；褐红色花土层，厚0.3米，土质较硬，含有大量红烧土块，以及陶片和陶器、砖块、板瓦片、筒瓦片、木炭屑等；红烧土层，厚0.7米，土质较硬，包含物很少，仅一些砖、瓦碎片。根据窑内的出土物及部分因高温而变形的砖块，推测此窑系专门烧制墓葬用砖和随葬品的陶窑。

2. 陶窑的出土器物

Y201出土有陶片和陶器、砖瓦片等。陶器中可分辨器形的有碗、盆、罐等。

陶碗　10件。均为泥质灰陶。敞口，圆唇，浅腹，平底。依腹部不同可分为二型。

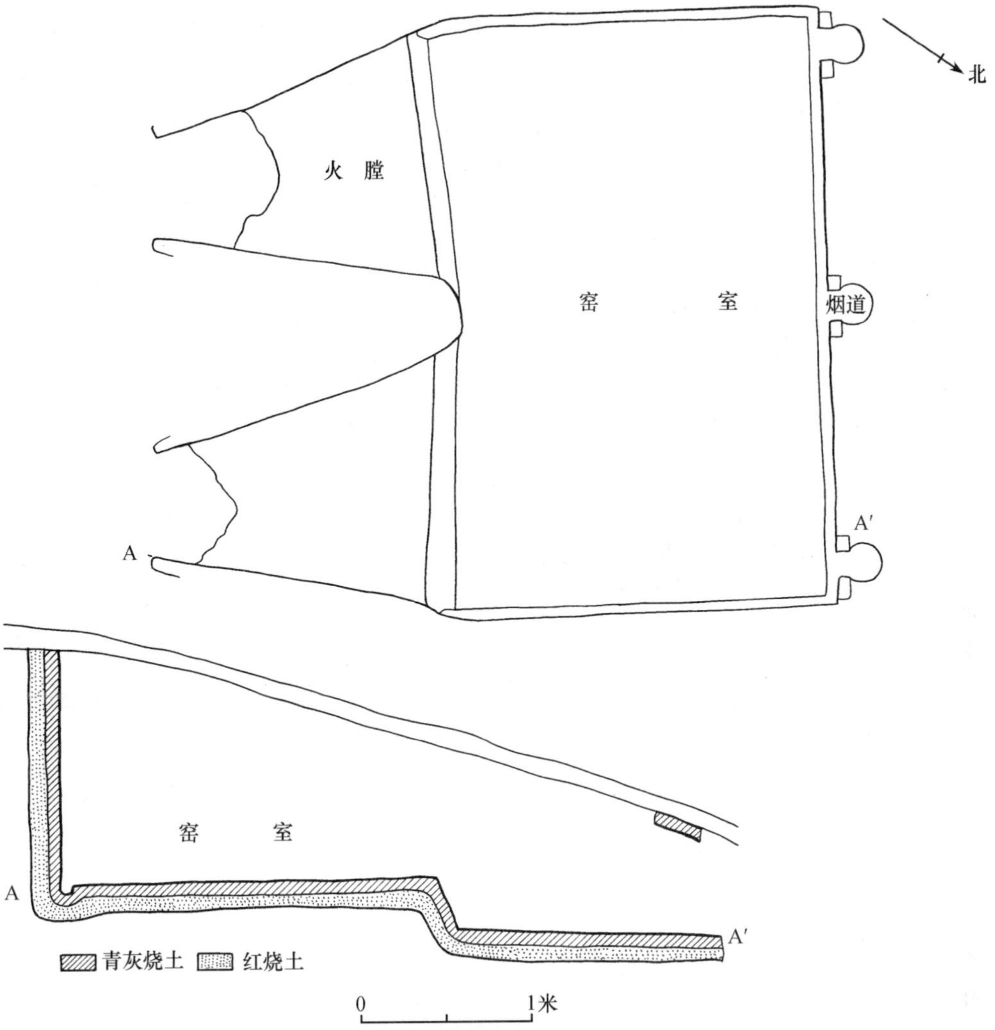

图三 Y201平、剖面图

A型 5件。弧腹碗。Y201：3，口径18.4、底径6.1、通高5.6厘米（图四，1）。

B型 5件。折腹碗。Y201：2，底部残缺。口径15.2、底径4.8、通高5.6厘米（图四，2）。

陶罐 6件。均为泥质灰陶。依口部形态不同可分为二型。

A型 侈口罐。5件。侈口，翻沿，束颈，宽肩，鼓腹，圜底。肩、腹部饰网格纹、弦纹和绳纹。Y201：26，口径12、通高19.6厘米（图四，3）。

B型 敛口罐。1件。Y201：18，仅存肩部以上，敛口，圆唇，短领，溜肩。肩部饰有网格纹。口径22、残高6厘米（图四，5）。

陶盆 7件。均为泥质灰陶。依口部形态不同可分为二型。

A型 5件。敛口盆。口微敛，宽平沿，弧壁，平底。腹部有弦纹。Y201：17，口沿下饰有绳纹。口径30.4、底径14.8、通高14.4厘米（图四，4）。

B型 2件。敞口盆。均残存口沿、上腹部。敞口，方唇，弧腹。Y201：13，腹部饰有网格纹、绳纹和弦纹。口径39.6、残高6.8厘米（图四，6）。

另外还发现建筑所用的筒瓦和板瓦以及墓葬所用的花纹砖。

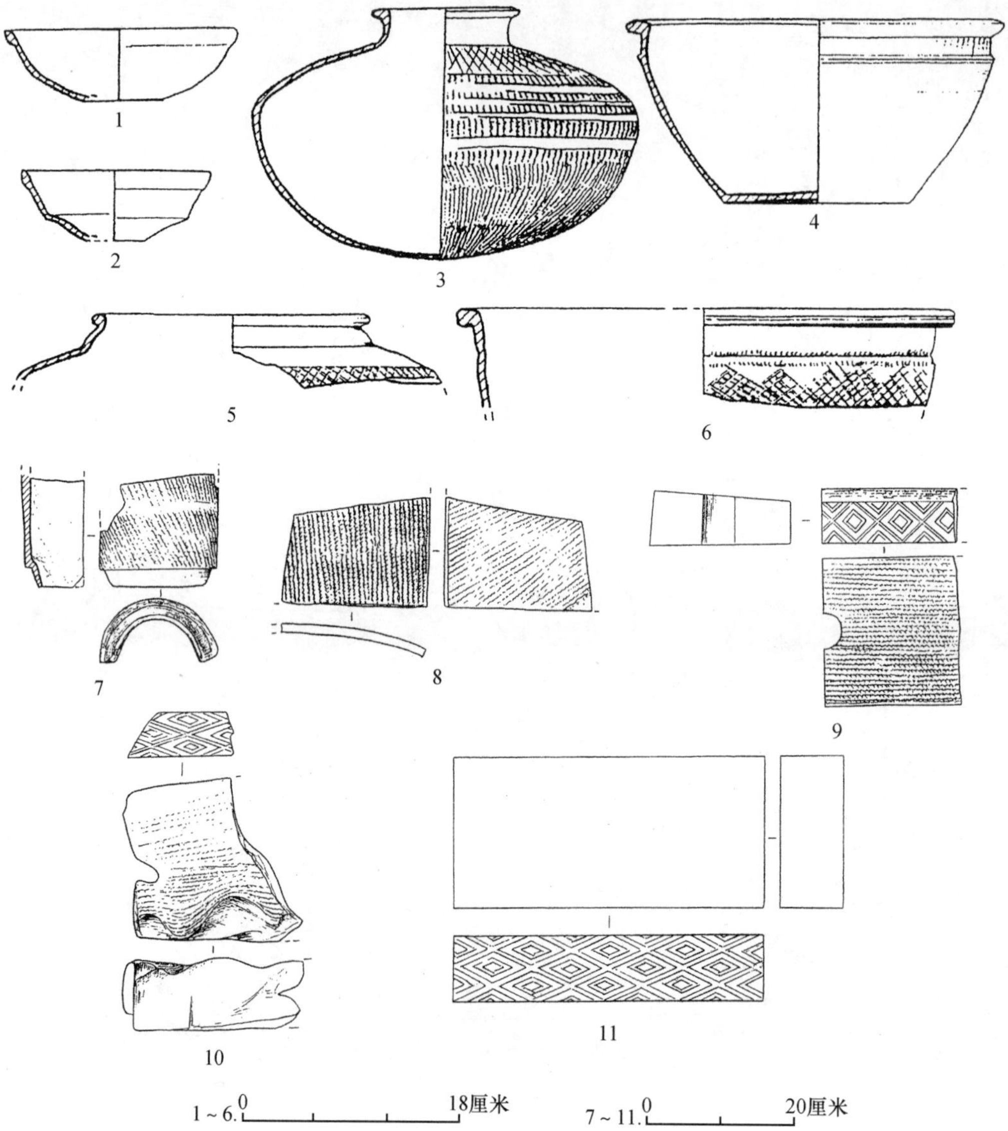

图四 Y201出土器物

1. A型陶碗（Y201：3） 2. B型陶碗（Y201：2） 3. A型陶罐（Y201：26） 4. A型陶盆（Y201：17） 5. B型陶罐（Y201：18） 6. B型陶盆（Y201：13） 7. 筒瓦（Y201：24） 8. 板瓦（Y201：25） 9、10. 子母口砖（Y201：31、Y201：32） 11. 长方形砖（Y201：30）

筒瓦 1件。Y201：24，已残。泥质灰陶。表面饰绳纹。外径15.2、内径10、残长14厘米（图四，7）。

板瓦 2件。均残。泥质灰陶。表面饰绳纹。Y201：25，残长14、残宽18.8厘米（图四，8）。

砖 3件。均为青灰色，侧面饰有菱形纹。Y201：30，长方形砖。长40、宽18.8、厚8厘米（图四，11）。Y201：31，楔形子母口砖，母口一段已缺。砖面饰绳纹。残长18、宽18.4、厚5.6～6.8厘米（图四，9）。Y201：32，子母口砖，母口一段已缺，因高温焙烧而呈扭曲状。砖面饰绳纹。残长22、宽20、厚6厘米（图四，10）。

三、墓　葬

墓葬共发现13座，可分为土坑竖穴墓和砖室墓两大类，依其形式说明如下。

（一）土坑竖穴墓

土坑竖穴墓共发现10座，均位于余家河遗址Ⅱ区，平面皆为长方形（表一）。这些墓葬分别集中分布于三个地点，其中一处共发现7座（M201～M207），M208位于其西北40余米处，M211和M212位于其西南50余米处。下面对这几处的墓葬分别叙述。

表一　汉代土坑竖穴墓一览表

墓号	墓向	墓室		骨架数量	性别	葬式	头向/°	葬具	随葬品
		面积/平方米	结构						
M201	东北西南向	3.72	有二层台	1	女	仰身直肢，双手交抱于腹部	北偏东40	木椁	陶器14件，有鼎、壶、罐、豆、盒、盘；半两钱7枚
M202	东南西北向	6		2	男 女	均仰身直肢，双手交抱于腹部	男性南偏东58 女性北偏西58		
M203	东北西南向	5.21	有二层台	1，保存较差		仰身直肢	北偏东8		陶器6件，有罐、豆
M204	东南西北向	7.68		1，保存较差		仰身直肢	北偏西60		
M205	东北西南向	6.52		1		仰身直肢，双手交抱于腹部	南偏西78		铅质桥形器2件
M206	东南西北向	5.28		1，保存很差		仰身直肢	北偏西74		
M207	东南西北向	2.4		1	女	仰身直肢，头骨在右胸部	北偏西65		
M208	东北西南向	3.12		1，缺左胫骨以下	男	仰身直肢，双手交叉于腹部，面向右	南偏西20		陶器5件，有豆、器盖；铜指环1件

续表

墓号	墓向	墓室		骨架数量	性别	葬式	头向/°	葬具	随葬品
		面积/平方米	结构						
M211	东北西南向	12							陶器49件，有碗、罐、瓮、仓、壶、甑、盆、釜等；铜洗1件；铁釜1件、铁削1件；骨匕1件；五铢钱63枚和大泉五十62枚
M212	东北西南向	17.15						木椁	陶器7件，有壶、仓、盆、盒、罐、井等；铜鍪2件、铜洗1件；铁釜1件、铁铲1件、铁剑1件；五铢钱54枚

1. M201 ~ M207

（1）墓葬形制

M201 ~ M207，面积在3 ~ 8平方米。根据随葬品组合、墓葬结构和方向等，大致可以分为两组。

第一组，有随葬品的M201、M203及M205，其随葬品组合为罐、豆，器形相似，墓为东北西南向，与长江大体平行，墓底有生土二层台，墓主为仰身直肢葬，头向东北。M201墓主双手交叉放于腹部，M203仅存下肢。M205仅发现2件金属器物。

第二组，无随葬品的其余4墓，墓向均为东南西北走向，与长江大体垂直。M204和M206骨骼保存较差，可判明是仰身直肢葬、头向西北，其中M204被M203打破；M207为一女性仰身直肢葬，墓主头骨置于右胸部，头向西北；M202为成年男女双人葬，男性头向东南、女性头向西北，双手亦交抱于腹部。这几座墓大体可以归为一类。

以M201为例，该墓为长方形竖穴土坑墓，墓室长3.05、宽1.22米，墓底有二层台，发现有木椁遗痕，长约2.67、宽约1.15、高约0.65米，墓主仰身直肢，双手交抱于腹部，头向东北，随葬品较丰富，计陶器14件、半两钱7枚（图五）。

（2）随葬品

M201　出土陶器14件，铜半两钱7枚。

陶器　多为泥质灰陶，有少量泥质红褐陶。多为素面，纹饰主要有绳纹和弦纹。器形有鼎、壶、罐、豆、盒、盘等。

陶鼎　1件。M201：5，泥质灰陶。带盖，鼎身为敛口，直腹，圜底，口沿下有二竕形附耳，三蹄形足，盖为覆盆形，有三个扭绳状纽。通体素面。口径10.4、通高12.8厘米（图六，1）。

陶壶　1件。M201：10，泥质红褐陶。带盖，壶身为敞口，长领，溜肩，鼓腹，圈足，肩有二兽面铺首，盖为伞形，中央有一半环形纽。壶上腹部饰数周弦纹。口径8.4、底径11.2、通高22.8厘米（图六，3）。

陶罐　4件。均为泥质灰陶。形制相似，敞口，平折沿，方唇，束颈，宽肩，扁鼓腹，圜底。腹饰绳纹、弦纹。M201：1，口径12、通高17.6厘米（图六，2）。

陶豆　3件。均为泥质灰陶。形制相似，敛口，浅腹，矮圈足。素面。M201：6，口径12、底径4.4、通高4.8厘米（图六，5）。

陶盒　2件。均为泥质灰陶。形制相似，带盖，盒身敛口，弧壁，圈足，盖为覆钵形，有圈足状捉手。盖、盆壁饰有数道弦纹。M201：4，口径12.4、底径6.8、通高12.4厘米（图六，4）。

陶盘　3件。形制相似，敞口，斜沿，尖圆唇，浅折腹，平底。素面。M201：9，泥质红褐陶。口径18、底径7.2、通高3.6厘米（图六，6）。M201：12，泥质灰陶。口径17.6、底径7.6、通高2.8厘米。M201：13，泥质灰陶。口径18、底径8、通高3. 6厘米（图六，7）。

铜半两钱　7枚。钱径2～2.2、穿径1.1～1.2厘米，从字形和形制可判明系汉初所铸“五分钱”①（图七）。

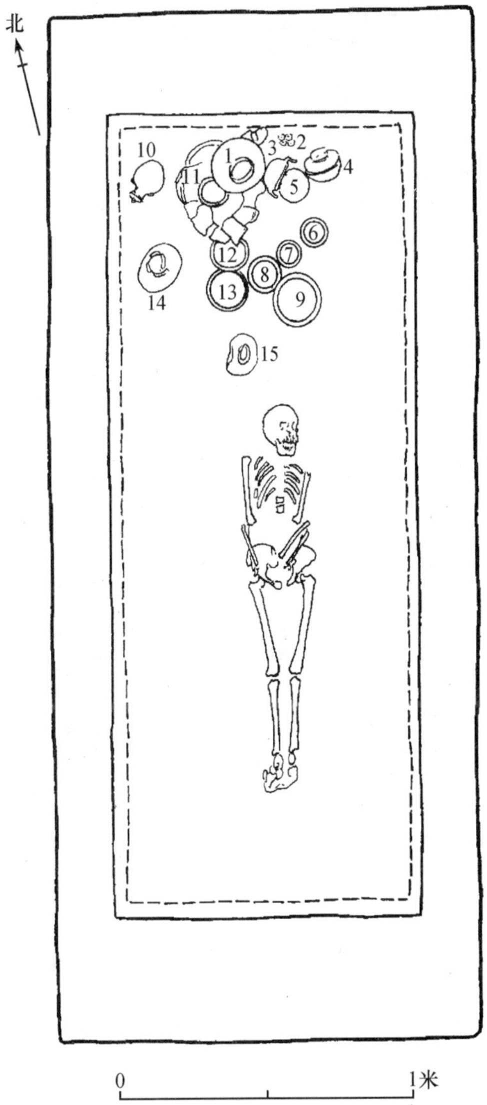

图五　M201平面图

1、11、14、15. 陶罐　2. 铜钱　3、4. 陶盒　5. 陶鼎　6～8. 陶豆　9、12、13. 陶盘　10. 陶壶

M203　出土陶器6件。多为泥质红褐色陶，个别为泥质灰陶。器表以素面为主，纹饰有弦纹和绳纹。器形有陶罐、陶豆。

陶罐　2件。可分为二型。

A型　1件。扁鼓腹罐。M203：3，泥质灰陶。敞口，平折沿，方唇，束颈，扁鼓腹，圜底。通体饰绳纹和弦纹。口径13.6、底径8.1、通高19.2厘米（图八，1）。

B型　1件。垂鼓腹罐。M203：5，夹砂红褐陶。敞口，折沿，尖圆唇，束颈，垂鼓腹，圜底。腹部饰绳纹。口径12、底径12、通高13.2厘米（图八，2）。

陶豆　4件。泥质红褐陶。形制相似，敛口，浅腹，矮圈足。M203：2，口径12.8、底径5.2、通高5.6厘米（图八，3）。

M205　出土2件长方形的铅质桥形器，用途不明（图九）。

① 唐石父：《中国古钱币》，上海古籍出版社，2001年，第78、79页。

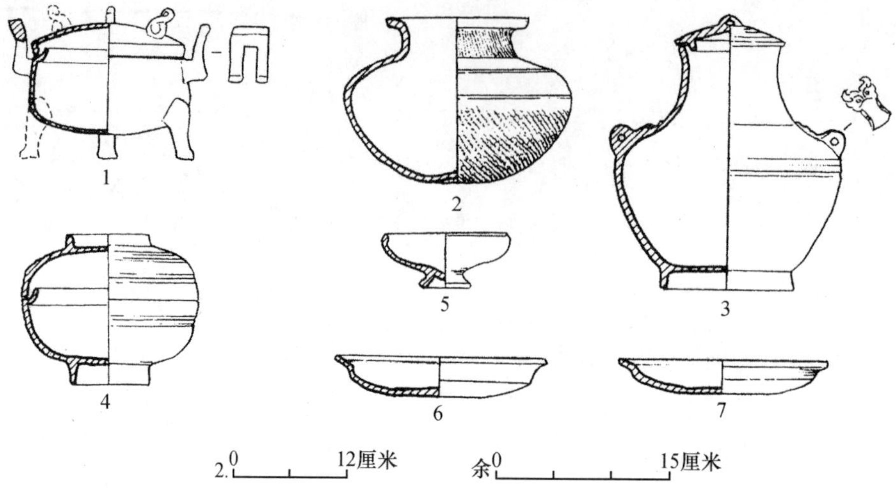

图六　M201出土器物

1. 陶鼎（M201∶5）　2. 陶罐（M201∶1）　3. 陶壶（M201∶10）　4. 陶盒（M201∶4）　5. 陶豆（M201∶6）　6、7. 陶盘（M201∶9、M201∶13）

图七　M201出土半两钱

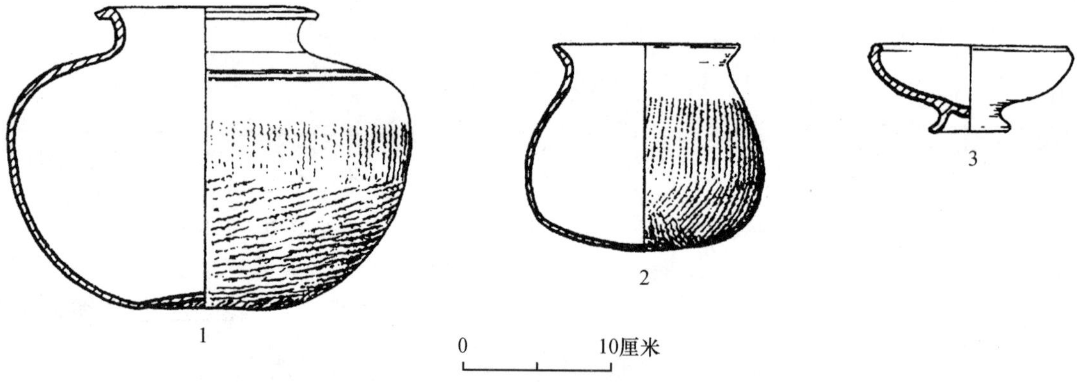

图八　M203出土器物

1. A型陶罐（M203∶3）　2. B型陶罐（M203∶5）　3. 陶豆（M203∶2）

2. M208

M208　破坏严重，仅存墓底。墓穴走向为东北西南向，与长江大体平行，墓室长2.6、宽1.2米，墓主为仰身直肢葬，双手亦交抱于腹部，头向西南、面向东，右胫骨以下缺失。随葬品有陶豆、陶器盖、铜指环等，共计6件。

陶豆　4件。均为泥质红褐陶。敞口，浅腹，高圈足。依腹部形制不同可分为二型。

A型　2件。折腹豆。M208∶2，口径13.6、底径8厘米。M208∶3，口径15.2、底径8厘米（图一○，2）。

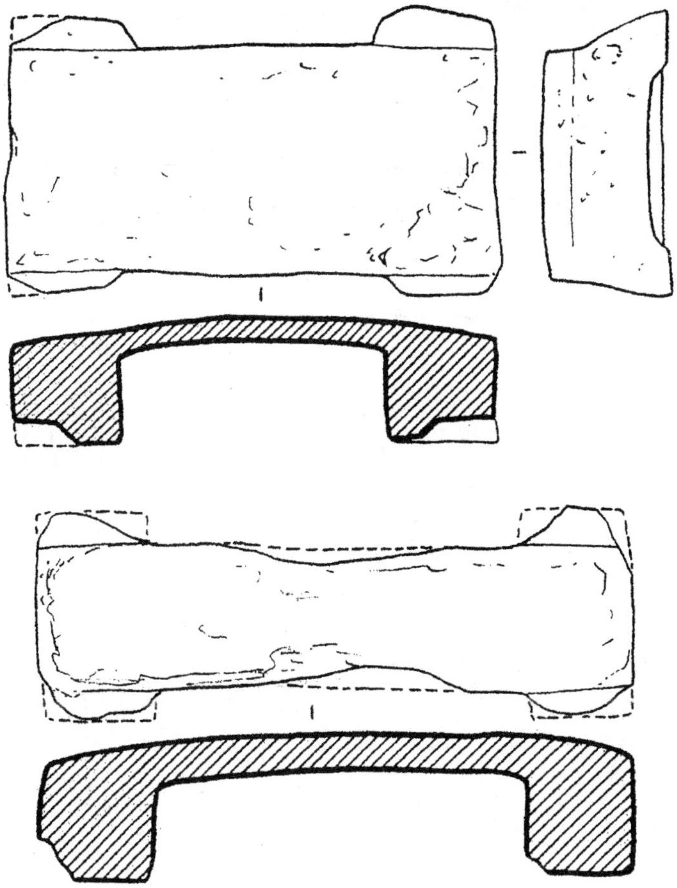

图九　M205出土铅质桥形器

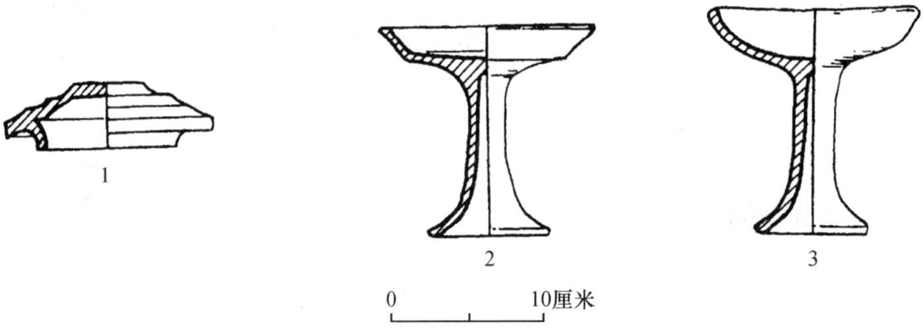

图一〇　M208出土器物

1. 陶器盖（M208：5）　2. A型陶豆（M208：3）　3. B型陶豆（M208：6）

B型　2件。弧腹豆。M208：1，口径13.2、底径9厘米。M208：6，口径13.6、底径7.6厘米（图一〇，3）。

陶器盖　1件。M208：5，泥质红褐色陶。平顶，斜壁。有数周宽凹弦纹。底径9.2、通高4厘米（图一〇，1）。

金属指环　1件。M208：4，银或青铜制，锈色青绿，环状，断面呈圆形。内径1.8、外径2.1厘米。

3. M211、M212

（1）墓葬形制

两墓均遭盗掘。墓穴走向亦为东北西南向，大体与长江平行，人骨架漫漶不辨，随葬品较多。M212，盗扰严重，墓室长4.9、宽3.5米，有木椁遗痕，长约4.3、宽约3、高约0.9米，随葬品丰富（图一一）。

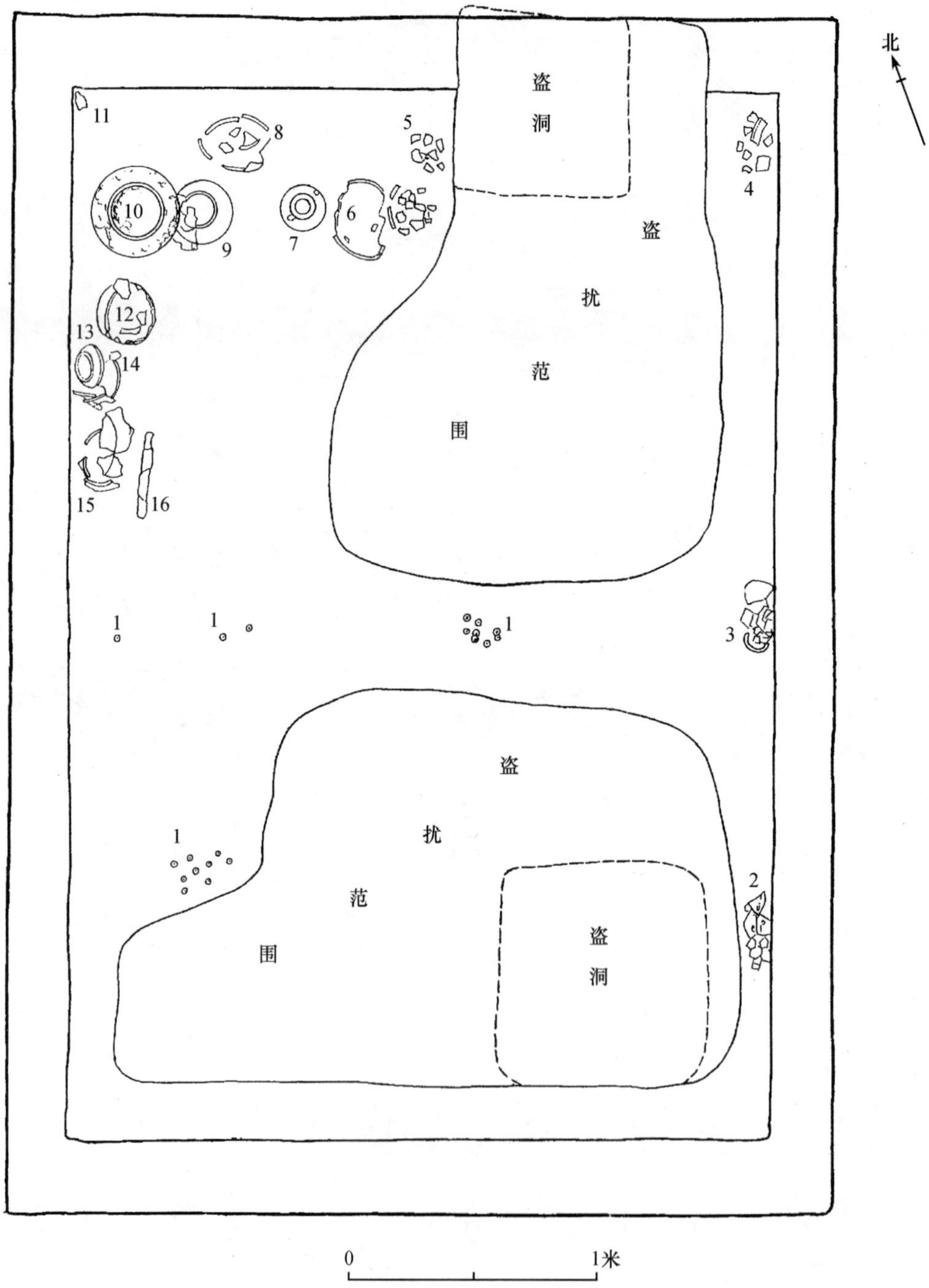

图一一　M212平面图

1. 铜钱　2、5. 陶片　3. 陶器盖　4. 陶罐　6. 铜洗　7、9. 铜鍪　8. 陶盆　10. 铁釜　11. 铁铲　12. 陶仓　13. 陶盒　14. 陶井　15. 陶壶　16. 铁剑

（2）随葬品

M211　随葬品丰富，有各种生活用品和生产工具53件与铜钱125枚。生活用品包括陶器49件，有碗、罐、瓮、仓、壶、甑、盆、釜等；铜洗1件、铁釜1件。生产工具有铁削1件、骨匕1件。

陶碗　20件。敞口，圆唇，浅腹，平底。依腹部形制不同可分为二型。

A型　11件。弧腹碗。除1件为泥质褐色陶外，余均为泥质灰陶。M211：8-2，泥质灰陶。口径17.6、底径6.8、通高6厘米（图一二，2）。

B型　9件。折腹碗。泥质灰陶6件，泥质红褐色陶3件。M211：8-1，泥质红褐色陶。口径12.4、底径3.6、通高4厘米（图一二，1）。M211：25-1，泥质灰陶。口径12.8、底径5.2、通高4.8厘米。

陶罐　15件。依底部不同可分为二型。

A型　13件。平底罐。侈口，圆唇，束颈，宽肩，鼓腹，平底。肩部均饰有数道弦纹。依肩部不同可分为二式。

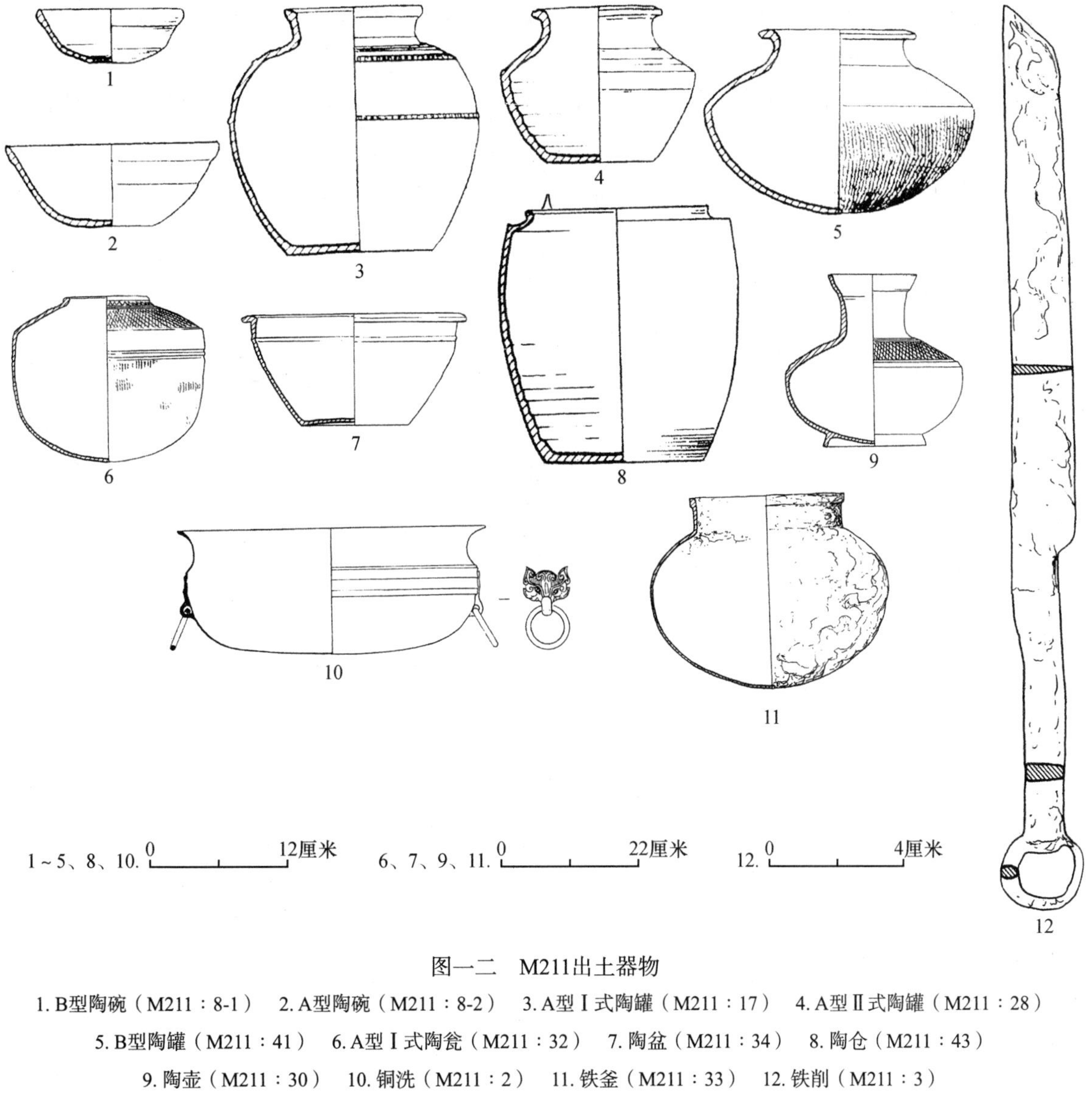

图一二　M211出土器物

1. B型陶碗（M211：8-1）　2. A型陶碗（M211：8-2）　3. A型Ⅰ式陶罐（M211：17）　4. A型Ⅱ式陶罐（M211：28）　5. B型陶罐（M211：41）　6. A型Ⅰ式陶瓮（M211：32）　7. 陶盆（M211：34）　8. 陶仓（M211：43）　9. 陶壶（M211：30）　10. 铜洗（M211：2）　11. 铁釜（M211：33）　12. 铁削（M211：3）

Ⅰ式：12件。圆肩罐。多为泥质灰陶，个别为泥质褐色陶。器表纹饰以弦纹为主，次为绳纹，有少量的附加堆纹和刻划纹。M211∶17，泥质灰陶。肩部饰数道弦纹，肩和腹部各饰一周附加堆纹。口径10.8、底径12、通高18.8厘米（图一二，3）。M211∶37，泥质灰陶。肩部饰数道弦纹，通体饰绳纹。口径12.8、底径14、通高16.8厘米。M211∶42，泥质灰褐陶。肩部饰一周刻划线纹和两周附加堆纹，腹中部饰一周附加堆纹。口径13.2、底径23.2、通高13.4厘米。

Ⅱ式：1件。折肩罐。M211∶28，泥质灰陶。肩部饰数道弦纹。口径10.4、底径8.4、通高12厘米（图一二，4）。

B型　2件。圜底罐。均为泥质灰陶。侈口，翻沿，束颈，宽肩，鼓腹，圜底。肩、腹部饰弦纹和绳纹。M211∶41，口径13.5、通高14厘米（图一二，5）。

陶瓮　6件。均为泥质灰陶。依底部不同可分为二型。

A型　5件。圜底瓮。敛口，圆唇，宽折肩，深腹，圜底。依腹部不同可分为二式。

Ⅰ式：4件。直腹瓮。肩、腹部饰弦纹。M211∶19，肩部弦纹间饰一周网格纹。口径12.8、通高22厘米。M211∶32，肩部三组弦纹间饰有一周锯齿纹和一周网格纹。口径14、通高25.2厘米（图一二，6）。

Ⅱ式：1件。垂腹瓮。M211∶22，卷沿，最大腹径位于近底处。肩、腹部饰绳纹和凹弦纹，肩上部也饰有一周网格纹。口径19.2、通高32.8厘米。

B型　1件。平底瓮。M211∶26，直口，宽折肩，鼓腹，平底。腹部饰绳纹和弦纹。口径23.6、底径22、通高34厘米。

陶仓　3件。均为泥质灰陶。形制相似，敛口，口肩间有凹槽，短折肩，腹略鼓，平底。腹壁有弦纹。M211∶36，口径10.4、底径16、通高18.8厘米。M211∶39，口径14.3、底径14.8、通高15.3厘米。M211∶43，口径14.8、底径12.8、通高19.2厘米（图一二，8）。

陶盆　2件。均为泥质灰陶。口微敛，宽平沿，弧壁，平底。腹部有弦纹。M211∶12，口径32.8、底径16、通高15.2厘米。M211∶34，口径36.8、底径17.6、通高16.8厘米（图一二，7）。

陶釜　1件。M211∶7，泥质红陶。侈口，圆唇，束颈，扁腹，圜底。腹饰绳纹。口径18.8、通高14厘米。

陶壶　1件。M211∶30，泥质灰陶。喇叭形口，高直领，广肩，扁鼓腹，圈足。肩部饰网格纹。口径14.4、足径16.8、通高26.4厘米（图一二，9）。

陶甑　1件。M211∶27，泥质灰陶。敛口，圆唇，斜壁，底内凹，有圆孔。口径37.6、底径14.4、通高20.4厘米。

铜洗　1件。M211∶2，青铜制，锈色黄绿。敞口，束颈，溜肩，腹微鼓，圜底。腹部有一对铺首衔环，上腹部饰四周弦纹。口径26、通高10厘米（图一二，10）。

铁釜　1件。M211∶33，锈色黄褐。直口，方唇，直领，鼓腹，圜底。口径26、通高31.2厘米（图一二，11）。

铁削　1件。M211∶3，锈色黄褐。环首、直柄，削身呈梯形。通长28.1厘米（图一二，12）。

图一三　M211出土五铢钱和“大泉五十”

骨匕　1件。M211：4，匕身略残，顶部穿一圆孔，刃部圆弧。通长15.7厘米。

铜钱　125枚。有五铢钱和“大泉五十”两种（图一三）。

五铢钱　63枚。钱径2.5、穿径1厘米。从“五铢”字形和形制可判明系东汉五铢①。

大泉五十　62枚，钱径2.6～2.8、穿径0.9～1厘米。系新莽铸币。

M212　随葬品有生活用品、生产工具和兵器13件和铜五铢钱54枚。生活用品包括陶器7件，有壶、仓、盆、盒、罐、井等；铜鍪2件、铜洗1件、铁釜1件。生产工具有铁铲1件，兵器有铁剑1柄。

陶壶　1件。M212：15，泥质黄陶色陶。喇叭形口，束高领，宽肩，鼓腹，高圈足。肩部有一对铺首衔环，器表饰弦纹。口径15.2、足径17.6、通高34.1厘米（图一四，1）。

陶仓　1件。M212：12，泥质灰陶。敛口，口肩间有凹槽，短折肩，腹略鼓，平底。器壁饰弦纹。口径22.4、底径24、通高26.4厘米（图一四，2）。

陶盆　1件。M212：8，泥质灰陶。口微敛，宽平沿，弧壁，平底。腹部有弦纹。口径9.3、底径8、通高18.4厘米（图一四，3）。

陶盒　1件。M212：13，泥质灰陶。带盖，盒身敛口，折腹，圈足，盖呈覆碗形，有圈足形捉手。口径16、底径9.6、通高20厘米（图一四，4）。

陶罐　1件。M212：4，泥质灰陶。敛口，圆唇，短领，溜肩，鼓腹下曲，平底。腹壁饰绳纹。口径20.8、底径10.4、通高33.6厘米。

陶器盖　1件。M212：3，泥质灰陶。为子口盖，上端圆弧、下端斜内收。通高6.4厘米。

陶井　1件。M212：14，泥质灰陶。器残。平面呈切角方形。底宽29.2、通高10.8厘米（图一四，5）。

铜鍪　2件。均为青铜制，锈色黄绿。侈口，束颈，折肩，扁鼓腹，圜底。肩腹间有双环形立纽。M212：7，口径14、通高14.4厘米（图一四，6）。M212：9，立纽上饰刻划纹，并发现有三足的铁制支架。口径26、通高27厘米（图一四，7）。

铁釜　1件。M212：10，锈色红褐。直口，方唇，直领，鼓腹，圜底。口径26、通高30.8厘米（图一四，8）。

铁剑　1件。M212：16，锈色红褐。长条形，柄端呈梯形，剑身残缺。通长28.8厘米。

铁铲　1件。M212：11，锈色红褐。器身扁平，双肩，刃部略内凹，顶端残。刃宽6.3、残长14.5厘米（图一四，9）。

铜五铢钱　54枚。钱径2.5～2.6、穿径1～1.1厘米。系东汉五铢钱。

① 唐石父：《中国古钱币》，上海古籍出版社，2001年，第111～113页。

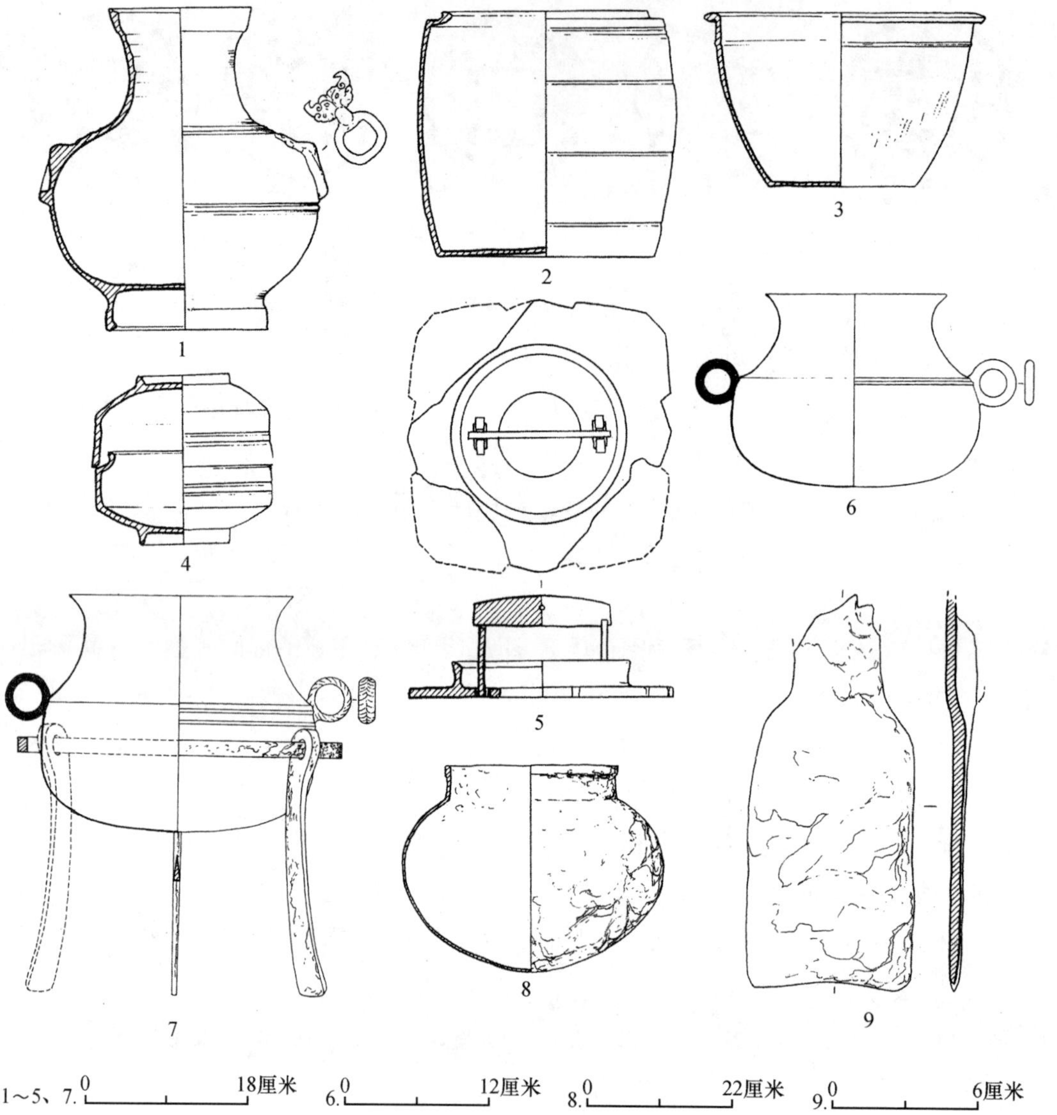

图一四 M212出土器物

1. 陶壶（M212：15） 2. 陶仓（M212：12） 3. 陶盆（M212：8） 4. 陶盒（M212：13） 5. 陶井（M212：14）
6、7. 铜鍪（M212：7、M212：9） 8. 铁釜（M212：10） 9. 铁铲（M212：11）

（二）砖室墓

砖室墓发现3座，2座（M213、M214）位于Ⅱ区西南，1座（M301）位于Ⅲ区。

1. 墓葬形制

M213、M214、M301均为平面呈“凸”字形的长甬道券顶单室砖墓，墓向也均为西北东南走向，大体与长江垂直。人骨已腐朽不辨，未见棺椁。墓道均毁，甬道较长，墓底用大石板或子母口砖、长方形砖平铺，墓壁为平砖顺砌，墓顶部均残，仅墓室后部尚可看出顶部为子母口砖或长方形砖券成。砖均为青灰色，侧面饰有菱形纹、车轮纹，有的有“富贵”“富贵之家”等铭文（图一五）。均发现有随葬品，以M301较为丰富。

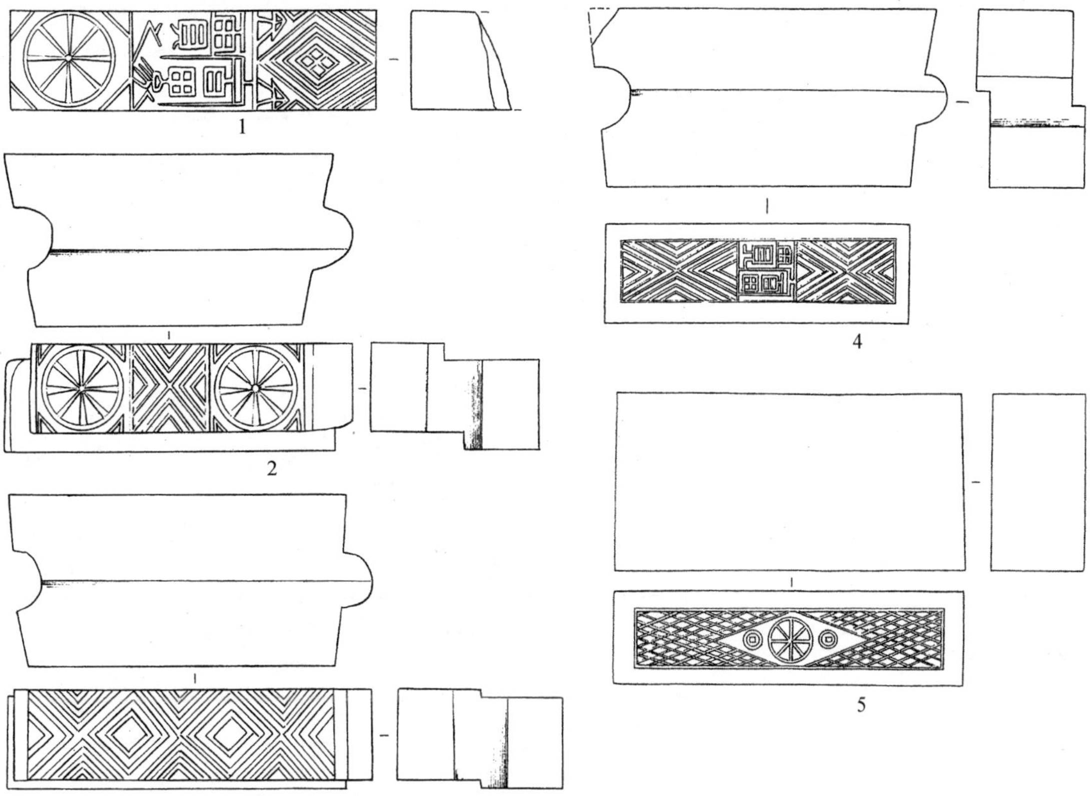

图一五　余家河遗址砖室墓砖
1、5. 长方形砖　2～4. 子母口砖
（1～3. M213出土　4、5. M301出土）

M213　甬道损毁较多。残长1.94米，墓室长4.02、宽2.4米。墓室后部与甬道前部的底面用子母口砖铺成，余用长方形砖平铺（图一六）。

M214　甬道长2.4、墓室长4.5、宽2.32米。墓室后壁顶部为子母口砖券成。

M301　甬道长2.4、墓室长4.4、宽2.4米。残存数根人骨，墓底用不规则的大石板铺成，墓室顶子母口砖券成（图一七）。

2. 随葬品

M213　随葬有生活用品18件和铜钱5枚。生活用品包括青瓷器16件，器形有碗、盘口壶、四系罐等；陶器2件，器形有碗、罐等。

青瓷碗　12件。青釉，个别略泛黄色，内壁均施满釉，外壁亦多施满釉，几件器物施釉不到底，有些釉面有冰裂纹。依器底不同可分为二型。

A型　10件。假圈足碗。敛口，弧腹。M213：14，釉色青黄。口径7.2、底径4.4、通高4.4厘米（图一八，1）。M213：15，口沿下有一周凹弦纹，内底有三个支钉痕迹。口径11.2、底径6.4、通高5.6厘米（图一八，2）。M213：16，口沿下有一周凹弦纹。口径14.4、底径8.5、通高6.4厘米。M213：8，釉面有细碎的冰裂纹。口径8、底径4、通高3.6厘米。M213：9，釉面有冰裂纹。口径8.8、底径4.4、通高4厘米。

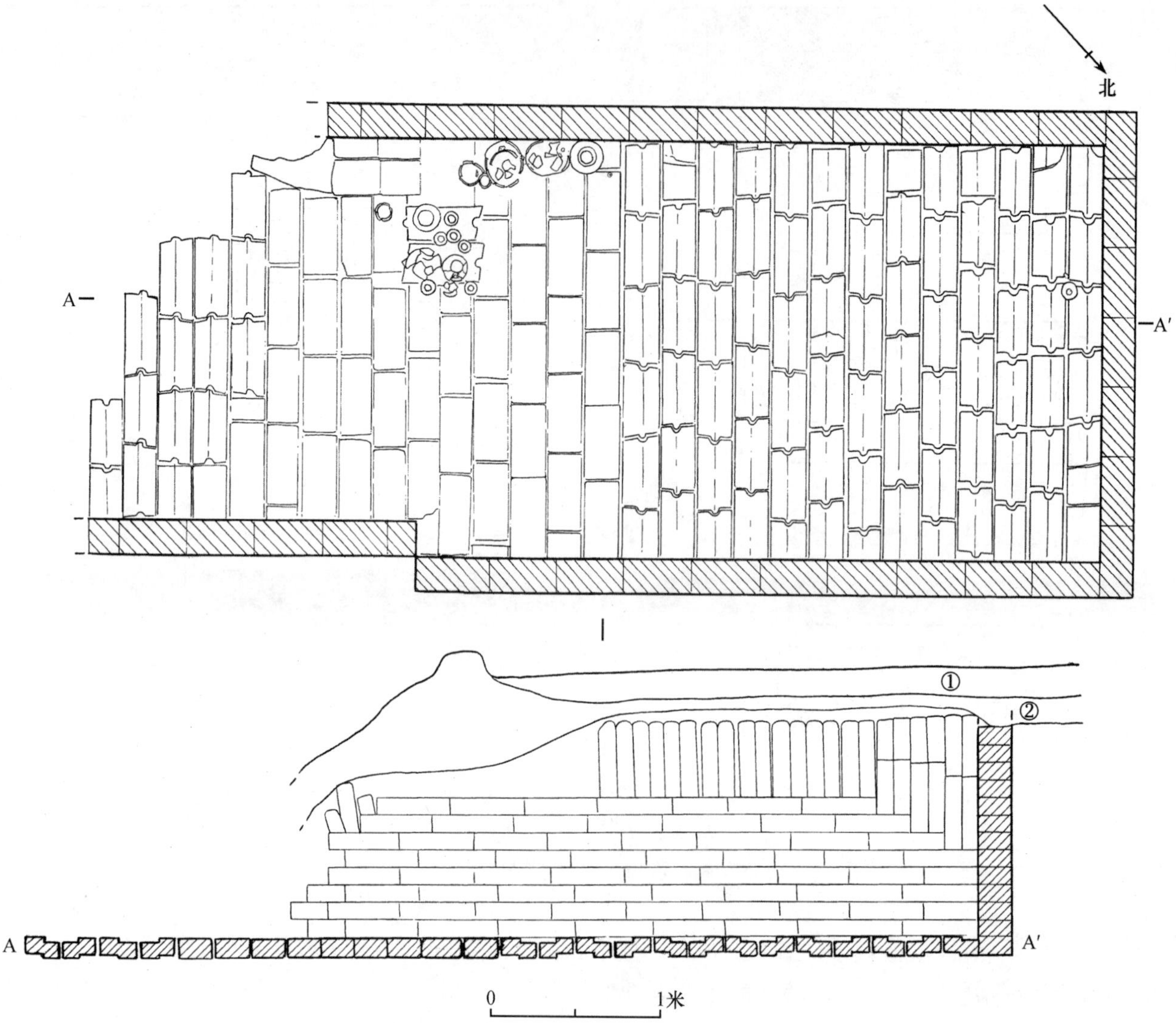

图一六 M213平、剖面图

B型 2件。平底碗。敛口，弧腹，平底。M213：7，釉面有细碎的冰裂纹。口径7.6、底径3.6、通高4厘米（图一八，3）。M213：17，釉呈青黄色，釉面有细碎的冰裂纹。口沿下有一周凹弦纹。口径16.4、底径9. 6、通高6.4厘米。

青瓷盘口壶 1件。M213：4，青釉，内施满釉，外壁施釉不到底。盘口，束颈，溜肩，鼓腹，平底。肩部有两组对称的桥形系。口径12.8、底径12、通高28.4厘米（图一八，4）。

青瓷四系罐 33件。M213：3，青釉，内施满釉，外壁施釉不到底。内外双口，内口为直口、外口为敞口，溜肩，鼓腹，平底，肩部有两组对称的桥形系。口径8.8、底径13.6、通高20.4厘米（图一八，6）。M213：5，青釉泛白，内施满釉，外壁施釉不到底。大口，溜肩，鼓腹，平底，肩部残存有一桥形系。口径18.4、底径12.8、通高18.8厘米（图一八，7）。M213：6，青黄釉，内壁仅口部施釉，外壁施釉不到底。直口，溜肩，直腹略鼓，平底，肩部有两组对称的桥形系。口径10.4、底径10.8、通高17.2厘米（图一八，5）。

陶碗 1件。M213：2，泥质红陶，敛口，弧腹，平底。口径8.8、底径4、通高4厘米。

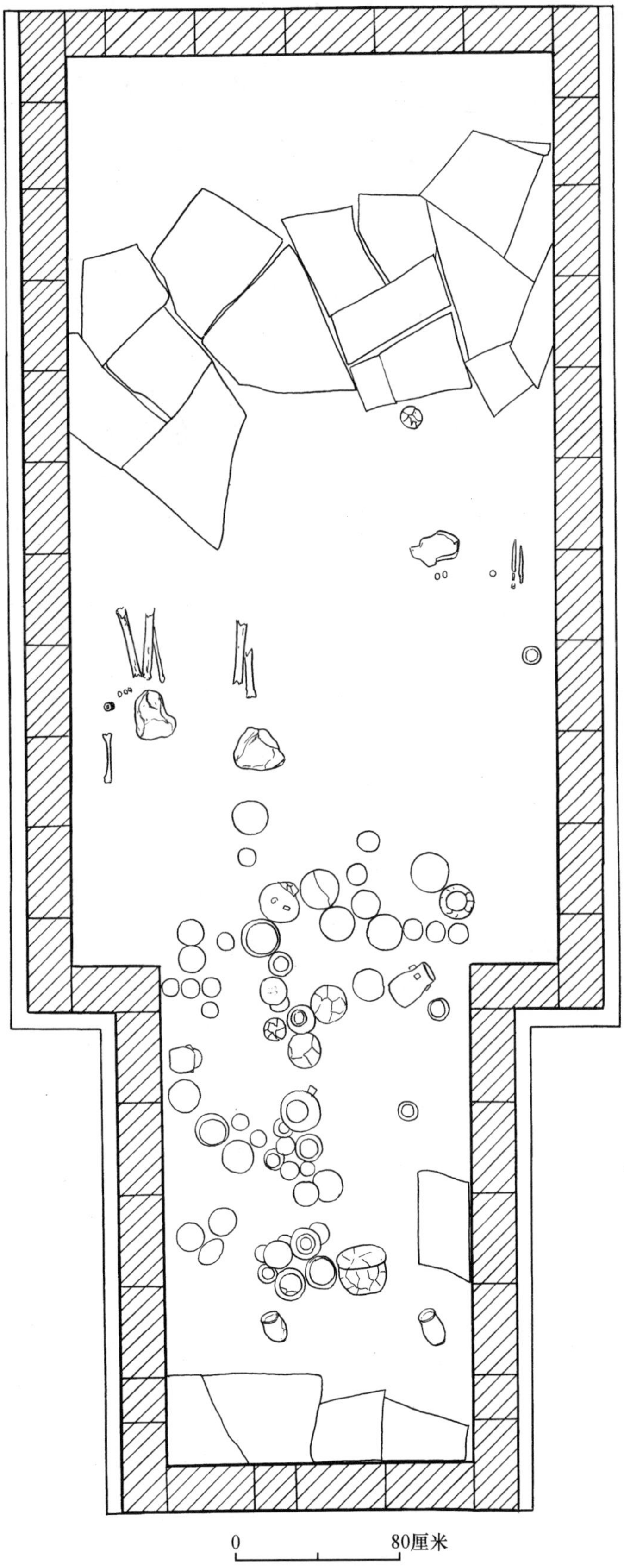

图一七　M301平面图

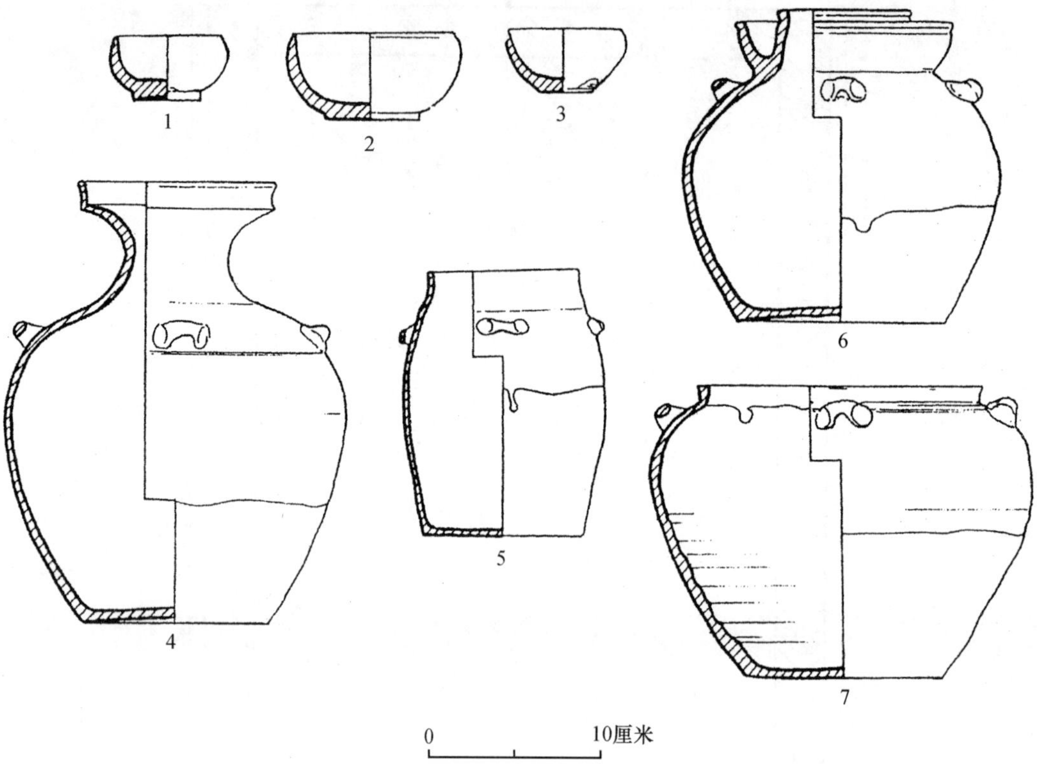

图一八　M213出土器物
1、2. A型青瓷碗（M213：14、M213：15）　3. B型青瓷碗（M213：7）　4. 青瓷盘口壶（M213：4）
5～7. 青瓷四系罐（M213：6、M213：3、M213：5）

陶罐　1件。泥质灰陶。M213：19，宽平沿，侈口，束高领，折肩，鼓腹，圜底。口径13.2、通高14.4厘米。

货泉　5枚。钱径2.3、穿径0.8厘米，系新莽铸币。

M214　随葬品有生活用品9件，包括青瓷器8件，器形有碗、盘口壶、唾壶、四系罐、平底罐等，陶匣1件。

青瓷碗　3件。内外均施青釉。依器底的不同可分二型。

A型　1件。假圈足碗。M214：3，青釉泛黄。敛口，弧腹。口径15.2、底径10.4、通高6.3厘米（图一九，1）。

B型　2件。平底碗。M214：4，敛口，弧腹。口沿压印有一周锯齿纹。口径17.6、底径11.2、通高5.8厘米（图一九，2）。

青瓷盘口壶　1件。M214：1，内外均施青釉，外壁施釉不到底。器口残，束高领，溜肩，鼓腹，平底，肩部有两组对称的桥形系。底径10.8、残高16.8厘米（图一九，3）。

青瓷唾壶　1件。M214：6，内外壁均施釉。盘口，束高领，溜肩，扁鼓腹，假圈足。口径11.6、底径12、通高11.2厘米（图一九，4）。

青瓷四系罐　1件。M214：8，内外均施釉。大口，溜肩，鼓腹，平底，肩部有两组对称的桥形系。口径23.2、底径14.4、通高20.5厘米（图一九，6）。

青瓷罐　2件。内外均施青釉。M214： 2，斜沿，侈口，鼓腹，平底。口径22.4、底径

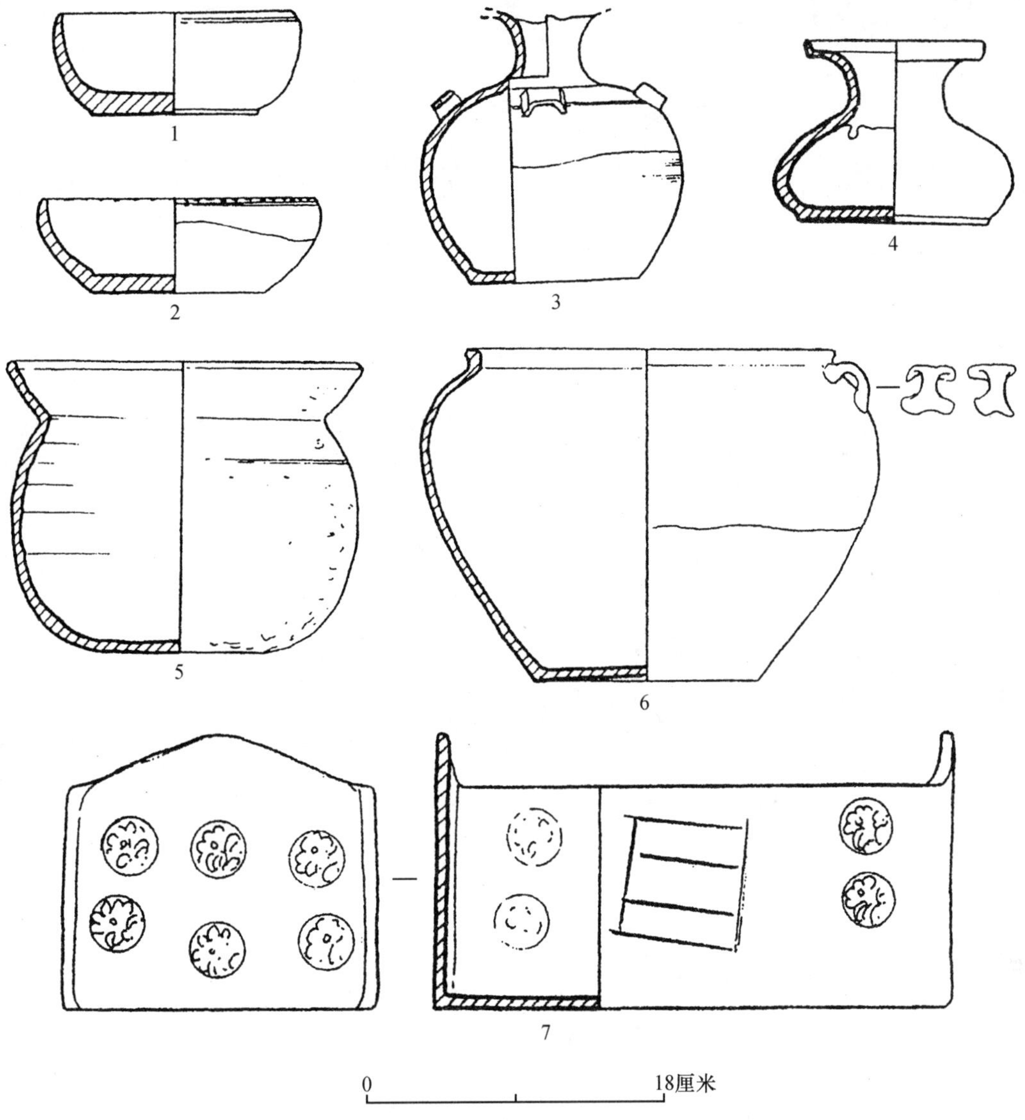

图一九　M214出土器物

1. A型青瓷碗（M214：3）　2. B型青瓷碗（M214：4）　3. 青瓷盘口壶（M214：1）　4. 青瓷唾壶（M214：6）　5. 青瓷罐（M214：2）　6. 青瓷四系罐（M214：8）　7. 陶匣（M214：9）

10.4、通高18.1厘米（图一九，5）。

陶匣　1件。M214：9，泥质灰陶。匣体呈长方形，两侧面顶部凸起呈三角形，四壁均印有团花纹，前、后壁尚饰有刻划纹。长32.8、宽13.6、通高20厘米（图一九，7）。

M301　随葬品较丰富，生活用品和生产工具71件、穿孔石珠14粒、铜钱6枚。生活用品包括青瓷器65件，器形有碗、盘口壶、鸡首壶、唾壶、四系罐、平底罐等，陶罐3件。生产工具有铁削3件。

青瓷碗　55件。青釉，少数略泛黄色，极个别泛白或泛灰，内、外壁均施釉，一些施釉不到底，有些釉面有冰裂纹。依器底不同可分二型。

A型　25件。假圈足碗。敛口，弧腹。少量器物口沿下有一周凹弦纹。M301：53，内、外壁均施满釉。口径7.6、底径4.4、通高4厘米（图二〇，1）。M301：67，内壁施满釉，外壁施釉不到底。口径7.6、底径5.9、通高4厘米。M301：16，青釉泛黄，口沿下有一周凹弦纹。口径8、底径4.8、通高3.8厘米（图二〇，2）。

B型　30件。平底碗。依口部形态可分为二式。

Ⅰ式：21件。敞口、弧腹。口沿下均有一至三周或凹或凸的弦纹。M301：9，青釉泛白。口沿下有一周凹弦纹。口径15.2、底径9.6、通高5.8厘米。M301：15，青釉泛黄。口沿下有一周凹弦纹。口径9.8、底径4.8、通高3.6厘米（图二〇，3）。

Ⅱ式：9件。敛口，弧腹。有些器物口沿下有一周凹弦纹，个别有两道凸弦纹。M301：39，口沿下有一周凹弦纹，内底有13个支钉痕迹。口径18、底径10.4、通高6厘米（图二〇，4）。M301：50，口沿下有两道凸弦纹。口径14.8、底径10.5、通高4.8厘米（图二〇，5）。M301：52，釉面有细碎的冰裂纹。口径8.4、底径4.8、通高3.6厘米。

青瓷盘口壶　1件。M301：71，青釉，内施满釉，外壁施釉不到底。盘口，短束颈，溜肩，鼓腹，平底，肩部有两组对称的桥形系。口径10.8、底径9.2、通高16.1厘米（图二〇，6）

青瓷鸡首壶　1件。M301：66，青釉泛黄，内施满釉，外壁施釉不到底。盘口，束颈，溜肩，鼓腹，假圈足，肩部一端有实心鸡头，顶部已缺，另一端有圆股形把手，已缺失。口径10.4、底径11.2、通高18.1厘米（图二〇，8）。

青瓷壶　1件。M301：24，青釉。直口，高领，短肩，扁鼓腹，假圈足，口部一端有流，已缺失，另一端的把连接到肩，上部已失，肩部有双桥形系。颈上部饰数周弦纹。口径13.2、底径15.2、通高16厘米（图二〇，7）。

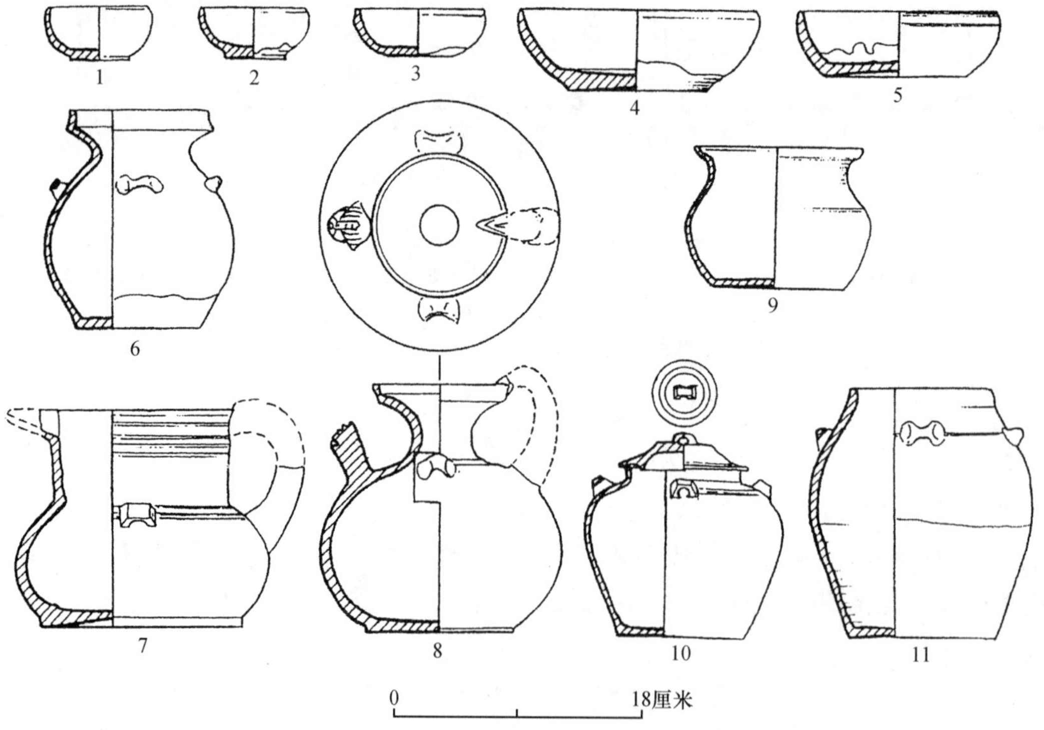

图二〇　M301出土器物

1、2. A型青瓷碗（M301：53、M301：16）　3. B型Ⅰ式青瓷碗（M301：15）　4、5. B型Ⅱ式青瓷碗（M301：39、M301：50）　6. 青瓷盘口壶（M301：71）　7. 青瓷壶（M301：24）　8. 青瓷鸡首壶（M301：66）　9. 青瓷唾壶（M301：25）　10、11. 青瓷四系罐（M301：33、M301：35）

青瓷唾壶　2件。青釉。浅盘口，束颈，扁鼓腹，平底。M301：25，口径12.8、底径9.6、通高10.4厘米（图二〇，9）。M301：55，青釉泛黄。口径9.2、底径8.8、通高9.6厘米。

青瓷四系罐　4件。青釉，多施釉不到底。直口，溜肩，腹略鼓，平底，肩部有两组对称的桥形系，有的有盖。M301：33，青釉泛黄，带盖，盖为平顶斜壁，中央有半环形纽。口径8.4、底径9.2、通高14.8厘米（图二〇，10）。M301：35，青釉，外施满釉，内壁仅口部施釉。口径10.8、底径11.2、通高18.3厘米（图二〇，11）。

青瓮罐　1件。M301：6，青釉。斜沿，侈口，鼓腹，平底。口径24、底径11.6、通高18.4厘米。

陶罐　3件。均为泥质灰陶。可分为二型。

A型　2件。敛口，折肩，斜壁，假圈足。M301：41，口径8.4、底径5.8、通高7.6厘米。

B型　1件。直口，短领，宽肩，扁圆腹，圜底。M301：34，口径5.6、通高5.2厘米。

穿孔石珠　共14粒。个别表面染为红色，中部均对钻圆孔。珠径0.3～0.8、厚0.1～1.1厘米。M301：74，表面染成红色。珠径0.7、厚1厘米。

铁削　3件。锈色红褐，直背，平刃，柄端缺失。M301：75，残长11.6、最宽1.7厘米。

铜钱　3枚，有半两钱和四铢钱两种。

半两钱　2枚。钱径2.5～2.8、穿径0.9～1.2厘米。从字体和形制可判明系西汉初期所铸之八铢半两①。

四铢钱　1枚。残损，仅可辨认“四”字，约为四铢钱。径2.5、穿径0.9厘米。系刘宋时期铸币②。

四、结　　语

本次发掘的主要收获是发现了一批土坑竖穴墓和砖室墓，并发现了一座专门烧制墓葬用砖和随葬品的双火膛陶窑。

土坑竖穴墓中的第一处墓地，即M201～M207，该墓地的两组墓葬时代大致相同，其随葬品、墓葬结构和方向等差别的形成，可能有贫富差别的原因。同时根据M203打破M204的地层关系，第二组可能稍早于第一组。从第一组墓葬出土的钱币和鼎、壶、罐、豆的随葬品组合及器形形制，可以判明这是一处西汉时期墓葬。

M208由于受到破坏，其随葬品组合难以判断，但是从其陶豆形制和尺寸来看，与云阳李家坝东周墓地战国中晚期的同类器相似③，同时该墓之走向、结构、墓主葬式等方面与第一处墓地墓葬相似，因此估计它的时代与第一处墓地大致同时或稍早。

M211和M212出土有较多随葬品，可以看出两墓均以壶、罐、盆为基本组合，且这些器形表现出相当的一致性，二者墓葬形制亦很一致，可以判明它们属同时期遗存。出土的陶器与渝

① 唐石父：《中国古钱币》，上海古籍出版社，2001年，第76～78页。

② 唐石父：《中国古钱币》，上海古籍出版社，2001年，第141、142页。

③ 四川大学历史文化学院考古系等：《云阳李家坝东周墓地发掘报告》，《重庆库区考古报告集·1997卷》，科学出版社，2001年，第268页。

东地区其他东汉墓地，如万州安全墓地①、云阳李家坝37号岩棚墓②等的同类器很相似，同时铜洗、铜鍪为东汉时期典型器物，因此断定这两座墓属东汉时期，东汉五铢和新莽大泉五十的出土可为佐证。

同时我们可以注意到，余家河汉代土坑竖穴墓中，凡是有随葬品者均大体与长江平行，而无随葬品者则大体与长江垂直，这种关系是巧合还是有别的意义，尚难解释。

3座砖室墓的形制相似、墓向一致，均有一定数量的随葬品。随葬品以青瓷假圈足碗、平底碗、盘口壶、唾壶、四系罐等为基本组合，M301还发现了1件青瓷鸡首壶。各墓的同类器之间有很强的相似性，因此这3座墓葬应属同一时期。其次，青瓷碗、盘口壶、唾壶、鸡首壶、四系罐的组合及器形的形制均具有南朝时期长江中下游地区墓葬随葬品的特征，M301发现的四铢钱也说明了这几座墓葬应属南朝时期遗存。

与汉代土坑墓中有随葬品墓的走向大体与长江平行不同，南朝砖室墓的走向大体与长江垂直。

陶窑址Y201发现的弧腹碗、折腹碗、侈口罐、敛口罐、敞口盆等均与M211和M212的同类器物形制相似，应也属东汉时期遗迹。前文指出M201～M208属西汉时期遗迹，从地层关系上，Y201打破M205的关系是证明M201～M208的时代早于M211、M212和Y201的一个例证。根据窑内的出土物及部分因高温而变形的砖块，我们认为该窑系专门烧制墓葬用砖和随葬品的陶窑，虽在余家河遗址的东汉墓葬仅发现两座土坑墓，但可以推测该遗址原应有东汉砖室墓，可能是尚未发现，抑或已遭损毁。

Y201的双火膛形制，有别于这一时期南方盛行的龙窑形制。同时它的长方形窑室及三个烟道的形式与北方地区如河北武安午汲古城遗址发现的陶窑③有一定的相似之处。可以看出余家河的陶窑一方面存在与黄河流域交流的性质，同时它更具有明显的地方特征，为我们探讨长江中游地区东汉时期陶窑的形制与结构提供了新的材料。

余家河遗址经历了两汉和南朝时期，虽延续时间较长，但文化层堆积内涵相当简单，如在Ⅰ区虽发现有数层文化堆积，但都是冲积而成，Ⅱ区和Ⅲ区的墓葬、陶窑均直接开口于现代耕土层下并打破生土。对于这种情况，结合在该遗址没有发现居址和窖穴、灰坑等与居住有关的遗迹现象，说明余家河遗址应是围绕墓葬而形成的一处遗址，Y201属于专门烧制墓葬用砖和随葬品的陶窑也说明了这一点。

附记：参加发掘者有郎保利、赵杰、董永刚、王立中、冀保金、牛秀平及考古专业99级学生。

执笔：赵　杰　郎保利

① 陕西省考古研究所等：《万州安全墓地区发掘报告》，《重庆库区考古报告集·1997卷》，科学出版社，2001年，第501～545页。

② 陕西省考古研究所等：《万州安全墓地区发掘报告》，《重庆库区考古报告集·1997卷》，科学出版社，2001年，第501～545页。

③ 河北省文物管理委员会：《河北武安县午汲古城中的窑址》，《考古》1959年第7期。

万州柑子梁墓群2002年度发掘简报

洛阳市第二文物工作队

一、墓群概况

为配合长江三峡水利枢纽工程建设，受重庆市文化局三峡文物保护领导小组委托，洛阳市第二文物工作队于2001年对柑子梁墓群进行了初次勘探和发掘，2002年又在2001年的基础上，组成了以副队长乔栋为领队，考古部蔡梦珂、张建文，技工贾小龙、赵书水、郭改伟、张国锋、刘年超为成员的柑子梁墓群考古队，于2002年9月23日至11月30日对该墓地进行了第二次发掘，为保持发掘的一致性，墓群坐标点、基点、分区均于去年相同。

此次发掘主要集中于墓群的南部（Ⅳ区和Ⅲ区），采用在普探的基础上重点卡探和断崖观察相结合，遇墓套方，由北至南逐一发掘的方法，布方均为5米×10米的探沟，方向0°，Ⅲ区3个，Ⅳ区67个，共发掘3500平方米。地层堆积与去年相同，较为简单，最多只有两层，只是因地势较低，堆积相应较厚。此次共发掘墓葬16座，均开口于第1层或第2层下，据其结构可分砖室和土坑两种，下面按其形制分墓叙述。

二、砖　室　墓

共发掘10座，盗扰严重，未见保存完好者。其结构都由墓道、封门、甬道、墓室四部分组成。顶大多已坍塌，从残存部分可知有拱形券顶，据其平面形状可分两种：刀形和“凸”字形。

（一）刀形墓

2座。

M42　方向210°，由墓道、封门、甬道、墓室四部分组成。墓道为长方形、竖穴斜坡，位于封门南端。墓口南宽北窄，长2.27、宽1.36～1.44、距地表深0.53、墓底长2.54、距墓口深0～1.26米。填土为黄褐色花土，包含有砖渣。封门位于墓道和甬道之间，由不同规格的榫卯砖、条形砖横列错缝平砌而成，残存10层，高0.96～1.08米。甬道位于封门的北端，为长方形，长2.42、宽1.64、残高1.29米。墓室位于甬道北端，长方形，长3.28、宽2.6、残高0.71～1.29米，墓底距地表深1.86～2.04米，填土为浅灰色淤土，包含有素面瓦片、青花瓷片。甬道和墓室壁皆为单砖错缝平砌，顶已坍塌，从残存部分可知其为拱形券顶，底部均用小砖横列平

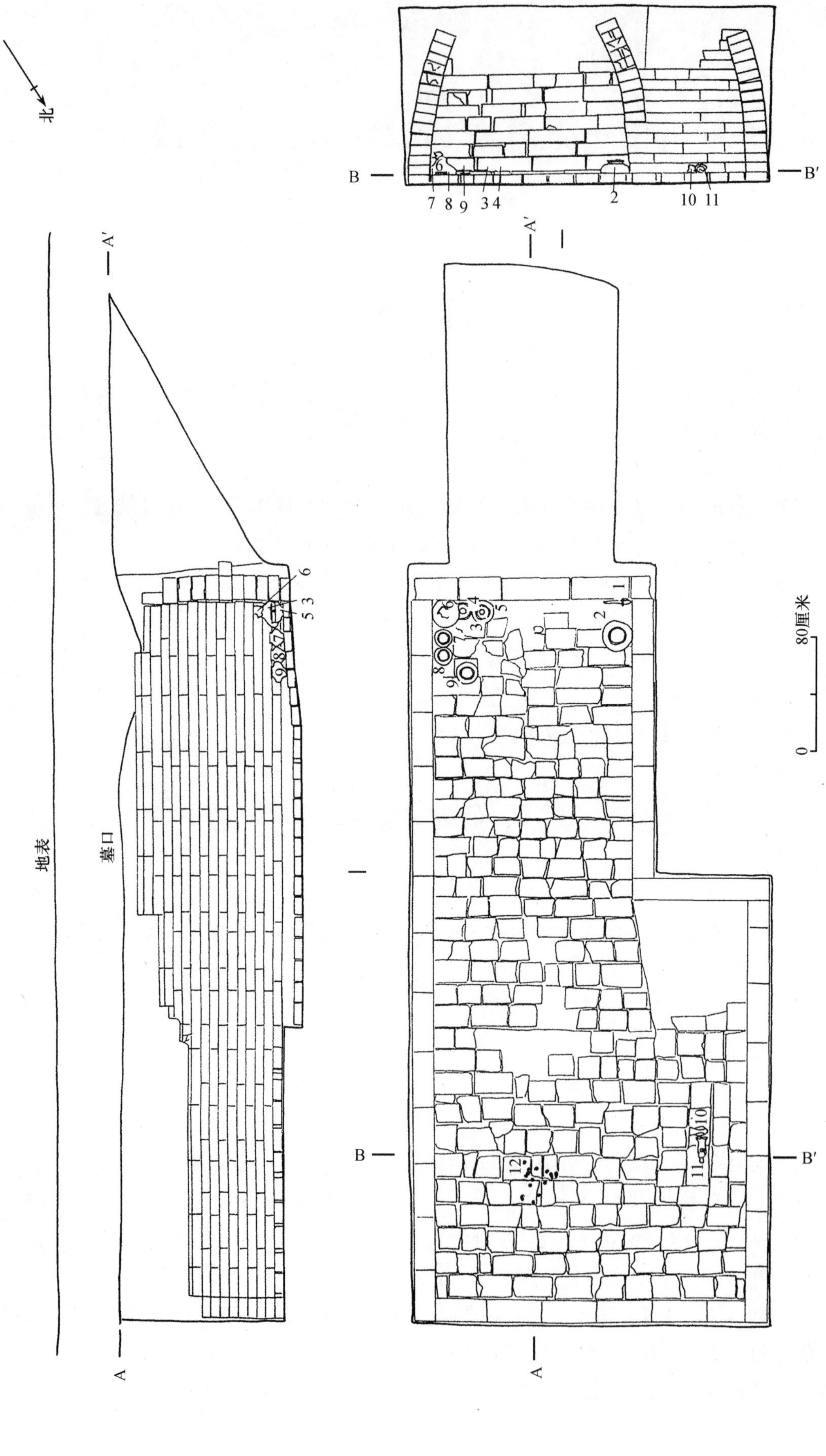

图一　M42平、剖面图

1.铁刀　2、7~9.陶罐　3.陶杯　4、5.陶钵　6.釉陶壶　10、11.陶俑　12.铜钱（15枚）

铺，墓室底高于甬道底0.19米。各处用砖规格不一，封门砖有四种规格：0.41米×0.2米×0.11米、0.44米×0.21米×0.11米、0.43米×0.2米×0.11米、0.45米×0.2米×0.12米，侧面饰纹有十字三角纹、菱形方格乳钉纹、车轮三角网格纹。甬道和墓壁砖规格一致：为0.44米×0.18米×0.08米、0.46米×0.17米×0.08米、0.48米×0.18米×0.08米三种，侧面饰菱形几何纹，底部用砖为残砖，均为素面（图一）。

随葬器物散置于墓室和甬道内，大多较完整。共12件，其中陶器10件、铁器1件、铜钱15枚。

铁刀　1件。M42：1，锈蚀严重。柄部残，有格。残长23厘米（图二，8）。

陶钵　2件。泥质灰陶。侈口，圆唇，腹下斜收。M42：4，口径17.9、底径6、高6.5厘米（图二，2）。M42：5，口径17.8、底径5.5、高6.9厘米（图二，4）。

陶杯　1件。M42：3，泥质灰陶。平沿，敞口，斜深腹，假圈足。口径12、底径4.2、高2厘米（图二，1）。

釉陶壶　1件。M42：6，泥质红陶，酱红釉。侈口，平沿，束颈，鼓腹，圈足底。腹部饰对称虎形铺首，覆钵形盖，上有三纽，颈、肩及腹部饰凹弦纹。口径14、腹径21.6、底径12.9、高29.4厘米（图二，9）。

陶俑　2件，泥质红陶。M42：10，头残缺。立姿，着交领宽袖长袍，双手拱于胸前。高14.9厘米（图二，11）。M42：11，立姿，面部模糊不清，着交领宽袖长袍，双手拱于胸前。高20.4厘米（图二，10）。

陶罐　4件。均为泥质灰陶。据其口部特征可分为两种。侈口，圆唇3件。M42：7，溜肩，圆腹，平底。腹上部饰一周凹弦纹。口径10.5、腹径14.2、底径7.5、高12.1厘米（图二，3）。M42：8，折肩，斜弧腹，小平底。腹上部饰一周弦纹。口径10.4、腹径16.5、底径8、高12.4厘米（图二，7）。M42：9，折肩，斜弧腹，小平底。腹上部饰二周弦纹。口径10.4、腹径16.5、底径8、高12.4厘米（图二，5）。直口，尖唇1件。M42：2，肩微斜，弧腹，平底。口径15、腹径24、高15.4厘米（图二，6）。

铜钱　15枚。M42：12，皆为东汉五铢（图二，12）。

M57　早期盗扰，墓道已不存，方向180°，由封门、甬道、墓室三部分组成。封门，位于甬道南端，宽1.9、残高0.4米，由5层小砖错缝平砌而成。用砖规格0.44米×0.18米×0.08米，砖侧饰菱形几何纹。甬道位于封门南端，长2.5、宽1.9、残高0.4～1.29米。墓室位于甬道北端，内填淤土，长方形，长3.24、宽2.6、残高0.4～1.28米，墓顶距地表0.4～0.5米，墓底距地表2.5米。墓室和甬道只残存东、西两壁，地砖和顶皆无存，壁砖规格为0.44米×0.18米×0.07米，侧面饰菱形几何纹（图三）。

随葬品仅见一枚五铢铜钱。

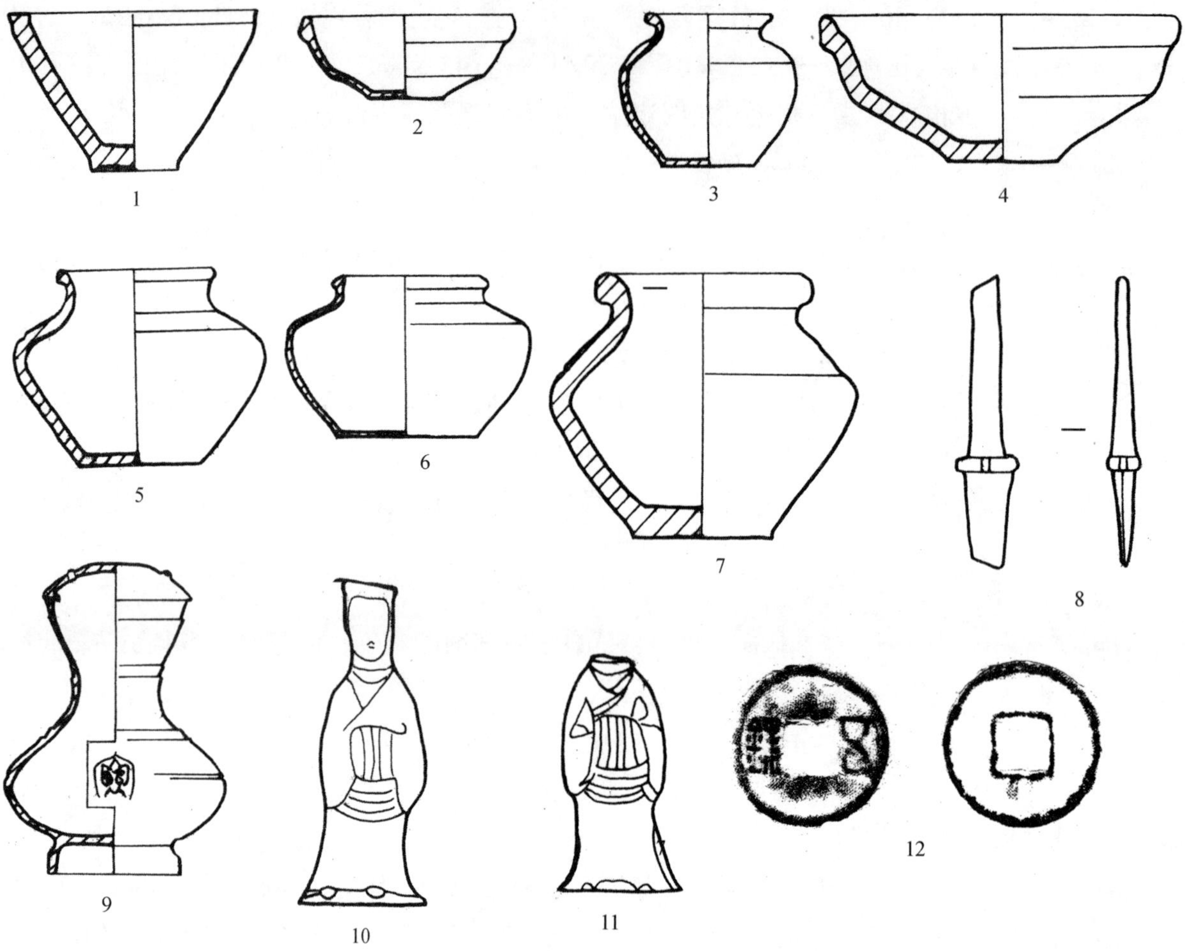

图二 M42出土器物

1. 陶杯（M42：3） 2、4. 陶钵（M42：4、M42：5） 3、5～7. 陶罐（M42：7、M42：9、M42：2、M42：8） 8. 铁刀（M42：1） 9. 釉陶壶（M42：6） 10、11. 陶俑（M42：11、M42：10） 12. 铜钱（M42：12）

（二）“凸”字形墓

6座

M43 方向198.3°，由墓道、封门、甬道、墓室四部分组成。墓道为长方形竖穴斜坡式，墓口残长0.7、宽2、距地表深0.35米，墓底长1、宽2、距墓口深0～0.76米，内填灰褐色花土和淤土，包含有烧土颗粒。封门位于墓道北端，宽2、残高1米，由榫卯砖错封平砌而成。甬道位于封门北端，长方形，长1.92、宽1.54、残高1.1米。墓室位于甬道北端，长方形，长3.1、宽2.4、残高1.1米，墓顶距地表0.35、墓底距地表1.45米，填土同墓道，东、西两壁砌法与甬道一样都是小砖错缝顺铺，后壁为小砖错缝横铺，砖侧饰车轮双钱菱形几何纹，规格0.46米×0.22米×0.11米，底为小砖对缝平铺，素面，规格0.46米×0.23米×0.06米（图四）。

随葬品仅在墓室见一青灰色小瓷碗。M43：1，敛口，平底，假圈足。施豆青釉。口径8.8、底径5、高4厘米（图五，1）。

M46 方向175°，由封门、甬道、墓室三部分组成。封门位于甬道南端，仅存一层砖，由

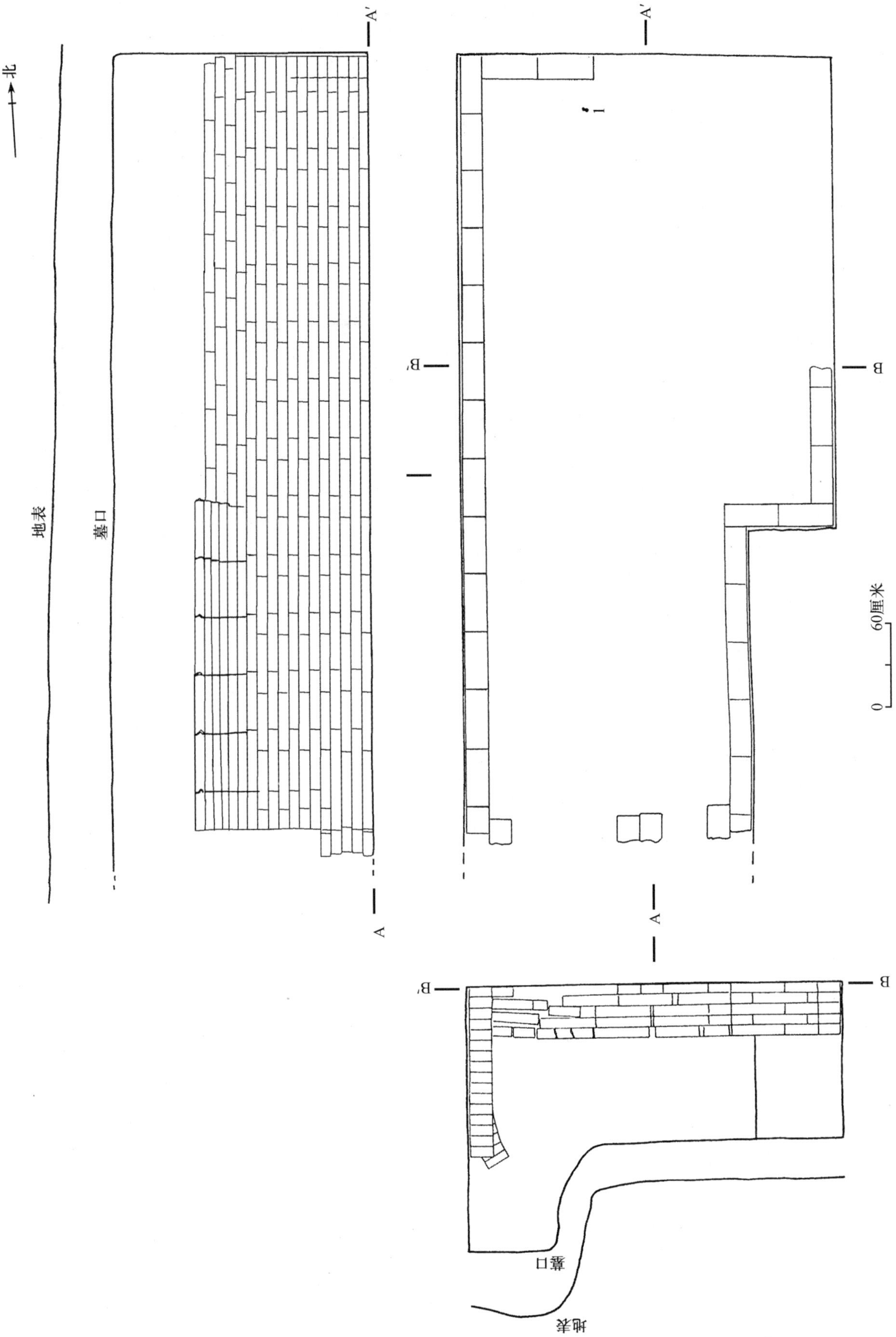

图三 M57平、剖面图
1. 铜钱

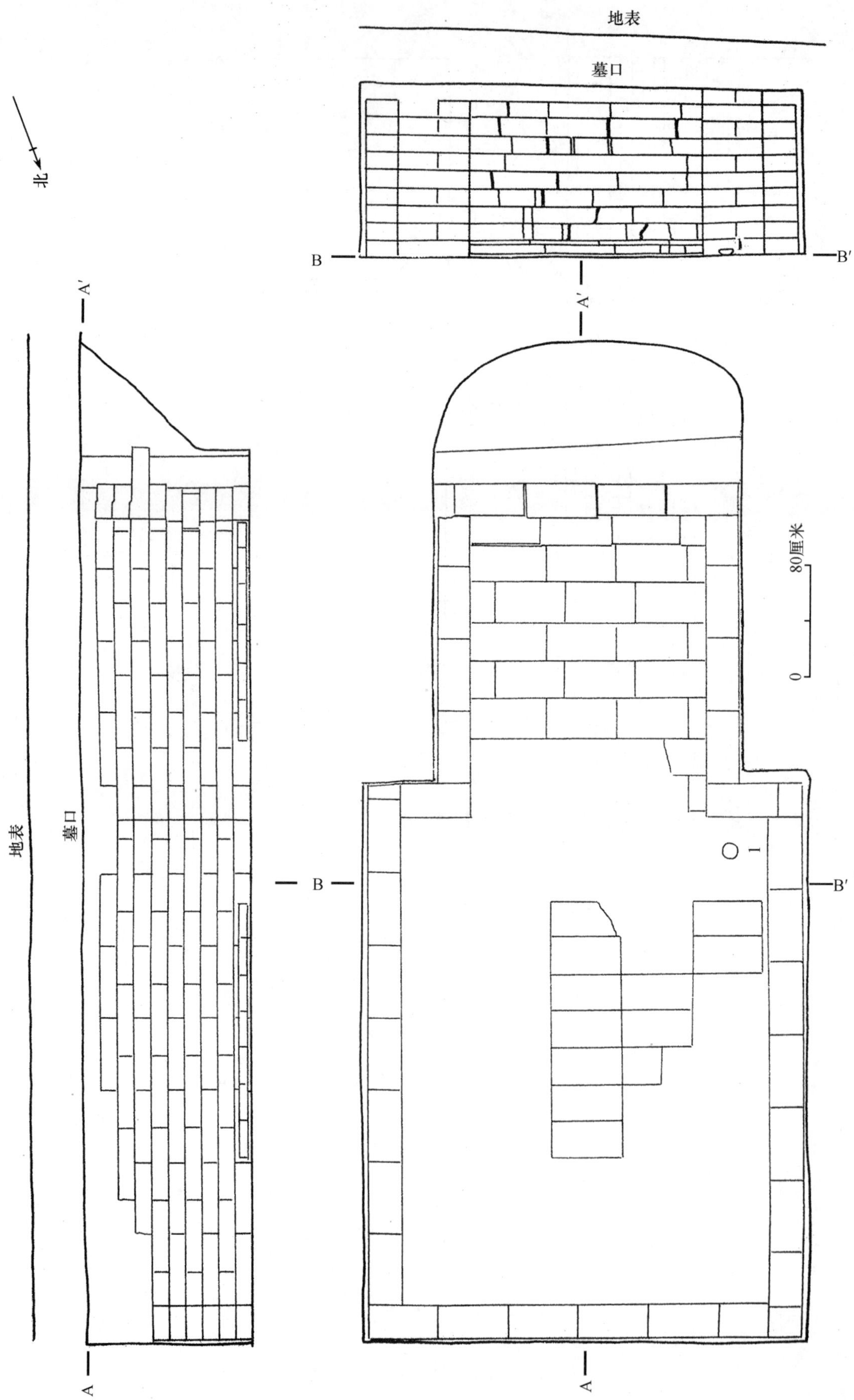

图四 M43平、剖面图
1. 瓷碗

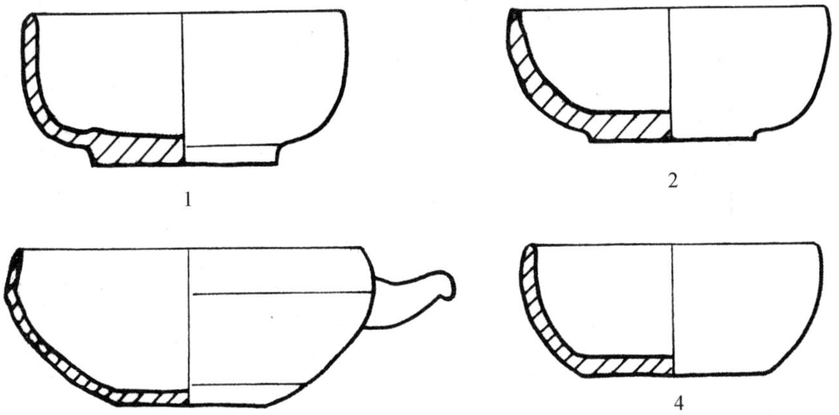

图五 M43、M46、M47、M51出土器物

1、2、4. 瓷碗（M43：1、M46：1、M51：1） 3. 陶铆（M47：1）

榫卯砖和小砖横列平砌，规格0.37米×0.21米×0.12米、0.31米×0.2米×0.1米，砖侧饰直线半月波浪纹。甬道位于封门北端，长方形，长2.4、宽1.4、残高0.4～0.9米。墓室位于甬道北端，填土为浅灰色淤土，长方形，长4.65、宽2.36、残高0.4～0.92米，墓顶距地表深0.34～0.45米，墓地距地表深0.72～2.35米。周壁与甬道一样都是用小砖错缝平砌，砖侧饰十字网格纹，规格0.43米×0.21米×0.1米，底部用素面小砖横列平铺，规格0.43米×0.22米×0.06米（图六）。

随葬品仅见一豆青釉瓷碗。M46：1，口微敛，弧腹，圆饼形足。口径8.5、底径4.5、高3.5厘米（图五，2）。

M47 方向201°，由墓道、封门、甬道、墓室四部分组成。墓道位于甬道南端，填土为黄褐色花土，包含有炭灰、料姜石，半圆形圜底，墓口长1.5、残宽1.4～1.6、据地表深0.7米，墓底距墓口深0～0.94米。封门位于墓道与甬道之间，为小砖错缝平砌，残宽1.24～1.7、高0.73米。甬道位于封门北端，长方形，长2.3、残宽1.34～1.61、残高0.87米。墓室位于甬道南端，填土为灰褐色花土，长方形，残长3.16～3.6、宽2.7、残高1米。与甬道一样，仅存西半部，壁用小砖错缝平砌，底部用素面小砖（大部分为残砖）错缝平铺。甬道与墓室用砖规格相同，0.45米×0.18米×0.09米，砖侧饰回形几何纹（图七）。

随葬品仅有一陶铆。M47：1，泥质红陶。敛口，尖唇，弧腹，平底，一侧有一柱状柄，柄端部似鸟头。腹径15、底径6、高6.4、柄长3.3厘米（图五，3）。

M51 方向160°，由甬道、墓室组成，墓道被早期平整土地时破坏无存。甬道位于墓室南端，长方形，长2.37、宽1.55、残高0.44～0.88米。墓室位于甬道北端，填土为浅灰色淤土，长方形，长5.2、宽2.4、高0.88～2.16米，墓顶距地表深0.34～0.4米，墓底距地表深1.28～2.6米。甬道与墓室壁皆用小砖错缝平砌，砖侧饰菱形方格乳钉纹，规格0.43米×0.2米×0.11米。甬道底部用素面小砖横列平铺，规格0.44米×0.21米×0.06米，墓室地砖被破坏无存（图八）。

随葬品仅有一小瓷碗。M51：1，夹砂粗瓷，施豆青釉。敛口，平底。口径8、腹径8.2、底径5、高3.5厘米（图五，4）。

M52 方向2.5°，由封门、甬道、墓室三部分组成。墓道早期平整土地时已被破坏。封门位于甬道北端，宽1.8、残高0.33米，由3层榫卯砖错缝平砌而成，砖侧饰“富贵”纹样，规格

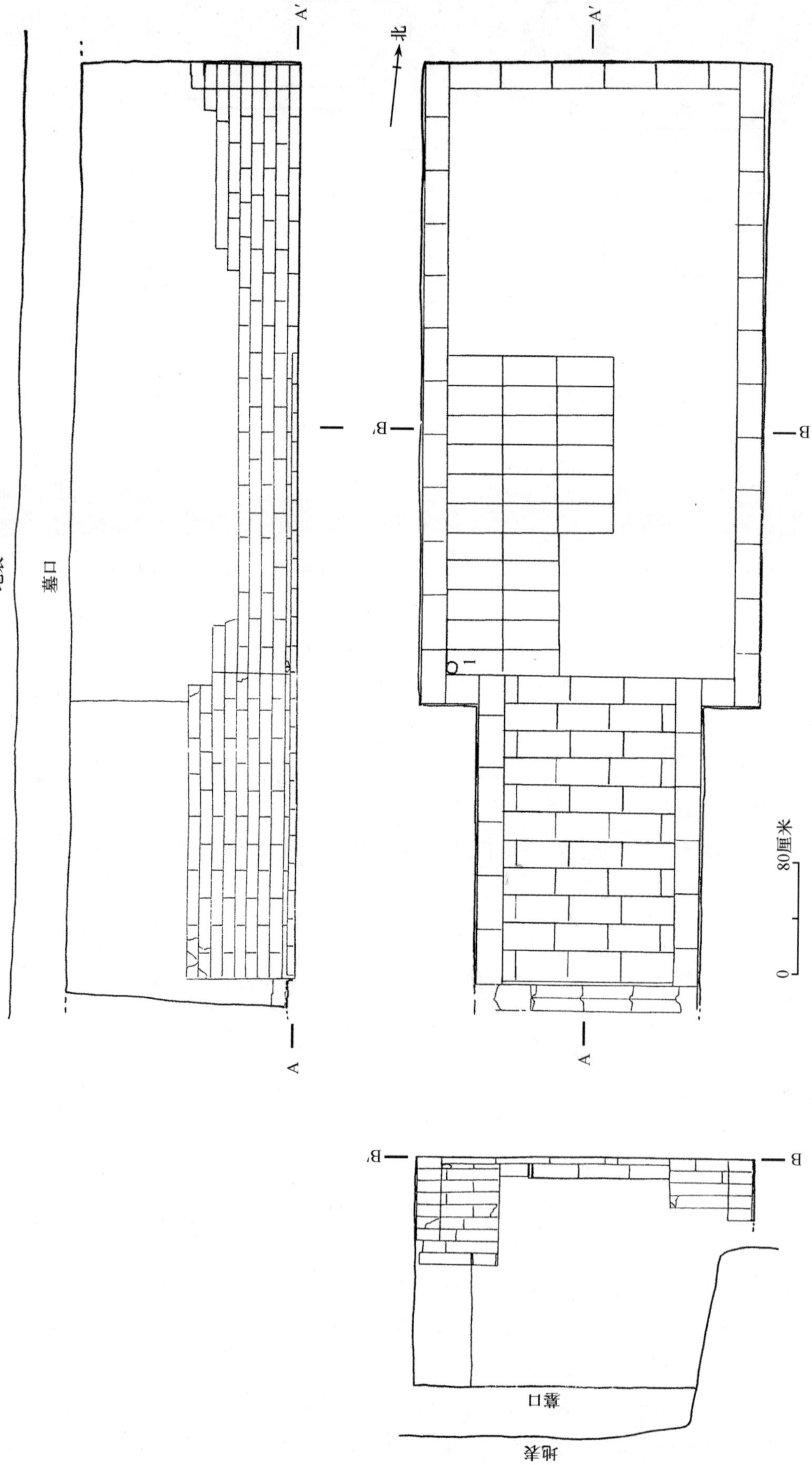

图六　M46平、剖面图
1. 小瓷碗

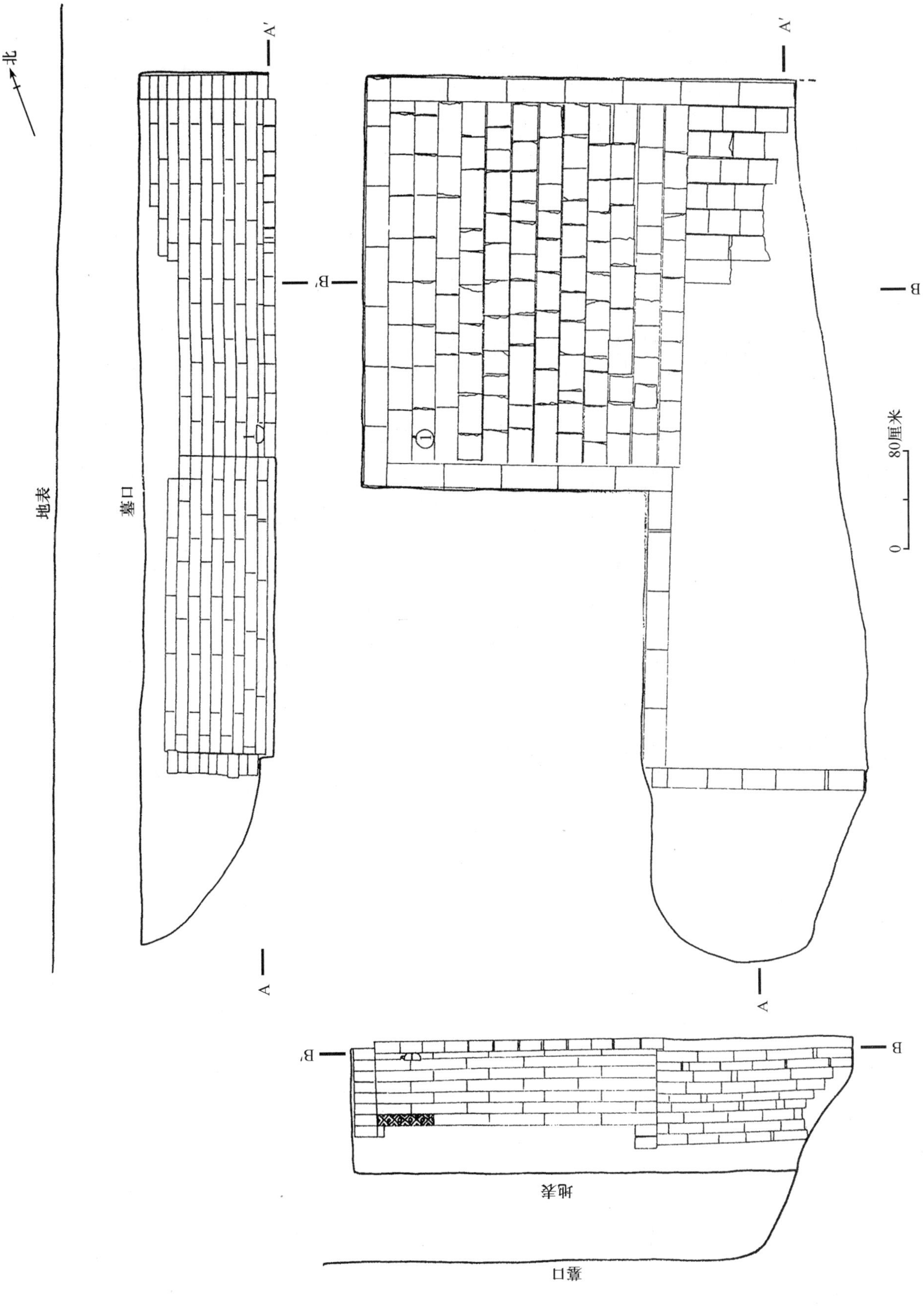

图七 M47平、剖面图
1. 陶铆

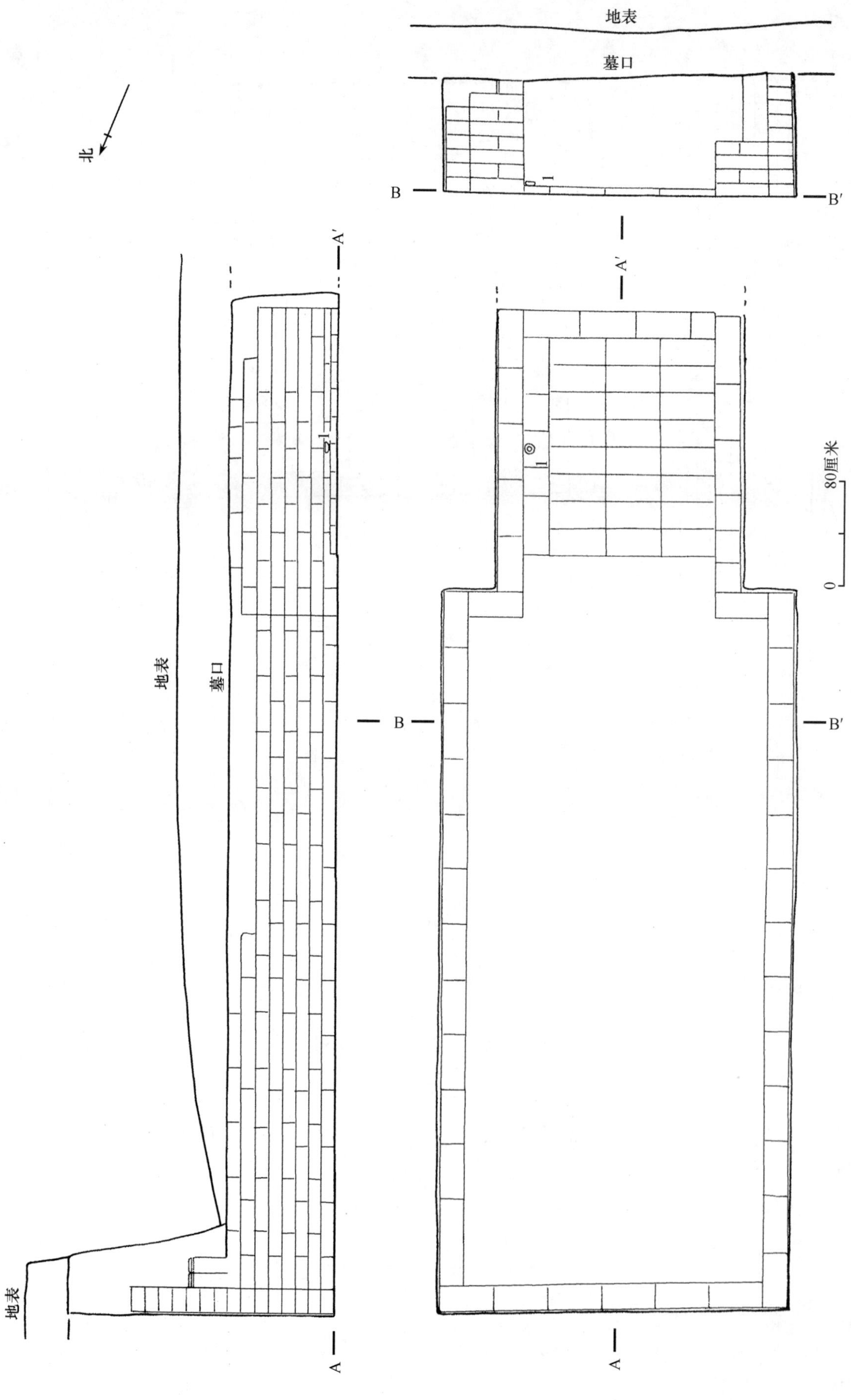

图八 M51平、剖面图
1.小瓷碗

0.44米×0.21×0.1米。甬道位于封门南端，长方形，长2.47、宽1.53米，西壁残高0.36、东壁残高0.96米。墓室位于甬道南端，填土为淤土，长方形，长4.59、宽2.47米，西壁残高0.96、东壁残高0.36、后壁残高0.96米，墓项距地表0.35、墓底距地表1.55米。与甬道相同，壁皆用小砖错缝顺砌，砖侧饰车轮双钱菱形几何纹，规格0.45米×0.22米×0.12米，底用素面小砖错缝横铺，规格0.46米×0.24米×0.07米（图九）。

随葬品极少，仅见陶俑和铜钱。

陶俑　1件。M52：1，泥质灰陶。拱手立俑，面部模糊不清，身着宽袖长袍。高17.4厘米（图一〇，3）。

铜钱　8枚。M52：2，皆为东汉五铢，其中一枚有剪边（图一一，1）。

M54　方向10°，由墓道、封门、甬道、墓室四部分组成。墓道，位于甬道北端，为长方形竖穴斜坡式，墓口残长1.2、宽1.74米，距地表深0.26～0.8米；墓底长1.24、宽1.74米，距墓口深0～0.73米。填土为灰褐色花土，包含有料姜石颗粒。封门位于墓道与甬道之间，由小砖与榫卯砖错缝横砌，宽1.52、残高0.4米。甬道位于封门北端，长方形，长3.1、宽1.4、残高0.8米。两壁用小砖错缝顺砌，底用素面小砖对缝横铺。墓室，填土为灰褐色花土和淤土，长方形，墓顶距地表深0.66、墓底距地表1.36～1.56、长4.56、宽2.36、残高0.7～0.9米。东、西两壁为小砖错缝顺砌而成，后壁用小砖错缝横砌，底用素面小砖错缝横铺，仅存2排。墓室后半部底高出前半部底0.2米。甬道和墓室壁用砖规格一致，为0.43米×0.2米×0.1米，侧面饰菱形方格乳钉纹和车轮钱形几何纹，地砖规格有三种：0.43米×0.2米×0.1米、0.43米×0.17米×0.06米、0.43米×0.21米×0.06米（图一二）。

随葬品仅见铜器和铜钱。

铜鍪　1件。M54：1，残。敞口，折肩。肩部饰对称双耳，肩下饰二周弦纹。口径26.5、腹径29.5、残高15厘米（图一〇，2）。

铜钱　15枚。M54：2，均为剪边五铢（图一一，2）。

（三）其他

另有两座砖室墓，因早期被破坏严重，只有部分残存，无法辨明其平面形状。

M45　方向0°，仅剩甬道和墓室部分。甬道只残存地砖及西壁。墓室位于甬道南端，长方形，长4.82、残宽0.22～2.07、残高0.12～1.46米，墓底距地表深1.1～1.61米，填土为淤土。墓壁用小砖错缝平砌，砖一侧饰车轮双钱网格纹，规格0.46米×0.22米×0.11米，墓底用素面小砖错缝横铺，规格0.46米×0.21米×0.11米（图一三）。

随葬品仅在墓室发现铜钱与陶房。

铜钱　8枚。M45：1，大泉五十4枚，东汉五铢4枚（图一一，3）。

陶房　1件。M45：2，残。泥质灰陶。长方形。残长28、宽11、高23.5厘米（图一〇，4）。

M53　方向65°，只残存墓室部分，近似长方形，长5.08、残宽1.38米，南壁残高0.36、北壁残高0.74、西壁残高1.2米，墓顶距地表深0.3、墓底距地表深1.6米，填土为淤土。壁用小砖

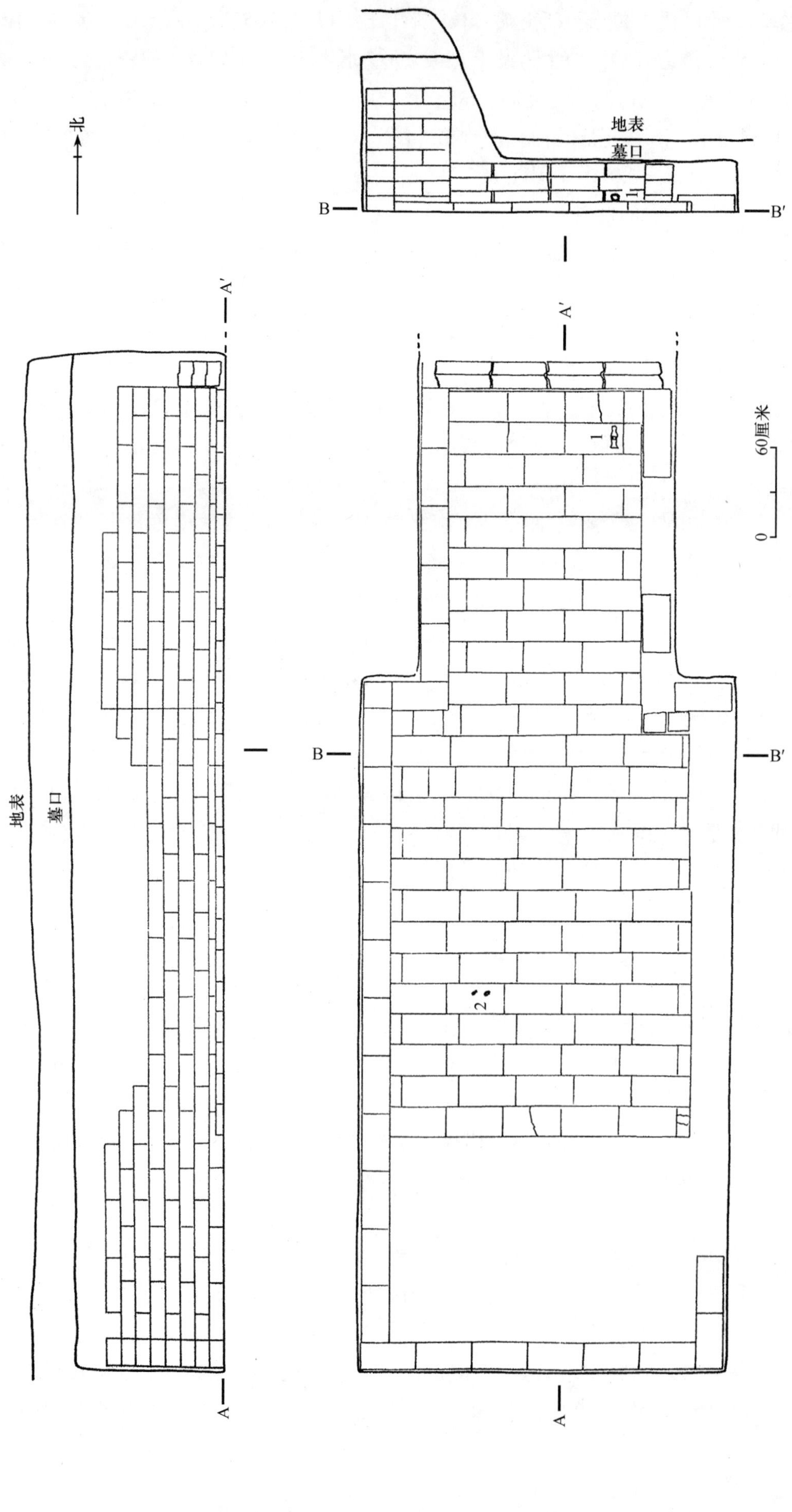

图九 M52平、剖面图
1. 陶俑 2. 铜钱

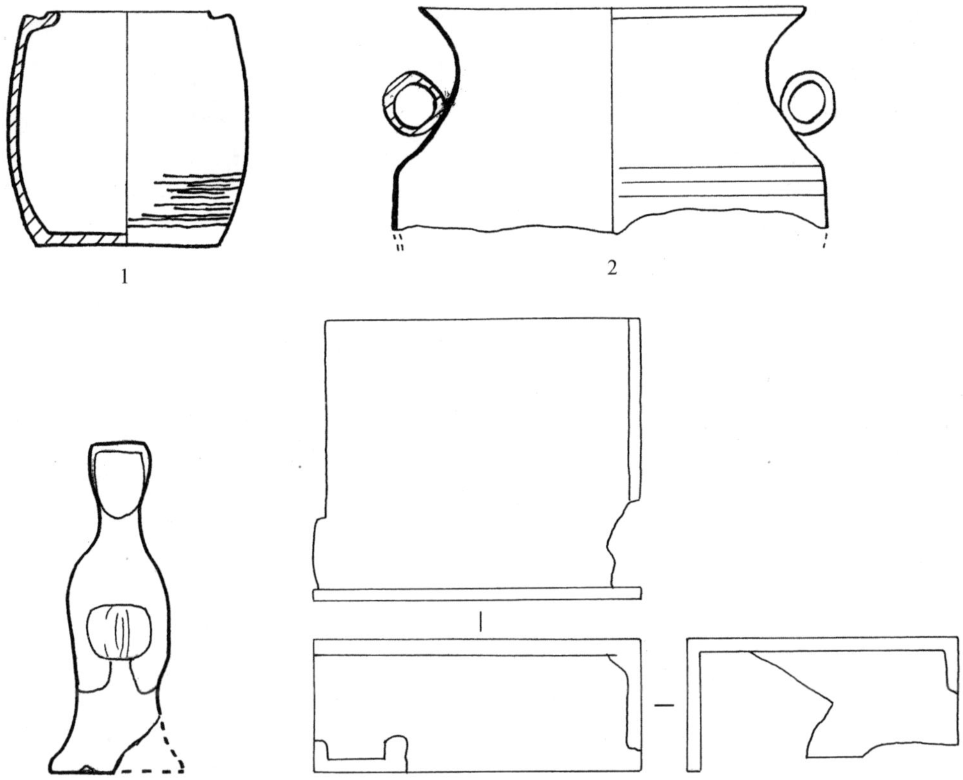

图一〇 M50、M54、M52、M45出土器物

1. 陶囤（M50：19） 2. 铜鍪（M54：1） 3. 陶俑（M52：1） 4. 陶房（M45：2）

错缝顺砌，砖一侧饰车轮双钱菱形几何纹，规格0.44米×0.22米×0.12米；底用素面小砖错缝横铺，规格0.45米×0.21米×0.06米（图一四）。

随葬品散见于墓室中，皆为陶器。

陶器盖 1件。M53：1，泥质灰陶。小平顶，肩稍折，喇叭口。口径12、高3.9厘米（图一五，1）。

陶俑 3件，均为泥质红陶，面部均模糊不清。跪坐俑2件（M53：3、M53：4），着宽袖交领长袍，头戴球形冠，右手似握一物，左手放于膝上。通高28厘米（图一五，3、4）。站立俑1件，M53：2，双手拱于胸前，左臂抱一物，手部残缺，身着交领宽袖长袍，足尖微露，头戴方形高冠。通高30厘米（图一五，2）。

三、土 坑 墓

保存较好，随葬品较丰富，棺具、人骨架都已严重腐朽。据其平面形状可分为方形（或长方形）和“凸”字形竖穴。

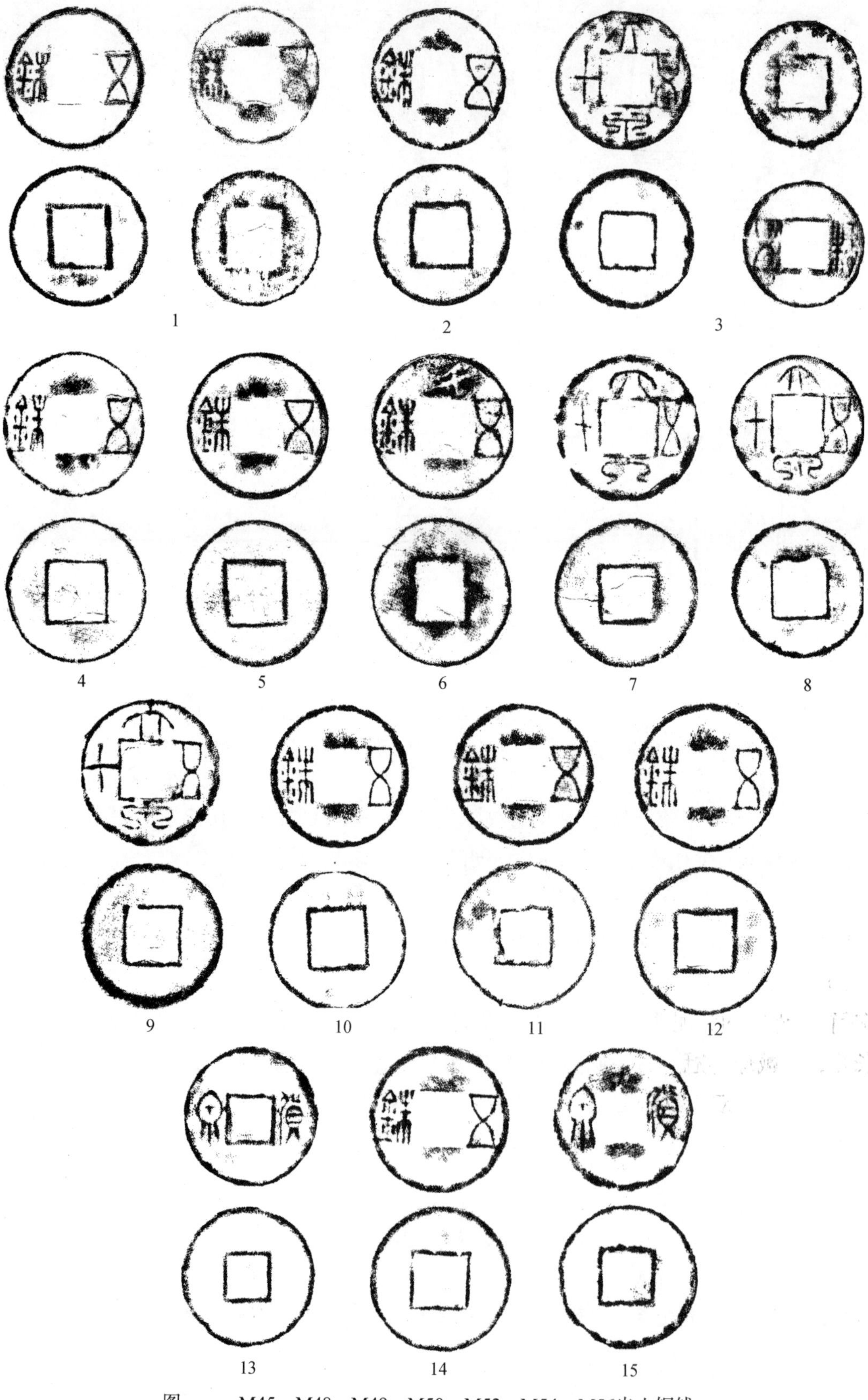

图一一 M45、M48、M49、M50、M52、M54、M56出土铜钱

1. M52：2 2. M54：2 3. M45：1 4～6. M49：19、M49：23、M49：25 7～9. M48：6、M48：7、M48：26 10～12. M56：3、M56：4、M56：8 13～15. M50：10、M50：11、M50：12

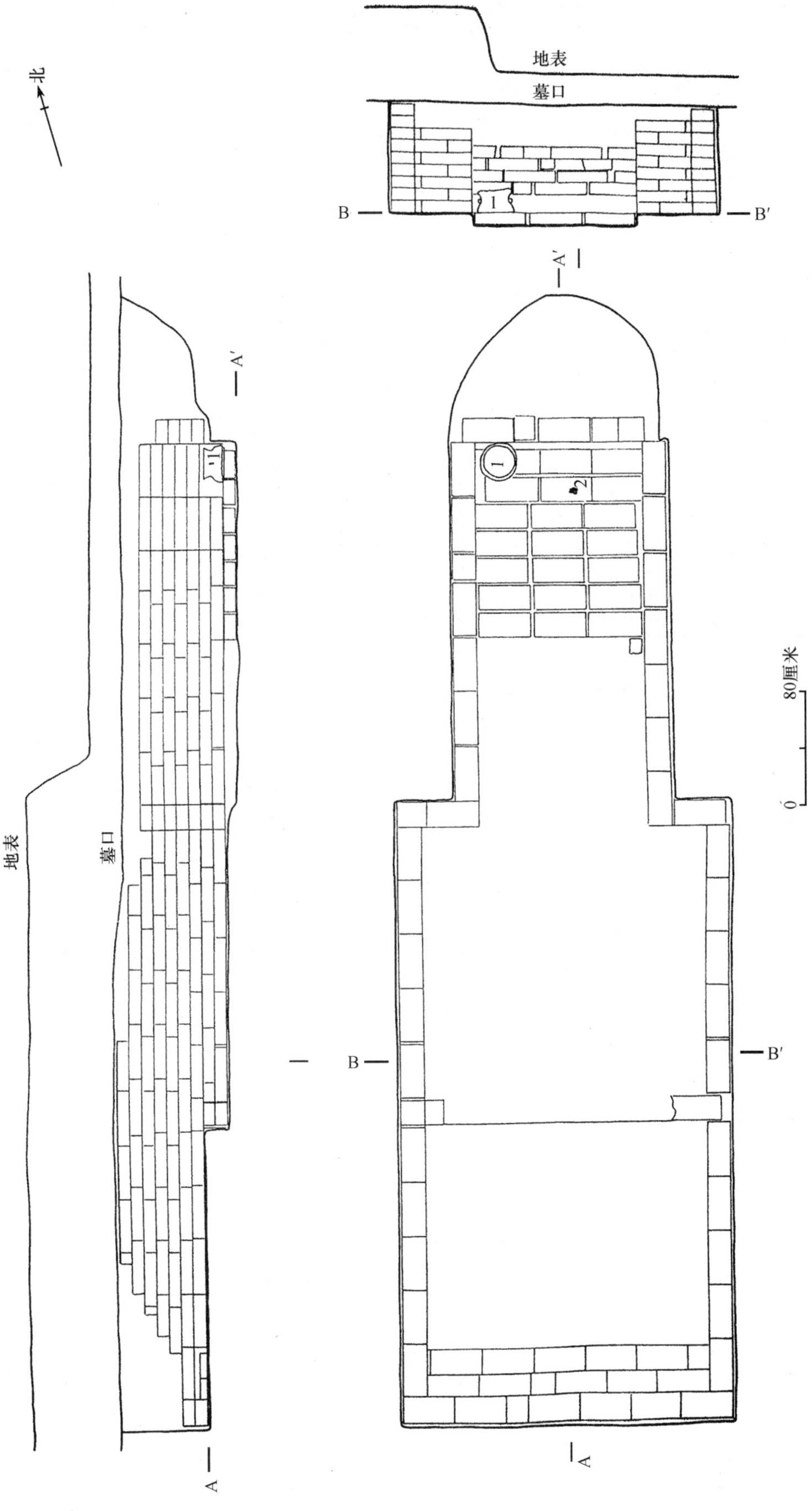

图一二 M54平、剖面图

1. 铜鍪（残） 2. 铜钱（15枚）

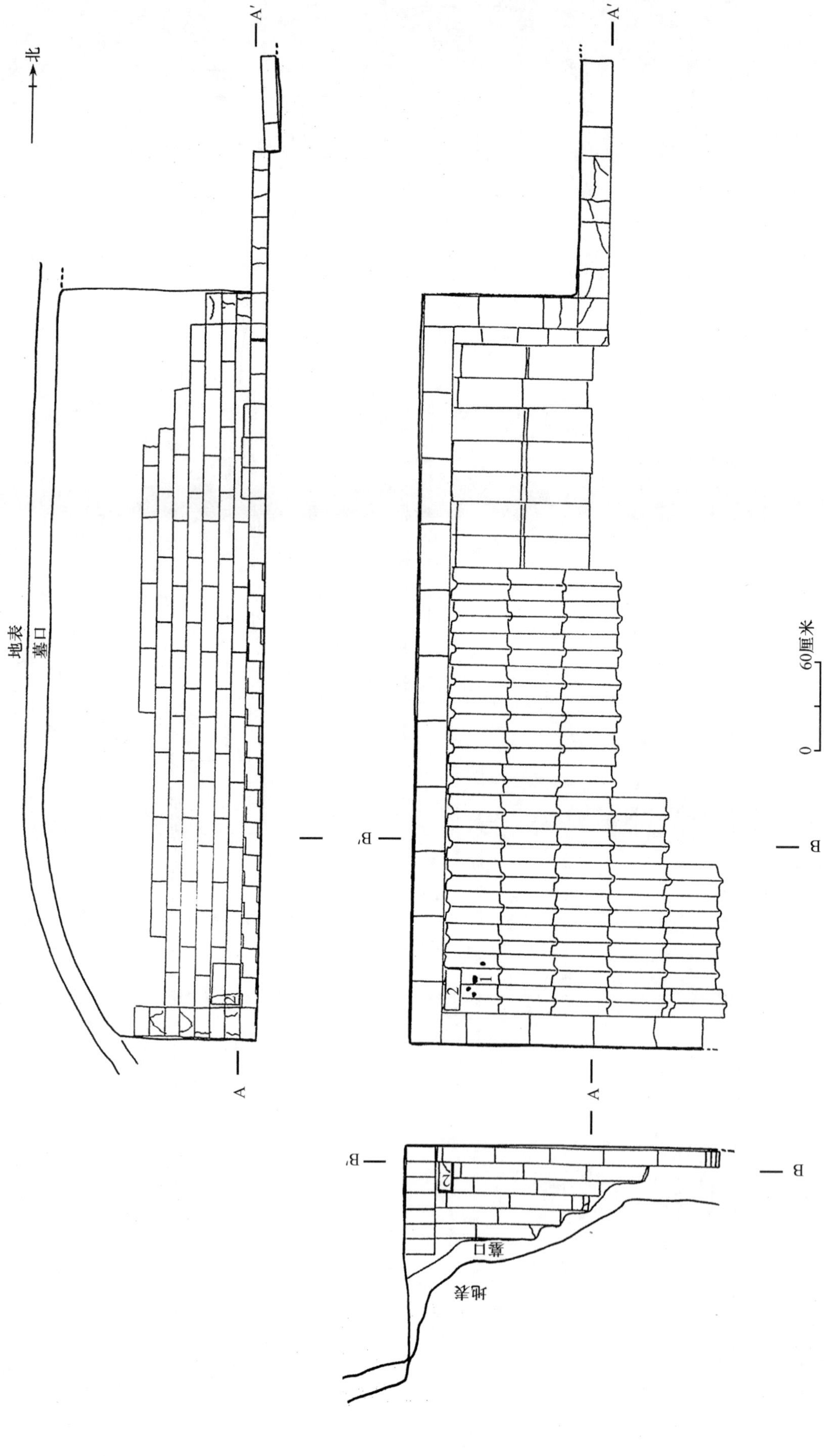

图一三 M45平、剖面图
1. 铜钱（8枚） 2. 陶房（残）

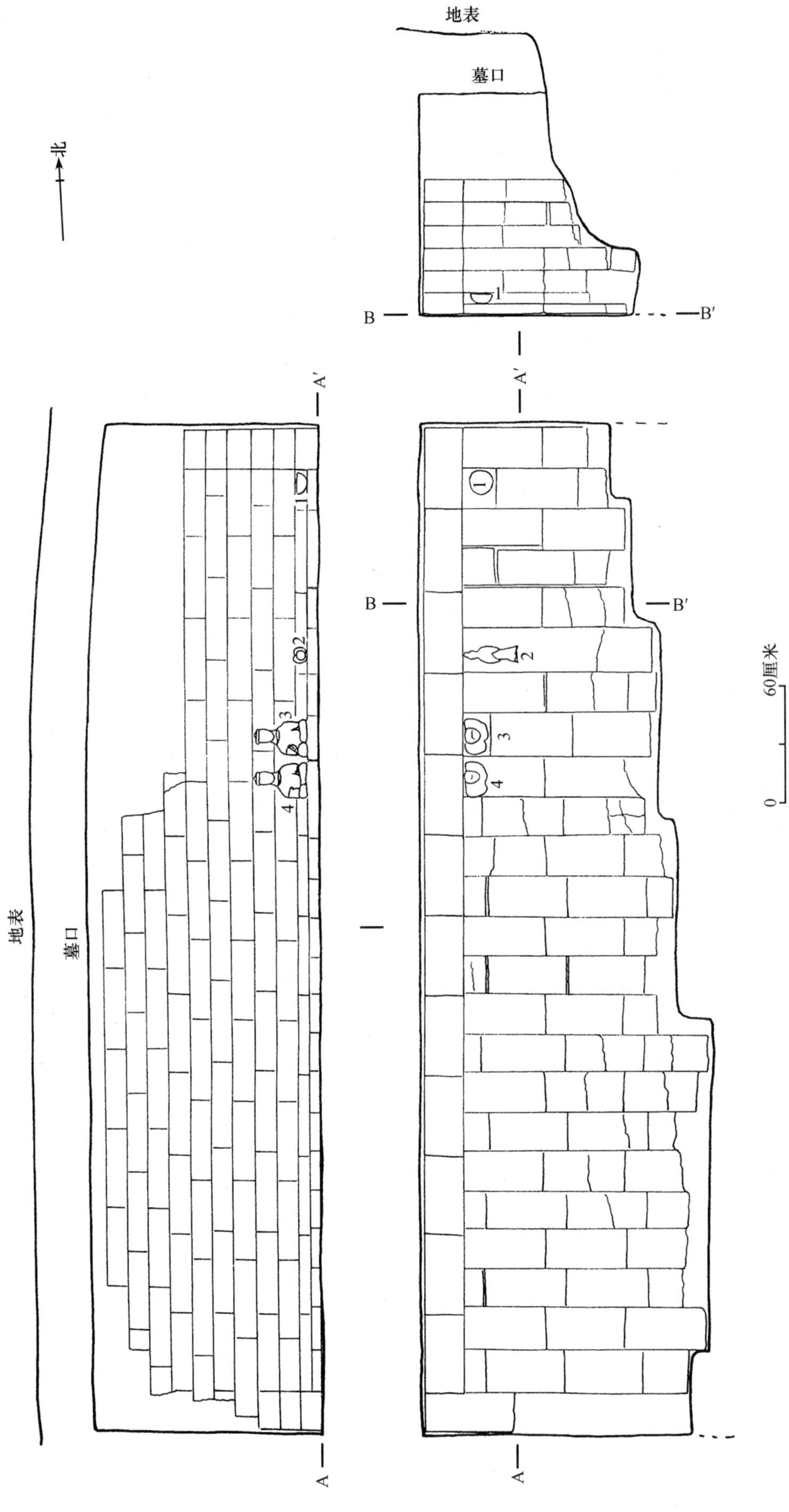

图一四 M53平、剖面图
1. 陶器盖 2~4. 陶俑

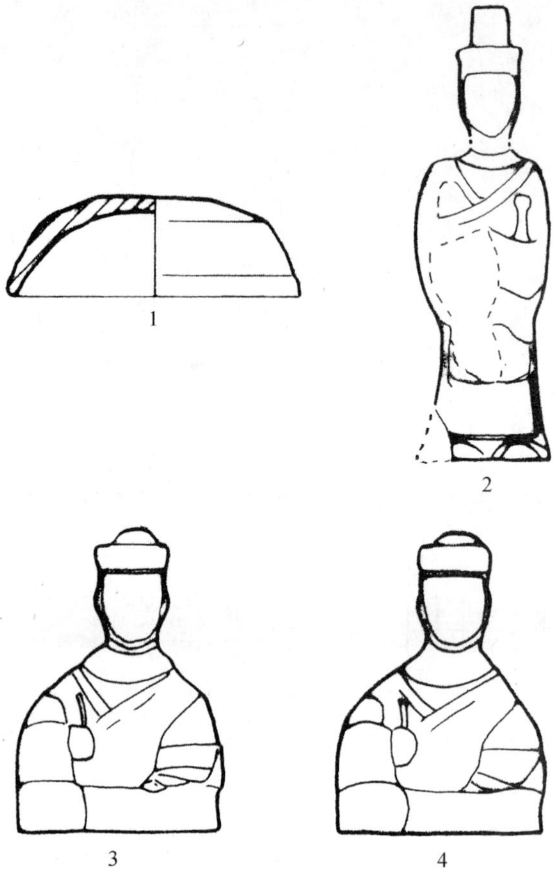

图一五　M53出土器物
1. 陶器盖（M53：1）　2～4. 陶俑（M53：2、M53：3、M53：4）

（一）长方形竖穴土坑墓

3座。

M49　方向8°，长方形竖穴，口部长3.2、宽3.5、距地表深0.5米，底部长3.2、宽3.5、高1.25～1.5米。四壁较规整，底较平，有三具棺痕，西棺长2.02、宽0.78～0.8、厚0.02米；中棺长1.88、宽0.85、厚0.01米；东棺长1.9、宽0.84、厚0.02米。墓内填土为五花土（图一六）。

随葬品丰富，散置于棺周围，有铁器、铜器、铜钱、石器、陶器等。

铁器　6件。

釜　1件。M49：1，锈蚀严重，侈口，方唇，球形腹，小平底，带双耳。腹部饰凸弦纹。口径29、腹径40、底径10、高34.2厘米（图一七，1）。

钩　1件。M49：5，锈蚀严重，方菱形。长51.5厘米。

剑　1件。M49：18，剑首方形，有方形格，剑身狭长，断面呈菱形。长103厘米（图一八，3）。

刀　1件。M49：20，残存刀身，厚背，单刃。长20.1、宽4厘米（图一八，4）。

削　1件。M49：21，环首，单刃。长15厘米（图一八，5）。

铁器　1件。M49：24，前宽后窄。残长13厘米（图一八，7）。

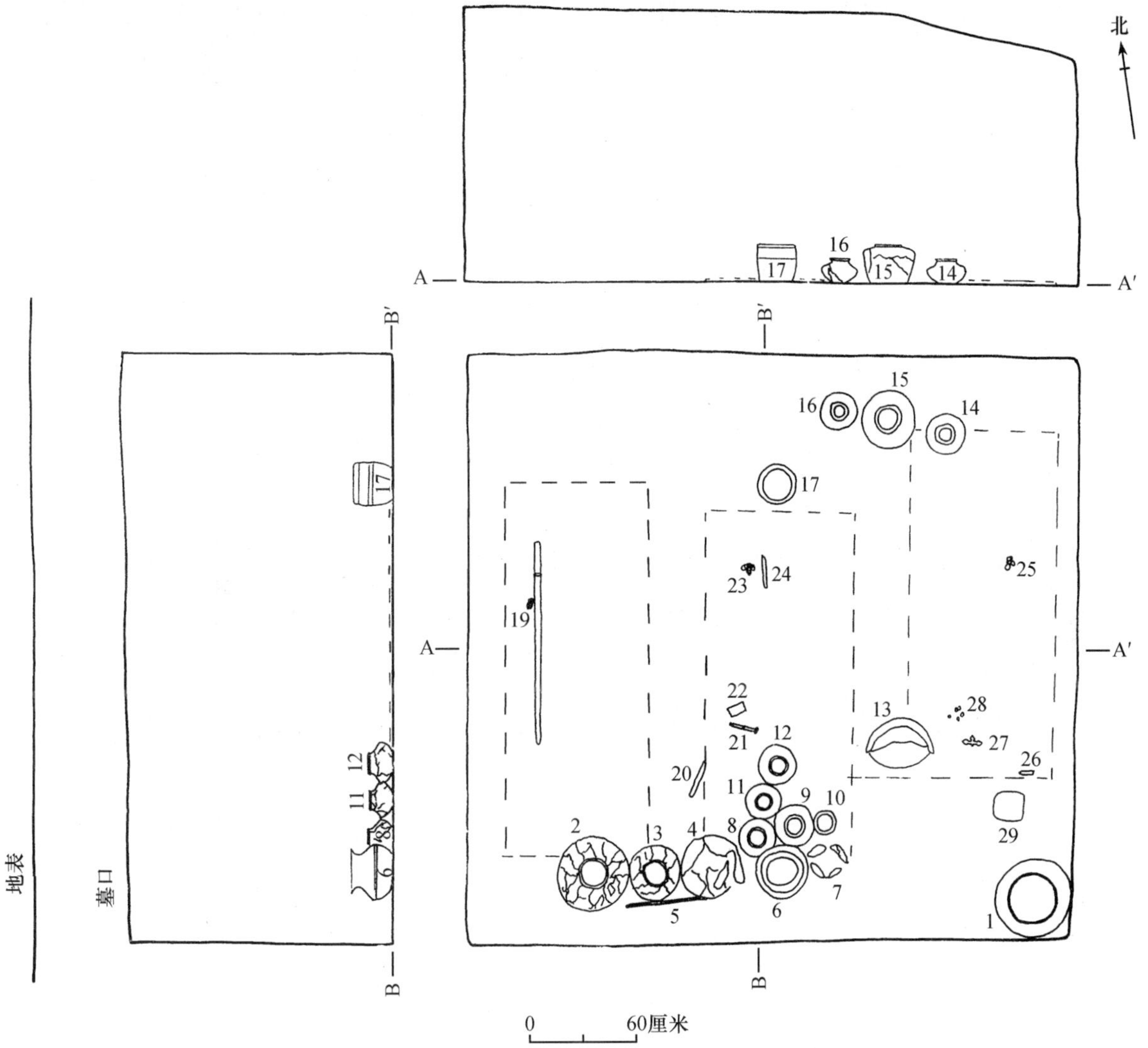

图一六　M49平、剖面图

1. 铁釜　2～4、7～9、11、12、14～16. 陶罐　5. 铁钩　6. 铜鍪　10、17. 陶囤　13. 铜盆　18. 铁剑　19、23、25. 铜钱　20. 铁刀　21. 铁削　22. 石黛板　24. 铁器　26. 石斧　27. 铜柿蒂花　28. 铜泡钉（5枚）　29. 石块

铜器　4件。

鍪　1件。M49：6，侈口，方唇，弧颈，折肩，鼓腹，圜底。壁较薄。颈部有对称双耳，腹部饰两道凸弦纹，出土时底部已变形残破，有烟熏痕迹。口径26.4、腹径28.2、高24厘米（图一七，6）。

盆　1件。M49：13，敞口，平沿，斜腹，平底。口径40、底径12、高13厘米（图一七，13）。

柿蒂花　1件。M49：27，长10厘米（图一八，9）。

钉　5枚。M49：28，呈蘑菇状。直径1.8、高1.35厘米（图一八，10）。

石器　3件。

斧　1件。M49：26，青灰色，斧身狭长，棱角分明，肩略斜，弧刃中锋，通体磨光，肩部略残。长7.9、宽1.7～2.3、厚0.7～0.8厘米（图一八，8）。

黛板　1件。M49：22，长方形。残长9、宽6、厚0.4厘米（图一八，6）。

图一七　M49出土器物

1. 铁釜（M49：1）　2、7、15. 陶平底罐（M49：2、M49：7、M49：15）　3、4、8、9、11、12、14. 陶圜底罐（M49：3、M49：4、M49：8、M49：9、M49：11、M49：12、M49：14）　5. 铁钩（M49：5）　6. 铜鍪（M49：6）　10. 陶囷（M49：10）　13. 铜盆（M49：13）

石块　1件。M49：29，形状不规整，未经人工修整。长21、宽16、高15.5厘米（图一八，11）。

陶器　13件。皆为泥质灰陶。

罐　11件。根据底部特征可分为圜底和平底两大类。

圜底罐　8件。M49：3，圆唇，平沿，侈口，折肩，鼓腹。腹、肩、颈部均饰有弦纹、网格纹。口径16.6、腹径30、高28.2厘米（图一七，3）。M49：4，直口，平沿，折肩。肩上饰三道凹弦纹及断续绳纹，腹部饰一周凹弦纹及绳纹。口径12.6、腹径30.6、高21厘米（图一七，4）。M49：8，尖唇，侈口，折肩。腹下部饰绳纹。口径12.2、腹径20.8、高13.6厘米（图一七，8）。M49：9，尖唇，侈口，折肩。颈肩之间饰弦纹，腹下至底部饰细绳纹。口径12.5、腹径20.8、高14.5厘米（图一七，9）。M49：11，侈口，尖唇，折肩。腹部饰绳纹。口径11.7、腹径21.2、高13.5厘米（图一七，11）。M49：12，尖唇，平沿，侈口，折肩。腹下部

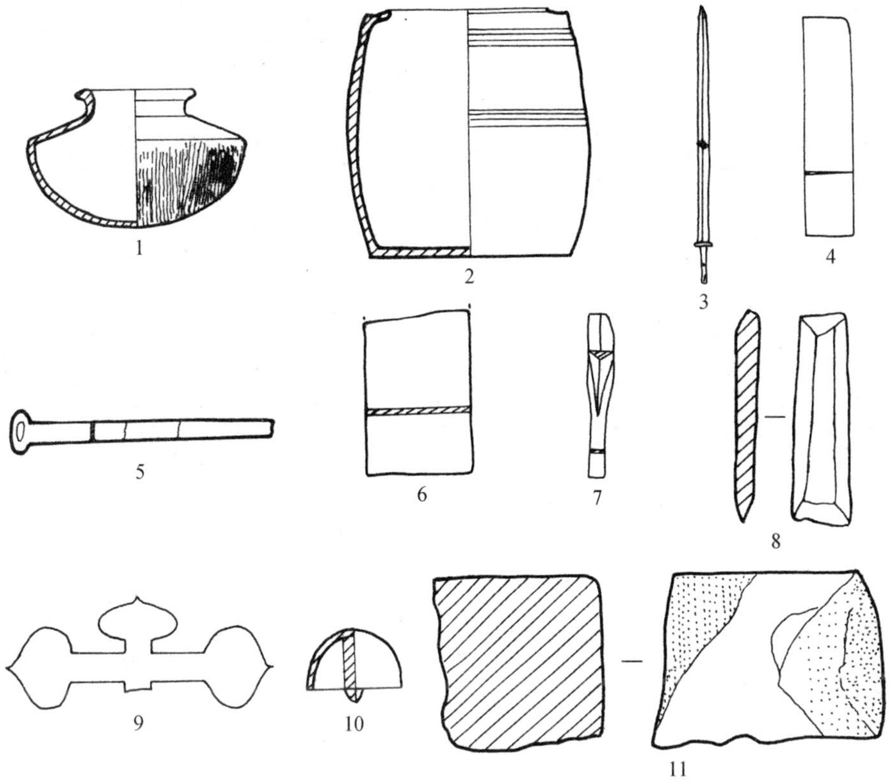

图一八　M49出土器物

1. 陶圜底罐（M49：16）　2. 陶囤（M49：17）　3. 铁剑（M49：18）　4. 铁刀（M49：20）　5. 铁削（M49：21）　6. 石黛板（M49：22）　7. 铁器（M49：24）　8. 石斧（M49：26）　9. 铜柿蒂花（M49：27）　10. 铜泡钉（M49：28）　11. 石块（M49：29）

饰绳纹。口径11.2、腹径20、高13.5厘米（图一七，12）。M49：14，侈口，尖唇，折肩。腹部饰绳纹。口径11.2、腹径21、高14厘米（图一七，14）。M49：16，尖唇，侈口，折肩。腹部饰绳纹。口径11.5、腹径20.5、高12.7厘米（图一八，1）。

平底罐　3件。M49：2，平沿，高领，直口，折肩。腹部饰凹弦纹。口径17.5、腹径35、底径19、高25.5厘米（图一七，2）。M49：7，残。肩、腹饰间断绳纹。残高7.05厘米（图一七，7）。M49：15，直口，平沿，腹部斜收。肩、腹部饰间断绳纹。上有平底、喇叭口盖。口径18.2、腹径29.6、底径19.5、高21.7、盖径16.8厘米（图一七，15）。

囤　2件。M49：10，侈口，圆唇，肩、口沿之间有凹槽，平底。腹部饰弦纹一道。口径8.4、底径12、腹径14、高14厘米（图一七，10）。M49：17，敛口，折肩，腹微鼓，平底。上腹部饰数道凹弦纹。口径19、腹径22.8、底径19、高21厘米（图一八，2）。

铜钱　140枚，据“铢”字“山”字头形状分，其中圆头90枚、方头24枚，另有26枚为剪边（M49：19、M49：23和M49：25）（图一一，4～6）。

M50　方向320°，长方形竖穴，口部长3.7、宽3.4、距地表深0.2米，底部长3.6、宽3.4、高2.7米，墓壁较直，平底，有一棺痕，长2.2、宽0.7、厚0.01米，墓内填土为花土（图一九）。

随葬品散置于棺痕周围，有铁器、铜器、铜钱、陶器等。

铁釜　1件。M50：15，残底部。底径10、高12厘米（图二〇，13）。

铜器 2件

盆 1件。M50：13，方唇，斜沿，敞口，直腹，小平底，微敛内凹，器壁较薄。腹部饰一道凸弦纹和对称铺道衔环。口径25、底径10、残高10.5（图二○，11）。

鍪 1件。M50：14，仅残存底部及两耳。残径25.6、残高9、耳径4厘米（图二○，12）。

铜钱 53枚。M50：10、M50：11、M50：12。货泉45枚，内有郭者15枚，无内郭者30枚。五铢8枚，据“铢”字“山”字头形状分，圆头4枚、方头4枚（图一一，13～15）。

陶器 13件。皆为泥质灰陶。

罐 5件，据口部特征，可分为直口、敞口、侈口三种。

直口罐 2件。M50：1、M50：10，形制、大小一致，尖唇，折肩，腹斜收，圜底。颈下部饰一周凹弦纹，腹下部饰绳纹。口径12、腹径20.5、高13厘米（图二○，1、10）。

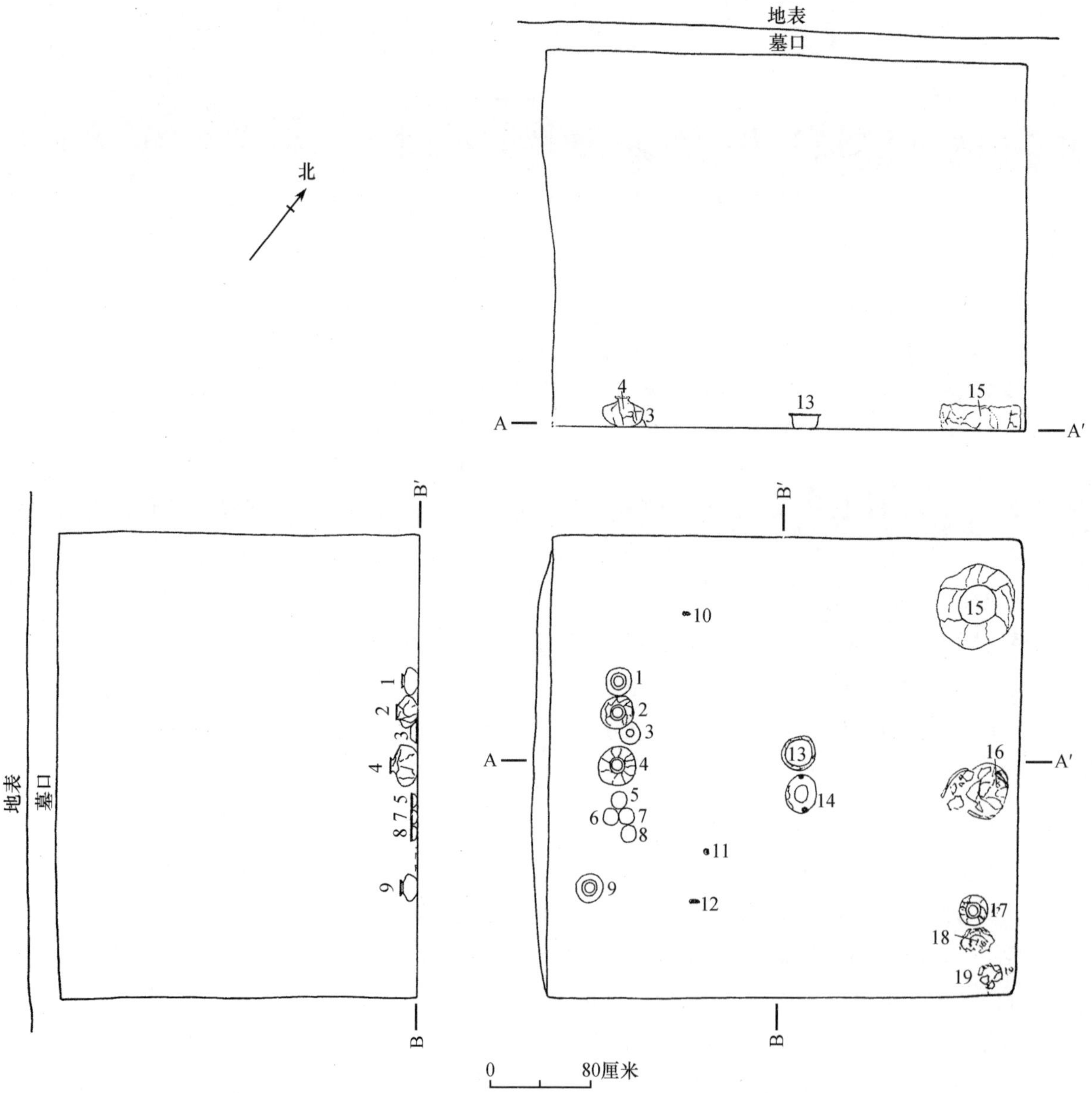

图一九 M50平、剖面图

1、2、4、9、17. 陶罐 3. 陶器盖（2件） 5～8. 陶器盖 10～12. 铜钱 13. 铜盆（残） 14. 铜鍪（残） 15. 铁釜（残） 16. 陶盆（残） 18、19. 陶囷（残）

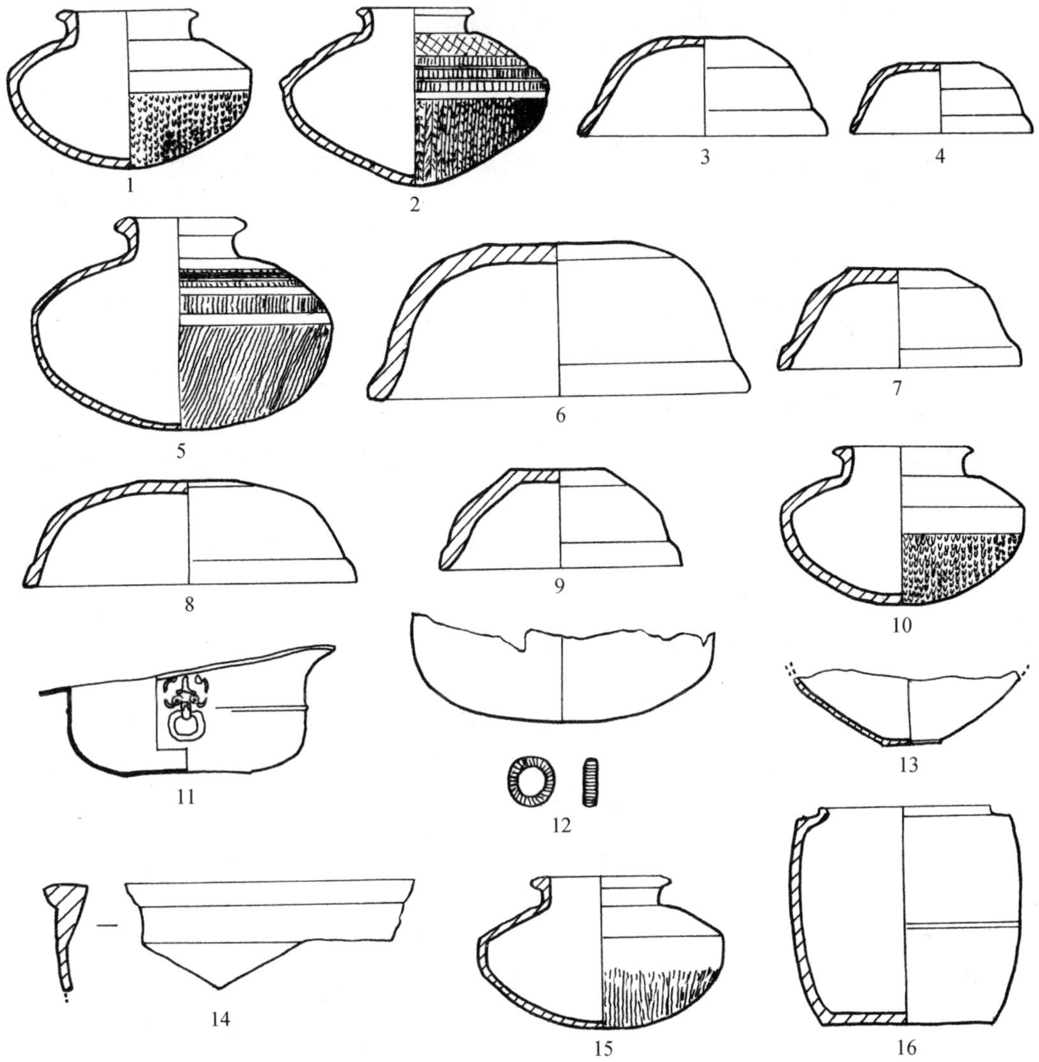

图二〇　M50出土器物

1、10. 直口陶罐（M50：1、M50：10）　2. 侈口陶罐（M50：2）　3、4. 盘口陶器盖（M50：3-1、M50：3-2）　5、15. 敞口陶罐（M50：4、M50：17）　6～9. 喇叭口陶器盖（M50：5、M50：6、M50：7、M50：8）　11. 铜盆（M50：13）　12. 铜鍪（M50：14）　13. 铁釜（M50：15）　14. 陶盆（M50：16）　16. 陶囷（M50：18）

敞口罐　2件。M50：4，尖唇，溜肩，腹部斜收，圜底。肩部饰间断弦纹，腹部饰绳纹。口径13.2、腹径30.3、高21厘米（图二〇，5）。M50：17，尖唇，折肩，圜底。腹下部饰绳纹。口径12、腹径20.9、高12.5厘米（图二〇，15）。

侈口罐　1件，M50：2，尖唇，斜肩，扁鼓腹、圜底。径、肩之间有网格纹、凹弦纹、绳纹（图二〇，2）。

器盖　6件。据口部特征，可分为盘口与喇叭口两种。

盘口盖　2件。M50：3-1，小平顶，折肩。顶径5.6、口径17、高6.4厘米（图二〇，3）。M50：3-2，小平顶，肩略弧。口径12.4、顶径5.2、高4.6厘米（图二〇，4）。

喇叭口盖　4件。形制一致，小平顶、弧腹。M50：5，顶径5.5、口径13、高5厘米（图二〇，6）。M50：6，顶径5、口径12.4、高4.8厘米（图二〇，7），M50：7，顶径4.8、口径

12.5、高5厘米（图二〇，8）。M50：8，顶径4、口径12.4、高4.8厘米（图二〇，9）。

盆 1件。M50：16。残。敛口、平沿、尖唇。腹上部一道凸弦纹。残高7厘米（图二〇，14）。

囤 2件。M50：18，敛口，腹微鼓，平底。腹部饰一道凹弦纹。口径14.5、腹径19.5、高18厘米（图二〇，16）。M50：19，侈口，腹微鼓，平底。肩沿之间有凹槽。口径13.2、腹径19.5、底径14.8、高18.6厘米（图一〇，1）。

M55 方向39°，长方形竖穴，破坏严重。口部长4.9、残宽0.6～2.64、距地表深0.33～0.36米，底部残长4.82、残宽0.6～2.64、高1.28～1.3米。墓壁不规整，西壁略弧，残存部分墓底，墓内填土为花土（图二一）。

无随葬品。

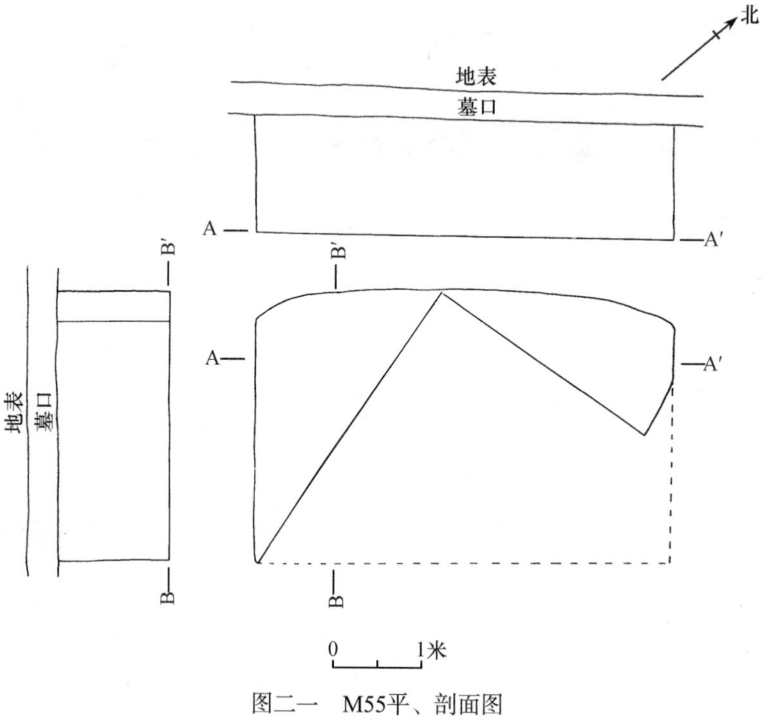

图二一 M55平、剖面图

（二）“凸”字形竖穴土坑墓

3座。

M44 方向50°，由墓道、墓室两部分组成。墓道位于墓室北端，前端呈长方形，近墓室处呈梯形。底部为缓坡，墓口长2.4、宽1.72～3.16，距地表深0.38～0.4米，墓底长2.4、宽1.72～3.16、距墓口深0.6～0.8米，填土为灰褐色花土，包含物有料姜石颗粒及炭灰。墓室位于墓道南端，长方形竖穴，不甚规整，长7～7.1、宽3.16～3.32、高1.05～1.22米，墓顶距地表深0.34～0.4、墓底距地表深1.45～1.56米。墓内填土为灰褐色花土。底部低于墓道底部0.28米，内设一长方形土椁，长6.52、宽2.1～2.6、高0.28～0.4米，有木灰痕迹。椁内发现四具棺痕，南北各两具，北左长1.9～2、宽0.84～0.9、厚0.01米，北右长1.94、宽0.72～0.86、厚0.01米，南左长1.94、宽0.98～1.06、厚0.01米，南右长1.9～1.94、宽0.74～0.84、厚0.01米（图二二）。

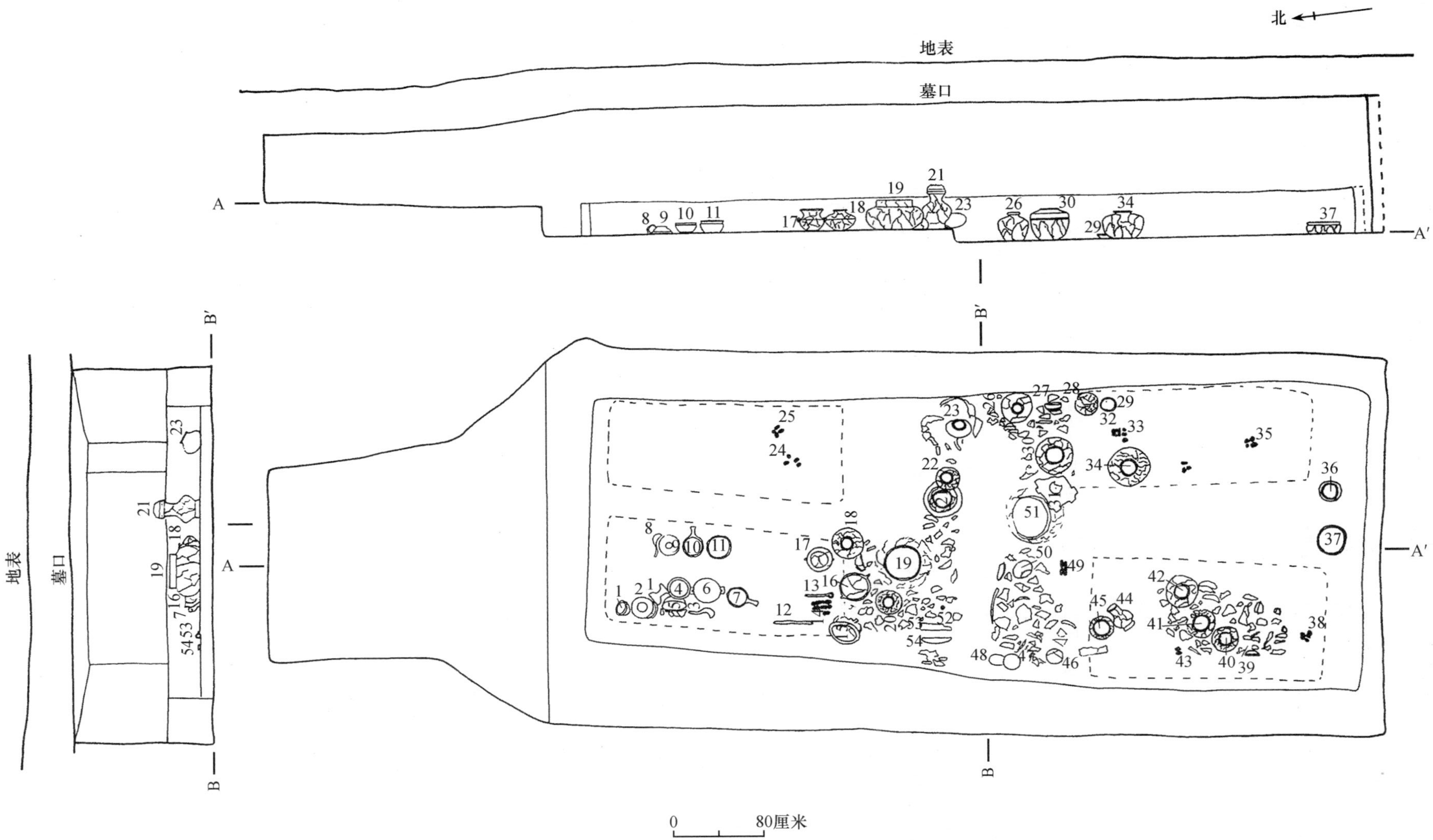

图二二　M44平、剖面图

1. 陶熏炉　2、4、5. 陶敦　3、8. 陶勺　6. 陶鼎　7、10. 陶瓢　9. 陶钵　11. 陶盆　12、13、54. 铁刀　14. 铜钱（40枚）　15、36. 铜鍪　16. 陶双耳盆　17. 陶鍪　18、20、22、23、26、30、34、40～42、50. 陶罐　19、51. 铁釜　21. 陶壶残片　24. 铜钱（46枚）　25. 铜钱（66枚）　27. 陶器盖（4件）　28. 陶器残片　29. 陶器盖（4件）　31. 陶灶（2件）　32. 大布黄千（25枚）　33. 铜钱（70枚）　35. 铜钱（80枚）　37. 铜洗　38. 铜钱　39、46～48. 陶器盖　43. 铜钱（40枚）　44. 铜壶　45. 陶囷　49. 钱币（30枚，铁钱锈蚀严重）　52. 铜环　53. 铁锛

随葬品丰富，置于椁内，有铁器、铜器、铜钱、釉陶器、陶器等。

铁器　6件。

刀　3件。皆残。M44：12，单面刃。长31、宽2厘米（图二三，2）。M44：13，环形柄，单面刃，直背。长20、刃宽1.2～1.6厘米（图二三，3）。M44：54，长26.5、宽2.5厘米（图二四，8）。

釜　2件。残。M44：19，直口。口径30.5、高8.7厘米。M44：51，敛口，平沿，鼓腹。腹部饰一周凸弦纹。残高12厘米（图二四，6）。

锛　1件。M44：53，残长27.6厘米（图二四，9）。

铜器　5件。

鍪　2件。M44：15，残。束颈，鼓腹，圜底。腹部饰两周凸弦纹，耳部饰绳纹。残高9.5～12厘米（图二三，4）。M44：36，侈口，方唇，束颈，折肩，鼓腹，圜底。颈部有对称双耳。腹部饰二周凸弦纹（图二五，5）。

洗　1件。M44：37，残。侈口，腹部有对称兽首衔环。饰两周凹弦纹（图二五，6）。

壶　1件。M44：44，残。平沿，敛口，束颈，鼓腹，假圈足。腹部饰弦纹及对称兽首衔环。口径10.8、腹径21、底径12、残高27厘米（图二五，12）。

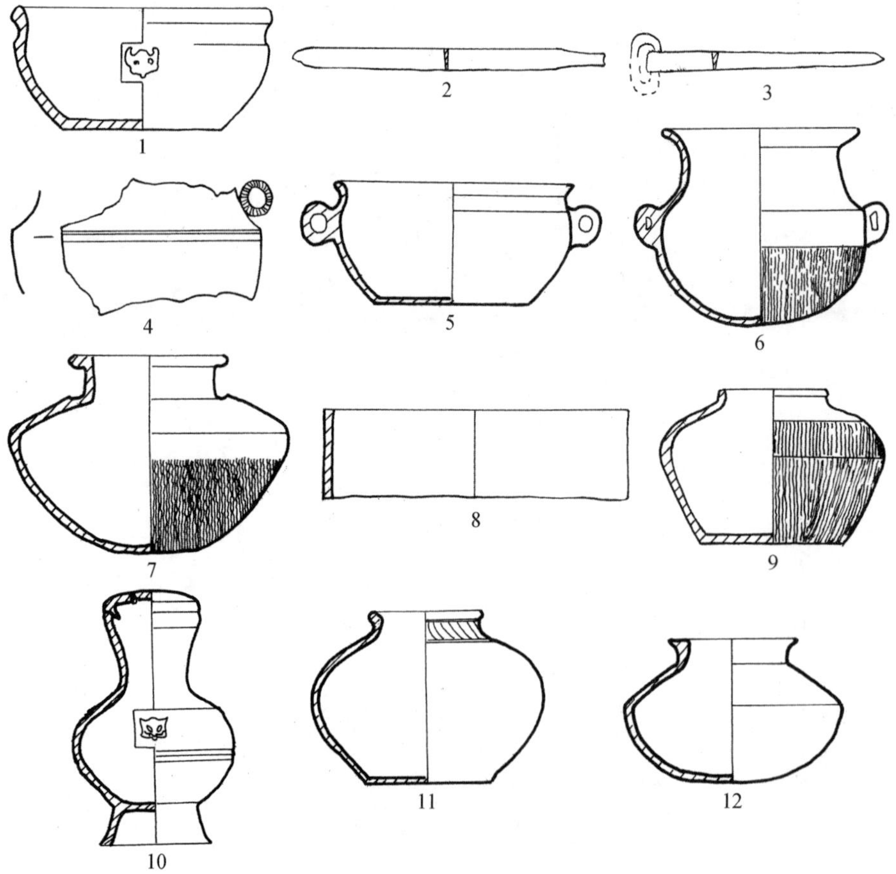

图二三　M44出土器物

1. 釉陶盆（M44：11）　2、3. 铁刀（M44：12、M44：13）　4. 铜鍪（M44：15）　5. 釉陶双耳盆（M44：16）　6. 陶鍪（M44：17）　7、12. 斜腹圜底陶罐（M44：18、M44：23）　8. 铁釜（M44：19）　9、11. 敛口平底陶罐（M44：20、M44：22）　10. 釉陶壶（M44：21）

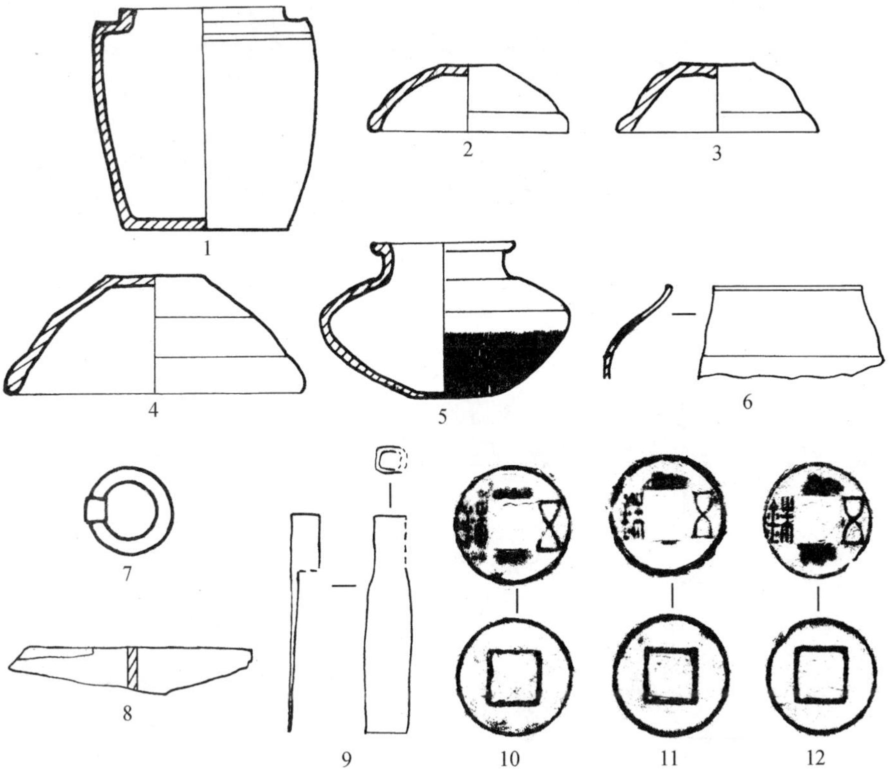

图二四　M44出土器物

1. 陶囤（M44：45）　2～4. 喇叭口陶器盖（M44：46、M44：47、M44：48）　5. 斜腹圜底陶罐（M44：50）
6. 铁釜（M44：51）　7. 铜环（M44：52）　8. 铁刀（M44：54）　9. 铁锛（M44：53）
10～12. 铜钱（M44：14-1、M44：14-2、M44：25）

环　1件。M44：52，径1.8厘米（图二四，7）。

铜钱　668枚（M44：14、M44：24、M44：25、M44：32、M44：33、M44：35、M44：38、M44：43、M44：49），其中五铢405枚、大布黄千25枚、大泉五十237枚、货泉1枚（图二四，10～12；图二六）。

釉陶器　12件。泥质红陶，表面皆施橘红釉。

熏炉　1件。M44：1，由器盖、器身两部分组成。盖呈覆碗状，上有一圆形纽，其周有四叶形烟缝，形如莲花。上饰网纹、弦纹，间饰三角形几何纹。炉身形如灯座，上饰半月几何纹。腹径12.6、底径12、高21.6厘米（图二七，1）。

敦　3件。M44：2、M44：4、M44：5，形制、大小一致，由盖与身组成。盖身为子母口扣合。上腹部饰二周凸弦纹。M44：2，高17.4厘米（图二七，2）。M44：4，高17厘米（图二七，4）。M44：5，高18厘米（图二七，5）。

勺　2件。M44：8，曲柄，平底，椭圆形勺体。长13.2厘米（图二七，8）。M44：3，形制同M44：8。长19.2厘米（图二七，3）。

鼎　1件。M44：6，护耳外撇，球形盖，盖顶有三纽，弧腹，蹄形足。腹径21、高16.5厘米（图二七，6）。

瓢　2件。形制相同，侈口，圆唇，弧腹，圆足，圆柱形柄。颈部饰一周凹弦纹。

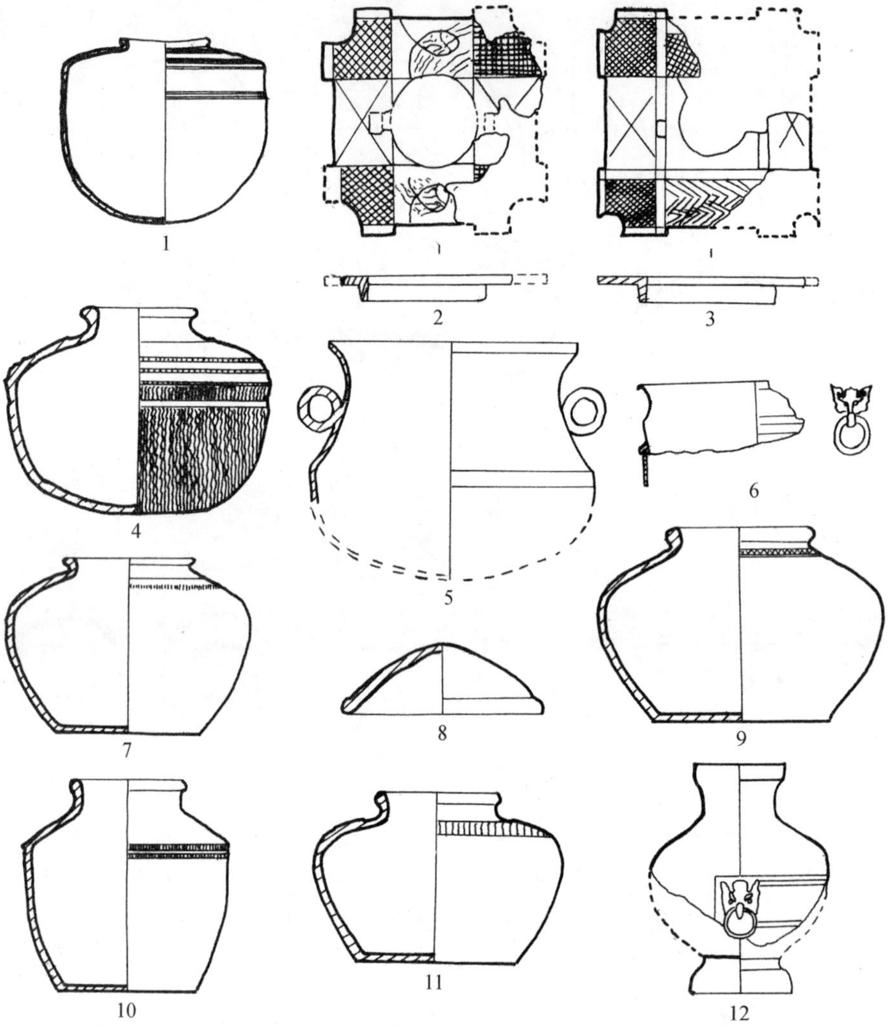

图二五　M44、M56出土器物

1、4. 弧腹圜底陶罐（M44：30、M44：34）　2、3. 陶灶（M44：31-1、M44：31-2）　5. 铜鍪（M44：36）　6. 铜洗（M44：37）　7. 陶罐（M56：38）　8. 喇叭口陶器盖（M44：39）　9～11. 侈口平底陶罐（M44：40、M44：41、M44：42）　12. 铜壶（M44：44）

M44：7，腹径18、底径10、柄长10、高8.4厘米（图二七，7）。M44：10，腹径18.5、底径10、柄长7.8、高8.8厘米（图二七，10）。

盆　1件。M44：11，侈口，尖唇，腹下斜收，平底。腹部饰对称铺首。腹径21.5、底径12.5、高9.6厘米（图二三，1）。

双耳盆　1件。M44：16，侈口，腹下斜收，平底。腹部有对称双耳。口径24、底径10、高11.6厘米（图二三，5）。

壶　1件。M44：21，盘口，束颈，鼓腹，假圈足，上有覆钵式盖，饰有三纽。器身饰对称兽面铺首及弦纹。口径15.2、腹径25.6、底径17.6、高39.2厘米（图二三，10）。

泥质灰陶器　29件。

钵　1件。M44：9，圆唇，平沿，侈口，弧腹，平底。口径16.5、底径5.4、高6.6厘米（图二七，9）。

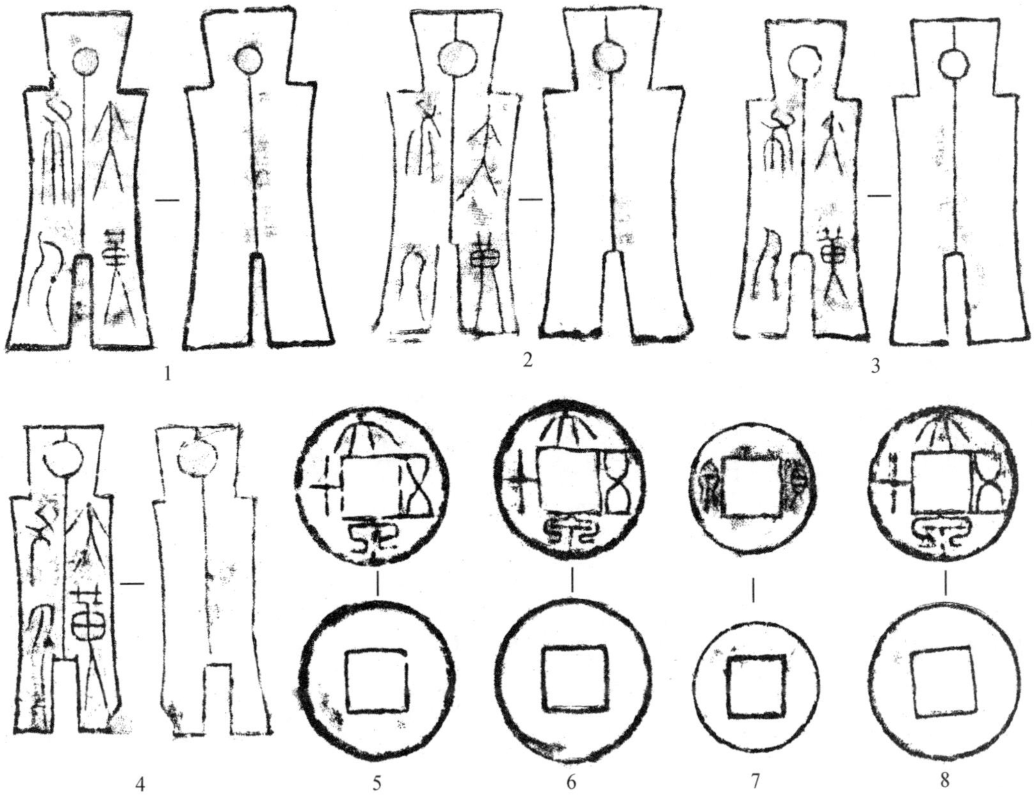

图二六　M44出土铜钱

1. M44：32-1　2. M44：32-2　3. M44：32-3　4. M44：32-4　5. M44：33　6. M44：35　7. M44：38　8. M44：39

鍪　1件。M44：17，圆唇，敞口，束颈，圜底，腹部有对称双耳。腹下部饰绳纹。口径19.5、腹径20.6、高19厘米（图二三，6）。

罐　11件。据其底部特征分为平底和圜底两大类。

平底罐　6件。根据口部特征又可分为敛口和侈口两种。

敛口平底罐　2件。M44：20，圆唇，腹上部略鼓，下部斜收。饰弦纹及绳纹。口径10.6、腹径22、底径14、高15厘米（图二三，9）。M44：22，圆唇，鼓腹。肩部饰划纹。口径11.3、腹径23.4、底径12.5、高16.5厘米（图二三，11）。

侈口平底罐　4件。M44：26，尖圆唇，鼓腹。饰弦纹，圆肩，饰一周划线纹。口径11、腹径24.5、底径15、高23厘米（图二八，1）。M44：40，圆唇，溜肩。饰一周凹弦纹及网格纹。口径11.7、腹径22.5、底径17.5、高15厘米（图二五，9）。M44：41，圆唇，短颈，斜肩，弧腹较直。腹肩之间有两道刻划短绳纹。口径13.8、腹径24.6、底径16.8、高24.6厘米（图二五，10）。M44：42，圆唇，溜肩略平，弧腹。肩上饰凹弦纹及划纹。口径12.5、腹径15、底径16、高16.5厘米（图二五，11）。

圜底罐　5件。根据腹部特征又可分为弧腹和斜腹两种。

弧腹圜底罐　2件。M44：34，圆唇，侈口，短颈，斜肩。肩部三道划纹，腹部饰弦纹和粗绳纹。口径13.8、腹径31.8、高24厘米（图二五，4）。M44：30，敛口，圆唇，折肩。肩腹部饰凹弦纹。口径15.6、腹径33.4、高29厘米（图二五，1）。

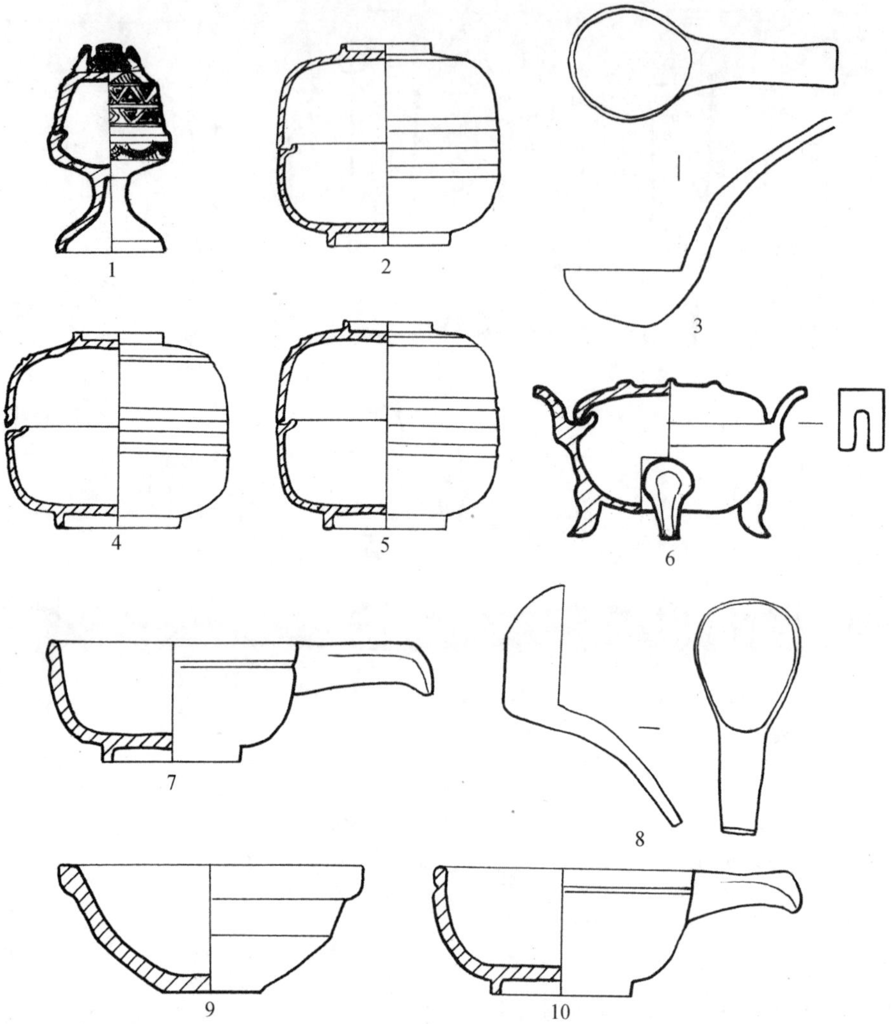

图二七 M44出土器物

1. 釉陶熏炉（M44：1） 2、4、5. 釉陶敦（M44：2、M44：4、M44：5） 3、8. 釉陶勺（M44：3、M44：8）
6. 釉陶鼎（M44：6） 7、10. 釉陶瓢（M44：7、M44：10） 9. 陶钵（M44：9）

斜腹圜底罐 3件。M44：18，尖唇，折肩。腹部饰细绳纹。口径12.8、腹径22.4、高15.2厘米（图二三，7）。M44：23，直口，平沿，尖圆唇，斜肩。腹下部饰绳纹。口径12.5、腹径21.4、高14厘米（图二三，12）。M44：50，尖唇，平沿，溜肩。腹下部饰细绳纹。口径12.4、腹径21.6、高13.2厘米（图二四，5）。

器盖 12件。据口部特征可分为盘口和喇叭口。

盘口器盖 4件。形制一致，皆为小平顶，折肩。M44：27-1，顶径5.1、口径13.6、高5.1厘米（图二八，2）。M44：27-2，顶径4.8、口径13.8、高4.8厘米（图二八，3）。M44：27-3，顶径5、口径16.8、高5.8厘米（图二八，4）。M44：27-4，顶径5、口径16.4、高5.8厘米（图二八，5）。

喇叭口器盖 8件。形制一致，皆为小平顶、折肩。M44：29-1，顶径4、口径12.7、高5厘米（图二八，7）。M44：29-2，顶径4、口径13.2、高5厘米（图二八，8）。M44：29-3，顶径4.8、口径13.8、高5.2厘米（图二八，9）。M44：29-4，顶径4.7、口径13.6、高5厘

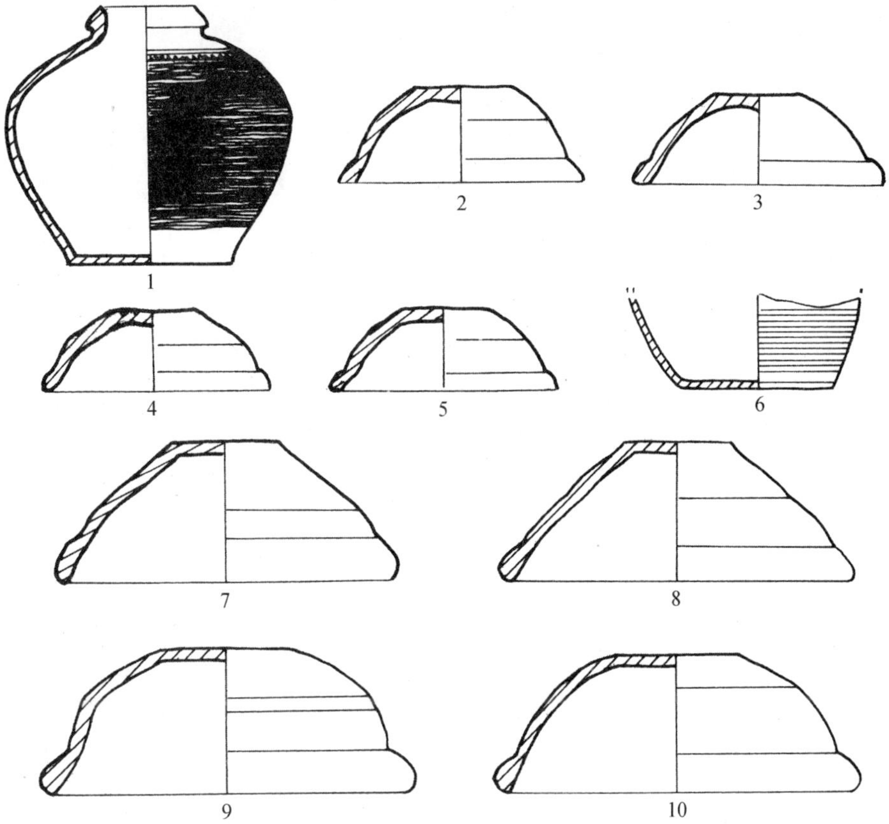

图二八　M44出土陶器

1. 侈口平底罐（M44：26）　2～5. 盘口器盖（M44：27-1、M44：27-2、M44：27-3、M44：27-4）

6. 陶器残片（M44：28）　7～10. 喇叭口器盖（M44：29-1、M44：29-2、M44：29-3、M44：29-4）

米（图二八，10）。M44：39，顶径1.2、口径12.5、高4厘米（图二五，8）。M44：46，口径13、高4.2厘米（图二四，2）。M44：47，顶径4.8、口径13.2、高4.2厘米（图二四，3）。M44：48，顶径4.2、口径13、高5厘米（图二四，4）。

囷　1件。M44：45，平沿，敛口，平肩，弧腹。其上部饰一道弦纹。口径14、腹径19.2、底径14、高18.8厘米（图二四，1）。

灶　2件。皆残。方形，中有一圆形釜口，灶面有模制网纹、鱼纹。M44：31-1、M44：31-2，大小相同。残长26.4、宽25.2厘米（图二五，2、3）。

陶器残片　1件。M44：28，残径14、高8厘米（图二八，6）。

M48　方向203°，由墓道、墓室两部分组成。墓道位于墓室南部，长方形竖穴，底为缓坡。口部长3.2、宽1.9、距地表深0.5米，底部长3.32、宽1.9、距墓口深3.2～4米，填土为灰褐色花土，包含有砂姜石。墓室位于墓道北，长方形竖穴，底部较平坦，长4.1、宽3.8、高4.2、墓底距地表4.7米，内填灰褐色花土，低于墓道底部0.2米。有两具棺床，东、西排列，都为长方形。东棺长2.18、宽0.8、高0.06米，西棺长2.1、宽0.8、高0.04米，都已严重腐朽，仅存棺痕。东侧棺内还残存一头向为南的人头骨（图二九）。

随葬品较丰富，大部分集中于墓室北部，个别置于棺床内，有铁器、铜器、铜钱、陶器等。

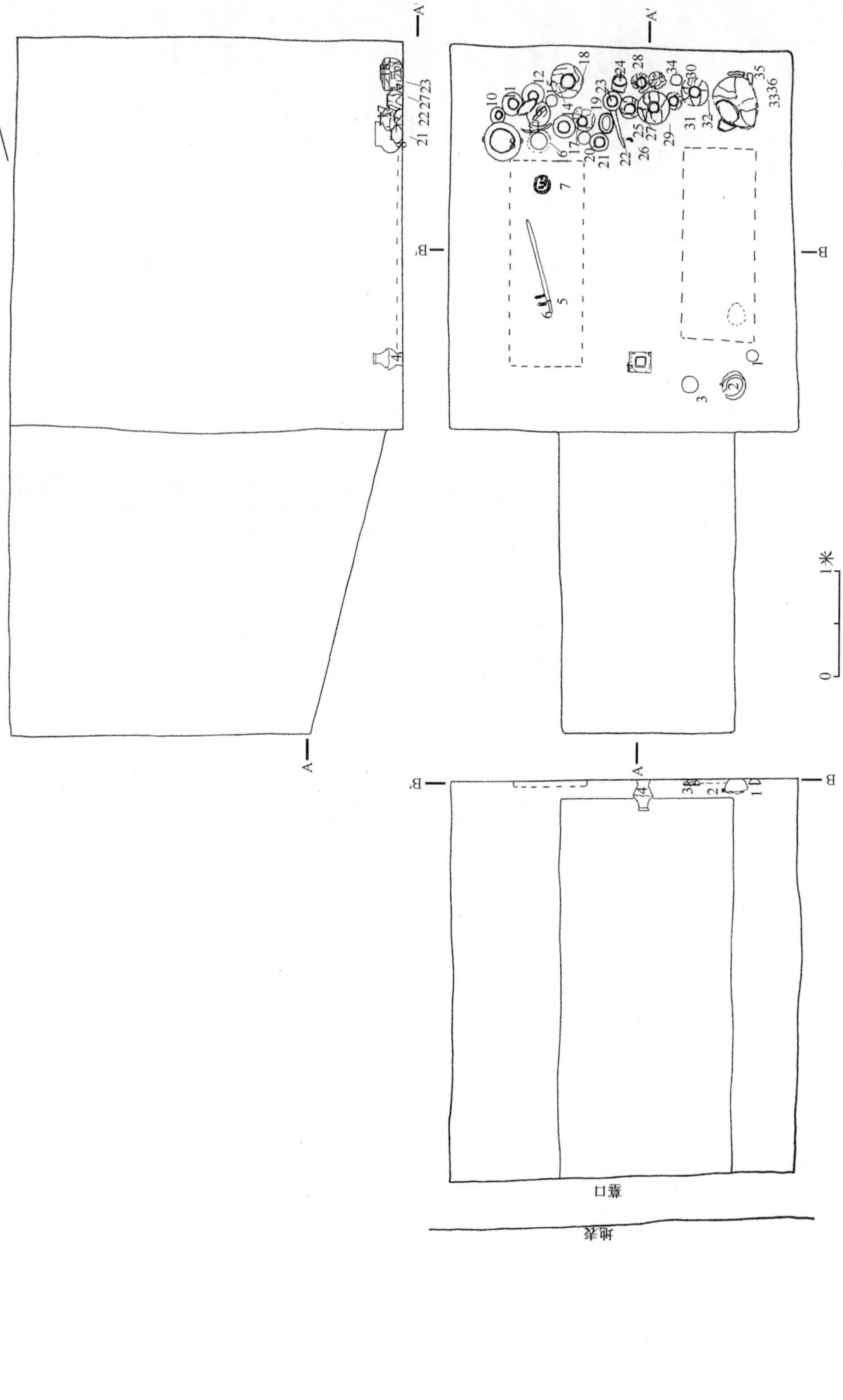

图二九　M48平、剖面图

1、3、13、15、20、22、24、30、34. 陶器盖（13为两件）　2、14. 铜鍪　4. 铜钫　5. 铁剑　6、7、26. 铜钱　8、33. 铁釜　9. 铜盆　10～12、16～19、21、23、27～29、31、32. 陶罐　25. 铁削　35. 陶甑（残片）　36. 铲形铁器

铁器　5件。

剑　1件。M48：5，剑身狭长，断面呈菱形。长93厘米（图三〇，5）。

釜　2件。形制一致，方唇，侈口，球腹，小平底，带双耳。腹上部饰两道凸弦纹。M48：8，口径25.6、腹径40、底径12、高32厘米（图三〇，6）。M48：33，残。口径26、底径10、残高32厘米（图三一，3）。

削　1件。M48：25，残。单刃，厚背。残长47、宽4.7、厚1厘米（图三二，6）。

铲形铁器　1件。M48：36，似铲。长36.5厘米（图三一，7）。

铜器　4件。

鍪　2件。皆残。M48：14，敞口，折肩，肩部有对称双耳。饰两道凸弦纹，口径24.8、腹残径24.2、残高10.8厘米（图三三，4）。M48：2，残高9.9厘米（图三〇，2）。

钫　1件。M48：4，敞口微敛，束颈，腹微垂，两侧有对称铺首衔环。口径11、腹径22、底径14、高32厘米（图三〇，4）。

盆　1件。M48：9，侈口，尖唇。腹上部饰凹弦纹。腹径28、残高7厘米。

铜钱　400枚。M48：6、M48：7、M48：26，皆为“大泉五十”（图一一，7～9）。

陶器　25件。皆为泥质灰陶。

器盖　7件。形制一致。小平顶，弧腹，喇叭口。M48：1，顶径4.2、口径13.6、高4.8厘米（图三〇，1）。M48：3，顶径7、口径17.2、高6厘米（图三〇，3）。M48：13-1，顶径8、口径17.6、高5.8厘米（图三三，2）。M48：13-2，顶径6、口径l6、高5.6厘米（图三三，3）。M48：15，顶径4.4、口径12.6、高4.3厘米（图三三，5）。M48：20，顶径4.2、口径13、高5.1厘米（图三二，1）。M48：30，顶径4.8、口径12.6、高4.2厘米（图三一，1）。

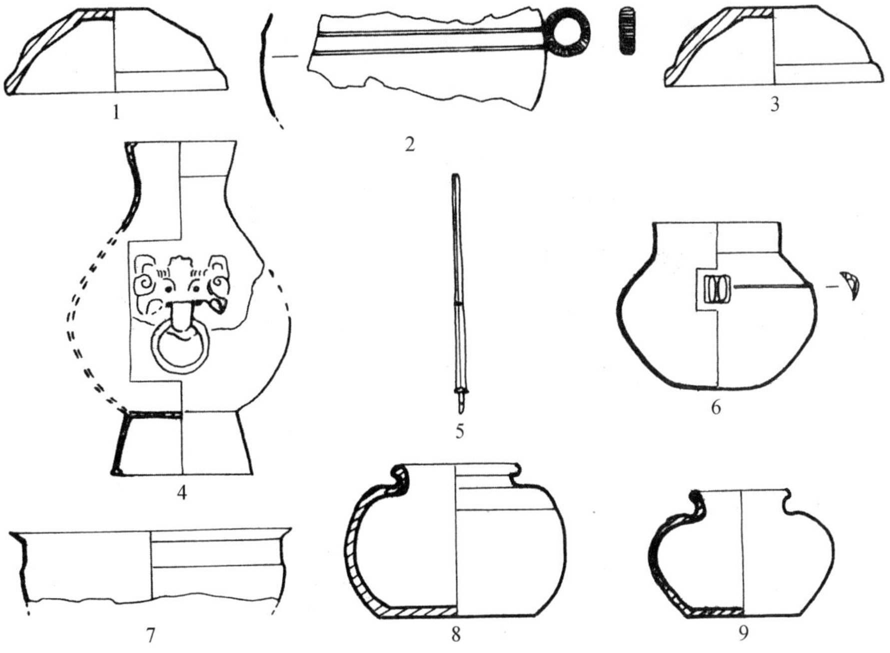

图三〇　M48出土器物

1、3. 陶器盖（M48：1、M48：3）　2. 铜鍪（M48：2）　4. 铜钫（M48：4）　5. 铁剑（M48：5）　6. 铁釜（M48：8）　7. 铜盆（M48：9）　8、9. 鼓腹平底陶罐（M48：10、M48：11）

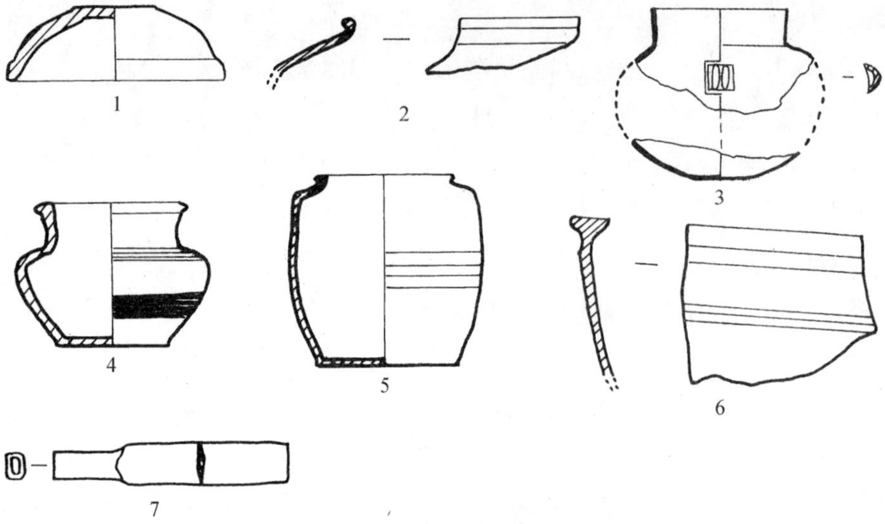

图三一　M48出土器物

1. 陶器盖（M48∶30）　2. 陶罐残片（M48∶32）　3. 铁釜（M48∶33）　4. 斜腹平底陶罐（M48∶31）　5. 陶囤（M48∶34）　6. 陶甑（M48∶35）　7. 铲形铁器（M48∶36）

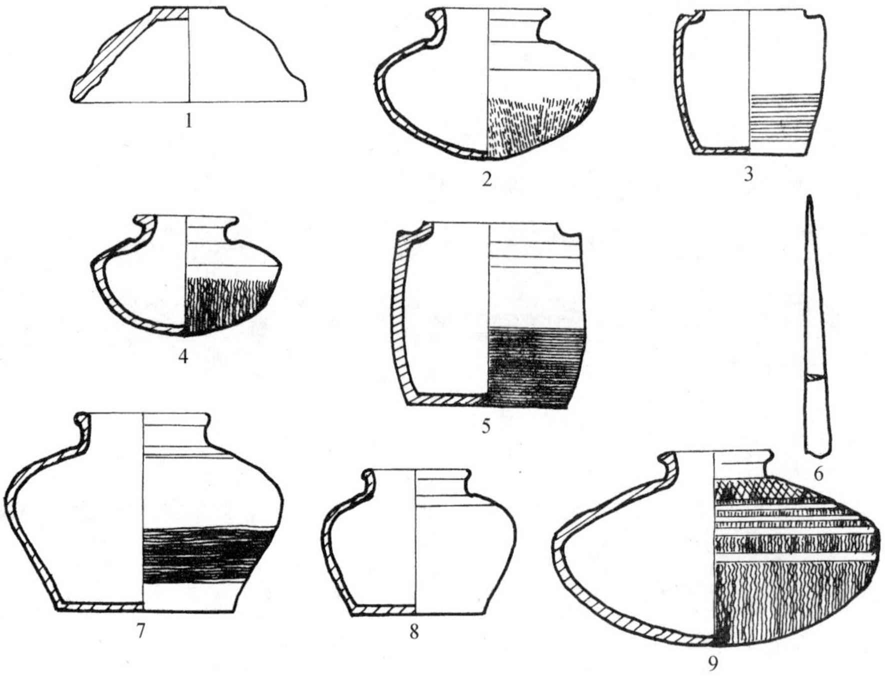

图三二　M48出土器物

1. 陶器盖（M48∶20）　2、4、9. 斜腹圜平底陶罐（M48∶21、M48∶23、M48∶29）　3、5. 陶囤（M48∶22、M48∶24）　6. 铁削（M48∶25）　7、8. 鼓腹平底陶罐（M48∶27、M48∶28）

甑　1件。M48∶35，残。敛口，平沿，圆唇。沿下饰一周凹弦纹。腹部饰弦纹。残高12厘米（图三一，6）。

囤　3件。形制基本一致，都为敛口，直弧腹。饰弦纹。M48∶22，口径14、底径14、高18.2厘米（图三二，3）。M48∶24，口径12.5、底径14.5、高16.5厘米（图三二，5）。M48∶34，口径13.6、底径13.8、高18厘米（图三一，5）。

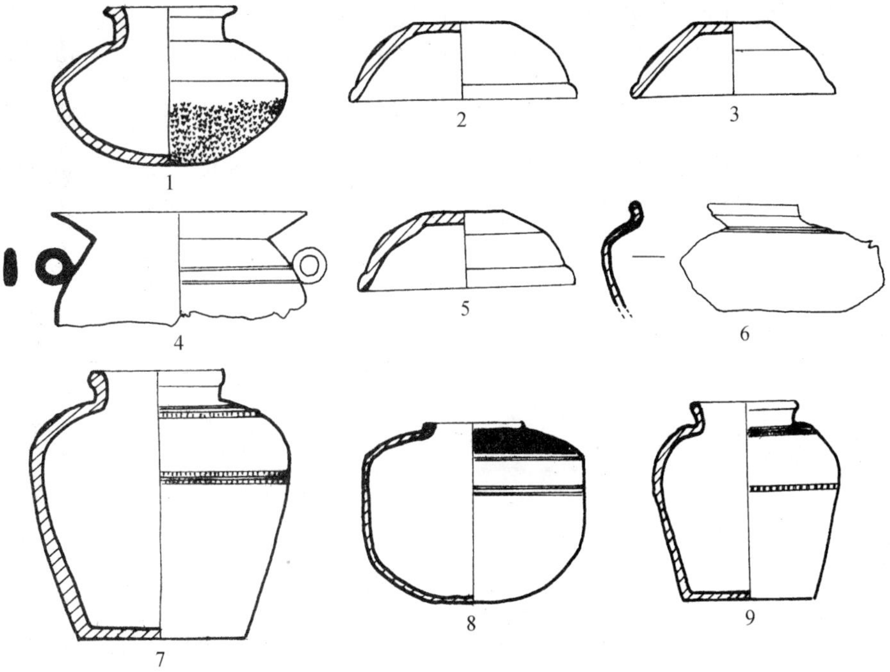

图三三　M48出土器物

1. 斜腹圜底陶罐（M48：12）　2、3、5. 陶器盖（M48：13-1、M48：13-2、M48：15）　4. 陶鏊（M48：14）　6. 陶罐残片（M48：16）　7、9. 斜腹平底陶罐（M48：17、M48：19）　8. 直腹圜底陶罐（M48：18）

罐　14件。其中2件（M48：32、M48：16）已残，仅剩口沿部分（图三一，2；图三三，6）。其他12件根据底部特征可分为平底和圜底两大类。

圜底罐　根据腹部特征又可分为直腹和斜腹两大类。

直腹圜底罐　1件。M48：18，圆唇，折肩。腹下饰弦纹，肩部饰两周凸弦纹及网格纹，腹部饰一周凸弦纹。口径15.6、腹径34.6、高27厘米（图三三，8）。

斜腹圜底罐　4件。口微侈，尖圆唇，折肩。一般都于腹部饰绳纹。M48：12，口径12.5、腹径22.5、高15厘米（图三三，1）。M48：21，口径11.6、腹径20.6、高13.5厘米（图三二，2）。M48：23，口径12、腹径21、高12.8厘米（图三二，4）。M48：29，口径13、腹径36、高21厘米（图三二，9）。

平底罐　7件。据腹部特征又可分为鼓腹和斜腹两类。

鼓腹平底罐　4件。圆唇，侈口，都饰有凹弦纹。M48：10，腹下弧收。口径10.2、腹径17.2、底径12.2、高11.6厘米（图三〇，8）。另三件腹下斜收，M48：11，口径12、腹径22.2、底径13.2、高14.4厘米（图三〇，9）。M48：27，口径12.5、腹径25.7、底径16.4、高17.8厘米（图三二，7）。M48：28，口径10、腹径18.2、底径12.4、高13厘米（图三二，8）。

斜腹平底罐　3件。M48：17，侈口，方唇，溜肩。肩上饰两周凸起锯齿纹及两周凹弦纹，腹部饰两周凸起锯齿纹。口径13、腹径25、底径16、高25.5厘米（图三三，7）。M48：19，敞口，圆唇，溜肩。肩上饰弦纹及凸起锯齿纹，腹部饰一道锯齿纹。口径12.6、腹径22.2、底径14、高22.2厘米（图三三，9）。M48：31，斜沿，尖唇，折肩。肩部饰一道凹弦纹，腹部饰弦纹。口径11.6、腹径14.8、底径8.4、高10.8厘米（图三一，4）。

M56　方向182°，由墓道、墓室两部分组成。墓道位于墓室南端，长方形竖穴，底为斜坡，口长2.35、宽1.6～1.74、距地表深0.35～0.39米，墓底长2.44、宽1.6～1.7、距墓口深1.5～2.35、其北端高于墓室底部0.45米。内填花土，包含有姜石。墓室位于墓道北端，为不规则形，墓顶距地表深0.35～0.39、墓底距地表深3.15～3.19、长5.73、宽2.3～3.9、高2.8米，内填花土。墓室中部有两具棺床痕迹，东棺长2.64、宽0.82、高0.05米，西棺长2.6、宽0.72～0.78、高0.05米。均已腐朽，人架无存（图三四）。

随葬品丰富，大部分置于两棺床之间及北侧，个别置于棺床内。有铁器、石器、铜器、铜钱、陶器等。

铁器　3件。

釜　2件。1件残（M56：6），另1件（M56：33）较完整。口微敛，高领，方唇，小平底，有对称双耳。腹部饰两道凸弦纹。口径31、腹径45、底径10、高35厘米（图三五，1、11）。

剑　1件。M56：10，扁颈，断面呈长方形，剑身狭长，断面呈菱形。残长101厘米（图三五，8）。

铜器　8件。

鍪　4件。2件残（M56：35、M56：17）（图三五，3、2）。另2件较完整，形制一致，敞口，束颈，折肩，圜底。肩部饰对称双耳，腹部饰两道凸弦纹。M56：5，口径19.8、腹径20.5、高17.4厘米（图三五，9）。M56：25，口径22、腹径24、残高22.5厘米（图三五，10）。

洗　2件。其中1件残（M56：11）（图三五，7）。另1件（M56：7）较完整。侈口，腹微鼓，下部弧收。有对称兽首衔环，饰有两道凹弦纹。底略凹。口径25.2、底径15、高10.8厘米（图三五，6）。

钫　2件。皆残。有假圈足。M56：12，残高18.6厘米（图三五，5）。M56：18，残高6厘米（图三五，4）。

铜钱　皆为五铢（M56：3、M56：4、M56：8）（图一一，10～12）。

石器　1件。

黛板　M56：40，长方形。残。长3.45、厚0.5厘米（图三六，1）。

陶器　26件。皆为泥质灰陶。

盆　1件。M56：41，残。敞口，斜腹。口沿下饰一周凹弦纹，腹部饰多道弦纹。残高17厘米（图三六，2）。

甑　1件。M56：34，残。侈口，平沿，卷圆唇。腹部饰绳纹和网格纹（图三六，3）。

灶　1件。M56：37，残。仅余灶面部分，长方形，中有一圆形釜。表面横印有网纹、鱼纹。残长22.8、宽22.2厘米（图三六，8）。

囷　2件。形制一致。敛口，折肩，弧腹，平底。大小略有区别。M56：9，口径14.2、腹

图三四　M56平、剖面图

1、9. 陶囷　2、13～16、19～24、26～28、32、36、38. 陶罐　3. 铜钱（30枚）　4. 铜钱（50枚）　5、17、25、35. 铜鍪　6、33. 铁釜　7、11. 铜洗　8. 铜钱（60枚）　10. 铁剑　12、18. 铜钫　29～31、39. 陶器盖　34. 陶甑　37. 陶灶　40. 石黛板　41. 陶盆

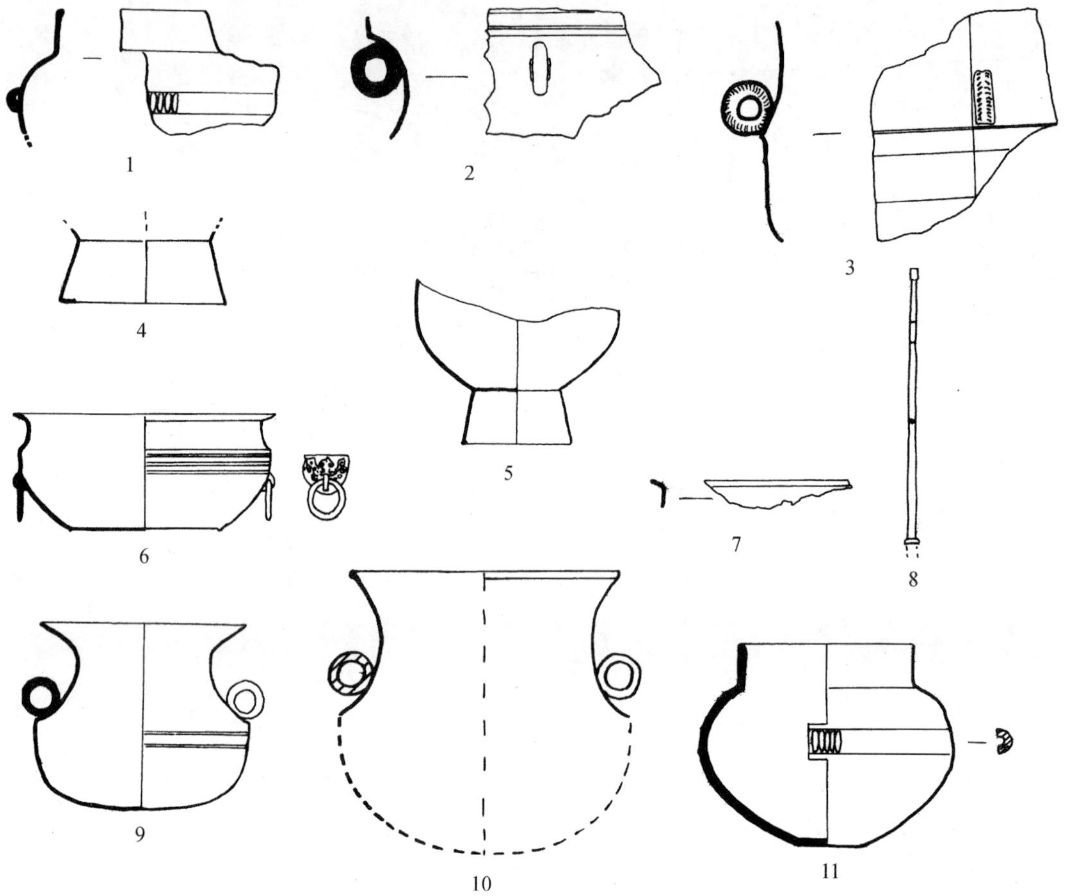

图三五　M56出土器物

1、11. 铁釜（M56：6、M56：33）　2、3、9、10. 铜鍪（M56：17、M56：35、M56：5、M56：25）
4、5. 铜钫（M56：18、M56：12）　6、7. 铜洗（M56：7、M56：11）　8. 铁剑（M56：10）

径19、底径13、高18厘米（图三六，10）。M56：1，口径12、腹径19.5、底径14、高18.8厘米（图三六，9）。

器盖　4件。形制一致。小平顶，弧腹，喇叭口。M56：29，顶径5.2、口径17、高56厘米（图三六，4）。M56：30，顶径5.1、口径13.2、高4.7厘米（图三六，5）。M56：31，顶径4.2、口径12.5、高4.1厘米（图三六，6）。M56：39，顶径5、口径16.8、高5.8厘米（图三六，7）。

罐　17件，根据底部特征可分为圜底和平底两类。

圜底罐　5件。形制一致，皆为直口，尖唇，溜肩，斜弧腹。上饰有弦纹及绳纹。M56：13，口径12.5、腹径32、高20.5厘米（图三七，7）。M56：19，口径12.2、腹径21.6、高13.2厘米（图三七，4）。M56：21，口径12、腹径22、高16厘米（图三七，5）。M56：22，口径12、腹径20.5、高14.5厘米（图三七，1）。M56：32，残。口径11.9、高9.2厘米（图三七，3）。

平底罐　12件。侈口，圆唇，溜肩，鼓腹，下部弧收。饰刻划纹及弦纹。其中3件为束

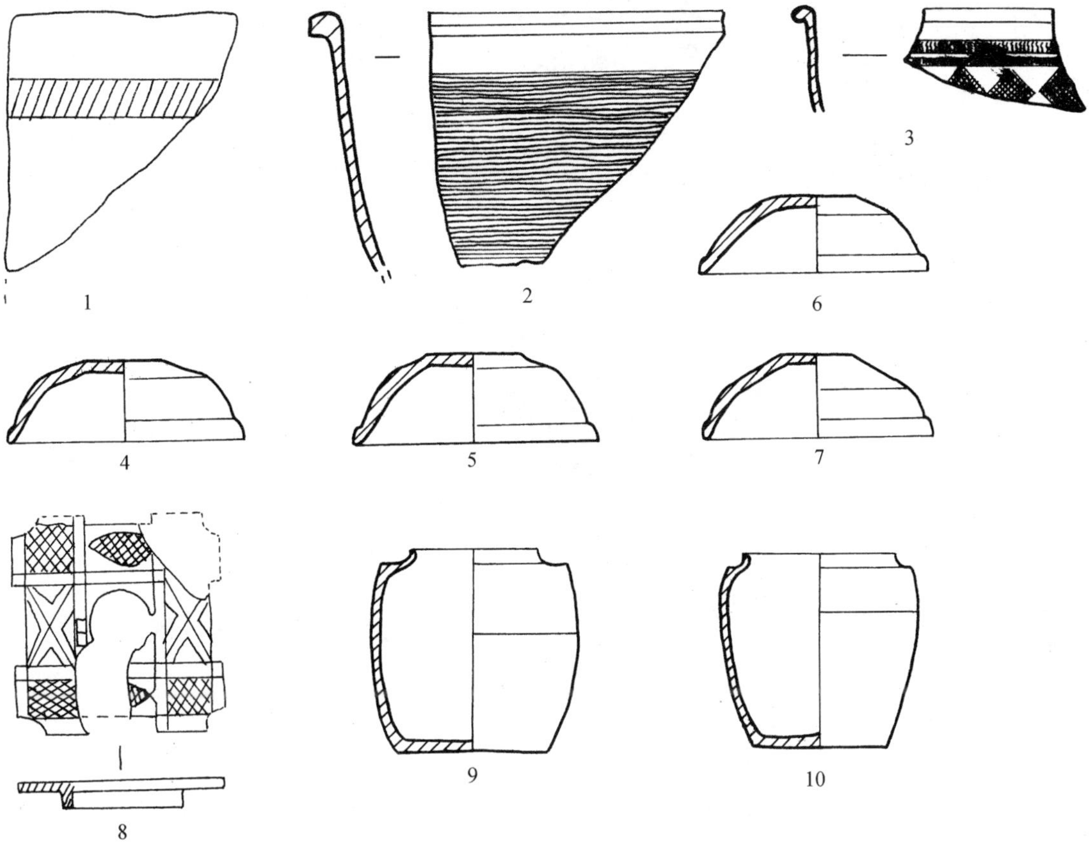

图三六　M56出土器物

1. 石黛板（M56：40）　2. 陶盆（M56：41）　3. 陶甑（M56：34）　4～7. 陶器盖（M56：29、M56：30、M56：31、M56：39）　8. 陶灶（M56：37）　9、10. 陶囷（M56：1、M56：9）

颈，M56：16，口径12.5、腹径25、底径16、高18厘米（图三七，8）。M56：20，口径9.8、腹径16、底径8、高12厘米（图三七，2）。M56：26，口径18.4、腹径36、底径21.6、高30.8厘米（图三七，9）。另外9件无颈，M56：2，口径18、腹径40、底径23、高19.5厘米（图三七，6）。M56：14，口径13、腹径32.5、底径20、高25厘米（图三八，7）。M56：15，口径10.2、腹径15.6、底径7.8、高12厘米（图三八，1）。M56：23，口径11.2、腹径21.2、底径12.6、高16.2厘米（图三八，3）。M56：24，口径11、腹径21.8、底径13.6、高16.2厘米（图三八，4）。M56：27，口径10.6、腹径15.7、底径8、高11.4厘米（图三八，6）。M56：28，口径20.8、腹径39、底径22.8、高28.7厘米（图三八，2）。M56：36，口径25.4、腹径42.2、底径22、高29.6厘米（图三八，5）。M56：38，口径20.8、腹径39.2、底径22.4、高27.2厘米（图二五，7）。

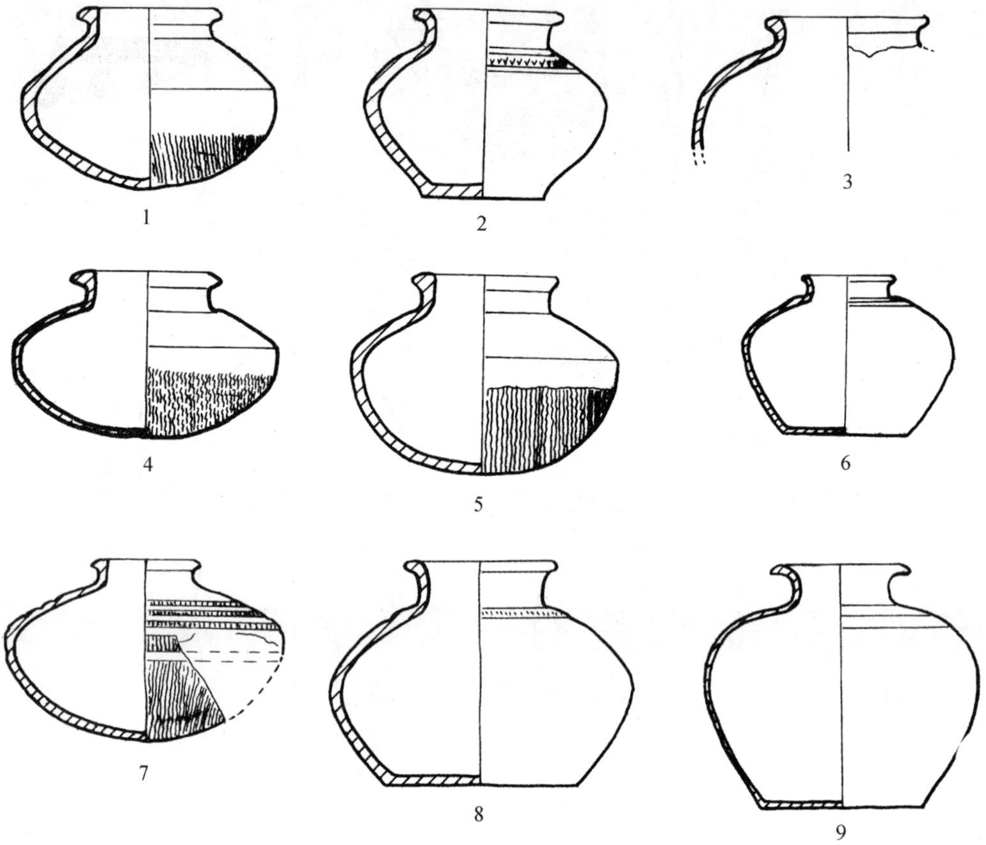

图三七　M56出土器物

1、3~5、7. 圜底陶罐（M56：22、M56：32、M56：19、M56：21、M56：13）　2、6、8、9. 平底陶罐（M56：20、M56：2、M56：16、M56：26）

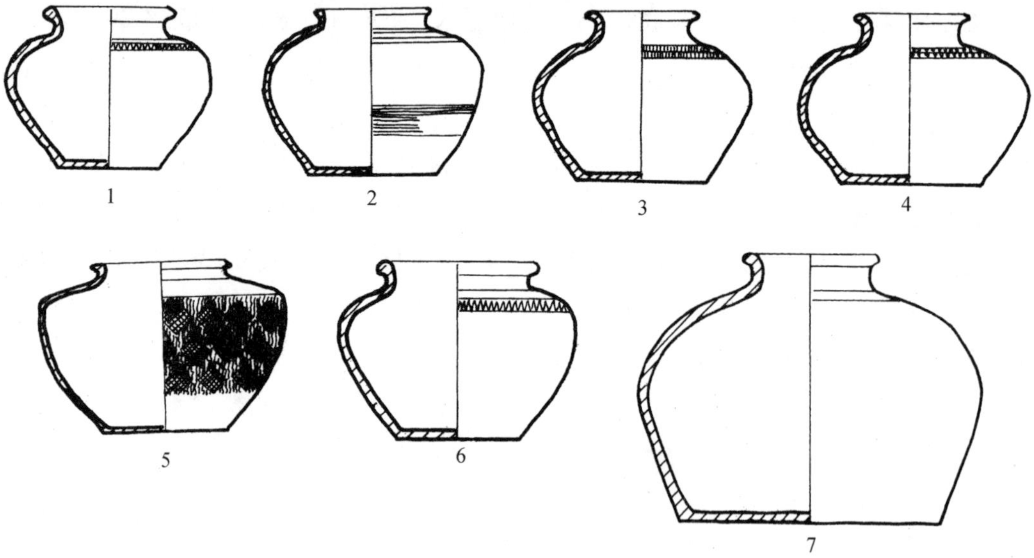

图三八　M56出土平底陶罐

1. M56：15　2. M56：28　3. M56：23　4. M56：24　5. M56：36　6. M56：27　7. M56：14

四、结　　语

根据16座墓葬的形制结构和随葬品，并结合前次发掘的情况，我们初步认为：

（1）墓葬的时代大致在汉到六朝时期，土坑墓一般为汉代，砖石墓为六朝时期。除此之外未发现早于或晚于此段的墓葬。

（2）M44出土的大布黄铜钱是王莽时期发行，这在以前发现较少。

（3）墓葬分布如此集中，说明柑子梁自古以来就是一处人类生息繁衍的地方。

领队：乔　栋
发掘：张建文　蔡梦珂　贾小龙　郭改伟　张国锋
摄影：蔡梦轲
绘图：贾小龙　郭改伟　张国锋
执笔：张建文

开县余家坝墓地2002年度发掘简报

山东大学东方考古研究中心
开 州 区 文 物 管 理 所

余家坝遗址位于重庆市开县（今开州区）渠口镇云安村余家坝的东北部，周围为群山环绕，东侧紧邻长江支流彭溪河。遗址发现于20世纪80年代，后经四川省文物考古研究所三峡考古队调查确认为战国时期墓葬群（图一）。1994年，山东大学考古系在制定开县三峡工程淹没区地下文物保护规划时，曾对其进行过小面积发掘①。根据重庆市文化局三峡办的安排，2000年和2001年对余家坝墓地进行了两次全面钻探和大面积发掘，共发掘11 625平方米，发现并清理战国及宋、明时期墓葬116座②。墓葬绝大多数属于战国时期，少量可能晚到秦或汉初。出土铜、玉、铁、陶、漆器合计564件，以陶器和青铜器的数量最多。

2002年10～11月，山东大学考古队对开县余家坝墓地进行了第三次大规模发掘。本年度的发掘区域与去年的发掘区相连，即在2001年发掘区的北、东两侧展开。本次发掘三批探方合计为81个，发掘面积2025平方米，共发现墓葬12座。至此，遗址中部以南的位置已全部发掘完毕。发掘各类遗物共88件（套）。其中铜器6件、铁器3件、陶器70件、漆器5件、印章2件、串饰2套（石贝类）。

本年度发掘的墓葬在墓葬形制、棺椁制度和随葬品组合上与以往发掘墓葬存在共性的基础上，也表现出了明显的自身特色。进一步加深了我们对余家坝墓地的延续年代、埋葬习俗和文化特征等问题的认识。下面选择本年度发掘的M122等5座典型墓葬予以介绍。

M122

位于余家坝遗址T0950中部，开口于第1层下，打破生土层。

该墓形制为土坑竖穴墓，方向为93°。墓室平面呈圆角长方形，直壁平底。墓口长360、宽250厘米。墓口距地表深30厘米，海拔东端158.62、西端159.2厘米，因为该墓正好位于两条梯田之间，所以东西两端的高程相差较大。有熟土二层台。现存高度为100厘米，东端宽42、西端宽52、北侧宽55、南侧宽53厘米。

墓室填土为灰褐色花土，夹杂黄土块、褐色砂土等，结构紧密，填土经过夯打，但夯层、夯窝不清楚。二层台填土较为紧密，略有砂性。椁室内的填土为五花土，结构较为松软，含黄土粒等。棺内的填土比较疏松，为灰褐色花土，少量黄土块，含砂多。棺椁之间的填土比较疏

① 山东大学考古系：《四川开县余家坝战国墓葬发掘简报》，《考古》1999年第1期。

② 山东大学考古系等：《开县余家坝墓地2000年发掘简报》，待刊；山东大学考古系等：《开县余家坝墓地2001年发掘简报》，待刊。

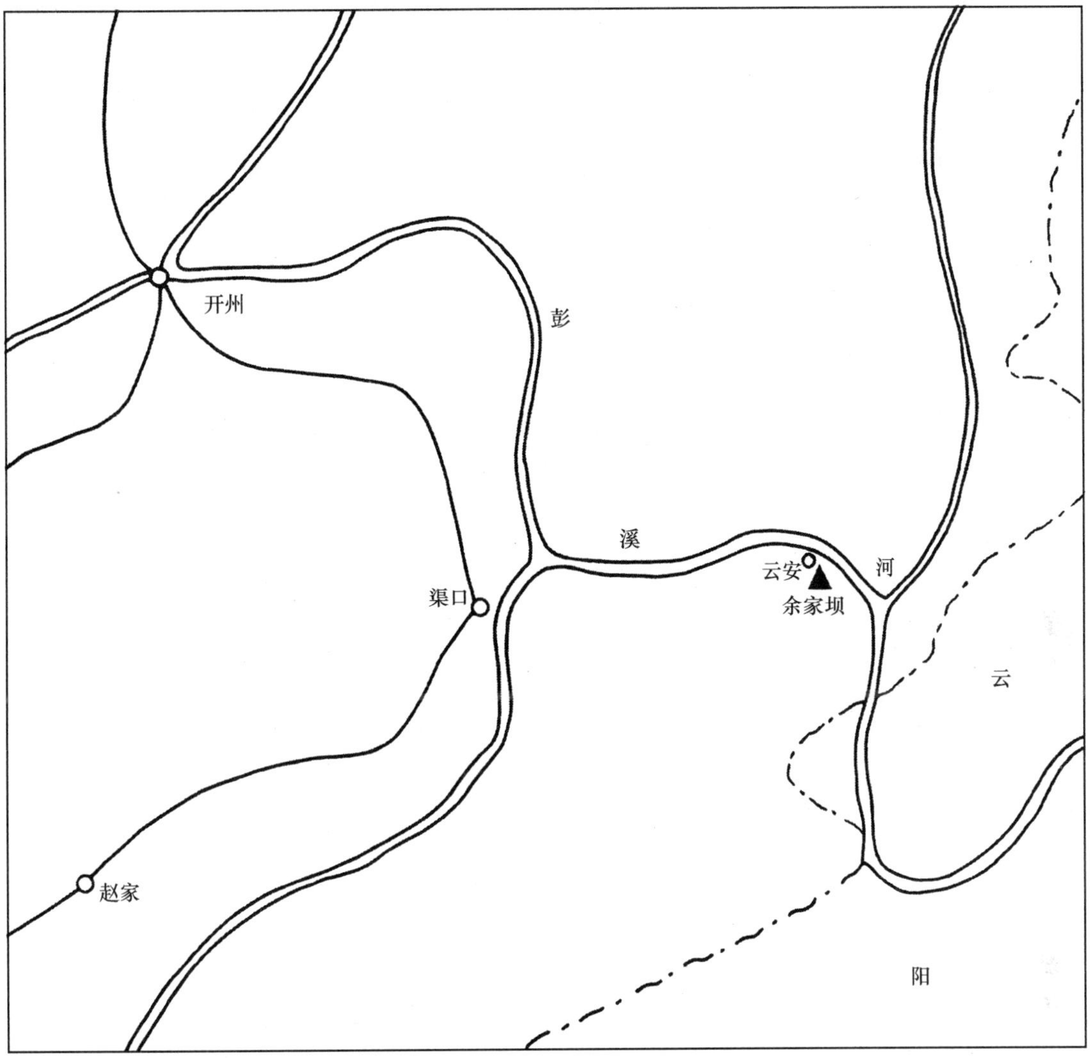

图一　余家坝墓地位置示意图

松，含黄土颗粒和砂土较多。椁、棺室内之填土应为塌陷和淤积所致。

葬具为一棺一椁，虽然已经腐朽，但灰痕可辨。棺下没有发现垫木痕迹。椁位于墓框的中部，现存高度100厘米。平面呈“Ⅱ”字形，长266、头端宽142、脚端宽138厘米，两端出角长为14厘米，板灰痕迹厚约8厘米。由于积压，东西两端的北侧出角有些外撇变形。棺位于椁内北侧，平面呈长方形，长220、头端宽66、脚端宽60、存高为60厘米，板灰厚约6厘米（图二）。

棺内有人骨架一具，已高度腐朽，只在棺的中部西侧发现两段下肢骨，据此推断墓主头向东，其年龄、葬式、面向皆不详。依据墓中出土有青铜剑等兵器，推测墓主身份可能为一男性武士。

M122共有随葬品15件，其中铜器2件、陶器12件、漆器1件。

陶器　12件。器形有鼎、敦、壶、罐和豆。

陶鼎　2件。M122：12，置于南侧棺椁之间的中西部，斜平放，口向东南，保存较差。泥质灰陶，子母口，子口内敛，浅半球形腹，圜底近平，蹄形足较矮，两附耳中部有方形孔，鼎

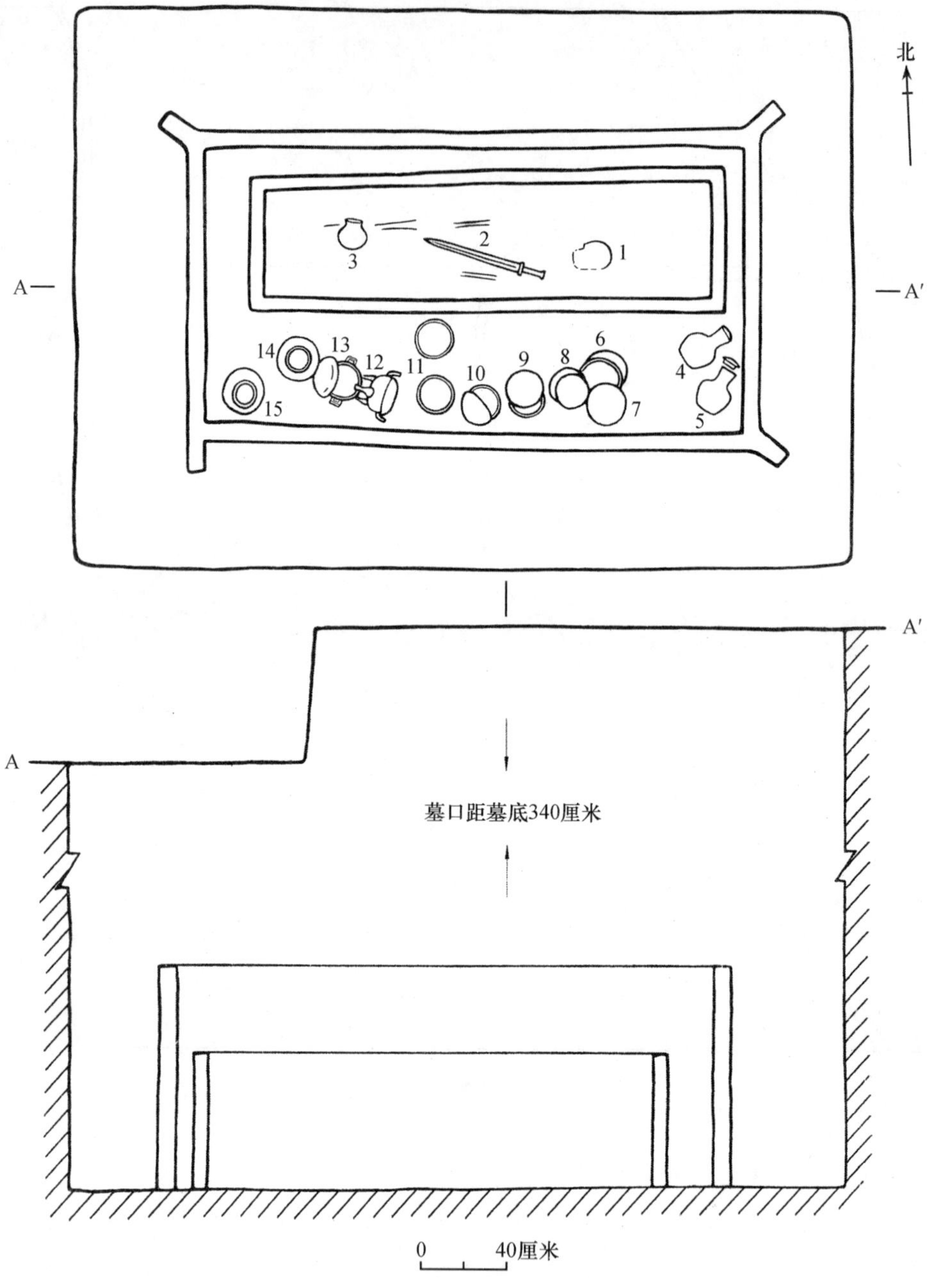

图二　M122平、剖面图

1. 漆器　2. 铜剑　3. 铜鍪　4、5、15. 陶壶　6、7. 陶敦　8～11. 陶豆　12、13. 陶鼎　14. 陶罐

盖上附有三个小纽，素面。口径16.8、最大腹径22.2、通高14.8厘米（图三，8）。M122：13，形制与M122：12相同，口径17、最大腹径22、通高14.4厘米（图三，9）。

陶敦　2件。M122：6，置于南侧棺椁之间的东端，正放，口向上，有盖，盖向南侧倾斜，保存较好。泥质灰陶，盖与器身的形制相同，平口承盖，相合呈扁球体，盖面上有三个牛角形捉纽，纽下部有带圆孔的耳，器底有三蜷曲状足。素面。口径15.6、通高16厘米（图三，5）。M122：7，放置在南侧棺椁之间的东端，正放，口向上，有盖，盖向东北侧倾斜，保存较好。泥质灰陶，形制与M122：6相同。口径15.6、通高15.8厘米（图三，6）。

陶壶　3件。M122：15，置于南侧棺椁之间的西端，正放，口向上，保存较好。泥质灰

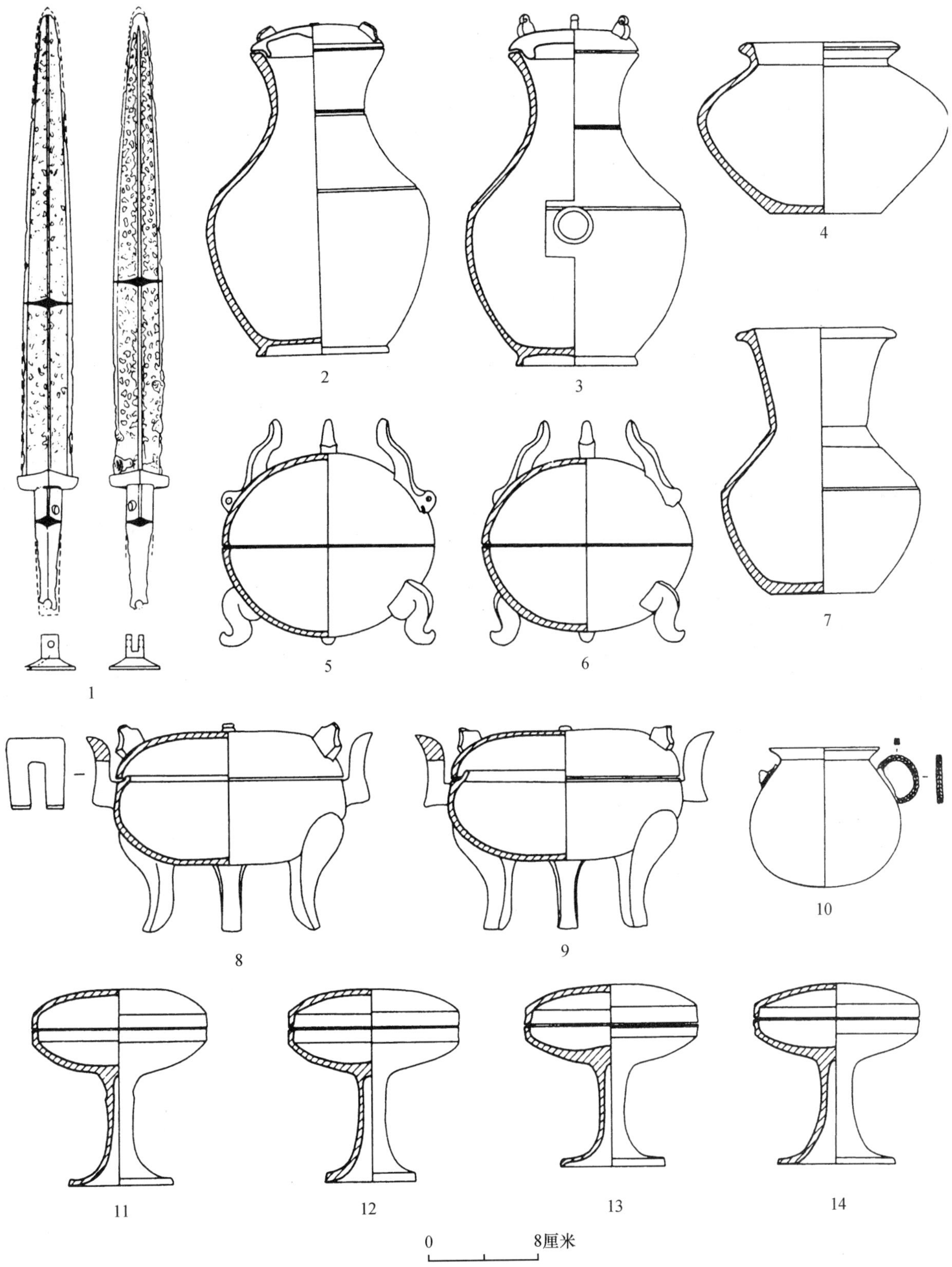

图三　M122出土器物

1. 铜剑（M122：2）　2、3、7. 陶壶（M122：4、M122：5、M122：15）　4. 陶罐（M122：14）　5、6. 陶敦（M122：6、M122：7）　8、9. 陶鼎（M122：12、M122：13）　10. 铜鍪（M122：3）　11～14. 陶豆（M122：8、M122：9、M122：10、M122：11）

陶。平沿，尖圆唇，直口，长颈内束，斜肩，腹微鼓，平底。口径12.2、腹径14.9、高19.1厘米（图三，7）。M122：4，放置在南侧棺椁之间的东端，平放，口向东北，保存较差。泥质灰陶。平沿，口微敞，有盖，盖面微弧，边缘立三个扁棱状纽，纽上有小圆孔，盖内沿伸出一圈子口与壶口套合。壶口略外侈，束颈，斜肩，腹较深，平缓下收，圈足较矮，颈部和肩部共饰四道凹弦纹，肩部有两个相背对称的衔环，衔环残。口径9.8、腹径16.3、通高24厘米（图三，2）。M122：5，放在M122：4陶壶的南侧，平放，口向东北，保存较差。形制与M122：4相同，肩下部有一对衔环。口径9.8、腹径16.4、通高25.4厘米（图三，3）。

陶罐 1件。M122：14，置于南侧棺椁之间的西部，正放，略有倾斜，保存较好。泥质灰陶，圆唇，侈口，斜肩，鼓腹，下腹斜收较甚，最大腹径大于器高，平底。素面。口径12.2、腹径18.8、底径8.5、高12.3厘米（图三，4）。

陶豆 4件，皆有盖。M122：8，置于南侧棺椁之间的中部，正放，口向上，盖向东南侧倾斜，保存较差。泥质灰陶。敞口，尖圆唇，盘稍浅，柄略高，喇叭状圈足，器壁较厚，半球状盖，直口，盖上有红色彩绘，纹饰为蟠螭纹。口径12.9、底径7.8、通高13.9厘米（图三，11）。M122：9，置于南侧棺椁之间的中部，M122：8的西侧，正放，口向上，盖向东南侧倾斜，保存较差。泥质灰陶。形制与M122：8相同。口径12.5、底径6.7、通高13.5厘米（图三，12）。M122：10，置于南侧棺椁之间的中部，M122：9的西侧，正放，口向上，保存较差。形制与M122：8相同。口径13、底径7.8、通高12.8厘米（图三，13）。M122：11，置于南侧棺椁之间的中部，M122：10的西侧，正放，口向上，盖在豆的北侧，盖口向上，紧靠棺室，保存较差。形制与M122：8相同。口径12.5、底径8.8、高12.8厘米（图三，14）。

漆器 1件。M122：1，置于棺内东侧中部，有红黑两种颜色，完全腐朽，器形难辨，不能复原。

M126

位于T0348西部，部分延伸至T0248内，开口于第1层下，打破生土层（图四）。

M126的形制为土坑竖穴墓，方向为53°，大致朝向东北。墓室平面呈长方形，墓口总长322、头端宽160、脚端宽170厘米。现存墓口头端海拔159.1米，脚端海拔159.9米，墓口头端距地表深40、脚端到墓底深60厘米。墓口到墓底现存深度头端180、脚端160厘米。墓坑四壁大致垂直，两端稍微向内倾斜。墓内四周有熟土二层台，头端宽20、脚端宽42、右侧宽23、左侧宽36厘米，高度均为60厘米。

墓室填土与二层台填土基本一致，为灰褐色花土，结构紧密，土质较黏，硬度大。包含大量褐色和黄色生土块，土质粗糙，但分布均匀，分选较好，未见人为加工迹象，亦不分层。椁室填土为深红褐色五花土，土质较黏，结构较疏松，包含有灰土粒、沙土块、褐土块等，分布均匀，土质细腻，分选较好。

葬具为一椁，腐烂严重，灰痕明显。椁位于墓室中部，平面呈“Ⅱ”字形。长为254、头端宽为100、脚端宽104、残高为60厘米，厚5~6厘米。头端右侧出角长约14厘米，左侧出角长为14厘米。脚端右侧出角长约26、左侧出角长为16厘米。椁底部长264厘米。

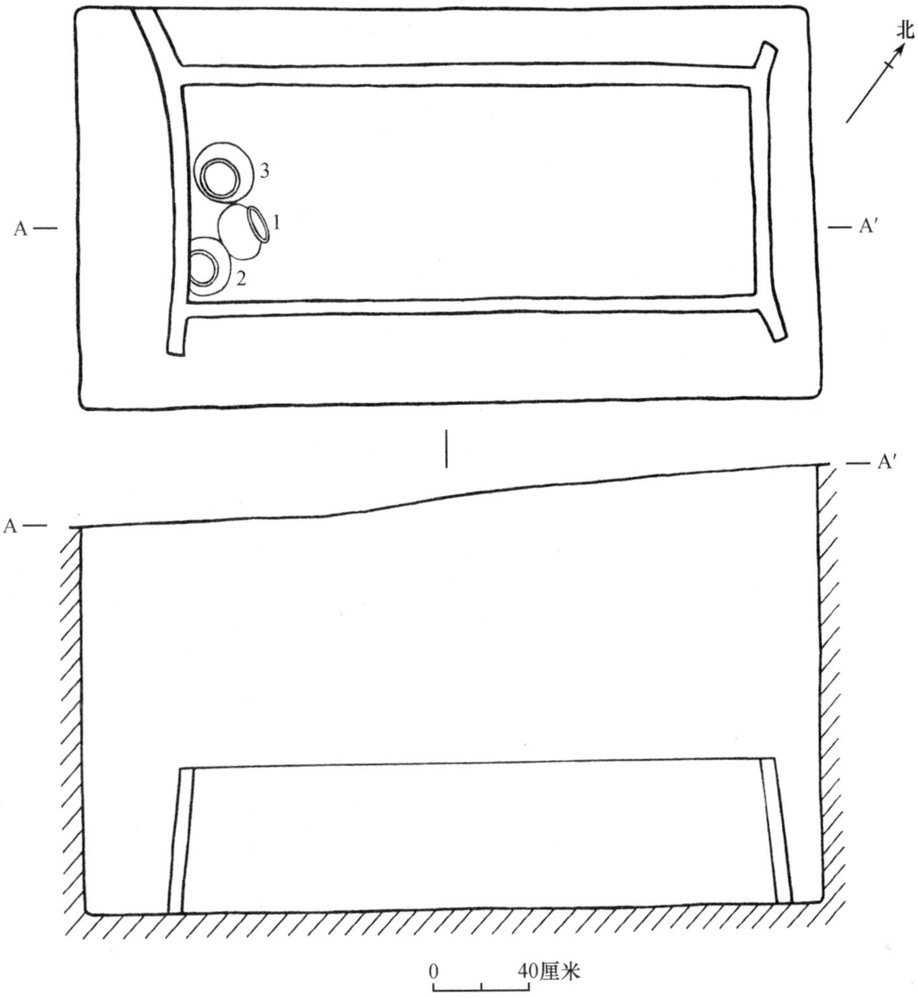

图四 M126平、剖面图
1. 陶釜 2、3. 陶罐

M126内人骨架完全腐烂，保存状况极差。依据随葬品以陶器为主的现象，结合其他墓葬的发掘情况，推测墓主为一女性。

随葬品共3件。陶釜1件，陶罐2件。

陶罐 2件。M126：2，置于椁室内人骨架脚端处，平放，口沿朝上，保存较好。泥质灰陶，宽平沿，圆唇，短颈，斜折肩，腹部斜直内收，平底内凹。素面。口径14.6、腹径19.4、底径9.8、高12.2厘米（图五，2）。M126：3，置于椁室内人骨架脚端处，基本朝上，保存较好。泥质灰陶，平沿，圆唇，口微侈，斜肩，腹略鼓，平底微内凹，素面。口径13.2、腹径19.6、底径12.8、高11.2厘米（图五，3）。

陶釜 1件。M126：1，口径13.2、腹径17.6、高14厘米（图五，1）。

M129

位于T1048东北部和T1148的西北部。开口于第3层下，打破生土层（图六）。

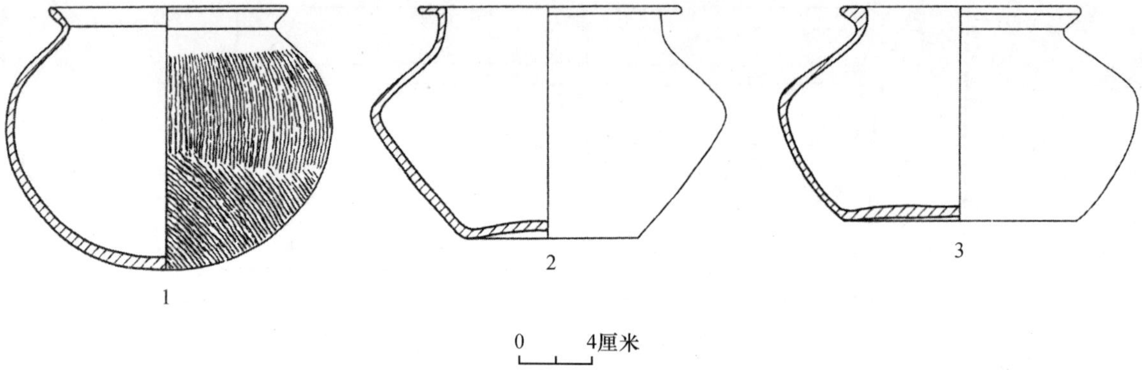

图五　M126出土器物

1. 陶釜（M126：1）　2、3. 陶罐（M126：2、M126：3）

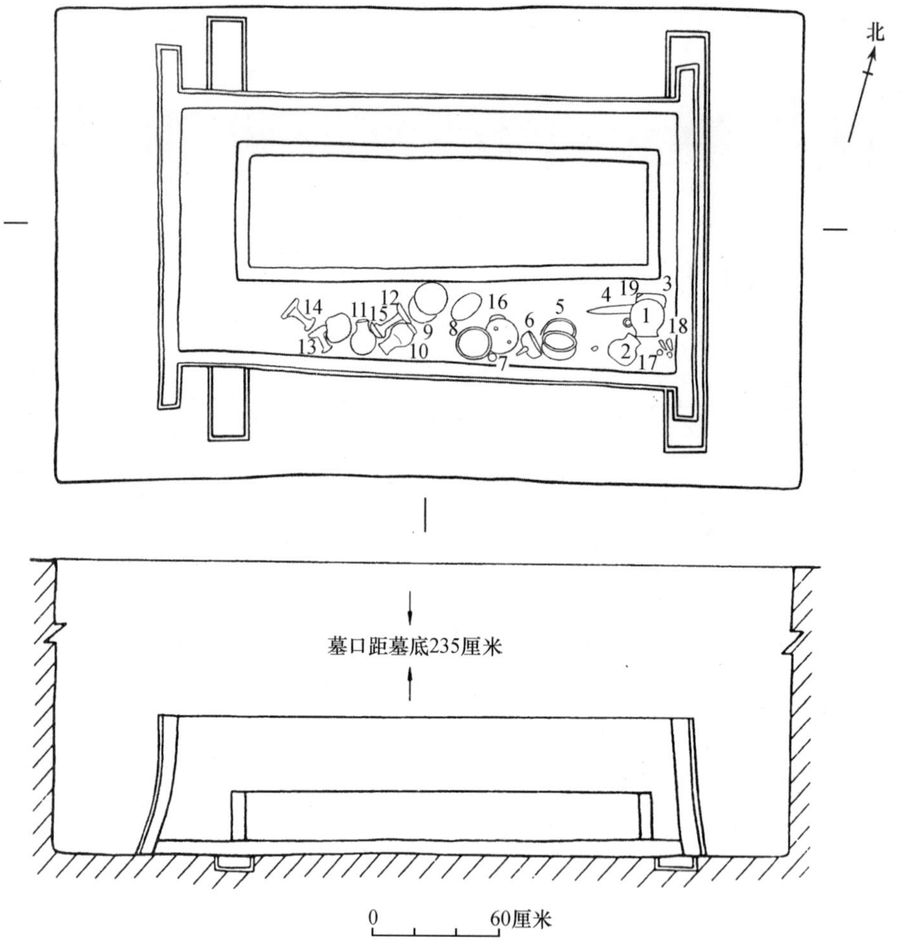

图六　M129平、剖面图

1. 铜鍪　2、3、10、11. 陶壶　4. 铜剑　5、6. 陶鼎　7、16～18. 陶勺　8、9. 陶敦　12～15. 陶豆　19. 铁臿

该墓形制为土坑竖穴，方向75°，为东偏北。墓室平面呈长方形，墓口总长354、宽220厘米。现存墓口海拔159.42米。墓口据地表深为50厘米，墓口到墓底现存深度头端、脚端均为235厘米。墓坑四壁基本垂直，四周有熟土二层台，头端宽约50、脚端宽约50、左侧宽46～50、右侧宽40～42、高65厘米。

墓室填土为浅灰褐色五花土，结构较紧密，夹杂黄土块、褐色沙土及小石块等，填土经特意加工，部分位置可见夯层，厚约17厘米，夯具不详。二层台填土为浅灰褐色花土，结构较紧密，土质较硬，包含有少量黄土块、细砂、褐色土块、石块等，土质粗糙，分选不好，无加工现象，填土不分层次。棺室内的填土为灰褐色淤土，土质较黏且细，结构较疏松，包含有细淤砂、褐色土块等，分选较差。椁内填土分两层，上层为灰褐色淤土，土质较砂，结构较疏松，包含有细淤砂、褐色土块、石块等，分选较粗。下层为青膏泥层，土质较砂，结构紧密，质地纯净，分选不好，其厚度为6厘米。

墓内葬具为一椁一棺，椁底有垫木两根，葬具均已极度腐朽，但灰痕可辨。椁位于墓室中部，椁室平面呈“Ⅱ”字形。长255、宽约132厘米。现存高度头端、脚端均为65厘米。椁板厚6～7厘米。头端左、右两侧出角均为15厘米；脚端左、右两侧出角均为22厘米。椁底长273厘米，头端、脚端的宽度分别为142、144厘米，椁板外侧涂有厚约1厘米青膏泥。棺室位于椁室中部偏北，平面呈长方形，长200、宽59厘米，棺板厚约5厘米，现存高度为23厘米。椁的底部有两根垫木，分别位于墓室底部的两端。东端垫木长195、宽20、现存厚度6厘米，形状为方木，其外侧涂有厚1厘米的青膏泥。西端垫木长195、宽18厘米，现存厚度为6厘米，形状亦为方木，其外侧也涂有约1厘米厚的青膏泥。

棺内有人骨架一具，头向东偏北，方向为75°，由于该骨架腐烂极差。依据出土随葬品中有铜剑等现象分析，推测墓主可能为一男性，年龄不详。

随葬品共19件，其中铜器2件、铁器1件、陶器16件。

铜器　2件。器形有铜鍪和铜剑。

铜鍪　1件。M129：1，置于棺的左侧，在棺椁之间的东端，平放，口部朝南，保存较好。尖唇，侈口，束颈，垂腹，圜底略平，圆形单耳，隐约可见为辫形。口径10.8、高17厘米（图七，8）。

铜剑　1件。M129：4，置于M129：3陶壶之下，尖端朝西，保存较好。圆形空茎，茎上有两道箍，喇叭形剑首，格面呈双翼形，剑身平面呈柳叶状，中脊横断面为菱形，剑身较长，边锋较宽。通长42.3厘米（图七，1）。

铁器　1件。器形为铁臿。

铁臿　1件。M129：20，置于墓室西北角，平放，刃部朝南。舌状刃，纵断面为三角形。残长10.1厘米（图七，11）。

陶器　16件。器形有壶、勺、鼎、敦和豆，保存较好的为陶壶和陶勺。

陶壶　4件。M129：11，置于棺椁之间左侧中部，侧放，口部朝西南，保存较好。泥质灰陶。斜平沿，直口，有盖，盖面呈尖顶弧状，盖面上有三纽，纽残。器身和盖以咬合状扣合，口微侈，长颈，鼓腹，矮圈足，肩部有两个衔环。素面。口径6、最大腹径13.6、底径8、高18.7厘米（图七，2）。M129：12，置于棺椁之间左侧西部，侧放，口部朝北保存较好。泥质灰黑陶，平沿内折呈三角形，直口，长颈，圆鼓腹，矮圈足。素面。口径6、最大腹径13、底径7.9、高17.8厘米（图七，5）。M129：2，置于棺的左侧，平放，棺椁之间的东端，口部朝东北，保存较好。泥质灰黑陶。平沿，直口，长颈，斜肩，腹较下收较为斜直，平底。素面。口径9.4、最大腹径15、底径11.1、高13.8厘米（图七，9）。M129：3，口径8.9、底径11.6、高

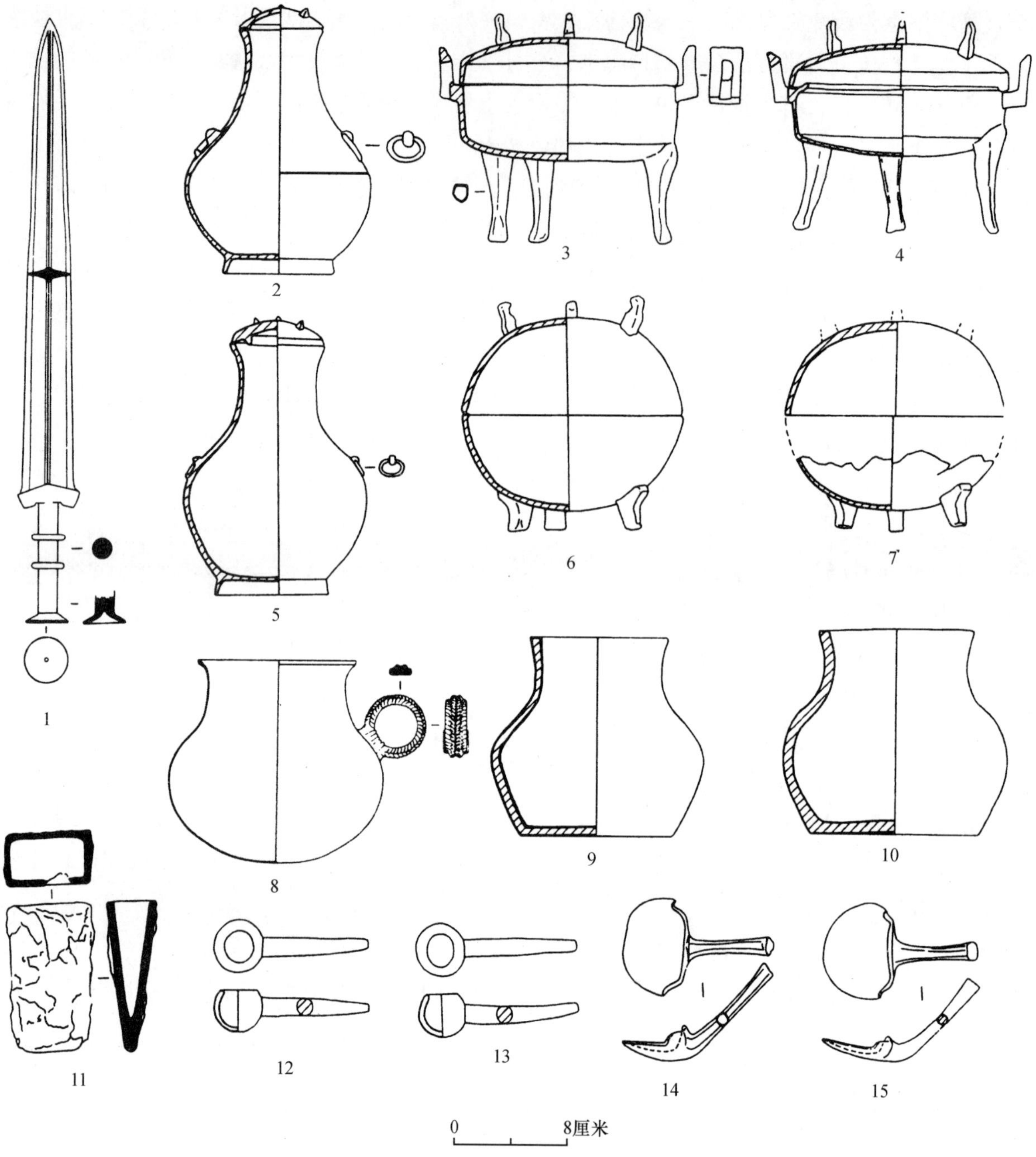

图七 M129出土器物

1. 铜剑（M129：4） 2、5、9、10. 陶壶（M129：11、M129：12、M129：2、M129：3） 3、4. 陶鼎（M129：5、M129：6） 6、7. 陶敦（M129：9、M129：10） 8. 铜鍪（M129：1） 11. 铁臿（M129：20） 12～15. 陶勺（M129：18、M129：19、M129：17、M129：8）

14.2厘米（图七，10）。

陶勺 4件。M129：19，置于左侧棺、椁之间东端，侧放，保存较好。泥质灰陶。勺体呈球形烟斗状，壁较厚，把手较长。素面。通长11.5厘米（图七，13）。M129：18，置于左侧棺、椁之间东端，侧放，保存较好。形制与M129：19相同。通长11.2厘米（图七，12）。M129：8，置于左侧棺椁之间中部，平放。泥质灰陶，勺体呈箕状，勺把中部断面为圆形，头端为圆角方形。素面。通长10.5、高6.2厘米（图七，15）。M129：17，通长10.6厘米（图七，14）。

M131

位于T1044东半部，跨T1044、T1144两个探方，开口于第5层下，打破生土层（图八）。

M131的形制为土圹竖穴墓，方向74°，大致朝东偏北。墓室平面呈长方形，墓口总长315、头端宽160、脚端宽145厘米。现存墓口头端海拔157.94米，脚端海拔158.38米。墓口头端距地表98、脚端距地表24厘米，墓口到墓底现存深度头端为116、脚端158厘米。墓内四周有熟土二层台，头端宽36～47、脚端宽20～32、左侧宽16～32、右侧宽28～46、高度为15～16厘米。

墓室填土与二层台填土基本一致，均为黄褐色花土，夹杂部分黄土块、黑色土粒等，土质较硬，结构较紧密，颗粒粗糙，分选不好。未发现人为加工迹象，填土不分层。椁室内填土为浅黄褐色花土，土质稍黏，结构较疏松，包含少量黄土粒、灰土块等，质地较粗，分选不好。棺室填土为褐色五花土，土质较黏，结构较疏松，包含有黄土粒、褐色土块及灰砂土等，砂性较大，颜色较暗，颗粒细小，分选较好。

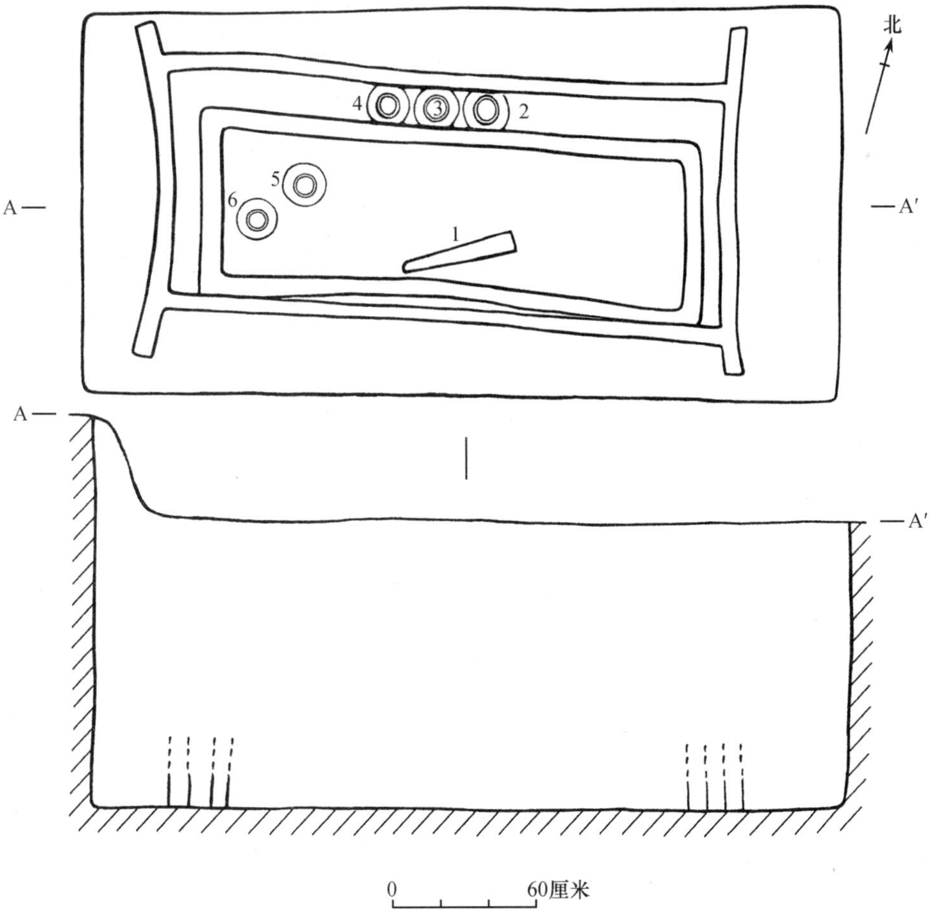

图八　M131平、剖面图

1. 铁剑　2. 铁鍪　3、4. 陶罐　5、6. 漆器

葬具为一椁一棺，均已腐朽，但灰痕可辨。椁基本位于墓室中部，椁室平面呈“Ⅱ”字形，长236、头端宽98、脚端宽90厘米，现残存高度约16厘米，椁板厚4～10厘米。头端右侧出角长10、左侧出角长18厘米，脚端右侧出角长25、左侧出角长10厘米。棺位于椁室中部，平面基本呈长方形，长208、头端宽71、脚端宽68、现存高度约15厘米，棺板厚度约5厘米。

骨架保存极差，已极度腐朽。根据本墓群以往的发掘情况，结合随葬品的放置方式，推测棺内应为骨架一具，头向东北，依据墓中随葬品中有铁兵器的特点，推测墓主可能为一男性。

随葬品共6件，其中铁器2件、陶器2件、漆器2件。

铁器　2件，器形有铁鍪和铁剑。

铁鍪　1件。M131：2，置于左侧棺椁之间，平置，口部向上，保存较好。尖唇，口微侈，束颈，圆垂腹，圜底略平，耳已锈蚀，形状不辨。素面。口径10.6、高13厘米（图九，1）。

铁剑　1件。M131：1，置于棺内右侧中部，平放，锈蚀严重。剑体呈柳叶状，前锋和柄部形状难辨，断面近似椭圆形。残长40.7厘米（图九，4）。

陶器　2件。器形为陶罐。

陶罐　2件。M131：3，置于左侧棺椁之间，平放，口部向上，保存较好。泥质灰陶。斜平沿，圆唇，唇面有一道凹槽，短直颈，宽肩，圆鼓腹，小平底内凹，颈下和肩部共饰四道凹弦纹。口径12、最大肩径19、底径6.8、高11.6厘米（图九，2）。M131：4，置于左侧棺椁之间，平放，口向上，保存较差。泥质黄褐陶，平沿，圆唇，短直颈，圆肩，腹部略鼓，小平底内凹，颈部饰二道凹弦纹。口径12.1、最大肩径19.4、底径7.4、高13.2厘米（图九，3）。

漆器　2件。均放置于棺内脚端，仅残存部分粉红色痕迹，器形难辨。

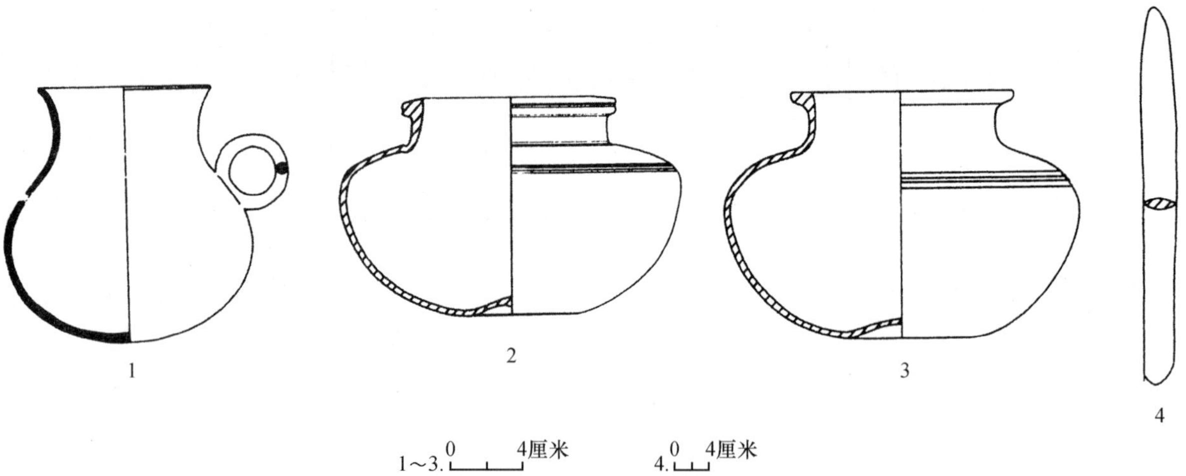

图九　M131出土器物

1. 铁鍪（M131：2）　2、3. 陶罐（M131：3、M131：4）　4. 铁剑（M131：1）

M132

位于T1045西北部和T0945的东北部，开口于第5层下，打破生土层（图一〇）。

该墓形制为土圹竖穴，方向154°，大致朝东南。墓室平面呈长方形，墓口总长340、宽

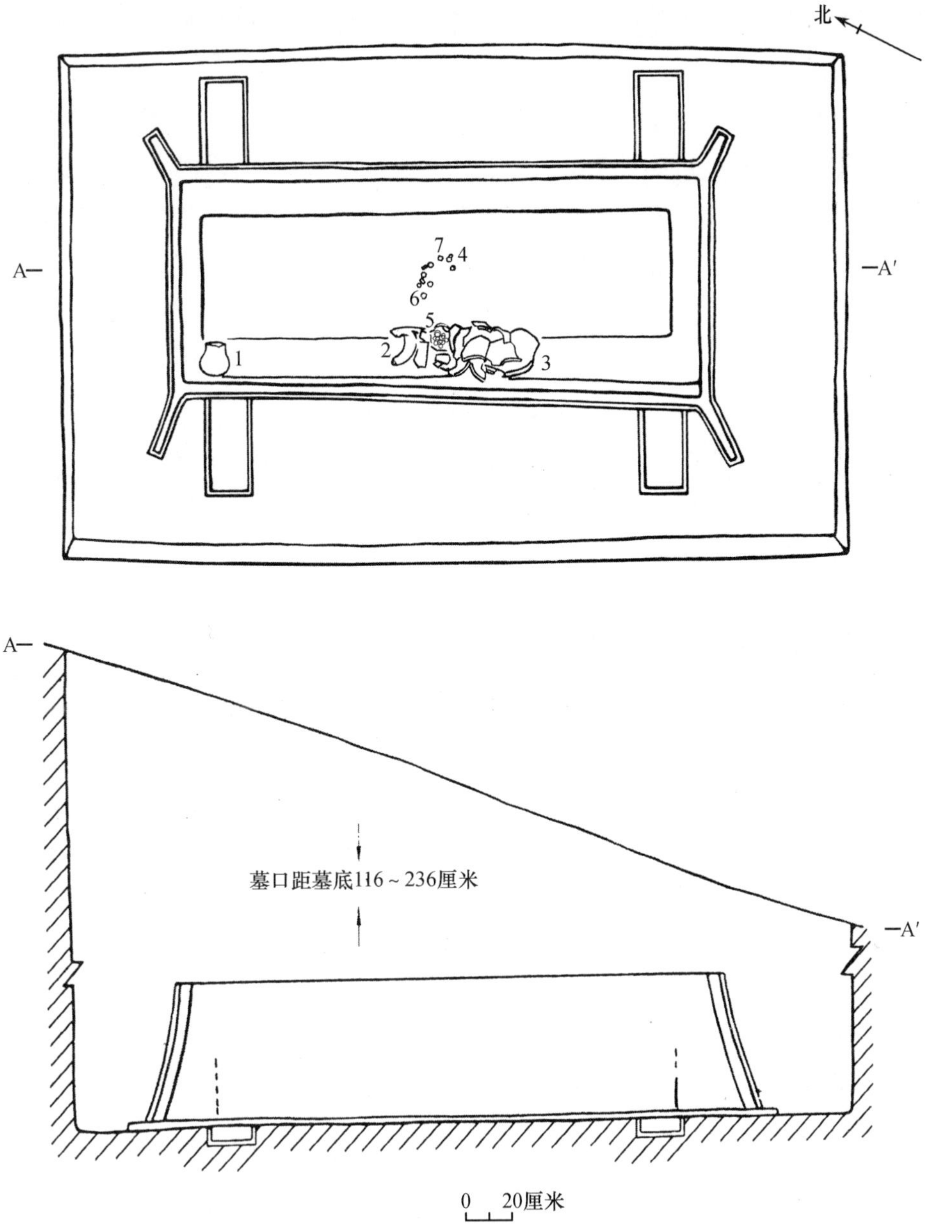

图一〇　M132平、剖面图
1. 铜鍪　2、3. 陶罐　4、5. 串饰　6、7. 铜印章

208～220厘米，现存墓口头端海拔158.17米，脚端海拔159.37米。墓口距地表较深30～90厘米，因该墓处在两级梯田的上下之间，故两端高差较悬殊。墓口到墓底现存深度头端116、脚端236厘米。墓坑四壁稍向内斜，略呈口大底小之形，墓底长330、宽194～207厘米。四周有熟土二层台，头端宽约53、脚端宽约40、左侧宽54～60、右侧宽45～47、高度均为55厘米。

墓室填土为浅灰褐色花土，结构紧密，土质较硬，夹杂有较多的黄土块、褐土块、石块，填土经人工加工，但看不出夯层和夯具的痕迹。二层台填土为浅灰褐色花土，结构较紧密，土质较硬，未发现人为加工痕迹，其中包含较多的大黄土块、褐土块，石粒少量，土质黏而粗糙，分选不好。椁和棺内的填土为浅灰褐色花土，土质较黏，结构稍疏松，含较多的黄土块和褐色土块，土质粗糙。椁腐烂痕迹明显，椁外侧涂有厚约2厘米的青膏泥。在椁下部铺有一层厚约2厘米的青膏泥，极黏，结构紧密，光滑细腻，当为防腐、防潮铺设，青膏泥的范围较椁稍大，长约280、宽约130厘米。

葬具为一椁一棺，椁底部有垫木，已高度腐朽，但灰痕可辨。椁位于墓室中部，椁室平面呈“Ⅱ”字形，长230、宽95～101厘米，现存高度为55厘米，椁板厚4～6厘米。头端右侧出角长18、左侧出角长23厘米，脚端右侧出角长18、左侧出角长24厘米。椁底部长264、宽116厘米，椁板厚约8厘米。棺室位于椁室之内中部，平面呈长方形，长200、宽52厘米，棺板厚度不详，现存高度为10厘米。椁底部有两根垫木，分别放于墓室底部的两端，东西放置，头端垫木长180、宽20厘米，现存厚度5厘米，方形，外涂有约1厘米厚的青膏泥。脚端垫木长176、宽20、现存高度5厘米，形状为方形，外涂厚1厘米的青膏泥。

棺内有骨架1具，头向东南，面向不明。从现存的上肢骨、盆骨和下肢骨等残骨痕迹观察，可能是仰身直肢，由于人骨保存较差，骨架长度不明。依据墓中随葬品有陶器无兵器，且有两串装饰饰品分析，推测墓主为一女性。

随葬品共7件（套），其中铜器3件、陶器2件、串饰2套30小件。

铜器　3件。器形有铜鍪和铜印章。

铜鍪　1件。M132：1，置于人骨脚端左侧棺椁之间，侧放，口部朝东，保存较好。尖唇，侈口，束颈，鼓腹，圜底，圆形耳。素面。口径8.8、最大腹径12.6、高12厘米（图一一，1）。

铜印章　2件。M132：6，放于骨盆下侧，锈蚀严重，保存不好（图一一，12）。M132：7，放于盆骨右侧，锈蚀严重，保存不好（图一一，13）。

陶器　2件。均为陶罐。

陶罐　2件。M132：2，已破碎，放置于左侧棺椁之间（图一一，3）。M132：3，放置于左侧棺椁之间，在M132：2的南侧，已破碎，口沿向西（图一一，2）。

串饰　2套。M132：4，石、贝质串饰，由7小件组成，编号为M132：4-1～M132：4-7，放于人骨盆骨处，呈半环形排列。M132：4-1，石质。黑色，矮体圆柱形，其上粘贴绿色圆形琉璃片及白色贝类小圆珠（图一一，5）。M132：4-3、M132：4-5、M132：4-7与M132：4-1形制同（图一一，7、9、11）。M132：4-2，石质。长圆柱形，中间穿孔，浅绿色，表面平滑，有光泽。直径1.2、高2.4、孔径0.6厘米（图一一，6）。M132：4-4，石质。长圆柱形，中间穿孔，红棕色，其上有直线、折线组成的刻划纹，在刻划纹的间隙地带粘贴有外凸的绿色琉璃片和白色贝质的小圆珠，磨制光滑，制作精良，色彩搭配和谐。直径1、高2.5厘米（图一一，8）。M132：4-6，形制与M132：4-4同，直径1.2、高3.1厘米（图一一，10）。M132：5，贝质串饰，由23小件组成，放于左侧棺椁间M132：2陶罐内，保存状况不好。串饰由圆形贝环组成，仅剩23小件，三个贝环构成一组，共发现完整7组。在一组贝环内，中间一个较大，外缘直径0.9～1.1厘米，旁边2个较小，外缘直径0.4～0.8厘米不等，其中间的圆孔直径都在0.2～0.4厘米（图一一，4）。

通过本年度的发掘，使我们对余家坝墓地的墓葬埋葬特点、棺椁制度和文化特征有了进一步的认识。这些墓葬和以前发掘的墓葬相比既有共性，也有差别。共性主要表现在历次发掘的墓葬基本位于同一墓地之内，空间上相互连接；所有墓葬均为长方形土坑竖穴，人体的安放都

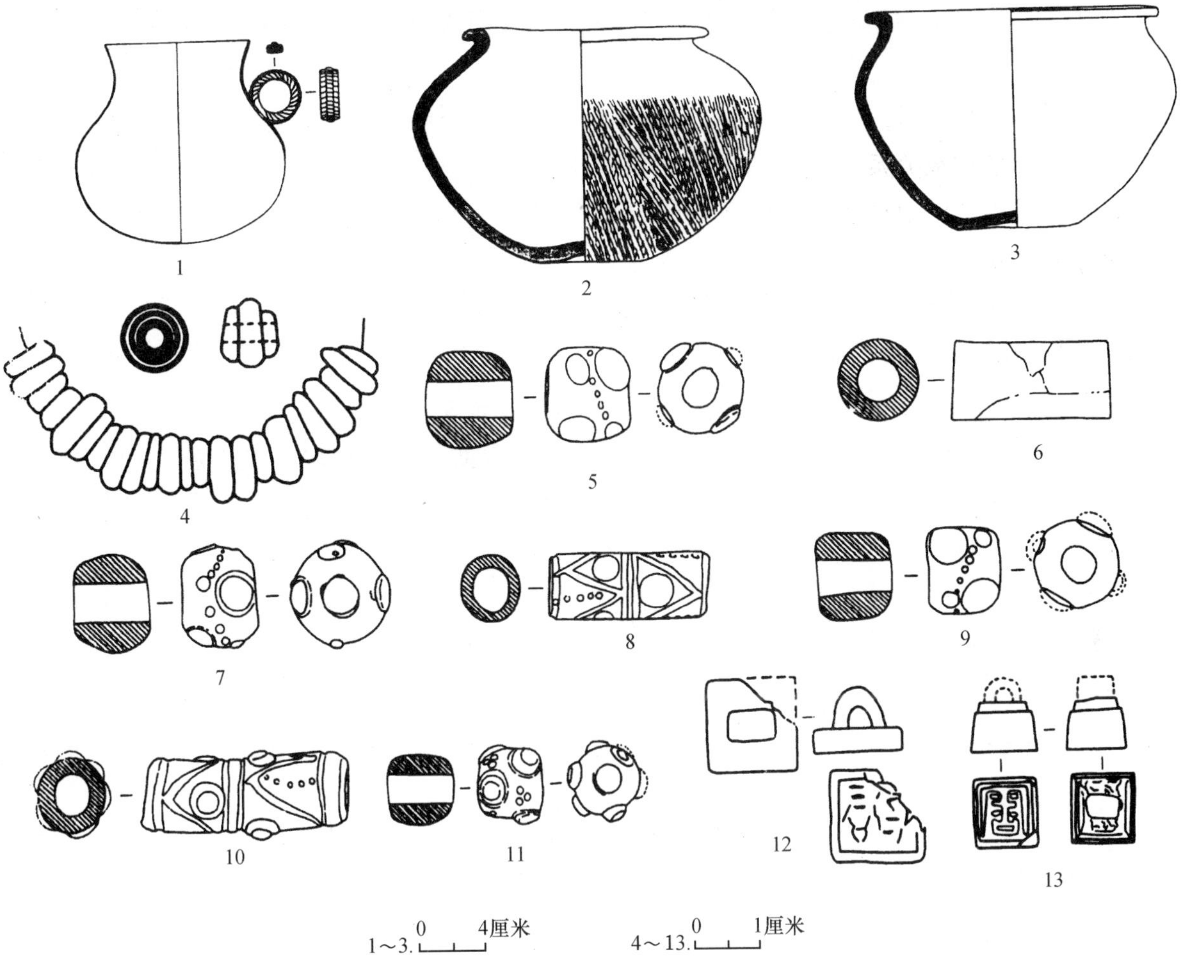

图一一　M132出土器物

1. 铜鍪（M132：1）　2、3. 陶罐（M132：3、M132：2）　4～11. 串饰（M132：5、M132：4-1、M132：4-2、M132：4-3、M132：4-4、M132：4-5、M132：4-6、M132：4-7）　12、13. 铜印章（M132：6、M132：7）

有仰身、下肢伸直而上肢交叉置于腹部的习俗；葬具多为一椁一棺，椁均为“Ⅱ”形，棺则为长方形；随葬品的种类和器形都有一些相同和相近的因素。

同时本年度发现的墓葬也存在明显的自身特色，主要体现在以下几个方面。

（1）本次发掘的墓葬，墓室面积相对较大，墓圹较深。在发现的12座墓葬中，墓室长度超过3米的有7座，超过半数。多数墓葬的墓坑较深，不少超过了2米，其中最深的M122，从墓口到墓底的深度为3.4米，距地表深度达3.7米。

（2）棺椁制度与以往的发现也存在一定差别。本年度发掘的墓葬，用青膏泥涂抹葬具的现象明显减少，特别是几座较大较深的墓葬，已经不再延续以往使用青膏泥的传统做法。并且，棺在椁内的陈放位置也有所变化，即棺多偏于椁内一侧。

（3）随葬品方面的变化。首先是随葬品的数量增多，不少规模较大的墓葬随葬品达到20件左右；其次是随葬品中的青铜兵器和礼器显著减少，而陶器成为大宗，并且，随葬品中的陶器多为仿铜陶器，多成组成对（或为偶数）使用，器形以鼎、敦、壶、豆、罐为主，在鼎和壶上多附加陶勺，陶壶上所放多为烟斗式陶勺，而陶鼎上则为箕状陶勺，这也是以往发掘中未见到的现象；再次是随葬品的陈放位置也发生了明显变化，即从以放在棺内为主，发展到多置于一侧的棺椁之间。

上述共同特征表明，余家坝墓地应是同一族群人们的墓葬，它在墓葬制度、埋葬习俗等方面存在着明显的传承关系。墓葬之间的差别则说明其在年代上应有早晚的不同，即前两年发掘的墓葬，时代以战国中晚期为主，而今年发掘的这一部分墓葬，其时代相对要晚一些，应为战国晚期至西汉初年。

余家坝墓地的发掘工作得到了重庆市文化局，开县人民政府以及文化局、文管所，渠口镇政府和云安村的大力协助，在此一并致谢。

领队：栾丰实
发掘：栾丰实　王　芬　陈　彤 等
绘图：王　芬　王炳合
执笔：栾丰实　王　芬

石柱观音寺遗址2002年度发掘简报

河 南 省 文 物 考 古 研 究 院
石柱土家族自治县文物管理所

根据与重庆市文化局签订的《重庆市三峡工程淹没及迁建区文物保护协议书》（2002协字1085号）中的有关考古发掘项目的规定，河南省文物考古研究所（今河南省文物考古研究院）组成三峡考古队，在石柱土家族自治县文物管理所的协助下，于2002年7～8月对重庆市石柱土家族自治县西沱镇水磨溪村观音寺遗址（图一）进行了第二次考古发掘。现把本次考古发掘的收获报告于下。

一、地理位置与历史沿革

石柱县，原名石砫县，古为南宾县。位于四川盆地东南部长江南岸的边缘山区，原隶属四

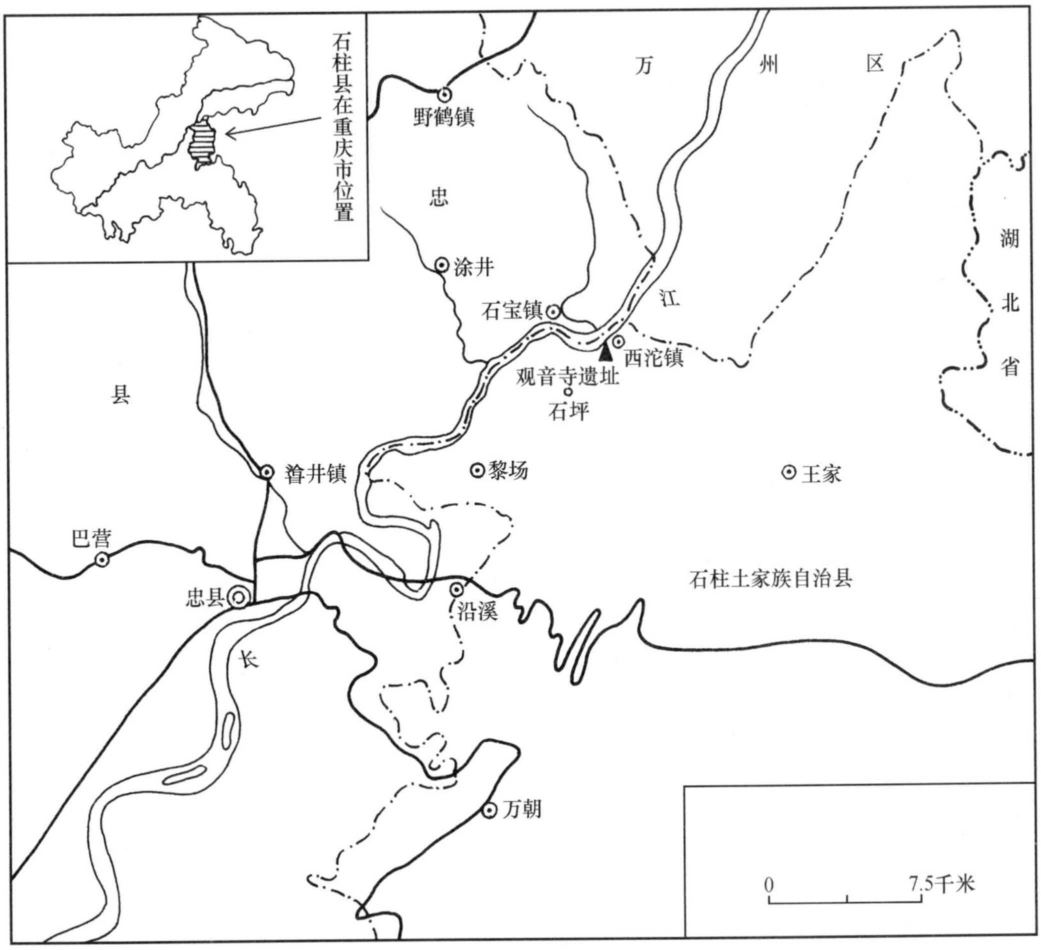

图一　观音寺遗址地理位置示意图

川省涪陵地区，现属于重庆直辖市。地处东经107°59′~108°34′，北纬29°39′~30°32′。东靠湖北省利川市，南连重庆市彭水苗族土家族自治县，西南接丰都县，西北邻忠县，北与万州区接壤。

石柱县地，古为《禹贡》梁州之域。西周、春秋（公元前1027年~前476年）时期属巴国“南极黔涪”领域。战国时期（公元前475~前221年）先后属楚黔中地及秦黔中郡。秦统一六国后，县地大体以七曜山脉为界，大部分（长江南岸至七曜山脉西面）属巴郡，少部分（七曜山脉东面）属黔中郡。两汉时期（公元前206~公元220年），县地仍大体以七曜山脉为界，大部属临江县（今忠县）南境，少部属涪陵县（今彭水）北境。三国时期（220~265年），西界沱是蜀汉益州以长江为界，分置巴、巴东、涪陵三郡的交界地，县地属江南的涪陵郡涪陵县（今彭水）。两晋时期（265~420年），县地均属江南的涪陵郡涪陵县（今彭水）。南北朝时期（420~589年），宋时（420~479年）县地改属巴郡，齐时（479~502年）属巴郡（今重庆）临江县（今忠县），梁时（502~557年）属临江郡；北周（557~581年）初属临州临江郡，武帝保定初（561年）属临江地分置的南都郡源阳县，建德四年（575年）属南都郡源阳县改名的怀德郡武宁县（治所在今万州区武陵镇）。隋时（581~618年），县地属临州武宁县。

唐武德二年（619年）武宁县改属浦州，同年，分浦州之武宁县西界地置南宾县（今石柱），隶临州（今忠县）。此为石柱建县之始。五代十国（907~960年）直至明洪武十四年（1381年）均循唐制，置南宾县，隶属忠州。

南宋建炎三年（1129年）在南宾县水车坝（今石柱县悦来乡古城坝），开始设立军事机构石砫安抚司，以节制九溪十八峒少数民族。此后这一军事机构一直存在。明洪武八年（1375年），置石砫宣抚司。明洪武十四年（1381年），撤销南宾县，部分县地并入丰都县，编为南宾里，其余县地归石砫宣抚司管辖，隶属重庆卫。嘉靖四十二年（1563年），石砫宣抚司改隶夔州卫。天启元年（1621年），因石砫女宣抚使秦良玉勤王，平乱有功，由宣抚司升为宣慰司。清乾隆十八年（1753年），由云安厂夔州军军府同知移驻代管石砫宣慰司。乾隆二十二年（1757年）由移驻代管改置石砫厅，收缴了土司印信，实行改土归流，仍隶夔州府。乾隆二十六年（1761年），升为石砫直隶厅，直隶四川省。民国二年（1913年），改为石砫县。1959年改为石柱县。1983年，成立石柱土家族自治县。

西沱镇，原名西界沱。以古为“巴州之西界”，地临长江南岸回水沱而得名。位于石柱县北端，距县城78.3千米。古为巴郡与巴东郡交界地，今是石柱、忠县、万州交界地。秦汉时已有村落，唐宋时期是川东、鄂西边境物资集散地之一。北宋真宗咸平五年（1002年）为商贸繁盛之地，而且，已是施州等地以粟易盐的口岸，“川盐销楚”盐大道的起点。

在今西沱镇西的水磨溪村，明代建有江家场，为运盐码头，属忠县。清同治九年（1870年）毁于长江洪水[1]。

---

① 石砫厅同知王萦绪创修：《石砫厅志》，清乾隆四十年（1775年）；石柱县志编纂委员会编：《石柱县志》，四川辞书出版社，1994年，第8~11、36~47、59页。

二、遗址现状

观音寺遗址，位于重庆市石柱土家族自治县西沱镇西约2千米的水磨村江安自然村西，与长江北岸的国家级重点文物保护单位石宝寨隔江相望。地理坐标为东经108°11′17″，北纬30°24′15″，海拔151～152米，相对高程25米。遗址地处长江南岸的较低缓的台地上，东西长约250、南北宽约90米，西面濒临水磨溪。遗址的中心位于台地的西部。观音寺遗址的得名，源于这里早年有一座观音寺。据考证，这里以前有一座供奉观音菩萨的寺院，庙门向南，鸟瞰水磨溪，背对长江；除主殿外，还有多间东西厢房和一后院，并有一后门。20世纪50年代初，主殿被拆毁，厢房及后院为当地村民所居住。以后在寺院北面又续建了少量民房。现按照三峡库区第二期移民规划，此处的村民已搬迁完毕。寺院基址仍存，平面近方形，边长约40米，地表上残留有大量建筑废弃物，主要是砖、石、土坯块以及木质废料等。从搬迁后的建筑残基观察，原寺院基址已遭到很大的破坏，地表高低不平。2001年，河南省文物考古研究所依照与重庆市文化局签订的有关考古发掘项目的协议的规定，对该遗址进行了第一次全面的考古勘探和首次发掘，发掘出土的遗物表明，这里是一处约从新石器时代晚期一直延续到明清时期的古文化遗址①。

三、发掘概况与地层堆积

根据遗址的现地形地貌并参照上次勘探和发掘布方的情况，决定本次布方集中在原观音寺基址台地东北部和台地北面，共布5米×5米探方44个（图二）。

本次发掘区域遗存地层堆积情况，可以分别从发掘区的南北向纵剖面（T1104、T1004、T0904、T0804、T0704、T0604、T0504西壁）（图三，1）和东西向横剖面（T0708、T0707、T0706、T0705、T0704、T0703、T0702南壁）得到较为全面的反映（图三，2）。本次发掘区域地表南高北低，高差达1.3米，南部为观音寺旧址，北部较为平坦。

地层堆积大致可分为4层，这里以T0704西壁为例，按地层上下叠压关系，由上向下，由晚及早加以简要说明。

第1层：为现代耕土层。厚15～25厘米。土色深灰，较纯净，包含物极少，主要是小块的砖瓦块和瓷片；土质较为疏松，呈黏性，内含较多植物根系。该层内还出土或采集有个别清代钱币。

第2层：厚10～20厘米。土色灰白，夹杂有分布较为均匀的褐黄色水锈土块或颗粒。内出土有少量的小块瓦块、小块瓷器残片等。出土瓷器的器形主要为小件器，如碗、盘、杯等；釉色以青釉、白釉为主，还有黑色、黄色、酱色等，也有青花瓷。从出土器物的各方面特征看，

① 河南省文物考古研究所、重庆市文化局三峡办、石柱土家族自治县文物管理所：《重庆石柱县观音寺遗址发掘报告》，《华夏考古》2007年第3期，第43～71页；河南省文物考古研究所、重庆市文物局、石柱土家族自治县文物管理所：《石柱观音寺遗址发掘报告》，《重庆库区考古报告集·2001卷·下》，科学出版社，2007年，第1449～1479页。

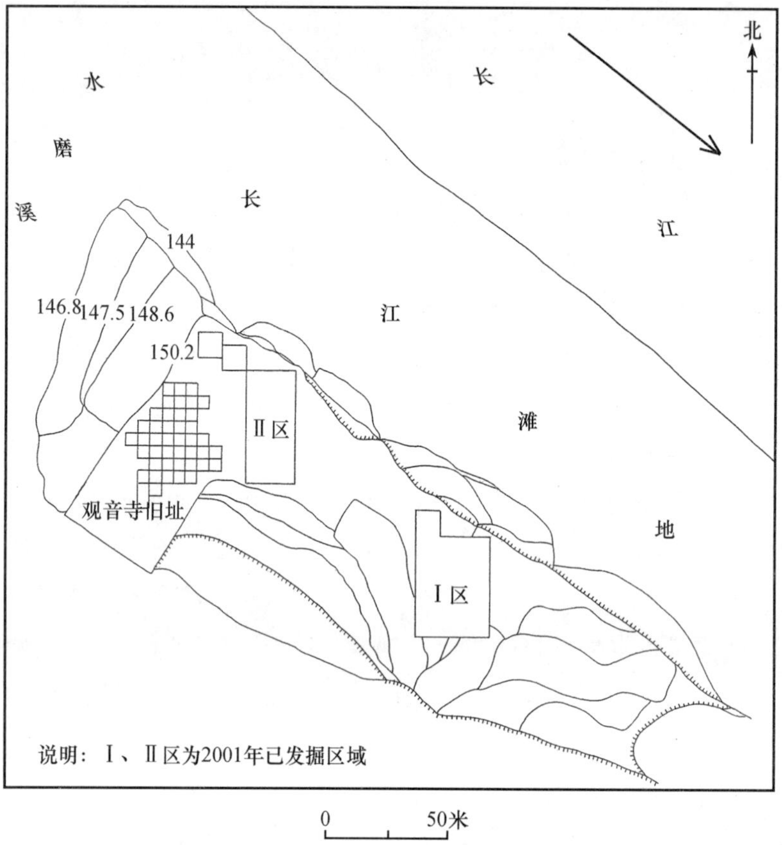

图二　2002年观音寺遗址发掘探方位置图

第2层应为明清时期的堆积。该层内大部分出土遗物为从下层扰上来的较早期遗物。

第3层：根据土质土色可以分为二亚层。

3A层：厚50～65厘米。土色浅灰，土质稍硬，内含有炭粒、红烧土块，出土有陶瓷器残片、瓦片、石块等。在遗址的本次发掘区域均有分布。

3B层：土色灰黄，土质稍硬，内含炭粒、红烧土颗粒，也出土有陶瓷器残片、砖瓦块及石块等，该层最厚处为35厘米，仅分布于探方西部。

观音寺遗址以第3层出土遗物最丰富，其中又以陶瓷器残片数量最多。瓷器从器形上分属饼状足或圈足白瓷碗、青瓷碗、黑瓷碗、酱釉瓷碗、青瓷杯、青瓷碟、青瓷罐、黑瓷盏、黑瓷香炉、黑釉罐、花瓷罐等，其中的印花青瓷碗残片也很重要和少见。特别是出土了一件花瓷罐，已经修复，比较精美。出土陶器有罐、瓮、盆、壶、瓦、瓦当、砖、网坠、象棋棋子等。其中，釉陶器多为较大型器，胎较厚且均呈红褐色，质地坚硬；釉色分为黄、白、绿色。另外还出土有少量铁器、铜器、石器和钱币。遗物的时代特征明显为唐宋时期。需要说明的是，该层内出土的少量石器、陶器残片等应为唐宋时期从早期地层扰上来的早期遗物。

第4层：厚20～40厘米。土质结构致密，土色呈浅黄灰色，夹杂有暗灰色土粒。土内包含有个别炭粒和红烧土颗粒；地层内出土物较少且越往下出土物越少。出土物唯见陶器残片和残石器。陶器胎大多较薄，质脆；陶色以灰为主，还有蓝黑色和红色。陶器纹饰主要为绳纹，分中绳纹和细绳纹两种，印痕均较浅。因陶片破碎严重，器形难以辨明，可能有盆、罐、壶、

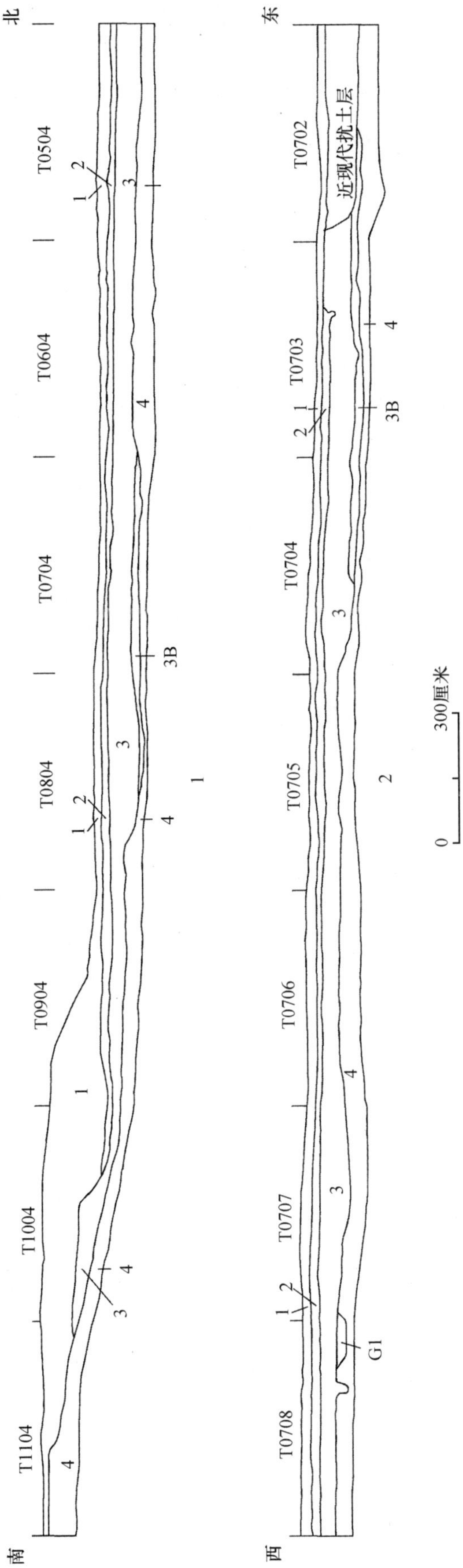

图三　2002年观音寺遗址发掘区地层剖面图

1. 南北向纵剖面　2. 东西向横剖面

鬲、高柄豆等；该层堆积可能形成于商周时期至汉代。

第4层以下不见有文化遗物，土色与第3层区别甚微，唯结构更为致密、坚硬，应为生土或次生土。整个文化层堆积以近基址台地为最深，越往北离台地越远，各文化层堆积越薄、越浅。而台地东北角上部扰层较厚，文化层相对较薄。

四、遗　　迹

本次共发掘各个时期的灰坑及遗迹4个，另外还有一较大的坑状遗存（图四）。

H1　位于T0808西南部。系长方形灰坑，较规整，开口于第3层下，长4.4～4.6、宽1.1～1.4、深约0.3米，坑口距地表0.85米。内出有少量陶瓷片。该坑系人工挖成。

H2　位于T0905东北角。系圆形灰坑，较规整，开口于第4层下；该灰坑大部分压在隔梁下，直径约1.8、坑深约0.3、坑口距现地表约1.1米。内出有数块细绳纹泥质褐灰色陶片。该坑系人工挖成。

H3　位于T0807东南部。圆形，直径1～1.2、深约0.9、坑口距现地表约1米。开口于第3层下，坑壁较平整、略向内倾斜，底部较平整。坑内填土较为疏松，内含少许草木灰、石块及泥质素面陶片。

G1　位于T0606中部，开口于第3层下。该沟呈西北东南向，并向相邻的探方内延伸，

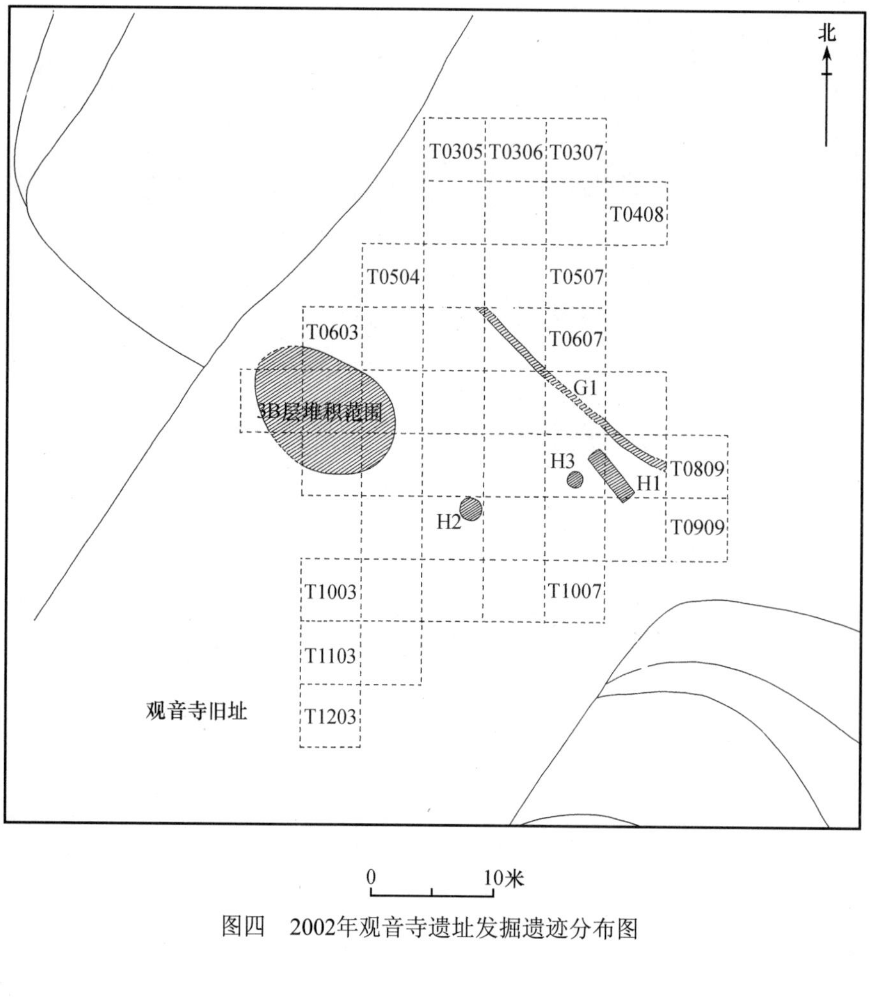

图四　2002年观音寺遗址发掘遗迹分布图

在T0707和T0506内逐渐浅出并消失，又在T0808的东北角部有较明显显示。沟宽约50、深约20厘米，沟总长约20米。沟内出土少量陶瓷器残片及石块、瓦片等。该沟可能系当时排水所挖成。

探方T0603、T0703、T0803、T0702、T0704等第3层下有一较大的坑状遗存（发掘时确定为3B层）。该坑平面大致呈椭圆形，西北至东南长径13、短径8.6米。该坑深0.05～0.25米。坑内出土有较多的黑瓷、青瓷、白瓷等瓷器残片，亦出土有红褐色厚胎釉陶器残片。陶器主要为灰色瓦块，内布纹较浅，外素面。

五、遗　　物

遗址内出土的遗物可分为瓷器、陶器、铁器、铜器、石器等几大类。

根据观音寺遗址的地层堆积及遗物出土情况，为了便于全面、完整地介绍，按地层上下叠压顺序对出土遗物叙述如下。

（一）第1、2层出土遗物

第1、2层出土遗物较少，且多为扰上来的较早期遗物。在第1、2层内出土的较为重要的遗物为清代的钱币。

T1004①：1，直径2.4、内孔边长0.6厘米，正面钱文为“乾隆通宝”，背面为满文，字体清晰工整（图五，1）。采：1，直径1.6、内孔边长0.5、廓宽0.15厘米。正面钱文为“乾隆通宝”（图五，3）。采：2，直径2.1、内孔边长0.6、廓宽0.2厘米。钱文为“道光通宝”，背面为满文，字体清晰工整。出土于T1005上层扰土内（图五，2）。

另外，于观音寺基址台地处T0904上层扰土内出土一枚铜币（采：3），为“隆武通宝”。

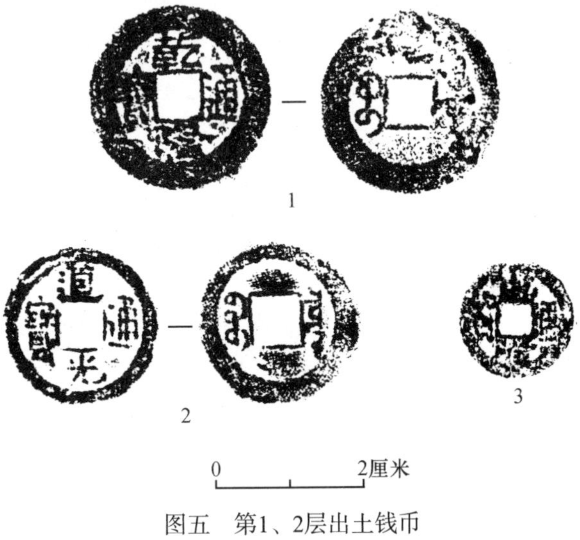

图五　第1、2层出土钱币

1. 乾隆通宝（T1004①：1）　2. 道光通宝（采：2）

3. 乾隆通宝（小钱）（采：1）

“隆武”为明末清初南明唐王朱聿键的年号。1645年，闰六月，明唐王聿键在福州即帝位，改元隆武。1646年8月，即隆武二年，明唐王在汀州被俘，死于福州。故该年号只存在了两年①。

（二）第3层出土遗物

1. 瓷器

出土的瓷器按釉色可分为青瓷、白瓷、黑瓷、花瓷等几类，以青瓷、黑瓷数量最多。器形有碗、盘、碟、盏、杯、壶、瓶、罐、缸、灯、香炉等，又以碗为大宗，见附表一。

（1）青瓷

出土的青瓷器有碗、盘、壶、杯等器类。

青瓷碗按装饰技法不同，可分为素面、印花、划花、瓜棱及瓜棱划花等类型。

素面青瓷碗按口部、腹部的不同形制特点，可分为三型。

A型 1件。T0809③：5，釉色青中泛白。矮圈足，露胎。口外侈，尖圆唇。灰白色胎，厚3毫米。口径11.8、底径4.5、高4厘米（图六，3）。

B型 1件。T0702③B：20，釉色淡青，有开片现象。口唇处失釉，饼状足露胎，其余部分满釉。外壁近底部分有放射状绳纹印线。口外侈，方唇，施有化妆土。内壁分布有数道明显的微凸竖棱线。胎灰白色，厚4毫米。口径16、底径6.2、高5.6厘米（图六，5）。

C型 1件。T0704③B：3，釉色淡青，发亮，玻璃感较强。开片明显。小饼状足。除足底面露胎外，满釉。内底较小，釉色暗青。大口外撇，尖唇。白胎较厚，约4毫米。口径13.2、

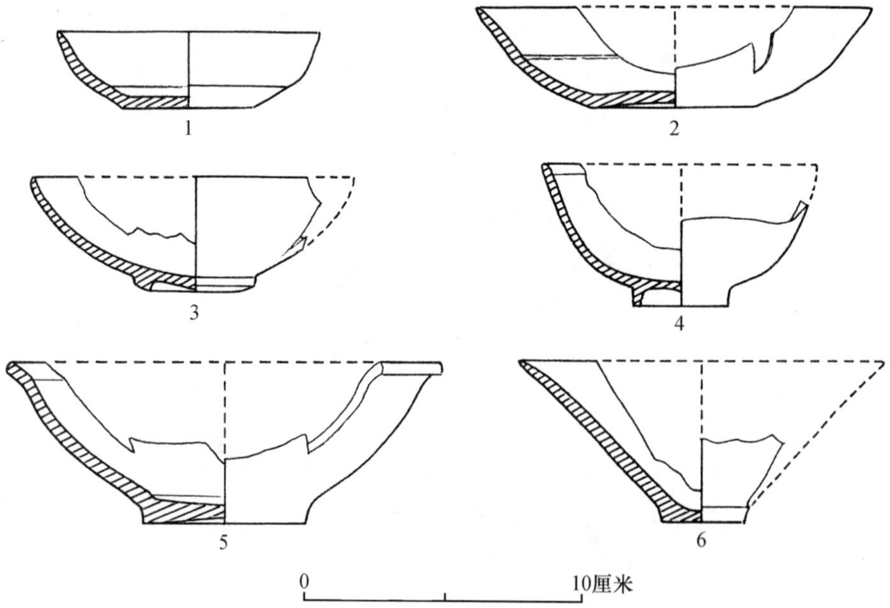

图六 第3层出土青瓷器

1. 碟（T0606③：4） 2. 盘（T0606③：5） 3. A型碗（T0809③：5） 4. 印花碗（T0703③B：2）
5. B型碗（T0702③B：20） 6. C型碗（T0704③B：3）

① 李崇智：《中国历代年号考》（修订本），中华书局，2001年，第209页。

底径2.9、高5.7厘米（图六，6）。

另出土有一部分素面青瓷碗残片。

T0703③A：6，为底部残片，釉色青灰，发亮。青灰色胎，厚3毫米。矮圈足，素胎。器形较大。T0704③A：5，为口部残片，釉色青亮。尖唇。白胎。厚2~4毫米。T0705③：2，为口部残片，釉色青中泛白。白胎。口沿外侈，圆唇。T0804③B：5，为底部残片，釉色青中泛白。小圈足。T0804③B：6，为底部残片，釉色暗青。白色胎，厚4毫米。开片。外划大朵花瓣图案。饼状足，足底无釉，应为垫饼烧制。T0804③A：10，为口部残片，内外均施釉，唯口沿唇部露胎。釉色暗青。灰青色胎，细腻，坚硬，厚2毫米。开片明显。口沿外侈，方唇。外划大朵花瓣图案。T0702③A：9，为口部残片，釉色浅青，较亮。口唇部失釉。胎灰白色，厚3~7毫米。口沿微外折，方唇。内有数条明显竖凸棱线。其形制与B型碗（T0702③B：20）接近。T0704③A：4形制、釉色与T0702③A：9相同。T0804③B：9，为底部残片，釉色暗青。灰白色胎，淘洗不够纯净，厚7毫米。开片。璧形足。

青瓷印花碗　1件。T0703③B：2，釉色淡青，玻璃感较强。口沿及小圈足内露胎。器外有四周微凸轮制痕。口微外侈，方唇。器内底有一梅花瓣形印纹。胎厚2~3厘米。口径10、底径3.4、高5厘米（图六，4）。

青瓷印花碗残片　3件。T0607③：3，为底部残片，釉色泛青。胎白，细腻，质硬，厚2.5毫米。内外均施釉。小圈足，近底处釉厚。器内底有梅花形印花，风格写意。T0804③B：4，为底部残片，内亦印有花朵图案。T0803③A：6，为底部残片，釉色青亮。内有花朵形印花图案。T0703③A：14，内外均施釉，内底露胎。釉色青中泛灰。灰白胎，厚5~7毫米。外印花瓣形花纹。口微侈，方唇。

青瓷划花碗残片　1件。T0703③B：6，釉色暗青，玻璃感较强。矮圈足，底不挂釉。胎灰白色，壁厚4~7、底厚10毫米。内釉下划花，线条流畅、豪放。

青瓷瓜棱碗残片　4件。T0704③A：6，为底部残片。釉色浅青。矮圈足。白胎，厚3~7毫米。外做出瓜棱状装饰。T0606G1：1，为口部残片，釉色青中泛白。开片明显。白胎，厚3毫米。尖唇。外做成瓜棱形。T0803③A：5，为腹部残片，釉色青亮。胎薄，厚仅1毫米，透光。外做出瓜棱状装饰。T0804③B：11，为腹部残片，釉色青灰，发亮。灰青色胎，细腻，坚硬，厚2毫米。外做出瓜棱状装饰。

青瓷划花瓜棱碗残片　1件。T0809③：3，为底部残片，釉色深青。白胎，厚5毫米。饼状足，足面有两周凹槽。器外划出宽深凹纹花瓣图案，近瓜棱形。内有划花，似为草叶图案。

青瓷碟　1件。T0606③：4，青釉色，略泛白，较亮。器外下不满釉。白胎，厚约4毫米。口沿微外侈，尖圆唇。平底。内底平，有一周凹痕。口径9.6、底径4.6、高2.7厘米（图六，1）。

贴花青瓷碟口部残片　1件。T0606③：10，釉色青中泛白，较暗淡。内外均施釉。白胎，厚2~5厘米，口部较薄，下部最厚；淘洗不够细腻。口外侈，尖唇。向内弧折腹明显。器外贴有凸起的花瓣纹装饰。

青瓷盘　1件。T0606③：5，釉色淡青，较亮。平底，底面露胎。白胎，厚约4毫米。外腹壁有两周明显的轮制凸棱。口外侈，尖唇。内下近底处有一周凹痕。口径14.5、底径6、高3.5

厘米（图六，2）。

青瓷印花盘残片　5件。T0607③：7，釉色青中泛黄，类钧瓷。胎白，细腻，厚2毫米。器内印花，印痕呈暗青色，似为一变形兽面。T0803③A：4，釉色青中泛白。口沿处失釉。内有一周印花纹，点状，似山丘形。胎厚2毫米。T0607③：1，釉色青中泛蓝，玻璃感强。胎白，细腻，质硬，厚2毫米。方唇，直沿，口沿部露胎。内壁印花，分上下两周印花带，上周纹饰带为回字形纹；下周为两层心形卷云纹，上下心形尖相对。印花带釉较薄，色泛白。T0607③：2，器形特征与T0607③：1相同，唯印花纹带稍有区别：心形卷云纹内均有一圆点。T0703③A：10，为口部残片，釉色青中泛灰，较暗，几呈灰白色。器外釉中有大的气孔。胎白，细腻、坚硬。口外撇，尖圆唇。圈足。

青瓷壶流残片　1件。T0606③：11，釉色青中泛白，玻璃感强，开片不够均匀和明显。胎白，细腻。壶流从根部上翘，然后平折。流嘴下斜切，已残。

青瓷壶口沿残片　1件。T0607③：5，釉色青中泛黄，类豆青色。胎红褐色，色较浅，质坚硬，厚3毫米。小直口，尖圆唇，弧肩。

青瓷杯残片　1件。T0702③B：14，仅存小圈足底。釉色青灰。胎亦青灰色。足外底内轮制内心尖凸出。

另外，还有1件釉色较为特别的残瓷器。T0606③：16，釉色青中泛褐。器内青釉中有水波纹状灰褐色釉斑，呈梯田水墨画状。外灰褐色釉斑线呈放射状。内外开片明显。

（2）白瓷

出土的白瓷器主要是碗，还有碟、香炉等。按装饰的不同，可分为素面、印花、瓜棱等几类。

白瓷碗　3件。依口部和腹部的不同形制特点，可分为三型。

A型　1件。T0905③：1，釉色白中泛灰，小开片。口外撇，圆唇。胎灰白色，厚约5毫米。圈足，素胎。口径13.8、底径5.3、高4.2厘米（图七，2）。

B型　1件。T0507③：7，白釉，色泛黄。釉薄。外底无釉。口外撇，沿外侈，尖唇。圈足较高。白胎，厚2～4毫米。口径17.2、底径6、高6厘米（图七，3）。

C型　1件。T0606③：3，釉色白中略泛黄。有开片。器外底不满釉。白胎，厚3～4毫米。口沿外侈，尖唇。饼状足，内凹，削沿。口径12.3、底径4.8、高4.2厘米（图七，4）。

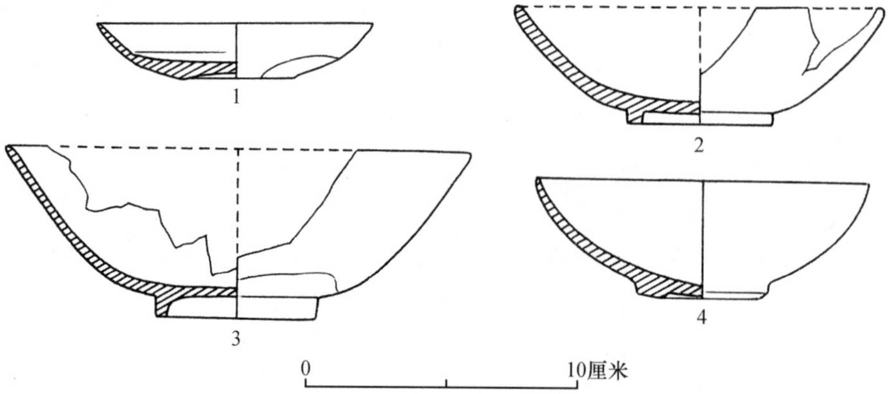

图七　第3层出土白瓷器

1. 碟（T0606③：2）　2. A型碗（T0905③：1）　3. B型碗（T0507③：7）　4. C型碗（T0606③：3）

白瓷碗残片　3件。T0804③A：7，釉色白中泛黄，用有化妆土。胎黄褐色，较细腻。圈足。T0405③：1，釉色泛灰。胎色深灰，淘洗较粗疏。施有白色化妆土，上釉较薄。侈口，矮圈足。T0703③B：18，侈口，圈足。釉色灰白，胎深灰色。外底露胎。向下有流釉现象。

白瓷瓜棱碗残片　2件。T0603③A：3，白釉，色泛灰。口沿处呈暗灰色。外做成瓜棱形。尖唇。胎灰白色，厚2～3毫米。T0804③：12，釉色白中泛黄。灰白色胎，厚3毫米。尖唇。外做出瓜棱形。T0606③：10，外做出花瓣形。

白瓷印花碗残片　1件。T0703③A：13，内外均施釉。釉色白中泛灰。灰白胎，厚3毫米。内印有两周图案，上周为回字形花纹，下周花纹较为模糊。侈口，尖唇。

白釉香炉足残片　1件。T0606③：19，内施白釉，釉色泛黄。外无釉，蓝灰色。胎呈红褐色，厚5毫米。器内底近平。器底外有明显的指纹抹痕。舌状足外撇，与器底附加粘接痕迹明显。四器足，另外有四处附加装饰物。

白瓷碟　1件。T0606③：2，釉色白中略泛黄。小开片。白胎。浅盘，尖唇。器外不满釉，腹由轮制刀削痕迹明显分为三带，分区之间有微凸棱。平底内凹。内底平，有四个支钉烧制痕，黏有较粗砂粒。口径10.3、底径4.4、高1.9、胎厚2～6厘米（图七，1）。

另外1件瓷器残片釉色较为特殊。T0708③：2，玻璃感强，釉呈灰褐色。底釉为灰白色，混有大块灰褐色釉斑，内斑呈花形（菊花）。胎白，质地细腻，厚约3毫米。

（3）黑瓷

出土的黑釉瓷以碗、碟为大宗，还有罐、长颈瓶、灯、香炉等器类。

黑瓷碗　依口部与腹部不同特征可分五型。

A型　4件。T0704③B：10，黑釉，色泽较暗。外下底无釉。圈足较高。尖圆唇。壁直外侈。内底有垫圈痕，露胎。灰白色胎，厚2～6毫米。口径10.8、底径4.6、高4.8厘米（图八，5）。T0702③B：6，釉色泛灰，发暗，呈深灰褐色。外底及圈足露胎。尖圆唇。壁直外撇。器内底垫圈痕迹明显，宽约1厘米，露胎。胎灰褐色，厚3～6毫米。口径11.3、底径5、高5厘米。T0702③B：5，釉呈酱色，色泛黄，清亮，玻璃感强，有较多杂斑点。外底及足露胎，圈足较高。口沿处失釉，尖圆唇。器内底垫圈痕迹明显，宽约1厘米，露胎。胎灰白色，淘洗不够细腻，厚约4毫米。口径10、底径4.5、高5厘米。T0702③B：4，黑釉，玻璃感较强。外底及足露胎。小饼状足，近边处有一周凹弦纹。外底刀削痕明显。胎灰白色，厚4毫米。口微外侈，尖唇。口径10、底径4、高5.1厘米。

B型　1件。T0703③B：1，黑釉，玻璃感较强。有多次施釉迹象。小饼状足，底露胎。胎灰褐色，厚3～8毫米。口微内敛，尖圆唇。口径9.8、底径3.1、高5.1厘米（图八，6）。

C型　5件，依据其口部特点的细小差别，又可以分为四个亚型。

Ca型　1件。T0703③B：3，黑釉，玻璃感较强。小饼状足，微向上内凹，底露胎。胎灰褐色，厚4毫米。口微外侈，有圆弧折棱。尖圆唇。口径10、底径3.5、高5.1厘米（图八，7）。

Cb型　2件。T0808H1：1，黑釉，色泽较暗，灰白釉斑点与黑釉斑点相间，类天目瓷。外下部无釉。口沿微外折，尖圆唇。小饼状足。灰褐色胎，厚6毫米。口径10.4、底径4、高5.8厘米（图八，10）。T0507③：9，器形同T0808H1：1。黑釉，色泛灰。底部露胎，呈蓝灰色。

口微侈，圆唇。沿下外壁有弧缓凸棱。小饼状足。灰褐色胎，厚5毫米。口径10.5、底径4、高6厘米。

Cc型　1件。T0507③：10，黑釉，色发灰，形似兔毫釉面。外壁近底处呈酱色。口沿外撇，圆唇。内壁口沿下有一周宽缓的凸棱。小饼状足。灰白色胎。口径10.8、底径3.7、高5.4厘米（图八，11）。

Cd型　1件。T0803③B：11，黑釉，色泽较暗，呈深灰褐色。小饼状足，向上微内弧。足及近足处露胎。口微外侈，沿微外折，尖圆唇。灰褐色胎，厚2毫米。口径11.2、底径4.2、高5.3厘米（图八，12）。

D型　1件。T0704③A：2，黑釉，色泽较暗，呈灰褐色。外下底无釉，向下有流釉现象。圈足较高。口外侈，沿向外弧折。尖圆唇。内底有垫圈痕，露胎。灰白色胎，厚3～6毫米。口径10.8、底径4.5、高4.5厘米（图八，8）。

E型　1件。T0804③B：15，酱色釉，较暗。饼状足，底露胎。胎灰白色，厚2毫米。口微内敛，圆唇，唇部釉色发黑。口径10、底径4、高4.25厘米（图八，9）。T0406③：1，腹上半部白釉，色泛黄绿。施釉较厚，有流釉现象。饼状足。胎红褐色，厚3毫米。口微内收，圆唇。口径10.2、底径4.4、高4.5厘米。

黑瓷碗残片　T0507③：3，为口沿残片，釉色呈酱黑色。外下底无釉，向下有流釉现象，釉厚部分呈黑色。胎灰褐色，厚3毫米。尖唇。T0703③A：7，为底部残片，釉色黑亮。灰褐

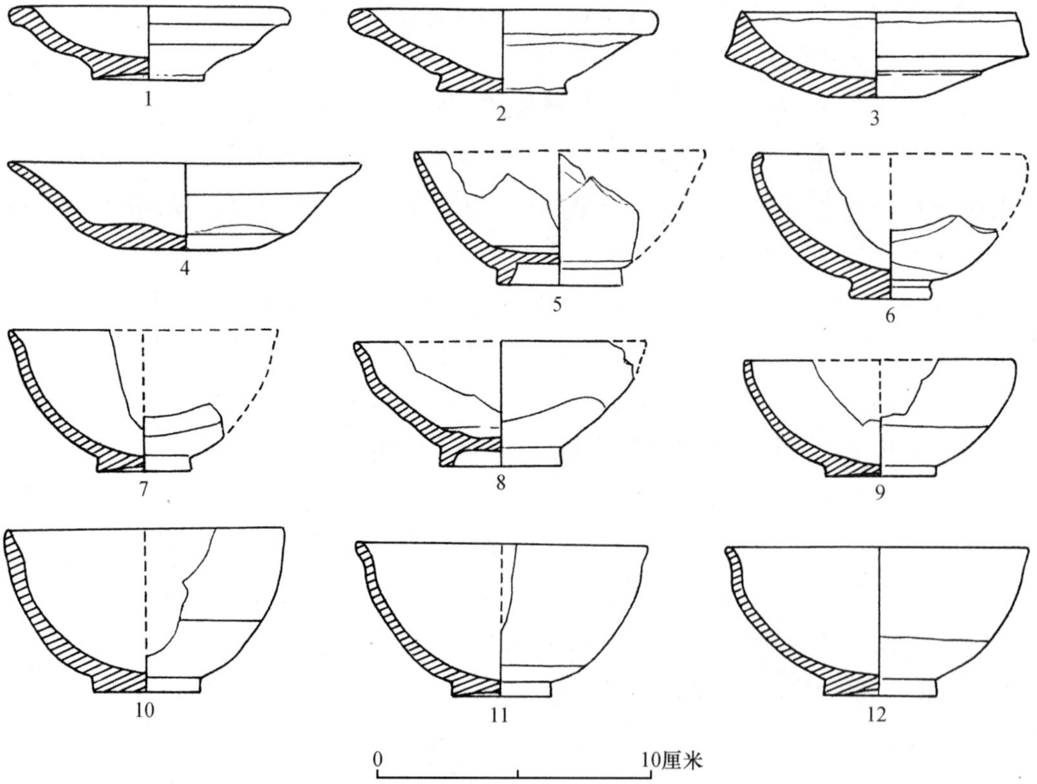

图八　第3层出土黑瓷器

1. A型碟（T0706③B：2） 2. B型碟（T0606③：9） 3. 盏（T0706③：1） 4. A型盘（T0507③：8）
5. A型碗（T0704③B：10） 6. B型碗（T0703③B：1） 7. Ca型碗（T0703③B：3） 8. D型碗（T0704③A：2）
9. E型碗（T0804③B：15） 10. Cb型碗（T0808H1：1） 11. Cc型碗（T0507③：10） 12. Cd型碗（T0803③B：11）

色胎，厚3～6毫米。饼状足，素胎。T0702③B：13，口沿残片，釉色黑亮。口沿处呈紫色。胎灰白色，厚4～8毫米。外不满釉。T0808③：3，口部残片，黑釉。口唇处失釉。开片。外显示两次施釉，第二次上部施釉，向下有流釉现象。白胎，厚2～5毫米。尖唇。T0808③：4，酱色釉。口沿处呈黑色。白胎，厚2～3毫米。T0904③：2，底部残片，釉色黑亮。外底部无釉。有多次施釉现象，釉下沿釉厚并向下滴浸。圈足。白胎，厚5毫米。T0909③：5，内外均白釉。口唇处釉色黑灰。白胎，厚2～3毫米。

碗残片　2件。T0702③B：11，釉呈酱色，色泽较暗，并有黑釉斑块。胎白，厚3～7毫米。饼状足。外底及足露胎。T0803③A：2，酱褐色瓷碗残片，釉色介于酱釉与黑瓷之间。胎灰褐色，厚3毫米。口沿外侈，尖圆唇。

黑瓷碟　依口部和腹部的特征区别，可分为二型。

A型　T0706③B：2，釉呈酱色，色泛黄，较亮。口沿及内壁施釉。外壁及饼状足底露胎，呈蓝灰色。口沿处有施化妆土迹象。沿外侈，圆唇。胎蓝灰色。厚4～7毫米。口径10.4、底径4.2、高2.6厘米（图八，1）。

B型　T0606③：9，口沿处及器内施酱色釉，釉色较暗，有黑色釉斑，釉薄处形成灰色斑点。口沿处显示，上釉前先施一层灰白色化妆土，然后多次上釉。浅盘，厚圆唇。器外下部及饼状足底露胎，呈暗蓝灰色。胎厚4～8毫米。口径11、底径4.8、高3厘米（图八，2）。

黑瓷盘　2件。可分为二型。

A型　T0507③：8，酱色釉，黑釉斑较多，外壁有黑釉流线，形如蚯蚓走泥纹。开片较大。口沿处失釉，底部露胎。盘较深。口沿外撇，圆唇，沿部以下外有折棱。平底。白胎，厚4～9毫米。口径13.1、底径5.3、高3.1厘米（图八，4）。

B型　T0702③B：1，黑釉，釉色泛蓝。外不满釉，口唇处失釉，腹中部以下不挂釉，但向下有流釉现象。圈足。器内壁有凸凹相间的竖向印痕。灰褐色胎，厚4毫米。口外折，有较明显的折棱。尖圆唇。口径10.2、底径5.2、高3.3厘米。

另有黑瓷盘残片　1件。T0603③A：4，釉色黑亮。外腹以下无釉。胎灰白色，厚2～3毫米。口外侈，尖唇。圈足。内壁压印有竖棱痕。

黑瓷盏　3件。形制相同。T0702③B：2，黑釉，外釉色泛酱釉色，内黑色。外不满釉，口唇处失釉，腹中部以下不挂釉。腹外壁向下分三级收窄，平底。内壁弧折，底中部微上凸。灰白色胎，厚5～8毫米。尖唇。口径10、底径3.5、高3.2厘米。T0803③A：10，黑釉，色泽较亮。小平底，露胎。外腹向底分两级内收，折棱凸出。内斜方唇。浅盘内弧。灰褐色胎，厚5～8毫米。口径10.3、底径3.6、高3.2厘米。T0706③：1，酱色釉。釉色泛灰。内施釉，分布有较大的黑色釉斑。口沿处失釉。尖唇，内壁弧收。口向下分三级梯状内收，外壁底与腹之间折棱明显，腹下外斜。胎灰白色，厚7～12毫米。口径10.1、底径3.4、高3.1厘米（图八，3）。

黑釉长颈瓶口部残片　2件。T0904③：4，颈部以下施黑釉。从颈部的情况看，多次施用化妆土。红黄色胎，厚4毫米。小口外侈，尖唇，长颈缓束。T0702③A：8，釉色黑亮。口沿内向下施釉宽约5厘米，并有明显的滴釉现象。胎灰白色，厚4毫米。口外侈，尖圆唇。口沿以下颈部有微凸宽折棱。长颈。颈以下无存。

黑瓷灯盏座残片　1件。T0703③B：17，釉色黑亮，圈足，底部素胎。灰白胎，厚6毫米。盏托呈碟形，内底较小。

黑瓷香炉口部残片　1件。T0804③B：3，内外均施釉。釉色黑亮，玻璃感强。肩部及口沿处有酱色釉斑。胎呈红黄色，夹有粗砂。肩部以上较薄，厚5毫米，腹底厚1.3厘米。口沿外撇，方唇，直颈，折肩明显。

黑瓷罐口沿残片　2件。T0904③：3，釉色黑亮。白胎，厚4～5毫米。口外侈，尖唇，束颈。颈肩之间有一小系耳。T0909③：4，内外均施釉，釉中有黑斑，呈水浸状。灰白色胎，厚4.5毫米。直口，方唇，口沿微外侈。

黑釉粗瓷大碗残片　1件。T0702③B：16，黑釉。外不满釉。大圈足。胎呈红褐色，夹砂，厚7毫米。内外均有明显的轮制凸棱。

黑釉粗瓷缸残片　1件。T0908③：5，内外施釉不均匀，有流釉、滴釉现象。灰白色胎，夹有粗砂，厚15～20毫米。

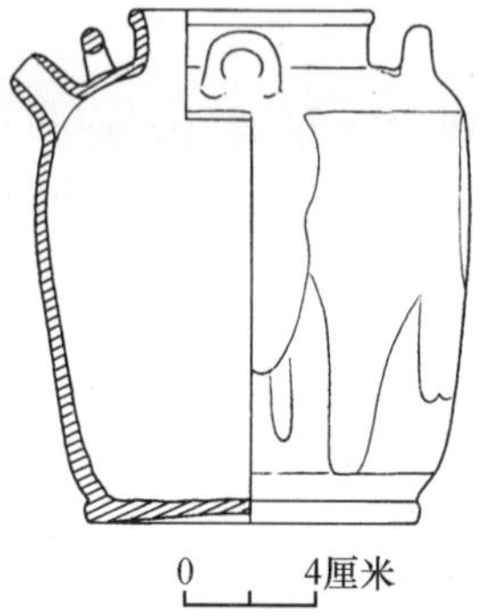

图九　第3层出土
花瓷罐（T1003③：2）

（4）花瓷

花瓷器仅出土1件花瓷罐。T1003③：2，釉色以青白为底釉，口沿及肩部以上施酱黄釉。肩部以下有四块两两对称的酱黄与绿釉斑块，斑块约呈椭圆形或苹果形，上下长5.5～8、宽5～6厘米。折肩明显。最大腹经靠上。肩部以上有对称的四系，并与四釉斑相对应。一系下有一小口短流，长约1.7厘米，口径约1厘米，流下部及流下为深绿色釉斑。直颈，窄沿，方唇。底微内上弧，露胎。内壁无釉。胎蓝灰色，厚3～4毫米。口径7.7、底径10.3、最大腹径13.4、高15.3厘米（图九）。

2. 陶器

陶器分为釉陶器和一般陶器，釉陶器数量占多数，且多为黄釉陶器和白釉陶器，见附表二。

（1）釉陶器

釉陶器根据器体釉色可大致分为黄釉、白釉、绿釉、青釉等器类。其中以黄釉陶器出土数量最多。

黄釉陶器有碗、瓮、罐、壶、盆、澄滤器等。

黄釉陶碗　2件。可分为二型。

A型　T0606③：7，内施黄釉。口沿处外壁显示施黄白色化妆土，宽窄不均。内壁近口沿处未施釉土，呈红褐色胎色。内底有一周宽凹痕。口外侈，圆唇。器外多呈蓝灰色，近口处另涂细泥，色呈淡蓝灰色。饼状足，足底呈红褐色，微内弧。胎厚3毫米。口径17、底径6.5、高5.8厘米（图一〇，1）。

B型　T0606③：8，口沿及内壁施有一层化妆土，呈黄色。器外及足底露胎，上部呈暗红褐色，下部呈红褐色。口外侈，尖圆唇。饼状足，足底微内弧，足外有黄釉滴状斑点。胎厚2毫米。口径10.8、底径4.8、高3.9厘米（图一〇，2）。

黄釉陶瓮　仅存残片。口沿残片，2件，形制大致相同。T0507③：5，釉已近剥落完，唯口沿内黄釉滴釉痕明显。红褐色胎，厚5毫米。敛口，平沿，无颈。肩部带有桥形系耳。T0803③B：17，外施黄釉，色暗。红褐色胎，厚5毫米。敛口，平沿，鼓腹。内壁饰有化妆土。

黄釉陶罐　仅存残片，其中有划花装饰器。T0808③：5，上口及腹部残片，上腹部及口沿内部施化妆土，外腹部分有黄釉斑，向下有流釉现象。腹部残存一较大的桥形系鋬和一小系耳。口部做出凹槽形流。红褐色胎，厚3毫米（图一〇，3）。T0808③：7，腹部残片，外施釉，不均匀，呈暗黄色。红褐色胎，厚7毫米。器外腹划有较多弦纹，并分区，每区2～5条不等。T0606③：1和T0606③：15均为划花陶罐残片，釉色泛绿，内无釉。红褐色胎，较坚硬，厚6毫米。器体外分上下区，分别划花，花型不明，风格狂放、写意。

黄釉陶壶口沿残片　1件。T0606③：17，内外均施黄釉，釉色泛白，施有化妆土，有暗绿色釉斑。红褐色胎，较坚硬，厚3毫米。小直口，方唇，束颈。

黄釉陶盆残片　1件。T0808③：6，内黄釉较均匀，外上部亦施釉，但不均匀，且多有流釉现象。暗红褐色胎，厚6毫米。窄弧形沿，口内敛。沿外下有一周明显的三角形凸棱线（图一〇，4）。

黄釉陶澄滤器口沿残片　1件。T0706③：4，釉色泛青。胎呈暗红褐色，厚4毫米。口沿内折呈敛口，方唇。外口沿以下无釉，色灰；内密戳较深的篦点，上下约呈直线排列。

白釉陶器均不能修复。从残片特征上可分为瓮、盆、罐、壶、碗等类。其中，部分白釉陶器画有黑花。

白釉陶瓮口沿残片　1件。T0606③：12，白釉较薄，且显为多次施釉，釉色泛黄。口沿内约有2.5厘米宽的釉带，有明显的流釉现象。胎呈红褐色，质地较为坚硬，厚6～8毫米，最厚

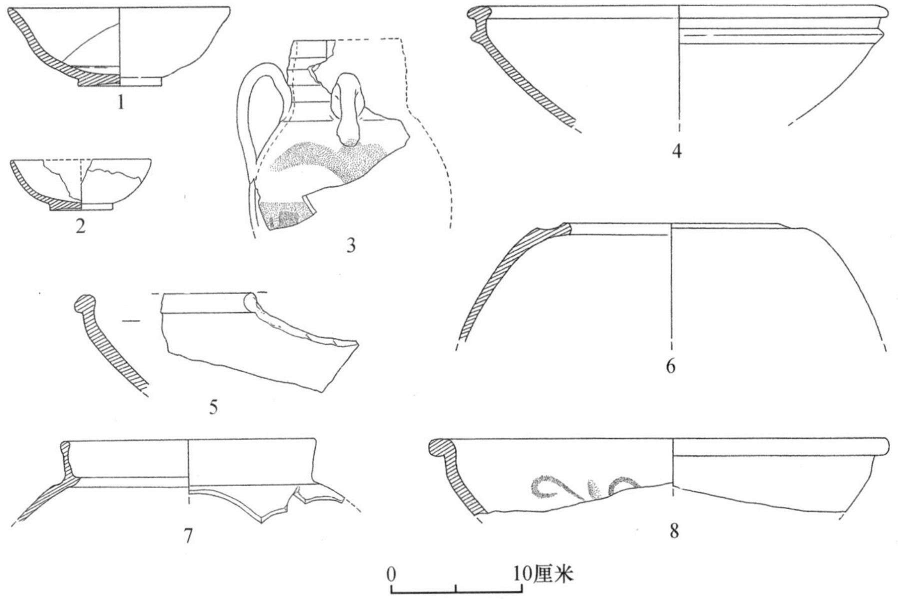

图一〇　第3层出土釉陶器

1. A型碗（T0606③：7）　2. B型碗（T0606③：8）　3. 罐口部残片（T0808③：5）
4、5、8. 盆残片（T0808③：6、T0606③：13、T0603③A：5）　6. 瓮上口部残片（T0606③：12）
7. 罐上口部残片（T0808G1：2）

处在肩部。子母口内敛，方唇，无领，弧折肩，鼓腹（图一〇，6）。

白釉陶盆口沿残片　1件。T0606③：13，内施白釉。胎为红褐色，厚约1厘米。因釉较薄，难以遮盖胎色。口微内敛，实心卷沿，圆唇。斜直腹（图一〇，5）。

白釉陶罐残片　1件。T0808G1：2，外施白釉。鼓腹。直口，方唇，内折棱特别凸出。胎红褐色，厚3～4毫米（图一〇，7）。

白釉陶壶口沿残片　1件。T0806③：1，器外施白釉，器内壁口沿以下不施釉，陶色灰褐。直口，方唇，束颈。胎呈暗红褐色，淘洗较细腻，质硬；厚4毫米。

白釉黑花陶盆口沿残片　2件，形制相同。T0507③：4，外无釉，内施白釉，画有草叶纹黑花，色呈黑紫色。暗红褐色胎，厚6.5毫米。敛口，圆唇，窄沿。T0603③A：5，同T0507③：4，唯黑花已淡成紫色（图一〇，8）。

白釉黑花陶碗残片　2件，形制稍有区别。T0703③A：12，外施釉，釉色泛青，暗淡。有大黑花图案。胎灰褐色，质坚硬，厚4毫米。内壁呈蓝灰色。T0704③B：9，外施白釉，色泛青，装饰有大黑花。器内蓝灰色。红褐色胎，厚5毫米。

绿釉陶器有碗、壶等类型。

绿釉陶碗残片　3件。为碗的不同部位。T0505③：3，底部残片。内施绿釉，外施有白色化妆土。红褐色胎，厚5毫米。饼状足。T0703③A：15，腹部残片。外施绿釉，有气孔。内素胎，青灰色。胎厚2毫米。T0806③：2，口沿残片，器内施绿釉，器外壁口沿2厘米以下不施釉。陶色红褐。侈口，尖唇。胎呈红褐色，淘洗较细腻，质硬；胎厚4毫米。

绿釉陶壶口沿残片　1件。T0803③B：8，釉绿色。施有化妆土。灰褐色胎，厚4毫米。似为子母口。

青釉陶器仅陶盆口沿残片　1件。T0607③：4，青釉，口沿处及器内施有化妆土，部分区域形成青釉斑，釉色发暗。胎红褐色，厚约6毫米。

（2）陶器

出土的陶片数量较多，泥质，有盆、碗、罐、钵、鬲、器盖、瓦当、筒瓦、砖、网坠、帐座等。有的陶器上见有少量釉斑，也附在此处叙述。现选择保存完整或能修复的，以及块体较大有代表性的介绍于下。

陶盆　分为三型。

A型　T0808③：8，泥质灰陶。胎厚6～9毫米。窄沿，方唇，折肩（图一一，1）。

B型　1件。已修复。T0606③：6，蓝灰色。口内敛，圆唇。腹内壁近直。外壁口沿下有两周凹弦纹。平底，近底处贴附一泥片，以利手持盆。口径27.6、底径19、高10.2厘米。胎厚6～12毫米（图一一，4）。

C型　T0909③：9，暗灰色。平折沿，尖唇下斜（图一一，5）。

出土的其他陶盆口沿残片，T0808G1：3，陶色暗灰。胎红褐色，厚5～12毫米。窄平沿。T0808③：9，泥质灰陶。胎厚15毫米。宽折沿，方唇，口沿上有四道很深的凹弦纹线。

陶碗　分为二型。

A型　1件。T0904③：1，灰褐色陶，夹有细砂。圈足。口外侈，尖圆唇。腹部内敛。灰褐色胎，厚4 毫米。口径11.4、底径4.8、高6.2厘米（图一一，3）。

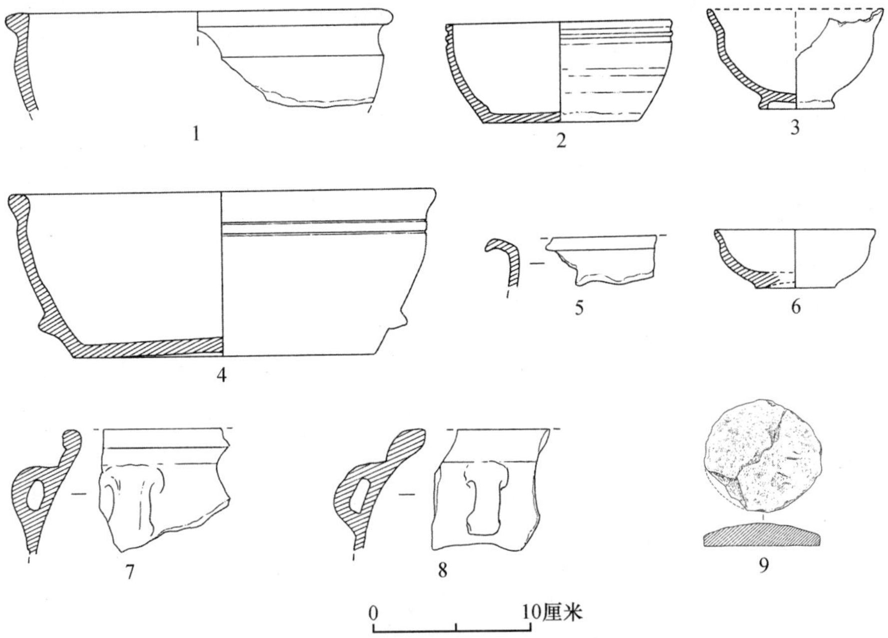

图一一　第3层出土陶器

1. A型盆（T0808③：8）　2. 钵（T0707③：1）　3. A型碗（T0904③：1）　4. B型盆（T0606③：6）
5. C型盆（T0909③：9）　6. B型碗（T0906③：1）　7. A型罐口部残片（T0703③A：8）
8. B型罐口部残片（T0703③A：9）　9. 陶饼（T0705③：2）

B型　T0906③：1，泥质灰褐陶。口沿外侈，尖圆唇。口沿下外有凹弧束痕。平底。胎灰褐色，厚4～7毫米。口径10.4、底径5.2、高3.6厘米（图一一，6）。

出土的其他陶碗残片可分为三型。

A型　T0606③：18，青灰色。白青色胎，淘洗细腻，质地坚硬，为硬陶器。口外侈，尖圆唇。口沿下外有两周凹弦纹。

B型　T0606③：20，为腹部残片。外施白色化妆土，陶色白中泛青灰。胎呈红褐色，厚3毫米。外有两周划痕较深的凹弦纹，弦纹内陶色蓝灰。弦纹一侧又有弧形刻划痕。

C型　T0909③：6，蓝灰色硬陶。方唇。口沿下外有一周菱形网格纹带。胎灰白色，质硬，厚5～6毫米。

陶钵　1件。T0707③：1，泥质灰陶。口近直，圆唇。口沿外有两周深凹弦纹。平底。胎厚2～4毫米。口径14.4、底径10、高6.2厘米（图一一，2）。

陶罐　出土的陶罐均不能修复，口沿残片可分为二型。

A型　T0703③A：8，陶色灰褐。内部分区域施灰黄色化妆土。红褐色胎，厚6毫米。敛口，小平折沿，方唇。弧肩，肩部有桥形耳鋬（图一一，7）。

B型　T0703③A：9，外施黄釉。内口沿部分挂釉，釉色白中泛青，有泡状斑，泡上密布小气孔。红褐色胎，厚6毫米。敛口，小窄沿，方唇。弧肩，肩部有桥形系耳，耳上及近耳处有大块黑色釉斑（图一一，8）。

还出土有属于陶罐的流口残片，T0702③B：17、T0702③B：18，陶色暗灰。红褐色胎，质硬。流口较大、较短，口斜下切。T0607③：6也属于陶器流口残片。

T0704③B：7，陶罐执柄残片，红褐色，泥质硬陶。形状似鹿角，从根部发叉，柱状，两柱夹角小于90°。类似的陶器执柄残片还有几件，如T0908③：6 、T0904③：6、T0702③B：19、T0606③：19。

残片

陶器足残片　2件。T0702③B：19，陶色暗灰。红褐色胎，质硬，厚6毫米。足略外撇，呈柱状，上粗下细，底端有圆形内凹坑。T0904③：6，蓝灰硬陶。胎亦呈蓝灰色。器底似使用过化妆土，呈深灰色。足呈袋状，上细下粗，下底平，内有凹孔。

陶器盖残片　1件。T0607③：6，施用黄白色化妆土。胎红褐色，厚约7毫米。圆捉纽，盖顶较平。内中部有凸心。

陶灯盏座残片　1件。T0808H1：3，为器座束腰处，有黄釉流斑。红褐色胎，属于硬陶。

印花陶器（范块）残片　1件。T0704③B：8，陶色酱褐，夹细砂。直边，外有较深的阴刻菱形纹。也可能为花纹范块。

陶鬲残片　1件。T0908③：8，红褐色夹砂陶。胎厚2毫米。外饰密网纹，部分区域有篦点纹。

建筑构件　出土的瓦当或瓦当残块共有7件。装饰花纹及形制各不相同。

T0606③：1，黑灰色。泥质，夹有少量粗砂。瓦当面近平，内浅浮雕鬼面，发、眉、眼、鼻、牙、口、胡均较清晰，络腮胡连至鬓角。厚约1.5厘米，直径11.5厘米（图一二，1）。T1003③：1，蓝灰色陶。瓦当面半浮雕牡丹花及叶。直径10.5厘米（图一二，2）。T0804③B：16，红褐色，泥质。瓦当面半浮雕花卉及草图案。花型为似为荷花。直径10.5厘米，厚1厘米（图一二，3）。T0809③：1，泥质，灰黄色。瓦当面浮雕葵花纹，12瓣，花瓣之间上部填以三圆点，外二内一。直径12、厚1.5厘米（图一二，4）。T0504③：2，已残，只存四分之一。泥质蓝灰陶。中间厚，四周薄，厚度在0.5～2厘米。直径约20厘米。瓦当中部高堆附一周手捏成水波状的宽凸棱，中心无存，但显得深凹。向外为纹饰带，宽约4.5厘米，内浅浮雕花草纹。瓦当外沿系用手捏成花瓣形（图一二，5）。T0909③：1，已残。灰黄色。直径11.5、厚1.5厘米。瓦当面浮雕牡丹图案，花卉外有一周凸纹线。边棱宽约0.5厘米（图一二，6）。T0702③B：3，蓝灰色，已残。瓦当面半浮雕花卉，具枝、花、叶；花卉周围有一周圆点，并以隔线相分。瓦当边沿较窄，明显高出当面。

另外，还采集有两件花卉纹瓦当残块（采：4、采：5），保存较少。

画像砖残块　1件。T0909③：2，已残。呈黑灰色。两宽面印深密中绳纹。一长侧面印有菱形纹、半菱形纹、“车轮”形纹相连。砖厚7～8、残长26厘米，残宽11.2厘米（图一二，7）。

陶建筑饰件　1件。已残。T0809③：2，蓝灰色，泥质。为一兽面的一部分，是其左眼眼珠外凸，上有一弯细眉，高鼻梁。另外还采集有相似的一件陶建筑饰件残块（采：6）。

筒瓦残块　1件。T0606③：14，蓝灰色。泥质，火候较高，厚1.2厘米。直沿，口外侈，方唇。直肩，折棱明显。外素面，内印布纹，经纬线较宽较浅。还出土一件板瓦残块，外饰有较深较宽的压印梯田形纹（采：7）。

图一二　第3层出土瓦当及画像砖

1. 兽面纹瓦当（T0606③：1）　2～6. 花卉纹瓦当（T1003③：1、T0804③B：16、T0809③：1、T0504③：2、T0909③：1）

7. 画像砖残块（T0909③：2）

陶网坠　7件。依据其长宽之比，可分为三型。

A型　3件。T0704③A：1，蓝灰色，泥质。长4.3、最大外径3.2、内孔径1.1厘米（图一三，1）。T0705③：1，蓝灰色，泥质。长5.8、最大外径4.4、内孔径0.9～1.3厘米（图一三，6）。T0805③：2，灰褐色，泥质。长3.3、最大外径2.2、内孔径0.6厘米（图一三，5）。

B型　2件。T0908③：1，灰褐色，泥质。长3.1、最大外径1.8、内孔径0.8厘米（图一三，2）。T0908③：2，灰褐色，泥质。长4.1、最大外径2.4、内孔径0.9厘米（图一三，4）。

C型　2件。T0805③：1，灰褐色，泥质。长3.5、最大外径1.3、内孔径0.4厘米（图一三，3）。T0706③：3，已残，泥质红陶。色泛黄，胎红中有灰。最大外径3.4、内孔径1.3厘米。

另外还出土陶帐座1件，T0504③：1，泥质灰陶。

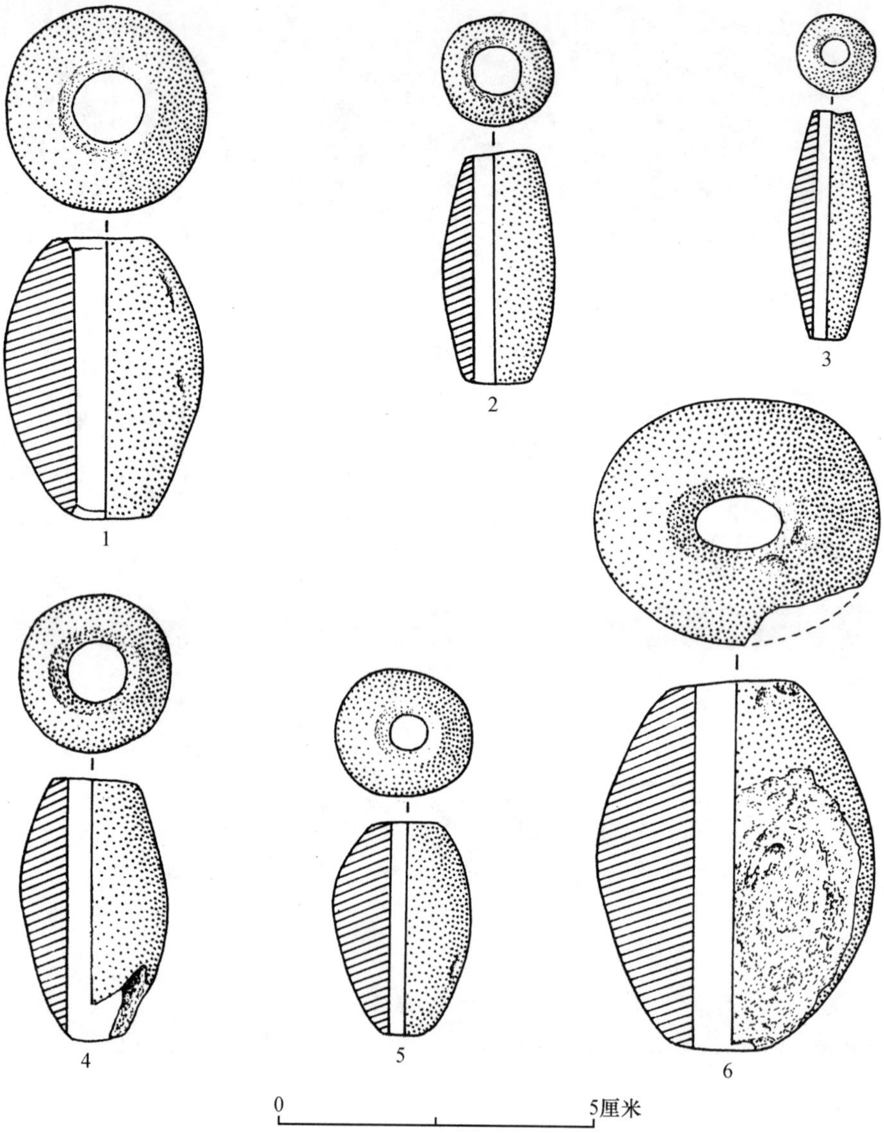

图一三 第3层出土陶网坠

1、5、6. A型（T0704③A：1、T0805③：2、T0705③：1） 2、4. B型（T0908③：1、T0908③：2） 3. C型（T0805③：1）

3. 铁器

该层出土的铁器有犁铧、镰、刀、带钩等种类。

铁犁铧 1件。已残。T0909③：8，残长9.7、宽6、厚0.6厘米（图一四，1）。

铁镰 1件。已残。T0505③：1，单面刃。宽背。残长10、宽3.1、最厚1.3厘米（图一四，2）。

铁刀 1件。已残。T0909③：7，残长10、宽2.5～3、厚约1厘米（图一四，3）。

铁带钩 2件。锈蚀严重，均已残。形制相同。T0306③：1，残长5.2、宽1.1、最厚1.2厘米（图一四，4）。T0405③：2，残长5.1、宽1、最厚1.1厘米（图一四，5）。

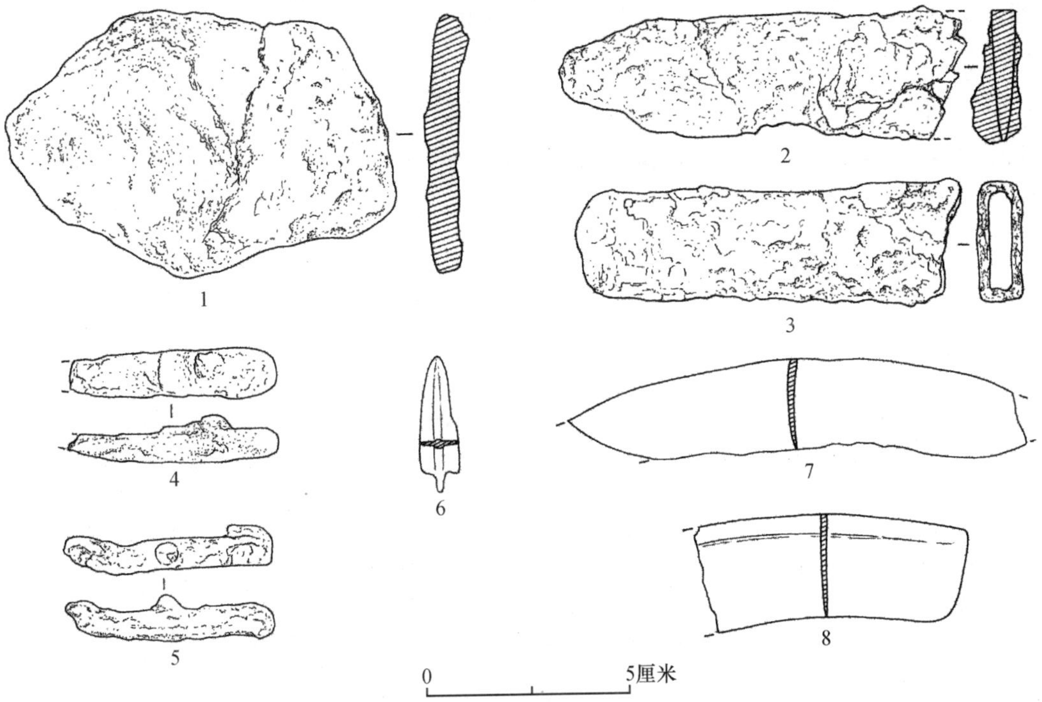

图一四　第3层出土铁、铜器

1. 铁犁铧残片（T0909③：8）　2. 铁镰（T0505③：1）　3. 铁刀（T0909③：7）　4、5. 铁带钩（T0306③：1、T0405③：2）　6. 铜镞（T0708③：1）　7. 铜镰（T0703③B：4）　8. 铜刀（T0804③A：2）

4. 铜器

出土的铜器有镰、刀、镞等。

铜镰　1件。已残。T0703③B：4，仍较锋利。单面刃，一面磨光。已呈黑灰色，有弧度。残长11.5、宽2.2、厚0.2厘米（图一四，7）。

铜刀　1件。已残。T0804③A：2，仍较锋利。单面刃，一面磨光。已呈黑灰色，有绿锈。残长6.8、宽2.5、厚约0.1厘米（图一四，8）。

铜镞　1件。已残。T0708③：1，有青蓝色锈。双翼，有脊。残长3.2、翼最宽1、脊最厚0.2、短铤长0.4厘米（图一四，6）。

5. 石器

出土的石器有铲、凿、斧等种类。

石鱼形物　1件。T0908③：3，已残。石色黑灰。系半成品。一侧钻有一小凹洞，不透，为眼，形成鱼头。鱼鳃部分宽。长11.8、宽5.4、最厚4.5厘米（图一五，1）。

石铲　1件。形制不同。T1007③：3，上端已残。两面刃。石料灰黄色，有褐色斜线纹理。磨制精细。残长4、最宽3.7、最厚0.7厘米（图一五，5）。

石凿　1件。T1007③：1，上部已残。灰白色石料，两面磨成尖刃。磨制较为粗糙。残长6、最宽1.7、最厚0.9厘米（图一五，3）。

石斧　2件。可分为二型。

A型 T1007③：2，刃部已残。清灰石。残长10.5、最宽5、最厚2.5厘米（图一五，2）。

B型 T0307③：1，石色灰白泛青，有树轮纹。下端两面刃。磨制部位主要位于刃部、两侧。系河卵石制成。长9、最宽5.5、最厚1.4厘米（图一五，6）。

石拍 1件。T0507③：1，黑灰色石料，分层。拍面略呈长方形，已不完整。圆捉手。长6.5、宽4.8、最厚2.5厘米（图一五，4）。

残石器 1件。T0908③：4，已残。难以断定其性质。断面略呈三角形。一面有波浪状刻痕。

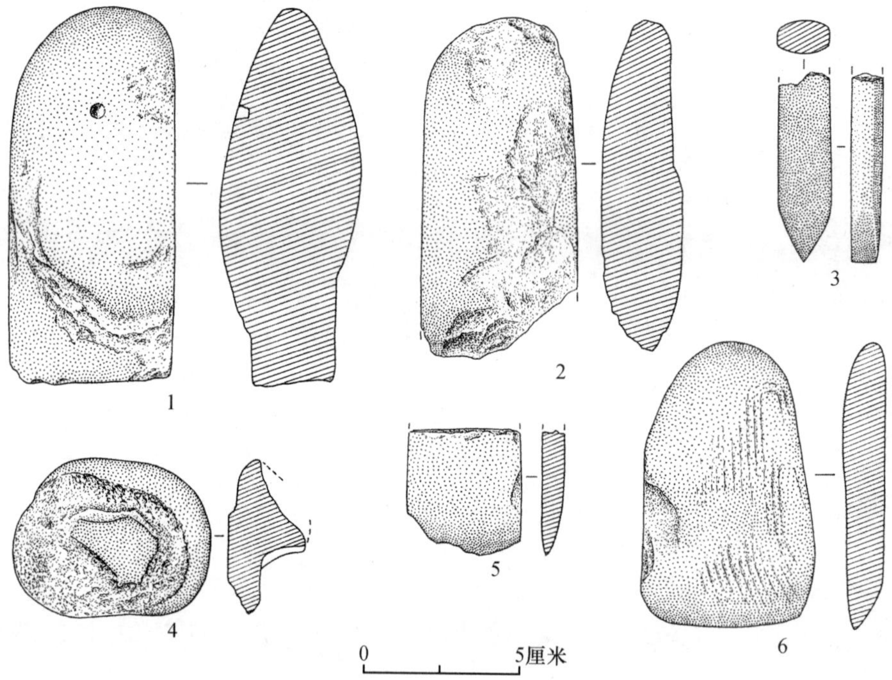

图一五 第3层出土石器

1. 石鱼形物（T0908③：3） 2. A型石斧（T1007③：2） 3. 石凿（T1007③：1） 4. 石拍（T0507③：1） 5. 石铲（T1007③：3） 6. B型石斧（T0307③：1）

6. 其他遗物

有陶象棋子、陶饼及刻字陶片。

陶象棋子 2件。T0703③B：5，灰陶，泥质，夹有细砂。系陶片制成，圆形。正面阴刻一“象”字，字外有一周凹弦纹。直径3.9、厚0.7厘米（图一六，1）。T0603③A：1，正面刻一“砲”字，系用蓝灰色陶片制成。圆形。字阴刻，字外刻有一周凹弦纹。直径3.7厘米，厚6毫米（图一六，2）。

陶饼 1件。T0705③：2，泥质灰陶。直径7～7.5、厚0.7～1.4厘米（图一一，9）。

刻字筒瓦残片 1件。T0603③A：2，蓝灰陶，泥质。内布纹印痕深密，外素面。上残存有刻写的三个字，只有中间一字可辨认为“熙”字（图一六，3）。

“皇宋通宝”铜钱 1枚。T0806③B：1，直径2.3、内孔边长0.6厘米。篆文。系宋仁宗赵祯宝元二年（1039年）铸。钱文篆、真成对（图一六，4）。

图一六　第3层出土其他遗物

1. 陶“象”字棋子（T0703③B：5）　2. 陶“砲”字棋子（T0603③A：1）　3. 刻字筒瓦残片（T0603③A：2）

4. “皇宋通宝”钱币（T0806③B：1）

（三）第4层出土遗物

1. 陶器

出土陶器均为残片，难以修复。从陶质上，可分为夹砂和泥质两种。从陶色上，大致可分为灰陶、灰褐色陶、红褐色陶、红陶等。纹饰以绳纹为主，绳纹又以细绳纹（图一七，3）为最多，中绳纹（图一七，1）次之，粗绳纹最少（图一七，2）。另外还有弦纹、附加堆纹、点刺纹（图一七，5）、篦点纹（图一七，6）、绹索纹（图一七，4）等。器形有罐、鬲、釜、盆、豆、壶、钵、碗等（附表三）。

（1）夹砂陶器残片

出土数量较少，从器类上可分为罐、鬲、釜等炊器。选择块体较大的残片介绍于下。

夹砂陶罐残片　1件。T0405④：1，仅残存底部。灰陶，夹砂。大圈足（图一八，1）。

陶鬲依据口部残片形制特点，可分为三型。

A型　T0805④：3，灰褐色陶，夹粗砂。胎厚4.5毫米。弧折沿，尖唇上压印有绹索纹。腹饰细绳纹（图一八，2）。

B型　T0907④：3，灰褐色夹砂陶，砂粒较粗较多。胎厚4毫米。口沿外撇，圆唇。外施有

图一七　第4层出土陶器纹饰

1. 中绳纹（T0906④：3）　2. 粗绳纹（T0906④：4）　3. 细绳纹（T0907④：8）　4. 绹索纹（T0905④：3）
5. 点刺纹（T0909④：8）　6. 篦点纹（T0607④：9）

均匀篦点印痕。口沿内上部陶色呈黑灰色（图一八，3）。

C型　T0708④：3，灰褐色夹砂陶。胎厚4毫米。口沿向外弧折外撇，方唇。外饰细绳纹（图一八，5）。

另外还出有陶釜口沿残片　1件。T0806④：3，灰褐色夹砂陶，夹有较多的粗砂。口沿外弧折，较厚，圆唇。胎厚5毫米，陶色灰褐。

（2）泥质陶器残片

出土数量相较夹砂陶器残片为多。可分为陶纺轮、罐、碗、盆、壶、鬲、盏、豆、钵等器类。选择块体较大的残片介绍于下。

陶纺轮　1件。T0506④：1，泥质，红褐陶。直径6厘米，厚约1厘米。中部一穿孔，孔径6毫米（图一八，6）。

陶罐口沿残片　1件。T0607④：8，陶色黑灰。胎灰褐色，泥质，厚4毫米。平折沿，较窄，尖唇，斜直肩（图一八，7）。

陶罐残片　1件。T0905④：3，可能属于陶罐腹部残片，泥质灰黄陶。胎呈灰色，厚7毫米。外有绹索状附加堆纹。器形较大（图一七，4）。

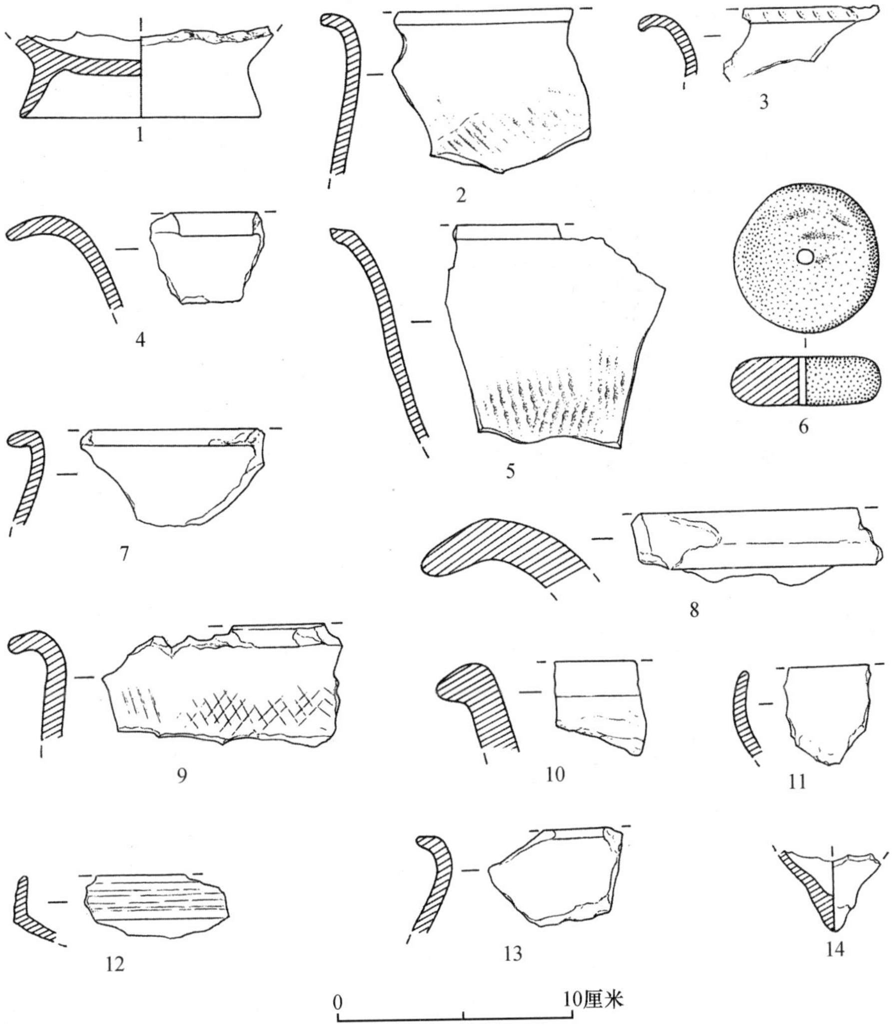

图一八　第4层出土陶器

1. 夹砂罐底部（T0405④：1） 2. A型夹砂鬲口部残片（T0805④：3） 3. B型夹砂鬲口部残片（T0907④：3） 4. 盆口沿残片（T0806④：3） 5. C型夹砂鬲口部残片（T0708④：3） 6. 纺轮（T0506④：1） 7. 罐口沿残片（T0607④：8） 8.A型盆口沿残片（T0805④：4） 9. B型盆口沿残片（T0808④：10） 10. C型盆口沿残片（T0706④：7） 11. 钵口沿残片（T0907④：6） 12. 豆盘残片（T1006④：1） 13. 鬲口沿残片（T1006④：2） 14. 鬲足残片（T0706④：5）

陶盆口沿残片　依口部特征不同，可分为三型。

A型　T0805④：4，泥质黑灰色陶。胎厚1.6厘米。平折沿，方唇（图一八，8）。

B型　T0808④：10，泥质暗灰陶，夹有细砂。胎厚9毫米。宽弧折沿，方唇。外饰小菱形网状纹（图一八，9）。

C型　T0706④：7，蓝灰色，泥质。胎亦呈蓝灰色，厚3毫米。口沿下折明显，尖圆唇（图一八，10）。T0808④：11形制同Ⅱ型，泥质黑灰磨光陶。胎厚5毫米。宽弧折沿，方唇。

还有1件属于盆底残片。T1007④：5，灰褐色，泥质。胎亦呈灰褐色，厚约1.2毫米。平底，器形较大。

陶钵口沿残片　1件。T0907④：6，黄褐色泥质陶。胎厚约4毫米。口微内敛，尖圆唇（图一八，11）。

陶豆盘残片　4件，形制各不相同。T1006④：1，陶色暗灰。泥质，夹有细砂。胎亦呈暗灰色，厚约3毫米。豆盘较深，折腹，盘底下平折。外轮制痕迹明显，呈凹弦纹（图一八，12）。T0907④：4，灰褐色泥质陶。胎厚4~5毫米。浅盘，底近平，尖唇。折腹明显。T0907④：5，暗灰色泥质陶。胎厚5毫米。浅盘，弧折腹。T1006④：4，灰陶。胎厚3毫米。盘较浅，腹以下弧收。尖圆唇。

陶鬲口沿残片　1件。T1006④：2，黄灰色。胎呈暗红褐色，夹有细砂，厚约6毫米。弧折沿，微下倾，尖唇（图一八，13）。

陶鬲足残片　2件。T0706④：5，蓝灰色，泥质。胎亦呈蓝灰色，厚3毫米。足下部残，似呈尖锥状（图一八，14）。T1007④：4，姜黄色，泥质。较尖。胎灰色。这两件标本从形制特征上很可能属于尖底形陶器的底部。

陶壶残片　2件。T0805④：5，口部残片。泥质黑灰色陶。胎厚9毫米。直口，鼓腹。T0707④：2，壶底残片。暗灰色。胎内黑灰色，外红褐色，厚约8毫米。泥质，有细砂。小平底。

陶碗口沿残片　2件，形制不同。T0706④：6，红陶，色泛黄。口沿外撇，尖唇。胎色亦呈黄红色，厚约3毫米。T1006④：3，泥质，夹有极少量细砂。外黄灰色，内红黄色。胎厚约5毫米。口沿微外撇，方唇；口沿以下微内敛，外有宽浅弧凸轮制痕迹。

陶器柄残片　1件。T0808④：12，红褐陶。柄部有附加堆纹，手捏成波浪形。

2. 石器

出土的石器分为打制石器和磨制石器两种。打制石器大致可分为石斧、刮削器。磨制石器多为石斧。

打制石斧　1件。T0505④：1，黑色油岩，石质坚硬。两面刃，刃部锋利。长4.5、上端面宽4.7、厚2.5厘米。似为小石斧（图一九，1）。

打制石刮削器　1件。T0806④：5，色呈青灰色。系鹅卵石打制而成。长8.5、宽5.5、最厚处2.5厘米（图一九，5）。

磨制石斧　4件。形制各不相同。T0905④：1，青绿色。刃部经打制，其余部分磨光。长9.3、最宽4.7、最厚2.1厘米（图一九，2）。T0906④：1，砂质石，青色，两面刃。长17、最宽7.5、最厚3.4厘米（图一九，3）。T0907④：1，青石。色泛黄。两面刃。唯刃部经磨制。长13、最宽6、最厚2.5厘米（图一九，7）。T0907④：2，青灰石。两面刃。上端打制，其余部分经磨制。长15.3、最宽6、最厚2.3厘米（图一九，4）。

残石器　1件。T0606④：21，已残。石色青绿。边缘经磨制。上端磨成了圆尖形。两侧磨制较直，下端残，可能为石手铲。残长8.6、最宽4.7、最厚2厘米（图一九，6）。

六、结　　语

考古发掘表明，观音寺遗址文化层堆积深厚，延续时间较长，说明自古以来就有先民生活栖息在这里。这是由于遗址所处的较为优越的地理位置决定的。这里地势较为平缓，为土质台地，高低适宜（海拔为150米左右），是古代长江岸边较为理想的生产、生活之地。同时，也

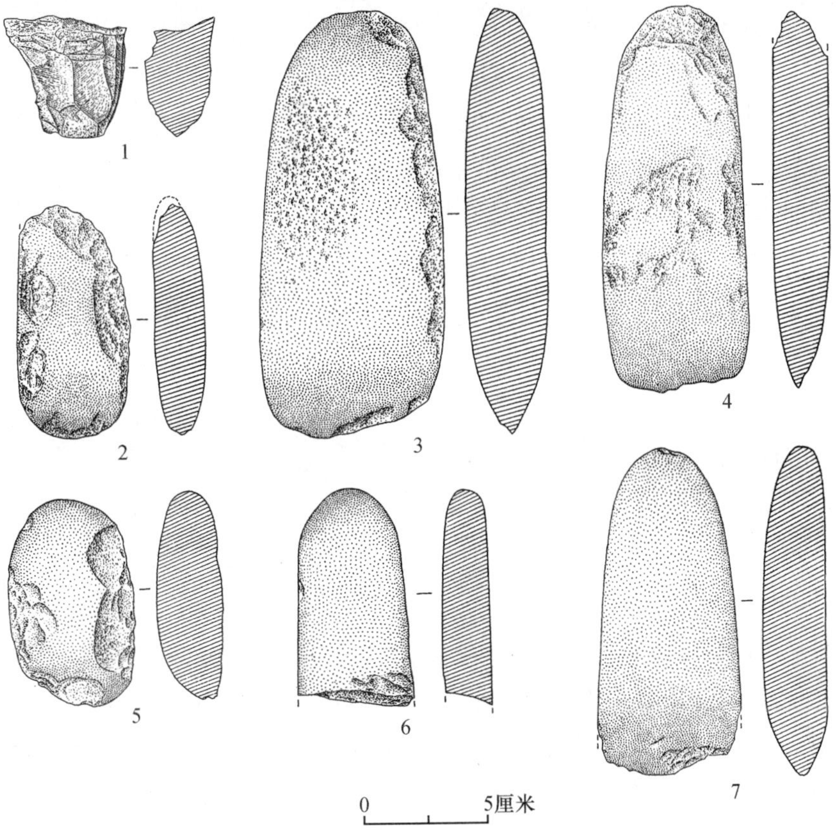

图一九 2002年观音寺遗址第4层出土石器

1. 打制石斧（T0505④：1） 2~4、7. 磨制石斧（T0905④：1、T0906④：1、T0907④：2、T0907④：1）
5. 打制石刮削器（T0806④：5） 6. 残石器（T0606④：21）

是长江岸边船舶较为便利的停靠地点。

西沱镇自古以来就是长江岸边重要的水陆交通通道。观音寺遗址所处台地古代作为整个西沱镇码头的有机组成部分，位置最西，更兼水磨溪常年有水，是船舶停靠的较为便利之地。

观音寺遗址最早文化层（第4层）出土有一些较早期的夹砂和泥质陶器残片和石器（后期文化层中出土的石器也应归属于早期遗物）。这批石器中，除个别的打制石器，大部分的磨制石器，制作均较为精致。尽管出土的陶器难以修复，而且量少，但从一部分陶器的质地、纹饰、造型的特点等方面判断，这批陶器最早可早到商周时期。例如T0706④：5，类似鬲足残片，但与四川盆地及峡江地区常见的商周时期最具区域特征的器物——陶尖底形器接近。这些同类的陶器在近年的三峡库区许多古代遗址的考古发掘中较为常见①。

也有一些陶器残片显示的时代特征可能较晚，如T1006④：1可能为高柄豆豆盘，该标本可晚至西汉时期。

说明最迟从商周时期开始，遗址所处台地或台地附近就有先民居住生活，并从事生产活动。

从观音寺遗址地层堆积特点可以对早期地层内包含物的情况加以推测。从发掘的地层情况看，观音寺基址所处位置在早期就是台地的顶部（最高处），可能以后历代都经过不同程度的

① 重庆市文物局、重庆市移民局：《重庆库区考古报告集·1997卷~2001卷》，科学出版社，2001~2007年。因出土商周时期同类陶器及石器的遗址较多，这里不再一一列举。

平整。也就是说，在今观音寺基址位置可能从商周时期就有人类居住，由于其地点的优越性，以后历代的人们都毫无例外地选择在此处继续居住，随着居住人口的增多，台地不断变大、变低，人工与自然原因的综合作用，逐渐形成了目前所看到的遗址堆积特点，观音寺基址北部各时期地层包含遗物跨度时间长，地层堆积的时间也较为历久。

观音寺遗址内出土的各类遗物以唐宋时期（第3层）最为丰富、种类最多，特别是各类瓷器、瓦当较有代表性，说明遗址在唐宋时期曾经较为繁荣。这与地方志记载非常吻合。这里在唐宋时期是川东、鄂西边境物资集散地之一，北宋初期更成为商贸繁盛之地，而且，又是施州等地以粟易盐的口岸，“川盐销楚”盐大道的起点（见上文历史沿革）。

从观音寺遗址唐宋地层出土的瓷器及瓷器残片的装饰、造型特征看，主要应当是巴蜀地区当地瓷窑的产品。大部分的瓷器，特别是黑瓷和白瓷，与重庆涂山窑出土的同类器形制相同或相似，如观音寺A型碗（T0704③B：10）与涂山窑Aa型素口小碗形制接近；B型碗（T0703③B：1）与涂山窑B型黑瓷盏形同；观音寺C型碗（T0703③B：3、T0808H1：1、T0507③：10、T0803③B：11）与涂山窑C型盏形制接近或相似；观音寺黑瓷盘（T0507③：8）与涂山窑Ad型素口碟形制接近；观音寺A型黑瓷碟（T0706③B：2）和B型黑瓷碟（T0606③：9）与涂山窑Aa型与Ab型碟形灯接近；观音寺黑瓷盏（托）（T0706③：1）与涂山窑Ba型碟形灯形制相同或接近[①]。需要指出的是，观音寺遗址出土的这批瓷器并不一定来源于涂山窑，一部分黑瓷器时代早于目前发现的涂山窑址的年代，可能另有来源窑口。

也有部分器物与邛窑十方堂瓷窑遗址内出土的器物造型、装饰风格相似，如观音寺遗址出土的四系花瓷罐与十方堂遗址出土的E型Ⅴ式四耳罐造型接近[②]。至于比较精美的印花青瓷器的产地窑口，目前尚无法初步确认。

整体来看，观音寺遗址出土的瓷器，窑口来源并非一地，时代也有早有晚，需要更进一步地进行研究。观音寺遗址出土的瓦当也具有较高的文化、艺术价值。

发掘领队：张志清
执行领队：刘海旺
发掘人员：刘海旺 朱汝生 黄 鉴
赵红党 郁红强 刘 宽
郭 战 刘 栓 刘越峰
陈若愚 肖全见
绘图：朱汝生
拓片：朱汝生 刘 栓
执笔：刘海旺 朱汝生

① 重庆市文物考古所：《重庆涂山窑》，科学出版社，2006年，第44～47、48～50、55～58、83～87页。

② 陈显双、高崇伟：《邛窑古陶瓷简论——考古发掘简报》，《邛窑古陶瓷研究》，中国科学技术大学出版社，2002年，第123～339页。

附表一　观音寺遗址出土瓷器残片统计表

出土单位：2002CSXJGT　　　　第3层　　　　统计时间：2002年8月27日

器类	胎色	总数	盏碗	碟	盘	盆	罐瓮	杯	壶	其他	备注
青瓷	白	643	484	18	8		1	10	1	121	含印花瓷片、瓜棱装饰瓷片。器足有饼状足、璧状足、圈足、平底等
	灰	67	56	2	6					3	
白瓷	白	259	239	1				2		17	
	灰	49	43		1					5	
黑瓷	白	124	93				3	1	1	26	出土有香炉、长颈瓶残片
	灰	207	130			2	2		2	71	
黄釉瓷	白	45	5				5			35	黄釉瓷未见完整器形。虽统计时有所区分，实际描述时已归入黑瓷之中
	灰	5	2		2	1					
总计	白	1071	821	19	8		9	13	2	199	
	灰	328	231	2	9	3	2		2	79	

附表二　观音寺遗址出土釉陶器、陶器残片统计表

出土单位：2002CSXJGT　　　　第3层　　　　统计时间：2002年8月27日

器类	总数	瓮罐	碗	盘	盆	壶	盏	其他	备注
黄釉	898	350	35		32	10	2	449	内含青釉残片8、绿釉残片12片
白釉	242	108	14	2	43	7		68	
黑釉	6	2	3					1	
酱釉	12	9	3						
素面	501	109	27		24	7		334	
总计	1659	578	82	2	99	24	2	852	内含青釉残片8、绿釉残片12片

附表三　观音寺遗址出土陶器残片统计表

出土单位：2002CSXJGT　　　　第4层　　　　统计时间：2002年8月27日

陶色陶质 \ 器类		纹饰	总数	罐	釜	鬲	盆	豆	壶	钵	备注
灰陶	泥质	粗绳纹	5								另有篮纹1片、点刺纹2片、附加堆纹1片、弦纹5片
		中绳纹	34				1				
		细绳纹	103	1			1				
		素面	559	1		1	7		10		
	夹砂	粗绳纹									
		中绳纹	1								
		细绳纹	28								
		素面	48			1	4		5	1	

续表

陶色陶质＼器类		纹饰	总数	罐	釜	鬲	盆	豆	壶	钵	备注
灰褐色陶	泥质	粗绳纹									点刺纹3片、绹索纹1片、弦纹1片
		中绳纹	5								
		细绳纹	67								
		素面	179				4	7			
	夹砂	粗绳纹	1								
		中绳纹	1				1				
		细绳纹	23	1	1						
		素面	79	3							
红褐色陶	泥质	粗绳纹									凹弦纹1片、凸弦纹1片、附加堆纹1片
		中绳纹	5								
		细绳纹	31								
		素面	172	1		1	2		2	1	
	夹砂	粗绳纹									
		中绳纹									
		细绳纹	29								
		素面	124	5	2						
红陶	泥质	粗绳纹									
		中绳纹									
		细绳纹									
		素面	32				1				
	夹砂	粗绳纹									
		中绳纹									
		细绳纹	4								
		素面	15								
总计		绳纹	336	2	1		3				
		素面	1208	10	2	3	18	7	17	2	

『十三五』国家重点出版物出版规划项目

长江三峡工程文物保护项目报告

甲种第十三号

重庆库区考古报告集

2003卷（二）

重庆市文物局　重庆市水利局　编

科学出版社

内 容 简 介

本书共收录三峡工程重庆库区田野考古发掘简报134篇。长江三峡地区不仅山水雄奇，而且是一座瑰丽的文化宝库。考古发掘表明，自古以来，这里就是中华民族长江文明的重要舞台和文化交流的通道，保存着从旧石器、新石器时代经历夏商周直到宋元明清的各代文物古迹。

本书作为三峡工程重庆库区第七部科学发掘成果的正式报告集，相信对于三峡地区古代历史文化的研究，会起到积极的推动作用。

本书可供考古学、历史学等学科研究者，以及高等院校相关专业师生和广大文物考古爱好者阅读、参考。

图书在版编目(CIP)数据

重庆库区考古报告集. 2003卷：全5册 / 重庆市文物局，重庆市水利局编. —北京：科学出版社，2019.11

（长江三峡工程文物保护项目报告. 甲种第十三号）

“十三五”国家重点出版物出版规划项目

ISBN 978-7-03-063317-0

Ⅰ. ①重… Ⅱ. ①重…②重… Ⅲ. ①考古发掘–发掘报告–重庆–2003 Ⅳ. ①K872.719.5

中国版本图书馆CIP数据核字（2019）第252485号

责任编辑：王光明 / 责任校对：邹慧卿

责任印制：肖 兴 / 封面设计：陈 敬

科学出版社 出版

北京东黄城根北街16号

邮政编码：100717

http://www.sciencep.com

中国科学院印刷厂 印刷

科学出版社发行 各地新华书店经销

*

2019年11月第 一 版 开本：A4（880 × 1230）

2019年11月第一次印刷 印张：214 插页：115

字数：6 577 000

定价：2860.00元（全五册）

（如有印装质量问题，我社负责调换）

"13th Five-Year Plan" National Key Publications Publishing and Planning Project

Reports on the Cultural Relics Conservation
in the Three Gorges Dam Project
A(annual report) Vol.13

Collections of Reports on the Archaeological Excavation in the Three Gorges Dam, Chongqing

in 2003 · II

Cultural Relics and Heritage Bureau of Chongqing
&
Chongqing Water Resources Bureau

Science Press

长江三峡工程文物保护项目报告

重庆库区编委会

刘　旗　吴盛海　幸　军　彭　亮　王川平　程武彦　刘豫川

重庆市人民政府三峡文物保护专家顾问组

张　柏　谢辰生　吕济民　黄景略　黄克忠　苏东海　徐光冀

刘曙光　夏正楷　庄孔韶　王川平　李　季　张　威　高　星

长江三峡工程文物保护项目报告

《重庆库区考古报告集·2003卷》

编 委 会

目　　录

巫山大水田遗址2001～2002年度发掘简报

武汉大学考古学与博物馆学系
巫　山　县　文　物　管　理　所

为配合长江三峡水利枢纽工程建设，做好库区的文物保护工作，我们受重庆市文化局三峡文物办的委托，对巫山县大水田遗址进行了抢救性考古勘探和发掘。发掘工作由武汉大学考古学与博物馆学系主持，重庆市文化局和巫山县文物管理所组织了对遗址的前期调查，并对遗址的确认以及整个发掘过程给予了大力支持。

发掘工作分两次进行，第一次从2001年5月28日～6月22日，在遗址的Ⅰ区和Ⅱ区布探方3个，发掘面积100平方米。同时，为了弄清楚Ⅱ区墓地的范围，我们对Ⅱ区进行了全面钻探，钻探面积21 000平方米，发现墓葬15座。第二次从2002年7月13日～9月2日，发掘点在Ⅱ区，发掘面积1000平方米，清理战国晚期至西汉早期的墓葬7座。大水田遗址的Ⅰ区位于遗址边缘，主要是明清时期及近现代的洪水冲积层，由于发掘面积有限，Ⅰ区的文化面貌尚不清楚。现仅将Ⅱ区的发掘资料予以简报。

大水田遗址位于重庆市巫山县曲尺乡大田村六组，东距巫山县城约28千米（图一）。遗址地处长江南岸的二级阶地上，海拔130～145米，地理坐标为东经109°43′43″，北纬30°00′48″。遗址中部有一条冲沟，将遗址划分为东、西两部分，冲沟以西为Ⅰ区，冲沟以东Ⅱ区。我们在Ⅱ区共布5米×5米的探方42个，其中北部40个、南部2个。由于此次发掘的目的是了解墓地的范围和性质，我们将北部比较集中的40个探方合划为10米×10米的探方10个，实际发掘面积1053平方米（图二）。

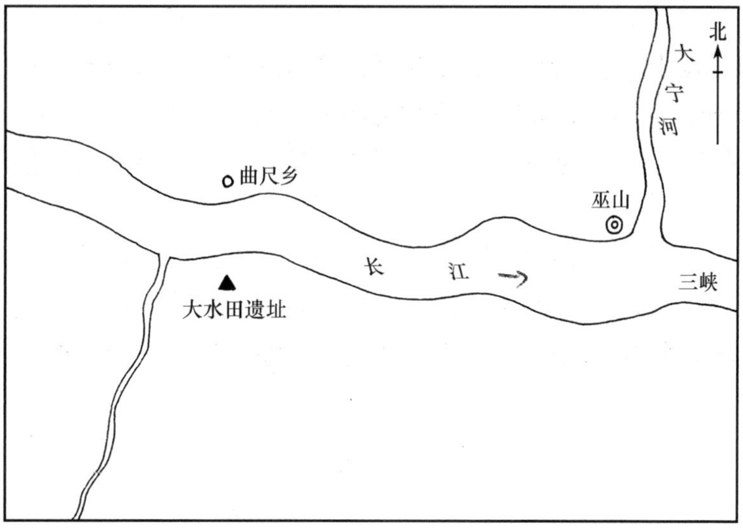

图一　大水田遗址位置示意图

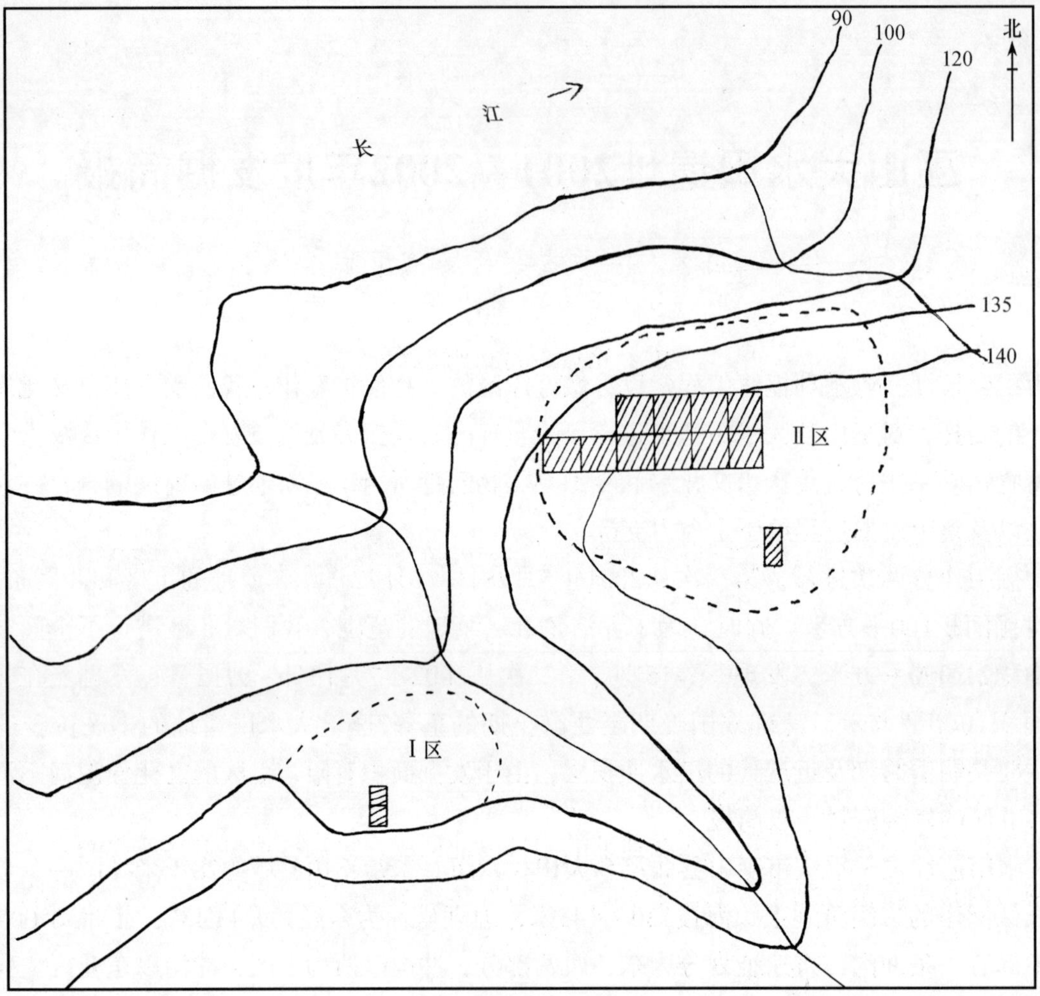

图二 大水田遗址地形示意图

一、地层堆积

大水田遗址Ⅱ区位于一由南向北倾斜的坡地上，地势比较平缓。据土质土色和包含物的不同，可划分为三个地层。以02WDT6东壁剖面为例予以说明（图三）。

第1层：现代耕作层。灰褐色黏土，夹大量碎石块。厚15～25厘米。包含物很少，主要是近现代瓦片、瓷片。

第2层：灰色砂层，含少量砂岩碎块。厚10～15厘米。无任何包含物。

第3层：黄色黏土层。厚15～25厘米。土层内有少量红烧土颗粒，无其他包含物。

在第1层下，探方的东部，有一座长方形竖穴土坑墓，编号为02WDM5。M5打破第2、3层和生土。

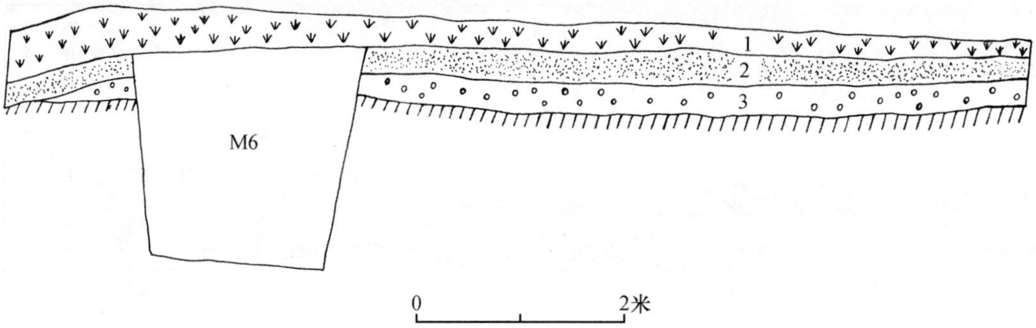

图三 02WDT6东壁地层剖面图

二、遗 迹

这次发掘在大水田遗址发现两处重要遗迹：一处历史洪水遗迹，还有一处战国晚期至西汉早期的墓地。

1. 历史洪水遗迹

在遗址的第1层下，有一片灰色砂层，即第2层。砂层在Ⅱ区北部的40个探方内均有分布，其堆积因地势不同而厚薄不一，南部地势高的地方砂层堆积较厚，北部地势低的地方堆积较薄。钻探资料表明，砂层集中分布在遗址的中部以北区域，最高位置海拔142～143米。砂层堆积细密，内含少量黄色黏土，黏土呈块状，且因经过洪水浸泡而呈泥状。在砂层中没有发现任何包含物。

2. 墓地

在遗址北部，第1层下，共发掘清理土坑墓7座。这7座墓葬都位于北部的10个大探方内，互相之间没有打破关系。这批墓葬有几个共同特点：第一，墓葬开口都位于第1层下，无叠压打破关系；第二，都是长方形竖穴土坑，且墓边的长宽比例都很小，可以称之为长方形宽坑墓；第三，墓坑方向一致，均为东西向，且头向一致，墓主人骨架都是头西脚东；第四，从已经清理的7座墓推断，墓内的随葬品都很少，一般在3～10件。

非常遗憾的是，这处墓地被严重盗掘。本次发掘清理的7座墓葬中就有5座墓先期被盗（M1～M5），其中M 1、M3和M4几乎被盗一空，只在墓底残留几块碎陶片。

这7座墓葬虽然基本形制一样，但在墓坑大小、墓葬结构方面也存在着一定的差异。7座墓葬中，带头龛的有2座（M2和M6），没有头龛的墓葬5座（M3～M6）和（M7）。头龛都位于墓坑西壁的中央，内置随葬品，以M5、M6为例。

M5 位于T6和T7两个探方的第1层下，打破第2、3层和生土。墓坑为长方形，墓口距地表深30厘米，东西长385～400、宽300～310厘米，墓坑深168厘米。墓坑坑壁经过简单修整。墓室填土为黄褐色黏土，掺杂大量灰色砂土和碎石块（图四）。

墓内葬具已腐朽，但从墓底残留的腐烂痕迹看，M5的葬具应为木制，其结构为一棺一椁，残存椁痕长260、宽120～130厘米。在墓底保存人骨架一具，仰身直肢，头西脚东。人骨

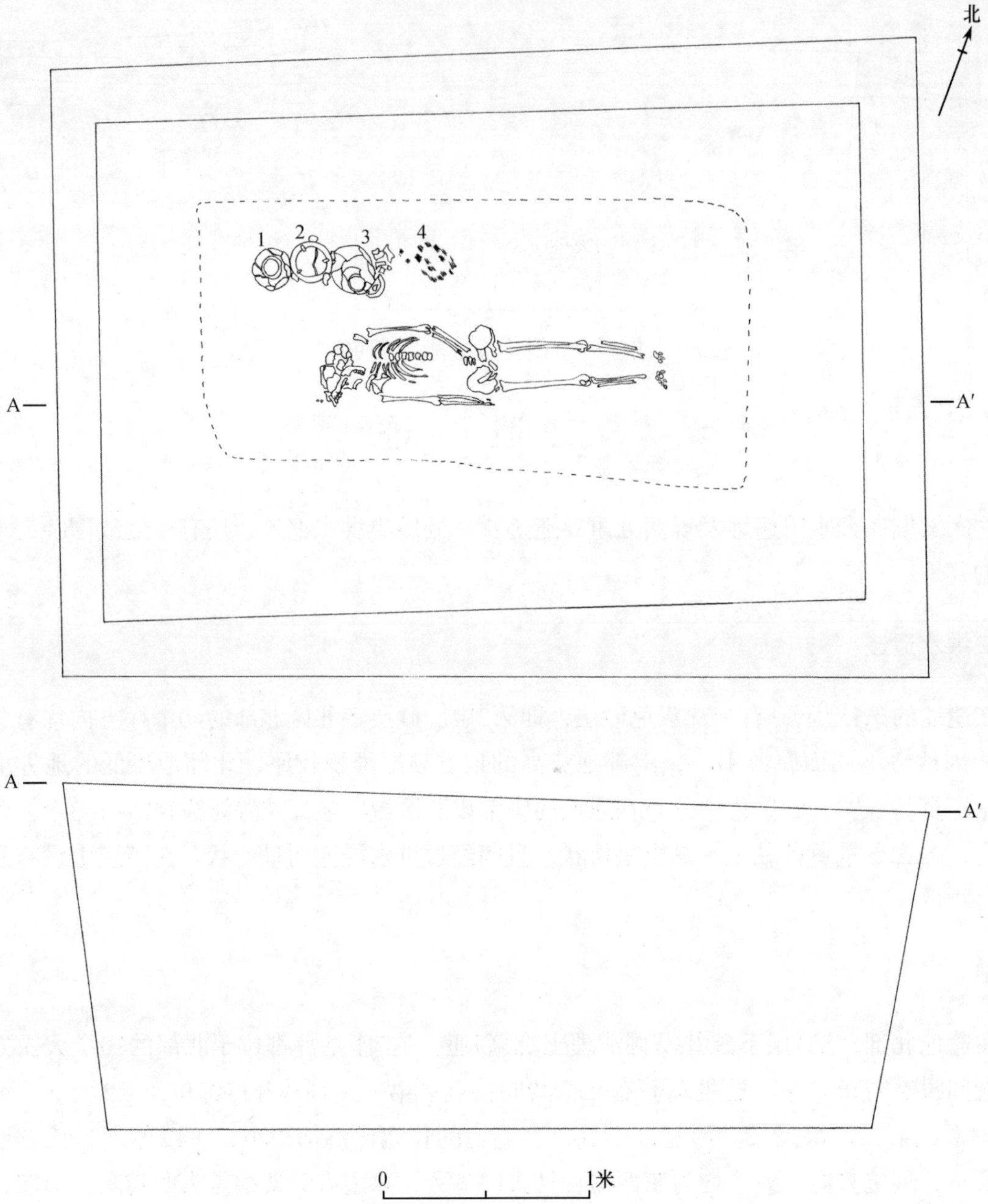

图四　M5平、剖面图
1. 陶鼎　2. 陶盒　3. 陶壶　4. 漆器

架为女性，高约160厘米。

在椁室内，头骨北侧，并排随葬陶器3件、漆器1件。陶器有鼎1、盒1、壶1，漆器仅残存红色漆痕，无法辨认器形。

M6　位于T7和T8两个探方的第1层下，打破第2、3层和生土。墓坑为长方形，墓口距地表深30～70、东西长360～365、南北宽210～220厘米，墓坑深201厘米。坑壁经过简单修整，但因为坑壁上有一些石块，壁面显的凹凸不平。墓坑填土为黄褐色黏土，掺杂大量灰色砂土和碎石块。在填土中发现铁插一件，但锈蚀严重，依稀可辨器形（图五）。

在墓坑西壁中央，有1个长方形壁龛，长68、宽34、深38厘米。壁龛内壁未经修整。龛内

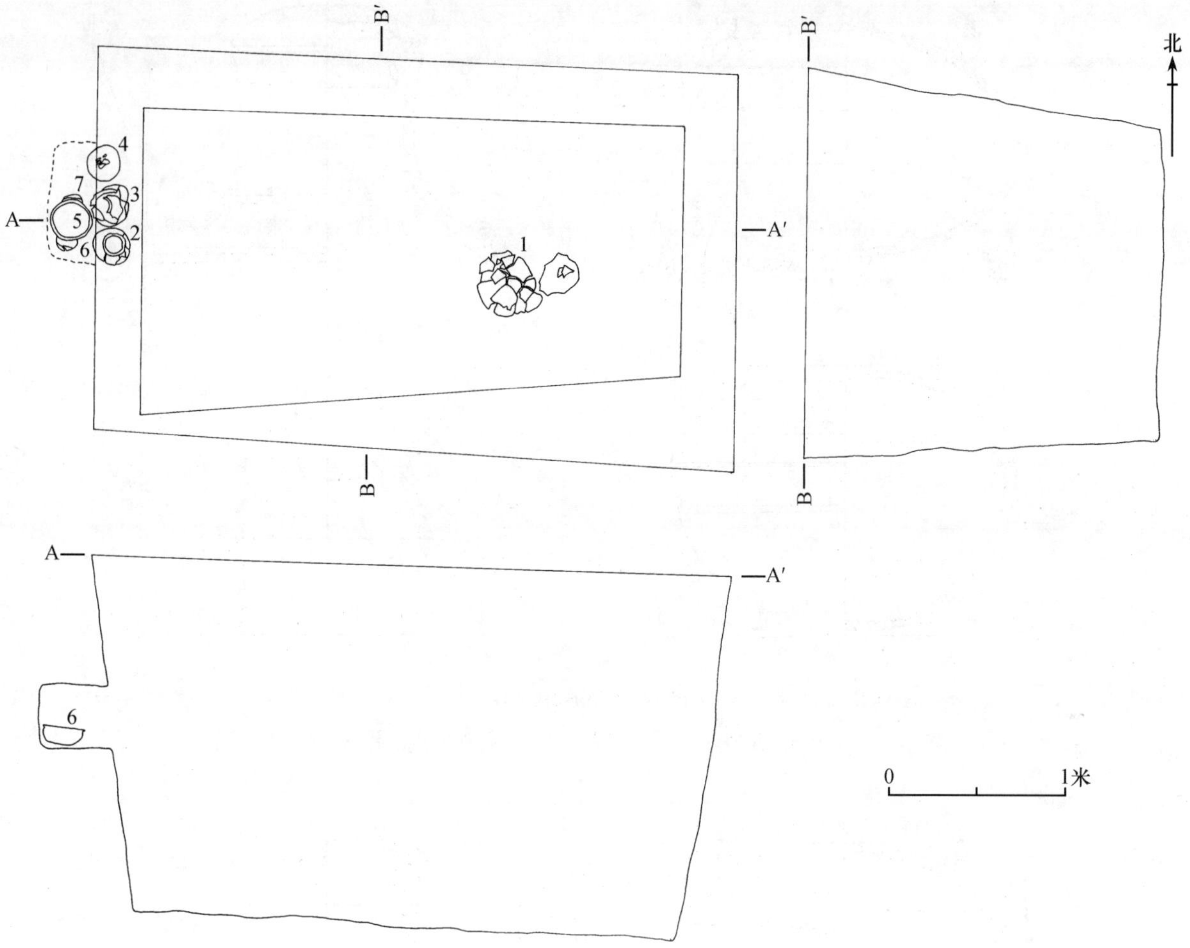

图五　M6平、剖面图

1、2. 陶罐　3. 陶釜　4、6、7. 陶豆　5. 陶盆

填土为黄色黏土，夹少量灰砂。壁龛内随葬陶器6件，其中罐1、釜1、盒1、豆3。

在墓底西端残留一件泥质灰陶罐的底部碎片，其他部分被盗掘破坏。

三、随　葬　品

在7座墓葬中，可辨器形的随葬品均为陶器，器形有鼎、盒、壶、罐、釜、盆、豆和球。

鼎　2件。泥质褐陶。子母口，外口外折成溜肩，腹的中部外折内收呈圜底，两个长方形立耳，三个马蹄形矮足，盖面有三兽状纽。在纽的下部饰有两道凹弦纹。M5：1，口径14、最大腹径19.2、高14.8厘米（图六，1）。M7：1，口径13.8、最大腹径18、高14.4厘米（图七，1）。

盒　3件。泥质褐陶。直口，尖唇，平肩，肩以下腹内收成圜底，底部接矮圈足，盒盖上部有一圈足状抓手。盖和上腹饰三周凹弦纹。M5：2，口径16.8、腹径18.8、高14.4厘米（图六，2）。M7：2，口径13.8、最大腹径19、高14厘米（图七，2）。

壶　2件。泥质灰陶，有盖。直口，圆唇，溜肩，腹内斜收成圜底，底接高圈足，足外撇。肩附有两个铺首状环形耳，在环耳上下各饰三周凹弦纹，中腹饰一周凹弦纹。M5：3，口径

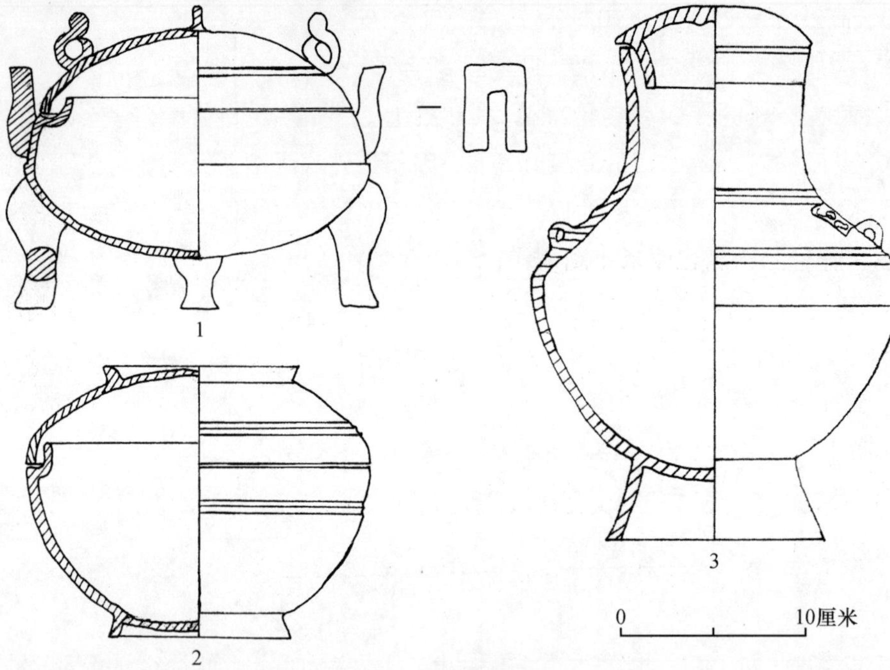

图六　M5随葬陶器

1. 鼎（M5：1）　2. 盒（M5：2）　3. 壶（M5：3）

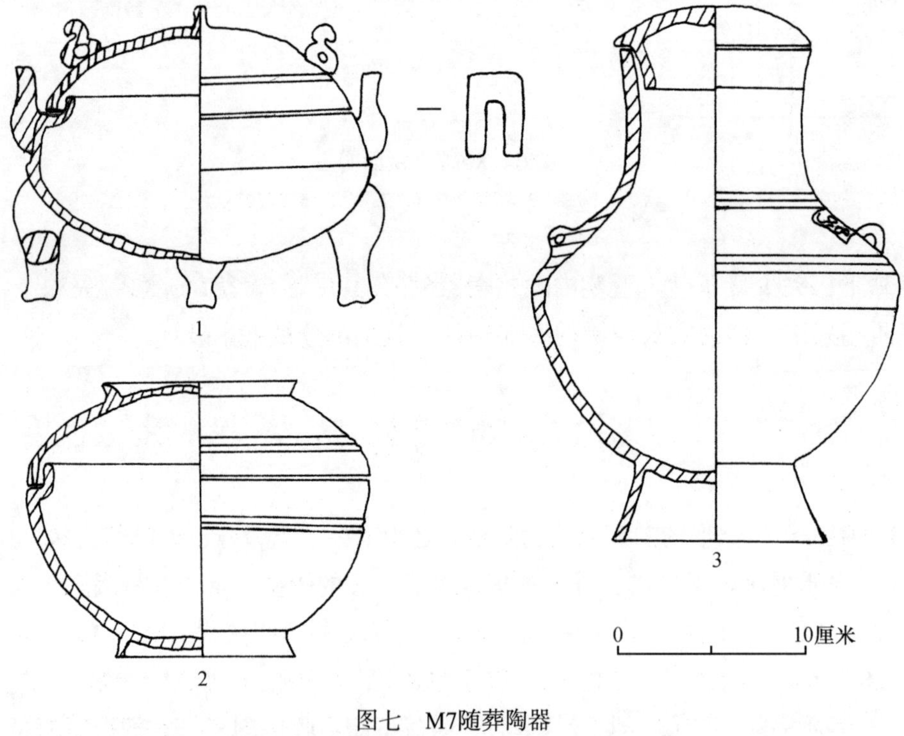

图七　M7随葬陶器

1. 鼎（M7：1）　2. 盒（M7：2）　3. 壶（M7：3）

10.4、腹径20、高28厘米（图六，3）。M7：3，口径10、腹径19、高28.5厘米（图七，3）。

罐 3件。泥质灰陶。敞口，平沿，圆唇，高直领，溜肩，圆鼓腹，凹圜底。肩、腹及底部通饰细绳纹。M2：3，口径14.4、腹径24.4、高23.2厘米（图八，6）。

釜 1件。夹砂褐陶。敞口，折沿。M6：6，因器物破碎严重，无法复原。

盆 1件。M6：5，泥质灰陶。敛口，平折沿，肩腹向下斜内收成凹圜底。腹及底部通饰细绳纹。口径23、腹径23、高12厘米（图八，1）。

豆 4件。可分为二型。

A型 3件。泥质褐陶。直盘口，尖圆唇，豆把粗短，且上粗下细，足外撇，足面起台，但不是很明显。素面。M6：7，口径15.2、底径8、高11.6厘米（图八，2）。M6：4，口径15.6、底径8.4、高11.6厘米（图八，3）。M6：6，口径15.6、底径7.6、高10.8厘米（图八，4）。

B型 1件。M2：2，泥质灰陶。盘口外弧，豆盘较浅，豆把粗短，粗细一致，把足间起台明显。素面。口径12.8、底径8、高10.8厘米（图八，5）。

陶球 1件。M2：1，素面，泥质灰陶，实心（图八，7）。

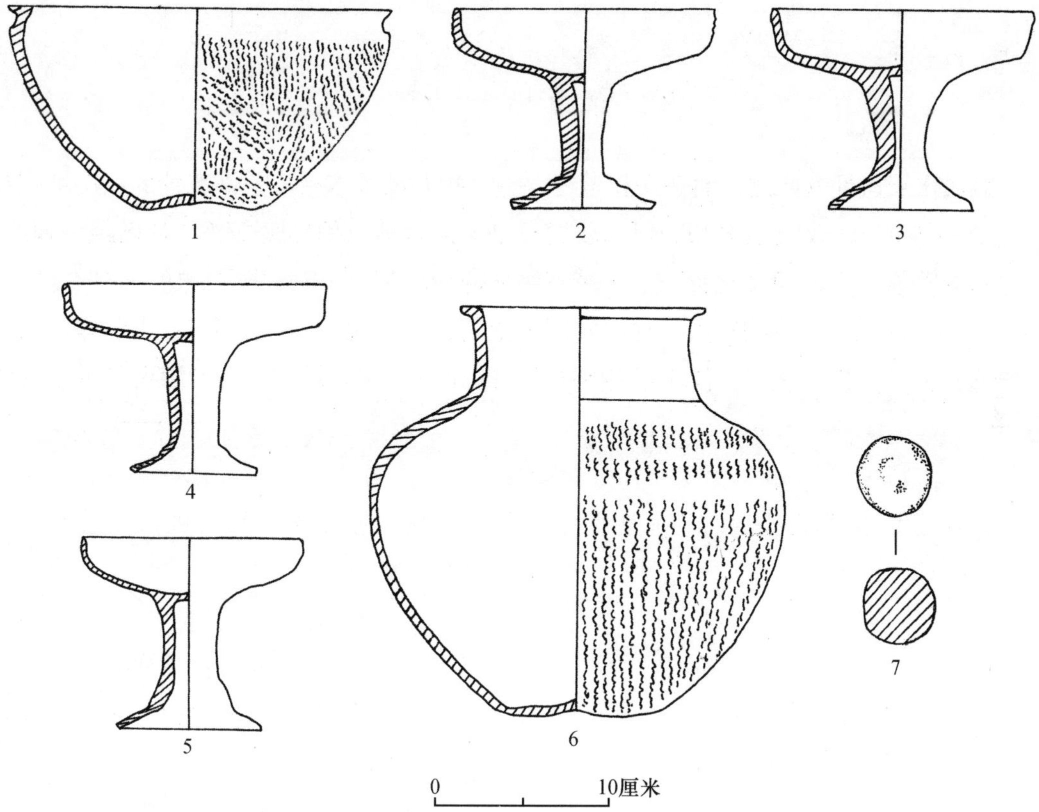

图八 M6、M2随葬陶器

1.盆（M6：5） 2～5.豆（M6：7、M6：4、M6：6、M2：2） 6.罐（M2：3） 7.陶球（M2：1）

四、墓葬分期及年代

1. 战国晚期

已清理的7座墓可分为两类，一类是以罐、豆、盆和罐、豆、盒为组合的墓葬，包括M1～M4、M6。另一类是以鼎、盒、壶为组合的墓葬，如M5、M7。以罐、豆为组合的一类墓一般墓坑较小，开口长在250～300厘米，长宽比例较大，有的墓还带有头龛，如M2、M6。这类墓同战国晚期的楚墓相似，其时代相当于战国晚期。

2. 西汉早期

M5和M7与其他5座墓有明显的不同。一是墓坑较大，长度都超过了300厘米；二是随葬陶器不同，以鼎、盒、壶为组合，且鼎和盒都是长江中游一带西汉早期的典型器物，其时代应相当于西汉早期。

五、结　语

通过对大水田遗址Ⅱ区的全面钻探和考古发掘，我们已基本弄清了该遗址的地层堆积和文化面貌。遗址虽然有三个文化层堆积，但主要遗存是早期墓地上的15座墓葬。从已经清理的7座墓葬看，这批墓葬有一定的楚文化特征，又带着明显的地域特点。7座墓葬都是长方形宽坑，这种宽坑墓是战国时期巴人墓葬的特点。这次发掘出土的第二文化层即沙层，被7座墓葬打破，说明沙层的年代在战国早期或更早，洪水已达到143米的海拔，这为研究长江上游历史洪水提供了新的丰富材料。

附记：考古发掘领队王然，参加发掘的人员有倪婉、陈官涛、尹弘兵、田景林、易军、陈平。

绘图：陈官涛
执笔：倪　婉　陈官涛

巫山大溪遗址2001～2002年度发掘简报

重庆市文化遗产研究院
巫 山 县 文 物 管 理 所

一、发掘概况

大溪遗址是大溪文化的命名地，位于重庆市巫山县大溪乡大溪村二社和三社（2001年后合并为三社），中心地理坐标为东经109°37′31″，北纬31°0′15″，海拔125～145米，高于长江常年枯水位35～45米（图一）。遗址位于瞿塘峡东口的南岸，长江大宁河宽谷的西端，大溪河注入长江处。遗址隔长江北望七曜山系的桃子山，西依盛家山和乌云顶，南界大溪河与枣园坪遗址相邻。遗址所在地系盛家山山麓向长江河漫滩过渡地带的斜坡台地，台地西高东底，北窄南

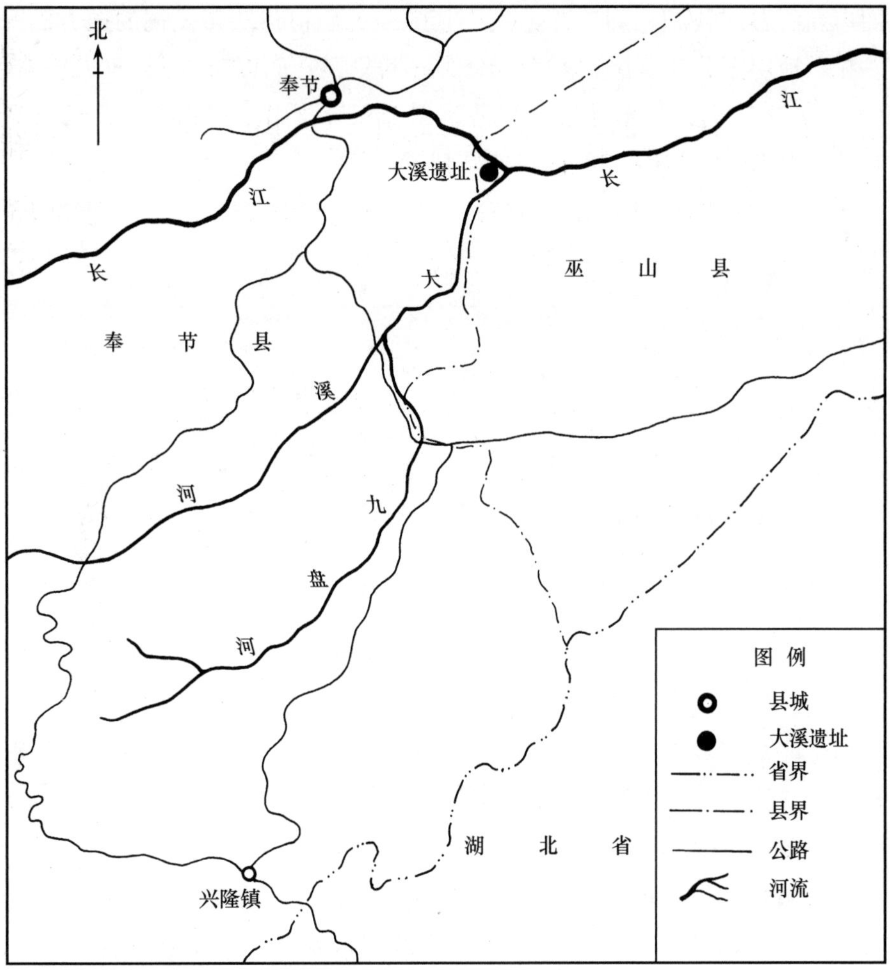

图一　大溪遗址位置示意图

宽，自北向南呈窄长条形。

继2000年重庆市文物考古所（今重庆市文化遗产研究院）在大溪遗址发掘2000平方米后，2001年我们再次发掘2000平方米，2002年进一步发掘3000平方米。在2000年的发掘中，我们主要是围绕搞清遗址编年的目的开展工作，这一目的基本达到。2001年的发掘则主要是想了解该遗址的墓葬情况，2002年的发掘则把重点放在新石器时代之后的考古遗存上，从发掘的收获看，这两个目的也基本达到。

2001年的发掘始于2001年10月12日，田野工作结束于2002年1月25日，历时3个多月。本次发掘布方均位于遗址Ⅱ区中部，紧接2000年度在Ⅱ区所布探方的南边，采用上一年度的坐标系，探方编号原则同前。共布正南北向5米×5米的探方80个，加上扩方，实际面积超过2000平方米。本次布方的片区的西部较平坦，东部为坡度较小的斜坡地，属于大溪遗址最平坦的地带。2001年的发掘共发现了新石器时代、商周、汉、六朝、明清等多个时期的遗存。其中共发现各时期墓葬165座、灰坑448座，另外还有灶、房址等遗迹现象，收获颇丰。

2002年的发掘始于3月6日，田野工作结束于5月28日，历时近3个月。发掘面积超过了3000平方米。本次发掘布方分三个片区。其中Ⅰ区探方集中于Ⅰ区南部和西南部，Ⅱ区探方集中于该区的西北部，Ⅲ区布有少量探方，位于该区北部的竹林沟以南。三个片区共布正南北向的5米×5米探方120个。2002年的发掘共发现了新石器时代、东周、西汉、六朝、唐宋、明清等时期的遗存，而以新石器时代和东周遗存为主。其中，我们将1959年发掘的探方揭开后重新将其隔梁进行了发掘，地层划分70余层，堆积十分零碎和复杂。而以T0705~T0708为代表的探方，文化层最深约7米，中间夹杂洪水沙层、早期垮塌堆积等，出土遗物十分丰富。东周遗存在Ⅰ区和Ⅱ区均有分布，但主要集中于Ⅱ区（图二）。

由于2001年和2002年的发掘时间相距很近，中途也没有专门时间来整理2001年度的材料，现将两年度发掘的商周遗存资料一并简报如下。

二、地层举例

2001年、2002年发掘的商周时期遗存，主要集中于Ⅱ区，Ⅰ区和Ⅲ区也有少量分布。Ⅱ区的商周遗存又主要集中在该区西部的T1311、T1312、T1313、T1131、T1211五个探方内，属于局部堆积。

下面以T1311北壁、西壁和南壁为例介绍（图三）。

第1层：厚10~25厘米。现代耕土层，原地表种植柑橘树。地表西高东低呈坡状。土色为灰褐色，土质疏松。包含植物根茎、料姜石、瓦砾等。

第2层：深10~25、厚15~40厘米。褐色砂土，土质疏松。包含植物根茎、炭粒、素面瓦片及青花瓷片等。

此层下叠压一明清灰坑。

第3层：深25~45、厚0~40厘米。黄褐色砂土，较硬。分布于探方的西北角和东南角，类似浅坑状堆积。包含红烧土块、石片等。出土有粗绳纹板瓦片、泥质灰陶片等，可辨器形有钵、罐等。

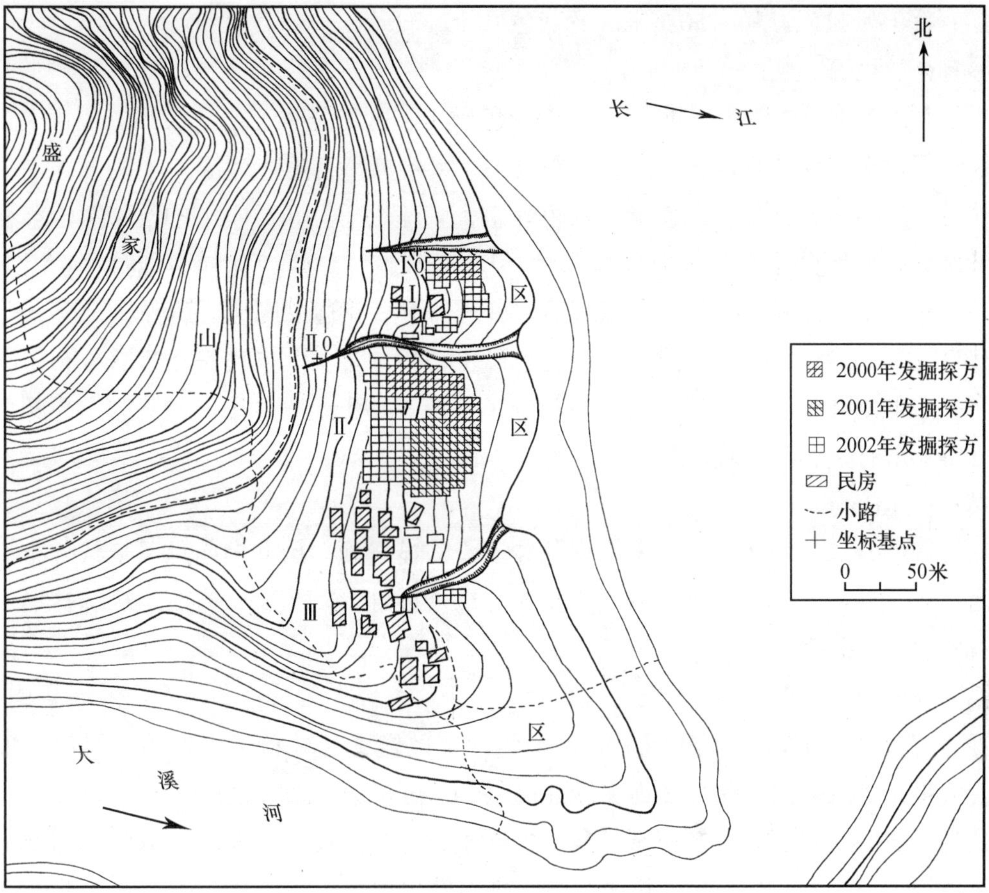

图二　大溪遗址2001年、2002年布方图

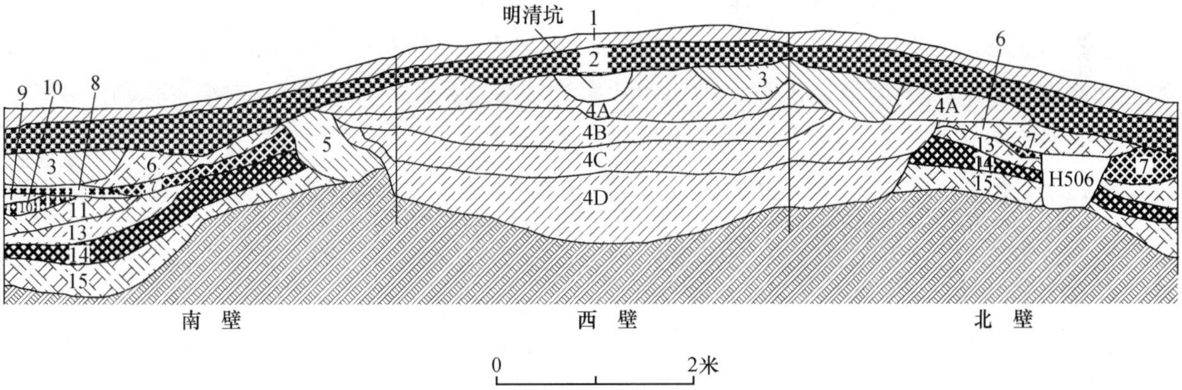

图三　大溪遗址T1311南壁、西壁、北壁剖面图

第4层：较厚。整体呈一坑状堆积，分布于探方西部。又可分为四亚层。

4A层：深35～50、厚0～55厘米。青灰色砂土，较硬。包含大量炭粒、残骨块、红烧土颗粒、料姜石。出土较多陶片，以灰陶为主，另有部分红褐陶、磨光黑皮陶，可辨器形有鬲、豆、碗、钵、罐、釜等。另出土铜镞1件。

4B层：深40～80、厚0～40厘米。青绿色砂土，较软。包含兽骨残块、炭粒、红烧土颗粒等。出土大量陶片，以泥质灰陶为主，可辨器形有鬲、豆、钵等。

4C层：深75～115、厚0～50厘米。青灰色砂土，较疏松。包含大量炭粒。出土较多陶片，可辨器形有鬲、豆等。

4D层：深45～125、厚0～70厘米。浅青灰色砂土，含砂量大，土质较硬。包含大量炭粒、石块、残骨等。出土少量陶片，以夹砂灰陶为主，可辨器形有釜、罐等。

第5层：深30～40、厚0～60厘米。灰色砂土，较疏松。分布于本方的西南部，堆积平面呈不规则椭圆状，底凹凸不平，被第4层打破。包含有炭粒、红烧土颗粒、砾石等。出土少量陶片，以夹砂陶为主，器表饰绳纹、方格纹等，可辨器形有花边圜底罐、钵等。

第6层：深40～75、厚0～35厘米。红褐色砂土，较硬。由北向南呈条带状分布于本方的中部，呈西高东低的坡状堆积。包含大量鱼骨渣、石块等。出土陶片以夹砂陶为主，颜色以红褐较多。可辨器形有釜、罐等。

此层下叠压H506。

第7层：深50～75、厚0～40厘米。褐色砂土，略显坚硬。由北向南呈条带状分布于本方的中部，西高东低。包含有少量鱼骨渣。出土陶片以夹砂红褐陶为主，有釜、罐等器形。另出土石斧等石器。

此层下叠压H522。

第8层：深65～80、厚0～20厘米。黄褐色砂土，较硬。分布于本方的东南角，近水平堆积。包含大量鱼骨渣。出土陶片多为夹砂红褐色陶，可辨釜、罐等器形。

第9层：深80～95、厚0～20厘米。灰褐色砂土，略显坚硬。分布于本方的东南部，呈西高东低的斜坡堆积。包含鱼骨渣、红烧土颗粒、砾石等。出土较多陶片，以夹砂红褐色陶为主。

第10层：深90～100、厚0～15厘米。红褐色砂土，略显疏松。分布于本方的东南部，呈西高东低斜坡状堆积。包含较多鱼骨渣、红烧土颗粒。出土少量打制石片、陶片。

第11层：深85～105、厚0～25厘米。褐色砂土，略硬。分布于本方的东南部，呈斜坡状堆积，西高东低。包含鱼骨渣、砾石。出土陶片多为夹砂红褐陶，可辨器形有罐、釜等。另出土石斧等小件。

第12层：深80～130、厚0～20厘米。黄褐色砂土。分布于本方的东部北端，堆积平面呈圆形，西高东低。包含大量鱼骨渣、陶片。

此层下叠压H553。

第13层：深80～130、厚0～40厘米。灰褐色砂土，较疏松。分布于探方的东部，呈西高东低的斜坡状堆积。包含大量鱼骨渣、陶片。出土陶片多为夹砂红褐素面陶，可辨器形有罐、釜等。

此层下叠压H575。

第14层：深70～135、厚0～35厘米。红褐色砂土。分布于本方的东部，呈西高东低的坡状堆积。包含较多鱼骨渣。出土少量陶片，可辨器形有猪嘴形支座、钵、罐等。

第15层：深80～150、厚0～80厘米。深褐色砂土，较松软。分布于探方东部，堆积呈西高东低的斜坡状。包含少量鱼骨渣。出土极少量陶片。

第15层下十分纯净，定为生土。

综合多方面情况判断，T1311内的地层时代可归结如下：第1层为现代耕土，第2层为明清层，第3层为汉代文化层，第4层为东周文化层，第5层为西周文化层，第6～15层为新石器时代大溪文化层。

三、分期与年代

（一）分期

从介绍的上述地层情况看，T1311第4、5层与其他文化层存在较大差异，具体如下。

1. 堆积性状有差异

第4、5两层为由东向西的倾斜堆积，而其下的地层为由西向东倾斜。此外，第4、5层应为一打破早期文化层的长条形沟内的堆积，其中，第4层又打破了第5层。

2. 土色有一定的差异

其中第4层的各亚层是以青色为基调色，第5层为灰色，而其下各层均以褐色为基调色，三者差异明显。这一方面反映了各层形成时的环境、形成原因不同，某种程度上也反映了时代上的差异。

与上述类似的情况还在其他几个探方有发现。其中，T1313第3层分布于该方中部，为局部堆积，出土陶器有尖底杯、尖底盏、素缘圜底罐、圜底釜等，时代特征明显，与其他地层单位所出有较大区别，可以定为单独的一期。

T1311第5层不但与第4层土色存在差异，而且所出遗物差别也比较明显：T1311第5层出土器物主要是花边圜底罐、钵等，而T1311第4层出土器物主要以鬲、盆、豆、罐为主，它们属于性质不同的两组器物群。

这样，可以将2001、2002两个年度在Ⅱ区发掘的商周时期遗存分为三期。各期对应的主要单位如表一所示。

表一　Ⅱ区商周时期遗存分期表

分期＼探方	T1313	T1311	T1211	T1312	T1509
一期	第3层				
二期		第5层		第5层	
三期		第4A、4B、4C、4D层	第4～14层	第4层	H451

一、二期出土遗物比较接近，均以圜底器、尖底器为主，显示两期之间具有传承性，主体与三峡西部地区的文化遗存相同，应属于峡江地区的土著遗存。

一、二期两者间也有一些差异。

第一，一期的圜底器以素缘圜底罐为主，基本不见花边圜底罐；而二期出现较多按压花边圜底罐。

第二，一期有一定数量的尖底器，而二期基本不见尖底器。

第三，二期出现了鬲，这应当是新的外来文化因素，具有楚文化特征。

三期遗存出现了深井，遗物以三足器、平底器、圈足器为主，有鬲、盂、豆、罐等器类，较一、二期遗存完全不同，发生了明显的变化，而与江汉平原的楚文化相同。

（二）年代讨论

一期陶器总体特征与十二桥文化的峡江类型——“石地坝文化”接近①。具体年代方面：由于该期绳纹陶器所占比例较多，且绳纹较细，以竖向为主，圜底罐的口部多捏塑痕，与丰都石地坝遗址1999年第一期2段特征接近。此外，该期的炮弹形尖底杯与忠县哨棚嘴遗址1997年发掘的同类器很接近。故总体来看，这类遗存应当属于石地坝文化的晚期，而且可能属于最晚阶段的遗存，大约相当于西周早期阶段，上限不过商代末期。

二期应属于“瓦渣地文化”②。由于出现了较多的花边圜底罐，其形态与巫山双堰塘遗址的同类器接近，与忠县瓦渣地遗址西周遗存也比较接近，而缺少东周时期盛行的小口厚壁花边圜底罐。此外，该期出现的削棱鬲足与双堰塘1998年发掘的刮棱鬲足相同。因此，该期年代约当在西周中晚期，下限不过春秋早期。

三期虽然仍残存有部分土著文化因素，但主体应属于外来的“楚文化”。此期楚文化陶器有鬲、甗、盂、豆、罐、簋等，该器物群属典型的春秋时期器物群。另外，此期的鬲口为方唇、卷沿近折，既不同于西周的尖圆唇卷沿鬲，也不同于战国时期的折平沿鬲。由此看来，三期遗存定在春秋中、晚期是比较合适的。

四、一期遗存

以2001年发掘的T1313第3层为典型单位，此外，2000年发掘的Ⅰ区西部T0502、T0402等探方也有少量这一阶段遗存（均为地层单位）。

2001年发掘的T1313第3层出土物绝大多数为陶器。据统计，该单位出土陶器以夹砂陶为主，泥质陶数量较少。夹砂陶多夹石英颗粒。夹砂陶中又以夹砂红褐陶、褐陶所占比例最大，次为灰褐陶、黑陶，红陶最少。泥质陶中主要是泥质黑陶，其中又有少量的黑皮红胎陶；另有部分泥质红褐陶和泥质灰陶（表二）。

① 白九江、李大地：《试论石地坝文化》，《三峡考古与多学科研究》，重庆出版社，2007年。

② 孙华先生最早提出将这类遗存命名为瓦渣地文化。瓦渣地文化阶段，器物盛行圜底器，釜、罐类器物口沿多装饰花边，尖底器虽然还有一定数量，但较石地坝文化阶段大大减少。参看孙华：《峡江地区的先秦文化》，《国学研究》（第6期），北京大学出版社，1999年。

表二　T1313第3层陶质陶色纹饰统计表

陶质	陶色	粗绳纹	细绳纹	方格纹	凹弦纹	篮纹	戳印纹	素面	合计	
									数量	百分比/%
夹砂	红		10						10	2.6
	红褐	20	27	27		1		13	88	22.4
	褐		71					16	87	22.2
	灰褐	4	54					10	68	17.3
	黑		20					25	45	11.5
小计		24	182	27		1		64	298	76.0
泥质	红褐							18	18	4.6
	灰							20	20	5.1
	黑				8		1	47	56	14.3
小计					8		1	85	94	24.0
合计	数量	24	182	27	8	1	1	149	392	
	百分比/%	6.1	46.4	6.9	2.0	0.3	0.3	38.0		

有纹陶片数量较多，素面陶片亦占有一定的比例。纹饰中主要是细绳纹，其他有粗绳纹、方格纹、凹弦纹、篮纹、戳印纹等。绳纹主要饰于圜底罐、圜底釜等陶器上，绳纹多较浅，并略显凌乱。

陶器有尖底器、圜底器、平底器、圈足器三种。具体的器类有尖底杯、尖底盏、钵、杯、豆、盆、壶、素缘圜底罐、圜底釜等。陶器的制法多为手制，有部分系轮制。绳纹釜、罐类陶器多手制，且口沿和肩多接制，所以较厚，多数釜、罐不太规整，特别是器内常见手指捏痕和指垫痕。尖底杯内有泥条盘筑痕迹，由口向底盘筑至尖底再将多余泥条塞入器内。

陶尖底杯　3件，其中口沿残片1、底部2。均为泥质陶。内壁有泥条盘筑痕，按从口至底的顺序制作，至底将泥条塞入尖底内。均为炮弹形杯，夹少量砂。根据底部形态可分二型。

A型　1件。仅底部有折收痕。T1313③：53，泥质灰陶。素面。下腹壁斜收，略内凹，至底急折收为尖底。残高5.4厘米（图四，4）。

B型　1件。弧腹斜收为尖底。T1313③：44，泥质灰陶。素面。下腹壁斜弧收为尖底，尖底近圜，底部有使用磨痕，内底依稀可见泥条痕。残高6.4厘米（图四，2）。

另有尖底杯口沿残片　1件。T1313③：54，泥质黑陶。内灰，敛口，肩略鼓。胎壁薄。口径9、残高3.4厘米（图四，1）。

陶尖底盏　2件。均为泥质陶。T1313③：30，泥质黑陶。盏口残片。敛口，尖圆唇，鼓肩，弧腹斜收，腹较深。肩部残留有5个制作时残留的手指浅窝痕。残高4.3厘米（图四，5）。T1313④：13，泥质黑陶。盏底。斜弧腹，底近圜。残高3.1厘米（图四，6）。

陶钵　1件。依据其陶质陶色和其他遗址同类器推测可能是圜底钵。T1313③：58，泥质褐陶。口微敛，下腹壁斜弧收，底残。口径15.6、残高4.4厘米（图四，3）。

陶杯　1件。T1313③：4，夹砂褐陶。敛口，圆唇，鼓肩，弧腹斜收，圜底近平。器表手捏制的指窝痕明显。口径12.4、残高7.8厘米（图四，8）。

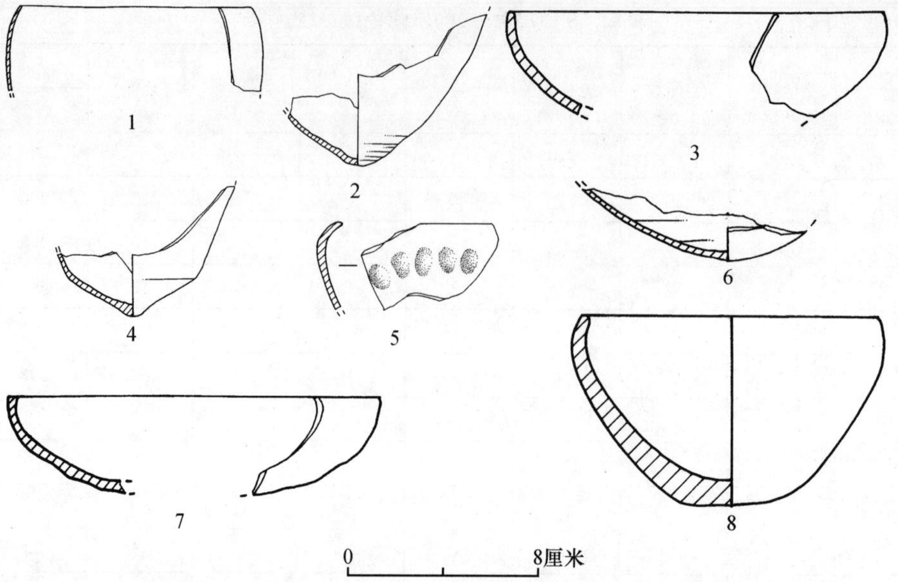

图四　一期陶器

1. 尖底杯口沿残片（T1313③：54）　2. B型尖底杯（T1313③：44）　3. 钵（T1313③：58）　4. A型尖底杯（T1313③：53）　5、6. 尖底盏（T1313③：30、T1313④：13）　7. 豆（T1313③：64）　8. 杯（T1313③：4）

陶豆　1件。T1313③：64，仅剩盘部，也可能是尖底盏。泥质灰陶。直口，方唇，下腹壁斜弧收，浅盘。手制痕迹明显。口径16、残高4厘米（图四，7）。

陶盆　1件。T1313③：26，夹砂红陶。折沿，沿面略下凹形成盘口，圆唇，斜弧腹，底残。口径15.6、残高4厘米（图五，2）。

陶壶　1件。T1313③：24。泥质红胎黑皮陶。敞口，卷沿，沿面上端平，尖圆唇，腹部外鼓。口径20.8、残高3.4厘米（图五，1）。

陶器耳　2件。T1313③：31，泥质黑皮褐胎陶，牛鼻形耳，竖向，两侧略上卷。系以一宽泥片粘贴而成。残宽3.9、残高6.2厘米（图五，3）。T1313③：35，泥质红陶。鸡冠形耳，横向，中穿一空。残宽3.8、残高4.9厘米（图五，4）。

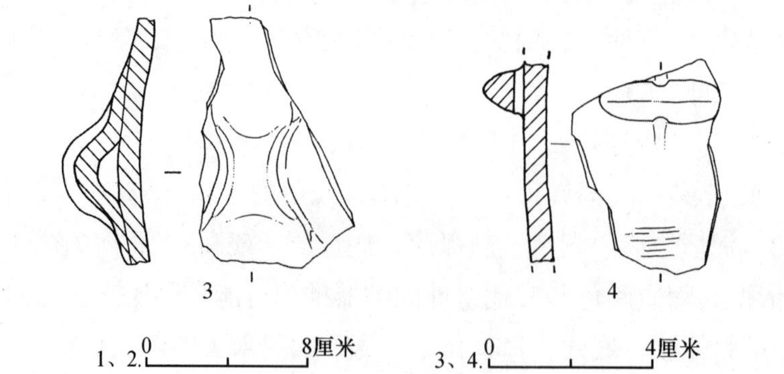

图五　一期陶器

1. 壶（T1313③：24）　2. 盆（T1313③：26）　3、4. 器耳（T1313③：31、T1313③：35）

陶素缘罐　广肩或鼓肩。据其他遗址的同类器推测应为圜底罐。根据口沿外卷程度可分二型。

A型　2件。有领。T1313③：51，夹砂灰黑陶。卷沿，沿面近平，圆唇，鼓肩。腹部饰竖向绳纹。领部、器内壁制作时留下的指窝痕明显。口径19.8、残高6.6厘米（图六，1）。T1313③：60，夹砂灰黑陶。侈口，卷沿，圆唇，广肩。肩部饰竖向细绳纹。口径12.8、残高4.2厘米（图六，2）。

B型　1件。束颈。T1313③：33，夹砂灰褐陶。侈口，斜沿，束颈，广肩。肩部饰竖向绳纹。口径14、残高4.2厘米（图六，3）。

陶圜底釜　大口，圜底。多饰竖向绳纹。手制，器形不太规整。绳纹较细密，只有1件饰篮纹。按颈腹间变化可分二型。

A型　微鼓腹。按口沿外卷程度又可分为三亚型。

Aa型　1件。沿上立。T1313③：15，夹砂红褐陶，沿面微弧，尖圆唇，颈肩部弧转较急，上腹斜直，垂腹，腹部最大径靠下。肩部及以下饰竖向绳纹，颈部有一排手指按窝痕。口径10、残高8.9厘米（图六，4）。

Ab型　1件。卷沿斜立。T1313③：14，夹砂红褐陶。尖唇，束颈，腹微外鼓。肩部及以下饰竖向细绳纹。口与器身采用下套上的方式接制，颈部有明显的捏制指窝痕。口径16.8、残高4.2厘米（图六，7）。

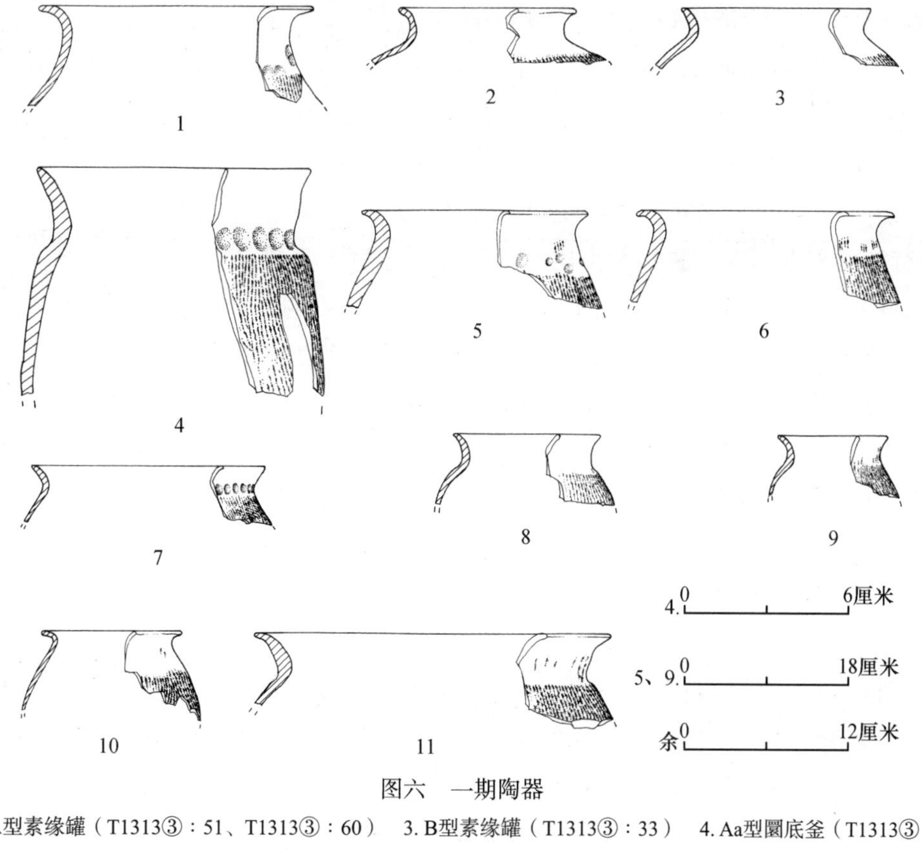

图六　一期陶器

1、2. A型素缘罐（T1313③：51、T1313③：60）　3. B型素缘罐（T1313③：33）　4. Aa型圜底釜（T1313③：15）　5、6. Ac型圜底釜（T1313③：16、T1313③：17）　7. Ab型圜底釜（T1313③：14）　8～10. Ba型圜底釜（T1313③：56、T1313③：42、T1313③：47）　11. Bb型圜底釜（T1313③：19）

Ac型　卷沿近平。2件。T1313③：16，夹砂红褐陶。尖圆唇，溜肩，腹微外斜。饰竖向细绳纹。颈部较厚，口与器身接制，颈部捏痕明显，有较多指窝痕。口径24.8、残高13.2厘米（图六，5）。T1313③：17，夹砂褐陶。尖圆唇，溜肩，腹壁微外斜。饰竖向细绳纹。口径18.8、残高7厘米（图六，6）。

B型　鼓腹。按口沿外卷情况分二亚型。

Ba型　3件。卷沿斜立。T1313③：56，夹砂灰褐陶。尖圆唇，沿面向内弧，束颈，圆肩，鼓腹。饰竖向绳纹。口径10.5、残高6.4厘米（图六，8）。T1313③：42，夹砂灰褐陶。圆唇，沿面微内弧，束颈，圆肩，鼓腹。肩部及以下饰竖向绳纹。颈部仍隐约可见未抹掉的部分绳纹。口径12.6、残高8.1厘米（图六，9）。T1313③：47，夹砂红褐陶。尖圆唇，束颈，圆肩。肩部及以下饰竖向绳纹，颈部隐约有被抹掉的绳纹。颈肩结合部有指窝痕。口径25.8、残高6.6厘米（图六，10）。

Bb型　3件。卷沿近平。T1313③：19，夹粗砂灰陶。圆唇，束颈，斜肩，鼓腹。肩部以下饰浅细绳纹。口径10.8、残高6.2厘米（图六，11）。

五、二期遗存

该期遗存以T1311第5层为代表，出土遗物较少。陶器以夹粗砂陶为主，纹饰常见绳纹，有少量方格纹；绳纹比一段的多数略粗，且相对凌乱一些。泥质陶多为素面。部分器物口部流行花边装饰，花边多系按压而成，较粗犷。器类有素缘罐、花边罐、钵、鬲足等。花边罐口部多为指压（或棍压），有的明显能看出不止压过一次，花边较深而大。花边罐腹多饰横向绳纹，口外撇部分与肩部接制，胎一般较厚。素沿罐胎一般较薄，器物较小，多饰横向绳纹。

陶素缘罐　口部全素。根据颈部形态的不同分二型。

A型　有领。根据口部与腹部大小比的变化又可分为二亚型。

Aa型　1件。大口。卷平沿。T1311⑤：148，夹细灰褐陶。卷沿，尖圆唇，矮领略直，耸肩。肩部及以下饰竖向细绳纹。领部有一圈手指窝痕。口径20.7、残高6.5厘米（图七，1）。

Ab型　2件。小口。T1311⑤：146，夹砂灰黑陶。侈口，卷沿，束颈，斜肩。肩部以下饰横向成组绳纹。口径8.8、残高7.3厘米（图七，2）。T1311⑤：151，夹砂灰褐陶。卷沿，尖圆唇，斜弧肩。肩部以下隐约可见戳印纹。口径9.8、残高5.4厘米（图七，3）。

B型　1件。束颈。T1311⑤：160，夹砂红褐陶。卷沿，圆唇，束颈，鼓肩。肩部饰交错绳纹。口径16.8、残高3.6厘米（图七，4）。

陶花边口罐　唇施按压或削剔花边，均夹砂陶。按沿面宽窄可分二型。

A型　2件。宽沿。T1311⑤：157，夹粗砂灰褐陶。卷沿，圆唇，束颈。肩以下饰斜方格纹。唇部按压窝状花边。口径34.4、残高13.2厘米（图七，5）。T1311⑤：156，夹砂灰褐陶。侈口，卷沿近平，束颈，溜肩，鼓腹，下腹壁斜弧收。肩以下饰成组绳纹，每组方向不尽一致。内壁及颈部有手指窝痕。唇部按压窝状花边。口径37、残高25.8厘米（图七，6）。

B型　1件。窄沿。T1311⑤：150，夹砂褐陶。卷沿，圆唇，耸肩。肩部及以下饰竖向绳

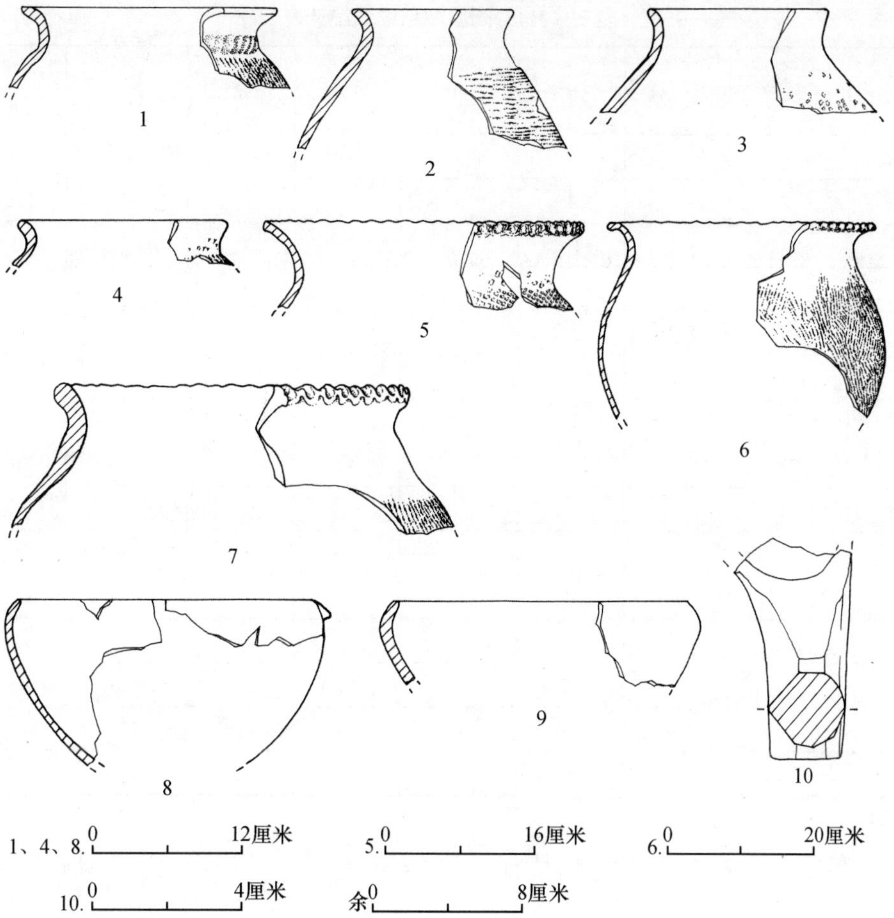

图七　二期陶器

1. Aa型素缘罐（T1311⑤：148）　2、3. Ab型素缘罐（T1311⑤：146、T1311⑤：151）　4. B型素缘罐（T1311⑤：160）　5、6. A型花边口罐（T1311⑤：157、T1311⑤：156）　7. B型素缘罐（T1311⑤：150）　8、9. 钵（T1311⑤：145、T1311⑤：152）　10. 鬲足（T1311⑤：149）

纹。唇部由内向外压制花边。口径18.8、残高7.8厘米（图七，7）。

陶钵　2件。均夹砂灰黑陶。敛口，深腹。T1311⑤：145，圆唇，鼓肩，腹壁斜弧收，一侧捏小流。素面。口径24.2、残高12.9厘米（图七，8）。T1311⑤：152，鼓肩，斜腹内收。器表有多排指窝痕。口径16、残高4.4厘米（图七，9）。

陶鬲足　1件。T1311⑤：149，夹砂红陶。柱状，有削棱现象，剖面近七棱形。足窝内呈黑色。残高5.8厘米（图七，10）。

六、三期遗存

第三期陶器总体上夹砂陶比例大大降低，而泥质陶占有主导地位。陶色中红褐、灰陶最多，其次有灰褐、黑褐、黑陶等，其他较少。纹饰主要是绳纹，另有少量的方格纹、暗纹（表三）。

表三 H451陶质陶色纹饰统计表

陶质	陶色	粗绳纹	细绳纹	弦断绳纹	方格纹	暗纹	凹弦纹	素面	合计	
									数量	百分比/%
夹砂	红褐	6	3		3			11	23	2.07
	灰褐	52	56	4					112	10.10
	灰	34		19					53	4.78
	黑	2							2	0.18
小计		94	59	23	3			11	190	17.13
泥质	红	12			12			1	25	2.25
	红褐	223		45				17	285	25.70
	褐	79							79	7.12
	灰褐	54						32	86	7.75
	灰	91		7	27	12	1	86	224	20.20
	黑	47		35		3			85	7.66
	黑褐	135							135	12.17
小计		641		87	39	15	1	136	919	82.87
合计	数量	735	59	110	42	15	1	147	1109	
	百分比/%	66.28	5.32	9.92	3.79	1.35	0.09	13.26	100	

第三期遗存比较丰富。根据遗物特征，可分为2组：A组为巴文化遗物，B组为楚文化遗物。

A组遗物绝大多数为夹砂褐、红褐陶和灰褐陶，陶色斑驳，火候不高。陶器一般夹粗砂，砂粒在器表清晰可见。纹饰以竖向绳纹为主，也有少许方格纹，绳纹较浅而乱，且细密。陶器绝大多数为手制，器形不规整，器唇均为圆唇，口部外侈，颈肩转折不明显。

B组遗物占有统治地位。一般夹细砂，多有泥质陶，陶色以灰陶、黑陶、灰褐陶为主，火候较高。纹饰以竖向粗绳纹为主，绳纹较深、清晰规整有序，也有较多暗纹（以放射状多，少波形纹），还有少许方格纹等。绳纹多被断。器唇多方唇，折沿。

B组陶器种类有鬲、甗、豆、盂、罐等。器物颈部一般原有绳纹，但被湿手抹平，导致绳纹不显。鬲足内有泥芯，芯表面有绳纹，制法是将泥芯与器身接制，再在整个泥芯和器身结合处包泥，外表饰绳纹，足内有一小窝，足底为小柱足或小锥足，有的足底有绳纹。鬲足靠外一侧绳纹较显，内侧因抹捏较模糊。甗均分段接制，上腹与下腹结合处为天包地，即上腹泥片在外，下腹泥片在内，接碴痕迹非常明显，也有少数地包天的。甗上、下腹相接处的断面可见绳纹痕迹，以便衔接紧密。破碎后，有的下腹仍作鬲使用。瓮多分段接制，器下腹内壁有的不太光滑，似乎有粗麻布绳纹，上腹内壁则相对光滑。豆的盘与柄亦分段接制。盘内有的有暗纹。有高柄和矮柄，浅盘和深盘之别。

（一）A组遗物

陶素缘罐　根据口、肩关系的不同，可分为三型。

A型　卷沿，侈口，圆肩。又根据沿下角的不同分为二亚型。

Aa型　2件。沿下角较小，卷沿上立。均饰竖向绳纹。H451：10，夹砂红褐陶。侈口，斜沿，圆唇，束颈，球腹，底残，应为圜底。颈部隐约可见口与器身间套接凸痕，饰轻浅细乱绳纹。口径16.2、残高19.5厘米（图八，1）。T1311④C：111，夹砂灰褐陶。卷沿上立，圆唇，束颈，圆腹。一侧带一环耳，与器身粘接。耳及器身饰绳纹。有烟炱痕。口径14、残高8厘米（图八，2）。

Ab型　2件。沿下角较大，卷沿近平。2件饰方格纹，余饰绳纹。H451：62，夹砂灰褐陶。侈口，卷沿，束颈。口径12.8、残高6.4厘米（图八，3）。T1311④C：27，夹砂褐陶。尖圆唇，束颈。颈及其以下饰成组细绳纹。口径18、残高10厘米（图八，4）。

B型　矮直领，口微侈，溜肩。2件。T1211⑭：12，夹砂灰褐陶。直口，鼓腹。腹饰竖向细绳纹。口径10.4、残高9.4厘米（图八，6）。H451：55，夹粗砂灰褐陶。颈部有少量未被抹掉的绳纹，肩部饰竖向绳纹。口径17、残高6厘米（图八，5）。

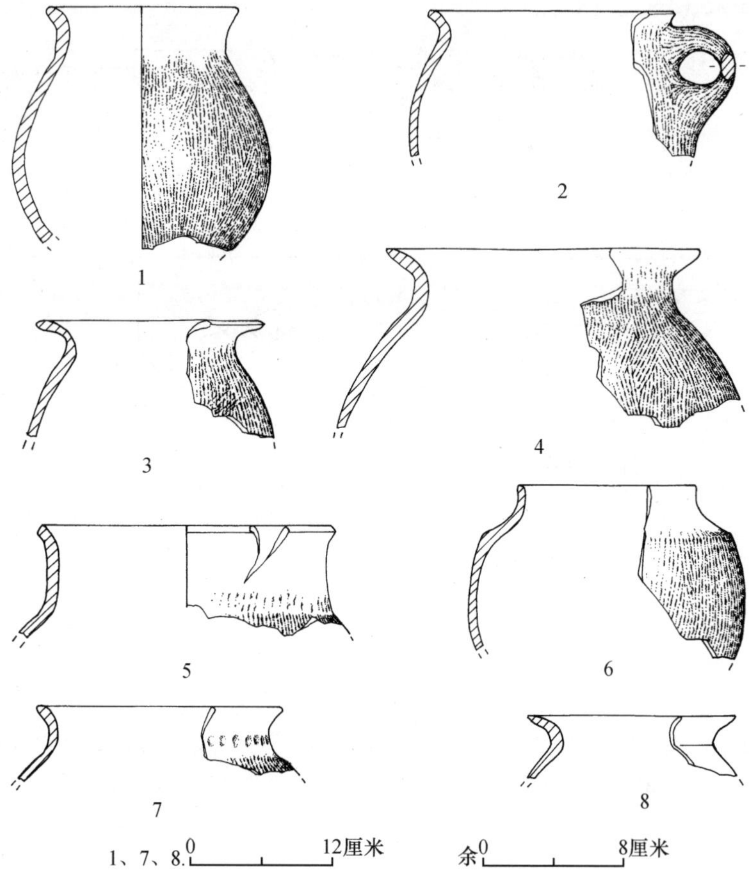

图八　三期A组陶素缘罐

1、2. Aa型（H451：10、T1311④C：111）　3、4. Ab型（H451：62、T1311④C：27）
5、6. B型（H451：55、T1211⑭：12）　7、8. C型（T1312④：3、T1211④：14）

C型　2件。广肩或鼓肩。T1312④：3，夹砂灰褐陶。侈口，圆唇，束颈。颈部有一周捏压的指窝痕，并因上下套接而变厚。肩饰绳纹。口径21、残高5.7厘米（图八，7）。T1211④：14，夹砂褐陶。折沿，侈口，尖唇。素面。口径17.8、残高5.4厘米（图八，8）。

陶花边罐　2件。均残口沿，卷沿较甚。T1311④C：28，夹粗砂红褐陶。侈口，翻沿，矮领，鼓肩。颈部有与器身接制留下的凸痕。唇部按压花边，肩以下饰较疏的绳纹。口径38、残高9厘米（图九，1）。T1211⑤：73，夹粗砂红褐陶。唇部按压大花边。残高6.6厘米（图九，2）。

陶釜　1件。均饰竖向绳纹。H451：57，夹粗砂红褐陶。卷沿，溜肩，斜直腹。饰竖向绳纹。口径14、残高6.6厘米（图九，3）。

陶钵　据口部差异可分为二型。

A型　2件。敛口。T1311④D：68，夹砂灰黑陶，有红褐色斑点。圆唇，鼓肩，斜弧腹。底残。口径14、残高6厘米（图九，4）。T1311④D：83，夹砂灰褐陶。上腹部隐约可见制作捏制痕。残高5.6厘米（图九，5）。

B型　2件。敞口。H451：106，夹砂灰陶。圆唇，浅盘，圜底。口径10.4、高3.3厘米（图九，6）。H451：59b，夹砂灰陶。口径10.2、高3.2厘米（图九，7）。

陶尖底盏　1件。T1211⑦：87，泥质黑陶。上部已残，下腹斜内收，乳状尖底。底部贴有一泥片。残高2.6厘米（图九，8）。

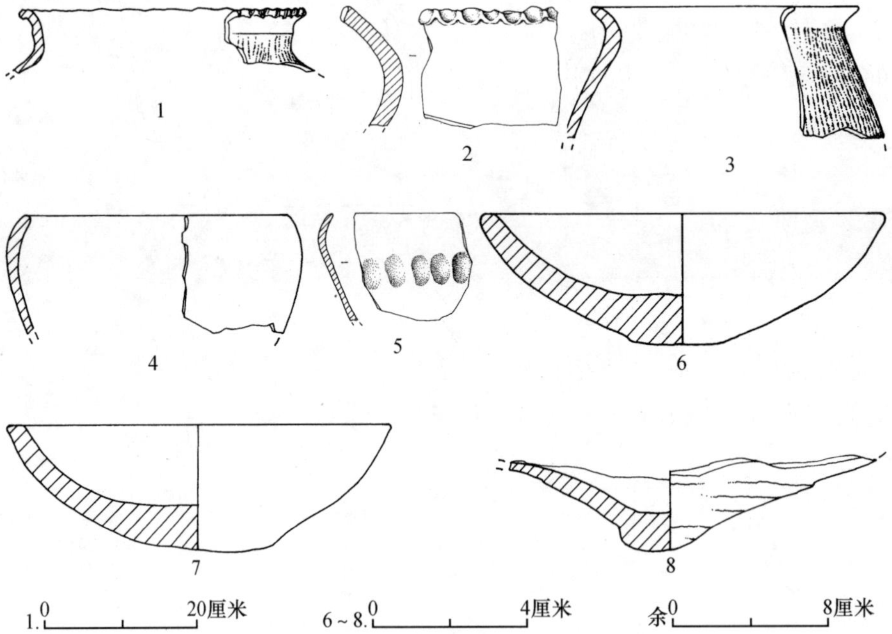

图九　三期A组陶花边罐、釜、钵、盏

1、2. 陶花边罐（T1311④C：28、T1211⑤：73）　3. 陶釜（H451：57）　4、5. A型陶钵（T1311④D：68、T1311④D：83）　6、7. B型陶钵（H451：106、H451：59b）　8. 陶尖底盏（T1211⑦：87）

（二）B组遗存

1. 遗迹

能确认的B组遗迹极少，有沟和井两种。

沟于2000～2001年的3次发掘中都有发现，呈断断续续的分布，经总体连接后，推测是一条沟，呈“┌┐”，分布于Ⅰ区南部、Ⅱ区北部，跨越现溪沟，范围较大。沟内出土遗物极少，可辨有盂、鬲等陶器残片。初步判断应为东周时期的环壕，现存宽度较窄，作用可能是引导后山洪水，防止聚落受洪水冲袭（环壕所围合的大部分被1981年特大洪水冲毁，现基本不存）。

井　1座，位于Ⅱ区中北部。

H451　该井（发掘时定为灰坑，未改号）井口叠压于T1509②D层下，直接打破生土，距地表深180厘米。

井口平面为椭圆形，剖面形状近橄榄形，口、底略小，中部较大。坑壁外弧，向下逐渐内收，壁面经加工很光滑，底部情况不详。口径126×90、腰径146×120、底径106×82厘米，发掘深430厘米，因出于安全考虑，未发掘至底，但勘探表明，已接近底部（图一〇）。

该井内的堆积可分3层，分述如下。

第1层：厚2米。浅灰色土，质地松散。包含物有红烧土、灰烬、兽骨、木炭（已采集标本），大量陶片。陶质以泥质灰陶为大宗。还有少量泥质灰褐陶、夹砂灰陶、红褐陶。纹饰有中粗绳纹、交错绳纹、瓦棱纹。素面占一定比例，可辨器形有鬲、细柄豆、鼎、罐。

第2层：深灰色土，土质松散。含有较多红烧土、木炭，陶片较少。器形有高柱足鬲、粗绳纹罐、三实足缸，足低矮。

第3层：黑灰色土，土质较松，沙性较重。出土极少量陶片。

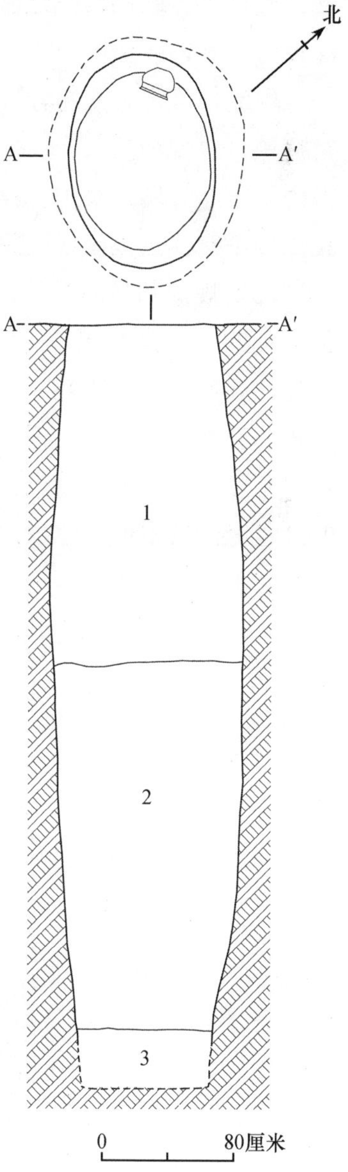

图一〇　H451平、剖面图

2. 遗物

遗物有陶器、铜器和骨器。陶器数量较多，其中铜器只有铜镞一种，骨器只有骨笄1件。

陶鬲　修复2件。H451：102，泥质灰褐陶。折沿近平，厚方唇，束颈，弧肩，底近平，联裆较瘪，下附三柱状实足，微外撇，足上部有一小窝，足底略弧。自肩以下饰竖向粗绳纹，腹部为凹弦纹旋断。口径21、腹深13.8、通高22.2厘米（图一一，1）。H451：58，夹砂灰褐陶。折沿，沿面略斜，厚方唇，肩略

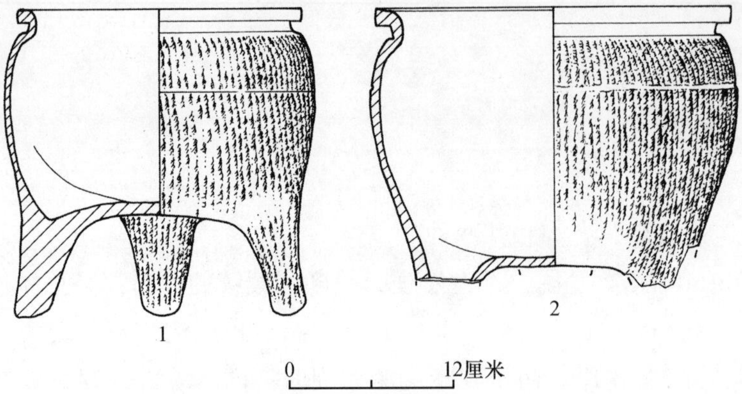

图一一 三期B组陶鬲

1. H451：102 2. H451：58

鼓，底近平，联裆，三足已残。自肩以下饰竖向粗绳纹，上腹部为凹弦纹旋断。口径25.8、腹深18、残高19.8厘米（图一一，2）。

陶甗 可辨为甗的4件，修复1件。上腹与下腹均分段接制，接碴痕迹较明显，断面可见绳纹痕迹，以便衔接紧密。H451：104，上体泥质褐陶，有的为灰褐，下体多夹砂。折沿，沿面微内斜，厚方唇，束颈，腹微鼓，裆部内收，下腹鼓肩，底部略圜，附三柱状实足，足上部有较深的小窝，足根已残。颈部、裆部隐约有少量绳纹，是制作过程中湿手抹平后残留的绳纹，余满饰较规矩的竖向绳纹，上腹有二道、下腹有一道横向凹弦纹。口径38.4、裆径18.4、下腹最大径29、残高72厘米（图一二，1）。H451：1，为甗的下半部。夹砂灰褐陶。裆部内收，鼓肩，底部内凹，联裆，附三实足，足根已残。除裆部未见绳纹外，余满饰竖向绳纹，腹部有一道凹弦纹。裆径12、下腹最大径22.2、残高24厘米（图一二，2）。H451：103，泥质灰陶。侈口，卷沿，斜方唇，束颈，腹略鼓，下残。肩以下饰竖向粗绳纹，腹部为凹弦纹旋断。口径25.8、残高22.8厘米（图一二，3）。H451：100，泥质褐皮陶，红胎。折沿，唇上勾，束颈，

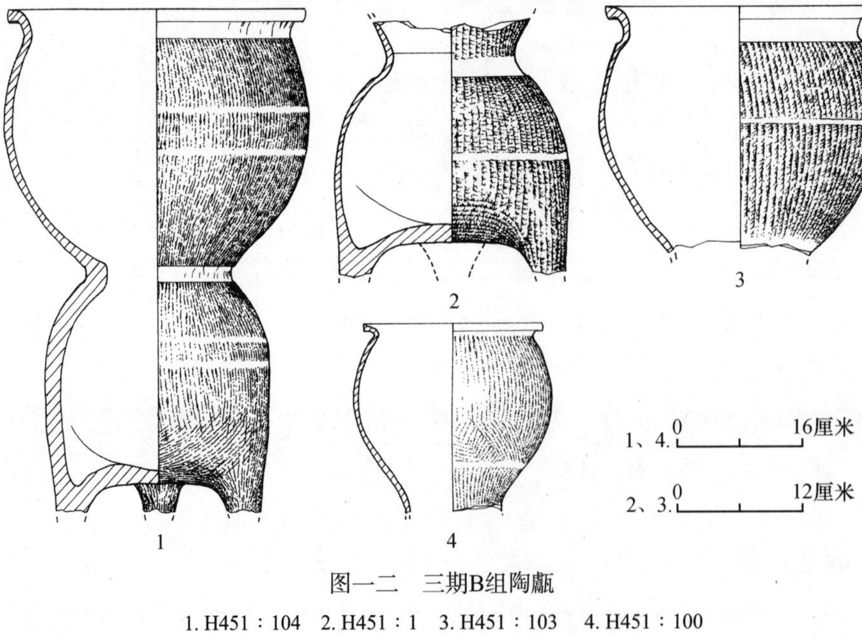

图一二 三期B组陶甗

1. H451：104 2. H451：1 3. H451：103 4. H451：100

弧腹，裆部斜内收，下残。除下腹部有几组滚压斜向绳纹外，余饰竖向绳纹，近裆部有一道凹弦纹。口径22.4、残高23.8厘米（图一二，4）。

陶鬲（甗）口部残片　3件。H451：9，泥质褐皮红胎。折沿，沿面内斜，厚方唇，唇缘下垂，束颈，弧肩，鼓腹。肩以下饰竖向绳纹，腹部被两道横向凹弦纹旋断。口径34、残高22.5厘米（图一三，1）。H451：13，泥质红褐陶。方唇，束颈，溜肩。颈部绳纹被抹光，器身绳纹被腹部凹旋纹分割。口径33、残高15厘米（图一三，2）。H451：14，泥质灰陶。饰旋断绳纹，颈部绳纹被抹光，腹部绳纹为凹旋纹分割。口径24.8、残高4.4厘米（图一三，3）。

陶鬲（甗）足　2件。既有柱足，也有足底为小平足的锥状足。H451：59，夹砂灰褐陶。小柱足，足底饰绳纹。残高21厘米（图一三，4）。H451：61，夹砂红褐陶。包足，足根出露足芯，芯外表有绳纹，余饰方向不同的成组绳纹。残高15.2厘米（图一三，5）。

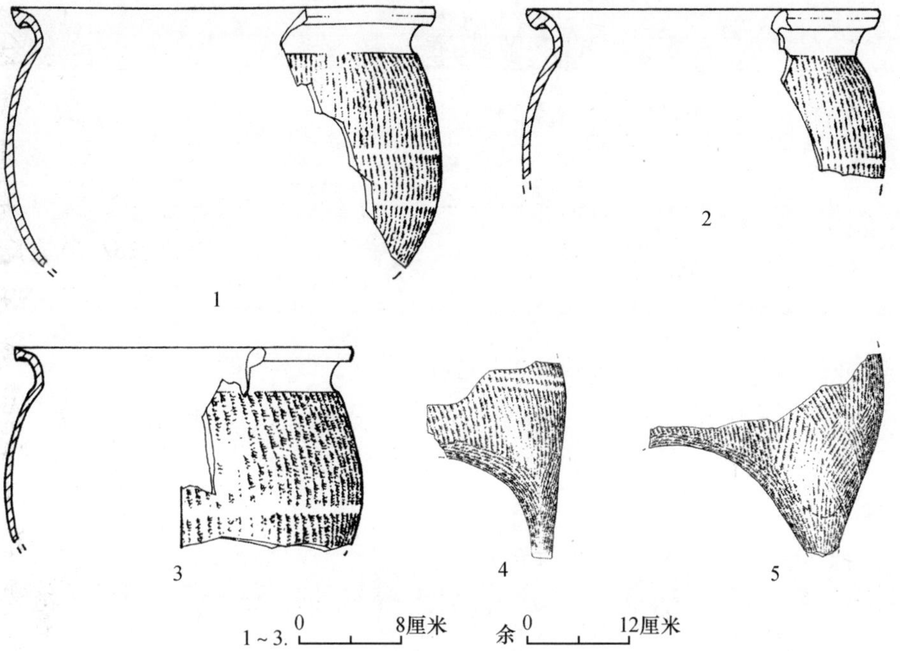

图一三　三期B组陶鬲（甗）残片

1～3. 口沿残片（H451：9、H451：13、H451：14）　4、5. 足（H451：59、H451：61）

陶盂　4件，复原2件。依据复原器可分二型。

A型　2件。凹底，肩部略鼓。H451：101，泥质褐陶。侈口，斜方唇，矮领、鼓肩，下腹斜弧收，底为凹底。颈及肩部绳纹抹光，肩部有三道凹弦纹，下腹饰成组绳纹，多斜向，底部亦滚压向心状绳纹。口径28.8、最大肩径33、底径11.8、高21.9厘米（图一四，1）。H451：8，泥质黑皮褐胎。折沿，斜方唇，矮领，肩部略鼓，斜弧腹。底残。领、肩部原有竖向绳纹，被抹光，仍隐约可见，下腹饰成组竖、斜向绳纹。口径31、残高20.6厘米（图一四，2）。

B型　2件。平底，肩部较直或略弧。H451：1，泥质黑陶。折沿，沿面平，方唇，矮领，肩部略弧，下腹急收为平底。下腹上部饰竖向绳纹，下部饰滚压斜向绳纹。口径18.4、高11.6厘米（图一四，3）。T1211⑭：52，泥质灰陶。折沿，矮领，下腹斜弧收。底残。口径21、残

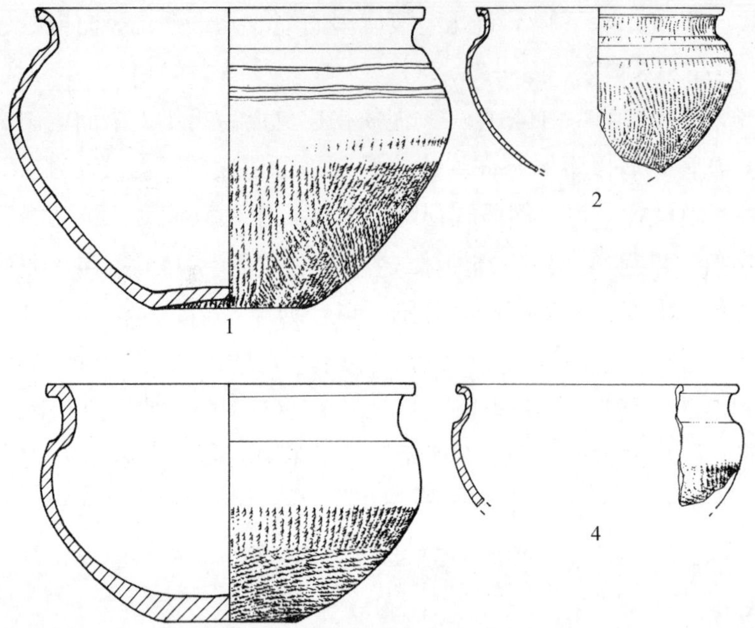

1、4. 0 12厘米 2. 0 20厘米 3. 0 8厘米

图一四　三期B组陶盂

1、2. A型（H451：101、H451：8）　3、4. B型（H451：1、T1211⑭：52）

高9厘米（图一四，4）。

陶豆　完整或修复完整6件，另有豆盘38件、残豆柄26件。均轮制，泥质，豆盘与器身分段接制。器柄内壁有的不太光滑，似乎有粗麻布绳纹，盘内壁则相对光滑。根据复原的6件器物可分为二型。

A型　复原1件，豆盘3件。深腹。T1311④C：2，泥质黑陶。口微敞，圆唇，柄部较矮，下外折呈大喇叭口。柄下部有凸起。口径14.6、高10.8厘米（图一五，1）。T1311④C：122，泥质黑皮红胎。口微敞，圆唇，柄残。盘内饰有放射形暗纹。口径14、残高6厘米（图一五，2）。H451：18，泥质褐陶。口部已残。微敛，矮柄，下外折形成大喇叭口。残高10.8厘米（图一五，3）。

B型　浅盘。据盘口斜折情况分为二亚型。

Ba型　复原5件，豆盘26件。斜弧壁。H451：3，泥质黑皮红胎。敞口，浅盘，中柄，柄足下有凸棱一周。素面，可见轮制痕。口径12.8、高9.8厘米（图一五，4）。H451：4，泥质灰陶。口微敞，浅盘，高柄。盘径13.6、高12.8厘米（图一五，5）。H451：7，泥质灰黑陶。口微敛，尖圆唇，中柄，柄下部喇叭口，底沿下折。盘身与柄接制。盘内磨光，沿内侧饰一圈暗纹，盘内饰放射形暗纹。口径14.8、高13.6厘米（图一五，6）。T1211⑭：85，泥质灰陶。敞口，斜弧壁，下接中柄，柄上凹凸不平。素面。口径14.2、高14厘米（图一五，7）。T1211⑭：5，泥质灰陶。敞口，斜弧壁，中柄。内侧沿下有一圈暗纹，盘内饰放射状暗纹。另有一刻划符号。口径15.6、高15.2厘米（图一五，8）。

Bb型　折壁。1件。H451：36，泥质灰黑陶。敞口，沿上折，尖唇，斜弧腹，浅盘。柄残。盘外沿饰多道横向暗纹。口径19.8、残高4厘米（图一五，9）。

图一五　三期B组陶豆

1～3. A型（T1311④C：2、T1311④C：122、H451：18）　4～8. Ba型（H451：3、H451：4、H451：7、T1211⑭：85、T1211⑭：5）　9. Bb型（H451：36）

陶豆柄　26件。T1211⑭：33，泥质灰陶。柄座与柄接制，形成台阶形转折，座下沿内折。残高10.6厘米（图一六，1）。

陶器盖　根据盖纽的形制可分二型。

A型　1件。瓶口纽。T1211⑦：86，泥质黑皮灰胎陶。弧壁，已残。残高3厘米（图一六，2）。

B型　1件。喇叭形纽。H451：23，泥质褐陶。纽残，盖腹较深。纽内壁可见轮旋痕。盖径14.8、残高8.4厘米（图一六，3）。

陶盒　2件。1件已修复。T1311④C：164，泥质黑皮陶。敛口，沿内折形成子口，垂腹，底附圈足，足壁外撇，足沿方唇。上腹饰二道凹弦纹，下腹饰交错粗绳纹。口径14.8、最大腹径18.4、圈足径12.8、高14厘米（图一六，4）。T1311④B：93，泥质灰陶。子口，上腹微内敛，下部已残。腹部饰两道凹弦纹，其间刻划交叉菱格纹。口径18、残高5.4厘米（图一六，5）。

陶钵　2件。据腹部的不同可分为二型。

A型　1件。斜弧腹。H451：6，泥质灰陶。敞口，圆唇，斜弧腹，平底。口径15.2、底径8.1、高6厘米（图一六，6）。

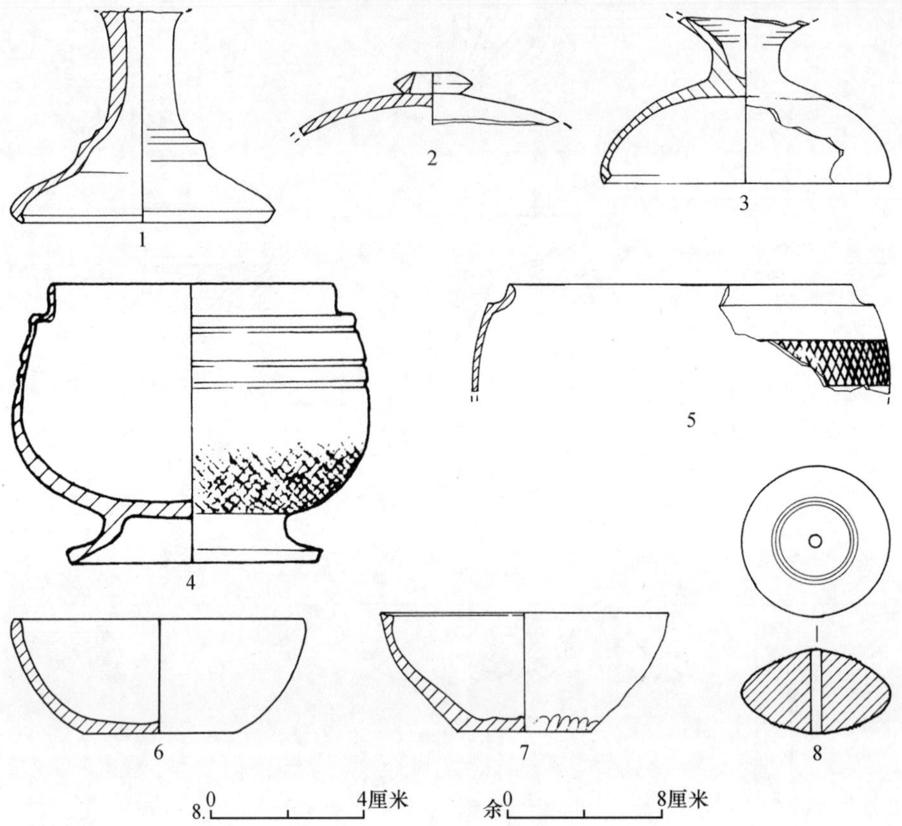

图一六　三期B组陶器

1. 豆柄（T1211⑭：33）　2. A型器盖（T1211⑦：86）　3. B型器盖（H451：23）　4、5. 盒（T1311④C：164、T1311④B：93）　6. A型钵（H451：6）　7. B型钵（H451：105）　8. 纺轮（T1211④：76）

B型　1件。折腹。H451：105，泥质黑陶。敞口，斜方唇，上腹略直，下腹斜折收，平底。底部敷泥片，外壁近底处有捏痕。口径15.2、底径6.8、高6厘米（图一六，7）。

陶纺轮　1件。T1211④：76，泥质灰陶。截面呈算珠形，顶、底皆弧，上下面均饰四道凸弦纹。直径3.8、厚2.2厘米（图一六，8）。

陶罐　从出土残底观察，有平底罐和凹圜底罐2种，凹圜底均出土于H451内。由于缺少复原器，故以领部情况分为三型。

A型　1件。矮领。H451：107，泥质黑皮陶。折沿，唇缘中部有浅凹槽，沿面较窄，矮领，广肩，鼓腹，下腹斜弧收，平底。整器上部磨光，肩部有13圈波形暗纹。口径16.9、最大腹径42.4、底径15.4、高38厘米（图一七，7）。

B型　4件。中领。H451：109，夹砂褐陶。侈口，沿斜立，尖圆唇，外侧中部有一道凹槽。颈略束，鼓肩，鼓腹，最大腹径靠上，下腹斜收，底残。颈部饰波折形暗纹，器身压印斜向方格纹。口径29.2、最大腹径45.2、残高48厘米（图一八，1）。T1211⑭：45，泥质黑皮红胎。侈口，卷沿，方唇，束颈，溜肩，鼓腹。口径26、残高17.3厘米（图一八，2）。T1311④C：8，夹细砂褐陶。侈口，折沿，方唇，鼓肩。颈部原有绳纹，被湿手抹光，现隐约可见，肩部饰竖向绳纹。口径13、残高4.5厘米（图一七，1）。

C型　高领。1件。T1311④C：19，泥质灰陶。卷沿，斜方唇，高领。口径13.5、残高2厘

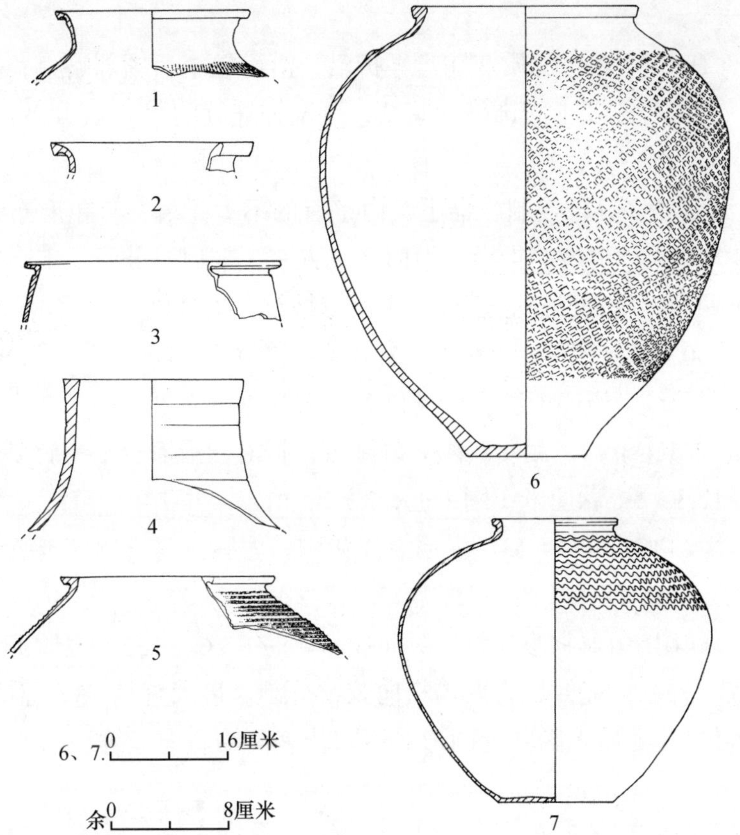

图一七　三期B组陶罐、瓮、缸、壶

1. B型罐（T1311④C：8）　2. C型罐（T1311④C：19）　3. 缸（T1211④：72）　4. 高领壶（T1311④C：13）
5、6. 瓮（H451：19、H451：108）　7. A型罐（H451：107）

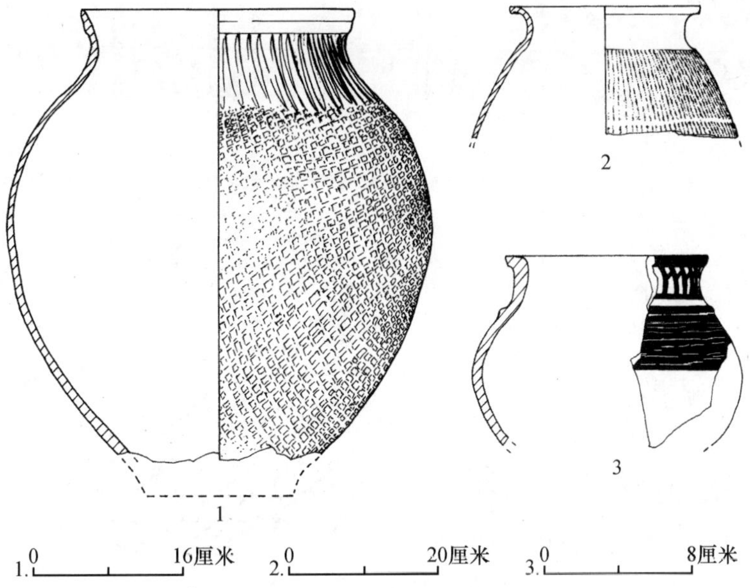

图一八　三期B组陶罐

1、2. B型罐（H451：109、T1211⑭：45）　3. 小罐（H451：24）

米（图一七，2）。

陶小罐 1件。H451：24，泥质灰陶。平折沿，沿面较窄，领部略束，斜弧肩，鼓腹。肩部贴一周细凸棱。唇缘外侧及上腹饰横向暗纹，颈部饰连续的“Y”形暗纹。口径11、最大腹径14.6、残高10厘米（图一八，3）。

陶瓮 4件。无领。多分段接制。器下腹内壁有的不太光滑，有粗麻布纹，上腹内壁则相对光滑。H451：108，夹砂褐陶。折沿，沿面平，方唇，鼓肩，鼓腹，下腹斜弧，近底处略内收，平底。肩部饰两个对称的凸纽，腹部滚压斜方格纹，下部则为素面。口径30.4、最大腹径55.2、底径15.5、高60厘米（图一七，6）。H451：19，泥质灰陶。折平沿，斜方唇，广肩。肩部饰密集的凸弦纹，弦纹上压印绳纹。口径14.3、残高5厘米（图一七，5）。

陶缸 1件。T1211④：72，泥质灰陶。口微敛，折沿，沿面较平，唇略上勾，深腹，腹壁外斜。下残。口径17.3、残高4厘米（图一七，3）。

陶高领壶 1件。T1311④C：13，泥质黑皮灰陶。方唇，高直领，斜弧肩。领部饰四道凹弦纹。口径12.4、残高10.4厘米（图一七，4）。

陶圆片 4件。利用B组器物腹片打、磨而成。T1131④C：132，泥质褐陶。近椭圆形，部分已残。原陶片表面饰斜向绳纹，为两道横向弦纹分割。最大直径5.3、厚0.5厘米（图一九，1）。T1131④C：133，泥质褐陶。近圆形。原陶片表面饰斜向绳纹，为两道横向弦纹分割。

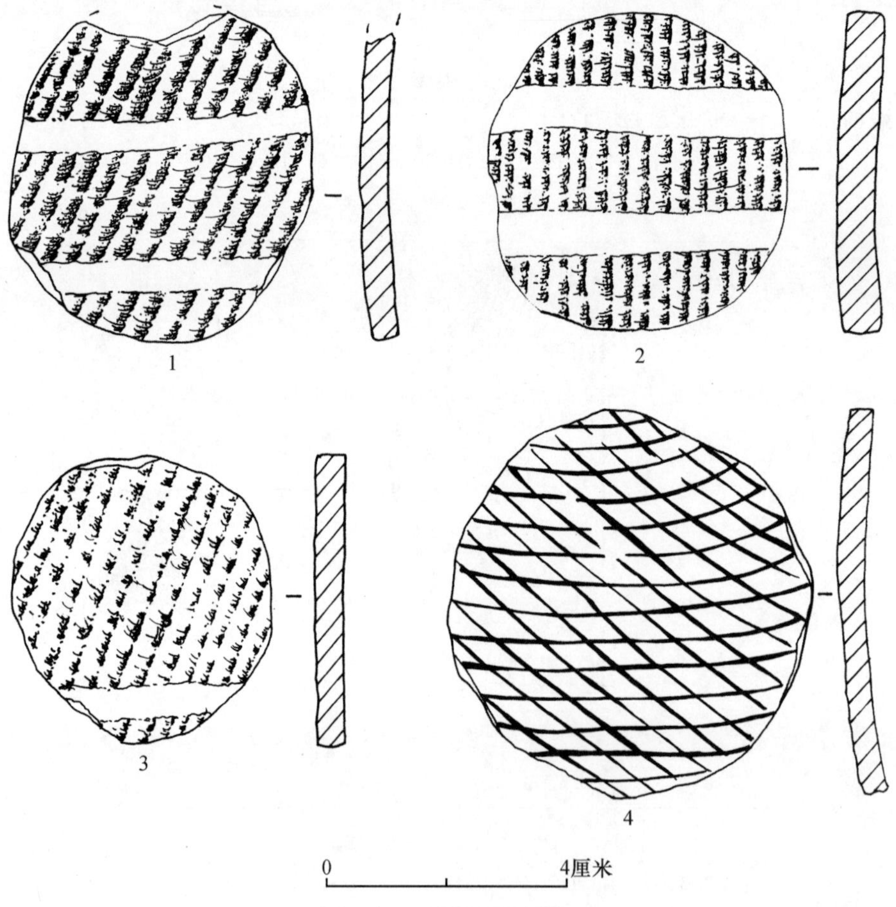

图一九 三期B组陶圆片

1. T1131④C：132 2. T1131④C：133 3. T1131④C：131 4. T1211⑭C：61

最大直径5.1、厚0.6厘米（图一九，2）。T1131④C：131，泥质褐陶。近圆形。原陶片表面饰斜向绳纹，为一道横向弦纹分割。最大直径4.5、厚0.5厘米（图一九，3）。T1211⑭C：61，夹细砂灰褐陶。近圆形。原器表饰斜菱格纹。最大直径6.2、厚0.4厘米（图一九，4）。

七、结　　语

大溪遗址发掘的商周遗存，不是大溪遗址的主体堆积，分布虽然较零星，但在遗址的Ⅰ、Ⅱ、Ⅲ区都有一定的堆积。其中，商周时期一期遗存主要分布于Ⅰ区西北部、Ⅱ区中西部，二期遗存主要分布于Ⅱ区中部偏西的个别探方，三期遗存在遗址的各区域均有零星分布。

商周时期一期遗存除2001、2002年有所发现外，2000年也发掘到一部分。就初步观察的结果而言，2000年发掘的可能还要略早一些。2000年商周遗存也以尖底杯、素缘绳纹圜底罐为主，还发现一件残船形杯，但同时出土一件联裆高足罐形鬲，应为受到峡江外的江汉平原同时期遗存的影响所致。同时，大溪遗址的商周时期一期遗存，不见羊角形尖底杯等陶器，表明这一地区与峡江腹心一带的忠县、丰都地区的同时期文化有一些差异。

商周时期二期遗存出土遗物较少。圜底罐等盛行花边作风，这与瓦渣地遗址[①]的同期文化面貌接近。与同为巫山县的双堰塘遗址[②]相比，后者出土有较多陶鬲、豆等带有早期楚文化特征的陶器，而本遗址只发现一件刮棱鬲足，说明西周中晚期楚文化向西的影响越来越弱。

商周时期三期遗存出土遗物丰富，可以分为A、B两组遗存。其中A组应为典型的巴文化遗存，B组为典型的楚文化遗存。从H451内出土遗物的统计来看，B组遗物要占到90%以上，反映出楚文化已经成为该遗址的主体文化，替代了原先的巴文化。这种替代与文化交流产生的影响性质上完全不同，可以理解为文化主人的入侵，从而导致了文化发展的突变。

近几年的考古发现表明，与巫山县大溪遗址商周时期第三期遗存年代相近，文化性质相似的发现还大量存在，如巫山县跳石遗址[③]、蓝家寨遗址[④]等。而大溪遗址是春秋中晚期至战国早期间楚文化西渐中考古发现中最靠西的一个遗址，可以认为，春秋中、晚期的巫山地区已完全为楚文化所控制。这一状况的形成，与春秋时楚国先后灭夔、庸等西边靠近峡江地区的一些国家有关。据文献记载，公元前634年，楚以“夔国不祀祝融与鬻熊”为由，灭掉了位于今巫山县、秭归县一带的夔国，将夔国的封地并入了楚国。公元前611年楚国又联合巴、秦两国灭掉了庸。《左传·文公十六年》：“楚大饥，……庸人率群蛮以叛楚……秦人、巴人从楚师，群

① 北京大学考古学系等：《忠县瓦渣地遗址发掘简报》，《重庆库区考古报告集·1998卷》，科学出版社，2003年。

② 中国社会科学院考古研究所长江三峡工作队等：《巫山双堰塘遗址发掘报告》，《重庆库区考古报告集·1997卷》，科学出版社，2001年；中国社会科学院考古研究所长江三峡工作队等：《巫山双堰塘遗址发掘报告》，《重庆库区考古报告集·1998卷》，科学出版社，2003年。

③ 南京博物院考古研究所等：《巫山跳石遗址发掘报告》，《重庆库区考古报告集·1997卷》，科学出版社，2001年；南京博物院考古研究所等：《巫山跳石遗址第二次发掘报告》，《重庆库区考古报告集·1998卷》，科学出版社，2003年。

④ 重庆市博物馆等：《巫山蓝家寨遗址发掘报告》，《重庆库区考古报告集·1998卷》，科学出版社，2003年。

蛮从楚子盟。遂灭庸。”庸的政治中心在今湖北竹山县一带，跟随其造反的还有裨、鯈、鱼人等，而后者按杜预注说：“庸邑，即鱼复。”也就是今天的奉节一带。这样看来，巫山地区突然出现的比较单纯的楚文化遗存是有其历史缘由的，考古发现从一个侧面证实了这段消弭的历史。

附记：先后参加大溪遗址2001、2002年发掘的工作人员有张光敏、董小陈、白九江、方刚、徐静、丁敬民、徐克诚、张严禄、史来兴、金鹏功、李永忠、景继奎、许高明、李文艺、李平乐、吴学功等。发掘期间，重庆市文化局领导亲临现场慰问，重庆市文物考古所领导多次赴现场进行指导、检查，巫山县文管所、大溪乡文化站为发掘工作给予了大力支持，在此一并表示感谢。

领队：邹后曦
执行领队：白九江
修复：张光敏
绘图：徐　静
摄影：董小陈　徐　静
资料整理：白九江
执笔：白九江　邹后曦

巫山老山岭遗址2002年度发掘简报

重庆市文化遗产研究院
宜昌博物馆
巫山县文物管理所

巫山县位于长江三峡的中段，身处幽深秀丽的巫峡之中，东与湖北省巴东县交界，西靠重庆市奉节县，北沿大宁河与巫溪县接壤，可谓风景优美、景色宜人，令人流连忘返。

老山岭遗址位于三峡库区长江南岸的二级台地上，隶属于巫山县南陵乡跳石村一组，西距巫山县城约6千米。其地理坐标为东经109°57′，北纬30°46′，海拔110米；遗址西边有一小溪，东部称为沟下即遗址所在地，西部称为沟上，1997年南京博物院考古研究所曾对此进行过考古发掘[①]（图一）。

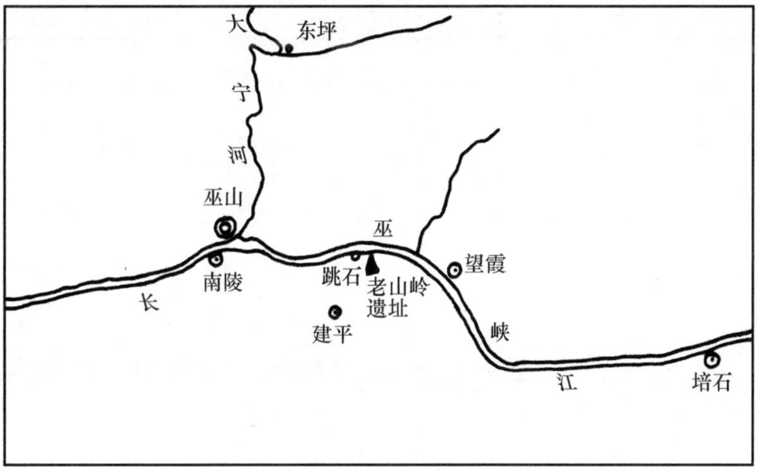

图一　老山岭遗址位置示意图

1994年，中国社会科学院考古研究所调查并确认了此遗址。

2002年9月，宜昌博物馆三峡考古队受重庆市文化局三峡办的委托，前往此处进行考古勘探和发掘。在大约65 000平方米的范围内开展了重点钻探和普通钻探，并以此为依据于重点地区布5米×5米探方20个（2002WLT1～2002WLT20，以下省略2002WL），完成勘探面积60 000平方米，发掘面积500平方米，发现了汉代及宋代地层，并发掘出明清墓葬9座（图二）。

需要指出的是，由于江水冲刷、山体滑坡以及现代的改土造田、古墓盗掘等因素，遗址中心区域遭到严重破坏，这给本次发掘资料的整体性和完整性造成很大的影响。

---

① 南京博物院考古研究所等：《巫山跳石遗址发掘简报》，《重庆库区考古报告集·1997卷》，科学出版社，2001年。

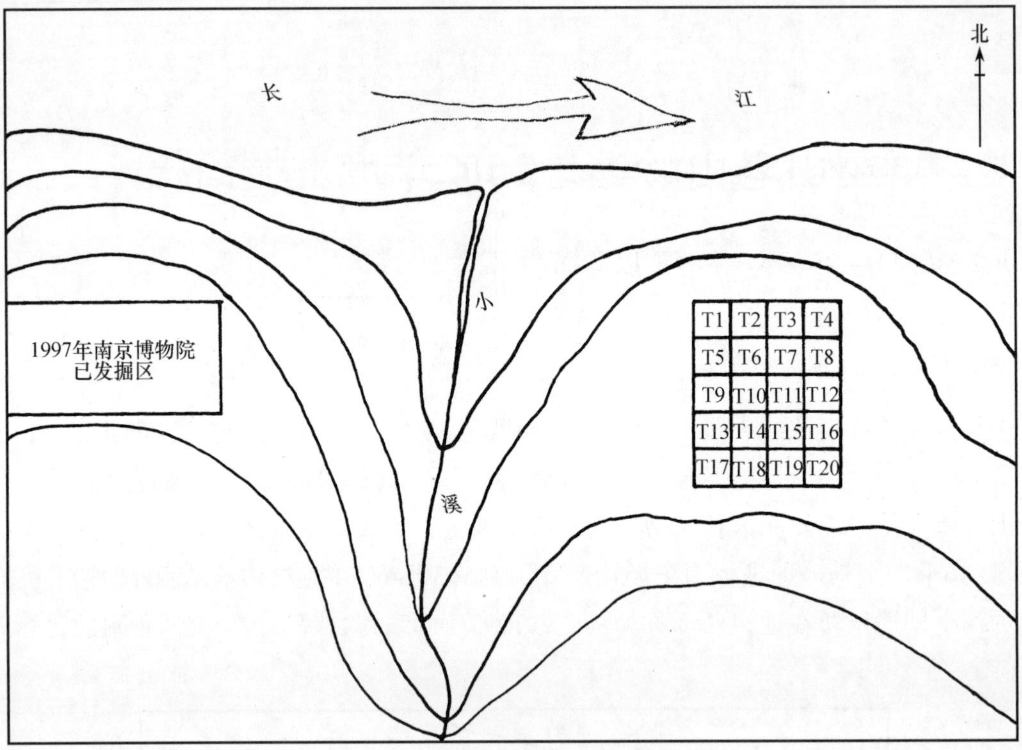

图二 老山岭遗址探方分布示意图

一、地层堆积与年代分析

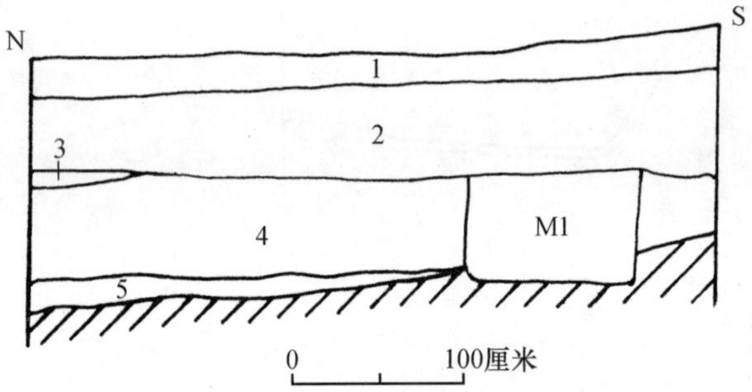

图三 T10东壁剖面图

老山岭遗址原始地貌应为斜坡地，由于改土造田等因素使其成为平坡地带，T10东壁剖面大体可以反映出这一地貌特点和文化堆积状况（图三）。

第1层：灰黑色耕土层。厚15～30厘米。土质疏松。

第2层：深15～30、厚35～55厘米。灰色淤层。土质疏松，自南向北倾斜分布，出土少量近现代瓷片，M1在此层下开口。

第3层：深60～75、厚0～10厘米。灰黑色土。土质疏松，自南向北倾斜分布于探方东北部，出土少量青花瓷片。

第4层：深60～85、厚50～55厘米，灰褐色土。土质较硬，自南向北倾斜分布全方，可见有少量宋代瓷片。

第5层：深120～125、厚0～15厘米。黄褐色土。土质较硬，自南向北倾斜分布，出土遗物有少量板瓦及陶仓。

第5层即为生土。

根据各地层出土器物等现象分析，老山岭遗址时代脉络大致为：第1、2层为近现代层，第3层为明清时期，第4层主体文化可定在宋代，第5层为汉代堆积。

二、遗迹分布状况及特点

此次发掘的遗迹现象很少，其主要表现为墓葬，共清理出明清时期墓葬9座，编号为2002WLM1～2002WLM9（以下简称M1～M9），其分布范围集中于发掘区南部（图四）。

M1　位于T10东南部和T11西南角。开口于第2层下，打破第3层；墓葬形制为长方形土坑竖穴墓，长234、宽80、深40厘米，方向125°；填土呈灰黑色，土质较为疏松；葬具为木棺，出土人骨架一具，仰身直肢，保存较好，经鉴定为男性，约50岁；随葬品有瓷碗1件、釉陶罐2件、铜簪1件（图五）。

M2　位于T9西北部。开口于第2层下，打破第3层；长方形土坑竖穴墓，长210、最宽110、最深60厘米，方向174°；填土为灰黑色，土质疏松；葬具为木棺，出土人骨架一具，保存极差，性别年龄不详，无随葬品（图六）。

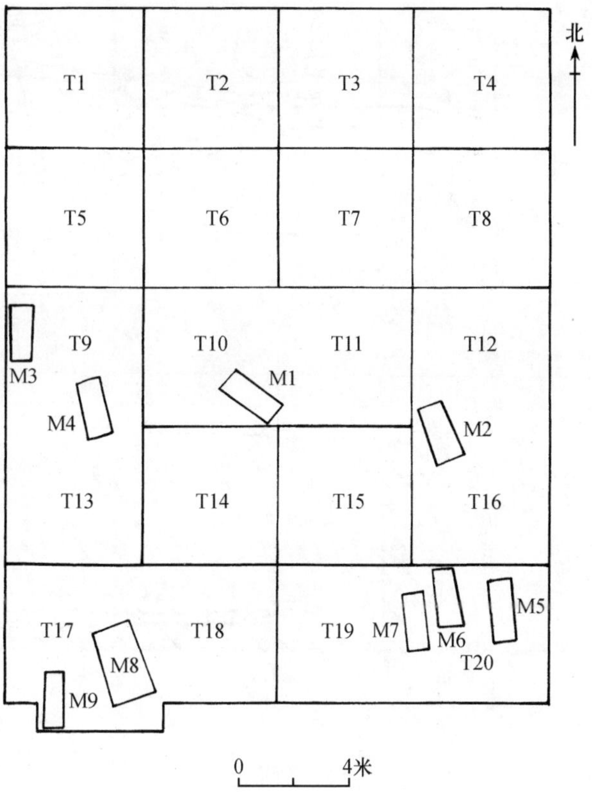

图四　老山岭遗址墓葬分布图

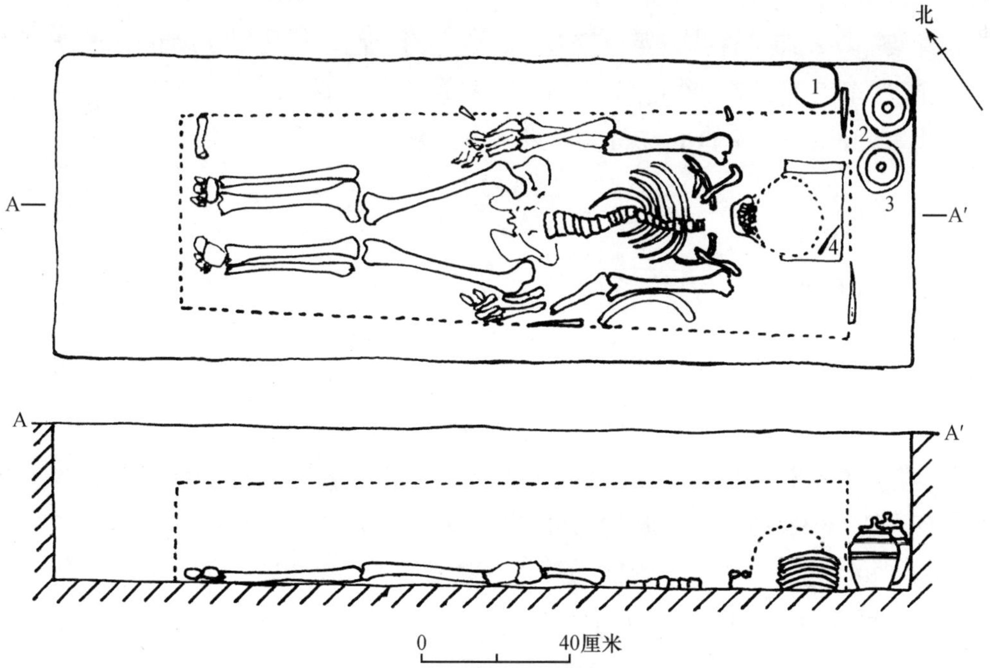

图五　M1平、剖面图

1. 瓷碗　2、3. 釉陶罐　4. 铜簪

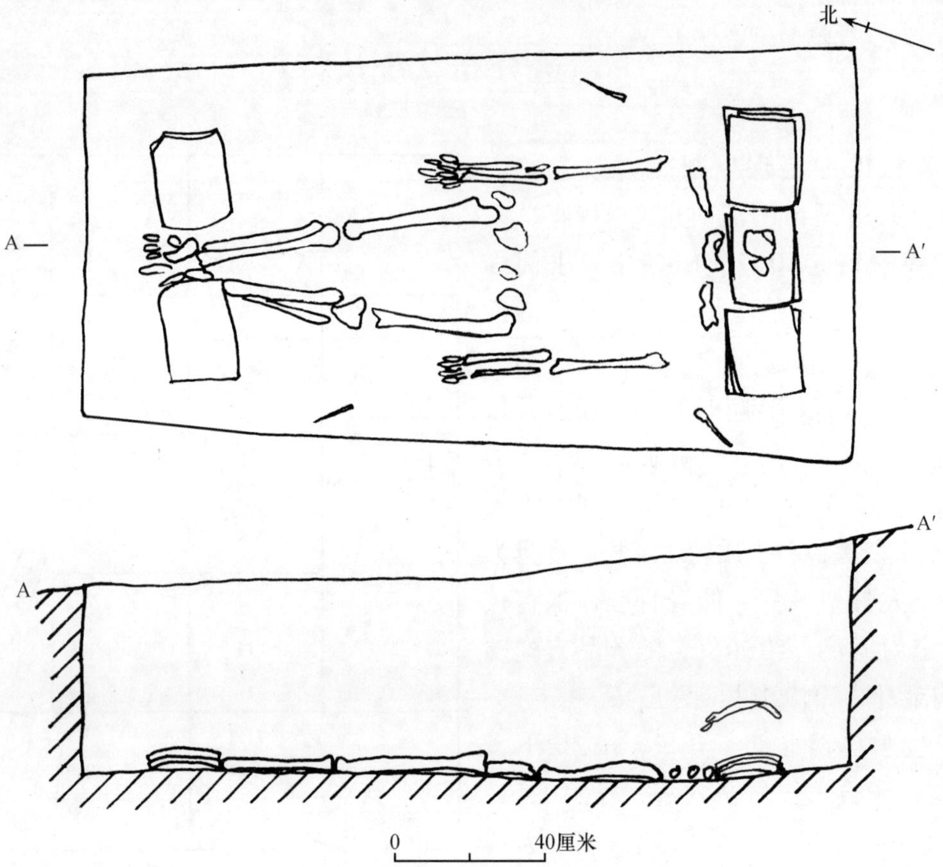

图六　M2平、剖面图

M3　位于T10东南部和T11西南角。开口于第2层下，打破第3、4层。墓葬形制为长方形土坑竖穴墓，长200、最宽78、深70厘米，方向177°。填土呈黄褐色，土质较为疏松。葬具为木棺，出土人骨架一具，仰身直肢，保存较差，经鉴定为女性，约30岁。没有随葬品（图七）。

M4　位于T9东南部和T11东北部。开口于第2层下，打破第4层。墓葬形制为长方形土坑竖穴墓，有头龛，长232、宽110、深160厘米，方向165°。填土呈灰黑色，土质较为疏松。葬具为木棺，出土人骨架一具，仰身直肢，保存较好，经鉴定为男性，约47岁。随葬品有瓷碗2件、釉陶罐2件（图八）。

M5　位于T20东北部。开口于第2层下，打破生土。墓葬形制为长方形土坑竖穴墓，长224、宽76、深60厘米，方向175°。填土呈黄褐色，土质较为疏松。葬具为木棺，出土人骨架一具，仰身直肢，保存较好，经鉴定为男性，约35岁。不见随葬品（图九）。

M6　位于T20西北部。开口于第2层下，打破生土；墓葬形制为长方形土坑竖穴墓，长182、最宽75、深50厘米，方向173°。填土呈黄褐色，土质较为疏松。葬具为木棺，出土人骨架一具，仰身直肢，保存较好，经鉴定为男性，约40岁。随葬品有瓷碗2件（图一〇）。

M7　位于T20西北部和T19东北部。开口于第2层下，打破生土。墓葬形制为长方形土坑竖穴墓，长220、宽82、深60厘米，方向172°。填土呈黄褐色，土质较为疏松。葬具为木棺，出土人骨架一具，仰身直肢，保存较好，经鉴定为男性，约35岁；无随葬品（图一一）。

M8　位于T17东南部和T18西南部。开口于第2层下，打破生土；墓葬形制为长方形券顶单

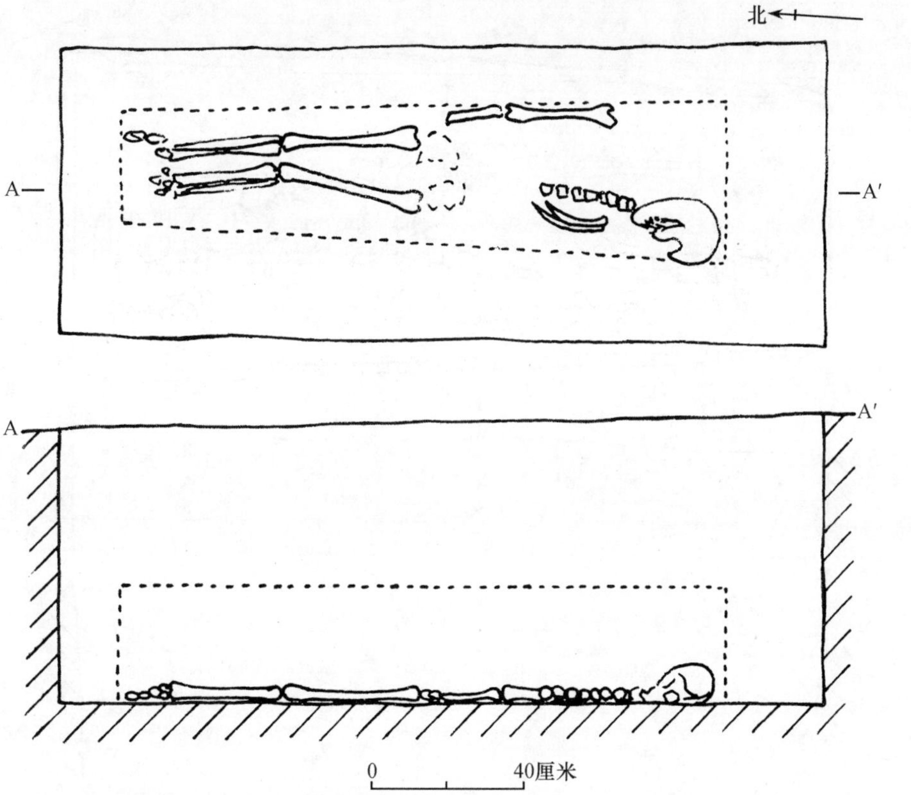

图七　M3平、剖面图

室砖室墓，长280、宽114、深100厘米，方向340°。填土呈黑灰色，土质较为疏松。葬具为木棺，出土人骨架一具，仰身直肢，保存较差，年龄约35岁，性别不详。无随葬品（图一二）。

M9　位于T17南部，并伸出其南部方外。开口于第2层下，打破生土。墓葬形制为长方形土坑竖穴墓，长200、宽80、深70厘米，方向180°。填土呈灰黑色，土质较为疏松。葬具为木棺，出土人骨架一具，仰身直肢，保存较好，经鉴定为男性，约55岁。不见随葬品（图一三）。

三、出土遗物

（一）东汉时期

此时期不见遗迹出现，仅在地层中见有少量遗物。

陶仓　泥质灰陶。敛口，卷沿，溜肩，直腹，圜底。通体饰绳纹，肩、中部及底部有三道宽带凸弦纹。口径36、高73.8厘米（图一四）。

（二）宋代遗物

只在第4层中出现少量残瓷片，不见遗迹，器物主要为釉陶罐和瓷碗。

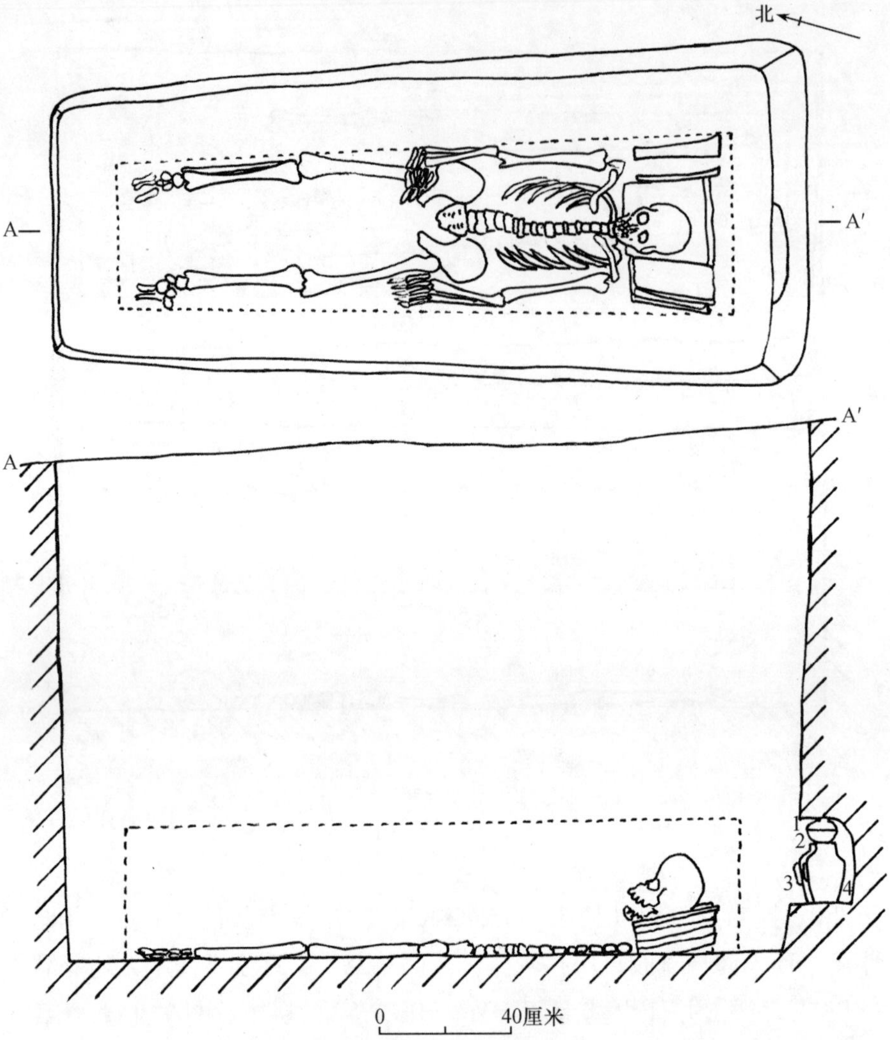

图八　M4平、剖面图

1、2. 瓷碗　3、4. 釉陶罐

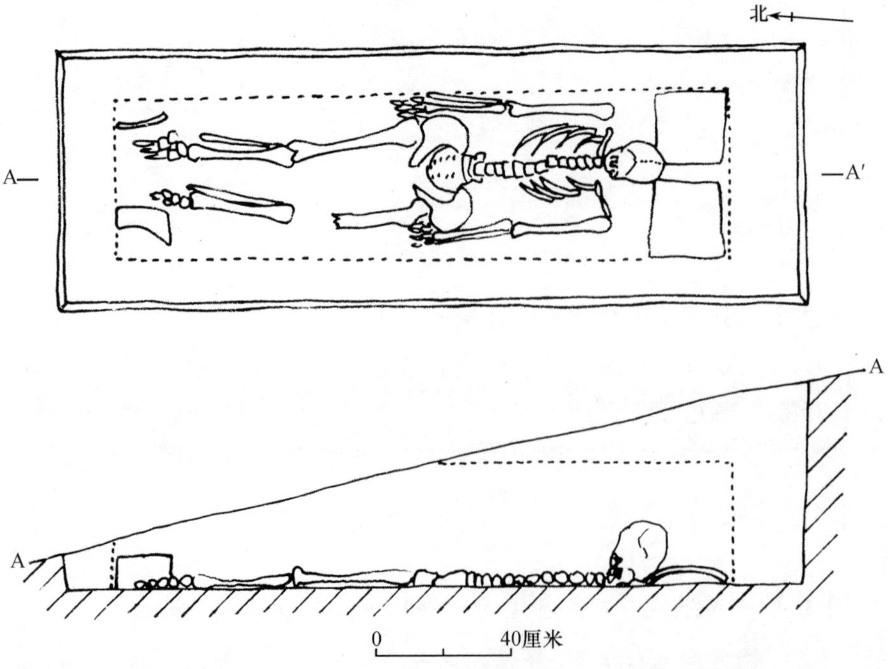

图九　M5平、剖面图

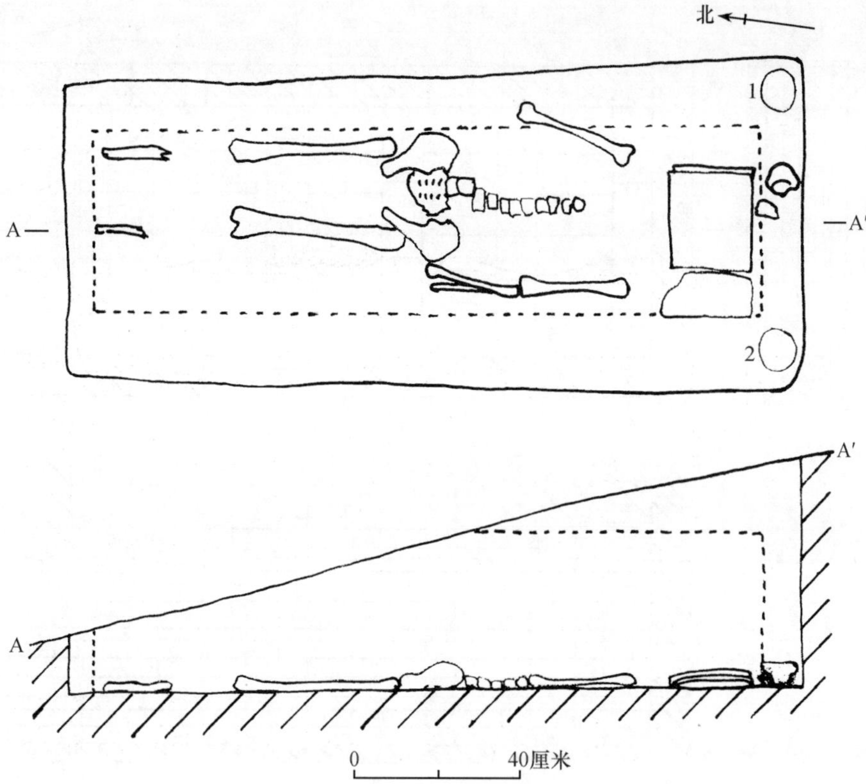

图一〇　M6平、剖面图

1、2. 瓷碗

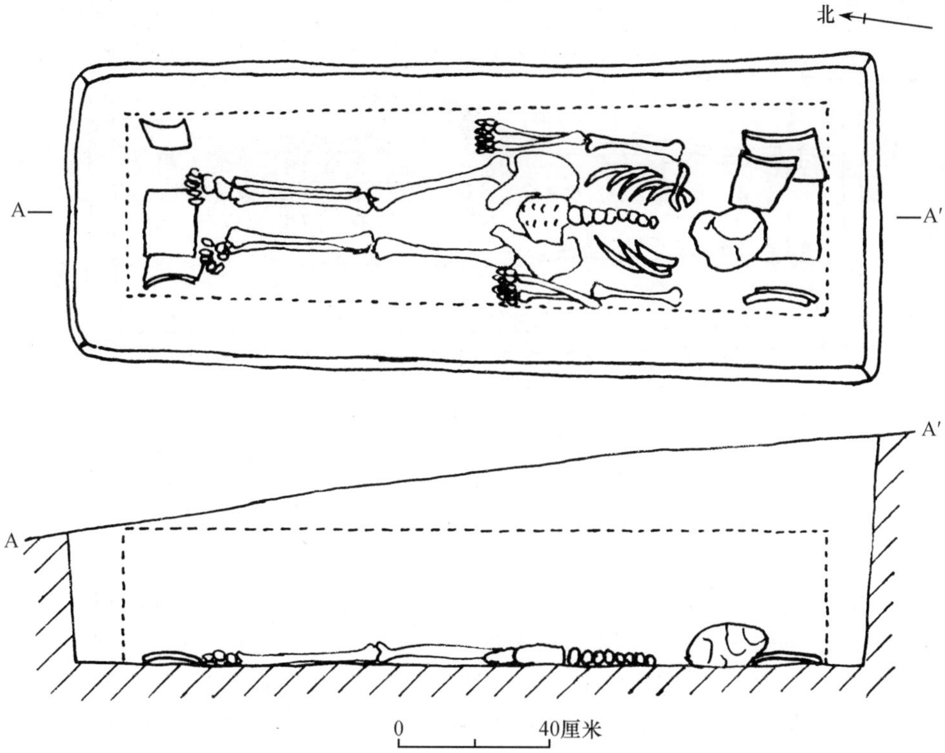

图一一　M7平、剖面图

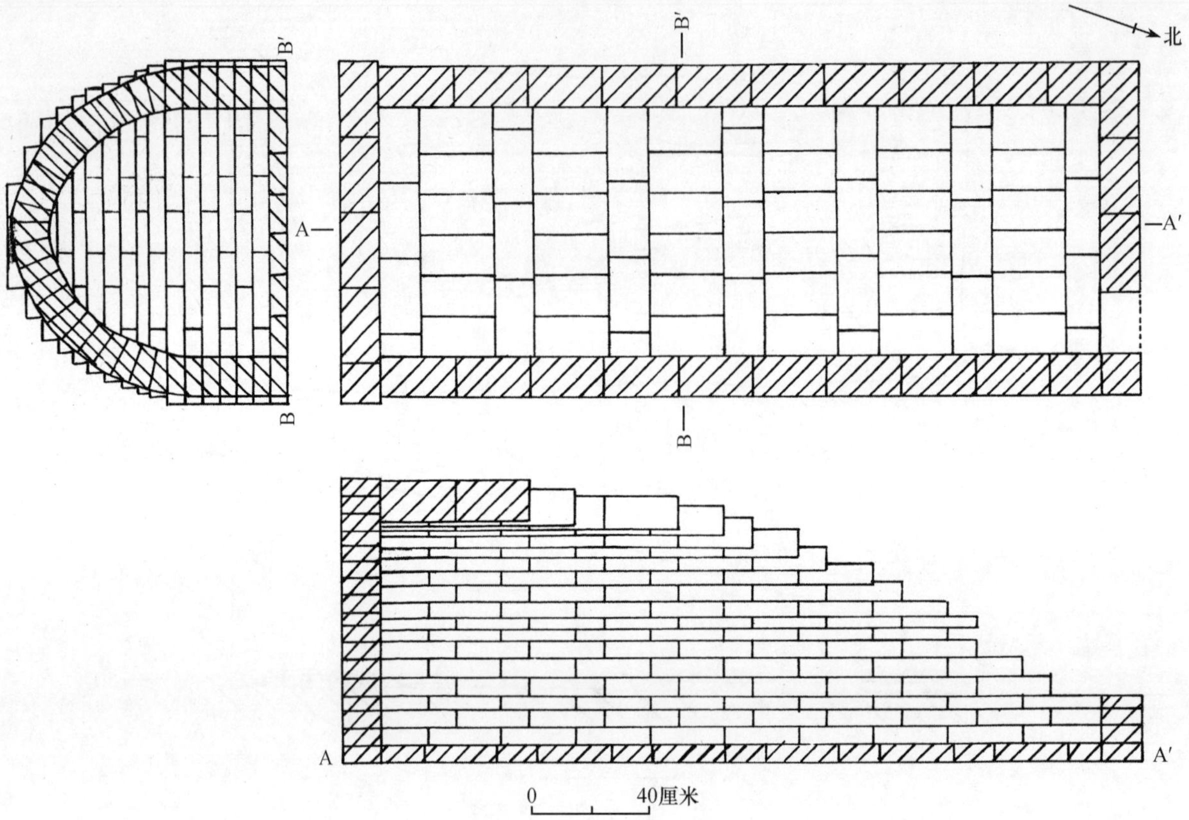

图一二 M8平、剖面图

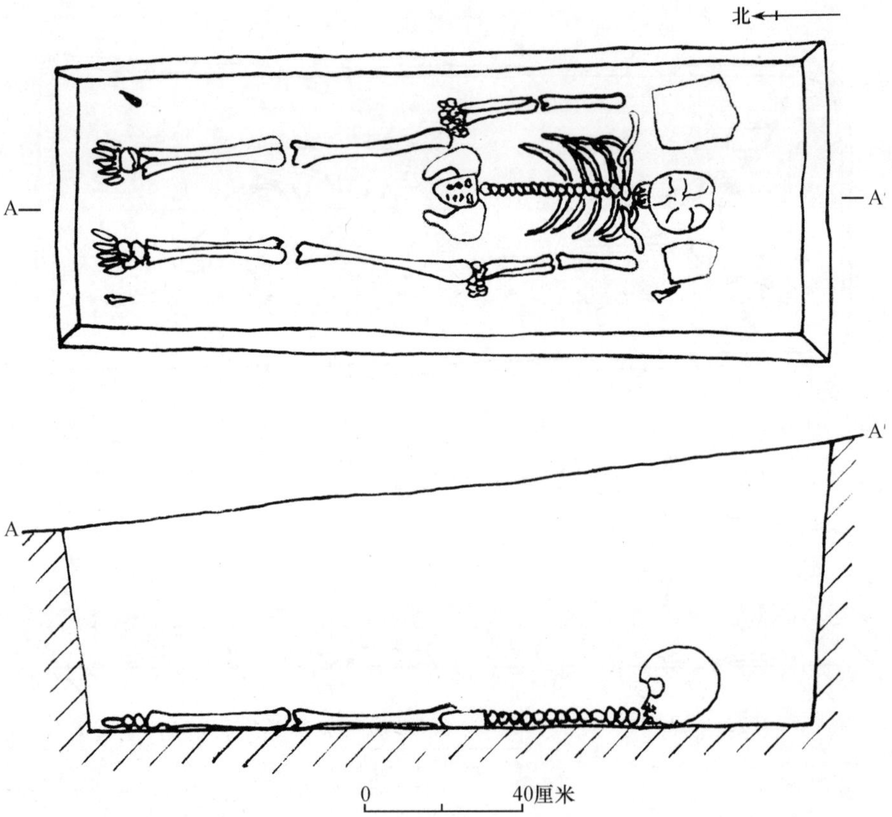

图一三 M9平、剖面图

釉陶罐 1件。T5④：1，浅盘口，长颈，溜肩鼓腹，下腹内收，凹底。口径7.2、高13.2厘米（图一五，6）。

瓷碗 5件。

T5④：3，酱黄色青瓷。侈口，斜弧壁，假圈足，灰胎。口径10.4、高5.6厘米（图一五，1）。

T3④：4，酱黄色青瓷。敞口，斜壁，假圈足，灰胎。口径12、高4.1厘米（图一五，2）。

T3④：2，影青瓷。敞口，斜弧壁，假圈足，略内凹，灰胎。口径9.6、高3.2厘米（图一五，3）。

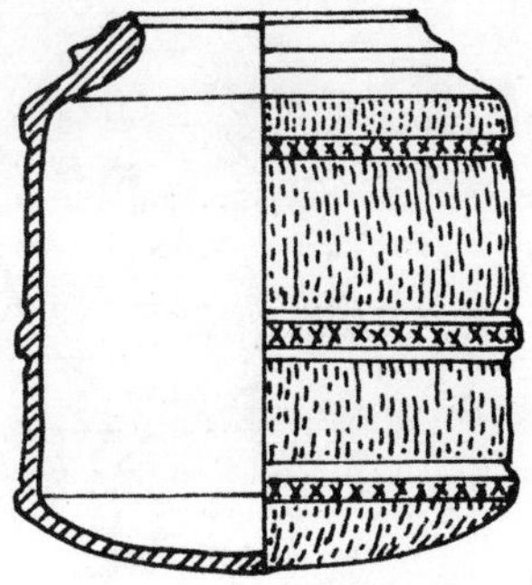

图一四 东汉陶仓（T4⑤：1）

T5④：4，青瓷。侈口，斜弧壁，灰胎。底残。口径13.6、残高5.2厘米（图一五，4）。

T5④：2，青瓷。侈口，斜壁，灰胎，假圈足，底略内凹。口径12、高6厘米（图一五，5）。

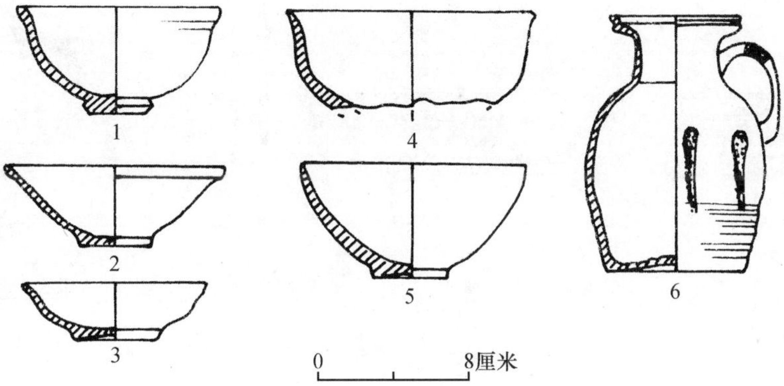

图一五 宋代器物

1~5. 瓷碗（T5④：3、T3④：4、T3④：2、T5④：4、T5④：2） 6. 釉陶罐（T5④：1）

（三）明清时期

明清时期遗物以9座墓葬为主要代表，第3层中也有少量瓷片出现，可见器形有瓷碗、釉陶罐和铜簪。

瓷碗 5件。都为灰白胎。

M1：1，影青瓷。敞口，斜壁，圈足。口径13.6、高6.4厘米（图一六，5）。

M4：1，青花瓷。侈口，外撇，斜壁，圈足。内外都饰青花。其中外表上下各饰一道粗弦纹，两弦纹之间饰斜排的点状图案；在内部碗底，则饰“※”形的点状图案。口径11.2、高5.2厘米（图一六，1）。

M4：2，青花瓷。侈口，斜弧壁，圈足。内外都饰青花。其中外表上下各饰一道细弦纹，两弦纹之间饰一组竖排的点状图案，再饰一组横向的波浪形图案，依此类推，围成一圈；而内部碗底，在中部饰粗条形图案，周围则饰点状图案。口径12.8、高3.6厘米（图一六，2）。

M6：1，青花瓷。敞口外撇，斜弧壁，圈足。内外都饰青花。其中在外表饰盛开的鲜花和枝叶，而在内部碗底也饰有鲜花和枝叶。口径12、高3厘米（图一六，3）。

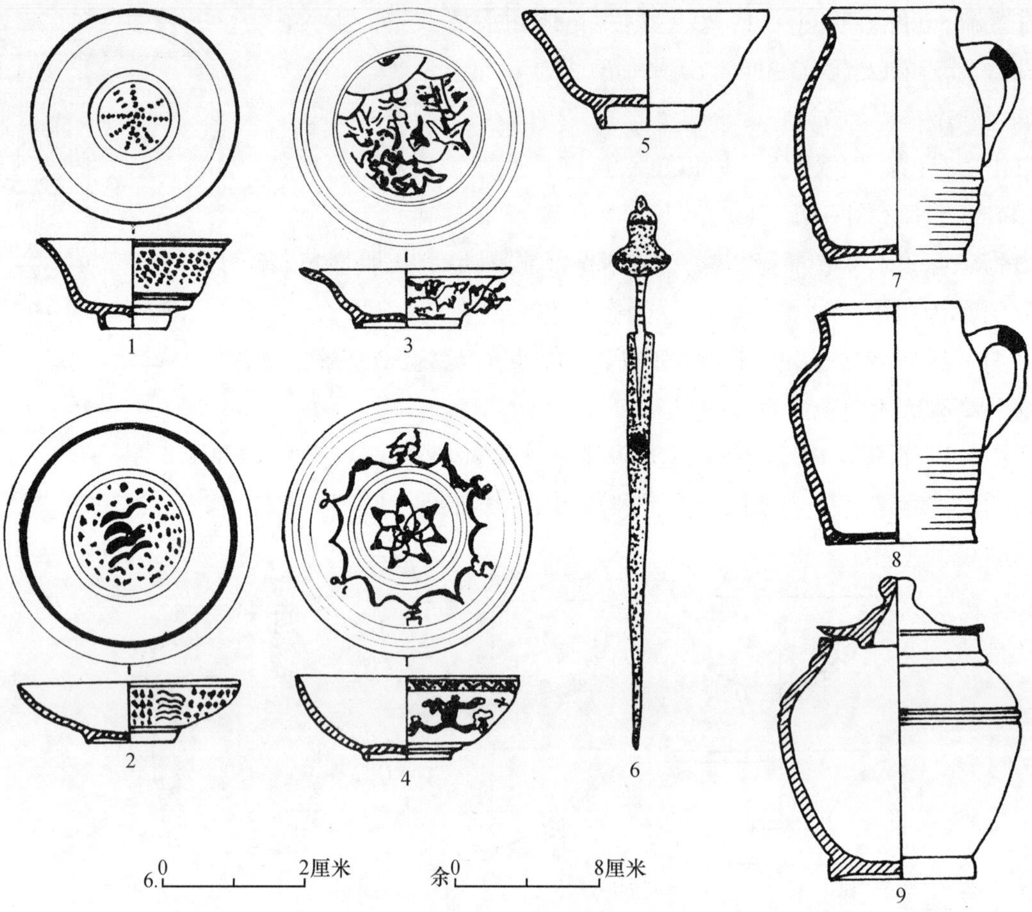

图一六　明清墓葬器物

1～5. 瓷碗（M4：1、M4：2、M6：1、M6：2、M1：1）　6. 铜簪（M1：4）　7、8. Ⅰ式釉陶罐（M4：4、M4：3）
9. Ⅱ式釉陶罐（M1：2）

M6：2，青花瓷。侈口，斜弧壁，圈足，内外都饰青花。其中在外表的上部饰两道细弦纹，再用波折纹和点状图案填满，下部则饰云纹图案；在内部，正中饰放射状图案，周围再饰火焰形放射状图案。口径12.8、高4.8厘米（图一六，4）。

釉陶罐　4件。可分二式。

Ⅰ式：2件。单把带流罐。M4：3、M4：4，都置于M4头龛内，侈口，略鼓腹，平底略上凹。外施绛釉。M4：3高13.2（图一六，8）、M4：4高14厘米（图一六，7）。

Ⅱ式：2件。带盖罐。M1：2、M1：3，都置于M1头骨右上侧，罐身为敛口，斜颈，鼓腹，下腹内收，平底略凹。颈部和鼓腹部各饰两道凹弦纹，外施绛釉，器盖的纽呈乳头形。高16厘米（图一六，9）。

铜簪　1件。M1：4，锥形。长7.5厘米（图一六，6）。

四、结　　语

老山岭遗址是三峡库区巫峡中的一个比较重要的遗址。该遗址第一期遗存，即第5层中的陶仓，敛口，卷沿，溜肩，直腹，圜底，通体饰绳纹，肩、中部及底部有三道宽带凸弦纹，与奉节县白马墓群99号汉墓出土的陶仓非常类似[①]，因此，第一期遗存应是汉代遗存。

第二期遗存，即第4层出土的瓷器，与涪陵石沱遗址发现的宋代瓷器基本一致[②]，此期遗存当为宋代遗存。

本遗址发现的9座墓葬，出土瓷器和釉陶器与巴东团包遗址[③]和涪陵石沱遗址[④]发现的明清器物类似，据此，9座墓葬的时代为明清时期。该时期青花瓷器的纹饰以荷花、花卉、植物根茎等图案为主题。这些主题花纹的瓷器在峡江乃至中国南方地区较为多见，充分表现出南方水乡的生活环境，对我们探索当时居民的风俗习惯以及环境情况提供了参考依据。

老山岭遗址发现的遗物较少，且遗址的保存情况较差。一方面，可能由于现代的人为破坏和水土流失引起的山崖坍塌对遗址造成了较严重的破坏；一方面可能是该遗址本身在从东汉时期以来的历史时期内由于其自身的自然环境和人们的意识等诸方面原因，使得先民们在该区域内的活动频率相对较低。

此次考古发掘的材料为今后研究该地区从汉代到明清时期的文化传统、生活习惯、风土民俗以及自然环境、生态状况等情况提供了参考资料。

附记：本次发掘工作由湖北宜昌博物馆刘继东主持。宜昌博物馆李孝配、乔峡、王超、刘晓伟同志参加了本次发掘工作。陕西省考古研究所凤翔工作站的侯清伟、许卫国同志也参加了田野发掘工作并具体负责遗址勘探。报告线图由宜昌博物馆的王超绘制。发掘过程中得到了巫山县文化体育局和巫山县文物管理所的大力支持，特此鸣谢。

执笔：李孝配　王　超　刘继东

① 湖北省宜昌博物馆：《奉节县白马墓群发掘报告》，待刊。

② 广东省文物考古研究所、湖北省宜昌博物馆：《巴东县团包遗址》，待刊。

③ 北京市文物研究所三峡考古队等：《涪陵石沱遗址发掘报告》，《重庆库区考古报告集·1997卷》，科学出版社，2001年。

④ 北京市文物研究所三峡考古队等：《涪陵石沱遗址发掘报告》，《重庆库区考古报告集·1997卷》，科学出版社，2001年。

云阳明堂坝遗址1999年度发掘简报

四川大学历史文化学院考古学系

明堂坝位于云阳县高阳镇明冲村，又名“明同坝”，据传因在此建有明同寺（年代不详）而得名，是一个形状略同月牙形的河岸阶地。遗址位于澎溪河（当地俗称为小江）南岸一级阶地上，西邻小江电站大坝，东北与李家坝遗址隔河相望，相距约1千米（图一）。遗址中心自然地理坐标为北纬31°6′11″，东经108°15′，海拔141.2～142.7米。经初步调查探测，遗址总面积约5万平方米。

1994年，为配合三峡库区文物抢救保护规划的制定，受有关部门委托，四川大学考古调查队曾对该遗址做过小规模的试掘，共开5米×5米探方3个，发掘面积为75平方米[①]。

1999年，按照重庆市文化局关于《重庆市三峡土程淹没及迁建区考古发掘项目协议书》的委托协议，由四川大学历史文化学院考古学系组成发掘队，对该遗址再次进行了考古发掘。现将此次发掘情况简报如下。

一、发掘区及地层堆积情况

本年度的发掘，采取象限法布方，以遗址内标志明确的明冲村第四组社员胡少国住宅大门正前方20米处因埂边缘的一棵麻柳树为基点0点，将遗址定位于第1、2、4象限内。考虑到遗址的前缘靠近小江电站，每年泄洪时洪水冲击大坝，对遗址破坏严重，故此次发掘决定首先对该遗址邻江边缘的台地部分进行较大面积的发掘，在第1象限内共布5米×5米探方19个，编号为99YMTAT1711～99YMAT2611，大体上沿台地东西一线分布。与此同时，为了了解该遗址南北方向的地层堆积情况，在同一象限内还布有3米×15米探沟一条，编号为99YMTAT1（T2506～T2508），呈南北向分布。

以上探方及探沟共计发掘面积达到520平方米，方向均为正南北方向（即方向为0°），发掘前地表种植有土豆、萝卜、红苕等农作物。

发掘区内地层堆积较厚，基本为水平分布，总计可划分为18层，每层厚度在5～70厘米，发掘深度平均距地表深180厘米。土质多为黏土、亚黏土、砂土等，除由上至下第10、11层较为致密坚硬外，大多土质松软，含砂量较大，且多见黏土与砂土相间分布的现象。土色多为黄褐色、红褐色及灰色，以砂土层色较浅，黏土层色较深，其中含有包含物的黏土层色最深。

从发掘情况来看，各探方内地层堆积序列不尽相同，靠近发掘区西部一带的地层序列相对较为完整，而东部一带第6层以上多有缺失，耕土层下各层的地势基本上呈东高西低状分布。

现以遗址中地层情况较为典型的99YMTAT2511为例，对各层情况加以介绍。

---

① 关于此次调查的有关资料尚未公布，目前正在整理之中。

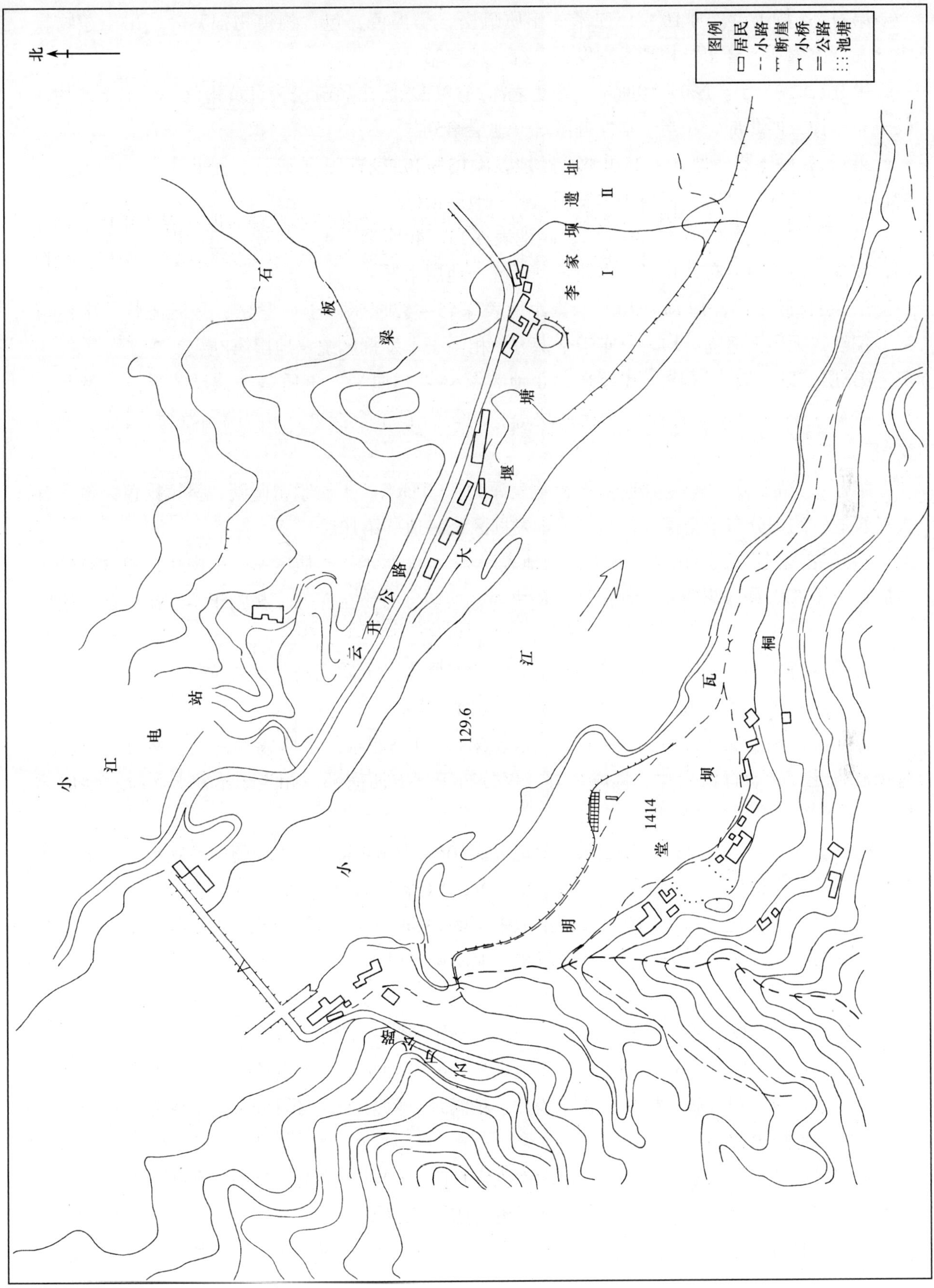

图一 明堂坝遗址1999年度发掘区示意图

根据土质、土色及包含物，可将99YMTAT2511的地层分为15层。

第1层：耕土层。厚10～15厘米。土质疏松，呈褐色，包含物植物根茎等，出土遗物较少，在探方内均匀分布，相当于本发掘区统一地层第1层。

第2层：黏土层。厚0～10厘米，距地表深约10厘米。土质疏松，呈黄褐色，无出土遗物，仅分布于探方西北部，相当于本发掘区统一地层第5层。

第3层，砂土层。厚10～25厘米，距地表深15～20厘米。土质疏松，呈灰青色，无出土遗物，在探方内均匀分布，相当于本发掘区统一地层第6层。

第4层：黏土层。厚15～30厘米，距地表深35～40厘米。土质较硬，呈红褐色，无出土遗物，在探方内均匀分布，相当于本地发掘区统一地层第7层。

第5层：砂土层。厚15～20厘米，距地表深45～55厘米。土质紧密，呈淤泥状，土色黄褐，偏红，无出土遗物，均匀分布于全探方，相当于本发掘区统一地层第8层。

第6层：黏土层。厚15～20厘米，距地表深65～75厘米。土质紧密，呈黄褐色，偏灰，出土遗物有青花瓷片、青瓷片、板瓦块等，均匀分布于全探方，相当于本发掘区统一地层第9层。

第7层：黏土层。厚5～10厘米，距地表深80～90厘米。土质紧密坚硬，呈黄褐色，包含有大量炭屑，均匀分布于全探方，相当于本发掘区统一地层第10层。

第8层：黏土层。厚10～15厘米，距地表深85～100厘米。土质紧密，呈褐色，包含有较多炭屑，出土遗物有青花瓷片、青瓷片、瓦块等，均匀分布于全探方，相当于本发掘区统一地层第11层。

第9层：砂土层。厚0～10厘米，距地表深约95厘米。土质疏松，呈灰黄色，无出土遗物，仅分布于探方西南部，相当于本发掘区统一地层第12层。

第10层：黏土层。厚0～10厘米，距地表深95～105厘米。土质较紧密，呈赭石色，出土遗物有青花瓷片、青白瓷片、釉陶片等，仅分布于探方西南部，相当于本发掘区统一地层第13层。

第11层：砂土层。厚15～40厘米，距地表深100～115厘米。土质较硬，呈褐色，出土遗物有青花瓷片、白瓷片、釉陶片等，分布于全探方，相当于本发掘区统一地层第14层。

第12层：黏土层。厚0～10厘米，距地表深约130厘米。土质较硬，呈浅褐色，无出土遗物，仅分布于探方南部，相当于本发掘区统一地层第15层。

第13层：砂土层。厚0～25厘米，距地表深约150厘米。土质疏松，含砂量较大，呈灰褐色，无出土遗物，仅分布于探方南部，相当于本发掘区统一地层第16层。

第14层：黏土层。厚35～40厘米，距地表深130～140厘米。土质疏松，含砂量大，呈红褐色，出土遗物有汉花纹砖、板瓦、青花瓷片、釉陶片、陶片等，均匀分布于全探方，相当于本发掘区统一地层第17层。

第15层：砂土层。厚30～35厘米，距地表深170～180厘米。土质疏松，含砂量大，无出土遗物，均匀分布于全探方，相当于本发掘区统一地层第18层。

第15层下为生土层。

二、出土遗物情况

自耕土层以下，出土遗物的地层有第7、8、9、10、11、13、14、17层等，其中出土遗物相对较多的地层为第9、11、14层等，出土遗物的种类有青花瓷片、釉陶片、白瓷片、青瓷片、板瓦残片等唐代、明清、近代器物，其中含杂有时代相对较早的汉砖残段、筒瓦残片、铜钱、石范残块等物，表明由于明清时代以迄近代人类频繁，对汉、唐等早期地层扰动破坏严重。遗址中几无汉以前的早期陶片出土，唯发现有石制网坠或为早期遗物。现举例介绍如下。

石网坠　99YMTAT2411⑧：1，青灰色砾石制成，从条状的砾石两腰向内打磨出内凹的弧线，使之平面呈猪腰状，两腰内凹处有明显的使用后留下的磨痕（彩版六六，1）。

汉花纹小砖　99YMTAT2511⑭：1，黄褐色，厚9.5厘米。出土时仅有数段残段，在小砖的侧面有模压成的“田”字形或菱形等两方连续的图案（彩版六六，2）。

筒瓦　99YMTAT2511⑭：2，残片。火候较高，表面有布纹状压痕，沿部有子母口（彩版六六，3）。

钱币　共3枚，其中两枚较为完整。99YMTAT1711⑧：1、99YMTAT1911⑧：1。一枚已残，均为方孔圆钱。直径2.5、边郭宽0.3、方穿长0.8厘米。因锈蚀过甚，钱文已漫漶不可辨识（彩版六六，4）。

石范　99YMTAT1811⑧：1，残块。石质呈灰白色，内含有黑色的石英状颗粒结晶体，最厚处约5厘米，内有较为规则的凹坑，形状已不可辨识（彩版六六，5）。

青花瓷片　99YMTAT2511⑩：1，灰白色瓷胎，釉下有浓淡不一的青色花草纹饰。从残片推测可能为青花碗之底部残片（彩版六七，1）。

釉陶小碟　99YMTAT2511⑪：1，褐色釉，敞口，厚唇，口沿部有数道凸棱，腹微向内敛，小平底（彩版六七，2）。

白瓷残片　99YMTAT2511⑩：2，胎灰白色，白色瓷釉，釉下有青色纹饰图案。从残片推测当系碗之底部（彩版六七，3）。

釉陶灯　99YMTAT2211⑨：1，胎灰白色，表面施有黑、白两色釉彩，器表较粗糙。从残片看可能原为陶灯之灯管部（彩版六七，4）。

釉陶器柄　99YMTAT2511⑪：2，胎褐色，表面为青黑色釉彩，器柄中部有一道凸棱，使器柄断面略呈“山”字形（彩版六七，5）。

三、几点认识

通过此次发掘，初步探明在明堂坝遗址沿小江一线的台地边缘地带历史上曾经有过较为频繁的人类活动。出土遗物中，有的具有显著的汉、唐、明清等时代的特征，证明至迟从汉代开始，这里已经成为人类生产、生活的定居区域。但从发掘出土遗物地层关系极为混乱这一点推测，本次发掘区内的地层已不是原生堆积，而是经过后来多次翻动之后形成的堆积层。

众所周知，翻动原生地层有两种力量：一种是人为的力量，一种是自然的力量。我们认为，形成这种扰乱的地层堆积的成因，可能主要是自然力所致。

如前所述，明堂坝遗址位于澎溪河南岸的一级阶地，每次洪水泛滥都会对遗址产生冲刷破坏。由于洪水的冲刷，使台地形成断崖，断崖逐渐崩塌，原生的文化层就会自上而下地依次向低地移动，而原来叠压在上面的晚期文化层也会随之挪动位置，常常造成原生堆积层位的颠倒，使地层的叠压与打破关系变得十分复杂，形成通常所说的“次生堆积”。过去已有专家指出，“这种次生堆积，在长江三峡地区也很多见”①，此次明堂坝遗址出现的这种地层堆积现象，我们认为正反映了这一特点。

观察此次发掘区内的地层堆积情况，明显有历史上多次洪水淹没后形成的堆积层，其特点是地层平整，分布均匀，含砂量大，并有黏土层与砂土层交替叠压的情况，地层内极为纯净，几乎没有任何包含物，这些显然都是因自然力量——洪水覆盖淹没之后形成的地层。此外，出土有包含物的地层中，不仅早期遗物与晚期遗物相混杂，而且也含有大量的黏土或泥沙，土质疏松，也与洪水的冲刷作用有关。

尽管如此，但遗址中出土的各个时代遗物，还是可以从一定程度上反映出这个地区古代文化面貌的某些侧面。历史上的澎溪河流域依山傍水，雨量丰富，气候宜人，土地肥沃，曾经是古代人们生活栖息的理想场所。与明堂坝遗址一江之隔的李家坝遗址，是迄今为止在三峡地区发现的从商周以迄战国、汉代的重要遗址，其中出土的古代巴人墓葬中，随葬着制作极为精美的青铜器、陶器以及石器、漆器等遗物，显示出很高的文化水平②；与明堂坝同位于澎溪河南岸、相距仅1千米左右的明月坝遗址，则分布着以商周、唐代堆积为主体的文化遗存。近年来的考古发掘表明，遗址的规模宏大，其中既有与川东地区早期文化遗存面貌相似的陶器，也有大型的唐代建筑遗迹，唐代建筑遗迹中还伴出着各种器形、釉色的瓷器及残片③。明堂坝遗址应当与这些遗址之间有着密切的联系，如其中出土的汉代花纹小砖，与其北面的走马岭汉代墓葬中所出的墓砖形制、纹饰均相同；遗址中出土的青花瓷和白瓷残片从器形上看也与明月坝遗址同类遗物具有相似的特点，如白瓷碗、自瓷圈足盘等，均为灰白胎，通体施以自釉，釉面光亮，制作精美。遗址中出土的釉陶器作风古朴，可能产自当地，在明月坝、李家坝遗址中也均有出土。

综上所述，明堂坝遗址虽然自然破坏十分严重，但仍可基本判断其为一处以汉、唐、明、清各时代遗存为主体的遗址，今后如在遗址的中心部位进一步发掘，或许还有望找到未遭破坏或破坏相对较小的原生地层，对我们认识这个遗址的文化面貌提供可靠的资料。

发掘：霍　巍　仝　涛　吕红亮　查晓英
绘图：仝　涛　吕红亮　查晓英　张蕊侠
摄影：霍　巍　仝　涛
执笔：霍　巍　仝　涛

① 参见俞伟超：《关于“考古地层学”问题》，《什么是考古学》，文物出版社，1988年。

② 该遗址已公布的资料有四川大学历史系考古专业：《云阳李家坝遗址1994—1995年发掘简报》，《四川大学历史系考古专业成立三十五周年纪念论文集》，四川大学出版社，1998年。此外，其他各年度的考古发掘资料目前正在陆续整理公布之中。

③ 该遗址已公布的资料有四川大学历史系考古专业：《云阳县明月坝遗址试掘简报》，《四川考古论文集》，文物出版社，1998年。其他各年度的考古发掘资料目前正在陆续整理之中。

云阳余家包遗址2000～2001年度发掘简报

内蒙古自治区文物考古研究所

为配合举世瞩目的三峡工程，2000年11月至2001年1月，内蒙古自治区文物考古研究所受重庆市文化局委托，对重庆市云阳县余家包遗址进行了抢救性发掘和钻探，经过3个月的发掘，完成发掘面积2500平方米，钻探面积1.5万平方米。

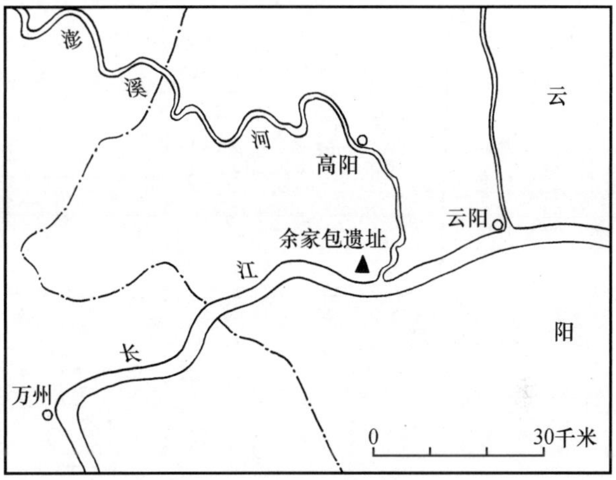

图一　余家包遗址地理位置示意图

余家包遗址位于云阳县莲花乡橘园村（图一），长江北岸的台地上，长江与其支流——澎溪河（当地俗称“小江”）在此交汇。遗址南与人头山相对，北靠睡猪山。海拔100～180米，隔河（澎溪河）与双江镇相望，东北距云阳县旧县城约30千米。遗址内沟壑纵横，柑橘翠竹相间，景色优美，自然环境复杂，各种文化堆积丰富。根据遗址地形的自然分割和文化内涵的差异，将遗址分为三个区，其中Ⅰ区仅发现近现代遗物（略）。Ⅱ区为战国至唐代墓地，清理墓葬10座，其中战国时期墓葬1座、汉代墓葬2座、唐代墓葬7座。Ⅲ区为东周至唐代遗址。现将有关情况报告如下。

一、墓　　葬

墓葬发现于此次发掘区的Ⅱ区。Ⅱ区位于余家包遗址的中部，地势较为平坦，共清理墓葬10座，时代分属于战国、汉代和唐代。

（一）战国时期墓葬

1座。

M204　开口于耕土层下。平面呈“凹”字形，竖穴土坑墓，墓口深0.2～0.4、长3.4、宽2～2.2米；墓底深0.62～1.16、长2.58、宽1.14米。填土为黄褐色花土，土质较软，黏性大。单人，仰身直肢葬，方向292°。木质葬具，已朽（彩版六八，1）。

随葬品种类以陶器为主，少量铜器。陶器均为泥质（细泥）红陶。器类有鼎、敦、豆、壶等（图二；彩版六八，2）。

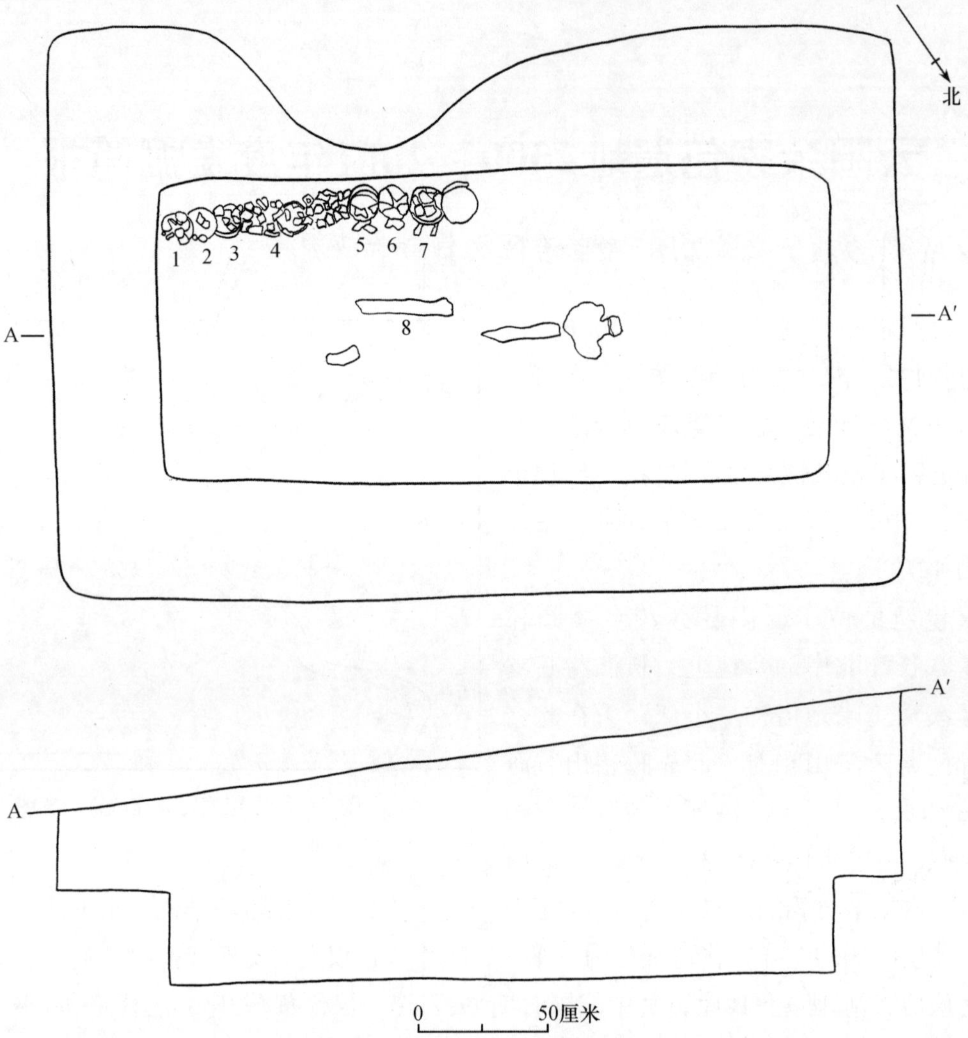

图二　M204平、剖面图
1. 陶敦　2. 陶豆　3. 陶勺　4. 铜刀　5、6. 陶壶　7. 陶鼎　8. 骨架

鼎　1件。M204∶7，泥质红褐陶。子母口，直腹，平底。方形对称双耳，耳部有长条形镂孔，棱形鼎足略向内撇。素面。口径11.6、高13.2厘米（图三，1；彩版七一，4）。

敦　1件。M204∶1，泥质褐陶。整体呈扁圆形，盖较浅，腹较深，直口，三个矮棱形足略外撇，盖顶有三个勾云形纽。素面。口径11.8、高12.5厘米（图三，5）。

豆　1件。M204∶2，泥质红陶。方唇，直口，腹壁较折，喇叭形豆柄。盖顶平圜，上下扣合。口径11、高12厘米（图三，2）。

壶　2件。M204∶5，泥质红褐陶。方唇，侈口，高领，溜肩，腹部弧收，圈足残。盖平圜顶。素面。口径5、残高17.2厘米（图三，4）。M204∶6，泥质红褐陶。口部残。弧肩，鼓腹，矮圈足。素面。底径7.2、残高12.8厘米（图三，3）。

勺　1件。M204∶3，泥质红褐陶。直口，直壁，弧底，勺柄截面呈棱形。素面。长10.2厘米（图三，6）。

铜器　仅发现铜刀1件。

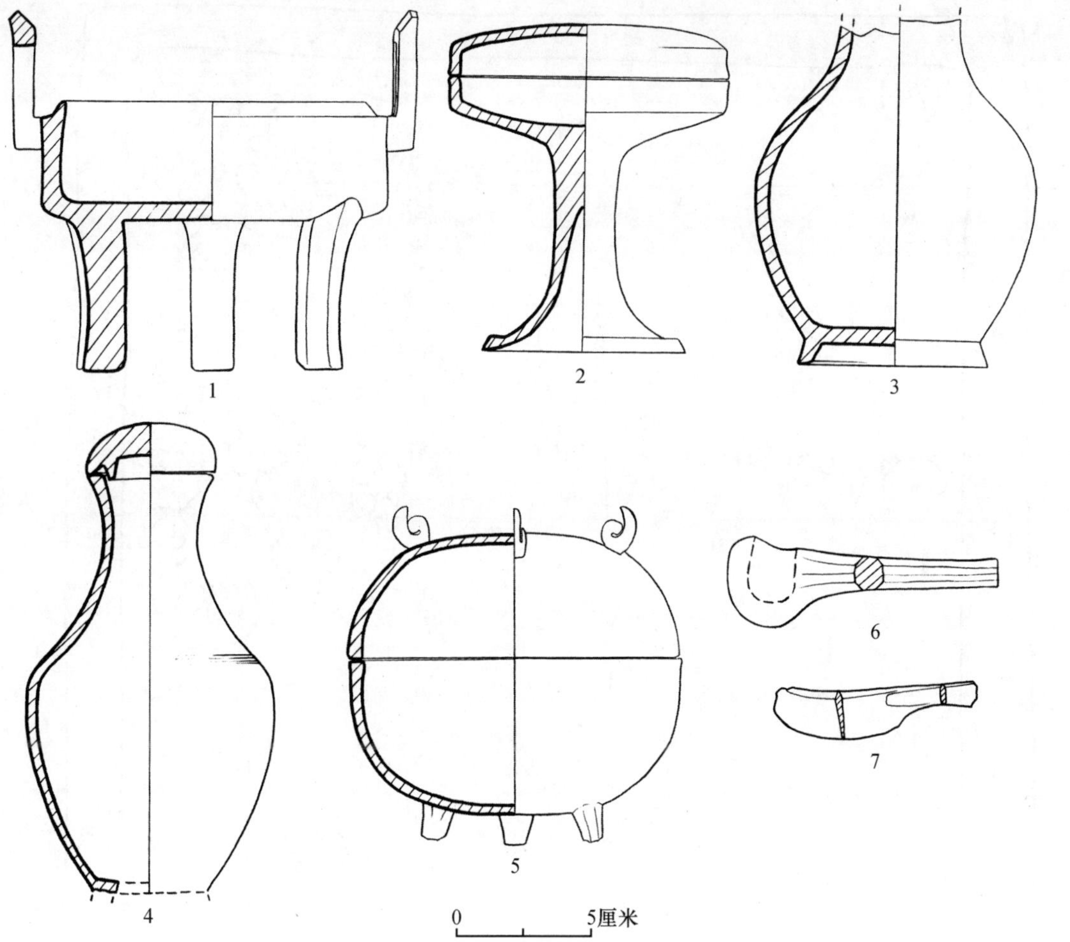

图三 M204出土器物

1. 陶鼎（M204：7） 2. 陶豆（M204：2） 3、4. 陶壶（M204：5、M204：6） 5. 陶敦（M204：1）
6. 陶勺（M204：3） 7. 铜刀（M204：4）

M204：4，凹背弧刃，柄部较直。长6、宽1.3厘米（图三，7）。

（二）汉代墓葬

发现2座。均为竖穴土坑墓，内设二层台，出土遗物以陶器为主，少量铜器、石器等。

M203 位于Ⅱ区北部。竖穴土坑，墓室近方形，长3.16、宽3米。方向16°。墓的西南角为偏墓道（残）。墓内填土为褐色花土，土质较软，黏性大。内有熟土二层台，可能设置有墓椁。单人葬，葬具、葬式不详（彩版六九，1）。

出土的遗物丰富。种类有陶器、铜器、石器等，共计40余件套。

陶器 均为泥质灰陶，器类有鼎、豆、壶、罐、盆、碗、钵、碟、器盖、仓、甑等（图四）。

鼎 2件。M203：13，子母口，弧腹，圜底，方形竖耳向外倾斜，三足略向内斜。盖底有三个鸡冠耳。素面。唯腹部有一道凹弦纹。口径16.5、高15.5厘米（图五，2）。M203：14，

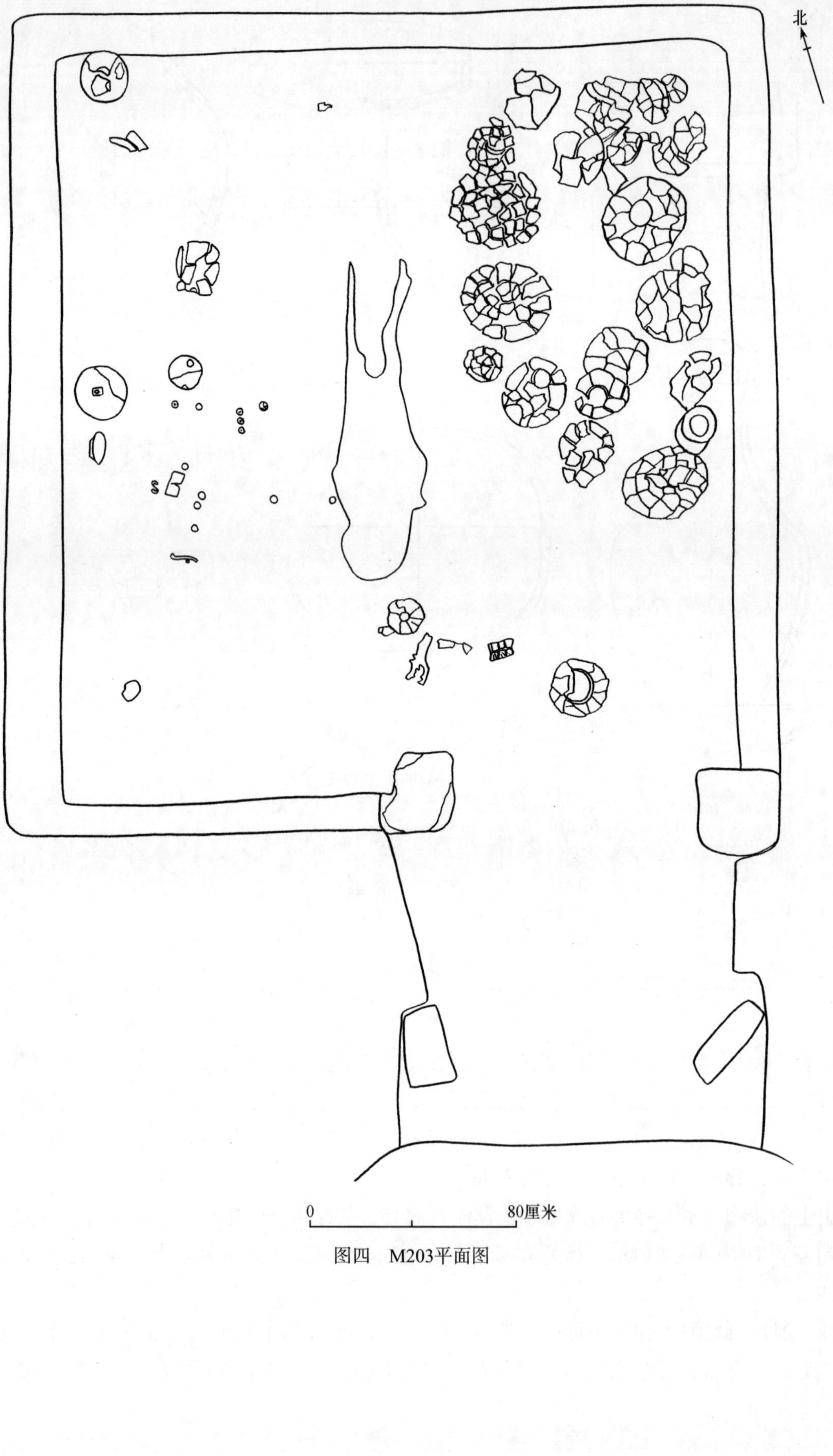

图四　M203平面图

图五 M203出土陶器

1、2. 鼎（M203：14、M203：13） 3、9. 甑（M203：28、M203：15） 4、10. 盘（M203：16、M203：20） 5、11、12、17. 仓（M203：7、M203：1、M203：3、M203：6） 6、14、16. 罐（M203：11、M203：9、M203：45） 7. 盆（M203：30） 8、15. 壶（M203：8、M203：10） 13. 钵（M203：25）

子母口，弧腹较浅，平圜底，下附三足。对称方形耳外撇，鼎盖与鼎身扣合，盖顶有三耳。器表饰数道凹弦纹。口径15.2、高14.5厘米（图五，1；彩版七一，3）。

罐 3件。分三型。

A型　1件。M203：9，方唇，侈口，高领，斜肩软折，下腹斜直，平底。腹部附对称纽及凹弦纹。口径14、底径14.5、高15.5厘米（图五，14）。

B型　1件。M203：11，平唇，敛口，折肩，直腹斜收，平底。器表饰凹弦纹并残留绳纹。口径11.5、底径12、高13.2厘米（图五，6）。

C型　1件。M203：45，尖唇，侈口，束颈，鼓肩，腹部弧收，平底，略凹。素面。口径12、底径8、高10.2厘米（图五，16）。

壶　2件。M203：8，方唇厚缘，侈口，高领弧肩软折，下腹弧收，平底。肩部饰凹弦纹。口径11.2、底径11.2、高20厘米（图五，8）。M203：10，方唇，敞口，长领，折肩，斜腹，平底。器表有凹弦纹。口径12、底径13.5、高17.2厘米（图五，15）。

盆　1件。M203：30，宽沿，沿面下斜，敞口，弧腹，平底。素面。口径18、底径7.2、高8.5厘米（图五，7）。

豆　3件。分二型。

A型　2件。M203：32，方唇，直口，浅弧腹，豆柄较细，底部外张。素面。口径14、底径10、高9.5厘米（图六，4）。M203：33，方唇，直口，浅腹，喇叭状实心柄。素面。口径10、底径6、高8厘米（图六，1）。

B型　1件。M203：34，泥质红褐陶。子母口，折肩，豆盘较深，腹壁弧直，喇叭形豆座。素面。口径10、高10厘米（图六，2）。

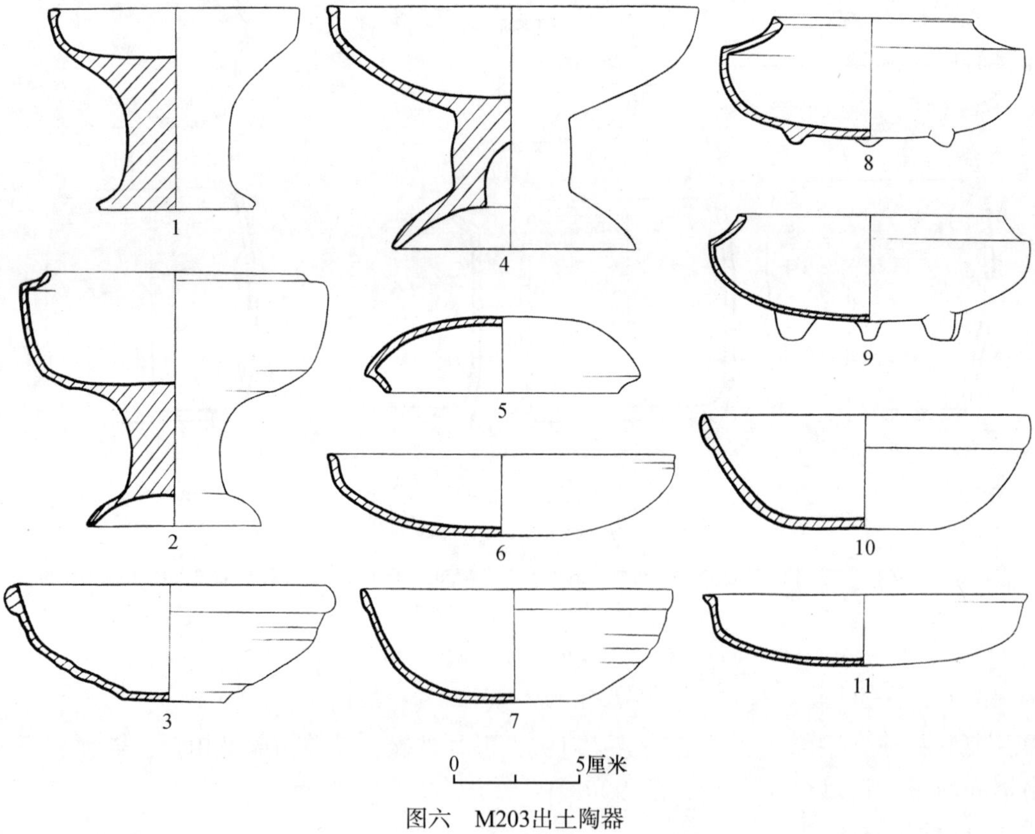

图六　M203出土陶器

1、2、4. 豆（M203：33、M203：34、M203：32）　3、7、10. 钵（M203：26、M203：24、M203：18）　5. 器盖（M203：29）　6、11. 盘（M203：19、M203：17）　8、9. 三足罐（M203：12、M203：22）

三足罐　2件。M203：22，方唇，折肩，腹部弧收，平圜底，下附三个扁足。素面。口径10、高5厘米（图六，9）。M203：12，方唇，敛口，折肩，弧腹弧收成平圜底，下附三个矮足。素面。口径8、高5厘米（图六，8）。

盘　4件。分二型。

A型　2件。M203：19，方唇，直口，弧腹斜收，浅腹，平底。素面。口径12.7、底径4.2、高3.2厘米（图六，6）。M203：17，平唇，唇缘略鼓，平圜底。素面。口径12、高2.8厘米（图六，11）。

B型　2件。M203：20，平沿斜折，曲腹，平底。素面。口径22.5、底径8、高4.5厘米（图五，10）。M203：16，平折，敞口，斜腹略折，平底。素面。口径22.5、底径7.6、高4.4厘米（图五，4）。

器盖　1件。M203：29，圜顶，折口。素面。口径9.2、高3厘米（图六，5）。

仓　4件。分二型。

A型　1件。方唇。M203：1，敛口，弧腹，平底。器表饰凹弦纹及残留绳纹。口径12、底径13.6、高15.2厘米（图五，11）。

B型　3件。圆唇。M203：3，敛口，折肩，直腹，平底。器表饰一周凹弦纹。口径8.8、底径12.8、高14厘米（图五，12）。M203：6，敛口，折肩，弧腹，平底。器表饰数道凹弦纹。口径9、底径12、高16厘米（图五，17）。M203：7，敛口，折肩，弧腹，平底。素面。口径12、底径11.2、高16厘米（图五，5）。

钵　4件。分三型。

A型　1件。M203：25，圆唇，折口，弧腹，圈足。器表饰凹弦纹。口径17.5、底径8.8、高8.8厘米（图五，13）。

B型　1件。M203：26，厚唇，敞口，曲腹，小平底。素面。口径12、底径4、高4.6厘米（图六，3）。

C型　2件。M203：24，厚缘唇，敞口，弧腹，平底。素面。口径12.5、底径4.4、高4.5厘米（图六，7）。M203：18，厚缘唇，敞口，斜腹，平底。素面。口径13、底径6、高4.5厘米（图六，10）。

甑　2件。M203：15，窄沿平折，斜腹弧收，平底。底部有甑孔。素面。口径17、底径8、高5.5厘米（图五，9）。M203：28，窄沿平折，敛口，斜弧平，凹底，底部有甑孔。素面。口径20.5、底径10.5、高7.2厘米（图五，3）。

印状器　1件。M203：35，底座呈方形，上部呈圆形，底面平整，上部似有兽面纹。边长3、高1.7厘米（图七，2）。

匜　1件。M203：27，尖唇，敞口，弧腹，平底，一侧有一流。素面。口径9.8、底径5.6、高2厘米（图七，4）。

铜器　数量少，种类有带钩及泡饰及棺饰件等。

带钩　2件。M203：42，棒形，钩部呈鸟吻状，纽位于带钩中部。长9厘米（图七，8）。M203：43，琵琶形，钩部呈蛇首状，纽位于带钩之末端。长5.5厘米（图七，6）。

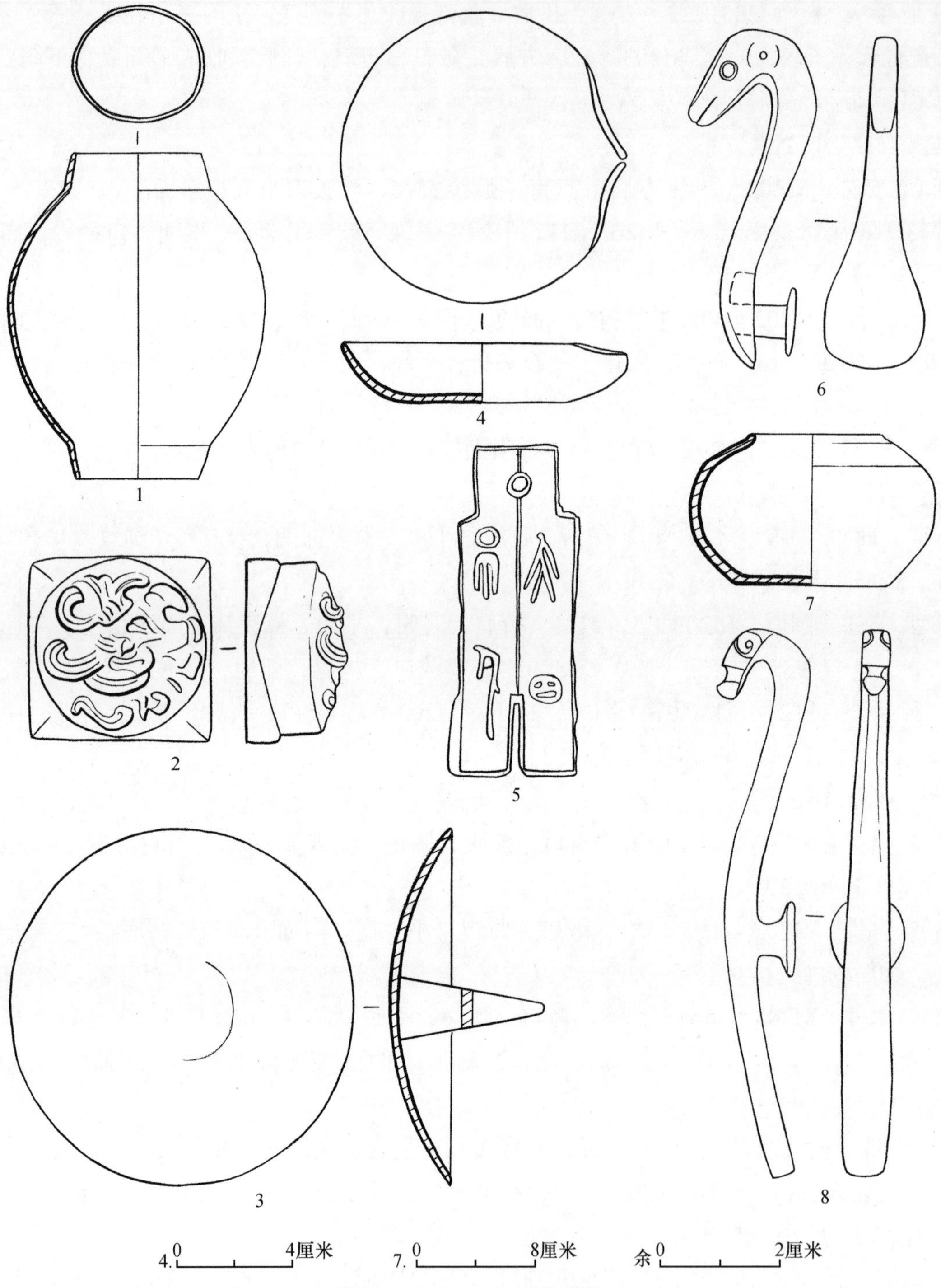

图七　M203、M205出土器物

1. 铜軎（M203：39）　2. 陶印状器（M203：35）　3. 铜泡（M203：44）　4. 陶匜（M203：27）
5. 大布黄千（M203：45）　6、8. 铜带钩（M203：43、M203：42）　7. 陶罐（M205：1）

铜泡　1件。M203：44，平面呈圆形，背面正中有穿钉。直径6厘米。有的表面鎏金（图七，3）。

軎　1件。M203：39，球形，两端椭圆形，器表鎏金。口径2.2、长5.4厘米（图七，1）。

龙形饰件　1件。M203：38，平面呈弧形，二端做龙首状。表面鎏金。长29厘米（图八；彩版七一，2）。

铜钱 1枚。

大布黄千 M203：45，长4.3、宽1.9厘米。隶书（图七，5）。

M205 开口于耕土层下。东南角被一现代坑打破。平面呈“凹”字形，竖穴土坑，方向260°。墓圹内有生土二层台。填土为黄褐色土，土质较软，黏性较大。墓长2.9、宽1.6米；墓底长2.15、宽0.8米。单人葬，破坏严重。出土泥质灰陶罐1件。

陶罐 1件。M205：1，泥质灰陶方唇，敛口，溜肩，鼓腹，大平底。肩部饰两道凹弦纹。口径7.5、底径11.5、高10厘米（图七，7）。

（三）唐代墓葬

该时代的墓葬为此次余家包遗址发掘的主要收获。共计有7座。多为长方形单室砖墓，一般有长方形墓道，其中一座带2个耳室，随葬品为瓷器、铜器及“开元通宝”钱币等。现将墓葬介绍如下。

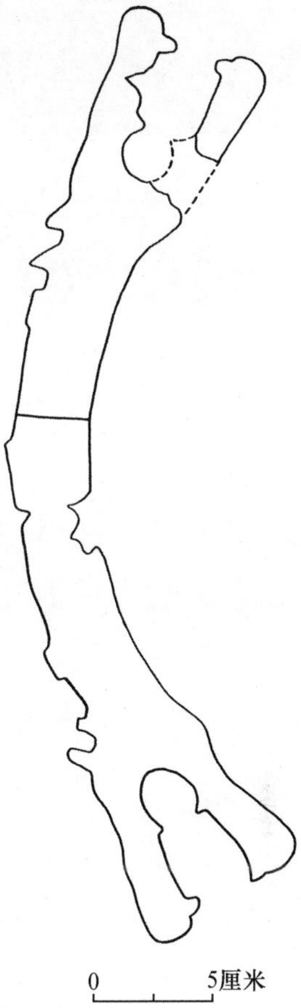

图八 铜龙形饰件（M203：38）

1. 墓葬形制

M206 位于发掘区的东南部。开口于耕土层下。长方形单室券顶砖墓。墓室长3.76、宽1.96米。方向295°。长方形墓道位于墓室的正南，长3.06、宽1.96米。墓室与墓道之间有封墓砖，均为素面青砖，规格为长36、宽18、厚6厘米。填土黄褐色，土质较硬且黏。双人直肢葬，其他不详。清理人骨时，发现少量木灰，可能有木质葬具。随葬口仅有瓷碗2件、铜盘1件。

M202 位于Ⅱ区的东部。长方形单室砖墓。方向12°。长4.4、宽1.7米。墓底铺几何底纹砖，长40、宽20、厚9厘米。填土为黄褐色花土，土质较软，黏性大。葬式等不详。破坏严重。仅出土瓷碗1件。

M201 位于Ⅱ区的西北部。开口于耕土层下。长方形单室砖墓。长4.2、残宽0.84～1.2米。方向288°。填土为黄褐色花土，土质较软，黏性大。墓砖为花纹砖，有人面和花草纹。规格为长40、宽20、厚9厘米。出土瓷器2件。

M208 位于Ⅱ区的东部。开口于耕土层下。长方形单室砖墓。长3.46、宽2.5米。方向355°。填土为黄褐色花土，夹有大量红烧土块，土质较硬，有较大黏性。长方形斜坡式墓道，长2.56、宽2.6～2.65米。墓道与墓室之间的长方形甬道，长0.8、宽2.5米。男女双人合葬，仰身直肢。头向北。可能为木质葬具。出土遗物较为丰富。种类有瓷器、铁器、铜器及“开元通宝”铜钱等（图九）。

M210 位于Ⅱ区的北部。经扰乱。长方形单室砖墓。长5、宽4.46米，填土为黄褐色花

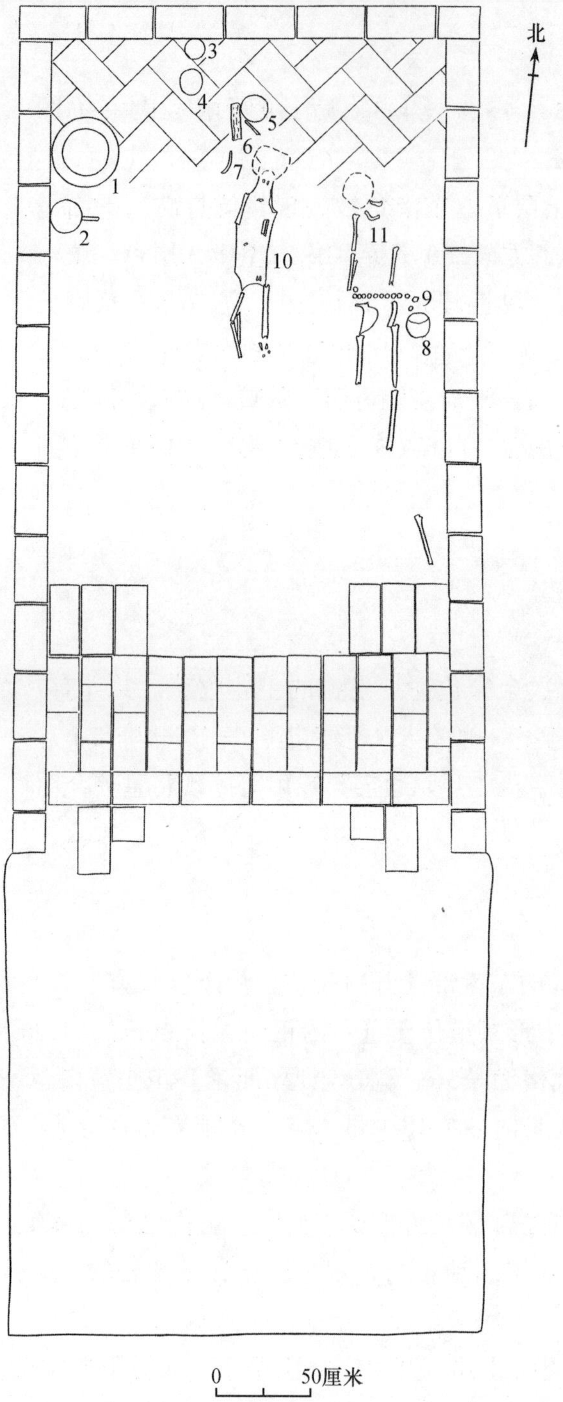

图九　M208平面图

1. 瓷六系壶　2. 瓷钵　3. 瓷碗　4. 银钗　5、8. 铜盆　6. 铁釜　7. 铁鐎斗

土，质硬且黏，夹有大量砖块。墓底铺砖，斜角“人”字形墓室内残留1根股骨。出土瓷器10件。

M207　长方形单室砖墓。严重破坏。葬式等不详。出土遗物6件（彩版七〇，1；彩版七一，1）。

M209 位于余家包遗址Ⅱ区的东部。开口于耕土层下长方形券顶砖墓。由墓道、甬道、墓室和两个耳室组成。方向335°。墓道长方形斜坡式，长2.5、宽2.9米。墓道与墓室之间是长方形甬道，长1.02、宽2.52、高0.86米。甬道与墓室地面均用斜角“人”字形砖铺砌，砖的规格为长36、宽18、厚6厘米。墓室的券顶高1.06米，券顶砖长36、宽18、厚3厘米。墓室长3.56、宽3.58米。东耳室长0.66、宽0.7、高0.84～0.9米，西耳室长0.38、宽0.7、高0.8～0.84米。该墓被盗。没有任何随葬品出土（彩版七○，2）。

2. 遗物

（1）瓷器

碗 15件。依据唇部的不同，分三型。

A型 11件。方唇。分三式。

Ⅰ式：9件。直口。M207：4，方唇，直口，弧腹，小圈足。内壁及口部外侧施青釉，已全部脱落呈白色。外壁近底处脱釉。口径15、底径4.4、高7.6厘米（图一○，2）。M207：3，弧腹，圈足底部略凹。器壁施青釉，但绝大部分脱落，仍余白色化妆土，近底部脱釉。灰白

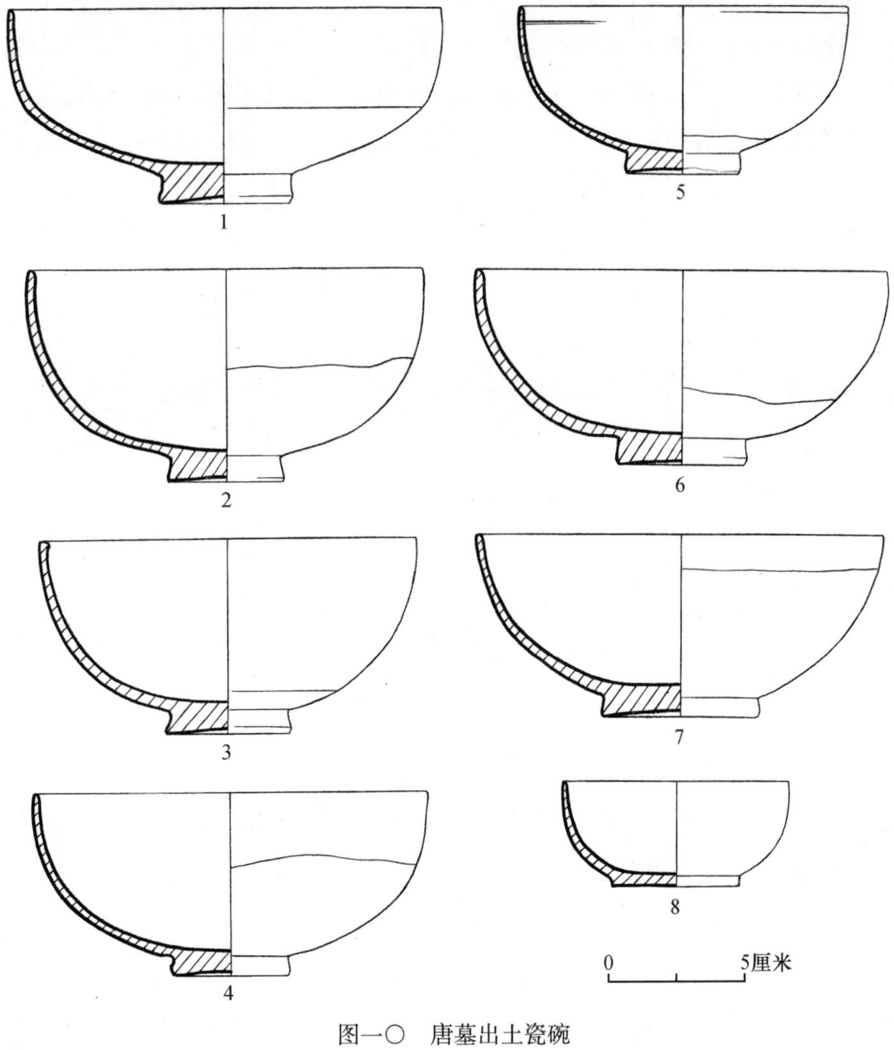

图一○ 唐墓出土瓷碗

1. M206：1 2. M207：4 3. M210：6 4. M210：2 5. M210：3 6. M207：3 7. M208：3 8. M202：1

胎。口径14.5、底径4.5、高7厘米（图一〇，6）。M208：3，直口略敞，弧腹弧收，小圈足底内凹。口部施黄绿釉，以下脱釉。口径16.2、底径5.8、高6.6厘米（图一〇，7）。M210：6，弧腹，矮圈足。通体施釉，釉已脱落，仍余白色化妆土。口径14、底径4.6、高7厘米（图一〇，3）。M210：3，弧腹，矮圈足。内壁及外壁口部施青釉，釉色光润，有细小开片。外壁近底部脱釉。口径11.2、底径4、高5.4厘米（图一一，6）。M210：4，弧腹，矮圈足。口径10.5、底径4、高5.6厘米（图一一，7）。M210：2，弧腹，圈足。内壁及器表上部施釉，脱落后留白色化妆土。器表下腹部脱釉。口径14.6、底径4.5、高6.6厘米（图一〇，4）。M210：5，直口略敞，弧腹，矮圈足。器内外壁施青釉，外壁近底部脱釉。口径10、底径4、高5.4厘米（图一一，4）。M210：3，口径11.8、底径3.9、高5.87厘米（图一〇，5）。

Ⅱ式：1件。敛口。M201：1，弧腹，厚底。内外壁施青釉，外壁近底部脱釉。灰白胎。口径9、底径4.4、高4厘米（图一一，5）。

Ⅲ式：1件。敛口。M207：5，方唇，敛口，浅腹，腹壁弧直。小圈足。口部施褐釉，泛浅绿色。内壁及近底处脱釉。口径15、底径4、高5.7厘米（图一一，3）。

B型　2件。尖唇。M201：8，弧腹略深，矮圈足。内外壁施青釉，近底部脱釉。口径6.3、底径4、高5.8厘米（图一一，1）。M202：1，尖唇，直口，弧腹较浅，平底。器表施青釉。口径8、底径4.4、高3.8厘米（图一〇，8）。

C型　2件。圆唇，直口。M206：1，曲腹，矮圈足。器外表壁施釉，釉已脱落，露出白色化妆土。器表下部脱釉。口径8、底径5、高7厘米（图一〇，1）。M206：2，弧腹，圈足。内壁及口壁外侧施青釉，均已脱落，仅余白色化妆土。下腹部脱釉。口径12、底径3.9、高5.2厘米（图一一，2）。

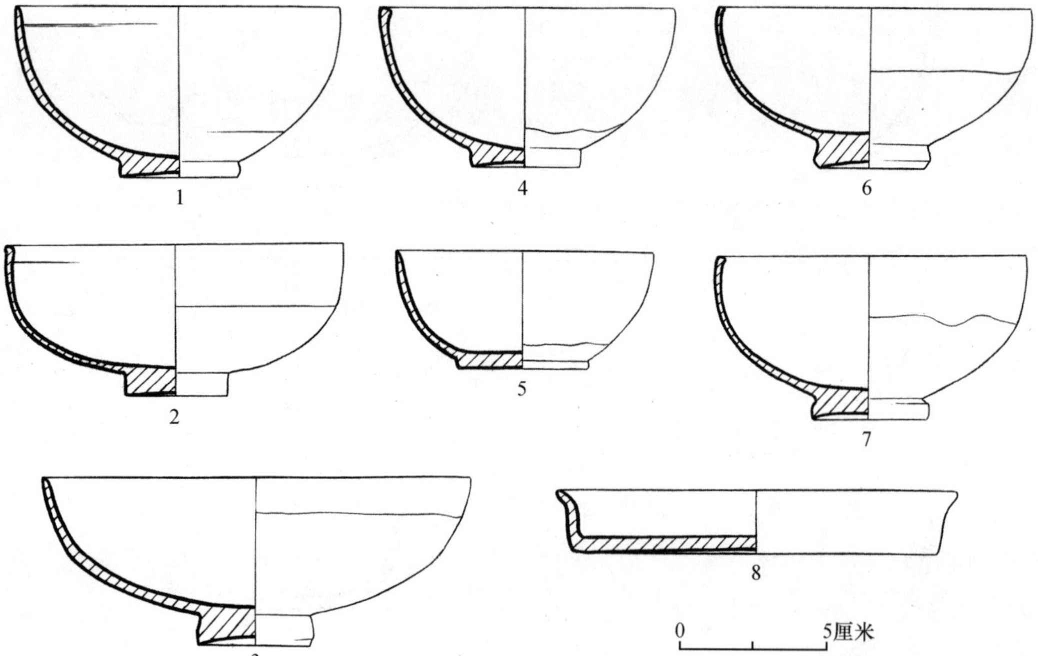

图一一　唐墓出土瓷器

1～7. 碗（M201：8、M206：2、M207：5、M210：5、M201：1、M210：3、M210：4）　8. 洗（M201：2）

洗　1件。M201：2，尖圆唇，侈口，直壁，平底。素胎。口径14、底径12.4、高2.2厘米（图一一，8）。

六系壶　1件。M208：1，盘口，高领，鼓肩，腹部弧直，平底。颈部饰凹棱纹，肩部饰6系。器表施青釉，肩以下脱釉。口径16、底径12.5、高40厘米（图一二，9；彩版七一，5）。

钵　1件。M208：2，圆唇，敛口，鼓肩，球状腹，圜底。器表施白釉，下腹部脱釉。口径11.8、高12厘米（图一二，6）。

盘口四系罐　2件。M210：9，高领，鼓肩，弧腹斜收。颈部饰数道凹弦纹，肩部附对称四系。器表施青釉，肩部以下脱釉。口径15.2、残高30厘米（图一二，5）。M207：2，方唇，直口略敛矮领，鼓肩，弧腹斜收，平底。肩部附对称四系。器表施黄绿釉，釉大部已脱落。下腹部脱釉。口径8.8、底径8、高20.5厘米（图一二，2）。

四系壶　2件。M210：1，盘形口，高领，鼓肩，腹部弧收，平底。颈部饰多道凹弦纹，肩部附四系。器表施青釉，下腹部脱釉。口径12.5、底径8、高21.5厘米（图一二，1）。M207：1，盘口，高领，鼓肩，肩部附对称四系，弧腹斜收，平底。器表施黄绿釉，部分脱落，下腹部脱釉。颈部饰数道凹弦纹。口径12、底径8、高21厘米（图一二，8）。

（2）铁器

铁釜　2件。M207：6，侈沿，侈口，束颈，球腹，圜底。素面，表面锈蚀。口径29、高24厘米（图一二，10）。M208：6，宽沿斜折，束颈，弧腹，平圜底。素面。器表锈蚀严重。口径39、高24厘米（图一二，4）。

镳斗　1件。M208：7，敞口，斜腹，平底下附三足，一侧有一柄。口径22、高19厘米（图一二，7）。

（3）铜器

铜盘　1件。M206：3，直口，直腹弧收，平圜底。素面。口径16.8、高4.5厘米（图一二，3）。

“开元通宝”铜钱　13枚。

（4）银器

银钗　1件。M208：4，耳形。用银丝制成。长9厘米。

二、遗　　址

遗址区位于此次发掘的Ⅲ区，余家包遗址的西部。南临长江，是北高南低的二级台地，东西长约150、南北长约50米。原是农家菜地，我们按照象限法布方，每个探方面积25平方米，布5米×5米探方30个，发掘面积750平方米。文化层平均厚约1.5米。中部、北部较低的地点为再生堆积，采集有战国时期夹砂红陶鼎、鬲、罐，汉代泥质灰陶罐、盏、豆等残片；中部偏南地点是原生堆积，清理唐代房址1座、陶窑1座、灰坑5座。

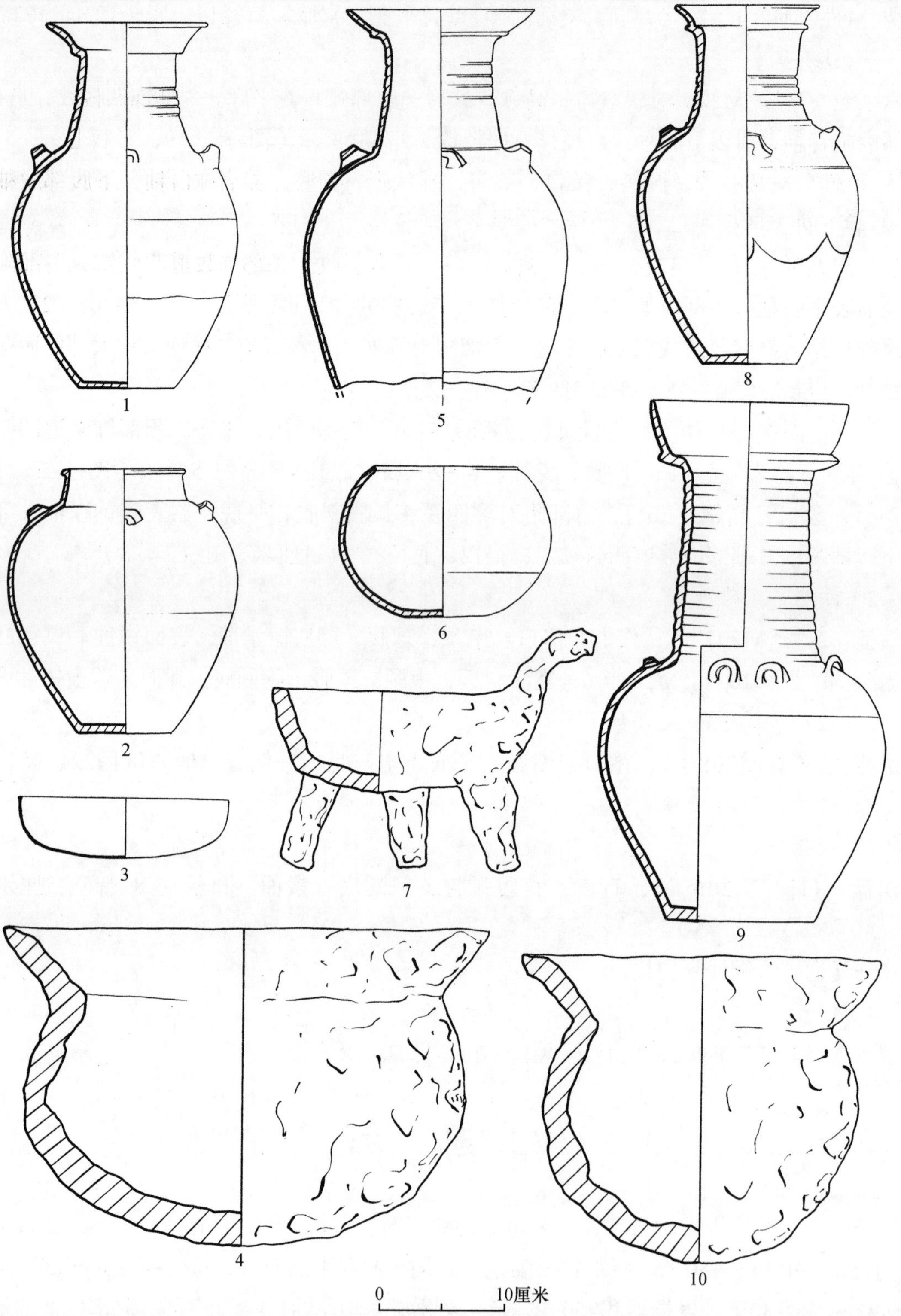

图一二　唐墓出土器物

1、8. 瓷四系壶（M210：1、M207：1）　2、5. 瓷盘口四系罐（M207：2、M210：9）　3. 铜盘（M206：3）
4、10. 铁釜（M208：6、M207：6）　6. 瓷钵（M208：2）　7. 铁鐎斗（M208：7）　9. 瓷六系壶（M208：1）

（一）地层堆积

北部较低的地点为再生堆积，中部偏南地点是原生堆积，其中原生堆积的地层以T320东壁为例说明（图一三）。

第1层：耕土层。黑色土。厚15～25厘米。土质松软，内夹杂有碎砖瓦块、炭粒、酒瓶碎片等。

第2层：文化层。黄褐色土。厚10～15厘米。土质松软，夹杂木炭、砖瓦块，出土少量唐代陶瓷片。该层只分布在探方的西北部。

第3层：黑褐色黏土。厚5～25厘米。土质较黏，内夹杂少量红烧土块等。出土少量唐代瓷片。

第4层：黄褐色亚黏土。厚5～40厘米。土质较松软。出土有唐代瓷罐、碗等。

第5层：浅灰色土。厚5～90厘米。土质硬，内包含有木炭粒、红烧土块，出少量唐代青瓷片。

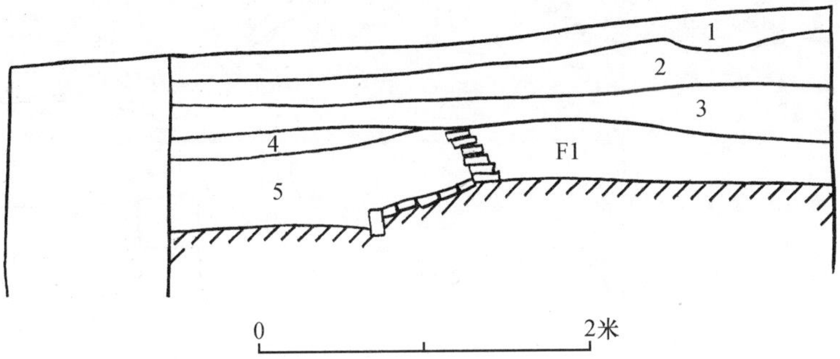

图一三　T320东壁剖面图

（二）遗迹与遗物

1. 遗迹

房址　1座。

开口于T320第5层下，编号F1。长方形地面式建筑，西南面为断崖，大部分被破坏，残长6.8、宽4.3米。F1为砖瓦结构，墙外用砖铺有“人”字形斜坡状散水。宽0.7米，坡度约10°。居住面用黄胶泥垫制，不甚平整，但非常坚硬，厚约20厘米。没有发现灶、烟道等遗迹。房屋的墙体只残留东、北两墙。东墙残高0.5米，北墙残高0.3米，墙厚18厘米，均为单砖横砌错缝垒成。砖全部为素面，规格有三种，36厘米×18厘米×6厘米、38厘米×19厘米×5厘米、34厘米×17厘米×6厘米。

房屋内为黄褐色土堆积，土质坚硬，内夹杂有木炭颗粒、红烧土块及砖瓦等，出土较多的陶瓷器，器形有碗、瓮、罐及“开元通宝”铜钱等。填土内还出土1件石斧。房屋外的堆积为黑土，质地松软，内夹杂有大量砖瓦残片，可能是房屋倒塌所致，堆积内出土少量的莲花纹瓦当，还有大量的筒瓦、板瓦、脊瓦等，并出土一块有动物图案的残砖饰品和半块“大吉”残砖。

窑址　1座。

开口于耕土层下，编号Y1。半地穴式建筑，平面呈椭圆形，长径3.25、短径2.05米，窑壁残高0.5～1.2米，窑顶已坍塌。破坏严重。仅残存窑门、火门、火堂和窑室等。窑门宽0.9～1.2米，喇叭口形，残长1.15米。窑壁系直接挖成，有厚约0.2米的烧结层，窑壁上收，故窑顶呈穹隆状，有两个排烟孔，置于窑室后壁下部（已坍塌）。火堂位于窑室的北部，半圆形，低于窑室约0.2、长径约1.2米，底面平整，已被烧成砖红色。火门平面呈长方形，位于火堂的北部，长1、宽0.36米，上用石板封盖（彩版六九，2）。

尽管窑址遭到了严重的破坏，但窑室内的堆积依然比较丰富。出土了较多的几何形、花草纹、兽面纹青砖及青瓷荷花纹圜底钵、瓮、罐、盆、碗等瓷器，还有少量的板瓦、筒瓦等（图一四）。

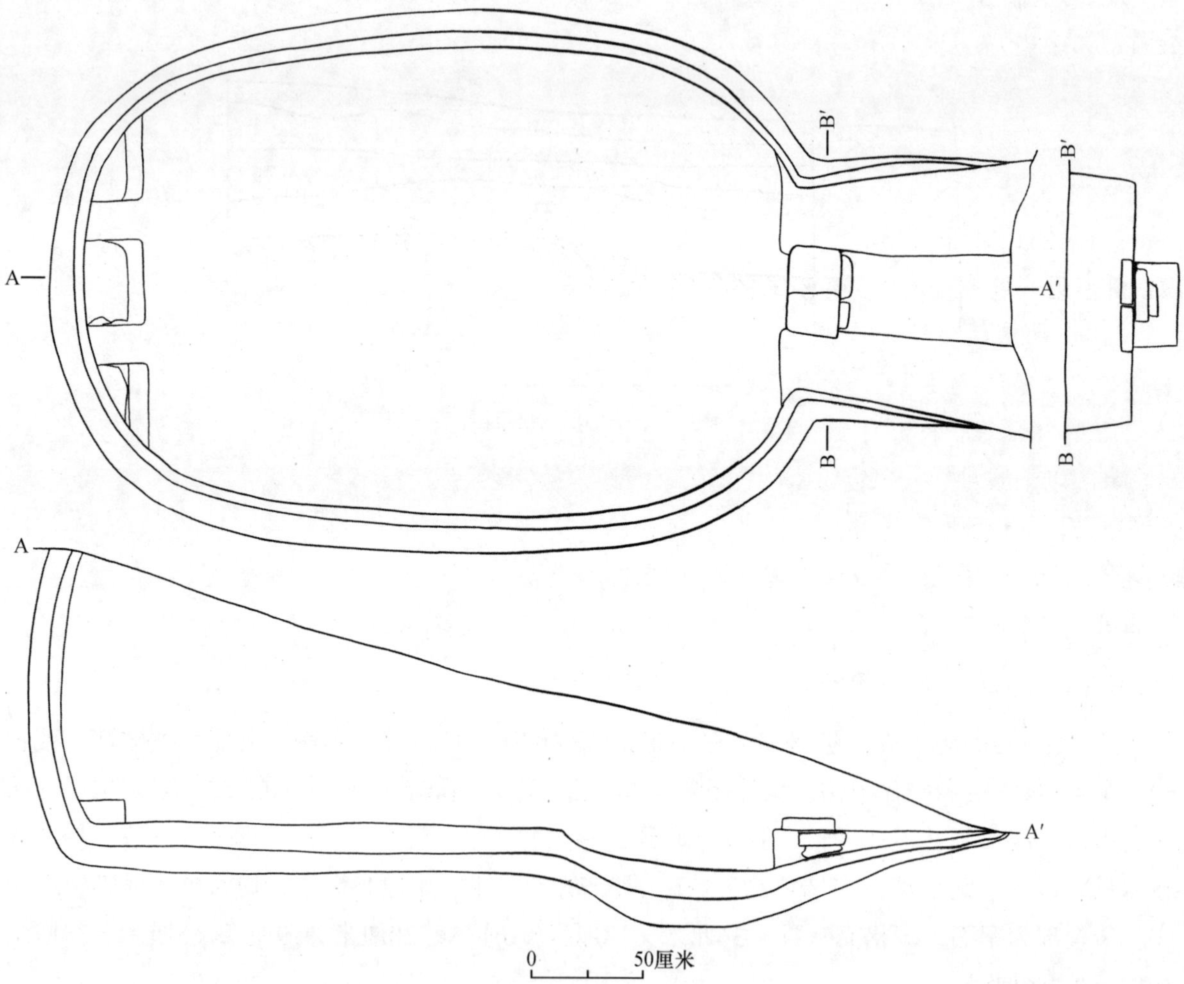

图一四　Y1平、剖面图

2. 遗物

碗　17件。根据唇部的差异，分三型。

A型　8件。圆唇。分三式。

Ⅰ式：4件。圆唇敞口。F1∶6，敞口，斜腹弧收，圈足。黄绿釉，近底处脱釉。口径8厘米，底径4厘米。高4.2厘米（图一五，5）。Y1∶8；斜弧腹，圆底。器表施青釉。内底残留一支钉。口径9.2、底径4.8、高3.2厘米（图一六，5）。Y1∶7，斜腹弧收，小底，内外壁施青釉，有细小开片，近底脱釉。口径10、底径3.8、高5厘米（图一六，7）。Y1∶1，曲腹，平底。口部施酱釉，似外脱釉。釉色光润，存在流釉现象。口径13、底径7.6、高5.2厘米（图一六，9）。

Ⅱ式：1件。圆唇侈口。F1∶1，外撇，侈口，弧腹，圈足较矮。内外壁施白釉，外壁近底部脱釉，内底残留三个支钉痕。口径9、底径7.8、高6.2厘米（图一五，3）。

Ⅲ式：3件。圆唇直口。F1∶2，直口，弧腹，圈足。口部施黄绿釉，以下脱釉，灰白胎。口径18、底径7.6、高6.6厘米（图一五，1）。F1∶5，直口略敛，曲腹，平底。口部施褐釉，以下脱釉。口径16、底径8.6、高5.8厘米（图一五，2）。Y1∶17，唇略外凸，弧腹弧收，下残。口内外壁施白釉，器表下部露釉。灰胎。口径14.3、残高3.6厘米（图一七，5）。

B型　方唇。3件。F1∶19，直口，弧腹，圈足残。内外壁上部施浅绿釉，有细小开片。灰白胎。口径11、残高5厘米（图一八，7）。F1∶4，略敛口，弧腹，小底。内外壁施青釉，较薄，外壁近底处脱釉。口径9.8、底径3、高4.5厘米（图一五，4）。Y1∶6，直口。弧腹弧收，小底。内外壁施青釉，口径10、底径4、高5厘米（图一六，10）。

C型　尖唇。6件。分二式。

Ⅰ式：敞口。3件。Y1∶4，弧腹，平底。内壁及外表口部施青釉，内底留有6个支钉痕，外表口部以下脱釉。口径l6、底径9.2、高6.2厘米（图一六，1）。Y1∶2，弧腹，小圈足。通体施青釉，釉色光润，有细小开片。口径12、底径5.6、高5.5厘米（图一六，8）。Y1∶9，弧腹较浅，平底。内底残留两个支钉痕。内外壁施青釉，外表近底处脱釉。口径10、底径5、高

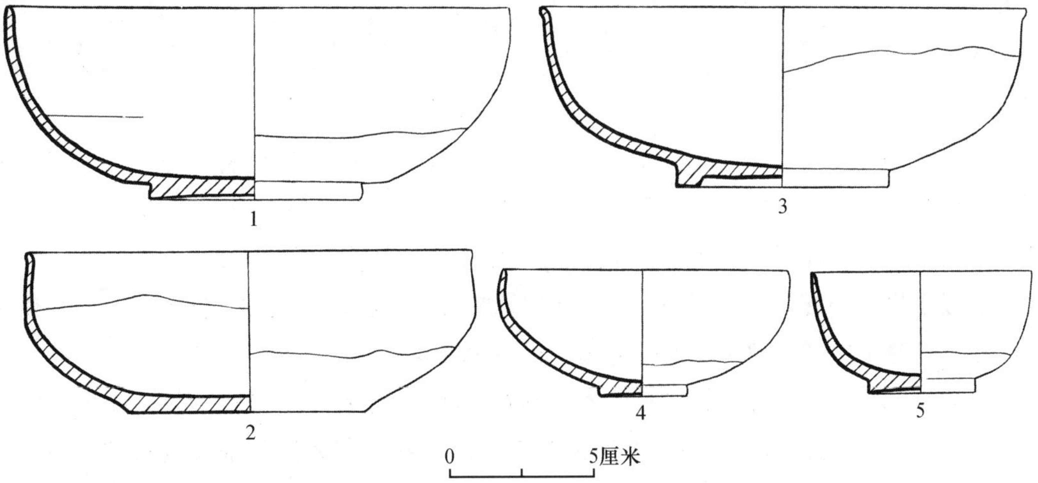

图一五　F1出土瓷碗

1. F1∶2　2. F1∶5　3. F1∶1　4. F1∶4　5. F1∶6

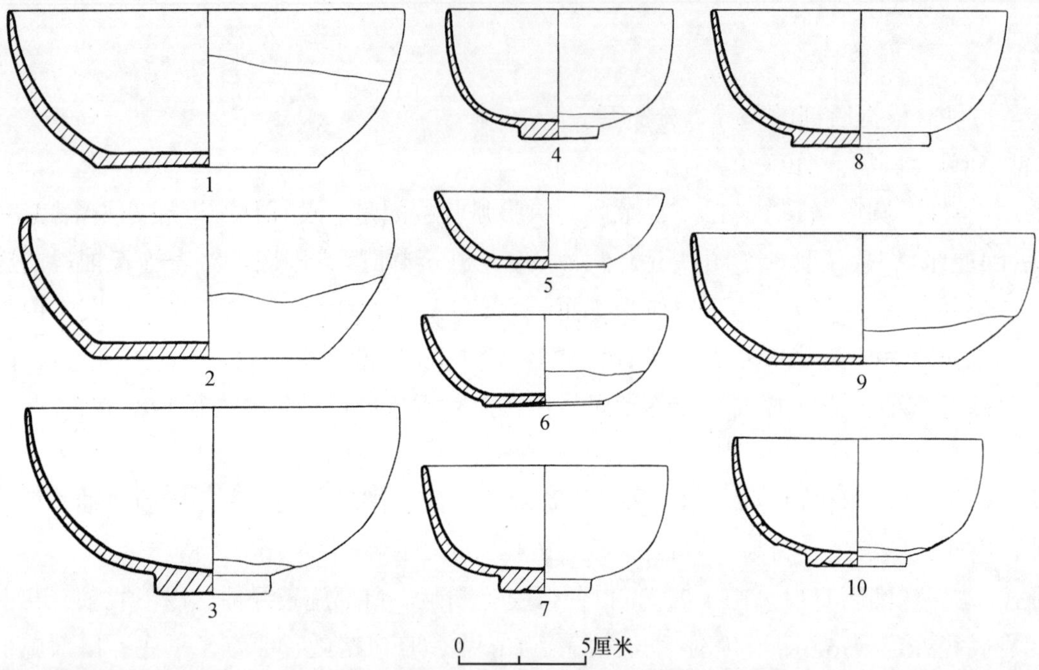

图一六　Y1出土瓷碗

1. Y1：4　2. Y1：3　3. Y1：10　4. Y1：5　5. Y1：8　6. Y1：9　7. Y1：7　8. Y1：2　9. Y1：1　10. Y1：6

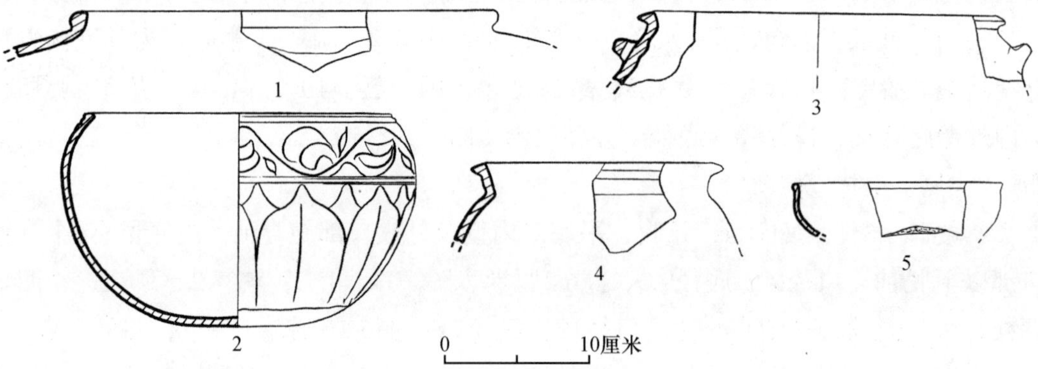

图一七　Y1出土瓷器

1. 瓮（Y1：15）　2. 钵（Y1：1）　3. 四系罐（Y1：13）　4. 罐（Y1：14）　5. 碗（Y1：17）

3.8厘米（图一六，6）。

Ⅱ式：3件。直口略敞。Y1：10，弧腹较深，小底。施青釉，有细小开片，近底脱釉。口径15.2、底径4.6、高7.5厘米（图一六，3）。Y1：3，鼓肩，弧腹，平底。内壁及器表口部施青釉，内底残留8个支钉痕，器表下部脱釉。口径15.2、底径9.2、高5.6厘米（图一六，2）。Y1：5，直腹弧收，小圈足。器内壁及外表施青釉，釉色光润，有流釉现象及细小开片。外表近底处脱釉。口径9.2、底径3.2、高5.2厘米（图一六，4）。

瓮　2件。Y1：15，圆唇，敛口，广肩。施黄白釉。灰胎。口径28、残高2厘米（图一七，1）。F1：3，方唇，敛口，鼓肩，肩部残留双系。以下残。器表施酱釉及网格纹。粗灰胎。口径28、残高6厘米（图一八，1）。

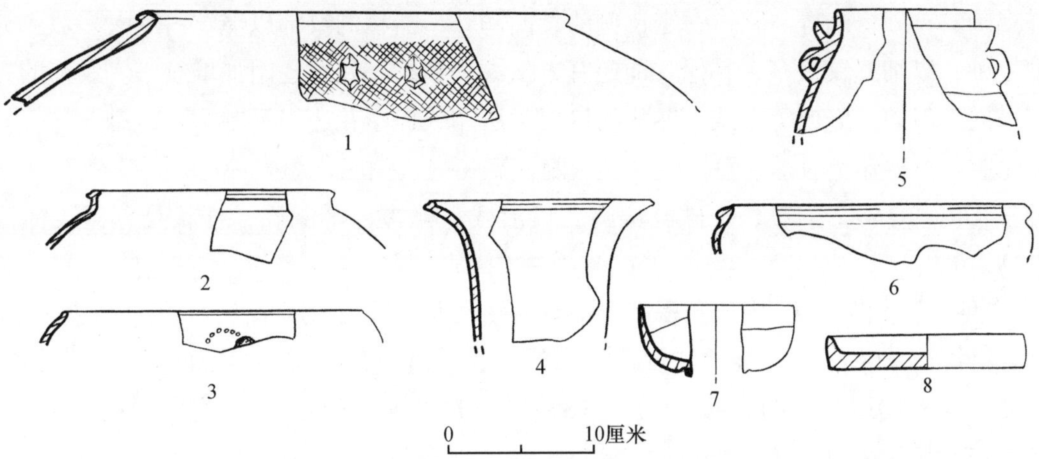

图一八 F1出土瓷器

1. 瓮（F1：3） 2、5. 罐（F1：21、F1：15） 3. 钵（F1：16） 4. 壶（F1：13） 6. 盆（F1：7） 7. 碗（F1：19） 8. 洗（F1：18）

壶 1件。F1：13，盘口，长颈。器表施青釉，灰胎。口径16、残高10厘米（图一八，4）。

罐 3件。F1：15，子母口，内敛，溜肩，下残。口部饰双系。器表上部施浅黄釉。口径10、残高8.5厘米（图一八，5）。F1：21，直口，直沿，鼓肩。外表施青釉。橘红胎。口径16、残高4厘米（图一八，2）。Y1：14，方唇外斜，侈口，鼓肩。器表施褐釉。灰胎。口径16、残高5.5厘米（图一七，4）。

钵 2件。Y1：1，方唇，敛口，鼓肩，弧腹，圜底。器表施青釉及缠枝荷花纹印花。灰白胎。口径20、高14.5厘米（图一七，2；彩版七一，6）。F1：16，圆唇，敛口，鼓肩，下残。橘红胎。器衣施白釉及连珠纹。口径20、残高2厘米（图一八，3）。

盆 1件。F1：7，方唇，敛口，弧肩。素胎。口径20、残高4厘米（图一八，6）。

洗 2件。F1：18，方唇，直口，直腹，平底。内外壁施青釉，内底残留两个支钉痕。灰胎。口径16.3、高2.2厘米（图一八，8）。

四系罐 1件。Y1：13，方唇外斜，唇缘外凸，敛口，溜肩。肩部施四系。器表施青釉。口径23.5、残高4.5厘米（图一七，3）。

莲花纹瓦当 1件。F1：42，泥质灰陶。平面呈圆形，正面压印莲花瓣8个，外围一周联珠纹。直径12.6厘米（图一九）。

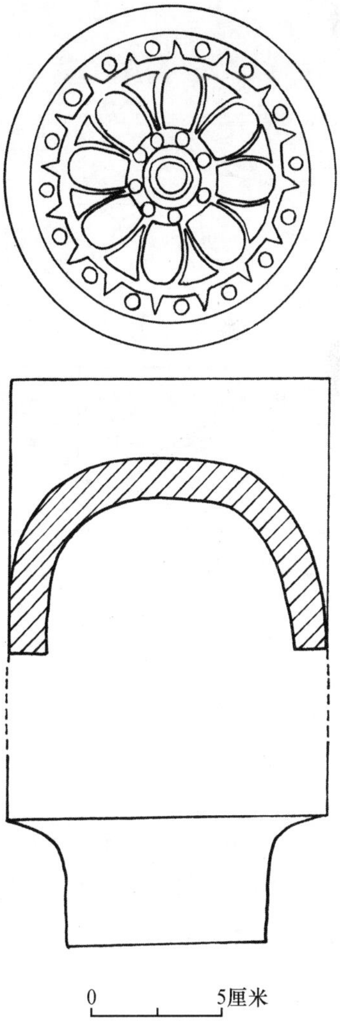

图一九 莲花纹瓦当（F1：42）

另外，在次生堆积采集了较多的陶器和石器，现简要介绍。

陶器均为破碎残片。陶质以夹砂、泥质灰陶为大宗，还有泥质红褐陶、夹砂褐陶等。除占一定比例的素面陶外，器物的纹饰以绳纹占绝大多数，分粗、细、中三种，以细绳纹最多，其他纹饰还有方格纹、划纹、弦纹、附加堆纹等。纹饰的方向不一，有横向、斜向、竖向等形式。器物的口部常压印或捏塑花边。手制为主，罐、盆等较大容器偶见轮制。可辨器类有鼎、豆、壶、盆、碗、罐、鬲、尖底盏等多种。

鼎　1件。T344②：21，夹砂红褐陶。口沿残。弧腹，平圜底，柱状足。器表饰粗绳纹（图二○，9）。

豆　2件。T344②：9，泥质灰褐陶。细高柄。素面。残高14厘米（图二○，8）。

盆　8件。T338②：7，泥质灰褐陶。窄沿平折，直口，弧腹。口部磨光，以下饰绳纹。口径32.5、残高10厘米（图二○，1）。T338②：21，泥质红褐陶。尖唇，矮沿，侈口，弧

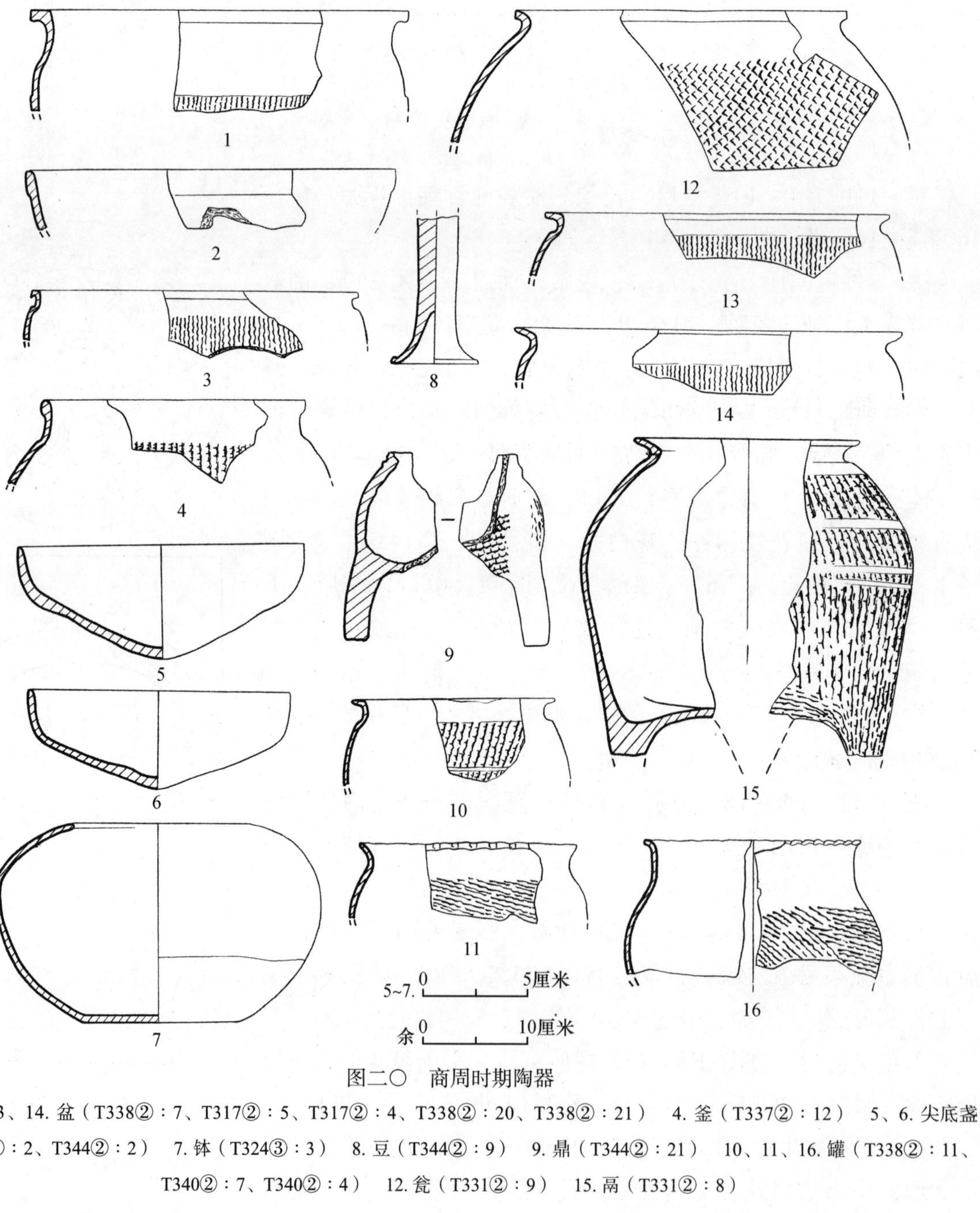

图二○　商周时期陶器

1～3、13、14. 盆（T338②：7、T317②：5、T317②：4、T338②：20、T338②：21）　4. 釜（T337②：12）　5、6. 尖底盏（T340②：2、T344②：2）　7. 钵（T324③：3）　8. 豆（T344②：9）　9. 鼎（T344②：21）　10、11、16. 罐（T338②：11、T340②：7、T340②：4）　12. 瓮（T331②：9）　15. 鬲（T331②：8）

腹，下残。口部磨光，以下施粗绳纹。口径33、残高6厘米（图二〇，14）。T338②：20，泥质灰陶。矮沿平折，直口，溜肩。口部磨光，以下饰粗绳纹。口径32、残高6厘米（图二〇，13）。T317②：5，方唇，略敞口，厚缘唇，弧腹，下残。牙黄釉（白黄釉），下部露胎，胎质略橘红色。口径36、残高5.6厘米（图二〇，2）。T317②：4，夹砂灰陶。翻缘唇，直口，略鼓肩，下残。口部磨光，以下饰绳纹。口径32、残高6厘米（图二〇，3）。

鬲　1件。T331②：8，夹砂灰陶。方唇，折沿，束颈，鼓肩，弧裆，三足残。口下饰弦断粗绳纹。口径22、残高30厘米（图二〇，15）。

罐　40件。T338②：11，泥质黑皮陶。唇缘外凸，直口，矮领。溜肩。口部磨光，以下饰粗绳纹。口径19、残高8厘米（图二〇，10）。T340②： 7，夹砂灰褐陶。唇部压成花边状，侈沿，束颈，弧腹。口部磨光，以下饰细绳纹。口径21、残高5.5厘米（图二〇，11）。T340②：4，夹砂灰褐陶。唇部压成花边状，口略侈，矮领，鼓腹。口部磨光，以下饰横绳纹（细）。口径20、残高12厘米（图二〇，16）。

钵　1件。T324③：3，方唇，敛口，鼓肩，球腹，平底。器表上部施釉，已脱落，露白色化妆土。下部脱釉。口径8.2、底径7.7、高9.5厘米（图二〇，7）。

釜　1件。T337②：12，夹砂灰陶。圆唇，唇缘外凸，直口，溜肩。下残。口径24、残高8厘米（图二〇，4）。

瓮　1件。T331②：9，泥质灰陶。翻缘唇，侈口，鼓肩。下残。口部磨光，以下饰方格纹。口径32、残高15.2厘米（图二〇，12）。

尖底盏　4件。T340②：2，泥质灰陶。圆唇，直口，弧腹，尖底。素面。口径14、高5.5厘米（图二〇，5）。T344②：2，泥质灰褐陶。方唇，直口，曲腹，尖底。素面。口径12.5、高4.6厘米（图二〇，6）。

三、结　　语

余家包遗址经过近3个月的发掘，出土了丰富的物质资料，使我们对遗址的文化有了较为全面、系统的认识，从而使我们有机会将这一地区的考古学文化内涵研究推向一个新的高度。根据初期钻探的结果，我们将余家包遗址分为三个邻近的区域，进行考古发掘。各个区域均位于长江北岸的向阳台地上。各个区的文化性质相近，Ⅰ区仅发现近现代遗物，Ⅱ区为墓葬区，Ⅲ区为遗址区。

（1）余家包遗址的早期遗存集中分布在南临长江的较陡的台地上（Ⅲ区），地表坡度较大，在25°～40°。水土流失严重，这种主要由洪水或雨水造成的水土流失、山体坡地下滑的现象在历史上很早就有了。早期遗存均属次生堆积，但形成的时间较早，从地层和出土遗物上看，推测形成的时间应在南北朝时期以前。堆积物较为单纯，主要是花边口沿鬲、鼎、豆、尖底盏等商周时期的遗物，还有诸如灰陶盆、罐等遗物，可能属汉代遗存。这种次生堆积的范围不大，从发掘的Ⅲ区看，主要是自T329向西、北，包括T337、T338、T339、T340、T332、T331，共7个探方内是此种遗存，该遗存形成的时代应在唐代以前，甚至更早。原生堆积应在更上部，从地形上应是偏东部，因为此处是一个东高西低的坡地，T344的正东约80米处是一处陡坡，估计此堆积应是从陡坡或更高处经雨水或长江水冲至现在的地点。

汉代以后的人们的活动地点向东、向南移，南部各个探方多是原生地层，耕土层下是唐代遗存，没有汉代和更早的遗存。看来，西坡和北坡在汉以后就没有利用，大的降雨或洪水致使坡地坍塌，很可能是迫使古人迁移的主要原因。人类对环境开发、改造以致破坏对人类自身的生存造成了非常大的外在压力。以后的居民只有向南、向东较平整、生态环境较好的区域寻找生存空间。

商周时期的遗物主要是陶器残片。以夹砂、泥质灰陶为大宗，还有泥质红褐陶、夹砂褐陶等。除占一定比例的素面陶外，器物的纹饰以绳纹占绝大多数，分粗、细、中三种，以细绳纹最多。纹饰的方向不一，有横向、斜向、竖向等形式。器物的口部常压印或捏塑花边，其他纹饰还有方格纹、划纹、弦纹、附加堆纹等。制法以手制为主，罐、盆等较大容器，偶见轮制。可辨器类有鼎、罐（花边）、鬲、豆、尖底盏、钵等多种。

这些早期遗物，大体来自三大文化系统。以尖底盏、高柄豆、器盖等为代表的一组器物，在西到川西平原，东到鄂西的峡江地区均有大量分布，如川西的广汉三星堆①、成都十二桥②、指挥街③、湖北长阳香炉石④等遗址，这种文化被称为早期蜀文化。余家包遗址的尖底盏，口部外侈、深腹，腹壁微外鼓，底部的乳状凸起明显，此种形态的尖底盏在广汉三星堆遗址中是尖底盏的最早形制，与尖底盏共存的铜器组合，多为中原式青铜器，从形制、纹饰特征上看，与中原地区的殷墟一期偏晚阶段的同类器物相似。因此可以大致认定该尖底盏的年代为商代中晚期。

柱状鬲（鼎）足、方唇折沿罐、盆、细柄豆等陶器组合，在鄂西地区西周末到春秋时期的楚文化遗存中有大量发现，如湖北秭归柳林溪⑤、龚家大沟⑥、官庄坪⑦、宜昌三斗坪⑧、巫山县刘家坝⑨等遗址。这种陶器组合也正是长江中游江汉平原商周时期楚文化陶器的基本特点。因此，余家包遗存的商周阶段显然受到了楚文化的强烈影响。

余家包遗址商周时期的陶器，有相当数量的陶器口沿的唇部按压花边，同样的花边口沿在其临近的川东地区如巫山县刘家坝、西坝、云阳太公沱、万县麻柳沱⑩、奉节新浦⑪等遗址都有

---

① 四川省文物管理委员会：《广汉三星堆遗址一号祭祀坑发掘简报》，《文物》1987年第10期。

② 四川省文物管理委员会、成都市博物馆：《成都十二桥商代建筑遗址发掘简报》，《文物》1987年第12期。

③ 四川省博物馆、成都市博物馆：《成都指挥街周代遗址发掘报告》，《南方民族考古》（第一辑），四川大学出版社，1987年。

④ 湖北省清河隔河岩考古队：《湖北香炉石遗址的发掘》，《文物》1995年第9期。

⑤ 湖北省博物馆江陵考古工作站：《1981年湖北省秭归县柳林溪遗址的发掘》，《考古与文物》1986年第6期。

⑥ 湖北省博物馆考古部：《秭归龚家大沟遗址的调查试掘》，《江汉考古》1984年第1期。

⑦ 湖北省博物馆：《秭归官庄坪遗址试掘简报》，《江汉考古》1984年第3期。

⑧ 中国科学院考古研究所长江队三峡工作组：《长江西陵峡考古调查与试掘》，《考古》1961年第5期。

⑨ 中国社会科学院考古研究所四川工作队：《四川万县地区考古调查简报》，《考古》1990年第4期。

⑩ 中国社会科学院考古研究所四川工作队：《四川万县地区考古调查简报》，《考古》1990年第4期。

⑪ 吉林大学考古学系：《四川奉节县新浦遗址发掘简报》，《三峡考古之发现》（二），湖北科技出版社，2000年。

发现，这是分布在川东广大地区的一种极具特色的地方文化因素。

（2）战国时期的遗存主要是墓葬1座，即M204，出土遗物丰富，均为细泥红陶，长3.4、宽2米，属小型土坑竖穴墓，墓主为平民即庶人，根据以往的出土材料，楚墓自战国中期开始，平民墓原来随葬的日用陶器，被仿铜陶礼器所代替，一般出有鼎、敦、豆、壶等器物一套，M204与此规律相符。随葬品与湖北纪南城新桥①、当阳季家湖楚城②、当阳赵家湖楚墓③、长沙楚墓④同类器物相似。其中鼎、敦、壶分别与长沙楚墓的D型Ⅵ式鼎、B型Ⅺa式敦、A型Ⅺ壶相同，该组合的墓葬年代为战国晚期中段，M204的年代当与之相差不远。值得注意的是，与规整的长方形土坑竖穴式楚墓有所不同的是，墓葬平面呈“凹”字形，这一点为其他地点所罕见，可能为地方文化因素之一。

（3）汉代遗存主要是墓葬2座。其中M203出土新莽时期货币“大布黄千”，年代特征明显，陶器组合亦是中原汉墓习见的鼎、豆、壶仿铜陶礼器组合，与洛阳烧沟⑤等地的文化面貌相似，与邻近的巫山麦沱汉墓⑥的东汉初期同类器物也有相似之处。因此这两座墓葬当为西汉末东汉初期的遗存。

（4）唐代遗存是此次考古发掘的重要收获，发现房子1座、窑址1座、墓葬7座。在以往的三峡考古中该时期的遗存很少，周边可资比较的考古材料很少，只有云阳明月坝⑦、成都上汪家拐⑧、指挥街⑨等少数几个地点。

唐代遗存中出土了相当数量的瓷器，陶器的数量极少，说明瓷器已成当时居民的主要生活用品。《旧唐书·卢承庆传》载：“坟高可认，不须广大；事办即葬，不须卜择；墓只器物，瓷漆而已；有棺无椁，务在简要。”考古发现亦证实了这一点，瓷器在当时已经普遍使用，并成为主要的随葬品。

唐代是我国陶瓷发展史上重要的历史阶段，名窑众多，形成了“南青北白”两大系统。遗址出土的瓷器大部分便属于青瓷，还有在此基础上发展起来的酱釉、黄白釉、黄绿釉等瓷器，白瓷的数量不太多，以灰白胎为主。器物以碗、钵、壶、洗、盘口壶、四系罐、双系罐等为基本组合。这与邻近的明月坝遗址的同时期遗存有相当大的差异。从胎色上看，明月坝的瓷器以紫红色胎为主，还有一定数量的铁红胎。釉色，明月坝遗址以灰青釉为主，很少见开片，而余

---

① 湖北省文物考古研究所：《纪南城新桥遗址》，《考古学报》1995年第4期。

② 湖北省博物馆：《当阳季家湖楚城遗址》，《文物》1980年第10期。

③ 湖北省宜昌地区博物馆、北京大学考古学系：《当阳赵家湖楚墓》，文物出版社，1992年。

④ 湖南省博物馆等：《长沙楚墓》，文物出版社，2000年。

⑤ 洛阳地区考古发掘队：《洛阳烧沟汉墓》，科学出版社，1959年。

⑥ 重庆市文物局、湖南省文物考古研究所等：《重庆巫山麦沱汉墓群发掘报告》，《三峡考古之发现》（二），湖北科技出版社，2000年。

⑦ 四川大学历史系考古专业：《云阳县明月坝遗址试掘简报》，《三峡考古之发现》（二），湖北科技出版社，2000年。

⑧ 成都市文物考古队、四川大学历史系：《成都市上汪家拐遗址发掘》，《南方民族考古》（第五辑），四川科学技术出版社，1992年。

⑨ 成都市博物馆：《成都指挥街唐宋遗址发掘报告》，《南方民族考古》（第二辑），四川科学技术出版社，1989年。

家包遗址则以青釉、黄釉等为主，釉面光亮，开片瓷器较多。通过比较，可以看出余家包遗址的瓷器，更多的具有地方文化因素，主要是当地民窑的产品，当然，有的如褐釉、黄绿釉瓷器可能属于长沙窑系的外来输入品。

同时期的房址F1，为砖砌木构式建筑，出土了较多的建筑构件和筒瓦、板瓦及瓦当等。其中莲花纹瓦当具有施型的分期意义。莲花瓣八瓣，花瓣饱满，花瓣大而长，单蕊，外饰一周小乳钉纹，这些特征与长安城华清宫遗址[①]的唐代早期瓦当如ⅡXTT7④：2、ⅠTZT6④：36的形制非常接近，故F1的年代可能与之相差不远。

以往唐墓在邻近的两湖地区屡有发现，而在重庆地区一次发掘如此多的唐代墓葬还不多见。本次发现的墓葬均为小型单室砖墓，随葬品以瓷器为主，还有“开元通宝”铜钱等。从器物的特征上看，唐代中期因素较多，如M210：9，盘口罐，口沿较大，盘口略呈盆状，肩部有四耳，口沿饰数道凹弦纹；碗多浅腹斜壁，底部多璧底或圈足。“开元通宝”，钱文“元”“通”“宝”三字匀称工整，元字右挑，宝字较小，背有星月纹，这些是唐代中期货币的特征。以上的简要分析，使我们大致可以确定，余家包遗址的唐代遗存的年代属唐代早中期。

余家包遗址的发掘，使我们不但对该地区的商周、秦汉等早期的地方考古学文化面貌有了进一步的认识，更为重要的是，众多唐代遗物的出土，使我们对当地以致周边区域的唐代文化有了全新的了解和认识。这批资料是重庆市三峡地区重要的古代文化遗存，值得我们继续深入细致的研究。

附记：整理完资料的那一刻，看着照片、线图，又想起了三峡，想起了重庆，想起了云阳橘园村那个寂静、优美的小村庄。工地上的喧嚣、川菜的浓香，仿佛就在眼前、在嘴边！回想起曾经工作过的岁月，总是使人那么难忘、留恋！忘不了重庆市文化局热诚的支持，忘不了重庆市三峡办不断的鼓励，更忘不了纯朴善良的橘园村的父老乡亲。记得刚刚去开展工作的时候，三峡办的同仁们积极鼓励，热心指导，使我们从辽阔无垠的内蒙古大草原来到悠长狭窄的三峡库区，工作起来丝毫不感到陌生。当地的文物同行更是给予了大力的支持，年近六旬的聂世江同志，鞍前马后，陪同我们购置必备品、租用民房等，最是劳累、辛苦！橘园村的温支书、黄队长，为人爽快利落，在他们的大力配合下，我们的后勤、用工等方面几乎没有遇到任何困难，一切都安排得井井有条。发掘的过程中，在考古队全体队员的努力下，发掘取得了重要收获。为了保质保量地完成这次历史性的任务，也为了三峡工程的尽快实施，当年的春节，我们队里不少队员放弃与家人团聚的机会，奋战在考古工地上，我们考古队的事迹也受到了当地媒体的大力关注和报道，我们的劳动也受到了橘园村父老乡亲的交口称赞！更令人感动的是，我们内蒙古自治区文物考古研究所的塔拉所长，不远千里，莅临工地，进行现场业务指导和亲切地慰问，这些都深深鼓舞了我们每一个考古队员！

参加发掘的人员有内蒙古自治区文物考古研究所曹建恩、那义忠、丁文泽、王晓琨；内蒙古乌兰察布盟博物馆胡晓农；内蒙古鄂尔多斯博物馆尹春雷；重庆市云阳县文物管理所聂世

① 陕西省文物管理局：《唐华清宫》，文物出版社，2000年。

江、陈昀；技工曹建志、张清秀、王庆华、赵振江、王东升、陈爱旺等。承蒙吉林省文物考古研究所的谷德平先生拍摄器物照片。此次工作得到了重庆市文化局、重庆市三峡办、湖北省文物考古研究所、吉林省文物考古研究所、云阳县文物管理所、莲花乡人民政府、橘园村委会等兄弟单位大力支持与协作，在此一并致谢！

领队：曹建恩
绘图：田　丽
照相：谷德平
执笔：王晓琨　曹建恩　胡晓农
尹春雷　丁文泽

附表　余家包遗址墓葬登记表

墓号	方向/°	墓圹	葬式	随葬品	时代	备注
M204	292	长3.4、宽2～2.2、深0.2～0.4米	单人葬，仰身直肢	鼎1件、敦1件、豆1件、壶2件、勺1件、铜刀1件	战国	木质葬具已朽
M203	16	长3.16、宽3米	单人葬	鼎2件、豆3件、罐3件、三足罐2件、壶2件、盆1件、盘4件、器盖1件、仓4件、钵4件、甑2件、印状器1件、铜带钩2件、铜泡1件、龙形饰件1件、大布黄千铜钱1枚	汉代	竖穴土坑墓内熟土二层台
M205	260	墓口长2.9、宽1.6；墓底长2.15、宽0.8米	单人葬	泥质灰陶罐1件	汉代	“凹”字形竖穴土坑墓，破坏严重
M201	288	长4.2、宽0.84～1.2米	不详	瓷碗1件、瓷洗1件	唐代	长方形单室砖墓
M206	295	长3.76、宽1.96米	双人直肢葬	瓷碗2件、铜盘1件	唐代	单室券顶砖墓
M207	不详	不详	不详	四系壶1件、四系罐1件、碗3件、铁釜1件	唐代	长方形单室砖墓，破坏严重
M208	355	长3.46、宽2.5米	男女双人合葬，仰身直肢	瓷六系壶1件、瓷碗1件、瓷钵1件、铁釜1件、鐎斗1件、银钗1件、开元通宝铜钱13枚	唐代	长方形单室砖墓。斜坡式墓道，与墓室间有甬道
M210	不详	长5、宽4.46米	残留1根股骨	瓷器10件	唐代	长方形单室砖墓，墓底铺砖
M209	355	不详	不详		唐代	长方形券顶砖墓。由墓道、甬道、墓室和两个耳室组成。斜坡式墓道，与墓室之间是甬道。甬道与墓室地面铺砌斜“人”字形砖
M202	12	长4.4、宽1.7米	不详	瓷碗1件	唐代	破坏严重

云阳晒经遗址2001年度秋季发掘简报

安徽省文物考古研究所
云阳县文物管理所

云阳县晒经遗址继2001年春季第一次发掘之后，2001年秋季，安徽省文物考古研究所三峡考古队在云阳县文物管理所的大力协助下，对遗址进行了第二次考古发掘。遗址的地理位置、地貌和范围等概况，在2001年春季简报中已做过介绍，在此不予复述。

根据春季发掘掌握的文化层堆积特点及其分布情况，秋季工作重点放在文化层堆积较厚，遗迹、遗物较为丰富的B、C两区，共开挖5米×5米探方149个，方向正磁北，包括扩方，发掘总面积约4 000平方米（图一）。B区66个探方，其中东北部第1象限（即BⅠ区）53个，东南部第Ⅱ象限（即BⅡ区）13个；C区83个，其中东北部第Ⅰ象限（即CⅠ区）19个，东南部第Ⅱ象限（即CⅡ区）44个，西南部第Ⅲ象限（CⅢ区）20个。发掘工作自2001年10月22日开始至12月29日结束。发现墓葬5座，窑址2座，灰坑3个，石板路1条，房址6座，石筑基址7处，排水沟2条，下水道1个，灶址1个。所有遗迹编号顺接第一次发掘。出土一批陶器、瓷器、铜器、铁器、石器等遗物，年代上限可到周代，下限至明清。以下是本次发掘的主要收获。

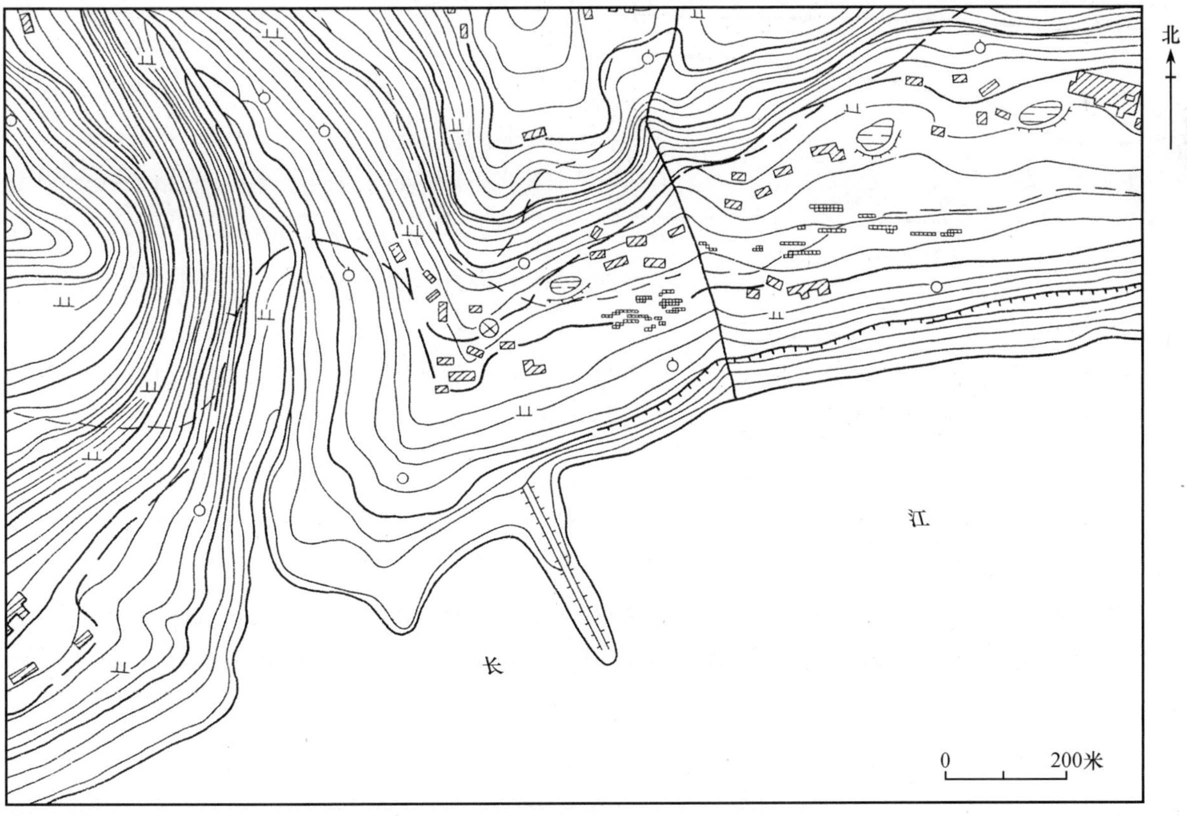

图一　发掘探方平面位置示意图

一、地层堆积

晒经遗址范围广、面积大，加之地貌北高南低呈层叠阶梯状，因此，各区域间甚至各探方间地层堆积的厚薄、层次的多少存在着差异，但也有着一定的共同点，如地层堆积一般为北高（薄）南低（厚）呈坡状分布，文化层分布以宋代最为普遍。宋代文化层之上，或为明清文化层，或为近、现代洪积层和扰乱层以及耕土层；宋代文化层之下一般为黄色黏性土或沙性土构成的生土堆积或青灰色基岩，局部尚有周代文化层或汉代遗存。现按区分别介绍。

（一）B区地层堆积

从B区发掘的66个探方来看，地层堆积普遍深厚，堆积层次较多，且北高（薄）南低（厚），坡状分布较为明显，文化层堆积一般保存较好。文化层以宋代为主，另有少量的周代和明清堆积，还有汉代的遗迹（如墓葬）。BⅠ区西南部及BⅡ区西北部扰土层或洪积层较厚，致使少数探方的原生堆积已不复存在。下面选择具有代表性的BⅠT2508、BⅡT1001为例说明。

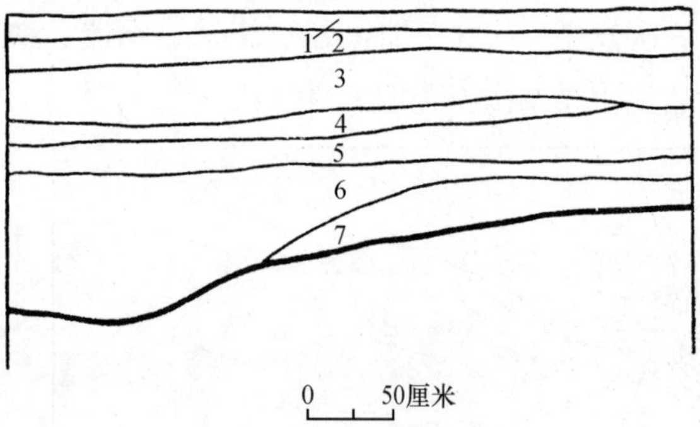

图二 BⅠT2508西壁剖面图

BⅠT2508 位于BⅠ区的第八排东部，海拔150.83米，地层堆积共七层，以西壁为例（图二）。

第1层：厚10～15厘米。堆积较平。褐色，土质疏松，颗粒较粗，内含较多炭渣和植物根系等。系现代耕土层。

第2层：距地表深10～30、厚10～15厘米。分布于全方，堆积较平。灰褐色，土质较硬，颗粒较粗，内含少许炭渣等。出土零碎的近、现代陶、瓷器残片。系近、现代地层。

第3层：距地表深25～65、厚度25～35厘米。分布于全方，堆积较平。浅红褐色，土质松散，质较硬，颗粒较粗，内含少许灰烬和炭渣等。出土遗物基本同上层。系近代地层。

第4层：距地表深55～75、厚0～10厘米。分布于探方中南部，北部略高于南部。浅黄色，土质紧密，质较硬，颗粒较细，内含少许灰烬及炭粒。出土遗物少而破碎，可辨器形有青花瓷碗、碟及泥质灰陶素面瓦等。系明清文化层。

第5层：距地表深60～95、厚15～30厘米。分布于整个探方，北部略高于南部。红褐色，土质较硬，略有黏性，颗粒粗但较松散，内含少许炭屑。出土遗物基本同上层。系明清文化层。

第6层：距地表深85～175、厚5～80厘米。分布于全方，北高（薄）南低（厚）呈坡状，保存状况良好。灰色，土质松软，颗粒细，内含少许炭屑及烧土粒。出土遗物破碎，可辨器形有卵白釉或黄釉瓷碗；黑釉瓷碗、盏；青绿釉瓷碗、盘；酱釉或黄釉缸胎碗、灯盏、盆、罐以及泥质灰陶素面板瓦、筒瓦等。系宋代文化层。

第7层：距地表深95～145、厚0～25厘米。分布于探方的西北部，北高南低呈坡状，保存状况较差。黄褐色，砂性土，颗粒较细，质较硬，内含少许炭屑、烧土粒及砂石碎块等。出土遗物少而破碎，可辨器形有夹砂褐陶绳纹罐等。系周代地层。

第7层以下为黄色砂性土。

BⅡT1001 位于该区第一排中西部，海拔143.74米，地层堆积共八层，以东壁为例（图三）。

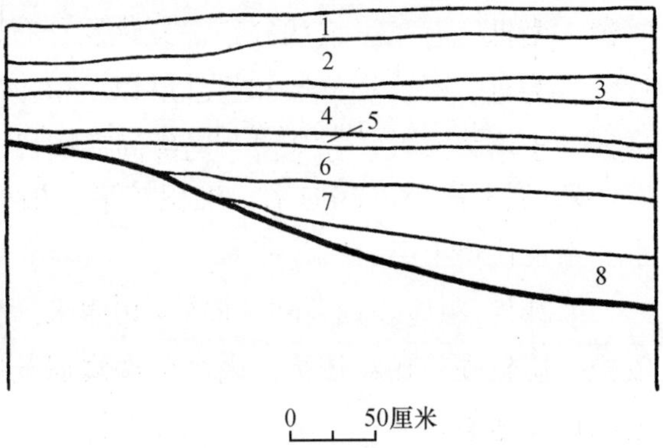

图三 BⅡT1001东壁剖面图

第1层：厚15～25厘米。堆积较平。灰褐色，土质松散，颗粒较粗，内合较多炭渣和植物根系等。系现代耕土层。

第2层：距地表深15～45、厚10～30厘米。分布于全方，北部薄，南部厚。黄褐色，土质较硬，略带黏性，内含少量炭屑和烧土粒。未见文化遗物。系近、现代地层。

第3层：距地表深35～55、厚5～10厘米。分布于全方，北部略高于南部。浅黄色，土质松软，砂性土颗粒细，内含少许炭粒。未见文化遗物。系近、现代洪积层。

第4层：距地表深45～80、厚20～25厘米。分布于整个探方，北部略高于南部，厚薄较均。灰黄色，土质较松，砂性水浸土，颗粒较细，内含少量炭粒及烧土粒。出土零碎的青花瓷片、瓦渣等。系近代洪积层。

第5层：距地表深65～95、厚5～10厘米。分布范围和堆积特点同上层。黄褐色，土质较硬有黏性，内含少许炭粒及烧土粒。出土遗物也基本同上层。系近代洪积层。

第6层：距地表深75～115、厚0～25厘米。基本分布于全方，北高（薄）南低（厚）呈坡状。浅灰色，土质松软，颗粒较细，内含少许白土粒和烧土块。出土遗物少而破碎，可辨器形有青绿釉、黑釉瓷碗，酱釉缸胎碗、灯盏、盆、罐以及泥质灰陶素面筒瓦等。系宋代文化层。

第7层：距地表90～150、厚0～35厘米。分布于探方的中南部，堆积特点与包含物同上层。系宋代文化层。

第8层：距地表110～180、厚0～30厘米。分布于探方的南部。黄褐色，土质较松，颗粒较粗，内含少量烧土块和红烧土颗粒，并夹较多的卵石块。未见文化遗物。可能为宋代或以前的洪积层。

第8层下是青灰色基岩。

（二）C区地层堆积

CⅠ区19个探方比较集中，地层堆积大致相近，一般厚薄也比较均匀，稍有起伏，略有断续。文化层以宋代、明清堆积为主，尚有少数汉代遗迹（如窑址）。

CⅡ区44个探方与CⅢ区20个探方，地层堆积相类，多数地方地层堆积浅薄，唯南部边缘

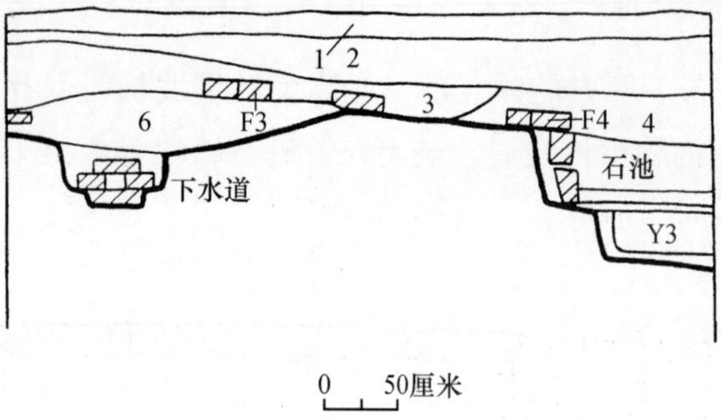

图四 CⅠT0904南壁剖面图

一带较厚，一般呈北高（薄）南低（厚）坡状趋势，洪积层次较多，原生堆积甚少。文化层以宋代为主，另见汉代窑址。此外，CⅢ区中南部虽地层浅薄，但多有汉代墓葬。现以CⅠT0904、CⅡT0510为例具体介绍。

CⅠT0904 位于CⅠ区第四排西部，海拔167.16米，地层堆积共分六层，以南壁为例（图四）。

第1层：厚15～20厘米。堆积较平。褐色，土质疏松，颗粒较粗，内含较多炭渣和植物根系。系现代耕土层。

第2层：距地表15～65、厚5～40厘米。分布于全方，东部较薄，西部较厚。灰褐色，土质较松，质较硬，颗粒较粗，内含少许炭屑及烧土粒等。出土零碎的近、现代陶、瓷器残片。系近、现代地层。

第3层：距地表25～75、厚0～45厘米。分布于探方的中东部，西部较薄，东部较厚。灰色泛黑，土质松软，颗粒较细，内含少许炭屑。出土遗物不多，可辨器形有青花瓷碗、酱釉缸胎碗、罐，泥质灰陶素面板瓦。系明清文化层。此层下叠压F3。

第4层：距地表55～90、厚0～35厘米。分布于探方的西南部，北薄南厚。灰黑色，土质松软，颗粒较细，内含少许炭渣，并夹杂较多的瓦渣。出土遗物基本同上层。系宋代文化层。此层下叠压F4。

第5层：南壁缺失。厚0～30厘米。分布于探方的东北部。黄褐色，土质较硬，颗粒较粗，内含许多料姜石。除出土一件铁器外，仅见泥质灰陶素面碎瓦片。系宋代文化层。此层下叠压F4和Y3。

第6层：距地表55～100、厚10～45厘米。分布于探方的东南角，中部厚，东、西两边薄。黄褐色泛灰，土质较硬，颗粒较粗，内含少许炭屑。未见文化遗物出土。该层为宋代文化层。此层下叠压一下水道。

第6层下为黄色黏性生土。

CⅡT0510 位于本区第十排西部，海拔149.2米，地层堆积共五层，以东壁为例（图五）。

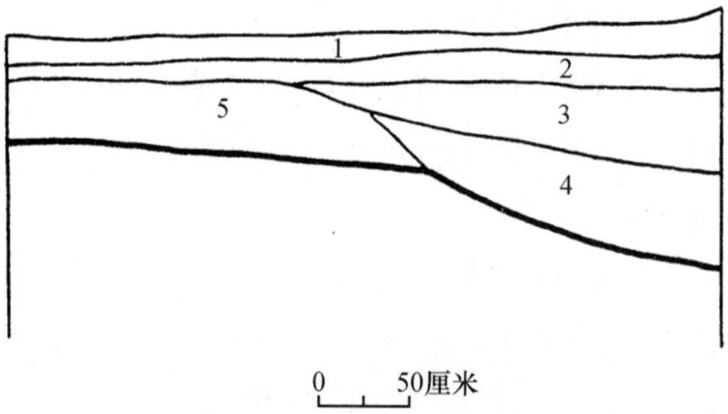

图五 CⅡT0510东壁剖面图

第1层：厚10～30厘米。堆积较平。褐黄色，土质疏松，颗粒较粗，内含少许炭屑及较多植物根系。系现代耕土层。

第2层：距地表10～45、厚10～20厘米。分布于全方，堆积较平。灰褐色，土质较松，质较硬，颗粒较粗，内含少许炭粒和烧土粒。出土零碎的近、现代陶、瓷器残片。系近、现代地层。

第3层：距地表30～90、厚0～45厘米。分布于探方的南部，北高（薄）南低（厚）坡状分布。浅黄色砂性土，质松软，颗粒较细，内含少量炭粒及烧土粒。出土零碎的青花瓷片、瓦渣等。系近代洪积层。

第4层：距地表45～145、厚0～55厘米。分布范围及堆积形状基本同上层。黄色泛灰，砂性水浸土，土质松软，颗粒较细。包含物也同于上层。系近代洪积层。

第5层：距地表25～90、厚0～45厘米。分布于探方的北部，堆积北部略高于南部。浅灰色，土质松散，颗粒较细，内含少许炭屑及烧土粒（块）。出土遗物破碎，可辨器形有青绿釉或米黄釉瓷碗，黑釉瓷盏，酱釉缸胎碗、灯盏、盆、罐以及泥质灰陶素面瓦等。系宋代文化层。

第5层下为黄色黏性生土。

二、周代遗存

1. 遗迹

仅发现灰坑1个（编号H11），位于BⅡT1604西南角，大部分压在探方西、南壁之下，未做发掘。H11开口于第4层下，打破第5、6层，开口距地表0.9米。从已清理部分推断平面呈圆形或椭圆形，直壁，平低略有起伏。已发掘部分南北长0.8、东西宽0.7、深0.2米（图六）。坑内堆积呈灰褐色，土质较松，颗粒较粗，内含少许木炭屑及烧土粒。出土遗物不多，有夹砂绳纹灰陶罐（釜）、素面红陶壶、弦纹灰陶缸等。

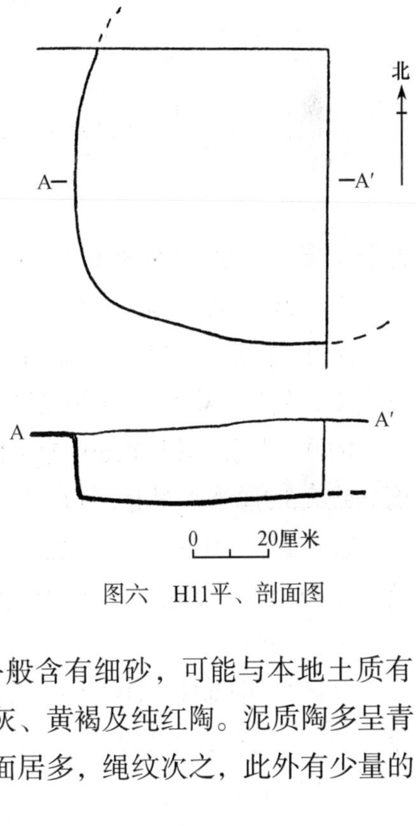

图六　H11平、剖面图

2. 遗物

数量不多，按质地分有陶器、铜器、石器三类。

（1）陶器

有夹砂和泥质两类，以前者居多，后者甚少。泥质陶一般含有细砂，可能与本地土质有关。夹砂陶色以灰褐陶占绝大多数，其次为黑褐、红褐、青灰、黄褐及纯红陶。泥质陶多呈青灰色，其次有黑褐、红褐、纯红和黑皮陶。陶器的器表以素面居多，绳纹次之，此外有少量的方格纹及弦纹等。器形有鬲、罐（釜）、壶、缸等。

鬲　2件。均为鬲足。BⅠT0704⑥：1，夹砂红褐陶。高柱状，着地面（即鬲足底）较平且略呈椭圆形。器表饰中绳纹。残高10.2厘米（图七，3）。

罐（釜）　3件。可分成二型。

A型　1件。卷沿，敞口，束颈，圆肩。H11：2，口肩残片。夹砂黑灰陶。圆唇，用棒状工具斜向按压间隔均匀的浅窝（俗称“花边口”）。颈部饰粗绳纹，局部绳纹被抹去，肩部饰竖粗绳纹，印痕较深。口径34.4、残高14厘米（图七，2）。

B型　2件。侈口，沿外撇，束颈，溜肩。H11：3，口部残片。夹砂灰褐陶。圆唇。肩部

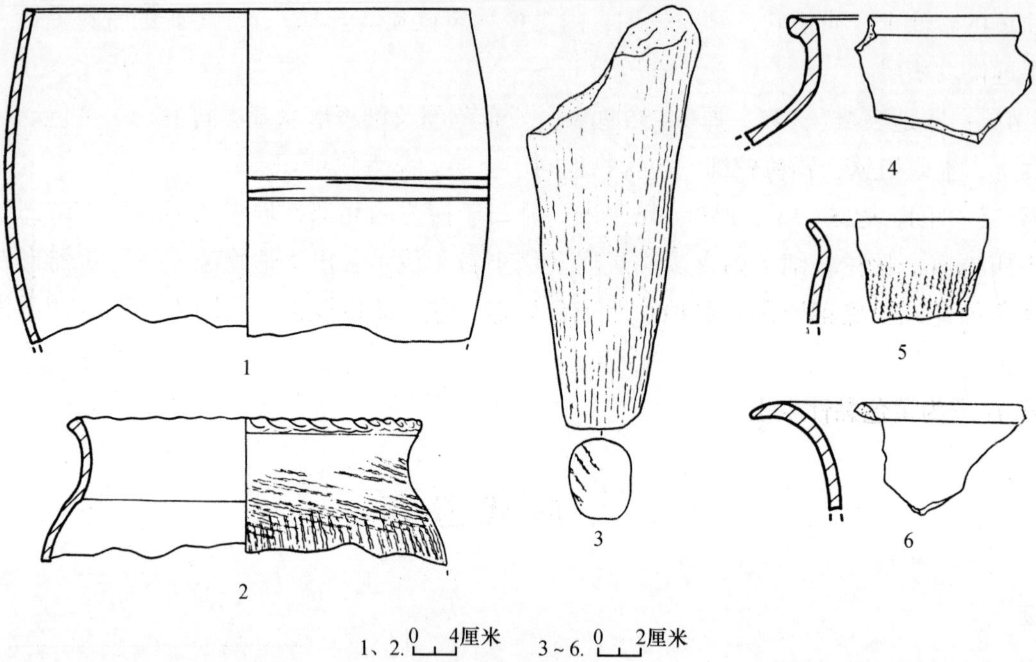

图七 周代陶器

1. 缸（H11：4） 2. A型罐（H11：2） 3. 鬲（BⅠT0704⑥：1） 4. A型壶（H11：5） 5. B型罐（H11：3） 6. B型壶（BⅡT1604⑤：1）

饰竖中绳纹。残高5厘米（图七，5）。

壶 2件。可分为二型。

A型 折沿。H11：5，口部残片。夹砂红褐陶。圆唇，平折沿，沿面下凹，口微敞，颈较高且直，斜肩。素面。残高6.2厘米（图七，4）。

B型 卷沿。BⅡT1604⑤：1，口部残片。夹砂黄褐陶。圆唇，宽卷沿，侈口，高颈。素面。残高5.2厘米（图七，6）。

缸 1件。H11：4，口腹残片。夹砂黄褐陶。平沿微斜，敛口，弧腹。腹部饰三道凹弦纹。口径42.8、残高32厘米（图七，1）。

（2）铜器

仅1件。铜饰件。H11：1，锈蚀，表面呈绿色。长方形，弧顶，下端残。残长1.7、宽0.6、厚0.4厘米（图八，6）。

（3）石器

数量不多，均用青石打磨而成，一般通体磨光，少数粗制。多数出于晚期地层，但依其形制特征，应属于该时期。种类有斧、锛、矛等。

斧 7件。可分为二型。

A型 6件。顶窄刃宽，平面略呈圆角梯形，横断面近似长方形。此类斧一般个体较小。BⅠT1502⑥：1，基本完整，青绿色。斜弧顶，双面刃微弧。通体磨光，局部有打制时留下的疤痕。长6.7、顶宽2.8、刃宽3.2、最大厚度1.4厘米（图八，2）。BⅠT0603⑥：1，基本完整。青灰色，通体磨光。弧顶，双面弧刃，刃部有崩疤。宽面有打制时留下的疤痕。长7.9、顶宽4.2、刃宽5、最大厚度2厘米（图八，3）。

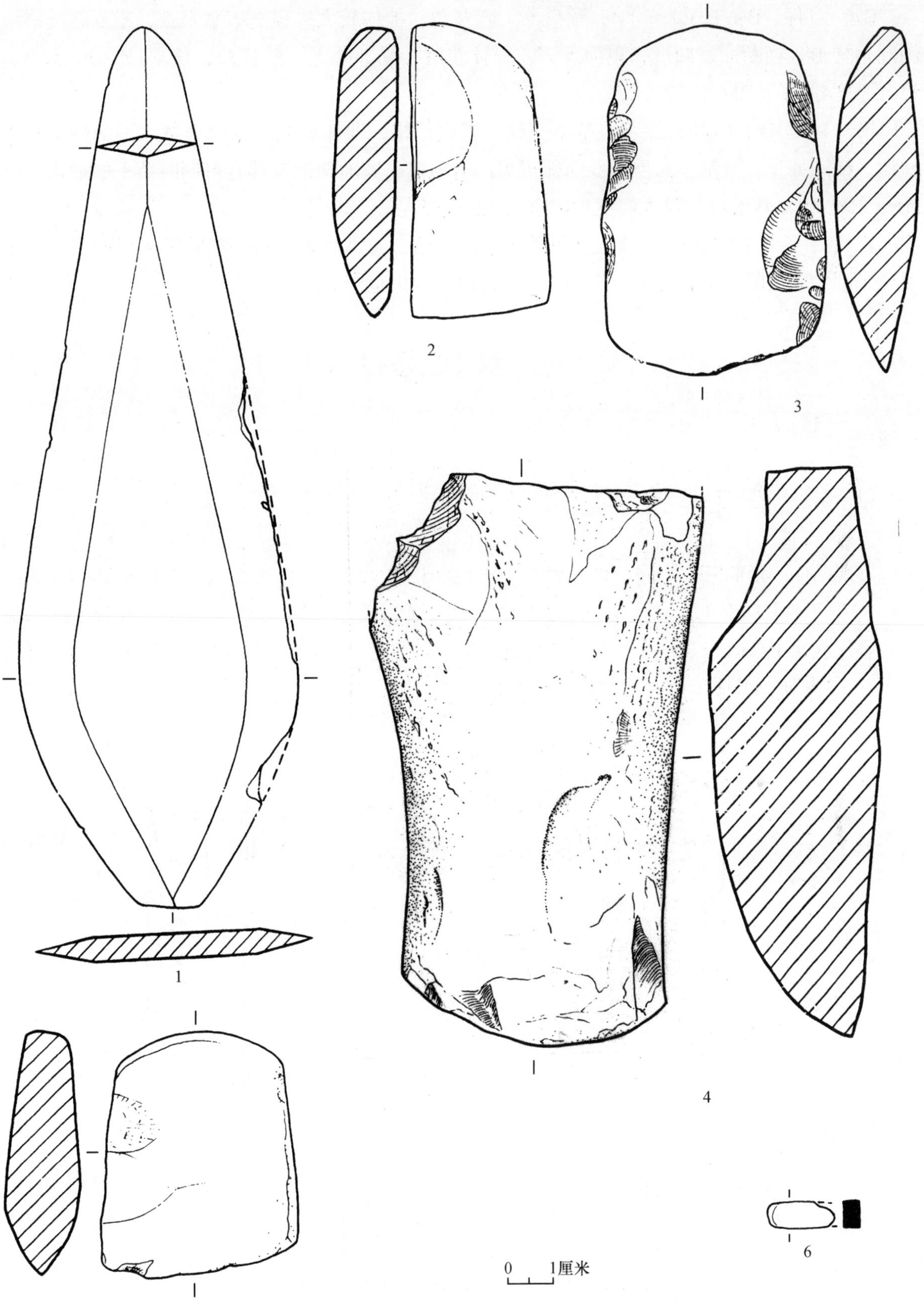

图八 周代石、铜器

1. 石矛（BⅠT2208⑦：1） 2、3. A型石斧（BⅠT1502⑥：1、BⅠT0603⑥：1） 4. B型石斧（BⅠT2308⑥：1）
5. 石锛（BⅠT1402⑥：3） 6. 铜饰件（H11：1）

B型　1件。BⅠT2308⑥：1，顶残断，青灰色。器体较大，顶宽刃窄束腰，平面略呈束腰倒圆角梯形，横断面呈圆形，单面弧刃。通体粗磨，局部磨光。残长13、最宽7.5、刃宽6.3、最大厚度4厘米（图八，4）。

锛　1件。BⅠT1402⑥：3，基本完整。青色泛绿，通体磨光。顶窄刃宽，平面略呈圆角梯形，横断面呈长方形。弧顶，双面弧刃刃部有崩疤，宽面两侧局部有打制时留下的疤痕。长5.5、顶宽3.9、刃宽4.6、最大厚度1.8厘米（图八，5）。

矛　1件。BⅠT2208⑦：1，刃部微残，青灰色，通体磨光。扁平柳叶形，双面刃，三角形锋，圆尖，横断面呈扁菱形。长20.2、最宽6.6、厚0.6厘米（图八，1）。

三、汉代遗存

1. 遗迹

包括窑址、墓葬两类。

（1）窑址

发现两座，形制基本相同。现以Y3为例介绍（图九）。

Y3位于CⅠT0804东南角及CⅠT0904西南角，向南延伸到探方外，后经扩方做了全部清理。叠压在第4层（CⅠT0804）之下，距地表深0.9米，被宋代时期的F4打破，同时该窑又打破生土。Y3为卧型平顶半地穴土结构，平面似“圭”形，由窑门、火膛、窑室、烟道等四部分

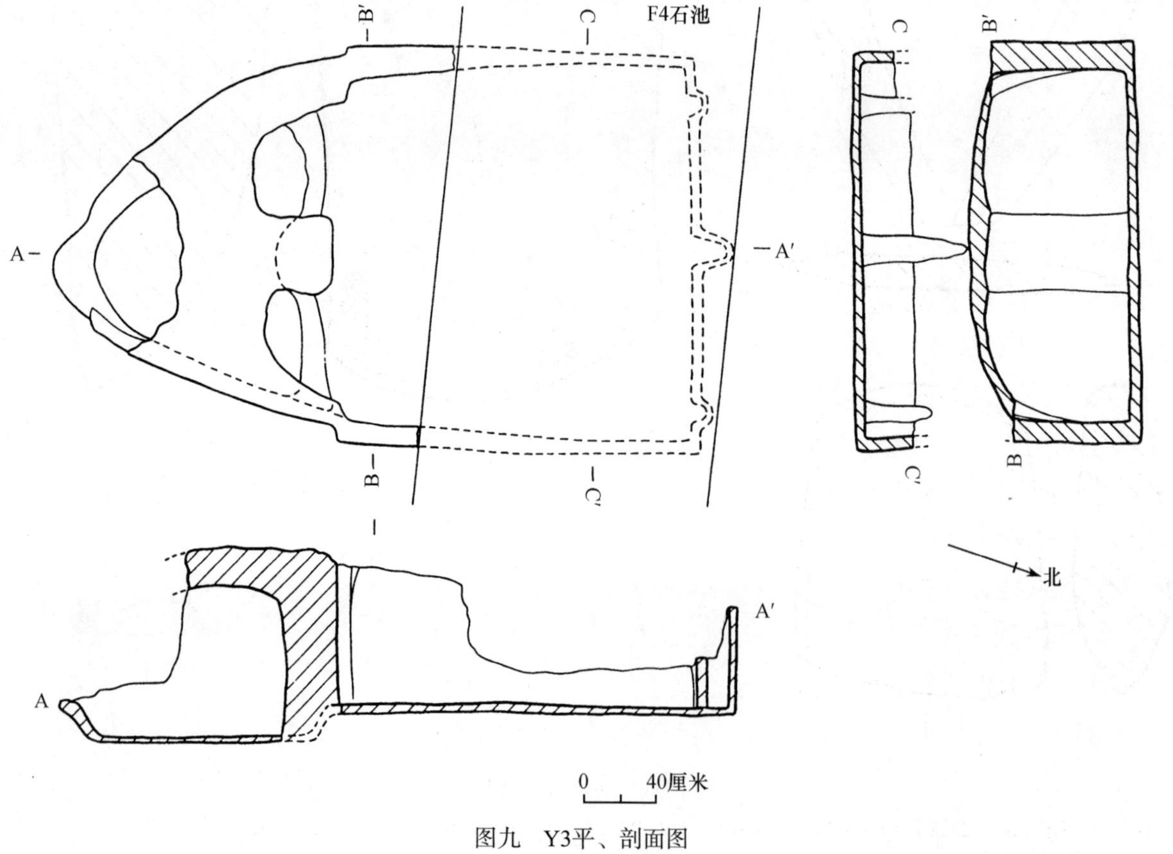

图九　Y3平、剖面图

构成，窑门及窑室顶部被破坏无存，余下保存较好。Y3南北通长3.8、东西通宽2.33米。方向165°。

窑门朝南，位于火膛南壁面上，仅残存低部，宽约45厘米，形状及高度不清。

火膛位于窑门北部，平面图略呈圆锥状，直壁平顶微弧，顶部部分塌毁，底部向内斜坡而下，火膛壁表面经长期烧烤呈砖蓝色，十分坚硬，厚0.1～0.25米，火膛上口南北长1.5、底南北长1.25米，后部底长1.7、膛深0.2米，膛底距膛顶约0.88、膛顶壁厚约0.22米。窑室平面略呈方形。

窑室顶部全部塌陷，平面略呈方形，直壁，底面（即窑床）南部稍高于北部。窑室南北长2、南部前宽约2、北部后宽约2.17、残高0.16～0.8米。壁及底面因长期烧烤呈砖蓝色，厚0.06～0.15米，周围生土烧烤成红色。

烟道位于窑室的后壁面上，共三个，平面均呈梯形，直壁平底，自东向西其间距分别为0.95、0.85米，东、西边两个烟道较小，大小基本一样，前宽0.1、后宽0.06、进深0.1、残高0.3米；中间一烟道较大，前宽0.18、后宽0.08、进深0.2、残高0.6米。烟道内壁面也呈砖蓝色，厚约0.06米，外围生土被烤成红色。

在火膛与窑床交界处正中有一圆角形长方柱，东西长0.45、南北宽0.35、高0.8米，其顶部和火膛顶相连，一来起支撑膛顶作用，二来它可以分离火路，柱表也成砖蓝色。

Y3内堆积大致可分为三层：上层为黄褐色淤土，土质较硬，内含少量烧土粒及炭屑，厚0.3米，出土少量的绳纹板瓦残块。中层灰褐色土，土质坚硬，厚0.5米，内含较多的红烧土块及大量的窑壁坍塌残块，出土盆、钵（盂）、罐、瓦、砖等残块，其中99%为板瓦残片，可复员器钵（盂）一件。下层为草木灰堆积，厚约0.1米，主要分布于火膛内，质较软，出土少量的板瓦残片。

Y3内出土的物品绝大部分为板瓦，它的用途当然主要是用来烧瓦，但不排除烧制小件器物的可能。根据层位关系和出土遗物分析，Y3的年代应为汉代。

（2）墓葬

共发现5座，长方形土坑竖穴墓一座（M14）、刀形石室墓（M10、Ml1）及刀形砖室墓（M12、M13）各两座。

M14　位于CⅢT0809东北部，开口第1层下，被M11打破，此墓又打破第2层和生土。开口距地表深0.25～0.8米。M14为竖穴土坑，墓圹似圆角长方形。方向261°（图一〇）。墓口南壁稍长于北壁，西壁稍宽于东壁，墓圹口大底小，斜直壁，平底。墓口南壁长2.88、北壁长2.78、中部长2.8、东壁宽1.2、西壁宽1.27、中部宽1.25米。墓底比较规整，长2.45、宽0.9米。此墓东部尚存0.74米的深度，西部未被破坏，深1.3米。墓内未见葬具痕迹，有人骨一具，但保存较差，从残存状况可辨出墓主人为仰身，头向西，面向上稍偏北，性别、年龄难定。墓主人头前随葬漆器一件，但已朽粉，器形不清，下肢骨右侧随葬铁削一把。墓内填土为黄褐色，土质较硬，少有包含物。

M10　位于BⅡT0603东南角，南部伸出探方外，后经扩方已全部清理，墓口开在第4层下，打破生土，墓口距地表深0.5～0.75米。此墓为刀形石室墓，由墓道和墓室两部分组成，顶部破坏无存。墓圹南北长4.47、东西宽1.9、深0.2～0.6米。方向140°（图一一）。

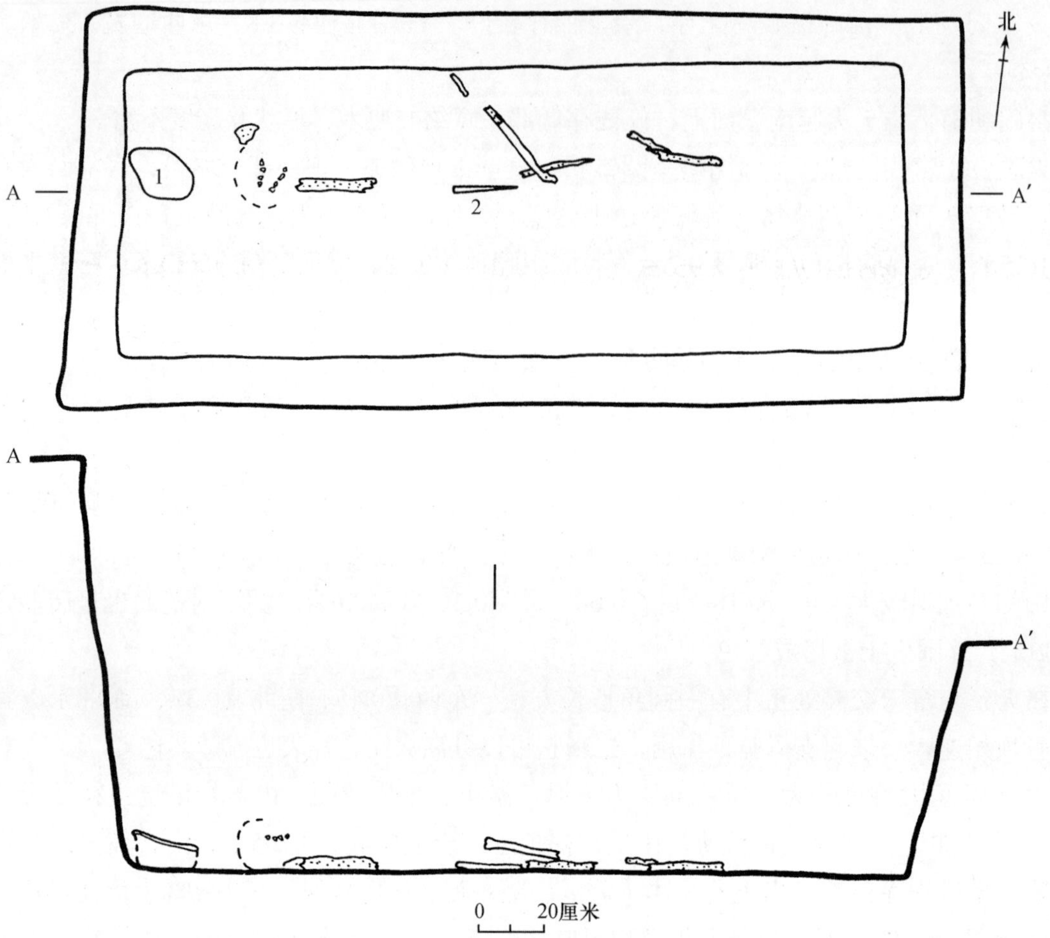

图一〇 M14平、剖面图

1. 漆器 2. 铁削

M10墓道位于墓室东南角，长方形，直壁平底，长1.55、宽1.1、残深0.2～0.3米。东西两壁单石错缝平砌，残存2～3层，无铺地石。墓室基本呈长方形，西壁和北壁中部内凹，且西壁长于东壁，使西北拐角成锐角。墓室西壁长2.8、中部宽1.52、残深0.3～0.6米。四壁单石错缝平砌，残存3～9层，无铺地石。

墓内积满淤土，随葬品和人骨架受到不同程度的扰动。墓内未见葬具痕迹。有人骨两具，保存较差，散乱堆放于墓室北部，疑为墓内进水带动而致，墓主人头向北，但性别、年龄无法确定。随葬品分置三处：墓室东北部有五铢铜钱3枚，铜环及铜锥各1件；墓室西南角堆放铁釜、陶囷、陶豆各1件，另有2件破碎陶器，器形不清；墓室和墓道之间东侧堆放铜钵、陶甑各1件，另有2件破碎陶器，器形不明。

M12 位于CⅢT0909西南角，西部压在CⅢT1009东隔梁之下，南部伸出探方之外，后经扩方做了全部清理。墓口开在T0909第1层下，打破第2层和生土层，距地表深0.2～0.7米，墓顶距地表0.75米。此墓为“刀”形砖室墓，由墓道及墓室两部分组成，墓圹为直壁平底。南北长4.1、东西宽2.55、深1.4～1.8米。方向175°（图一二）。

M12 墓道位于墓室的东南角，长方形，南北长1、东西宽1.4、残深0.85米。东西两壁单砖错缝平砌4层至0.4米处起券，券顶塌陷。墓道口用单砖或石板错缝平砌封堵。墓室呈长方

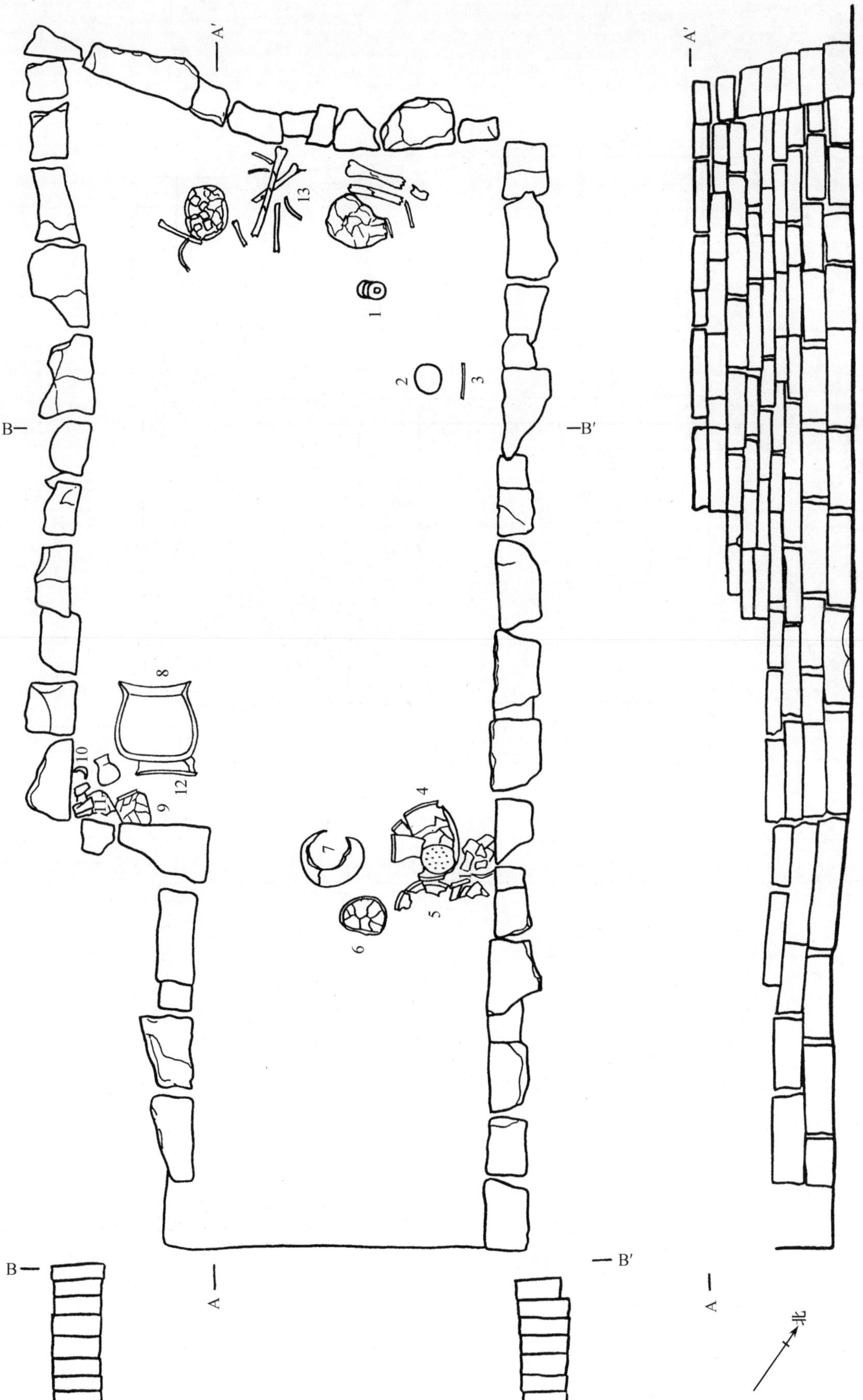

图一一 M10平、剖面图

1. 铜钱 2. 铜环 3. 铜锥 4. 陶甑 5、6、11、12. 陶器残片（器形不清） 7. 铜钵 8. 铁釜 9. 陶囤 10. 陶豆 13. 人骨

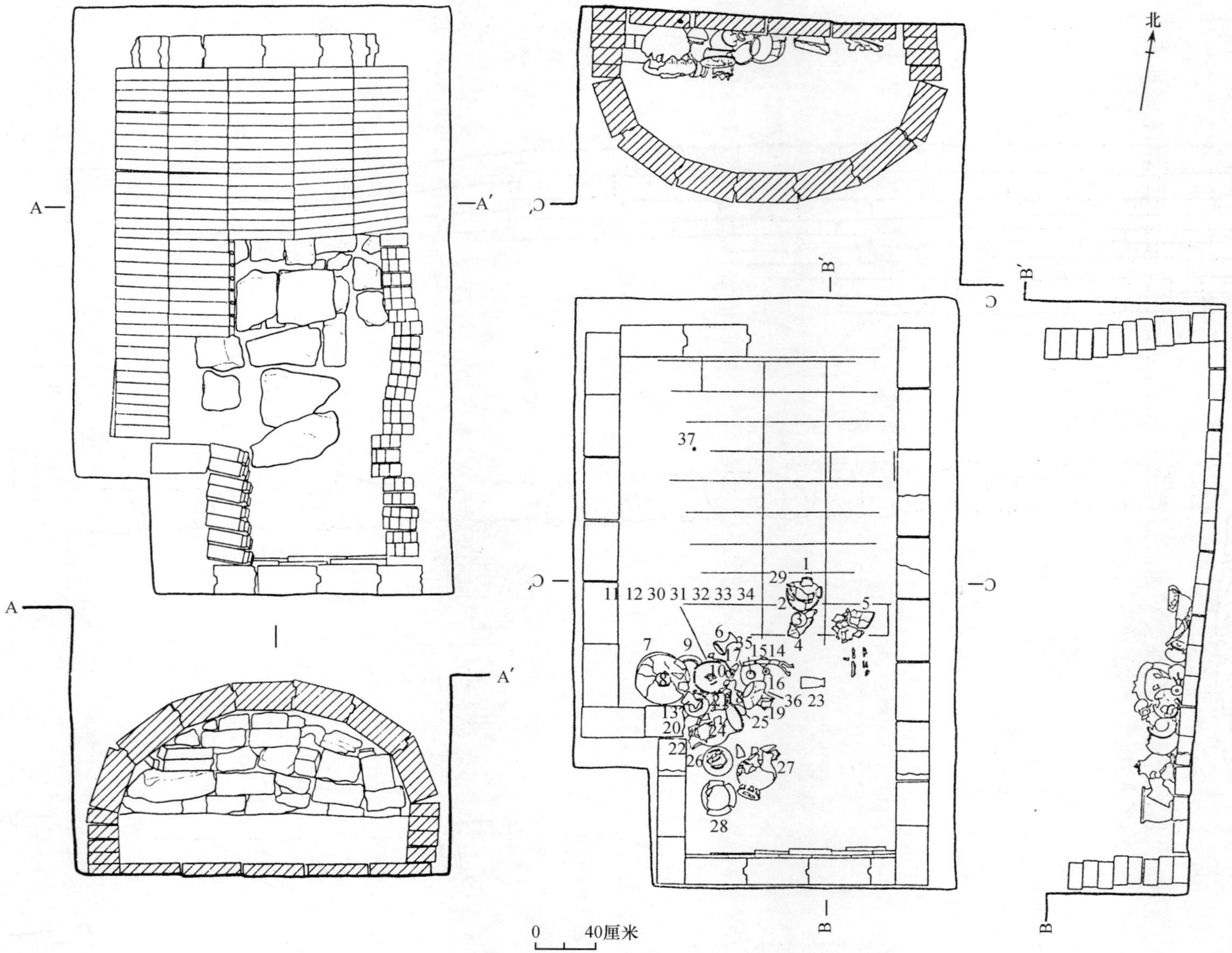

图一二 M12平、剖面图

1.陶鍪 2、32、36.陶盒 3.陶匜 4.陶碗 5、31.陶甑 6、13、18、21、25.陶灯 7、8.陶瓮 9.陶罐 10、11、22、29.陶盆 12.陶器盖 14.龙形铜饰 15、16、35.铜泡钉 17.璧形铜饰 19、24、26、27.陶壶 20.陶囷 23.铜杯 28.铁釜 30.陶钵 33.陶三足炉 34.陶釜 37.铜钱

形，南北长2.45、东西宽1.85米，墓底距墓顶0.95～1.1米。东西两壁单砖错缝平砌4层至0.4米处起券，券顶拱顶，用子母口砖纵向5排通缝平列，东南部塌落，余者保存较好。北壁单砖错缝平砌10层。墓道地面较平，墓室地面南部稍高于北部，呈斜坡状。券顶用砖为楔形，长边0.39～0.4、短边0.31～0.36、厚0.09～0.1米，短边侧面饰菱形交叉组合式几何纹。墓壁及墓地砖呈长方形，长者0.43、短者0.4、宽0.19～0.21、厚0.09～0.1米，长砖一侧面饰“车轮”纹，两端面饰菱形交叉组合式几何纹，短砖一侧面饰“车轮”纹间或交叉纹。此外墓室内有规律填塞石块（条石），由底至顶将墓室和墓道塞满，材料均经粗加工，少数残断汉砖填塞石条缝。

墓内早年进水，积满淤土（厚约0.3米）和墓顶塌落的砖、石块。不见葬具痕迹。随葬品及人骨受扰动，在墓道西南部发现人头骨1具，但是已破碎成块，东北部发现有残碎的肢骨。随葬品多集中堆放于墓室南部和墓道西侧，共出土随葬品38件，其中陶器有壶、盆各4件，盒3件，甑、瓮各2件，灯5件，鼎（出于淤土中）、釜、鍪、罐、囷、钵、碗、匜、三足炉、器盖各1件，铜器有杯、璧形、龙形饰各1件，泡钉3件，铁釜1件，五铢钱1枚。根据墓葬形制以及随葬品特征，我们可以判断M12的下葬年代为东汉时期。

对于M12内的填塞石块现象，我们初步分析是人为所致，其目的可能是防盗。

2. 遗物

数量较多，主要出于墓葬，按质地可分为陶器、铜器、铁器、漆器、玉石器等，其中又以陶器居多，其他都较少。

（1）陶器

陶器的质地均为泥质，一般都含有细砂。陶色有红、灰、黄三种，以红陶为主，灰陶次之，黄陶最少，尚有一定数量的釉陶，均饰黄绿釉。陶器的器表以素面、弦纹居多，此外有少量的绳纹、弦断绳纹、瓦纹和网格纹。陶器种类较多，有鼎、鍪、釜、甑、盆、盒、壶、瓮、罐、囷、盘、钵、碗、杯、匜、灯、三足炉、器盖等。

鼎　1件。M12：38，泥质灰陶。圆唇，子母口，口下有两个对称的半椭圆形环耳外撇，斜弧腹，圜底下接半圆形柱状兽蹄足。腹部饰一道瓦纹。口径15、通高15.8厘米（图一三，1）。

鍪　1件。M12：1，泥质红陶。方唇，卷沿，侈口，束颈，圆肩，鼓腹，圜底。肩部有两个对称的半圆形扉棱状竖耳。腹部饰两道凹弦。外壁通体施黄釉。口径14.5、通高14.2厘米（图一三，2）。

釜　4件。可分成二型。

A型　3件。口部无耳。M13：17，泥质红陶。方唇，上折沿，侈口，沿部转折较圆滑，束颈，斜肩，鼓腹，平底。素面。口径10.6、底径5.1、通高5.9厘米（图一三，3）。

B型　1件。M12：34，口部有耳。泥质红陶。方唇，上折沿，侈口，束颈，圆肩，鼓腹，平底。口部有两个对称的环形横耳外撇。内外壁施满黄釉，外底无釉。口径11.1、底径5.6、通高7.4厘米（图一三，4）。

甑　7件。可分二型。

A型　6件。深腹。M10：4，泥质灰陶。圆唇，折沿，沿面隆起，敛口，上腹近直，下腹

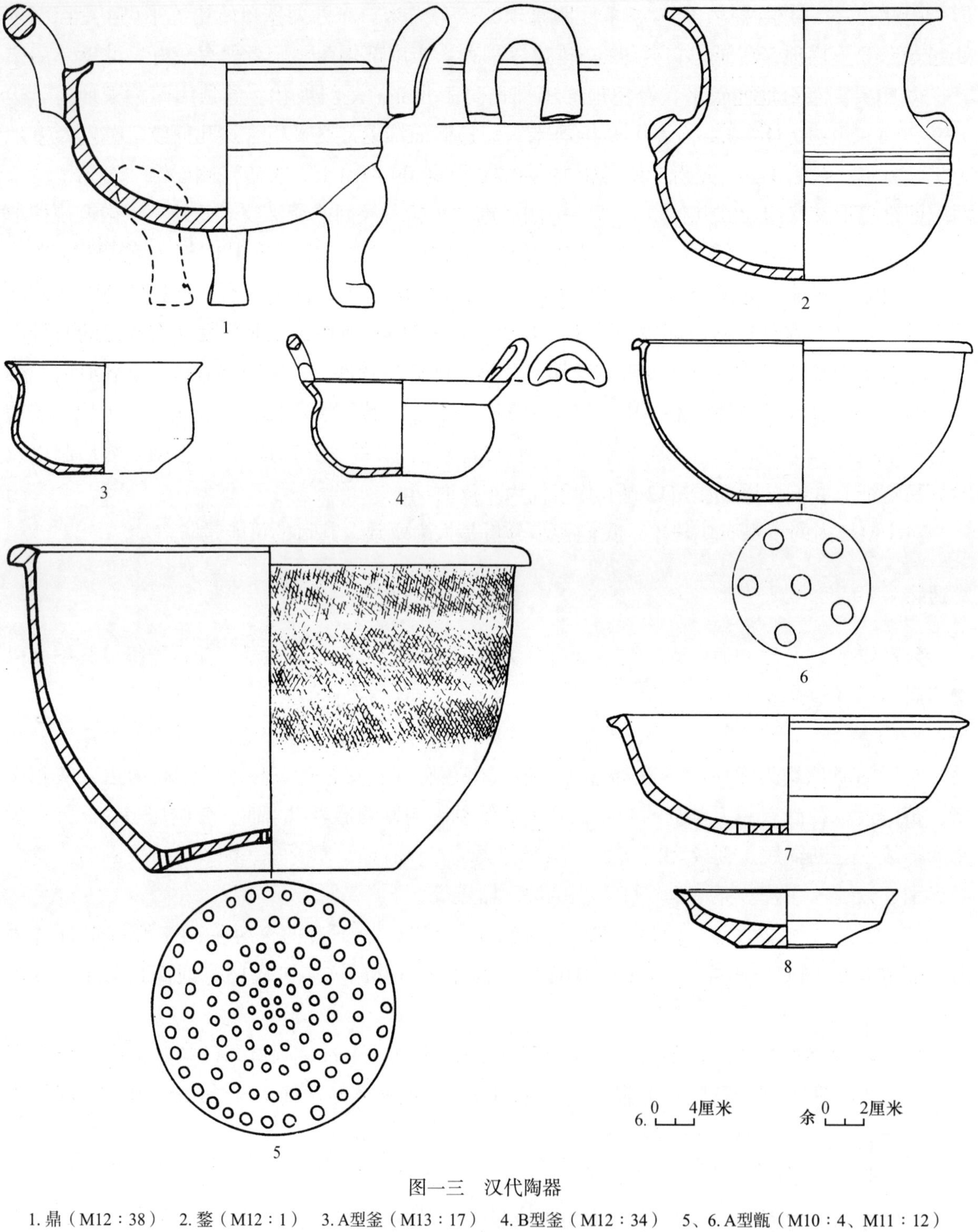

图一三　汉代陶器

1. 鼎（M12：38）　2. 鍪（M12：1）　3. A型釜（M13：17）　4. B型釜（M12：34）　5、6. A型甑（M10：4、M11：12）　7. B型甑（M12：31）　8. 盘（M13：8）

缓收，凹底。甑底布满放射性箅眼103个。上腹部饰网格纹，浅而模糊。口径29、底径13.4、通高17.2厘米（图一三，5）。M11：12，泥质灰陶。圆唇略下垂，折沿，沿面有凹槽，敛口，上腹微鼓，下腹缓收，平底。甑底分布均匀的圆形箅眼6个。素面。轮制。口径36.8、底径14.8、通高16.8厘米（图一三，6）。

B型　1件。M12：31，泥质灰陶。尖圆唇，斜平折沿，敞口，曲腹，浅腹，平底。甑底分布均匀的圆形箅眼9个。素面。轮制。口径19.4、底径7、通高6.2厘米（图一三，7）。

盆　4件。可分为三型。

A型　1件。M12：10，泥质红陶。深弧腹。圆唇，折沿，敞口，沿部转折较圆滑，上腹微鼓，下腹缓收成平底，内底下凹。颈部有两道旋棱。内外壁施满黄釉，外底无釉。轮制。口径23、底径10.8、通高10.4厘米（图一四，1）。

B型　1件。M12：22，泥质红陶。方圆唇，侈口，平底。颈部有一道旋棱。轮制。口径11.2、底径4.5、通高4.6厘米（图一四，3）。

图一四　汉代陶器

1. A型盆（M12：10）　2. C型盆（M12：11）　3. B型盆（M12：22）　4. 杯（M13：14）　5. A型盒（M12：32）　6. B型盒（M12：36）　7. 碗（M12：4）　8、9. A型壶（M12：27、M12：26）　10. B型壶（M12：19）

C型　2件。斜折沿，曲腹。M12∶11，泥质红陶。方唇，敞口，沿部折脊较明显，内底下凹，平底。上腹和下腹各饰一道凹弦纹。内外壁满施黄釉，外底釉脱落。轮制。口径21.7、底径7.8、通高5.8厘米（图一四，2）。

盒　3件。可分为二型。

A型　2件。M12∶32，泥质灰陶。敛口，圆唇，上腹近直，下腹斜收，矮圈足外撇。上腹部饰四道凹弦纹。口径17.4、足径10.2、通高9.6厘米（图一四，5）。

B型　1件。M12∶36，泥质红陶。圆唇，敛口，上腹直，下腹斜收假矮圈足。上腹部饰两道阶梯状瓦纹。外壁满施黄釉。口径13.6、足径9.6、通高7.3厘米（图一四，6）。

壶　6件。可分为二型。

A型　5件。盘口，圆肩，鼓腹，高颈，喇叭口圈足。M12∶27，泥质红陶。盘口微显，敞口，束领较粗。肩部有两个对称的兽面衔环铺首，肩部和腹部各饰两道凹弦纹。外壁施满黄釉。口径14.7、足径19.9、通高31.6厘米（图一四，8）。M12∶26，泥质红陶。敞口，高直领，扁鼓腹。肩部有两个对称的兽面衔环铺首，肩部及圈足分别饰三道和一道凹弦。外壁满施黄釉，局部脱落。口径16、足径14.4、通高27.2厘米（图一四，9）。

B型　1件。M12∶19，泥质灰陶。盘口微显，敞口，束领，折肩，斜腹，平底。肩部饰一道凹弦纹，腹部饰绳纹并被抹去，局部仍可见绳纹痕迹。口径12.4、底径12.4、通高17.9厘米（图一四，10）。

盘　1件。M13∶8，泥质红陶。平沿，敞口，曲腹，平底略显假圈足。素面。口径12、底径5.4、通高3厘米（图一三，8）。

碗　1件。M12∶4，泥质灰陶。圆唇，敞口，斜弧腹，圈足。腹部饰一道凹弦纹。口径20、底径8、通高6.7厘米（图一四，7）。

杯　1件。M13∶14，泥质红陶。圆唇，直口，筒腹，矮圈足。腹部饰四周瓦纹。口径6.5、足径3.8、通高4.4厘米（图一四，4）。

瓮　2件。形制基本相同。M12∶7，泥质黄陶。尖圆唇，折沿，沿面微鼓，口微敛，矮领，宽折肩，扁鼓腹，圜底近平。肩上部饰网格纹，下部饰弦断绳纹，腹部和底饰纵向细绳纹。口径10.5、最大腹径33.2、通高21.5厘米（图一五，1）。

罐　1件。M12∶9，夹细砂灰陶，尖圆唇，折沿，沿面微鼓，直口，短颈折肩，扁鼓腹，圜底。下腹部及底饰纵向绳纹。口径10、最大腹径17.6、通高9.2厘米（图一五，2）。

囤　4件。可分为二型。

A型　3件。泥质灰陶夹细砂。轮制。敛口，斜沿外侈，尖唇，短颈，平肩。肩、沿处有凹槽，上面原应有盖。斜直腹，腹下部微收，平底。身上饰凹弦纹一道。M10∶9，口径10、底径6.6、通高10厘米（图一五，3）。

B型　1件。罐形囤，M12∶20，泥质灰陶，轮制。尖唇，卷沿，敛口，折肩，上腹向外斜直，下腹斜收，平底。肩及腹部各饰一道凹弦纹。口径10、底径12.5、通高16.8厘米（图一五，4）。

钵　5件。可分为四型。

A型　1件。M13∶20，泥质灰陶。敞口，圆唇，斜直腹，平底。素面。口径17.6、底径

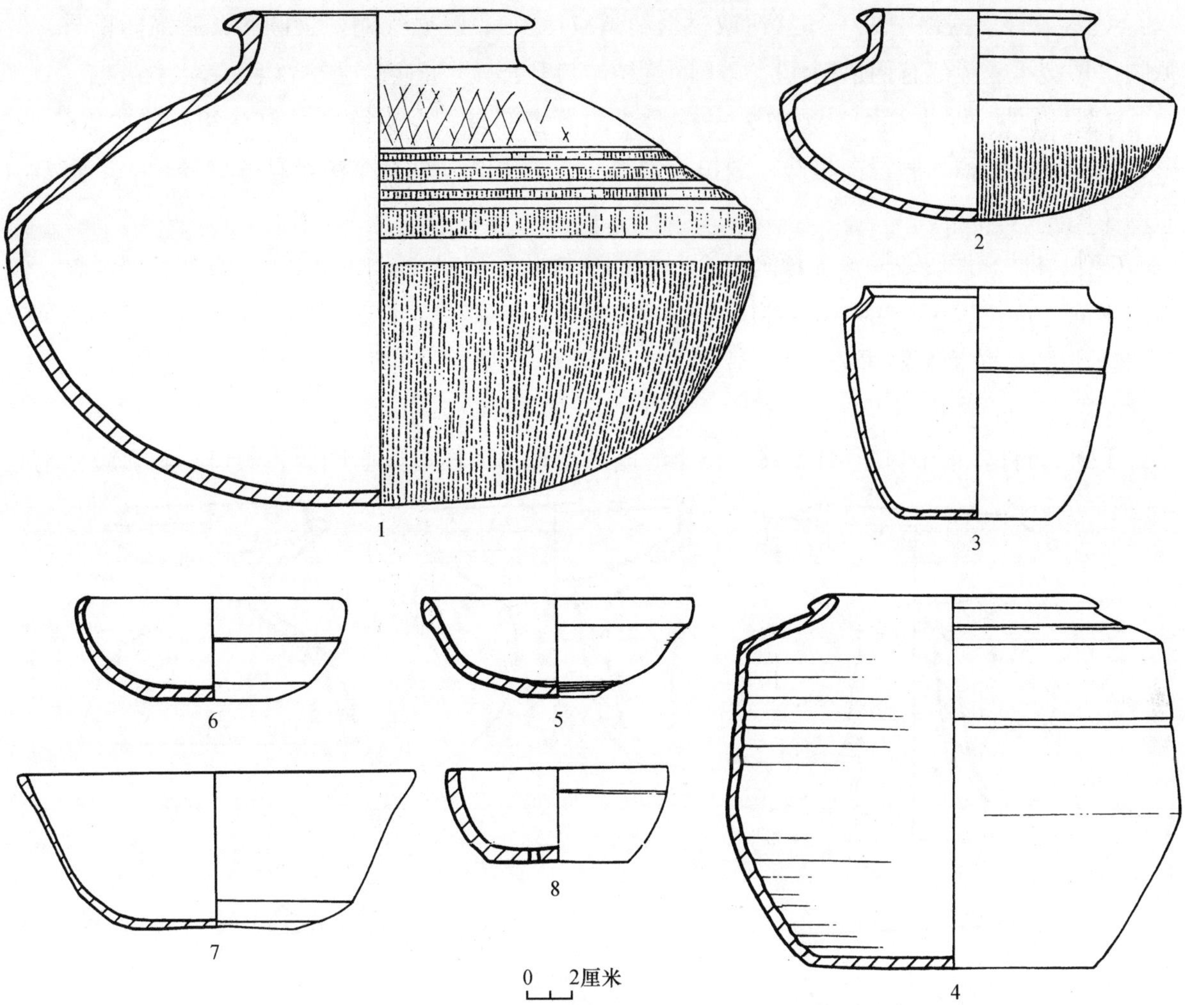

图一五 汉代陶器

1. 瓮（M12：7） 2. 罐（M12：9） 3. A型囷（M10：9） 4. B型囷（M12：20） 5. B型钵（M12：30）
6. D型钵（M13：9） 7. A型钵（M13：20） 8. C型钵（M13：7）

7.4、通高6.9厘米（图一五，7）。

B型 2件。敞口，略显假圈足。M12：30，泥质红褐陶。圆唇，斜弧腹。近底部饰两道细凹弦纹。口径12.1、底径3.4、通高4.4厘米（图一五，5）。

C型 1件。直口，平底，M13：7，泥质红陶。方唇，斜弧腹。底部有小圆孔。上腹部饰一道细凹弦纹。口径10、底径6.2、通高4.2厘米（图一五，8）。

D型 1件。M13：9，泥质灰陶。敛口，尖唇，斜弧腹，平底。腹部饰一道凹弦纹。口径11.2、底径5.2、通高4.5厘米（图一五，6）。

匜 1件。M12：3，泥质红褐陶。圆唇，直口，斜弧腹，平底。上腹部有一鸟首形鋬。内外壁施满黄釉，外壁釉大部分脱落。口径10.4、底径4.2、通高4.3厘米（图一六，8）。

三足炉 1件。M12：33，泥质红陶。圆唇，子口，直腹微弧，圜底下接扁锥状足。外壁施满黄釉。口径10.5、通高4.3厘米（图一六，9）。

器盖 4件。鼎盖、壶盖、盒盖等，出土时与器物分离，故单个介绍。均为覆钵状，依纽不同可分三型。

A型　2件。盖顶中央一环状纽或桥形纽。M13：3，泥质红陶。尖圆唇，唇缘向里凸，斜弧腹，顶缓平。腹部有两道制作时留下的旋棱。口径15.4、通高6.2厘米（图一六，6）。

B型　1件。泥质红陶。顶中央一桥形纽，下腹部有三个对称的乳钉状纽。M13：6，方唇，唇面下凹成槽，唇缘向里凸，敛口，斜弧腹，顶平缓。外壁施满黄釉。口径13.6、通高4.4厘米（图一六，7）。

C型　1件。泥质灰陶。盖顶为三个对称的扁锥状纽。M12：12，方唇，直口，斜弧腹，弧顶。素面。口径19.6、通高6.4厘米（图一六，5）。

灯　6件。依柄高矮可分二型。

A型　2件。高柄。可分为二式。

Ⅰ式：1件。带子口。M12：6，出土时略有变形，泥质红陶。圆唇，敛口，斜弧腹，喇叭

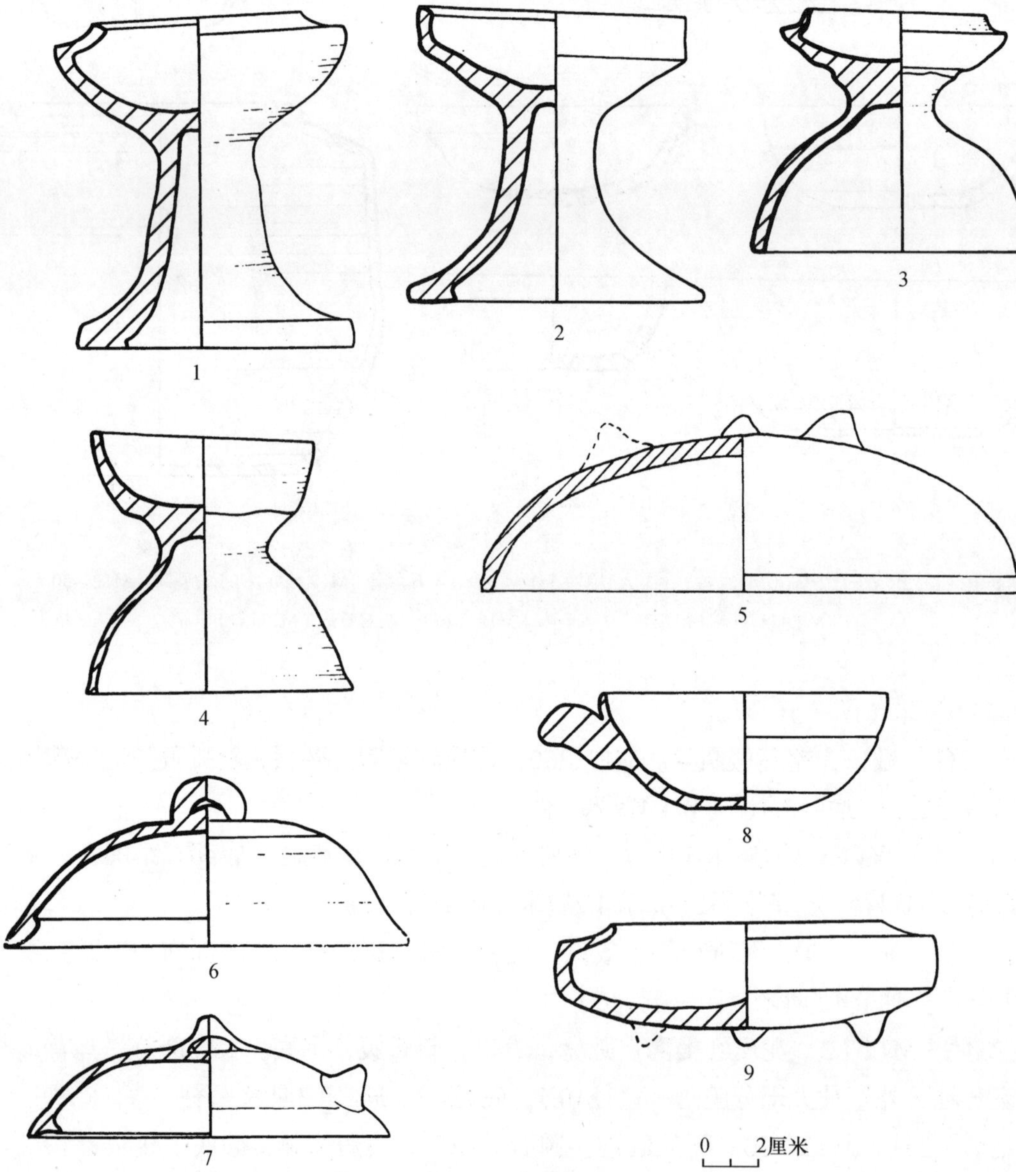

图一六　汉代陶器

1. A型Ⅰ式灯（M12：6）　2. A型Ⅱ式灯（M12：21）　3. B型Ⅰ式灯（M12：13）　4. B型Ⅱ式灯（M12：25）　5. C型器盖（M12：12）　6. A型器盖（M13：3）　7. B型器盖（M13：6）　8. 匜（M12：3）　9. 三足炉（M12：33）

口圈足。外壁施满黄釉。口径7.8、足径10.3、通高11.8～12.2厘米（图一六，1）。

Ⅱ式：1件。无子口。M12：21，略有变形，泥质红陶。斜方唇，直口，折腹，喇叭口圈足。盘内及外壁满施黄釉，局部脱落。口径10、足径11.2、通高10.4～10.8厘米（图一六，2）。

B型　4件。矮柄。可分为二式。

Ⅰ式：2件。带子口。M12：13，略有变形，泥质红陶。圆唇，敛口，斜弧腹，喇叭口高圈足。素面。口径6.8、足径10.4、通高8.6～8.8厘米（图一六，3）。

Ⅱ式：2件。无子口。M12：25，略有变形，泥质红陶。方唇，口微敞，弧腹，喇叭口高圈足。素面。口径8.4、足径9.8、通高9～9.5厘米（图一六，4）。

（2）铜器

数量不多，均锈蚀呈绿色。器形有钵、杯、璧形饰、指环、泡钉、锥、龙形饰等。

钵　1件。M10：7，口腹残片。圆唇，直口，弧腹。素面。口径16.6、残高6.5厘米（图一七，5）。

杯　1件。M12：23，基本完好。敞口，斜直腹，喇叭口圈足。素面。口径8.4、足径6.4、通高16.2厘米（图一七，2）。

璧形饰　1件。M12：17，残断。扁平圆形，中有圆孔。一面镀金，多脱落。素面。孔径5.2、外径15.6、厚0.1厘米（图一七，4）。

指环　1件。M11：5，锈损。圆形。素面。内径1.6、外径2厘米（图一七，6）。

泡钉　3件。形制相同。M12：15，扁锥状钉，伞形帽。帽外表面局部可看出有鎏金。素面。帽径6.5、通高1.7厘米（图一七，3）。

锥　1件。M10：3，基本完好。长条形，顶端椭圆，器身呈锥体，前锋呈方体，圆尖。素面。通长4.8厘米（图一七，9）。

龙形饰　1件。M12：14，局部破损。扁平桥形，两端作龙首，张口吐舌，龙身弧曲，背部有扁锥状凸起，形象逼真生动。此外龙体一面鎏金。通长23.3、中部宽1.9、厚0.2厘米（图一七，1）。

（3）铁器

数量很少，仅见釜、削。

釜　2件。形制基本相同。但因锈蚀严重无法取出。

削　1件。M14：2，锈蚀严重。扁茎无格，直背直刃。通长19.5、背厚0.5厘米（图一七，10）。

（4）钱币

较完好者　3枚。铜质。M10：1，圆形方孔。正面有外郭，背面内外均有郭。正面隶书顺读“五铢”二字。直径2.9、穿径0.9、厚0.1厘米。

（5）其他

耳珰　1件。M11：4，基本完好。玻璃质，天蓝色。圆柱体束腰，中有圆穿，两端呈喇叭口。顶端径0.9、中部径0.7、底端径1.3、孔径0.2～0.3、通长1.8厘米（图一七，8）。

料珠　1件。M11：3，基本完好。玉石质，青灰色。圆形鼓状，中有圆穿。直径0.7、孔径

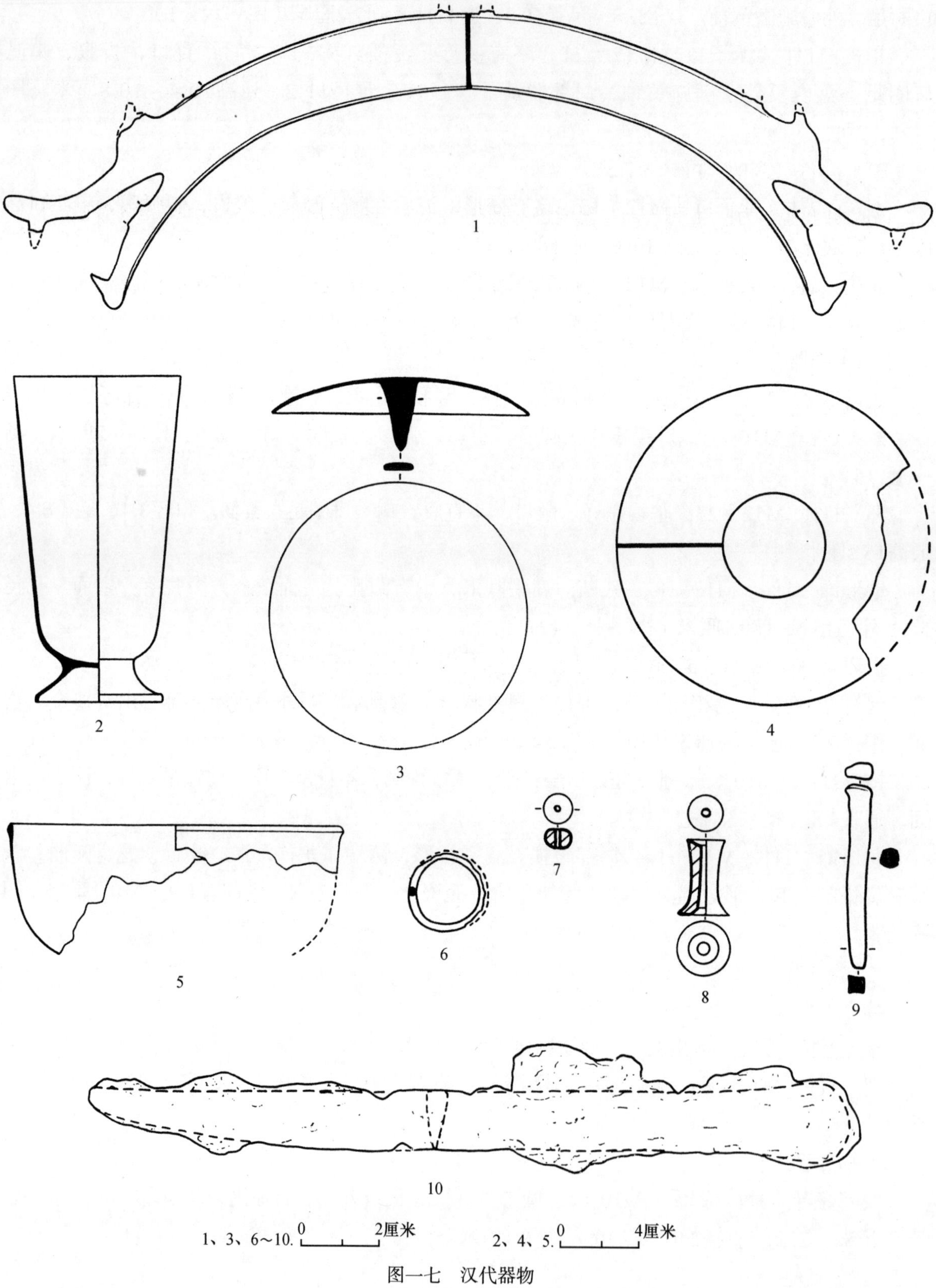

图一七 汉代器物

1. 龙形铜饰件（M12：14） 2. 铜杯（M12：23） 3. 铜泡钉（M12：15） 4. 璧形铜饰（M12：17） 5. 铜钵（M10：7） 6. 铜指环（M11：5） 7. 料珠（M11：3） 8. 耳珰（M11：4） 9. 铜锥（M10：3） 10. 铁削（M14：2）

0.1、厚0.5厘米（图一七，7）。

漆器　1件。M14：1，朽粉，无法提取，因此器形不明。

四、六朝遗存

该时期（基本为南北朝）未发现遗迹，遗物也不多，主要是瓷器类，器形有碗、罐等。

碗　复原4件。依形制不同可分二型。

A型　3件。敞口，斜弧腹，饼足（假圈足）。CⅠT1004⑥：2，灰白胎。圆唇，深腹，内底微凹且有多个支钉痕，足内收底微凹。底内饰一周凹弦纹。施青釉局部泛黄，内壁满釉，但胎釉结合较差，致使大部分釉层脱落，外壁釉不及底，釉面有冰裂纹。口径14.4、足径9、通高7.8厘米（图一八，2）。BⅠT2107⑦：3，灰白胎。尖圆唇，腹较深，内底较平，足外撇底较平。内外壁满施青釉，局部脱落，足底无釉。口径10.7、足径5.2、通高4.9厘米（图一八，3）。

B型　1件。CⅠT0605④：2，青灰胎。带子口，口微侈，尖圆唇，斜弧腹，腹略浅。饼足。器内外壁施一层甚薄的青灰色护胎釉，内壁满釉，外壁釉不及底。口径8.7、足径4.8、通高3.7厘米（图一八，4）。

罐　均为残片。BⅠT1004⑧：4，口腹残片。青灰胎。平沿，敛口，矮领，圆肩，鼓腹。肩、腹部各饰一周凹弦纹。外壁施青釉，大部分脱落。口径21.6、残高7.1厘米（图一八，1）。

纺轮　1件。BⅠT2207⑥：1，可复原。灰白胎。圆形，中有圆穿，两面平，轮腰较直。轮径3.8、孔径1、通高2厘米（图一八，5）。

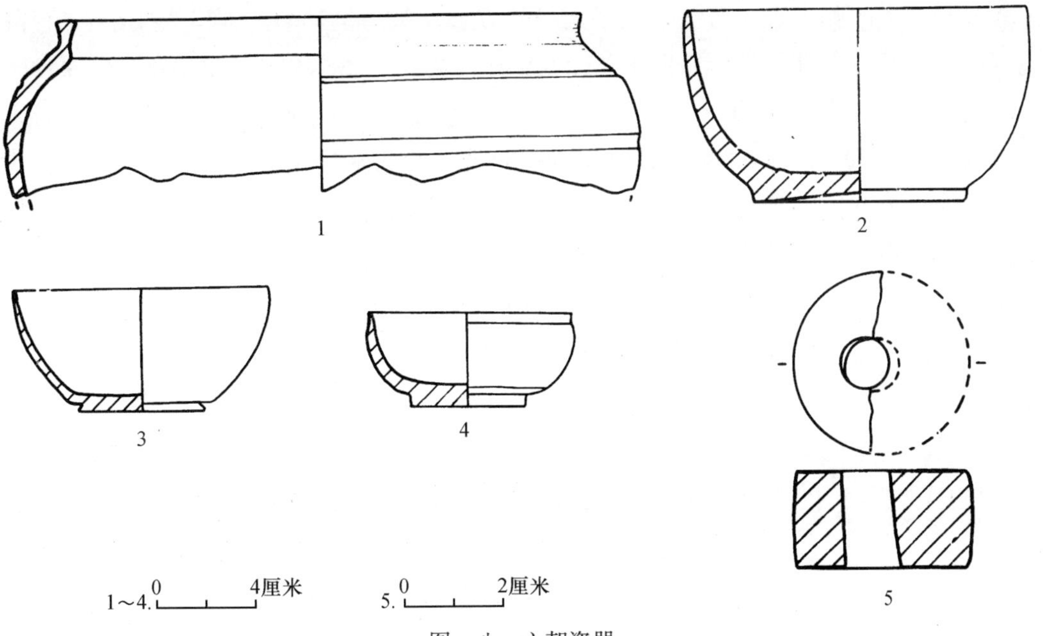

图一八　六朝瓷器

1. 罐（BⅠT1004⑧：4）　2、3. A型碗（CⅠT1004⑥：2、BⅠT2107⑦：3）　4. B型碗（CⅠT0605④：2）
5. 纺轮（BⅠT2207⑥：1）

五、宋代遗存

1. 遗迹

包括房址、石筑基址、下水道、排水沟、道路、灶、灰坑等。

（1）房址

发现4座，墙基均为石筑结构。现以F4为例介绍。

F4　位于CⅠT0704、CⅠT0804和CⅠT0904的南部，一部分压在探方南壁之下，后经扩方做了全部揭露。F4开口在这三个探方第4层下，同时被明清时期的房子叠压，F4又叠压或打破CⅠT0904第5、6层以及汉代的窑址和生土，其开口距地表深0.5～0.85米。此房址为条石墙基，但墙基仅存东北部一部分。从现存整体平面看，F4为东西长方形，东西范围残长约14.2米，南北范围不清，已发掘长近4米，方向173°（图一九）。

F4北墙基残长5.06米，东墙基已发掘长3.55米。自东北内转角处以南约2.35米有一段东西向墙基（可能是南隔墙）与东墙基相连，残长约1.75米。自东北内转角以西约2.95米处发现一段南北向墙基（可能是西隔墙）与北墙基相连，残长约1.35米。由此可以看出，东北角为一单间房屋，其长2.95、宽2.35米。房子的墙基全部采用长方体条石，东北角残存两层，余者一层。条石多数比较规整，且北墙基的条石外侧面均有子母口，虽长度不一，但厚薄基本相近，长多在0.6～1.5、宽0.25～0.3、厚0.1～0.12米。墙基无槽，为了趋平，墙基底部有一层黄褐色垫土，厚约0.1米。另外，北墙基外侧发现柱洞4个，自西向东每两者的间距分别是4.3、3.2、3.8米（以柱洞中心计算）。柱洞平面均呈圆形，直壁，底近平，口径0.1～0.15、深0.08～0.15米。这些柱洞我们初步推测可能是当时砌房子所留下。

在F4东间房子西侧发现一石池，其平面呈长方形，截面呈梯形，即口大底小。口部作敛口状，斜直壁，平底（东部稍高于西部），口长9.65、宽1.1、底长9.55、底宽0.85、深1.08～1.16米。石池西南角底部有一半圆形排水孔，宽0.13、高0.05米。为便于排水，西南角铺地石板上凿有一段近半圆形凹槽，长2.4、宽0.06、深0.03米。此石池为半地穴式，石板、条石混合结构。事先在地面上开挖一个长10.1、宽1.6～1.7、深1.1～1.2米的长方形槽。然后在槽底错缝平铺一层长方形石板，石板外缘均做子母口状，为趋平，石板下铺垫一层0.02米左右厚的黄褐色垫土。四壁下部用子母口条石平砌一层，之上用长方形石板横立一层，周围用土填实后，又用长方形石板平铺一层，即为石池之沿板（仅残存东北角两块），同时沿板伸入池内约0.05米，并将伸入部分的下角做圆弧状，致使池口形成一敛口，这样一来池内的水盛满后不易外溢。石池四壁石板长1.1～1.5、宽0.3、厚0.1米，条石长1.1～1.5、宽0.15～0.2、厚0.1米，朝内一面作弧形面，并有两道平行的凹槽。铺地石板长宽多为0.5～0.6、厚0.06米，较长的一块约1.2米。

石池内堆积呈灰褐色，土质较松，内含少许炭屑和烧土颗粒，并夹杂较多石块，多为石池之沿板石。出土零碎的卵白釉、黑釉瓷片及酱釉缸胎器残片，可辨器形有碗、盏、罐等，另出数块磨盘石，有大小两种。

根据F4形制结构和出土遗物，尤其是对体大精致、做工考究的石池的综合分析，我们初步判断此房址原应为一般富之家的房子。

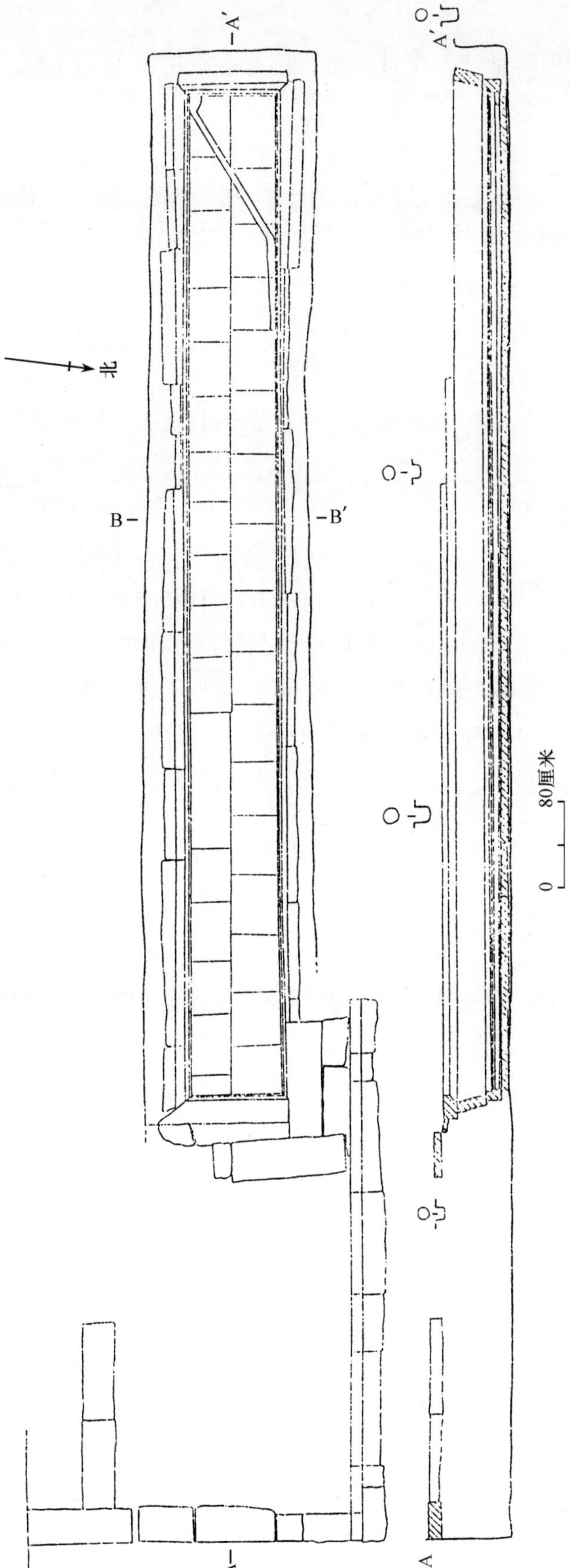

图一九　F4平、剖面图

（2）石筑基址

发现4处。此类遗迹似房址或与房址有关，但是往往形状不甚规整，所以我们将其和房址区分开来而另归一类，以S表示。同时把和其有密切关系的遗迹一起介绍，现以有代表性的S3为例。

S3　位于CⅠT1004东部，CⅠT11 04、CⅠT1204北部，叠压在这三个探方第7层之下，S3又叠压或打破生土，开口距地表深0.5～0.9米。此石筑基址中西部为石块地面，北部有一灶（Z1），南部有一小近方体的石池，东部有一石板小路，东部压在CⅠT1204东壁下，未做揭露，已发掘东西范围长10.75、南北宽1.3～4.25米（图二〇）。

石块地面位于CⅠT1004东部和CⅠT1104中部，用大小不等的长方形或不规则形石块平铺一层，表面比较光滑，应为长期踏蚀所致。东西范围长近7、南北最宽2.5米，地面厚0.01～0.15米。

灶（编号Z1）　1处。位于CⅠT1104北部，南部与石块地面相连，由火膛、灶门（已破坏殆尽）、灶坑（即工作间）三部分组成。火膛位于工作间北侧，北部保存较好，南部仅存底部，平面略呈半椭圆形，剖面呈锅底状，口径1.4、深0.65米。火膛壁面灰绿色，质坚硬，厚0.02～0.03米。工作间位于火膛南侧，平面略呈长方形，东西长1.7、南北宽1.5、深0.1～0.15米，直壁，底南部略高于北部呈斜坡状。工作间内北部东西两侧各发现一长方形小坑，直壁平底，壁上有烧烤面，厚0.01～0.02米，东部一个较小，长0.4、宽0.25、深0.4米，西部一个较大，长0.75、宽0.25、深0.15米。火膛及工作间内堆积呈灰褐色，内含较多红烧土粒和炭屑，出土遗物有卵白釉、黑釉瓷碗，酱釉缸胎罐等残片。

石池　2个。位于CⅠT1104南部，北部与石块地面相连，是就地在两大块自然石上凿制而成，东西并列两个，间距0.35米，平面均呈椭圆形，剖面呈锅底状，大小及深度相近，长径0.9、短径0.45、深0.2米。

石板小路　1条。位于CⅠT1204中部，西部与石块地面相连，东部伸于探方以外。此小路在CⅠT1204一段略呈东南—西北走向，长约4.1、宽0.25～0.5、厚0.1米左右，用大小不等的长方形石板平铺一层。小道两侧有散乱的石块，不像人为铺筑。

S3有石块地面、灶、石池和石板小路，应与人类在此居住生活有关。

（3）下水道

1个（未单独编号）。位于CⅠT0904、CⅠT0905东部，叠压在CⅠT0904第6层和CⅠT0905第4层下，打破生土，开口距地表深0.5～0.9米。南部及北部伸于探方外，未做发掘，已清理的平面呈长条形，南北长10.24、东西宽1.6～1.7米，方向正磁北（图二一）。此下水道为砖、石混合结构，事先在原地上开挖一个长条形槽子，横截面为直壁凹底，呈倒“凸”字形，槽宽1.6～1.7、深0.3米，其中凹下部分深0.1、宽0.36～0.4米。在凹下部分用砖平铺一层，即为下水道底，在槽东西两侧单砖平砌一层，即为下水道之壁，在槽正中用长方形石板平铺一层，做下水道之顶（即盖板），最后用土填埋。下水道内宽0.16、深0.1米，北高南低斜坡状，坡度5°。

下水道内积满褐色砂性淤土，这次只清理了少部分，未见遗物出土。下水道用砖全为汉代墓砖，依其形制大小和纹饰的不同有三种规格：一种砖39厘米×19厘米×10厘米，其中一侧面模印车轮纹间或交叉纹；第二种砖为子母口楔形砖，略呈梯形，40（或36）厘米×19厘米

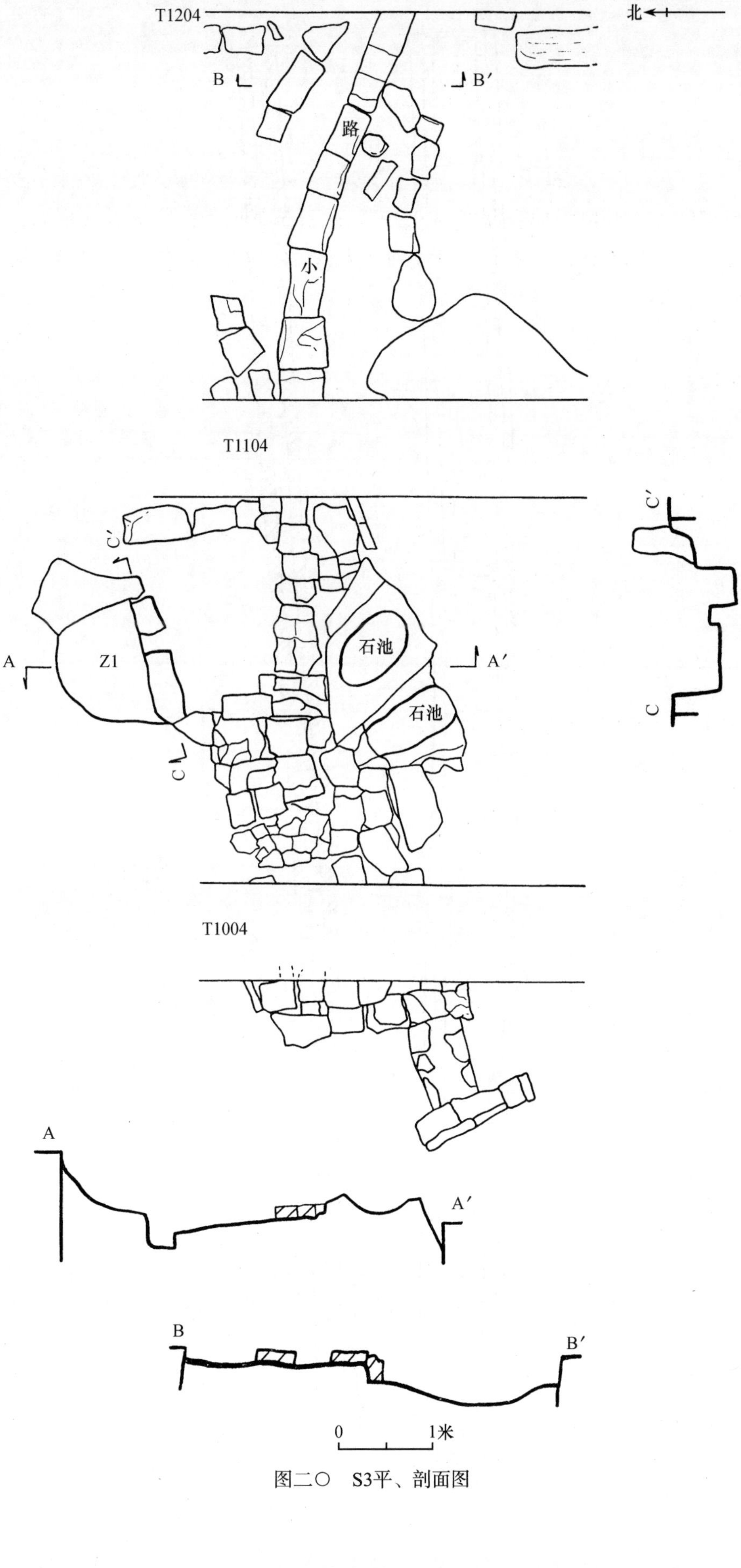

图二〇　S3平、剖面图

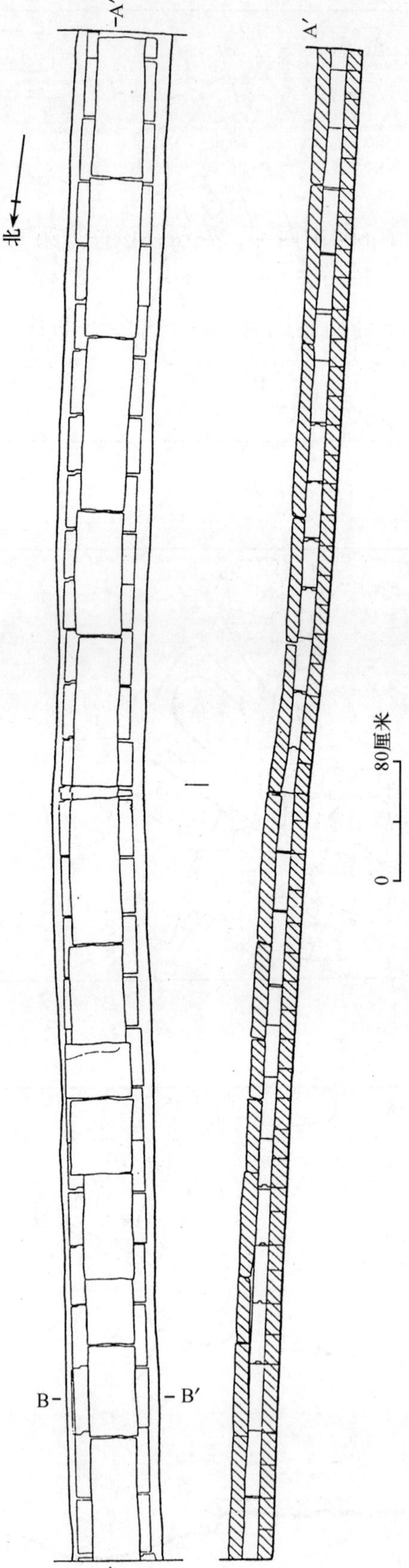

图二一 下水道平、剖面图

×9厘米，短边侧面模印菱形间或交叉式纹样的几何纹；第三种类似第二种砖，只是规格小于前者。石块盖板均为长方形，比较规整，长者1.2、短者0.35、一般长短0.9～1.1米，宽厚大致相近。

此下水道建造较精致，应当是富户人家的排水设施，但也不排除有其他的用途。

（4）排水沟

1条（编号G3）。位于CⅠT0604中西部，叠压在该探方第3层之下，又被同期的S7（石筑基址）叠压，G3打破生土，开口距地表0.75～1.1米。西部及南部伸于探方外，已发掘平面呈曲尺形，横截面呈锅状，沟底北部稍高于南部呈斜坡状，东西长2.5、南北长3.6、沟宽0.6～0.85、深0.1～0.2米（图二二）。沟内堆积为灰黄色砂性水浸土，土质较硬，颗粒较细，内含少许炭屑，出土有卵白釉碗，酱釉缸胎碗、罐等器物残片。

（5）灰坑

发现两个，平面均为椭圆形。

H12　位于CⅠT0704中部，叠压于第5层之下，打破生土，开口距地表0.85米。平面呈椭圆形，剖面呈锅状，壁底较光滑。坑口长径2.85、短径流1.85、深0.7米（图二三）。坑内堆积呈灰褐色，土质较硬，颗粒较粗，内含少许炭屑和较多的红烧土块，出土文化遗物少而破碎，有卵白釉、黑釉瓷碗，酱釉缸胎碗、罐等器物残片。

（6）道路

1条（编号L2）。发现于BⅠ区T0302、T0402、T0502、T1002、T1102、T1202、T1302和T1402这八个探方，叠压在BⅠT1102、BⅠT1202、BⅠT1302第5层下，BⅠT0302、BⅠT0402、BⅠT0502、BⅠT1002第6层下以及BⅠT1402第7层下，开口距地表0.2～1.1米（图二四）。此道路基本呈东西走向，用长方形或不规则形青石块、料姜石块、少量汉砖及砂土

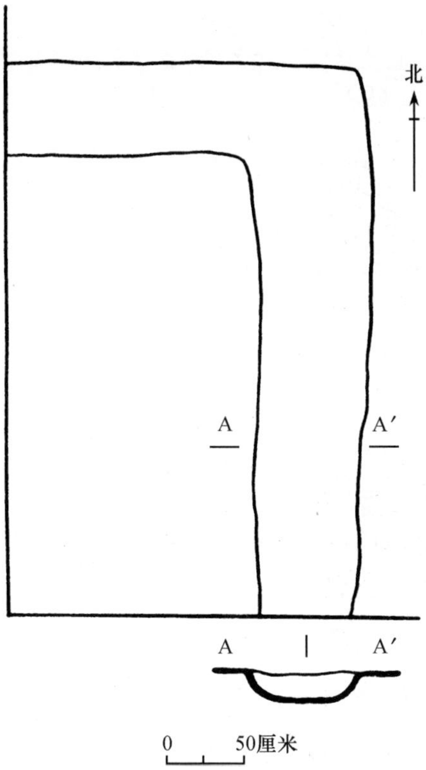

图二二　G3平、剖面图

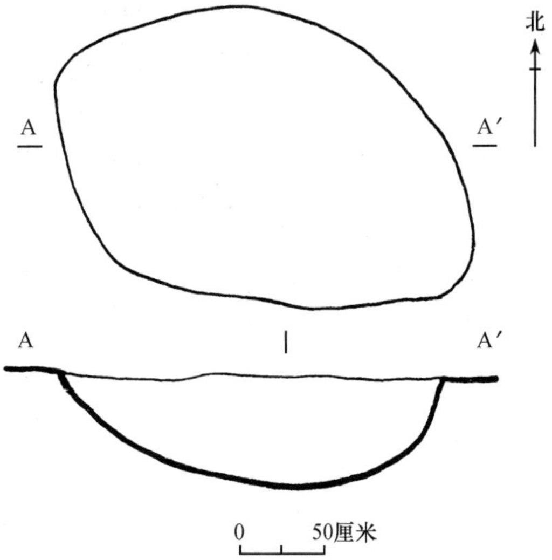

图二三　H12平、剖面图

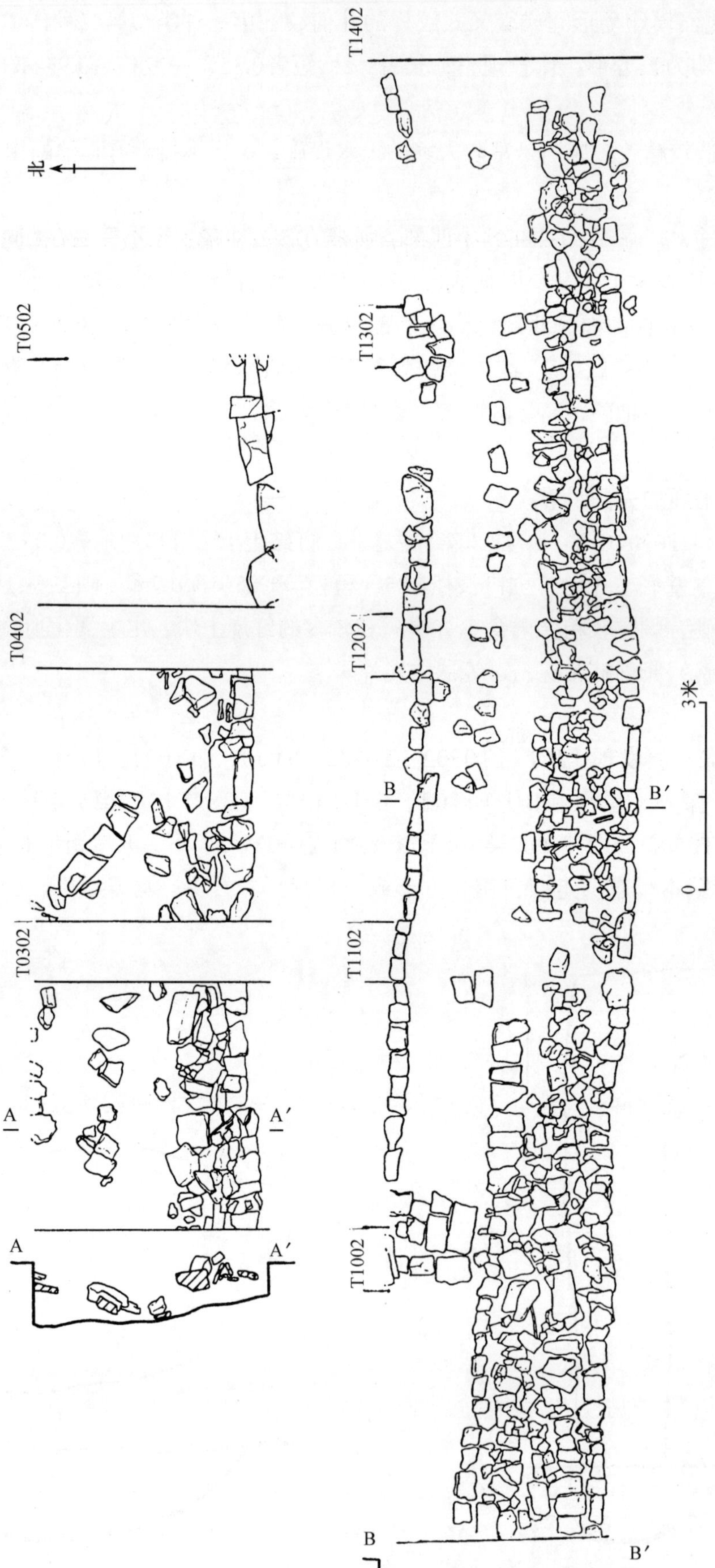

图二四 L2平、剖面图

铺成。西部BⅠT0302、BⅠT0402、BⅠT0502三个探方中的路面南部保存较好，余者受自然力和人类活动的影响而保存较差或无存，已发掘长约4米×3米，路面厚0.3～0.6米，一般为中部厚，边缘薄，宽不清。东部BⅠT1002～BⅠT1402五个探方中的路面多保存较好，局部略有破坏，路面东部略高于西部，中部又略厚于两边。此段道路长约25、路面宽3.7～4、厚0.2～0.6米。从L2清理的情况看，此道路依地势而建，是在原有的地面稍加平整或挖出一个浅槽（如T1202内）的基础上，再用较规整的青石块垒砌路的两边即路牙（不普遍存在），然后在其中间用青石块、料姜石以及少量的汉砖铺设，最后用砂土灌缝。根据道路规模、用材、筑法和走向分析，该路应为宋代此地居民通往长江边码头的主要道路。此外L2和2001年春季发掘的L1可能同属一条道路的不同路段。

2. 遗物

此时期遗物较丰富，按质地可分为瓷器、缸胎器、陶器、铁器和铜器等。

（1）瓷器

瓷器的胎质一般较粗糙，但也有细腻者。胎色绝大多数呈土灰色，少数为灰褐色。釉色以青绿居多，此外尚有少量的黑釉、卵白（即青白）釉及米黄釉等。瓷器上多数素面无纹，少数有刻印花纹，以印花最为流行，较常见的纹样有葵瓣（口），多见于盘、碟及少数碗的口、腹部；尚有较完整的图案纹样，一般是以动物、菊花、莲花、草叶等作为主题，再以波浪纹、回纹等多种花边作陪衬装饰，多见于洗的内底或内壁。此时期的器形有碗、盘、碟、盏等，以碗居多，其他较少。

碗　复原14件。可分四型。

A型　2件。侈口，斜直腹，矮饼足（假圈足）。CⅢT0211④：2，灰白胎。尖唇，足内收，底较平。内外壁施青绿釉，足底无釉。口径13.4、足径3、通高4.8厘米（图二五，1）。

B型　3件。侈口，斜弧腹，矮圈足。CⅠT1802③：1，灰白胎。尖圆唇，内底微凹，圈足外撇，足壁外缘经旋削。施青白釉，内壁满釉，外壁釉不到底且有釉滴。口径17.9、足径6.9、通高6.0厘米（图二五，2）。

C型　7件。敞口，斜弧腹，圈足。CⅠT0805④：1，灰褐胎较厚。圆唇，深腹，内底较平，中高圈足，足壁外缘经旋削。内底饰一周凹弦纹。施青绿釉，外壁施釉至圈足。口径15.2、足径5.6、通高7.4厘米（图二五，3）。

D型　2件。口近直，斜直腹微弧，矮圈足。CⅠT0705⑤：2，灰褐胎。圆唇，内底微凹有涩圈，圈足外撇，足壁外缘经旋削。施黑釉，内壁满釉，外壁半釉。口径17.4、足径5.3、通高5.9厘米（图二五，4）。

盘　2件。形制基本相同。CⅠT1802④：4，灰褐胎。尖圆唇，敞口，斜弧腹，内底较平，矮圈足。外壁饰葵瓣纹。内外壁施青绿釉，圈足内底无釉。口径14.4、足径5.7、通高3.4厘米（图二五，8）。

碟　1件。CⅡT0710⑤：1，灰白胎。尖圆唇，敞口，斜直腹微弧，矮圈足。内外壁施满青白釉，圈足内底无釉。口径10.6、足径4.4、通高1.8厘米（图二五，9）。

洗　5件。形制基本相同。均为芒口，一般内壁或内底多有压印的图案花纹。

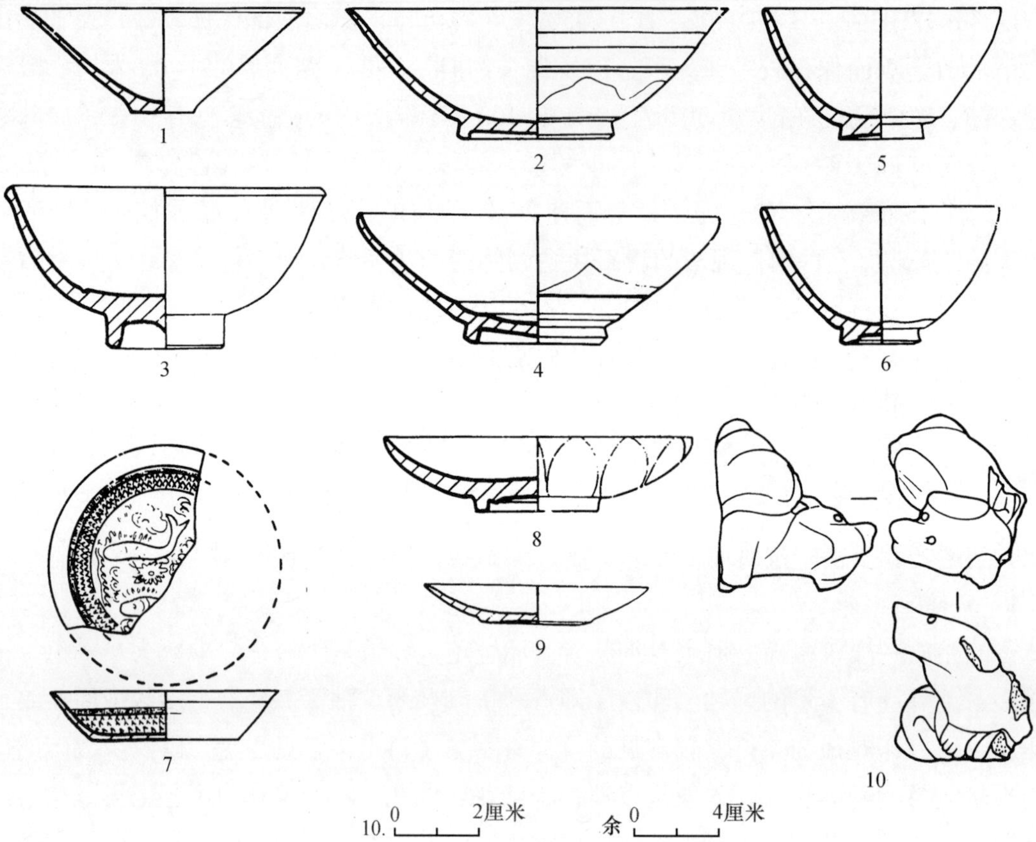

图二五　宋代瓷器

1. A型碗（CⅢT0211④：2） 2. B型碗（CⅠT1802③：1） 3. C型碗（CⅠT0805④：1） 4. D型碗（CⅠT0705⑤：2） 5、6. 盏（BⅠT2107⑦：2、BⅠT1204⑥：1） 7. 洗（CⅢT0211④：5） 8. 盘（CⅠT1802④：4） 9. 碟（CⅡT0710⑤：1） 10. 狗形摆件（BⅠT1204⑥：3）

CⅢT0211④：5，灰白胎。圆唇，敞口，斜直壁，平底。内底压印双鱼、菊花及花草叶纹。内壁饰三道凹弦纹，内填压印的回纹和对钩纹。口部无釉，余下施青绿釉。口径10.8、底径7、通高2.2厘米（图二五，7）。

盏　2件。均为灰白胎，圆唇，敞口，斜弧腹。施黑釉（口部釉泛黄），内壁满釉，外壁釉不及底。唯足形制不同。BⅠT2107⑦：2，饼足外撇微凹。口径11.2、足径4、通高6厘米（图二五，5）。BⅠT1204⑥：1，圈足外撇，足壁内缘经旋削。口径11.6、足径3.8、通高6.3厘米（图二五，6）。

狗形摆件　1件。BⅠT1204⑥：3，灰白胎。蹲坐回首，仰头。施青釉，足无釉。通长3.9、高3.7厘米（图二五，10）。

（2）缸胎器

缸胎器绝大多数为紫红色或红褐色胎，少数灰褐胎。釉色基本为酱黄，尚有极少数浅黄色护胎釉。缸胎器上多数素面无纹，少数盆内壁或内底有红彩画花纹和红彩书写的文字，印花或刻花纹少见。器形有碗、灯盏、盆、罐等。

碗　复原5件。均敞口，斜弧腹。依足形制不同可分二型。

A型　2件。饼足。BⅠT2108⑦：1，紫红胎。尖圆唇，内底微凹有支钉痕，足外撇微凹。

口部施浅黄色护胎釉，内壁施满酱黄釉，外壁及足无釉。口径17.2、足径9.4、通高5.2厘米（图二六，1）。

B型 3件。圈足。CⅠT1802④：5，紫红胎。尖圆唇，内底微凹，有支钉痕5个，矮圈足外撇，足壁较厚不规整。口部内壁做阶梯状。施酱黄釉，口部及内壁满釉，外壁和足无釉。口径16.2、足径7.2、通高5.9厘米（图二六，2）。

灯盏 复原5件。均敞口，斜直腹，饼足。依唇部形制可分二型。

A型 2件。厚圆唇。CⅠT1802④：3，灰褐胎。浅腹，矮饼足。施酱黄釉，内壁满釉，外壁半釉，大部分脱落。口径9.2、足径3.8、通高2.6厘米（图二六，3）。

B型 3件。厚方唇。CⅠT0604⑤：1，紫红胎。唇面微凹，缘下垂，浅腹，矮饼足。口部及内壁满施酱黄釉，外壁和足无釉。口径11.4、足径5、通高3.2厘米（图二六，4）。

盆 复原2件。可分为二型。

A型 深腹。CⅠT0805⑤：2，青灰胎。尖唇，折沿，沿面微鼓，敛口，上腹微鼓，下腹斜收。略显假圈足，底微凹。上腹部和下内外壁有轮制时留下的旋棱且似瓦纹状。施浅黄色护胎釉，内壁满釉，外壁半釉有釉滴。口径32.5、底径17.2、通高16厘米（图二六，5）。

B型 浅腹。BⅠT2108⑧：1，紫红胎。圆唇，卷沿，口微敛，上腹微鼓，下腹斜收，平底微凹，内底有支钉痕8个。施浅黄色护胎釉，内壁满釉局部脱落，外壁半釉有釉滴。器内下腹部及底部有隐约的红彩画花纹。口径32.1、底径18、通高9.8厘米（图二六，6）。

罐 均为残片。CⅡT0110③：1，口肩残片。紫红胎。平沿，敛口，矮领微外鼓，广肩。口部及外壁施酱黄釉，局部脱落，釉面有冰裂纹。口径18.6、残高6.2厘米（图二六，7）。

（3）陶器

绝大多数为瓦类建筑材料，生活用器少见。完整者仅洗1件。

瓦 有板瓦或带滴水板瓦，筒瓦或带瓦当筒瓦。绝大多数为泥质灰陶，外表素面，里有布

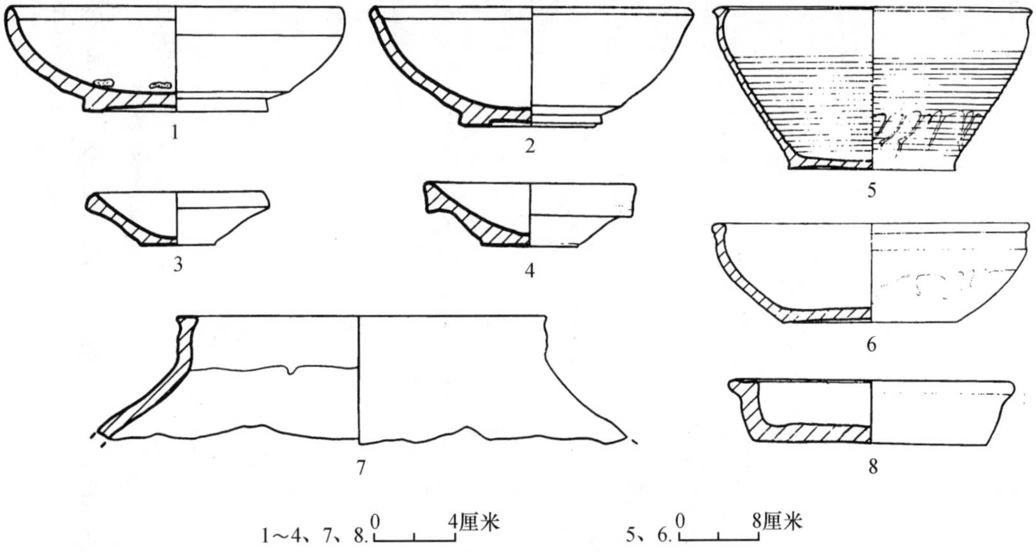

图二六 宋代缸胎器及陶器

1. A型缸胎碗（BⅠT2108⑦：1） 2. B型缸胎碗（CⅠT1802④：5） 3. A型缸胎灯盏（CⅠT1802④：3） 4. B型缸胎灯盏（CⅠT0604⑤：1） 5. A型缸胎盆（CⅠT0805⑤：2） 6. B型缸胎盆（BⅠT2108⑧：1） 7. 缸胎罐（CⅡT0110③：1） 8. 陶洗（01秋季采：2）

纹。板瓦横剖面为四分之一圆弧，筒瓦横剖面则为半圆状，一般由里向外切割。均为残片，故不举例。

洗 01秋季采：2，泥质灰陶。圆唇，折沿，沿面微凹，直口微敛，斜直腹微弧，平底。口径14.5、底径12、通高3.2厘米（图二六，8）。

（4）铜器

簪 1件。BⅠT0302④：1，基本完好，锈绿色。圆锥体，伞形帽，出土时其中部已弯折。帽面饰放射状圆圈纹。帽径0.9．通高14厘米（图二七，1）。

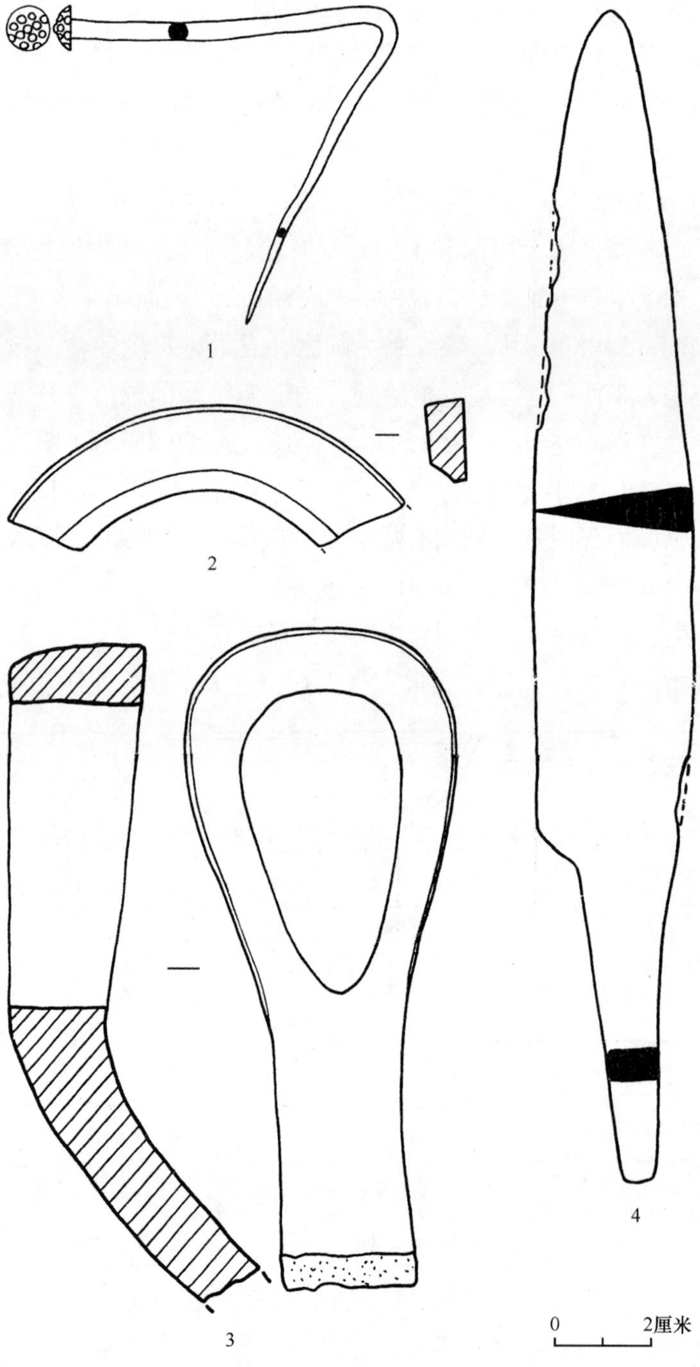

图二七 宋代铜器及铁器

1. 铜簪（BⅠT0302④：1） 2. 铜饰件（BⅠT1204⑥：4） 3. 勺形铁器（CⅠT0904⑤：1） 4. 铁刀（BⅠT1204⑥：5）

饰件　1件。BⅠT1204⑥：4，灰绿色。扁平桥形，两端残断，外侧面微斜，内侧面斜平。残长8.3、最宽1.5、最厚0.8厘米（图二七，2）。

（5）铁器

刀　1件。BⅠT1204⑥：5，锈蚀，灰褐色。矮柄，目尾端至刀身由窄变宽，横断面呈长方形，与刀身分界明显。刀身狭长，弯背斜刃，横截面呈三角形。柄长7.2、身长16.8、背厚0.9厘米（图二七，4）。

勺形器　1件。CⅠT0904⑤：1，锈残，灰褐色。椭圆形环，长方体柄上翘。环长径7.5、厚2.2～2.9、柄厚1.3～2.1、通体残长13.5厘米（图二七，3）。

（6）钱币

1枚。CⅠT0804④：6，灰绿色。圆形方孔，正面内外有郭，背面素面无郭。正面篆书顺铸“元祐通宝”四字，字体锈蚀模糊。直径2.4、穿孔边长0.6、厚0.1厘米。

六、明清遗存

1. 遗迹

包括房址、石筑基址两类。

（1）房址

2座。均为石筑结构。以F5为例介绍。

F5　位于CⅠT1004西北部和CⅠT1104北部，叠压在这两个探方第6层下，同时其叠压或打破第7层和生土层，开口距地表0.2～0.75米。此房子为石头墙基，未全面揭露，已发掘范围东西长约8.2、东西宽4.75米。方向175°（图二八）。

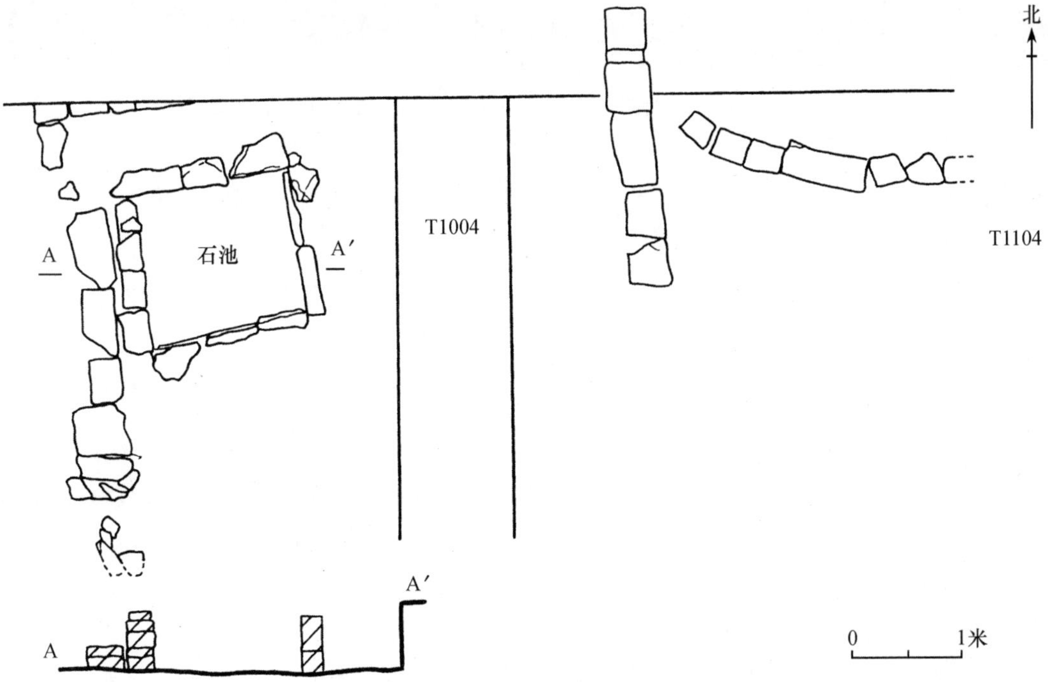

图二八　F5平、剖面图

F5墙基用大小不等的长方形或不规则形石块错缝平砌而成，现残存1～3层，地面无槽，墙基宽0.2～0.3米。已发掘西墙基长约4米，北墙基长约1.4米。东墙基南部已破坏无存，残存北部一段长约2.4米。探方内西北角有一道东西向墙基，已发掘长约2.5米，疑为此房子的附属建筑墙基。

（2）石筑基址

3处。似为房址，但形状与范围不清，暂和房子区分开来，以代号S表示。选择S5予以叙述。

S5　位于CⅠT0605、CⅠT0705、CⅠT0805北部，叠压在该三个探方的第3层下，同时其叠压或打破第4、5层，开口距地表0.25～0.5米。东北部伸出探方外，未做发掘。从已发掘平面看，似为一道石块垒筑的墙基，方向81°（图二九），用长方形或不规则形石块错缝平砌，现残存1～2层。已发掘东西长约10.25（包括CⅠT0605、CⅠT0705隔梁在内）、墙基宽0.25～0.3、残高0.1～0.15米。墙基周围有三处乱石堆，应是墙基坍塌所致。

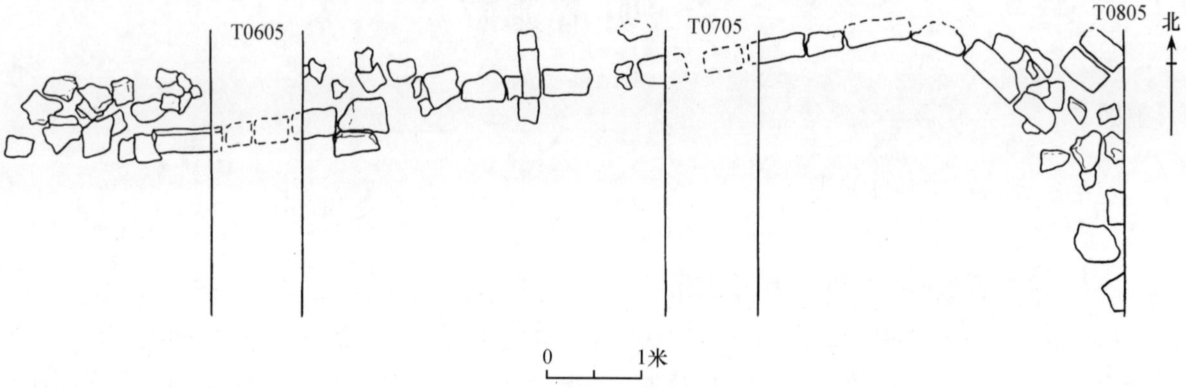

图二九　S5平面图

2. 遗物

数量较多，按质地分有瓷器、缸胎器、陶器、铜器、铁器、银器和石器等。

（1）瓷器

碗　复原16件。均为圈足。青釉，釉下有蓝彩绘花。依腹壁深浅不同可分二型。

A型　12件。深腹。依口部不同又可分为二式。

Ⅰ式：11件。侈口。CⅠT0705④：1，灰白胎。圆唇，斜弧腹，足底外斜内直，外缘旋削。全釉，釉面有冰裂纹。器内壁口部及下腹部分别绘一道和两道带纹，其间绘花草叶纹，内底绘牡丹花卉。器外壁口部及下腹部也分别绘一道和两道带纹，其间绘菊花和点彩。口径14.7、足径5.6、通高7厘米（图三○，1）。

Ⅱ式：1件。敞口。CⅠT0805④：2，灰白胎。圆唇，斜弧腹，足壁外直内斜。全釉。器外壁上部及下部分别绘两道和一道带纹，其间绘花草叶纹和圆圈填线纹。口径6.8、足径及通高均为3.2厘米（图三○，2）。

B型　4件。依腹壁形制不同又分二式。

Ⅰ式：3件。斜弧腹。CⅠT0604③：1，青灰胎。圆唇，敞口，足壁外直内斜，外缘经旋

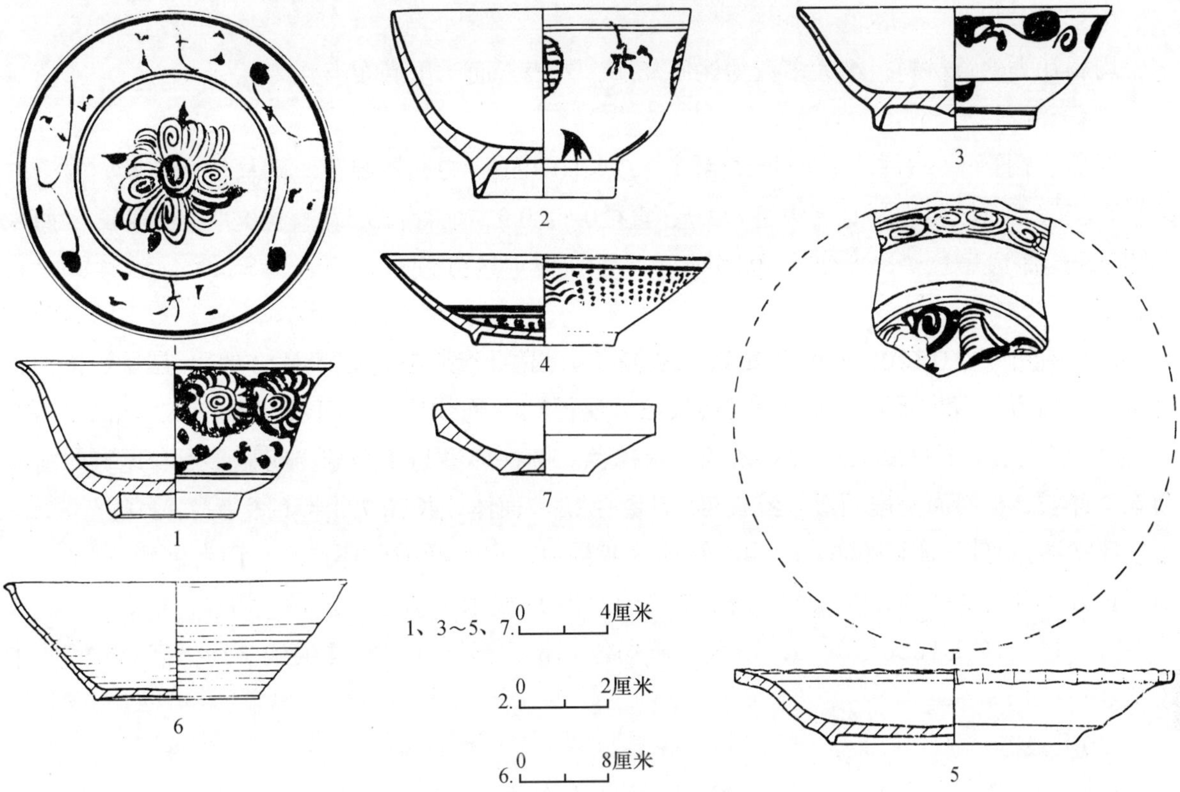

图三〇 明清瓷器及缸胎器

1. A型Ⅰ式瓷碗（CⅠT0705④：1） 2. A型Ⅱ式瓷碗（CⅠT0805④：2） 3. B型Ⅰ式瓷碗（CⅠT0604③：1） 4. B型Ⅱ式瓷碗（CⅠT0805④：2） 5. 瓷盘（CⅠT0904③：1） 6. 缸胎盆（CⅠT0804④：3） 7. 缸胎灯盏（CⅠT0904③：3）

削，圈足内底有鸡心眼。外壁满釉，内壁半釉。外壁上、中、下各绘一道带纹，其间绘花草叶纹。口径14.4、足径7.5、通高5.5厘米（图三〇，3）。

Ⅱ式：1件。斜直腹。CⅠT0805④：2，青灰胎。圆唇，敞口。足壁内直外斜，足底无釉。器内壁口部及下腹部分别绘一道或两道带纹，内底绘点彩。器外壁口部绘一道带纹，上腹部绘花草叶纹及点彩。口径15、足径6.4、通高4厘米（图三〇，4）。

盘　复原2件。形制基本相同。CⅠT0904③：1，青灰胎。方唇，折沿斜平，沿部转折较圆滑，斜直腹，矮圈足。内外壁满施青釉，圈足内底无釉。唇部作花边。釉下有蓝彩绘花。沿面绘三道带纹，内填云雷纹，内底绘三道带纹和花草叶纹。口径20.3、足径11.2、通高3.4厘米（图三〇，5）。

（2）缸胎器

盆　复原1件。CⅠT0804④：3，紫红胎。圆唇，折沿，直口，上腹微鼓，下腹斜直，微显假圈足，底微凹。上腹部以下内外壁有轮制时留下的旋棱，似为瓦纹。施酱黑釉，内壁满釉，外壁近半釉。口径31.4、底径15.4、通高10.6厘米（图三〇，6）。

灯盏　复原2件。形制基本相同。CⅠT0904③：3，灰褐胎。方唇，沿面微凹，口微敞，斜直腹，平底微凹。施酱黄釉，釉面有冰裂纹，内壁满釉，外壁釉脱落。口径10.1、底径4、通高3.2厘米（图三〇，7）。

（3）陶器

均属瓦类建筑材料，绝大多数为泥质灰陶，外表素面，里满布纹。

（4）铜器

烟嘴（铜管） 3件。形制大致相同。CⅠT0705⑤：3，锈绿色。圆柱体竹节状。吸管较细微束腰，烟管较粗微斜直。吸管长3.7、直径0.5～0.9、烟管长3.5、直径0.9～1、通长7.2厘米（图三一，3）。

（5）铁器

刀 1件。CⅠT1205⑤：1，锈残，灰褐色。圆柱形銎与刀身有明显分界，刀身狭长，直背微弧，弧刃，横断面呈三角形。銎残长13、銎径2.3、通体残长28厘米（图三一，1）。

矛 1件。CⅠT0805③：2，锈残，灰褐色。圆柱形銎与矛身分界明显。矛身尾宽向前逐渐聚，锋残，横断面呈扁菱形。銎长11.7、銎径2.3、通体残长20.7厘米（图三一，2）。

环状器 1件。CⅠT0604④：4，锈蚀，灰褐色。扁平椭圆形环状。一面有锥状钉4个，一端有长方形穿孔。内径1.4～3.1、外径3.2～5.1、厚0.4厘米（图三一，5）。

钉 1件。CⅠT0805⑤：3，锈残。灰褐色。长方形锥柱状，锋尖残。通体残长12.2厘米（图三一，4）。

（6）银器

指环 1件。CⅠT0604④：3，锈残，灰绿色。圆形。内径1.6、外径2厘米（图三一，6）。

（7）石器

打磨器 1件。CⅠT0604④：1，紫红色砂岩琢磨而成。扁圆状，两面中部内凹，一面光亮，应为使用时所致。最大直径7.4、最厚3.5厘米（图三一，7）。该器似为打磨他类器物之用，由于其出于明清地层，我们暂时将它归为此时期，但也不排除是明清以前甚至先秦时期的东西。

（8）钱币

1枚。CⅠT0302②：1，锈绿色。圆形方孔，正、背面有外郭。正面楷书顺读“道光通宝”四字，背面满文，字体锈蚀模糊。直径1.9、穿孔边长0.6、厚0.05厘米。

七、结　语

经过对晒经遗址的二期发掘，我们对该遗址有了几点新的认识，对它的性质和文化内涵有了新的了解。

（1）晒经遗址坐落在火山熔岩断裂的台地上，高度落差大，可供发掘的面积有限，对各时期遗存的保存和发掘都带来了相当大的难度，晚期遗迹直接叠压在早期遗迹之上，有的甚至直接利用，这表明遗址可利用的空间有限。

（2）遗迹丰富但多为残址，极少有完整现象。综合发掘资料分析，主要原因是山洪冲刷及山体滑坡，当然晚期人类在此生产、生活也是对遗址破坏的一个重要因素。

（3）晒经遗址的文化内涵，虽然时间跨度大，早期遗存极少，但从这些发掘出的资料

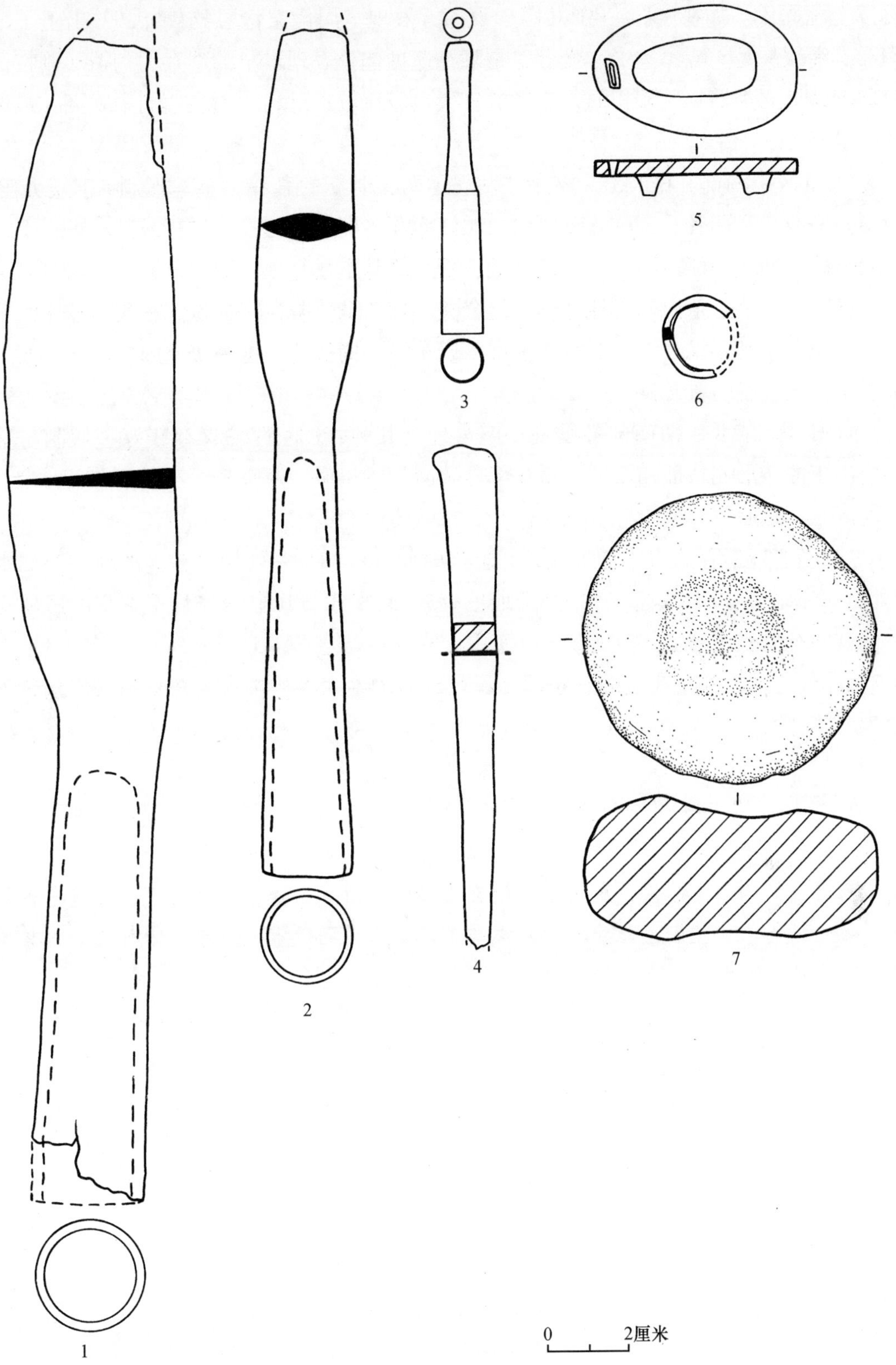

图三一　明清器物

1. 铁刀（CⅠT1205⑤：1）　2. 铁矛（CⅠT0805③：2）　3. 铜烟嘴（CⅠT0705⑤：3）　4. 铁钉（CⅠT0805⑤：3）
5. 环状铁器（CⅠT0604④：4）　6. 银指环（CⅠT0604④：3）　7. 打磨石器（CⅠT0604④：1）

看，可以上至周代。如在BⅠ区和BⅡ区少数探方发现了周代文化层及灰坑，并出土了一些遗物，陶器有绳纹鬲足、罐（釜）、壶等，是晒经遗址迄今发现最早的遗存。陶器形制特征与巫山县双堰塘遗址同类器物比较相似，二者的年代也应比较接近，大约在西周中晚期，最迟不会晚于春秋早期。

（4）CⅢ区中南部和BⅡ区少数探方发现了两汉时期的墓葬，墓葬形制有长方形竖穴土坑、刀形石室或砖室两者。土坑墓东西向，顺江而葬（即墓圹与长江平行或基本平行），石室或砖室墓均南北向，交江而葬（即墓圹与长江垂直或基本垂直）。这批墓葬有一组打破关系，即石室墓打破土坑墓。墓内均有随葬品、组合关系较清楚，时代特征也比较明显，土坑墓年代属西汉，甚至可早到秦汉之交，石室或砖室墓属东汉（蜀汉）。这为研究该地区两汉时期丧葬文化提供了一批难得的新材料。

（5）CⅠ区和CⅡ区西南部各发现一座窑址，其中CⅠ区的Y3保存较好，形制与结构清楚，窑内出土的砖形制特征和刀形砖室墓部分砖同类或相似，两座窑无疑属于东汉时期。这对探索该地区东汉时期窑的结构与形制都有重要的意义。

（6）晒经遗址遗存的主体是宋代，并且当时此地可能是一处规模较大的村镇。如本次发掘的7处石筑基址其中5处属宋代，6座房址也有5座属宋代。其中F4先且不论它的房屋建设如何，单就其内石池建设已十分精良，既有实用价值又不乏艺术性。

（7）此外还发现一个有趣的现象即是汉代以后的绝大多数排水沟都是用汉代墓砖砌筑，这是否为废物利用？

附记：参加这次发掘和室内资料整理工作的人员有安徽省文物考古研究所张钟云（领队）、吴强、张莉平，安徽省铜陵市文物管理所唐杰平、张翼，安徽省怀宁县文物管理所金晓春，安徽省寿县博物馆马国伟，重庆市云阳县文物管理所孙紫峰、湛红雁，山西省考古研究所李保国、梁清敏等八名技工。此外本次发掘和整理工作得到了重庆市和云阳县文化、文物部门领导的大力支持与帮助，在此一并致谢。

绘图：程　浩

摄影、摄像：金晓春

器物修复：张莉平　张雪梅

执笔：唐杰平　张钟云　金晓春

云阳晒经遗址2002年度发掘简报

安徽省文物考古研究所
云阳县文物管理所

重庆市云阳县晒经遗址经过2001年春、秋季两次发掘，完成了超过该考古项目70%的任务，基本上摸清了遗址的文化堆积，明确了遗址的文化内涵及其年代，并获得一批重要的实物资料，为下次工作的开展打下了坚实的基础。

2002年秋季，安徽省文物考古研究所三峡考古队在云阳县文物管理所的大力协助下，对遗址进行了第三次考古发掘。遗址的地理位置、地貌及范围等情况，在2001年春季简报中已做过介绍，在此不再赘述。

根据考古勘探结果，我们有目的地、选择性地在B、C两区进行了布方发掘，共开挖5米×5米探方108个，方向正磁北，20米×3米探沟1条，方向20°，包括扩方，发掘总面积约2800平方米（图一）。B区49个探方，其中东北部第Ⅰ象限BⅠ区26个，东南部第Ⅱ象限BⅡ区7个，西南部第Ⅲ象限BⅢ区16个。C区59个探方，1条探沟，其中东北部第Ⅰ象限CⅠ区33个，东南部第Ⅱ象限CⅡ区13个，西南部第Ⅲ象限CⅢ区6个探方，1条探沟，西北部第Ⅳ象限

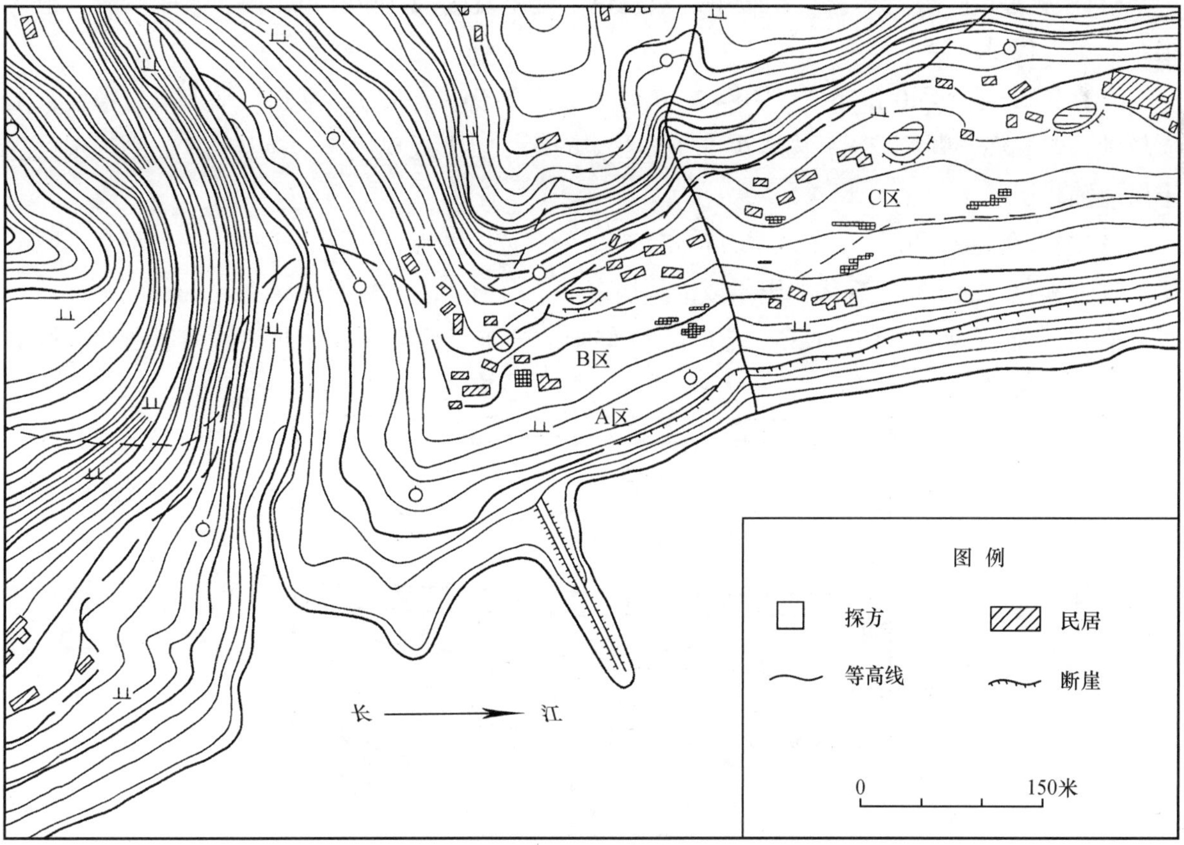

图一　晒经遗址2002年度探方位置示意图

CⅣ区7个。本次发掘，发现房子1座、石筑遗迹6座、道路2条、下水道1条、灰坑5个、墓葬3座，并获得一批陶、瓷、铜、铁、石器等遗物，年代上限可到周代，下限至明清。现将发掘收获简报如下。

一、地层堆积

（一）B区地层堆积

BⅠ区26个探方地层堆积一般北高南低呈坡状分布，文化层以宋代、明清为主，遗物不多。中南部9个探方及东北部5个探方地层堆积多深厚，坡度小，东南部12个探方地层堆积多浅薄，坡度大。中南部土质多黏性，东南部及东北部土质多砂性。

BⅡ区7个探方与BⅠ区东南部探方地层堆积相类。

BⅢ区16个探方位于遗址的西南边缘一带，地层堆积浅薄，多为近代扰土堆积，土质多沙性。

现以BⅠT1304、BⅠT2501为例说明如下。

1. BⅠT1304

位于BⅠ区04排中部，海拔154.1米，地层堆积共七层，以西壁为例（图二）。

第1层：厚0.1～0.15米。堆积较平。灰褐色，土质疏松，颗粒较粗，内含较多炭渣及植物根系。系现代耕土层。

第2层：距地表深0.1～0.7、厚0.45～0.55米。分布于整个探方，堆积较平。浅红褐色，土质较硬，略黏性，颗粒较粗，内含少许灰烬及炭渣等。出土近现代陶、瓷器残片。系近现代扰土层或铺垫层。

第3层：距地表深0.6～1.2、厚0.45～0.6米。分布范围、堆积形状、土质及包含物基本同上层，唯红褐色较深。系近现代扰土层或铺垫层。

第4层：距地表深1.15～1.35、厚0.1～0.15米。分布于整个探方，北部略高于南部。棕褐

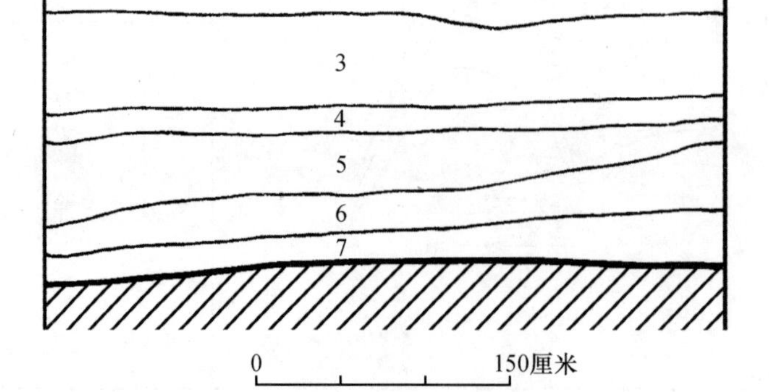

图二　BⅠT1304西壁剖面图

色，土质较硬，颗粒较细，内含少许烧土粒及炭粒等。出土遗物少而破碎，可辨器形有青花瓷碗、盘，酱油缸胎盆、灯盏等。系明清文化层。

第5层：距地表深1.25～1.85、厚0.1～0.5米。分布于整个探方，北高（薄）南低（厚）坡状分布。褐黄色，土质松软，颗粒较细。包含物基本同上层。系明清文化层。

第6层：距地表深1.35～2、厚0.15～0.45米。分布于整个探方，北高南低坡状分布。灰褐色，土质较软，颗粒较细，内含少许红烧土粒及炭粒等。出土遗物少而破碎，有青绿、青白、米黄、黑釉瓷器残片，酱黄釉缸胎残片等，可辨器形有碗、洗、盏、灯盏、盆、罐等。系宋代文化层。

第7层：距地表深1.8～2.2、厚0.15～0.35米。分布范围、堆积形状、土质及包含物基本同上层，唯灰褐色泛黄。系宋代文化层。

第7层之下为黄色黏性生土。

2. BⅠT2501

位于BⅠ区01排东部，海拔145.7～146.5米，地层堆积共五层，以西壁为例（图三）。

第1层：厚0.1～0.25米。北高南低坡状分布。灰褐色，土质疏松，颗粒较粗，内含少许炭渣及较多植物根系等。系现代耕土层。

第2层：距地表深0.1～0.35、厚0～0.15米。分布于探方的西南部，北高（薄）南低（厚）坡状分布。褐黄色砂性土，土质松软，颗粒较细，内含少许炭粒及烧土粒等。出土零碎的近现代陶、瓷器残片。系近现代扰土层。

第3层：距地表深0.25～0.55、厚0.1～0.3米。浅黄色砂性土，土质松软，颗粒较细。分布范围、堆积形状及包含物基本同上层。系近现代扰土层。

第4层：距地表深0.2～0.6、厚0～0.25米。分布于探方的西北部，北高（厚）南低（薄）坡状分布。棕褐色砂性土，土质较软，颗粒较细，内含少许炭屑及烧土粒等。出土零碎的青花瓷片及缸胎残片，可辨器形有碗、灯盏、盆、罐等。系明清文化层。

第5层：距地表深0.35～1、厚0.1～0.4米。分布于整个探方，北高（厚）南低（薄）坡状分布。青灰色砂性土，土质较硬，颗粒较细，内含少许炭屑及烧土粒等。很少遗物，有零碎的青白釉瓷片，缸胎酱釉残片及泥质素面灰陶残片等，可辨器形有碗、灯盏、盆、板瓦等。系宋代文化层。

第5层之下为黄色砂性生土。

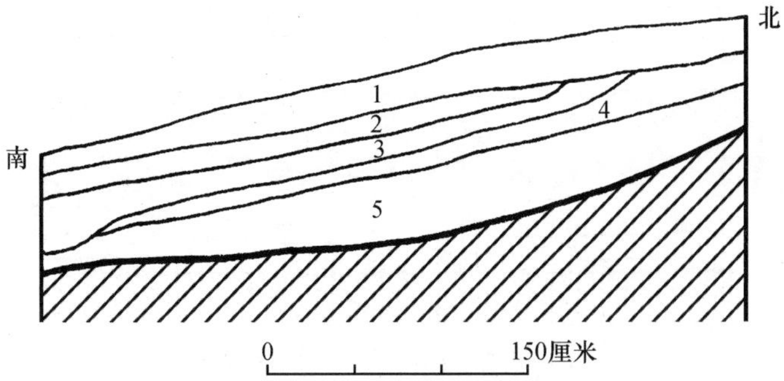

图三　BⅠT2501西壁剖面图

（二）C区地层堆积

CⅠ区32个探方地层堆积相类，地层堆积一般较为深厚，北部稍高于南部略有倾斜，文化层以宋代为主，明清次之，遗迹、遗物较多。

CⅡ区13个探方位于遗址南部边缘一带，地层堆积多浅薄，少数探方地层堆积深厚，但洪积层较多，堆积均北高南低坡状分布，文化层以宋代、明清为主，遗物较少，不见遗迹。

CⅢ区6个探方及1条探沟，地层堆积有异。东部4个探方地层堆积深厚，文化层以宋代为主，另有少部分周代文化层，遗迹、遗物较多。西部2个探方及1条探沟地层堆积浅薄，多有汉代墓葬。

CⅣ区7个探方比较集中，地层堆积相类，地层一般堆积深厚，堆积层次较多，略向南倾斜分布，文化层以宋代、明清为主，遗物较少，未见遗迹。

现以CⅠT1202、CⅢT0407为例说明如下。

1. CⅠT1202

位于CⅠ区02排西部，海拔165.2米，地层堆积共六层，以南壁为例（图四）。

第1层：厚0.15米。堆积较平。褐灰色，土质疏松，颗粒较粗，内含较多炭粒及植物根系等。系现代耕土层。

第2层：距地表深0.15～0.65、厚0.3～0.5米。分布于整个探方，堆积较平。浅红褐色，土质较硬，略黏性，颗粒较粗，内含少许炭粒及烧土粒等。出土近现代陶、瓷器残片。系近现代扰土层或铺垫层。

第3层：距地表深0.45～1.05、厚0.4～0.6米。分布范围，堆积形状，土质及包含物基本同上层，唯红褐色较深。系近现代扰土层或铺垫层。

第4层：距地表深1.05～1.25、厚0.05～0.2米。基本分布于整个探方，堆积略向东南倾斜，西北部较薄，东南部较厚。浅黄色，土质较硬带黏性，颗粒较细，内含少许烧土粒及砂石粒等。出土遗物破碎，有青花瓷片及酱釉缸胎残片等，可辨器形有碗、碟、盆、罐等。系明清文化层。

第5层：距地表深1.2～1.4、厚0～0.15米。分布于探方东南角。棕褐色，土质较软，发黏性，颗粒较细，内含少许烧土粒等。出土遗物基本同第4层。系明清文化层。

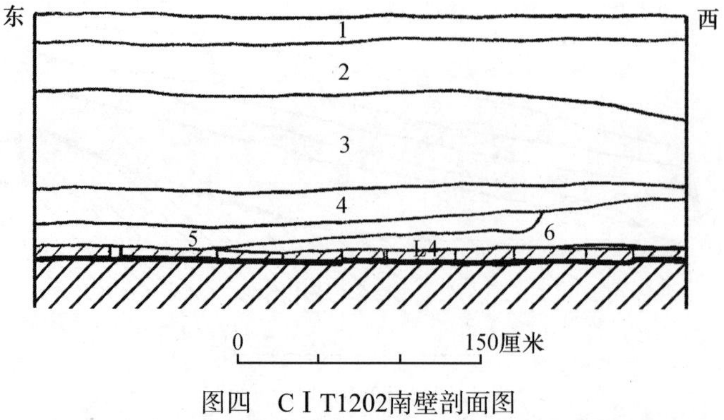

图四　CⅠT1202南壁剖面图

第6层：距地表深1.1～1.4、厚0～0.3米。分布于探方西南角。灰褐色，土质松软，颗粒较细，内含少许炭屑及烧土块等。出土遗物有青绿、青白、米黄、黑釉瓷片及酱黄釉缸胎残片等，可辨器形有碗、盏、灯盏、盆、罐等。系宋代文化层。此层下叠压宋代道路（L4）。

L4之下为黄色生土或青石基岩。

2. CⅢT0407

位于CⅢ区07排东部，海拔157米，地层堆积共七层，以南壁为例（图五）。

第1层：厚0.2～0.3 米。堆积较平。灰褐色，土质疏松，颗粒较粗，内含较多炭渣及植物根系等。系现代耕土层。

第2层：距地表深0.2～0.65、厚0.1～0.35米。分布于整个探方，堆积较平。浅黄色，土质较硬，颗粒较粗，内含少许炭渣及烧土粒等。出土近、现代陶、瓷器残片。系近现代扰土层。

第3层：距地表深0.3～1.5、厚0.5～1.2米。分布于整个探方，堆积中部薄，东、西部厚。褐黄色，土质较松，颗粒较粗。出土青花瓷片及缸胎残片等，可辨器形有碗、灯盏、盆等。系明清文化层。

第4层：距地表深1.1～2.65、厚1.25～1.5米。分布于探方东部，北高南低坡状分布。灰红色，土质松软，颗粒较细，内含较多炭屑及红烧土块等。出土遗物较多，有青白、青绿、米黄、黑釉瓷片，酱黄釉缸胎残片，泥质素面灰陶残片等，可辨器形有碗、洗、盘、盏、灯盏、盆、罐等。系宋代文化层。此层下叠压宋代石筑遗迹（S14）及道路（L3）。

第5层：距地表深0.95～2.7、厚0～1.75米。分布于探方的中部，向东南方向倾斜呈坑状分布。灰褐色砂性土，土质较硬，颗粒较细，内含少许炭屑及烧土粒等。出土遗物基本同上层。系宋代文化层。

第6层：距地表深1.4～2.2、厚0～0.3米，分布于探方的中西部，向东南倾斜分布。黄褐色黏土，土质较硬，颗粒较粗，内含少许炭粒及烧土粒等。出土零碎的瓷片及缸胎残片等，可辨器形有碗、罐等。系宋代文化层。

第7层：距地表深0.9～1.85、厚0～0.3米，分布于探方西南角一少部分，北高南低坡状分布。青灰色砂性土，土质较硬，颗粒较细，内含少许炭屑及红烧土块等。出土遗物有夹砂绳纹或素面褐陶残片，泥质弦纹或素面褐陶残片，可辨器形有鬲、釜、罐、壶、缸、豆、杯、盏等。系周代文化层。

第7层之下为黄色砂性生土或青石基岩。

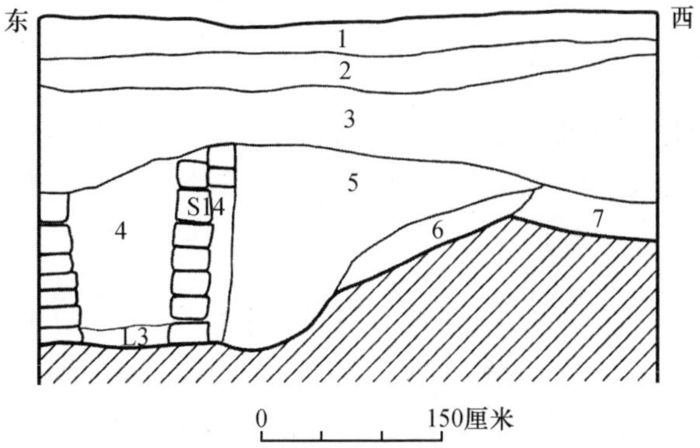

图五　CⅢT0407南壁剖面图

二、周代遗存

该时期未见遗迹，遗物也不是很多，按质料分有陶器、石器两类。

1. 陶器

陶器的质地分为夹砂、泥质两类，以前者居多，后者甚少。纯泥质陶少见，一般多含有细砂，可能与本地陶土有关。夹砂陶以灰褐陶居多，其次为黑灰、红褐陶，尚有少量的青灰、黄褐及纯红陶。泥质陶多呈青灰色，其次为黑灰色，另有少量的纯红及红褐陶。纹饰以素面居多，绳纹次之，此外有少量的弦纹、方格纹及附加堆纹等。器形有鬲、釜、罐、壶、盆、缸、簋、豆、杯、盏、器盖等。

鬲　1件。CⅢT0506⑥：2，口肩残片。夹砂黄褐陶。圆唇，卷沿，敞口，束颈，圆肩。肩部饰竖向粗绳纹。口径35.4、残高9.6厘米（图六，1）。

釜　7件。均为口部残片或口肩残片。依唇部有无花边分为二型。

A型　4件。唇部无花边，即素缘釜。CⅢT0507⑦：22，口肩残片。夹砂灰褐陶。圆唇，卷沿，侈口，束颈，溜肩。肩部饰斜向中偏粗绳纹。残高5.4厘米（图六，7）。

B型　3件。唇部有花边，即花边釜。CⅢT0506⑥：5，口肩残片。夹砂红褐陶。方唇，卷沿，侈口，束颈，耸肩。肩部饰斜向中偏粗绳纹。残高10.8厘米（图 六，6）。

罐　10件。均为口部或口肩残片。依唇部有无花边分为二型。

A型　7件。唇部无花边，即素缘罐。CⅢT0507⑦：20，口肩残片。夹砂灰褐陶。尖圆唇，侈沿微卷，侈口，束颈，斜肩。肩部饰横向中绳纹。口径11.2、残高3厘米（图六，8）。CⅢT0507⑦：14，口部残片。夹砂灰褐陶。圆唇，卷沿，侈口，束颈。素面。口径44.4、残高6厘米（图六，2）。

B型　3件。唇部有花边，即花边罐。CⅢT0506⑥：3，口肩残片。夹砂黑灰陶。圆唇，卷沿，侈口，束颈，斜肩。颈、肩部饰纵向中偏细绳纹。口径34.6、残高6厘米（图六，4）。

壶　7件。多为口部残片。依形制不同可分二型。

A型　6件。侈口，束领。CⅢT0506⑥：6，口部残片。夹砂灰褐陶。尖圆唇，窄折沿。素面。口径23.8、残高5.4厘米（图六，3）。CⅢT0507⑦：8，口部残片。夹砂灰褐陶。圆唇，卷沿。素面。残高9.4厘米（图六，5）。

B型　1件。敞口，斜领。CⅢT0507⑦：7，口部残片。夹砂青灰陶。圆唇，窄折沿向外斜平，沿面微凹，高领向外斜直。素面。残高6.6厘米（图六，10）。

另有壶底　1件。CⅢT0507⑦：2，泥质红褐陶。下腹斜直，平底。素面。底径9、残高3厘米（图六，9）。

盆　8件。均口腹残片。依腹部形制不同可分三型。

A型　5件。鼓腹。CⅢT0507⑦：28，夹砂灰褐陶，局部呈黑灰色。方唇，卷沿，侈口，束颈，圆肩，上腹微鼓，下腹缓收。素面。口径34、残高12厘米（图七，1）。CⅢT0506⑥：9，泥质青灰陶。圆唇，窄折沿向外斜平，敞口，束颈，圆肩，腹圆鼓。肩腹间

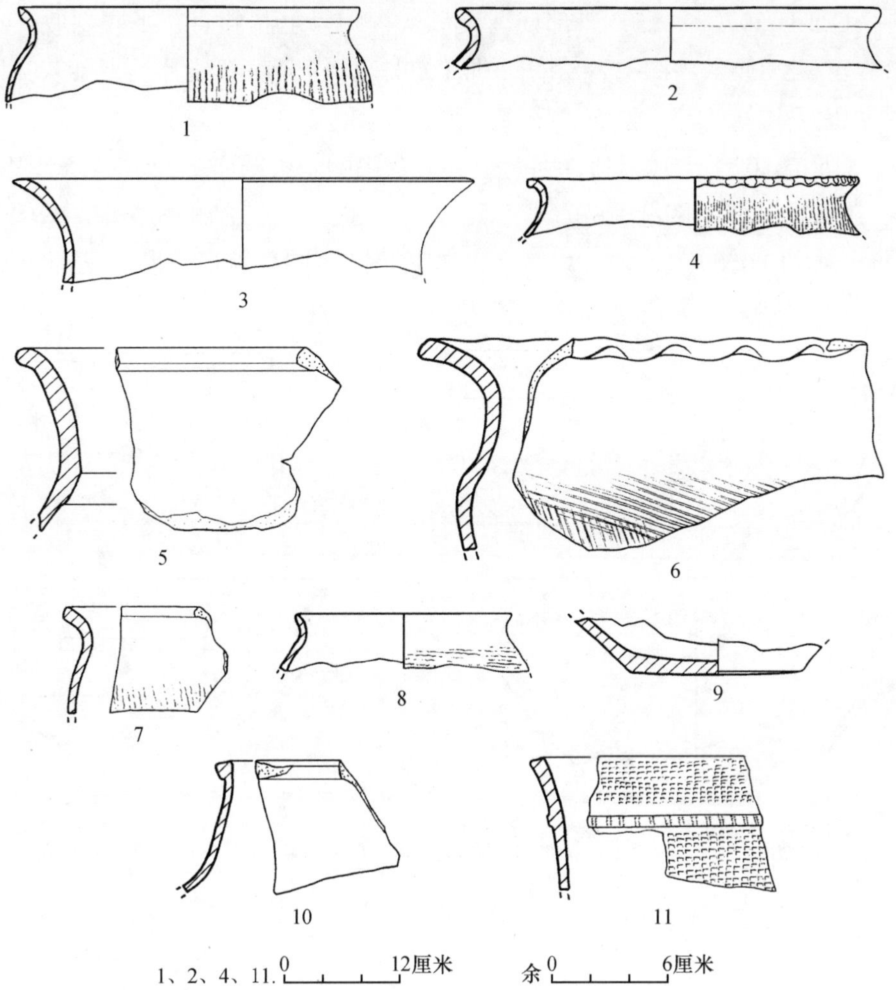

图六 周代陶器

1. 鬲（CⅢT0506⑥：2） 2、8. A型罐（CⅢT0507⑦：14、CⅢT0507⑦：20） 3、5. A型壶（CⅢT0506⑥：6、CⅢT0507⑦：8） 4. B型罐（CⅢT0506⑥：3） 6. B型釜（CⅢT0506⑥：5） 7. A型釜（CⅢT0507⑦：22） 9. 壶底（CⅢT0507⑦：2） 10. B型壶（CⅢT0507⑦：7） 11. 缸（CⅢT0507⑦：29）

饰一道凹弦纹。残高5.2厘米（图七，2）。

B型 1件。折腹。CⅢT0506⑥：11，夹砂青灰陶。圆唇，侈沿微卷，侈口，束颈，折肩，折腹。素面。口径14、残高7厘米（图七，3）。

C型 2件。直腹。CⅢT0507⑦：3，夹砂青灰陶。尖圆唇，卷沿，敞口，束颈不显，上腹近直，下腹缓收。上腹部饰一道凹弦纹。残高4.4厘米（图七，4）。

缸 1件。CⅢT0507⑦：29，口部残片。夹砂纯红陶。斜平沿微凹，敞口，斜直腹。通体饰方格纹，上腹部间或一道附加堆纹。残高13.6厘米（图六，11）。

簋 1件。CⅢT0506⑥：13，残甚。泥质青灰陶。口部及圈足均残，柄甚矮。素面。残高2.2厘米（图七，5）。

豆 2件。CⅢT0507⑦：1，盘部残片。泥质青灰陶。深盘，斜弧腹微束腰，盘底与豆柄孔相通。素面。残高5.9厘米（图七，10）。CⅢT0507⑦：13，残豆柄。泥质青灰陶。细高柄中空。通体有竖向刮削痕。素面。孔径2、残长12厘米（图七，11）。

杯　2件。CⅢT0507⑦：25，口部残。夹砂灰褐陶。上腹斜直，下腹斜收，小平底。素面。底径1.3、残高8.8厘米（图七，8）。CⅢT0507⑦：9，底部残片。夹砂灰褐陶。下腹斜直，尖圜底。内底呈锥状凸起。素面。残高4.4厘米（图七，9）。

盏　2件。CⅢT0507⑦：10，口部残片。夹砂灰褐陶。尖圆唇，微敛口，上腹微鼓，下腹缓收。素面。残高3.2厘米（图七，6）。

器盖　1件。CⅢT0507⑦：12，残甚。夹砂灰褐陶。圆柱状纽残断。素面。残高1.6厘米（图七，7）。

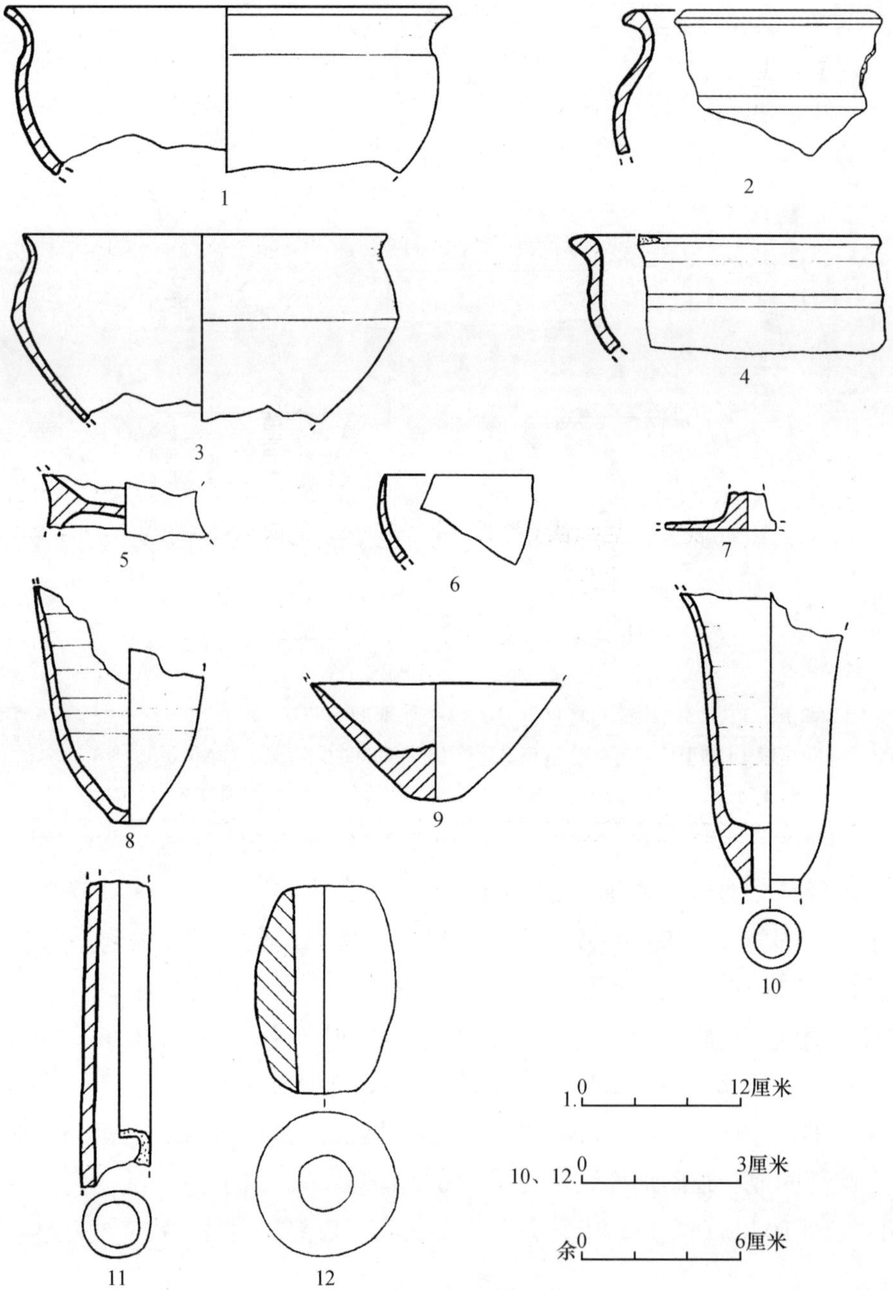

图七　周代陶器

1、2. A型盆（CⅢT0507⑦：28、CⅢT0506⑥：9）　3. B型盆（CⅢT0506⑥：11）　4. C型盆（CⅢT0507⑦：3）　5. 簋（CⅢT0506⑥：13）　6. 盏（CⅢT0507⑦：10）　7. 器盖（CⅢT0507⑦：12）　8、9. 杯（CⅢT0507⑦：25、CⅢT0507⑦：9）　10、11. 豆（CⅢT0507⑦：1、CⅢT0507⑦：13）　12. 网坠（CⅠT0502⑤：6）

网坠　1件。CⅠT0502⑤：6，基本完好。泥质青灰陶。用豆柄磨制而成。略呈圆柱体，中间粗，两头细，中有圆孔以系绳。素面。中部直径2.8、两端直径1.8、孔径1、通长4厘米（图七，12）。

2. 石器

斧　2件。均以青石磨制而成，通体磨光，局部边缘多有打制时留下的疤痕，顶窄刃宽，平面均呈圆角梯形。CⅠT0602③：1，青白色。弧顶，双面弧刃有崩疤，一面隆起，另一面较平，横断面略呈长方形。顶宽2.8、刃宽5.7、最厚2、通长9.2厘米（图八，1）。CⅠT0502⑤：4，灰黑色。顶微弧，双面弧刃一角残断，局部有使用时留下的疤痕，两面隆起，横断面略呈弧边长方形。顶宽2.2、刃宽4.5、最厚1.7、通长7.2厘米（图八，2）。

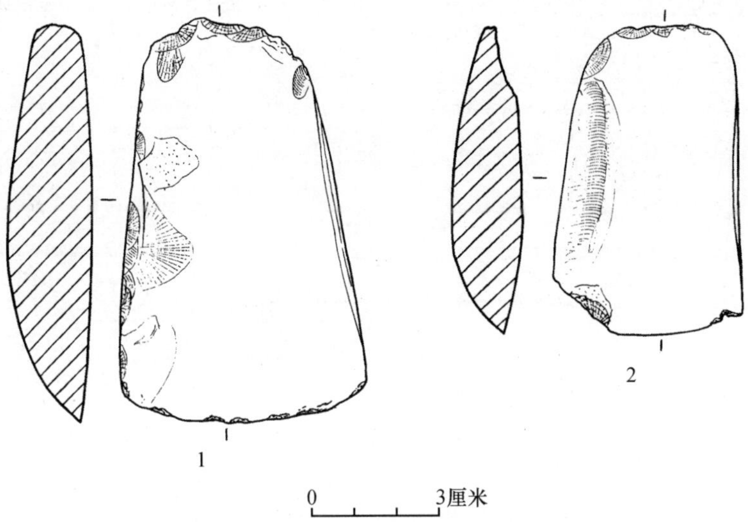

图八　周代石斧

1. CⅠT0602③：1　2. CⅠT0502⑤：4

三、汉代遗存

1. 遗迹

均为墓葬，共3座，其中长方形竖穴土坑墓2座、刀形土坑墓1座。

M15　位于CⅢTG1西南部，少部分压在探沟南壁之下，后经扩方做了完整发掘。开口于该探沟的第4层之下，打破M16及生土，开口距地表深0.4～0.55米。此墓被晚期地层破坏的仅残存底部，南端已破坏无存，从残存北部情况看，墓圹基本为长方形，但不太规整，西壁稍长于东壁，北壁微弧，剖面为直壁平底，方向175°（图九）。墓圹中部残长2、中部宽1.4、残深0.1米。葬具为一棺一椁，已朽成灰白色，棺痕已辨认不清，椁痕在北部尚隐约分辨出大致范围及形状，但无法看清板缝及榫卯。从朽痕状况看，椁呈“Ⅱ”形，即椁头、椁尾横板宽于两侧竖板之间的距离，椁长度不清，中部宽1.2、尾宽1.36、残高0.06米，木椁四周填充红褐土形

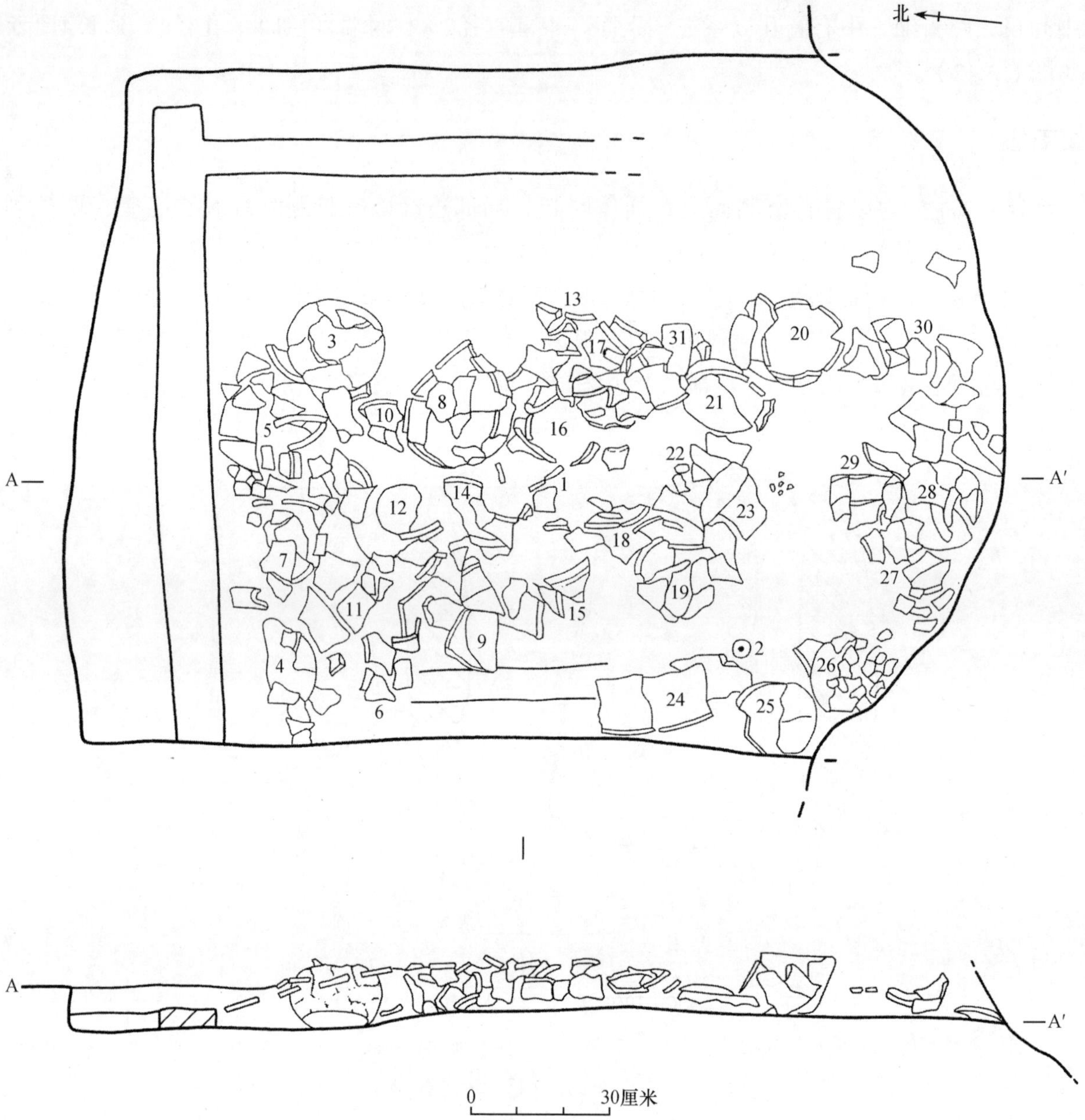

图九　M15平、剖面图

1. 铜带钩　2. 铜钱　3. 陶匜　4. 陶鍪　5、20、30. 陶罐　6、7、10～13、22、24、29. 陶仓　8、9、14～17. 陶器盖　18、19、21、23、25、26、28、31. 陶器残片　27. 陶盆

成熟土二层台。人骨架1具，朽粉，由牙齿置于墓室南部，判断头向南。随葬品均分布于椁室西部，比较散乱，其中多数器物压在人骨之上。随葬品铜器计有带钩1件，铜钱5枚；陶器计有仓9件，器盖6件，罐3件，鍪、盆、匜各1件，另有8件陶器破碎，器形不明。

M17　位于CⅢT0506西南部，少部分压在西壁之下，后经扩方做了完整发掘。开口于该方第5层之下，打破第6层及生土，开口距地表深0.15～0.6米。此墓为刀形土坑墓，由墓道及墓室两部分组成，方向90°（图一〇）。墓道位于墓室东北角，被晚期地层破坏的仅存底部及一段南壁，壁竖直，底高于墓室底0.5米，自西向东略呈斜坡状，墓道残长2.4、宽0.8、残深0.4

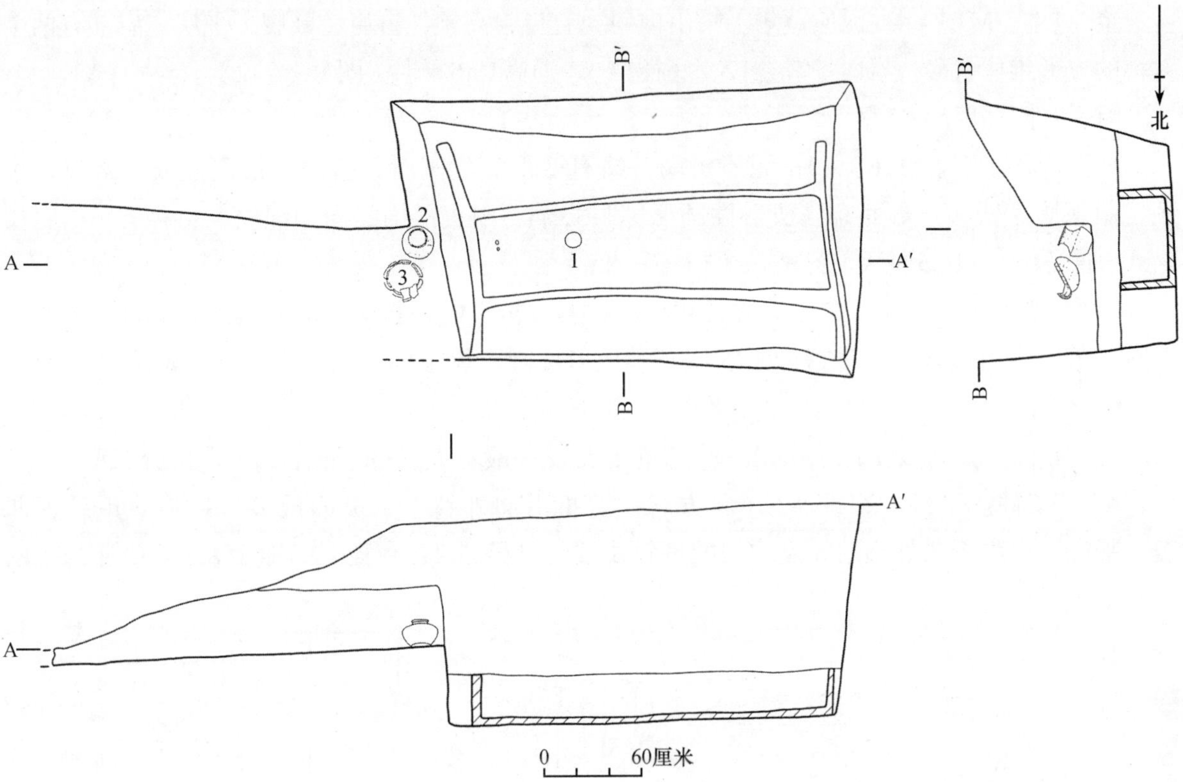

图一〇 M17平、剖面图
1. 铜镜 2. 陶罐 3. 陶盒

米。墓室基本为长方形，东壁斜直，西壁微弧，南、北壁中部内凹略呈束腰状，斜直壁，平底，墓口中部长2.8、宽1.6米，墓底中部长2.4、宽1.2、最深1.3米。墓主有木质单棺，置于墓底正中，四周填充较纯净的红褐土，形成熟土二层台。木棺保存不好，已腐朽成灰白色软泥条，无法看清榫卯和板缝，棺痕呈“Ⅱ”形，即棺头、棺尾横板宽于两侧竖板之间的距离，棺长2.25、中部宽0.6、棺头及棺尾宽1.3、残高0.32米。棺内人骨1具已朽成粉末，东部残存2颗牙齿，判断头向东。随葬品分置两处，铜镜1件置于棺内东部；陶罐、陶盒各1件置于墓道西南角（即墓道与墓室交界处）。墓圹填红褐土间或黑灰土，土质较硬，内含较多的砂石粒（块）及少许周代陶片，并出土1件铜镞。

2. 遗物

数量较多，均出于墓葬，按质料分有陶器、铜器两类，以前者居多，后者较少。

（1）陶器

陶器的质地均为泥质，一般多含有细砂，可能与本地陶土有关。陶色有黄、灰两种，以黄陶居多，灰陶甚少。纹饰以素面居多，弦纹、绳纹次之，尚有少量的划纹及瓦纹等。器形有鼎、鍪、甑、盆、钵、盒、仓、罐、匜、器盖、灯等。

鼎 1件。M16：4，泥质黄陶。圆唇，子口内敛，斜弧腹，圜底，下接半圆形柱状兽蹄足。上腹部有两个对称的长方形耳微外撇。素面。口径20.8、通高18.8～19厘米（图一一，1）。

鋬　1件。M15：4，泥质黄陶。平沿内斜，直口，高领，折肩，鼓腹，平底。肩部有两个对称的方形锥柱状鋬。素面。口径12、底径13.3、通高13.6厘米（图一一，2）。

甑　2件。可分为二型。

A型　绳纹甑。M16：40，泥质黄陶，略有变形。尖圆唇，折沿，沿面微鼓，敛口，束颈，斜弧腹，凹底。甑底布满放射性圆形箅眼35个。中腹部饰竖向中绳纹。口径35.6、底径14.4、通高16.5～18.5厘米（图一一，5）。

B型　素面甑。M16：12，泥质黄陶。斜方唇，折沿向外斜平，沿面微鼓，敛口，束颈，上腹微鼓，下腹缓收，平底微凹。甑底布满放射性圆形箅眼14个。口径20.4、底径5.8、通高8.9厘米（图一一，6）。

盆　4件。均泥质黄陶，局部多呈灰黑色，形状一般不太规整。依形制不同可分二型。

A型　2件。平底。M16：5，斜方唇，宽折沿向外斜平，沿面微鼓，敞口，束颈，曲腹，平底。中腹折曲处刻划间隔均匀的短斜线纹。口径22.2、底径6.2、通高8.4～9.1厘米（图

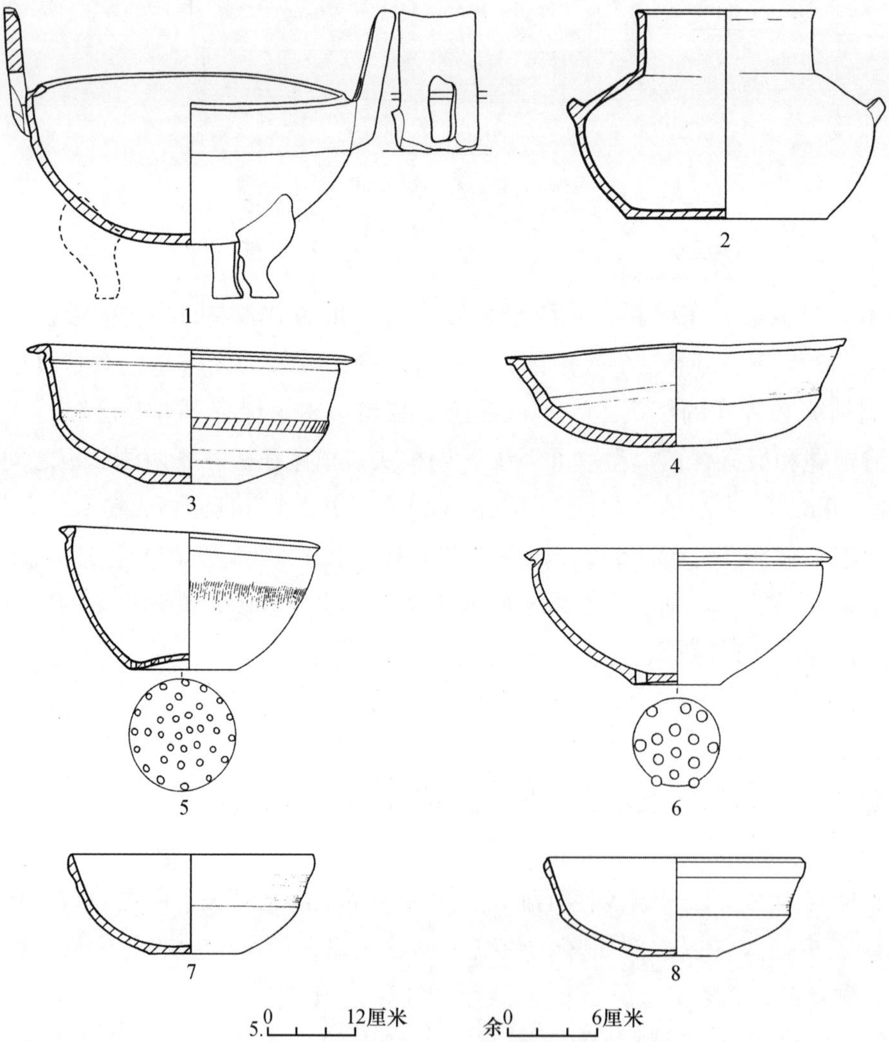

图一一　汉代陶器

1. 鼎（M16：4）　2. 鋬（M15：4）　3. A型盆（M16：5）　4. B型盆（M16：13）　5. A型甑（M16：40）　6. B型甑（M16：12）　7. A型钵（M16：7）　8. B型钵（M16：26）

一一，3）。

B型　2件。圜底。M16：13，斜方唇，宽折沿微内斜，敞口，束颈，曲腹，圜底。素面。口径22.5、通高5.8～7厘米（图一一，4）。

钵　2件。可分为二型。

A型　斜弧腹。M16：7，泥质黄陶。尖圆唇，敞口，平底。上腹部有旋棱。口径16.8、底径6、通高6.5厘米（图一一，7）。

B型　曲腹。M16：26，泥质黄陶，局部呈灰色。尖唇，敞口，平底。中腹部有明显的折棱。口径17、底径5.2、通高6.4厘米（图一一，8）。

盒　3件。均为泥质黄陶。子口。可分为三型。

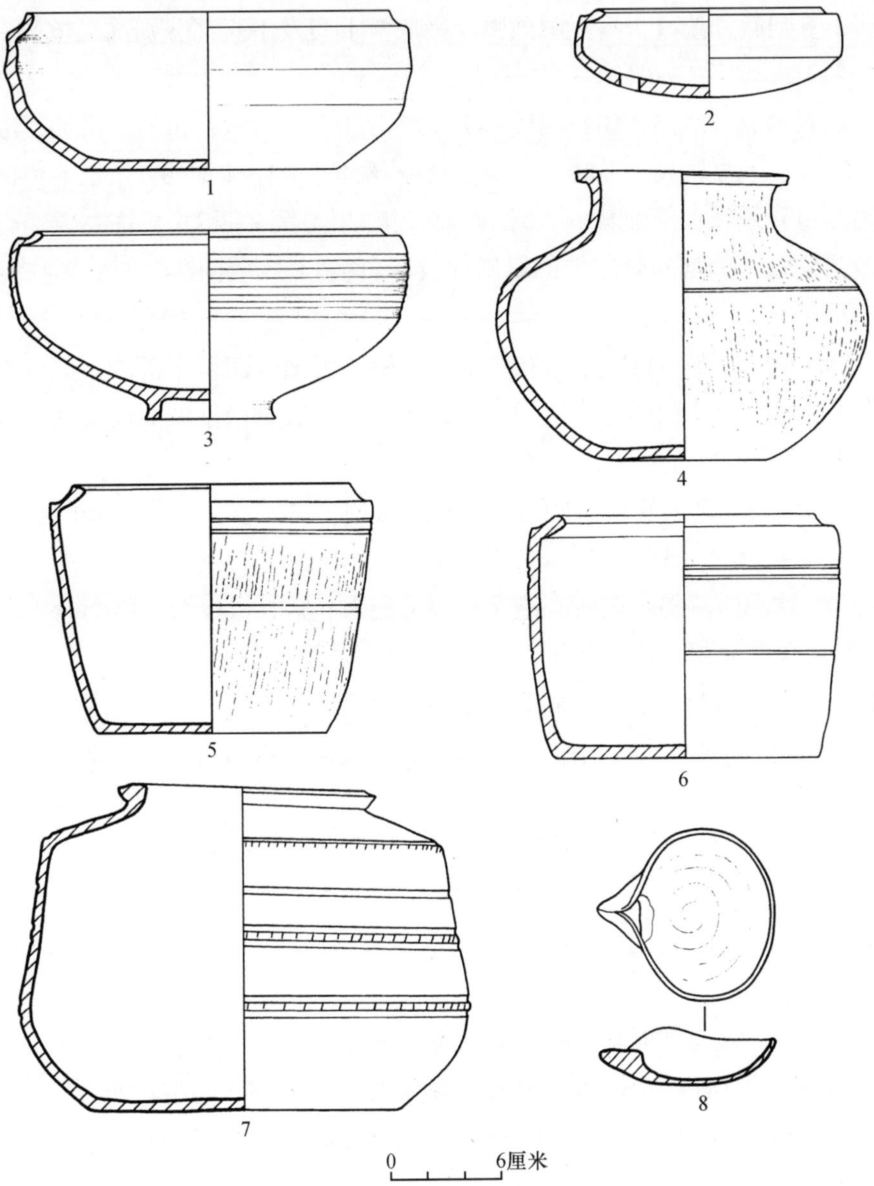

图一二　汉代陶器

1. A型盒（M17：3）　2. B型盒（M16：21）　3. C型盒（M16：39）　4. 罐（M17：2）
5、6. A型仓（M15：12、M16：9）　7. B型仓（M15：10）　8. 匜（M15：3）

A型 平底。M17：3，圆唇，敛口，上腹近直，下腹斜收。上腹部饰二周瓦纹。口径19.6、底径13.6、通高8.4厘米（图一二，1）。

B型 圜底。M16：21，圆唇，敛口，上腹向外斜直，下腹斜收成圜底。底有圆穿2个。素面。口径12.4、通高4.4厘米（图一二，2）。

C型 圈足。M16：39，方圆唇，敛口，上腹微鼓，下腹斜收，矮圈足外撇。上腹部饰八周瓦纹。口径18.8、足径7.1、通高10厘米（图一二，3）。

仓 14件。依形制不同可分为二型。

A型 12件。子口，此类仓应有盖。M15：12，泥质灰陶。子口微凹，方圆唇，敛口，斜直腹，平底。上腹及中腹部分别饰二道及一道凹弦纹，且中腹部饰竖向细绳纹被抹去，局部尚隐约可见。口径15、底径12.3、通高13.2厘米（图一二，5）。M16：9，泥质黄陶，局部呈灰色。子口微凹，方圆唇，敛口，斜直腹微弧，平底。上腹及下腹部分别饰二道及一道凹弦纹。口径13.4、底径13.2、通高13.6厘米（图一二，6）。

B型 2件。罐形仓。M15：10，泥质黄陶。略有变形。尖唇，折沿，沿面微鼓，敛口，折肩，上腹向外斜直，下腹斜收，平底。上腹部饰4组纹饰，自上而下第1组饰一道凹弦纹，之下刻划间隔均匀的短斜线纹；第2组饰一道凹弦纹；第3组与第4组相同，饰二道凹弦纹，其间一道凸弦纹，凸弦纹之上刻划间隔均匀的短斜线纹。口径14、底径16～16.6、通高16.9～17.4厘米（图一二，7）。

罐 1件。M17：2，泥质黄陶。略有变形。方唇，唇面微凹，平折沿，敞口，高领微束，圆肩，鼓腹，平底微凹。肩腹间饰一道凹弦纹，颈、肩、腹饰散乱中绳纹被抹去，局部尚隐约可见。口径11.9、底径9.4、通高15.2～15.5厘米（图一二，4）。

匜 1件。M15：3，泥质黄陶。圆唇，敞口，弧腹，圜底。一侧有捏制的流口。素面。口径9×7.4、通高2.4～3厘米（图一二，8）。

器盖 11件。均泥质黄陶。素面。绝大多数可能为仓盖，极少数可能为盒盖，由于出时与其不在一体，故而单个介绍。均覆盘状，依盖顶形制不同可分为二型。

A型 6件。平顶。依口部形制不同又可分为三亚型。

Aa型 2件。敞口。M15：9，平沿，斜直腹，内底微凸。口径16.7、顶径14.8、通高3.2厘米（图一三，1）。

Ab型 1件。直口。M16：16，平沿向里微斜，曲腹，上腹向里曲，致使上腹与下腹有明显分界。口径15.8、顶径14.1、通高3.1厘米（图一三，2）。

Ac型 3件。敛口。M15：17，平沿向里微斜，斜直腹。口径16.8、顶径14.6、通高3.2厘米（图一三，3）。

B型 5件。弧顶。依口部形制不同又可分为三亚型。

Ba型 3件。敞口。M15：16，平沿微凹，斜弧腹。口径16、通高4.2厘米（图一三，4）。

Bb型 1件。直口。M16：18，平沿向里微斜，曲腹，上腹向里曲，致使上腹与下腹有明显分界。口径14.8、通高3.5厘米（图一三，5）。

Bc型 1件。敛口。M15：15，平沿向里斜，斜弧腹。口径16.9、通高4.5厘米（图一三，6）。

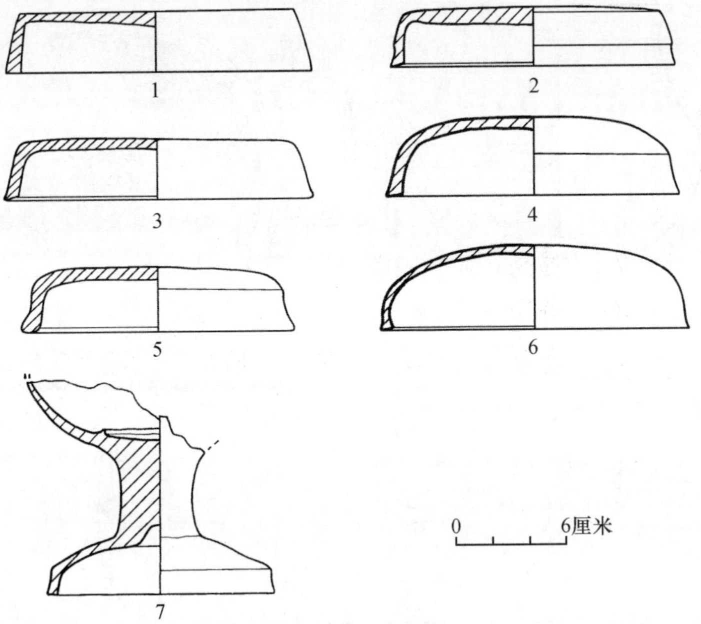

图一三　汉代陶器

1. Aa型器盖（M15：9）　2. Ab型器盖（M16：16）　3. Ac型器盖（M15：17）　4. Ba型器盖（M15：16）　5. Bb型器盖（M16：18）　6. Bc型器盖（M15：15）　7. 灯（M16：24）

灯　2件。均泥质黄陶，形制基本相同。M16：24，盘残。斜弧腹盘，内底有一周凸棱，中柄，覆盘形圈足，内底下凹成圆窝。素面。足径12.2、残高11.4厘米（图一三，7）。

（2）铜器

数量不多，均锈蚀呈绿色，器类有鍪、盆、镜、带钩、镞、钱币等。

鍪　1件。M16：3，方唇，卷沿，侈口，束颈，斜肩，鼓腹，圜底残。肩腹间有两个对称的环耳，腹部有三道甚纤细的凸棱。口径12.8、残高13厘米（图一四，1）。

盆　1件。M16：2，斜折沿，侈口，上腹近直，以下残。素面。口径16.9、残高2厘米（图一四，5）。

镜　1件。M17：1，可复原。圆形，面周边有郭，中有半圆形纽，郭内侧及中央分别饰一道及二道纤细的凸弦纹，其间饰云雷纹间或短线纹，且在中央饰四个对称的心形纹。背素面无纹。纽径0.7、镜径9.3、厚0.1～0.2厘米（图一四，2）。

带钩　1件。M15：1，纽略残。鸟首形，体较长而弯曲，圆形纽位于身中央，中部较宽而肥厚，首尾较窄而瘦薄，断面略呈椭圆形。纽径1.2、通长9厘米（图一四，3）。

镞　1件。M17填土：1，残。关、铤分界明显。本部叶、翼残断，向前逐渐收聚成锋，隆脊，断面略呈八边形。铤残断，断面略呈四边形。通体残长3.6厘米（图一四，4）。

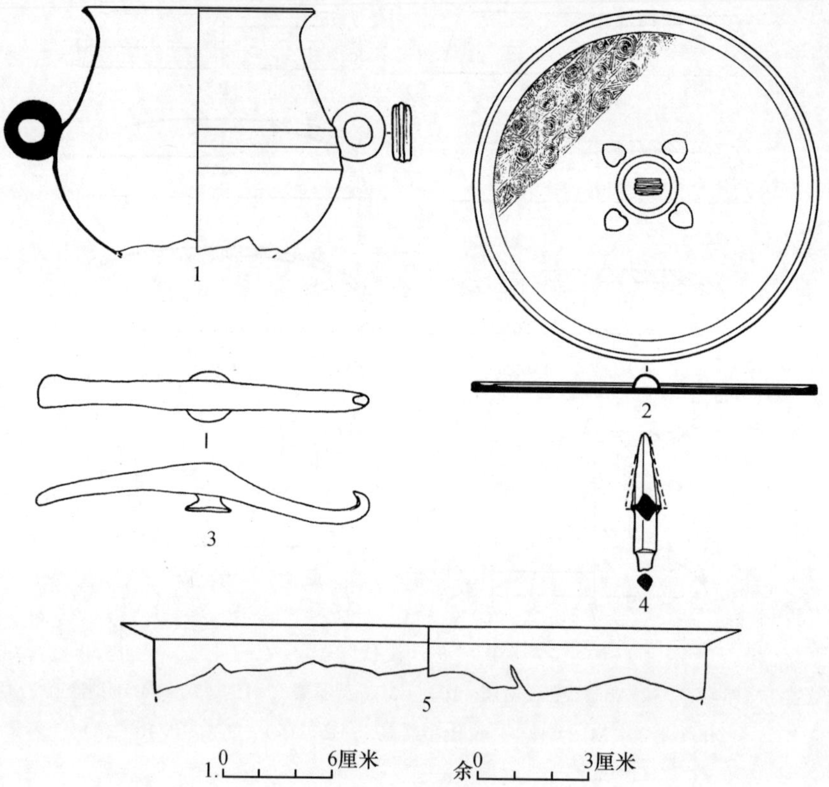

图一四 汉代铜器

1. 鍪（M16：3） 2. 镜（M17：1） 3. 带钩（M15：1） 4. 镞（M17填土：1）
5. 盆（M16：2）

四、六朝遗存

该时期未见遗迹，遗物亦少，多出于晚期地层，有瓷器、陶器两类。

1. 瓷器

盘 复原1件。CⅠT0502⑤：2，灰白胎。圆唇，平沿微里斜，敞口，斜直腹，平底微凹。内底中央微凹，外侧有支钉痕。外底外侧饰一周凹弦纹。施青釉，釉面有冰裂纹，内壁满釉，外壁釉不及底。口径19.5、底径15.7、通高3厘米（图一五，1）。

砚 复原1件。CⅠT0402⑤：1，灰白胎。圆唇，子口，浅腹，平底下接锥状足残断。施青釉，釉面有冰裂纹。口径及底径均15.4、通高2.4厘米（图一五，2）。

2. 陶器

盏 1件。CⅠT0502⑤：1，夹砂灰陶。圆唇，敞口，斜弧腹，圜底。素面。口径7.4、通高1.2厘米（图一五，3）。

灯 1件。CⅠT0602⑤：1，圈足残。泥质灰陶。盏形盘，厚圆唇，敞口，浅弧腹。圈足内底下凹。素面。口径9.4、残高3.8厘米（图一五，4）。

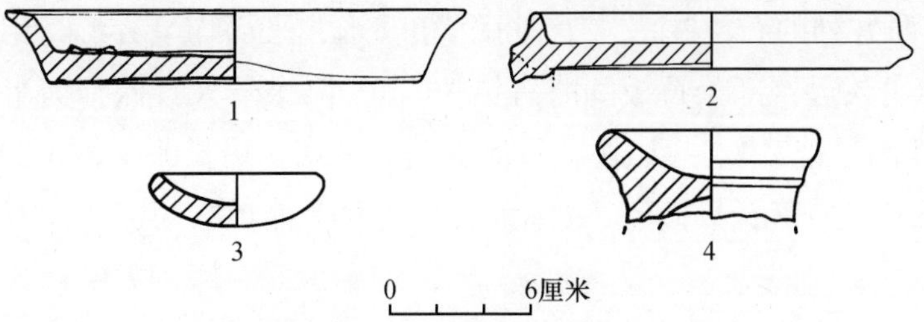

图一五　六朝瓷器和陶器

1. 瓷盘（CⅠT0502⑤：2）　2. 瓷砚（CⅠT0402⑤：1）

3. 陶盏（CⅠT0502⑤：1）　4. 陶灯（CⅠT0602⑤：1）

五、宋代遗存

1. 遗迹

包括房址、石筑遗迹、下水道、道路、灰坑等五类。

（1）房址

1座（F9）　位于CⅠT4011中南部，CⅠT4111东部及CⅠT4211西部，叠压在CⅠT4011第4层、CⅠT4111第5层及CⅠT4211第6层之下，叠压或打破H15及生土，开口距地表深0.1～0.5米，此房子为条石垒筑墙基的房子，残存一少部分东、西墙基及室内2个石池。从现存平面看，此房子为东西长方形，其东西范围长8.35米，南北范围已发掘残宽3米，方向151°（图一六）。

东墙基北部压在CⅠT4111北壁之下未做发掘，已发掘残长3米，条石残存1～3层，墙基宽0.15～0.25、残高0.2～0.7米。西墙基残长2.8米，条石残存 1层，墙基宽0.15～0.2、残高0.3米。条石均用青石凿制而成，形状比较规整，长1～1.5、宽0.15～0.25、厚0.2～0.3米。

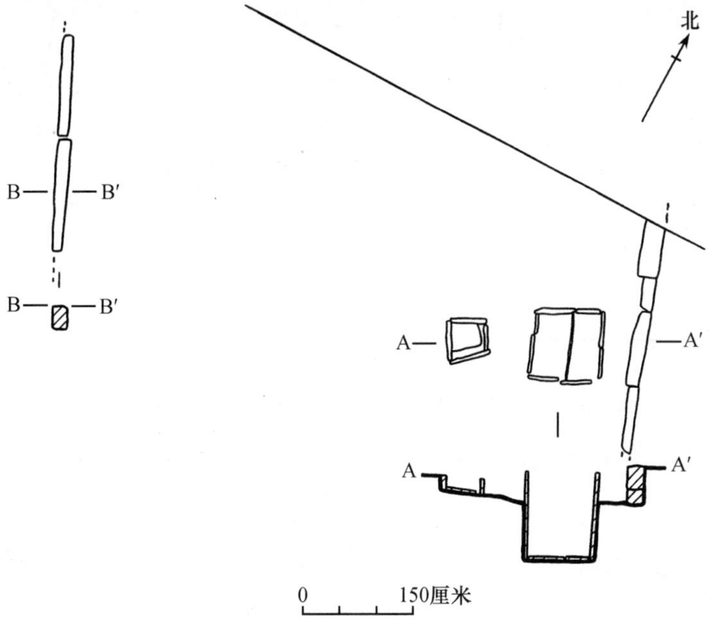

图一六　F9平、剖面图

室内东部有东西并列的石池2个，二者间距约0.6米，平面均呈方形，用规整的长方形石板拼筑而成，由于年代久远，部分石板间略有错位。东部1个较大且深，为半地穴式，周壁石板立砌，每壁2块，地面平铺2块，共10块，石池直壁，平底，边长0.9、深1.2米。西边1个较小且浅，在原地面上砌筑，周壁石板横砌，每壁1块，地面平铺1块，共5块，石池直壁，平底，边长0.6、深0.2米。

（2）石筑遗迹

4座。此类遗迹似房子，或与房子有关，但往往形状不太规整，暂与房子区分开来作为石筑遗迹，以S表示。

S13　位于CⅠT0802东南部，CⅠT0902西南部及CⅠT1002西南部，部分压在该三个探方的南、北壁之下，只向南进行了扩方发掘。开口于CⅠT0902，CⅠT1002第3层及CⅠT0802第4层之下，叠压或打破生土，开口距地表深0.25～0.6米。此石筑遗迹由烧灶、石池、下水道、地面及小道五部分组成，已发掘东西范围长7.5、南北范围宽6.5米，方向170°（图一七）。

烧灶（编号Z2）　位于CⅠT0902中南部，西北部与石头铺筑的地面相连，东南部与砖铺小道相连。此灶平面略呈“十”字形，条石（或石板）结构，地面挖有浅槽，由火门、火膛、烟道三部分组成，南北通长约4、东西通宽约1.2米。灶门向南，长方形，长0.4、宽0.3、高0.2米。火膛位于灶门之北，烟道之南，平面基本为长方形，南部稍宽于北部，直壁平底，南北长1.5、南部宽0.7、中部宽0.55、北部宽0.5、残深0.55米。烟道位于火膛之北部，平面基本为长方形，北部稍宽于南部，直壁平底，南北长1.3、南部宽0.25、中部宽0.3、北部宽0.4、残深

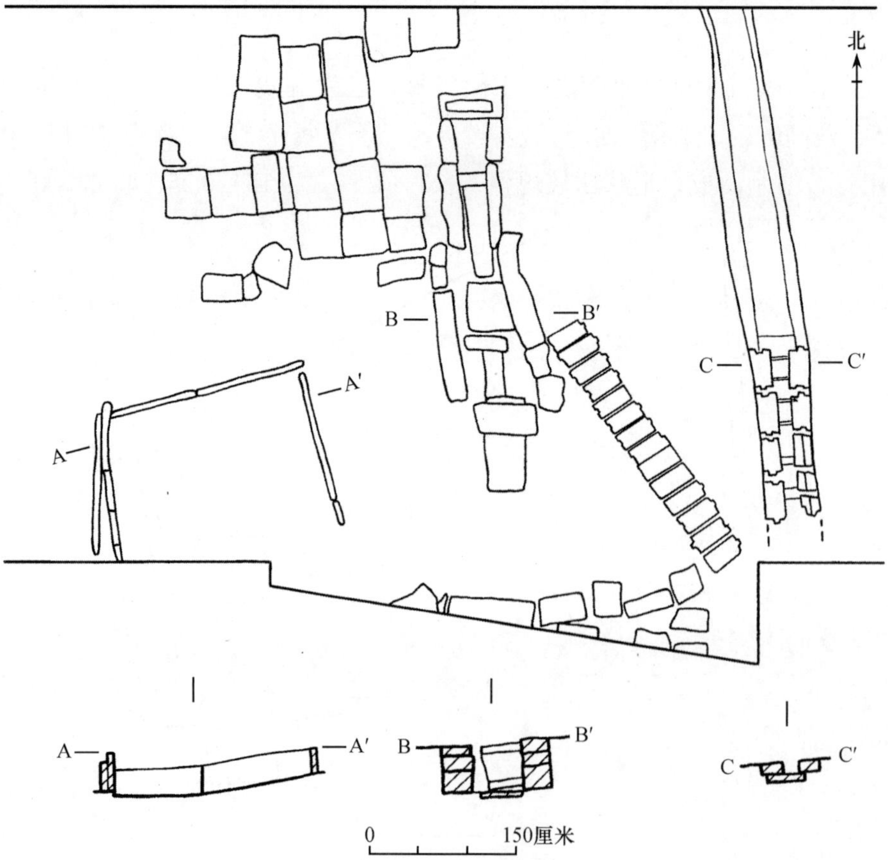

图一七　S13平、剖面图

0.55米。火膛及烟道周壁用条石错缝平砌，残存3层，地面用条石或石板平铺。火膛地面稍深于灶门地面0.1米，火膛地面与烟道地面相连，自南向北略呈斜坡状。火膛及烟道内堆积均呈黑灰色，土质松软，内含较多炭灰及红烧土块等。

石池位于CⅠT0802东南角，灶址西南部，南部破坏无存，余保存较好，平面长方形，周壁用较规整的长方形石板横砌而成，底面无铺石，东西长2.35、南北残宽1.7、残深0.25～0.4米。在西壁外侧有1块长方形石板紧贴外壁，似为石池的石板塌落所致。

下水道位于CⅠT1002西部，灶址东部，南北长条形，半地穴式砖质结构。下水道槽剖面呈倒“凸”字形，直壁凹底，已发掘槽残长5.2、口宽0.45～0.65、深0.2米，凹底宽0.36～0.4、深0.1米。此下水道仅残存南部约1.75米一段有砌砖，凹底用长方形砖通缝平铺一层，即为下水道之底，在槽东西两侧用子母口楔形砖平砌一层，即为下水道之壁，盖顶破坏无存，下水道内宽0.15、高0.1米，北高南低呈斜坡状。下水道用砖均为汉代墓砖，依其形制、纹饰的不同大致有三种规格：一种为长方形砖，长0.39、宽0.19、厚0.1米，一侧面饰“车轮”纹间或交叉纹；一种为子母口楔形砖，长边长0.4、短边长0.36、宽0.19、厚0.09米，短边侧面饰菱形纹间或交叉纹组合；尚有一种似第二类砖，唯规格较小，长边长0.35、短边长0.31、宽0.19、厚0.09米。

石头地面位于CⅠT0802西北部，东部与烧灶相连，另在CⅠT0902扩方南壁处也暴露出小片石头地面。该地面均用小块长方形石板错缝平铺而成，表面比较光滑，应为长期踩踏所致。西北部一片东西范围长3米，已发掘南北范围宽2.75、厚0.1～0.15米。南部一片东西范围长3.3米，已发掘南北范围宽0.3～0.9、厚0.1～0.15米。

小道位于CⅠT0902东南角，北端与烧灶相连，南端与石头地面相连，呈东南—西北走向，用14块汉代墓砖（多数为子母口楔形砖，少数为长方形砖，规格与下水道砖相同）通缝平铺一层（排）而成，长2.9、宽0.4、厚0.1米。

根据S13烧灶的形制及包含物分析，此灶不像是烧饭用灶，应与铸造有关。据此，S13很有可能是搞民用铸造的小作坊式建筑。

（3）下水道

1条（编号G6）。位于CⅠT0602东南角及CⅠT0702西北角，开口于CⅠT0702第3层及CⅠT0602第4层之下，打破CⅠT0602第5层及CⅠT0702第7层，开口距地表深0.75～1.2米。北部压在CⅠT0702北壁之下未做发掘，南部压在CⅠT0602南壁之下进行了部分扩方发掘，已发掘平面呈长条形，南北通长5.75、东西通宽0.85～1.2米，方向13°（图一八）。此下水道为半地穴式砖质结构，保存完好。长条形槽壁面垂直，平底，宽0.85～1.2、深0.15米。下水道底用长方形砖通缝平铺一层，壁用长方形砖平砌一层，盖顶用子母口楔形砖通缝平铺一层，周围用土填充，下水道内宽0.2、高0.1米，北高南低呈斜坡状，坡度约6°。下水道用砖均为汉代墓砖，其规格与S13下水道用砖类同。

（4）道路

2条。均石质结构。

L4 位于CⅠT1001、CⅠT1101、CⅠT1201北部及CⅠT1102、CⅠT1202南部，开口于CⅠT1102第4层下，CⅠT1101、CⅠT1201、CⅠT1202第6层下及CⅠT1001第7层之下，叠压或打破生土。西部被断崖破坏，东部伸于CⅠT1201、CⅠT1202东壁之下，已发掘东西最长近15

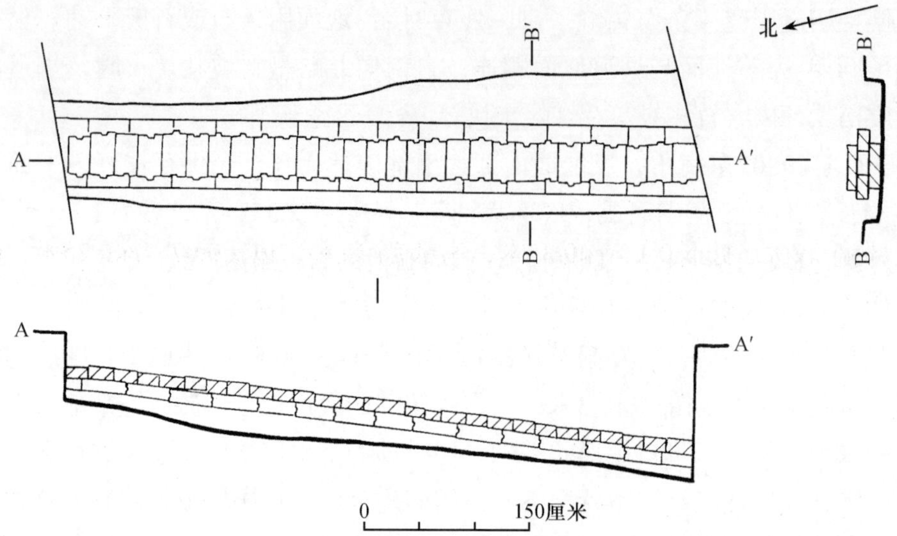

图一八　G6平、剖面图

米，方向80°（图一九）。

L4与2001年春季发掘的一段道路（L1）和同年秋季发掘的一段道路（L2）走向一致，应为一条道路之三段。该段道路之路面用长方形石板错缝或顺缝平铺，石板表面光滑，应为长期踩踏所致，两侧护路牙用长方形石条错缝平砌。CⅠT1101、CⅠT1201两个探方中的路面及护路牙多保存较好，可看出路面宽2.3～2.5、厚0.1～0.15米，路面自西向东略呈斜坡状。护路牙石条残存1～3层，宽0.1～0.25、高0.25～0.5米。

此段道路上有一座门道尤为引人关注，位于CⅠT1101西北部，该段道路之中部，是在一大块椭圆形青石上凿制而成，此块大青石为自然石，恰好位于道路正中，可能是不便于移走，能工巧匠就地在其之上凿制出一座门道。即将大青石一分为二凿制成对称的“凸”字形，

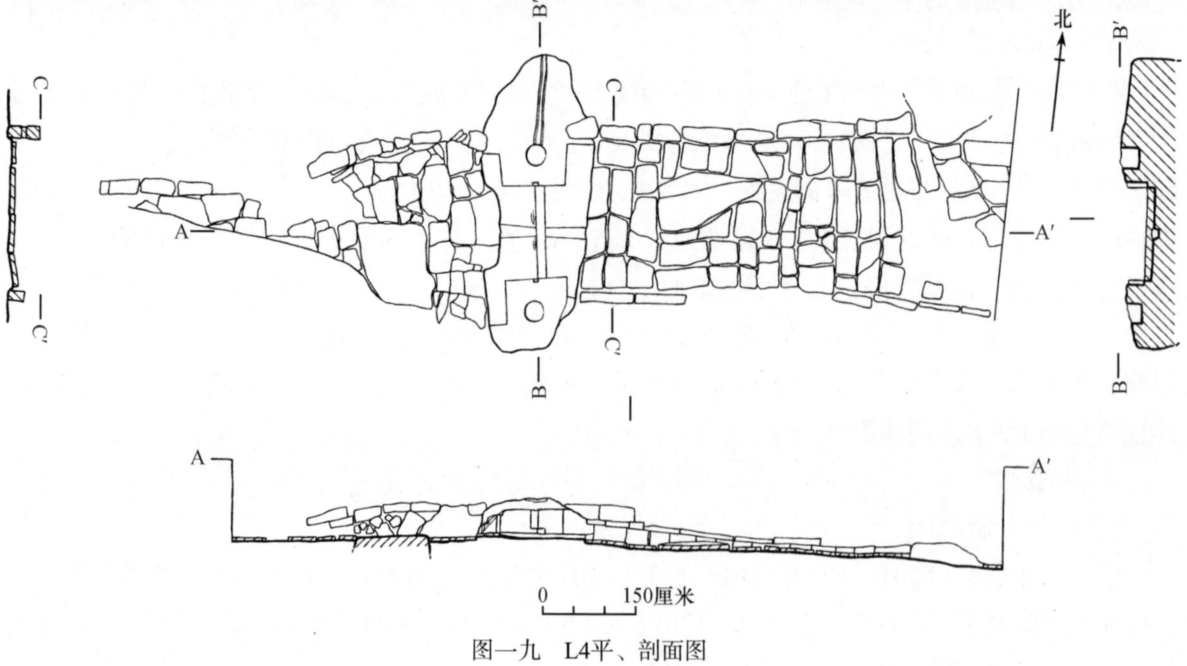

图一九　L4平、剖面图

“凸”字之间为门道，宽1.45、进深1（即凸面宽）、地面距大青石表面高0.45～0.55米。门道正中略偏东凿门槛，长1.45、宽0.15、高0.1米。门道正中凿排水槽（沟）在门槛正中穿过，与门槛垂直相交呈“十”字形，槽壁近直，平底，自西向东略呈斜坡状，长1.4、宽0.15～0.2、深0.05～0.1米。此外在门槛西侧，排水槽两侧各有一椭圆形浅槽，大小基本相等，圜底，长径0.18～0.2、短径0.06～0.07、深0.01米，用途不清。门道两侧断面正中各有一长方形凹槽，直壁平底，北部1个较大，边长0.1、深0.35米，南部1个较小，边长0.07、深0.25米，似为门柱之柱洞。门道两侧青石表面上各有一圆形柱洞，大小相等，直壁平底，直径均0.33、北部1个深0.3、南部1个深0.2～0.25米，似为修建门楼之柱洞。此外北部柱洞的北侧有2条纤细的凹槽，往北至大青石边缘，2条凹槽，东西并列，间距0.05～0.1米，均圜底，长1.9、宽深均0.01～0.02米，用途不清。

根据门道形制与结构以及对附近地层、遗迹的综合分析，该门道很有可能属关卡性质的门道。当然，不排除它是门阙建筑的可能性。

（5）灰坑

5个。有圆形、椭圆形两类。现选择具有代表性的两个予以介绍。

H16　位于CⅠT4011东北部，开口于该方的第4层之下，打破H17及生土，开口距地表深0.7米。平面呈椭圆形，坡壁圜底，壁底光滑。坑口长径2.16、短径1.76、深0.6米（图二〇）。坑内堆积呈黑灰色，土质松软，颗粒较粗，内含较多木炭屑，出土遗物破碎，有青白釉、黑釉等瓷片，酱黄釉缸胎残片等，可辨器形有碗、盆、罐等。

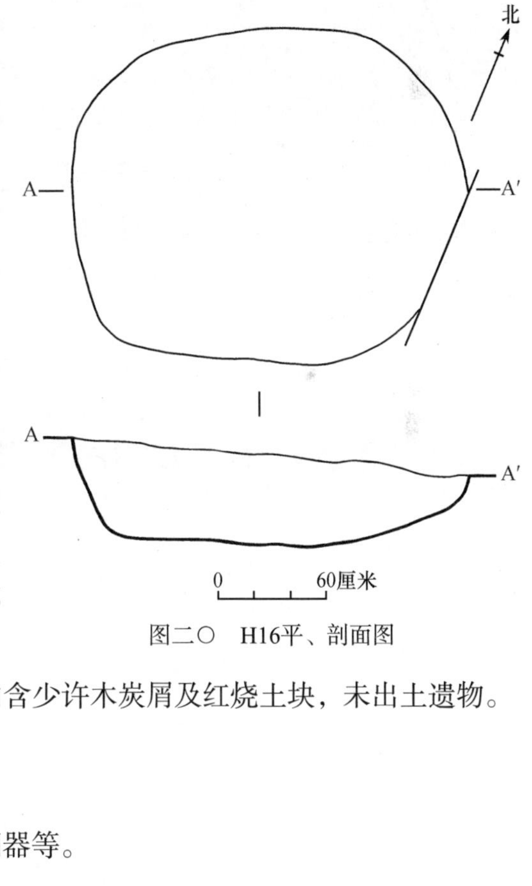

图二〇　H16平、剖面图

H17　位于CⅠT4011东北部，开口于该方的第4层之下，被H16打破，此坑又打破生土，开口距地表深0.7米。东部1/2被H16打破殆尽，残存平面呈半圆形，口小底大呈袋状，南、北部微袋状，西部袋状较甚。坑口直径1.15、底径1.25、深0.5米（图二一）。坑内堆积呈灰色，土质较软，颗粒较粗，内含少许木炭屑及红烧土块，未出土遗物。

2. 遗物

遗物丰富，按质料分有瓷器、缸胎器、陶器、铜器等。

（1）瓷器

瓷器的胎质一般多较粗糙，但也有细腻的。胎色绝大多数呈灰白色或青白色，少数呈灰褐色或青灰色。釉色以青釉（包括青绿、青黄、青白三种）居多，其次为黑釉、米黄釉等。瓷器上多素面无纹，少数有刻印的花纹，以印花纹最为流行，较常见的为菊瓣纹，多见于盘、碟及少数碗的口部或腹部，尚有较完整的图案花纹，一般是以鱼、菊花、莲花、萱草等其他花卉作主题，再以波浪纹、回纹等多种花边作陪衬装饰，多见于洗的内腹壁及内底。器形有碗、洗、

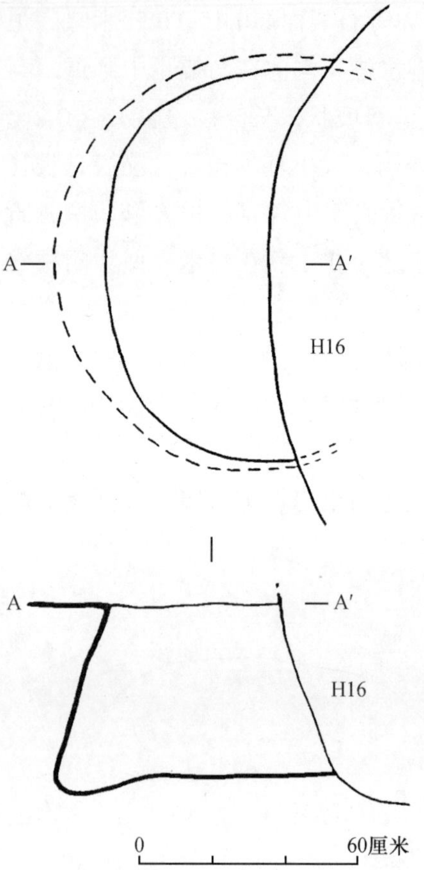

图二一　H17平、剖面图

碟、盏等，以碗居多，其他都较少。

碗　复原8件。依足形制不同可分二型。

A型　7件。圈足。依口、腹部形制不同又可分为三亚型。

Aa型　3件。侈口，斜直腹。CⅠT0602G6：2，灰白胎。尖圆唇，微侈口，斜直腹微弧，足较高微内收。内外壁满施青白釉，呈内底无釉。口径16.4、足径5、通高8.6厘米（图二二，1）。CⅢT0406⑤：4，灰白胎。尖唇，斜直腹微弧，足较矮微内收。内外壁满施青白釉，釉面有冰裂纹，足内底无釉。口径11.6、足径3.4、通高4.6厘米（图二二，4）。

Ab型　1件。侈口，斜弧腹。CⅢT0406④：3，灰白胎。芒口，圆唇，微侈口，足矮浅。外腹壁压印菊瓣纹，内腹壁及内底刻划花草、鸟纹等。内外壁满施青绿釉，足内底无釉。口径14.4、足径4.7、通高6.5厘米（图二二，5）。

Ac型　3件。敞口，斜弧腹。CⅢT0406⑤：8，青灰胎。圆唇，足较高。施青黄釉，内壁满釉，外壁釉不及底。口径14.4、足径5.7、通高6.5厘米（图二二，3）。

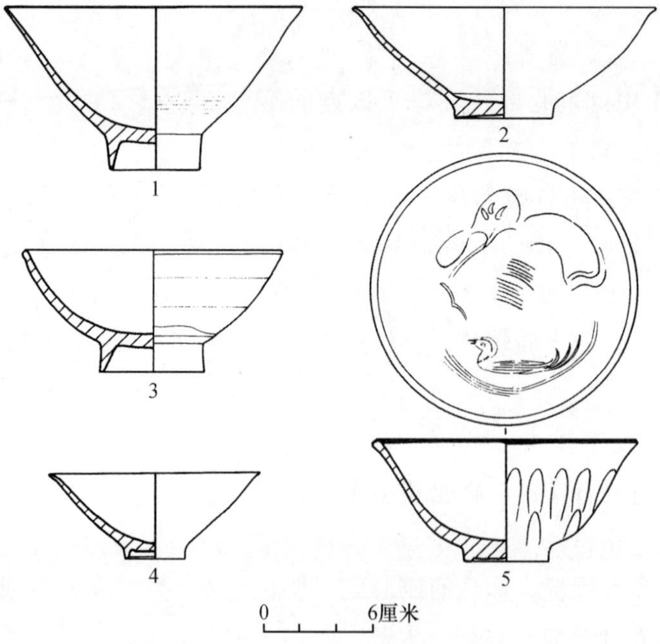

图二二　宋代瓷器

1、4. Aa型碗（CⅠT0602G6：2、CⅢT0406⑤：4）　2. B型碗（CⅢT0406④：4）　3. Ac型碗（CⅢT0406⑤：8）　5. Ab型碗（CⅢT0406④：3）

B型　1件。饼足（假圈足）。CⅢT0406④：4，灰白胎。尖圆唇，侈口，斜直腹微弧，足较高微内收，足底微凹。内外壁满施青绿釉，釉面有冰裂纹，足底无釉。口径16.6、足径5.3、通高5.9厘米（图二二，2）。

洗　复原2件。形制基本相同。CⅢT0406④：5，灰白胎。芒口，方唇，敞口，斜直腹，平底微凹。内底压印双鱼、菊花及海藻纹，内腹壁压印云雷纹及花草叶纹。口部无釉，余施青绿釉。口径14.2、底径9.6、通高2.6厘米（图二三，5）。

碟　复原1件。CⅠT0802⑤：1，灰白胎。尖唇，窄平折沿，花口外敞，斜弧腹，矮圈足内收。内外壁满施青绿釉，足底无釉。口径11.3、足径3.9、通高2.3厘米（图二三，4）。

盏　复原5件。均斜弧腹，饼足。依口部形制不同可分二型。

A型　4件。敞口。CⅢT0406④：1，灰白胎。尖圆唇，下腹近足部经旋削，矮饼足外撇底微凹。施黑釉，内壁满釉，外壁半釉。口径10.8、足径4、通高5.5厘米（图二三，1）。CⅢT0407④：2，灰褐胎。圆唇，矮饼足小而直。外腹壁略有凹凸。内外壁满施黑釉，足底无釉。口径11.1、足径2.8、通高4.6厘米（图二三，2）。

B型　1件。侈口。CⅢT0406④：2，青灰胎。尖圆唇，矮饼足较直。口部施青白釉，余黑釉，内壁满釉，外壁半釉。口径10.2、足径3.2、通高4.9厘米（图二三，3）。

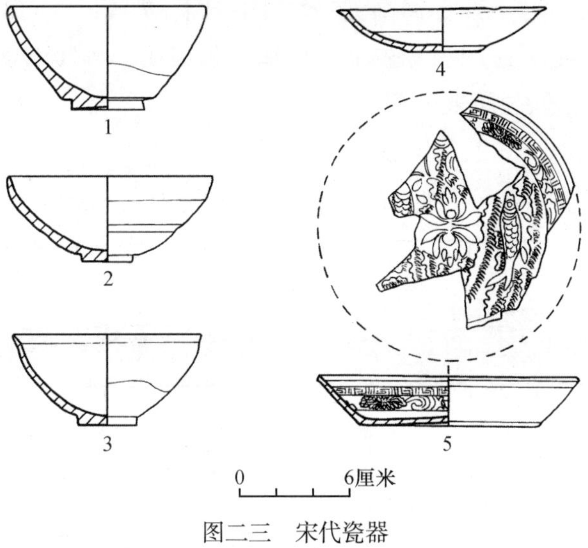

图二三　宋代瓷器

1、2. A型盏（CⅢT0406④：1、CⅢT0407④：2）　3. B型盏（CⅢT0406④：2）　4. 碟（CⅠT0802⑤：1）

5. 洗（CⅢT0406④：5）

（2）缸胎器

缸胎器绝大多数为紫红色胎或红褐色胎，少数胎呈灰褐色，釉色多酱黄釉（少数酱黄釉泛黑色），尚有少量的浅黄色护胎釉，多见于碗的口部。缸胎器上多素面无纹，极少数饰弦纹，此外少数盆内壁或内底有红彩画花。器形有碗、盏、灯盏、盆、罐等。

碗　复原16件。依碗底形制不同可分为三型。

A型　7件。圈足。依口部形制不同又可分为二亚型。

Aa型　6件。敞口。CⅣT1003⑩：1，紫红胎。尖圆唇，斜弧腹较浅，矮圈足较直。口部施浅黄色护胎釉，余施酱黄釉，内壁满釉，外壁半釉有泪滴。口径15.3、足径5.6、通高4.7

厘米（图二四，1）。CⅢT0406④：7，紫红胎。略有变形。尖圆唇，斜弧腹较浅，矮圈足外撇。口部施浅黄色护胎釉，内壁满施酱黄釉，余无釉。口径16.6、足径6.7、通高5～5.7厘米（图二四，2）。

Ab型　1件。侈口。CⅢT0407⑤：1，紫红胎，尖圆唇，斜弧腹较深，外腹壁凹凸不平，矮圈足微内收。口部及内壁施浅黄色护胎釉，大部脱落。口径15.9、足径6.3、通高7厘米（图二四，3）。

B型　7件。饼足。依口部形制不同又可分为二亚型。

Ba型　2件。敞口。CⅣT1003⑨：1，紫红胎。尖圆唇，斜弧腹较浅，矮饼足外撇底微凹。口部及内壁施浅黄色护胎釉，余无釉。口径16.8、足径6.2、通高5厘米（图二四，4）。

Bb型　5件。侈口。CⅣT1003⑩：3，灰褐胎。圆唇，斜弧腹较浅，矮饼足微外撇，外缘经旋削。仅口部施浅黄色护胎釉，大部脱落。口径16、足径5.8、通高5.6厘米（图二四，5）。CⅠT0802⑤：5，紫红胎。圆唇，斜弧腹较深，矮饼足内收。仅口部施浅黄色护胎釉有泪滴。口径17、足径6.4、通高6.8厘米（图二四，6）。

C型　2件。平底。依口部形制不同又可分为二亚型。

Ca型　敞口。CⅠT0802⑤：7，紫红胎。尖圆唇，斜弧腹，平底微凹。仅口部施浅黄色护胎釉，有泪滴。口径18.6、底径8.4、通高6厘米（图二四，7）。

Cb型　侈口。CⅢT0507④：1，紫红胎。圆唇，斜弧腹，外腹壁凹凸不平，底较平。釉全脱。口径17.1、底径8、通高6.2厘米（图二四，8）。

盏　复原4件。均饼足。依口、腹部形制不同可分三型。

A型　1件。敞口，斜直腹。CⅢT0406⑤：3，紫红胎。圆唇，矮饼足内收底较平。施

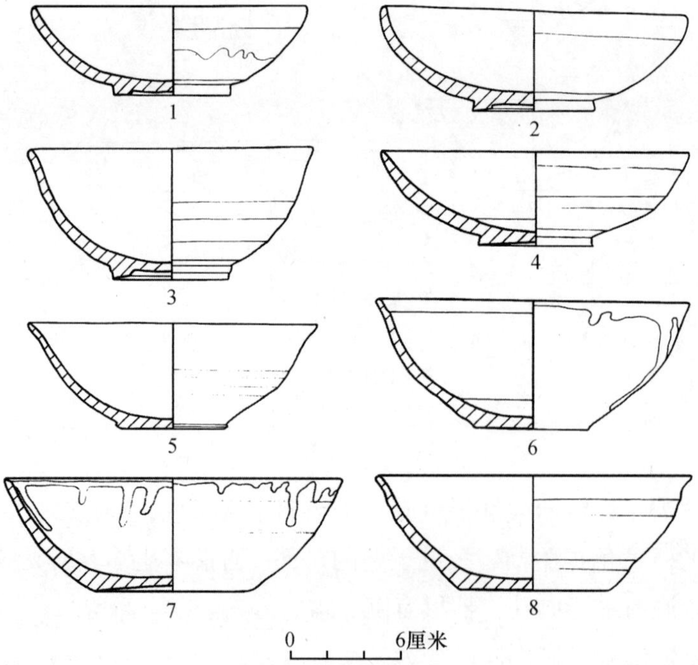

图二四　宋代缸胎器

1、2. Aa型碗（CⅣT1003⑩：1、CⅢT0406④：7）　3. Ab型碗（CⅢT0407⑤：1）　4. Ba型碗（CⅣT1003⑨：1）　5、6. Bb型碗（CⅣT1003⑩：3、CⅠT0802⑤：5）　7. Ca型碗（CⅠT0802⑤：7）　8. Cb型碗（CⅢT0507④：1）

浅黄色护胎釉，内壁满釉，外壁半釉，局部脱落。口径10.3、足径3.6、通高4.4厘米（图二五，1）。

B型 2件。敞口，斜弧腹。CⅢT0406⑤：7，紫红胎。圆唇，矮饼足内收底微凹。足部有旋棱。施酱黄釉，内壁满釉，外壁釉不及底。口径10.4、足径4、通高5厘米（图二五，2）。

C型 1件。侈口，斜弧腹。CⅢT0407⑤：2，紫红胎。圆唇，上腹微鼓，下腹斜收，矮饼足内收底较平，内底下凹成圆窝。施酱黄釉，外壁满釉，内壁无釉。口径10.6、足径3.7、通高4.3厘米（图二五，3）。

灯盏 复原11件。均敞口，浅腹。依底形制不同可分为二型。

A型 9件。饼足。依唇部形制不同可分三亚型。

Aa型 6件。圆唇。CⅢT0506④：2，灰褐胎。厚唇，斜直腹，矮饼足外撇底微凹。口部及内壁施酱黄釉基本全部脱落。口径10.1、足径4.4、通高3.2厘米（图二五，4）。CⅡT0910⑥：1，灰褐胎。薄唇，斜直腹甚浅，矮饼足内收底较平。内壁施酱黄釉，余无釉。口径9、足径3.4、通高2.4厘米（图二五，5）。

Ab型 2件。斜方唇。CⅠT0802⑤：2，灰褐胎。唇面微凹，斜直腹甚浅，矮饼足内收底较平。唇部及内壁施酱黄釉，大部脱落。口径10.5、足径4.2、通高2.4厘米（图二五，6）。

Ac型 1件。直方唇。CⅢT0407④：3，灰褐胎。厚唇，唇面微凹，唇下缘下垂，斜直腹微弧，矮饼足内收底较平。唇部及内壁施酱黄釉，唇部釉大部脱落。口径10.6、足径4.6、通高2.9厘米（图二五，7）。

B型 2件。平底。CⅣT1003⑩：2，灰褐胎。直方唇，唇面微凹，唇上缘凸起，下缘下垂，斜直腹，平底微凹。唇部及内壁施酱黑釉，余无釉。口径10、底径3.6、通高2.7厘米（图二五，8）。

盆 复原2件。CⅢT0406⑤：1，紫红胎。圆唇，卷沿，口近直，上腹微鼓，下腹斜直，平底。施米黄色釉，内壁满釉，外壁半釉有泪滴。内底釉上以红彩绘花草叶纹。口径42、底径19、通高13.2厘米（图二六，2）。CⅠT0502⑤：5，紫红胎。圆唇，卷沿，口微敛，上腹微鼓，下腹斜直，平底。上腹部有一道旋棱。施酱黄釉，内壁满釉，外壁半釉有泪滴。口径

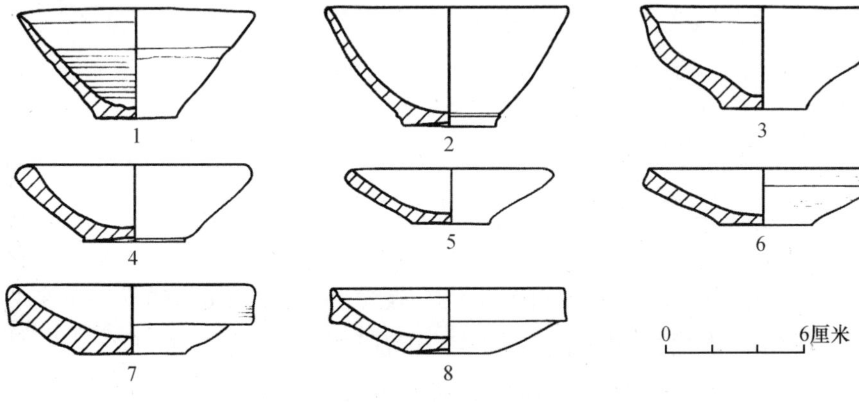

图二五 宋代缸胎器

1. A型盏（CⅢT0406⑤：3） 2. B型盏（CⅢT0406⑤：7） 3. C型盏（CⅢT0407⑤：2）
4、5. Aa型灯盏（CⅢT0506④：2、CⅡT0910⑥：1） 6. Ab型灯盏（CⅠT0802⑤：2）
7. Ac型灯盏（CⅢT0407④：3） 8. B型灯盏（CⅣT1003⑩：2）

51.4、底径30、通高12.9厘米（图二六，1）。

罐　复原2件。可分为二型。

A型　体较瘦，深腹。CⅠT4111④：1，灰褐胎。窄沿向外斜平，敛口，溜肩，上腹微鼓，下腹斜收，平底。肩部有两个对称的环耳。施酱黑釉，外壁半釉，内壁无釉。口径13.6、底径8.4、通高20.5厘米（图二六，3）。

B型　体较胖，浅腹。H18：2，紫红胎。窄沿向里斜平，敛口，矮领，溜肩，鼓腹，平底。肩腹间及下腹近底部各饰一道凹弦纹，且下腹近底部有一周涩圈痕。施酱黄釉，外壁半釉有泪滴，内壁无釉。口径12.6、底径8.5、通高13.6厘米（图二六，4）。

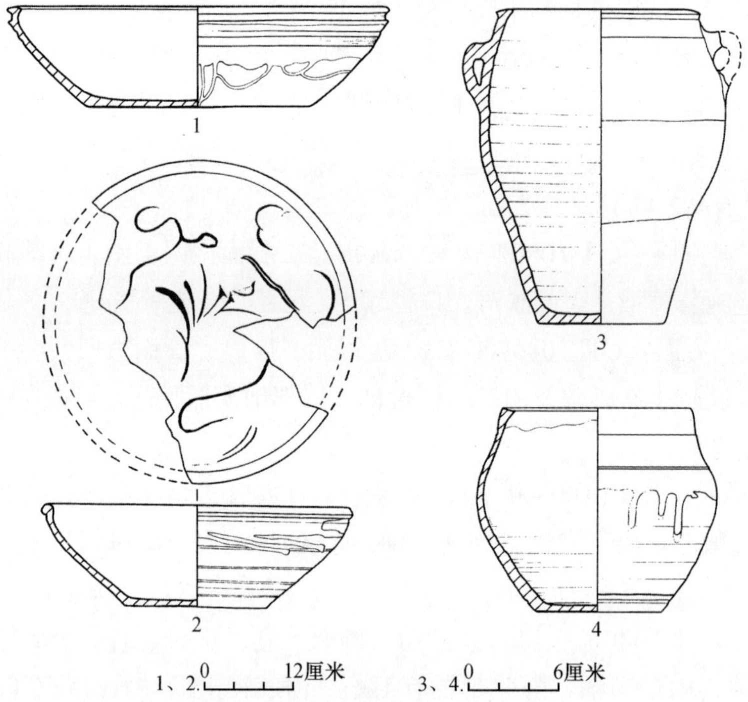

图二六　宋代缸胎器

1、2. 盆（CⅠT0502⑤：5、CⅢT0406⑤：1）
3. A型罐（CⅠT4111④：1）　4. B型罐（H18：2）

（3）陶器

均为建筑材料，器类有板瓦、筒瓦、脊饰等。

板瓦　复原8件。绝大多数为泥质灰陶，极少数为泥质褐陶，外表多素面，弦纹偶见，里面布纹。为泥筒之1/4，均由里向外切割。依瓦尾有无滴水可分二型。

A型　7件。瓦尾无滴水。CⅢT0406④：8，泥质灰陶。瓦头与瓦尾基本相等，平面略呈长方形，微束腰。素面。瓦头宽20.4、中宽19.8、尾宽19.6、厚1.6、通长27.6厘米（图二七，1）。CⅢT0407④：6，泥质褐陶。瓦头明显大于瓦尾，平面略呈倒梯形。前端饰二道凹弦纹。瓦头宽20.4、中宽18.2、尾宽17.2、厚1.1、通长26.4厘米（图二七，2）。

B型　1件。瓦尾有滴水。CⅠT4211④：1，泥质灰陶。瓦头大于瓦尾，平面略呈倒梯形。瓦尾附有月牙形滴水，唇部作花边，表面浅浮雕花草叶纹。瓦头宽19.4、中宽18.5、尾宽18、厚1、滴水宽18、高6.4、厚1.2、通长30厘米（图二七，5）。

筒瓦　复原4件。均泥质灰陶，外表素面，里面布纹。为泥筒之1/2，前端有舌状子口，均由里向外切割。依瓦尾有无瓦当可分二型。

A型　3件。瓦尾无瓦当。CⅢT0406④：9，瓦头与瓦尾基本相等，平面略呈长方形束腰状。子舌前端明显小于后端，平面略呈梯形。瓦头宽10.4、中宽9.6、尾宽11.2、厚1.1、舌头宽5.2、尾宽8、厚1、通长27.6厘米（图二七，3）。

B型　1件。瓦尾有瓦当。CⅠT4211④：2，舌残。瓦头大于瓦尾，平面略呈倒梯形。瓦尾附有圆形瓦当，其中浅浮雕菊花纹。瓦头宽12.8、中宽12、尾宽10.2、厚1～1.2、瓦当内径8、

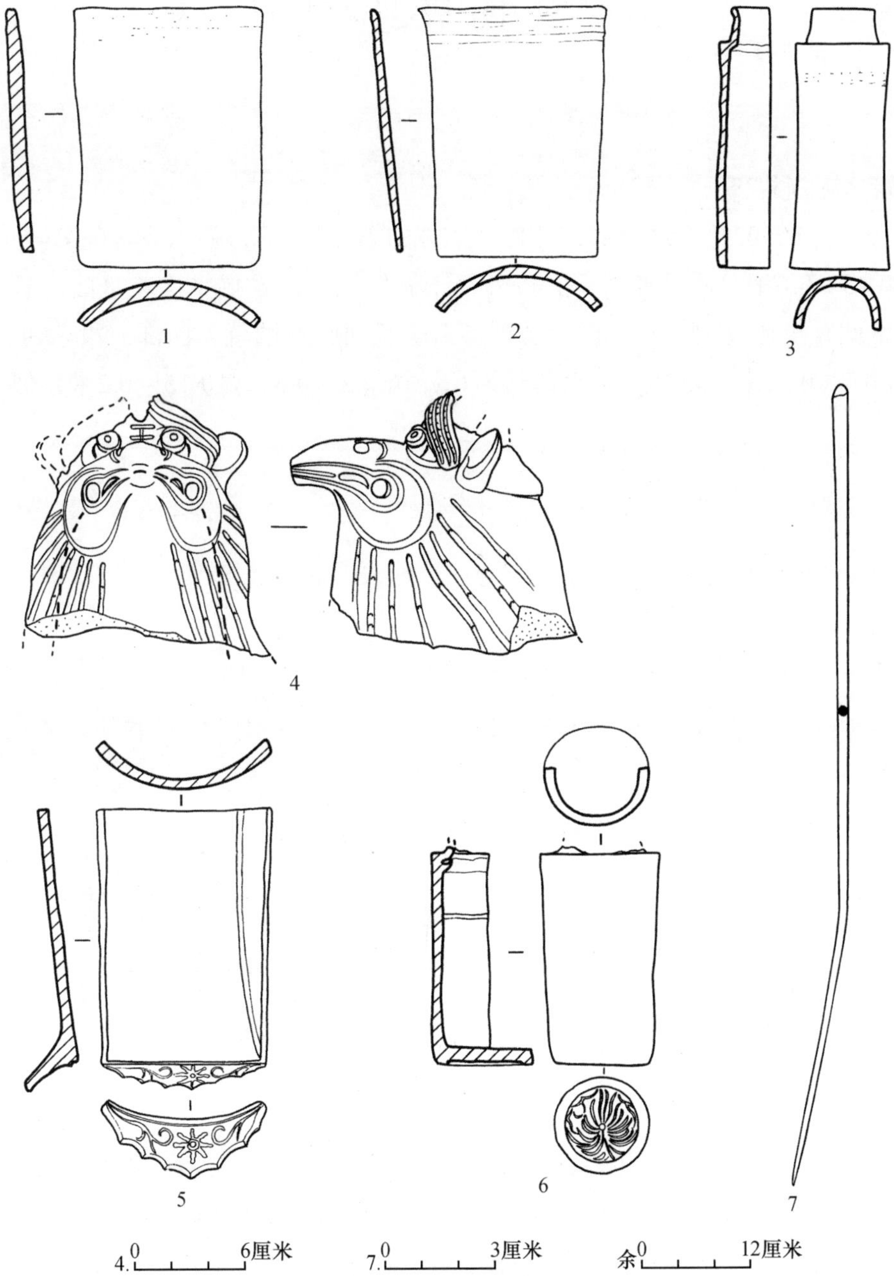

图二七　宋代陶器和铜器

1、2. A型板瓦（CⅢT0406④：8、CⅢT0407④：6）　3. A型筒瓦（CⅢT0406④：9）　4. 脊饰（CⅠT4211④：5）　5. B型板瓦（CⅠT4211④：1）　6. B型筒瓦（CⅠT4211④：2）　7. 铜簪（CⅢT0407④：1）

外径10.2、通体残长23.2厘米（图二七，6）。

脊饰 1件。CⅠT4211④：5，残。泥质灰陶。鸟首形，鸟冠之上附有一鏊，形象逼真，栩栩如生。残高14厘米（图二七，4）。

（4）铜器

簪 1件。CⅢT0407④：1，基本完好，锈绿色。圆锥状，尾部约2/3一段较直，前部约1/3一段斜直。尾粗0.5、中粗0.3、通长21.2厘米（图二七，7）。

六、明清遗存

1. 遗迹

均为石筑遗迹，共2座。

S11 位于CⅠT0902扩方之南部，开口于该方的第3层之下，叠压或打破第4层及生土，开口距地表深0.45～0.6米。西部伸于探方以外，未做发掘，已发掘平面略呈曲尺状，方向175°（图二八）。此石筑遗迹用长方形或不规则形石块及河卵石铺就，西部一段东西长约4.9、宽0.2～0.7、厚0.1～0.25米，东部一段南北长约1.5、宽0.2～0.3、厚0.15～0.2米，似为邻里之间的1条小道。

2. 遗物

数量不多，按质料分有瓷器、缸胎器、陶器、铜器、铁器五类。

（1）瓷器

碗 复原1件。CⅠT0602②：1，灰白胎。圆唇，敞口，斜弧腹，圈足。满施青釉，釉下

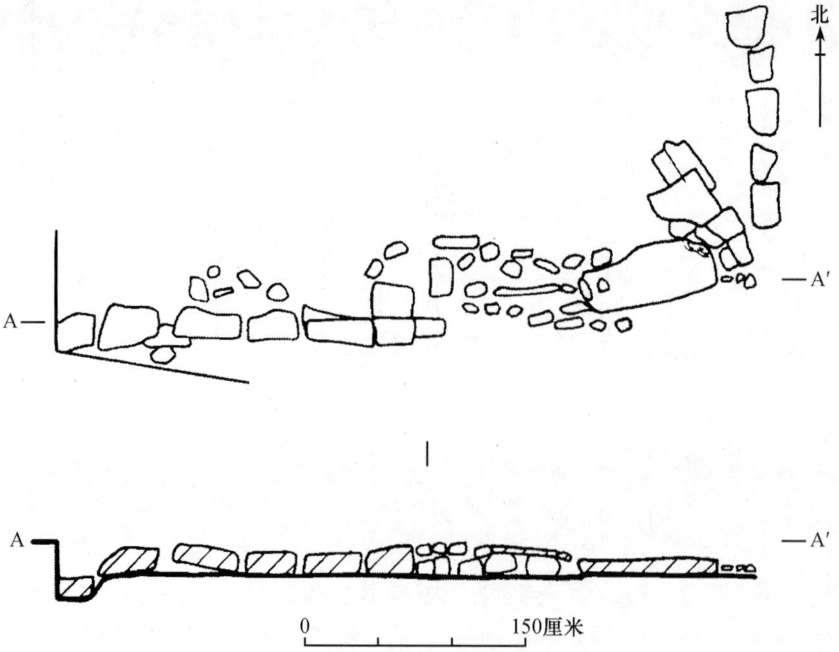

图二八 S11平、剖面图

有蓝彩绘花。内壁口部及腹部各绘二道带纹，外壁口部绘二道纤细的带纹，之下绘花草叶纹。口径6.7、足径3.1、通高3.8厘米（图二九，1）。

（2）缸胎器

钵　复原1件。BIT1905③：1，灰褐胎。平沿，敞口，斜弧腹，饼足外撇底较平。腹部饰六道凹弦纹。施酱黄釉，基本全部脱落。口径13.8、足径9、通高6.7厘米（图二九，2）。

（3）陶器

均属瓦类建筑材料，绝大多数为泥质灰陶，外表素面，里面布纹。均残片。

（4）铜器

钱币　2枚。CⅠT1201③：1，基本完整，锈绿色。圆形方孔，面背有外郭。正面楷书阳文“道光通宝”四字，钱文对读，背有满文，模糊不清。钱径2.3、穿边0.6、厚0.1厘米（图二九，3）。CⅠT1101②：1，基本完整，灰绿色。圆形方孔，无郭，体小而薄，制作不规整，钱文模糊不清。钱径1.3、穿边0.5、厚0.02厘米。

（5）铁器

刀　1件。CⅠT1104③：1，前锋残。灰褐色。短柄与刀身分界明显，自尾端至刀身，由窄到宽，横断面呈长方形。刀身狭长，背较直，斜刃，横断面呈扁椭圆形。柄长6.8、厚0.4、通体残长14.2厘米（图二九，4）。

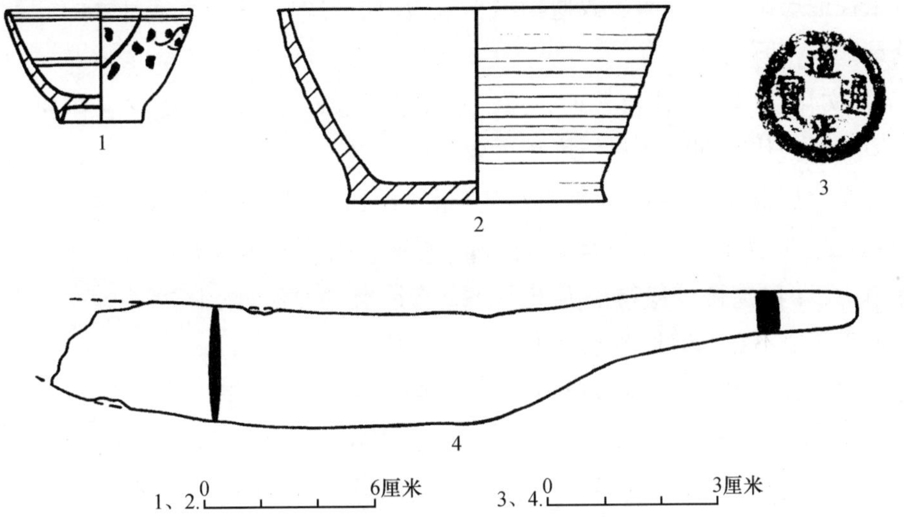

图二九　明清瓷器、缸胎器、铜器和铁器

1. 瓷碗（CⅠT0602②：1）　2. 缸胎钵（BⅠT1905③：1）　3. 铜钱币（CⅠT1201③：1）　4. 铁刀（CⅠT1104③：1）

七、结　　语

晒经遗址通过第三次发掘，有以下几项收获。

（1）CⅢ区东南部一带发现了周代遗存，这是自2001年秋季在BⅠ区东南部及BⅡ区东部发现周代遗存以后又一重要收获，也是出土遗物最多的一次，从而丰富了遗址的文化内涵。出土陶器以夹砂陶居多，泥质陶甚少。纹饰以素面居多，绳纹次之，尚有少量的弦纹、方格纹及附加堆纹等。器形有鬲、釜、罐、壶、盆、缸、簋、豆、杯、盏、器盖等类别，其中以罐、釜、盆、壶为最常见组合构成了该器物群的特色。其文化特征与年代与本遗址2001年秋季发掘简报所做的结论是基本一致的，即文化特征与巫山双堰塘遗址周代遗存文化特征相似[①]，文化性质应属巴蜀文化范畴，同时又包含一些楚文化因素，年代大约在西周中晚期，即公元前900年前后。

（2）周代文化层分布范围基本摸清。晒经遗址周代文化层的分布范围大约在遗址的中南部一带，即BⅠ区东南部、BⅡ区东部与CⅢ区南部，即使在这些区域中，分布也只是零星的和小范围的，文化遗物也不是很多，反映出该时期人口稀少，居住分散，是一处较小的巴人聚落。

（3）汉代墓地基本确定。CⅢ区南部一带又发现了3座汉代墓葬，再结合前两次发掘情况，可基本确定CⅢ区中南部一带属汉代墓地。需要说明的是墓地在宋代时期破坏比较严重，在CⅠ区发现的宋代时期的下水道材料多采用汉代墓砖，部分石筑遗迹、道路也或多或少的采用了汉代墓砖可作为旁证。

（4）由2001年秋季在CⅠ区与CⅡ区西南部各发现一座汉代瓦窑来看，墓地东部一带应该属当时手工业制造区之一，但该时期的居住址尚难确定。

（5）六朝时期的遗存比较少见，在某些区域也只是零星分布，大部分原生堆积被晚期地层，尤其是宋代地层破坏，故而多数遗物出于宋代地层之中，这与本遗址2001年秋季发掘简报所做的结论是基本相同的。

（6）宋代文化层的分布比较普通，遗迹、遗物丰富，显示出一派繁荣景象。通过本次发掘，进一步摸清了宋代时期的文化层堆积主要是围绕着该时期的主体道路（L1、L2、L4）[②]分布，也就是说文化层分布主要在主体道路及其道路两边，即自东向西文化层主要分布在CⅠ区全部，CⅡ区西北部，CⅣ、BⅠ、BⅣ区南部，CⅢ、BII、BⅢ区北部，余只是零星地分布或堆积不太深厚。CⅠ区遗迹、遗物最为丰富，应该是当时主要居住区之一。迄今未发现一座该时期墓葬，表明墓地不在本遗址范围之内，应另有其地点。

（7）宋代时期的主体大路东段道路（L4）正中凸显一座门道，成为一道亮丽的风景。该门道是在一大块椭圆形青石（为自然石，横向位于道路之正中）上凿制而成，门道正中凿门槛、排水槽，门道两侧凿门柱及柱洞，具备了一座门道所应有的基本条件。门道两侧没有发现城墙，表明它不是城门，其功能有可能是关卡性质，当然，不排除它是门阙建筑的可能性，该门道的真正用途还有待进一步的研究。

（8）本次发掘出土了一批较完整的宋代建筑材料（如板瓦、筒瓦），尤其是CⅠT4211第4层出土的1件泥质灰陶脊饰是遗址的首次发现。该脊饰作圆锥体鸟首形，鸟冠之上附有一鳖，制作者并非凭空捏造，当有历史依据。据文献记载和历史专家研究表明，鸟、鳖为两个不同历史时期祖神表记的氏族。以鸟为祖神表记的氏族，来源于东方凫氏族，大约在夏商之际前后进

---

① 中国社会科学院考古研究所长江三峡工作队等：《巫山双堰塘遗址发掘报告》，《重庆库区考古报告集·1997卷》，科学出版社，2001年。

② L1、L2、L4依其走向、结构为一条道路之三段，L1为2001年春季发掘，位于CⅢ区北部，L2为2001年秋季发掘，位于BⅠ区西南部，L4为本次发掘，位于CⅠ区西南部。

入四川盆地，建立了雏形的国家，先后执掌这个国家的王族有蚕丛、柏灌、鱼、凫、蒲卑诸族，一直延续到春秋早期；以鳖为祖神表记的氏族为庸人的一支开明氏，起源于中原伊洛地区，大约在春秋早期以后，在楚、秦、巴人的压迫下，由湖北西北部进入成都平源，取代了蒲卑族在蜀地的统治，成为蜀国的新王族[①]。在宋代时期制作这样的脊饰，很显然是后人对先祖的怀念、崇拜和敬仰，同时祈盼先祖保佑他们能幸福平安。脊饰的发现反而又印证了历史。在这个意义上说，它具有重要的文化价值和学术价值。

（9）明清文化层分布情况基本同宋代，但分布范围略有收缩，遗迹、遗物较宋代明显减少，居住址主要分布在CⅠ区，这与本遗址2001年秋季发掘简报所做的结论是基本相同的，即遗址在该时期已进入衰竭期。

附记：参加此次遗址发掘和资料整理工作的人员有安徽省文物考古研究所张钟云（领队）、吴强、张莉平，安徽省铜陵市文物管理所唐杰平、张翼，安徽省怀宁县文物管理所金晓春，重庆市云阳县文物管理所孙紫峰，山西省考古研究所梁青敏等5名技工。

在发掘与整理过程中，得到了重庆市文物局、博物馆，云阳县文物管理所等部门的领导及同人的大力支持与帮助，在此一并致谢。

摄影、摄像：金晓春

修复：张莉平、张雪梅

绘图：程　浩

执笔：唐杰平　张钟云　张　翼

① 孙华：《蜀人渊源考》，《四川文物》1990年第4、5期。

云阳佘家嘴遗址2002年度发掘简报

厦门大学考古队

佘家嘴遗址位于云阳与万州交界的长江巴阳峡北岸一、二级台地上，隶属云阳县巴阳镇巴阳村，是三峡工程淹没区内的一处重要古文化遗址。厦门大学考古队曾于2000年、2001年两次对该遗址进行发掘，初步探明了佘家嘴遗址的地层分布状况和文化发展序列。受重庆市文化局三峡办委托，我队再次承担了2002年度3000平方米的发掘任务。参加本次发掘工作的有厦门大学人文学院历史系考古专业教师4名（领队庄景辉）、2001级硕士生3名、2000级本科生14名。

考古队于2002年9月27日进场开始工作，依据佘家嘴遗址调查、钻探、发掘资料，结合三峡淹没区二期水线（巴阳149.5米）以下即将淹没的实际情况，为了进一步探明遗址的分布范围和地下文化遗存的埋藏情况，2002年在138～150米高程选择发掘地点4处，分布5米×5米探方113个，方向为正南北向，分别是YBS0201（中河地）51、YBS0202（楼子榜）31、YBS0203（打铁坡）19、YBS0204（大田嘴）12个，同时因巴阳新码头施工清理墓葬4座，以及遗址发掘墓葬扩方1处，共发掘面积3010平方米。探方发掘最深12.75、最浅0.57米，平均深度2.1米，发掘至生土。

发掘工作严格遵照《田野考古工作规程》及三峡文物保护规划要求进行，兹介绍佘家嘴遗址2002年度考古发掘工作的主要收获如下。

一、地层堆积与年代

本次发掘按自然地形分布将整个遗址划分为四个区：中河地发掘区、西区（又称楼子榜）、南区（又称打铁坡）、北区（又称大田嘴），不同区域的地层堆积情况不完全相同。中河地发掘区和北区在地理位置上比较接近，两区的地层堆积较厚，遗存年代较早。西区和南区则地层堆积较薄，包含的遗存年代也相对较晚。

YBS0201中河地发掘区　位于佘家嘴遗址东北部、长江北岸台地上，51个探方分布在上、中、下三个层面（YBS0201T01～YBS0201T51），均为农耕水稻田。文化遗存埋藏最深2.8米。其中一、二级台地的地层堆积情况与三级台地存在较大差异。

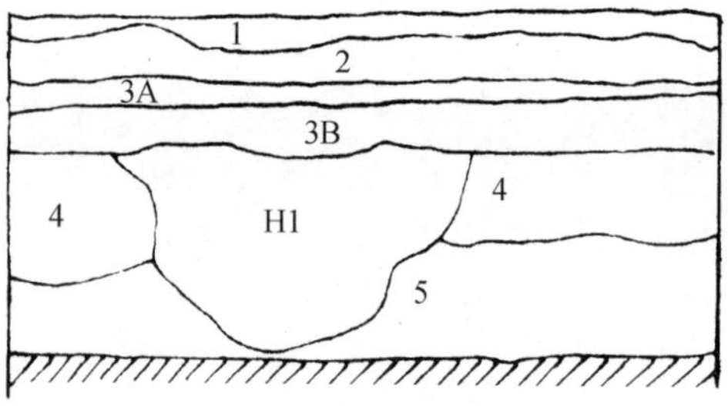

图一　YBS0201T04东壁剖面示意图

一、二级台地堆积整体呈从江边向腹地倾斜状分布，台地边缘的探方文化层较之中间的为厚，可分为5层。现以YBS0201T04为例（图一）。

第1层：灰褐色黏土。厚20～24厘米。为耕土层。

第2层：浅灰褐色黏土。厚24～26、深48～50厘米。为耕土铺垫层。含青花瓷片、灰陶片、铁制品、铜钱（道光通宝）等。

第3层：又可分为A、B二亚层。

3A层：浅灰黄色粉砂质黏土，局部分布。厚1～8、深49～58厘米。含少量青花瓷片、陶片和铁质品。

3B层：褐色粉砂质黏土。厚18～28、深67～86厘米。出土少量青花瓷片、釉陶、瓦片、墓砖、砍砸器，数件可复原青花瓷碗。该层为明清文化层。

第4层：灰黄色与褐色粉砂质黏土混杂堆积。厚25～50、深92～136厘米。含釉陶、青瓷、灰陶、磨制石斧、猪的下臼齿和影青瓷、白瓷片，为唐宋文化层。

第5层：灰黄色粉砂质黏土。厚20～39、深112～141厘米。含夹砂、泥质绳纹红陶片和灰陶片等。为汉代文化层，或可早至春秋战国时代。

生土为浅灰黄色粉砂质黏土。

三级台地亦基本呈斜坡状堆积，整体文化层分布比一、二级台地更厚，自上而下可分为7层，以YBS0201T48为例（图二），本探方自上而下可以分为6层（在本发掘区部分探方中存在的第2层，在本方中没有分布）。

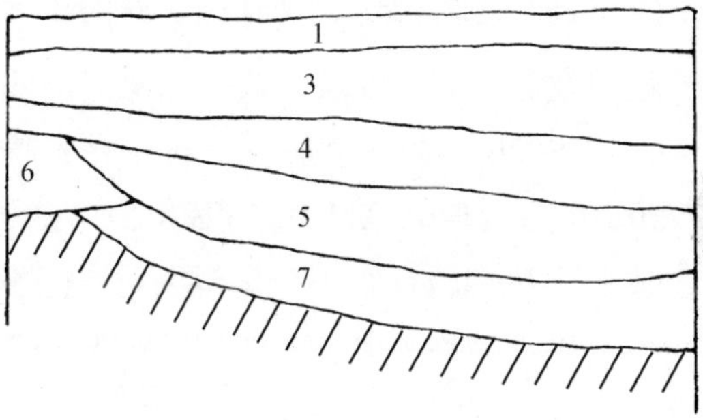

图二　YBS0201T48东壁剖面示意图

第1层：耕土层。浅灰色黏土。厚15～35、深15～35厘米。夹杂草木灰及少量现代瓦片。

第3层：浅褐色含角砾砂质黏土。厚0～55、深25～75厘米。土质较硬，夹杂相当多的碎石。这一层中出土少量青花瓷片，未见年代更早的遗物出土。

第4层：灰褐色黏土。厚0～40、深30～110厘米。土质较黏，胶结成块状。出土一白瓷碗底部，矮圈足，斜直壁，应为宋代遗物。

第5层：浅褐色含角砾砂质黏土。厚0～45、深70～145。这一层包含物较少，根据上下层的年代，推断本层应为唐代层。在本层下发现一汉代砖室墓，打破第7层。具体情况见YBS02M11发掘记录。

第6层：浅褐色含角砾黏土。厚0～45、深35～110厘米。本层出土一釉假圈足碗底和一灰胎黄釉器耳，应为六朝遗物。

第7层：褐色含角砾黏土。厚0～60、深35～190厘米。土质较纯，包含物极少，被第5层下的汉代砖室墓打破，应为汉代地层或更早。

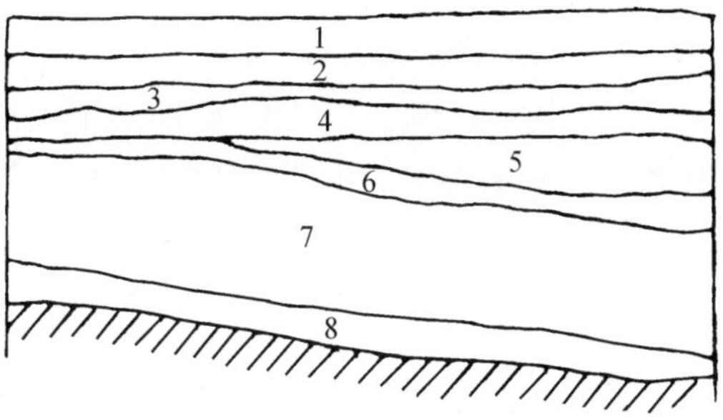

图三　YBS0202T13南壁剖面示意图

第7层下为生土。

YBS0202楼子榜发掘区　位于佘家嘴遗址西部、巴阳溪东岸台地上，31个探方分布在上、下两个层面（YBS0202T01～YBS0202T31），亦为农耕水稻田。文化遗存埋藏最深2.75米，可分为8层。以YBS0202T13为例（图三）。

第1层：灰褐色黏土。厚15～20厘米。为耕土层。

第2层：浅灰色土。厚10～20厘米。为耕土铺垫层。含有明清青花瓷片和陶片、瓦片。

第3层：褐色含粉砂质黏土。厚8～30厘米。含少量小碎石块、螺壳，含较多的陶、瓷、瓦片，多明清青花瓷。

第4层：浅黄色粉砂质黏土。厚15～25厘米。含大量的陶、瓷、瓦片，瓷片多白瓷，有个别青花瓷。第3、4层为明清文化层。

第5层：褐色黏土。厚0～30厘米。由西及东逐渐变薄后消失，出土大量陶、瓷片，陶片以泥质红陶和釉陶为主，瓷片多为青瓷，少数白瓷。

第6层：浅黄色粉砂质黏土。厚0～30厘米。与上层相似，由西及东倾斜分布逐渐变薄后消失，在东壁没有分布，含少数陶片。

第7层：褐色黏土。厚60～100厘米。自东北向西南倾斜分布，含陶、瓷片，多釉陶、青瓷，少量白瓷。第5～7层为宋元文化层。

第8层：浅黄色黏土。厚8～25厘米。出土有一些釉陶片和青瓷片，其中一残玉璧形圈足青瓷碗可复原，同时发现一枚开元通宝铜钱。本层为唐代文化层，以下为生土层。

YBS0203打铁坡发掘区　位于佘家嘴遗址西部、巴阳溪东岸坡地上，为农耕红薯地。分布探方19个（YBS0203T01～YBS0203T19），地层堆积较薄，文化遗存埋藏最深140厘米，根据土质、土色和包含物可分为5层，由于遗址处于坡地，倾斜度很大，文化层堆积不均，在探方中没有出现完整的地层序列，以YBS0203T13、YBS0203T18为例。

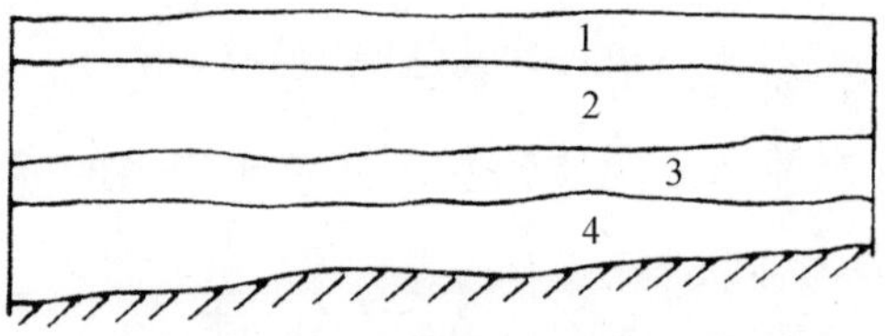

图四　YBS0203T13西壁剖面示意图

YBS0203T13分为4层（图四）。

第1层：灰色黏土。厚20～25厘米。为耕土层。含少量陶、瓷片。

第2层：浅灰色粉砂质黏土。厚20～40厘米。为耕土铺垫层。含大量的瓦片和青花瓷片等。

第3层：浅褐色粉砂质黏土。厚20～30厘米。含大量螺壳，出土物有灰陶、硬陶、釉陶和青瓷、白瓷片，其中釉陶数量较多，有平底和假圈足碗类，青瓷和白瓷的器形亦与釉陶相类似，陶片中有少量绳纹陶。为宋元文化层。

第4层：灰色黏土。厚0～40厘米。出土物主要有釉陶，多为假圈足，少量酱色釉瓷片和绳纹灰陶片，不见白瓷和青瓷。为唐代文化层。

YBS0203T18缺第3、4层，在第1、2层下为第5层。

第5层：黄灰色黏土。厚30～75厘米。出土较多的绳纹陶片，纹饰有粗绳纹和细绳纹，泥质灰陶占绝大多数，也有少量泥质红陶，可辨识的器形有罐、盆、钵等，多为快轮制作，少数为慢轮修整。第5层为汉代文化层，以下生土层为浅灰黄色黏土质粉砂。

YBS0204大田嘴发掘区　位于佘家嘴遗址东部、长江北岸台地上，分布探方12个（YBS0204T01～YBS0204T12），为农耕红薯地。文化遗存埋藏最深2.36米，可分为7层，以YBS0204T06为例（图五）。

第1层：灰褐色黏土。耕土层。厚15～25厘米。

第2层：浅灰褐色黏土。厚16～31、深32～45厘米。耕土铺垫层。结构较疏松，夹杂较多炭屑，包含有青花瓷片、现代瓷片、现代瓦片等。

第3层：浅褐黄色黏土质粉砂层。厚24～35、深60～78厘米。浅褐黄色，呈粉砂状，没有包含物。

第4层：褐色黏土，结构紧密。厚22～80、深85～150厘米。出土较多的青花瓷和少量青瓷，以及夹砂陶、泥质陶、硬陶、釉陶等。为明清时代堆积。

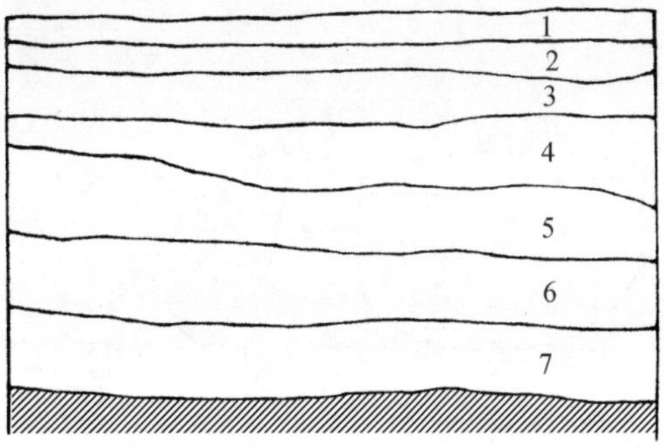

图五　YBS0204T06北壁剖面示意图

第5层：灰色粉砂质黏土层，西高东低呈斜坡状堆积。厚20～55、深130～175厘米。土质较硬，出土青瓷、白瓷、釉陶、硬陶和夹砂陶、泥质陶等；陶片多饰绳纹，少量粗绳纹、弦纹、方格纹等，素面较少。为唐宋文化层。

第6层：灰色粉砂质黏土，色泽比第5层稍深。厚30～52、深170～205厘米。出土数量较多的夹砂、泥质陶片，以夹砂灰陶为主，有一些红陶和少量的黑陶；纹饰多素面，其他依次为绳纹、弦纹、凸弦纹、附加堆纹等，可判别的器形除罐类外，有较多的高把豆豆把、厚胎夹砂绳纹花口灰陶器物口沿和尖底器残片，同时出土的还有石片、石器。

第7层：浅灰黄色粉砂质黏土层。厚25～50、深220～236厘米。陶片明显减少，多泥质陶少夹砂陶，以灰陶为主，但黑陶和红陶也占相当比例；纹饰素面占大多数，少量绳纹、刻划纹等，出土多件鬲足、盉足、豆把及石核、石器。根据包含物，第6、7层应为商周时期或可早到新石器时代晚期的文化层，以下为生土层。

二、文化遗迹与遗物

本年度的发掘所发现的文化遗存较为丰富，包含了商周至明清时代的遗迹和遗物，现分为商周、汉晋、唐宋元明清三个时期介绍如下。

（一）商周时期

佘家嘴遗址商周时期的古文化遗存保存不是很好，地层堆积仅发现于北区（大田嘴）YBS0204T4～YBS0208T8的第6、7层，没有发现明确的遗迹现象。地层中包含物不少，但多残破。

石器标本　3件。均为磨制石斧。YBS0204T05⑥：1，长3.4、宽5.6、厚2.6厘米（图六，1）。由灰色燧石砾石磨制而成，通体磨光。残，仅保留石斧下段，弧刃，中锋。刃长1.1、刃宽3.4厘米。YBS0204T05⑥：2，长8.6、宽4.2、厚1.7厘米（图六，2）。由燧石砾石磨制而成，顶部及刃部保留自然面，中锋，弧刃，刃部与器身连续过渡。两侧有打片的痕迹。YBS0204T08⑥：1，长8.3、宽4.2、厚2.1厘米。刃部长2、宽4厘米（图六，3）。由泥质灰岩磨制而成，通体磨光，中锋，弧刃，在两侧及刃部有许多去片后留下的疤痕。

陶瓷片标本比较丰富，据统计，泥质灰陶数量最多，约占总数的50%，其次是夹砂灰陶，约占总数的34%，此外还有少量泥质红陶、夹砂红陶和泥质黑陶。主体纹饰是绳纹、交错绳纹，其次是网格纹加弦纹、方格纹、网格纹，还有少量篮纹、云雷纹、压印纹、附加堆纹、刻

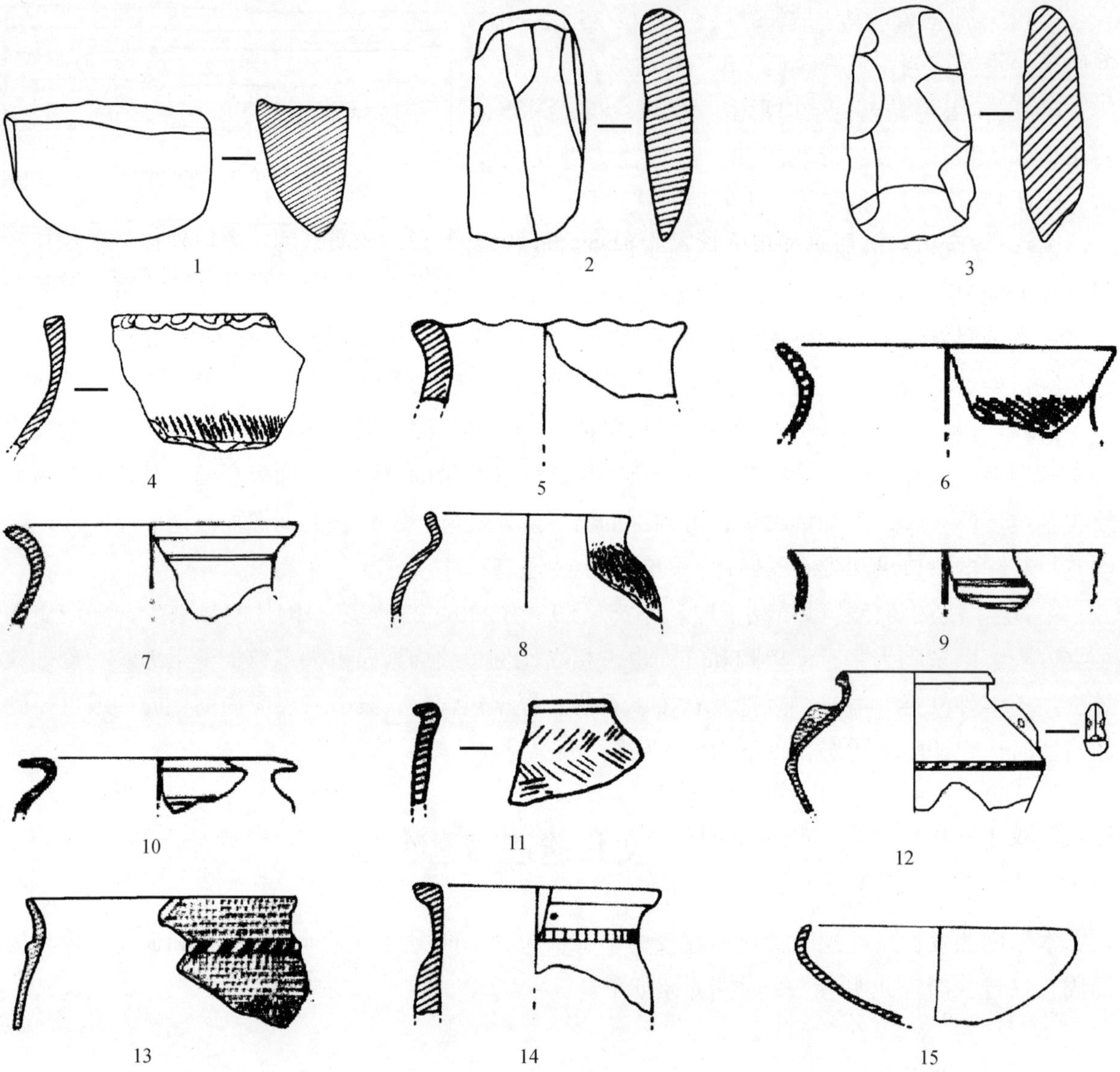

图六　商周时期器物

1～3. 磨制石斧（YBS0204T05⑥：1、YBS0204T05⑥：2、YBS0204T08⑥：1）　4. A型Ⅰ式陶罐口沿（YBS0204T08⑥：2）　5. A型Ⅱ式陶罐口沿（YBS0204T06⑥：26）　6、7. B型Ⅰ式陶罐口沿（YBS0204T05⑥：17、YBS0204T06⑥：21）　8. B型Ⅱ式陶罐口沿（YBS0204T08⑥：6）　9. B型Ⅲ式陶罐口沿（YBS0204T08⑥：23）　10. C型Ⅰ式陶罐口沿（YBS0204T06⑥：6）　11. C型Ⅱ式陶罐口沿（YBS0204T08⑥：20）　12. D型陶罐口沿（YBS0204T08⑥：9）　13. E型陶罐口沿（YBS0204T06⑦：5）　14. F型陶罐口沿（YBS0204T06⑥：28）　15. 陶钵（YBS0204T06⑥：14）

划纹等。根据口沿和底足残片判断器形主要有罐、豆、鼎、鬲、盉、钵、纺轮等，其中罐和豆占多数。

罐口沿　20件。多夹砂灰陶，其次是泥质灰陶，还有少量泥质红陶。分六型。

A型　5件。花边口罐。分二式。

Ⅰ式：2件。器表饰绳纹。YBS0204T08⑥：2，泥质灰陶。口沿呈花瓣状，腹部饰部分粗绳纹（图六，4）。YBS0204T06⑥：18，夹砂灰陶。敞口，口沿用棒状物压制成花边后还经过慢轮修整。颈上饰绳纹。

Ⅱ式：3件。素面。YBS0204T06⑥：26，夹砂灰陶。花边口沿，口沿锯齿状呈波浪形，口沿压制后未经慢轮修整（图六，5）。YBS0204T06⑥：16，泥质灰陶。花边口沿。烧制火候不足，器表红、黑相间，内外壁均有手捏痕迹。YBS0204T05⑥：27，夹细砂灰陶。花边口沿。用手捏制而成。

B型　口沿外侈。8件。分三式。

Ⅰ式：4件。口沿与腹部角度较大。YBS0204T05⑥：17，泥质红陶。大口外侈，束颈，鼓腹。颈部饰粗绳纹（图六，6）。YBS0204T06⑥：21，泥质红陶。大口外侈。颈下有两道凸弦纹，器表饰以方格纹（图六，7）。YBS0204T05⑥：22，泥质红陶。大口外侈，束颈，鼓腹。YBS0204T05⑥：24，泥质红陶。侈口，束颈，鼓腹。

Ⅱ式：3件。口沿与腹部角度较小。YBS0204T08⑥：12，夹细砂灰陶。侈口，方唇。腹部饰绳纹。YBS0204T08⑥：7，泥质灰陶。侈口，方唇。腹部饰粗绳纹。口沿为手捏制。YBS0204T08⑥：6，泥质灰陶。小口外侈，圆唇。腹部饰粗绳纹（图六，8）。

Ⅲ式：1件。YBS0204T08⑥：23，泥质灰陶。侈口，直颈，沿下起棱（图六，9）。

C型　4件。有沿罐。分二式。

Ⅰ式：2件。沿较宽。YBS0204T06⑥：6，夹砂灰陶，宽沿。器表饰刻划纹（图六，10）。YBS0204T06⑥：19，泥质灰陶。直口，卷唇，宽沿。腹部饰瓦棱状纹饰，器表施黑陶衣。

Ⅱ式：2件。窄沿。YBS0204T08⑥：20，夹砂灰陶。窄沿，沿上有刻划纹，器表用陶拍拍印成篮纹（图六，11）。YBS0204T06⑥：15，夹砂灰陶。平沿，沿上有凹痕，束颈，鼓腹。

D型　1件。YBS0204T08⑥：9，夹砂灰陶，小侈口，方唇，束颈，鼓腹。肩部有一对穿耳。腹部饰凸弦纹，上有压痕。轮制口径7.5厘米。（图六，12）。

E型　1件。YBS0204T06⑦：5，夹砂灰陶。侈口。上腹部用泥条堆塑成附加堆纹，然后用有凸棱的棒状物压印而成。口沿及腹部饰方格纹（图六，13）。

F型　1件。YBS0204T06⑥：28，泥质灰陶盘口罐。浅盘状口，尖圆唇，高直颈，斜肩。颈部有方格纹饰（图六，14）。

豆把　19件。多泥质灰陶，其次为夹砂灰陶，还有少量泥质黑陶和夹砂红陶。分二型。

A型　4件。矮豆把。分二式。

Ⅰ式：2件。大喇叭状圈足豆。YBS0204T08⑥：4，泥质灰陶。大喇叭状圈足，轮制（图七，1）。YBS0204T08⑥：11，泥质黑陶。为喇叭状矮圈足。用手捏制而成（图七，2）。

Ⅱ式：2件，小喇叭状圈足豆。YBS0204T06⑥：11，夹砂灰陶。矮把，小喇叭状圈足（图七，3）。YBS0204T06⑦：2，泥质灰陶。矮把小喇叭状圈足，中空（图七，4）。

B型　15件。高豆把。分五式。

Ⅰ式：6件。纺锤状豆把。YBS0204T06⑥：1，泥质灰陶。高柄，中段较粗，两端略细。中间穿孔。表面饰凸弦纹和弦纹（图七，5）。YBS0204T06⑥：2，泥质灰陶。上段较细，中段渐粗。素面（图七，6）。YBS0204T06⑥：8，泥质灰陶。上段较细，中段渐粗，中间穿孔。素面。YBS0204T06⑥：9，夹砂灰陶。呈纺锤状，中部较粗。下段饰弦纹。YBS0204T06⑥：10，泥质灰陶，中段较粗。上段饰三段弦纹，中部饰凸棱纹，在凸棱两侧各

图七　商周时期陶器

1、2. A型Ⅰ式豆把（YBS0204T08⑥：4、YBS0204T08⑥：11）　3、4. A型Ⅱ式豆把（YBS0204T06⑥：11、YBS0204T06⑦：2）　5～8. B型Ⅰ式豆把（YBS0204T06⑥：1、YBS0204T06⑥：2、YBS0204T06⑥：10、YBS0204T08⑥：5）　9、10. B型Ⅱ式豆把（YBS0204T06⑥：4、YBS0204T06⑥：6）　11. B型Ⅲ式豆把（YBS0204T06⑥：5）　12. B型Ⅳ式豆把（YBS0204T06⑦：4）　13. B型Ⅴ式豆把（YBS0204T06⑥：7）　14. 尖底器底（YBS0204T06⑥：13）　15. 鼎足（YBS0204T06⑥：12）　16. 鬲足（YBS0204T08⑥：8）　17. 盉足（YBS0204T06⑦：1）　18. 纺轮（YBS0204T05⑥：3）

有一等大的镂孔。残高14.6厘米（图七，7）。YBS0204T08⑥：5，泥质灰陶。中部微鼓，两端略收。中下部饰凸弦纹，下端饰一周弦纹（图七，8）。

Ⅱ式：4件。束腰状豆把。YBS0204T08⑥：1，夹粗砂灰陶。厚胎，把中空，两端粗，中间略细。YBS0204T06⑥：6，泥质灰陶。把中空，束腰。上段饰凸棱纹，下端饰弦纹（图七，10）。YBS0204T06⑥：4，泥质灰陶。把中空，两端略粗，中间较细。中部饰有一周凸弦纹，器表施一层黑衣（图七，9）。YBS0204T08⑥：3，泥质灰陶，上部微鼓，下部呈喇叭状。中部刻有两道弦纹。

Ⅲ式：2件。高柄大喇叭状圈足豆。YBS0204T06⑥：3，夹砂灰陶。胎较厚，把中空，大喇叭圈足。YBS0204T06⑥：5，夹砂灰陶。把中空，大喇叭状圈足。中部饰凸棱纹（图七，11）。

Ⅳ式：2件。高直小喇叭状圈足豆。YBS0204T06⑦：3，泥质灰陶。厚胎，把中空。底部有一凸弦纹。YBS0204T06⑦：4，泥质灰陶。高柄，上面较直，小喇叭状圈足。中部饰三道凸弦纹（图七，12）。

Ⅴ式：1件。YBS0204T06⑥：7，夹砂红陶。直筒状柄。下段饰三道弦纹。残高16.4厘米（图七，13）。

尖底器底　2件。YBS0204T06⑥：13，夹砂灰陶。器底呈漏斗状，底部中间穿孔。胎较厚（图七，14）。YBS0204T08⑥：10，夹细砂红陶。尖底呈袋状，有明显的轮制痕迹。

钵　2件。YBS0204T06⑥：14，泥质灰陶。口内敛，外壁轮制，内壁有捏制痕迹。底残。口径16厘米（图六，15）。YBS0204T06⑥：25，夹砂灰陶。口沿内敛。沿上有一周弦纹。陶胎很厚。仅余口沿残片。

鼎足　1件。YBS0204T06⑥：12，泥质灰陶。乳钉足，内壁有轮制痕迹（图七，15）。

鬲足　1件。YBS0204T08⑥：8，泥质灰陶。袋状足，用手捏制而成（图七，16）。

盉足　1件。YBS0204T06⑦：1，泥质红陶。瘦袋状足，器壁较薄（图七，17）。

纺轮　1件。YBS0204T05⑥：3，泥质灰陶。上下两面磨平，周边斜面，中部起凸脊，中间穿孔（图七，18）。

金属器仅发现战国青铜剑一把。YBS0201H2：1，直柄无格柳叶形青铜剑。外饰虎皮纹。剑首、剑身处各有一圆形穿。直径约为0.9、长39.5、剑首宽1.8、剑身最宽处3.6厘米。

（二）汉晋时期

汉晋时期的遗存状况保存较好，是该遗址中内涵最丰富的阶段，本次发掘中发现的12座墓葬都是属于这一阶段的，出土了一大批重要的文化遗物。

1. 遗迹

这一阶段的遗迹只有12座墓葬。可分为二型。

A型　共5座。砖室墓。

YBS02M1　砖室墓，呈“凸”字形，墓室长5.02、宽2.84、甬道长2.75、宽1.9、残高1米

（图八）。修建巴阳新码头施工时发现，墓室券顶和墓壁上部已遭后期破坏，墓底没有铺设砖层，使用“富贵”复线菱形纹榫卯砖券顶，以车轮复线十字纹砖错缝平砌墓壁。出土铜棺饰1件、红陶盂5件、银圈2件、红陶碟2件、灰陶甑1件、灰陶罐1件、红陶钵2件、圜底罐1件、红

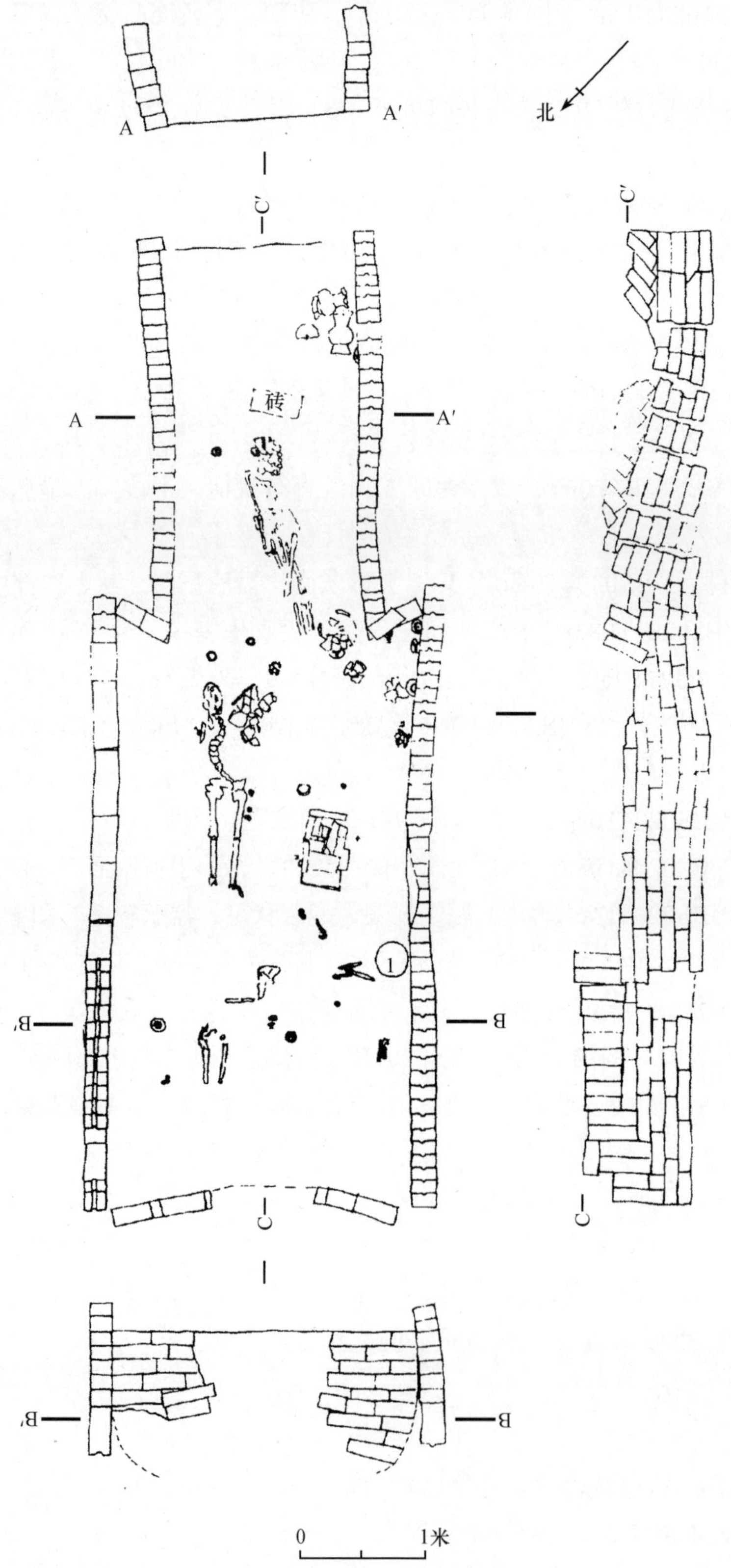

图八　YBS02M1平、剖面图

陶壶4件、红陶壶盖2件、五铢铜钱73枚、铁钩1件、伞形钉3件、红陶罐1件，另外有陶屋1件和玻璃器1件，因损坏严重，均不可复原。人骨架4具，其中2具头向为314°，仰身直肢葬，另外2具不可辨识。

YBS02M4　砖室墓，呈“凸”字形。墓室长3.6、宽1.6、甬道长0.78、宽1.2、残高0.58米。方向285°。出土铜钱（半两）2枚。墓室遭严重破坏，只剩下小部分墓壁和墓底，墓壁砖饰复线菱形纹，墓地砖错缝平砌。人骨架已不存在。

YBS02M9　砖室墓，长方形，券顶。墓室长4.7、宽1.8、残高1.6米。墓室上部已被破坏，但后壁保存较好并留下坍塌的部分券顶，墓底平铺砖层，墓顶使用楔形砖券砌，墓壁平砖错缝平砌，砖饰复线菱形纹。出土釉陶盅2件、釉陶四系罐1件、釉陶钵1件、釉陶四系盖罐1件、釉陶钵1件、釉陶碗2件、铜指环1件、铜钱1枚（咸康通宝，已腐朽，字迹依稀可辨）和填土中铜钱（开元通宝）4枚。人骨不可辨识。根据层位关系和随葬品判断YBS02M9为东晋墓。

YBS02M10　砖室墓，巴阳新码头施工，遭到严重破坏，只残存部分墓圹。墓室残长1.68、宽2.7、残高0.96米。出土泥质红陶盆1件、泥质红陶罐4件、泥质灰陶罐1件、泥质红陶盂1件、泥质灰陶钵2件、泥质红陶甑2件、泥质红陶豆2件、泥质红陶香熏2件、泥质红陶钵1件、泥质红陶鼎1件、泥质红陶壶2件、铁钩3件。

YBS02M11　砖室墓，长方形，券顶，保存较完整，但券顶已塌陷，方向为270°。墓室长3.15、宽1、残高1.1米。使用榫卯砖横向券砌顶部，墓壁平砖错缝平砌，砖饰文字（待辨识）、菱格带点纹、X复线、十字复线纹等。出土灰陶钵1件、灰陶双盘豆1件、釉陶罐2件，同时出土铁釜和陶罐各1件，腐朽不可修复。残存人骨架1具，头向朝东，仰身直肢葬，年龄、性别不可辨识。

B型　共7座。土坑竖穴墓。

YBS02M2　土坑竖穴墓，长方形。残长1.04、宽2.34、深2米。方向282°。巴阳新码头施工，遭到严重破坏，残存部分墓圹。出土铁锸1件。人骨架已腐烂。

YBS02M3　土坑竖穴墓，长方形。残长1.62、宽2.1、深1.92米。方向283°。与YBS02M2一样，因巴阳新码头施工，遭到严重破坏，只残存部分墓圹。出土灰陶豆2件、泥质陶环1件。不见人骨架。

YBS02M5　土坑竖穴墓，长方形。长3、宽1.76、深1.8米。方向329°。出土红陶绳纹圜底罐3件、灰陶钵1件。人骨架已腐，不可辨识。

YBS02M6　土坑竖穴墓，长方形。长4.1、宽3、深4.3米。方向315°（图九）。出土双耳红陶壶2件、红陶勺3件、浅盘红陶豆3件、绳纹灰陶罐1件、灰陶壶1件、红陶敦盖1件、铜矛1件、红陶环1件、铁刀1件、铁剑1件、铜带钩1件。人骨架1具，头向129°，仰身直肢葬，男性。

YBS02M7　土坑竖穴墓，长方形。长3、宽1.8、深2.9米。方向300°。出土绳纹灰陶罐1件、灰陶鼎1件、灰陶盖豆2件、灰陶罐1件、灰陶勺1件、灰陶敦1件、灰陶壶盖1件、灰陶豆1件、灰陶勺1件。出土人骨架1具，头向290°，仰身直肢葬。女性，30～35岁。

YBS02M8　土坑竖穴墓，长方形。长3.16、宽1.84、深2.75米。方向296°。出土铜镜1件、灰陶平底罐1件、灰陶圜底罐1件、灰陶罐1件、灰陶盆1件。出土人骨架1具，头向296°。男

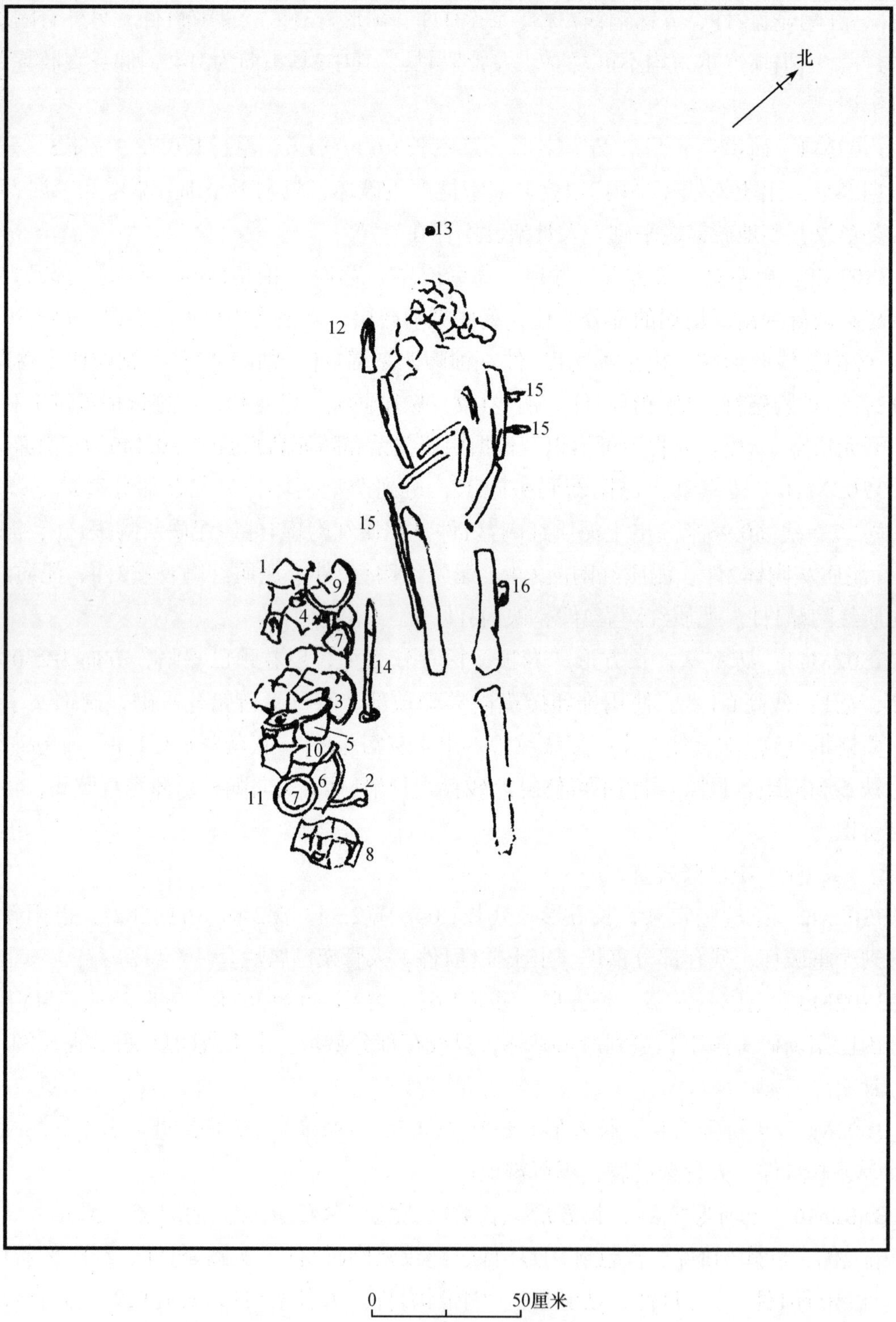

图九 YBS02M6平面图

1、4. 双耳红陶壶 2、6、10. 红陶勺 3、7、11. 浅盘红陶豆 5. 绳纹灰陶罐 8. 灰陶壶 9. 红陶敦盖 12. 铜矛 13. 红陶环 14. 铁刀 15. 铁剑 16. 铜带钩

性，年龄25～30岁。

YBS02M12　土坑竖穴墓，长方形。长3、宽1.6、深2.51米。方向26°。出土灰陶罐1件、灰陶钵1件、红陶罐1件，填土中发现铜箭镞1件。保存残人骨架1具，头向26°，面向朝东，仰身直肢葬。年龄30～40岁，性别不可辨识。

2. 遗物

汉晋时期的墓葬中出土物比较丰富，主要是陶、瓷器，此外还有一些石、铜、铁、银器等。其中陶、瓷器内涵最为丰富。

（1）陶、瓷器

陶器以泥质红陶为主，共40件，约占总数的52%，其次是泥质灰陶，25件，约占总数的31.8%，此外还有少量夹砂红陶、夹砂灰陶和釉陶。青瓷器7件。

鼎　2件。分二式。

Ⅰ式：1件。有鼎盖。YBS02M7：2，泥质灰陶。子母口，浅腹，圜底，器身两侧各有一“凹”形立耳，有三个细长兽状足。器盖为直口，平沿，方唇，有三个鸟形耳。口径14.1、通高12.2厘米（图一〇，1）。

Ⅱ式：1件。无盖鼎。YBS02M10：17，泥质红陶。敞口，沿内凹，尖唇，微鼓腹，圜底。有三个扁形蹄足，器身两侧有一对环形耳。口径12.2、通高11.4厘米（图一〇，2）。

敦　2件。只有1件完整，另一件仅余器盖。YBS02M7：7，泥质灰陶。器身扁球形，直口微敛，平沿，圜底，器身有三个蹄形足。器盖形体与器身基本相同，有三个鸟形耳。器腹饰两道凹弦纹。口沿下有一道凹弦纹。口径13.8、通高10.5厘米（图一〇，3）。YBS02M6：9，泥质红陶。器盖呈半球形，直口，盖上有三个鸟形耳。口径15、高8.5厘米（图一〇，4）。

香熏　2件。均为泥质红陶，形制基本相同。YBS02M10：15，子母口，短柄，深喇叭形圈足，器盖呈半球形，顶部有一个乳钉纽，有三组刻划网格纹。口径7.3、底径11.3、高14.4厘米（图一〇，5）。YBS02M10：14，子母口，短柄，深喇叭形圈足。器盖呈半球形，顶部有一个乳钉纽，有三组刻划莲瓣纹。口径7.2、底径10.6、高14.2厘米（图一〇，6）。

豆　10件。泥质红陶7件、泥质灰陶3件。可分为二型。

A型　4件。有盖豆。可分二式。

Ⅰ式：2件。豆盘为漏斗形。YBS02M3：1，带盖泥质灰陶豆。浅盘豆呈漏斗状，直口，方唇，细长柄，小喇叭状圈足。器盖也为泥质灰陶，直口，方唇，呈弧形。素面。口径11.2、底径7.6、通高12.8、盖高2.8厘米（图一〇，7）。YBS02M3：2，泥质灰陶。漏斗状浅盘，细长柄，小喇叭状圈足。盖呈弧形。素面。口径11.2、底径7.6、通高13.2、盖高3厘米。

Ⅱ式：2件。豆盘为平底。YBS02M7：3，泥质，器身为红陶，豆盖为灰陶。直口平沿，方唇，浅盘，细长柄，小喇叭状圈足，足部有一道折痕。轮制。口径11.4、底径6.4、通高12.4厘米（图一〇，8）。YBS02M7：4，泥质，器身为红陶，器盖为灰陶。浅盘为直口，方唇，平沿，平底。细长柄，小喇叭状圈足。有轮制痕迹。口径11、底径6.2、通高12厘米。

B型　6件。无盖豆。可分三式。

Ⅰ式：3件。高柄豆。YBS02M6：3，泥质红陶。浅盘，口微外侈，高柄，小喇叭形圈

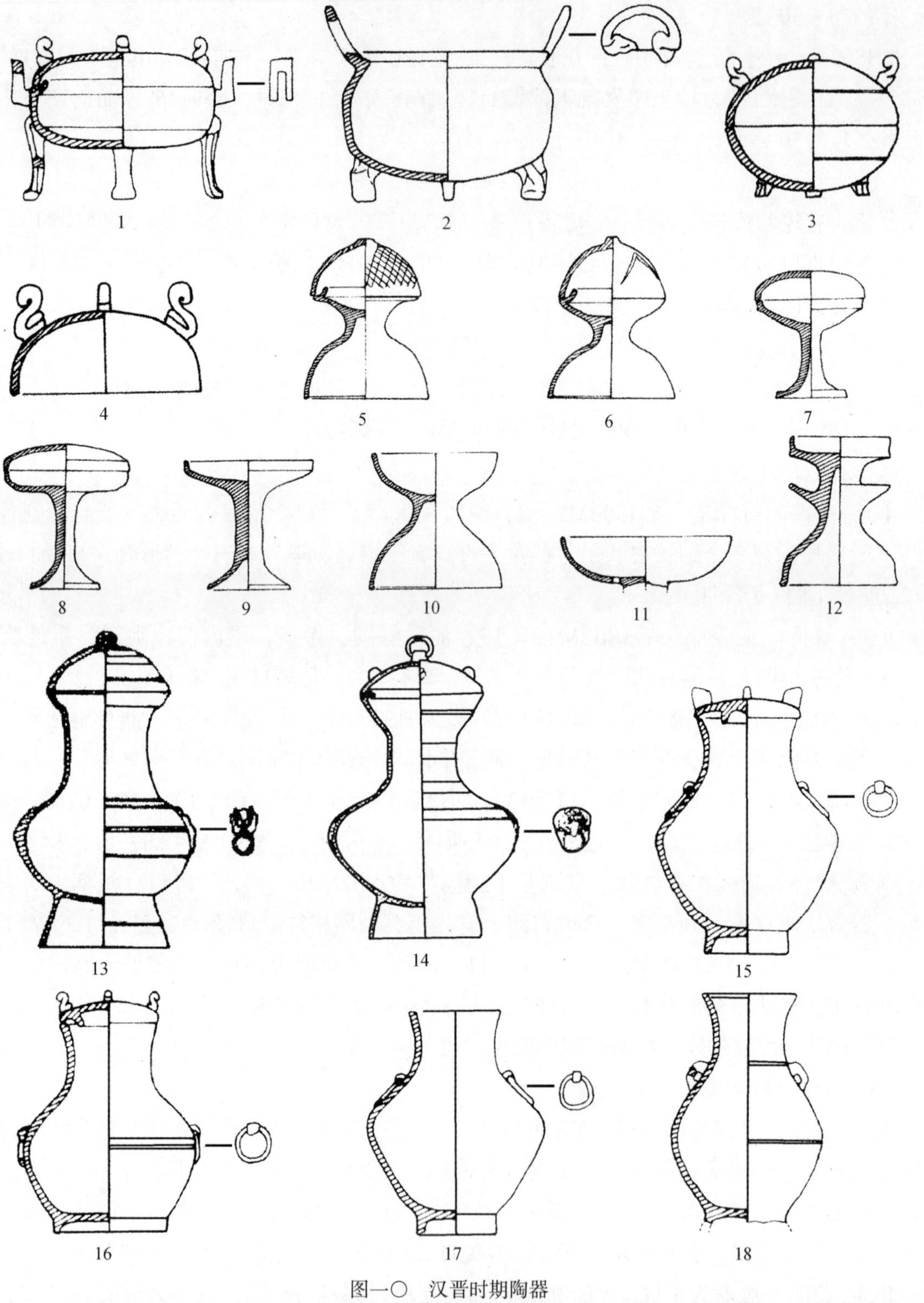

图一〇 汉晋时期陶器

1. Ⅰ式鼎（YBS02M7：2） 2. Ⅱ式鼎（YBS02M10：17） 3、4. 敦（YBS02M7：7、YBS02M6：9） 5、6. 香熏（YBS02M10：15、YBS02M10：14） 7. A型Ⅰ式豆（YBS02M3：1） 8. A型Ⅱ式豆（YBS02M7：3） 9. B型Ⅰ式豆（YBS02M6：3） 10. B型Ⅱ式豆（YBS02M10：12） 11. B型Ⅲ式豆（YBS02M7：9） 12. 灯形器（YBS02M11：2） 13、14. A型Ⅰ式壶（YBS02M1：17、YBS02M1：18） 15、16. A型Ⅱ式壶（YBS02M6：4、YBS02M7：8） 17. B型Ⅰ式壶（YBS02M6：8） 18. B型Ⅱ式壶（YBS02M6：1）

足。口径12.3、底径7.6、高11.5厘米（图一〇，9）。YBS02M6：7，泥质红陶。浅盘，口微外侈，盘心较平，高把，小喇叭状圈足。口径11.8、底径7.6、高11厘米。YBS02M6：11，泥质红陶。浅盘，高把，小喇叭状圈足。口径11.2、底径7.6、高11.4厘米。

Ⅱ式：2件。短柄大喇叭状圈足豆，与同墓葬中出土的香熏形制相似。YBS02M10：12，泥质红陶。直口，平沿，深盘，短柄，大喇叭状圈足豆。器表施红色釉，胎釉结合不良，脱釉现象严重。有轮制痕迹。口径11、底径11.7、通高11.7厘米（图一〇，10）。YBS02M10：13，泥质红陶。直口，方唇，深盘，大喇叭状圈足。器表施釉，胎釉结合不良，剥釉严重。轮制。

Ⅲ式：1件。仅余豆盘。YBS02M7：9，泥质灰陶。直口，浅腹，盘底有四个孔，盘底与柄的结合处有几道刻划纹，可能是陶工留下的标记。有明显的轮制痕迹。口径15.4、残高4.5厘米（图一〇，11）。

壶　10件。泥质红陶8件、泥质灰陶2件。可分二型。

A型　8件。有盖壶。可分二式。

Ⅰ式：6件。兽头衔环铺首盖壶。YBS02M1：15、YBS02M1：16，泥质红陶。器表施红色釉。盖口内斜呈凸棱，盖体呈半球状，顶部环残。壶口沿内斜呈凸棱，口稍侈呈盘状，束颈，圆肩，鼓腹，喇叭形圈足。肩部饰三道弦纹，腹足各饰一道弦纹。肩部两侧各有一兽头衔环铺首。轮制。口径15.6、最大腹径21.6、底径15.6、通高38.4厘米。YBS02M1：17、YBS02M1：18，泥质红陶。器表饰红色釉，脱釉严重。盖口内斜呈凸棱，盖体呈半球状，底部饰环形纽。壶口沿内斜呈凸棱，口微侈呈盘状，束颈，圆肩，鼓腹，喇叭状圈足。肩饰二道弦纹，腹足各饰一道弦纹。两侧肩部各饰一对兽头衔环铺首。轮制。口径15.6、最大腹径22.8、底径16.8、通高37.2厘米（图一〇，13、14）。YBS02M10：18，泥质红陶。敞口平沿，口沿下部起棱，长颈，鼓腹，深喇叭状圈足。颈部饰两道凸弦纹，肩部也饰两道凸弦纹，腹部饰两道凹弦纹，两侧腹部各有一个兽头衔环铺首。弧形盖，子母口，顶部有一个环形纽，器盖上有三个乳钉。轮制。器表施红色釉，但剥釉严重。口径16、底径15、通高38.8厘米。YBS02M10：19，泥质红陶。敞口，平沿，口沿下部起棱，长颈鼓腹，深喇叭状圈足。肩部饰两道凹弦纹，腹部也饰两道凹弦纹。两侧腹部各有一兽头衔环铺首。弧形盖，子母口，顶部有一个环形纽，器盖上有三个乳钉。轮制。器表施红色釉，但剥釉严重。口径15、底径15.6、通高37.6厘米。

Ⅱ式：2件。环形铺首盖壶。YBS02M6：4，泥质红陶。宽平沿，口微外侈，肩部有一对环形耳，最大腹径偏上，圈足。盖子为子母口，其上有三个扁平纽。口径7.8、底径6.7、通高20.4厘米（图一〇，15）。YBS02M7：8，泥质灰陶。侈口，平沿，束颈，鼓腹，腹部两侧各有一个环形铺首，周围有两道凹弦纹，圈足。器盖为子母口，其上有三个鸟形纽。有轮制痕迹。口径6.9、底径7.9、通高16.7厘米（图一〇，16）。

B型　2件。无盖壶。可分二式。

Ⅰ式：1件。环形耳。YBS02M6：8，泥质灰陶。侈口，平沿，尖唇，肩部有一对环形耳，圈足。口径7.4、底径6.7、高18.1厘米（图一〇，17）。

Ⅱ式：1件。桥形耳。YBS02M6：1，泥质灰陶。侈口内斜，高领，束颈，肩部有一对桥形耳，圆鼓腹。颈、腹部各饰两道弦纹，圈足残。口径10.1、残高23.2厘米（图一〇，

18）。

灯形器　1件。YBS02M11：2，泥质灰陶。双浅盘，上盘直壁，下盘斜直壁，中空短柄，喇叭口圈足。有轮制痕迹。上盘口径12、深2.1厘米，下盘口径12、深1厘米，柄最细处4.8、圈足最宽处13.8、通高17.1厘米（图一〇，12）。

钵　9件。泥质灰陶4件、泥质红陶3件、夹砂灰陶1件、青瓷钵1件。可分三型。

A型　3件。浅腹钵。YBS02M5：4，夹砂灰陶。口内敛，圜底。有慢轮修整痕迹。口径15.5、最大腹径16.1、通高5.2厘米（图一一，1）。YBS02M12：2，泥质灰陶。口微内敛，圆唇，下腹内收成平底，接近圜底，底部有三个圆孔。轮制。口径17.2、高5.2、底径6厘米。YBS02M1：8，泥质红陶。直口，口内斜呈凸棱，腹部内收成平底。高3.6厘米。

B型　6件。深腹钵。可分四式。

Ⅰ式：3件。侈口钵。YBS02M10：9，泥质灰陶。微侈口，圆唇，弧腹下收成平底。口径17.2、底径6.8、高6.6厘米（图一一，2）。YBS02M10：16，泥质红陶。口稍侈，圆唇，弧腹下收成平底。上腹部饰一道弦纹。口径16.8、底径5.6、高6厘米。YBS02M10：8，泥质灰陶。口稍外侈，圆唇，斜弧腹下收成平底。口径16.4、底径7.2、高6.4厘米。

Ⅱ式：1件。直口平底钵。YBS02M11：1，泥质灰陶。直口，弧腹，平底，有轮制痕迹。口径16.2、底径9.6、高6.6厘米（图一一，3）。

Ⅲ式：1件。YBS02M1：32，泥质红陶。轮制。圆唇，窄沿，弧腹内收成平底。腹部饰两道凸棱。口径16.2、底径6.6、高7.2厘米（图一一，4）。

Ⅳ式：1件。YBS02M9：4，泥质灰陶。口微侈，圆唇。深弧腹内收成平底。口径19.5、底径11.2、高12.6厘米（图一一，5）。

C型　1件。青瓷钵。YBS02M9：6，直口，折腹，平底。腹上部施釉，下部露胎。口径15、底径8、高5.6厘米（图一一，6）。

罐　23件。多泥质灰陶，其次为夹砂红陶和泥质红陶，此外还有夹砂灰陶、釉陶和青瓷罐。可分七型。

A型　8件。绳纹圜底罐。可分四式。

Ⅰ式：5件。矮领侈口束颈罐。YBS02M7：1，夹砂灰陶。手制。侈口，圆唇，束颈，鼓腹下收成圜底。器形不很规整。除口沿外遍饰交错绳纹。口径11.6、高15.6厘米（图一一，7）。YBS02M5：1，夹砂红陶。侈口，圆唇，束颈，鼓腹，圜底。胎较厚，内壁有手压痕迹，口沿有手指捏制痕迹。除口沿外通体饰绳纹。口径8.8、最大腹径11.2、高20厘米。YBS02M5：2，夹砂红陶。侈口，束颈，鼓腹，圜底。胎较厚，有明显的手制痕迹。除口沿外遍饰绳纹。口径7.2、最大腹径9.6、高17.2厘米。YBS02M5：3，夹砂红陶。侈口，束颈，垂腹，圜底。胎较厚，有手制痕迹。除口沿外通体饰绳纹。口径6.8、最大腹径9.2、高16厘米。YBS02M6：5，夹砂红陶。侈口，圆唇，束颈，鼓腹，圜底。颈部以下布满绳纹。口径10.3、高11.2厘米。

Ⅱ式：1件。高领侈口束颈罐。YBS02M8：3，泥质灰陶。侈口，高领，束颈，鼓腹，圜底。内壁有一道棱，并有指压痕迹，口沿经慢轮修整，底微内凹。肩部以下为绳纹，下腹部为交错绳纹。口径12.8、最大腹径17.6、通高17.6厘米（图一一，8）。

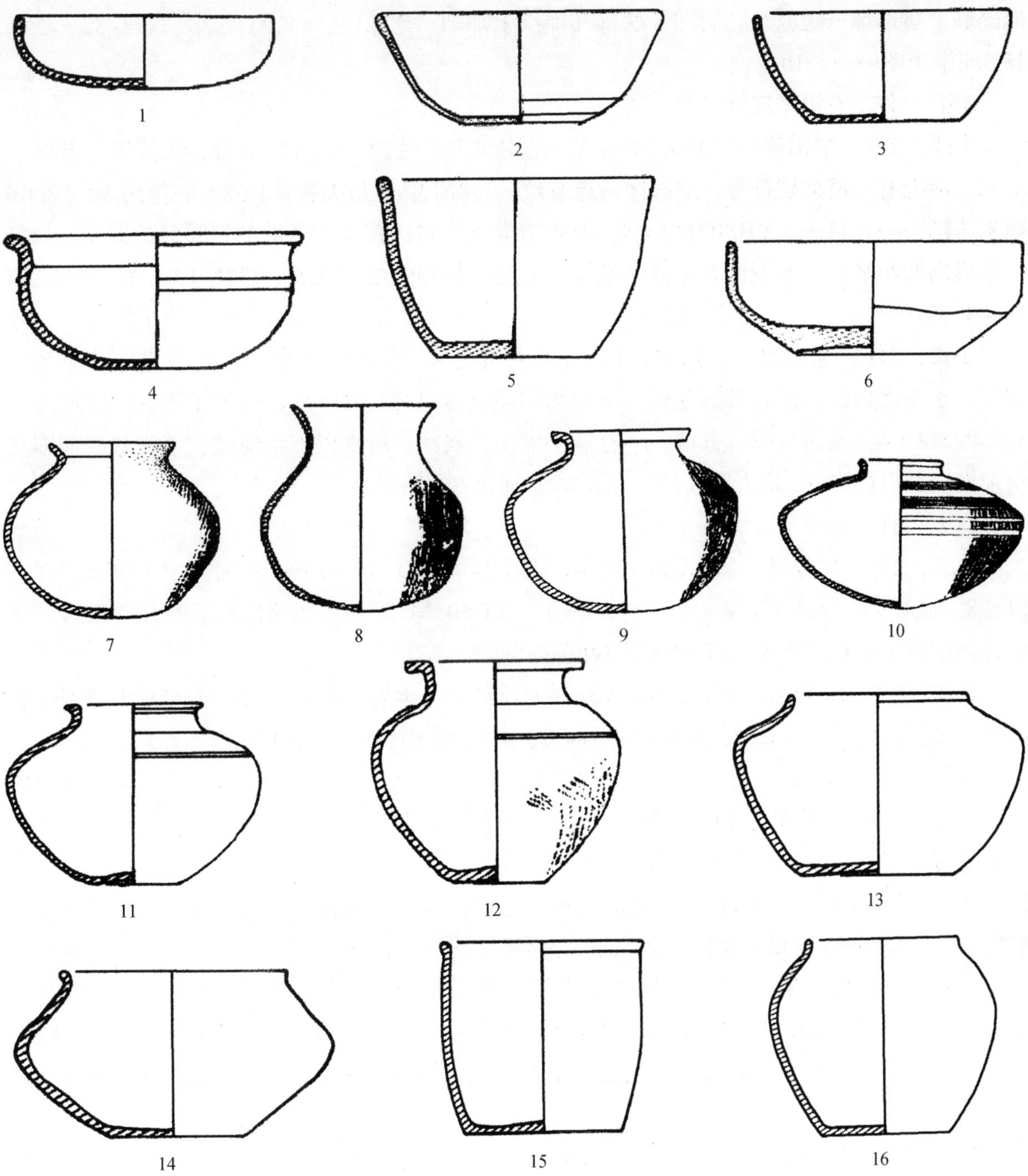

图一一　汉晋时期陶、瓷器

1. A型钵（YBS02M5：4）　2. B型Ⅰ式钵（YBS02M10：9）　3. B型Ⅱ式钵（YBS02M11：1）　4. B型Ⅲ式钵（YBS02M1：32）　5. B型Ⅳ式钵（YBS02M9：4）　6. C型瓷钵（YBS02M9：6）　7. A型Ⅰ式罐（YBS02M7：1）　8. A型Ⅱ式罐（YBS02M8：3）　9. A型Ⅲ式罐（YBS02M12：3）　10. A型Ⅳ式罐（YBS02M1：13）　11. B型Ⅰ式罐（YBS02M8：2）　12. B型Ⅱ式罐（YBS02M12：1）　13. C型Ⅰ式罐（YBS02M10：4）　14. C型Ⅱ式罐（YBS02M1：34）　15. D型Ⅰ式罐（YBS02M11：3）　16. D型Ⅱ式罐（YBS02M11：4）（除6，余为陶器）

Ⅲ式：1件。盘口罐。YBS02M12：3，夹砂红陶。盘口束颈，鼓腹，圜底。除颈部外通体饰绳纹。口径14.2、高18.2厘米（图一一，9）。

Ⅳ式：1件。YBS02M1：13，泥质灰陶。轮制。小口，圆唇，矮束颈，斜肩，鼓腹下收成圜底。肩部饰三道弦纹，腹部及底部在绳纹上加饰三道弦纹。口径11、最大腹径32、通高18.5厘米（图一一，10）。

B型 4件。有沿平底罐。分二式。

Ⅰ式：2件。窄沿罐。YBS02M8：2，泥质灰陶。轮制。直口，窄沿，尖圆唇，鼓腹，平底。沿上有三道刻划符号，腹部饰两道弦纹。口径13.6、最大腹径19.2、底径10.8、高11.6厘米（图一一，11）。YBS02M7：5，泥质灰陶。轮制。直口，平沿，尖圆唇，束颈，鼓腹下收成内凹小平底。颈下饰有一道凹弦纹，上腹部饰有两道凹弦纹。口径11.6、底径7.2、高14.4厘米。

Ⅱ式：2件。宽沿罐。YBS02M12：1，泥质灰陶。轮制。方唇，直口，平沿，束颈，鼓腹，小平底内凹。上腹部饰弦纹，下腹部饰绳纹。口径13.2、高15厘米（图一一，12）。YBS02M8：4，泥质灰陶。直口，小宽沿，束颈，鼓腹。肩部以下饰绳纹，下腹和底部饰交错细绳纹。口径13.6、最大腹径22、底径7.2、通高20.2厘米。

C型 3件。折肩平底罐。分二式。

Ⅰ式：2件。肩较高。YBS02M10：4，泥质红陶。直口，方唇，折肩，腹下收成平底。口径8、底径6.4、高8.4厘米（图一一，13）。YBS02M10：5，泥质红陶。直口，方唇，折肩，微鼓腹，下收成平底。口径8、底径6、高8厘米。

Ⅱ式：1件。肩较低。YBS02M1：34，泥质红陶。圆唇，折肩，腹部下收成短假圈足状平底。轮制。口径7.6、最大径10.4、底径4.6、高5.2厘米（图一一，14）。

D型 2件。釉陶罐。分二式。

Ⅰ式：1件。筒形罐。YBS02M11：3，灰胎黄釉，直口，圆唇，直壁下微收成平底。有轮制痕迹。口径14.5、底径11.4、高13.5厘米（图一一，15）。

Ⅱ式：1件。YBS02M11：4，灰胎黄釉。直口，方唇，鼓腹下收成平底。有轮制痕迹。口径13.2、底径10.8、最大腹径19.2、高31.8厘米（图一一，16）。

E型 2件。束口罐。YBS02M1：6，泥质灰陶。束口微内敛，圆唇，小折肩，深直腹，平底。口径8、肩宽10、底径6.4、通高8.6厘米（图一二，1）。YBS02M10：6，泥质灰陶。束口，圆唇，小折肩，深直腹，下微收成平底。腹部饰两道弦纹。口径11.2、底径10.4、高13.2厘米。

F型 2件。侈口高领折肩罐。YBS02M10：2，泥质红陶。侈口，圆唇，高领，折肩，腹下收成平底。口径9.6、底径4.4、高8.4厘米（图一二，2）。YBS02M10：3，泥质红陶。侈口，圆唇，高领，折肩，平底。口径9.6、底径4.8、高8.2厘米。

G型 2件。青瓷罐。YBS02M9：3，子母口，束颈，鼓腹，最大腹径偏上，平底。肩部有四个桥形系。口沿与上腹部施灰白色釉，下腹部露胎。口径11.2、底径10.6、高18.4厘米（图一二，3）。YBS02M9：5，子母口，束颈，鼓腹，最大腹径偏上，平底。肩部有四个桥形系。口沿与上腹部施灰白色釉，釉层较薄，有剥釉现象，下腹部露胎。有圆形盖，盖上也施灰白色釉，顶部有一桥形纽。底部饰两道弦纹。口径11.2、底径10、高18厘米（图一二，4）。

勺 5件。其中泥质红陶3件、泥质灰陶2件。可分二型。

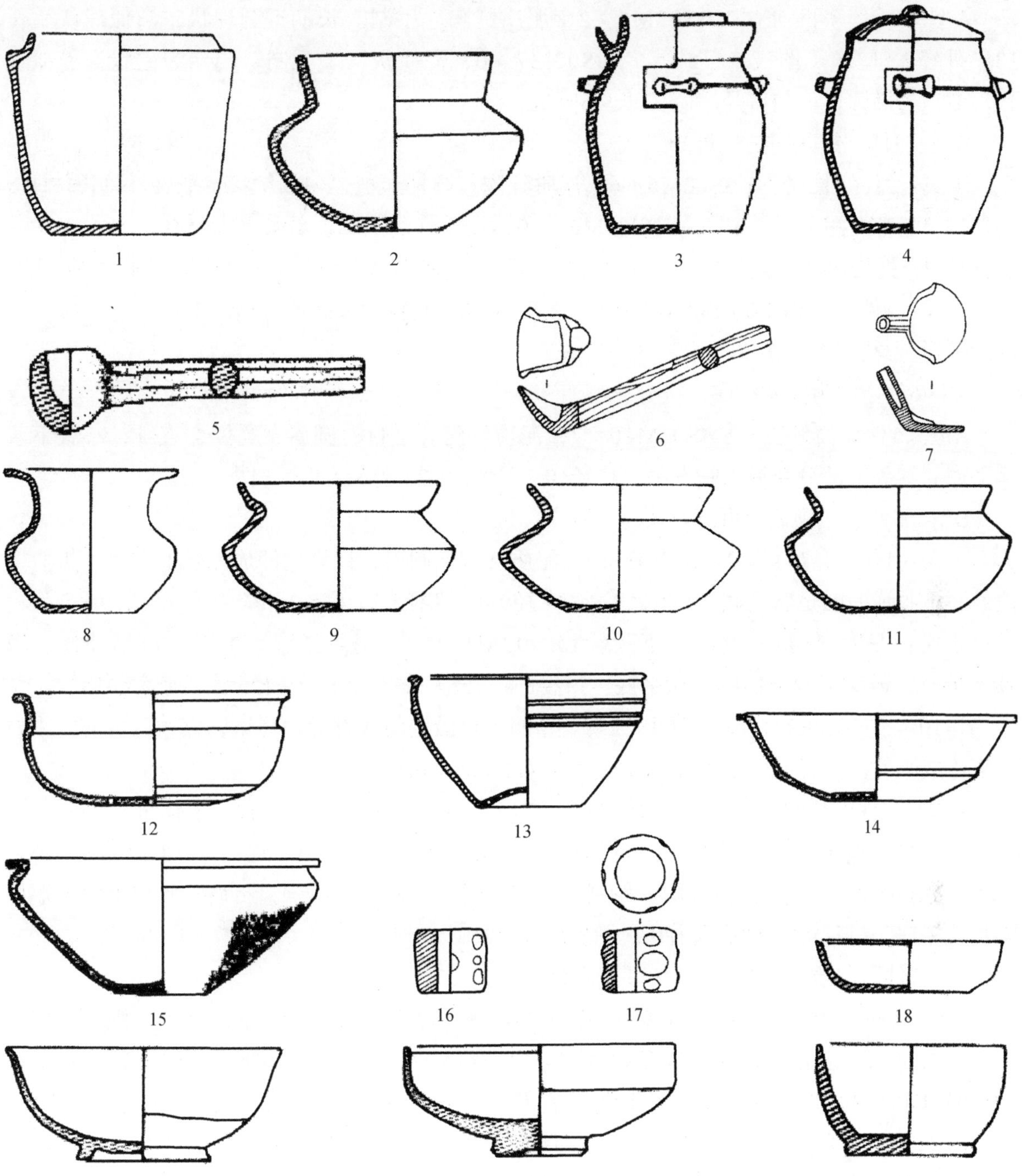

图一二　汉晋时期陶、瓷器

1. E型陶罐（YBS02M1：6）　2. F型陶罐（YBS02M10：2）　3、4. G型青瓷罐（YBS02M9：3、YBS02M9：5）　5. A型陶勺（YBS02M6：2）　6. B型Ⅰ式陶勺（YBS02M6：6）　7. B型Ⅱ式陶勺（YBS02M7：10）　8. A型陶盂（YBS02M10：7）　9. B型Ⅰ式陶盂（YBS02M1：9）　10. B型Ⅱ式陶盂（YBSM1：10）　11. B型Ⅲ式陶盂（YBS02M1：2）　12. A型陶甑（YBS02M10：10）　13. B型陶甑（YBS02M1：5）　14. Ⅰ式陶盆（YBS02M10：1）　15. Ⅱ式陶盆（YBSM8：5）　16. Ⅰ式陶环（YBS02M6：13）　17. Ⅱ式陶环（YBS02M3：3）　18. 陶碟（YBS02M1：10）　19. Ⅰ式青瓷碗（YBS02M9：8）　20. Ⅱ式青瓷碗（YBS02M9：7）　21. 青瓷盅（YBS02M9：1）

A型　2件。烟斗形。YBS02M6：2，泥质红陶。手制。长柄近圆柱状，勺似球状。长13、外径2.5厘米（图一二，5）。YBS02M7：6，泥质灰陶。手制。勺柄为柱状，勺似球状，勺口为椭圆形。勺口径2.6、总长9.6厘米。

B型　3件。铲状陶勺。可分二式。

Ⅰ式：2件。长柄。YBS02M6：6，泥质红陶。圆柱形把，勺如铲状，平底。总长17.1、把长13.2厘米（图一二，6）。YBS02M6：10，泥质红陶。圆柱状长柄，铲状勺身，底平。总长17.1、把长13.2厘米。

Ⅱ式：1件。短柄。YBS02M7：10，泥质灰陶。手制。圆筒形短柄，上有八道折棱。勺身为铲形。总长7.7、宽6.6厘米（图一二，7）。

盂　6件。均为泥质红陶。可分二型。

A型　1件。高领盂。YBS02M10：7，泥质红陶。敞口，圆唇，高领，束颈，小腹下收呈平底。器表上部分及沿内施青釉。口径10.2、底径5.2、高8.2厘米（图一二，8）。

B型　5件。低领盂。可分三式。

Ⅰ式：1件。盘口盂。YBS02M1：9，泥质红陶。圆唇，口沿内凹成盘状，束颈，折肩，微鼓腹下收成假圈足状平底。口径8.4、最大径9.6、底径5.2、高5.2厘米（图一二，9）。

Ⅱ式：2件。侈口，宽沿，束颈。YBS02M1：10，泥质红陶。圆唇，口稍外侈，束颈，折肩，鼓腹下收成假圈足状平底。口径8.4、最大腹径10.8、底径5.2、通高5.6厘米（图一二，10）。YBS02M1：12，泥质红陶。轮制。口沿内斜成宽沿，侈口，束颈，折肩，小鼓腹下收成平底。口径8.2、最大腹径10、底径4.4、通高6厘米。

Ⅲ式：2件。侈口，窄沿，束颈。YBS02M1：2，泥质红陶。方唇，小侈口，束颈，折肩，微鼓腹下收成假圈足状平底。口径8、最大腹径9.6、底径4.8、通高5.2厘米（图一二，11）。YBS02M1：11，泥质红陶。轮制。小侈口近直，圆唇，束颈，折肩，腹部下收成短假圈足状平底。口径8.6、最大腹径9.2、底径4.4、通高5.6厘米。

甑　3件。泥质红陶2件、夹细砂灰陶1件。可分二型。

A型　2件。平底。YBS02M10：10，泥质红陶。敞口，方唇，平沿，束颈，腹下收成平底。下腹部饰三道弦纹，底部残存9个篦孔。口径15、底径5.6、高6厘米（图一二，12）。YBS02M10：11，泥质红陶。底部残存4个篦孔。形同前者。口径15.2、底径5.6、高6厘米。

B型　1件。凹底。YBS02M1：5，夹细砂灰陶。口沿外卷，圆唇，微鼓，下腹斜直内收，底内凹，残存19个篦孔。上腹饰三道弦纹。口径36、底径15、通高19.2厘米（图一二，13）。

盆　2件。泥质灰陶和泥质红陶各1件。分二式。

Ⅰ式：1件。折腹盆。YBS02M10：1，泥质红陶。敞口，平沿，方唇，折腹，平底。有轮制痕迹。口径16.8、底径6、高5厘米（图一二，14）。

Ⅱ式：1件。绳纹盆。YBSM8：5，泥质灰陶。口微敛，宽沿方唇，沿下内束成一道棱，下腹部内收成小凹底。腹部饰粗绳纹。口径26.8、底径7.2、通高19.2厘米（图一二，15）。

环　2件。分二式。

Ⅰ式：1件。泥质红陶环。YBS02M6：13，泥质红陶，圆柱状，中空，剥蚀严重。环身布满微凹的圆圈纹，器表施有灰白陶衣，内径0.9、外径2.2、通高2厘米（图一二，16）。

Ⅱ式：1件。泥质灰白陶环。YBS02M3：3，矮圆柱状，中空，表面饰有微凹的圆圈纹，纵向共6组，每组三个。圆圈有两种规格，一大一小，每组的三个中大小交替，且与邻组交替。内径1.2、外径2、高1.6厘米（图一二，17）。

碟　2件。形制基本相同。YBS02M1：10，泥质红陶。口沿内斜呈凸棱，浅腹内收成平底，胎壁较厚。口径7.8、底径5.2、高2厘米（图一二，18）。YBS02M1：7，泥质红陶。口径7.2、底径5.6、高2厘米。形同前者。

青瓷碗　2件。分二式。

Ⅰ式：1件。侈口碗。YBS02M9：8，侈口，尖唇，深弧腹，假圈足微外撇。碗内与外上腹施白色釉，下腹部与中部露胎，胎表为砖红色。口径15.6、底径7.3、高6厘米（图一二，19）。

Ⅱ式：1件。直口碗。YBS02M9：7，直口，圆唇，弧腹，假圈足。碗内与上腹部施米白色釉，下腹部及圈足露胎，胎表为砖红色。口径15、底径4.6、高6厘米（图一二，20）。

青瓷盅　2件。YBS02M9：1，敛口，尖唇，深弧腹，假圈足。器表施灰黄色釉，剥蚀严重，露胎表面为灰白色。口径8、底径5.3、高4.4厘米（图一二，21）。YBS02M9：2，形制同前者，假圈足略高。口径8、底径4.6、高4厘米。

（2）石器

3件。汉晋时期的石器比较小，都是从墓葬填土中出土的。

石斧　2件。YBS02M8：6，由扁平青色燧石砾石磨制而成，偏锋，弧形刃，刃部有使用痕迹。正面刃部长3.4、背面刃部长1.1厘米。保存完整。长8.5、宽5、厚1.1厘米。YBS02M8：7，由灰色燧石砾石磨制而成，中锋，弧形刃，刃部残缺。长4.9、宽3、厚1.3厘米（图一三，1）。

石锛　1件。YBS02M6：17，由扁平青色燧石砾石磨制而成，偏锋，弧形刃。保存完整。长8.4、宽4.5、厚1.5厘米（图一三，2）。

（3）银制品

银制品数量很少，只有两件银圈（环）。YBSM1：3，圆环，截面为圆形。外径6、内径5.2厘米（图一三，4）。YBS02M1：14，圆环，外壁半圆形，内壁稍平。外径6、内径5.6厘米。

（4）铁制品

7件。包括兵器、生产工具和生活用具。

铁钩　4件。可分二式。

Ⅰ式：3件。器身呈“S”形。YBS02M10：21，器身扁平，截面呈楔形，两端反方向内弯，似“S”形。器表有大量铁锈（图一三，5）。YBS02M10：22，截面呈楔形，尾部内弯呈钩状，器表大量铁锈。YBS02M1：30，器形呈“S”形，中部平直，两端反方向内弯。

Ⅱ式：1件。YBS02M10：20，器身扁平，头部呈半圆形，截面为楔形。器表有大量铁锈（图一三，6）。

铁刀　1件。YBS02M6：14，刀身略呈弧线，柄部较长，占整体长度的四分之一多，柄的首部为一圆环。为环首铁刀。长34.2、把长9、刃宽2厘米（图一三，7）。

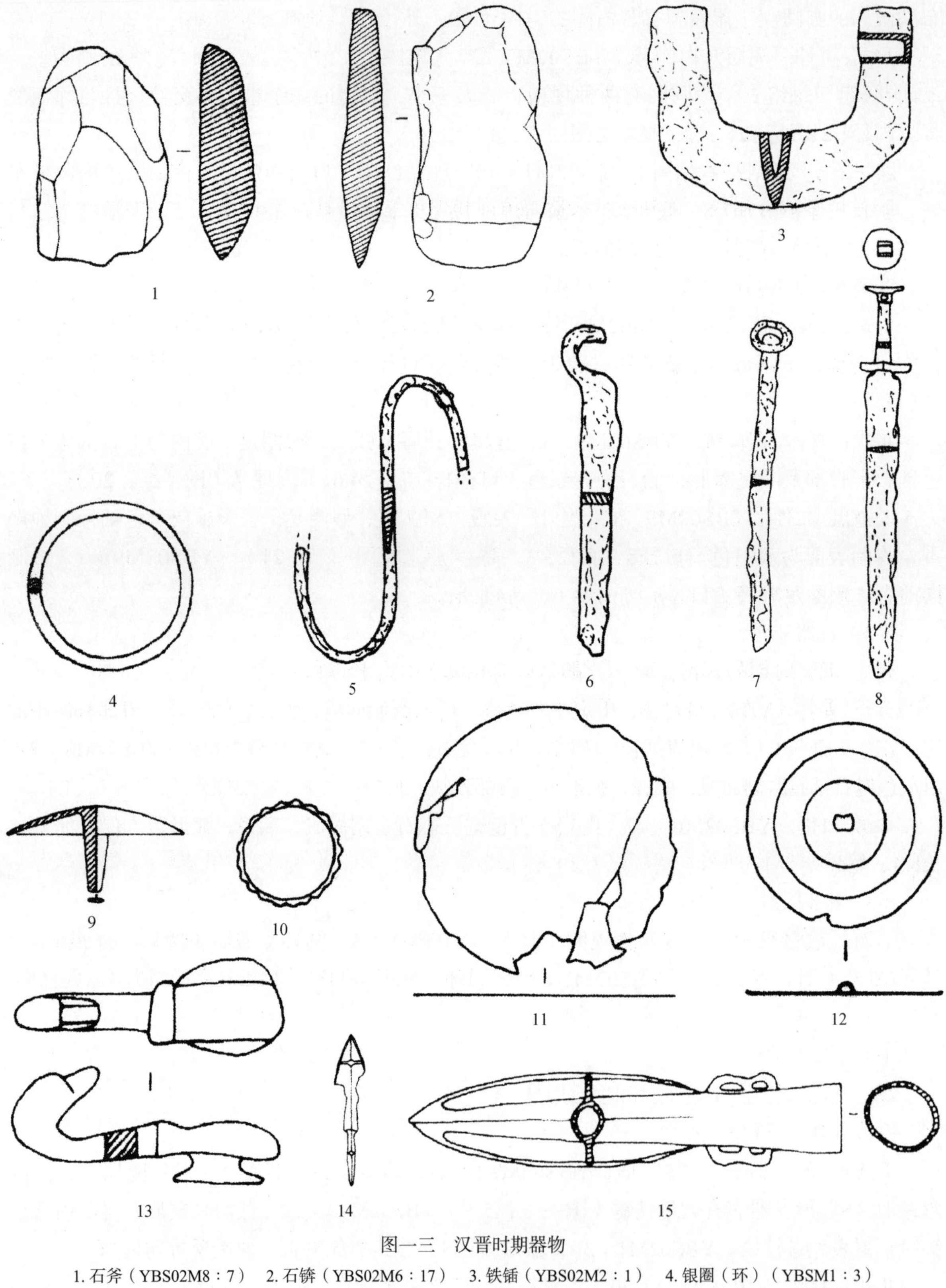

图一三　汉晋时期器物

1. 石斧（YBS02M8：7）　2. 石锛（YBS02M6：17）　3. 铁锸（YBS02M2：1）　4. 银圈（环）（YBSM1：3）
5. Ⅰ式铁钩（YBS02M10：21）　6. Ⅱ式铁钩（YBS02M10：20）　7. 铁刀（YBS02M6：14）　8. 铁剑（YBS02M6：15）
9. 铜伞形钉（YBS02M1：21）　10. 铜指环（YBS02M9：9）　11. 铜棺饰（YBS02M1：1）　12. 铜镜（YBS02M8：1）
13. 铜带钩（YBS02M6：16）　14. 铜箭镞（YBS02M12：4）　15. 铜矛（YBS02M6：12）

铁剑　1件。YBS02M6：15，长锋无穿有格式铁剑，剑茎扁平，茎前广后略狭，剑身布满锈迹，已无法看出是否有纹饰。刃长39、宽3.7、把长6.3厘米（图一三，8）。

铁锸　1件。YBS02M2：1，凹口锸，凸刃弧口，“V”形锸銎。器身布满锈迹。通高10.5、宽13厘米（图一三，3）。

（5）铜制品

26件。多数为铜钱，此外还有兵器、棺饰和少量生活用具。

伞形钉　3件。分二式。

Ⅰ式：2件。钉身扁平。YBS02M1：21，钉帽呈伞形，钉的尖部较钝，扁平。钉帽直径4、通高1.5厘米（图一三，9）。YBS02M1：19，形同前者。钉帽直径4.5、通高2.1厘米。

Ⅱ式：1件。YBS02M1：23，钉帽呈伞形，钉身呈菱形，较锋利。钉帽残。直径5.2厘米。

棺饰　1件。YBS02M1：1，圆形薄铜片。中心有一小圆孔。器表有鎏金痕迹。直径3.2、厚0.5厘米（图一三，11）。

铜钱　17枚。其中五铢钱11枚。YBS02M1：19～YBS02M1：29，圆形方孔，从右至左篆书“五铢”。直径约2.5、方孔边长约1厘米。半两钱2枚。YBS02M4：1、YBS02M4：2，圆形方孔，从左至右篆书“半两”。开元通宝4枚，YBS02M9：10～YBS02M9：13，有郭，圆形方孔，楷书“开元通宝”，字迹清晰，字形秀丽。铜钱出于墓葬填土。

指环　1件。YBS02M9：9，外饰波浪状花纹。直径2、厚0.3厘米（图一三，10）。

镜　1件。YBS02M8：1，圆形薄体，镜缘起棱，内饰两道弦纹，桥形纽。背面纹饰因腐蚀严重模糊不清。残，可修复。直径8、厚1厘米（图一三，12）。

带钩　1件。YBS02M6：16，器形似钩纽连体，一端曲首，钩身背面有圆纽。长7.3厘米（图一三，13）。

箭镞　1件。YBS02M12：4，扁平凸脊双翼，一翼残损。两翼侧刃前聚成锋，向后形成倒刺。扁平四菱形镞锋，夹角较大，圆柱状长铤，倒刺尖锐。长5.9厘米（图一三，14）。

矛　1件。YBS02M6：12，圆骹中空，凸脊，两刃合成叶形，骹上附对称弓形耳。长17.1、宽3.6厘米（图一三，15）。

（三）唐宋元明清时期

唐宋元明清以来的文化遗存也比较丰富，发现了灰坑和房址遗迹，并出土了一批有代表性的文化遗物。

1. 遗迹

（1）灰坑

2座。

H1　位于YBS0201T04，开口于第3A层下，距地表0.75、坑口宽2、深1.05米。打破第4、5层，出土猪的骨骼残骸等，应为唐宋时期的垃圾坑。

YBS0201H2　分布于YBS0201T10、YBS0201T11、YBS0201T12，开口于第3B层下，距地表深度为80～220厘米，打破生土层（图一四）。从发掘的情况来看，坑口最宽处为14.5、深1.4米。呈锅状，坑壁和坑底没有明显的人为加工迹象，出土了一把完整的窄柄无格柳叶形青铜剑，以及大量的釉陶片和青瓷片，可复原的有3件宋代敞口小圈足黑釉瓷碗和1件青瓷小碗。坑内堆积混杂凌乱，依据坑的层位关系和包含物，可以推测是唐宋时期的垃圾坑。

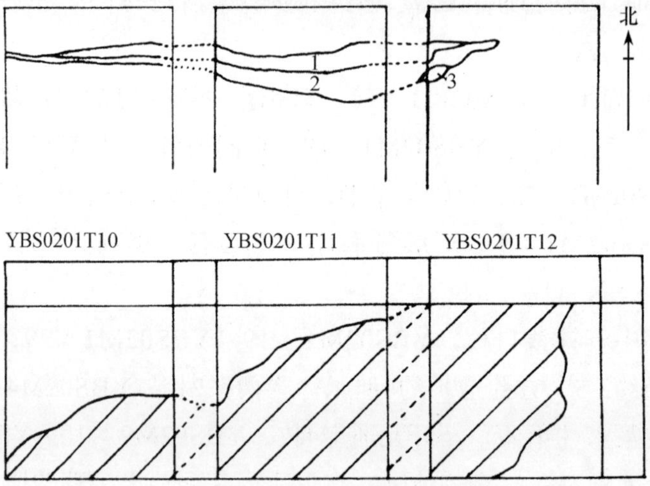

图一四　YBS0201H2平、剖面示意图

1. 灰黄色黏土　2. 浅褐色砂质黏土　3. 暗红色黏土

（2）房址

1座。

F1　分布于YBS0202T10、YBS0202T11、YBS0202T13、YBS0202T14，叠压于第8层下，打破生土层。遗迹大体呈长方形，长约7、宽约5米。面积约40平方米。居住面为红烧土块与草木灰混杂层铺垫，中央有1块直径约1.6米的呈不规则圆形的坚硬红烧土面。发现柱洞5个，自北向南呈直线排列，柱洞内皆有木柱残迹，其中3号柱洞底部垫一较完整的罐底为基础。地面分布有3块完整的砖块及5片人为加工的圆形石片，直径大约在20厘米。出土瓜瓣刻饰石插器1件、雕刻莲瓣纹蹲兽石底座1件和“开元通宝”铜钱1枚（已锈蚀残损，但字迹可辨）、纺轮1件，此外还发现一镂孔器皿（残破无法复原）及大量烧烤动物骨片。由遗迹保存现状和出土物推断，很可能是唐宋时代的一处与宗教祭祀有关的活动场所。

2. 遗物

38件。以陶、瓷器为多，还有少量石器、铜钱和铁器。

（1）陶、瓷器

28件。含陶器、黑釉瓷、白瓷、青花瓷等。

碗　13件。其中青瓷碗4件，黑釉瓷碗3件，白瓷碗2件，釉陶碗2件，泥质红陶碗和青花瓷碗各1件。

青瓷碗　4件。YBS0202T10：1，灰白胎，通体施青釉，釉较薄。敞口，圆唇，斜直腹，玉璧底较矮，底部有乳钉。口径14.4、底径5.6、通高5厘米（图一五，1）。YBS0202T13：1，灰白胎，通体施青色釉。敞口，圆唇，斜直腹，矮圈足（玉璧底），足心有较小乳钉。口径13.8、底径5.6、通高4厘米。YBS0201H2：5，深灰色胎，上腹部施白色釉，腹部及底部露胎，有釉垂流现象。敞口，深弧腹，圈足微外撇。轮制。口径11.6、底径4.7、通高5厘米（图一五，2）。YBS0204T10：2，敞口，折沿，尖唇，假圈足。腹内壁有一道折痕。薄胎，通体施青黄色釉，有轮制痕迹。口径11.6、底径2.4、通高4厘米（图一五，3）。

釉陶碗　2件。YBS0204T10：1，敛口，圆唇，浅弧腹，假圈足稍外撇。灰白胎，胎质较致密。里部施青釉，外壁口沿至腹部施黄绿色釉，下腹部露胎，有流釉现象。有明显的轮制痕迹。口径10.8、底径5、通高2.9厘米（图一五，4）。YBS0204T10：3，敛口，圆唇，斜弧腹，假圈足，腹内壁有一道折痕。外壁口沿至中腹部施黄绿色釉，下腹部露胎，里部施青釉。胎釉结合不良，剥落严重，有流釉现象。轮制。口径17.4、底径6.6、通高5.1厘米。

黑釉瓷碗　3件。YBS0201H2：2，敞口，斜直腹，腹部至足部微折，圈足。素面，外施黑釉，底部露胎。碗内有涩圈。口径18.8、底径6.7、通高5.5厘米（图一五，5）。YBS0201H2：3，敞口，斜直腹，假圈足。形同前者。口径18.5、底径7.2、通高5厘米。YBS0201H2：4，敞口，斜直腹，腹底交接处有一道折棱，圈足。外施黑釉，底部露胎，碗

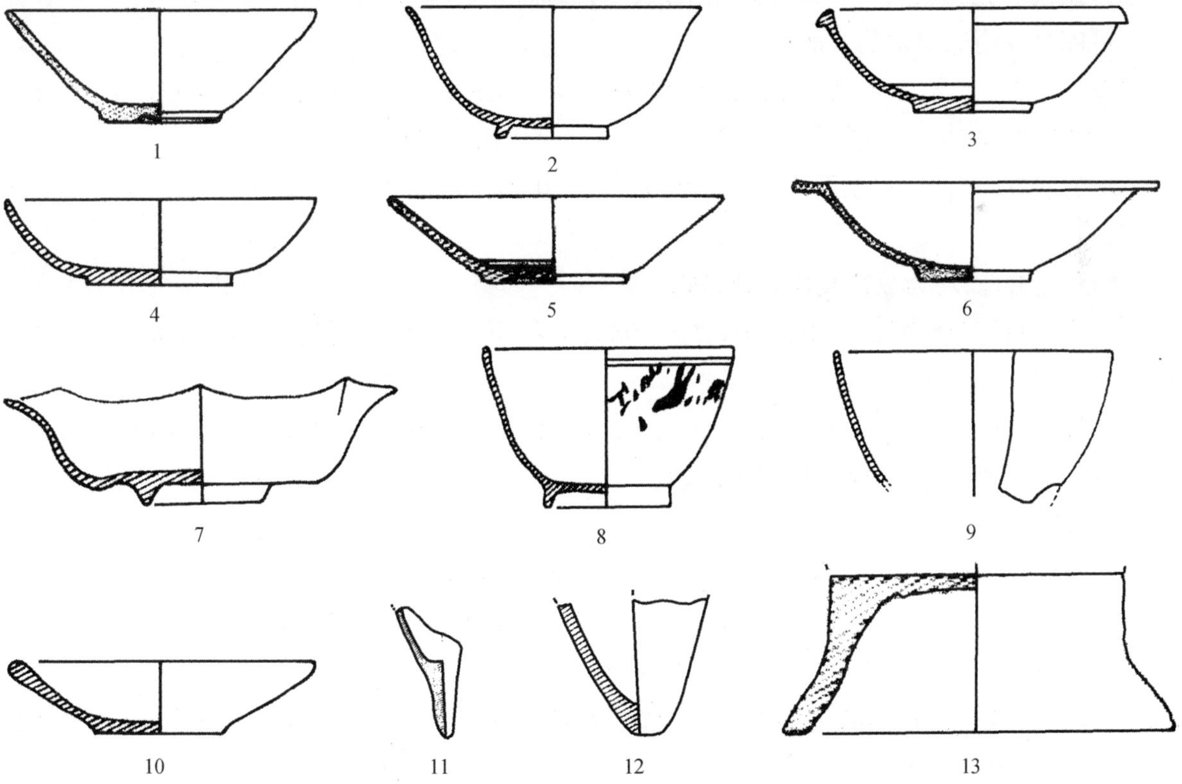

图一五　唐至清代器物

1～3. 青瓷碗（YBS0202T10：1、YBS0201H2：5、YBS0204T10：2）　4. 釉陶碗（YBS0204T10：1）　5. 黑釉瓷碗（YBS0201H2：2）　6、7. 白瓷碗（YBS0202T18⑧：1、YBS0202T31：1）　8. 青花瓷碗（YBS0201T03：1）　9. 陶碗（YBS0204T07、08⑤：8）　10. 陶碟（YBS0202T15⑦：1）　11. 陶鬲（YBS0204T08⑤：2）　12. 陶尖底器（YBS0204T07、08⑤：5）　13. Ⅰ式陶豆（YBS0204T07、08⑤：4）

内有涩圈。口径16.4、底径6.8、通高5.2厘米。

白瓷碗 2件。YBS0202T18⑧：1，宽平沿，方唇，斜弧腹，敛圈足。里部满釉，外壁上腹施釉，下腹部及底足露胎。口沿宽3.2、口径32.4、底径10、通高8.4厘米（图一五，6）。YBS0202T31：1，敞口，尖唇，口沿呈花瓣状，弧腹，小圈足。灰白胎，施青釉，有细碎开片现象。口径13.6、底径4、通高3.6厘米（图一五，7）。

青花瓷碗 1件。YBS0201T03：1，直口，圆唇，深腹，圈足。通体施白釉，釉层匀净，上绘有水草小鱼纹。口径10.4、通高6.4厘米（图一五，8）。

陶碗 1件。YBS0204T07、08⑤：8，泥质红陶。敞口，深弧腹，底部残。素面。经慢轮修整，部分捏制。口径11.5厘米（图一五，9）。

陶碟 2件。YBS0202T15⑦：1，敞口，圆唇，浅斜直腹，假圈足状平底。厚胎，胎色灰白。内壁施黄褐色釉。轮制。口径10.4、底径4.4、高2.4厘米（图一五，10）。YBS0204T07⑤：1，灰胎黄釉，胎较厚。敞口，圆唇，腹壁斜直，假圈足状平底。足部中心有一乳钉。口径8.8、底径3.6、高2.6厘米。

陶罐 4件。均为残破口沿。YBS0204T07、08⑤：9，夹细砂红陶。口沿呈环状，溜肩。手制。口径3.6厘米。YBS0204T07、08⑤：10，夹砂灰陶。直口，口已残。轮制。口径9.4厘米。YBS0204T07、08⑤：7，夹细砂红陶。花瓣状口沿。手制。YBS0204T07⑤：11，夹细砂灰陶。花瓣状口沿。侈口高领束颈，肩部饰粗绳纹。口径18.2厘米。后两者器形较原始，可能是商周地层扰乱上来的。

陶鬲 2件。均为足部。YBS0204T08⑤：2，泥质红陶。锥状足。手制（图一五，11）。YBS0204T07、08⑤：6，泥质红陶。锥状足。用手捏制而成。

陶尖底器 1件。仅余器底。YBS0204T07、08⑤：5，夹砂红陶。漏斗状，胎较厚（图一五，12）。

陶豆 3件。均为豆把残片。分二式。

Ⅰ式：1件。矮把豆。YBS0204T07、08⑤：4，泥质灰陶。矮把，大喇叭状圈足。底径4.6厘米（图一五，13）。

Ⅱ式：2件。高把豆。YBS0204T07、08⑤：1，泥质灰陶。豆盘已残。直高柄，柄上饰五道凸弦纹，把中空，小喇叭状圈足（图一六，1）。YBS0204T07、08⑤：3，泥质灰陶。喇叭状高圈足。

陶纺轮 2件。YBS0201T08：1，扁饼状。两边先刮，后打孔，在一侧有一切口。外径3.25、孔径0.9、切口宽1.6厘米（图一六，2）。YBS0202F1：3，呈扁饼状，中间厚，四边薄。孔四周饰有放射线状纹饰。外径3.8、孔径0.3厘米（图一六，3）。

陶网坠 1件。YBS0201T45：1，泥质灰陶。梭子形，两头略细，中间微鼓，中部有一通孔（图一六，4）。

（2）石器

斧 3件。YBS0201T08④：2，由燧石砾石制成，正面柄部为砾石自然面，长约11.4厘米。刃部磨制而成，刃长约2.2厘米。刃左右两边有四块使用留下的疤痕。背面为砾石光滑的自然面，没有经过磨光。长13.6、宽7、厚3.2厘米（图一六，5）。YBS0204T09⑤：1，由燧

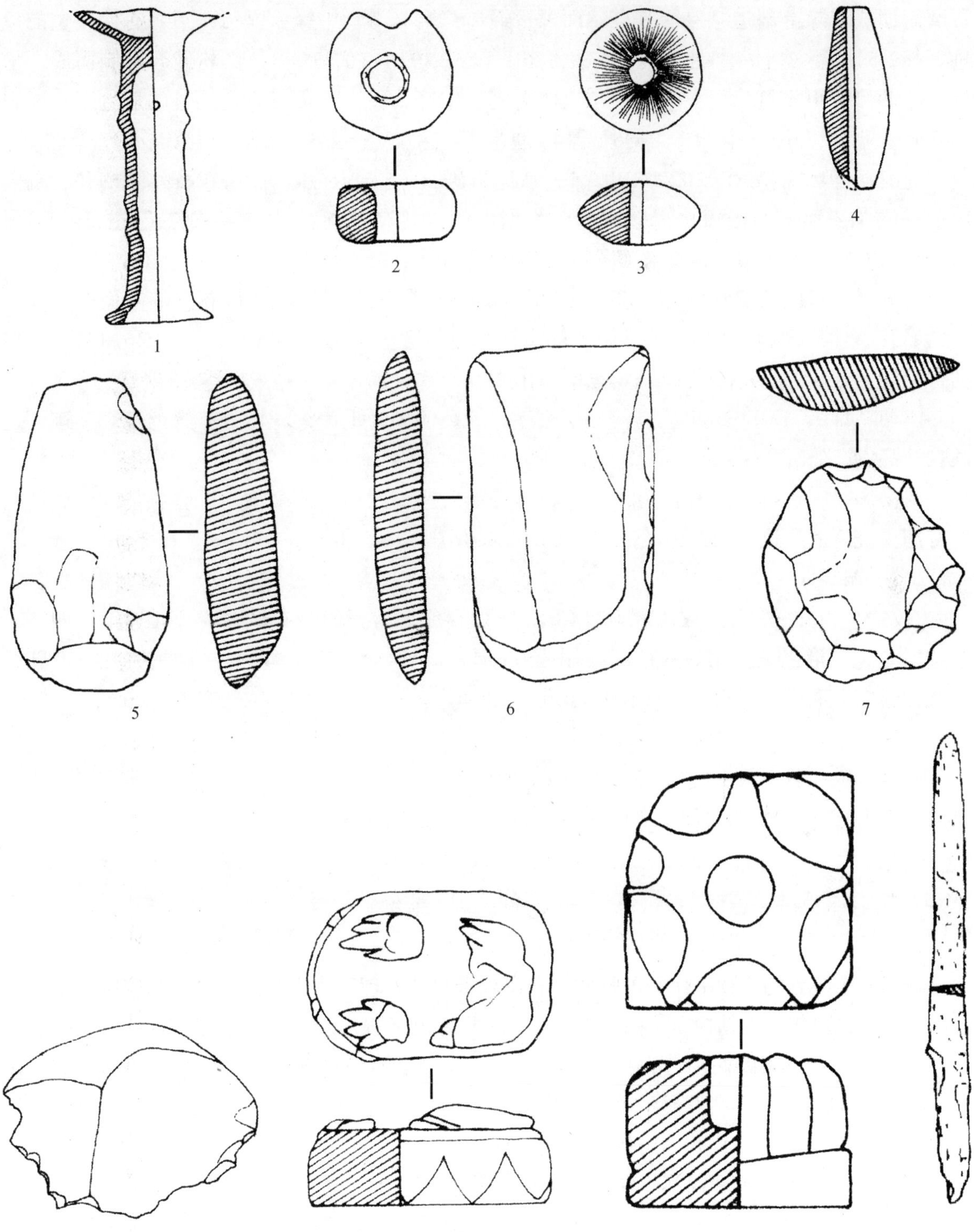

图一六　唐至清代器物

1. Ⅱ式陶豆（YBS0204T07、08⑤：1）　2、3. 陶纺轮（YBS0201T08：1、YBS0202F1：3）　4. 陶网坠（YBS0201T45：1）　5、6. 石斧（YBS0201T08④：2、YBS0204T09⑤：1）　7. 石刮削器（YBS0202T11⑧：1）　8. 石砍砸器（YBS0201T27③：1）　9. 石插器（YBS0202F1：1）　10. 动物形石底座（YBS0202F1：2）　11. 铁刀（YBS0204T12⑤：1）

石磨制而成，除上部边缘保留有自然面外，通体打磨光滑。中锋，弧刃，刃口有使用过的痕迹。长7.5、宽4.2、厚1.1厘米（图一六，6）。YBS0204T07⑤：3，由粉砂岩磨制而成。呈梯形，两侧有很多打片留下的疤痕，通体磨光，中锋，弧刃，刃口有使用过的痕迹。正面刃部长4、柄部长7.6、全长11.6、宽6、厚4.4厘米。

刮削器 1件。YBS0202T11⑧：1，从燧石砾石上打下石片，然后在石片两侧和远端向腹面一次加工而成。圆刃，刃缘较薄，为锯齿状，共7个修疤，长0.4～2.7、宽1.2～1.7厘米。全长7.9、宽9.5、厚2.4厘米（图一六，7）。

砍砸器 1件。YBS0201T27③：1，由燧石砾石加工而成。先在砾石上从两面打下三片大的石片，然后向腹面加工，可见4个修疤，修疤长宽分别为1.6～3.5、3.1～6.6厘米。刃口曲折钝厚。长10.8、宽15.1、厚5.6厘米（图一六，8）。

插器 1件。YBS0202F1：1，方形底座，插孔四周为爪瓣纹，器身有黑色烧烤痕迹。边长12、高8厘米（图一六，9）。

动物形底座 1件。YBS0202F1：2，椭圆形底座。四周有莲瓣纹，上有熊掌纹，底部遗留有用火烧烤的痕迹。长9.2、宽12.8、高8厘米（图一六，10）。

（3）铜钱

2枚。均为开元通宝。YBS0202T13：2，保存完好。正面铸有楷书“开元通宝”四字，字迹清楚，字形工整秀丽。外径2.5、孔径0.6厘米。YBS0202T07⑤：2，圆形方孔，有郭，“开元通宝”四字依稀可辨。外径2.3、孔径0.8厘米。

（4）铁器

铁器仅件见铁刀一把。YBS0204T12⑤：1，有把，单刃，已残，刀身布满锈迹。残长25.6、把残长7.9、刃宽2.1厘米（图一六，11）。

三、结　　语

经过两个多月的连续工作，田野发掘和室内资料的整理工作都圆满完成。佘家嘴遗址经过2000年度和2001年度的钻探、发掘，发现了一批重要的遗迹、遗物，本年度亦有新的收获。

该遗址位于巴阳峡两岸，为长江最窄处，有宽阔的河漫滩堆积和自然台地，为人类居住提供了有利的条件。这次发掘中出土的器物年代早到商周，晚到元明清，一直绵延不绝，没有间断，证实了这里一直有人居住。虽然房址遗迹发现的不多，但在四个发掘区的地层中都出土了不少的绳纹板瓦和筒瓦，应是较大规模建筑物废弃的遗存。其中中河地发掘区发现了两个灰坑，墓葬也基本上集中在中河地和北区，说明至迟在汉晋时期，生活在这里的居民就有了周密的平面规划意识和技巧。西区发现房址1座，分布有清晰柱洞和红烧土痕迹，由于材料较少且砖石分布杂乱，破坏严重，已无法恢复本来面貌，根据出土的器座、插器、镂孔器皿及烧烤动物骨片推测，应该是一处与祭祀有关的建筑遗迹。从所处层位及出土的大量陶瓷片和一枚“开元通宝”可推断其年代为唐代。这种跟祭祀有关的房址遗迹，在三峡地区的考古调查和发掘中较为少见，对于研究这一地区的宗教祭祀风俗具有重要的意义。

自古以来佘家嘴就是长江水运交通之要冲，又是多种文化融合交汇之地，这次的发掘获得的各种文化的代表性器物从实物资料上证明了这一结论。佘家嘴遗址的全面钻探和发掘，从地层上确立了该遗址的地下遗存的埋藏序列，即商周、汉晋、唐宋元明清三个时期的文化堆积，三期正处于峡江地区古代文化发展的三个主要阶段，即土著的巴与楚文化、汉文化的移入与早期发展、汉文化的持续发展与变化。除了商周时期没有发现明显的遗迹现象，汉晋和唐宋时期的地层分别发现了墓葬和房址，出土了一大批有代表性的文化遗物。

大田嘴发掘区T06、T07、T08第6、7层中出土的夹砂花口罐、尖底器、带镂孔的高柄豆把和小口圜底罐等在1987年中国社会科学院考古研究所四川工作队关于万县地区考古调查中都已提到，是巴蜀文化的典型器物。尤其是夹粗砂花口罐，在四川云阳李家坝遗址①、明月坝遗址②，四川奉节县新浦上层遗址③、奉节老关庙遗址④和湖北巴东雷家坪遗址⑤中都有发现，是三峡地区有地域特色的器物之一。根据陶器比较原始的风格，有人认为这类遗存的时间约在新石器时代末期到铜石并用时代。第6层中的瘦袋足盉与鄂西“白庙文化”及河南二里头遗址二期的盉都极为相似⑥，而鄂西的“白庙文化”在地层关系和时代顺序上都相当于中原地区的二里头文化。所以第6、7层的时代应在商周时期，甚至能早到早商或新石器时代晚期。为探讨早期土著巴人的活动提供了重要资料。

12座砖室墓和土坑竖穴墓的清理，出土有罐、鼎、豆、壶、敦、钵、盆、甑、碟、勺等陶器，剑、矛、刀等铜器和铁器，以及铜钱等。根据墓葬结构和随葬器物初步判断，M9为东晋墓，M1～M8、M10～M12为汉墓，其中M5～M8、Ml2的年代还可能早至春秋战国时代。H2中出土的双穿无格柳叶形青铜剑，是战国时期巴族文化的典型器物，M6中出土的无穿有格带鞘铁剑具有楚式剑风格，短骹弓耳叶形铜矛则与云阳李家坝遗址出土的94ⅡM7：1极为相似，是典型的巴式矛，M7中鼎、敦、壶、豆随葬品组合的出土又是楚文化与中原文化融合的明证。这些说明在秦统一中原之后，尤其是在两汉时期各种文化因素的融合与交流更为明显。造成这种现象的原因，可能是代表不同文化因素的人群在同一地区共同繁衍生息，但更有可能是同一人群不断地吸收周边的不同文化因素，结合自身的传统文化，形成一种独具特色的文化。本次发掘中出土的一件双层豆式灯，仅在槽房沟墓群中发现过一件同类器物⑦，十分独特。

---

① 四川大学历史考古专业：《1994～1995年四川云阳李家坝遗址的发掘》，《三峡考古之发现》（二），湖北科学技术出版社，2000年。

② 四川大学历史系考古专业：《云阳县明月坝遗址试掘简报》，《三峡考古之发现》（二），湖北科学技术出版社，2000年。

③ 吉林大学考古学系：《四川奉节县新浦遗址发掘报告》，《三峡考古之发现》（二），湖北科学技术出版社，2000年。

④ 吉林大学考古学系、四川省文物考古研究所：《奉节县老关庙遗址第三次发掘》，《三峡考古之发现》（二），湖北科学技术出版社，2000年。

⑤ 吉林大学考古学系、国家文物局湖北省三峡考古工作站：《湖北巴东雷家坪遗址发掘简报》，《三峡考古之发现》（二），湖北科学技术出版社，2000年。

⑥ 三峡考古队：《湖北宜昌白庙遗址1993年发掘简报》，《三峡考古之发现》（二），湖北科学技术出版社，2000年。

⑦ 四川省文物考古研究所：《丰都县三峡工程淹没区调查报告》，《三峡考古之发现》（二），湖北科学技术出版社，2000年。

佘家嘴遗址的唐宋元明清时期的遗迹、遗物也十分丰富，发现了2座灰坑、1座房址，还有大量的具有鲜明时代特征的器物，对复原三峡地区古代文化发展、变化的历史具有重大意义。

我们希望通过对佘家嘴遗址的进一步发掘和资料整理，以获得对遗址文化形态和文化性质的更加深入而全面的认识。

执笔：庄思辉　蔡保全

云阳桥沟湾遗址2002年度试掘简报

株 洲 市 博 物 馆
湖南省文物考古研究所
云 阳 县 文 物 管 理 所

为了配合三峡水利工程建设，株洲市博物馆于2002年11～12月对云阳县桥沟湾遗址进行了试掘。桥沟湾遗址位于重庆市云阳县盘石乡龙安村长江南岸的二级阶地的小山包上，地理坐标东经108°42′45.8″，北纬30°54′36″，海拔120～136.5米（图一）。在20世纪90年代初三峡文物调查中最早发现该遗址，并采集到打制石器，当时作为旧石器遗址看待。2002年11月株洲博物馆考古队再次对该遗址进行了调查，发现地表有大量打制石器。随后对该遗址进行了发掘，计划发掘面积100平方米。按遗址所在地形地貌的山丘分布特点分为A、B两个发掘区，A区按地形特点布3米×3米、3米×3米、5米×5米探方各1个，B区布8米×8米探方1个，实际发掘面积107平方米。发掘了打制石器、陶片、动物骨骼以及瓷片等遗物，现将此次试掘简报如下。

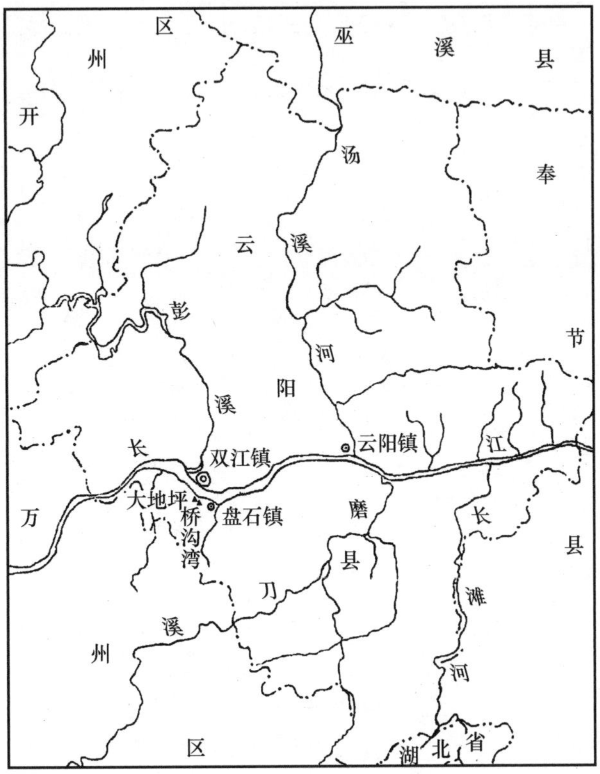

图一　桥沟湾遗址地理位置示意图

一、地层堆积

桥沟湾遗址位于长江南岸的二阶台地上，北部面向长江，南靠拾阶而上的台地和山脉，两侧是较为开阔纵横交错的台地。根据调查和台地走向，发掘区分为A、B两区，A区位于晏家包北部的台地上，B区位于桥沟湾村落北部（图二）。现将两个区的地层堆积情况做一介绍。

A区根据地形以及台地走向开3个探方了解地层，其中T2堆积最深，下面以T2南壁剖面为例将地层堆积介绍如下（图三）。

第1层：耕土层。厚20厘米。灰色黏土，土质疏松。全方分布，堆积大致呈西高东低。包含植物根系、煤炭渣和少量塑料制品等。

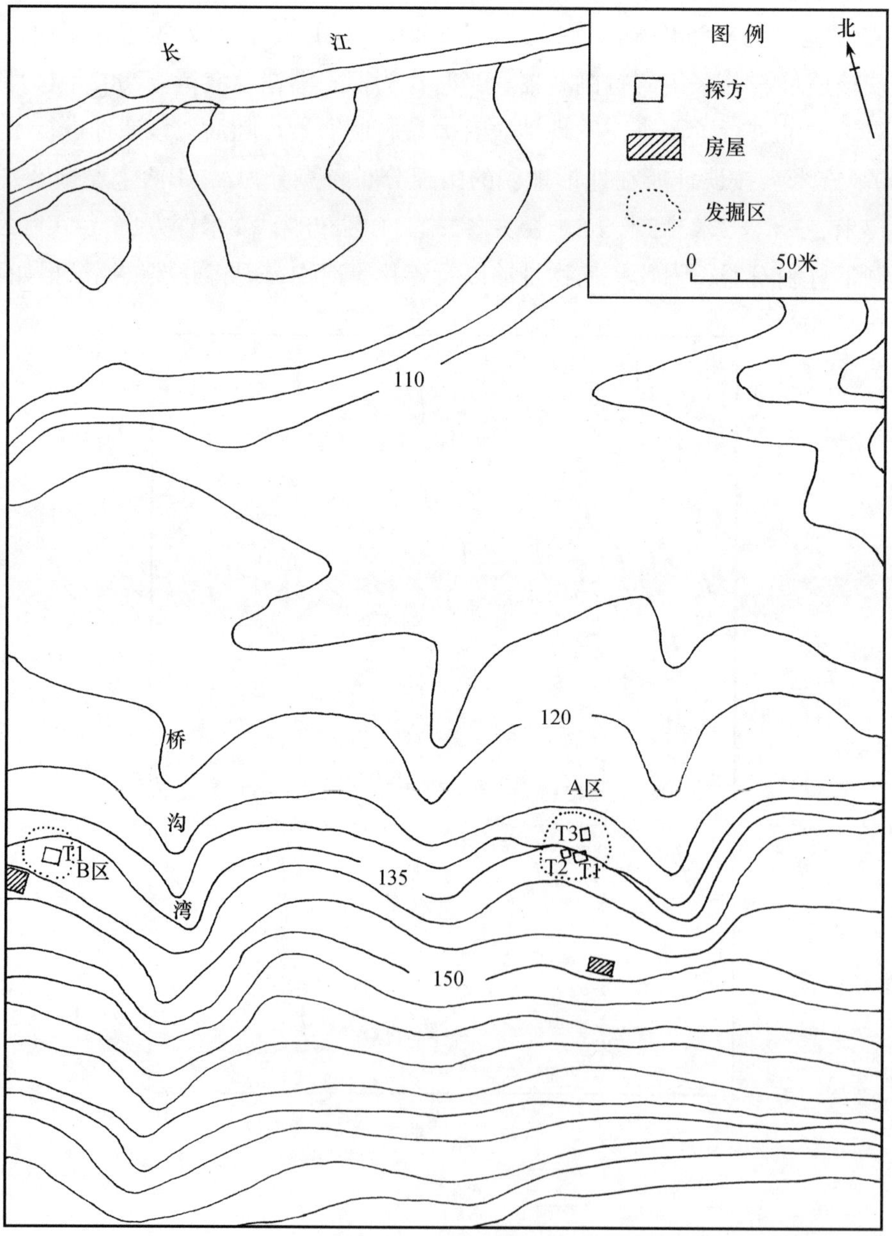

图二　桥沟湾遗址探方位置

第2层：明清文化层。厚1～55厘米。浅灰褐色黏土，土质较松。分布于探方东半部，由西往东逐渐增厚。包含物主要有青砖瓦残块、少量青花瓷片、铁钉和植物根须等。

第3层：宋元文化层。厚35～55厘米。深灰褐色黏土，土质较疏松。分布全方，堆积大致呈西高东低。包含物有少量青瓷碎片、动物骨骼、汉代墓砖、筒瓦残块和炭渣等。

第4层：淤积层。厚1～20厘米。灰色粉砂质黏土层，土质极疏松，有沙土呈水平状松散板结现象。分布于探方西半部，堆积大致呈西高东低。包含物有极少量炭渣和螺蛳壳。

第5层：魏晋文化层。分为二亚层，即5A、5B层。

5A层：厚10～30厘米。黄褐色黏土，土色偏灰，土质较疏松。

5B层：厚10～25厘米。黄褐色黏土，土色偏黄，土质较疏松。

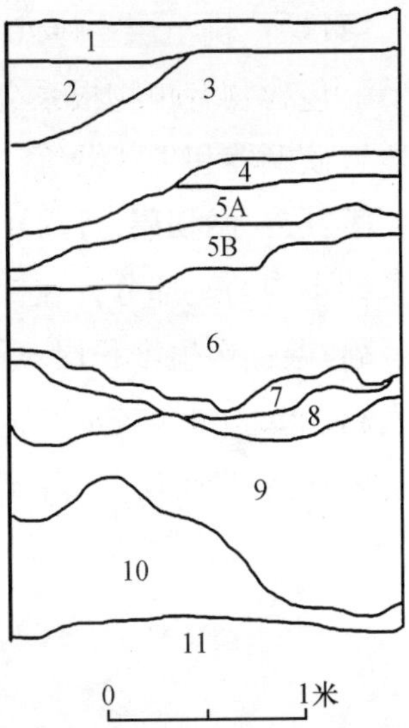

图三　桥沟湾遗址A区T2南壁剖面图

两个亚层分布全方，堆积大致呈西高东低。包含物基本相同，出土有绳纹青瓦、青釉白瓷、白衣红色陶片、打制石片以及较少的炭渣等物。

第6层：先秦文化层。厚30～70厘米。黄色黏土，土色略红，土质略紧密。分布全方，堆积大致呈西高东低。包含物有极少量的炭渣、螺蛳壳和石片。

第7层：自然堆积层。厚1～20厘米。灰色粉砂质砂土，土质极疏松。分布全方，堆积厚薄不均。包含物除极少量的炭渣外没发现人工制品。

第8层：先秦文化层。厚1～25厘米。灰色粉砂质砂土，土质疏松。分布全方，堆积不规则厚薄不均。包含物有极少量的炭渣、红烧土颗粒、石块和一片夹砂陶片。

第9层：先秦文化层。厚20～100厘米。黄红色粉砂质砂土层，土质略紧密。分布全方，堆积大致呈西高东低。包含物有极少量的炭渣、石块和一片白衣紫红色胎陶片。

第10层：先秦文化层。厚8～120厘米。红褐色粉砂质砂土层，土质疏松，湿度大。分布全方，堆积大致呈东高西低。包含物有极少量的炭渣和一片泥质灰陶片。

第11层：生土层。土质结构紧密，属于黄色粉砂质砂土。没发现包含物。

为了解B区地层堆积状况，开一个探方，即T1。下面以T1东壁剖面为例将地层堆积介绍如下（图四）。

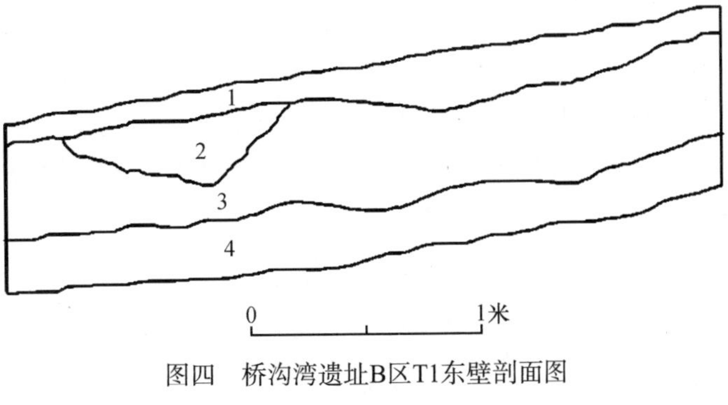

图四　桥沟湾遗址B区T1东壁剖面图

第1层：耕土层。厚20～50厘米。灰黑色黏土，土质疏松。全方分布，斜坡状堆积，南高北低。包含物有植物根系、少量塑料制品、青花瓷片、青瓦片、石器等，其中石器较多，有刮削器、砍砸器和尖状器等。

第2层：淤积层。厚1～65厘米。浅灰色粉砂质砂土，土质疏松。分布于探方北半部，当为一条冲水沟的一部分，在探方内东西走向连接本方的西南角和东北角。

第3层：次生堆积层。厚35～100厘米。黄褐色黏土层，土质较硬。分布于全方。堆积大致呈南高北低。包含较多红色砂岩碎块，没发现文化物。

第4层：生土层。红褐色黏土，土质紧密。含红色砂岩。没发现文化物。

二、遗　　存

桥沟湾遗址地层中发现了少量打制石器和碎片、动物骨骼、零星的先秦时期陶片等遗物。现简要介绍如下。

陶器发现零星几块陶片，纹饰和器形难辨，但从质地来看，应为先秦时期遗物。仅有一件残陶拍，T1④：1，残。泥质褐陶。蘑菇形拍面，柱状柄残断。素面。手制而成。拍面外径9.6、残高6.7厘米（图五，1）。

石器发现石斧和一些碎片。石斧，T1②：1，残。呈长条状，两侧有打击点和疤痕，顶端平弧，刃端残破。系用较厚石片加工而成。残长10.8、宽7.6、厚2.6厘米（图五，2）。

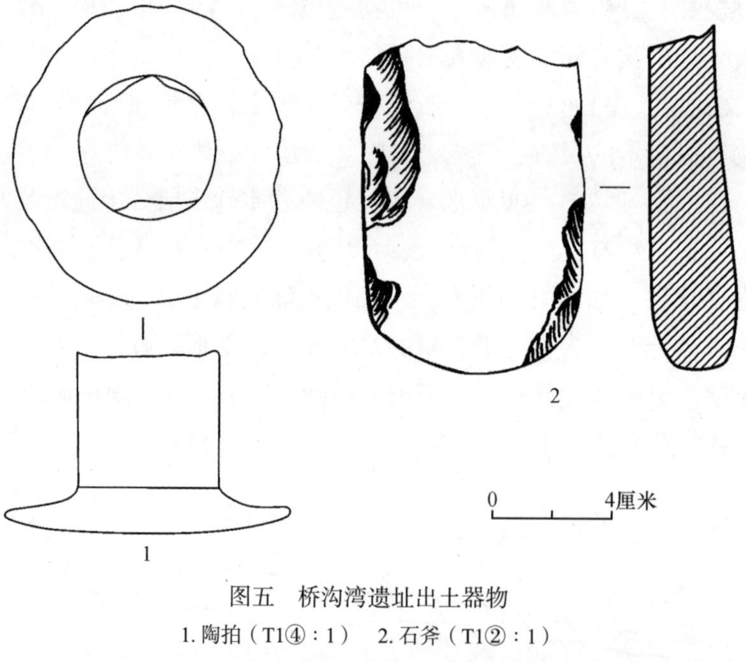

图五　桥沟湾遗址出土器物

1. 陶拍（T1④：1）　2. 石斧（T1②：1）

三、结　语

虽然桥沟湾遗址没有发现旧石器时代文化层，但是在耕土层以下发现了打制石器和零星陶片。石器具有明显人工加工和使用的痕迹，地层中零星发现的陶片，从质地和火候来看，与相邻的大地坪遗址发现的商周时期陶片相似，说明这一地区至少在先秦时期就已经有人活动。

领队：席道合
发掘：席道合　江少华　雷军建　黄阳秋　王　峰
整理：黄阳秋　文国勋　雷　明　粟林洪
执笔：李永锋

云阳云安盐场遗址2002年度发掘简报

中国国家博物馆
福州市文物考古工作队
云阳县文物管理所

重庆市云阳县云安盐场遗址是长江三峡水库淹没区内一处重要的古文化遗址（图一）。遗址于1987年发现，1994年由四川大学历史系考古学专业在编制该地区三峡文物保护规划时进一步落实。调查结果认为：该遗址位于云安镇云安盐厂内及其周围的汤溪河两岸台地上，高出汤溪河面10～30米，中心地理位置坐标东经108°50′52″，北纬31°3′41″，海拔150～170米。遗址面积15万平方米，南北长500、东西宽300米，为一汉代盐场遗址，延续使用至明清。于1987年发现，遗址文化层厚4～6米，主要为卤渣堆积，遗址内曾出土过铁锅等煮盐工具，现存云安盐厂。遗址主要部分被云安盐厂厂房和云安镇所覆盖，云（阳）巫（溪）公路从遗址中部穿过。云安盐场历史悠久，早在《晋书》《水经注》等古文献中就有记载，从汉至清代连续开采使用，在中国盐业发展史上有重要地位，尤其是盐场中有川东诸井之祖井的白兔井，由盐场的发掘必能进一步弄清白兔井的开采历史、早期盐业开采的方法、规模与管理方式等。据此，该遗址需结合移民进度进行B级发掘[①]。

云安盐场遗址的考古发掘工作从2001年正式开始，当年度发掘面积1000平方米，勘探面积100 000平方米。2002年10～12月，中国历史博物馆（今中国国家博物馆）和福州市文物考古工作队联合对遗址进行了第二次发掘。现将2002年度的发掘情况报告如下。

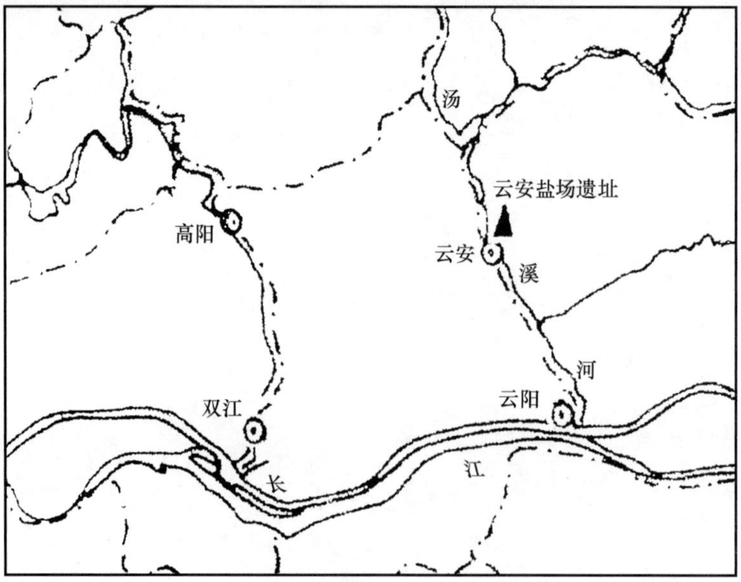

图一　云安盐场遗址位置示意图

① 《长江三峡工程淹没及迁建区·四川省云阳县文物古迹保护规划报告》。

一、发掘区概况

云安盐场遗址位于重庆市云阳县的云安镇，遗址广泛分布于今云安盐厂及其周围汤溪河两岸的台地上。由于遗址面积巨大，2001年度，遗址的考古发掘工作开始时，在汤溪河北岸地区命名了发掘A区、发掘B区、发掘C区三个地点（图二）。

因本年度我们进场时，云安镇的移民工作尚未全面开展，无法在中心区开展考古工作。故本次发掘选择在发掘B区继续发掘。发掘B区地处云安镇东大井区。具体位置是汤溪河北岸，牛头山南侧的一片北高南低的缓坡地。本次发掘区紧临2001年度发掘区域东侧。本次发掘布方原则是依据自然山势选择最有利于发掘的方向与位置设置探方。探方方向为北偏东42°。探方采用象限法，布5米×5米标准探方80个。实际发掘78个探方，同时扩方6个，实际发掘面积2015平方米（图三）。

本次发掘区文化层较厚，发掘最深处为7.2米，未至生土，仍是宋代地层。由于发现一组规格相当高、规模相当大的宋代建筑遗迹；同时因为发掘工作量及发掘难度大大超过规划书预计，而且部分地区发掘深度已低于现在河面，本年度发掘暂告结束。平均发掘深度超过2.5米。均未发掘至生土。

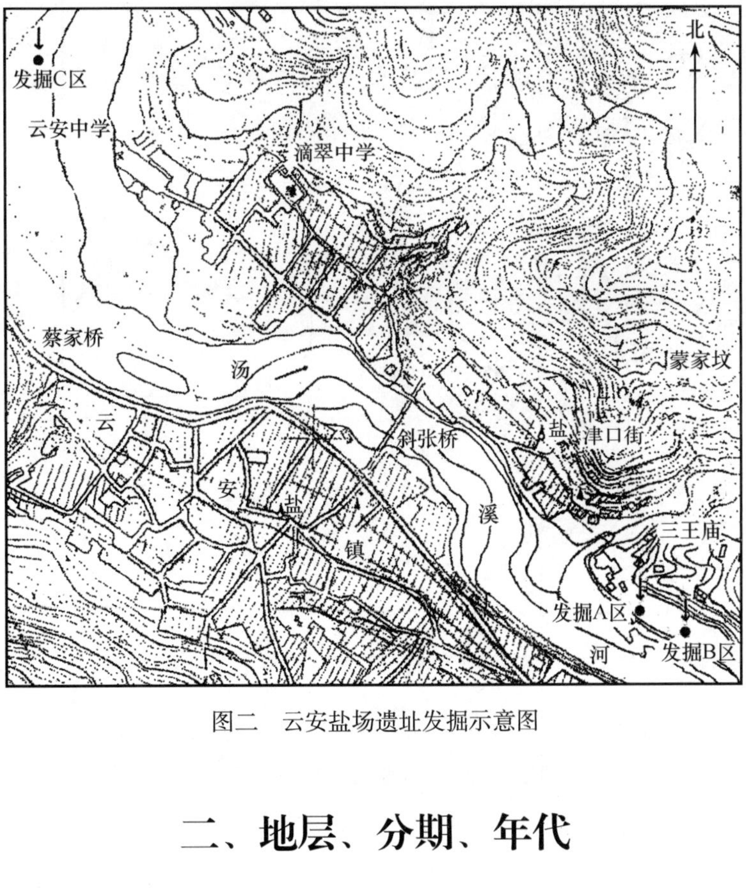

图二　云安盐场遗址发掘示意图

二、地层、分期、年代

因各种条件所限，2002年度的田野工作未发掘至生土，故本简报无法描述发掘区内完整的地层情况。现仅就已清理的情况做一介绍。从已清理的情况看，可分为五层。分别以T2711、

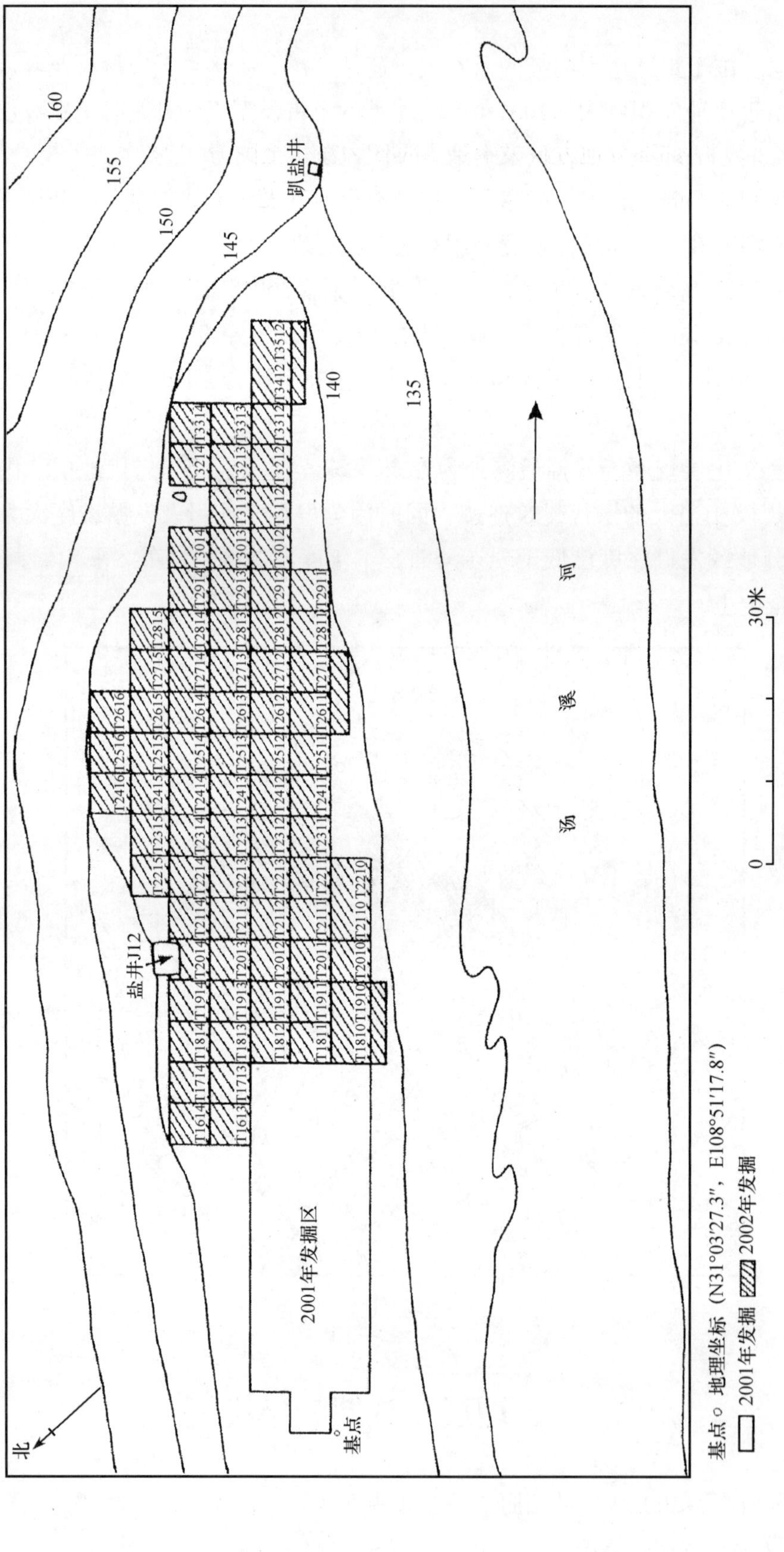

图二 云安盐场遗址发掘B区布方图

T2712西壁（图四）及T2712、T2812北壁（图五）为例说明。

第1层：耕土层。土质松散，土色不一。内含有大量的细砂粒。遍布整个发掘区。为现代菜地。

第2层：本层可分作三亚层。

2A层：红灰色土。土质松散，内含有大量的炉渣及红砂末，出有零散的青花瓷片。分布于发掘区东部及西部，中部部分地方缺失本层。时代为清代至民国。

2B层：浅灰色土。土质松软，包含有少量的红砂颗粒及炉渣，出有青花瓷片。基本遍布整个发掘区，仅个别区域缺失。时代为清末至民国。

2C层：石砾层。石砾与山体岩石质料一样，分布于发掘区西部。为开凿盐井时倾倒出来的石料堆积而成。时代为清代。

第3层：本层可分为二亚层。

3A层：红色砂泥土。土质较黏，包含有小石粒，分布于发掘区东部，出土物极少。

3B层：石砾层。本层基本为石砾，石砾质地与第2C层石料不太一样，本层内还包含少量红色砂泥土。出土物极少。因发掘面积原因，仅在小范围内发现。时代为清代。

第4层：灰褐色土。土质特松软，包含有大量的柴灰烬及零星的青瓷片。在已清理到的区域内均有分布。从出土物推断时代为南宋或晚至元代。

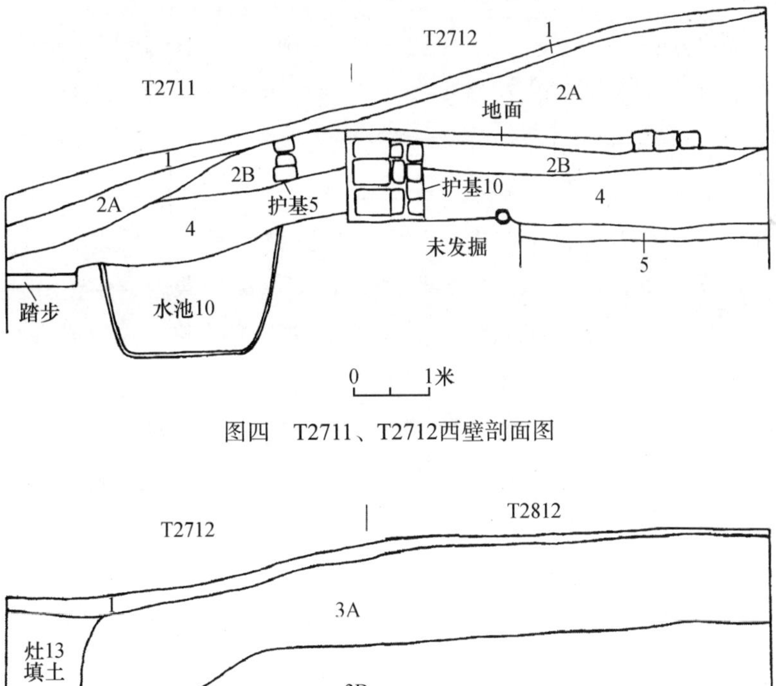

图四 T2711、T2712西壁剖面图

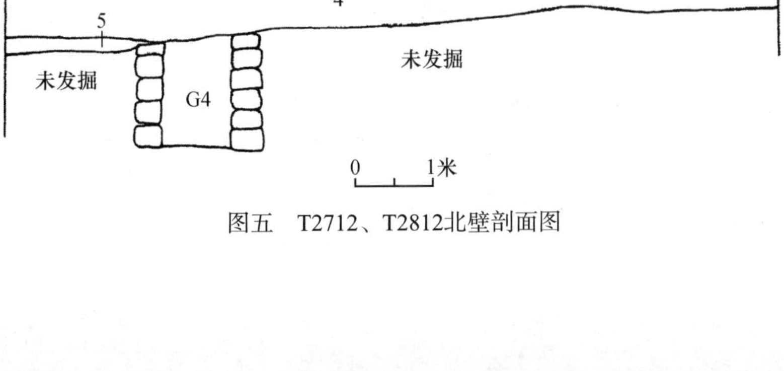

图五 T2712、T2812北壁剖面图

第5层：灰黄色土。土质松散，包含炭粒、数量巨大的瓦砾，出土有青瓷、黑瓷等瓷器及板瓦、筒瓦、滴水等建筑材料。为衙署遗迹的倒塌堆积。年代为宋代。

因保留宋代衙署遗迹，未继续向下清理。

本次发掘主要发现了两个时期的堆积。分别是清代至民国时期和宋代。其中，清代至民国时期遗迹主要是井盐生产设施遗迹。宋代遗迹可分为两期：一期是衙署遗迹；二期是井盐生产设施遗迹，该期生产设施遗迹在衙署的废弃堆积上兴建（表一）。

表一　2002年度云安盐场遗址发掘遗迹总表

分期		遗迹名称
清代至民国时期		房屋F2、F3；G2、G3；护基4～护基10；盐井J12、J13；水槽7、8、10、11；水池9、13、21、水池24～水池27；烟道1～烟道3；灶4～灶15
宋代	二期（井盐生产设施遗迹）	水槽9；水池10～水池12、水池14～水池19、水池23；输卤管道1
	一期（衙署遗迹）	台基1、2；F4；天井1～天井3；踏道1；G4、G6

三、盐　井

本次发掘区内共发现两口盐井，编号J12、J13。由于2001年度发掘时专门就盐井做过调查、清理，并已有详细介绍。所以本次发掘并未对盐井做重点清理。现介绍本次发掘中出土的盐井J12（图六）。

J12　位于发掘B区T2014北部，紧靠牛头山山体，一半凹入山岩中。北壁及东、西壁的北端出露于地表。井口平面近方形，东西内宽375、南北内宽300厘米。深度不详。

盐井主体是在岩石上垂直往下凿穿岩层形成。北壁直接为裸岩，由于井南面的岩层比表土面要低，为加固这一段井壁，采用条石垒砌。条石垒砌得较讲究。构建方法是用较大的条石叠砌数层，达到所需的高度。每一层均用条石平铺，石缝以三合土黏合，条石光面朝外（这一点与盐井J2相反，J2条石光面朝里），条石长短不一，内边自然不齐，为此，改用三合、黄土、碎石填平、补齐，与井内壁切齐。再这样层层叠砌，构成井壁。条石大小20厘米左右，长40～90厘米。

盐井北壁全为岩体，长375厘米。

盐井东壁的北端借助岩体，南端为条石构筑。南北全长490厘米，其中250厘米为条石部分。宽200厘米。目前揭露出6层条石，高为120厘米。

盐井西壁同东壁，北端借助岩体，南端为条石构筑。南北全长400厘米，其中320厘米为条石部分。宽175厘米。目前揭露出3层条石，高为60厘米。

盐井南壁全为条石构建，东、西端分别与东、西壁相接，并对齐。东西全长550、宽200厘米，目前揭露出5层条石，高为100厘米。

由于砌盐井的条石光面朝外，井壁又十分坚固，整块地势又由北向南倾斜，所以盐井壁也

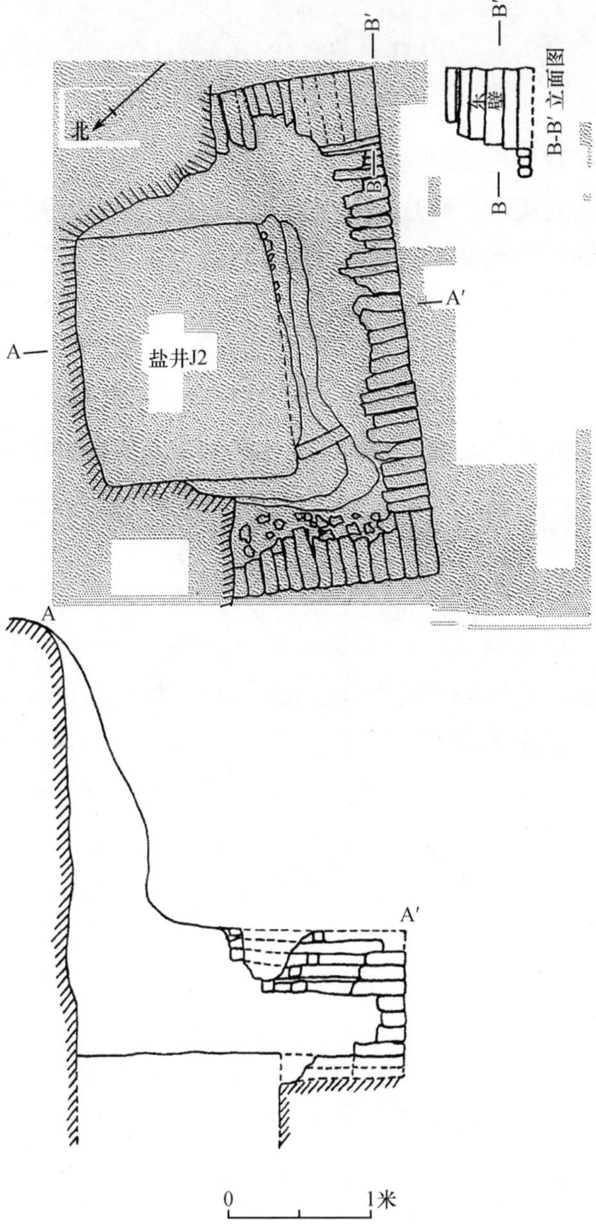

图六　盐井J12平、剖面图

借用作护坡，与护基7相连。

盐井内淤满了松土，暗褐色，无出土物。仅下清50厘米。盐井四壁均做了解剖。

盐井南面布方发掘时，发现探方T2011、T2012、T2111、T2212地层有一碎石堆积层。北部各方如T2013、T2113、T1913等为保留已出露的制盐遗迹，没有下挖，相应的深度也会有该层碎石堆积。碎石层呈斜坡分层，扇形铺开，应为凿盐井J12形成的碎石堆。由于清理难度太大，其具体堆积厚度无法探明。

盐井与水沟G2、G3、水槽8、灶4、灶10、灶11等遗迹有关，曾同期使用过。

盐井建成年代应为清代中期，使用时间不详。

四、宋代堆积

本次发掘由于种种客观条件限制，仅在600余平方米的范围内发掘至宋代地层，其余区域则保留了清代至民国时期的遗迹。而且由于保留衙署遗迹，宋代地层未发掘完，仅到衙署建筑面。但发现的宋代遗存保存状况较好，内涵较为丰富。

（一）遗迹

本次发现宋代时期遗迹，可大体分为两期：第一期是宋代衙署遗迹；第二期是宋代井盐生产设施遗迹。

1. 衙署遗迹

位于发掘区的南部，压在第5层下。目前仅出露一进，其余部分被晚期遗迹叠压。从目前出露的部分看，该遗迹由多个台基构成（图七）。目前仅对台基1与台基2进行了部分清理。下面对衙署遗迹的各个组成部分介绍如下。

（1）台基

目前揭露出台基1、台基2。

台基1　平坦，呈长方形，台基东西两边用毛石光面朝外垒砌，台基内填黄褐土。宽13米左右。进深揭露14米以上。未完全揭露。从布局上看，台基1应位于为该组建筑中轴线上。

台基2　面阔宽约8米，结构与台基1相同。因揭露面积有限，无法详述。从布局看，应为整组建筑中的附属。

（2）前厅

F4　衙署前厅。建在台基1台面上。现存4个柱础石，连以石条的隔墙。可看出其布局。进深三柱，每柱约3米，面阔5.3米，两旁回廊宽1.9米。天井间还有石条砌的隔墙，为一屏门的位置。正厅还在其北面。

（3）天井

目前揭露出三个天井，编号天井1、天井2、天井3。天井1基本位于建筑的中轴线上，位于F4南面。天井2、天井3位于F4北面。天井2、天井3为衙署遗址前后厅间的天井。一西一东，相距3.3米。天井2中心位置北移约20厘米。天井2和天井3之间有暗沟相通。

天井1　石构。平面为东西长方形。砖存东半部。砖长130、宽110、深50厘米。以石板铺地，石板叠涩出压边，天井底部呈宝盖状高起。边壁斜立雕花栏板。正面浮雕龟、日、海水图案，侧面也有雕花，惜残断。天井东侧底部有一龙头榫头。制作精致。天井周围用石板铺地。天井内填土为灰色黏土，夹石块。

天井2　石构。平面为南北长方形，保存完整。与天井3相比，略显瘦长。长190、深57厘米。边沿宽30厘米，底部稍小，长180、宽100厘米。做法相同。以石板铺地，底平，右板压边。天井底先叠一层条石，刹角，再收进10厘米，斜立石栏板，边再叠出10厘米。天井底部的

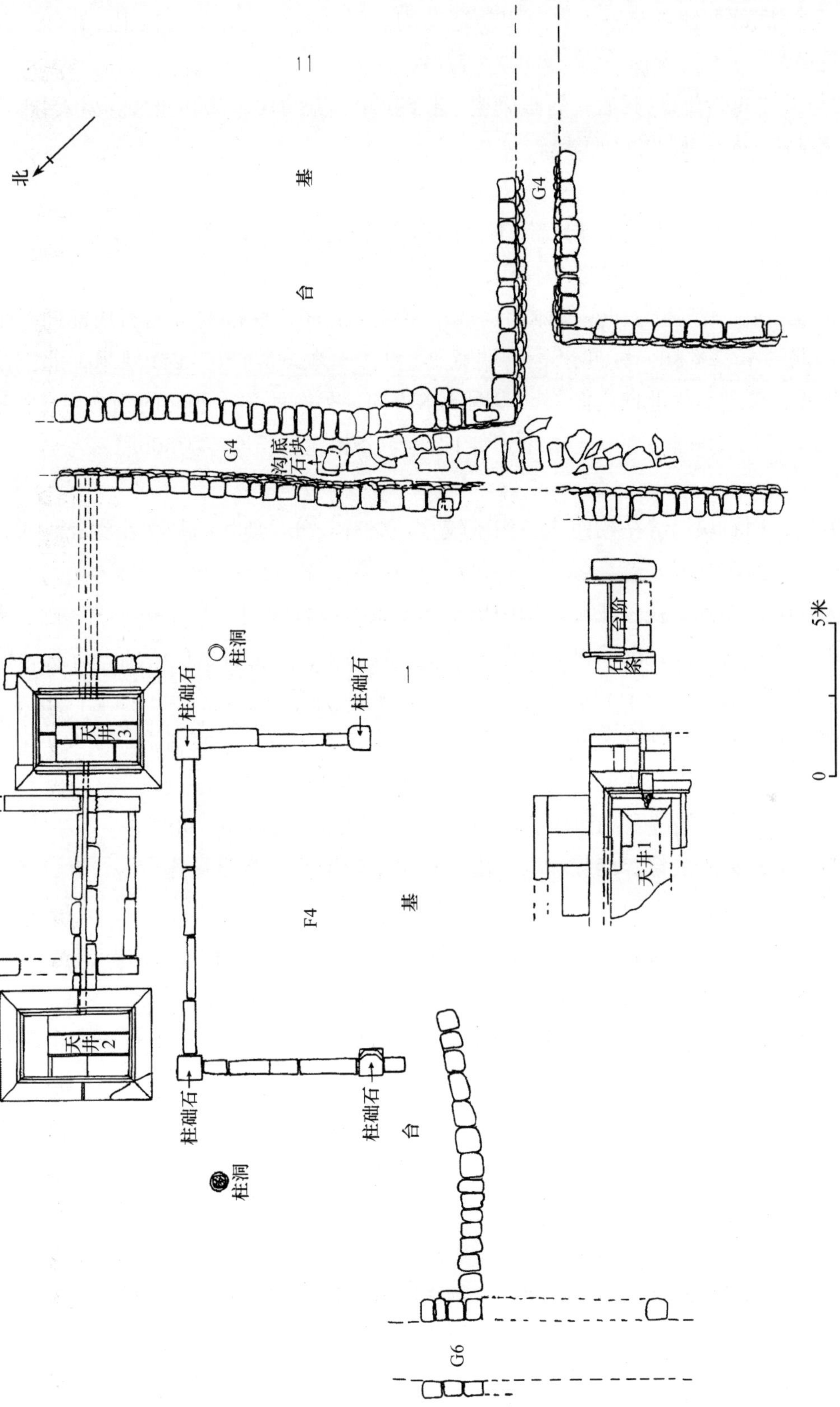

图七　宋代衙署遗迹平面图

东侧正中有一小孔，为暗沟出水口。

天井3　结构同天井2。长180、宽130、深57厘米。边沿宽30厘米，底部稍小，长170、宽110厘米。天井底部两侧各有一小孔，以贯通暗沟。天井内填土为灰褐色土。出土物以建筑材料为主，见筒瓦、瓦当、滴水。另有陶缸、罐片。

天井2与天井3间有暗沟相通，石板砌边，长约420、宽约10、深45厘米。另天井3与G4也有暗沟相通，结构一样，长约360厘米。

（4）沟

3条，编号G4～G6，均为南宋衙署遗址的附属建筑。G4与G6有两个作用：一是作为排水设施使用；二是作为建筑台基的驳岸使用，保护建筑台面。

G4　石构。由一条主沟和一条侧沟构成。主沟南北向，底部局部用石块铺地。全长1225厘米，水沟北端窄，宽80～90厘米，南端宽，达250厘米。深150～250厘米，北端浅，南端深。底部斜平，依地势由北向南倾斜，表明流水方向。另有两条东西向的侧沟与其相连，延入T2811方中，仅解剖200厘米的一段，看其走向应与G5相连，长度应为800厘米左右，宽约75、深160厘米。

建造方法，用石块错缝垒砌而成，沟壁较直，略有收分。所用石块大小约25、长短30～70厘米。

填土为灰土，夹木炭粒、柴灰。沟中出土物丰富，有日常用品，如碗、盏、碟、盘等，还有瓦当、滴水等建筑物件，以及料器头簪。主要以碗为主，多为青黄、青白、青灰等釉。

G5　石构。南北向，略有扭曲。沟壁用石块垒砌，底部为土底。沟的西壁保留有一或二层石块，东壁仅南段有右块保存，北段被破坏，出露土壁。沟壁直。底斜平。依地势由北向南倾斜，表明流水方向。揭露出一段，长870、宽75～90、深30～70厘米。

建造方法，用右块错缝垒砌而成。所用石块大小约25、长短20～90厘米。

填土为灰土，夹木炭粒、柴灰。沟中出土有少量陶瓷片。器形有碗、盏、罐、瓦当。以碗为主，多施青灰、青绿釉。

G6　石构。南北向，沟壁用石块垒砌，底部也有见石块铺地。揭露出一段，长400、宽100、深130厘米。底部斜平，依地势由北向南倾斜，表明流水方向。

水沟建造方法，用石块错缝垒砌而成，沟壁较直，略有收分。所用石块大小约25、长短30～50厘米。

填土为灰土，夹木炭粒、柴灰，沟中出土物有碗、盏、碟、罐等，数量不多，各仅一两件，另有一件莲花纹瓦当。釉类有青白、青黄、黑等。

2. 井盐生产设施遗迹

压在第4层下，打破第5层及衙署遗迹。绝大部分遗迹为水池或水槽，此外还有一条输卤管道（图八）。

水槽与水池

水槽与水池是井盐生产时存放卤水的场所。水槽与水池的做法一样：平地挖坑，然后用火烤硬地面及四壁，然后再抹上三合土或泥灰。两者的区别主要是外形上：水槽为瘦长形，水池

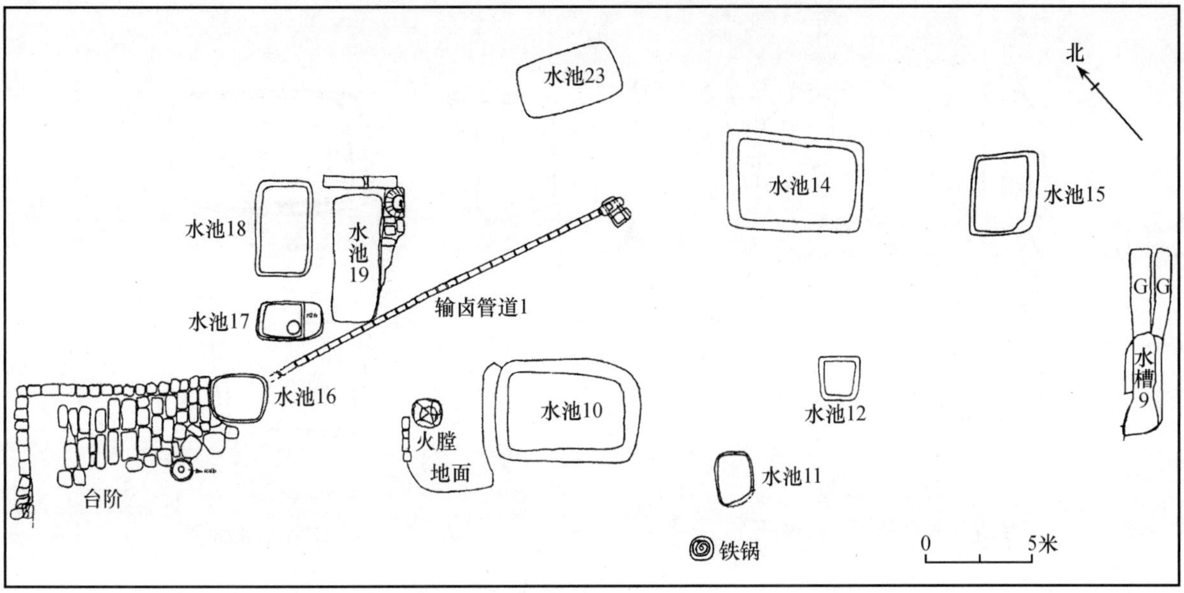

图八　宋代井盐生产设施总平面图

更近方形，一般为弧壁平底，只有水池17有二层台结构（表二）。

表二　宋代水槽、水池一览表

遗迹单位	层位	结构	所在探方	填土及主要包含物	备注
水槽9	第4层下	三合土	T2911	木柴灰及炭粒	存底部
水池10	第4层下	三合土	T2611、T2711	木柴灰及炭粒、青瓷碗、盘、黑釉盏、陶钵、筒瓦、水管	完好
水池11	第4层下	三合土	T2711	木柴灰及炭粒	存底部
水池12	第4层下	三合土	T2811	木柴灰及炭粒、黑釉盏	完好
水池14	第4层下	三合土	T2712、T2812	木柴灰及炭粒、青瓷、黑釉瓷（器形有盘、盏、碗）	完好
水池15	第4层下	三合土	T2912	木柴灰及炭粒、青瓷碗	残
水池16	第4层下	三合土	T2511	木柴灰及炭粒、青瓷片、黑瓷片	残
水池17	第4层下	三合土	T2511	木柴灰及炭粒	残
水池18	第4层下	三合土	T2512	木柴灰及炭粒	残
水池19	第4层下	三合土	T2612	木柴灰及炭粒、铜钱	残
水池23	第4层下	三合土	T2712	木柴灰及炭粒	残

水槽9　位于T2911，压在第4层下。南北狭长方形，南端被破坏。口部无存，按迹象长达310、底长220、宽60～80、深0～100厘米。其北部有两条浅沟槽，可将水由北注入槽内。注入处水槽9底部有圆窝状的痕迹。水槽壁、底呈圆弧形，底部北高南低。槽壁抹灰白色泥灰（硬度不及三合土）填土为灰色土，软，含有木炭渣、泥灰渣土，无出土物（图九）。

水池17　位于水池18之南、水池19之西，与水池18同用一道池壁。平面呈长方形，东西长150、南北宽80、残深120厘米。圆弧形边壁，有一个二层台面，距池底70厘米。底平，中间有一圆形下凹的小坑，径25、下凹10厘米（图一〇）。

水池14　位于发掘区的南部，T2712、T2812内。平面近似梯形，弧壁内收，底部平。保存

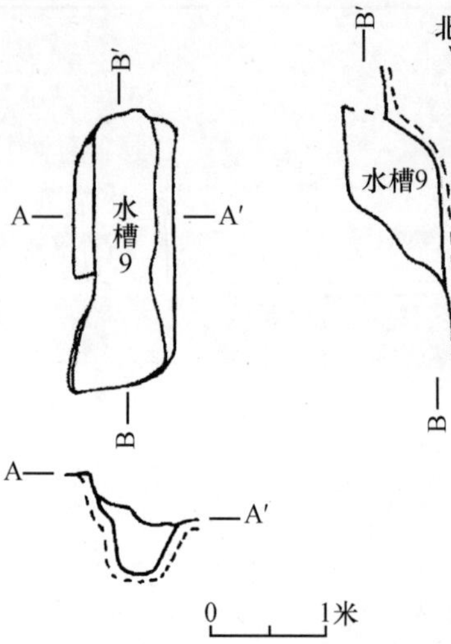

图九　水槽9平、剖面图

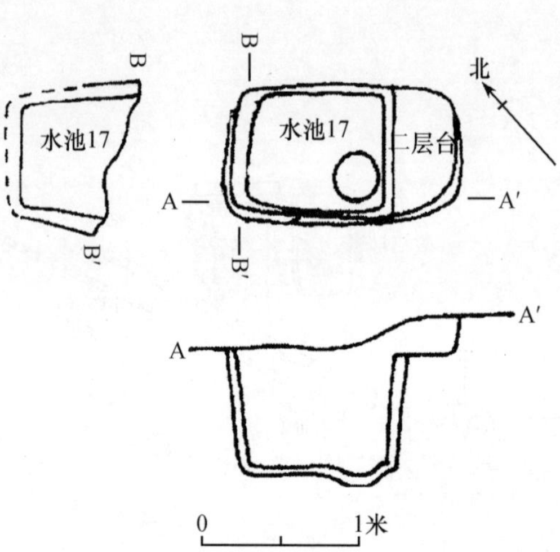

图一〇　水池17平、剖面图

较完好。池壁及底是用三合土抹成，出土时三合土壁较潮湿，防水性能似乎不是特别好。池内填土为灰褐土，含大量木柴灰及炭粒，池内出土铜盆1件，破损得十分厉害。瓷器有碗4件，盘1件，盏1件，钵1件。口部内宽约1.6、内长约2.4、深约1.4米。壁厚约10厘米。

水池16　位于T2511，平面近方形。圆弧形边壁，平底。东西长135、南北宽105、深10～40厘米。以灰白色泥灰抹壁。

输卤管道1　包括管道和小水函两部分。小水函，平面近长方形，以平整石板铺地，四周以石板围护，顶面盖有两块小石块，水函南北长55、东西宽35～40厘米。管道，长近900厘米。东北—西南向，东北自小水函西侧底部接出，西南端注入水池16。管道用筒瓦上下扣合，形成圆形管道，再左右子母口套合而成。

本期出土的遗迹众多，其中能确知相互关系的有两组遗迹：水池17、水池18、水池19建在同一个台面上，连成一片，互相借用池壁。水池14、水池16及输卤管道1，三者有机联为一体。卤水从水池14中打出，通过输卤管道1送到水池16（图一一）。

（二）遗物

宋代堆积中出土的遗物相当丰富。从种类来看，包括金属制品、料器、陶制品和瓷器等几类。

1. 金属制品

本期的金属制品数量不多。计有铁锅、铜碟、铜钱等。

铁锅　1件。T2711④：1，敞口，深弧腹，圜底。铁锅内口沿及外腹布满红褐色的铁锈，锅内稍光滑。口径70、深60、壁厚约5厘米（图一二，3）。

铜碟　1件。T2811④：1，浅盘状，敞口，浅弧腹，圜底。表面布满绿色铜锈，并沾满石子、木炭等凝结物。口径11.5、高1.6、厚0.1厘米（图一二，1）。

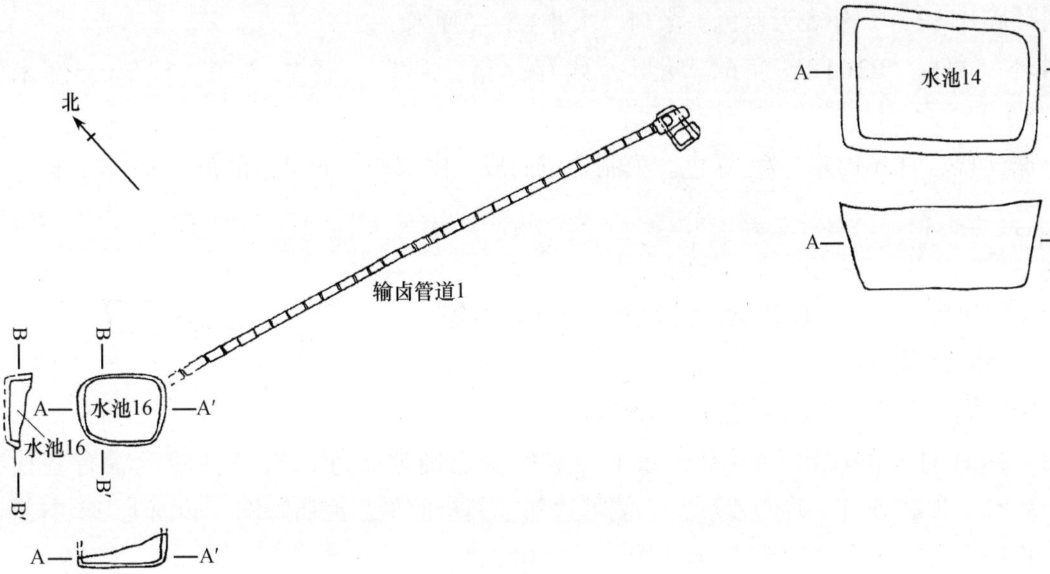

图一一　卤水澄滤、输送遗迹

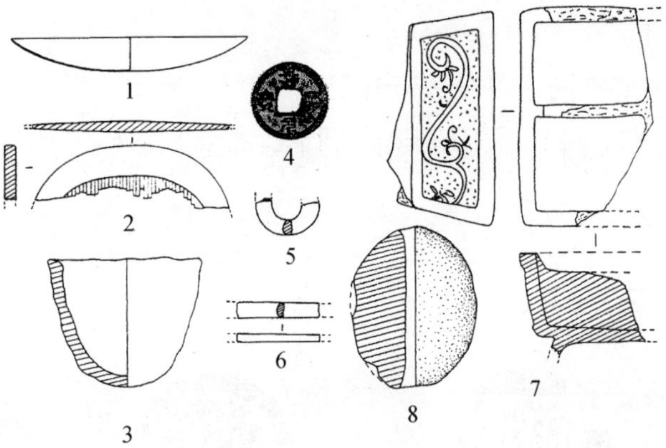

图一二　宋代器物

1. 铜碟（T2811④：1）　2. 料篦梳（T2612⑤：5）　3. 铁锅（T2711④：1）　4. 铜钱（T2512④：15）
5. 料环（T2612⑤：6）　6. 料簪（T2711⑤：1）　7. 陶砚台（G4：23）　8. 陶网坠（T2612⑤：3）

铜钱　3枚。T2512④：15，圆形方孔钱，有边郭。钱文顺读为“嘉祐元宝”，隶书体。钱径2.5、穿径0.9厘米（图一二，4）。

2. 料器

料篦梳　1件。T2612⑤：5，月牙形，中央稍厚，两侧稍薄。共40齿。齿根断。象牙质。淡黄色。宽9.3、厚0..2～0.5厘米（图一二，2）。

料簪　共有7件。形制一样，均为扁长条形，头部微上翘，末梢稍小。T2711⑤：1，扁长形，存中段，质绿，外表光滑、光亮，质硬。残长3.9、宽约0.7、厚约0.3厘米（图一二，6）。

料环碎片　1片。外表天蓝色。敞口。大小1.3～3厘米。

料环　1件。T2612⑤：6，环形，残存一半。质白。径3、宽0.7、厚0.5厘米（图一二，5）。

小珠　1粒。T2612⑤：7，绿色。模制合范而成，中部有一圈合范的痕。径0.8厘米。

3. 陶制品

出土的宋代陶制品包括建筑材料和生产生活陶器等。

（1）建筑材料

本次发掘出土的宋代建筑材料品种较丰富。

砖　宋代时期的砖出有不少，除了一般的灰色铺地砖外，有一种砖形状有些独特。T2811④：2，形状独特，砖面弧形，一侧带边郭，其余面平。泥质灰陶，砖面上黏有抹缝的石灰。砖长29、宽12、厚3.2～5.2厘米（图一三，10）。

筒瓦　水池10：2，前带子扣式瓦唇，断面为半圆形，内饰布纹。泥质红陶质。长28.7、宽11.3～11.9、厚约1.6厘米（图一三，7）。

板瓦　T2811⑤：1，上大下小，瓦面微弧，内饰布纹，泥质灰陶质。长25.4、宽16～19、厚1.2厘米（图一三，11）。

瓦当　依据当面图案的不同，可分为五式。

Ⅰ式：侧面牡丹花。G4：25，泥质灰陶。圆形，带筒瓦（残）。当面图案为侧面牡丹花。径11.7、厚约2厘米（图一三，1）。

Ⅱ式：侧面仰莲。G4：26，泥质灰陶。圆形，带筒瓦（残）。当面图案为侧面仰莲纹。径11.5、厚1～2厘米（图一三，2）。

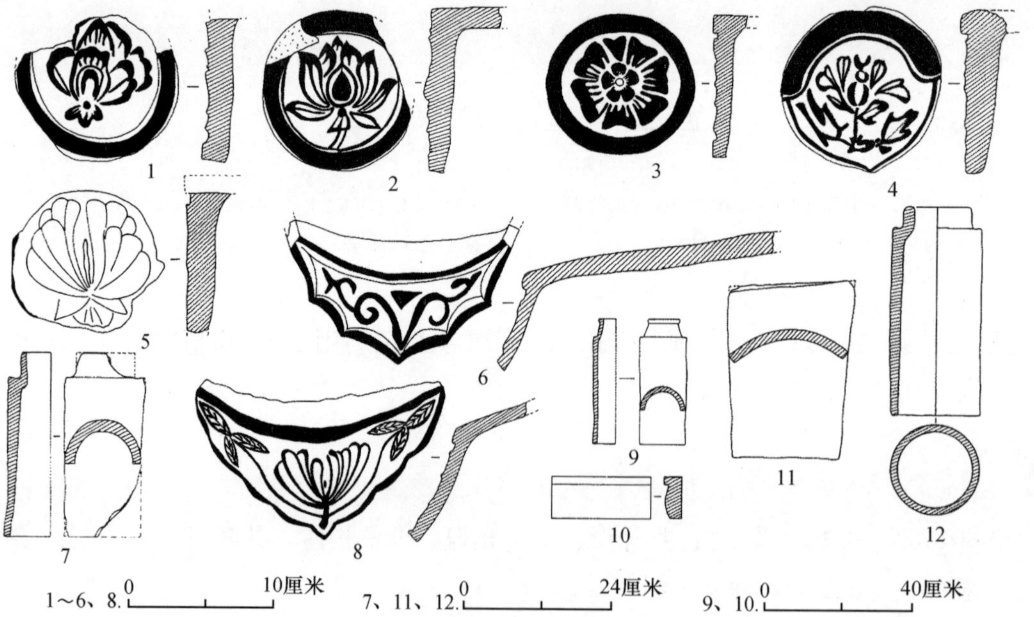

图一三　宋代建筑材料

1～5. 瓦当（G4：25、G4：26、G5：6、水池22：1、水池22：2）　6、8. 滴水（G4：24、G4：21）　7. 筒瓦（水池10：2）　9. 输卤水管（输卤管道1：1）　10. 砖（T2811④：2）　11. 板瓦（T2811⑤：1）　12. 陶水管（水池10：4）

Ⅲ式：芙蓉。G5：6，泥质黑陶。圆形，带筒瓦。当面图案为芙蓉。径10.2～11、厚1～1.5厘米（图一三，3）。

Ⅳ式：水池22：1，泥质红黄陶。圆形，带筒瓦（残）。当面图案为桃花花枝。径11.2、厚1.3～2.5厘米（图一三，4）。

Ⅴ式：水池22：2，灰陶，夹细砂。圆形，带筒瓦（残）。当面图案为侧面芙蓉花。径11.5、厚1.32厘米（图一三，5）。

滴水　依图案不同，可分二式。

Ⅰ式：侧面菊瓣纹。G4：21，泥质灰陶，表面为黑色。带仰面板瓦、滴水形如山字形，图案为侧面菊瓣纹。板瓦饰布纹。长19、宽8、厚约1厘米（图一三，8）。

Ⅱ式：卷草纹。G4：24，泥质灰陶。带仰面板瓦。滴水形如山字形，图案为卷草纹。板瓦饰布纹。长16.5、宽6.7、厚约1、板瓦残长21厘米。T2612⑤：4，泥质灰陶。带仰面板瓦。卷草纹。长15、宽7、厚0.8～1.4厘米（图一三，6）。

陶水管　水池10：4，灰陶夹细砂。圆筒形，前端收束成子口，后端微敞，水管可以前后相接。内有布纹。长32、径13、壁厚1～2厘米（图一三，12）。

输卤水管　形如筒瓦，制作较精细，前带子扣式瓦唇，截面呈半圆形。输卤管道1：1，泥质灰陶。内饰布纹。长36、宽19、厚4.8厘米（图一三，9）。

（2）生产生活陶器

本次发掘出土的宋代陶制品除建筑材料外，其他生产生活陶器数量不是很多。

陶砚台　1件。G4：23，残甚。泥质红陶，器表涂一层黑衣。长方形，有分格。侧面双线忍冬纹，以小圆点为地。残长6.6、宽10.4、残高4.8厘米（图一二，7）。

陶网坠　1件。T2612⑤：3，泥质灰陶质。纺锤形，中间穿孔，残存一半。长7.7、径6、孔径1厘米（图一二，8）。

陶执壶　1件。G4：1，直口，方唇，长颈，溜肩，细长腹，平底，颈肩部有一扁平状曲柄，流残。外上半腹施酱釉，胎质红褐色。口径6.4、腹径12.3、底径6.6、高21.2厘米（图一四，4）。

釉陶杯　1件。G4：22，直口，圆唇，直腹，平底。一侧有管状鋬，鋬上对穿圆形镂孔。

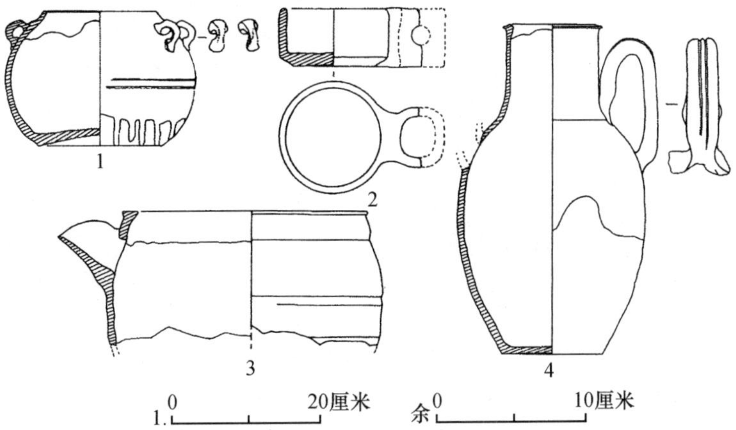

图一四　宋代陶器

1. 陶四系罐（T2612⑤：2）　2. 釉陶杯（G4：22）　3. 陶药罐（G4：20）　4. 陶执壶（G4：1）

杯内、外施酱釉，底露红褐色胎。口径7、底径5.4、高3.7、孔径1.2厘米（图一四，2）。

陶药罐　1件。G4：20，敛口，平沿，外口沿下有短流，溜肩，肩以下残。口沿及器表施酱釉，红褐色胎。口径15、残高8.4厘米（图一四，3）。

陶四系罐　T2612⑤：2，子口，方唇，溜肩，鼓腹，大平底内凹较甚，肩部对称双桥形系。外腹部施黄绿色釉，有流釉现象，无釉处涂红色化妆土，红胎。口径14.6、底径16、腹径24.6、高17.4厘米（图一四，1）。

4. 瓷器

本次发掘中出土的宋代瓷器种类多、品相好，窑口也似乎较多，很值得做进一步研究。以碗、盏、盘为大宗。

碗　按底部可分为三型。

A型　圈足碗。可分五式。

Ⅰ式：3件。G4：10，大敞口，口沿微外撇，尖唇，圆弧腹，圈足较小外撇，碗心下凹。腹部有明显的轮旋痕。施黄釉不及底，釉层薄，胎体薄，胎质黄。口径20、底径7.1、高6.1厘米（图一五，1）。G4：11，口径19.8、底径6.6、高7厘米（图一五，2）。

Ⅱ式：4件。G5：1，敞口，圆唇，圆腹，小圈足，足心外凸。外口沿下留有几道轮旋痕，不甚明显。施青绿釉至底，釉层厚，有聚釉现象，胎质灰。口径16.4、底径5.2、高7厘米（图一五，3）。水池15：1，敞口，圆唇，圆弧腹，圈足，挖足深。施青绿釉至底，圈足底刮削去釉，胎质灰白，釉层略厚，有玻璃光泽。口径9、底径3.3、高4厘米（图一五，4）。

Ⅲ式：1件。G4：5，敞口，圆唇，斜直腹，圈足底。碗内有涩圈一周。施酱茶色釉，仅至半腹，有流釉现象，胎质黄。口径17.2、底径6.8、高7厘米（图一五，6）。

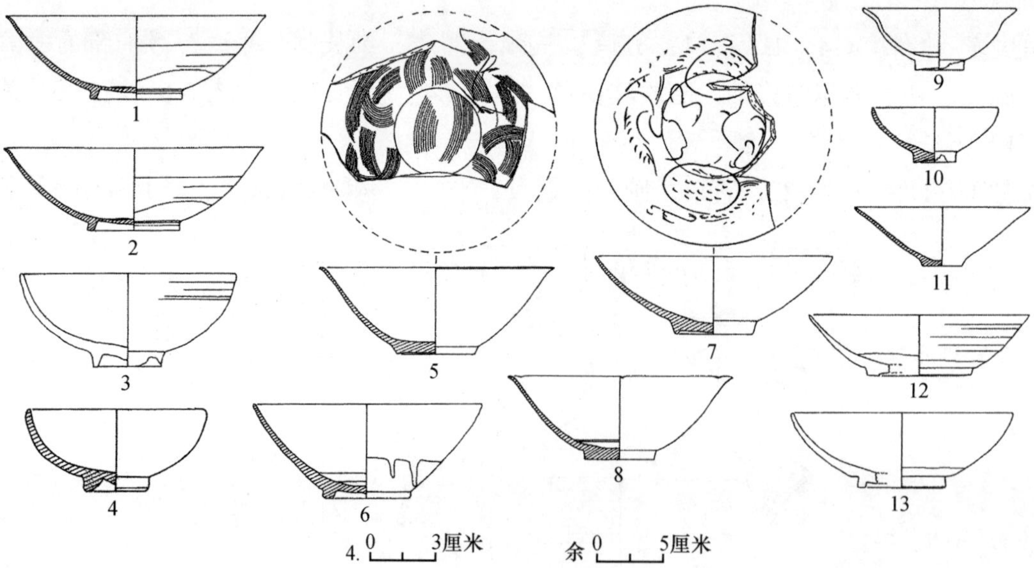

图一五　宋代瓷碗

1、2. A型Ⅰ式（G4：10、G4：11）　3、4. A型Ⅱ式（G5：1、水池15：1）　5. B型Ⅰ式（G4：7）　6. A型Ⅲ式（G4：5）　7. B型Ⅱ式（G4：8）　8. C型Ⅰ式（G4：6）　9. B型Ⅲ式（G4：17）　10. B型Ⅳ式（G5：4）　11. C型Ⅱ式（G4：13）　12. A型Ⅴ式（水池14：4）　13. A型Ⅳ式（T2912④：1）

Ⅳ式：1件。T2912④：1，敞口，圆唇，弧腹，圈足。施酱红色釉不及底，胎质铁黑色。口径16.5、底径6.6、高5.6厘米（图一五，13）。

Ⅴ式：1件。水池14：4，敞口，尖唇，斜直腹，圈足浅平。碗内有涩圈一周。施青灰釉不及底，胎白。口径11.4、底径7.8、高4.5厘米（图一五，12）。

B型　平底微内凹，介于圈足与平底之间。分四式。

Ⅰ式：1件。G4：7，撇口，尖唇，弧腹较深，饼足微内凹。施青白釉至底，碗内刻划篦纹，胎质白，胎体较薄。口径17.8、底径5.8、高6.5厘米（图一五，5）。

Ⅱ式：1件。G4：8，敞口，尖唇，弧腹，圈足极浅。施青灰釉，釉色泛青，圈足外包釉，碗内饰卷草、篦点纹，胎质白，胎体较薄。口径17.8、底径5.8、高5.8厘米（图一五，7）。

Ⅲ式：2件。G4：17，撇口，尖唇，弧腹，饼足微内凹。施青灰釉至底，胎质灰白。口径11.6、底径3.6、高4.6厘米（图一五，9）。

Ⅳ式：3件。G5：4，敞口，尖唇，弧腹，饼足较小微内凹，碗心下凹。施青白釉至底，胎质灰白。口径9.6、底径3.2、高4厘米（图一五，10）。

C型　平底。分二式。

Ⅰ式：1件。G4：6，撇口，口沿刻削成花口，尖唇，弧腹较深，饼足。碗内有凹弦纹一周。施青灰釉至底，胎质灰白，胎体较薄。口径17、底径5.2、高6.2厘米（图一五，8）。

Ⅱ式：1件。G4：13，斗笠碗，大敞口，尖唇，斜直腹，小饼足。施青灰釉至底，胎质灰白，胎体薄。口径13.4、底径3、高4.3厘米（图一五，11）。

盏　分三式。

Ⅰ式：4件。水池10：3，口沿微内敛，尖唇，内口沿下有凸棱一道，弧腹，饼足。盏内及外上腹部施黑釉，釉层厚，有聚釉现象，胎质灰黄，较粗。口径11.8、底径4.6、高4.4厘米（图一六，1）。

Ⅱ式：T2512④：1，敛口，圆唇，斜直腹，圈足浅，盏心深陷。施酱黑釉至外半腹，釉上有鹧鸪斑点，胎黄。口径11.4、底径3.8、高4.8厘米（图一六，2）。

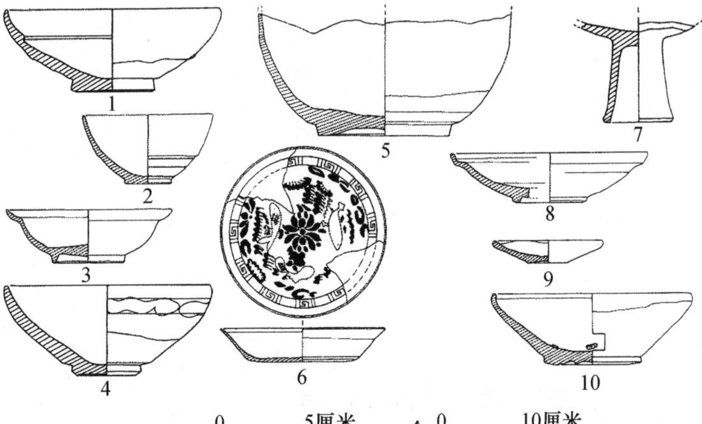

图一六　宋代瓷器

1. Ⅰ式盏（水池10：3）　2. Ⅱ式盏（T2512④：1）　3. Ⅱ式盘（T2612⑤：1）　4. Ⅲ式盏（G4：3）　5. Ⅰ式钵（G4：19）　6. Ⅱ式碟（G4：15）　7. 高足盘（水池14：1）　8. Ⅰ式盘（T2611④：1）　9. Ⅱ式钵（G4：16）　10. Ⅰ式碟（G4：2）

Ⅲ式：G4：3，敞口，圆唇，圆弧腹，下腹部有数道轮旋痕，小饼足修治规整，盏心微下凹。盏内及外上半腹施酱茶色釉，釉色亮而厚，有聚釉现象，无釉处涂红色化妆土，胎质黄。制作精致。口径10.8、底径3.8、高5.5厘米（图一六，4）。

盘 可分二式。

Ⅰ式：T2611④：1，浅盘口，圆唇，腹近斜直，圈足较浅。内有涩圈一周。施青绿釉，无釉处涂红色化妆土，灰胎质。口径16.4、底径6.2、高4厘米（图一六，8）。

Ⅱ式：T2612⑤：1，敞口，宽沿，沿面下凹，弧腹，圈足。盘内、外底较平。通体施青绿釉，釉层厚。口径13.7、底径5.9、高4.3厘米（图一六，3）。

高足盘 水池14：1，仅存喇叭口高圈足，器表施青灰釉，圈足底刮削去釉，胎质灰，盘心稍平。底足径4、残高5.3厘米（图一六，7）。

碟 可分二式。

Ⅰ式：G4：2，敞口，圆唇，斜腹浅，小平底内凹。底有线割痕。碟内施酱黄色釉，胎质灰黄。口径9、底径3.4、高1.8厘米（图一六，10）。

Ⅱ式：G4：15，敞口，方唇，斜直腹较浅，平底。通体施青灰釉，仅口沿刮削成芒口。碟内印花，主体花纹为莲花、游鱼、水花。口径13.6、底径9.6、高2.7厘米（图一六，6）。

钵 可分二式。

Ⅰ式：G4：19，口残。弧腹，大圈足，浅平，碗内宽平，碗壁薄，碗底厚重，碗内施酱茶色釉，光亮，外腹施酱釉，无光泽，胎粗，黄胎。外腹有多道轮旋痕。腹径20.2、底径10.9、残高10厘米（图一六，5）。

Ⅱ式：G4：l6，敛口，圆唇，腹近斜直，饼足底。有挖痕一周，钵内五枚支钉痕。钵内及外口沿处施青黄釉，釉层亚光，无釉处涂一层红色化妆土，胎质灰黑。口径16.2、底径8、高5.8厘米（图一六，9）。

五、清代至民国时期堆积

本期的堆积层十分厚，发现的遗迹基本上都与制盐有关。

（一）遗迹

本期发现的遗迹基本上都是制盐的各种设施。包括有盐井、灶、水槽、水池、烟道等（表三、表四）。以灶、水槽、水池为主。

表三 清代至民国时期水槽、水池一览表

遗迹单位	层位	结构	所在探方	填土及主要包含物	备注
水槽7	第2A层下	毛石、三合土	T1911、T1912、T2011、T2012	红褐色煤渣、砂石、红烧土块、青花瓷	存底部
水槽8	第2B层下	毛石、三合土	T2013	黑色煤渣、少量石砾、青花瓷	保存较好

续表

遗迹单位	层位	结构	所在探方	填土及主要包含物	备注
水槽10	第1B层下	毛石、三合土	T1714		存底部
水槽11	第2B层下	毛石、三合土	T2013、T2014	黑色煤渣	完好
水池9	第2A层下	毛石、三合土	T2013	红褐色煤渣、砂石、红烧土块、青花瓷	存池底
水池13	第2A层下	毛石、三合土	T2714	红褐色煤渣、砂石、红烧土块、青花瓷	存池底
水池21	第2A层下，打破水池26	毛石、三合土	T2013		残迹
水池25	第2A层下	三合土	T2314	红褐色煤渣、砂石、红烧土块、青花瓷	残迹
水池26	第2A层下	三合土	T2313	红褐色煤渣、砂石、红烧土块、青花瓷	基本完好
水池27	第2层下	三合土	T2715	红褐色煤渣、砂石、红烧土块、青花瓷	完好

表四 清代至民国时期灶、烟道一览表

遗迹单位	层位	结构	所在探方	填土及主要包含物	备注
灶4	第2B层下	石构	T2011、T2012、T2111	黑色煤渣、石砾、青花瓷	存下洞
灶5	第2B层下	石构	T2312	黑色煤渣、石砾、青花瓷	存下洞
灶6	第2B层下	石构	T2211、T2212、T2311、T2312、T2411、T2412	黑色煤渣、石砾、青花瓷	存下洞
灶7	第2B层下	石构	T2513～T2813、T2514～T2714	黑色煤渣、石砾、青花瓷	共存4个下洞
灶8	第1层下	石构、三合土	T2815	黑色煤渣、石砾、青花瓷	存下洞
灶9	第2B层下	石构	T3112、T3113	黑色煤渣、石砾、青花瓷	存下洞
灶10	第2B层下	石构	T2011、T2012	黑色煤渣、石砾、青花瓷	存下洞
灶11	第2B层下	石构	T2112、T2113	黑色煤渣、石砾、青花瓷	存下洞、灶膛
灶12	第2B层下	石构残迹	T2512东北角	黑色煤渣、石砾、青花瓷	存下洞
灶13	第2B层下	石构残迹	T2612、T2712	黑色煤渣、石砾、青花瓷	存下洞
灶14	第2B层下	石构	T1811东南部	黑色煤渣、石砾、青花瓷	存下洞
灶15	第2B层下	石构	T1810、T1811西南角	黑色煤渣、石砾、青花瓷	存下洞
烟道1	第2B层下	盐砖砌	T2413、T2414	黑色煤渣、石砾	存东壁排烟室
烟道2	第2B层下	盐砖砌	T2614	黑色煤渣、石砾	存东壁排烟室
烟道3	第2B层下，打破烟道1	盐砖砌	T2414	黑色煤渣、石砾	存东壁排烟室

1. 灶

本期发现的灶，保存都不特别好，基本只剩下石砌的通风口。盐业志中称为“下洞”。

Z6 位于发掘区的中南部。所在探方T2211、T2212、T2311、T2312、T2411、T2412。灶5与灶6建在同一个台面上。一西一东，相距2～3米。均只存下洞。下洞平面呈八字形，以石块叠砌，三合土黏缝，底为三合土底（图一七）。

Z6全长645、内宽115、外口宽250、深40～265厘米。两边壁均外弧，西壁外又加砌一道石墙加固。后壁为直壁，底为三合土，北低南高，下洞内填满大量炉渣及少量的石块，松散。

两个灶边壁错缝叠砌，少数石块丁头向外，石块有用三合土勾缝。所用石块一般大小20厘米，长短不一，介于15～100厘米。

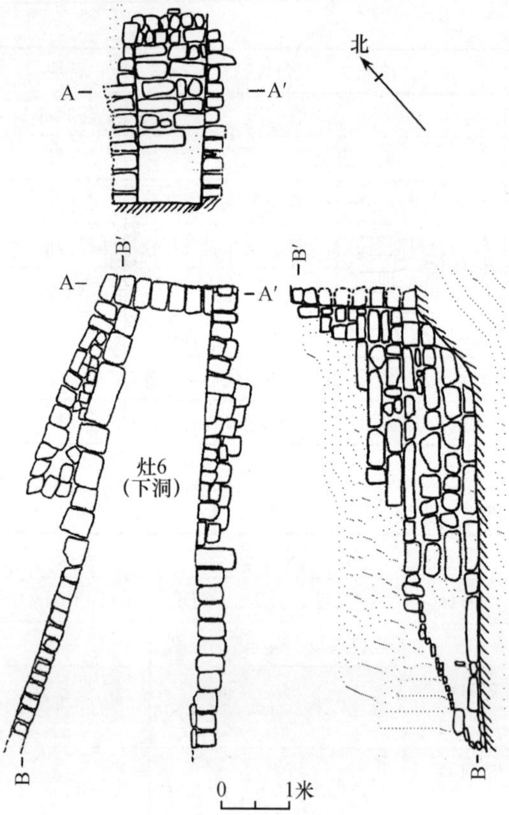

图一七　Z6平、剖面图

建造方法，先挖一个土圹，然后垒砌上石块，光面朝外，再封堵后墙，最后以原土回填土圹与壁间的间隙。

另外，灶所建的台子，其下部填土为碎石渣，上部填土为红色黏土，以便平整台面。台子地面呈黑色，或为堆煤处。

Z7　位于本次发掘区的中部，T2513、T2613、T2713、T2813、T2514、T2614、T2714内，开口于第2B层下。方向北偏东50°。Z7现存南端，用石条垒就。北端火膛等设施已被晚期遗迹破坏，详情不明。现存遗迹由四个下洞及西、南两道护基组成，平面呈长方形。

下洞，平面呈头部封口的“八”字形，末梢均压在护基上。由东向西，下洞1，长5.8、宽1.1～1.8米，东墙现残长3、宽0.6～1、残高0.7～1.3米，其西墙保存较好，长5.8、宽0.7～0.9、残高0.15～1.15米，北部封门长1.1、宽0.3、残高1.3米，底部铺设一层石板，石板宽0.3～0.4、厚0.13米；下洞2长5.7、宽1～1.8米，东墙仅存南端，现残长1.1、宽0.75、残高0.12米，其西墙现残长5、宽0.6～0.9、残高0.8米，北部封门被破坏，仅存底部痕迹，底铺一层石板，石板宽0.3～0.4、厚0.13米。下洞2与下洞1相距2米。下洞3长6.2、宽1.1米，东墙保存较好，长6、宽0.7～1、残高0.4～1.5米，其西墙现仅存北端，残长1.3、宽0.65、残高1.1米，北部封门长1.1、宽0.6、残高1.3米，底部现存一段铺地石板，石板现长0.7米。下洞3与下洞2间距2.1米。下洞4长6.3、宽1.2米，其东墙残存北端，残长2、宽0.4～0.9、残高0.2～1.3米，西墙残长6、宽0.7～1、残高0.25～1.35米。北部封门长1.3、宽0.2～0.55、残高1.1米。底部石板被破坏，现仅存其痕迹。下洞4与下洞3间距2米。

护基　西护基为条石铺设。现长8、宽0.7～1.1、现高0.75米。西护基与下洞4间距6.5米。南护基为条石铺设，被下洞末端叠压于下，现长17.2、宽0.5～1、残高0.25米。

灶7填土内出土有少量的青花瓷碗（图一八）。

Z11　位于发掘区B区T2112，部分延入T2113的南部。存下洞及部分灶膛。下洞以条石构建，平面呈八字形，北端封口，下洞底部涂有一层三合土，底平。下洞内宽80～100、残长325厘米。东壁残高20～100、西壁残高60～125厘米，后壁为三合土，斜平。后壁上有三层小砖，间隔5厘米，可插炉条。东、西壁所用石块一般大小20厘米，长短不一，介于30～100厘米，多数错缝叠砌，少数丁头向外。

灶膛位于下洞之北，平面呈长方形，东西两侧以石块砌边，直边，中央呈锅底状下陷，后端有见用盐砖横砌一道作为隔墙。灶膛东西宽270、南北残长150、现深65厘米。底为一层黑色的烧结硬面。可安一口大锅。

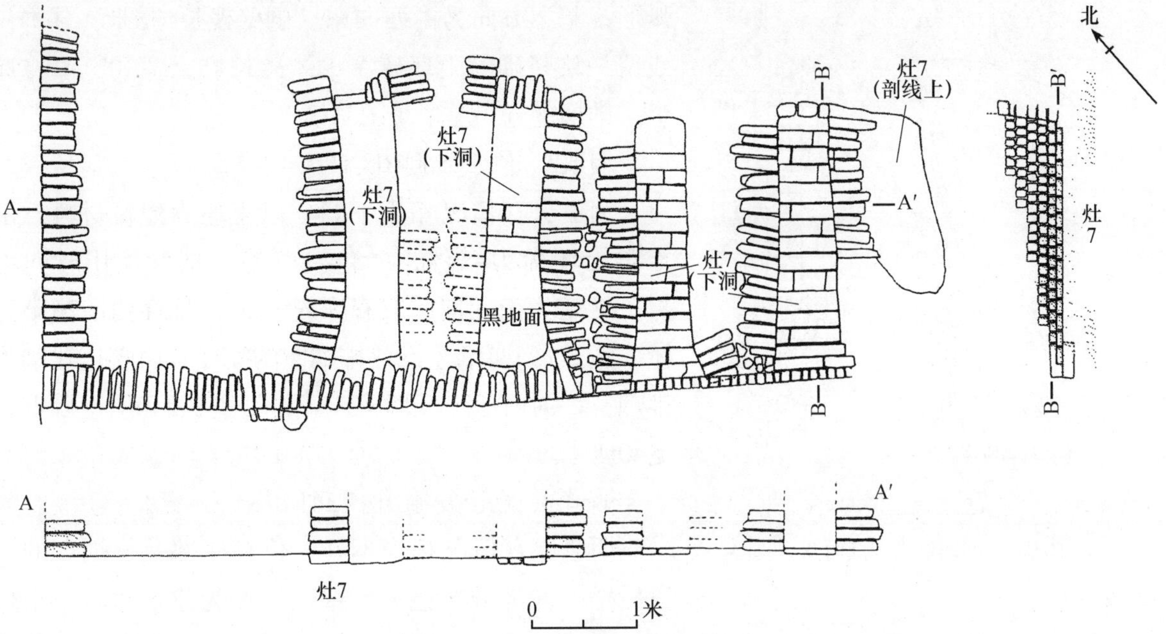

图一八　Z7平、剖面图

建造方法，先挖一个土圹，然后垒砌石块，光面朝外，最后再封堵后墙，再以原土（该处为2C碎石土）回填土圹与东西石壁间的间隙。填土为炉渣，灶膛内的炉渣较细，均为黑色。无出土物。

另外，Z11的西壁与Z10之间有一护基相连，可构成一个小台面，残存小块台面的黑地面，可能用作堆煤场使用。该护基大致东西向带弧度，光面朝外（南），挡北面的碎石渣土。护基长约600、宽约60、现高60厘米。砌法以条石叠砌，丁头朝外（图一九）。

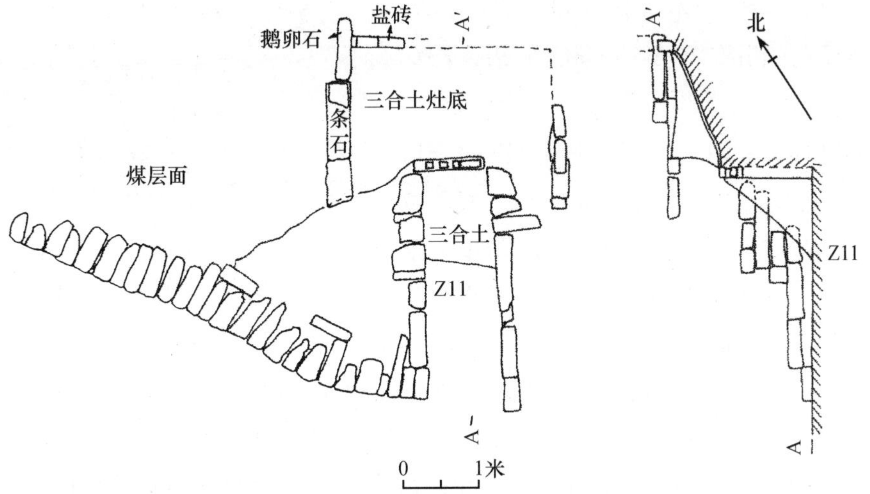

图一九　Z11平、剖面图

2. 烟道

烟道1　位于发掘B区T2413、T2414内。保存情况相当不好。以土坯为建筑材料，出土时土坯尚为红色，颜色较鲜艳，估计使用时间不长。烟道仅存侧壁一道，排烟室砖两块。侧壁呈

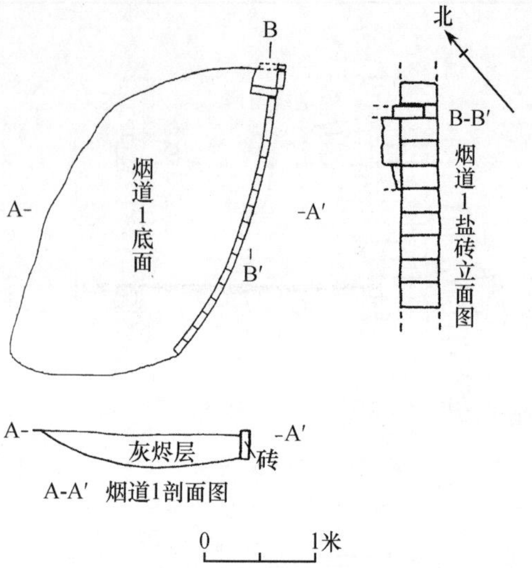

图二〇 烟道1平、剖面图

弧形，基本方向为由西向东，侧壁残长约5米，基本仅残留一块竖砌的土坯砖。单体砖长45、宽30、厚15厘米。排烟室宽30厘米（图二〇）。

烟道2 位于发掘B区T2614内。

烟道保存情况相当不好。以土坯为建筑材料，出土时土坯尚为红色，颜色较鲜艳，估计使用时间不长。烟道为南北向，仅存东壁一道，现存两层侧砌土坯。残长135厘米（不计排烟室的宽度）。烟道北端为排烟室，为两道土坯墙构成。排烟室长230厘米以上，宽40厘米。

烟道3 位于发掘B区T2414内。

烟道保存情况相当不好。仅存底部及排烟室的一道后壁。底部灰黑色，后壁以土坯为建筑材料，土坯烧结程度较高，呈灰色，估计使用时间较长。后壁残长215厘米，存一层侧砌土坯。土坯单体长35、宽27、厚10厘米。

3. 水池及水槽

水槽8与水槽11 位于发掘区的北部。水槽8与水槽11实际上是两个连为一体的澄滤设施。做法是先挖一个土坑，在坑四边垒砌石块至坑口，然后再用三合土抹就成槽。水槽8口部长3.2、宽1.9米。槽内长2.5、宽2.2米。槽底部长2.15、宽0.85、残深0.85米。底部中央略呈圜底下凹，深约15厘米。

水槽11西侧口部内长2.6、东侧口部内长3.1、口部宽1.5米。西侧底部长1.9、东侧底部长2.1、底部宽0.55～0.6米。水槽东侧近口部有两个方形踏步，踏步面距槽底1.5米。两踏步间隔75厘米。靠北面踏步长30、宽20厘米；南面踏步边长20厘米（图二一）。

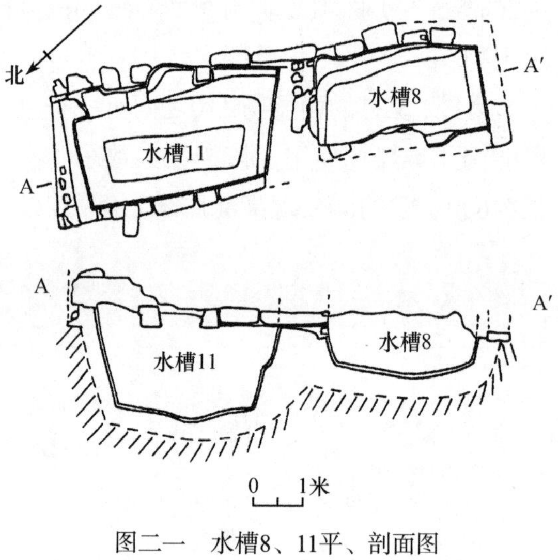

图二一 水槽8、11平、剖面图

水池9 位于发掘区的西北部。所在探方为B区T2013的北部。平面为圆角长方形，东西长，南北宽，以石块、三合土构建，上大下小，口部已毁，尺寸不确，池壁斜直，底平。池底尺寸长193、宽135厘米，池壁宽为32厘米，北壁保存较好，残存50厘米的深度，南、西壁均仅剩下池底。池壁有收分，每50厘米的深度内收10厘米。池子底部中心有一锅底状下凹的圆坑，径70、深10厘米。

水池构建方法，先挖一个竖穴土坑，沿坑壁用毛石砌边，垒砌一定高度，石块以三合土黏合，形成池壁，再用三合土抹平水池的内壁及底。砌边的石块偏小，一般15厘米左右，所以一层池边需用毛石两道平砌，再层层叠砌到所需的高度。

水池上部填土为红褐色的煤渣，颗粒较大，松软，北壁最厚处约40厘米。下部填土为红色的细砂土，颗粒细，约10厘米厚。无出土物（图二二）。

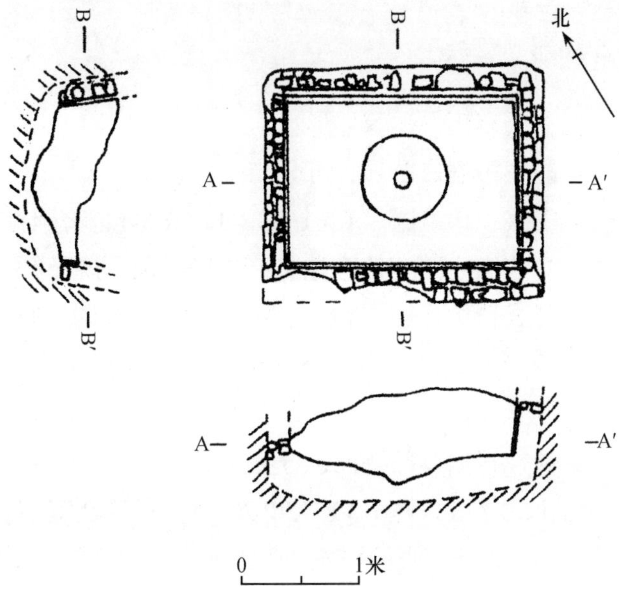

图二二　水池9平、剖面图

4. 水沟

G2　位于发掘区的中北部。所在探方为T2112～T2114。长条带状，南北向。南、北端均残断。为三合土卤水沟，断面呈袋状，上大下小。残长730、外宽35～55、内宽35～40、底宽20～30厘米。三合土厚3厘米。

G3　位于发掘区的西北部，所在探方有T1913、T1914。北端用三合土，南端用石块。南北向。北端与山体相结，南端被破坏。其北端用三合土抹底，沟壁、底较缓，呈圆弧形，由南向北较斜，沟宽110、深15、此段长约500厘米。其南端用石块砌边，沟壁直，底仍为三合土底，底平，没什么斜度，沟宽90、深40、此段长约480厘米。

石构边，用石块错缝叠砌，所用石块大小约20、长短10～100厘米。

5. 居住房屋

F2　位于发掘区的西北角。所在探方为T1613、T1713、T1813。坐北朝南。由墙基、地面及护基等组成。墙体分外墙和房间内的隔墙，构建方法一样，用石块垒墙，三合土黏缝，再以三合土抹平外墙。墙体残存20～60厘米的高度。外墙东西向，残长约920、较宽35～70厘米。隔墙南北向，残长60～150、宽40～50厘米。并将F2分隔成三个单间，由西至东每间面阔280、350、350厘米。进深均280厘米（残存）。

地面为三合土，呈红褐色，质软，多破损，在房间内有分布。整体保存较差，其南部已毁。用途推测为盐工居住的简易民房。

（二）遗物

本期的遗物不是很重要，和宋代堆积相比，要逊色很多。

1. 铜钱

发现3枚。T1813②：1，小钱。圆形方孔钱。钱文“成丰通宝”。钱径1.9、穿径0.7厘米。T2415②：1，圆形方孔钱。宽郭。钱文“乾隆通宝”。钱径2.4、穿径0.8厘米。T1914②：1，圆形方孔钱。宽郭。钱文“乾隆通宝”。钱径2.4、穿径0.6厘米。

2. 陶器

主要有罐、钵等器形。

罐　根据口及耳，可分二式。

Ⅰ式：侈口罐。T2616①：1，夹砂红陶。侈口，方唇，溜肩，鼓腹。最大径偏上，往下内收。平底微内凹。外腹施酱釉，仅半釉。口径9.1、底径8.6、高13.8厘米（图二三，1）。

Ⅱ式：单耳罐。T2812③：2，夹砂灰陶。直口，尖唇，溜肩，鼓腹，平底微内凹，肩腹部安一环形耳。口、肩部烧制时变形，器表粗糙，上腹部施酱釉。口径7、底径7.5、高11.9厘米（图二三，2）。

钵　根据口部特征，分为二式。

Ⅰ式：敞口钵。T1713②A：4，夹砂红黄陶。敞口，圆唇，斜直腹，呈瓦棱状，平底微内凹。口径22.6、底径15.6、高10.3厘米（图二三，3）。

Ⅱ式：敛口钵。T1913②A：1，夹砂红黄陶。口部微敛，圆唇，腹近斜直，平底微内凹。里外施青黄釉，内满釉，外施釉不及底，有垂釉现象。口径17、底径9.8、高6.9厘米（图二三，4）。

缸　1件。T2613③B：1，夹砂红陶。口径较大，敛口，宽沿，深弧腹，小平底。施酱釉，外施釉至下腹部，内刷满釉。口径70.5、底径24、高40、壁厚1～2厘米（图二三，8）。

灯座　1件。T1713②：2，夹砂灰陶。浅盘，平底，盘中有一柱状柄，中空，柄残。盘径18.2、底径17、残高2.1厘米（图二三，5）。

灯盘　1件。T2812③：1，泥质红陶。盘口，细长柄，座残，盘心有一深孔。口径8、残高10.8、盘深2.8厘米（图二三，6）。

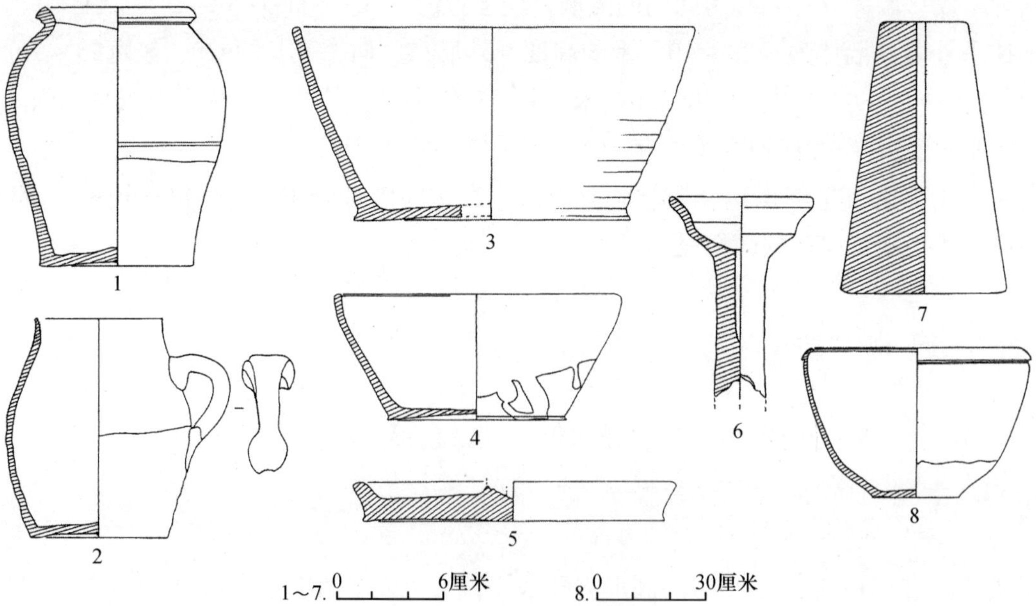

图二三　清代至民国时期陶器

1. Ⅰ式罐（T2616①：1）　2. Ⅱ式罐（T2812③：2）　3. Ⅰ式钵（T1713②A：4）　4. Ⅱ式钵（T1913②A：1）　5. 灯座（T1713②：2）　6. 灯盘（T2812③：1）　7. 烛台（T2611②B：2）　8. 缸（T2613③B：1）

烛台　1件。T2611②B：2，泥质灰陶。正四棱台，上大下小，顶部正中有一小深孔，可插蜡烛。上部大小5、下底大小9.3、高14.5、孔径1厘米（图二三，7）。

（三）瓷器

瓷器的种类主要有碗。基本为青花瓷。

碗　可分八式。

Ⅰ式：敞口，口沿微外撇，弧腹，碗心较平，圈足较大。内有涩圈，碗底较平。T2111②B：1，敞口，圆唇，弧腹，圈足。碗心平坦，有涩圈一周，足心外凸。施青灰釉，釉色失透，圈足底刮削去釉。外口沿处饰一圈青花，图样为万字纹。口径14、底径7、高5.3厘米（图二四，1）。T2014②A：1，敞口，弧腹，圈足刮削明显，内外底较平。碗内有涩圈一周。施青灰釉不及底。碗外口沿处为青花。口径14.4、底径7.4、高5.8厘米（图二四，2）。Z5：1，敞口，圆唇，口沿微外撇，深弧腹，圈足，内外底较平。碗内有涩圈一道。外施青灰釉，圈中内底刮削去釉，釉层有细小开片，外腹饰青花“寿”字纹，胎质灰黄，胎体较薄。口径12.8、底径5.7、高6.1厘米（图二四，3）。T2112②A：1，敞口，圆唇，弧腹，圈足高，碗心平坦。有涩圈一道。足心有明显的挑刀痕。施青灰釉，光亮，圈足处刮削去釉。饰青花，碗心为单朵花卉，内腹为花卉四朵，外腹为莲叶、鱼纹。口径12.6、底径7、高5.3厘米（图二四，5）。

Ⅱ式：敞口，弧腹，圈足，涩圈一周。T2615②：1，敞口，圆唇，圆弧腹，圈足，足心外凸。碗内有涩圈一周。内外施青灰釉，圈足底去釉，饰青花，花纹较模糊，内口沿为蕉叶纹，碗心为仙鹤，外腹为山水、楼阁图案。口径16.7、底径7.9、高6.2厘米（图二四，7）。

Ⅲ式：浅盘形，腹浅碗平心。涩圈一周。T1713②：3，敞口，尖唇，圆弧腹，圈足。碗内有涩圈一周。施青灰釉。圈足底刮削去釉。青花，图案不清。灰胎。口径15、底径7.7、高4.4厘米（图二四，15）。

Ⅳ式：浅盘形，碗心下凹，圈足呈八字形外撇。T2611②B：1，敞口，圆唇，圆弧腹，圈足微外撇。碗内有涩圈一周。施酱釉不及底，无釉处涂一层红色化妆土，酱紫色胎。口径17.5、底径6.5、高5.8厘米（图二四，4）。

Ⅴ式：近直口，高碗，碗心平。T2512②B：1，圆唇，深弧腹，圈足，内外底平。内施青白釉，外施酱黄釉，圈足包釉。口径14、底径7.5、高6.6厘米（图二四，6）。

Ⅵ式：口外撇，弧腹，小圈足。T2511③A：1，尖唇，圆弧腹，小圈足，碗心稍平、通体施青白釉，仅圈足底去釉，釉层生烧。外腹饰青花，三周短竖线条纹，胎骨白，胎体薄。口径9.6、底径2.8、高4.3厘米（图二四，11）。

Ⅶ式：口外撇，腹近底内折，碗心平。T2512③B：1，尖唇，斜直腹近底部内折，圈足，足心外凸，碗内平坦。通体施青绿釉，碗内外饰青花，胎白，体薄。口径13.6、底径5.4、高6.4厘米（图二四，13）。

Ⅷ式：小碗。敞口，口沿微外撇，弧腹，小圈足。J13：2，圆唇，圈足稍高，足心外凸，碗心较平。施青灰釉，内施釉至口腹部，外施釉不及底，口沿处饰青花、网格纹。口径9.5、

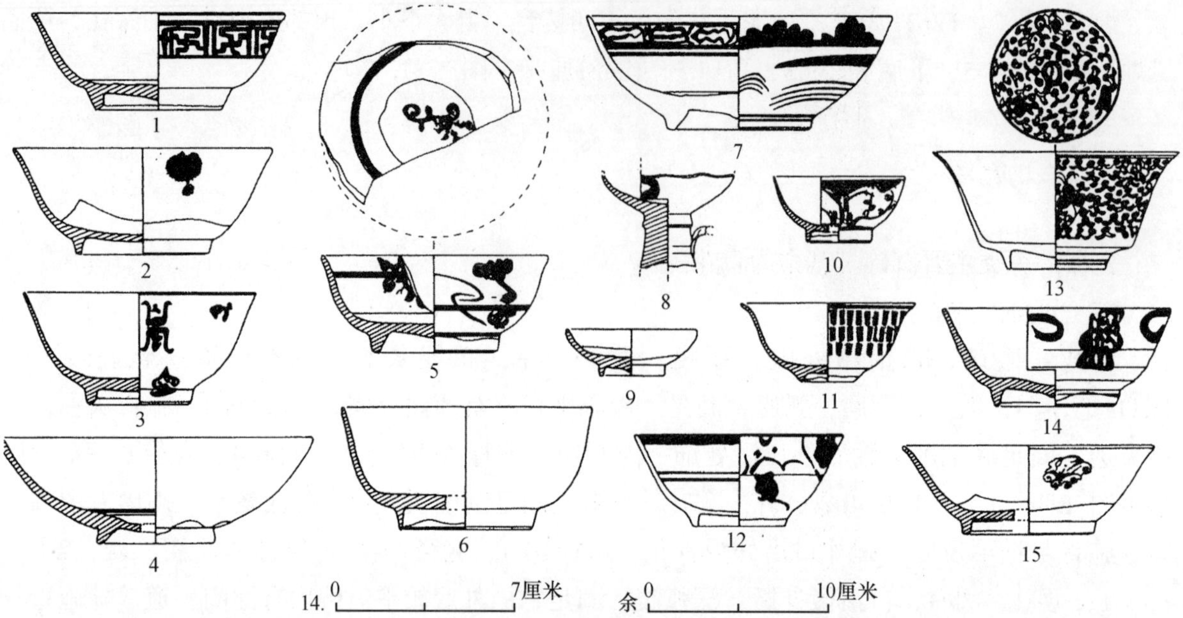

图二四　清代至民国时期瓷器

1～3、5. Ⅰ式碗（T2111②B：1、T2014②A：1、Z5：1、T2112②A：1）　4. Ⅳ式碗（T2611②B：1）　6. Ⅴ式碗（T2512②B：1）　7. Ⅱ式碗（T2615②：1）　8. 灯（T2511②B：1）　9. 小碟（T1713①B：1）　10. 小盅（T2311②B：1）　11. Ⅵ式碗（T2511③A：1）　12、14. Ⅷ式碗（Z7：1、J13：2）　13. Ⅶ式碗（T2512③B：1）　15. Ⅲ式碗（T1713②：3）

底径4.3、高4.7厘米（图二四，14）。Z7：1，敞口，圆唇，弧腹，圈足，内、外底平。施青白釉，底露白胎，胎体薄，釉层较厚，腹饰青花。口径11.5、底径5.2、高5厘米（图二四，12）。

小盅　1件。T2311②B：1，敞口，尖唇，圆弧腹，圈足。施青灰釉，外腹饰青花，主体花纹为兰草、梅花、网格。口径7.2、底径3.6、高3.6厘米（图二四，10）。

小碟　1件。T1713①B：1，敞口，圆唇，浅弧腹，圈足，足心外凸，碗心较宽。内外口沿处施青灰釉，胎质灰白。口径7.1、底径3.5、高2.5厘米（图二四，9）。

灯　1件。T2511②B：1，口部残，弧腹，下接长柄，柄上有一鋬，柄下部及鋬残。施青灰釉，外腹饰青花，胎质白。腹径7.2、柄中径3、残高5厘米（图二四，8）。

六、初步认识

1. 关于宋代堆积的认识

本次发掘的宋代堆积可分为两期。

第一期（年代最早）：本期的衙署遗迹，是本次发掘中最重要的发现。从目前已清理的情况看，这组建筑由多个台基（目前所清理的仅为台基1、台基2的局部）组成，规模相当可观。整个建筑的各个部分，如F4、天井、房基、踏道、排水系统等都修建得相当规整。特别是天井1，现存的两个侧壁，北面侧壁上清楚地雕有山、海、云、日、龟、竹等图案，东壁上原也有图案，但可惜现在已漫漶不可识了，东壁底部中央还凸出有龙头构件，显得规格相当高（两处细部的特写照片及图见附页部分）。

这种规格的建筑，我们认为无非是几种可能：一种是寺观等宗教性质的建筑，一种是富家宅院，还有一种就是衙署。由于建筑所用柱础、台基等未见莲花、须弥等宗教建筑中常见的形式，而且龟、日、龙头等图案及构件也非一般富家所能僭用，我们推测这有可能会是宋代某一时期的盐业管理机关所在地。而查阅民国时期的《云阳县志·卷五·山水下》第4页可见"……经秋水涸，于中渡架木为桥以通北岸。处隐定柱，不碍通舟；往还如织，民不病涉。溪北平衍，盐官榷吏与士族杂居，亦安义县故治矣……"其中明白指出了宋代熙宁四年设、八年废的安义县县治在汤溪河北岸。这与遗迹倒塌堆积中出土的瓦当、滴水等材料及瓷器的年代是相符的。因此我们推测，这组遗迹很可能是当时安义县的县衙所在。当然要最终确认我们的推测，尚需将整组建筑全面清理出来后方可。但无论如何，现在可以肯定的是，此遗迹具有十分重要的考古、历史价值。而且在发掘时我们还发现，F4的废弃堆积（即第5层和G4、天井等遗迹内填土）中包含有大量的木炭，看起来很可能是因火而毁。

第二期，遗迹均为制盐作坊中的各种设施，遗物中也出土有推测应为煮盐用的铁锅，因此可以推断，此地域在F4倒塌废弃一段时间后，被辟为制盐作坊区，进行井盐生产。而汤溪河北岸的井盐生产的情况，现存的所有史料，包括县志、盐业志都记载得不详细，而且基本上都认为是从清代开始的。而通过我们这次发掘，现在可以清楚地看出，汤溪河北岸的井盐生产最少从宋代就开始了。

观察这期的地层，可发现其中包含有大量的柴木灰，应是当时煮盐用木柴作燃料的证明。同时，从发现的筒瓦相扣合而成的输卤管道来说，现存的所有史料好像都仅提及井盐生产的输卤管道是用楠竹打通而成，而我们本次发掘发现宋代时期这种筒瓦相扣的输卤管道，与清代至民国时期的用三合土抹成的输卤管道都为前所未见。

从出土的宋代文物来看，器物的施釉工艺相当高，制作较为精细，出土的料器头簪等器物相当珍贵。这也与我们推测的衙署遗迹是基本相匹配的。

2. 关于清代至民国时期堆积的认识

本次发掘的清代至民国时期堆积所有遗迹都是井盐生产的设施，其生产有以下特点。

（1）都是烟煤作燃料。

（2）澄滤池均为挖坑后以小毛石垒边，然后用三合土抹就。

（3）下洞形状都为近封口"八"字形，只是在制作规整程度上略有不同。

区别主要是体现在灶的变化上：第二期的Z7其实是一个厂房的遗迹，四周建有围墙，中间是四个并排一组的灶。围墙墙基和灶的下洞内有相当规整的条石铺就，下洞两边为直边；而其他的灶却都为单个，下洞所有石料也是大小无规则，光面朝里铺成，下洞末梢外撇。

3. 对两个时期井盐生产的比较

本次发掘可看出，云安地区清代与宋代的井盐生产流程变化不大，都是从盐井中取卤至澄滤池，然后在灶上架锅煮盐。但具体到燃料及制盐各个环节的设施上，就有很大的变化。

（1）从燃料上看。宋代时煮盐所用的燃料为柴薪，而到了清代改用煤炭。据县志记载，在明代嘉靖年间，由于云安附近山头的柴薪被砍伐殆尽，生产者用茅草作为替代燃料，但火力达不到要求。因此，生产陷于停顿。直到清康熙年间，由于在汤溪河流域发现了煤矿，生产者用煤作替代燃料获得成功。从此，煤取代了两千年来一直使用的柴薪成为煮盐的燃料。燃料的改变，对云安盐场的灶的改变起了决定性的作用。

（2）从输送环节看。根据史料的记载，从井盐生产时各设施之间的卤水输送是用楠竹输送，但由于楠竹无法保存至今，所以本次发掘对这一点不能确定。而从本次发掘中发现的澄滤池之间的卤水输送来看，宋代时期是用筒瓦上下相扣合成封闭的管道来输送卤水，管道较小；而清代至民国时期，则是用三合土抹成的明沟输送，明沟口径大大超过宋代管道口径。出现这种变化我们认为可能有两方面的原因，一是宋代时盐业生产为官办，所以制作较为考究，而清代本发掘区域内多为民间私烧，所以制作较为粗放；二是宋代时期，本发掘区内的盐井数量估计很少，产量不大，所以输卤管较小，而清代时此处新凿12口盐井，产量大增，因此卤水管较大。

（3）从灶的形制来看。本次发掘的宋代遗迹中有一遗迹可能是灶的火膛，但由于目前发掘面积所限，仅是孤证，且此遗迹保存状况也不好，基于学术上的谨慎考虑，所以此次完工报告中我们未提及此项发现。根据县志记载，宋代时期是采取单灶单锅的形式，从当时以柴薪作为燃料来看，此说应是可信的。而到了清代，由于用煤作燃料后，火力大增，因此灶的形制上有了很大的革新，首先是出现了“八”字形的下洞作为通风、助燃、下煤灰的通道，并逐渐出现了烟道、出现了一灶多锅。而且逐步在上加上一些附加设施，以解决云安盐场卤水淡的缺陷。

（4）从卤水的存放来看。本次发掘，宋代的澄滤池发现十分密集，做法是在地面挖坑后，将底面烧硬后，直接用厚约10厘米的三合土抹就，因历经千年，且地下潮湿，三合土土壁出土时硬度都不高，但以我们判断，当时的三合土壁的防水性能可能确实不是特别好。而清代的澄滤池也十分多，做法则是在地面挖坑后，用小毛石垒底及边，然后用三合土抹底及内壁而成，所以三合土硬度相当高，防水性能十分好。我们认为，这种情况可能与两个时期卤水要存放时间的长短有关。宋代时，卤水可能是随取随用，所以对澄滤池的要求不是特别高；而清代至民国时期，由于当时生产者为解决云安盐场卤水偏淡的缺陷，而采取了一些措施，所以对澄滤池的防水性能要求更高。

（5）从提高卤水浓度的尝试来看，云安盐场盐井的卤水浓度不是很高，这样在井盐生产时要生产出单位数量的盐必然要消耗更多的燃料，增加了生产的成本。宋代的井盐生产中，有没有进行提高卤水浓度的尝试，从我们本次发掘中尚找不出确切的证据。在清代的澄滤池中，我们则经常能发现池底有一层较细的红泥。结合史料可以确认，这些红泥，其实就是土坯烧成的砖块被水泡渍而成。这些砖之所以被抛入澄滤池中，是为了提高卤水的浓度。清代至民国时期，为了节约成本，减少燃料消耗，生产者在灶后部烟道上方铺设一层泥砖，四边用泥砖围护，确保不漏水。然后将卤水灌至此间，灶口余火可至烟道内，利用余热将水熬干，盐分附着在砖上。周而复始，每隔10日，将泥砖取出，捣碎放入澄滤池内，提高卤水浓度。

总之，我们认为，云安盐场的井盐生产，清代至民国时期是一个大变革时期，在整个云安盐场的生产历史中，这一时期具有很重要的研究价值，决不可因其年代距今不远而等闲对待。

七、问题与建议

（1）云安盐场是中国井盐史中起始年代最早的盐场，在制盐史上的地位相当重要。我们认为，在对其进行考古发掘时，必须对云安有关盐业的产销等各环节做全面的了解，才能对云安镇的历史文化有一个全面的认识。然而，从我们目前发掘中遇到的实际情况看，一方面，史料较为匮乏（当然，也许是我们掌握的史料还不够充分）；另一方面，从我们在发掘期间对当地耆宿的走访来看，即使是有些当年年少时亲见过东大井区制盐作坊生产的老者，对于当时的制盐流程也不甚了解。这样对盐场遗址的完整认识，只能主要通过考古发掘来获得。此项要求，可能要经过几个发掘季度后方可达到。实事求是地说，目前我们对本次发掘区的个别遗迹的认识还不是特别的明确。

（2）本次发掘中，在清代至民国时期堆积下，就到了宋代堆积，明代堆积尚未发现，造成现在对云安的了解尚有一段缺环，还需要在今后进一步的工作中加以解决。

绘图：赵荣娣
执笔：高健斌　周春水

云阳石家包墓群2002年度发掘简报

重庆市文化遗产研究院
镇　江　博　物　馆
云阳县文物管理所

石家包墓群位于重庆市云阳县双江镇兴隆村十组。墓群坐落于长江北岸的临江坡地上，地势比较陡峭，总面积约为50 000平方米，海拔150米左右。江苏省镇江博物馆受重庆市文化局三峡文物保护办公室的委托，组织了三峡考古队。考古队由10人组成，包括考古领队肖梦龙研究员，以及专业人员4人和勘探技工5人。2002年9月28日至12月22日，该队对石家包墓群进行了21 000平方米的勘探和1100平方米的发掘工作，共清理墓葬20座（编号2002YSM1～2002YSM20，以下省略2002YS）（图一）。其中M10和M11为大型岩坑竖穴墓，保存比较完整，出土遗物丰富，已另文介绍①；M16为近代墓葬，不做叙述；其余17座为西汉至六朝时期墓葬。现将这17座墓葬的发掘情况报告如下。

一、墓葬形制

发掘的17座墓葬形制分土坑墓、石室墓与砖室墓三种。

（一）土坑墓

2座，为M6和M19，长方形竖穴土坑。

M6　墓向78°，开口距地表0.4～0.6米。墓口呈长方形，东西两侧分别被M5、M7打破，残长2、宽2.55、残深0.42～0.5米。墓室系利用山体基岩凿平而成，墓底东侧在稍低的基岩上凿坑后再夯筑一层厚约0.3米较纯净的黄土垫底。葬具未见。在墓中发现两处牙齿，应为双人合葬。牙齿的东面发现大量随葬品，可以推测墓主头向朝东，身体部分被位于西侧的M7所打破。随葬品摆放于墓主头部，有陶仓、鼎、盒、盆、豆、勺、盘、钵、器盖等共17件，以及五铢钱26枚（图二）。

M19　墓向约北偏西5°，开口距地表深1米。M19早期已遭破坏，尤其被近现代房基扰乱，导致墓坑范围难以界定，只能依据骨架和随葬品位置复原。墓坑长约2.6、宽约1、残深0.1米。发现人架一具，为男性，头部朝向东西，仰身，右上肢绕于头部。在小腿和头的下面各垫青砖一块。随葬品有青瓷罐1件、铜钱1枚，位于头部前方（图三）。

① 重庆市文物考古所、镇江博物馆、云阳县文物管理所：《云阳石家包10号、11号岩坑墓发掘报告》，《重庆库区考古报告集·2002卷》，科学出版社，2010年。

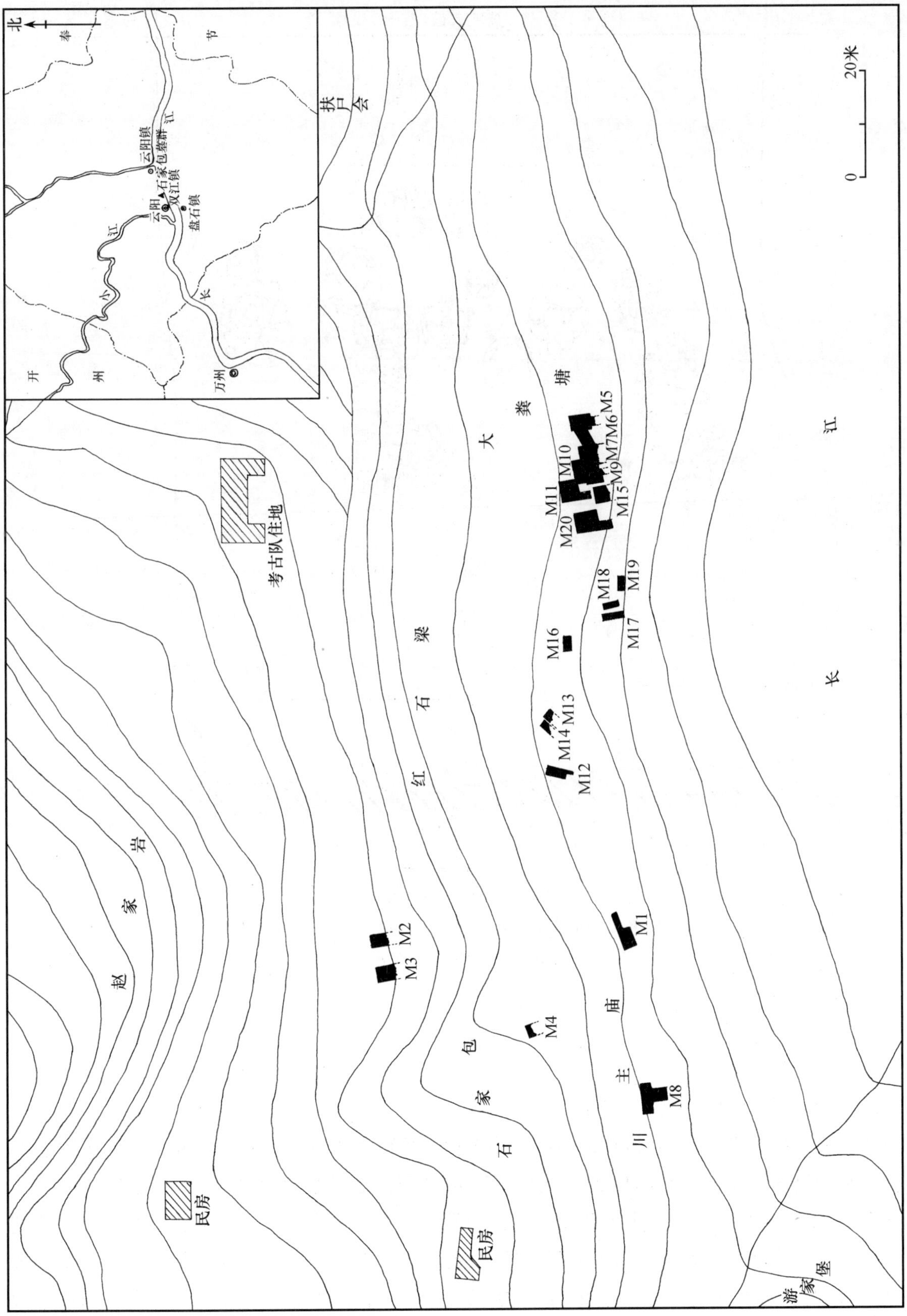

图一　石家包墓群墓葬分布图

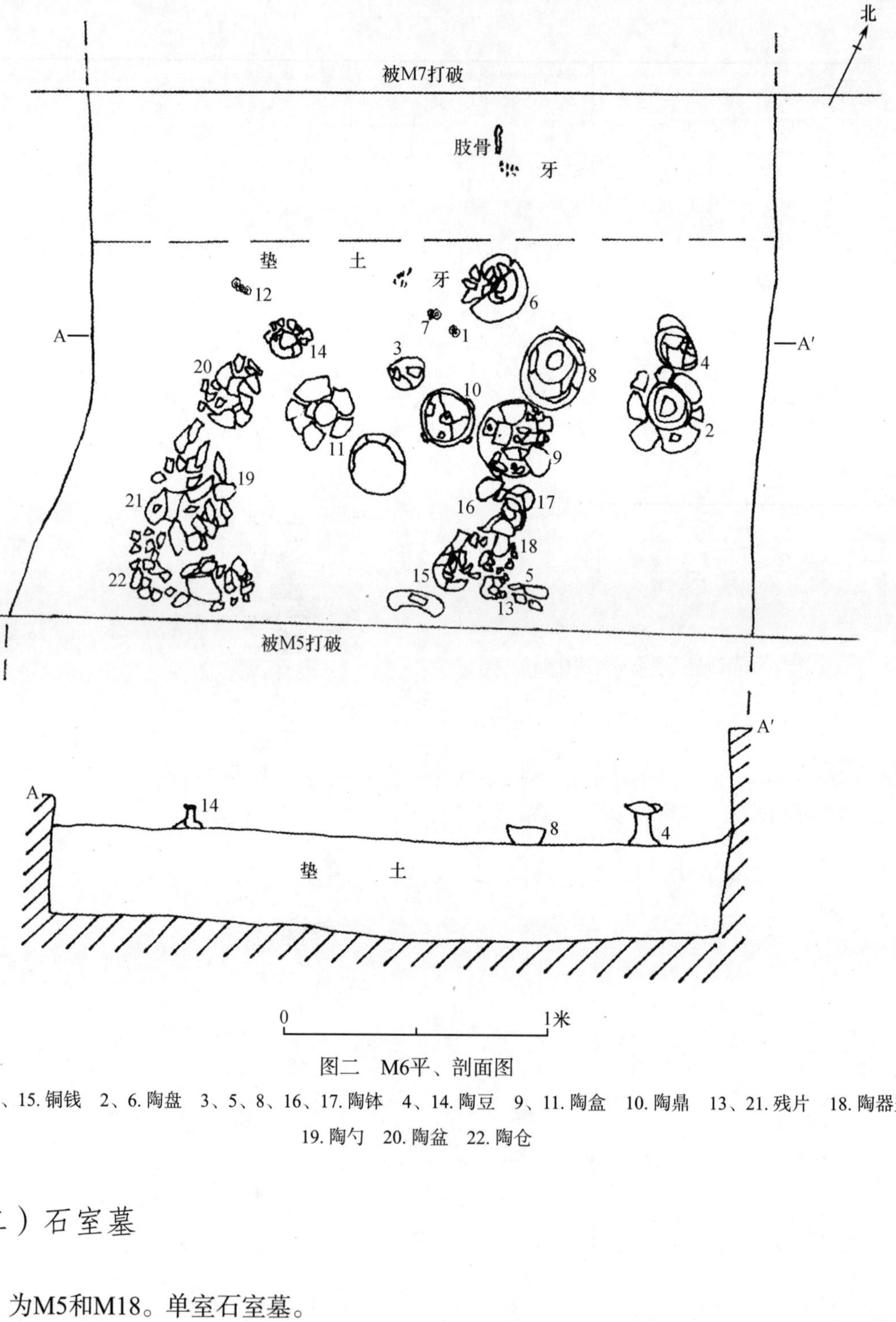

图二 M6平、剖面图

1、7、12、15. 铜钱 2、6. 陶盘 3、5、8、16、17. 陶钵 4、14. 陶豆 9、11. 陶盒 10. 陶鼎 13、21. 残片 18. 陶器盖 19. 陶勺 20. 陶盆 22. 陶仓

（二）石室墓

2座，为M5和M18。单室石室墓。

M5 墓向南偏东10°，开口距地表0.3～0.5米。平面呈“凸”字形，墓壁上部和甬道已遭破坏。墓室长5.8、宽2.7、残高1.02、甬道残长1.6、宽约2.2、残高0.25米。墓葬以长0.6～1.4、宽和高均为0.25米左右的条石错缝平砌，条石均预先加工，较为平整。墓室前部及甬道直接利用山体基岩凿平为底，墓室后部用不规则碎石铺地。未见葬具，墓室中部发现一段肢骨和数枚铜钱，应是摆放墓主之处。墓室前端紧靠西壁整齐排列7件陶俑，陶俑面部向东，面前发现铜灯1、铜杯1、铜耳杯5和铜钱等。墓室中部靠近西壁处，还发现了2件灰陶房。在墓室的东北

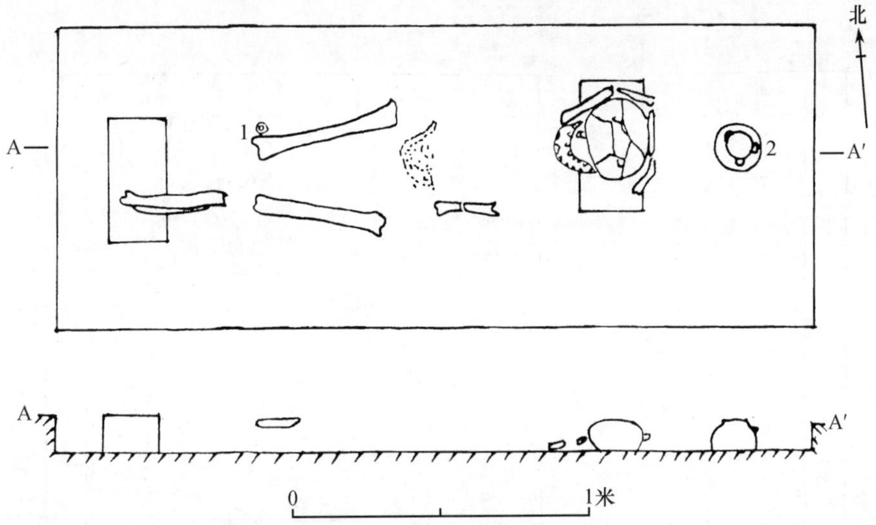

图三　M19平、剖面图

1. 铜钱　2. 青瓷罐

角，发现一件带盖铜壶。墓室后部有一残碎的青瓷罐，估计是墓室倒塌时砸碎（图四；彩版七三，1）。

M18　墓向南偏东10°。无墓道和甬道，券顶部分已倒塌。墓室长3.24、宽1.1、高1.4米。墓西壁和东壁以小石块错缝平砌，西壁由于挤压变形严重，东壁保存较好。后壁以小石块平砌和石板竖砌组成。封门用较大的石板错位竖砌，略向内斜。墓底用不规则的石板铺地。骨架朽烂，仅存肢骨数段。随葬品以陶器和墓主随身佩戴的首饰为主，陶器放于头部，首饰在中部（图五；彩版七三，2）。

（三）砖室墓

13座。为M1～M4、M7～M9、M12～M15、M17、M20。其中M2～M4、M7、M13、M14、M15残甚。其余墓平面呈刀把形、“凸”字形和长方形三种。花纹墓砖一般饰套菱纹等，规格大多为长33、宽21、厚12厘米。

刀把形砖室墓　4座。为M1、M9、M12、M20。以M1为例说明。

M1　单砖室券顶墓，墓向北偏东76°。券顶及墓壁上部已倒塌。墓室长3.4、宽3.2、残高0.98；甬道长2.8、宽1.8、残高0.78米。墓壁单砖错缝平砌，砖内侧饰套菱纹，墓底横直平铺地砖。甬道呈长方形，无铺地砖，砖石混砌封门。墓道位于甬道前端，因前方有基岩所阻，墓道非常狭短。墓室及甬道内未见葬具和骨架。随葬品放置于墓室和甬道中（图六；彩版七二，1）。

“凸”字形砖室墓　1座。

M8　单砖室券顶墓。墓向南偏西10°。由甬道和墓室组成。墓室呈扁长方形，南北长3.1、东西宽5.1、残高1.7米，以带榫卯结构的砖横向起券，券顶大部已倒塌。墓壁单砖错缝平砌，砖内侧饰套菱纹，墓底齐缝横铺地砖一层，且大部分地砖为榫卯结构。甬道呈长方形，长3.3、宽2.3、残高0.98米。项及上部已倒塌。底略低于墓室，地砖横向平铺。单砖平砌

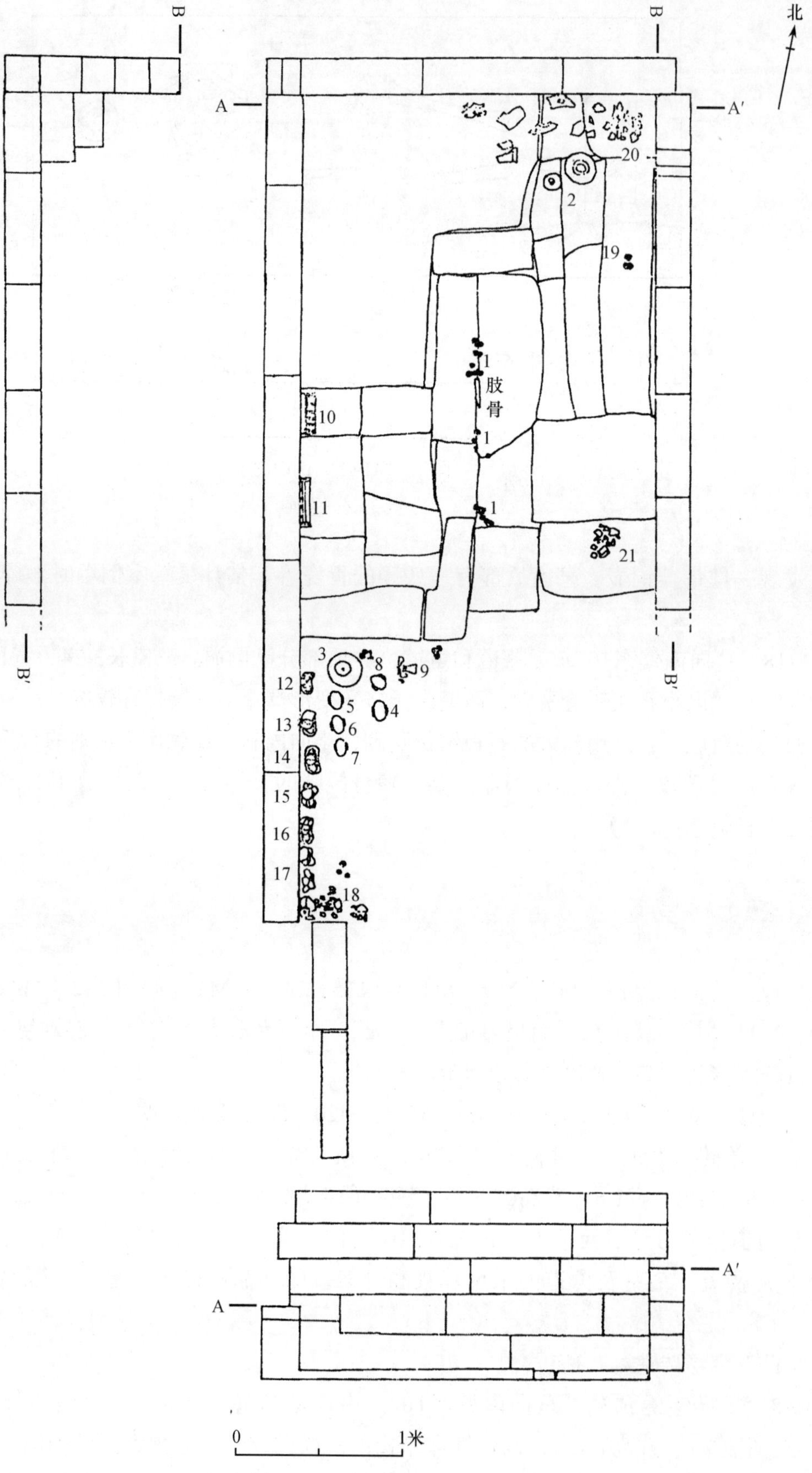

图四　M5平、剖面图

1、19. 铜钱　2. 铜壶　3. 铜灯　4～8. 铜耳杯　9. 铜杯　10、11. 陶房　12～18. 陶俑　20. 青瓷四系罐　21. 陶盆

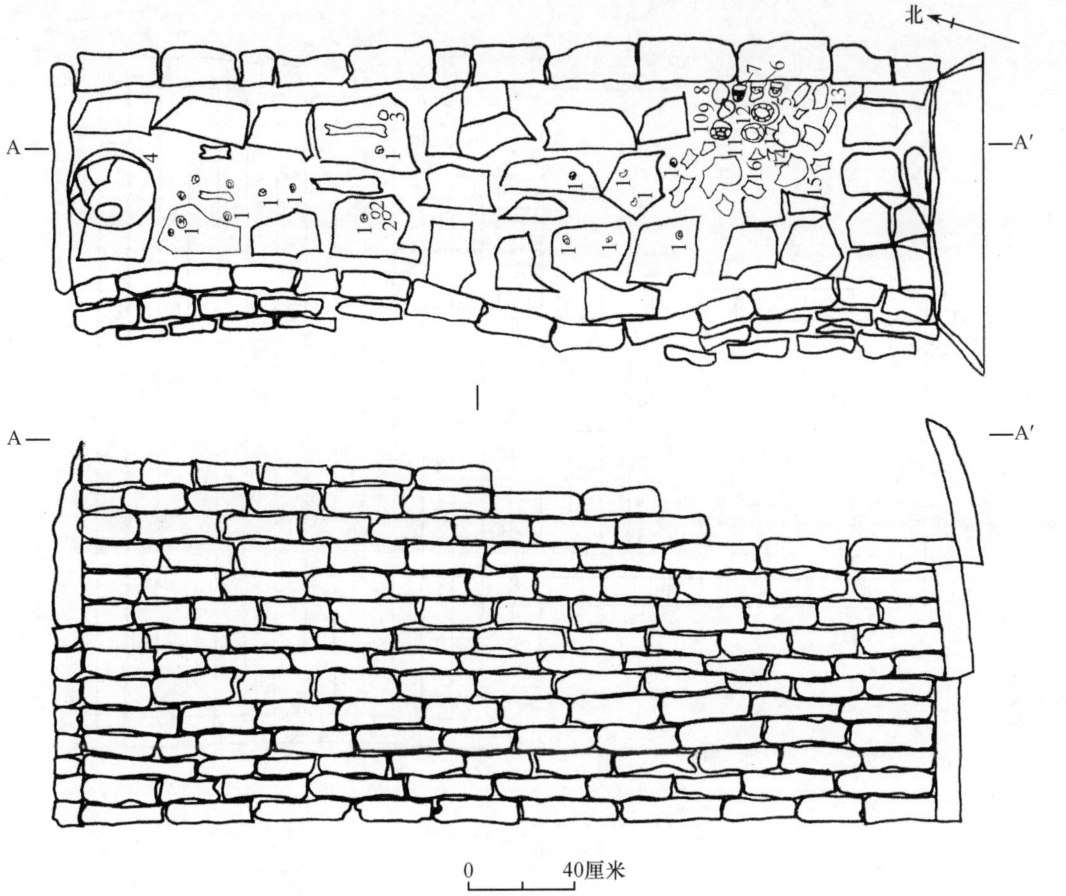

图五 M18平、剖面图

1. 铜钱 2. 银指环 3. 铜指环 4、8、9. 陶罐 5、6. 陶俑 7. 陶钵 10～12、17. 陶仓 13～16. 陶碗

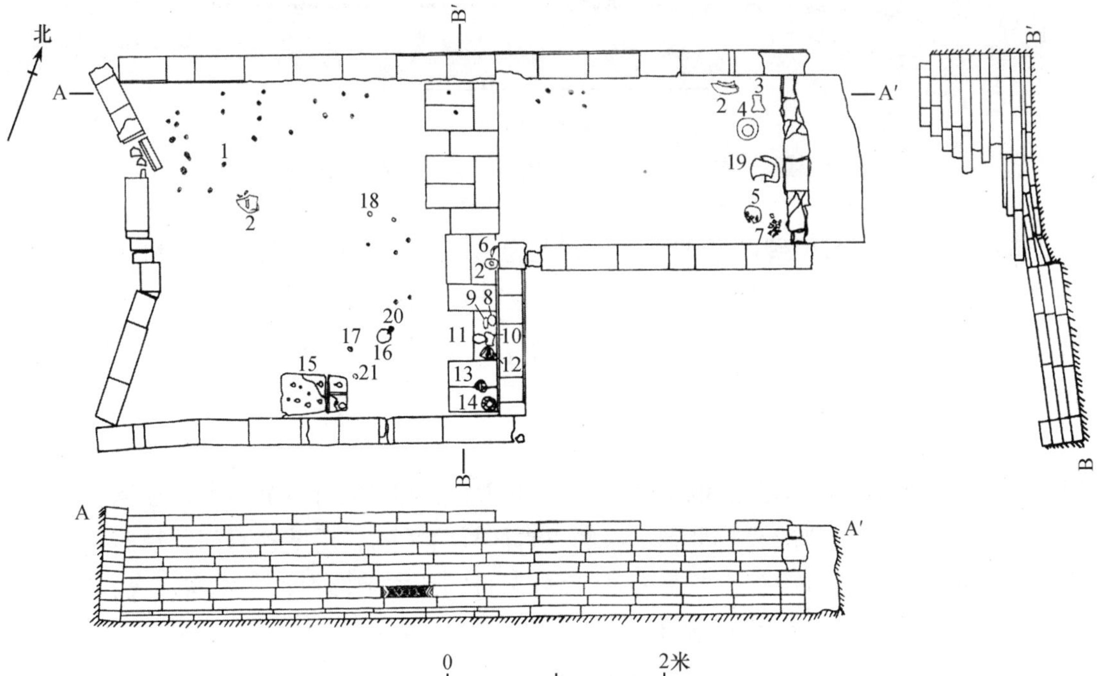

图六 M1平、剖面图

1、14. 铜钱 2、4. 灰陶罐 3、10、19. 陶灯 5. 陶钵 6. 陶魁 7. 红陶器盖 8、16. 红陶碗 9. 陶盂 11. 红陶盆 12. 红陶杯 13. 红陶罐 15. 陶塘 16、17. 鎏金铜泡钉 18. 指环 20. 耳珰 21. 铜泡

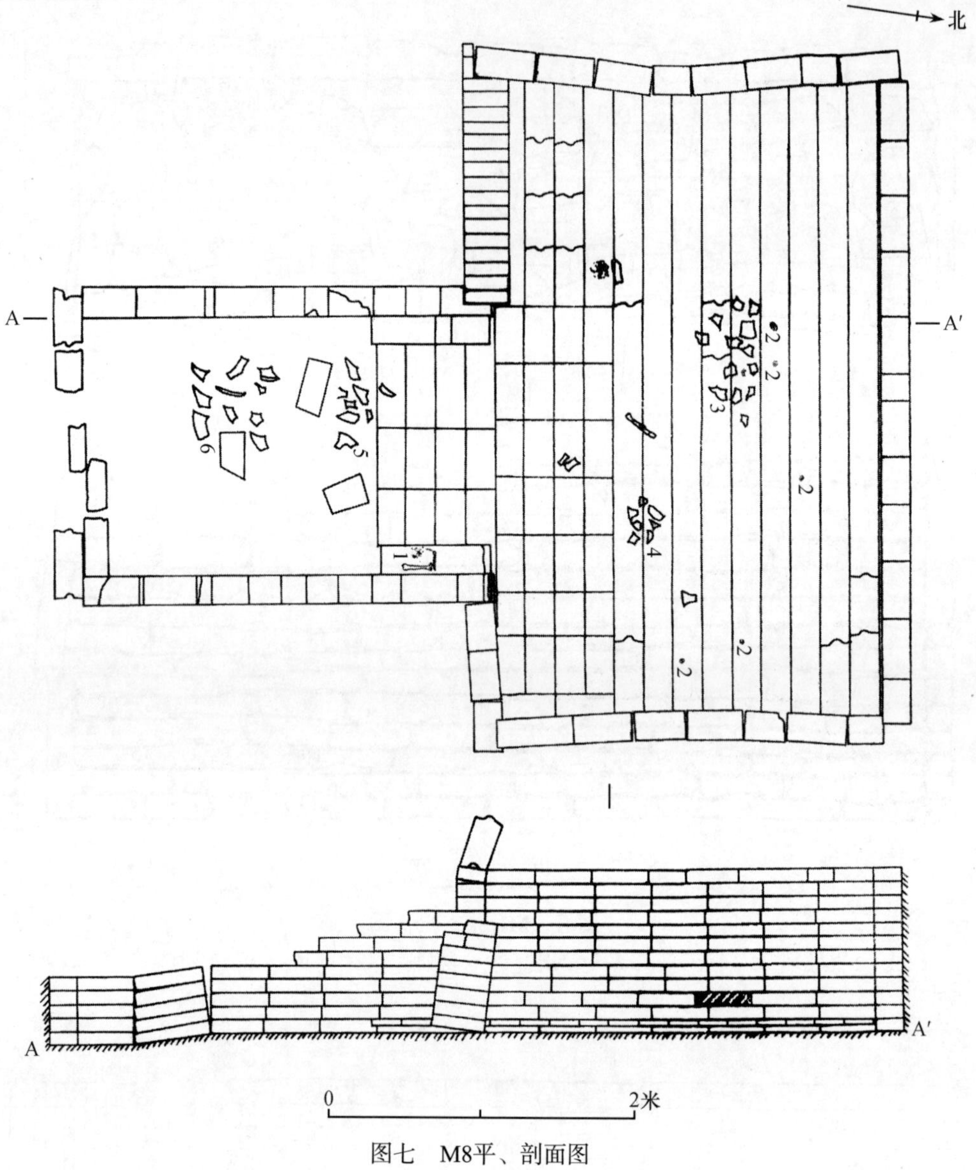

图七　M8平、剖面图

1. 铁削　2. 铜钱　3. 釉陶罐　4. 青瓷罐　5. 灰陶罐　6. 釉陶盆

封门。前端地砖和部分封门砖已遭破坏。甬道与墓室间设有墓门。未见骨架和葬具。该墓早年遭受严重破坏，随葬品数量和保存状况极差，仅有陶器2、瓷器1、铁器1、五铢钱等，残片杂乱位于墓室和甬道中。同时出土了一件宋元时期的釉陶盆，当为后期扰乱器（图七；彩版七二，2）。

长方形砖室墓　1座。

M17　单砖室券顶墓，墓向南偏东10°。墓室长3.6、宽1.35、残高0.8米。券顶部分倒塌，为榫卯结构砖起券，墓壁单砖错缝平砌，墓底以青砖横直平铺，后壁和封门以单砖竖砌。两侧墓壁受挤压而向外倾斜。墓中部存肢骨2段，在其附近随葬有铜钱多枚、银指环等，陶罐2、壶1、甑1、釜1、器盖1位于墓室南侧顶部（图八）。

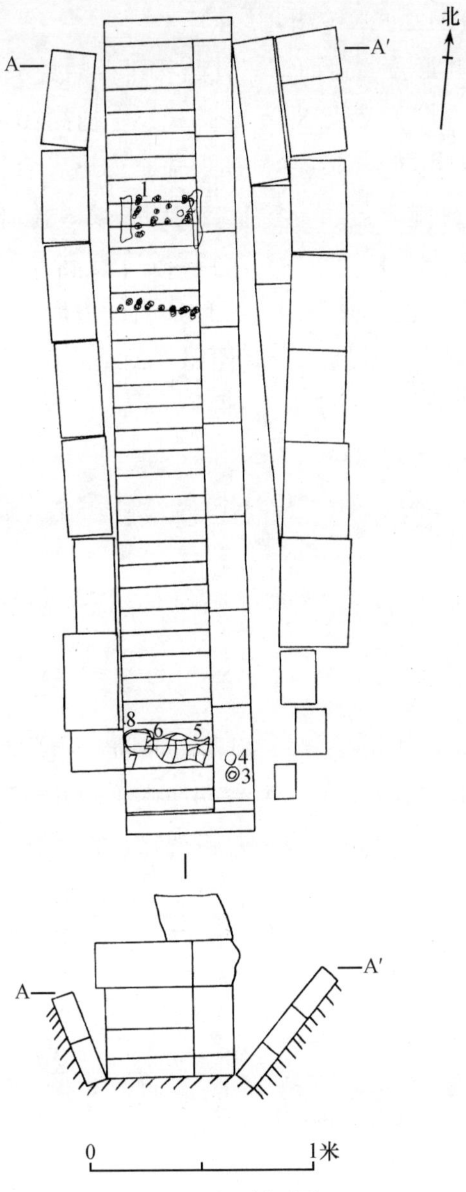

图八　M17平、剖面图

1. 铜钱　2. 银指环　3、4. 红陶罐　5. 陶壶　6. 陶甑　7. 陶釜　8. 陶器盖

二、随　葬　品

17座墓葬中共出土器物601件。其中陶器109件，瓷器10件，铜器26件，铁器7件，银器7件，鎏金铜器、玛瑙器、玉器、料器各1件，铜钱438枚。现按墓逐一介绍。

（一）M6

共42件。包括陶器16件，铜钱26枚。陶器均泥质灰陶。

仓　1件。M6：22，钵形盖，弧顶，仓身圆唇，子母口，深鼓腹，平底。盖口径14.4、仓口径12.4、底径13.6、通高21.2厘米（图九，4）。

鼎　1件。M6：10，钵形盖，盖面饰三乳凸状纽；鼎身子母口，深腹，圜底，三蹄形足，矩形附耳，腹部饰凹弦纹二周。盖径18.8、身口径18、通高20.8厘米（图九，3）。

盒　2件。形制、大小相同。M6：9，钵形盖，方唇，直口，圈足；盒身为斜方唇，子母口为敛，深弧腹，圈足略外撇。盖、身各饰二周凹弦纹。盖口径25、顶径11.5、身口径22.5、底径18、通高23.8厘米（图九，1）。

豆　2件。形制、大小相同。M6：4，半球形盖，方唇，敛口；豆身为方唇，平折沿，敛口，斜弧腹，短柄，喇叭口圈足外撇。身口径16、底径11.6、通高18.4厘米（图九，2）。

勺　1件。M6：19，尖圆唇，浅弧腹，平底，一端捏制一长曲柄，柄端下卷。口径8.6、底径4.8、高6厘米（图九，5）。

盘　2件。形制、大小无异。M6：2，方圆唇，斜折沿，敞口，浅弧腹，平底。口径26.5、底径10、高10厘米（图九，10）。

盆　1件。M6：20，尖圆唇，宽斜折沿，敞口，上腹微束，下腹斜收，大平底。口径28、底径19.6、高8.8厘米（图九，9）。

钵　5件。分二式。

Ⅰ式：2件。器形、大小均相同。M6：17，尖圆唇，敞口，斜弧腹，下腹近底部内收，平底。腹部饰一周凹弦纹。口径14.1、底径4、高4厘米（图九，7）。

Ⅱ式：3件。M6：3，尖圆唇，口微侈，斜折腹，腹部有凸棱，平底。口径18.6、底径6、高6厘米（图九，8）。

器盖　1件。M6：18，平顶，斜直腹，侈口，方圆唇。顶径12.6、口径13.2、高4.8厘米

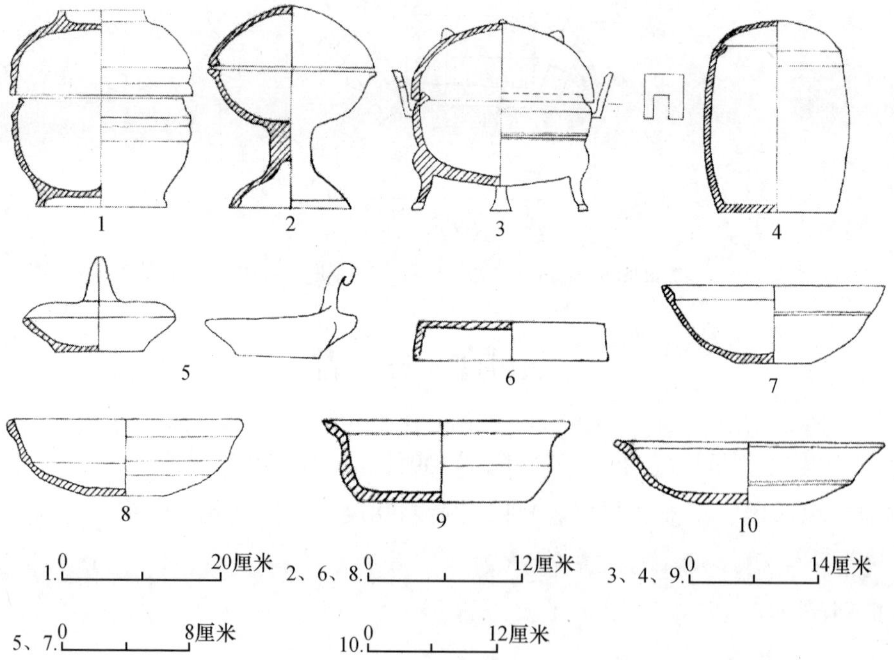

图九　M6出土器物

1. 陶盒（M6：9）　2. 陶豆（M6：4）　3. 陶鼎（M6：10）　4. 陶仓（M6：22）　5. 陶勺（M6：19）　6. 陶器盖（M6：18）　7、8. 陶钵（M6：17、M6：3）　9. 陶盆（M6：20）　10. 陶盘（M6：2）

（图九，6）。

五铢　26枚。一般均圆形方穿，背面有内、外郭，正面有外郭无内郭。见有2种。一种“五”字交笔较直，“金”字头比“朱”字头低，“朱”字头方折，穿上有一横郭。另一种“五”字交笔弯曲，“金”字为箭镞形头，四点较圆，“朱”字头方折，穿下星（图一〇，1、2）。

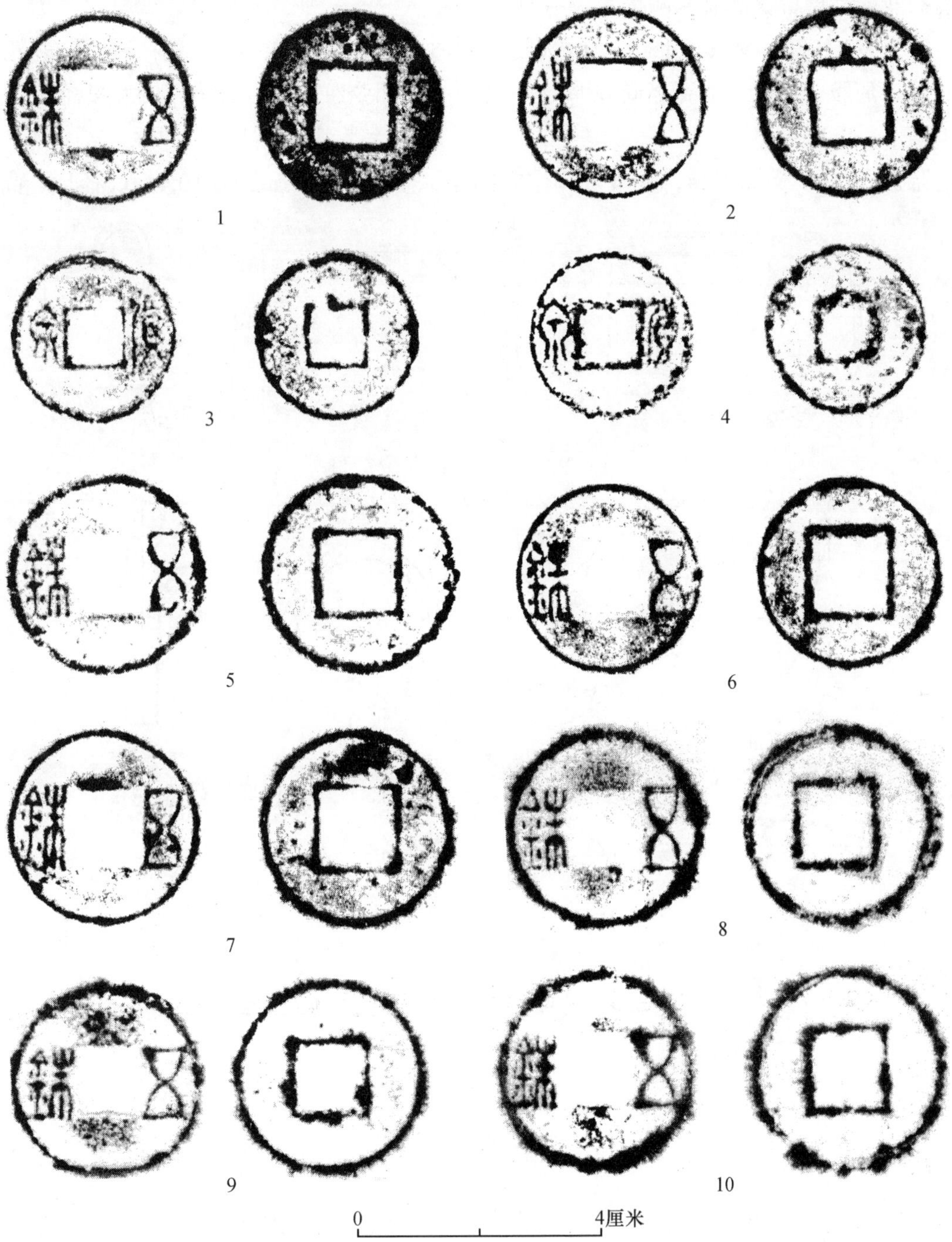

图一〇　出土钱币

1、2. M6出土　3～5. M1出土　6、7. M2出土　8～10. M20出土

（二）M20

共105件。包括灰陶罐6，器盖1，红陶灯1，盏1，罐1，釉陶灯3，不明器1；铜当卢1，纽1，盖弓帽3，马镳1，“U”形器3；鎏金铜泡钉1；银钏2；铁挂钩4，剑1；玉剑璏1；铜钱73枚。陶器残碎严重，仅修复灰陶罐1、器盖1。

陶罐　复原1件。M20：18，夹砂灰陶。圆唇，口微侈，束颈，广斜肩，深腹较直，圜底。肩部、肩腹交界处、腹部各饰两周、一周、一周凹弦纹。口径15.6、最大腹径30.2、高24厘米（图一一，1）。

陶器盖　1件。M20：24，夹砂灰陶。方圆唇，侈口，平顶。顶径10.4、底径18、高3厘米

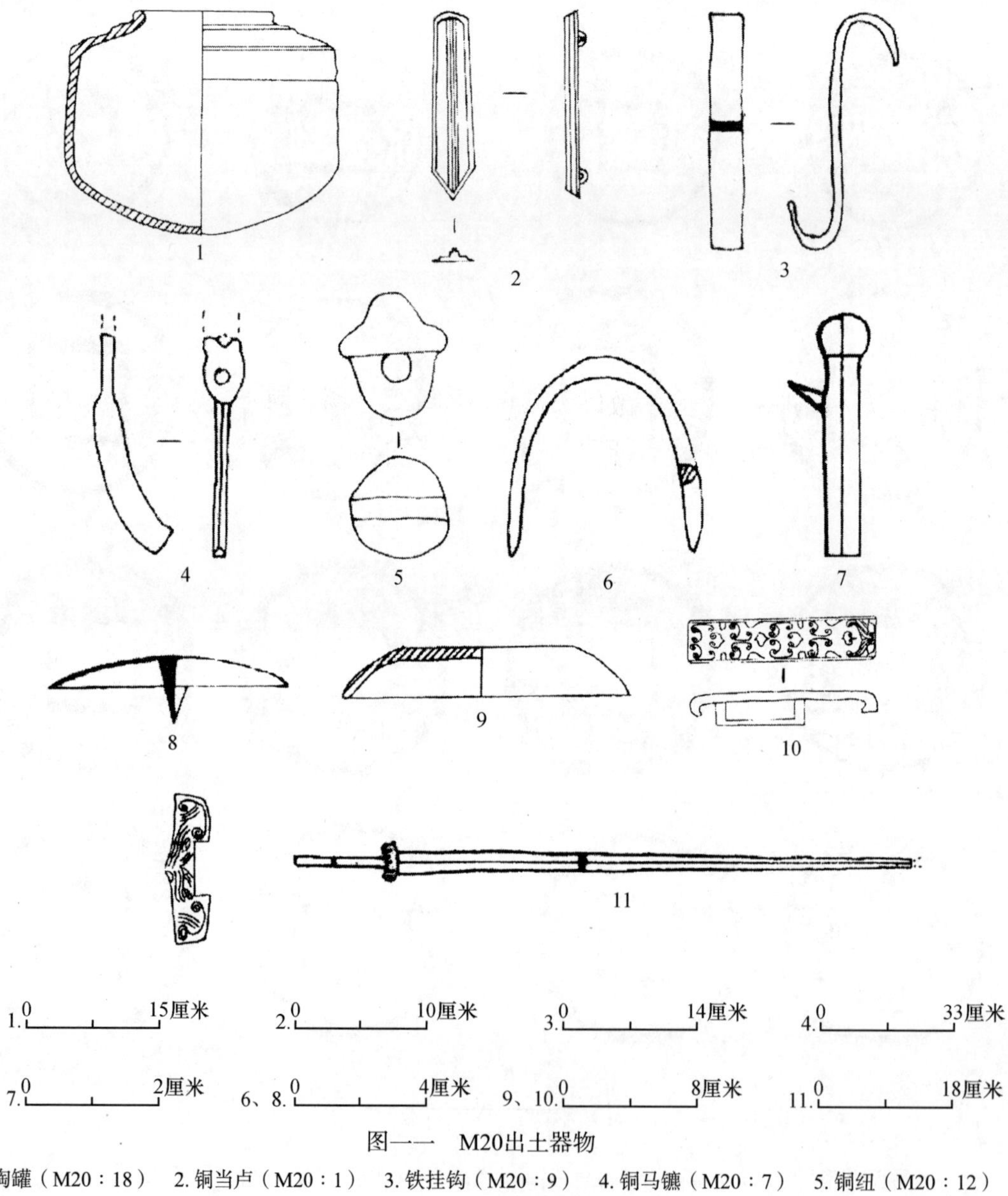

图一一　M20出土器物

1. 陶罐（M20：18）　2. 铜当卢（M20：1）　3. 铁挂钩（M20：9）　4. 铜马镳（M20：7）　5. 铜纽（M20：12）　6. 铜“U”形器（M20：8）　7. 铜盖弓帽（M20：3）　8. 鎏金铜泡钉（M20：10）　9. 陶器盖（M20：24）　10. 玉剑璏（M20：5）　11. 铁剑及玉剑格（M20：4）

（图一一，9）。

铜当卢　1件。M20：1，表面呈圭形，截面呈梯形，背面有二竖鼻。长13.2厘米（图一一，2）。

铜纽　1件。M20：2，圆弧形顶，下有一系，圆形穿孔。高1.8厘米（图一一，5）。

铜盖弓帽　3件。相同。M20：3，球形顶，下有一圆管，向上斜升一刺。高3.3厘米（图一一，7）。

铜马镳　1件。M20：7，残缺一半。桨叶形。残长53厘米（图一一，4）。

铜“U”形器　3件。相同。M20：8，平面“U”形，截面圆形。通长5.6厘米（图一一，6）。

鎏金铜泡钉　1件。M20：10，圆弧形顶，下有一钉头。径6、高1.8厘米（图一一，8）。

银钏　2件。相同。M20：11，圆环状，截面圆形。外径6.4、内径4.8厘米。

铁挂钩　4件。锈蚀。长方形铁条制作成“S”形。M20：9，通长25.2厘米（图一一，3）。

铁剑　1件。M20：4，剑身中间有脊，断面为菱形。剑端残断。木柄朽烂。剑格白玉制成，饰卷云纹。现长83.5厘米（图一一，11）。

玉剑璏　1件。M20：5，白玉制成。表面饰卷云纹。长11.8、高1.6、宽2.2厘米（图一一10）。

五铢　73枚。圆形方穿，正面有外廓，无内郭；背面有内、外廓。“金”字头呈正三角形，四点较长；“朱”方折头；“五”交笔弯曲。一般径2.5～2.6，穿1.1～1.2厘米（图一〇，8～10）。

（三）M1

共121件。包括陶器15件，铜器4件，银指环2件，铜钱99枚，还有一件已粉化的料器耳珰。

陶罐　3件。分二型。

A型　2件。夹细砂灰陶。尖圆唇，平折沿，直口，束颈，折腹，圜底。M1：4，颈、肩交接处饰凹弦纹，腹部及圜底饰细绳纹。口径12、最大腹径20、高11.6厘米（图一二，1；彩版七四，2）。

B型　1件。M1：13，泥质红陶。尖圆唇，卷沿，侈口，矮颈，斜溜肩，折腹，平底。口径7、底径4.4、高5.2厘米（图一二，2）。

陶盆　1件。M1：11，泥质红陶。尖圆唇，平折沿，敛口，浅弧腹，平底。腹部饰一周凹弦纹。口径12.6、底径6、高4.2厘米（图一二，3）。

陶碗　2件。泥质红陶。M1：8，尖圆唇，平折沿，直口，斜弧腹，饼足。腹部饰二周凹弦纹。口径12.3、底径5.4、高4.8厘米（图一二，4）。M1：16，尖圆唇，斜折沿，口微敛，斜折腹，平底。腹部饰一周凹弦纹。口径12、底径5.4、高5.1厘米（图一二，5）。

陶盂　1件。M1：9，夹细砂红陶。尖圆唇，侈口，束颈，鼓腹，平底。口径9、底径5.2、

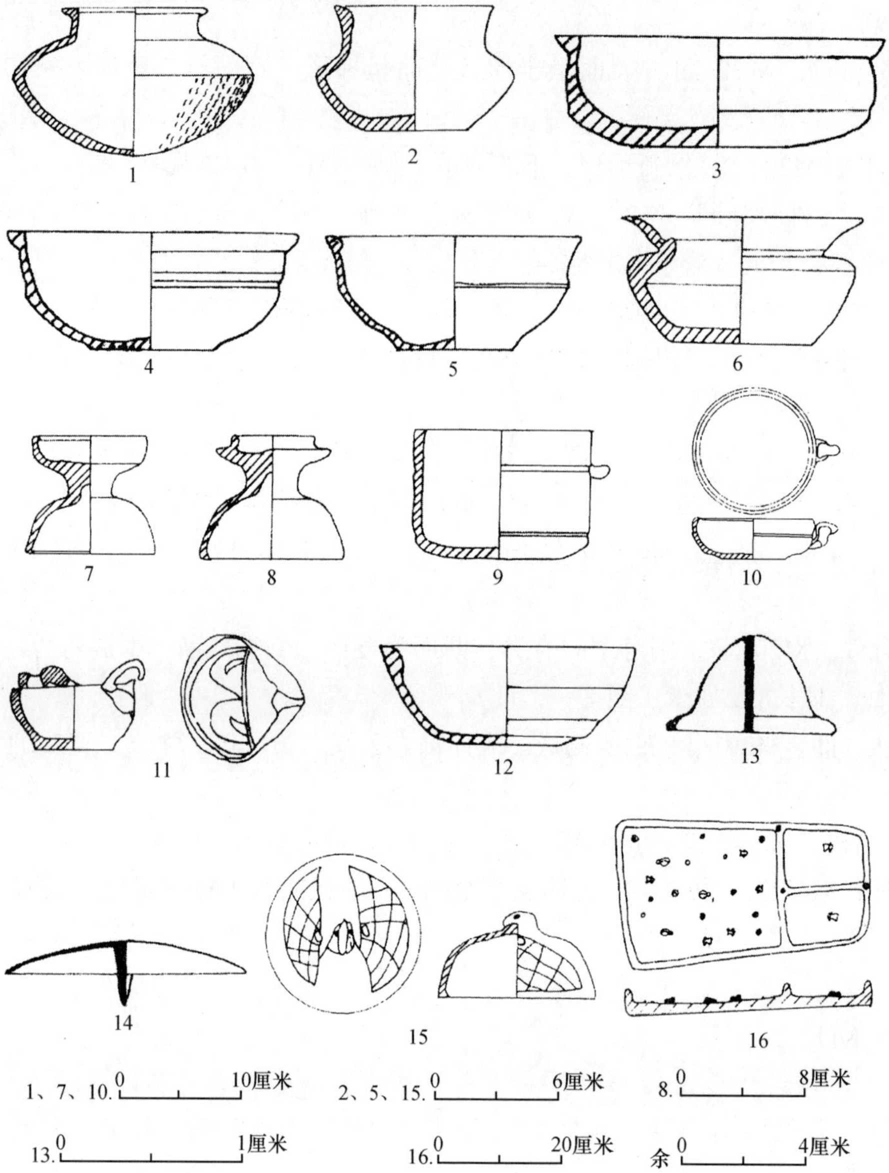

图一二　M1出土器物

1. A型陶罐（M1：4）　2. B型陶罐（M1：13）　3.陶盆（M1：11）　4、5. 陶碗（M1：8、M1：16）　6. 陶盂（M1：9）　7、8、11. 陶灯（M1：3、M1：10、M1：19）　9. 陶杯（M1：12）　10. 陶魁（M1：6）　12. 陶钵（M1：5）　13. 铜泡　14. 鎏金铜泡钉　15. 陶器盖（M1：7）　16. 陶塘（M1：15）

高4.5厘米（图一二，6）。

陶灯　3件。夹细砂红陶。M1：3，圆唇，口微敛，浅弧盘，短柄，高喇叭口圈足微内敛。口径8.4、底径10.1、高8.7厘米（图一二，7）。M1：10，尖圆唇，子母口，浅折盘，短柄，高喇叭口圈足微内敛。口径5.7、底径9.9、高8.1厘米（图一二，8）。M1：19，灯身敛口，浅弧腹，平底，一侧手工捏制成柄，柄稍下弯。灯身上有一半圆形盖，盖镂孔。底径3.2、通高3.6厘米（图一二，11）。

陶杯　1件。M1：12，夹细砂红陶。方唇，平沿，口微敛，直腹近底部内收，平底。一侧有一纽状把手，腹部饰两周凹弦纹。口径7.6、底径4、高5.4厘米（图一二，9）。

陶钵　1件。M1：5，泥质灰陶。尖圆唇，卷沿，侈口，斜弧腹，平底。口径9.9、底径4.2、高3.6厘米（图一二，12）。

陶魁　1件。M1：6，泥质红陶。尖圆唇，敛口，浅弧腹，平底，一侧有一曲折形柄。腹部饰一周凹弦纹。口径10.8、底径5.4、高3.6厘米（图一二，10；彩版七四，1）。

器盖　1件。M1：7，泥质红陶。半球形。方唇，敛口。项部饰网格纹，中间有一椭圆形纽，纽的两侧各有一矩形镂孔。底径8.4、高4.5厘米（图一二，15）。

陶塘　1件。M1：15，夹砂灰陶。平面呈梯形，中有埂将塘分为三部分。塘内捏塑数只田螺、甲鱼和青蛙。长42、宽17.5～24.5、高4.2厘米（图一二，16）。

鎏金铜泡钉　2枚。伞形顶，下有一钉。顶径8.4、高2厘米（图一二，14）。

铜泡　2件。盔形顶，中有小钉。高0.5厘米（图一二，13）。

五铢　95枚。圆形方穿，正面有外郭无内郭，背面内外郭均有。“金”字头呈正三角形，“朱”字圆折头，“五”字交笔弯曲。径2.6、穿1.2厘米（图一〇，5）。

货泉　4枚。圆形方穿，正背面均有内外郭。径2.1、穿0.8～0.9厘米（图一〇，3、4）。

（四）M2

共17件，有泥质红陶俑4、鸡1、屋1、陶器构件3、泥质灰陶盘1、罐2、五铢钱5。但陶器残缺严重，仅复原陶俑和陶屋顶各1件。

陶侍俑　M2：2，束巾，宽袖，下摆喇叭状。面部不清晰，袖手。高10米（图一三，1）。

陶屋顶　M2：7，悬山式顶，前侧有瓦当5组。长27.8、宽7.6厘米（图一三，4）。

五铢　5枚。有一枚是剪轮五铢。“金”字头呈正三角形，“朱”字头圆折，“五”字交笔弯曲。剪轮五铢径1.9、五铢径2.5、穿1.1～1.2厘米（图一〇，6、7）。

（五）M3

墓葬破坏严重，器物均残碎，无法复原。可辨器形有泥质灰陶俑、鱼池、铜饰件各一。

（六）M9

随葬器物均为泥质红陶，可辨器形有鸡俑1、小罐1、陶房1、残俑头5和铁挂钩1，共9件。残碎严重，仅有一陶鸡修复完整。M9：1，泥质红陶。昂首，翘尾，站立，造型栩栩如生。高21厘米（图一三，8；彩版七五，2）。

（七）M15

共15件。包括陶罐1，仓2，不明器3；铜马衔1，泡钉1，纽1和铜钱5枚。陶器仅陶仓复原

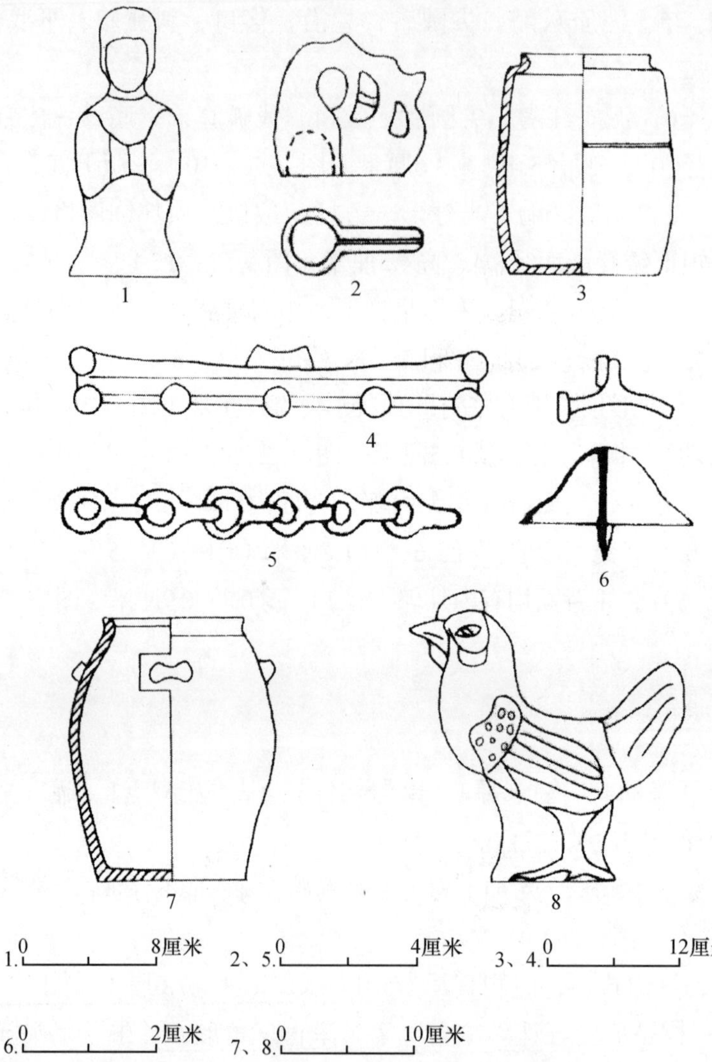

图一三　M2、M4、M9、M15出土器物

1. 陶侍俑（M2：2）　2. 铜饰件（M15：1）　3. 陶仓（M15：10）　4. 陶屋顶（M2：7）　5. 铜马衔（M15：3）　6. 铜泡钉（M15：2）　7. 青瓷罐（M4：2）　8. 陶鸡（M9：1）

完整。铜钱锈蚀，字迹不清。

陶仓　2件。形制、大小相同。M15：10，夹砂灰陶。尖圆唇，子母口内敛，折肩，深腹微鼓，平底。腹中部饰一周凹弦纹。口径12.5、底径19、高21厘米（图一三，3）。

铜饰件　1件。M15：1，底部有一圆孔（图一三，2）。

铜泡钉　1件。M15：2，伞形顶中部有一钉头。顶径2.1、高1.4厘米（图一三，6）。

铜马衔　1件。M15：3，残。现为6组“8”字形圆环相连而成。长12.6厘米（图一三，5）。

（八）M7

墓葬早年遭受破坏严重，仅出土五铢铜钱7枚，“金”字头呈正三角形，四点较长，

“朱”字圆折头，“五”字交笔弯曲。径2.6、穿1.2厘米（图一四，1）。

（九）M8

共21件。包括陶罐1件、陶盆1件、铁削1件、铜钱16枚，以及不可修复的陶罐和瓷罐各1件。陶盆为填土中发现，是后期扰乱器。

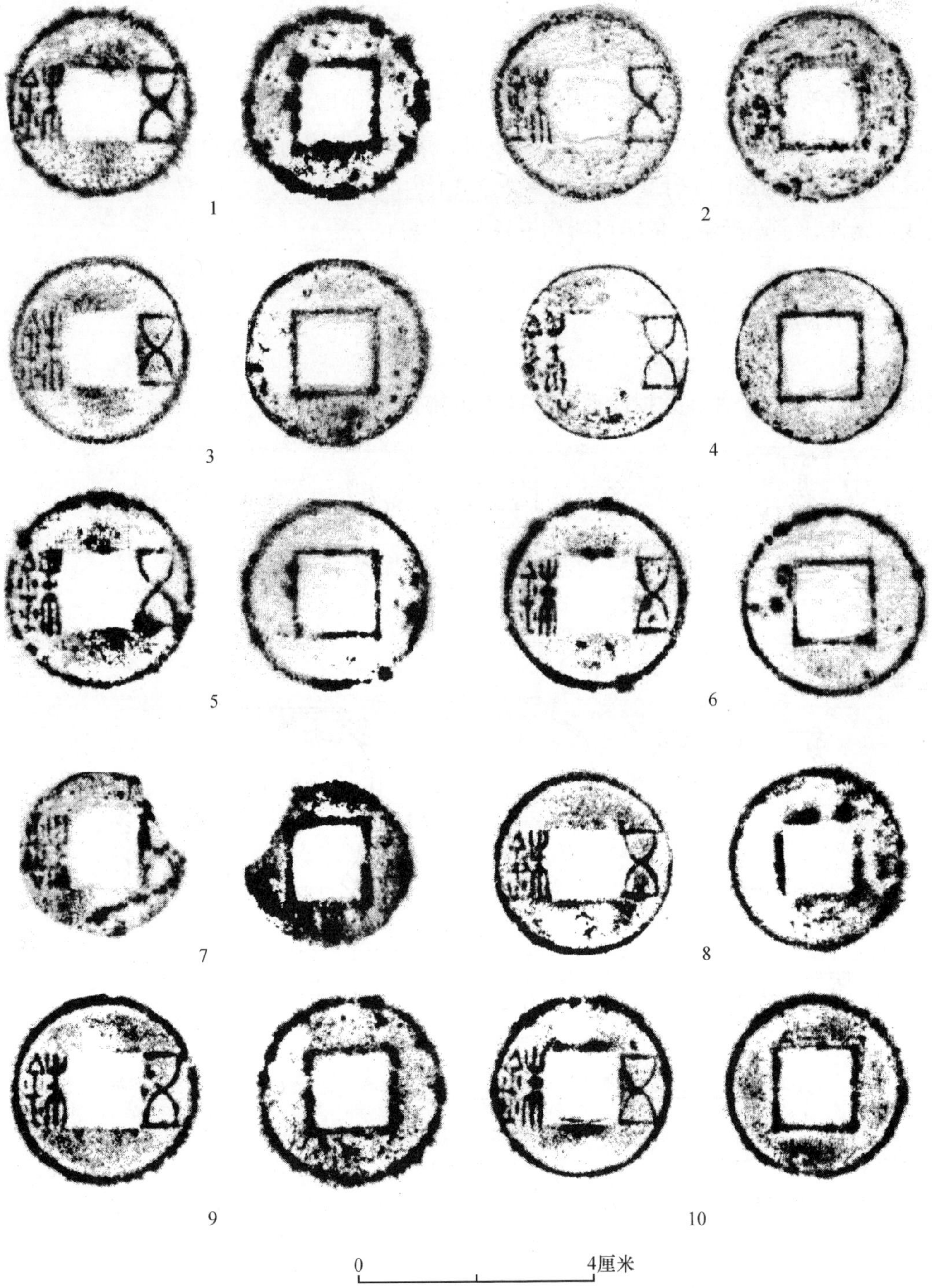

图一四　出土钱币

1. M7出土　2. M8出土　3、4. M17出土　5～7. M18出土　8～10. M5出土

釉陶罐　1件。修复。M8：3，夹砂灰陶。施青灰釉。斜方唇，敛口，矮领，斜溜肩，深斜腹，平底。口径12、底径11.2、高21.6厘米（图一五，5；彩版七四，3）。

铁削　1件。M8：1，环首，长条形，单面刃。长22.4厘米（图一五，10）。

五铢　16枚。圆形方穿，正面有外廓无内郭，背面有内外郭。“金”字一头呈正三角形，“朱”字圆折头，“五”字交笔弯曲。径2.6、穿1.2厘米（图一四，2）。

（十）M13

出土随葬器物5件，为铜钱3、硬陶罐1和1件未能复原的灰陶罐。

硬陶罐　M13：3，方圆唇，平折沿，侈口，束颈，斜溜肩，斜直腹，大平底。肩、腹饰麻布纹。口径13、底16.4、高12厘米（图一五，4）。

铜钱　锈蚀，字迹漫溢，依稀可辨为五铢2、货泉1。

（十一）M14

仅出土铜钱3枚，锈蚀、残损严重，字迹不可辨认。圆形方穿。

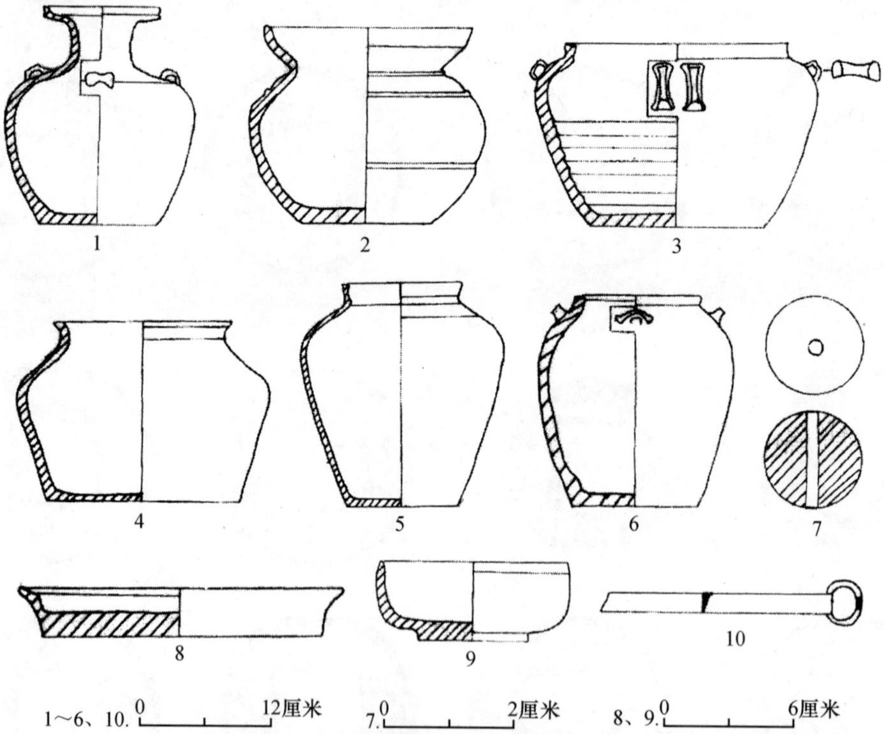

图一五　M8、M12、M13、M19出土器物

1. 瓷盘口壶（M12：6）　2. 陶罐（M12：5）　3. 瓷六系罐（M12：7）　4. 硬陶罐（M13：3）　5. 釉陶罐（M8：3）　6. 瓷四系罐（M19：2）　7. 玛瑙珠（M12：2）　8. 青瓷盘（M12：3）　9. 瓷碗（M12：4）　10. 铁削（M8：1）

（十二）M17

共66件。包括陶器6件，银指环1枚，铜钱59枚。

陶罐　2件。夹细砂红陶。M17：4，圆唇，敞口，束颈，折腹，下腹近底部内收，假圈足，口径7.6、底径4.4、高5厘米（图一六，3）。M17：3，圆唇，敛口，斜肩，斜弧腹，平底。口径7.2、底径4.2、高4.5厘米（图一六，8）。

陶釜　1件。M17：7，夹砂灰陶。斜方唇，敞口，束颈，溜肩，深鼓腹，圜底。腹部饰二周凹弦纹。口径11.4、最大腹径12.6、高9厘米（图一六，9）。

陶甑　1件。M17：6，夹砂灰陶。圆唇，口微敛，斜弧腹，平底。底部有7个箅孔。口径

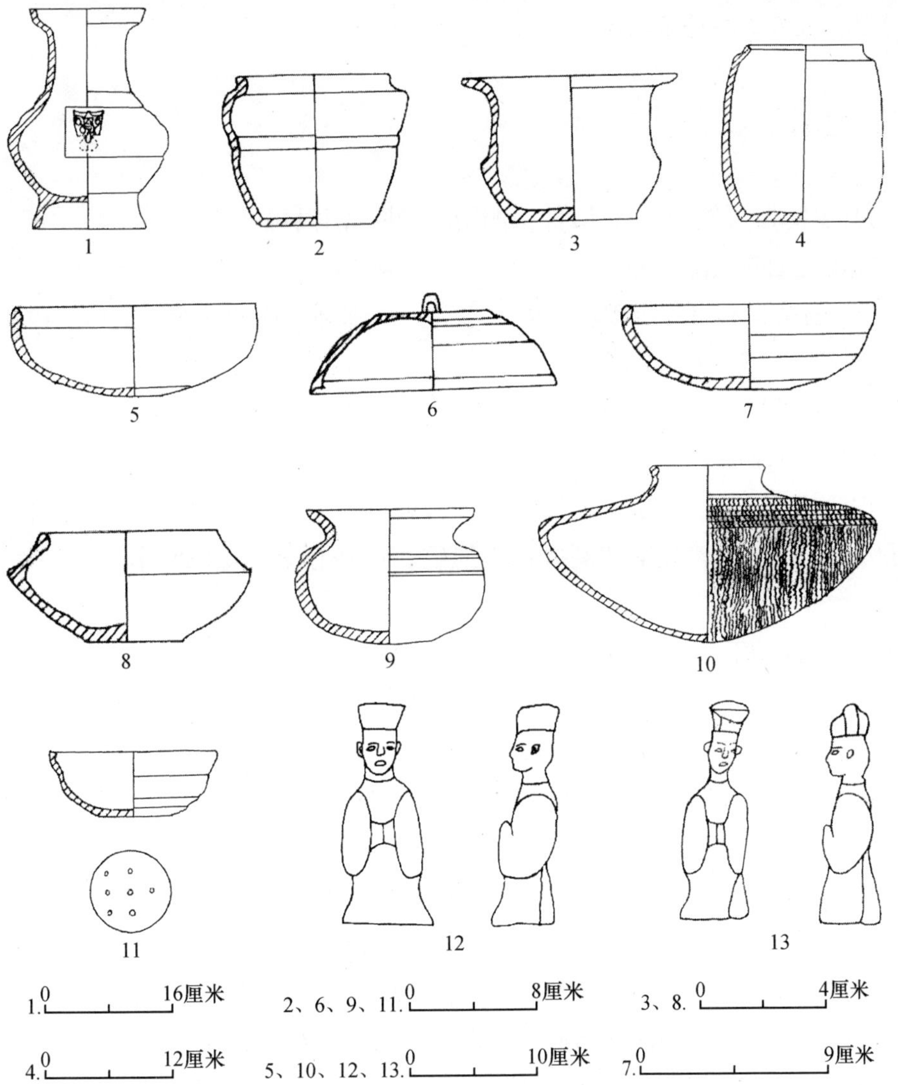

图一六　M17、M18出土器物

1. 陶壶（M17：5）　2、4. 陶仓（M18：12、M8：10）　3、8、10. 陶罐（M17：4、M17：3、M18：4）　5、7. 陶钵（M18：8、M18：14）　6. 陶器盖（M17：8）　9. 陶釜（M17：7）　11. 陶甑（M17：6）　12、13. 陶俑（M18：5、M18：7）

11.1、底径5.1、高4.2厘米（图一六，11）。

陶壶　1件。M17：5，泥质灰陶，外施橘红釉。盘形侈口，长束颈，鼓腹，圈足略外撇。肩部两侧各饰一铺首，鼻贯一环。肩部饰三周、腹部饰一周凹弦纹。口径15.5、底径15、高28.5厘米（图一六，1）。

陶器盖　1件。M17：8，泥质红陶。斜方唇，子母口微敛。盖顶饰一桥形纽，盖面饰三周凹弦纹。口径16、高6厘米（图一六，6）。

银指环　1枚。环形，截面呈圆形。径2、截面径0.2厘米。

五铢　58枚。见有两种。一种为磨郭五铢，正面无内郭，外郭极窄，背面有内外郭。“金”字头正三角形，下半部因磨郭而不全，“朱”圆折头，“五”交笔弯曲，径2.4、穿1.2厘米（图一四，3）。另一种，正面有外郭无内郭，背面内外郭均有。“金”字头正三角形，四点较长，“朱”字圆折头，“五”交笔弯曲。径2.6、穿1.2厘米（图一四，4）。

货泉　1枚。残甚，字迹依稀可辨。

（十三）M18

共56件。其中陶器13件，银指环2件，铜指环1件，铜钱40枚。

陶仓　4件。夹细砂灰陶。分二型。

A型　2件。圆唇，卷沿，折颈，深腹，平底。腹部饰二周凹弦纹。M18：12，口径10.4、底径7.2、高9.6厘米（图一六，2）。

B型　2件。斜方唇，子母口内敛，折肩，深腹微鼓，平底。M18：10，口径12.8、底径13.6、高18.7厘米（图一六，4）。

陶罐　1件。M18：4，夹细砂灰陶。圆唇，敛口，束颈，广肩，斜弧腹，圜底。肩部饰凹弦纹和间断绳纹各三周，腹部和圜底饰细绳纹。口径10.8、高16厘米（图一六，10；彩版七五，4）。

陶钵　5件。泥质灰陶。分二式。

Ⅰ式：1件。M18：8，尖圆唇，口微敛，浅弧腹，圜底。口径19.2、高7.2厘米（图一六，5）。

Ⅱ式：4件。圆唇，口微敛，浅弧腹，平底。M18：14，口径12.9、底径4.2、高4.2厘米（图一六，7）。

陶俑　3件，2件完整。泥质红陶。梳髻，宽长袖，下摆呈喇叭状，两手相拥。M18：5，束巾。高18厘米（图一六，12）。M18：7，戴冠。高17.6厘米（图一六，13）。

银指环　2枚。圆环形，截面呈圆形。直径2、截面径0.2厘米。

铜指环　1枚。圆环形，截面呈圆形。直径2.1、截面径0.15厘米。

五铢　40枚。其中剪轮五铢6枚。“金”字头呈正三角形，“朱”头方折，“五”交笔弯曲。五铢径2.6、穿1.2厘米；剪轮五铢径2.2、穿1.2厘米（图一四，5～7）。

（十四）M4

早年遭到破坏，随葬品残碎不堪。随葬器物有青瓷四系罐2、盘口壶1、灰陶盆1，但仅有一只青瓷四系罐复原完整。M4：2，圆唇，侈口，溜肩，深鼓腹，平底，肩部饰四桥形系。口径10.4、底径10.8、高18.8厘米（图一三，7）。

（十五）M5

共118件。其中铜器8件、瓷器1件、陶器10件以及铜钱99枚。

铜壶　1件。M5：2，钵形盖，子母口，盖顶有一圆环状提纽，盖面饰一周凹弦纹。壶身斜方唇，敛口，长束颈，斜弧肩，鼓腹，高圈足。肩部两侧各设一动物造型铺首，衔环脱落。 铺首处饰三周，腹部饰二周凹弦纹。口径l0.5、底径14、通高31.2厘米（图一七，8；彩版七四，4）。

铜灯　1件。M5：3，灯盘为方唇，直口，中心有一火柱，灯盘下有一细长柄，柄下有一托盘。托盘：方唇，平折沿，侈口，斜折腹，下腹近底部内收，平底。灯盘口径11.5、托盘底径12、通高20.5厘米（图一七，9）。

铜耳杯　5件。2只稍大，3只略小，形制同。椭圆形，平折沿，斜弧腹较浅，平底。M5：5，长11.1、宽9.6、高2.7厘米（图一七，4）。

铜杯　1件。M5：8，残缺。

青瓷四系罐　1件。M5：20，尖圆唇，口微敛，短颈，溜肩，深弧腹，平底。器表施青黄色釉不及底，釉下施麻布纹，颈部饰凹弦纹两周，肩部设四个桥形系。口径12、底径16、高32厘米（图一七，10）。

陶房　2件。夹细砂灰陶，摸制。M5：11，悬山式顶，中有屋脊，前侧有七组瓦楞。屋面长方形，中间有一网格状窗，两边各有一门，下有房屋基础。面阔35.8、进深5.4、通高31厘米（图一七，6）。M5：10，悬山式顶，中有脊，前侧有五组瓦棱。屋正间中部有一门，门外有廊，廊下为台基。面阔22.5、进深8、通高30.5厘米（图一七，7；彩版七五，3）。

陶俑　7件，复原3件。均泥质红陶制作。衣着相同，四重衣，亵身圆领，外衣交领右衽，宽长袖，袖手跪坐（彩版七五，1）。M5：14，裹巾。高34.8厘米（图一七，3）。M5：13，戴冠，侧首。高35厘米（图一七，1）。M5：16，戴冠，正首。高34.8厘米（图一七，2）。

陶盆　1件。M5：21，泥质灰陶。方唇，平沿外翻，口微侈，深腹，平底。外沿饰三周凹弦纹。口径20、底径11.6、高10厘米（图一七，5）。

五铢　99枚。圆形方穿，背回有肉、外郭，正面有外郭无内郭。“金”字头较大，呈正三角形，“朱”字头圆折，“五”字交笔弯曲（图一四，8～10）。

图一七　M5出土器物

1~3. 陶俑（M5∶13、M5∶16、M5∶14）　4. 铜耳杯（M5∶5）　5. 陶盆（M5∶21）　6、7. 陶房（M5∶11、M5∶10）　8. 铜壶（M5∶2）　9. 铜灯（M5∶3）　10. 青瓷四系罐（M5∶20）

（十六）M12

共8件。包括瓷器4件，陶器1件，玛瑙珠1件和铜钱2枚。

青瓷盘　1件。M12∶3，尖圆唇，斜折沿，敞口，浅腹，高圈足。灰白胎，施青釉不及底。口径14.4、底径12.6、高2.1厘米（图一五，8）。

青瓷碗　1件。M12∶4，尖圆唇，直口，腹微鼓，下腹近底部内收，饼状足。灰白胎，施青黄釉不及底。口径8.4、底径5、高3.5厘米（图一五，9）。

青瓷盘口壶　1件。M12∶6，圆唇，方折沿，盘形侈口，束颈，斜弧腹，平底。肩部饰四个桥形系，系部饰一周凹弦纹。灰白胎，施青釉不及底。口径11.5、底径12、高21厘米（图一五，1）。

青瓷六系罐 1件。M12：7，口微敛，短颈，鼓肩，斜弧腹，平底。肩、腹交接处饰二桥形系及四个环形系。灰白胎，施青釉不及底。口径21.5、底径16.5、高17.5厘米（图一五，3）。

陶罐 1件。M12：5，夹砂硬陶。圆唇，敞口，斜弧领，束颈，溜肩，斜弧腹，平底。肩、腹各饰一周凹弦纹。口径21、底径13.5、高19.5厘米（图一五，2）。

玛瑙珠 1件。M12：2，红色，球形，中穿一孔。径1.6、孔径0.2厘米（图一五，7）。

五铢 2枚。圆形方穿。锈蚀严重。

（十七）M19

共2件。铜钱1枚，字迹不清。青瓷四系罐1件，M19：2，方圆唇，敛口，鼓肩，深腹微鼓，平底。肩部饰四个桥形系。灰白胎施青釉，釉大部分已脱落。口径11.3、底径11.3、高19厘米（图一五，6）。

三、结 语

石家包墓群清理发掘的17座墓葬，根据墓葬形制和出土器物，并参考同地区以前发表的资料，初步推测其时代从西汉早期延续到南朝时期。其中，汉代墓葬13座，为M1～M3、M6～M9、M13～M15、M17、M18、M20；南朝时期墓葬4座，为M4、M5、M12、M19。

13座汉代墓葬中，M6为竖穴土坑墓，出土器物均为泥质灰陶，主要陶器组合为鼎、豆、盒，具有较早的特征，西汉时期盛行于四川盆地内。出土的铜钱中不见半两；五铢钱“朱”字头方折，“金”字为箭镞形头，与云阳李家坝出土的西汉五铢类似[①]。所以推测M6的年代为西汉中晚期。M20出土的折肩圜底罐与本墓群M11出土的同类器物相似[②]，所以其年代与M11相距不远，可定为东汉前期。其他11座墓葬形制均为砖（石）室墓，我们根据出土器物和墓葬形制来推断年代。M9出土的陶鸡、M18出土的陶罐分别与万州安全墓地M12：24、M17：70类似[③]；M1出土的陶灯与巫山瓦岗槽墓地M5和M6出土的同类器物相似[④]；M17：4、M17：5分别

① 四川大学历史文化学院、云阳县文物管理所：《云阳李家坝遗址发掘报告》，《重庆库区考古报告集·1997卷》，科学出版社，2001年。

② 重庆市文物考古所、镇江博物馆、云阳县文物管理所：《云阳石家包10号、11号岩坑墓发掘报告》，《重庆库区考古报告集·2002卷》，科学出版社，2010年。。

③ 陕西省考古研究所、万州区文物管理所：《万州安全墓地发掘报告》，《重庆库区考古报告集·1997卷》，科学出版社，2001年。

④ 南京博物院考古研究所、巫山县文物管理所：《巫山瓦岗槽汉代墓地发掘报告》，《重庆库区考古报告集·1997卷》，科学出版社，2001年。

与巫山麦沱汉墓中M15：7、M33：13相近[1]。砖（石）室墓在四川盆地内是从新莽时期或稍前开始出现并流行起来，到东汉早期已经基本取代土坑墓。有些墓葬虽然被破坏严重，出土器物较少，但花纹砖均属于东汉形制，且未出土青瓷器，我们根据以上这些信息，初步推断11座砖（石）室墓的年代在东汉中后期。

4座南朝墓葬为M4、M5、M12、M19。M4、M5出土的青瓷四系罐，M12出土的青瓷盘口壶、六系罐，M19出土的青瓷四系罐等，均属于六朝时期典型器物，所以推断这4座墓葬为南朝时期墓葬。

石家包墓群墓葬分布相对集中，时代从西汉中晚期一直延续至南朝时期，表明石家包一带是当时居民的墓葬区。这批墓葬的发掘清理对于研究川东地区的汉、六朝社会经济文化以及埋葬习俗，又提供了一批实物资料。

附记：考古领队肖梦龙。参加发掘和整理的主要工作人员有王结华、何汉生、李永军、吴晨辉。本次考古工作得到重庆市文化局、重庆市文物考古所、云阳县文物管理所的大力支持，这里一并致以诚挚感谢！

摄影：李永军　王结华
绘图：何汉生　李永军
执笔：何汉生　李永军　吴晨辉

① 湖南省文物考古研究所、巫山县文物管理所：《巫山麦沱汉墓群发掘报告》《重庆库区考古报告集·1997卷》，科学出版社，2001年。

云阳大地坪遗址2002年度发掘简报

株 洲 市 博 物 馆
湖南省文物考古研究所
云 阳 县 文 物 管 理 所

为了配合三峡水利工程建设，株洲市博物馆于2002年11～12月对重庆市云阳县大地坪遗址进行了第一次考古发掘。大地坪遗址位于重庆市云阳县盘石镇长江南岸的龙安村北部的二、三级阶地上，地理坐标为东经108°42′45.63″，北纬30°54′36″，海拔130～160米（图一）。20世纪90年代初，三峡文物调查中最早发现该遗址，并采集到旧石器。2002年11月株洲市博物馆考古队再次对该遗址进行了调查，发现了大量打制石器。随后对该遗址进行了发掘。本次发掘按遗址所在地形地貌的山丘分布特点分为A、B、C三个发掘区。计划发掘面积500平方米，三个发掘区总计布5米×5米探方11个，6米×6米探方1个，10米×10米探方2个，实际发掘面积511平方米。发掘了新石器时代晚期房屋1座和数量较多的陶、石、骨质遗物。现将此次发掘简报如下。

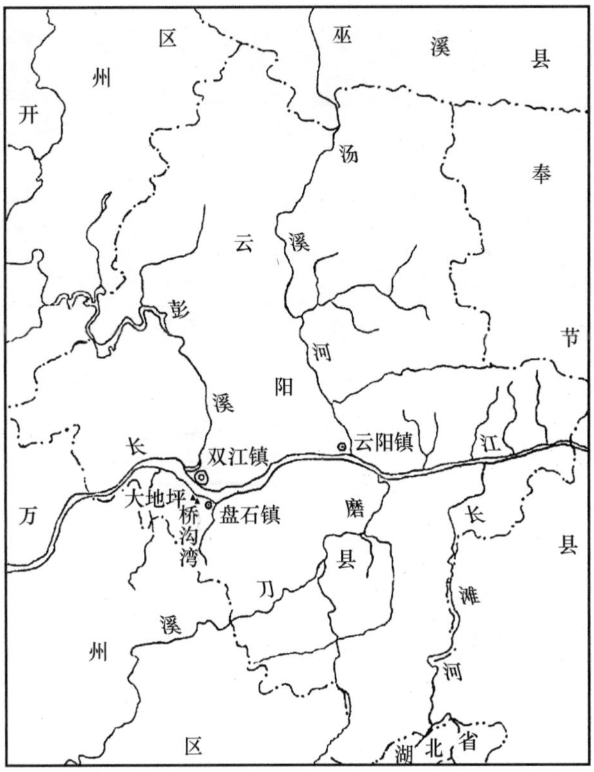

图一　大地坪遗址地理位置示意图

一、地形地貌和地层堆积

大地坪遗址位于长江南岸的二阶台地上，北部面向长江，南靠拾阶而上的台地和山脉，两侧是较为开阔纵横交错的台地。根据调查和山丘走向，本次发掘将大地坪遗址分为A、B、C三个发掘区，A、B区位于龙安村11组的青岗湾山包的北、东部两侧，C区位于龙安村10组的碉楼坪山丘的北部（图二）。

A区没有发现文化遗物，故将B、C两个区的地层堆积情况做介绍。

B区根据地形在两个相邻的台地开4个探方了解地层，其中T3堆积最深，地层序列最完整，下面以T3北壁剖面为例将地层堆积介绍如下（图三）。

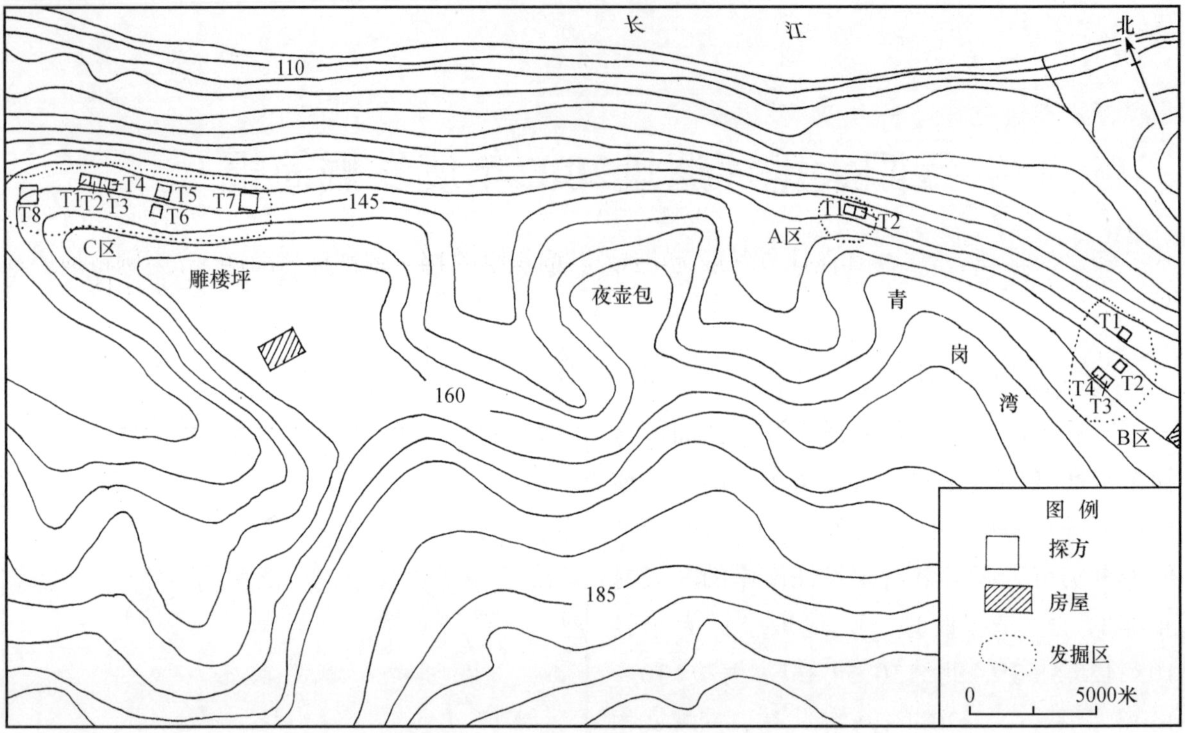

图二　大地坪遗址探方分布图

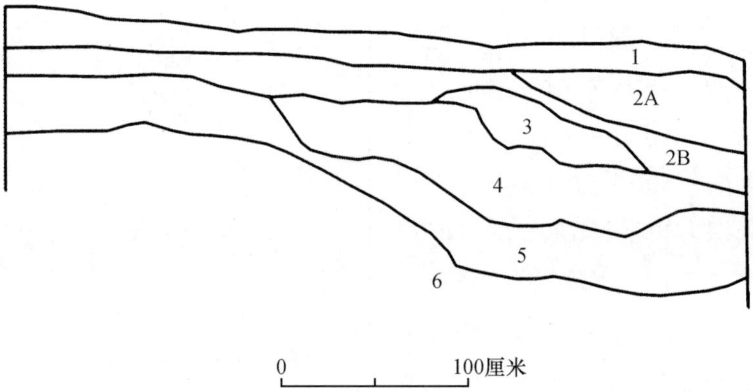

图三　大地坪遗址B区T3北壁剖面图

第1层：耕土层。厚15～20厘米。黑色黏土，土质疏松。全方分布，堆积大致呈西高东低。包含植物根系和煤炭渣等。

第2层：明清文化层。根据土色不同分为二亚层。

2A层：厚0～35厘米。灰褐色黏土，土质较松。分布探方东半部，由西往东逐渐增厚。包含物主要有青砖瓦残块、少量青花瓷片、铁钉和植物根须等。

2B层：厚5～25厘米。黄褐色黏土，土质较松。分布全探方，堆积不均匀。包含物主要有青砖瓦残块、少量青花瓷片、印花黄釉瓷片、陶片和石器等。

第3层：唐宋文化层。厚0～30厘米。灰褐色黏土，土质较疏松。分布于T3东部中部，堆积大致呈西高东低。包含物有磨制石器、素面陶片和炭渣等。

第4层：汉晋文化层。厚0～50厘米。黄色黏土，土质较疏松。分布于探方东半部，堆积大致呈西高东低。包含物有红烧土碎块、炭渣、几何纹青砖碎块、打制石器和陶片等。

第5层：新石器时代晚期文化层。厚10～42厘米。红褐色黏土，土质较疏松。分布全方，堆积大致西高东低。包含物有炭渣、陶片和石器等。

第6层：生土层。土质结构紧密，属于黄色粉砂质土，无文化遗物。

C区所在的碉楼坪山丘山脊及其东部台地为梯田，根据地形趋势顺着台地方向前后布探方8个。其中T4堆积有5层，其他探方一般为4层，以堆积厚的T4东壁剖面（图四）①为例将地层堆积介绍如下。

第1层：耕土层。厚20～25厘米。灰黑色黏土，土质疏松。包含物有植物根系、炭渣、红

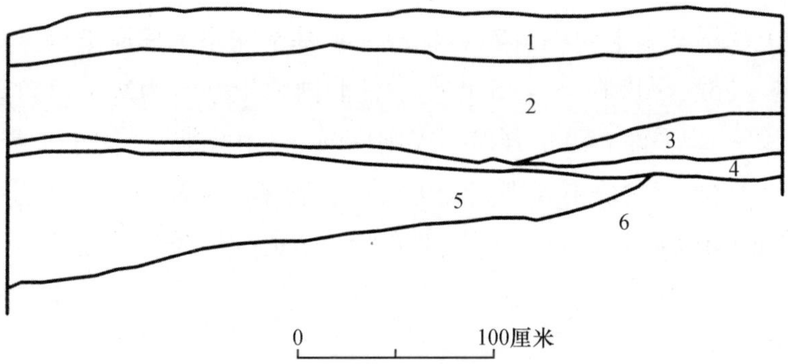

图四　大地坪遗址C区T4东壁剖面图

烧土颗粒、青花瓷片、青砖瓦碎块、细小砾石和石器等。

第2层：明清文化层。厚25～50厘米。灰褐色黏土，含砂较多，土质疏松。包含物有青花瓷片、红烧土颗粒、炭渣、陶片和石器等。其中陶片多以泥质红、灰陶为主，纹饰主要是绳纹和刻划纹。石器以尖状器、砍砸器和刮削器为主，另外还有石片和废料等。

第3层：唐宋文化层。厚0～20厘米。灰褐色粉砂质黏土，土质较硬。分布于探方南半部。包含物除了极少量炭渣外没有其他文化遗物。

第4层：间歇层。厚5～15厘米。黄色粉砂质黏土层，土质紧密，未发现文化遗物。

第5层：新石器时代晚期文化层。厚0～65厘米。黄褐色粉砂质黏土，土质较上一层略为疏松。包含物有较多的红烧土颗粒、炭渣、较少的砾石、褐色砂岩石块、打制石器和陶片等。其中打制石器以尖状器、砍砸器和刮削器为主，并有少量废料。陶片以夹砂红陶居多，还有泥质红、灰陶，磨光泥质黑皮陶等；纹饰以绳纹、刻划纹、波浪纹、弦纹、网格纹以及附加堆纹为主，另见到少量镂孔。可辨器形有罐、盆等。

第6层：生土层。黄色粉砂质黏土，土质致密，硬度比上层大，为当地原生自然堆积。

二、大地坪一期遗存

大地坪遗址第一次发掘发现的考古遗存较为单纯，从地层上看间歇层下的第5层以及开口

① 需要说明的是探方发掘时各探方层位独立编号，其他探方没有间歇层。

于第4层下的F1等代表大地坪遗址古文化遗存。

（一）遗迹

本次发掘仅发现1座房址，编号2002YDCT4④下F1（以下省略2002YDCT4④下）。

F1开口于第4层下，打破第5层和生土层，房址内出土的遗物和第5层基本相同。在探方中发现一批柱洞，平面排列大致呈长方形，从柱洞分布来看房址不完整。在房址中心靠北部有灶。柱洞和灶处于同一个层位，且包含物基本相同，可以认为灶属于F1的一部分（图五）。柱洞按照先后发现顺序编为D1～D9，灶编为Z1。从布局看D1～D3、D3～D6和D6～D9组成方形的房屋三面，9个柱洞基本上包围着Z1，构成一个基本完整的房屋结构。柱洞的形制为直筒状，直径一般在15～25、深度在15～35厘米。柱洞内填土基本为灰黄色粉砂质黏土，包含有炭渣和红烧土颗粒等。灶平面大致呈开口不规则椭圆形，由灶膛、火门和烟道组成（图六）。灶膛壁厚6～8厘米，膛底有两块不规则红烧土块；灶残深10～20厘米，灶门平面呈不规则形，门已无存。烟道平面呈椭圆形，位于灶膛后部右侧，烟道内长径26、短径20、残高4～6厘米。

（二）遗物

大地坪遗址第一次发掘除了明清时期文化层外，主要就是以F1和C区T1、T2、T3、T5的第4层及T4、T8的第5层为代表的古文化遗存。出土器物主要是陶器、石器和动物骨骼等。

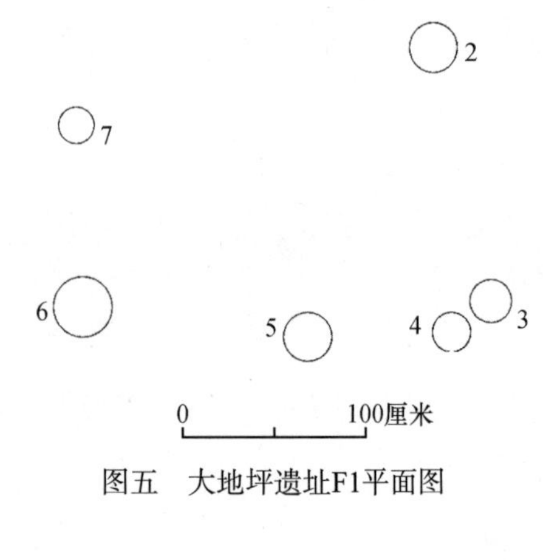

图五　大地坪遗址F1平面图

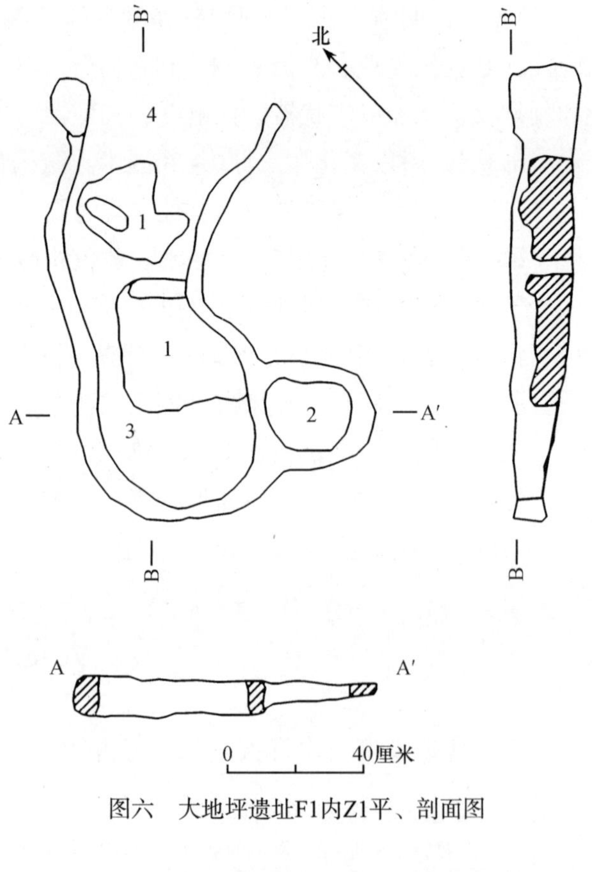

图六　大地坪遗址F1内Z1平、剖面图

1. 石器

大地坪遗址出土的石器有打制尖状砍砸器、半圆形砍砸器、盘状刮削器、三角状刮削器、椭圆形刮削器，磨制石斧、石锛、石铲、石凿，小型石器有打制后琢磨而成的石镞、雕刻器和石锤等。多数石器是打制而成，但也有相当部分石器是打制成形后通体磨制或局部磨制刃部。除了石器外，还发现数量较多的从石核上剥下来的石片和石屑，这些是加工石器的副产品，间接证明了这些石器是就地加工的事实。遗址发现的石器多数有使用痕迹。

石斧　发现较少，可辨的有5件。形制一般呈扁体长方形。CT5④：9，大致呈长方形。通体磨制而成，顶部残缺约1/3，有两个缺疤，刃部有豁口。残长5.3、宽4.6、厚1.8厘米（图七，1）。BT3②：1，大致呈梯形。两侧及顶部经过打制成型后在两面磨制而成，两侧留下修正形成的许多打击点和疤痕，刃部有细小的豁口。残长10.8、宽6.2、厚1.8厘米（图七，2）。

石锛　发现数量较多，形制多为扁体梯形。根据形态可以划分三个类型，A型长方形，B型梯形，C型近椭圆形。

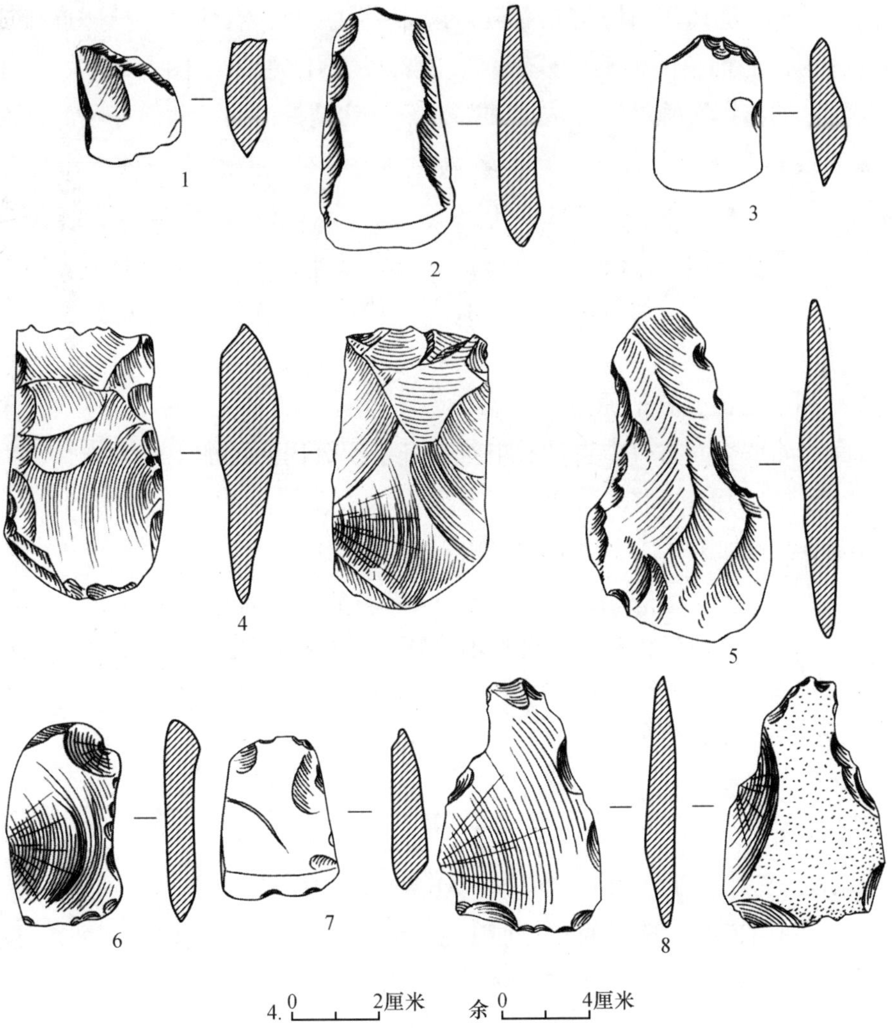

图七　大地坪遗址出土石器

1、2. 石斧（CT5④：9、BT3②：1）　3、4. A型石锛（CT8②：2、CT2④：7）　5、8. Aa型石锄（CT1④：10、CT2④：2）　6. C型石锛（CT5④：13）　7. B型石锛（CT2④：4）

A型　6件。有的通体磨制而成，有的系打制而成经使用后残断或残损而形态不规整。CT8②：2，大致呈长方形。通体磨制而成，顶部有几个残损形成打击点，一侧有疤痕，刃部有细微豁口。残长6.8、宽5、厚1.4厘米（图七，3）。CT2④：7，大致呈长方形。打制而成，刃部有局部磨光，顶部有打击留下的打击面，两侧有交互修正留下的交错打击点和疤痕，刃部有缺口。残长6、宽3.5、厚1.3厘米（图七，4）。

B型　1件。CT2④：4，大致呈梯形。通体磨制而成，顶部有几个疤痕，两侧和刃部有缺口和疤痕。残长7.8、宽5.3、厚1.7厘米（图七，7）。

C型　3件。一般利用保留自然砾石面的厚石片或石核经过打击加工而成。CT5④：13，大致呈长方形。通体磨制而成，顶部有几个残损形成打击点，一侧剥落石片留下的打击点和放射线，顶端、两侧和刃部有崩落的疤痕。残长9、宽5.6、厚1.6厘米（图七，6）。

石锄　发现较少，后期地层亦有出土，打制成长方形。根据形态特征分为二型。

A型　亚腰明显，根据亚腰的加工方法又可分为Aa型和Ab型。

Aa型　3件。锄身用石锤交互加工而成，刃部宽过器身，也用石锤加工而成。CT1④：10，大致呈长“凸”字形。通体用石锤打制而成，顶部呈圆弧状，有疤痕。一侧近刃部最宽处有打击点和放射线，刃部有崩落的疤痕。残长15、宽8.8、厚1.6厘米（图七，5）。CT2④：2，大致呈断角三角状。通体用石锤打制而成，顶部较窄有几处打击点。两侧亚腰敲击而成留有打击点和细短的放射线。锄体部分较宽，一侧较宽的部位有打击点和放射线。刃部有使用留下缺口。残长11.3、宽7.8、厚1.2厘米（图七，8）。

Ab型　2件。CT8⑤：2，大致呈弧角长方形。利用原生近亚腰状砾石加工而成，顶部为原生砾石面，一侧近刃部最宽处有打击点和放射线，刃部用石锤加工而成圆弧形，有缺口。残长9、宽8.8、厚3厘米（图八，1）。

B型　1件。利用近似亚腰形原生砾石加工刃部而成。CT1④：15，大致呈弧角长方形。顶部为原生砾石面，向劈裂面有打击点和放射线，其余部分用石锤加工较为规整，刃部有缺口。残长12.2、宽4.8、厚1.8厘米（图八，2）。

石锤　扁圆形石料加工而成。可分为二型。

A型　4件。椭圆形。多用原生砾石在一侧或两侧敲击加工而成。CT5④：8，椭圆形。顶部为原生弧形砾石面，有缺口，两侧经过打击修整。残长8.6、宽4.8、厚2厘米（图八，3）。

B型　4件。大致呈长方形，两侧多有交互打击疤痕。CT3④：8，大致呈长方形，底端为弧边。为一残断长方条状石料加工而成。两侧打出较为平整的侧面。残长6.4、宽3、厚1.2厘米（图八，4）。

刮削器　多系利用剥落的石片加工而成。根据形态特征划分三型。

A型　三角形，又可划分为Aa型三角形，Ab型弧边三角形。

Aa型　3件。利用近似三角形的石片加工成。CT1④：20，大致呈三角形，顶端成钝角尖形，有三个打击点。刃部呈弧形，布满了缺口。残长11.4、宽7、厚2.4厘米（图九，1）。

Ab型　2件。直刃，弧边三角形。CT1④：24，顶端为弧边略加修整，劈裂面可以看出从顶端剥落石片留下的打击点和放射线。刃部为直边，布满了细小的缺口。残长11.4、宽5.4、厚1.2厘米（图九，2）。

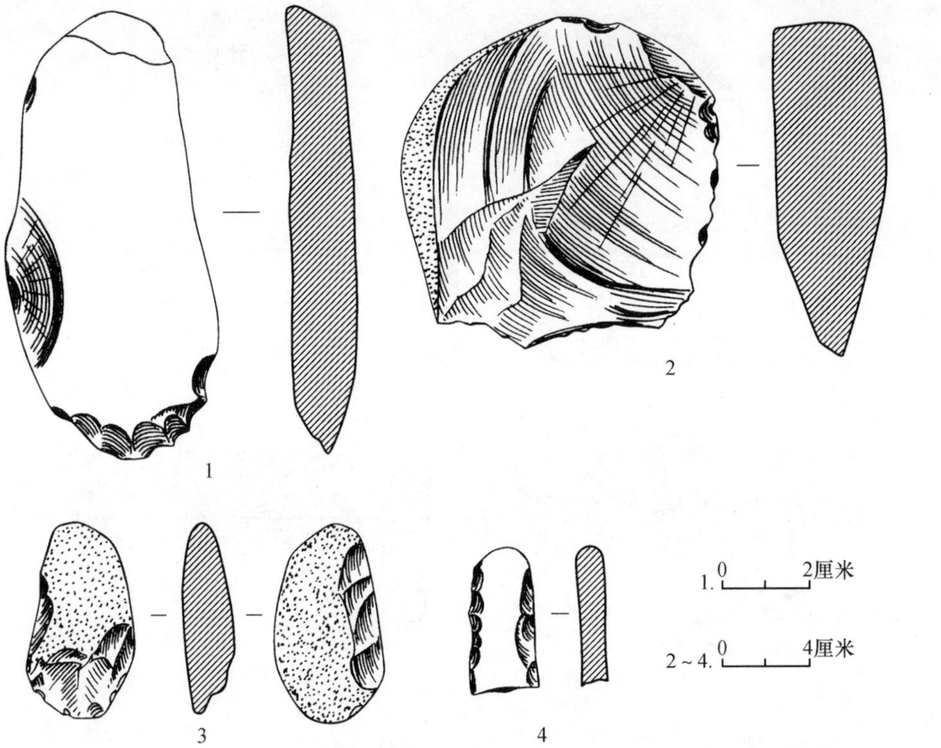

图八　大地坪遗址出土石器

1. Ab型石锄（CT8⑤：2）　2. B型石锄（CT1④：15）　3. A型石锤（CT5④：8）　4. B型石锤（CT3④：8）

B型　7件。椭圆形。多利用椭圆形石片修整加工而成。一般都是顶端窄，刃部较宽。CT1④：14，石片加工成椭圆形。顶部圆弧，有打击点，两侧较短，有敲击缺口，刃部呈弧形，布满了缺口。残长7.2、宽6、厚1.6厘米（图九，3）。CT1④：18，石片加工成椭圆形。顶部圆弧，有打击点，两侧较短，一侧有敲击缺口，刃部呈半圆弧形，布满了细小的缺口。残长7.6、宽6、厚1.8厘米（图九，4）。

C型　2件。多边形。CT5④：4，石片加工而成，大致呈五边形。顶部较平，有打击点，两侧较短，有敲击缺口，刃部呈弧形，布满了缺口。残长8.2、宽7.4、厚1.7厘米（图九，5）。

砍砸器　数量较多，一般利用形体较大的石料打制加工而成。根据形态特征划分为三型。

A型　尖状砍砸器，又分为Aa型圆条状砍砸器，Ab型三角尖状砍砸器。

Aa型　2件。利用长条状扁圆状砾石打击而成。CT4④：1，长条尖状。顶部为原生砾石面，刃部用石锤加工多次打击而成三角尖状。残长12.8、宽7.4、厚5.2厘米（图一〇，1）。

Ab型　发现较多。形态近似三角形，根据形态特征可分为二式。

Ⅰ式：3件。打制而成形态近似三角形。CT1④：4，用石片打制而成。顶部较平，有缺口，两侧用石锤交互敲击成三角状，器身有多个打击点和放射线。残长6.6、宽6.4、厚1.6厘米（图一〇，4）。CT4⑤：1，弧边三角形。顶部保留部分砾石面，两面用石锤敲击修成三角形。有多个打击点和放射线。残长7、宽6.8、厚3.6厘米（图一〇，5）。

Ⅱ式：5件。弧边锥体三角形。用石锤修整出一个圆弧边或砾石的一个自然弧边，另一边

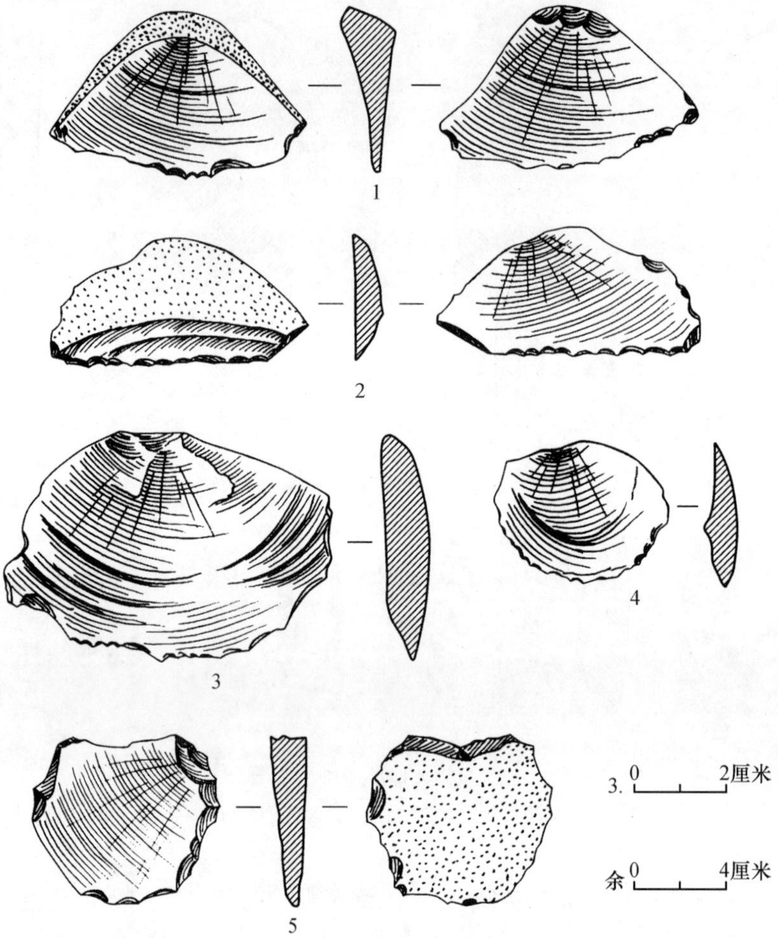

图九 大地坪遗址出土石器

1. Aa型刮削器（CT1④：20） 2. Ab型刮削器（CT1④：24） 3、4. B型刮削器（CT1④：14、CT1④：18）
5. C型刮削器（CT5④：4）

为三角状或弧边三角状。CT5④：2，弧边三角锥状。顶部大致呈尖三角状，器身用石锤加工多次打击而成三角尖状。残长12.6、宽8.3、厚3.6厘米（图一〇，2）。CT1④：3，弧边三角锥状。顶部大致较平，有缺口，器身用石锤加工多次打击而成三角尖状，有多个打击点和放射线。残长8.4、宽5.3、厚2.6厘米（图一〇，3）。

B型 2件。厚石片经石锤打击而成。大致呈三角形。CT1④：8，弧边三角形。器身整个用石锤密集修成较为规整的三角形，由于使用所有刃口都因打击而磨平。在手持的一端有打击点和放射线。其余的打击点因为交互修正已经看不清楚。残长8.6、宽10、厚2厘米（图一〇，6）。

C型 4件。一般利用较厚的砾石石料打制而成，大致呈不规则弧边四边形。CT3④：6，利用砾石特点，顶部保留原始砾石面，将石料敲击成弧边刃口，留下多个打击点和放射线。残长12.2、宽10.4、厚3.4厘米（图一一，1）。CT1④：26，将石片敲击成一边为弧边，三边较直形状。弧边的是敲击而成刃口，留下多个打击点和放射线。残长10、宽11.2、厚2.6厘米（图一一，2）。

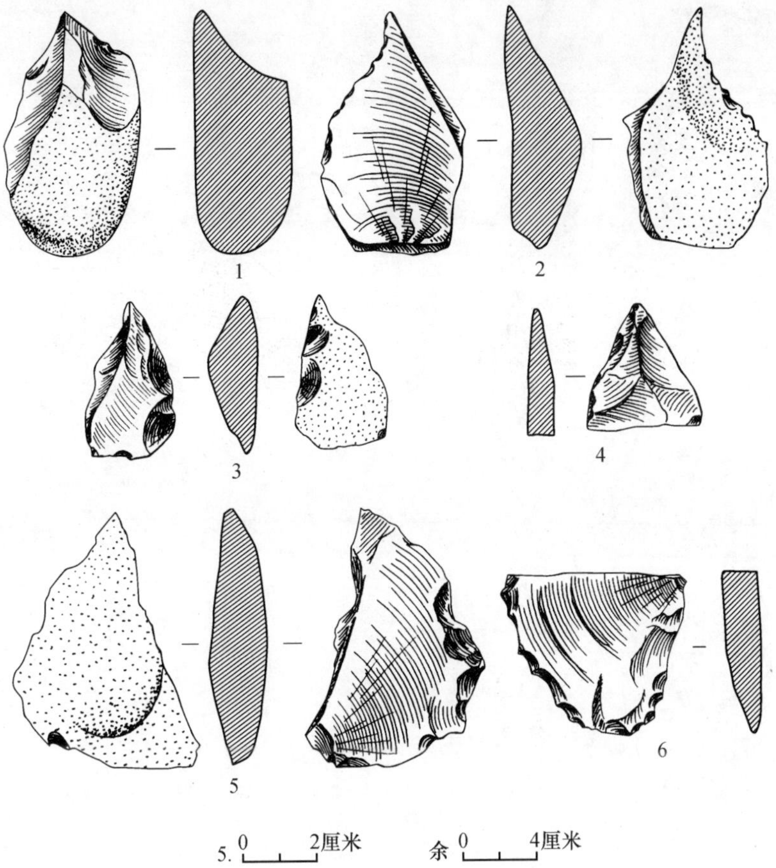

图一〇　大地坪遗址出土石器

1. Aa型砍砸器（CT4④：1）　2、3. Ab型Ⅱ式砍砸器（CT5④：2、CT1④：3）　4、5. Ab型Ⅰ式砍砸器（CT1④：4、CT4⑤：1）　6. B型砍砸器（CT1④：8）

雕刻器　发现较多，根据形态特征划分为三型。

A型　2件。长方形。利用细长石片或石条加工而成。CT1④：6，顶端残，呈遍体长条状。利刃部成三角形。磨制精细。残长10、宽1.6、厚1.8厘米（图一一，3）。

B型　2件。尖锥形。用石锤将近似尖锥状石料打制而成。CT3④：1，顶端为圆弧形，上面有许多打击点，刃端呈尖锥状。残长8.4、宽3.6、厚2.2厘米（图一一，4）。

C型　2件。不规则尖状。石片敲击而成。CT1④：5，大致呈不规则多边形，一边有尖。劈裂面有放射线，砾石面可以看到几个打击点。长6.6、宽5、厚1.2厘米（图一一，5）。

石镞　较少，利用近似三角形的石料打制而成。根据形态特征可以分为二型。

A型　3件。小石料加工而成，横截面呈三角形或弧边三角形。BT3④：2，顶端和尾端呈尖状，通体布满了石锤敲击形成的疤痕。两侧有缺口。残长6.1、宽2.9、厚1.4厘米（图一一，6）。

B型　1件。CT1④：23，三角矛头形，尖残断。用石锤加工出尾部，通体留下了敲击疤痕。长7、宽3.8、厚1.6厘米（图一一，7）。

石凿　发现2件。长条状，磨制精细。CT3④：4，顶端残，呈长条状。利刃部成三角形。磨制精细。残长7.8、宽1.6、厚0.8厘米（图一一，8）。CT3④：5，长条形。顶部保留少部分

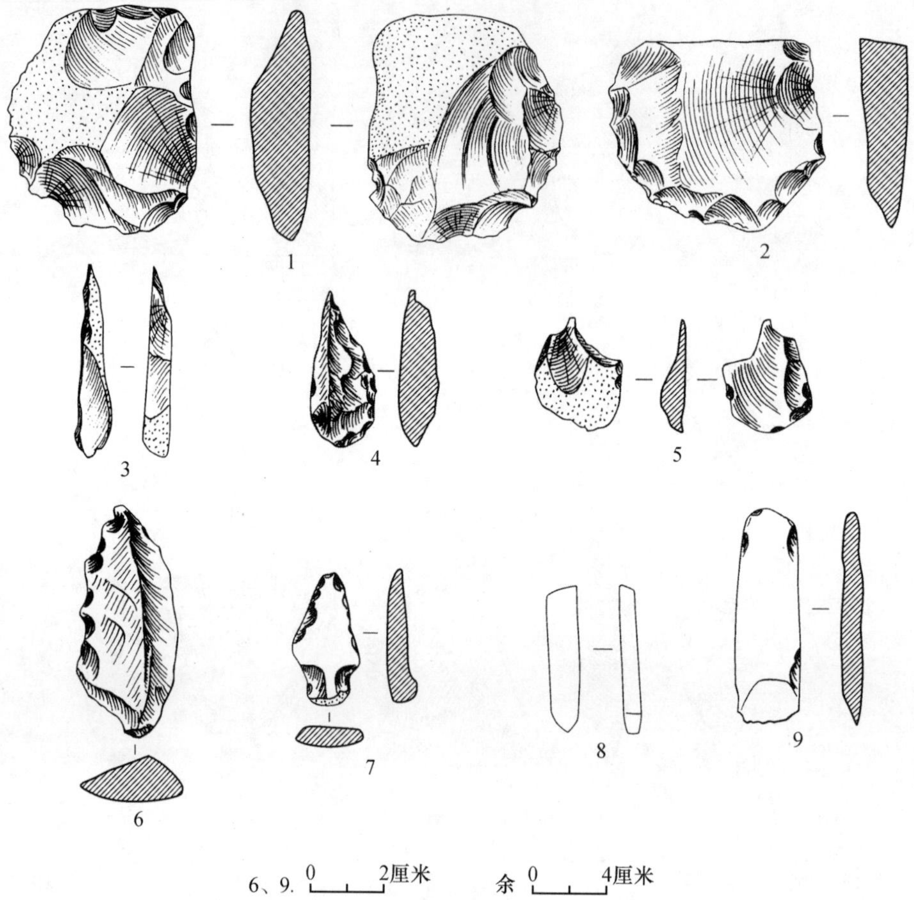

图一一　大地坪遗址出土石器

1、2. C型砍砸器（CT3④：6、CT1④：26）　3. A型雕刻器（CT1④：6）　4. B型雕刻器（CT3④：1）　5. C型雕刻器（CT1④：5）　6. A型石镞（BT3④：2）　7. B型石镞（CT1④：23）　8、9. 石凿（CT3④：4、CT3④：5）

原始砾石面，呈圆弧形，器身刃部磨制精细。在凿体顶端及两侧有疤痕，刃部有缺口。残长5.7、宽1.8、厚0.6厘米（图一一，9）。

2. 陶器

大地坪遗址出土有陶器残片，有泥质陶和夹砂陶两类，陶色有黑、红和灰色。其中泥质红陶和夹砂红陶数量较多，其次是灰陶，黑陶较少。从CT1④陶系统计来看，泥质红陶占7.9%，泥质灰陶占10.2%，泥质黑陶占12.6%；夹砂红陶占45.4%，夹砂灰陶占13.9%，夹砂黑陶占10%。纹饰以绳纹和素面为大宗，绳纹占32.7%，素面37.5%，刻划弦纹占9.6%（表一）。其次有瓦棱纹、篮纹、弦纹、窝点纹、镂孔、附加堆纹等。多种纹饰组合在一起出现在器物上，尤以由绳纹和其他纹样组合在一起的为多。

陶器较大器物用轮制，小件器物用手捏成。出土陶片中可辨器形有长颈瓶、平沿盆、大口缸、折腹钵、矮领罐、高领罐等（表二）。

表一　大地坪遗址CT1④陶系统计表

陶质 / 陶色 / 纹饰	泥质陶			夹砂陶			合计	百分比/%
	黑陶	红陶	灰陶	黑陶	红陶	灰陶		
绳纹	3	2	8	33	150	16	212	32.7
瓦棱纹		3	3	9	1	3	19	2.9
篮纹	3	2		2	4	1	12	1.8
弦纹		5	6	6	3	3	23	3.5
刻划弦纹	28	6	1	8	16	3	62	9.6
附加堆纹		1	1	1		2	5	0.8
镂孔					1		1	0.2
绳纹+堆纹	6	3	2	3	20	1	35	5.4
绳纹+刻划纹	1	2		1	14	2	20	3.1
绳纹+弦纹				1	2		3	0.5
绳纹+窝点纹				1	3		4	0.6
篮纹+堆纹					1		1	0.2
刻划纹+堆纹	5	1	1			1	8	1.2
素面	36	26	44		79	58	243	37.5
合计	82	51	66	65	294	90	648	
	199			449				
百分比/%	12.6	7.9	10.2	10	45.4	13.9		100
	30.7			69.3				

表二　大地坪遗址CT1④器形统计表

陶系 / 器形	泥质黑陶	泥质红陶	泥质灰陶	夹砂黑陶	夹砂红陶	夹砂灰陶	合计	百分比/%
折腹盆			1				1	< 3.6
平沿盆			1				1	< 3.6
长颈瓶	1	2	4				7	25
矮领罐	1	1		1		1	4	14.3
高领罐					2		2	7.1
器盖	1	1	3				5	17.8
器耳		1					1	< 3.6
折腹钵			1				1	< 3.6
大口缸			1		2	3	6	21.4
合计	3	5	11	1	4	4	28	
	19			9				
百分比/%	10.7	17.8	39.3	3.6	14.3	14.3		100
	67.9			32.1				

器盖　数量较多，多数不可复原，从出土看泥质陶和夹砂陶都有。大多破损，根据盖身形态变化分为二型。

A型　5件。覆钵形。均为泥质陶。CT1④：33，泥质灰陶。残，仅存部分盖身和纽的一部分。盖身呈覆钵形，器表饰一周绳纹带，其外饰成组的交错绳纹。盖身轮制，纽和盖身粘贴一体。残径15.2、残高4.8厘米（图一二，1）。Z1：1，泥质灰陶。残，仅存部分盖身一小部分。盖身呈覆钵形，口缘为尖圆状，口下有凸棱。素面。轮制。口径12、残高2.4厘米（图一二，2）。CT1④：48，泥质黑陶。残，仅存部分盖身一少部分。盖身呈覆钵形，盖体边沿呈子母口。素面。轮制。口径19.2、残高2.4厘米（图一二，3）。CT1④：49，泥质红陶。残，仅存部分盖身一少部分。盖身呈覆钵形，口缘为尖圆状。素面。轮制。口径14.4、残高4.4厘米（图一二，4）。CT1④：51，泥质黑陶。残，仅存部分盖身一小部分。盖身呈覆钵形，盖体边缘为圆唇。素面。轮制。口径15.6、残高4.4厘米（图一二，5）。

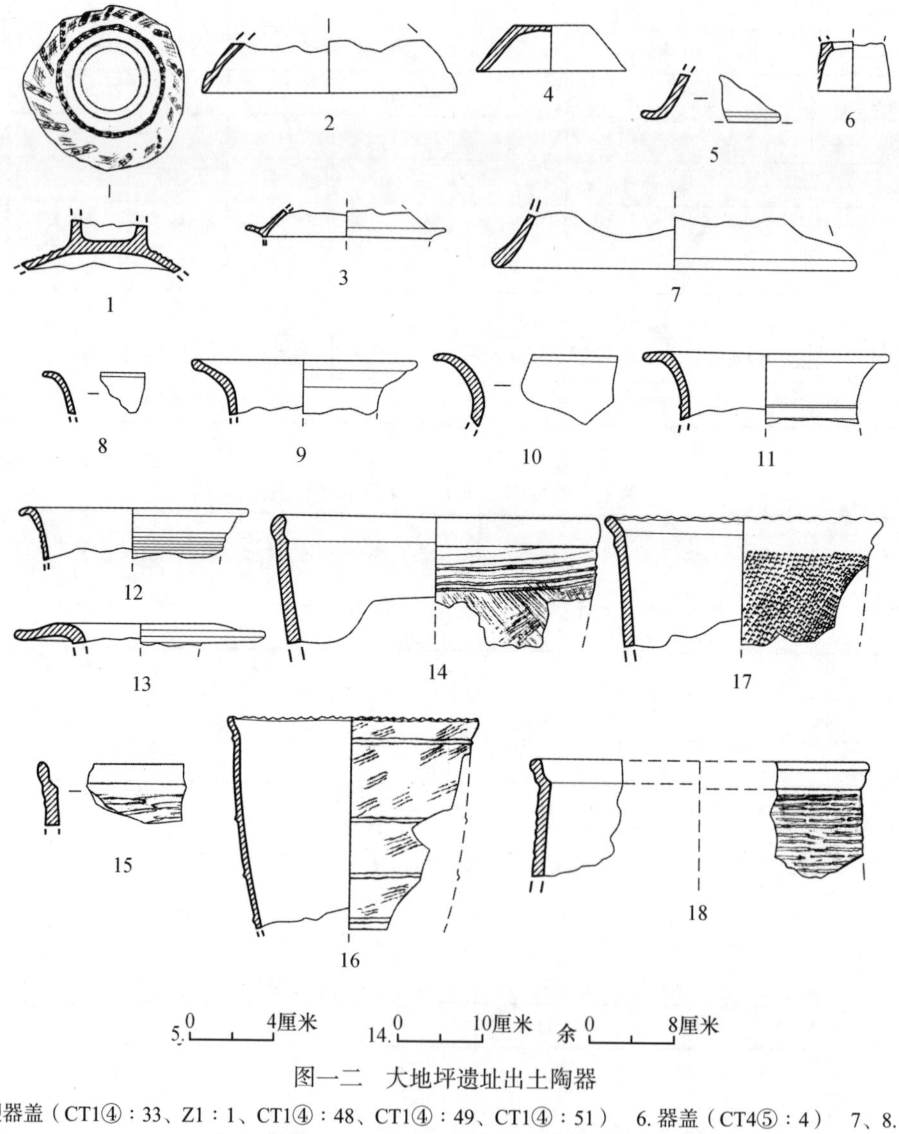

图一二　大地坪遗址出土陶器

1～5. A型器盖（CT1④：33、Z1：1、CT1④：48、CT1④：49、CT1④：51）　6. 器盖（CT4⑤：4）　7、8. B型器盖（CT1④：50、CT4⑤：5）　9、10. A型长颈瓶（CT1④：41、CT1④：46）　11、12. B型长颈瓶（CT3④：10、CT3④：11）　13. C型长颈瓶（CT5④：17）　14、15. Aa型大口缸（CT5④：14、CT5④：20）　16、17. Ab型大口缸（CT1④：30、CT1④：28）　18. B型大口缸（CT1④：29）

B型　2件。喇叭形。均为泥质灰陶。CT1④：50，残，仅存部分盖身。盖身向内弧成喇叭式，敞口，圆唇。素面。轮制。口径17.2、残高2.4厘米（图一二，7）。CT4⑤：5，残，仅存部分盖身。盖身向内弧成喇叭式，敞口，圆唇。素面。轮制。残高4厘米（图一二，8）。

还有一件器盖的残纽，只存纽部，没有分型式，单独介绍。CT4⑤：4，泥质灰褐陶。圆唇直壁杯形，接器身处残断。素面。捏制而成。口径7.2、残高4.4厘米（图一二，6）。

长颈瓶　多残存口沿残片，呈喇叭口状，长颈。根据口部特征分为三型，A型卷沿圆唇，B型平沿圆唇敞口，C型宽垂沿圆唇。

A型　2件。泥质红陶和夹细砂灰陶各1件。CT1④：41，泥质红陶。残，仅存口颈。喇叭口，圆唇。口唇外饰两道细弦纹。轮制。口径21.6、残高4.8厘米（图一二，9）。CT1④：46，夹砂灰陶。残，仅存口颈。喇叭口，圆唇。轮制。残高6.8厘米（图一二，10）。

B型　2件。泥质陶。CT3④：10，泥质黑皮红陶。残，仅存口颈。喇叭口，宽平沿，圆唇。颈部靠近残断处饰二道细弦纹。轮制。口径23.2、残高6.4厘米（图一二，11）。CT3④：11，泥质红陶。残，仅存口颈。喇叭口，宽平沿，圆唇。颈部靠近残断处饰几道细弦纹。轮制。口径22、残高4.8厘米（图一二，12）。

C型　1件。CT5④：17，泥质灰陶。残，仅存口颈。喇叭口，圆弧状宽沿，圆唇。素面。轮制。口径24、残高2厘米（图一二，13）。

大口缸　多为夹砂陶，个别为泥质陶。根据形态可分为三型，A型侈口向内斜直腹，B型敛口向外斜直腹，C型敞口。A型又根据口部变化分为Aa型圆唇内凹，Ab型花边口沿。

Aa型　2件。泥质、夹砂陶各1件，形体较大。CT5④：14，泥质黑皮红陶。残。微侈口，圆唇内凹，口部内侧有一道凸棱。口下饰几道刻划条带，缸体饰交错绳纹。轮制。口径31.2、残高12厘米（图一二，14）。CT5④：20，夹砂红陶。残。微侈口，圆唇内凹，口部内侧有一道凸棱。口下饰几道刻划条带，缸体饰交错绳纹。轮制。口径16、残高6厘米（图一二，15）。

Ab型　2件。均为夹砂陶，花边口沿。CT1④：30，夹砂红陶。残。微侈口，花边口沿。颈外侧有一道凸起宽泥条内凹，弧腹向内向下收成深腹状。口以下饰由几道细短绳纹组成绳纹组稀疏地拍印在缸体，腹有两道凸起泥条将绳纹组分割。缸体饰交错绳纹。轮制。口径24、残高19.6厘米（图一二，16）。CT1④：28，夹砂灰陶。残。微侈口，花边口沿。颈外侧有一道凸起宽泥条内凹，弧腹向内向下收成深腹状。口以下饰由几道细短绳纹组成绳纹组稀疏地拍印在缸体，颈部一道凸起泥条。缸体饰交错绳纹。轮制。口径26.4、残高12厘米（图一二，17）。

B型　2件。均为夹砂红陶。CT1④：29，夹砂红陶。残。微敛口，圆唇内凹，口部内侧有一道凸棱。斜直腹向外成深腹状。口下饰几周刻划纹。轮制。口径32、残高13.8厘米（图一二，18）。CT5④：16，夹砂红陶。残。微敛口，圆唇内凹，口部内侧有一道凸棱。斜直腹向外成深腹状。轮制。残高4.8厘米（图一三，1）。

C型　1件。CT1④：43，夹砂红陶。残。敞口，圆唇外侧凸起，口部外侧有一道凸棱。素面。轮制。残高4.8厘米（图一三，2）。

高领罐　发现残片较多。依据可辨器形口部变化分为二型，A型侈口斜腹、B型敞口鼓腹。

A型　2件。为夹砂陶，无可复原者。CT2④：8，夹砂红褐陶。残。侈口，圆唇，口部内侧略内凹，形成一道折棱，斜弧腹。口部以下饰交错绳纹构成方格纹样，腹部以下饰左向斜绳纹。轮制。口径15.2、残高8厘米（图一三，3）。CT3④：13，夹砂黑灰褐陶。残。侈口，圆唇，口部内侧略内凹，形成一道折棱，斜弧腹。腹部以下饰左向斜绳纹。轮制。口径16、残高

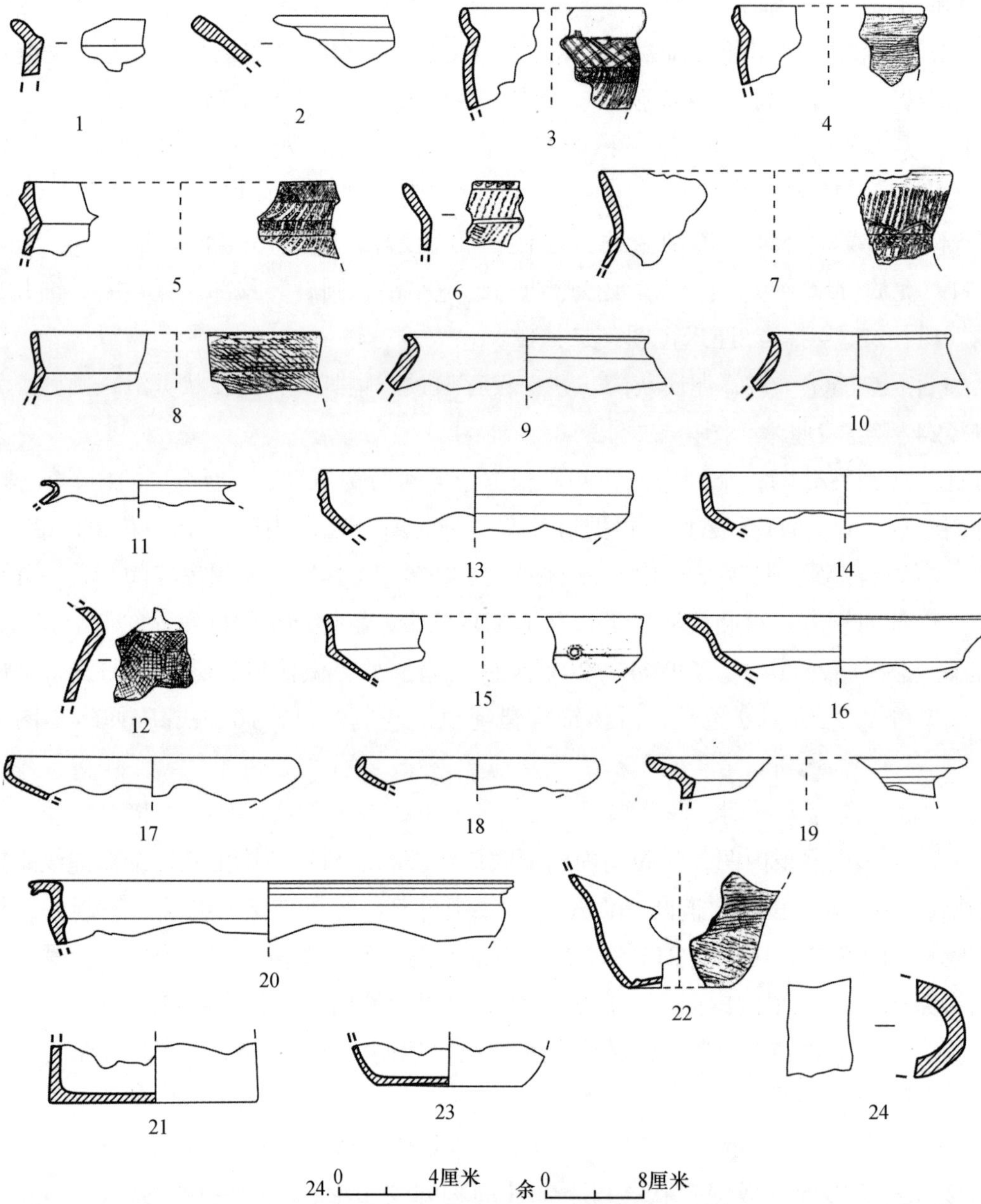

图一三　大地坪遗址出土陶器

1. B型大口缸（CT5④：16）　2. C型大口缸（CT1④：43）　3、4. A型高领罐（CT2④：8、CT3④：13）　5～8. B型高领罐（CT3④：12、CT5④：18、CT5④：19、CT1④：42）　9、10. A型矮领鼓腹罐（CT1④：37、CT1④：38）　11. B型矮领鼓腹罐（CT1④：39）　12. C型矮领鼓腹罐（CT1④：40）　13～15. A型折腹钵（CT1④：31、CT2④：10、CT5④：15）　16. B型折腹钵（CT3④：14）　17、18. 敛口浅腹钵（CT1④：36、CT3④：15）　19. 折沿敛口罐（CT2④：9）　20. 宽折沿盆（CT1④：34）　21. 直筒杯（CT1④：32）　22、23. 罐底（CT1④：35、CT1④：44）　24. 器耳（CT1④：45）

8.4厘米（图一三，4）。

B型　4件。3件为夹砂陶、1件为泥质陶。CT3④：12，夹砂红陶。残。敞口，圆唇外侧凸起，口部内侧有一道凸棱，圆鼓腹。唇面饰交错细绳纹，口下饰蕉叶状横向折叶纹，颈部有一周凸起泥条，肩下饰细交错绳纹。轮制。口径12.8、残高4.8厘米（图一三，5）。CT5④：18，夹砂红褐陶。残。敞口，圆唇，束颈。口下部饰竖向绳纹，颈部饰弦纹。轮制。残高5.8厘米（图一三，6）。CT5④：19，泥质红褐陶。残。敞口，尖圆唇，束颈，鼓腹。口下部饰竖向绳纹，颈部饰几道曲折不规整刻弦纹。轮制。口径29.2、残高8厘米（图一三，7）。CT1④：42，夹砂红褐陶。残。敞口，圆唇，唇外沿有一周细小的锯齿纹。束颈，鼓腹。口下部饰竖向绳纹。轮制。口径24、残高4.8厘米（图一三，8）。

矮领鼓腹罐　根据口沿形态变化划分为三型，A型侈口，B型卷沿，C型敞口。

A型　2件。夹砂灰陶、泥质红陶各1件。CT1④：37，夹砂灰陶。残，仅存口沿。侈口，斜折沿，尖圆唇。颈下饰一道凸棱。轮制。口径20、残高4.4厘米（图一三，9）。CT1④：38，泥质红陶。残，仅存口沿。侈口，斜折沿，尖圆唇。素面。轮制。口径14.4、残高4.8厘米（图一三，10）。

B型　1件。CT1④：39，泥质黑陶。残，仅存口沿。卷沿，方圆唇。素面。轮制。口径16、残高2厘米（图一三，11）。

C型　1件。CT1④：40，黑皮加细砂褐陶。残，仅存口沿。敞口，唇残破。颈下饰交错绳纹。轮制。残高7.6厘米（图一三，12）。

折腹钵　均为泥质陶，数量极少。根据形态变化分为二型，A型微侈口折腹、B型敞口折腹。

A型　3件。一般微侈口，尖圆唇或圆唇。CT1④：31，泥质灰陶。残。微侈口，尖圆唇。肩外有凸棱，折腹收成小底。素面。轮制。口径26、残高5.2厘米（图一三，13）。CT2④：10，泥质灰陶。残。微侈口，尖圆唇。肩外有凸棱，折腹收成小底。素面。轮制。口径24、残高4.8厘米（图一三，14）。CT5④：15，泥质橙黄陶。残。微侈口，尖圆唇。肩外有凸棱，折腹收成小底。素面。轮制。口径26、残高5.2厘米（图一三，15）。

B型　1件。CT3④：14，黑皮泥质灰陶。残。敞口，尖圆唇，折腹收成小底。素面。轮制。口径26、残高4.8厘米（图一三，16）。

敛口浅腹钵　可辨器形2件。CT1④：36，泥质灰陶。残。敛口，圆唇。折肩斜收成小底。素面。轮制。口径24、残高3.6厘米（图一三，17）。CT3④：15，泥质灰陶。残。微敛口，圆唇。折肩斜收成小底。素面。轮制。口径9.6、残高2.8厘米（图一三，18）。

折沿敛口罐　可辨器形1件。CT2④：9，夹砂红陶。残，仅存口沿。敛口，斜折沿，沿面内外有凹凸，圆唇。素面。轮制。口径26.4、残高3.2厘米（图一三，19）。

宽折沿盆　可辨器形1件。CT1④：34，黑皮泥质灰陶。残。微侈口，宽平折沿，方唇，唇面外侧有凹槽，鼓肩，斜弧腹。素面。轮制。口径40、残高4.8厘米（图一三，20）。

直筒杯　可辨器形1件。CT1④：32，泥质灰陶。残。直腹，平底。素面。轮制。底径17.2、残高4.8厘米（图一三，21）。

另外还发现2件陶罐的底部残片。CT1④：35，泥质灰陶。残。斜弧腹收成小平底。饰斜横向刻划纹。轮制。底径8、残高9.2厘米（图一三，22）。CT1④：44，泥质灰陶。残。斜弧腹收成小平底。轮制。底径12、残高3.2厘米（图一三，23）。

发现残器耳1件。CT1④：45，红衣泥质灰陶。残。桥形。素面。手制。残长4、残高2.4厘米（图一三，24）。

三、结　语

大地坪遗址出土的石器以打制为主，也有相当部分磨制精细的石器。器类有砍砸器、刮削器、石镞、雕刻器、石锤和磨制石斧、石锛、石铲、石凿等。陶器器类有长颈瓶、宽沿盆、大口缸、敛口浅腹钵、折腹钵、矮领敛口罐、折沿敛口罐、高领罐和直腹杯等。这些遗物多数出于同一地层，其中陶器以长颈瓶、高领罐、矮领敛口罐、敛口浅腹钵、折腹钵为本次发掘的典型器物和基本组合。

大地坪遗址的首次发掘，发现了地层关系清楚、内涵丰富、特征明显的古文化遗存，以F1和C区T1、T2、T3、T5的第4层及T4、T8的第5层等单位为代表。陶器特征和哨棚嘴遗址[①]、老关庙遗址[②]和玉溪坪遗址[③]同时期的同类器物大致相似，其年代均属于新石器时代晚期。

领队：席道合

发掘：席道合　黄阳秋　江少华　雷军建　王　峰

整理：黄阳秋　文国勋　雷　明　粟林洪

执笔：李永锋

① 北京大学考古学研究中心等：《忠县哨棚遗址发掘报告》，《重庆库区考古报告集·1999卷》，科学出版社，2006年。

② 吉林大学考古系等：《四川奉节老关庙遗址第一、二次发掘》，《江汉考古》1993年第3期；吉林大学考古系等：《奉节县老关庙遗址第三次发掘》，《四川考古报告集》，文物出版社，1998年。

③ 邹后曦、袁东山：《重庆峡江地区的新石器文化》，《重庆·2001三峡文物保护学术研讨会论文集》，科学出版社，2003年。

忠县中坝遗址2001年度发掘简报

四川省文物考古研究院
忠 县 文 物 管 理 所

一、引　　言

2001年10月至2002年1月，四川省文物考古研究所（今四川省文物考古研究院）中坝工作队在1997年、1998年、1999年、2000年工作的基础上，继续开展对中坝遗址的抢救性发掘。本次发掘选择在自抢救性发掘工作开始以来，没有开展过工作的㽏井河左岸的二级阶地上进行，我们将该区域规划为第Ⅲ区。经实地调查和钻探，我们将发掘区选择在㽏井河左岸地表较为平整的“落水井”处规划10米×10米探方20个进行发掘。探方编号分别为2001ZZⅢAT0103～2001ZZⅢAT0105、2001ZZⅢAT0203、2001ZZⅢAT0204、2001ZZⅢAT0302～2001ZZⅢAT0304……在发掘过程中发现，选择的发掘区，年代最早只能到唐代，而且，该地下部为冲沟，地下水顺沟而下，探方发掘到一定深度后，出水严重，导致少数探方隔梁垮塌，所以，我们马上改变发掘计划，变集中统一布方为分散布点，选择地势相对较高处布AT0309、AT0409、AT0610、BT0107、BT0207、CT0101、CT0102、CT0205、CT0402①（为便于叙述，省略2001ZZⅢ，后同），发掘面积2000平方米（图一）。

本次工作是该遗址开展抢救性发掘工作以来首次在㽏井河左岸阶地发掘，地层堆积与岛上相比较薄，依土质、土色划分的地层也只有10多层、发掘所获的遗迹和遗物也较往年较少，尽管如此，本年度的发掘还是取得了一些比较重要的发现，丰富和充实了中坝遗址周代及其以后各代的文化内涵。现将本年度发掘收获简报如下。

二、地层堆积

本年度发掘区较为分散，现选择探方相对集中、剖面比较典型的AT0302、BT0207、CT0101为例，介绍地层堆积情况。

1. AT0302

第1层：农耕土。厚20～60厘米。灰褐色，疏松，地表较平整。

第2层：距地表深约20、厚20～30厘米。黄色淤泥，夹少量砂，质较软，含少量田螺，纯

---

① A、B区为同一直角坐标系；C区因农舍和树、竹的遮挡和影响，按开方顺序，规划为C小区。

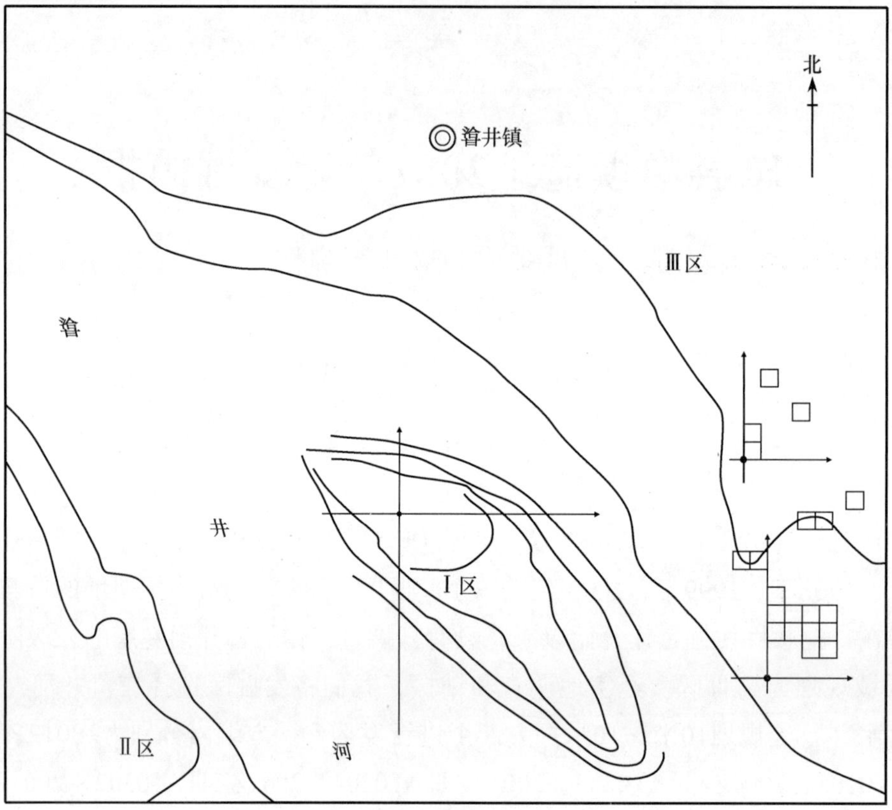

图一　2001年度中坝遗址发掘探方分布示意图

净，除西南角一团无分布外，探方内均有分布。

第3层：距地表深45、深5～10厘米。黄砂，疏松，颗粒粗，纯净，探方内均有分布。

第4层：距地表深50、厚约45厘米。灰褐泥，有大量紫色水锈，质细腻，含田螺较多，出土少量陶瓷片，陶器有尖底杯，汉代盆口沿、瓦片；瓷片有六朝青釉瓷，明代釉瓷等，本层探方内均有分布。

第5层：距地表深95、厚5～18厘米。黄砂土，含大量紫色水锈，颗粒较粗，含较多田螺，出土少量陶瓷片，时代最晚的为宋代葵口碗残片，本层探方内均有分布，其堆积东部较薄，西部较厚。

第6层：距地表深95～113、厚0～20厘米。黄淤砂泥，含紫色水锈，质较软，纯净，分布于探方西部，其堆积东薄西厚。

第7层：距地表深约138、厚0～17厘米。灰色淤砂泥，含大量紫色水锈，质较软，纯净，仅分布于探方西部，其堆积由东向西逐渐变厚。

第8层：距地表深125～155、厚0～25厘米。灰色淤砂，含少量紫色水锈，质较硬，细腻，纯净，分布于探方西部，其堆积形态与第6、7层相同。

第9层：距地表深120～180、厚0～30厘米。灰黄色淤砂泥，质软，纯净，分布于探方西部，堆积形态与第6～8层相同。

第10层：距地表深120～202、厚0～30厘米。黄粗砂，局部泛灰，极疏松，纯净，分布于探方西部，堆积形态与前相同。

第11层：距地表深120～260、厚0～50厘米。灰黑色黏土，质较细，包含少量陶瓷片和瓦块以及1件铁锥形器，瓷片最晚有1件唐代白釉盆，堆积形态与前同，分布于探方中部和西部。

第12层：距地表深120～320、厚0～55厘米。灰绿黏土，质细腻，纯净，探方内均有分布，堆积由东向西倾斜。

第13层：距地表深120～285、厚0～35厘米。灰黄土，质较软，纯净，分布于探方中部和东部，堆积状况与第12层相同。

第14层：距地表深140～325、厚0～35厘米。灰黑土，质细腻，较软，出有唐代青釉瓷片和瓦块，除西部外探方内均有分布，堆积状况与上层同。

第15层：距地表深170～280、厚0～40厘米。灰绿黏土，质细腻，纯净，与第12层土质土色相近，分布于探方东部，堆积状况与上层相同。

第15层以下为生土，黄色黏土，夹白膏泥，质坚硬。

根据地层堆积情况和各层包含物内涵特征分析，各地层年代如下：第14、11层为唐代；第5层为宋代；第4层为明清；第1层现代。第15、13、12、10～6、3、2层为洪水淤积层，时代不确定（图二）。

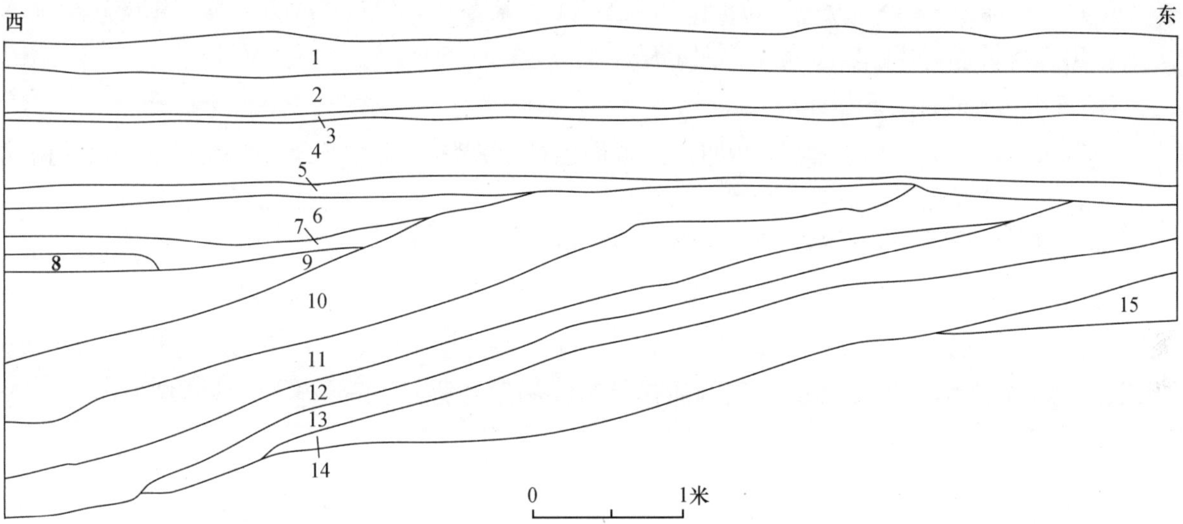

图二　AT0302北壁剖面图

2. BT0207

第1层：厚3～25厘米。黄褐砂土，松软。遍布全方，由东北向西南略倾斜。含较多现代杂物。

第2层：深10～47、厚0～43厘米。紫红色砂土，较紧。主要分布于探方西部，纯净。

第3层：深5～80、厚0～28厘米。黄砂土，松软。分布于探方大部。纯净。

M87、M88、M89开口于第3层下。

第4层：深25～85、厚0～26厘米。褐色砂土，紧，硬，分布于探方大部，由北向南倾斜。出土少量陶瓷片，多为白瓷碗、盏等。

H653开口于第4层下。

第5层：深36～55、厚0～20厘米。红褐色烧土，含灰烬。仅分布于探方东北部。出土少量陶瓷片、瓦片，有葵口白瓷碗、三足釜等物。

第6层：深40～150、厚0～68厘米。灰黑色灰烬堆积，松软，杂少量红砂土。仅分布于探方东部，由北向南倾斜严重。出土较多白瓷片、青瓷片、陶片等。

第7层：深40～185、厚0～53厘米。花杂土，含灰烬较多，较紧。分布于探方大部，由西北方东南倾斜，东南角严重倾斜。出土较多陶瓷片、瓦片、较多白瓷碗、碟少量、酱釉碗、三足釜等。

第8层：深45～80、厚0～39厘米。褐色土，极紧，硬，含炭质物。仅分布于探方西北部。出土少量酱釉瓷片，较多三足釜。

第9层：深65～173、厚0～53厘米。紫红色砂黏土，紧，硬，分布于探方大部，由西北向东南倾斜。出土少量白瓷片、砖瓦片等。

H654、H655开口于第9层下。

第10层：深90～205、厚0～27厘米。黄褐色砂黏土，含较多灰烬而略显黑，紧，较软。分布于探方东部，由北向南急剧倾斜。出土少量白瓷片、酱釉瓷片、绳纹板瓦等物。

第11层：深85～215、厚0～38厘米。褐色黏土，紧，硬。分布于探方大部，东南角呈陡坎分布。出土少量青瓷片、较多陶片、大量瓦片。

H656开口于第11层下。

第12层：深115～150、厚0～29厘米。黄褐色黏土，紧，硬。仅分布于探方东北角，由北向南倾斜。出土较多绳纹板瓦、少量折腹盆等。

第13层：深125～155、厚0～17厘米，土黄色黏土，极紧，极硬。仅分布于探方东北角一小片范围内。出土少量角杯陶片等物。

根据地层堆积情况和各层包含物内涵特征分析，各地层年代如下：第13层为西周；第12层为汉代；第11层为南朝；第10～9层为唐代；第8～4层和第3层下遗迹为宋代；第3、2层为淤沙；第1层为近现代（图三）。

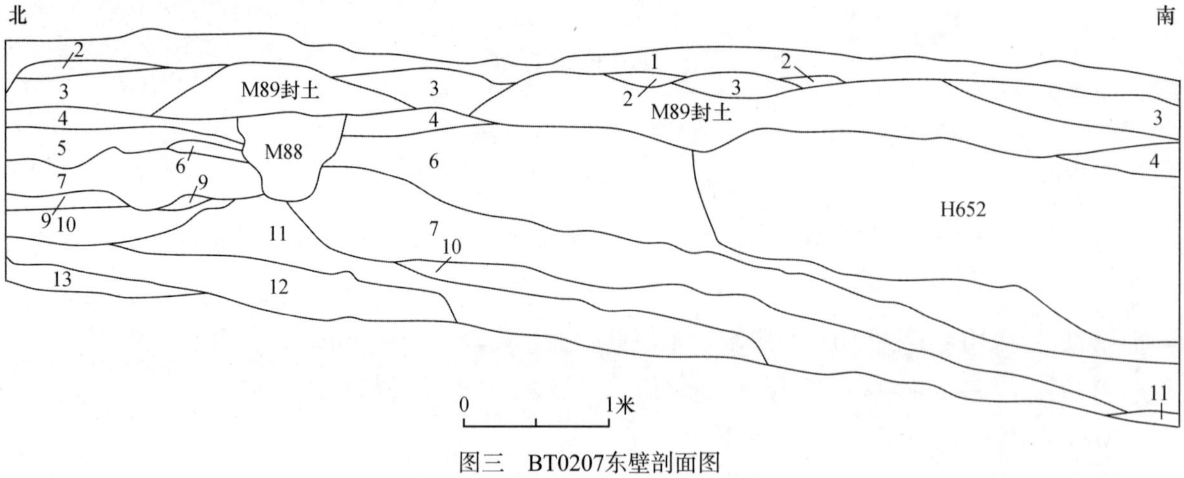

图三　BT0207东壁剖面图

3. CT0101

1A层：厚5～30厘米。为现代房子地面。

1B层：厚7～80、距地表深90厘米。为现代处理地面填土层。

第2层：厚0～50、距地表深50～75厘米。为清代扰土层。

第3层：厚20～70、距地表深105～135厘米。土色为灰土，内含明清及宋代陶片。

第4层：厚5～30、距地地表深110～145厘米。灰色土夹杂有红烧土块及陶瓦片，为宋代扰土层。时代宋代晚期层。

第5层：厚0～37、距地表深135～165厘米。土色灰黄色，内含红烧土及草木灰、陶瓦片及瓷片。断定为宋代层。

第6层：厚0～21、距地表深156～200厘米。土色灰褐色内含宋代瓷片与陶片。时代应属宋代。

第7层：厚度0～36、距地表深160～215厘米。土色为五花灰土，含有灰烬及少量陶瓷片。为宋代层。

第8层：厚5～60、距地表深175～255厘米。土色浅灰色，内含大量碎瓦片，此层为F289下填层并经轻微夯打，土质较硬，瓷片较少。此层属南北朝时期。

第9层：层厚0～60、距地表深205～260厘米。局部灰色及浅灰微黄色，内含汉代瓦片及陶片。时代为汉代。

第10层：厚0～57、距地表深210～295厘米。土色浅黄色，内含周代陶片及尖底杯底片，时代应为东周。

第11层：厚0～50、距地表深215～323厘米。土色为黄色，内含陶片较少，土质较硬，其下为生土，此层时代为西周早期活动层。

根据地层堆积情况和各层包含物内涵特征分析，各地层年代如下：第11层为西周；第10层为东周；第9层为汉代；第8、7层为南朝；第6层为唐代；第5、4层为宋代；第3层为明清；第2、1A、1B层为近现代层（图四）。

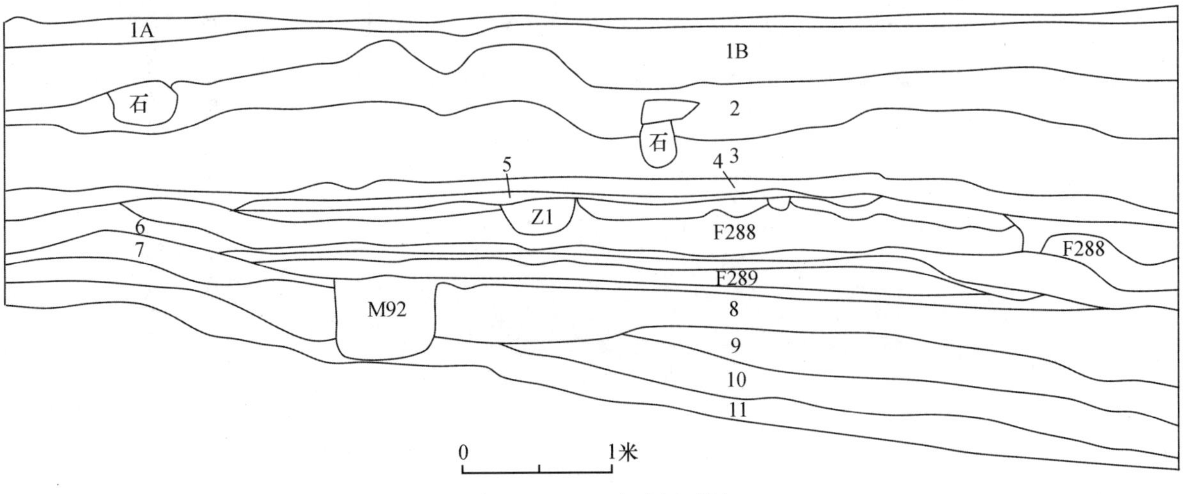

图四　CT0101东壁剖面图

三、周代遗存

周代遗存是中坝遗址的主体遗存之一，但2001年度在Ⅲ区的发掘中，这一时期的地层堆积和遗迹、遗物发现得都很少。

（一）遗迹

只发现窑1座。

Y29 位于CT0402西南角。开口于第11层下，打破生土。平面形状略呈葫芦形，残存窑底部分、火门、火道和窑前工作室，残长2.3米。

窑室：平面呈圆形，直径1.2米。窑室内填灰土和出土大量的陶片。

火门：火门近圆形，上端稍尖，高35、宽30厘米，有火烧面。

火道：长40厘米，内径同于火门口径，斜上窑室有很厚的烧结面。

窑前工作室：窑前工作室为半地穴式坑，形似梯形，靠火门一端大，长80、宽60厘米。另一端被邻方隔梁压住。周围用大石头砌壁加固（图五）。

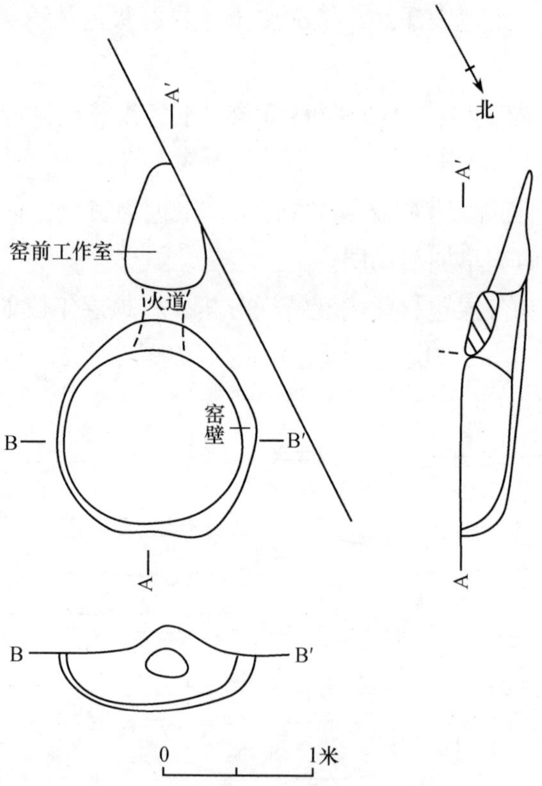

图五 Y29平、剖面图

（二）遗物

出土遗物较少，主要有陶器，石器极少。

1. 陶器

陶质以夹砂为主，可细分为夹粗砂、细砂两种，在不同时期夹砂粗、细略有变化，泥质陶较少。陶色以红陶和红褐陶为主，次为灰陶和灰褐陶，褐陶、黑陶也占一定比例，在稍大型的器物上，陶色不匀的现象较常见；陶胎主要为黑、红、灰色。纹饰以绳纹为主，可细分为细、中粗、粗绳纹3种，划纹、弦纹、方格纹、戳印纹、篦点纹等较少，素面陶也占一定比例。制法以轮制、手制和慢轮修整为主，兼有分制、模制等。火候一般较高，部分较低。器类主要有瓮、罐、碗、盘、豆、钵、杯、器盖、纺轮、网坠等。

齿唇瓮　Y29：19，夹砂灰褐陶。局部红褐、灰黑。唇部戳按呈波浪形齿，领、肩饰绳纹。侈口，矮领微束，斜肩。残。手制，火候较高。残宽15.2、残高8.2厘米（图六，1）。Y29：20，夹砂灰褐陶。局部灰黑。唇部戳按呈波浪形齿。侈口，卷沿。残。手制，火候较高。口径31.2、残高7.2厘米（图六，2）。

按唇瓮　Y29：10，夹砂灰陶。口、里黑。唇部按窝较深，外沿下部饰戳印纹，肩饰绳纹。侈口，卷沿，微有肩。残。手制，火候较高。口径27.6、残高6.4厘米（图六，3）。Y29：13，夹砂褐陶。局部红褐、黑。唇部按窝较浅。侈口，卷沿，溜肩，残。手制，火候较高。肩饰绳纹。残宽12.2、残高8厘米（图六，4）。Y29：14，夹砂灰陶。唇部按窝浅。侈口，卷沿，溜肩。残。肩饰绳纹。手制，火候较高。残宽11.8、残高7厘米（图六，5）。

辫唇瓮　CT0101⑪：6，夹砂灰褐陶。唇部按抹呈辫绳波浪形。侈口，卷沿。残。手制，火候较高。残宽5.8、残高5厘米（图六，6）。CT0101⑩：14，夹砂红陶。局部胎灰褐。唇部按抹略呈辫绳波浪形。侈口，卷沿，有肩。残。手制，火候较高。残宽7.2、残高4.8厘米（图六，7）。

辫唇缸　CT0101⑩：15，夹砂黑陶。局部灰黑。唇部按抹呈辫绳波浪形。侈口，卷沿。残。手制，火候较高。残宽6、残高4.6厘米（图六，8）。

齿唇罐　Y29：16，夹砂红褐陶。口黑，胎、里灰。唇部戳印呈尖齿，肩饰绳纹。侈口，卷沿外斜，溜肩。残。手制，火候较高。残宽9.2、残高6厘米（图六，9）。Y29：17，夹砂灰褐陶，口沿黑，红褐胎。唇部戳按呈波浪形齿，肩饰绳纹。侈口，卷沿，斜肩。残。手制，火候较高。残宽11.2、残高5.2厘米（图六，10）。

按唇罐　CT0101⑩：7，夹砂灰褐陶。局部灰。唇部按窝较浅。侈口，卷沿，束颈，有肩。残。手制，火候较高。口径15、残高5厘米（图六，11）。Y29：8，夹砂灰褐陶，局部胎灰黑。唇部按窝较浅。侈口，卷沿外翻，残。手制，火候较高。残宽8.4、残高3.8厘米（图六，12）。Y29：9，夹砂红褐陶，局部灰褐。唇部按窝较深，腹饰绳纹。侈口，卷沿，鼓腹，残。手制，火候较高。残宽5.4、残高5.2厘米（图六，13）。

辫唇罐　CT0101⑩：10，夹砂红陶。唇部按抹略呈辫绳波浪形，肩饰绳纹。侈口，卷

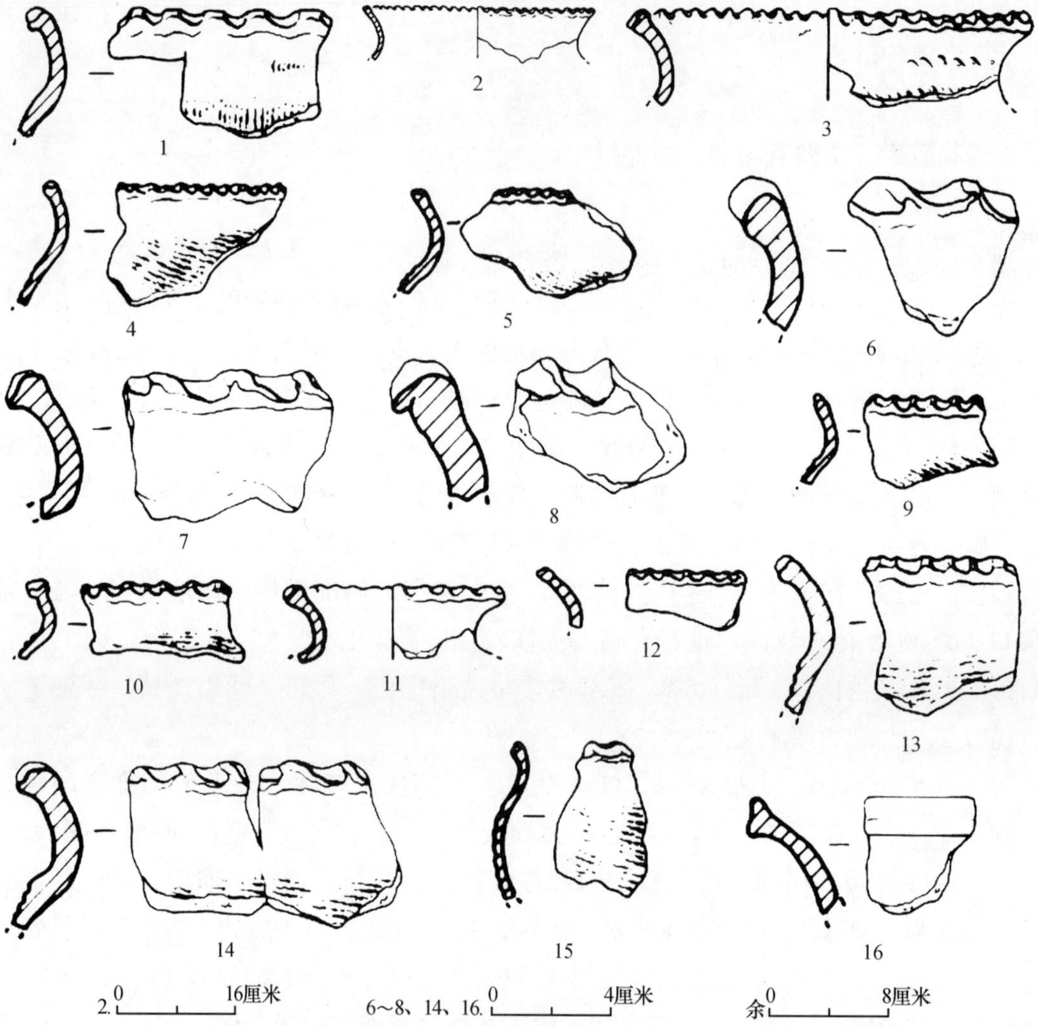

图六　周代陶器

1、2. 齿唇瓮（Y29：19、Y29：20）　3～5. 按唇瓮（Y29：10、Y29：13、Y29：14）　6、7. 辫唇瓮（CT0101⑪：6、CT0101⑩：14）　8. 辫唇缸（CT0101⑩：15）　9、10. 齿唇罐（Y29：16、Y29：17）　11～13. 按唇罐（CT0101⑩：7、Y29：8、Y29：9）　14. 辫唇罐（CT0101⑩：10）　15. 花边圜底罐（CT0101⑪：5）　16. 子母口罐（CT0101⑩：21）

沿，斜肩。残。手制，火候较高。残宽9.2、残高5.6厘米（图六，14）。

花边圜底罐　CT0101⑪：5，夹砂红褐陶，胎、里灰褐。唇部戳刮、外沿内抹呈波浪形，腹饰中粗绳纹。侈口，束颈，鼓腹。残。手制，火候较高。残宽6.4、残高10.2厘米（图六，15）。

子母口罐　CT0101⑩：21，泥质灰褐陶，红胎。外沿有凸棱一周。喇叭口，内沿面微凹，圆唇。残。轮制，火候高。残宽3.8、残高3.8厘米（图六，16）。

侈口罐　CT0101⑩：18，夹砂红陶，局部红褐。素面。侈口，折沿外翻，圆唇，鼓腹。残。轮制，火候较高。残宽5.6、残高3.6厘米（图七，1）。

敞口罐　CT0101⑩：19，夹砂黑陶。素面。侈口，圆唇。残。轮制，火候较高。残宽6.8、残高4厘米（图七，2）。

罐形釜　Y29：5，夹砂灰褐陶，灰胎。腹饰细绳纹。侈口，卷沿，圆唇，鼓腹。残。轮制，火候较高。口径8.8、残高4.6厘米（图七，3）。Y29：6，夹砂红褐陶，红胎。腹饰绳纹。侈口，卷沿，圆唇，鼓腹。残。轮制，火候较高。口径10.4、残高6.4厘米（图七，4）。

器座　CT0101⑩：20，夹砂红褐陶，灰褐胎。素面，多按抹抹痕。壁微外斜，底缘局部内凹。残。手制，火候较高。残宽4.8、残高6厘米（图七，5）。

尖底盏　Y29：3，泥质灰陶，局部灰褐。素面。敛口，沿内卷，圆唇，弧腹，残。轮制，火候较高。残宽4.8、残高3.6厘米（图七，6）。

角杯　Y29：1，泥质灰褐陶，局部红褐。素面。腹斜弧，尖底，残。手制，火候较高。残高7厘米（图七，7）。CT0101⑪：4，泥质灰褐陶，局部红褐。素面，内壁有旋痕。腹较斜弧，下腹折内收，尖底。残。轮制，火候较高。残高7.4厘米（图七，8）。

尖底杯　Y29：2，泥质红陶，局部灰褐。素面。腹斜弧，下腹折内收，尖底。残。轮制，火候较高。残高5.8厘米（图七，9）。CT0101⑩：5，泥质灰褐陶，局部灰黑。素面，下腹微有折棱。弧腹，下腹折内收，尖底。残。轮制，火候较高。残高5.6厘米（图七，10）。

器盖　CT0101⑪：7，夹砂灰褐陶。素面。喇叭口，圆唇。残。手制，火候较高。残宽5.2、残高2.6厘米（图七，11）。

圈足　Y29：7，泥质灰褐陶，胎红夹灰褐。素面。圈足较高，外撇，有内沿。残。轮制，

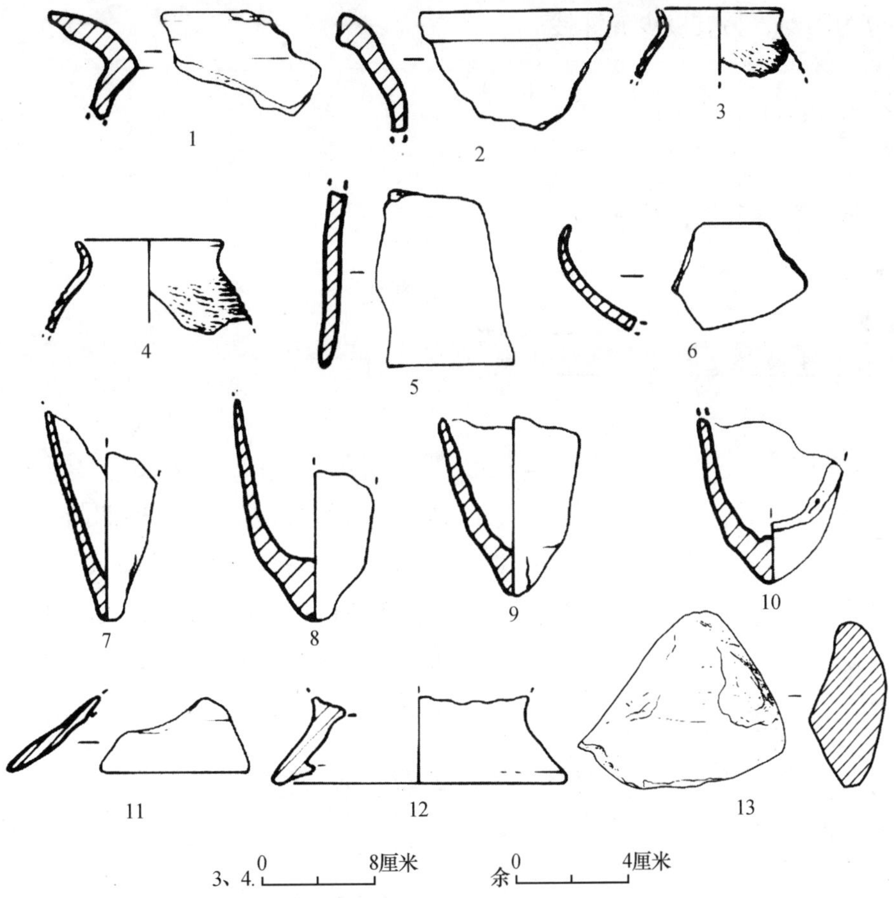

图七　周代陶、石器

1. 陶侈口罐（CT0101⑩：18）　2. 陶敞口罐（CT0101⑩：19）　3、4. 陶罐形釜（Y29：5、Y29：6）　5. 陶器座（CT0101⑩：20）　6. 陶尖底盏（Y29：3）　7、8. 陶角杯（Y29：1、CT0101⑪：4）　9、10. 陶尖底杯（Y29：2、CT0101⑩：5）　11. 陶器盖（CT0101⑪：7）　12. 陶圈足（Y29：7）　13. 石核（CT0101⑪：3）

火候较高。足径10.4、残高3厘米（图七，12）。

2. 石器

出土石器极少，只发现石核1件。

石核　CT0101⑪：3，灰色砾石。近三角形，多打击痕。长7.4、宽6、厚2.7厘米（图七，13）。

（三）年代

从地层叠压关系和出土遗物的特征方面与中坝遗址其他年度发掘情况比较，其年代约在周早期至战国晚期，绝对年代在距今3000～2000年。

四、汉代遗存

出土遗迹、遗物的探方和地层单位较周代增多，发现遗迹较少，出土遗物相对较少。出土遗物绝大部分为陶器，另有极少五铢钱。

（一）遗迹

发现有灰坑、墓葬两类，数量少。

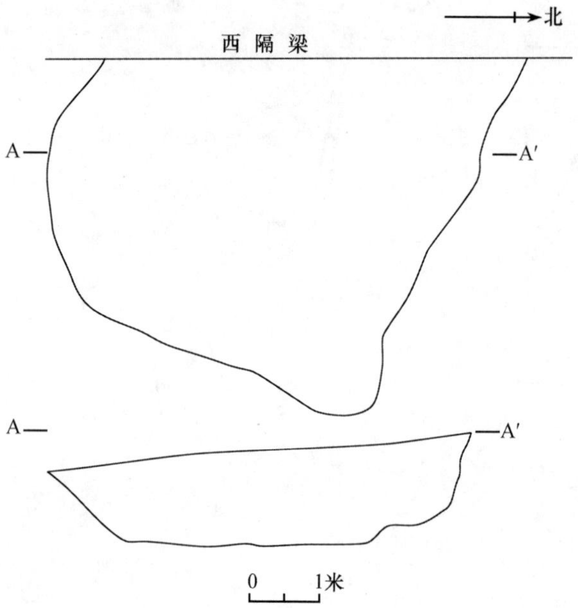

图八　H665平、剖面图

1. 灰坑

1座。

H665　位于CT0101西部，部分压在西隔梁下。层位关系：⑧→H665→⑨。平面形状不规则，可能为长方形，坑壁凹凸不平，不见加工痕迹。深90～155厘米（图八）。

坑内填土及包含物：内填浅灰土，出土少量瓦片、陶片和铁渣、铁条（锈蚀严重，不辨器形）。

2. 墓葬

2座。

M93　位于CT0101西南角，墓口距地表深220厘米。层位关系：⑧→M93→⑨。

形制：墓圹呈不规则竖穴土坑，西北—东

南向，墓壁斜弧，平底，口大底小。口长178、宽68、底长120、宽25、残深20厘米（图九）。

墓葬填土：五花灰土。

葬具：筒瓦三组，西北部3筒瓦横排两组，东南部2筒瓦横排成棺，西南侧有一滑落筒瓦，共计16件。

人骨：腐朽严重，部分采集，性别、年龄待检测。未成年。

随葬品：无。

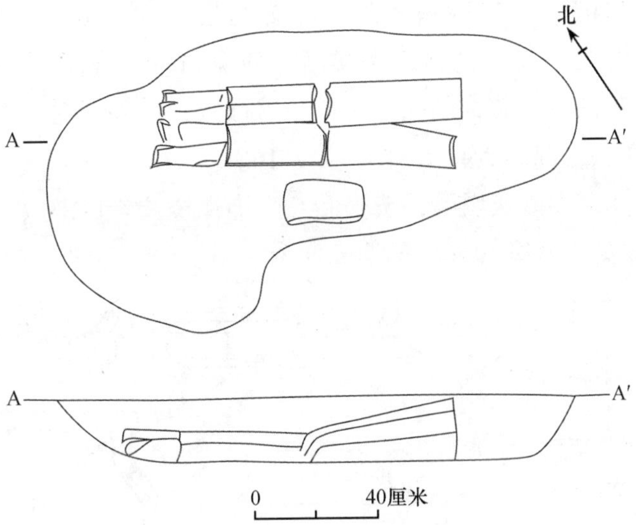

图九　M93平、剖面图

（二）遗物

出土遗物较少，主要是陶器，少量石器。

1. 陶器

陶器以夹砂灰黑、灰褐和灰陶为主，极少夹砂灰白陶，少有泥质陶。陶器绝大部分为素面，少有绳纹、凹弦纹、瓦棱纹和镂孔。全为轮制，仅流、耳部分分制，火候高。器类主要有瓮、罐、甑、盆、盘、钵、器盖、瓦等。

矮领瓮　BT0107⑩B：17，泥质灰黑陶，红褐胎。领饰凸弦纹一周，肩饰抹断绳纹，上肩部抹呈细线。口近直，圆唇，矮直领，斜弧肩。残。轮制，火候高。口径11.2、残高6.8厘米（图一〇，1）。BT0107⑩B：18，夹砂灰褐陶，胎褐夹灰。唇饰凹弦纹二周。侈口，矮领外斜，斜肩。残。轮制，火候高。残宽12.8、残高5厘米（图一〇，2）。

瓮底　BT0107⑩B：19，夹砂灰黑陶，局部灰褐。素面。下腹弧收，平底。残。轮制，火候高。残宽9、残高3.8厘米（图一〇，3）。

矮领罐　CT0402⑪：4，泥质灰陶。素面。口微侈，圆唇，矮领，广肩。残。轮制，火候高。残宽10、残高4厘米（图一〇，4）。

折沿罐　BT0107⑩B：16，夹砂灰黑陶。肩近颈部饰凸弦纹一周，肩饰细绳纹、按抹，内沿有凹槽一周。口微敛，折沿外下弧，唇面微凹，矮颈，广肩。残。轮制，火候高。残宽9、残高4.2厘米（图一〇，5）。

折肩罐　BT0107⑩B：13，泥质灰褐陶。腹饰篮纹。口微侈，微有窄外沿，圆唇，斜折肩，弧腹。残。轮制，火候较高。残宽6.9、残高4.8厘米（图一〇，6）。

甑　CT0402⑪：3，夹砂褐陶，紫红胎。底有圆形镂孔。下腹弧收，平底。残。轮制，火候高。残宽9.2、残高5.6厘米（图一〇，7）。BT0107⑩B：11，夹砂灰褐陶。底有圆形外向里穿镂孔。下腹斜收，平底。残。轮制，火候较高。残宽10、残高4.6厘米（图一〇，8）。

折腹盆　CT0402⑪：1，夹砂灰褐陶。腹饰凸棱一周。敞口，折沿外下弧，圆唇，上腹微束、下腹内折斜收。残。轮制，火候高。残宽11.4、残高7.2厘米（图一〇，9）。BT0107⑩B：7，夹砂灰褐陶。腹饰凸弦纹一周。口微敛，沿外下卷，方唇，上腹微弧。残。轮制，火候高。残宽11.2、残高8.2厘米（图一〇，10）。

盆　BT0107⑩B：8，夹砂灰黑陶，灰褐胎。腹饰瓦棱纹。口微敛，沿外下卷，圆尖唇，弧腹。残。轮制，火候高。残宽20.6、残高9.2厘米（图一〇，11）。BT0107⑩B：9，夹砂灰

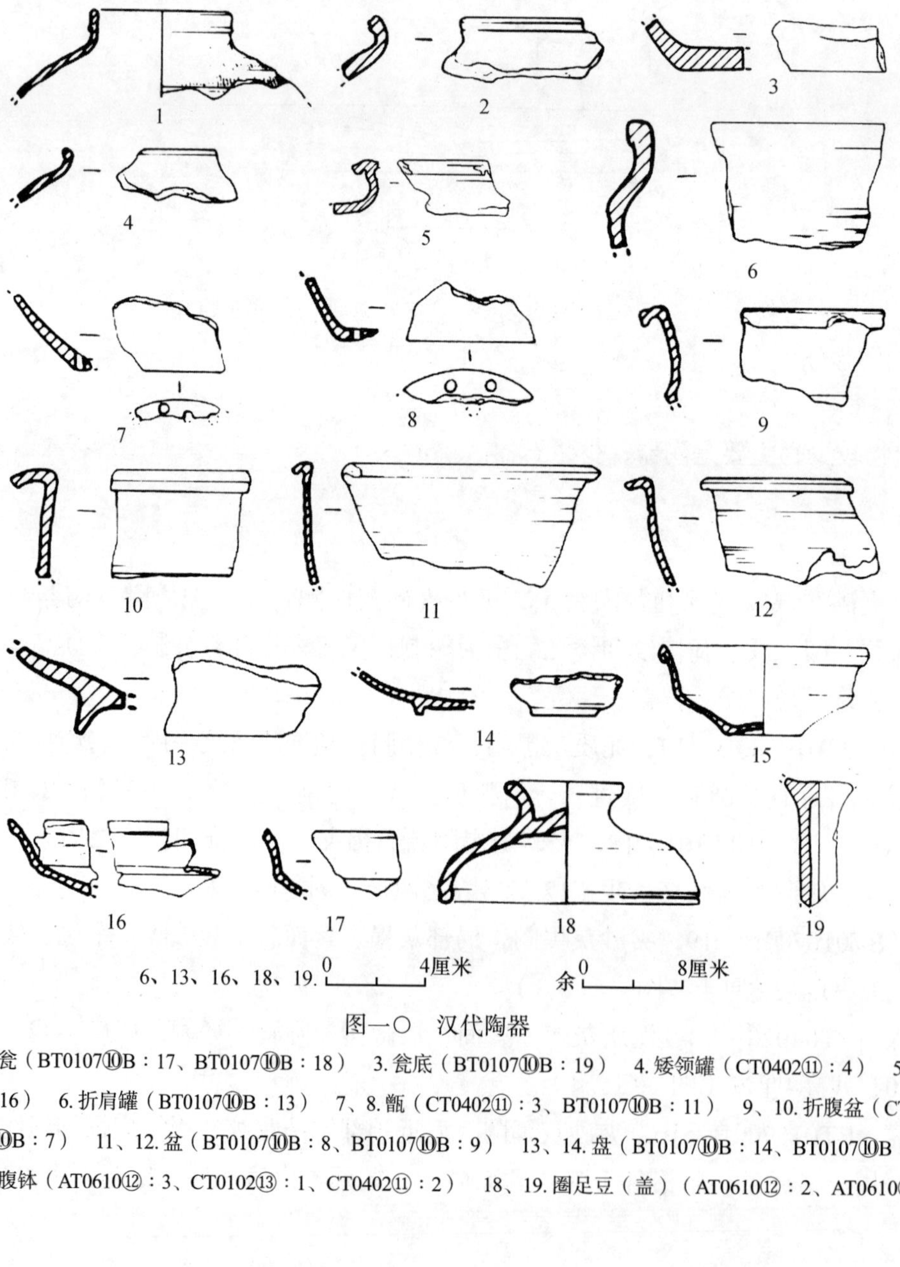

图一〇　汉代陶器

1、2. 矮领瓮（BT0107⑩B：17、BT0107⑩B：18）　3. 瓮底（BT0107⑩B：19）　4. 矮领罐（CT0402⑪：4）　5. 折沿罐（BT0107⑩B：16）　6. 折肩罐（BT0107⑩B：13）　7、8. 甑（CT0402⑪：3、BT0107⑩B：11）　9、10. 折腹盆（CT0402⑪：1、BT0107⑩B：7）　11、12. 盆（BT0107⑩B：8、BT0107⑩B：9）　13、14. 盘（BT0107⑩B：14、BT0107⑩B：15）　15～17. 折腹钵（AT0610⑫：3、CT0102⑬：1、CT0402⑪：2）　18、19. 圈足豆（盖）（AT0610⑫：2、AT0610⑫：4）

褐陶，灰黑胎。唇面、上腹各饰凹弦纹一周。敞口，沿外下卷，唇面微凹，弧腹。残。轮制，火候较高。残宽14.2、残高8厘米（图一○，12）。

盘 BT0107⑩B：14，泥质灰褐陶。素面。下腹斜收，圈足较矮、外斜。残。轮制，火候较高。残宽6.3、残高3.2厘米（图一○，13）。BT0107⑩B：15，夹砂黑陶。局部红，褐胎。素面。下腹弧收，矮圈足、较直。残。轮制，火候较高。残宽8.6、残高3.4厘米（图一○，14）。

折腹钵 AT0610⑫：3，夹砂灰褐陶。素面。敞口，窄外沿，圆唇，折腹，底内凹，复原。轮制，火候较高。口径16.8、底径6.4、高6.6厘米（图一○，15）。CT0102⑬：1，泥质灰黑陶。上腹饰瓦棱纹、下腹饰细凹弦纹，内上腹饰暗纹。敞口，有外沿，圆唇，折腹，残。轮制，火候高。残宽9、残高5.6厘米（图一○，16）。CT0402⑪：2，泥质灰黑陶，胎红褐。素面，内上腹多瓦棱纹。敞口，唇面微凹，折腹，残。轮制，火候高。残宽7.2、残高4.8厘米（图一○，17）。

圈足豆（盖） AT0610⑫：2，夹砂黑陶，红胎。外沿饰细凹弦纹一周。圈足状捉手，弧壁，口微敛，圆唇，修复。轮制，火候较高。捉手径4.7、口径10.3、高4.6厘米（图一○，18）。AT0610⑫：4，泥质灰褐陶。素面。钉帽形纽，细柄，残。手制，火候一般。残高4.9厘米（图一○，19）。

2. 石器

出土石器很少，石材都为砾石，器类只有斧、锛，磨制，有使用痕。

斧 AT0610⑪：1，灰白色砾石，多灰褐色层理。平面近长方形、顶部略窄。圆角平顶，弧刃、锋利、极少小崩疤，偏锋，顶微残。磨制。长7.2、宽4.2、厚1.7厘米。

锛 AT0610⑩：1，暗红色砾石，局部黄。顶不规整弧形，弧刃、有崩疤，偏锋，微残。磨制。残长5、宽4、厚1.3厘米。

（三）年代

从地层叠压关系和出土遗物的特征方面与中坝遗址其他年度发掘情况比较，其年代约当西汉。

五、南朝遗存

出土遗迹、遗物较少。遗迹只发现窑一种；遗物陶器很少，瓷器较多，多施青釉，少有褐釉和黄釉瓷。

（一）遗迹

只有窑1座。

Y27　位于BT0107西南部，部分压于BT0207东隔梁南段下。开口于H662下，打破第11B层。窑身平面呈椭圆形，窑顶已垮塌，长径300、短径234厘米。可分为窑室、火膛、火门和窑前工作面几部分。

窑室底部呈梯形，前端窄，宽140、后端宽195、长240厘米，为一平整烧结面，可分两层。上层为青花灰色，厚1～6厘米，质坚硬；下层为深红色，厚约12厘米，质紧密，密底后端竖直4块砖头，不知有何作用。

火膛：位于火门与窑室之间，平面呈梯形，前窄后宽，长70、宽40厘米，底为圜底，最深40厘米，地势较窑底低洼，以使火势进入窑身内，火膛处底部烧结面上为青灰色，坚硬，主要在火膛前部和后部，厚1～3厘米，下呈深红色，质紧密，厚5～10厘米 。

火门：位于窑前工作面与火膛之间，方向东偏南，形状呈拱形，现存宽60～70、高约80厘米，为火膛之窑壁向内收而形成，与窑膛浑然一体，亦用黏土做成，现经火烧形成内为青灰色外为红色的烧结面，其中红色烧结面厚约10、青灰色烧结面厚约20厘米。

窑前工作面：位于火门之前，为一道长条形沟，腹斜收，平底，长150、上宽140、下宽80厘米，部分位于BT0107南壁一外，故未完全暴露和清理（图一一）。

塌陷情况：窑顶和窑壁垮塌后形成了编为Y27②、③层的堆积。

窑内堆积及包含物，可分三层。

第1层：分布于窑前工作面及其东低洼处，为灰黑土，夹黄黏土，质紧密，包含有较多饰稀疏绳纹的瓦片和青瓷片，厚约65厘米，应为Y27垮塌后之堆积，出土“五铢”钱1枚。

第2层：以黄黏土为主的杂花土，质紧密，含少量饰稀疏绳纹瓦片和陶片，分布在窑身和火膛处，厚100～150厘米，该层堆积应为Y27垮塌堆积，为窑顶和窑壁外部，故仅含少量红烧土和灰土。

第3层：以红烧土为主，夹杂少量黄黏土，质紧密，含少量饰稀疏绳纹瓦片和陶片，分布范围与第2层同，火膛部位该层夹杂较多窑渣（青灰色烧结块），厚8～66厘米，该层堆积为窑顶和窑壁内部塌陷后形成的堆积。

（二）遗物

出土遗物主要为陶、釉陶和瓷器，以瓷器为主。

1. 陶器

发现极少，都为建筑材料。

砖　CT0101⑧：6，泥质灰陶，局部黑。正面饰方形几何形纹。平面呈长方形，残。模制。火候高。残长10.7、残宽10.8、厚4.1厘米（图一二，1）。

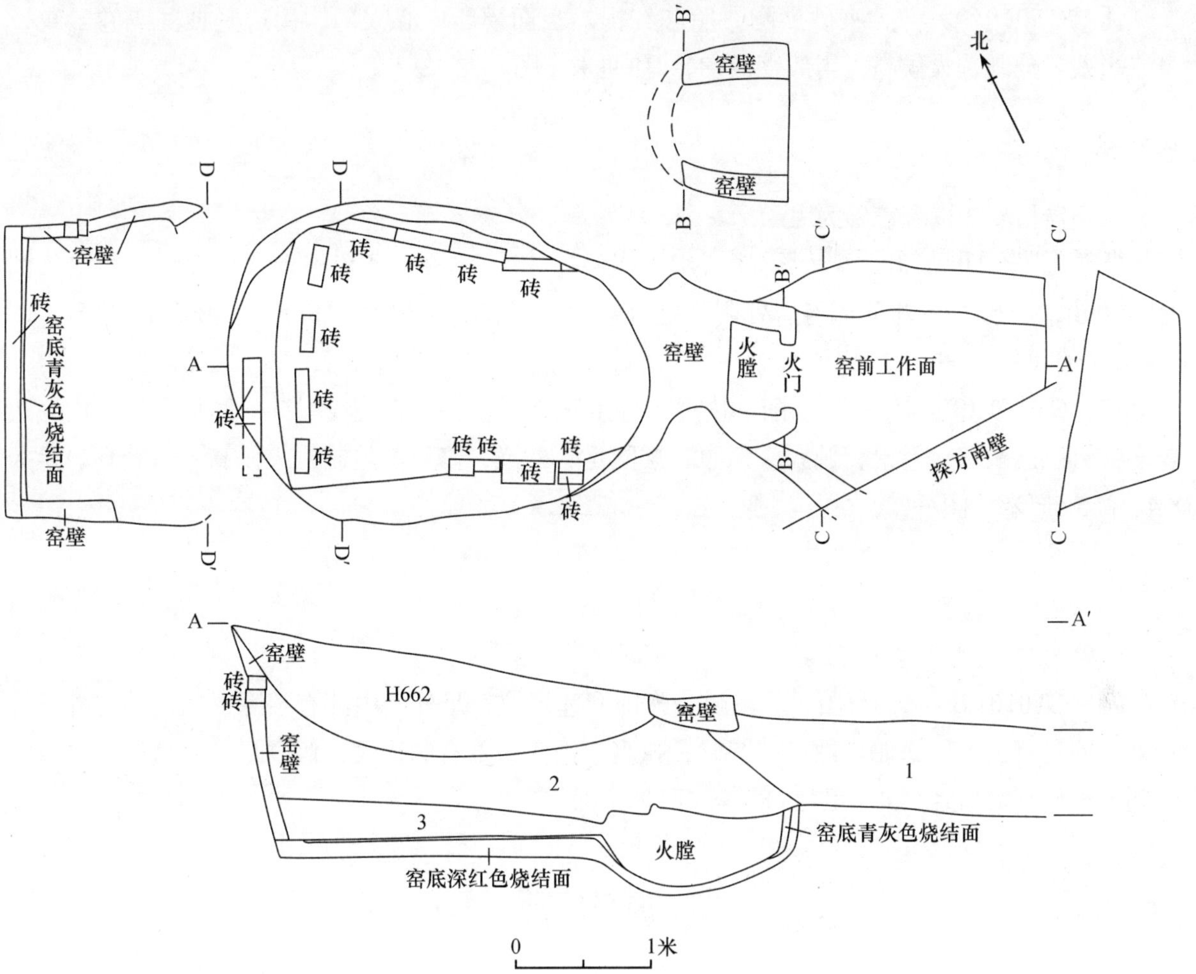

图一一　Y27平、剖面图

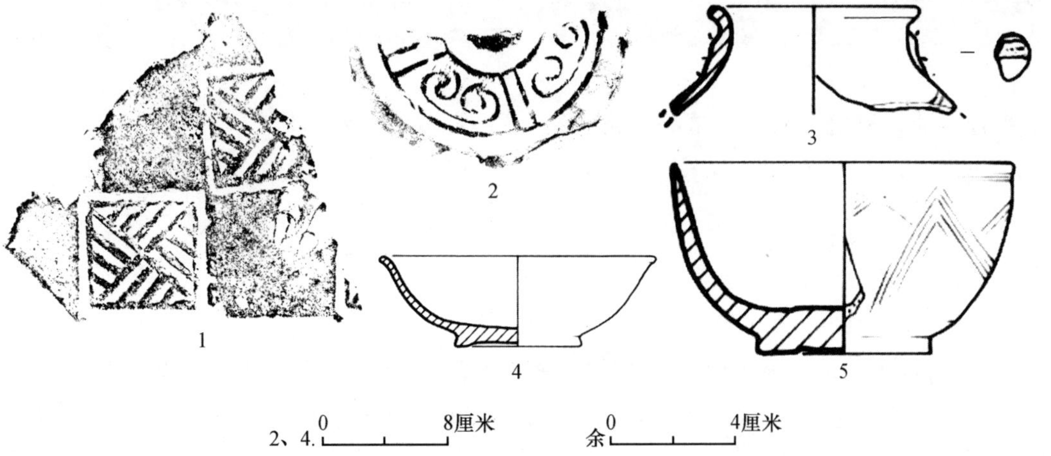

图一二　南朝遗物

1. 陶砖（CT0101⑧：6）　2. 陶瓦（CT0101⑧：2）　3. 釉陶矮领罐（CT0101⑧：5）
4. 釉陶碗（CT0101⑧：4）　5. 瓷碗（CT0101⑧：3）

瓦　CT0101⑧：2，夹砂黑陶，胎芯红褐。当面模印中心太阳、周边竖杠间隔卷云纹，身、当残。分制，火候高。当部直径18、厚3厘米（图一二，2）。

2. 釉陶

较陶器稍多，以罐、碗为主。

矮领罐　CT0101⑧：5，泥质灰黑陶，里红。口、内沿、器表施青釉。侈口，卷沿，圆唇，矮领，溜肩，在领下部与肩处附加竖耳。残。轮制，火候高。口径7、残高3.4厘米（图一二，3）。

碗　CT0101⑧：4，泥质黑陶。内壁、外上腹施青釉，下腹施浅褐釉，圈足露胎，内底边较多支钉痕。敞口，卷沿，圆唇，弧腹，矮圈足、外撇，修复。轮制，火候高。口径18、足径8.4、高5.6厘米（图一二，4）。

3. 瓷器

以碗为主。

碗　CT0101⑧：3，灰胎，质较疏。腹饰仰莲划纹，足外底中部有圆圈形划纹，内外壁饰青釉，圈足有流痕、露胎。敞口，圆唇，弧腹，内底中部有圆形纹，假圈足、底微凹，修复。轮制，火候高。口径11.4、足径5.8、高6厘米（图一二，5）。

六、唐宋遗存

唐宋遗存是本次发掘的主要收获，出土遗迹、遗物最为丰富。

（一）遗迹

主要有房址、灰坑、灰沟、墓葬、窑、窖、灶等。

1. 房址

3座。

F289　位于CT0101，层位关系：⑥→F289→⑦。

形制：F289除西北角被H653打破外，探方内都有分布，平面形状不明，面积约64平方米。由地面、墙基槽、柱洞和灶组成。共发现柱洞45个，灶2个，基槽1条。墙基内柱洞较密集，墙体两边比较稀疏（图一三）。

地面：残破，局部保留红烧土、砂土面。

基槽：1条，局部残破。残长7、宽0.7、深0.25米。

柱洞可分为圆形、近椭圆形两类，少量口小底大，深10～27厘米。

Z1：位于房址东北部，火道压于北隔梁下，平面呈椭圆形。残长150、宽80、深为28厘米。

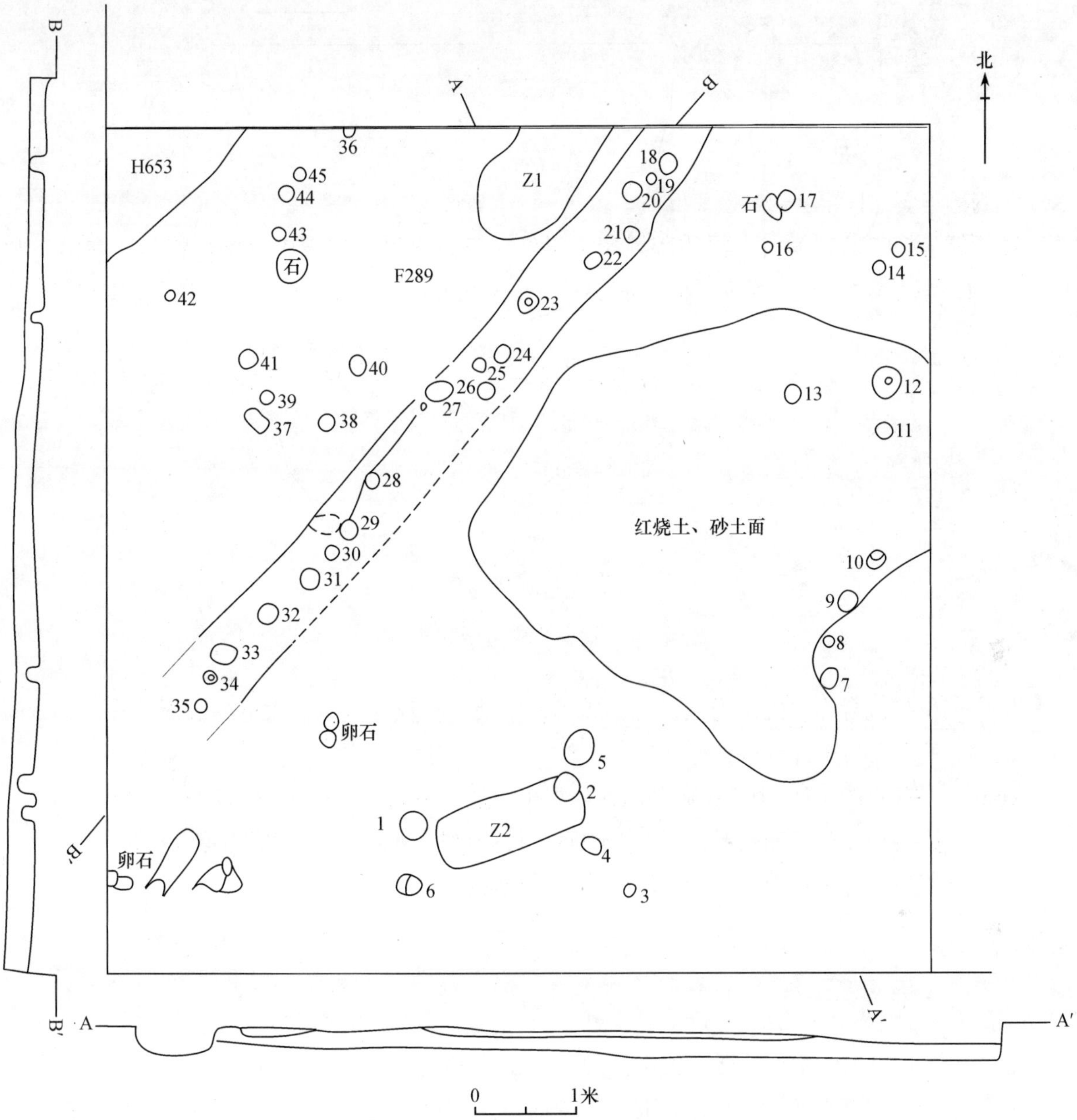

图一三　F289平、剖面图

Z2：位于房址南部，平面呈长条形，灶东端有一厚10厘米石头。长150、宽50、深5～20厘米。

房内堆积与包含物：房内废弃堆积为灰褐色土，夹炭屑、烧土颗粒等。包含极少釉陶、青瓷碎片。

2. 灰坑

3个。

H656　位于BT0207西北部，坑口距地表深98厘米，层位关系：⑪→H656→⑦。

形制：从暴露部分观察，坑口平面呈圆或椭圆形，壁不规则，底较平。残径298、深100厘米（图一四）。

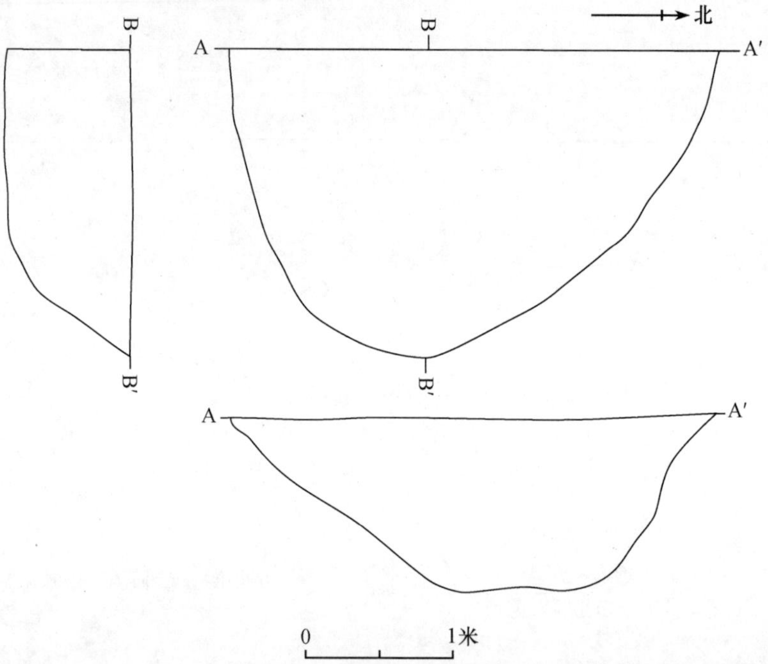

图一四 H656平、剖面图

坑内堆积与包含物：内填褐色黏土，质紧，坚硬，夹灰烬。包含大量绳纹板瓦片，少量筒瓦、瓦当、滴水、青瓷片、陶片等。

H660 位于CT0101西中部，局部压在隔梁下，层位关系：⑤→H660→F288。

形制：坑口平面略呈椭圆形，弧壁，圜底。长径115、残短径32、深58厘米（图一五）。

坑内堆积与包含物：内填灰土，质松软。无包含物。

3. 灰沟

4条。

G57 位于BT0107中部，层位关系：F287→G57→⑨。

形制：暴露部分平面呈条状，西北—东南向，西部较浅而窄，东部较深而宽，沟壁较直，底部西高东低。残长670、宽12～26、深5～10厘米（图一六）。

沟内堆积及包含物：沟内填土为黄砂，质疏松。纯净，无包含物。

4. 墓葬

1座。

M92 位于2001CT0101东部，部分压在东隔梁下，墓口距地表深175厘米。层位关系：⑦→M92→⑧。

形制：墓圹呈窄长方形竖穴土坑，头向东南，口大底小，口残长150、宽70、底残长140、宽65、残深45厘米（图一七）。

填土：墓内填五花土。

葬具：在墓圹内壁用石块垒砌为棺。

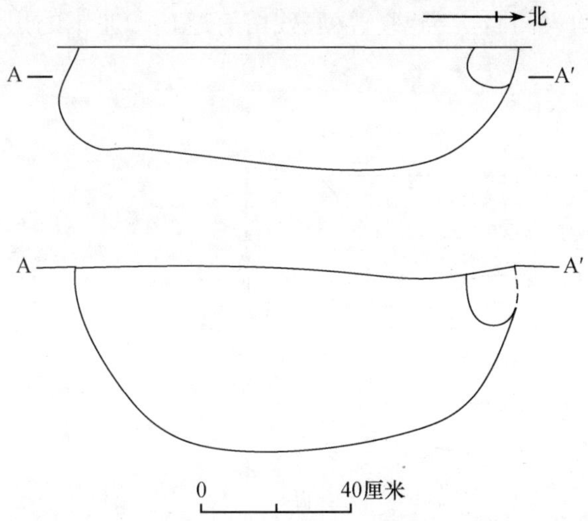

图一五　H660平、剖面图

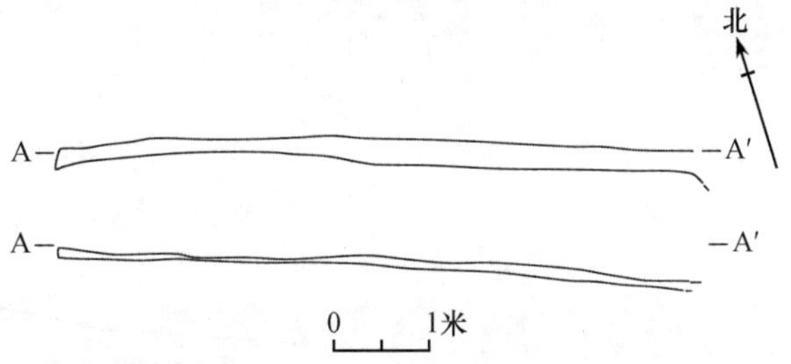

图一六　G57平、剖面图

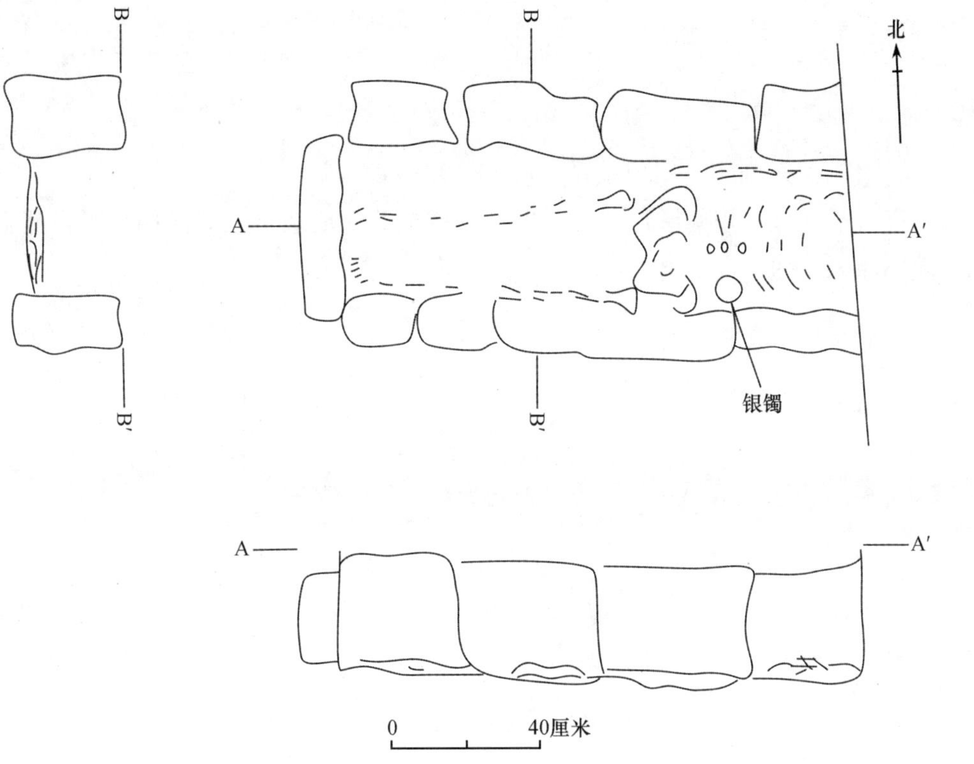

图一七　M92平、剖面图

人骨：一具，腐朽严重，葬式仰身直肢，头向东南、面向上，性别女，年龄不详。

随葬品：银手镯1个，置于人骨左下腹处。

5. 窑

1座。

Y26　位于CT0402南部偏东，部分压在南壁下。层位关系：⑧→Y26→⑨。

形制：平面呈不规则的长条形，残长250、残宽50厘米，靠Y26的东边沿有一块0.5米×0.7

米的大石头，面很平，与锅底形窑底相切成为窑的火门石。窑壁、窑底残留有厚1～2厘米的黑红烧面（图一八）。

窑内堆积与包含物：窑内堆积红烧土夹灰土，无包含物。

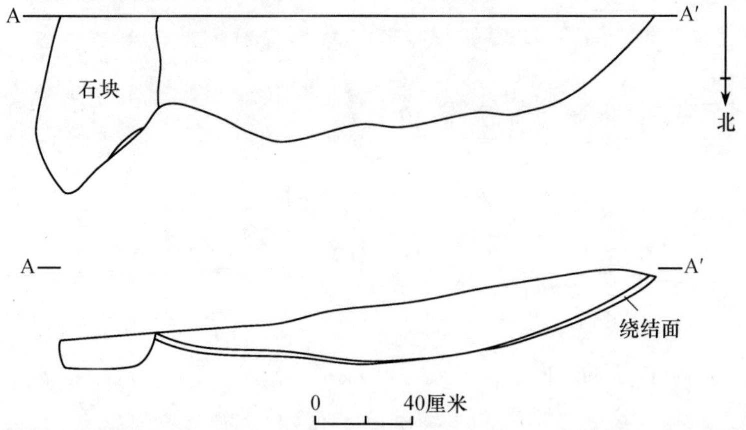

图一八　Y26平、剖面图

6. 窖

J2　位于CT0101东南角，层位关系：F289→J2→⑧。

形制：窖口平面呈不规则圆形，口大底小，壁内收，底较平，口部用较平自然石块覆盖。口径25、深25厘米（图一九）。

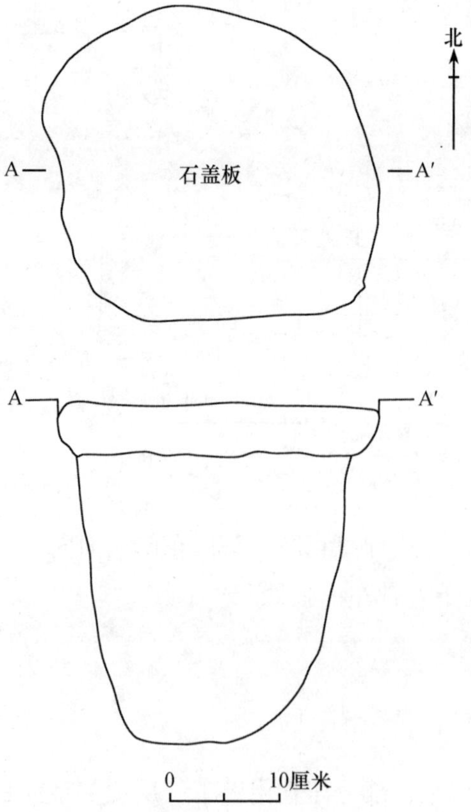

图一九　J2平、剖面图

窖内堆积与包含物：窖内成串放置“开元通宝”“乾元重宝”“五铢”“半两”钱币。

出土钱币：数量较多，锈蚀严重，大多黏结在一起，数量不可确数。可辨认种类有“半两”“五铢”“开元通宝”“乾元重宝”。

7. 灶

1座。

Z7　位于2001BT0107中部，层位关系：⑨→Z7→⑪B。

形制：残存灶底，平面略呈橄榄形，底部不规整，为暗红色烧结面。中部有一椭圆形深坑，底略圜，长径62、短径31、北面深40、南面深12厘米。长130、宽39、最深40厘米（图二〇）。

灶内堆积及包含物：Z7内填灰土，质疏松。包含釉陶1件、白瓷碎片1块。

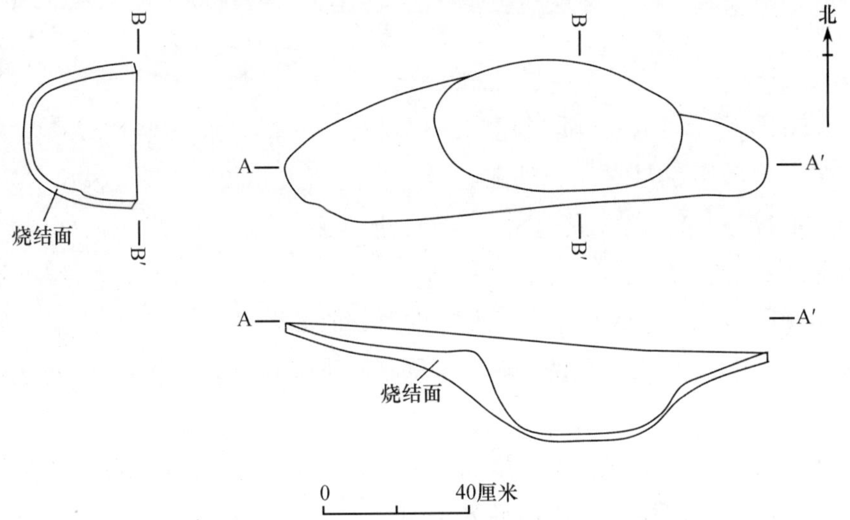

图二〇　Z7平、剖面图

（二）遗物

出土遗物以瓷器为主，次为釉陶和陶器，铜器主要是钱币，银器极少。

1. 陶器

出土数量少，器类主要有罐、喇叭口器、三足釜、灯、器盖和建筑构件等。

侈口罐　BT0107⑤：31，泥质黑陶，浅红胎。素面。侈口，卷沿微折，圆唇。残。轮制，火候较高。残宽5.4、残高4.2厘米（图二一，1）。

喇叭口器　CT0205⑨：2，泥质红陶。领多瓦棱纹。喇叭口，方唇微凹。残。轮制，火候较高。残宽7、残高4.2厘米（图二一，2）。BT0107⑤：30，泥质黑陶。灰褐胎。器表微有瓦棱纹。喇叭口，微有外斜折沿，沿面微凹，圆尖唇。残。轮制，火候较高。残宽8.2、残高3.4厘米（图二一，3）。

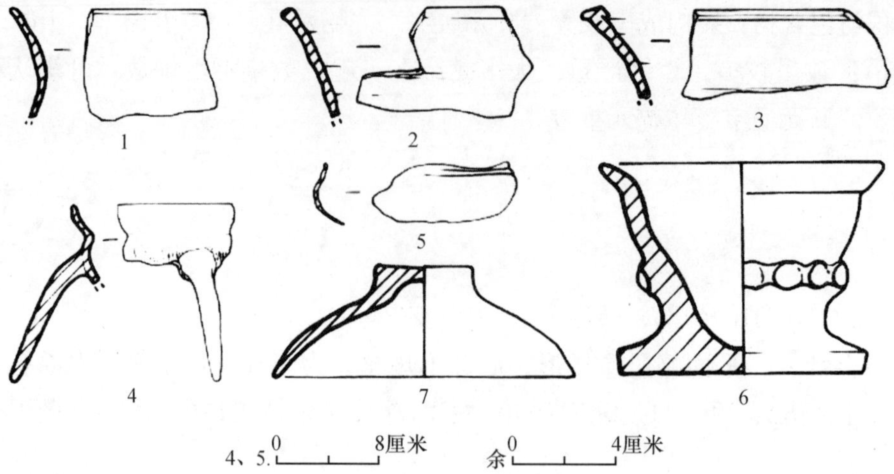

图二一 唐宋陶器

1. 侈口罐（BT0107⑤：31） 2、3. 喇叭口器（CT0205⑨：2、BT0107⑤：30） 4、5. 三足釜（BT0107⑧：15、BT0207⑦：9） 6. 灯（CT0101⑥：23） 7. 器盖（CT0101⑤：5）

三足釜 BT0107⑧：15，泥质黑褐陶。局部黑，红胎。腹饰竖绳纹。侈口，沿微外斜折、微上折，尖唇，鼓腹，足附加、外撇。残。分制，火候较高。残宽9.6、高13.4厘米（图二一，4）。BT0207⑦：9，泥质黑褐陶，浅米黄胎。腹多指纹。微有领，鼓腹。残。轮制，火候较高。残宽11.2、残高5.2厘米（图二一，5）。

灯 CT0101⑥：23，夹砂灰陶，下腹饰堆纹，在堆纹上戳按呈波浪形。敞口，卷沿外斜，圆唇，微鼓腹，圆饼形足，平底。修复。轮制，火候较高。口径11.2、足径9.8、高8厘米（图二一，6）。

器盖 CT0101⑤：5，泥质红陶。素面。矮圆柱形捉手，弧壁，敞口，圆唇。修复。轮制，火候高。捉手径3.8、口径12、高4.2厘米（图二一，7）。

瓦当 CT0205⑦：1，泥质灰黑陶，灰褐胎。当面饰怪兽形印纹（虎），顶部有“王”字。筒瓦附加当部而成。分制，火候较高。残长14.5、直径11.9、厚1.1厘米（图二二，1）。

麒麟 CT0205⑪：1，泥质灰黑陶。器表多刮划、戳印纹。泥塑麒麟头部，中空，壁厚。残。手制，火候较高。残长18.4、残宽13.6、残高15.8厘米（图二二，2）。

凤首 CT0205⑪：2，泥质灰黑陶。器表多刮划、戳印纹。泥塑凤头，喙、颈下残。手制，火候较高。残高8厘米（图二二，3）。

鱼形饰件 CT0102⑪：1-1，夹砂灰褐陶，局部灰黑。似筒瓦形，在面上浅浮雕鱼形图案，鱼身饰戳印纹、划纹，鱼脊上部饰圆形镂孔。残。手制，火候较高。残长17.6、残宽11.2、厚2.4厘米（图二二，4）。

瑞鸟形饰件 CT0102⑪：1-2，泥质灰黑陶，胎灰。鸟背饰戳印纹、划纹，前胸饰划纹。泥塑瑞鸟座于筒瓦上，中空，头、颈、尾部残。手制，火候较高。残长17.4、残高17.4厘米（图二二，5）。

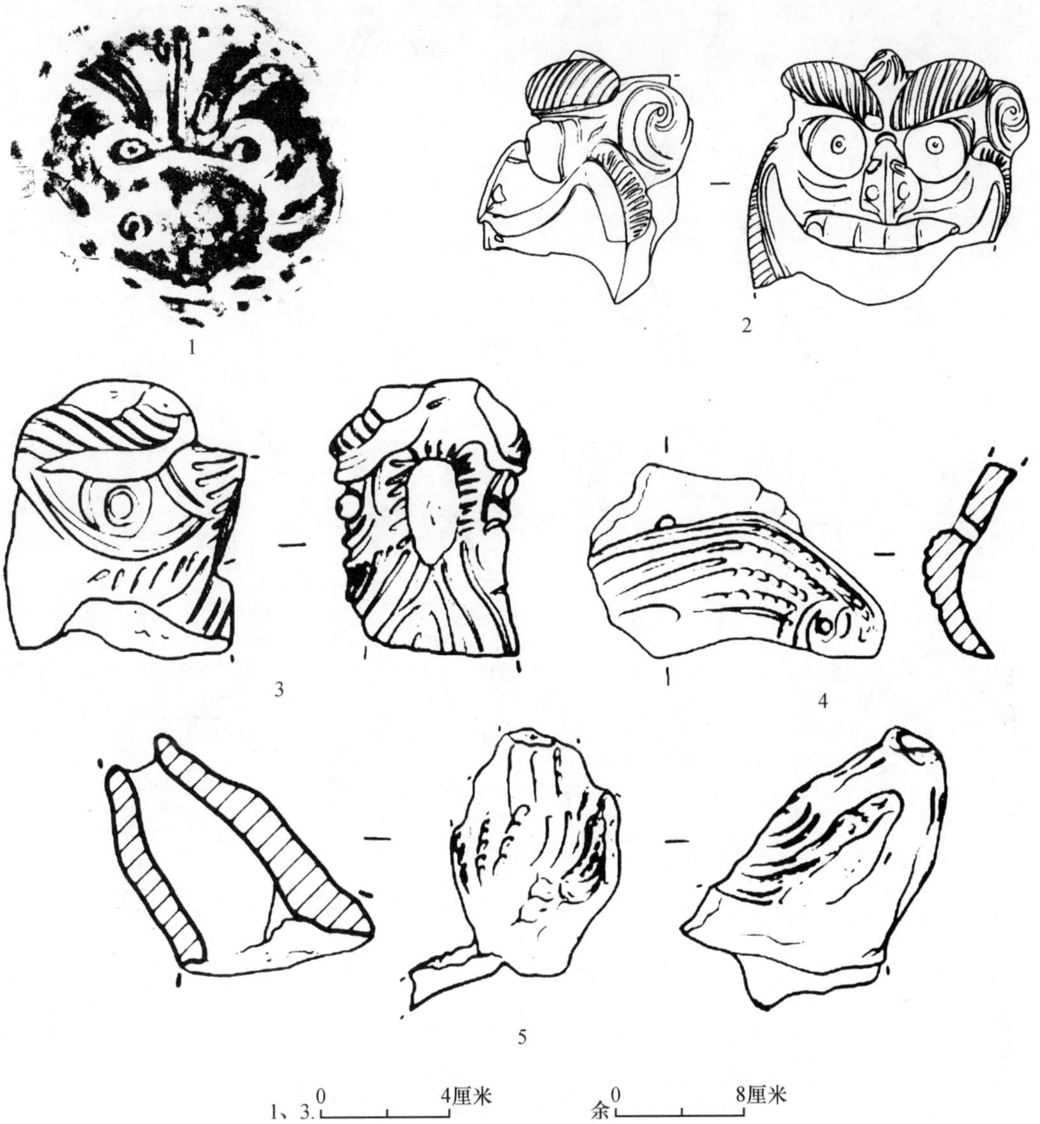

图二二　唐宋建筑材料

1. 瓦当（CT0205⑦：1）　2. 麒麟（CT0205⑪：1）　3. 凤首（CT0205⑪：2）　4. 鱼形饰件（CT0102⑪：1-1）
5. 瑞鸟形饰件（CT0102⑪：1-2）

2. 釉陶器

出土数量较多，器类主要有瓮、罐、壶、碗、钵、盏、灯、器盖等。

盆口瓮　CT0205⑨：10，泥质紫红陶。领部微有瓦棱纹，外沿下、盆下缘饰凸棱各一周，盆下凸棱施褐釉，肩以上、内沿施黄釉。盆口，圆唇，壁较斜直，高领，溜肩，肩部附加横耳，鼓腹。残。轮制，火候高。口径28.4、残高29.2厘米（图二三，1）。BT0107⑨：10，夹砂紫红陶。盆下腹饰瓦棱纹，器表、内壁施酱釉。敛盆口，沿外下折，圆唇，盆腹有凸棱一周。残。轮制，火候高。残宽19、残高15.2厘米（图二三，2）。CT0402⑤：4，泥质紫红陶。盆外下有扉棱一周，内壁多瓦棱纹。口沿、外壁施青白釉，内壁施酱釉。盆敞口，外沿有凸棱，圆唇，腹较斜直，高束领。残。轮制，火候高。残宽16.4、残高15.6厘米（图二三，3）。

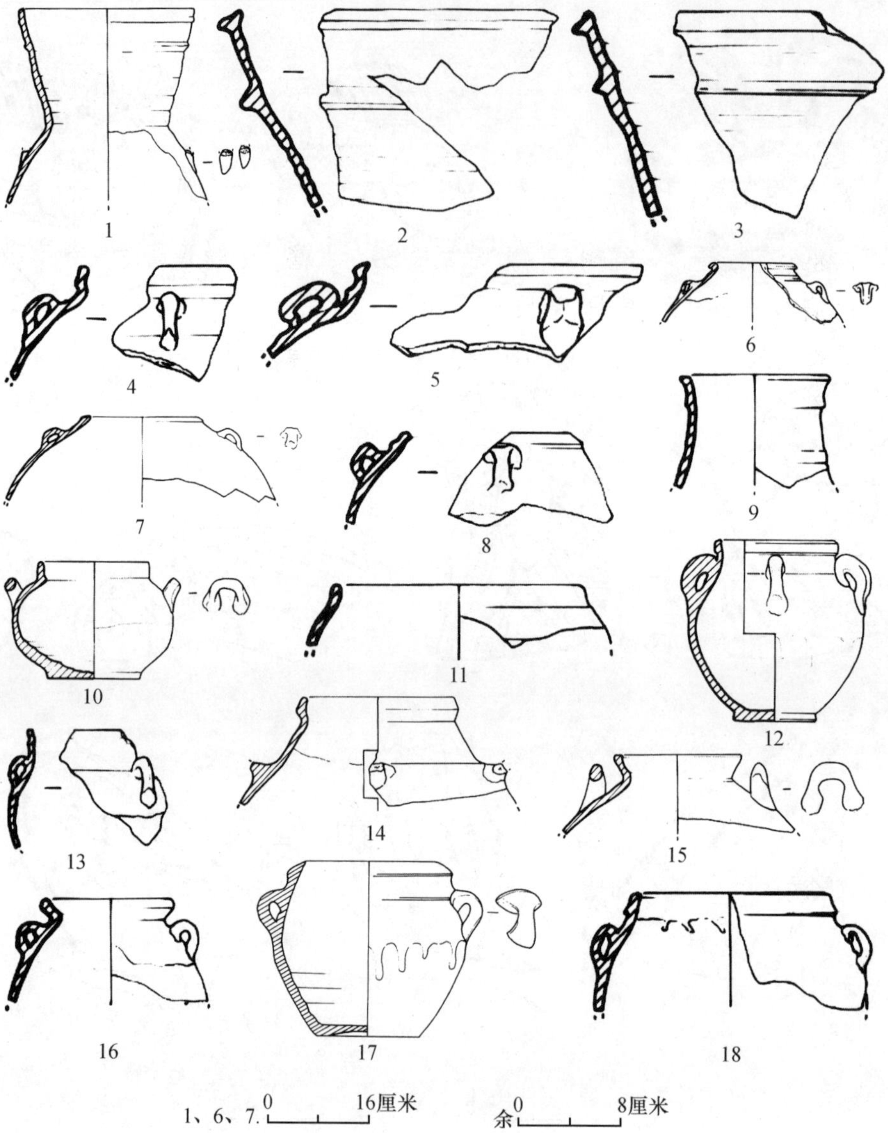

图二三　唐宋釉陶器

1～3. 盆口瓮（CT0205⑨：10、BT0107⑨：10、CT0402⑤：4）　4、5. 矮领瓮（BT0207⑩陡：5、AT0302⑤：2）
6. 卷沿瓮（CT0205⑧B：7）　7、8. 敛口瓮（CT0101④：18、BT0107⑤：21）　9. 高领罐（BT0207⑩陡：3）
10、11. 矮领罐（F289：1、CT0101④：10）　12～14. 四系罐（CT0101⑦：5、BT0107⑨：9、CT0101④：13）
15～18. 双耳罐（CT0101⑥：21-B、BT0207⑧：2、CT0101③：1、CT0205⑨：5）

矮领瓮　BT0207⑩陡：5，泥质紫红陶。器表施绿釉。口微敛，沿卷后上弧呈盘状，方唇，溜肩，附加竖耳。残。轮制，火候高。残宽10、残高8.6厘米（图二三，4）。AT0302⑤：2，夹砂紫红陶，里灰黑。内外壁施白釉。敛口，圆唇，矮领，领中部有凸棱一周，圆肩、附加竖耳。残。轮制，火候高。残宽20、残高7.4厘米（图二三，5）。

卷沿瓮　CT0205⑧B：7，泥质紫红陶。领部略有瓦棱纹。器表、内上肩部施褐釉，肩部泛黄。微侈口，沿外下卷，圆唇，矮斜领，溜肩，附加竖耳，鼓腹。残。轮制，火候高。口径14、残高10厘米（图二三，6）。

敛口瓮　CT0101④：18，夹砂紫红陶。肩、腹施茶色釉，内沿施绿釉。敛口，平沿，圆唇，溜肩，附加竖耳，鼓腹。残。轮制，火候高。口径20、残高12.6厘米（图二三，7）。BT0107⑤：21，泥质紫红陶。外沿下饰凸棱一周。肩、内沿施黄绿色釉、釉厚处褐。敛口，圆唇，溜肩，附加竖耳，鼓腹。残。轮制，火候高。残宽13、残高7.2厘米（图二三，8）。

高领罐　BT0207⑩陡：3，泥质紫红陶。领上部饰凸棱一周。器表、内领上部饰淡黄色釉。侈口，圆唇，领微束。残。轮制，火候高。口径11.8、残高8.6厘米（图二三，9）。

矮领罐　F289：1，夹砂紫红陶。内壁多瓦棱纹，内壁、上腹施酱黑釉。口微侈，圆唇，矮领微外斜，圆肩、附加对称2横耳，鼓腹，假圈足，平底。修复。轮制，火候高。口径8.8、足径7.2、高9厘米（图二三，10）。CT0101④：10，泥质紫红陶，局部红。口局部、上腹、内沿施黄色釉，局部泛绿。口微敛，圆唇，矮领内斜，溜肩。残。轮制，火候高。口径20、残高4.6厘米（图二三，11）。

四系罐　CT0101⑦：5，夹砂紫红陶。内壁、外肩、腹施酱釉，下腹多流痕，露胎。直口，微有外沿，圆唇，溜肩，附加对称4竖耳，鼓腹，假圈足，平底。修复。轮制，火候高。口径9.8、足径6.6、高13.6厘米（图二三，12）。BT0107⑨：9，泥质紫红陶。肩及以上施黄釉，上腹施窄带状褐釉，有流痕，腹下露胎。直口，微有外沿，圆唇，中领较直，溜肩，附加竖耳，鼓腹。残。轮制，火候高。残宽8.8、残高9.2厘米（图二三，13）。CT0101④：13，夹砂黑陶，局部紫红。器表、内沿施深绿色釉，器表大部分脱落。敛口，沿内斜折，圆唇，领斜直，溜肩，附加横耳。残。轮制，火候高。口径12、残高8.2厘米（图二三，14）。

双耳罐　CT0101⑥：21-B，泥质紫红陶。器表，内领施深绿色釉。侈口，微有内沿，领外折后上卷，圆唇，溜肩，附加横耳。残。轮制，火候高。口径10、残高6厘米（图二三，15）。BT0207⑧：2，泥质紫红陶。唇施酱釉，器表施绿釉，局部浅绿。侈口，沿外斜上折，圆唇，溜肩，附加竖耳，鼓腹。残。轮制，火候高。口径10.4、残高8厘米（图二三，16）。CT0101③：1，夹砂紫红陶。上腹饰凸弦纹一周。上部饰绿色釉，唇、下部露胎。敛口，尖唇，微束颈，鼓腹、上腹附加对称双竖耳，底内凹。口微残。轮制，火候高。口径10、底径8.2、高13.3厘米（图二三，17）。CT0205⑨：5，泥质紫红陶。外沿下饰凸棱一周。器表饰绿釉、泛褐，内沿绿釉，有流痕。敛口，外沿微凹，圆唇，溜肩、附加竖耳，鼓腹。残。轮制，火候高。口径14.8、残高8.8厘米（图二三，18）。BT0207⑩下：8，泥质紫红陶。内外壁施茶色釉。敛口，圆唇，折领、溜肩，附加2横耳。残。轮制，火候高。口径11.2、残高4.8厘米（图二四，1）。CT0101④：17，夹砂紫红陶。口、肩、腹施酱釉、黄色釉，口近直，圆唇，微束颈，溜肩，附加对称2竖耳，鼓腹。残。轮制，火候高。口径12.8、残高12.4厘米（图二四，2）。BT0207⑩下：6，泥质黑陶，局部暗紫。口、颈施褐色釉、泛绿，有流痕。口近直，圆唇，直颈，鼓腹，颈、上腹间附加竖耳。残。轮制，火候高。口径7.8、残高9厘米（图二四，3）。

盖罐　CT0101④：14，夹砂紫红陶。上腹、内沿施墨绿色釉，局部泛黑、蓝，有流痕。敛口，沿内斜折，沿面内凹（似母口），圆唇，溜肩，附加两竖耳，鼓腹，假圈足，底微内凹。完整。轮制，火候高。口径9.6、足径8、高15.4厘米（图二四，4）。

双沿罐　CT0101④：11，夹砂紫红陶。腹饰瓦棱纹，上腹、内沿施绿釉。口微侈，圆唇，外沿斜侈，圆唇，鼓腹。残。轮制，火候高。残宽6、残高8厘米（图二四，5）。

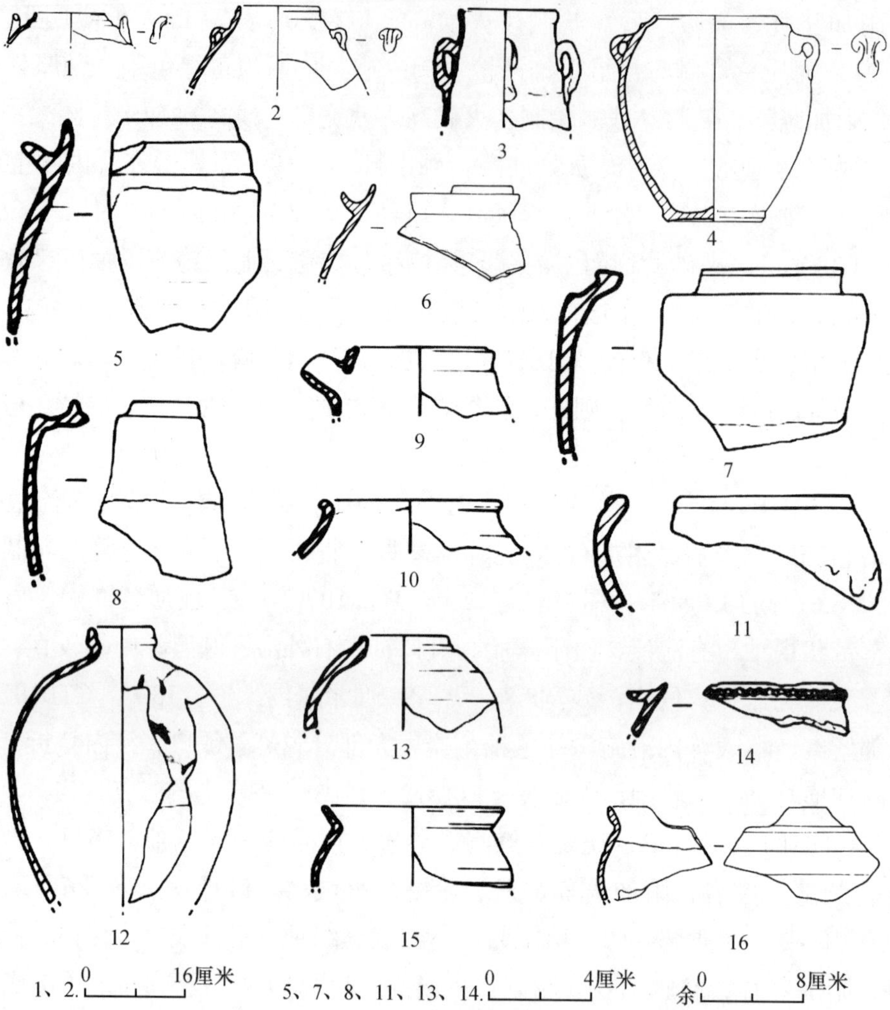

图二四 唐宋釉陶器

1～3. 双耳罐（BT0207⑩下：8、CT0101④：17、BT0207⑩下：6） 4. 盖罐（CT0101④：14） 5、6. 双沿罐（CT0101④：11、CT0101⑦：3） 7、8. 折肩罐（BT0107⑧：11、BT0207⑩下：7） 9. 药罐（BT0107⑤：20） 10. 侈口罐（CT0205⑨：7） 11. 敛口罐（CT0101⑥：22） 12. 小口罐（BT0107⑧：16） 13. 小罐（BT0107⑤：26） 14. 外沿罐（CT0205⑨：11） 15、16. 盂（BT0107⑤：25、CT0101④：12）

CT0101⑦：3，夹砂灰黑陶。肩饰瓦棱纹，外壁施绿釉。敛口，外沿上弧，圆唇，溜肩。残。轮制，火候较高。残宽10、残高7.1厘米（图二四，6）。

折肩罐 BT0107⑧：11，泥质紫红陶。唇面、腹施黄色釉、局部褐色。敛口，沿内斜折、沿面呈凹槽（可能是母口），尖圆唇，腹微鼓。残。轮制，火候高。残宽8.2、残高6.8厘米（图二四，7）。BT0207⑩下：7，泥质紫红陶，局部灰黑。上腹施酱釉。敛口，沿内折、凹槽呈母口，圆尖唇，微鼓腹。残。轮制，火候高。残宽5.2、残高6.6厘米（图二四，8）。

药罐 BT0107⑤：20，泥质紫红陶。领下饰凹弦纹一周，器表、内沿施绿釉、泛褐，唇施酱釉、局部绿釉。敛口，斜方唇，矮领，上腹圆形穿、附加短流，鼓腹。残。轮制，火候高。口径11.4、残高5.2厘米（图二四，9）。

侈口罐 CT0205⑨：7，泥质紫红陶。唇、肩和内沿施黄釉。口微侈，卷沿，圆唇，领略呈“八”字形，有肩。残。轮制，火候高。口径14.4、残高4.4厘米（图二四，10）。

敛口罐 CT0101⑥：22，泥质紫红陶。唇下饰凹弦纹一周，肩、口沿施酱釉。敛口，圆唇，鼓肩。残。轮制，火候高。残宽8.2、残高4.2厘米（图二四，11）。

小口罐 BT0107⑧：16，泥质紫红陶。肩、上腹和内沿施黄釉，在黄釉上绘褐釉纹，下腹多流痕。杯形侈口，圆唇，圆肩，鼓腹。残。轮制，火候高。口径5.2、残高20.8厘米（图二四，12）。

小罐 BT0107⑤：26，泥质紫红陶。器表、内上腹施酱釉。敛口，斜沿，圆唇，圆肩。残。轮制，火候高。口径3.4、残高3.6厘米（图二四，13）。

外沿罐 CT0205⑨：11，泥质紫红陶。沿唇戳印呈密齿，内外壁施黑釉。敛口，沿外下斜，沿面微弧，尖唇，鼓腹。残。轮制，火候高。残宽5.7、残高2厘米（图二四，14）。

盂 BT0107⑤：25，泥质紫红陶。上腹饰凹弦纹一周。腹、内沿壁施绿釉。侈口，斜折沿，圆唇，溜肩微折。残。轮制，火候高。口径14.4、残高6厘米（图二四，15）。CT0101④：12，泥质紫红陶。夹饰凹弦纹。口内外沿、肩施黄釉，腹、肩内壁施黑釉。侈口，卷斜沿，圆唇，溜肩。残。轮制，火候高。残宽12、残高7厘米（图二四，16）。

带流底 CT0101④：19，夹砂紫红陶。局部红，黑，胎局部黑。腹饰细凹弦纹，下腹近底处饰一圆形镂孔。上腹施绿釉，有流痕。鼓腹，平底。残。轮制，火候高。底径16.8、残高25.6厘米（图二五，1）。

壶 CT0101⑥：24，泥质紫红陶。口外部饰凹弦纹一周，耳中部饰竖划纹二道。下腹以上施酱红色釉，厚薄不匀。杯形口，圆尖唇，束颈，溜肩，附加流，颈、肩处附加竖耳，鼓腹，微有假圈足。残。轮制，火候高。口径5.4、底径7.2、高16.6厘米（图二五，2）。BT0207⑩下：10，泥质紫红陶。器表、内沿施黑褐色釉。杯形直口，圆唇，细颈，溜肩，微鼓腹。残。轮制，火候高。口径6、残高11.5厘米（图二五，3）。

盆 BT0107⑧：9，泥质红陶，局部紫红。内壁饰暗纹。上腹绿釉，口沿、腹、内壁施黄釉，有流痕。侈口，卷沿，圆唇，腹微弧，平底微凹，复原。轮制，火候高。口径31.2、底径16、高10.2厘米（图二五，4）。BT0207⑩：6，泥质紫红陶。上腹饰扉棱一周，内外壁施浅绿釉，局部青灰。敞口，窄折平沿，圆唇，弧腹。残。轮制，火候高。残宽13.5、残高7.6厘米（图二五，5）。BT0207⑦：8，泥质紫红陶。沿下饰凹弦纹一周。口沿施绿釉、泛白，内壁施黄釉。敞口，折沿，圆唇，弧腹。残。轮制，火候高。残宽15.4、残高6.8厘米（图二五，6）。

碗 BT0207⑩下：5，泥质黑陶。紫红胎。内底圆圈印纹，外沿、内壁施黄釉，上腹施茶色釉。敞口，圆唇，上腹微斜、下腹弧收，矮假圈足、底微凹。修复。轮制，火候高。口径16.4、足径6.2、高5厘米（图二五，7）。BT0207⑧：1，泥质紫红陶。内下腹饰凹弦纹一周。上腹、内壁施酱釉，多流痕；内底支钉较少。敞口，圆唇，弧腹，矮假圈足，底微凹。复原。轮制，火候高。口径15.6、足径7.6、高6.8厘米（图二五，8）。CT0101⑥：9，泥质紫红陶。腹多瓦棱纹。口沿施黄釉，内壁、上腹施酱釉，多流痕。敞口，圆唇，弧腹，假圈足、底微凹，内底少有支钉。修复。口径16.4、足径6.8、高5.8厘米（图二五，9）。BT0207⑦：4，泥质紫红陶。局部、胎黑。下腹微有瓦棱纹。口沿施橙红色釉。敞口，圆唇，腹微鼓，微有假圈足，底微凹，复原。轮制，火候高。口径16.4、足径7、高5.6厘米（图二五，10）。

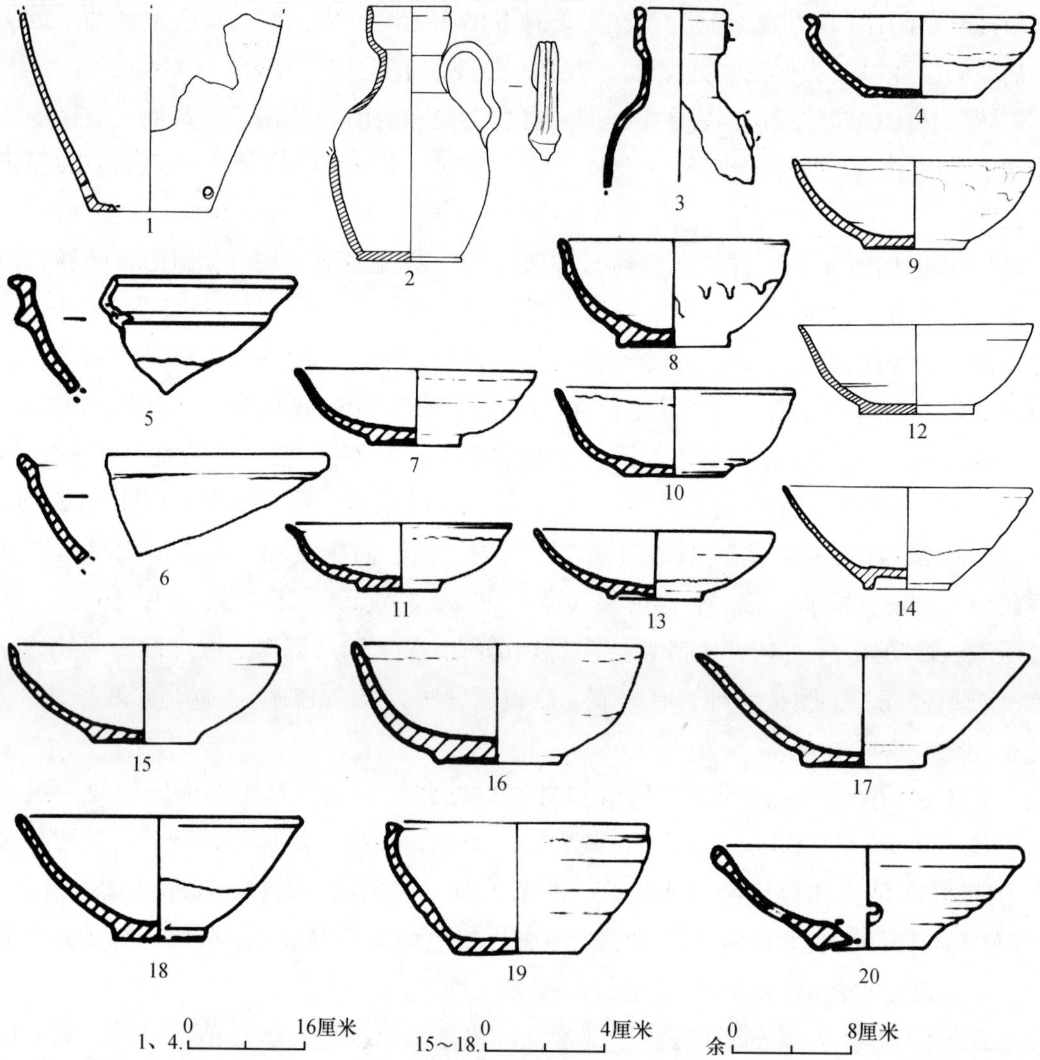

图二五　唐宋釉陶器

1. 带流底（CT0101④：19）　2、3. 壶（CT0101⑥：24、BT0207⑩下：10）　4～6. 盆（BT0107⑧：9、BT0207⑩：6、BT0207⑦：8）　7～14. 碗（BT0207⑩下：5、BT0207⑧：1、CT0101⑥：9、BT0207⑦：4、BT0207⑦：3、BT0107⑨：1、CT0205⑩：1、CT0101⑦：2）　15～18. 小碗（BT0207⑤：3、BT0107⑧：6、CT0101⑥：10、CT0101④：7）　19、20. 钵（BT0207⑦：5、BT0107⑧：8）

BT0207⑦：3，泥质紫红陶。内下腹饰凹弦纹一周。上腹、内壁施黄釉，局部泛青，下腹多流痕。敞口，卷沿，圆唇，弧腹，矮假圈足微内斜，底微凹。复原。轮制，火候高。口径15.6、足径6、高4.4厘米（图二五，11）。BT0107⑨：1，夹砂紫红陶。内下腹饰粗凹弦纹一周。内壁、外上腹施绿色釉、泛黄。敞口，沿微卷，圆唇，弧腹，假圈足，口微残。轮制，火候高。口径16、足径7.8、高5.8厘米（图二五，12）。CT0205⑩：1，泥质紫红陶。腹、内壁施绿釉，下腹、圈足露胎；内底少有支钉痕。敞口，圆唇，弧腹，矮圈足，微内斜。复原。轮制，火候高。口径16.4、足径7、高4.4厘米（图二五，13）。CT0101⑦：2，夹砂紫红陶。腹饰瓦棱纹。内壁、外腹施酱釉，内底、外下腹露胎。敞口，圆唇，腹微弧斜收，矮圈足、直。修复。轮制，火候高。口径17、足径5.8、高6.6厘米（图二五，14）。

小碗　BT0207⑤：3，泥质黑陶，紫红胎。口沿施绿釉，大部分脱落。敞口，尖圆唇，弧腹，微有假圈足，底微凹。复原。轮制，火候高。口径9.3、足径3.6、高3.2厘米（图二五，15）。BT0107⑧：6，泥质紫红陶。黑胎。口沿施灰白釉，上腹、内壁施绿釉。敞口，圆唇，弧腹，微有假圈足，底微凹。复原。轮制，火候高。口径10、足径4.2、高3.8厘米（图二五，16）。CT0101⑥：10，泥质浅黄陶。内底饰凹弦纹一周。内壁、上腹施黄釉。敞口，微卷沿，尖圆唇，腹微弧，下腹内折，假圈足，底微凹。修复。轮制，火候高。口径11.4、足径4.2、高3.7厘米（图二五，17）。CT0101④：7，泥质紫红陶。上腹、内壁施茶色釉，下腹施黄衣。敞口，微卷沿，圆唇，弧腹，下腹微折，矮假圈足，平底。修复。轮制，火候高。口径9.8、足径3.2、高4厘米（图二五，18）。

钵　BT0207⑦：5，泥质紫红陶。胎局部黑。下腹饰凹弦纹一周。口沿施绿釉。腹有叠烧痕。敛口，圆唇，上腹微鼓、下腹弧收，平底，复原。轮制，火候高。口径18、底径8.4、高8.4厘米（图二五，19）。BT0107⑧：8，泥质紫红陶。局部灰黑。下腹饰近圆形镂孔，腹饰瓦棱纹。口沿局部施褐色釉。敞口，圆唇，微有假圈足，底微凹，复原。轮制，火候高。口径21.2、足径7.6、高6.6厘米（图二五，20）。

盏　BT0207⑦：6，泥质黑陶。口沿施黑釉。敞口，微有折沿，圆唇，弧腹，微有假圈足，底微凹。完整。轮制，火候高。口径10.6、足径5、高3厘米（图二六，1）。BT0107⑨：7，泥质紫红陶。黑胎。口沿、内壁施酱釉。敞口，圆唇，腹微弧，微有假圈足，底较平。修复。口径10.2、足径3.4、高2.4厘米（图二六，2）。AT0304⑩：2，夹砂紫红陶。上腹、口施白釉，内壁施茶色釉、泛褐。敞口，圆唇，腹微弧，微有假圈足，底微凹。修复。轮制，火候高。口径11.8、足径5.4、高3.1厘米（图二六，3）。CT0101⑥：2，夹砂紫红陶。口沿、内壁施酱色釉，上腹有流痕。敞口，圆唇，斜腹，假圈足。完整。轮制，火候高。口径11.2、足径4.8、高2.6厘米（图二六，4）。CT0205⑥：3，泥质紫红陶。局部灰。口、腹局部和内壁施黑釉。敞口，圆唇，腹微束，微有假圈足，底较平。复原。轮制，火候高。口径9.2、足径3.6、高2.8厘米（图二六，5）。BT0107⑧：1，泥质紫红陶。口、内壁施绿釉，腹有流痕。敞口，斜方唇，腹斜直，微有假圈足。完整。轮制，火候较高。口径9.6、足径3.6、高3厘米（图二六，6）。

碟　AT0304⑩：1，泥质紫红陶。腹、内壁施白釉，外底露胎。敞口，圆唇，弧腹，底微凹。修复。轮制，火候高。口径10.2、底径5、高2.5厘米（图二六，7）。

灯　BT0207⑩陡：4，泥质紫红陶，局部灰黑，里浅黄。沿面饰凹弦纹二周。口、沿面和内上腹施茶色釉。敞口，沿微外下卷，腹较斜，底缘附加5兽蹄形足。复原。口径10、高5.2厘米（图二六，9）。BT0107⑧：12，泥质紫红陶。胎外灰黑、里紫。沿面、内壁上腹施绿釉。喇叭口，卷沿近平，圆唇，腹微弧，底下附加5条近圆形支柱。残。分制，火候高。口径9.2、残高4.4厘米（图二六，10）。

擦磨器　BT0207⑩：4，泥质紫红陶。内壁饰组状戳印纹，腹、内壁施酱釉，下腹、圈足露胎，有流痕。敛口，沿内斜折，圆唇，下腹较斜直，假圈足，底微凹。复原。轮制，火候高。口径14、足径7.2、高7.6厘米（图二六，8）。AT0610⑥：2，泥质黑陶，紫红胎。内壁多戳印纹，内壁、外上腹施酱釉。敞口，微有卷沿，尖唇，折腹，微有假圈足，底微凹。修复。轮制，火候高。口径11.4、足径4.6、高2.5厘米（图二六，11）。

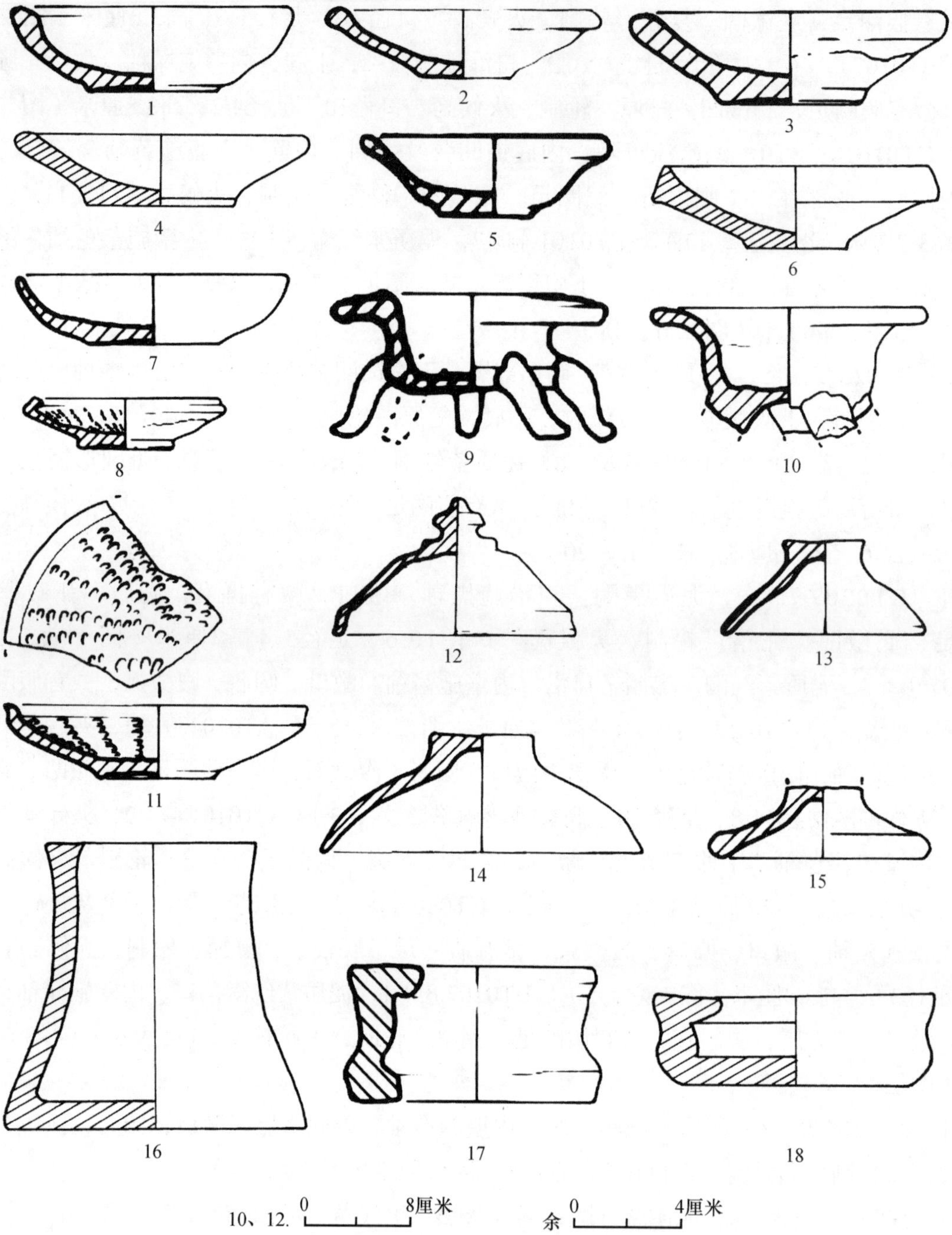

图二六　唐宋釉陶器

1～6. 盏（BT0207⑦：6、BT0107⑨：7、AT0304⑩：2、CT0101⑥：2、CT0205⑥：3、BT0107⑧：1）　7. 碟（AT0304⑩：1）　8、11. 搽磨器（BT0207⑩：4、AT0610⑥：2）　9、10. 灯（BT0207⑩陡：4、BT0107⑧：12）　12～15. 器盖（BT0207⑩下：12、BT0207⑦：7、CT0101⑤：5、CT0101④：9）　16～18. 窑具（BT0107⑤：1、BT0107⑤：29、BT0107⑧：2）

器盖　BT0207⑩下：12，泥质黑陶。局部紫。器表施黑色釉，唇沿露胎。塔尖形纽，折壁，敞口，圆唇。修复。轮制，火候高。口径17.8、高9.8厘米（图二六，12）。BT0207⑦：7，泥质紫红陶。口沿局部施褐釉。近圆柱形纽，盖壁弧，敞口，圆唇。复原。轮制，火候高。纽径3、口径7.6、高3.4厘米（图二六，13）。CT0101⑤：5，泥质红陶。素面。

矮圆柱形捉手，弧壁，敞口，圆唇。修复。轮制，火候高。捉手径3.8、口径12、高4.2厘米（图二六，14）。CT0101④：9，泥质紫红陶。局部黑。局部施褐釉。矮圆柱形捉手，壁弧，喇叭口，圆唇。完整。轮制，火候较高。捉手径2.8、口径8.2、高2.6厘米（图二六：15）。

窑具 BT0107⑤：1，夹砂红陶。局部黑，器表大部分施酱色釉，部分露胎。敛口，唇面微凹，束腰，平底。完整。轮制，火候高。口径7.8、底径11.2、高10.2厘米（图二六，16）。BT0107⑤：29，泥质黑陶。里紫红。外壁施酱釉。敛口，内平折沿，圆唇，束腰，平底。复原。轮制，火候高。口、底径8.8、高4.8厘米（图二六，17）。BT0107⑧：2，夹砂黑陶。局部褐灰。素面。敛口，沿内斜折，圆尖唇，腹内束，平底。完整。轮制，火候高。口径10.4、底径8、高3.2厘米（图二六，18）。

3. 瓷器

出土数量较多，器类主要有罐、碗、盘、碟、杯等。

罐 CT0102⑫：5，灰褐胎，质较密。上腹饰细凸弦纹一周。器表、内上腹施黑釉、泛褐，唇内缘露胎。敛口，圆唇，腹微弧。残。轮制，火候高。口径6.8、残高7厘米（图二七，1）。

碗 AT0610⑥：1，白胎，质密。内外壁施青白釉，多小开片，圈足露胎，有流痕。敞口，圆尖唇，腹斜收，矮圈足、直。修复。轮制，火候高。口径15.8、足径5、高5.5厘米（图二七，2）。BT0207⑩下：3，灰白胎，质较密。腹饰仰莲印花，内外壁施青白釉，外底露胎。敞口，沿微卷，圆唇，弧腹，矮圈足，足缘外斜。修复。轮制，火候高。口径14.4、足径5.6、高5.8厘米（图二七，3）。BT0107⑨：3，灰胎，质较密。内下腹饰凹弦纹一周。内外壁施白釉，多小开片，下腹、圈足露胎。敞口，微有窄外沿，圆唇，弧腹，矮圈足微外斜，足外缘刮抹。修复。轮制，火候高。口径18.4、足径6.6、高6.4厘米（图二七，4）。BT0107⑤：4，褐胎，质较密。内壁饰划花。腹、内壁施白色釉，下腹、圈足露胎。敞口，卷沿，圆唇，弧腹，矮圈足微内斜。复原。轮制，火候高。口径16.4、足径4.4、高5.4厘米（图二七，5）。BT0107⑤：8，米黄色胎，质较密。上腹、内壁施黑釉，下腹、圈足和内底外边圈露胎。敞口，尖唇，弧腹，圈足较高外斜。复原。轮制，火候高。口径17.8、足径6、高5.8厘米（图二七，6）。CT0101⑦：1，灰褐胎，质较密。内壁、外腹施白釉，下腹、圈足露胎。敞口，圆唇，弧腹，矮圈足、直。修复。轮制，火候高。口径14、足径5.6、高4.3厘米（图二七，7）。CT0101⑥：6，灰褐胎，质较疏。内下腹饰凹弦纹一周。内外壁施青釉，足底露胎。敞口，圆唇，弧腹，矮圈足微内斜。修复。轮制，火候高。口径15.2、足径6.4、高4厘米（图二七，8）。CT0402⑩：4，灰胎，质较密。腹、内壁施青釉，泛紫，下腹、圈足露胎；内底少有支烧痕。敞口，圆唇，弧腹，矮假圈足外斜，底微凹。复原。轮制，火候高。口径18.6、足径7.6、高6厘米（图二七，9）。CT0402⑩：5，浅黄胎，局部灰，质较疏。内外壁施青釉，部分黄，足底露胎。敞口，圆唇，腹微弧，矮圈足，圈足边宽。复原。轮制，火候高。口径13.8、足径5.6、高4厘米（图二七，10）。CT0102⑩：3，蜜黄褐胎，质较密。腹微有瓦棱纹，中腹饰细凹弦纹一周。腹、内壁施灰白釉，下腹、圈足露胎。敞口，圆唇，腹较斜直，下腹弧收，矮圈足内斜。复原。轮制，火候高。口径14.4、足径4.8、高3.4厘米（图

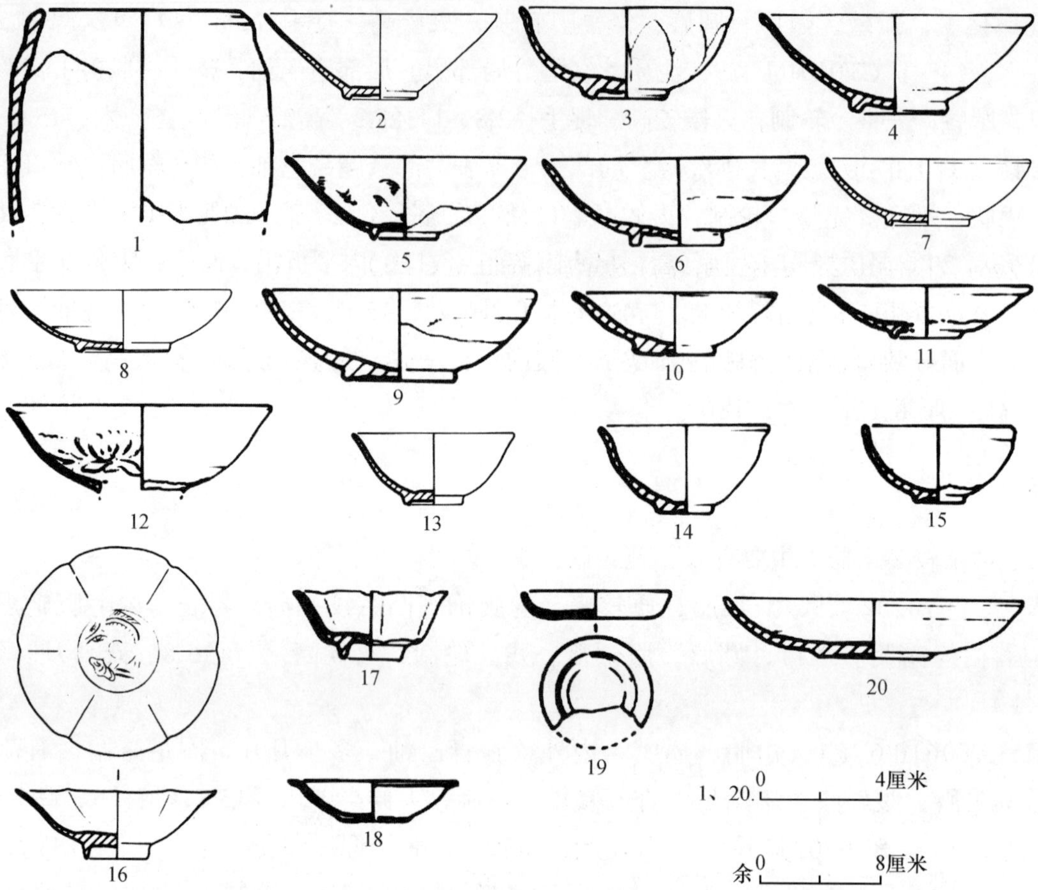

图二七　唐宋瓷器

1. 罐（CT0102⑫：5）　2～12. 碗（AT0610⑥：1、BT0207⑩下：3、BT0107⑨：3、BT0107⑤：4、BT0107⑤：8、CT0101⑦：1、CT0101⑥：6、CT0402⑩：4、CT0402⑩：5、CT0102⑩：3、CT0402④：1）　13～17. 小碗（CT0101⑥：5、BT0207⑦：2、CT0102⑫：4、CT0101④：4、BT0207⑩下：1）　18～20. 盘（CT0102⑫：2、CT0102⑫：3、CT0205⑧B：1）

二七，11）。CT0402④：1，灰褐胎，质较密。内壁饰划花。内外壁施白釉。敞口，尖唇，微卷沿，腹微弧。残。轮制，火候高。口径18、残高5.6厘米（图二七，12）。

小碗　CT0101⑥：5，灰白胎，质密。内外壁施青釉，圈足露胎，有流痕。敞口，沿微卷，圆唇，弧腹，矮圈足内斜，内底微凸。修复。轮制，火候高。口径11、足径4、高4.6厘米（图二七，13）。BT0207⑦：2，灰褐胎，质较疏。内外壁施黑釉，下腹、圈足露胎。敞口，卷沿，圆唇，弧腹，矮假圈足，底微凹。复原。轮制，火候较高。口径11.6、足径3.8、高5.4厘米（图二七，14）。CT0102⑫：4，灰褐胎，质较疏。口沿饰白釉，腹、内壁施黑釉，下腹、圈足露胎。敞口，圆唇，弧腹，矮圈足、直。复原。轮制，火候高。口径6.4、足径3.2、高5厘米（图二七，15）。BT0207⑩下：1，灰白胎，质较密。腹竖向内压，内外壁施青白釉，外底露胎。敞口，荷叶边，尖唇，腹较斜直，下腹折收，圈足较高微内斜。残。轮制，火候高。口径10.8、足径4.4、高4.3厘米（图二七，17）。CT0101④：4，灰白胎，质密。上腹内壁6处筋，内底印花，内外壁施青白釉，圈足局部露胎。敞口，荷叶边，卷沿，圆唇，弧腹，圈足较高微内斜。修复。轮制，火候高。口径13.4、足径4.2、高4.5厘米（图二七，16）。

盘　CT0102⑫：2，灰白胎，质较密。内外壁施青白釉，外底露胎。敞口，窄平折沿，荷叶边，圆尖唇，弧腹，微有假圈足，底微凹。复原。轮制，火候高。口径11.4、足径4.6、高2.8厘米（图二七，18）。CT0102⑫：3，涂山窑，灰胎，质较密。外底饰细凹弦纹。内外壁施黑釉，外底露胎。敞口，圆唇，弧腹，平底。复原。轮制，火候高。口径10、底径6.8、高1.8厘米（图二七，19）。CT0205⑧B：1，浅米黄色胎，质较密。腹饰细凹弦纹，内下腹微有折棱，内外壁施白釉、泛灰，外底露胎。敞口，圆唇，弧腹，微有假圈足，底微凹，复原。轮制，火候高。口径10.2、足径3.8、高1.8厘米（图二七，20）。

碟　BT0207⑪：2，灰褐胎，质较密。腹竖向内压呈瓜棱形，内外壁青白釉，外底露胎。敞口，荷叶边，弧腹，底内凹。复原。轮制，火候高。口径10、底径4.4、高2.8厘米（图二八，1）。BT0207⑤：1，白胎，质密。内壁饰竖凸印纹。内外壁施青白釉，外底露胎。敞口，连弧形圆唇，弧腹，底内凹。复原。轮制，火候高。口径10.4、底径3.6、高2.2厘米（图二八，2）。BT0107⑤：6，灰白胎，质密。内壁有竖印纹。内外壁施白釉，外底露胎。敞口，略呈荷叶边，圆唇，弧腹，底微凹。复原。轮制，火候高。口径10.2、底径3.8、高2.2厘米（图二八，3）。CT0101⑤：1，白胎，质细密。内外壁施青釉，多开片，外底露胎。敞口，荷叶边，沿微外卷，尖唇，腹微内弧斜收，底微凹。修复。模制，火候高。口径10.6、底径3.8、高2.5厘米（图二八，4）。CT0101⑤：2，白胎，质细密。内外壁施青釉，多开片，外底露胎。敞口，荷叶边，沿微外卷，尖唇，腹微内弧斜收，底微凹。修复。模制，火候高。口径10.4、底径4、高2.4厘米（图二八，5）。CT0101④：5，灰白胎，质密。内壁饰短凸印纹。

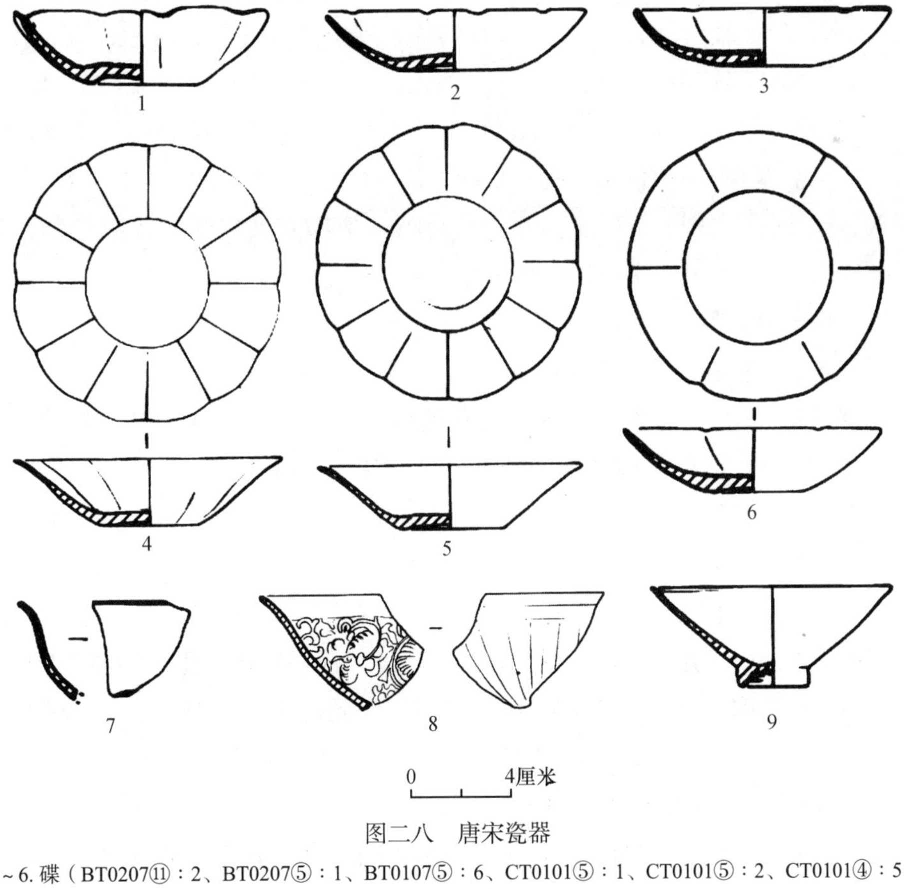

图二八　唐宋瓷器

1～6. 碟（BT0207⑪：2、BT0207⑤：1、BT0107⑤：6、CT0101⑤：1、CT0101⑤：2、CT0101④：5）

7～9. 杯（BT0107⑤：5、CT0101⑥：7、CT0101⑤：4）

内外壁施青釉，外底露胎。敞口，唇局部微凹，腹微弧，底微凹。修复。轮制，火候高。口径10.2、底径3.8、高2.3厘米（图二八，6）。

杯　BT0107⑤：5，白胎，质密。内外壁施白釉。敞口，卷沿，圆唇，弧腹。残。轮制，火候高。残宽3.8、残高3.6厘米（图二八，7）。CT0101⑥：7，灰褐胎，质密。外沿下饰细凹弦纹，腹饰划纹，内壁饰印花。内外壁施浅绿色釉。敞口，卷沿，圆唇，弧腹。残。轮制，火候高，耀州窑。残宽5.9、残高4.3厘米（图二八，8）。CT0101⑤：4，白胎，质细密。内外壁施青白釉，内壁有开片，圈足内壁露胎。敞口，尖唇，腹微弧斜收，圈足较矮、直，内底中心有珠状凸。修复。轮制，火候高。口径9.6、足径2.8、高3.7厘米（图二八，9）。

4. 金属器

主要为铜器和少量的铁、银器。

（1）铜器

以钱币为主。

半两　J2：1，青铜，锈蚀。方孔圆钱，篆书“半两”，对读。残。范铸。残径2.46、孔径0.96、厚0.1厘米（图二九，1）。

五铢　可分二型。

A型　郭较宽。J2：3，青铜，锈蚀。方孔圆钱，楷书“五铢”，对读，五字清晰，中部交叉斜直，铢字模糊，郭较宽。完整。范铸。钱径2.3、孔径0.8、厚0.1厘米（图二九，2）。

B型　郭较窄。J2：2，青铜，锈蚀。方孔圆钱，楷书“五铢”，对读，五字较清晰，中部交叉较直，铢字模糊，郭较窄。完整。范铸。钱径2.5、孔径0.97、厚0.1厘米（图二九，3）。J2：5，青铜，锈蚀。方孔圆钱，楷书“五铢”，对读，五字较清晰，中部交叉略弧，铢字模糊，郭较窄。完整。范铸。钱径2.6、孔径0.99、厚0.1厘米（图二九，4）。J2：4，青铜，锈蚀。方孔圆钱，楷书“五铢”，对读，五字较清晰，中部交叉略弧，铢字模糊，郭较窄。完整。范铸。钱径2.5、孔径0.97、厚0.8厘米（图二九，5）。

开元通宝　可分为二型。

A型　钱径2.5厘米左右。分二亚型。

Aa型　钱背素。J2：7，青铜，锈蚀。方孔圆钱，隶书“开元通宝”，对读，字迹清晰，元字下横微左挑。完整。范铸。钱径2.5、孔径0.6、厚0.15厘米（图二九，6）。J2：8，青铜，锈蚀。方孔圆钱，隶书“开元通宝”，对读，字迹较模糊，元字下横微左挑。完整。范铸。钱径2.48、孔径0.6、厚0.15厘米（图二九，7）。

Ab型　钱背有星月纹。J2：6，青铜，锈蚀。方孔圆钱，隶书“开元通宝”，对读，字迹清晰，元字下横左挑，钱背有星月纹。完整。范铸。钱径2.56、孔径0.67、厚0.15厘米（图二九，8）。J2：9，青铜，锈蚀。方孔圆钱，隶书“开元通宝”，对读，字迹清晰，元字下横左挑，钱背有星月纹。完整。范铸。钱径2.53、孔径0.7、厚0.15厘米（图二九，9）。J2：10，青铜，锈蚀。方孔圆钱，隶书“开元通宝”，对读，字迹清晰，元字下横左挑，钱背有星月纹。完整。范铸。钱径2.59、孔径0.7、厚0.15厘米（图二九，10）。J2：11，青铜，锈蚀。方孔圆钱，隶书“开元通宝”，对读，字迹清晰，元字下横左挑，钱背有星月纹。完整。范铸。

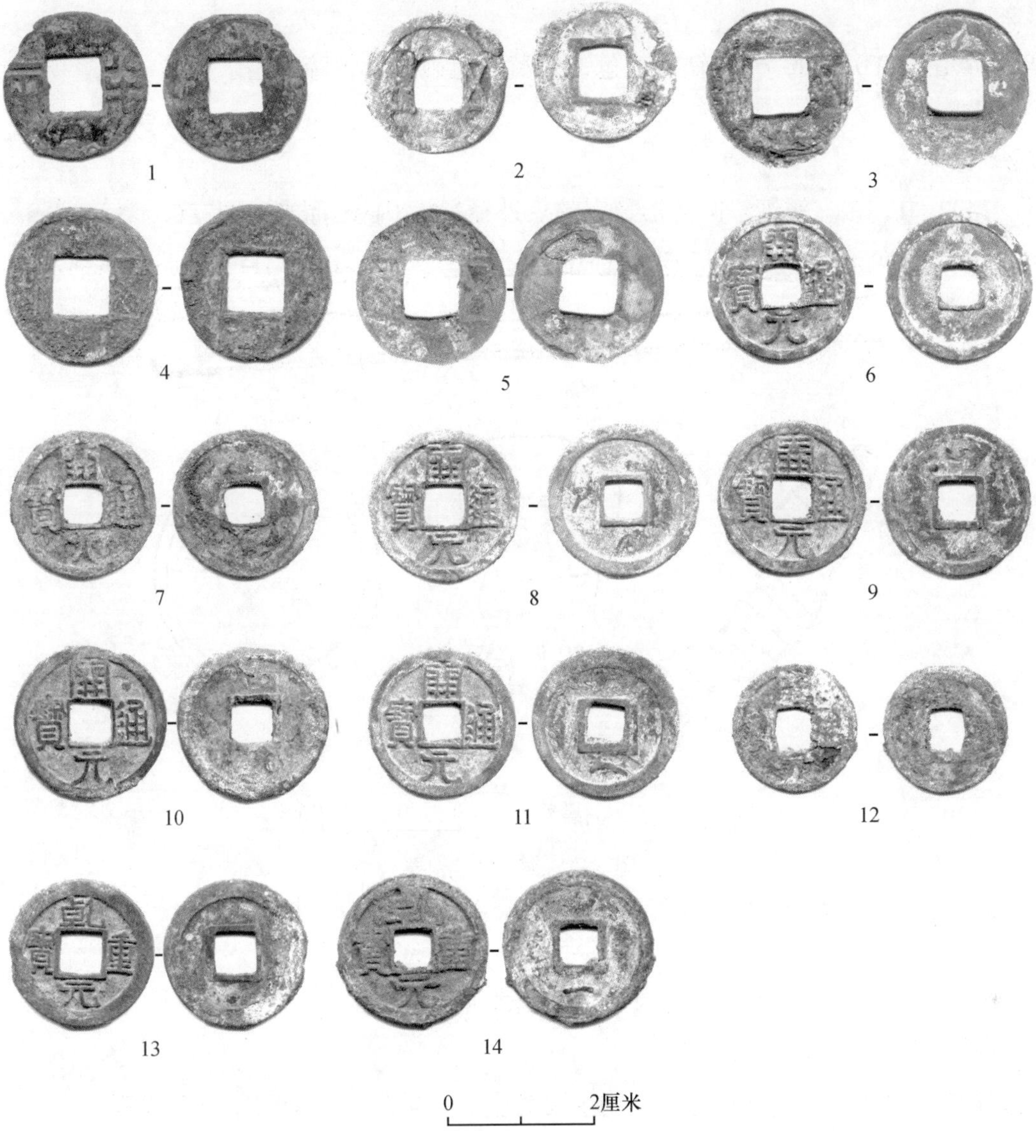

图二九　铜钱

1. 半两（J2：1）　2. A型五铢（J2：3）　3～5. B型五铢（J2：2、J2：5、J2：4）　6、7. Aa型开元通宝（J2：7、J2：8）　8～11. Ab型开元通宝（J2：6、J2：9、J2：10、J2：11）　12. B型开元通宝（J2：12）　13、14. 乾元重宝（J2：13、J2：14）

钱径2.5、孔径0.7、厚0.15厘米（图二九，11）。

B型　钱径2.2厘米左右。J2：12，青铜，锈蚀严重。方孔圆钱，隶书“开元通宝”，对读，字迹模糊，开、元、通三字依稀可辨。范铸。钱径2.16、孔径0.6、厚0.05厘米（图二九，12）。

乾元重宝　J2：13，青铜，锈蚀。方孔圆钱，隶书“乾元重宝”，对读，字迹清晰，元字下横左挑。微残。范铸。钱径2.49、孔径0.7、厚0.15厘米（图二九，13）。J2：14，青铜，锈蚀。方孔圆钱，隶书“乾元重宝”，对读，字迹较清晰，元字下横左挑，钱背有星月纹。完整。范铸。钱径2.54、孔径0.7、厚0.15厘米（图二九，14）。

勺　CT0205⑧A：1，青铜，锈蚀。扁窄条形、中部略宽，尖头，勺部较圆。完整。锻打。长10.9、最宽0.6、厚0.1厘米（图三〇，1）。

（2）铁器

兽蹄形足　AT0304⑩：3，铁锈红色，多黄色范砂痕。兽蹄形足、外撇。残。模制。残高8.2厘米（图三〇，2）。

（3）银器

环　M92：1，银，锈蚀。圆环形，完整。外径3.4、内径3厘米（图三〇，3）。

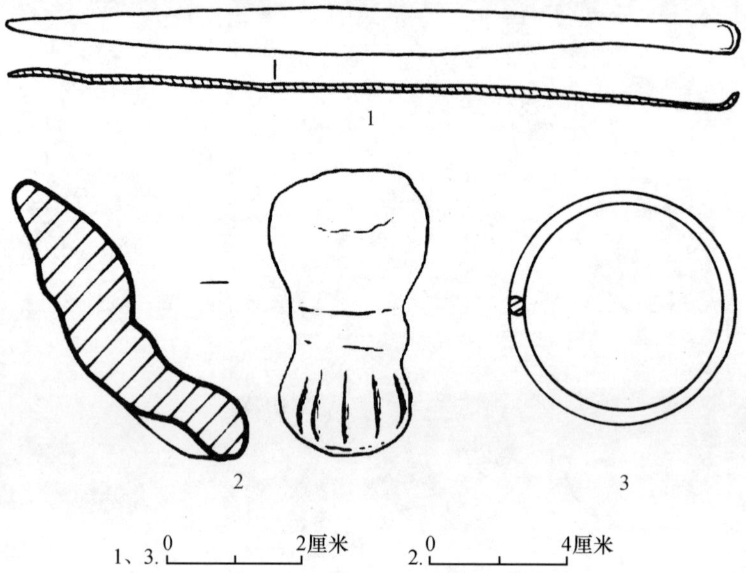

图三〇　铜、铁、银器

1. 铜勺（CT0205⑧A：1）　2. 铁兽蹄形足（AT0304⑩：3）　3. 银环（M92：1）

七、明清遗存

遗迹主要有房址、灰坑和墓葬，遗物主要为瓷器、釉陶和少量陶器与铜钱等。

（一）遗迹

1. 房址

1座。

F290　位于CT0102西南角，大部分被压在探方西壁和南壁下，开口距地表深220～270厘米。层位关系：④→F290→生土。

形制：从暴露部分观察，平面呈长方形，西北—东南向，只发现部分房基和屋面。房基深27～38厘米；屋面为黑褐色，较平、硬，厚约7厘米（图三一）。

房内堆积及包含物：房内堆积无存，解剖房面时出土釉陶和青花瓷片。

2. 灰坑

3座。

H658　位于CT0402中东部。层位关系：③B→H658→④。

形制：坑口平面呈圆角长方形，壁较斜直，底略圜，壁、底用三合土加工，厚10～30厘米。口长径260、短径110、深80厘米（图三二）。

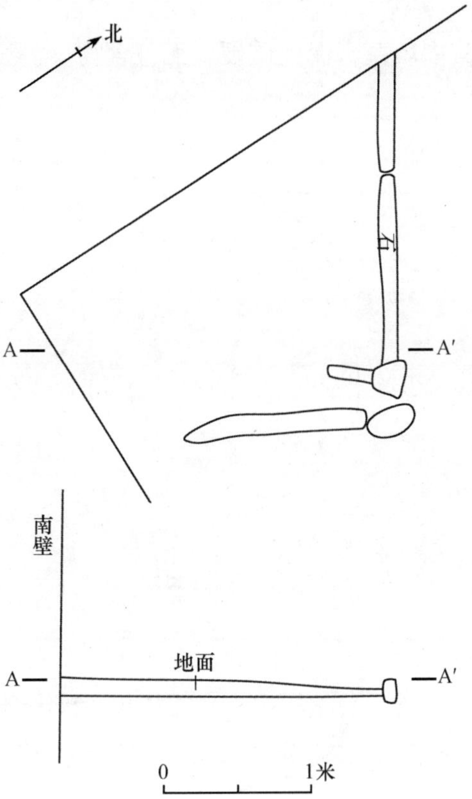

图三一　F290平、剖面图

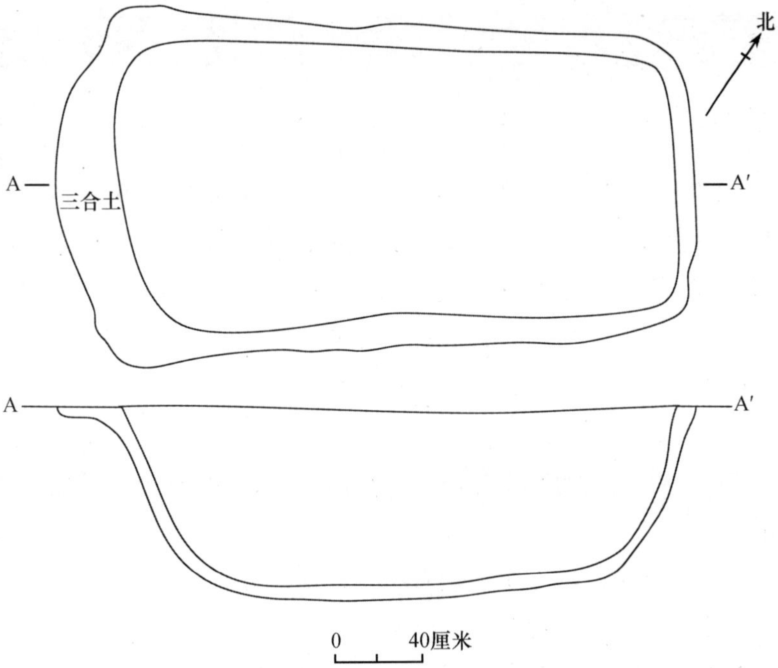

图三二　H658平、剖面图

坑内堆积及包含物：坑内填褐灰色黏土，质硬，夹大量石头，包含陶、瓦片及瓷片。

H659 位于CT0402中部。层位关系：③B→H659→④。

形制：平面呈不规则椭圆形，弧壁，底略圜。口长径140、短径96、深22厘米（图三三）。

坑内堆积及包含物：H659内填黄膏泥，质硬，无包含物。

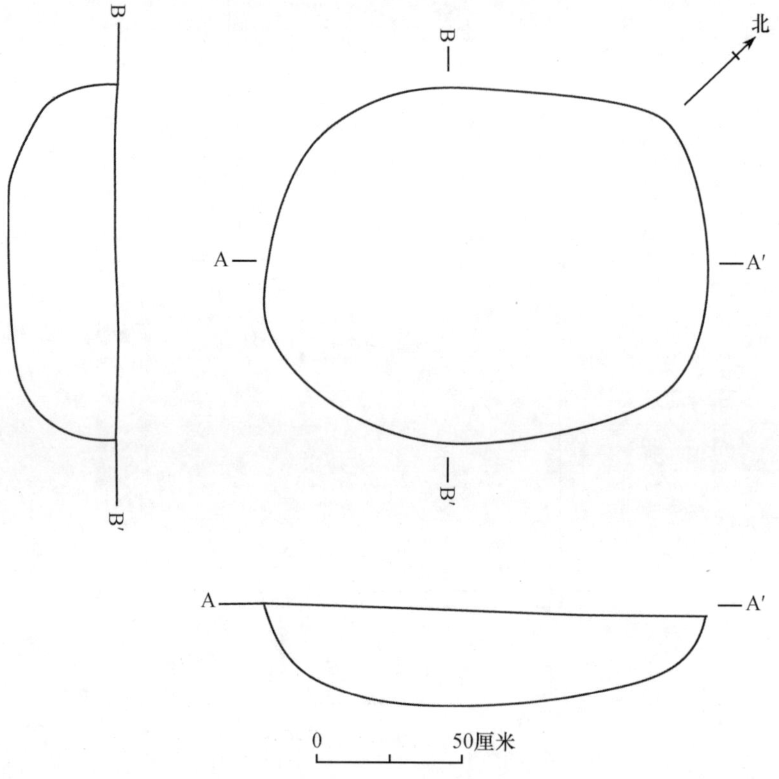

图三三 H659平、剖面图

3. 墓葬

5座。

M87 位于BT0207东北部，墓口距地表深56厘米。层位关系：③→M87→④。

形制：墓上封土保存较好，经拍打，略呈长方形，前端有条石，横截面略呈圆顶三角形，长400、宽210、最厚48厘米。包含釉陶、瓷片等（图三四-1）；墓室呈长方形，口略大、底略小，壁微斜，底较平。墓口长248、宽95、墓底长227、宽84、深56厘米（图三四-2）。

填土：墓圹内回填五花土，松软，包含少量瓷片。

葬具：无。

人骨：发现人骨一具，保存较好，葬式仰身直肢，双手叠放于耻骨处，头向41°，面向右侧，性别男，年龄成年。

随葬品：无。只在封土和回填土中夹杂有釉陶、瓷片等。

出土遗物：在封土、填土中发现釉陶、瓷器共9件。

M89 位于B0207东南部，墓口距地表深50厘米。层位关系：③→M89→⑤。

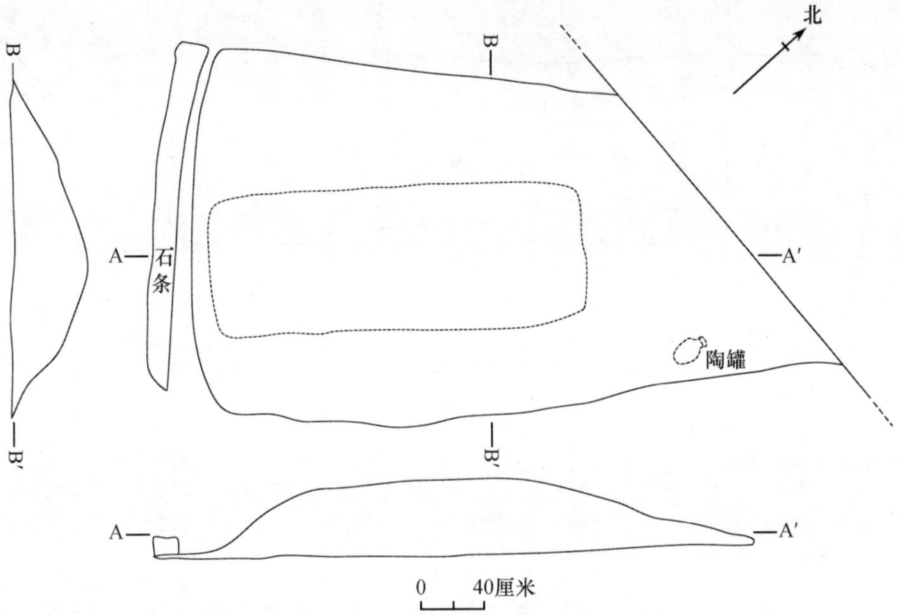

图三四-1 M87封土平、剖面图

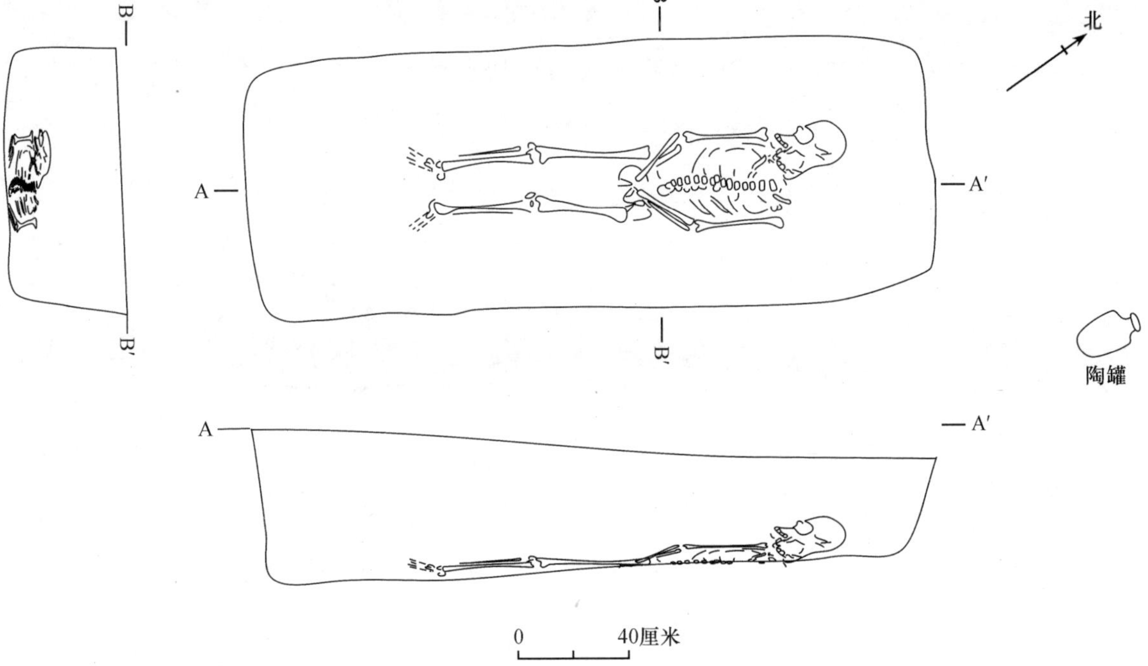

图三四-2 M87平、剖面图

形制：墓上原有封土，但已遭破坏、散乱，内夹较多石块；墓室呈不太规则长方形竖穴土坑，口大底小，壁较斜直，其下部用黄黏土加工，厚约5厘米，底较平。墓口长264、宽94、底长230、宽84、深58厘米（图三五-1、2）。

填土：墓内回填五花土，松软，包含白瓷片等。

葬具：发现木棺一具，保存较差，仅存部分棺盖及底板。棺痕为长方形，长178、宽35厘米。

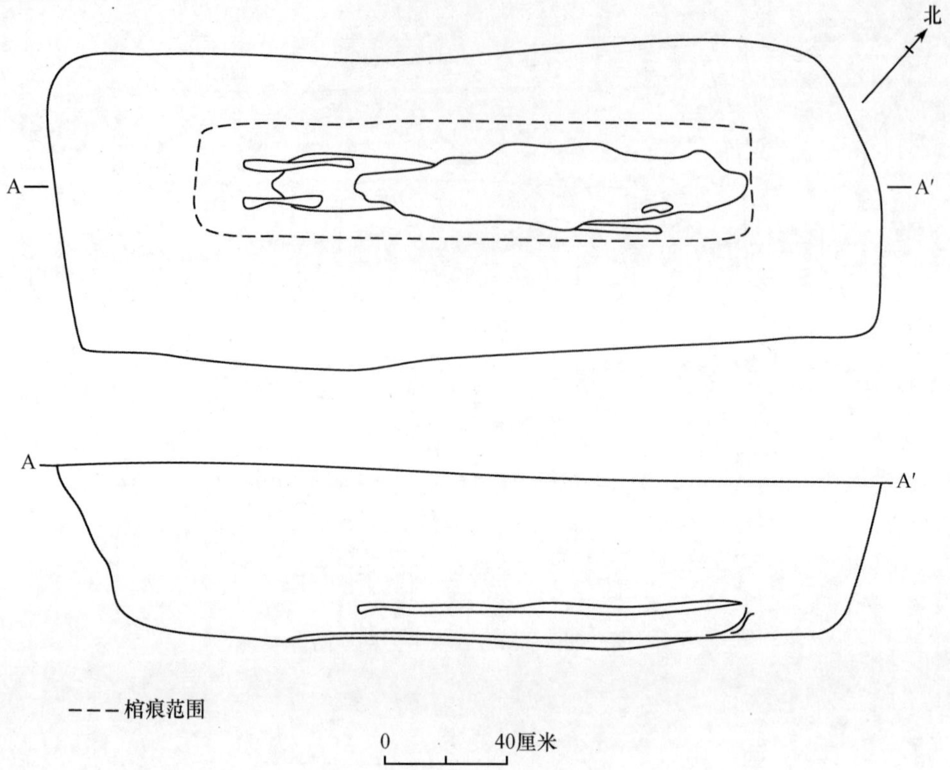

图三五-1　M89木棺位置图

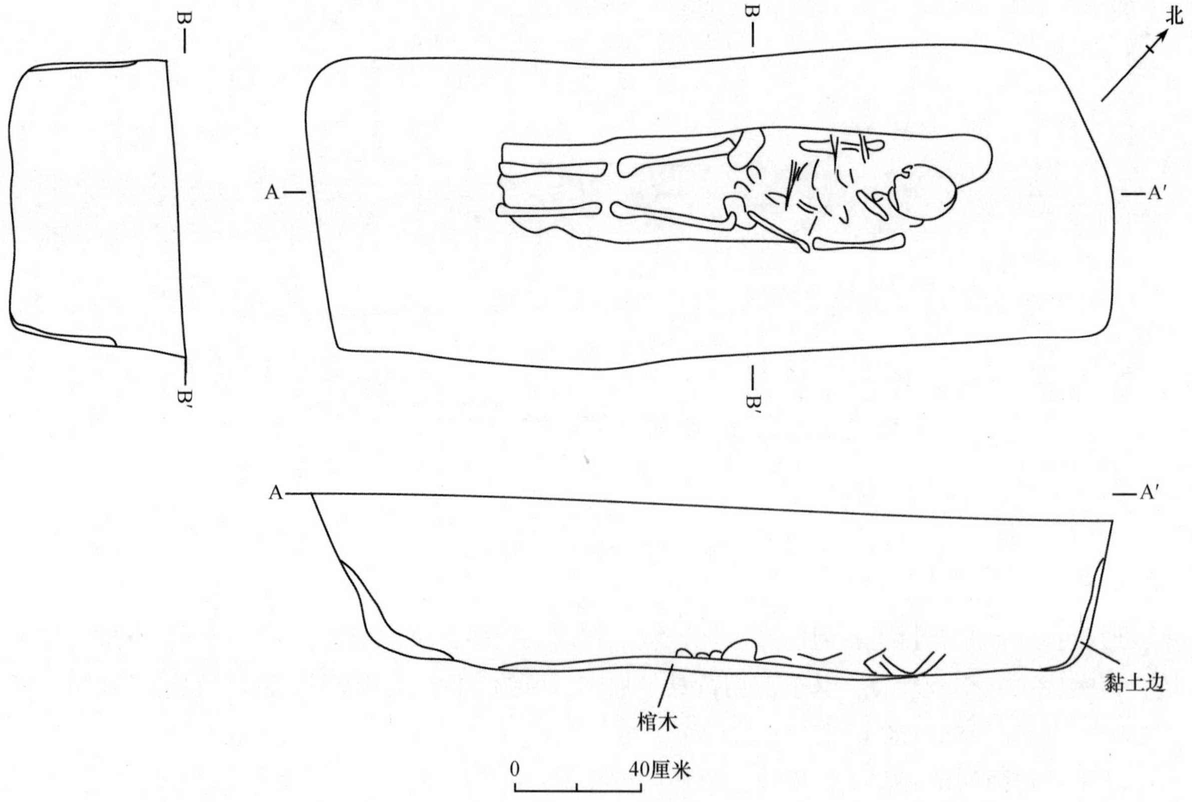

图三五-2　M89平、剖面图

人骨：发现一具，保存状况较差，葬式仰身直肢，头向48°，面向上，左手放在盆骨上。

随葬品：无。在填土中发现瓷碟1件。

（二）遗物

1. 陶器

数量很少。

砂罐　CT0205④：5，夹粗砂灰陶。黑胎。素面。子母口，双沿，圆唇，鼓腹，上腹附加竖耳。残。轮制，火候较高。残宽9.2、残高7.6厘米（图三六，1）。

器盖　AT0208⑥：20，夹砂灰褐陶。红胎。素面。近圆珠形纽，盖壁微上斜，圆唇，子母口。修复。轮制，火候高。口径6.6、高3.5厘米（图三六，2）。

窑具　AT0105⑥：2，泥质灰黑陶。红胎。素面。敛口，沿内斜折，束腰，平底。修复。轮制，火候高。口径12.4、底径12.8、高3.4厘米（图三六，3）。

2. 釉陶器

数量较多。

敛口瓮　AT0208⑥：21，夹砂红陶。沿外饰凹弦纹。器表、内沿施绿釉、大部分脱落。敛口，内沿下垂，圆肩。残。轮制，火候高。残宽12.8、残高3.8厘米（图三六，4）。

盆口瓮　CT0102⑧：1，夹砂橙黄陶。腹饰太阳纹、附加堆纹，在堆纹上饰按窝纹。器表施嫩绿色釉。敛口，平沿，唇部残，腹微弧，残。轮制，火候高。残宽19.5、残高15厘米（图三六，9）。

缸　AT0208⑦：49，夹砂灰褐陶。上腹饰斜印纹。上腹、内壁施茶色釉，唇、沿露胎。敞口，外沿较宽，圆唇，上腹弧收。残。轮制，火候高。口径56.8、残高8.8厘米（图三六，5）。AT0208⑥：22，夹砂紫红陶。红胎。腹饰斜印纹。上腹、内壁施绿釉，泛白。敞口，外沿较宽，弧腹。残。轮制，火候较高。口径57.6、残高9.6厘米（图三六，6）。

高领罐　AT0208⑦：35，夹砂灰黑陶。暗红胎。领饰凹弦纹，腹饰瓦棱纹。口沿、上腹施深绿色釉，多流痕。敛口，圆唇，领内斜，鼓腹。残。轮制，火候高。口径9.2、残高14.9厘米（图三六，10）。

中领罐　H658：5，夹砂灰褐陶。局部浅黄。肩、腹饰钱纹。肩、腹施酱釉，领、下腹多流痕。敛口，圆唇，领较斜直，溜肩，鼓腹，平底。修复。轮制，火候高。口径12、底径15.2、高33.2厘米（图三六，7）。AT0208⑦：36，夹砂紫红陶。肩、腹饰圆形方格纹印纹。器表、内沿施褐绿色釉，唇部露胎。敛口，圆唇，领内斜，溜肩，鼓腹。残。轮制，火候高。口径11.2、残高12厘米（图三六，11）。

矮领罐　AT0208⑦：33，夹砂灰褐陶。肩饰瓦棱纹，口沿、器表施茶色釉。口微敛，圆唇，矮领微斜，溜肩。残。轮制，火候高。口径7.2、残高5.4厘米（图三六，8）。

溜肩罐　AT0208⑦：34，夹砂褐陶。局部灰褐，灰胎。肩饰竖印纹。肩施黄色釉。敛口，

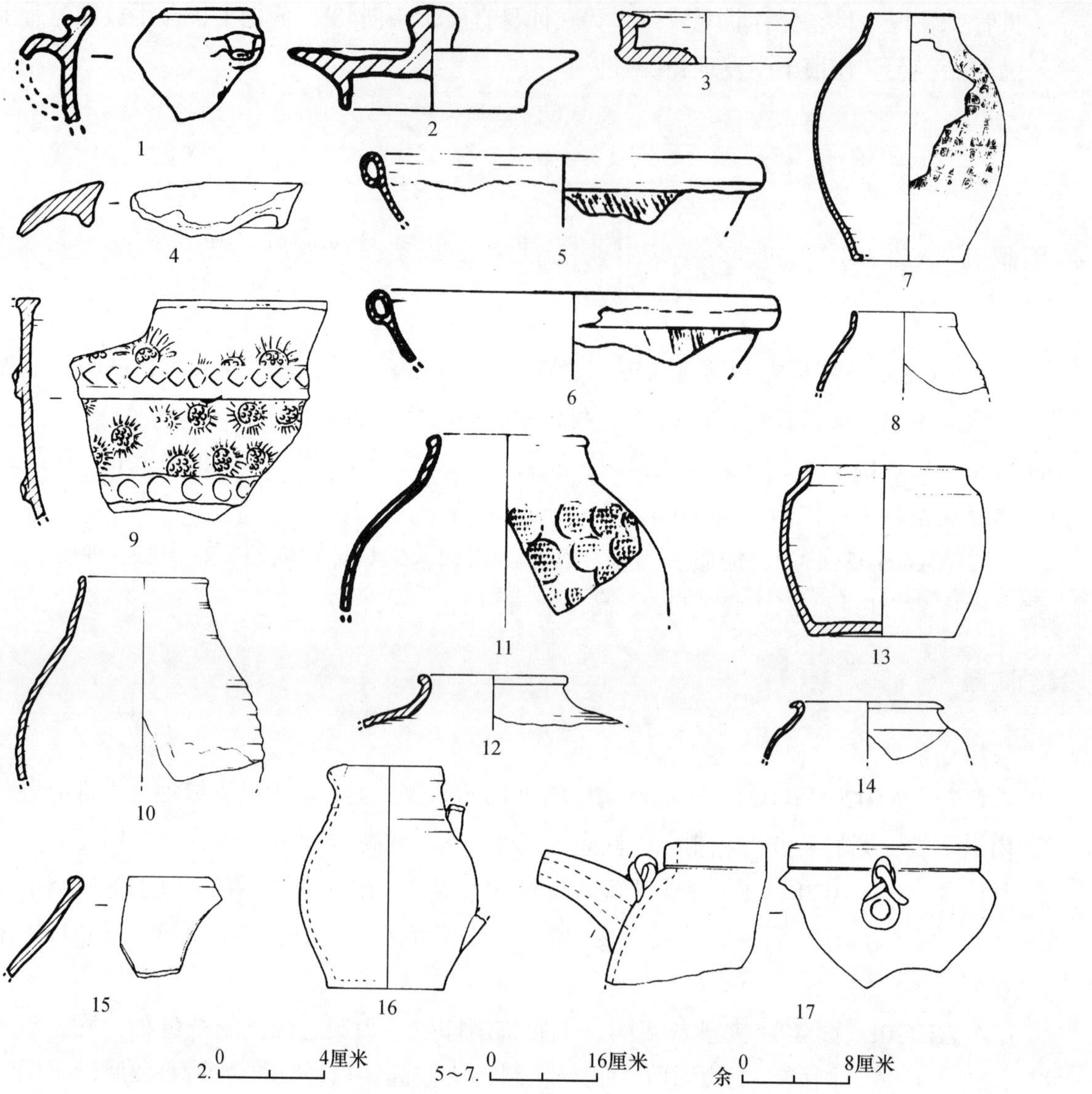

图三六　明清陶、釉陶器

1. 陶砂罐（CT0205④：5）　2. 陶器盖（AT0208⑥：20）　3. 陶窑具（AT0105⑥：2）　4. 釉陶敛口瓮（AT0208⑥：21）　5、6. 釉陶缸（AT0208⑦：49、AT0208⑥：22）　7、11. 釉陶中领罐（H658：5、AT0208⑦：36）　8. 釉陶矮领罐（AT0208⑦：33）　9. 釉陶盆口瓮（CT0102⑧：1）　10. 釉陶高领罐（AT0208⑦：35）　12. 釉陶广肩罐（AT0208⑦：45）　13. 釉陶折肩罐（AT0208⑥：18）　14. 釉陶卷沿罐（AT0208⑦：46）　15. 釉陶溜肩罐（AT0208⑦：34）　16、17. 釉陶带流器（AT0208⑦：38、AT0208⑥：19）

圆唇，斜肩。残。轮制，火候高。残宽7.2、残高6.8厘米（图三六，15）。

折肩罐　AT0208⑥：18，夹砂紫红陶。腹饰凹弦纹一周，上腹、内壁施黄釉，局部深绿。敛口，方唇，矮领，窄斜折肩，鼓腹，底微凹。修复。轮制，火候高。口径11.6、底径10.2、高11.4厘米（图三六，13）。

广肩罐　AT0208⑦：45，夹砂黑陶。紫红胎。肩饰瓦棱纹，施绿釉，大部分脱落。侈口，卷沿，圆唇，广肩。残。轮制，火候高。口径10.4、残高3.6厘米（图三六，12）。

卷沿罐　AT0208⑦：46，泥质紫红陶。内壁施褐绿色釉，局部露胎。侈口，沿外下卷，尖唇，束颈，微有折肩，鼓腹。残。轮制，火候高。口径10.8、残高3.7厘米（图三六，14）。

带流器　AT0208⑦：38，夹砂褐陶。紫红胎。颈、腹多浅瓦棱纹，腹以上、内沿施深绿色釉，下腹、底露胎。匜形口，圆唇，颈外斜，鼓腹，颈、下腹间附加把手，底微凹。把手残。轮制，火候高。口径7.5、底径8.4、高16.5厘米（图三六，16）。AT0208⑥：19，夹砂灰陶。器表、内上腹施黑釉，唇露胎。口近直，圆唇，矮领，鼓腹，上腹附加斜上圆柱形流，流上部有小辫绳状耳。残。轮制，火候较高。残宽15.2、残高9.6厘米（图三六，17）。

执壶　AT0208⑦：39，夹砂灰黑陶。颈、肩饰凹弦纹。上腹以上施褐色釉，泛白。细颈，斜折肩，肩部附加圆柱形流，腹较斜直，颈下部、中腹较附加把手，底内凹。口、流、把手残。轮制，火候高。底径6.6、残高9.6厘米（图三七，1）。AT0208⑦：40，夹砂灰黑陶，局部

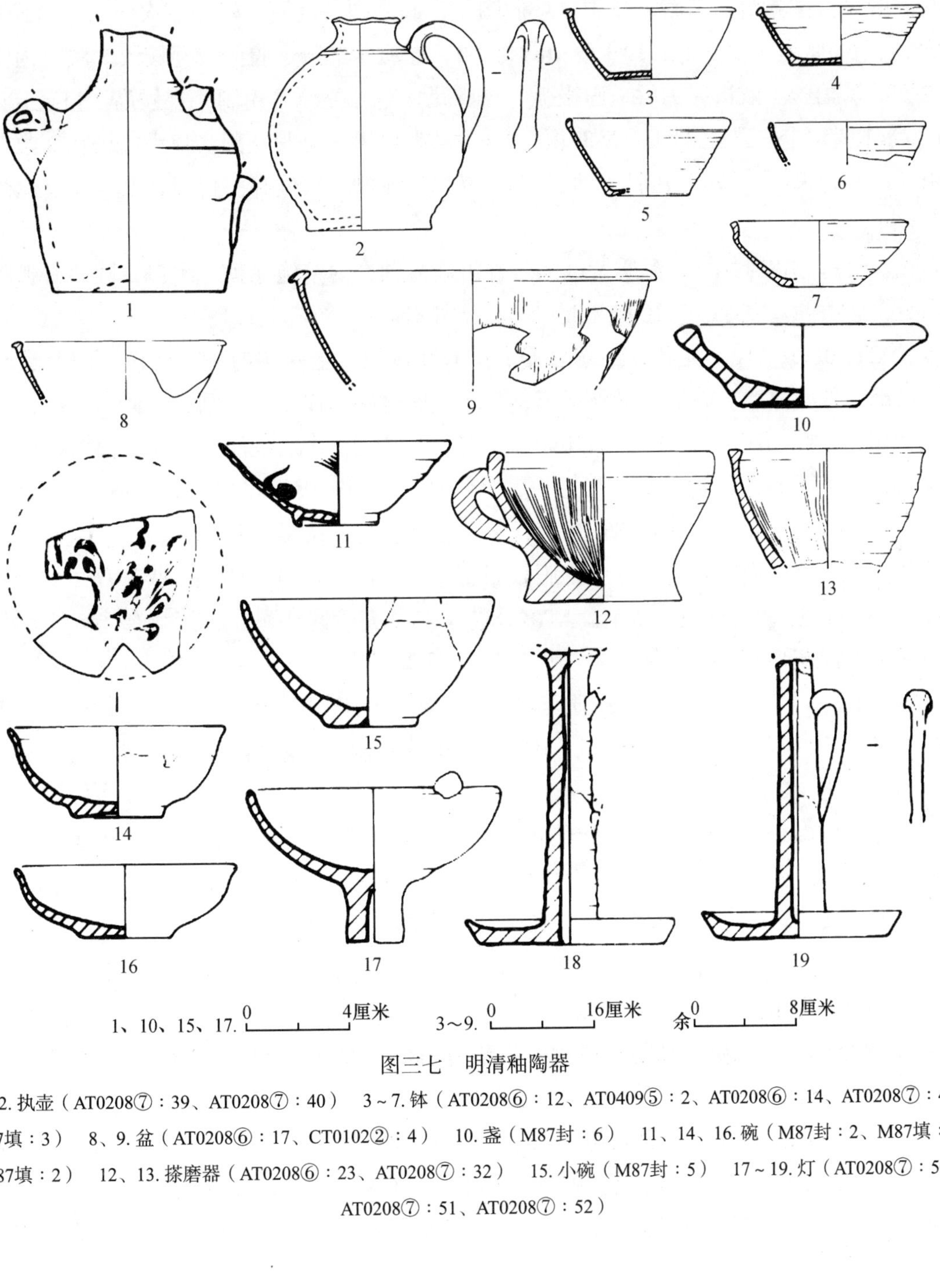

图三七　明清釉陶器

1、2. 执壶（AT0208⑦：39、AT0208⑦：40）　3～7. 钵（AT0208⑥：12、AT0409⑤：2、AT0208⑥：14、AT0208⑦：43、M87填：3）　8、9. 盆（AT0208⑥：17、CT0102②：4）　10. 盏（M87封：6）　11、14、16. 碗（M87封：2、M87填：1、M87填：2）　12、13. 搽磨器（AT0208⑥：23、AT0208⑦：32）　15. 小碗（M87封：5）　17～19. 灯（AT0208⑦：50、AT0208⑦：51、AT0208⑦：52）

橙黄，紫红胎。肩上部凹弦纹，腹饰瓦棱纹。腹以上施黄色釉。溜肩，鼓腹，肩上部与腹间附加单耳，假圈足，底内凹。口部残。轮制，火候高。足径9.4、残高17厘米（图三七，2）。

盆 AT0208⑥：17，夹砂暗紫红陶。胎灰黑夹褐。内壁多瓦棱纹。上腹、内壁施绿釉、泛白，有流痕。敛口，沿外下弧，圆唇，腹微弧。残。轮制，火候高。口径32.4、残高8厘米（图三七，8）。CT0102②：4，夹砂红陶。局部灰黑。腹饰竖划纹。内壁施暗黄釉，唇面、上腹饰白釉。敛口，沿外下斜，圆唇，弧腹。残。轮制，火候高。口径55.2、残高16.4厘米（图三七，9）。

碗 M87填：1，泥质紫红陶。腹微有瓦棱纹。上腹、内壁施黄釉，局部泛白，内底施褐釉画花。敞口，微卷沿，圆唇，弧腹，矮假圈足，底微凹。复原。轮制，火候高。口径16.4、足径6.8、高6.6厘米（图三七，14）。M87封：2，泥质紫红陶。腹微有瓦棱纹。腹、内壁施白釉，内壁绘褐釉彩。敞口，尖唇，腹微弧，矮圈足、直。复原。轮制，火候高。口径17.4、足径6.6、高6厘米（图三七，11）。M87填：2，泥质紫红陶，上腹灰黑。口沿施褐釉。敞口，沿下微束，圆唇，弧腹，微有假圈足，底微圜。复原。轮制，火候高。口径16.8、高6.8厘米（图三七，16）。

小碗 1件。M87封：5，泥质紫红陶。外沿施酱釉，内壁施绿釉。敞口，圆唇，弧腹，微有假圈足，底微凹。复原。口径9.5、足径3.4、高4.5厘米（图三七，15）。

钵 AT0208⑥：12，夹砂紫红陶。器表微有瓦棱纹。上腹施绿釉、泛白，内壁、底施褐色釉，局部、外底露胎。敛口，沿外下弧，弧腹，底微凹。修复。轮制，火候高。口径26、底径14、高10.2厘米（图三七，3）。AT0409⑤：2，夹砂红褐陶。红胎。上腹、内壁施绿釉，泛白。敛口，沿外下卷，圆唇，斜直腹，平底。修复。轮制，火候较高。口径25.6、底径15.8、高8.4厘米（图三七，4）。AT0208⑥：14，夹砂红陶。局部灰黑。腹饰瓦棱纹。内壁、底施绿釉，泛黄。口微敛，微有外沿，圆唇，腹较斜直，底内凹。修复。轮制，火候高。口径25.2、底径12.8、高11厘米（图三七，5）。AT0208⑦：43，夹砂紫红陶。腹部微有瓦棱纹，上腹、内壁施绿釉，泛灰白，唇部露胎。敞口，圆唇，弧腹。残。轮制，火候高。口径24、残高5.6厘米（图三七，6）。M87填：3，泥质紫红陶。下腹多凹弦纹。上腹施酱釉，局部绿。侈口，沿内折再外上卷，唇面微凹，腹微弧，平底。复原。轮制，火候高。口径25.2、底径11.2、高9.4厘米（图三七，7）。

擦磨器 AT0208⑥：23，夹砂紫红陶。上腹饰粗凹弦纹，内壁多划纹。上腹、口、内沿施浅绿釉。敛口，圆唇，弧腹，上腹附加竖耳，下腹内束，平底。修复。轮制，火候高。口径17.6、底径11.8、高10.8厘米（图三七，12）。AT0208⑦：32，夹砂暗红陶。腹饰瓦棱纹，内壁多划纹。器表、口及内沿施茶色釉。敛口，微有平折沿，圆唇，弧腹。残。轮制，火候高。口径15、残高8.6厘米（图三七，13）。

盏 M87封：6，泥质紫红陶。口沿、内壁施黑釉。敞口，圆唇，腹微弧，微有假圈足，底微凹。完整。轮制，火候高。口径9.6、足径4.7、高2.9厘米（图三七，10）。

灯 AT0208⑦：50，夹砂褐陶。器表施茶色釉。敞口，斜方唇、唇部附加一扁矮泥塑，弧腹，细高柄，中空。残。轮制，火候高。口径9.6、残高6.2厘米（图三七，17）。AT0208⑦：51，夹砂红陶。柄饰瓦棱纹。柄中上部施绿釉。细高柄、中空，中上部附加把手，底部圆形托盘，方唇，斜腹，平底。残。轮制，火候高。底径14、残高21.4厘米（图三七，18）。AT0208⑦：52，夹砂红陶。素面。柄中上部施绿釉，细高柄、中空，中上部附加竖向把手，底部圆形托盘，方唇，斜腹，平底。残。轮制，火候高。底径13.6、残高20厘米（图三七，19）。

3. 瓷器

数量较多。

壶 CT0102②：2，灰白胎，质疏。器表施绿釉，底露胎。盘口，圆唇，浅盘，圆肩，附加四圆形竖耳，鼓腹，上腹附加流，圆形竖耳，矮假圈足，底微凹。残。器身轮制，流、耳分制。口径5.4、底径7.2、高9.4厘米（图三八，1）。

罐 CT0205①：2，灰白胎，质较疏。肩施蓝釉花，内外壁施青白釉，外沿露胎。敛口，斜立沿，圆唇，溜肩。残。轮制，火候高。口径8.8、残高4.8厘米（图三八，2）。

盂 1件。AT0208⑦：29，灰胎，质密。沿下饰蓝带纹，腹饰浅蓝色青花，内外壁施青釉。侈口，卷沿近平，圆唇，鼓腹。残。轮制，火候高。残宽10.4、残高3.8厘米（图三八，3）。

盆 CT0101①：6，白胎，质密。腹饰蓝釉山水，内外壁施青白釉。敛口，平折沿，圆唇，微鼓腹。残。轮制，火候高。残宽10.2、残高7.6厘米（图三八，4）。F290：6，灰白胎，质较密。唇部按抹略呈波浪，内沿饰浅蓝色青花。内外壁施青釉。敞口，卷沿微斜。残。轮制，火候高。残宽5.4、残高1.1厘米（图三八，5）。CT0205①：4，灰白胎，质较疏。内下腹饰瓦棱纹，外下腹饰蓝釉带状纹。内外壁施青釉，足缘露胎。下腹弧收，矮圈足，内斜。残。轮制，火候高。足径18.8、残高3.9厘米（图三八，6）。

盘 CT0102②：3，灰白胎，质细密。盘内壁饰山水青花，外壁、底饰交错青花带饰。内外壁施青白釉，圈足底缘露胎。下腹弧，内底较平，矮圈足内斜。残。轮制，火候高。残宽9.4、残高2.6厘米（图三八，7）。AT0208⑥：8，灰白胎，质密。腹、内底饰蓝色青花，内底边饰蓝线圈二道，外底饰蓝线圈一道。内外壁施青釉，足缘局部露胎。弧腹，矮圈足内斜。残。残宽10.4、残高2.2厘米（图三八，8）。AT0409⑥：2，灰白胎，质密。底足相交处饰蓝细带纹一道，内底中部饰花纹，边缘饰蓝细带纹二道。下腹弧收，矮圈足内斜。残。景德镇窑，轮制，火候高。残宽6.2、残高1.5厘米（图三八，9）。

碗 AT0208⑦：20，灰白胎，质较密。唇、腹饰蓝色青花，内外壁施青釉，足缘露胎。敞口，沿微卷，圆唇，弧腹，圈足较矮内斜，足缘刮抹，修复。景德镇窑，轮制，火候高。口径14.4、足径6.4、高7厘米（图三八，10）。AT0208⑦：17，灰胎，质较疏。腹、内壁饰蓝色青花，局部深蓝色。内外壁施青釉，内底边、足缘露胎。敞口，沿微卷，圆唇，腹微弧，矮圈足斜内斜，足外缘刮抹。修复。轮制，火候高。口径13、足径7.2、高5.1厘米（图三八，11）。AT0208⑦：18，灰胎，质较疏。腹饰蓝色青花，内壁、底饰多道蓝带纹。内外壁施青釉，内底边圈、圈足下部露胎。敞口，圆唇，弧腹，圈足较高微内斜。修复。轮制，火候高。口径14.2、足径7.4、高5.3厘米（图三八，12）。AT0208⑦：10，灰胎，质较疏。腹饰蓝色青花，内外饰几何窄带青花，内底中部饰褐色青花。内外壁施青釉，内底外边、圈足露胎。敞

图三八 明清瓷器

1. 壶（CT0102②：2） 2. 罐（CT0205①：2） 3. 盂（AT0208⑦：29） 4～6. 盆（CT0101①：6、F290：6、CT0205①：4） 7～9. 盘（CT0102②：3、AT0208⑥：8、AT0409⑥：2） 10～17. 碗（AT0208⑦：20、AT0208⑦：17、AT0208⑦：18、AT0208⑦：10、CT0101①：1、AT0208⑦：8、CT0102②：1、CT0208⑥：2）

口，圆唇，弧腹，圈足较高内斜，外足缘刮抹。修复。轮制，火候高。口径14.8、足径7.2、高5.5厘米（图三八，13）。CT0101①：1，白胎，质较密。内壁、底饰蓝釉水草和动物纹，外壁饰对称团花和草纹，内沿有二道蓝带纹。内外壁施青釉，足缘露胎，内底篦点“×明”两字。敞口，圆唇，弧腹，矮圈足，内底圆凸（馒头底）。修复。湖田窑，轮制，火候高。口径11.4、足径5.6、高3.1厘米（图三八，14）。AT0208⑦：8，灰白胎，质密。腹饰蓝色青花，圈足蓝带纹三道；内沿蓝带二道，内底蓝带二道，中部饰蓝色花、鸟。内外壁施青釉，足底缘露胎。敞口，圆唇，弧腹，圈足较高内斜，外底中部微凸，修复。景德镇窑，轮制，火候高。口径15.8、足径5.9、高6厘米（图三八，15）。CT0102②：1，白胎，质细密。内底、外壁饰青花，内沿、下腹；外沿、下腹和圈足饰窄青花带饰。内外壁施青白釉，圈足底缘露胎（泥鳅背），内底有篦点形“高、廖”两字。敞口，卷沿，圆唇，弧腹，圈足较矮微内斜。修复。景德镇窑，轮制，火候高。口径10、足径5、高5.4厘米（图三八，16）。AT0208⑥：2，灰胎，质较疏。圈足饰细凹弦纹，上腹饰简化“寿”字纹蓝色青花。内外腹施青釉，下腹、圈足和内底露胎。敞口，圆唇，腹微弧，圈足较高、直。修复。轮制，火候高。口径14、足径7、高5.8厘米（图三八，17）。

小碗　AT0208⑦：21，灰胎，质较密。外沿、腹、沿面、内底饰浅蓝色青花。内外壁施青釉，足缘露胎。敞口，卷沿，圆唇，弧腹，圈足较矮内斜，足缘刮抹。修复。景德镇窑，轮制，火候高。口径9.6、足径3.6、高4.8厘米（图三九，1）。CT0102②：5，灰白胎，质较疏。内底、外沿饰圆形短带形青花。内外壁施青白釉，圈足缘、内壁露胎。敞口，圆唇，弧腹，圈足较高、直。修复。景德镇窑，轮制，火候高。口径8.8、足径4、高5.4厘米（图三九，2）。AT0208⑦：14，灰胎，质较疏。外沿局部饰篦点纹。内外壁施青白釉，足缘露胎。敞口，圆唇，弧腹，矮圈足、直，外缘刮抹。修复。口径8.2、足径3.8、高4.4厘米（图三九，3）。AT0208⑦：22，灰胎，质密。腹饰蓝色青花。内外壁施青釉，下腹以下、内底露胎。敞口，圆唇，弧腹，圈足较高微内斜，外底尖凸。修复。轮制，火候高。口径10.2、足径4.8、高4.6厘米（图三九，8）。

盅　AT0208⑦：1，灰白胎，质密。外沿、内底饰蓝色近圆点纹，有褐色斑。内外壁施青釉，足缘露胎。敞口，圆唇，弧腹，矮圈足、直。修复。轮制，火候高。口径6、足径2.8、高3厘米（图三九，4）。AT0208⑦：2，灰白胎，质较密。外沿、内底饰蓝色近圆点纹。内外壁施青釉，足缘露胎。敞口，圆唇，弧腹，微有圈足内斜。修复。轮制，火候高。口径5.2、足径2.8、高2.8厘米（图三九，5）。AT0208⑥：9，灰胎，质较密。腹，内底饰蓝青花，内下腹饰蓝线圈二道。内外壁施青釉，足缘露胎。敞口，圆唇，弧腹，圈足较矮内斜，修复。轮制，火候高。口径6、足径2.8、高3.4厘米（图三九，6）。AT0208⑥：11，灰白胎，质密。沿下饰蓝线圈二道，腹饰蓝青花，圈足上部饰蓝线圈一道内沿、下腹各饰蓝线圈二道，内底饰“R”形蓝花。内外壁施青釉，足缘露胎。敞口，卷沿，圆唇，弧腹，矮圈足斜内斜。修复。景德镇窑，轮制，火候高。口径7.6、足径3.3、高4.1厘米（图三九，7）。H658：3，白胎，质较细密。内外壁饰蓝色缠枝纹，局部深蓝。内外壁施青白釉，足底缘露胎。外底中部有款，不识。敞口，沿微卷，圆唇，弧腹，圈足较矮、直。修复。轮制，火候高。口径6.4、足径3、高3.4厘米（图三九，13）。

碟　AT0105⑥：1，白胎，质密。内底饰浅蓝色青花。芒口，内外壁施青釉，圈足露胎。敞口，沿微卷，方唇，弧腹，矮圈足内斜。残。景德镇窑，轮制，火候高。残宽5.2、残高2.3厘米（图三九，9）。CT0102⑦B：1，灰白胎，质密。内底饰浅蓝色青花，局部深蓝。内外壁施青釉，酱口，足底缘、外底露胎。敞口，圆唇，弧腹，圈足较矮内斜。修复。湖田窑，轮制，火候高。口径12、足径5.2、高3厘米（图三九，10）。M87封：1，灰白胎，质较密。内壁出筋，内外壁施青釉，外底露胎。敞口，窄平折沿，荷叶边，圆唇，弧腹，底微凹复原。轮制，火候高。口径10.8、底径4.2、高2.2厘米（图三九，11）。M87封：3，灰褐胎，质较密。腹、内壁施黑釉，唇部青、局部酱色，外底露胎。敞口，圆唇，弧腹，底微凹，复原。口径

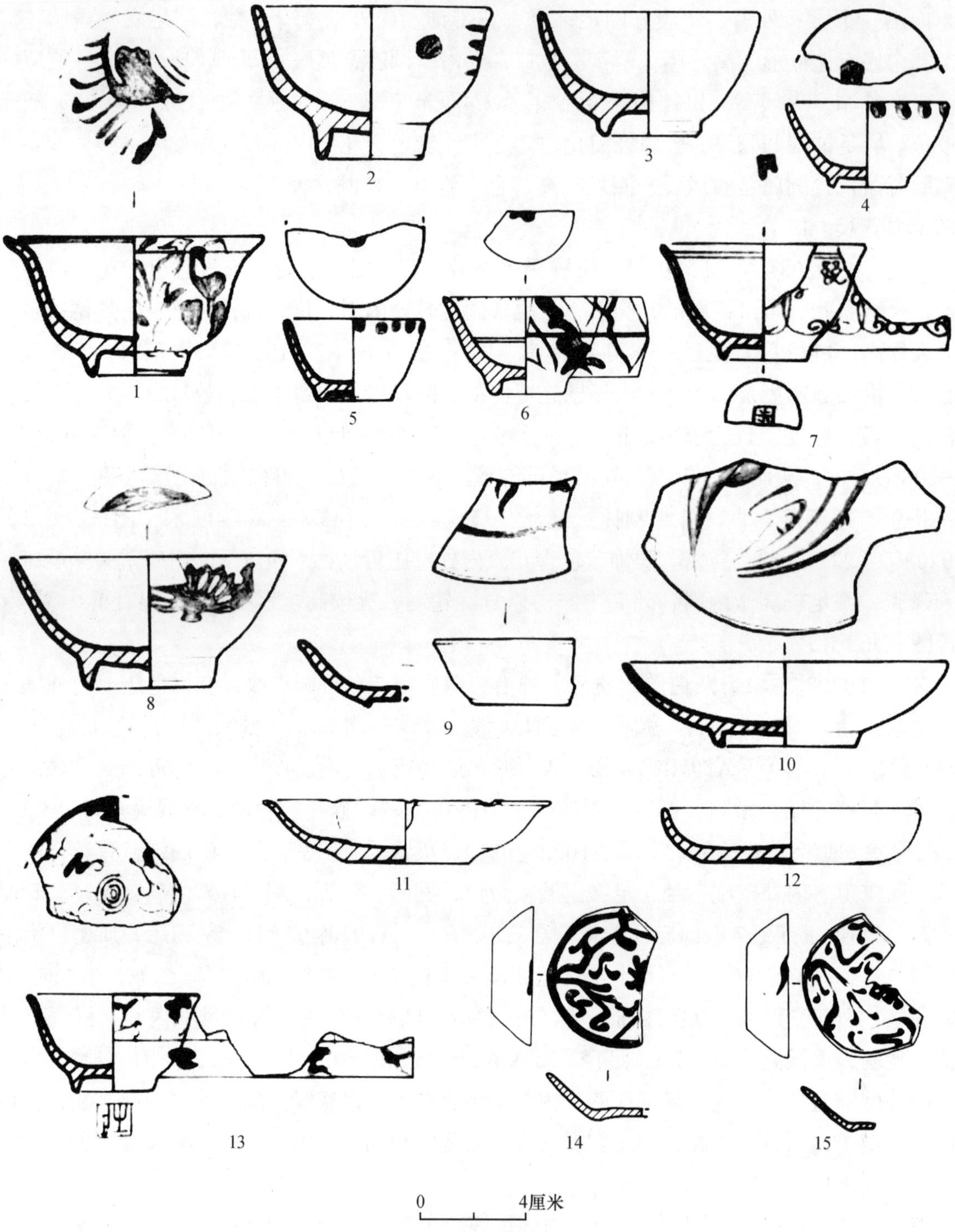

图三九　明清瓷器

1~3、8. 小碗（AT0208⑦：21、CT0102②：5、AT0208⑦：14、AT0208⑦：22）　4~7、13. 盅（AT0208⑦：1、AT0208⑦：2、AT0208⑥：9、AT0208⑥：11、H658：3）　9~12. 碟（AT0105⑥：1、CT0102⑦B：1、M87封：1、M87封：3）　14、15. 匙（AT0208⑦：4、AT0208⑥：10）

9.4、底径6.4、高2厘米（图三九，12）。

匙　AT0208⑦：4，灰白胎，质密。端部外沿、内壁饰蓝色青花。敞口，圆唇，斜腹，底内凹。残剩勺前部。模制，火候高。残长4、宽5.1、壁厚0.4厘米（图三九，14）。AT0208⑥：10，灰白胎，质较密。前端外沿、内壁和底饰蓝青花，内沿饰蓝线圈一道。内外壁施青釉，底缘露胎。敞口，斜腹，底微凹。残。模制，火候高。残长4.4、宽5、壁厚0.2厘米（图三九，15）。

4. 铜器

数量很少，只有铜钱。

康熙通宝　CT0205④：1-3，铜质，锈蚀。方孔圆钱，钱面楷书“康熙通宝”、字较清楚。残。范铸。直径2.6、穿径0.56厘米（图四〇，1）。

嘉庆通宝　4枚。CT0205④：1-1，铜质，锈蚀。方孔圆钱，钱面楷书“嘉庆通宝”，字迹较清楚。完整。范铸。直径2.2、穿径0.6厘米（图四〇，2）。CT0402③B：3，铜质，锈蚀。方孔圆钱，钱面楷书 “嘉庆通宝”，字迹较清楚。完整。范铸。直径2.56、穿径0.6厘米（图四〇，3）。

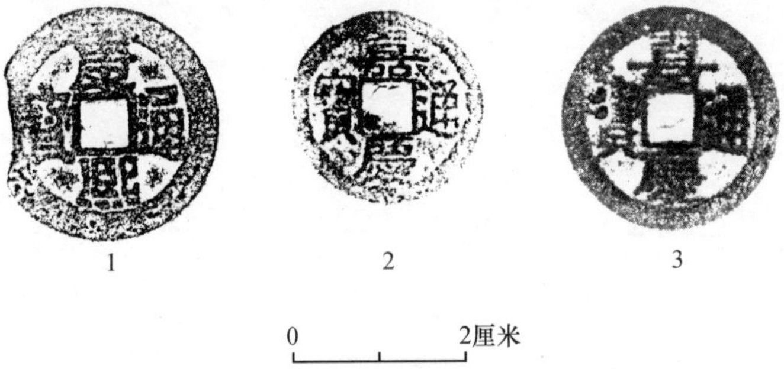

图四〇　铜钱

1.“康熙通宝”（CT0205④：1-3）　2、3.“嘉庆通宝”（CT0205④：1-1、CT0402③B：3）

八、结　　语

通过发掘发现：此区遗留人类活动遗存最早的时间是在西周时期，春秋、战国到汉代，古人在此活动较少，到唐宋时，才达到比较高的繁荣阶段。从大量发现的灰烬和房址情况分析，此区仍然应该是以盐业生产为主。有两个比较主要的发现。

（1）首次在重庆三峡库区发现了汉代的瓦棺葬，为研究该区域的葬制、葬俗提供了新的实物资料。

（2）在一座唐代房址下的小坑内发现了一个钱币窖藏，坑虽小，却出土了半两、五铢、开元通宝、乾元重宝等钱币上千枚。说明在唐代的中坝之地，也有爱好者收藏早期的钱币。

附记：参加发掘的人员有四川省文物考古研究所孙智彬、王静、吴长源，达州市通川区文管所罗龙洪，南充市文管所唐德兵，山西、河南以及陕西的技工王军、朱岁明、刘峰、苏帅、吴爽、吕亚怀、秦仪。发掘期间，国家文物局检查组宋新潮、郑若葵等领导和先生到工地检查与指导工作。

参加发掘的工作人员对发掘材料进行了初步整理，室内资料整理由四川省文物考古研究所孙智彬、吴长源、周小楠，达州市通川区文管所罗龙洪和技工宋清、朱岁明、秦仪、申利霞等完成。

绘图：周小楠 朱岁明

修复：吴长源

执笔：孙智彬 罗龙洪 唐德兵

忠县中坝遗址2002年度发掘简报

四川省文物考古研究院
忠县文物管理所

一、引　　言

2002年3～12月，四川省文物考古研究所（今四川省文物考古研究院）中坝工作队开展了对中坝遗址进行的年度最后一次发掘。发掘区分布于Ⅰ、Ⅲ区，共开10米×10米探方14个（图一），探方编号分别为：2002ZZⅠAT0101、BT0101、BT0201、CT0101、CT0201、CT0102、DT0101、DT0102，2002ZZⅢCaT0201、CdT0202、CdT0302、ET01～ET03（AT0101、DT0101是1999年度探方西部的二分之一）（以下省略2002ZZⅠ、2002ZZⅢ），发掘面积约1400平方米。

Ⅰ区发掘区位于中坝岛上两根通信线杆所涉及的范围内，这里是岛上最后剩下的没有发掘过的中坝遗址的中心区，发掘面积800平方米；另在㽏井河的左岸（Ⅲ区）分散布方6个，发掘面积600平方米，现将发掘情况与新石器时代晚期至汉代的主要收获介绍如下。

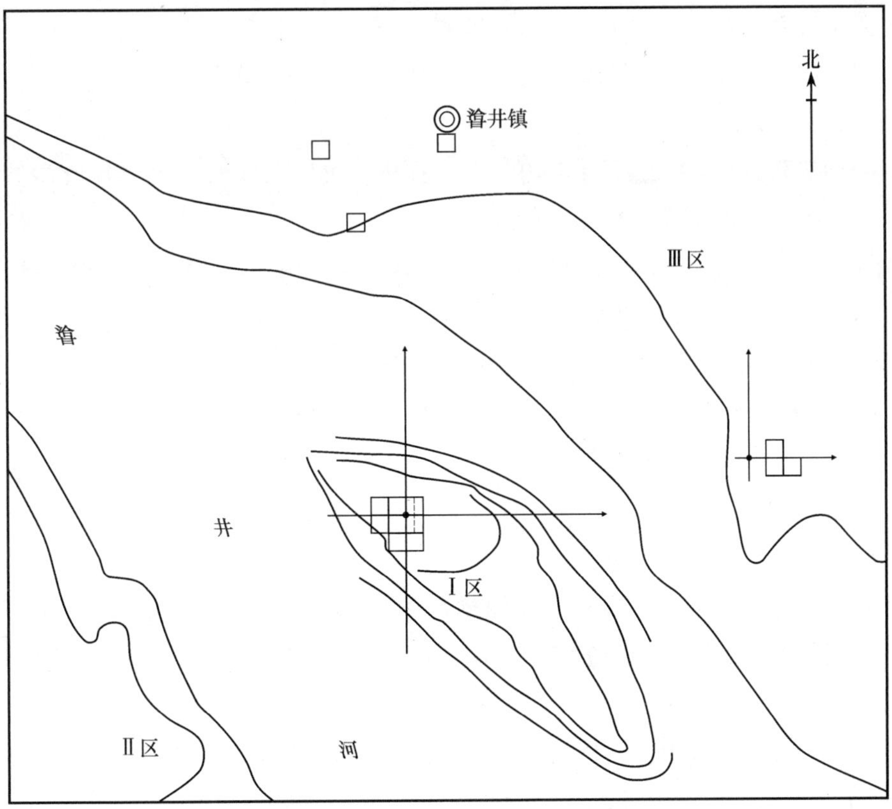

图一　2002年度中坝遗址发掘探方分布示意图

二、地层堆积

2002年度发掘区分散在Ⅰ、Ⅲ区，现选择比较典型的BT0201、DT0101、ET02为例，介绍地层堆积情况。

1. BT0201

第1层：厚10～30厘米。土色灰花，质松。农耕土。其上层为1998年度发掘时的堆土堆积，地貌平。西南角为断坎，缺6平方米左右，东北角有一电杆未移走，为安全计，杆下留（2×2）平方米。该层下东部中间隔梁下有两个现代坑，编号和记录略。

第2层：距地表深10～50、厚25～60厘米。土色褐灰，质稍硬，夹红烧土小颗粒及姜石渣。包含明、清时期的陶、瓦片、青花瓷片等，全方分布。该层下暴露H675、H676、H677。

3A层：距地表深50～100、厚1～30厘米。浅绿色砂黏土，土质较松，颗粒稍粗，夹少量小块红淤土，大、小石块。包含宋代以前的陶、瓷片，分布在西半部。

3B层：距地表深60～150、厚1～35厘米。黄沙层，纯沙、质松，夹红淤土，大小石块，包含少量宋的陶、瓷片。分布在西北部。

3C层：距地表深60～200、厚1～80厘米。夹砂灰黏土，质松，夹淤泥块，大、小石块、石渣较多，局部淤土与灰黏土量相同，南部隔梁中部夹有白膏泥、质松，红淤泥土多的地方稍硬，包含较多宋代陶、瓷片及少量完整器。分布于东及西南部。该层下暴露H678。

第4层：距地表深100～290、厚1～40厘米。褐土，质硬，密度大，夹杂红烧土块、灰烬、石块、木炭小块及颗粒。包含大量唐代陶片、瓦及瓦片。全方分布，整个地层东高西低，倾斜约25°。该层下暴露H679。

第5层：距地表深170～220、厚1～40厘米。红烧土夹卵石块层，夹大量红淤沙，质松。无包含物，分布全方。该层下暴露H680、H681。

6A层：距地表深240、厚5～17厘米。土色褐灰、夹黄褐土、花土、红烧土颗粒及黄岩石粉，质稍硬。包含大量南北朝时期的瓦片和瓷片。分布于探方南半部。该层下暴露DM4。

6B层：距地表深250、厚1～20厘米。褐红土，质较松，夹褐红淤泥、卵石等。包含瓦片、瓦当等，分布于探方南半部。该层下暴露H682、H683、DM5。

第7层：距地表深150～200、厚30～60厘米。褐黄土，夹灰黏土，局部夹很薄的红淤泥和数量较多的石块、红烧土、木炭等，质稍硬，包含南北朝时期的陶、瓷片。分布全方，整个地层向西南方向倾斜约25°。该层下暴露F297。

8A层：距地表深300～320、厚1～20厘米。土色褐黄偏灰，黏土夹砂、颗粒稍粗，质稍松，夹黄岩石粉颗粒、木炭颗粒、红烧土等。包含南北朝时期的陶、瓷片等。分布在该方的南部。层下暴露F298。

8B层：距地表深340～350、厚1～80厘米。土色褐黄，质稍松。包含物与第8A层相似。分布于该方西南角。

9A层：距地表深350、厚1～10厘米。褐灰黏土，质稍硬，有黏性，且细腻、紧密，夹木炭颗粒。包含南北朝时期的瓷片等。分布于探方西南部。

9B层：距地表深350、厚1～30厘米。土色褐黄偏灰，质较硬，结构稍紧密。包含南北朝时期绿黄釉瓷片及汉代瓦片等。分布于探方西南部。

第10层：距地表深230～400、厚1～40厘米。褐灰土，质硬，内有大量的红烧土渣、木炭颗粒。包含绳纹瓦片、圜底罐残片与五铢、半两、剪轮五铢、铜镜残片和动物骨骼残块等。分布于全方，整个地层由东北向西南倾斜10°～25°。该层下暴露Y35、Y36、H685、H712、H713。

第11层：距地表深250～400、厚10～50厘米。灰土，黏土夹砂，局部夹褐红淤泥小块和红烧土块、木炭颗粒，质稍硬，颗粒较细。包含陶片、网坠、秦半两钱等。分布于全方。该层下暴露H714、H715、H718、H719、M96、M97。

第12层：距地表深280～440、厚10～30厘米。灰黑土，质稍松，夹灰烬，木炭小块。包含大量陶圜底罐残片。分布于全方。该层下暴露H719、H774、H725。

13A层：距地表深400、厚1～10厘米。土色黄中泛白，质稍硬，纯淤泥，无包含物。分布于探方北和西部。该层下暴露H726。

13B层：距地表深410、厚1～10厘米。土色黄白。包含少量圜底罐碎片渣。分布于西北部。

13C层：距地表深300～440、厚1～44厘米。褐黄土，质松，夹杂黄岩石渣颗粒及少量木炭粒。包含大量圜底罐陶片，分布于探方东北部。

第14层：距地表深330～470、厚8～45厘米。灰土，局部土色偏黑，质松，颗粒小，夹红烧土小颗粒及木炭颗粒。层内夹杂大量陶片和圜底罐残片、小件骨锥、铜锥等。分布于全方。

15A层：距地表深350、厚1～15厘米。红淤泥，色棕红，质硬且有黏性，泥层下有很薄一层沙。包含小而破碎的圜底罐残片。分布于探方东北角。

15B层：距地表深410～510、厚10～20厘米。灰黄黏土，夹砂，质松，夹岩石渣、木炭颗粒。包含大量圜底罐残片和少量鹿角。分布于全方。

第16层：距地表深380～510、厚1～25厘米。灰黄土，质稍松，夹黄岩渣、木炭小颗粒等。包含大量圜底罐及残片与极少铜簪、骨器等。分布于全方。

第17层：距地表深460～530、厚10～20厘米。灰土，局部夹黄淤泥砂、灰烬，质松。包含大量圜底罐及残片，骨头残片较多。分布全方，地层东北高，西南低，倾斜15°左右。

第18层：距地表深420～550、厚15～30厘米。灰土，夹少量黄砂、木炭颗粒、田螺等，局部层表有很薄一层红淤泥。包含较多圜底罐及残片。分布于全方。

第19层：距地表深450～580、厚1～25厘米。灰花土，夹砂及一定数量的黄岩石渣、黏土块、木炭小块及颗粒等，质松。包含大量圜底罐及残陶片。分布全方，层下暴露F322。

第20层：距地表深530～600、厚10～25厘米。褐灰土，质松。包含较多圜底罐及残片。分布于探方东南部，地层由东北向西南倾斜。

第21层：距地表深520～660、厚20～50厘米。灰褐土，质松，夹一定数量的淤砂。包含大量圜底罐及陶残片和较多动物骨骼。分布于全方，该层东北高西南低。

第22层：距地表深490～580、厚1～15厘米。黑灰土，木炭小块及黑灰烬多，质松。包含较多圜底罐等陶残片等。分布于探方北部及东部中间一带。

第23层：距地表深500～630、厚10～25厘米。褐灰土，质松，夹少量灰烬颗粒、黏土等。包含大量圜底罐（完整）及残片、钵、罐等。除东北角外，方内均有分布。

第24层：距地表深420～500、厚10～35厘米。褐灰土，夹少量黏土、黄砂、灰烬、红淤泥等，质松。包含较多圜底罐及残片。分布探方东北角。该层下暴露Q3。

第25层：距地表深470、厚50厘米。黄灰砂黏土，质松，夹少量灰黏土。包含圜底罐碎片较少。分布于探方东北角1米的范围内。

第26层：距地表深510、厚1～40厘米。灰土，质松。包含部分圜底罐残片。分布于探方东北角1米的范围内。

第27层：距地表深540～670、厚5～20厘米。黄土，夹砂及木炭小颗粒，质松。包含少量圜底罐碎片。分布于探方的北部、东部和南部。

第28层：距地表深600～650、厚5～15厘米。灰土，夹淤泥、砂、木炭小块及颗粒等，质松。包含圜底罐残片较多。分布于探方东南部，斜坡向下。

第29层：距地表深590～690、厚5～10厘米。棕红砂土，质松。无包含物。除东北角外，均有分布。层下暴露F336。

第30层：距地表深590～600、厚5厘米。灰砂黏土，质稍松。无包含物。分布于探方西南和东北部。层下暴露F338。

第31层：距地表深550～730、厚10～35厘米。黑灰土，局部炭灰多，质松。包含较多圜底罐残片，开始出现尖底杯。除东北角外均有分布，地层东北高西南低。

第32层：距地表深550～660、厚1～25厘米。褐灰土，质稍松，夹木炭小颗粒及砂。包含较多圜底罐残片等。分布于探方东北部。

第33层：距地表深640～730、厚1～15厘米。黑灰土，质松，夹少量黏土、淤砂、木炭颗粒及灰烬等。包含少量圜底罐及残陶片。分布于探方西半部。

第34层：距地表深650～760、厚1～40厘米。褐灰土，局部夹杂黄岩石渣，木炭灰颗粒较多，质较松。包含大量残陶片。分布于探方西半部，最厚。

第35层：距地表深590～810、厚10～40厘米。灰土，局部泛绿色，质稍松，有黏性，夹杂少量木炭灰及草木灰。包含陶残片较多。分布于全方，东北高西南低，西南角猛斜下。

第36层：距地表640～830、厚5～15厘米。黄土，局部黄灰，质松软，夹少量黏土、石块等。较多花边口罐、高领罐、圜底钵、铜渣等包含物。分布于全方。层下暴露F352。

第37层：距地表深630～840、厚10～25厘米。黑灰土，质稍硬，夹黑灰烬，木炭小块及水锈砂等。多麻花状花边罐、直口缸、锯齿状侈口罐、圜底钵、尖底杯等包含物。分布于全方，地层东高西低。

第38层：距地表深660～840、厚1～25厘米。灰土，局部偏黄，质松软，夹黏土、黄砂、木炭块及颗粒。较多大花边罐、尖底杯、平底罐口沿、侈口罐等包含物。基本分布于全方，地层东北高西南低。

第39层：距地表深720～850、厚5～20厘米。灰砂土，质松软，夹水分较重的砂黏土及灰烬、木炭颗粒及块状棕红砂。包含物与第38层相似。分布于全方。层下暴露F356。

第40层：距地表深770～850、厚10～20厘米。灰土，夹砂，质松软，夹木炭小颗粒、零星的小石块及黄细质淤泥块。包含花边口沿罐残片、残器盖、铜刀、铜镞等。分布于探方西半部，层下有零乱而无规律的石头。

第41层：距地表深750～880、厚10～20厘米。黑灰土，水分大，黏性强，质松软，夹黑灰烬多。包含物以大花边罐、侈口外卷沿罐、直口平沿缸和尖底器为代表。除西南角外均有分布，地层向西南倾斜。

第42层：距地表深765～770、厚1～12厘米。灰土，局部夹灰白色泥砂块，质松软。无包含物。分布于探方东北角1.5米的范围内。

第43层：距地表深775～860、厚10～20厘米。黑灰土，质松，夹零星的石块。包含较多麻花状花边罐口沿、侈口厚平沿罐和角杯等。分布于探方的东半部。

第44层：距地表深850～890、厚40厘米。黄灰土，质松软，有较强的黏性，夹大量河卵石及大小石块，另夹深灰渣、黄白淤泥块等。无陶片。分布于全方，地层东北高西南低。

第45层：距地表深830～890、厚1～20厘米。灰土，局部泛灰白色，草木灰烬多，质松软。包含陶片很少。分布在对角线西南部。

第46层：距地表深880～940、厚1～10厘米。灰黄土，质松，层内夹杂黏土、砂、红淤泥块及黄砂团，包含陶片不多，以侈口、方厚唇沿罐为代表，还有角杯、圜底钵（或盏）及石器等。分布于探方的西半部。

第47层：距地表深840～930、厚10～25厘米。深灰土，质松，颗粒粗，夹杂木炭小块及颗粒等。包含物以陶侈口厚唇沿罐为最多，尖底杯、盏及盘口器等次之，还有少量骨块、蚌壳等。分布于全方，向西南方向倾斜。

第48层：距地表深850～980、厚1～15厘米。灰黑土，质松软，有黏性，夹杂大量木炭灰及灰白色草木灰烬，木炭块及颗粒。包含陶片较多，仍以方唇厚沿罐为代表，高直领厚圆唇外卷沿罐次之，圆唇高领罐、尖底杯、敛口尖底盏等较少。分布于全方。

第49层：距地表深940～990、厚1～15厘米。灰土，质松软，且有黏性，层内夹杂草木灰多，木炭颗粒。包含陶片较多，主要有尖底盏、角杯等，还出土铜矛、钺各1件及较多骨骼碎片。分布于探方的西部、南部。

第50层：距地表深940～1010、厚1～8厘米。浅灰土，局部灰泛白，层内夹杂有灰白色淤泥砂、木炭小颗粒、红烧土。包含部分陶残片及少量动物骨骼残块。分布于探方西南部，地层由东北向西南猛斜。

第51层：距地表深950～1015、厚1～10厘米。黑灰土，局部偏褐，质松软，含水分大，夹杂大量黑灰烬。包含部分陶残片，主要有按唇罐、高领厚唇外卷罐及尖底杯、盏等。分布于小方的西南角。

第52层：距地表深1020、厚1～8厘米。褐黄土，夹砂，质松软。包含陶片少且碎小。分布于小方西南角，向西南倾斜。

第53层：距地表深1040、厚1～15厘米。黑灰土，质松软。包含部分陶残片，器类有高直领厚圆唇外卷沿罐、尖底杯、盏、缸口沿、腹片、缸底等。分布于探方西南角的陡坎上。

第54层：距地表深980～1090、厚1～20厘米。褐灰土，花杂，质较硬，有很强的黏性，层内夹杂大量褐红黏土泥。包含物有陶片、骨头等。陶片有尖底缸、陶罐等。分布于探方的东北大半部，地层西南倾斜。

第55层：距地表深880～1080、厚1～25厘米。褐黄土，夹褐红黏土、黄膏泥及少量砂，质较硬，黏性很强，夹杂木炭颗粒等。包含物多为陶片，器类多尖底缸口沿及缸底。分布于探方西南部，向西南倾斜。

该层以下为生土（图二）。

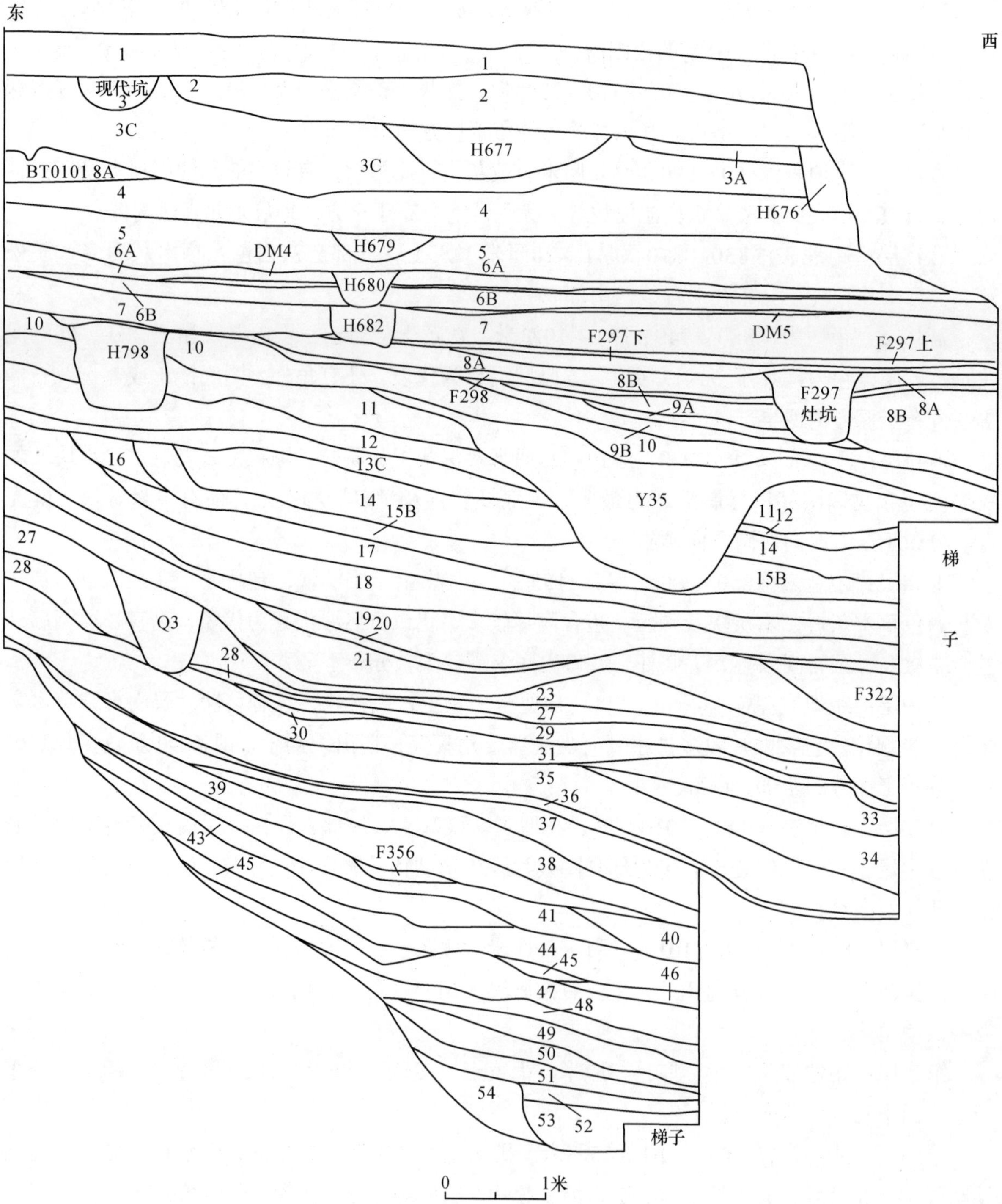

图二　BT0201南壁剖面图

2. DT0101

第1层：厚20~35厘米。耕土层。灰褐土，质疏松。

第2层：距地表深20~45、厚10~60厘米。灰褐土，质疏松。分布于本方东南部，由东向西南稍微倾斜。包含大量瓦片。

第3层：距地表深15~30、厚135厘米。黄色砂土，松软，夹较多卵石，分布于探方北部，纯净。

第4层：距地表深210、厚20~40厘米。灰褐色，土质疏松，夹杂粗的红烧土块及大量卵石块。分布于探方西北部。包含明清时期的布纹板瓦残片，瓷片等。

第5层：地表深70~170、厚10~20厘米。黄褐土，略带砂性，质疏松，夹大量卵石块。分布于探方西北部，表面高低不平，由北向南稍倾斜，纯净。

第6层分为二亚层。

6A层：距地表深90~210、厚0~40厘米。黑灰土，结构疏松，夹大量卵石块。分布于探方西北部，由北向南略斜。包含宋代瓷片、陶片较多。

6B层：距地表深60~190、厚0~20厘米。灰褐土，结构疏松，夹较多卵石块。分布于探方西北部，包含部分宋代瓷片、瓦片等。

第7层分四亚层。

7A层：距地表深140~250、厚0~25厘米。青灰土，质疏松，夹较多卵石块。分布于探方西北部，由东向南倾斜。包含宋代陶、瓷片较多。

7B层：距地表深30~250、厚10~60厘米。灰褐土，质疏松，夹杂红烧土颗粒。全方分布，由东向西南倾斜。包含瓷碗、三足釜、双耳罐等碎片。

7C层：距地表深90~180、厚20~40厘米。黑灰土，质较疏松，夹杂红烧土颗粒。分布于探方西南部，由东向西南倾斜。包含物同上层。

7D层：距地表深110~300、厚15~30厘米。青灰土，质较硬，夹杂红烧土颗粒及卵石块。全方分布，由东向西南倾斜。包含较多瓷片和部分陶片。

第8层：可分为二亚层。

8A层：距地表深120、厚0~30厘米。灰黄土，质较疏松，夹灰烬及烧土颗粒。分布于探方东南部，由东向西倾斜。包含部分唐宋时期的陶片、瓷片。该层下暴露G65。

8B层：距地表深160~325、厚25~90厘米。灰黄土，质较紧，局部有烧土碎块及灰烬。全方分布，由东向西南倾斜。层内包含较多唐宋时期瓷片、瓦片和陶纺轮3件，铜钱1枚。该层下暴露Y31。

第9层：距地表深210~345、厚25~60厘米。深褐土，质紧密，夹较多灰烬。包含较多六朝时期筒瓦、板瓦残片和陶、瓷片。

第10层：距地表深240~410、厚10~50厘米。褐土，质稍疏松，内夹杂红烧土颗粒及灰烬。分布于全方，由东向西南倾斜。含较少汉代陶片及板瓦、筒瓦残片。本层下暴露H674、H687、H688、H728。

第11层：距地表深270~430、厚15~35厘米。深褐土，质较松。包含大量东周晚期圜底罐残片。

第12层：距地表深290～450、厚20～60厘米。灰褐土，略带砂性，质较松散。分布于探方东南部，东部较薄，西南较厚。包含大量碎陶片及少量铜镞。该层下暴露H710。

第13层：距地表深230～470、厚0～35厘米。灰褐土，夹杂少量的灰烬及烧土颗粒。分布于探方北部，由北向西南倾斜。包含较多圜底罐残片。该层下暴露G71、G72、G73、F307、F308、H729。

第14层：距地表深310～385、厚0～35厘米。浅灰土，质较疏松，夹灰烬较少。分布于探方南部，由东向西南倾斜。包含物多圜底罐残片。

第15层：距地表深340～500、厚10～40厘米。灰褐土，质疏松，夹灰烬。含较多圜底罐残片。该层下暴露F316、F317。

第16层：距地表深385～570、厚5～40厘米。灰褐土，质疏松，夹有大量黑灰粒。包含陶片较多，以花边圜底罐残片为主。该层下暴露F318。

第17层：距地表深410～440、厚5～15厘米。黄花土，质疏松，夹红烧土颗粒、灰烬。主要分布于探方东南部，东南角较零散，由东北向西南倾斜。包含陶片较多。该层下暴露F321。

第18层：距地表深400～510、厚5～25厘米。黑灰土，质疏松，夹有大量木炭灰及少量烧土粒。包含陶片以花边圜底罐为主。该层下暴露F325。

第19层：距地表深430～570、厚5～30厘米。黄褐花土，质紧密，夹红砂较多。分布于探方东、北部，包含较多花边圜底罐残片。该层下暴露F326。

第20层分为二亚层。

20A层：距地表深450～470、厚5～20厘米。黄砂土，夹少量灰粒，质疏松。分布于探方中部。包含陶片较少。

20B层：距地表深450～500、厚5～20厘米。黄褐土，质疏松，夹烧土颗粒。分布于探方东北部与西南部，由东北向西南倾斜，包含有大量陶片。该层下暴露F328。

第21层：距地表深450～600、厚5～20厘米。灰砂土，质疏松，夹少量炭粒、灰烬。包含陶片较多。该层下暴露F332、H735、L6。

第22层：距地表深450～500、厚5～30厘米。灰土，质疏松。分布于探方西部，由北向南倾斜。包含少量陶片、兽骨。该层下暴露F335。

第23层：距地表深480、厚5～35厘米。灰花土，质松，夹黏土块。主要分布于探方东南角。包含少量陶片、兽骨。该层下暴露H737、H738、H739。

第24层：距地表深520～600、厚5～15厘米。灰土，质疏松。分布探方西部，由北向南倾斜。包含部分有陶片、兽骨等，开始出现角杯。该层下暴露F342、F346、H742、H743、H744。

第25层：距地表深500～550、厚5～40厘米。灰黄土，质松，夹炭粒、红烧土粒。包含陶片较多。

第26层：距地表深460、厚5～20厘米。灰土，质疏松，夹少量砂粒，分布于探方东中部。包含陶片较少。

第27层：距地表深500～630、厚5～35厘米。黄褐土，质略硬，结构紧密，夹木炭粒、烧土颗粒。该层表面有很多“洞”，内填灰土，出有角杯残片。包含较多小平底罐、角杯、高颈壶、敛口罐残片。

第28层：距地表深520～550、厚5～30厘米。黄灰土，略泛白，质略硬，结构紧密，夹烧土颗粒。主要分布于探方西北部。出土陶片以角杯、小平底罐为主。该层下暴露F355、H755。

第29层：距地表深580～650、厚5～40厘米。灰褐土，质疏松，夹烧土颗粒。分布于探方西南部，由北向南倾斜。包含陶片较多。该层下暴露H756、H757。

第30层：距地表深550～700、厚5～30厘米。红褐土，质较硬，结构紧密。分布于探方西南部，由北向南倾斜呈坡状。纯净，无包含物。

第31层分为三亚层。

31A层：距地表深600～700、厚5～50厘米。灰黄土，质疏松，夹有烧土颗粒、炭粒。分布于全方，堆积由北向南倾斜。包含部分陶片和较多石器，极少骨器。该层下暴露Y40、H759、H760。

31B层：距地表深600、厚40厘米。灰白土，质疏松，夹烧土颗粒。分布于探方西南部，包含少量陶片。

31C层：距地表深580～650、厚5～30厘米。灰褐土，质疏松。分布于探方南部，由东向西倾斜。包含陶片较少。该层下暴露Y41。

第32层：距地表深550～580、厚10厘米。灰黄土，质松。分布于探方北部。包含少量陶片、残石斧和兽骨等。

第33层：距地表深580～680、厚5～40厘米。灰花土，质松，夹有灰粒、黏土块、烧土颗粒。包含较少陶片和石斧。该层下暴露H763、H764。

第34层：距地表深580～700、厚10～15厘米。红褐土，质松，夹有砂粒。纯净，无遗物。

第35层：距地表深580～650、厚5～40厘米。灰黄土，质松，夹有灰粒、烧土粒。包含有陶片、石斧等。

第36层：距地表深600～750、厚5～20厘米。黑灰土，质疏松。包含陶片较少。

第37层：距地表深610～750、厚5～10厘米。灰土、略青，质疏松。分布于探方北部，由东北向西南倾斜。包含陶片较少。

第38层：距地表深600、厚5厘米。青灰土，质疏松。分布于探方东北角。包含陶片较少。

第39层：距地表深580～630、厚5～20厘米。黑灰土，质疏松。包含少量陶片，可认器形有贴边罐、直口罐、小平底缸。该层下暴露H788、H789、F363、H790。

第40层：分二亚层。

40A层：距地表深650～800、厚5～20厘米。灰花土，质略松，夹有灰粒、烧土粒。分布于探方北半部，包含少量陶片。该层下暴露H801。

40B层：距地表深680、厚80厘米。黄灰土，质硬，结构紧密，夹有黏土块。包含部分陶片。

第41层：距地表深650～800、厚15～60厘米。红褐土，质略松，夹砂量高。纯净，无遗物。

第42层：距地表深700～820、厚5～50厘米。红褐土，与第41层相比，不含砂粒，土质硬，夹有褐色水锈结核。无遗物。

该层下为生土，红褐色纯净质硬，结构紧密（图三）。

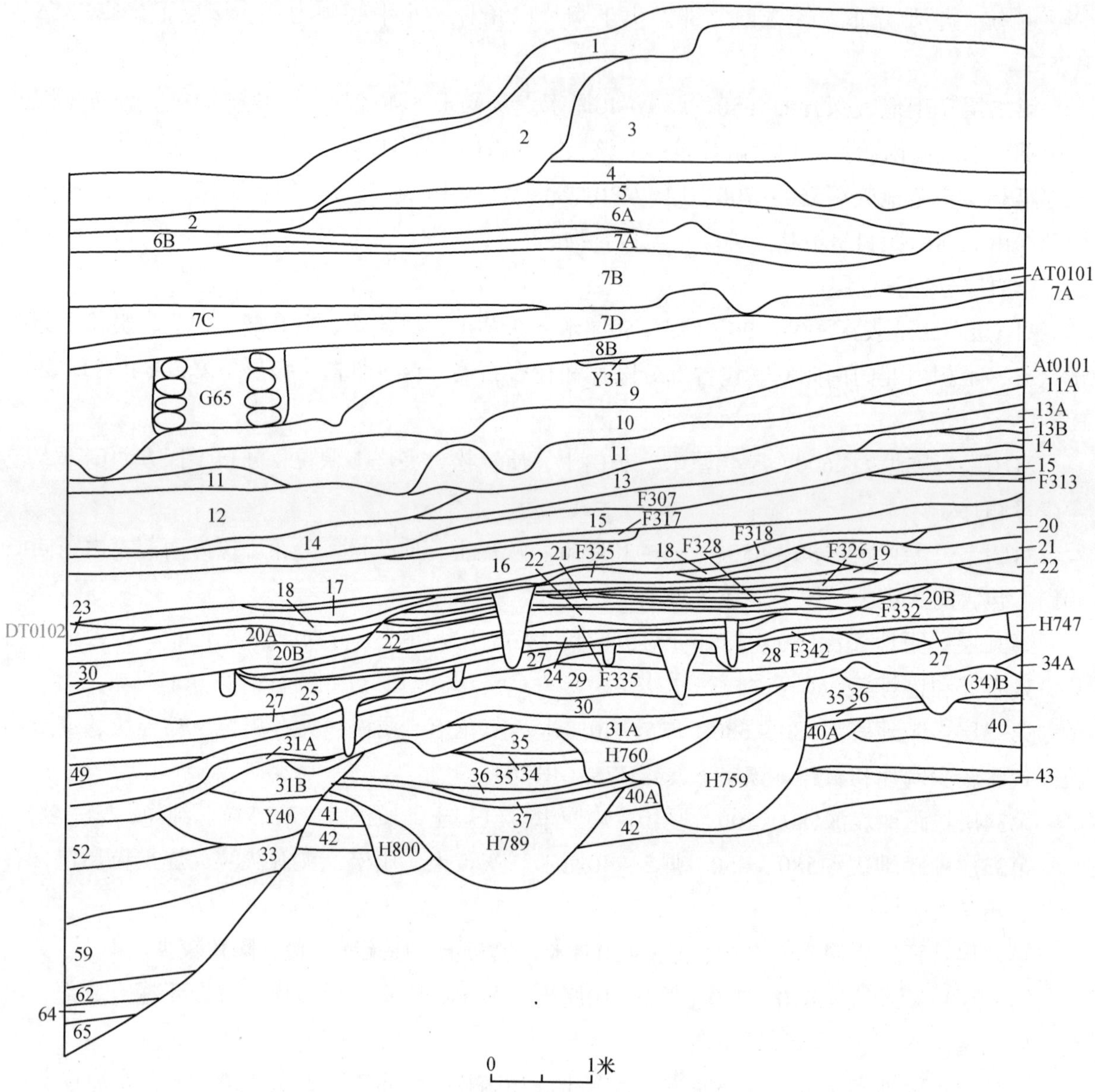

图三　DT0101西壁剖面图

3. ET02

第1层：厚0～45厘米。黄褐土，质较疏松，结构较紧密。由北向南呈斜坡状堆积。层内夹杂大量的煤渣以及玻璃、塑料、铁丝等。打破或开口于第1层下的现代坑3个，均位于探方西半部。

第2层：厚35～70厘米。黄褐土、略花，结构较紧密。由北向南呈斜坡状堆积。层内夹杂大量的煤渣、瓦片、砖块、石块等。

第3层：分二亚层。

3A层：厚0～50厘米。浅灰土、略泛红，结构较紧密。主要分布于探方东北部，由北向南呈斜坡状堆积。包含物有瓦片、石块、煤渣等。

3B层：距地表深0～55、厚0～45厘米。褐灰土，质地较疏松。西北高东南低。包含大量的煤渣，少许砖块、瓦块等。

第4层：距地表深25～85、厚0～75厘米。灰褐土、略花，质地较硬。主要分布于探方南部，西北高东南低。包含物有煤渣、瓦片、瓷片等。

第5层：距地表深50～120、厚0.5～85厘米。浅灰土，质疏松。主要分布于探方南部，西北高东南低。包含物同第4层。

第6层：距地表深50～145、厚0～45厘米。黄土，洪水淤积层。纯净，无包含物。

第7层：距地表深70～105、厚0～30厘米。红褐土，质稍硬，夹有烧土块。分布于探方西南角，北高南低。包含少量的瓦片、煤灰等。该层下开口现代房址1座。

第8层：距地表深130、厚0～80厘米。浅灰土、略花，质较疏松，夹有淤泥块。分布于探方西南角。包含物有瓷片、瓦片、砖块等。

第9层：距地表深12～−215、厚0～55厘米。浅灰土、略杂花。基本分布于全方，西北高东南低。包含物同第8层。

第10层：距地表深35～−230、厚0～30厘米。黄砂，质疏松。主要分布探方北部，西北高东南低。纯净，无包含物。

第11层：可分二亚层。

11A层：距地表深60～140、厚0～80厘米。浅灰土、略泛白。分布于探方东北角，包含大量的煤渣。

11B层：距地表深85～250、厚0～70厘米。褐灰土，质疏松。西北高东南低。包含大量的煤渣、碎砖块等。

第12层：距地表深50～300、厚0.5～85厘米。浅灰土，包含大量煤渣、碎砖块。

第13层：距地表深150～350、厚0.5～80厘米。青灰土，质稍硬，结构较紧密。包含少量瓷片、瓦片等。该层下暴露Z11。

第14层：距地表深250～330、厚0～45厘米。青灰土、略泛白，质地坚硬，结构紧密。无包含物。

第15层：距地表深280～305、厚0～55厘米。浅灰土、略泛白，质稍硬，结构较紧。包含物有瓷片、砖块、瓦片等。

第16层：距地表深225～390、厚35～100厘米。灰褐土，质较疏松。包含物同第15层。

第17层：距地表深340～470、厚0～35厘米。黄砂，质疏松。纯净，无包含物。

第18层：距地表深265～485、厚0～165厘米。深灰褐土，质稍硬。包含物有瓷片、瓦片、石块等。

第19层：距地表深445～460、厚25～45厘米。褐灰土、略杂花，质稍硬。分布于探方南部，包含物同第18层，其下压第20层。

第20层：距地表深485～505、厚15～40厘米。浅灰褐土，质较疏松。分布于探方南部，包含物有明清时期瓷片、瓦片等。

第21层：距地表深50～135、厚0～110厘米。黄褐花土，质稍硬。主要分布于探方西北部。包含物有砖块、瓦块、瓷片等。该层下暴露Q4。

第22层：距地表深115～160、厚20～220厘米。青灰土、泛褐，质稍硬。分布范围与包含物同第21层。

第23层：距地表深150～370、厚20～55厘米。浅灰褐花土，夹淤砂块。无包含物。

第24层：距地表深170～390、厚20～50厘米。黑灰褐花土，质稍硬。分布于探方西北部。包含部分陶、瓷片。

第25层：距地表深215～420、厚30～120厘米。深灰褐土，局部泛黄，质稍硬。分布于探方西北部。包含有宋代瓷碗残片、釉陶残片和板瓦等。

第26层：距地表深340～445、厚15～35厘米。灰土，略泛黄。分布于探方中部偏西。无包含物。

第27层：距地表深250～310、厚10～40厘米。黑灰土，泛褐，局部夹淤砂，质疏松。包含有内底中部印花的青瓷小碗、釉陶罐残片和少量残铁器等。

第28层：可分二亚层。

28A层：距地表深300～340、厚10～70厘米。黄砂。无包含物。

28B层：距地表深330～345、厚30～60厘米。土色略黄，质较疏松。包含几块碎陶片。该层下暴露F358。

第29层：距地表深395～410、厚20～50厘米。黑灰土，泛褐，质疏松。分布于探方西北部。包含物有瓷片、釉陶残片等。

第30层：距地表深415～465、厚15～40厘米。黄砂，质疏松。主要分布于探方西南部。纯净，无包含物。

第31层：距地表深435～540、厚10～85厘米。浅灰土，质疏松。主要分布于探方南部。包含物有瓷片、红陶片、釉陶片等。

第32层：距地表深425～445、厚25～60厘米。褐灰土，质疏松。分布于探方西南部，包含物有残陶片、瓷片等。

第33层：距地表深475～500、厚5～50厘米。浅灰土，略泛红，质稍硬主要分布于探方北部，包含物有瓷片、釉陶和陶片等。该层下暴露F359。

第34层：距地表深510～560、厚5～42厘米。浅灰土，略泛红，质稍硬。包含物同第33层（图四）。

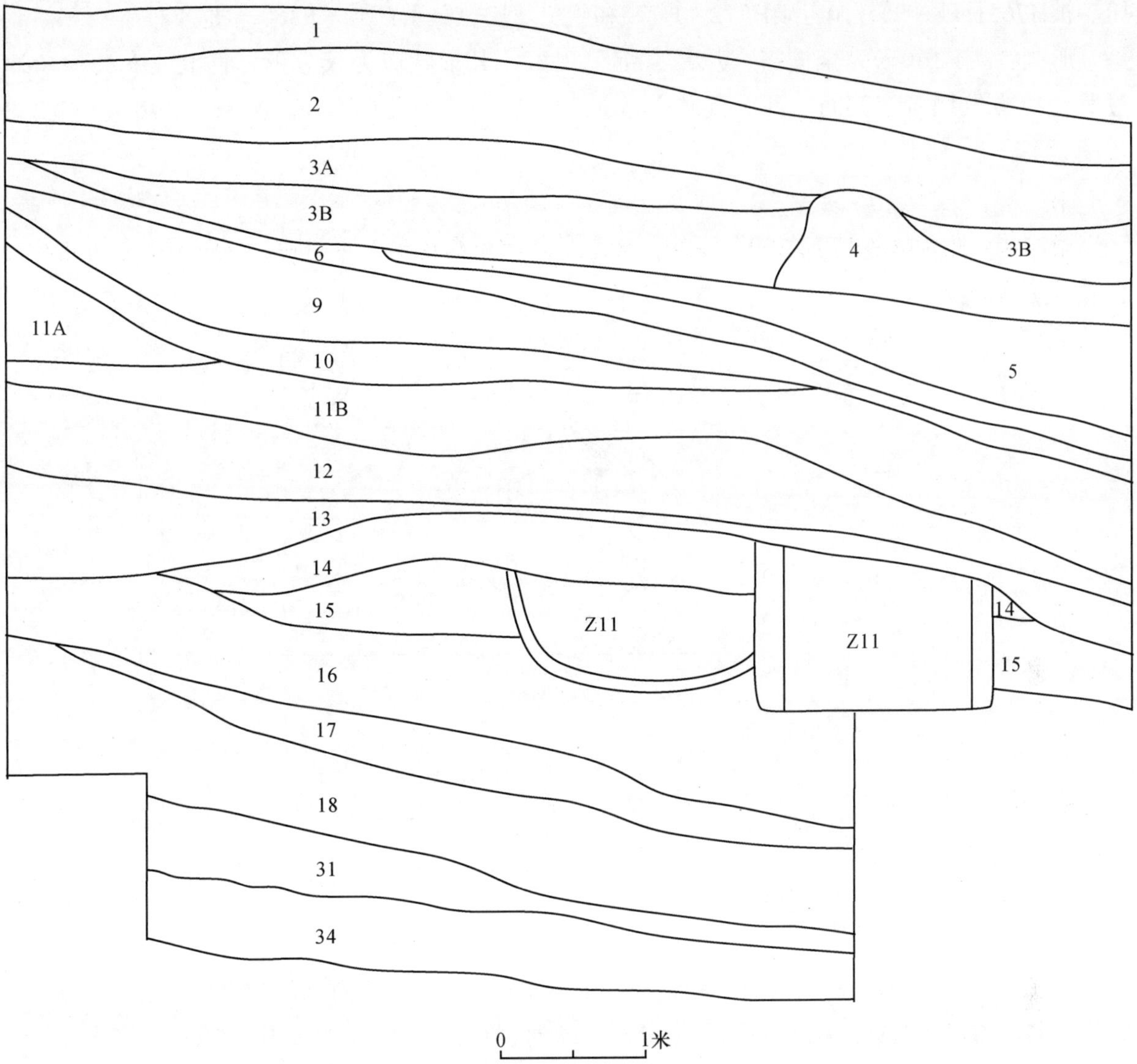

图四　ET02东壁剖面图

三、新石器时代遗存

新石器遗存是中坝遗址2002年度发掘的主要收获之一，发现的地层堆积和遗迹、遗物都很多。

（一）遗迹

主要有房址、灰坑、墓葬、窑等。

1. 房址

发现3座。

F360　位于BT0101西北角，H770、H773和H774之西北。距地表深7.75米，被第45层叠压、被H765打破，其柱洞打破H772、H775和生土。层位关系：㊺→F360→H772。

形制：因F360未完全揭露，从暴露部分观察，其形状应为长方形，西北—东南向（通过其他探方发掘可知其南、西有陡坎，故推测其门向为西北或东南），残长310、残宽273（图五）。

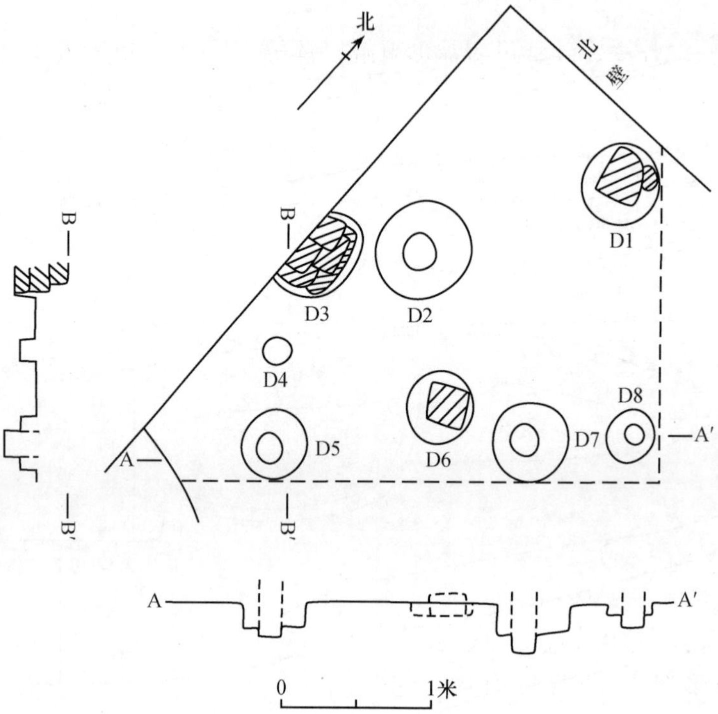

图五 F360平、剖面图

仅发现柱洞（ZD）8个，排列有规律，为两横三纵排列。横列：前为ZD1、ZD2、ZD3；后为ZD5、ZD6、ZD7、ZD8，间距约1.2米；纵列：右为ZD1、ZD8；中为ZD2、ZD6，左为ZD3、ZD4、ZD5，间距不等，在1.2米左右，在ZD1、ZD3、ZD6有石柱础，其余大都在柱洞底发现有小洞，可能为木桩插入留下的遗迹，各柱洞均为圆形，斜直壁，平底，具体情况如下。

ZD1：口径50～56、底径43～52、深19厘米。填灰黄土，疏松，夹少量陶片，中有石头2块，大者宽30、厚约8厘米。底中间有一小洞，口径15、深6厘米。

ZD2：口径60、底径56、深24厘米。填灰黄土，疏松，夹少量陶片。底中有一小洞，口径20、深12厘米。

ZD3：口径64、底径60、深16厘米。填黄红色淤沙泥，质软，纯净，填土中有数块小石头。

ZD4：口径18、底径13、深11厘米。填黄红色淤沙泥，质软，纯净。

ZD5：口径43、底径38、深17厘米。填灰黄土，质疏松，夹少量陶片。底中间有小洞，口径17、深7厘米。

ZD6：口径50、底径40、深25厘米。填灰黄土，质疏松，夹少量陶片，填土上部有一石头，呈方形，扁薄，宽约30、厚约8厘米。底中间有一小洞，口径7、深7厘米。

ZD7：口径46～50、底径38～42、深22厘米。填灰黄土，质疏松，夹少量陶片，中间小洞口径11、深4厘米。

ZD8：口径35、底径34、深7厘米。填灰黄土，质疏松，夹少量陶片，中间小洞口径11、深4厘米。

屋外为生土，较平整，推测为干栏式建筑。屋外发现有6个柱洞。3个灰坑，其东还见有3小团红烧土，可能与当时人类活动有关。

出土遗物：出土陶片少、碎，可辨器形有缸、钵等。

2. 灰坑

H770　位于BT0101中部，H774之北，F360、H771、H772、H775之东南，开口于第45层下，坑口距地表深7.75米。地层关系：㊺→H770→H773。

形制：坑口平面略呈圆形，斜直壁，底微下凹，坑壁和坑底用深黄色黏土加工，黏土厚2～3厘米，底部在黏土上铺垫较扁平石头数块。口径1.25、底径0.95、最深0.6米（图六）。

坑内堆积及包含物：填灰土，质疏松，含较多炭粒和较多陶片，器形有缸、折沿罐。

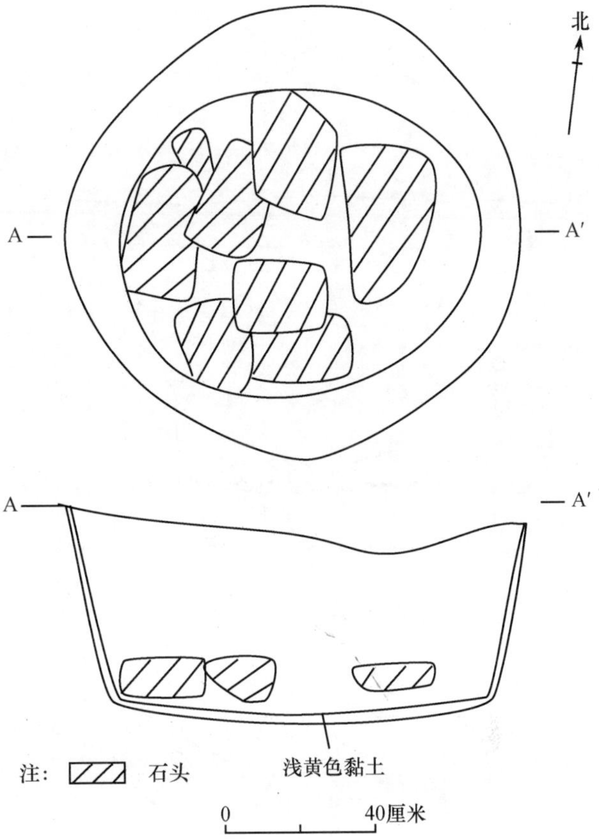

图六　H770平、剖面图

H778　位于AT0101西南部，坑口距地表深690厘米，开口于第39层下，打破第40层。层位关系：㊴→H778→㊵。同层下遗迹还有H776、H777、H779、H780、H781、H782、H783、H784、H785、H786。

形制：坑口平面略呈圆形，坑壁上斜下较直，底部较平，坑壁、底使用浅黄色黏土加工，坑底黏土之上用河卵石块铺垫。直径160、深105厘米（图七）。

坑内堆积及包含物：坑内填土呈黄灰色，略杂黑灰，土质结构稍硬，带砂性。包含物以陶器为主，另有部分兽骨。

H767　位于BT0101东部，坑口距地表深7.1米，开口于第41层下，打破第43层。层位关系：㊶→H767→㊸。

形制：坑口平面呈椭圆形，壁斜直，平底，坑壁和坑底用浅黄色黏土加工，黏土厚度由上至下逐渐加厚，坑口黏土仅厚约0.5米，坑底达0.2米。坑口长径1.4、短径1.05、深约0.8米（图八）。

坑内堆积及包含物：填土为黄色淤砂，夹较多炭粒，质疏软。包含少量陶片，多为大口深腹缸腹片。

H786　位于AT0101西北部，部分压在探方北壁下，坑口距地表深575厘米，被H780打破。

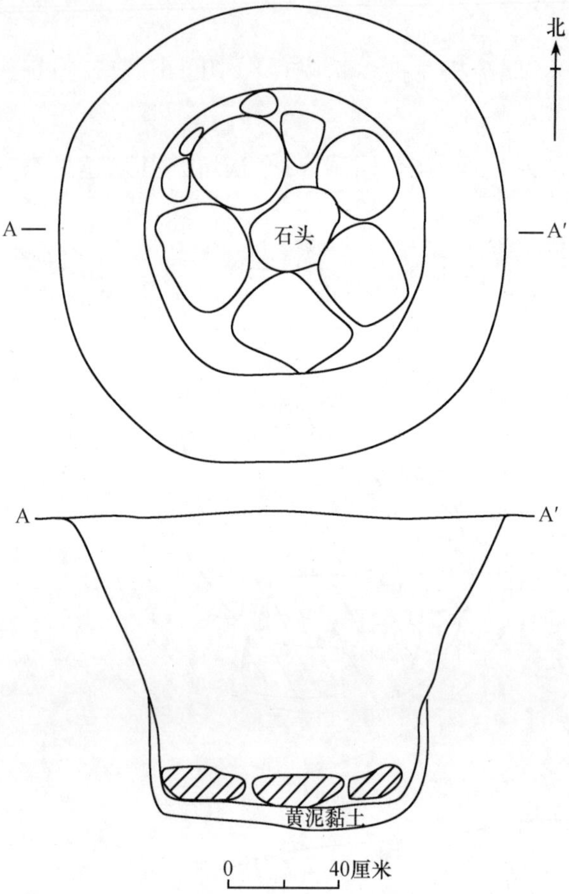

图七 H778平、剖面图

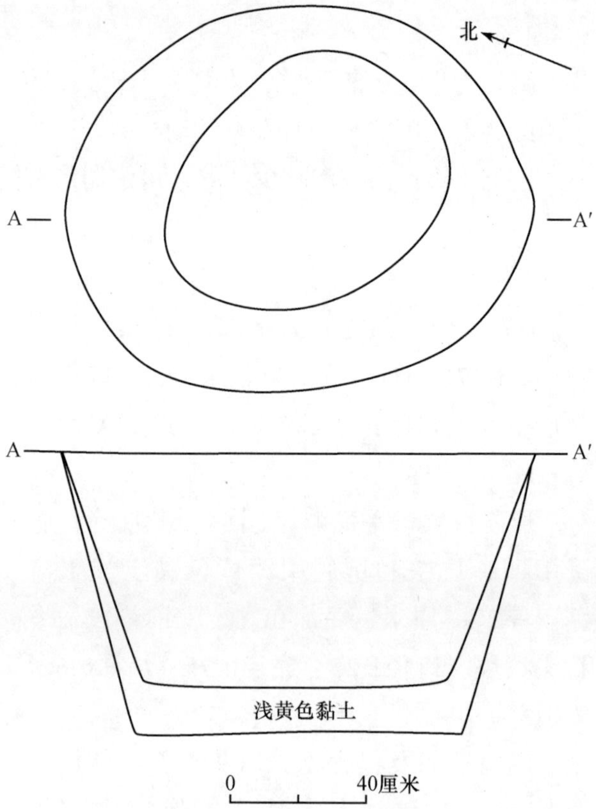

图八 H767平、剖面图

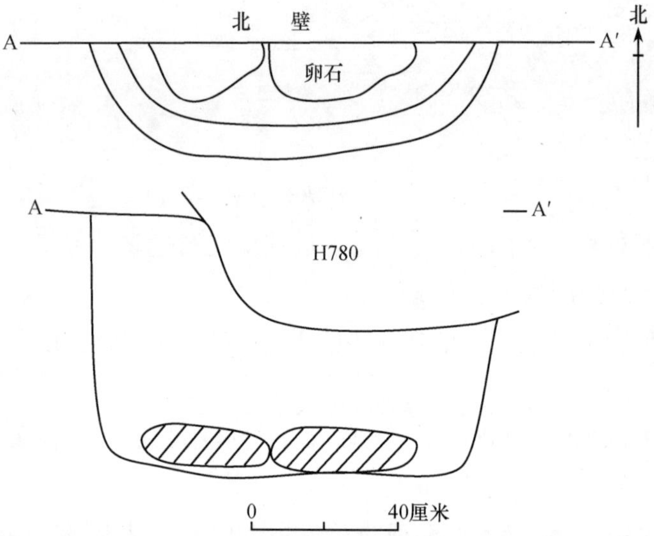

图九 H786平、剖面图

层位关系：H780→H786→生土。

形制：从暴露情况观察，坑口平面为椭圆形，坑壁较直，底不平，坑底用不规则卵石铺垫。残长径110、残短径为30、残深70厘米（图九）

坑内堆积及包含物：坑内填黄砂黏土，质较硬。包含物极少，仅数块残碎陶腹片。

H783 位于AT0101西南部，坑口距地表深690厘米，开口于第39层下，被H780打破，该坑打破H784。层位关系：H780→H783→H784。

形制：从暴露部分观察，坑口平面略呈椭圆形，坑壁不规整，上弧下较直，平底，坑壁及坑底用黄色黏土加工，坑壁上部已塌落，保留下壁局部与底部，坑底黏土之上用不规则卵石块铺垫。口残长径230、短径205、底径80、深150厘米（图一〇）。

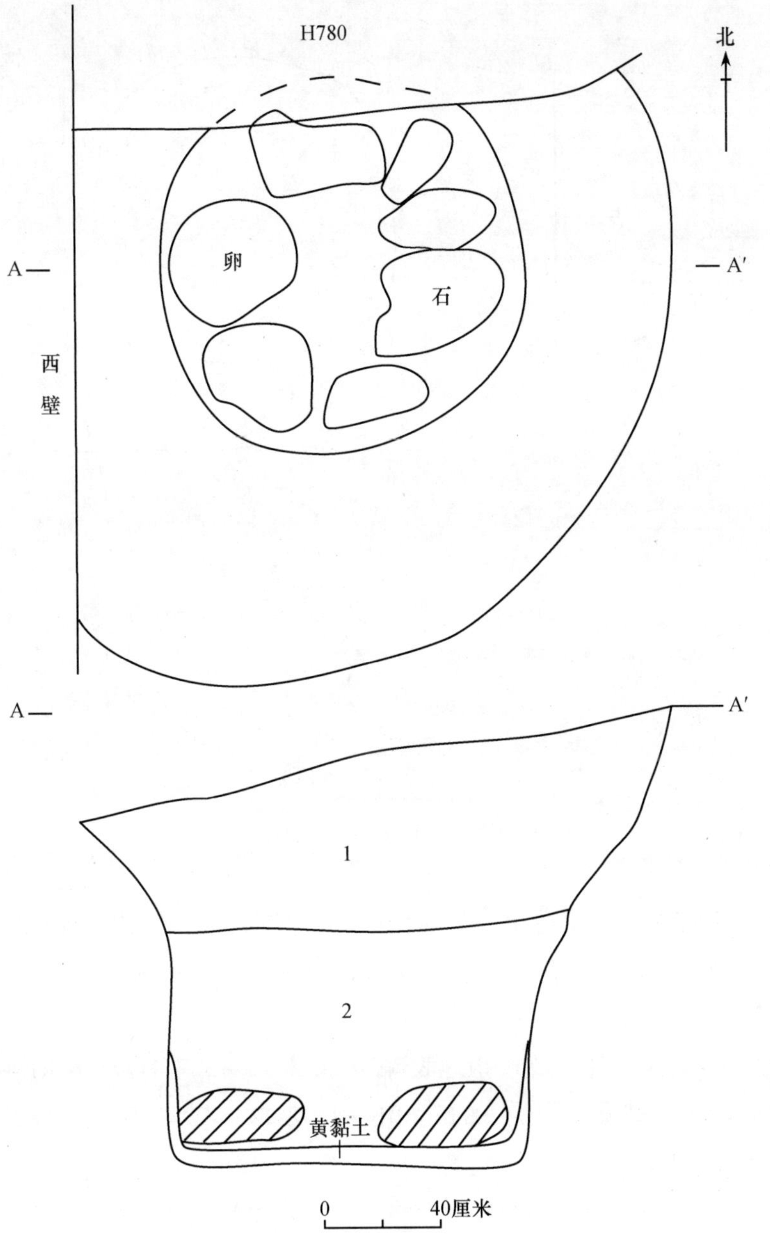

图一〇 H783平、剖面图

坑内堆积与包含物：坑内填土可分2层。

第1层：厚80厘米。浅黄色土，略杂黑灰土，质松软，包含物主要为陶片。

第2层：厚为70厘米。黄褐色土，杂有黏土块、黑灰土，质松软，夹木炭颗粒。包含物除少量兽骨外，全为陶器。

H761 位于CT0101东南部，坑口距地表深730厘米，开口于第42层下。层位关系：㊷→H761→㊹。

形制：坑口平面呈不规则圆形，坑壁略弧，圜底，坑壁无加工痕迹。直径约110、深110厘米（图一一）。

坑内堆积及包含物：坑内堆积为2小层。

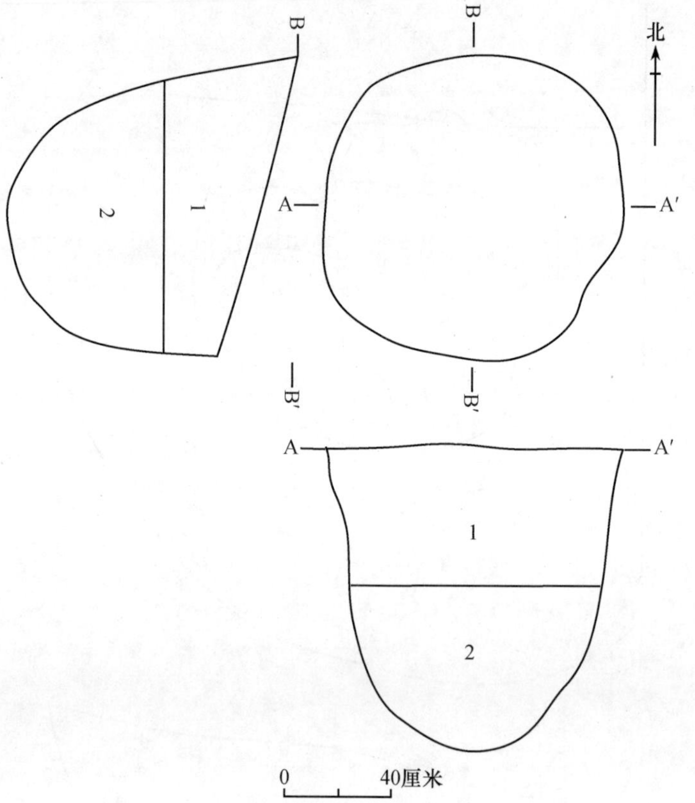

图一一 H761平、剖面图

第1层：厚20～50厘米。灰褐色土，质疏松，夹较多木炭粒、灰烬。包含少量陶片。

第2层：厚约60厘米。黄色黏土，结构较密，内夹少许木炭粒、灰烬，包含较多夹砂残陶片。

H772 位于BT0101西北部，坑口距地表深775厘米，西北有H771，东南有H770、H773、H774。开口于第45层下，被开口同层下的F360柱洞（ZD2、ZD3、ZD6）打破，打破H775。层位关系：F360→H772→H775。

形制：坑口平面略呈椭圆形，直壁，平底，壁、底无特别加工痕迹。坑口长径132、短径120、深22厘米（图一二）。

坑内堆积及包含物：坑内填灰黄土，质较疏松，较纯净。包含几片碎小陶片，难辨器形。

H777 位于AT0101南部，坑口距地表深690厘米，层位关系：㊴→H777→㊵。

形制：坑口平面呈椭圆形，坑壁微弧，底较平，壁、底无加工痕迹。口长径80、短径50、深20厘米（图一三）。

坑内堆积及包含物：坑内填浅灰色土，略带砂性，质松。包含陶片少而碎。

H754 位于BT0101探方中部偏东南，Z7之西北，H748之东南，H787之东北，坑口距地表深612～688厘米。层位关系：㉟→H754→㊶。

形制：坑口平面呈不规则椭圆形，弧壁，圜底，壁、底无明显加工痕迹。口长径110、短径68、深16厘米（图一四）。

坑内堆积及包含物：坑内填灰土，质疏松。包含少量陶片。

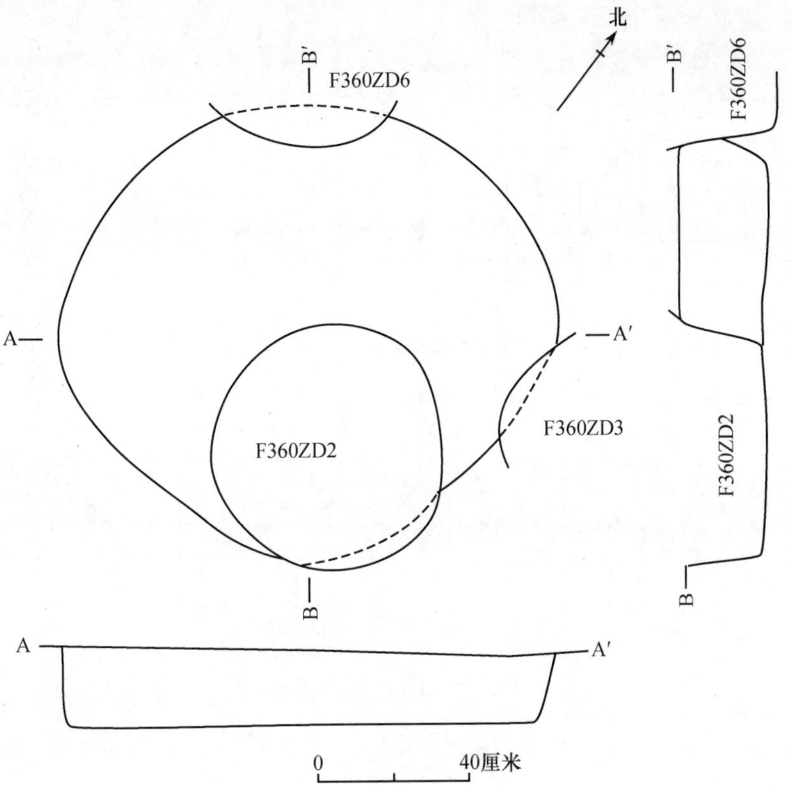

图一二　H772平、剖面图

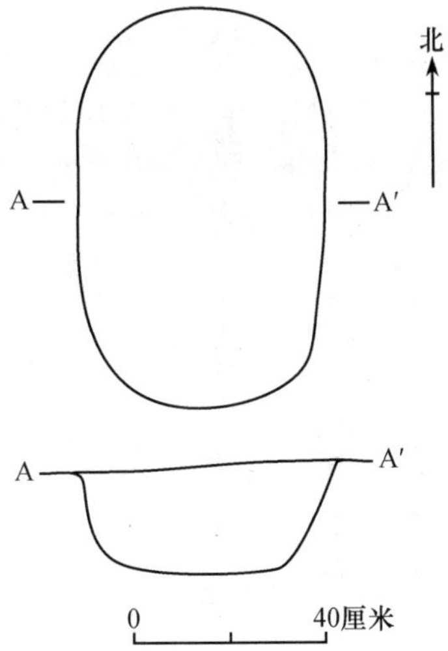

图一三　H777平、剖面图

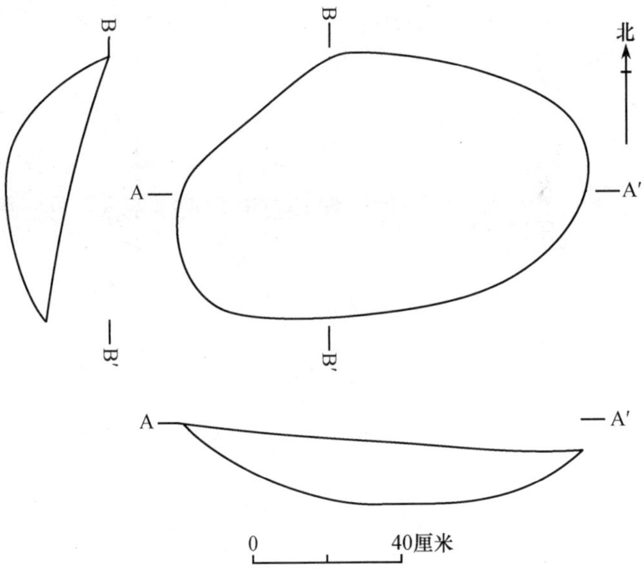

图一四　H754平、剖面图

H794　位于DT0101东南角，部分压在东壁与出土土梯下，其北侧为H793，西北侧为H791。坑口距地表深600厘米。层位关系：F363→H794→㊶。

形制：从暴露部分观察，坑口平面略呈圆角长方形，坑壁不规则，侧壁较斜、端壁上部较直下部略呈阶梯状，无加工痕迹。残长118、残宽30～60、深85厘米（图一五）。

坑内堆积及包含物：坑内填黄砂土，夹砂较多，夹有少量木炭粒，质疏松。包含陶片较少。

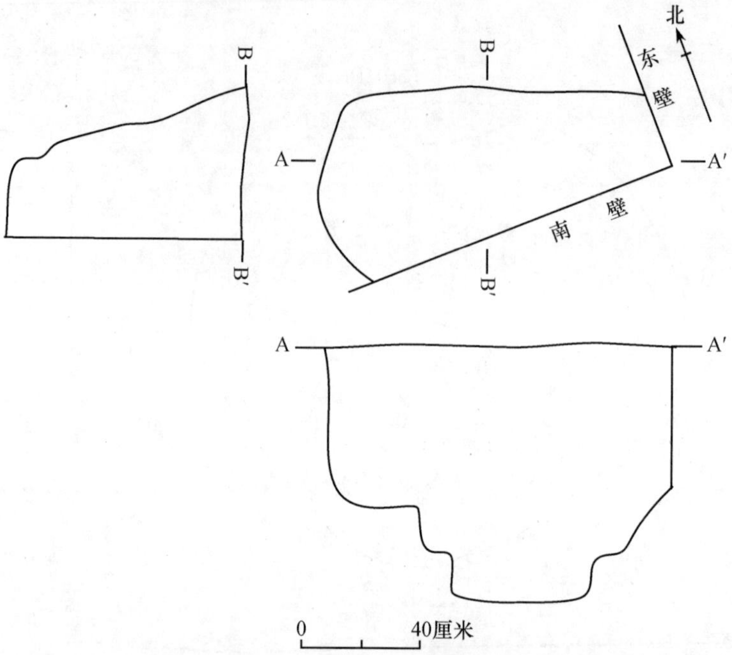

图一五　H794平、剖面图

3. 墓葬

只发现1座。

M99　位于CT0101东南部，墓口距地表深770厘米。层位关系：H761→M99→生土。被H761打破。

形制：墓口平面呈长方形，直壁，平底，中部被H761打破，南端位于断崖处、部分垮塌。墓内填土为黄黏土，无葬具，残存人骨仅三块，葬式不明，性别、年龄不明，方向164°或344°。出土随葬品5件。残长155～165、残55、残深20厘米（图一六）。

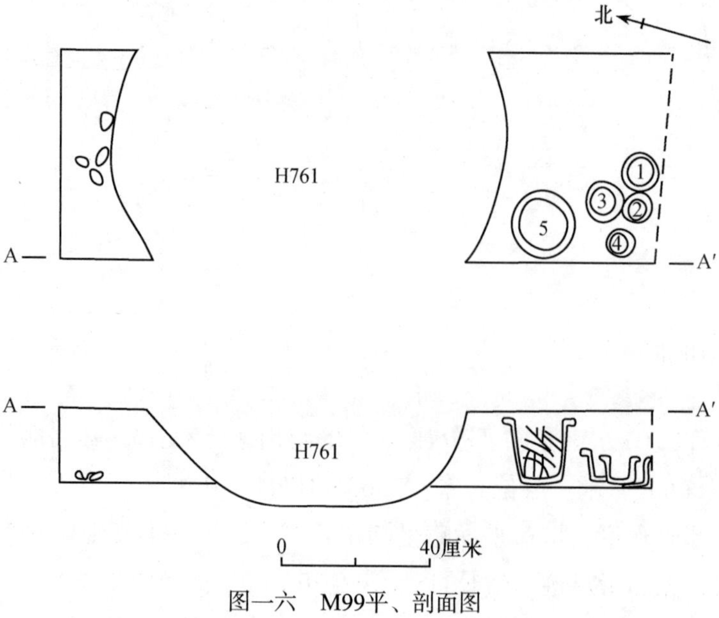

图一六　M99平、剖面图

1、2. 陶杯　3、4. 陶小罐　5. 陶折沿罐

4. 窑

只发现2座。

Y40　位于CT0101东部偏北和DT0101西部偏南。地层关系：CT0101方开口于第39层下，打破第42层，深距地表700厘米；在DT0101开口于第31A层下，打破第33层，深距地表630厘米。

形制：Y40整体形状呈长条形，西北东南向，两端圆、西北端稍小，窑底下凹，窑壁残高2～8厘米。面上为红烧土，局部有灰白色烧结面。在CT0101窑内两侧发现柱洞各一，作用不明。长750、宽215～250、厚10～25厘米（图一七）。

窑内堆积与包含物：填土灰白色，内夹红烧土块，厚0～20厘米。包含较多残夹砂陶碎片。

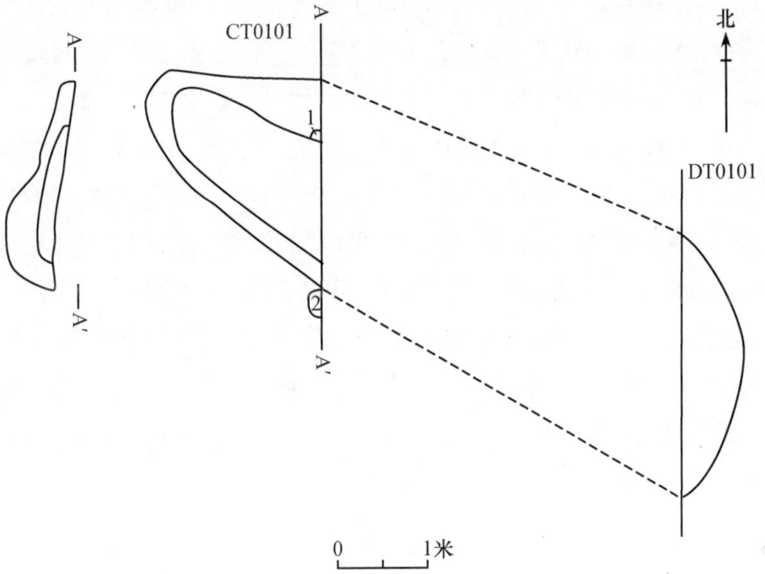

图一七　Y40平、剖面图

（二）遗物

出土遗物比较丰富，主要有陶器、石器和骨器及较多动物骨骼。

1. 陶器

陶质以夹砂为主，可细分为夹粗砂、细砂两种，在不同发展时期夹砂粗、细和数量略有变化，泥质陶较少。陶色早、中期以灰陶和灰褐陶为主，次为红陶和红褐陶，黑陶、褐陶较少，晚期以红陶和红褐陶为主，灰陶、黑陶较少。在稍大型的器物上，陶色不匀的现象较常见。陶胎主要为黑、红、灰色。纹饰早期以菱形绳纹为主，并多由菱形绳纹、附加堆纹、波浪形划纹、戳印纹、弦纹、镂孔组成的复合纹，划纹较多，戳印纹、篦点纹、暗纹等较少。中期以粗戳划纹为主，保留部分早期除菱形绳纹以外的纹饰，素面和磨光陶的比例增加。晚期以绳纹为主，多在口沿部饰戳印纹，少见方格纹、篮纹。火候一般较高，制法多为手制，大口深腹缸多用贴片法，瓮类器物多分口领、器身、底部分制后套接，部分器物轮制或采用慢轮修整。器类以大口深腹缸、各类罐为主，还有瓮、厚胎缸、豆、簋形器、壶、碗、盘、钵、杯、器盖、器座、纺轮等。

大口深腹缸　数量最多，口、底部阶段性变化特征明显，是中坝遗址新石器时代晚期分期的主要标型器之一。分口、底介绍如下。

缸口　H770：2，夹粗砂红陶。局部灰褐，里黑。唇部饰戳印纹，器表饰菱形绳纹，内壁多划纹。敞口外张，上腹斜收，残。手制，火候较高。残宽14.8、残高15.8厘米（图一八，1）。H778：2，夹粗砂灰褐陶。口沿、胎、里黑。唇饰较浅戳印纹，器表饰菱形绳纹。敞口外张，上腹微弧内收。残。手制，火候较高。残宽18、残高10.4厘米（图一八，2）。H783②：3，夹粗砂灰褐陶。口、里黑。唇部饰较深戳印纹，器表饰大菱形绳纹。敞口，上腹斜收。残。手制，火候较高。残宽9.2、残高11.2厘米（图一八，3）。H783②：5，夹粗砂红陶，局部、里黑。唇部饰较深粗戳印纹，器表饰大菱形绳纹。敞口，外张，上腹斜收。残。手制，火候较高。残宽17.6、残高7.2厘米（图一八，4）。H778：4，夹粗砂黑陶。唇饰较浅戳印纹，器表饰较小菱形绳纹。敞口外张。残。手制，火候较高。残宽7.7、残高5厘米（图一八，5）。H778：6，夹粗砂灰褐陶。局部、胎、里黑。唇饰较浅戳印纹，器表饰小菱形绳纹。敞口，上腹斜收。残。手制，火候较高。残宽8.4、残高7.2厘米（图一八，6）。CT0101㊹：4，夹粗砂灰褐陶。局部红，口、里黑。唇部饰较浅戳印纹，器表饰小菱形细绳纹。敞口，腹较斜收。残。手制，火候较高。残宽11.6、残高13.6厘米（图一八，7）。H766：2，夹砂红陶。局部灰、黑，胎外红里灰黑。唇部饰较深粗戳印纹，器表饰粗戳划状菱形纹。敞口，上腹斜收。残。手制，火候较高。口径23.2、残高6.2厘米（图一八，8）。H766：3，夹粗砂红褐陶。局部灰、黑。唇部饰较深粗戳印纹，器表饰粗戳划状菱形纹。敞口，上腹斜收。残。手制，火候不高。口径22.8、残高8.4厘米（图一八，9）。H762：6，夹粗砂灰褐陶。局部、里黑。唇饰较浅粗戳印纹，器表饰粗糙菱形粗戳划纹。敞口，上腹斜收。残。手制，火候较高。残宽7.6、残高6.4厘米（图一八，10）。BT0101㉟：11，夹砂黑陶。局部灰褐。唇部饰较深粗戳印纹，上腹饰粗戳划纹。敞口，微有内沿，上腹斜收。残。手制，火候较高。残宽9.2、残高9.4厘米（图一八，11）。H788：2，夹砂红陶。局部、里黑。唇部饰戳印纹，器表饰戳划纹。敛口，内沿，上腹斜弧内收。残。手制，火候较高。残宽12.4、残高9.4厘米（图一八，12）。DT0101㊴：2，夹砂灰褐陶。胎、里黑。唇部饰戳印纹，外沿多手捏痕，腹饰戳划纹。口微敛，上腹微弧收。残。手制，火候较高。残宽11.6、残高7.6厘米（图一八，13）。H788：1，夹砂红褐陶。局部灰褐，里黑。唇部饰戳印纹，器表饰戳划纹，外沿微有手按痕。敛口，微有内沿，上腹弧内收。残。手制，火候较高。残宽13.6、残高14厘米（图一八，14）。BT0101㉟：12，夹砂褐陶。局部、胎黑。唇部饰戳印纹，上腹饰戳划纹，外沿微有手捏痕。敛口，微有内沿，鼓腹。残。手制，火候较高。残宽12、残高9.2厘米（图一八，15）。H788：3，夹砂灰褐陶。局部、里黑。唇部饰戳印纹，器表饰戳划纹。口微敛，上腹微弧内收。残。手制，火候较高。残宽15.8、残高11厘米（图一九，1）。DT0101㉟：4，夹砂灰褐陶。黑胎。唇部饰戳印纹，外沿多手按痕。敞口，上腹微弧内收。残。手制，火候较高。残宽10.8、残高6.4厘米（图一九，2）。AT0101㉜：4，夹砂灰褐陶。局部、里红。唇

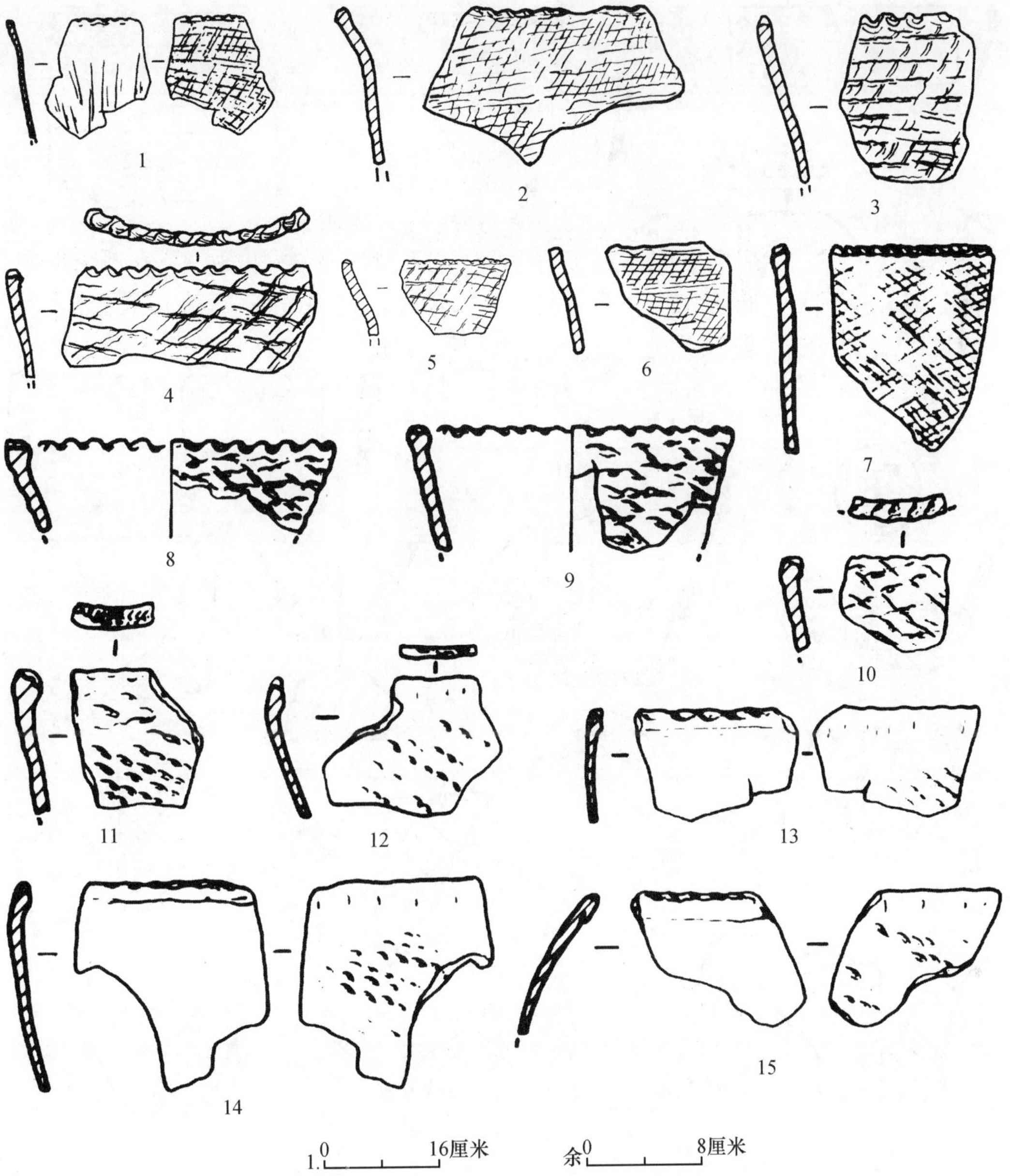

图一八 新石器时代陶缸

1～15. 缸口（H770：2、H778：2、H783②：3、H783②：5、H778：4、H778：6、CT0101㊹：4、H766：2、H766：3、H762：6、BT0101㉟：11、H788：2、DT0101㊴：2、H788：1、BT0101㉟：12）

饰浅戳印纹，上腹饰斜绳纹，外沿多手捏痕。敞口，上腹斜收。残。手制，火候较高。残宽6、残高4.6厘米（图一九，3）。BT0101㉞：14，夹砂红陶。局部、里黑。唇部饰戳印纹，上腹饰斜绳纹。口微敞，上腹斜收。残。手制，火候较高。残宽6、残高6厘米（图一九，4）。CT0101㊶：1，夹砂红褐陶。局部红，灰褐胎，里黑。唇饰较深粗绳状戳印纹，器表饰斜细绳纹、戳印纹。口微侈，鼓腹。残。手制，火候较高。残宽14、残高9.2厘米（图一九，5）。H760：11，夹粗砂红褐陶。黑胎。唇部饰较深粗戳印纹，内沿饰粗戳印纹，器表饰斜组状细绳纹。敞口，上腹较直。残。手制，火候较高。残宽16、残高6.4厘米（图一九，6）。H760：10，夹粗砂灰褐陶。局部红、黑，里黑。唇部饰深粗戳印纹、凹槽，内沿饰戳印纹，

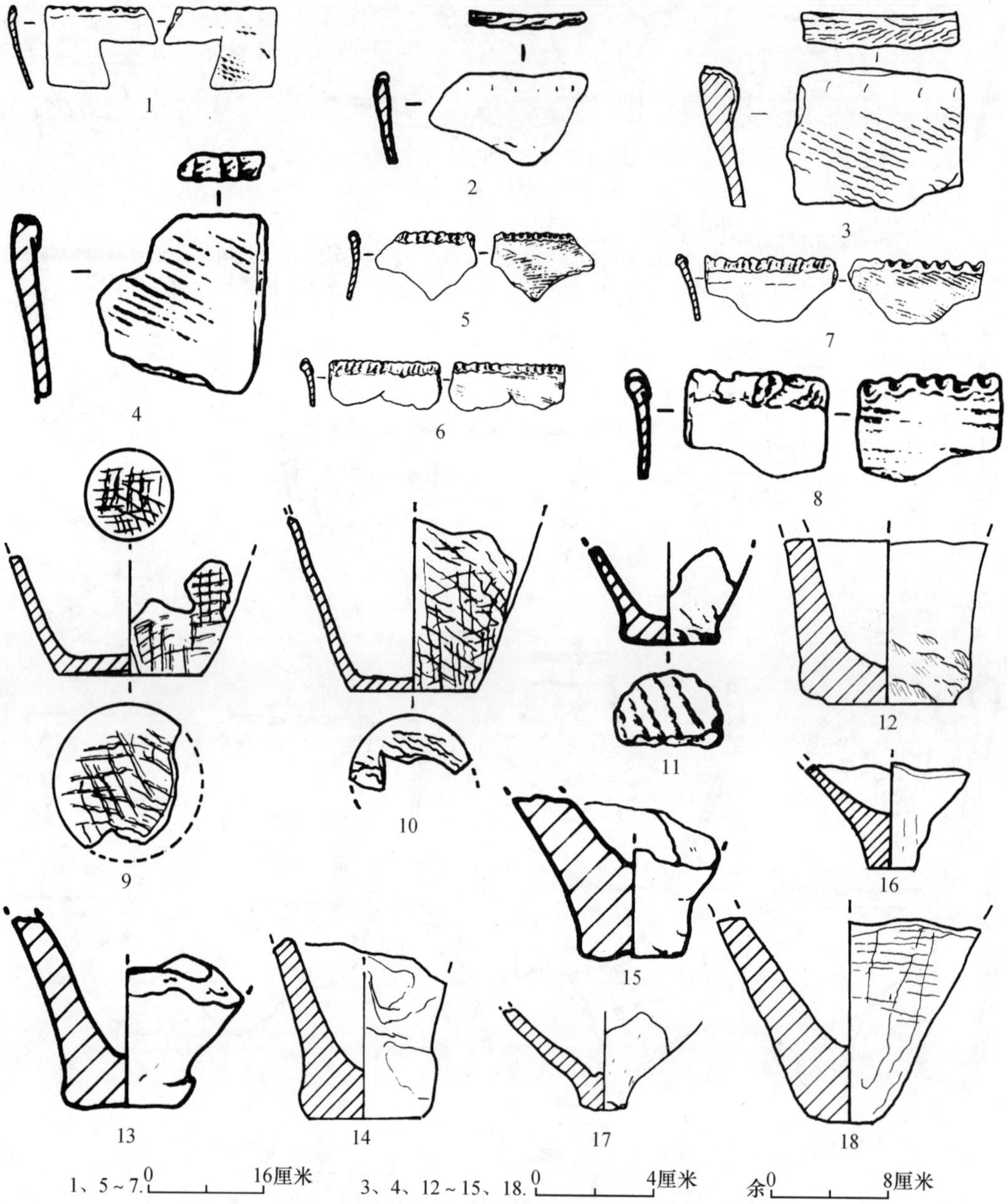

图一九　新石器时代陶缸

1~8. 缸口（H788：3、DT0101㉟：4、AT0101㉜：4、BT0101㉞：14、CT0101㊶：1、H760：11、H760：10、H760：13）

9~18. 缸底（H778：18、H783②：23、H766：5、DT0102⑺：6、H788：21、AT0101㊲：28、H788：20、AT0101㊲：27、BT0101㉛：36、DT0102㊾：12）

器表饰斜绳纹。敞口，上腹斜收。残。手制，火候较高。残宽18.8、残高8.8厘米（图一九，7）。H760：13，夹砂灰褐陶。局部红、黑。唇部和内沿饰较深粗戳印纹、凹槽，器表饰绳纹。敞口，上腹较直。残。手制，火候较高。残宽10.2、残高7.2厘米（图一九，8）。

缸底　H778：18，夹粗砂红褐陶。灰胎，里黑。下腹、外底和内底中部饰交错绳纹。下腹微弧斜收，平底微凹。残。手制，火候较高。底径10.4、残高7.6厘米（图一九，9）。H783②：23，夹粗砂红褐陶。局部灰黑，胎、里黑。腹、外底饰交错绳纹。下腹斜收，平底。残。手制，火候较高。底径8.6、残高11.4厘米（图一九，10）。H766：5，夹粗砂黑陶。

局部灰褐。足缘、外底饰粗戳划纹。下腹斜收，小平底。残。手制，火候较高。底径7.4、残高6.4厘米（图一九，11）。DT0102⑮：6，夹粗砂黑陶。局部灰。底缘饰粗戳划纹。下腹较斜直，小平底。残。手制，火候较高。底径5.9、残高5.4厘米（图一九，12）。H788：21，夹砂红陶。局部、里黑。素面，下腹多刮抹痕。下腹斜收，圆柱形底。残。手制，火候较高。底径4.2、残高6.4厘米（图一九，13）。AT0101㊲：28，夹砂红褐陶。局部、胎灰褐，里黑。素面，多刮抹痕。下腹斜收，近圆柱形底。残。手制，火候较高。底径4.8、残高5.8厘米（图一九，14）。H788：20，夹粗灰褐陶。局部、里黑。素面，下腹多刮抹痕。下腹斜收，圆柱形底。残。手制，火候较高。底径3.6、残高5.4厘米（图一九，15）。AT0101㊲：27，夹砂红陶。胎、里黑。素面，下腹多刮削痕。下腹斜收，圆柱形底。残。手制，火候较高。底径3.2、残高6.8厘米（图一九，16）。BT0101㉛：36，夹砂红褐陶。局部红，胎、里黑。素面，下腹多刮抹痕。下腹弧收，杵状底。残。手制，火候较高。底径3.2、残高7.7厘米（图一九，17）。DT0102㊿：12，夹砂红陶。局部灰褐，胎红夹灰、黑。下腹饰绳纹，多竖抹痕。下腹斜收，杵状底。残。手制，火候一般。残高6.8厘米（图一九，18）。

贴边缸　BT0101㉞：23，夹砂褐陶。局部灰褐，胎、里黑。唇外缘饰戳印纹，上腹饰粗绳纹，内壁粗磨。敞口，上腹斜收。残。手制，火候较高。残宽18、残高5.2厘米（图二〇，1）。DT0102㊾：17，夹砂红陶。唇部饰绳切纹，外沿饰戳印纹，器表饰斜绳纹、波浪形和横附加堆纹，内壁磨光。喇叭口，卷沿。残。手制，火候较高。残宽7、残高6.2厘米（图二〇，2）。CT0101㊷：4，夹砂红褐陶。里黑。唇面、外沿饰戳印纹，器表饰斜绳纹，内壁磨光。喇叭口，上腹斜内收，残。手制，火候较高。残宽7、残高3.8厘米（图二〇，3）。H760：17，夹砂红陶。局部灰褐。唇部、外沿饰戳印纹，上腹饰斜绳纹、附加堆纹，内壁磨光。喇叭口。残。手制，火候较高。残宽7、残高6厘米（图二〇，4）。DT0102㊾：8，夹砂灰褐陶。局部、里红，灰黑胎。唇部饰绳切纹，外沿饰戳印纹，器表饰斜绳纹，内壁磨光。敞口，卷沿，上腹斜收。残。手制，火候较高。残宽7.9、残高6.2厘米（图二〇，5）。DT0102㊿：16，夹砂红陶。局部灰，口沿、里黑。内沿饰斜压绳纹，唇部饰绳切纹，腹饰绳纹、附加堆纹、在堆纹上饰戳印纹，内壁磨光。微侈口，卷沿，直腹。残。轮制，火候较高。口径46、残高5.2厘米（图二〇，6）。

瓮　H783②：21，夹砂灰陶。上唇面饰斜细绳压纹。侈口，沿外下卷，高领微束。残。轮制，火候较高。残宽15.2、残高15.8厘米（图二〇，7）。BT0101㊷：5，泥质灰陶。唇面斜压绳纹，内外壁磨光。侈口，沿微外下卷，圆唇，高领。残。轮制，火候较高。口径30、残高11.6厘米（图二〇，8）。H796：5，夹砂灰褐陶。局部灰黑。领、肩相接处饰附加堆纹，在堆纹上饰粗绳纹，领外磨光。高束领，圆肩。残。盘筑，火候较高。残宽30.4、残高8.6厘米（图二〇，9）。DT0101㊴：12，夹砂红陶。肩饰横、波浪形附加堆纹，在堆纹饰饰戳印纹、绳压纹。领较直，圆肩。残。盘筑，火候较高。残宽10.2、残高9.8厘米（图二〇，10）。

喇叭口器　DT0102㊼：8，夹砂红陶。局部、胎灰。素面，内壁磨光。喇叭口，圆尖唇，残。轮制，火候较高。残宽12.6、残高3厘米（图二〇，11）。DT0102㊼：9，夹砂红陶。胎局部灰褐、黑。素面，内壁磨光。喇叭口，折沿微斜，圆尖唇。残。轮制，火候较高。残宽11.3、残高4.4厘米（图二〇，12）。DT0102㊿：20，夹砂红陶。局部黑胎，里褐。上领饰圆

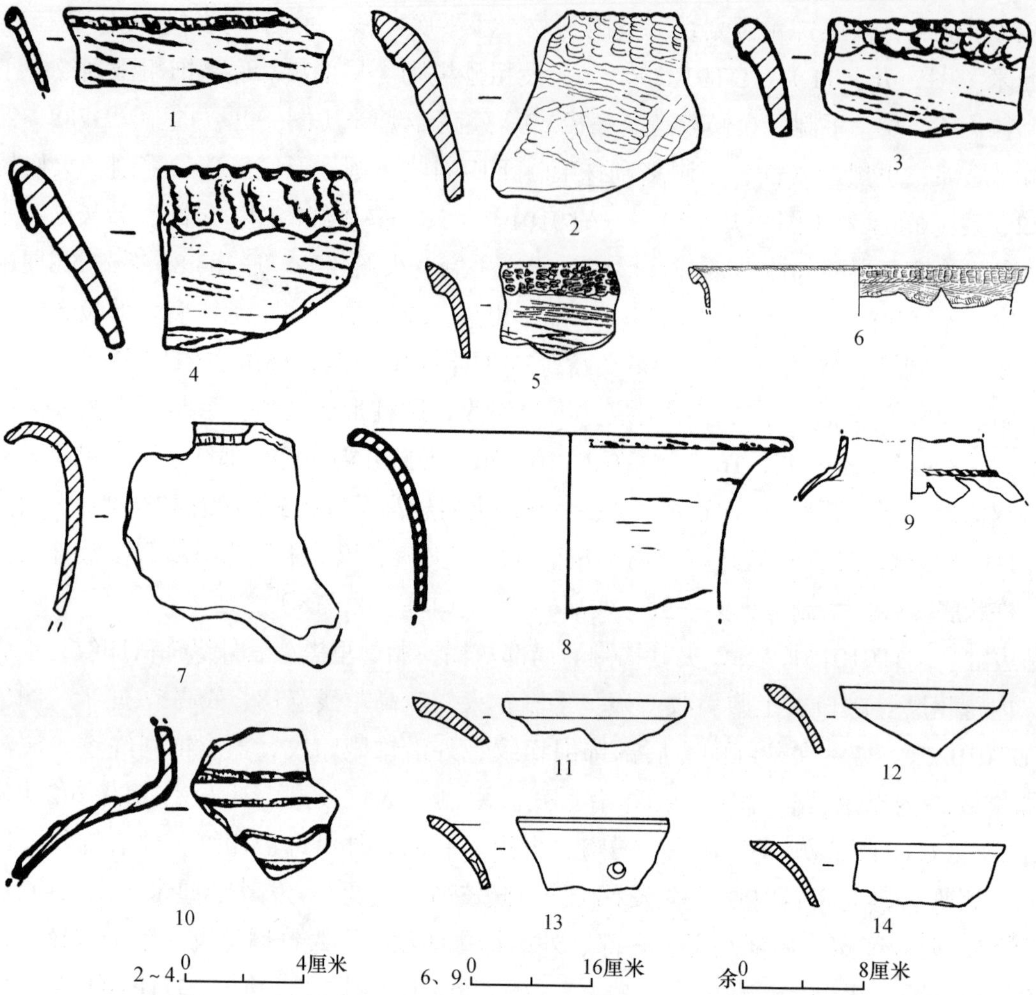

图二〇 新石器时代陶器

1~6. 贴边缸（BT0101㉞：23、DT0102㊹：17、CT0101㊷：4、H760：17、DT0102㊾：8、DT0102㊸：16）
7~10. 瓮（H783②：21、BT0101㊷：5、H796：5、DT0101㊴：12） 11~14. 喇叭口器（DT0102㊼：8、DT0102㊼：9、DT0102㊸：20、DT0102㊸：21）

形镂孔，内沿、壁磨光。喇叭口，斜折沿，唇面内凹。残。轮制，火候较高。残宽10.3、残高4.7厘米（图二〇，13）。DT0102㊸：21，夹砂红陶。局部、胎黑。素面，内外壁磨光。喇叭口，平折沿，圆尖唇。残。轮制，火候较高。残宽10.2、残高4厘米（图二〇，14）。

盘口罐 H783②：15，夹粗砂灰褐陶。盘外饰戳划纹。盘口，圆唇，盘较深，壁斜，盘下沿有凸棱一周，上腹内弧。残。轮制，火候较高。残宽5.2、残高3厘米（图二一，1）。BT0201㊺：3，夹砂红陶。局部灰褐。上腹饰细横划纹，内壁磨光。盘口，圆唇，斜壁，盘较深，上腹内弧。残。轮制，火候较高。残宽7、残高5.3厘米（图二一，2）。H762：8，夹砂褐陶。局部红、黑，里黑。盘下缘饰戳印纹，内壁磨光。盘口，圆唇，壁斜，盘较深，上腹内束。残。轮制，火候较高。残宽16.6、残高8厘米（图二一，3）。BT0201㊹：4，夹砂灰褐陶，局部黑，里红褐。盘下缘饰戳印纹，上腹饰竖划纹，内壁磨光。盘口，圆唇，斜壁，盘较浅，上腹内弧。残。轮制，火候较高。残宽8、残高4.4厘米（图二一，4）。DT0101㉜：12，夹砂灰褐陶。局部、里红。盘下缘凸棱饰戳印纹，上腹饰斜细绳纹，内壁粗磨。盘

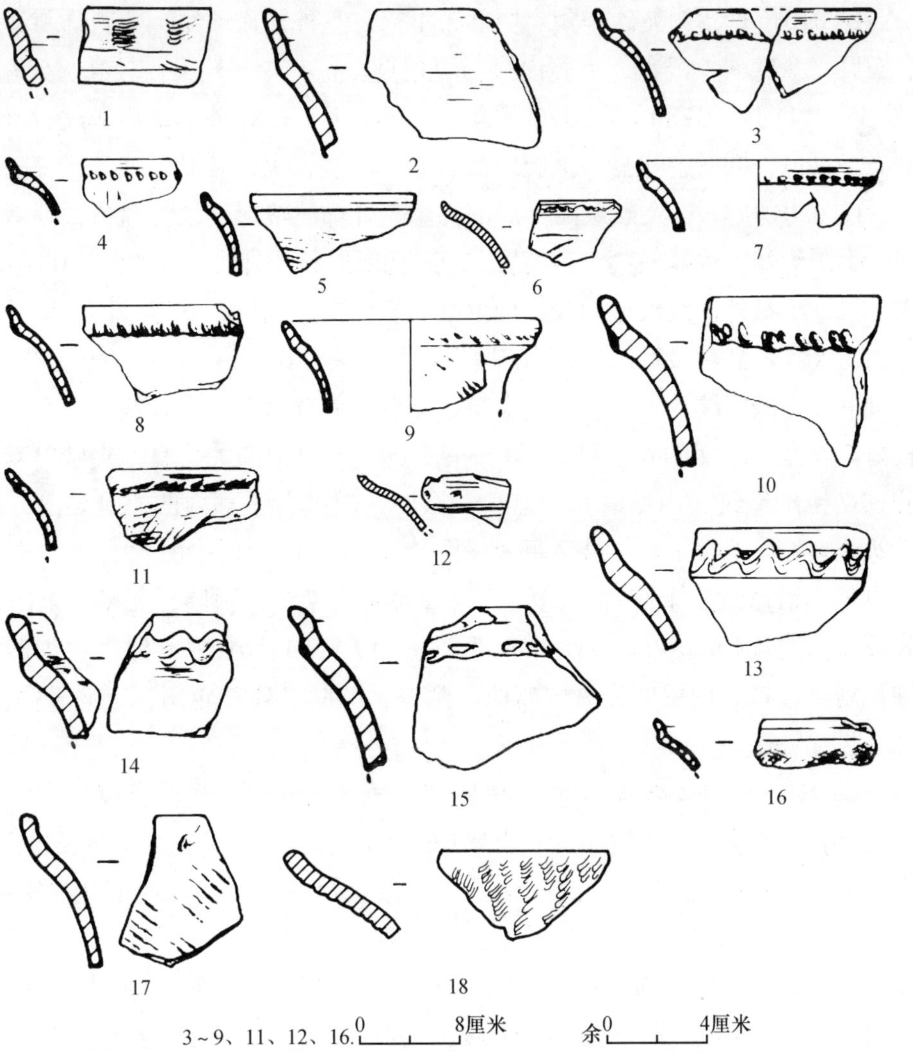

图二一　新石器时代陶盘口罐

1. H783②：15　2. BT0201㊺：3　3. H762：8　4. BT0201㊴：4　5. DT0101㉜：12　6. H780：7　7. BT0201㊴：7　8. BT0201㊴：8　9. H791②：4　10. BT0101㊴：9　11. BT0101㊴：8　12. H780：9　13. BT0201㊴：9　14. BT0101㊴：10　15. BT0101㊴：12　16. BT0101㊴：11　17. BT0201㊴：10　18. DT0102㊹：5

口，圆唇，壁外斜，浅盘，上腹内弧，腹较直。残。轮制，火候较高。残宽13、残高6.2厘米（图二一，5）。H780：7，夹砂灰黑陶。局部褐，里红，灰胎。盘外饰波浪形划纹，上腹饰细划纹，内壁磨光。盘口，圆唇，浅盘，上腹内弧。残。轮制，火候较高。残宽7.2、残高5厘米（图二一，6）。BT0201㊴：7，夹砂褐陶。局部黑褐，里红褐。盘下缘饰戳印纹，内壁磨光。盘口，圆唇，斜壁，盘较浅，上腹内弧。残。轮制，火候较高。口径16、残高5.2厘米（图二一，7）。BT0201㊴：8，夹砂红褐陶，局部黑褐。盘下缘饰戳印纹，内壁磨光。盘口，圆唇，斜壁，盘较浅，上腹内弧。残。手制轮修，火候较高。残宽12.8、残高7.6厘米（图二一，8）。H791②：4，夹砂灰陶。局部灰白、红。盘外饰戳印纹，上腹饰斜绳纹，盘内壁磨光。盘口，圆唇，斜壁，盘较浅，上腹内弧。残。轮制，火候较高。口径20.6、残高7厘米（图二一，9）。BT0101㊴：9，夹砂黑陶。局部灰褐。盘外下部饰戳印纹，内壁磨光。盘口，圆唇，斜壁，盘较浅，上腹内弧。残。轮制，火候一般。残宽7.4、残高6.5厘米（图二一，10）。BT0101㊴：8，夹砂黑陶。局部、里褐。盘外饰戳印纹，上腹饰斜绳纹，内壁磨光。盘口，圆唇，盘壁斜，浅盘，上腹内弧、腹近直。残。轮制，火候较高。残宽12.4、残高6.2厘米（图二一，11）。H780：9，夹砂黑陶。局部、胎灰。盘外下饰戳印纹，上腹饰细凹弦纹，内壁磨光。盘口，圆唇，浅盘，上腹内弧。残。轮制，火候较高。残宽7、残高4厘米（图二一，12）。BT0201㊿④：9，夹砂灰陶。局部褐。盘外饰波浪形划纹。盘口，圆唇，斜壁，上腹内弧。残。手制轮修，火候较高。残宽7.2、残高4.6厘米（图二一，13）。BT0101㊴：10，夹砂灰褐陶，里红。盘外饰波浪形划纹，内壁磨光。盘口，圆唇，斜壁微凹，盘较深，上腹内弧。残。轮制，火候较高。残宽5、残高4.7厘米（图二一，14）。BT0101㊴：12，夹砂黑陶，里灰、红。盘下缘饰戳印纹，内壁磨光。盘口，圆唇，斜壁微凹，盘较浅，上腹内弧。残。轮制，火候较高。残宽7.4、残高6.2厘米（图二一，15）。BT0101㊴：11，夹砂黑陶。局部、胎灰褐。上腹饰交错细绳纹，内壁磨光。盘口，圆唇，斜壁，下部内凹，盘较浅，上腹内弧。残。轮制，火候较高。残宽10、残高4厘米（图二一，16）。BT0201㊿④：10，夹砂红褐陶。局部灰褐。盘外饰戳印纹，上腹饰斜绳纹，内壁磨光。盘口，圆唇，弧壁，上腹内弧，残。轮制，火候较高。残宽4.8、残高5.8厘米（图二一，17）。DT0102⑦④：5，夹细砂黑陶。局部灰。器表饰戳划纹，口、内壁磨光。壁略曲，敞口，圆唇。残。轮制，火候较高。残宽6.8、残高3.4厘米（图二一，18）。

盘口器　CT0101㊷：6，夹砂褐陶。黑胎。素面，内外壁磨光。盘口，圆唇，弧壁，领内弧。残。轮制，火候较高。残宽4.8、残高4.6厘米（图二二，1）。BT0101㉟：18，夹砂褐陶。局部黑。上腹饰圆形镂孔，内外壁磨光。微呈盘口，圆唇，上腹内弧。残。轮制，火候高。残宽9.6、残高5.6厘米（图二二，2）。AT0101㊲：11，泥质红陶。素面，外壁磨光。略呈盘口，圆唇，上腹内弧。残。轮制，火候高。残宽5.9、残高3厘米（图二二，3）。AT0101㊲：12，夹砂红陶。胎红夹灰。上腹饰斜绳纹，口沿、内壁磨光。略呈盘口，内外沿内凹，沿唇，上腹内弧。残。轮制，火候较高。残宽7.4、残高3.6厘米（图二二，4）。BT0101㉝：7，夹砂红陶。局部、胎黑。盘外饰戳印纹，上腹饰横划纹。略呈盘口，圆唇，上腹内弧。残。轮制，火候较高。残宽6.7、残高5.1厘米（图二二，5）。

翘唇罐　H783②：8，夹粗砂黑陶。局部褐，灰褐。唇部、外沿下凸棱饰戳印纹，器表饰小菱形绳纹。侈口，沿斜折后再斜上折，腹微鼓。残。轮制，火候较高。残宽12.6、残高11.6厘米（图二二，6）。H779②：7，夹砂黑褐陶，局部灰褐。唇、外下沿饰细绳切纹，腹饰小菱形细绳纹。侈口，斜折沿较窄、近唇部斜上翘，外沿下部有凸棱一周，腹微鼓。残。轮制，火候较高。残宽6.6、残高5.3厘米（图二二，7）。H783①：3，夹砂黑陶。里灰。唇面饰细绳切纹，外沿下部饰戳印纹，腹饰交错细绳纹。侈口，折沿，外沿内凹，尖唇，微鼓腹。残。轮制，火候较高。残宽11.4、残高11厘米（图二二，8）。CT0101㊹：11，夹粗砂灰褐陶。泛绿，口部、胎黑。器表饰菱形绳纹，腹饰横附加堆纹四道，在堆纹上饰斜绳压纹。敞口，斜折沿，圆唇，上腹较斜直、下腹弧收。残。手制轮修，火候较高。口径21.2、残高20.4厘米（图二二，9）。

槽唇罐　BT0101㉟：26，夹砂褐陶。局部、里红，灰褐胎。唇下缘饰戳印纹，器表饰斜绳纹，沿面磨光。侈口，斜折沿，唇面微凹，微鼓腹。残。轮制，火候较高。残宽10.6、残

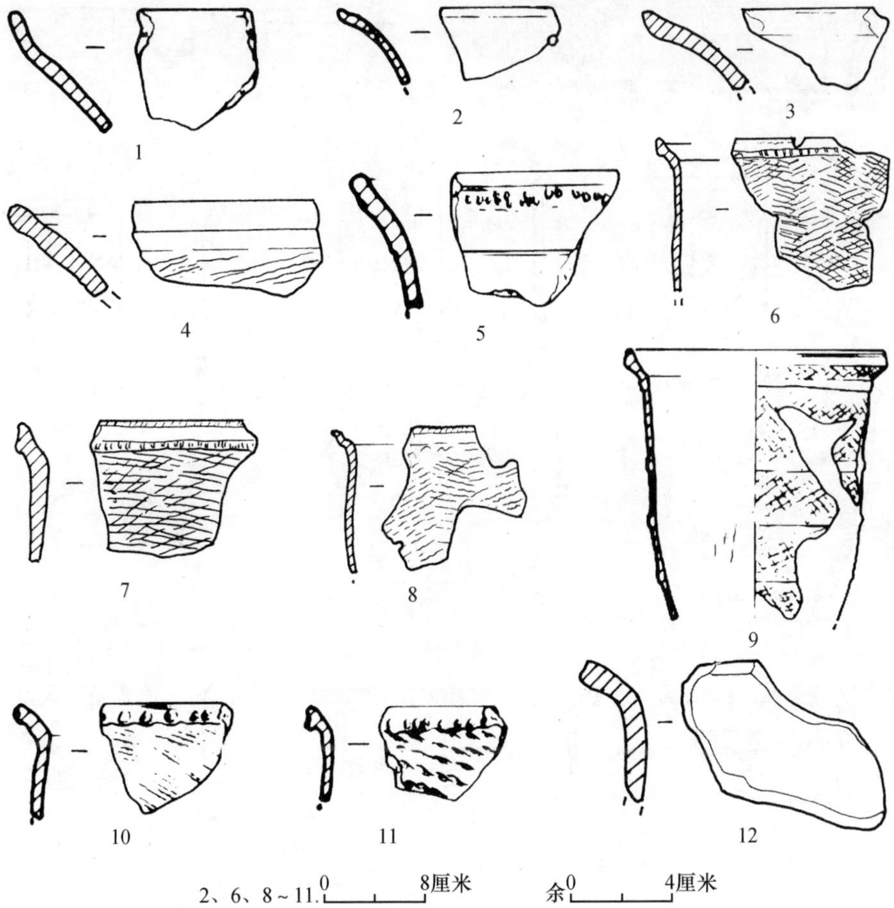

图二二　新石器时代陶器

1～5. 盘口器（CT0101㊷：6、BT0101㉟：18、AT0101㊲：11、AT0101㊲：12、BT0101㉝：7）　6～9. 翘唇罐（H783②：8、H779②：7、H783①：3、CT0101㊹：11）　10～12. 槽唇罐（BT0101㉟：26、BT0201㊹：15、H780：14）

高8.4厘米（图二二，10）。BT0201㊹：15，夹砂黑陶。局部灰褐，里部分红。上唇面饰细凹弦纹，下唇面饰戳印纹，外沿、腹饰粗戳划纹。侈口，斜折沿，唇面微凹，上腹较直。残。轮制，火候较高。残宽10、残高7.2厘米（图二二，11）。H780：14，夹砂红褐陶。胎红褐夹黑。素面，内沿磨光。侈口，卷沿外翻，唇面微凹。残。轮制，火候较高。残宽8.2、残高6.4厘米（图二二，12）。

折沿罐　CT0101㊷：8，夹砂红褐陶。素面。敞口，窄斜折沿，圆唇，束领。残。手制，火候较高。残宽10.4、残高6.8厘米（图二三，1）。H783②：11，夹粗砂灰褐陶。局部、里黑，褐胎。器表饰菱形绳纹，沿、腹相交处饰附加堆纹，在堆纹上施按窝。敞口，斜折沿外卷，上腹斜内收。残。轮制，火候较高。残宽8、残高7.2厘米（图二三，2）。CT0101㊷：7，夹砂黑陶。局部灰褐。外沿下饰戳印纹，腹饰斜篦划纹。侈口，斜折沿，圆唇，鼓腹。残。轮制，火候较高。残宽10.8、残高3.6厘米（图二三，3）。H770：3，夹粗砂黑陶，局部红褐。唇部饰戳印纹，器表饰菱形绳纹，沿、腹相交处饰附加堆纹。侈口，斜折沿，腹微弧，残。手制轮修，火候较高。口径15.2、残高9.6厘米（图二三，4）。H783②：12，夹粗砂红褐陶。局部红、黑，里黑。唇部饰浅戳印纹，器表饰组状斜细绳纹，上腹饰圆形镂孔。敞口，斜

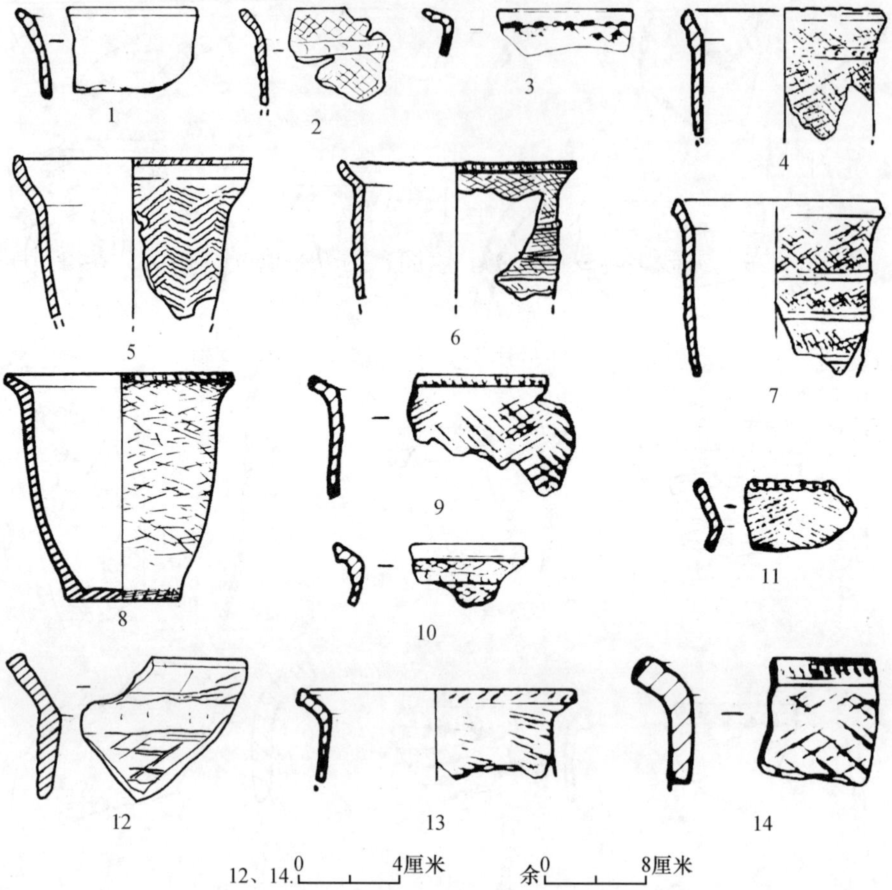

图二三　新石器时代陶折沿罐

1. CT0101㊷：8　2. H783②：11　3. CT0101㊷：7　4. H770：3　5. H783②：12　6. H779①：15　7. CT0101㊹：8　8. M99：5　9. BT0101㊴：23　10. H761：6　11. CT0101㊹：10　12. H778：9　13. BT0201㊺：13　14. BT0101㊴：25

折沿、沿面微凹，腹弧收。残。轮制，火候较高。口径18.8、残高12.2厘米（图二三，5）。H779①：15，夹粗砂褐陶。局部红，胎褐夹黑。唇饰戳印纹，器表饰小菱形细绳纹，腹饰附加堆纹三道，在堆纹饰上饰绳切纹。侈口，折沿较宽，沿面微凹，微鼓腹。残。轮制，火候较高。口径18.8、残高11.2厘米（图二三，6）。CT0101㊹：8，夹粗砂黑褐陶。腹部红褐。外沿有凸棱一道，在棱上饰戳印纹，腹饰较横附加堆纹三道，器表饰菱形绳纹。敞口，斜折沿，圆唇，弧腹。残。手制，火候较高。口径16.4、残高13.4厘米（图二三，7）。M99：5，夹粗砂红陶。局部灰，里黑。唇面饰绳切纹，器表饰菱形绳纹，外底饰交错绳纹。敞口，斜折沿，弧腹，平底。修复。手制轮修，火候较高。口径18.4、底径9.2、高17.2厘米（图二三，8）。BT0101㊴：23，夹砂黑陶。局部暗红。唇部饰戳印纹，器表饰组状绳纹、局部交错。侈口，斜折沿较宽，腹微弧。残。手制轮修，火候较高。残宽13.2、残高9.2厘米（图二三，9）。H761：6，夹粗砂灰褐陶。局部、里黑。器表饰菱形绳纹，沿、腹相交处饰附加堆纹一周。侈口，斜折沿，鼓腹。残。轮制，火候较高。残宽9.2、残高4.9厘米（图二三，10）。CT0101㊹：10，夹粗砂黑陶。局部灰褐。唇部饰戳印纹，器表饰斜绳纹。侈口，斜折沿较宽，鼓腹。残。手制，火候较高。残宽8.8、残高5.4厘米（图二三，11）。H778：9，夹粗砂黑陶。局部红。外沿、腹饰小菱形绳纹，上腹饰附加堆纹。侈口，斜折沿较宽，唇面微凹，上腹外斜。残。轮制，火候较高。残宽6.6、残高5.5厘米（图二三，12）。BT0201㊿⑤：13，夹砂红褐陶。胎红夹灰黑。唇部饰戳印纹，器表饰斜绳纹，沿面、上腹磨光。侈口，斜折沿，上腹微外斜。残。手制轮修，火候较高。口径22.4、残高6.8厘米（图二三，13）。BT0101㊴：25，夹砂黑陶。局部红褐，胎、里灰褐。唇部饰戳印纹，器表饰交错绳纹。侈口，斜折沿较宽，上腹较直。残。手制轮修，火候较高。残宽4.8、残高4.8厘米（图二三，14）。

高领罐　H760：29，夹砂黑陶。局部褐。素面，内外壁磨光。侈口，卷沿近平，圆唇，领微束。残。轮制，火候较高。残宽6.4、残高2.8厘米（图二四，1）。DT0102㉝：17，夹砂黑陶。局部灰褐，胎褐夹黑。素面，内外壁磨光。侈口，卷平沿，圆唇，领微束。残。轮制，火候较高。残宽7.8、残高4厘米（图二四，2）。

翻领罐　BT0101㉜：14，夹砂褐陶。局部、胎黑。素面，内外壁磨光。侈口，圆唇，束领，斜肩。残。轮制，火候较高。口径16.8、残高6.4厘米（图二四，3）。H788：11，夹砂红

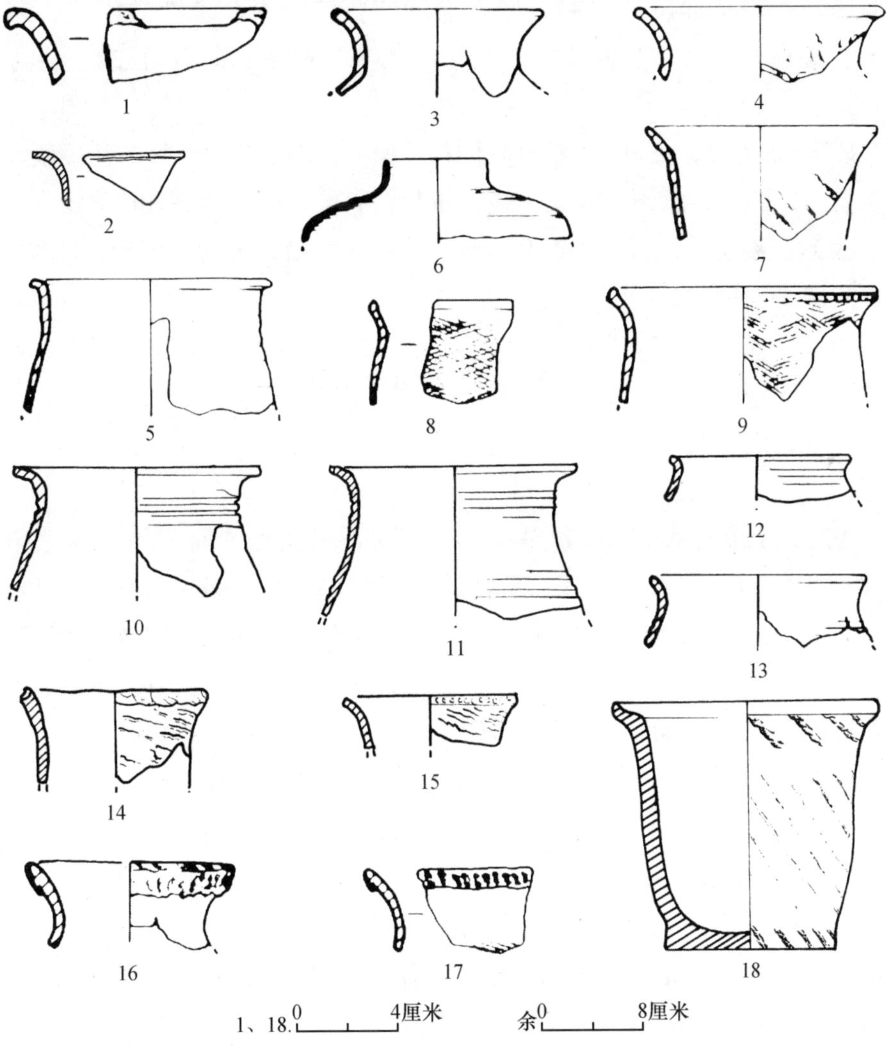

图二四　新石器时代陶罐

1、2. 高领罐（H760：29、DT0102⑦③：17）　3、4. 翻领罐（BT0101㉜：14、H788：11）　5. 中领罐（CT0101㊸：5）　6. 矮领罐（BT0101㉞：27）　7. 敞口罐（H794：8）　8、9. 侈口罐（H761：8、BT0101㉟：16）　10、11. 卷沿罐（H783②：18、H783②：19）　12、13. 卷沿鼓腹罐（H783②：17、CT0101㊹：19）　14～17. 贴边罐（AT0101㉛A：17、AT0101㉛A：18、H760：15、BT0101㉛：27）　18. 小罐（M99：3）

陶。黑胎。器表饰零星绳纹。细划纹，内壁粗磨。侈口，圆唇，束领。残。轮制，火候较高。口径20.3、残高5.6厘米（图二四，4）。

中领罐　CT0101㊸：5，泥质黑陶。局部灰褐。领、上腹饰瓦棱纹，沿面，器表磨光。侈口，窄折沿、沿面微弧，圆唇，领较直，鼓腹。残。手制轮修，火候较高。口径19.2、残高10.2厘米（图二四，5）。

矮领罐　BT0101㉞：27，泥质黑陶。红褐胎。肩饰细凹弦纹、内壁多瓦棱纹，外壁磨光。直口，圆唇，广肩。残。轮制，火候高。口径8.2、残高6.2厘米（图二四，6）。

敞口罐　H794：8，夹砂红陶。局部褐，灰胎。腹饰粗戳划纹，内壁磨光。敞口，圆唇，腹斜弧。残。手制轮修，火候较高。口径18.8、残高8.8厘米（图二四，7）。

侈口罐　H761：8，夹粗砂红褐陶。局部灰褐，胎、里灰黑。器表饰小菱形绳纹。侈口，斜折沿，圆唇，鼓腹。残。手制轮修，火候较高。残宽7.2、残高8厘米（图二四，8）。BT0101㉟：16，夹砂灰褐陶。黑胎。唇外沿细凹弦纹一周，缘饰戳印纹，器表饰斜细绳纹，内壁磨光。侈口，卷沿，上腹微外斜。残。轮制，火候较高。口径22、残高8.8厘米（图二四，9）。

卷沿罐　H783②：18，夹砂红陶。局部灰、黑，胎红夹灰。上腹饰瓦棱纹，上部、内沿磨光。侈口，卷沿，圆唇，束颈，鼓腹。残。轮制，火候较高。残高10厘米（图二四，10）。H783②：19，夹砂灰褐陶。领、上腹饰瓦棱纹。侈口，卷沿，圆唇，束领，鼓腹。残。轮制，火候较高。口径19.4、残高11.4厘米（图二四，11）。

卷沿鼓腹罐　H783②：17，泥质灰陶。上腹饰划纹，内外壁磨光。侈口，卷沿，圆唇，鼓腹。残。轮制，火候高。口径14.4、残高3.4厘米（图二四，12）。CT0101㊹：19，夹砂灰陶。上腹饰瓦棱纹，内外壁磨光。侈口，卷沿，圆唇，鼓腹。残。轮制，火候高。口径17.4、残高5.4厘米（图二四，13）。

贴边罐　AT0101㉛A：17，夹砂黑陶。局部褐，里红褐。唇、外沿饰戳印纹，腹饰戳划纹，内壁磨光。敞口，腹较直。残。手制，火候较高。口径14.6、残高7厘米（图二四，14）。AT0101㉛A：18，夹砂灰褐陶。局部、胎黑，里红褐。唇饰戳印纹，上腹饰斜绳纹。敞口，上腹斜收。残。轮制，火候较高。口径13.6、残高3.8厘米（图二四，15）。H760：15，夹砂褐陶。局部灰褐，里红。唇部、外沿饰戳印纹，内沿磨光。侈口，束颈。残。手制，火候较高。口径16、残高6.5厘米（图二四，16）。BT0101㉛：27，夹砂红褐陶。局部、里黑。外沿饰戳印纹，上腹饰斜绳纹、附加堆纹，内壁磨光。侈口，卷沿，圆唇，鼓腹。残。轮制，火候不高。残宽9.1、残高7厘米（图二四，17）。

小罐　M99：3，夹细砂红陶。局部、里黑。腹饰戳划状绳纹，外底饰绳纹。敞口，斜折沿，圆唇，腹微鼓，平底。完整。手制轮修，火候较高。口径10.4、底径6.8、高9.8厘米（图二四，18）。

盘口壶　H788：13，夹砂黑陶。局部褐。敞口，圆唇，折腹，残。手制，火候一般。口径15.6、残高4厘米（图二五，1）。

壶　AT0101㉞A：7，夹砂褐陶。局部红、褐。素面，器表、内沿磨光。喇叭口，圆唇，残。轮制，火候较高。口径10.8、残高5.4厘米（图二五，2）。AT0101㉞A：8，夹砂灰黑陶。

局部红褐。素面，器表、内沿磨光。喇叭口，圆唇，微束颈。残。轮制，火候较高。口径10.6、残高5.2厘米（图二五，3）。

折腹壶 H774：2，夹砂灰褐陶。局部红、黑。外底饰绳纹，器表多按抹痕。折腹，平底。残。手制，火候较高。底径8、残高5.4厘米（图二五，4）。

觚形器 BT0201⑭：20，夹砂红陶。局部红褐，灰褐胎，里黑。素面，器表磨光，外底饰细绳纹。腰微束，平底。残。手制，火候较高。底径10.8、残高11.6厘米（图二五，5）。

盆 H778：14，夹粗砂灰褐陶。局部、胎、里黑。唇上、下缘饰绳切纹，上腹饰交错粗划纹，腹饰交错绳纹。敞口，微有卷沿，唇面微凹，腹微鼓。残。手制，火候较高。口径25.2、残高10.4厘米（图二五，6）。

盘 H783②：14，夹砂黑陶。灰褐胎。素面，底饰斜绳纹，内外壁磨光。口微敞口，圆唇，弧腹，底微圜。复原。轮制，火候较高。口径23.4、高8厘米（图二五，7）。H779①：8，夹砂灰褐陶。局部灰黑。腹饰圆形镂孔，内外壁磨光。口微敛，圆唇，上腹微鼓，下腹弧收。

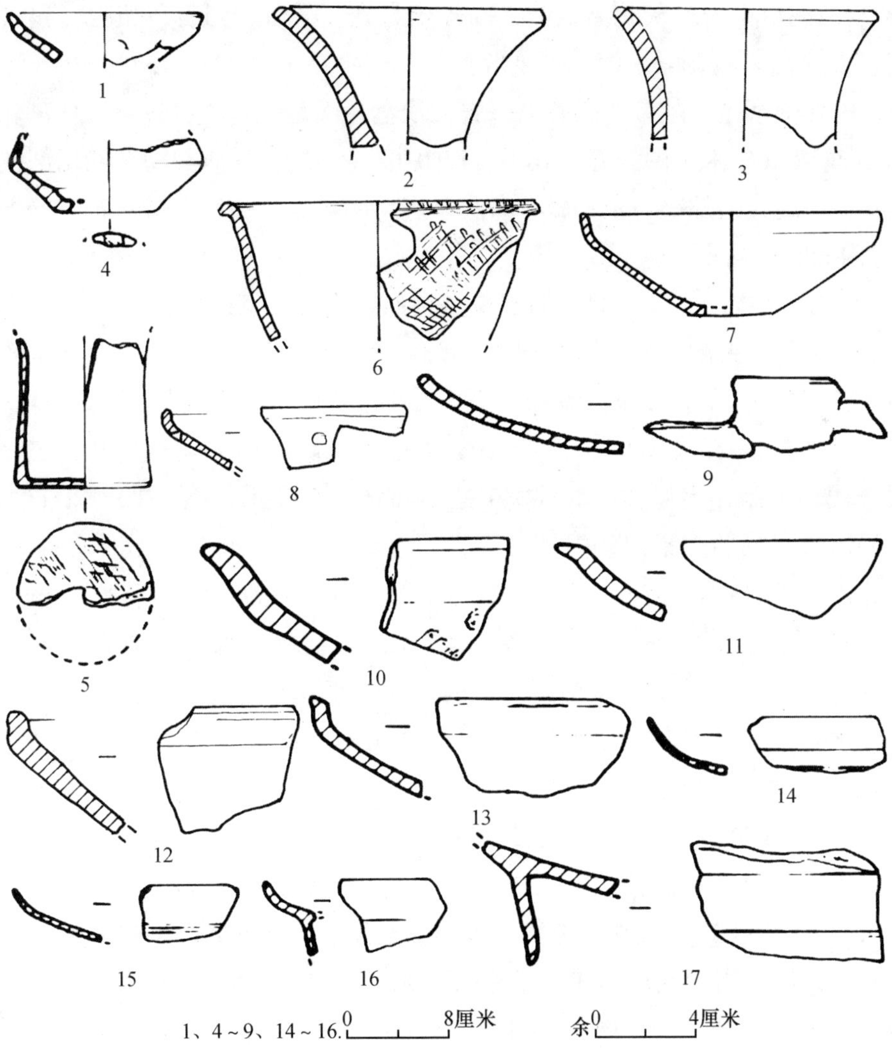

图二五 新石器时代陶器

1. 盘口壶（H788：13） 2、3. 壶（AT0101㉞A：7、AT0101㉞A：8） 4. 折腹壶（H774：2） 5. 觚形器（BT0201⑭：20） 6. 盆（H778：14） 7～13. 盘（H783②：14、H779①：8、H760：25、BT0101㊲：6、H763：11、AT0101㊲：20、H789③：3） 14～17. 大圈足盘（BT0201⑭：16、BT0101㉟：27、BT0101㉛：29、BT0101㉟：28）

残。轮制，火候较高。残宽11.4、残高4.8厘米（图二五，8）。H760：25，夹砂黑陶。局部红。素面，内外壁磨光。敞口，圆唇，弧腹，浅盘。残。手制，火候较高。残宽19.6、残高6厘米（图二五，9）。BT0101㊲：6，夹砂褐陶。局部黑、红，黑胎。下腹饰粗划纹，上腹、内壁磨光。敞口，圆唇，微折腹。残。轮制，火候较高。残宽5.2、残高4.6厘米（图二五，10）。H763：11，夹砂黑陶。局部褐，里部分红。素面，内外壁磨光。敞口，折平沿，弧腹。残。轮制，火候较高。残宽8.1、残高3厘米（图二五，11）。AT0101㊲：20，夹砂红褐陶。局部褐。素面，内外壁磨光。口微敞，圆唇，折腹，上腹较直、微凹，下腹斜直收。残。轮制，火候较高。残宽5.6、残高4.8厘米（图二五，12）。H789③：3，泥质褐陶。局部红、黑，里灰。素面，内外壁磨光。敞口，微有斜折沿，圆唇，折腹，上腹较直、下腹弧收，残。轮制，火候高。残宽7.6、残高3.3厘米（图二五，13）。

大圈足盘　BT0201㊹：16，泥质灰白陶。局部灰。盘腹饰凹弦纹二道，内外壁磨光。敞口，圆唇，弧腹。残。轮制，火候高。残宽11.2、残高4.4厘米（图二五，14）。BT0101㉟：27，泥质褐陶。灰胎。素面，内外壁磨光。敞口，圆唇，弧腹，浅盘、盘底接圈足痕。轮制，火候高。残宽8、残高4.2厘米（图二五，15）。BT0101㉛：29，泥质黑陶。红褐胎。素面，内外壁磨光。敞口，圆唇，弧腹，浅盘，圈足斜直收、较高。残。轮制，火候较高。残宽8.6、残高5.6厘米（图二五，16）。BT0101㉟：28，泥质红陶。胎局部灰。圈足上、中部饰凹弦纹各一周，内外壁磨光。微有盘腹、底，圈足高、微束。残。盘、分制，火候高。残宽7.8、残高4.6厘米（图二五，17）。

钵　BT0101㊴：27，夹砂黑陶。局部褐。素面，内外壁磨光。敞口，微有内沿，圆唇，腹较斜直。残。手制，火候较高。口径15.2、残高5.8厘米（图二六，1）。DT0102㊼：10，夹砂褐陶。局部黑。素面。敞口，内沿斜折，圆唇，腹斜直。残。轮制，火候较高。口径18.4、残高5.2厘米（图二六，2）。BT0201㊺：19，夹砂灰褐陶。局部红，灰黑胎。素面。敞口，方唇，弧腹。残。手制，火候较高。残宽5.2、残高5厘米（图二六，3）。DT0101㉝：12，夹砂黑陶。局部红，褐胎。素面，内外壁磨光。敞口，方唇，弧腹。残。轮制，火候较高。残宽8.6、残高3.4厘米（图二六，4）。BT0101㉟：33，夹砂黑陶。褐胎。素面，内外壁磨光。口近直，圆唇，弧腹。残。手制，火候较高。口径14、残高7.6厘米（图二六，5）。H763：12，夹砂红陶。里黑。上腹饰划纹，内外壁粗磨。口近直，圆唇，弧腹。残。手制，火候较高。残宽6、残高8.4厘米（图二六，6）。AT0101㉚：14，夹砂红陶。局部黑，胎红夹黑。素面，内外壁磨光。口近直，方唇，弧腹。残。轮制，火候较高。残宽4.8、残高3.8厘米（图二六，7）。BT0101㊴：29，夹砂褐陶。黑胎，里红褐。外沿饰小篦点纹。敛口，沿内卷，圆唇，上腹微鼓，下腹弧收。残。手制轮制，火候较高。残宽6.2、残高5.2厘米（图二六，8）。CT0101㊹：15，夹砂灰黑陶。里黑。素面，内外壁磨光。口微敛，圆唇，弧腹。残。手制轮修，火候较高。残宽10.4、残高4.2厘米（图二六，9）。H766：6，夹砂黑陶。胎褐夹黑。素面，内外壁磨光。口微敛，方唇，弧腹。残。轮制，火候较高。残宽4.4、残高6厘米（图二六，10）。BT0101㉟：35，夹砂红陶。局部褐、灰黑。素面，内外壁磨光。口近直，上腹微折，下腹弧收。残。手制，火候高。残宽8.6、残高8.6厘米（图二六，11）。AT0101㉝：13，夹砂红陶。素面，内外壁磨光。敛口，方唇，上腹鼓，下腹微弧收。残。轮制，火候高。残宽8.6、残高6.2厘米（图二六，13）。CT0101㊹：16，泥质褐陶。器表饰暗纹，内外壁磨光。敛口，沿内卷，斜方唇，腹斜直内收。残。手制轮修，火候高。残宽10.8、残高6.4厘米（图二六，12）。

杯 M99：1，夹细砂红褐陶。部分黑。素面。敞口，卷沿，圆唇，腹较斜直，假圈足，平底。修复。手制，火候较高。口径9、底径5.4、高8厘米（图二六，14）。M99：2，夹细砂褐陶。局部黑、红褐。素面。敞口，卷沿，圆唇，腹较斜直，平底。修复。手制，火候较高。口径8.2、底径3.2、高7.3厘米（图二六，15）。

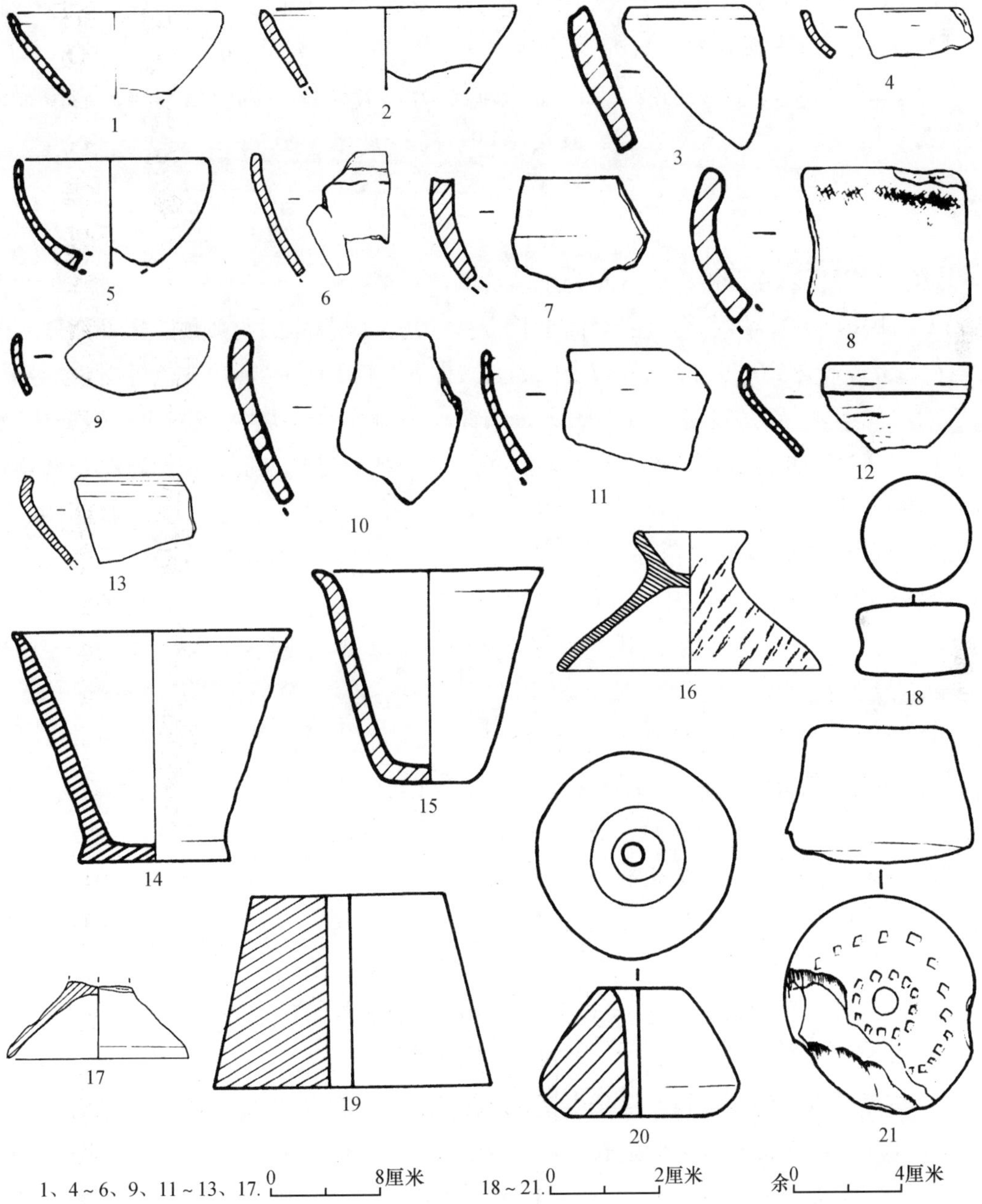

图二六 新石器时代陶器

1～13. 钵（BT0101㊴：27、DT0102㊸：10、BT0201㊺：19、DT0101㉝：12、BT0101㉟：33、H763：12、AT0101㉚：14、BT0101㊴：29、CT0101㊹：15、H766：6、BT0101㉟：35、CT0101㊹：16、AT0101㉝：13） 14、15. 杯（M99：1、M99：2） 16、17. 器盖（H777：5、H781：2） 18～21. 纺轮（AT0101㉛B：3、AT0101㉝：3、BT0101㉝：1、DT0101㉛A：4）

器盖 H777：5，夹砂灰褐陶。局部红褐、黑。器表饰稀疏绳纹，近唇处饰划纹，外壁磨光。敞口，圆唇，盖壁较直，圈足形捉手。修复。手制，火候较高。口径9.5、捉手径4、高4.8厘米（图二六，16）。H781：2，夹砂红褐陶。局部黑。素面、内壁磨光。盖壁较斜直，敞口，圆唇，纽残。手制，火候较高。口径13.1、残高5.4厘米（图二六，17）。

纺轮 AT0101㉛B：3，泥质红陶。局部灰褐。圆台形，束腰。完整。手制。火候较高。直径2、高1.1厘米（图二六，18）。AT0101㉝：3，夹细砂灰褐陶。局部红、褐。素面。圆台形、截面梯形，腰斜直，中部有小圆穿孔。完整。手制，火候较高。上径3.4、底径5、高3.3厘米（图二六，19）。BT0101㉝：1，泥质褐陶。局部黑。素面。截面近梯形，顶、底平，斜腰、下部外鼓，中有圆形穿。完整。手制，火候较高。最大径3.6、高2.2厘米（图二六，20）。DT0101㉛A：4，泥质褐陶。黑胎。底面饰方形戳印纹。截面近梯形，顶微凹，腰微束，底微弧。微残。手制，火候较高。最大径3.9、高2.3厘米（图二六，21）。

2. 石器

出土数量较多，以斧、锛、凿、矛为主，锛的数量最多。

斧 BT0101㉞：2，黑色砾石。平面近长方形，顶部略窄，圆角弧顶，刃部崩残，中锋。磨制。残长13.25、宽4.6、厚3.5厘米（图二七，1）。CT0101㊴：1，青色砾石。局部绿。平面近长方形，顶部略窄。圆顶，刃部崩残，正锋。磨制。残长13.9、宽6.1、厚3.4厘米（图二七，2）。BT0101㉛：11，黑色砾石，多灰色层理。平面近长方形、顶部略窄，圆角弧顶，弧刃、有崩疤，正锋。微残。磨制。长10.9、宽4.9、厚3厘米（图二七，3）。DT0102⑦③：2，青绿色砾石。平面近长方形、顶部略窄，圆角斜顶，斜弧刃、有崩疤，正锋。微残。磨制。长10.8、宽5、厚2.2厘米（图二七，4）。DT0102㊽：2，绿色砾石。有褐色层理。平面近长方形、顶部略窄，圆角弧顶，刃部崩残。角部自然面，余磨制。残长9.1、宽4.5、厚2.2厘米（图二七，5）。

锛 DT0101㉛A：9，青色砾石，近顶部暗红。平面近梯形，弧顶，弧刃、多崩疤，偏锋。微残。磨制。残长6、宽4.3、厚1.5厘米（图二七，6）。H760：6，黑色砾石。平面近梯形，圆顶，弧刃、少有崩疤，偏锋。完整。磨制。长5.1、宽3.7、厚1.4厘米（图二七，7）。BT0101㉛：1，黑色砾石。平面近梯形，平顶，弧刃、有崩疤，偏锋。微残。磨制。长5.3、宽4.1，厚1.6厘米（图二七，8）。DT0101㉛A：5，黑色砾石。平面近梯形，圆角平顶，弧刃、有崩疤，偏锋。微残。磨制。长6.6、宽5、厚1.3厘米（图二七，9）。BT0101㉟：1，黑色砾石。局部紫红。平面近长方形，顶部略窄，弧顶，弧刃、局部残，偏锋。磨制。长9.3、残宽4.8、厚1.6厘米（图二七，10）。BT0101㉛：7，紫红色砾石。平面近长方形，顶部略窄，弧顶，弧刃、有崩疤，偏锋。微残。磨制。长7.5、残宽4.5、厚1.7厘米（图二七，11）。DT0101㉛A：10，黑色砾石。平面近长方形，顶部略窄，斜顶，弧刃、有崩疤，偏锋。微残。长5.8、宽3.9、厚1.5厘米（图二八，1）。BT0101㉞：3，灰色砾石。平面近长方形，顶部略窄。斜顶，一角圆，弧刃，偏锋。完整。磨制。长9.8、宽4.6、厚1.4厘米（图二八，2）。BT0101㉞：6，黑褐色砾石。局部灰。平面近长方形，圆角平顶，弧刃，锋利，正锋。身部略残。磨制。长4.3、宽2.3、厚0.9厘米（图二八，3）。DT0101㉛A：17，暗黄色砾石。局部

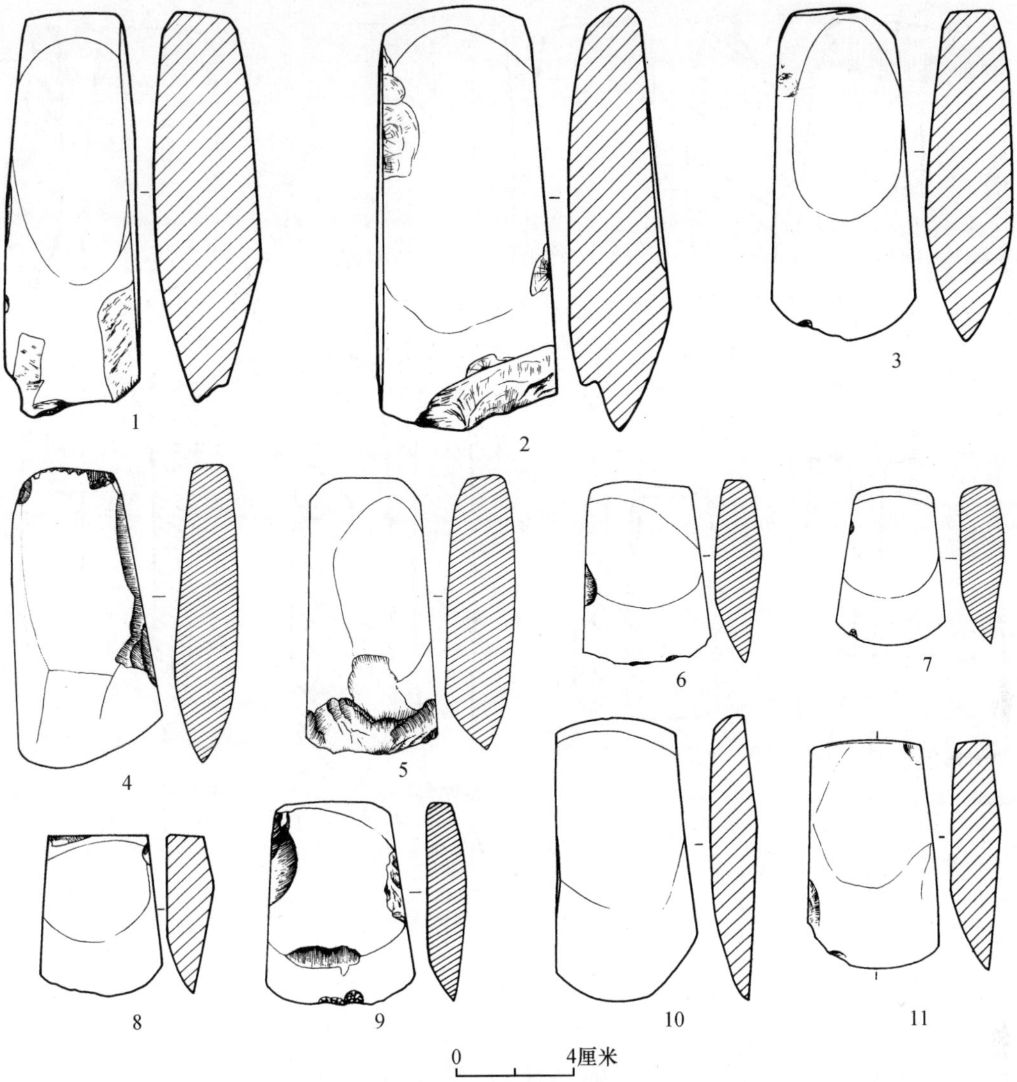

图二七 新石器时代石器

1～5. 斧（BT0101㉞：2、CT0101㊴：1、BT0101㉛：11、DT0102㊼：2、DT0102㊽：2） 6～11. 锛（DT0101㉛A：9、H760：6、BT0101㉛：1、DT0101㉛A：5、BT0101㉟：1、BT0101㉛：7）

褐，表皮紫红。平面近长方形，圆角平顶，弧刃、多崩疤，正锋。微残。磨制。长8、宽4.8、厚1.5厘米（图二八，4）。

凿 BT0101㉟：9，青色砾石，泛白。平面近长条形，顶微弧，弧刃、有崩疤，偏锋。微残。磨制。长5.2、宽2.4、厚1厘米（图二八，5）。BT0101㉞：5，灰白色砾石。局部褐，青。平面呈长方形，顶部微弧，偏锋，刃部弧刃，偏锋。完整。磨制。长3.8、宽1.5、厚0.6厘米（图二八，6）。BT0101㉟：4，青绿色砾石。窄条形，圆顶，弧刃、微有崩疤，偏锋。完整。磨制。长7.3、宽0.9、厚1.7厘米（图二八，7）。DT0101㉛A：20，青绿色砾石。长条形，圆顶，刃部残。顶部自然面，余皆磨制。残长6.3、宽1.1、厚0.8厘米（图二八，8）。

矛 CT0101㊵：1，黑色砾石。多灰白色层理。平面尖叶形，尖部略厚，身扁平，刃锋利。尾部残。磨制。残长7.1、宽2.9、厚1厘米（图二八，10）。DT0102㊽：1，黑色砾石。平面近尖叶形，尾微内弧，身中部微凹，刃锋利，残。磨制。残长6.5厘米（图二八，9）。

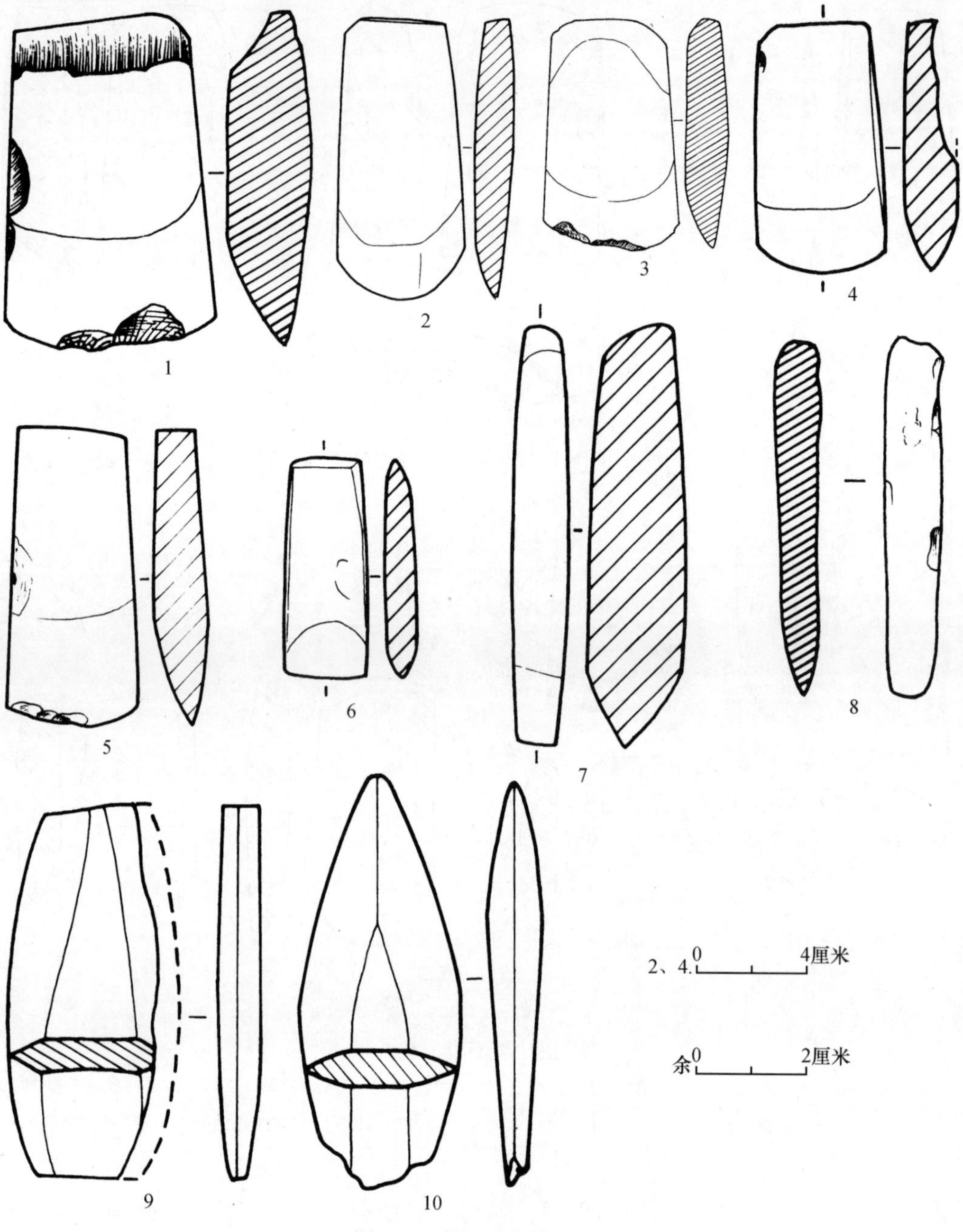

图二八　新石器时代石器

1～4. 锛（DT0101㉛A：10、BT0101㉞：3、BT0101㉞：6、DT0101㉛A：17）　5～8. 凿（BT0101㉟：9、BT0101㉞：5、BT0101㉟：4、DT0101㉛A：20）　9、10. 矛（DT0102㊿：1、CT0101㊵：1）

四、夏商遗存

出土遗迹、遗物的探方和地层单位较前明显减少，发现遗迹较少，出土遗物相对较少。出土遗物绝大部分为陶器，另有极少石器。

（一）遗迹

遗迹只发现灰坑一类，共3座。

H749　位于CT0101北中部，部分压于北隔梁下，坑口深距地表深675厘米。层位关系：㊲→H749→㊳。

形制：从暴露部分观察，坑口平面呈圆形，坑壁斜直，圜底，坑壁无加工痕迹，坑口直径60、深40厘米（图二九）。

坑内堆积与包含物：坑内堆积均为浅灰土。包含陶片10余块与残石器1件。

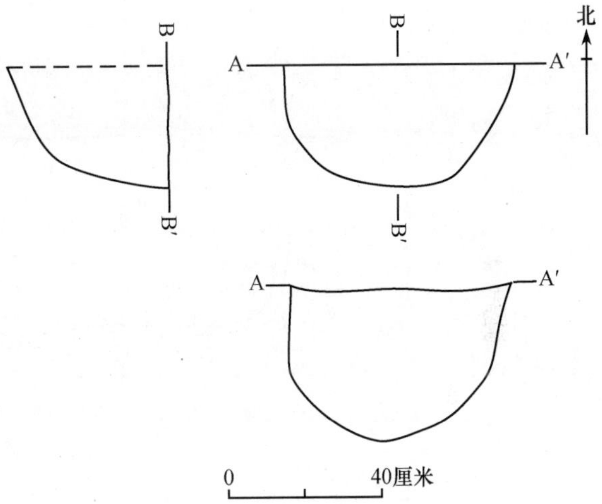

图二九　H749平、剖面图

H756　位于DT0101北部，北边距北隔梁10厘米。其南侧320厘米处为H757。层位关系：㉙→H756→㉚。

形制：略呈袋形坑，坑口平面不规则，口略小，壁不规整、下部略外弧，底不平。坑壁上部已塌，下部至底抹有2厘米厚黏土。口长90、底径75、深50厘米（图三〇）。

坑内堆积与包含物：坑内填灰色土，质疏松，夹烧土块。出土陶片较多，可认器形有盆、罐等。出一件石凿。

H757　位于DT0101南部偏西，南部压在出土梯子下。层位关系：㉙→H757→㉚。

形制：从暴露部分观察，坑口平面形状略呈椭圆形，壁微弧，底不平，坑壁、底部无明显加工痕迹。口径85、底径50、深35厘米（图三一）。

坑内堆积与包含物：坑内填灰色土，质疏松，含有红烧土粒。包含陶片较多，可认器形有瓮、罐等。

（二）遗物

出土遗物较少，主要是陶器，少量石器。

1. 陶器

出土陶器较其他时段相对较少，完整和复原陶器不多。陶质以夹细砂陶最多，泥质陶很少。陶色以红陶和红褐陶为主，灰褐陶较多，黑陶、灰陶、褐陶较少。器表颜色大多不匀，局

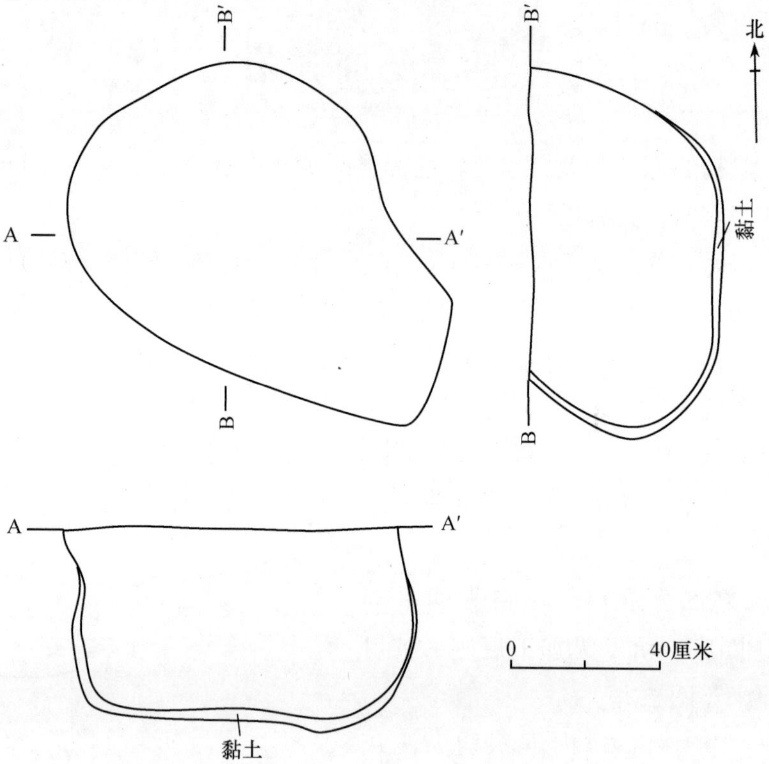

图三〇　H756平、剖面图

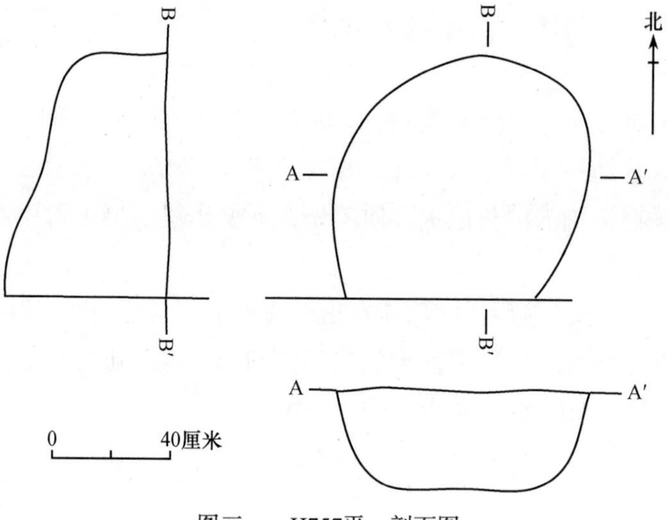

图三一　H757平、剖面图

部有其他颜色混杂。陶胎多为红色，少量灰、黑色，部分器物胎中心部位呈灰黄色，似未烧透而成。纹饰以绳纹为主，多饰于器物的口外沿与肩及上腹部，多呈组状，大多较细；由绳纹与戳印纹、弦纹、划纹组成的复合纹、弦纹、划纹、戳印纹、方格纹、篦点纹、辫绳纹等较少，素面陶也占一定比例。制法以轮制为主，兼用手制，或经慢轮修整，火候普遍不高，部分较高。陶器种类主要有缸、瓮、罐、豆、尊形器、鬶、盉、杯、器盖、纺轮、网坠等。

缸　DT0102㊼：48，夹粗砂红陶。上腹饰粗带状附加堆纹，在堆纹上饰斜粗绳压纹。敞口，方唇，腹较直，残。轮制，火候较高。残宽7.4、残高8.4厘米（图三二，1）。DT0102

㊽：54，夹粗砂红陶。上腹饰附加堆纹，在堆纹上饰戳印纹，腹饰方格纹。敞口，方唇，腹较直。残。轮制，火候较高。残宽11.6、残高11.8厘米（图三二，2）。

敛口鼓肩瓮　H756：4，夹砂黑陶。红褐胎。沿面、肩饰斜绳纹，其下饰横绳纹。敛口，微有沿，方唇，圆肩。残。轮制，火候较高。残宽20.6、残高9.4厘米（图三二，3）。DT0102㊼：10，夹砂灰褐陶。沿面、肩饰斜绳纹、横绳纹。敛口，微有外沿，圆唇，溜肩。残。轮制，火候较高。残宽15.2、残高5.4厘米（图三二，4）。H756：5，夹砂黑陶。胎红褐夹灰。唇面、肩饰斜绳纹，其下饰横绳纹。敛口，微有卷沿，圆肩。残。轮制，火候较高。残宽11.6、残高6.4厘米（图三二，5）。DT0102㊾：13，夹砂灰褐陶。红褐胎。沿面、肩饰斜绳纹。敛口，窄沿，溜肩。残。轮制，火候较高。残宽8.8、残高3.2厘米（图三二，6）。H756：6，夹砂黑陶。胎红褐夹灰。沿面、肩饰斜细绳纹。敛口，唇面内凹，圆肩。残。轮制，火候较高。残宽13.6、残高4厘米（图三二，7）。H756：7，夹砂红陶。局部黑。沿面、肩饰细绳纹。敛口，唇面微凹，圆肩。残。轮制，火候较高。残宽10、残高5厘米（图三二，8）。H756：8，

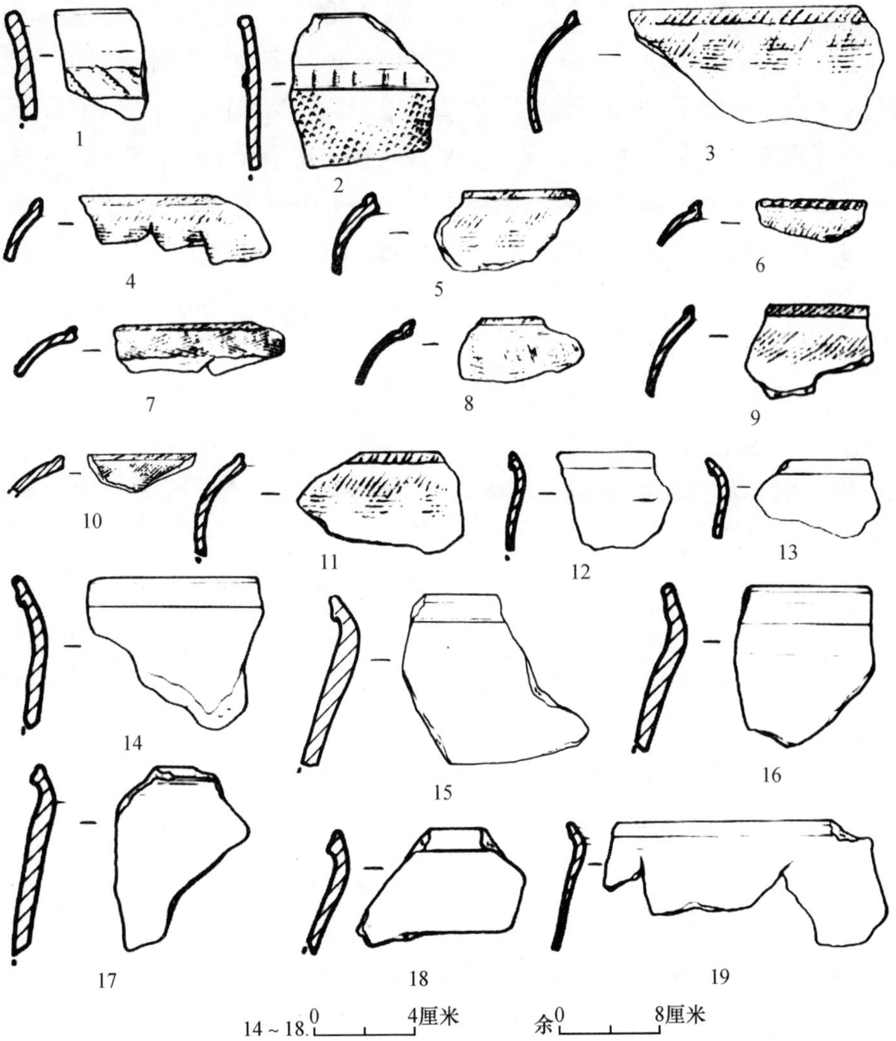

图三二　夏商陶器

1、2. 缸（DT0102㊼：48、DT0102㊽：54）　3～11. 敛口鼓肩瓮（H756：4、DT0102㊼：10、H756：5、DT0102㊾：13、H756：6、H756：7、H756：8、DT0101㉙：35、DT0102㊾：14）　12～19. 槽唇瓮（H757：1、H757：2、DT0102㊽：36、DT0102㊼：36、H757：3、DT0102㊽：37、DT0101㉙：6、H757：4）

夹砂灰褐陶。局部褐、红，黑胎。唇面、肩饰斜绳纹。敛口，内沿微凹，圆肩。残。轮制，火候较高。残宽10.4、残宽7.2厘米（图三二，9）。DT0101㉙：35，夹砂灰褐陶。胎褐夹灰。外沿、肩饰组状绳纹。敛口，外沿明显，唇面微凹，圆肩。残。轮制，火候较高。残宽8.6、残高3厘米（图三二，10）。DT0102㊾：14，夹砂灰黑陶。红褐胎。肩饰斜绳纹、横绳纹。敛口，方唇，鼓肩。残。轮制，火候较高。残宽13.4、残高8厘米（图三二，11）。

槽唇瓮 H757：1，夹砂红褐陶。局部灰黑。素面。侈口，卷沿，外沿内凹，圆唇，鼓腹。残。轮制，火候较高。残宽9.2、残高7.6厘米（图三二，12）。H757：2，夹砂黑陶。胎局部褐。素面。侈口，卷沿外翻，内外沿内凹，鼓腹。残。轮制，火候较高。残宽10.2、残高6厘米（图三二，13）。DT0102㊽：36，夹砂黑陶。局部、胎红褐。素面。侈口，卷沿、外沿有凸棱一周，圆唇，微鼓腹。残。轮制，火候较高。残宽7、残高5.8厘米（图三二，14）。DT0102㊼：36，夹砂褐陶，局部灰。素面。侈口，卷沿，外沿内凹，圆唇，上腹外斜，残。轮制，火候较高。残宽7.4、残高6.6厘米（图三二，15）。H757：3，夹砂陶。局部灰褐。素面。侈口，卷沿外斜，外沿微凹，方唇，鼓腹。残。轮制，火候较高。残宽5.6、残高6.4厘米（图三二，16）。DT0102㊽：37，夹砂灰褐陶。素面。侈口，卷沿，方唇，鼓腹。残。轮制，火候较高。残宽5.4、残高7.2厘米（图三二，17）。DT0101㉙：6，夹砂灰黑陶。素面。侈口，卷沿，外沿凸棱，圆唇，斜肩。残。轮制，火候较高。残宽6.6、残高4.5厘米（图三二，18）。H757：4，夹砂黑陶。局部红褐，胎外褐里黑。上腹饰细凹弦纹。侈口，卷沿，外沿内凹，圆唇，鼓腹。残。轮制，火候较高。残宽23.2、残高9.6厘米（图三二，19）。H757：5，夹砂灰褐陶。局部橙黄、红褐，胎外褐里灰。素面。侈口，卷沿，外沿内凹，鼓腹。残。轮制，火候较高。残宽26、残高24.4厘米（图三三，1）。

喇叭口瓮 DT0102㊼：67，夹砂黑陶。胎灰褐夹黑。素面。喇叭口，卷沿，圆唇，束领。残。轮制，火候较高。残宽15、残高6.4厘米（图三三，2）。H756：15，夹砂黑陶。局部橙黄、灰褐，胎红褐夹灰。肩饰斜绳纹。喇叭口，圆唇，矮斜领，圆肩。残。轮制，火候较高。残宽34.4、残高11.2厘米（图三三，3）。

大口瓮 DT0102㊼：38，夹砂黑陶。局部褐。素面。侈口，卷沿，圆唇，上腹外斜。残。轮制，火候较高。残宽10.6、残高6.8厘米（图三三，4）。DT0102㊼：39，夹砂褐陶。局部灰褐。素面。侈口，卷沿，方唇微凹，上腹外弧。残。轮制，火候较高。残宽8.6、残高6.8厘米（图三三，5）。

子母口瓮 H757：11，夹砂黑陶。局部褐、红。素面。子母口，圆唇，鼓腹。残。轮制，火候较高。残宽6.8、残高4.8厘米（图三三，6）。H757：14，夹砂黑陶。胎红夹灰。肩饰斜绳纹。侈口，卷沿，沿面微凹，唇面微凹，溜肩。残。轮制，火候较高。残宽6.4、残高5厘米（图三三，7）。

矮沿瓮 DT0102㊾：23，夹砂灰陶。沿面、肩饰组状斜绳纹。敛口，窄沿，圆唇，广肩。残。轮制，火候较高。残宽11.4、残高3.2厘米（图三三，8）。

高领瓮 DT0102㊽：43，夹砂灰褐陶。局部、里灰黑。领饰细划纹。敞口，卷沿，圆唇，领微束。残。轮制，火候较高。残宽9.4、残高6.8厘米（图三三，9）。DT0102㊼：44，夹砂黑陶。领中部饰凹弦纹。侈口，卷沿、沿面微凹，圆唇，束领。残。轮制，火候较高。残

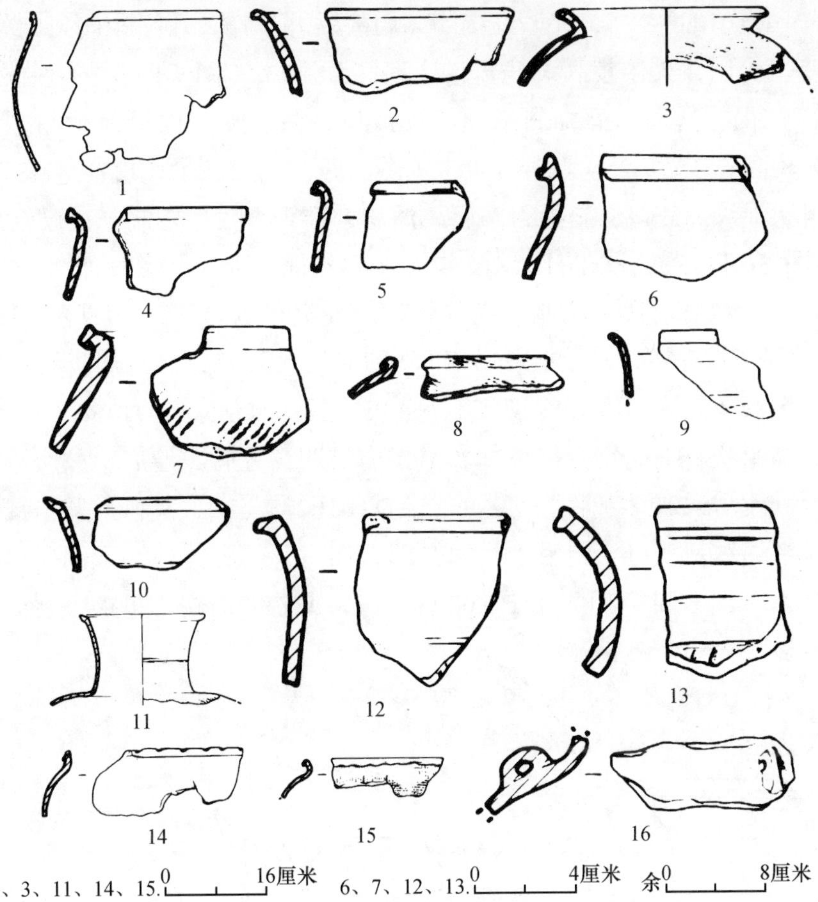

图三三　夏商陶瓮

1. 槽唇瓮（H757：5）　2、3. 喇叭口瓮（DT0102㊼：67、H756：15）　4、5. 大口瓮（DT0102㊼：38、DT0102㊼：39）　6、7. 子母口瓮（H757：11、H757：14）　8. 矮沿瓮（DT0102㊾：23）　9～12. 高领瓮（DT0102㊽：43、DT0102㊼：44、H757：12、DT0101㉗：13）　13. 中领瓮（DT0102㊽：53）　14、15. 矮领瓮（H756：13、DT0101㉙：43）　16. 有耳瓮（DT0102㊽：55）

宽11、残高5.6厘米（图三三，10）。H757：12，夹砂褐陶。胎红夹灰。领中部饰凹弦纹，肩饰斜细绳纹。侈口，窄斜折沿，圆唇，高束领，圆广肩。残。轮制，火候较高。口径20、残高14厘米（图三三，11）。DT0101㉗：13，夹砂灰褐陶。领中部饰粗凹弦纹一周。侈口，沿外下折，圆唇，束领。残。轮制，火候高。残宽6.4、残高6.6厘米（图三三，12）。

中领瓮　DT0102㊽：53，夹砂灰褐陶。局部褐。领饰粗划纹，领下部饰戳印纹。侈口，唇面微凹，束领。残。轮制，火候较高。残宽5.4、残高6.6厘米（图三三，13）。

矮领瓮　H756：13，夹砂黑陶。局部灰褐。唇部刮抹略呈波浪形。侈口，外沿微凹，矮领，溜肩，鼓腹。残。轮制，火候较高。残宽24.4、残高10.2厘米（图三三，14）。DT0101㉙：43，夹砂红陶。局部灰褐。沿下向上戳按略呈波浪形，领、肩饰组状细绳纹、局部交错。侈口，沿外下斜，矮领外斜，圆肩。残。轮制，火候较高。残宽17.6、残高6厘米（图三三，15）。

有耳瓮　DT0102㊽：55，夹砂灰褐陶。局部、里黑。素面。广肩，肩部附加竖耳、近壁处有圆形穿孔。残。轮制，火候较高。残宽15、残高5.6厘米（图三三，16）。

敛口鼓肩罐　DT0102㊽：6，夹砂红褐陶。局部黑褐。肩饰组状斜绳纹。敛口，微有沿，圆唇，溜肩。残。轮制，火候较高。残宽10、残高5.6厘米（图三四，1）。DT0102㊽：8，夹砂红陶。局部红褐。唇面、肩饰斜细绳纹。敛口，微有沿，内沿面微凹，溜肩，鼓腹。残。轮制，火候较高。残宽7.2、残高5.1厘米（图三四，2）。DT0102㊽：11，夹砂灰黑陶。紫红胎。肩饰组状绳纹。敛口，斜沿，圆唇，溜肩，鼓腹。残。轮制，火候较高。残宽9.2、残高5.6厘米（图三四，3）。DT0102㊼：7，夹砂褐陶。胎、里黑。唇面、肩饰斜绳纹。敛口，斜沿，圆唇，溜肩。残。轮制，火候较高。残宽13.6、残高4.6厘米（图三四，4）。DT0101㉙：28，夹砂灰褐陶。局部褐。肩饰斜细绳纹。敛口，微有斜折沿、沿面微凹，溜肩。残。轮制，火候较高。残宽7.4、残高6.1厘米（图三四，5）。H756：3，夹砂灰褐陶。局部、里黑。肩饰组状斜细绳纹。侈口，卷沿，内沿凹，方唇，溜肩，鼓腹。残。轮制，火候较高。残宽12、残高5.2厘米（图三四，6）。DT0102㊽：13，夹砂红陶。局部、里灰褐。唇面、肩饰组状细绳纹。敛口，斜沿、沿面微凹，溜肩，鼓腹。残。手制，火候较高。残宽13.2、残高7.2厘米（图三四，7）。DT0102㊽：14，夹砂红褐陶。里褐。唇面、肩饰组状细

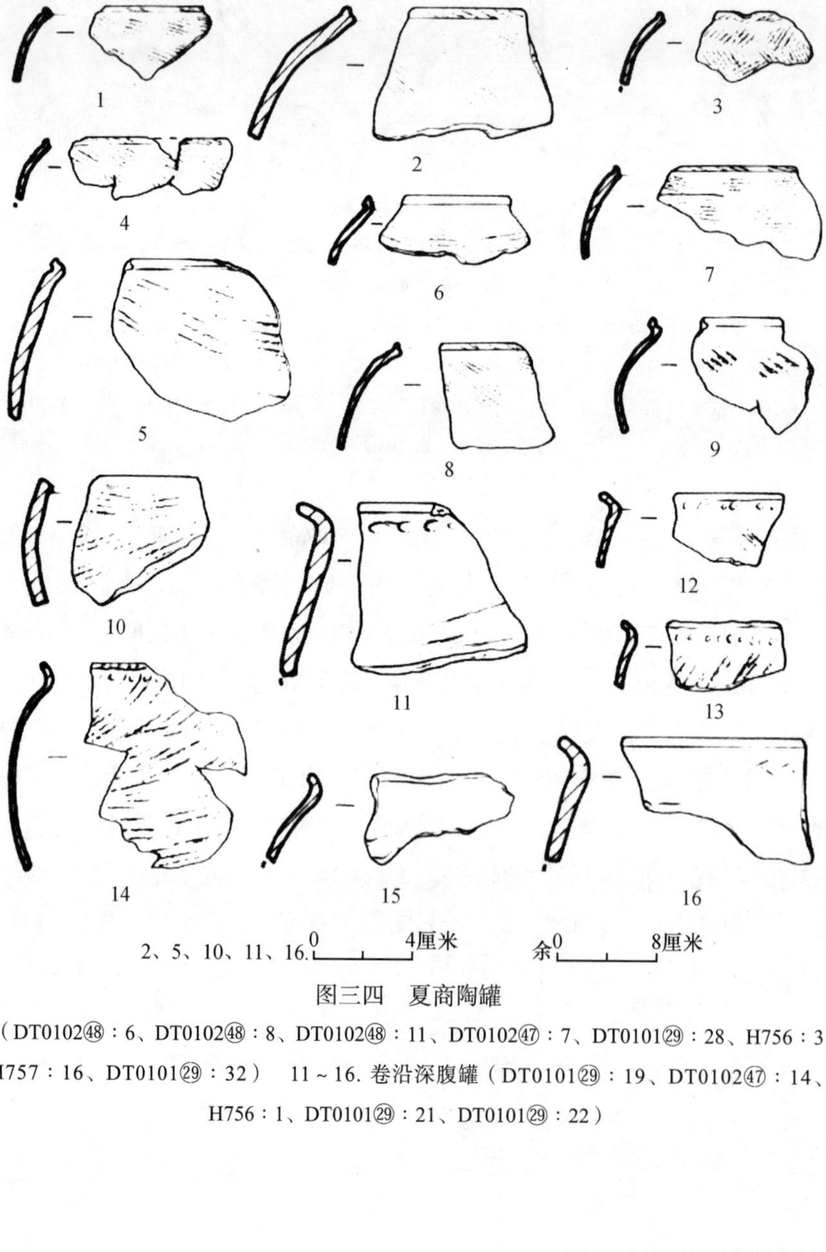

图三四　夏商陶罐

1～10. 敛口鼓肩罐（DT0102㊽：6、DT0102㊽：8、DT0102㊽：11、DT0102㊼：7、DT0101㉙：28、H756：3、DT0102㊽：13、DT0102㊽：14、H757：16、DT0101㉙：32）　11～16. 卷沿深腹罐（DT0101㉙：19、DT0102㊼：14、DT0102㊼：15、H756：1、DT0101㉙：21、DT0101㉙：22）

绳纹。敛口，斜沿较高，沿面内凹，溜肩，鼓腹。残。手制，火候较高。残宽9.2、残高8厘米（图三四，8）。H757：16，夹砂红陶。局部橙黄。肩饰斜组状绳纹。侈口，卷沿较高，沿面内凹，方唇，圆肩，腹弧内收。残。轮制，火候较高。残宽10、残高8.8厘米（图三四，9）。DT0101㉙：32，夹砂红陶。局部、里黑。肩饰斜细绳纹。敛口，方唇，鼓上腹。残。轮制，火候较高。残宽5.5、残高5厘米（图三四，10）。

卷沿深腹罐　DT0101㉙：19，夹砂红陶。外沿根部微有按窝，腹饰斜绳纹。侈口，卷沿，圆唇，上腹外斜。残。手制轮修，火候较高。残宽7、残高6.8厘米（图三四，11）。DT0102㊼：14，夹砂红陶。沿下微有按窝和戳印纹。侈口，卷沿，圆唇，鼓腹。残。手制，火候较高。残宽10、残高5.6厘米（图三四，12）。DT0102㊼：15，夹砂红陶。局部灰褐。沿下饰按窝，肩饰斜绳纹。侈口，卷沿，圆唇，溜肩。残。手制，火候较高。残宽9.6、残高4.6厘米（图三四，13）。H756：1，夹砂黑陶。局部红褐。唇部饰戳印纹，外沿根部饰按窝，器表饰绳纹。侈口，卷沿，圆肩，鼓腹。残。手制，火候较高。残宽13.2、残高16厘米（图三四，14）。DT0101㉙：21，夹砂红陶。局部褐。唇部刮抹略不平，外沿根部微有按窝。侈口，卷沿，缘唇，圆肩。残。轮制，火候较高。残宽12、残高6.8厘米（图三四，15）。DT0101㉙：22，夹砂褐陶。局部黑、红，胎褐夹灰，里红。外沿根部饰指甲形戳印纹。侈口，卷沿，圆唇，鼓腹。残。手制，火候较高。残宽7.6、残高4.8厘米（图三四，16）。

卷沿罐　DT0102㊽：26，夹砂黑陶。红褐胎。素面。侈口，卷沿，斜方唇，鼓腹。残。轮制，火候较高。残宽8.2、残高7.1厘米（图三五，1）。DT0102㊼：18，夹砂黑陶。胎褐。素面。侈口，卷沿，唇面微凹，斜肩，鼓腹。残。轮制，火候较高。残宽10.2、残高7厘米（图三五，2）。DT0101㉙：15，夹砂灰陶。胎、里红。肩饰交错绳纹。侈口，卷沿，圆唇，唇缘外下尖凸，圆较肩。残。轮制，火候较高。残宽6.8、残高4厘米（图三五，3）。DT0101㉙：16，夹粗砂黑陶。胎黑夹红褐。唇上缘按抹，肩饰斜绳纹、凹弦纹。侈口，斜折沿，唇缘外凸，圆肩。残。轮制，火候高。残宽8.2、残高6.6厘米（图三五，4）。DT0102㊾：18，夹砂红陶。局部橙黄，胎红夹灰。肩饰斜绳纹。侈口，卷沿，唇面微凹，圆肩。残。轮制，火候较高。残宽12.4、残高4.8厘米（图三五，5）。DT0102㊼：21，夹砂黑陶，灰胎。肩饰组状绳纹、细凹弦纹。侈口，卷沿、沿面微凹，方唇，溜肩。残。轮制，火候较高。残宽10、残高4.4厘米（图三五，6）。H757：7，夹砂灰黑陶。红褐胎。肩饰组状斜绳纹。侈口，卷沿，外沿下凸，圆唇，溜肩，鼓腹。残。轮制，火候较高。残宽29.2、残高11厘米（图三五，7）。H757：9，夹砂灰黑陶，胎褐夹灰褐。肩饰组状细绳纹、局部交错。侈口，卷沿，外沿较窄，圆唇，溜肩。残。轮制，火候较高。残宽12.2、残高7.2厘米（图三五，8）。H757：8，夹砂红褐陶。局部黑、橙黄。唇面饰细凹弦纹一周，肩饰组状绳纹。侈口，卷沿，唇面微凹，溜肩。残。轮制，火候较高。口径26.8、残高8厘米（图三五，9）。DT0101㉙：17，夹砂黑陶。胎局部红褐。肩上部饰斜绳纹。侈口，卷沿，方唇，圆肩。残。轮制，火候较高。口径19.4、残高5.2厘米（图三五，10）。

小平底罐　DT0102㊾：15，夹砂黑陶。红褐胎。素面。侈口，卷沿，圆唇，鼓肩。残。轮制，火候较高。残宽4.4、残高4.6厘米（图三五，11）。DT0102㊽：23，夹砂黑陶。局部褐。素面。侈口，卷沿，圆唇，鼓肩。残。轮制，火候较高。残宽5.4、残高4.1厘米（图

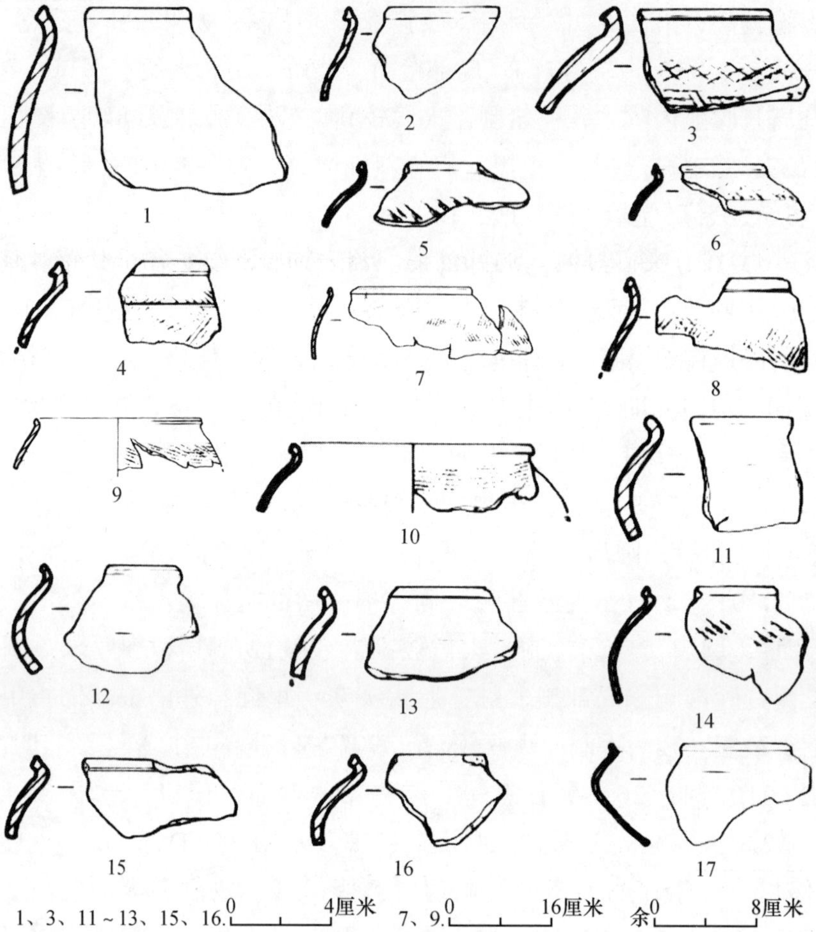

图三五　夏商陶罐

1～10. 卷沿罐（DT0102㊽：26、DT0102㊼：18、DT0101㉙：15、DT0101㉙：16、DT0102㊾：18、DT0102㊼：21、H757：7、H757：9、H757：8、DT0101㉙：17）　11～17. 小平底罐（DT0102㊾：15、DT0102㊽：23、DT0101㉙：11、H757：16、H757：19、DT0101㉗：23、H757：20）

三五，12）。DT0101㉙：11，夹砂灰褐陶。局部、里黑，胎红夹灰黑。肩饰浅凹弦纹。侈口，卷沿，圆唇，圆肩。残。轮制，火候较高。残宽6、残高3.6厘米（图三五，13）。H757：16，夹砂红陶。局部橙黄。肩饰斜组状绳纹。侈口，卷沿较高、沿面内凹，方唇，圆肩，腹弧内收。残。轮制，火候较高。残宽10、残高8.8厘米（图三五，14）。H757：19，夹砂红陶。局部黑褐。素面。侈口，卷沿，方唇，鼓肩。残。轮制，火候较高。残宽6.2、残高3.1厘米（图三五，15）。DT0101㉗：23，夹砂灰黑陶。灰褐胎。素面。侈口，卷沿，唇面微凹，鼓肩。残。轮制，火候较高。残宽4.6、残高3.5厘米（图三五，16）。H757：20，夹砂黑陶。局部灰，胎红夹灰。素面。侈口，卷沿，沿面微凹，方唇，鼓肩，下腹斜弧急收。残。轮制，火候较高。残宽11.6、残高7.6厘米（图三五，17）。

荷叶口沿罐　DT0102㊽：21，夹砂褐陶。灰胎。素面，侈口，沿部外按呈荷叶边形，上腹外斜。残。手制，火候较高。残宽7.4、残高6.3厘米（图三六，1）。DT0102㊽：22，夹砂褐陶。局部里黑。肩饰组状斜绳纹。口近直，沿部分外按呈荷叶边形，溜肩。残。手制，火候较高。残宽11.2、残高6.2厘米（图三六，2）。DT0101㉙：25，夹砂灰陶。局部红褐。肩饰斜绳纹。侈口，卷沿、沿外按呈荷叶边形，唇面内凹，溜肩。残。轮制，火候较高。残宽6.6、残高7.4厘米（图三六，3）。

高领罐　DT0102㊼：46，夹砂灰褐陶。领中部饰凹弦纹。侈口，圆唇，束领。残。轮制，火候高。残宽8.8、残高5.8厘米（图三六，4）。DT0102㊼：47，夹砂灰黑陶。灰胎。素面。侈口，圆唇，束领。残。轮制，火候高。口径16.2、残高5.6厘米（图三六，5）。

矮领罐　H756：12，夹砂黑陶。局部红褐。器表饰竖划纹、局部交错。侈口，卷沿，圆唇，矮领，鼓肩，下腹弧收。残。手制轮修，火候一般。残宽15.2、残高15.2厘米（图三六，6）。DT0102㊾：16，夹砂黑陶。局部褐，胎褐夹黑。素面。侈口，圆唇，矮领微束，鼓腹。残。轮制，火候较高。残宽11.2、残高7.2厘米（图三六，7）。DT0102㊼：41，夹砂黑陶。红

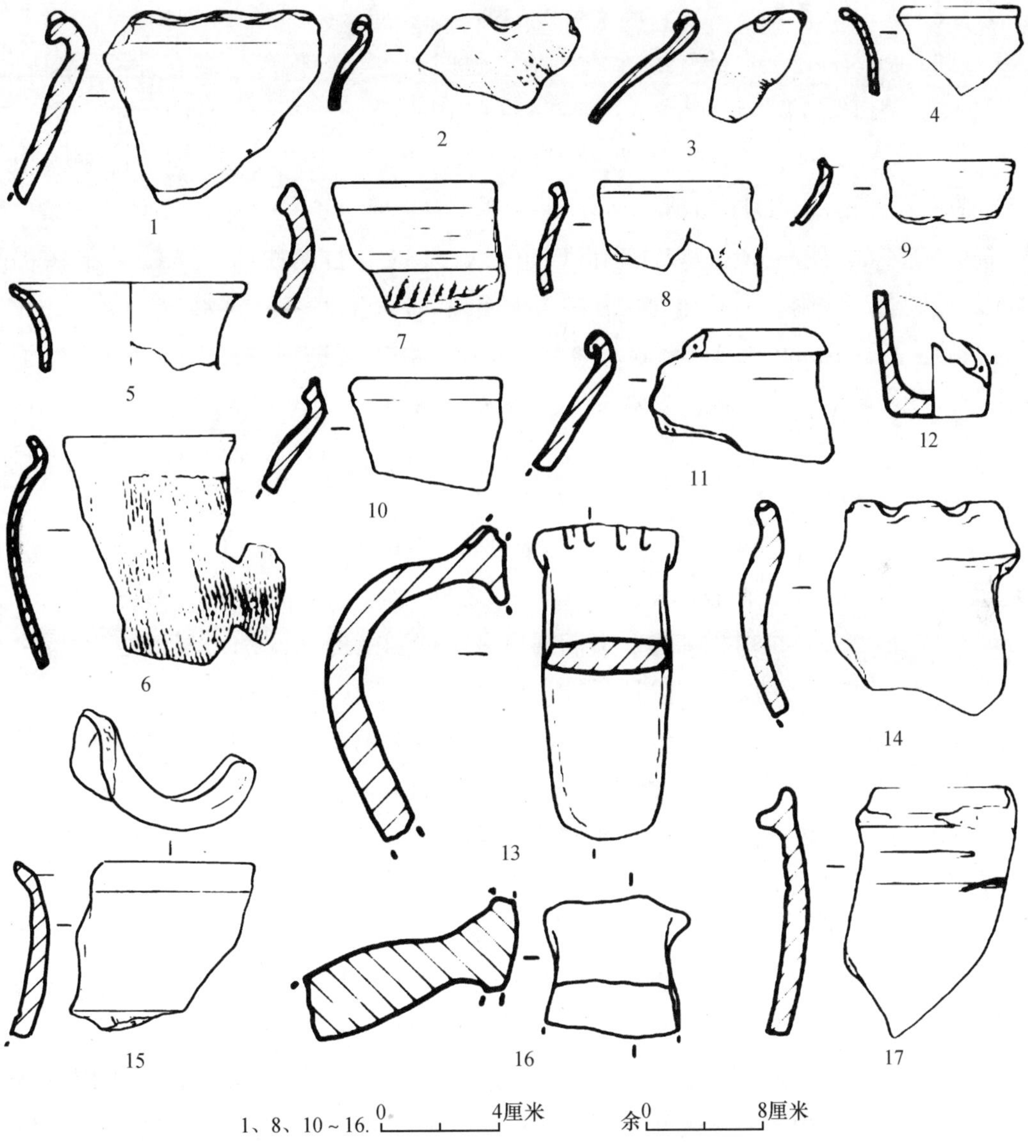

图三六　夏商陶器

1～3. 荷叶口沿罐（DT0102㊽：21、DT0102㊽：22、DT0101㉙：25）　4、5. 高领罐（DT0102㊼：46、DT0102㊼：47）　6～8. 矮领罐（H756：12、DT0102㊾：16、DT0102㊼：41）　9、10. 子母口罐（DT0102㊽：32、DT0102㊽：34）　11. 束颈罐（DT0101㉙：18）　12. 尊形器（DT0102㊽：56）　13、15、16. 鬶（DT0102㊼：63、DT0102㊼：62、DT0102㊼：64）　14. 波浪唇罐（DT0102㊼：27）　17. 子母口壶（DT0102㊾：22）

胎。领下部饰凹弦纹，肩饰斜绳纹。侈口，圆唇，领外斜，斜肩。残。轮制，火候较高。残宽5.8、残高4.4厘米（图三六，8）。

子母口罐　DT0102㊽：32，夹砂红陶。局部黑。素面。侈口，沿外折略呈盘状，方唇，领较斜直。残。轮制，火候较高。残宽10、残高4.2厘米（图三六，9）。DT0102㊽：34，夹砂红陶。局部褐。素面。子母口，卷沿，溜肩。残。轮制，火候较高。残宽5.2、残高3.7厘米（图三六，10）。

束颈罐　DT0101㉙：18，夹砂黑陶。红褐胎。素面。侈口，沿外下卷，圆唇，斜肩，残。轮制，火候较高。残宽6.4、残高4.6厘米（图三六，11）。

波浪唇罐　DT0102㊼：27，夹砂灰褐陶。局部红褐。素面。唇部戳按略呈波浪形。侈口，卷沿，鼓肩。残。手制，火候较高。残宽6.6、残高7厘米（图三六，14）。

鬶　DT0102㊼：62，夹砂红陶。灰褐胎。腹饰凹弦纹。侈口，微有外沿，圆唇，腹微束。残。轮制，火候较高。残宽6.4、残高5.6厘米（图三六，15）。DT0102㊼：63，夹砂红褐陶。灰胎。鋬上部饰戳印纹。扁平竖耳形鋬。残。手制，火候较高。宽4.4、残高10.2、厚0.6厘米（图三六，13）。DT0102㊼：64，夹砂黑陶。素面，多烧裂痕。扁竖耳形鋬。残。手制，火候高。宽4.4、残高5.6、厚2.4厘米（图三六，16）。DT0101㉙：48，夹砂黑褐陶。褐胎。素面。残剩裆部、附加泥条加固。分制，火候高。残宽8.2、残高3.8厘米。

子母口壶　DT0102㊾：22，夹砂灰黑陶。灰胎。颈上部饰划纹，内外壁磨光。子母口，圆唇，束颈。残。轮制，火候高。残宽5.8、残高8.1厘米（图三六，17）。

尊形器　DT0102㊽：56，夹砂褐陶。里红。素面。下腹斜直，小平底。残。轮制，火候较高。底径6.8、残高8.2厘米（图三六，12）。

盉　H757：25，夹砂黑陶。红褐胎。鋬上部饰椭圆戳印纹。敛口，斜方唇，外沿下附加宽带形竖鋬。残。轮制，火候较高。残宽6、残高2.5厘米（图三七，1）。H757：26，夹砂黑陶。局部灰，红褐胎。盖顶对称饰近圆形椭圆形戳印纹、在其中部附加圆泥饼，在圆饼上饰一戳印纹，顶中部有圆柱形纽。斜直圆柱形短流，中空，顶部大部分封口，上腹内束。残。分制，火候较高。残宽9、残高8厘米（图三七，2）。CT0101㊲：6，夹砂黑陶。胎褐夹黑。素面。扁圆尖形，中空。残。手制，火候较高。残宽6、残高8厘米（图三七，3）。

簋　DT0101㉙：45，夹砂黑陶。胎褐夹灰褐。圈足上部饰圆圈形戳印纹二周。微有下腹，圈足较高，斜壁。残。分制，火候较高。残宽18.2、残高5厘米（图三七，4）。

豆及豆形器　DT0102㊼：59，泥质灰褐陶。红褐胎。盘底缘饰凸弦纹一周，口沿、外壁磨光。敞口，圆尖唇，腹较斜直，下部近底处急收。残。轮制，火候较高。残宽8、残高7.2厘米（图三七，5）。H756：16，夹砂灰黑陶。胎红褐夹灰。素面。杯形口，底部中空。残。轮制，火候较高。残宽9、残高7.6厘米。（图三七，6）。DT0101㉙：47，泥质黑皮陶。红胎。柄中部饰凹弦纹二道，内底、器表磨光。圆柱形柄，中部内收，中空。残。轮制，火候较高。残宽4.8、残高8.8厘米（图三七，7）。

盆　DT0102㊼：61，夹砂黑陶。胎褐夹黑。素面。敞口，卷沿，圆唇，弧腹。残。轮制，火候较高。残宽7.6、残高7.6厘米（图三七，8）。

盘　DT0102㊼：57，夹砂黑陶。红褐胎。素面。敞口，卷沿，圆唇，弧腹，内下腹有折棱一周，残。轮制，火候较高。残宽5.5、残高2.4厘米（图三七，9）。

钵　DT0102㊼：58，泥质灰褐陶。素面。敞口，圆唇，弧腹。残。轮制，火候高。残宽5.8、残高4.4厘米（图三七，10）。

盖纽　H757：21，夹砂黑陶。局部红褐。素面。圈足形纽，圆唇，矮柄，盖壁外弧，残。轮制，火候较高。纽径4.8、残高2.8厘米（图三七，11）。DT0102㊼：66，夹砂黑陶。素面，器表磨光。圆圈形纽，沿外下卷，圆唇，矮柱。残。轮制，火候较高。纽径6.2、残高3.6厘米（图三七，12）。DT0102㊼：65，夹砂黑陶。灰褐胎。素面。圆圈形纽，残。轮制，火候较高。纽径5.1、残高1.6厘米（图三七，13）。

盖盘　DT0101㉙：46，泥质黑皮陶。灰胎。壁上部饰细凹弦纹和戳印纹一周，器表磨光。弧壁，敞口，圆唇。纽残。轮制，火候较高。口径12、残高3.2厘米（图三七，14）。DT0102㊼：55，泥质灰褐陶。局部、胎红。素面，内外壁磨光。弧壁，敞口，卷沿，圆唇。残。轮制，火候较高。残宽8.2、残高2.2厘米（图三七，15）。DT0102㊼：56，夹砂灰黑陶。红胎。素面。弧壁，敞口，卷沿，圆唇。残。轮制，火候较高。残宽7、残高4.4厘米（图三七，16）。

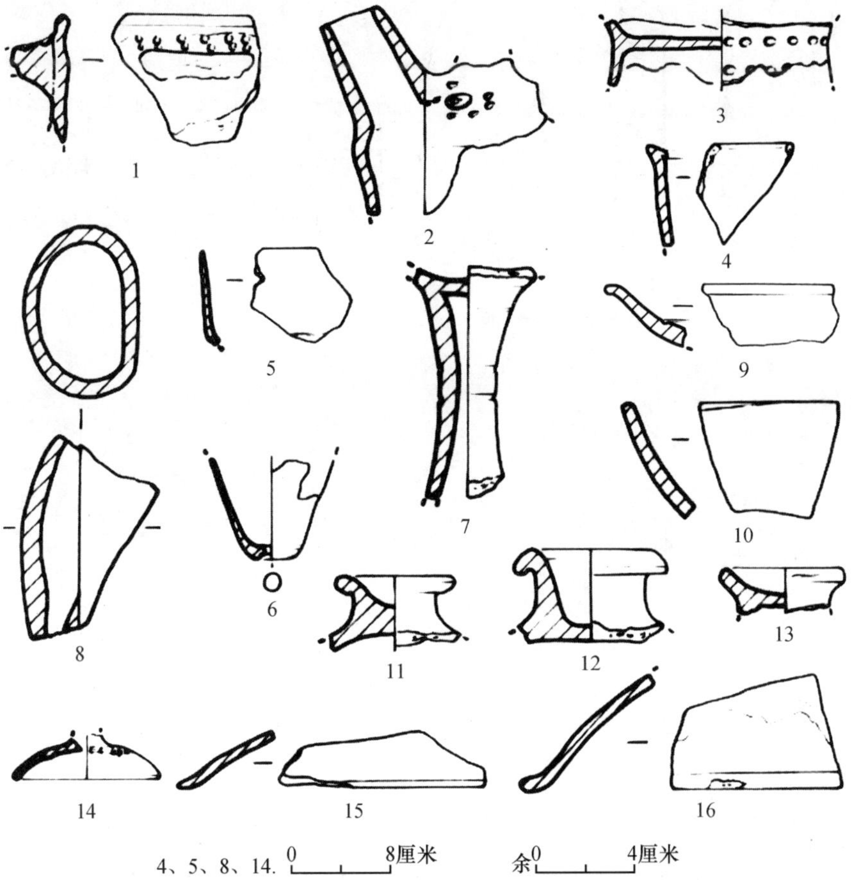

图三七　夏商陶器

1～3. 盉（H757：25、H757：26、CT0101㊲：6）　4. 簋（DT0101㉙：45）　5～7. 豆及豆形器（DT0102㊼：59、H756：16、DT0101㉙：47）　8. 盆（DT0102㊼：61）　9. 盘（DT0102㊼：57）　10. 钵（DT0102㊼：58）　11～13. 盖纽（H757：21、DT0102㊼：66、DT0102㊼：65）　14～16. 盖盘（DT0101㉙：46、DT0102㊼：55、DT0102㊼：56）

2. 石器

出土石器很少，石材都为砾石，器类只有斧、锛、凿，锛、凿多残。磨制，有使用痕迹。

斧　DT0102㊾：2，黑色角岩。平面近长方形，顶部略窄，圆角斜平顶，弧刃、微有崩疤，正锋。完整。磨制。长13.1、宽5.3、厚2.4厘米（图三八，1）。DT0102㊼：4，绿色砾石。平面近长方形，顶部较窄，圆顶，刃部崩残。两侧、刃部磨制，余自然面。残长14.4、残宽7.2、厚3.6厘米（图三八，2）。DT0102㊼：2，青绿色砾石。平面近长方形、顶部略窄，圆顶，刃部崩残。大部分磨制。残长6.8、残宽3.7、厚2.1厘米（图三八，3）。

锛　DT0102㊾：1，青色砾石。平面近长方形、顶部略窄，圆顶，刃部崩残。磨制。残长7.9、残宽4.8、厚1.6厘米（图三八，4）。DT0102㊽：1，青绿色砾石。平面近长方形，顶部残，弧刃、有崩疤，偏锋。磨制。残长6.5、宽4.3、厚1.5厘米（图三八，5）。DT0102㊼：3，暗褐色砾石。平面近梯形，圆顶，弧刃、多崩疤，偏锋。微残。磨制。残长6.2、宽5.1、厚2厘米（图三八，6）。

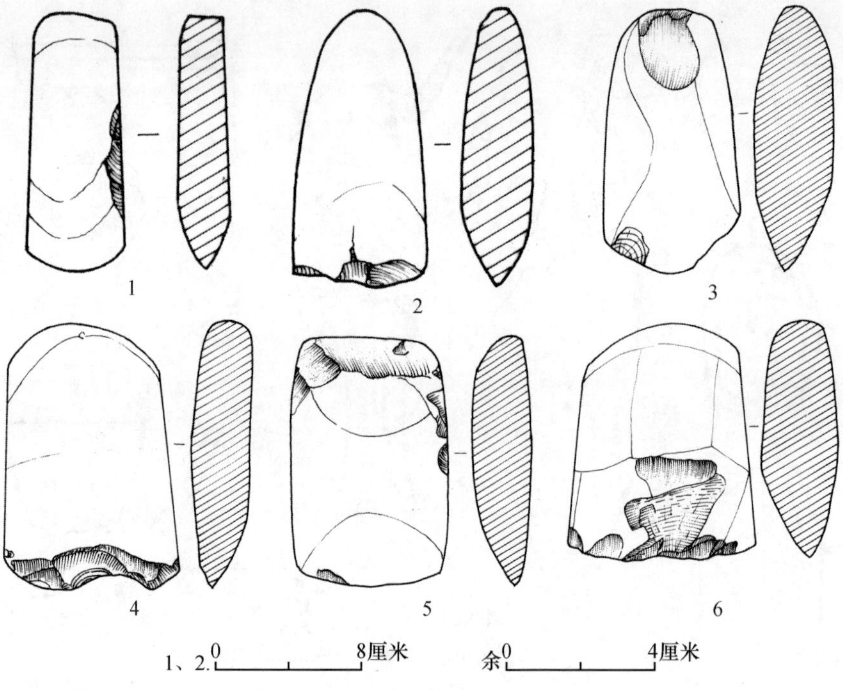

图三八　夏商石器

1～3. 斧（DT0102㊾：2、DT0102㊼：4、DT0102㊼：2）　4～6. 锛（DT0102㊾：1、DT0102㊽：1、DT0102㊼：3）

五、两周遗存

出土遗迹、遗物非常丰富。发现的遗迹有房址、灰沟、灰坑、墓葬、窑、灶、堡坎墙、路等；出土遗物以陶器为主，还有石器、铜器、骨器及大量动物骨骼。

（一）遗迹

1. 房址

F349 位于AT0101中部，地面距地表深560厘米。层位关系：㉘→F349→㉙A。

形制：F349从揭露部分观察，平面为窄长方形，东北—西南向，仅存房面和较多柱洞。房面使用黄灰色黏土杂较多碎陶片颗粒铺垫而成，然后夯实，质地较硬，局部光滑，残长720、宽270、厚0～15厘米（图三九）。

发现小柱洞175个，分布密集，在平面上无明显排列规律。柱洞大小不等，主要为圆形和椭圆形。柱洞内填土呈灰褐土及黑灰土，结构疏松，个别洞内杂炭灰颗粒。柱洞大者直径15～30、小者直径5～10、深10～30厘米。内含少量花边口圜底碎片及兽骨头。

F337 位于BT0101西南部，距地表深6.2～6.8米。层位关系：㉘→F337→F340。

形制：未完全暴露，从已揭露部分看呈不规则形。房面为灰色，呈多层状，质较细腻，较紧密。残长810、残宽500、厚15～25厘米。发现一团烧土和柱洞9个（图四〇）。

烧土：位于F337之东北部，范围（1.8×1.5）平方米，与地面相连而不能截然断开，烧结面大都呈暗红色，局部呈白色。

柱洞：共发现9个，集中分布在烧土周围，平面均呈圆形，平底、尖底或圜底。

出土遗物：在房面内夹部分陶片，还出土石斧、石锛各1件。

F324 位于DT0102西南部，局部伸入CT0102东隔梁，距地表深470厘米，被开口于第18层下的H732打破。层位关系：H732→F324→⑲。

形制：房址平面呈圆角长方形，西北—东南向，暴露长300、宽200、厚2～16厘米（图四一）。

房面：为黄褐土，质极硬，颗粒较粗，夹少量炭粒。房面西部薄，较平，东部厚，低凹不平。东南端残剩厚约20、残高18厘米的边。

柱洞：在房面中只发现两个柱洞，洞壁规整，圜底。直径10、深30厘米。

出土遗物：极少花边圜底罐碎片。

F308 位于DT0101东南部，房面距地表深350厘米，被G71、G72、G73打破。地层关系：⑬→F308→⑭。

形制：房址平面呈不规则形，残存房面、柱洞。长350、宽340厘米（图四二）。

房面：黄褐色硬面，结构紧密，质坚硬，保存较好的部分表面光滑。厚5～10厘米。

柱洞：5个，位于房面北部，排列无规律，洞壁较直。口径10～15、深10～15厘米。内填

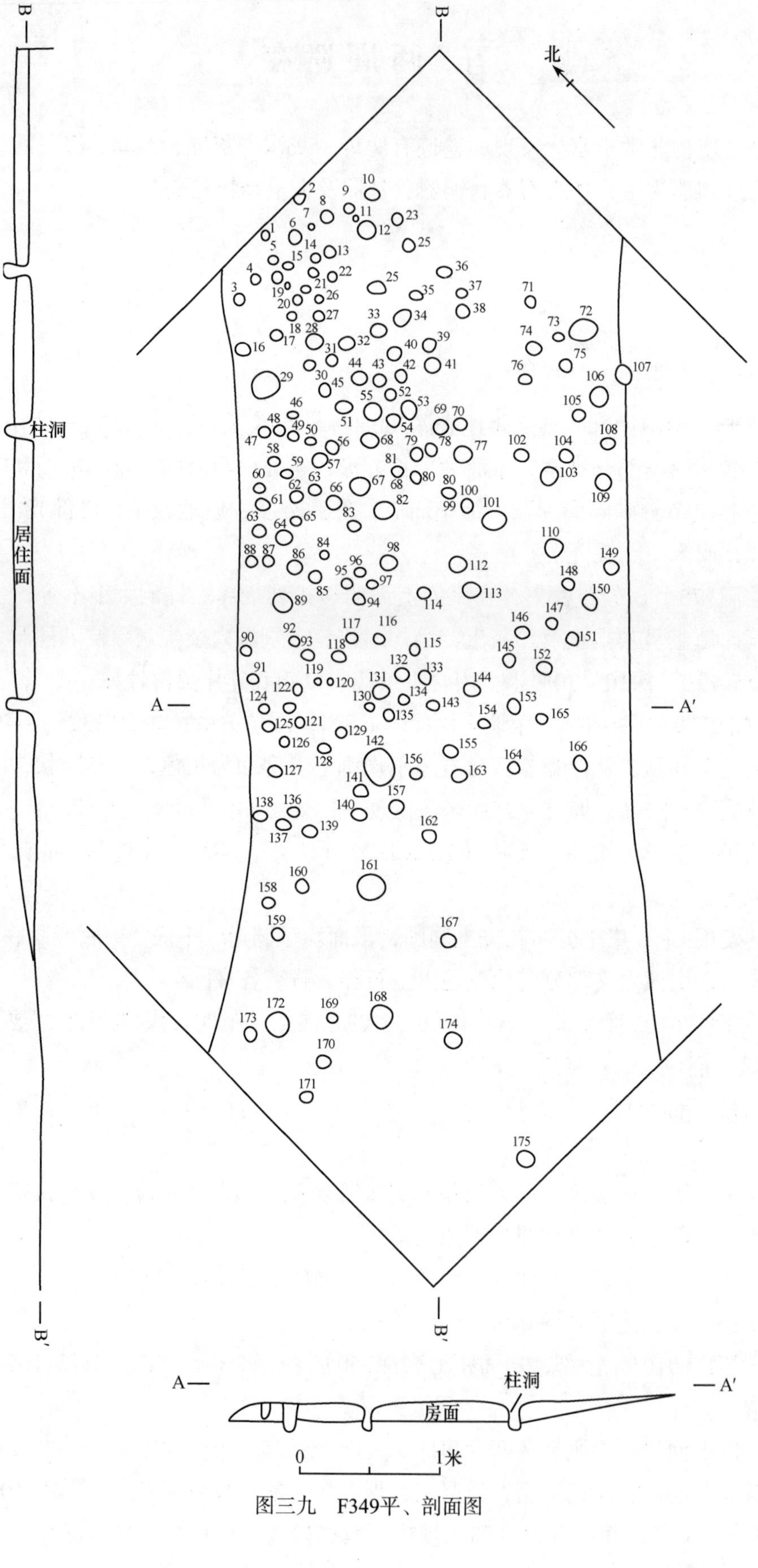

图三九　F349平、剖面图

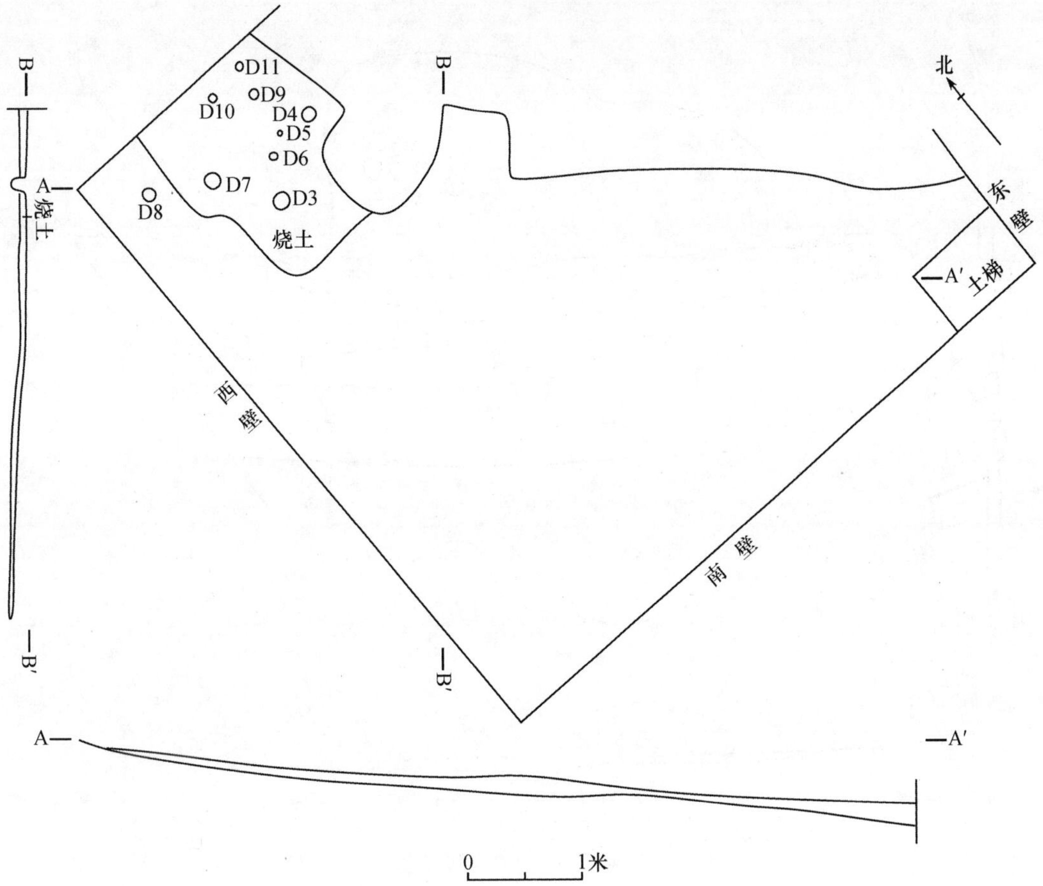

图四〇　F337平、剖面图

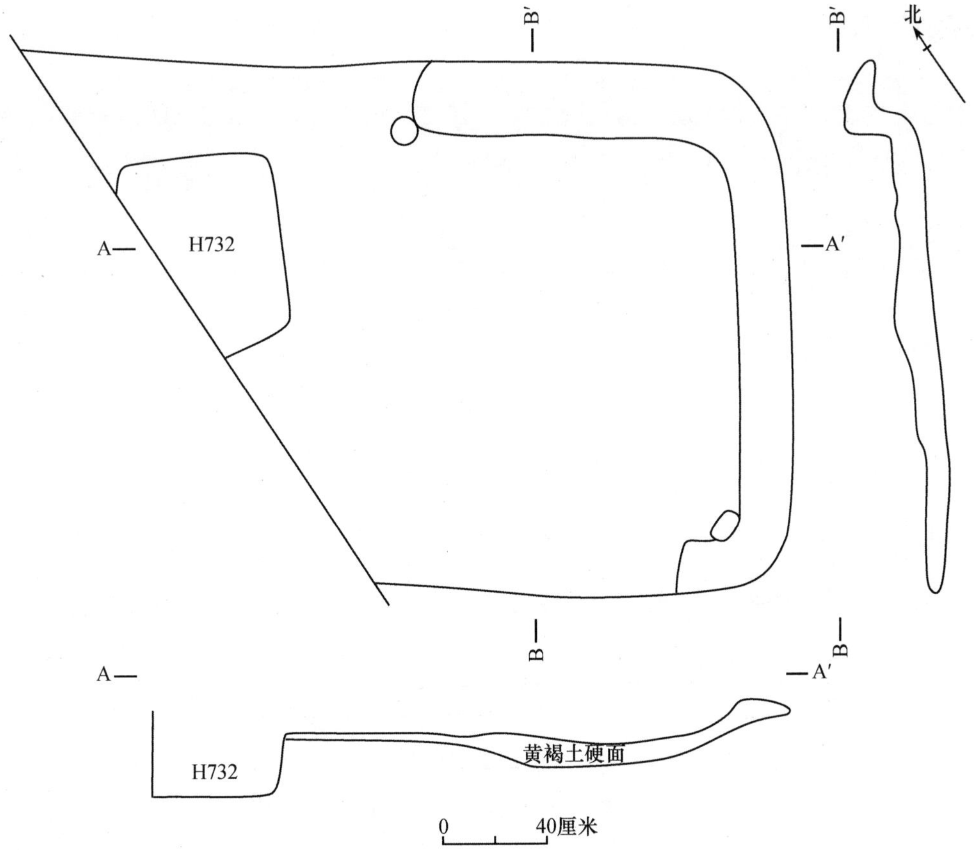

图四一　F324平、剖面图

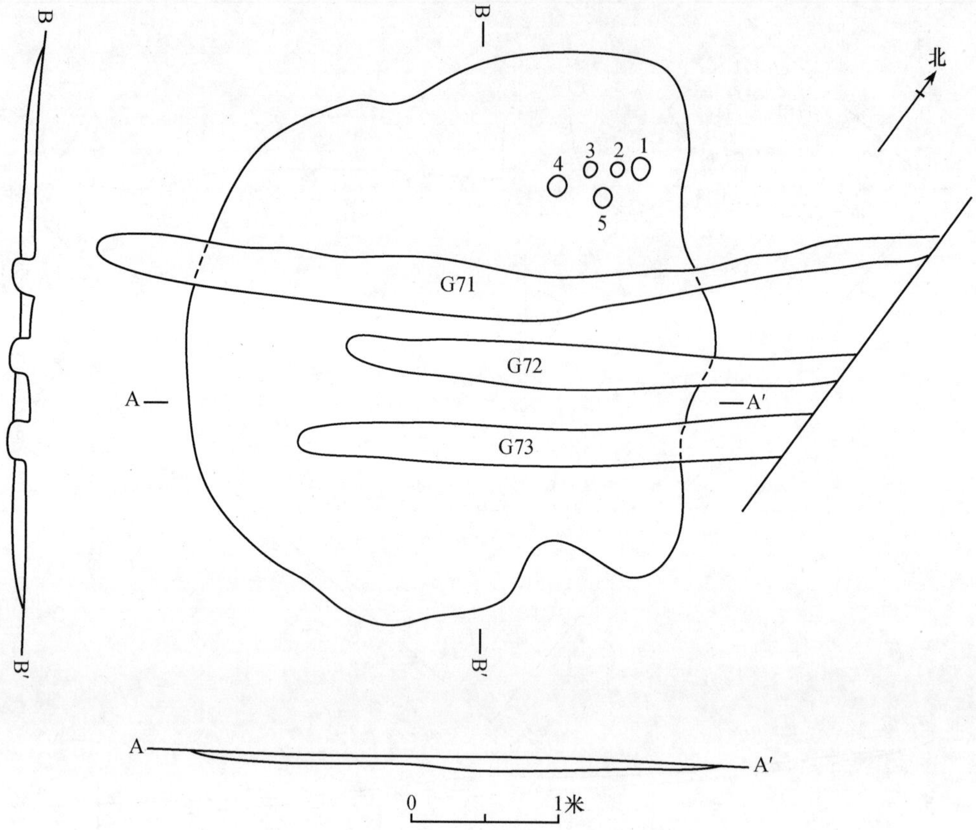

图四二　F308平、剖面图

灰褐色土，土质疏松，夹灰烬。

出土遗物：无。

2. 灰沟

G75　位于BT0101东北部，H721之北，部分压在东隔梁下，开口距地表深4.7米。层位关系：F303→G75→⑲。

形制：平面呈圆角长条形，沟壁较直，底略呈弧形。残长3.6、宽约0.75、深0.15～0.22米（图四三）。

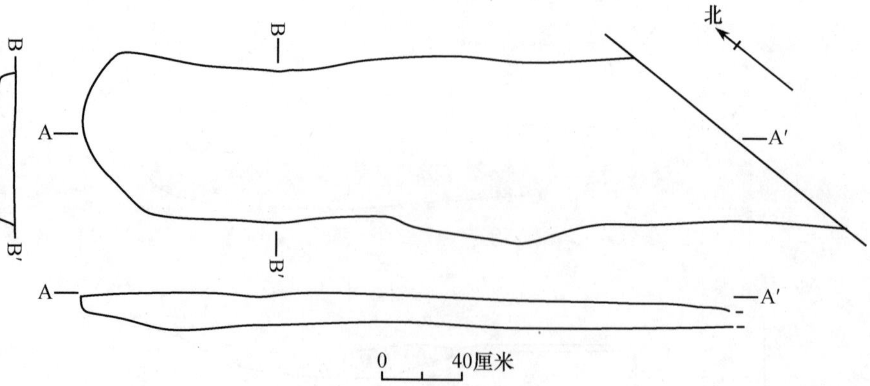

图四三　G75平、剖面图

沟内堆积及包含物：沟内填灰土、泛红，质松软，颗粒较细。包含部分陶片和少量兽骨。

G71　位于DT0101东南部，开口距地表深310厘米。层位关系：⑬→G71→F308。

形制：平面呈不规则长条形、略曲，弧壁，圜底，东高西低。残长5.7、宽15～40、深15～25厘米（图四四）。

沟内堆积及包含物：沟内填灰褐土，略带砂性，质疏松。包含陶片较少。

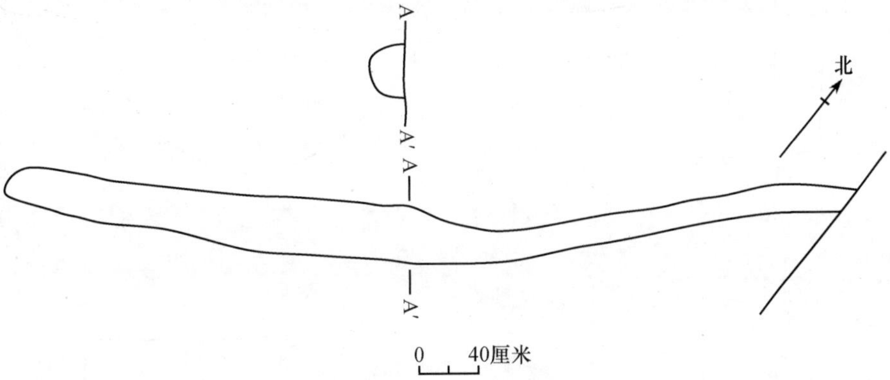

图四四　G71平、剖面图

3. 灰坑

H743　位于DT0101东南部，南距H742约10厘米，西北有H749。层位关系：㉔→H743→㉕。

形制：坑口平面呈圆形，壁近直，底较平，坑壁无加工痕迹，坑底垫有砂层，砂层下以红色黏土为底。口径75、底径60、深54厘米（图四五）。

坑内堆积与包含物：坑内堆积分3层。

第1层：灰土。质疏松，含有陶片、兽骨等。厚40厘米。

第2层：黄砂。纯净，无包含物。厚10厘米。

第3层：红黏土。纯净。厚3厘米。

H744　位于DT0101西北部，东南侧为H743。层位关系：㉔→H744→㉕。

形制：平面形状为圆形，坑壁、坑底为器物腹部与底部。口径70、底径10、深30厘米（图四六）。

坑内堆积及包含物：坑内填灰色土，质疏松，夹烧土粒。包含极少有陶片、骨头等。

H742　位于DT0101东南部，北距H743约10厘米。层位关系：㉔→H742→F342。

形制：平面呈圆形，弧壁，底较平，坑壁、底用红黏土加工，坑底黏土下垫有黄砂层。口径64、底径40、深50厘米（图四七）。

坑内堆积及包含物：坑内堆积可分3层。

第1层：以圜底罐陶片为主。厚40厘米。

第2层：红色黏土。与壁相连，纯净。厚3厘米。

第3层：黄砂土。纯净，无包含物。厚3厘米。

H734　位于BT0101西部、H733之西北，开口距地表深约5.95米。层位关系：㉗→H734→F331。

形制：平面为不规则的圆形，斜弧壁，圜底。直径60～70、深38厘米（图四八）。

坑内堆积及包含物：填土可分2层。

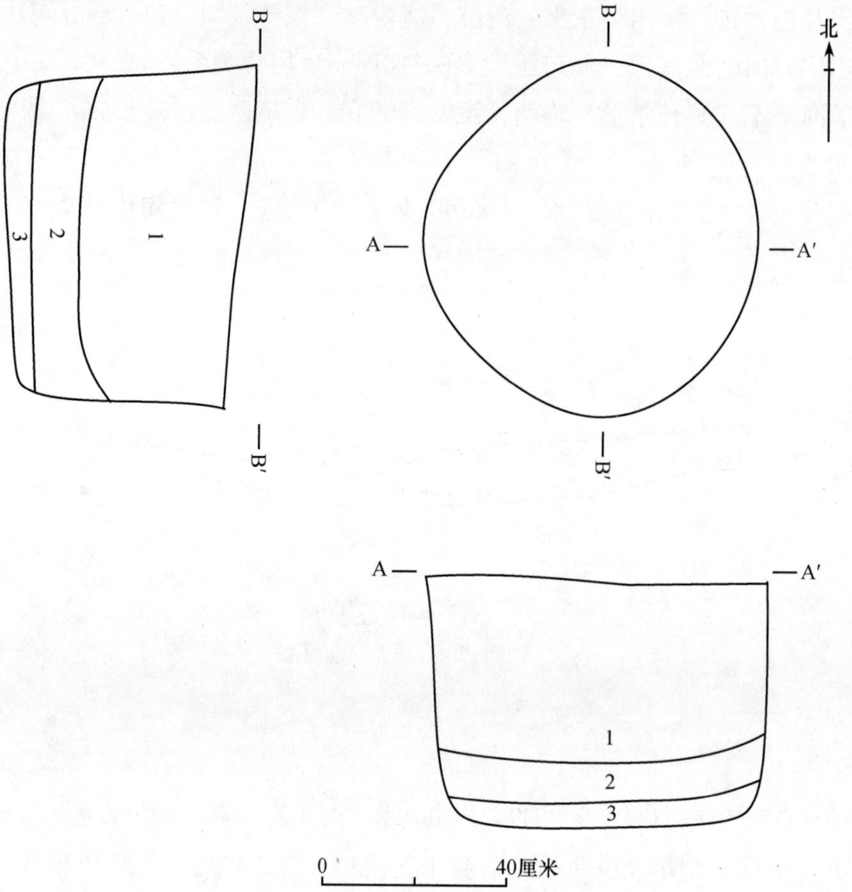

图四五　H743平、剖面图

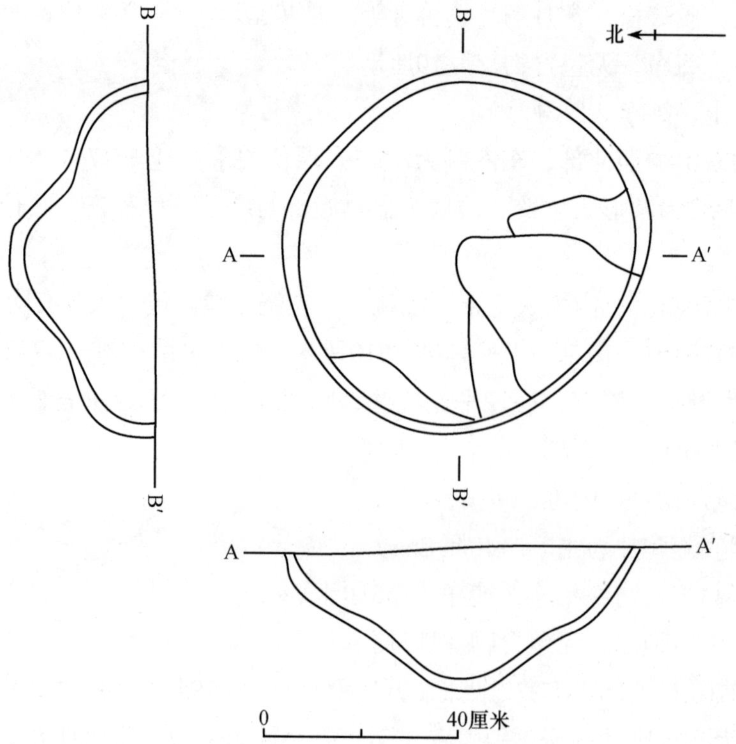

图四六　H744平、剖面图

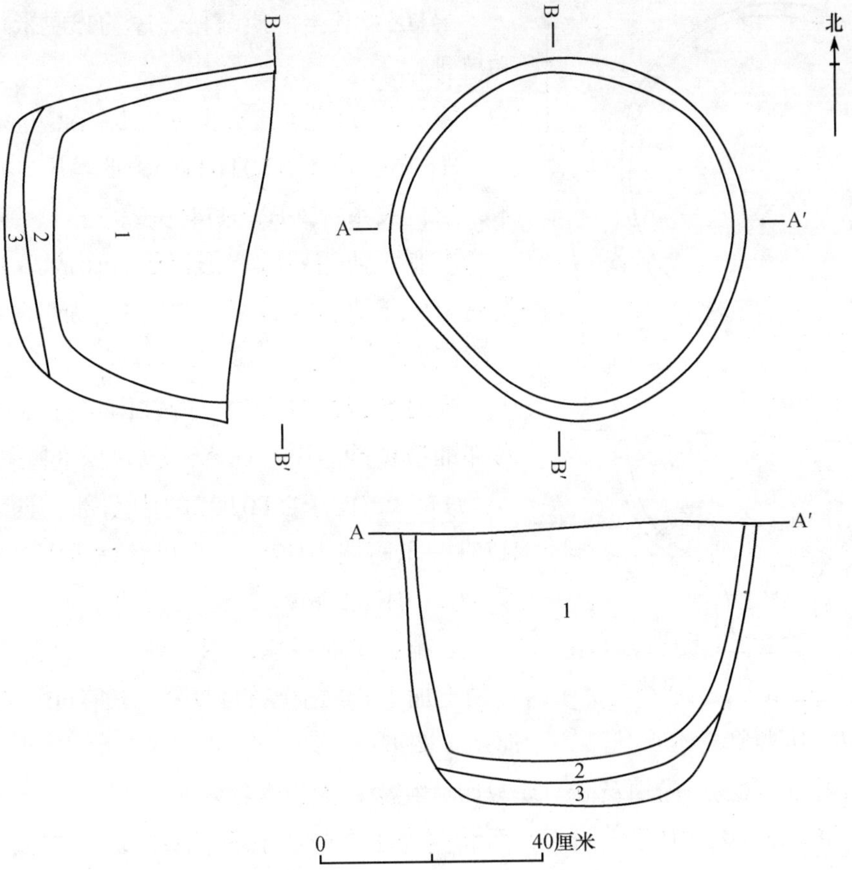

图四七　H742平、剖面图

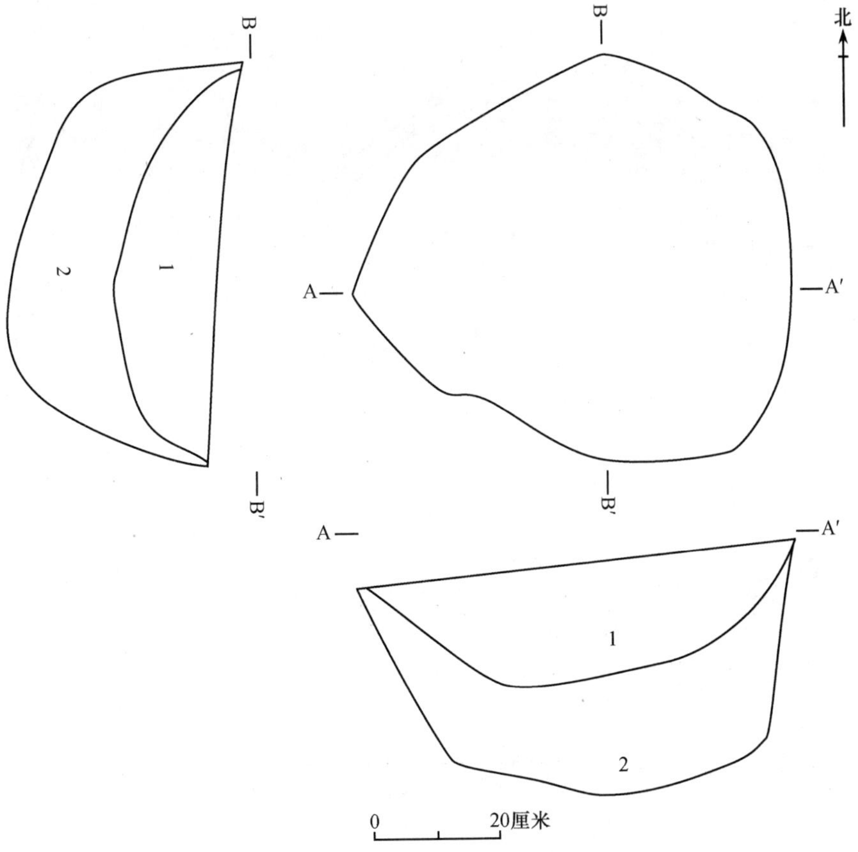

图四八　H734平、剖面图

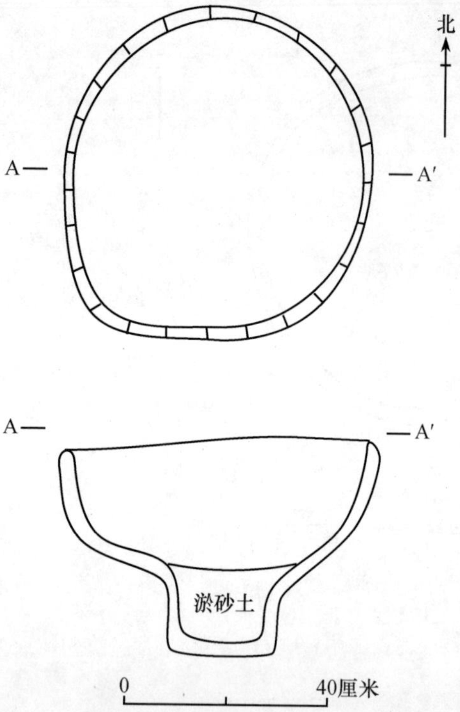

图四九　H746平、剖面图

第1层：灰土。质疏松。厚约15厘米。包含极少陶片和兽骨。

第2层：红色黏土夹少量灰土。纯净。厚23～38厘米。

H746　位于AT0101西南部。开口距地表深560厘米，层位关系：㉖B→H746→㉗。

形制：使用残陶尊形器倒置而成，平面呈近圆形，坑壁上弧下直，底较平。口径55、底径20、深为35厘米（图四九）。

坑内堆积及包含物：陶瓮内填黄褐淤砂土。疏松，底部铺垫黄砂。厚15厘米。包含少量兽骨。

H752　位于DT0102的中东部，西北侧为H750、H751；东南侧为H753，开口距地表深583厘米。层位关系：㉘→H752→㉙。

形制：平面呈椭圆形，弧壁、圜底，坑壁、底均用黄黏土加工，黏土厚约4厘米。长径60、短径40、残深12厘米（图五〇）。

坑内堆积及包含物：内填黄砂。质较密，纯净，无包含物。

H751　位于DT0102中部微偏北，西北侧为H750，东南侧为H752、H753，开口距地表深585厘米。层位关系：㉘→H751→㉙。

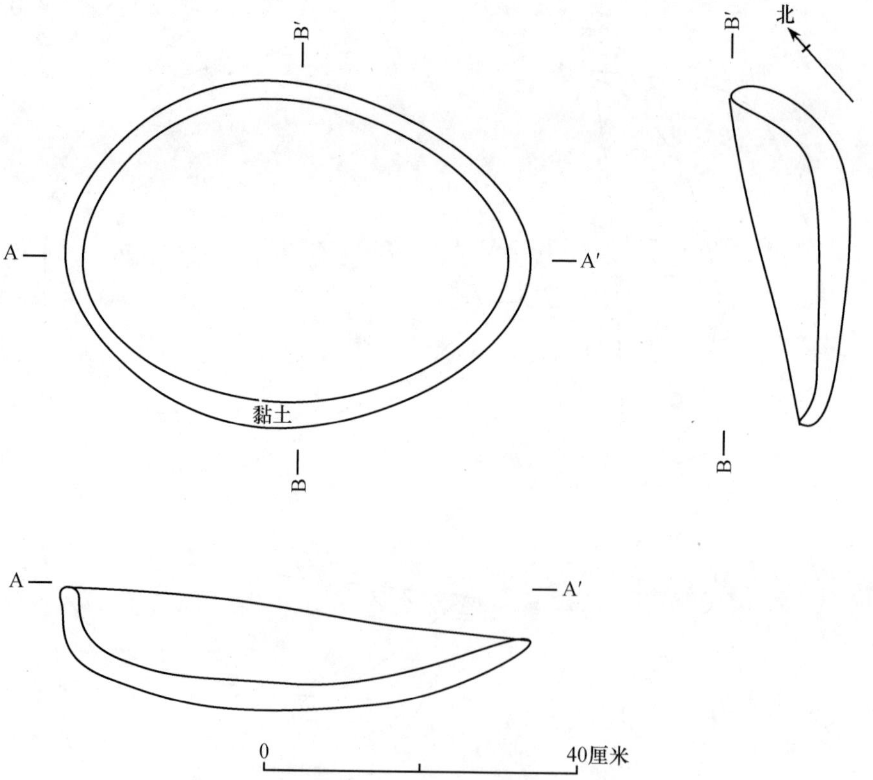

图五〇　H752平、剖面图

形制：平面略呈圆角方形，微弧壁，平底，坑壁、底均用黄黏土加工，黏土厚4～10厘米。口长72、底长46、深35厘米（图五一）。

坑内堆积及包含物：坑内堆积以陶片为主，少量黄砂土，质疏松。

H733　位于BT0101西部，坑口距地表深6.1米。层位关系：㉕→H733→F329。

形制：平面呈圆形，壁斜直，平底。口径1.05、底径0.65、深0.73米（图五二）。

坑内堆积及包含物：坑内填土分4层。

第1层：红烧土。质疏松。厚约20厘米。

第2层：灰土。疏松。厚约8厘米。

第3层：黑色草木灰烬。疏松。厚约6厘米。

第4层：灰黑土。质疏松，含少量碎陶片。厚约34厘米。

H735　位于DT0101西北角，层位关系：F332→H735→㉒。

形制：平面呈圆角长方形，坑壁、坑底不规则。东壁上部直、下部内收后略弧；西壁微弧，底尖圜。口残长123、宽65、深40～80厘米（图五三）。

坑内堆积及包含物：坑内填灰土，夹有烧土粒，土质疏松，含少量陶片。

H721　位于BT0101东部、G75之南，坑口距地表深4.75～4.9米。层位关系：F303→H721→F310。

形制：平面呈不规则形，斜直壁，平底，坑壁、底无加工痕迹。坑口长182、宽100～110、底长150、宽78～100、深44～54厘米（图五四）。

坑内堆积及包含物：坑内填灰红土，质松软，颗粒较细。包含少量花边圜底罐碎片。

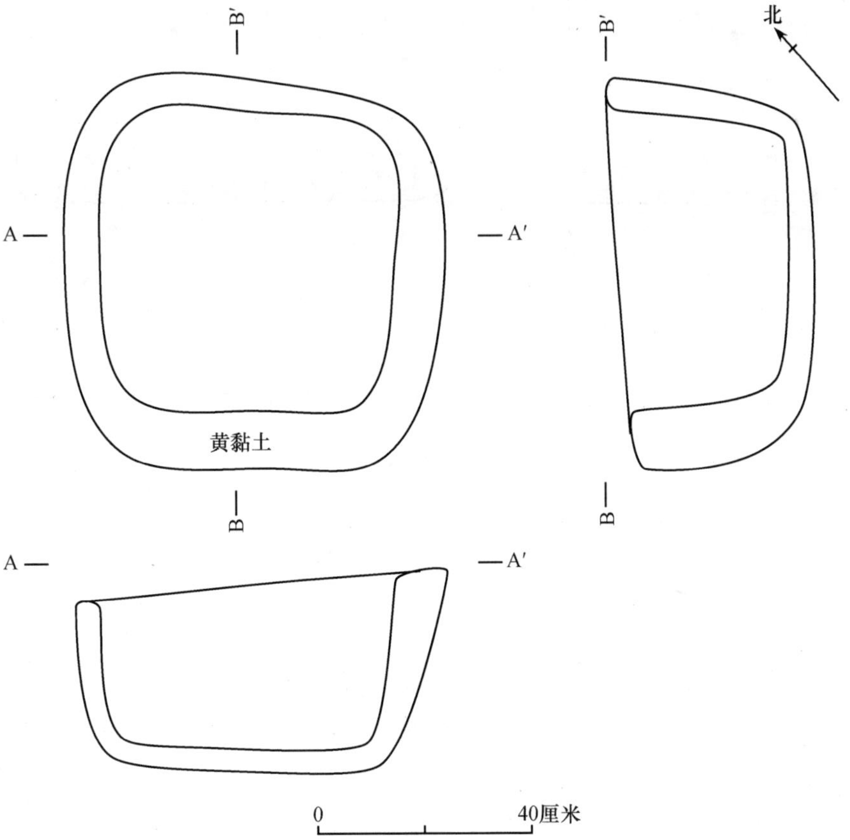

图五一　H751平、剖面图

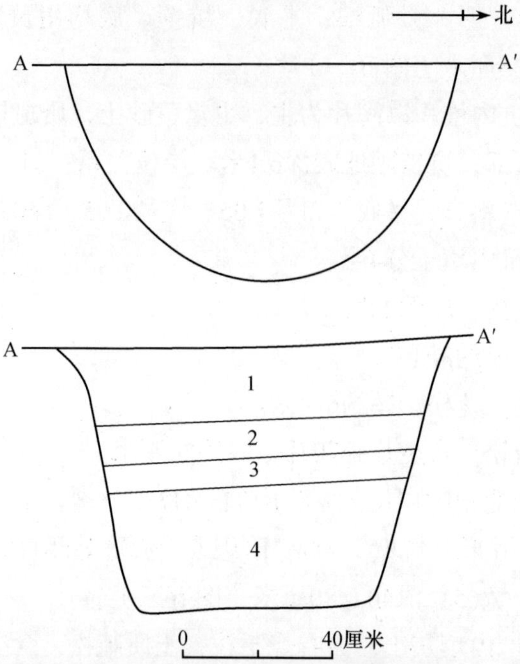

图五二　H733平、剖面图

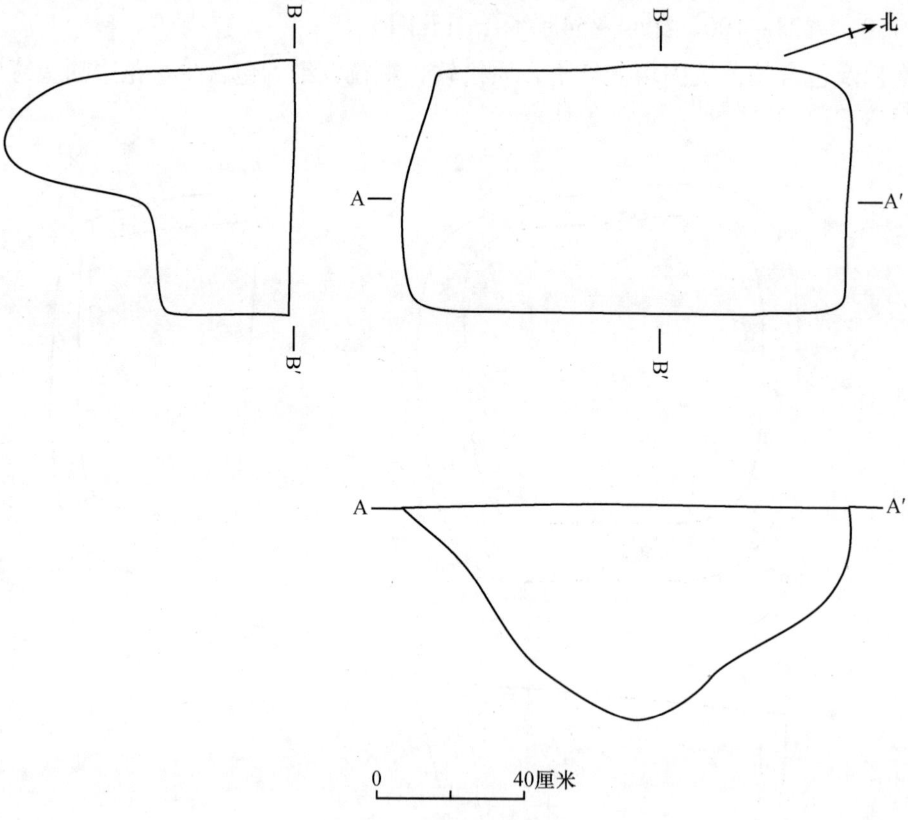

图五三　H735平、剖面图

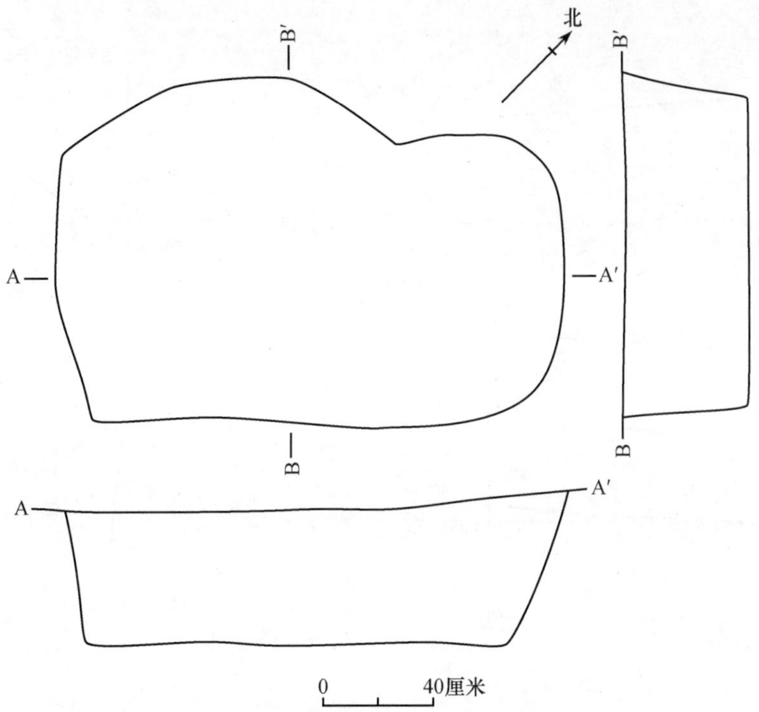

图五四　H721平、剖面图

H727　位于CT0101中部偏东，被开口于第14层下的H693打破。层位关系：⑱→H727→⑲。

形制：平面呈不规则长方形，直壁，底较平。长150、宽70～90、深60～70厘米（图五五）。

坑内堆积及包含物：坑堆积分2层。

第1层：厚20～30厘米。灰黄色土，微含砂，质疏松。包含少量碎陶片。

第2层：厚30～50厘米。灰褐色土，质疏松，内含较多木炭粒、灰烬。包含少量碎陶片。

H732　位于DT0102的西部偏南，局部压于探方西壁下，坑口距地表深430厘米。层位关系：⑯→H732→⑰。

形制：从暴露部分观察平面呈不规则圆角长方形，斜壁，底较平，壁、底未经加工。长76、宽60、坑深65厘米（图五六）。

坑内堆积及包含物：坑内填疏松的灰褐土，夹含大量炭灰颗粒，包含陶片较少，全部是直口圜底罐碎片。

H693　位于CT0101东北部，坑口距地表深450～460厘米。层位关系：⑭→H693→⑮。

形制：平面呈不规则椭圆形，坑壁斜直、欠规整，底部较平，平铺两块卵石，口长径105、短径78、底长径80、短径65、坑深95厘米（图五七）。

坑内堆积及包含物：坑内填黄灰色土，质疏松，微含砂及少量料姜石粒、木炭粒、红烧土块等。包含少量碎陶片、残骨簪与动物骨骼等。

H704　位于CT0101东北部，坑口距地表深490厘米。层位关系：⑮→H704→⑯。

形制：平面呈不规则方形，弧壁、欠规整，底略平。长90～105、宽85、深30厘米（图五八）。

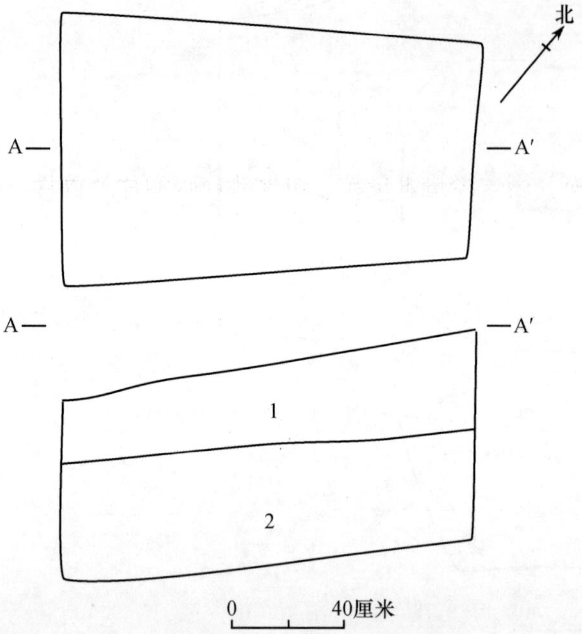

图五五 H727平、剖面图

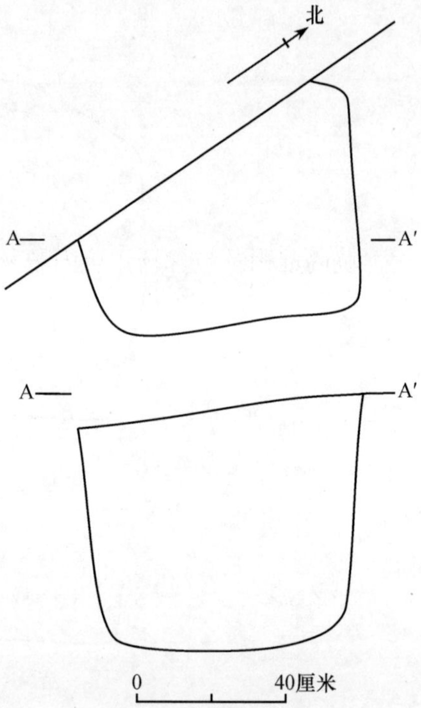

图五六 H732平、剖面图

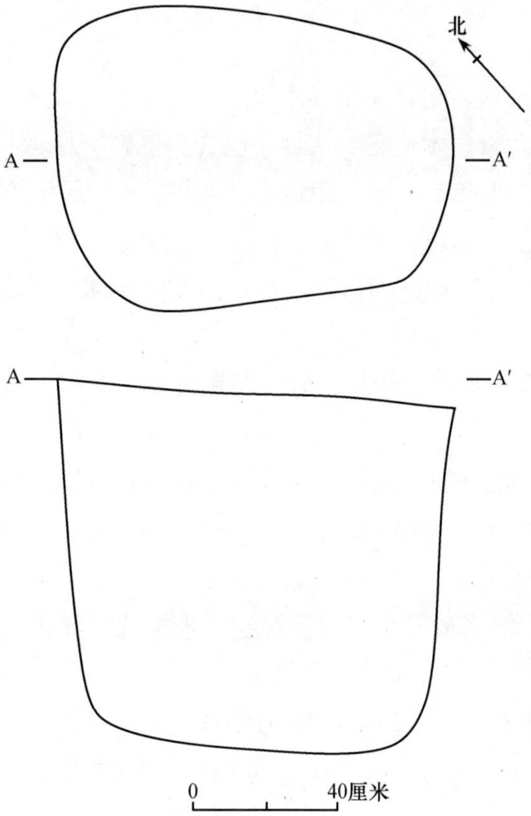

图五七 H693平、剖面图

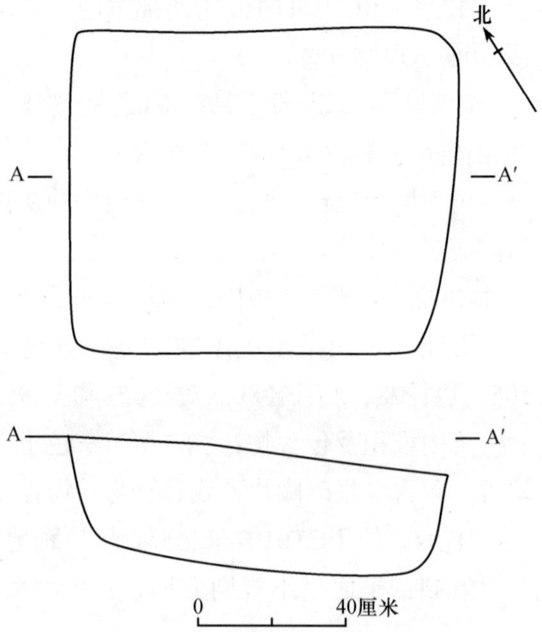

图五八 H704平、剖面图

坑内堆积及包含物：坑内填灰黄色土，质疏松，夹少量红烧土及木炭粒，包含少量陶片及碎铜残片。

H705　位于CT0101中部略偏南，西有H706，坑口距地表深450厘米。层位关系：⑮→H705→⑯。

形制：平面近方形，坑壁稍直、欠规整，底较平。长50、宽45、深20厘米（图五九）。

坑内堆积及包含物：坑内填灰褐色土，质疏松，微含少量木炭粒，包含部分碎陶片及兽骨。

4. 墓葬

M96　位于BT0201西南角，墓口距地表深400厘米。层位关系：⑪→M96→⑫A。

形制：墓口平面呈圆形，直壁，底略圜，内填五花土。口径88～96、深60厘米（图六〇）。

葬具：陶瓮、盆各1件。

葬式：瓮棺葬，内有幼儿人骨1具，性别、年龄不明。

随葬品：无。

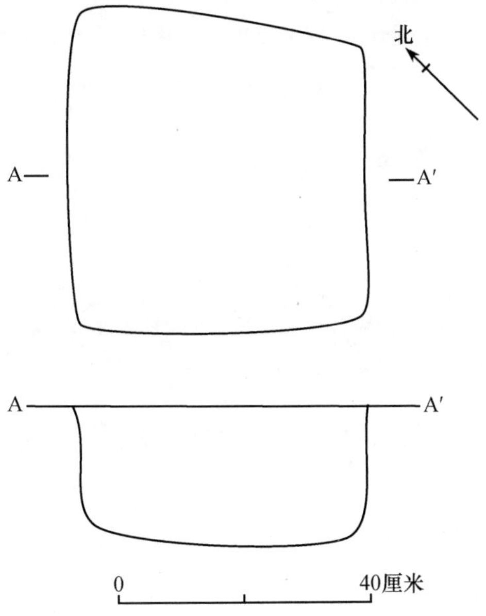

图五九　H705平、剖面图

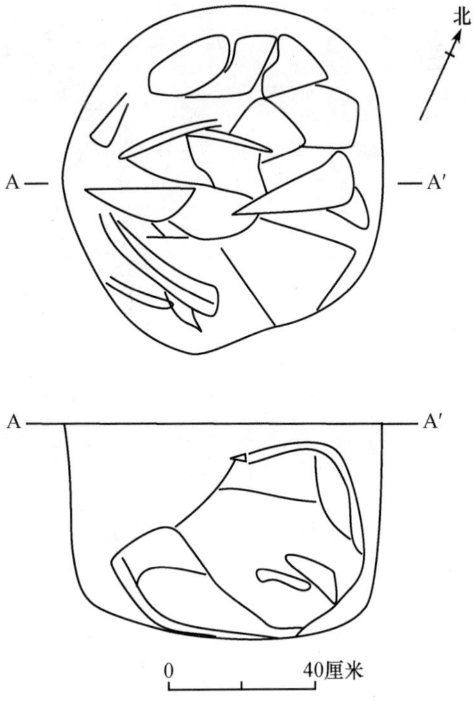

图六〇　M96平、剖面图

M97　位于BT0201西北部，墓口距地表深400厘米。层位关系：⑪→M97→⑫A。

形制：墓口平面呈圆形，口略大于底，壁微弧，底较平，内填灰黏土。口径80～72、深80厘米（图六一）。

葬具：陶瓮、盆。

葬式：瓮棺葬，残存部分人骨，性别、年龄不明。

随葬品：无。

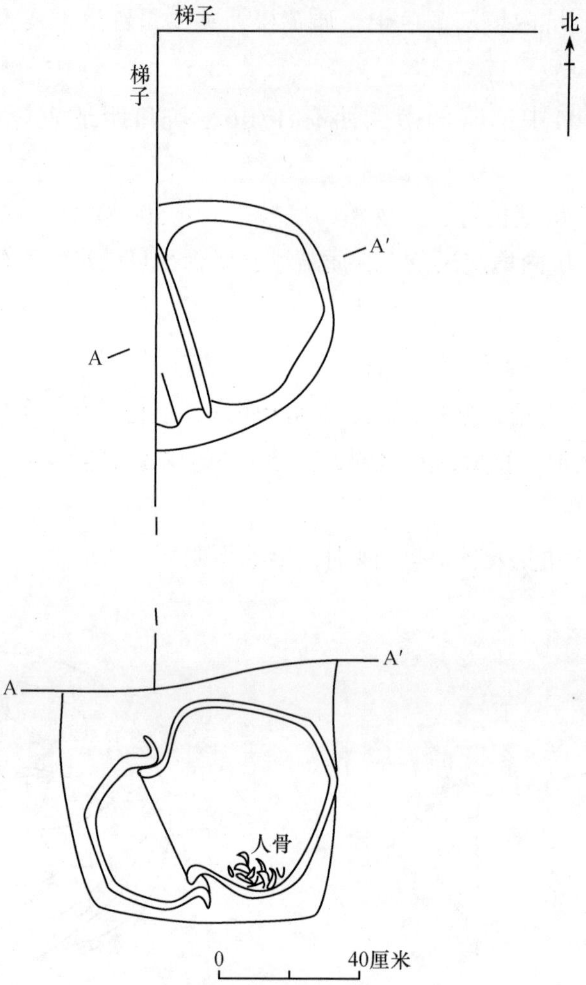

图六一　M97平、剖面图

5. 窑

Y38　位于CT0101西南、CT0201东南、CT0202东北部，被H730、H731打破，层位关系：⑮B→Y38→⑯。

形制：揭露部分平面呈长条形，断面呈“凹”字形，从发掘情况分析，是火膛、火道部分。东北—西南向，窑体残长270～280、宽220～270厘米。

火道：暴露部分南部高，北部低，上面有一层灰白色烧结面，厚1～3厘米，火道内残留垮落碎红烧土块。火道宽110～120、高100～110厘米（图六二）。

窑内堆积及包含物：窑内堆积可分3层。

第1层：灰黄色土。北高南低呈坡状，质疏松。位于窑体北部，长50、厚0～10厘米。

第2层：浅灰色土。北高南低呈坡状，废弃碎红烧土块叠压该层之上。位于窑体北部，长120、厚0～20厘米。

第3层：灰白色土。北高南低呈坡状，位于窑体北部。长170、厚0～30厘米。

第3层下为窑底烧结面。

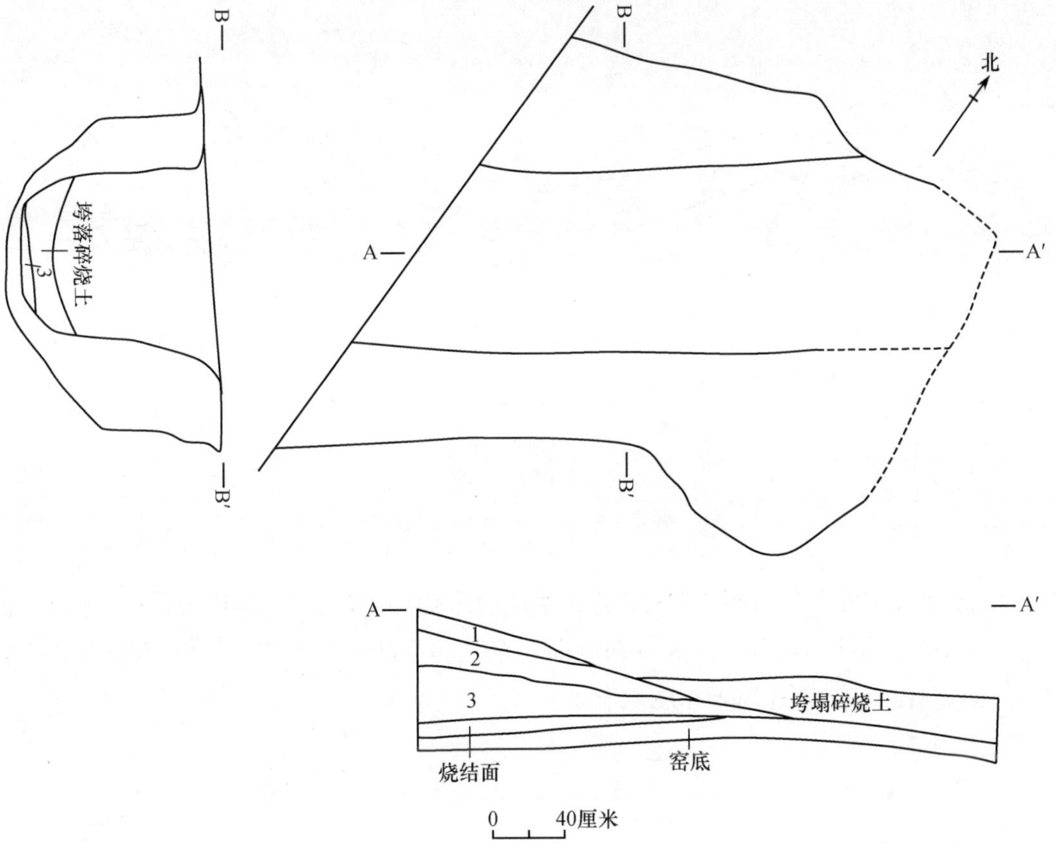

图六二 Y38平、剖面图

6. 灶

Z9 位于AT0101探方东北部。开口距地表深430厘米。层位关系：㉙B→Z9→㉚。

形制：平面近圆形，剖面整体呈“凹”形，灶壁烧结、坚硬，呈红灰色。厚1～5厘米。直径65～70、深25厘米（图六三）。

灶内堆积及包含物：灶内堆积灰褐色土，质疏松，底部为黑灰草木灰烬。出土陶片较少而碎。

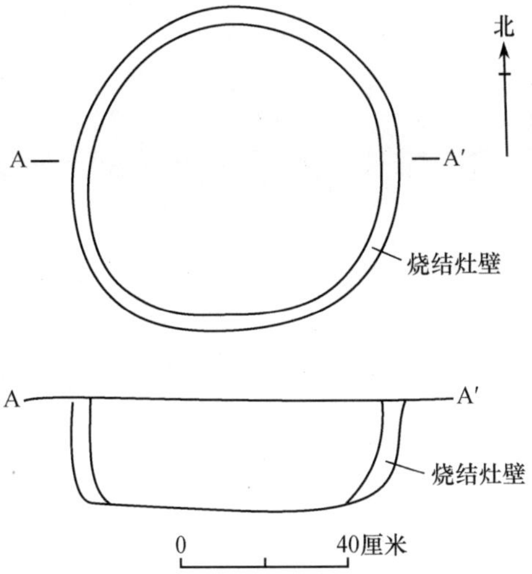

图六三 Z9平、剖面图

7. 堡坎墙

Q3 位于CT0101西北部、BT0201东南部，开口距地表深5～5.2米。层位关系：⑳→Q3→㉕。

形制：Q3为卵石构筑，平面呈长条弧带形，在构筑时依地势而建，大致呈西北—东南向（方向140°），无基槽，其外砌四层较齐，底层砌在CT0101㉖层之上。内砌面呈凸状，叠压在第25层之上共2层，内砌与外砌的1或2层（从上往下）平面基本平坦。外砌的第3或4层因当时地势差需先用小石块先砌一层，而后用大石块再砌一层，为向上垒墙做好基础。长约15、宽0.4～0.6、高0.88米（图六四）。

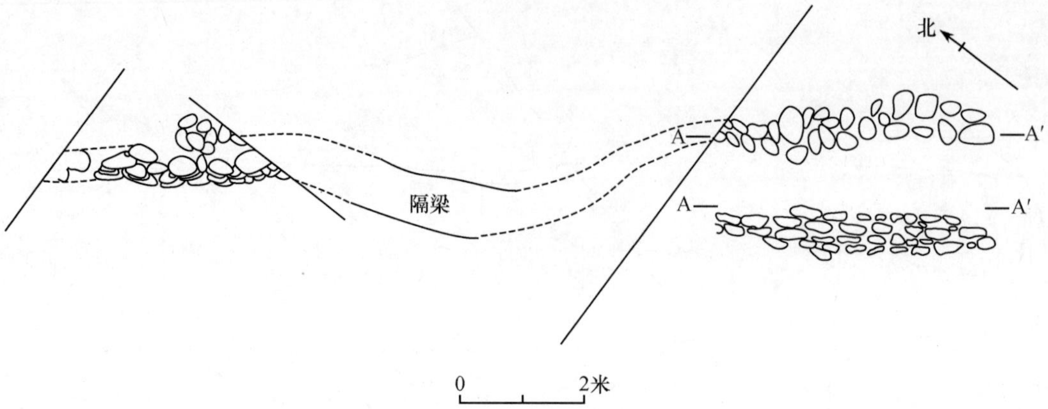

图六四　Q3平、剖面图

8. 路

L6　位于DT0101东北角，西与F332相连，距地表深410～470厘米。地层关系：㉑→L6→㉒。

形制：L6平面形状不规则，东北—西南向，东北向关键柱下延伸，西南部与F332相连接。残长535、最宽412、厚5～10厘米（图六五）。

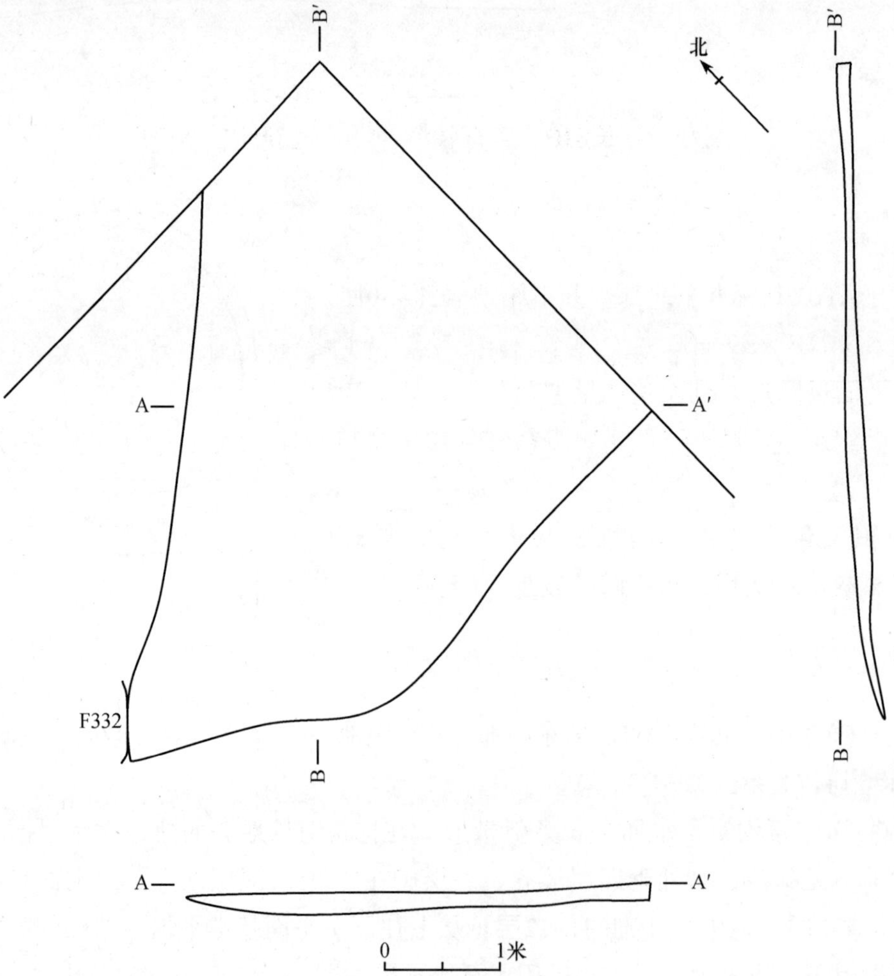

图六五　L6平、剖面图

路土堆积及包含物：路土呈黄色，有踩踏面，表面夹砂、较硬，其下以碎陶片为主，厚5～10厘米。

（二）遗物

出土遗物以陶器为主，石器、铜器、骨器相对较少。

1. 陶器

陶质以夹砂陶占绝大多数，可细分为夹细砂和夹粗砂两种，尤以夹细砂为主，少量夹粗砂。陶色主要有褐、灰、红、黑四种，从早到晚经历了褐、红、灰和红、灰为主色的变化，黑色最少，由于烧制等原因，陶色大多不匀。纹饰以绳纹为主，约占90%，可分为细、中、粗三种，有由细向粗发展的趋势，方格纹、凹弦纹、戳印纹、划纹、复合纹、暗纹、乳钉纹、镂孔等都较少，少量器物口内外沿饰朱砂，素面陶也占一定比例；制法以手制为主，轮制也占一定比例，兼有慢轮修整，火候较高。器物种类约有缸、瓮、罐、釜、豆和豆形器、甗、甑、尊形器、敞口器、喇叭口器、壶、盂、盆、盘、钵、盏、杯、匜、勺、器盖、器座、拍、纺轮、网坠等。

按窝唇缸　DT0102㊱：4，夹砂红陶。局部、里黑，胎外红里黑。唇部按窝较浅，肩饰斜粗绳纹。侈口，卷沿，溜肩。残。手制，火候较高。口径26.8、残高8.6厘米（图六六，1）。DT0102㊵：8，夹砂灰褐陶。局部浅黄，胎、里灰黑。唇部按窝较浅。侈口，卷沿外斜。残。手制，火候较高。口径22、残高6.2厘米（图六六，2）。

辫状唇缸　CT0101㉘：19，夹砂红褐陶。局部红、灰黑，灰褐胎。唇部按抹略呈辫绳波浪形，肩饰中粗绳纹。侈口，卷沿外翻，溜肩。残。手制，火候较高。口径32.8、残高11.2厘米（图六六，3）。DT0102㊱：7，夹砂灰褐陶。局部灰白。唇部按抹呈辫绳波浪形。侈口，卷沿。残。盘筑，火候较高。口径39.4、残高6厘米（图六六，4）。BT0201㊳：8，夹粗砂灰褐陶。局部红、黑。唇部戳按呈波浪形，另上部饰圆形镂孔，肩饰竖粗绳纹。侈口，斜领，斜肩。残。手制，火候较高。口径30.4、残高9.6厘米（图六六，5）。

齿状唇缸　CT0101㉚：19，夹砂红褐陶。灰黑胎。唇部戳按呈波浪形齿。喇叭口。残。手制，火候较高。残宽12.8、残高5.6厘米（图六六，6）。BT0201㊱：9，夹砂红褐陶。局部褐。唇部戳按略呈波浪形齿。侈口，领外翻。残。手制，火候较高。残宽12.6、残高7.2厘米（图六六，7）。BT0201⑮：15，夹粗砂灰褐陶。局部褐、黑。唇部戳按呈波浪形齿，肩饰竖中粗绳纹。侈口。领外斜，斜肩。残。手制，火候较高。口径34.4、残高12厘米（图六六，8）。

喇叭口缸　BT0101㉗：22，夹砂红褐陶。红胎。素面。喇叭口，沿外下卷，圆唇，束领。残。轮制，火候较高。残宽12.8、残高6.6厘米（图六六，9）。CT0101㉖：12，夹砂黑陶。胎红褐夹灰黑。素面。喇叭口，沿外下卷，圆唇，束领。残。轮制，火候较高。残宽17.6、残高7.2厘米（图六六，10）。BT0101㉗：24，夹砂灰黑陶。局部红褐。素面，内壁多瓦棱纹。喇叭口，外沿较窄，圆唇。残。盘筑，火候较高。口径33.2、残高5.6厘米（图六六，

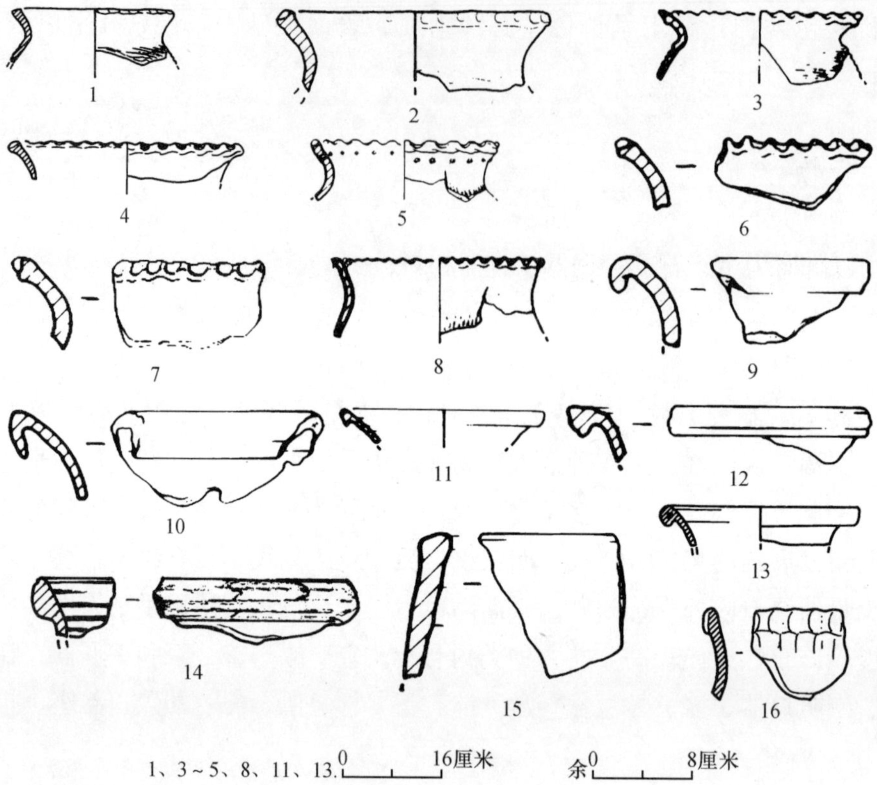

图六六　两周陶缸

1、2. 按窝唇缸（DT0102㊱：4、DT0102㊵：8）　3～5. 辫状唇缸（CT0101㉘：19、DT0102㊱：7、BT0201㊳：8）　6～8. 齿状唇缸（CT0101㉚：19、BT0201㊱：9、BT0201⑮：15）　9～12. 喇叭口缸（BT0101㉗：22、CT0101㉖：12、BT0101㉗：24、BT0201㊵：29）　13、14. 缸（DT0102㉔：19、AT0101⑯：12）　15. 敛口缸（BT0201㊵：30）　16. 捏边缸（DT0102㉜：23）

11）。BT0201㊵：29，夹砂红陶。局部橙黄、灰黑。素面。侈口，卷沿，圆唇，束领。残。轮制，火候较高。残宽16.6、残高4.4厘米（图六六，12）。

缸　DT0102㉔：19，泥质黑陶。胎褐夹黑。喇叭口，圆唇，束领。残。轮制，火候较高。口径32、残高6.2厘米（图六六，13）。AT0101⑯：12，夹砂黑陶。胎褐夹灰。内外沿饰横暗纹和朱砂。侈口，外沿较宽，圆唇。残。轮制，火候高。残宽16.4、残高4.8厘米（图六六，14）。

敛口缸　BT0201㊵：30，夹砂黑陶。局部红。素面。敛口，圆唇，上腹微外弧。残。盘筑，火候高。残宽11.6、残高11.2厘米（图六六，15）。

捏边缸　1件。DT0102㉜：23，夹粗砂红陶。局部褐，灰黑胎。唇部略呈波浪形，外沿饰粗按压纹，领多竖抹痕。侈口，领外斜。残。手制，火候较高。残宽7.8、残高7.1厘米（图六六，16）。

按窝唇瓮　BT0201㊽：7，夹砂红陶。局部、胎黑。唇部按窝较浅，肩饰粗绳纹。侈口，沿外翻，斜肩。残。手制，火候较高。口径25.6、残高8.6厘米（图六七，1）。BT0201㊽：8，夹砂红陶。局部灰褐，黑胎。唇部按窝较浅，肩饰斜中粗绳纹，内沿按窝较深。侈口，卷沿，斜肩。残。手制，火候较高。口径22、残高6.8厘米（图六七，2）。BT0201㊿：7，夹砂红陶。局部灰褐，胎、里黑。唇部戳按呈波浪形，肩饰斜中粗绳纹。侈口，卷沿，斜肩。残。手制，火候较高。口径22、残高8.4厘米（图六七，3）。

辫状唇瓮　CT0101㉚：12，夹砂褐陶。局部红褐，灰胎。唇部按抹略呈辫绳波浪形，肩饰斜绳纹。侈口，卷沿，溜肩。残。手制，火候较高。口径22、残高11.2厘米（图六七，4）。DT0102㉔：12，夹粗砂红褐陶。灰胎，里红。唇部戳刮呈波浪形，肩饰绳纹。侈口，卷沿，有肩。残。手制，火候较高。口径24、残高7.6厘米（图六七，5）。DT0101⑲：8，夹粗砂红陶。局部灰、黑，胎、里灰。唇部戳刮、外沿刮抹略呈辫绳波浪形，肩饰绳纹后按抹呈细线和细划纹，腹饰交错绳纹，肩部磨光。侈口，束领，圆肩，鼓腹。残。手制，火候较高。口径21.3、残高25.6厘米（图六七，6）。

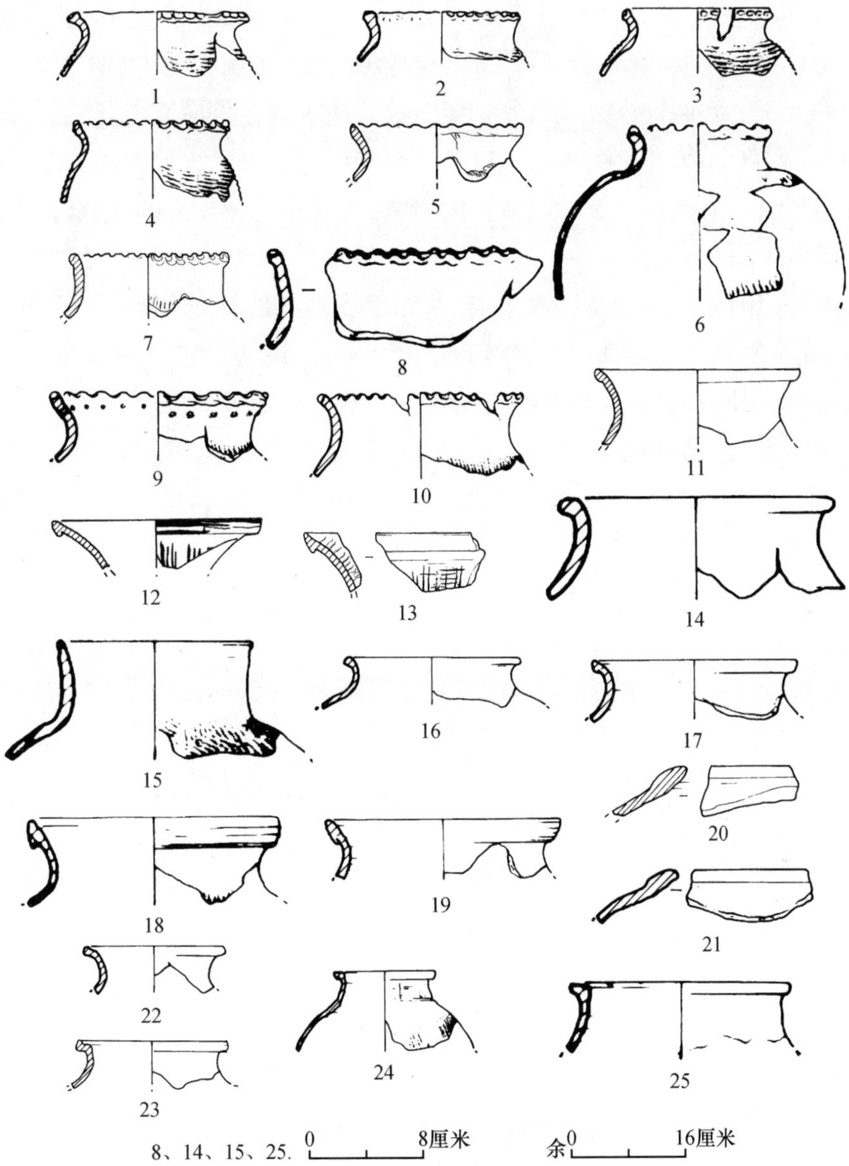

图六七　两周陶瓮

1～3. 按窝唇瓮（BT0201㊽：7、BT0201㊽：8、BT0201㊿：7）　4～6. 辫状唇瓮（CT0101㉚：12、DT0102㉔：12、DT0101⑲：8）　7～10. 齿状唇瓮（AT0101⑭：17、DT0101⑲：6、BT0201㊳：8、CT0101⑱：25）　11～13. 高领瓮（AT0101⑭：28、DT0102⑱：18、AT0101⑭：29）　14、15. 中领瓮（BT0201㊵：31、BT0201⑲：29）　16～19. 矮领瓮（BT0201㊽：19、BT0101⑰：45、CT0101⑱：22、CT0101⑫：49）　20、21. 敛口瓮（AT0101⑬A：23、CT0101⑯：13）　22、23. 盘口瓮（BT0201㉒：9、AT0101⑱：6）　24、25. 折沿瓮（CT0101⑭：1、CT0101⑭：2）

齿状唇瓮　AT0101⑭：17，夹粗砂灰黑陶。局部灰褐。唇部戳按呈圆尖齿，肩饰斜中粗绳纹。侈口，卷沿，领较直，有肩。残。手制，火候较高。口径22、残高8.5厘米（图六七，7）。DT0101⑲：6，夹砂黑陶。局部灰褐。唇部戳按略呈波浪形齿。侈口，领外斜，有肩。残。手制，火候较高。残宽15.2、残高6.8厘米（图六七，8）。BT0201㊳：8，夹粗砂灰褐陶。局部红、黑。唇部戳按呈波浪形，另上部饰圆形镂孔，肩饰竖粗绳纹。侈口，斜领，斜肩。残。手制，火候较高。口径30.4、残高9.6厘米（图六七，9）。CT0101⑱：25，夹粗砂红褐陶。局部灰褐。唇部戳按成尖齿，肩饰竖中粗绳纹。侈口，束领，溜肩。残。手制，火候较高。口径28.4、残高11.2厘米（图六七，10）。

高领瓮　AT0101⑭：28，夹砂灰黑陶。局部红、灰褐。素面。喇叭口，外沿较窄，圆唇，束领。残。手制轮修，火候较高。口径28.8、残高10.2厘米（图六七，11）。DT0102⑱：18，夹砂黑陶。胎褐夹灰。唇面饰横暗纹，领饰竖暗纹。喇叭口，外沿窄，圆唇。残。轮制，火候较高。口径29.2、残高6.6厘米（图六七，12）。AT0101⑭：29，夹砂黑陶。胎红夹黑。领饰竖暗纹，领内饰斜暗纹。喇叭口，外沿较宽，内沿微凹，圆唇。残。盘筑轮修，火候较高。残宽15.2、残高7.8厘米（图六七，13）。

中领瓮　BT0201㊵：31，夹砂黑陶。红胎。领下部饰细划纹。侈口，折沿，沿面微凹，圆唇，微束领。残。轮制，火候较高。口径19.4、残高7.5厘米（图六七，14）。BT0201⑲：29，夹粗砂灰黑陶。里红。肩饰绳纹。侈口，圆唇，领微束，圆肩。残。手制，火候较高。口径13.6、残高8厘米（图六七，15）。

矮领瓮　BT0201㊽：19，夹砂黑陶，胎红褐夹黑。素面。侈口，卷沿，圆唇，束领，广肩。残。轮制，火候高。口径24.8、残高6.8厘米（图六七，16）。BT0101⑰：45，夹砂黑陶。胎黑褐。素面。侈口，沿面微凹，外沿较窄，圆唇，束领，有肩。残。轮制，火候较高。口径29、残高8.2厘米（图六七，17）。CT0101⑱：22，夹粗砂灰褐陶。局部、胎灰。外沿饰瓦棱纹，肩饰竖绳纹。侈口，卷沿，内沿微凹，圆唇，束颈，有肩。残。轮制，火候较高。口径35.2、残高11.6厘米（图六七，18）。DT0101⑫：49，夹砂红褐陶。局部灰褐，胎红夹灰。外沿饰瓦棱纹多道，内壁饰瓦棱纹。侈口，卷沿、外沿较宽，圆唇，领斜束。残。盘筑轮修，火候较高。口径32.8、残高8厘米（图六七，19）。

敛口瓮　AT0101⑬A：23，夹砂红褐陶。胎红褐夹灰。素面。敛口，外沿较宽，圆唇，广肩。残。轮制，火候高。残宽14、残高6.8厘米（图六七，20）。CT0101⑯：13，夹砂红陶。胎局部灰、黑。素面。敛口，外沿较宽，圆唇，圆肩。残。轮制，火候高。残宽18.2、残高7厘米（图六七，21）。

盘口瓮　BT0201㉒：9，夹砂灰陶。胎黑夹褐。素面。沿外折后上卷呈浅盘，圆唇，束领。残。轮制，火候较高。口径20、残高6.4厘米（图六七，22）。AT0101⑱：6，泥质黑陶。胎红夹灰。素面。沿外折后再上折呈浅盘口，圆唇，矮领微束，有肩。残。轮制，火候较高。口径20.4、残高6.4厘米（图六七，23）。

折沿瓮　CT0101⑭：1，夹砂红褐陶。局部灰褐。颈饰竖划纹，颈下部饰凹弦纹一周，肩、腹饰斜绳纹，内颈部多饰瓦棱纹。口微侈，窄平折沿，圆唇，颈斜弧，溜肩，鼓腹。残。轮制，火候较高。口径14.6、残高10.6厘米（图六七，24）。CT0101⑭：2，夹砂黑陶。胎褐夹灰黑。沿面饰横划纹，内颈部多饰瓦棱纹。侈口，微斜折沿、沿面微凸，圆唇，颈斜弧。残。轮制，火候较高。口径15.8、残高4.4厘米（图六七，25）。

按窝唇罐　BT0201㊽：2，夹砂红陶。局部灰褐。唇部微有按窝，肩饰斜绳纹。侈口，卷沿，溜肩。残。手制，火候较高。残宽13.6、残高6.2厘米（图六八，1）。BT0201㊿：6，夹砂红陶。局部褐。唇部按抹略呈波浪形，肩饰斜绳纹。侈口，卷沿，溜肩。残。手制，火候较高。口径15.2、残高6.4厘米（图六八，2）。CT0101㉞：4，夹砂红褐陶。局部黑，胎、里红。唇部按窝较深略呈波浪形，肩饰斜绳纹。侈口，卷沿，溜肩。残。手制，火候较高。口径23.2、残高5.6厘米（图六八，3）。

辫状唇罐　DT0101㉕：9，夹砂红褐陶。局部、胎红。唇部按抹呈辫绳波浪形，肩饰斜中粗绳纹。侈口，卷沿外翻，溜肩。残。手制，火候较高。残宽9.2、残高7.2厘米（图六八，4）。CT0101㉚：7，夹砂红陶，局部灰褐。唇部按抹略呈辫绳波浪形，肩、腹饰斜绳纹，局部擦抹。侈口，卷沿，溜肩，鼓腹。残。手制，火候较高。口径19.2、残高11.2厘米（图六八，5）。BT0201㊱：4，夹砂灰褐陶。局部红，灰胎，里灰黑。唇部按抹略呈辫绳波浪形，肩饰斜绳纹。侈口，卷沿，溜肩。残。手制，火候较高。口径16.4、残高6.4厘米（图六八，6）。

齿状唇罐　AT0101⑬A：21，夹砂红陶。局部灰黑。唇部戳按略呈波浪形齿，领下饰戳印纹、多竖刮痕。侈口，领外斜，有肩。残。手制，火候较高。口径18.4、残高6.4厘米（图

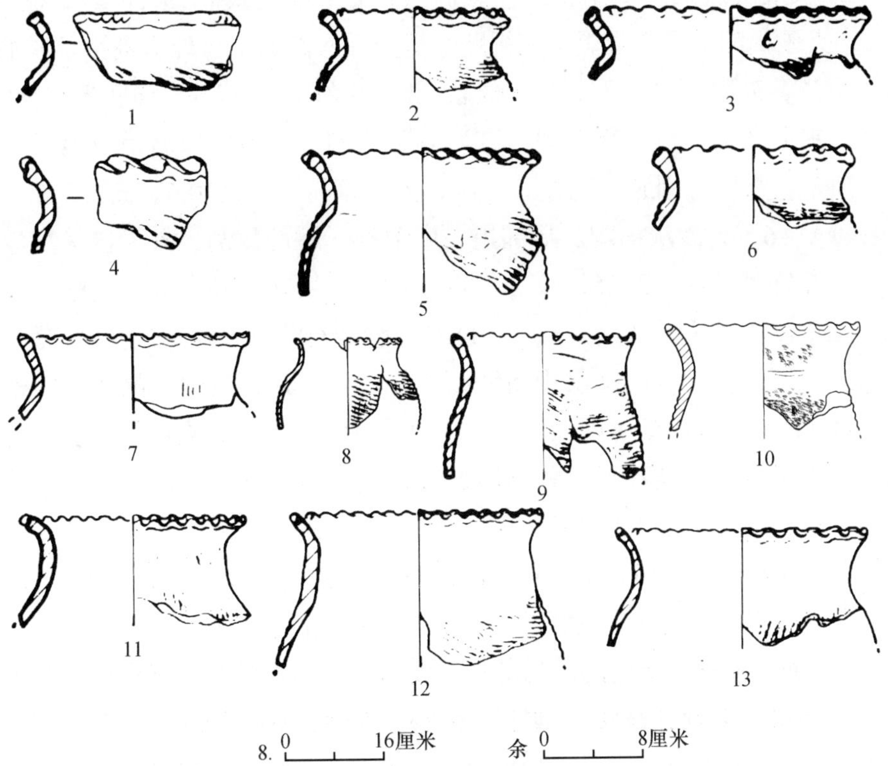

图六八　两周陶罐

1～3. 按窝唇罐（BT0201㊽：2、BT0201㊿：6、CT0101㉞：4）　4～6. 辫状唇罐（DT0101㉕：9、CT0101㉚：7、BT0201㊱：4）　7～13. 齿状唇罐（AT0101⑬A：21、CT0101㉚：16、CT0101㉙：11、BT0201⑮：12、BT0101⑮：18、BT0101㉑：27、BT0101⑪：21）

六八，7）。CT0101㉚：16，夹砂黑陶，局部、里红褐。唇部戳按呈波浪形齿，肩、腹饰中粗绳纹。侈口，束颈，溜肩，鼓腹。残。手制，火候较高。口径16.8、残高14厘米（图六八，8）。CT0101㉙：11，夹砂灰黑陶。局部红褐，胎、里黑。唇部戳刮略呈波浪形齿，腹饰细绳纹。侈口，卷沿，鼓腹。残。手制，火候较高。口径14.4、残高11.2厘米。（图六八，9）。BT0201⑮：12，夹砂红陶。局部、胎褐。唇部戳按略呈尖齿。侈口，领外斜，斜肩。残。手制，火候较高。口径16.2、残高6.6厘米（图六八，10）。BT0101⑮：18，夹粗砂红陶。局部灰黑，胎红夹灰黑。唇部戳按呈波浪形齿，领饰短绳纹，肩饰斜绳纹，侈口，卷沿，领较直，溜肩。残。手制，火候较高。口径18.4、残高8.4厘米（图六八，11）。BT0101㉑：27，夹粗砂黑陶。局部褐。唇部戳按呈波浪形齿，腹饰斜绳纹。侈口，卷沿，领较斜直，鼓腹。残。手制，火候较高。口径20.4、残高12厘米（图六八，12）。BT0101⑪：21，夹砂褐陶。局部、胎黑。唇部戳刮略呈波浪形，肩饰斜中粗绳纹。侈口，束领，溜肩。残。手制，火候较高。口径20.4、残高9厘米（图六八，13）。

花边口圜底罐　DT0102㉛：1，夹砂红陶。胎、里灰褐。唇部按抹略呈辫绳波浪形，腹饰斜绳纹。侈口，束颈，鼓腹，残。手制，火候较高。口径11.3、残高7.5厘米（图六九，1）。BT0201㉟：4，夹砂灰褐陶。局部、胎灰黑。唇部戳刮、外沿刮抹略呈辫绳波浪形，腹饰斜绳纹。侈口，束颈，鼓腹。残。手制，火候较高。口径11.6、残高12厘米（图六九，2）。DT0102㉛：4，夹砂褐陶。局部红、灰黑。唇部戳刮、外沿刮抹呈波浪形，腹饰斜绳纹。侈口，束颈，鼓腹。残。手制，火候较高。口径10.8、残高13.8厘米（图六九，3）。CT0101㉔：2，夹砂褐陶。局部灰黑，灰褐胎，里黑。唇部戳刮、外沿刮抹呈波浪形，腹饰斜绳纹。侈口，束颈，鼓腹。残。手制，火候较高。口径10.6、残高12.4厘米（图六九，4）。BT0101㉓：8，夹砂灰褐陶。局部灰黑、红。唇部戳刮、外沿内抹略呈波浪形，腹、底饰斜绳纹。侈口，束颈，鼓腹，圜底。完整。手制，火候较高。口径10.6、高12.8厘米（图六九，5）。CT0101⑳A：6，夹砂灰褐陶。局部黑、底部红。唇部戳刮、外沿内抹呈波浪形，腹、底饰斜绳纹，上腹饰戳印纹、细竖划纹。侈口，束颈，鼓腹，圜尖底。完整。手制，火候较高。口径10.6、高12厘米（图六九，6）。BT0201㉓：69，夹砂红陶。局部黑，褐。唇部戳刮、外沿内抹呈波浪形，腹、底饰斜中粗绳纹。侈口，束颈，鼓腹，圜底。完整。手制，火候较高。口径11.4、残高12厘米（图六九，7）。BT0101⑲：12，夹砂红陶。局部灰褐，灰黑胎。唇部戳刮、外沿内抹呈波浪形，颈饰斜划纹，腹饰斜绳纹。侈口，束颈，鼓腹。残。手制，火候较高。口径9.2、残高9.2厘米（图六九，8）。BT0101⑰：4，夹砂黑陶。局部、里褐；器表多灰白色附着物。唇部戳刮、外沿内抹略呈波浪形，腹、底饰斜绳纹。口近直，微束颈，鼓腹，圜尖底。完整，局部表皮脱落。手制，火候较高。口径10.4、高11厘米（图六九，9）。BT0201㉓：95，夹粗砂灰褐陶。局部红、浅黄褐。唇部戳刮、外沿内抹呈波浪形，腹、底饰斜粗绳纹。侈口，束颈，鼓腹，圜底。完整。手制，火候较高。口径10.4、高12.8厘米（图六九，10）。CT0101⑳A：11，夹砂黑陶。局部灰褐，底红。唇部戳刮、外沿刮抹呈波浪形，腹、底饰斜粗绳纹。侈口，束颈，鼓腹，圜尖底。完整。手制，火候较高。口径10.2、高11.8厘米（图六九，11）。BT0101㉑：24，夹砂红陶。局部褐，胎红夹灰。唇部戳刮、外沿内抹呈波浪形，颈饰横划纹，腹饰斜粗绳纹。侈口，束颈，鼓腹。残。手制，火候较高。口径

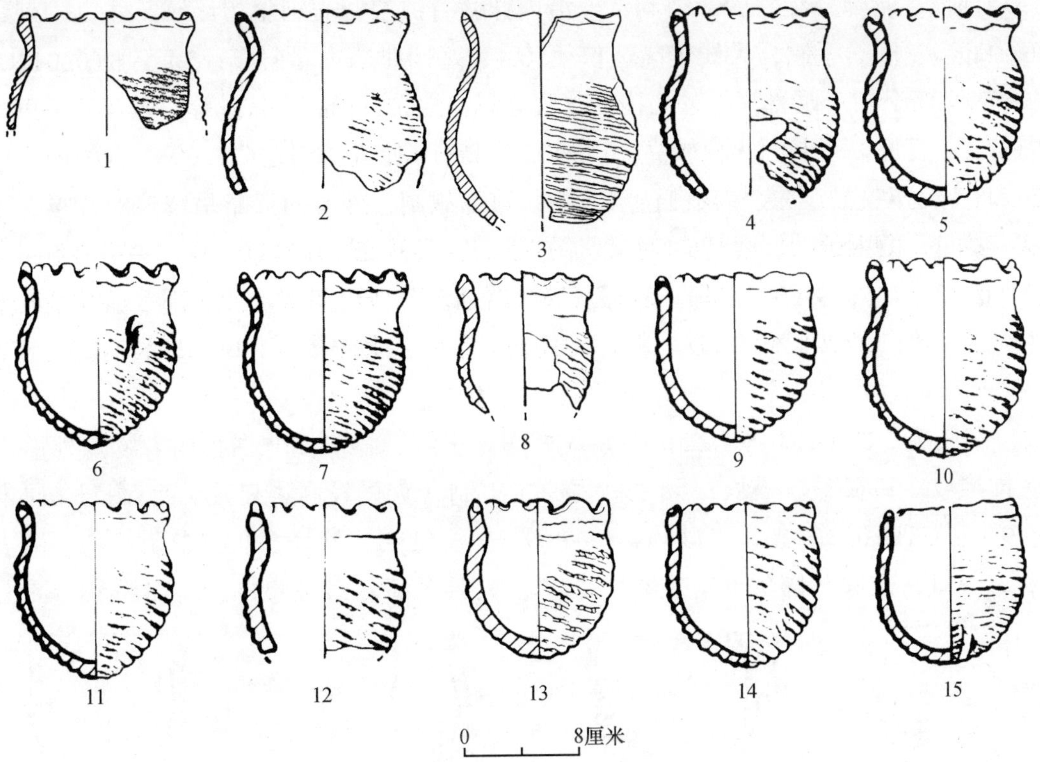

图六九　两周陶罐

1～15. 花边口圜底罐（DT0102㉛：1、BT0201㉟：4、DT0102㉛：4、CT0101㉔：2、BT0101㉓：8、CT0101⑳A：6、BT0201㉓：69、BT0101⑲：12、BT0101⑰：4、BT0201㉓：95、CT0101⑳A：11、BT0101㉑：24、AT0101⑯：4、BT0101⑱：5、CT0101⑰：3）

10.2、残高9.6厘米（图六九，12）。AT0101⑯：4，夹砂红陶。局部红褐。唇部戳刮、外沿内抹呈波浪形，颈饰横划纹，腹饰斜粗绳纹。侈口，束颈，鼓腹，圜底。复原。手制，火候较高。口径9.6、高10.6厘米（图六九，13）。BT0101⑱：5，夹砂红陶。局部灰黑；器表多灰白色附着物。唇部戳刮、外沿内抹略呈波浪形，腹、底饰斜粗绳纹。口近直，束颈，鼓腹，圜尖底。修复。手制，火候较高。口径10.4、高10.8厘米（图六九，14）。CT0101⑰：3，夹粗砂红陶。局部褐，器表多灰白色附着物。唇部戳刮、外沿内抹呈波浪形，器表饰中粗绳纹，底饰零星粗划纹，内壁多划痕。口近直，微束颈，鼓腹，圜底。复原。手制，火候较高。口径9.2、高10.4厘米（图六九，15）。

束颈圜底罐　BT0201⑮：46，夹砂黑陶。器表多灰白色附着物，局部似有绿釉。敛口，圆唇，束颈，鼓腹。残。手制，火候较高。口径9.4、残高10厘米（图七〇，1）。BT0101⑰：10，夹砂褐陶。局部红，器表多灰白色附着物。唇部刮抹，腹、底饰斜中粗绳纹。口近直，微束颈，鼓腹，圜底。完整。手制，火候较高。口径10.4、高10.6厘米（图七〇，2）。CT0101⑱：8，夹砂灰褐陶。局部红、黑，器表多灰白色附着物。口近直，束颈，鼓腹，圜尖底。完整。手制，火候较高。口径9.4、高10.8厘米（图七〇，3）。CT0101⑰：12，夹砂红褐陶。局部灰，器表多灰白色附着物。颈、腹、底饰中粗绳纹。口近直，微束颈，鼓腹，圜尖底。复原。手制，火候较高。口径10.8、高10.4厘米（图七〇，4）。BT0201⑮：11，夹砂灰黑陶。局部褐，胎部分红。唇部戳刮、外沿内抹微有波浪，腹饰斜粗绳纹。侈口，束颈，鼓腹，圜尖底。复原。手制，火候较高。口径10.4、高10厘米（图七〇，5）。BT0201⑮：5，夹砂灰褐陶。部分红、局部黑。外沿内抹，腹饰斜粗绳纹，内壁多按抹痕。敛口，微束颈，鼓腹，圜尖底。复原。手制，火候较高。口径9.2、高11.6厘米（图七〇，6）。DT0101⑬：4，夹砂红陶。部分灰褐，器表多灰白色附着物。唇部戳刮，外沿内抹略呈波浪形，腹、底饰斜粗绳纹。敛口，微束颈，鼓腹，尖圜。复原。手制，火候高。口径10、高11.2厘米（图七〇，7）。DT0102⑮：6，夹砂灰褐陶。局部灰黑，器表多灰白色附着物。唇部戳刮略呈波浪，腹饰中粗绳纹。敛口，微束颈，鼓腹，圜底。修复。手制，火候较高。口径10.8、高9.6厘米（图七〇，8）。

敛口圜底罐　CT0101⑱：22，夹砂灰黑陶。里红，器表多灰白色附着物。外沿内抹，腹、底饰绳纹。口微敛，鼓腹，圜底。复原。手制，火候较高。口径9.8、高11.6厘米（图七〇，9）。CT0101⑮：6，夹砂褐陶。局部灰黑、红褐，器表多灰白色附着物。器表饰中粗绳纹。敛口，鼓腹，圜尖底。完整。手制，火候较高。口径11.4、高14厘米（图七〇，

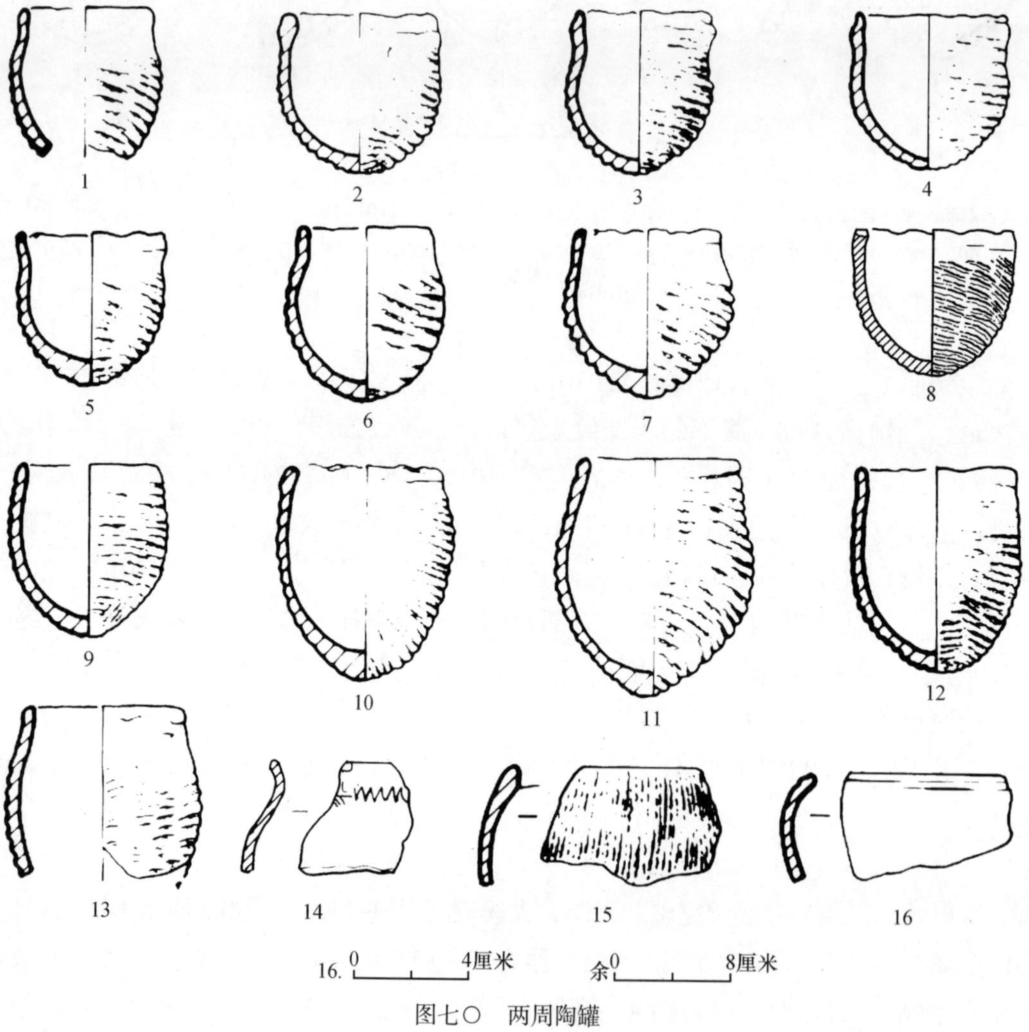

图七〇　两周陶罐

1～8. 束颈圜底罐（BT0201⑮：46、BT0101⑰：10、CT0101⑱：8、CT0101⑰：12、BT0201⑮：11、BT0201⑮：5、DT0101⑬：4、DT0102⑮：6）　9～13. 敛口圜底罐（CT0101⑱：22、CT0101⑮：6、BT0101⑮：2、CT0101⑮：12、DT0101⑫：25）　14. 素沿圜底罐（AT0101㉗：12）　15、16. 敛口罐（BT0201⑯：8、CT0101⑰：21）

10）。BT0101⑮：2，夹砂灰陶。部分红褐，器表多灰白色附着物。器表饰斜粗绳纹。敛口，方唇，鼓腹，尖底。完整。手制，火候较高。口径11.2、高15.6厘米（图七〇，11）。CT0101⑮：12，夹砂灰黑陶。局部红，器表多灰白色附着物。器表饰绳纹。直口，上腹较直，下腹弧收，圜尖底。复原。手制，火候较高。口径11.2、高14.6厘米（图七〇，12）。DT0101⑫：25，夹砂红陶。局部、胎灰褐，里红褐。器表饰斜粗印纹。敛口，圆唇、局部方，鼓腹，残。手制，火候较高。口径11.2、残高11.4厘米（图七〇，13）。

素沿圜底罐　AT0101㉗：12，夹砂红陶。局部红褐。颈饰折尖波浪形和叶脉形划纹。侈口，卷沿，圆唇，束颈，溜肩，鼓腹。残。手制轮修，火候较高。残宽8、残高7.4厘米（图七〇，14）。

敛口罐　BT0201⑯：8，夹砂红陶。部分褐，灰黑胎。器表饰竖粗绳纹。敛口，圆唇，鼓腹。残。手制，火候较高。残宽12.6、残高8厘米（图七〇，15）。CT0101⑰：21，夹砂褐陶。局部、胎灰黑。外沿饰凹弦纹二周。敛口，圆唇，鼓肩，弧腹。残。轮制，火候较高。残宽6、残高3.6厘米（图七〇，16）。

高领罐　CT0101㉝：27，夹砂褐陶。灰胎。素面。侈口，卷沿，圆唇，领较斜。残。轮制，火候较高。残宽8.8、残高12.8厘米（图七一，1）。BT0101⑱：26，夹砂黑陶。局部褐，胎褐夹灰。领饰波浪形暗纹，沿、唇面磨光。侈口，折沿微斜，圆唇，束领。残。轮制，火候较高。残宽11.2、残高6.4厘米（图七一，2）。BT0101⑰：39，夹粗砂红陶。局部灰黑，胎红夹灰。腹饰斜绳纹。侈口，圆唇，束领。残。手制，火候较高。口径18.4、残高8.6厘米（图七一，3）。

中领罐　CT0101⑮：26，夹砂黑陶。褐胎。领饰斜绳纹后按抹，再饰斜暗纹，肩、沿面磨光。敞口，卷沿，圆唇，领微束，圆肩。残。轮制，火候较高。口径12.6、残高7.2厘米（图七一，4）。DT0101⑫：35，夹砂红陶。局部黑陶、灰褐。肩饰斜绳纹。侈口，圆唇，束领，圆肩。残。手制轮修，火候一般。口径10、残高7.2厘米（图七一，5）。

矮领罐　BT0201㉟：35，夹砂灰褐陶。局部红褐。腹饰斜细绳纹。侈口，圆唇，束领，鼓腹。残。手制轮修，火候较高。口径10.4、残高5.4厘米（图七一，6）。AT0101⑭：24，夹砂褐陶。局部红、灰褐，黑胎。肩饰斜粗绳纹。侈口，卷沿，圆唇，领较直，溜肩。残。轮制，火候较高。口径12、残高6厘米（图七一，7）。BT0101⑰：43，夹砂灰黑陶。领饰波浪形暗纹，沿面磨光。侈口，微有窄外沿，圆唇，领斜弧。残。轮制，火候高。口径16.4、残高5.8厘米（图七一，8）。DT0101⑫：48，夹砂红褐陶。局部灰褐。领饰竖暗纹相间波浪形暗纹。内外沿磨光。侈口，卷沿、外沿较窄，圆唇，领斜束。残。轮制，火候较高。口径20、残高7.6厘米（图七一，9）。BT0101㉒：17，夹粗砂褐陶。局部灰黑，胎外黑里红。肩饰斜绳纹。侈口，卷沿，圆唇，矮束领，有肩。残。手制轮修，火候较高。口径16.4、残高6.6厘米（图七一，10）。

侈口罐　BT0101㉗：16，夹砂红陶。局部、胎灰褐。肩、腹饰斜绳纹。侈口，卷沿，圆唇，溜肩，鼓腹。残。手制，火候较高。残宽10、残高10.8厘米（图七一，11）。BT0201⑮：22，夹砂红陶。局部褐、黑，胎局部黑。腹饰斜绳纹。侈口，卷沿，圆唇，颈较斜直，鼓腹。残。轮制，火候较高。口径13.2、残高9.6厘米（图七一，12）。

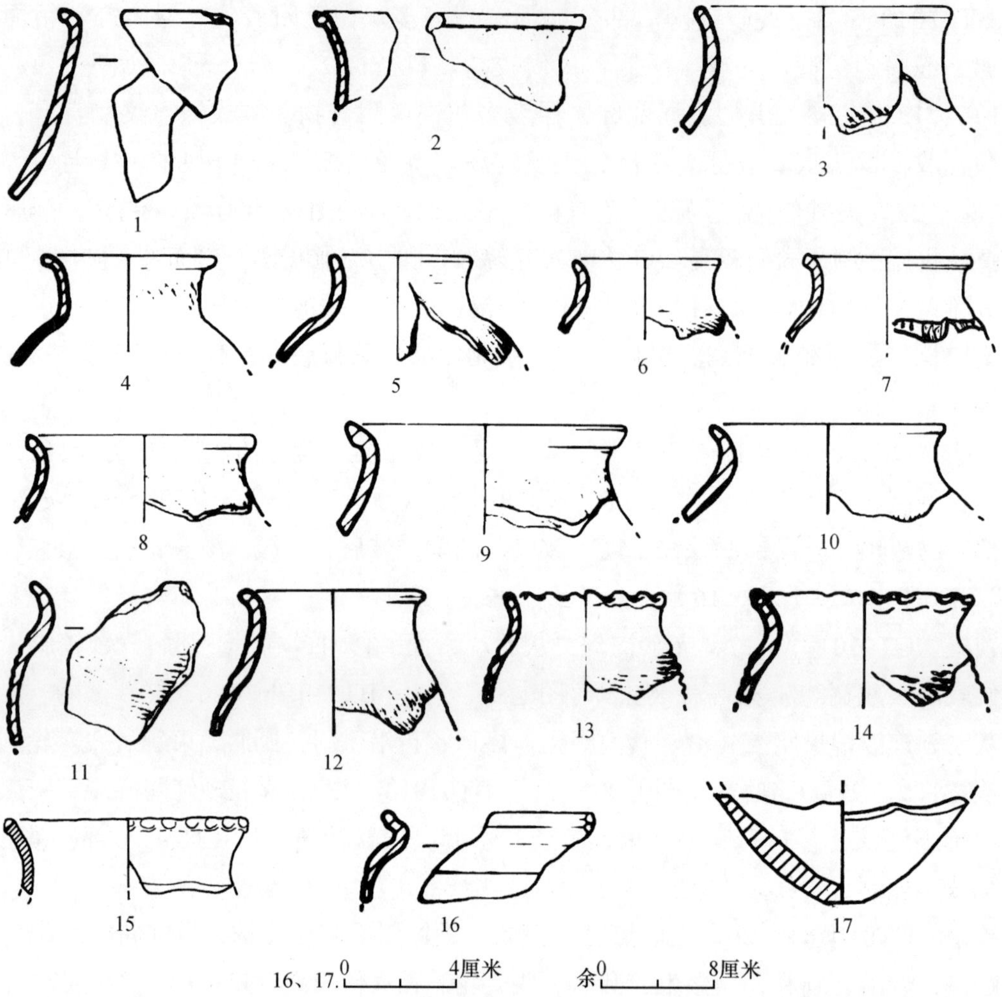

图七一　两周陶罐

1～3. 高领罐（CT0101㉝：27、BT0101⑱：26、BT0101⑰：39）　4、5. 中领罐（CT0101⑮：26、DT0101⑫：35）
6～10. 矮领罐（BT0201㉟：35、AT0101⑭：24、BT0101⑰：43、DT0101⑫：48、BT0101㉒：17）
11、12. 侈口罐（BT0101㉗：16、BT0201⑮：22）　13～15. 波浪唇罐（DT0101㉓：9、DT0101㉓：14、DT0102⑯：17）
16、17. 尖底罐（BT0101㉚：8、DT0102㊷：5）

波浪唇罐　DT0101㉓：9，夹砂红褐陶。局部、里黑。灰胎。唇部戳按略呈波浪形，肩、腹饰斜中粗绳纹。侈口，卷沿，溜肩，鼓腹。残。手制，火候较高。口径11.6、残高7.2厘米（图七一，13）。BT0101㉓：14，夹粗砂红陶。黑胎。唇部戳按略呈波浪形，肩饰斜中粗绳纹。侈口，卷沿，溜肩。残。手制，火候较高。口径15.2、残高7.6厘米（图七一，14）。DT0102⑯：17，夹砂红褐陶。灰黑胎。唇部戳按略呈波浪形。侈口，卷沿。残。手制，火候较高。口径17.4、残高5厘米（图七一，15）。

尖底罐　BT0101㉚：8，夹砂黑陶。上腹饰细划纹。侈口，卷沿、沿面内凹，圆唇，鼓肩，弧腹。残。轮制，火候较高。残宽6.2、残高3厘米（图七一，16）。DT0102㊷：5，夹砂灰陶。底部黑。素面，多细旋痕。下腹收，平尖底。残。轮制，火候高。残高3.6厘米（图七一，17）。

盘口罐　CT0101㉝：29，夹砂红褐陶。局部、胎灰黑。素面。沿面内凹呈浅盘状，圆唇，束颈。残。轮制，火候较高。口径14、残高5.2厘米（图七二，1）。BT0101⑭：50，夹砂灰陶。盘下缘有粗凸棱一周。盘口，方唇，盘较深。残。轮制，火候高。口径18、残高4.4厘米（图七二，2）。

折沿罐　BT0101㉑：42，夹砂灰黑陶。素面，内领多瓦棱纹。侈口，斜折沿，圆唇，领斜弧，有肩。残。轮制，火候较高。残宽9.4、残高5厘米（图七二，3）。BT0101⑭：46，夹砂黑陶。灰褐胎。领下部饰凹弦纹，内壁多瓦棱纹。侈口，平折沿、沿面弧，圆唇，束领，有肩。残。轮制，火候较高。口径14.8、残高8厘米（图七二，4）。

子母口罐　DT0101㉔：4，夹砂黑陶。素面。沿外斜折后再斜内折呈子母口，圆唇，圆肩。残。轮制，火候较高。残宽8、残高2.8厘米（图七二，5）。

指压唇罐　BT0201㉞：7，夹砂红陶。灰胎。唇部饰戳印纹。侈口，圆唇，束领。残。手制轮修，火候较高。残宽6.6、残高4.6厘米（图七二，6）。

卷沿罐　BT0201⑰：10，夹砂红褐陶。局部黑，红胎。肩饰竖中粗绳纹。侈口，卷沿，圆唇，斜肩。残。轮制，火候较高。残宽9.6、残高6.4厘米（图七二，7）。

大口罐　BT0101⑮：20，夹砂红陶。局部黑灰。腹饰斜粗绳纹。侈口，圆唇，微鼓腹。残。手制，火候较高。残宽6.6、残高6.4厘米（图七二，8）。

折肩罐　BT0101⑱：31，夹砂灰褐陶。局部灰黑。素面。敛口，圆唇，折肩微斜。残。轮制，火候高。残宽8、残高2.9厘米（图七二，9）。

圈足罐　BT0201㉓：186，夹砂黑陶。红褐胎。素面，内壁多瓦棱纹。下部斜收，圈足较高、粗。残。轮制，火候高。残宽8.4、残高10.6厘米（图七二，10）。

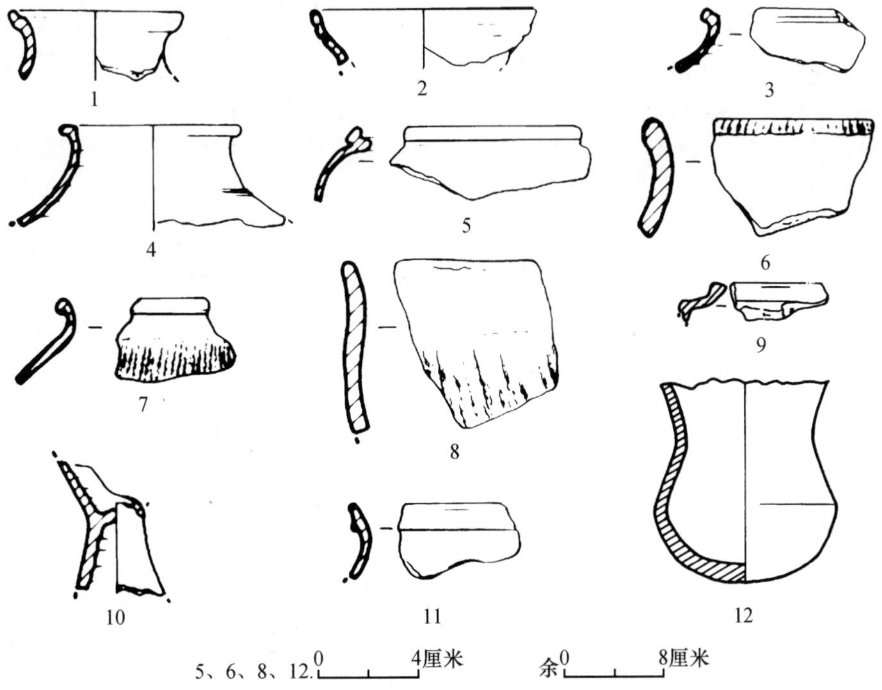

图七二　两周陶罐

1、2. 盘口罐（CT0101㉝：29、BT0101⑭：50）　3、4. 折沿罐（BT0101㉑：42、BT0101⑭：46）　5. 子母口罐（DT0101㉔：4）　6. 指压唇罐（BT0201㉞：7）　7. 卷沿罐（BT0201⑰：10）　8. 大口罐（BT0101⑮：20）　9. 折肩罐（BT0101⑱：31）　10. 圈足罐（BT0201㉓：186）　11. 双唇罐（BT0101⑮：23）　12. 小罐（BT0201㊲：1）

双唇罐　BT0101⑮：23，夹砂黑陶。红褐胎。素面。侈口卷沿，双唇，斜肩。残。轮制，火候较高。残宽9.8、残高5.8厘米（图七二，11）。

小罐　BT0201㊲：1，泥质黑陶。局部褐。素面。侈口，束领，折腹，圜底。残。手制，火候较高。残高7.8厘米（图七二，12）。

尊形器　DT0102㉚：18，夹砂灰黑陶。局部浅黄。领饰竖暗纹，口沿磨光。喇叭口，沿外下卷垂，圆唇，束领。残。轮制，火候较高。口径37.6、残高9.8厘米（图七三，1）。BT0101㉗：25，夹砂红褐陶。黑胎。素面。喇叭口，内沿微凹，外沿较宽、与器壁夹角较大，圆唇。残。轮制，火候较高。口径40.8、残高14.4厘米（图七三，2）。

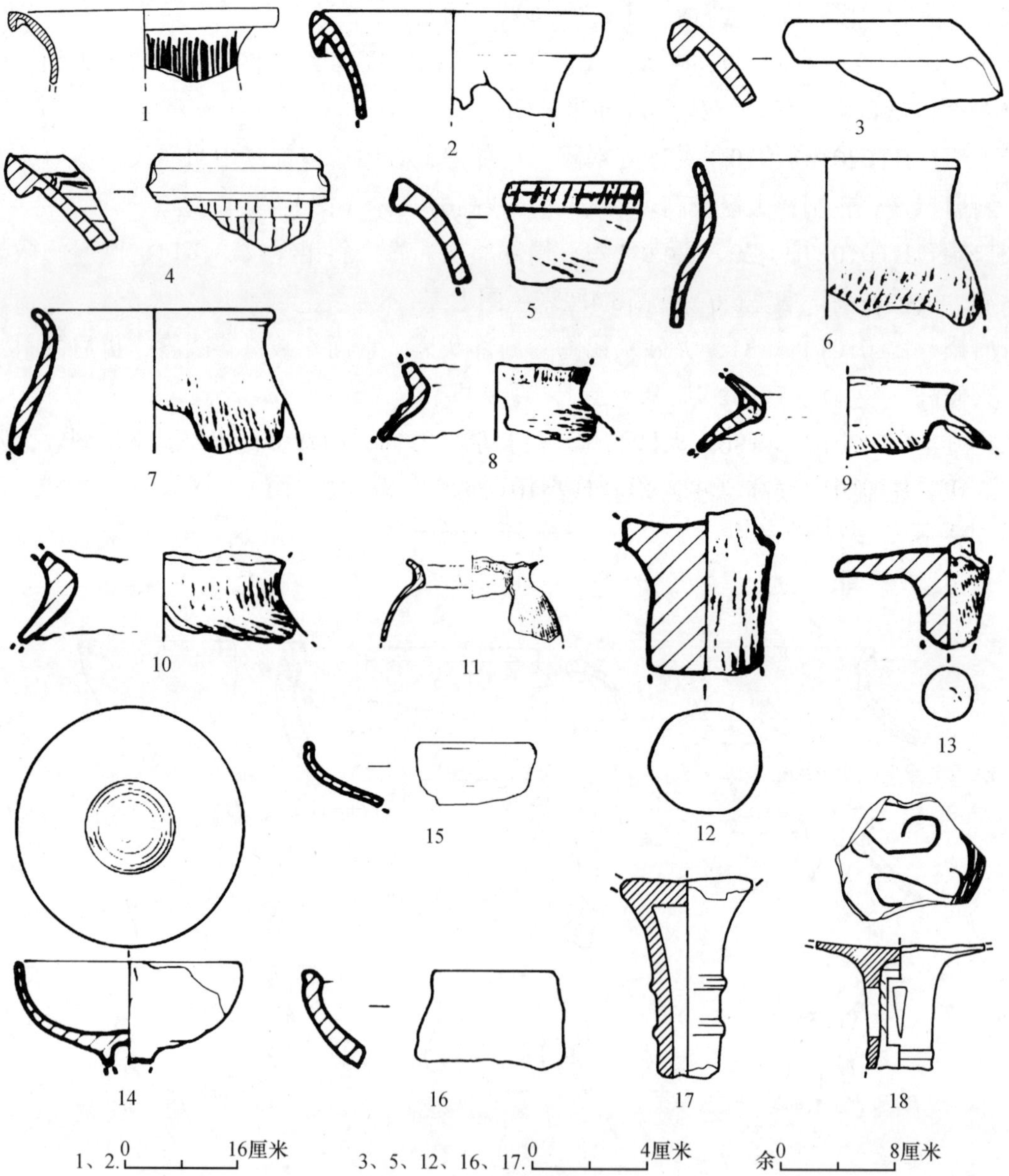

图七三　两周陶器

1、2. 尊形器（DT0102㉚：18、BT0101㉗：25）　3、4. 喇叭口器（DT0102㉖：23、AT0101⑲：18）　5. 敞口器（BT0201㊿：14）　6～13. 甗（BT0201⑮：20、BT0201⑮：23、BT0201⑱：50、DT0101⑫：41、BT0201⑮：44、DT0101⑬：13、BT0201⑳：11、CT0101⑮：33）　14～18. 豆（BT0201⑬：5、BT0101⑮：25、CT0101⑱：37、DT0102㉝：12、DT0102㉖：24）

喇叭口器 DT0102㉖：23，夹砂黑陶。红褐胎。素面。喇叭口，沿外下卷垂。残。轮制，火候较高。残宽7.6、残高3厘米（图七三，3）。AT0101⑲：18，夹砂黑陶。胎红夹褐。外沿饰横暗纹，领饰竖暗纹，内沿饰交错暗纹。喇叭口，外沿较宽，高束领。残。轮制，火候较高。残宽13、残高6.4厘米（图七三，4）。

敞口器 BT0201㊿：14，夹砂红陶。局部、胎、里黑。唇部饰斜细绳切纹，上腹饰斜细绳纹。喇叭口，唇面微凹，上腹斜收。残。轮制，火候较高。残宽4.8、残高3.5厘米（图七三，5）。

甗 BT0201⑮：20，夹粗砂红褐陶。局部褐、灰黑。腹饰斜中粗绳纹。侈口，圆唇，束领，鼓腹。残。手制，火候较高。口径18.8、残高11.2厘米（图七三，6）。BT0201⑮：23，夹砂灰褐陶。局部红褐，胎局部红。腹饰斜中粗绳纹。侈口，卷沿，圆唇，颈较斜直，鼓腹。残。手制，火候较高。口径17.2、残高9.6厘米（图七三，7）。BT0201⑱：50，夹砂黑褐陶。胎、里红褐。下腹、肩饰粗绳纹。残剩腰部，下腹斜收，斜肩。分制，火候较高。残宽15.2、残高5.4厘米（图七三，8）。DT0101⑫：41，夹砂红陶。局部灰褐、灰黑。下腹饰斜绳纹。下腹弧收，腰部附加泥条加固。残。分制，火候较高。残宽20.6、残高5.2厘米（图七三，9）。BT0201⑮：44，夹粗砂橙黄陶。局部、胎、里红。腰部饰戳印纹，肩饰斜中粗绳纹。残剩腰部，斜肩，腰部附加泥条加固。分制，火候较高。残宽19.4、残高6.2厘米（图七三，10）。DT0101⑬：13，夹砂红褐陶。胎、里红。下腹、斜竖肩饰粗绳纹，腰部内外饰戳印纹。微有下腹，圆肩，鼓腹，腰部附加泥条加固。残。分制，火候较高。残宽25.2、残高11.2厘米（图七三，11）。BT0201⑳：11，夹砂红褐陶。局部灰褐、黑。足表饰竖绳纹。圆柱形足，足根微凹。残。手制，火候较高。足径约3.8、残高5.2厘米（图七三，12）。CT0101⑮：33，夹粗砂灰黑陶。局部灰褐。器表饰绳纹。裆部微外弧，圆柱形足、根部微凹。残。分制，火候较高。残宽10.8、残高7.4厘米（图七三，13）。

豆 BT0201⑬：5，夹砂灰褐陶。局部褐。素面，盘内底中部饰螺旋纹。口微敞，圆唇，弧腹，微有细圆柱形柄。残。轮制，火候较高。口径16、残高6.8厘米（图七三，14）。BT0101⑮：25，夹砂灰黑陶。素面。口近直，微有卷沿，外沿内凹，圆唇，弧腹。残。轮制，火候较高。残宽8.4、残高4.2厘米（图七三，15）。CT0101⑱：37，夹砂黑陶。红褐胎。素面。口微敛，圆唇，弧腹。残。轮制，火候较高。残宽5.3、残高3.2厘米（图七三，16）。DT0102㉝：12，泥质黑皮陶。胎红褐夹灰。柄饰凸棱二道，器表磨光。底较平，竹节状细高柄。残。轮制，火候较高。残高6.7厘米（图七三，17）。DT0102㉖：24，泥质褐陶。红胎。盘底饰“S”形和宽带状暗纹，柄饰倒“三角形”镂孔，内底、柄部磨光。圜平底，竹节形高柄。残。盘、柄分制，火候较高。残高8.4厘米（图七三，18）。DT0101㉖：4，泥质黑皮陶。红褐胎。柄中部饰凹弦纹，器表磨光。粗圆柱形柄，中部内收，喇叭形豆座。残。轮制，火候较高。残宽4.6、残高13.6厘米（图七四，1）。BT0201㉒：10，泥质黑陶。红褐胎。豆柄、座饰竖暗纹，器表、盘内底磨光。柄较矮，喇叭形座。轮制，火候高。残宽8.6、残高8.8厘米（图七四，2）。BT0101⑰：51，夹砂灰黑陶。红褐胎、部分灰。素面。盘底较平，粗高柄。残。分制，火候较高。残宽10.4、残高9.4厘米（图七四，3）。BT0101⑰：50，夹砂灰褐陶。红褐胎。素面。细柄，喇叭形座。残。手制轮修，火候较高。残宽6、残高7.6厘米（图七四，4）。CT0101⑯：12，夹砂灰褐陶。局部灰。素面。细圆柱形柄，豆座外敞，圆唇。残。手制，火候较高。座径8、残高5.6厘米（图七四，5）。BT0101⑮：22，夹砂黑陶。胎黑夹褐。素面，盘底饰放射状粗划纹。盘内底较平，喇叭形豆座。残。轮制，火候较高。座径9.2、残高5厘米（图七四，6）。BT0101⑮：23，夹砂灰黑陶。红褐胎。素面。盘下腹弧收，微有圆柱形细柄，喇叭形豆座，壁外弧。残。轮制，火候较高。座径10、残高5.6厘米（图七四，7）。

豆形器　1件。CT0101㉟：7，泥质黑陶，紫红胎。柄饰凹弦纹。微有盘，细柄，中空。残。轮制，火候较高。残高4.4厘米（图七四，8）。

壶　BT0201㉒：7，夹砂灰褐陶。局部褐，红胎。颈下部、肩饰几何形暗纹。盘口，圆唇，浅盘，颈上部微鼓、下部束，斜肩。残。轮制，火候较高。口径9.4、残高6.2厘米（图七四，9）。DT0101⑪：13，夹砂黑陶。红褐胎。颈下部饰“之”字形戳印纹组成的戳印带，其下饰三角状几何戳印纹带。口微敛，窄斜折沿，圆唇，颈斜弧。残。手制轮修，火候一般。

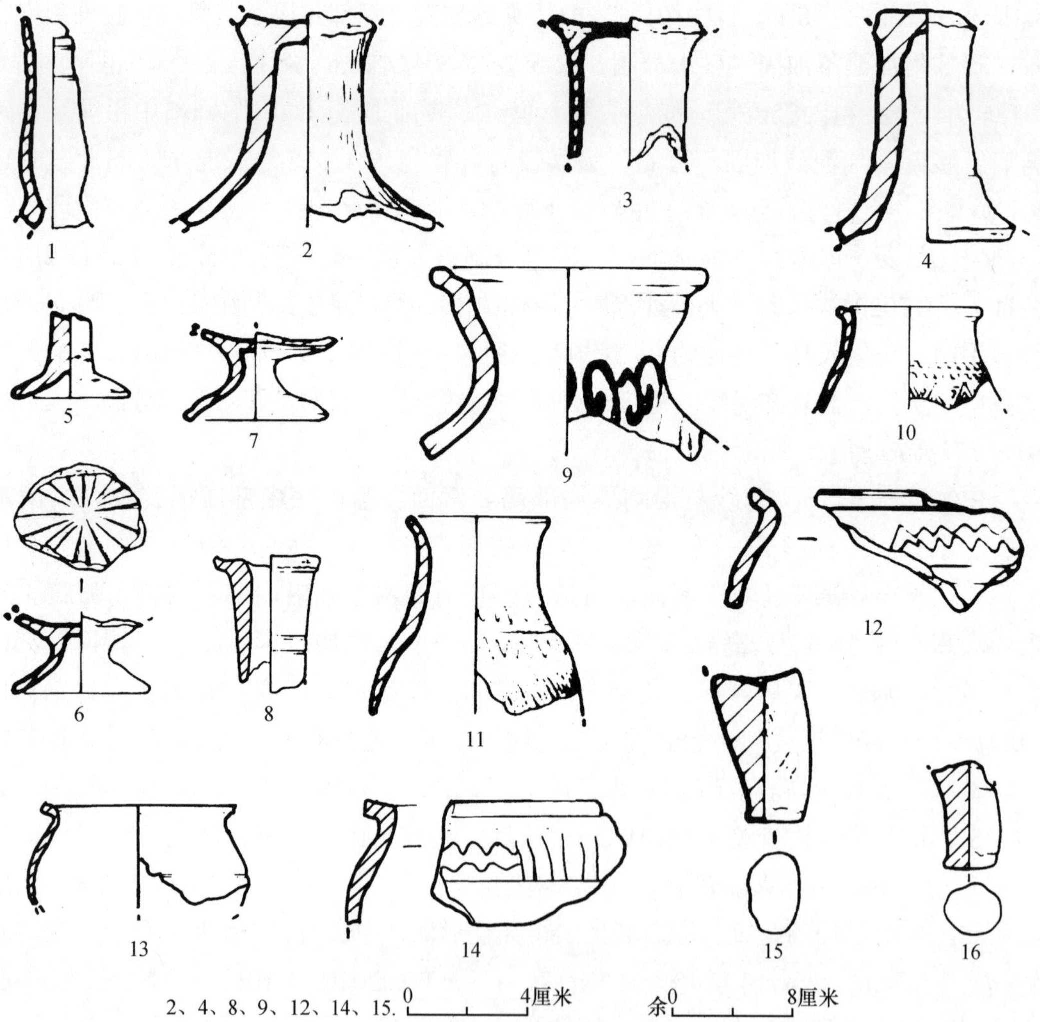

图七四　两周陶器

1～7. 豆（DT0101㉖：4、BT0201㉒：10、BT0101⑰：51、BT0101⑰：50、CT0101⑯：12、BT0101⑮：22、BT0101⑮：23）　8. 豆形器（CT0101㉟：7）　9～11. 壶（BT0201㉒：7、DT0101⑪：13、BT0201⑯：7）　12～14. 盂（BT0201⑱：47、AT0101⑬A：19、AT0101⑬A：18）　15、16. 鼎足（BT0101⑭：57、BT0101⑰：49）

口径10、残高7厘米（图七四，10）。BT0201⑯：7，夹粗砂红褐陶。局部、里黑。颈下部饰横暗纹和波浪形暗纹，腹饰斜绳纹。侈口，圆唇，颈微束，鼓腹。残。手制，火候较高。口径8.8、残高12.8厘米（图七四，11）。

盂 BT0201⑱：47，夹灰褐陶。红褐胎。肩饰波浪形暗纹二道，腹饰凹弦纹一道。侈口，斜卷沿，圆唇，斜肩，鼓腹。残。轮制，火候高。残宽7、残高3.8厘米（图七四，12）。AT0101⑬A：19，夹砂黑陶。局部红。上腹饰凹弦纹一周。侈口，斜折沿，圆唇，斜肩，鼓腹，下腹弧收。残。轮制，火候高。口径13、残高6.4厘米（图七四，13）。AT0101⑬A：18，夹砂褐陶。局部、里黑，红胎。肩饰波浪形和斜竖暗纹。侈口，斜折沿、沿面微凹，圆唇，斜折肩，鼓腹。残。轮制，火候较高。残宽6.4、残高4厘米（图七四，14）。

鼎足 BT0101⑭：57，夹粗砂红陶。局部灰褐。足外侧饰斜绳纹、划纹。近椭圆形截锥状足。残。手制，火候较高。足长径2.6、短径1.8、残高4.9厘米（图七四，15）。BT0101⑰：49，夹砂灰褐陶。红胎。素面。微弧圆柱形。残。手制，火候较高。足径3.8、残高7厘米（图七四，16）。

罐形釜 BT0201㉜：19，夹砂灰褐陶。局部黑，里部分红褐。腹饰交错细绳纹。侈口，圆唇，束颈，鼓腹。残。手制轮修，火候较高。口径10、残高6.2厘米（图七五，1）。CT0101㉛A：15，夹砂灰黑陶。局部灰褐。腹饰斜绳纹。侈口，圆唇，束颈，鼓腹。残。手制轮修，火候较高。口径10、残高10厘米（图七五，2）。DT0101㉔：3，夹砂褐陶。局部灰褐、红褐，灰褐胎，里黑。腹饰斜绳纹。侈口，卷沿，圆唇，束颈，鼓腹。残。手制轮修，火候较高。口径12、残高9.6厘米（图七五，3）。AT0101⑱：5，夹粗砂黑陶。局部褐。肩饰斜中粗绳纹。侈口，圆唇，微束颈，溜肩。残。轮制，火候较高。口径9.6、残高6.2厘米（图七五，4）。CT0101⑮：18，夹砂红褐陶。局部、胎灰褐。腹饰斜粗绳纹。侈口，圆唇，束颈。残。手制轮修，火候较高。口径12、残高7.6厘米（图七五，5）。BT0201⑮：21，夹砂灰黑陶。局部褐。腹饰方格纹。侈口，卷沿，圆唇，束颈，溜肩。残。手制，火候较高。残宽10、残高8.6厘米（图七五，6）。AT0101⑭：20，夹粗砂红褐陶。肩饰方格纹。侈口，圆唇，卷沿，溜肩。残。手制，火候较高。残宽11.6、残高10厘米（图七五，7）。BT0101㉑：31，夹砂黑陶。局部褐。颈多细划纹。侈口，圆唇，束颈较直。残。手制轮修，火候高。口径11.8、残高6.4厘米（图七五，8）。BT0201㉟：19，夹砂红陶。胎红夹灰。腹饰斜绳纹。侈口，卷沿，圆唇，颈较斜直，鼓腹。残。手制轮修，火候较高。口径11.2、残高7厘米（图七五，9）。BT0101㉑：32，夹粗砂褐陶。局部黑。腹饰斜绳纹。侈口，卷沿，圆唇，颈斜直，鼓腹。残。手制轮修，火候较高。口径10.4、残高6.8厘米（图七五，10）。CT0101㉘：23，夹砂灰褐陶。局部红、黑。腹饰斜绳纹。侈口，卷沿，圆唇，颈较斜直，鼓腹。残。手制轮修，火候较高。口径10.2、残高8.4厘米（图七五，11）。CT0101㉘：24，夹砂黑陶。局部、胎灰褐。颈下部饰戳印纹。侈口，卷沿，圆唇，颈较斜直，圆肩。残。轮制，火候较高。残宽8.8、残高6.4厘米（图七五，12）。BT0201㊽：22，夹砂红褐陶。局部灰褐，胎、里黑。素面。侈口，卷沿，圆唇，颈较斜直，鼓腹。残。手制轮修，火候较高。残宽8、残高7.6厘米（图七五，13）。

盆形釜 BT0101⑮：22，夹砂红陶。局部灰黑。腹、底饰斜粗绳纹。敛口，窄平折

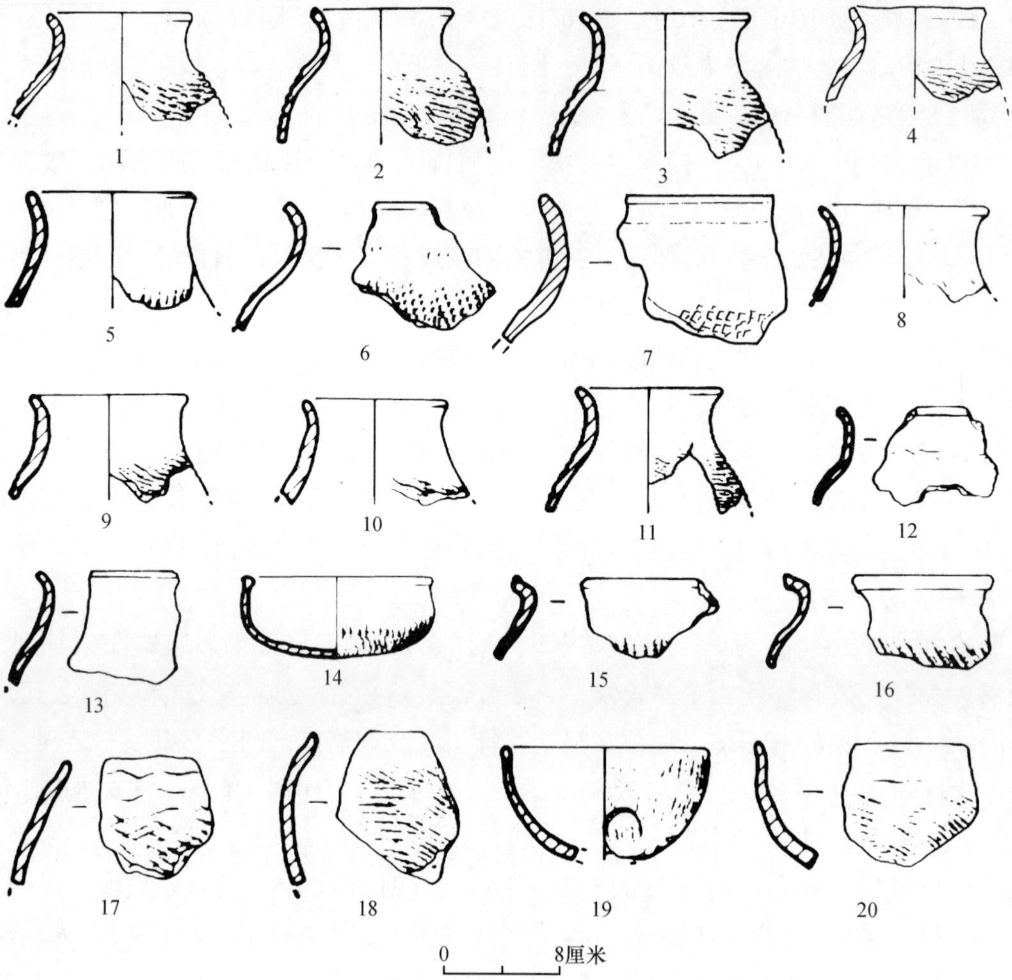

图七五　两周陶釜

1～13. 罐形釜（BT0201㉜：19、CT0101㉛A：15、DT0101㉔：3、AT0101⑱：5、CT0101⑮：18、BT0201⑮：21、AT0101⑭：20、BT0101㉑：31、BT0201㉟：19、BT0101㉑：32、CT0101㉘：23、CT0101㉘：24、BT0201㊽：22）14～16.盆形釜（BT0101⑮：22、BT0201⑰：7、CT0101⑱：33）　17～20. 钵形釜（BT0101㉔：7、BT0101㉑：40、BT0201⑰：8、BT0101㉑：41）

沿，圆唇，鼓腹，圜底。复原。轮制，火候较高。口径13.2、高5.4厘米（图七五，14）。BT0201⑰：7，夹砂红陶。腹饰斜粗绳纹。侈口，斜折沿，圆唇，斜颈，鼓腹。残。轮制，火候较高。残宽9.6、残高5.2厘米（图七五，15）。CT0101⑱：33，夹砂红褐陶。局部灰褐。腹饰斜粗绳纹。侈口，斜折沿，唇面微凹，溜肩，鼓腹。残。轮制，火候较高。残宽9.8、残高6.4厘米（图七五，16）。

钵形釜　BT0101㉔：7，夹砂红陶。胎红褐夹灰、黑。器表饰绳纹后按抹，上部多贴边痕。敛口，鼓腹。残。手制，火候较高。残宽8.2、残高8.2厘米（图七五，17）。BT0101㉑：40，夹砂灰黑陶。局部褐，灰褐胎。肩、腹饰斜绳纹。敛口，圆唇，溜肩，腹弧收。残。轮制，火候较高。残宽8.6、残高10.2厘米（图七五，18）。BT0201⑰：8，夹粗砂黑陶。局部红。腹饰中粗绳纹、粗划纹。口近直，圆唇、局部方，弧腹。残。手制轮修，火候较高。口径14.4、残高7.6厘米（图七五，19）。BT0101㉑：41，夹粗砂红陶。局部、里褐，黑胎。腹饰交错绳纹。敞口，微有卷沿，圆唇，弧腹内收。残。手制轮修，火候较高。残宽9.6、残高8.4厘米（图七五，20）。

盆　DT0101⑪：28，夹砂灰陶。上腹饰瓦棱纹三道。口微敞，沿外下卷，唇面微凹，弧腹。残。轮制，火候高。残宽8.6、残高6厘米（图七六，1）。BT0201㊳：12，夹砂红褐陶。局部、胎黑。素面。敞口，折沿近平，斜方唇，腹斜直内收。残。手制轮修，火候较高。残宽8.4、残高6.4厘米（图七六，2）。BT0201⑮：32，夹砂黑陶。红褐胎。素面，内壁饰交错暗纹。侈口，斜折沿，圆唇，上腹微鼓，下腹弧收。残。轮制，火候较高。残宽12、残高8厘米（图七六，3）。DT0101⑪：29，夹砂黑陶。红褐胎。素面，内壁饰斜竖暗纹。侈口，斜折沿，圆唇，弧腹内收。残。轮制，火候较高。残宽11.4、残高8厘米（图七六，4）。CT0101⑭：3，夹砂黑陶。灰褐胎。颈饰竖绳纹后抹平，肩、腹磨光。侈口，卷沿，唇面内凹成浅槽，鼓肩，弧腹。残。轮制，火候较高。残宽12、残高9.2厘米（图七六，5）。

折腹盆　BT0101⑮：5，夹细砂灰陶。中腹有折棱一道，其下饰斜绳纹，下腹饰横划纹。敞口，窄折平沿、沿面微凹，唇面微凹、唇缘下垂，上腹微斜、下腹斜内收，平底。修复。轮制，火候较高。口径33.2、底径15.2、高20厘米（图七六，6）。BT0101⑭：58，夹砂灰陶。唇面饰凹弦纹二道，上腹饰斜绳纹后抹平，腹饰凸棱一周。敞口，沿外下卷，腹斜弧收。残。轮制，火候高。残宽15.6、残高9.6厘米（图七六，7）。CT0101⑭：4，夹砂黑陶。局部、胎

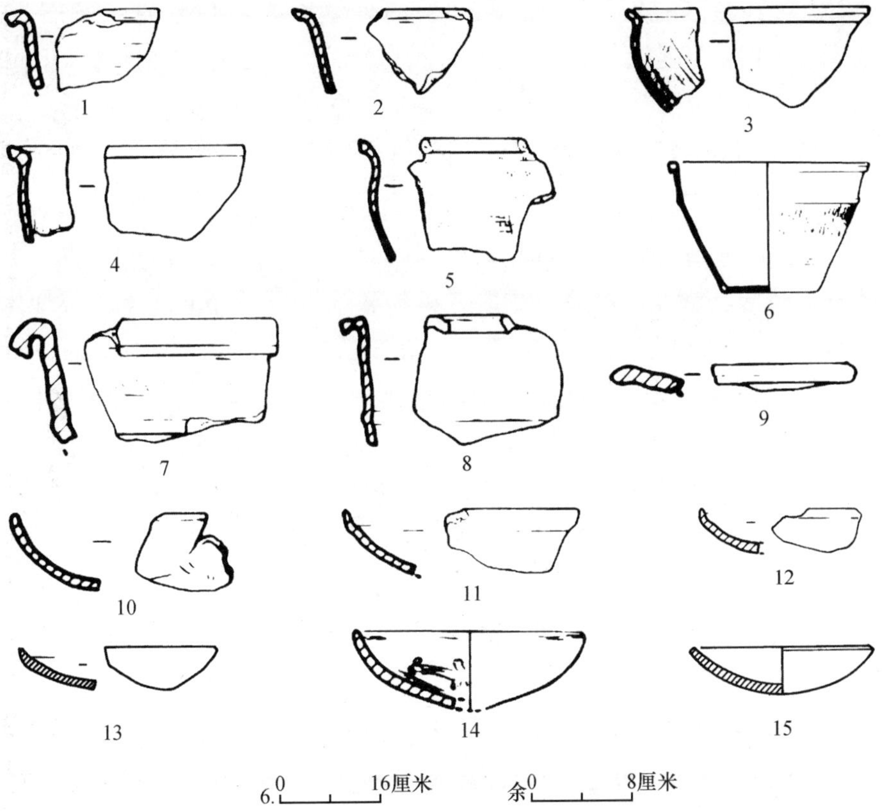

图七六　两周陶器

1～5. 盆（DT0101⑪：28、BT0201㊳：12、BT0201⑮：32、DT0101⑪：29、CT0101⑭：3）　6～8. 折腹盆（BT0101⑮：5、BT0101⑭：58、CT0101⑭：4）　9. 浅腹盆（CT0101㉛A：16）　10～15. 盘（DT0102㉞：8、BT0101㉗：21、BT0101㉚：10、DT0102㉛：14、BT0101㉚：11、DT0102㉕：13）

灰褐。上腹饰组状戳印纹，腹饰凸棱一周。敞口，沿外下折，方唇，上腹较直，下腹斜直收。残。轮制，火候高。残宽12、残高10厘米（图七六，8）。

浅腹盆 1件。CT0101㉛A：16，夹砂黑陶。局部褐，灰胎。素面。敞口，沿外下卷，圆唇，腹斜急收。残。轮制，火候高。残宽11.8、残高2.2厘米（图七六，9）。

盘 DT0102㉞：8，夹砂灰褐陶。局部黑、红褐，里黑。素面，多划痕。敞口，圆唇，弧腹。残。手制轮修，火候较高。残宽7.8、残高6厘米（图七六，10）。BT0101㉗：21，夹砂红陶。局部褐，灰胎。素面。敞口，圆唇，弧腹、上腹有轮修痕。残。手制轮修，火候高。残宽10.8、残高4.8厘米（图七六，11）。BT0101㉚：10，夹砂红陶，局部黑，胎红夹褐。素面。微敞口，尖唇，弧腹，圜底。残。手制轮修，火候较高。残宽7.2、残高3.4厘米（图七六，12）。DT0102㉛：14，夹砂灰褐陶。局部、里红褐。素面。敞口，圆尖唇，弧腹。残。手制轮修，火候高。残宽9、残高3.3厘米（图七六，13）。BT0101㉚：11，夹砂红褐陶。局部灰褐，胎、里黑。素面，内壁多粗划纹。敞口，方唇，弧腹，圜底。残。手制轮修，火候较高。口径18.6、残高5.8厘米（图七六，14）。DT0102㉕：13，夹砂红陶。灰胎。素面。敞口，方唇，弧腹，圜底。修复。手制，火候较高。口径15、高3.6厘米（图七六，15）。

圜底钵 BT0201㊱：1，泥质黑陶。胎红褐夹黑。素面，微有瓦棱纹。敛口，沿内卷，圆唇，弧腹，圜底。修复。轮制，火候较高。口径16.8、高5.2厘米（图七七，1）。BT0101⑱：22，夹砂红陶。局部黑。素面，内外壁磨光。口近直，圆唇，上腹微束，下腹弧收，圜底。残。手制轮修，火候较高。口径17.2、残高7.6厘米（图七七，2）。DT0102⑮：19，夹砂白陶。素面，内壁饰“十”字形划纹。口近直，圆唇，弧腹。残。手制，火候较高。口径13.6、残高8厘米（图七七，3）。BT0101⑭：34，夹粗砂黑陶。外沿、内底饰划纹，上腹饰凹弦纹。微敞口，圆唇，弧腹，圜底。复原。手制轮修，火候一般。口径12.8、高8.4厘米（图七七，4）。DT0102㉗：10，夹砂红陶。胎局部红夹灰。素面，多按抹痕。敞口，圆唇，弧腹，圜底。修复。手制，火候较高。口径15.6、残高5.8厘米（图七七，5）。DT0102㉕：14，夹砂红褐陶。局部灰、红，灰褐胎。素面，内底饰一组交错划纹。敞口，圆唇，弧腹，圜底。修复。手制，火候较高。口径12.8、高6.3厘米（图七七，6）。BT0201⑯：9，夹砂红褐陶。底部黑，里红。素面，内外壁磨光。敞口，圆唇，弧腹，圜底。复原。手制，火候较高。口径16.8、高6.4厘米（图七七，7）。BT0201⑮：27，夹砂红陶。底部灰褐。素面。敛口，方唇，上腹微鼓，下腹弧收。残。手制，火候较高。残宽7、残高8厘米（图七七，8）。CT0101㉒：4，夹砂红褐陶。局部灰褐。素面。口近直，方唇，弧腹，圜底。复原。手制，火候较高。口径13.2、高6.2厘米（图七七，9）。BT0101㉑：37，夹砂褐陶。局部灰黑，里红、局部褐。素面，内壁饰交错划纹。敞口，方唇，弧腹，圜底。复原。手制轮修，火候较高。残宽13.6、高4.8厘米（图七七，10）。

平底钵 DT0102⑮：20，夹砂黑陶。局部、胎红褐。下腹微有瓦棱纹。敛口，沿内斜折，唇面微凹，尖唇，鼓腹上直、下腹近底处微束，平底。修复。轮制，火候较高。口径17、底径7.8、高7.8厘米（图七七，11）。CT0101⑱：30，夹砂灰黑陶。局部、胎灰褐。素面。口微敛，圆唇，弧腹，平底。复原。轮制，火候高。口径14、底径7.2、高4.4厘米（图七七，12）。

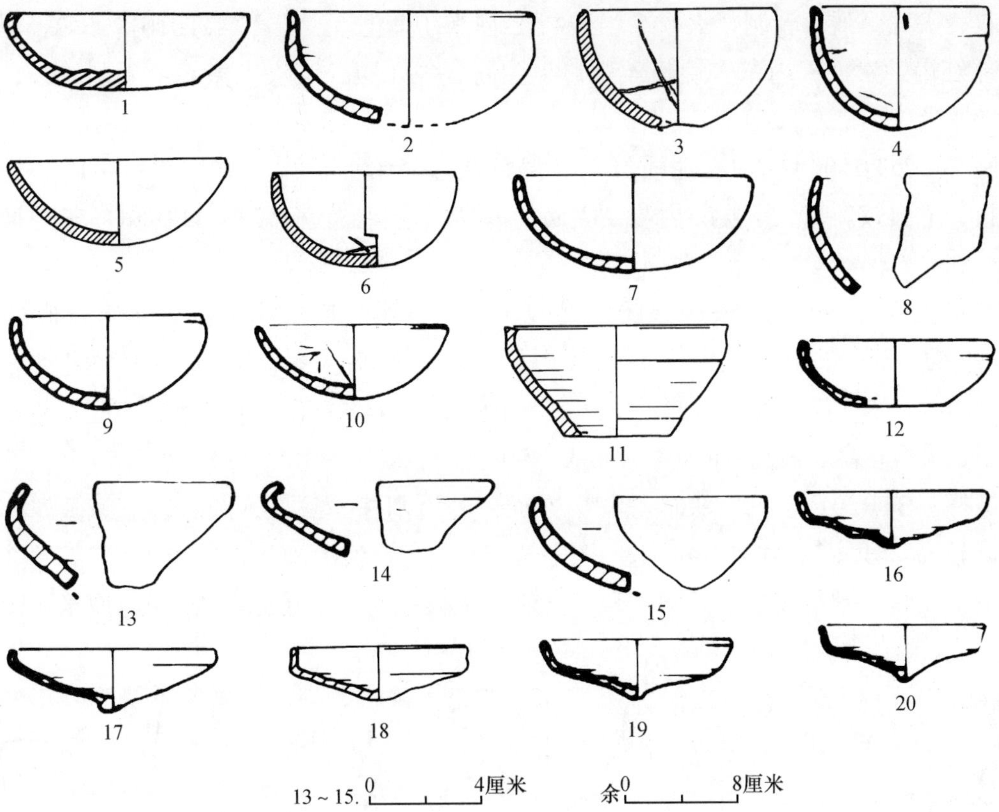

图七七　两周陶钵、尖底盏

1～10. 圜底钵（BT0201㊱：1、BT0101⑱：22、DT0102⑮：19、BT0101⑭：34、DT0102㉗：10、DT0102㉕：14、BT0201⑯：9、BT0201⑮：27、CT0101㉒：4、BT0101㉑：37）　11、12. 平底钵（DT0102⑮：20、CT0101⑱：30）

13～20. 尖底盏（BT0201�51：18、CT0101㉘：22、BT0201㊽：28、CT0101㉒：3、CT0101㉖：10、DT0102㉔：13、BT0101㉑：35、BT0101⑰：41）

尖底盏　BT0201�51：18，夹砂黑陶。局部红褐。素面。敛口，沿内卷，圆唇，腹较斜直。残。手制轮修，火候较高。残宽5、残高3.4厘米（图七七，13）。CT0101㉘：22，夹砂灰黑陶。红褐胎。素面。敛口，沿内卷，圆唇，腹较斜直。残。轮制，火候较高。残宽4.2、残高2.4厘米（图七七，14）。BT0201㊽：28，夹砂灰褐陶。局部黑。素面。口近直，圆唇，弧腹。残。手制轮修，火候高。残宽5.6、残高3.2厘米（图七七，15）。CT0101㉒：3，夹砂黑陶。褐胎。素面。敞口，圆唇，弧腹。复原。轮制，火候较高。口径13.4、高3.8厘米（图七七，16）。CT0101㉖：10，夹砂黑陶。局部灰，褐胎。素面。口微敛，圆唇，折腹，尖底。复原。轮制，火候较高。口径14.4、高4.2厘米（图七七，17）。DT0102㉔：13，夹砂黑陶。褐胎。素面。口微敛，圆唇，折腹，上腹微凹、下腹斜弧收。残。轮制，火候较高。口径14、残高4.2厘米（图七七，18）。BT0101㉑：35，夹砂黑陶。红褐胎。素面。敞口，圆唇，折腹，上腹斜弧，下腹弧收，尖底。复原。轮制，火候较高。口径13.6、残高4厘米（图七七，19）。BT0101⑰：41，夹砂黑陶。灰褐胎。素面，内壁微有瓦棱纹。口微敞，圆唇，折腹，上腹较斜直、下腹弧收，尖底。复原。轮制，火候较高。口径11.8、高3.8厘米（图七七，20）。

角杯　BT0201�51：3，泥质红陶。局部褐。素面，下腹有棱，内壁多旋痕。腹斜弧，下腹折内收，尖底。残。轮制，火候高。残高7.2厘米（图七八，1）。DT0101㉕：2，泥质灰黑陶。局部红褐。素面，内壁多旋痕。敞口，尖唇，斜弧腹，尖底。微残。手制轮修，火候较高。高10厘米（图七八，2）。

尖底杯 DT0102㊷：2，泥质红陶。局部灰黑。素面，内沿有细凹槽一周。敛口，圆唇，折腹，上腹较斜直、下腹斜内收，尖底。修复。轮制，火候较高。口径6、高5.1厘米（图七八，3）。

炮弹形尖底杯 BT0201㊸：10，夹砂灰陶。下腹、底、内壁黑。下腹近底处饰戳印纹，内壁多旋痕。下腹斜弧，尖底。残。轮制，火候高。残高7.4厘米（图七八，4）。AT0101㉘：8，泥质灰褐陶。局部、里红褐。下腹饰凹弦纹一道。腹斜弧，下腹折收，尖底，残。轮制，火候较高。残高7厘米（图七八，5）。

圈足杯 BT0201㊴：8，夹砂黑陶。素面，外沿刮抹。敛口，圆唇，上腹微鼓。残。手制，火候较高。残宽7、残高4.4厘米（图七八，6）。BT0201㉒：8，夹砂红陶。胎红夹黑。素面。下腹弧收，圈足较矮、外斜。残。手制，火候较高。足径5.8、残高6.1厘米（图七八，

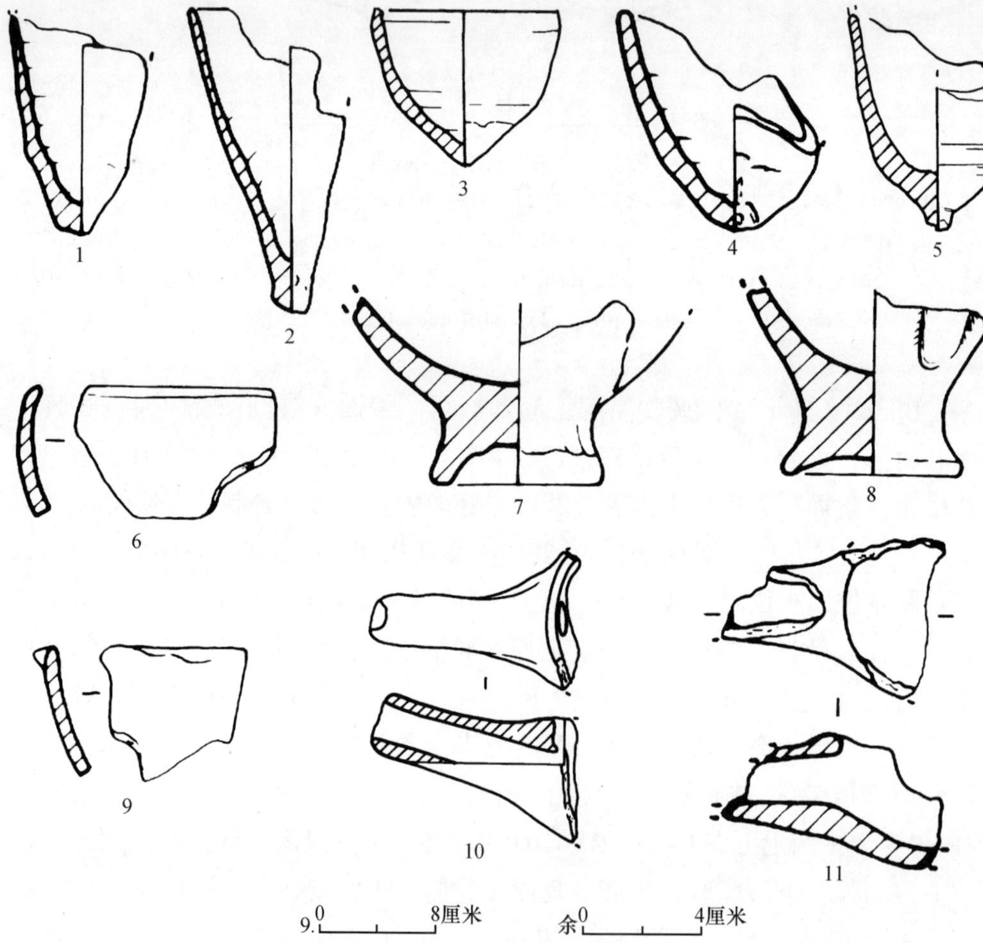

图七八 两周陶杯、匜

1、2. 角杯（BT0201㉛：3、DT0101㉕：2） 3. 尖底杯（DT0102㊷：2） 4、5. 炮弹形尖底杯（BT0201㊸：10、AT0101㉘：8） 6～8. 圈足杯（BT0201㊴：8、BT0201㉒：8、BT0201⑳：9） 9～11. 匜（CT0101㉓：5、BT0201⑲：33、BT0201⑰：11）

7）。BT0201⑳：9，夹砂红陶。胎红夹灰、褐。下腹饰几何形划纹。下腹斜弧收，矮圈足、外撇。残。手制，火候较高。足径6.2、残高6.2厘米（图七八，8）。

匜　CT0101㉓：5，夹砂红褐陶。胎红夹灰，里红。素面。敞口，圆唇，口沿外按呈流，弧腹。残。手制，火候较高。残宽10.2、残高8.8厘米（图七八，9）。BT0201⑲：33，夹砂红褐陶。局部黑、灰。素面。口微敛，圆唇，流较斜直、中空。残。手制，火候较高。残宽7.1、残高4.7厘米（图七八，10）。BT0201⑰：11，夹砂红陶。局部灰褐。素面。勺部敞口，圆唇，流圆柱形，中空。残。手制，火候较高。残长7.6、残宽5.2、残高3.7厘米（图七八，11）。

器盖　CT0101⑲：10，夹砂红陶。局部黑褐。素面。盖纽残，弧壁，敞口，圆唇。残。手制，火候较高。口径12.8、残高4.6厘米（图七九，1）。BT0101⑱：23，夹砂红褐陶。红胎。盖壁饰镂孔。壁微弧，敞口，圆唇。残。轮制，火候较高。残宽11、残高3.2厘米（图七九，2）。F303：1，夹砂红陶。局部灰褐。素面。覆钵形，敞口，圆唇。口微残。手制，火候较高。口径9.8、高3.6厘米（图七九，3）。CT0101㉖：8，夹砂红陶。局部灰褐。素面。弧壁，子母口。残。手制，火候较高。残宽8.2、残高5.6厘米（图七九，5）。AT0101⑬A：17，

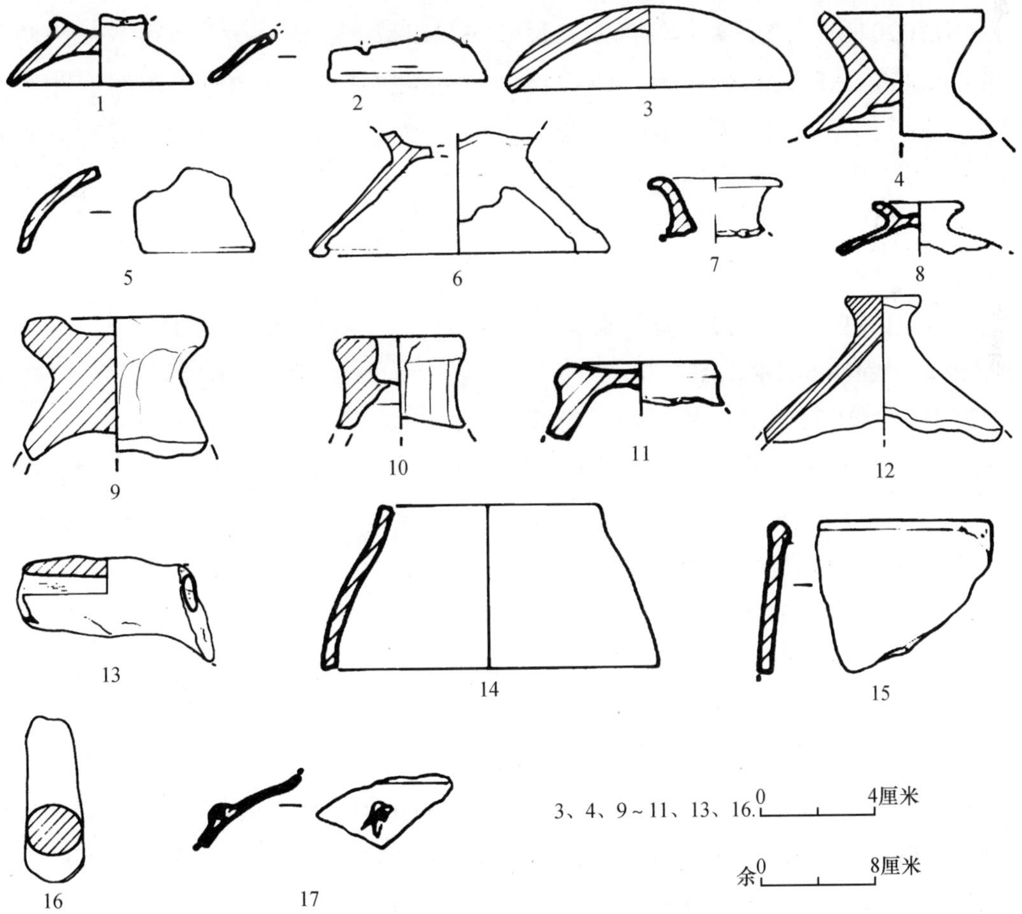

图七九　两周陶器

1～3、5、6. 器盖（CT0101⑲：10、BT0101⑱：23、F303：1、CT0101㉖：8、AT0101⑬A：17）　4、7～12. 盖纽（DT0102㊳：19、CT0101⑮：25、CT0101⑮：24、DT0102㉔：17、DT0102⑮：23、CT0101㉒：5、DT0102㉖：19）　13. 流（BT0201㉒：12）　14、15. 器座（BT0201㊶：31、BT0201㊵：33）　16. 柱形器（DT0101⑰：8）　17. 器耳（DT0101㉖：5）

夹砂陶。局部红，褐胎。素面，内壁多瓦棱纹。圈足形纽，盖壁较斜直，敞口，内折沿，圆唇。残。轮制，火候较高。口径20.4、残高8厘米（图七九，6）。

盖纽　DT0102㊳：19，夹砂黑陶，红褐胎。素面。圆圈形捉手，圆唇，壁较斜，盖壁斜。残。轮制，火候较高。捉手径5.8、残高4.1厘米（图七九，4）。CT0101⑮：25，夹砂灰褐陶。素面。圈足形纽，沿微下外卷，圆唇，纽壁较斜直。残。轮制，火候较高。纽径9.2、残高4厘米（图七九，7）。CT0101⑮：24，夹砂红陶。素面。圈足形纽，圆唇，内底乳凸，盖壁弧。残。轮制，火候较高。纽径6.4、残高3厘米（图七九，8）。DT0102㉔：17，夹砂红陶。灰胎。素面。圆圈形捉手，盖壁弧。残。手制，火候较高。捉手径6.4、残高4.7厘米（图七九，9）。DT0102⑮：23，夹砂红褐陶。红胎，里黑。素面。圆形捉手，中部有圆形穿，微有盖壁。残。手制，火候较高。捉手径4.4、残高3厘米（图七九，10）。CT0101㉒：5，夹砂红褐陶。局部灰褐，胎局部红。素面。假圈足状纽，顶微凹，盖壁斜。残。轮制，火候较高。纽径5.6、残高2.5厘米（图七九，11）。DT0102㉖：19，夹粗砂红褐陶。局部灰、黑。素面。圆饼形捉手，矮柄，壁斜直。残。手制，火候较高。捉手径5、残高9.6厘米（图七九，12）。

流　BT0201㉒：12，夹砂红陶。局部褐。斜管状，中空。残。手制，火候较高。残宽6.8、残高3.5厘米（图七九，13）。

器座　BT0201㊶：31，夹砂红褐陶。局部灰，里黑。素面。敛口，方唇，上腹斜直，下腹外弧。复原。手制，火候较高。口径15.2、底径23.2、高10.8厘米（图七九，14）。BT0201㊵：33，夹砂黑陶。胎红褐夹灰黑。素面。敛口，有内沿，圆唇，壁较外斜直，轮制，火候较高。残宽12.4、残高10厘米（图七九，15）。

柱形器　DT0101⑰：8，夹砂红陶。素面。近扁圆柱形。微残。手制，火候一般。残长5.5、长径约2、短径约1.7厘米（图七九，16）。

器耳　DT0101㉖：5，夹砂黑陶。素面。领内斜折，圆肩、附加圆穿耳。残。轮制，火候较高。残宽9.2、残高4.6厘米（图七九，17）。

拍　CT0101⑱：35，夹砂灰黑陶。局部灰褐，红褐胎。素面。器表磨光。圆形，拍面微凹，边缘圆唇，背面中部有圆柱形捉手。残。手制，火候较高。直径17.6、残高4.6厘米（图八〇，1）。BT0101⑱：24，夹砂灰褐陶。局部红、黑。捉手顶部饰交错划纹。圆饼形，背中部有矮圆柱形捉手，拍面微凹，圆唇。手制，火候较高。直径16、捉手径3.6、高5厘米（图八〇，2）。BT0201⑮：45，夹砂红陶。局部红褐、灰褐、黑。素面。圆饼形，拍面微弧，背面较平、中部有圆柱形捉手。残。手制，火候较高。直径14、残高6厘米（图八〇，3）。

纺轮　F303：4，泥质灰褐陶。局部褐。素面。截面圆包形，中有圆形穿孔。完整。手制，火候较高。底径4.5、高2.4厘米（图八〇，4）。BT0201㊿：1，泥质黑陶。胎芯灰色。饰三圆形镂孔，腰部凹槽一周。平面圆形，上、下面与腰部内凹。修复。轮制，火候较高。直径8.2、高1.2厘米（图八〇，5）。DT0101⑱：4，泥质黑陶。素面，表面有划痕。平面圆形。完整。用陶片周边磨制而成，火候高。直径4.4、厚0.8厘米（图八〇，6）。

网坠　CT0101㉝：3，夹砂褐陶。局部灰黑。素面。细管状，中空。微残。手制，火候较高。残长5.9、最大径1.4厘米（图八〇，7）。BT0101⑮：28，泥制灰褐陶。局部红。素面。

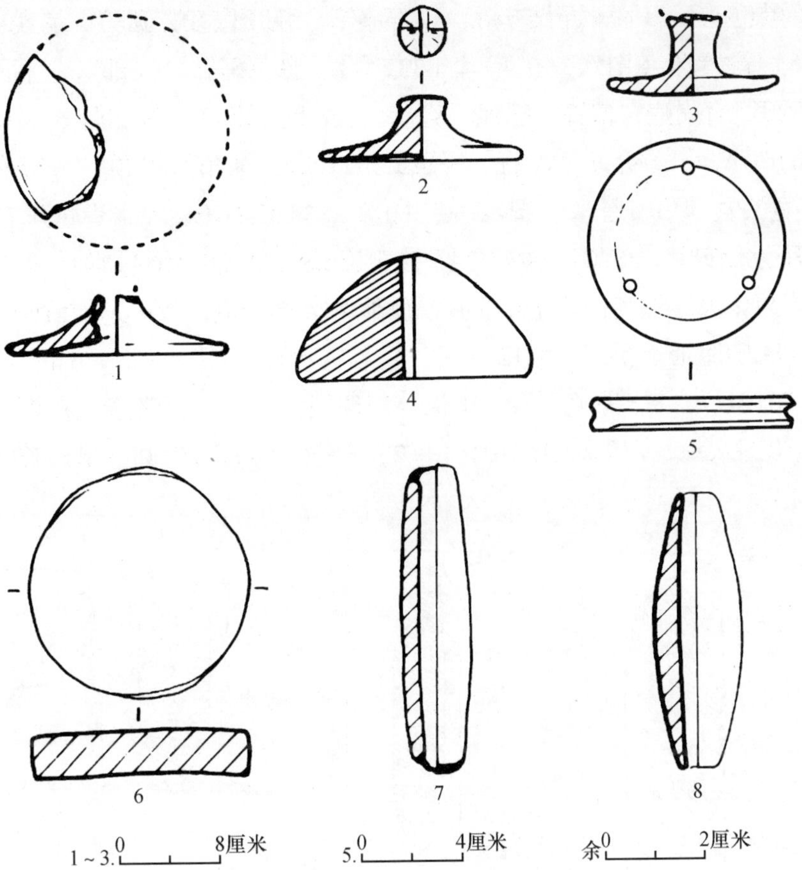

图八〇 两周陶拍、纺轮、网坠

1～3. 拍（CT0101⑱：35、BT0101⑱：24、BT0201⑮：45） 4～6. 纺轮（F303：4、BT0201㊾：1、DT0101⑱：4）
7、8. 网坠（CT0101㉝：3、BT0101⑮：28）

橄榄形，中空，中部微鼓。完整。手制，火候高。长5.3、最大径1.7厘米（图八〇，8）。

2. 石器

出土数量较少，器形种类主要有斧、锛、凿等。

斧 BT0101⑭：3，绿色砾石。平面近长方形，刃部略窄。顶部残，弧刃、多小崩疤，正锋。刃部磨制。残长10.3、宽6.1、厚3.4厘米（图八一，1）。AT0101㉗：1，黑色砾石。平面长方形，弧顶，刃部崩残。磨制。残长10.2、宽4.6、厚1.7厘米（图八一，2）。DT0102⑱：3，黑色砾石，多灰色层理。平面近长方形，圆角微弧顶，弧刃、有崩疤，正锋。微残。磨制。长7.5、宽4.4、厚2.4厘米（图八一，3）。BT0201㊻：1，青绿色砾石。平面近长方形，顶部窄，圆顶，刃部崩残。磨制。残长8.7、宽4.1、厚2.6厘米（图八一，5）。BT0101㉚：4，青色砾石。平面长方形，顶残，弧刃、有小崩疤，正锋。磨制。残长8.3、宽5.3、厚2.5厘米（图八一，6）。

锛 AT0101㉙A：2，黑色砾石。局部灰。平面近梯形，圆顶，弧刃、多崩疤，偏锋。微残。长5.7、宽4、厚1.5厘米（图八一，7）。BT0101㉚：2，青绿色砾石。平面略呈梯形、顶部略窄。顶残，弧刃、有小崩疤，偏锋。磨制。残长5、宽3.6、厚1.5厘米（图八一，8）。

CT0101㉜：3，黑色砾石。平面近长方形，顶部略窄。弧顶微残，弧刃、崩残，偏锋。磨制。长8.7、残宽4.8、厚2厘米（图八一，4）。F337：1，黑色砾石。局部灰。平面长方形、顶略窄。顶较平，弧刃、有崩疤，偏锋。微残。磨制。长8.9、宽4.9、厚1.5厘米（图八一，9）。

凿　AT0101㉙A：1，暗黄色砾石。平面近长方形，圆角微弧顶，刃部崩残，偏锋。磨制。残长8.3、宽3.9、厚1.4厘米（图八一，10）。BT0201⑭：9，青色砾石。平面呈长方形，圆顶，弧刃、有崩疤，偏锋。微残。磨制。长6.8、宽2.8、厚1.2厘米（图八一，11）。CT0101㉛：1，浅绿色砾石。平面近长条形，顶部略窄。圆顶，弧刃、崩残。大部分磨制。残长15.2、宽4.7、厚2.9厘米（图八一，12）。

柱形器　BT0101㉑：8，黑色砾石。里褐。扁四棱柱锥形，顶略窄。完整。磨制。宽1.3、厚1、高3.6厘米（图八一，13）。CT0101㉛：2，青绿色砾石。近圆柱形。长16.2、径约3.9厘米（图八一，14）。

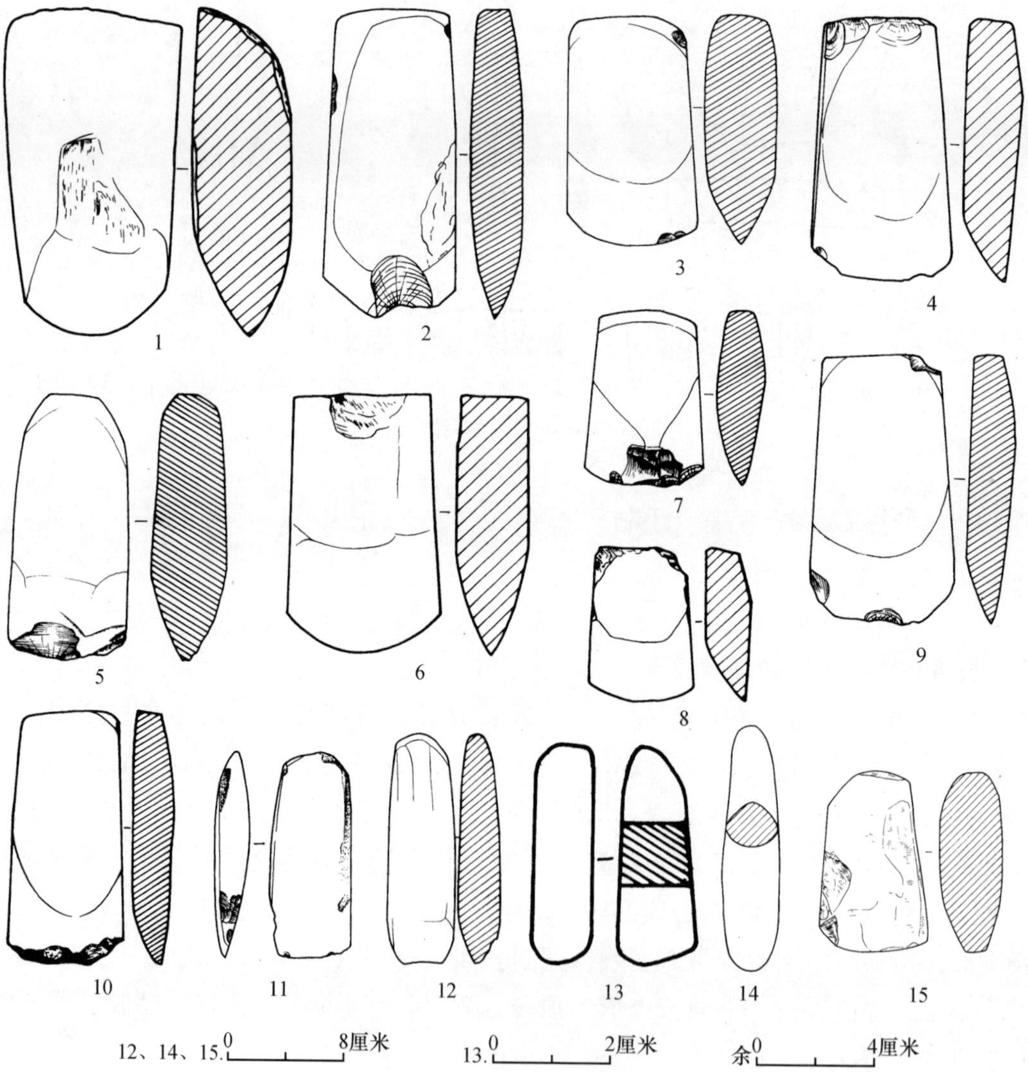

图八一　两周石器

1~3、5、6. 斧（BT0101⑭：3、AT0101㉗：1、DT0102⑱：3、BT0201㊻：1、BT0101㉚：4）　4、7~9. 锛（CT0101㉜：3、AT0101㉙A：2、BT0101㉚：2、F337：1）　10~12. 凿（AT0101㉙A：1、BT0201⑭：9、CT0101㉛：1）　13、14. 柱形器（BT0101㉑：8、CT0101㉛：2）　15. 半成品（BT0101㉗：1）

半成品　BT0101㉗：1，绿色砾石。平面近梯形，顶、刃、两侧和两面局部磨制。长11.9、宽7.4、厚4.4厘米（图八一，15）。

3. 骨器

出土数量少，器形种类主要有锥、尖状器和簪等。

锥　BT0101⑱：8，黄褐色兽骨，局部黄白色。近圆锥形。完整。磨制。长8.3、尾部直径约0.9厘米（图八二，1）。BT0201⑭：1，褐色兽骨。平面扁尖形。完整。磨制。长7.3、宽0.7、厚0.5厘米（图八二，2）。

尖状器　CT0101㉜：5-2，黄褐色鹿角。尖部弯钩形。完整。尖部磨制。长约11.8厘米（图八二，3）。

簪　CT0101㉜：5-1，黄褐色兽骨，局部泛白。圆柱锥形，前部圆、后部略扁。完整。磨制。长13.9、最大径1厘米（图八二，4）。CT0101㉝：1，黄褐色兽骨。近圆柱锥形，前部圆、后部扁圆。完整。磨制。长12.2、最大径1.1厘米（图八二，5）。

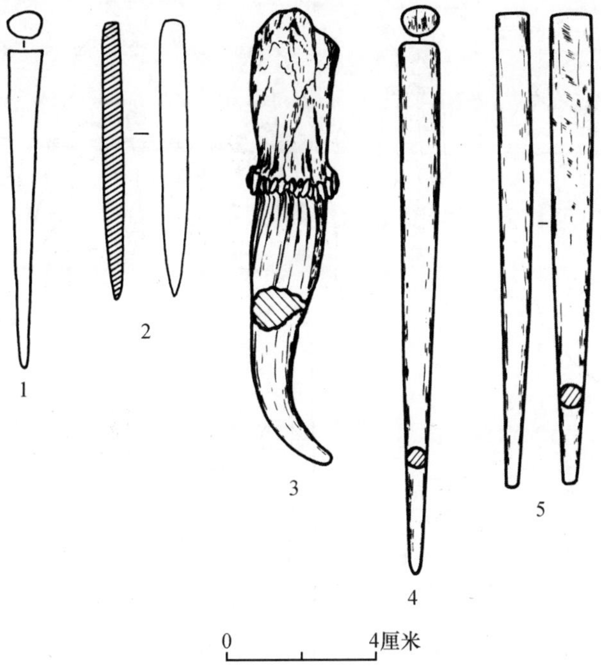

图八二　两周骨器

1、2. 锥（BT0101⑱：8、BT0201⑭：1）　3. 尖状器（CT0101㉜：5-2）

4、5. 簪（CT0101㉜：5-1、CT0101㉝：1）

4. 铜器

出土数量较少，器类主要有钺、矛、镞、刀、锥、铃等。

钺　BT0201㊾：2，青铜，锈蚀，除锈处泛红铜色。似烟荷包形，弧刃锋利、微有翼，銎部近椭圆形。完整。模制。长8、宽9.3厘米（图八三，1）。

矛　BT0201㊾：1，青铜，锈蚀，除锈后泛红铜色。矛身柳叶形，中部圆脊，刃锋利，长骹、一侧有系残。较完整。模制。长15.1厘米（图八三，6）。

镞　CT0101㉜：1，青铜。近三角形，中部起脊，脊中部两侧分布四小椭圆形穿（左上穿锈蚀略呈两穿孔），扁锥尖形铤，翼身锈穿，翼残，锈蚀严重。模制。残长5.9厘米（图八三，2）。CT0101㉜：2，青铜，锈蚀严重。近三角形，中部起脊，翼身锈穿，翼、铤残。模制。残长4.3厘米（图八三，3）。CT0101㉝：2，青铜，锈蚀严重。近三角形，中部起圆脊，节状铤，翼、刃局部、铤残。模制。残长4.9厘米（图八三，4）。CT0101㉜：4，青铜，锈蚀严重。近三角形，中部起脊，节状铤，翼、铤残。模制。残长3.8厘米（图八三，5）。CT0101⑱：3，青铜，锈蚀。柳叶形，中部起脊，圆柱形铤，前部、翼残。模制。残长3.9厘米（图八三，7）。

刀　BT0201㊵：1，青铜，锈蚀。长条形，前部略宽，尾部略窄。直刃、前端刃微弧，尖微上翘，尾略残。模制。长13.3、最宽2.6、厚0.3厘米（图八三，8）。

锥　BT0101㉒：6，青铜，锈蚀。前部缠丝数道。圆锥形，尖、尾部圆柱形，身扁棱柱形，完整。模制。长14.7厘米（图八三，9）。

针　CT0101⑮：2，青铜，锈蚀。圆柱锥形。完整。长4.5厘米（图八三，10）。

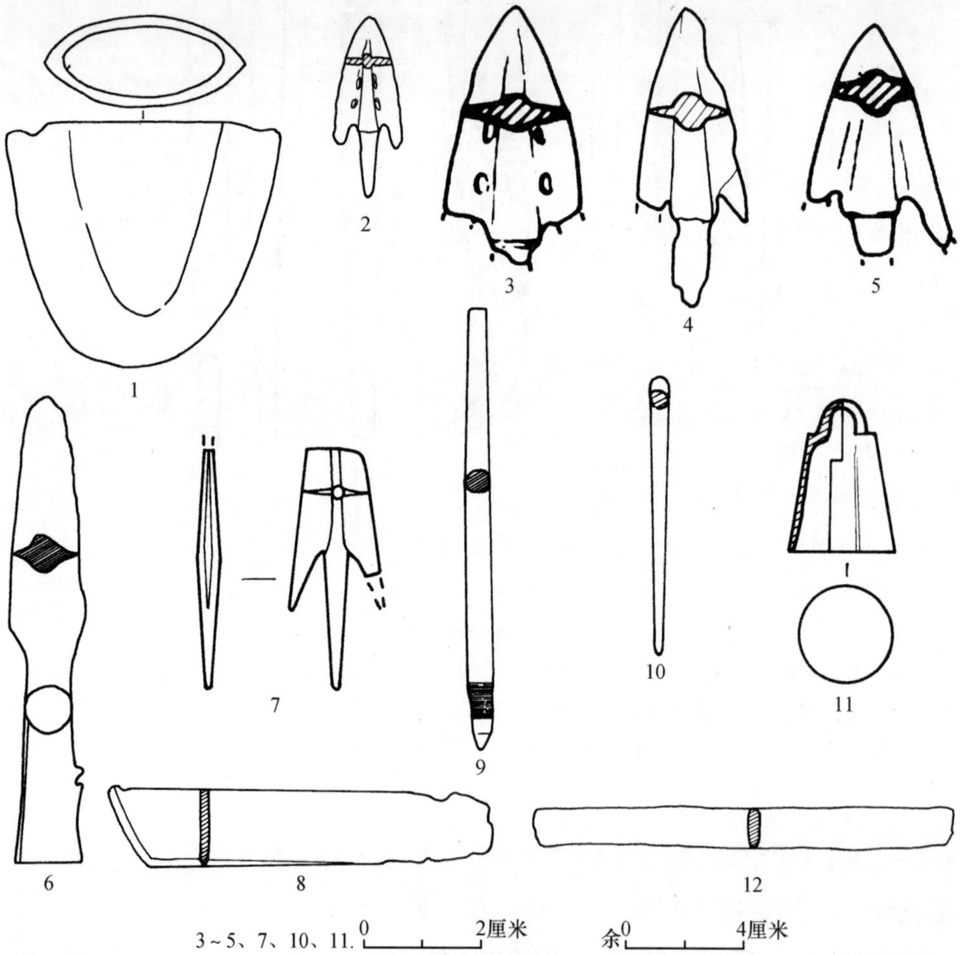

图八三　两周铜器

1. 钺（BT0201㊾：2）　2～5、7. 镞（CT0101㉜：1、CT0101㉜：2、CT0101㉝：2、CT0101㉜：4、CT0101⑱：3）
6. 矛（BT0201㊾：1）　8. 刀（BT0201㊵：1）　9. 锥（BT0101㉒：6）　10. 针（CT0101⑮：2）　11. 铃（DT0102㊴：1）
12. 铜条（BT0201⑮：4）

铃　DT0102㊴：1，青铜，锈蚀较严重。小纽钟形，扁圆形纽，圆口，尖唇，铃身有竖裂缝。较完整。模制。口径1.8、高2.5厘米（图八三，11）。

铜条　1件。BT0201⑮：4，青铜，锈蚀。扁平长条形。残。模制。残长14.3、宽2.3、厚0.4厘米（图八三，12）。

六、汉代遗存

汉代遗存虽然也是本次发掘的主要收获之一，但出土遗迹、遗物的数量较先秦各段相比大为减少。

（一）遗迹

主要有灰沟、灰坑、墓葬、窑、灶等。

1. 灰沟

G70　位于CdT0302东南部，局部暴露。层位关系：H716→G70→生土。

形制：平面呈长条形，东北—西南向，东北端略宽，弧壁，圜底。残长350～400、宽约90、深34厘米（图八四）。

沟内堆积及包含物：沟内填土分为2层。上层为淤土层，无包含物；下层为浅灰花土。包含绳纹灰陶板瓦残片，内壁饰粗布纹。

G77　位于CdT0302中西部。层位关系：⑮→G77→生土。

形制：平面形状呈不规则形，东北—西南向，西南部宽，东北部较窄，沟壁微弧，圜底。东北部浅，西南部深。残长230～310、宽60～90、深50厘米（图八五）。

沟内堆积及包含物：沟内填土为灰花土，内夹杂有红烧土颗粒。包含物有少量绳纹板瓦残片、鬲足等。

2. 灰坑

H688　位于DT0101西部，坑口距地表深330厘米。层位关系：⑩→H688→⑪。

形制：坑口平面略呈圆形，弧壁，底部不平。口径95～100、深40厘米（图八六）。

坑内堆积及包含物：坑内填灰黄色土，土质结构疏松，略带砂性，包含少量汉代板瓦残片和圜底罐残片。

H712　位于BT0201东南角，西邻Y35、Y36和H713、H685。坑口距地表深335厘米。层位关系：⑩→H712→⑪。

形制：坑口平面呈不规则圆形，直壁，底由南向北倾斜。口径100、深115厘米（图八七）。

坑内堆积及包含物：坑内填黄褐色砂黏土，质松，包含有汉代碎陶片3块。

H722　位于CaT0201中部偏北，西南侧有H720，坑口距地表深230厘米。层位关系：

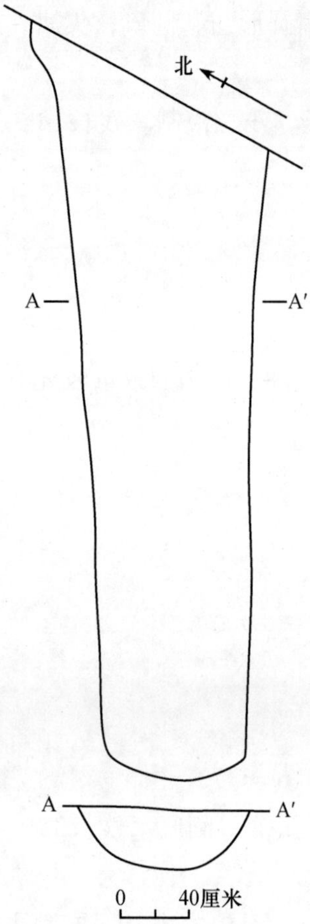

图八四　G70平、剖面图

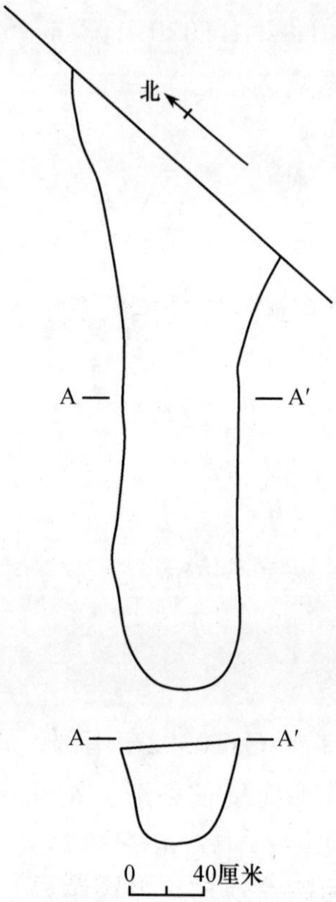

图八五　G77平、剖面图

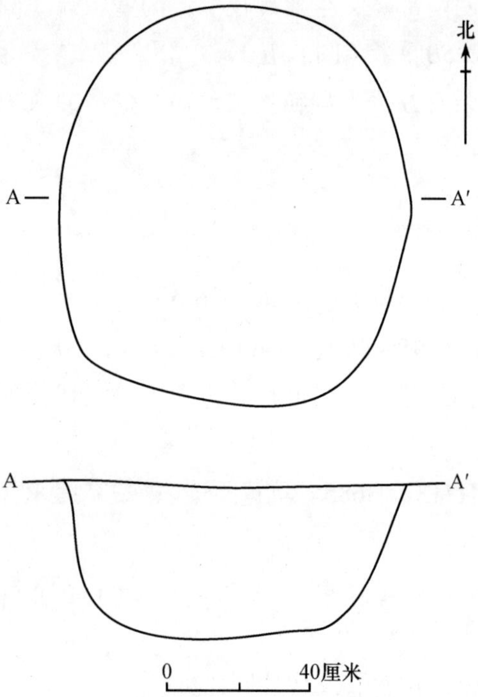

图八六　H688平、剖面图

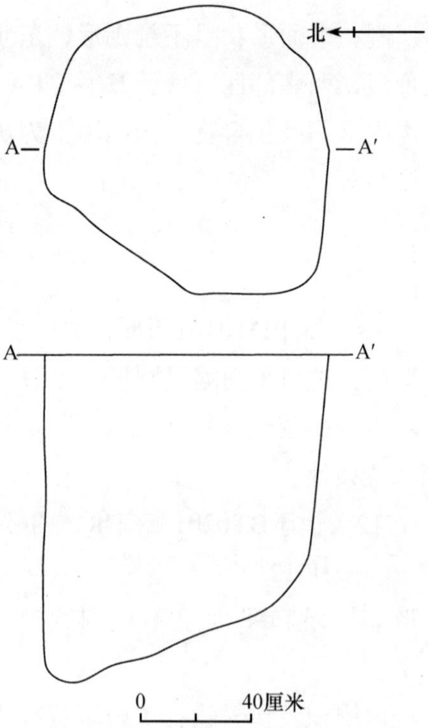

图八七　H712平、剖面图

⑭→H722→⑮。

形制：坑口平面呈圆形，斜壁，底较平，壁、底未特殊加工。口直径80、底径30、坑深40厘米（图八八）。

坑内堆积及包含物：坑内填灰褐黏土，质较紧密。夹杂少量烧土颗粒，包含陶片以灰陶板瓦为主，有瓦当、筒瓦、罐等。

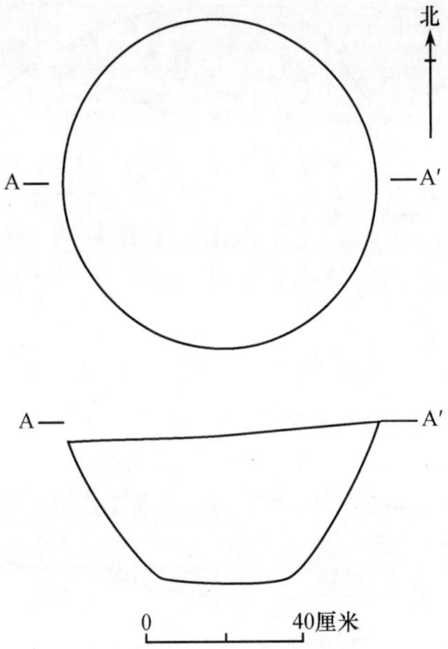

图八八　H722平、剖面图

H720　位于CaT0201西部偏北，坑口距地表深250厘米。层位关系：⑭→H720→⑯。

形制：坑口平面呈椭圆形，弧壁，底较平，壁、底无特殊加工。长径230、短径150、深40厘米（图八九）。

坑内堆积及包含物：坑内填灰褐黏土，质较紧密，内含少量烧土块。包含陶片以灰陶为主，红陶极少。纹饰有绳纹、素面。器形以板瓦为主，另有筒瓦、罐、盆等。

H730　位于CT0101西南及CT201西北部，深距地表450厘米。层位关系：⑮B→H730→H731。

形制：坑口平面略呈不规则椭圆形，坑壁斜直，底较斜。长径约265、短径230、深50～95厘米（图九〇）。

坑内堆积及包含物：坑内填灰黄色土，土质结构疏松，夹木炭、红烧土粒。包含陶片少量汉代板瓦与陶器残片，可辨器形有盆、折腹钵、器底等。

H717　位于CdT0302西南部。层位关系：⑫→H717→⑮。

形制：坑口平面呈不规则形，坑壁微弧，底近平。口长114、宽40～55、深23～30厘米（图九一）。

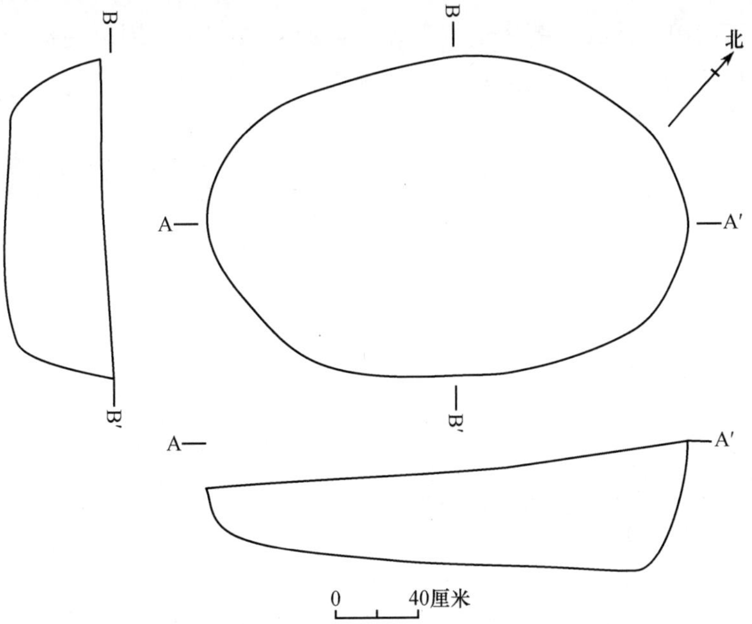

图八九　H720平、剖面图

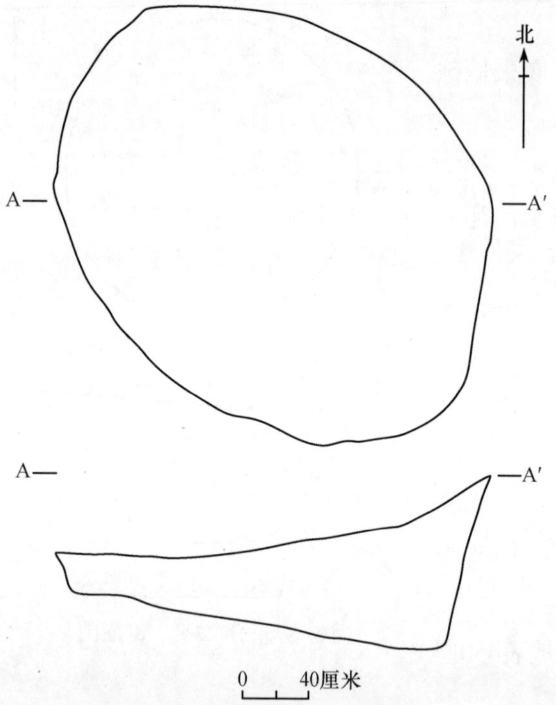

图九〇　H730平、剖面图

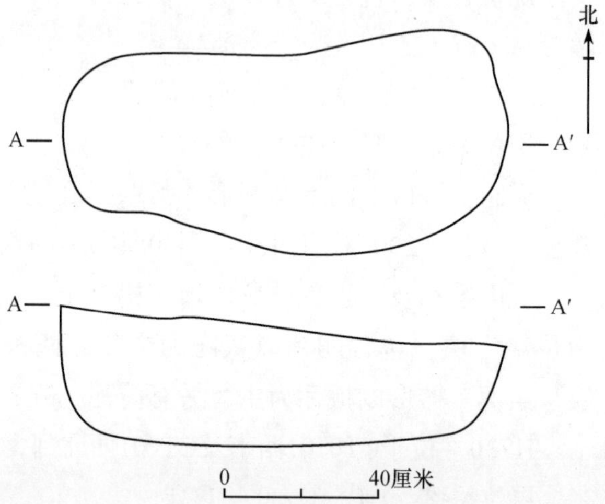

图九一　H717平、剖面图

坑内堆积及包含物：坑内填灰花土，包含有绳纹板瓦残片及几块不辨器形陶片。

H671　位于DT0102西北部，大部分压在CT0102东隔梁下，坑口距地表深310厘米。层位关系：⑬→H671→⑭。

形制：从暴露部分观察，坑口平面呈椭圆形或圆形，坑壁微斜，底略弧。口残径65、深65厘米（图九二）。

坑内堆积与包含物：坑内填褐黄色黏土、夹砂和红烧土颗粒，无包含物。

H728　位于DT0101南部，局部暴露。坑口距地表深270厘米。层位关系：⑩→H728→⑪。

形制：部分暴露，坑口平面形状不明，坑壁不规整，底较平。长160、残宽86、深85厘米（图九三）。

坑内堆积及包含物：坑内填青灰色土，质疏松，杂有红烧颗粒。包含少量板瓦碎块。

3. 墓葬

M95　位于CaT0201西部，墓口距地表深220厘米。层位关系：⑬→M95→⑯。

形制：墓圹呈长方形竖穴土坑，方向305°，直壁，斜平底。长100、宽45、残深10厘米（图九四）。

葬具：板瓦上下扣合成棺。

人骨：1具，保存极差，性别不明，未成年。

随葬品：无。

M98　位于CdT0302东北角，局部暴露，墓口距地表深190～250厘米。层位关系：⑬→M98→⑮。

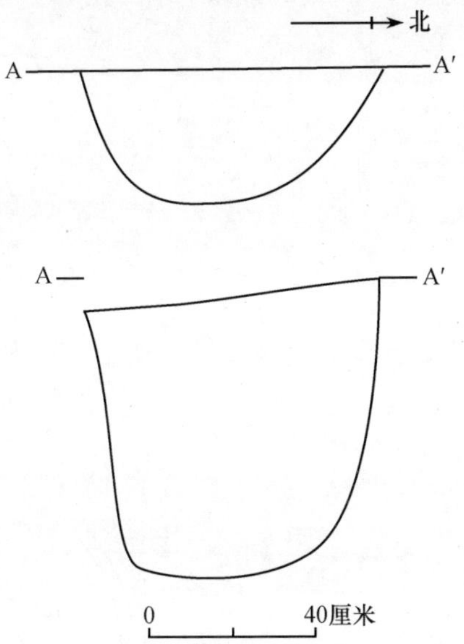

图九二　H671平、剖面图

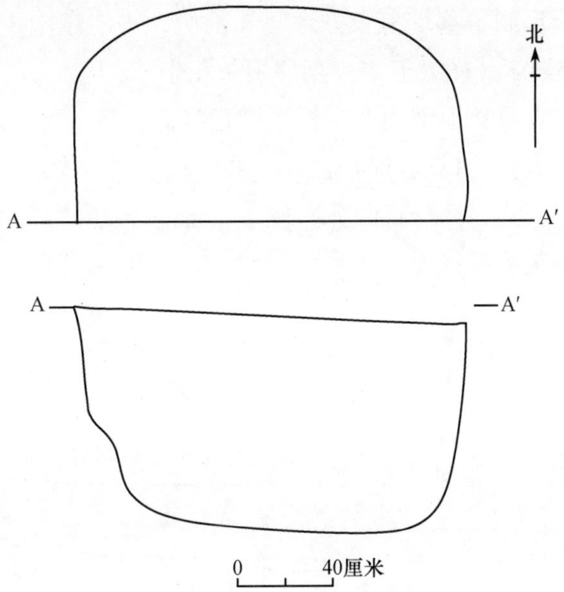

图九三　H728平、剖面图

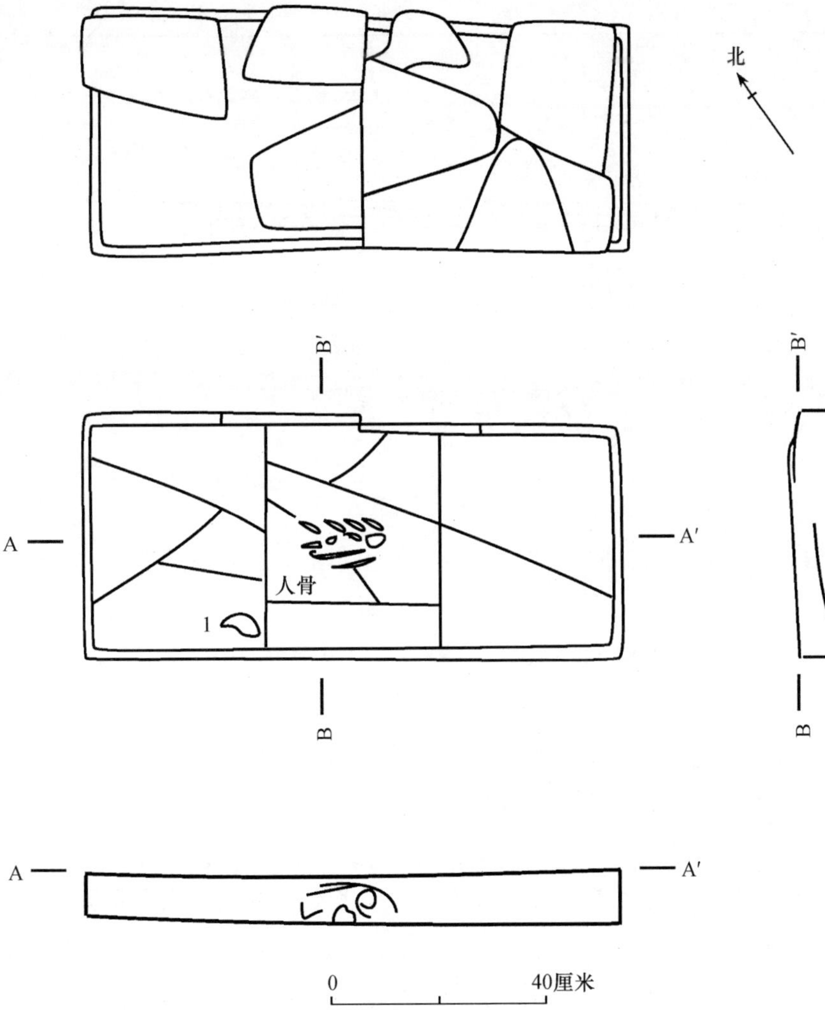

图九四　M95平、剖面图

1. 陶罐口沿

形制：墓圹呈长方形竖穴土坑，头向东南（135°），直壁，平底。残长150、宽40、残深17.5厘米（图九五）。墓葬填灰花土。

葬具：上部用两层板瓦错缝覆盖，略呈瓦棺。

人骨：1具。保存较好，采集，性别待检测，成年。

葬式：仰身直肢葬。

随葬品：无。

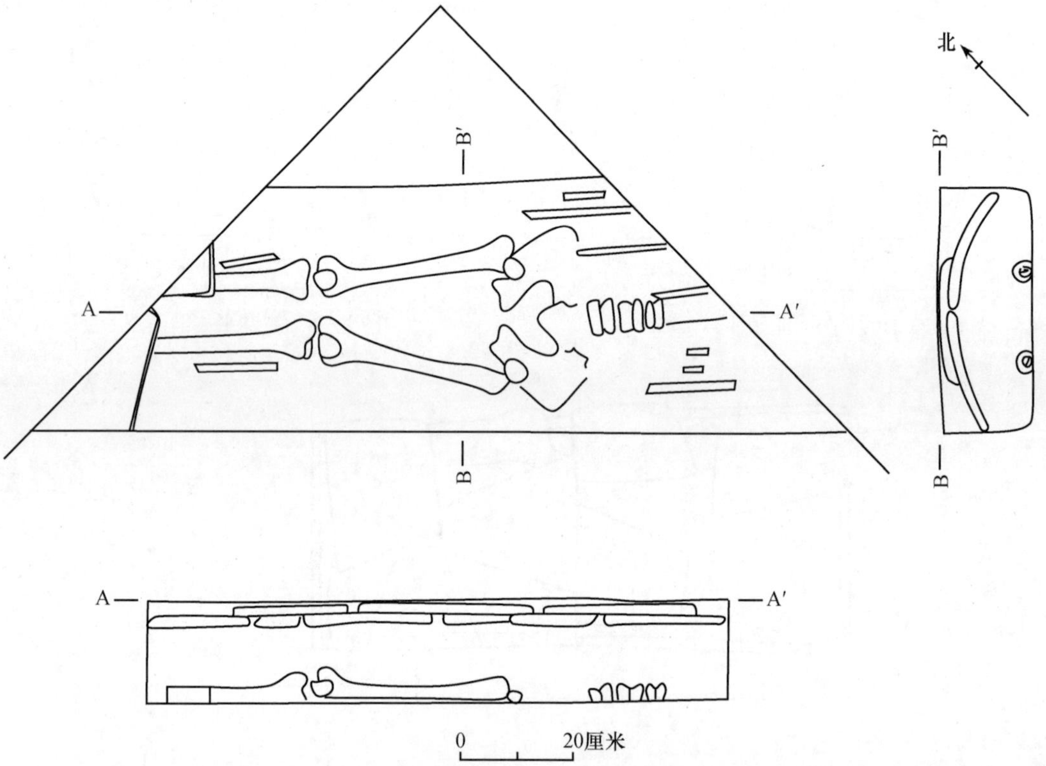

图九五　M98平、剖面图

4. 窑

Y35　位于BT0201东南部，向东北、西南延伸出本方。距地表深2.6～3.65米，地层关系：⑩→Y35→⑪。

形制：长条形，东北—西南向，残长6.5米，宽：火膛一端（西南）3.2米，窑膛一端（东北角）1.8米。前部为火道，前端（火膛）宽70厘米，末端（火道）窄50厘米，火道两边为窑底部，质硬，土色深红。通过四分法解剖，发现该窑为二次修建（修补）使用，有上、下两个火道及火膛，下面的火道及火膛属第一次修建，上面的则属于第二次修建或修补（以下统称上火道或上火膛）（图九六）。

火膛：两次火膛均置火道前端，由于被CT0201北隔梁所压平面不清楚。本方内火道前端只暴露猛然斜下的状况止于T0201北隔梁下，看不出上火膛的情况。而从纵剖面和探方南壁可明显看出第一次火膛的北半部，1/4解剖后形状为一被烧成粉碎石末的石头坑，半圆形的一半，南北长70厘米，石头下是烧的发青的烧结面，厚3～25厘米，斜上通向火道，火道下垫一

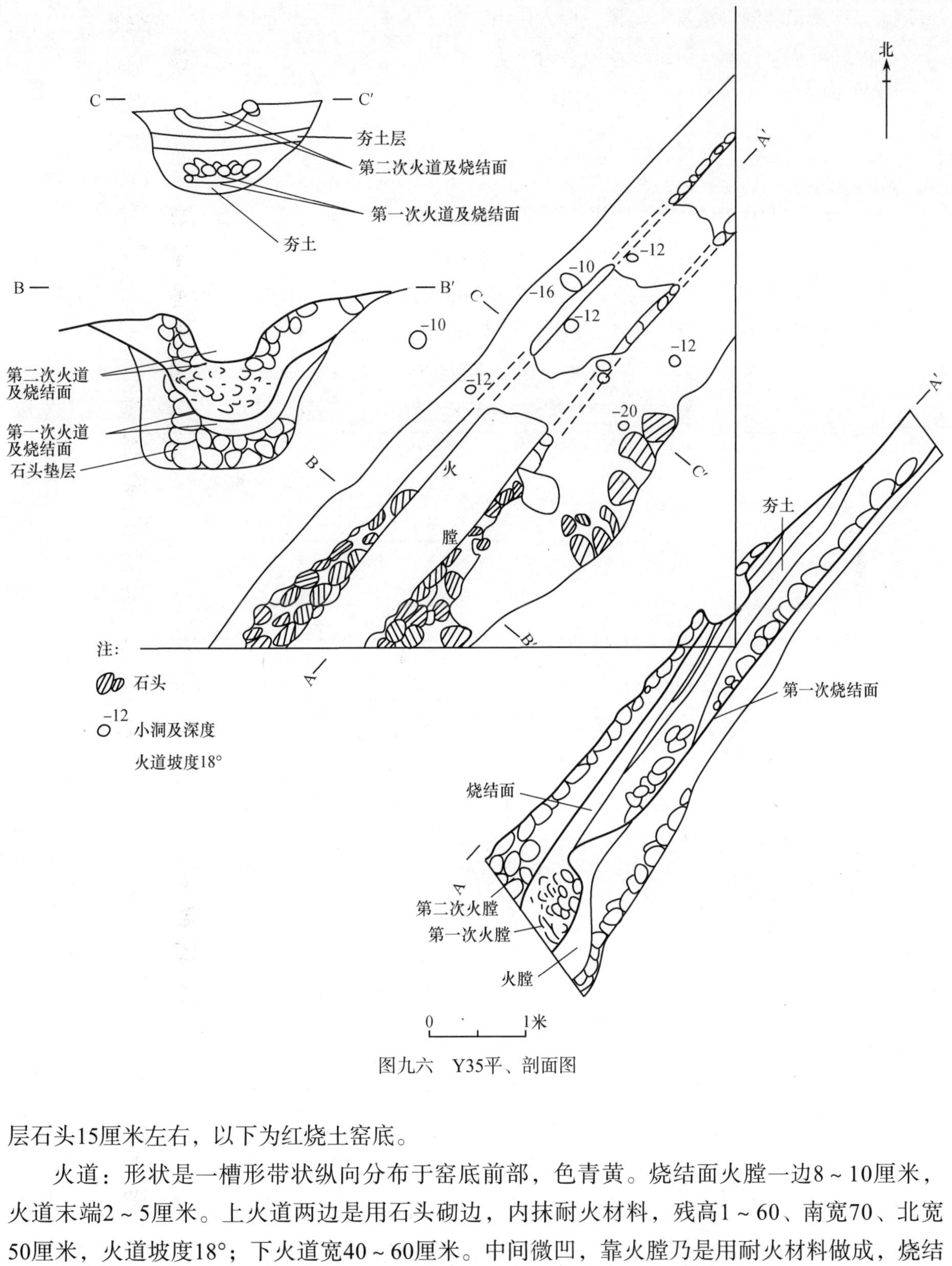

图九六　Y35平、剖面图

层石头15厘米左右，以下为红烧土窑底。

火道：形状是一槽形带状纵向分布于窑底前部，色青黄。烧结面火膛一边8～10厘米，火道末端2～5厘米。上火道两边是用石头砌边，内抹耐火材料，残高1～60、南宽70、北宽50厘米，火道坡度18°；下火道宽40～60厘米。中间微凹，靠火膛乃是用耐火材料做成，烧结面薄。

两次火道下均垫石头，然后垫土夯打，夯层层面凹凸不平，无明显夯窝，可能是用较大的石夯夯制后，再设置火道。

建筑方法：按需要，先挖长10～15、深0.5～1.7米的基槽，夯土底部，垫一层石头整平，置火膛，火道建窑壁、窑身、窑顶，后方使用。

窑内堆积及包含物：无堆积及包含物。

在其西1.8米处分布Y36，方向、建筑方法大致相同。

5. 灶

Z8　位于CT0101东北角，部分压在东隔梁下，灶口距地表深380厘米。层位关系：⑫→Z8→⑭。

形制：暴露部分平面略呈圆角长方形，剖面略呈“凹”形，中间低、两边高，中间部分有浅灰色烧结面，烧结面坚硬，厚约1厘米。长90、残宽25厘米（图九七）。

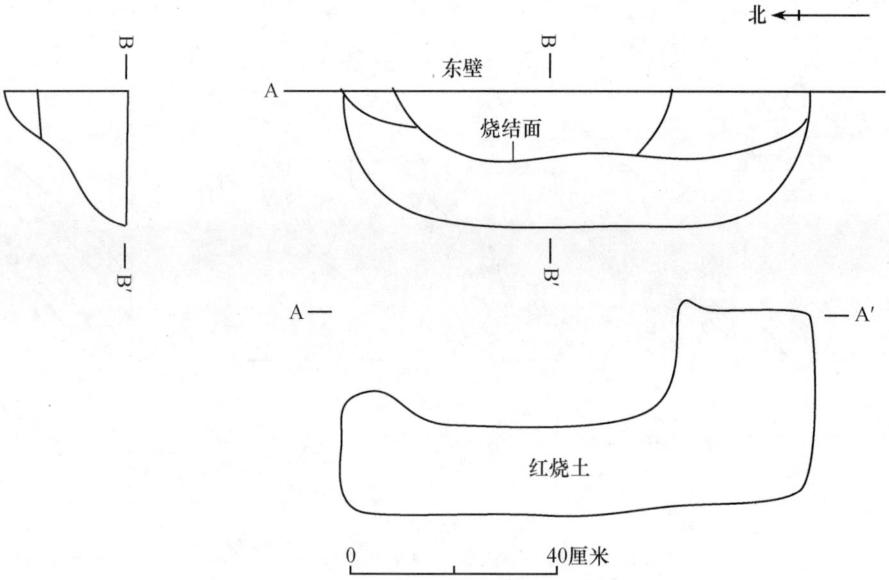

图九七　Z8平、剖面图

（二）遗物

出土遗物以陶器为主，石器、骨器、铜器、铁器都很少。

1. 陶器

陶质以夹砂陶为主，部分泥质、陶色以灰色为主，黑、褐陶次之，红陶较少，纹饰多绳纹，方格纹、弦纹、镂孔等较少，素面占较大比例，火候较高、制法以轮制为主，少量手制。器类主要有瓮、罐、釜、甑、豆、盂、壶、盆、洗、盒、钵等，尤以瓮、罐、盆形釜、圈足豆、折腹盆、折腹钵最具特点。

卷沿瓮　CaT0201⑭：10，夹砂黑陶。褐胎、局部灰。肩饰粗凹弦纹、网格形细划纹。侈口，卷沿，圆唇，广肩。残。轮制，火候高。残宽10、残高8厘米（图九八，1）。CaT0201⑭：11，夹砂灰陶。灰黑胎。肩饰斜细划纹。侈口，窄卷平沿，圆唇，矮领，广肩。残。轮制，火候高。口径18.8、残高6厘米（图九八，2）。CdT0202⑪：7，泥质黑陶。红褐胎。肩饰粗凹弦纹、网格状细暗纹。侈口，卷沿，圆唇，圆肩。残。轮制，火候高。残宽11.6、残高5厘米（图九八，3）。AT0101⑨：5，夹砂灰黑陶。外唇、肩部饰横暗纹，肩上部饰粗凹弦纹一周，腹饰由叶脉、竖条、网格组成的窄带状印纹。敛口，斜卷沿，圆肩。残。轮制，火候高。残宽24.6、残高13厘米（图九八，4）。AT0101⑨：3，夹砂灰褐陶。局部、胎、里黑。素面。侈口，沿微外下卷，圆肩。残。轮制，火候较高。残宽12.2、残高7.2厘米（图九八，5）。BT0101⑨：1，夹砂灰褐陶。红褐胎。素面。侈口，沿外下卷，圆唇，鼓肩。残。轮制，火候高。残宽13.2、残高8.6厘米（图九八，6）。

平沿瓮　BT0101⑬：10，夹砂灰黑陶。上、下唇面饰凹弦纹。侈口，折沿微斜，唇面微凹，领斜弧。残。轮制，火候高。残宽9.8、残高4.2厘米（图九八，7）。BT0101⑫：11，夹砂灰黑陶，黑胎。侈口，折沿近平，方唇，矮束领，有肩。残。轮制，火候高。残宽7.4、残

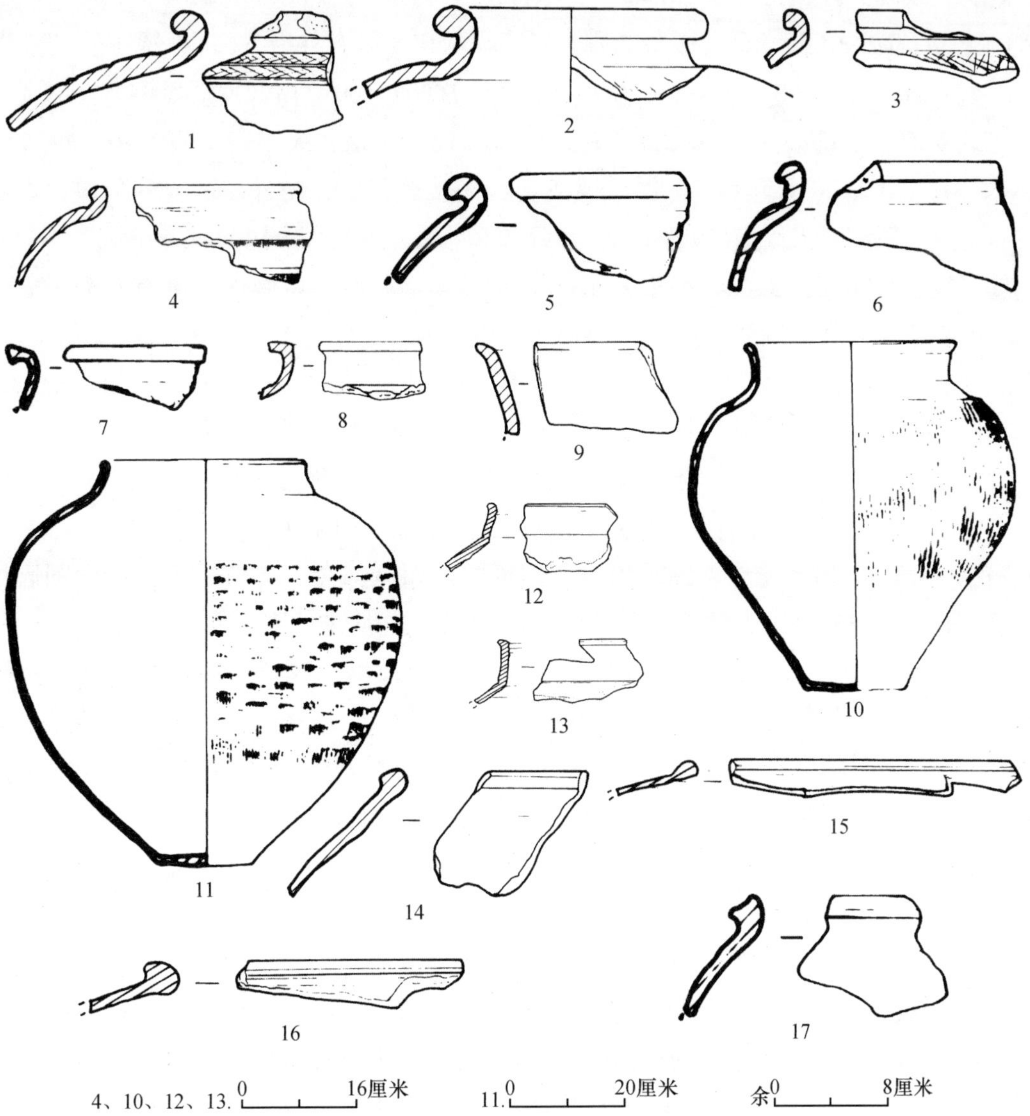

图九八　汉代陶瓮

1～6. 卷沿瓮（CaT0201⑭：10、CaT0201⑭：11、CdT0202⑪：7、AT0101⑨：5、AT0101⑨：3、BT0101⑨：1）　7、8. 平沿瓮（BT0101⑬：10、BT0101⑫：11）　9～13. 中领瓮（BT0101⑪：7、AT0101⑩：2、BT0201⑪：1、BT0201⑩：12、BT0102⑭：8）　14～16. 敛口瓮（CaT0201⑩：8、BT0201⑩：14、DT0102⑭：7）　17. 子母口瓮（BT0101⑨：2）

高3.8厘米（图九八，8）。

中领瓮 BT0101⑪：7，夹砂灰黑陶。胎褐夹灰。素面。敞口，卷沿，圆唇，领外斜。残。轮制，火候较高。残宽9.8、残高6厘米（图九八，9）。AT0101⑩：2，夹砂灰黑陶。局部灰褐，胎褐夹灰。肩、上腹饰竖中粗绳纹。侈口，卷沿，圆唇，领外斜，窄斜肩，上腹圆鼓，下腹微内弧，平底。修复。盘筑轮修，火候较高。口径29.6、底径14.5、高45.6厘米（图九八，10）。BT0201⑪：1，夹砂黑陶。局部、胎褐。中腹饰竖绳纹。敛口，圆尖唇，矮领内斜，圆肩，鼓腹，小平底。修复。盘筑轮修，火候较高。口径35.5、底径16、高66厘米（图九八，11）。BT0201⑩：12，夹砂黑陶。红褐胎。素面，内壁多瓦棱纹。敛口，尖圆唇，领内斜，斜广肩。残。轮制，火候高。残宽13.2、残高9厘米（图九八，12）。BT0102⑭：8，夹砂黑陶。红褐胎。素面，领内上部饰凹弦纹。侈口，窄斜折沿，圆唇，领微内斜，斜广肩。残。轮制，火候高。残宽15、残高8.4厘米（图九八，13）。

敛口瓮 CaT0201⑩：8，夹砂灰黑陶。素面。敛口，微有外沿，圆唇，斜肩。残。轮制，火候高。残宽10.4、残高8.4厘米（图九八，14）。BT0201⑩：14，泥质黑陶。灰褐胎。唇面微凹弦纹，唇面、肩部磨光。敛口，圆唇，广肩。残。轮制，火候高。残宽20、残高2.4厘米（图九八，15）。DT0102⑭：7，泥质黑陶。红褐胎。素面，内外壁磨光。敛口，卷沿，圆唇，广肩。残。轮制，火候高。残宽15.6、残高2.8厘米（图九八，16）。

子母口瓮 BT0101⑨：2，夹砂灰褐陶。局部黑。素面。口微侈，微有卷沿，方唇，溜肩。残。轮制，火候高。残宽10.4、残高8厘米（图九八，17）。

折沿罐 DT0102⑭：4，夹砂黑陶。红褐胎。上腹微有瓦棱纹。侈口，折沿，圆唇，矮领较斜，流肩，鼓腹。残。轮制，火候高。残宽11.2、残高6.4厘米（图九九，1）。

卷沿罐 ET0101㉔：2，夹砂红陶。局部、里黑。肩饰斜绳纹。侈口，卷沿外翻，圆唇，矮领较斜，有肩。残。轮制，火候较高。残宽14.2、残高5.6厘米（图九九，2）。

中领罐 DT0101⑩：5，夹细砂黑陶。腹饰竖向粗状绳纹。侈口，平折沿，圆唇，领较直，鼓腹。残。盘筑轮制，火候较高。口径12.6、残高13.8厘米（图九九，3）。

矮领罐 CdT0202⑫：1，泥质灰陶。灰黑胎。肩饰粗凹弦纹、内壁瓦棱纹。口微侈，微有卷沿，圆唇，广肩。残。轮制，火候高。口径15.2、残高5.2厘米（图九九，4）。CdT0202⑪：5，泥质黑陶。局部灰褐。外沿有凸棱一周，领、肩饰斜绳纹，局部按抹呈细线。口微侈，圆唇，矮领，广肩。残。轮制，火候较高。口径13、残高5厘米（图九九，5）。BT0201⑪：14，泥质灰陶。素面。侈口，矮领外翻，圆唇，广肩。残。轮制，火候高。残宽9、残高3.8厘米（图九九，6）。

敛口罐 BT0101⑬：12，夹砂灰陶。肩部饰斜绳纹后抹平，上腹饰粗凹弦纹。敛口，圆唇，折肩，鼓腹。残。轮制，火候高。残宽6.9、残高4.6厘米（图九九，7）。

盘口罐 BT0201⑩：13，泥质黑陶。素面。盘口、内沿外折略呈浅盘状，圆唇，外沿较宽，斜肩。残。轮制，火候高。残宽11.2、残高6.2厘米（图九九，8）。

盆形釜 AT0101⑨：6，夹砂褐陶。局部、里黑，胎褐夹灰。外沿下部饰戳印纹，肩饰斜绳纹。侈口，卷斜圆，圆唇，溜肩。残。轮制，火候较高。残宽10、残高5.6厘米（图一〇〇，1）。AT0101⑪A：1，夹砂黑陶。局部、胎褐。上腹饰波浪形暗纹，腹饰斜绳纹。

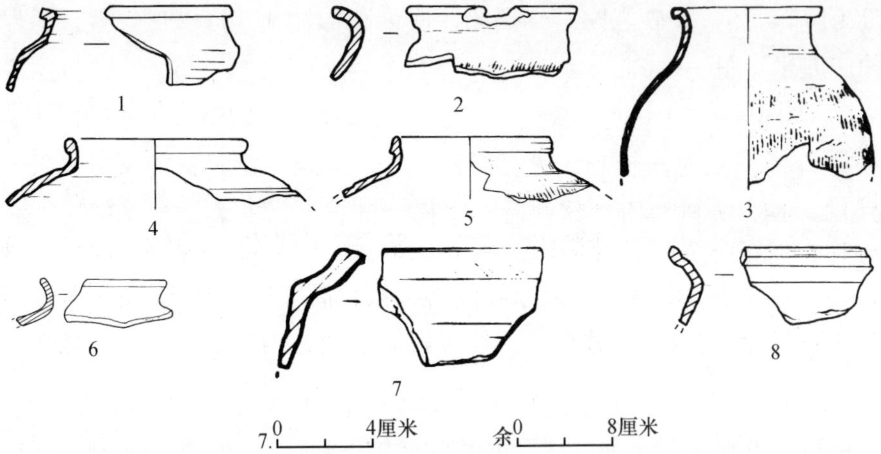

图九九　汉代陶罐

1. 折沿罐（DT0102⑭：4）　2. 卷沿罐（ET0101㉔：2）　3. 中领罐（DT0101⑩：5）　4～6. 矮领罐（CdT0202⑫：1、CdT0202⑪：5、BT0201⑪：14）　7. 敛口罐（BT0101⑬：12）　8. 盘口罐（BT0201⑩：13）

侈口，卷沿外斜，圆唇，鼓腹。残。轮制，火候高。残宽12.6、残高5厘米（图一〇〇，2）。ET0101㉔：1，夹砂黑陶。红褐胎。素面，多刮抹痕。侈口，斜折沿，圆尖唇，矮束领，溜肩。残。轮制，火候较高。残宽10.8、残高5.6厘米（图一〇〇，3）。CaT0201⑭：3，夹砂红陶。局部、胎黑。外沿饰戳印纹。侈口，斜折沿宽，圆唇，斜肩。残。手制轮修，火候较高。残宽13.7、残高5.6厘米（图一〇〇，4）。

罐形釜　AT0101⑪B：5，夹砂褐陶。局部、里灰黑。外沿下部饰戳印纹，肩饰斜绳纹。侈口，折沿，圆唇，颈斜直，溜肩。残。轮制，火候较高。口径16.2、残高7.4厘米（图一〇〇，5）。AT0101⑪B：6，夹砂黑陶。胎红夹黑褐。内沿饰横暗纹，颈饰尖折波浪形暗纹，肩饰斜绳纹。侈口，卷沿，圆唇，颈微斜弧，溜肩。残。轮制，火候较高。口径18.4、残高5.6厘米（图一〇〇，6）。BT0101⑬：7，夹粗红陶。局部灰褐、褐。腹饰斜中粗绳纹。侈口，卷沿，圆唇，上腹外斜。残。手制，火候较高。残宽10、残高9厘米（图一〇〇，7）。

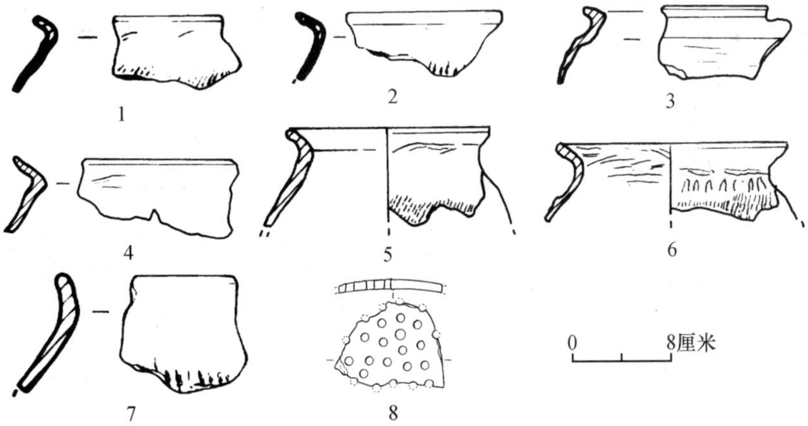

图一〇〇　汉代陶器

1～4. 盆形釜（AT0101⑨：6、AT0101⑪A：1、ET0101㉔：1、CaT0201⑭：3）　5～7. 罐形釜（AT0101⑪B：5、AT0101⑪B：6、BT0101⑬：7）　8. 甑（BT0201⑩：15）

甑　BT0201⑩：15，夹砂黑陶。红褐胎。底多圆形镂孔。底微凹。残。轮制，火候高。残宽10.8、厚0.7厘米（图一〇〇，8）。

矮圈足豆　AT0101⑨：1，夹砂灰黑陶。素面。口微敛，圆唇，上腹微内折，下腹弧收，圈足形豆座，壁外撇。复原。轮制，火候较高。口径12.4、足径5.2、高5厘米（图一〇一，1）。BT0101⑬：14，夹砂黑陶。红褐胎。素面。敛口，微有卷沿，圆唇，上腹微鼓、下腹弧收。残。轮制，火候高。口径14.2、残高3.8厘米（图一〇一，2）。BT0101⑪：5，夹砂灰陶。局部、胎褐。素面，内底瓦棱纹。侈口，微有卷沿，圆唇，弧腹，圈足较矮、外斜。复原。轮制，火候高。口径13.6、足径7.2、高6.4厘米（图一〇一，3）。

高圈足豆　DT0101⑩：4，夹细砂黑陶。褐胎。豆座饰瓦棱纹。敞口，圆唇，浅盘，喇叭形豆座。残。轮制，火候较高。口径11、残高7.6厘米（图一〇一，4）。AT0101⑪B：4，泥质灰褐陶，红褐胎。器表微有瓦棱纹、划痕。口微敛，圆唇，上腹微鼓，下腹弧收。残。轮制，火候高。残宽9.2、残高4.2厘米（图一〇一，5）。

豆座　BT0101⑬：15，夹砂灰黑陶。盘下腹饰凸弦纹一周。微有下腹，盘内底较平，矮柄，喇叭形座。残。轮制，火候高。座径7.8、残高4.2厘米（图一〇一，6）。

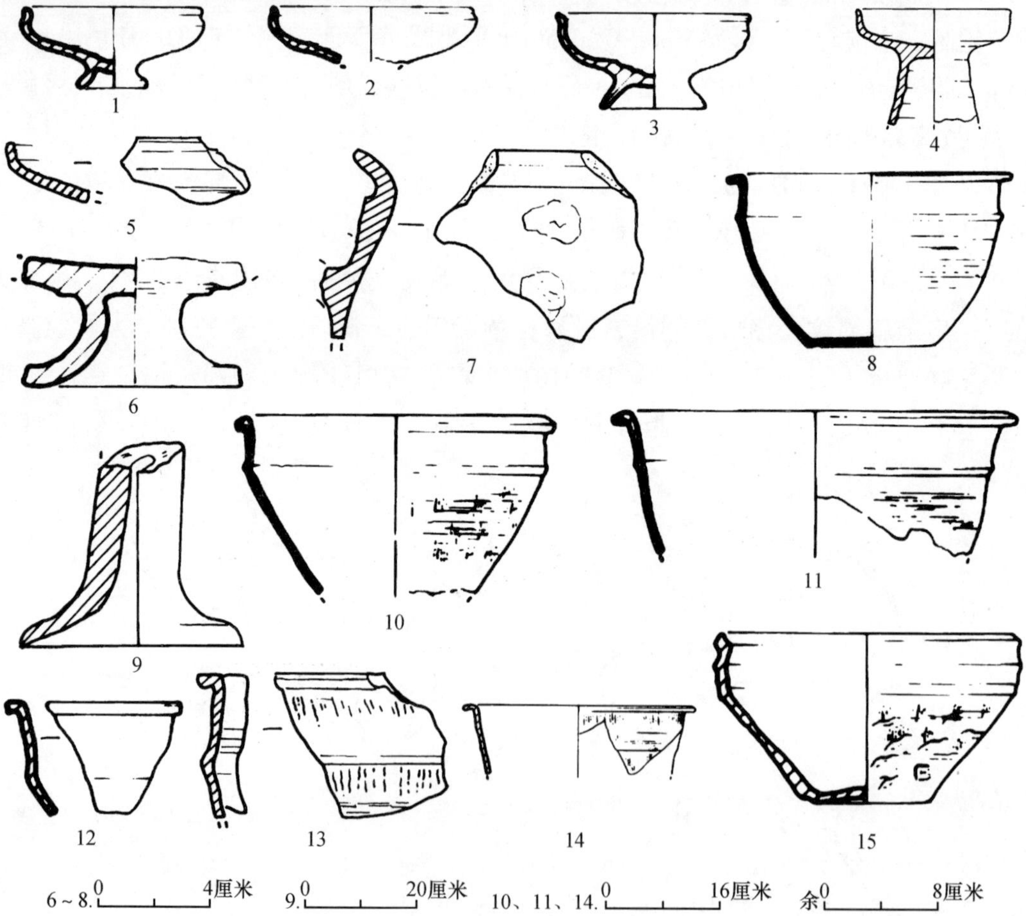

图一〇一　汉代陶器

1～3. 矮圈足豆（AT0101⑨：1、BT0101⑬：14、BT0101⑪：5）　4、5. 高圈足豆（DT0101⑩：4、AT0101⑪B：4）　6. 豆座（BT0101⑬：15）　7. 鍪（BT0201⑪：13）　8、10～15. 折腹盆（AT0101⑩：5、AT0101⑩：3-1、DT0101⑨：2、AT0101⑨：4、AT0101⑪B：2、BT0101⑬：6、AT0101⑩：4）　9. 灯（AT0101⑪B：3）

灯 1件。AT0101⑪B：3，泥质灰黑陶。红褐胎。素面。圆柱形柄，喇叭口形座，圆唇。残。轮制，火候高。座径7.8、残高6.8厘米（图一〇一，9）。

鍪 BT0201⑪：13，夹砂褐陶。局部、胎黑。素面，多刮抹痕。侈口，卷沿，圆唇，鼓腹，上腹附加竖耳。残。轮制，火候高。残宽7.3、残高6.3厘米（图一〇一，7）。

折腹盆 AT0101⑩：5，夹砂灰陶。上腹饰凸弦纹一周，腹多细凹弦纹。口微侈，沿外下折、沿面弧，圆唇，折腹，上腹微内斜、下腹弧收，底微凹。修复。轮制，火候较高。口径50、底径22、高29厘米（图一〇一，8）。AT0101⑩：3-1，夹粗砂灰黑陶。局部、胎灰。腹饰组状拍印绳纹后按抹。口微侈，沿外下折，沿面微凹，方唇，唇面微凹，折腹。残。轮制，火候较高。口径45.2、残高24厘米（图一〇一，10）。DT0101⑨：2，夹砂灰褐陶。上腹饰凸弦纹一周，下腹多旋痕。敞口，沿外下折、沿面外弧，圆唇，腹微弧收。残。轮制，火候较高。口径58.1、残高19.2厘米（图一〇一，11）。AT0101⑨：4，夹砂灰陶。胎灰夹红褐。上腹饰斜绳纹后按抹，其下饰凸棱一周，下腹饰斜绳纹。敞口，折沿外卷，圆唇，上腹微束，下腹弧收。残。轮制，火候高。残宽9.9、残高8厘米（图一〇一，12）。AT0101⑪B：2，夹砂灰黑陶。腹饰斜绳纹，局部抹断，上腹饰凸棱一周，下腹饰细划纹。口微敛，卷平沿、沿面近唇处内凹，圆唇，折腹，上腹微斜，下腹斜内收。残。轮制，火候高。残宽12、残高9.6厘米（图一〇一，13）。BT0101⑬：6，夹砂灰褐陶。唇面饰细凹弦纹，腹饰竖细绳纹后按抹呈细线状，上腹饰斜凸弦纹一周。敞口，沿微外下卷，圆唇，腹斜内收。残。轮制，火候高。口径32.4、残高9.2厘米（图一〇一，14）。AT0101⑩：4，夹粗砂灰黑陶。胎灰。上腹饰瓦棱纹，下腹多戳刮痕、旋痕。侈口，斜折沿、沿面微凹，唇面内凹，颈内斜，下腹微内弧，底内凹。修复。轮制，火候较高。口径20.4、底径8.8、高11.7厘米（图一〇一，15）。

盆 AT0101⑨：2，夹砂黑陶。腹饰斜竖绳纹。敛口，折沿微外下卷，唇面微凹，弧腹。残。轮制，火候高。残宽14.4、残高5.2厘米（图一〇二，1）。CT0201⑲：2，夹砂灰陶。腹饰细横划纹。直口，折沿微外下卷，唇面微凹，上腹较直，下腹弧收。残。轮制，火候高。残宽8.8、残高8.4厘米（图一〇二，2）。CT0201⑲：3，夹砂灰陶。沿面、上腹饰横暗纹，上腹饰竖印纹，内壁粗磨。敛口，折沿外下卷，圆唇，弧腹。残。轮制，火候高。残宽10.8、残高7.4厘米（图一〇二，3）。CaT0201⑬B：1，泥质灰陶。素面。侈口，斜卷沿，唇面微凹，微束领，上腹微鼓，下腹微弧收，平底微凹。复原。轮制，火候较高。口径32.4、底径15.8、高11.2厘米（图一〇二，4）。DT0102⑭：3，泥质黑陶。灰褐胎。素面，唇面、内壁磨光。侈口，卷沿，圆唇，上腹微鼓，下腹弧收。残。轮制，火候高。残宽11.6、残高7.2厘米（图一〇二，5）。DT0102⑭：1，夹砂灰陶。外沿、内壁饰横暗纹。敛口，外沿较宽，圆唇，上腹微鼓。残。轮制，火候高。残宽14、残高4.8厘米（图一〇二，6）。DT0102⑭：18，夹砂黑陶。红褐胎。下腹饰细划纹。敛口，微有平折沿，方唇，上腹微鼓，下腹弧收，圜底。残。手制轮修，火候高。残宽10.2、残高12.2厘米（图一〇二，7）。BT0201⑪：9，夹粗砂黑陶。胎褐夹灰。上腹饰抹断斜绳纹，下腹多凹弦纹。口微敛，折沿外下弧，圆唇，上腹微鼓。残。轮制，火候高。残宽8.4、残高6.8厘米（图一〇二，8）。CaT0201⑩：7，泥质灰黑陶。上腹多细凹弦纹，内、外壁粗磨。敛口，微有卷沿，圆唇，弧腹。残。轮制，火候高。残宽14.4、残高11.2厘米（图一〇二，9）。BT0201⑩：17，泥质灰黑陶。局部灰褐。上腹饰粗凹弦纹和凸棱一周，口沿、上腹和内壁饰横暗纹。敛口，圆唇，弧腹。残。轮制，火候高。残宽9.6、残高5.4厘米（图一〇二，10）。ET0101㉑：3，泥质灰陶。局部灰褐。上腹饰凸弦纹一周，腹饰抹断斜中粗绳纹。口近直，外沿有凸棱一周，弧腹。残。轮制，火候高。残宽10.4、残高7厘米（图一〇二，11）。

盂 BT0101⑬：9，夹砂黑皮陶。红褐胎。内、外壁饰暗纹。侈口，沿外下折，圆唇，上腹微束，下腹弧收。残。轮制，火候高。残宽6.8、残高6.8厘米（图一〇二，12）。CaT0201⑭：5，夹砂灰褐陶。素面。侈口，卷沿，圆唇，领较直，领、腹间折，腹弧收。残。轮制，火候较高。残宽7.8、残高7.2厘米（图一〇二，13）。

盘 BT0101⑨：3，夹砂灰黑陶。灰褐胎。素面，内外壁磨光。敞口，方唇，弧腹，圜底，厚胎。残。轮制，火候高。口径26.8、残高5.6厘米（图一〇二，14）。

折腹钵 BT0201⑪：12，夹砂黑陶，红褐胎。外沿下部饰凹弦纹一周，下腹饰粗划纹。敞口，窄外沿，圆唇，折腹，上腹微束，下腹斜收，底微凹。复原。轮制，火候高。口径17.2、底径6.4、高6厘米（图一〇二，15）。DT0101⑨：1，夹砂红褐陶。局部灰黑。上腹饰

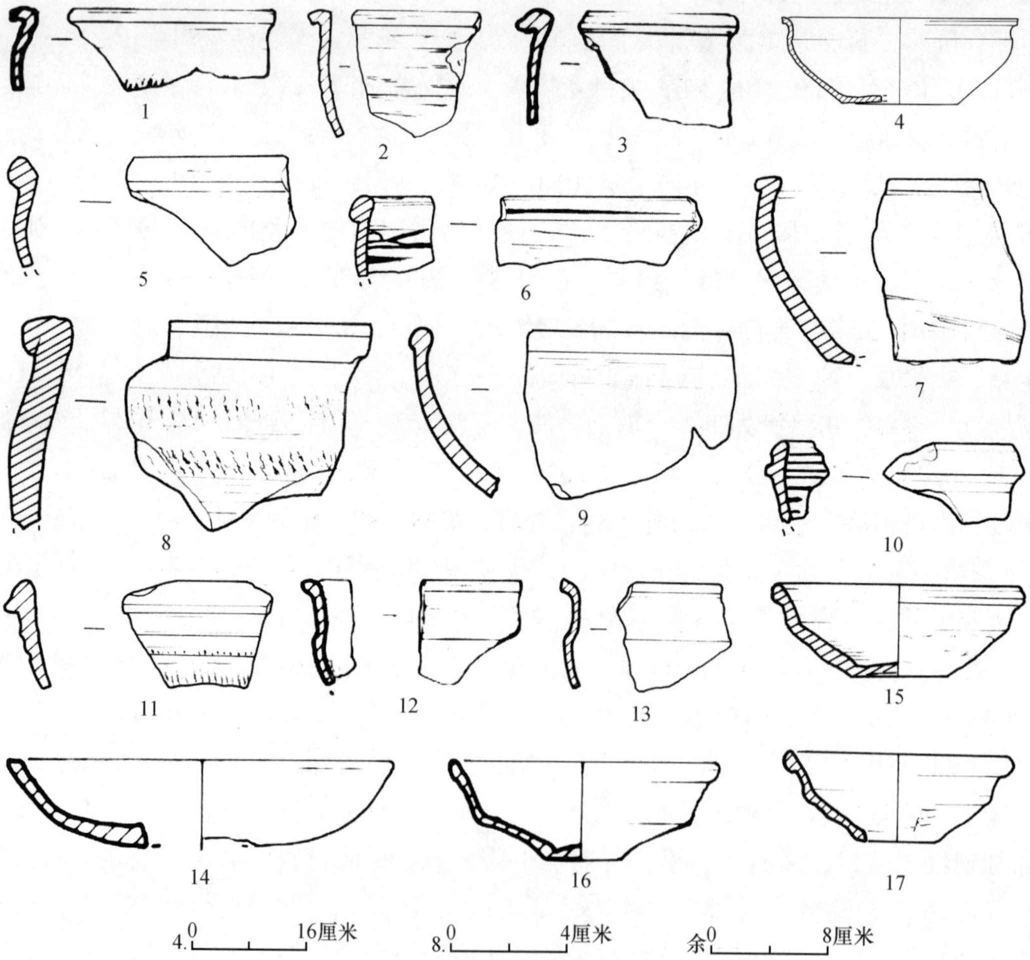

图一〇二 汉代陶器

1～11. 盆（AT0101⑨：2、CT0201⑲：2、CT0201⑲：3、CaT0201⑬B：1、DT0102⑭：3、DT0102⑭：1、DT0102⑭：18、BT0201⑪：9、CaT0201⑩：7、BT0201⑩：17、ET0101㉑：3） 12、13. 盂（BT0101⑬：9、CaT0201⑭：5） 14. 盘（BT0101⑨：3） 15～17. 折腹钵（BT0201⑪：12、DT0101⑨：1、CaT0201⑬A：1）

瓦棱纹。敞口，窄外沿，圆唇，折腹，小平底。复原。轮制，火候较高。口径18、底径5.2、高6.4厘米（图一〇二，16）。CaT0201⑬A：1，泥质灰褐陶。口沿、下腹、里黑。下腹饰划纹。敞口，外沿较窄，圆唇，折腹，上腹微束、下腹微弧收，平底。复原。轮制，火候较高。口径14.5、底径5.2、高5.8厘米（图一〇二，17）。

盒　CdT0202⑪：6-1，泥质黑陶。褐胎。腹饰凹弦纹。敛口，微有卷沿，圆唇，窄斜折肩，弧腹，下腹折收。残。轮制，火候较高。口径18.2、残高6.4厘米（图一〇三，1）。

匜　CaT0201⑩：6，泥质黑陶。灰胎。上腹饰圆形镂孔，器表、内沿磨光。敛口，圆唇，上腹镂孔处附加流，鼓腹。残。手制，火候高。残宽10.8、残高8.2厘米（图一〇三，2）。

盖纽　BT0201⑪：16，泥质黑陶。红褐胎。素面。假圈足形纽，顶微凹，矮柄，微有盖壁。残。轮制，火候高。纽径6.5、残高3.2厘米（图一〇三，3）。BT0101⑬：16，泥质黑陶。素面。蒜头形纽，中空。残。手制，火候高。纽径5.4、残高3.4厘米（图一〇三，4）。

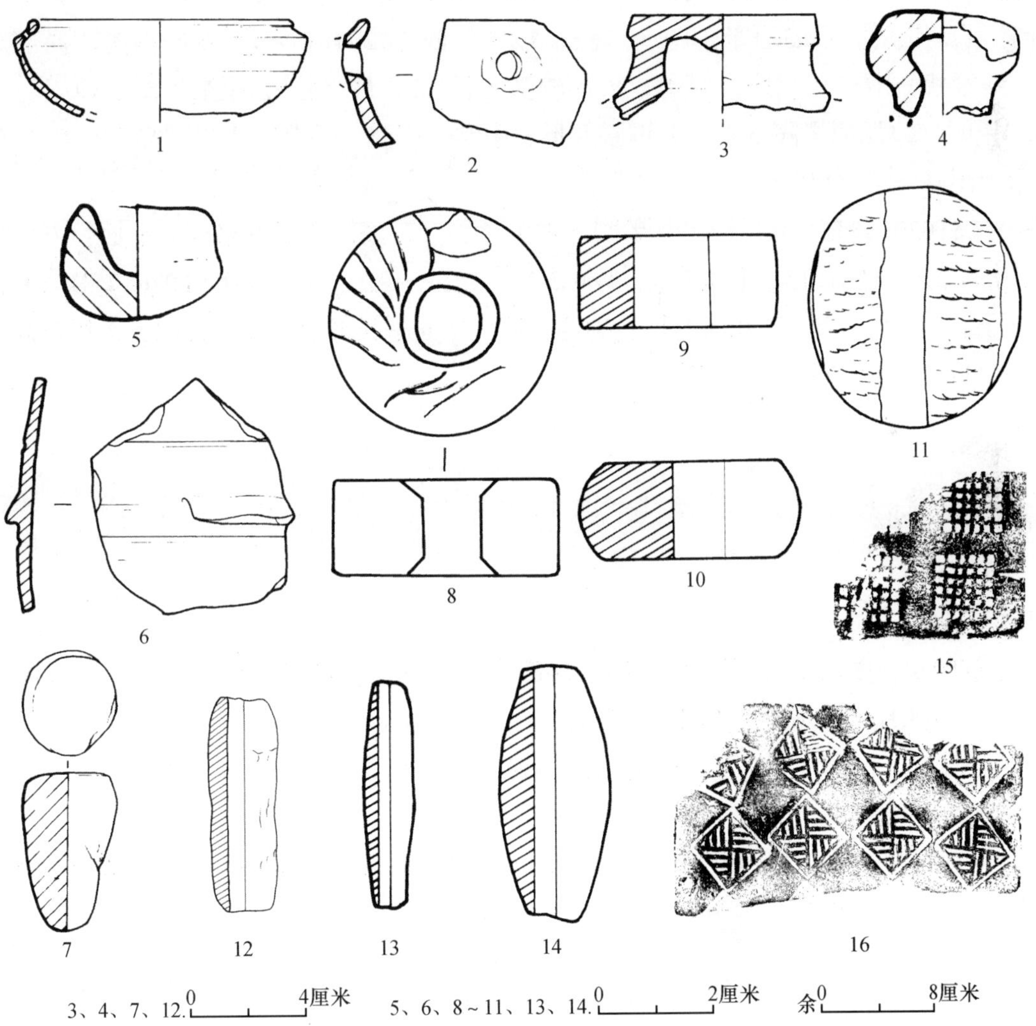

图一〇三　汉代陶器

1. 盒（CdT0202⑪：6-1）　2. 匜（CaT0201⑩：6）　3、4. 盖纽（BT0201⑪：16、BT0101⑬：16）　5～7. 不明器（BT0101⑬：17、ET0101㉑：6、CT0201⑲：6）　8～11. 纺轮（CdT0202⑪：3-2、CaT0201⑩：2、CaT0201⑩：1、CaT0201⑬A：3）　12～14. 网坠（ET0101㉓：2-1、CaT0201⑩：4、CaT0201⑩：5）　15、16. 砖（CaT0201⑬B：01、CaT0201⑬B：02）

不明器 BT0101⑬：17，泥质红褐陶。局部红。素面。口微敞，圆唇，下腹微鼓，圜底。完整。手制，火候较高。口径2.2、高1.9厘米（图一〇三，5）。ET0101㉑：6，夹砂灰陶。腹饰粗凹弦纹，附加横扳。微鼓腹。残。轮制，火候高。残宽14、残高15.6厘米（图一〇三，6）。CT0201⑲：6，泥质红陶。局部灰黑。素面。圆锥形，顶较平，圆尖底。微残。手制，火候高。顶径3.2、高5.3厘米（图一〇三，7）。

纺轮 CdT0202⑪：3-2，泥质灰陶。面饰斜划纹。圆台形，中部圆形穿。微残。手制，火候高。直径3.9、穿径1-1.6、高1.6厘米（图一〇三，8）。CaT0201⑩：2，泥质灰陶。圆台形，弧腰，中部圆穿较大。微残。手制，火候高。直径3.4、穿径1.3、高1.5厘米（图一〇三，9）。CaT0201⑩：1，泥质黑皮陶。灰胎。圆台形，鼓腰，中部小圆穿。微残。轮制，火候高。直径3.8、穿径0.9、高1.6厘米（图一〇三，10）。CaT0201⑬A：3，夹砂红陶。器表饰粗绳纹。平面近圆形。完整。陶片磨圆而成。直径4、厚0.8厘米（图一〇三，11）。

网坠 ET0101㉓：2-1，夹砂黑陶。局部红。素面。细管状，中空。完整。手制，火候较高。长7.1、直径2.3厘米（图一〇三，12）。CaT0201⑩：4，泥质褐陶。局部灰黑。素面。细管状，中空。微残。手制，火候较高。长3.7、最大径0.8厘米（图一〇三，13）。CaT0201⑩：5，泥质黑陶。素面。近腰鼓形，中空。完整。手制，火候较高。长4.3、最大径1.9厘米（图一〇三，14）。

砖 CaT0201⑬B：01，泥质灰黑陶。米黄色胎。正面饰方形方格纹。平面长方形。残。模制，火候较高。残长15、残宽14.1、厚4.2厘米（图一〇三，15）。CaT0201⑬B：02，夹砂灰陶。局部黑。正面饰方形几何形纹、尖部相近。平面呈长方形。残。模制，火候较高。残长15.6、宽24.4、厚4.6厘米（图一〇三，16）。

2. 石、骨器

出土数量很少。

（1）石器

仅斧、凿。

斧 DT0101⑩：3，平面近长方形，顶部略窄，弧顶，弧刃、有崩疤，正锋。微残。磨制。长7.9、宽4.1、厚2.6厘米（图一〇四，1）。BT0101⑪：3，青绿色砾石。平面近圆端长方形，顶部较窄。圆顶，弧刃、有崩疤，偏锋。残。磨制。残长6.6、残宽4.5、厚2.4厘米（图一〇四，2）。

凿 BT0101⑩：2，黑色砾石。局部灰。窄条形，平顶，微弧刃，正锋。微残。磨制。长5.4、宽1.1、厚1.3厘米（图一〇四，3）。

（2）骨器

仅1件。

牙饰 BT0201⑩：5，弧形黄褐色犬齿。齿冠较短、齿根较扁、较长。长4.4厘米（图一〇四，4）。

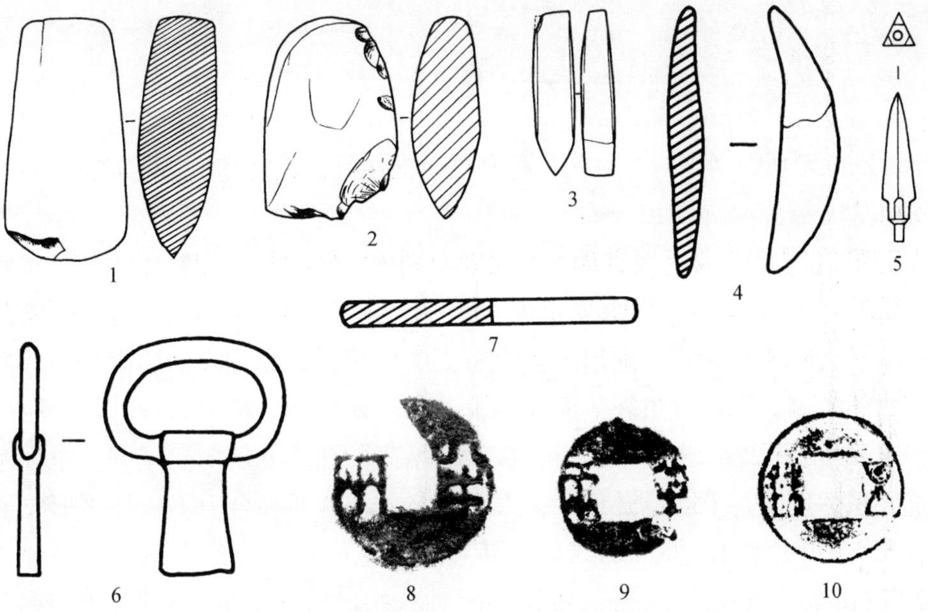

4、6～10. 0　2厘米　余 0　4厘米

图一〇四　汉代石、骨、铜器

1、2. 石斧（DT0101⑩：3、BT0101⑪：3）　3. 石凿（BT0101⑩：2）　4. 牙饰（BT0201⑩：5）　5. 铜镞（CaT0201⑬A：4）　6. 铜衔环（CaT0201⑭：1）　7. 残铜片（CaT0201⑩：3）　8、9. “半两”（CaT0201⑭：2、BT0201⑩：3）　10. “五铢”（BT0201⑩：11）

3. 铜、铁器

（1）铜器

镞　CaT0201⑬A：4，青铜。镞身三棱形，节状圆柱形铤。残，锈蚀。模制。残长4.9厘米（图一〇四，5）。

衔环　CaT0201⑭：1，青铜。衔带部似有红铁锈。椭圆形环。衔部残，锈蚀。残长3.8、环长径3厘米（图一〇四，6）。

残片　CaT0201⑩：3，青铜。窄薄片。残，锈蚀。残长5、宽0.4、厚0.05厘米（图一〇四，7）。

“半两”　CaT0201⑭：2，青铜，锈蚀。篆书“半两”二字。残。模制。直径2.9、穿径0.9厘米（图一〇四，8）。BT0201⑩：3，青铜，锈蚀。篆书“半两”二字。残。模制。直径2.3、穿径0.95厘米（图一〇四，9）。

“五铢”　BT0201⑩：11，青铜，锈蚀。正面“五铢”两字。完整。模制。直径2.5、穿径1.1厘米（图一〇四，10）。

（2）铁器

出土数量极少，多为残渣

七、结　语

从本年度发掘发现的情况看，时代早晚和文化内涵等都没有超出历年发掘的范围，但仍然取得了重要的发现。

一是弄清了遗址中心区中坝岛的形成原因。中坝岛主要是由堆积和淤积两种合力形成的，西部主要以堆积为主，东部主要以淤积为主。中坝岛在新石器时代要比现在小和矮很多，在新石器时代晚期至夏代，地形地貌没有大的变化；自夏代晚期和商代起，开始向中坝西南断崖和西部倾倒尖底杯、角杯等陶器碎片，中坝西部开始扩大和增高，历西周、春秋、战国至秦，中坝增高了2～5米，秦以后，扩大和增高的速度开始明显减缓。中坝东部自宋以后，加快了淤积的速度，不断地淤积、扩大、增高。在这两种合力下，最终形成了20世纪70年代以前，大、小中坝约15 000平方米的范围。自20世纪80年代修建公路护堤以来，特别是修建羊子崖水电站以后，每年洪水冲刷，到现在，小中坝已荡然无存，大中坝也只剩下约7000平方米的面积了。

二是再次发现了层位关系明确的夏代遗存，丰富了这一时期的文化内涵。

三是确证古人对㽏井河左岸的开发利用是在西周及其以后。

附记：参加发掘人员有四川省文物考古研究所孙智彬、王静、吴长源，达州市通川区文管所罗龙洪，山西、河南以及陕西的技工王军、朱岁明、甘明轩、王育红、郭存良、郭相坤、秦仪。

发掘工作结束后，国家博物馆文物保护部潘路先生等到工地开展了典型探方剖面的揭取工作。

参加发掘的工作人员对发掘材料进行了初步整理，室内资料整理由四川省文物考古研究所孙智彬、吴长源、周小楠，达州市通川区文管所罗龙洪和技工宋清、朱岁明、秦仪、申利霞等完成。

绘图：周小楠　朱岁明
修复：吴长源
执笔：孙智彬　罗龙洪

忠县邓家沱遗址2001年度发掘简报

郑州大学历史学院
忠县文物管理所

一、遗址位置与工作概况

邓家沱是长江左岸河床边上的一块山前台地，隶属于忠县新生镇邓家村第二村民组。西南距新生镇约7千米，南与乌杨镇隔江相望，东北距县城约10千米，再北是著名的㽏井沟遗址群。地理坐标东经107°59′36″，北纬30°13′35″（图一）。

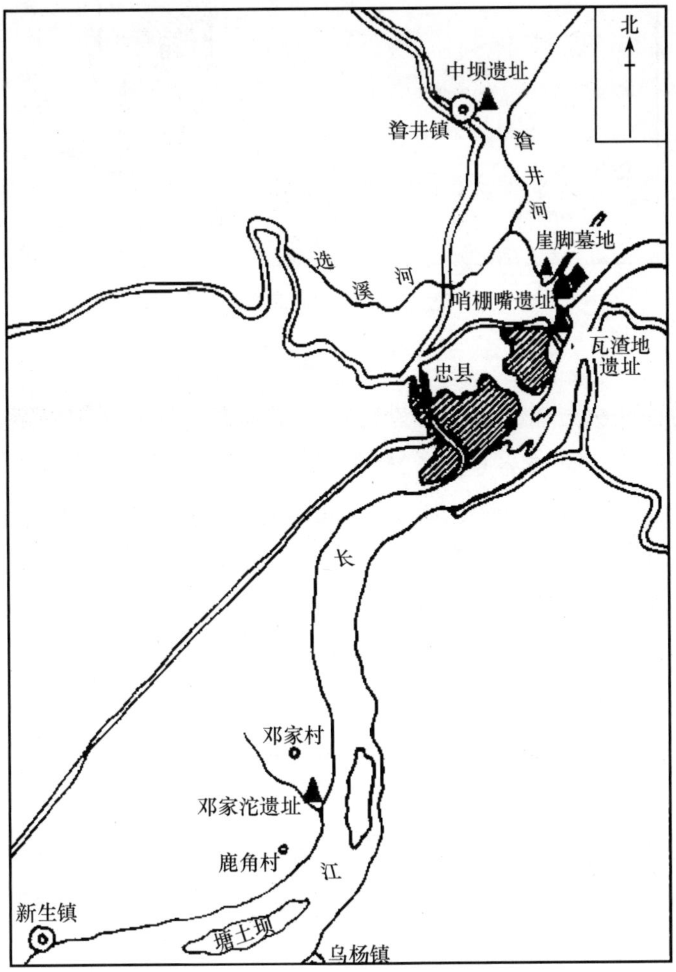

图一　邓家沱遗址位置示意图

台地平面近三角形，东西宽约250、南北长约150米。右濒长江，左邻季节性河流邓家溪，前端为邓家沱码头和长江雾号台，后部为土地岩山。山坡上分布着六朝时期的崖墓群①。台地土质肥沃，农作物茂盛，十余户农家散居其上（图二）。

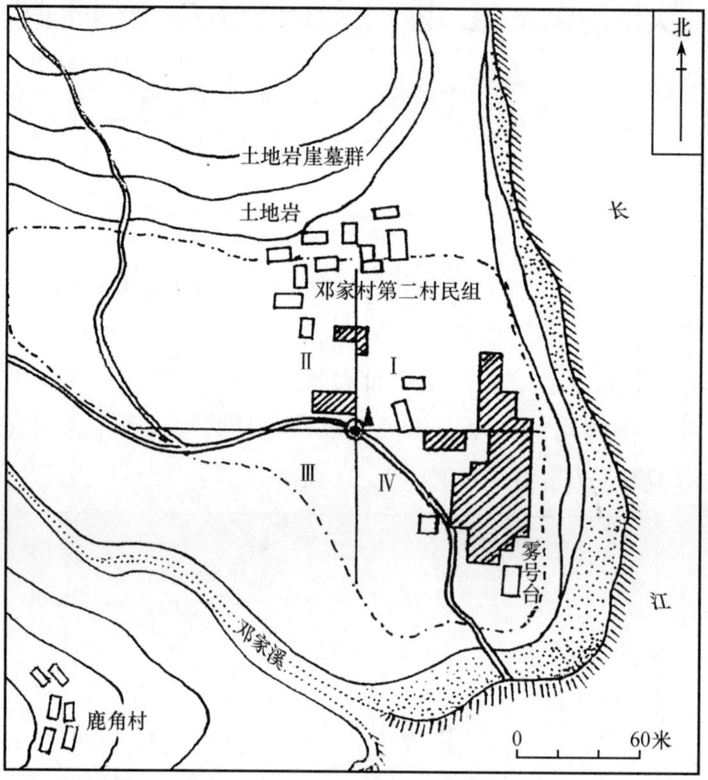

图二　遗址地貌与布方位置示意图

1973年忠县文物管理所对邓家沱遗址进行了初步调查，1991年被确定为三峡水库淹没区地下文物二类遗址，1994年北京大学考古系又对其进行了钻探调查，确定为汉至宋时期的遗址。2001年郑州大学历史学院受重庆市文化局三峡办的委托，分别对该遗址进行了钻探和发掘。

钻探工作始于2001年5月2日，结束于5月22日，历时20天，共完成钻探面积30 000平方米，初步摸清了遗址的范围与分布情况。

发掘工作始于2001年5月，历时三个月。分别在Ⅰ、Ⅱ、Ⅳ区发掘5米×5米探方15个、9个、59个，合计发掘5米×5米探方83个，发掘面积2075平方米（图三）。共清理出新石器至明清时期的灰坑72个、窑址1座、墓葬2座、瓮棺1座、灰沟2条。

① 重庆市文物局、重庆市移民局：《忠县仙人洞与土地岩墓地》，科学出版社，2008年。

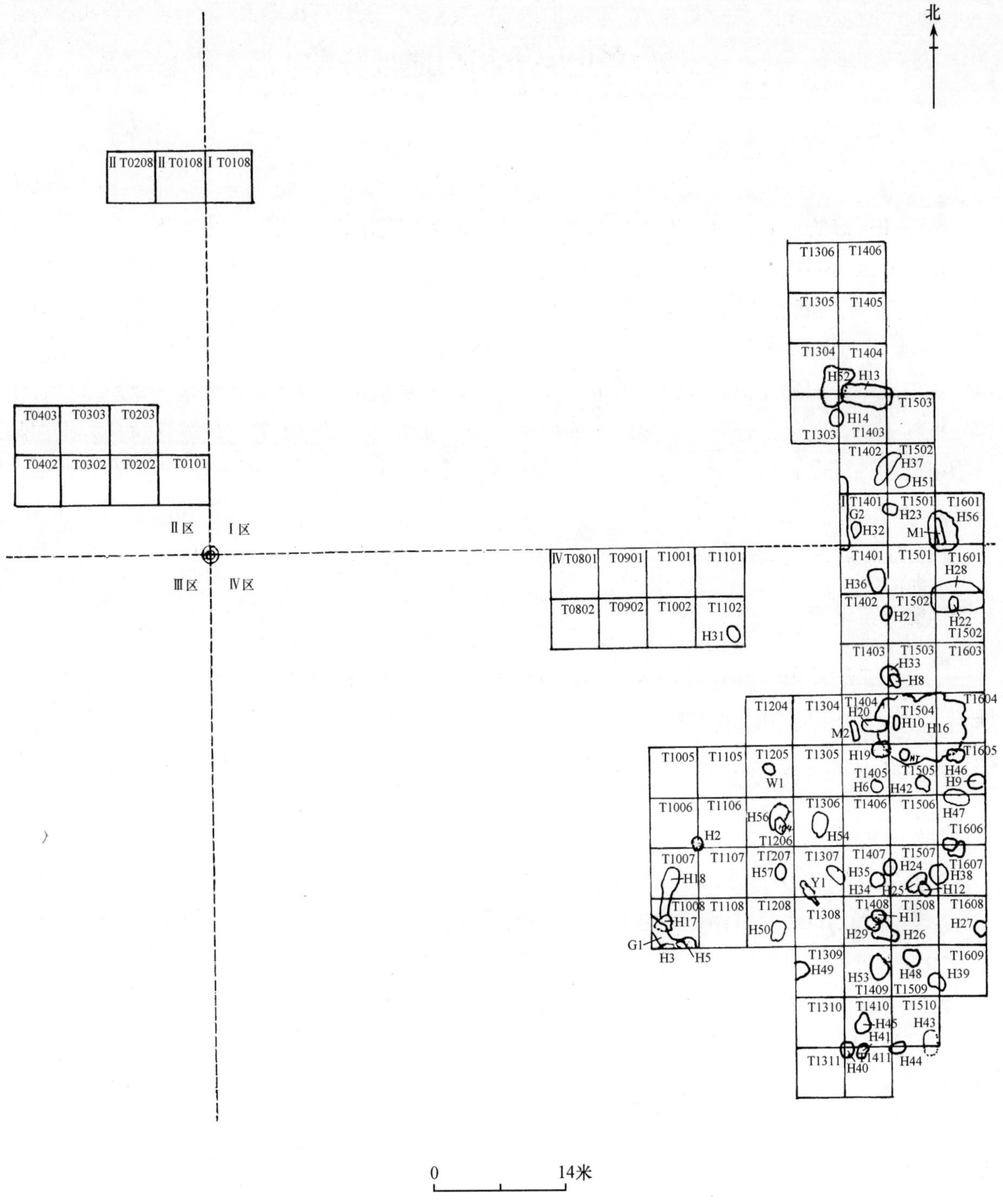

图三　2001年度探方与遗迹分布图

二、文化层堆积与遗址分期

(一)文化层堆积

钻探和发掘的结果显示，Ⅰ区西部和Ⅱ区东部堆积坡度相对较大，文化层堆积较薄，一般堆积厚度在50~110厘米；Ⅲ区和Ⅳ区西部因近代烧窑取土而将文化层堆积基本破坏殆尽；文化层堆积最厚、遗物最为丰富的地方则主要集中在Ⅰ区东部和Ⅳ区东部，最厚超过300、最薄也在230厘米，大部分探方的堆积厚度在240~250厘米。由于部分探方比较分散，整个遗址的地层难以统一，加之文化层堆积的不平衡性，故本次发掘的地层编号主要采用文化层编号法，即先根据土质、土色划分地层，然后再依据出土物特征编号。具体编号方法就是将最先出现新器物组合的地层命名为一个文化层。在同一文化层的基础上，如果其间土质、土色存有差别，则将其命名为该文化层的亚层。

现分别以各区典型探方剖面为代表，介绍遗址的文化层堆积情况。

1. Ⅰ区文化层堆积

Ⅰ区文化层堆积整体呈西部薄东部厚，西部堆积厚度一般在50厘米左右，主要为明清时期堆积；东部堆积厚度在250厘米左右，从下到上有商周、秦汉、六朝、唐宋、明清等时期的堆积。下面分别以T1404西壁剖面[1]为代表介绍如下（图四）。

第1层：耕土层。厚15~20厘米。西南部略高于东北部。夹杂有玻璃、塑料、板瓦和青瓷等现代遗物残片。

第2层：灰褐色土。厚10~15厘米。除东北角外均有分布。无包含物。

2A层：青褐色土。厚10~15厘米。全方分布，西南部略厚。土质较硬。出土青花瓷片。

2B层：黄褐色土。厚10~20厘米。全方分布。土质较硬。出土青花瓷片。

2C层：浅红褐色土。厚5~15厘米。全方分布。土质较硬。无包含物。

第3层：青绿褐色土。厚35~45厘米。全方基本水平分布。土质较硬。出土少量青釉和白釉瓷片。

第4层：青褐灰土。厚50~65厘米。全方基本水平分布。土质较硬，夹杂有少量炭粒。出土绳纹板瓦和筒瓦残片。

第5层：浅黄褐砂瓤土。厚27~40厘米。全方基本水平分布。土质较硬，结构较疏松，夹杂有较多的红烧土粒。出土物较少，主要有素缘夹砂绳纹罐、尖底杯、尖底器残片等。其下叠压H52。

H52出土物主要有素卷沿细绳纹罐、尖底杯、耸肩罐、喇叭形豆杯、盘口器、尖底盏等。H52打破第5A层。

---

① 该图曾发表于《忠县邓家沱遗址西周时期文化遗存的初步认识》，《重庆·2001三峡文物保护学术研讨会论文集》，科学出版社，2003年。其探方号01ZDⅠT1406应为01ZDⅠT1404，地层号统一后以年度报告为准。

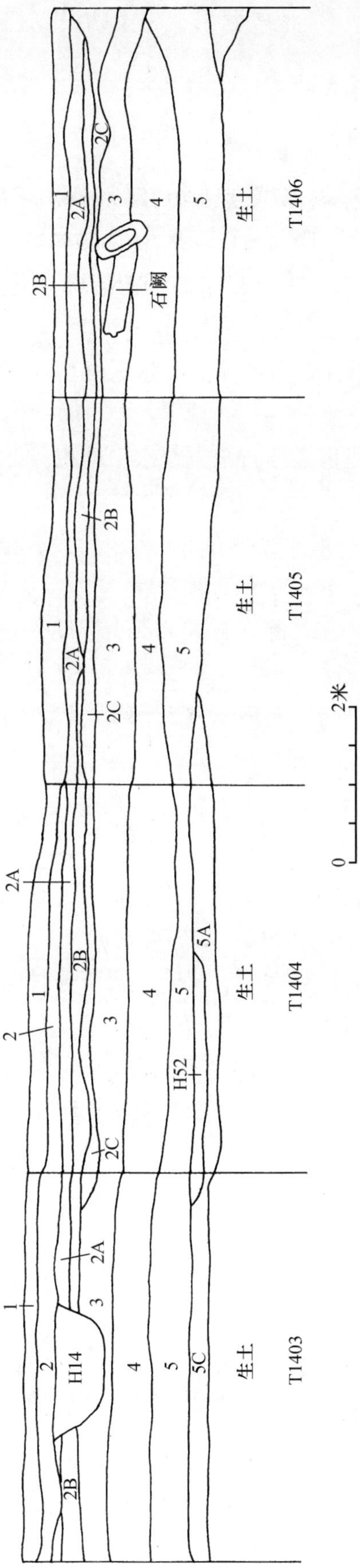

图四　T1403～T1406西壁剖面图

5A层：厚6～20厘米。浅褐色，质地较紧密，出土物极少且碎小，从质地上看与H52相近。该层下为生土。

2. Ⅱ区文化层堆积

Ⅱ区文化层堆积比较平衡，除局部厚度达200厘米外，一般厚度在100厘米左右（图五）。从下到上主要是汉代及以后的遗存。以图五中的T0402北壁剖面为代表介绍如下。

第1层：耕土层。厚20～30厘米。土色灰褐，结构疏松，夹杂有植物根系和现代砖、瓦残片。

第2层：黄褐土层。厚20～30厘米。分布全方，水平堆积。土质黏、稍硬，结构较松，内含少量砂石。出有少量青花瓷片。

第3层：红褐土层。厚20～30厘米。分布全方，水平堆积。土质含砂量较大，属淤积土。内含砂量贝壳。

第4层：浅灰色土层。厚0～60厘米。除探方东北部少量没有分布外，探方大部分地方都有分布。土质黏性，夹杂有红烧土块，出有少量青釉瓷片。

4A层：浅褐色土层。厚0～75厘米。除探方东北部少量没有分布外，探方大部分地方都有分布。土质较黏，出土有素面陶片和青瓷片。

第5层：黄灰色土层。厚0～60厘米。除探方东北部少量没有分布外，探方大部分地方都有分布。土质较黏，出土有少量筒瓦和板瓦残片。

3. Ⅳ区文化层堆积

Ⅳ区主要位于遗址的东南部，地势呈西北高、东南低，文化层堆积与地势基本一致。西部文化层堆积最薄的地方在50厘米左右，年代主要为明清时期；东部和东南部文化层最厚可达370厘米以上。从下到上有商周、秦汉、六朝、唐宋、明清等时期的堆积（图六）。下面分别以T1407西壁和T1005西壁剖面为代表介绍如下。

（1）T1407西壁剖面

第1层：耕土层。厚23～30厘米。西北略高于东南。土质松软，夹杂有玻璃、塑料等现代遗物残片。

第2层：灰褐色土。厚20～30厘米。全方基本水平分布。土质较紧密，含砂量较大。出土青花瓷和素面板瓦残片。

第3层：青黄褐色土。厚40～50厘米。全方基本水平分布。土质黏性较大，稍硬，内含少量河卵石。

第4层：青褐土。厚40～45厘米。全方基本水平分布。土质黏性较大，较疏松，夹杂有少量红烧土粒。出土绳纹板瓦和筒瓦残片。

第5层：红褐色土。厚20～25厘米。全方基本水平分布。土质含砂量稍大，结构比较疏松，含有比较丰富的红烧土粒。出土物主要以角状杯、花边口卷沿粗绳纹罐、尖底盏、盆、罐等为代表。其下叠压第5A层。

5A层：厚25～55厘米。浅红褐色砂瓤土，比较疏松，含有较多的红烧土粒、少量炭粒及河

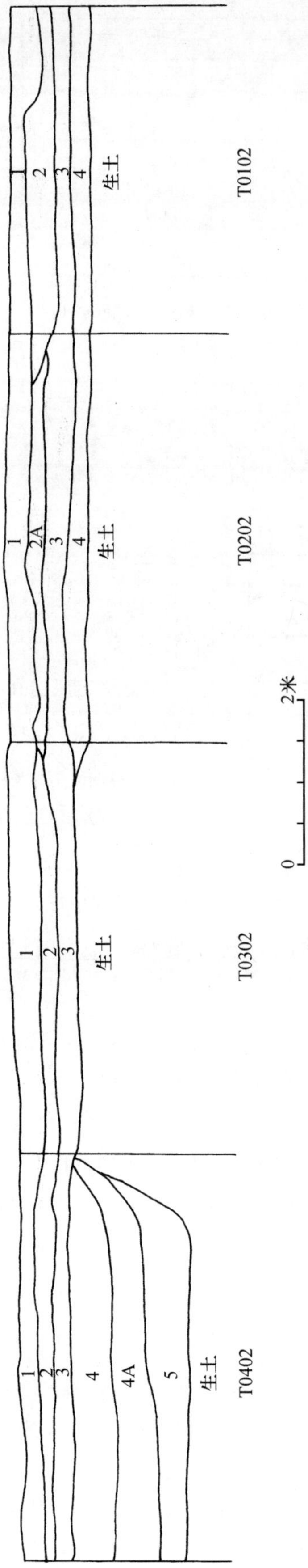

图五 T0102～T0402北壁剖面图

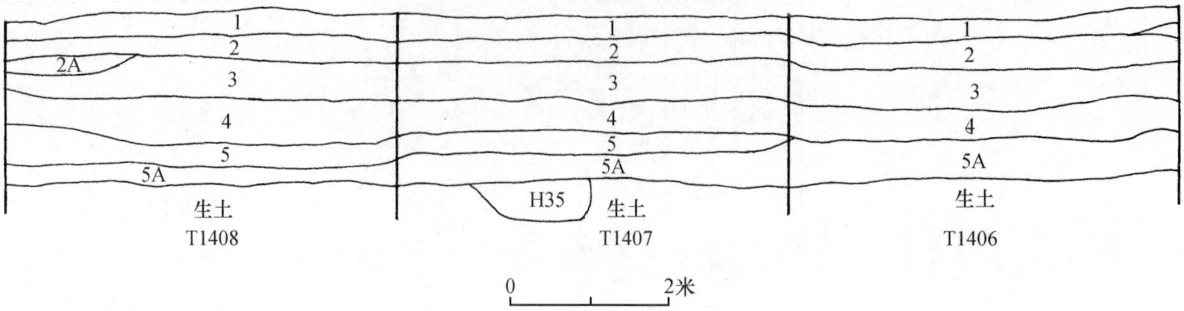

图六 T1406～T1408西壁剖面

卵石等。出土物以尖底杯、船形杯、素卷沿绳纹罐、尖底盏为代表。第5A层下开口的遗迹有H35。

H35出土物主要有尖底杯、素卷沿绳纹罐、耸肩罐、高领罐等。H35打破生土。

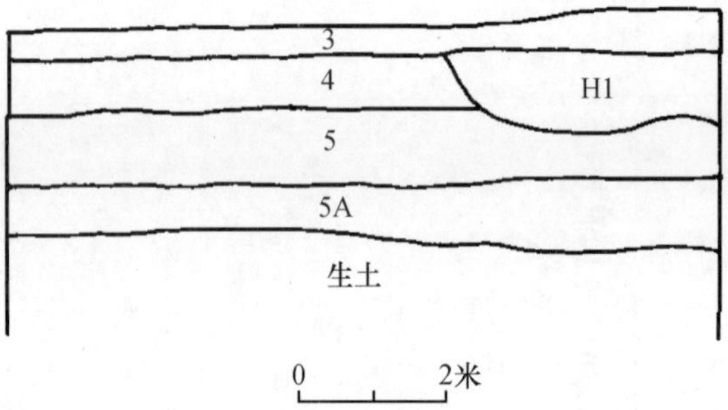

图七 T1005西壁剖面

（2）T1005西壁剖面（图七）

第1层：耕土层。厚15～25厘米。西北略高于东南。土质松软，夹杂有玻璃、板瓦等现代遗物残片。

该层下开口的遗迹有H1，出土有绳纹瓮、深腹盆。其下直接打破第4层。

第4层：浅灰褐土。厚20～35厘米。全方分布，西部略高于东部。土质黏性较大，结构较紧密。出土绳纹板瓦和筒瓦残片及尖底杯残片。

第5层：红褐色土。厚25～50厘米。全方分布，西部略高于东部。土质黏性大，结构略紧密，含有比较丰富的红烧土粒。出土物主要以尖底杯、花边口沿绳纹罐、石刀等为代表。其下叠压第5A层。

5A层：厚25～35厘米。浅红褐色砂瓤土，黏性较大，结构略疏松，含有较多的红烧土粒、少量炭粒等。出土物有尖底杯、绳纹罐等。

该层下叠压生土。

另外，位于T1008北部偏西处的H18，开口于第5层下，打破生土。其出土的卷沿细绳纹罐、卷沿附加堆纹+细绳纹罐、交错细绳纹罐底等器物与前述所有单位的出土物特征皆不相同。

（二）遗址分期

根据上述层位关系的指示和出土物组合的差别，我们将邓家沱遗址的文化遗存分为六个时期。

第一期，以H18为代表，出土物以卷沿细绳纹罐、卷沿附加堆纹+细绳纹罐、交错细绳纹罐底等为主。年代相当于新石器时代晚期。

第二期，以Ⅰ区T1404⑤、⑤A，H52；Ⅳ区T1407⑤、⑤A，H35等单位为代表，出土遗物以素缘绳纹罐、花边口沿绳纹罐、耸肩罐、高领罐、尖底盏、尖底杯、尖角杯等为主。年代相当于商周时期。

第三期，以H1为代表，出土遗物以瓮、深腹盆等为代表。时代相当于两汉时期。

第四期，以Ⅰ区T1404④、Ⅱ区T0402⑤、Ⅳ区T1407④等单位为代表，出土遗物以青釉瓷片、绳纹板瓦和筒瓦为主。时代相当于六朝时期。

第五期，以Ⅰ区T1404③，Ⅱ区T0402④、④A等单位为代表，出土遗物以白瓷片、青瓷盆、青瓷圈足盘、“开元通宝”铜钱为主。时代相当于唐宋时期。

第六期，以Ⅰ区T1404②A、②B，Ⅱ区T0402②，Ⅳ区T1407②等单位为代表，出土遗物以青花瓷片为主。时代相当于明清时期。

三、新石器时代遗存

（一）遗迹

本期遗迹仅发现灰坑1个。

H18 位于T1008和T1007内。开口于第5层下，被H17打破，向下打破生土。平面不规则，内斜壁，平底。口径50～540、深20、底径30～510厘米（图八）。出土陶片107片，可辨器形有罐、罐底等（彩版八〇，2）。

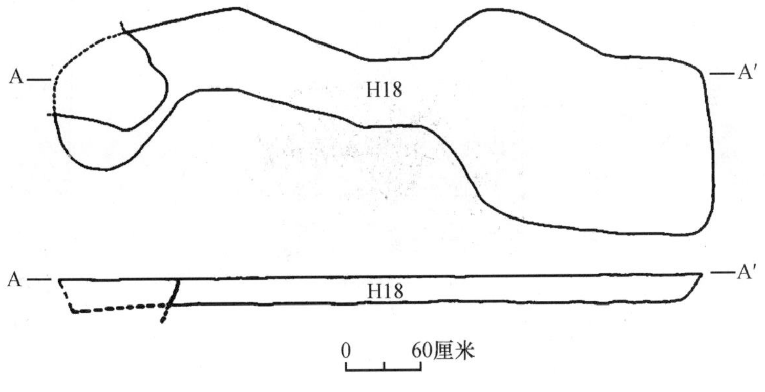

图八 H18平、剖面图

（二）遗物

本段遗物主要以夹砂红褐陶为主，青灰、黑灰、灰褐等少量。纹饰主要有细绳纹和细绳纹交错而形成的菱形网纹，另有少量绳切附加堆纹及戳印成倒“品”字形的篦点纹等。

罐口部 3件。火候均较低。轮制。H18：3，夹砂红褐陶，外皮呈红褐，内壁呈灰黑。侈口，宽沿微折，圆唇。口沿外部与腹部分别饰斜向细绳纹和交错细绳纹，颈部饰有戳印的不规则窝纹。残高4.4厘米（图九，1）。H18：2，夹砂灰褐陶。微侈口，卷沿，尖圆唇。素面，略经打磨。残高4.4厘米（图一〇，1）。H18：1，夹砂红褐陶，外皮呈红褐，内壁呈灰黑。侈

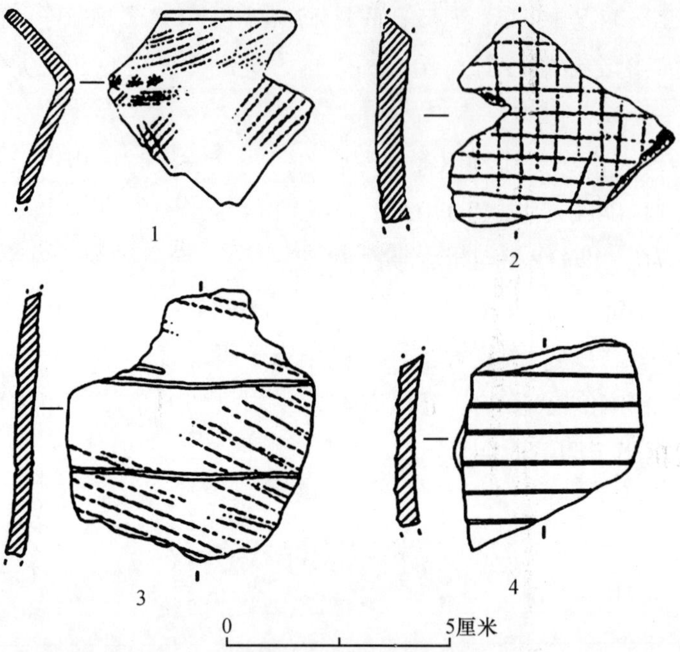

图九　H18出土陶器

1. 罐口部（H18∶3）　2～4. 罐腹部残片（H18∶13、H18∶9、H18∶14）

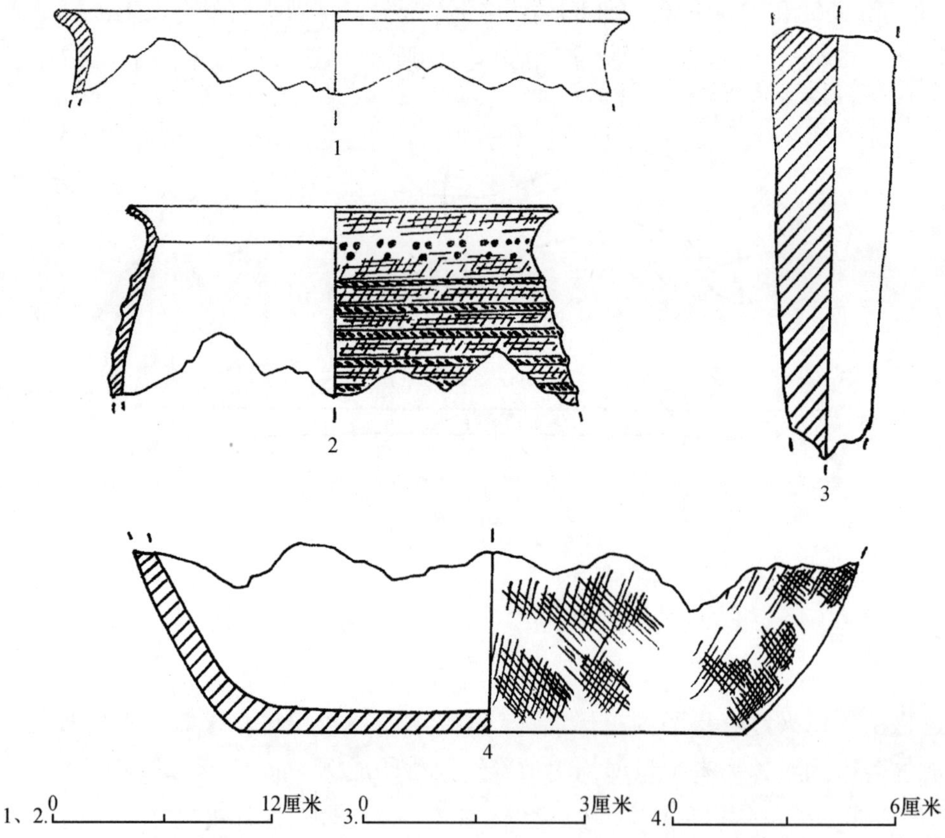

图一〇　H18出土陶器

1、2. 罐口部（H18∶2、H18∶1）3. 锥状器（H18∶11）4. 器底（H18∶6）

口，宽沿微折，方圆唇，微鼓腹，中腹以下残。口沿外饰交错细绳纹，腹部饰条状交错细绳纹底纹，其上饰条状附加堆纹，附加堆纹面上饰斜切细绳纹，颈部戳印倒“品”字形圆窝。口径24、残高10厘米（图一〇，2）。

罐腹部残片 3件。轮制。火候较低。H18：13，夹砂黑灰褐陶。饰交错细绳纹。残高4.8厘米（图九，2）。H18：9，夹砂灰褐陶，外皮呈灰褐，内壁呈灰黑。饰斜向细绳纹加弦纹。残高6.3厘米（图九，3）。H18：14，夹细砂磨光黑灰陶。器表饰数周弦纹。残高4.9厘米（图九，4）。

锥状器 1件。H18：11，夹砂青灰陶。圆锥体，上、下部皆残。素面。上宽1.7、下宽1.3、残高5.7厘米（图一〇，3）。

器底 1件。平底。轮制。H18：6，夹砂红褐陶，外皮呈红褐，内壁呈灰黑。腹部饰交错条状细绳纹。底径14、残高5厘米（图一〇，4）。

（三）年代

H18：1罐口沿与戳印纹+附加堆纹的特征与忠县哨棚嘴新石器时代文化第二期晚段中的99ZGST322⑪：10罐口沿形制及戳印纹+附加堆纹的特征相近[①]，H18：3罐口沿与忠县哨棚嘴第三期新石器时代文化晚期中的99ZGST103⑲：6罐口沿形制相近[②]，H18：13菱形网纹和H18：1附加堆纹、戳印纹分别与忠县哨棚嘴新石器时代文化第二期晚段中的同类纹饰相近[③]及中坝遗址新石器时代文化晚期遗存的特征基本类同[④]。此外，戳印的窝纹在忠县瓦渣地遗址的新石器时代晚期遗物装饰中也不乏例证[⑤]。据此，我们把本期遗存归属为属新石器时代文化晚期遗存。

四、商周时期遗存

（一）文化层堆积

商周时期文化层堆积在遗址中颇不平衡，除Ⅱ区探方和Ⅰ、Ⅳ区西部的少数探方没有发现

① 北京大学考古学研究中心、北京大学考古文博学院三峡考古队、重庆市忠县文物管理所：《忠县哨棚嘴遗址发掘报告》，《重庆库区考古报告集·1999卷》，科学出版社，2006年，第593页，图一九，8。

② 北京大学考古学研究中心、北京大学考古文博学院三峡考古队、重庆市忠县文物管理所：《忠县哨棚嘴遗址发掘报告》，《重庆库区考古报告集·1999卷》，科学出版社，2006年，第611页，图三一，4。

③ 北京大学考古学研究中心、北京大学考古文博学院三峡考古队、重庆市忠县文物管理所：《忠县哨棚嘴遗址发掘报告》，《重庆库区考古报告集·1999卷》，科学出版社，2006年，第591～593页。

④ 四川省文物考古研究所等：《忠县中坝遗址1999年度发掘简报》，《重庆库区考古报告集·2000卷下》，科学出版社，2007年，第964～998页。

⑤ 北京大学考古学系三峡考古队、忠县文物保护管理所：《忠县瓦渣地遗址发掘简报》，《重庆库区考古报告集·1998卷》，科学出版社，2003年，第649～678页。

或分布较薄外，Ⅰ和Ⅳ区东部的探方均有分布。西部探方厚度在60厘米左右，靠近长江河床的探方厚度在110厘米左右（图四、图六）。

（二）遗迹

商周时期遗迹主要有灰坑、灰沟。

1. 灰坑

39个。根据形状、结构差别可分为三型。

A型　15个。平面呈圆形或近圆形，内弧壁。依底部结构差别分为三亚型：Aa型，9个。圜底。Ab型，5个。平底。Ac型，1个。不规则底。以A型H57为代表。

H57　位于T1207内。开口于第5层下，打破第5A层。直径110～120、深40厘米左右（图一一）。出土器形有素缘绳纹罐、花边口沿罐、高领罐、船形杯、尖底盏、尖底杯、盆等（彩版八〇，1）。

B型　9个。平面呈椭圆形或近椭圆形，内弧壁。依底部结构差别分为二亚型。Ba型，4个。圜底。Bb型，5个。平底。以Ba型H47为代表。

H47　位于T1605内。开口于第5层下，打破第5A层。长径204、短径120、深52厘米左右（图一二）。出土器形有素缘绳纹罐、素缘素面罐、高领罐、尖底杯、器盖抓手等。

C型　15个。平面呈不规则形，内弧壁。依据结构差别分为二亚型。Ca型，7个。平底。Cb型，8个。圜底。以Cb型H42为代表。

H42　位于T1505内。开口于第5层下，打破第5A层。长径200、短径70～160、深32厘米（图一三）。出土陶片46块，可辨器形有素缘素面罐、耸肩罐、高领罐、尖底杯、尖底盏、豆柄、瓮等，另有陶纺轮（彩版八〇，4～6）。

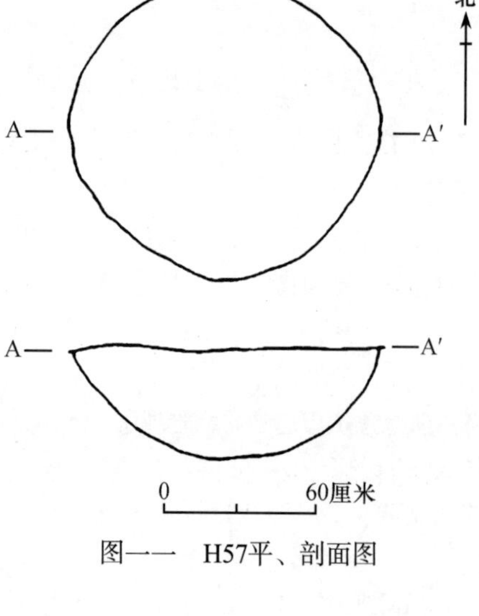

图一一　H57平、剖面图

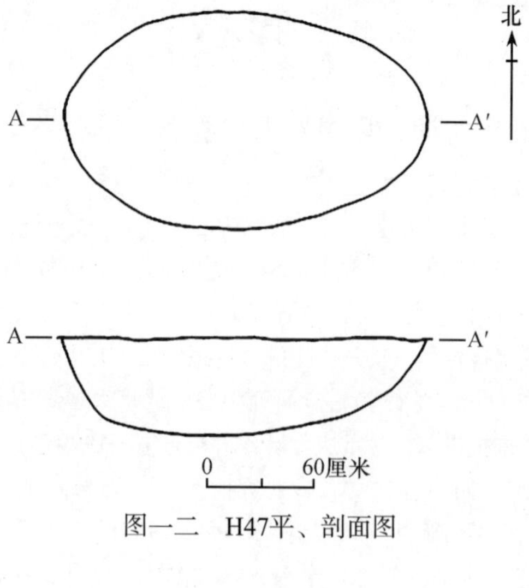

图一二　H47平、剖面图

2. 灰沟

1条。编号G2，位于T1402和T1401内。开口于第5层下，打破生土。平面呈长条形，直壁略内斜，平底。长756、宽75～100、深60厘米左右。出土陶片39块，可辨器形有罐和尖角杯等残片。

（三）遗物

商周时期出土遗物上万件（套），按质料可分为陶、石、骨、铜器四类。其中，陶器占绝大部分，石、骨、铜器则十分少见。

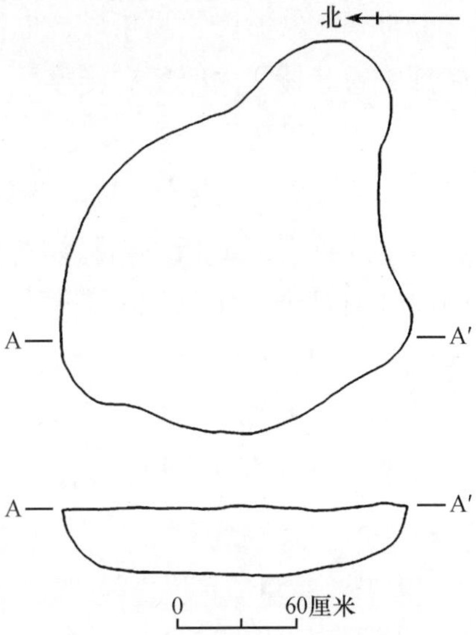

图一三　H42平、剖面图

1. 陶器概述

本期出土的陶器可分为夹砂陶和泥质陶两类，夹砂陶约占90%，泥质陶占10%左右。夹砂陶主要有红褐、灰褐，少量的青灰、黑灰、纯红及黑皮红胎等；泥质陶主要以青灰多见，少量灰褐、红褐及黑灰等。大部分器物制作方法采用轮制成形，不少器物的内外壁还留有旋痕，少量罐类器物的口沿与器身是分制后再粘接在一起的；尖底杯和船形杯等类器物的内壁因腐蚀而比较粗糙，海绵体式膨化现象明显。器表以素面为主，细绳纹、中粗绳纹主要装饰在罐类器物的腹部，少量罐类器物口部装饰有指压花边和绳切花边纹，简单的弦纹则多装饰于素面陶器的颈部。由于各类陶器的烧制火候均比较低，造成器物破损严重，保存状况极差，遗留下来最多的是器物的口沿和底部。常见器形主要有素缘绳纹罐、花边口沿绳纹罐、耸肩素面罐、盘口罐、高领罐、船形杯、尖底杯、尖底盏、豆柄、瓮、盆、器盖或器盖抓手及纺轮等。

2. 典型器物型式划分

本期出土的器物形制比较简单，除尖底杯多有完整保存外，其余大部分器物多残存口部或底部。可以分型的器类主要有耸肩罐、盘口罐、高领罐、盆、尖底盏、豆柄等；可以分式的器形主要有素缘绳纹罐、花边口沿罐、尖底杯（彩版七六，1、2）等。

尖底杯　敞口，杯形腹，尖底。内壁因腐蚀而比较粗糙。以器身胖瘦和腹、底转折处的冠状棱明显与否可分为三式。

Ⅰ式：器形矮胖，腹、底转折处冠状棱不明显或微显且部位较低。H16：4，夹细砂红褐陶。敞口，尖圆唇，内斜弧腹，尖底。器表留有旋痕。口径6.4、高8厘米（图一四，1；彩版七六，3）。

Ⅱ式：器形较Ⅰ式略瘦高，腹、底转折处冠状棱明显且部位较高。H16：6，夹细砂黄褐陶。敞口，尖圆唇，内斜弧腹，尖底。器表留有较多旋痕。口径6、高8厘米（图一四，2；彩版七六，4）。

Ⅲ式：器形修长呈角形，也称角杯。T1207⑤：8，夹砂黄褐陶。轮制。瘦尖底，斜直腹，底部无冠状棱。内壁留有旋痕，外壁略打磨。口残。残高6厘米（图一四，3）。

花边口沿罐　分二型。

A型　侈口，卷沿。以唇部花边不同分二式。

Ⅰ式：唇部饰指压圆窝纹花边，溜肩。T1207⑤：11，夹砂黑陶。轮制。侈口，卷沿，方圆唇，唇面饰指压窝纹，束颈较长，溜肩，肩以下残。器表饰粗绳纹。口径36.8、残高13.2厘米（图一四，4）。

Ⅱ式：唇部饰指压波浪纹花边，溜肩。T1207⑤：2，夹砂灰陶。轮制。侈口，卷沿，方圆唇，唇面饰指压窝纹，溜肩，肩以下残。器表饰粗绳纹。口径40、残高7.2厘米（图一四，5）。

B型　敛口。H37：2，夹砂黑陶。轮制。敛口，卷圆唇，唇面饰指压窝纹。溜肩，肩以下残。肩部饰一周凹弦纹。口径20、残高5.2厘米（图一四，6）。

素缘绳纹罐　根据口沿不同分为二型。

A型　宽沿。依颈肩部变化分二式。

Ⅰ式：宽束颈，颈与肩之间夹角大，溜肩。T1206⑤A：3，夹砂红陶。轮制。侈口，卷沿，尖圆唇，肩以下残。器表饰斜向细绳纹。口径14、残高4.6厘米（图一四，7）。

Ⅱ式：窄束颈，颈与肩之间夹角小，圆耸肩。H52：5，夹砂灰褐陶。侈口，卷沿，圆唇，肩以下残。器表饰纵向中粗绳纹。口径28、残高7.2厘米（图一四，8）。

B型　窄沿。依颈肩部变化分三式。

Ⅰ式：斜肩，颈与肩之间夹角较大。H52：31，夹细砂灰陶。侈口，微卷沿，尖圆唇，鼓腹，腹以下残。器表饰交错中绳纹。口径40、残高16厘米（图一四，9）。

Ⅱ式：圆耸肩，颈与肩之间夹角变小。T1607⑤：1，夹砂黑陶。轮制。侈口，卷沿，尖圆唇，内弧腹，圜底。器表饰交错中绳纹。口径18、高21.4厘米（图一四，10）。

Ⅲ式：溜肩，颈与肩之间夹角变小。H48：3，夹细砂灰陶。轮制。微侈口，卷沿，尖圆唇，肩以下残。器身饰纵向中绳纹。口径20、残高4厘米（图一四，11）。

耸肩罐　根据口部与肩部的不同可分四型。

A型　微侈口，卷沿，尖圆唇，耸鼓肩，腹微曲。T1505⑤A：11，夹砂黑陶。轮制。敛口，微侈沿，尖圆唇，溜肩，耸鼓腹，下腹残。素面。口径14、残高6.8厘米（图一四，12）。

B型　侈口，卷沿，圆唇，耸圆肩，弧腹。H42：1，夹砂灰褐陶。轮制，器内外壁有旋痕，器表略经打磨。微卷沿，圆唇，耸肩，内弧腹，小平底。素面。口径14.8、高10.6厘米、底径4.4厘米（图一四，13；彩版七九，4）。

C型　敛口，侈沿，微折，尖圆唇，耸鼓肩，弧腹。H42：3，夹砂红褐陶。轮制，器表略经打磨。矮折沿，尖圆唇，鼓肩，内弧腹，底残。口径12.2、残高6.4厘米（图一四，14）。

D型　敛口，窄平折沿，耸鼓肩，弧腹。H42：4，夹砂黄褐陶。轮制，器表略经打磨。窄平沿，耸肩，内弧腹，底残。素面。口径16、残高9厘米（图一四，15）。

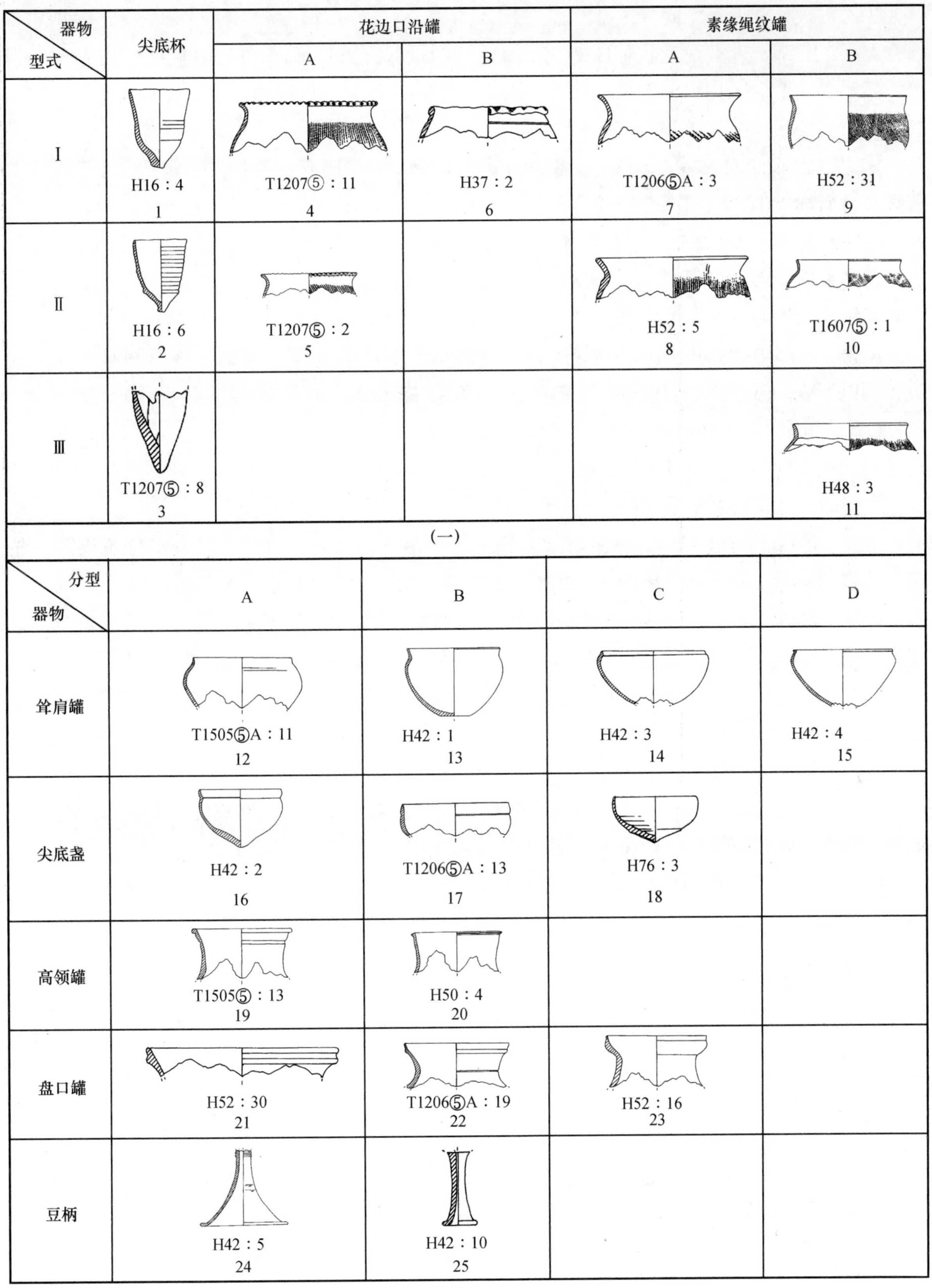

（二）

图一四　典型器物分型分式图

尖底盏 根据形态不同分三型。

A型 侈口。折沿呈盘状。H42：2，泥质灰褐陶。轮制，器内外壁有旋痕，器表略经打磨。折沿，尖圆唇，内沿面微弧，耸肩，曲腹，尖底。素面。口径12.8、高9.1厘米（图一四，16）。

B型 敞口。T1206⑤A：13，夹细砂红褐陶。敞口，尖圆唇，弧腹，底残。口沿下有一周凹弦纹。残高3.8厘米（图一四，17）。

C型 敛口。H76：3，夹砂灰陶。微敛口，尖圆唇，弧腹微曲，尖底。底部饰凹弦纹一周，内壁留有旋痕。口径12.8、高6.8厘米（图一四，18）。

高领罐 均为口部，可分二型。

A型 颈部中间弧束。T1505⑤：13，夹细砂青灰陶。轮制。侈口，平卷圆唇，束颈较直，颈以下残。颈部饰一周凹弦纹。口径16、残高7.6厘米（图一四，19）。

B型 颈较直。H50：4，夹砂青灰陶。微侈口，微卷沿，尖圆唇，束颈较直，颈以下残。口径14、残高6厘米（图一四，20）。

盘口罐 以盘口之别分三型。

A型 盘口不明显，盘壁外侈与颈弧接、下唇沿凸出成棱。H52：30，夹砂黄褐陶。轮制。侈口，圆唇，唇下饰一周凸棱，颈以下残。口径5.2、残高2厘米（图一四，21）。

B型 盘口明显，侈沿。T1206⑤A：19，夹砂青灰陶。轮制。侈口，卷沿，方唇微折呈盘状口，束颈，颈以下残。颈部饰一周凹弦纹。口径15.8、残高6.4厘米（图一四，22）。

C型 盘口，直沿。H52：16，泥质黄皮红褐胎。轮制。盘口，尖圆唇，高束颈，颈以下残。素面。口径14、残高6.4厘米（图一四，23）。

豆柄 以豆柄腰部形态不同分二型。

A型 喇叭形柄座。H42：5，夹细砂磨光灰陶。轮制。器内外壁有旋痕，器表略经打磨。束腰。顶端饰有竹节纹。口径16.8、残高14.2厘米（图一四，24；彩版七九，5）。

B型 束腰形柄座。H42：10，泥质黑陶。轮制。束腰。素面。底径2.8、残高6厘米（图一四，25）。

3. 典型单位出土遗物

本期发现的遗迹有灰坑39个，灰沟1条，相关地层单位129个。现选择具有分组意义的典型单位报告如下。

（1）T1407H35出土器物

深腹罐 2件。H35：1，夹砂黄褐陶。轮制。侈口，卷沿，尖圆唇，束颈较直，颈以下残。素面。口径14、残高5.6厘米（图一五，1）。H35：2，夹砂黄褐陶。轮制。侈口，卷沿，尖圆唇，微鼓腹，下腹残。素面。口径16、残高4.8厘米（图一五，3）。

素缘罐 1件。B型Ⅱ式。H35：4，夹砂黑陶。轮制。侈口，卷沿，圆唇，溜肩，肩以下残。器表饰纵向细绳纹。口径12、残高3.4厘米（图一五，4）。

尖底杯 4件。皆剩底部。

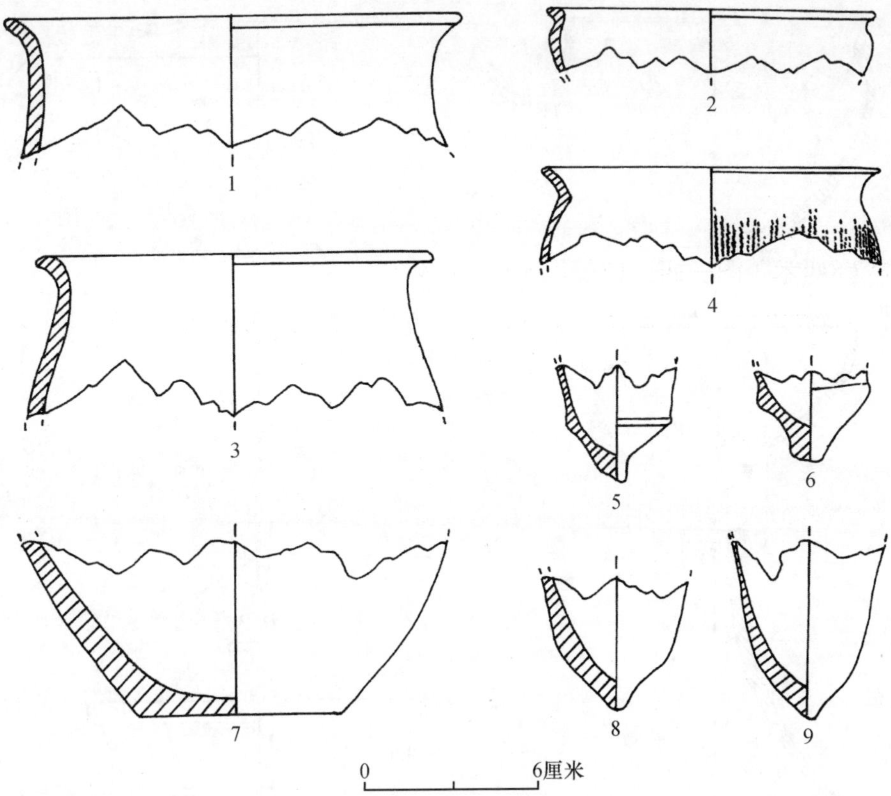

图一五　H35出土陶器

1、3. 深腹罐（H35：1、H35：2）　2. 盆（H35：3）　4. B型Ⅱ式素缘罐（H35：4）　5、6. Ⅱ式尖底杯（H35：6、H35：8）　7. 罐底（H35：9）　8、9. Ⅰ式尖底杯（H35：7、H35：5）

Ⅰ式：2件。H35：7，夹细砂黄褐陶。轮制。腹、底转折处冠状棱不明显。素面。残高4.6厘米（图一五，8）。H35：5，夹细砂青灰陶。轮制。腹、底转折处冠状棱不明显。素面。残高6厘米（图一五，9）。

Ⅱ式：2件。H35：6，夹细砂红陶。轮制。腹、底转折处冠状棱明显。素面。残高3.6厘米（图一五，5）。H35：8，夹细砂红褐陶。轮制。腹、底转折处冠状棱明显。素面。残高3厘米（图一五，6）。

盆　1件。H35：3，夹细砂灰褐陶。轮制。侈口，卷平沿，尖圆唇，鼓肩，肩以下残。素面。口径12、残高2.2厘米（图一五，2）。

罐底　1件。H35：9，夹细砂黄褐陶。轮制。平底，腹残。素面。底径7.2、残高6厘米（图一五，7）。

（2）T1505H42出土器物

耸肩罐　4件。

B型　2件。侈口。H42：1，夹砂灰褐陶。轮制，器内外壁有旋痕，器表略经打磨。微卷沿，圆唇，耸肩，内弧腹，小平底。素面。口径14.8、高10.6、底径4.4厘米（图一六，1）。H42：8，夹砂黑陶。轮制，器表略经打磨。卷沿，斜方唇，耸肩，肩以下残。素面。口径18、残高5.2厘米（图一六，2）。

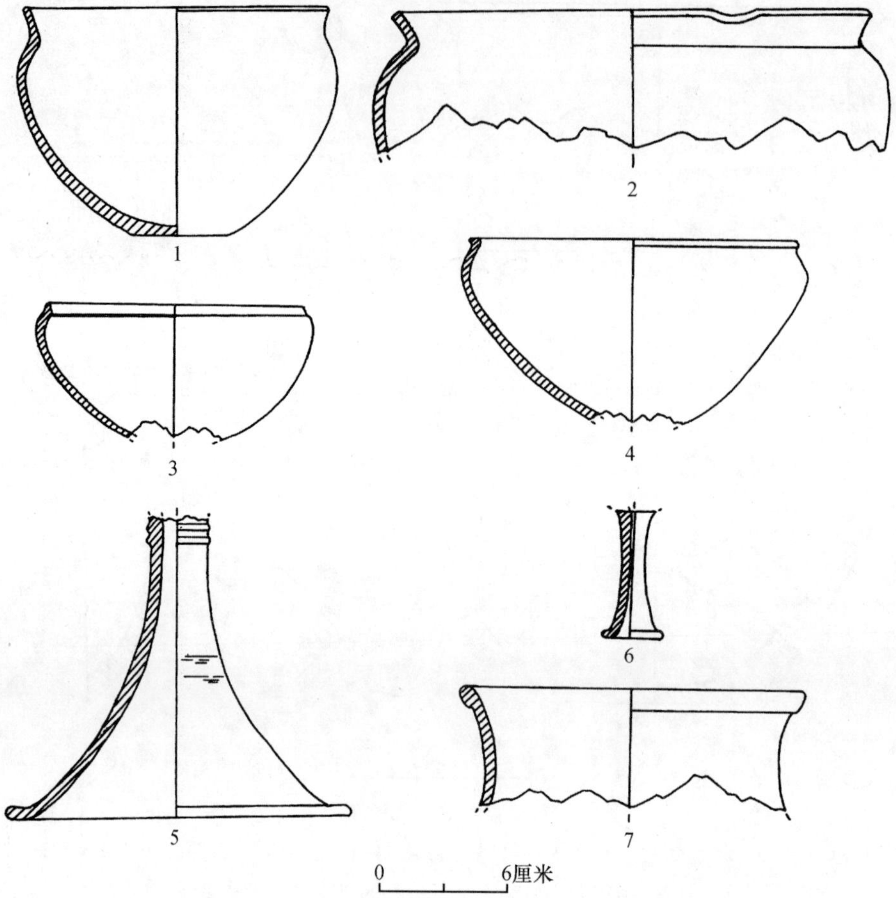

图一六 H42出土陶器

1、2. B型耸肩罐（H42：1、H42：8） 3. C型耸肩罐（H42：3） 4. D型耸肩罐（H42：4） 5. A型豆柄座（H42：5） 6. B型豆柄座（H42：10） 7. A型高领罐（H42：7）

C型 1件。H42：3，夹砂红褐陶。轮制，器表略经打磨。矮折沿，尖圆唇，鼓肩，内弧腹，底残。口径12.2、残高6.4厘米（图一六，3）。

D型 1件。H42：4，夹砂黄褐陶。轮制，器表略经打磨。窄平沿，耸肩，内弧腹，底残。素面。口径16、残高9厘米（图一六，4）。

高领罐 1件。A型。H42：7，夹粗砂灰陶。轮制，器表略经打磨。火候不高。侈口，卷沿，方圆唇，高领，束颈。颈以下残。素面。口径16.8、残高5.8厘米（图一六，7）。

豆柄座 2件。

A型 1件。喇叭形柄座。H42：5，夹细砂磨光灰陶。轮制。器内外壁有旋痕，器表略经打磨。束腰。顶端饰有竹节纹。口径16.8、残高14.2厘米（图一六，5）。

B型 1件。束腰形柄座。H42：10，泥质黑陶。轮制。束腰。素面。底径2.8、残高6厘米（图一六，6）。

矮领瓮 1件。H42：9，夹粗砂灰褐陶。轮制，器表略经打磨。敛口，束颈，圆唇，溜肩，肩以下残。素面。口径16、残高5.2厘米（图一七，1）。

尖底盏 2件。

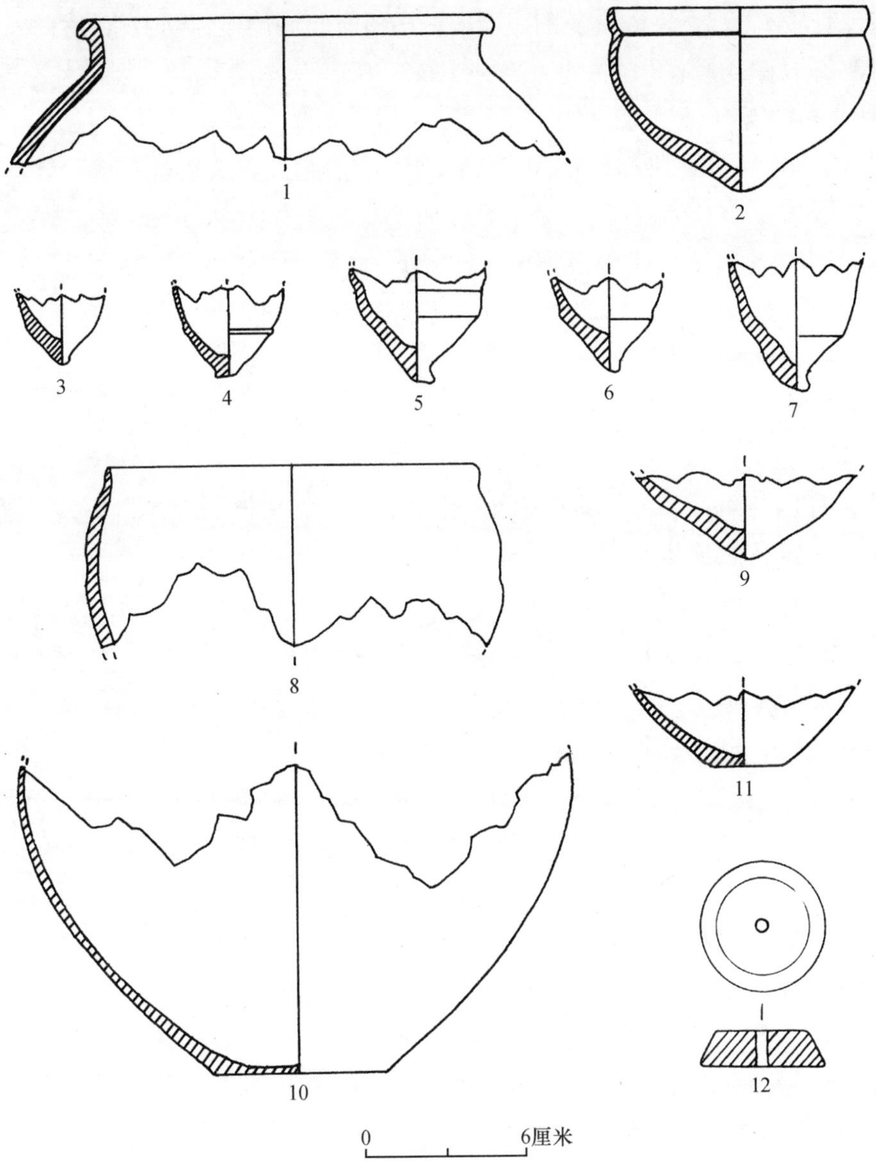

图一七　ⅣH42出土陶器

1. 矮领瓮（H42：9）　2. A型尖底盏（H42：2）　3、4. Ⅰ式尖底杯（H42：13、H42：15）　5～7. Ⅱ式尖底杯（H42：16、H42：14、H42：17）　8. 敛口钵（H42：18）　9. 残底（H42：11）　10、11. 器底（H42：6、H42：23）　12. 纺轮（H42：22）

A型　1件。H42：2，泥质灰褐陶。轮制，器内外壁有旋痕，器表略经打磨。折沿，尖圆唇，内沿面微弧，鼓肩，曲腹，尖底。素面。口径12.8、高9.1厘米（图一七，2）。

残底　1件。H42：11，泥质黄褐陶。轮制。素面。残高3.1厘米（图一七，9）。

敛口钵　1件。H42：18，夹砂灰褐陶。轮制，器内外壁有旋痕，器表略经打磨。微敛口，直沿，尖圆唇，腹微鼓，腹以下残。素面。口径14、残高6.6厘米（图一七，8）。

器底　2件。平底。H42：6，夹细砂磨光黑陶。轮制。器表磨光。弧腹，腹以上残。素面。底径7.2、残高12厘米（图一七，10）。H42：23，夹砂灰褐陶。轮制。弧腹，腹以上残。素面。底径2.8、残高3.1厘米（图一七，11）。

尖底杯　5件。皆剩底部。

Ⅰ式：2件。H42：13，夹砂青灰陶。器内壁多留有轮制旋痕，器表略经打磨。火候不高。素面。胎较厚。残高3.4厘米（图一七，3）。H42：15，夹砂红褐陶。器内外壁有旋痕，器表略经打磨。残高4.4厘米（图一七，4）。

Ⅱ式：3件。H42：16，夹砂灰褐陶。器内外壁有旋痕，器表略经打磨。残高4.2厘米（图一七，5）。H42：14，夹砂黄褐陶。器表略经打磨。残高3.4厘米（图一七，6）。H42：17，夹砂红褐陶。器表略经打磨。残高4.8厘米（图一七，7）。

纺轮　1件。H42：22，夹砂灰褐陶。圆台形，剖面呈梯形，中部穿圆孔，顶、底皆平。顶径3.4、底径5、高1.4厘米（图一七，12）。

（3）T1605H47出土器物

素缘罐　3件。

A型Ⅱ式：1件。H47：1，夹砂黄褐陶。侈口，卷沿，尖圆唇，颈以下残。器表饰纵向中绳纹。口径14.4、残高6.2厘米（图一八，3）。

B型Ⅰ式：2件。H47：7，夹砂灰陶。侈口，微卷沿，尖圆唇，颈以下残。素面。口径16、残高5.2厘米（图一八，1）。H47：8，夹砂黑灰陶。侈口，微卷沿，尖圆唇，颈以下残。素面。口径14、残高4.2厘米（图一八，8）。

尖底杯　6件。皆剩尖底部分。

Ⅰ式：3件。腹、底交接处冠状棱不明显。H47：41，夹细砂灰陶。内壁旋痕明显。口残。残高5.8厘米（图一八，7）。H47：14，夹细砂红陶。内外壁旋痕明显。口残。残高5厘米（图一八，9）。H47：52，夹砂黄褐陶。口残。残高5厘米（图一八，10）。

Ⅱ式：3件。腹、底交接处冠状棱明显。H47：31，夹细砂红陶。外壁旋痕明显。口残。残高6.4厘米（图一八，5）。H47：48，夹细砂灰陶。内外壁旋痕明显。口残。残高5厘米（图一八，13）。H47：51，夹细砂红陶。内外壁旋痕明显，腹、底交接处冠状棱比较突出。口残。残高5.8厘米（图一八，16）。

高领罐　2件。残存形制不明。H47：3，夹砂灰陶。轮制。侈口，卷沿，方圆唇，束颈，颈以下残。口径28、残高4.8厘米（图一八，6）。H47：9，夹砂灰陶。轮制。侈口，方圆唇，束颈，颈以下残。口径14、残高2.6厘米（图一八，11）。

素面小罐　1件。H47：2，夹砂灰陶。轮制。侈口，卷沿，尖圆唇，鼓腹，腹以下残。素面。口径12、残高6.4厘米（图一八，2）。

盖纽　1件。H47：6，夹砂灰陶。轮制。束腰形抓手，盖盘残。素面。残高2.8厘米（图一八，4）。

豆腰残部　1件。H47：5，夹砂黄灰陶。素面。残高3厘米（图一八，12）。

器底　2件。H47：10，夹砂灰陶。轮制。仅剩残平底。器表饰杂向中绳纹。底径6.8、残高2.8厘米（图一八，14）。H47：4，泥质青灰陶。轮制。小平底。素面。底径2、残高2厘米（图一八，15）。

（4）T1208H50出土器物

素缘罐　3件。

A型Ⅱ式：1件。H50：3，夹砂黄褐陶。轮制。侈口，卷沿，尖圆唇，肩微耸，肩以下

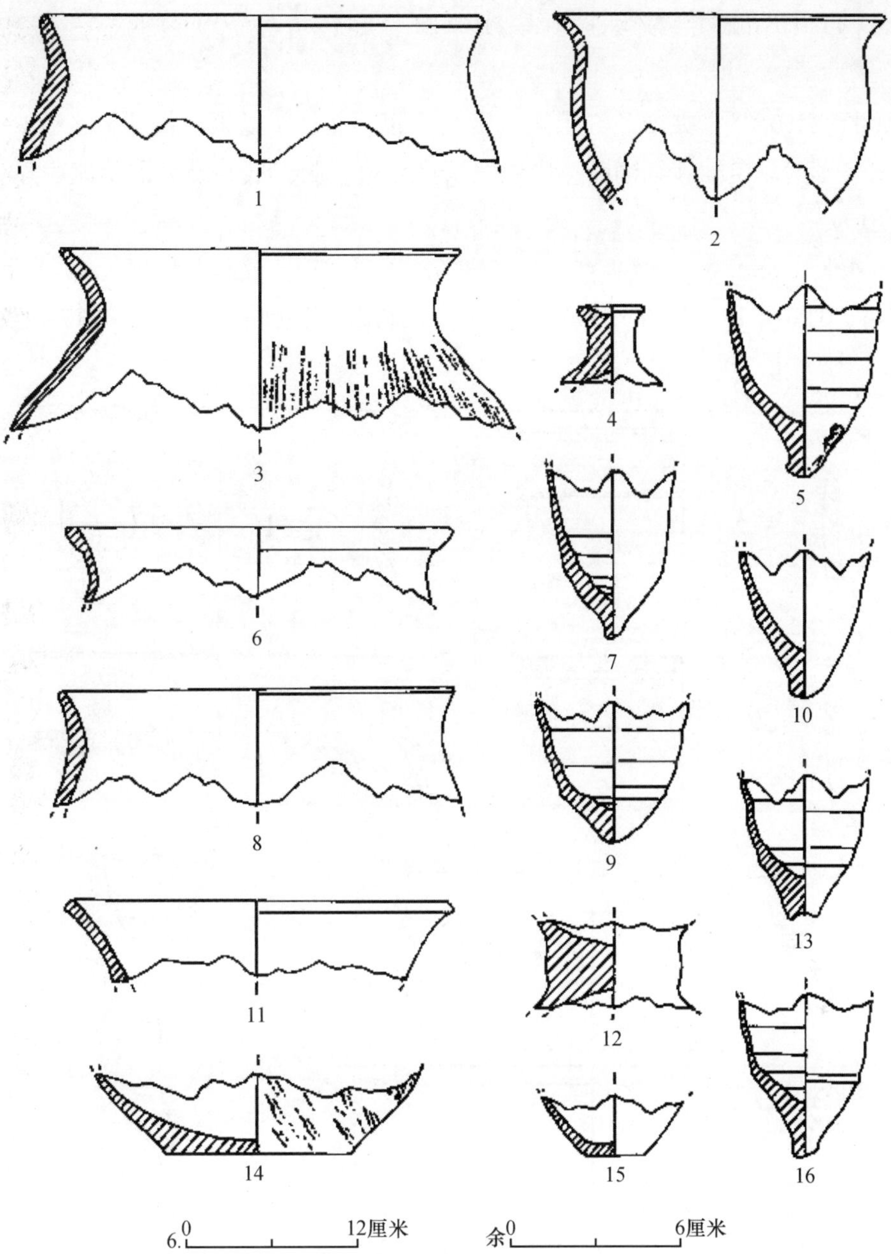

图一八　H47出土陶器

1、8. B型Ⅰ式素缘罐（H47：7、H47：8）　2. 素面小罐（H47：2）　3. A型Ⅱ式素缘罐（H47：1）　4. 盖纽（H47：6）　5、13、16. Ⅱ式尖底杯（H47：31、H47：48、H47：51）　6、11. 形制不明高领罐（H47：3、H47：9）　7、9、10. Ⅰ式尖底杯（H47：41、H47：14、H47：52）　12. 豆腰残部（H47：5）　14、15. 器底（H47：10、H47：4）

残。器身饰纵向细绳纹。口径14.4、残高5厘米（图一九，4）。

B型Ⅱ式：1件。H50：5，夹砂黄褐陶。轮制。侈口，卷沿，圆唇，溜肩，肩以下残。器表素面。口径20、残高4.8厘米（图一九，9）。

B型Ⅲ式：1件。H50：10，夹砂灰陶。轮制。微侈口，微卷沿，尖圆唇，圆肩，肩以下残。器身饰纵向中粗绳纹。口径28、残高9.2厘米（图一九，5）。

尖底杯底部　3件。

Ⅰ式：1件。H50：7，夹细砂红褐陶。腹、底转折处冠状棱明显。残高4厘米（图一九，6）。

Ⅱ式：2件。H50：8，夹细砂红褐陶。素面。腹、底转折处冠状棱明显。残高4.5厘米（图一九，8）。H50：9，夹细砂红褐陶。内外壁留有旋痕，腹、底转折处冠状棱明显。残高5厘米（图一九，10）。

高领罐　4件。

A型　1件。H50：11，夹细砂青灰陶。侈口，卷沿，尖圆唇，束颈，颈以下残。口径20、残高8.6厘米（图一九，7）。

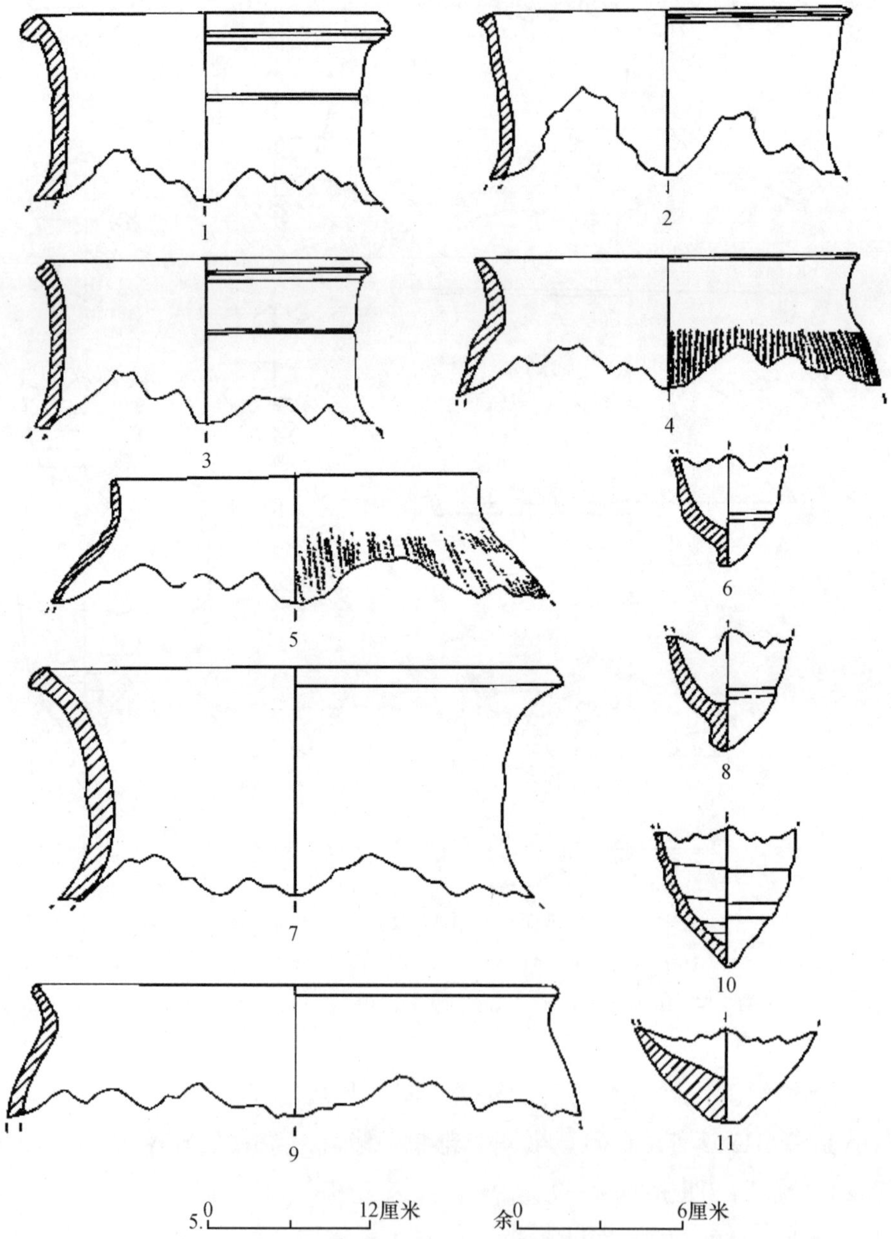

图一九　H50出土陶器

1～3. B型高领罐（H50：1、H50：4、H50：2）　4. A型Ⅱ式素缘罐（H50：3）　5. B型Ⅲ式素缘罐（H50：10）　6. Ⅰ式尖底杯底部（H50：7）　7. A型高领罐（H50：11）　8、10. Ⅱ式尖底杯底部（H50：8、H50：9）　9. B型Ⅱ式素缘罐（H50：5）　11. 尖底盏底部（H50：6）

B型 3件。H50：1，夹细砂黄褐陶。微侈口，微卷沿，尖圆唇，束颈较直，颈中部饰一周凹弦纹。颈以下残。口径14、残高7厘米（图一九，1）。H50：4，夹砂青灰陶。微侈口，微卷沿，尖圆唇，束颈较直，颈以下残。口径14、残高6厘米（图一九，2）。H50：2，夹砂黄褐陶。微侈口，微卷沿，尖圆唇，束颈较直，颈中部饰一周凹弦纹。颈以下残。口径12、残高6厘米（图一九，3）。

尖底盏底部 1件。H50：6，夹砂灰褐陶。残高3.2厘米（图一九，11）。

骨镞 2件。H50：12，黑灰色。通体磨光。三棱形，一面有风沟，铤残。残长4.4厘米（图二〇，1）。H50：13，黄灰色。通体磨光，三棱形锋，一面有风沟。长8厘米（图二〇，2）。

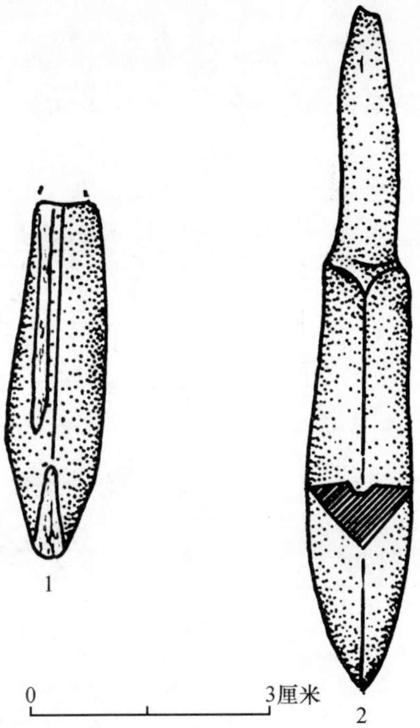

图二〇 H50出土骨镞
1. H50：12 2. H50：13

（5）H52出土器物

花边口沿罐 1件。A型Ⅱ式。H52：10，夹砂灰褐陶。轮制。侈口，卷沿，唇部饰指压波浪形花边，颈以下残。口径36、残高4.8厘米（图二一，2）。

尖底杯 6件。皆剩底部。夹细砂。轮制，器内壁多留有轮制旋痕，器表略经打磨。火候不高。素面。胎较厚。底部两壁夹角在60°左右。

Ⅰ式：5件。H52：50，灰陶。器壁内外旋痕明显。口残。残高5.2厘米（图二一，7）。H52：22，灰褐陶。器壁内外旋痕不明显。素面。口残。残高5.2厘米（图二一，8）。H52：51，青灰陶。内壁旋痕明显。素面。口残。残高6.2厘米（图二一，9）。H52：20，上部红褐，下部灰褐。内壁轮旋痕明显。口残。残高7.2厘米（图二一，10）。H52：24，红褐陶。器壁内外旋痕明显。口残。残高5.2厘米（图二一，11）。

Ⅱ式：1件。H52：21，黄褐陶。内壁旋痕明显。素面。口残。残高5.4厘米（图二二，7）。

素缘罐 9件。

A型Ⅰ式：3件。H52：6，夹砂灰褐陶。侈口，卷沿，尖圆唇，鼓腹，腹以下残。器表饰交错拍印细绳纹。口径28、残高7.2厘米（图二三，2）。H52：4，夹细砂黄褐陶。侈口，卷沿，圆唇，耸肩，肩以下残。器表饰纵向中粗绳纹。口径26.4、残高8.4厘米（图二三，8）。H52：9，夹细砂黄褐陶。侈口，卷沿，尖圆唇，耸肩，肩以下残。器表饰斜向中粗绳纹。口径14、残高4.8厘米（图二三，9）。

A型Ⅱ式：2件。H52：5，夹砂灰褐陶。侈口，卷沿，圆唇，耸肩，肩以下残。器表饰纵向中粗绳纹。口径28、残高7.2厘米（图二二，1）。

B型Ⅰ式：4件。H52：31，夹细砂灰陶。侈口，微卷沿，尖圆唇，鼓腹，腹以下残。器表饰交错中绳纹。口径40、残高16厘米（图二二，5）。H52：7，夹细砂黄褐陶。侈口，微卷沿，尖圆唇，鼓腹，腹以下残。器表饰交错中绳纹。口腹交接处有拍压痕迹。口径16、残高

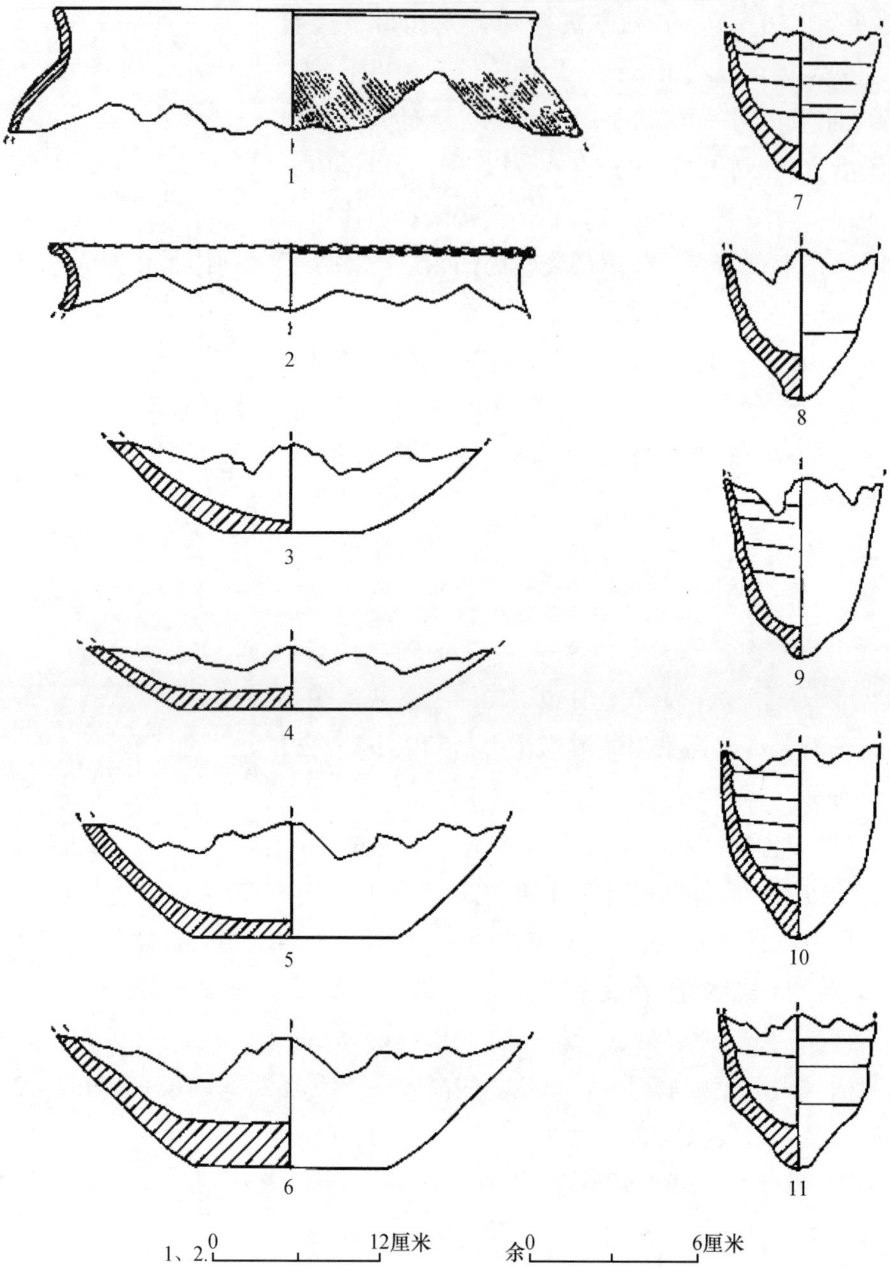

图二一　H52出土陶器

1. B型Ⅱ式素缘罐（H52：3）　2. A型Ⅱ式花边口沿罐（H52：10）　3～6. 器底（H52：14、H52：13、H52：12、H52：11）　7～11. Ⅰ式尖底杯（H52：50、H52：22、H52：51、H52：20、H52：24）

7.2厘米（图二二，3）。H52：2，夹砂灰褐陶。侈口，微卷沿，尖圆唇，鼓腹，腹以下残。器表饰斜向拍印细绳纹。口径40、残高16厘米（图二二，8）。H52：8，夹砂黄褐陶。侈口，卷沿，尖圆唇，鼓腹，腹以下残。素面。口径28、残高8.4厘米（图二二，2）。

B型Ⅱ式：1件。H52：3，夹细砂黄褐陶。口微侈，微卷沿，尖圆唇，圆肩，肩以下残。器表饰斜向细绳纹。口径36、残高8.8厘米（图二一，1）。

尖底盏　1件。仅剩尖底。H52：15，夹细砂灰黑陶。轮制。器内壁留有旋痕。素面。底部无尖。上部残。残高3.2厘米（图二二，10）。

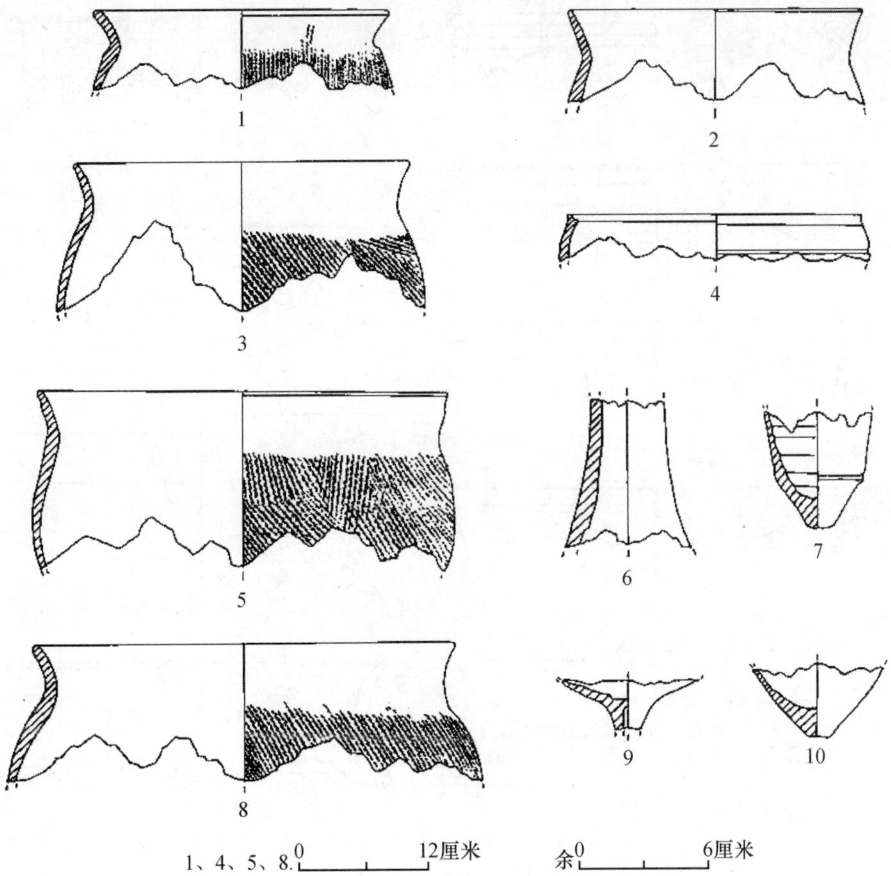

图二二　H52出土陶器

1. A型Ⅱ式素缘罐（H52：5）　2、3、5、8. B型Ⅰ式素缘罐（H52：8、H52：7、H52：31、H52：2）　4. 盆（H52：19）　6. A型豆（H52：18）　7. Ⅱ式尖底杯（H52：21）　9. B型豆（H52：17）　10. 尖底盏（H52：15）

器底　4件。皆平底。轮制。素面。H52：11，夹砂红褐陶。底径7.2、残高4.6厘米（图二一，6）。H52：12，夹砂黄褐陶。底径8.8、残高3.8厘米（图二一，5）。H52：13，夹砂灰褐陶。底径8.3、残高2.2厘米（图二一，4）。H52：14，夹砂红褐陶。底径4.8、残高3厘米（图二一，3）。

豆　2件。皆残。

A型　1件。H52：18，夹砂黑皮红褐陶。素面。残存形状近喇叭形。残高7.6厘米（图二二，6）。

B型　1件。H52：17，夹细砂灰陶。盘、柄皆残。残高2.2厘米（图二二，9）。

盆　1件。仅剩口沿。H52：19，夹砂灰褐陶。轮制。口微侈，窄折沿，尖圆唇，鼓腹，腹以下残。素面。口径28、残高4厘米（图二二，4）。

高领罐口沿　3件，形制不明。H52：36，夹砂青灰陶。轮制。侈口，卷沿，圆唇，颈以下残。口径12、残高3.2厘米（图二三，4）。H52：38，夹砂青灰陶。轮制。侈口，卷沿，圆唇，束颈较直，颈以下残。口径16、残高2.8厘米（图二三，5）。H52：52，夹砂青灰陶。轮制。侈口，卷沿，圆唇，颈以下残。口径33.6、残高4.8厘米（图二三，6）。

盘口罐　3件。

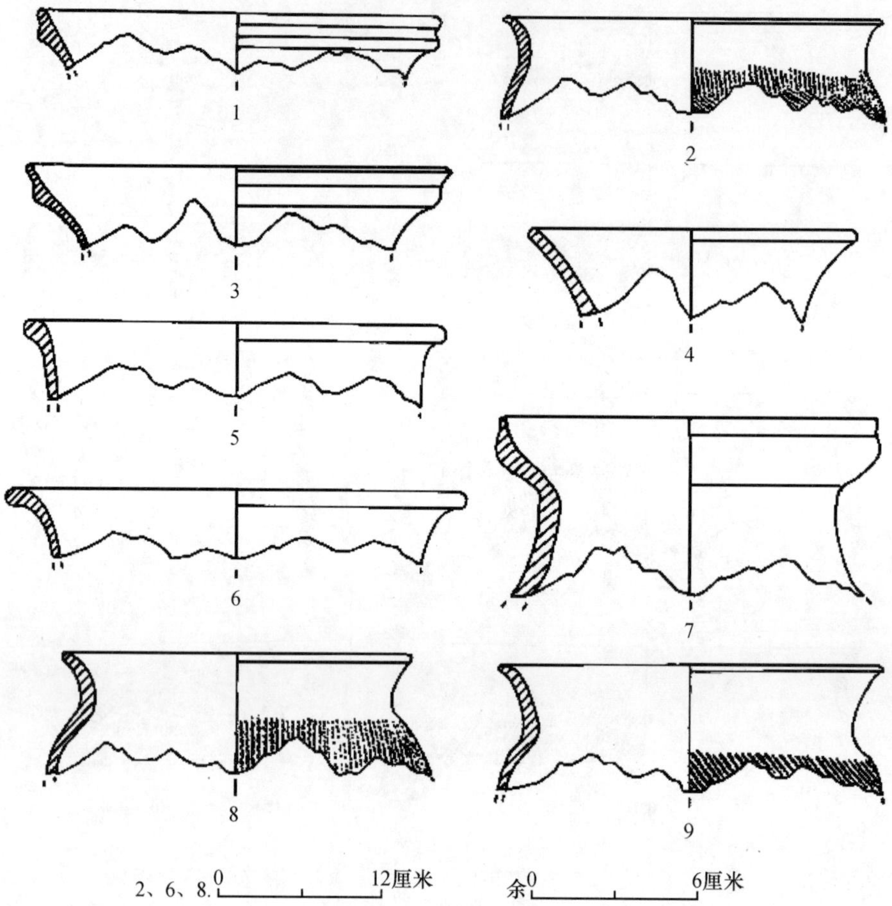

图二三　H52出土陶器

1、3. A型盘口罐（H52：30、H52：33）　2、8、9. A型Ⅰ式素缘罐（H52：6、H52：4、H52：9）　4～6. 形制不明高领罐口沿（H52：36、H52：38、H52：52）　7. C型盘口罐（H52：16）

A型　2件。H52：30，夹砂黄褐陶。轮制。侈口，圆唇，颈以下残。唇下饰一周凸棱。口径15.2、残高2厘米（图二三，1）。H52：33，夹细砂黑陶。轮制。侈口，圆唇，颈以下残。唇下饰一周凸棱。口径16、残高3厘米（图二三，3）。

C型　1件。H52：16，泥质黄皮红褐胎。轮制。盘口，尖圆唇，高束颈，颈以下残。素面。口径14、残高6.4厘米（图二三，7）。

铜钺　1件。H52：1，青铜。范铸。素面。柄宽5.4、刃宽6.2、长8.6厘米（图二四）。

（6）T1409H53出土器物

盘口罐　2件。B型。H53：4，夹砂红褐陶。轮制。侈口，方唇略内折呈盘口，唇面微凹，束颈，颈以下残。素面。口径14、残高4.4厘米（图二五，1）。H53：6，夹砂灰陶。轮制。侈口，方唇略内折呈盘口，束颈，颈以下残。素面。口径14、残高2.8厘米（图二五，2）。

素面罐　1件。H53：5，夹砂灰陶。轮制。侈口，卷沿，尖圆唇，溜肩，肩以下残。器表素面。口径22.4、残高3厘米（图二五，3）。

高领罐　3件。

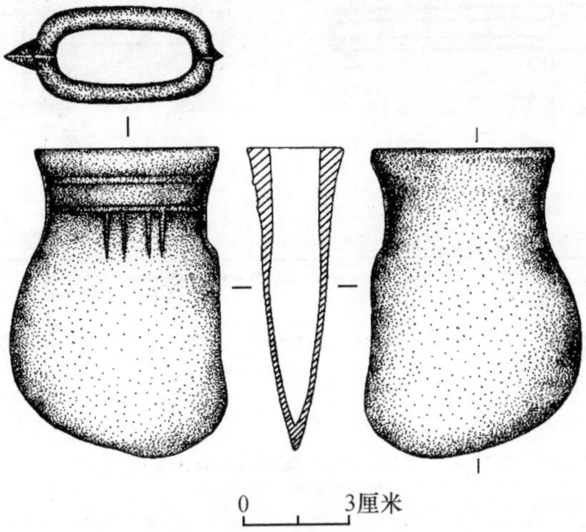

图二四　H52出土铜钺（H52：1）

A型　1件。H53：1，夹细砂黄褐陶。侈口，卷沿，圆方唇，束颈，颈以下残。口径18、残高8厘米（图二五，8）。

B型　1件。H53：3，夹细砂黄褐陶。侈口，卷沿，方圆唇，束颈较直，颈以下残。素面。口径10、残高6.8厘米（图二五，9）。

形制不明　1件。H53：2，夹细砂黄褐陶。侈口，卷沿，方圆唇，束颈，颈以下残。素面。口径17.6、残高4.6厘米（图二五，4）。

炮弹形杯底部　1件。H53：10，夹砂灰陶。轮制。素面。残高3.2厘米（图二五，5）。

尖底盏底部　1件。H53：9，夹细砂黑灰陶。轮制。素面。小平底。底径2、残高3.2厘米（图二五，7）。

器底　1件。H53：7，夹砂黑灰陶。轮制。平底，素面。底径8.8、残高4.8厘米（图二五，6）。

（7）T1306H54出土器物

素缘罐口沿残片　1件。B型Ⅱ式。H54：23，夹砂灰陶。轮制。微侈口，圆唇，圆耸肩，肩以下残。器表饰纵向绳纹。残高5.4厘米（图二六，9）。

残尖底杯　4件。Ⅱ式。H54：26，夹细砂青灰陶。腹、底转折处冠状棱明显。残高3.2厘米（图二六，5）。H54：3，夹细砂红陶。腹、底转折处冠状棱明显。残高4.4厘米（图二六，8）。H54：2，夹细砂红陶。腹、底转折处冠状棱明显。残高4厘米（图二六，4）。H54：24，夹细砂灰陶。内外壁留有旋痕，腹、底转折处冠状棱明显。残高6厘米（图二六，7）。

高领罐　3件。

A型　2件。H54：21，泥质黑陶。轮制。侈口，卷沿，圆唇，束颈较直，颈以下残。颈部有一周凹弦纹。口径14、残高6.4厘米（图二六，1）。H54：20，夹砂灰陶。轮制。侈口，卷沿，尖圆唇，束颈较直，颈以下残。素面。口径15.2、残高5厘米（图二六，2）。

形制不明　1件。H54：36，夹砂青灰陶。轮制。侈口，卷沿，圆唇，束颈，颈以下残。素面。口径16、残高2.6厘米（图二六，3）。

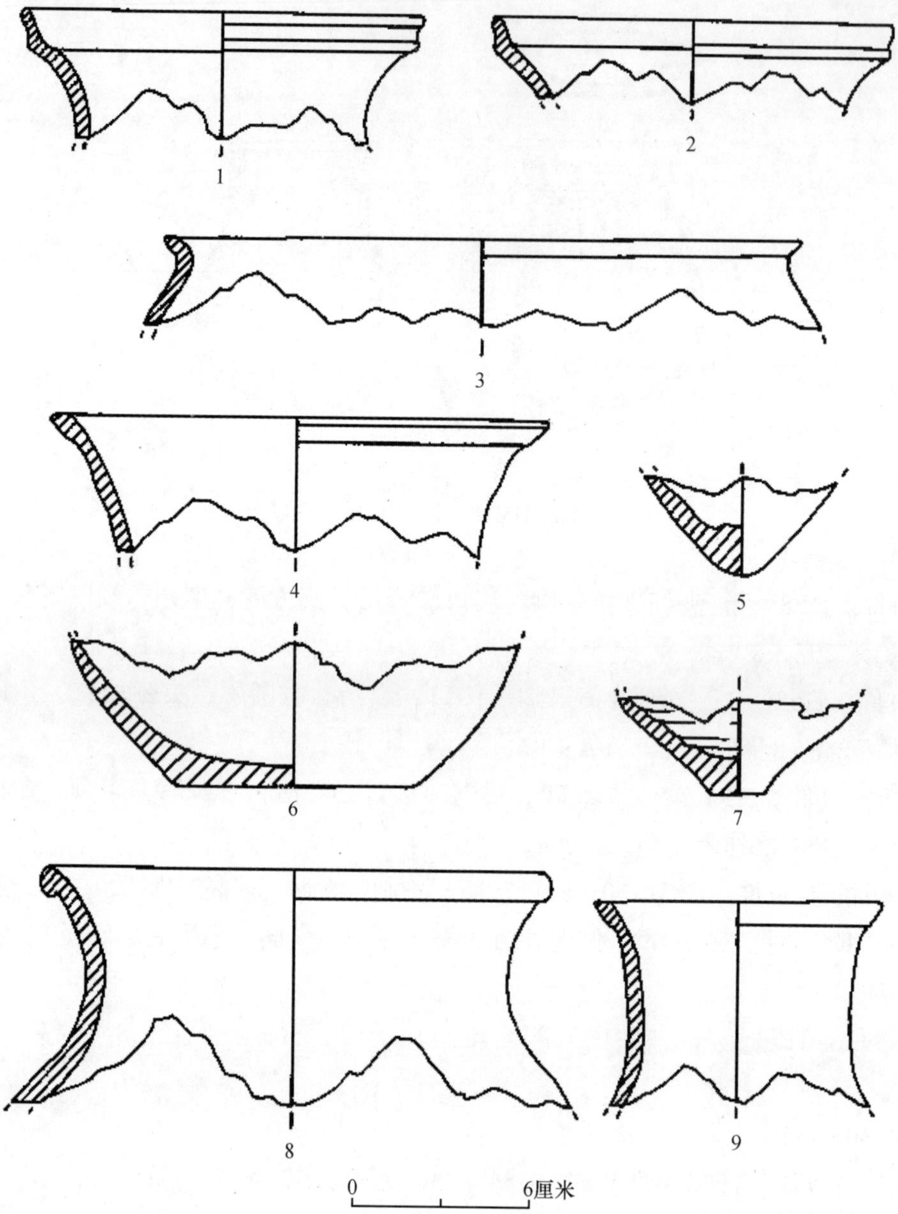

图二五　H53出土陶器

1、2. B型盘口罐（H53：4、H53：6）　3. 素面罐（H53：5）　4. 形制不明高领罐（H53：2）　5. 炮弹形杯底部（H53：10）　6. 器底（H53：7）　7. 尖底盏底部（H53：9）　8. A型高领罐（H53：1）　9. B型高领罐（H53：3）

器底　3件。轮制。素面。均剩平底。H54：22，泥质灰陶。底径9.2、残高4厘米（图二六，6）。H54：19，泥质灰陶。底径11.2、残高5厘米（图二六，10）。H54：16，泥质灰陶。底径10、残高10厘米（图二六，11）。

（8）T1601H56出土器物

素缘绳纹罐　3件。

A型Ⅱ式：1件。H56：6，夹砂红陶。轮制。侈口，卷沿，尖圆唇，耸肩，肩以下残。器表饰纵向粗绳纹。口径17.6、残高4厘米（图二七，4）。

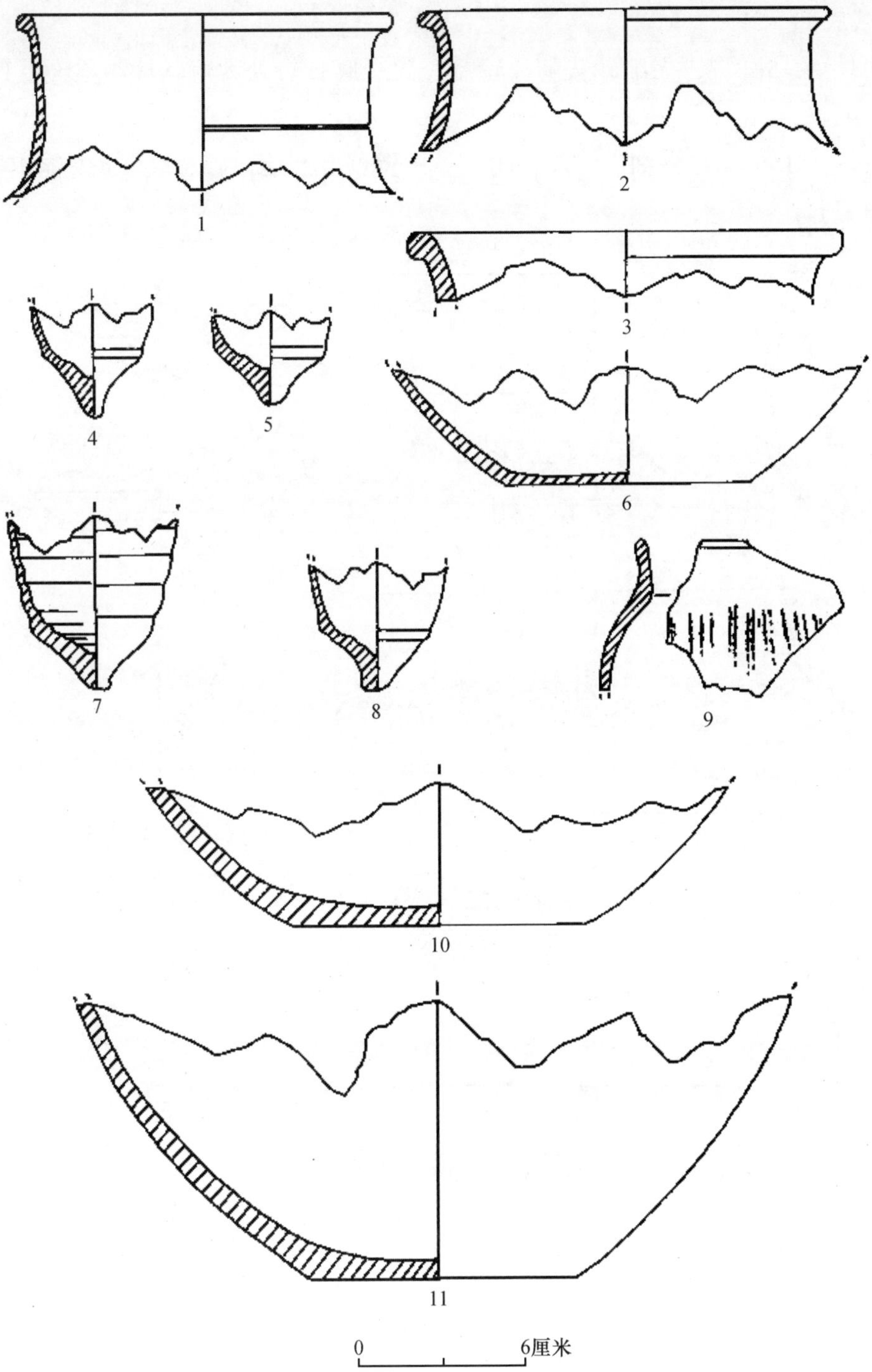

图二六　H54出土陶器

1、2. A型高领罐（H54：21、H54：20）　3. 形制不明高领罐（H54：36）　4、5、7、8. Ⅱ式尖底杯（H54：2、H54：26、H54：24、H54：3）　6、10、11. 器底（H54：22、H54：19、H54：16）　9. B型Ⅱ式素缘罐（H54：23）

B型Ⅱ式：2件。H56：4，夹砂红陶。轮制。侈口，卷沿，尖圆唇，圆肩，肩以下残。器表饰纵向细绳纹。口径16、残高4.6厘米（图二七，2）。H56：18，夹砂黑灰陶。轮制。侈口，卷沿，圆唇，圆肩，肩以下残。器表饰杂向中绳纹。口径13.2、残高7厘米（图二七，3）。

尖底杯残底部 2件。

Ⅰ式：1件。H56：7，夹细砂灰陶。轮制。腹、底转折处无冠状棱。素面。残高3.4厘米（图二七，8）。

Ⅱ式：1件。H56：5，夹细砂红陶。轮制。内壁留有旋痕，腹、底转折处冠状棱明显。残高6厘米（图二七，9）。

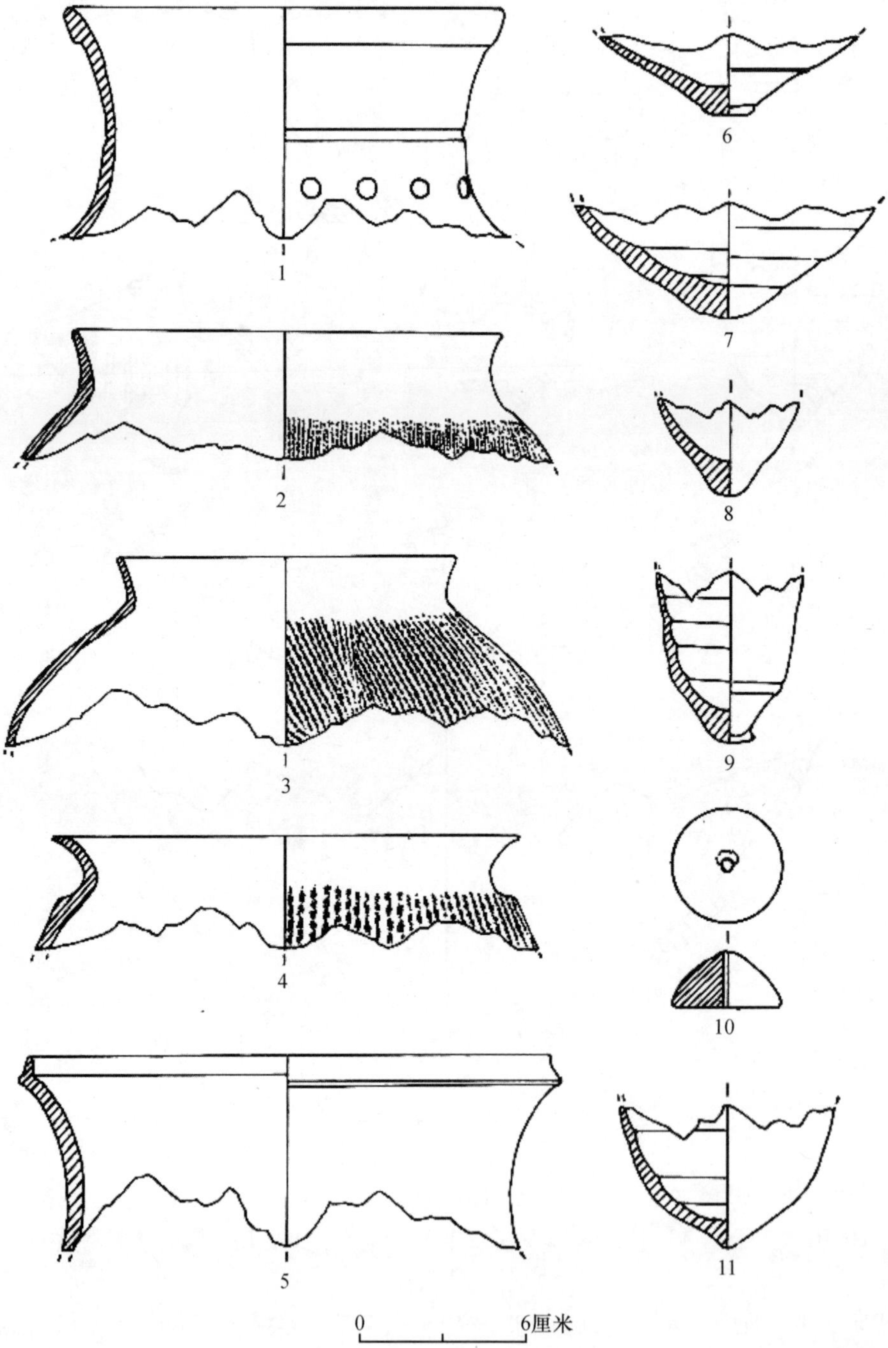

图二七 H56出土陶器

1. A型高领罐（H56：1） 2、3. B型Ⅱ式素缘绳纹罐（H56：4、H56：18） 4. A型Ⅱ式素缘绳纹罐（H56：6） 5. C型盘口罐（H56：8） 6、7. 尖底盏残底部（H56：2、H56：15） 8. Ⅰ式尖底杯（H56：7） 9. Ⅱ式尖底杯（H56：5） 10. 纺轮（H56：9） 11. 炮弹形尖底杯（H56：11）

高领罐　1件。A型。H56：1，夹细砂黑皮红陶。轮制。侈口，卷沿，方唇，束颈。颈以下残。颈部饰两周凹弦纹及一周圆圈纹。底径16.4、残高8.2厘米（图二七，1）。

盘口罐　1件。C型。H56：8，夹砂青灰陶。轮制。侈口，卷沿，方唇内折呈盘状口，束颈，颈以下残。素面。口径20、残高7厘米（图二七，5）。

纺轮　1件。H56：9，夹细砂红褐陶。磨制。馒头形，中部有一圆形穿孔。素面。直径4、高2厘米（图二七，10）。

炮弹形尖底杯　1件。H56：11，夹砂灰陶。轮制。内壁留有旋痕。素面。残高5厘米（图二七，11）。

尖底盏残底部　2件。H56：2，夹砂黑红陶。轮制。外壁留有旋痕。素面。残高2.8厘米（图二七，6）。H56：15，夹细砂红褐陶。内外壁留有旋痕。素面。残高4.2厘米（图二七，7）。

盖纽　1件。H56：3，夹细砂灰陶。轮制。束腰形抓手。素面。残高5厘米（图二八，4）。

花边口沿罐　2件。A型Ⅱ式。H56：12，夹砂黄灰陶。轮制。微侈口，微卷沿，方圆唇，唇面饰指压窝纹花边。肩以下残。素面。口径24.8、残高5.6厘米（图二八，3）。H56：16，夹砂黄灰陶。轮制。侈口，微折沿，方唇，肩以下残。上唇缘饰指压花边。素面。口径18.4、残高2厘米（图二八，1）。

素面瓮　1件。H56：17，夹砂青灰陶。轮制。侈口，卷沿，尖圆唇，束颈，溜肩，肩以下残。口径11.6、残高7.4厘米（图二八，5）。

折沿罐　1件。H56：13，夹砂灰陶。轮制。侈口，折沿，方唇，唇面微凹，溜肩。肩以下残。口径12、残高3厘米（图二八，2）。

器底　3件。

残平底器底　2件。H56：10，夹细砂黄褐陶。轮制。素面。底径10.4厘米、残高5.4（图二八，7）。H56：14，夹砂灰陶。轮制。素面。底径11.2、残高3.7厘米（图二八，6）。

残圜底器底　1件。H56：19，夹砂红褐陶。轮制。素面。残高10厘米（图二八，8）。

（9）T1505⑤出土器物

素缘绳纹罐　3件。A型Ⅱ式。T1505⑤：8，夹砂黄灰陶。轮制。侈口，卷沿，尖圆唇，束颈，耸肩，肩以下残。器表饰斜纵向中绳纹。口径18、残高4.6厘米（图二九，3）。T1505⑤：12，夹砂红陶。轮制。侈口，卷沿，尖圆唇，束颈，耸肩。肩以下残。器表饰斜纵向中绳纹。口径15.2、残高4.6厘米（图二九，4）。T1505⑤：10，夹砂黑陶。轮制。侈口，微折沿，尖圆唇，束颈较直，圆耸肩。肩以下残。器表饰交错细绳纹。口径14、残高7.8厘米（图二九，5）。

高领罐　7件。

A型　5件。T1505⑤：2，夹砂青灰陶。轮制。侈口，卷沿，方唇，唇面微凹，束颈。颈以下残。素面。口径18.4、残高7厘米（图二九，1）。T1505⑤：6，夹细砂黑灰陶。轮制。侈口，卷沿，尖圆唇，束颈。颈以下残。颈中部饰一凹弦纹。口径18、残高7.6厘米（图二九，2）。T1505⑤：11，夹细砂灰陶。轮制。侈口，卷沿，卷圆唇，束颈。颈以下残。颈部饰一周

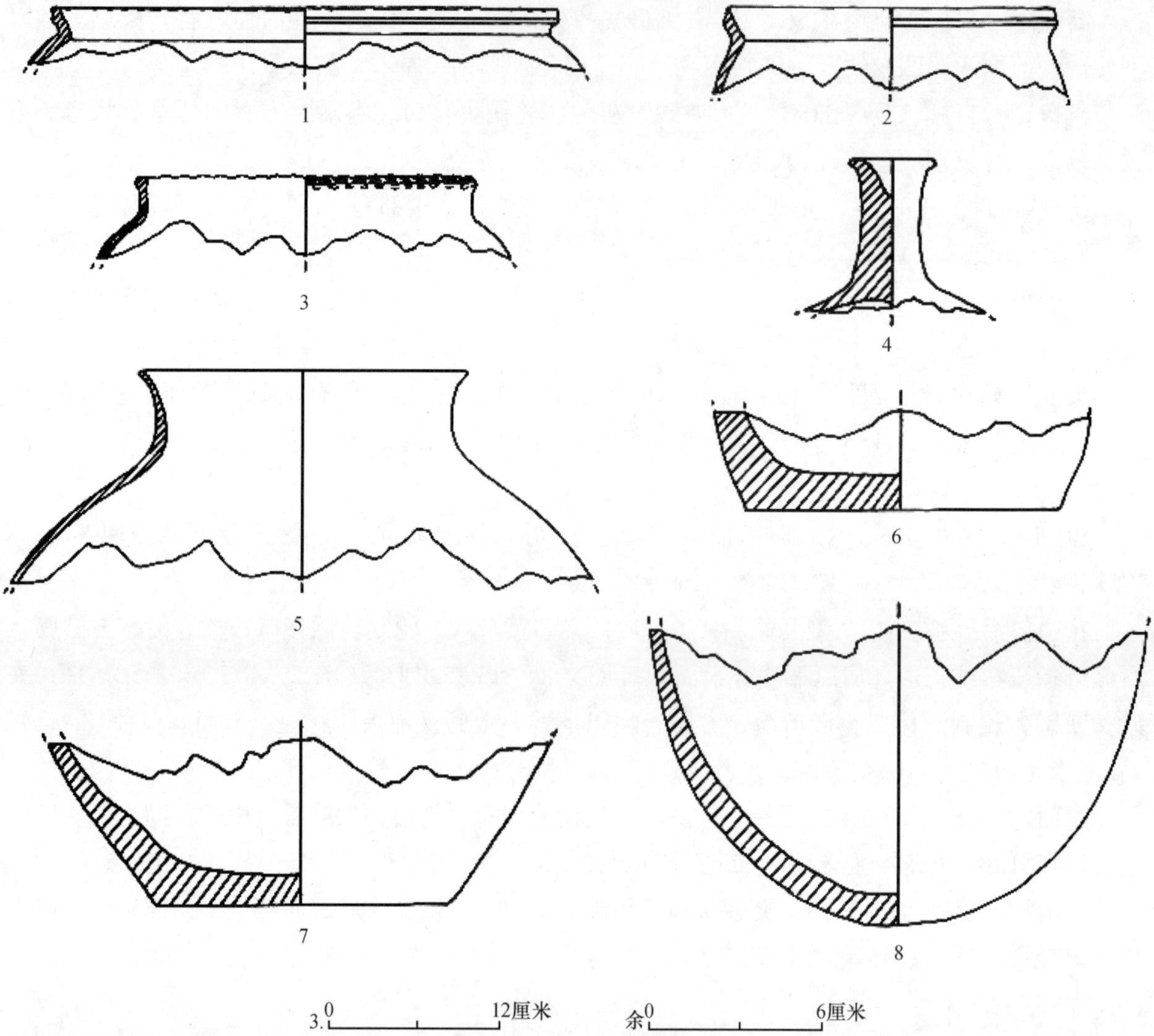

图二八　H56出土陶器

1、3. A型Ⅱ式花边口沿罐（H56：16、H56：12）　2. 折沿罐（H56：13）　4. 盖纽（H56：3）　5. 素面瓮（H56：17）　6、7. 残平底器底（H56：14、H56：10）　8. 残圜底器底（H56：19）

凹弦纹。口径14.4、残高5.8厘米（图三〇，2）。T1505⑤：7，夹细砂青灰陶。轮制。侈口，卷沿，卷尖圆唇，束颈。颈以下残。颈部饰一周凹弦纹。口径15.2、残高6.6厘米（图三〇，4）。T1505⑤：4，夹细砂灰褐陶。轮制。侈口，卷沿，卷圆唇，束颈。溜肩。肩以下残。素面。口径14、残高8.2厘米（图三〇，7）。

B型　2件。T1505⑤：13，夹细砂青灰陶。轮制。侈口，平卷圆唇，束颈较直。颈以下残。颈部饰一周凹弦纹。口径16、残高7.6厘米（图三〇，1）。T1505⑤：1，夹砂黄褐陶。轮制。侈口，翻卷尖圆唇，束颈较直。颈以下残。颈部饰二周凹弦纹。口径14.4、残高11厘米（图三〇，3）。

折沿罐　1件。T1505⑤：9，夹砂青灰陶。轮制。侈口，卷沿，圆唇，束颈，溜肩。肩以下残。素面。口径14.4、残高7.4厘米（图三〇，6）。

残尖底盏底　1件。T1505⑤：3，夹砂黄褐陶。轮制。内壁留有旋痕，器表略经打磨。残

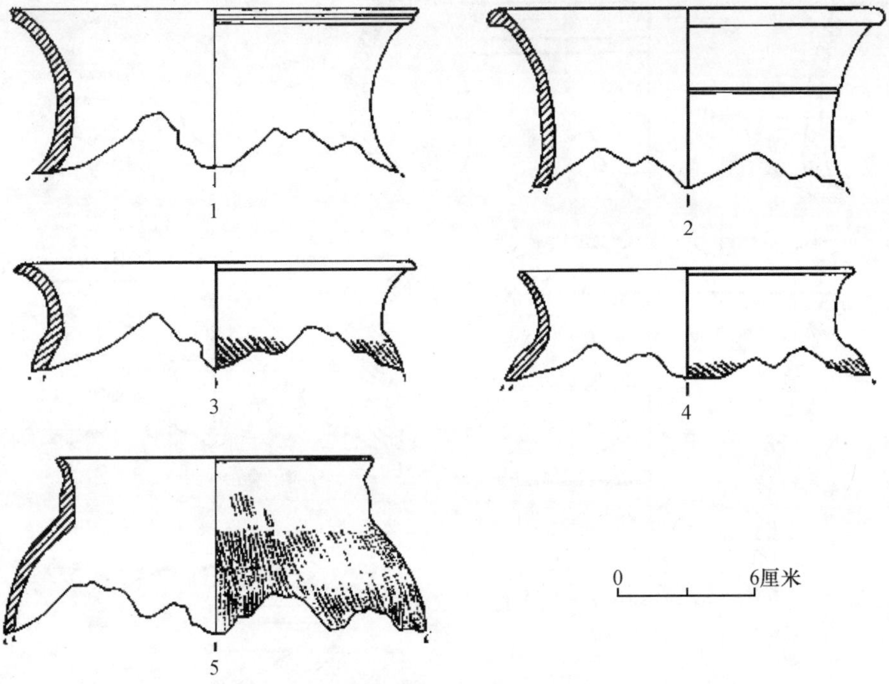

图二九　T1505⑤出土陶器

1、2. A型高领罐（T1505⑤：2、T1505⑤：6）　3～5. A型Ⅱ式素缘绳纹罐（T1505⑤：8、T1505⑤：12、T1505⑤：10）

高5.4厘米（图三〇，5）。

残炮弹形尖底杯　1件。T1505⑤：5，泥质褐灰陶。轮制。腹近炮弹形。腹、底转折处饰一周凹弦纹。残口径10.6、残高14厘米（图三〇，8）。

（10）T1505⑤A出土器物

耸肩罐　5件。

A型　1件。T1505⑤A：11，夹砂黑陶。轮制。敛口，微侈沿，尖圆唇，溜肩，耸鼓腹。下腹残。素面。口径14、残高6.8厘米（图三二，1）。

B型　2件。T1505⑤A：10，夹砂黄灰陶。轮制。侈口，宽卷沿，尖圆唇，溜肩。肩以下残。素面。口径10.4、残高2.3厘米（图三一，6）。T1505⑤A：15，夹砂黄灰陶。轮制。敛口，侈卷沿，圆唇，鼓腹，腹以下残。素面。口径11.7、残高3.8厘米（图三一，7）。

C型　2件。T1505⑤A：17，夹砂黄灰陶。轮制。敛口，微侈沿，尖圆唇，内唇面微凹，耸肩。肩以下残。素面。口径12、残高2.6厘米（图三一，8）。T1505⑤A：16，夹砂黄褐陶。轮制。敛口，微侈沿，尖圆唇，耸肩。肩以下残。素面。口径18、残高2.8厘米（图三一，10）。

素缘罐　6件。

B型Ⅰ式：1件。T1505⑤A：8，夹细砂青灰陶。敛口，直沿，尖圆唇，溜肩。肩以下残。口径12、残高3.6厘米（图三一，9）。

B型Ⅱ式：5件。T1505⑤A：12，夹砂黑陶。侈口，卷沿，方圆唇，溜肩。肩以下残。唇部有一指压痕迹，素面。口径20、残高4.8厘米（图三一，1）。T1505⑤A：18，夹砂黑陶。侈口，卷沿，方圆唇，溜肩。肩以下残。器身饰中粗绳纹。口径14、残高3.4厘米（图三一，

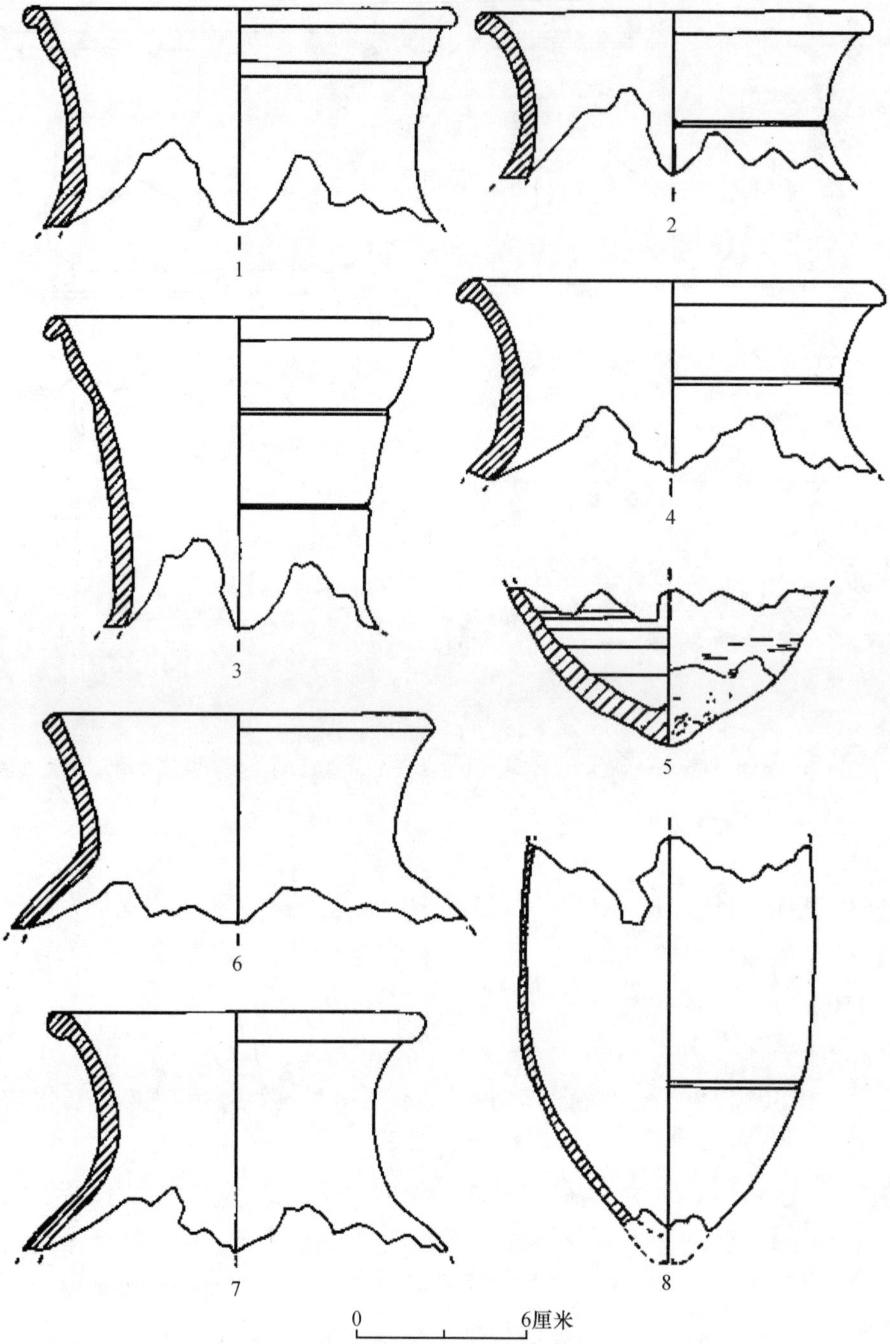

图三〇 T1505⑤出土陶器

1、3. B型高领罐（T1505⑤：13、T1505⑤：1） 2、4、7. A型高领罐（T1505⑤：11、T1505⑤：7、T1505⑤：4） 5. 残尖底盏底（T1505⑤：3） 6. 折沿罐（T1505⑤：9） 8. 残炮弹形尖底杯（T1505⑤：5）

4）。T1505⑤A：20，夹砂灰陶。侈口，卷沿，方圆唇，溜肩。肩以下残。素面。口径18、残高3.6厘米（图三一，5）。T1505⑤A：9，夹砂黑灰陶。侈口，微卷沿，圆唇，溜肩。肩以下残。素面。口径12、残高2.6厘米（图三一，2）。T1505⑤A：7，夹细砂青灰陶。侈口，卷沿，方唇，溜肩。肩以下残。素面。口径14、残高3.2厘米（图三一，3）。

残尖底盏　1件。T1505⑤A：21，夹砂黑灰陶。轮制。残存尖底，内壁留有旋痕。残高2.6

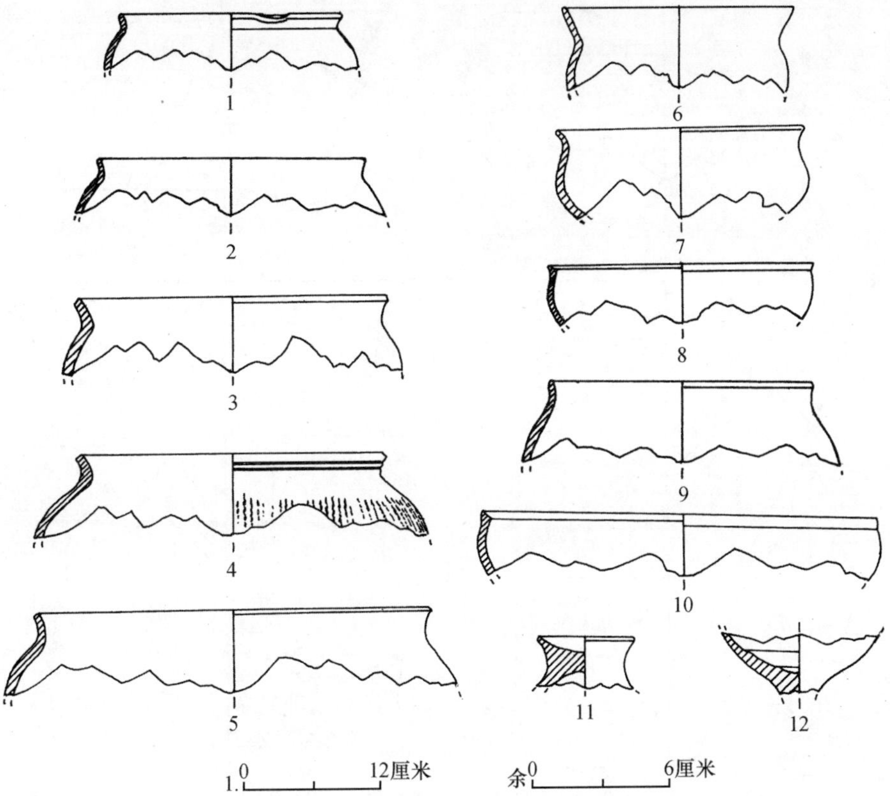

图三一　T1505⑤A出土陶器

1～5. B型Ⅱ式素缘罐（T1505⑤A：12、T1505⑤A：9、T1505⑤A：7、T1505⑤A：18、T1505⑤A：20）　6、7. B型耸肩罐（T1505⑤A：10、T1505⑤A：15）　8、10. C型耸肩罐（T1505⑤A：17、T1505⑤A：16）　9. B型Ⅰ式素缘罐（T505⑤A：8）　11. 盖纽（T1505⑤A：19）　12. 残尖底盏（T1505⑤A：21）

厘米（图三一，12）。

盖纽　1件。T1505⑤A：19，夹砂红褐陶。轮制。束腰抓手，座面内凹。盖盘残。素面。座面径4.4、残高2.2厘米（图三一，11）。

高领罐　4件。轮制。

A型　2件。T1505⑤A：3，夹细砂青灰陶。侈口，卷沿，尖圆唇，束颈。颈以下残。素面。口径18、残高8.2厘米（图三二，2）。T1505⑤A：4，泥质青灰陶。侈口，卷沿，圆唇，束颈。颈以下残。素面。口径16、残高5.2厘米（图三二，7）。

形制不明　2件。T1505⑤A：13，泥质黄灰陶。侈口，卷沿，尖圆唇，束颈。颈以下残。口径14、残高3厘米（图三二，4）。T1505⑤A：5，夹砂红陶。轮制。敛口，翻卷沿，方圆唇。颈以下残。素面。口径28、残高3.5厘米（图三二，5）。

折沿罐　1件。T1505⑤A：14，夹砂黑陶。侈口，卷沿，圆唇，束颈较直，溜肩。肩以下残。素面。口径18、残高6.8厘米（图三二，3）。

尖底盏　1件。A型。T1505⑤A：6，夹细砂红陶。轮制。敞口，沿微折呈母口，内弧腹。腹以下残。素面。口径14、残高2.6厘米（图三二，6）。

平底器底　2件。T1505⑤A：2，泥质黑陶。轮制。平底。素面。底径8.8、残高3.8厘米（图三二，8）。T1505⑤A：1，夹细砂黄褐陶。轮制。平底。素面。底径7.2、残高6.8厘米

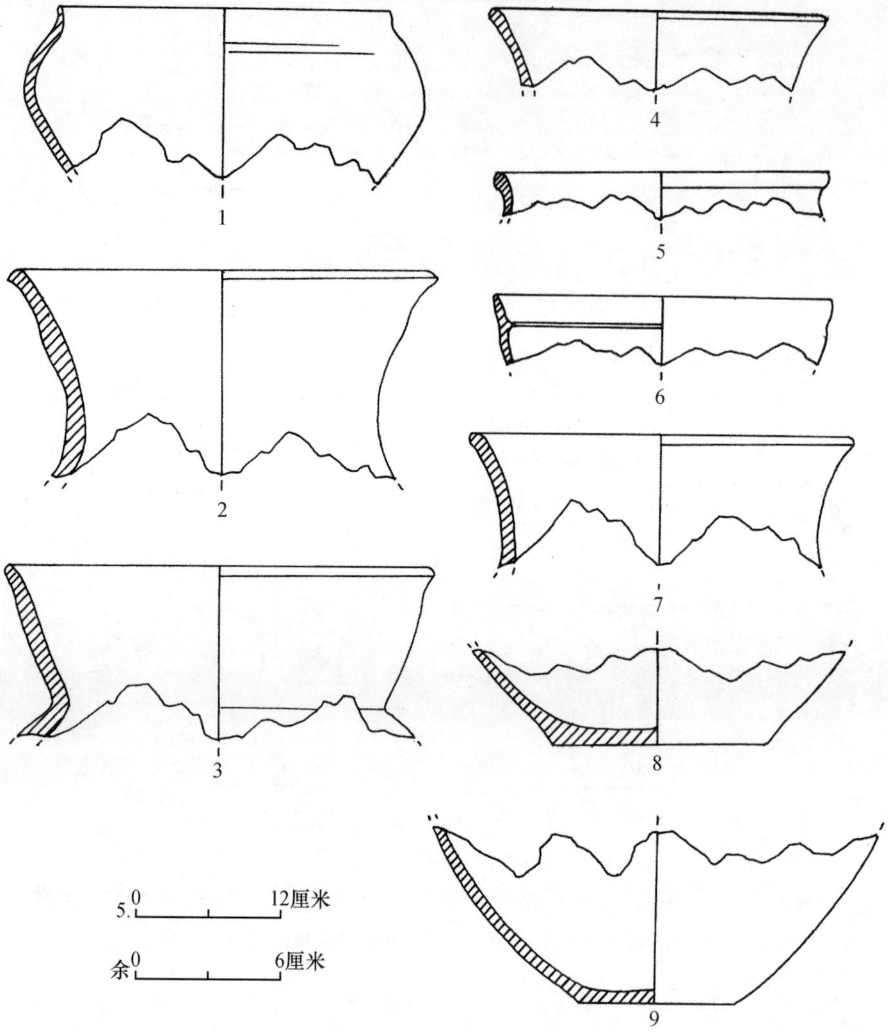

图三二 T1505⑤A出土陶器

1. A型耸肩罐（T1505⑤A：11） 2、7. A型高领罐（T1505⑤A：3、T1505⑤A：4） 3. 折沿罐（T1505⑤A：14） 4、5. 形制不明高领罐（T1505⑤A：13、T1505⑤A：5） 6. A型尖底盏（T1505⑤A：6） 8、9. 平底器底（T1505⑤A：2、T1505⑤A：1）

（图三二，9）。

（11）T1309⑤A出土器物

船形杯 4件。T1309⑤A：5、6，夹粗砂红褐陶。从口到底胎壁逐渐加厚，内壁略膨胀呈海绵体。手制。平面呈前弧后方之船形，横剖面呈拱形，纵剖面近鞋形。圜底，直沿，圆唇。素面。宽11.6、高6.6厘米（图三三，1）。T1309⑤A：3、4，夹粗砂红陶。制法、形态与前者相同。宽11、高6厘米（图三三，2）。

高领罐口部 1件。A型。T1309⑤A：7，夹砂青灰陶。轮制。侈口，卷沿，卷圆唇，束颈。颈以下残。素面。口径16、残高9厘米（图三四，1）。

素缘罐 1件。A型Ⅱ式。T1309⑤A：8，夹砂黄褐陶。轮制。侈口，卷沿，尖圆唇，颈微束，圆耸肩。肩以下残。器身饰纵向中绳纹。口径14、残高6.2厘米（图三四，2）。

器盖 1件。T1309⑤A：2，夹粗砂灰褐陶，内部呈黑色。轮制。喇叭形盖盘，侈平沿，方圆唇，束腰形抓手。抓手顶部残。素面。口径16、残高6厘米（图三四，5）。

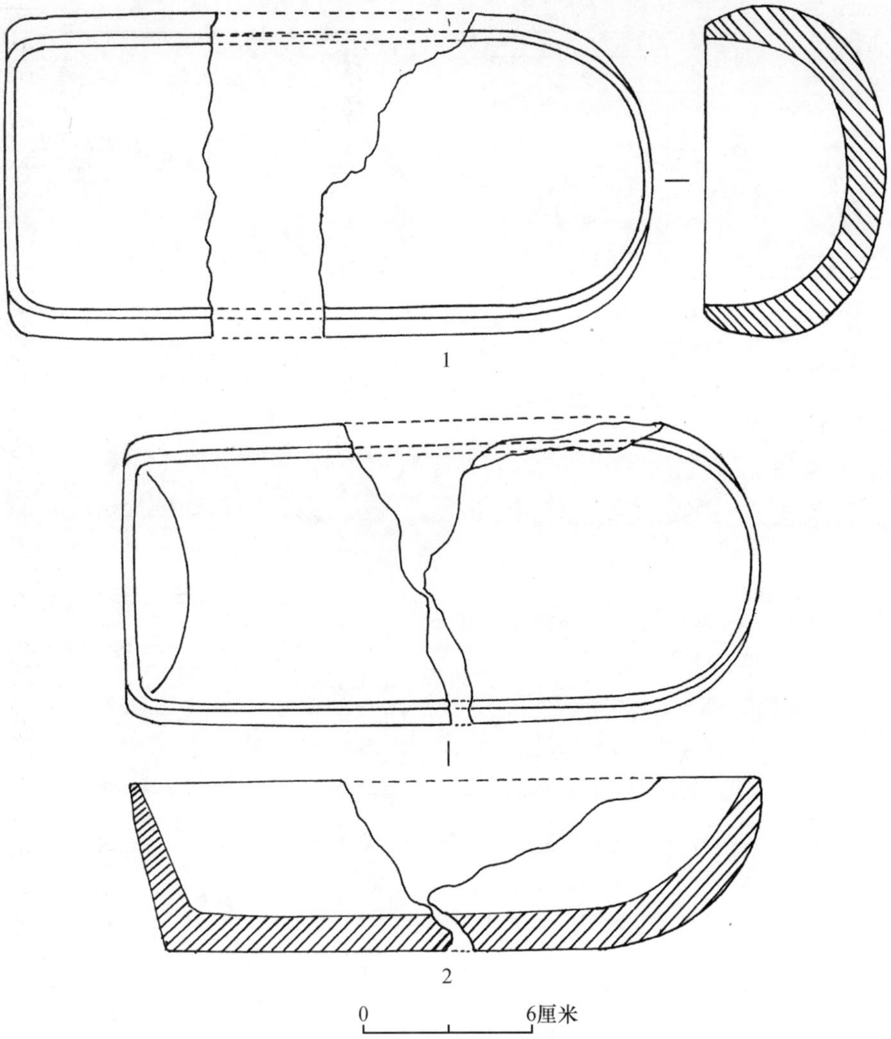

图三三　T1309⑤A出土陶船形杯
1. T1309⑤A：5、6　2. T1309⑤A：3、4

尖底盏　1件。A型。T1309⑤A：1，夹砂黄褐陶。轮制。敞口，尖圆唇，沿内微敛呈母口，耸肩，微曲腹，尖底。口沿下饰凹弦纹，肩部饰一周圆圈纹。口径15.2、高7.2厘米（图三四，4）。

残平底器底部　1件。T1309⑤A：9，夹砂红褐陶。轮制。小平底。器身内外轮制旋痕明显。底径3.2、残高3厘米（图三四，3）。

（12）T1607⑤出土器物

素缘绳纹罐　1件。B型Ⅱ式。T1607⑤：1，夹砂黑陶。轮制。侈口，卷沿，尖圆唇，圆耸肩，内弧腹，圜底。器表饰交错中绳纹。口径16.8、残高19.8厘米（图三五，3）。

花边口沿罐残片　2件。A型Ⅱ式。T1607⑤：3，夹砂黄褐陶。轮制。侈口，卷沿，方唇，唇面饰指压窝纹，颈微束。颈以下残。器表饰纵向中绳纹。残高6厘米（图三五，4）。T1607⑤：2，夹砂黄褐陶。轮制。侈口，卷沿，方唇，唇面饰有指压窝纹，颈微束。颈以下残。器表饰纵向中绳纹。口径48、残高6厘米（图三五，1）。

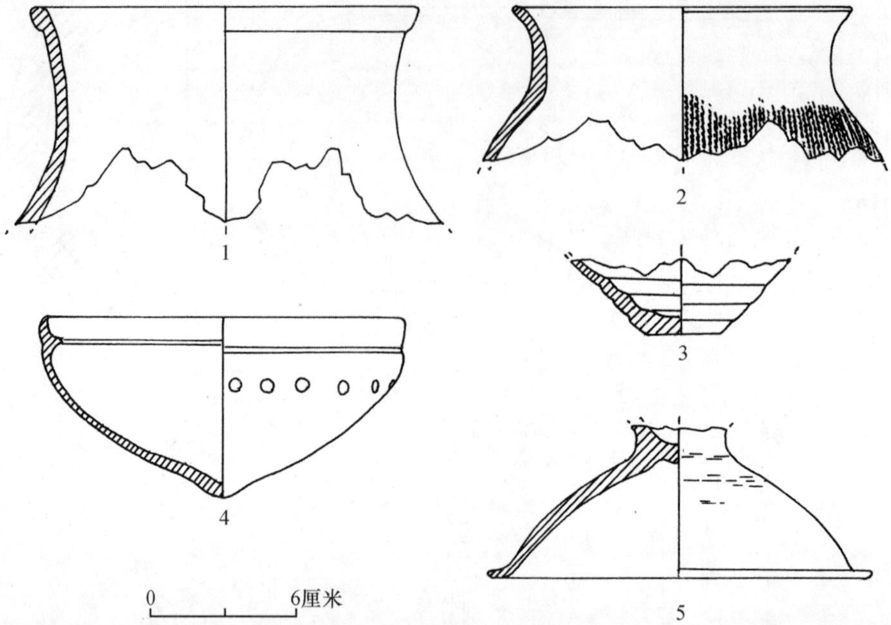

图三四　T1309⑤A出土陶器

1. A型高领罐口部（T1309⑤A：7）　2. A型Ⅱ式素缘罐（T1309⑤A：8）　3. 残平底器底部（T1309⑤A：9）　4. A型尖底盏（T1309⑤A：1）　5. 器盖（T1309⑤A：2）

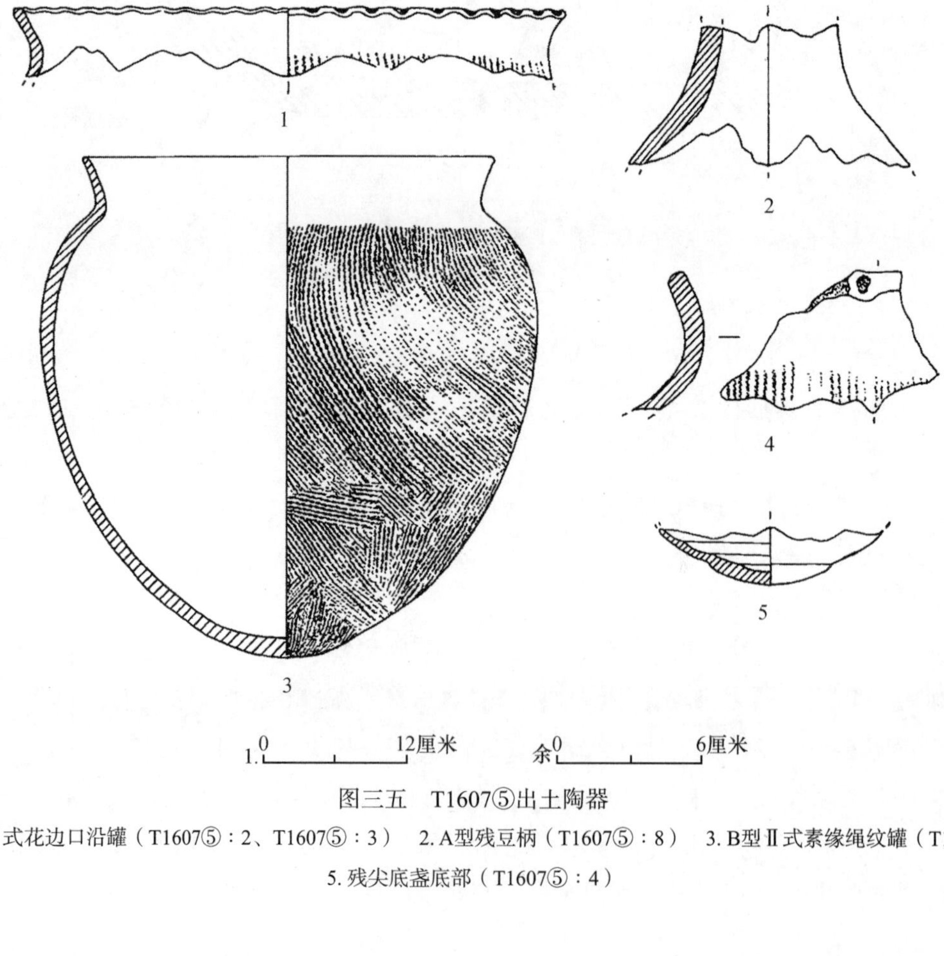

图三五　T1607⑤出土陶器

1、4. A型Ⅱ式花边口沿罐（T1607⑤：2、T1607⑤：3）　2. A型残豆柄（T1607⑤：8）　3. B型Ⅱ式素缘绳纹罐（T1607⑤：1）　5. 残尖底盏底部（T1607⑤：4）

残豆柄　1件。A型。T1607⑤：8，夹细砂灰褐陶。轮制。喇叭形。素面。残高6厘米（图三五，2）。

残尖底盏底部　1件。T1607⑤：4，夹细砂灰陶。轮制。尖圜底，底部呈圆饼状。素面。残高2.4厘米（图三五，5）。

（13）T1207⑤出土器物

素缘绳纹罐　1件。B型Ⅱ式。T1207⑤：3，夹砂黑灰陶。轮制。侈口，卷沿，圆唇，圆耸肩。肩以下残。器表饰交错粗绳纹。口径18、残高7厘米（图三六，9）。

花边口沿罐　4件。

A型Ⅰ式：1件。T1207⑤：11，夹砂黑陶。轮制。侈口，卷沿，方圆唇，唇面饰指压窝纹，束颈较长，溜肩。肩以下残。器表饰粗绳纹。口径36.8、残高13.2厘米（图三六，11）。

A型Ⅱ式：3件。T1207⑤：2，夹砂灰褐陶。轮制。侈口，卷沿，方圆唇，唇面饰指压窝纹，溜肩微折。肩以下残。器表饰粗绳纹。口径30.6、残高7.2厘米（图三六，1）。T1207⑤：4，夹砂灰褐陶。轮制。侈口，卷沿，方圆唇，唇面饰指压窝纹，溜肩。肩以下残。器表饰粗绳纹。口径30.6、残高6厘米（图三六，3）。T1207⑤：1，夹砂灰陶。轮制。侈口，卷沿，方圆唇，唇面饰指压窝纹，溜肩。肩以下残。器表饰粗绳纹。口径40、残高7.2厘米（图三六，7）。

尖角杯　4件。Ⅲ式。T1207⑤：7，夹砂青灰陶。轮制。瘦尖底，斜直腹，底部无冠状棱。内壁留有旋痕，外壁略打磨。口残。残高5.7厘米（图三六，4）。T1207⑤：8，夹砂黄褐陶。轮制。瘦尖底，斜直腹，底部无冠状棱。内壁留有旋痕，外壁略打磨。口残。残高6厘米（图三六，5）。T1207⑤：10，夹砂灰褐陶。轮制。瘦尖底，斜直腹，底部有冠状棱。内壁留有旋痕，外壁略打磨。口残。残高7厘米（图三六，8）。T1207⑤：9，夹细砂红褐陶。轮制。瘦尖底，斜直腹，底部有冠状棱。内壁留有旋痕，外壁略打磨。口残。残高6.8厘米（图三六，10）。

高领罐　2件。A型。T1207⑤：5，夹砂黄褐陶。轮制。侈口，卷沿，方圆唇，束颈。颈以下残。素面。口径32、残高8.2厘米（图三六，6）。T1207⑤：6，夹砂灰褐陶。轮制。侈口，卷沿，斜方唇，束颈。颈以下残。素面。口径14、残高4厘米（图三六，2）。

（14）T1206⑤A出土器物

素缘绳纹罐　4件。

A型Ⅰ式：3件。T1206⑤A：1，夹砂红陶。轮制。侈口，卷沿，尖圆唇，溜肩。肩以下残。器表饰斜向细绳纹。口径20、残高5厘米（图三七，1）。T1206⑤A：3，夹砂红陶，轮制。侈口，卷沿，尖圆唇，圆肩。肩以下残。器表饰斜向细绳纹。口径14、残高4.6厘米（图三七，10）。T1206⑤A：5，夹砂红褐陶。轮制。侈口，卷沿，尖圆唇，圆肩。肩以下残。器表饰交错细绳纹。口径14、残高5.4厘米（图三七，2）。

B型Ⅰ式：1件。T1206⑤A：2，夹砂红陶，轮制。侈口，卷沿，尖圆唇，溜肩。肩以下残。器表饰斜向细绳纹。口径13.8、残高4厘米（图三七，12）。

绳纹小罐　1件。T1206⑤A：6，夹砂红褐陶。轮制。侈口，卷沿，尖圆唇，垂腹。器表饰拍印交错细绳纹。口径14、残高9.2厘米（图三七，8）。

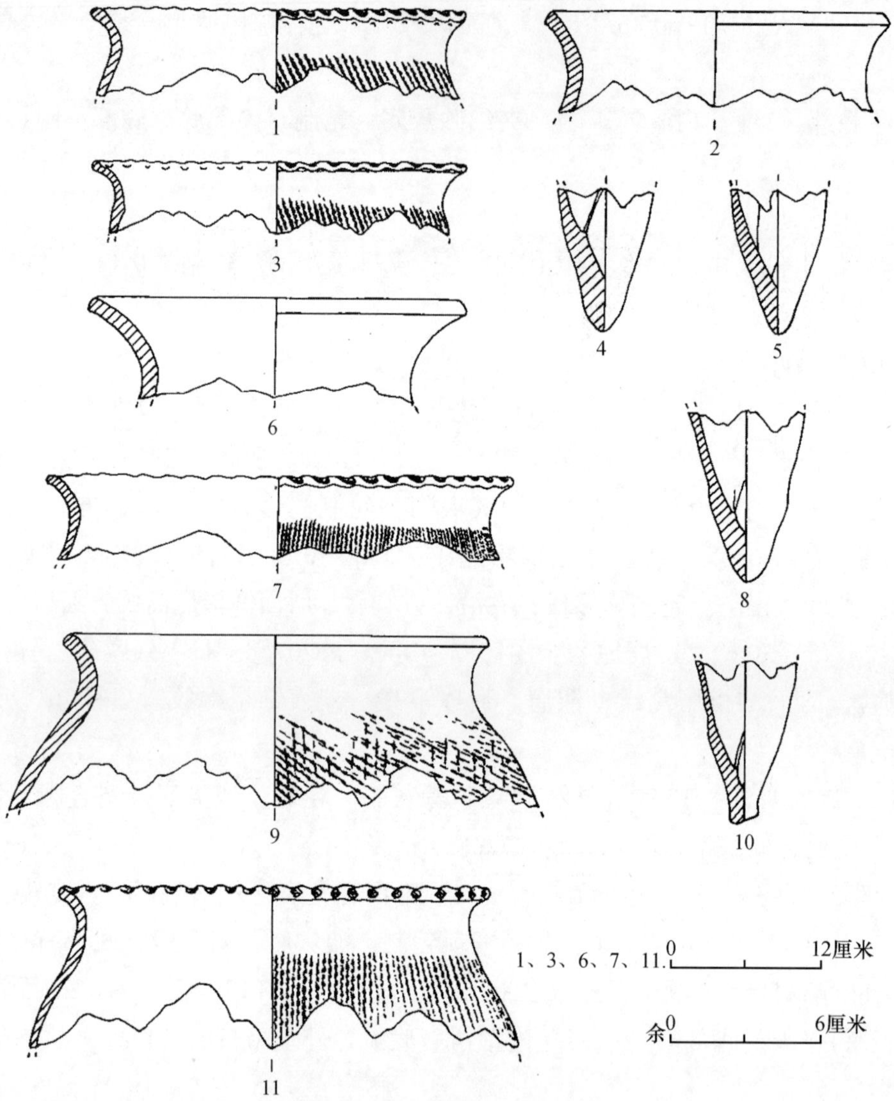

图三六　T1207⑤出土陶器

1、3、7. A型Ⅱ式花边口沿罐（T1207⑤：2、T1207⑤：4、T1207⑤：1）　2、6. A型高领罐（T1207⑤：6、T1207⑤：5）　4、5、8、10. Ⅲ式尖角杯（T1207⑤：7、T1207⑤：8、T1207⑤：10、T1207⑤：9）　9. B型Ⅱ式素缘绳纹罐（T1207⑤：3）　11. A型Ⅰ式花边口沿罐（T1207⑤：11）

花边口沿罐　1件。

A型Ⅰ式：T1206⑤A：7，夹砂黄灰陶。轮制。侈口，卷沿，圆唇，唇面饰指压窝纹花边。颈以下残。素面。口径20.6、残高6厘米（图三七，6）。

盘口罐　2件。

A型　1件。T1206⑤A：19，夹砂青灰陶。轮制。侈口，卷沿，方唇微折呈盘状口，束颈。颈以下残。颈部饰一周凹弦纹。口径15.8、残高6.4厘米（图三七，7）。

B型　1件。T1206⑤A：20，夹砂青灰陶。轮制。侈口，卷沿，方唇微折呈盘状口，束颈。颈以下残。素面。口径16、残高6厘米（图三七，9）。

耸肩瓮　1件。T1206⑤A：8，夹砂红陶。轮制。微侈口，卷沿，圆唇，耸肩。肩以下残。素面。口径17.6、残高6.4厘米（图三七，11）。

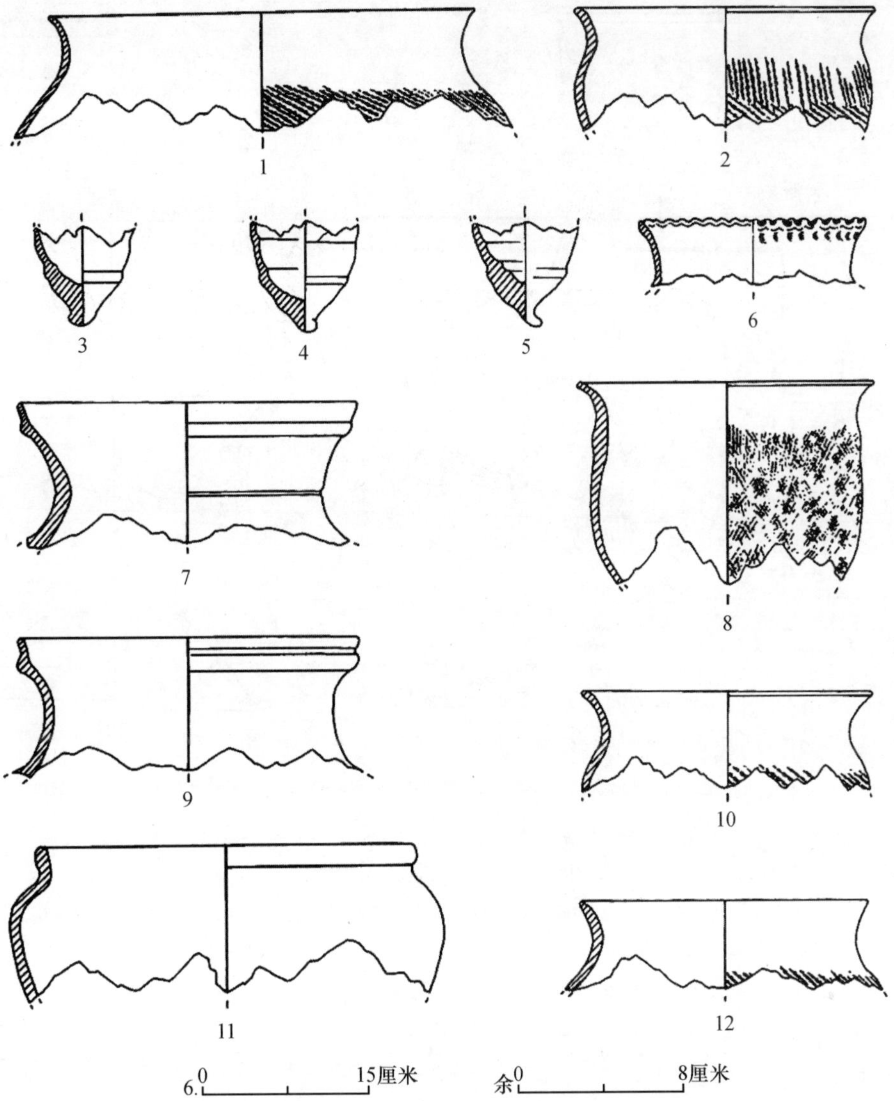

图三七 T1206⑤A出土陶器

1、2、10. A型Ⅰ式素缘绳纹罐（T1206⑤A：1、T1206⑤A：5、T1206⑤A：3） 3～5. Ⅱ式尖底杯残底部（T1206⑤A：11、T1206⑤A：10、T1206⑤A：9） 6. A型Ⅰ式花边口沿罐（T1206⑤A：7） 7. A型盘口罐（T1206⑤A：19） 8. 绳纹小罐（T1206⑤A：6） 9. B型盘口罐（T1206⑤A：20） 11. 耸肩瓮（T1206⑤A：8） 12. B型Ⅰ式素缘绳纹罐（T1206⑤A：2）

尖底杯残底部 3件。Ⅱ式：T1206⑤A：9，夹细砂红陶。轮制。内壁留有旋痕，腹、底转折处冠状棱明显。素面。残高4.8厘米（图三七，5）。T1206⑤A：10，夹细砂红陶。轮制。内壁留有旋痕，腹、底转折处冠状棱明显。素面。残高5厘米（图三七，4）。T1206⑤A：11，夹细砂红陶。轮制。腹、底转折处冠状棱明显。素面。残高4.8厘米（图三七，3）。

尖底盏 3件。

A型Ⅱ式：2件。T1206⑤A：13，夹细砂红褐陶。敞口，尖圆唇，弧腹。底残。口沿下有一周凹弦纹。残高3.8厘米（图三八，4）。T1206⑤A：14，夹细砂红褐陶。敞口，尖圆唇，弧腹，底残。口沿下有一周凹弦纹。残高4.1厘米（图三八，3）。

残尖底 1件。T1206⑤A：12，残存尖底部分。夹砂黑红陶。轮制。素面。残高2厘米

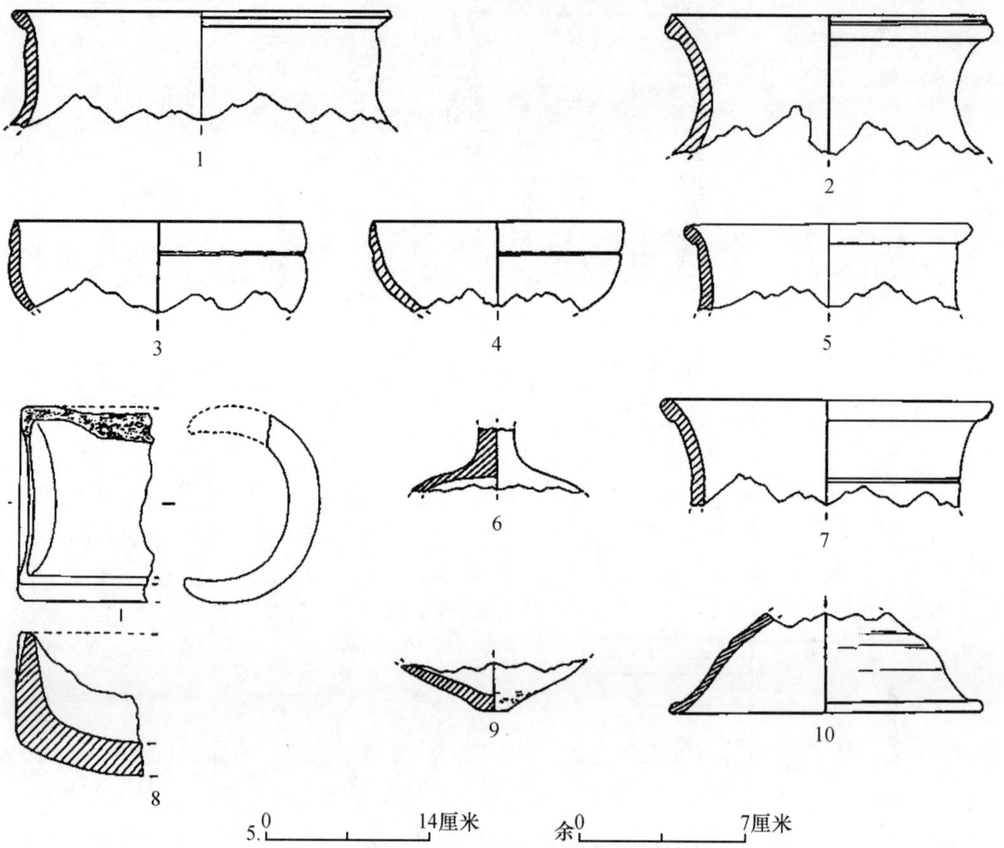

图三八 T1206⑤A出土陶器

1、5. C型高领罐（T1206⑤A：15、T1206⑤A：18） 2、7. B型高领罐（T1206⑤A：17、T1206⑤A：16）
3、4. A型Ⅱ式尖底盏（T1206⑤A：14、T1206⑤A：13） 6、10. 豆（T1206⑤A：21、T1206⑤A：22）
8. 船形杯（T1206⑤A：23） 9. 尖底盏残尖底（T1206⑤A：12）

（图三八，9）。

高领罐 4件。

B型 2件。T1206⑤A：16，夹细砂青灰陶。轮制。侈口，卷沿，圆方唇，束颈。颈以下残。颈部有一周凹弦纹。口径15.6、残高4.6厘米（图三八，7）。T1206⑤A：17，夹细砂黑皮红陶。轮制。侈口，卷沿，圆唇，上唇面较尖，束颈。颈以下残。素面。口径15、残高6.4厘米（图三八，2）。

C型 2件。T1206⑤A：15，夹细砂黑皮红陶。轮制。侈口，卷沿，圆唇，束颈较直。颈以下残。素面。口径18、残高 5厘米（图三八，1）。T1206⑤A：18，夹细砂青灰红陶。轮制。侈口，卷沿，圆方唇，束颈较直。颈以下残。素面。口径26.8、残高8厘米（图三八，5）。

豆 2件。T1206⑤A：21，夹砂黑陶。口、底皆残。素面。残高2.8厘米（图三八，6）。T1206⑤A：22，夹砂黑皮陶。残存喇叭形底座。器表饰有弦纹。底径15、残高4.6厘米（图三八，10）。

船形杯 1件。T1206⑤A：23，残存后部。夹砂红陶。厚胎。素面。残长6、残高6.6厘米（图三八，8）。

4. 分段与分期

根据上述遗迹和地层单位出土器物组合及特征的异同，结合其层位关系，暂将上述相关单位分为三大段。

第1段，以H42、H53、T1505⑤A、T1309⑤A等单位为代表，陶器火候较低，素面陶占绝大部分，极少量细绳纹；器形组合主要有A型、B型、C型、D型耸肩罐，A型、B型盘口罐，A型、B型高领罐，A型、B型尖底盏，Ⅰ式、Ⅱ式尖底杯，A型、B型豆柄，炮弹形杯及极少量素缘绳纹罐等。

第2段，以H47、H50、H52、H56、T1505⑤、T1607⑤等单位为代表。陶器火候较前组明显提高，尽管素面陶的数量仍占多数，但细绳纹、中粗绳纹成为本阶段的主流纹饰；另外，罐类器物口沿装饰指压窝纹的风格则可能在本段晚期出现。器形组合以A型Ⅰ式、B型Ⅰ式、B型Ⅱ式素缘绳纹罐，A型、B型高领罐，船形杯，C型尖底盏，Ⅱ式尖底杯为代表，另有少量A型Ⅰ式花边口沿罐。

第3段，以T1207⑤等单位为代表，器形组合以A型Ⅱ式指压波浪纹花边口沿粗绳纹罐、A型Ⅲ式绳切波浪纹花边口沿罐、角状杯等为代表。

检查各组单位的地层关系序列可知：第3段单位的层位基本上都属所在探方的最上层；第2段单位中的层位有的属第5层，有的则属第5层下；第1段单位中有的层位属第5A层，有的属第5A层下，个别的单位如H37、H42则属第5层下。

从各段器物特征分析，第1段、第2段、第3段之间的文化面貌差别明显。比较而言，第1段与第2段之间共有器类较多，器物形制也比较相近，表明其前后关系密切，不存在明显的年代缺环，可作为一期待之；第2段与第3段之间共有器类相对较少，器物形制差别相对较大，显属不同发展阶段，可视为第二期。

5. 年代与性质

（1）年代

本遗址第1段中H42：1和T1505⑤A：11耸肩罐（图一六，1；图三二，1）分别与忠县哨棚嘴第四期遗存中的99ZGSM3：2、99ZGST115⑩：2耸肩罐形态相近，H42：2和T1505⑤A：6尖底盏（图一七，2；图三二，6）分别与忠县哨棚嘴第四期遗存中的99ZGST114⑨：2、99ZGST114⑨：1尖底盏形态相近，H42：7和H53：1高领罐（图一六，7；图二五，8）分别与忠县哨棚嘴第四期遗存中的99ZGST114⑨：3小口中领瓮形态相近。而本遗址第三段T1207⑤：1、T1207⑤：2花边口沿罐（图三六，7、1）分别与忠县哨棚嘴第五期遗存中的99ZGST115⑦：9形态相近，T1207⑤：7、T1207⑤：8、T1207⑤：9、T1207⑤：10角状尖底杯（图三六，4、5、10、8）分别与忠县哨棚嘴第五期遗存中的99ZGST115⑦：6、99ZGST115：2、99ZGST115：4、99ZGST115：3同类器形态相近①。据此我们认为邓家沱遗址中商周时期遗存的年代与忠县哨棚嘴第四至第七期遗存的年代大体相当。

① 北京大学考古学研究中心、北京大学考古文博学院三峡考古队、重庆市忠县文物管理所：《忠县哨棚嘴遗址发掘报告》，《重庆库区考古报告集·1999卷》，科学出版社，2006年，第626～633页。

虽然在邓家沱商周时期遗物中不曾见有哨棚嘴第三期常见的花边直口筒形罐，但后者典型的盘口器，尤其是高领罐或瓮却在前者早期遗存中比较常见，如典型的盘口器分别在第一期第一段遗存中的H53（图二五，1、2）及T1206⑤A（图三七，7、9）等单位中各出有2件，连第2段的H52也出有3件（图二三，1、3、7）；高领罐或瓮则是本期单位中出土的主要典型器物之一。这表明本期第一期的年代与哨棚嘴第三期的年代相距不远。其年代范围基本相当于中原地区的商代晚期到西周早期。

（2）性质

邓家沱商周遗存中的出土物器类比较单一，主要以圜底罐、尖底杯为主。这类遗存与忠县㽏井沟遗址群的中坝遗址和瓦渣地遗址基本同时的遗存相类。前者主要集中出土的器形有尖底杯和花边口沿圜底罐，后者则主要出土角状杯和花边口沿圜底罐。中坝遗址的发掘者四川省考古研究所的孙智彬先生[①]及瓦渣地遗址的发掘者北京大学的孙华先生都认为这类遗存应与制盐业有关[②]。那么距此不远的邓家沱遗址这一时期遗存是否也与制盐业相关呢？我们的回答应当是肯定的。

首先，本期遗存的出土遗物中，尖底杯、圜底罐所占比例最大，尤其是尖底杯最为突出。在面积不足60平方米、体积约20立方米的H16中集中出土了2万余枚，而其他类型的器物则不足百件。而在这2万余枚尖底杯堆积中，从上到下看不出有层次之别，而且几乎全是完整的，尤其完整器多是套叠在一起废弃的，这种埋藏现象值得我们深入探究（彩版八〇，3）。

尖底杯，口呈圆形或近圆形，尖底，一般口径为5～6厘米，高6～8厘米，大多呈红色或红褐色，少量灰色，或多色兼有。一般下半部火候较高、胎体较厚、保存完好，上半部火候相对较低、胎体较薄而不易保存。器体为轮制拉坯一次成形，大部分尖底杯内壁存有指旋纹痕，不少外壁还尚存指旋纹痕。一般冠状棱以上都略经打磨，以下则不打磨，底部的乳突是成形后从转轮上拧掉时留下的旋痕，也不再打磨加工，且内壁因腐蚀而还略显粗糙，明显不适宜作为生活器皿。

其次，从废弃形式看，尖底杯以集中废弃为主。前述2万余枚尖底杯的废弃堆积厚度约在40厘米，从上到下看不出有层次之别，只是在错乱的堆积中有上层多碎片、下层多完整器之感，不少完整器或二或三甚至更多地套叠在一起废弃。这种现象应该是使用这种器皿的产业因故突然废弃之事实的反映。由此我们不难得出邓家沱遗址中的第二期遗存应该是某种产业废弃后所遗留，而与生活遗存无涉。

虽然邓家沱一带历史上缺乏制盐的文献记载，但是距此不足15千米的㽏井沟一带却是历史上的产盐中心[③]。邓家沱遗址商至两周时期文化遗存出土的大量尖底杯，形制上与㽏井沟遗址群出土的同类器形制基本相同，其用途自然也应该基本相同。

① 孙智彬：《忠县中坝遗址的性质——盐业生产的思考与探索》，《盐业史研究》2003年第1期，第25～30页。

② 孙华、曾宪龙：《尖底陶杯与花边陶釜——兼说峡江地区先秦时期的鱼盐业》，《巴渝文化》（第4集），重庆出版社，1999年。另载《四川盆地的青铜时代》，科学出版社，2000年。

③ 李水城、罗泰：《中国盐业考古·长江上游古代盐业与景观考古的初步研究》（第一集），科学出版社，2006年，第74～95页。

根据笔者的初步观察，尖底杯整体火候差别明显。一般底部火候高，呈灰褐色、灰色或红色灰胎，上部火候较低，多呈暗红色，易碎，在清理过程中难以保存。这种现象难以用烧制过程中的摆放位置不同来解释，因为无论如何摆放都无法达到大部分器物一半呈还原焰，一半呈氧化焰的烧制效果。这种现象很有可能是尖底杯在氧化焰烧成之后盛装液体，再放入灶具中烧煮，而且应该是下半部触火、上半部不触火的情况下形成的[①]。

笔者用修复的一只尖底杯装上盐水放在烧柴做饭后的炭火上进行实验，发现不足40分钟，杯内的水就全部蒸发，器壁上留下发白的盐粒，略加刮削，便可集中到底部，非常容易采集。

综合前述文化层堆积内涵和出土物特征，我们认为忠县邓家沱遗址商周时期文化遗存应该是制盐产业废弃后所遗留下来的文化遗存。

五、秦汉时期遗存

（一）文化层堆积概况

秦汉时期文化层堆积比较简单，除Ⅱ区部分探方有厚达60厘米的堆积外，其余各区内的探方仅见少量灰坑、墓葬和瓮棺葬。

（二）遗迹

本期遗迹发现有瓮棺1座，灰坑12个。

1. 瓮棺

1座。

W1　位于T1205内，开口于第4层下，打破第5层。坑口近圆形，直壁，底部较平。直径64～70、深30厘米。内置一带鋬罐，罐内放置一具小孩尸骨，残存头骨碎片（图三九；彩版七七，1）。

2. 灰坑

12个。

（1）圆形

4个（H30、H33、H40、H44）。以H33为代表。

H33　位于T1503内，开口于第4层下，打破第5层。坑口近圆形，内弧壁，圜底。直径139、深40厘米（图四〇）。出土少量绳纹筒瓦残片。

（2）椭圆形

3个（H24、H28、H41）。以H41为代表。

① 曾先龙：《中坝龙窑的生产工艺探析》，《盐业史研究》2003年第1期，第46～50页。

H41　位于T1410内，开口于第4层下，打破第5层。坑口近椭圆形，内弧壁，圜底。径长101～114、深50厘米（图四一）。出土1件残铜泡及少量绳纹筒瓦残片。

（3）不规则形

5个（H1、H25、H26、H43、H45）。以H1为代表。

H1　位于T1605内，开口于第1层下，打破第4层（西周）。坑口不甚规则，内弧壁，圜底。口长180、宽40、深45厘米（图四二）。出土瓮、盆各1件。

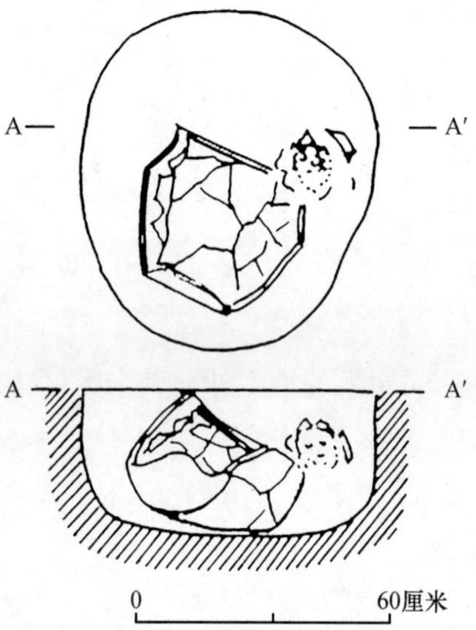

图三九　W1平、剖面图

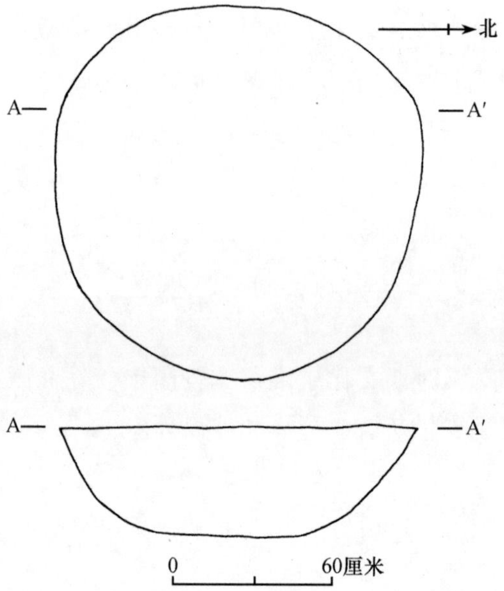

图四〇　H33平、剖面图

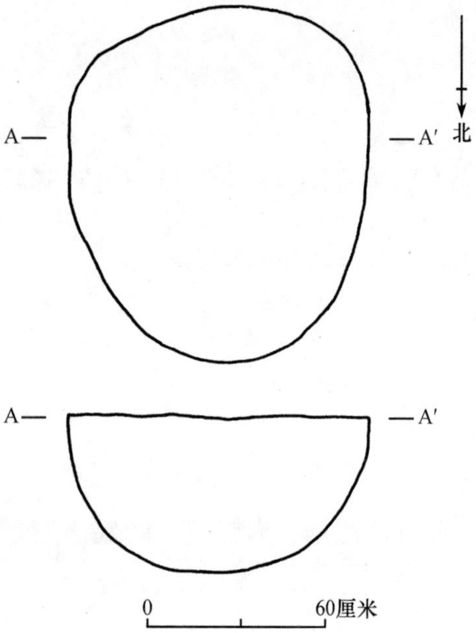

图四一　H41平、剖面图

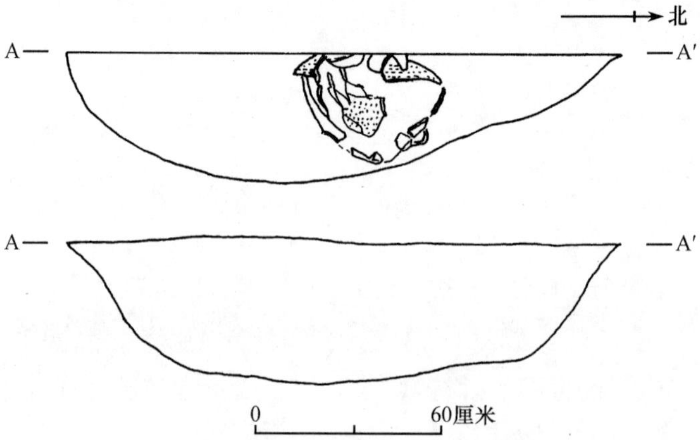

图四二　H1平、剖面图

（三）遗物

1. T1205W1出土遗物

大口罐　1件。W1：1，泥质黄褐陶。轮制。微口敛，折沿，尖圆唇，鼓腹，大平底，上腹有一对对称的鋬手。素面。口径31.2厘米、高31.8厘米（图四三；彩版七九，6）。

2. T1605H1出土器物

瓮　1件。H1：1，泥质灰陶。轮制。敛口，翻卷沿，尖圆唇，短束颈，圆广肩，横鼓椭圆腹，圜底。器表饰绳纹。口径21.6、高45厘米（图四四，1；彩版七九，2）。

折肩盆　1件。H1：2，夹细砂灰陶。轮制。微敛口，折平沿，方圆唇，折肩，斜腹微曲，平底。素面。口径40、底径14.8、高24.2厘米（图四四，2；彩版七九，3）。

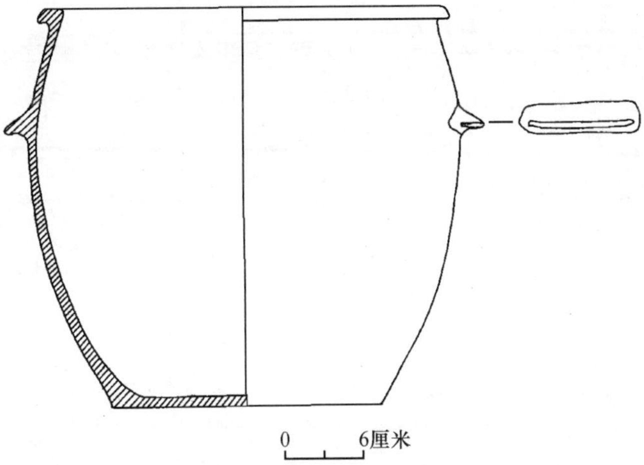

图四三　W1出土陶大口罐（W1：1）

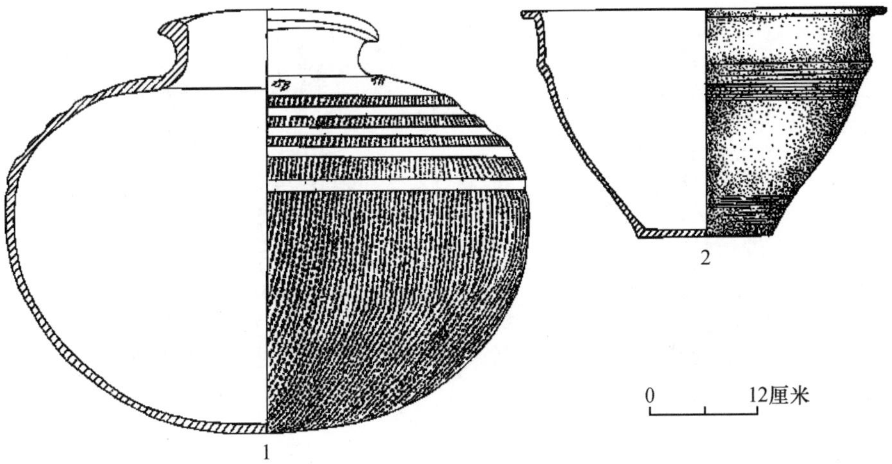

图四四　H1出土陶器

1. 瓮（H1：1）　2. 折肩盆（H1：2）

3. T1410H45出土器物

盆 2件。H45：7，夹细砂灰陶。轮制。敞口，折沿，尖圆唇，沿面略鼓。口沿以下残。素面。口径38.4、残高1.6厘米（图四五，1）。H45：8，夹细砂灰陶。轮制。微敛口，卷沿，沿面略鼓，尖圆唇。腹以下残。上腹饰一周凸棱。口径36、残高7.2厘米（图四五，2）。

筒瓦 2件。H45：2，夹细砂青灰陶。拱背。器表饰粗绳纹，内部饰布纹。残长19.6、厚1厘米（图四五，3）。H45：4，夹细砂灰陶。拱背。器表饰粗绳纹，内部饰布纹。残长16、厚1.2厘米（图四五，4）。

板瓦 3件。H45：1，夹细砂灰陶。轮制。弧背，一端残。器表饰粗绳纹。残长8.8、残宽12.6、厚1.8厘米（图四六，3）。H45：5，夹细砂灰陶。轮制。弧背，一端残。器表饰粗绳纹，内壁衬印布纹。残长15、残宽10.4、厚1.4厘米（图四六，1）。H45：11，夹细砂灰陶。轮制。弧背，一端残。器表饰粗绳纹，内壁饰粗绳纹并夹杂布纹。残长10、残宽9.4、厚1.2厘米（图四六，2）。

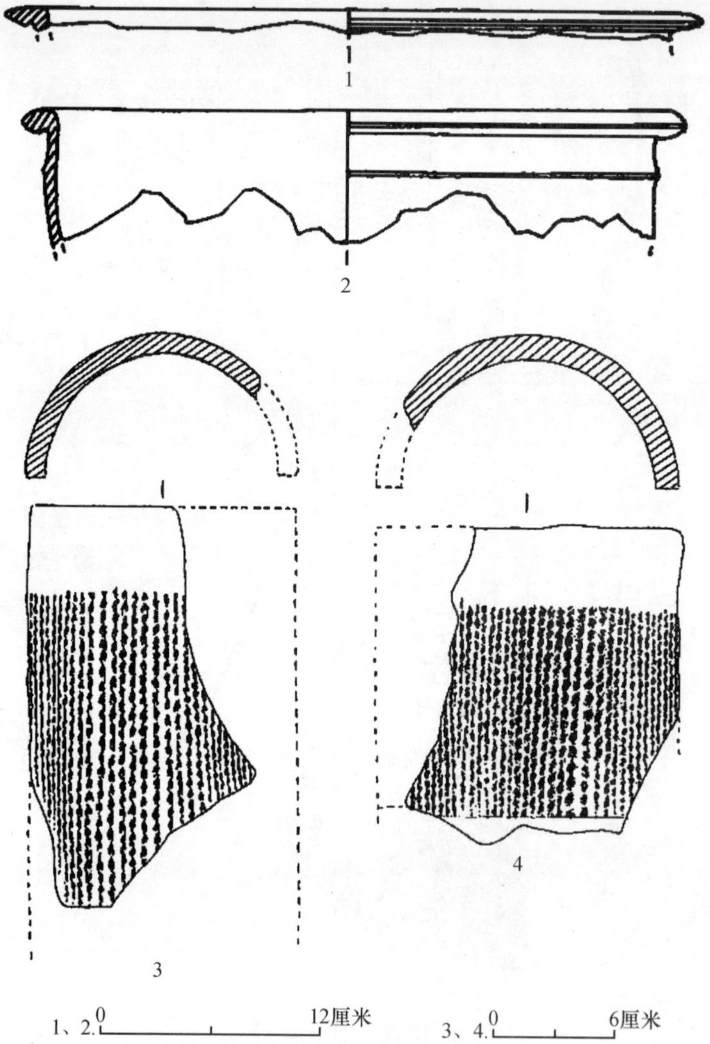

图四五 H45出土陶器

1、2. 盆（H45：7、H45：8） 3、4. 筒瓦（H45：2、H45：4）

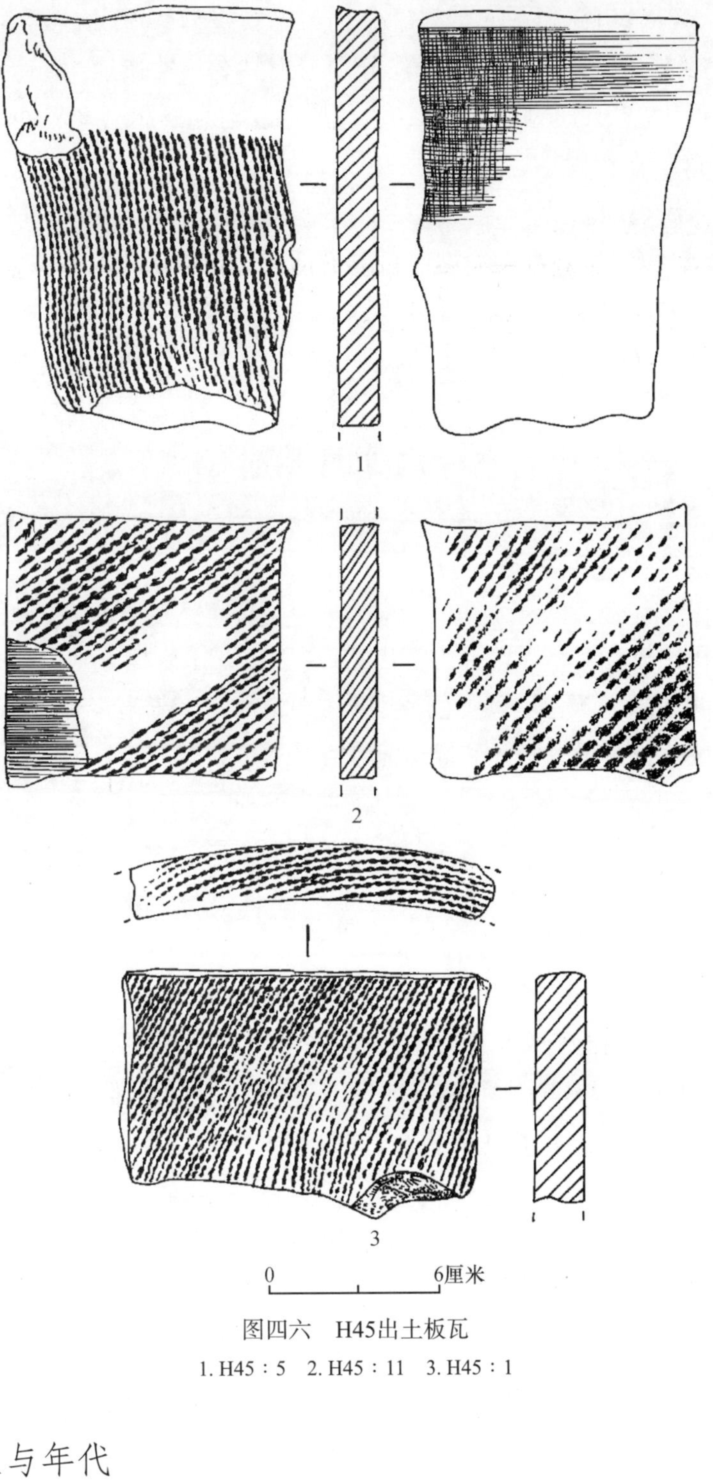

图四六 H45出土板瓦

1. H45：5 2. H45：11 3. H45：1

（四）分组与年代

本期各单位遗物在组合和特征上存在不同程度的差别，就现有资料可将其分为3组。

第1组，以W1、H1为代表，器物组合主要为敛口筒腹平底带鋬罐、翻口直沿鼓腹圜底瓮、平沿折腹盆等。

第2组，以H45出土器物为代表，器物组合主要有盆、绳纹筒瓦、绳纹板瓦等。

第1组遗存中，W1敛口筒腹平底带鋬罐分别与忠县崖脚墓地BM10：39筒腹罐[①]和忠县老鸹冲遗址AM24：3筒形罐[②]形态相近；H1瓮分别与忠县老鸹冲遗址AM5：1釜[③]、涪陵太平村M13：44罐形态相近[④]。忠县崖脚墓地BM10年代属西汉时期，忠县老鸹冲遗址AM24属西汉中后期，AM5年代不晚于东汉晚期，涪陵太平村M13的年代也不晚于东汉晚期。据此第1组遗存的年代也不会晚于东汉晚期。

第2组遗存出土器物较少，盆类器物仅存口沿部分，难以确定其年代；而绳纹筒瓦和板瓦自东汉盛行后一直到六朝时期形态也没有明显变化。唯有陶钵与涪陵太平村M12：39陶钵形态相当，后者的年代为东汉中、后期[⑤]。故本组遗存年代约当东汉中晚期。

六、六朝时期遗存

（一）文化层堆积概况

本期文化层堆积比较普遍，Ⅳ区探方多以第4层为主，Ⅰ区探方则以第3层为主。文化层堆积厚度一般在30～40厘米，颜色呈青褐色，土质黏性较大，略疏松，夹杂有少量红烧土粒。出土绳纹板瓦、筒瓦残片及少量青瓷钵和盘口壶残片。

（二）遗迹

本期遗迹主要有灰坑2个。

H31　位于T1102内，开口于第3层下，打破第3A层。平面呈椭圆形，内弧壁，圜底。径长150～128、深60厘米（图四七）。出土有罐、筒瓦等残片。

H39　位于T1609内，开口于第3层下，打破第4层。平面呈椭圆形，斜壁，平底。径长99～139、深40厘米（图四八）。出土有板瓦、筒瓦等残片。

---

① 北京大学考古文博学院三峡考古队、重庆市忠县文物管理所：《忠县崖脚墓地发掘报告》，《重庆库区考古报告集·1998卷》，科学出版社，2003年，第706页。

② 重庆市文物考古所、重庆市文物局：《忠县老鸹冲遗址（墓葬部分）发掘简报》，《重庆库区考古报告集·2000卷·下》，科学出版社，2007年，第841页。

③ 重庆市文物考古所、重庆市文物局：《忠县老鸹冲遗址（墓葬部分）发掘简报》，《重庆库区考古报告集·2000卷·下》，科学出版社，2007年，第846页。

④ 陕西省考古研究所、重庆市文物局、重庆市涪陵区博物馆：《涪陵太平村墓群考古发掘报告》，《重庆库区考古报告集·2000卷·下》，科学出版社，2007年，第1161页。

⑤ 陕西省考古研究所、重庆市文物局、重庆市涪陵区博物馆：《涪陵太平村墓群考古发掘报告》，《重庆库区考古报告集·2000卷·下》，科学出版社，2007年，第1157页。

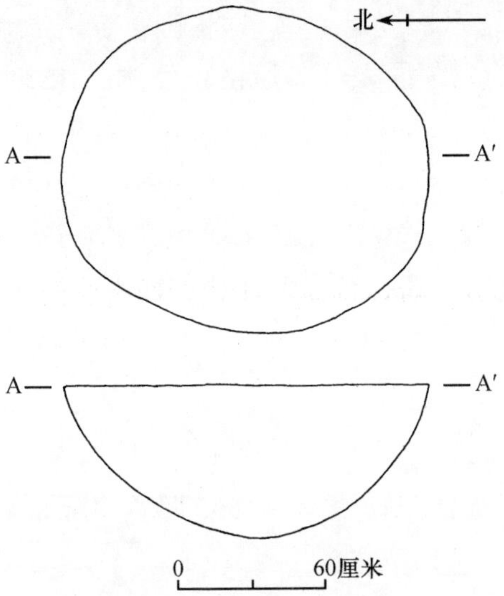

图四七　H31平、剖面图

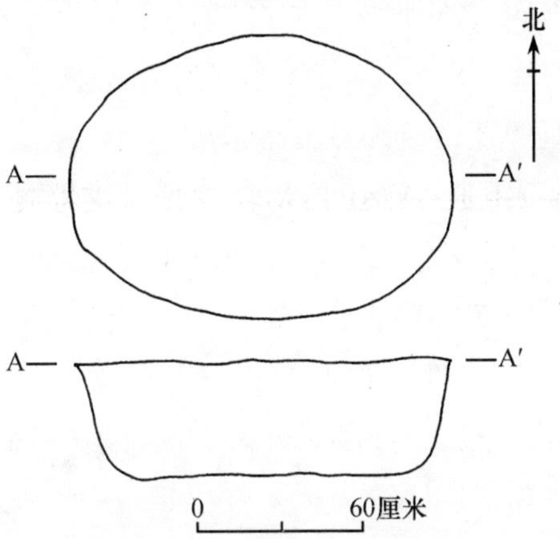

图四八　H39平、剖面图

（三）遗物

本期遗物主要出自于文化层单位。

1. 第 4 层出土遗物

（1）T1309④出土器物

瓷钵　1件。T1309④：2，青釉瓷。釉面剥落。轮制。微敛口，尖圆唇，耸腹，大平底。唇下饰一周凹弦纹。口径11.2、底径7.2、高3.6厘米（图四九，1）。

瓷纺轮　1件。T1309④：1，青釉瓷。轮制。器表施釉，釉面大部分脱落。玉璧形。素面。直径3.6、厚1厘米（图四九，4）。

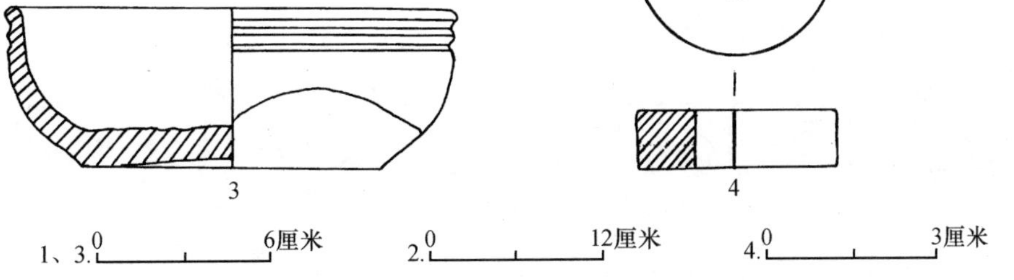

图四九　T1309④、T1410④、T1404④出土器物

1、3. 瓷钵（T1309④：2、T1410④：10）　2. 陶盆（T1404④：3）　4. 瓷纺轮（T1309④：1）

（2）T1410④出土器物

瓷钵 1件。T1410④：10，青釉瓷。内外施釉，釉面大部分脱落。轮制。微敛口，圆唇，垂腹，大平底，底面微凹。唇下沿有两周凹弦纹。口径16、底径10.4、高5.4厘米（图四九，3）。

（3）T1404④出土器物

盆 1件。T1404④：3，夹细砂灰陶。轮制。折沿，平沿面，方唇，唇面微凹，斜腹，腹以下残。器表素面。口径40、残高5.2厘米（图四九，2）。

（4）T1404③出土器物

瓷碗 1件。T1404③：2，青釉瓷。轮制。内外施釉，釉面大部分脱落。侈口，尖圆唇，内弧腹，平底，矮圈足外撇。腹部有一周凹弦纹。口径16、底径7.1、高6.8厘米（图五〇，6；彩版七九，1）。

（5）T1406③出土器物

瓷碗 2件。T1406③：2，青釉瓷。内外施釉，釉面大部分脱落。轮制。敞口，方圆唇，内弧腹，直矮圈足。内壁底部有轮旋痕，唇下饰三周凹弦纹。口径16、底径6、高6厘米（图五〇，7）。T1406③：1，青釉瓷。内外施釉，釉面大部分脱落。轮制。敞口，尖圆唇，弧腹，大平底。唇下有一周凹弦纹。口径17.2、底径7.6、高6.8厘米（图五〇，8）。

（6）T1106③出土器物

瓷碗 2件。T1106③：1，青釉瓷。内外施釉。轮制。口微敛，尖圆唇，圆弧腹，平底，

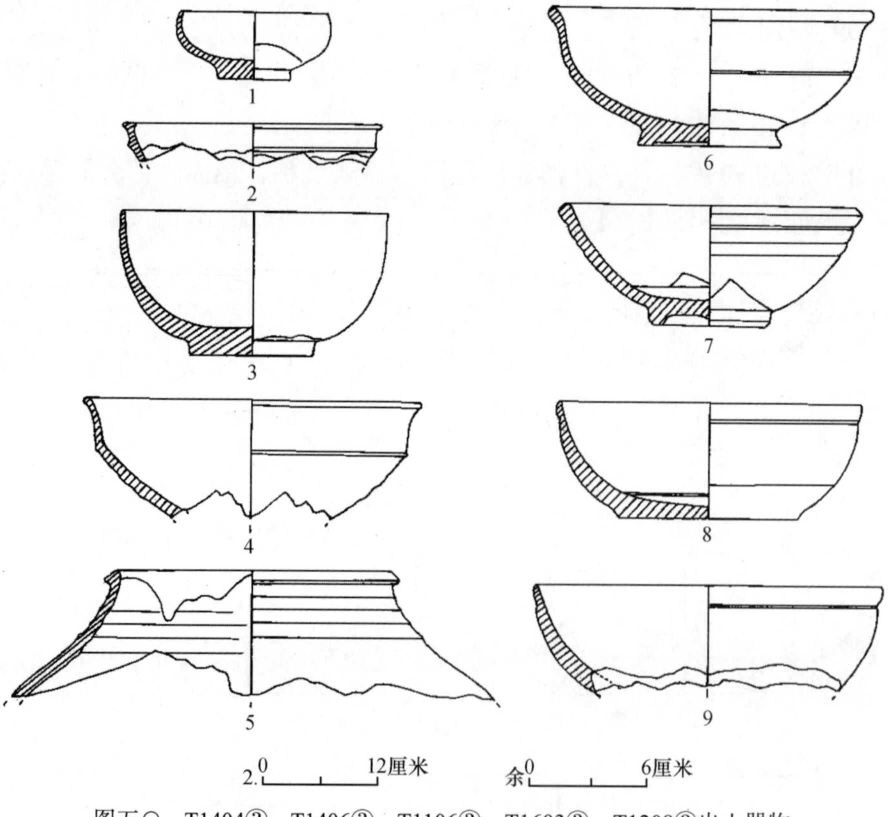

图五〇 T1404③、T1406③、T1106③、T1603③、T1208③出土器物

1、3、6～9. 瓷碗（T1106③：2、T1106③：1、T1404③：2、T1406③：2、T1406③：1、T1603③：1）

2、4. 陶折腹盆（T1106③：11、T1208③：2） 5. 瓷瓮（T1106③：10）

饼状圈足。素面。口径14.4、底径6.8、高7.2厘米（图五〇，3）。T1106③：2，青釉瓷。内外施釉，外部施釉不到底，釉面大部分脱落。轮制。敛口，尖圆唇，曲腹，饼形圈足。内底部有支钉痕迹。素面。口径8、底径4、高3.4厘米（图五〇，1）。

瓷瓮　1件。T1106③：10，青釉瓷。器表施青釉，内壁不施釉。轮制。敛口，尖圆唇，束颈，斜肩。肩以下残。肩部内外留有旋痕。素面。口径16、残高6.4厘米（图五〇，5）。

折腹盆　1件。T1106③：11，青釉瓷。内外皆施釉。轮制。微敛口，平沿，尖圆唇，折腹。折腹部分以下残。素面。口径28、残高4厘米（图五〇，2）。

（7）T1603③出土器物

瓷碗　1件。T1603③：1，青釉瓷。内外施釉。轮制。敞口，方圆唇，斜弧腹。底残。唇下有一周凹槽。口径18、残高5.4厘米（图五〇，9）。

（8）T1208③出土器物

折腹盆　1件。T1208③：2，白瓷。轮制。圆唇，敞口，折腹，折棱凸出。腹以下残。器体素面。口径18、残高6厘米（图五〇，4）。

（9）石阙构件

2件。均出于T1406西部和T1306东隔梁内。T1406④：1（原01ZDQ01），灰白色砂石。长方体，顶部有榫头，下部残。正面阴线雕刻两字或三字，字迹漫漶不清。右侧雕刻虎身，左侧为龙头及龙身，均漫漶不清。宽72、厚27、残高120厘米。T1406④：2（原01ZDQ02），灰白色砂石。长方体，上部残，下部存有榫头。正面阴线雕刻，隶书“□□君神道阙门”。右侧仅见虎尾，左侧仅见龙尾部。宽80、厚29、残高122厘米（图五一；彩版七八）。

图五一　右阙阙身正面铭文拓片（局部）

（四）年代

本期遗物中，T1309④：2瓷钵与忠县土地岩AM12：11瓷钵形态相近，T1410④：10瓷钵与忠县土地岩AM7：8瓷钵形态相近，T1106③：1、T1404③：2瓷碗形态分别与忠县土地岩AM4：8、AM7：9瓷碗形态相近①。忠县土地岩AM12、AM7和AM4的年代分别属两晋和南朝时期，据此则本期遗存的年代也当属两晋至南朝时期。

① 重庆市文物局、重庆市移民局：《忠县仙人洞与土地岩墓地》，科学出版社，2008年，第42、53、65页。

七、唐宋时期遗存

（一）文化层堆积概况

本期文化层堆积相对较少，主要以Ⅳ区探方中的第3层堆积为主。文化层厚度一般在40～50厘米，颜色呈青黄褐色，土质黏性较大，稍硬，内含有少量河卵石。出土物除少量绳纹板瓦、筒瓦残片外，还出有少量大口浅腹瓦纹瓷盆、莲花纹瓦当残片等。该层下发现有少量墓葬，出土有“开元通宝”铜钱。表明这一时期文化堆积与居住生活遗存关系不大。

（二）遗迹

本期发现的遗迹有墓葬2座。

M1 位T1601内，开口于第3层下，打破第4层。方向170°。长方形土坑竖穴，墓壁竖直。长192、宽48～74、深60厘米。内置1具人骨，仰身直肢，骨架略乱。随葬“开元通宝”钱1枚，铜饰件一套6枚（图五二）。

M2 位于T1404内，开口于第3层下，打破第4层。方向174°。长方形土坑竖穴，墓壁较直，底部较平。长180、宽60、深30厘米。内置两具人骨，头骨南北各一，肢骨凌乱，属迁葬墓。随葬残铜钱2枚，钱文不明。填土内有绳纹筒瓦、板瓦及青瓷残片（图五三）。

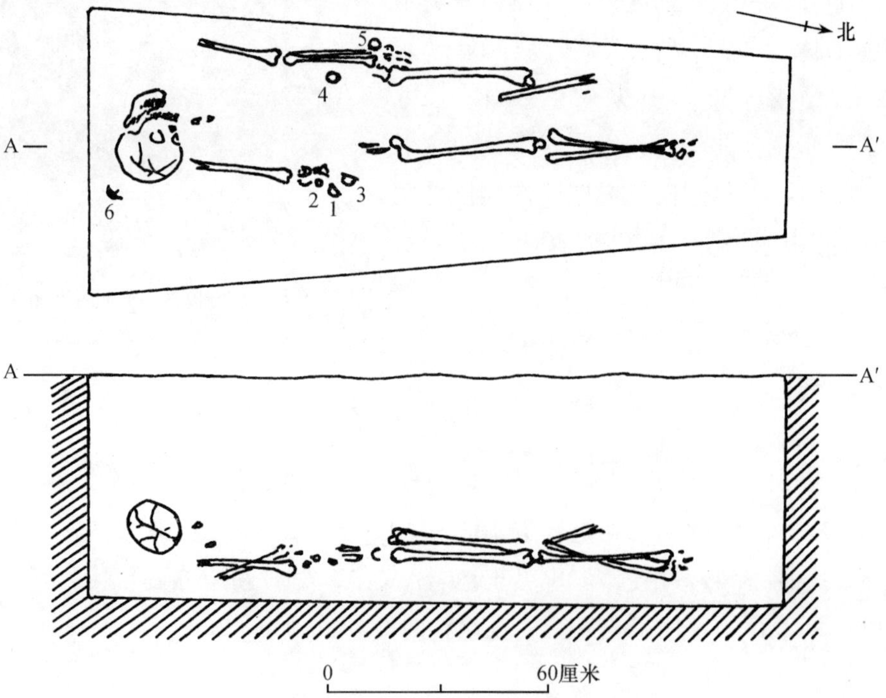

图五二 M1平、剖面图
1～6. 铜饰件

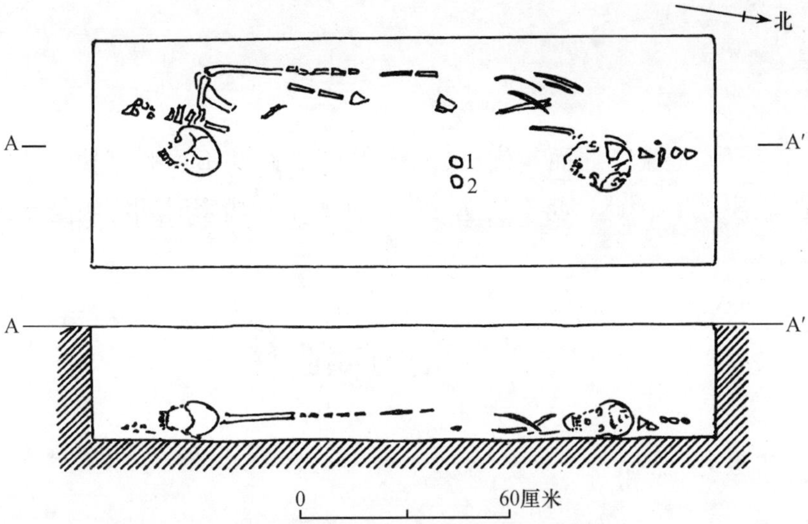

图五三　M2平、剖面图
1、2. 铜钱

（三）遗物

T1601M1出土器物

“开元通宝”钱　1枚。T0402⑤：1，锈蚀严重。钱文“开元通宝”。直径2.4厘米（图五四，5）。

铜饰件　6枚。其中4枚比较完整（M1：1、M1：2、M1：3、M1：4），另2枚破损严重（图五四，1～4）。

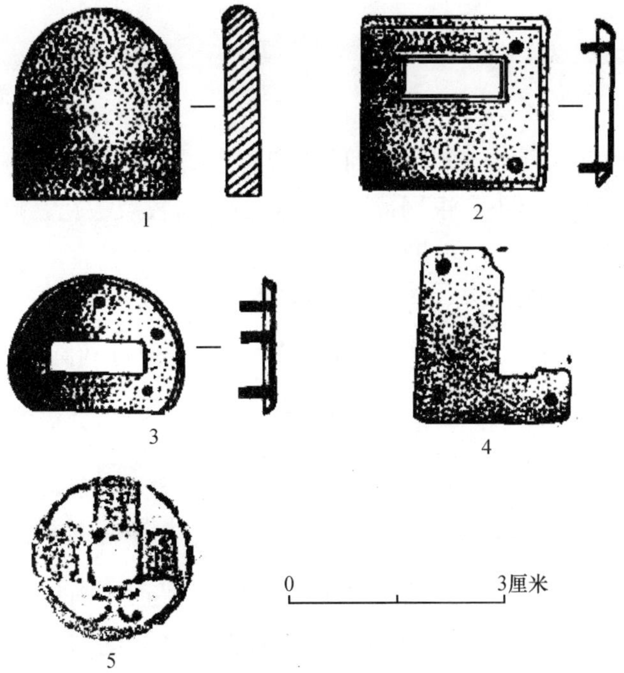

图五四　出土铜饰件及货币
1～4. 铜饰件（M1：1～M1：4）　5. 开元通宝（T0402⑤：1）

（四）年代

M1因出土有“开元通宝”钱而年代不会早于唐代，距此不远的忠县崖脚墓地中，宋代墓葬也出土开元通宝铜钱[①]，因此，将本期遗存的年代确定在唐宋时期应当是比较符合当地历史实际的。

八、明清时期遗存

（一）文化层堆积概况

本期文化层堆积比较普遍，在遗址中被统一划分为第2层。土质颜色呈褐色或灰褐色，厚20～30厘米，最厚可达60厘米。结构比较紧密，局部曾经被水淹没，含沙量较大。堆积内含有较多炭粒和少量红烧土粒，出土物主要为青花瓷片和素面板瓦残片。

本期遗存中的遗迹、遗物相对比较丰富，文化层内的相关生活遗物比较多，这种文化堆积明显为居住生活所遗留。

（二）遗迹

本期发现灰坑18个，窑址1座，灰沟1条。

1. 灰坑

（1）圆形

8个。

H8　位于T1503内，开口于第2层下，打破第2B层。平面近圆形，斜壁，平底。径长90～100、深60厘米（图五五）。出土有银镯1件，铜钱（残）1枚及板瓦、罐等残片。

（2）椭圆形

3个。其中，圜底2个（H4、H14），平底1个（H9）。

H9　位于T1605内，开口于第2层下，打破第3层。平面近椭圆形，斜弧壁，平底。径长102～144、深36厘米（图五六）。壁、底有人工加工痕迹。出土有少量的小青瓷片和小青花瓷片等。

（3）长方形或圆角方形

4个（H10、H13、H20、H23）。

H10　位于T1504内，开口于第2层下，打破第2B层。平面呈圆角方形，直壁，平底。径长90、宽60、深15厘米（图五七）。壁、底都有一层厚2～5厘米的白石灰，规整且光滑。出土有

① 北京大学考古文博学院三峡考古队、重庆市忠县文物管理所：《忠县崖脚墓地发掘报告》，《重庆库区考古报告集·1998卷》，科学出版社，2003年，第726页。

瓷罐、青花瓷勺、碗等残片。

（4）不规则形

3个（H19、H21、H59）。

H21　位于T1502内，开口于第2层下，打破第2B层。平面呈不规则形，弧壁，圜底。口长75～92、宽73、深58厘米（图五八）。出土有瓷注壶、瓷盅等残片。

2. 窑址

1座。

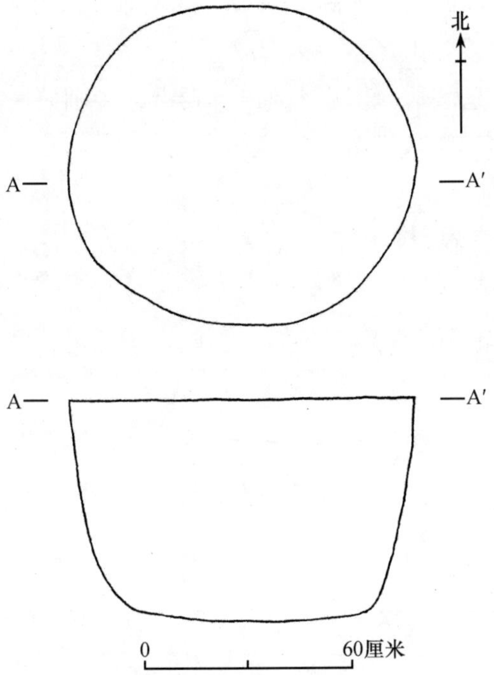

图五五　H8平、剖面图

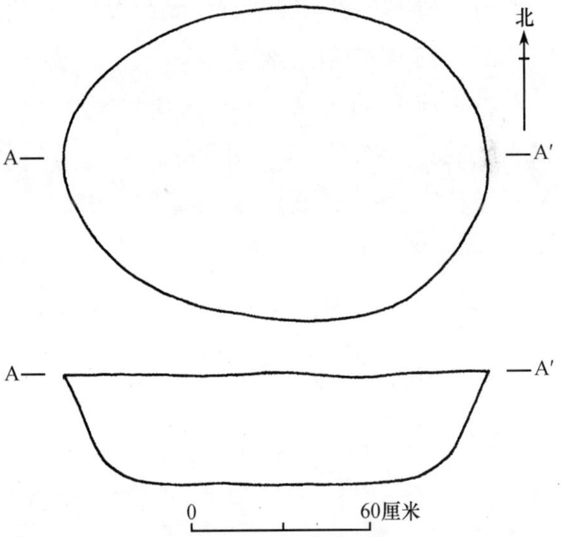

图五六　H9平、剖面图

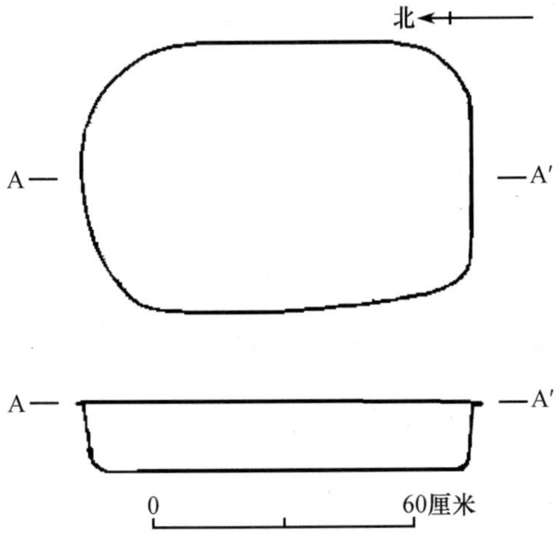

图五七　H10平、剖面图

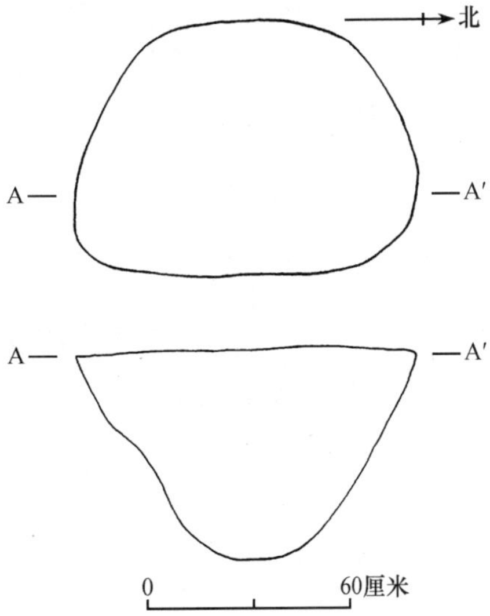

图五八　H21平、剖面图

Y1 位于T1307内，开口于第2层下，打破第3层。平面呈不规则形，其中，窑室呈圆形，直壁，圜底。窑壁烧结度较高，厚约8厘米。底部烧结度较低。直径60、残高15厘米。工作间位于窑室南部，长120、宽50、残高近20厘米。烟道位于窑室北部，呈椭圆形，口径43～50、残高8厘米（图五九；彩版七七，2）。出土有素面板瓦等残片。

（三）遗物

（1）T1503H8出土器物

青花瓷碗 1件。H8：1，轮制。敞口，尖圆唇，微曲腹，平底，圈足。器表饰青花图案，纹样为八卦符号。口径14、底径6.8、高4.8厘米（图六〇，1）。

瓷瓮 1件。H8：2，青黄釉瓷。器表施釉，内壁无釉。轮制。敛口，卷沿，尖圆唇，束颈，溜肩。肩以下残。肩部有一周弦纹。口径12.8、高8厘米（图六〇，2）。

（2）T1504H10出土器物

青花瓷碗 1件。H10：4，轮制。敞口，尖圆唇，斜腹，圈足。器表饰云纹青花图案。口径14、底径8、高5.2厘米（图六一，4）。

青瓷碗 1件。H10：2，灰青釉。内、外施釉。轮制。敞口，尖唇，弧腹，矮圈足，圈足

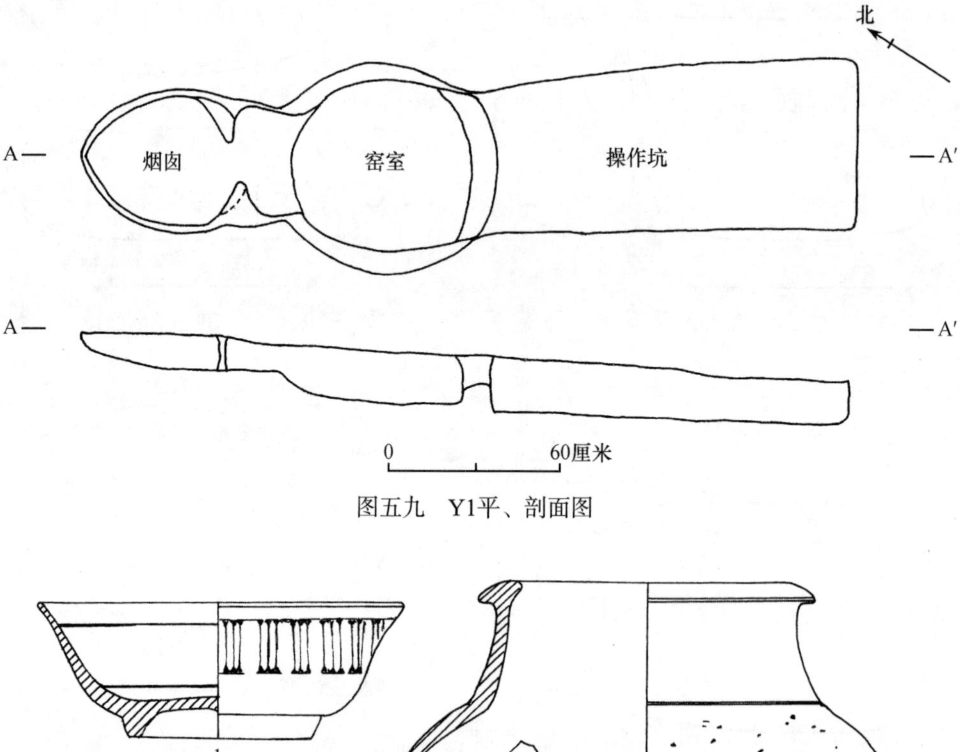

图五九 Y1平、剖面图

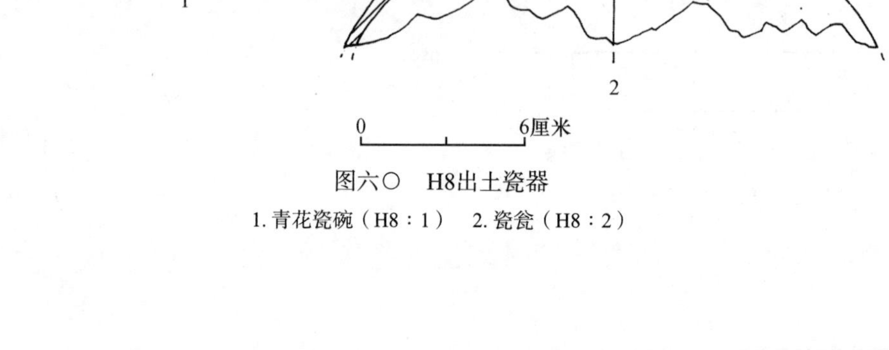

图六〇 H8出土瓷器

1. 青花瓷碗（H8：1） 2. 瓷瓮（H8：2）

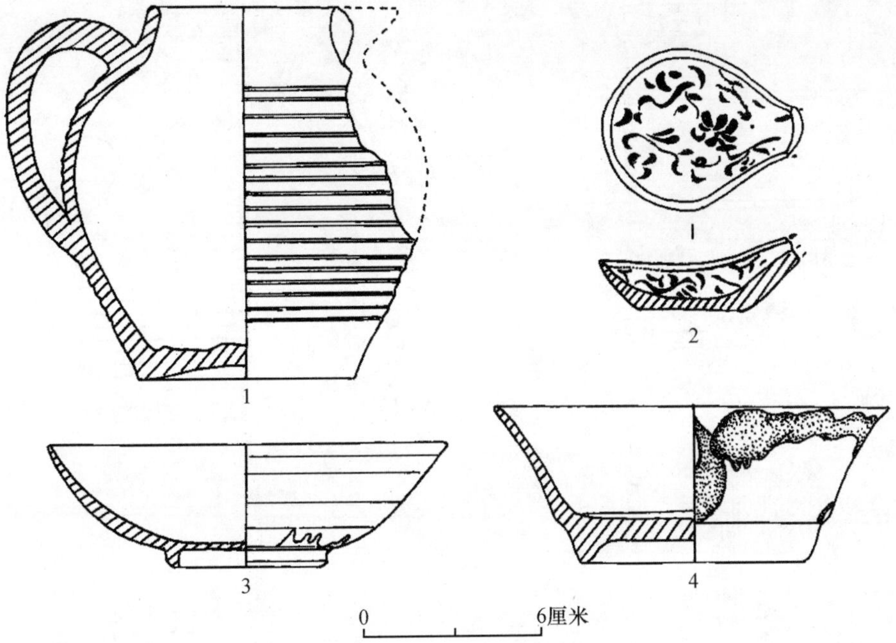

图六一　H10出土瓷器

1. 单耳带流执壶（H10∶3）　2. 青花瓷勺（H10∶1）　3. 青瓷碗（H10∶2）　4. 青花瓷碗（H10∶4）

外缘有削痕。腹部有四周瓦棱纹。口径14、底径5.6、高4厘米（图六一，3）。

单耳带流执壶　1件。H10∶3，酱釉，器表施釉，釉面部分脱落。敛口，圆唇，鼓腹，平底微凹。肩与上腹部饰一单鋬，与其对应的口沿处有一流。腹部饰数周瓦棱纹。口径6.4、底径7.6、高12.4厘米（图六一，1）。

青花瓷勺　1件。H10∶1，模制。勺头完整，勺把残。内、外饰植物青花图案。残长6.8厘米（图六一，2）。

（3）T1507H12出土器物

瓷碗　1件。H12∶1，青花瓷。轮制。侈口，卷沿，尖唇，曲腹，圈足。器表施团花和卷草图案。口径10、底径3.6、高4.6厘米（图六二，2）。

瓷器底　1件。H12∶2，青釉瓷。器表施青釉。轮制。平底，弧腹。腹以上残。内壁有细槽。素面。底径6、残高6厘米（图六二，3）。

（4）T1502H21出土器物

注壶　1件。H21∶1，青黄釉瓷，内外皆施釉。轮制。盘口，束颈，溜肩，鼓腹，平底。肩部有一个倒“S”形长流，与流对应有一个曲钩形鋬手。腹部饰数周凹弦纹。口径7.2、底径7.6、高15.8厘米（图六二，4）。

瓷盅　1件。H21∶2，青花瓷。轮制。敞口，尖圆唇，内斜腹，平底，高圈足。器表饰卷草图案。口径6、底径2.8、高3厘米（图六二，1）。

（5）T1307Y1出土器物

板瓦　1件。Y1∶1，夹细砂灰陶。轮制。弧背，一端宽，一端窄。器表素面，内饰布纹。长20、宽17～18.6、厚1.6厘米（图六三，1）。

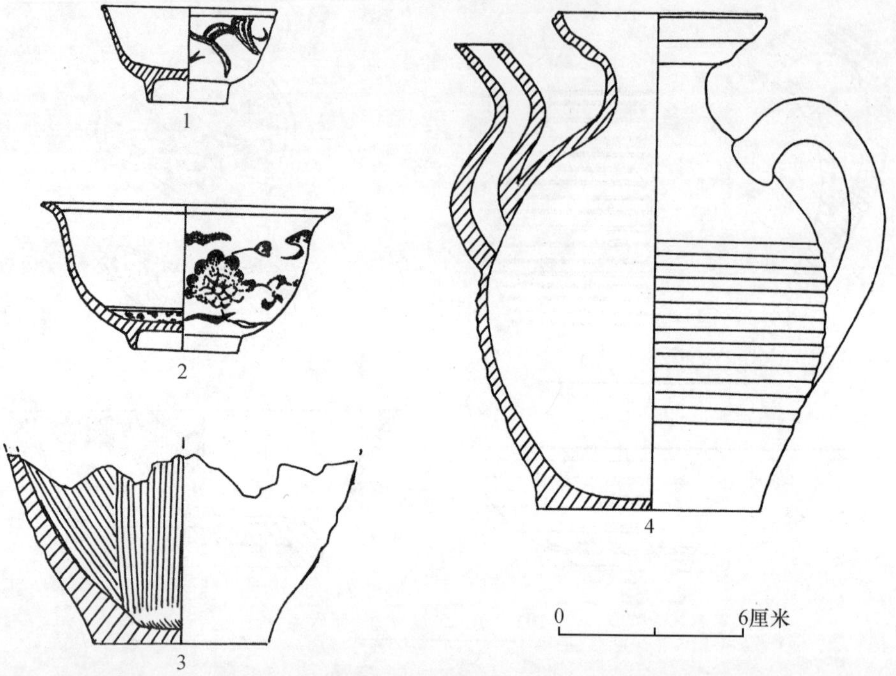

图六二　H12、H21出土瓷器

1. 盅（H21：2）　2. 碗（H12：1）　3. 器底（H12：2）　4. 注壶（H21：1）

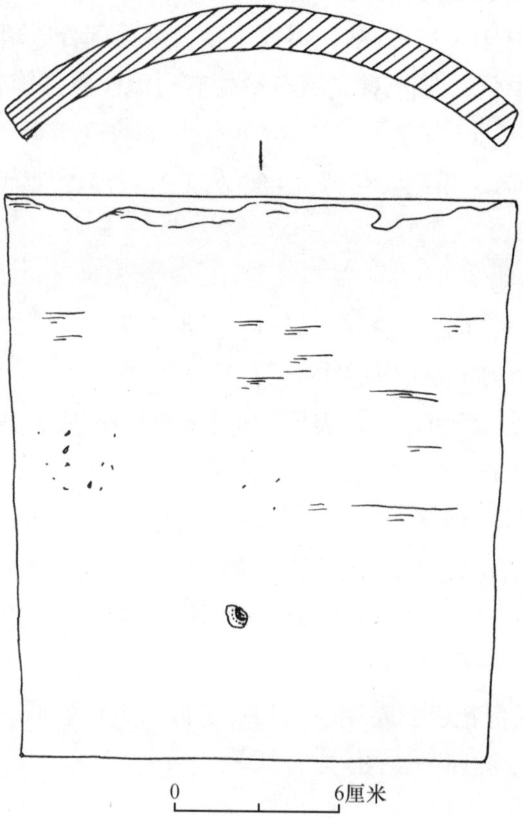

图六三　Y1出土板瓦（Y1：1）

（四）年代

本期遗存均被第1层耕土层叠压，其下皆打破唐宋遗存，年代范围不早于唐宋时期，不晚于近代。其中，H10：3单耳带流执壶与奉节瞿塘关明代M8：1硬陶流口罐形态相近，H12：1青花瓷碗等也与奉节瞿塘关明代M48：1、M49：1青花瓷碗形态相近，Y1：1素面板瓦与奉节瞿塘关明代M11：3板瓦形态相类①。尽管奉节瞿塘关明代墓葬没有较为确切的纪年材料，但其花纹图案却具有明显的明代中晚期特征。据此，本期青花瓷器及其共存遗物的年代也距其前或者距后的年代不会太远。

不过，从H10：3单耳带流执壶与奉节瞿塘关明代M8：1硬陶流口罐的形态分析，前者形体矮胖、鼓腹、平底、底径略大于口径，而后者则整体修长，底径略小于口径。前者造型古朴、笨拙，后者则时尚、流畅。以此而论，前者的整体形态明显较后者原始，而这类器物却是丰都一带宋元时期常见器类②。

九、结　　语

在重庆三峡库区发现的文化遗址中，忠县㽏井沟遗址群的学术研究价值早已有口皆碑。自新石器时代至今一直没有间断过，具有三峡“活二十四史”之称的中坝遗址、以新石器时代文化为特色的哨棚嘴遗址、以春秋战国墓葬为特色的崖脚墓地及以西周到春秋战国时期制盐产业为特色的瓦渣地遗址等，绘出了本地区先民们生产生活繁衍生息的历史画卷。而距离㽏井沟遗址群不足15千米的邓家沱遗址，同样经历了新石器时代晚期、商末至两周、两汉、六朝、唐宋、明清等历史发展阶段。尽管大部分阶段的遗存比较薄弱，但是商代至两周时期的制盐产业文化遗存及汉末晋初时期别具风格的邓家沱石阙等，同样也为本地区的历史画卷描绘出颇具学术价值的浓墨篇章。

执笔：李　锋　韩国河　许俊平
赵海洲　魏青利　肖露露
金海旺

① 重庆市文物考古所：《奉节瞿塘关遗址发掘报告》，《重庆库区考古报告集·1999卷》，科学出版社，2006年，第230页。

② 山西省考古研究所、重庆市文物局：《丰都铺子河遗址考古发掘报告》，《重庆库区考古报告集·2001卷·下》，科学出版社，2007年，第1741～1744页；湖南省文物考古研究所、长沙市文物考古研究所、重庆市文物局、丰都县文物管理所：《丰都老院子窑址发掘简报》，《重庆库区考古报告集·2001卷·下》，科学出版社，2007年，第1775～1777页。

忠县渔洞十一队墓地2001年度发掘简报

郑州大学历史学院
忠县文物管理所

一、地理环境和发掘经过

渔洞十一队墓地位于重庆市忠县洋渡镇渔洞村，南距洋渡镇约3千米，北距县城约20千米（图一）。墓地坐落在村西百米处的山前台地上，台地南北约200千米，东西约150米。东经107°56′49″，北纬30°10′05″，东南海拔160千米，西北海拔150米。台地西侧是由南向北奔流的

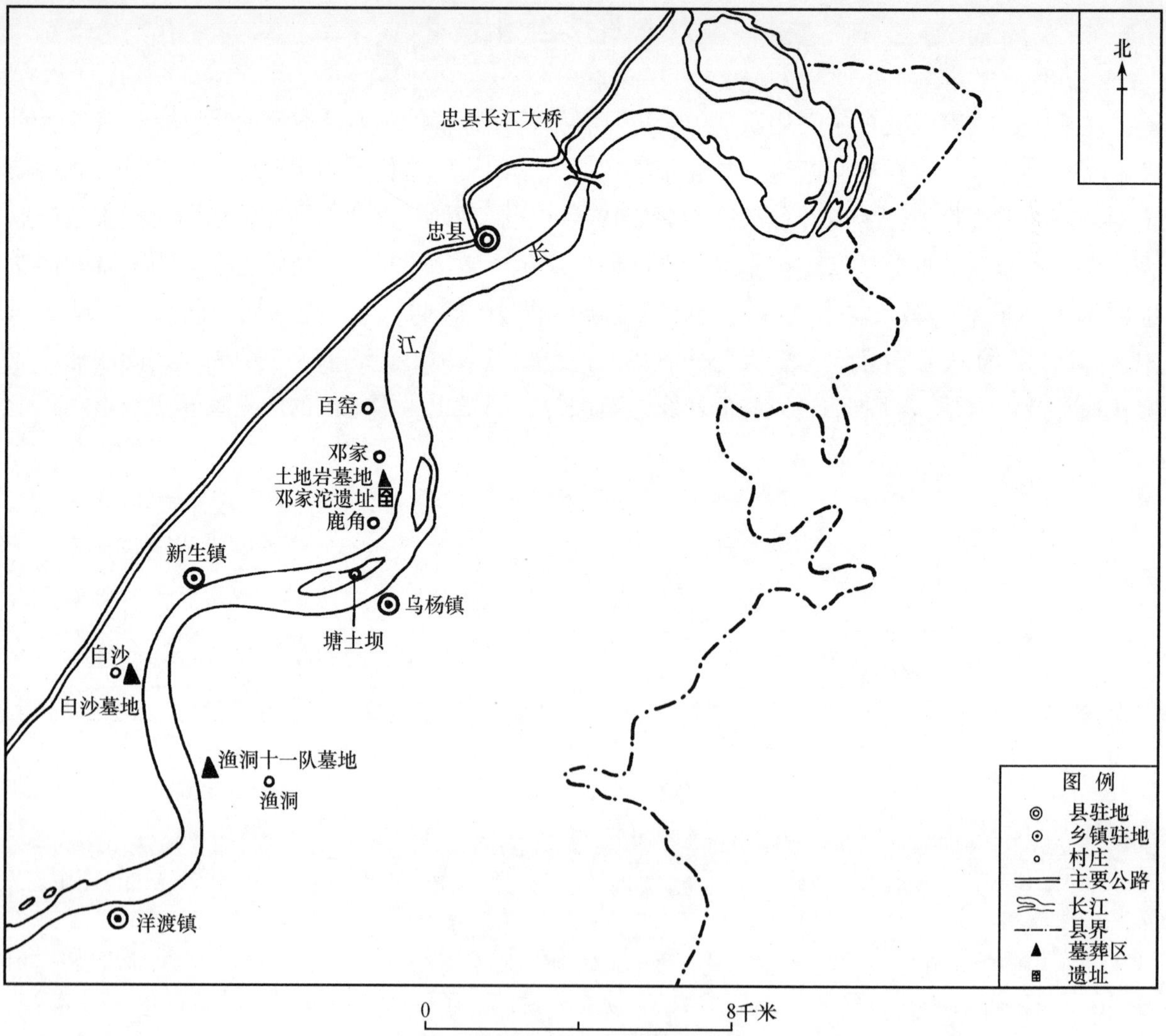

图一　渔洞十一队墓地位置示意图

长江，南北两侧为谷底，北为忠县渔洞十一队，南为渔洞十二队。

1994年北京大学三峡库区考古队调查发现该墓群。由于平整土地，部分墓葬已遭破坏。为配合重庆三峡办对库区淹没区进行的文物抢救性考古发掘工作，郑州大学考古队受委托于2001年对忠县渔洞十一队墓地进行钻探、布方、发掘清理。

郑州大学三峡考古队于2001年5月11日开始钻探，至17日结束。钻探面积20 000平方米。开挖10米×10米探方20个，发掘面积2000平方米，共发现墓葬5座，出土遗物60余件（图二）。现将主要收获汇报如下。

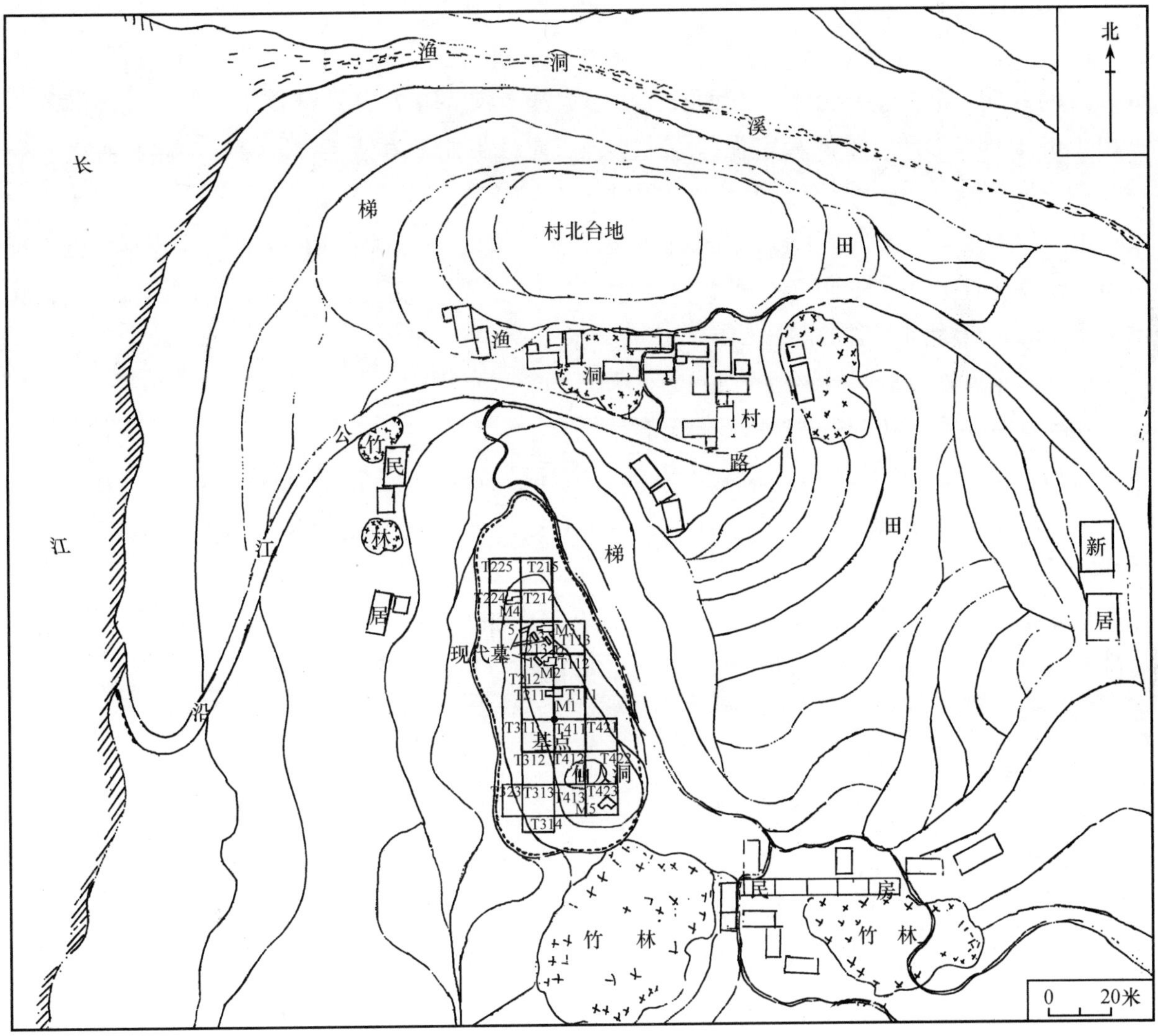

图二 布方及墓葬分布示意图

二、墓葬与随葬品

墓葬按建造材质可分砖室墓和石砌墓两种，其中砖室墓3座，石砌墓2座。按墓葬形制可分刀形、“凸”字形两种。因滑坡等自然因素以及人为盗扰等因素影响，墓葬中人骨保存较差，葬具和葬式多不清楚，只能分出单人葬和双人合葬。

（一）砖室墓

砖室墓发现发掘3座，即M1、M3、M5。按墓葬形制可分刀形、“凸”字形两种：M1、M5为刀形；M3为“凸”字形。

1. 刀形墓

（1）M1

位于T111西北部，开口于第1层下，打破生土。该墓全长5.61米，由墓室和甬道两部分组成，方向275°。墓室呈长方形，东西长3.43、宽2.9、残深0.71米。墓室东壁严重向内倾斜。据出土的子母口券砖，推测墓室顶部应为券顶，具体形制及券法不详。墓壁为错缝平砌，壁砖一侧模印有菱形及菱形+车辐形纹样（图四，1～3）。底部为土质平面。

甬道位于墓室西南角，其南壁与墓室南壁相连，其北壁与墓室西壁垂直。甬道平面也为长方形，东西长2.18、南北宽1.78、残深0.28～0.42米。其壁与墓室砌法一样，顶部结构不详，底部与墓室底部处于同一平面（图三）。

该墓为单人葬，由于骨架已朽蚀严重，葬具、葬式不详。

随葬品共10件，其中瓷器8件、陶器2件。

瓷盘口壶　1件。M1：1，器表施青釉，大部已脱落。烧制火候较高。盘口，尖圆唇，高领，束颈，溜肩，鼓腹，平底。肩部有两对对称贯耳，颈部有两周凸棱。口径14.4、腹径19.2、底径11.2、通高27.8厘米（图五，5）。

瓷四系罐　1件。M1：4，青黄釉。烧制火候较高。子母口，耸肩，下腹斜内收，平底，肩部有对称四耳。素面。口径20、腹径24、底径13.6、高18.2厘米（图五，1）。

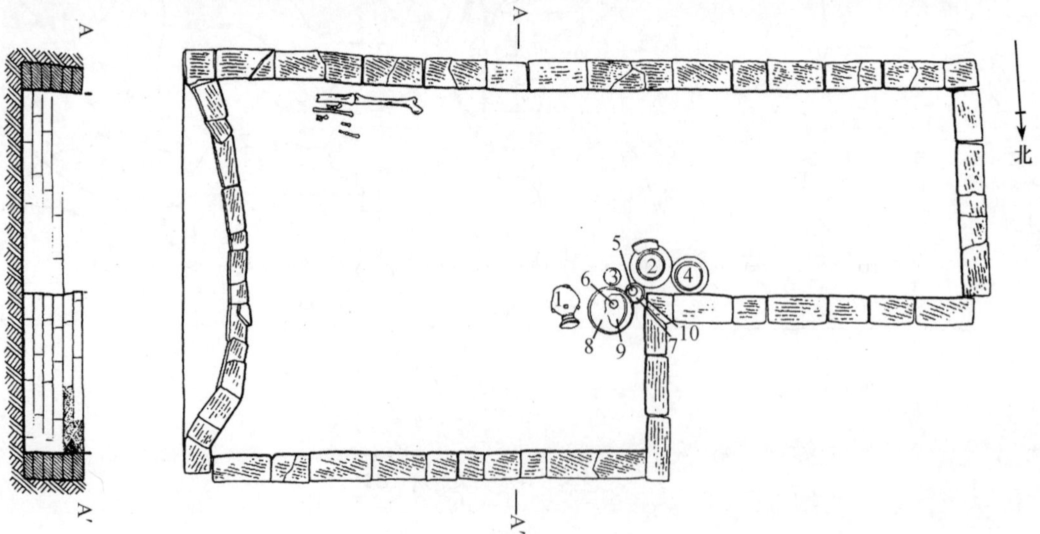

图三　M1平、剖面图

1. 瓷盘口壶　2. 陶釜　3、7. 瓷碗　4. 瓷四系罐　5、6. 瓷盏　8、10. 瓷罐　9. 陶罐

图四　M1墓砖纹饰拓片

瓷罐　2件。M1：8，夹砂青灰胎，釉色脱落。烧制火候较高。腹以上残，仅余罐底。下腹近弧，平底。底径12、残高11.6厘米（图五，6）。M1：10，较残，未收作标本。

瓷碗　2件。M1：3，青釉。烧制火候较高。口微敛，尖圆唇，弧腹，平底。唇下饰一周凹弦纹。口径16、高6.4、底径9.2厘米（图五，2）。M1：7，器表及内壁、内底均施乳黄釉。烧制火候较高。敛口，弧腹，饼形圈足，底微凹。口径14.4、底径5.4、通高7.2厘米（图五，3）。

瓷盏　2件。M1：5，青灰色釉。敛口，尖唇，上腹略鼓，下腹斜内收，平底。素面。口径8.8、高3.6厘米、底径5.2厘米（图五，8）。M1：6，青灰色釉。敛口，尖唇，弧腹，平底。唇下饰一周凹弦纹。口径9、高3.8、底径5.6厘米（图五，7）。

陶釜　1件。M1：2，夹砂灰陶。烧制火候较低。敞口，方唇，折沿，束颈，鼓腹，圜底。颈以下饰竖向粗绳纹，唇面为绳勒纹。口径29.2、腹径26.8、高22厘米（图五，4）。

陶罐　1件。M1：9，较残，未收作标本。

（2）M5

位于T423东南部，开口于第2层下，距地表0.4米，打破生土。该墓全长4.2米，由墓室和甬道两部分组成，方向230°。墓室为长方形，东西长3.25、南北宽2.35、残深1米。墓室四壁规整，砖砌结构，墓室底部未铺砖，为硬土平面。甬道位于墓室西北角，其北壁与墓室北壁相连成一整体，南壁与墓室西壁垂直相连。甬道平面近正方形，边长1.6、残深1米，甬道三壁亦为砖砌结构，底部为硬土平面，其底部与墓室底部处于同一平面上（图六；彩版八一，2）。

共残留12层墓砖，其上九层为一种型号，砖长38、宽17、厚8厘米。下三层为另一种型

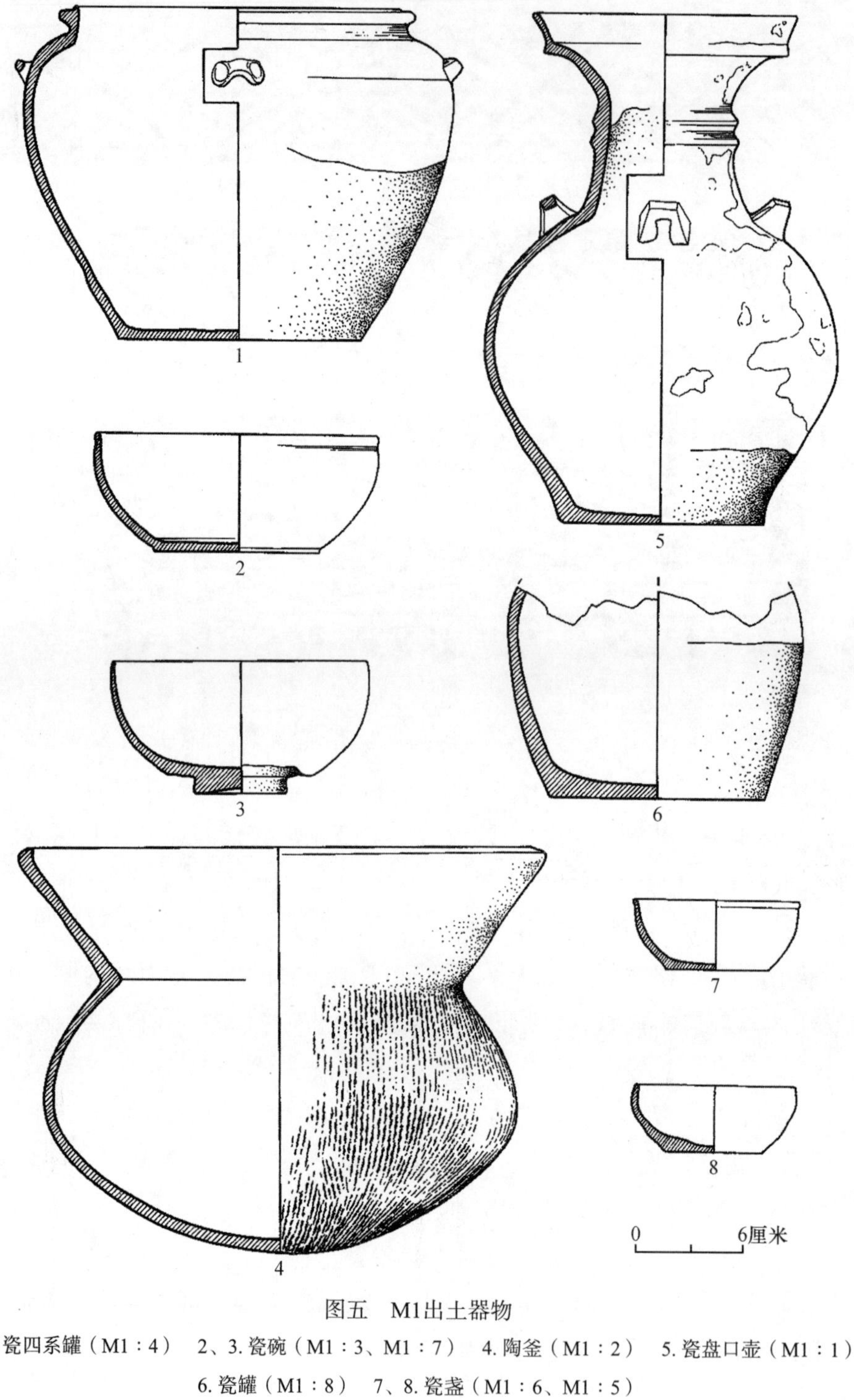

图五 M1出土器物

1. 瓷四系罐（M1∶4） 2、3. 瓷碗（M1∶3、M1∶7） 4. 陶釜（M1∶2） 5. 瓷盘口壶（M1∶1）
6. 瓷罐（M1∶8） 7、8. 瓷盏（M1∶6、M1∶5）

号，长40、宽19、厚7厘米。墓砖在朝向墓内壁一侧都刻有菱形花纹（图七，1、2）。

填土为黄褐色花土，较松软，黏且含有少量淤沙，包含大量的残砖和少量器物残片。

骨架完全腐朽，仅可看出数目是一具，头向东南，其余不详。

随葬品共13件，均为陶器。

陶罐　共3件。M5∶9，夹细砂灰陶。轮制，火候一般。敛口，圆唇，颈外扩，斜肩，鼓腹，平底。肩部饰一周带状印纹及一周凹弦纹，腹部素面。口径14、腹径23.2、底径15.2、

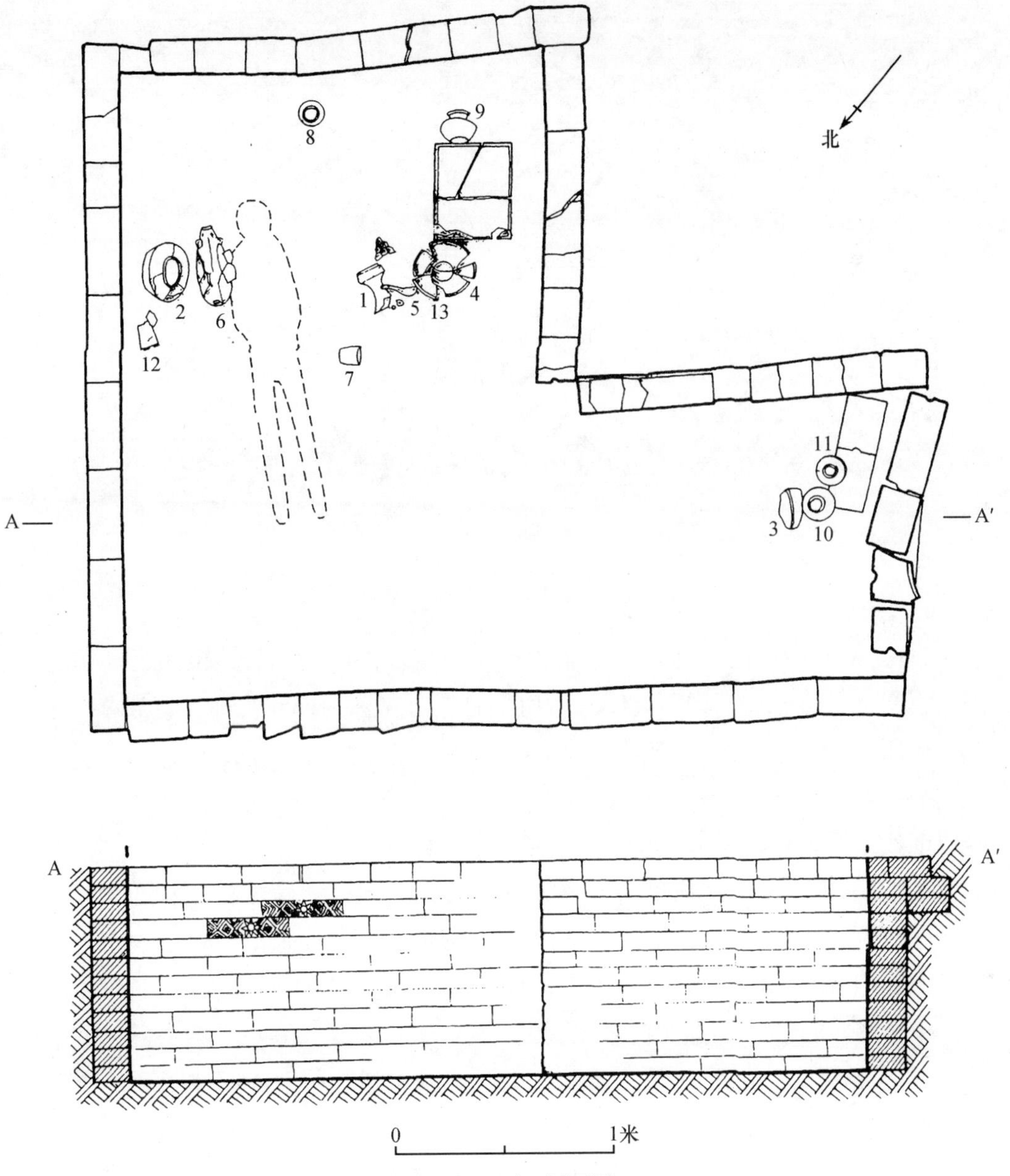

图六　M5平、剖面图

1. 陶熏炉　2. 陶壶　3. 陶魁　4. 釉陶盂　5. 陶勺　6. 陶猪　7. 釉陶杯　8. 釉陶盏　9～11. 陶罐　12. 陶俑　13. 陶盆

高15.4厘米（图八，2）。M5：10，夹细砂灰陶。轮制，火候一般。卷沿，圆唇，束颈，溜肩，鼓腹，平底。肩部饰两周凹弦纹。口径10.4、腹径15.6、底径8、高10厘米（图八，5）。M5：11，夹细砂灰陶。轮制，火候一般。肩部饰倒三角形印纹一周，其下部饰一周凹槽。卷沿，圆唇，束颈，溜肩，鼓腹，平底。口径10、腹径16.4、底径9.2、高11.4厘米（图八，4）。

陶俑　1件。M5：12，泥质灰陶。模制，火候一般。呈站立状，腹以上残。素面。残高10厘米（图八，8）。

釉陶杯　1件。M5：7，泥质红陶。器表施青黄釉。轮制，火候一般。耳部两侧各有一周凹弦纹。敛口，方唇，唇面微凹，腹略弧，平底。上腹有一对对称的器耳。口径9.6、底径8、高8.2厘米（图八，7）。

图七 M5墓砖纹饰拓片

陶壶 1件。M5：2，泥质红陶。轮制，火候较高。侈口，尖唇，束颈，高领，溜肩，鼓腹，高圈足，圈足微侈。肩部饰三周凹槽，肩部有一对对称的兽面纹饰，腹部有一周凹槽，圈足中部有一周凹弦纹。口径14.8、腹径25.2、底径14.8、高30.4厘米（图八，1）。

陶盆 1件。M5：13，夹细砂灰陶。轮制，火候一般。敛口，折沿，沿面近平，尖圆唇，弧腹，腹以下残。器表有数周凹弦纹。口径32、残高12.6厘米（图八，3）。

釉陶盂 1件。M5：4，泥质红陶。器表施酱釉。轮制，火候较高。卷沿，方唇，束颈，腹略鼓，平底。腹部有两周凹弦纹。口径14.4、底径11.2、高8.6厘米（图八，6）。

陶熏炉 1件。M5：1，泥质红陶。上部模制，下部轮制，火候较高。上部为锥形火焰状浮雕，下部束腰形。底径8.4、高22厘米（图九，5）。

陶猪 1件。M5：6，泥质灰陶。模制，火候一般。四肢站立，躯体肥硕，形象逼真。长26.2、高15.8厘米（图九，2）。

陶勺 1件。M5：5，泥质红陶。模制，火候一般。勺身圆形圜底，曲柄。素面。长14.2、高6厘米（图九，3）。

釉陶盏 1件。M5：8，泥质红陶。内外施青黄釉，大部脱落。轮制，火候一般。方唇，直口，斜腹，平底。口径11.6、底径8、高3.2厘米（图九，4）。

陶魁 1件。M5：3，泥质红陶。手轮合制，火候一般。魁身敛口，方唇，唇面微凹，腹略弧，平底，沿下有一单手柄，龟首状。素面。口径18、底径7.6、高7.2厘米（图九，1）。

2.“凸”字形墓

M3 位于T213东北部，开口于第1层下，打破生土。该墓全长5.4米，由墓室和甬道两部分组成（图一〇）。墓室为长方形，东西长3.7、南北宽2.8、残深1.14米，方向275°。墓室四壁规整，砖砌而成，朝向墓内一侧有几何形纹饰（图一一，1、2）。由于出土有梯形的券砖，推测墓顶为券顶，但由于顶部已毁坏殆尽，具体券法及形状不详。墓室底部用石头铺砌而成，

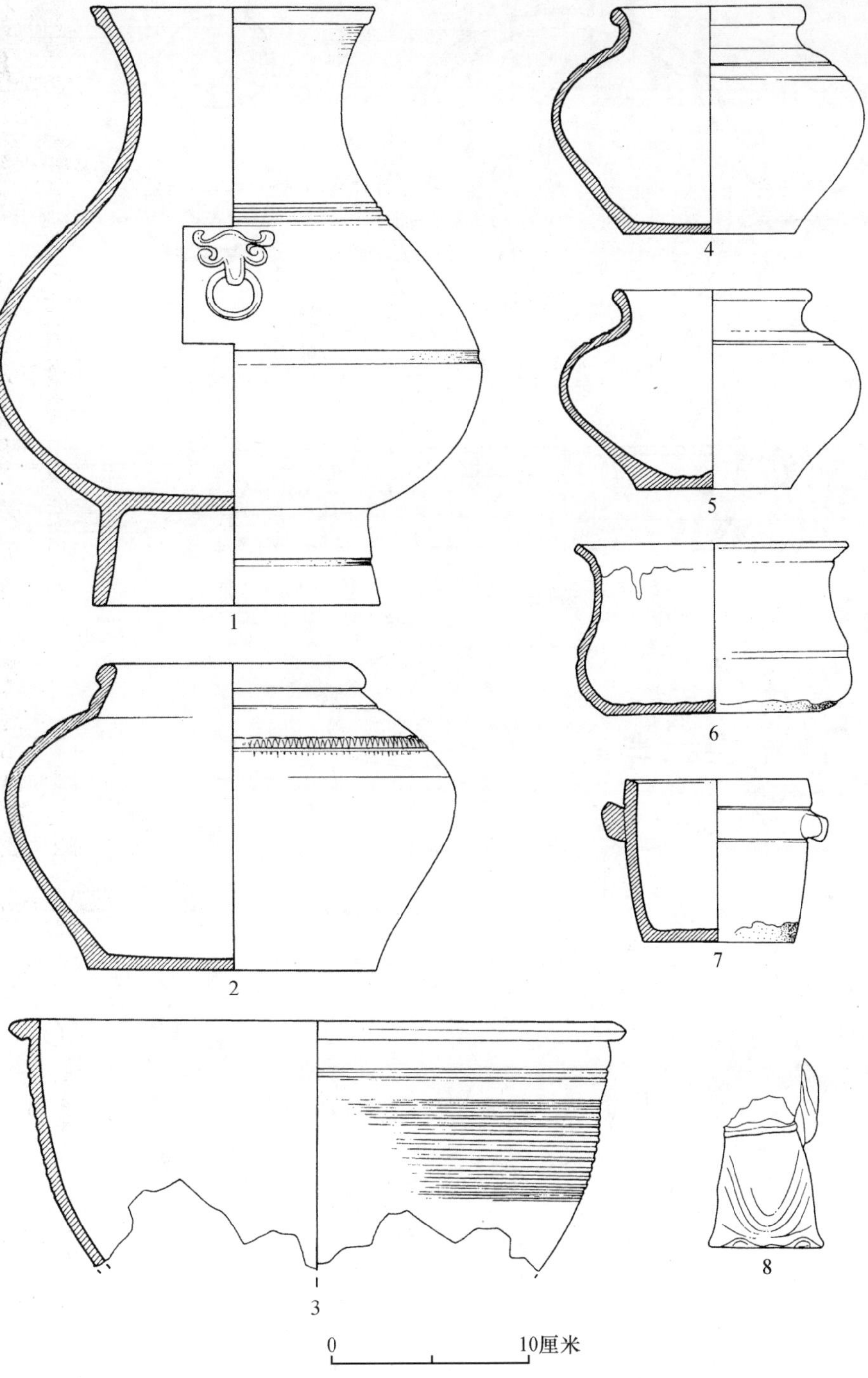

图八 M5出土器物

1. 陶壶（M5∶2） 2、4、5. 陶罐（M5∶9、M5∶11、M5∶10） 3. 陶盆（M5∶13） 6. 釉陶盂（M5∶4）
7. 釉陶杯（M5∶7） 8. 陶俑（M5∶12）

平底。

甬道位于墓室西壁中部稍偏南处，平面近长方形，稍呈西高东低坡状。东西长1.7、宽1.6～1.72、深0.9米。在甬道中距墓室约0.5米处，砌有一道封门砖（多用券砖）。

根据墓室内骨架痕迹，推测为双人合葬，但由于扰乱严重，葬具、葬式不详。

砌墓的砖有三种型号，分别是46厘米×19厘米×8厘米、43厘米×21厘米×8厘米、43厘米×

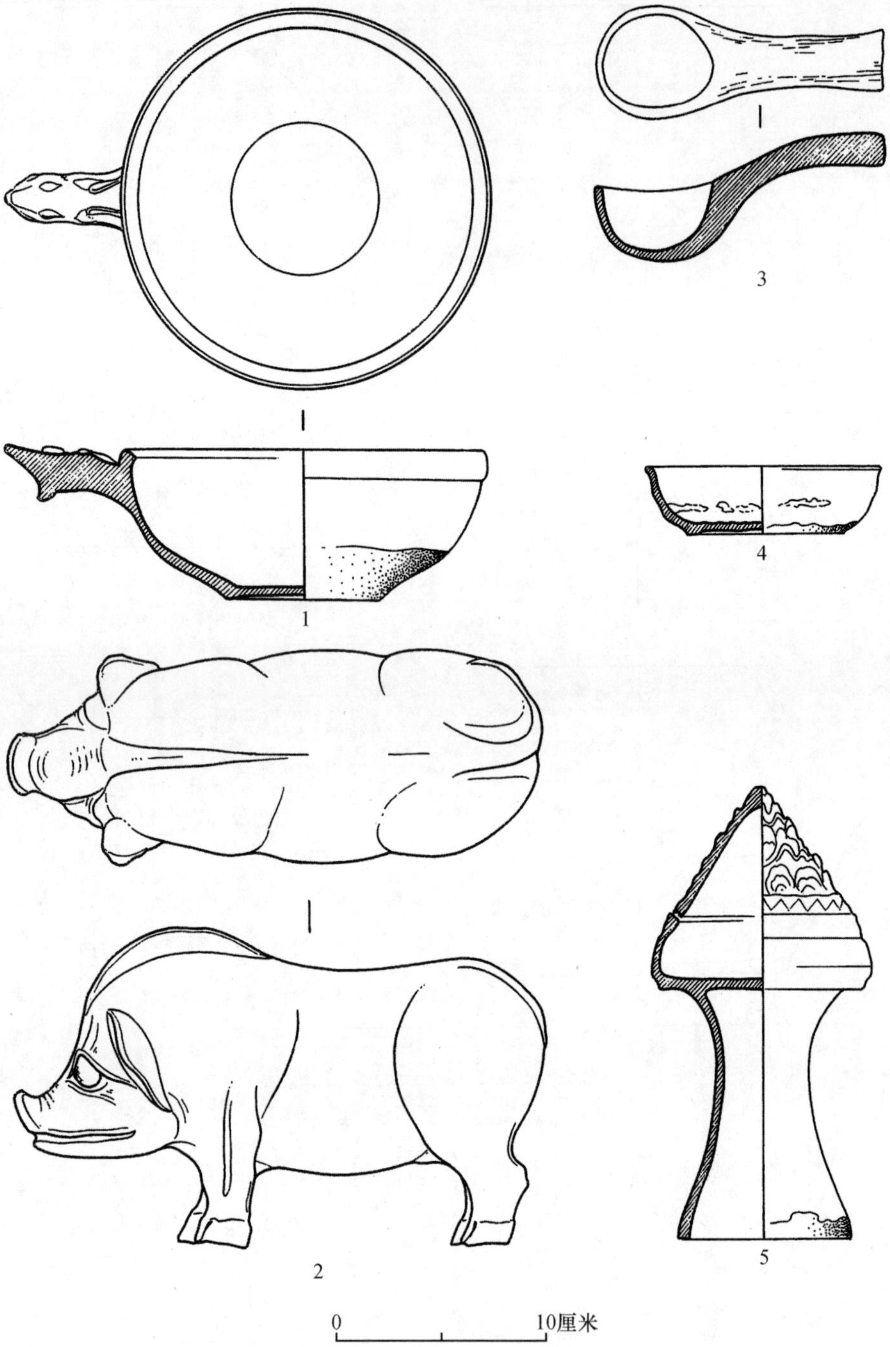

图九　M5出土器物

1. 陶魁（M5∶3）　2. 陶猪（M5∶6）　3. 陶勺（M5∶5）　4. 釉陶盏（M5∶8）　5. 陶熏炉（M5∶1）

20.5厘米×7.5厘米。券顶砖为梯形子母口，上部长34.5、下部长26.5、宽21、厚11厘米。

墓内填土为红褐色花土，较疏松，未分层。包含大量的残砖块及一些残陶片。

由于盗扰严重，随葬品严重破坏，仅出土一件陶罐和21枚五铢钱（彩版八一，1）。

陶罐　1件。M3∶1，夹细砂灰陶。轮制，烧制火候较高。肩部饰两周凹弦纹及一周条状印纹。卷沿，圆唇，束颈，溜肩，鼓腹，平底。口径9.6、腹径16、底径8、高11.4厘米（图一二，1）。

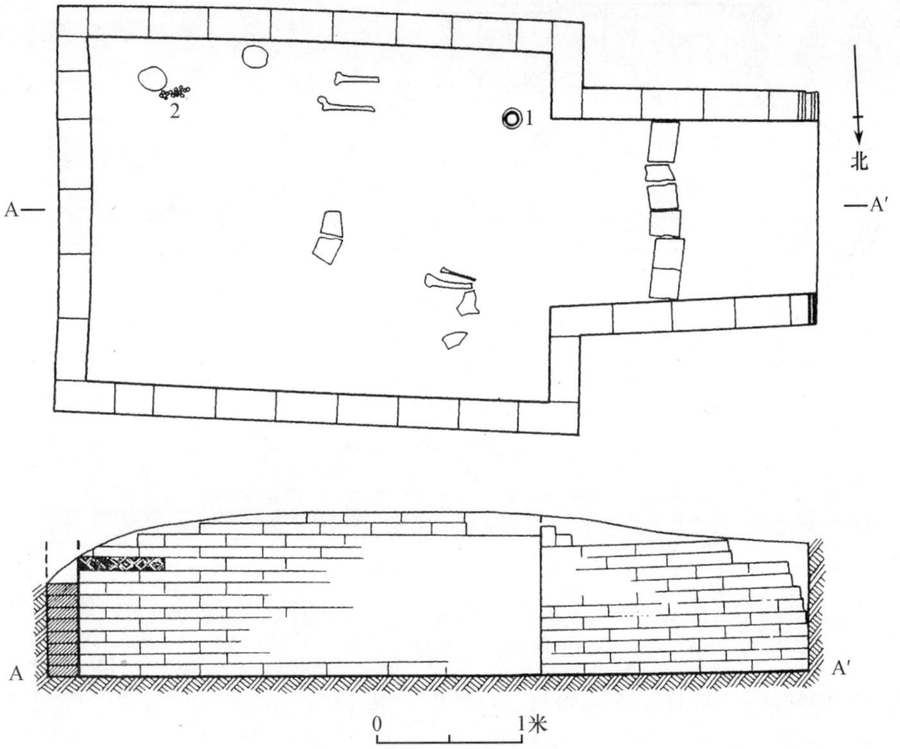

图一〇　M3平、剖面图

1. 陶罐　2. 五铢铜钱

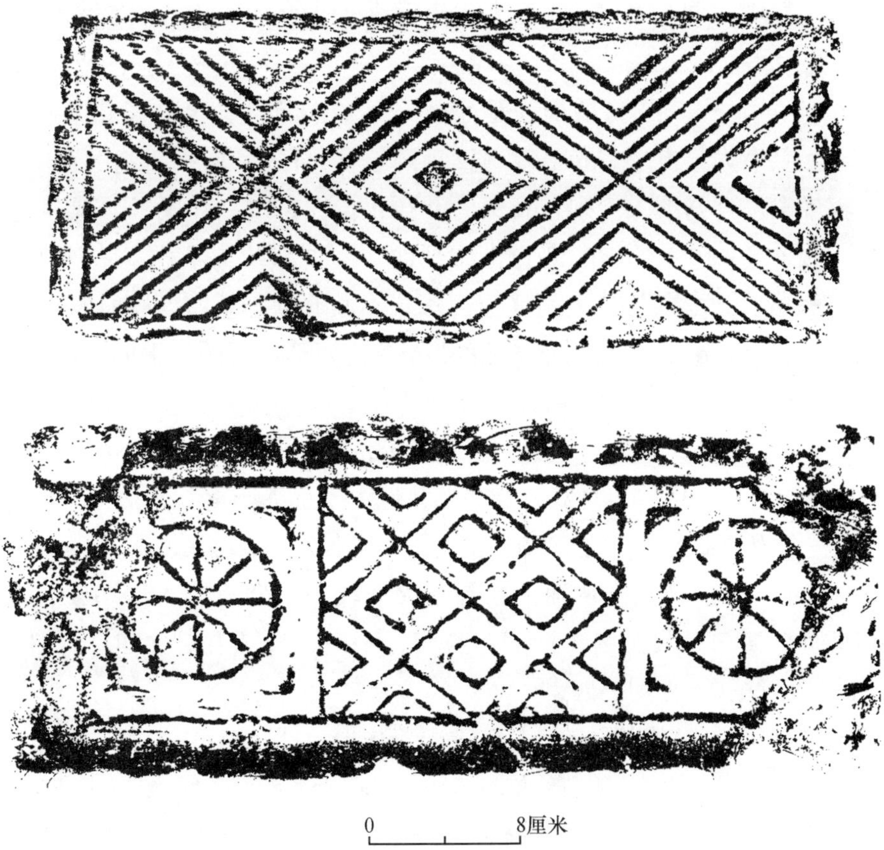

图一一　M3墓砖纹饰拓片

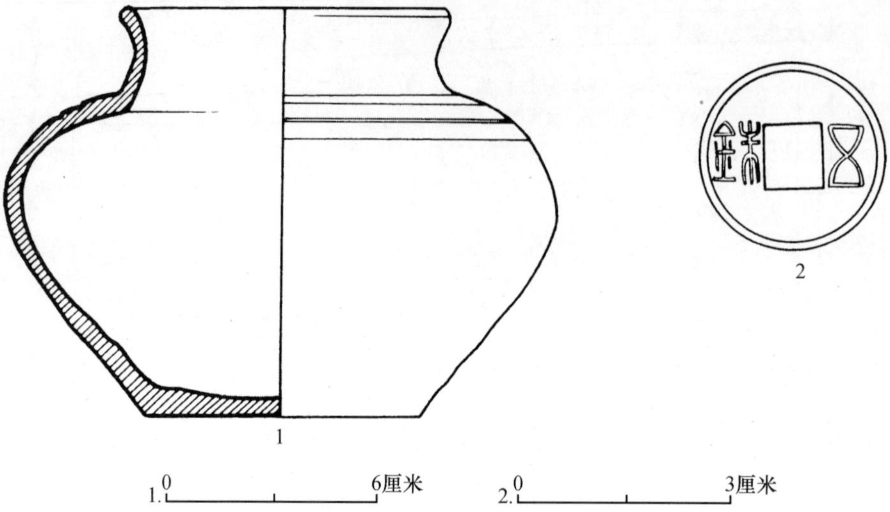

图一二　M3出土器物

1. 陶罐（M3：1）　2. 五铢铜钱（M3：2-1）

五铢钱　21枚。M3：2-1，铜质。模制。浇铸而成。圆形方穿，穿背面有郭，两侧有篆文“五铢”二字。钱径2.8、孔径0.9、郭径0.15厘米（图一二，2）。

（二）石砌墓

石砌墓发现发掘2座，即M2、M4，二者均为石块堆砌的刀形墓。

（1）M2

位于T212东北角，开口于第1层下，距地面0.3米，打破生土。该墓由墓室和甬道两部分组成，方向275°。墓室为长方形，长2.6、宽2.2、残深0.41米。墓室四壁由石块砌成，内壁经过精心加工，较规整，外壁不太规则。石头为砂石，长度在20～40厘米，现存5层，每一层石头厚薄均匀，厚度在8～10厘米。底部为土质平面，墓顶部结构不详。墓门在墓室西南部。甬道位于墓室西南角，其南壁与墓室南壁连为一线。其北壁与墓室西壁垂直。甬道长1.8、宽1.5、残深0.41米。砌筑方式与墓室相同，其底部与墓室底部位于同一平面，也为土质平面（图一三）。

墓内填土为黄褐色花土，略硬，未分层。包含有乱石块和一些黄釉瓷片。

根据墓室内骨架痕迹，可看出是双人合葬墓，但由于扰乱严重，葬具、葬式均不详。

随葬品共11件，以瓷器为主，也有陶器和铁器（彩版八一，3）。

瓷四系罐　1件。M2：1，酱黄釉。轮制，火候较高。器表饰方格印纹，肩部饰凹弦纹一周，有凹线两周。直口，尖圆唇，溜肩，鼓腹，平底，肩部有对称四耳。口径10.4、腹径16.8、底径11.6、高12.6厘米（图一四，4）。

瓷钵　1件。M2：2，青灰釉。轮制，烧制火候较高。口微敛，尖唇，弧腹，饼形足。唇下饰一周凹槽，钵内底部有几处支烧痕。口径20、底径12.4、高5.6厘米（图一四，1）。

瓷盏　6件。M2：3，青釉。轮制，烧制火候较高。尖唇，敛口，弧腹，饼形足。素面。

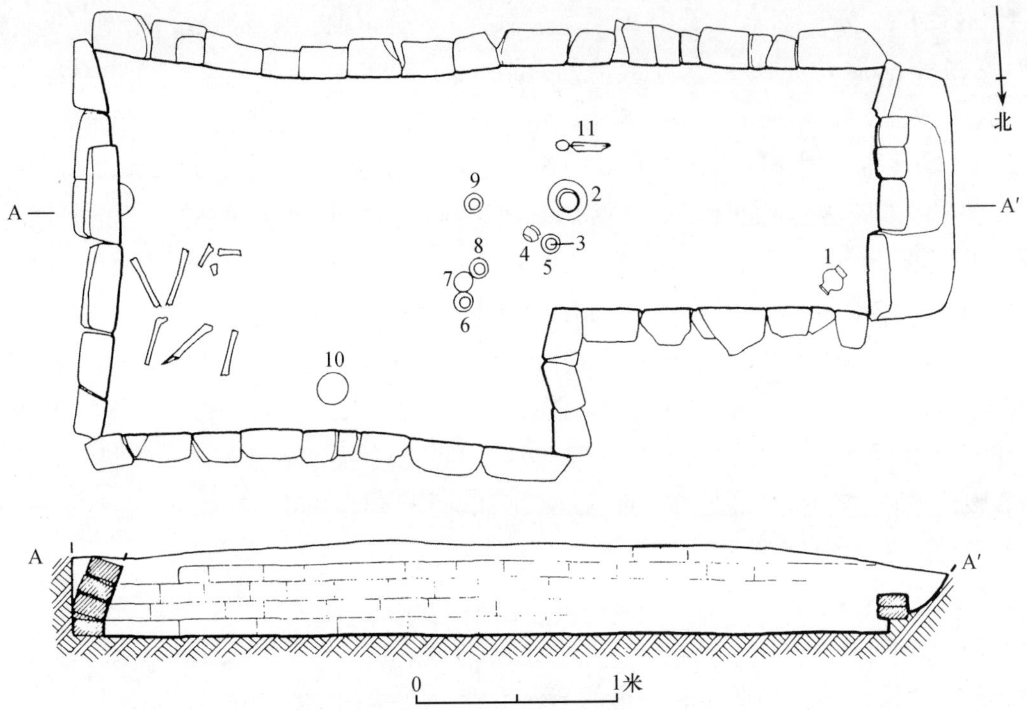

图一三　M2平、剖面图

1. 瓷四系罐　2. 瓷钵　3、6～10. 瓷盏　4、5. 陶盏　11. 铁剪

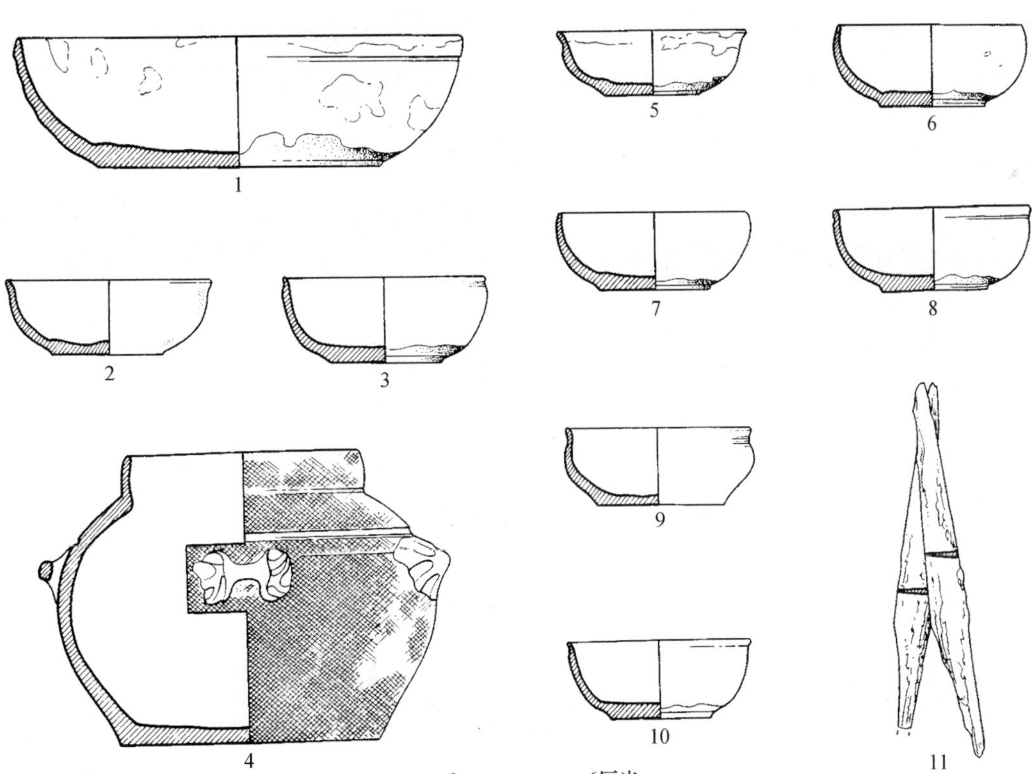

图一四　M2出土器物

1. 瓷钵（M2：2）　2、9. 陶盏（M2：4、M2：5）　3、5～8、10. 瓷盏（M2：6、M2：10、M2：8、M2：3、M2：9、M2：7）　4. 瓷四系罐（M2：1）　11. 铁剪（M2：11）

口径8.4、底径4.8、高3.4厘米（图一四，7）。M2：6，青黄釉，大部脱落。轮制，火候较高。口微敛，尖唇，弧腹，饼形足。口径8.8、底径4.8、高3.8厘米（图一四，3）。M2：7，青黄釉。轮制，火候较高。素面。尖唇，弧腹，饼形足。器表釉层大部脱落，底部无釉。口径8、底径4.8、高3.4厘米（图一四，10）。M2：8，青灰釉。轮制，火候较高。尖唇，弧腹，饼形足。器表釉层大部脱落，底部无釉。口径8.4、底径4.8、高3.5厘米（图一四，6）。M2：9，内外均施青釉。轮制，火候较高。口微敛，尖圆唇，唇下有一周凹槽，弧腹，饼形足，较平。口径9、底径5、高3.6厘米（图一四，8）。M2：10，青黄釉，器表釉层大部脱落。轮制，火候较高。素面。口微侈，尖唇，弧腹，平底。素面。高8.4、底径4.4、高2.8厘米（图一四，5）。

陶盏　2件。M2：4，夹细砂灰陶。轮制，火候一般。尖唇，唇下微凹，弧腹，平底。素面。口径9.2、底径4.8、高3.2厘米（图一四，2）。M2：5，夹细砂青灰陶。轮制，火候一般。尖唇，弧腹，平底。素面。口径8.2、底径5.6、高3.4厘米（图一四，9）。

铁剪　1件。M2：11，铁质。锈蚀严重。长16.4厘米（图一四，11）。

（2）M4

位于T224东部偏北，开口于第1层下，开口距地表深0.25米，打破生土（图一五）。该墓方向为265°，全长4.4米，由墓室和甬道两部分组成。墓室平面呈长方形，东西长2.7、南北宽2、残深0.15～0.26米。其四壁由石块砌成，内壁较规整平滑，外壁不甚规整，底部为硬土平面，较平。

图一五　M4平、剖面图

1. 陶舞俑　2. 陶抚耳俑　3. 陶抚琴俑　4、10. 陶男立俑　5. 陶吹箫俑　6、19、20. 陶女仕俑　7. 陶母鸡　8. 陶魁　9. 陶狗　11. 陶盘　12. 陶勺　13. 陶钵　14、17. 陶壶　15. 陶罐　16. 陶击鼓俑　18. 陶豆　21. 陶公鸡　22. 铜钱

甬道亦为石砌，平面呈长方形，东西长约1.4、南北宽1.25、深0.26米。其南壁与墓室南壁相连，北壁与墓室西壁垂直。

该墓扰乱严重，骨架散乱，腐蚀较严重，葬具、葬式均不详。

该墓随葬品共32件，经修复后，完整器均为陶器，共21件。另出有铜钱，较残（彩版八一，4）。

陶壶　共2件。M4：14，泥质灰陶。轮制。侈口，方唇，束颈，高领，溜肩，鼓腹，上腹部饰一对对称器耳，高圈足外侈，中部饰一对对称穿孔。颈部饰有一周凹槽，肩部及腹部各有两周，圈足另有一周凹槽。口径10.4、腹径22、底径15.6、高24.6厘米（图一六，1）。M4：17，泥质灰陶。轮制。口部残，鼓腹。上腹部饰有一对对称器耳，腹部有两周凹弦纹，高圈足外侈，圈足中部饰一对对称穿孔及一周凹弦纹。腹径20.6、底径16、残高15厘米（图

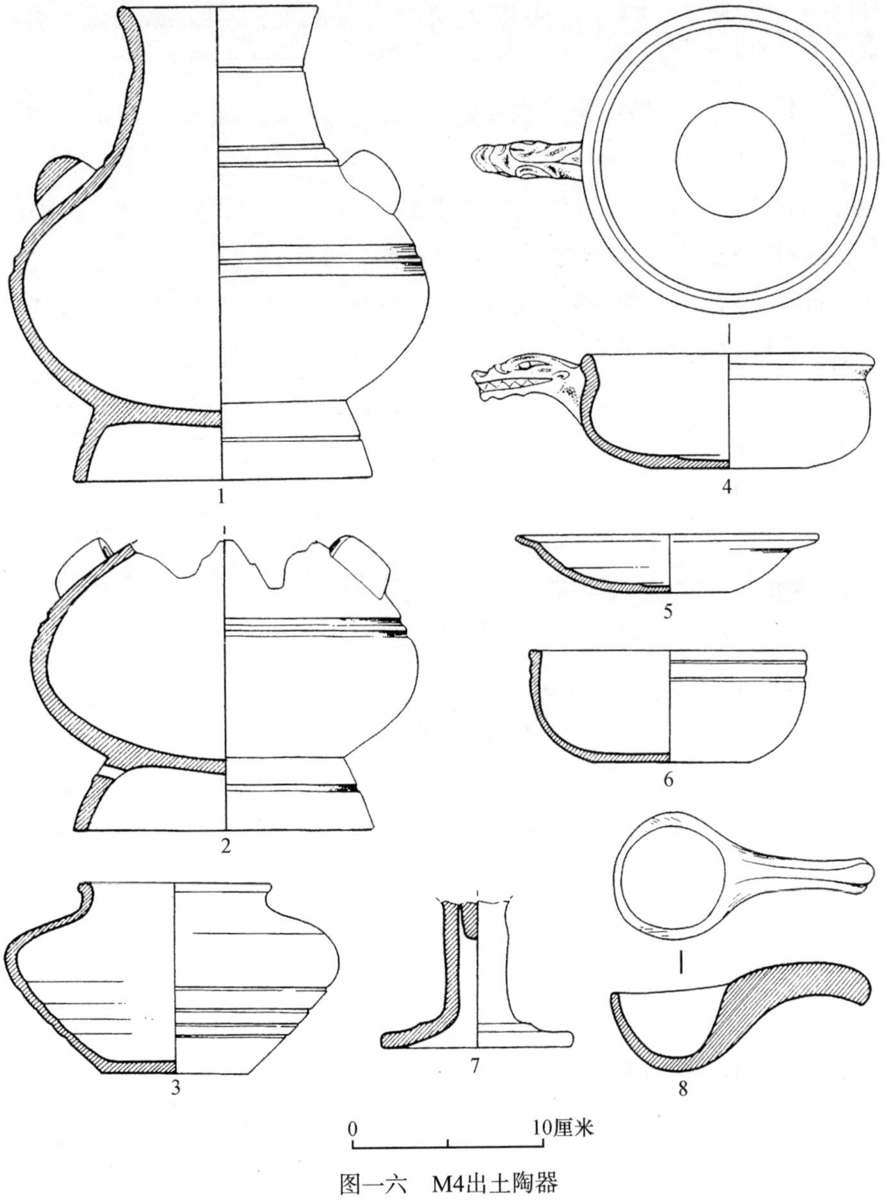

图一六　M4出土陶器

1、2. 壶（M4：14、M4：17）　3. 罐（M4：15）　4. 魁（M4：8）　5. 盘（M4：11）　6. 钵（M4：13）
7. 豆（M4：18）　8. 勺（M4：12）

一六，2）。

陶罐　1件。M4：15，泥质灰陶。轮制，烧制火候较低，易碎。侈口，圆唇，微卷沿，颈微束，溜肩，上腹略鼓，下腹斜内收，平底。腹饰四周凹弦纹。口径10、腹径17.6、底径7.6、高9.8厘米（图一六，3）。

陶魁　1件。M4：8，泥质红陶。手轮合制。柄呈龟首状，魁斗平面为圆形，侈口，折沿，圆唇，颈微束，弧腹内收，平底。素面。口径15.6、底径8、高6厘米（图一六，4）。

陶盘　1件。M4：11，泥质红陶。通体施酱釉。轮制。敞口，平折沿，方唇，浅腹，平底。口径16、高3厘米（图一六，5）。

陶钵　1件。M4：13，泥质红陶。轮制。敛口，方唇，弧腹，平底。口沿下饰有两周凹弦纹。口径14.4、底径8.8、高5.6厘米（图一六，6）。

陶豆　1件。M4：18，泥质红陶。烧制火候较低。轮制。豆盘已残，仅余豆柄。柄较直，上部残；圈足较矮，外侈，足中部有一周凸棱。底径10、残高7.6厘米（图一六，7）。

陶勺　1件。M4：12，泥质红陶。模制。勺身圆形圜底，曲柄。素面。长14、高5.6厘米（图一六，8）。

陶抚耳俑　1件。M4：2，泥质红陶，模制。跽坐状。头戴冠，广袖右衽长袍。面朝前方，身体略向右倾斜，左手置于左膝之上，右手置于右耳侧。高18厘米（图一七，1）。

陶抚琴俑　1件。M4：3，泥质灰陶。模制。头顶圆发髻，右衽长袍。双膝跪于地上，琴置于双膝之上，双手抚琴，目视前方，神态自若。高16厘米（图一七，3）。

陶吹箫俑　1件。M4：5，泥质红陶。模制。头戴冠，窄袖右衽长袍。双膝跪地，双手执箫，鼓腮，做吹箫状。高19.6厘米（图一七，2）。

陶男立俑　1件。M4：4，泥质灰陶。模制。站立状，头部加冕，目视前方，双手合抱于胸前。高21.8厘米（图一七，4）。M4：10，泥质红陶。模制。呈站立状，目视前方，头戴一官状帽，双手置于胸前。高20厘米（图一七，5）。

陶女仕俑　3件。M4：6，泥质红陶。模制。站立状。背后挽髻，上身广袖右衽三层衣，下穿宽大长裤，双手合抱于胸前。高14厘米（图一八，5）。M4：19，泥质红陶。模制。站立状，上身略向后倾。背后挽髻，上身广袖右衽三层衣，下穿宽大长裤，双手合抱于胸前。高14厘米（图一八，4）。M4：20，泥质红陶。模制。站立状，上身略向前倾。背后挽髻，上身长袖右衽三层衣，下穿宽大长裤，双手合抱于胸前。高15.4厘米（图一七，6）。

陶舞俑　1件。M4：1，泥质红陶。模制。头带冠，广袖右衽长袍。发高盘，笑容可掬；左手置于腰部，右手向上举起，腰部扭曲，腿略弯曲，形态逼真。高24.8厘米（图一八，1）。

陶击鼓俑　1件。M4：16，泥质红陶。模制。头部残，右衽长袍。双膝跪地，膝上置一圆鼓，左手置于鼓上，右手做拍击状。残高10.6厘米（图一八，6）。

陶母鸡　1件。M4：7，泥质红陶。模制。母鸡呈卧状，昂首，目视前方，鸡冠较小，颈部较短，腹部较大，尾巴略向上翘。背部卧一小鸡，双翅及胸前共遮护五只小鸡。长14、高13厘米（图一八，2）。

图一七 M4出土器物

1. 陶抚耳俑（M4：2） 2. 陶吹箫俑（M4：5） 3. 陶抚琴俑（M4：3） 4、5. 陶男立俑（M4：4、M4：10） 6. 陶女仕俑（M4：20）

陶公鸡 1件。M4：21，泥质红陶。模制。直立，昂首，尖喙，高冠，曲颈，翘尾。长19.2、高18.6厘米（图一八，3）。

陶狗 1件。M4：9，泥质红陶。模制。昂首，直立，竖耳，瞪目，兜肚栓环，尾残。腿根部饰有圆圈。长36、高30厘米（图一九，1；彩版八一，5）。

铜钱较残，未收作标本。

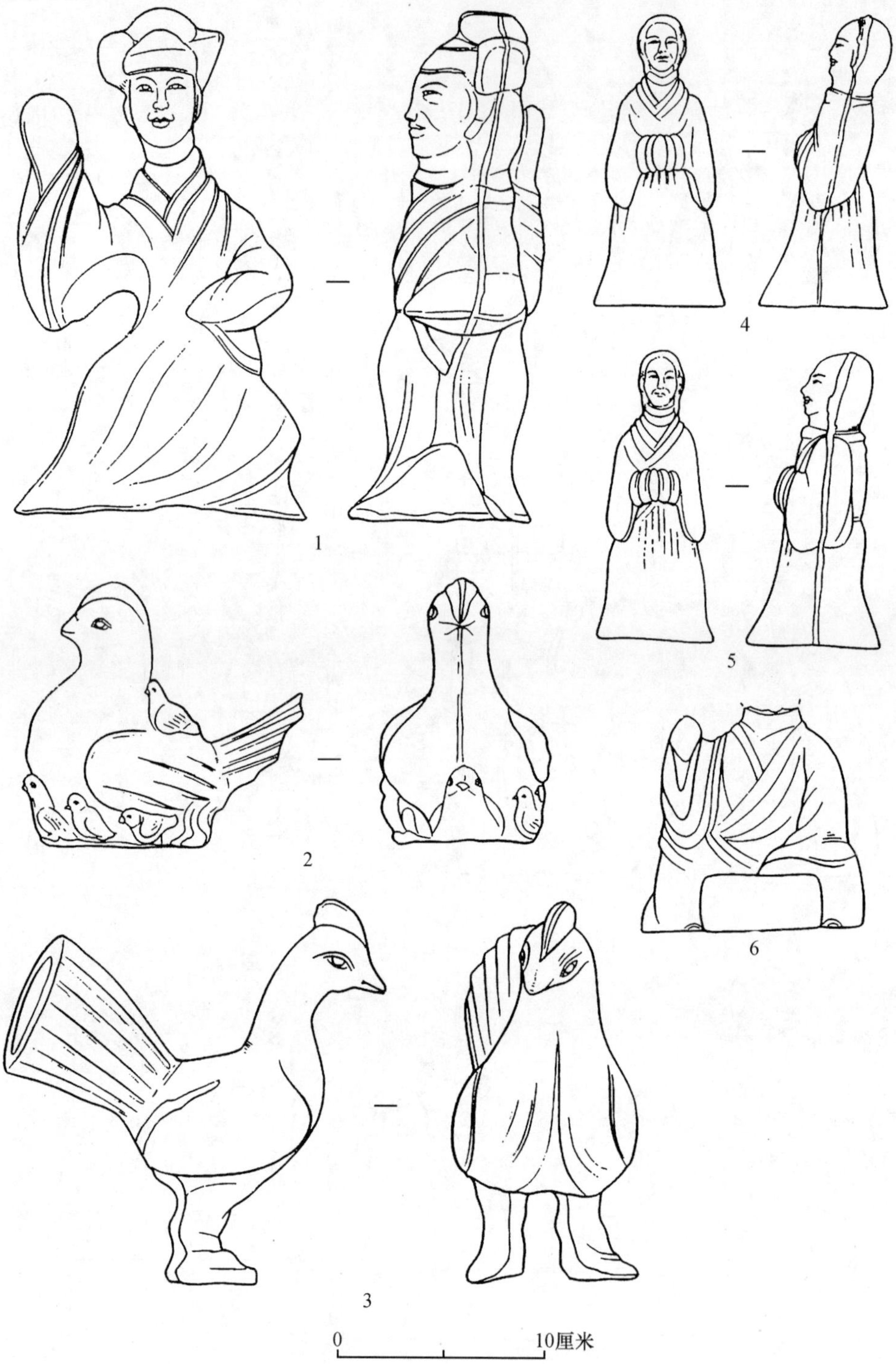

图一八　M4出土器物

1. 陶舞俑（M4：1）　2. 陶母鸡（M4：7）　3. 陶公鸡（M4：21）　4、5. 陶女仕俑（M4：19、M4：6）
6. 陶击鼓俑（M4：16）

图一九　M4出土陶狗（M4：9）

三、结　　语

根据5座墓葬出土物的组合与特征，我们暂将其分为两组。

第一组以M5、M4为代表，典型器物主要有鼓肩罐、壶、匜、盘、勺及陶俑、模型明器等。M3出土的鼓肩罐形制与M5出土的鼓肩罐形制相近，其年代不会相距很远，故将M3也归入第一组。

第二组以M1、M2为代表，典型器物主要有四系罐、四系盘口壶、盏、碗等。从两墓出土的四系罐看，M2年代当略早于M1。

1. 墓葬年代

第一组M5：9、M5：10罐分别于忠县老鸹冲M1：8、M1：9罐形态相近[①]，同时也与忠县土地岩M19：25、M19：7罐形态相近[②]，忠县老鸹冲M1年代相当于东汉前中期，忠县土地岩M19年代相当于东汉中后期，本组3座墓的年代应相当于东汉中晚期。

第二组墓葬中，M2：2大平底钵与忠县土地岩AM6：9、AM6：10钵形态相近，四系小口罐M2：1器形矮胖，大平底，明显具有两晋风格。M1：1四系盘口壶与忠县土地岩AM5：2四系盘口壶、M1：4四系大口罐与忠县土地岩AM11：6四系大口罐形态相近，具有六朝晚期的特征。忠县土地岩AM6年代约东晋时期，忠县土地岩AM11年代约南朝时期[③]。故第二组墓葬年代的上限不早于三国，下限不晚于隋。

① 重庆市文物考古所、重庆市文物局：《忠县老鸹冲遗址（墓葬部分）发掘简报》，《重庆库区考古发掘报告集·2000卷·下》，科学出版社，2007年，第841、843页。

② 重庆市文物局、重庆市移民局：《忠县仙人洞与土地岩》，科学出版社，2007年，第149页。

③ 重庆市文物局、重庆市移民局：《忠县仙人洞与土地岩》，科学出版社，2007年，第49、45、62页。

2. 主要收获

本年度渔洞十一队墓群发掘的主要收获有三点。

（1）本年度发掘到的3座东汉时期的墓葬，出土物丰富，时代特征明显。石砌墓颇具特色。这些都为研究忠县地区东汉时期的丧葬制度提供了有价值的资料。

（2）六朝中晚期的墓葬在本地虽然也偶有发现，但是随葬品年代特征多不明显。这次M1出土的四系盘口壶、四系大口罐、瓷碗等器形与长江中下游六朝晚期墓葬出土的同类器形相同，时代特征明显，为本地区提供了六朝晚期墓葬断代的标准器物。

（3）M4出土的陶狗、M5出土的陶猪，形象逼真，栩栩如生。M4出土的侍俑、乐俑、舞俑，体态匀称，秀丽飘逸，反映出墓主人生前富足的庄园生活。M1出土的四系盘口壶，造型优美。这些都是本地区罕见的艺术珍品，具有较高的艺术价值和研究价值。

绘图：张清池　寇小石

执笔：李　锋

忠县上油坊遗址2001年度发掘简报

广州市文物考古研究所
忠 县 文 物 管 理 所

一、地理沿革与遗址概况

忠县位于重庆市中部，东与石柱土家族自治县相邻，西接垫江县，南与丰都县毗邻，北与梁平县、万州区接壤。低山丘陵相间，长江及其支流㽏井河、汝溪河流经县境（图一；彩版八二）。忠县历史悠久，“禹贡梁州之域，周为巴国地，秦属巴郡，汉置临江县仍属巴郡……”[①]，唐贞观八年（634年）取“地边巴檄，意怀忠信”之意，改临州为忠州。白居易曾在此任刺史三年，写下“巫峡中心郡，巴城四面春”等诗句。民国二年（1913年）忠州被裁，

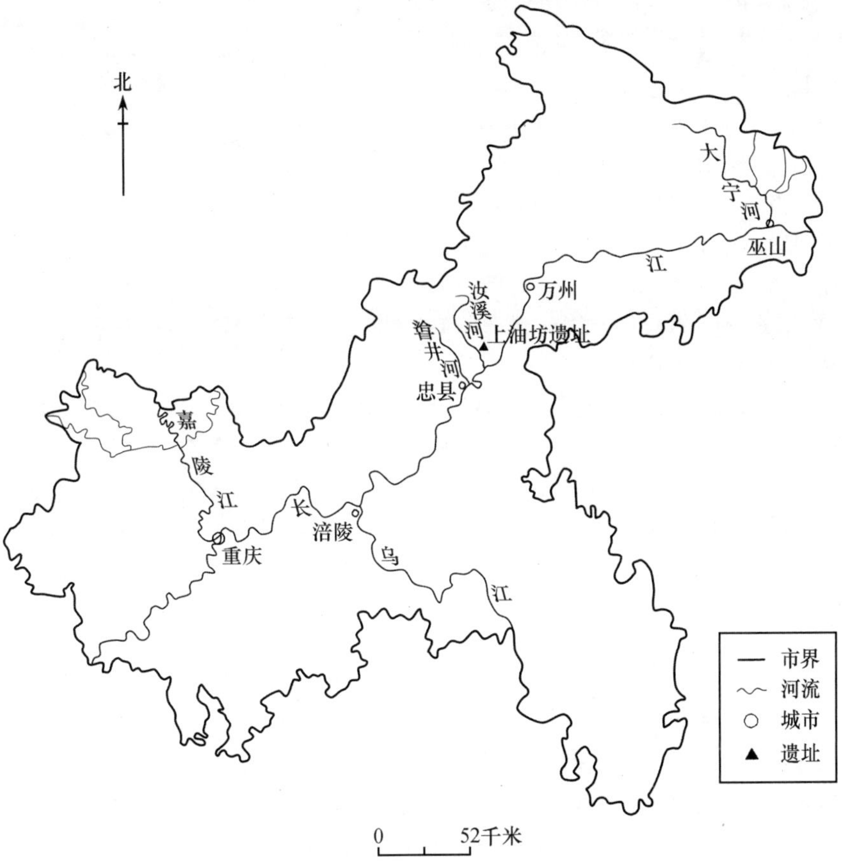

图一　忠县位置示意图

① 吴友箎修：《忠州直隶州志·卷一·沿革》，清道光六年修，民国二十一年重印本，台湾学生书局1971年影印本。

改为忠县。

忠县是三峡移民搬迁的重点区域，县境列入三峡工程地下文物保护项目50多项，距今8000～7000年的唐家河石器点①，新石器时代中晚期至商周阶段的哨棚嘴遗址②和瓦渣地遗址③，新石器时代末期至春秋战国时期的中坝遗址④，商周至秦汉时期的老鸹冲遗址⑤，以及㽏井沟⑥、中坝春秋墓葬⑦，崖脚⑧、石匣子、罗家桥战国墓葬⑨，老鸹冲⑩、花灯坟汉代墓葬⑪，宣公墓群⑫、仙人洞、土地岩⑬、翠屏山⑭等地的汉至六朝时期的崖墓等，都是经考古发掘揭露的比较重要的古遗址、古墓葬，上油坊西周春秋时期遗存和汉代窑址也是其中之一。

上油坊遗址西南距忠县县城忠州镇40千米，东南距石宝寨12千米（图二）。遗址分布于涂井乡凤山村四组（又名苞豆梁地），汝溪河东岸的第一级至第三级阶地上，汝溪河（又名涂井河、涂溪河）由北向南蜿蜒流入长江，四周山峦起伏。流水溪从遗址的北侧由东向西注入汝溪河。遗址所在的阶地南北长约345、东西宽30～45、高程120～125米。东侧高地为猫岭；汝溪

① 中国科学院古脊椎动物与古人类研究所：《忠县唐家河石器地点发掘报告》，《重庆库区考古报告集·1999卷》，科学出版社，2006年。

② 北京大学考古学研究中心、北京大学考古文博学院三峡考古队、重庆市忠县文物管理所：《忠县哨棚嘴遗址发掘报告》，《重庆库区考古报告集·1999卷》，科学出版社，2006年。

③ 北京大学考古学系三峡考古队、忠县文物管理所：《忠县瓦渣地遗址发掘简报》，《重庆库区考古报告集·1998卷》，科学出版社，2003年。

④ 四川省文物考古研究所、忠县文物保护管理所：《忠县中坝遗址发掘报告》，《重庆库区考古报告集·1997卷》，科学出版社，2001年；四川省文物考古研究所、重庆市文物局三峡办、忠县文物保护管理所：《忠县中坝遗址Ⅱ区发掘简报》，《重庆库区考古报告集·1999卷》，科学出版社，2003年；四川省文物考古研究所、北京大学考古文博学院、美国UCLA大学等：《忠县中坝遗址1999年度发掘简报》，《重庆库区考古报告集·2000卷》，科学出版社，2006年。

⑤ 重庆市文物考古所、重庆市文物局：《忠县老鸹冲遗址（居址部分）发掘简报》，《重庆库区考古报告集·2000卷》，科学出版社，2006年。

⑥ 孙华、赵化成：《忠县㽏井沟遗址群发掘获重要成果》，《重庆历史文化与地理》1999年第1期。

⑦ 四川省文物考古研究所、忠县文物保护管理所：《忠县中坝遗址发掘报告》，《重庆库区考古报告集·1997卷》，科学出版社，2001年；四川省文物考古研究所、重庆市文物局三峡办、忠县文物保护管理所：《忠县中坝遗址Ⅱ区发掘简报》，《重庆库区考古报告集·1999卷》，科学出版社，2003年；四川省文物考古研究所：《忠县中坝遗址1999年度发掘简报》，《重庆库区考古报告集·2000卷》，科学出版社，2006年。

⑧ 北京大学考古文博学院三峡考古队、重庆市忠县文物管理所：《忠县崖脚墓地发掘报告》，《重庆库区考古报告集·1998卷》，科学出版社，2003年；北京大学考古文博学院三峡考古队、重庆市文物局、忠县文物管理所：《忠县㽏井沟遗址群崖脚（半边街）墓地发掘报告》，《重庆库区考古报告集·2000卷》，科学出版社，2006年。

⑨ 参见杨华：《三峡远古时代考古文化》，重庆出版社，2007年，第277、278页。

⑩ 重庆市文物考古所、重庆市文物局：《忠县老鸹冲遗址（墓葬部分）发掘简报》，《重庆库区考古报告集·2000卷》，科学出版社，2006年。

⑪ 参见杨华：《三峡远古时代考古文化》，重庆出版社2007年，第277、278页。

⑫ 重庆市文物考古所等：《忠县宣公墓群发掘报告》，《重庆库区考古报告集·2000卷》，科学出版社，2006年。

⑬ 重庆市文物局、重庆市移民局：《忠县仙人洞与土地岩墓地》，科学出版社，2008年。

⑭ 重庆市文物局、重庆市移民局：《忠县翠屏山崖墓》，科学出版社，2011年。

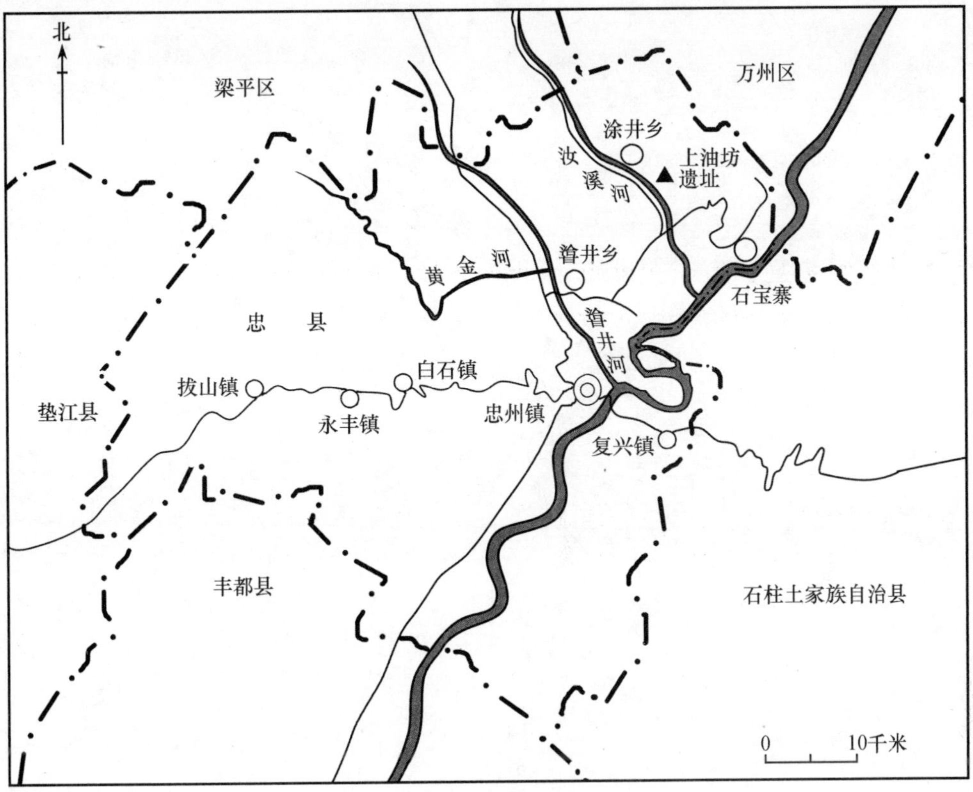

图二　上油坊遗址位置示意图

河对岸即是涂井蜀汉崖墓群[①]；流水溪对岸与上油坊遗址相望为李园遗址[②]（图三）。

受国家文物局三峡工程库区文物保护规划领导小组的委派，广州市文物考古研究所会同忠县文物管理所于2001年4月首先对上油坊遗址进行了考古勘探，勘探面积1万平方米。遗址地表就捡拾到不少板瓦、尖底杯和花边口沿罐残片等，从勘探可知遗址的中、南部表土层之下即为生土，北部文化层堆积较厚，深度为20～100厘米，明清时期的冲积层最深则达3米，主要分布在第二阶地之上。经过勘探，对遗址的保存情况、分布范围、文化性质等有了比较清晰的了解，随后于2001年6～9月选定遗址北部作为重点区域进行了抢救性考古发掘。遗址北部平面近长方形，南北长65、东西宽45米。布方60个，揭露面积为1500平方米，总坐标基点为北纬38°25′73″，东经180°07′74″，田野编号为“2001CZS”（图四）。

二、地层堆积与层位关系

遗址分布河岸阶地上，由于高低落差较大，地层堆积多呈不连续。有人为活动留下的遗迹，也有山体滑坡和水流冲积等形成的自然堆积或次生堆积，不同区域堆积范围、深度和厚度

① 四川省文物管理委员会：《四川忠县涂井蜀汉崖墓》，《三峡考古之发现》，湖北科学技术出版社，1998年。

② 四川省文物考古研究所三星堆遗址工作站、忠县文物保护管理所：《四川忠县涂井乡永兴、李园两处古遗址调查》，《三峡考古之发现》，湖北科学技术出版社，1998年。

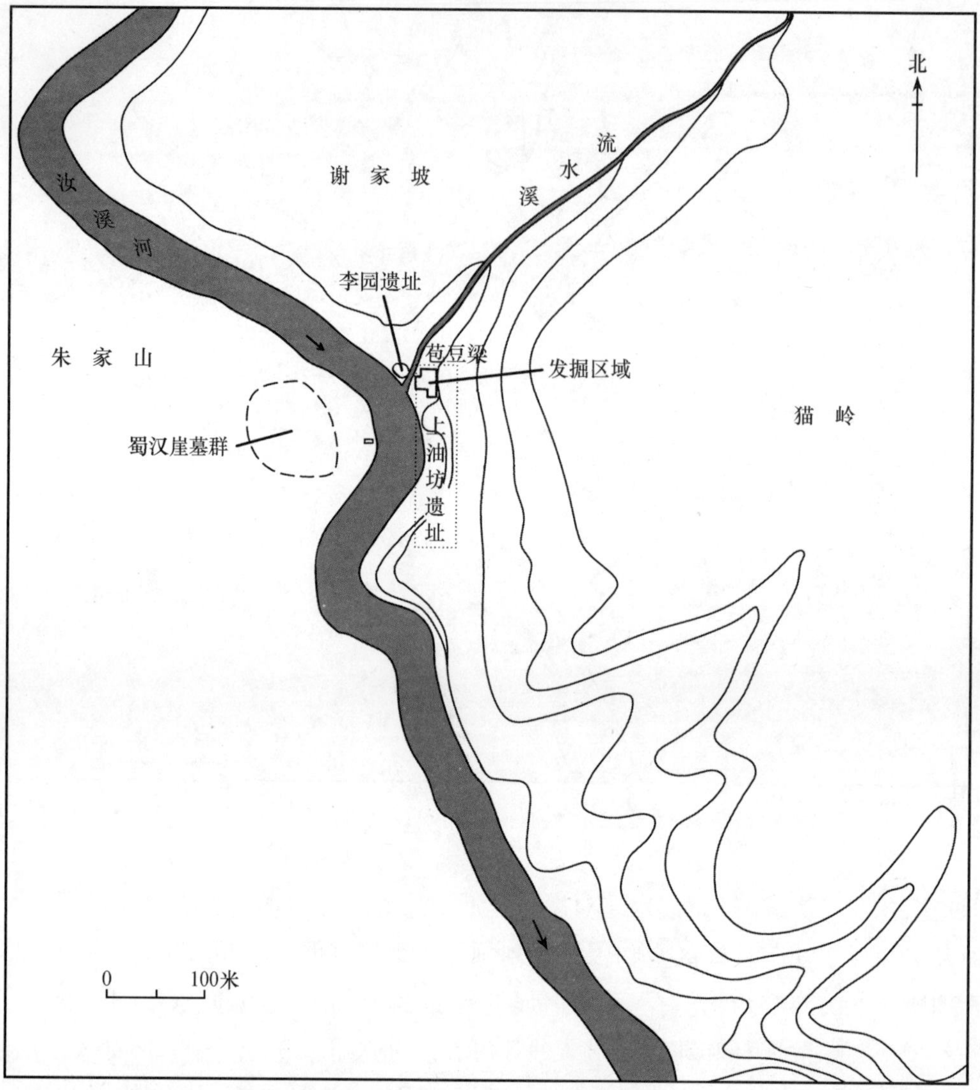

图三 上油坊遗址地形图

等都有差别。基本上受地势影响，地层由东向西往河边倾斜分布。

遗址发掘采取统一编号，地层主要根据土质、土色的不同划分9个大层。

第1层：农耕土层。分布整个遗址区域。

第2层：坡积土。分布在遗址的东半部。

第3、4层：明清时期的冲积层。分布在遗址的中、西部。

第5、6层：唐宋层。分布在遗址南部。

第7层：汉代层。分布在遗址的最南端，出土有较多的陶罐、盆、碗等生活用品和板瓦、筒瓦及瓦当等建筑构件。

第8层：西周春秋层。分布在遗址的南端。

第9层：次生土层。无遗物出土，分布在遗址的南端。

第9层下：黄红色生土。

现以T0602东壁、T0804西壁、T0907北壁、T0908北壁、T0807北壁及T0601北壁为典型剖面介绍遗址地层堆积情况。

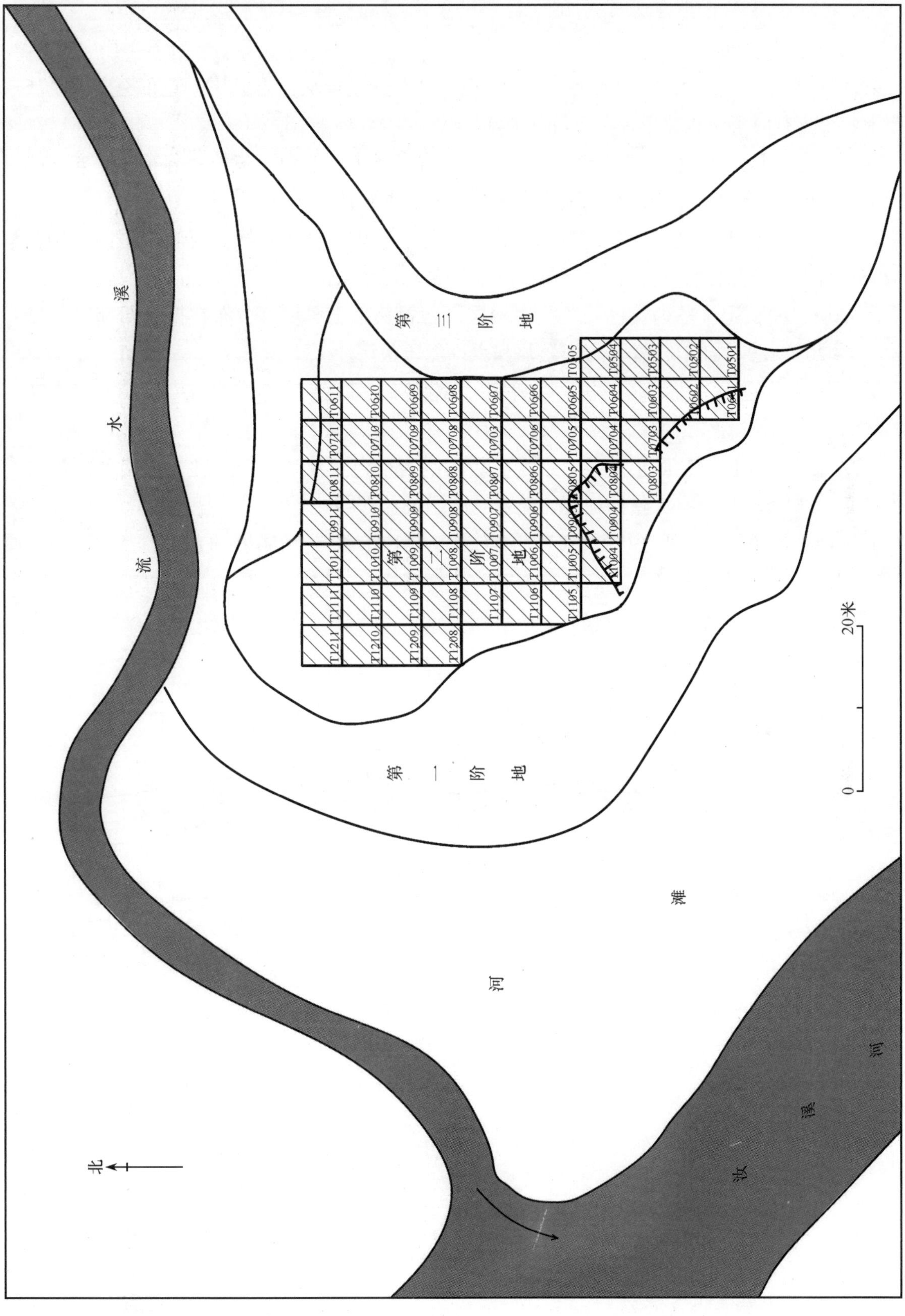

图四 上油坊遗址探方分布图

1. T0602 东壁

T0602东壁如图五所示。

第1层：耕土层。呈红褐色，砂质土，疏松，含有少量青灰色土斑块。遍布探方。厚15～25厘米。出土有白瓷、青花瓷片和少许泥质灰陶片。

第2层：坡积土。呈紫灰色，砂质土，疏松，含有较多青灰色土斑块。分布在探方东部。深15～25、厚0～25厘米。出土有白瓷、青花瓷片和少许泥质灰陶片。

第3A层：冲积土。呈黄灰色，疏松，含青灰色土斑块。分布在探方西部。深15～50、厚0～20厘米。出土有白瓷、青花瓷、绿釉陶片和少量的泥质灰陶片。

第3B层：冲积土。呈褐黄色，疏松，砂质，含青灰色土斑块。分布在探方西部。深15～50、厚0～20厘米。出土有白瓷、青灰瓷片和少许泥质灰陶片。

第6层：灰褐色，黏土。较疏松，含较多的青灰色土斑块。分布在探方南部。深15～70、厚0～55厘米。出土有少量的青瓷片和汉代瓦片。

第7A层：灰黑色，黏质土。致密，含有较多的青灰色土斑块。分布在探方南部。深70～85、厚0～35厘米。出土有大量的板瓦、筒瓦、陶罐及盆等残片。

第7B层：灰褐色，黏质土。致密，含有较多青灰土斑块。分布在探方南部。深75～95、厚0～15厘米。出土有大量的板瓦、筒瓦、陶罐及盆等残片。

第7B层下是黄红色生土。

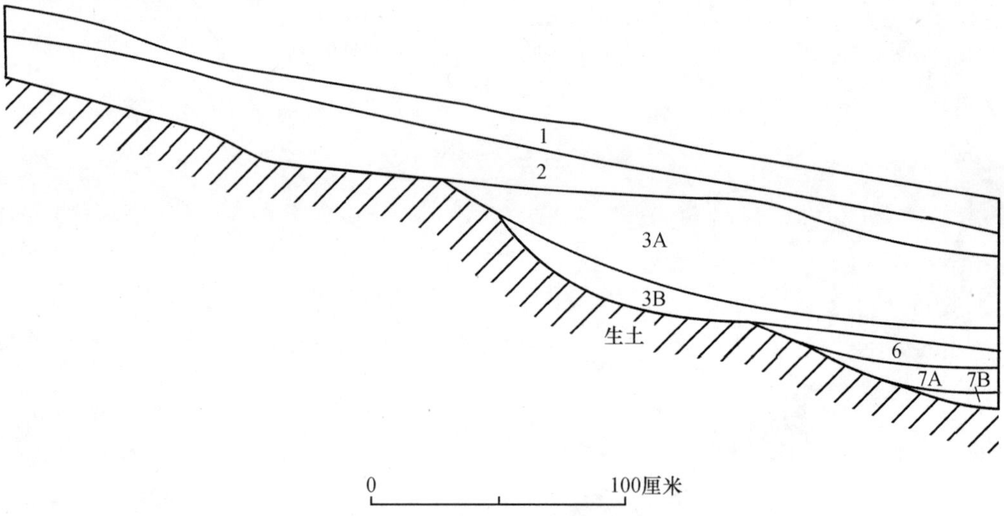

图五 T0602东壁剖面图

2. T0804 西壁

T0804西壁如图六所示。

第1层：耕土层。呈红褐色，砂质土，结构疏松，含有少量青灰色土斑块。遍布探方。厚15～20厘米。出土有白瓷和青花瓷片。

第2层：坡积层。呈紫灰色，黏质土。较疏松，含大量青灰色土斑块。分布在探方的南部。深15～20、厚0～25厘米。出土有白瓷、青花瓷片及少许泥质灰陶片。

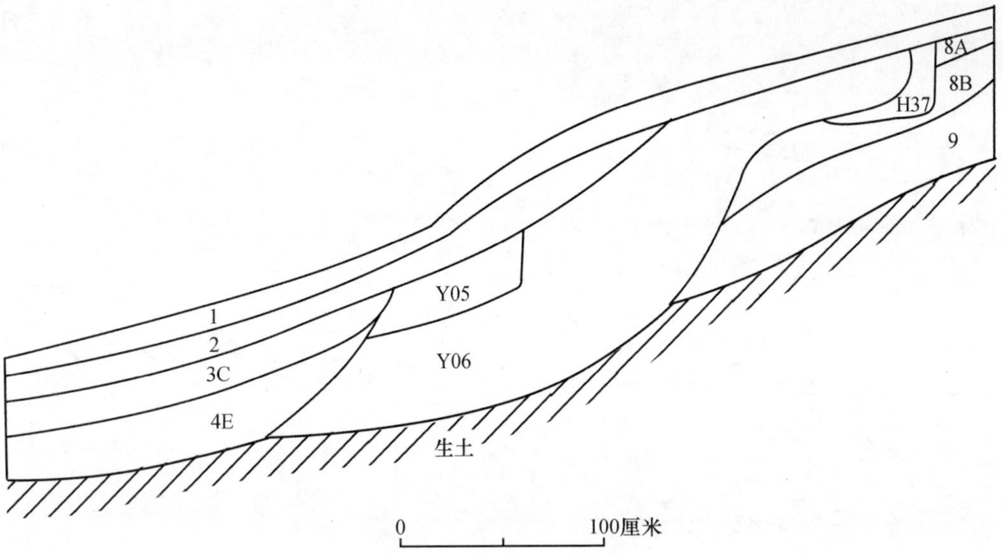

图六　T0804西壁剖面图

第3C层：冲积土层。呈灰黑色。结构紧密，含少量青灰土斑块。分布在探方西南部。深20～35、厚0～20厘米。出土有白瓷、青花瓷片和少许泥质灰陶片。

第4E层：冲积层。呈灰褐土，致密，含少量青灰土斑块。分布在探方西南部，深20～35、厚0～20厘米。出土有青瓷片和大量的泥质灰陶片。Y05和Y06开口在该层下，其中Y05打破Y06，Y06打破H37。

第8A层：黄褐色，砂质土，结构紧密。分布在探方西北大部。深40～60、厚0～15厘米。出土有大量的尖底杯和少量的花边口沿罐残片。

第8B层：褐黄色，砂质土，致密。分布在探方西北大部。深60～65、厚0～95厘米。只出土有数片陶片。

第9层：黄褐色，黏质土。结构紧密，含有灰白膏泥状斑块。分布在探方西北部。深160～170、厚0～35厘米。无人工遗物。该层下是黄红色生土。

T0804内有一组叠压和打破关系：③E→‖Y05→Y06→H37→⑧A→‖⑧B→‖⑨。

3.T0907 北壁

T0907北壁如图七所示。

第1层：耕土层。红褐色，砂质土，土质松软。厚10～30厘米。出土有瓦片、陶片、青花瓷片及石块等。

第3A层：冲积土。黄灰色，砂质土，疏松。仅分布在探方西半部。距地表深10～50、厚0～40厘米。包含物较少，仅见少量绳纹瓦片和泥质灰陶片。

第3B层：冲积土。褐黄色，砂质土，较疏松，含黑灰色土斑块。仅分布在探方东半部。距地表深15～40、厚0～25厘米。出土有绳纹瓦片、泥质灰陶片和青花瓷片。

第3C层：冲积土。灰黑色，较疏松。仅分布在探方西北角。距地表深35～80、厚0～35厘米。出土有瓦片、陶片和青花瓷片，瓦片多为绳纹灰瓦，陶器有盆、缸及钵等。

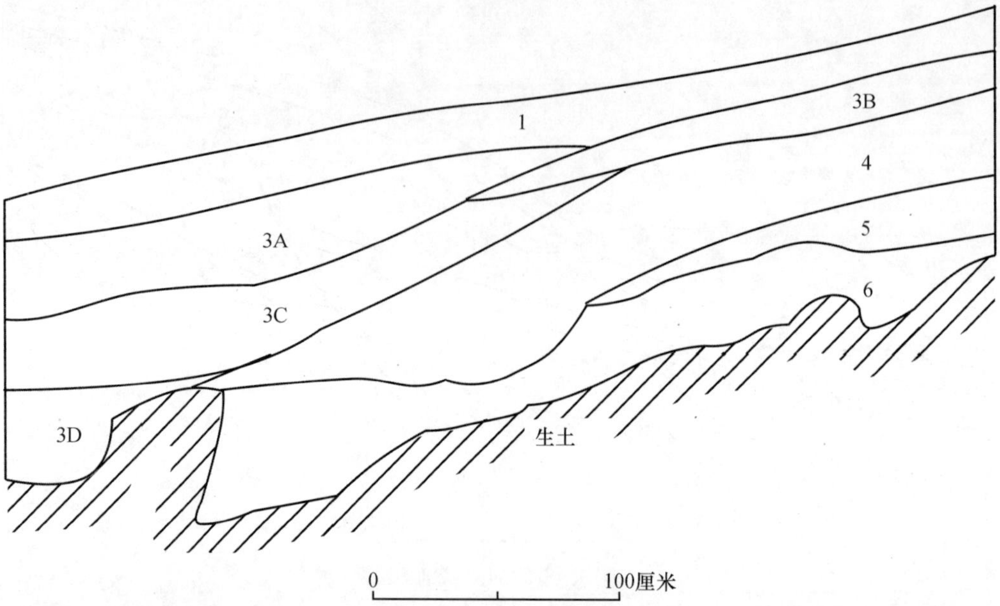

图七　T0907北壁剖面图

第3D层：冲积土。深灰色，较致密。仅分布在探方西北角。距地表深35～80、厚0～40厘米。出土有瓦片，陶片和青花瓷片，瓦片多为绳纹灰瓦，陶器有盆、缸及钵等。

第4层：灰黑色，黏土。较疏松，含红色烧土颗粒和黑灰色土斑块。分布在探方中部和东部。距地表深30～110、厚0～50厘米。出土遗物以瓦片和陶片为主，也有少量青瓷和青花瓷片。

第5层：灰褐色，黏土，含红色烧土颗粒，较疏松。分布在探方中部和东北部。距地表深40～115、厚0～50厘米。主要出土物有瓦片和陶片，器形以红陶尖底杯为主。

第6层：灰褐色，黏土。分布在探方北半部。距地表深90～135、厚0～50厘米。包含物不多，有釉陶片和素面灰瓦片。

第6层下为黄红色生土，纯净致密。

4. T0908 北壁

T0908北壁如图八所示。

第1层：耕土层。红褐色，砂质土，土质松软。整个探方均有分布。厚10～25厘米。出土有瓦片、陶片、青花瓷片及石块等。

第3A层：冲积土。黄灰色，砂质土，疏松。仅分布在探方西半部。距地表深10～60、厚0～40厘米。包含物较少，仅见少量绳纹瓦片和青花瓷片。

第3B层：冲积土。褐黄色，砂质土，较疏松，含黑灰色土斑块。仅分布在探方东半部。距地表深15～30、厚0～25厘米。出土有绳纹瓦片、泥质灰陶片和青花瓷片，陶器见尖底杯等较早期器物。

第3C层：冲积土。灰黑色，较疏松。分布在探方西部和西北部。距地表深25～70、厚0～45厘米。出土有瓦片、陶片和青花瓷片，瓦片多为绳纹灰色瓦，陶器多为尖底杯残片。

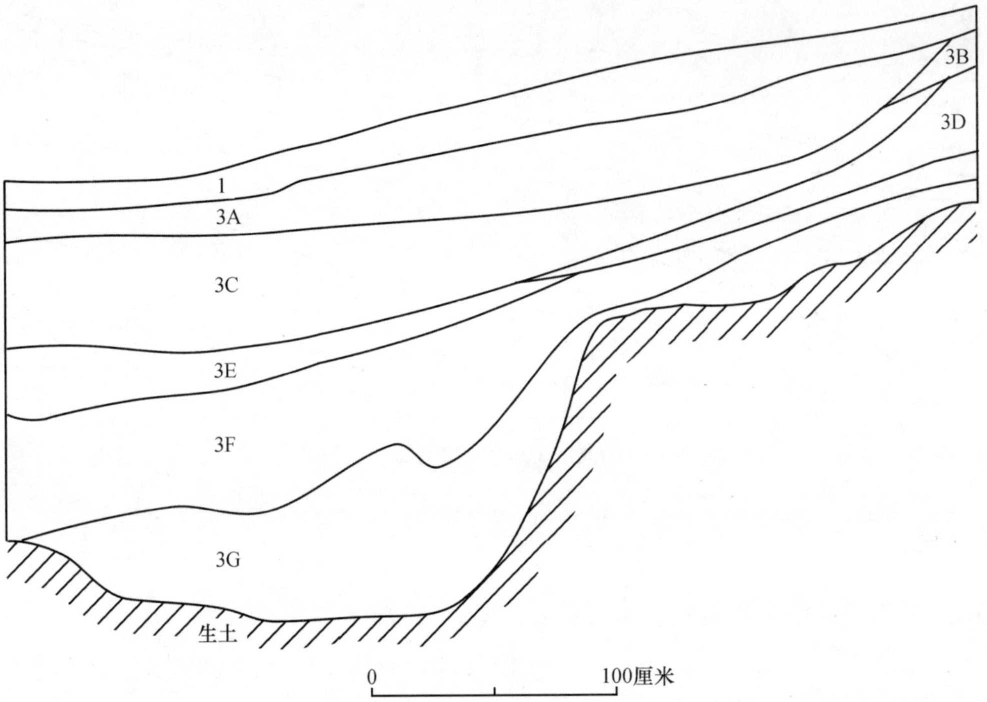

图八　T0908北壁剖面图

第3D层：冲积土。深灰色，较致密。分布在探方东南部。距地表深25～75、厚0～40厘米。出土有瓦片、陶片和青花瓷片，瓦片多为绳纹灰色瓦，陶器有盆、缸及钵等。

第3E层：冲积土。灰褐色，砂质土，疏松。分布在探方的西部。距地表深23～95、厚0～25厘米。包含物以瓦片和陶片为主，另出有少量青花瓷片。

第3F层：冲积土。灰黄色，砂质土，疏松。分布在探方西部和西北部。距地表深40～145、厚0～60厘米。包含物主要有瓦片和陶片，其中瓦片多见绳纹瓦，陶片较多，主要器形为尖底杯和花边口沿罐。

第3G层：冲积土。黄灰色，砂质土，疏松。分布在探方西北部。距地表深95～195、厚1～70厘米。包含物主要有板瓦和尖底杯。

第3G层下为黄红色生土，纯净致密。

5.T0807 北壁

T0807北壁如图九所示。

第1层：耕土层。红褐色，砂质土，土质松软。整个探方均有分布。厚10～25厘米。出土有瓦片、陶片、青花瓷片及石块等。

第3A层：冲积土。黄灰色，砂质土，疏松。仅分布在探方西北大部。距地表深10～60、厚0～40厘米。包含物较少，仅见少量绳纹瓦片和青花瓷片。

第6层：灰褐色，黏土。分布在探方北半部。距地表深90～135、厚0～50厘米。包含物不多，有釉陶片和素面灰色瓦片。

第6层下为黄红色生土，纯净致密。

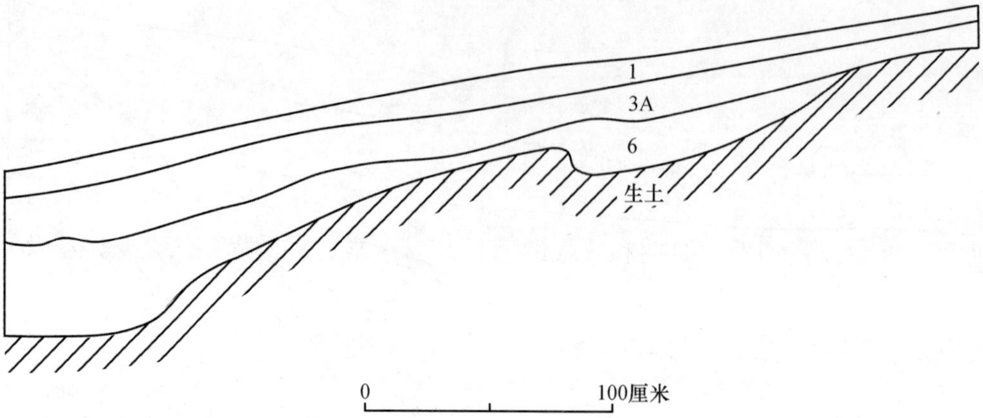

图九 T0807北壁剖面图

6. T0601 北壁

T0601北壁如图一〇（彩版八三）所示。

第1层：耕土层。红褐色，砂质土，土质松软，含有少量的青灰色颗粒。在整个探方均有分布。厚15～20厘米。出土有瓦片、陶片、青花瓷片及石块等。

第2层：坡积层。呈紫灰色，黏质土，较疏松，含大量青灰色土斑块。分布在探方的东部。深15～20、厚0～15厘米。出土有白瓷、青花瓷片及少许泥质灰陶片。

第3A层：冲积土。黄灰色，砂质土，疏松。仅分布在探方东北部。距地表深20～25、厚0～20厘米。包含物较少，仅见少量绳纹瓦片和青花瓷片。

第3B层：冲积土。褐黄色，砂质土，较疏松，含黑灰色土斑块。仅分布在探方东北部。距地表深15～35、厚0～60厘米。出土有青花瓷片、白瓷和绿釉陶片。

第6层：灰褐色，黏土。土质结构紧密，含有少量的青灰颗粒。分布在探方东部。距地表深30～80、厚0～65厘米。出土有少量的青瓷和汉代瓦残片。

第7A层：灰黑色，黏质土。致密，含有较多的青灰色土斑块。探方内均有分布。深15～

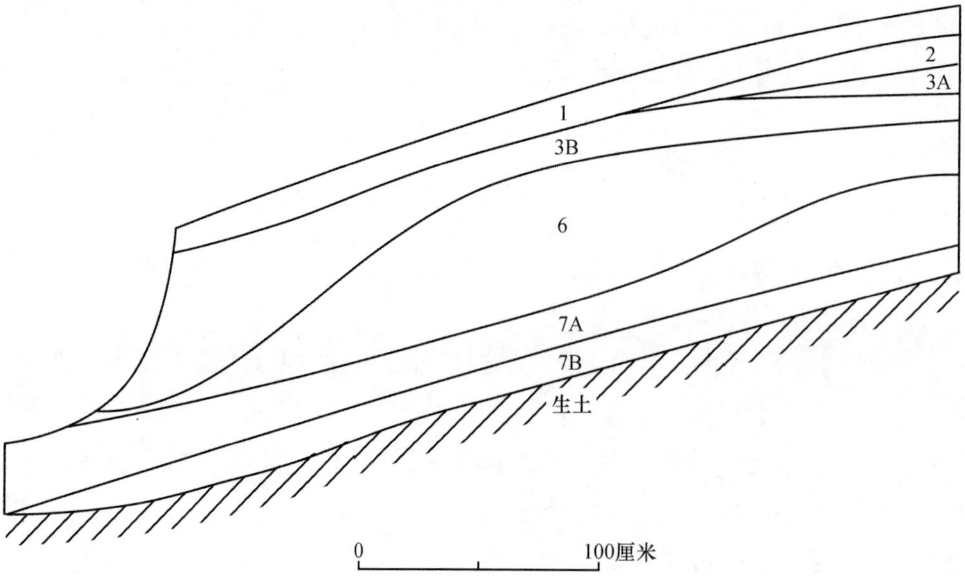

图一〇 T0601北壁剖面图

85、厚20～40厘米。出土有大量的板瓦、筒瓦、陶罐及盆等残片。

第7B层：灰褐色，黏质土。致密，含有较多青灰土斑块。探方内均有分布。深65～100、厚10～20厘米。出土有大量的板瓦、筒瓦、陶罐及盆等残片。

第7B层下为黄红色生土，纯净致密。

从层位关系和出土遗物的时代特征分析，上油坊遗址包含西周春秋、汉代、唐宋及明清四期的遗存，其中以西周春秋时期和汉代的遗存最为丰富，其遗物多出土在明清及唐宋冲积层中。

从层位关系和出土遗物的时代特征分析，上油坊遗址包含西周春秋、汉代、唐宋及明清四期的遗存，其中以西周春秋时期和汉代的遗存最为丰富。但由于坡积山地，原生地层被后来的人为和自然因素破坏较大，所以西周春秋和汉代的遗物多出土在唐宋明清等晚期地层或遗迹单位当中。考虑到这批西周春秋和汉代的遗物时代特征明显，较易区分，我们还是拣选出来按其时代加以介绍。

三、西周春秋遗存

（一）遗迹

有灰坑和灰沟两类，主要分布在发掘区的南部（图一一）。

1. 灰坑

共发现灰坑13座。以坑口形状不同可分方形或近方形、长方形、圆形及椭圆形坑。这些坑虽说形状不同，但其内堆积基本相同：填土均为黄褐色砂质土，结构紧密呈块状；出土陶器以尖底杯最多，花边口沿罐次之，绳纹罐最少。

（1）方形或近方形灰坑

7座。结构规整，坑壁陡直，平底。口径40～104、深20～80厘米。分布无规律可循。

H06　位于T0605西北部，开口于第4层下，打破生土。坑口边长95、深46～50厘米。出土物以泥质红陶最多，泥质灰陶次之；纹饰以素面为主，绳纹次之；主要器形是尖底杯，还有少量的花边口沿罐（图一二）。

H07　位于T0604东南部，开口于第2层下，打破生土。坑口边长104、深34～40厘米。出土物以泥质红陶最多，泥质灰陶较少；主要纹饰是素面，也有少量的绳纹；器形以尖底杯为多（图一三）。

（2）长方形灰坑

2座。两者相距较近，不足1米。

H35　位于T0805西南部，开口于第5层下，打破第8A层。一端壁略外弧，坑壁陡直，平底。坑长110、宽60、深57～70厘米。出土物以泥质红陶最多，泥质青灰陶次之，夹砂灰陶和夹砂黑陶较少；素面为主，绳纹较少；主要器形是尖底杯，也有少量的陶罐残片（图一四；彩版八四，1）。

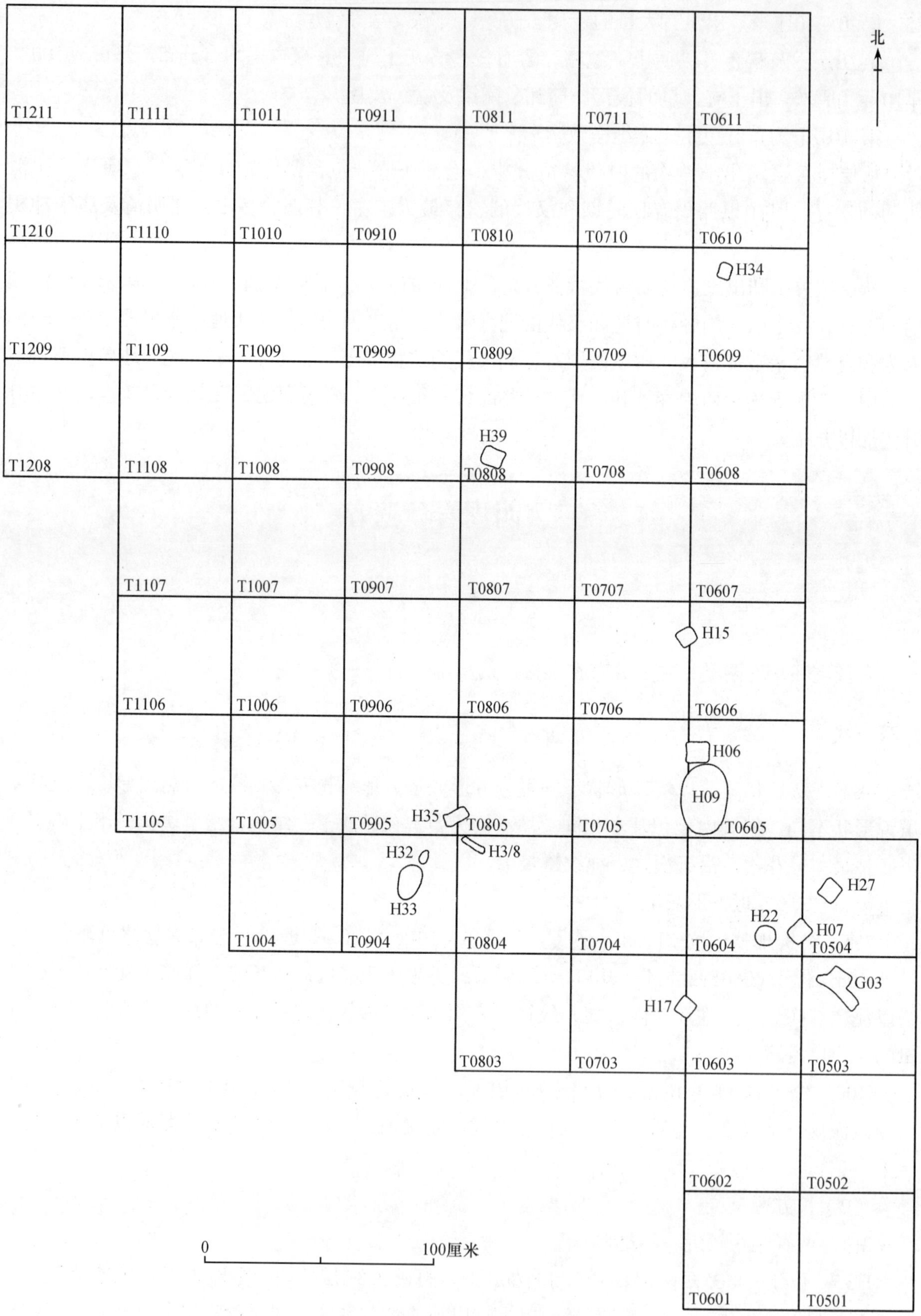

图一一　西周春秋遗迹分布图

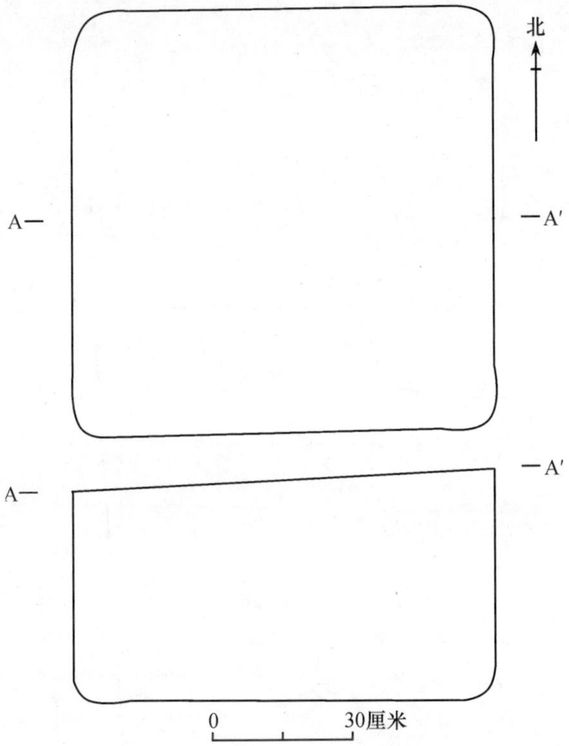

图一二　H06平、剖面图

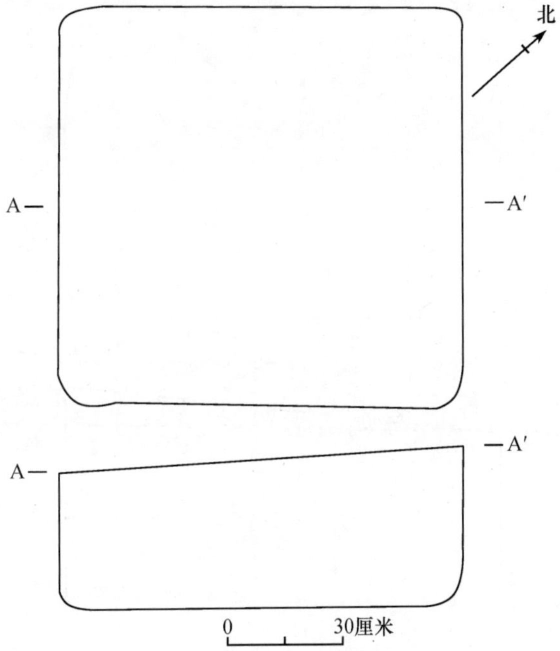

图一三　H07平、剖面图

（3）圆形灰坑

1座。位于遗址的南部。

H22　位于T0604东南部，开口于第4层下，打破生土。坑壁陡直，平底。直径85、深50～60厘米。出土物以泥质灰陶最多，泥质红陶次之；仅少量的绳纹陶片，余多为素面；主要器形是尖底杯，罐较少，有4块兽骨（图一五；彩版八四，2）。

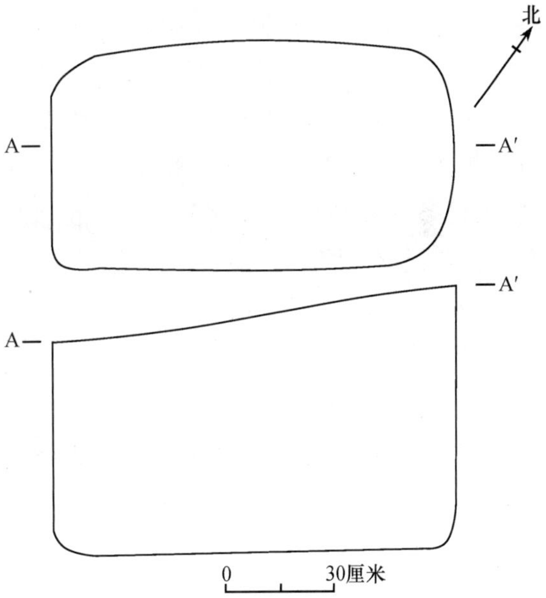

图一四　H35平、剖面图

（4）椭圆形灰坑

3座。比其他形状的坑较大，分布无规律可循。

H32　位于T0904东北部，开口于第5层下，打破第8A层。坑壁略内收，平底。坑口长径70、短径40厘米，坑底长径60、短径30厘米，深76厘米。出土物以泥质红陶最多，泥质青灰陶次之；主要是素面，绳纹较少；器形多是尖底杯，花边口沿罐较少（图一六）。

2. 灰沟

1条，位于遗址的南部。

G03　位于T0503西北部，开口于第2层下，打破生土。不规则形，西端被H21打破。分两

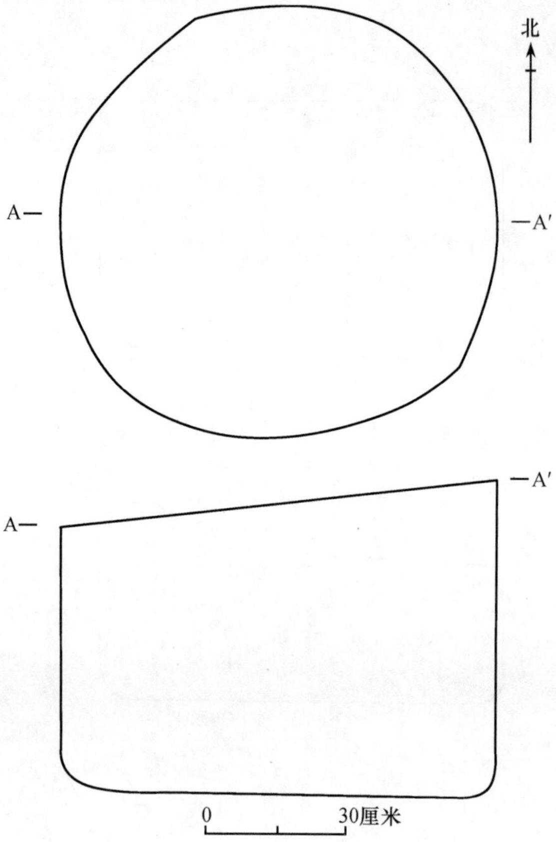

图一五　H22平、剖面图

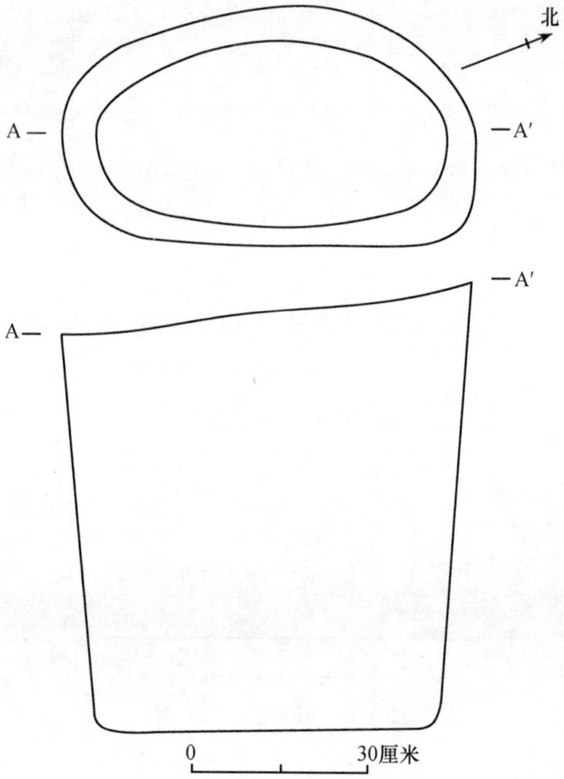

图一六　H32平、剖面图

部分：西段近方形，宽90～100、深52厘米；东段近长方形，长104、宽60、深50厘米。沟壁陡直。填土呈黄褐色，土质紧密，含有少量的烧土颗粒。出土物以泥质红陶最多，泥质灰陶次之，夹砂灰陶最少；纹饰多为素面，也有少量的绳纹；器形主要是尖底杯，也有少量的绳纹罐和花边口沿罐（图一七）。

（二）遗物

出土遗物按其质地的不同，可分为陶器和石器两大类。陶器多是生活用品，石器多为生产工具。

1. 陶器

从陶质、陶色来看，泥质红褐陶较多，泥质灰陶次之，少量为夹细砂红陶；纹饰以素面最多，粗绳纹次之，细绳纹最少；器形则有尖底杯、花边口沿罐、高领罐、釜、盆及豆（盘）等。制法有轮制和手制，盆及豆盘为轮制，尖底杯为泥条盘筑，花边口沿罐及釜为手制，又经慢轮修整。罐及盆等多饰绳纹，有粗、细之分（图一八）。

尖底杯　42件（根据残存的底部统计）。碎片较多，没有能复原的，大部分只残存底部。斜直腹，尖底。残高6～9.4厘米。泥条盘筑，从口部开始，底部结束，盘筑痕迹明显。多

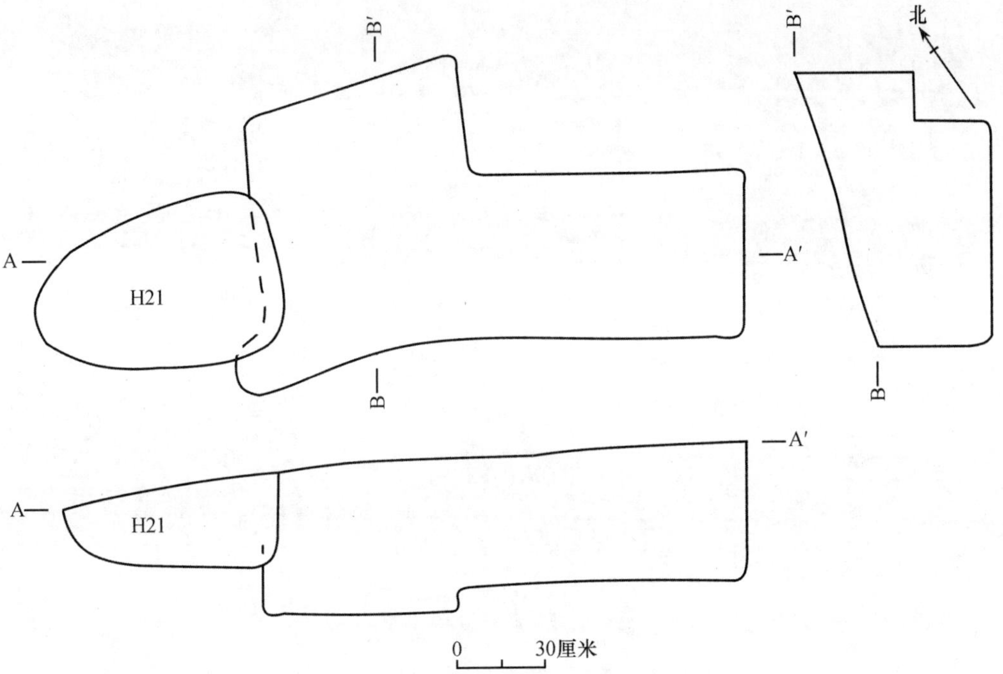

图一七　G03平、剖面图

数胎质夹有少量的细砂，均为素面。夹细砂质红褐陶较多，夹细砂质灰陶和泥质灰陶次之。底部有尖形、乳状及鸟喙状等，是否有用途上的不同还不清楚。依底部不同可分二型（彩版九六，1）。

A型　22件。外底部较尖或近圜形。

T0807③G：2，夹少量细砂，红褐陶。残高8.6厘米（图一九，1）。T0907③G：21，泥质，红褐陶。残高6.6厘米（图版一九，6；彩版九六，3）。T0907③G：22，夹少量细砂，红褐陶。残高8厘米（图一九，3）。T0908⑤：2，夹少量细砂，红褐陶。残高6厘米（图一九，9）。T0807⑤：3，泥质，红褐陶。内底近平，内壁有指捺痕。残高6.9厘米（图一九，5）。T0907⑤：37，夹少量细砂，红褐陶。残高7.6厘米（图一九，2）。T0907⑤：26，夹少量细砂，红褐陶。高9.4厘米（图一九，4；彩版九六，2）。T0907⑧A：36，夹少量细砂质，红褐陶。胎质较薄。残高5.8厘米（图一九，8；彩版九六，4）。T0805⑧A：2，泥质，灰陶。下腹略弧，外底近圜状。胎质较薄。残高5.3厘米（图一九，7）。

B型　20件。外底部呈乳状、鸟喙状或外底尖部歪向一侧。

T1108③G：14，泥质，红褐陶。腹部略弧。残高7.4厘米（图二〇，2）。T0805⑧A：4。泥质，红褐陶。下腹弧。残高4.4厘米（图二〇，4）。T0804⑧A：4，夹少量细砂，红褐陶。下腹略弧。残高6.6厘米（图二〇，7）。T0807⑤：7，夹少量的细砂，灰陶。内底近平。残高6.6厘米（图二〇，3）。T0804⑧A：5，泥质，红褐陶。下腹略弧。薄胎。残高5厘米（图二〇，6）。T0606③G：1，夹少量细砂，红褐陶。残高3.8厘米（图二〇，5）。T1108③G：8。泥质，灰陶。腹部略弧。薄胎。器表有指捺痕。残高8.6厘米（图二〇，1）。

花边口沿罐　15件（根据口沿统计）。残片数量少于尖底杯残片，多是底部残缺，能复原者只有5件。夹砂，多呈红褐色，少量呈褐灰色。器表饰绳纹。依口部花边不同和器型大小差

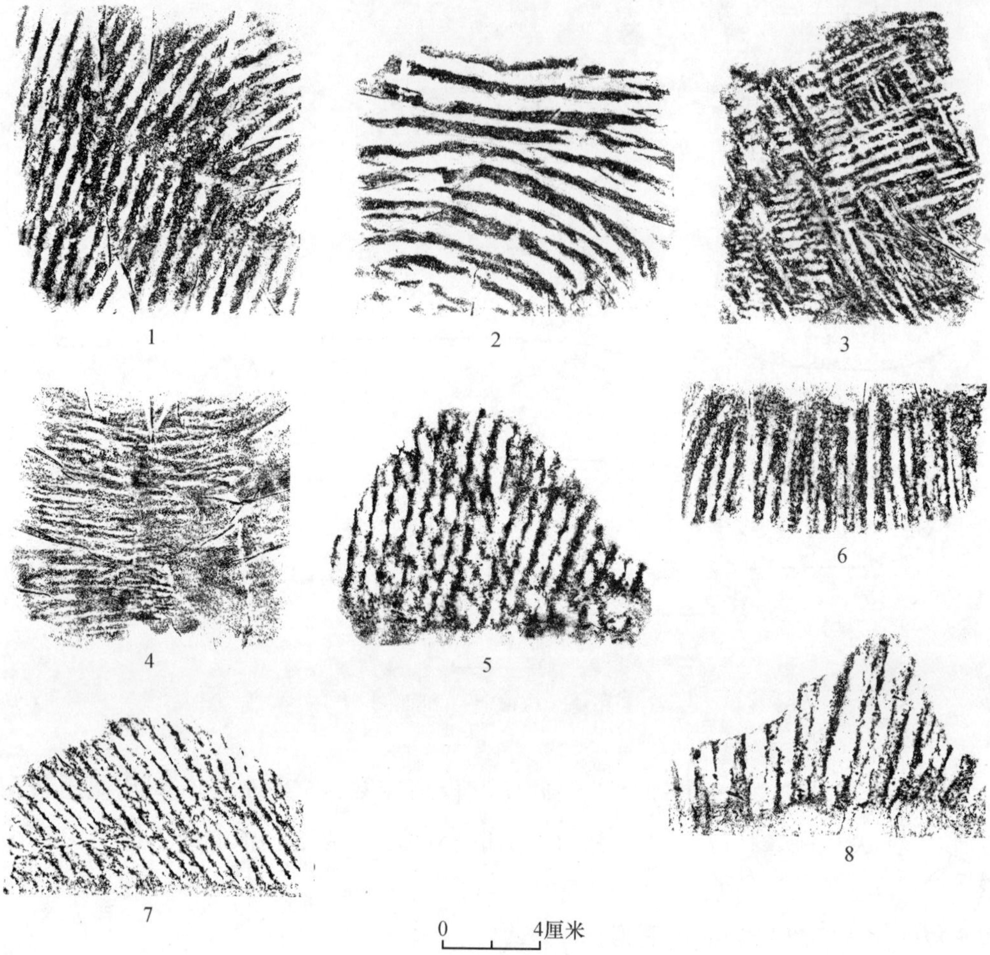

图一八　陶器纹饰拓片

1、2、5、6、8. 粗绳纹（T0907⑤：25、T0907⑤：29、T0909③F：6、T0907⑤：46、T0910⑧A：6）　3、4、7. 细绳纹（T0907⑥：48、T1009③F：1、T0907③F：19）

异可分二型。

A型　11件。器形较小。夹细砂。口部花边稀疏。口微侈，尖圆唇，束颈，弧腹或圆腹，底部近圜底或大圜底。胎质厚。口径9.6～1.2、高11.2～12.4厘米。

T0907③G：18，红褐陶。复原口径10、腹径11.2、高12.4厘米（图二一，1）。T0907⑤：14，红褐陶。复原口径9.6、腹径10.4、高12.2厘米（图二一，4；彩版九七，2）。T0907⑤：24，褐灰陶。大敞口。复原口径10.8、腹径10.4、高11.8厘米（图二一，2；彩版九七，1）。T0907⑤：25，红褐陶。复原口径10、腹径10.8、高11.6厘米（图二一，3）。T0907③G：17，红褐陶。复原口径12、腹径12.6、高11.2厘米（图二一，6）。T0907⑤：29，褐灰陶。复原口径12、腹径14.4、残高12厘米（图二一，5）。

B型　4件。夹砂。口沿捏成锯齿状花边，较密，尖圆唇，卷沿。肩部饰粗绳纹。复原口径17.6～30厘米，远大于A型（彩版九七，3）。T0910⑧A：6，红褐陶。复原口径30、残高8厘米（图二二，2）。T0909③F：6，褐灰陶。复原口径28、残高10厘米（图二二，1）。

罐　6件。只复原1件。夹砂褐灰陶。尖唇或圆唇，束颈或卷沿，弧腹。器腹饰细绳纹。口径7.5～12厘米。

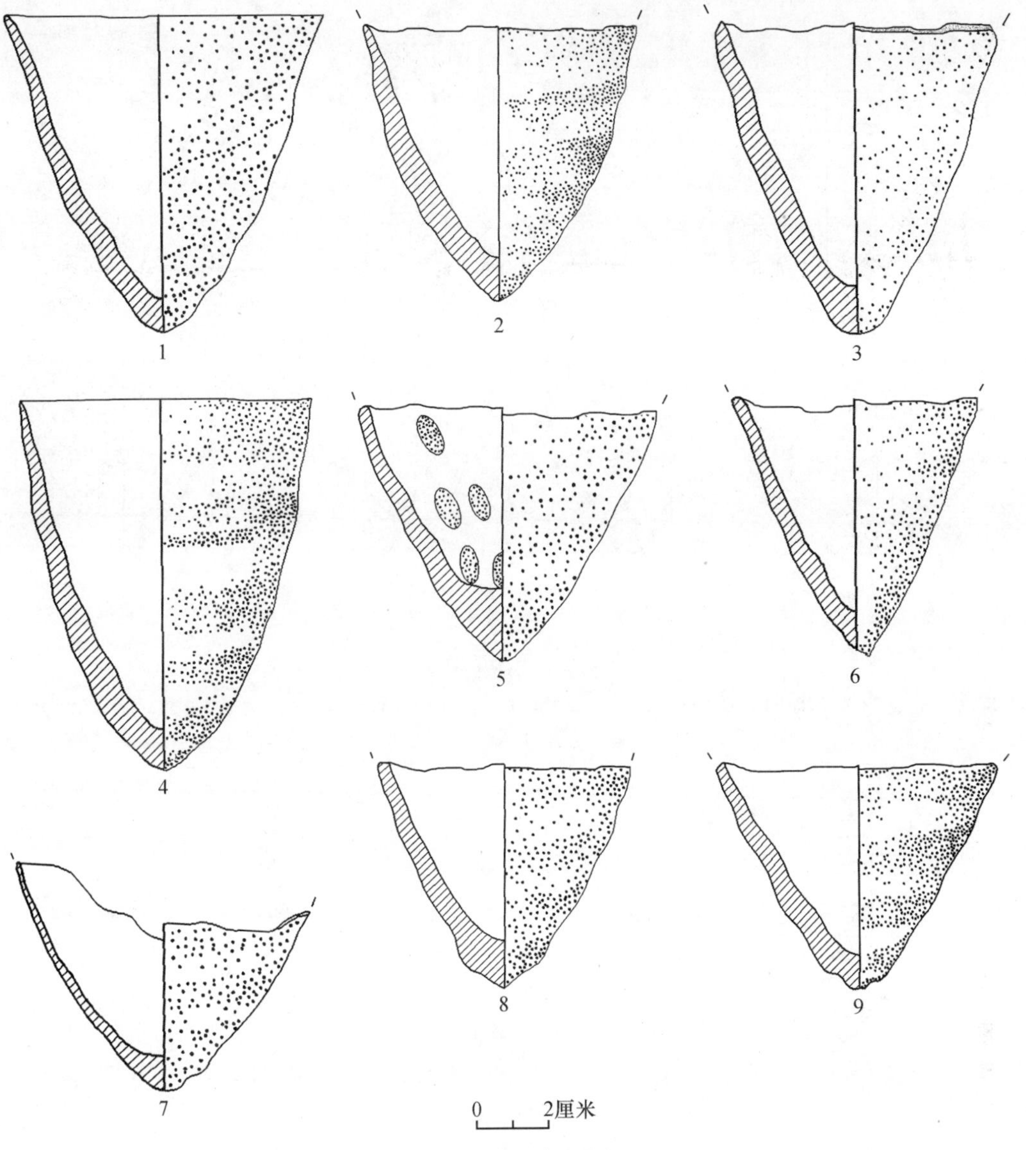

图一九 A型陶尖底杯

1. T0807③G：2 2. T0907⑤：37 3. T0907③G：22 4. T0907⑤：26 5. T0807⑤：3 6. T0907③G：21 7. T0805⑧A：2 8. T0907⑧A：36 9. T0908⑤：2

T1009③F：1，器形较小，侈口，圜底。颈部有指捺痕。复原口径7.5、腹径8.4、高10厘米（图二三，2；彩版九七，4）。T0907⑤：46，仅存口沿。复原口径12、残高6.4厘米（图二三，4）。

盆 1件。T0907③F：43，泥质褐灰陶。近盘口，尖唇，弧腹，口径大于腹径。素面。复原口径12、残高3厘米（图二三，6）。

高领罐 1件。T0809③G：8，泥质灰陶。近直口，圆唇外翻，溜肩。素面。复原口径14、残高9厘米（图二三，5）。

釜 3件。仅存口沿。根据口部不同可分二型。

A型 2件。T1209③E：13，夹砂褐灰陶。折沿，沿面略内凹，方唇，斜肩。肩部饰绳纹。复原口径28、残高10厘米（图二三，1）。

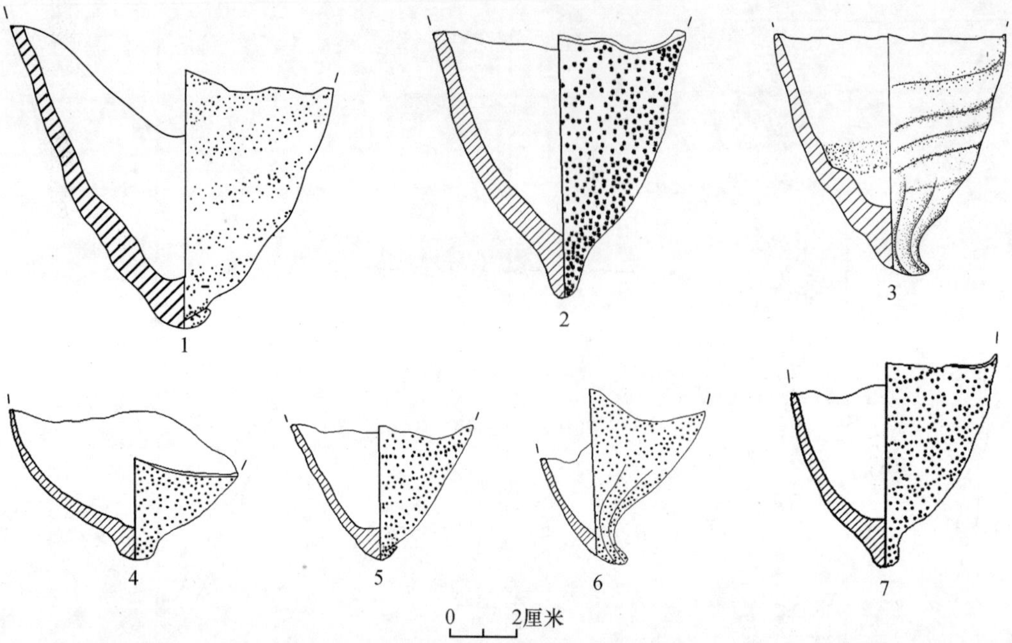

图二〇　B型陶尖底杯

1. T1108③G：8　2. T1108③G：14　3. T0807⑤：7　4. T0805⑧A：4　5. T0606③G：1　6. T0804⑧A：5　7. T0804⑤A：4

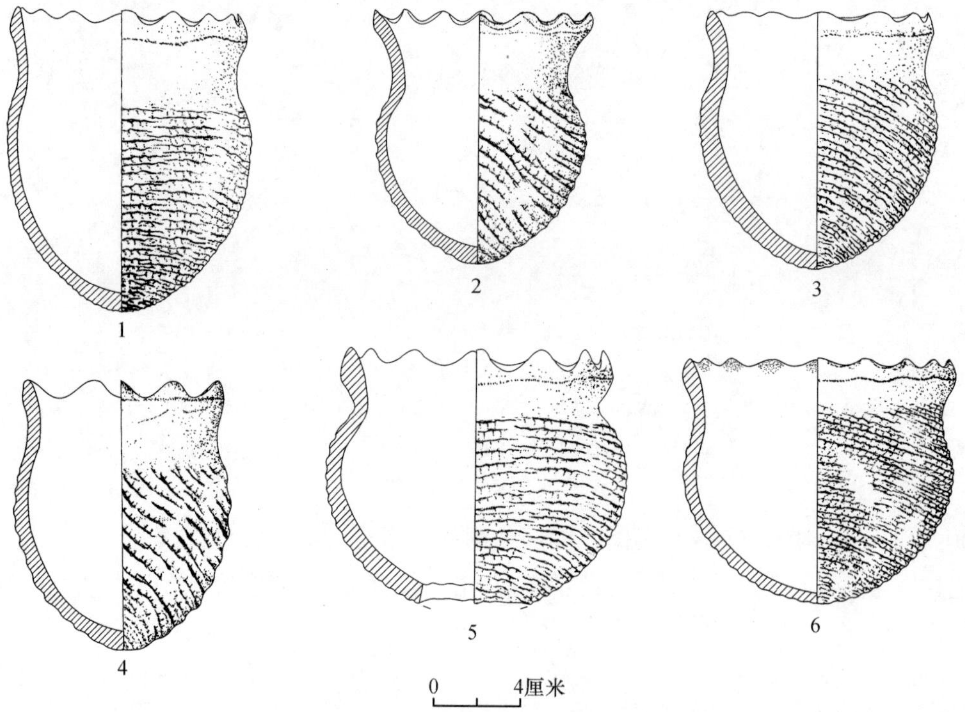

图二一　A型陶花边口沿罐

1. T0907③G：18、　2. T0907⑤：24　3. T0907⑤：25　4. T0907⑤：14　5. T0907⑤：29　6. T0907③G：17

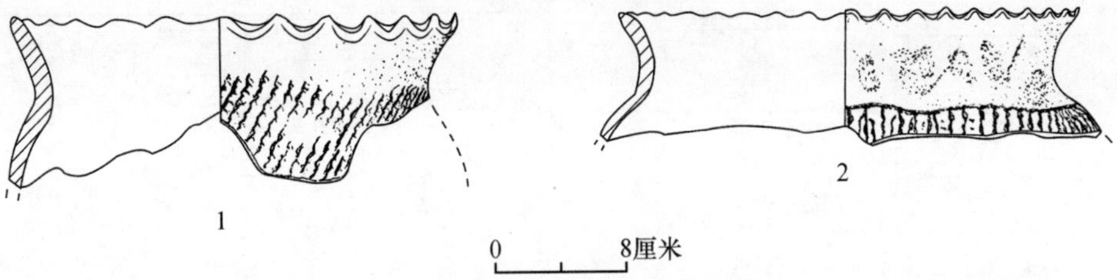

图二二　B型陶花边口沿罐

1. T0909③F：6　2. T0910⑧A：6

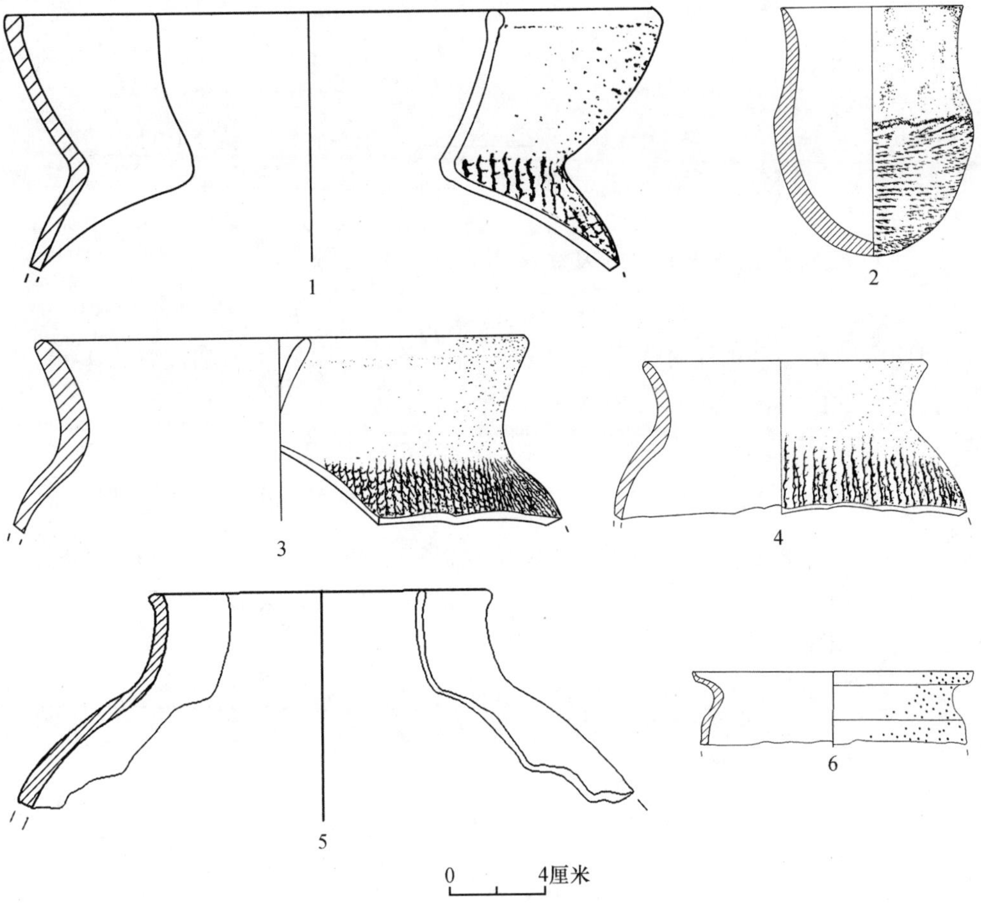

图二三　陶器

1. A型釜（T1209③E：13）　2、4. 罐（T1009③F：1、T0907⑤：46）　3. B型釜（T1010③G：3）

5. 高领罐（T0809③G：8）　6. 盆（T0907③F：43）

B型　1件。T1010③G：3，夹粗砂，褐灰陶。卷沿，尖圆唇，溜肩。肩部饰绳纹。复原口径21.2、残高8.4厘米（图二三，3）。

豆　5件。均夹砂，褐灰陶。素面。依盘口不同可分二型。

A型　3件。豆盘为敛口，圆唇，弧腹，下附喇叭形矮圈足。T0907⑤：33，复原口径14.4、底径5.4、高5.8厘米（图二四，1）。

B型　2件。豆盘为敞口，尖唇，浅斜直腹，柄残缺。T0809③G：6，复原口径16、残高3.5厘米（图二四，2）。

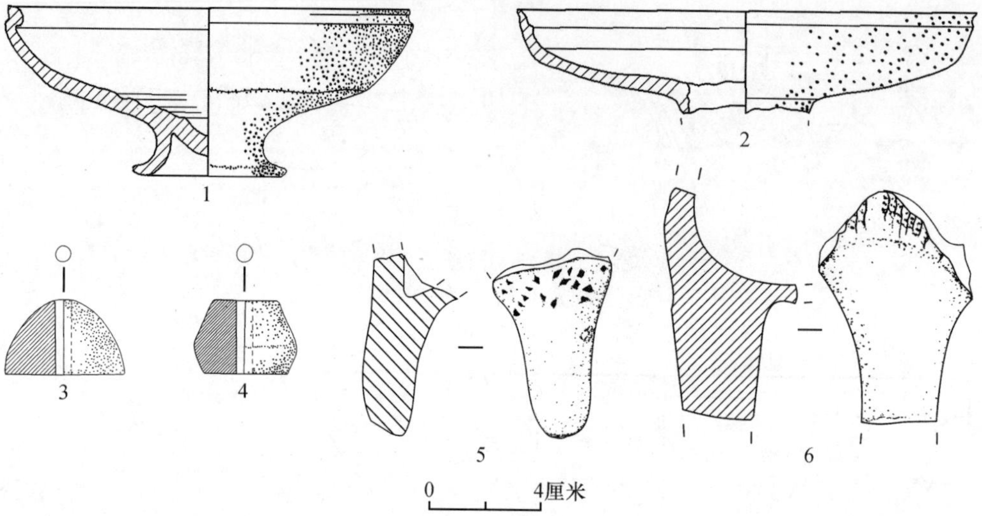

图二四　陶器

1. A型豆（T0907⑤：33）　2. B型豆（T0809③G：6）　3. A型纺轮（T0904③F：3）　4. B型纺轮（T0907⑤：28）　5. 鬲足（T1009③G：4）　6. 鼎足（T1210③E：3）

鬲足　3件。属于不同的个体。T1009③G：4，夹砂，褐灰陶。圆柱状，上粗下细，向外微弧。表面饰有三角形和菱形印痕。残高6.2厘米（图二四，5）。

鼎足　3件。属于不同的个体。T1210③E：3，夹砂，红褐陶。圆柱状，下部残。上部饰有绳纹。残高8厘米（图二四，6）。

陶纺轮　3件。中部有穿孔。分二型。

A型　2件。圆形，立体接近半球状，平底。T0904③F：3，夹砂，褐黄陶。穿孔为0.6、底径4.2、高2.6厘米（图二四，3）。

B型　1件。算珠形。T0907⑤：28，夹砂，黑灰陶。最大直径为3.6、高2.5厘米（图二四，4）。

2. 石器

有斧、锛及纺轮。

斧　2件。凝灰岩。近长椭圆形，顶部呈弧形，两侧较平。通体磨光。T0909③C：4，刃部有崩疤。弧刃正锋。长11.4、宽4.6、厚2.2厘米（图二五，1；彩版九七，5）。T1009③G：8，刃部残。残长9、宽5.2、厚1.6厘米（图二五，2；彩版九七，6）。

锛　2件。凝灰岩。长方形，平顶，两侧较平，刃部为偏锋。通体磨光。T1009③G：10，刃部有较大的崩疤。长6、宽3.3、厚1.4厘米（图二五，3）。T1006③C：2。弧刃。长5.4、宽2.4、厚0.8厘米（图二五，4）。

纺轮　1件。T0904③C：4。凝灰岩。圆形，中有穿孔。台面上有“×”形划痕。最大直径为3.8、厚1厘米（图二五，5）。

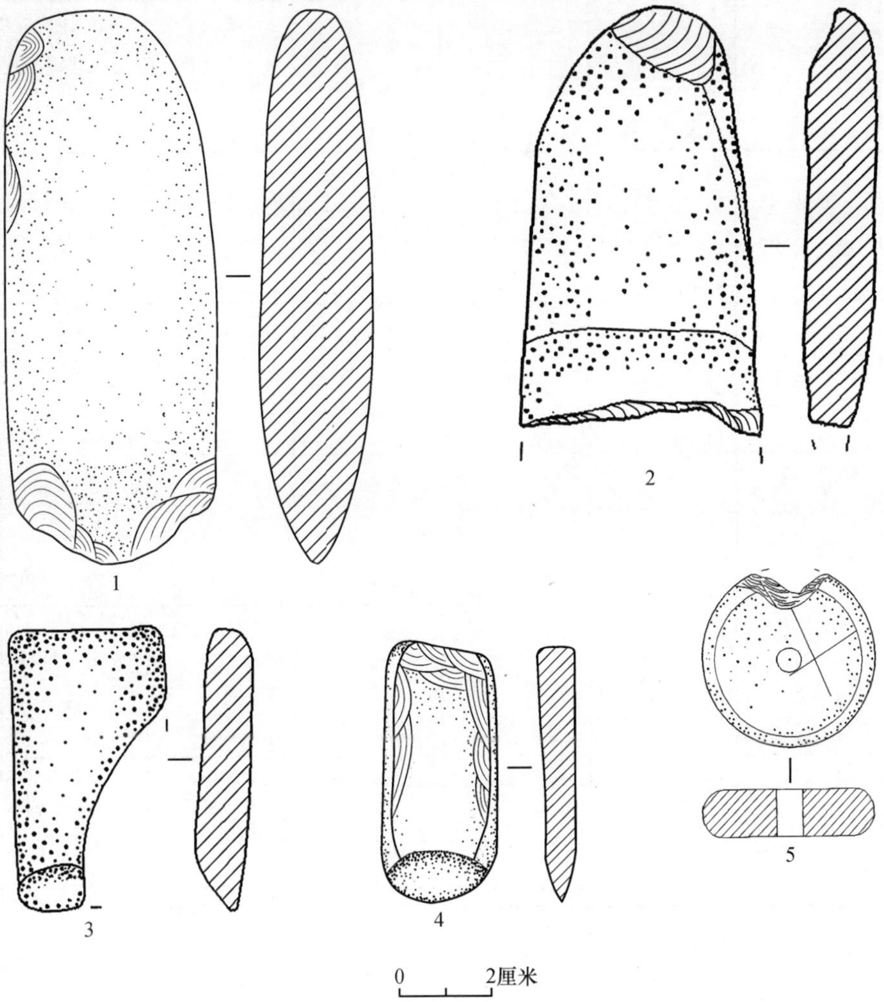

图二五　石器

1、2. 斧（T0909③C：4、T1009③G：8）　3、4. 锛（T1009③G：10、T1006③C：2）　5. 纺轮（T0904③C：4）

四、汉代遗存

（一）遗迹

有灰坑、窑址及柱洞，多分布在发掘区南部。窑址分布比较有规律，依山就势，均呈西南至东北向；在Y01与Y02之间同时期的灰坑分布密集（图二六）。

1. 灰坑

22座。以坑口形状不同可分近长方形、圆形、椭圆形、圆角方形及瓢形等。填土均呈黑灰色，土质较紧密，呈块状，有的含有少量的烧土颗粒。出土器物以板瓦和筒瓦最多，尖底杯、绳纹罐较少，个别坑内出有陶盆和石斧等。

（1）近长方形

2座。坑壁不规整。

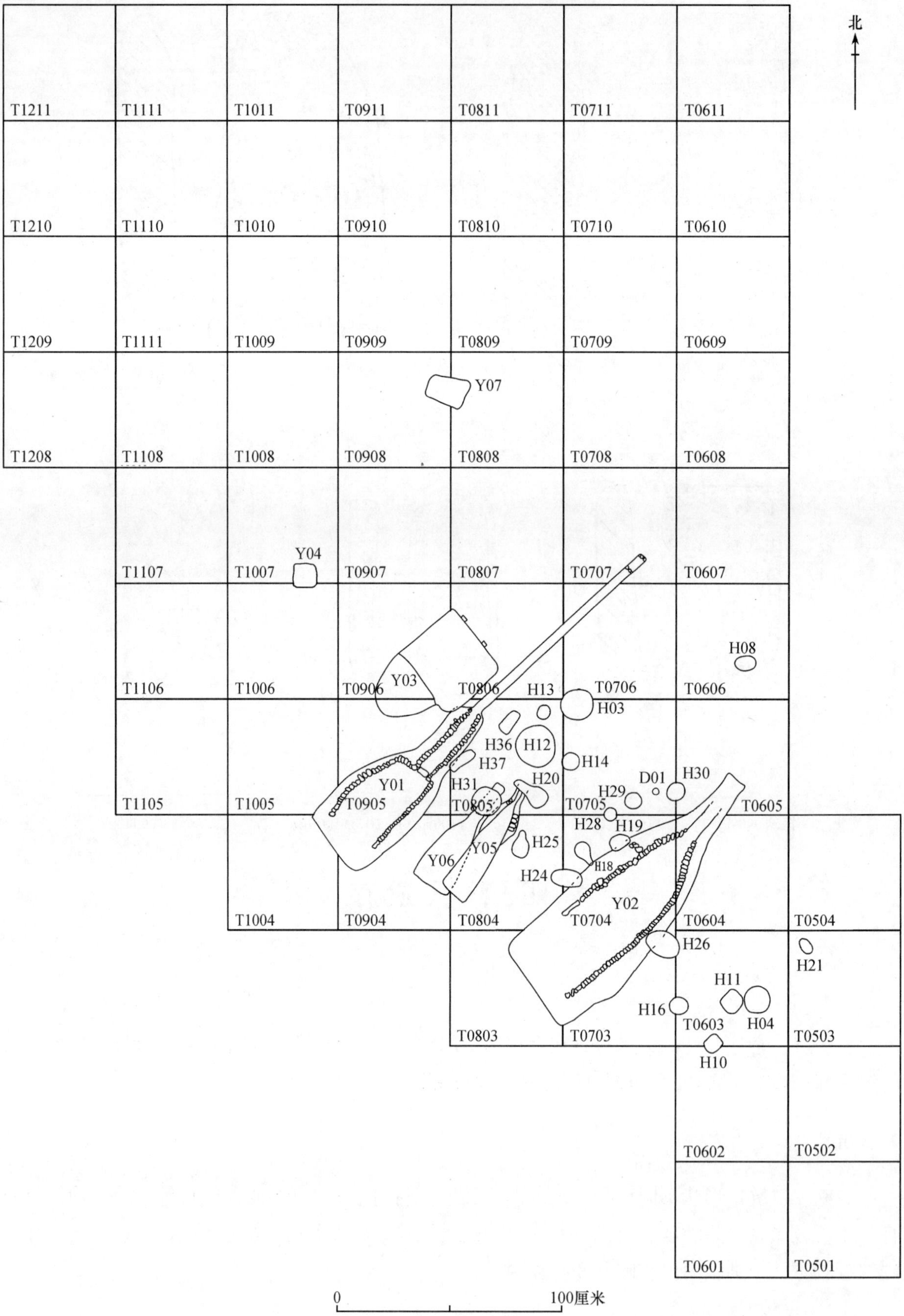
北
T1211
T1111
T1011
T0911
T0811
T0711
T0611
T1210
T1110
T1010
T0910
T0810
T0710
T0610
T1209
T1111
T1009
T0909
T0809
T0709
T0609
Y07
T1208
T1108
T1008
T0908
T0808
T0708
T0608
Y04
T1107
T1007
T0907
T0807
T0707
T0607
H08
Y03
T1106
T1006
T0906
T0806
H13
T0706
H03
T0606
H36
H12
H37
H14
Y01
H31
H20
H29
D01
H30
T1105
T1005
T0905
T0805
T0705
T0605
H28
H19
H25
Y05
Y06
H18
H24
Y02
T1004
T0904
T0804
T0704
T0604
T0504
H26
H21
H11
H16
T0603
H04
T0803
T0703
T0503
H10
T0602
T0502
T0601
T0501
0
100厘米
图二六 汉代遗迹分布图

H37 位于T0805西侧中部，开口于第5层下，打破第8A层。两侧壁近直，底部呈东高西低斜坡状。口长126、宽24～44厘米，底长90、宽24～44、深24～36厘米。出土物以泥质灰陶最多，泥质红陶较少；纹饰主要是绳纹，素面较少；陶器以板瓦和筒瓦居多，也有少量尖底杯残片（图二七；彩版八五，1）。

（2）圆形

7座。直壁或略内收，平底。口径60～130、深10～45厘米。

H13 开口在第4层下，打破生土。直径70、深40～44厘米。出土物只有十几件板瓦、筒瓦残片（图二八）。

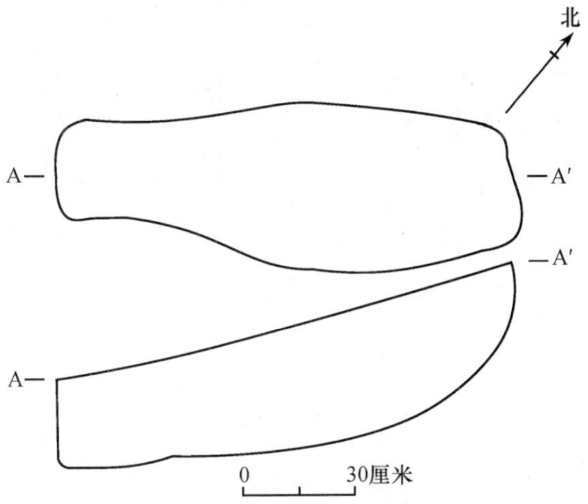

图二七 H37平、剖面图

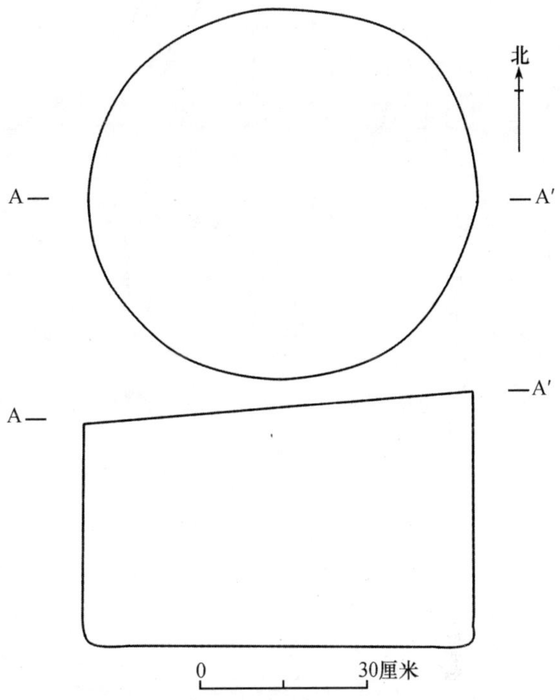

图二八 H13平、剖面图

H31 位于T0805西南部，开口于第4层下，打破Y06火道。口径132、底径100、深70～138厘米。出土物以泥质灰陶最多，泥质红陶次之，泥质褐灰陶、夹砂灰陶较少；纹饰以绳纹最多，素面次之；陶器以板、筒瓦较多，尖底杯次之，也有少量的陶盆残片（图二九；彩版八五，2）。

（3）椭圆形

7座。坑壁为筒状或斜壁内收。

H24 位于T0704西侧中部，开口于第4层下，打破Y02操作坑左侧壁，并打破生土。坑口长径150、短径90厘米，坑底长径92、短径50、深83～105厘米。出土陶器以泥质灰陶最多，也有少量泥质红陶；器形是板瓦和筒瓦，以及少量的尖底杯和罐残片，纹饰是绳纹，还有少量素面（图三〇）。

H26 位于T0703东北部，开口于第3A层下，打破Y02操作坑右侧壁，并打破生土。坑口长径114、短径80、深43～60厘米。出土陶器均是泥质灰陶，板瓦和筒瓦最多，纹饰多是绳纹。坑中还出土有石斧（图三一）。

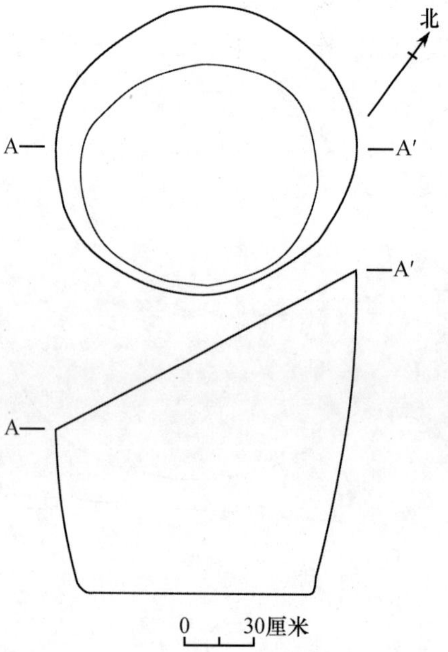

图二九　H31平、剖面图

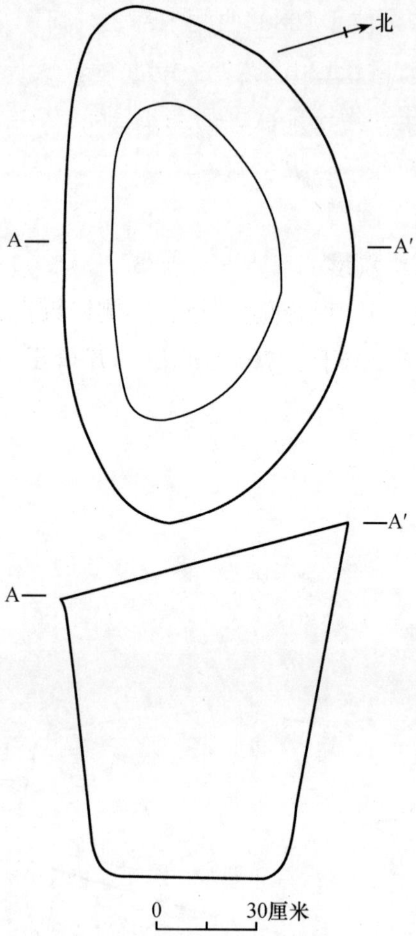

图三〇　H24平、剖面图

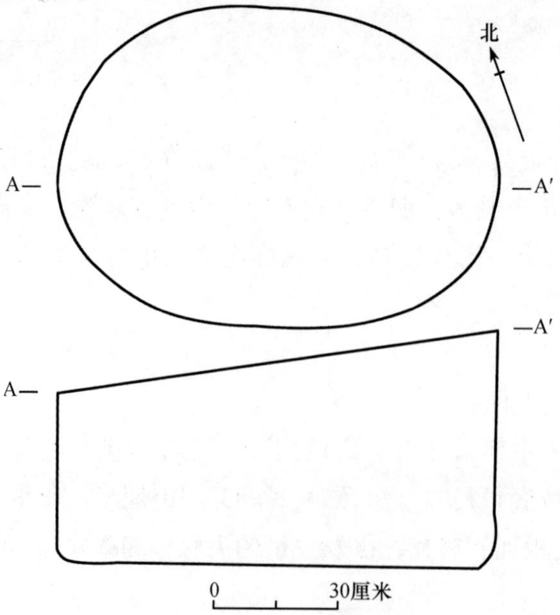

图三一　H26平、剖面图

（4）圆角方形

2座。坑壁近筒状。

H10　位于T0603西南部，开口于3A层下，打破生土。坑壁陡直，平底。坑口边长108、底深40～76厘米。出土陶器以泥质灰陶最多，有少量的泥质红陶；器形多是板瓦和筒瓦，有少量的尖底杯残片；纹饰以绳纹为主（图三二）。

（5）瓢形

4座。开口平面呈瓢形，一侧壁较直，另一侧壁有一台阶或呈斜坡状。

H18　位于T0704西北部，开口于第4层下，打破Y02操作坑左侧壁，并打破生土。坑东侧壁有一台阶，高出坑底16厘米，台阶最宽处为34厘米。坑底近圆形，平底。坑口长径130、短径90厘米，底径为90、深56厘米。出土陶器以泥质灰陶最多，有少量的泥质红陶；纹饰有绳纹和素面；主要器形有板瓦和筒瓦，也有少量的尖底杯和陶罐残片出土（图三三；彩版八六，1）。

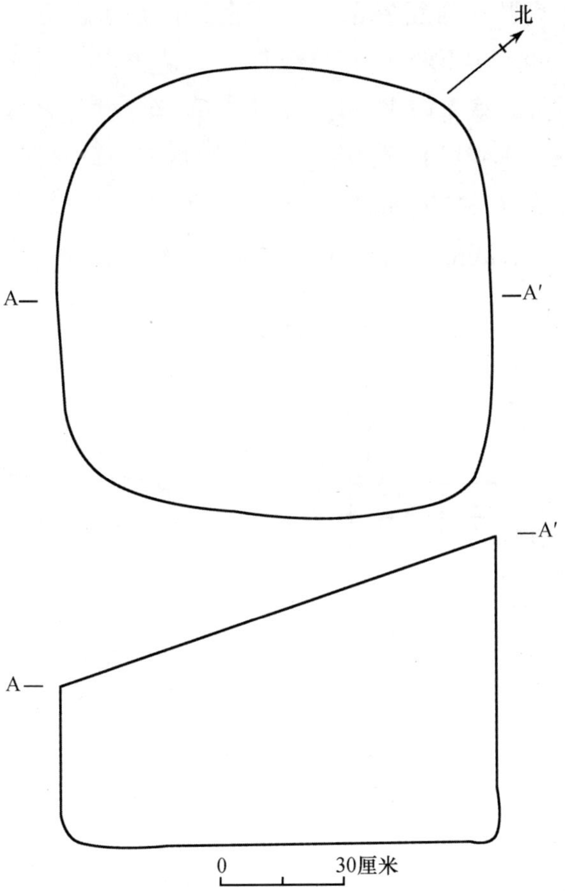

图三二　H10平、剖面图

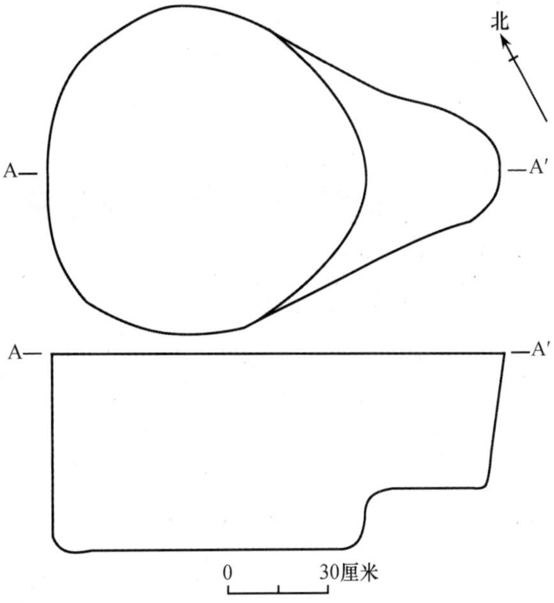

图三三　H18平、剖面图

H25　位于T0804北侧中部，开口于第4层下，打破生土。坑北侧壁上部呈斜坡状。底呈圆形，平底。坑口长径120、短径80厘米，底径为70、深58～122厘米。出土陶器以泥质灰陶最多，有少量泥质红陶；主要纹饰是绳纹，素面次之；主要器形是板瓦和筒瓦，有少量的盆和尖底杯残片。坑中还出土一残铁臿（图三四；彩版八六，2）。

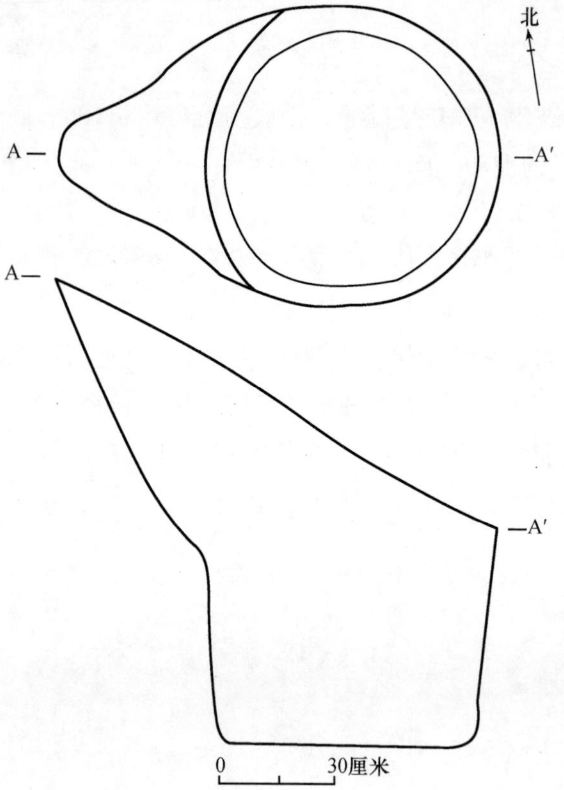

图三四　H25平、剖面图

2. 窑址

7座。其中Y07分布在遗址中部，其余分布在遗址南部（彩版八七，1）。

（1）马蹄形窑

3座。半地穴式，火膛和窑室直接挖在生土中。Y03保存基本完好，Y04、Y07只残存有火膛。

Y03　主要分部在T0906、T0806探方内，开口于第3B层下，其南侧窑壁打破Y01。方向240°。现存有火膛、窑室、火道及烟洞，总长4.5米（图三五；彩版八七，2；彩版八八，1）。

火膛位于窑室前端，压在现代石堰之下。形状近三角形，前端呈弧形，后端较直，两侧壁外弧。底部较平，比窑床低55厘米，并与火道相通。火膛壁被烧结呈灰色，烧结面最厚为12厘米。火膛长170、最宽处为180厘米，深46～100厘米。火膛底部后端分布有一排5个小柱洞，分别对

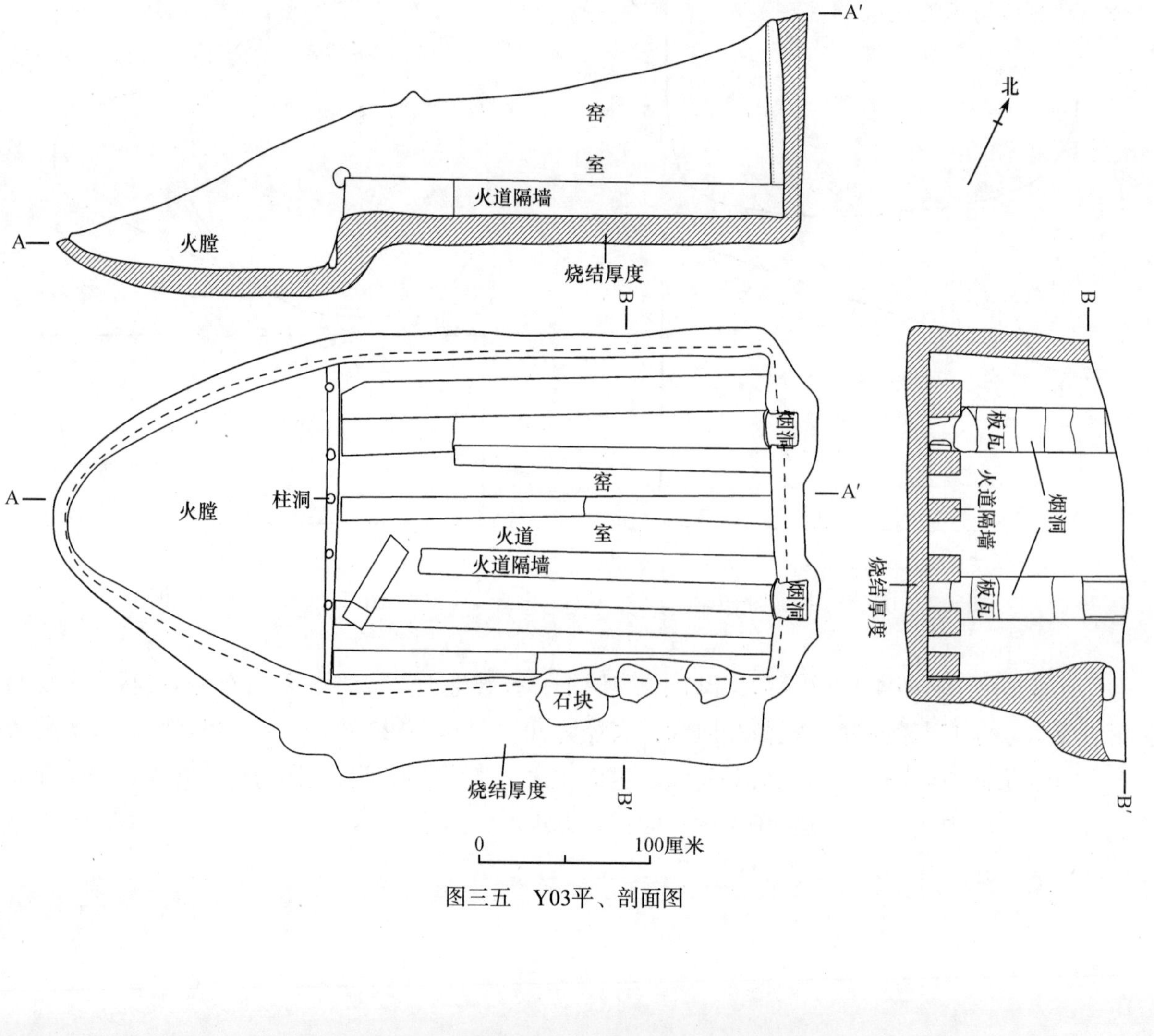

图三五　Y03平、剖面图

应5条火道隔墙，柱洞直径6、深4～17厘米。

火道位于窑室底部，共6条，在窑室的底部直接挖成，呈长条形，规整。长290厘米，即是窑室底部的长度，宽度为10～20、深20厘米。其左、右两侧第2条火道与窑室后壁的两条烟洞相对应。

窑室位于火膛后端，呈长方形，壁上部内收。其中东侧壁经修补，有的地方加砌石块，特别是后端，由于多次坍塌和修补，其窑壁已堵住最东侧的火道，并压在东侧火道隔墙之上。窑室壁被烧结成青灰色，烧结厚度为14厘米。窑室长290、宽210、深110厘米。

烟洞位于窑室后壁上，共两条，间距为80厘米。烟洞的下端与火道相通，进、出烟口近方形，宽20～22厘米。建造方法：先在窑室的后壁挖两条宽22、进深20厘米的竖槽，然后在竖槽的外面敷立板瓦而成烟洞。

因窑室的上部塌陷，其火门及窑室顶部情况不明。

窑室内堆积为褐黄色砂质土，结构疏松，含有少量的红色烧土颗粒。火膛底部有5厘米厚的灰烬，出土有板瓦、筒瓦和少量的细绳纹陶罐残片。

（2）龙窑

4座。依山就势分布在遗址南部，与发现的3座马蹄形窑相比，龙窑分布相对集中，方向大体一致，均呈西南至东北向。这里地形有一道陡坎，方便操作坑的修建，陡坎的上部为缓坡，坡度为3°～5°，适合窑室的修建和方便生产。其火膛、火道及窑室等多挖在生土之中。Y01、Y02保存较好，Y05、Y06只残存火膛和部分火道。其中Y06在火膛和火道壁处未发现有火烧痕迹，推测该窑未使用或者未修建完工。

Y01　主要分部在T0905、T0805、 T0806及T0706探方内，开口在4层下，打破生土。方向230°。由操作坑、火膛、火道、窑室及烟洞组成。残长为18.2米。火膛及火道的右侧坑壁分别被H37和H36打破，窑室左侧壁及窑室后端分别被4个近现代扰坑打破，操作坑的东端压在现代石堰下（彩版八八，2；彩版八九～彩版九二）。

操作坑位于窑室前端，后端与火膛相连。平面近梯形，靠近火膛的一端较窄。其左、右两侧壁用石块垒砌，上口较宽，下部略内收。底部由里向外呈斜坡状，越往外底越低，底部坡度为4°。操作坑底部长640、宽140～200、深140厘米。

火膛位于操作坑东端，与火道相通。在火膛与操作坑之间有一石壁相隔，高66、厚35厘米。石壁之上有一缺口，宽40厘米，推测应是火门，因遭破坏，具体情况不明（图三六）。

火膛和火道壁面烧烤严重，经过多次修补，大的修补可分为前、后两期。

第Ⅰ期　也就是前期，是初建成时，火膛和火道直接挖在生土之中。

火膛呈长方形，长176、宽90、现存深140厘米，周边烧结厚度达4～10厘米。壁面规整，底部从里向外呈斜坡状，坡度为3°。火膛底部比操作坑北端底部高22 厘米。

火道呈长方形，宽度与窑室宽度相同。水平长度为420、宽64、最深为120厘米。分前后两部分，前端是一个较平的台阶，长126厘米；后端呈斜坡状，坡度为30°，水平长度为274厘米（图三七）。

第Ⅱ期　即现存的火膛和火道。是把第Ⅰ期火膛和火道的两侧用泥块或石块垒起来，收窄了火膛和火道的宽度，其长度未变。

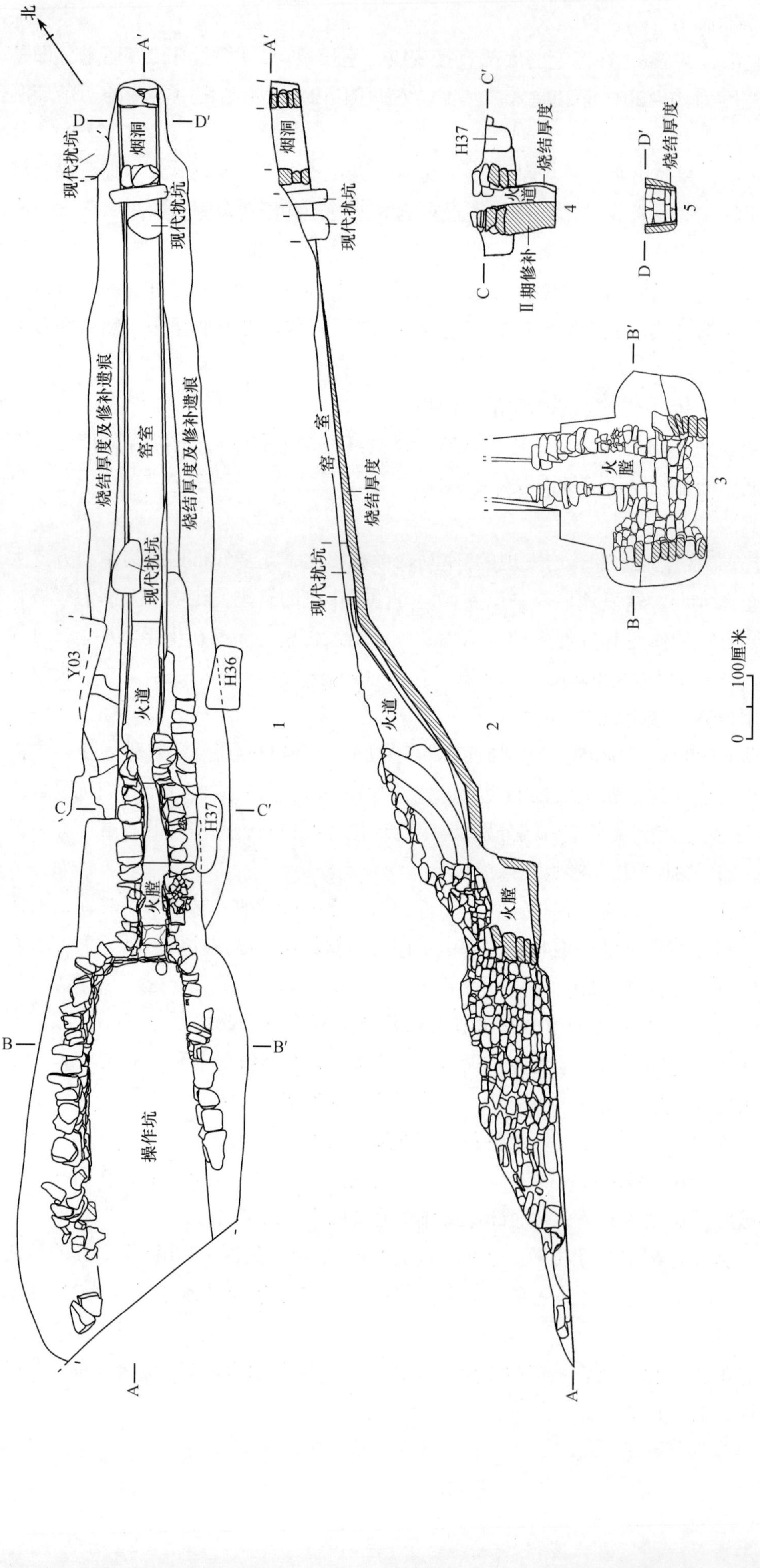

图三六　Y01平剖面图（Ⅱ期）

1. Y01平面图　2. Y01纵剖视图　3. Y01操作间横剖视图　4. Y01火道横剖视图　5. Y01烟道横剖视图

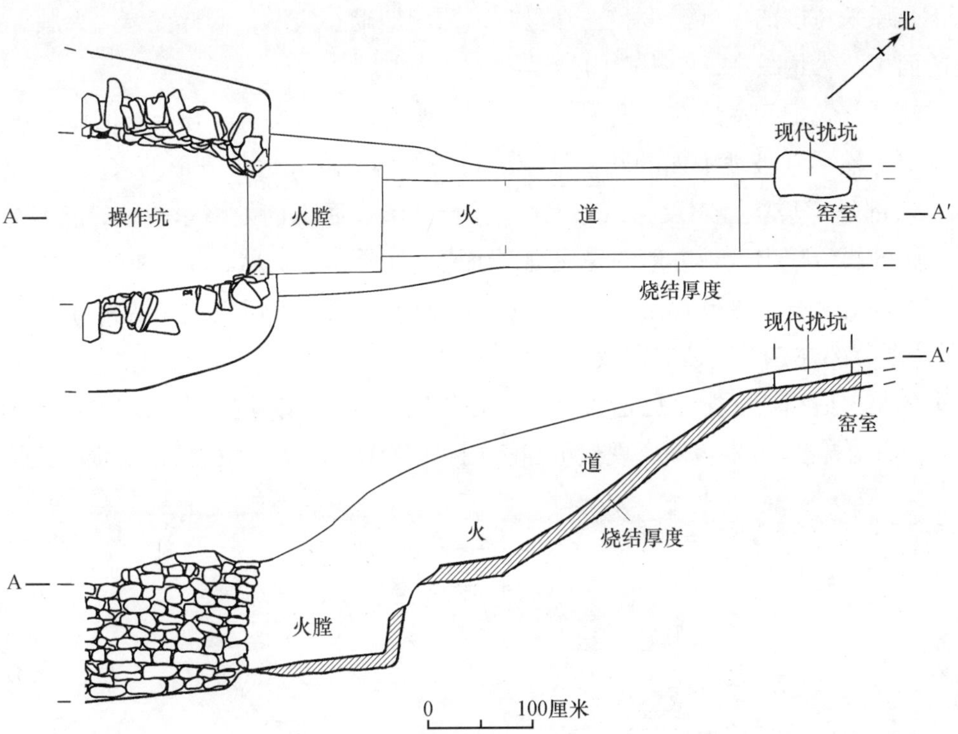

图三七　Y01（Ⅰ期）火膛及火道平、剖视图

火膛狭长，略偏向右侧，下宽上窄。上部用石块垒砌，长为170、宽30、深140厘米（图三六，3）。

火道位于火膛前端，右侧被H36打破。长120、宽36厘米，左右两侧壁在80厘米以上用石块垒砌，并有多次用泥土修补的痕迹。宽44～58、深14～120厘米，底部烧结厚度为16厘米（图三六，4）。

窑床位于火道前（东）端，直接挖在生土之中。呈长条形，口部较宽。壁规整，两侧壁上烧结厚度为4～6厘米。从现存的情况看，窑床两侧壁经过多次修补，修补厚度为5～12厘米，修补的壁面用夯（或类似于锤的工具）砸实，壁面上遗留有分布均匀的"夯窝"，"夯窝"直径为4～6厘米。底部倾斜，坡度为4°。长700、宽64厘米，底宽54、残深20厘米（图三六，1、2）。

烟洞位于窑室后端，破坏严重，只留下底部结构。呈长方形，两端用石块垒砌。长160、宽60、深50厘米（图三六）。

在火膛及火道内壁的石头上面有烧结成的绿釉，为窑汗凝结而成。

操作坑堆积呈灰褐色，结构疏松，含有少量烧土颗粒。出土大量的板、筒残片，以及少量的尖底杯、罐残片。

火膛内堆积呈褐黄色，含有较多的烧土块，结构疏松。出土有少量的板、筒瓦残片。

窑室内堆积呈黄褐色，疏松，含有少量的烧土颗粒。出土有少量的板、筒瓦残片。

建窑所用石块为红色砂质岩，不规整，大小不一。最大石块长64、宽42、厚14厘米，一般石块尺寸长30～40、宽25～36、厚10～12厘米。

火膛和火道经过多次修整，修整时火道的左侧用泥土垫起，上部两侧用石块结砌，火道明显变窄，不足原来宽度的一半。火膛在修整时，两侧加砌石块后，同样变窄。火膛、火道收窄后，其内的面积及容量减小，使火膛内升温快，能节省燃料。

建造方法：首先把窑室选在坡度为4°左右的坡地上，挖出窑室，在窑室的后端用石块砌出长方形的烟洞。然后在坡地下面的陡坎处挖出长条形的火道和近长方形的火膛。火道长120、宽36厘米，底部呈斜坡状，斜度为30°；火膛呈长方形，底部向外略呈斜坡，长176、宽90厘米。并在火膛的西端挖出近长方形的操作坑，坑底略向外呈斜坡状，坑长700、宽378厘米，在坑的两侧用石块结砌石壁。最后在石壁与坑壁之间回填黄褐土，填土中夹杂有石块。

Y02　主要分部在T0703、T0704及T0604探方内，开口于第5层下，打破生土。方向223°。由操作坑、火膛及火道组成，窑室已遭破坏。现存长度11米。操作坑及火膛左侧壁分别被H24、H18及H19打破；右侧壁分别被两座现代坑和H26打破（图三八；彩版九四、彩版九五）。

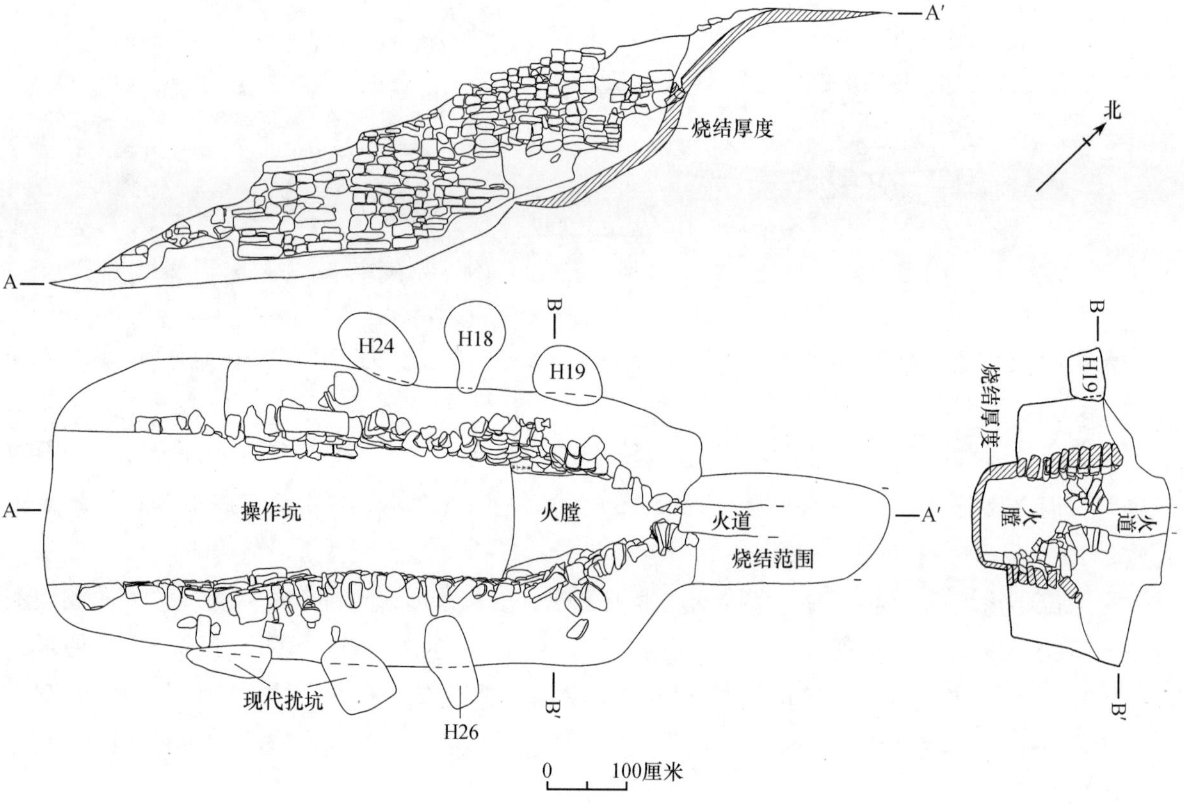

图三八　Y02平、剖面图

操作坑位于火膛前端。近长方形，与火膛连接处稍窄。左右两侧壁用石块垒砌，依山就势，有的直接砌在基岩上，并分段结砌。上口较宽，下部内收变窄，底部由里向外呈斜坡状，东端坡度较大，为30°，西端坡度为3°。残长700、宽170～220、深260厘米。

火膛位于操作坑的后部，后端与火道相接。平面近三角形，与火道相连处收窄。左右两侧壁用石块垒砌，在60厘米之上内收。底部呈斜坡状并烧烤成火红色。火膛长200、宽50～156、深130厘米。火膛壁用石块经过多次修补。火门已被破坏，结构不详。

火道位于火膛后端，直接挖在生土之中。平面呈长方形，底部呈斜坡状并与火膛相连。两侧壁及底部被烧烤成火红色。火道残长180、宽40、深60厘米，底部坡度为46°。

与火道相连的窑室已被破坏。

窑内堆积由上到下可分三层：第1层呈褐灰色土，土质结构紧密，含有烧土块。第2层是黄褐土，土质结构紧密，含有较多的烧土颗粒。出土有大量倒塌的石块。第3层是黄褐色砂质土，土质结构疏松，含有较多的烧土颗粒。出土物以板、筒瓦残片最多，其次是卷云纹瓦当、陶尖底杯、罐及盆、甑等残片，并出有铁器和铜器。

建窑所用石块为不规整红色砂质岩，大小不一。最大的长108、宽16～34厘米，一般长30～35、宽12～32厘米。

建造方法：依山就势，首先在斜坡下陡坎处挖一近长方形坑，坑的东端略窄，坑底部呈东高西低斜坡状，坑长920、宽360～410厘米；然后在坑壁两侧用石块结砌，呈东窄西宽状，东端窄处为火膛，西端近长方形为操作坑，其火膛及操作坑的石壁是连接在一起结砌的，这也是该窑比较特殊的地方；最后在石壁与坑壁之间回填黄褐土，填土中夹杂有石块。

3. 柱洞

编号为D01，发现的唯一柱洞。位于T0705的东南部，开口于第5层下，打破生土。近圆形，直壁，平底。口径32、深22～30厘米。填土呈褐灰色，较疏松。出土有几片板瓦残片。柱洞南距Y02为150厘米，东距H30仅15厘米，向西距H29是70厘米。推测与Y02有关系。

（二）遗物

按质地可分为陶、石、铁、铜器等。

1. 陶器

主要是陶罐、盆及碗等生活、生产用品和板瓦、筒瓦及瓦当等建筑构件两大类。有的陶片上刻划有符号和文字。

（1）生活、生产用品

有罐、瓮、盆、碗、钵、纺轮、饼和陶丸等。

陶器上的纹饰有绳纹、绳纹加方形戳印、附加堆纹（有的呈绳索状，有的呈叶脉状）、压印纹、凹弦纹、锯齿纹、网格纹、方格纹锯齿纹组合、篮纹、四叶状方形戳印纹等（图三九；彩版一〇〇，6）。

罐　4件。Y05：1，可复原。泥质黑灰陶。尖圆唇外展，短颈，丰肩，弧腹，平底，下附矮圈足。肩部饰有数周凹弦纹。口径9.1、腹径22.2、底径13.6、高16厘米（图四〇，3；彩版九八，1）。T0601⑦B：40，泥质灰陶。圆唇外翻，束颈，溜肩。肩部饰有一周凹弦纹和绳纹。口径10、残高6.4厘米（图四〇，1）。T1009③D：5，可复原。灰白胎，胎质坚硬致密。尖唇，近盘口，弧腹略下垂，大平底，腹部饰有对称的半圆形横耳。腹部饰有三周凹弦纹，下腹饰小方格纹。口径5.6、腹径9.8、底径8、高6.7厘米（图四〇，2；彩版九八，2）。

瓮　5件。口沿残片，均不可复原。T0601⑦A：16，夹砂灰陶。近直口，圆厚唇，矮领，溜肩。肩部以下饰细绳纹。口径19.2、残高6厘米（图四一，1）。T0501⑦B：8，泥质黑灰

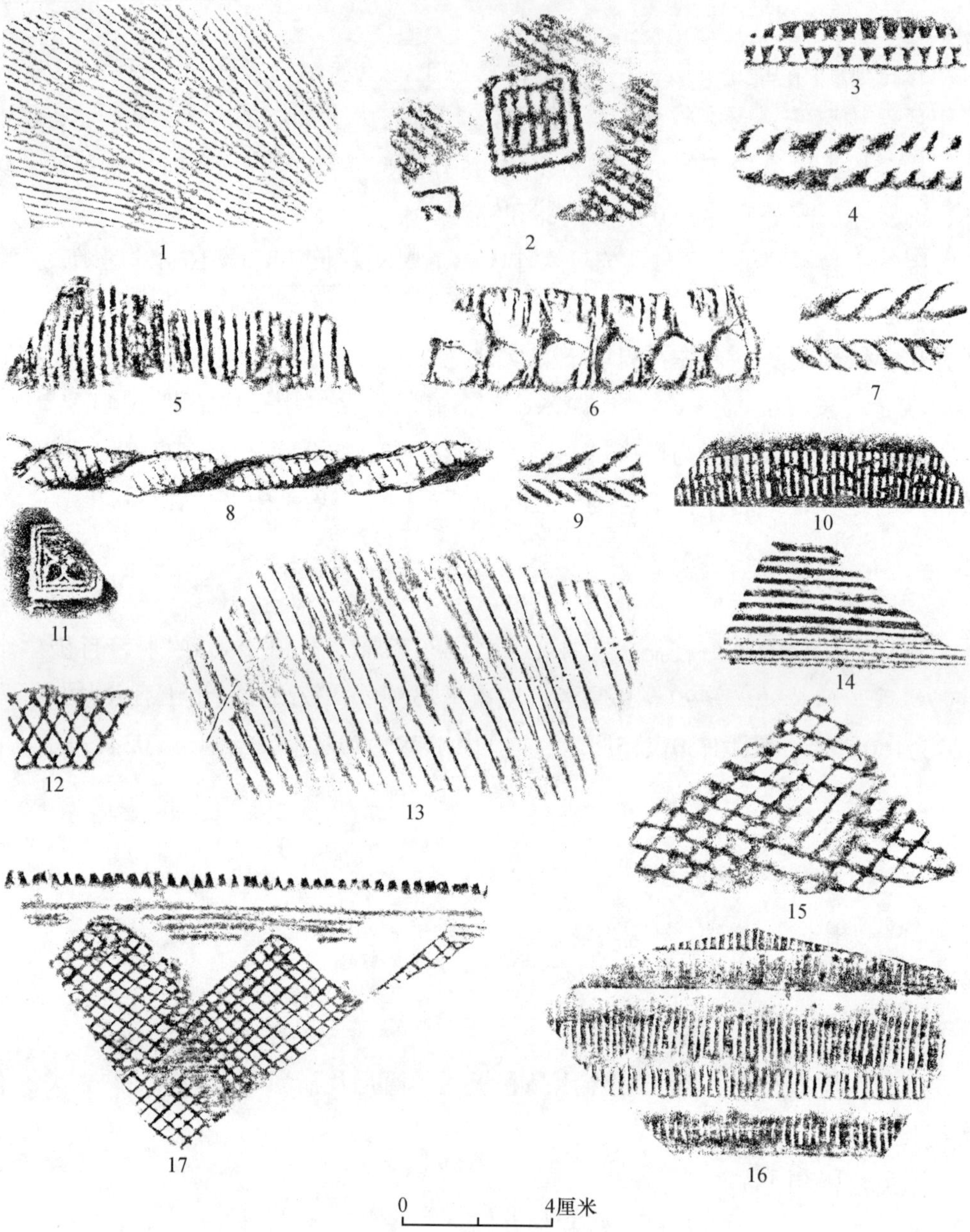

图三九 陶器纹饰拓片

1. 细绳纹（T0601⑦A：49） 2. 绳纹+方形戳印纹（T0601⑦A：35） 3. 锯齿纹（T0601⑦A：17）
4、6～8. 附加堆纹（T0601⑦A：21、T0601⑦B：50、T0601⑦A：11、T1008③F：18） 5. 绳纹（T0804④：3）
9. 叶脉纹（T0601⑦A：15） 10、16. 压印纹（T0501⑦B：17、H31：1） 11. 四叶状方形戳印（Y02：3）
12、15. 网格纹（T0601⑦A：20、T0907⑤：47） 13. 篮纹（T0601⑦A：83） 14. 凹弦纹（T0601⑦A：8）
17. 方格纹、锯齿纹组合（T1108③F：12）

陶。敛口，圆唇，折肩，筒状腹略内收。肩部饰有一周凹弦纹，肩部以下饰绳纹。口径40、肩径40、残高18厘米（图四一，3；彩版九八，3）；Y05：4。夹砂黑灰陶。方唇，近平沿，沿内缘下凹，斜肩。素面。口径24.7、残高4.4厘米（图四一，2）。

盆 23件。数量最多，多为残片（彩版九八，4）。按照口沿的不同分为六型。

A型 5件。敞口，卷沿，方唇，弧腹。T0601⑦A：3，夹砂灰陶。外腹部饰有一周凸

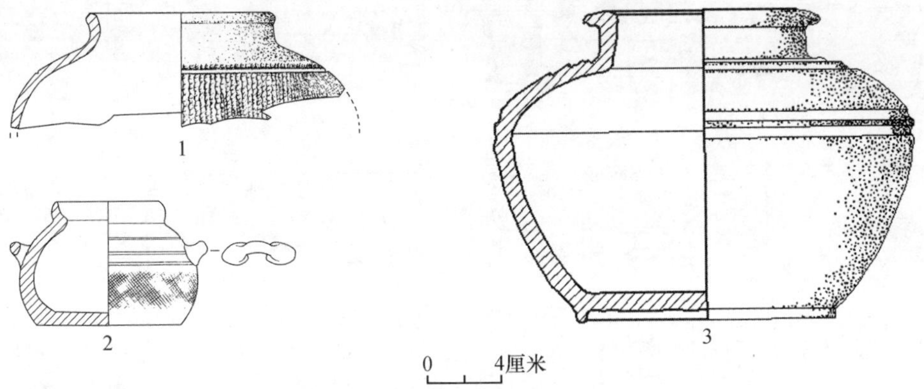

图四〇　陶罐

1. T0601⑦B：40　2. T1009③D：5　3. Y05：1

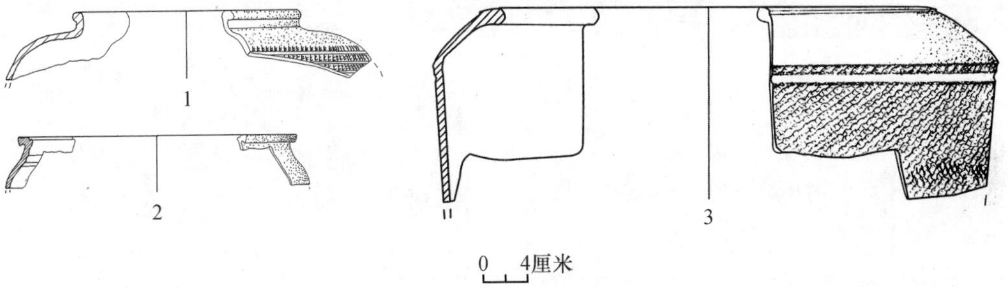

图四一　陶瓮

1. T0601⑦A：16　2. Y05：4　3. T0501⑦B：8

弦纹，腹部刻有字，不能识读。口径30、残高6.8厘米（图四二，1）。T0602⑦A：7，泥质灰陶。外腹上部饰有两周宽凹弦纹，下部饰有数周细凹弦纹。口径32、残高10.2厘米（图四二，4）。

B型　2件。底部残。敞口，平沿，尖唇，弧腹。T0602⑦A：15，夹砂褐灰陶。外腹部饰有三周凹弦纹。口径24、残高8.8厘米（图四二，3）。

C型　10件。直口，平沿或卷沿，近筒状腹。T0601⑦A：29，夹细砂灰陶。外腹部饰有三周凹弦纹。口径46.4、残高8.4厘米（图四二，5）。T0601⑦B：42，泥质灰陶。上腹部饰有两周宽凹弦纹，下腹部饰有数同细凹弦纹。口径29.6、残高7.6厘米（图四二，6）。

D型　3件。束颈，弧腹。T0601⑦B：44，夹砂褐灰陶。平沿，方唇。薄胎。素面。口径30.1、残高4.6厘米（图四二，9）。Y01：2，泥质灰陶。卷沿，尖唇。素面。口径26.4、残高7.6厘米（图四二，2）。

E型　2件。泥质灰陶。折沿，尖圆唇，弧腹，大平底。腹部饰有两周宽凹弦纹。T0601⑦B：46，可复原。口径24、底径14.4、高12厘米（图四二，8；彩版九八，6）。

F型　1件。可复原。近盘口。T0601⑥：5，灰胎。施青绿釉，多已脱落。斜方唇，弧腹，大平底。腹部饰小方格纹并饰有三周细凹弦纹。口径25、底径16、高9.2厘米（图四二，7；彩版九八，5）。

碗　12件，数量较多。泥质灰陶和夹砂黑灰陶。敞口，尖唇或尖圆唇。依腹部不同可分二型。

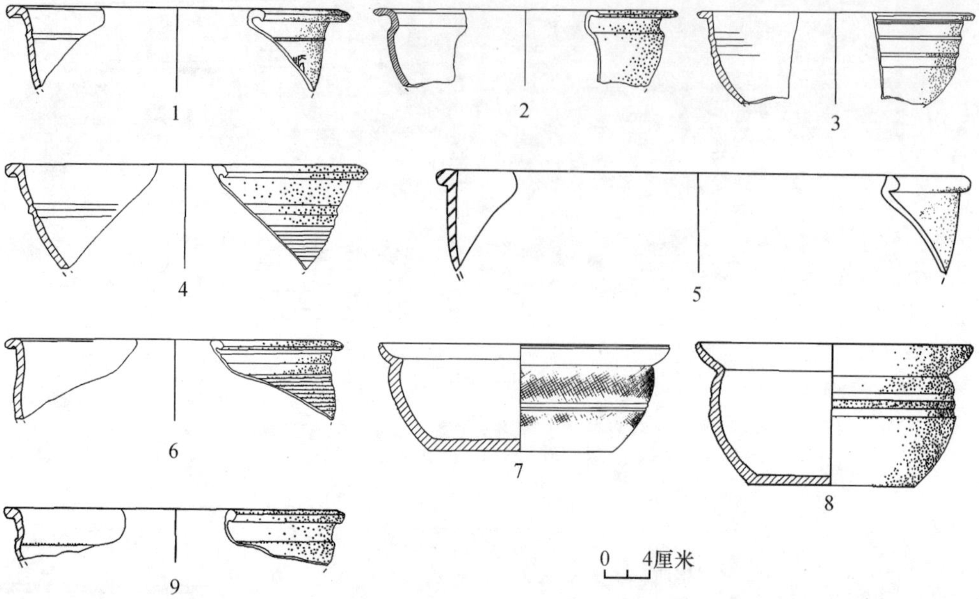

图四二 陶盆

1、4. A型（T0601⑦A：3、T0602⑦A：7） 2、9. D型（Y01：2、T0601⑦B：44） 3. B型（T0602⑦A：15） 5、6. C型（T0601⑦A：29、T0601⑦B：42） 7. F型（T0601⑥：5） 8. E型（T0601⑦B：46）

A型 4件。弧腹。T0601⑦A：76，外腹部饰有一周凹弦纹。口径12、残高3.4厘米（图四三，5）。T0601⑦A：6，素面。口径18、残高5厘米（图四三，2）。

B型 8件。折腹，平底。T0601⑦B：65，可复原。素面。口径13.2、底径5.2、高5.4厘米（图四三，3；彩版九九，1）。T0601⑦B：61，可复原。上腹部饰有三周凹弦纹。口径20、底径8.4、高8厘米（图四三，4；彩版九九，3）。T0601⑦B：41，可复原。上腹部饰有二周凹弦纹。口径20.4、底径7.6、高5.5厘米（图四三，1；彩版九九，2）。

钵 2件。底残。

T0601⑦A：75，泥质灰陶。敛口，方唇，弧腹。外腹部饰有数周凹弦纹。口径18、残高4.4厘米（图四三，7），T0601⑦A：77。泥质黑灰陶。敛口，尖圆唇，弧腹。外腹部饰有一周凹弦纹。口径14、残高4厘米（图四三，6）。

盘 3件。T0601⑦B：62，可复原。泥质灰陶。近直口，斜方唇，浅腹，大平底。口部饰有一周凹弦纹，内底饰有数周同心圆纹。口径28.8、底径27.2、高3.4厘米（图四四，1；彩版九九，4）。T1108③F：4，可复原。泥质灰陶。大敞口，尖圆唇，斜直腹，平底。素面。口径13、底径5、高2.3厘米（图四四，2；彩版九九，5）。

豆 2件。仅存豆柄及豆盘残片。T0601⑦A：10，泥质灰陶。豆盘口部残，内平底，柱状柄中空。素面。豆柄直径3、残高5厘米（图四四，3）。

甑（底） 3件。底部残片。T0601⑦A：7，泥质灰陶。斜直腹，平底，底部箅孔较大，呈圆形。素面。箅孔直径2.2厘米。底径20、残高4.2厘米（图四四，5）。T0601⑦B：69，夹砂灰陶。弧腹，平底，底部箅孔较小，呈圆形。素面。箅孔直径0.8厘米，底径14、残高7.4厘米（图四四，4）。

纺轮 4件。依形状不同可分二型。

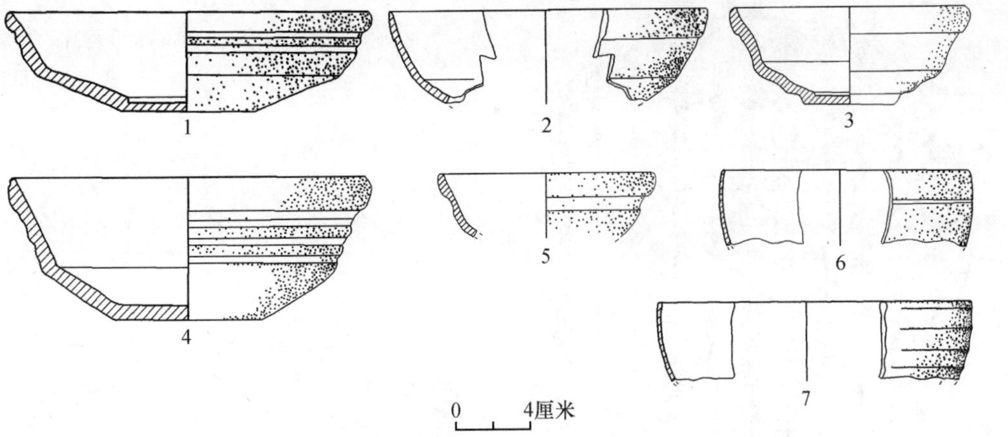

图四三　陶器

1、3、4. B型碗（T0601⑦B：41、T0601⑦B：65、T0601⑦B：61）　2、5. A型碗（T0601⑦A：6、T0601⑦A：76）　6、7. 钵（T0601⑦A：77、T0601⑦A：75）

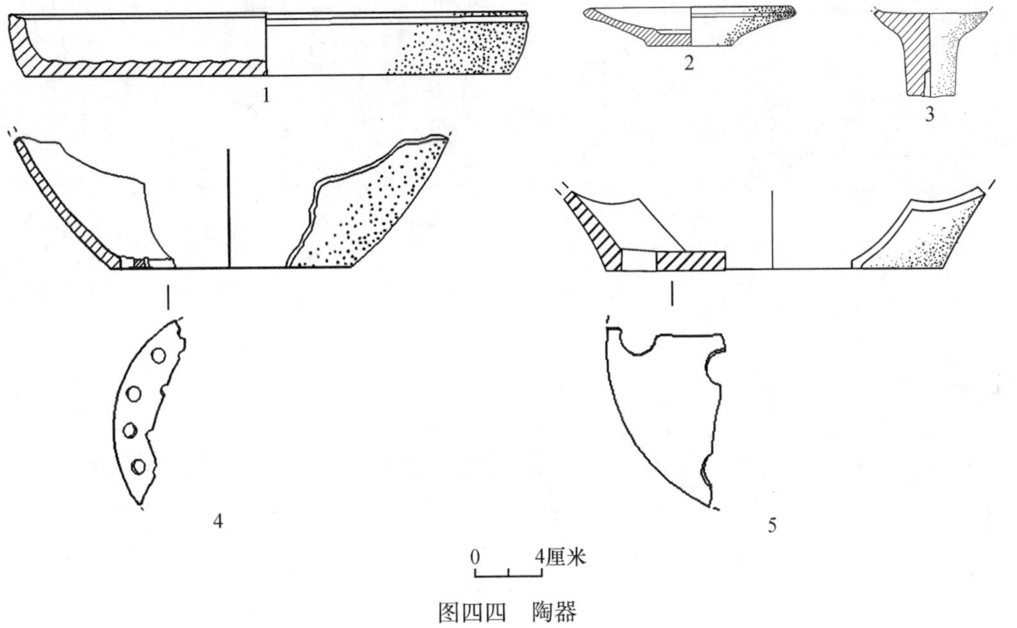

图四四　陶器

1、2. 盘（T0601⑦B：62、T1108③F：4）　3. 豆柄（T0601⑦A：10）　4、5. 甑底（T0601⑦B：69、T0601⑦A：7）

A型　3件。圆饼形。有的用板瓦残片打制而成。T0601⑦B：32，整。泥质褐黄陶。两面较平，弧边。素面。穿孔直径0.5厘米，直径3.7、厚1.2厘米（图四五，2；彩版一〇〇，3）。T0601⑦B：67，整。不甚规整，用绳纹板瓦打制而成。泥质灰陶。一面微凸，另一面微凹，穿孔为对钻孔。一面有粗绳纹。孔径0.5～1.1厘米，直径6、厚1.4厘米（图四五，1；彩版一〇〇，4）。

B型　1件。算珠形。T0601⑦B：31。泥质灰陶。中部孔径0.3厘米。饰有六周细凹弦纹。直径3.4、厚2.6厘米（图四五，11）。

饼　5件。均是用陶片或板瓦残片磨制而成，呈圆形，推测是用来加工纺轮的半成品（彩版一〇〇，2）。H04：6，用陶片磨制而成。泥质灰陶。饰有细绳纹的一面微凸，另一面微

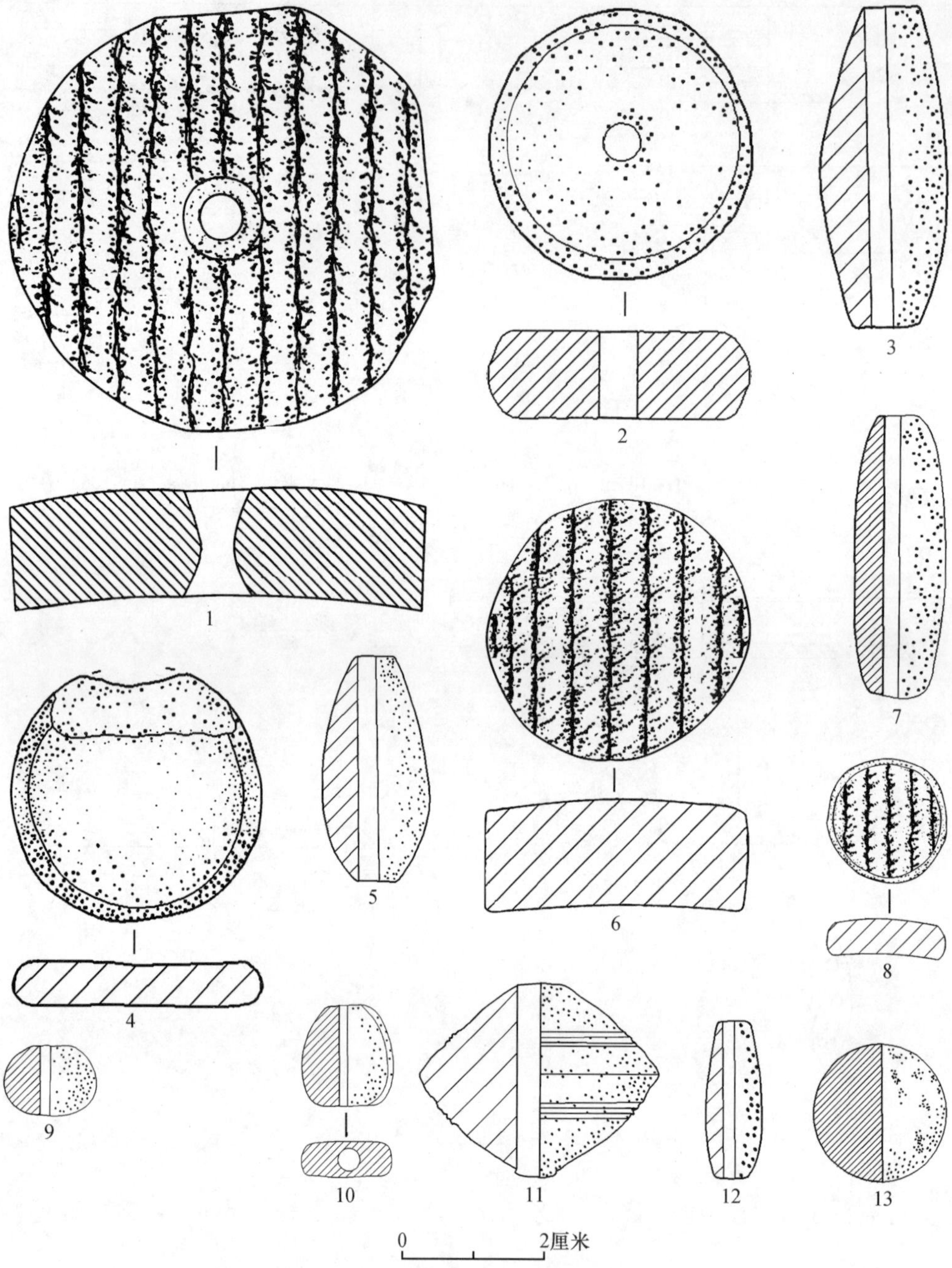

图四五　陶器

1、2. A型纺轮（T0601⑦B：67、T0601⑦B：32）　3、5. B型网坠（T0601⑦A：22、H16：3）　4、6、8. 饼（T0602⑦A：16、T1209③D：10 、H04：6）　7、12. A型网坠（T1005③C：2、T0601⑦A：28）　9、10. 串饰（T1008③C：4 、T1007③C：2）　11. B型纺轮（T0601⑦B：31）　13. 丸（T0601⑦B：39）

凹。直径1.7、厚0.4厘米（图四五，8）。T0602⑦A：16，用陶片磨制而成。泥质灰陶。弧边。素面。直径3.6、厚0.6厘米（图四五，4）。T1209③D：10，用板瓦残片磨制而成。泥质灰陶。饰有粗绳纹的一面微凸。直径3.7、厚1.4厘米（图四五，6；彩版一〇〇，3）。

丸　3件。泥质褐灰陶。圆球形。素面。直径1.7～2.2厘米。T0601⑦B：39，直径1.9厘米（图四五，13；彩版一〇〇，2）。

串饰　2件（彩版一〇〇，2）。T1008③C：4。泥质褐灰陶。扁圆形。素面。孔径0.3厘米，直径1.3、高1厘米（图四五，9）。T1007③C：2。泥质褐灰陶。近椭圆形，扁平。素面。孔径0.3厘米，长1.4、宽1.3、厚0.6厘米（图四五，10）。

网坠　15件（彩版一〇〇，1）。按形状不同分为二型。

A型　6件。近管状，中部微鼓。素面。泥质或夹细砂、褐灰陶或灰陶。

T0601⑦A：28，孔径0.3厘米。长2、直径0.8厘米（图四五，12）。T1005③C：2，孔径0.4厘米。长4、直径1.3厘米（图四五，7）。

B型　9件。纺锤形。均泥质，黑灰陶或灰陶。素面。

T0601⑦A：22，孔径0.6厘米，长4.4、直径1.8厘米（图四五，3）。H16：3，孔径0.7厘米，长3.1、直径1.5厘米（图四五，5）。

（2）建筑构件

有板瓦、筒瓦、瓦当及砖。

1）板瓦。碎片较多，无一复原。均泥质灰陶。凸面均饰绳纹，有粗细之分，多数经过横抹呈弦断（图四六，1、2）。凹面纹饰以布纹最多，素面次之，绳纹和布纹加绳纹最少（图四六，3、4、8）。

制法：用泥条盘筑成筒状，经拍打整修后，在坯体未干时，从里向外切割，每块板瓦均占筒状体的四分之一。切割痕有的深达胎厚的一半，有的较浅，分割后未切到的一侧边缘不平齐，略有凸凹痕。

T0601⑦B：54，凸面下端拍印斜行绳纹，上部饰有粗绳纹。凹面饰绳纹。残长40、宽34.5、厚1.6厘米（图四七，2）。Y03：1，凸面饰直行粗绳纹，并有横抹断呈弦断，凹面饰粗绳纹加布纹。残长48.6、残宽28.9、厚1.8厘米（图四七，1）。

2）筒瓦。碎片数量仅次于板瓦，无一复原。均为泥质灰陶。凸面饰绳纹，有粗细之分（图四六，5、7、10）。凹面纹饰以布纹最多，素面较少，粗绳纹最少（图四六，6、9）。

制法：先制成筒状，筒状体未干时，在圆筒外侧向里切割，一分为二均匀分割为两块。切口较深，有的已切透。

T0601⑦A：81，扣沿较直，扣唇尖圆，扣沿与瓦身结合处均呈弧形。凸面饰直行粗绳纹，凹面素面。残长7、残宽8、厚0.8厘米（图四八，3）。T0601⑦A：82，扣沿上翘，圆形扣唇，扣沿与瓦身结合处凹面有凸棱。凸面饰直行粗绳纹，凹面饰布纹。残长10.6、残宽10、厚0.8厘米（图四八，1）。T0601⑦A：79，扣沿上翘，扣唇厚圆，扣沿与瓦身结合处凸面近直角，凹面残留有多处褶痕。凸面饰斜行粗绳纹，经过抹光，凹面饰布纹。残长7.4、残宽7.6、厚1厘米（图四八，4）。T0501⑦B：10，扣沿上翘，扣唇尖圆，扣沿与瓦身结合处凸面近直角，凹面残留有凸棱。凸面饰斜行绳纹，经过抹光，凹面饰布纹。残长11、残宽12、厚0.9厘米（图四八，2）。

3）瓦当。5件。仅1件可复原。均夹细砂质，灰陶。由边轮、外圈及内圈组成，边轮较高，内圈内有纽（乳凸）。在内外圈之间上、下及左、右各饰两道界线，将当面分成对称的四个扇形格，格内饰蘑菇头状卷云纹（彩版九九，6）。

图四六 板瓦及筒瓦纹饰拓片

1. 板瓦凸面细绳纹（T0601⑦A：54-1） 2. 板瓦凸面粗绳纹（Y03：1-1） 3. 板瓦凹面绳纹（T0601⑦A：54-2） 4. 板瓦凹面布纹+绳纹（Y03：1-2） 5. 筒瓦凸面绳纹（T0601⑦A：53） 6. 筒瓦凹面粗绳纹（T0601⑦A：12） 7. 筒瓦凸面细绳纹（T0601⑦A：84） 8. 板瓦凹面粗布纹（T0601⑦A：87） 9. 筒瓦凹面细布纹（T0601⑦A：85） 10. 筒瓦凸面粗绳纹（T0601⑦A：82）

制法：先模制出瓦当头，然后套接在制作筒瓦的筒体上，再后则是以绳之类的工具将筒体的另一半切割下。

T1008③F：13，当面直径14.3厘米（图四九，1）。T0602⑦A：6，残，仅存当面的四分之一。残宽11.5厘米（图四九，2）。

4）砖。1件。T0601⑦A：13，残。泥质灰陶。侧面饰三重菱格纹。残长19、宽18、厚9厘米（图四九，3）。

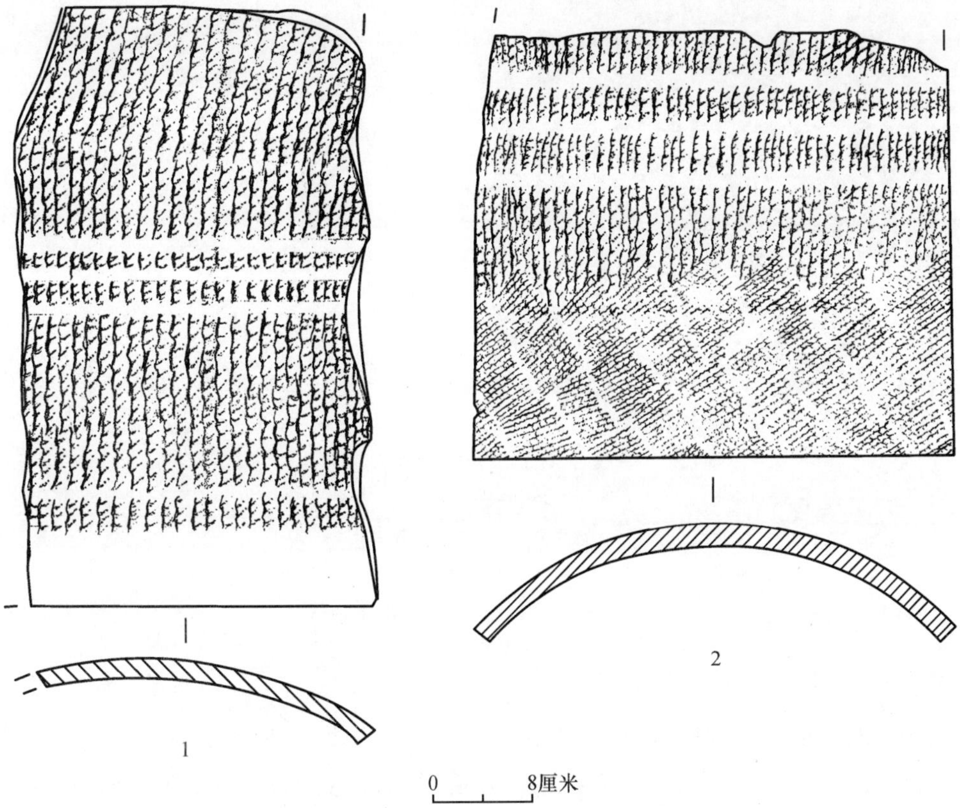

图四七 板瓦

1. Y03：1 2. T0601⑦B：54

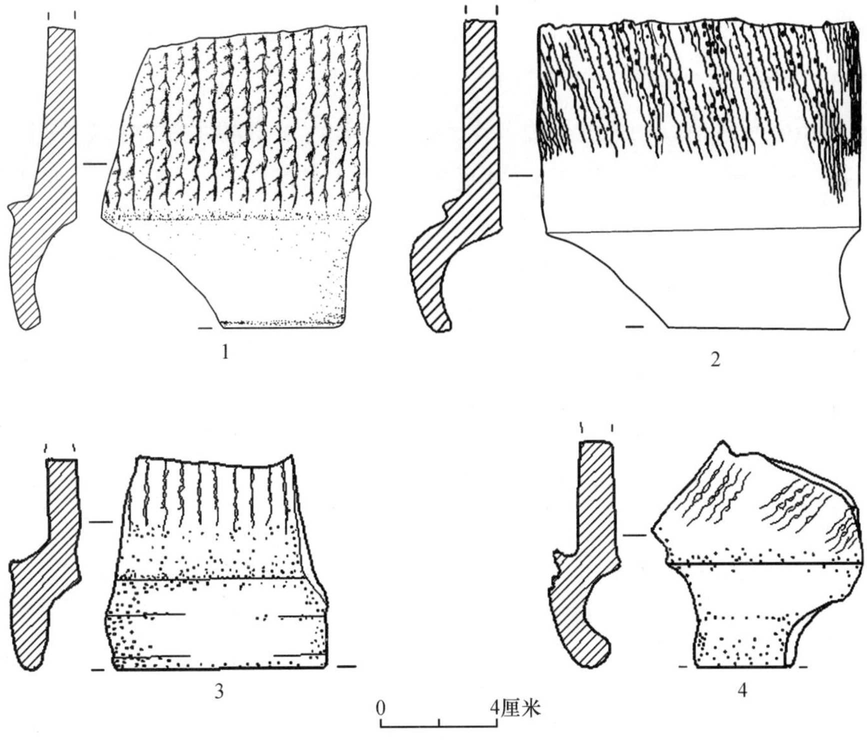

图四八 筒瓦

1. T0601⑦A：82 2 . T0501⑦B：10 3. T0601⑦A：81 4. T0601⑦A：79

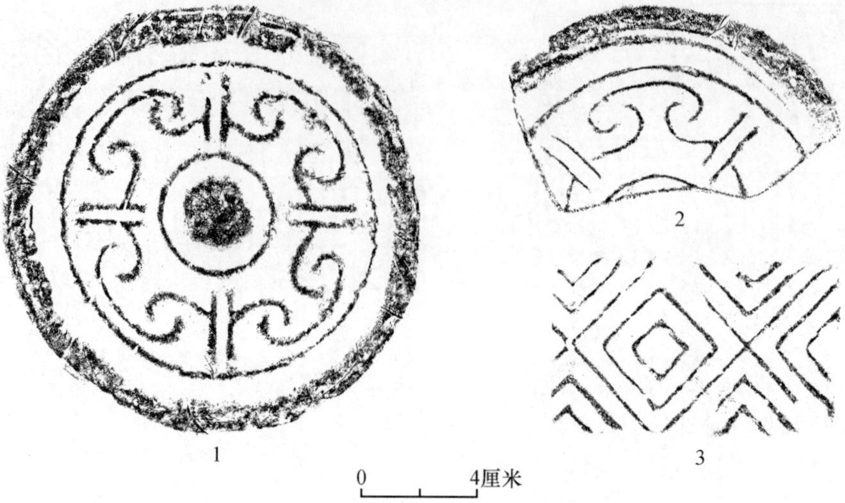

图四九　瓦当、砖拓片

1、2. 瓦当（T1008③F：13、T0602⑦A：6）　3. 砖（T0601⑦A：13）

2. 石器

9件。有斧和杈两类。

斧　8件。H36：1，石英石，呈灰白色，顶部呈紫红色。刃部有崩疤。坚硬。近椭圆形，斧身较短。弧顶，两面中部略鼓，正锋弧刃。通体磨光。长7.2、宽5.4、厚2.2厘米（图五〇，2；彩版一〇一，1）。H26：2，凝灰岩，呈褐黄色。刃部残。坚硬。近梯形。弧顶，两面近平，两侧有打击痕。磨光。残长7.6、宽4.9、厚2.2厘米（图五〇，3；彩版一〇一，3）。H26：1，凝灰岩，呈褐黄色。刃部有破碴。近梯形，两面中部略鼓，正锋弧刃，磨光，两侧有打击痕。长10.8、宽6、厚2.5厘米（图五〇，4；彩版一〇一，2）。

杈　1件。T0606①：2。底残。凝灰岩，呈紫灰色。圆锥状，顶部下凹，中间有纵向穿孔，内穿一铁棒。磨光。孔径1.2～1.4厘米，残存底径10、顶径4.4、残高7厘米（图五〇，1）。

3. 铁器

2件。

臿　H25：1，长方形銎略残，锈蚀严重。纵剖面呈“V”形，銎内残留有木头痕迹，刃部较宽，单面刃，刃部磨损较重。高10.2、刃宽9.3厘米，銎长7、宽2.6厘米（图五一，1；彩版一〇一，4）。

錾　T1008③G：8，刃部残缺。长条形，平顶，两面较平。残长10.8、宽3.6、厚0.4厘米（图五一，2）。

4. 铜器

有铜钱、箭头及戒指。

铜钱　4枚。有半两、五铢及剪轮五铢之分。

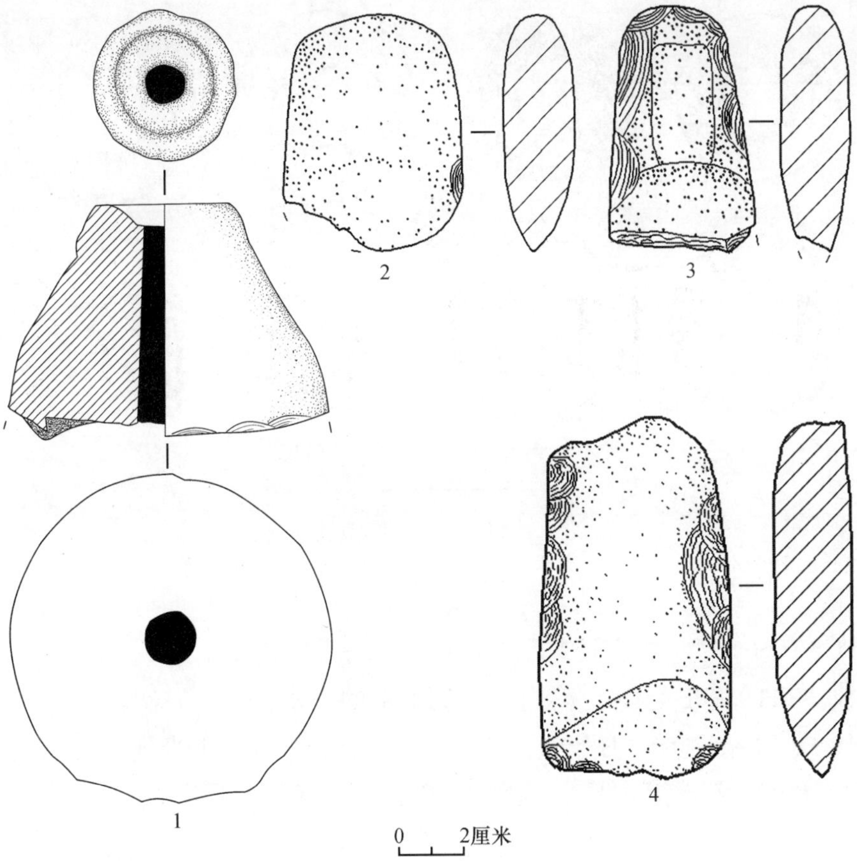

图五○　石器

1. 权（T0606①：2）　2~4. 斧（H36：1、H26：2、H26：1）

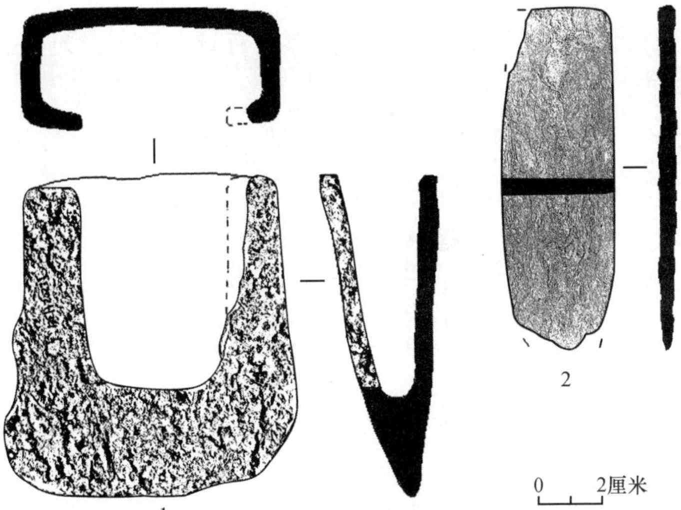

图五一　铁器

1. 臿（H25：1）　2. 錾（T1008③G：8）

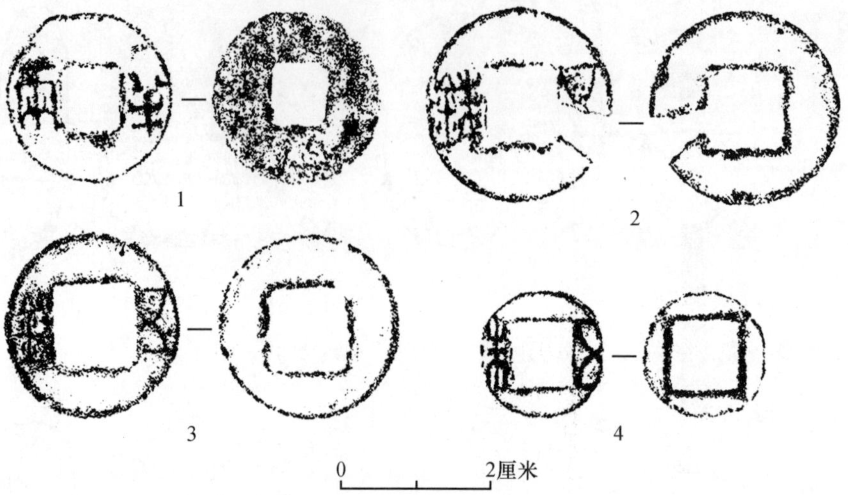

图五二　铜钱拓片

1.“半两”（T0604④：1）　2、3.“五铢”（H24：1、T1105③E：4）　4.剪轮“五铢”（T1109③F：3）

半两　1枚。T0604④：1，直径2.3、穿宽0.8厘米（图五二，1）。

五铢　3枚。T1105③E：4，“铢”字左侧上部的三角较小，右侧较窄，“五”字两交叉呈弧形。直径2.5、穿宽1厘米（图五二，3）。H24：1，“五”下半部残缺。“铢”字左侧上部的三角较大，右侧上部方折，下部呈弧状，“五”字两交叉略弧。直径2.6、穿宽1厘米（图五二，2）。

剪轮“五铢”　1枚。T1109③F：3。“五铢”分别剩下“五”字的左边，“铢”字的右边。“五”字两交叉笔呈弧形，“铢”字右边上部略显弧形，下部呈弧形。直径1.6、穿宽0.8厘米（图五二，4）。

箭头　2件。T1010③C：2，箭头横截面呈菱形，有脊，短翼，铤横截面呈圆形。长4.5、箭头宽1.1厘米（图五三，1；彩版一〇一，5）。

戒指　1件。T1209⑤：1，戒面外弧。戒面宽0.8、直径1.9厘米（图五三，2）。

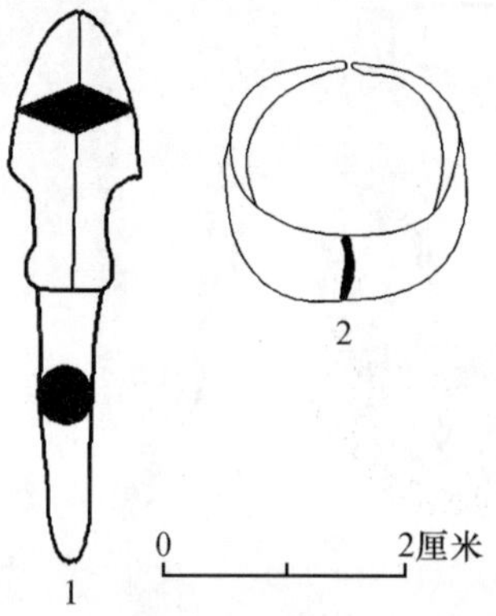

图五三　铜器

1.箭头（T1010③C：2）　2.戒指（T1209⑤：1）

（三）符号和文字

在一些陶片上发现有刻划符号、刻划文字和戳印文字，多是陶盆和罐的残片。

1. 刻划符号

发现数量较少，只有两残片。

T0601⑦A：59，盆底残片。泥质黑灰陶，符号刻划在外底（图五四，7）。T0601⑦A：18，碗底残片。泥质褐红陶，符号刻划在外底（图五四，1）。

2. 刻划文字

"謝"　T0601⑦B：33，陶罐肩部残片。泥质灰陶。字刻划在陶片外壁面（图五四，5）。

"曰"　T0501⑦B：3，陶盆底部残片。泥质黑灰陶。字刻划在盆外底面（图五四，6）。

"余"　T0601⑦B：66，陶罐肩部残片。泥质灰陶。字刻划在外壁面（图五四，4；彩版一〇〇，5）。

"□"　T0601⑦A：68，陶盆腹部残片。夹砂质灰陶。字刻划在外壁上，残存较少，不能识读（图五四，2）。

"□"　T1008⑤：12，陶罐肩部残片。泥质灰陶。字刻划在外壁上，残存较少，不能识读（图五四，3）。

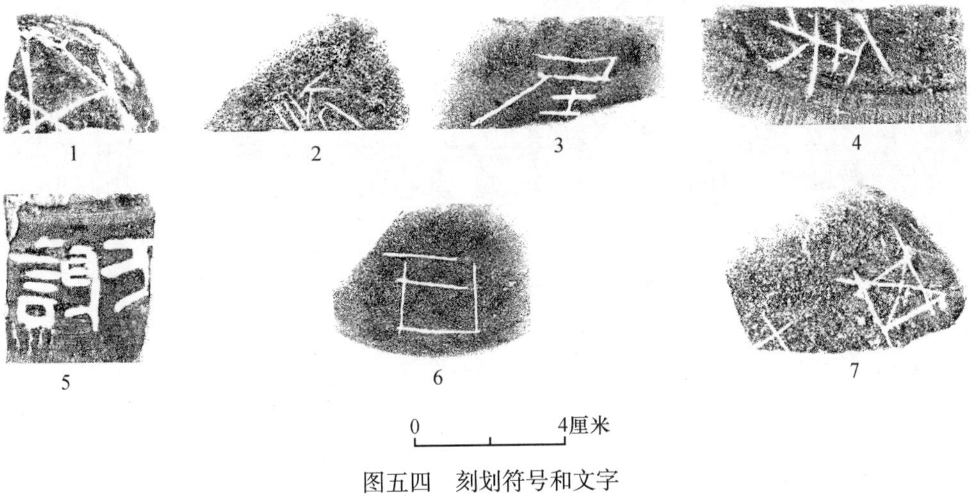

图五四　刻划符号和文字

1、7. 符号（T0601⑦A：18、T0601⑦A：59）　2. "□"（T0601⑦A：68）　3. "□"（T1008⑤：12）　4. "余"（T0601⑦B：66）　5. "謝"（T0601⑦B：33）　6. "曰"（T0501⑦B：3）

3. 戳印文字

发现3件戳印有"五铢"钱纹的碎陶片，器形不明。均为泥质灰陶。"五铢"为阳文。

T0501⑦B：13，"铢"字右边上部呈小三角形，右边上部近方折，"五"字较偏，两交叉笔斜直。直径2.4、穿宽0.6厘米（图五五，1；彩版一〇〇，7）。其余2件戳印不

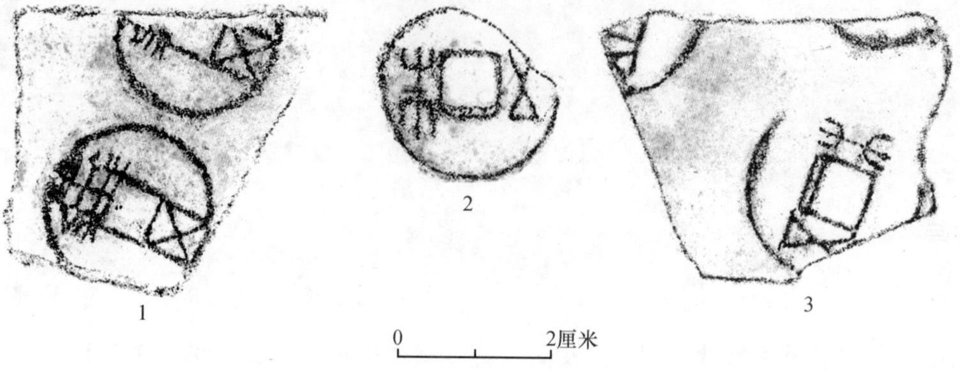

图五五 “五铢”钱戳印纹

1. T0501⑦B：13 2. T0602⑦A：17 3. T1208③F：1

全，字体瘦长。“铢”字只有右半边，“朱”字上下两笔略呈弧形，“五”字两交叉笔斜直。T1208③F：1，“铢”中间不见一横笔。直径2.5、穿宽0.8厘米（图五五，3）。T0602⑦A：17，“铢”中间一横笔较短。直径2.4、穿宽0.8厘米（图五五，2；彩版一〇〇，8）。

五、唐宋遗存

只有地层堆积，未发现其他遗迹。出土物较少，主要是瓷碗及罐。

碗 7件。按照口部不同可分三型。

A型 1件。直口，可复原。T1209③D：6，紫灰胎，胎质粗糙，器表分布有很多小鼓包。方唇，深腹，圜底，饼状足，足心内凹。内壁及外壁上半部饰青灰釉，釉层较薄。内底有四个支钉痕。口径14.8、底径4.8、高7.8厘米（图五六，3）。

B型 5件。敞口。T1110③D：3，可复原。紫灰胎，胎质致密坚硬。尖圆唇，弧腹，圜底，饼状足。内壁及外壁上半部饰黄灰釉，有黄绿斑，釉色暗淡，釉层较厚，外壁有流釉现象。内底有四个支钉痕。口径16.6、底径6.4、高5.2厘米（图五六，1）。T1009③C：9，灰白胎，胎质致密坚硬。尖圆唇，弧腹，圜底，矮圈足。器表饰褐黄釉，只有零星残存。口径17、底径6.4、高5.6厘米（图五六，2）。

C型 1件。六瓣葵口。T1110③D：1，可复原。口外侈。褐灰胎，胎质致密坚硬。尖圆唇外翻，深弧腹，内底稍凸，高圈足。瓜棱腹，器表饰有弧形刻划纹。内、外壁饰青釉，釉层较薄。口径12.1、底径5.3、高5.8厘米（图五六，4）。

罐 1件。T1109③A：7。底残。紫灰胎，胎质致密坚硬。近直口，方唇，弧腹下垂。腹部以上饰黄绿釉，釉色暗淡。口径10、残高9.8厘米（图五六，5）。

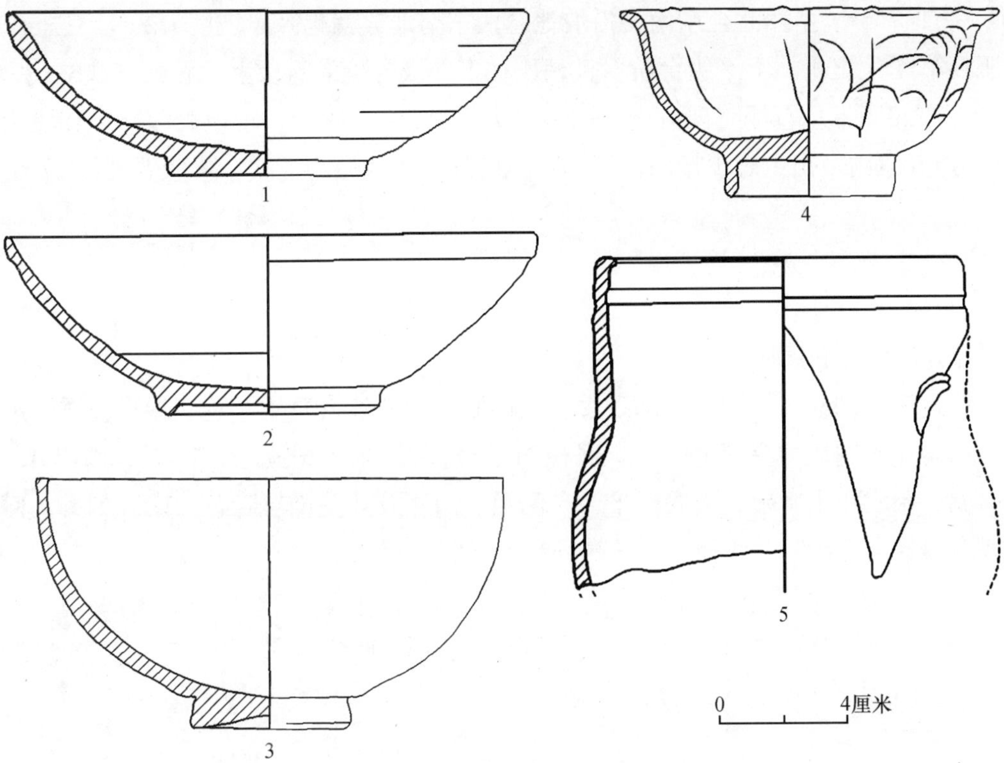

图五六　瓷器

1、2. B型碗（T1110③D：3、T1009③C：9）　3. A型碗（T1209③D：6）　4. C型碗（T1110③D：1）　5. 罐（T1109③A：7）

六、明清遗存

（一）遗迹

1. 灰坑

1座。

H23　开口于第4层下，打破第5层。坑口呈椭圆形，圜底。坑口长径180、短径140、深72厘米。填土为红黄色砂土，含少量灰褐色淤泥。出土三块青砖。根据层位关系和出土的青砖判断，年代应是明代。

2. 石板路

2条。编号为L01、L02。

L01　方向8°。由南至北，越往北地势越高，坡度为10°。压在第3B层下，叠压在第7A层之上。呈斜坡台阶状，上面的石块压在下面的石块之上，其台阶大部分是一层石板叠压，少量是两层石板叠压。所用石块为黄灰色或褐红色砂岩，最大石板长90、宽60、厚15厘米，一般长为55、宽35、厚10厘米。路宽为80～150厘米，发掘揭露长度为900厘米。主要分布在探方T0502内。出土遗物较少，只有少量的白瓷和青花瓷片。年代应是清代（彩版九五，1）。

L02　方向145°。由西北至东南，沿坡地越往东南地势就越高，坡度为20°。其压在第3C层下，叠压在第5D层之上。上一级台阶石板稍压在下一级台阶的石板上。石板较规整，一般长为90、宽50、厚20厘米。石板路现清理长度为470、宽50～90厘米，距地表深15～18厘米。主要分布在探方T1011内。出土有少量的白瓷和青花瓷片。年代应为清代（彩版九五，2）。

（二）遗物

有青花瓷碗残片和铜钱。

青花碗残片　T0502①：2，底部残片。灰白胎，胎质致密坚硬。碗底近平，矮圈足。内底及外壁饰有青花，内底刻有“熊”字。底径7.6、残高3厘米（图五七，1）。采集：4，底部残片。灰白胎，胎质致密坚硬。碗底近平，高圈足。内底及外壁饰有青花，内底刻有“何记”字样，外底有落款“□制”。底径12、残高3厘米（图五七，2）。

铜钱　2枚。钱文不清晰。

“□□通宝”　2枚。T0503②：1，直径1.9、穿宽0.5厘米（图五八，2）。T0904③C：5，直径1.8、穿宽0.6厘米（图五八，1）。

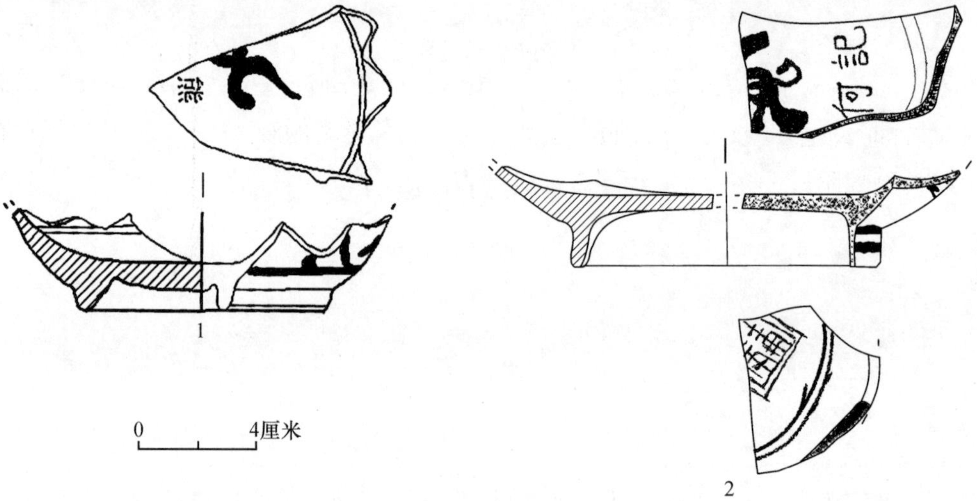

图五七　青花瓷碗

1. T0502①：2　2. 采集：4

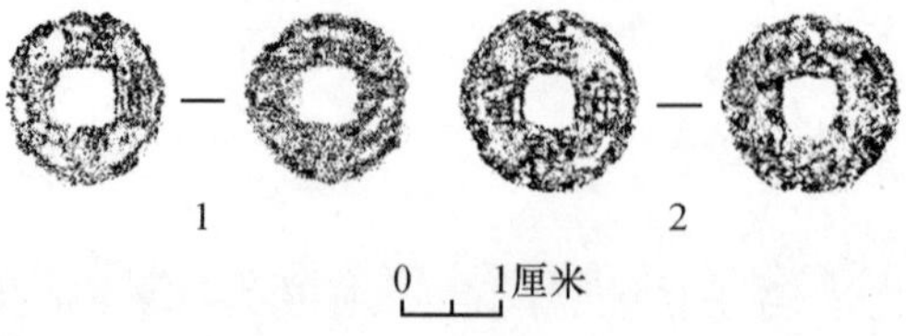

图五八　铜钱

1. T0904③C：5　2. T0503②：1

七、讨　论

1. 西周春秋时期遗存

尖底杯和花边口沿罐是上油坊遗址西周春秋时期遗存最典型的陶器，数量也最多。尖底杯在忠县境内的中坝、哨棚嘴、瓦渣地及邓家沱[①]等遗址中商周时期的地层中大量出现，花边口沿罐最早出现在商代，在忠县中坝遗址的西周地层中，数量大增，春秋战国时，已占出土陶器总量的95%以上。上油坊遗址所出A型尖底杯与中坝遗址DT0202㊾出土炮弹形尖底杯[②]相同，胎质和大小尺寸均接近；而B型尖底杯与中坝遗址DT0202㊾、㊿出土矮尖底杯[③]相似，时代在商周阶段。笔者曾就尖底杯、花边口沿罐的年代问题专门请教孙智彬先生，告知就中坝遗址的情况看，尖底杯、角杯是商代晚期至西周早期出土量最大的器物，上油坊遗址所出尖底杯大致年代在西周阶段，具体还可分出早晚差异；而花边口沿罐则延续时间较长，从商代一直到春秋战国时期，器形纹饰则有早晚变化。上油坊遗址以T0907⑤：24和T0907⑤：14等为代表的A型花边束颈圜底罐从纹饰特征判断，年代可能要晚到春秋阶段，与中坝遗址1999年度发掘出土同类器[④]相似，夹粗砂，绳纹较粗；而T0909③F：6和T0910⑧A：6等为代表的B型花边口沿罐从器形和纹饰风格看时代要早，相当于西周时期。尖底杯矮体、夹细砂、素面等特征明显要晚于中坝遗址Ⅱ区第12层、哨棚嘴遗址第五期[⑤]等遗存，倒与邓家沱遗址H42、H52、H50等所出者[⑥]近似，估计时代也大致相当。按照于孟洲、白九江等学者的观点[⑦]，上油坊遗址存在石地坝文化第三期或更晚阶段的遗存。只可惜因为原生地层较少，大量的文化遗物出土于晚期地层，没有可靠的层位关系为依据进行更细致的分期断代，只能将这类遗存大体归为西周春秋阶段。

目前学界多认为尖底杯和花边口沿罐与制盐有直接关系[⑧]。美国阿拉巴马大学人类学系的考古专家布朗（Dr. Ian Brown）教授1999年3月到忠县参观考察后，写了《尖底杯——中国中部一种可能用于制盐的器具》一文，认为尖底杯是制作盐块的模子和用来运输的容器。而类

① 李锋：《忠县邓家沱遗址西周时期文化遗存的初步认识》，《重庆·2001三峡文物保护学术研讨会论文集》，科学出版社，2003年。

② 四川省文物考古研究所：《忠县中坝遗址1999年度发掘简报》，《重庆库区考古报告集·2000卷》，科学出版社，2006年，第1024页，图四二。

③ 四川省文物考古研究所：《忠县中坝遗址1999年度发掘简报》，《重庆库区考古报告集·2000卷》，科学出版社，2006年，第1024页，图四二。

④ 四川省文物考古研究所：《忠县中坝遗址1999年度发掘简报》，《重庆库区考古报告集·2000卷》，科学出版社，2006年，第1024页，图四二。

⑤ 北京大学考古学研究中心等：《忠县哨棚嘴遗址发掘报告》，《重庆库区考古报告集·1999卷》，科学出版社，2006年，第633页，图四七。

⑥ 于孟洲：《峡江地区夏商时期考古学文化研究》，科学出版社，2010年，图2-48。

⑦ 于孟洲：《峡江地区夏商时期考古学文化研究》第三节《路家河文化和石地坝文化阶段》，科学出版社，2010年。

⑧ 孙华、曾先龙：《尖底陶杯与花边陶釜——兼说峡江地区先秦时期的鱼盐业》，《巴渝文化》，重庆出版社，1999年；四川省文物考古研究院等：《中坝遗址的盐业考古研究》，《四川文物》2007年第1期。

似上油坊遗址所出A型花边口沿罐，与山东沿海西周时期遗址中出现的“将军盔”形陶器极为相似，已基本确认“将军盔”这类器物是煮海盐用的专门用具①。有关学者在研究盐业考古时，提及欧洲、美洲、非洲及日本等国外盐业考古，其遗址的特征与上油坊遗址有诸多相同之处②：都发现有以陶片为主的堆积地层；出土陶器中，都以一两种器形占绝大多数。

忠县的盐井主要分布在汝溪河和㽏井河两岸，两河均发源于忠县北部的梁平县，流经于忠县东北部的山脉断崖之间，注入长江，主要河段均在忠县区域内。上油坊遗址位于汝溪河的下游，即涂井乡红赤一组和凤山村四组，这里是汝溪河流域雏形盐井——盐泉的主要分布区域。在这一区域内，河流横穿山脉的背斜切面，形成多处自然跌水和峡谷，致使河床的基岩全部裸露。在700余米的地段内，海拔标高由162降至140米，大落差形成急流水，使河床没有砂石沉积，洪水的涨幅甚微，对井盐产生的影响很小，是井盐生产的理想场所。

2. 汉代遗存

上油坊遗址汉代地层和遗迹所出器物的年代特征基本都是东汉时期，A型陶罐（Y05：1）和A、B、C型陶盆可能要早到东汉早期；F型青釉盆与忠县涂井蜀汉崖墓M13出土的青釉洗近似③；蘑菇头状卷云纹瓦当主要流行于汉代，风格与广州汉墓中东汉后期M5044出土的云纹瓦当接近；砖侧面所饰三重菱格纹在广州东汉砖室墓中也经常出现④，重庆丰都县赤溪、冉家路口、槽房沟等地东汉砖室墓⑤中也常见此类砖纹；上油坊遗址汉代B型碗型式与丰都县赤溪、冉家路口东汉墓出土的Aa型Ⅱ式钵相近⑥；所出剪轮五铢是东汉晚期的断代标型器之一。所以，从出土遗物判断，上油坊遗址汉代遗存从东汉早期延续到东汉晚期。

发掘的4座龙窑，在火膛内出土有板瓦及筒瓦残片，Y02中还出土有三块卷云纹瓦当残片，但没有发现明确属于龙窑烧制的产品废弃物。忠县中坝遗址Ⅱ区也发掘出1条汉代龙窑，结构与上油坊所见基本相同，窑内废弃堆积中出有少量板瓦、筒瓦等，亦不见其他烧制品。发掘者孙智彬先生在《中坝遗址的盐业考古研究》中指出或为煮盐的遗迹，与铁锅或“劳牢”之类的器物配合使用⑦。笔者亦认同这一点，契合忠县溪河沿岸盐业兴盛的历史大背景，考古发掘的出土遗物和窑体结构也可佐证。

上油坊遗址3座马蹄窑只有Y03保存最好，打破了Y01。从层位关系和热释光年龄测定结果来看，龙窑Y01相对年代早于马蹄形窑Y03。Y03火膛内出土板瓦残片26片、筒瓦残片16片

① 李岩：《广东地区盐业考古研究刍议》，《华南考古》，文物出版社，2004年。

② 方辉：《商周时期鲁北地区海盐业的考古学研究》，《考古》2004年第4期。

③ 四川省文物管理委员会：《四川忠县涂井蜀汉崖墓》，《三峡考古之发现》，湖北科学技术出版社，1998年。

④ 广州市文物管理委员会、广州市博物馆：《广州汉墓》第六章，文物出版社，1981年；广州市文物考古研究所、番禺区文管会办公室：《番禺汉墓》，科学出版社，2006年。

⑤ 四川省文物考古研究所：《丰都县三峡工程淹没区调查报告》，《三峡考古之发现》（二），湖北科学技术出版社，2000年。

⑥ 四川省文物考古研究所：《丰都县三峡工程淹没区调查报告》，《三峡考古之发现》（二），湖北科学技术出版社，2000年。

⑦ 四川省文物考古研究院等：《中坝遗址的盐业考古研究》，《四川文物》2007年第1期，第45页。

及残罐片3片。从其结构看，火膛、火道、窑室结构及烟道等都相当成熟，形状与功能与万州黄柏溪遗址发现的东汉六朝时期陶窑[①]近似，因此推测上油坊这三座马蹄形窑也是烧制砖瓦类的陶窑。

在Y01与Y02之间发现有大量的灰坑存在，这些灰坑呈圆形、长方形或有斜坡或有台阶，其形制规整，从平面布局上看，应与陶窑的生产活动有直接关系。

3. 唐宋遗存

遗址中没有发现唐宋时期的遗迹，这可能与遗址所处的地形条件有关，由于位于河旁阶地，水土流失严重，这一时期的遗存已被破坏，发现的唐宋地层也为次生堆积，不是原生堆积。出土的器物比较少，主要是瓷碗。其中A型碗为直口、深腹、饼状足，具有唐代早中期的特征；B型碗和C型碗流行年代大致在唐代中晚期到北宋早期。

4. 明清遗存

只有1座灰坑和2条石板路，出土的遗物也只有少量的青花瓷。推测到明清时，遗址规模已大大变小，重要性也降低，估计也就是一个分散的居住地。

附记：上油坊遗址的考古发掘领队为广州市文物考古研究所全洪，参与田野发掘工作的人员有广州市文物考古研究所的覃杰、易西兵、廖明全、朱汝田、朱家振等，武汉大学的陈官涛、倪婉、田景林、易军，以及忠县文物保护管理所的曾先龙等也参加了部分发掘和整理工作。董峰、段玉勤承担了器物修复工作，全洪、朱汝田负责田野摄影，曾先龙负责室内出土器物摄影。由于发掘领队工作调动的缘故，拖延了发掘资料的整理和报告的编写，之后的室内整理和报告编写工作主要由广州市文物考古研究所张强禄统筹完成，其中发掘资料整理与归档主要由朱汝田、覃杰、曾凡华等负责，绘图制卡和报告线图清绘及基础资料汇编均由朱汝田完成。报告编写当中还得到中山大学人类学系王宏先生和四川省文物考古研究院的孙智彬先生的指正，特执笔此谢忱！

执笔：张强禄

① 重庆市博物馆、益阳市文物管理处、重庆市万州区文物管理所：《万州黄柏溪遗址发掘报告》，《重庆库区考古报告集·1998卷》，科学出版社，2003年。

附表一　上油坊遗址西周春秋灰坑统计表

编号	位置	层位关系	形状与结构	层位堆积	主要出土物
H06	T0605西北	④→H06→生土	方形，坑壁陡直，平底。坑口边长95、深46～50厘米	褐黄土，土质结构紧密，含有黄砂土块	尖底杯、花边口沿罐及绳纹罐
H07	T0604东南	②→H07→生土	近方形，坑壁陡直，平底。坑口边长104、深34～40厘米	褐黄土，土质结构紧密，含有黄砂土块	尖底杯及绳纹罐
H09	T0605西南	④→H09→生土	椭圆形，圜底。开口长径276、短径224、深50厘米	褐黄土，土质结构紧密，含有黄砂土块	尖底杯和花边口沿罐
H15	T0606西北	①→H15→生土	方形，坑壁陡直，平底。坑宽70、深40厘米	褐黄土，土质结构紧密，含有青灰色砂石颗粒	尖底杯
H17	T0603西部	③A→H17→生土	方形，坑壁陡直，坑底平坦。坑宽64、深15～32厘米	褐黄土，土质结构紧密，呈块状，含有少量的烧土颗粒	尖底杯和绳纹罐
H22	T0604东南	④→H22→生土	圆形，坑壁陡直，平底。直径85、深50～60厘米	褐黄土，土质结构紧密，呈块状	尖底杯和绳纹陶罐，并出土兽骨4块
H27	T0504西部	②→H27→生土	方形，坑壁陡直，坑底平坦。坑宽76、底深32～80厘米	褐黄土，土质结构紧密，呈块状	尖底杯
H32	T0904东北	⑤→H32→⑧A	椭圆形筒状，坑壁略内收，平底。坑口长径70、短径40厘米，坑底长径60、短径30、深76厘米	褐黄砂质土，土质结构紧密	尖底杯和花边口沿罐
H33	T0904中部	③C→H33→⑧A	残状，现存半圆形，北壁呈斜坡状，圜底。坑口残宽80、深120厘米	褐黄砂质土，土质结构紧密	尖底杯和绳纹罐
H34	T0609西北	①→H34→生土	近方形，坑壁略内收，平底。坑口长90、宽74厘米，坑底长85、宽70、深15～20厘米	黄褐砂质土，土质结构紧密，含有烧土颗粒	尖底杯
H35	T0805西南	⑤→H35→⑧A	长方形，一端壁略外弧，坑壁陡直，平底。坑长110、宽60、深57～70厘米	褐黄土，土质结构紧密，呈块状	尖底杯和绳纹罐
H38	T0804西北部	Y06→H38→生土	长方形，坑壁斜直，略内收，坑底平坦。坑口长140、宽 50厘米，坑底长132、宽46、深44～52厘米	褐黄土，土质结构紧密，呈块状，含有少量的烧土颗粒	尖底杯和绳纹陶罐
H39	T0808西南	①→H39→生土	近方形，坑壁陡直，平底。坑长43、宽40、深24～30厘米	黄褐色，土质结构紧密	尖底杯

附表二　上油坊遗址汉代灰坑统计表

编号	位置	层位关系	形状与结构	层位堆积	主要出土物
H03	T0705西北	⑤→H03→生土	圆形坑，壁斜收，平底坑口直径130厘米，坑底。直径90、深90～105厘米	黑灰土，土质结构紧密，呈块状，含有少量的烧土粒	板瓦、筒瓦和少量的尖底杯及陶罐
H04	T0603东部	③A→H04→生土	圆形坑，壁陡直，平底。直径128、深39～56厘米	黑灰土，土质结构紧密，呈块状，含有少量的烧土粒	板瓦、筒瓦和少量的尖底杯、甑、碗及罐等，并出土有陶网坠和陶饼
H08	T0606东中	①→H08→生土	椭圆形坑，坑壁陡直，平底。坑口长径100、短径64、深16～20厘米	黑灰土，土质结构紧密，呈块状	板瓦、筒瓦和少量的绳纹罐
H10	T0603西南	③A→H10→生土	圆角方形坑，坑壁陡直，平底。坑宽108、深40～76厘米	黑灰土，土质结构紧密，呈块状，含有少量的烧土粒	板瓦、筒瓦和少量的尖底杯
H11	T0603中部	③A→H11→生土	圆角方形坑，坑壁陡直，坑底平坦。坑宽80、深20～50厘米	黑灰土，土质结构紧密，呈块状，含有少量的烧土粒	板瓦、筒瓦和少量的尖底杯、盆和陶罐等
H12	T0805东北	④→H12→生土	瓢形坑，坑壁稍内收，坑壁南侧在距坑底70厘米处有一台阶，台阶最宽处为40厘米。坑底呈圆形，平底。坑口长径190、短径174厘米，坑底直径为80、深140～160厘米	黑灰土，土质结构紧密，呈块状，含有少量的烧土粒	板瓦、筒瓦和少量的盆和罐
H13	T0805东北	④→H12→生土	圆形坑，筒状，平底。直径70、深40～44厘米	黑灰土，土质结构紧密，呈块状，含有少量的烧土粒	板瓦、筒瓦
H14	T0705西部	⑤→H14→生土	圆形坑，筒状，平底。直径80、深24厘米	黑灰土，土质结构紧密，呈块状，含有少量的烧土粒	板瓦、筒瓦和少量的陶罐、盆等
H16	T0603西部	③→H16→生土	椭圆形坑，筒状，平底。长径96、短径80、深10～30厘米	黑灰土，土质结构紧密，呈块状，含有少量的烧土粒	板瓦、筒瓦和网坠
H18	T0704西北	④→H18→Y02	瓢形坑，坑壁陡直，在坑的东侧有一台阶，台阶高出坑底16厘米，台阶最宽处为34厘米，坑底近圆形，平底。坑口长径130、短径90厘米，坑底直径为90、深56厘米	黑灰土，土质结构紧密，呈块状，含有少量的烧土粒	板瓦、筒瓦和少量的陶尖底杯、花边口沿罐
H19	T0704北	④→H19→Y02	近椭圆形坑，坑壁陡直，平底。长径105、短径80、深74厘米	黑灰土，土质结构紧密，呈块状，含有少量的烧土粒	板瓦、筒瓦和少量的陶尖底杯和罐
H20	T0805东南	④→H20→Y05	瓢形坑，坑壁陡直，其西北侧有一台阶，高出坑底10厘米，坑底呈圆形，平底。坑口长径164、短径84厘米，坑底直径为88、深42～50厘米	黑灰土，土质结构紧密，呈块状，含有少量的烧土粒	板瓦、筒瓦和少量的陶罐和盆等

续表

编号	位置	层位关系	形状与结构	层位堆积	主要出土物
H21	T0503西北	②→H21→G03	椭圆形坑，坑壁稍内收，坑底平坦。坑口长径95、短径64厘米，坑底长径86、短径60、深13～34厘米	黑灰土，土质结构紧密，呈块状，含有少量的烧土粒	板瓦、筒瓦和少量的陶罐及兽骨等
H24	T0704西	④→H24→Y02	近椭圆形坑，坑壁向内斜直，平底。坑口长径150、短径90厘米，坑底长径92、短径50、深83～105厘米	黑灰土，土质结构紧密，呈块状，含有少量的烧土粒	板瓦、筒瓦和少量的陶尖底杯、罐
H25	T0804北	④→H25→生土	瓢形坑，坑壁向内斜直，坑的北侧上部呈斜坡状，坑底呈圆形，平底。坑口长120、宽80厘米，坑底直径为70、深58～122厘米	黑灰土，土质结构紧密，含有少量的烧土粒	板瓦、筒瓦和少量的陶尖底杯及盆等，并出土一铁臿
H26	T0703东北	③A→H26→Y02	椭圆形坑，坑壁陡直，平底。坑口长径114、短径80、深43～60厘米	黑灰土，土质结构紧密，含有少量的烧土粒	板瓦、筒瓦和少量的陶罐，并出土石斧两件
H28	T0705南	⑤→H14→⑧A	圆形坑，坑壁陡直，平底。直径60、深10～26厘米	黑灰土，土质结构紧密，呈块状	板瓦、筒瓦和少量的陶罐
H29	T0705南	⑤→H14→⑧A	椭圆形坑，坑壁陡直，平底。长径78、短径66、深10～20厘米	黑灰土，土质结构紧密，呈块状	板瓦和少量的陶罐
H30	T0705东南	⑤→H14→⑧A	圆形坑，坑壁陡直，平底。直径74、深8～14厘米	黑灰土，土质结构紧密，呈块状	板瓦和少量的陶罐
H31	T0805西南	④→H31→Y06	圆形坑，坑壁斜直向内收，平底。坑口直径132厘米，坑底直径100、深70～138厘米	黑灰土，土质结构紧密，呈块状	板瓦、筒瓦和少量的陶尖底杯、盆
H36	T0805北部	⑤→H36→生土	近长方形坑，一端略宽，坑壁陡直，平底。长90、宽34～60、深10～26厘米	黑灰土，土质结构紧密，呈块状	板瓦、筒瓦和少量的陶尖底杯和盆，并出土石斧1件
H37	T0805西部	⑤→H37→⑧A	近长方形坑，中间略宽，东端呈斜坡状，两侧边近直，底部呈东高西低斜坡状。坑口长126、宽24～44厘米，坑底长90、宽24～44、深24～36厘米	黑灰土，土质结构紧密，呈块状	板瓦、筒瓦和少量的尖底杯

附表三　上油坊遗址汉代窑址统计表

编号	方向（°）	涉及探方	层位关系	结构					层位堆积	出土器物
				操作坑	火膛	火道	窑室	烟洞		
Y01（龙窑）	230	T0905 T0805 T0806 T0706	④↓Y01↓生土	位于窑室的前端，后端与火膛相连。平面近梯形，靠近火膛的一端较窄。其左、右两侧壁用石块垒砌，上口较宽。底部由里向外呈斜坡状，底部坡度为4°。底部长640、宽140～200、深140厘米	位于操作坑东端，与火道相通。其右侧壁被H37打破。与操作坑之间有一石壁相隔。石壁宽40、高66、厚35厘米。石壁之上有一缺口，宽40厘米，推测应是火门，因已遭破坏，具体情况不明。火膛壁面烧烤严重，从现存的现状看，火膛经过多次修补。经解剖可知，火膛分为前、后两期。呈长方形，壁面规整，底部从里向外呈斜坡状，坡度为3°。周边烧结厚度达4厘米。第Ⅰ期火膛直接挖在生土之中。长176、宽90、现存深140厘米。第Ⅱ期火膛是把第Ⅰ期火膛的左侧用泥土垫起来，上部用石块结砌。长度为170、宽30、深140厘米	位于火膛的前端。其右侧壁被H36打破。分前后两部分，前端是一个较平的台阶，长120、宽36、深120厘米，左右两侧壁80厘米以上用石块垒砌。并有多次用泥土修补的痕迹。后端呈斜坡状，坡度为30°。水平长度为290、宽44～58、深14～120厘米，底部烧结厚度为16厘米	位于火道的前（东）端。直接挖在生土之中。呈长条形。室壁规整，两侧壁上烧结厚度为4～6厘米，并有夯窝均匀分布，夯窝直径为4～6厘米。从现存的情况看，窑床两侧壁经过多次修补。底部倾斜，坡度为4°。口部较宽，长700、宽64厘米，底宽54厘米，残存深度为20厘米	位于窑室的后端，因破坏严重，只留下底部结构。呈长方形，两端用石块垒砌。长160、宽60、深50厘米	操作坑堆积呈灰褐色，土质结构疏松，含有少量的烧土颗粒。火膛内堆积呈褐黄色，含有较多的烧土块，土质结构疏松。窑室内堆积呈黄褐色，土质结构疏松，含有少量的烧土颗粒	操作坑内出土大量的板、筒残片，只有少量的尖底杯、罐残片。火膛内出土有少量的板、筒瓦残片。窑室内出土有少量的板、筒瓦残片

续表

编号	方向（°）	涉及探方	层位关系	结构					层位堆积	出土器物
				操作坑	火膛	火道	窑室	烟洞		
Y02（龙窑）	223	T0703 T0704 T0604	⑤→Y02→⑧	位于火膛前端。近长方形。左右两侧壁用石块垒砌，依山就势，有的直接砌在基岩上。其上口较宽，底部内收变窄，底部由里向外呈斜坡状。现存底部长700、宽170～220、深260厘米	位于操作坑的后部，其后端与火道相接。平面近三角形，与火道相连处内收窄。左右两侧壁用石块垒砌，60厘米之上内收。底部呈斜坡状并烧烤成火红色。火膛长200、宽50～156、深130厘米。火膛壁用石块经过多次修补。与火膛相连火门已被破坏，结构不详	位于火膛的后端，直接挖在生土之中。平面呈长方形，底部呈斜坡状并与火膛相连。底部及两侧壁被烧烤成火红色。火道残长180、宽40、深60厘米	已遭破坏	已遭破坏	第1层呈褐灰色土，土质结构紧密，含有烧土块。第2层是黄褐土，土质结构紧密，含有较多的烧土颗粒。第3层是黄褐色砂质土，土质结构疏松，含有较多的烧土颗粒	出土物以板、筒瓦残片最多，卷云纹瓦当、陶尖底杯、罐及盆等器形较少，并出土有铁器和铜器等

续表

编号	方向（°）	涉及探方	层位关系	结构					层位堆积	出土器物
				操作坑	火膛	火道	窑室	烟洞		
Y03（马蹄窑）	240	T0906 T0806	③B→Y03→Y01→生土	已遭破坏	位于窑室的前端，近三角形，其西端呈弧形，东端较直，两侧壁外弧。火膛底部较平，比窑床低55厘米，并与火道相通。火膛壁被烧结呈灰色，烧结面厚12厘米。火膛长170、最宽处为180厘米，深46～120厘米。另外，在火膛底部后端分布有一排五个小柱洞，分别对应五条火道隔墙。小柱洞直径6、深4～17厘米	位于窑室的底部，共有6条，在窑室的底部直接挖成。火道呈长条形，规整。其长度为290厘米，即是窑室底部的长度，宽度为10～20、深20厘米。其左、右两侧第二条火道与窑室后壁的两条烟道相对应	位于火膛的后端，呈长方形，窑室壁上部内收。其东侧壁经过修补，有的地方加砌石块，窑室壁被烧结成灰色，烧结厚度为14厘米。窑室长290、宽210、深110厘米。在窑室的底部挖有火道	位于窑室后壁面上，共两条，间距为80厘米。烟道的下端与火道相连，进、出烟口近方形，宽20～22厘米。其建造方法是在窑室的后壁挖两条宽22、进深20厘米的竖槽，然后在竖槽的外面敷立板瓦而成烟洞	窑室内堆积为褐黄色砂质土，土质结构疏松，含有少量的红色烧土颗粒。火膛底部有5厘米厚的灰烬	板瓦、筒瓦和少量的细绳纹陶罐残片。多是出土于火膛内
Y04（马蹄窑）	294	T1007 T1006	③F→Y04→⑨	已遭破坏	只残存火膛。根据Y03清理情况，该窑也应该是马蹄形窑。火膛呈梯形，其前端呈弧形，其余三壁较直，底部平坦。边壁及底部烧结厚度达8厘米。长194、宽74～166、底深20厘米	已遭破坏	已遭破坏	已遭破坏	堆积呈黄褐色砂质土，含有少量的烧土颗粒	出土有少量的板、筒瓦残片

续表

编号	方向（°）	涉及探方	层位关系	结构					层位堆积	出土器物
				操作坑	火膛	火道	窑室	烟洞		
Y05（龙窑）	215	T0804 T0805 T0904	③F ↓ Y05 ↓ Y06 ↓ 生土	位于窑的前部，后与火膛相连。前端被3C层打破。挖在生土之中，平面近梯形，靠近火膛一端较窄。开口残长240、宽110～120厘米，底部残长240、宽100～110、底深44厘米	位于窑操作坑的后端，直接挖在生土之中。其后端与火道相连，其左侧壁打破Y06，又被H31打破。火膛近梯形，左右两侧壁底部向内斜收，上部残存有一层石块。底部呈倾斜状并与窑室相通。与操作坑相通的火门已遭破坏。两侧壁及底部被烧烤成火红色，厚度达8厘米。现存口部长220、宽30～110厘米，底长160、宽28～96、深108厘米	位于火膛的后部。被H20打破。开口平面呈长方形，壁面规整，底部成斜坡状，坡度为26°。壁面烧结严重，厚度达14厘米。现存长度为50、宽24～26、深12厘米	已遭破坏	已遭破坏	窑内堆积呈黄褐色砂质土，土质结构疏松，含有少量的红色烧土颗粒	出土物以板瓦和筒瓦最多，还有少量的罐、盆残片等

续表

编号	方向（°）	涉及探方	层位关系	结构					层位堆积	出土器物
				操作坑	火膛	火道	窑室	烟洞		
Y06（龙窑）	213	T0804 T0805 T0904	③F→Y05→Y06→H37→生土	已遭破坏	近呈长方形。前端被3C层打破，后端稍窄呈圆弧状，又打破H37。其后壁呈倾斜状与火道相通，左右两侧壁底部向内收，底部稍斜，逾往外逾低。开口残长220、宽68～172厘米，底残长160、宽110～140、底深90厘米。壁面上没有发现火烧痕迹，推测该窑没有修建完工或没有使用	近呈长方形。位于火膛的后端，直接挖在生土之。其前端打破H37，后端被H31打破。与火膛连接处略宽，左右两侧壁陡直，底部呈斜坡状，坡度为32°。开口平面长300、宽50～65厘米	已遭破坏	已遭破坏	窑内堆积可分两层，第1层是黄褐色砂质岩堆积，石质差易碎，不规整，大小不一致。堆积较乱，没有规律。最大的石块长42、宽8～26厘米。第2层为黄褐色堆积土，土质结构较紧密。厚度为10～25厘米	出土陶片以泥质褐灰陶最多，泥质红陶和灰陶较少，夹砂红陶最少。主要器形为尖底杯，花边口沿罐较少，另外还出土一件圜底罐底部

续表

编号	方向（°）	涉及探方	层位关系	结构					层位堆积	出土器物
				操作坑	火膛	火道	窑室	烟洞		
Y07（马蹄窑）	289	T0908 T0808	③E ↓ Y07 ↓ 生土	已遭破坏	该窑破坏严重，只剩下火膛。火膛前后两端也遭到不同程度的破坏。现存火膛平面近梯形，其东端较宽，西端较窄，两侧壁陡直，底部呈斜坡状，东高西低，斜度为19°。火膛壁及底部被烧成红色，厚度为6厘米。长184、宽100～140、底深12厘米	已遭破坏	已遭破坏	已遭破坏	堆积呈褐黄色土，土质结构疏松，含有烧土颗粒	出土有少许的板瓦残片

附录　忠县上油坊遗址古环境初析

谭惠忠　郑　卓　梁致荣
（中山大学岭南考古研究中心）

上油坊遗址位于重庆市忠县涂井乡凤山村四组，地处汝溪河下游，南距长江约3.8千米，遗址所在地俗称“苞豆粱”。汝溪河为长江一级支流。广州市文物考古研究所2001年6～9月发掘。

遗址西南距汝溪河20米左右，北侧有一条小溪流过与汝溪河汇合。遗址就处在两水夹角中的山坡脚下。据现场调查，该处是一个古滑坡体（时代未明，据地质资料和地质调查推断，应该是全新世新构造运动所形成，距今约一万年）。遗址周边出露地层为侏罗系中统沙溪组的灰棕紫色砂、泥质页岩，地表为灰棕红色砂壤土和砂质黏土，基岩的页岩层理、片理十分发育，倾向有130°和340°两组，倾角很陡，绝大部分超过85°，因此极易产生顺层滑坡。遗址所在滑坡体与原山体落差约12米。山脚处开垦为旱地，近山顶处杂草乱生，乔木稀疏。遗址现场，广州市文物考古研究所开挖了60个5米×5米的探方，发掘面积1500平方米。出土陶片、瓦片等文化遗物，遗址共发现7处古窑，大部分窑顶已损，其中3座窑底及“烟道”保存完好。为了分析该遗址的古环境，我们在其中2座古窑（2001CZSY01和2001CZY03，以下简称Y01、Y03）取了3个热释光样品；在探方T0909探方各层取了9个样品，测定其粒度和孢粉、植硅石的含量。

热释光年龄测定结果如下（表一）。

表一　上油坊遗址古窑热释光年龄测定结果

实验室编号	野外编号	样品名称	样品性质	热释光年龄/年	备注
ZSUT-642	Y01顶	古窑烧土	火烧土	2080±120	
ZSUT-643	Y01底	古窑烧土	火烧土	1990±110	
ZSUT-644	Y03底	古窑烧土	火烧土	1640±80	

根据火烧土的热释光测年原理，可以确定，该样品最后一次加热（退火）后重新吸收储存放射性能量，距今已有1640年±80年～2080年±120年，也就是说该遗址的Y01毁于距今2000年左右，Y03毁于距今1640年左右，均属汉代。Y01顶比Y01底“老”近100年，似乎不合理，据分析，烧窑时窑顶的温度比窑底高，烧得更透，因此热释光能量储存更多；而且，当窑烧毁后，窑顶部废弃，而窑底常用来堆放材料或成品，人为干扰较大，所以有这样的误差，不足为奇。由于采样标本数量较少，又限于一些客观条件，此次测试未能测定每个窑的具体年龄和探方中各地层的堆积形成年代，略感遗憾。

上油坊遗址T0909探方中各层样品的粒度分析见表二。

表二　上油坊遗址T0909探方各粒级（μm）含量　　　　（单位：%）

样号	深度/厘米	>2000	2000-1000	1000-500	500-250	250-125	125-63	63-32	32-16	16-8	8-4	4-2	2-1	<1
T0909-9	0～25	1.12	0.92	2.82	6.04	11.19	11.36	6.55	11.89	10.49	18.88	6.74	4.25	4.77
T0909-8	25～45	0.62	1.13	3.20	6.10	6.87	10.20	3.00	11.80	11.87	21.10	9.01	7.08	7.65
T0909-7	45～85	0.51	1.61	4.82	14.97	14.93	7.07	8.05	10.43	6.16	17.93	5.77	3.30	3.86
T0909-6	85～100	2.47	1.19	4.99	16.00	17.84	8.10	11.25	15.69	8.27	9.91	2.55	0.99	0.86
T0909-5	100～120	0.65	0.91	5.07	16.71	15.10	2.51	9.65	14.88	9.02	12.29	5.40	3.33	2.88
T0909-4	120～145	—	0.54	4.59	15.45	16.54	4.72	8.32	9.89	7.63	18.44	4.62	4.47	4.43
T0909-3	145～170	0.22	0.40	6.31	21.49	15.24	5.27	7.67	13.89	8.17	10.23	3.56	2.38	4.24
T0909-2	170～195	0.61	0.80	6.94	19.06	17.92	7.80	8.73	12.16	9.34	10.38	3.68	1.72	0.94
T0909-1	195～235	1.00	145	7.12	16.95	15.19	8.57	5.22	14.00	9.56	13.95	4.23	1.80	0.84

从表二中可以分析，T0909探方145厘米以下（样品T0909-3、T0909-2、T0909-1）的沉积环境较稳定，其中所夹巨砾为原生砂、泥质页岩的山坡滚石，最底部为紫红色砂质页岩半风化层，该层上部出土的尖底杯等器物，年代推断超过2000年。120～145厘米（样品T0909-4）的沉积物粒度较上下层位的细，有受水流影响的可能。85～120厘米（样品T0909-6、T0909-5）沉积环境相似，粒度稍粗，分选性差，沉积物中的砂粒磨圆度差，应为山上坡积物。0～85厘米（样品T0909-9、T0909-8、T0909-7）基本属同一沉积环境，粒度稍细，分选性差，结构松散，风化程度较高，人为活动影响较大。

总体来说，该遗址属于陆相沉积，多为风化坡积作用形成。受人为活动影响，沉积物受干扰程度较严重，结构杂乱。为分析几千年来气候变化，我们用同一组样品做了孢粉和植物硅酸体分析。

该遗址T0909探方检出的孢粉数，最少的层位是T0909-1（埋深195～235厘米），检出数为0；T0909-2（埋深170～195厘米）和T0909-3（埋深145～170厘米），分别检出数为5粒和3粒；最多的是T0909-7（埋深45～85厘米），每片检出数为319粒。共检出孢粉30个科属，其中木本植物有樟科、杉科、松属、山羊榉属、栗属、栎属、枫香属、枫杨属、榛属、忍冬；草本植物有十字花科、禾本科、莎草科、蒿、菊科、藜科、蓼、毛茛科；蕨类有金毛狗、芒萁、里白属、石松、海金沙、单缝孢子、紫萁、凤尾蕨、卷柏属、三缝孢子、小三缝孢子；藻类有环纹藻等。

孢粉分析所显示的信息与粒度分析符合，即T0909探方145厘米以下（样品T0909-1、T0909-2、T0909-3）沉积环境大致相同，三个样品共检出木本植物孢子3粒、蕨类3粒、藻类2粒、未见草本植物孢粉，此层位应为早期风化坡积物。120～145厘米（样品T0909-4）有藻类粉子3粒、蕨类孢粉63粒、无木本和草本植物孢粉，可见这段时期气候较温暖潮湿。100～120厘米（样品T0909-5）始见草本植物孢粉，仅藜科2粒、蓼1粒，亦无木本植物。0～100厘米（样品T0909-9、T0909-8、T0909-7、T0909-6）的植物孢粉含量较多，其组合特征是蕨类占比例很高，占61.63%～91.36%，草本植物次之，占2.20%～26.7%；木本植物最少，占3.13%～10.94%；藻类除T0909-6号检出13粒外，其他各样仅检出0～3粒，因此85～100厘米所处的环境较湿润。

从孢粉种属、组合特征来看，遗址一直处于温带较干旱的气候环境中，间或温暖湿润。自有人类活动以来此处既非森林亦非农田（地），属灌木草丛疏林地。

T0909的植物硅酸体（植硅石）形态特点：120厘米以下（样品T0909-4、T0909-3、T0909-2、T0909-1）以方形和长方形为主，120厘米以上（样品T0909-9、T0909-8、T0909-7、T0909-6、T0909-5）以长方形和扇形为主，其组合特征与孢粉分析是一致的。值得一提的是，本探方中检出的炭屑比植硅石还多，根据炭屑与植硅石的比率，我们推断T0909-5（考古发掘划分的3F层）是烧窑的鼎盛期，这个时期的植被最差，碳植比达4.38：1。T0909-6（3E层）为停窑期，植被开始恢复，碳植比仅为0.58：1。

忠县涂井上油坊遗址的古环境分析只是初步的，是考古发掘报告的补充，与报告相违之处，参照考古发掘报告修正。

忠县周家垸子遗址2002年度发掘简报

岳阳市文物考古研究所
忠 县 文 物 管 理 所

周家垸子遗址属忠县忠州镇郑公村，位于长江西岸，为紧邻长江的一个台地，北与刘家垸子隔沟相峙，仅咫尺之遥，忠县长江大桥南至周家垸子直线距离约500米。枯水季节，台地南部陡坎下即露出河漫沙滩，常年水涨，台地一般不被水淹，其位置坐标为东经108°2′49″，北纬30°18′，海拔185米。遗址自下而上分为三级，依次为一、二、三级台地。一级台地原为村民居住区，表土多为宅基地，因移民拆迁已成废墟，部分已改为旱地，种有蔬菜，二级台地竹木荆棘杂草丛生，破坏严重，三级台地表土上全为建筑垃圾。保存较好的是一级台地的文化层与三级台地的深层古墓。

参加此次发掘的工作人员有郭胜斌、欧继凡、罗仁林、何捷、黄军毅、易立勤、胡铁南等。

一、遗　　址

（一）发掘分区和地层堆积

根据周家垸子遗址的保存状况和地形特征，我们将一、二、三级台地依次分为A、B、C三个发掘区。一级台地为A区，开方7个（2002ZZAT1～2002ZZAT7）；二级台地为B区，开方2个（2002ZZBT8、2002ZZBT9）；三级台地为C区，开方3个（2002ZZCT10～2002ZZCT12）（以下全文省略2002ZZ）。共发掘面积966平方米（图一）。

周家垸子遗址各区地层堆积不尽一致，A区各探方的地层堆积大致相同，以文化层堆积为主；B、C区主要为古墓葬埋藏区，不见有文化层堆积现象。其地层堆积现以T5南壁剖面为例介绍如下（图二）。

第1层：现代耕土层。厚20～30厘米。黑灰色土，土质结构疏松。含有近、现代瓷、瓦片及先秦时期的陶片。

第3层：商周文化层（此壁无第2层堆积）。厚35厘米。黄色砂土层。含砂量较大，土质结构疏松，内含有较多的红烧土颗粒及大量的夹砂花边口沿罐残片。

第4层：商周文化层。厚10～40厘米。灰黄土，内含有红烧土颗粒及少数的花边口沿罐残片。

第5层：灰白砂土。厚60～100厘米。无包含物，应为生土层。

第6层：黄红砂土。厚40～50厘米。无包含物，亦应为生土层。

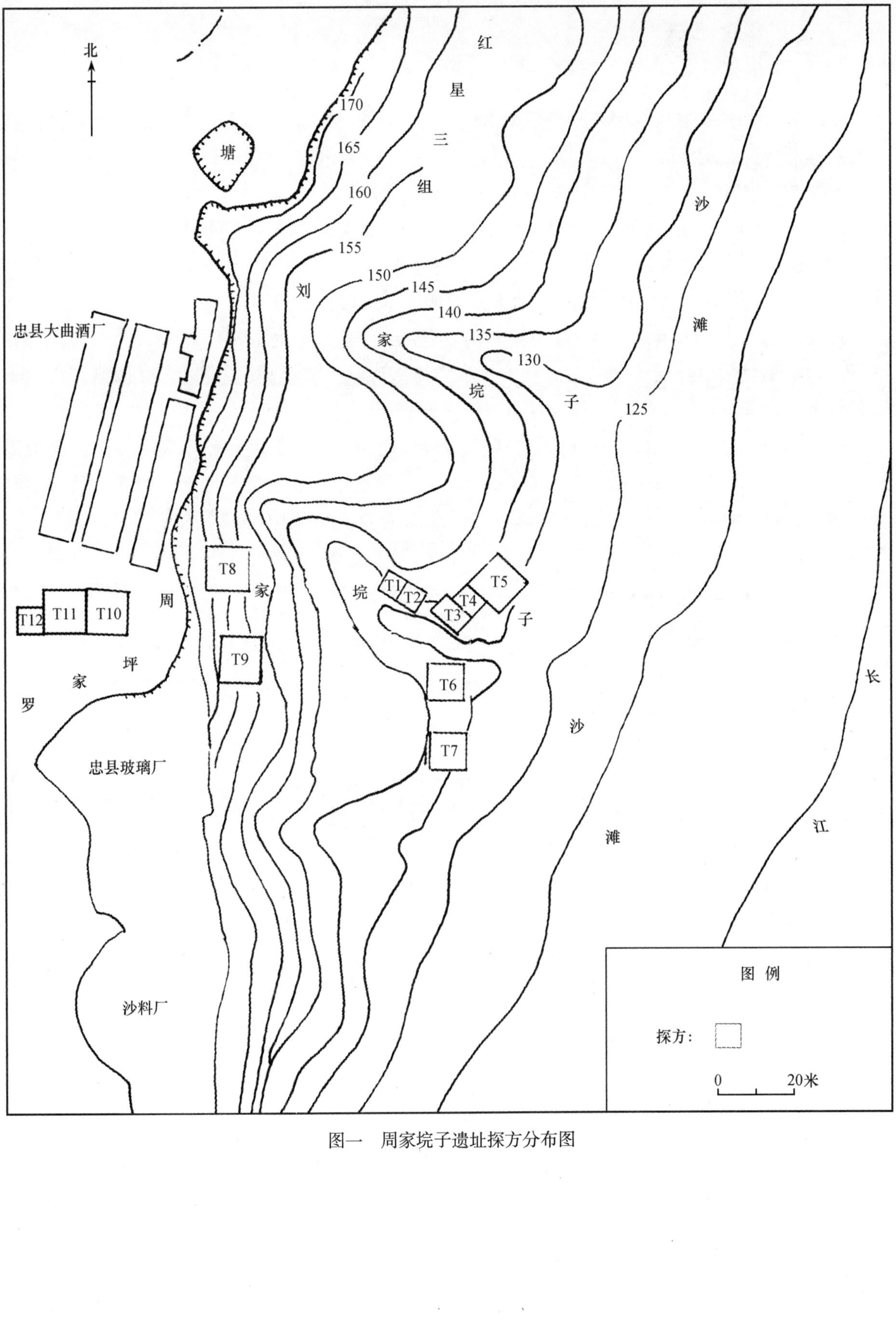

图一　周家垴子遗址探方分布图

（二）出土遗迹

A区发掘清理的第3、4层主要是文化堆积，亦发现一些遗迹现象，其内容主要有瓮棺葬（见墓葬部分）、灰坑等。

灰坑共发现3个。

T3H1　位于探方的南部，南端已遭破坏。即为台地陡坎。大致作不规则长方形。开口于第1层耕土层之下，打破第3层及第6层，上部已遭破坏。残长150、最宽处为190、残深65厘米，主要填土为黑灰色土，内含有较多的红烧土颗粒及木炭，出土陶片较多。

T5H2　位于探方的南部，南端已遭破坏，即为台地陡坎。大致作不规则圆形，开口于第3层下，打破第4层及第5层（图二）。灰坑底大致做锅底状，直径150、深40～60厘米。填土为黑灰色土，含有较多的红烧土颗粒及花边口沿釜残片（图三）。

T5H3　位于探方南部，南端已被破坏，亦为台地陡坎。平面大致作不规则圆形，底做锅底状，开口于第4层下，打破第5层。直径为145、深50厘米。为灰黄色填土，内含有较多的红烧土颗粒、木炭及大量的夹砂花边口沿釜残片。T5H2与T5H3相距仅35厘米（图二）。

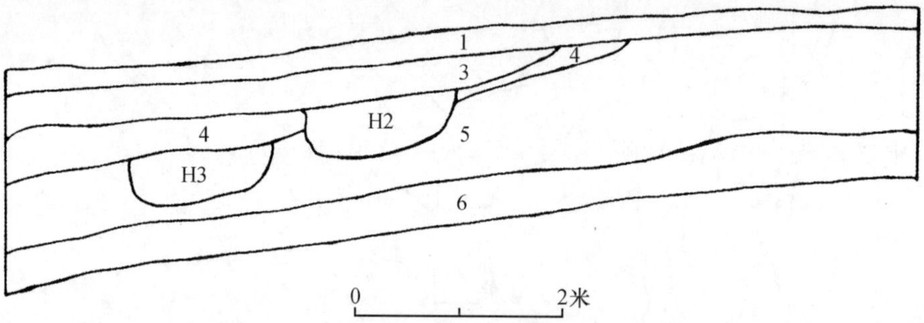

图二　T5南壁剖面图

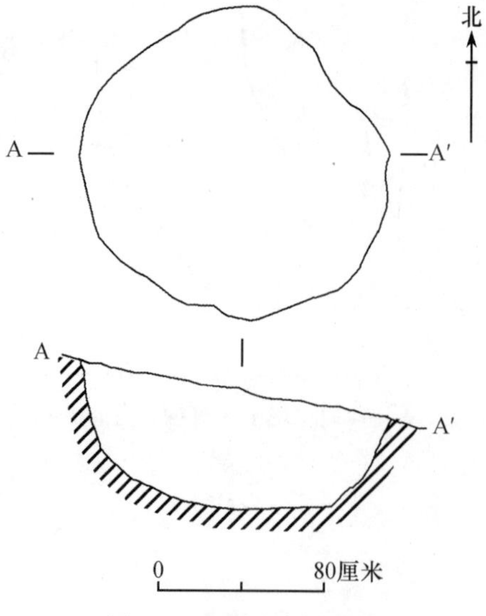

图三　T5H2平、剖面图

（三）出土遗物

出土遗物主要发现于A区的第3、4层及灰坑T3H1、T5H2、T5H3、M1等单位。全部为陶器。以夹砂陶为主，泥质陶较为少见。陶色以红色为主，褐红色次之，还有少量的泥质黑陶和灰陶。纹饰主要为绳纹，有少数的素面陶及刻划纹。器类以釜为大宗，还有少数的钵、盆、罐、器盖等。以圜底器为主，平底器次之，尖底器较为少见。

釜　大宗器，出土数量最多，形态也较复杂，以压印的花边口沿为其主要特征。以夹砂红陶为主，夹砂褐红陶次之，罕见泥质陶。夹砂有粗、细之分，以夹粗砂为主，均为圜底器。口沿一般用棍由内向外按撩成花边。制法均为手制，多采用泥片贴塑成型，器内壁多留有手指按窝痕，器颈部外侧多经慢轮修整。纹饰以中粗绳纹为其主要特征。根据器物体形的大小及形态特征可分三型。

A型　数量最多。体形宽大，矮胖，腹做球状，均矮领。最大腹径在30、通高在26厘米以上。T5H2：1，夹砂红陶。器内壁及口沿内侧呈黑色。卷沿，束颈。口沿外侧为泥条贴塑后又压印成锯齿状花边。表饰中粗绳纹。口径27.6、最大腹径38、通高28厘米左右（图四，1）。T4⑤：2，夹砂红陶。侈沿，束颈，斜领。表饰中粗绳纹。口径21.2、最大腹径33.6、通高27.2厘米左右（图四，2）。T3H1下：22，夹砂红陶。口沿用泥片贴塑后又用手指压印成锯齿状花边。卷沿，颈微束。表饰中粗绳纹。口径18、最大腹径31.2、通高26厘米左右（图四，4）。T3H3：10，夹砂红陶。口沿内侧贴塑有一层泥片，颈外侧经打磨。卷沿，束颈。表饰中粗绳纹。口径20、最大腹径36.4、通高30厘米（图四，6）。

B型　体形较A型小，形态接近于A型，腹亦多做球体，唯有的器颈部较A型高。最大腹径在30、通高在25厘米以下。T3H1上：14，夹砂黄红陶。表有青灰色斑块，微侈沿，束颈，球体。表饰中粗绳纹。口径18、最大腹径28.8、通高24.9厘米左右（图四，5）。T3H1下：15，夹砂红陶。砂粒极细，且均匀，花边口沿是用细木棒由内向外斜向按撩成花边。器体均用泥条（片）贴塑成型，颈外部经慢轮修整。器内壁遗留有手指的按窝纹。从陶片的断面上可以看出有多层泥片贴塑的痕迹。器表饰中粗绳纹，绳纹的做法是用缠好绳子的木棒由颈部下自上向下斜滚，所以，在器表留下了很深的绳纹凹槽。侈沿，束颈，球体。口径18、最大腹径30、通高24.4厘米（图四，8）。T3H1上：53，夹砂红陶。青灰胎，腹似模制，即采用内模，再用泥片贴塑而成。颈部经慢轮修整。侈沿，束颈，球腹。粗深绳纹，交股清晰。口径19.2、最大腹径26、通高20厘米左右（图五，1）。T5H3：2，夹砂黄红陶。圆唇，侈沿，口沿无花边装饰，束颈，垂腹。饰清晰的细绳纹。口径19、最大腹径22、通高17.6厘米左右（图五，2）。T3H1下：5，夹砂红陶。侈沿，束颈较高。表饰滚压绳纹。口径17.6厘米（图五，3）。

C型　体作椭圆形。口沿无花边装饰。均圆唇，高领内束。表均饰绳纹。T4④：5，夹砂褐色陶，似模制，器内壁有模制痕迹。颈外部经慢轮修整。表饰绳纹。口径20.6厘米（图四，9）。T3H1下：26，夹砂红陶。器表颜色不纯，口沿处呈黑色。口径20厘米（图五，6）。

钵　数量较少。可分二型。

A型　深腹。T3H1下：2，夹砂红陶。表有褐黑色斑块。圆唇，敛口，鼓腹。口径10厘米

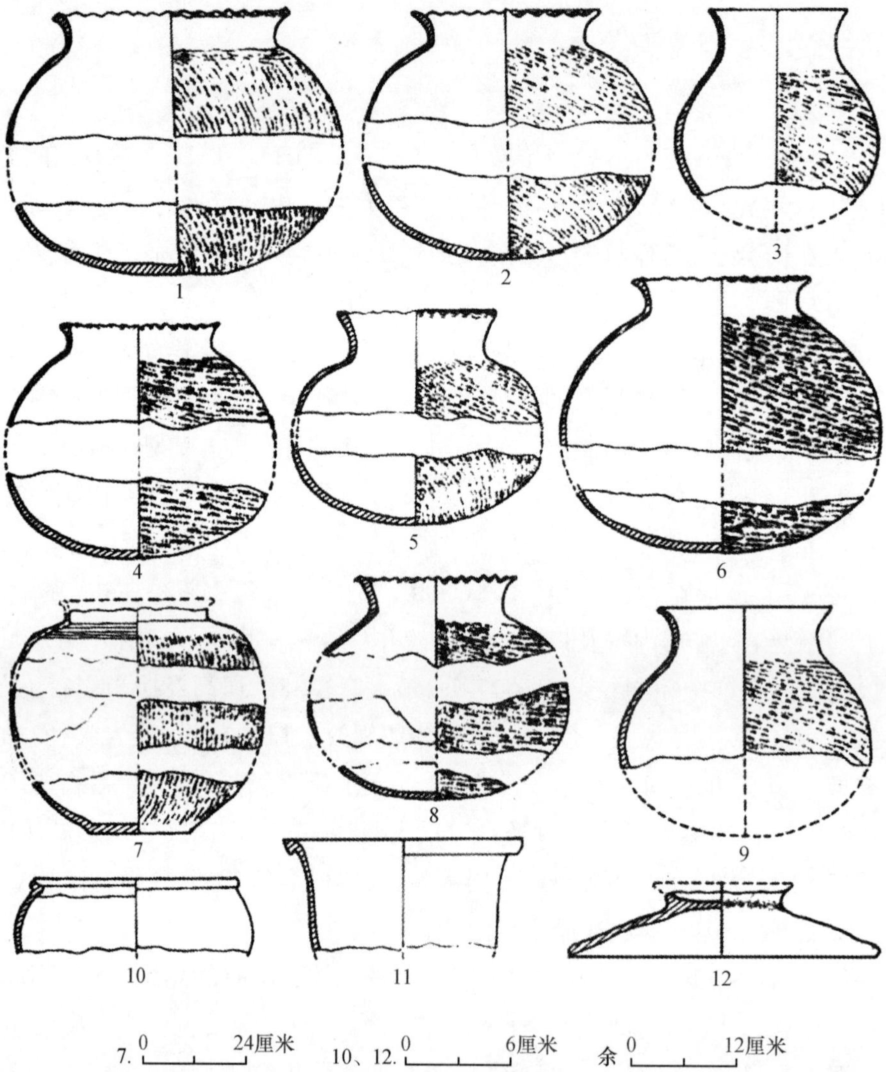

图四　出土陶器

1、2、4、6. A型釜（T5H2：1、T4⑤：2、T3H1下：22、T3H3：10） 3. 釜（M1：2） 5、8. B型釜（T3H1上：14、T3H1下：15） 7. 瓮（M1：1） 9. C型釜（T4④：5） 10. A型罐（T3H1上：63） 11. B型盆（T3H1上：17） 12. A型器盖（T5H2：6）

（图五，9）。

B型　浅腹。T3H1上：60，夹砂黄红陶。模制。内壁有内模的编条痕迹，外壁有手按窝痕。尖唇，敛口，坦底。口径28厘米（图五，12）。

盆　均残。数量仅次于釜。形态较复杂。可分四型。

A型　体形较大。腹略外鼓，T5H2：20，泥质灰陶。轮制。圆唇，卷沿近折，沿外侧下有一道凸棱。下腹饰绳纹。口径30厘米（图五，4）。

B型　深腹内收。T3H1上：17，夹砂黄红陶。轮制。侈沿，方唇做勾状。口径28厘米（图四，11）。

C型　形态近似于B型，但腹较浅且内收较甚。T3H1下：8，夹砂褐红陶。灰胎。侈沿，方唇做勾状。口径28厘米（图五，7）。

D型　体形较小，折沿，斜收腹。T5②：2，夹砂褐黑陶。轮制。尖唇。腹饰刻划菱形

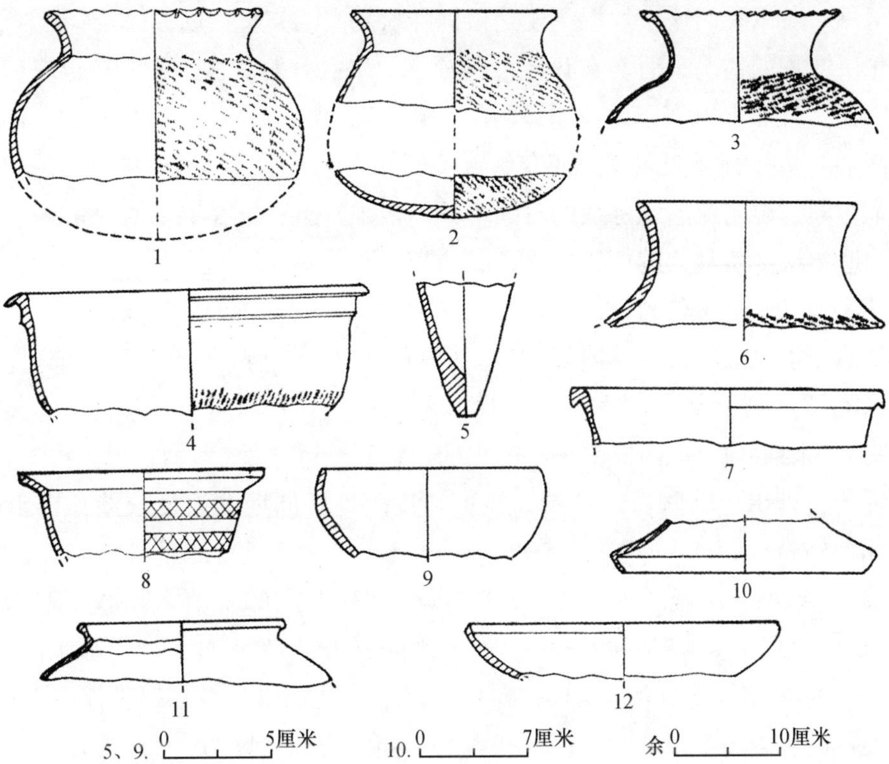

图五 出土陶器

1～3. B型釜（T3H1上：53、T5H3：2、T3H1下：5） 4. A型盆（T5H2：20） 5. 尖底杯（M1：3） 6. C型釜（T3H1下：26） 7. C型盆（T3H1下：8） 8. D型盆（T5②：2） 9. A型钵（T3H1下：2） 10. B型器盖（T3H1：55） 11. B型罐（T5H2：23） 12. B型钵（T3H1上：60）

纹。口径22厘米（图五，8）。

罐 数量较少，可分二型。

A型 形体矮胖。体形较小。T3H1上：63，夹砂黑陶。斜方唇，短折沿形成台棱。圆鼓腹。口径11.6厘米（图四，10）。

B型 体形较大。T5H2：23，夹砂褐红陶。方圆唇，折沿，短束颈，溜肩。口径18厘米（图五，11）。

器盖 数量较少。可分二型。

A型 做覆碟状。T5H2：6，夹砂褐红陶。捉手已残，圆唇，斜直壁。口径18厘米（图四，12）。

B型 做折壁豆盘状。T3H1：55，夹砂褐色陶。圆唇，折壁，内壁有折痕。口径16.8厘米（图五，10）。

（四）小结

根据我们此次对周家垸子遗址发掘的情况得知，文化层的分布主要集中在河漫滩之上的一级台地，即我们发掘的A区，地层堆积的特点是自西向东倾斜的坡状堆积，且西薄东厚，而东部的地层又往往遭受到历史上洪水的数次冲击，形成了一个较高的陡坎断面，断面上的文化层堆积均清晰可见，所以我们这次发掘主要是根据陡坎暴露的文化层断面来选择布方发掘点。

根据文化层堆积的情况来看，文化层堆积较厚，层次分明，遗迹的开口也较清楚，出土的遗物主要为陶器，且非常丰富，以花边口沿釜（罐）为其主要特征。根据我们对出土陶器的排比、检索，陶器的整体特征似无变化演变的轨迹可寻，上下层以及遗迹单位与地层出土的陶器风格特征基本相同，说明此遗址延续的时间不长，很难看出有早晚关系的变化。

从出土的遗物特别是陶器的特征分析，花边口沿釜（罐）是这一区域自新石器时代晚期一直到商周时期本地区土著文化特征的代表器。从目前见到的考古资料，这类花边口沿的特征，出现时代最早的见于史前巫山锁龙遗址[①]和忠县㽏井沟遗址群哨棚嘴遗址[②]，而锁龙遗址的文化面貌及文化内涵又与魏家梁子[③]遗址有较为密切的联系，二者同属于一个考古学文化的范畴，同时它的一些文化因素均与川西成都平原的史前遗址有相近之处[④]。

从周家垸子遗址出土的陶器特征看，它们与周邻地区同期的遗址或遗存出土的同类器，具有相同或相似的特征，如A型釜（T5H2：1、T3H1下：22）同万州塘房坪遗址的Aa型Ⅰ式釜（H17：4）、Aa型Ⅱ式釜（H7：8），B型釜（T3H1上：14）同塘房坪遗址Ab型Ⅲ式釜（H8：3），C型釜（T4④：5）同塘房坪遗址Ba型Ⅱ式釜（H1：71）的形态非常接近；B型器盖（T3H1：55）同塘房坪遗址的A型Ⅳ式器盖（H15：9），A型钵（T3H1下：2）同塘房坪遗址的A型Ⅰ式钵（H9：10），A型盆（T5H2：20）同塘房坪遗址的B型Ⅲ式盆（H8：32）的形态均相同或相似。塘房坪遗址的时代可分为两组，即第一组的年代可能相当于夏代的后期或更早一些；第二组的年代应相当于夏商之际[⑤]。据此，我们推测周家垸子遗址延续的时代也应与此相当，即相当于夏商之际。

从文化因素方面看，周家垸子遗址以花边口沿釜（罐）为其主要特征，同时还伴出有盆、器盖、钵、罐等，而这些器类及器物的形态又多见于峡江地区及川西成都平原的土著文化的遗存，因此，推测周家垸子遗址的文化属性，应属于这一区域内的土著族文化的范畴，具体是属于巴文化还是蜀文化的范畴，还有待于今后更多的考古发现及考古研究来证实。

二、墓　葬

本次周家垸子遗址发掘中，通过勘探，发现8座墓葬，全部清理发掘，编号依次为M1～

---

① 成都市文物考古工作队等：《巫山锁龙遗址发掘简报》，《重庆库区考古报告集·1997卷》，科学出版社，2001年。

② 北京大学考古文博院三峡考古队等：《忠县㽏井沟遗址群哨棚嘴遗址发掘简掷》，《重庆库区考古报告集·1997卷》，科学出版社，2001年。

③ 中国社会科学院考古研究所长江三峡考古队：《四川巫山县魏家梁子遗址的发掘》，《考古》1996年第8期；吴耀利、从德新：《试论魏家梁子文化》，《考古》1996年第8期。

④ 成都市文物考古工作队等：《巫山锁龙遗址发掘简报》，《重庆库区考古报告集·1997卷》，科学出版社，2001年。

⑤ 陕西省考古研究所等：《万州塘房坪遗址发掘报告》，《重庆库区考古报告集·1997卷》，科学出版社，2001年。

M8，其中M2～M5为崖墓，位于周家坨子发掘区中部的岩坎上，即B区。M1为瓮棺葬墓，位于周家坨子一级台地，即A区，M6、M8为砖室墓，M7为土坑墓，皆位于发掘区的上部台地，即C区，现将墓葬发掘情况简报如下。

（一）墓葬形制

1. 瓮棺棺葬

1座（M1），位于A区T3，开口于耕土层下，打破文化层，墓坑痕迹不明显。葬具为一泥质黑陶绳纹瓮（图四，7），但破损较甚。内置有1残陶釜（图四，3）和1件残尖底杯。

2. 崖墓

4座，均位于悬崖中部，凿岩为穴，枕山面水，岩质为砂岩，封石不存，墓的修凿印痕十分清晰，尚能分辨出凿穴时使用的工具形制。墓内全为厚0.3～1.2米的淤泥，包含物为近现代人畜生活垃圾。

M2、M3，后端有过道连通，实际为一合葬墓，M3平面呈“凸”字形，方向270°。东西倾斜度为7°；有甬道、墓室，甬道为平顶，长160、宽95、高185厘米，门额双重，墓门封石已毁，墓室平面呈长方形，长425、宽225、高225厘米，顶部平直，西壁有一近方形的龛。M2平面呈“凸”字形，方向270°，东西倾斜度为6°，有甬道和墓室，甬道为平顶，长100、宽90、高155厘米，墓室平面呈长方形，顶部为不规则覆斗形，长475、宽228、高225厘米。墓室北壁凿有长方形龛一个。因早年被盗，墓内空无一物（图六）。

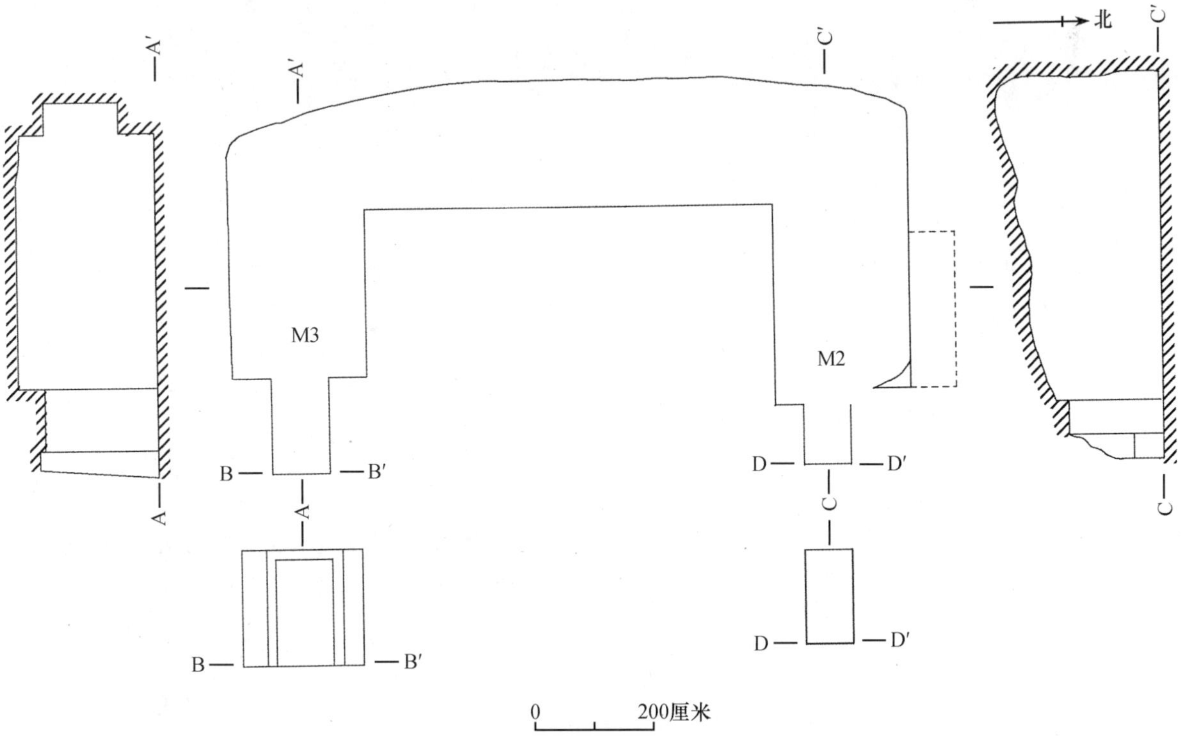

图六 M2、M3平、剖面图

M4，平面呈"凸"字形，为一单室墓，方向270°，墓内分甬道和墓室，甬道长110、宽168、高180厘米，墓门南侧残存小块封石，平顶，墓室平面呈长方形，长360、宽192、高202厘米，墓底平面较甬道低22厘米，墓室平面自170厘米处开始以不规则台阶状向西部爬开，墓内空无一物（图七）。

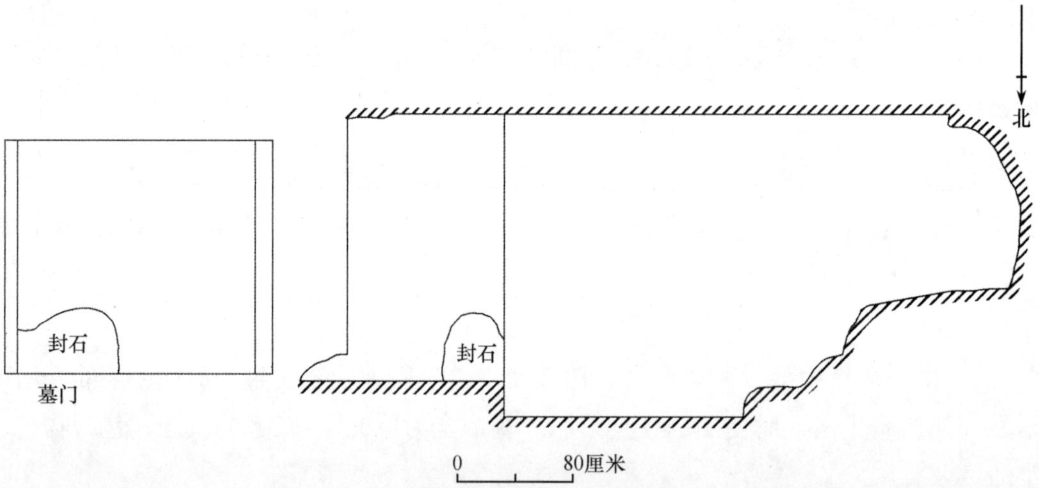

图七　M4墓门正面及墓室剖面图

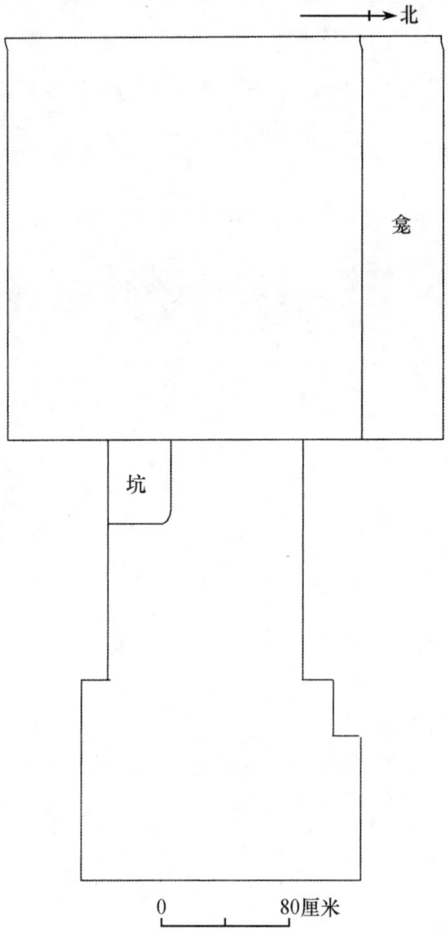

图八　M5平面图

M5，平面呈"凸"字形，为一单室墓，方向270°，有甬道、墓室。门额双重，高120、甬道长140、宽120、高110～120厘米。自东向西倾斜9°，平顶。墓室平面呈方形，长230、宽268厘米，顶部为覆斗形，最高点高180厘米，墓底高出甬道10厘米，因墓葬早年被盗，室内空无一物（图八）。

3. 砖室墓

2座（M6、M8）。

M6，券顶残毁，墓室东北端被破坏，平面呈"凸"字形，方向245°，墓道被破坏，残长0.6、宽1.45、墓圹长5、残宽3.9～1.98米，墓口距地表1.7米（系近现代堆土），距墓底1.55米，填土为红褐色黏土，甬道长1.98、宽1.58、残高0.76米。墓室东西残长3.7、南北宽2.56米，墓壁下部为单砖平砌，其上为楔形砖券顶，砖分平砖、楔形砖、榫卯砖三种，平砖砖长40、宽20、厚8厘米，楔形砖厚7～10厘米，砖侧多为菱形几何纹装饰，有些为菱形中夹同心圆，砖面为粗绳纹，少量无纹饰，墓室四壁七层以下全为菱形和同心圆组合纹砖错缝平砌。墓葬填土内包含大量随葬陶瓷器残片，墓室、甬道内均放置随葬品，墓室内主要放于西南部，甬道内则无规律。随葬品主要有四系罐、盘口壶、碗、盏、钵、模型房、虎子与鸡首壶等，另有五铢钱及料珠等（图九）。

M8，方向248°，平面呈“凸”字形，保存较差，券顶被毁，墓四壁残存参差不齐，残高72～20厘米。由墓圹、墓室、甬道组成，墓坑为竖穴土坑，壁面拍打夯实，距墓墙约5厘米，墓坑长565、宽525～225厘米，墓底距地表140厘米，填土为黄褐色黏土。甬道长250、宽180、残高48厘米。墓室东西宽505、南北长290、残高55厘米，墓室及甬道四壁为单砖平砌，墓底铺地砖为纵向错缝平铺。砖分平砖、楔形砖、榫口砖三种，除平砖处，砖侧多装饰菱形和圆圈组合的几何图案，砖背面为粗绳纹，砖长40～42、宽18～20、厚6～8厘米，楔形砖厚7～10厘米，墓室内不见随葬品，仅在甬道内发现4件残破随葬品，器类为羊角釜、罐、人俑头（图一〇）。

4. 土坑墓

1座（M7），开口表土层下，长方形竖穴，方向270°，墓口距地表深45厘米，墓口以上为近现代堆土，墓口距墓底深150、长410、宽260厘米。壁稍内斜，四壁规整，经拍打修整，填

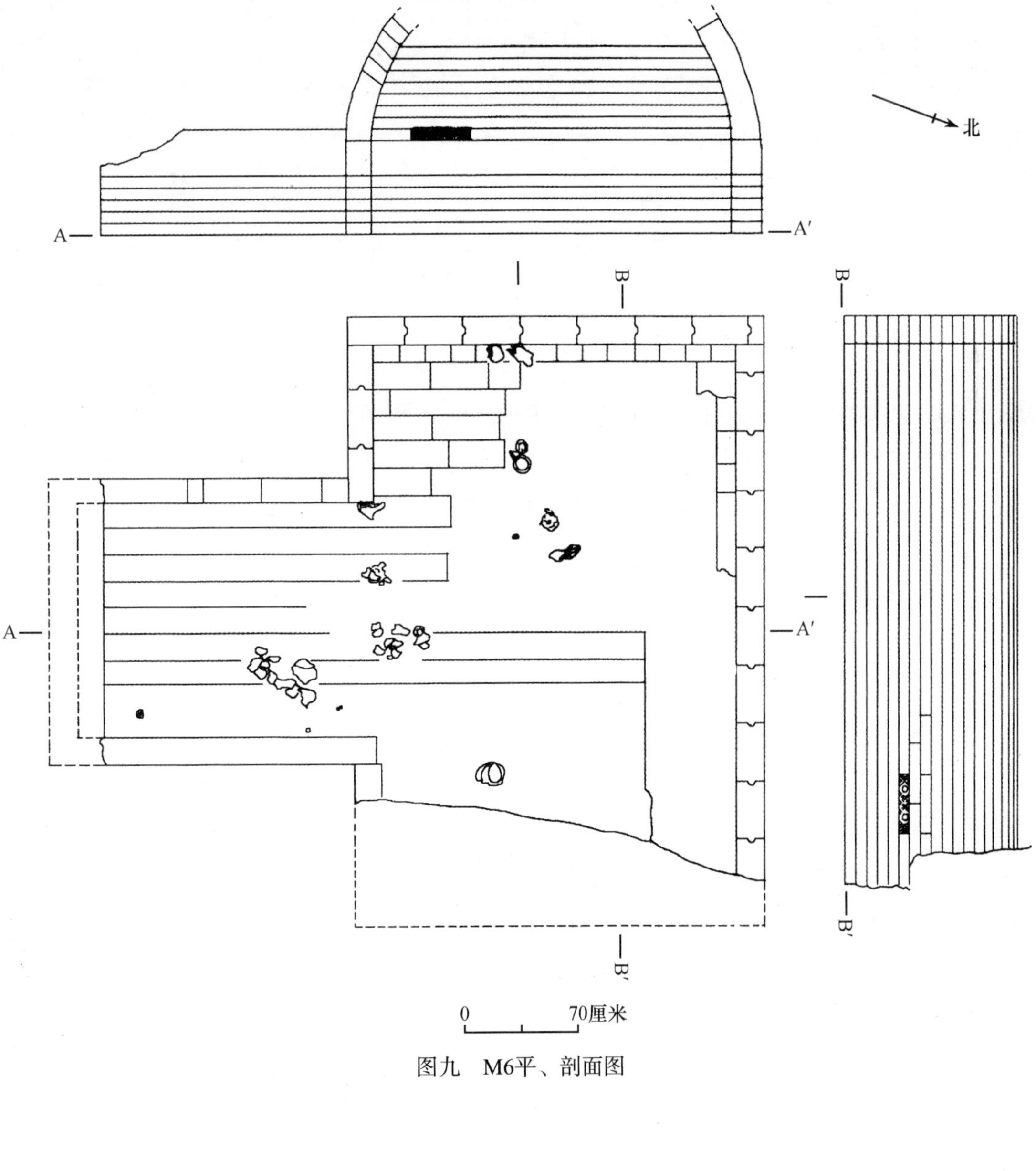

图九　M6平、剖面图

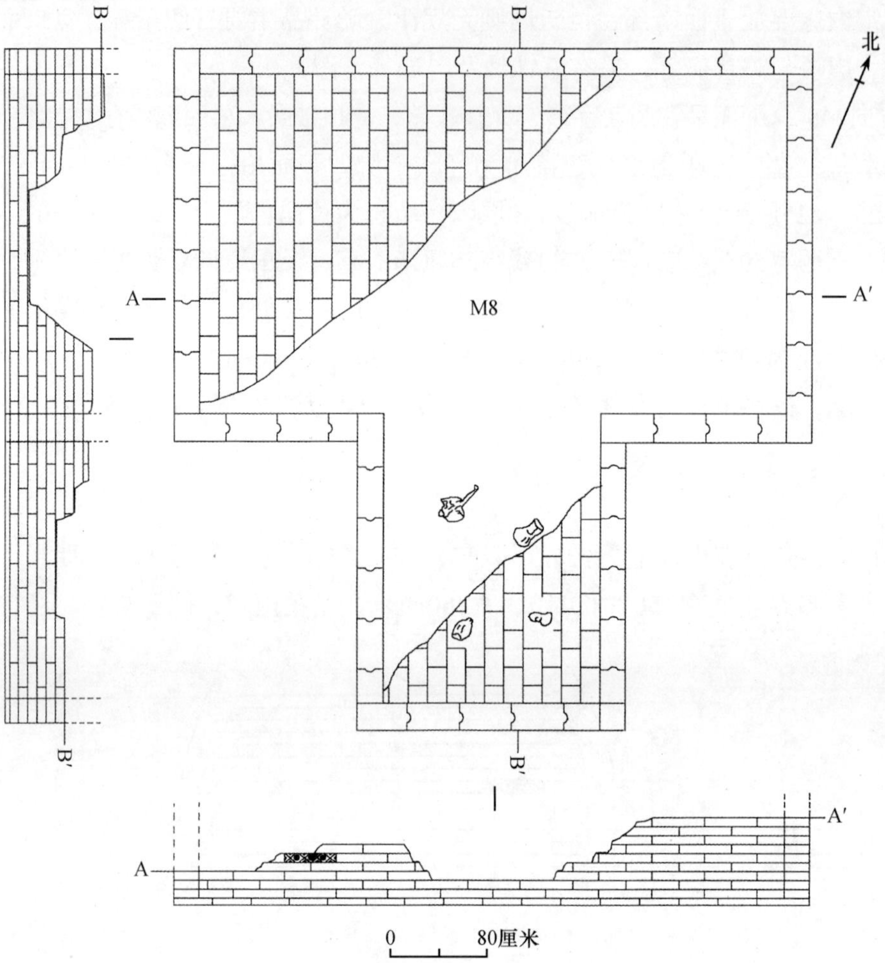

图一〇　M8平、剖面图

土为以黄褐、灰褐为主的五花土，较疏松。墓底未见葬具痕，随葬品放置于墓室南端，全为陶器，因器物烧制火候低，陶质极为松软，触之即碎，无法完整取出，但根据现场清理，尚可以明确辨认器形的有陶鼎2件、陶敦2件、陶壶2件、陶豆2件以及陶手镯1件（图一一）。

（二）随葬品

在周家垵子发掘区内发掘的8座墓葬中，共出土随葬器物50余件，除M7所见随葬器物无法从墓中取出及M1有葬具瓮与随葬尖底杯和红陶罐以外，其余完整可修复器35件，全部出自M6、M8内，两个砖室墓所出随葬品按其质地可分为陶、青瓷，依质料叙述如下。

陶器　完整可复原器计18件，陶质有釉陶、泥质灰陶、泥质红陶三种陶系。青瓷器22件，胎质细腻坚硬，火候高，色多为灰白色，器表施釉多不及底，釉色多为墨绿及黄白色，釉多开片，器类有盏、碗、四系罐、执壶、洗、鸡首壶与虎子等。

1. 陶器

陶罐　3件。泥质灰陶。依口、领部特征可分二型。

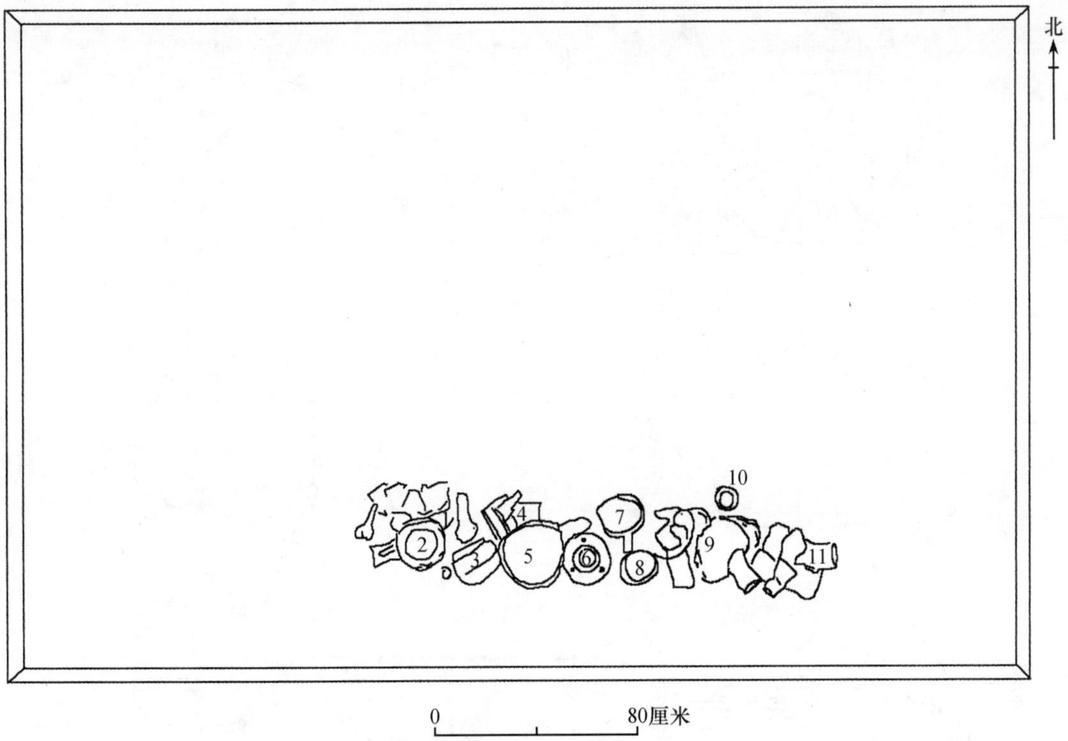

图一一　M7平面图

1、2. 陶鼎　3、4. 残陶片　5、6. 陶豆　7、8. 陶敦　9、11. 陶壶　10. 陶手镯

A型　1件。M8：3，泥质灰陶。轮制。圆唇，矮领，束颈，鼓腹，腹下部残断，平底。口径10.5、高14厘米（图一二，2）。

B型　2件。小口。依腹部、肩部形态可分二式。

Ⅰ式：1件。M6：39，泥质灰陶。小口，微侈，卷唇，颈微束，广肩，肩腹分段明显，腹微鼓缓收，平底。肩部饰数道凹弦纹。口径12、高24厘米（图一二，5）。

Ⅱ式：1件。M6：35，泥质灰陶。圆唇，侈口，溜肩，领肩交接处一道凹槽，鼓腹斜内收，底残。肩部饰三周戳印纹和一周凹弦纹。口径9.6、残高10.6厘米（图一三，6）。

陶釜　1件。M8：1，泥质灰陶。方唇，折沿，溜肩、扁球腹，圜底。器下腹及底饰细绳纹，肩部饰一向上翘起的羊角执手，执手上饰锥刺纹。口径16、通高16厘米（图一三，4）。

陶仓　2件。泥质灰陶。依颈部和肩部特征可分二式。

Ⅰ式：1件。M8：3，圆唇，敛口，束颈，斜肩略显平，折肩，筒形腹，平底。腹部稍残。口径11.2、高约18.8、底径10.4厘米（图一三，9）。

Ⅱ式：1件。M6：2，方唇，敛口，颈微束，斜折肩，筒腹，平底。腹上部饰两周凹弦纹。整体形态较Ⅰ式矮胖。口径12.8、通高18厘米（图一三，11）。

陶钵　1件。M6：8，泥质灰陶。敞口，圜唇，一腹斜收。平底，唇下一周凹弦纹。口径12、通高4.8厘米（图一二，7）。

陶俑　6件。可分为三类。

抚琴俑　头饰不清，微抬首，面含笑，身着交领宽袖袍，跪坐于地，琴置于腿膝上，双手抚于琴面，做演奏状。M6：23，泥质红陶。通高17.4厘米（彩版一〇二，1）。

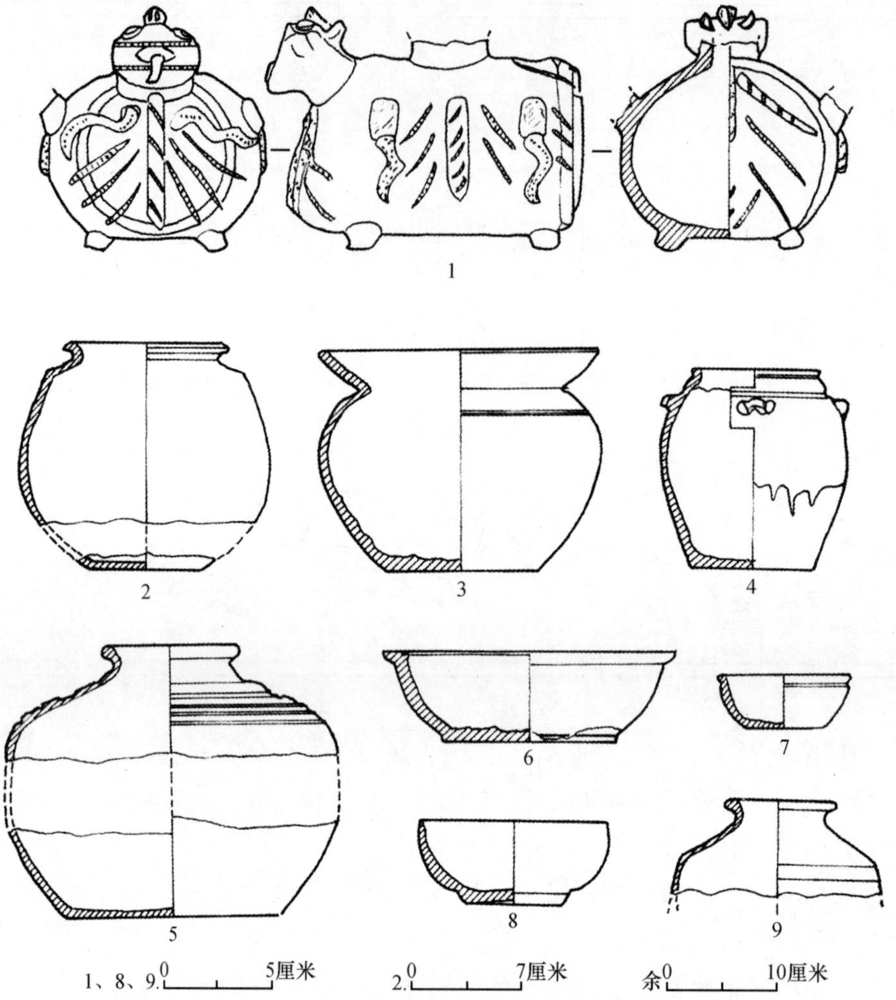

图一二　出土器物

1. 青瓷虎子（M6：6）　2. A型陶罐（M8：3）　3、9. 青瓷罐（M6：14、M8：5）　4. 青瓷四系罐（M6：1）　5. B型Ⅰ式陶罐（M6：39）　6. 青瓷洗（M6：27）　7. 陶钵（M6：8）　8. A型Ⅱ式青瓷钵（M6：30）

拱手立俑　3件。头戴冠，面部丰满，高鼻大耳，嘴紧闭，身着交领广袖长袍，袍拖于地，下摆外张，内穿衬衣，微束腰体略显胖，双手抱拱于胸前，做站立状。M6：39，泥质红陶。通高19.8厘米（彩版一〇二，2）。M6：24，泥质红陶。通高19.6厘米（彩版一〇二，3）。

持物立俑　2件。均为泥质红陶。M6：38，头戴冠，大耳，面目模糊不清。身着交领宽袖长袍，袍拖于地，内穿衬衣，左手平放胸前，右手向下做持物状。通高14厘米（彩版一〇二，4）。M6：25，光头，面部微胖，面目模糊不清，身着交领文袖长袍，袍拖于地，右手上提至胸，左手持物置于胸前。通高16.7厘米。

M8还出有陶俑残件，即人俑头部1件。M8：4，泥质红陶。头戴圆形小帽，面颊方正，大嘴高鼻。残高7.6厘米（图一三，5）。

此外，瓮棺葬（M1）的3件陶器分别为瓮、釜与尖底杯。

瓮　M1：1，泥质黑陶。肢损较甚，直口矮领，腹深圆，平底。腹部满饰绳纹。口径36、

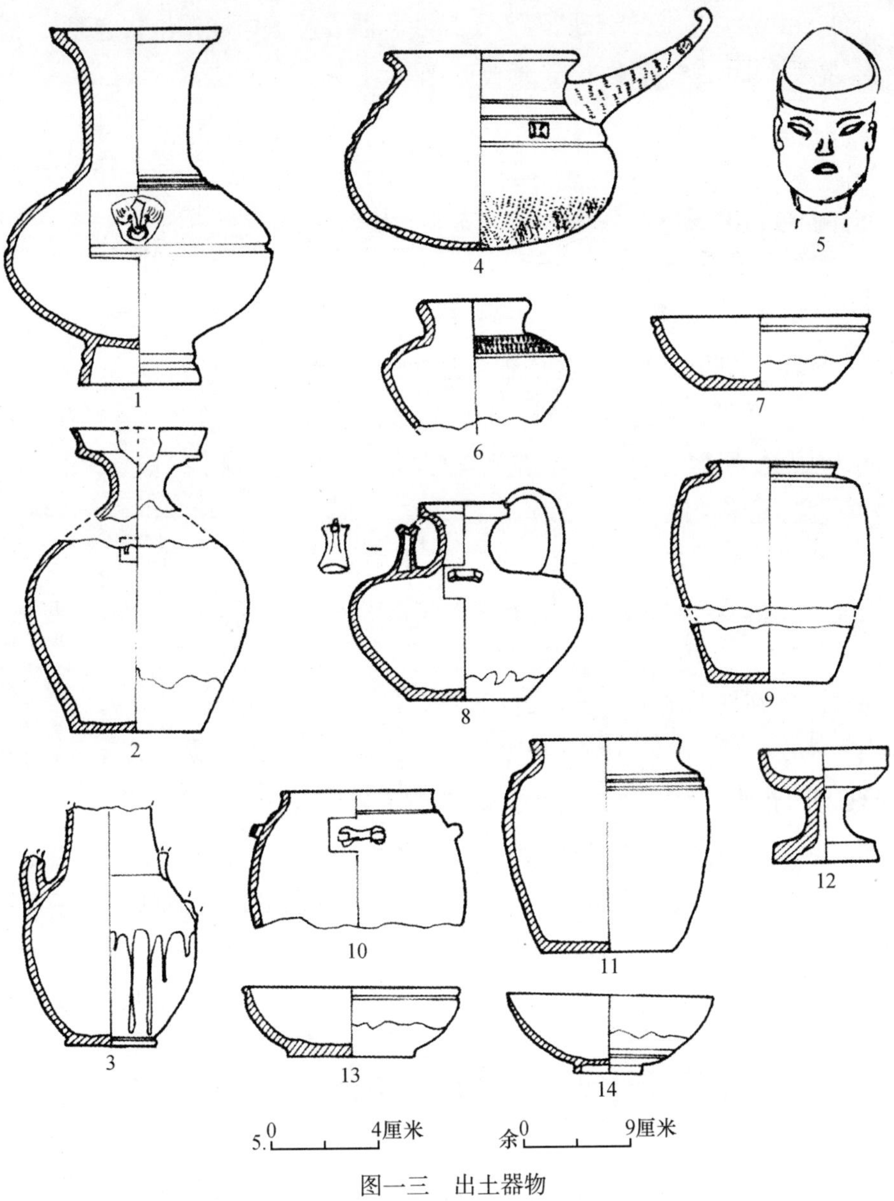

图一三　出土器物

1. 釉陶壶（M6：26）　2. 青瓷盘口壶（M6：9）　3. 青瓷执壶（M6：40）　4. 陶釜（M8：1）　5. 陶俑（M8：4）　6. B型Ⅱ式陶罐（M6：35）　7. A型Ⅰ式青瓷钵（M6：3）　8. 青瓷鸡首壶（M6：21）　9. Ⅰ式陶仓（M8：3）　10. 青瓷四系罐（M6：15）　11. Ⅱ式陶仓（M6：2）　12. 釉陶灯（M6：24）　13. A型Ⅱ式青瓷钵（M6：10）　14. Ab型Ⅱ式青瓷碗（M6：5）

底径24.8、残高52厘米（图四，7）。

釜　M1：2，夹砂红陶。底残。侈口微敞，束颈圆腹，圜底。腹部饰绳纹。口径15.6、高24厘米（图四，3）。

尖底杯　M1：3，泥质红陶。口残。斜直壁，尖平底较厚。素面。残高6厘米（图五，5）。

釉陶壶　1件。M6：26，泥质红陶。器表施酱褐色釉到底，方唇，盘口，长颈较直，扁圆腹，高圈足略外撇，肩部三道、腹部饰一道凹弦纹，圈足饰凹、凸弦纹各一周，腹上部饰两对称铺首衔环。口径14.8、通高29.2厘米（图一三，1）。

釉陶灯　1件。M6：24。泥质红胎陶，夹细砂。器表及盘内满饰红褐色釉。方唇，直口，浅折盘，矮柄，喇叭形圈足。口径11.2、通高9.6厘米（图一三，12）。

2. 青瓷器

青瓷钵　5件。依口部形态可分二型。

A型　3件。敞口，依底部特征可分二式。

Ⅰ式：1件。M6：3，灰白色胎，器表施半釉，钵内施满釉，釉色为豆绿色，尖圆唇，壁斜收。平底。沿下饰一周凹弦纹，钵内底部有支钉痕。口径18.8、高6.2厘米（图一三，7）。

Ⅱ式：2件。灰白色胎。器表施半釉，器内施满釉，釉色为豆绿色。沿下一周凹弦纹。假圈足。M6：30，尖唇，弧腹。口径8.4、通高3.6厘米（图一二，8）。M6：10，尖唇，斜腹内收。口径18.4、通高6厘米（图一三，13）。

B型　2件。灰白色胎。器表施釉不到底，器内施满釉，釉色为豆绿色。开小片，侈口近直，尖唇，弧壁。假圈足。M6：22，沿下饰一周凹弦纹。口径8.4、通高4.1厘米（图一四，2）。M6：4，口径7.6、通高4厘米（图一四，1）。

青瓷碗　6件。依腹部形制不同分为二亚型。

Aa型　1件。M6：13，青灰色胎，豆绿色釉片多剥落，尖唇，敞口，斜直腹微曲，直圈足较小。沿下有两道凹弦纹。口径17.2、高6.4厘米（图一四，5）。

Ab型　5件。敞口，尖唇，斜直壁或斜弧壁，圈足。分二式。

Ⅰ式：2件。浅盘，矮圈足，斜直壁。M6：7，灰白色胎，通体饰黄白色釉，开小片，器内壁有花草暗纹。口径16.4、通高3.8厘米（图一四，4）。M6：20，器内及器表上腹为灰白色釉，中腹为豆绿色釉，下腹及底露灰白色胎。浅盘，斜腹。口径16、通高3.8厘米（图一四，7）。

Ⅱ式：3件。尖唇，敞口，盘较Ⅰ式深，弧壁，直圈足。M6：5，黄白色釉，器内壁施满釉，器表施半釉，釉色为豆绿色。下腹饰三周阴刻细线纹。口径17、通高6厘米（图一三，14）。M6：11，酱褐色胎，器内及器表上腹饰黄白唇色釉。口径19.2、通高5.8厘米（图一四，8）。M6：41，尖圆唇，圈足残，黑褐色胎。口下一周凹弦纹，口径18.8、残高4.8厘米（图一四，3）。

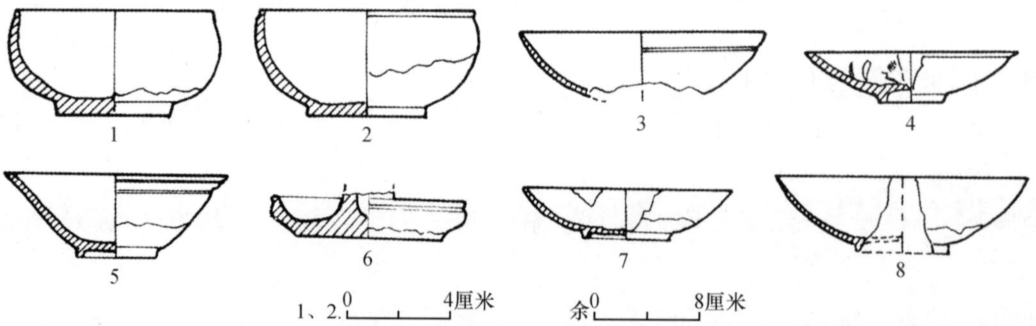

图一四　出土器物

1、2. B型青瓷钵（M6：4、M6：22）　3、8. Ab型Ⅱ式青瓷碗（M6：41、M6：11）　4、7. Ab型Ⅰ式青瓷碗（M6：7、M6：20）　5. Aa型青瓷碗（M6：13）　6. 青瓷熏炉座（M6：32）

青瓷四系罐　2件。均有泥条捏制的对称系。上腹部施釉，并有釉汗现象，灰色胎，豆绿色釉。直口，橄榄形腹。M6：1，尖圆唇，束颈，平底。口下饰一周凹弦纹。口径11.6、通高17.6厘米（图一二，4）。M6：15，尖圆唇，领较直。领下饰一周凹弦纹，腹下部残。口径12.8、残高11.6厘米（图一三，10）。

青瓷执壶　1件。M6：40，黑色胎，器表施半釉，并有釉汗现象。口沿残。直颈稍外斜，圆肩，腹稍外鼓，圆饼底，流相对，但均已残。残高19.8厘米（图一三，3）。

青瓷鸡首壶　1件。M6：21，灰胎，器表施釉不到底，釉色豆绿色。开小片，尖圆唇，盘口，束颈，广肩，鼓腹，腹急斜收，平底，肩部有两个对称桥形耳，执手高出口沿面附于肩部，执手相对处为一简化鸡首形流，已残。口径7.8、高16.6厘米（图一三，8）。

青瓷盘口壶　1件。M6：9，灰白色胎，器表施釉不到底，盘口及颈内壁施釉，釉色为豆绿色尖圆唇。盘口，束颈，溜肩，腹微鼓，平底，肩部残。口径11.6、残高约25.6厘米（图一三，2）。

青瓷熏炉座　1件。M6：32，灰白色胎，通体施豆绿色釉，底露胎。圆唇，侈口，鼓腹，浅盘，盘座似钵，平底，炉柄中空连接于盘座中。口下饰一周凹弦纹。炉身残。残高3.4厘米（图一四，6）。

青瓷洗　1件。M6：27，灰白色胎，器内外饰豆绿色釉。开片，底部露胎，平折沿，沿面内凹，尖唇，弧壁，矮假圈足，器内壁底部有9个支钉痕。口径26、通高8厘米（图一二，6）。

青瓷罐　2件。M6：14，灰胎，器表施酱褐色釉，多已脱落。方唇，侈口，仰折沿，束颈，圆肩，鼓腹，平底。肩部饰两周细凸弦纹。口径24.8、通高19.6厘米（图一二，3）。M8：5，灰白色胎，器表施浅绿色釉。表斑驳，方唇，短颈，溜肩，斜直腹。口径5厘米（图一二，9）。

青瓷虎子　1件。M6：6，器表满饰绿色釉。兽形，做蹲踞状，提梁残断，两目圆瞪，双耳竖起，鼻孔朝上，张口吐舌，体胖，有象征性四足，体表以弯曲成粗细不一的泥条堆塑其上，泥条上饰戳印纹（图一二，1）。

（三）小结

周家炕子已发掘的8座墓葬，形制各异，有崖墓、瓮棺、土坑、砖室四种类型，反映了我国西南地区，尤其是峡区两岸历史上存在着多种形式的埋葬习俗。8座墓葬中，都没有出土有明确纪年的文物或其他铭制，但依据墓葬的形制和随葬品的特征，我们还是可以对8座墓葬的时代做出粗略的推测。

M1为瓮棺葬，无明显墓坑。葬具为一满饰绳纹的直口深腹平底瓮，肩上有一类似文字的刻划符号。瓮内随葬陶器夹砂红陶圜底罐与泥质红陶尖底杯各1件，余均为灰褐色泥土，土中偶见骨痕。

M6、M8为单室砖室墓，M6有甬道，墓室用楔形子母砖叠砌券顶。这是峡江地区汉晋墓常见的墓形特点，随葬器物中M6出土的B型Ⅰ式陶罐、釉陶壶以及泥质红陶人物俑的特征都具有东汉末期器形特征，但M6随葬品中出现了大量的青瓷器，这批青瓷多为灰白胎，胎质细腻，火候较高，釉色多为豆青，器形中出现的鸡首壶、四系罐、虎子与碗等，这些特征都与蜀汉晚期到晋初的器物特征吻合，尤其是M6出土的青瓷盘口壶、四系罐与丰都汇南A型Ⅱ式青瓮壶（M10：21）、A型Ⅱ式青瓷缸（M11：7）近同，故综合分析，M6时代应在蜀汉晚期至晋初。M8破坏严重，出土的Ⅰ式陶仓与M6Ⅱ式陶仓近同，时代应与M6相同，所以M6、M8的年代应定在晋初为宜。

M7为土坑竖穴墓，墓壁夯拍平整，随葬器物虽无法修复，但其鼎、敦、壶、豆的组合却可明确辨认，尤其应强调的是，考虑到M7随葬器物无法取出，拍照、录像均只能保存其压碎破损的形象，因而领队决定请所有参加发掘的考古队同志就鼎、敦、壶、豆的组合形式、器物特征做了现场观察，详细讨论后取得了一致意见，认定该墓与长江中游地区特别是湖南、湖北战国中期楚墓特征完全相同，因而M7应属战国中期时的楚墓。

关于M2～M5，系峡区常见的凿山为墓、穿岩为圹的崖墓。由于崖墓内原有堆积荡然无存，现存淤层均为现代填土与垃圾，因而对其年代只能依崖墓形制略做推测。众所周知，至迟在汉景帝时，我国就出现了相当标准的崖墓，如规模宏大的河南永城梁孝王墓，该墓犹如一座“地宫”，时代稍晚一些的崖墓是1968年发现的河北满城汉代中山靖王刘胜夫妻墓，以及江苏徐州龟山崖墓。更晚一些的山东曲阜九龙山崖墓则规模更加宏大，凿造相当规整，结构格外复杂。但这些地区到西汉晚期，崖墓就销声匿迹了。在此时，中国西南的四川、重庆崖墓开始出现，后迅速发展，到东汉时风行一时，并波及周围地区，延续至蜀汉两晋南北朝，成为400年间盛极一时的墓葬形式。而到了宋代，崖墓被普遍认为是“蛮洞”“羌洞”“藏丹洞”“玉女房”等，那是因为后来者把崖墓当作佛教、修道和少数民族居住的场所所致。这次周家垸子发掘的M2、M3虽然可能是合葬墓，但实为重室墓型，M4、M5为单室墓型，这两类墓型是四川、峡江地区西汉晚期至蜀汉时期典型崖墓，因而我们推测这几个墓葬应为汉代崖墓。

执笔：郭胜斌　罗仁林　何　捷
欧继凡　万　猛

忠县王家堡遗址2002年度发掘简报

重庆市文化遗产研究院
忠 县 文 物 管 理 所

一、 遗址概况和既往工作

忠县位于重庆市东北方向，长江贯中而过，两岸多低矮小山和丘陵，汝溪河、㽏井河等支流多从北岸注入长江，在这些河流两岸、汇入长江处及长江拐弯处有不少大大小小的冲积阶地。这些阶地往往地势平坦、土壤深厚肥沃、附近渔产丰富、交通便利，成为古代人类的主要居住和活动地。在县城东北约30千米处，长江流向由东转北，内侧形成了长约3千米、宽约1千米的坪山坝，坝平面略呈梭形，坝西面是海拔500米左右的低山，东邻宽阔的长江，地理环境较封闭，交通以长江水路为主。坪山坝被大大小小的冲沟间隔成若干相对独立的部分，王家堡遗址就位于坪山坝南部宋家溪汇入长江处南岸的小阶地上。王家堡遗址行政上属忠县涂井镇永兴村九组（后改为友谊村四组），地理位置为东经 108°7′36″，北纬30°22′20″，海拔145～170米（图一）。属三峡文物保护B级发掘项目。

长江三峡重庆段的考古调查、试掘工作进行的较早。早在1958年为配合当时的三峡水库建设规划工程，由四川省博物馆、四川大学历史系、重庆市博物馆联合进行了大规模的调查工作，从发表的材料看，文字中没有提到坪山坝[①]。1987年社科院考古所四川工作队在原万县地区范围进行的调查和试掘工作中发现了坪山坝（原文做“平山坝”）遗址，但未试掘，也未发表有关资料[②]。1994年，四川省文物考古研究所（今四川省文物考古研究院）在制定三峡文物保护规划时在王家堡遗址进行调查，认定该遗址面积20 000平方米，文化层厚3～6米，主要为商周时期文化堆积。

2001年2～5月，重庆市文物考古所（今重庆市文化遗产研究院）对王家堡遗址进行了详细的调查和勘探工作，并采集到不少遗物。通过此次调查和勘探工作，对该遗址的范围、文化堆积的厚度、保存情况、时代及性质有了初步的了解，为正式发掘提供了极大的方便。2002年5～7月，重庆市文物考古所在王家堡遗址东面的阶地上布方发掘，采用象限法正方向布方，所有探方位于第一象限内，总基点位于遗址西南部。第一批布方64个，第二批布方16个，均为5米×5米，探方编号为2002ZWT××××（正文省略2002ZW）。

2002年王家堡遗址发掘出丰富的遗迹和遗物，计有墓葬7座（M1～M7）、灰坑48个

---

① 四川省博物馆：《四川省长江三峡水库考古调查简报》，《三峡考古之发现》，湖北科学技术出版社，1998年。

② 四川省博物馆：《四川省长江三峡水库考古调查简报》，《三峡考古之发现》，湖北科学技术出版社，1998年。

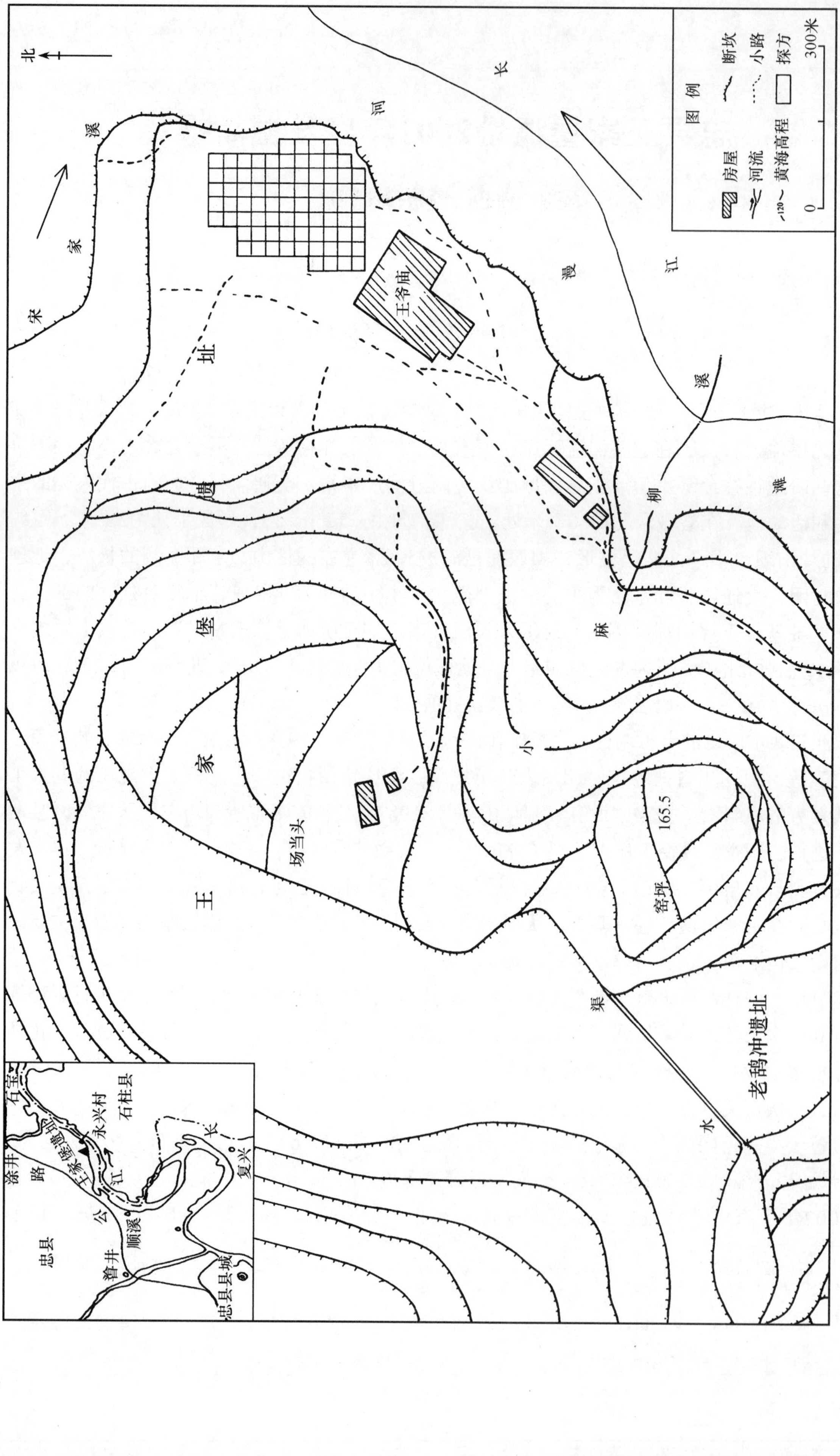
北
宋家溪
王家堡遗址
王爷庙
场当头
165.5
窑坪
渠水
老鸹冲遗址
图例
房屋
河流
黄海高程
断坎
小路
探方
0
300米
石宝
涂井
忠县
顺溪
王家堡遗址
永兴村
石柱县
复兴
忠县县城

图一 王家堡遗址地形图

（H1～H48）、沟10条（G1～G10）、石头遗迹3处（S1～S3）、灶3座（Z1～Z3）、窑1座（Y1），多为商周和汉代遗迹。另外出土大量陶、瓷、石、铜等材质遗物1000余件（组）。通过对各探方地层出土遗物的观察，明显可看出有夏商周时期、汉至六朝时期、唐宋时期和明清时期四个大的阶段文化遗存。现将调查、勘探及发掘收获介绍如下。

二、调查、勘探情况

通过调查，我们对王家堡遗址现状有了初步了解。遗址平面略呈方形，西、北隔宋家溪与坪山坝相望，南接老鸹冲遗址，东邻长江，分布面积较规划报告中认定的面积大，约40 000平方米。王家堡遗址依据地形分为两个部分：西部为坡地，当地人称为场当头；东部为阶地，临近江边原有一座巴王庙，已被拆毁。从调查情况看，西部坡地上发现有少量汉代花纹砖。临江的河漫滩上有大量绳纹板瓦片，还采集到少量高柄豆、小平底罐的残片。勘探时在阶地西南边缘设勘探基点，正南北方向布探孔，孔距10米，实际勘探面积30 000余平方米。地层堆积依地形不同而有所区别，下面分别进行介绍。

（一）西部坡地

大多数探孔深30～80厘米。地层堆积可分3层。

第1层：耕土层。黑褐色黏土。厚20～50厘米。

第2层：红褐色黏土。未发现包含物。厚0～30厘米。

第3层：黄色粉黏土。未发现包含物。厚100厘米以上。

地表有墓砖存在，但未发现墓葬，可能已遭破坏。据当地村民反映，在场当头北部坡地上烧砖取土时，曾发现过青铜剑，推测可能有早期土坑墓存在。

（二）沿江阶地

探孔深140～250厘米。地层堆积大致可分4层。

第1层：耕土层。黑褐色黏土。厚20～50厘米。

第2层：褐色粉砂土。包含有红烧土块、炭屑等。厚60～90厘米。出土有灰色绳纹瓦片、绳纹陶片。为汉代文化层。

第3层：黄褐色粉砂土，包含有炭屑等。厚100厘米以上。出土有夹砂陶片等。为商周文化层。

第4层：黄褐色黏土。厚度不详。可能是生土。

从调查和勘探的结果来看，原对该遗址的时代判断应扩展为商周时期至汉代，其文化性质也更为丰富。坡地主要是两汉墓群，但不排除存在更早墓葬的可能。阶地上主要是商周至汉代遗存。

三、地层堆积

王家堡遗址2002年度发掘区虽然发掘前地表较为平坦，但从发掘情况看，这显然是明清以来至近现代农耕活动导致的结果。总体而言，各时期人类活动留下的文化遗存范围是从长江沿岸向场当头方向延伸，地层堆积整体由西南向东北倾斜，厚度也由薄变厚。

（一）发掘区东部典型探方地层举例

T3713文化层深220～260厘米，共分11层，各层情况如下（图二）。

第1层：耕土层。褐色粉砂土，土质疏松，包含有大量农作物根茎及近代杂物。厚15～35厘米。全探方水平分布。

第2层：红褐色黏土。土质较硬。距地表深15～35、厚5～20厘米。全探方水平分布。无包含物。

第3层：灰褐色粉砂土。土质疏松，包含有炭屑等。距地表深30～40、厚0～20厘米。呈斜坡状堆积分布于探方东部。出土有瓦片、青花瓷片等。

第4层：浅灰黄色粉砂土。土质较紧密。距地表深35～50、厚30～45厘米。全探方水平分布。出土有瓦片、瓷片等。

第5层：红灰色粉砂土。土质较紧密。距地表深70～90、厚25～50厘米。全探方水平分布。出土有较多的陶片、瓦片、瓷片等。

第6层：浅红褐色粉砂土。土质较紧密。距地表深115～130、厚0～20厘米。呈斜坡状堆积，分布于探方北部。无包含物。

第7层：灰褐色粉砂土。土质紧密。距地表深120～130、厚30～55厘米。全探方水平分布。出土有较多的陶片、瓦片等，可辨器形有罐、盆等。H19开口于本层下。

第8层：深灰色粉砂土。土质较疏松。距地表深170～190、厚0～20厘米。呈斜坡状堆积，分布于探方东南部。出土有少量陶片，可辨器形有罐、钵等。H38、H40开口于本层下。

第9层：浅灰褐色砂土。土质较疏松。距地表深150～175、厚0～30厘米。呈斜坡状堆积分布于除探方东南角以外的部分。包含物较少。

第10层：浅红褐色黏土。土质较紧密。距地表深170～210、厚25～35厘米。全探方水平分布。出土有陶片、石片等。M6、M7开口于本层下。

第11层：红褐色黏土。土质紧密。距地表深190～215、厚30～45厘米。全探方水平分布。出土有陶片、石器、石片等。

第11层下为黄褐色生土。

（二）发掘区中部典型探方地层举例

T3511文化层深135～145厘米，共分6层，地层情况如下（图三）。

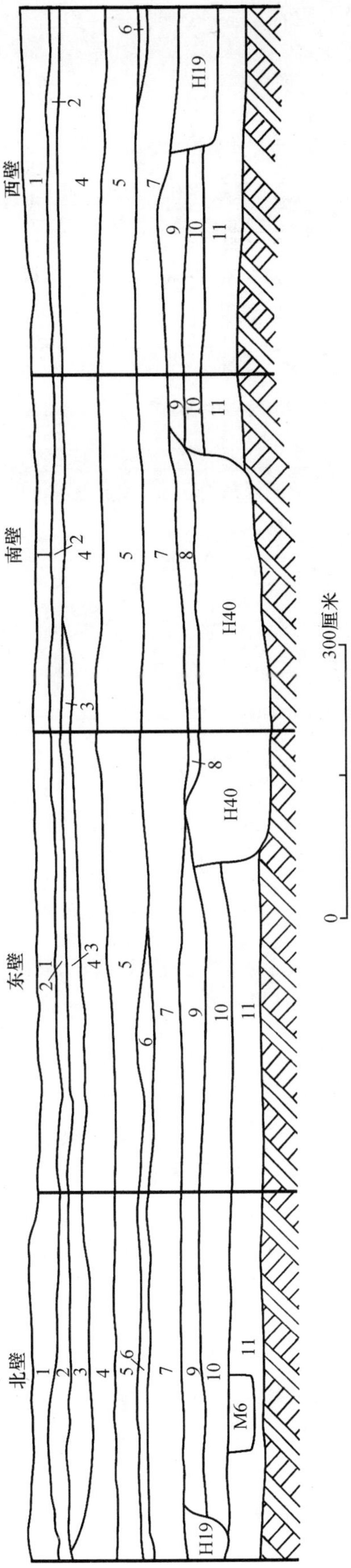

图二　T3713四壁剖面图

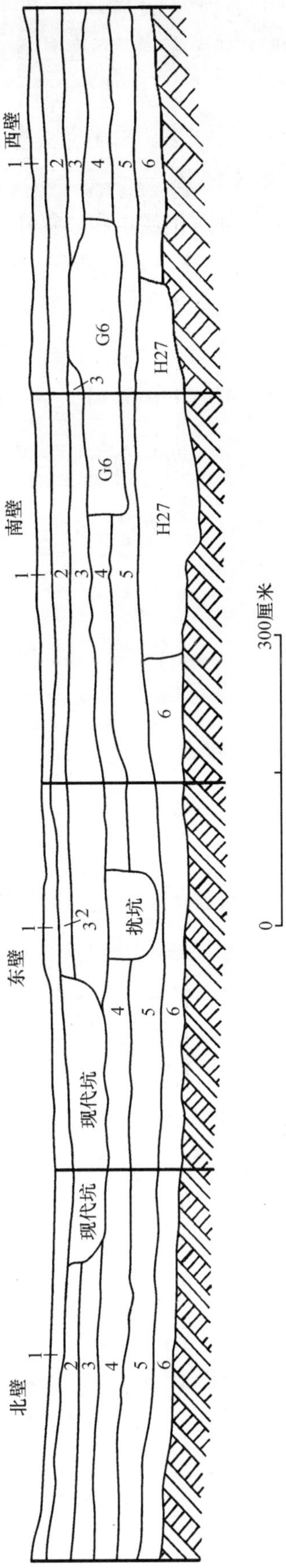

图三　T3511四壁剖面图

第1层：耕土层。灰褐色粉砂土，土质疏松，含大量农作物根茎。厚15～20厘米。全探方斜坡状分布。出土有瓦片、青花瓷片等。

第2层：红褐色黏土，土质紧密，含有料姜石。距地表深15～20、厚15～25厘米。全探方斜坡状分布。出土有陶片、瓦片、瓷片等，可辨器形有碗、罐、网坠等。

第3层：灰褐色黏土。土质较疏松，包含有炭屑。距地表深25～40、厚0～40厘米。全探方斜坡状分布。出土有陶片、瓦片、瓷片等。G6、H3、H4开口于本层下。

第4层：褐色粉砂土，土质疏松。距地表深60～65、厚25～30厘米。全探方斜坡状分布。出土有少量陶片、瓦片等，可辨器形有钵等。H17开口于本层下。

第5层：黄褐色黏土。土质紧密，包含有大量炭屑、红烧土颗粒。距地表深80～90、厚20～30厘米。全探方斜坡状分布。出土有少量陶片、瓦片等，可辨器形有罐、钵等。H27开口于本层下。

第6层：浅黄褐色黏土。土质紧密，包含有炭屑、红烧土颗粒。距地表深110～115、厚25～30厘米。全探方斜坡状分布。出土有陶片、瓦片等，可辨器形有罐等。

第6层下为黄色生土。

四、文化遗存

（一）夏商周时期文化遗存

1. 遗迹

此次发掘的夏商周时期文化遗存较为丰富，遗迹有灰坑、沟和墓葬三种。

（1）灰坑

共发现10座（H5、H6、H13、H21、H30、H31、H36、H44、H45、H48）。按形状可分为（椭）圆形、长方形和不规则形三种。下面举例介绍。

H36　位于T3614的北部，其北部延伸至T3614的北隔梁下。叠压于T3614第9层下，打破T3614第10、11层。坑口距地表深190厘米。平面呈长方形，口大底小，坑壁斜直，底较平。口部东西长110、南北宽100、深36～60厘米。填土为灰褐色黏土，结构紧密，包含有红烧土块、炭屑。出土较多陶片，可辨器形有罐、小平底器、高柄豆等（图四）。

H44　位于T3807的南部，部分延伸至T3807的南壁下。叠压于T3807第4层下，打破T3807第5层。坑口距地表深160厘米。平面呈不规则形，弧壁弧底。坑口南北长160、东西宽50～110、深88厘米。填土为灰黑色砂土，土质较紧密，夹杂有少量炭屑和红烧土粒。出土有较多的陶片，可辨器形有小平底罐、豆柄等（图五）。

H48　位于T3807的北部。叠压于T3807第4层下，打破T3807第5层。坑口距地表深185厘米。平面呈圆形，弧壁平底。坑口直径110、深59厘米。填土为灰黑色砂土，土质较紧密，包含有少量骨渣、炭屑。出土有较多的陶片，可辨器形有小平底罐、豆等（图六）。

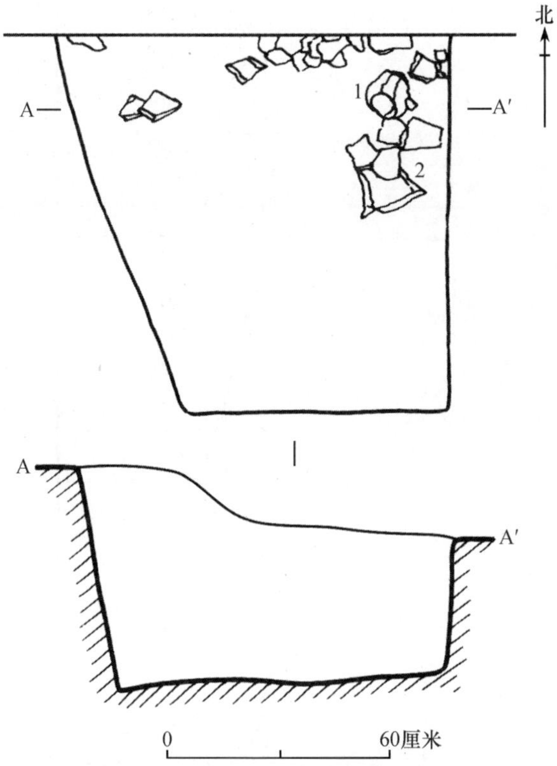

图四　H36平、剖面图
1、2. 陶罐

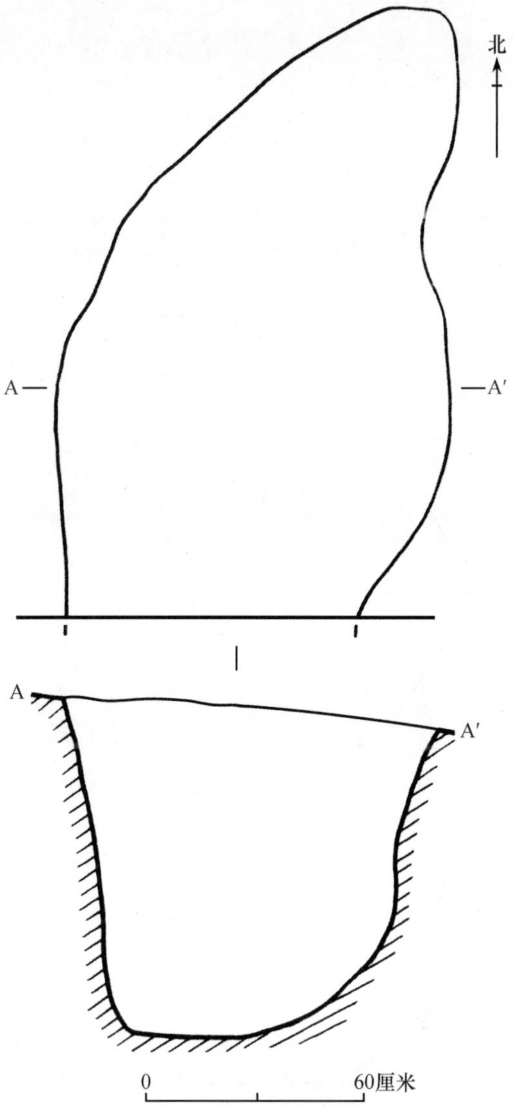

图五　H44平、剖面图

（2）沟

共发现1条，即G10。

G10　位于T3615和T3715的北部，部分延伸至发掘区外和T3515的东隔梁下未发掘。叠压于T3615⑪、T3715⑪层下，打破T3615⑫、T3715⑫层。坑口距地表深335～385厘米。平面呈长条形，弧壁圜底。发掘部分长900、宽85～244、深0～120厘米。填土为青灰色黏土，结构较紧密，包含有红烧土颗粒、炭屑和石块。出土物有大量的陶片，可辨器形有罐、豆柄、盆等（图七）。

（3）墓葬

共发现4座（M4～M7）。均为长方形竖穴土坑墓，直壁平底。未发现葬具，墓葬之间排列没有规律，而且存在打破关系。4座墓均被汉代文化层严重破坏，M5墓圹破坏殆尽，未发现随葬品；其余3座墓还残留部分墓圹及随葬品，介绍如下。

M4　位于T3711的南部。叠压于T3711⑬层下，打破T3711⑭层。墓口距地表深185厘米。仅残留墓底部分，残长168、宽66～77、残深14～20厘米。墓向为262°。填土为褐色黏土，土

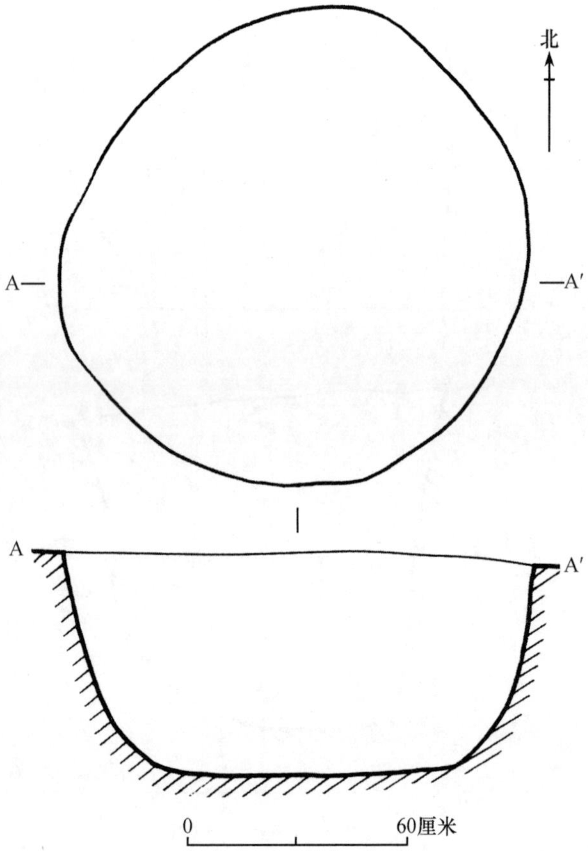

图六 H48平、剖面图

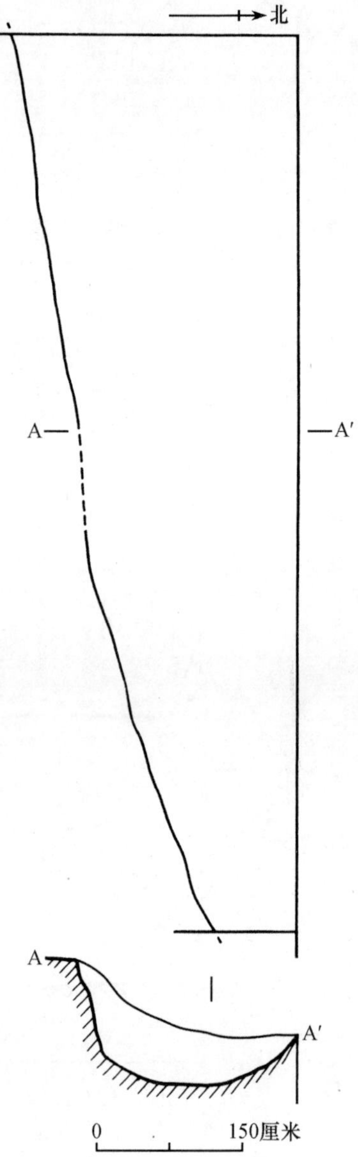

图七 G10平、剖面图

质紧密，出土有少量陶片。人骨架腐朽较严重，仅见有头骨、牙齿等，葬式、性别、年龄不详。随葬品残留有陶折腹罐、盘各1件（图八）。

M6 位于T3713的西北部。叠压于T3713⑩层下，打破T3713⑪层，同时被T3713⑨层下的柱洞和T3713⑩层下的M7打破。墓口距地表深220厘米。墓口残长190～246、宽72、深30厘米。墓向为32°。墓底部有腰坑，平面呈椭圆形，直壁平底，直径24、深8厘米。填土为灰黄色土，质地紧密。人骨架保存较差，盆骨以上大部无存，葬式为仰身直肢葬，推测为中年男性。随葬品包括陶小平底罐1件、高足杯1件、壶1件、石锛2件（图九）。

M7 位于T3713的中部。叠压于T3713⑩层下，打破T3713⑪层和M6，同时被H38打破。墓口距地表深220厘米。墓口残长140、宽46～52、深32厘米。墓向为83°。人骨架保存较差，肋骨不存，葬式为仰身直肢葬，推测为男性少年。随葬品包括陶小平底罐3件、陶器盖1件（图一〇）。

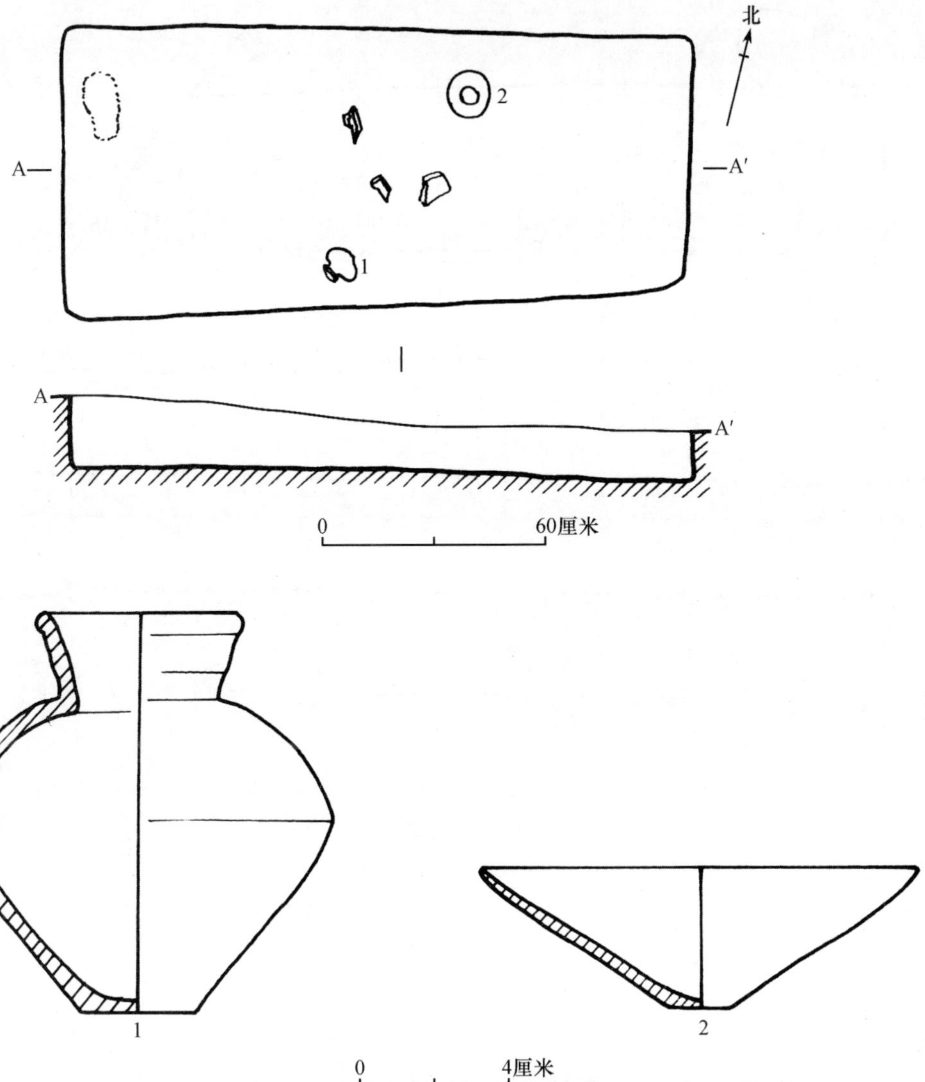

图八　M4平、剖面图及随葬陶器

1. 折腹罐（M4：1）　2. 盘（M4：2）

2. 遗物

遗物众多。以陶器为主，其次为石器，铜器和骨器很少。

（1）陶器

共出土陶片数千片，陶质以夹砂陶为主，陶色以褐色为主。多素面，纹饰主要有弦纹、绳纹、压印纹等。可辨出器形者较多，主要器类有小平底罐、折腹罐、深腹罐、高足杯、高柄豆盘、灯形器、圈足豆、高柄豆柄、斝、壶、花边口钵、器盖、盘等。

小平底罐　22件。根据形态特征分二型。

A型　18件。较矮胖，侈口，斜弧腹。依据肩部特征可分为三式。

Ⅰ式：1件。溜肩。T3710⑬：18，夹细砂灰褐陶。肩部饰有两道凹弦纹和戳印纹。口径40、残高20厘米（图一一，1）。

Ⅱ式：11件。圆肩。H5：8，夹粗砂灰陶。口径15.6、肩径18.2、底径4.4、高12厘米（图

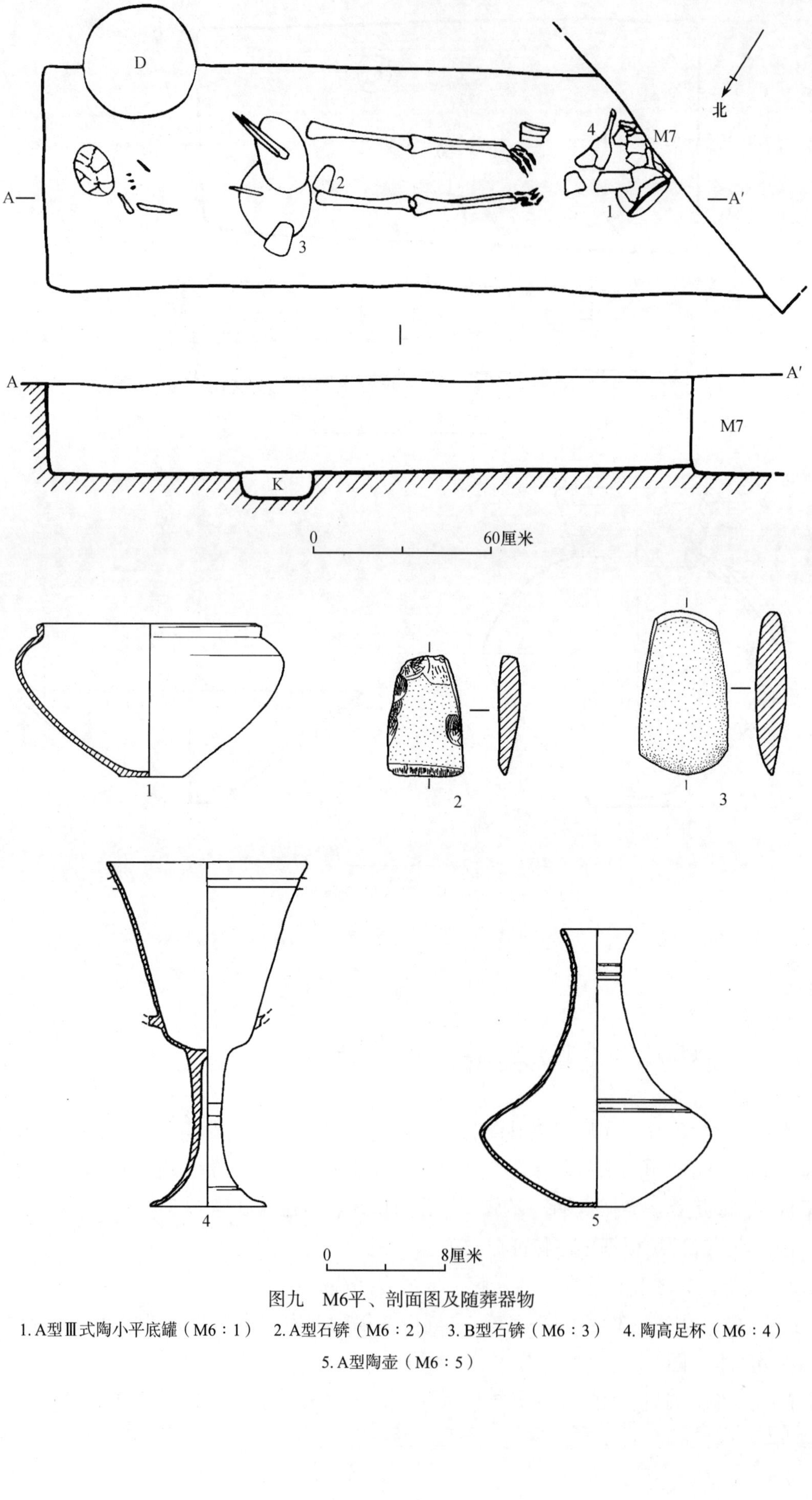

图九　M6平、剖面图及随葬器物

1. A型Ⅲ式陶小平底罐（M6：1）　2. A型石锛（M6：2）　3. B型石锛（M6：3）　4. 陶高足杯（M6：4）　5. A型陶壶（M6：5）

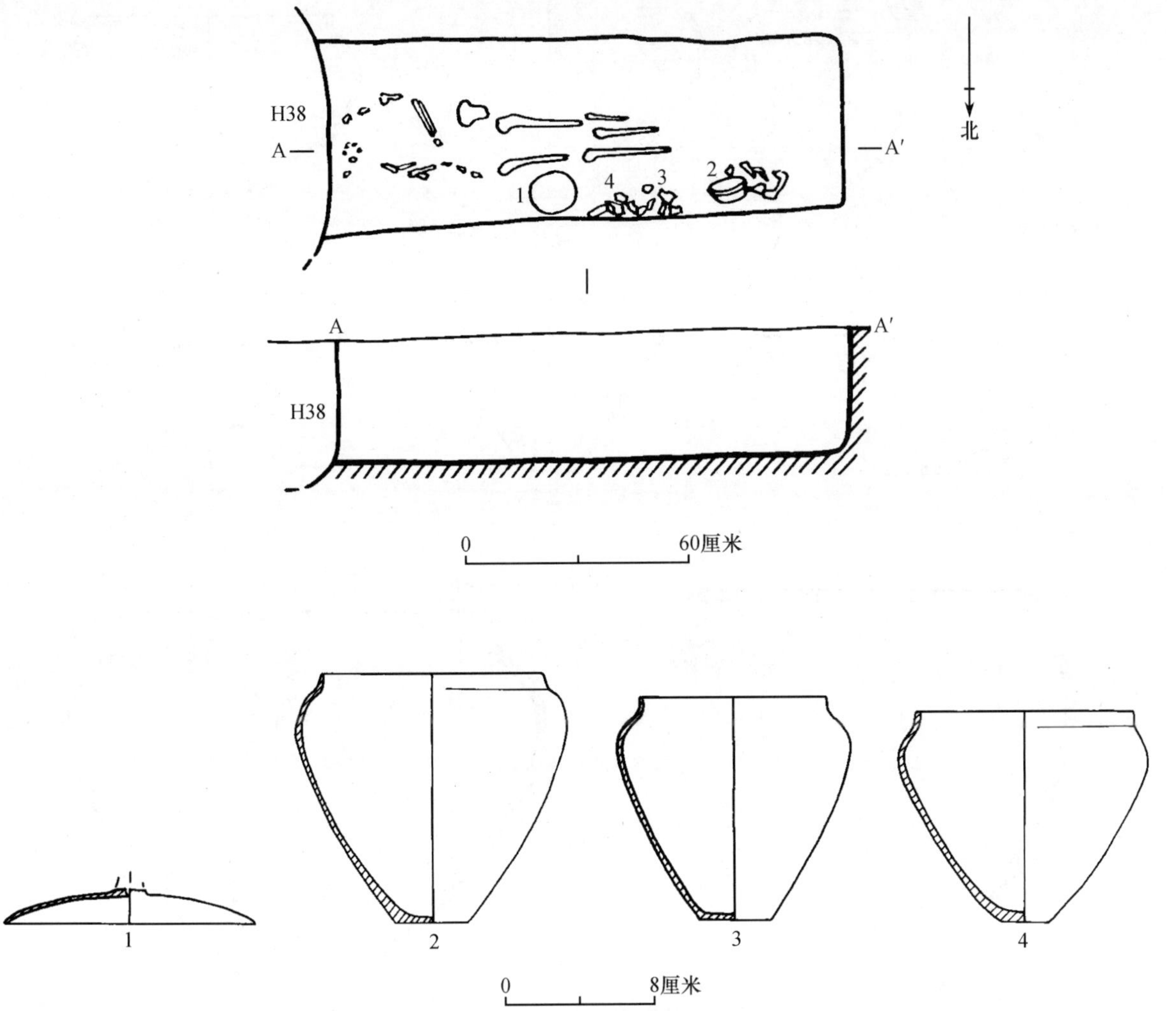

图一〇　M7平、剖面图及随葬器物

1. 陶器盖（M7：1）　2～4. B型Ⅱ式陶小平底罐（M7：2、M7：3、M7：4）

一二，2）。T3709⑨：8，夹细砂灰黑陶。肩部有一圈竖向绳纹。口径15.2、底径5.2、高10.7厘米（图一一，3）。

Ⅲ式：6件。鼓肩。M6：1，夹细砂黑陶。口径14.8、肩径18.4、底径4.4、高10厘米（图九，1）。H5：1，夹细砂黑陶。口径14.8、肩径18.8、底径4.4、高11.8厘米（图一一，4）。

B型　4件。较瘦高，斜腹。依据口部特征可分为二式。

Ⅰ式：1件。侈口，鼓肩。T3714⑪：8，夹细砂黑陶。器表陶色不均。口径12、底径3.2、高10厘米（图一一，5）。

Ⅱ式：3件。直口，圆肩。M7：2，夹细砂黑陶。口径12、肩径14.8、底径4、高13厘米（图一〇，2）。M7：3，夹细砂黑陶。口径10、底径3.8、肩径12.8、高11.8厘米（图一〇，3）。M7：4，夹细砂黑陶。口径12、肩径13.8、底径2.4、高11厘米（图一〇，4）。

折腹罐　1件。M4：1，泥质黄陶。圆唇，敞口，高领，折腹，平底。口径5.6、腹径10.6、底径3.2、高10.4厘米（图八，1）。

深腹罐　3件。侈口，束颈，斜弧腹。根据肩部特征可分为二型。

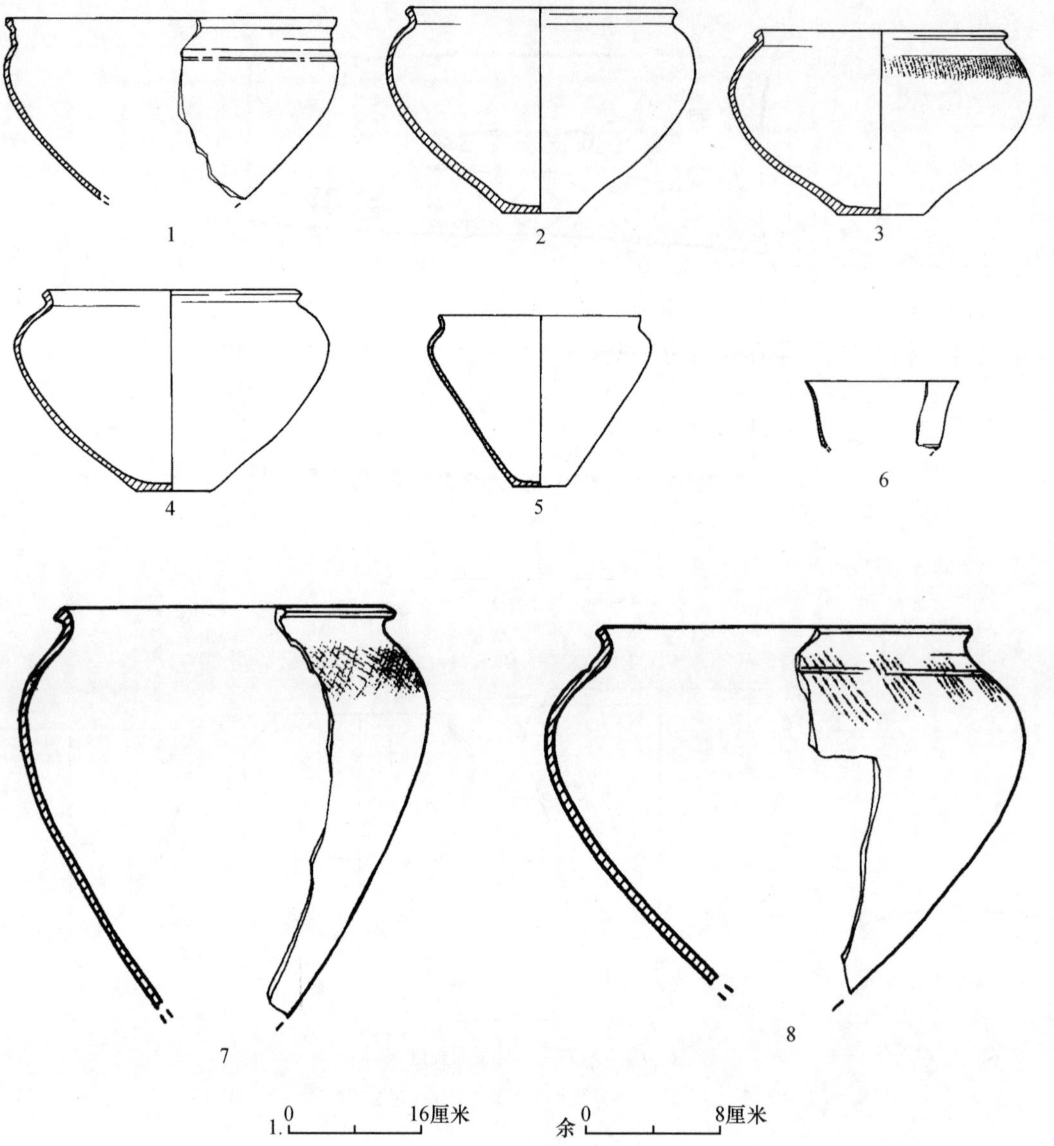

图一一　商周时期陶器

1. A型Ⅰ式小平底罐（T3710⑬：18）　2、3. A型Ⅱ式小平底罐（H5：8、T3709⑨：8）　4. A型Ⅲ式小平底罐（H5：1）　5. B型Ⅰ式小平底罐（T3714⑪：8）　6. 高柄豆盘（H36：9）　7. A型深腹罐（H5：6）　8. B型深腹罐（H5：4）

A型　2件。圆肩。H5：6，夹粗砂黑褐陶。肩部饰有交错绳纹。口径19.2、残高24厘米（图一一，7）。

B型　1件。鼓肩。H5：4，夹细砂褐陶。器表陶色深浅不一。肩部饰有绳纹和一道凹弦纹。口径22.4、残高20厘米（图一一，8）。

高足杯　1件。M6：4，泥质浅褐胎黑皮陶。敞口，深斜腹，柱形柄，喇叭状圈足，杯腹外两侧对称有一对把手，已残缺。口沿下及足上部各有两道凹弦纹，柄中部有三道凹弦纹。口径13.6、足径8、高22.8厘米（图九，4）。

高柄豆盘　1件。H36：9，泥质黑皮陶。尖唇，敞口，弧腹较深，底残。口径9.3、残高4厘米（图一一，6）。

灯形器　1件。H44：11，夹细砂黑陶。残存盛、柄接合处，盛底部有孔通柄部，柱形柄中空。残高14.8厘米（图一二，1）。

圈足豆　2件。H5：9，泥质灰陶。喇叭状高圈足，豆盘已残。圈足径16.8、残高16.8厘米（图一二，2）。

高柄豆柄　2件。H36：8，夹细砂灰陶。轮制。柱状柄，中空。下部饰有两道凸棱。柄径6、残高15.2厘米（图一二，3）。

斝　1件。H36：2，夹细砂红褐陶。残存口部，敞口带流。残高8.6厘米（图一二，4）。

壶　2件。根据形态特征可分为二型。

A型　1件。M6：5，泥质黑皮陶。敞口，细长颈，圆折肩，斜弧腹，平底。颈部饰有三圈凹弦纹，肩部饰有两道凸弦纹。口径4.8、腹径15.4、底径3.6、高18.4厘米（图九，5）。

B型　1件。H36：1，夹细砂红褐陶。残存口颈部。尖唇，口微敛，长颈，口外部对称有

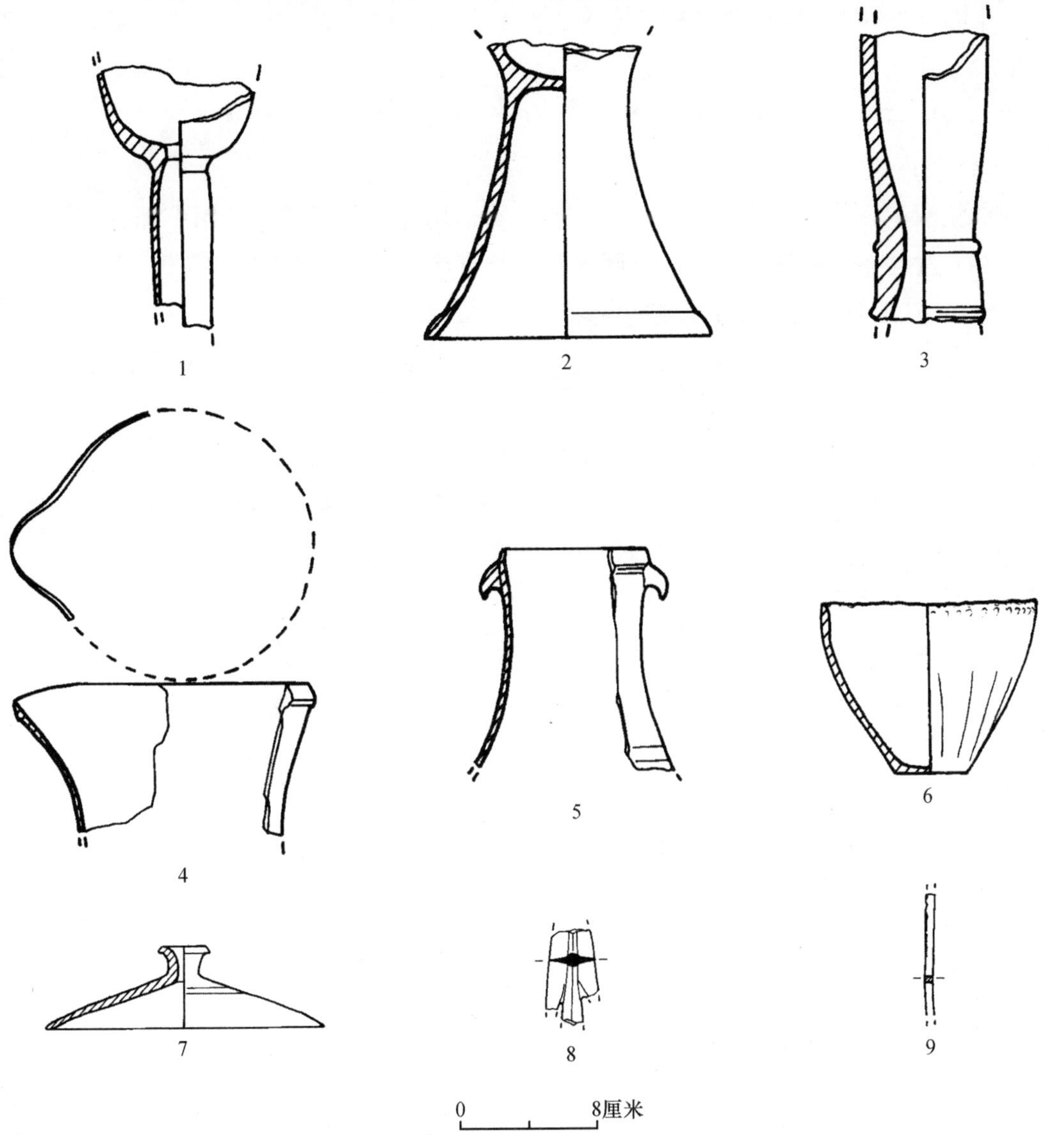

图一二　商周时期陶器及铜器

1. 陶灯形器（H44：11）　2. 陶圈足豆（H5：9）　3. 陶高柄豆柄（H36：8）　4. 陶斝（H36：2）　5. B型陶壶（H36：1）
6. 陶花边口钵（T3710⑬：17）　7. 陶器盖（T3714⑩：12）　8. 铜镞（T3613⑨：5）　9. 铜残器（T3615⑩：6）

两个钩状物和一圈附加堆纹。口径8.8、残高12.8厘米（图一二，5）。

花边口钵　1件。T3710⑬：17，夹细砂浅褐陶。敞口，斜腹，平底。口沿上压印成波浪形花边。口径12.8、底径4.4、高9.6厘米（图一二，6）。

器盖　2件。T3714⑩：12，纽及盖纽连接处为夹粗砂褐胎，其余部分为泥质黑皮陶。圈状纽，盖身呈浅盘状，盖壁斜直。盖上饰两圈凹弦纹。盖径16.4、纽径3.2、高4.6厘米（图一二，7）。M7：1，夹细砂黄陶。纽残，盖身较浅，弧壁。盖径13.4、残高1.9厘米（图一〇，1）。

盘　1件。M4：2，泥质褐陶。尖唇，敞口，斜腹，小平底。口径12、底径1.8、高3.6厘米（图八，2）。

（2）铜器

仅出土2件小型残铜器。

镞　1件。T3613⑨：5，镞尖及下端均残，镞翼较阔。残长5.6、残宽3厘米（图一二，8）。

残器　1件。T3615⑩：6，圆柱形，两端均残。直径0.5、残长7厘米（图一二，9）。

（3）石制品

发现数量较少，仅10件，分为石片和石器。石器均为磨制石器，多用小砾石直接磨制，少数使用打制石片磨制，基本上都是局部磨光。器类有锛、斧，另有2件残石器，形制不明。

锛　6件。器形较小，侧锋。根据刃部特点分为二型。

A型　5件。平刃。M6：2，用黑色砾石四周磨平，一侧及顶端有加工打击疤痕。宽5.2、高7.8、厚1.5厘米（图九，2）。T3611⑩：13，用灰色砾石加工，略呈梯形，顶端有锤击疤痕，刃部略有崩口。宽4.6、高7.2、厚1.7厘米（图一三，1）。

B型　1件。圆弧刃。M6：3，青绿色砾石。呈梯形，刃部略有崩口。宽6、高10.6、厚2厘米（图九，3）。

斧　3件。利用砾石加工，部分保留有自然石皮，器形小巧轻薄，正锋，圆弧刃。T3413⑦：3，灰绿色，两侧握手处有琢制痕迹，顶部略有琢痕，为半成品。宽6、高14.9、厚2.1厘米（图一三，2）。T3713⑪：7，青灰色，长方形，刃部有崩口。宽5.1、通高11.2、厚1.4厘米（图一三，3）。

打制石片　1件。H6：1，黑色花岗岩。椭圆形，石片顶端有一缺口状的打击点，劈裂面较平坦，辐射线清晰。宽12.6、高7.6、厚1.6厘米（图一三，4）。

（4）骨器

兽牙　2件。H5：5，月牙形，剖面为三角形。外表光滑，内中空。残长10.2厘米（图一三，5）。

（5）晚期地层中出土的商周时期遗物

王家堡遗址沿用时间较长，存在一定扰乱情况，汉代文化层破坏了部分早期文化层，部分汉代遗存中出土有一部分早期遗物，本文将这部分遗物集中介绍，以避免造成阅读、研究上的混乱。需要说明的是早期遗物中陶器比较容易区分，由于峡江地区直到汉代仍然使用磨制石器，因此可以明确区分的早期遗物仅包括陶器。

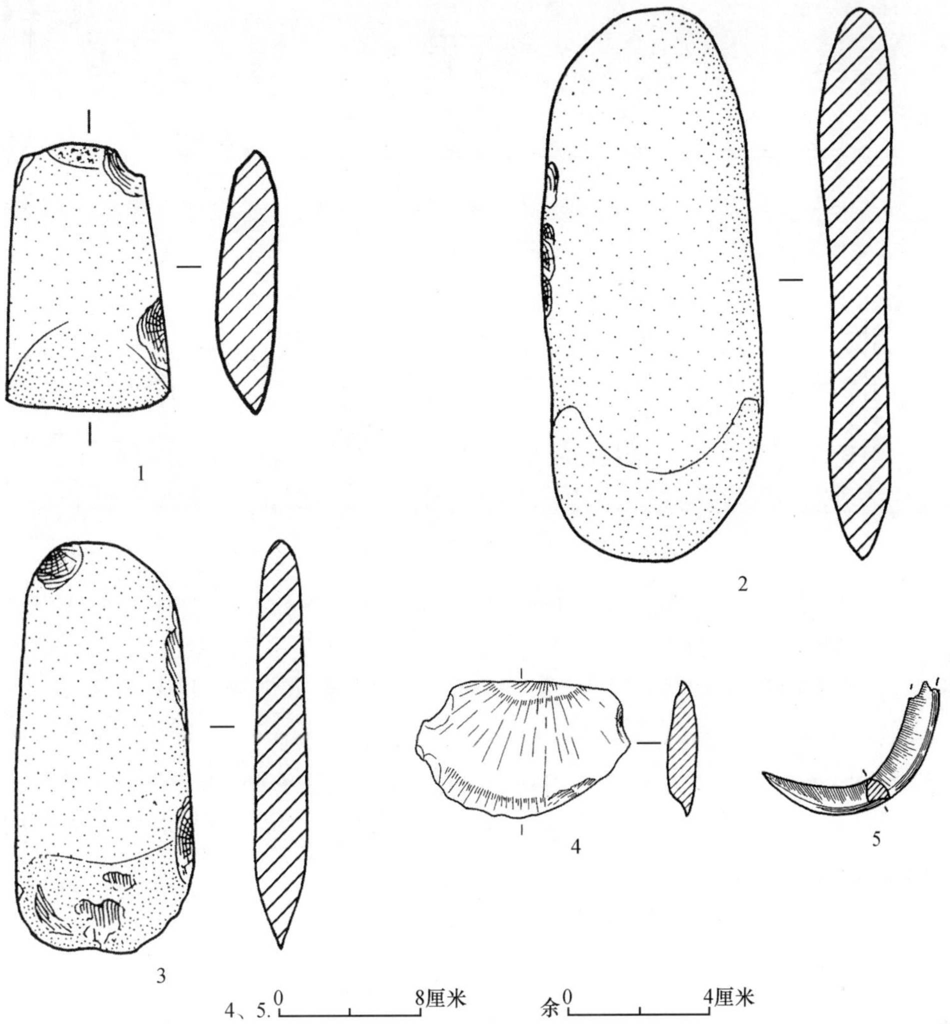

图一三　商周时期石器及骨器

1. A型石锛（T3611⑩：13）　2、3. 石斧（T3413⑦：3、T3713⑪：7）　4. 打制石片（H6：1）　5. 兽牙（H5：5）

晚期地层中出土的早期陶片数量不多，陶质以夹砂陶为主，陶色以褐陶为主，其次是灰陶，纹饰方面素面陶占大多数，纹饰主要有凹弦纹、凸棱纹、细绳纹、镂孔等，可辨器形较少，主要有器盖、豆柄、灯形器、尖底杯、花边口罐等。

器盖　2件。圈形捉手，弧壁，口沿外撇。T3808⑥：1，夹粗砂灰褐陶。表面凹凸不平。纽径4.2、口径17.2、高4.9厘米（图一四，1）。T3810⑦：5，夹粗砂灰褐陶。纽径6、口径19、高6.9厘米（图一四，2）。

豆柄　2件。H33：4，夹砂灰陶。残高8.9厘米（图一四，4）。T3514⑨：15，夹砂灰陶。残高5.8厘米（图一四，3）。

灯形器　2件。均残存上部及柄，盛部呈杯形，深腹，底部与柄相通，高柄中空。根据柄部特征分为二型。

A型　柱形柄。T3507③：1，夹细砂黄褐陶。上部与盛相接部分较细。柄径3.1、残高18.6厘米（图一四，5）。

B型　纺锤形柄，最大径处有一周凸棱。T3514⑨：17，泥质黑皮陶。柄径4.8、残高12.1

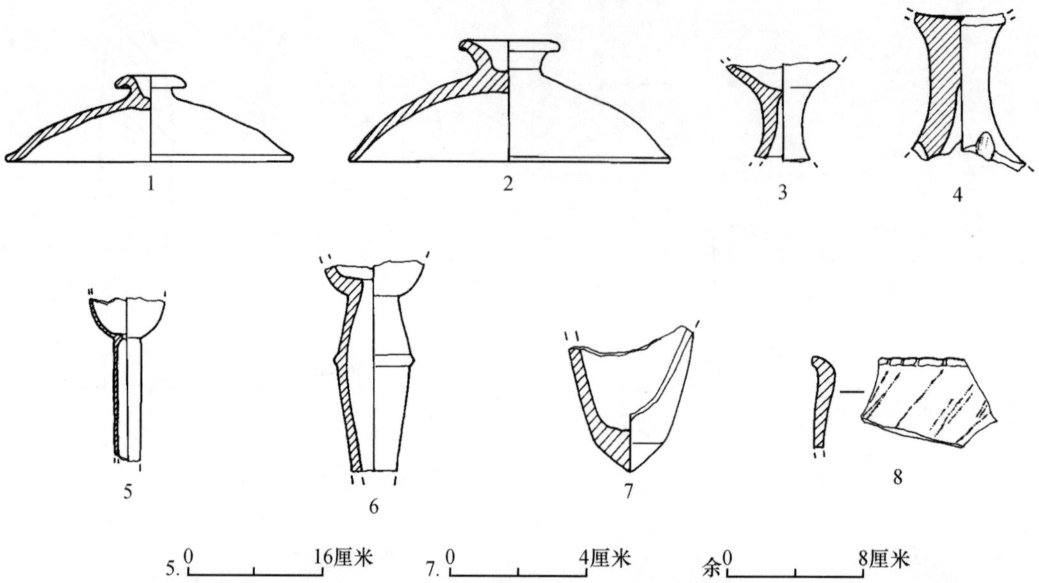

图一四　晚期地层出土的商周时期陶器

1、2. 器盖（T3808⑥：1、T3810⑦：5）　3、4. 豆柄（T3514⑨：15、H33：4）　5. A型灯形器（T3507③：1）　6. B型灯形器（T3514⑨：17）　7. 尖底杯（T3414⑦：8）　8. 花边口罐（T3414⑤：7）

厘米（图一四，6）。

尖底杯　1件。T3414⑦：8，泥质灰陶。器身上部已残，器形较粗胖，下腹有明显转折，尖底。残高4.2厘米（图一四，7）。

花边口罐　1件。T3414⑤：7，夹砂褐陶。残存口沿。侈口，口沿按压花边，口沿下饰斜向细绳纹。残高5.2厘米（图一四，8）。

（二）汉至六朝时期文化遗存

1. 遗迹

汉至六朝时期的遗迹有灰坑、沟、灶和石头遗迹四种。

（1）灰坑

共发现36个（H1～H3、H8～H12、H14～H20、H22～H29、H32～H35、H37～H43、H46、H47）。形状有长方形、（椭）圆形和不规则形三种。以下举例介绍。

H1　位于T3413的东南角，部分伸入南壁下。叠压于T3413④层下，打破T3413⑤层土。坑口距地表深90厘米。平面呈椭圆形，坑壁斜直，底较平坦。探方内坑口长65、深62厘米。填土为灰褐色黏土，土质较松软，夹杂少量木炭颗粒、红烧土颗粒等，出土有少量瓦片（图一五）。

H15　位于T3710的西部，部分伸入西壁内。叠压于T3710⑧层下，打破T3710⑫、⑬、⑭层及H22。坑口距地表深150厘米。平面呈长方形，坑壁较直，东壁略内收，壁面较平整，底近平。探方内长110、宽80、深92～110厘米。填土为浅灰色黏土，结构疏松，土质较软。厚92～100厘米。包含物有草木灰粒，出土有陶片、瓦片等（图一六）。

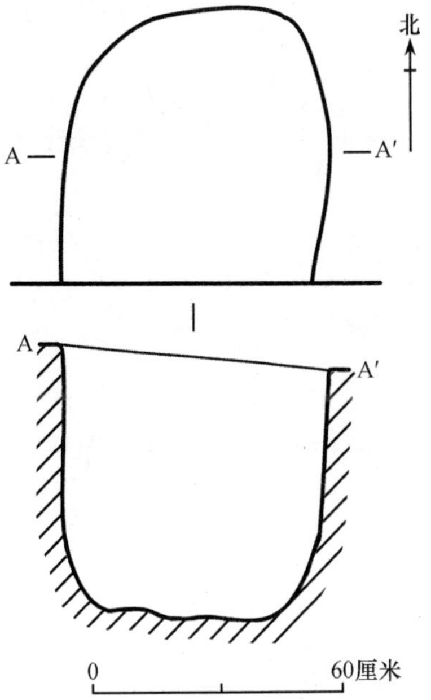

图一五　H1平、剖面图

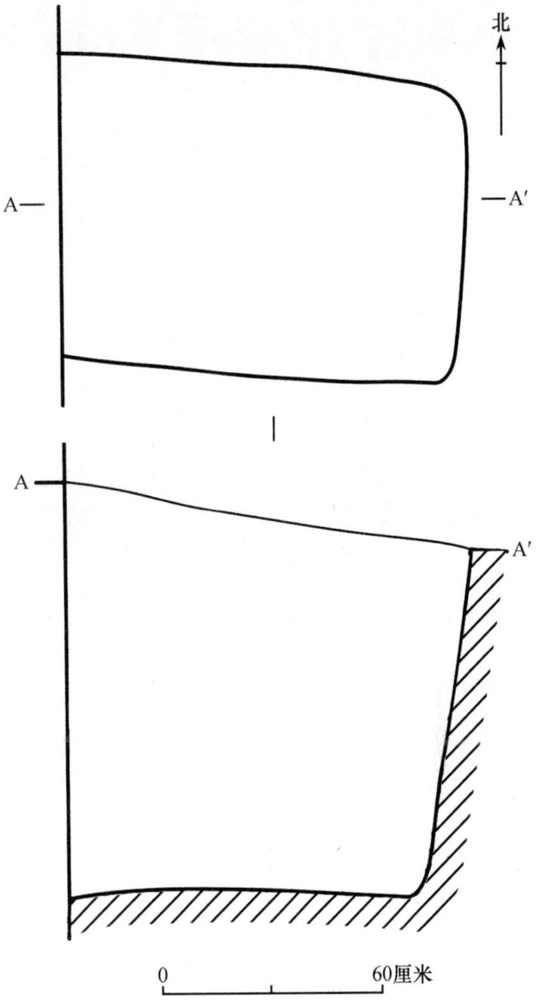

图一六　H15平、剖面图

（2）沟

共发现6条（G1、G2、G6～G9）。形状均为长条形。下面以G7为例说明。

G7　位于T3413的南部，由西延伸至T3313东部，向东延伸到T3513的西南角、T3512东北角、T3612中部、T3712南部。叠压于T3413⑤层下、T3313③层下、T3513⑤层下、T3512③层下、T3612③层下、T3712⑤层下，打破T3413⑥层、T3313④层、T3513⑥层、T3512④层、T3612④层、T3712⑥层。平面呈长条形，剖面呈“U”形，沟壁面较平滑，沟底较平坦。残长21.75米、口宽75～115、沟底宽60～98、深29～58厘米。方向110°。填土为灰褐色黏土，结构较紧密，含水锈、炭屑、红烧土颗粒，出土有少量瓦片（图一七）。

（3）灶

共发现3座（Z1～Z3）。平面均呈葫芦形。下面以Z1为例进行介绍。

Z1　位于T3707的中部，叠压于T3707④层下，打破T3707⑤层土。距地表深85厘米。长100、宽15～32、深15～25厘米。坑壁较平滑，底部呈锅底状。填土为灰褐色砂性土，土质较紧密，夹杂有大量木炭颗粒、红烧土块等，出土有少量的陶片、瓦片（图一八）。

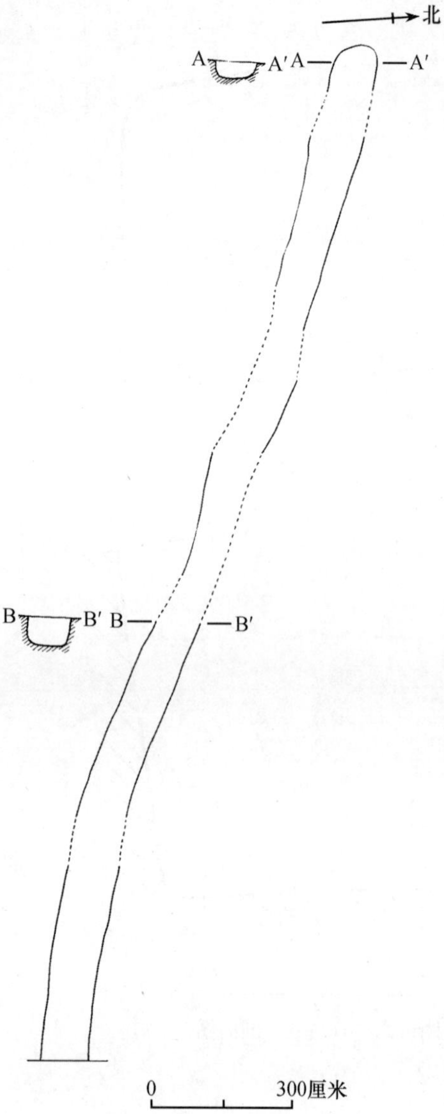

图一七　G7平、剖面图

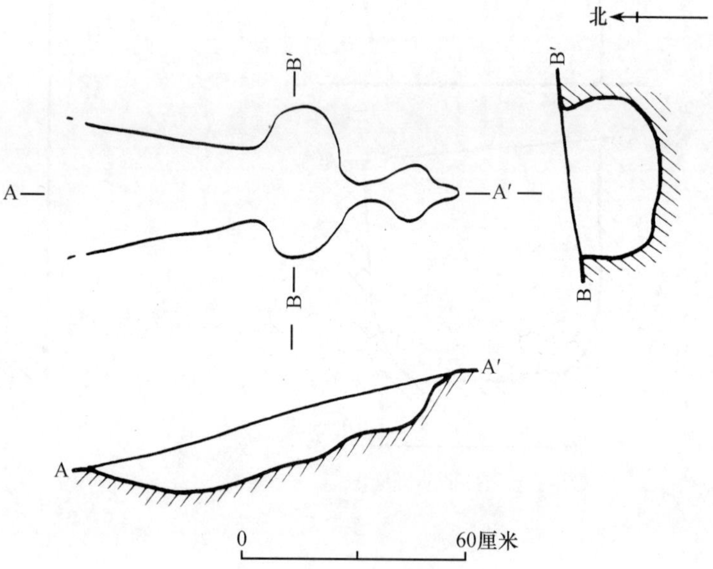

图一八　Z1平、剖面图

（4）石头遗迹

共发现3座（S1～S3）。它们均以坑内填以砾石为特点，平面形状有长方形、椭圆形和三角形。下面举例介绍。

S1　位于T3512的东南角，向东向南延伸至东壁和南壁。叠压于T3512④层下，打破T3512⑤层土。开口距地表深120厘米。平面略呈长方形，长175、宽150、深50～70厘米。坑壁较斜，底较平坦。坑内主要由砾石和黄色黏土组成，土质紧密，以砾石为主，大小不等，出土有少量的陶片（图一九）。

S2　位于T3512的西部。叠压于T3512④层下，打破T3512⑤层土。开口距地表深110厘米。平面略呈椭圆形，长径94、短径40、深9～14厘米。坑壁较斜，底较平坦。坑内主要由砾石和黄色黏土组成，土质紧密，以砾石为主，大小不等（图二〇）。

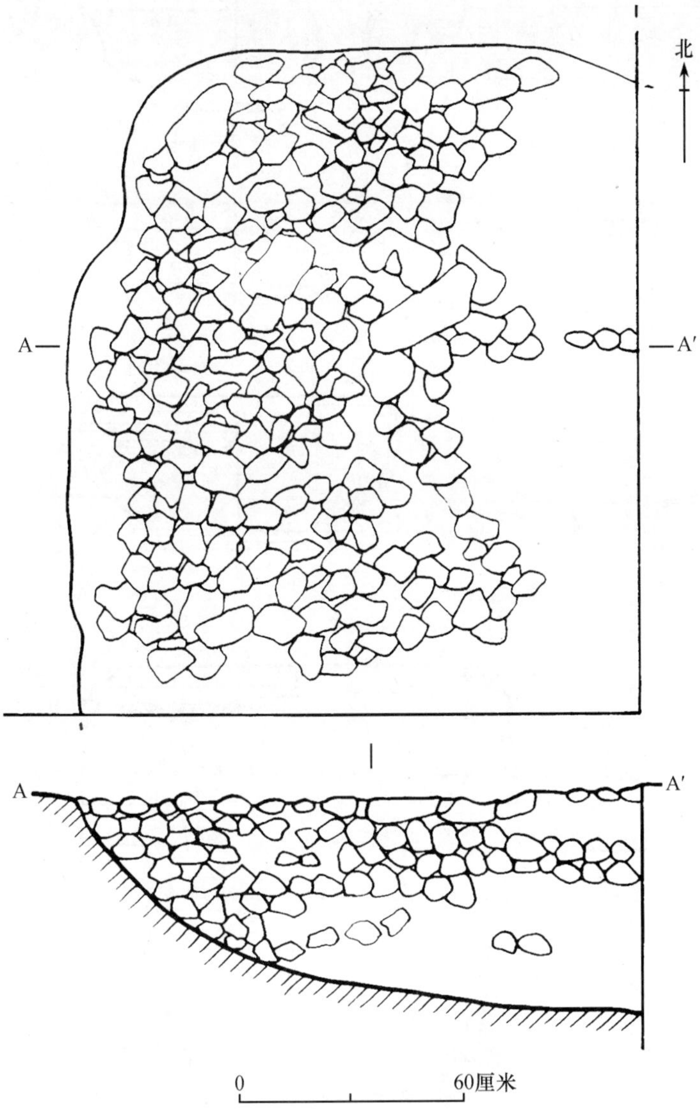

图一九　S1平、剖面图

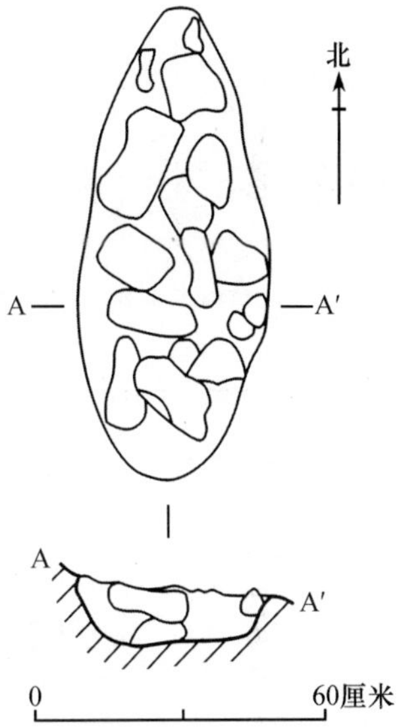

图二〇　S2平、剖面图

2. 遗物

汉至六朝时期的遗物按质地可分为陶器、铜器、瓷器和骨器，其中以陶器为主，瓷器次之，铜器很少。

（1）陶器

钵　20件。根据腹部特点可分为二式。

Ⅰ式：11件。折腹。T3411⑤：3，夹细砂灰褐陶。口径16.8、底径5.6、高6厘米（图二一，1）。T3411⑤：6，泥质灰陶。口径17.5、底径5.7、高6.5厘米（图二一，2）。T3409③：13，泥质灰陶。口径19.2、底径5.6 、高6.8厘米（图二一，3）。

Ⅱ式：9件。弧腹。H1：7，泥质黑皮陶。口径13.2、底径4.8、高4.8厘米（图二一，4）。H1：9，泥质黑皮陶。口径13.6、底径5、高4.8厘米（图二一，5）。T3409③：4，夹细砂红褐胎。表面饰灰色陶衣，大部分脱落。口径18.6、底径7、高6.8厘米（图二一，6）。

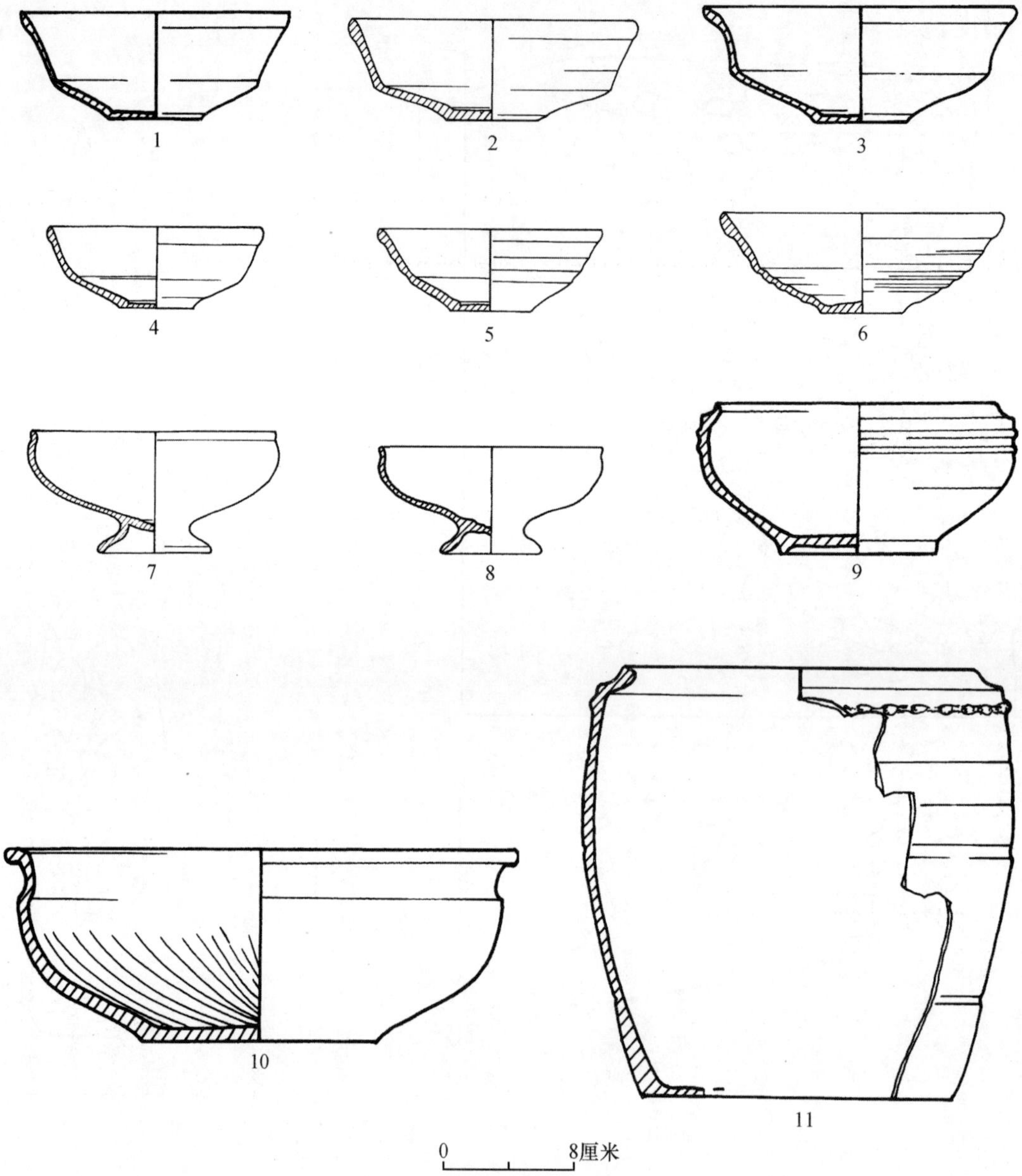

图二一 汉至六朝时期陶器

1～3. Ⅰ式钵（T3411⑤：3、T3411⑤：6、T3409③：13） 4～6. Ⅱ式钵（H1：7、H1：9、T3409③：4） 7、8. 豆（G9：2、H47：2） 9. 盒（T3810⑤：2） 10. 盆（T3507③：2） 11. 仓（T3409③：14）

豆 2件。侈口，弧腹，喇叭状矮圈足。G9：2，夹细砂红陶。口径15.2、足径7、高7.2厘米（图二一，7）。H47：2，夹细砂黑陶。口径13.6、足径6.2、高6.4厘米（图二一，8）。

盒 1件。T3810⑤：2，低温铅釉陶，夹细砂红胎，器表施姜黄釉，大部分已脱落。子母口，弧腹，矮圈足。腹上部饰两道凸弦纹。盖缺失。口径17.2、底径9.6、高8.4厘米（图二一，9）。

盆 1件。T3507③：2，夹细砂黄褐陶。平折沿，方唇，束颈，弧腹，平底。腹内壁有竖向划痕。口径32、底径14.6、高11.2厘米（图二一，10）。

仓 1件。T3409③：14，泥质灰陶。敛口，折肩，腹稍外鼓，平底。肩下饰一圈附加堆纹，腹部饰有三道凹弦纹。口径21、底径19、高25.8厘米（图二一，11）。

罐　2件。根据器物形态的不同可分为二型。

A型　1件。T3409⑤：5，夹砂灰陶。直口，鼓腹，平底。唇上有一周凹弦纹，肩部至腹中下部饰有绳纹，并以四周凹弦纹相隔。口径14、底径17.6、高28.5厘米（图二二，1）。

B型　1件。T3507③：4，夹砂灰陶。平折沿，圆唇，束颈，广肩，腹部较直，底部残。腹上部饰有七道凹弦纹及竖向绳纹。口径24、残高30厘米（图二二，2）。

纺轮　1件。圆柄状，中有圆形穿孔。T3712⑥：7，泥质红陶。高2.6、外径7.4、孔径1厘米（图二二，3）。

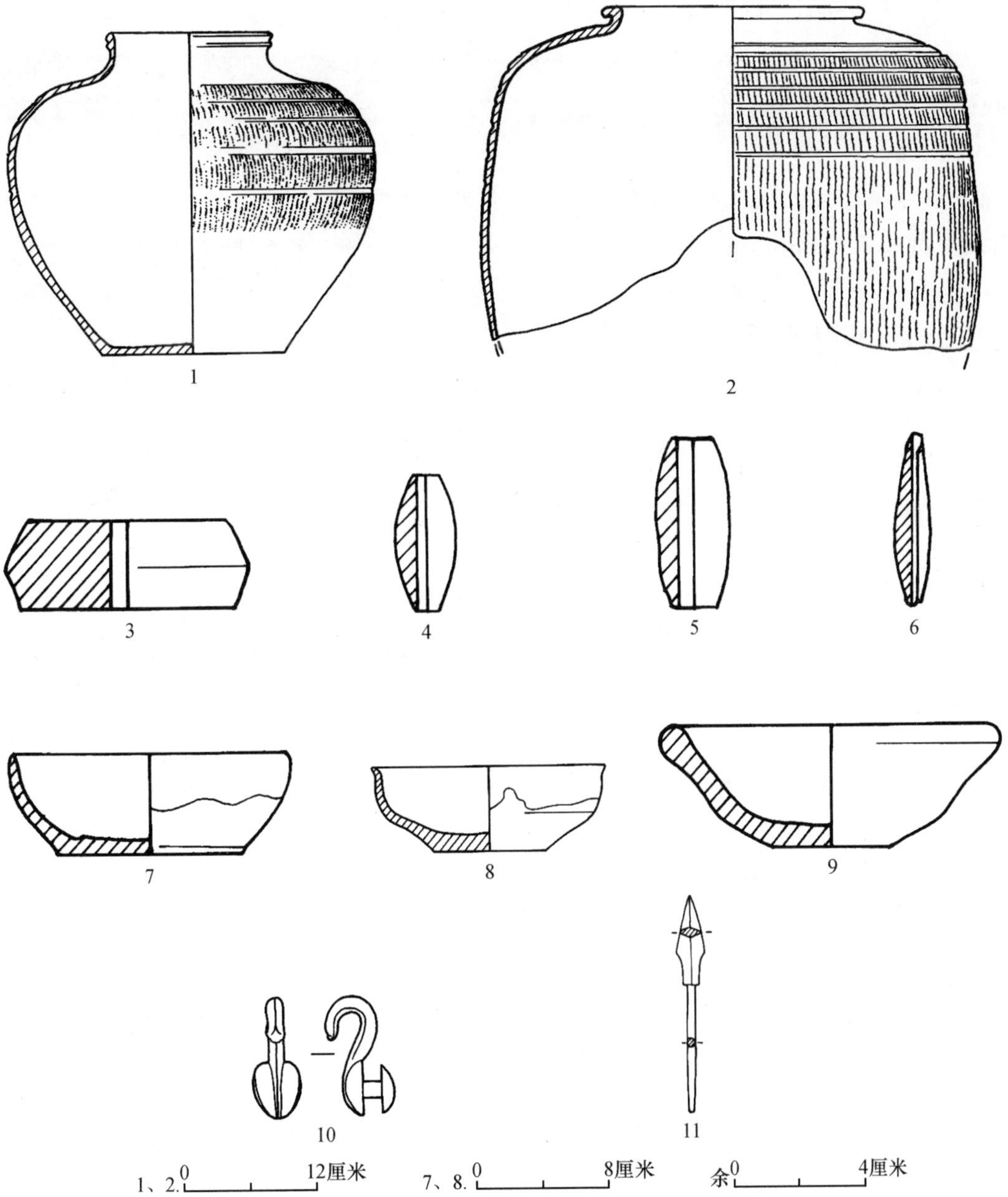

图二二　汉至六朝时期陶器、瓷器及铜器

1. A型陶罐（T3409⑤：5）　2. B型陶罐（T3507③：4）　3. 陶纺轮（T3712⑥：7）　4～6. 陶网坠（T3411⑤：5、T3609④：11、T3712⑥：12）　7. A型瓷钵（T3415④：10）　8. B型瓷钵（T3414④：4）　9. 瓷盏（T3713⑤：10）　10. 铜带钩（T3510③B：5）　11. 铜箭镞（T3514⑥：6）

网坠 116件。均为橄榄形，中有圆孔。T3411⑤：5，夹细砂红褐色陶。鼓腹。长4.2、孔径0.4厘米（图二二，4）。T3609④：11，夹细砂灰陶。腹微鼓。长10、孔径0.4厘米（图二二，5）。T3712⑥：12，夹细砂灰褐陶。器身细长。长10.5、孔径0.2厘米（图二二，6）。

（2）瓷器

钵 4件。根据口部形态不同可分为二型。

A型 2件。敛口，弧腹，平底。T3415④：10，表面施青釉，釉不及底。器内、外开有冰裂纹。内底有十余个支钉痕。口径17.2、底径11.2、高5.8厘米（图二二，7）。

B型 2件。侈口，弧腹，下腹内收，平底。T3414④：4，碗内及腹外上壁施青釉。碗内有十余个长方形支钉痕。口径14.8、底径8.8、高6.2厘米（图二二，8）。

盏 1件。T3713⑤：10，青灰胎，表面内外施酱釉。敞口，圆唇，弧腹，平底。口径9.6、底径3.6、高3.6厘米（图二二，9）。

（3）铜器

带钩 1件。T3510③B：5，水禽形。长3.5厘米（图二二，10）。

箭镞 1件。T3514⑥：6，箭头部呈矛形，无后锋，长铤。长6.3厘米（图二二，11）。

（三）唐宋时期文化遗存

1. 遗迹

唐宋时期的遗迹有灰坑、墓葬。

（1）灰坑

共发现2座（H4、H7）。平面形状为圆形和不规则性。

H4 位于T3511的北部。叠压于T3511③层下，打破T3511④层土。坑口距地表深75厘米。平面呈圆形，坑壁斜直，底近平。直径70、深36厘米。填土为红褐色粉砂土，结构紧密，土质较硬，出土有少量陶片、瓦片等（图二三）。

H7 位于T3707的东北角，并延伸至该探方东、北隔梁下。叠压于T3707④层下，打破T3707⑤层及Z1。坑口距地表深85厘米。平面呈不规则形，坑壁较斜，底较平。东西长135、南北长145、深18~25厘米。填土为浅红褐色砂性土，土质结构较疏松，夹杂大量炭屑、红烧土粒，出土有少量陶片、瓦片等（图二四）。

（2）墓葬

共发现3座（M1~M3）。均为竖穴土坑墓，坑壁平直。由于被明清文化层严重破坏，因此墓圹残留较浅。

M1 位于T3615的南部。叠压于T3615⑦层之下，打破T3615⑧层土。墓口距地表深190厘米。墓圹长宽不详，残深0~10厘米。墓向265°。填土为黑褐色黏土，包含物有石块、炭屑等，出土有陶片、瓦片、青瓷片等。葬具不明。人骨架腐朽较严重，为侧身直肢葬。其头骨面南，右上肢弯曲，放于头部之下，左上肢平直放于体侧，右下肢略向前曲。其头部后侧置有一块残砖块，紧贴于头，盆骨、脚趾骨、右膝关节处均放有一石块。性别、年龄不详。无随葬品（图二五）。

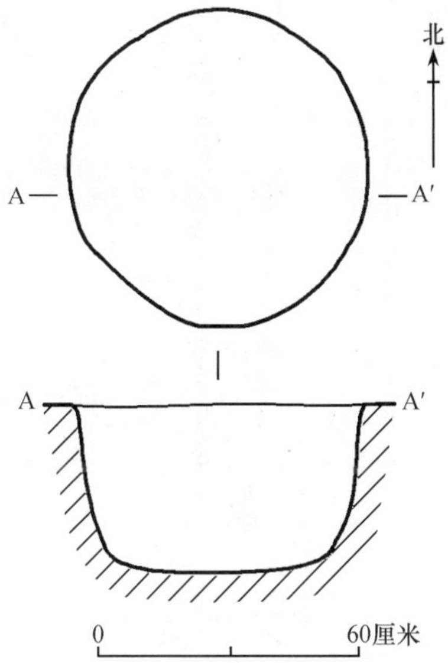

图二三　H4平、剖面图

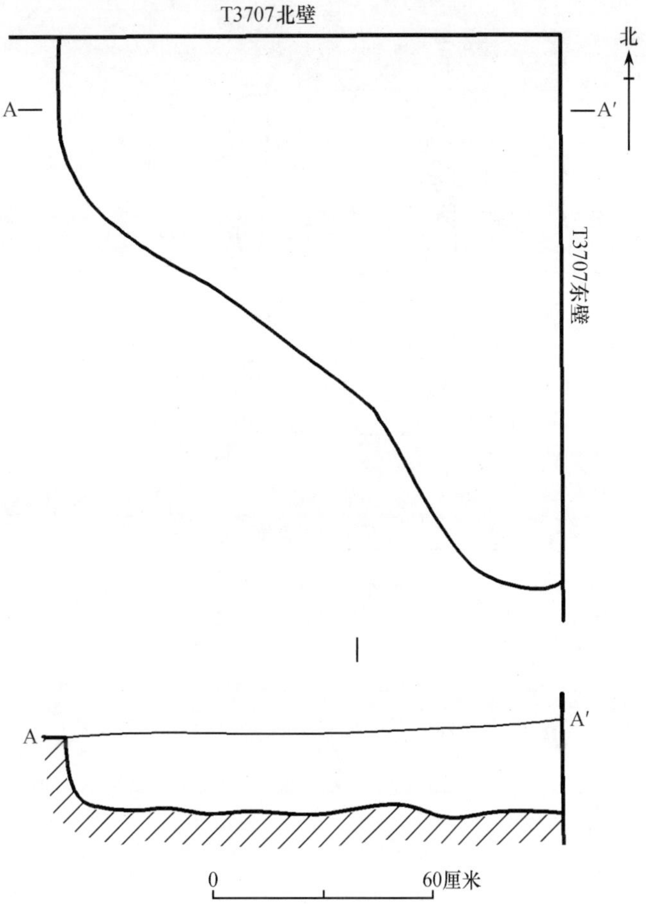

图二四　H7平、剖面图

M2　位于T3307的东部，部分伸入本方东隔梁下。叠压于T3307④层之下，打破T3307⑤层土及H24。墓口距地表深75～79厘米。墓圹口部长约171、宽45～69、残深12～30厘米。墓向58°。填土为黑褐色黏土，土质较黏软，出土有大量的瓦片、青瓷片等。葬具不明。人骨架保存基本完整，为仰身直肢葬。头骨部分塌陷，右手放于胯上。从骨盆特征来看应为男性。根据头骨缝未完全愈合，牙齿磨损程度一般，推测其年龄约在20岁以下。无随葬品（图二六）。

M3　位于T3714的南部。叠压于T3714⑦层之下，打破T3714⑧层土。墓口距地表深135厘米。墓圹残长160、残宽84、残深18～24厘米。墓向265°。填土为黑褐色黏土，土质较硬，包含有红烧土块、石块、炭屑等，出土有陶片、瓦片等。人骨架腐朽较严重，分布较为散乱，仅见有头骨、上肢骨、脚趾骨等。其头骨分散于右侧肩胛骨的上方及右侧，另有部分肩胛骨放置于右侧近坑壁处。性别、年龄不详。随葬品有青瓷碗3件，横排置于头部的上侧（图二七）。

2. 遗物

唐宋时期的遗物主要为瓷器，器形有壶、碗、龟等。

瓷壶　1件。T3714⑥：2，器表及口、嘴内施酱釉，釉不及底。长直颈，鼓腹，腹部做六瓣瓜棱状。器底稍内凹。多棱形短嘴，弓形执柄。口径4.4、底径8.4、高19厘米（图二八，1）。

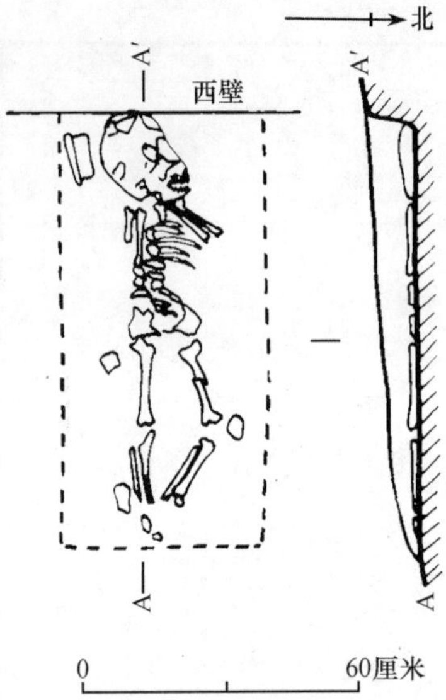

图二五　M1平、剖面图

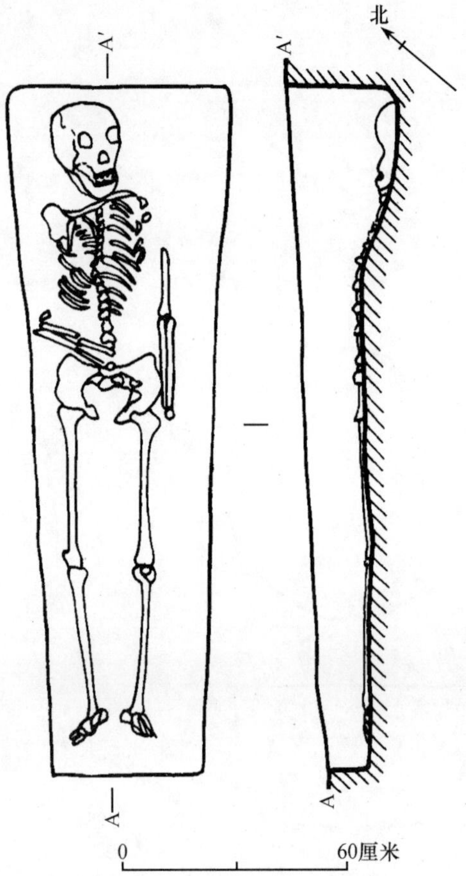

图二六　M2平、剖面图

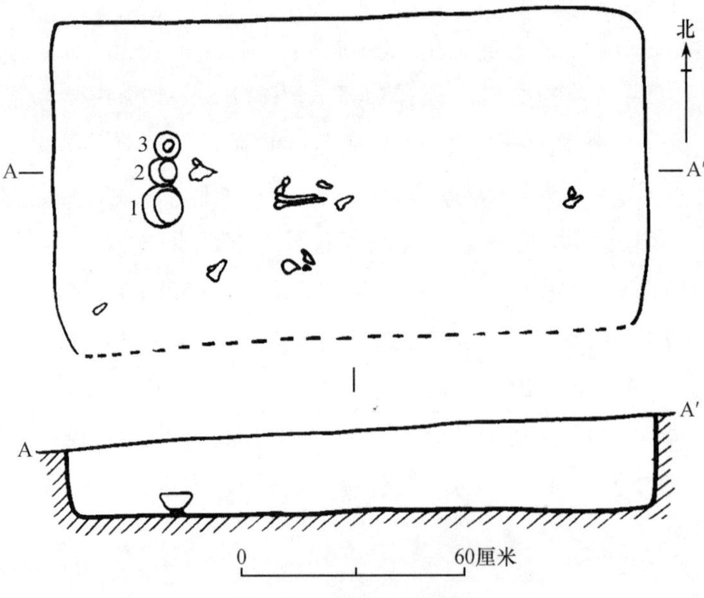

图二七　M3平、剖面图

1～3. 青瓷碗

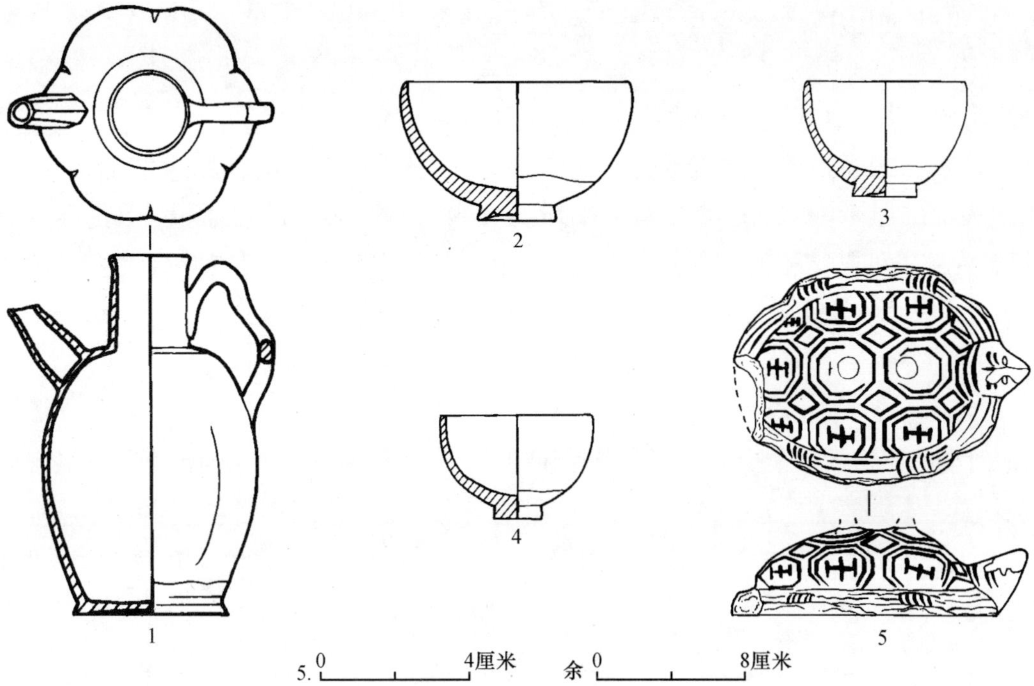

图二八　唐宋时期瓷器

1. 壶（T3714⑥：2）　2～4. 碗（M3：1、M3：2、M3：3）　5. 龟（T3612③：1）

瓷碗　4件。直口，尖唇，弧腹。M3：1，浅灰胎。碗内壁及外壁上部施青釉，有冰裂纹。圈足。口径12、足径4.2、高7.2厘米（图二八，2）。M3：2，浅灰胎，碗内壁及外壁上部施青釉，内底和外壁有积釉，开有冰裂纹。饼形足。口径8.8、足径3.4、高6厘米（图二八，3）。M3：3，浅灰胎，碗内壁及外壁上部施釉，釉较均匀，有冰裂纹。饼状足。口径8.2、足径2.6、高5.4厘米（图二八，4）。

瓷龟　1件。T3612③：1，灰白胎，表面施酱釉。龟形，背部正中有两柱形物，已残。长8、宽5.7、高2.3厘米（图二八，5）。

（四）明清时期文化遗存

1. 遗迹

明清时期的遗迹主要有窑址和沟。

（1）窑址

共发现1座。

Y1　位于T3513的西南部，叠压于T3513②层下，打破T3513④层。开口距地表深50厘米。平面呈圆角长方形，窑底部略平，由窑床、窑室、火道、烟囱组成。总长260、宽110、深55厘米。方向为100°。窑室长110、宽66、深55厘米；窑室东部有一宽30、深15厘米的土台，应为窑床；火道由两块砂岩石板砌筑，火道西部呈坡状直通窑室，长130、宽40～42、深30厘米。烟囱位于南部，呈圆形，直径10、高约40厘米。窑室填土为煤渣，火道中填土为红烧土颗粒，质地松散，出土有瓦片、青花瓷片及人骨等（图二九）。

（2）沟

共发现3座（G3～G5）。平面均呈长条形。下面举例介绍。

G3　位于T3206的北部，并延伸至T3306的中部，叠压于T3206②层之下，打破T3206③。开口距地表深65厘米。壁面较直，沟底平坦。长695、宽140～155、深0～40厘米。方向为67°。填土为灰黑色黏土和黄褐色黏土，土质较软，包含有较多的木炭颗粒、红烧土颗粒、石块等。出土有瓦片、青花瓷片（图三〇）。

2. 遗物

明清时期的遗物数量很少，主要有瓷片和铜器。其中瓷片多为青花瓷，均不可修复。铜器仅有烟锅。

烟锅　1件。T3515④：3，烟锅为直口，弧壁。烟杆弯曲，上细下粗。残长5.5厘米（图三一）。

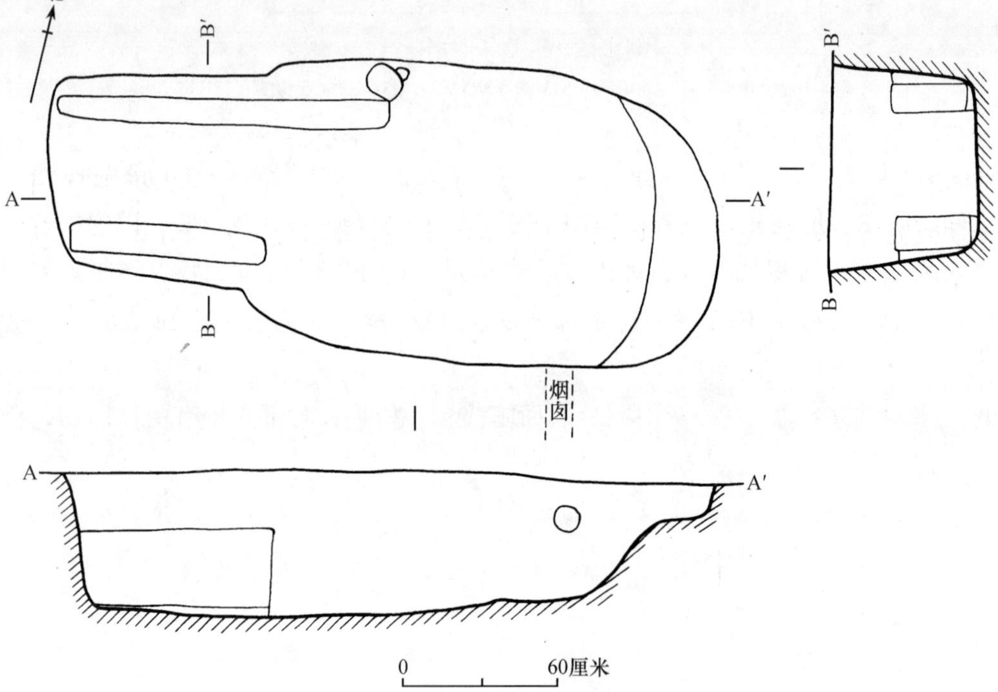

图二九　Y1平、剖面图

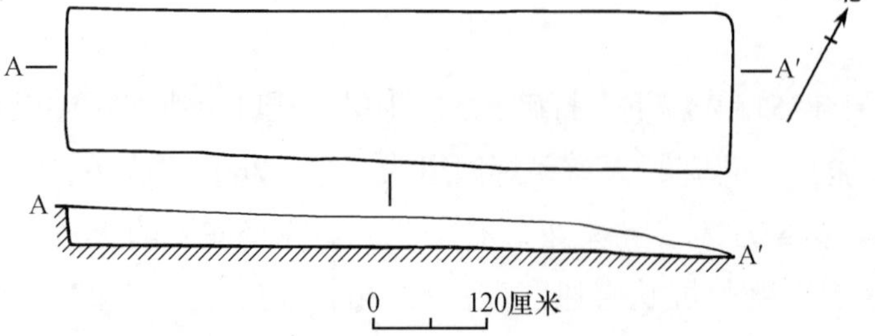

图三〇　G3平、剖面图

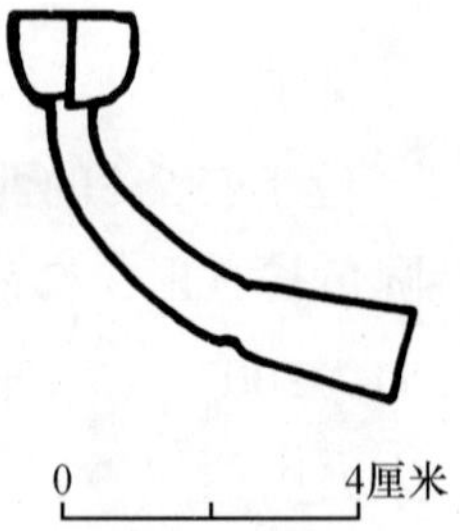

图三一　明清时期铜烟锅（T3515④：3）

五、结　　语

2002年度王家堡遗址发掘出土的商周时期陶器以夹砂褐陶为主。纹饰以绳纹为主，另有弦纹和压印纹等，其中绳纹有交错、纵向及斜向绳纹等。主要器类有小平底罐、深腹罐、折腹罐、壶、盘、高足杯、高柄豆、灯形器、斝、器盖等。这种文化面貌与三星堆文化很接近，如它们都流行夹砂褐陶，均发现有小平底罐、高柄豆、灯形器、壶、盘、器盖等，因此二者应属于同一个文化系统。但它们之间也存在一定的区别，如三星堆文化中常见有盉、瓶、杯、圈足盘、三足形炊器等，在王家堡遗址中则不见。同时王家堡遗址中出土的斝、钵等不见于三星堆文化中，这些器物所占比例虽然不大，却体现了王家堡遗址商周时期文化遗存的特色。在峡江地区，这类相似的文化遗存还发现于中坝子、哨棚嘴、老鸹冲、中堡岛、朝天嘴等遗址中。老鸹冲遗址与王家堡遗址仅相隔一条小冲沟，从学术角度可将两个遗址合并。考虑到老鸹冲遗址中此类遗存材料较为单薄，我们曾将其视为三星堆文化，未做进一步分析。但从本次发掘结果来看，二者之间还是存在一些差异，因此我们倾向于将这类遗存作为三星堆文化在峡江地区的一种地方类型来看。早在1997年万州中坝子遗址、忠县哨棚嘴遗址都发现有属于这一时期的遗迹遗物，但是当时在简报中都未给予明确的类型命名，在一些学者的论述中有称为中坝子类型的说法[①]，与丰都石地坝遗址一期遗存为代表的石地坝文化具有直接的传承关系[②]。

三星堆文化的代表性遗址是三星堆遗址，它的分期能代表三星堆文化的分期。有关三星堆遗址的分期研究中，孙华先生的《试论广汉三星堆遗址的分期》[③]一文分析较为合理，他将三星堆遗址分为三期6段，其中的第二期为三星堆文化，其典型器物有耸肩小平底盆（即小平底罐——笔者注）、封口盉、圈状握手器盖、鬲形器、大圈足盘、壶、瓶、鸟头把勺等。这一期又可分为3段。王家堡遗址的A型Ⅱ式小平底罐与86三星堆T1314⑨：44相似；A型Ⅲ式小平底罐与86三星堆T1516⑧A：148相似； 器盖T3714⑩：12与86三星堆T1313⑧C：9接近；灯形器的盛部呈深杯形，这与三星堆遗址中的86三星堆T1414⑨：22的盛部相类似。这些器物多见于三星堆遗址的第二期第3、4段，三星堆遗址第二期第3段的年代在二里冈上层前段，第4段的年代大致相当于二里冈后段至殷墟第一期前后[④]。因此，我们可将王家堡遗址商周时期遗存的年代大体推断为商代中晚期。

峡江地区发现的三星堆文化墓葬数量不多，除王家堡遗址发现的4座外，还有万州中坝子遗址2座、云阳李家坝遗址1座、忠县哨棚嘴遗址1座。这些墓葬多选择在临长江或其支流一侧的遗址边缘地带。墓向杂乱不一，但多有一个共同的特点即与长江或其支流的方向一致，并且

① 王宏、余介方、金国林：《浅论三峡地区夏商周时期的文化及其变迁》，《重庆·2001三峡文物保护学术研讨会论文集》，科学出版社，2003年。

② 重庆市文物考古所、丰都县文物管理所：《丰都石地坝遗址商周时期遗存发掘报告》，《重庆库区考古报告集·1999卷》，科学出版社，2006年；白九江、李大地：《试论石地坝文化》，《三峡考古与多学科研究》，重庆出版社，2007年。

③ 孙华：《试论广汉三星堆遗址的分期》，《四川盆地的青铜时代》，科学出版社，2000年。

④ 孙华：《试论广汉三星堆遗址的分期》，《四川盆地的青铜时代》，科学出版社，2000年。

有逆江而葬和顺江而葬两种方式。墓葬形制均为小型长方形竖穴土坑墓，部分墓葬带有腰坑，如李家坝遗址M2。随葬品主要有陶器、磨制石器和蚌器。其中陶器以小平底罐为主，另有高柄杯、罐、盘等；磨制石器有锛、斧、凿等，蚌器有蚌刀。绝大多数无葬具，个别有单棺痕迹。可辨明葬式的均为仰身直肢，双手交叉放置于腹部。随葬品数量多在2～9件，并没有表现出较大的差异，显示出可能这一时期贫富差异不大、社会分化不明显。

部分汉代灰坑中出土有夏商周时期陶器，表明汉代王家堡遗址的人类活动频繁，对夏商周时期的文化层造成比较大的破坏，这可能也是没有在王家堡遗址发现夏商周时期人类居住遗址的原因。此外在汉代地层中还发现有尖底杯，其特征是下腹带有明显转折，这种形制的尖底杯在石地坝文化中有较多的发现，因此不排除王家堡遗址原存在有晚于三星堆文化的商周时期的地层。

王家堡遗址还发现了较为丰富的汉至唐宋时期的遗存，其中尤以汉代的遗存最为丰富，遗迹有灰坑、灰沟、灶、石头建筑遗迹等，遗物以陶日用品为主，有罐、钵、仓、豆、盆等，另有少量铜器，这说明在汉代该区域应是一处规模较大的聚落址，并以生活居住为主要功能。同时，在对王家堡遗址调查勘探中，还在本次发掘区的西侧坡地上发现了两汉时期的墓群，这一区域应是当时该聚落的墓葬区，它与生活居住区共同构成了一个功能相对完整的汉至六朝时期的聚落。至唐宋时期遗存骤然减少，遗迹仅有为数不多的灰坑和墓葬，遗物的种类和数量也很少，反映出该聚落在唐宋时期已经逐渐衰落下去。这一时期在遗址中出现零星的墓葬，表明该区域已不再为人所居住而改为墓葬区使用。

王家堡遗址中出土了大量的网坠，这显示出当地渔猎经济的发达。该遗址的东部即为长江，它为当地居民提供了丰富的水生动物资源，而该地可供耕种的土地面积有限，这就导致渔猎经济在当地的生业经济中占有极为重要的地位。

附记：参加本次发掘的工作人员有蒋晓春、方刚、董晓陈、吴学功、李永忠、史来兴、李文艺、景继奎、许高民、金鹏功、杨晓洪、孙少伟、陈蓁、夏至平等。本次发掘工作得到忠县文物管理所的大力支持，在此谨表谢意！

领队：林必忠

摄影：方　刚　蒋晓春

绘图：吴学功　夏至平

执笔：方　刚　牛英彬

忠县仙人洞墓地2002年度发掘简报

郑州大学历史学院
忠县文物管理所

一、地理位置与周围环境

仙人洞墓地位于忠县涂井镇红赤村六社与七社之间，西南距县城约27千米，北距涂井镇3千米，东南12千米有“江上明珠”石宝寨，新修筑的忠石公路龙滩大桥横跨于墓群南约1千米处的汝溪河上。

仙人洞是当地的土语，特指崖墓，意为仙人居住过的场所，仙人洞墓地由此而得名。墓地所在的仙人洞山又称卧马凼山，是汝溪河河谷中一座由西向东横向绵延的小山包，其西依耸立的山峦，东向似卧龙伏首状饮水汝溪河，清澈的溪水从山包的东侧由北向南呈“之”字形绕过，之后南下注入约3千米外的长江。卧马凼山南北两侧是幽邃的汝溪河河谷，东侧隔河是上油房村，村中现住有5家农户（均属三期搬迁户）。该村所在地是一小块山前台地，东西不足50、南北不足60米，面积近3000平方米。台地东侧靠山部分地势较高，西侧突入河床部分则比较低缓，属典型的河谷坡地，其下距汝溪河河面5～10米，海拔135～150米。在河谷坡地上分布有汉至六朝时期的文化遗址，遗址内发现有大型龙窑和房基，其中出土的遗物中，有部分器形特征与崖墓内出土的随葬品器形特征相类。上油房遗址北部是李园遗址，南部是石佛崖造像龛。

墓群分布在仙人洞山南坡的半山腰上，南望汝溪河河谷，是一处典型的“背有靠、前有照”之风水宝地。墓地东西绵延约300、上下宽约100米，面积近3万平方米，海拔150～180米。这里岩面坡度相对较缓，砂岩层发达，非常适宜开凿。

1981年四川省文物管理委员会曾在此清理出崖墓15座[①]，1994年北京大学考古文博学院又在此清理出崖墓12座[②]。这些已被发掘了的崖墓现在多被当地农民改为猪圈或鸭舍。

二、发掘经过

2002年4月，郑州大学文博学院（现为历史学院）三峡考古队在忠县文物管理所黄建华所长、曾先龙副所长等同志的协助下进入发掘现场。参加人员有郑州大学李锋（领队）、许俊平、任伟，忠县文物管理所黄建华、曾先龙、周忠、陶磊、王庆华，技工张清池、孟军峰、刘

① 四川省文物管理委员会：《四川忠县涂井蜀汉崖墓》，《文物》1985年第7期。

② 资料存北京大学考古文博学院三峡考古忠县基地。

俭、吴爽、李伟峰等。期间，郑州大学文博学院领导姜建设、韩国河、赵广艳、丁俊蒙等曾分别到工地指导工作，湖北省文物考古研究所的周国平等先生对发掘工作进行了监理。

发掘工作主要分为三个阶段：第一阶段从4月30日至5月10日，主要工作是钻探。由于前两次发掘的总基点已被破坏，当年参加过发掘的人员也因年久而不能确指崖墓的具体位置，因此，我们对墓地进行了普探。根据钻探结果并结合曾参加过两次考古发掘的人员记忆分析，估计大约有15座墓葬当时未经发掘。

第二阶段从5月11日起至6月25日，主要工作是发掘清理。为了准确记录崖墓的位置，我们采用坐标记录法，以居民李帮富的旧宅西南角为基点，将钻探出的15座崖墓分别划入坐标系中记录。每座墓葬的编号分别由发掘年度、墓葬所在地的县与墓群名称的第一个大写拼音字母、墓葬所在探方的探方号和墓葬号组成。探方号由三位数组成，第一位是探方所在的坐标象限，后两位分别是其在X轴和Y轴上的排号，仙人洞墓地简称02ZX。本次共布设10米×10米探方15个，发掘面积1500平方米。除4座有可能是原来已清理的墓葬外，新发现墓葬10座（图一）。因四川省文物管理委员会在此已经清理崖墓15座，北京大学三峡考古队清理崖墓12座，故本次墓葬编号从M28编起。

第三阶段为9~11月，主要是修复整理工作。由刘俭、李伟峰修复，许俊平、张清池绘图，李锋制卡编写报告。

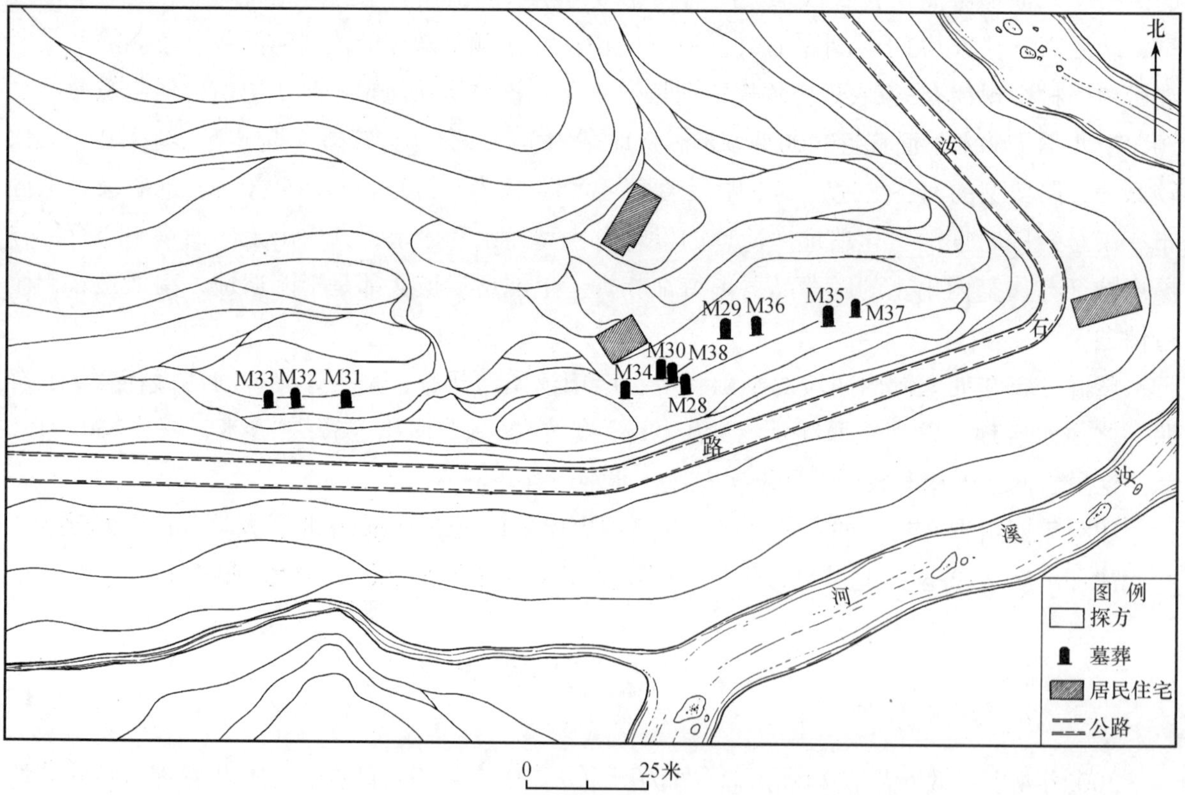

图一　仙人洞墓地位置分布示意图

三、墓葬形制及随葬品

本次仙人洞墓地的发掘共清理墓葬11座。其中崖墓10座、岩坑墓1座，出土遗物60余件。现以墓葬为单位介绍如下。

（一）02ZXM28形制与随葬品

1. 位置与形制

02ZXM28位于整个墓地中部的T421内，墓口所处的山坡相对较陡。墓口左侧是02ZXM29，右侧是02ZXM38，正前方朝向汝溪河的南流之河谷。

墓葬由墓道、前甬道、东西壁龛、后甬道、前室和东西后室组成，总长17.5米。

墓道方向150°，南北竖穴开凿在崖壁的斜坡上。平面呈前窄后宽的梯形，四壁比较光滑，底部呈后高前低的缓坡状。进深4.12、宽0.98～1.52、高0.34～2.04米。

墓门位于墓道之后，由门框和门洞组成。门框呈不甚规则的纵长方形，左侧框宽20厘米，右侧框不甚规整，下部宽8、上部宽约24、框顶宽34厘米。门洞呈纵长方形，底宽1.26、顶宽1.2、高1.7米。由大小不一的河卵石封堵，上部河卵石已被盗扰。

前甬道位于墓门之后，平面呈束腰的觚形，平顶，四壁与顶部雕琢不甚平整。进深6.8、宽0.99～1.8、高1.8米。内部积有大量淤泥，厚1.5米。

壁龛位于前甬道中后部的东西两侧壁。东侧壁龛平面近方形，平顶，南北宽1.38、进深1.2、高1米，底部高出甬道底部0.6米。西侧壁龛平面呈圆角长方形，平顶略上弧，南北宽1.1、进深0.46、高1米，底部也高出甬道底部0.6米。龛内积有0.5米左右厚的淤泥。

后甬道门由门框和门洞组成。门框双重，形状呈规整的横长方形。第一重门框宽1.6、厚0.06、高1.46米。第二重门框宽1.42、厚0.06、高1.38米。甬道门用大小不一的河卵石封堵，上部河卵石已被盗扰。甬道平面呈斜长方形，平顶，四壁与顶部比较规整光滑，进深1.34、宽1.3、高1.25～1.3米。内部积有大量淤泥，淤泥厚0.94米。

前室平面呈横长方形，西南角向内曲折，其余墓壁比较平直光滑。顶部呈四角攒尖顶，四坡面微穹，方形藻井。进深2.16～3.12、宽3～3.66、壁高1.38、顶高1.87米。室内积有0.2～0.4米厚的淤泥。

后室为两间，左右并列，中间有宽40厘米的隔墙。东后室平面呈纵长方形，墓壁平直光滑，平顶。进深2.24、宽1.6、高1.14米，地表高于前室地表18厘米。西后室平面呈横长方形，墓壁平直光滑，平顶。进深2.24、宽2.2、高1.2米，地表高于前室地表0.16米。

由于严重盗掘，仅在墓道和甬道左壁龛内随葬鸟形俑和骨带扣各1件（图二）。

2. 随葬品

2件。

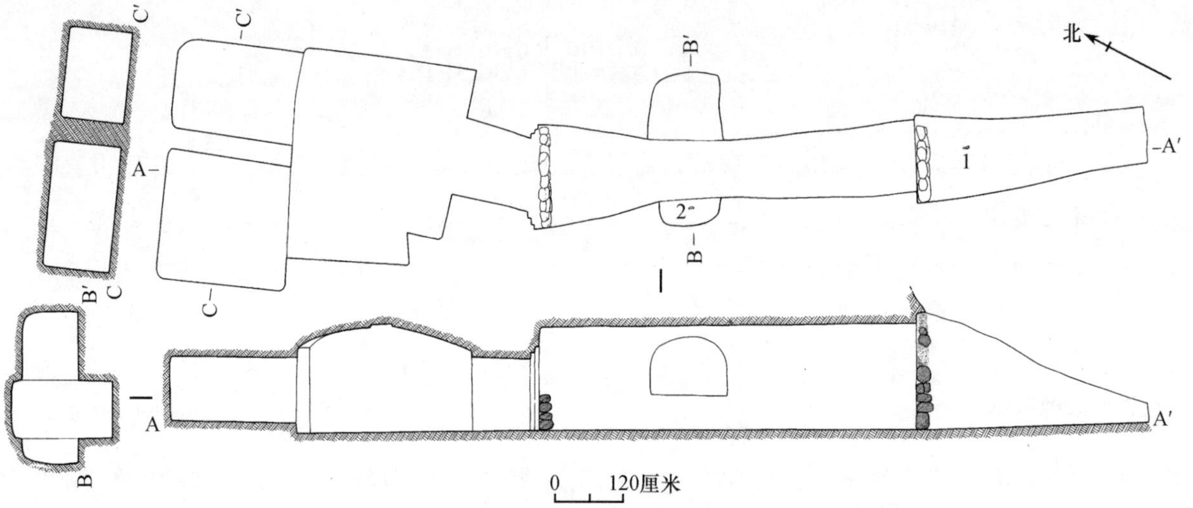

图二 02ZXM28平、剖面图
1. 鸟形俑 2. 骨带扣

鸟形俑 1件。02ZXM28：1，泥质红陶。卧鸟形，尖嘴，眼睛凸出，身体细长，头和尾上翘。长25厘米（图三，1）。

骨带扣 1件。02ZXM28：2，用骨骼雕刻而成。方形，正面略向外弧凸，阴线雕刻变形云纹；背面平滑，长方形穿带孔。正面长4、宽2、厚0.4厘米，穿带孔呈圆角方形，宽2.2、高0.5厘米（图三，2）。

（二）02ZXM29形制与随葬品

1. 位置与形制

02ZXM29位于墓地中部的T131内，墓口右侧是02ZXM28，左侧是85M5，85M5东侧是02ZXM36。

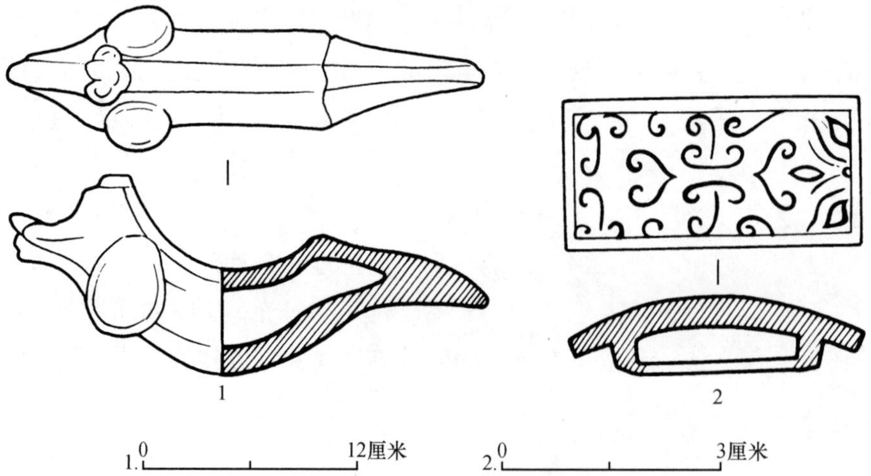

图三 02ZXM28出土器物
1. 鸟形俑（02ZXM28：1） 2. 骨带扣（02ZXM28：2）

墓葬由墓道、甬道、前室和后室构成，总长6.96米。

墓道方向135°，竖穴岩坑，东面打破85M5墓道。平面呈横长方形，南北长1.94、宽2.54、深0～1.42米。

墓门由门框与门洞组成。门框仅有下部，宽1.2、进深0.44、现存高0.82米，底平面高出墓道底平面60厘米。门洞呈纵长方形，宽0.86、高1.22米，底平面高出墓道底平面12厘米，由大小不一的河卵石封堵，上部被扰乱。

甬道平面略呈前窄后宽的长方形，平顶，四壁与顶部平整光滑。进深1.06、宽0.86～0.92、高1.22米。

前室平面呈长方形，四壁平整光滑，顶部呈四角攒尖顶，顶部藻井呈方形。长2.62、宽2.34～2.42、壁高1.44、顶高1.75米。

后室平面呈横长方形，四壁平整光滑，平顶。长0.92、宽2.42～2.46、高1米。地面比前室高出24厘米。

墓内发现随葬品15件，主要分布在甬道和前室中（图四）。

2. 随葬品

残存15件。

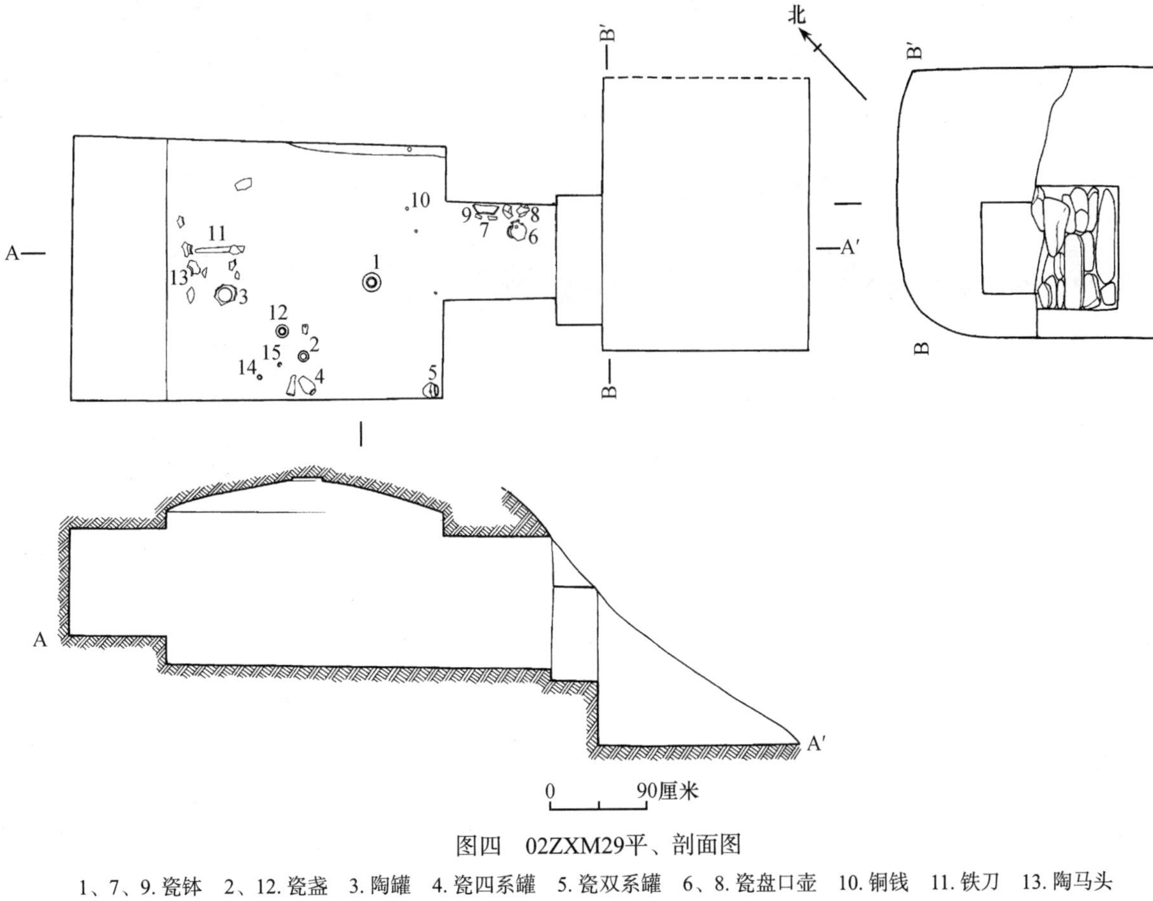

图四　02ZXM29平、剖面图

1、7、9. 瓷钵　2、12. 瓷盏　3. 陶罐　4. 瓷四系罐　5. 瓷双系罐　6、8. 瓷盘口壶　10. 铜钱　11. 铁刀　13. 陶马头　14、15. 陶网坠

瓷盘口壶 2件。02ZXM29：6，青灰胎。酱黄釉，器表施半釉，釉层厚薄不匀，釉面有冰裂纹。盘口，束颈，溜肩，鼓腹，平底。肩部附桥形四系，系间饰有两周凹弦纹，下腹内外壁留有旋痕。口径12.8、底径10.8、高21.6厘米（图五，1）。02ZXM29：8，灰白胎。酱黄釉，器表施半釉，釉层厚薄不匀，大部分釉层已经脱落。盘口，束颈，溜肩，鼓腹，平底。肩部附桥形四系，系间饰有一周凹弦纹。口径10、底径9.6、高16.2厘米（图五，5）。

瓷四系罐 1件。02ZXM29：4，青灰胎。青釉，内部施满釉，外部施半釉。敛口微侈，圆唇，溜肩，鼓腹，平底。唇外沿下有一周凹槽，肩部施有对称桥形四系，系间饰一周凹弦纹。口径12、底径11.2、高16.4厘米（图五，4）。

瓷双系罐 1件。02ZXM29：5，夹砂青灰胎。酱黄釉，器表施半釉。侈口，卷沿，圆唇，耸肩，下腹斜内收，平底。肩部附有纵向双系，下腹内壁留有旋痕。口径12、底径9.6、高19.2厘米（图五，2）。

瓷钵 1件。02ZXM29：1，青灰胎。豆青釉，通体施釉，釉层厚薄不匀，釉面有冰裂纹。敞口，圆唇，深斜腹，薄圆饼形圈足。唇下有一圈凹弦纹，腹部留有旋痕，内底部留有7个支钉。口径15.9、底径10.5、高6厘米（图五，10）。02ZXM29：7，灰白胎。青黄釉，内部施满釉，外部施半釉，釉层厚薄不均，釉面有冰裂纹。敞口，圆唇，斜弧腹，薄圆饼状圈足。唇下有一圈凹弦纹，内底留有9个支钉。口径16.8、底径10、高5.6厘米（图五，9）。02ZXM29：9，灰白胎，青黄釉，内部施满釉，外部施半釉，釉层厚薄不均，釉面有冰裂纹，釉层局部脱落。敞口，尖圆唇，斜弧腹，薄圆饼状圈足。唇下有一圈凹弦纹，内底留有8个支钉。口径18、底径10.6、高5.6厘米（图五，8）。

瓷盏 2件。02ZXM29：2，青灰胎。豆青釉，内部满釉，外部半釉，釉厚薄不均，釉面有冰裂纹。口微敛，尖圆唇，弧腹微曲、薄圆饼形圈足。口径8.8、底径4.4、高3.8厘米（图五，11）。02ZXM29：12，青灰胎。酱黄釉，内外皆满釉，釉层多已脱落。口微敛，尖圆唇，弧腹，平底。内底部留有3个支钉。口径8.8、底径5.4、高3.7厘米（图五，6）。

陶罐 1件。02ZXM29：3，夹细砂灰陶。敛口，微卷沿，圆唇，矮斜束颈，微折肩，鼓腹，大平底。口径15.2、底径15.6、高19.6厘米（图五，3）。

陶马头 1件。02ZXM29：13，泥质红陶。残存面部，鼻、眼、耳清晰。面宽4～6.7、高9.6厘米（图五，7）。

陶网坠 2件。02ZXM29：14，夹细砂灰陶。算珠形，中间有圆孔。直径3.2、内孔径0.3、厚2.8厘米（图五，12）。02ZXM29：15，泥质红陶。枣核形，中间有圆孔，器身有2个圆孔。长5.6、直径3.2、内孔径0.8厘米（图五，13）。

铁刀 1件。02ZXM29：11，椭圆形柄、直背、单面刃。尖残。残长44.9、宽4、背厚1厘米（图五，14）。

铜钱 一组6枚。均为五铢，面内无郭，“朱”大于“金”，与蜀汉五铢相似。径2.5厘米。

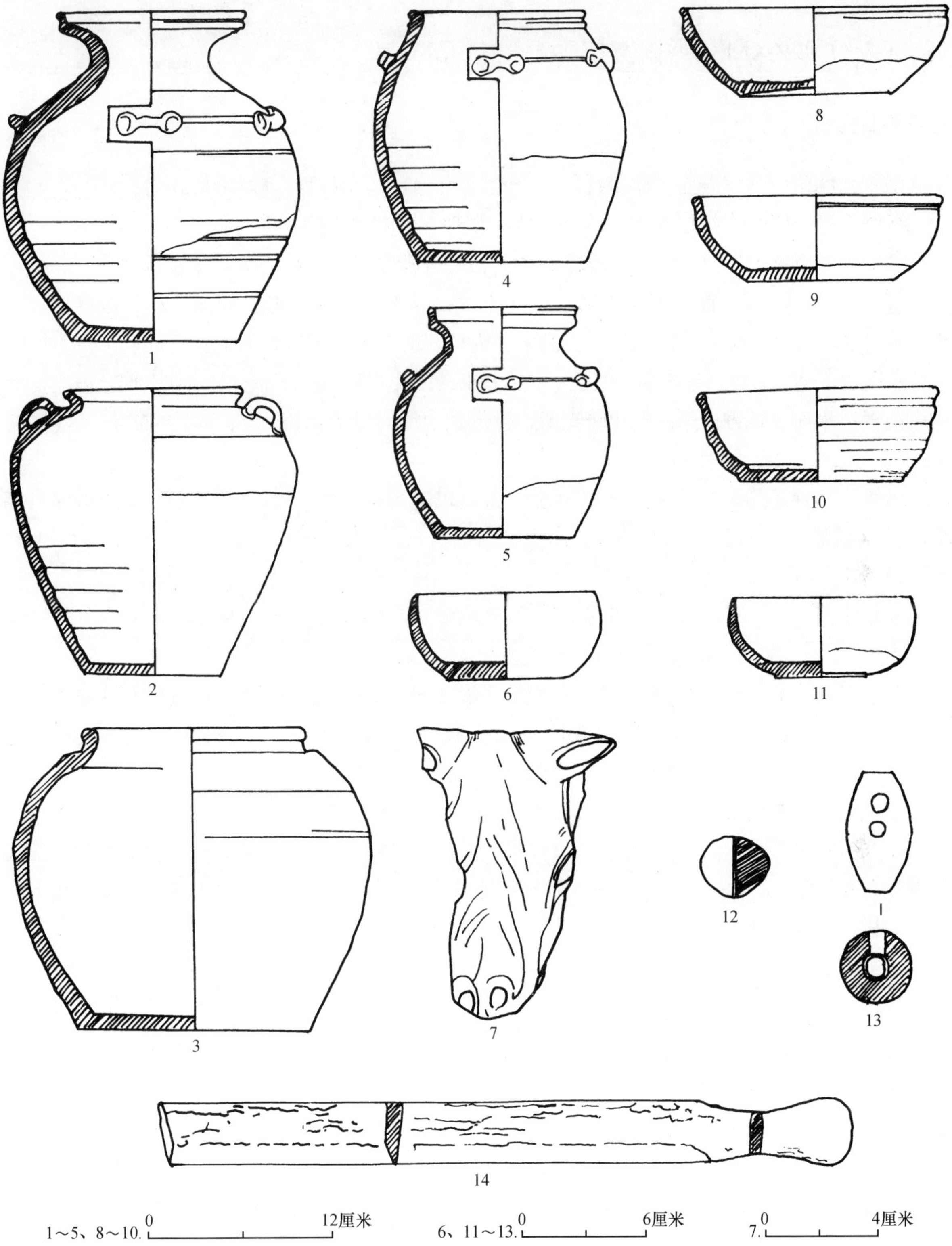

图五 02ZXM29出土器物

1、5. 瓷盘口壶（02ZXM29：6、02ZXM29：8） 2. 瓷双系罐（02ZXM29：5） 3. 陶罐（02ZXM29：3） 4. 瓷四系罐（02ZXM29：4） 6、11. 瓷盏（02ZXM29：12、02ZXM29：2） 7. 陶马头（02ZXM29：13） 8～10. 瓷钵（02ZXM29：9、02ZXM29：7、02ZXM29：1） 12、13. 陶网坠（02ZXM29：14、02ZXM29：15） 14. 铁刀（02ZXM29：11）

（三）02ZXM30形制与随葬品

1. 位置与形制

02ZXM30位于整个墓地中部的T411、T421、T121内，墓口所处的山坡相对较陡，左侧是02ZXM28，右侧是02ZXM34，墓口正前方朝向汝溪河南流之河谷。

墓葬形制由墓道、前甬道、后甬道、前室和东西后室组成，总长14.73米。

墓道方向194°，平面呈近长方形，竖穴岩坑，纵剖面呈三角形，北高南低，四壁比较光滑。南北长4.2、宽1.66～1.88、高0～2.34米。内填开凿出来的碎砂石夹杂少量黄土。

墓门位于墓道后壁，呈碑形。宽1.3、高2.28米，用大小不一的河卵石封堵，上部已被盗扰。

前甬道平面呈长方形，四壁比较光滑，拱形顶，前高后低。长2.27、宽1.3～1.44、高1.7～2.28米。甬道内积有大量淤泥。

后甬道与前甬道相接，较前甬道略窄。甬道口呈碑形，宽1.2、高1.57米。甬道平面近梯形，前窄后略宽，四壁比较光滑，拱形顶，前高后低。长2.83、宽1.2～1.36、高1.32～1.57米。甬道内积有不少淤泥。

前室平面呈横平行四边形，南部略窄后部略宽，四壁比较光滑，穹隆顶。长3.15、宽3.7～3.88、壁高1.7、顶高1.88米。室内积有少量淤泥。

后室呈左右布局，中间以厚24厘米的岩石墙相隔，后室地面比前室地面高出44厘米。东后室门位于南壁西侧，宽1.64、进深0.1、高1.18米。东后室平面呈长方形，四壁比较光滑，平顶，长2.26、宽2.38、高1.18米。西后室门偏于东侧，宽1.58、进深0.08、高1.18米。西后室平面近正方形，四壁比较光滑，平顶。长2.22、宽2.28、高1.18米。

在墓道中后部东侧的扰土内发现有1件青铜羊灯和2件铁刀，属盗墓者所遗。前甬道后部右侧发现1件铁釜，后甬道前部的左侧和后部右侧分别发现1件铁鐎斗和1件瓷碗。前室淤泥下残存有12枚铜钱和残铁刀碎块（图六）。

2. 随葬品

残存5件，另有铜钱20枚。

瓷碗　1件。02ZXM30：3，浅灰白色胎，青釉泛黄。通体施釉，有冰裂纹开片。口微敛，尖圆唇，斜弧腹，薄圆饼形圈足。唇外侧有一周凹槽，内底部留有15个支钉，外底部留有支钉痕。口径14.8、底径10.4、高6.4厘米（图七，2）。

青铜羊灯　1件。02ZXM30：1，卧羊形，背部上翻于羊头之上做灯盘，羊腹盛油。长约12.5、宽6、高10.5厘米（图七，1）。

铁刀　1件。02ZXM30：2，单面刃，直背，刃部锈蚀严重，两端残。残长62、宽2.8厘米（图七，5）。

铁鼎　1件。02ZXM30：4，盆形，侈口，尖圆唇，浅弧腹，平底，底下三足残。口径23.2、底径14.6、残高10.8厘米（图七，3）。

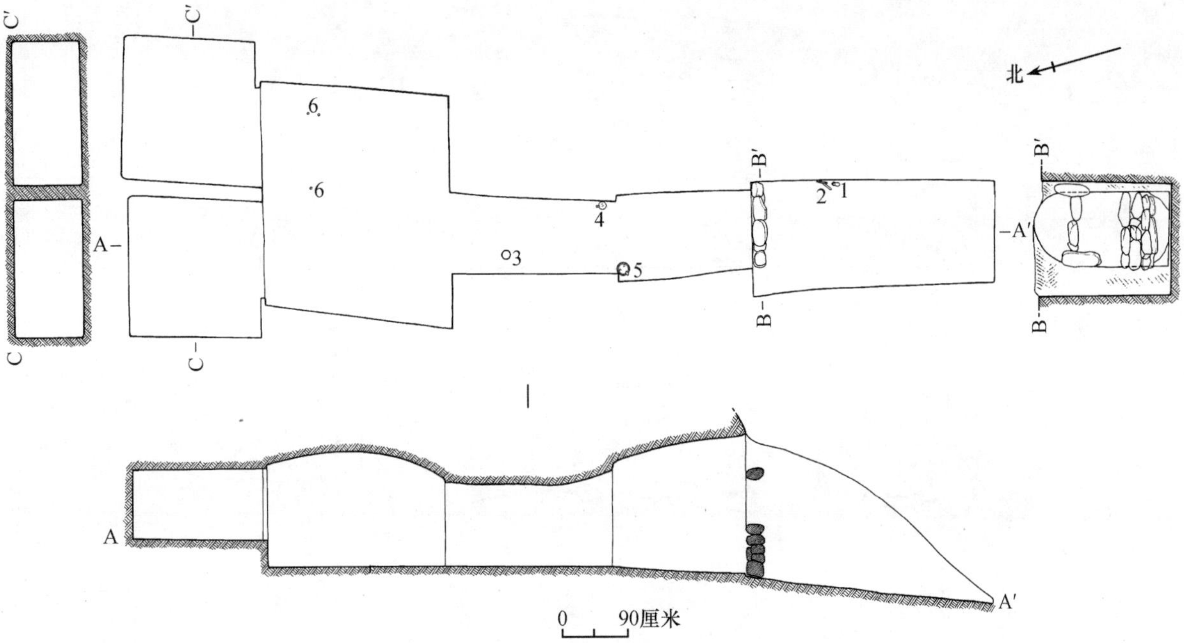

图六 02ZXM30平、剖面图

1. 青铜羊灯 2. 铁刀 3. 瓷碗 4. 铁鼎 5. 铁鐎斗 6. 铜钱

铁鐎斗 1件。02ZXM30：5，盆形，侈口，尖圆唇，浅弧腹、平底，底下三足残。单柄。口径16.8、残高8.8厘米（图七，4）。

铜钱 一组20枚。其中内外皆有郭的汉五铢16枚，面内无郭的蜀汉五铢4枚。直径约2.5厘米。

（四）02ZXM31形制与随葬品

1. 位置与形制

02ZXM31位于墓地中西部的T361内，墓口所处的山坡相对较缓，左侧是02ZXM32。由于其距河谷略远，墓口正前方朝向山坡。

墓葬由墓道、前甬道、后甬道、墓室组成，总长11.2米。

墓道方向150°，竖穴露天开凿在山坡上，平面呈长方形，前部较后部略宽，剖面近三角形，北高南低，底部呈内高外低的斜坡状。长3.5、宽1.77～1.82、深0～1.44米。

前甬道平面呈长方形，平顶。进深3.76、宽1.4、高1.44米，底平面高出墓道底平面9厘米。

后甬道门由两重门框和门洞组成。第一重门框位于前甬道后壁，框宽0.13、高1.42米。第二重进深0.1、宽1.17、框宽0.17、高1.32米，门洞宽0.84、高1.01米。

后甬道平面呈长方形，平顶。进深0.99、宽0.84、高1米。

墓室平面呈纵长方形，近穹隆形顶。进深2.78、宽1.83、壁高1.48～1.6、顶高1.7米（图八）。

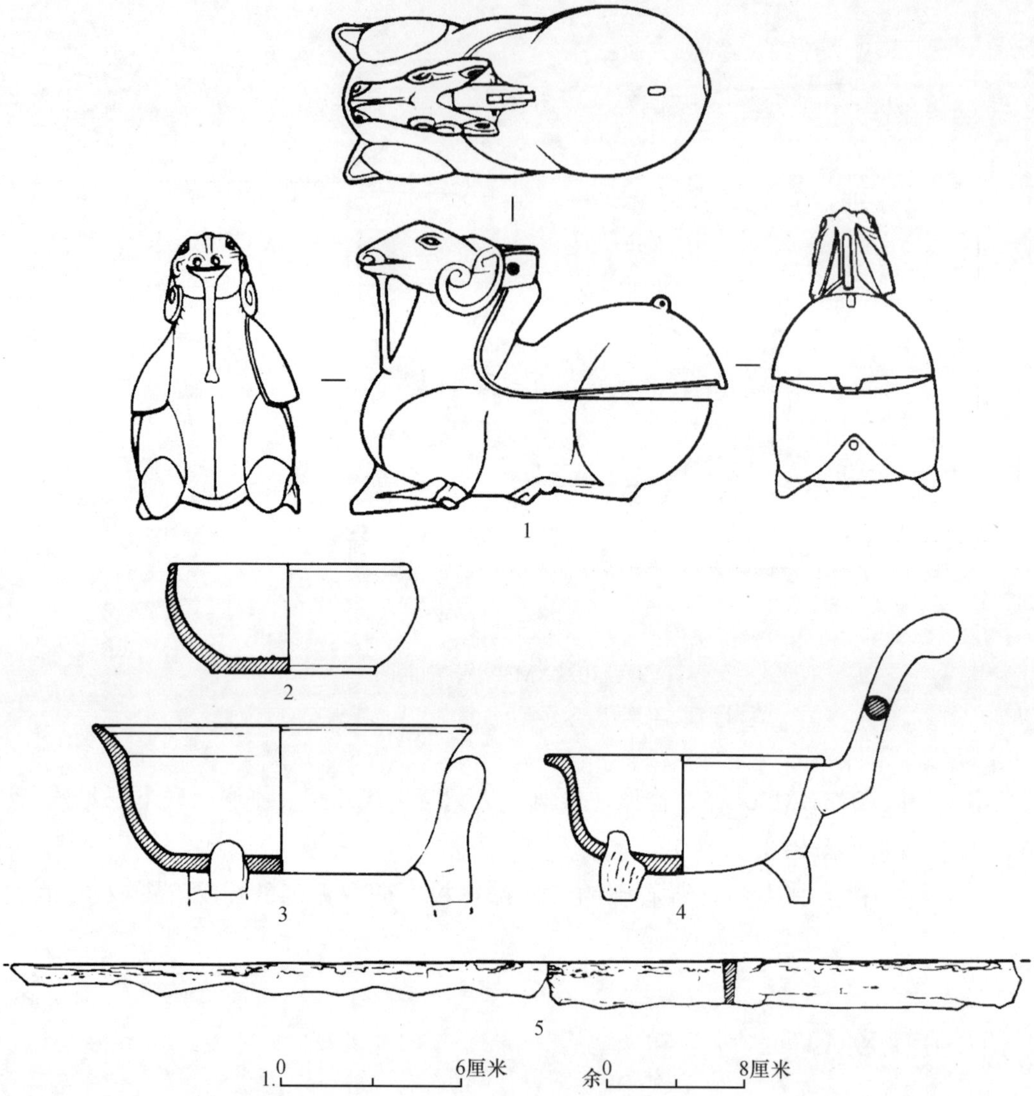

图七　ZXM30出土器物

1. 青铜羊灯（02ZXM30：1）　2. 瓷碗（02ZXM30：3）　3. 铁鼎（02ZXM30：4）　4. 铁镳斗（02ZXM30：5）
5. 铁刀（02ZXM30：2）

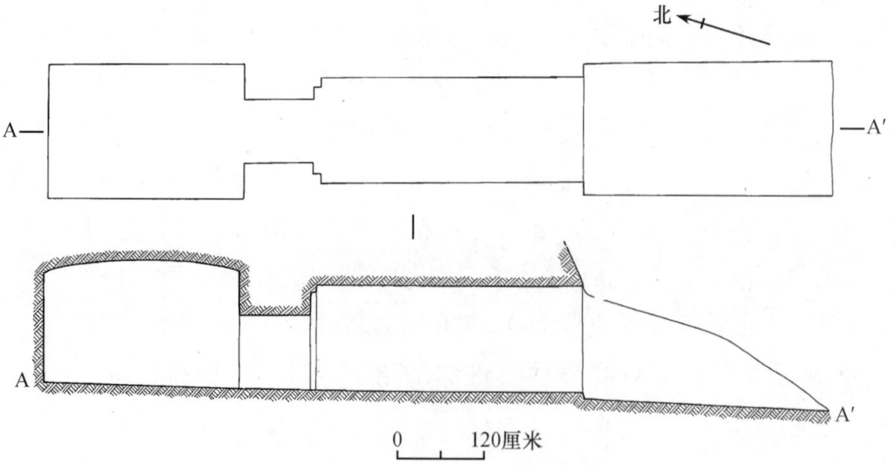

图八　02ZXM31平、剖面图

2. 随葬品。

墓内被盗一空。

（五）02ZXM32形制与随葬品

1. 位置与形制

02ZXM32位于墓地西部的T371内，墓口所处的山坡相对较陡，左侧为02ZXM31，右侧为02ZXM33。

墓葬由墓道、甬道、墓室组成，总长7.3米。

墓道位于甬道前方，方向158°。竖穴露天开凿在山坡上，平面呈长方形，剖面近三角形，南低北高，底部呈内高外低的斜坡状。长3.87、宽1.62、深0～1.3米。

墓门有两重门框，第一重即墓道后壁，框宽0.12、高1.3米。第二重进深0.1、宽1.35、框宽0.14、高1.2米，门洞宽1.1、高1.06米。

甬道平面呈梯形，平顶。进深1.02、宽1.1～1.3、高1.06～1.1米。甬道底平面高出墓道底平面8厘米。

前室平面近方形，四角攒尖顶。进深2.34、宽2.34～2.4、壁高1.18、顶高1.5米（图九）。

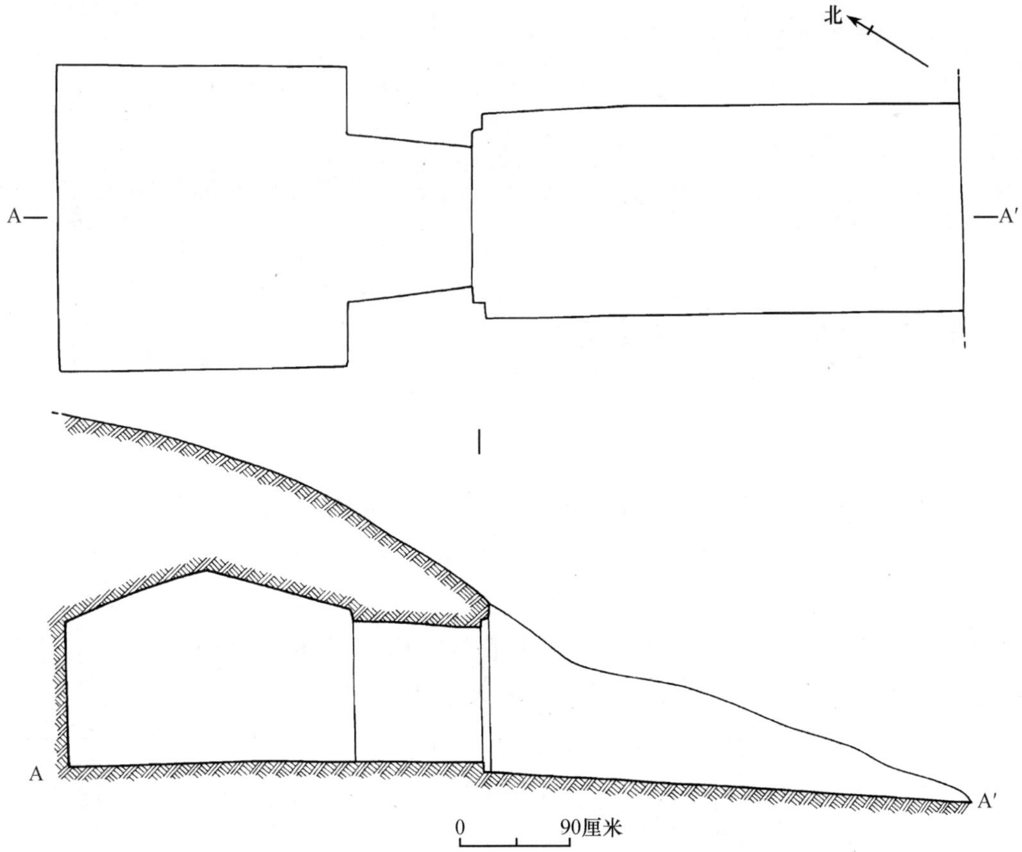

图九　02ZXM32平、剖面图

2. 随葬品

墓内被盗一空。

（六）02ZXM33形制与随葬品

1. 位置与形制

02ZXM33位于整个墓地西部的T387，墓口所处的山坡相对较陡，左侧为02ZXM32。

墓葬由墓道、甬道、前室、后室组成，总长7.86米。

墓道位于甬道前方，方向145°。竖穴露天开凿在山坡上，平面呈长方形，剖面近三角形，南低北高，底部呈内高外低的斜坡状。长3.35、宽1.52、深0.72～1.34米。

墓门有两重门框，第一重门框开凿于墓道后壁，宽1.52、框宽0.06、高1.34米。第二重门框底部高出第一重门框底部5厘米，进深0.28、宽1.4、框宽约0.14、高1.32米，门洞宽1.11、高1.25米。

甬道平面略成前窄后宽的梯形，顶为前高后低的平顶，进深0.96、宽1.11～1.28、高1.25～1.36米。甬道底平面高出墓门底平面5厘米。

前室平面呈横长方形，拱形顶。进深1.89、宽3.52～3.6、壁高1.56、顶高1.88米。

后室呈不甚规则横长方形，斜平顶，外低内高。进深1.38、宽2.28～2.44、高1.16～1.23米。后室地面比前室高出22厘米。

前室和甬道凿有排水沟，长2.36、宽0.04～0.08、深0.03～0.1米（图一〇）。

2. 随葬品

墓内被盗一空。

（七）02ZXM35形制与随葬品

1. 位置与形制

02ZXM35位于墓地东部的T151与T152内，左侧为02ZXM37，右侧为02ZXM36。墓口前面是坡地。

墓葬由墓道、甬道、墓室组成，总长6.5米。

墓道竖穴露天开凿在山坡上，方向150°。平面近梯形，剖面近三角形，南低北高，底部呈内高外低的斜坡状。长1.75、宽1.56～1.69、深0～1.23米。

墓门有两重门框，第一重门框开凿于墓道后壁，宽1.69、框宽0.24、高1.24米。第二重门宽1.12、框宽0.1、高1.24、进深0.13米。墓门用条石封堵，石条一般长0.94、宽0.12、厚0.18米。墓门进深0.3、宽0.92、高1.12米。

甬道平面呈长方形，平顶。进深1.5、宽1.34、高1.3米。

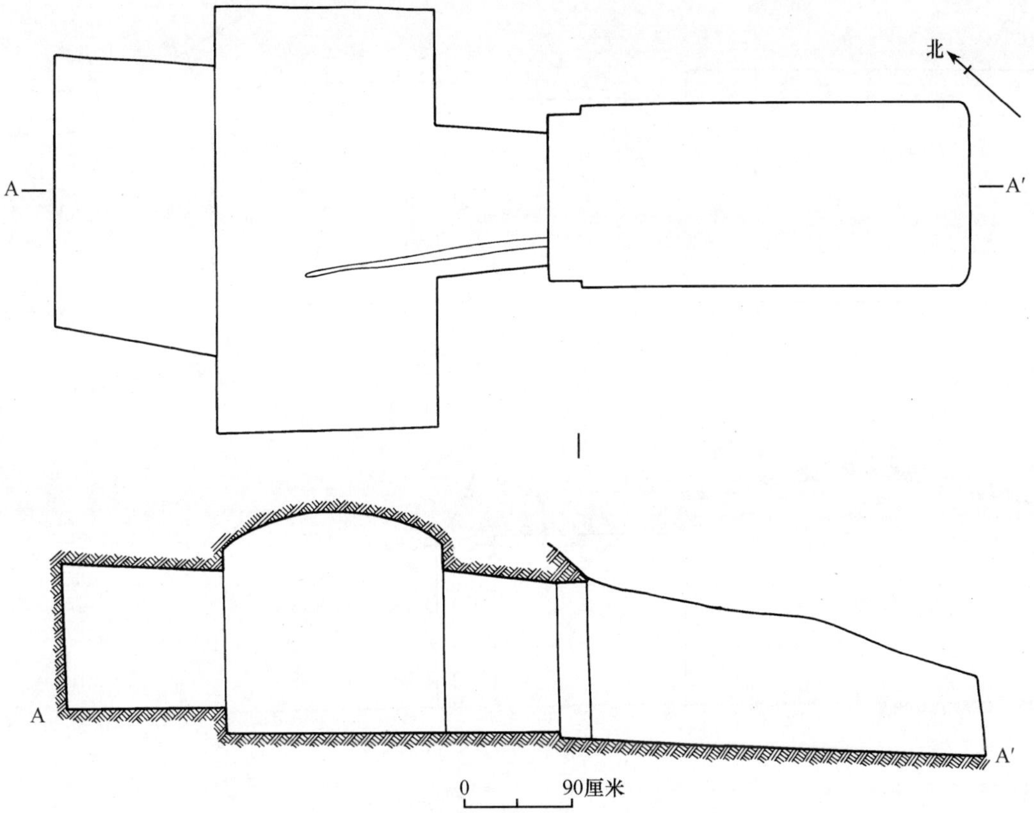

图一〇　02ZXM33平、剖面图

前室平面呈纵长方形，四角攒尖顶。进深2.8、宽1.76、壁高1.54、顶高1.78米（图一一）。

2. 随葬品

残存4件。陶质，均被扰乱于墓门口。

持杖俑　02ZXM35：1，泥质红陶。头与腿部皆残，右手持杖，左手下垂。残高34.8厘米（图一二，1）。

舞俑　02ZXM35：2，泥质红陶。头残，右手曲举，左手自然下垂。残高18.4厘米（图一二，3）。

盆　02ZXM35：3，夹细砂灰陶。敞口，圆唇，弧腹微曲，平底。唇外沿下有一周凹槽。口径24、底径12.8、高10.4厘米（图一二，2）。

残马腿　1件。02ZXM35：4，泥质红陶。马腿微曲，呈站立状。残高16.8厘米。

（八）02ZXM36形制与随葬品

1. 位置与形制

02ZXM36位于墓地东部T131和T141内，左侧为02ZXM35，右侧为85M5。

墓葬由墓道、前甬道、后甬道、墓室组成，总长6.7米。

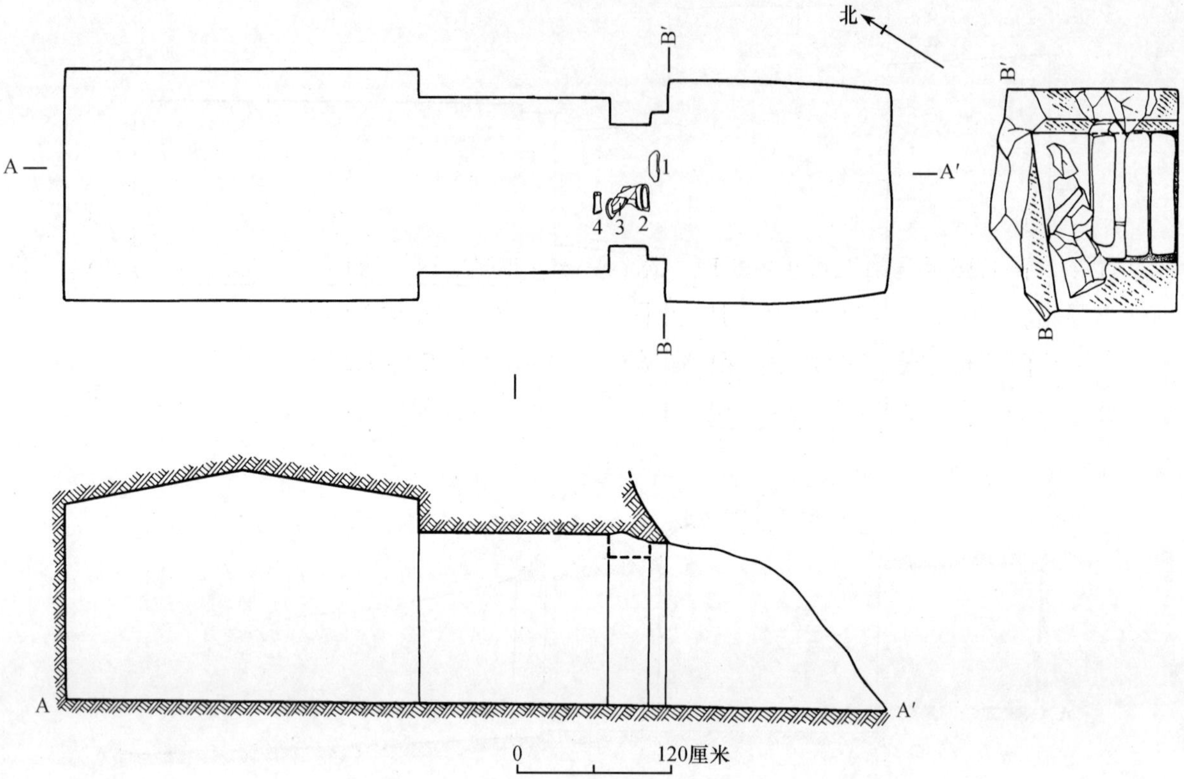

图一一　02ZXM35平、剖面图

1. 持杖俑　2. 舞俑　3. 陶盆　4. 陶残马腿

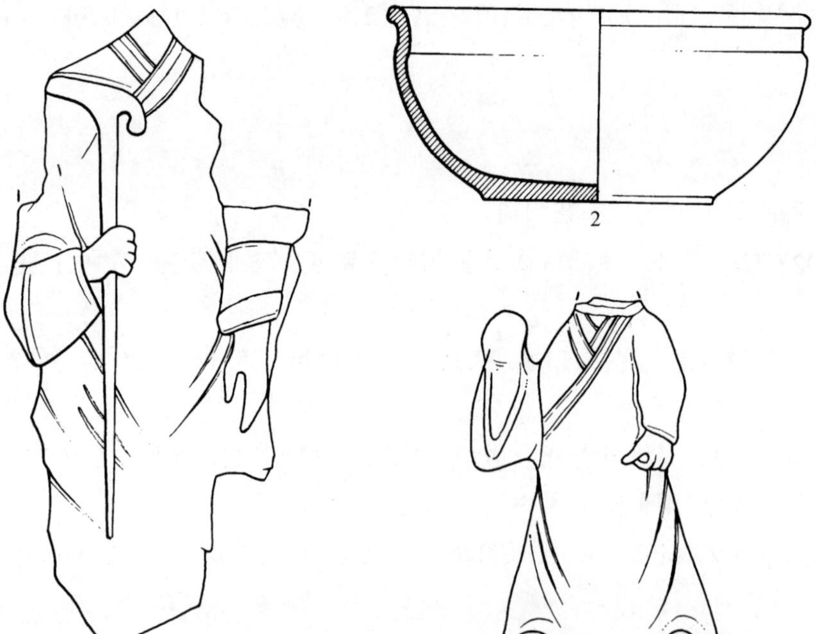

图一二　ZXM35出土陶器

1. 持杖俑（02ZXM35：1）　2. 盆（02ZXM35：3）　3. 舞俑（02ZXM35：2）

墓道方向150°，竖穴露天开凿在山坡上，分为前后两段。前段平面呈不甚规则的扇形，平底。长0.3～2.02、宽0～1.73、深0～1.18米。后段平面呈横长方形，底平面高出前段底平面0.3米。进深0.76、宽1.73、高0.88～1.16米。

墓门由门框和门洞组成。门框三重，第一重和第二重的东侧门框与墓道东壁在同一直线上。第一重宽1.73、左侧框宽0.24米，无顶，高1.16米。第二重进深0.18、宽1.5、左侧框宽0.18米，无顶，高1.36米。第三重进深0.14、宽1.18米、框宽0.14、高1.4米。墓门口用大小不一的河卵石封堵，宽0.9、高1.28米。墓门口底平面高出后墓道底平面0.12米。

甬道平面近长方形，平顶。进深1.2、宽0.9～0.94、高1.22～1.28米。

墓室平面近方形，四角攒尖带方形小藻井。进深2.4、宽2.3～2.42、壁高1.3、顶高1.62米（图一三）。

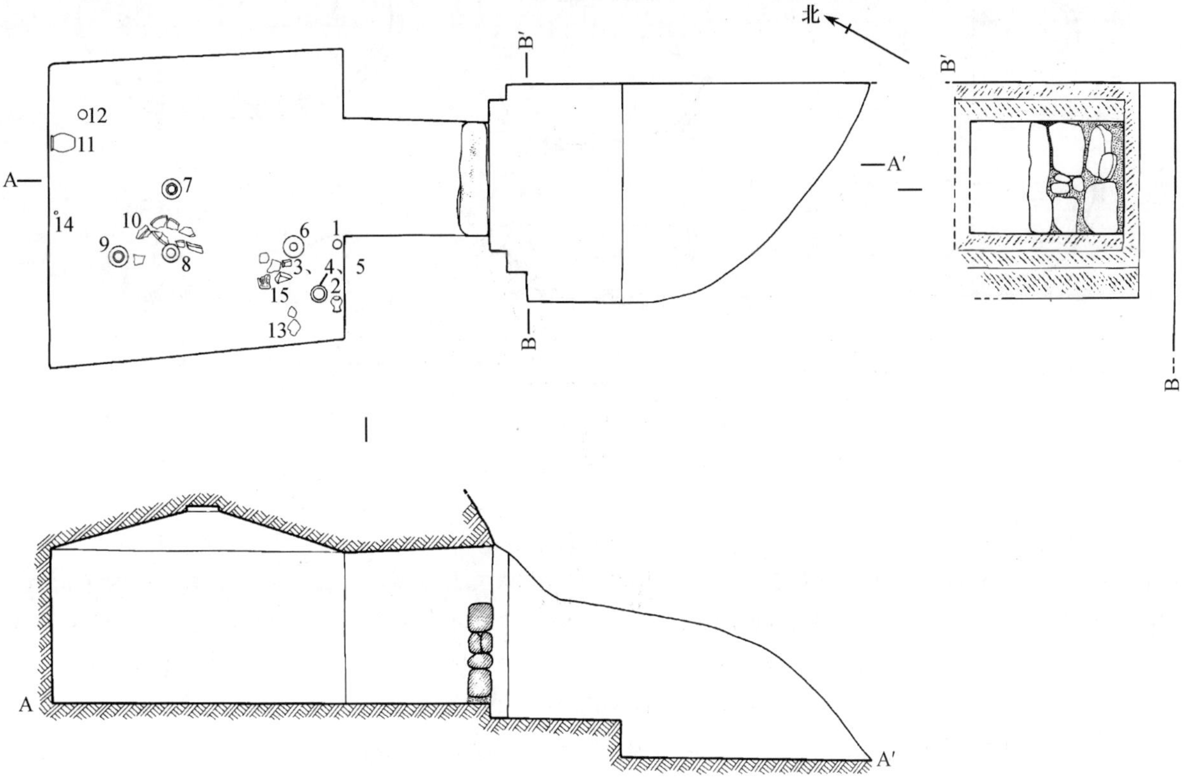

图一三　02ZXM36平、剖面图

1. 瓷盏　2. 瓷唾壶　3、12. 陶盏　4～7、13. 瓷碗　8. 陶罐　9. 瓷盘　10. 陶侍俑　11. 瓷四系罐　14. 瓷纺轮　15. 陶钵

2. 随葬品

残存15件。其中陶器5件，瓷器10件。

陶盏　2件。02ZXM36：3，夹细砂灰陶。微侈口，尖圆唇，斜弧腹，圆饼形圈足。唇下有一周凹槽。口径7.6、底径4.8、高2.8厘米（图一四，4）。02ZXM36：12，夹细砂灰陶。口微敞，尖圆唇，斜弧腹，圆饼形圈足。唇下有一周凹槽。口径7.6、底径5.4、高2.8厘米（图一四，7）。

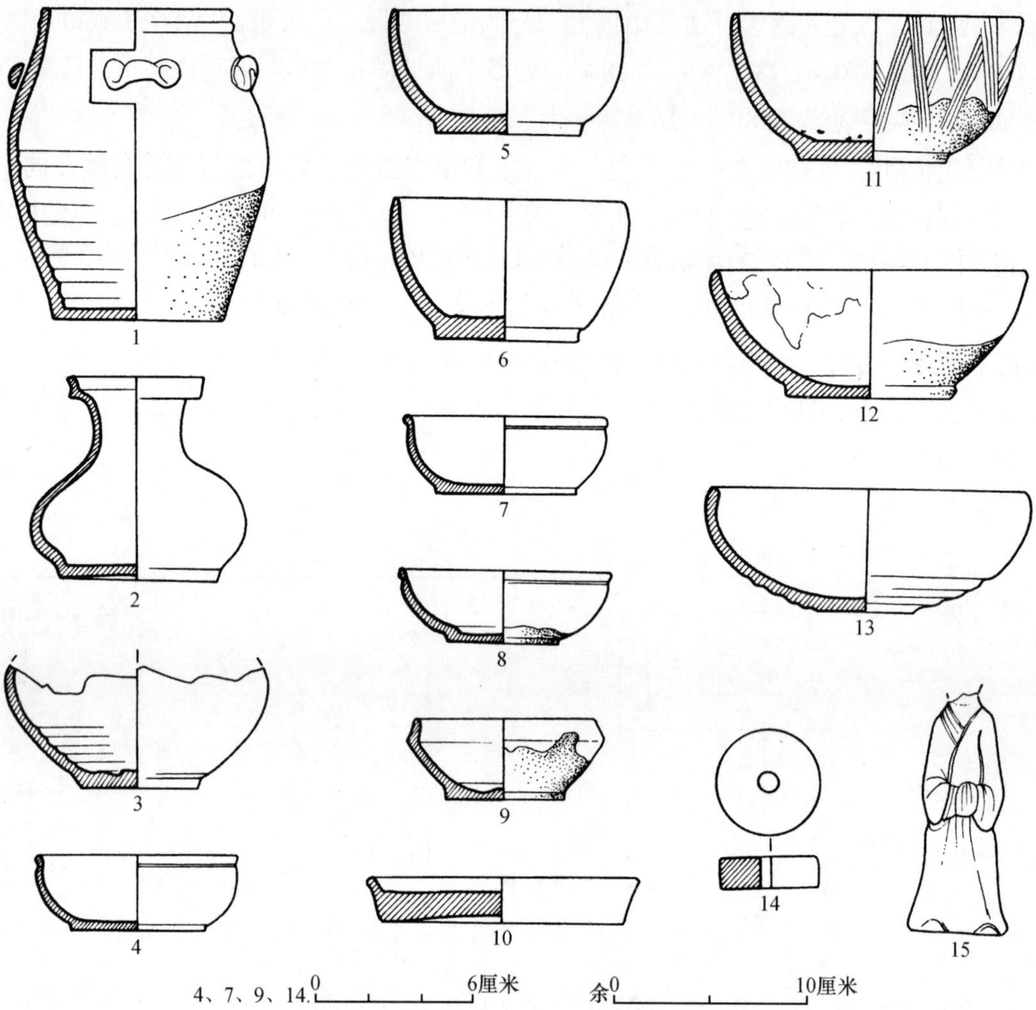

图一四 02ZXM36出土器物

1. 瓷四系罐（02ZXM36：11） 2. 瓷唾壶（02ZXM36：2） 3. 陶罐（02ZXM36：8） 4、7. 陶盏（02ZXM36：3、02ZXM36：12） 5、6、8、11、12. 瓷碗（02ZXM36：7、02ZXM36：5、02ZXM36：4、02ZXM36：6、02ZXM36：13） 9. 瓷盏（02ZXM36：1） 10. 瓷盘（02ZXM36：9） 13. 陶钵（02ZXM36：15） 14. 瓷纺轮（02ZXM36：14） 15. 陶侍俑（02ZXM36：10）

陶钵 1件。02ZXM36：15，夹细砂灰陶。敛口，圆唇，斜弧腹微曲，小平底。下腹有三周凸棱。口径17.2、底径4、高6.4厘米（图一四，13）。

陶罐 1件。02ZXM36：8，夹细砂青灰陶。矮实圈足，斜弧腹内收，腹以上残。底径6.8、残高6.4厘米（图一四，3）。

瓷唾壶 1件。02ZXM36：2，青灰胎，豆青釉。通体施釉，釉面有冰裂纹。盘口，束颈，溜肩，垂腹，矮圆饼形圈足，足底部略向上鼓。底下留有4个支钉痕。口径7.2、底径8.8、高10.4厘米（图一四，2）。

瓷四系罐 1件。02ZXM36：11，香灰胎，豆青釉。内外皆施半釉。敛口，方唇，溜肩，鼓腹，平底。肩部饰有四个桥形系，唇外侧有两周凹槽，下腹内壁留有旋痕。口径10.5、底径9.4、高16.2厘米（图一四，1）。

瓷碗 5件。02ZXM36：4，香灰胎，青釉。内部施满釉，外部施半釉，釉面有冰裂纹。微敞口，尖圆唇，弧腹，薄饼形圈足。唇面有一圈凹槽。口径11.6、底径6.4、高3.6厘米（图一四，8）。02ZXM36：5，青灰胎，青釉。通体施釉，釉层厚薄不匀，釉面有冰裂纹。敛口，尖圆唇，深弧腹，圆饼形圈足。内底部留有10个支钉。口径12.4、底径8、高7.2厘米（图一四，6）。02ZXM36：6，浅灰胎，青黄釉。通体施釉，釉层厚薄不匀，釉面有冰裂纹。口微敞，尖圆唇，斜弧腹，圆饼形圈足。内底有14个支钉，外壁釉下刻划有莲瓣纹。口径15.2、底径8.2、高7.4厘米（图一四，11）。02ZXM36：7，青灰胎，青黄釉。通体施釉，釉层厚薄不匀，釉面有冰裂纹。口微敛，尖圆唇，深弧腹，圆饼形圈足。口径12.6、底径7.8、高6.5厘米（图一四，5）。02ZXM36：13，青灰胎，青黄釉。内部施满釉，外部施半釉，釉层厚薄不匀，釉面有冰裂纹。敞口，尖圆唇、斜弧腹，圆饼形圈足。内底有12个支钉。口径16.8、底径9、高6.4厘米（图一四，12）。

瓷盏　1件。02ZXM36：1，浅灰胎，豆青釉。通体施釉，釉面局部脱落。敛口，圆唇，折腹，平底。内底有一周凹弦纹。口径6.8、底径4.4、高3厘米（图一四，9）。

瓷盘　1件。02ZXM36：9，浅灰白胎，青黄釉，通体施釉，釉层厚薄不匀，釉面有冰裂纹。敞口，圆唇，浅腹，微束腰，大厚平底。内底有5个支钉。口径14.4、底径13.2、高2.4厘米（图一四，10）。

瓷纺轮　02ZXM36：14，灰白胎，无釉。圆形。外径3.5、内径0.8、厚1.2厘米（图一四，14）。

陶侍俑　1件。02ZXM36：10，泥质红陶。头残，圆领右衽宽袖及地长袍，双手合抱于腹部。残高12厘米（图一四，15）。

（九）02ZXM37形制与随葬品

1. 位置与形制

02ZXM37位于墓地最东端的T151和T152东部，左侧为02ZXM35，墓口前面是坡地。

墓葬由墓道、甬道、墓室组成，总长6米。

墓道方向152°，竖穴露天开凿在山坡上。平面呈长方形，剖面呈三角形，底部平直。长1.64、宽1.4、深0～1.2米。

墓门有两重门框组成，第一重门框开凿于墓道后壁，宽1.4米，西侧门框略宽于东侧门框，西侧宽0.18、东侧宽0.12、高1.2米。第二重门框进深0.08、宽1.1米，西侧门框宽0.09、东侧宽0.07、高1.2米。门洞宽0.94、高1.12米。墓门用大小不一的河卵石封堵，进深0.27、宽0.94、高1.12米。

甬道平面呈长方形，平顶。进深1.52、宽1.26、高1.12米。前室平面呈纵长方形，穹隆顶。进深2.48、宽2.18、壁高1.3、顶高1.65米（图一五）。

2. 随葬品

该墓被盗一空。

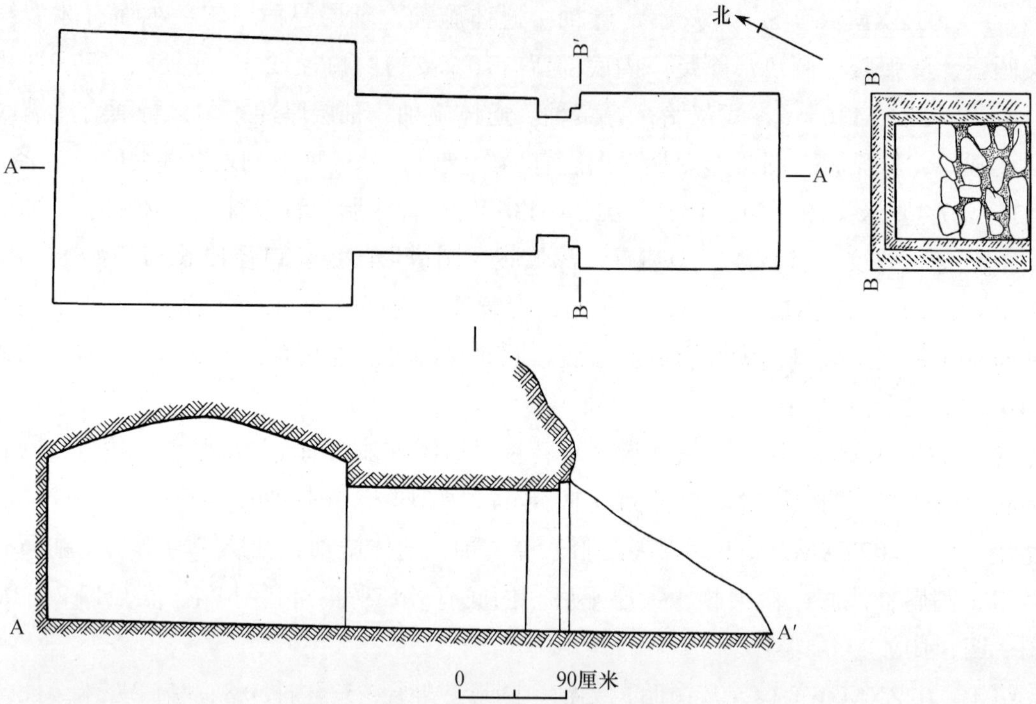

图一五 02ZXM37平、剖面图

（十）02ZXM38形制与随葬品

1. 位置与形制

02ZXM38位于墓地中部的T421内，左侧为02ZXM28，右侧为02ZXM30。墓口前面坡度较陡。

墓葬由墓道、甬道、墓室组成，总长11.5米。

墓道方向152°，平面近长方形，长6.45、宽1.55～1.6、深0～1.69米。底部呈内高外低的斜坡状，中间开凿有排水沟，长与墓道同长，宽9～14、深6～12厘米。水沟前部有小块河卵石填充。

前甬道平面呈长方形，拱顶。进深1.3、宽1.3、高1.6米。甬道底平面比墓道底平面高出5厘米。墓室门进深0.34、宽1.08、高1.5米。底平面比甬道底平面高出4厘米。

前室平面呈纵长方形，四角攒尖顶带方形藻井。进深3.4、宽2.98、壁高1.7、顶高2.26米。前壁西侧开凿有灶龛，灶平面下有长方形火门，宽16、高22、深14厘米。火堂为圆形，直径40、深31厘米。灶平面以上为长方形龛，进深50、宽52、高92厘米。前壁东侧开凿有储藏龛，长方形，进深0.5、宽0.46、高1.12米。东和西两壁顶部正中各雕有一斗两升的斗拱，北壁顶部正中雕有双层一斗两升的斗拱。四壁均留有雕琢痕迹（图一六）。

2. 随葬品

该墓被盗一空。

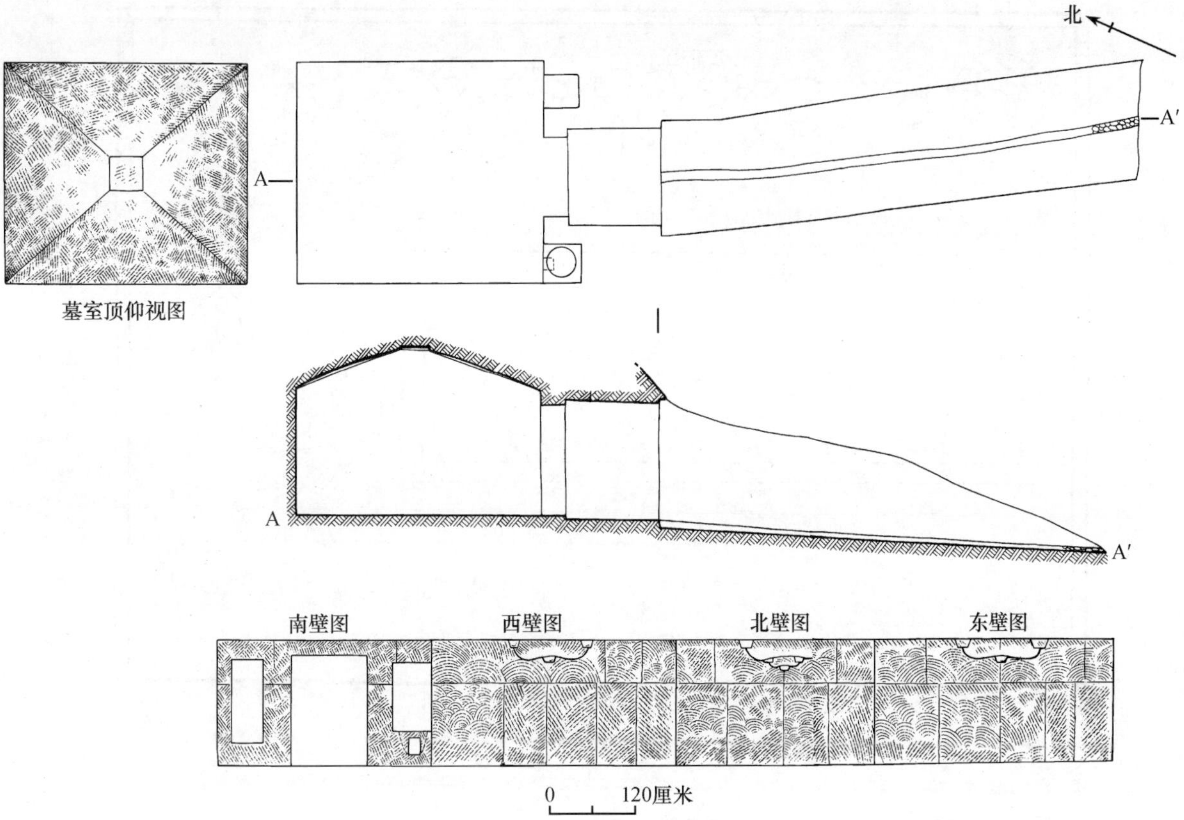

图一六　ZXM38平、剖面图

（十一）02ZXM34形制与随葬品

1. 位置与形制

02ZXM34位于墓地中部的T411内，左侧为02ZXM30。

02ZXM34为竖穴岩坑墓，墓室直接开凿在灰白色砂岩上。墓口平面为长方形，由于开凿在山坡上而呈北高南低的斜坡状。墓口部东西长3.52、南北宽2.34、深0.48～1.6米，墓底部西长3.46、南北宽2.28米。墓底中部放置一棺，已朽为灰烬，从残存灰烬看棺长2.3、宽0.8米。棺内人骨架除有2个牙齿基本完整外，余皆朽成灰烬。头向88°。随葬品主要放置在人骨头部和左侧（图一七）。

2. 随葬品

19件。

陶双耳罐　1件。02ZXM34：1，泥质灰陶。侈口，折宽沿，方唇，溜肩，鼓腹微耸，平底。肩部饰有四周凹弦纹，中腹有对称双耳，耳孔中穿有环。口径20、底径15.2、高20厘米（图一八，8）。

陶罐　10件。02ZXM34：6，夹细砂灰陶。敛口，卷沿，圆唇，圆溜肩，大平底。肩部饰三周凹弦纹。口径10.8、底径18.4、高20厘米（图一八，4）。02ZXM34：7，夹细砂灰陶。敛

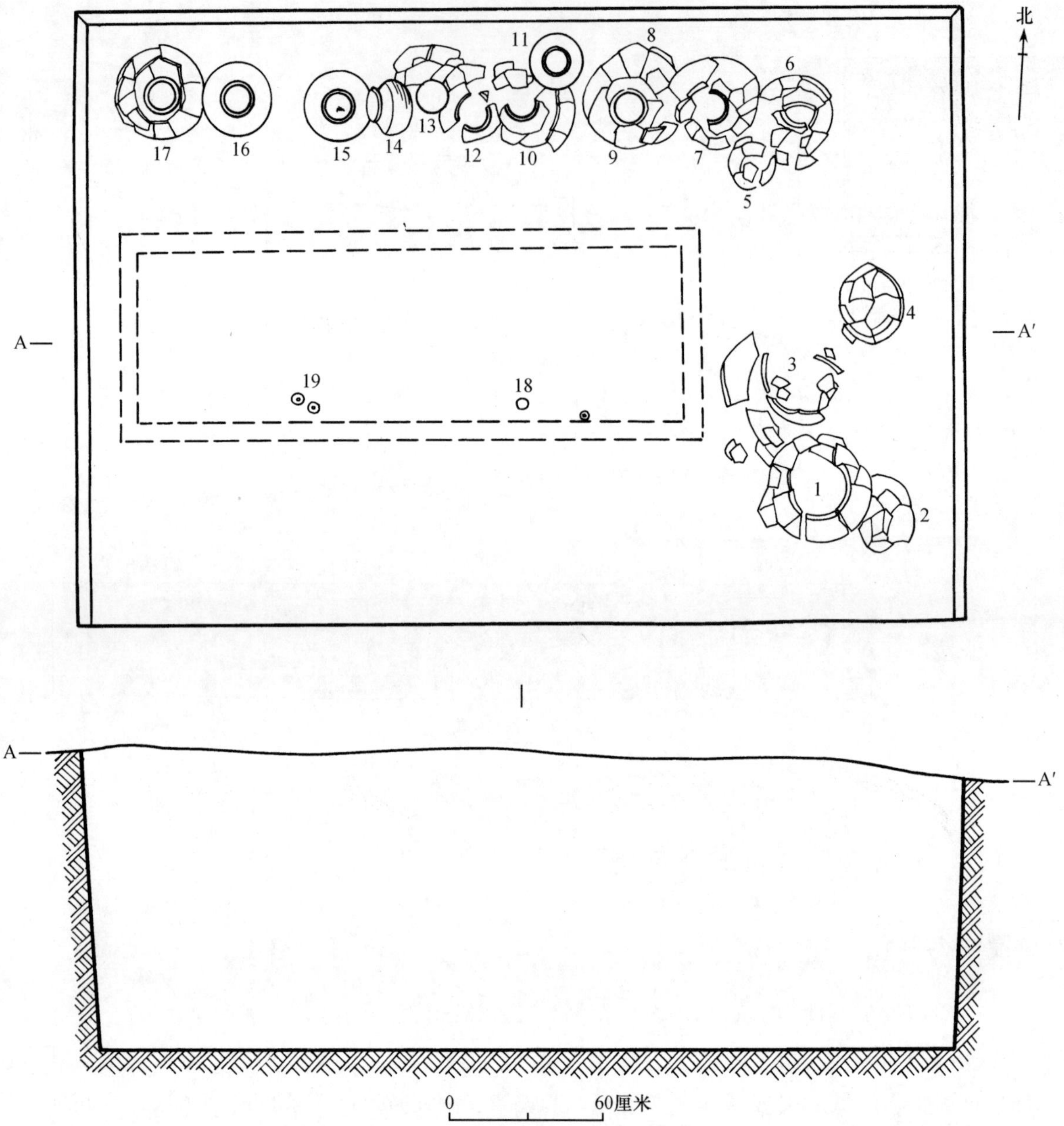

图一七　02ZXM34平、剖面图

1. 陶双耳罐　2. 陶甑　3. 陶仓　4. 陶盆　5. 陶鍪　6、7、9～17. 陶罐　8. 陶釜　18. 铜环　19. 铜钱

口，卷沿，圆唇，圆溜肩，圆鼓腹，平底。肩部饰三周凹弦纹。口径12.8、底径16、高19.6厘米（图一八，1）。02ZXM34：9，夹细砂灰陶。敛口，短束颈，卷圆唇，圆溜肩，鼓腹，平底。肩部饰三周凹弦纹。口径12、底径15.4、高19.2厘米（图一八，2）。02ZXM34：10，夹细砂灰陶。敛口，短束颈，卷圆唇，圆溜肩，鼓腹，平底。外沿下有一周凹槽，肩部饰一周凹弦纹。口径10.4、底径11.8、高11.2厘米（图一九，2）。02ZXM34：11，夹细砂灰陶。敛口，短束颈，卷圆唇，圆溜肩，鼓腹，平底。肩部饰三周凹弦纹和网格纹。口径11.2、底径16.8、高20厘米（图一八，5）。02ZXM34：12，夹细砂灰陶。敛口，短束颈，卷圆唇，溜圆肩，鼓腹，大平底。肩部饰两周凹弦纹，内壁留有旋痕。口径11.2、底径12.8、高12.4厘米（图一九，1）。02ZXM34：13，夹细砂灰陶。敛口，短束颈，卷圆唇，溜圆肩，鼓腹，大平底。肩部饰

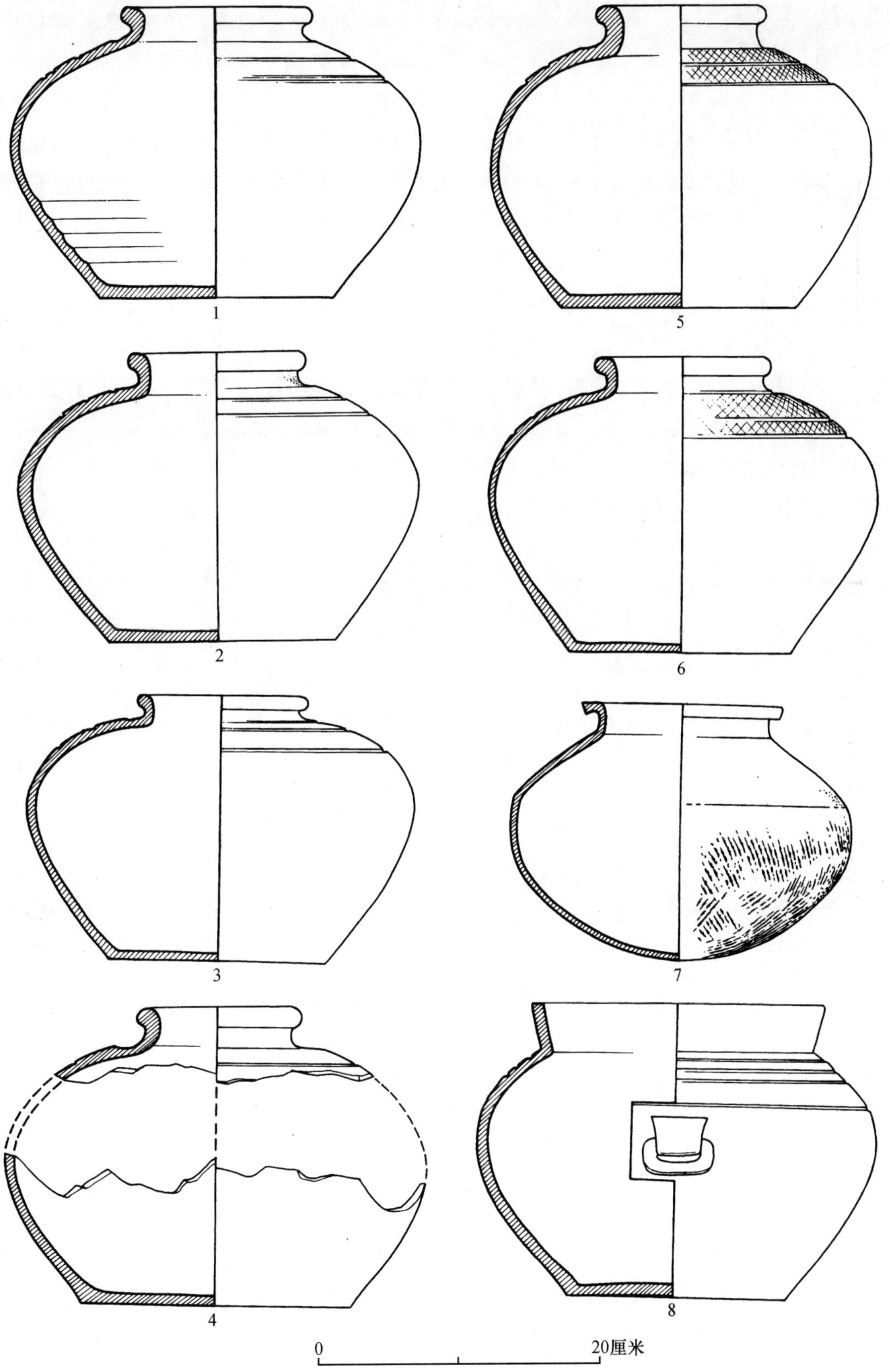

图一八　02ZXM34出土陶器

1～6. 罐（02ZXM34：7、02ZXM34：9、02ZXM34：17、02ZXM34：6、02ZXM34：11、02ZXM34：13）

7. 釜（02ZXM34：16）　8. 双耳罐（02ZXM34：1）

三周凹弦纹和斜网格纹。口径12.2、底径15.2、高19.6厘米（图一八，6）。02ZXM34：14，夹细砂灰陶。敛口，短束颈，卷圆唇，平圆肩，鼓腹微耸，平底。肩部饰一周凹弦纹。口径11.2、底径11.2、高12.4厘米（图一九，10）。02ZXM34：15，夹细砂灰陶。敛口，短束颈，卷圆唇，广折耸肩，深弧腹，平底。肩部饰旋断绳纹，上腹饰竖向中粗绳纹，下腹留有旋痕。口径11.2、底径11.2、高13.2厘米（图一九，9）。02ZXM34：17，夹细砂灰陶。敛口，卷圆唇，圆肩，鼓腹微耸，平底。肩部饰三周凹弦纹。口径11.6、底径15.2、高17.6厘米（图一八，3）。

陶釜　2件。02ZXM34：8，夹细砂灰陶。敛口，卷平沿，方唇，斜肩，垂腹，圜底。肩部以下饰斜向粗绳纹。口径14.4、高12厘米（图一九，3）。02ZXM34：16，夹细砂灰陶。敛口，卷平沿，方唇，斜折肩，鼓腹，圜底。下腹饰杂向细绳纹。口径13.6、高16.8厘米（图一八，7）。

陶甑　1件。02ZXM34：2，夹细砂灰陶。平底，底部有11个箅孔，腹以上残。底径13.2、残高4厘米（图一九，6）。

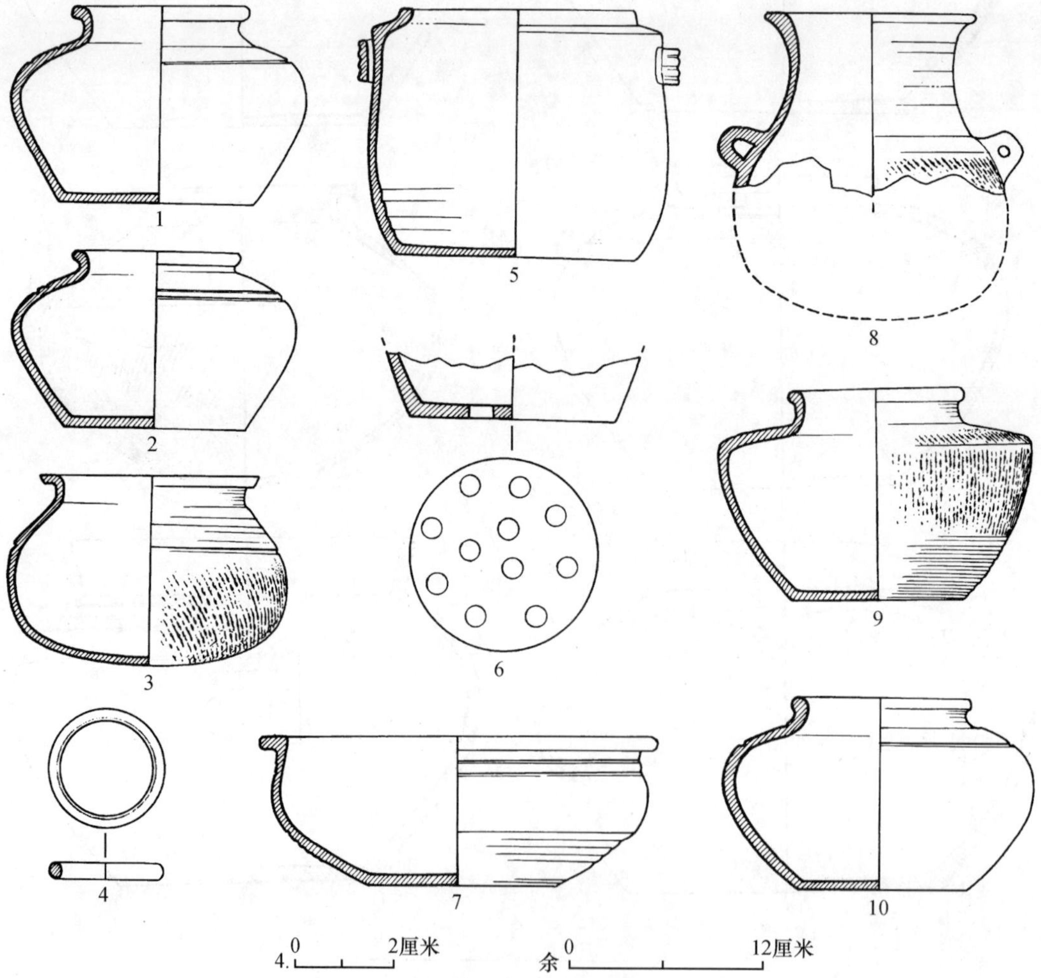

图一九　02ZXM34出土器物

1、2、10. 陶罐（02ZXM34：12、02ZXM34：10、02ZXM34：14）　3. 陶釜（02ZXM34：8）　4. 铜环（02ZXM34：18）　5. 陶仓（02ZXM34：3）　6. 陶甑（02ZXM34：2）　7. 陶盆（02ZXM34：4）　8. 陶鍪（02ZXM34：5）　9. 陶折肩罐（02ZXM34：15）

陶仓　1件。02ZXM34：3，夹细砂灰陶。敛口，敛沿，斜方唇，折肩，筒腹，大平底，上腹有对称双耳。口径15.2、底径16、高15.2厘米（图一九，5）。

陶盆　1件。02ZXM34：4，夹细砂灰陶。口微敛，折平沿，沿面略上弧，圆唇，曲腹，平底。器表饰八周凹弦纹。口径25.6、底径11.6、高9.2厘米（图一九，7）。

陶鍪　1件。02ZXM34：5，夹细砂灰陶。侈口，尖圆唇，束颈，溜肩，肩以下残。肩部有对称双系，肩以下饰斜向中绳纹。口径13.2、残高11.2厘米（图一九，8）。

铜环　1件。02ZXM34：18，圆环形。外径2.6、内径2、厚0.3厘米（图一九，4）。

铜钱　一组3枚。均为汉五铢。直径2.5厘米。

四、结　语

在这批墓葬中，没有发现有纪年的随葬品，加之大多数又遭盗掘破坏，故各期、段年代的判断只能借鉴相关的研究成果大体推定。

本遗址发掘的几座墓葬中，02ZXM28和02ZXM30两墓形制相近，前者残存陶鸟类俑和骨带扣各1件，后者残存青铜羊灯、铁鼎、铁鐎斗、瓷碗和铁刀各1件，除瓷碗形制与两晋时形制相近外，其余随葬品都当属东汉晚期典型器物。虽然存在形态与两晋相近的瓷碗，但不排除是后葬者或是盗掘者所留。因其与1981年在此发掘的M9形制基本相同而将其年代归入东汉后期[①]。

02ZXM34：17、02ZXM34：7等B型Ⅰ式陶罐分别与忠县崖脚墓地的02ZTBM10：34圆肩罐[②]和丰都汇南墓群M7：42罐的形态基本相同[③]，02ZXM34：3陶仓与忠县崖脚墓地的02ZTBM10：39筒腹罐的形态基本相同[④]。忠县崖脚墓地02ZTBM10的年代暂定为西汉时期，因其随葬品中的钵和圆肩罐与此墓地属新莽时期02ZTAM3中的钵和圆肩罐形制相近，故我们认为忠县崖脚墓地02ZTBM10的年代约当西汉晚期为是。丰都汇南墓群M7的年代被断定为西汉早期，而02ZXM34：17、02ZXM34：7等B型Ⅰ式罐的形态较丰都汇南墓群M7：42罐的形态变高，显然前者形态较后者要晚。因此M34年代可大体定为西汉中晚期。

02ZXM29：4四系罐与丰都地区上河嘴M5：8四系罐形态相近[⑤]，02ZXM29：6盘口壶与丰都汇南墓群M10：13、M10：21盘口壶形态相近，02ZXM29：2碗与丰都汇南墓群M10：37、

① 四川省文物管理委员会：《四川忠县涂井蜀汉崖墓》，《文物》1985年第7期。

② 北京大学考古文博学院三峡考古队、重庆市忠县文物管理所：《忠县崖脚墓地发掘报告》，《重庆库区考古报告集·1998卷》，科学出版社，2003年。

③ 四川省文物考古研究所、丰都县文管所：《丰都汇南墓群发掘简报》，《重庆库区考古报告集·1997卷》，科学出版社，2001年。

④ 北京大学考古文博学院三峡考古队、重庆市忠县文物管理所：《忠县崖脚墓地发掘报告》，《重庆库区考古报告集·1998卷》，科学出版社，2003年。

⑤ 王力军：《丰都地区两汉—南朝墓葬的初步研究》，《重庆·2001年三峡文物保护学术研讨会论文集》，科学出版社，2003年，第220页。

M12：7、M11：3等碗形态相近[①]。丰都汇南墓群M10、M12、M11的年代均属两晋时期，所以02ZXM29年代约属两晋时期。

02ZXM36：11四系罐与丰都汇南墓群M2：41、万州上河坝墓地M2：1、M2：4四系罐形态相近[②]，02ZXM36：6莲花瓣纹碗与丰都汇南墓群M2：11等同类器形形态相近。丰都汇南墓群M2、万州上河坝墓地M2均为南朝时期墓葬，所以02ZXM36的年代也当与其大体相当，当属南朝时期。

本遗址发掘的墓葬为研究重庆忠县地区的墓葬形制提供了丰富的资料。

绘图：寇小石　张清池

执笔：李　锋

① 四川省文物考古研究所、丰都县文管所：《丰都汇南墓群发掘简报》，《重庆库区考古报告集·1997卷》，科学出版社，2001年。

② 青海省文物考古研究所三峡工作队、万州区文物管理所：《万州上河坝墓地发掘简报》，《重庆库区考古报告集·1997卷》，科学出版社，2001年。

忠县石佛崖遗址2002年度发掘简报

郑州大学三峡考古队

受重庆市文化局三峡办的委托，郑州大学三峡考古队于2002年5月对忠县万金乡高台村石佛崖遗址进行抢救性发掘。石佛崖遗址隶属重庆市忠县万金乡高台村十社。西南距县城约20千米，南距龙滩大桥约100米，北邻上油坊遗址约100米（图一；彩版一〇三、彩版一〇四）。遗址坐落在汝溪河东岸摩崖造像前的台地上。东经108°7′3″，北纬30°25′32″，海拔150米。

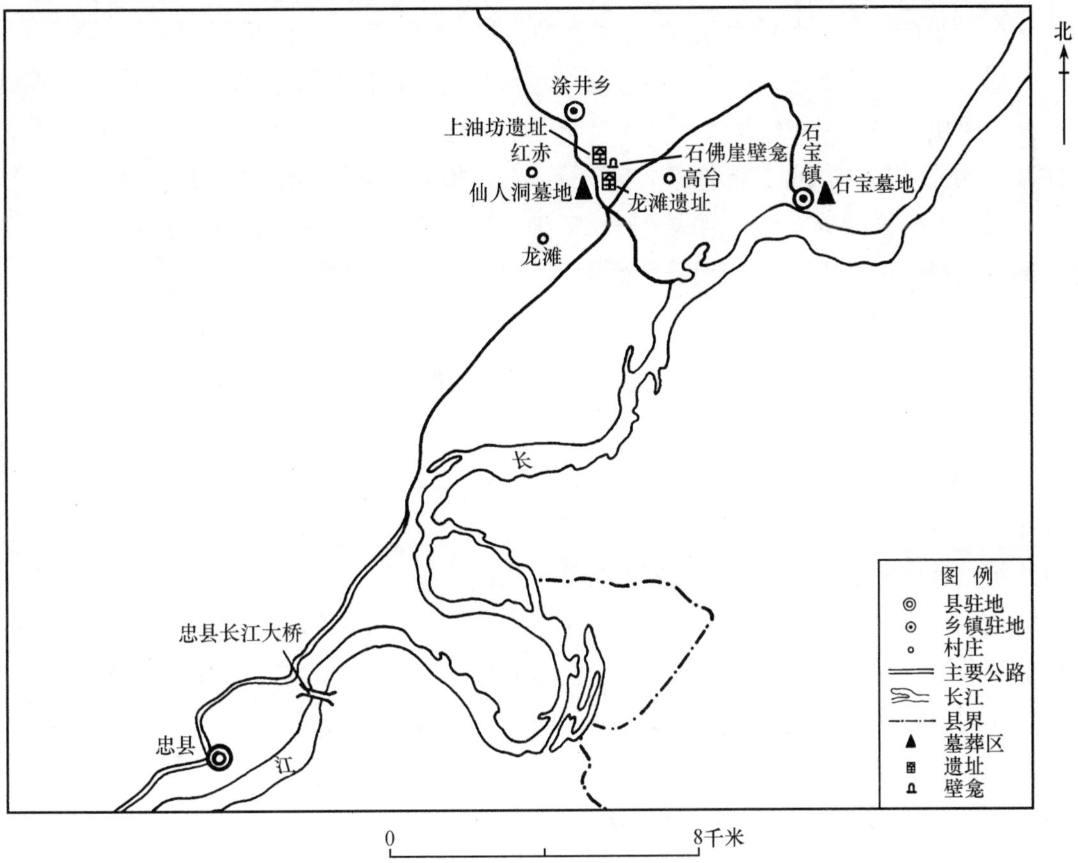

图一　石佛崖壁龛位置示意图

本次发掘单位是郑州大学考古队，协作单位是忠县文物管理所。1994年北京大学三峡考古队在此进行调查。现存摩崖造像龛44个。依钻探调查，在石佛造像壁石的南北两侧均遗留木构建筑人为凿锻的方形石孔，其建筑应在石佛像前。故在此布设一个面积10米×10米的探方，探方编号为2002ZST1。经过清理，发现建筑基址1座，编号F1。而后对摩崖造像进行了测绘。

一、地层堆积

探方共揭露地层堆积2个。

第1层为现代耕土层，第2层为明清堆积。分述如下。

第1层：现代堆积层。该层分布于整个探方大部，平面高低不平。佛像前祭台平面部分无存。厚0～290厘米。该层堆积杂乱，大部分为人为采石掉落的石块及采石废弃的石渣，少部分为自然淤泥冲积形成及人为修路堆垫形成。在其平面祭台部分丢弃有现代瓷碗及酒瓶等遗物。

第2层：分2A、2B二亚层。

2A层：分布探方中南侧大部。该堆积平面呈东高西低坡状堆积。厚0～90厘米。其上部有一层不十分明显的泥土，与第1层相隔有明显的分界。该层堆积多以乱石为主。但部分岩石被人为敲打成形，这与南侧发现的人为石砌墙体塌落相关。应说明的是在该层中发现有部分瓦片遗存，瓦的胎质较厚、形体较现代瓦稍大，与明清瓦近似。

2B层：分布于探方大部、佛像祭台部分无存。厚0～30厘米。该层堆积土色为浅黄色，土质细，含微砂及砂岩残碎小块，结构紧密，质地较硬。出土物仍为少量残碎瓦片。在该层底部探方中部靠近祭台位置出土一“康熙通宝”方孔铜钱。

二、遗　　迹

（一）F1形制与结构

F1建筑基址由两块前后相错的长方形台基组成。这种形状主要由于两块摩崖造像前后相错造成。北边内错的台基南北长180、宽110～140厘米。南边外凸的台基南部被破坏，南北残存长约190、宽134～160厘米。两台基南北相连，边沿用打凿的石条砌成，石条长40～150、宽约30、厚约30厘米。这两块台基应当是放置供品的祭台。

（二）石佛崖造像龛的形制与造像年代

石佛崖摩崖造像雕刻在高约5、宽约6米的两块巨石上，现存造像龛44个，造像111余尊，造像题记4处，亭阁2座，分6层横向排列。造像龛大小不等，大者高100、宽80厘米左右，小者长宽不足20厘米。造像龛的形制可分为三种：尖拱龛8个（其中一个较小，且无造像）；圆拱龛33个；方形龛3个。龛内造像组合主要有六种：①七尊造像（一铺七身），3个。题材为一佛、二弟子、二菩萨、二力士。②五尊造像（一铺五身），5个。题材为一佛、二弟子、二菩萨。③三尊造像（一铺三身），12个。题材为一佛、二菩萨。④四尊造像，1个。题材为二菩萨、二供养人。⑤两尊造像，4个。题材为二佛或二菩萨。⑥单体造像，17个。题材或佛或菩萨或供养人。由于长期遭受人为和自然的破坏，绝大部分造像的头部被毁或漫漶不清（图二）。

图二　摩崖造像

石佛崖摩崖造像龛楣用阴线装饰，菩萨多立于狮座之上，狮像口衔莲花面向龛前，佛或菩萨造像的衣纹格式化特征明显，披巾呈“八”字形斜垂于体侧或座侧。菩萨像宝缯下垂部分呈斜直形，这是石佛崖菩萨像的典型特征。

造像题记多已漫漶不清，可辨识者有“涂井信士朱（或宋）□历同缘杨氏发心培修庙宇佛身，男朱（或宋）□□□，开元年……”。

另外，在造像龛两侧发现有承托木构建筑的长方形榫口，并且部分榫口还直接打破造像龛，证明造像龛建成后曾建有木构建筑。

石佛崖摩崖造像龛多为拱顶浅龛，进深最深约10厘米，浅者则3～5厘米。龛内造像组合以一铺三身和单体造像居多。与重庆三峡地区发现的其余几处摩崖造像相比[①]，石佛崖造像龛进深较小，造像组合多为一佛二菩萨或单体造像，这些均为三峡地区晚唐时期摩崖造像的特征。此外，佛或菩萨造像的桃形头光边缘装饰格式化火焰纹，衣纹均呈“八”字形斜垂体侧，造像风格趋于格式化。石佛崖菩萨像宝缯样式下垂部分呈斜直状态，这与三峡库区出土的晚唐时期金铜观音像的衣纹装饰有相似性[②]。石佛崖菩萨造像多立于狮座之上，这一造像样式在重庆潼

① 王玉：《重庆三峡库区唐代佛教石刻造像调查报告》，《考古学报》2006年第4期。

② 王玉：《重庆三峡库区佛教金铜像比较研究》，《重庆历史与文化》2005年第1期。

南、合川等地也有发现[①]，但与石佛崖的狮座样式又有所不同，其他地区狮座均为不衔花的侧面狮像，而石佛崖狮座为口衔莲花的正面狮像，年代要晚于重庆其他地区的摩崖造像。综合这些特征来看，石佛崖摩崖造像年代应在晚唐时期。

三、结　语

重庆忠县万金乡石佛崖遗址共布方1个，实际发掘面积共100 平方米。探方的地层堆积为东高西低的坡状堆积，出土遗物仅有一枚"康熙通宝"方孔铜钱。

本次发掘虽然面积较小，出土遗物较少，但发现了建筑基址一座。特别是对摩崖造像的测绘调查，为重庆地区的佛教考古研究领域提供了重要资料，对于研究川渝地区佛教造像体系有重要意义。尤其是口衔莲花的正面狮像座，为石佛崖摩崖造像特有样式，为研究重庆地区与四川地区的佛教造像差异提供了新材料。发掘发现的这座建筑基址对研究巴蜀地区摩崖石刻建筑的营造技术和地域特色具有重要意义，丰富了对佛教建筑的研究。

① 王玉：《重庆三峡库区唐代佛教石刻造像调查报告》，《考古学报》2006年第4期。

忠县石宝墓群2002年度发掘简报

郑州大学历史与考古系
忠 县 文 物 管 理 所

受重庆市文化局三峡办的委托，郑州大学历史与考古系于2002年下半年在忠县石宝镇石宝寨进行抢救性发掘。石宝墓群位于忠县石宝镇石宝寨寨东约1000米处，属石宝镇印山委员会一组。墓群坐落在长江北岸的印山一组花盘咀坡地上（图一）。东经108°11′11″，北纬30°25′18″，海拔150米。

本次发掘单位是郑州大学考古队，协作单位是忠县文物管理所。经初步钻探，在印山一组花盘咀南部山坡上发现3座砖室墓，故在此布设10米×10米探方2个，编号分别为02ZST01和02ZST03，因工作需要，对两个探方都进行了扩方，本次发掘，实际发掘面积为235平方米（图二）。

本次发掘的3座墓葬编号分别为02ZSM1、02ZSM2、02ZSM3，以墓葬为单位介绍如下。

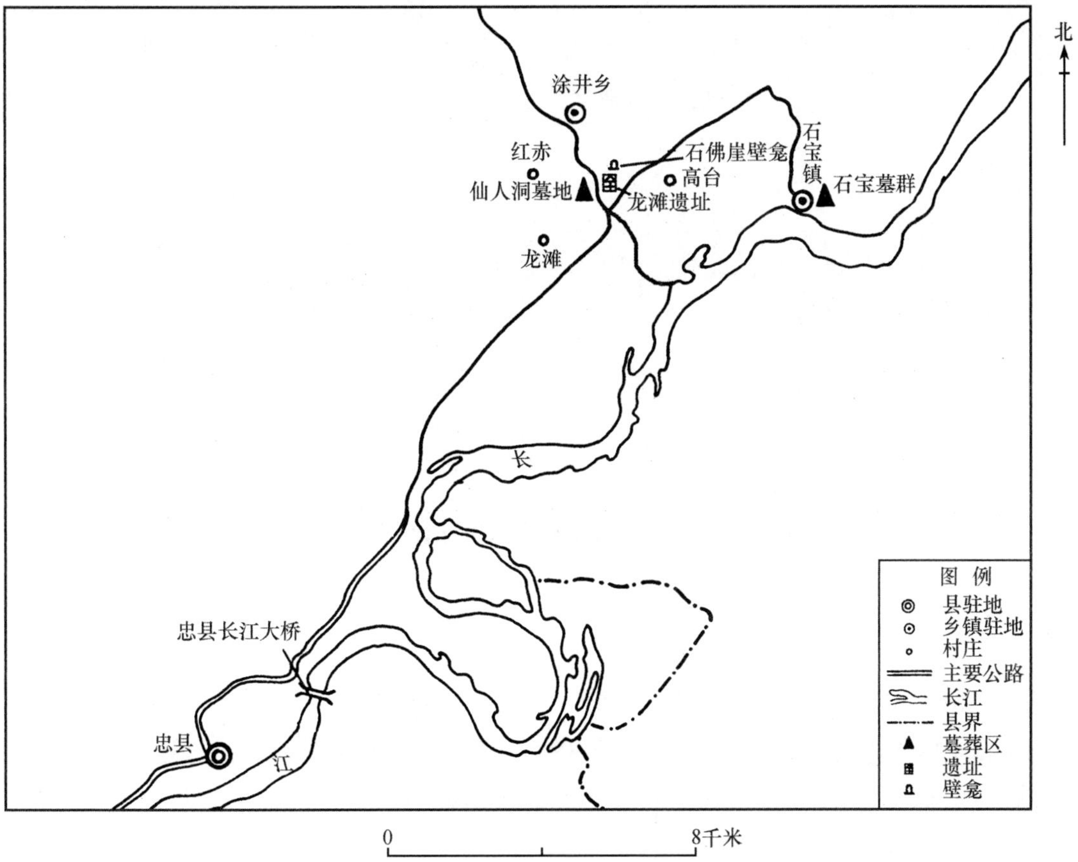

图一　石宝墓群位置示意图

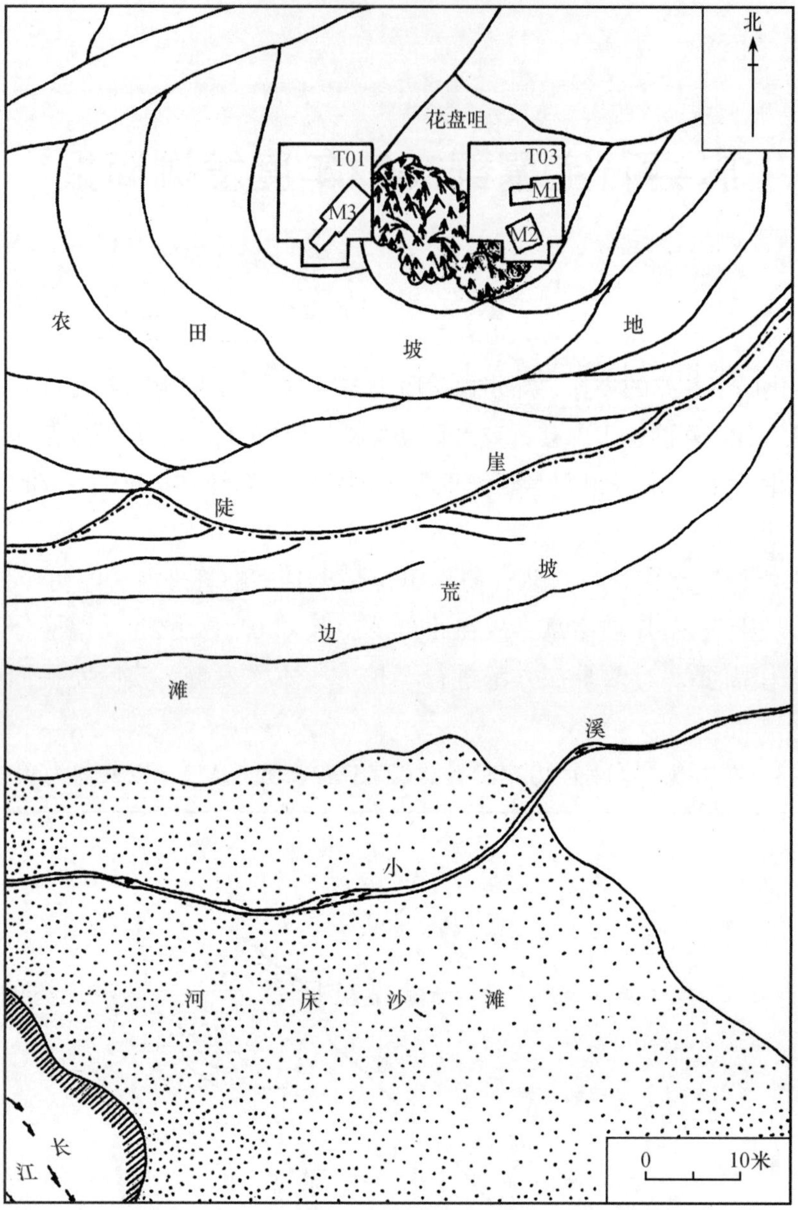

图二　布方位置示意图

一、02ZSM1形制与随葬品

1. 位置与形制

02ZSM1位于T03的中部，南邻02ZSM2。

02ZSM1平面为刀形，方向264°，总长6.85米。为砖室拱形券顶墓，由墓道、甬道、墓室三部分组成（图三）。墓壁均以“田”字和菱形回纹图案的花纹砖砌成（图九，3、5、7），砖的规格均为40厘米×20厘米×7厘米。

墓道呈斜坡状，平面呈前窄后宽的梯形。长1.5、宽1.6~2、高0.9米。

甬道呈长方形，长2.05、宽1.6~2、高0.56米。

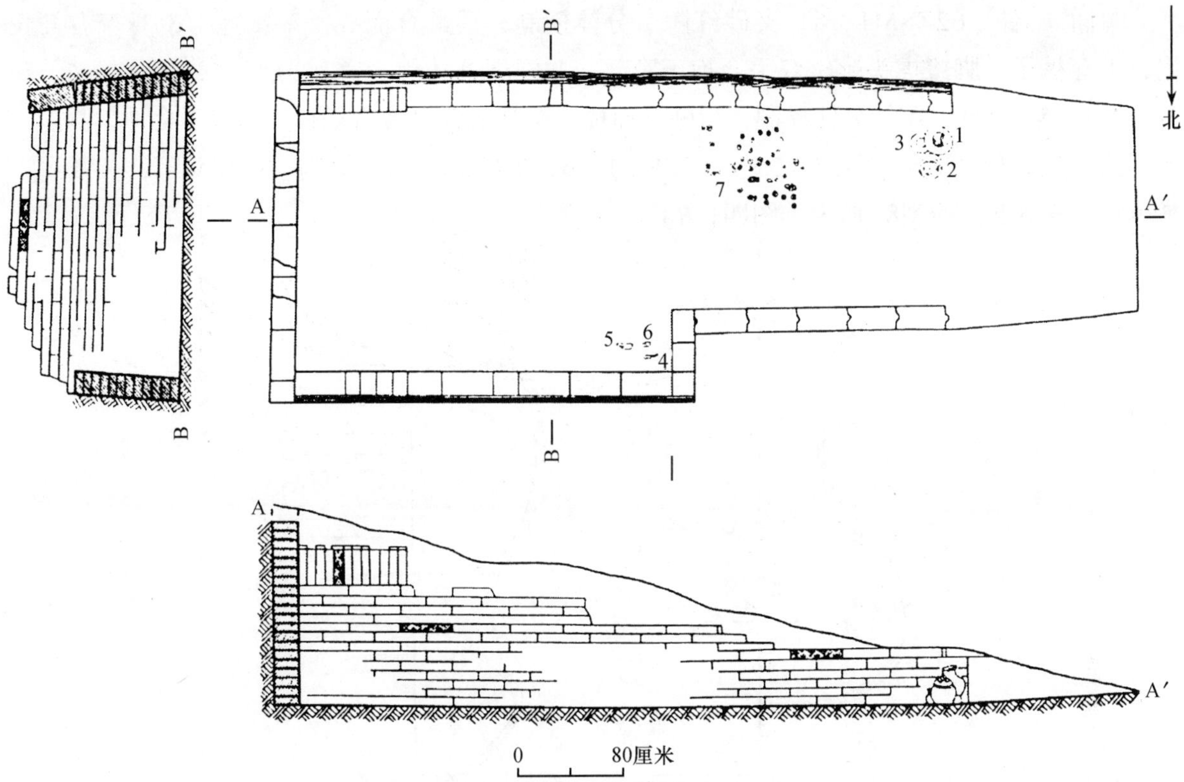

图三 02ZSM1平、剖面图

1. 带盖陶壶 2. 带盖陶仓 3. 陶罐 4～6. 陶俑 7. 铜钱

墓室为长方形，顶部残。长2.9～3.3、宽2.15～2.55、高1.4米。

墓内填土分两层。第1层为黄花土，土质疏松，内含有较多的碎砖块、姜石、瓦片、青瓷片等，主要堆积于墓室东部。第2层为灰花土，夹杂有黄土块，质地紧密，土质较硬，稍黏，内含有少量姜石。

墓内随葬品有6件，另有铜钱近200枚，放置在甬道及墓室中。

2. 随葬品

带盖陶壶 1件。02ZSM1：1，夹砂红陶，外施青黄色釉。轮制，圈足与器身分制。盘口，方唇，高弧颈，扁鼓腹，圈足，上有博山炉盖。器表饰数周凹弦纹。上腹饰两个对称铺首，耸三角目，高鼻衔环。盖高6.8、口径16厘米，器身口径16.4、器身高35.6、腹径24.8、底径20.4厘米（图四，1；彩版一〇五，3）。

带盖陶仓 1件。02ZSM1：2，器盖为夹砂红陶，器身为夹砂灰陶，外均施青黄釉。轮制。子母口，折沿，尖圆唇，鼓腹，平底，上有博山炉盖。器表饰数周凹弦纹。外壁留有轮制旋痕。盖高8.8、口径13.6、器身口径12、腹径21.2、底径14、器身高17.2厘米（图四，3；彩版一〇五，1）。

陶罐 1件。02ZSM1：3，夹砂灰陶。轮制。微侈口，尖圆唇，短束颈，溜圆肩，鼓腹，平底。器表饰凹弦纹两周，外壁留有旋痕。口径10.5、腹径18、底径8、高12.4厘米（图四，4；彩版一〇五，2）。

陶俑　3件。02ZSM1：4，夹砂红陶。分体模制，后贴合而成。头戴冠，上身着右衽长袍，下穿裤子，脚蹬虎头靴，双手合抱于腹部，左配环首长剑。通高20.4厘米（图四，5）。02ZSM1：5，夹砂红陶。分体模制，后贴合而成。头戴冠，身着右衽长袍，双手合抱于胸前，下部残。残高18.8厘米（图四，2）。02ZSM1：6，夹细砂红陶。模制。仅存头部，头戴冠，高鼻，颧骨隆起。残高8.8厘米（图四，6）。

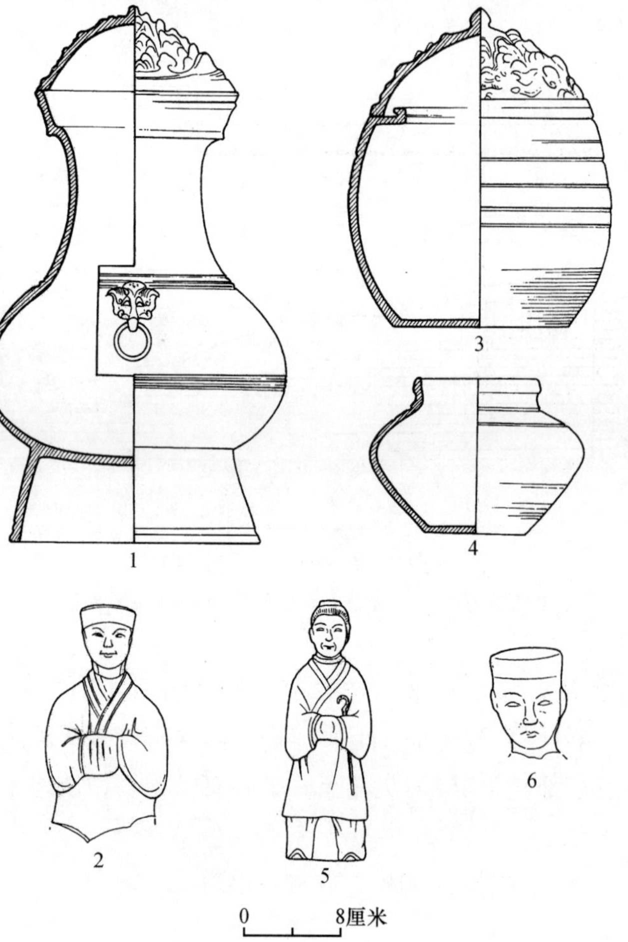

图四　02ZSM1出土陶器

1. 带盖壶（02ZSM1：1）　2、5、6. 俑（02ZSM1：5、02ZSM1：4、02ZSM1：6）　3. 带盖仓（02ZSM1：2）　4. 罐（02ZSM1：3）

二、02ZSM2形制与随葬品

1. 位置与形制

02ZSM2位于T03南部，北邻02ZSM1。方向150°。

02ZSM2由于被盗扰严重，仅残存长方形墓室，顶部残，墓壁以花纹方砖砌成，砖的规格为45厘米×20厘米×10厘米。墓室残长3.2～3.4、宽2.74、高0.94米（图五）。

墓内填土为黄花土，结构紧密，质地较硬，呈颗粒状，内含有姜石。

由于遭盗扰，随葬品仅见瓷碗1件。

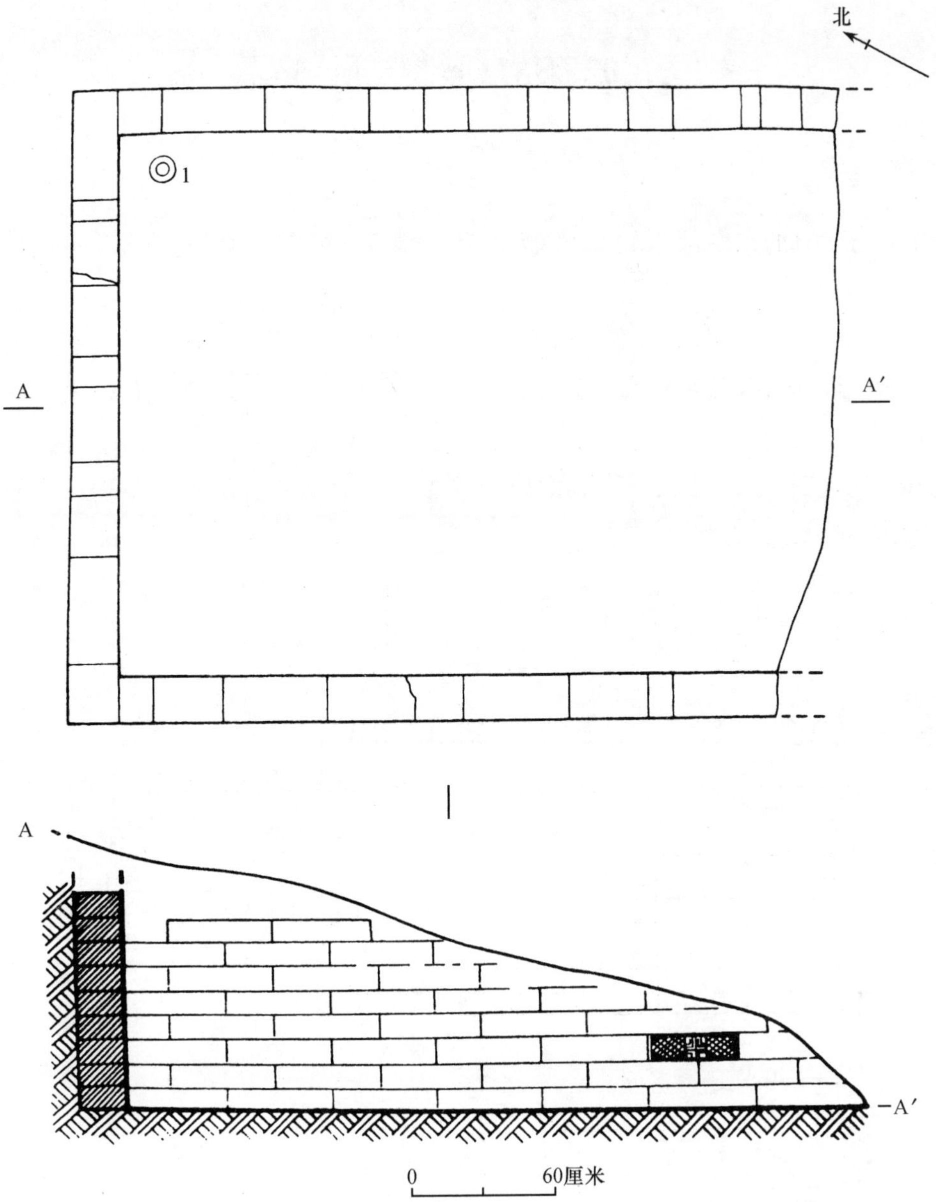

图五　02ZSM2平、剖面图
1. 瓷碗

2. 随葬品

瓷碗　1件。02ZSM2：1，青釉瓷。轮制。敞口，尖圆唇，弧腹微曲，薄圆饼形圈足。唇下饰凹弦纹一周。口径18.4、底径9.6、高5.6厘米（图六，1；彩版一〇五，4）。

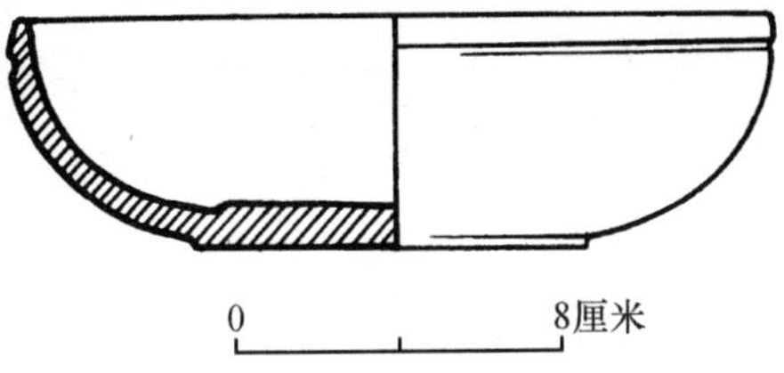

图六　02ZSM2出土瓷碗（M2：1）

三、02ZSM3形制与随葬品

1. 位置与形制

02ZSM3位于T01的东南部。02ZSM3为“凸”字形砖室墓，全长8.9米，方向210°。由墓道、甬道、墓室三部分组成（图七）。

墓道呈斜坡状，平面呈前窄后宽的梯形，由于造田被破坏。残长1.2、宽1.5～1.8米。

甬道呈长方形，由花纹砖垒砌而成，素面薄形砖铺地，门口并有封门砖。长2.5、宽1.85、残高0.05～0.3米。

墓室平面呈长方形，由花纹砖垒砌而成，并由花纹砖铺地。由于遭盗扰，顶部被破坏无存。长5.2、宽2.8、残高1.1米。

墓内填土为浅黄色花土，包含有青瓷残片、陶片等。

由于遭盗扰，随葬品仅存7件。

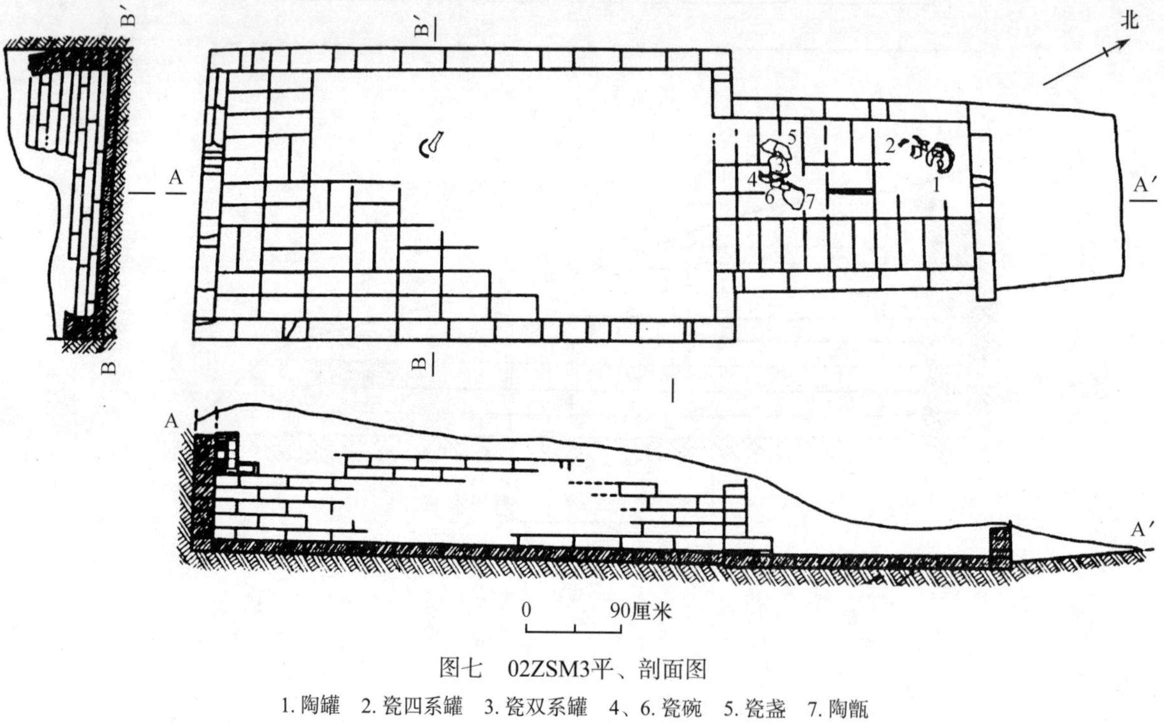

图七　02ZSM3平、剖面图

1. 陶罐　2. 瓷四系罐　3. 瓷双系罐　4、6. 瓷碗　5. 瓷盏　7. 陶甑

2. 随葬品

陶罐　1件。02ZSM3：1，夹砂灰陶。轮制。侈口，宽斜折沿，方唇，鼓腹，平底。器表饰凹弦纹数周，内外壁均留有旋痕。口径22、底径12.8、高18厘米（图八，3；彩版一〇六，1）。

瓷四系罐　1件。02ZSM3：2，灰白胎，青黄釉，部分釉面脱落。敛口，直沿，平唇，溜肩，鼓腹，平底。肩附桥形四系。素面。口径13.6、底径13.6、高24厘米（图八，1；彩版一〇六，2）。

瓷双系罐　1件。02ZSM3：3，酱褐色胎，青黄釉。轮制。敛口，矮直领，折沿，尖圆唇，溜肩，鼓腹，平底。肩附桥形双系。口径10、底径8.8、高18厘米（图八，2；彩版一〇六，3）。

瓷碗　2件。02ZSM3：4，青釉瓷。轮制。敞口，尖圆唇，内弧腹，平底，圆饼状圈足。唇下饰凹弦纹一周，器底留有一周支钉。口径17、底径10.4、高5.6厘米（图八，6）。02ZSM3：6，青白釉，轮制。敞口，尖唇，浅斜腹，小平底，矮圈足。素面。口径16、底径5.6、高4.4厘米（图八，5；彩版一〇六，4）。

瓷盏　1件。02ZSM3：5，青釉瓷。轮制。敛口，尖圆唇，微曲腹，平底，饼状圈足。素

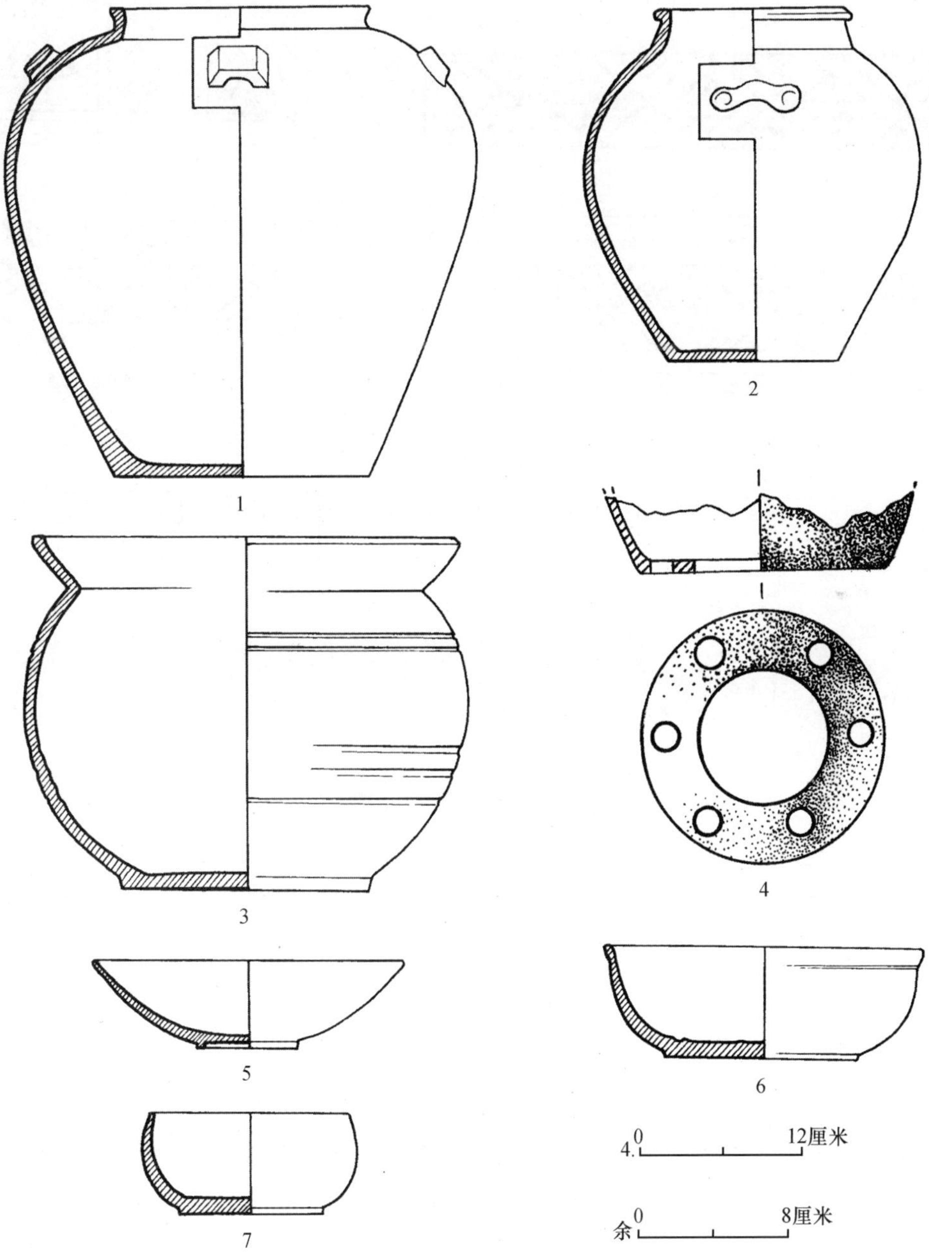

图八　02ZSM3出土器物

1. 瓷四系罐（02ZSM3：2）　2. 瓷双系罐（02ZSM3：3）　3. 陶罐（02ZSM3：1）　4. 陶甑（02ZSM3：7）
5、6. 瓷碗（02ZSM3：6、02ZSM3：4）　7. 瓷盏（02ZSM3：5）

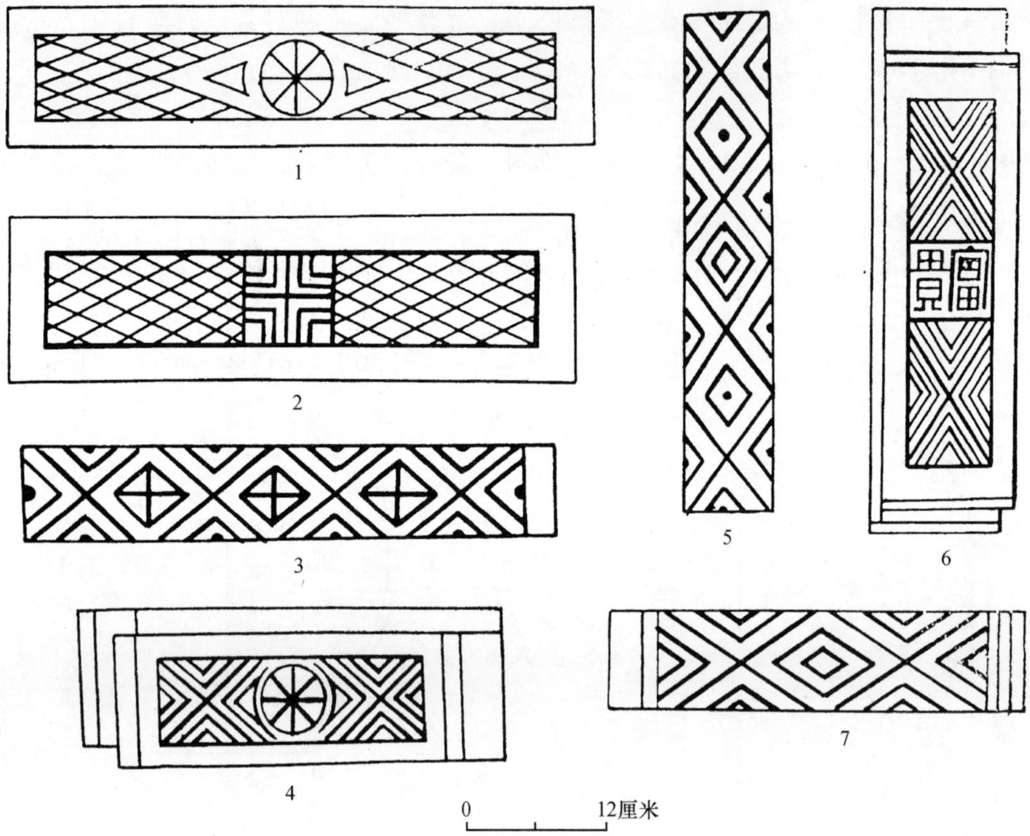

图九　墓砖纹饰

1、2、6. 02ZSM3　3、5、7. 02ZSM1　4. 02ZSM2

面。口径10.4、底径7.2、高5.2厘米（图八，7；彩版一〇六，4）。

甑　1件。02ZSM3：7，泥质黑灰陶。轮制。残存平底，底部有6个箅孔。素面。底径18.4、残高5.6厘米（图八，4）。

四、结　　语

02ZSM1中的随葬品02ZSM1：1釉陶壶和忠县土地岩的ZTBM3：15釉陶锺形制相近，同时和巫山江东嘴墓群的M3：5釉陶壶①，以及万州安全墓地的M26：7釉陶壶形制相近②。02ZSM1：2陶仓与忠县土地岩ZTBM19：10陶仓形制相近。此外，02ZSM1中的陶侍俑02ZSM1：4、02ZSM1：5和忠县土地岩的ZTBM1：10陶俑形制相似③。02ZSM1中出土的几十枚“大泉五十”，也指出了02ZSM1的时代应在新莽时期以后。忠县土地岩ZTBM3的年代为东汉前期，万州安全墓地M26的时代为王莽时期至东汉初期。巫山江东嘴墓群M3的年代东汉，

① 重庆市文化局、中国文物研究所、吉林大学考古系、巫山县文管所：《巫山江东嘴墓群发掘报告》，《重庆库区考古报告集·1998卷》，科学出版社，2003年。

② 重庆市文化局、陕西省考古研究所：《万州安全墓地发掘报告》，《重庆库区考古报告集·1998卷》，科学出版社，2003年。

③ 重庆市文物局、重庆市移民局：《忠县仙人洞与土地岩墓地》，科学出版社，2008年。

忠县土地岩ZTBM19、ZTBM1的年代为东汉后期。故02ZSM1可能为东汉时期的墓葬。

02ZSM2中“”形和“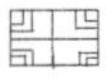”图案和丰都汇南墓群M27的花纹砖的图案相近[①]。02ZSM2：1大圆饼底瓷碗和丰都汇南墓群M14：1瓷碗[②]以及土地岩ZTBM6：9瓷碗形态相近[③]。丰都汇南墓群M14：1和土地岩ZTAM6：9的时代均为两晋时期，丰都汇南墓群M27的时代为蜀汉时期。据此推断02ZSM2的时代应为魏晋时期。

02ZSM3中的随葬品02ZSM3：2青瓷四系罐和忠县土地岩ZTBM16：1瓷四系罐[④]及丰都汇南墓群M20：1四系罐形制相似[⑤]。02ZSM3：4青瓷碗和丰都汇南墓群M14：1瓷碗形态相近[⑥]。02ZSM3：5青瓷碗和丰都汇南墓群M20：13瓷碗形态相近[⑦]。忠县土地岩ZTBM16和丰都汇南墓群M20、M14的时代均为两晋时期。据此推断石宝墓群的02ZSM3的时代也应为两晋时期。

虽然本次发掘的这批墓葬数量较少，规模较小，被盗扰破坏的较严重，出土的随葬品数量也较少，但是该批墓葬发掘为研究重庆地区东汉到两晋时期的墓葬形制提供了新的资料。本次发掘也为研究中原地区和巴蜀地区的文化交流提供了资料。02ZSM3中出土的瓷四系罐、双系罐都具备典型的魏晋时期中原器物的特色，说明在这时期中原文化对这一地区有较大的影响力。

绘图：张清池　寇小石

执笔：李　锋

① 四川省文物考古研究所、丰都县文管所：《丰都汇南墓群发掘报告》，《重庆库区考古报告集·1998卷》，科学出版社，2003年。

② 四川省文物考古研究所、丰都县文管所：《丰都汇南墓群发掘报告》，《重庆库区考古报告集·1998卷》，科学出版社，2003年。

③ 重庆市文物局、重庆市移民局：《忠县仙人洞与土地岩墓地》，科学出版社，2008年。

④ 重庆市文物局、重庆市移民局：《忠县仙人洞与土地岩墓地》，科学出版社，2008年。

⑤ 四川省文物考古研究所、丰都县文管所：《丰都汇南墓群发掘报告》，《重庆库区考古报告集·1998卷》，科学出版社，2003年。

⑥ 四川省文物考古研究所、丰都县文管所：《丰都汇南墓群发掘报告》，《重庆库区考古报告集·1998卷》，科学出版社，2003年。

⑦ 四川省文物考古研究所、丰都县文管所：《丰都汇南墓群发掘报告》，《重庆库区考古报告集·1998卷》，科学出版社，2003年。

忠县龙滩遗址2002年度发掘简报

重庆市文化遗产研究院
郑州大学历史学院
忠县文物管理所

受重庆市文化局三峡办的委托，重庆市文物考古所（今重庆市文化遗产研究院）与郑州大学历史学院于2002年下半年在忠县石宝镇万松七社龙滩进行抢救性发掘。龙滩遗址位于忠县石宝镇万松七社龙滩大桥北约500米处的架子山西侧高台地上（图一）。东经108°7′2″，北纬30°25′40″，海拔135～145米。北、南、西三面环溪，且紧临长江，地理位置优越，总面积1万余平方米。

本次发掘单位是重庆市文物考古所、郑州大学历史学院，协作单位是忠县文物管理所。本次发掘共布设5米×5米探方8个，其中02ZSLT05～02ZSLT08因工作需要分别进行了扩方，实际发掘总面积为235平方米。由于受地形限制，8个探方分别布设在A、B两区（图二）。A区

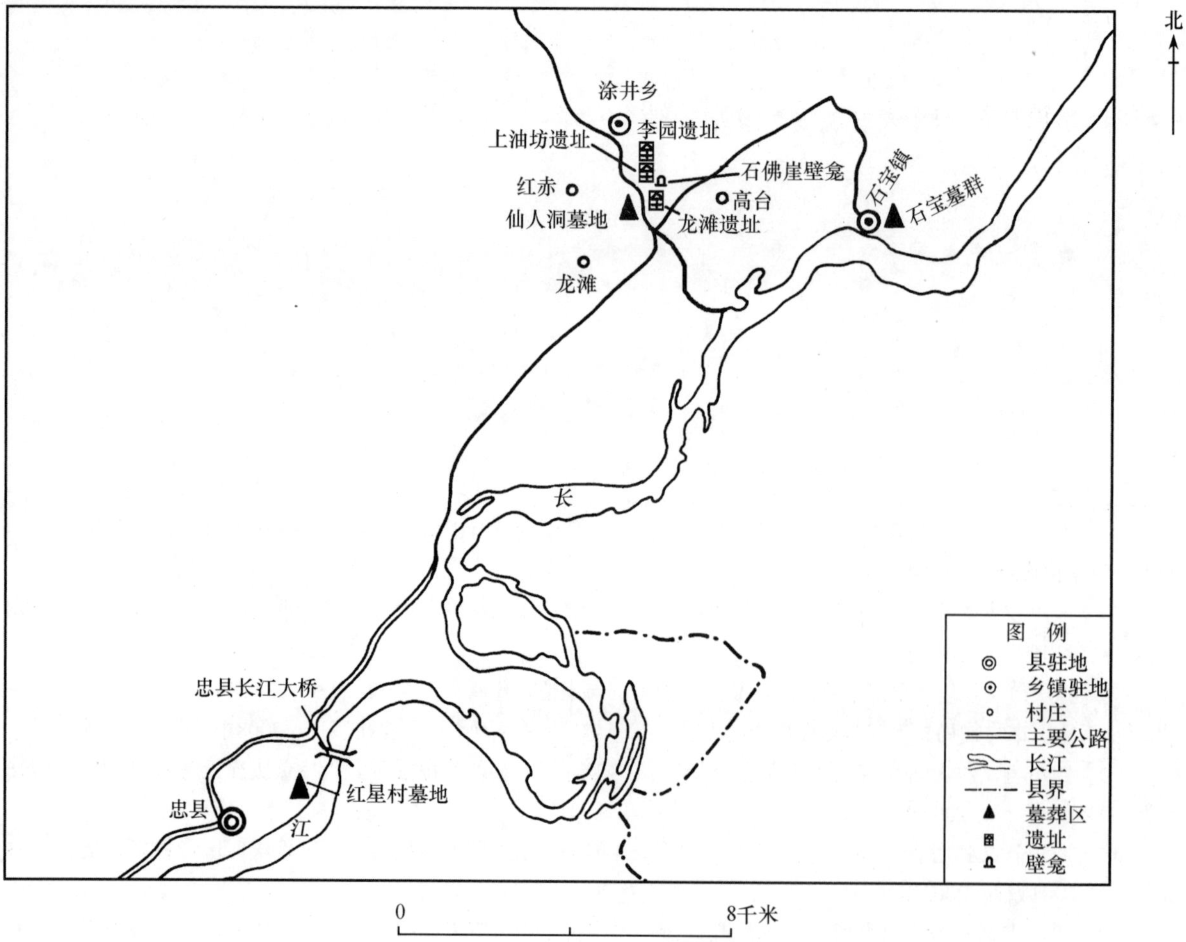

图一　龙滩遗址位置示意图

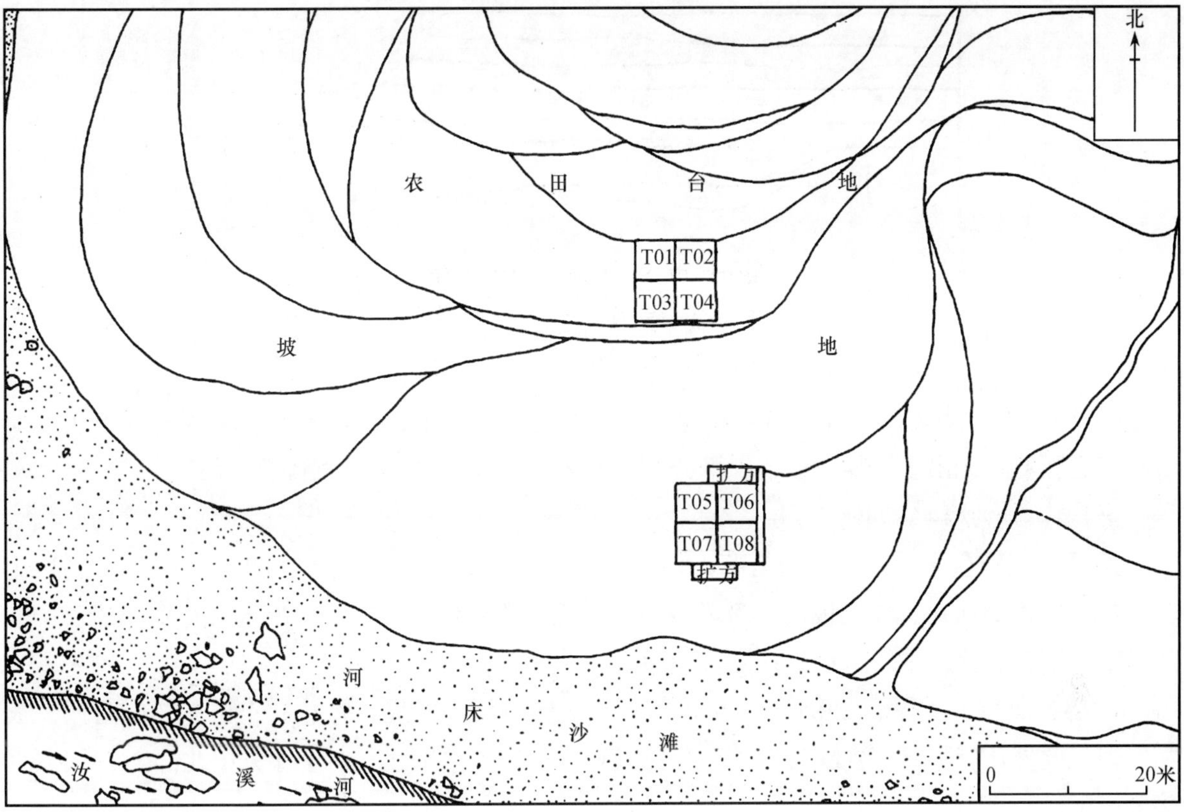

图二　布方位置示意图

4个探方布设在河床一级台地上，分别编号为02ZSLT01～02ZSLT04；B区4个探方编号依次为02ZSLT05～02ZSLT08，我们对这8个探方进行了发掘以全面了解该考古学文化遗存的面貌与内涵。A区探方的地层堆积呈北高南低之势向河床倾斜，B区探方地层堆积深浅不一，发现遗迹有灰坑、房址和窑址三类，遗物有瓷器、陶器残片、少量铜钱和残铁锅等。下面将2002年度工作简报于下（以下省略02ZSL）。

一、地层堆积

A区探方地层堆积厚40～170厘米，共划分出6个堆积层次；B区探方地层堆积共划分为4个层次。下面分别以T04东壁剖面，T07北壁剖面为例来介绍遗址的地层堆积情况。

1. T04 东壁剖面

T04东壁剖面如图三所示。

第1层：现代耕作层。浅灰色土，厚0～20厘米。中北部质细且黏，结构紧密；探方南部呈颗粒状结构，土质疏松。包含有草木灰颗粒、草植物根茎，出土有塑料布、瓦片、瓷碗残片等。本层全方分布，探方中北部（稻田部分）平面近平，探方南部（坡地部分）微呈坡状。

第2层：浅灰色土略泛黄。厚13～18厘米。结构紧密，质地较硬。出土物有素面瓦片、素面瓷碗残片。本层水平分布于探方中北部。第2层直接叠压第3层。

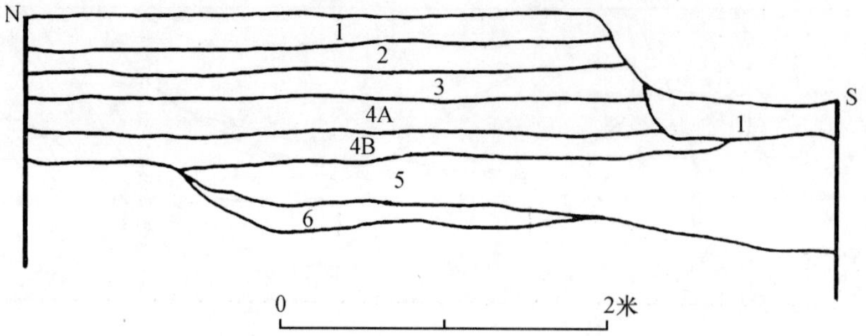

图三 T04东壁剖面图

第3层：为自然淤积层。厚15～20厘米。浅黄色土。质细，结构紧密。包含有草木灰及少量红烧土颗粒。无出土遗物。该层水平分布于探方中北部。第3层下直接叠压第4层。

第4层：分为第4A和4B二亚层。

4A层：浅灰色土。厚15～20厘米。结构紧密，质地较硬。包含有红烧土颗粒，出土遗物比较丰富，以素面板瓦、绳纹板瓦、筒瓦居多，陶罐、瓷罐残片次之，另出土青花瓷残片及“乾隆通宝”铜钱一枚。本层呈水平状分布于探方中北部。

4B层：灰色土。厚0～20厘米。结构较疏松，含有较多红烧土颗粒。出土遗物以筒瓦、板瓦居多，此外还有陶罐、瓷罐残片及青花瓷残片。该层呈水平状分布于探方中北部。4B层下直接叠压第5层。

第5层：碎石堆积层。厚0～70厘米。为人为打碎砂岩岩层堆垫平整而成。出土物仅见板瓦、筒瓦及陶盆、罐残片。本层堆积略呈坡状分布于探方中南部。第5层下直接叠压第6层。

第6层：灰色土。厚0～20厘米。结构紧密，质地较硬。含有较多红烧土颗粒，出土有板瓦、筒瓦及少量陶罐、盆残片，另出土有陶网坠一件。该层略呈坡状分布于探方中部。

第6层下为生土。

2. T07 北壁剖面

T07北壁剖面如图四所示。

第1层：现代耕作层。浅灰色土。厚20～25厘米。质地松软，比较黏。包含有较多草木灰、少量红烧土颗粒和草植物根系。出土有素面板瓦、青花瓷片等物。该层呈斜坡状分布于整个探方。第1层下直接叠压第2层和第3层。

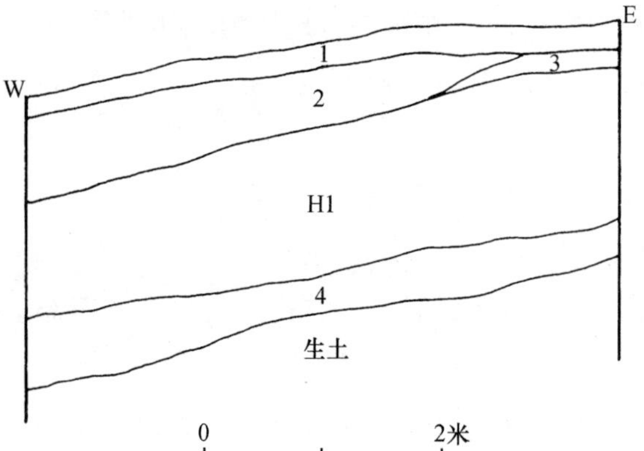

图四 T07北壁剖面图

第2层：黄色砂土。厚0～70厘米。质地松软，内含有较多细砂。无出土遗物。该层呈斜坡状分布，主要分布于探方西部和中部。第2层下直接叠压第3层和H1。

第3层：红褐色土。厚0～18厘米。结构紧密，质地较硬。内含有较多红烧土块、炭粒、草木灰颗粒。出土有筒瓦、板瓦及少量陶罐残片。

该层呈斜坡状分布于探方中部和北部。第3层下直接叠压H1。

第4层：红褐色土。厚30~60厘米。结构紧密，质地稍硬。内含较多红烧土块、炭粒、砂石粒等。出土物包括筒瓦、板瓦残片，另有部分陶罐、盆、瓮等器物残片。该层全方分布。第4层下为生土层。

根据地层关系和出土物组合与特征，可将本次发现的遗存分为两期：第一期以T04第6层和T07H1为代表，出土器物组合为盆、钵、瓮、尖底杯、云纹瓦当等；第二期以T04第4层代表，出土器物组合为青瓷罐、青花瓷残片等。

二、第一期遗存

（一）遗迹

本期遗迹有房址1座[①]（彩版一〇七，1）、灰坑2个、窑址4座。

H1 位于B区西南部，共跨T05、T07、T08三个探方，东邻Y3。H1开口于第3层下，打破第4层和生土层，叠压Y4。H1平面呈不规则形，内弧壁，微圜底（图五）。坑口长8.1、宽7.15、深1.4米。坑内填土为深灰色，质地松软，内含有较多草木灰颗粒、少量烧土块、炭粒、石块。出土有筒瓦、板瓦以及陶罐、瓮残片。陶质以夹砂为主、泥质次之；陶色多见灰陶，少量红陶；纹饰以中粗绳纹为主，少量细绳纹和素面陶。

H2 位于T06南部，东侧紧靠Y2，西侧距Y1火膛85厘米。H2开口于第4层下，向下打破生土层。H2平面呈不规则形，弧壁内收，圜底，周壁加工规整（图六）。坑口长1.5、宽0.6、深0.3米。坑内填土为浅灰色，结构致密，质地较硬，含有较多红烧土颗粒和少量草木灰，仅出土少量板瓦残片。因H2紧靠Y1火膛，故推测该坑可能与烧窑加柴有关。

Y1 位于T06西部，东侧为H2和Y2。Y1开口于第4层下，打破生土层，方向10°，与其他遗迹无叠压打破关系。Y1平面似鼓槌，残长5.74米，面积近4平方米（图七；彩版一〇七，2）。共分为三个部分。

火膛：平面呈椭圆形，长1.6、宽1.05、深0.8米。

火道：呈长条形，长1.56、宽0.5~0.6、深0.56~0.88米。

窑室：呈长条形，残长2.58、宽0.45~0.5、深0.36~0.6米。

窑壁红烧土厚10~20厘米，窑内填土为浅灰色，结构致密，质地稍硬，仅出土少量陶罐、瓮残片。

Y3 位于T08东北部，部分进入T06。该窑西侧为Y4。Y3开口于第3层下，向下打破第4层，北侧窑室部分被Y2火膛打破，平面形似一鼓槌，残长5.6米，方向3°（图八；彩版一〇七，3）。共分为三个部分。

火膛：平面近似椭圆形，弧壁内收，圜底微平。长2.2、宽0.9、深0.82米。

火道：呈长条形，东西两壁近直。长1.4、宽0.5~0.6、深0.3~1米。

---

① 房址资料已于上油坊遗址发掘报告中发表。详见广州市文物考古研究所等：《忠县上油坊遗址发掘报告》，《南方民族考古》（第十五辑），科学出版社，2016年。

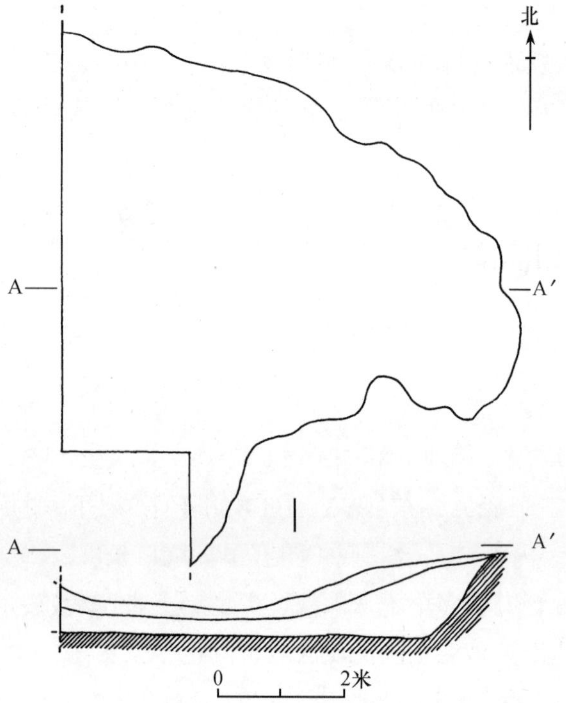

图五 H1平、剖面图

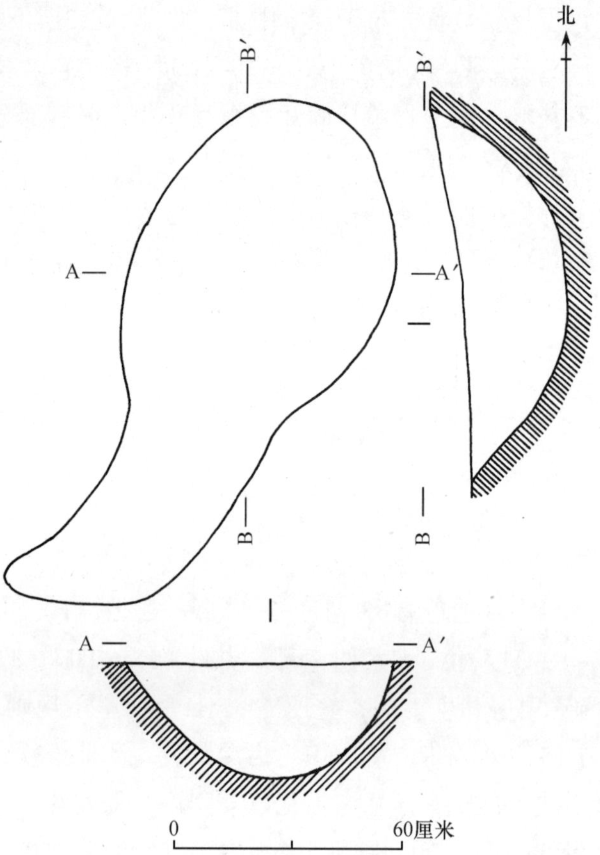

图六 H2平、剖面图

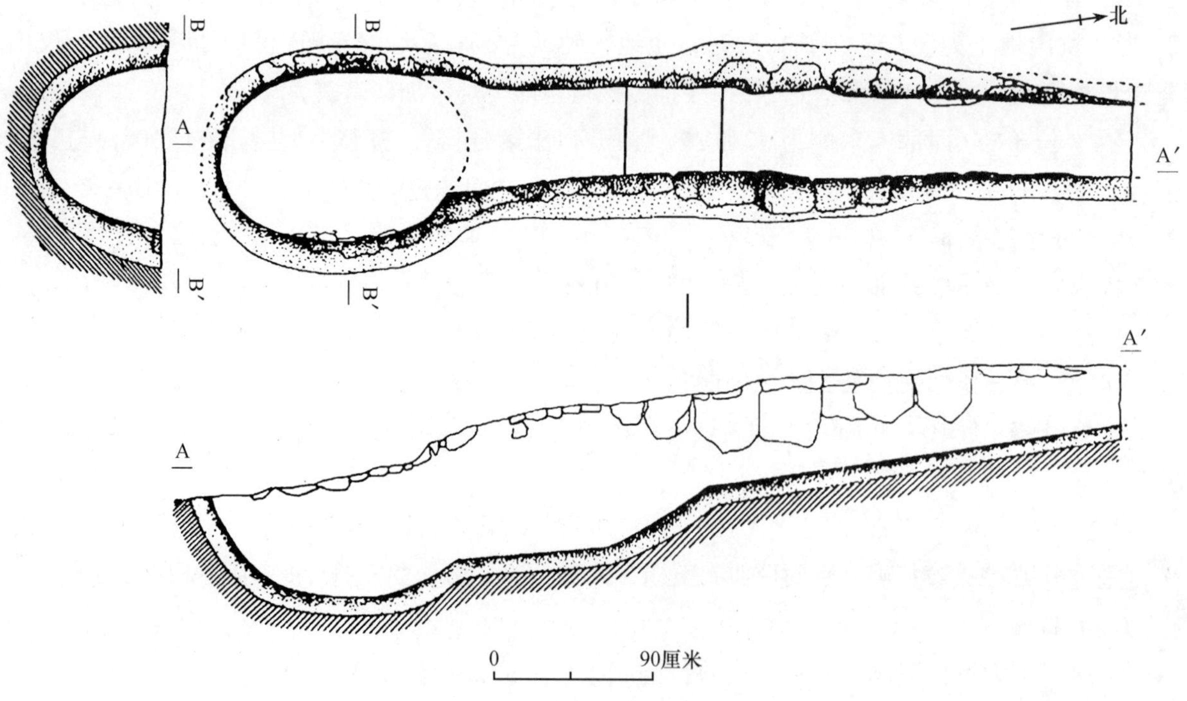

图七 Y1平、剖面图

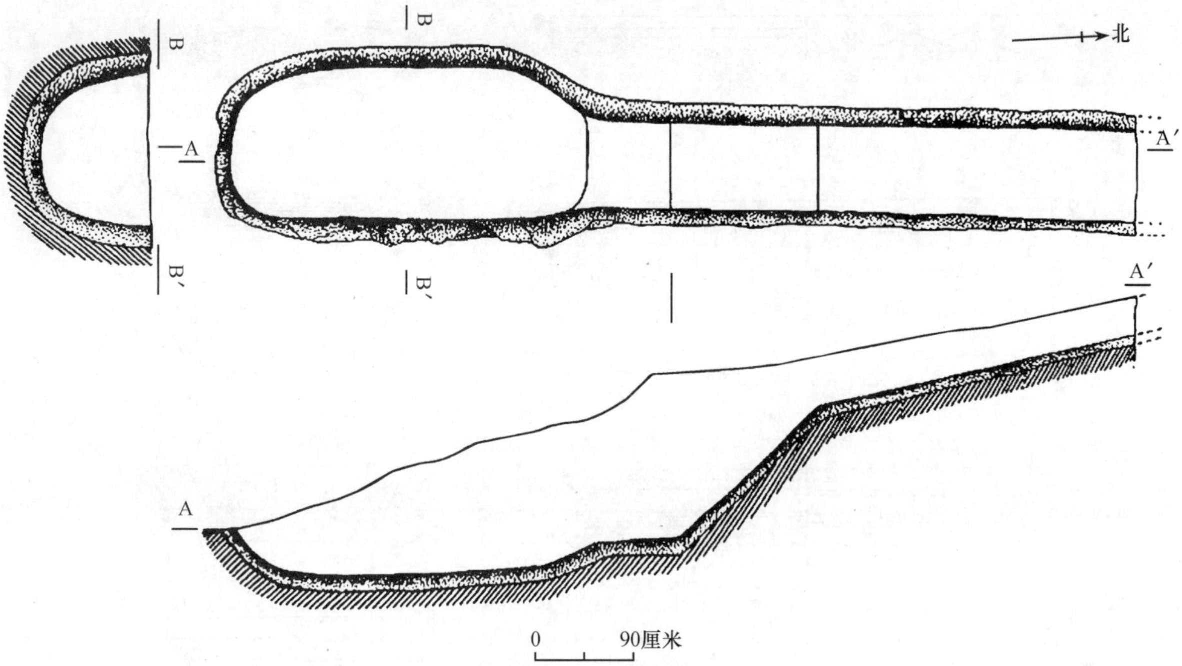

图八　Y3平、剖面图

窑室：呈长条形，东西两壁近直。残长2、宽0.5～0.55、深0.22～0.3米。

此外，火膛、火道、窑室内均有烧结面，厚4～10厘米。

窑内填土为浅灰色，结构致密，质地稍硬，无出土遗物。

（二）遗物

1. H1 出土器物

陶盆　6件。

H1：1，夹细砂灰陶。轮制。敞口，折沿下奁，尖圆唇。腹残。素面。口径36.5、残高3.6厘米（图九，1）。H1：2，夹细砂青灰陶，轮制。敞口，折沿，尖圆唇，弧腹内收。腹以下残。器表饰凸弦纹一周，内壁饰凹弦纹一周，外壁留有旋痕。口径37、残高9.2厘米（图九，2）。H1：3，夹细砂青灰陶。轮制。敞口，折沿下奁，方唇，弧腹内收。下腹残。器表饰凹弦纹数周，器内饰凹弦纹两周。口径36、残高7.2厘米（图九，3）。H1：4，夹细砂灰陶。轮制。敞口，折沿下奁，沿面较宽，斜方唇，弧腹内收。下腹残。器内外壁均饰凹弦纹两周。口径36、残高7.6厘米（图九，4）。H1：5，夹细砂灰陶。轮制。侈口，卷沿，方唇，唇面有一周凹槽，弧腹内收，下腹残。器内外壁均有凹弦纹两周。口径37、残高5.2厘米（图九，5）。H1：6，夹细砂灰褐陶。轮制。侈口，卷沿，方唇，微鼓腹。下腹残。外壁饰凸弦纹一周，内壁饰凹弦纹一周，器表留有旋痕。口径44、残高8.8厘米（图九，6）。

平底陶盏　2件。H1：7，夹细砂青灰陶。轮制。上部残，微折腹，平底。素面。底径8、残高4厘米（图九，7）。H1：8，夹细砂灰陶。轮制。上部残，微鼓腹，小平底。素面，内外壁均留有旋痕。底径5.6、残高2.8厘米（图九，8）。

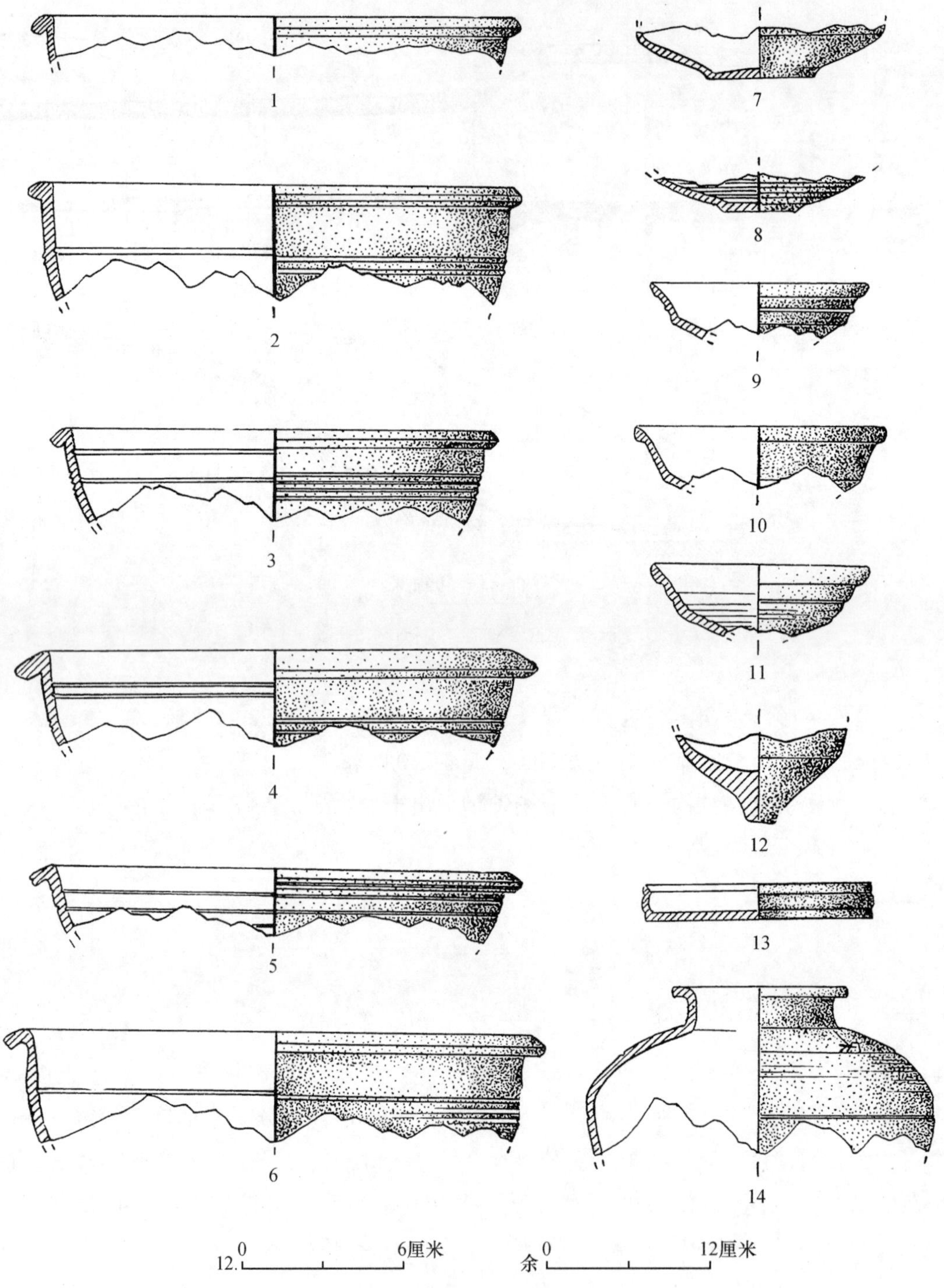

图九　H1出土陶器

1～6. 盆（H1：1、H1：2、H1：3、H1：4、H1：5、H1：6）　7、8. 平底盏（H1：7、H1：8）　9～11. 钵（H1：9、H1：10、H1：23）　12. 尖底杯（H1：13）　13. 盘（H1：14）　14. 瓮（H1：15）

壁均留有旋痕。底径5.6、残高2.8厘米（图九，8）。

陶钵　3件。H1：9，夹细砂黑灰陶。轮制。侈口，尖圆唇，折腹，底残。器表饰凹槽两周。口径17.6、残高4.4厘米（图九，9）。H1：10，夹细砂灰陶。轮制。侈口，尖圆唇，折腹。底残。素面。口径20、残高4.8厘米（图九，10）。H1：23，夹细砂灰陶。轮制。侈口，尖圆唇，微折腹。底残。器表饰凹弦纹一周，内外壁均留有旋痕。口径17.6、残高5.6厘米（图九，11）。

陶尖底杯　1件。H1∶13，夹细砂灰褐陶。轮制。残存尖底部分，壁、底转折处凸棱不明显。素面。残高3.6厘米（图九，12）。

陶盘　1件。H1∶14，夹细砂青灰陶。轮制。直口，尖圆唇，腹微鼓，平底。口径18.4、底径18.4、高5厘米（图九，13）。

陶瓮　2件。H1∶15，夹细砂灰陶。轮制。侈口，卷沿，沿面较平，方唇，束颈，溜肩，曲腹。下腹残。器表饰凹弦纹两周，肩部刻划有横向“乐”字。口径14.4、残高13.2厘米（图九，14）。H1∶22，夹细砂黑灰陶。轮制。仅存肩部残片，溜肩，肩上刻划一“大”字。残长7.2厘米（图一〇，9；图一一，1）。

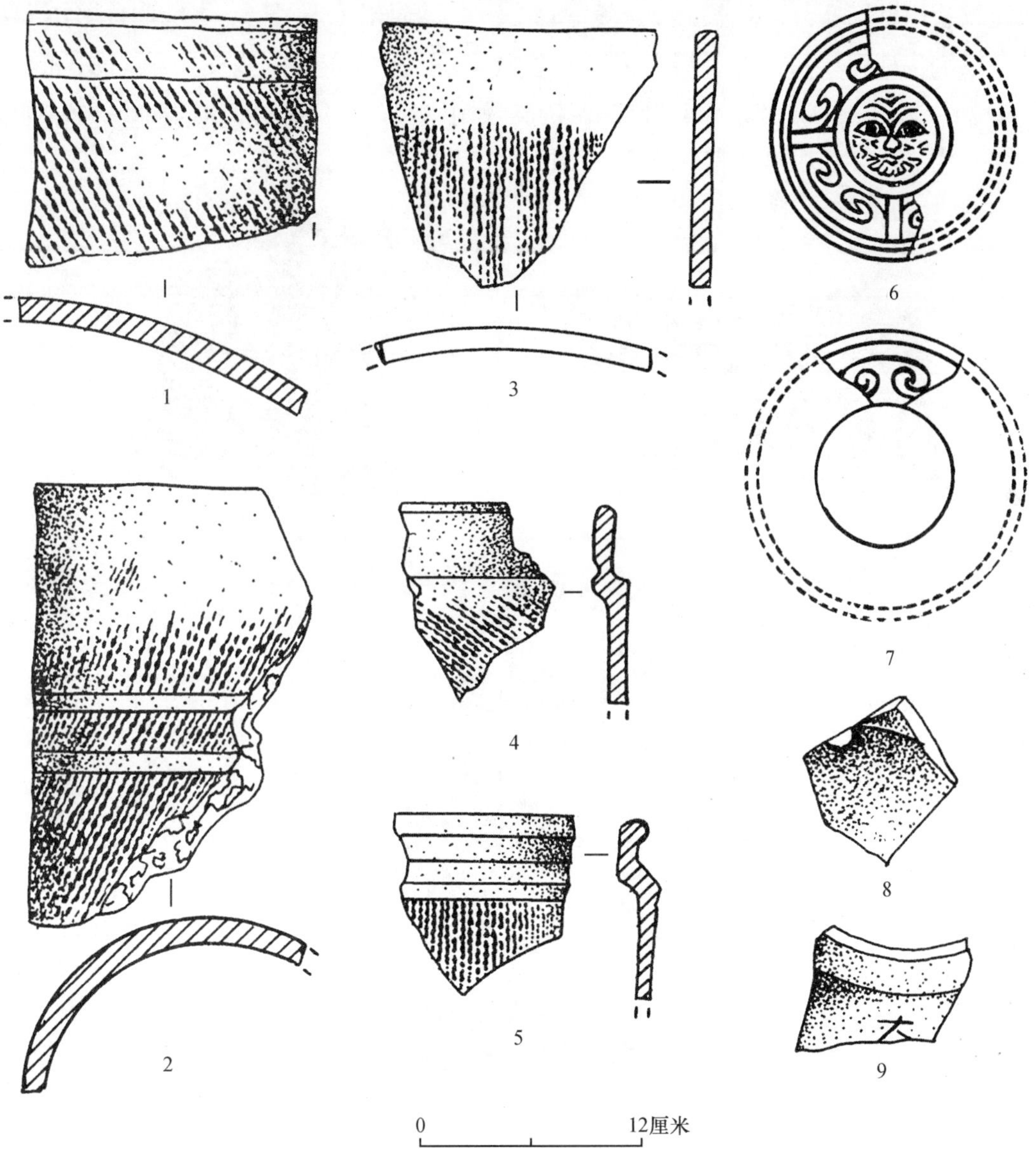

图一〇　H1出土陶器

1、3. 板瓦（H1∶17、H1∶18）　2、4、5. 筒瓦（H1∶19、H1∶20、H1∶21）　6、7. 瓦当（H1∶11、H1∶12）　8. 甑箅（H1∶16）　9. 瓮残片（H1∶22）

陶甑箅 1件。H1：16，夹细砂灰陶。轮制加手制。残存平底，底部有一孔。素面。残长8.8、残宽8厘米（图一〇，8）。

瓦当 2件。H1：11，夹细砂黑灰陶。模制。圆形，中间为兽面，周边饰云纹。直径13.6、残长9.2厘米（图一〇，6；图一一，3）。H1：12，夹细砂灰陶。模制。拱背，仅存云纹残片。直径16、残长4.4厘米（图一〇，7）。

板瓦 2件。H1：17，夹细砂黄灰陶。模制。长条形，剖面呈拱形，一端平齐，一端残。器表饰粗绳纹，内壁饰布纹。残长13.6、宽16、厚1.2厘米（图一〇，1）。H1：18，夹砂灰陶，模制。残存部分呈三角形，剖面呈弧形，一端平齐，一端残。残长13.6、残宽15.2、厚1.2厘米（图一〇，3）。

筒瓦 3件。H1：19，夹细砂黄灰陶。模制。一端平齐，一端残，剖面呈拱形。器表饰弦断中粗绳纹，内壁饰布纹。残长23.2、残宽15.2、厚1.8厘米（图一〇，2）。H1：20，夹细砂黑灰陶。模制。残存子口部分，器表饰斜向粗绳纹，内壁饰布纹。残长10.4、残宽8.4、厚0.8厘米（图一〇，4）。H1：21，夹细砂黑灰陶。模制。残存子口部分，器表饰纵向粗绳纹，内壁饰布纹。残长9.6、残宽10、厚1.2厘米（图一〇，5）。

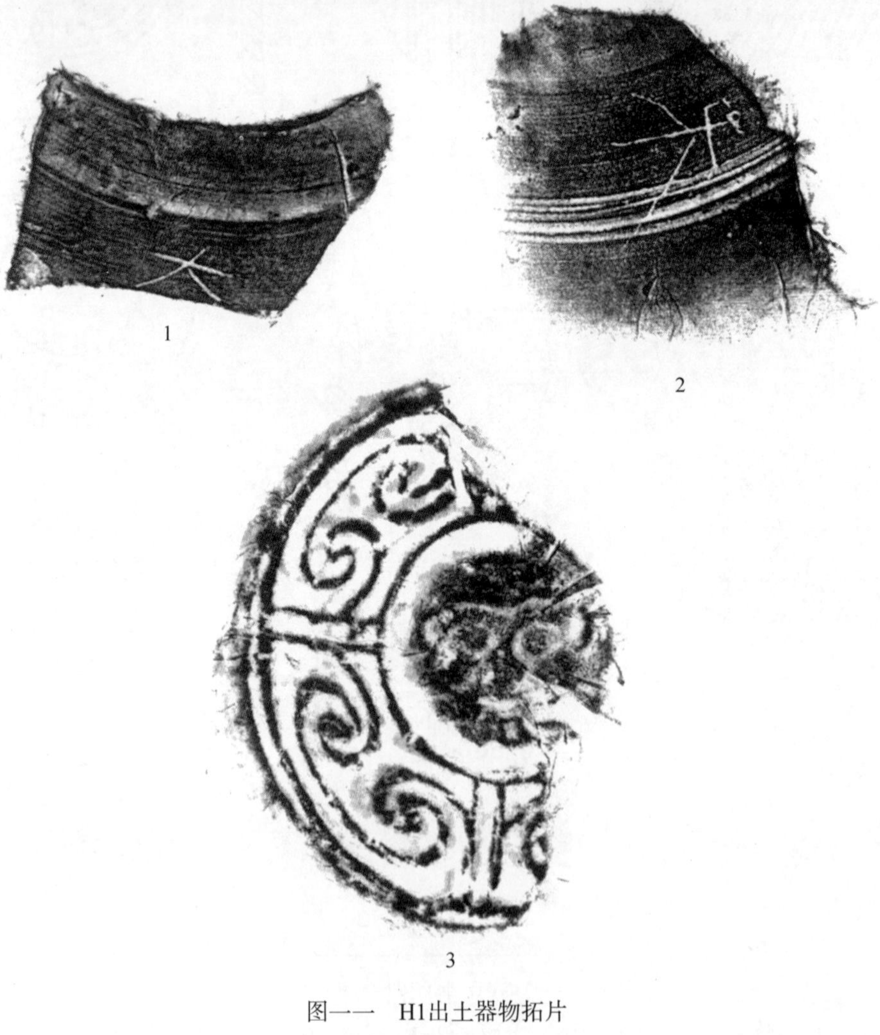

图一一 H1出土器物拓片

1. 瓮肩部刻划的“大”字（H1：22） 2. 瓮肩部刻划的横向“乐”字（H1：15） 3. 人面云纹瓦当（H1：11）

2. Y1 出土器物

陶盆　1件。Y1∶1，夹细砂灰陶。轮制。侈口，卷沿，尖圆唇，弧腹。下腹残。素面。口径30.4、残高3.8厘米（图一二，1）。

陶豆　1件。Y1∶2，夹细砂红陶。轮制。残存豆盘底部，尖圜底。素面。残高2.8厘米（图一二，2）。

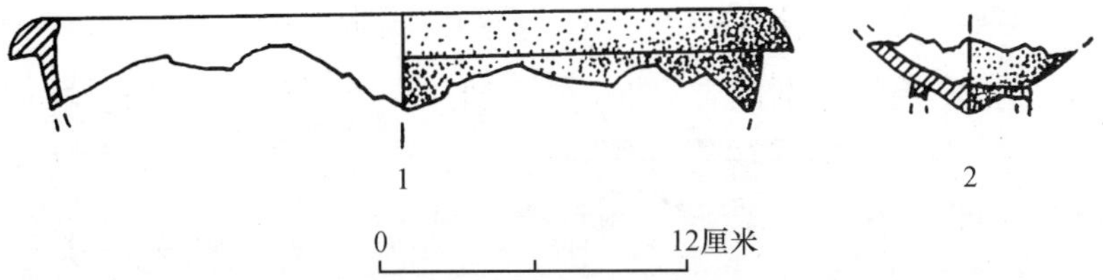

图一二　Y1出土陶器

1. 盆（Y1∶1）　2. 豆（Y1∶2）

3. T03 ⑤出土器物

陶平底器底　1件。T03⑤∶1，夹细砂灰陶。轮制。仅存平底。素面。底径28、残高4厘米（图一三，1）。

陶盆　1件。T03⑤∶2，夹细砂灰陶。轮制。侈口，折沿，沿面较平，圆唇，弧腹，下腹残。器表饰三周凹弦纹，外壁留有旋痕。口径42.4、残高10厘米（图一三，2）。

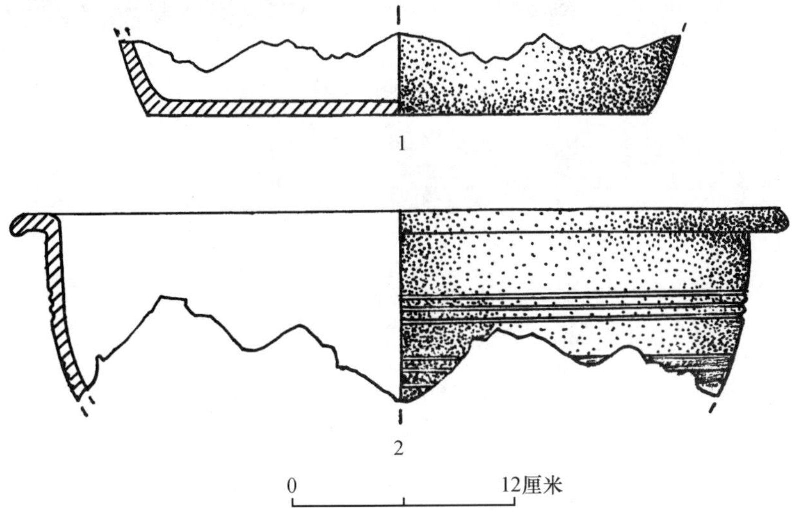

图一三　T03⑤出土陶器

1. 平底器底（T03⑤∶1）　2. 盆（T03⑤∶2）

4. T03 ⑥出土器物

陶盆　3件。T03⑥∶1，夹细砂灰陶。轮制。侈口，折沿，方唇，唇面有一周凹槽，弧腹。下腹残。器表饰凹弦纹两周。口径36、残高4厘米（图一四，1）。T03⑥∶2，夹细砂灰陶。轮制。侈口，折沿，沿面微下奓，斜方唇，弧腹。下腹残。素面。口径32.8、残高4厘米

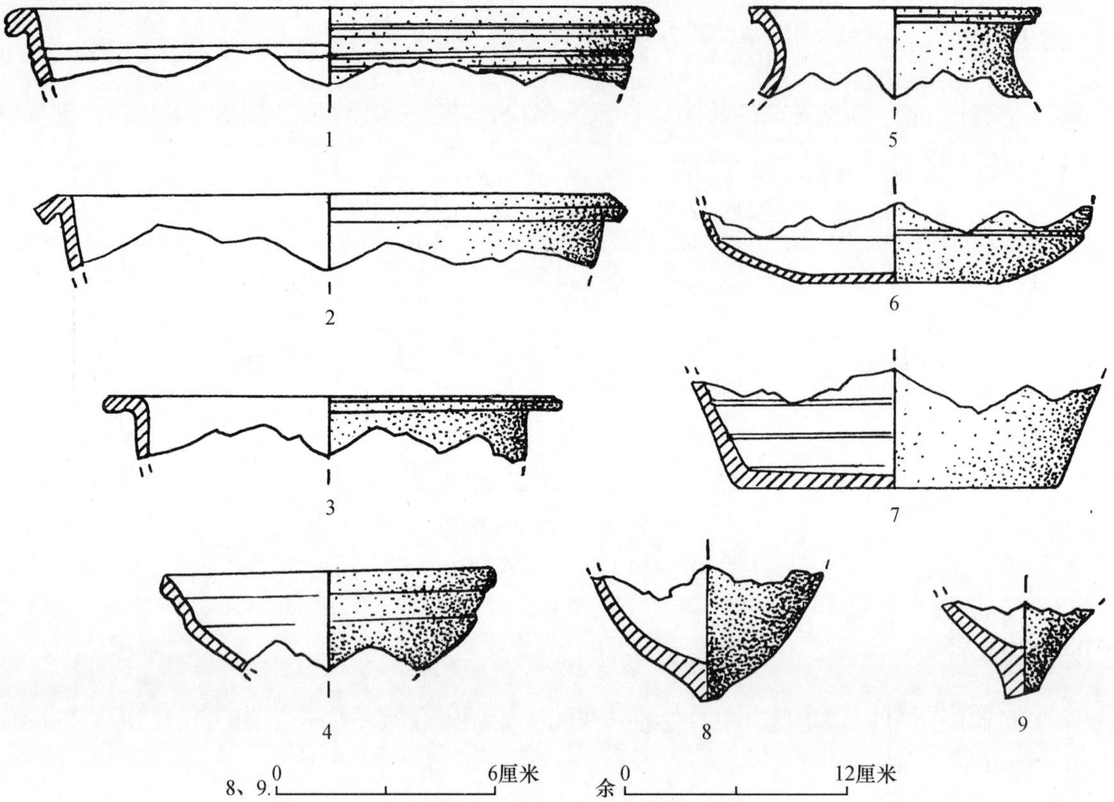

图一四　T03⑥出土陶器

1～3. 盆（T03⑥：1、T03⑥：2、T03⑥：4）　4. 钵（T03⑥：5）　5. 罐（T03⑥：3）
6、7. 器底（T03⑥：7、T03⑥：8）　8. 炮弹形杯（T03⑥：6）　9. 尖底杯（T03⑥：9）

（图一四，2）。T03⑥：4，夹细砂灰陶。轮制。侈口，卷沿，沿面较平，尖圆唇，上腹较直。下腹残。素面。口径25.2、残高3.2厘米（图一四，3）。

陶罐　1件。T03⑥：3，夹细砂灰陶。轮制。侈口，卷沿，方唇，束颈。颈以下残。素面。口径16、残高4.8厘米（图一四，5）。

陶钵　1件。T03⑥：5，夹细砂红褐陶。轮制。敞口，尖圆唇，唇下有一周凹槽，折腹。底残。素面。口径18.4、残高5.2厘米（图一四，4）。

炮弹形陶杯　1件。T03⑥：6，夹细砂红褐陶。轮制。残存尖底部分。素面。残高3.6厘米（图一四，8）。

陶尖底杯　1件。T03⑥：9，夹细砂红陶。轮制。残存尖底部分。残高2.6厘米（图一四，9）。

陶器底　2件。T03⑥：7，夹细砂灰陶。轮制。上部残，下腹弧收，平底。器表饰凹弦纹一周。底径9.6、残高4厘米（图一四，6）。T03⑥：8，夹细砂灰褐陶。轮制。上部残，下腹斜收，平底。素面，内壁留有旋痕。底径17.6、残高6.3厘米（图一四，7）。

5. T04⑥出土器物

陶瓮　1件。T04⑥：1，夹细砂灰陶。轮制。直口微敛，折沿，方唇，唇面有一周凹槽，束颈。颈以下残。素面。口径18.4、残高4.8厘米（图一五，1）。

陶盆　1件。T04⑥：2，夹细砂灰陶。轮制。侈口，卷沿，尖圆唇，唇面有一周凹槽，弧

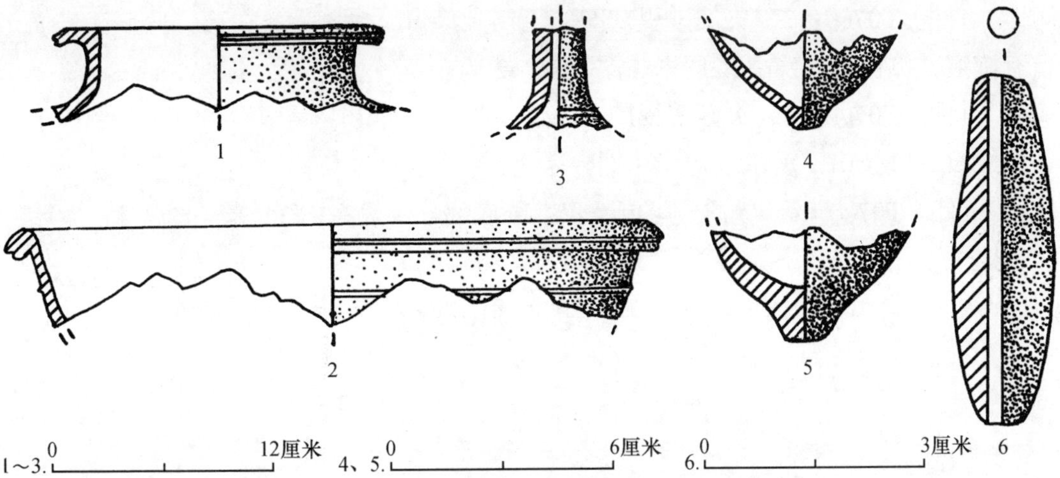

图一五　T04⑥出土陶器

1. 瓮（T04⑥：1）　2. 盆（T04⑥：2）　3. 豆柄（T04⑥：3）　4、5. 炮弹形杯（T04⑥：4、T04⑥：5）
6. 网坠（T04⑥：6）

腹。下腹残。器表饰凸弦纹一周。口径36、残高4.8厘米（图一五，2）。

陶豆柄　1件。T04⑥：3，夹细砂青灰陶。轮制。喇叭形，上下均残。素面。残高5.6厘米（图一五，3）。

炮弹形陶杯　2件。均残存尖底部分。T04⑥：4，夹细砂红陶。轮制。素面。残高2.6厘米（图一五，4）。T04⑥：5，夹细砂青灰陶。轮制。素面。残高3厘米（图一五，5）。

陶网坠　1件。T04⑥：6，夹细砂青灰陶。手制。扁圆柱形，中间有一穿孔。长4.6、宽1.4、孔径0.4厘米（图一五，6）。

6. T07 ④出土器物

陶盆　1件。T07④：1，夹细砂黑灰陶。轮制。侈口，卷沿，沿面较平，圆唇，弧腹内收。下腹残。素面。口径44、残高6厘米（图一六，1）。

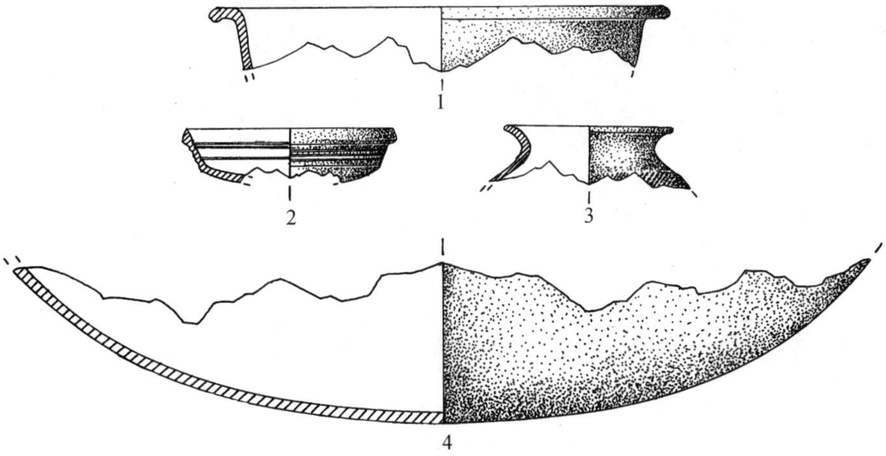

图一六　T07④出土器物

1. 陶盆（T07④：1）　2. 陶钵（T07④：2）　3. 陶罐（T07④：3）　4. 铁锅（T07④：4）

陶钵　1件。T07④：2，夹细砂黑灰陶。轮制。侈口，尖圆唇，折腹。底残。素面，内外壁均留有旋痕。口径20、残高5.2厘米（图一六，2）。

陶罐　1件。T07④：3，夹砂灰褐陶。轮制。侈口，卷沿，尖圆唇，束颈。颈以下残。器表饰斜向绳纹。口径16、残高5.6厘米（图一六，3）。

铁锅　1件。T07④：4，铁质。模制。仅存圜底部分。残高15.2厘米（图一六，4）。

三、第二期遗存

遗物

本期遗存仅发现有遗物。

1. T02②出土器物

瓷罐　1件。T02②：1，酱釉，内外均施釉。轮制。敛口，尖圆唇，微鼓腹。下腹残。素面。口径8.8、残高4.8厘米（图一七，1）。

瓷碗　2件。T02②：2，青花瓷。轮制。上腹残，下腹弧收，矮圈足。器表饰青花图案，纹样不详。底径6.4、残高3.2厘米（图一七，2）。T02②：3，白釉瓷。轮制。上腹残，下腹弧收，矮圈足。素面。底径2.8、残高1.4厘米（图 一七，3）。

陶平底器底　1件。T02②：4，夹细砂灰褐陶。轮制。上腹残，下腹弧收，平底。器表饰数周凹弦纹，内壁留有旋痕。底径16、残高4.8厘米（图一七，4）。

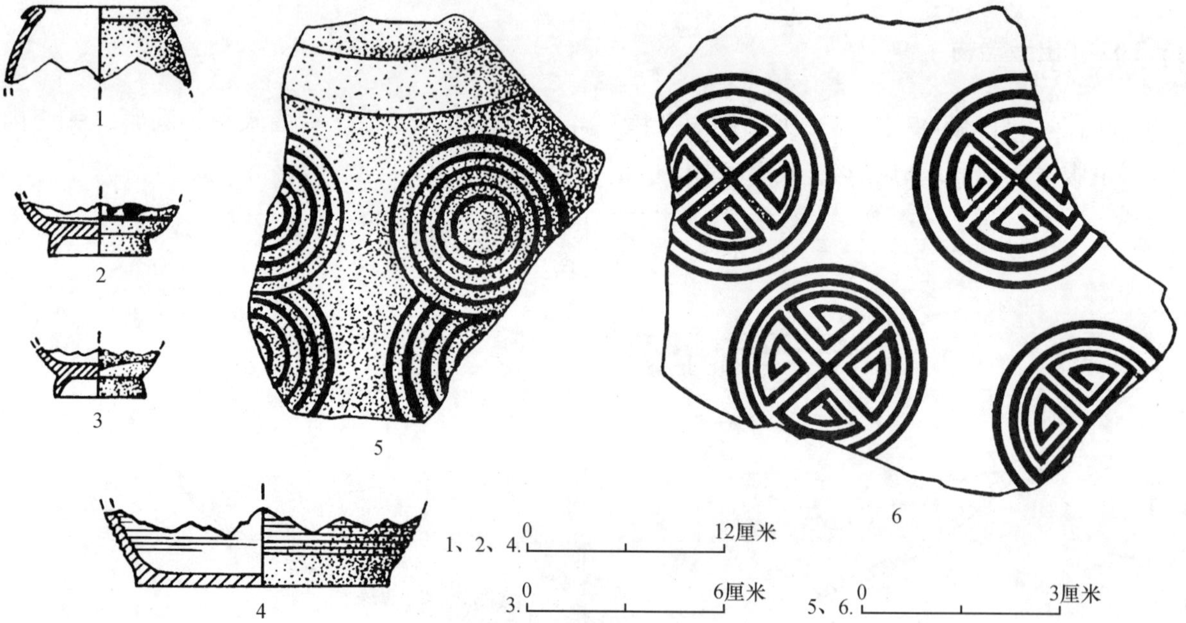

图一七　T02②出土器物

1. 瓷罐（T02②：1）　2、3. 瓷碗（T02②：2、T02②：3）　4. 陶平底器底（T02②：4）
5、6. 瓷器残片（T02②：5、T02②：6）

瓷器残片　2件。T02②：5，青釉。为器物肩部残片。器表饰交错同心圆纹，残高6厘米（图一七，5）。T02②：6，青黄釉。为器物腹部残片。器表饰变形云纹。残高7.2厘米（图一七，6）。

2. T03 ②出土器物

瓷碗底　1件。T03②：1，白釉瓷。轮制。残存矮圈足。上部残。素面。底径7.2、残高2.4厘米（图一八，1）。

瓷碗残片　1件。T03②：4，青花瓷。器表饰青花花卉纹样。残高2.6厘米（图一八，2）。

陶片　1件。T03②：2，夹细砂红陶。轮制。为器物腹部残片。器表饰变形云纹。残高7.3厘米（图一八，5）。

瓷器残片　2件。T03②：3，青黄釉。为器物腹部残片。器表饰两个交错同心圆纹。残高

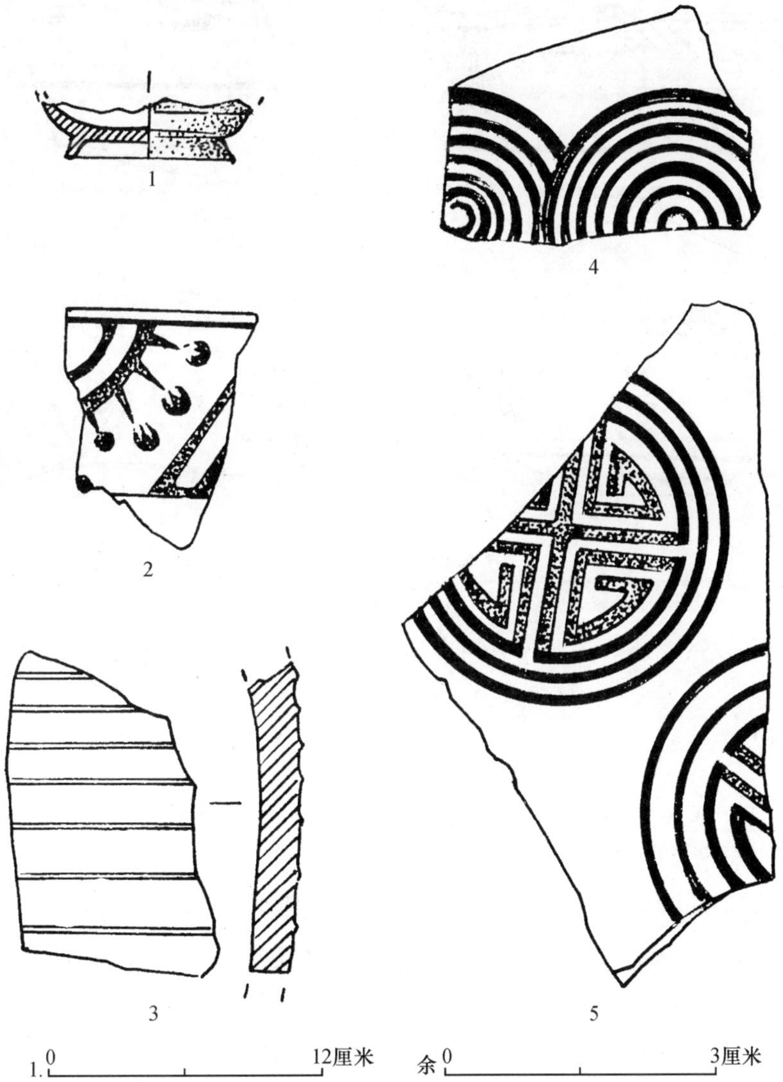

图一八　T03②出土器物

1. 瓷碗底（T03②：1）　2. 瓷碗残片（T03②：4）　3、4. 瓷器残片（T03②：5、T03②：3）　5. 陶片（T03②：2）

2.6厘米（图一八，4）。T03②：5，青釉瓷。为器物腹部残片。器表饰瓦纹。残高3.5厘米（图一八，3）。

3. T03 ④出土器物

瓷碗底　1件。T03④：1，白釉瓷。轮制。残存矮圈足，上部残。底径8、残高2厘米（图一九，1）。

瓷碗残片　1件。T03④：3，青花瓷。器表饰花草纹样。残高3厘米（图一九，3）。

瓷器残片　2件。T03④：2，青花瓷。轮制。为器物腹部残片。器表饰青花卷云纹。残高3.3厘米（图一九，2）。T03④：4，青釉瓷。轮制。为器物腹部残片。器表饰方格纹。残高2.8厘米（图一九，4）。

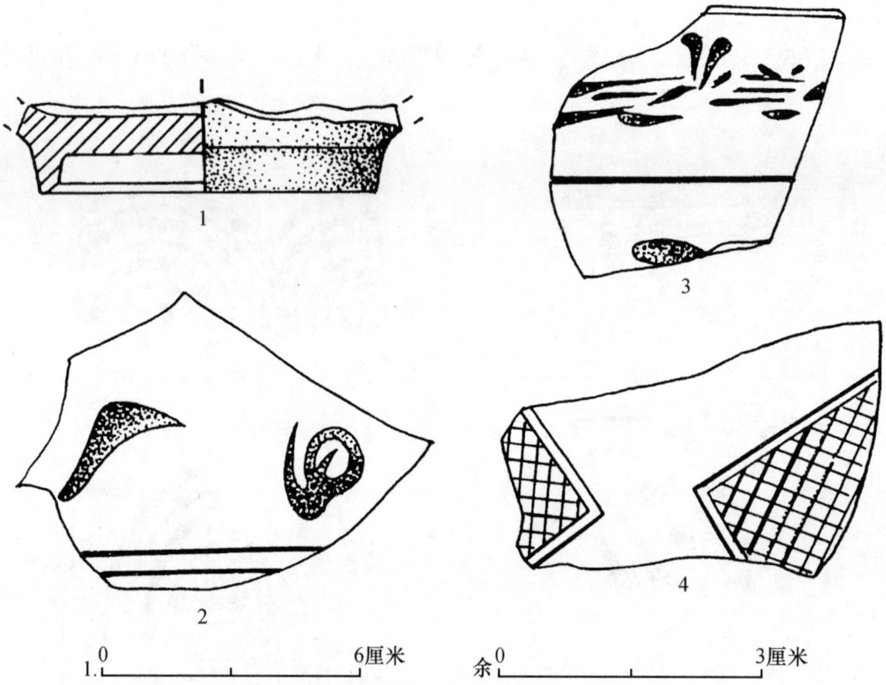

图一九　T03④出土器物

1. 瓷碗底（T03④：1）　2、4. 瓷器残片（T03④：2、T03④：4）　3. 瓷碗残片（T03④：3）

4. T04 ④出土器物

瓷罐　1件。T04④：1，青釉瓷。轮制。敛口，卷沿，尖圆唇，溜肩。肩以下残。素面。口径10.4、残高3.6厘米（图二〇，1）。

瓷器耳　1件。T04④：3，青釉瓷。手制。器耳呈拱形。素面。残宽4.7、残高2.8厘米（图二〇，3）。

瓷器残片　3件。T04④：2，青釉瓷。为器物肩部残片。器表饰方格纹。残高4.2厘米（图二〇，2）。T04④：4，青黄釉。为器物腹部残片。器表饰圆圈纹，其内饰方格纹。残高4厘米（图二〇，4）。T04④：5，青花瓷。为器物腹部残片。器表饰青花花卉纹样。残高2.4厘米（图二〇，5）。

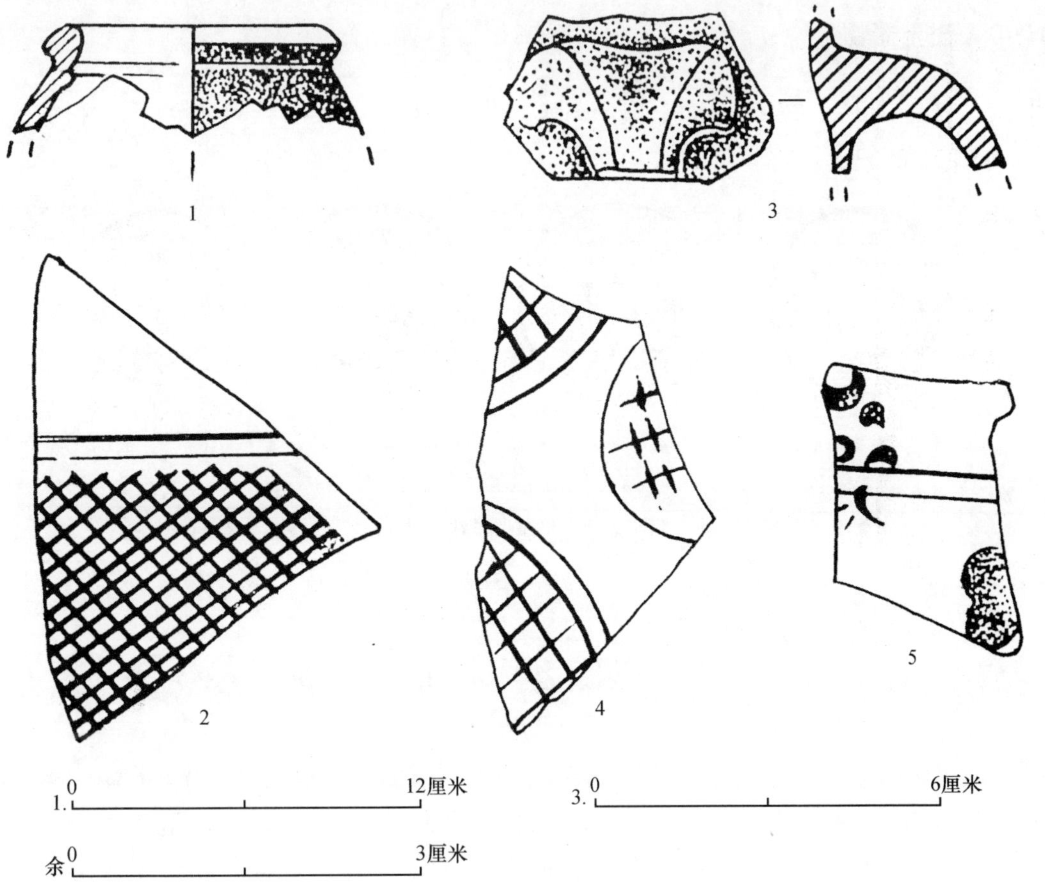

图二〇　T04④出土瓷器

1. 罐（T04④：1）　2、4、5. 残片（T04④：2、T04④：4、T04④：5）　3. 器耳（T04④：3）

5. T01 ②出土器物

铜钱　1枚。T01②：1，青铜质。模制。圆形方孔，面文“康熙通宝”。直径2.7、孔径0.5厘米（图二二，2）。

6. T02 ④ A 出土器物

铜钱　1枚。T02④A：1，青铜质。模制。圆形方孔，面文“道光通宝”。直径2.3、孔径0.5厘米（图二二，4）。

7. T03 ④ A 出土器物

瓷碗底　1件。T03④A：2，青花瓷。残存圈足部分。内外壁均饰青花花草纹样。残宽5.3厘米（图二一）。

铜钱　1枚。T03④A：1，青铜质。模制。圆形方孔，面文“五铢”。直径2.6、孔径0.9厘米（图二二，1）。

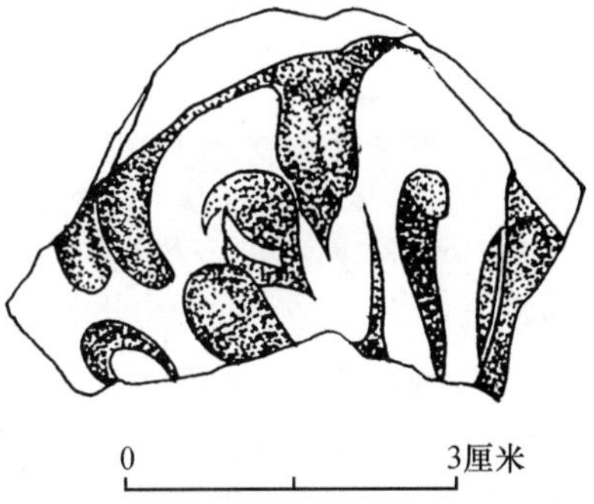

图二一　T03④A出土瓷碗底（T03④A：2）

8. T04 ④ A 出土器物

铜钱 1枚。T04④A：1，青铜质。模制。圆形方孔，面文“乾隆通宝”。直径2.5、孔径0.4厘米（图二二，3）。

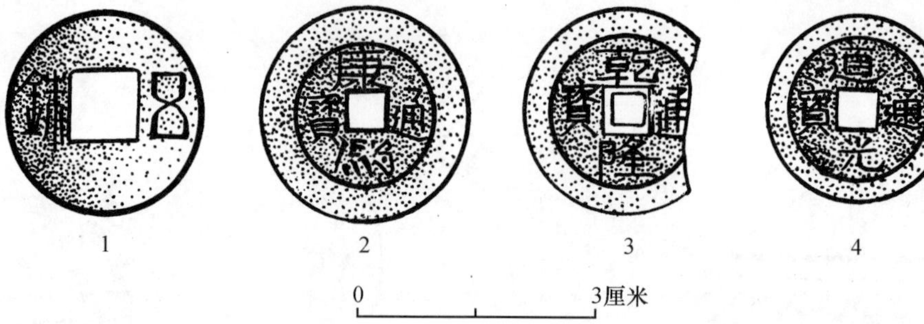

图二二 龙滩遗址出土铜钱

1. 五铢（T03④A：1） 2. 康熙通宝（T01②：1） 3. 乾隆通宝（T04④A：1） 4. 道光通宝（T02④A：1）

四、结 语

第一期出土的盆、钵、瓮、云纹瓦当等是汉代常见遗物。其中，H1出土的盆、钵、瓮及绳纹板瓦等分别与忠县中坝遗址Ⅱ区出土的汉代同类器物特征相近[①]。尤其是盆、钵、瓮与忠县杜家院子西汉晚期M1、M2出土的同类器物形态更近[②]。故第一期遗存的年代当属两汉时期。第二期出土的青花瓷片及“道光通宝”“乾隆通宝”“康熙通宝”是典型的明清遗物，万州麻柳沱遗址也出土有此类遗物[③]，其年代不言自明。

本期发现的4座龙窑中，Y2、Y3保存较好。其形状、结构与忠县中坝遗址汉代龙窑形状、结构相近[④]，为研究本地区的汉代烧窑手工业提供了重要资料。另外，H1中出土的一件人面云纹瓦当，神、人兼备，题材新颖，在三峡库区考古发掘中也是少见的珍品。

绘图：张清池

执笔：李 锋

① 四川省文物考古研究所、重庆市文物局三峡办、忠县文物保护管理所：《忠县中坝遗址Ⅱ区发掘简报》，《重庆库区考古报告集·1998卷》，科学出版社，2003年，第645页。

② 成都市文物考古研究所、重庆市文物局、忠县文物管理所：《忠县杜家院子遗址发掘简报》，《重庆库区考古报告集·2001卷下》，科学出版社，2007年，第1591～1595页。

③ 重庆市博物馆、万州区文管所、复旦大学文博系：《万州麻柳沱遗址发掘报告》，《重庆库区考古报告集·1998卷》，科学出版社，2003年，第554、555页。

④ 四川省文物考古研究所、重庆市文物局三峡办、忠县文物保护管理所：《忠县中坝遗址Ⅱ区发掘简报》，《重庆库区考古报告集·1998卷》，科学出版社，2003年，第643页。

忠县花灯坟墓群2002年度发掘简报

重庆市文化遗产研究院
忠县文物管理所

花灯坟墓群位于忠县县城西南约10千米长江南岸的山梁（包）上，由沿江的枞树包、瓦厂包、王家包等墓地组成，行政区划属忠县乌杨镇将军村辖。中心地理坐标东经108°00′02″、北纬30°12′27″，海拔160～180米。枞树包墓地是花灯坟墓群的重要组成部分，北临长江与塘土坝（江心岛）相望，东隔一冲沟与瓦厂包墓地相邻，西南隔忠乌公路（忠县至乌杨）紧邻乌杨旧镇。该墓地墓葬集中分布在长约250、宽100米，面积约25 000平方米的山梁周围，现为水田、旱地（图一）。

1978年在枞树包建家具厂施工中发现10余座汉代砖室墓；1991年该墓群作为三峡水库淹没区地下文物二类遗址上报；1994年3～4月北京大学考古系对枞树包墓地开展了调查勘探和试掘工作，新发现4座大型土冢（所谓将军坟即指此），从地形、地貌观察该土冢应为人工堆筑的大型汉墓的封土（其上栽种竹、木），并清理西汉土坑墓1座、东汉砖室墓2座，出土各类文物50余件；1995年花灯坟墓群纳入《长江三峡工程库区文物古迹保护规划》并将其列为A级发掘项目。

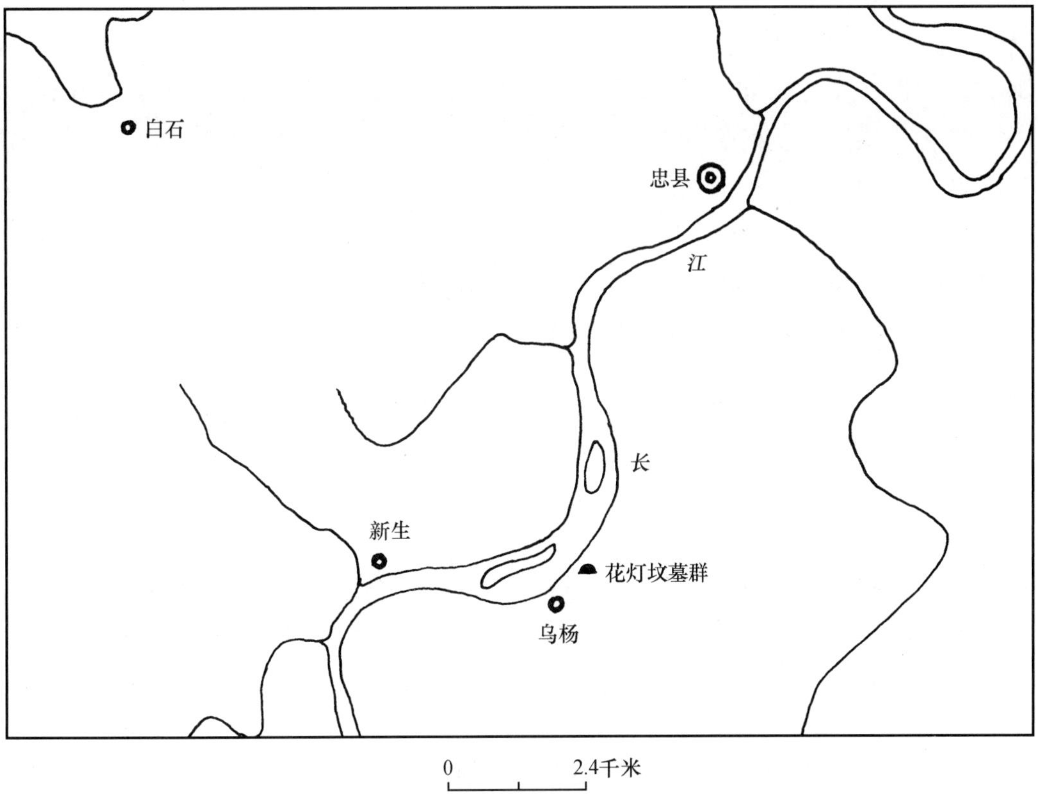

图一　花灯坟墓群位置示意图

2001年，因江水冲刷，在枞树包墓地临江部分的长江河漫滩上暴露出汉代石阙构件；2001年6月至2002年7月，重庆市文物考古所（今重庆市文化遗产研究院）对石阙构件（以下简称乌杨阙）及阙址进行了抢救性清理发掘，初步推断乌杨阙为枞树包墓地的墓阙。同时，由于乌杨新镇建设拟定在该墓地中心区域建自来水厂，重庆市文物考古所受重庆市文物局委托，组成了以邹后曦为领队一行20余人的考古工作队，于2002年3～7月对该墓地进行了抢救性清理发掘。发掘区选择在一名为枞树包的山梁上，依地形按330°方向共布探方28个，编号2002ZWZT1～2002ZWZT28，实际发掘面积2605平方米（图二）。清理墓葬31座，出土器物500余件，现将本次发掘工作报告如下。

一、墓葬分布及形制

本次清理汉代至六朝墓葬30座，其分布具有较强的规律性，分三组排列。第一组：土坑墓，主要位于墓地中部，是墓地主体部分，多顺江而葬（方向240°～250°），分三横三纵排列，越向外（台地临江面边缘）时代越晚；第二组：砖室墓，位于土坑墓两侧（即台地东、西两翼），顺江而葬（方向260°～270°）；第三组：石室墓，主要位于土坑墓两侧，方向一致，以“凸”字形为大宗。三组墓葬之间存在叠压、打破关系（石室墓→砖室墓→土坑墓），每组墓葬内排列有序、方向一致，少见打破关系。以上现象表明，该处历史上曾三次作为墓地使用（图三）。

（一）土坑墓

21座。开口距表土0.2～0.3米。墓圹呈长方形或近正方形，口与底大小基本相同（或底略小），多留有熟土二层台；墓壁加工规整、光滑，墓底平坦，较深的墓葬在建墓时墓壁曾有不同程度的崩塌，经填补、修整；墓圹长3～6、宽2～3、深1.5～7米。葬具已朽，从残留的灰痕看，以一椁一棺为主，少量一椁三棺或单棺无椁。人骨架多保存不好，从人骨腐痕观察，以仰身直肢为主（仅一例为仰身屈肢）。填土为掺和有细砂的五花土，多经夯打。

墓葬以中型墓居多，分土坑竖穴墓和带墓道的土坑墓两种。

1. 土坑竖穴墓

分二型。

A型　长方形。

M25　位于墓地南部，方向62°。墓口长3.9、宽2.18米，底长3.82、宽2.06米，残深3.66米。墓室下部四周残留熟土二层台，以暗红色黏土（含少量料姜石）夯筑而成。一椁一棺，椁室长3.46、宽1.78米；棺长2.44、宽0.84米。墓主为中年男性，仰身直肢。随葬品23件，主要置于棺外的北侧，有陶器、铁器、漆木器和钱币。陶器12件（罐、釜、甑、豆、纺轮等），其中陶罐8件，其余各1件；铁器6件，除铁釜为3件外，削、锄、锸均为1件；漆木器残痕5件；铜币40枚，置于人骨架上（图四）。

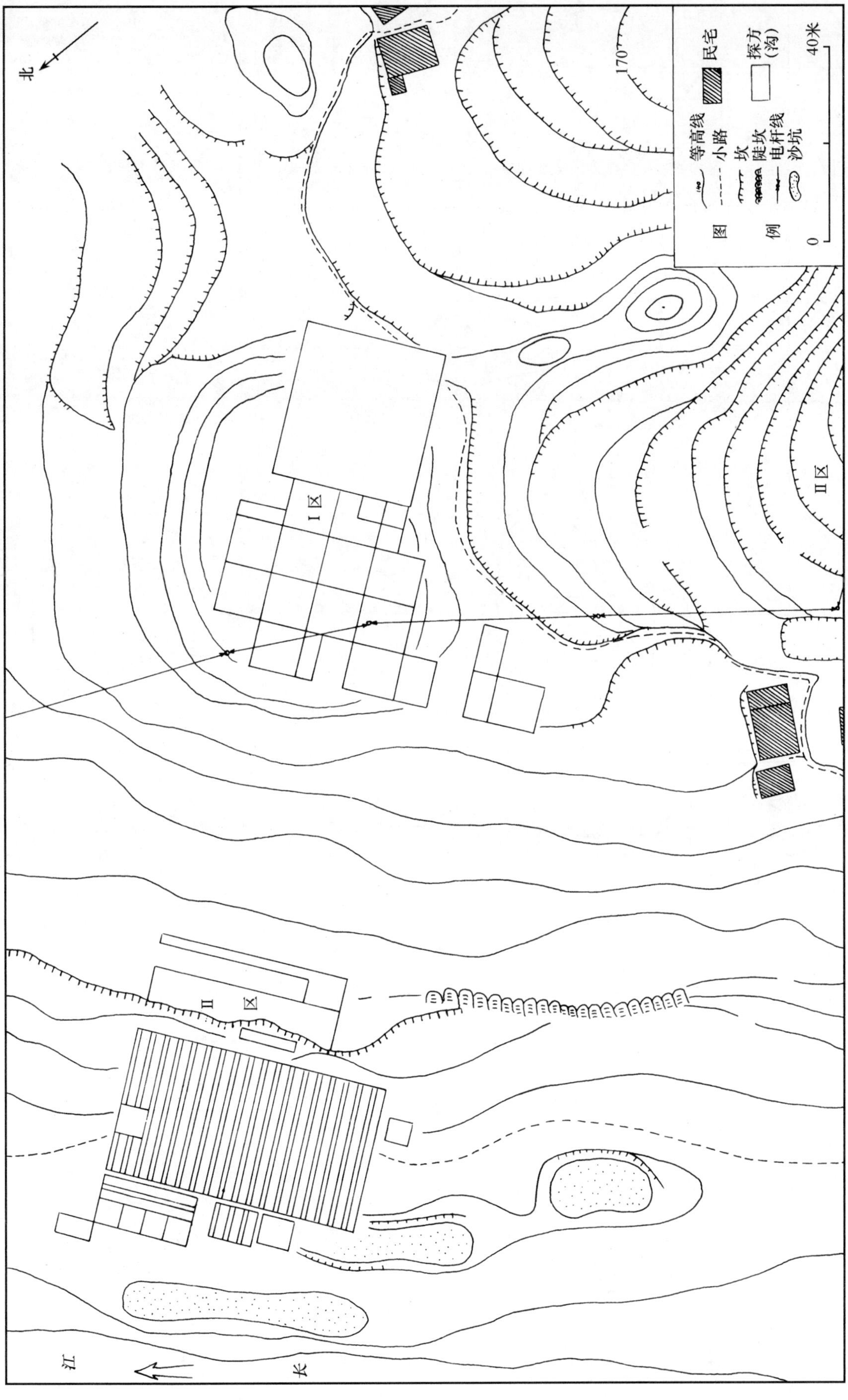

图二 花灯坟墓群枞树包墓地探方分布图

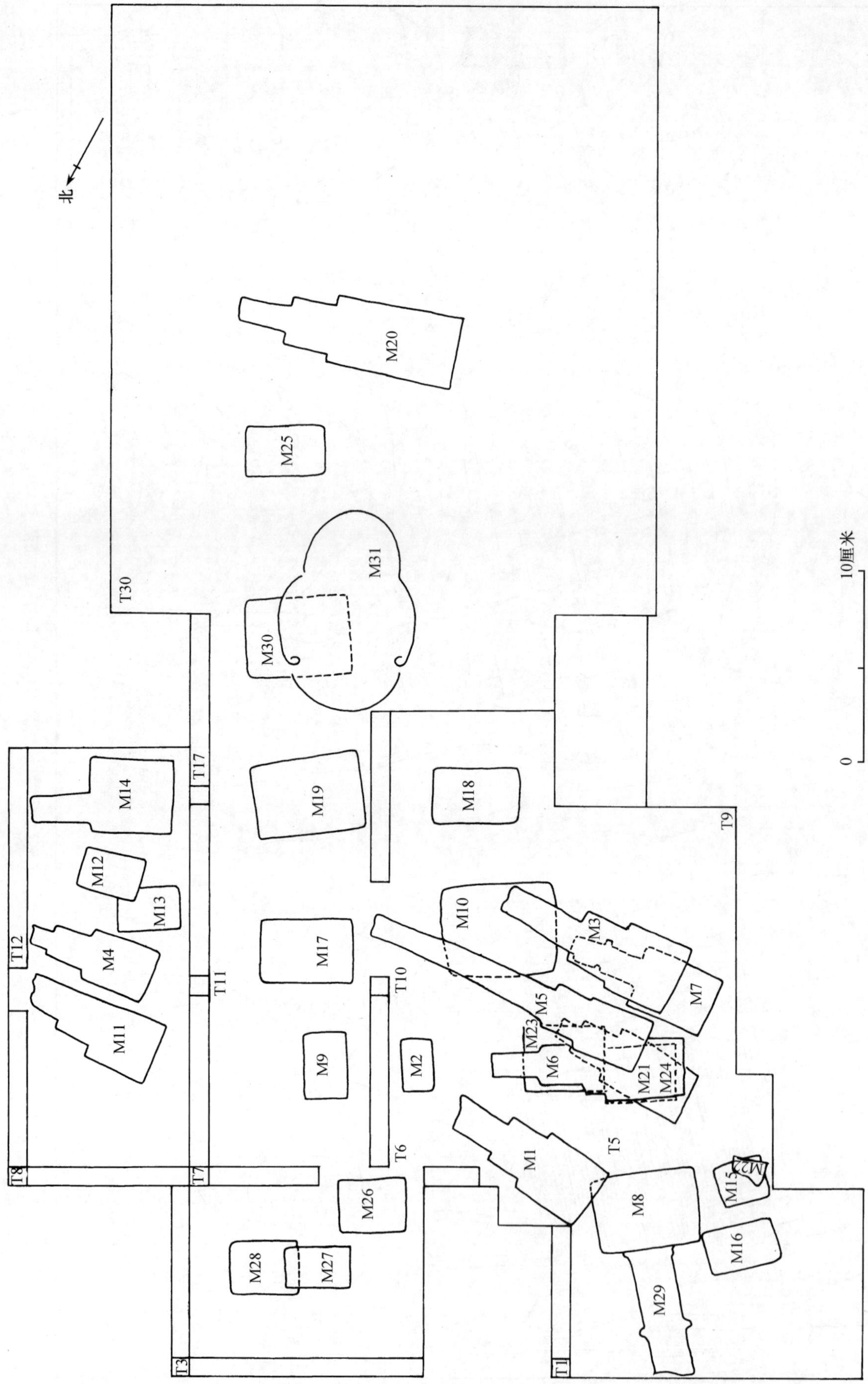

图三 花灯坟墓群枞树包墓地墓葬分布图

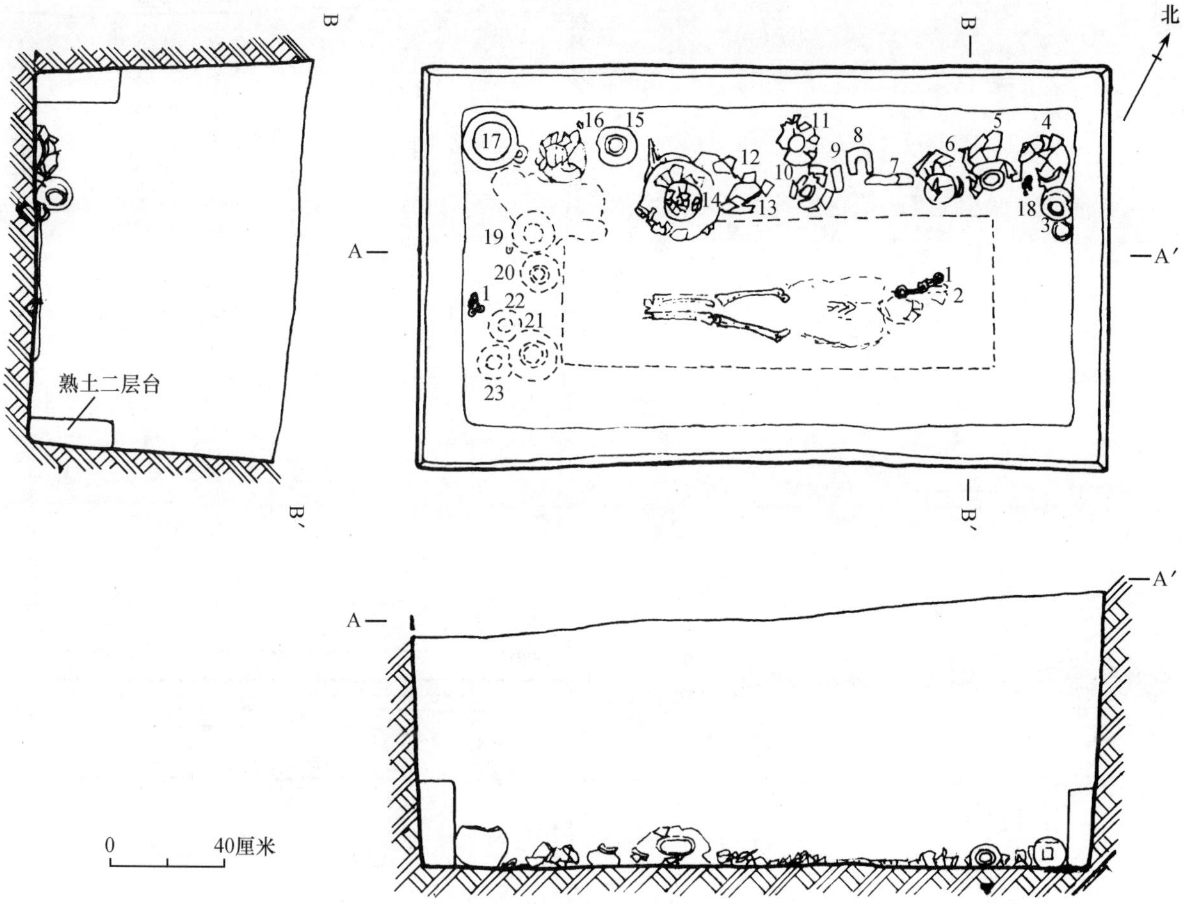

图四　M25平、剖面图

1. 铜币　2. 铁削　3～6、10、16、17. 陶罐　7. 铁锄　8. 铁锸　9、14、15. 铁釜　11. 陶釜　12. 陶豆　13. 陶甑　18. 陶纺轮　19～21. 漆木器　22、23. 漆木痕迹

B型　近正方形。

M26　位于墓地北部，方向62°。墓室东南角有一直径0.7米的圆形盗洞。墓口长3.8、宽3、深4.5～5.3米，底长3、宽2.7米。生土二层台。椁室长3.1、宽2.5米；棺木位于墓室中南部，长2.12、宽0.68米。人骨架已严重腐朽，葬式不详。残存器物30余件，主要位于椁室的北侧，陶器主要有罐、钵、盆、壶等，铜器仅有泡钉，另有大泉五十38枚，散落于死者脚端，另有铁条1件（图五）。

2. 带墓道的土坑墓

M14　位于墓地东部，方向48°。平面呈刀形，由墓室、墓道两部分组成。斜坡墓道位于墓室东北部，残长3.2、宽1.4米。墓口长4.6、宽3.4、残深1.18米。墓壁残留建墓时铁斧修整的痕迹。距墓口0.86米处残留椁板腐痕，椁室长3.88、宽2.7米，椁板厚0.16米；椁室内置三棺（均仅见腐痕），分别位于椁室中部（编号1）、近墓口处（编号2）和北侧（编号3），其中1号棺长0.88、宽0.5米，2号棺长1.8、宽0.44米，3号棺长1.88、宽0.56米；棺内人骨架保存较差，据肢骨推断为仰身直肢葬。随葬品多达64件，集中于1号棺的右侧、脚部及左上部，器类

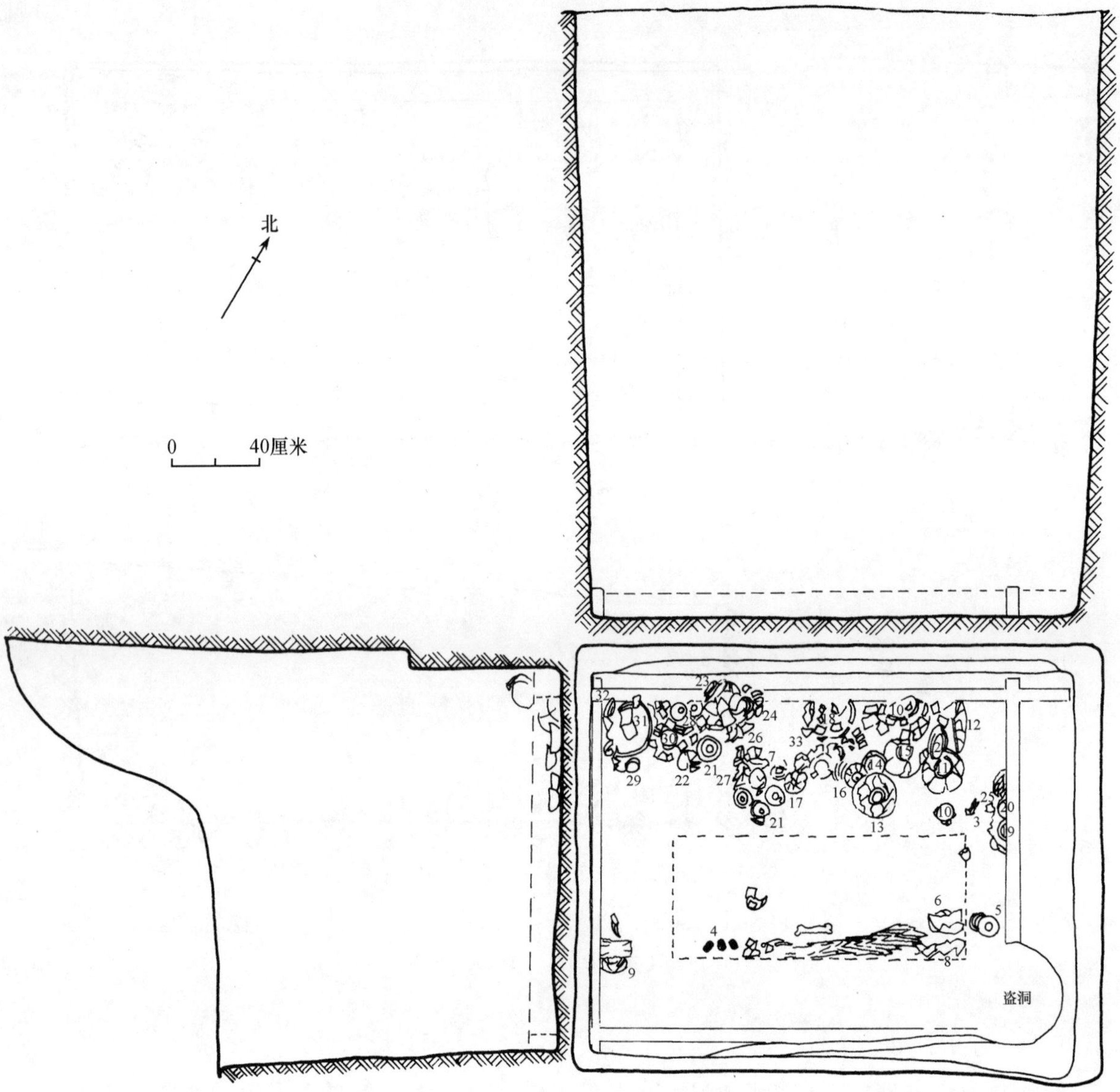

图五 M26平、剖面图

1. 铜泡钉 2. 铜盆 3、4. 铜钱 5、7、10、14、17、20～22、27、29、32. 陶钵 6. 陶博山炉 8、9、11、15、16、18、19、23～26、28、30、31. 陶罐 12. 陶盆 13. 陶壶 33. 陶印泥

主要有陶罐、壶、盆、甑、瓮、纺轮、网坠，铜钫、洗、弩机、带钩、泡钉和铁釜、支架、斧、铲、凿、剑、削刀等。另有475枚半两钱（图六）。

（二）砖室墓

4座。位于台地东、西两翼。由墓道、甬道、墓室组成，此类墓是在墓圹内用长方形平头砖错缝平砌成墙，以子母砖横向起券作墓顶，底部皆用砖错缝平铺而成。

墓砖　均为模制，烧制火候较高，呈青灰色或浅灰色。依形状分两类。

第一类：长方形平头砖。主要用于墓室、甬道的四壁和墓底。分二型。

A型　带纹饰砖。分二亚型。

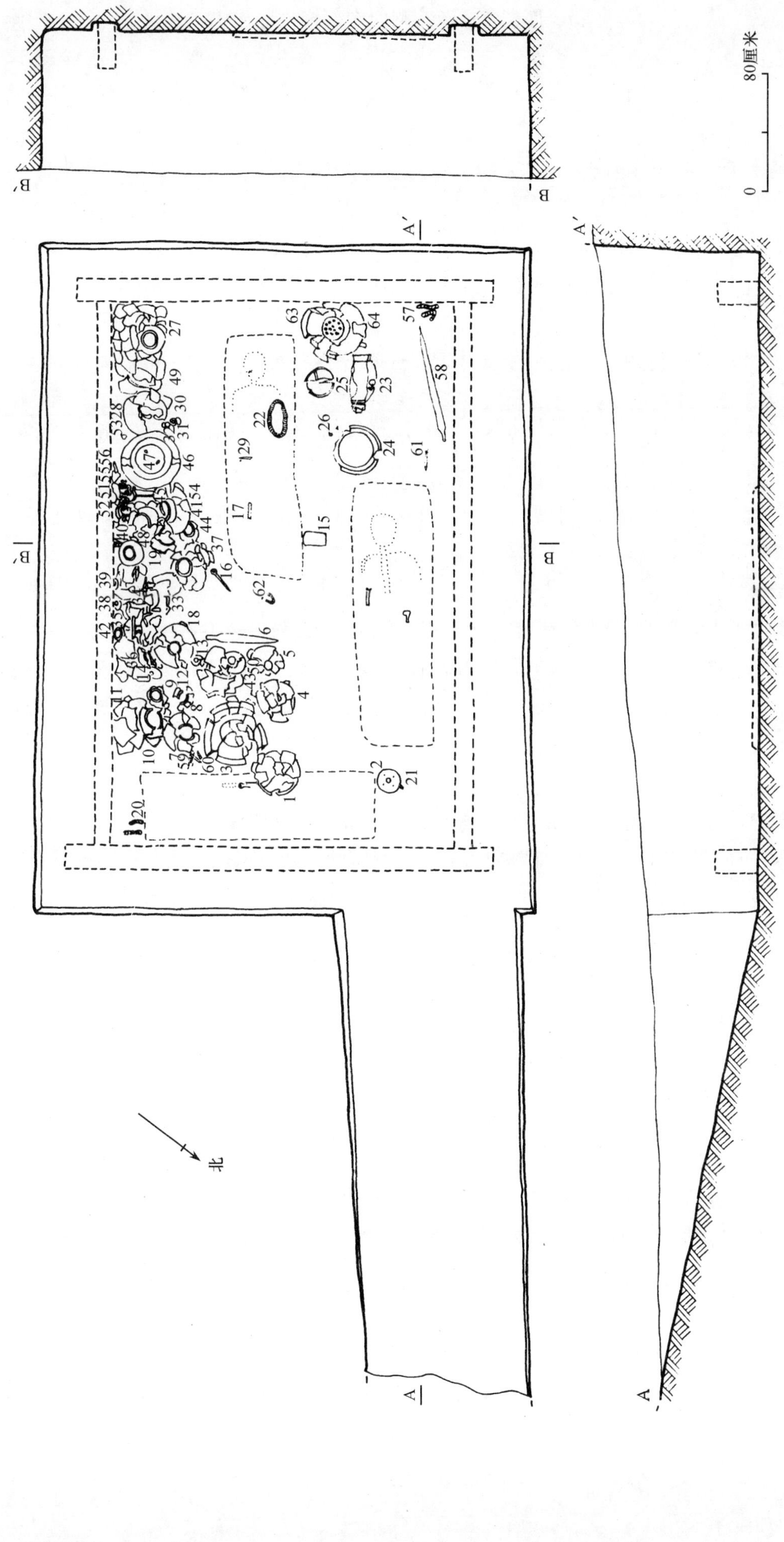

图六 M14平、剖面图

（虚线为棺椁痕迹）

1、23. 铜钫 2. 铜镜 3、7～14、19、30、33～37、40～45、48、52. 陶罐 4、5、39. 陶盆 6、16. 铁削 15、46、51. 铁斧 17、29. 铜带钩 18. 铜弩机 20～22. 铜币 24. 铜洗 25. 陶器盖 26、47. 铜泡钉 27. 陶瓮 28. 陶壶 31. 陶纺轮 32. 陶网坠 38. 陶豆 49. 铁架 50、64. 铁釜 53. 砺石 54. 陶钵 55. 铁锄 56. 铁凿 57. 铜币 58. 铁剑 59. 铁钩 60. 铁锸 61. 铁环首刀 62. 钱币 63. 陶甑

Aa型 “富贵”砖。长43、宽20、厚13.5厘米。侧面中部饰模印隶书“富贵”二字，两侧各为一组几何纹。

Ab型 “菱形”纹砖。长40.5、宽17、厚7.3厘米。侧面中部饰“车轮”图案，两边各有同心菱形组合纹样。

B型 素面砖。这类砖用作铺地砖。长46.4、宽23.3、厚7厘米。

第二类：子母砖。平面呈“楔形”。砖的一端中部为阳榫，榫头呈半球形，长3～4厘米，一端为阴榫（半圆形），内、外两面中部有高低错落的子母口，高度相差约2厘米。该类砖前后两端、上下两个面均为子母榫，加强了砖与砖之间的接合。该类砖主要用于券顶上，少量用作铺地。分二型。

A型 “富贵”纹砖。长39.5～42.5、宽20、厚11.5厘米。一侧面中部模印隶书“富贵”二字，字两侧饰对称几何纹样。

B型 “车轮”纹砖。长分30～35、宽20、厚10.8～11厘米。一侧面中部模印“双轮”纹，两侧饰有菱形纹。

该类墓葬均被盗，破坏严重，其中西部两座墓葬被石室墓打破，仅见轮廓和残留铺地砖。据平面形态分二型。

A型 平面呈“凸”字形。

M4 位于墓地东北部，南、北分别与M13、M11相邻，相距仅0.5～0.6米。长条形斜坡墓道；甬道长2.4、宽1.42、残高0.85米，甬道口用砖封门。墓室长3.27、宽2.4、残高0.9米。由于该墓被扰动，随葬品已失去原来位置，出土复原器21件，其中陶器有罐、钵、豆、俑等，另有1件铜圈足器（图七）。

B型 平面呈刀形。

M11 位于墓地东北部，南与M4相邻。墓道残长1.5、宽1.5、残深1.22米；甬道长2.32、宽1.7、残高1.24米；墓室长2.83、宽1.4、残高1.5米，墓室后壁外凸，形成“凸”字形的壁龛。该墓被扰动，墓室及甬道内散落陶器残片，完整或可复原陶器40件，器类有陶罐、壶、盒、甑、钵、俑、鸡、狗、塘、房等，另有3枚钱币（图八）。

（三）石室墓

5座。主要位于墓地两翼，东西向。据平面形状分二型。

A型 “凸”字形。

4座。这类墓葬多被盗，但墓室结构基本完整。由长条形斜坡墓道、甬道、墓室三部分组成。其构筑方式：墓圹内用长50～75、厚15～20厘米的长条形砂石，错缝平砌甬道和墓室的墙；用“楔”形条石纵向起券作墓顶；墓底铺一层厚约2厘米的细砂，其上以长条形砂石错缝铺地。甬道口用不规则的条石封门。墓葬填土为黄褐色五花土。墓室长2.5～4.6、宽2.2～2.4米。

M5 位于墓地西部，开口于耕土层下，打破M6、M10、M21、M23、M24。墓道长10.8、宽1.3米；甬道长1.9、宽1.46、高1.62米；墓室长2.84、宽2.24、高2.6米。墓顶塌陷。棺木、骨

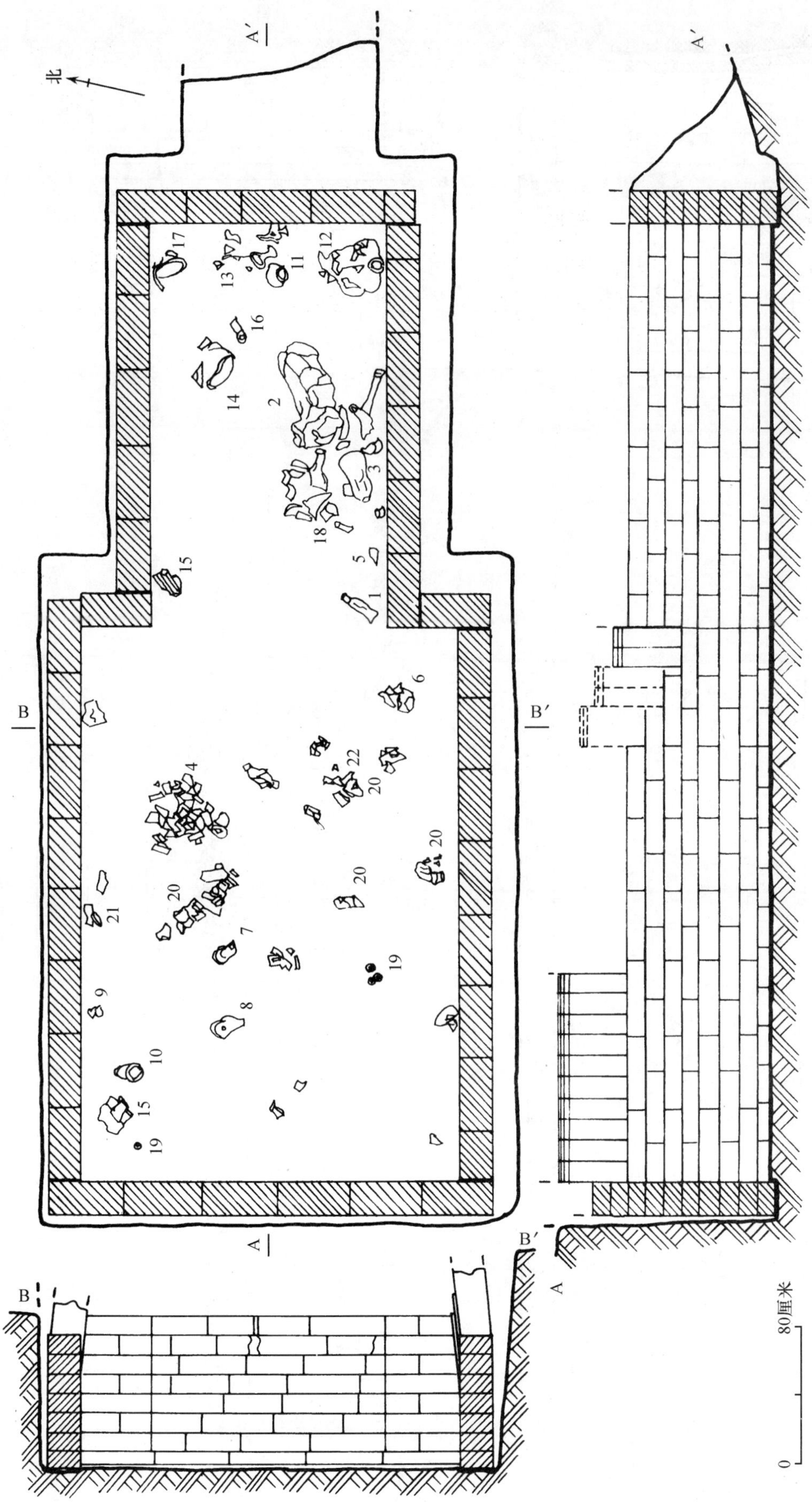

图七　M4平、剖面图

1、3、5、7～9、11、20、22. 陶俑　2、18. 陶钵　4. 陶博山炉　6. 陶鸭　10. 陶鸳鸯　12. 陶仓　13. 残片　14. 陶马　15. 陶房　16. 陶构件　17. 铜圈足器　19. 铜币（4枚）　21. 陶鸡

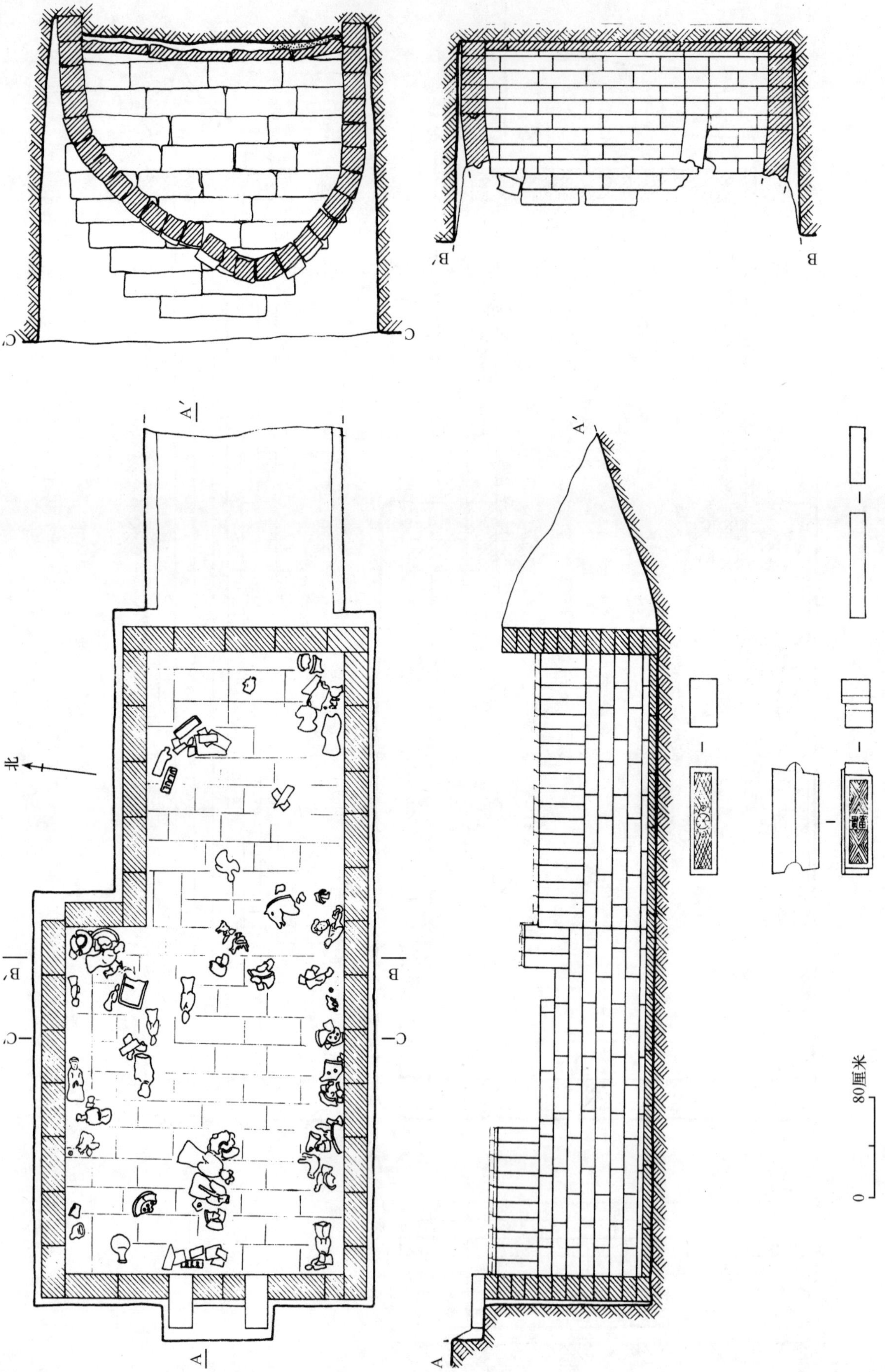

图八 M11平、剖面图

架已朽，葬具、葬式不详。该墓被盗，随葬品扰动严重，现存器物集中于甬道内，有陶器、铜饰品、钱币、银饰品、铁器（图九）。

M20　位于墓地南部，方向80°。由封土堆、墓道、甬道、墓室组成。

封土，当地人称“枞树包”，堆积夯筑而成，平面近椭圆形，长径32.8、短径21.8、残高4米。共分8大层。

第1层：厚0～50厘米。灰褐色粉砂土，疏松，含树根。现代耕土层。

第2层：分二亚层。

2A层：厚0～100厘米。浅灰色粉砂土夹少许黄色黏土，质地细腻、紧密。分布于封土南部。

2B层：厚0～90厘米。浅灰色粉砂土夹少许黄色黏土，质地细腻、紧密。分布于中部偏西地带。

第3层：厚0～95厘米。浅灰色粉砂土夹少许灰白色砂泥土，细腻、紧密。分布于封土北部、中部。被明代墓葬打破。

第4层：厚0～80厘米。浅灰色砂土含少许黄色黏土，质地紧密。分布于封土中东部地区。

第5层：分二亚层。

5A层：厚0～75厘米。黄色黏土夹少许灰色砂土。质地紧密。分布于封土中部偏西。

5B层：厚0～25厘米。黄色黏土夹少许料姜石。质地较硬。分布于封土东部。

第6层：分三亚层。

6A层：厚0～15厘米。浅灰色黏土夹黄色黏土。细腻、紧密。分布于封土中部。

6B层：厚0～20厘米。浅灰色黏土含少许炭末。细密坚硬。分布于封土中北部。

6C层：厚0～55厘米。灰色砂泥土含少许炭末。质细而紧。分布于封土中北部。

第7层：分五亚层。

7A层：厚0～40厘米。黄色黏土夹少许灰色砂土。夯筑明显，质紧密。分布于封土东部。

7B层：厚0～75厘米。浅黄色黏土夹少许灰色粉砂土。质地紧密，夯筑明显。分布于中部偏东。

7C层：厚0～95厘米。褐色黏土夹少许灰白砂土。紧密、坚硬。分布于封土西北部。

7D层：厚0～35厘米。灰黄色黏土，夹少量汉砖块。质地紧密。分布于封土西北部。

7E层：厚0～50厘米。灰白色砂泥土。质地细密。分布于封土中部偏西。

第8层：分五亚层。

8A层：厚0～50厘米。灰色粉砂土含少量料棕褐色黏土。质地紧密，夯筑明显。分布于封土中部偏西。

8B层：厚0～20厘米。浅黄色黏土夹细密的灰色泥土，含少量料姜石。质地紧密，夯筑明显。分布于封土南北部。

8C层：厚0～50厘米。浅黄色黏土夹少许褐色粉砂土。夯筑明显。分布于封土北部、南部。

8D层：厚0～40厘米。浅黄色黏土。质地紧密。分布于封土北部。

8E层：厚0～40厘米。黄色黏土。分布于封土北部。

封土堆的形成大致可分为三个阶段：第一阶段，在圆形小包上平基挖穴建墓；第二阶段，

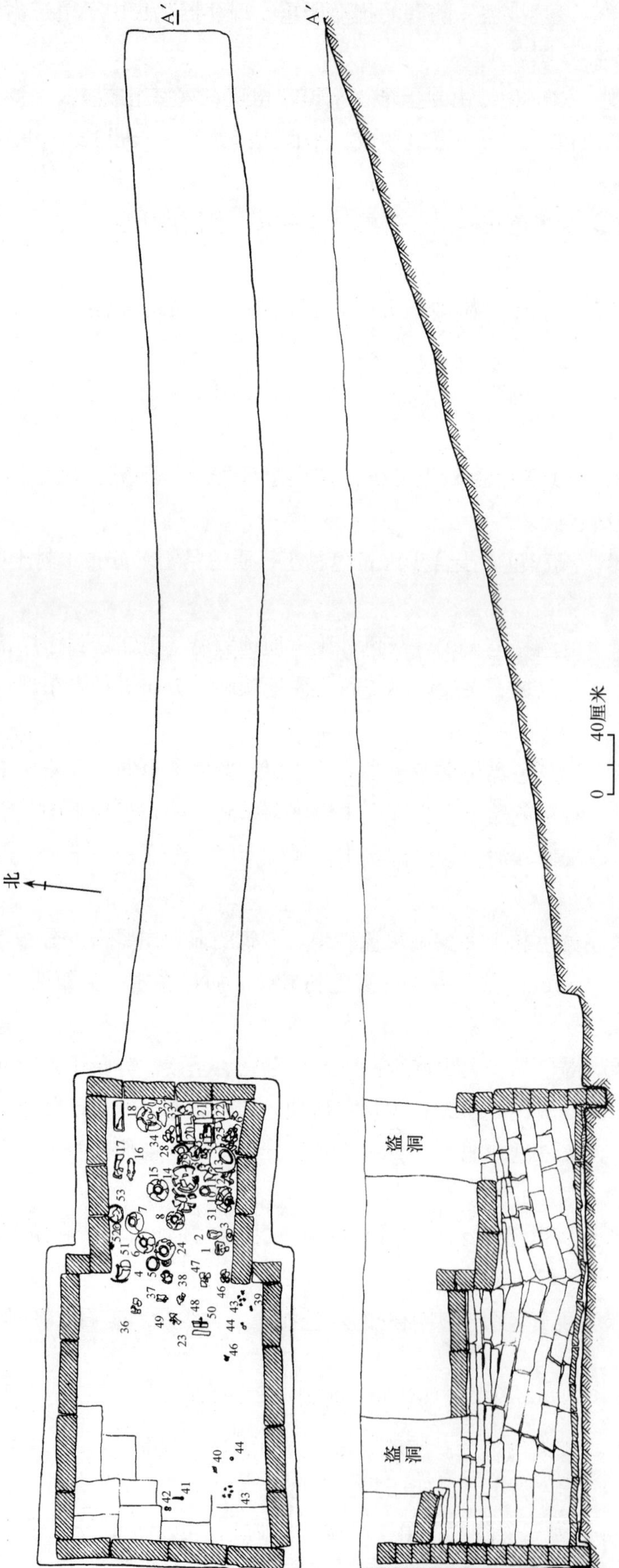

图九　M5平、剖面图

1、48. 陶井　2、3、27、30、32、35. 陶俑　4、6、7、13、15、19、24. 陶罐　5、10、28、33、34、37、38、53. 陶盆　8. 陶钵　9. 陶仓　11、12、26、29. 陶鸡　14、31. 陶甑　16、36. 陶猪　17、18、20、22、23. 陶房　21. 陶塘　25. 陶狗　39. 银戒指　40、42. 铜饰件　41. 铁环首刀　43、50. 铜泡钉　44. 铜币　45. 铜耳饰　46、47、49. 陶片　51. 铜耳杯　52. 陶碗

为死者入葬后，于墓上堆土夯筑（即第8层），形成封土小包；第三阶段，即第2～7层，为死者后人逐年上坟堆筑形成（图一〇、图一一）。

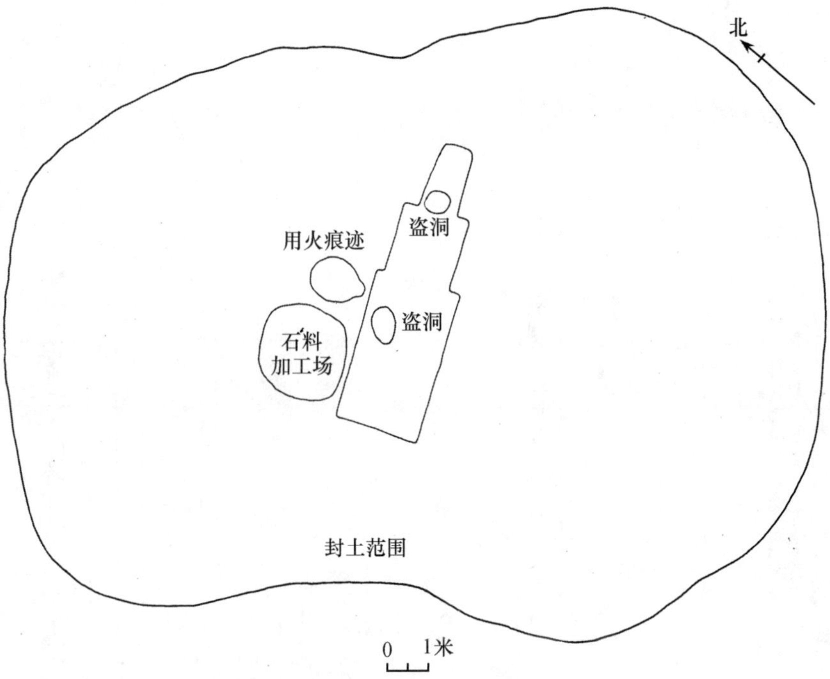

图一〇　M20平面图

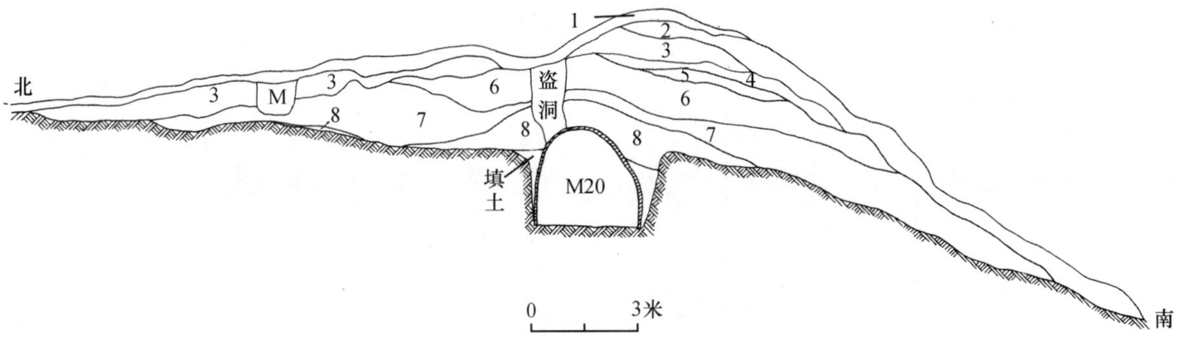

图一一　M20封土剖面图

M20先平整地面，然后挖掘“凸”字形土圹，最后再用长0.7～1、厚0.1米的条石建砌墓室、甬道。墓道残长3.1、宽1.2～1.4米；甬道长2.4、宽1.9、高1.5米，甬道口用长0.6～0.7、宽约0.25、厚0.1米的条石封门。从第4层开始用楔形条石起券做墓顶。该墓严重被盗，在墓室内仅发现零星的几枚铜钱币及摇钱树残片，从盗洞内清理出一灰陶俑的手部正好与墓葬附近散落的灰陶俑残片吻合相接，经复原为一击鼓说书俑（图一二）。

值得注意的是，在M20北部有大小2个土坑，其开口与墓葬在一个层面上。大坑平面近圆形，长径3.7米，深0～20厘米，坑内堆积碎石渣，与建筑墓葬所用的条石材质相同，推断为建墓所用石料的加工场；小坑平面大致呈椭圆形，坑壁经加工，底平坦，长径1.6米，坑内堆积厚25～28厘米的炭末，结合墓石加工场，推断为工具钻火场所。

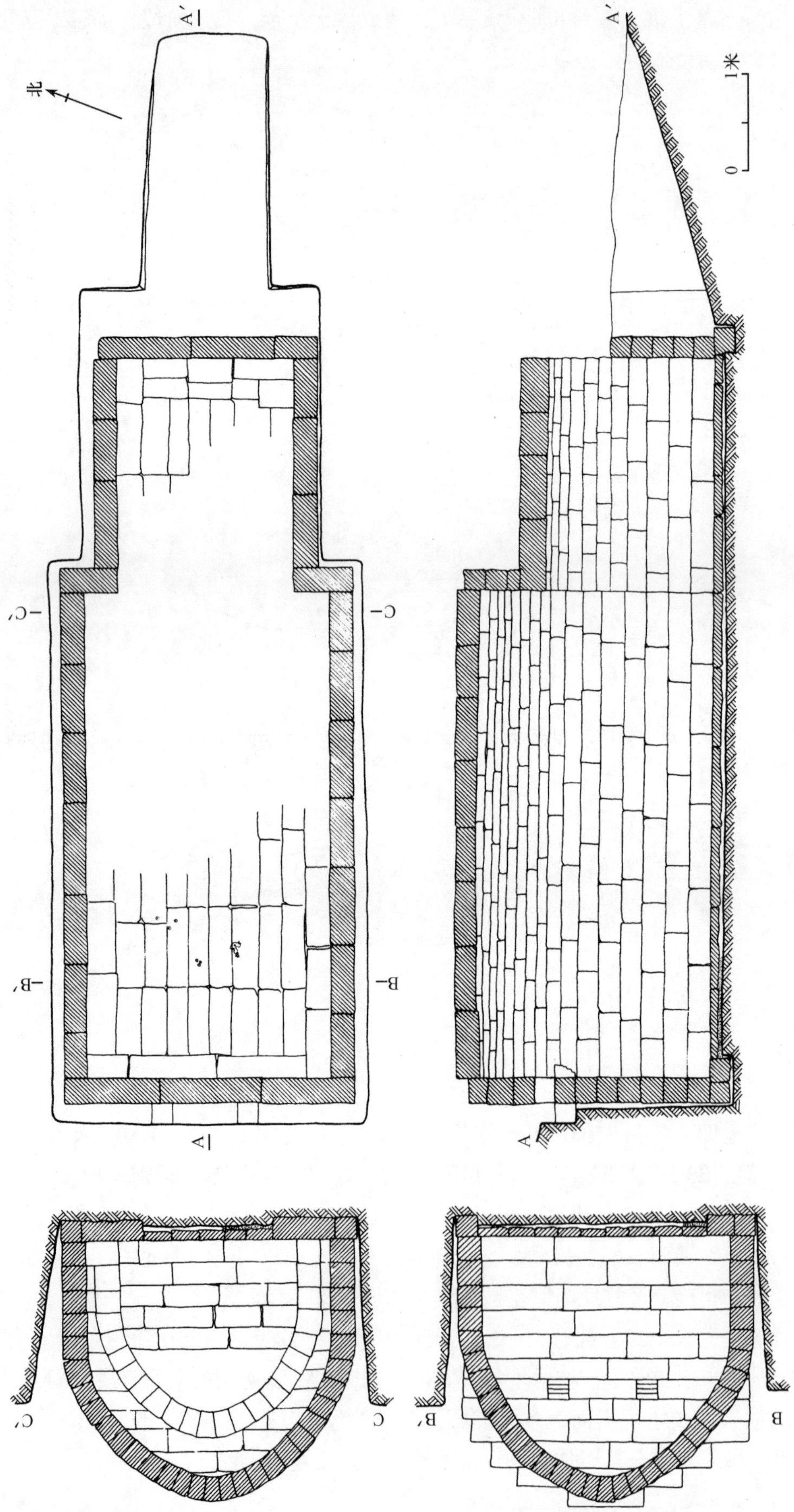

图一二　M20平、剖面图

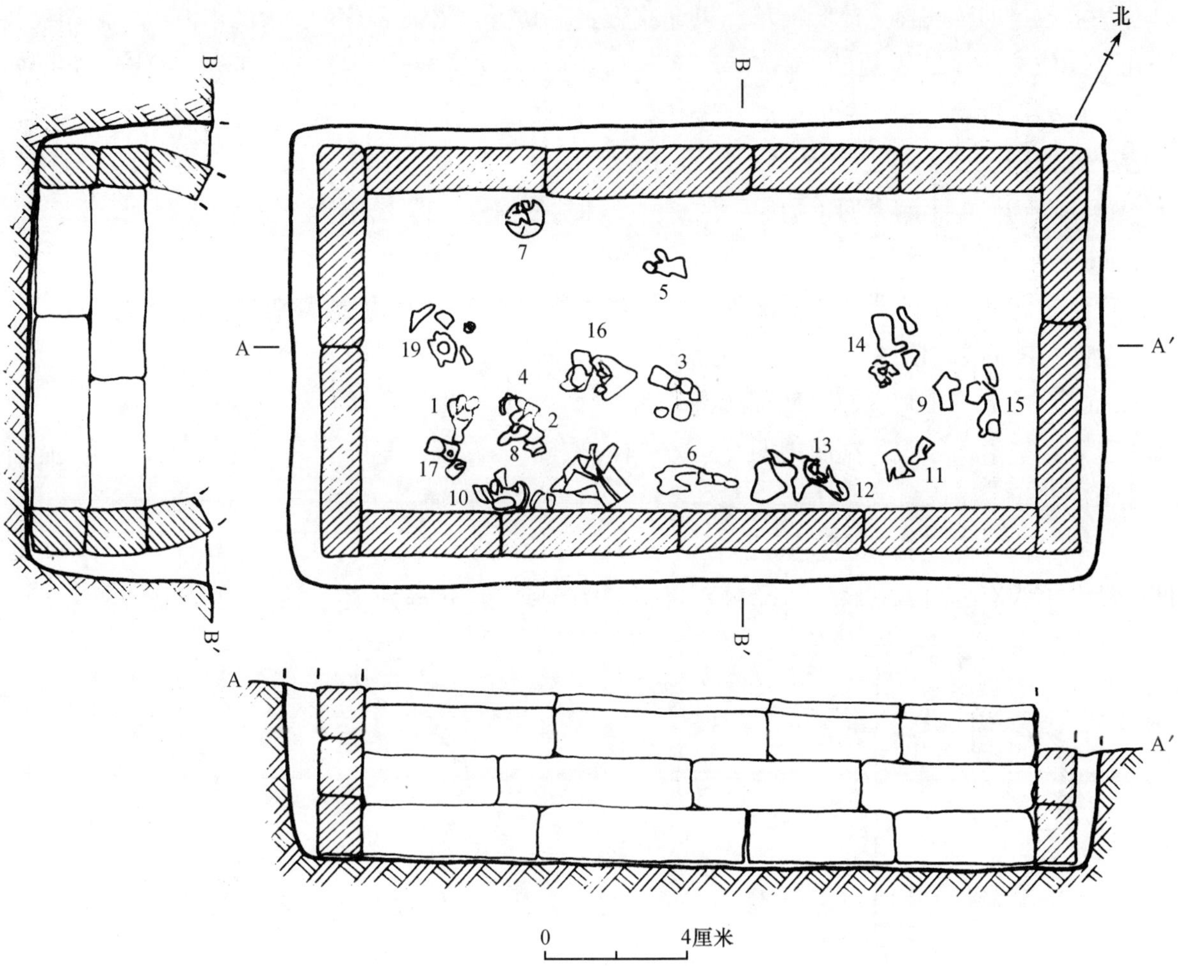

图一三 M12平、剖面图

1、3、5、6、8、10～13、18. 陶俑 2. 陶猪 4. 陶镇墓兽 7、14、15. 陶钵 9、17. 陶鸡 16、19. 陶盆

B型 长方形石室墓。

1座。

M12 位于墓地东侧，与M14、M4相邻，方向255°，打破M13。平面呈长方形，墓室长3.05、宽1.42、残高0.8米，券顶已塌，无铺地石。该墓破坏严重，葬具、人骨架不详。随葬品经扰动，多残破，集中散落在墓室南侧，复原器19件，均为陶器，有盆、钵、俑、鸡、猪等（图一三）。

二、遗 物

清理发掘的30座墓葬多被盗，随葬品组合多不全，完整或可复原器500余件，以陶器为主，另有一定数量的铜器、铁器、钱币等。

1. 陶器

以泥质为主，夹砂陶次之。陶色以灰陶为主，红陶主要集中在陶俑、摇钱树座等明器上，另有一定数量的釉陶器。纹饰简单，以绳纹为主，其次为弦纹，另有少量的水波纹、戳印纹及镂孔。绳纹多饰于罐、甑的上腹部，有竖向、斜向、交错绳纹三类，其制法有滚压、拍印两种。弦纹多见于罐、釜、壶的肩部；镂孔见于博山炉的器盖上。器类分实用器和明器两大类，前者以罐、釜为主，钵、盆次之，其他有甑、壶、鼎、瓮、器盖、灯、纺轮等。明器有陶俑（人物、动物俑）、陶模型（陶房、塘、井）和摇钱树座、博山炉等。

（1）实用器类

罐 是该墓地主流器物，不仅数量多，而且形制多样。均为泥质灰陶，轮制。分九型。

A型 圜底罐。依口部形态分二亚型。

Aa型 小口。依口、腹、底部形态分四式。

Ⅰ式：宽沿，鼓腹，圜底内凹。M19：14，直口，方唇，宽折沿，领较高，鼓肩。上腹部饰二道凹弦纹，下腹部饰交错绳纹。口径13.5、腹径25.2、通高20.4厘米（图一四，2）。

Ⅱ式：沿较宽，折弧腹，圜底内凹。M18：1，直口，斜方唇，中领，折肩。肩部饰二道凹弦纹，上腹有一道凹弦纹。口径14.8、腹径30.6、通高23厘米（图一四，1）。

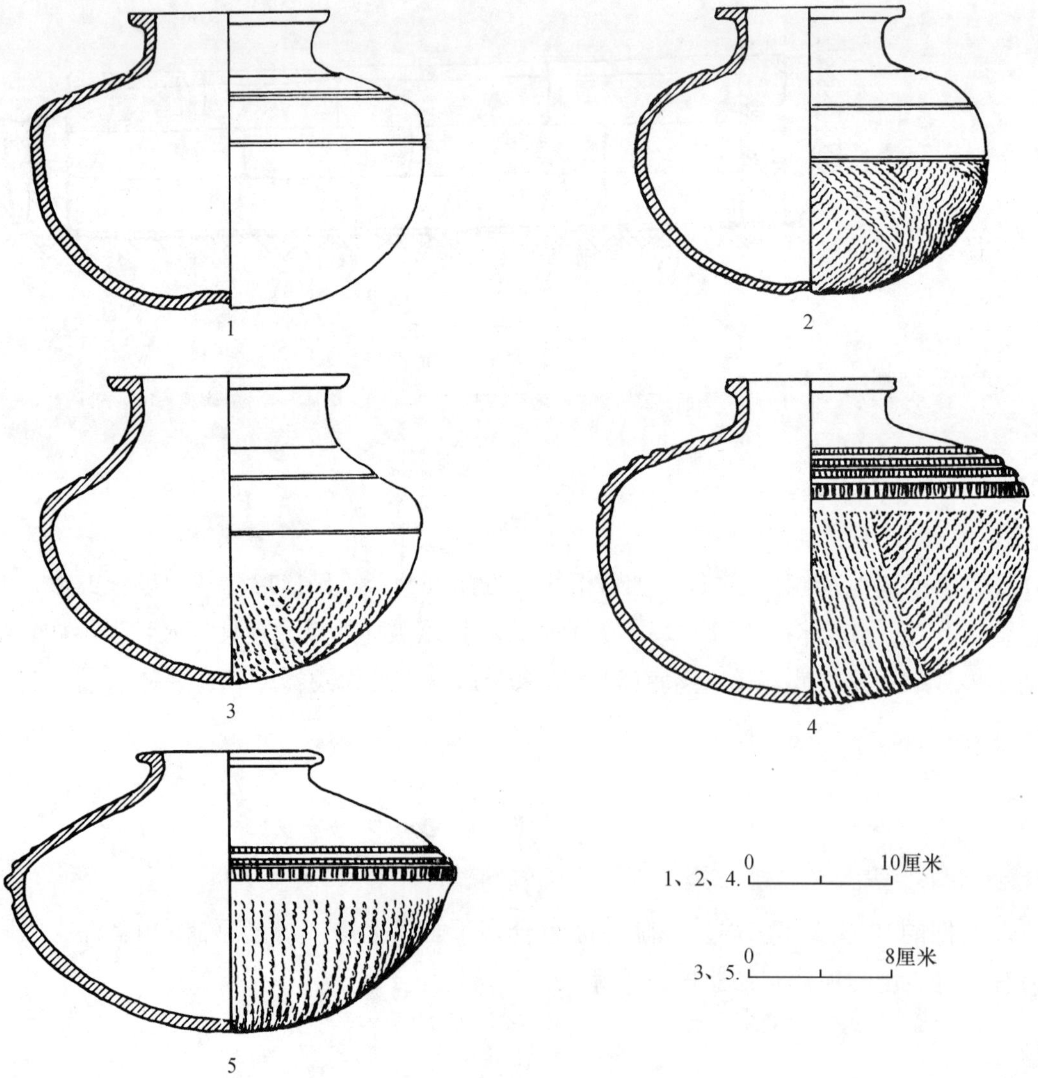

图一四 陶罐

1. Aa型Ⅱ式（M18：1） 2. Aa型Ⅰ式（M19：14） 3. Ab型（M25：4） 4. Aa型Ⅲ式（M29：20） 5. Aa型Ⅳ式（M8：11）

Ⅲ式：茧形罐。窄沿，直弧腹，圜底。M29：20，直口，斜方唇、窄沿，领较矮，广肩。肩部饰四道凸弦纹，下腹饰交错绳纹。口径14.8、腹径30.6、通高23厘米（图一四，4）。

Ⅳ式：卷沿，扁腹，圜底。M8：11，侈口，尖圆唇，短领，溜肩。肩部饰三道弦断绳纹，下腹饰竖向绳纹。口径11.4、腹径26.2、通高16.2厘米（图一四，5）。

Ab型　大口。M25：4，直口，斜方唇，宽折沿，高领，溜肩，圜底。肩部饰二道凹弦纹，下腹至底饰交错绳纹。口径14.1、腹径21.5、通高17.4厘米（图一四，3）。

B型　小口大平底罐。分三亚型。

Ba型　带盖溜肩罐。平折沿，矮领。分二式。

Ⅰ式：鼓腹。M19：15，盖顶呈弧形，带孔纽，子母口。直口，方唇，平折沿，鼓腹，平底。口径12.5、底径19、通高21.5厘米（图一五，2）。

Ⅱ式：扁鼓腹。M10：37，盖顶呈弧形，无纽，子母口。直口，圆唇，扁鼓腹，平底。器身施红色陶衣。口径11.5、腹径31.5、底径21.6、通高24.5厘米（图一五，3）。

Bb型　耸肩罐。侈口，卷沿，圆唇，矮领。依肩、腹形态分四式。

Ⅰ式：溜肩，鼓腹。M30：19，肩部饰二道凹弦纹。口径11.4、腹径24.8、底径19.5、通高19.5厘米（图一五，6）。

Ⅱ式：鼓肩，鼓腹。M13：18，肩部饰三道凹弦纹。口径11、腹径32、通高24.8厘米（图一五，8）。

Ⅲ式：广肩，扁鼓腹。M23：3，下腹斜收。外施红色陶衣，肩部饰三条弦断网格纹。口径13、腹径32、底径21.5、通高22.5厘米（图一五，11）。

Ⅳ式：M9：6，卷圆唇，矮领，溜肩。肩部饰二道凹弦纹。口径11、腹径21.5、底径17、通高16.4厘米。

Bc型　鼓肩直口中领罐。M8：15，直口，平折沿，方唇，直领，鼓腹，下腹斜收。肩部分别饰二道凹弦纹和二道压印绳纹。口径16、腹径35、底径25、通高29.2厘米（图一五，10）。

C型　侈口中领罐。依腹部形态分三式。

Ⅰ式：球腹。M14：9，侈口，圆唇，鼓肩，球腹，平底。腹部饰弦断绳纹。口径11、底径11厘米（图一五，4）。

Ⅱ式：鼓腹。M29：51，侈口，圆唇，溜肩，鼓腹，下腹弧收，平底。颈、肩部饰一道凹弦纹和二道压印的凸弦纹。口径15、腹径28.1、底径19、通高24厘米（图一五，5）。

Ⅲ式：斜弧腹。M26：23，侈口，圆唇，直颈，斜弧腹，平底。颈、肩接合部饰一条网格纹带，肩部饰一道压印凸弦纹。口径13.2、腹径23.2、底径14.5、通高23.5厘米（图一五，1）。

D型　侈口广肩罐。均为侈口，卷沿，圆唇，平底。分五亚型。

Da型　弧腹。依口部形态分二式。

Ⅰ式：卷折沿。M29：18，侈口，卷折沿，上腹微鼓，下腹斜收。肩部饰二道凸棱纹，上腹部饰三道弦断绳纹。口径17、腹径30、底径17、通高23.3厘米（图一五，7）。

Ⅱ式：卷沿。M5：4，黑衣陶。口微侈，下腹弧。肩部饰一条刻划纹带。口径18、腹径28.5、底径17.8、通高20.8厘米（图一五，9）。

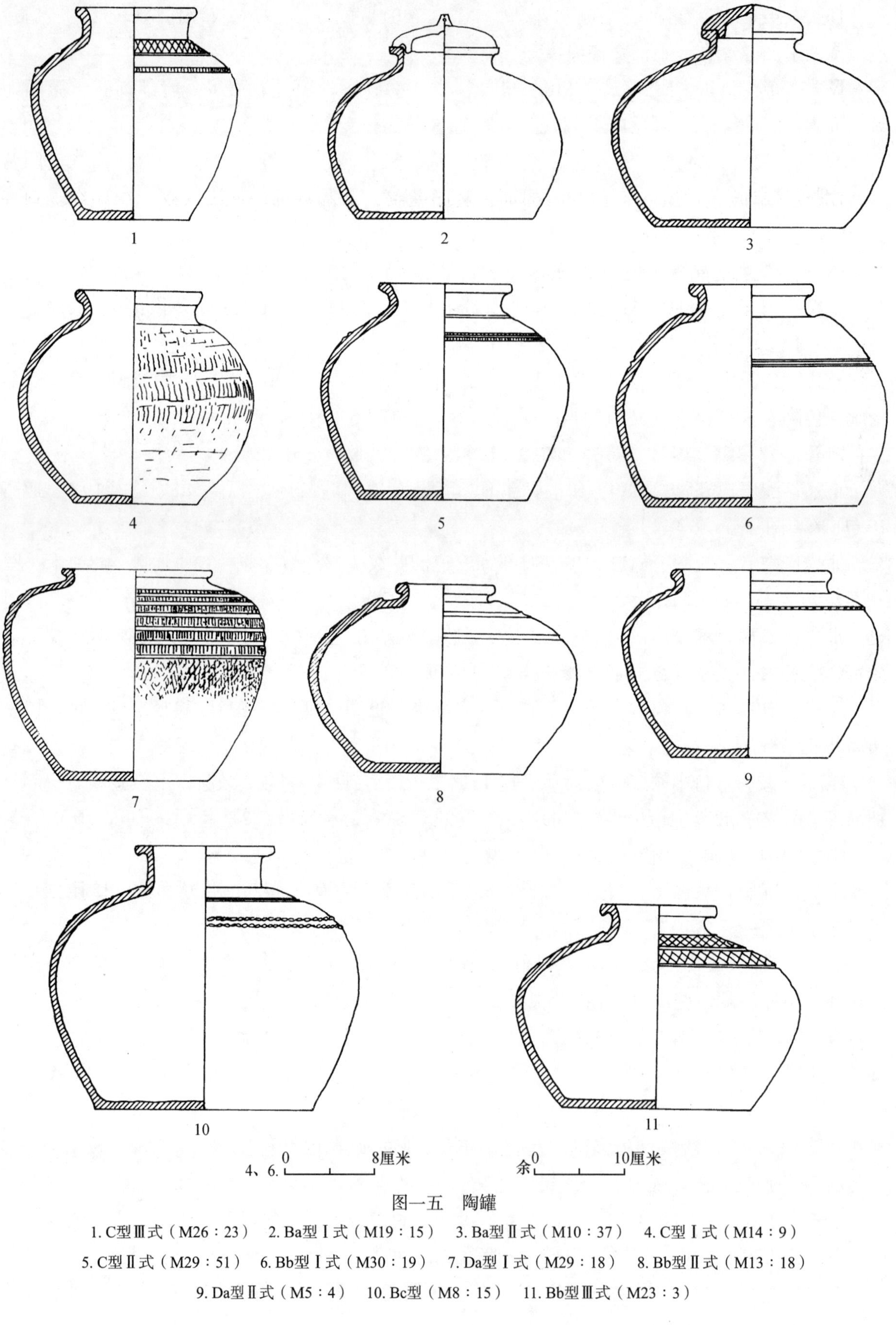

图一五 陶罐

1. C型Ⅲ式（M26：23） 2. Ba型Ⅰ式（M19：15） 3. Ba型Ⅱ式（M10：37） 4. C型Ⅰ式（M14：9） 5. C型Ⅱ式（M29：51） 6. Bb型Ⅰ式（M30：19） 7. Da型Ⅰ式（M29：18） 8. Bb型Ⅱ式（M13：18） 9. Da型Ⅱ式（M5：4） 10. Bc型（M8：15） 11. Bb型Ⅲ式（M23：3）

Db型　斜弧腹，耸肩。依口部形态分二式。

Ⅰ式：直口微侈。M13：35，耸肩，下腹斜收。肩部饰二道凹弦纹。口径12、腹径22.5、底径16.5、通高16.5厘米（图一六，4）。

Ⅱ式：侈口。M3：24，肩微耸，下腹弧收。肩部饰一道凹弦纹，上腹饰二道细弦纹。口径10.8、腹径23、底径13、通高16.3厘米（图一六，6）。

Dc型　扁鼓腹。M26：19，唇部饰一道凹弦纹，肩部各饰一道凹弦纹、压印纹。口径18.5、腹径31.5、底径14.5、通高20.8厘米（图一六，5）。

Dd型　鼓腹。M25：3，腹部饰五道弦纹。口径10、底径10、通高14厘米（图一六，3）。

De型　小罐。M4：11，扁腹，小平底。口径10、腹径14.8、底径6.5、通高10.5厘米（图一六，1）。

E型　敛口罐。M5：13，敛口，方唇，广肩，鼓腹，下腹曲收成平底。肩部饰一道凹弦纹。口径17、底径15、通高24.2厘米（图一六，11）。

F型　曲腹罐。依底部形态分二亚型。

Fa型　小平底。依肩、腹部形态分三式。

Ⅰ式：折肩。M14：36，直口，方唇，中领，折肩，上腹斜弧，下腹曲收成小平底。肩部刻"……氏一石"四字，腹部饰拍印绳纹。口径21、腹径37.5、底径10、通高33.5厘米（图一七，4）。

Ⅱ式：溜肩。M2：3，直口微侈，方圆唇，领较矮，溜肩，鼓腹，下腹微曲收成小平底，素面。口径20.5、腹径30.5、底径9.5、通高31厘米（图一七，3）。

Ⅲ式：鼓肩。M29：29，侈口，卷沿，圆唇，矮领，鼓腹，下腹曲收成小平底。腹部饰拍印方格纹。口径25.2、腹径41.5、底径14、通高32.2厘米（图一七，6）。

Fb型　依腹部形态分二式。

Ⅰ式：鼓腹。M25：6，直口微侈，卷沿，斜方唇，鼓腹，下腹微曲收成平底。肩部饰一道凹弦纹，腹部饰斜向绳纹。口径15.5、腹径23.5、底径13.5、通高21.6厘米（图一六，12）。

Ⅱ式：扁鼓腹。M10：19，直口微侈，子母口，扁鼓腹，下腹曲收成小平底。口径15.2、腹径28、底径14、通高22厘米（图一六，7）。

G型　折腹罐。依口、领部形态分三亚型。

Ga型　大口，矮领。M29：12，侈口，圆唇外翻，斜领，折肩，下腹斜收成平底。上腹部绳纹上饰拍印方格纹。口径25、底径22、通高27.5厘米（图一七，7）。

Gb型　大口，无领。M29：5，口微敛，圆唇，折肩，下腹曲收成平底。上腹部饰五道弦断绳纹。口径22、腹径35.5、底径19、通高22厘米（图一七，5）。

Gc型　小口，中领。M5：24，黑衣。直口，斜方唇，矮领，折弧腹，平底。腹部饰一道凸弦纹，上腹饰一道水波纹，下腹饰二道凹弦纹。口径9.5、腹径24、底径14.5、通高15.1厘米（图一六，2）。

H型　直口鼓腹罐。依口部形态分二亚型。

Ha型　小口。M13：30，斜方唇，矮领，广肩，鼓腹。腹部饰四周弦断绳纹。口径12.5、腹径29、底径16.5、通高24厘米（图一六，13）。

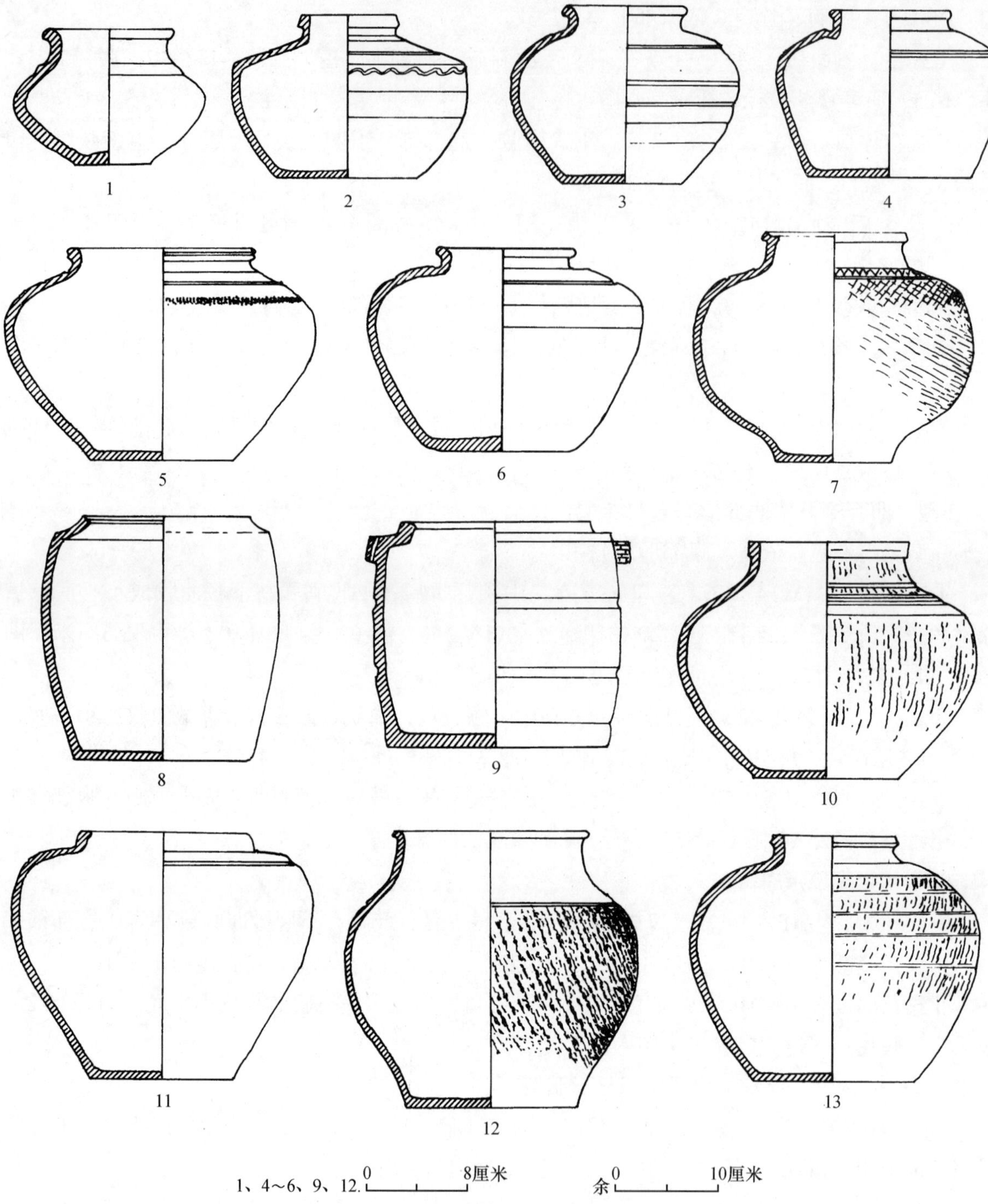

图一六　陶罐

1. De型（M4：11）　2. Gc型（M5：24）　3. Dd型（M25：3）　4. Db型Ⅰ式（M13：35）　5. Dc型（M26：19）　6. Db型Ⅱ式（M3：24）　7. Fb型Ⅱ式（M10：19）　8. Ib型（M8：16）　9. Ia型（M9：5）　10. Hb型（M14：19）　11. E型（M5：13）　12. Fb型Ⅰ式（M25：6）　13. Ha型（M13：30）

Hb型　大口。M14：19，方唇，中领，鼓腹微扁。上腹饰四道弦断绳纹，下腹饰粗绳纹。口径9.6、腹径18、底径9、通高13.8厘米（图一六，10）。

I型　筒形罐。依沿部、腹部形态分二亚型。

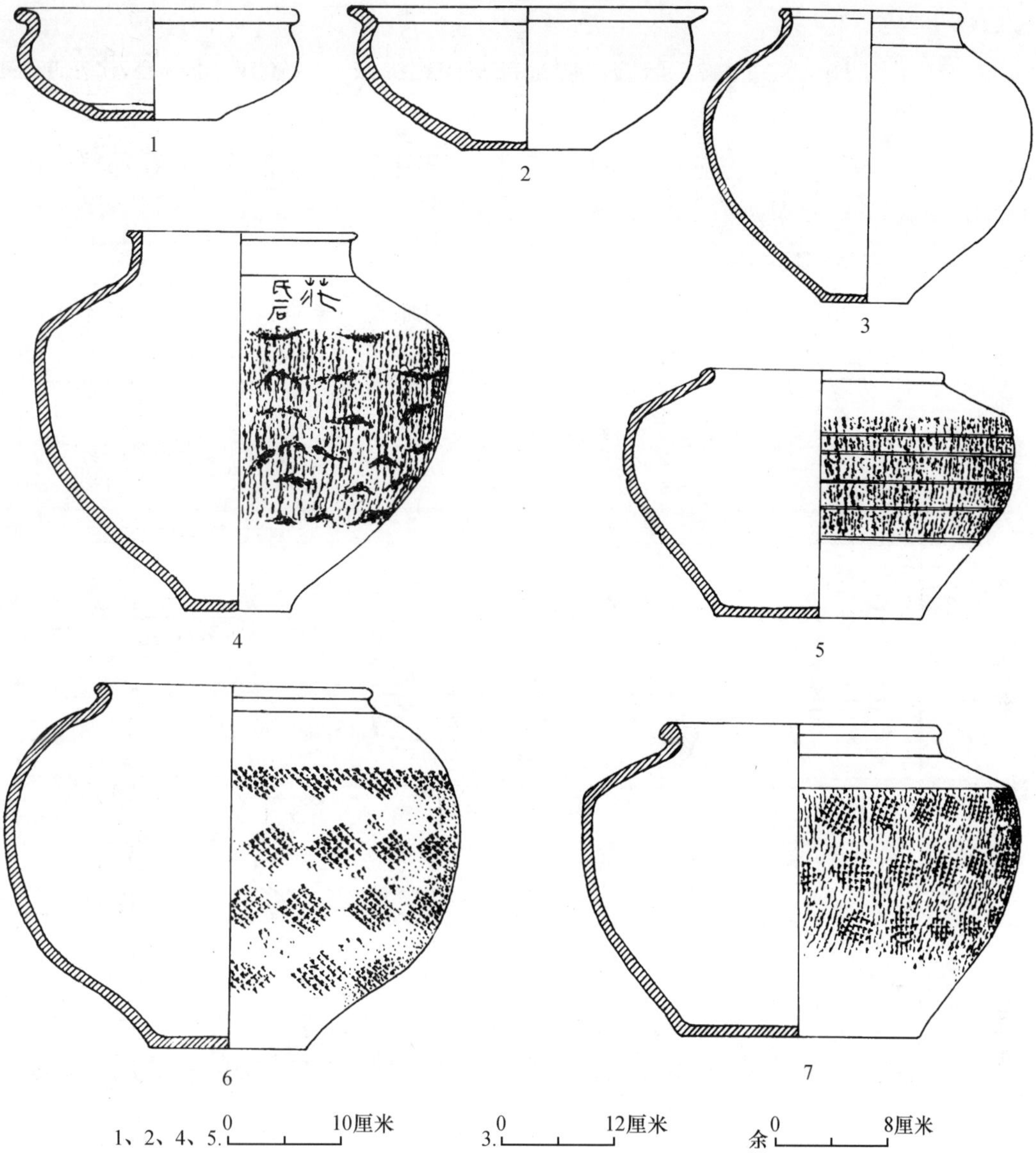

图一七　陶盆、罐

1. B型Ⅰ式盆（M29：44）　2. B型Ⅱ式盆（M3：22）　3. Fa型Ⅱ式罐（M2：3）　4. Fa型Ⅰ式罐（M14：36）　5. Gb型罐（M29：5）　6. Fa型Ⅲ式罐（M29：29）　7. Ga型罐（M29：12）

Ia型　平沿，直弧腹。M9：5，黑衣灰陶。子母口，方唇，平沿，直弧腹，平底。肩部饰两附耳（带孔），腹部饰二道凹弦纹。该类罐内置De型罐，沿上置井架，为井罐。口径16.2、底径18.5、通高17.5厘米（图一六，9）。

Ib型　斜沿内凹，弧腹。M8：16，子母口，斜沿内凹，弧腹，平底。肩部饰一道刻划的锯齿纹。口径12.8、底径13.4、通高18.6厘米（图一六，8）。

釜　均为夹砂灰陶。基本形态为侈口，卷沿，圜底。据口、领部形态分二型。

A型　大口。依沿部形态分二亚型。

Aa型　窄沿。依腹部形态分二式。

Ⅰ式：扁鼓腹。M30：16，尖圆唇，扁鼓腹。素面。口径15.2、腹径16.5、通高8.6厘米

（图一八，9）。

Ⅱ式：鼓腹。M16：5，圆唇，鼓腹。腹部饰斜向粗绳纹。口径16、腹径17.2、通高11.2厘米（图一八，12）。

Ab型 宽沿。M22：6，宽斜沿，方唇，垂腹，圜底近平。腹部饰三周戳印纹。口径19、通高13厘米（图一八，11）。

B型 小口。依腹部形态分三式。

Ⅰ式：扁弧腹。M25：11，卷沿，圆唇，束颈，扁弧腹。素面。口径9.5、腹径14.4、通高

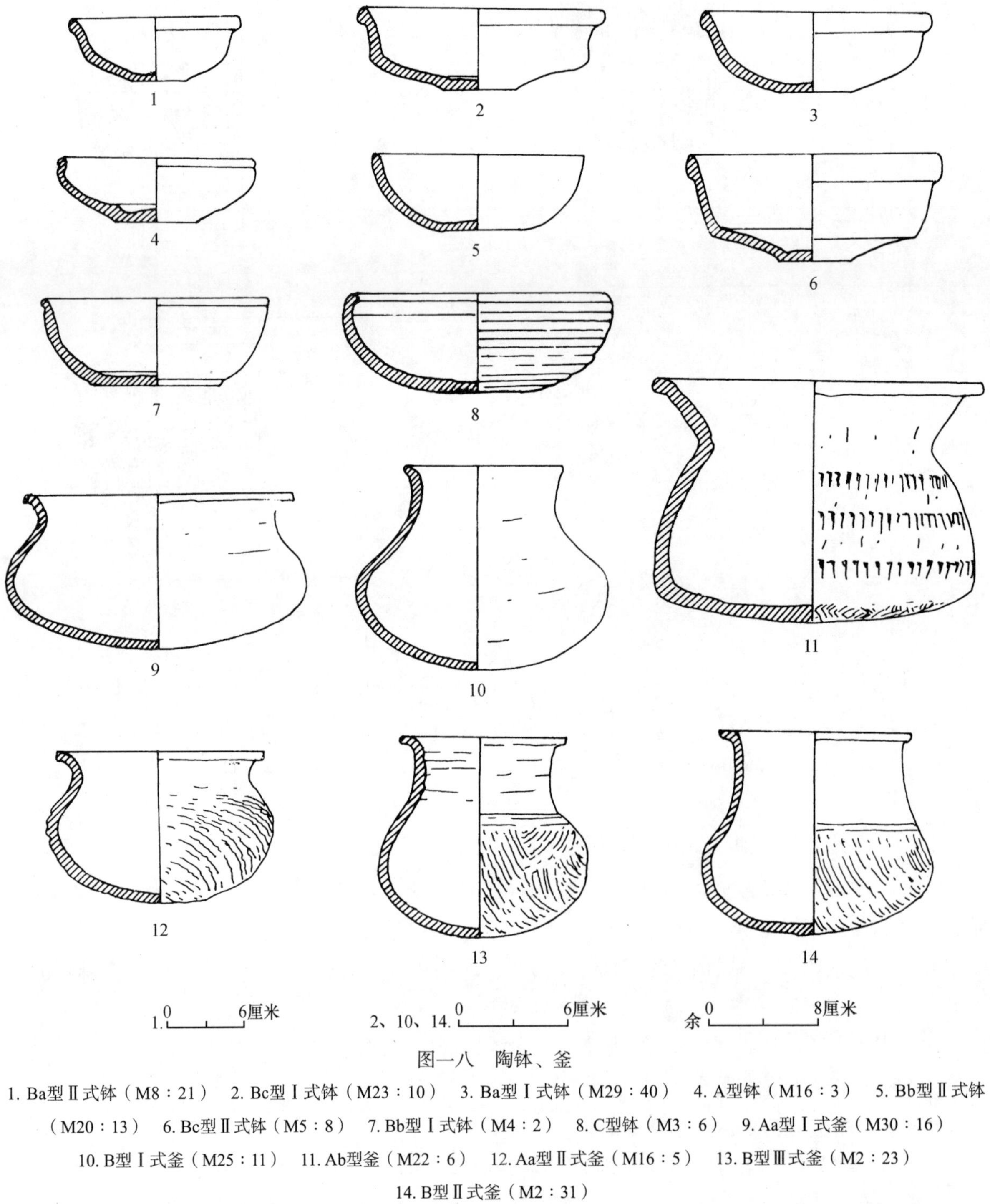

图一八 陶钵、釜

1. Ba型Ⅱ式钵（M8：21） 2. Bc型Ⅰ式钵（M23：10） 3. Ba型Ⅰ式钵（M29：40） 4. A型钵（M16：3） 5. Bb型Ⅱ式钵（M20：13） 6. Bc型Ⅱ式钵（M5：8） 7. Bb型Ⅰ式钵（M4：2） 8. C型钵（M3：6） 9. Aa型Ⅰ式釜（M30：16） 10. B型Ⅰ式釜（M25：11） 11. Ab型釜（M22：6） 12. Aa型Ⅱ式釜（M16：5） 13. B型Ⅲ式釜（M2：23） 14. B型Ⅱ式釜（M2：31）

11.2厘米（图一八，10）。

Ⅱ式：扁鼓腹。M2：31，沿外侈，圆唇，高领，扁鼓腹。腹部饰斜向绳纹。口径13.4、腹径22、通高14.7厘米（图一八，14）。

Ⅲ式：鼓腹。M2：23，沿外卷，方唇，高领，鼓腹。腹部饰交错绳纹。口径12.6、腹径15.7、通高14.7厘米（图一八，13）。

盆　均为泥质灰陶，大口，平底。依口部形态分二型。

A型　敞口。依腹部形态分二亚型。

Aa型　浅腹。依口、腹形态分二式。

Ⅰ式：敞口微敛。M30：14，宽平沿，尖圆唇，上腹微鼓，下腹弧收。下腹饰细密的轮弦纹。口径32.5、底径17.5、通高19.5厘米（图一九，2）。

Ⅱ式：敞口。M2：1，敞口，折平沿，方唇，斜弧腹。中腹部饰三道凸弦纹。口径27.5、底径14、通高4.5厘米（图一九，1）。

Ab型　深腹。M13：32，敞口，折平沿，沿面较宽，圆唇，深腹。腹部饰细密的鼓弦纹。

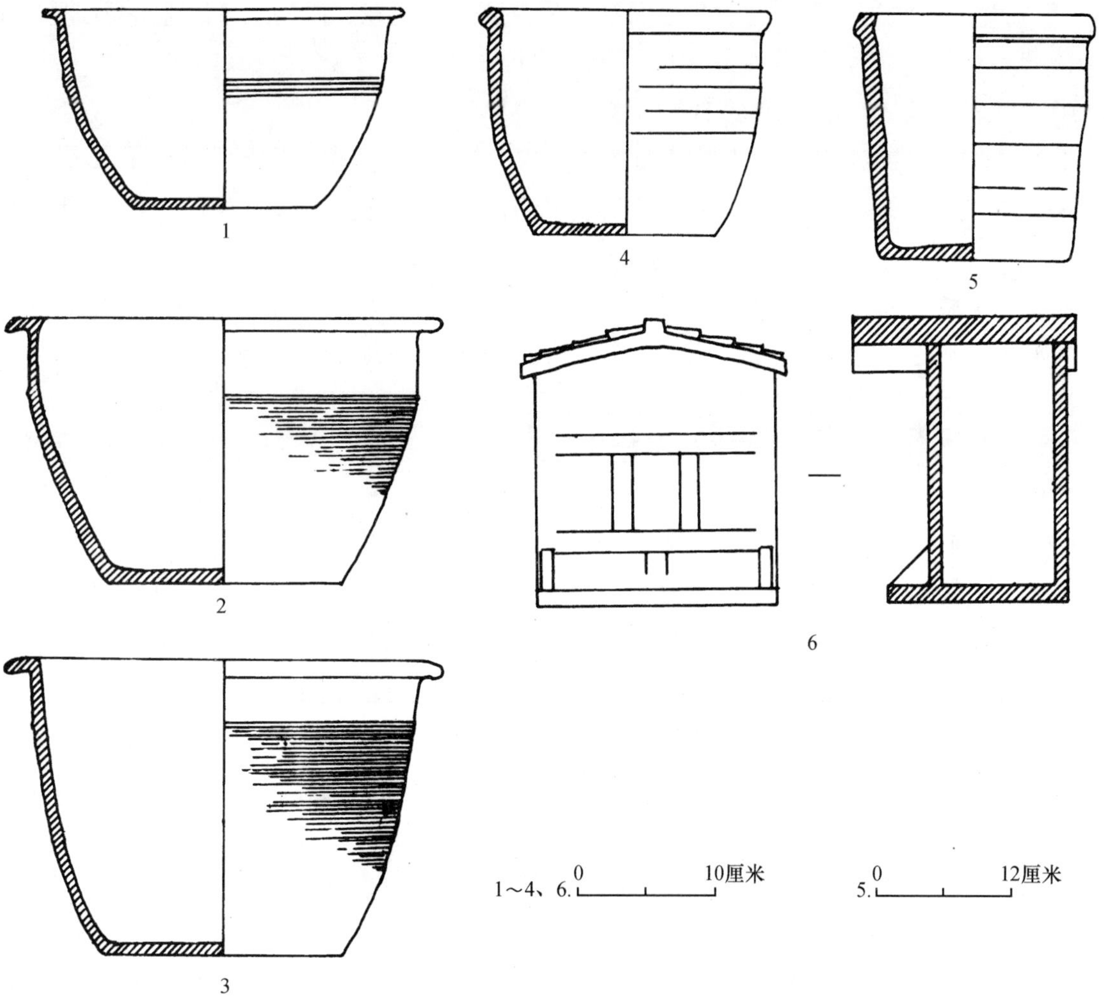

图一九　陶盆、仓

1. Aa型Ⅱ式盆（M2：1）　2. Aa型Ⅰ式盆（M30：14）　3. Ab型盆（M13：32）　4. B型Ⅱ式仓（M5：9）　5. B型Ⅰ式仓（M4：12）　6. A型仓（M11：9）

口径33、底径18、通高21.5厘米（图一九，3）。

B型　侈口。均为卷沿，圆唇，小平底，素面。依腹部形态分二式。

Ⅰ式：鼓腹。M29：44，口径20.6、通高8.2厘米（图一七，1）。

Ⅱ式：弧腹。M3：22，上腹微鼓，下腹斜收成平底。口径26、底径10厘米（图一七，2）。

甑　均为夹砂灰陶，敞口，平折沿，平底，底部有孔。依腹部形态分二型。

A型　深腹。依口部形态和底部孔的多少分三式。

Ⅰ式：敞口微侈，底部孔的数量多且密集。M13：28，方唇，下腹斜收，底部密集分布小圆孔。上腹饰二周宽弦纹，下腹饰细密轮弦纹。口径34、底径16、通高20.8厘米（图二〇，2）。

Ⅱ式：敞口微敛，底部的孔较多。M11：23，尖圆唇，斜弧腹，底部有9个圆孔。上腹饰网格纹。口径34、底径16.8、通高22厘米（图二〇，3）。

Ⅲ式：敞口微直，底部的孔较少。M5：31，尖圆唇，上腹微直，下腹斜曲收成平底，底有8个圆孔。上腹饰三道凸弦纹和横向细密的弦纹。口径48、底径21.6、通高31.2厘米（图二一，2）。

B型　浅腹。依腹部形态和底部孔的多少分二式。

Ⅰ式：上腹微鼓，底部孔的数量较多。M29：2，敞口微侈，圆唇，上腹微鼓，下腹斜收，平底略内凹，底部有10个圆孔。上腹部饰拍印方格纹。口径40、通高21.6厘米（图二〇，1）。

Ⅱ式：上腹微直，底部孔的数量较少。M5：14，敞口微直，尖圆唇，上腹较直，下腹弧收，底部有7个圆孔。上腹饰弦纹。口径33.5、底径18、通高19.2厘米（图二一，1）。

钵　均为泥质灰陶，平底。依口部形态分三型。

A型　侈口。M16：3，侈口，圆唇略外卷，斜弧腹。素面。口径11.4、底径4.6、通高3.5厘米（图一八，4）。

B型　敞口。依腹部形态分三亚型。

Ba型　折腹。均为尖圆唇，分二式。

Ⅰ式：M29：40，折弧腹。口径16.8、通高6厘米（图一八，3）。

Ⅱ式：M8：21，下腹微内收。口径13、底径5、通高5厘米（图一八，1）。

Bb型　弧腹。均为圆唇，依底部形态分二式。

Ⅰ式：假圈足。M4：2，釉陶，器表饰青釉。近底处内收成假圈足。口径10.2、通高6.5厘米（图一八，7）。

Ⅱ式：平底。M20：13，口径16.5、通高5.8厘米（图一八，5）。

Bc型　曲腹。依腹部形态分二式。

Ⅰ式：浅腹。M23：10，敞口微侈，尖圆唇，上腹内收，平底。口径13、底径、通高5厘米（图一八，2）。

Ⅱ式：深腹。M5：8，敞口，尖圆唇，上腹斜直，下腹曲收厉害，小平底。口径19.2、底径5.5、通高7.8厘米（图一八，6）。

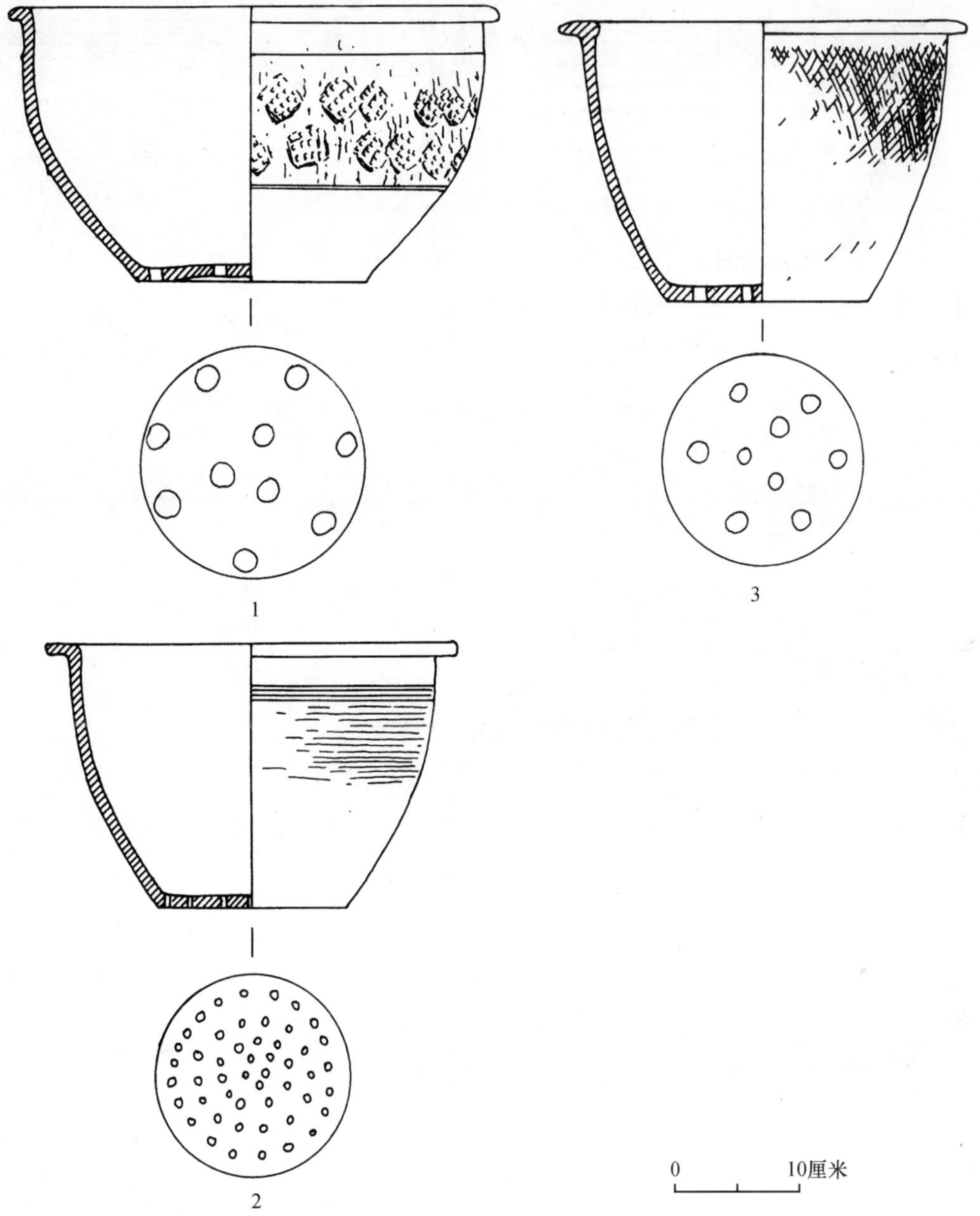

图二〇　陶甑

1. B型Ⅰ式（M29：2）　2. A型Ⅰ式（M13：28）　3. A型Ⅱ式（M11：23）

C型　敛口。M3：6，黑衣灰陶，敛口，圆唇，弧腹，圜底近平。器表饰数道瓦棱纹。口径19.5、通高46.2厘米（图一八，8）。

瓮　M14：27，泥质灰陶。小口，圆唇外翻略下垂，矮领，广肩，鼓腹，平底。肩部饰三道凹弦纹。口径13.2、最大腹径52.8、底径36、通高46.2厘米（图二一，3）。

盖鼎　M13：11，泥质灰陶。器身为子母口，扁直腹，缓圜底，口部饰二曲形耳外撇，矮蹄足外撇。器盖为弧形顶，饰三尖扁形纽。口径12.3、腹径12.4、通高15厘米（图二二，3）。

壶　均为泥质灰陶。分二型。

A型　蒜头壶。M14：28，蒜头口，细颈，扁鼓腹，圈足。颈部饰一箍带纹。口径32、腹

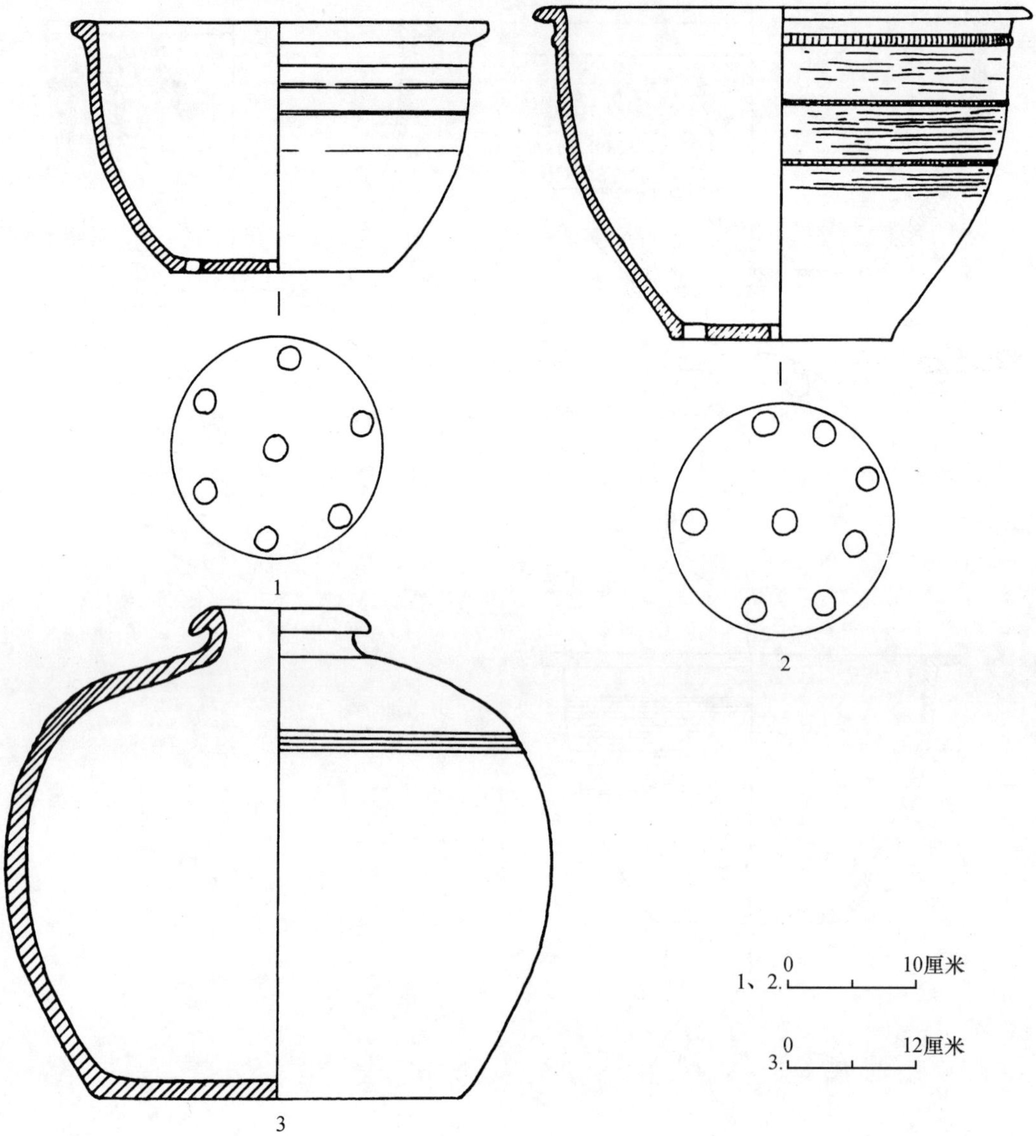

图二一　陶甑、瓮

1. B型Ⅱ式甑（M5：14）　2. A型Ⅲ式甑（M5：31）　3. 瓮（M14：27）

径20、底径10.8、通高23.6厘米（图二二，2）。

B型　盘口壶。M26：13，盘口，方唇，粗颈，扁鼓腹，矮圈足略外撇。肩、腹部各饰两道凹弦纹。口径15、腹径28.2、底径17.5、通高26.5厘米（图二二，1）。

豆　均为敛口，圈足。依腹部形态分三式。

Ⅰ式：斜弧腹。M25：12，圆唇，浅腹，小圈足。口径14.8、底径5、通高6厘米（图二三，1）。

Ⅱ式：弧腹。M30：28，圆唇，腹较浅，矮圈足。器身饰二道凹弦纹。口径15.2、底径6、通高6厘米（图二三，2）。

Ⅲ式：折弧腹。M14：38，尖圆唇，深腹，圈足外撇。口部饰细密轮弦纹。口径9.5、底径4、通高4厘米（图二三，3）。

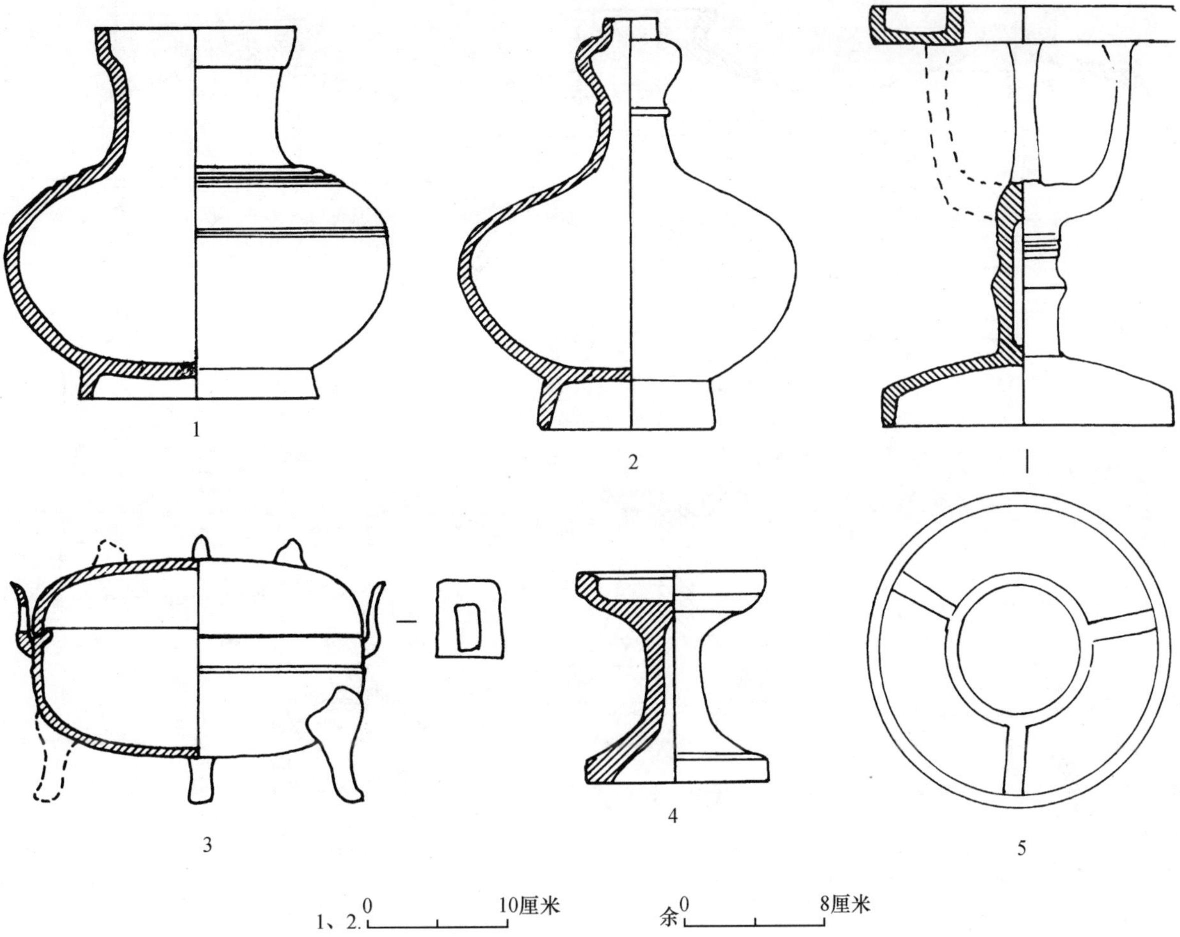

图二二　陶器

1. B型壶（M26：13）　2. A型壶（M14：28）　3. 盖鼎（M13：11）　4. Ⅱ式博山炉（M4：4）　5. 灯（M13：12）

灯　M13：12，泥质灰陶。灯盘为直口，浅腹。盘内分格，有内外二层，内层为圆形，外层分为三格。下接瘦三足，足下为竹节形柄与器座相连。盘径17.5、座宽18、通高24厘米（图二二，5）。

博山炉　依腹部形态分二式。

Ⅰ式：深腹。M26：6，泥质灰陶。器盖呈盔形，兽纽，饰三角形、圆形镂孔，刻划水波纹。器身为子母口，弧腹，束柄，覆钵形器座，上刻划水波纹、凹弦纹。盖径13、底径11、通高23.6厘米（图二三，6）。

Ⅱ式：浅腹。M4：4，泥质红陶，施酱黄釉。直口，方唇，浅盘，柄下接器座。口径11、底径11、通高11.2厘米（图二二，4）。

器盖　均为泥质灰陶。分二型。

A型　子母口。M2：10，子母口，尖圆唇，沿平内凹，弧顶。口径10.5、通高4厘米（图二三，4）。

B型　敞口。M23：7，敞口，方唇，斜弧腹，捉手呈圆饼形。盖身饰数道凸弦纹。纽径6.4、口径28、通高10.4厘米（图二三，7）。

印泥　1件。M26：33，泥质灰陶。方形纽，印身残。纽长3.5、残高1.7厘米（图

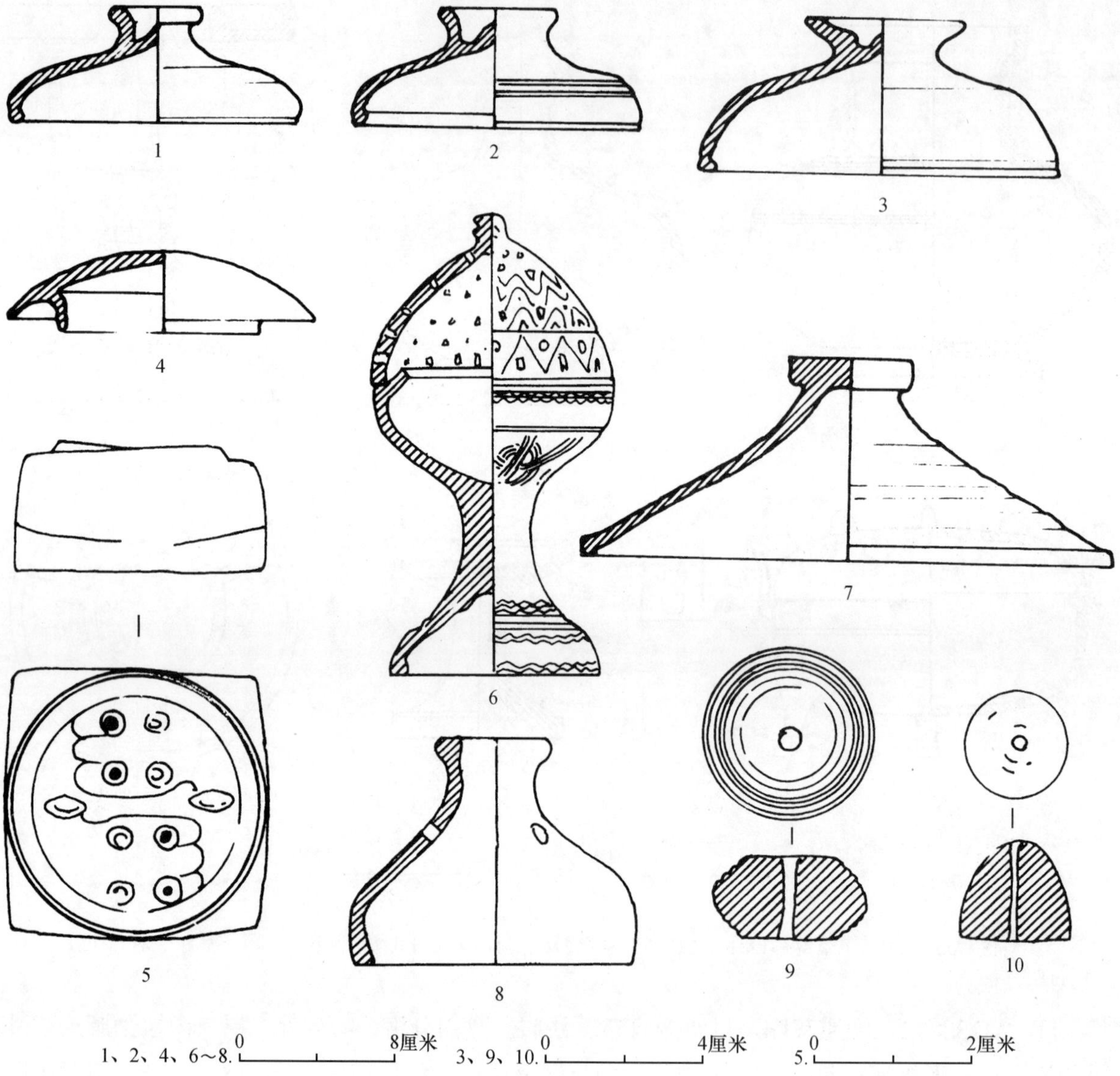

图二三　陶器

1. Ⅰ式豆（M25：12）　2. Ⅱ式豆（M30：28）　3. Ⅲ式豆（M14：38）　4. A型器盖（M2：10）　5. 印泥（M26：33）
6. Ⅰ式博山炉（M26：6）　7. B型器盖（M23：7）　8. 支座（M11：4）　9. A型纺轮（M25：18）　10. B型纺轮（M14：31）

二三，5）。

支座　1件。M11：4，泥质红陶。似陶豆，内中空，平沿，圆唇，束颈，器身饰三圆形镂孔。口径6、底径15.5、高11.5厘米（图二三，8）。

纺轮　均为泥质灰陶。分二型。

A型　M25：18，平面呈圆形，剖面为六边形。腹径4、通高2.2、孔径0.4厘米（图二三，9）。

B型　M14：31，圆锥形，弧顶，平底。底径3、孔径0.2、通高2.6厘米（图二三，10）。

瓦当　M3：23，泥质灰陶，模制。平面呈圆形，当面用双短线分成四等分，饰卷云纹。直径13.6～14厘米（图三七，5）。

（2）明器类

陶明器主要出土于砖室、石室墓中，以红陶为主，灰陶次之。分陶俑、模型、摇钱树座三大类。

陶俑　有人物、动物俑两类，主要为模制，部分人物俑的头饰为手制。人物俑有击鼓说书俑、抚耳俑、侍俑、持便面俑、执物俑、抱物俑、子母俑、坐姿俑、立姿俑、舞俑、吹箫俑、扶琴俑等。

说书俑　均为泥质灰陶。分二型。

A型　M20：1，头戴折沿帽，面带笑容，小耳，阔嘴，卷舌；身体前伸，上身赤裸，耸肩、鼓腹，右脚跪坐，左脚下蹲；左手抱一圆鼓，右手紧握鼓槌做击鼓状。通高48厘米（图二四，1）。

B型　M11：15，模制。头戴折沿帽，大眼，高鼻，阔嘴，大耳。穿束袖长袍，跪坐，右手握一鼓槌至胸前，左手扶圆鼓于两腿间。宽15、通高30厘米（图二五，1）。

抚耳俑　均为泥质红陶，模制。分二型。

A型　M5：2，头挽两高髻，系巾，面带微笑，头略左斜；着圆领内衣，外穿交领右衽长袍，体态丰满。跪坐，左手置于腿上，右手抚耳做恭听状。通高24.7厘米（图二五，2）。

B型　M11：1，头饰高云髻，系巾，小眼，高鼻，口微张，头略右斜。着圆领内衣，外穿交领右衽长袍，褶袖、束袖口。双乳鼓凸，呈坐姿状。宽22.5、通高40厘米（图二五，3）。

侍俑　M1：4，泥质红陶。模制。头披巾，浓眉大眼，高鼻，大嘴。着圆领内衣，交领右衽宽袖长袍垂于地，双手相抱于胸前做拱手状。宽10.5、通高21.3厘米（图二五，4）。M20：20，夹细砂红陶。昂首挺胸，着薄纱，露乳。通高48厘米（图二六，3）。

持便面俑　依整体形态，分三型。

A型　M3：8，釉陶，青釉局部脱落，模制。头挽二高鬓，慈眉，小嘴，翘鼻。内着二层圆领内衣，外穿交领左衽宽袖长袍垂于地，双足尖微露。右手执便面于右胸前，左手提袋于腰间。宽11.5、通高32厘米（图二六，1）。

B型　M11：30，泥质灰陶。模制，头饰为捏制。头盘高髻，前饰三支花簪，昂头，面带微笑。内穿两重内衣（内层圆领，外层交领右衽），着交领右衽宽袖长袍垂于地，束腰。右手斜执便面，左手提袋。宽19、通高53厘米（图二七，3）。

C型　M4：5，夹砂细红陶，模制。头部缺失。着束袖交领右袄长袍，足尖微露，右手执便面于胸前，左手执袋搭于手弯。宽24、残高44厘米（图二七，4）。

执物俑　均为模制，分四型。

A型　基本形态为右手握铲于腰间，左手持箕于腹侧。M11：5，泥质灰陶。头戴平沿帽，大眼，高鼻，大嘴。内着两重内衣（内层圆领，外层交领右衽），外穿交领右衽短袍齐膝，束腰，两腿分立。右手握铲于腰间，左手持箕于腹侧。宽18.5、通高57厘米（图二八，2）。M4：11，黑衣灰陶。头及脚下部缺失。着交领内衣，外穿交领右衽长袍于膝间，腰带内插一环首刀。双腿分立，右手握铲于胸前，左手提箕垂于侧腹。宽35、残高80厘米（图二八，4）。M11：20，泥质灰陶。头饰为捏制，“山”字形髻，饰三支花簪，大眼，高鼻，面带微笑。着圆领内衣，外穿交领束袖长袍，束腰，双乳微凸。足隐显，右手握铲于胸前，左手捉箕

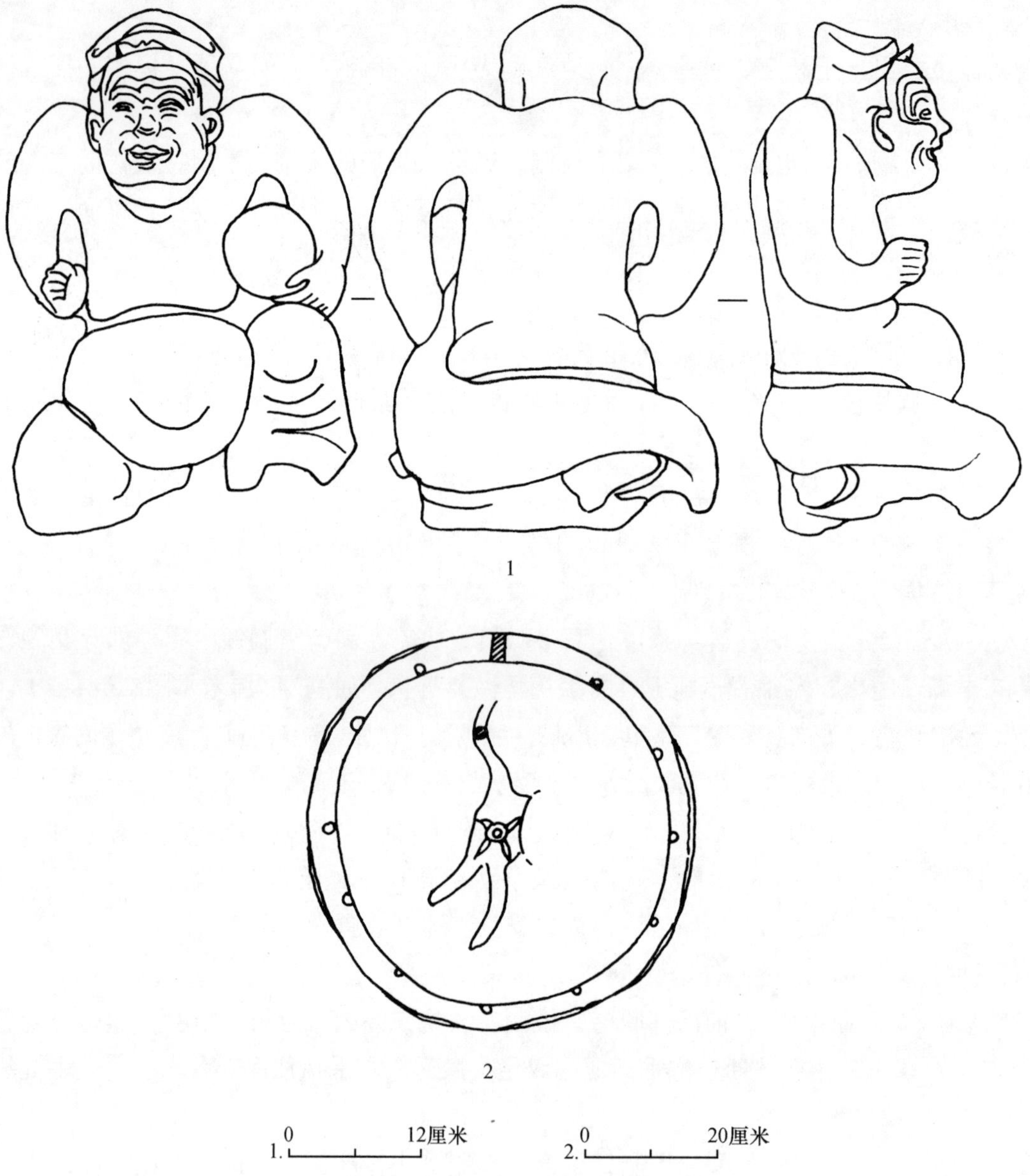

图二四　陶器
1. A型说书俑（M20：1）　2. 车轮（M20：19）

垂于腿侧。宽18、高47.5厘米（图二九，2）。

B型　M11：37，泥质灰陶。头戴平沿帽，小眼、高鼻，大嘴，大耳。着齐膝束袖长衣。双手握锸于胸前，足尖出露。宽6.5、通高19厘米（图二六，2）。

C型　M4：7，泥质灰陶。模制。头部缺失，着束腰交领宽袖长袍，双乳凸，鼓腹，足尖稍露。右手执物于胸前，左手提鱼于腰间。宽16、通高32厘米（图二六，6）。

D型　M4：3，泥质灰陶。头部缺失，交领长袍于膝，腰束带。右手执盾，左手持环首剑于胸前。宽21.5、残高44厘米（图二八，3）。

抱物俑　M12：11，夹细砂红陶。模制。立姿，头戴帽，面目较模糊。双手抱一物（似琴）置于左手弯。通高28.8厘米（图二六，5）。

子母俑　M11：24，夹细砂红陶，模制。立姿，头扎髻，面目模糊。着圆领内衣，外穿交

图二五　陶俑

1. B型说书俑（M11：15）　2. A型抚耳俑（M5：2）　3. B型抚耳俑（M11：1）　4. 侍俑（M1：4）

领左衽宽袖长袍及地，束腰。背小孩于右肩，右手提小袋，左手作拉小孩状。宽7.2、通高18.2厘米（图二六，4）。

坐姿俑　M11：2，泥质灰陶。模制。头饰“山”字形髻，小眼，小嘴，翘鼻，大耳。着二层内衣（内层圆领，外层交领），外穿交领右衽长裙及地，腰束带。双乳微凸。足外露，双手微屈置于大腿两侧，屈膝做恭敬状。宽18.5、通高44厘米（图二七，2）。

立姿俑　M4：20，黑衣灰陶。模制。头戴冠，浓眉大眼，高鼻，阔嘴。穿束袖交领右衽长袍，双手于胸前。高62.4厘米（图二七，1）。

舞俑　M20：02，泥质灰陶。模制。头饰“山”字形高髻，披巾至背，大眼，翘鼻，小嘴，大耳，面带微笑。着圆领内衣，外穿交领右衽宽袖长裙，束腰带，裙、袖及下摆饰百折花边。长袖包住右手后扬，左手提裙，左脚向左跨出半步，做舞蹈状。通高46.4厘米（图二九，1）。

吹箫俑　M5：3，夹细砂红陶。头戴高冠，高鼻、大耳，两腮鼓出。着二层圆领内衣，外

图二六　陶俑

1. A型持便面俑（M3：8）　2. B型执物俑（M11：37）　3. 侍俑（M20：20）　4. 子母俑（M11：24）
5. 抱物俑（M12：11）　6. C型执物俑（M4：7）

图二七　陶俑

1. 立姿俑（M4：20）　2. 坐姿俑（M11：2）　3. B型持便面俑（M11：30）　4. C型持便面俑（M4：5）

穿小袖口交领右衽短袄，双手握箫做吹奏状。盘坐于地。高19.2厘米（图二九，3）。

抚琴俑　M11：12，夹细砂红陶。模制。头戴卷沿帽，长脸，大耳，高鼻，阔嘴。着二层内衣，一为圆领，一为交领，外穿交领右衽束袖长袍，盘坐，琴置于双腿上，双手抚琴。高20厘米（图二九，4）。

方向俑　M11：38，灰陶。模制。立姿，牛角，招风大耳，眉脊凸起，浓眉鼓眼，大孔鼻，獠牙外伸，长舌垂胸，呈狰狞状。宽袖交领长袍于膝，腰束带宽。双腿分立，穿束口鞋，右手执开山斧于胸前，左手握一条长蛇于腰际。宽19.5、通高59厘米（图二八，1）。

动物俑　有陶鸡、鸳鸯、狗、猪、马、熊（镇墓兽）等。

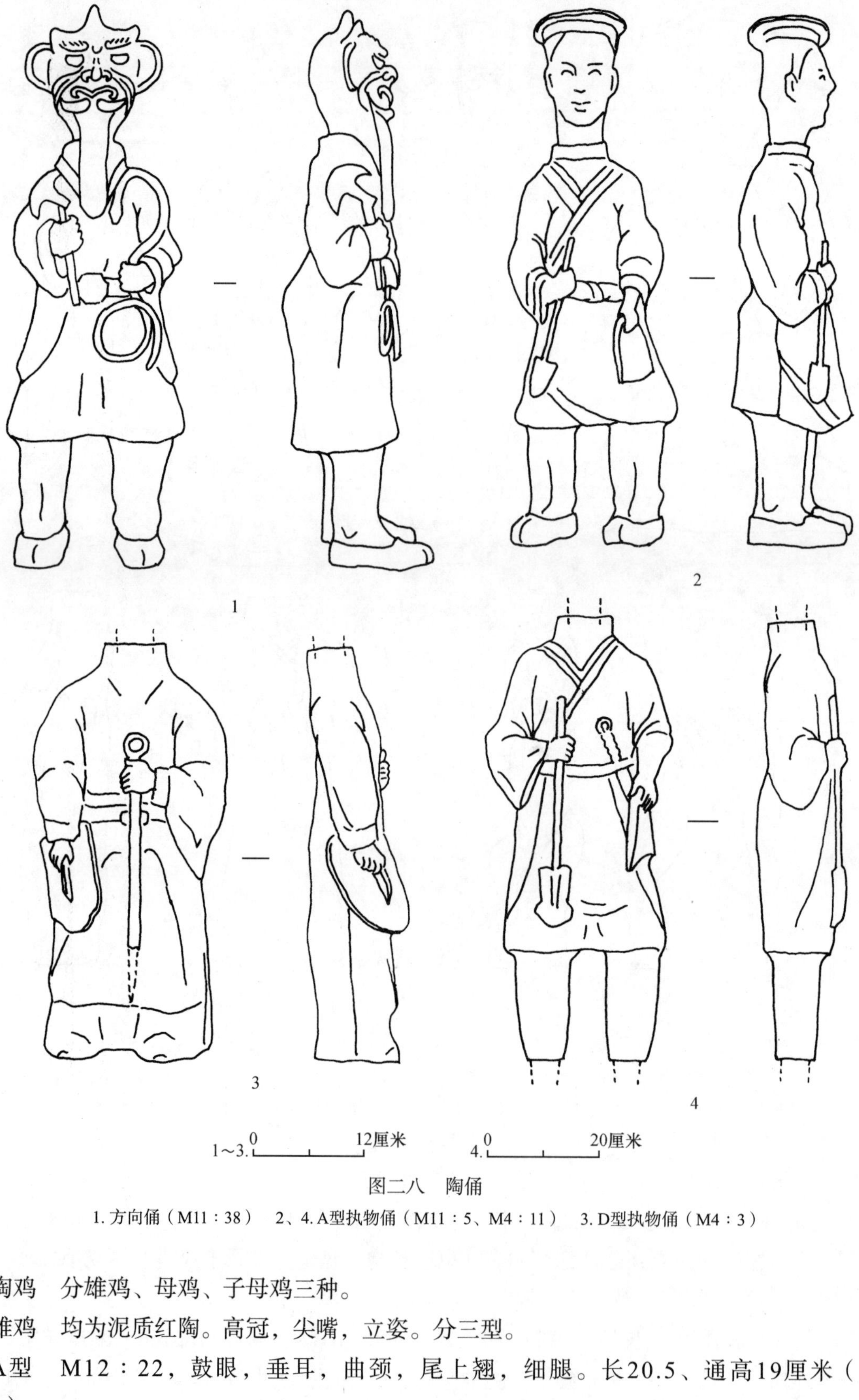

图二八 陶俑

1. 方向俑（M11：38） 2、4. A型执物俑（M11：5、M4：11） 3. D型执物俑（M4：3）

陶鸡 分雄鸡、母鸡、子母鸡三种。

雄鸡 均为泥质红陶。高冠，尖嘴，立姿。分三型。

A型 M12：22，鼓眼，垂耳，曲颈，尾上翘，细腿。长20.5、通高19厘米（图三○，1）。

B型 M5：12，鼓眼，垂耳，尾上翘厉害，体肥硕，羽翼清晰，连体足。长20.5、通高19

图二九　陶俑

1. 舞俑（M20：02）　2. A型执物俑（M11：20）　3. 吹箫俑（M5：3）　4. 抚琴俑（M11：12）

厘米（图三〇，3）。

C型　M20：03，头微上昂，尾略束上翘，羽翼清晰。通高24.8厘米（图三〇，4）。

母鸡　均为泥质红陶，分二型。

A型　立姿。M20：010，身体肥硕，短尾。通高20厘米（图三〇，5）。

B型　卧姿。M20：07，昂头、短嘴，短尾上翘。长16、高12.4厘米（图三〇，2）。

子母鸡　分二型。

A型　伏卧状。分三亚型。

Aa型　带座，均为泥质灰陶。分二式。

Ⅰ式：M11：42，带冠，鼓眼，尖嘴，垂耳，尾上翘，羽翼清晰，体态肥硕，背伏一小鸡。长20、宽10.3、高17厘米（图三一，3）。

Ⅱ式：M20：04，体态肥硕，无冠，扁圆形尖嘴，尾上翘，背伏小鸡。经刀削修整，整体

图三〇　陶俑

1. A型雄鸡（M12：22）　2. B型母鸡（M20：07）　3. B型雄鸡（M5：12）　4. C型雄鸡（M20：03）　5. A型母鸡（M20：010）　6. 镇墓兽（M12：4）

形态刚劲有力。通高20厘米（图三一，2）。

Ab型　M4：21，泥质灰陶。昂首，高冠，短尖嘴，垂耳，尾微上翘，体态肥硕。背伏小鸡作回首状。长15、高14厘米（图三一，1）。

Ac型　M5：29，夹细砂红陶。昂首，高冠，尖嘴，尾上翘。羽翼下各有2小鸡，前有2小鸡。长14.5、高11.8厘米（图三一，5）。

B型　立姿。M3：13，釉陶。曲颈，尖嘴，垂耳，尾上翘，羽翼清晰，粗腿。背伏一小鸡作昂首状。长17.3、高17.5厘米（图三一，4）。

鸳鸯　M4：10，泥质灰陶。昂首，立颈，鼓眼，宽扁嘴，短尾，羽翼清晰，体态肥硕，呈伏卧状。长14、高12厘米（图三一，6）。

狗　均为泥质红陶。模制。依整体姿态分三型。

图三一 陶俑

1. Ab型子母鸡（M4：21） 2. Aa型Ⅱ式子母鸡（M20：04） 3. Aa型Ⅰ式子母鸡（M11：42） 4. B型子母鸡（M3：13） 5. Ac型子母鸡（M5：29） 6. 鸳鸯（M4：10）

A型 立姿。M11：22，龇牙咧嘴，竖耳鼓目，窥视前方，尾上卷，腹系绳带。面目狰狞，形象生动逼真。长13.5、高25.5厘米（图三二，4）。

B型 坐姿。M20：17（图三二，1）。

C型 伏卧状。M20：21，竖耳鼓目，龇牙咧嘴，做伏卧状。长32厘米（图三二，3）。

猪 M5：16，泥质红陶。长嘴微上翘，双目外凸，两耳下垂，尾上卷，四肢粗短，体态肥硕。长27.5、高10.4厘米（图三二，2）。

马 M11：27，仅存马头。泥质灰陶。仰颈，鬃毛直立，圆形耳，鼓眼，粗眉咧嘴，做怒目圆睁状。长32.5、高22厘米（图三三，2）。M4：14，黑衣灰陶，仅存马身。身体肥壮，呈伏卧状。长55、宽27、残高39厘米（图三三，1）。

镇墓兽 M12：4，泥质红陶。似熊，前腿直立，后腿坐地，张嘴鼓目，长舌垂地，宽脸，椭圆耳。宽10.5、高12.5厘米（图三〇，6）。

图三二　陶俑

1. B型狗（M20：17）　2. 猪（M5：16）　3. C型狗（M20：21）　4. A型狗（M11：22）

陶模型　包括陶房、陶塘。

陶房　均为泥质灰陶，模制。分三型。

A型　正面施二斗拱，分三亚型。

Aa型　M11：43，庑殿顶，正脊两端上翘，戗脊平弧，各有一束互当，宽檐额。左右两侧各施一斗三升以托檐，两侧柱间各施拦板。长35、宽7.5、高29厘米（图三四，1）。

Ab型　M11：9，庑殿顶，正脊、戗微上翘，宽檐额，左右两侧挑出一斗三升华拱以承檐额，塑两拱手俑立于花格栏板内，左右两侧面设圆形窗。宽46.2、高39厘米（图三四，2）。

Ac型　M5：18，平脊，正面设5排筒瓦，宽檐，两侧立柱上各施一斗三升以承檐，正面两侧设栏板。长25.8、宽8.1、高20.4厘米（图三四，3）。

B型　正面施一斗拱。分二亚型。

Ba型　M4：15，平脊，正面设5排筒瓦，圆形瓦当，宽檐。中间立柱上置一斗三升以承屋檐，二角柱上设芦斗。底设有栏板。左右两侧面设圆形窗孔（图三五，1）。

Bb型　M5：23，平脊，正面设5排筒瓦（无瓦当），宽檐额，中间一柱上置一斗三升，两角柱设芦斗。长33、宽8.8、高24厘米（图三五，2）。

C型　陶楼2件，合为一个整体（M5：17为底层，M5：22为顶层）。底层中间立柱下有长方形柱础，上置一斗三升以承屋檐，二角柱上各有一芦斗，设有二方窗。顶层为平脊，屋顶置5排筒瓦，宽额檐。中间立柱上设一斗三升，两角柱上置芦斗以承屋檐额，有一长方形阳台。长33、宽12、高50厘米（图三六，1、2）。

陶仓　分二型。

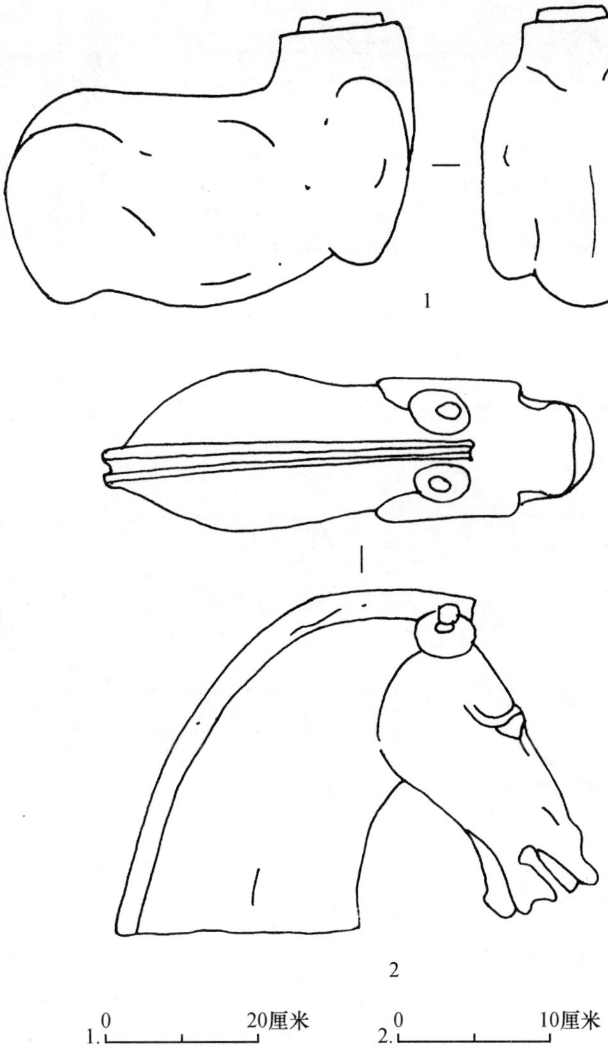

图三三 陶马

1. M4：14 2. M11：27

A型 歇山顶。M11：9，方形仓门，外设台阶。长20、宽17、通高21.5厘米（图一九，6）。

B型 筒形。敞口，圆唇，平底。分二式。

Ⅰ式：斜直腹。M4：12，腹部饰弦纹。口径21.6、底径18、通高21.6厘米（图一九，5）。

Ⅱ式：弧腹。M5：9，口径21、底径13.5、通高16.5厘米（图一九，4）。

陶塘 平面呈长方形，宽折平沿。分二型。

A型 无隔板。M11：17，泥质灰陶。塘内塑鱼、螺、菱角等动植物，点缀两朵荷叶。长45、宽26.5、高6厘米（图三七，1）。

B型 有隔板。M1：5，泥质红陶。塘内设隔板，一侧塑鱼、螺、鳖、荷叶，一侧置菱角。长33.8、宽22、高4.5厘米（图三七，2）。

陶井 酱黄釉。由井架、身组成，井身为侈口，直弧腹，平底。依井身形态分二型。

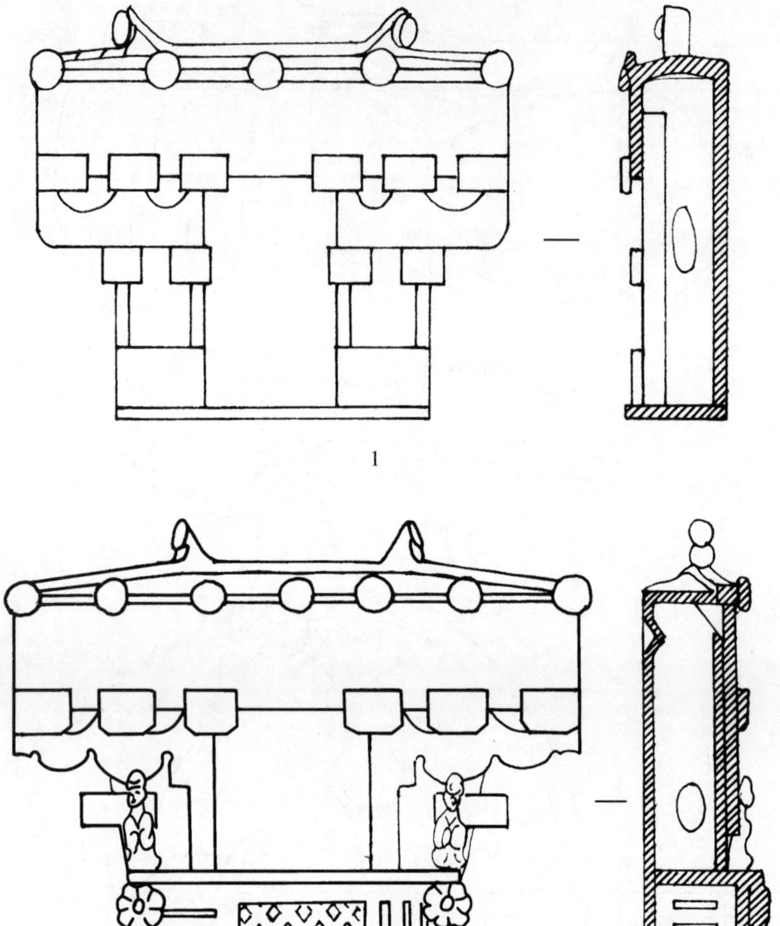

图三四　陶房

1. Aa型（M11：43）　2. Ab型（M11：9）　3. Ac型（M5：18）

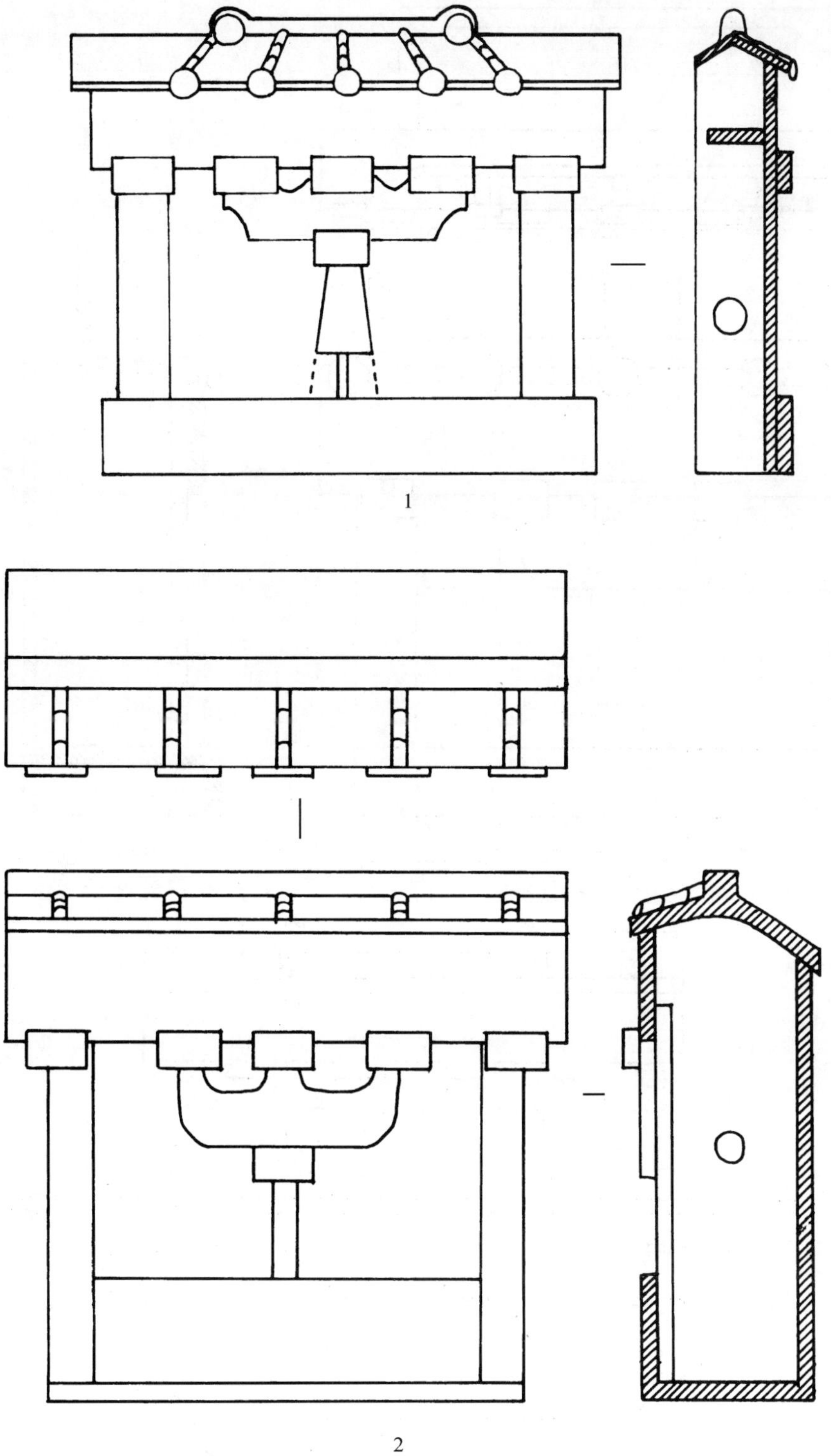

1. 0 12厘米　2. 0 8厘米

图三五　陶房

1. Ba型（M4：15）　2. Bb型（M5：23）

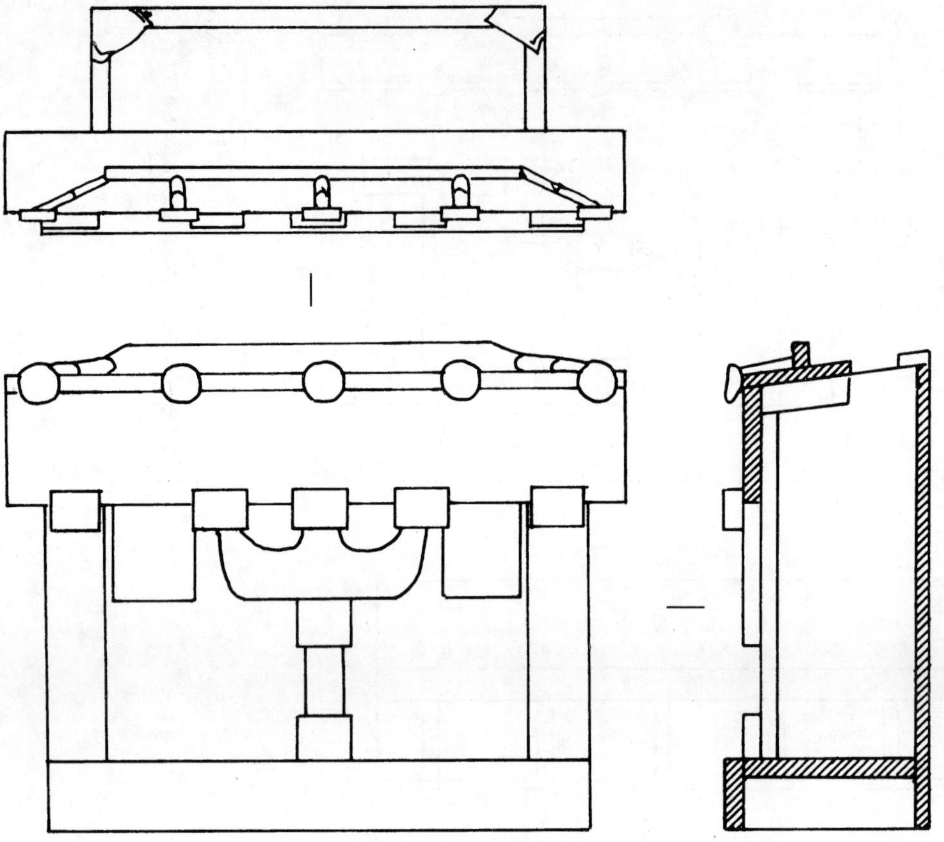

1

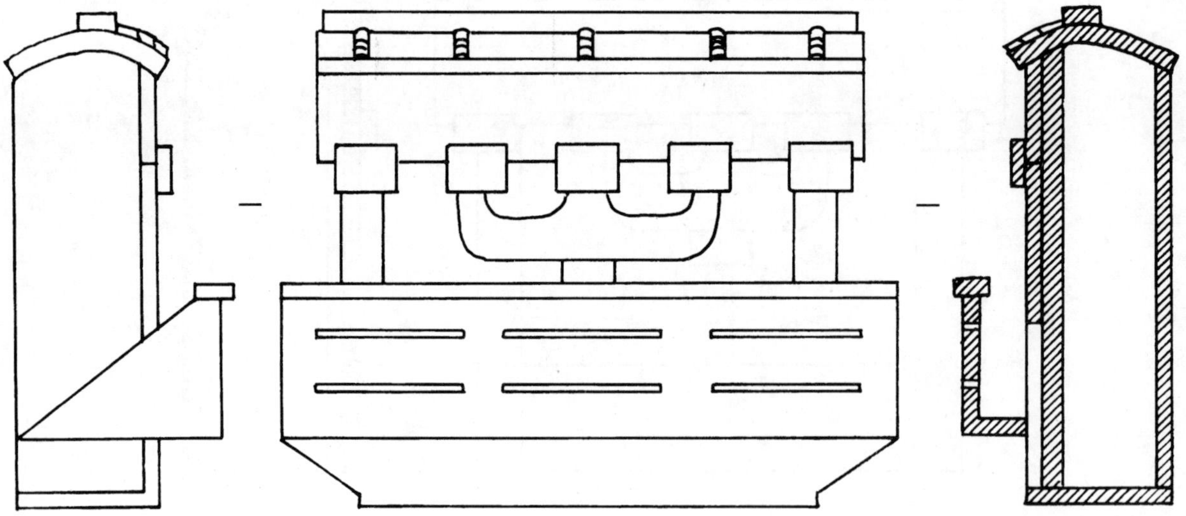

2

图三六　C型陶房

1. M5：17　2. M5：22

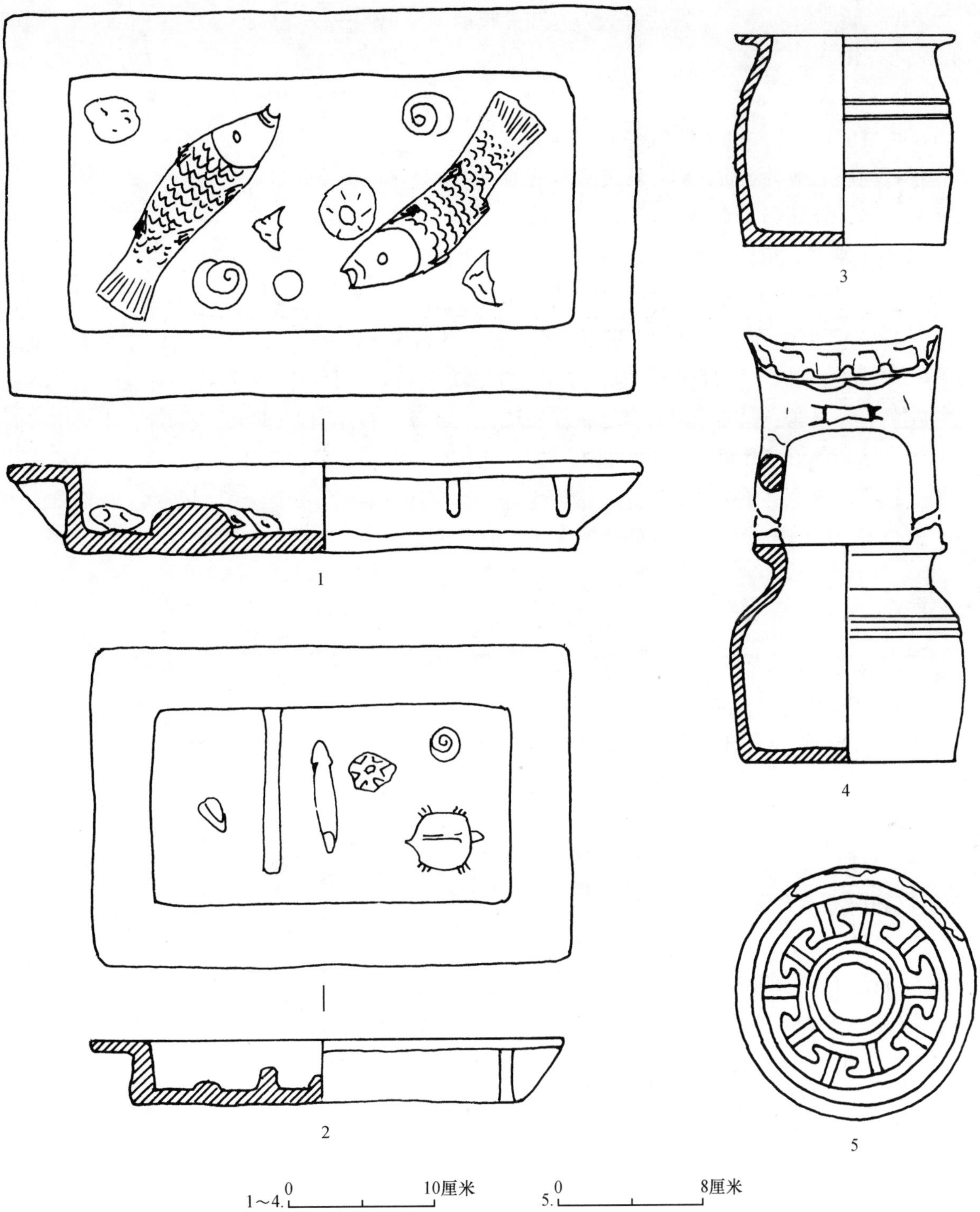

图三七　陶器

1. A型塘（M11：17）　2. B型塘（M1：5）　3. A型井（M5：1）　4. B型井（M5：48）　5. 瓦当（M3：23）

A型　折平沿。M5：1，井架缺失。井身腹部饰三道凹弦纹。口径15.5、底径14.5、通高14.3厘米（图三七，3）。

B型　卷折沿。M5：48，井架置于井沿上，歇山顶，圆形立柱，檐额上饰一辘轳。口径13.6、底径15.6、通高30厘米（图三七，4）。

摇钱树座　均为泥质红陶，器表施酱黄釉。座身上小下大呈宝塔形。

M1：9，顶端塑一只山羊，昂首，鼓眼，咧嘴，前肢前伸，后肢下蹲，背上立一带孔圆柱，两侧生羽翼，呈蹲踞状。山羊骑于一伏卧的怪兽上，鼓目，龇牙咧嘴，面目狰狞。座底正面饰一对骑于动物上的金童玉女，侧面饰马，座沿饰一周水波纹。座高40厘米（图三八，2）。M3：4，器座残存下部，两侧面各印制一株摇钱树。图案分为三层，上层左侧面饰仙人骑鹿；中央一人胸前置琴跪坐于地，左手上举，右手抚琴，回首着张望状，右侧一人着舞蹈状，左侧有一小鹿，似闻琴声做奔驰状；底层为三叶草。右侧面上部为仙人骑鹿，下部中央置一熏炉，两侧各植三叶草。残高29厘米（图三八，1）。M3：21，上部残失。器身下部正面中央饰一铺首，两侧各有一兽面铺首，其下为兽头；两侧面各饰一蟾蜍，中央为一对带翼的飞龙。整个器身印制摇钱树和散落的圆形方孔钱币。残高28、底宽30厘米（图三八，3）。

2. 铜器

主要出土于土坑墓中，包括生活用器、车马器、饰件、弩机、印章和钱币等几类。

（1）生活用器

含鍪、洗、钫、耳杯、镜等。

鍪　M13：10，侈口，尖圆唇，鼓腹，圜底，肩部饰环形双耳。腹部饰一道凸弦纹。口径16.2、高13.2厘米（图三九，1）。

洗　M13：1，敞口，折平沿，方唇，浅腹，圜底近平。腹部饰对称的两个铺首衔环。口径30、高8厘米（图三九，2）。

钫　M14：1，方形口，中颈，斜肩，弧腹微鼓，方形圈足外撇。腹部饰对称的两个铺首衔环。口径9.6、腹径19.2、底径11.4、通高30.6厘米（图三九，6）。

耳杯　M5：51，平面呈椭圆形，敞口，弧腹，假圈足，月牙形双耳微上翘。内底面铸一龙纹。长径10.2、短径5.6、底径5、高2.4厘米（图三九，3）。

镜　M14：2，连弧纹日光镜。平面呈圆形，方唇，镜面平直。背面饰方座圆形纽，饰十六连弧纹。图案分内外两区，外区由四乳钉及花蕾纹分隔为四个小区，每区内由麦穗和两花蕊组成一组图案；内区方座与器纽间饰篆书的“日月之光，长毋相忘”八字铭文。直径13.7、厚0.4厘米（图四〇，3）。

（2）车马器

车軎　M15：1，圆台形中空，顶小底大，顶饰一道凸棱，喇叭形底微敛。两侧有对向辖孔。口径1.3、底径3、高3.5厘米（图三九，5）。

（3）饰件

铜带钩　均为模制。构件外形为动物造型，内面饰一圆纽。分四型。

图三八　陶摇钱树座

1. M3∶4　2. M1∶9　3. M3∶21

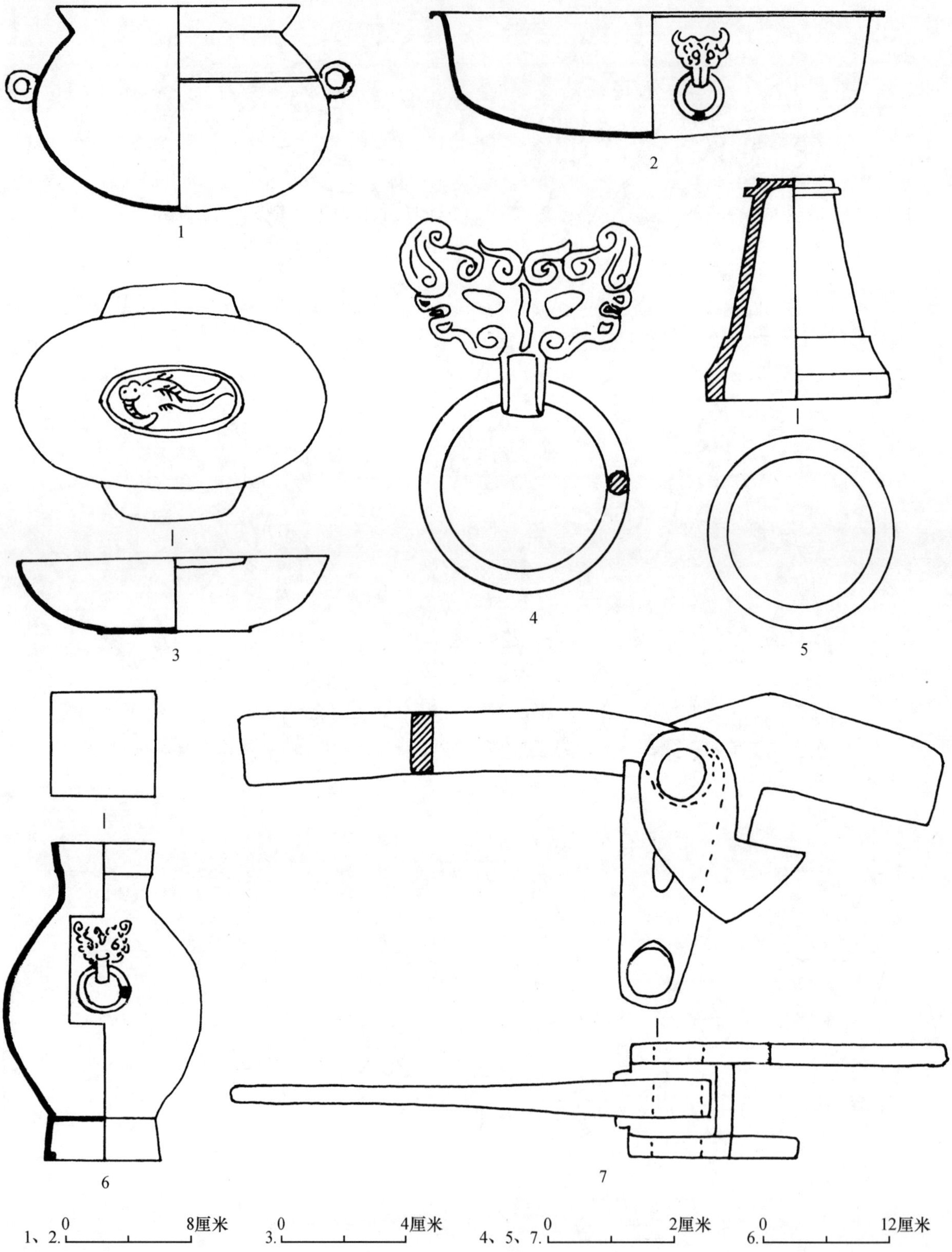

图三九　铜器

1. 鍪（M13：10）　2. 洗（M13：1）　3. 耳杯（M5：51）　4. 铺首（M10：15）　5. 车軎（M15：1）　6. 钫（M14：1）　7. 弩机（M14：18）

A型　犀牛带钩。M18：2，立角，竖耳，鼓眼，咧嘴，尾下垂。前左脚前伸，后脚弯曲做奔跑状。长5.8厘米（图四〇，2）。

B型　龙形带钩。M14：17，双头，鬃毛竖立。长6.1厘米（图四〇，1）。

C型　象首形带钩，M13：36，两曲耳，象鼻形钩，正面饰夔纹。长2.5厘米（图四〇，4）。

D型　雁形带钩。M14：29，立姿，雁头回首成钩。长2.7厘米（图四〇，5）。

盖弓帽　器中空成銎，腹中部饰一钩。依顶部形状，分二型。

A型　圆形顶。分三式。

Ⅰ式：器身由上下两部分组成。M10：39，顶径3.7、长11厘米（图四〇，8）。

Ⅱ式：圆筒形器身。M15：12，顶径1.4、长3.3厘米（图四〇，9）。

Ⅲ式：形制与Ⅱ式相似，体大。钩粗短，近三角形。M8：23，顶径2.9、长5.1厘米（图四〇，10）。

B型　球形顶。M29：49，长2.3厘米（图四〇，11）。

铜泡钉　分二型。

A型　勺形。由器身、柄两部分组成。分二式。

Ⅰ式：勺较深，短柄。M19：13，长2.5厘米（图四〇，6）。

Ⅱ式：勺较浅，长柄。M13：5，正面饰铺首。长3厘米（图四〇，7）。

B型　半圆形。分二式。

Ⅰ式：深腹。M13：13，器表鎏金。直径1.7、高1.6厘米（图四〇，13）。

Ⅱ式：浅腹。M26：1，钉残，鎏金。直径6、残高3.6厘米（图四〇，14）。

铺首　M10：15，兽面铺首下挂圆环。兽面长4、宽2.2。环径3厘米（图三九，4）。

佩饰　M13：3，平面呈“圭”形，饰兽面纹，下接一环。长4.7厘米（图四〇，12）。

（4）弩机

M14：18，构件分铸，再拼合连接而成。机部完整。长11.6厘米（图三九，7）。

（5）印章

1方。M27：5，方形纽。篆书“马轩之章”四字。“马轩”二字为阳文，“之章”二字为阴文（图四〇，15）。

（6）钱币

钱币共出土1600枚，有半两、五铢、货泉、大泉五十、直百五铢等。

半两　1429枚。均出自土坑墓，钱文为篆体阳文。分二型。

A型　“两”字呈“㒳”形。分大、小二亚型。

Aa型　八铢半两，1枚。M30：8，钱径3厘米（图四一，1）。

Ab型　四铢半两，156枚。M19：12、M19：3，钱径2.4厘米（图四一，2、3）。

B型　“两”字呈“帀”形。分二式。

Ⅰ式：字体瘦长，79枚。M30：9，钱径2.2厘米（图四一，4）。

Ⅱ式：字体肥胖，1193枚。M30：10，钱径2.1厘米（图四一，5）。

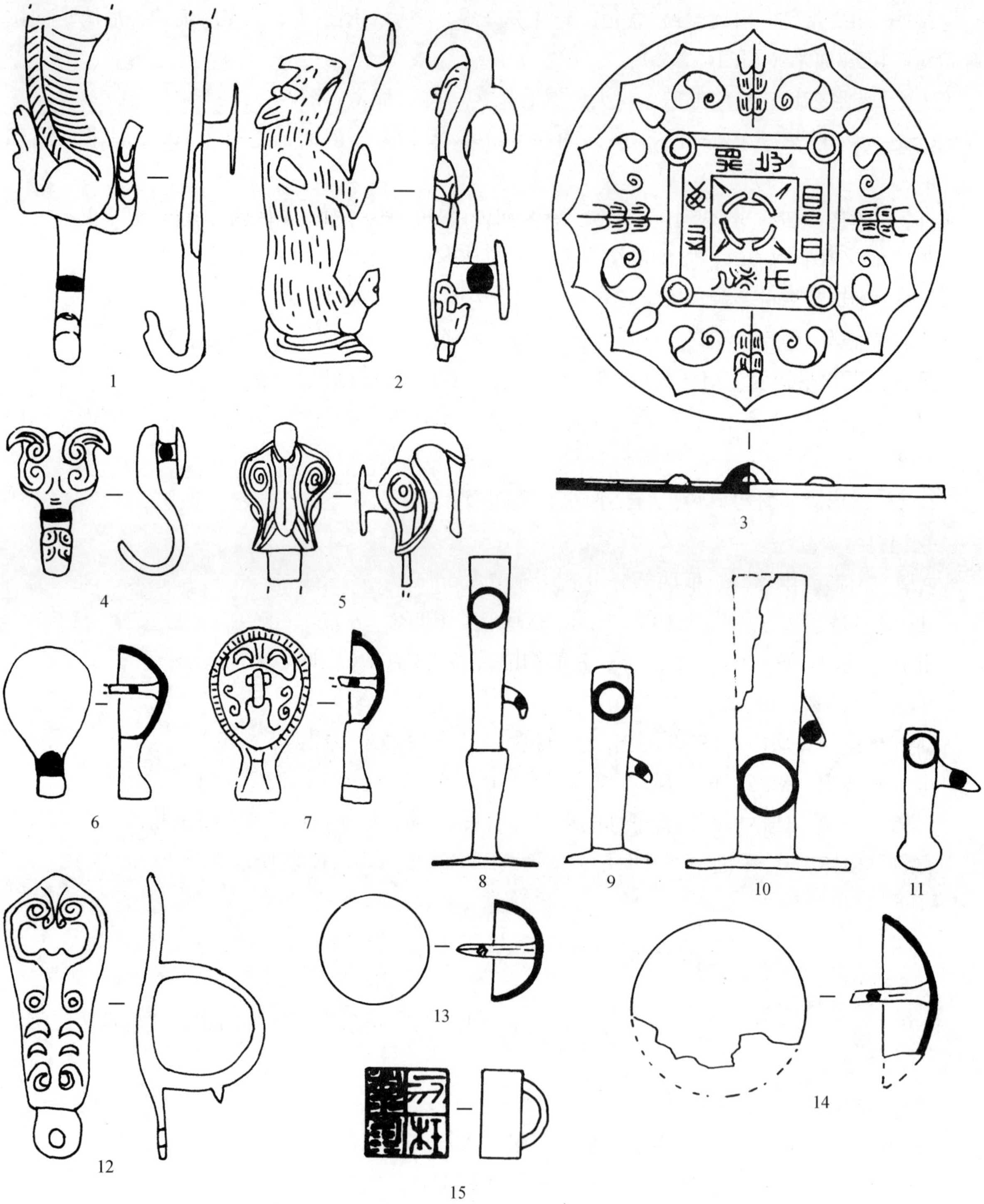

1、2、4～7、9～13、15. 0 2厘米　　余 0 4厘米

图四〇　铜器

1. B型带钩（M14：17）　2. A型带钩（M18：2）　3. 镜（M14：2）　4. C型带钩（M13：36）　5. D型带钩（M14：29）　6. A型Ⅰ式泡钉（M19：13）　7. A型Ⅱ式泡钉（M13：5）　8. A型Ⅰ式盖弓帽（M10：39）　9. A型Ⅱ式盖弓帽（M15：12）　10. A型Ⅲ式盖弓帽（M8：23）　11. B型盖弓帽（M29：49）　12. 佩饰（M13：3）　13. B型Ⅰ式泡钉（M13：13）　14. B型Ⅱ式泡钉（M26：1）　15. 印章（M27：5）

五铢 105枚。钱径2.4～2.5厘米。分二型。

A型 可分三式。

Ⅰ式：20枚。钱文清瘦规范，“五”字交叉二笔较斜直，“铢”字“金”字头为带翼镞形，“朱”字头方折。M23：1，钱径2.5厘米（图四一，6）。

Ⅱ式：40枚。钱文笔画变粗，字与穿平齐，“五”字交叉二笔微曲，上下二横微出头；“金”字头呈三角形，四点细长，“朱”字头圆折。M8：4，钱径2.5厘米（图四一，7）。

Ⅲ式：32枚。钱文变胖，稍低于穿。“五”字交叉二笔曲，微呈“子弹头”形，“铢”字“金”字旁四点粗短。M1：3、M11：38，钱径2.5厘米（图四一，8、9）。

B型 13枚。剪轮（磨郭）五铢。M1：2，钱径2.3厘米（图四一，10）。

货泉 9枚。M8：1，钱径2.3厘米（图四一，11）。

大泉五十 48枚。M8：5，钱径2.5厘米（图四一，12）。

直百五铢 9枚。M4：19，钱径2.5厘米（图四一，13）。

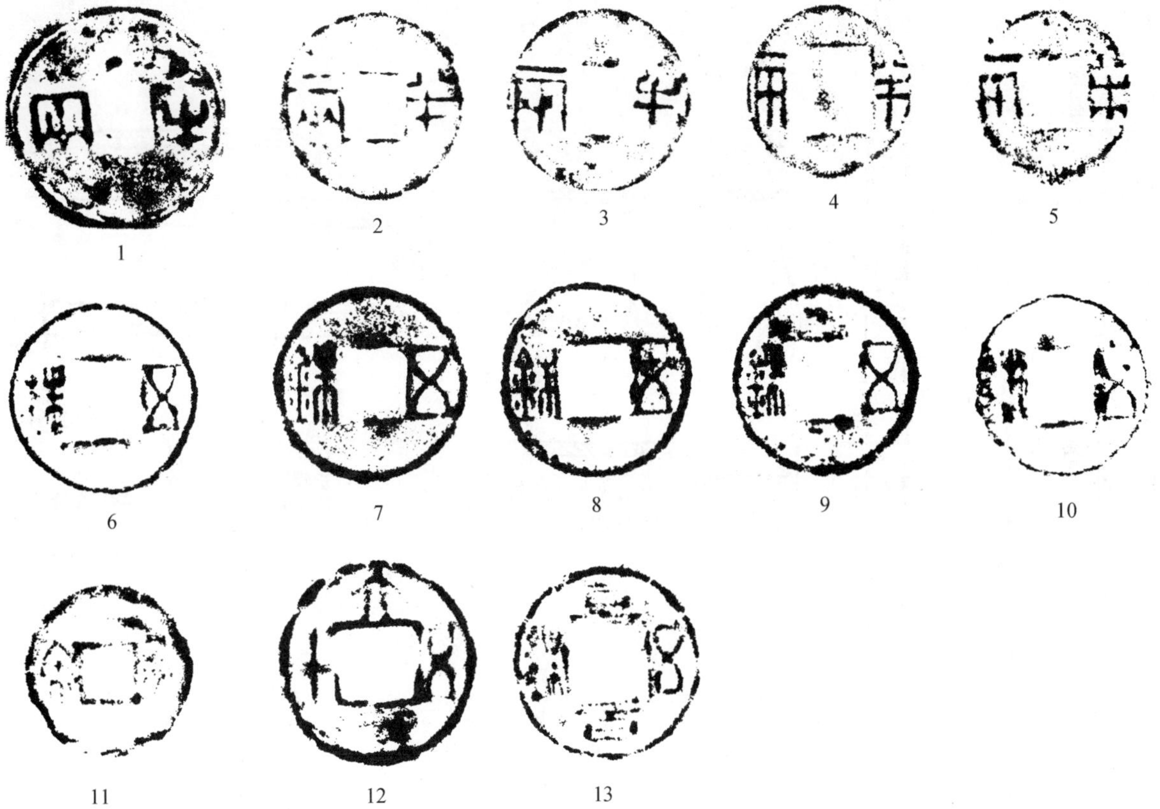

图四一 钱币拓片

1. Aa型半两（M30：8） 2、3. Ab型半两（M19：12、M19：3） 4. B型Ⅰ式半两（M30：9） 5. B型Ⅱ式半两（M30：10） 6. A型Ⅰ式五铢（M23：1） 7. A型Ⅱ式五铢（M8：4） 8、9. A型Ⅲ式五铢（M1：3、M11：38） 10. B型五铢（M1：2） 11. 货泉（M8：1） 12. 大泉五十（M8：5） 13. 直百五铢（M4：19）

3. 铁器

铁器多出自土坑墓，分生活用具、生产工具和兵器三类。

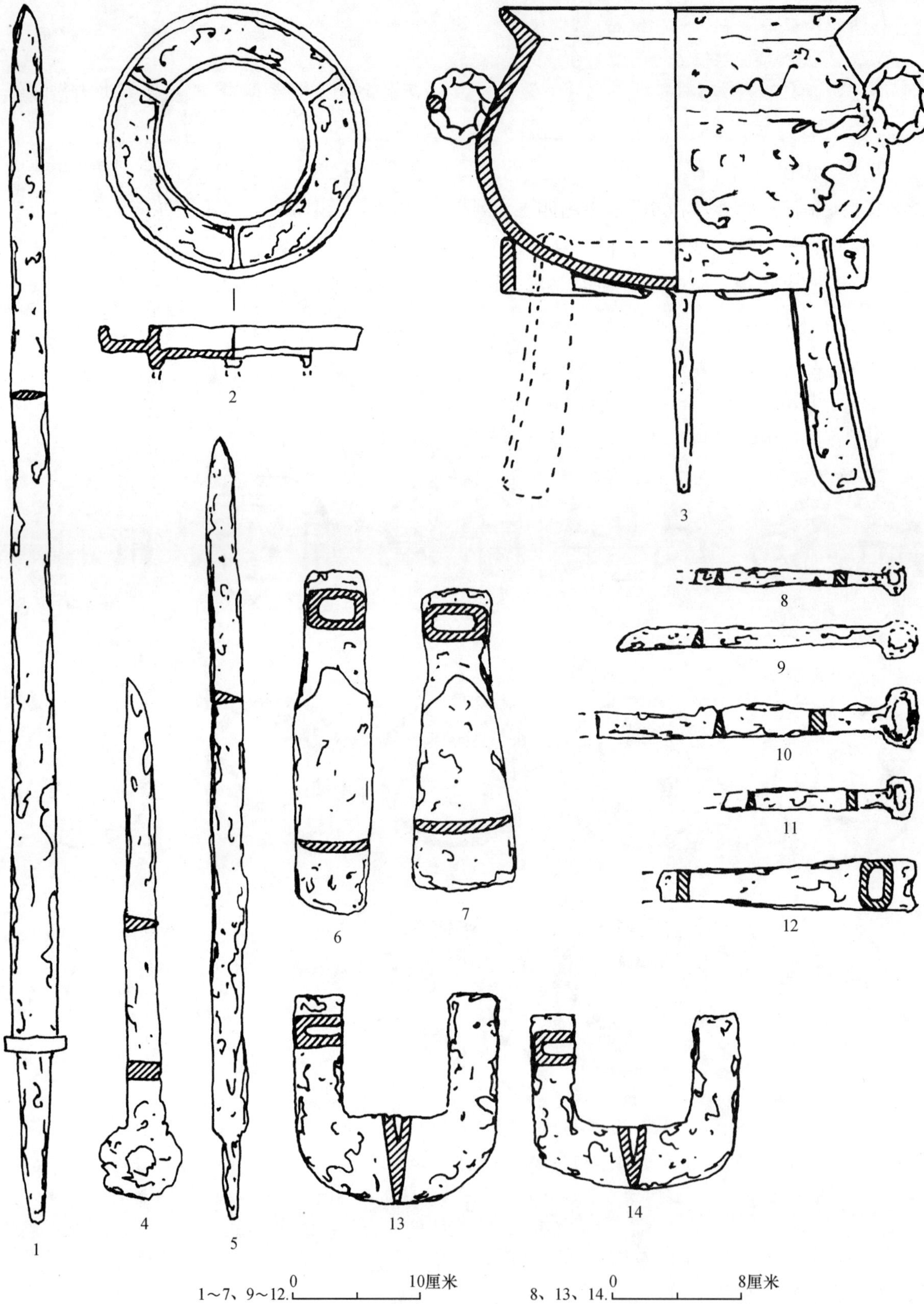

图四二　铁器

1. A型剑（M27：3）　2. 豆盘（M23：2）　3. 釜及支架（M13：34）　4、8、9. A型环首刀（M27：4、M14：61、M13：9）　5. B型剑（M16：14）　6. Ⅰ式锄（M25：7）　7. Ⅱ式锄（M14：55）　10、11. B型环首刀（M29：19、M5：41）　12. 凿（M14：56）　13. Ⅰ式锸（M25：8）　14. Ⅱ式锸（M14：60）

（1）生活用具

铁釜及支架　M13：34，釜，侈口，宽折沿，尖圆唇，鼓腹、圜底。腹部饰二辫绳纹环耳。支架由圆环、三足组成。釜口径29、腹径33、高22.5厘米，支架口径39.5、高20厘米。出土时，釜置于支架上（图四二，3）。

豆盘　M23：2，平面呈圆形，有内外两层，外层分三格，内层较外层深。盘下接三足。盘外径21、内径13、残高3.5厘米（图四二，2）。

（2）生产工具

锄　分二式。

Ⅰ式：长条形。端部略束，弧刃，圆角长方形銎。M25：7，长27、宽6.5厘米（图四二，6）。

Ⅱ式：梯形。端部束，近平刃，椭圆形銎。M14：55，长24、宽8.5厘米（图四二，7）。

锸　平面呈“凹”字形，弧刃。分二式。

Ⅰ式：宽刃。刃部断面呈斜三角，整体形态瘦长。M25：8，首宽13.2厘米（图四二，13）。

Ⅱ式：窄刃，刃部断面呈弧三角，整体形态宽扁。M14：60，首宽13.2、刃宽4、长11.2厘米（图四二，14）。

凿　M14：56，长条形，椭圆形銎，刃残。首宽4、残长20.5厘米（图四二，12）。

（3）兵器

剑　分二型。

A型　带格剑。剑身狭长，双面刃，带铜格。M27：3，长96、宽3.5厘米（图四二，1）。

B型　无格剑。M16：14，长69、宽2.5厘米（图四二，5）。

环首刀　分二型。

A型　圆环首。M27：4，直背，平刃，刀身较窄，前锋斜杀。宽2.2、通长39厘米（图四二，4）。M13：9，长22.5、宽1.5厘米（图四二，9）。M14：61，残长25.6、宽1厘米（图四二，8）。

B型　椭圆形首。M29：19，残长25.6、宽2.8厘米（图四二，10）。M5：41，残长1.5、宽1.8厘米（图四二，11）。

三、墓葬分期与年代

花灯坟墓群枞树包墓地发掘的31座墓葬，除一座（M31）为清代墓葬，其余30座墓大部分扰动严重，出土遗物组合多不全。因此，对于这批墓葬的年代，主要依据墓葬形制结构、墓地布局、墓葬间的打破关系以及出土遗物的时代特征做大致推测。

首先，从墓葬形制分析，墓葬分土坑墓、砖室墓、石室墓三大类。其中，土坑墓分长方形、近方形两种，长方形墓又有顺江和垂江二型。这类墓葬形制，据以往考古发现及研究成果，就重庆峡江地区而言，主要流行于汉代。砖室墓、石室墓情况虽较复杂，但总体来看，流行于东汉至六朝时期，两者除墓葬建筑材料上的差别外，结构上又有区别，前者用子母砖横向起券，后者则以长条形楔形石纵向起券，二者应有时段上的差别。从墓葬形制特点推断，该墓地时代为西汉至六朝时期。

其次，从墓地分布、排列情况观察，该墓地墓葬分片分部、成组排列，两两并排的现象较普遍。土坑墓位居墓地中央，主要呈三横三纵排列；砖室、石室墓分居墓地两侧。同一形制的墓葬多两两排列，不见叠压、打破关系，而不同形制的墓葬则出现打破关系，即石室墓打破砖室墓，砖室墓打破土坑墓（例M1→M5→M21→M6），反映出三类墓葬存在早晚关系。分片、成组的现象一般认为属不同姓氏的家族墓地，而两两并排、成组的现象表明墓主多为夫妻，其时代一般较为接近。同时在土坑墓中，墓葬排列呈现出由南向北（即墓地中央向临江面）、时代由早到晚的趋势。

从出土遗物来看，土坑墓以陶器为主，铜、铁器占相当比例。陶器为灰陶，均为实用生活器，以罐、釜、盆、甑、豆、钵为基本组合；铜器既有钫、釜、洗、镜、带钩等实用器，又有盖弓帽等车马器；铁器有剑、刀等兵器，斧、锄、锸、凿等生产工具，又有釜、支架等生活用器。同时，三种不同质地的器物在长方形、近方形墓葬中组合又有所区别，前者出半两、五铢，后者出大泉五十、货泉等，时代应为西汉到新莽前后。砖室墓、石室墓虽以陶器为主，但铜、铁器所占比例明显减少，且陶器中除随葬一套生活用器外，还随葬陶俑、陶模型、摇钱树座等一套明器，后者以灰陶为主，红陶占相当比例。可见三种类型的墓葬，存在各自的一套器物组合，其大的时代特征明显，具体来讲分三期三段。

一期：西汉时期，分三段。

一段：含M25、M30两座墓葬，位于墓地南端。出土陶器流行圜底器，往往在器物下腹部饰交错绳纹，有Aa型Ⅰ式、Ab型、Bb型Ⅰ式、Fb型Ⅰ式、Dd型罐，Aa型Ⅰ式、B型Ⅰ式斧，A型Ⅰ式盆，B型Ⅰ式豆，A型Ⅰ式盖弓帽，Ⅰ式铁斧，Ⅰ式锤，锄。其中，Aa型Ⅰ式罐与丰都汇南汉墓出土的Aa型Ⅰ式罐相同，带有较明显的西汉早期风格；伴出的钱币均为半两，不见五铢，说明其年代应在西汉武帝元狩五年“废半两，行五铢”之前。据此，两墓应属西汉早期。

二段：包括M10、M13、M14、M16、M17、M18、M19、M23共8座墓葬。主要位于台地中部，分三列排列。陶罐总体特征为小口，直领罐流行，折肩曲腹罐占相当比例；以绳纹为主，陶罐肩部往往饰条状的网格纹；出现耸肩罐、广肩罐。陶器组合为Aa型Ⅱ式、Ba型Ⅰ式、Ba型Ⅱ式、Ba型Ⅲ式、Bb型Ⅲ式、C型Ⅰ式、Fa型Ⅰ式、Fa型Ⅱ式、Hb型、Fb型Ⅱ式罐，Ab型盆，A型Ⅰ式甑，A型Ⅰ式壶，B型壶，Ⅱ式、Ⅲ式豆，Aa型Ⅱ式釜，Bc型Ⅰ式钵，C型器盖，鼎，瓮等，另有铜洗，鍪，C、D型钫，镜，带钩，A型Ⅰ式、A型Ⅱ式盖弓帽，A型Ⅰ式、A型Ⅱ式、B型Ⅰ式铜泡钉，Ⅱ式铁插，Ⅱ式斧，Ⅱ式锄，A型剑，A型刀和凿。陶罐以直口、侈口为主，鼓腹、球腹流行的现象与忠县崖脚墓地西汉中期陶器相似，Bb型Ⅲ式罐与该墓地出土扁腹罐相同。其中M14出土“日光镜”为西汉中晚期典型器物。因此，推断这批墓葬年代在西汉中期阶段应无大碍。

三段：包括M2、M9、M29三座墓葬。墓葬形制一致，均垂江，其中M2、M29二墓并列。陶器流行拍印方格纹，弦断绳纹占相当比例。流行大口曲腹罐、侈口罐。陶器组合为Aa型Ⅲ

式、Ba型Ⅳ式、C型Ⅱ式、Da型Ⅰ式、Fa型Ⅱ式、Fa型Ⅲ式、Ga型、Gb型罐；B型Ⅱ式、Ⅲ式釜；Aa型Ⅱ式、Ab型Ⅰ式、B型Ⅰ式盆；A型、Bc型Ⅰ式、Bc型Ⅱ式钵；B型甑；A型、B型器盖等；铜器有B型Ⅱ式泡钉。其中，Aa型Ⅲ式罐与巫山麦沱墓地Ⅰ式瓮相同，五铢、半两两种钱币共存，五铢为西汉晚期宣平时期的铸币，故这批墓葬定在西汉晚期。

二期：包括M8、M26两座墓葬。位于墓地北部边缘，为近方形土坑墓。陶器中出现谷仓罐、博山炉等明器。陶器以Bc型、Dc型罐，Aa型Ⅳ式、E型Ⅲ式罐，Aa型Ⅳ式釜，B型壶，Ba型Ⅱ式、Bb型Ⅱ式、Bc型Ⅰ式、Bc型Ⅱ式钵，Ⅰ式博山炉等为组合；铜器有A型Ⅲ式盖弓帽、B型Ⅱ式泡钉。伴随出土的钱币为大泉五十、货泉、五铢，前者铸于居摄二年（7年），史载“居摄二年五月更造货币，造铸……大泉五十，与五铢并行”，其年代当属新莽时期。

三期：包括砖室墓、石室墓两种形制的墓葬，位于墓地东西两翼。出土器物有Bb型Ⅳ式、Da型Ⅱ式、Dd型Ⅱ式罐，B型Ⅲ式釜，Ab型、B型Ⅱ式盆，甑，B型、D型、E型、Bc型Ⅱ式钵，B型器盖。陶俑整体形态刚劲有力，模制成型后用刀刮、削修整；女俑头饰多为捏制粘花，并出现个体较大的灰陶俑。铜、铁器少见，钱币见直百五铢，墓葬年代当属蜀汉时期。另外，石室墓打破砖室墓，故年代较砖室墓稍晚。

四、结　语

花灯坟墓群枞树包墓地延续时间较长（从西汉至蜀汉），大致分为三个时期。同一时期幕葬在墓地中排列整齐，土坑墓居墓地中央，主要呈三列排列，应属同一组。墓地东西两翼为砖室、石室墓，往往两两并列，同属一组，但石室墓打破砖室墓这一现象表明，二者显然不为同一家族墓地。因此，三种类型的墓葬应分属不同时期三个姓氏的家族墓地。

该墓地中轴线的北端（即墓地临江断崖处）曾出土一对双子母汉代石阙——“乌杨阙”。通过对乌杨阙的研究发现，该阙虽与四川渠县诸阙及忠县丁房阙、无铭阙比较相似，但在许多方面又表现出不同，如乌杨阙基、身、枋子层结合部采用榫卯构造，加强了构件之间的结合；阙身与枋子层由下至上有80～110厘米收分，楼部无腰檐、斗拱、斗石层等外形变化大的构件，仅用较方正的枋子层，有利于阙体的稳定；子阙高不足主阙二分之一等，使乌杨阙造型更显简洁、挺拔；乌杨阙简化斗拱、衬柱等仿木细部雕刻，明显有别于诸阙。其结构的合理性、简洁的造型和雕刻风格，体现了时代上的差异，其建筑时间当晚于诸阙，大致在东汉末期至魏晋时期。位于墓地中轴线的最南端、墓地最显赫位置的蜀汉时期墓葬M20，与乌杨阙联系最为紧密。据明、清地方史料记载，乌杨是东汉刘璋的巴郡太守严颜故里，花灯坟群所在的“将军溪”“将军村”是为纪念严颜而命名。1994年北京大学三峡文物调查队制定的《忠县文物古迹保护规划》中认为“花灯坟墓地所在的将军村，传说为三国时蜀国名将严颜故里。这几个大的土家有可能是严颜家族的墓群……”。本次发掘的结果印证了“规划”对花灯坟墓地为家族墓地性质的判断，进一步弄清了墓地延续时间和分布规律，确认了墓地与乌杨阙的关系，具有极其重要的意义。同时，由于M20被盗严重，缺乏直接证据，目前还无法将墓地、乌杨阙与严氏家族、直接联系起来，是本次发掘工作的一大遗憾。

附记：参与本次发掘的工作人员有邹后曦（领队）、李大地（执行领队）、王海阔、曾先龙、封建平、龚玉龙、杨爱民、罗建平、曹毅、丁韦强、胡文中、何海容、蔡远富。另外，本次发掘工作得到了忠县文物管理所的大力支持，在此一并感谢。

绘图：杨爱民　张典维

摄影、摄像：丁韦强

修复：王海阔　蔡远富

资料整理：李大地　杨爱民

执笔：李大地　邹后曦　杨爱民

丰都兴义墓地2003年度发掘简报

岳阳市文物考古研究所
丰都县文物管理所

为配合三峡水利工程的建设，武汉市文物考古研究所与岳阳市文物考古研究所于2003年3月派出三峡考古队，对重庆市丰都县兴义墓地进行了抢救性考古发掘。

兴义墓地隶属丰都县兴义镇长江村一组，位于长江南岸，本次发掘点依据调查、勘探结果，我们选择在长江村一组谭家垸子一个斜坡状的小山包，西距丰都县城约56千米，长江在墓地北侧自西向东流过，北与镇江乡隔江相望，西与兴义镇相距约2600米，海拔165～170米，地理坐标为东经107°45′30″、北纬29°50′20″（图一）。

自2003年3月6日开始，岳阳市文物考古研究所三峡考古队对墓地进行了调查和勘探，在兴义墓地谭家垸子的山坡上采集到一些汉代菱形花纹墓砖及宋代残瓷器，并运用“梅花”点钻探方式，发现墓葬与窑址。墓葬位于谭家垸子斜坡中部（图二），在距M1三米处发现宋元时期残窑，内有大量瓷器，编号Y1，我们于3月10日对谭家垸子进行正式发掘，历时8天。参加发掘的人员有郭胜斌、何捷、黄军毅、谢斌、周跃军等同志。就M1和Y1的发掘情况报告如下。

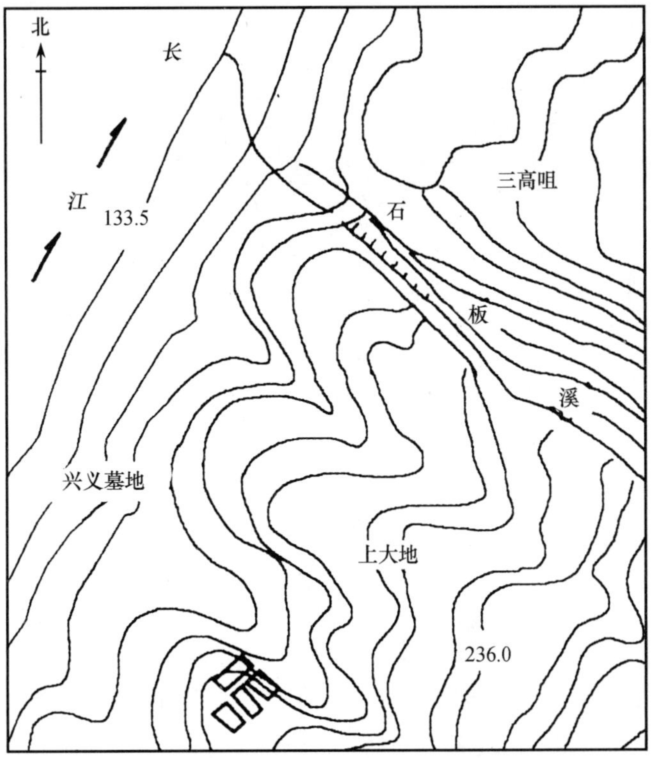

图一　兴义墓地探方分布示意图

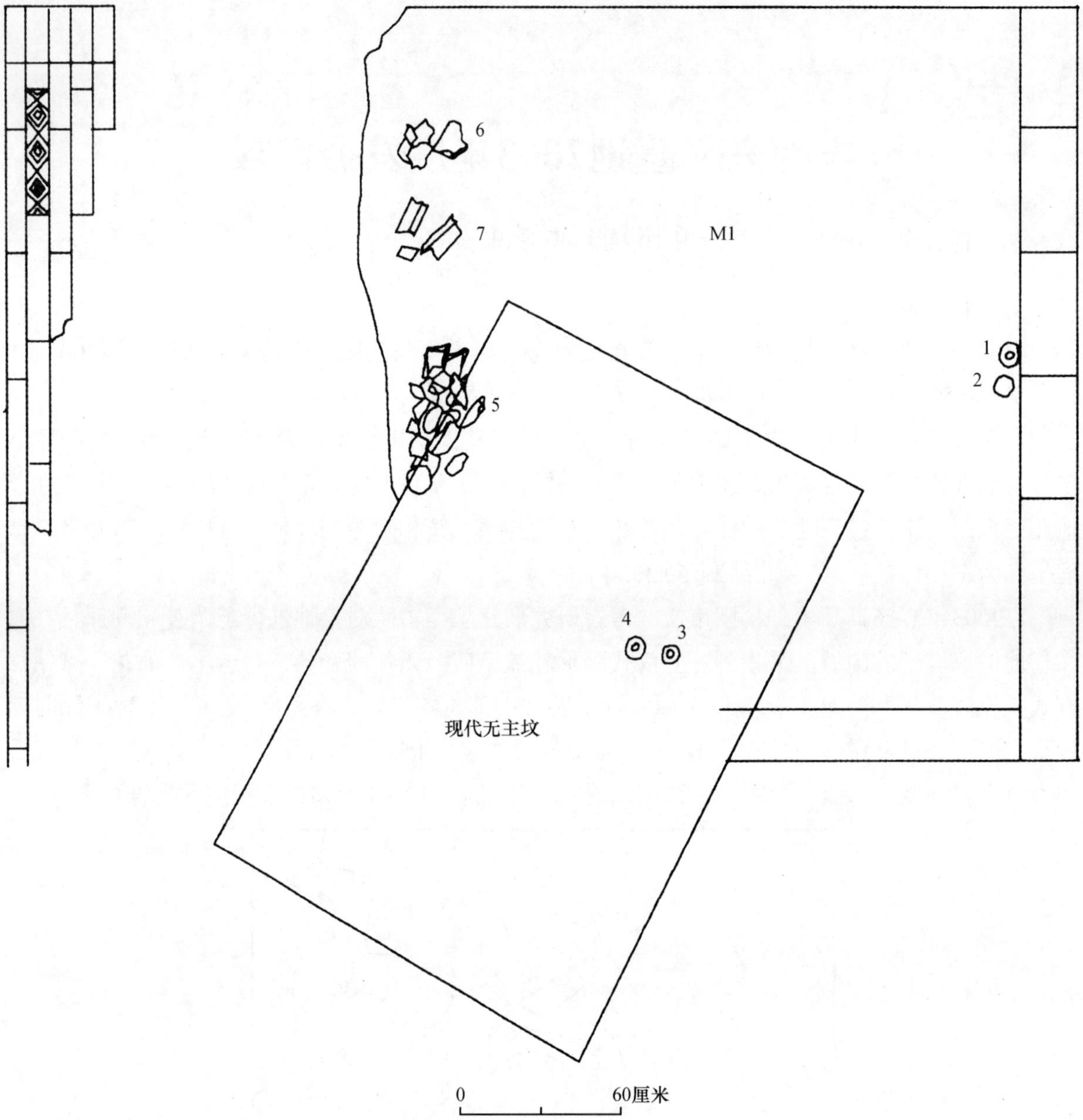

图二　M1平、剖面图

1～4. 陶盏　5. 碎陶片　6. 陶钵　7. 陶屋

（M1被现代墓打破）

一、墓　　葬

1. 墓葬形制

兴义墓地共发掘墓葬1座，出土器物4件及一些残碎的陶瓷片，墓顶在早年的生产活动中遭到破坏，砖室四壁亦遭不同程度破坏，墓葬西壁、北壁墓砖荡然无存，东壁、南壁墓砖最多处仅存四层，从现在残存情况可知：M1的修建是先掘竖穴土坑，再以砖修砌，砖墙以长条砖横平错缝相砌，然后用子母砖竖立并列叠砌弧顶。墓底未见铺地砖。M1为正南北向，残存平面呈方形，墓西壁长2.6、南壁长2.7、残高0.42米。

残存墓壁采用灰色模印花纹砖相砌，用砖据其形状和花纹可分为二型。

A型　菱形几何纹长条砖，长方形。长42.5、宽19、厚9厘米。砖面平直，两面均饰粗绳纹，砖两侧均饰菱形纹。此型砖多用于砖室四壁。

B型　菱形几何纹楔形子母砖。长45.5、宽19、厚8厘米。砖面饰绳纹，砖侧平直，饰菱形纹；两头各有榫长3厘米。此型砖用于修建墓室券顶。

2. 随葬器物

残存的随葬品主要放置在墓葬的西、北、东壁，出土器物质地仅见陶器一类，依其型式述之。

陶器　完整可复原的器物计有4件（另有10余件为残片，无法复原，未包括入内），陶质有釉陶、泥质红陶、泥质灰陶三种陶系。釉陶，陶胎为泥质灰白陶，质坚硬，釉色呈黄绿色，器类可见盏、壶等；泥质红陶，质地较疏松，个别较坚硬，器类可见钵、罐等；泥质灰陶，质地疏松，器类可见钵、模型房屋等。

盏　4件。灰白色胎。器内外施黄绿釉，外壁下部及底内施釉，内底均有垫烧支钉痕迹，饼足底。依口部形态可分二型。

A型　1件。M1：2，直口，尖圆唇，上腹较直，下腹弧收，饼足底。口径8.6、圈足径5.2、高3.2厘米（图三，6）。

B型　3件。敛口。依腹部变化分为二式。

Ⅰ式：1件。下腹斜收，饼足不明显。M1：3，上腹微鼓，尖圆唇。口径7.4、底径5.6、高4.4厘米（图三，3）。

Ⅱ式：2件。下腹弧收，饼足明显，M1：4，尖圆唇，弧腹，饼足底。口部一周凹弦纹。口径6.6、底径4.8、高3.6厘米（图三，13）。M1：1，尖圆唇，口部微内凹。弧腹，饼足底。口部饰一周凹弦纹。口径8、底径4.8、高3.4厘米（图三，10）。

二、窑　　址

发现一座，编号Y1。

Y1位于T4中部，Y1发现于第1层下，距地表深10～20厘米，打破第2层及生土层，Y1破坏甚重，东北部分荡然无存，其他仅残存窑底，可见窑室、窑壁二部分。

窑室　平面呈圆弧形，窑顶前壁及窑口已为现代生产活动破坏无存，窑底及窑壁因长期火烧形成一层坚硬的红色烧土面，厚0.04～0.07米，残留窑壁约0.05米，稍向内倾斜，窑底较平，窑内填土为灰褐色黏土，质较板结，含一些红烧土块及大量的陶瓷器，器类可见匣钵、双耳罐、碗、盆、器盖、钵。

出土遗物包括缸胎器和陶器等。

缸胎器的胎质大多数细密坚致，胎色多为紫红色，少量为灰色或灰褐色，器表施釉，少数器体内外施釉，釉色以铁红、酱褐为主，少量施黄釉，器物内外绝大多数素面无纹饰，少量饰弦纹。出土器物大多破碎，除钵复原较多外，其余大多不能复原。可辨器形有钵、匣钵、盆、

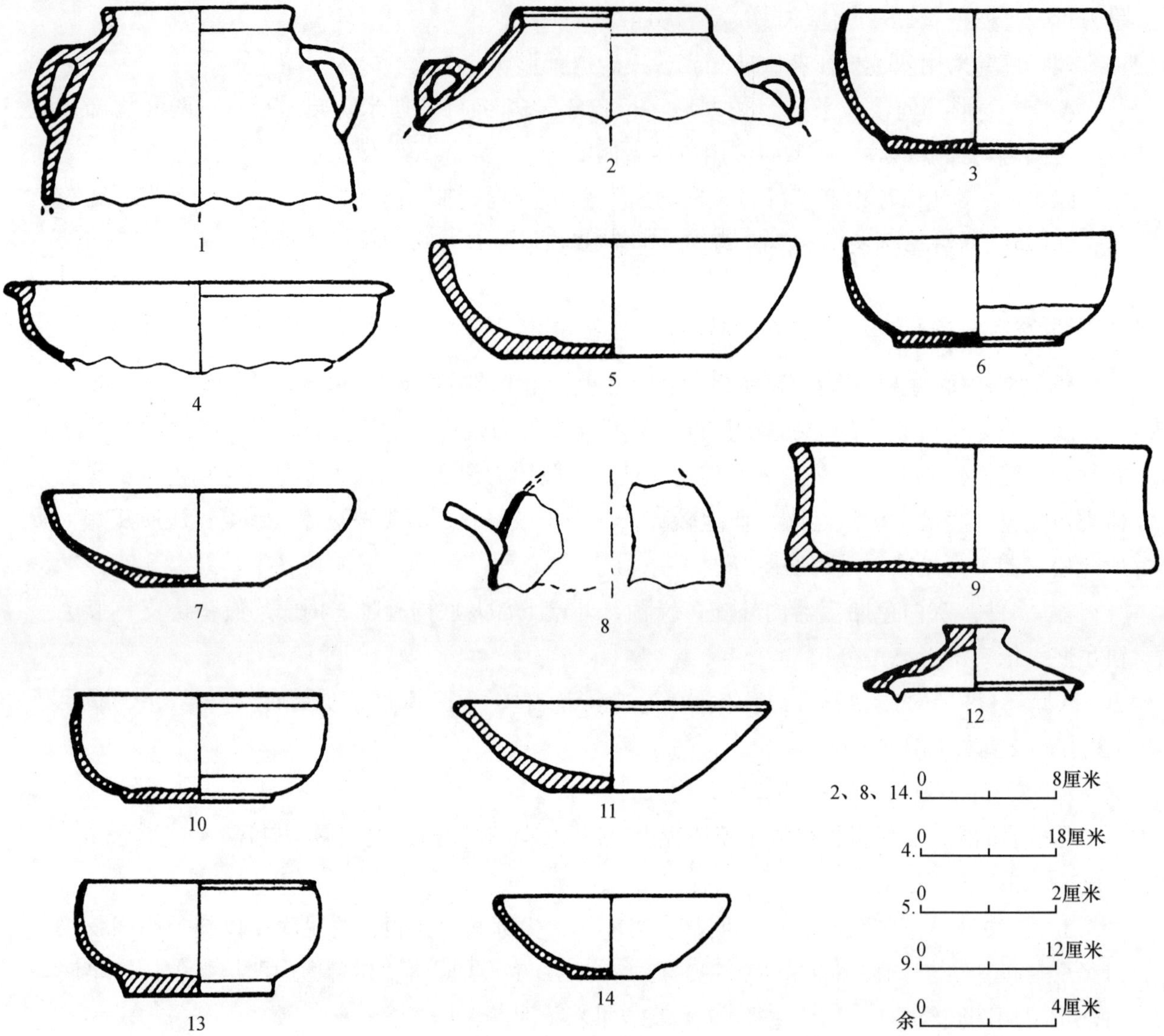

图三　M1、Y1出土陶器

1、2. 双系罐（Y1∶15、Y1∶11）　3. B型Ⅰ式盏（M1∶3）　4. 盆（Y1∶7）　5. A型Ⅱ式钵（Y1∶2）　6. A型盏（M1∶2）　7、14. B型钵（Y1∶12、Y1∶3）　8. 带流壶（Y1∶10）　9. 匣钵（Y1∶4）　10、13. B型Ⅱ式盏（M1∶1、M1∶4）　11. A型Ⅰ式钵（Y1∶1）　12. 器盖（Y1∶8）

双耳罐、带流壶、碗、器盖等生活用具和窑具。

现分类述之。

钵　复原标本7件。平底，依口部形态可分二型。

A型　4件。敞口，厚圆唇。依腹部形制不同可分二式。

Ⅰ式：2件。敞口，厚圆唇，腹壁斜直收，平底。Y1∶1，紫红色缸胎；钵内壁施黄釉。口径10、通高2.8厘米（图三，11）。

Ⅱ式：2件。敞口，厚圆唇，腹弧内收，平底。Y1∶2，紫红色缸胎，器内外壁满饰铁红色釉，大部分已剥落。器内底有一圆圈状压痕，并有3个支钉痕迹。口径5.8、通高1.8厘米（图三，5）。

B型　3件。圆唇口微敛，弧腹内收，底部略显假圈足痕。Y1∶3，紫黑色缸胎，器内、外壁施铁红色釉，腹底交接处有轮压痕而凹进，略显假圈足。口径11.1、通高3.9厘米（图三，14）。Y1∶12，泥质红陶。口径9.8、通高3厘米（图三，7）。

双系罐　4件。敛口，束颈，溜肩，肩部有两竖系。下部皆残。Y1∶15，灰色缸胎。铁红色表釉已剥落。折沿，束颈，溜肩，鼓腹。口径6、残高6厘米（图三，1）。Y1∶11，紫红色缸胎。酱褐色釉多已剥落。折沿，唇面下凹，溜肩。腹部残。口径12、残高6.8厘米（图三，2）。

带流壶　2件。口、颈、底部皆残，仅剩腹部。Y1∶10，溜肩，鼓腹，腹部残留把手断痕，腹部把手对侧有一圆柱形空心流，上翘。流长5.4厘米（图三，8）。

盆　1件。Y1∶7，灰色缸胎。器内表施酱褐色釉已剥落。平折沿，尖圆唇，弧腹内收，底部残。口径49.6、残高12厘米（图三，4）。

匣钵　1件。Y1∶4，紫红色缸胎，圆唇，竖腹微内凹，大平底。口径34.8、高12厘米（图三，9）。

器盖　1件。Y1∶8，紫红色缸胎，呈覆盘状，圆形捉手，盖面斜直，子母口。口径7.2、高2厘米（图三，12）。

三、结　语

此次发掘，尽管墓葬和窑址破坏较大，但依据其各自的形制和出土器物仍可推断它们的年代。丰都兴义墓地形制为单室砖墓，呈方形，根据填土内大量存在的楔形子母砖，可以推测墓顶为楔形子母砖叠砌的券顶，这些是我国西南地区，特别是峡江两岸东汉墓常见的特点。其次，残存随葬器物中的A型盏、B型Ⅱ式盏与丰都汇南墓群中蜀汉末期的A型Ⅰ式盏、B型Ⅰ式盏、小型青瓷碗如出一辙，M1出土的残模型屋亦为东汉末期典型器物，据此推断丰都兴义M1时代应为东汉末期。Y1破坏严重，已难看出形制特点，但据出土器物中紫色缸胎，器外施酱色釉，以及钵、双耳罐、带流执壶的特点，均与涪陵沱遗址中宋元文化堆积层中出土同类型器物特点吻合，故推测丰都兴义Y1的时代应为宋元时期。

执笔：何　捷　黄军毅　熊　牧

丰都文溪墓地2003年度发掘简报

岳阳市文物考古研究所
丰 都 县 文 物 管 理 所

2003年3月，武汉市文物考古研究所与岳阳市文物考古研究所受重庆市文化局三峡办的委托，会同丰都县文物管理所对丰都县高家镇文溪墓地进行抢救性考古发掘。发掘自3月6日开始至25日结束，共开探方2个，即T1、T2（10米×10米），发掘面积200平方米（图一），发掘东汉时期墓葬两座，参加发掘人员有郭胜斌、罗仁林、王新平、谢斌和周跃军等人。现将发掘情况简报如下。

一、地理位置

文溪墓地位于长江南岸，地属丰都县高家镇文溪村六组，是一片连绵起伏的低矮山丘，其地理位置东经107°45′30″、北纬29°50′20″，海拔150～155米。此次发掘点名家档湾，地势中间高四周低，为一圆形小山包。西距县城约58千米，长江在墓地北侧自西向东流过，隔江与十直镇三斗咀相望，东隔大冲沟文溪与高家镇相距约2500米，西隔大冲沟石板溪与兴义墓地遥遥相对，距离约2000米。山坡表土全为旱地，种有油菜、麦子与蔬菜，表土中多见花纹墓砖，坡上陡壁或见花墓砖垒砌的田勘，山包北部与中部早年曾被人挖出过墓葬，破坏较甚。

二、墓葬形制

两墓均为券拱刀把形砖室墓，正南北向，均遭破坏。M2仅存墓底一角，依稀可辨砖室墓形制，从残墓砖看，可知为券拱墓，从墓底痕迹可看出为刀把形墓，M1券拱已坍塌，墓室四壁与甬道还保存较完整。

M1　平面呈刀把形（图二），由甬道、墓室两部分组成，墓室南北长580、东西宽318、深156厘米，甬道南北长262、东西宽190、残墓口距地表190厘米。

整个墓室皆用长方形砖平铺叠砌而成，墓顶用子母榫卯楔形砖券顶，墓四角用子母榫卯砖砌成，墓砖长42.5、宽19、厚8厘米，均为菱形、三角形花纹，值得注意的是，在甬道墓口处发现一盗洞，因而该墓无随葬品出土。

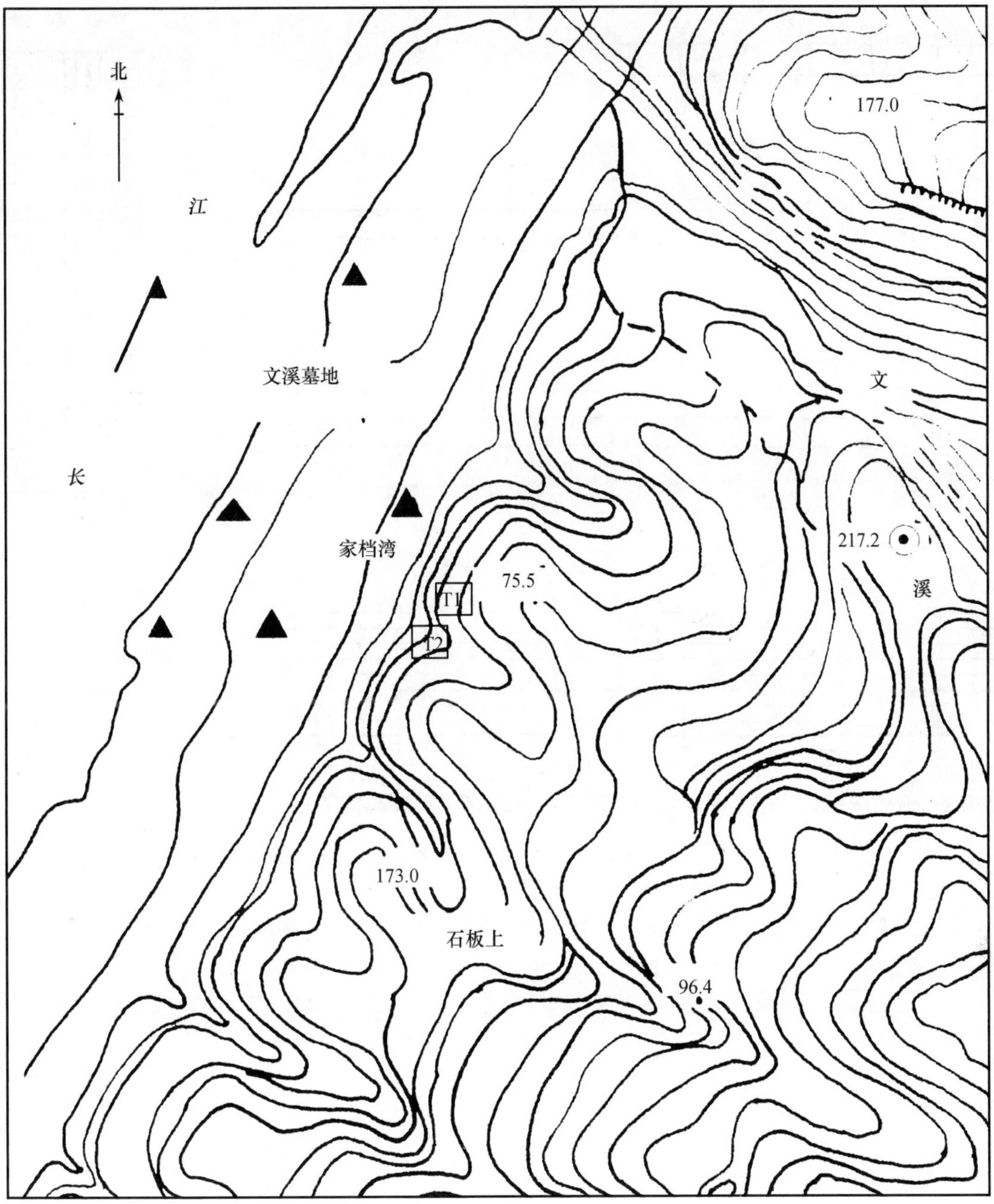

图一　文溪墓地探方分布示意图

三、结　语

墓葬开口于第2层扰乱层下，墓坑建于生土层中，由于M1的随葬品已被盗一空，无法依照随葬品的形制特征来推断该墓的年代与文化性质，因此M1、M2的年代，只能根据M1平面呈

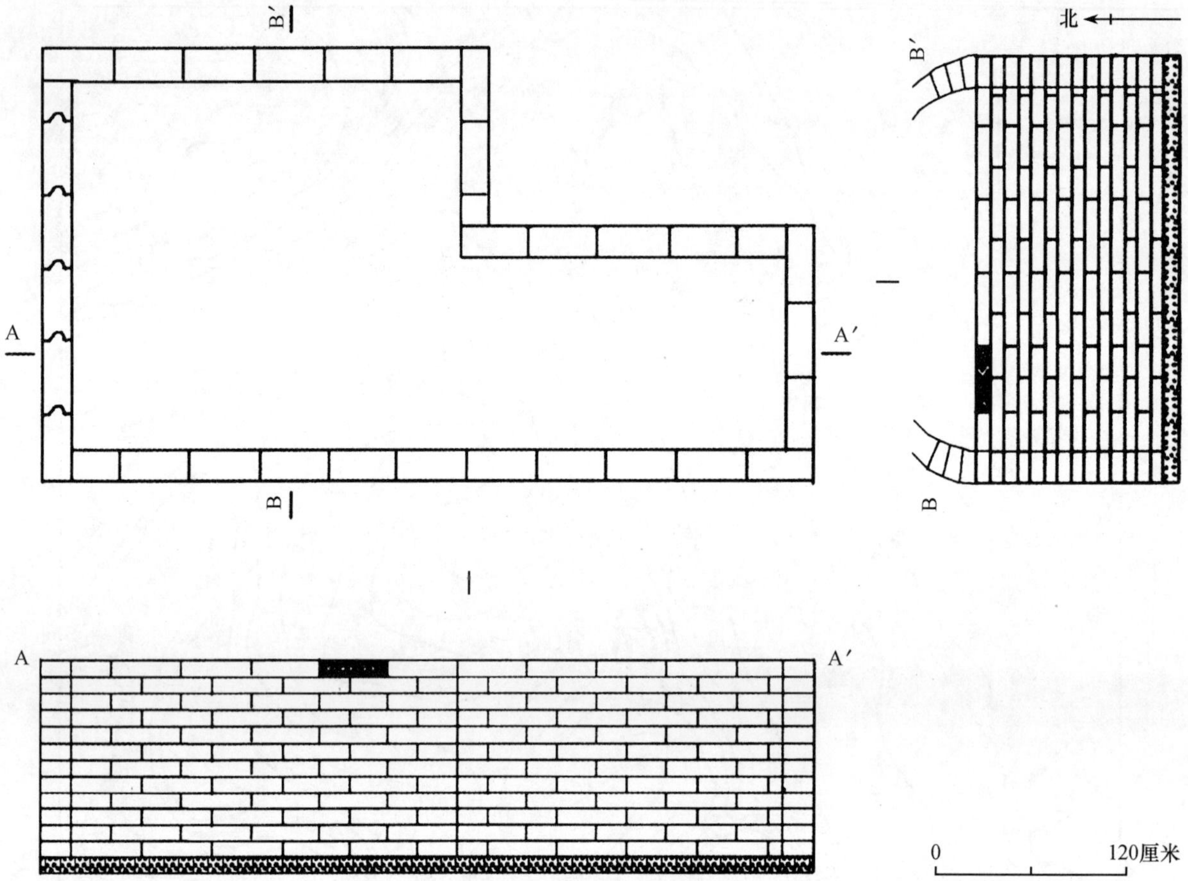

图二　M1平、剖面图

刀把形的形制以及菱形、三角形花纹的墓砖图案推测，这是三峡地区东汉时期墓葬的典型特征，故文溪墓葬（M1、M2）年代应为东汉时期。

执笔：王新平

奉节鱼复浦遗址2003年度发掘简报

中 国 国 家 博 物 馆
内蒙古自治区文物考古研究所
奉 节 县 文 物 管 理 所

鱼复浦遗址是长江三峡水库淹没区的一处重要古文化遗址。1998年2月，中国科学院古脊椎动物与古人类研究所对该遗址进行了第一次发掘，出土了1000多件标本，并出土了一片泥质红褐陶片；卫奇先生称其为“探索三峡地区早期新石器时代的曙光”。2001年3～4月，中国国家博物馆和内蒙古自治区文物考古研究所组成联合考古队对该遗址进行了第二次发掘，除发现了一批战国汉墓和明清时代的文化堆积外，没有出现期望的旧石器时代（或新石器早期）的文化遗存。2003年3～5月，联合考古队对该遗址进行了第三次发掘，对前两次发掘的地层进行衔接对比，在发掘中得到了奉节县文化局邹伯乐先生的大力帮助，出土的遗物在经过重庆自然博物馆朱松林先生深入研究分析后编写此报告。

由于我们在中国科学院古脊椎动物与古人类研究所当年所挖探方的壁面上没有找到布方的基点，故本次所布1米×1米小探方的编号从200编起，出土遗物从2000编起。

一、遗址概况及布方情况

鱼复浦遗址位于重庆市奉节县永安镇窑湾村长江北岸的二级阶地上，遗址西临梅溪，隔河与奉节县老县城相望（图一）。遗址中心位置的地理坐标为东经109°32′33″，北纬30°2′36″，海拔130～135米。

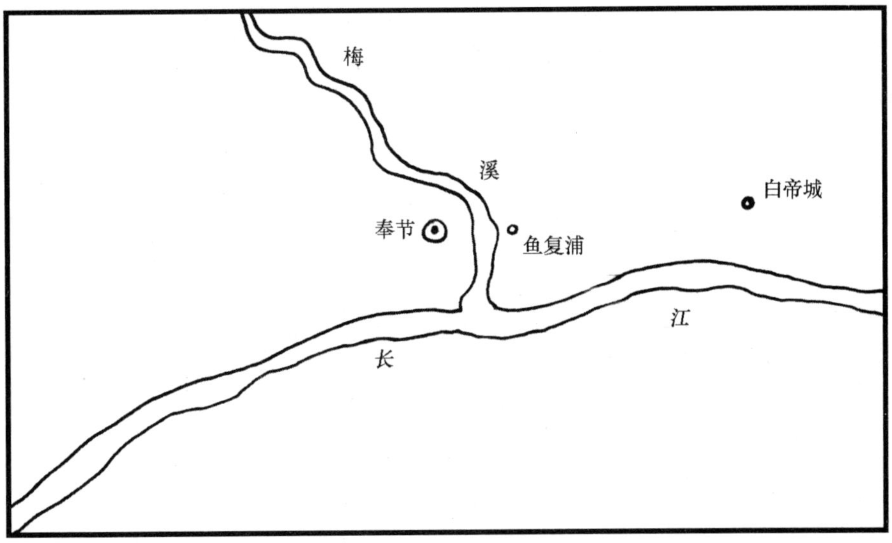

图一　鱼复浦遗址位置示意图

此次发掘依所存地形共布两个探方，编号为2003FYT0301、2003FYT0302，其中T0301位于Ⅲ区（卫奇称为A区）第一、二次发掘探方之间，面积14米×4米，探方方向北偏东20°，T0302位于第一次发掘探方之西，东与第一次发掘探方相连，无东壁，面积为6.5米×3.7米，方向北偏东40°（图二），此处在发现旧石器文化层后，改为1米×1米小探方，方向正南北。

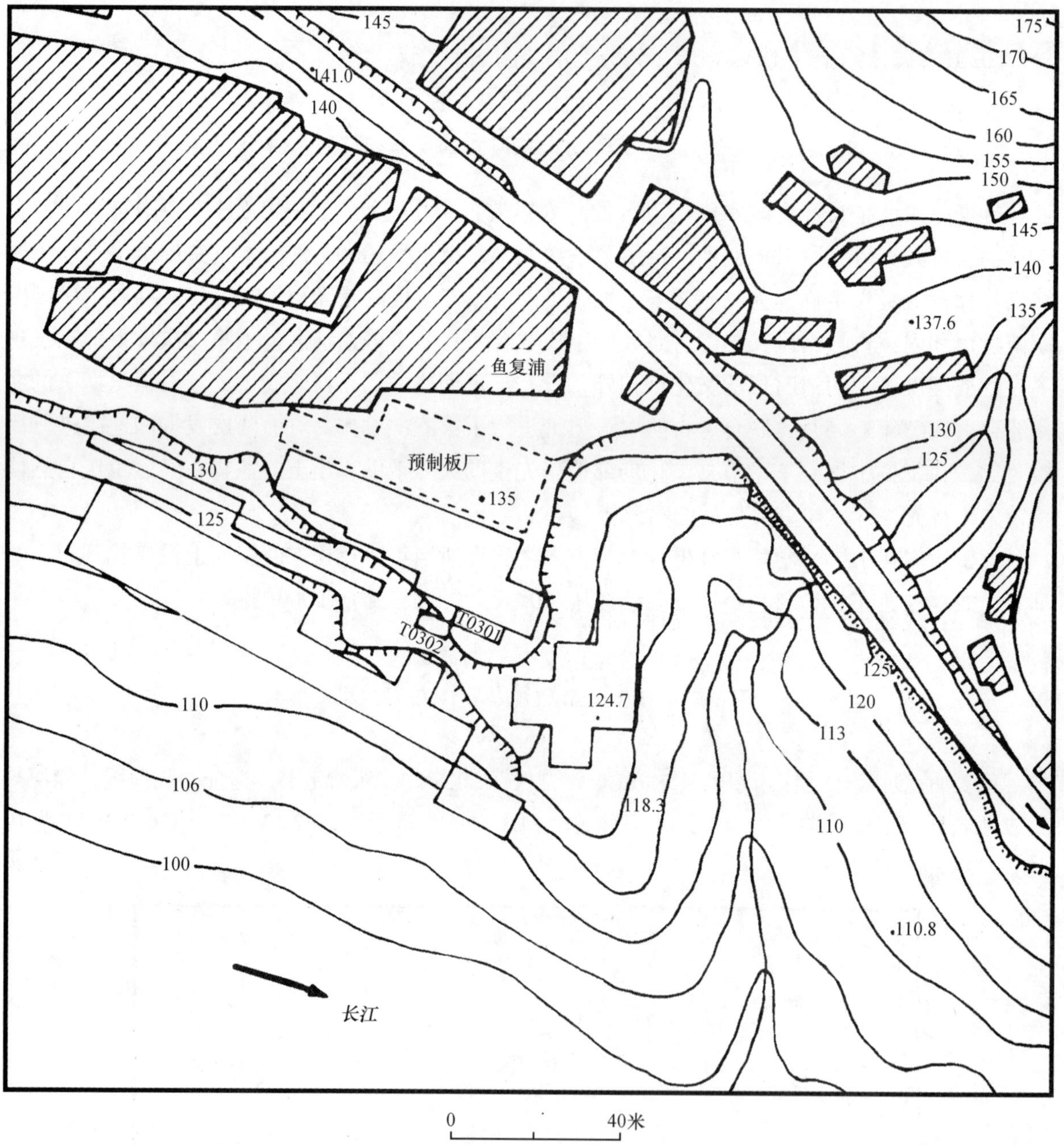

图二　鱼复浦遗址地形图

二、地层堆积及遗迹现象

T0301发掘深度610厘米，共分为七层，其中第1层为耕土层，第2、3层为明清时期文化堆积层，包含有青花瓷片、陶片等遗物（未收集标本），第4～6层为河流冲积层，第7层为生土。

T0301海拔129.615～133.415米，共分七层（图三）。

第1层：耕土层。土质松软。厚12～56厘米。

第2层：浅黄色土。土质松软。包含少量的陶片及青花瓷片。厚20～50厘米。

第3层：灰色土。土质松软。仅发现少量青花瓷片。厚20～30厘米。

第4层：河流冲积层。

4A层：浅红色。土质较松。较纯净，无遗物。厚20～30厘米。

4B层：浅黄色。较松软。仅发现一螺蛳壳，无其他遗物。厚5～30厘米。

第5层：河流冲积层。

5A层：褐色。土质较硬。无遗物。厚30～55厘米。

5B层：浅黄色。土质较硬。厚40～60厘米。

第6层：河流冲积层。

6A层：褐色。土质略硬。发现石制品9件（编号2001～2009）。厚30～65厘米。

6B层：浅黄色。土质较硬。发现石制品7件（编号2010～2016）。厚0～30厘米。

6C层：浅红色。土质较硬。发现石制品5件（编号2017～2021）。厚10～35厘米。

6D层：浅黄色。土质较硬。发现石制品12件（编号2022～2033）。厚30～60厘米。

6E层：浅褐色。土质较硬。发现石制品29件（编号2034、2036、2038、2040、2041、2043～2047、2049～2051、2053～2055、2057、2060～2065、2067、2068、2070、2072、2073），化石10件（编号2035、2037、2039、2042、2048、2052、2056、2059、2066、

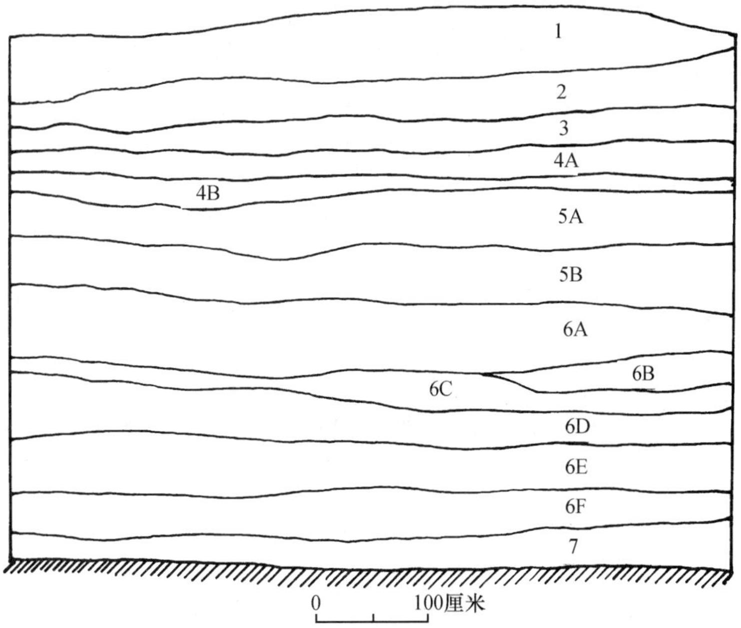

图三 T0301北壁剖面图

2069），“火塘”遗迹2个（编号2058、2071）。厚40～50厘米。

6F层：浅黄色。土质较硬。发现石制品22件（编号2074～2082、2084、2086、2090、2092～2094、2096～2102、2104），化石6件（编号2083、2085、2087、2091、2095、2103），“火塘”遗迹2个（编号2088、2089）。厚22～45厘米。

第7层：棕褐色。较硬。发掘深度15～50厘米。

发现的4个“火塘”遗迹实际上是一片片棕红色烧土，平面均为不规则椭圆形，烧土厚7～11厘米，烧土下还置有两三块砂质结核块，“火塘”四周散布一些石制品、化石残片等（图四）。

三、文化遗物

此次发掘，属于旧石器时期的文化地层厚2.1米，出土100件遗物，呈东北—西南向带状分布，且多集中在东部（图四），其中包括石制品84件[①]、化石标本16件。石制品中石片和断块的数量最多（表一；图五），占总数的84.52%；石片中II_3型石片最多，占石片总数的

表一　鱼复浦遗址2003年发掘出土石制品类型统计一览表

石制品类型		器物编号	数量/件	
石核	Ⅲ型石核	2034	1	
石片	$\mathrm{I}_{1\text{-}1}$型	2006　2010　2016　2078　2081	5	49
	$\mathrm{I}_{1\text{-}2}$型	2015　2073	2	
	$\mathrm{I}_{1\text{-}3}$型	2007　2019　2068	3	
	$\mathrm{I}_{2\text{-}1}$型	2011　2026	2	
	$\mathrm{II}_{2\text{-}1}$型	2008　2017	2	
	II_{3}型	2020　2021　2023　2024　2025　2027　2028　2029　2031　2032　2033　2036　2038　2041　2043　2044　2045　2049　2050　2051　2053　2055　2065　2072　2076　2077　2079　2082　2093　2094　2097　2098　2099　2100　2102	35	
砍砸器	精制品	2001　2004　2012　2014　2018	5	
	粗制品	2002　2003　2030　2057	4	
断块		2009　2013　2022　2040　2047　2054　2060　2061　2062　2063　2064　2067　2074　2075　2080　2084　2086　2090　2092　2096　2101　2104	22	
石块		2005　2046　2070	3	

① 石制品分析标准，依据卫奇：《奉节鱼复浦遗址旧石器时代考古发掘报告》，《重庆库区考古报告集·1997卷》，科学出版社，2001年。

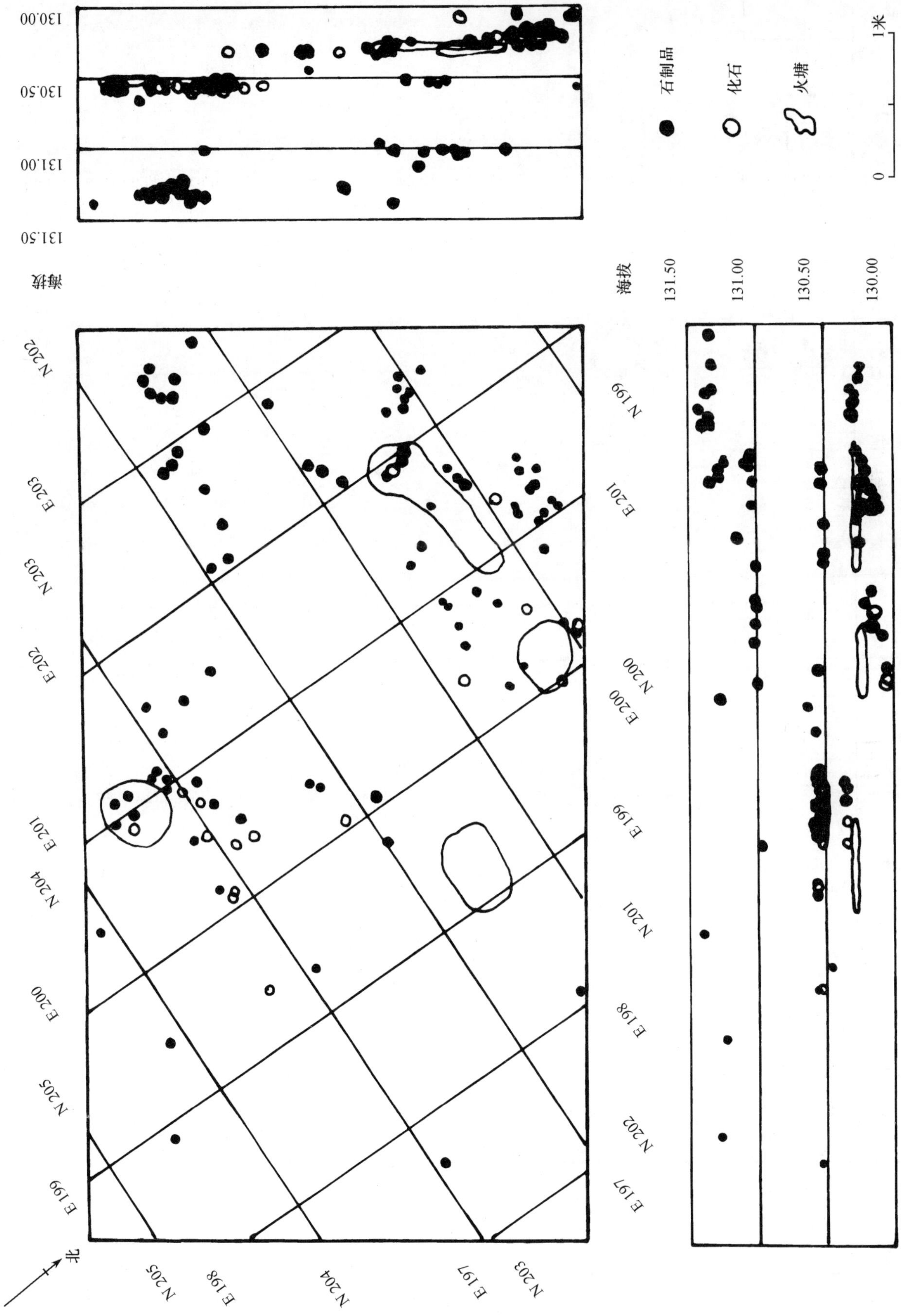

图四　鱼复浦遗址2003年发掘遗迹、石制品、化石空间分布图

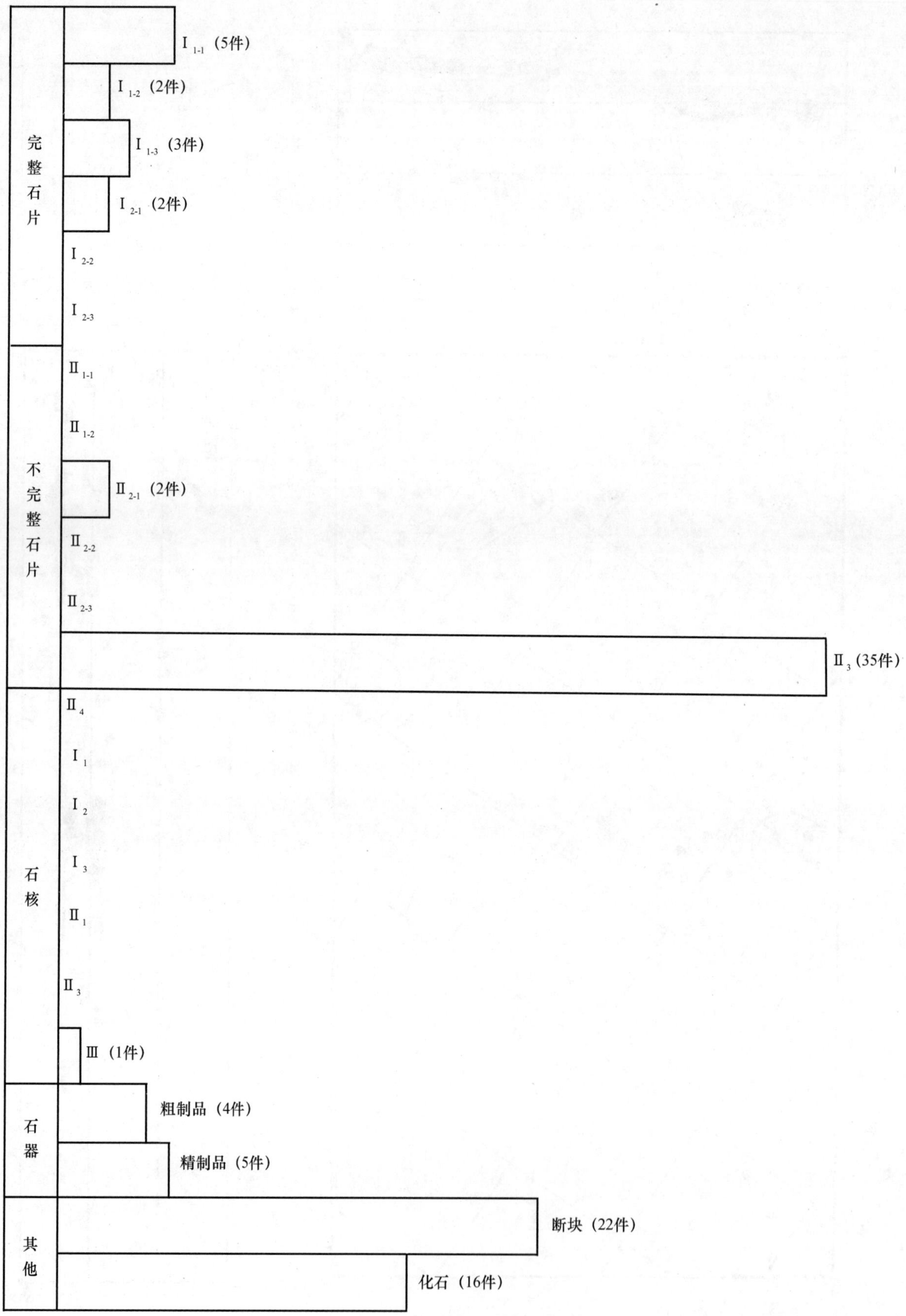

图五　鱼复浦遗址2003年出土遗物统计

71.43%；其次为Ⅰ$_1$型石片，占石片总数的20.4%；Ⅰ$_2$型石片2件；Ⅱ$_2$型石片2件；砍砸器有9件，占石制品总量的10.71%，Ⅲ型石核只有1件。通过石制品大小坐标图比较可以看出石制品以小型的为最多（图六）。

通过对比分析可以看出石制品以宽薄型为主（图七），大部分标本磨蚀轻微，保存较好，石制品多数与“火塘”遗迹关系紧密，反映遗物未经搬运并且在原地埋藏迅速，受流水冲刷作用较小。遗物多选用石英砂岩和英安岩砾石制作，表明制造者对原料是有所选择的。遗物风化程度不一，也说明遗物在埋藏前暴露的时间可能长短不尽相同。断块原型以砾石为主，表明这些砾石是经人有意带入遗址中的。

发现的9件砍砸器，多为“凸”字形，其中5件为精制品（表二；图八），单刃，多采用单面向破裂面锤击加工，修整疤连续，刃缘较锐利，且有一定的造型，粗制品4件，单刃，采用

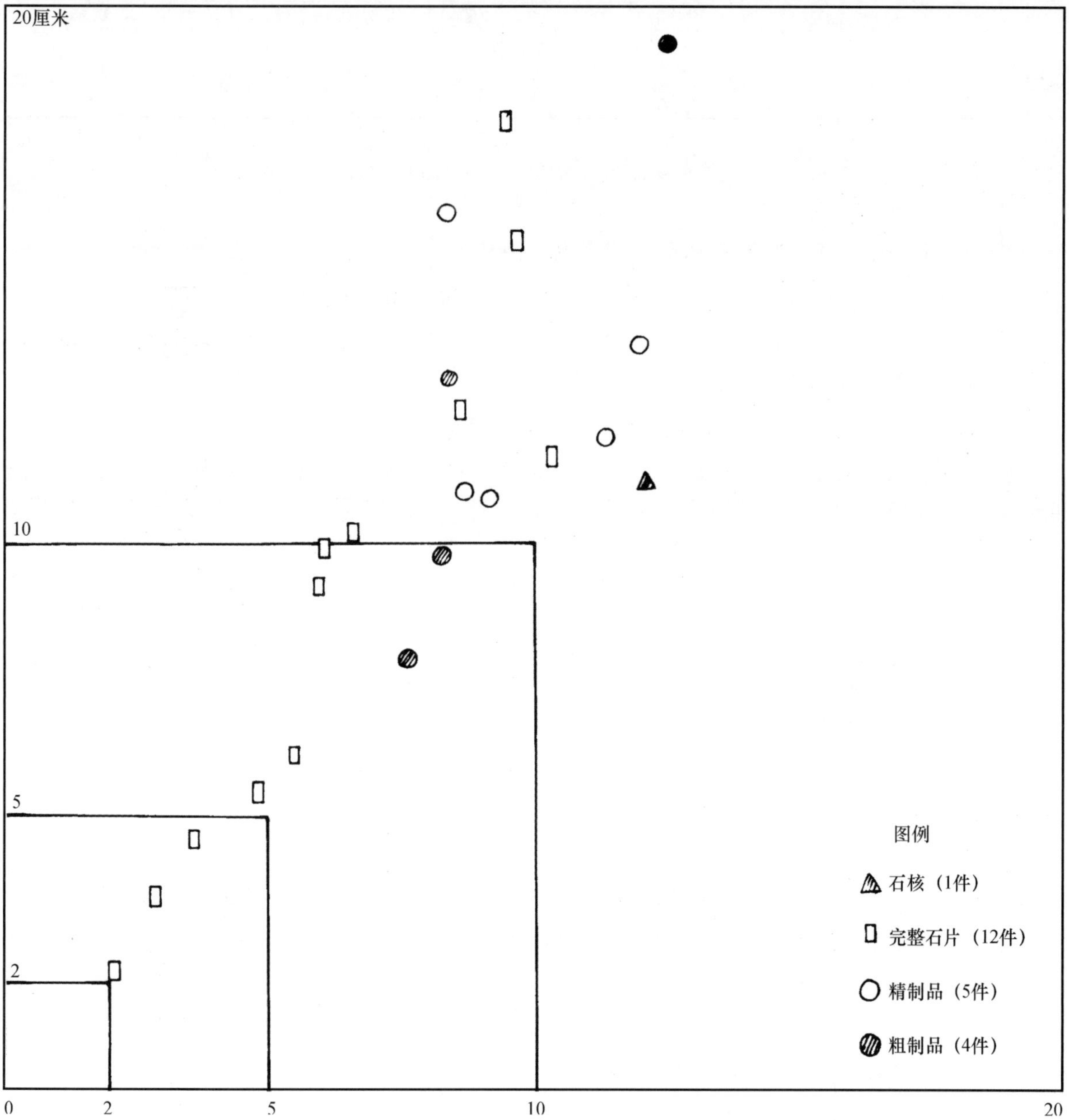

图六　鱼复浦遗址2003年出土石制品大小分析图

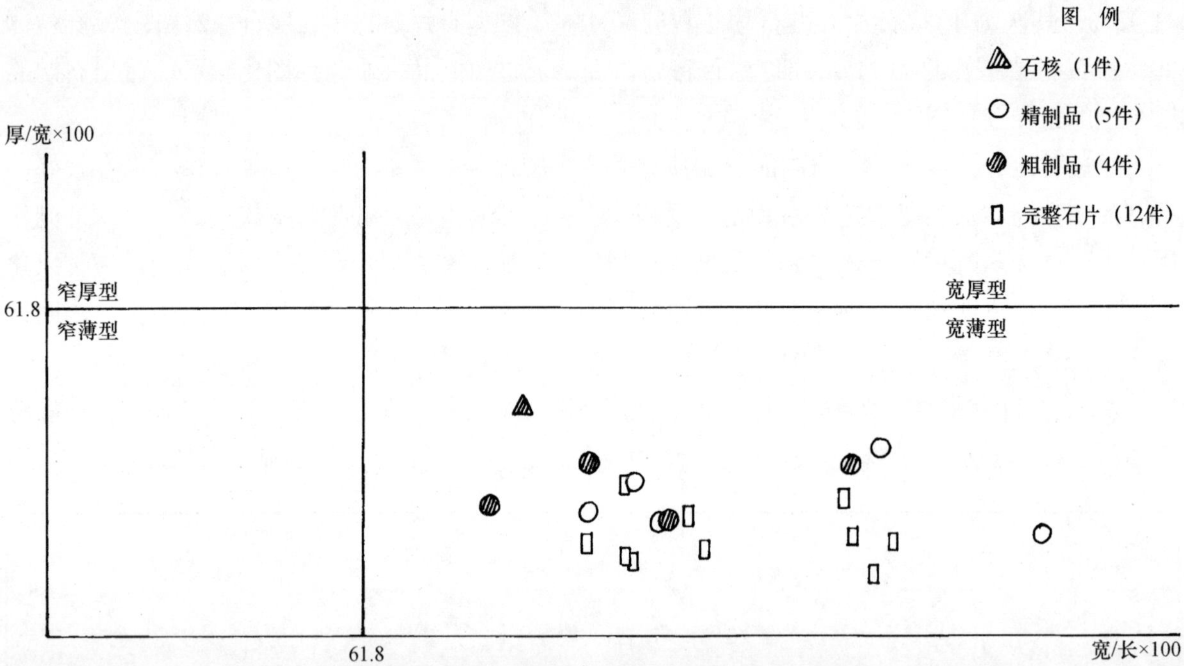

图七　鱼复浦遗址2003年出土石制品形态分析图

单面向破裂面锤击加工，加工较粗糙，刃缘也较锐利。

Ⅲ型石核　1件，原型为砾石，剥片时使用了自然台面和人工台面。

$\mathrm{I}_{1\text{-}1}$型石片　5件。石片较小，自然台面，自然背面，打击点较集中，打击泡不明显，半锥体较平，个别半锥体凸出。

$\mathrm{I}_{1\text{-}2}$型石片　2件。打击点分散，同心波，放射线较明显。

化石标本大多数是大小不同的骨片化石和烧骨，还有少数牙齿化石，经初步鉴定，动物的种类有猪、鹿等。

表二　鱼复浦遗址2003年发掘出土石制品观测一览表

编号	类型	原型	岩性	保存情况		尺寸大小/毫米	长宽指数	宽厚指数	台面		台面角石片角	生产技术	刃缘情况			片疤			重量/克	备注
				磨蚀	风化				类型	长×宽/毫米			形态	长/毫米	刃角/（°）	数量	关系	大小/毫米		
2001	精制品	Ⅱ$_{2-3}$	石英砂岩	Ⅱ	Ⅱ	84×160×30	190.5	18.75				锤击	锐	250	58	22	连续	14.3×11.2	480	砍砸器
2002	粗制品	Ⅰ$_{1-2}$	石英砂岩	Ⅰ	Ⅰ	82×98×21	119.5	21.43	自然			锤击	锐	200	63	8	连续	20×14	188	砍砸器
2003	粗制品	Ⅰ$_{1-1}$	石英砂岩	Ⅱ	Ⅱ	128×109×27	85.1	24.7	自然	40×20		锤击	锐	142	55	11	连续	13.7×15	420	砍砸器
2012	精制品	Ⅰ$_{1-1}$	英安岩	Ⅰ	Ⅰ	87×109×38	125.3	34.8	自然	87×38		锤击	锐	132	68	21	连续	11×7	300	砍砸器
2014	精制品	Ⅰ$_{1-1}$	石英砂岩	Ⅰ	Ⅰ	113×118×27	104.4	22.9	自然	64×20		锤击	锐	185	52	12	连续	11×6	390	砍砸器
2018	精制品	Ⅰ$_{1-1}$	英安岩	Ⅰ	Ⅰ	91×108×23	118.6	21.3	自然	73×21		锤击	锐	167	57	13	连续	10×16	290	砍砸器
2030	粗制品	Ⅰ$_{1-2}$	石英砂岩	Ⅰ	Ⅰ	84×130×41	154.7	31.5	自然	94×40		锤击	锐	135	64	11	连续	11×13	490	砍砸器
2057	粗制品	Ⅰ$_{1-1}$	英安岩	Ⅰ	Ⅰ	76×79×25	103.9	31.6	自然	49×14		锤击	锐	155	61	6	连续	23×22	202	砍砸器
2006	Ⅰ$_{1-1}$	砾石	安山岩	Ⅱ	Ⅱ	61×99×30	162.3	17.1	自然	87×14	71	锤击							132	
2007	Ⅰ$_{1-3}$	砾石	凝灰岩	Ⅰ	Ⅰ	49×55×8	112.2	14.5	自然	44×8	80	锤击							31	
2010	Ⅰ$_{1-1}$	砾石	石英砂岩	Ⅰ	Ⅰ	55×62×9	112.7	14.5	自然	37×9	74	摔击							38	
2011	Ⅰ$_{2-1}$	砾石	石英砂岩	Ⅱ	Ⅱ	104×116×33	111.5	28.4	人工	115×33	103	锤击							500	
2015	Ⅰ$_{1-2}$	砾石	石英砂岩	Ⅱ	Ⅱ	86×124×26	144.2	20.9	自然	85×23	85	摔击							300	
2016	Ⅰ$_{1-1}$	砾石	石英砂岩	Ⅱ	Ⅱ	95×177×35	186.3	19.8	自然	88×30	80	碰砧							720	
2019	Ⅰ$_{1-3}$	砾石	石英砂岩	Ⅰ	Ⅰ	29×36×8			自然	26×4	119	锤击							9	
2026	Ⅰ$_{2-1}$	砾石	石英砂岩	Ⅰ	Ⅰ	67×103×26	153.7	25.2	人工	98×27	65	碰砧							194	
2068	Ⅰ$_{1-3}$	砾石	石英砂岩	Ⅰ	Ⅰ	36×46×7	127.7	5.2	自然	22×5	104	锤击							10	背有3片疤
2073	Ⅰ$_{1-2}$	砾石	英安岩	Ⅰ	Ⅰ	97×155×20	159.7	12.9	自然	57×5	77	锤击							400	
2078	Ⅰ$_{1-1}$	砾石	石英砂岩	Ⅰ	Ⅰ	22×23×4	104.5	17.3	自然	16×4	102	锤击							3	
2081	Ⅰ$_{1-1}$	砾石	石英砂岩	Ⅰ	Ⅰ	60×93×17	155	18.2	自然	63×17	63	摔击							126	
2034	Ⅲ石核	砾石	粉砂岩	Ⅰ	Ⅰ	121×111×48	91.7	43.2	自然/人工			锤击							650	

注：上列粗制品、精制品生产技术均为单面向破裂面加工

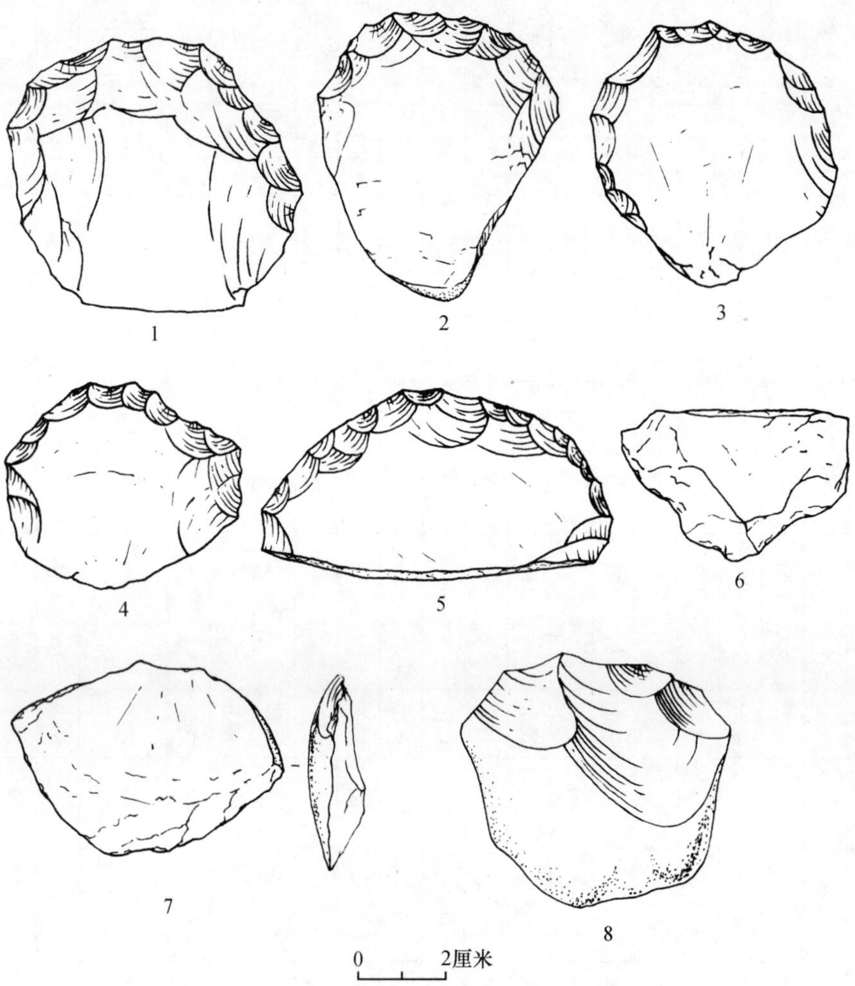

图八 鱼复浦遗址2003年出土石制品

1~5. 砍砸器 6、7. 石片 8. 石核

四、结 语

鱼复浦遗址是三峡库区发现的最早新石器时代考古遗址之一，遗址在长江河流冲积层中，遗物多集中分布在“火塘”附近，分布有序且磨蚀轻微，并伴有一些动物骨骼化石的碎片或烧骨碎片，表明遗址是一处古人类居住遗址。“火塘”分布在上下两个层面，说明至少有两个比较长时间的稳定生活时期。人们在这里活动，烧烤猎获的食物，修整制造工具等，遗物的有序带状分布，可能与古长江的地理环境和长江水位变化相关。

附记：本次发掘领队杨林，成员雷生霖、马凤磊、翁进有、李化、刘江、李明清、邹伯乐、张勇。

绘图：周兴启

执笔：杨 林 雷生霖

马凤磊 周兴启

奉节永安镇遗址（新公馆）2003年度发掘简报

重庆市文化遗产研究院
宜　昌　博　物　馆

永安镇遗址位于奉节旧县城永安镇，地处梅溪河和长江交汇处的二级台地上。遗址南临长江，北倚卧龙岗，东至校场坝，西至火电厂。具体方位为东经109°31′35″，北纬31°2′42″，海拔130米。遗址于1992年5月调查发现，1993年12月复查认定。

为配合三峡工程的建设，2003年2～4月，受重庆市三峡办的委托，重庆市文物考古所（今重庆市文化遗产研究院）与宜昌博物馆在奉节县文物管理所的配合下，对永安镇遗址（新公馆）进行了抢救性的考古发掘。本次发掘采用探方法和探沟法结合，分两区进行（图一）：一区布5米×5米探方24个，二区布5米×30米探沟一条。实际发掘面积800平方米。

因为地处奉节旧县城，受历年城市建设的影响，遗址破坏较严重，保存情况较差。下面分

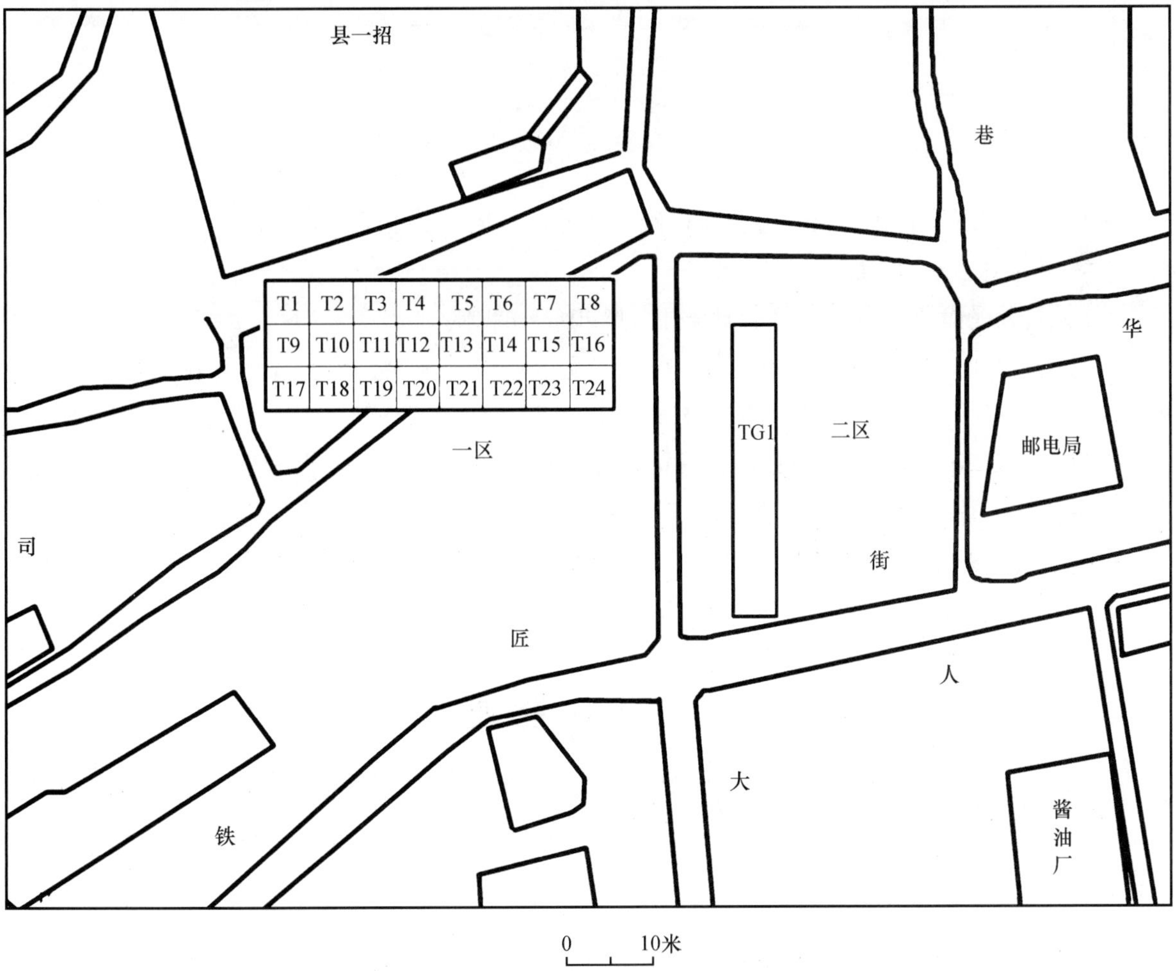

图一　永安镇遗址探方分布图

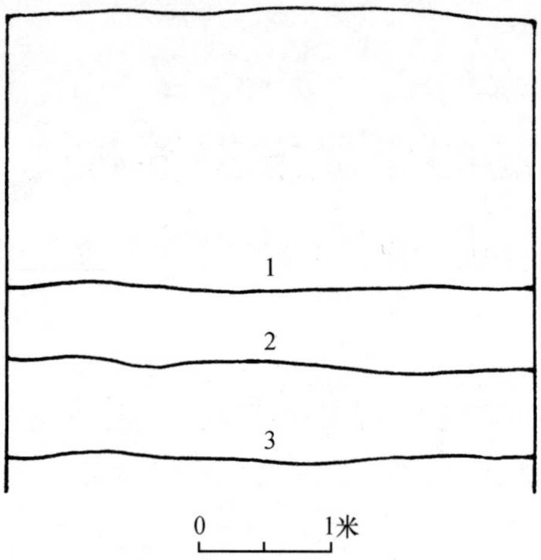

图二　T1北壁剖面图

别以一区T1北壁剖面（图二）和二区G1东壁剖面（图三）为例，将地层堆积情况介绍如下。

一区地层可分三层。

第1层：建筑垃圾、混凝土及“三合土”基础层。厚230～285厘米。

第2层：灰褐色土。厚50～80、深40～110厘米。包含有大量的近、现代砖瓦和瓷片，为近代堆积。

在T9、T17、T19的第2层下分别发现了F1、F2、F4的墙基、排水沟及地面，为明清时期建筑。

第3层：灰黑色土。厚40～130、深75～160厘米。包含有六朝、宋代及明清时期的瓦当、筒瓦和瓷片，为明清时期堆积。

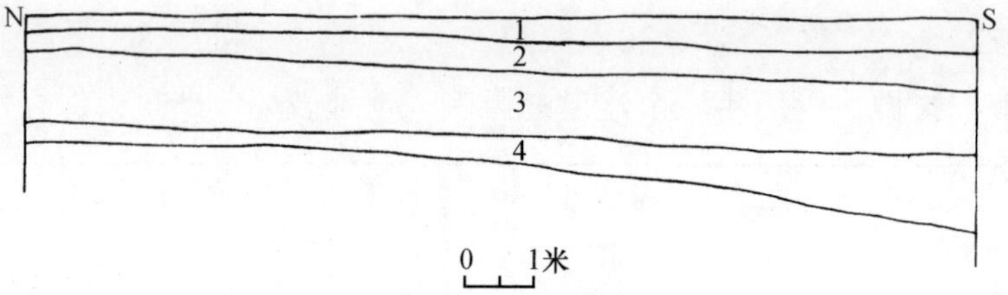

图三　G1东壁剖面图

在T13第3层下见有排水沟、莲花座柱础，编号F3，时代为北宋。

二区探沟地层分为四层。

第1层：近现代建筑层，多为水泥浇注。厚20～50厘米。

第2层：深20～50、厚50～20厘米。分布于全方，土质疏松，出土较多青花瓷片，时代为明清时期，开口于本层下的遗迹有H3、H4、H6、J1、F1、F2、F3、F4、F5、F6及夯土台。

第3层：深170、厚90～110厘米。棕黄色土，土质疏松，自南向北分布于全方，出土较多北宋时期瓷片，在此层下开口的遗迹有F7、F8。

第4层：深190～280、厚10～120厘米。淡黄色土，土质较为坚硬，自南向北倾斜分布于探沟南部，时代为汉，此层下开口的遗迹有G2、H11，本层下即为生土。

一、文化遗迹

永安镇遗址发现的遗迹有房址和灰坑两种。

1. 房址

共发现4座，分别为F1、F2、F3、F4。

F1　位于T17内，开口于第2层下，打破第3层。F1保存较差，仅存一段墙基和部分地面。从发掘情况来看，F1平面应呈长方形。墙基系砖砌筑，残长342厘米；砖长28、宽14、厚12厘米；居住面为细砂、白灰、土混合夯筑的三合土地面，厚3～4厘米。

F2　位于T19内，开口于第2层下，打破第3层。F2保存较差，仅存一条墙基和墙基外侧的排水沟。墙基为砖石混合砌成，用石灰做黏合剂，形状为长条形，残长450、宽34、高12厘米。排水沟由陶瓦砌成，残长200、宽20厘米。瓦为泥质灰陶，长方形，长30、宽20、高10厘米。

F3　位于T3、T4、T5、T11、T12、T13内，开口于第3层下，打破生土层。F3保存较差，地面建筑已破坏殆尽，仅排水沟保存相对比较完整，此外还有一小段墙基和4个莲花底座柱础。从发掘情况来看，F3平面呈长方形，长约12、宽约9米，面积108平方米。墙基为砖石混合砌成，用石灰做黏合剂，保存较差。排水沟深162厘米，截面为长方形，长12、宽9厘米，其结构为两边砖砌，中间为排水孔，上有砖盖板（图四）。

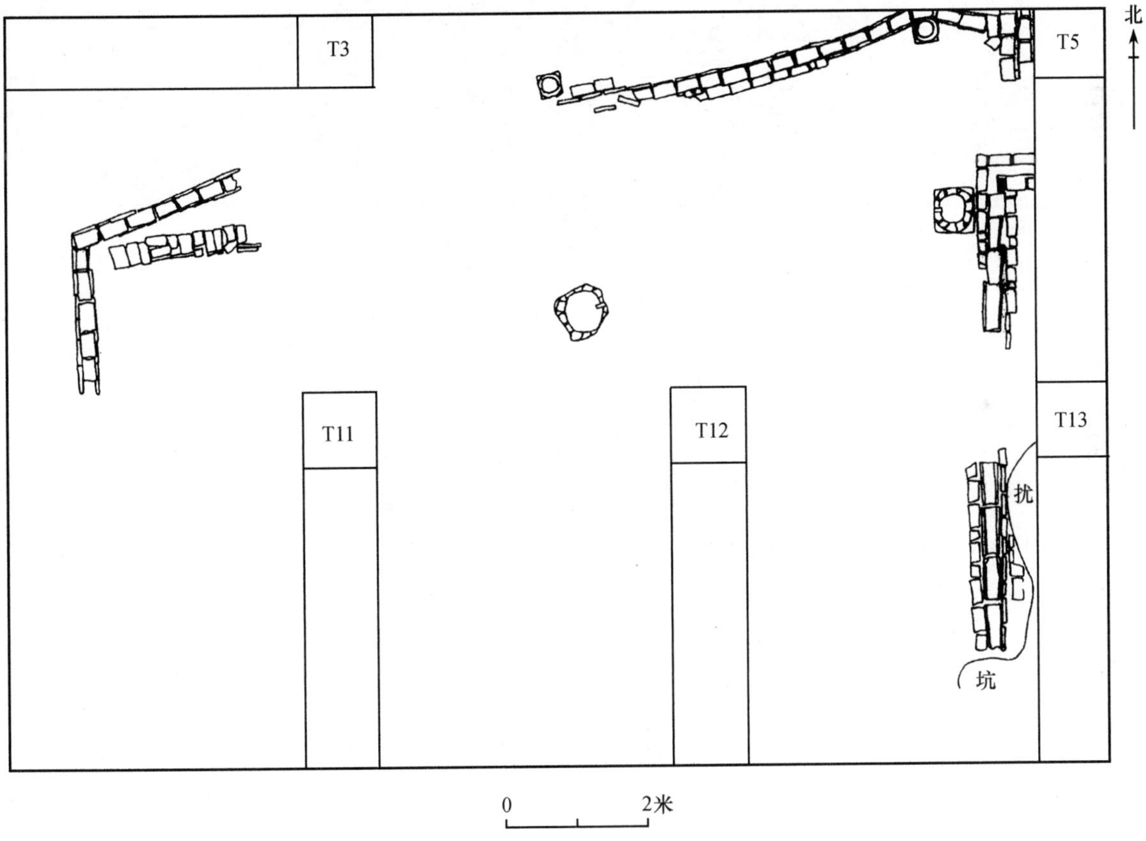

图四　F3平面图

2. 灰坑

只发现一个，位于T9。开口于第2层下，打破第3层。形状略呈椭圆形，直径138～160、深84厘米。灰坑内填土为黑褐色黏土，较松软。坑内出土大量明清时期瓷器、陶器以及板瓦、筒瓦等（图五）。

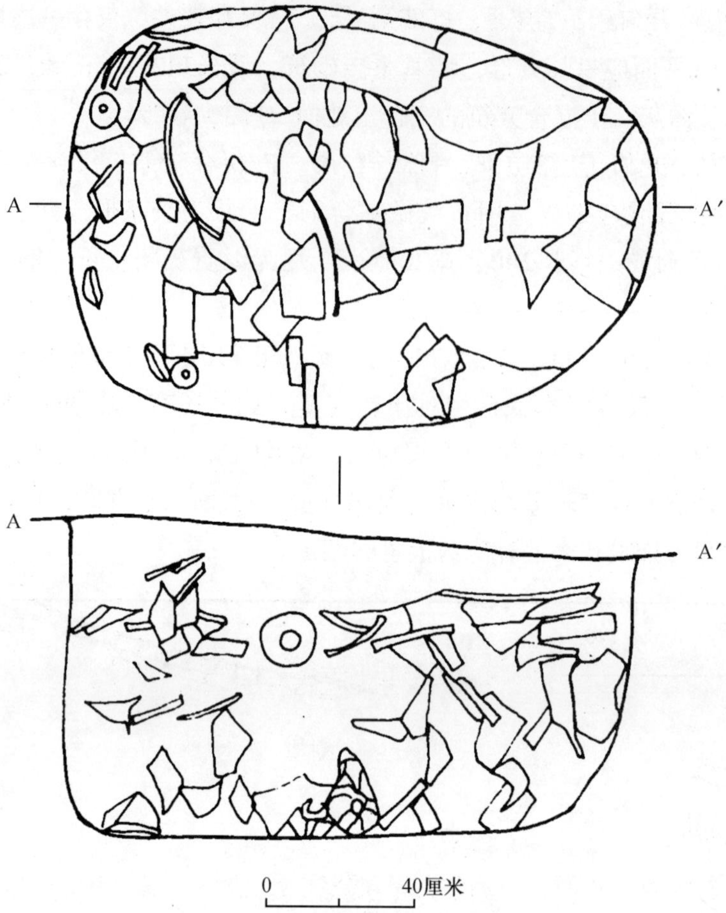

图五　H1平、剖面图

二、文化遗物

永安镇遗址出土遗物以陶器和瓷器为主。瓷器主要是各种日用生活器皿，器类有碗、盏、执壶、油灯等，陶器主要是各种建筑构件，包括瓦当、筒瓦、滴水等。

1. 瓷器

此次发掘出土瓷器数量较多。从器形来看，这批瓷器明显可分为宋元和明清两个时期。宋元时期的瓷器以青瓷和青白瓷为主，青瓷类瓷器以黑釉盏数量最多，此外还有一定数量的其他颜色釉器物，如油灯、执壶、罐类器等，青白瓷器类主要是薄胎斗笠碗。明清时期瓷器以青花瓷为主，器类主要是各种碗。

碗　可分为四类。

斗笠碗　尖唇，敞口，碗壁斜直，矮圈足。这类碗器壁一般都很薄。H1：6，青白瓷。碗内壁画有极浅的水草纹。口径19.5、底径5.6、高5.8厘米（图六，1）。T15③：11，青白瓷。碗内壁画有极浅的水草纹。口径16、底径6.5、高3.9厘米（图六，2）。T12③：1，白瓷。碗内壁有较浅的轮制痕迹。口径14、底径4.2、高5.4厘米（图六，3）。

圈足深腹碗　可分为二型。

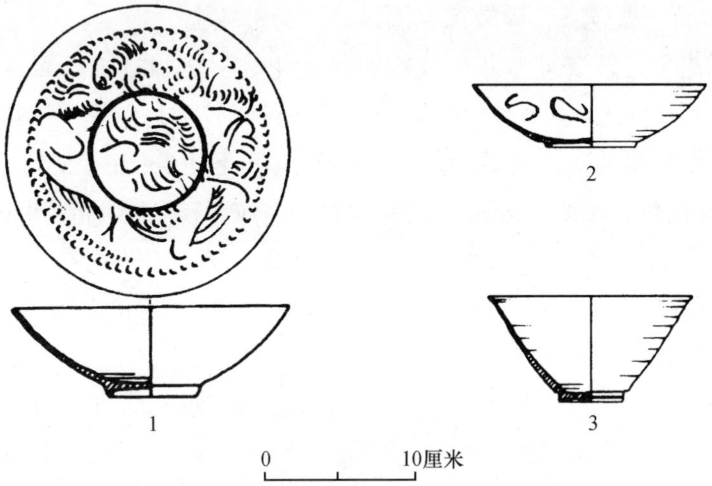

图六　斗笠瓷碗

1. H1：6　2. T15③：11　3. T12③：1

A型　尖唇，敞口，器壁薄而斜直，腹较浅，圈足。内壁满釉（碗底由于采用垫圈叠烧有一圈无釉），外壁近口沿处有釉，下半部无釉。

H1：12，红胎，黑釉。口径17.6、底径6.4、高6.8厘米（图七，1）。T7③：7，红胎，黑釉。口径17、底径8、高5.6厘米（图七，4）。T4③：1，紫红色胎，褐釉。口径17.2、底径8、高4.9厘米（图七，3）。T3③：8，红胎，黄褐色釉。口径11、底径4.2、高3.8厘米（图七，2）。T11③：1，灰白胎，青白釉。口径15.3、底径6.9、高5.9厘米（图七，5）。

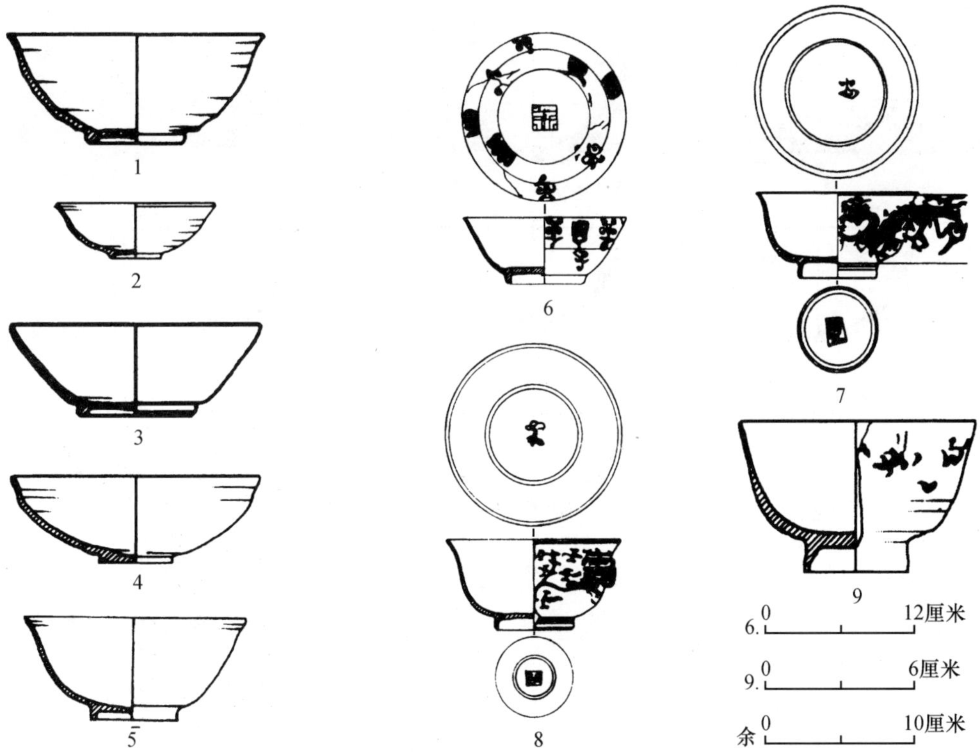

图七　瓷圈足深腹碗

1～5. A型（H1：12、T3③：8、T4③：1、T7③：7、T11③：1）　6～9. B型（T5②：10、T13②：1、T14②：1、T20②：1）

B型　侈口，尖唇，壁较直，腹较深，圈足。皆为青花瓷。

T20②：1，青花色彩较淡且偏灰，纹饰题材为花草。烧制较粗，圈足上布满气孔。口径9、底径4、高5.7厘米（图七，9）。T14②：1，青花色彩较浓且偏黑，纹饰题材为花草藤蔓和寿字图案，碗心绘圆圈和花卉，圈足内落印章形款。口径11.8、底径5.4、高5.5厘米（图七，8）。T13②：1，青花色彩较浓且偏黑，纹饰题材为龙纹，碗心绘圆圈和花卉，圈足内落印章形款。口径9.8、底径4.8、高5厘米（图七，7）。T5②：10，青花色彩为灰黑色，纹饰题材为花草藤蔓，内底有一圈无釉，中央为一印章形款。烧制较粗，圈足上布满气孔。口径13.2、底径6.4、高5厘米（图七，6）。

花瓣口碗　侈口，尖唇，碗身为花瓣形，矮圈足。灰白胎，（青）白釉。

高足碗　T13③：1，柱状喇叭形高足，中间有一周凸棱。碗体已残。通施青釉。足径4、残高7.6厘米（图八，12）。

盏　敞口微敛，尖唇，弧壁，平底，饼足。这类盏皆为黑釉，器内壁满釉，外壁上半部施流釉，外壁下部未施釉。T3③：9，口径10.6、底径4、高6厘米（图八，5）。T3③：10，口径10.6、底径4、高6厘米（图八，6）。H1：9，口径11、底径4、高5.2厘米（图八，1）。H1：10，口径10.2、底径4、高6厘米（图八，2）。H1：11，口径9.8、底径3.8、高5.6厘米（图八，3）。H1：13，口径12.8、底径3.8、高6厘米（图八，4）。T5③：6，口径10.2、底径

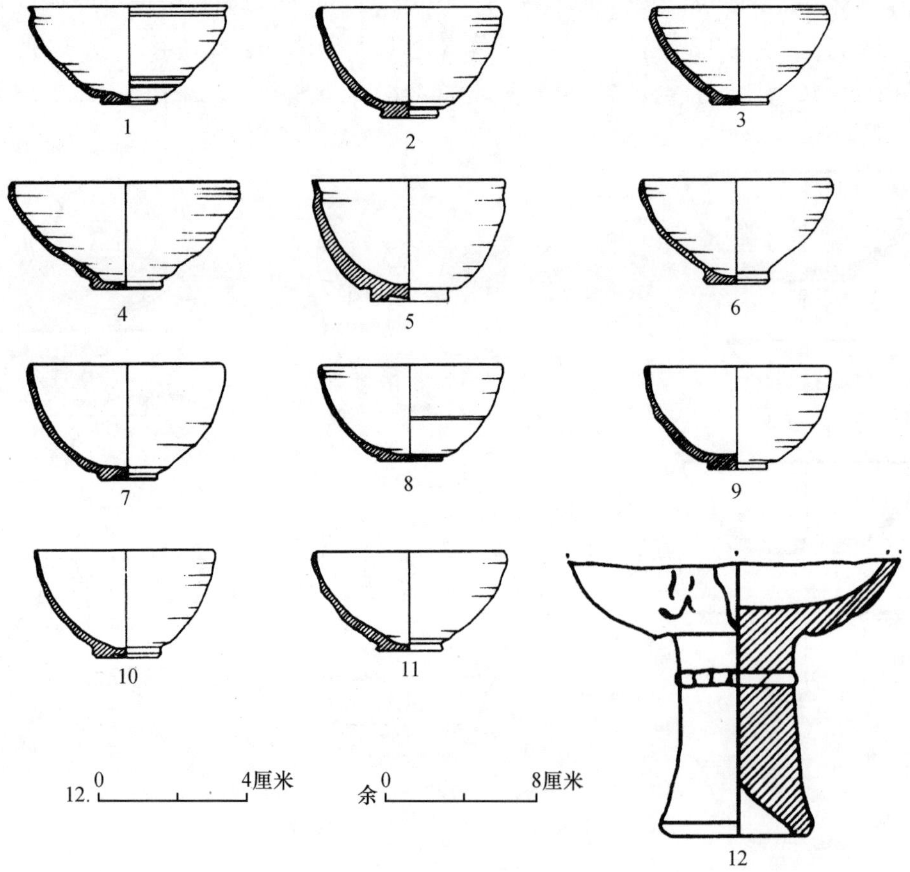

图八　出土瓷器

1～11. 盏（H1：9、H1：10、H1：11、H1：13、T3③：9、T3③：10、T4③：7、T5③：6、T5③：7、T7③：6、T11③：5）
12. 高足碗（T13③：1）

3.6、高5.4厘米（图八，8）。T5③：7，口径10.2、底径4、高6厘米（图八，9）。T11③：5，口径10.8、底径4、高5.2厘米（图八，11）。T4③：7，口径11、底径4、高5.5厘米（图八，7）。T7③：6，口径10、底径3.6、高5.6厘米（图八，10）。

碟 可分为二型。

A型 侈口，尖唇，折沿，平底。壁内施釉，壁外未施釉。泥质褐胎酱黑釉。H1：7，口径9.6、底径4.5、高2.4厘米（图九，1）。

B型 侈口，圆唇，弧壁，平底。天青釉，壁内施釉，及足未施釉。壁外有刮削。T6③：1，口径10、底径3.3、高2.5厘米（图九，2）。

罐 敛口，矮领，鼓腹，下腹内收，平底内凹。外壁上部施流釉。泥质夹砂褐胎酱褐釉。T7③：10，口径9.8、腹径15.8、底径10.6、高13.4厘米（图九，5）。

执壶 H1：5，敛口，圆唇，鼓腹，弧壁，圜底，圈足。一侧有流，已残，另一侧有竖状鋬耳，已残。泥质灰胎褐黑釉，外壁施流釉未及足。口径4、腹径11.2、底径8.4、高15.2厘米（图九，6）。

双耳罐 T1③：1，口沿残。泥质褐陶。束颈，鼓腹，平底内凹，肩部有双耳。腹部以上施一层薄黄釉。口径4、底径6、残高15.2厘米（图九，7）。T12③：5，敛口，尖唇，矮领，鼓腹，双耳。腹残。泥质灰胎，绿釉。残高11.6厘米（图九，3）。

油灯 T18③：3，盘部残。喇叭形柱，下盘弧壁折收，平底，圈足。泥质灰胎。褐黑釉，盘内与柱施釉，下盘外和足部未施釉。盘径11.5、底径6.7、残高7厘米（图九，4）。

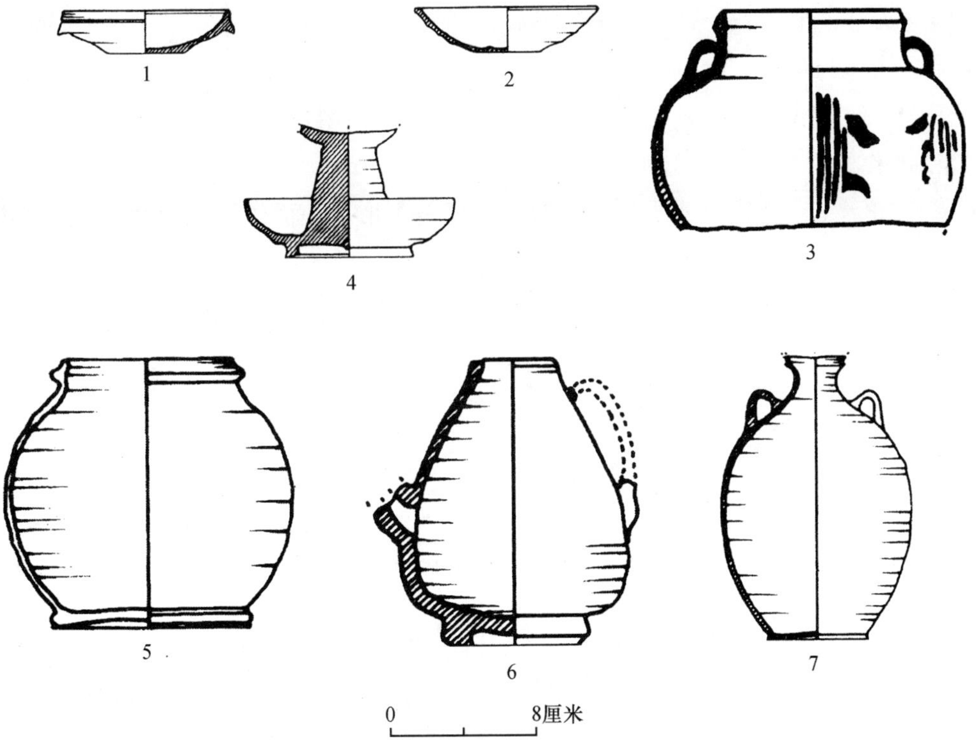

图九 出土瓷器

1. A型碟（H1：7） 2. B型碟（T6③：1） 3、7. 双耳罐（T12③：5、T1③：1） 4. 油灯（T18③：3） 5. 罐（T7③：10） 6. 执壶（H1：5）

2. 陶器

三足炉　T1③：5，泥质灰陶。侈口，圆唇，直壁斜收，平底，三扁平足。火候较高。口径9.6、高6.2厘米。

陶马　T7③：12，泥质红陶。引颈仰头，鬃毛整齐，身肥体硕，做站立状，马身配有马鞍、缰绳等马具。火候不高。残长11.8、高9.7厘米。

花纹砖　T3③：23，泥质灰陶。长方形，正面饰浮雕藤蔓，背面为素面，一端已残。残长13.6、宽9.4、厚3厘米。

瓦当　数量较多，基本上都是圆形瓦当。从纹饰内容来看，以植物纹和兽面纹两大类为主。

T20③：20、T8③：17两件纹饰基本相同，皆为绿叶配红花图案。T20③：20，完整。泥质灰陶。直径12.5～13厘米。T8③：17，已残。泥质灰陶。直径13～13.6厘米。

T4③：19，菊花纹瓦当。泥质灰陶。基本完整。直径13～13.6厘米。

T6③：17，牡丹纹瓦当。泥质灰陶。基本完整。直径13～13.6厘米。

T5③：15，莲花纹瓦当。泥质灰陶。基本完整。直径12.5～13厘米。

兽面纹瓦当　T18③：7、T6③：16两件兽面图案基本相同，皆为泥质灰陶。T18③：7，直径12～13厘米。T6③：16，直径11.6厘米。T18③：10、T3③：22两件兽面图案基本相同，皆为泥质灰陶。T18③：10，直径12～12.6厘米。T3③：22，直径12.2厘米。T5③：23，泥质灰陶。兽面额头有一个“王”字。T20③：9，泥质灰陶。兽面图案不清。直径12.5～13厘米。

高浮雕瓦当　T8③：13，泥质灰陶。正中有一高浮雕的元宝图案，四周为较浅的弧线纹饰。直径9.4厘米。T3③：15，泥质灰陶。正中有一高浮雕的动物，四周为较浅的卷云纹装饰。直径8.2厘米。

滴水　T23③：8，已残。泥质灰陶。形状略呈三角形，正面纹饰为浮雕的花草类植物。残宽20.6、高11.6厘米。

鸱尾　T5③：22，已残。泥质灰陶。形状如翘起的鸟尾，断面呈三角形。残长15、宽1.8～4.2、高1.2～2.2厘米。

三、结　语

虽然此次发掘面积不大，也没有发现早期的文化堆积，但通过此次发掘，我们对永安镇遗址获得以下认识。

（1）尽管没有发现宋代的文化层，但从出土的大量宋代器物来看，永安镇遗址与奉节上关遗址[①]和秭归望江墓群[②]所出土器形一致，其时代应属北宋早中期，说明永安镇在北宋早中期

① 重庆市文物考古所：《奉节上关遗址发掘简报》，《重庆库区考古报告集·1998卷》，科学出版社，2003年。

② 湖北省宜昌博物馆：《秭归望江墓群发掘简报》，《湖北库区考古报告集》（第一卷），科学出版社，2003年。

就相当繁荣了。

（2）从此次发现的几座房址以及出土的大量建筑构件来看，从宋代开始这里的建筑技术已达到了相当高的水平，对研究当地的建筑史具有十分重要的意义。

（3）出土的大量瓷器为三峡地区陶瓷手工业的研究提供了十分重要的资料。

附记：本次发掘工作由刘继东主持。宜昌博物馆李孝配、乔峡、王超、刘晓伟，奉节县文管所雷霆军、张勇参加了本次发掘工作。陕西省考古研究所凤翔工作站的侯清伟、许卫国同志也参加了田野发掘工作并具体负责勘探。线图由王超绘制。

执笔：乔　峡

奉节李家坝遗址2003年度发掘简报

重庆市文化遗产研究院
宜　昌　博　物　馆
奉节县文物管理所

李家坝遗址位于重庆市奉节县永乐镇对县村四社，长江南岸的二级台地上，北部边缘距长江约400米，遗址东西两侧均有冲积沟，东临万家嘴，西接羊安渡。地理坐标为东经109°30′48″，北纬31°1′47″，海拔100～140米，北临长江，南靠高山，隔江与奉节县城相望（图一）。该遗址于1992年5月29日发现并确认，1993年12月9日复查时认定。

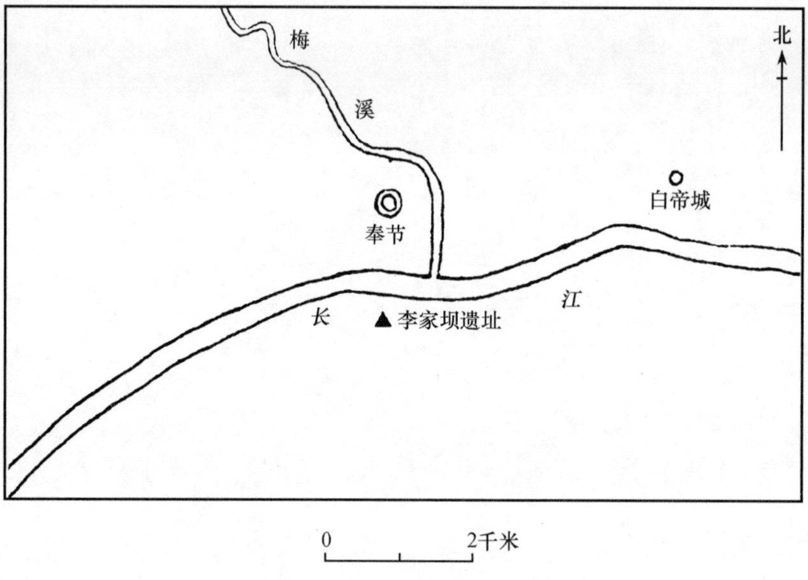

图一　李家坝遗址位置示意图

2002年开始的三峡库区库岸滑坡治理工程处于遗址中心部位，并对遗址造成严重破坏，2003年1月18日，挖掘机破坏了两座北宋券顶砖室纪年墓。故本次发掘的墓葬从3号开始编号。

2003年2月底至4月，受重庆市文化局三峡办委托，宜昌博物馆考古队协同重庆市文物考古所（今重庆市文化遗产研究院），对其进行了抢救性考古发掘。因施工原因，发掘区上面堆有厚1～4米的浮土。把浮土清除后，再布方发掘。发掘面积500平方米，共布5米×5米的探方20个，方向正北，编号为03FLT1～03FLT20（图二），主要发现三个时期的遗存：第一期为唐代；第二期为宋代；第三期为明清时期。

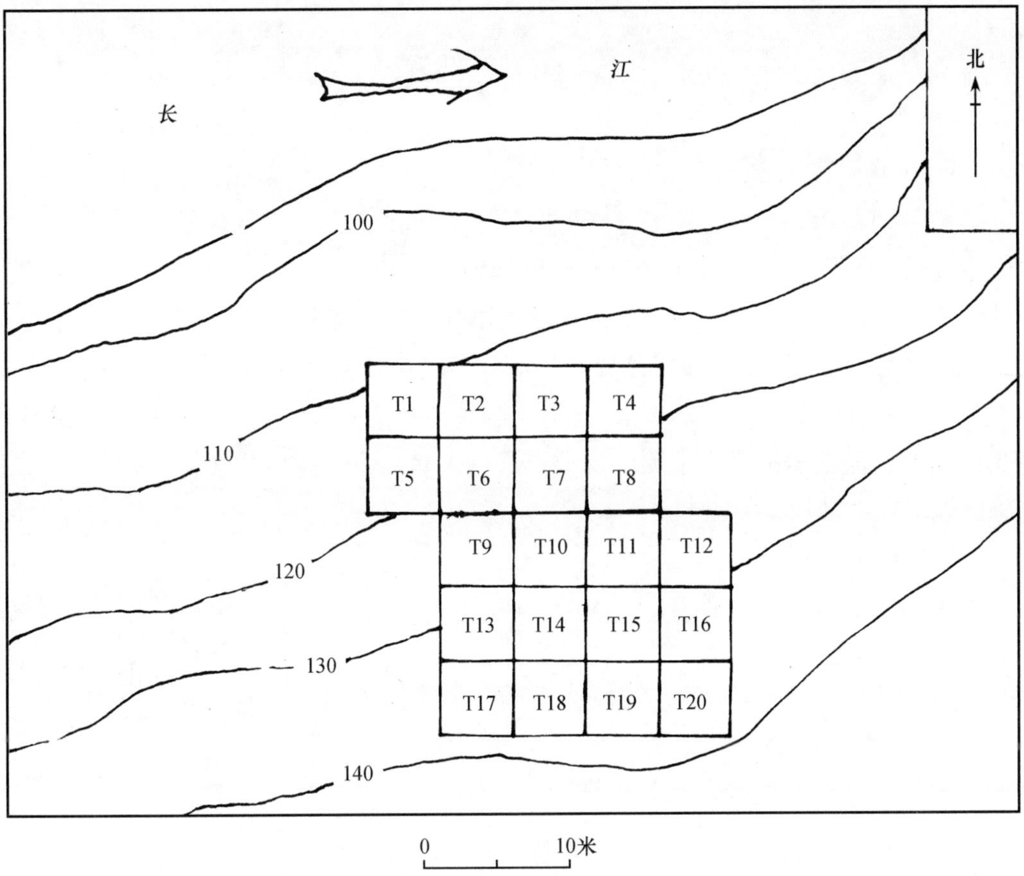

图二　李家坝遗址探方分布图

一、文化层堆积

李家坝遗址的地势为南高北低。经多年的改土造田，文化层破坏严重。文化层堆积可分为4层，T8东壁大体可反映该区的堆积情况（图三）。

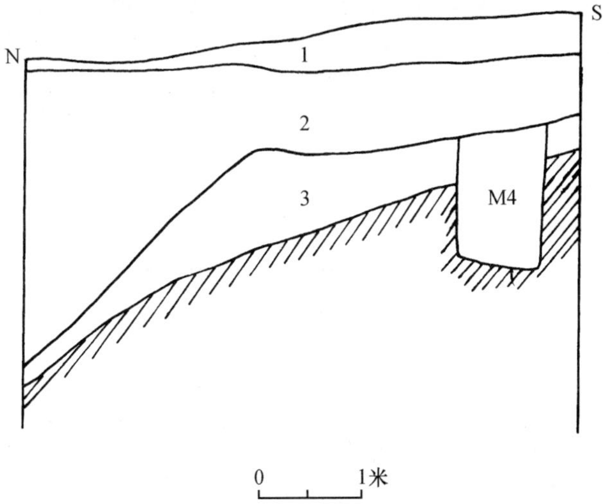

图三　T8东壁剖面图

地层分三层。

第1层：灰褐色表土层。自南向北倾斜分布于全方。厚10～80厘米。土质疏松，未见文化遗物。该层应为近现代堆积。

第2层：红褐色土。自南向北倾斜分布于全方。距地表深10～80、厚55～260厘米。土质较硬，出土少量明代的青花瓷片。该层应为明代堆积。

第3层：黄褐色土。自南向北倾斜分布于全方。距地表深85～270、厚15～100厘米。土质较硬有黏性，出土少量瓷片和陶片，其中有假圈足碗底，应为五代时期的瓷碗，故该层应为五代时期的堆积。

第3层下即为生土。

二、唐代遗存

（一）遗迹

唐代遗迹只见于开口于第3层下的墓葬一座，即M6。

M6是一座土坑竖穴单室墓，该墓位于T4西南部和T8西北部，开口于第3层下，打破生土。墓口长226、宽84～100厘米，距地面深205厘米；墓底长220、宽80～92厘米，距地面深245厘米，填土为灰褐色土，墓向为172°。出土人骨架一具，头向为172°，面向上，葬式为仰身直肢。葬具已腐烂，但根据棺腐土推测，其葬具应为木棺。在墓室内出土随葬器物4件：瓷盘口壶、瓷碗、铜丝和铜带钩（图四）。

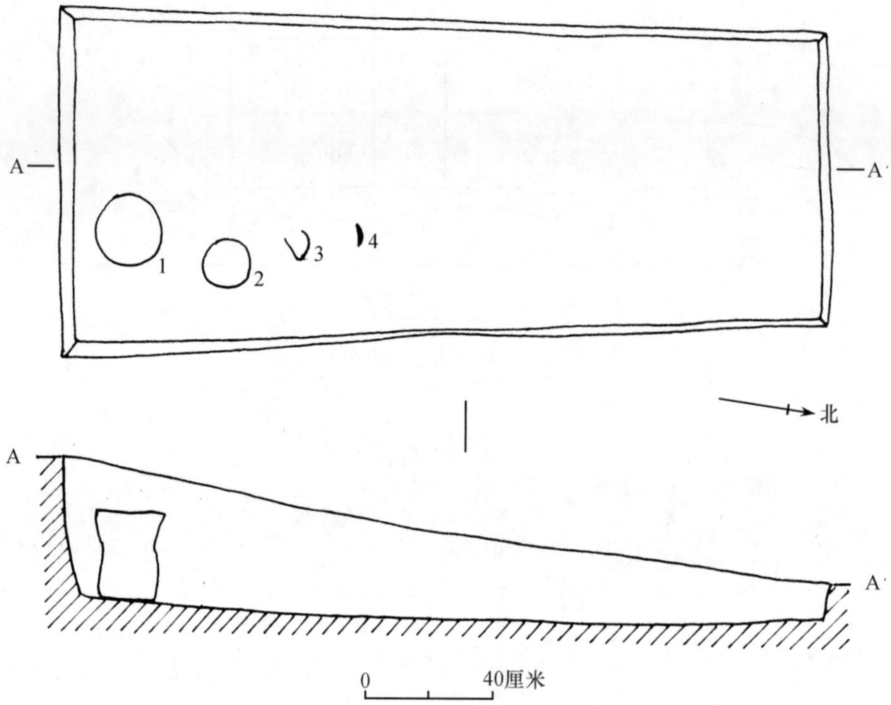

图四　M6平、剖面图

1. 瓷盘口壶　2. 瓷碗　3. 铜丝　4. 铜带钩

（二）遗物

唐代早期的遗物就是M6出土的器物，计有瓷器和铜器。瓷器有盘口壶、碗；铜器只见有铜带钩和铜丝。

瓷盘口壶　仅发现1件，即M6：1，夹砂黄褐色瓷。大盘口，粗颈，溜肩，鼓腹，下底内凹，盘口直径与最大腹径相同，制法为轮制。盘口下有一圈凸棱，肩部饰有四个桥形系。口部到腹部施有黄褐色釉，但下部未施釉，可见到黄白色胎。口径20.2、高33.8厘米（图五，1）。

瓷碗　仅发现1件，即M6：2，为黄褐色瓷。敞口，弧壁，平底，矮圈足。内外上部施黄色釉，内饰不规则的浅绿色水草纹。口径12、高4.5厘米（图五，2）。

铜带钩　仅发现1件，即M6：4，略呈蛇形，但后部已残（图五，3）。

铜丝　仅发现1件，即M6：3，已严重锈蚀，故未绘图。

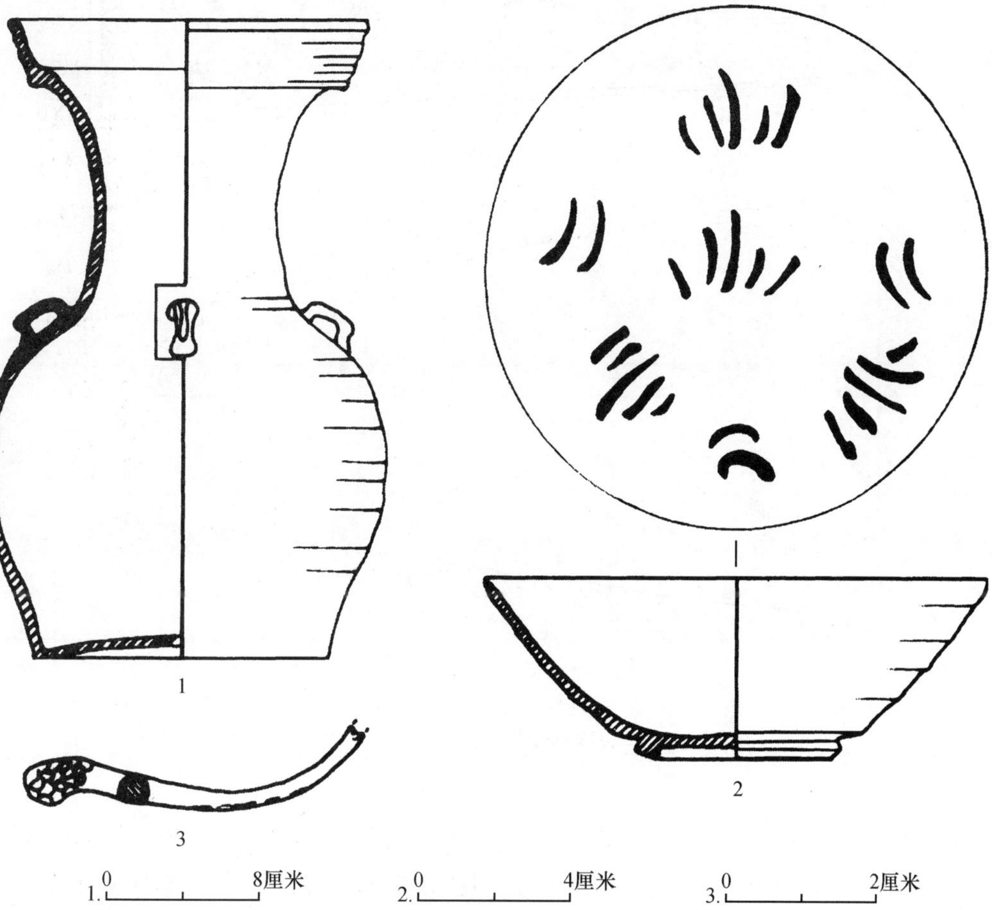

图五　唐代遗物

1. 瓷盘口壶（M6：1）　2. 瓷碗（M6：2）　3. 铜带钩（M6：4）

三、宋代遗存

（一）遗迹

宋代遗迹共发现3座墓葬，即M4、M5、M7。

M4　土坑竖穴单室墓，位于T8东南部，东南部延伸至东隔梁，开口于第2层下，打破第3层。墓口长250、宽52～84、距地面深90厘米；墓底长240、宽50～80厘米，距地面深230厘米，填土为灰褐色土，墓向为341°。出土人骨架一具，头向为341°，面向上，葬式为仰身直肢。经鉴定，性别为女性，年龄约40岁。葬具已腐烂，但根据棺腐土推测，其葬具应为木棺。在墓室内出土随葬器物6件：瓷碗4件、陶灯1件、陶壶1件（图六）。

M5　略带半洞穴式的长方形土坑竖穴单室墓，位于T7西南部，开口于第2层下，打破第3层。墓口长255、宽90厘米，距地面深90厘米；墓底长270、宽80厘米，距地面深240厘米，填

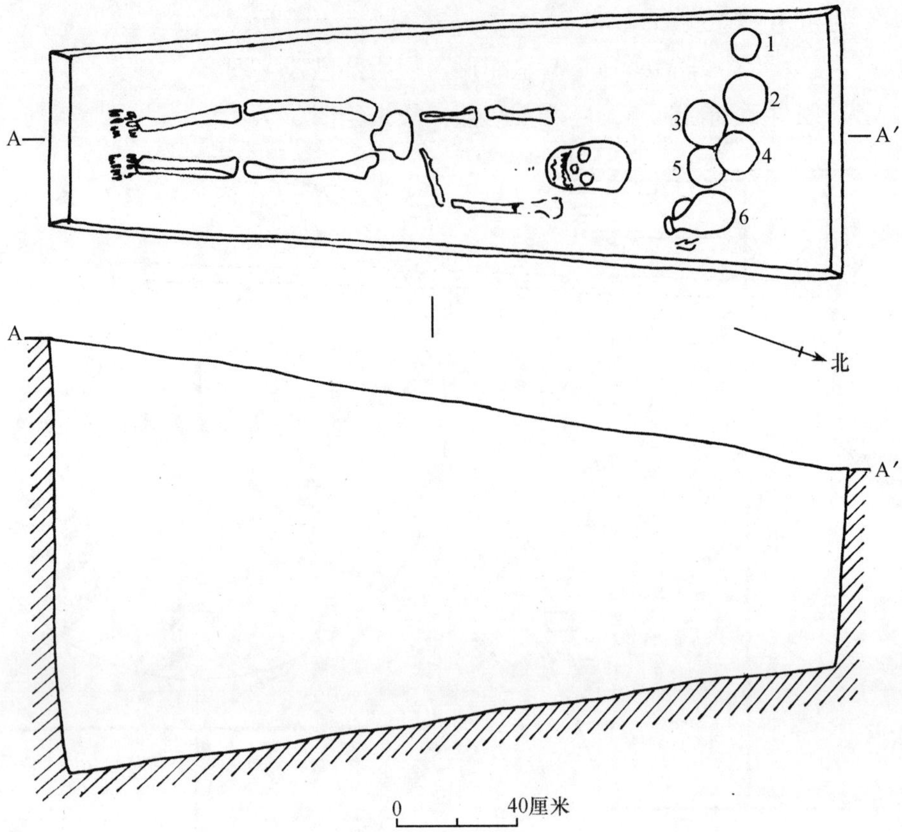

图六　M4平、剖面图

1～4. 瓷碗　5. 陶灯　6. 陶壶

土为灰褐色土，墓向为25°。出土人骨架一具，头向为25°，面向上，葬式为仰身直肢。经鉴定，性别为男性，年龄约55岁。葬具已腐烂，但根据棺腐土推测，其葬具应为木棺。在墓室内出土随葬器物6件：陶罐1件、瓷碗2件、釉陶杯1件、陶盏1件、铁钱1枚（图七）。

M7　土坑竖穴单室墓，位于T3西南部，并延伸至T7北隔梁，开口于第2层下，打破第3层。墓口长234、宽84厘米，距地面深185厘米；墓底长230、宽80厘米，距地面深275厘米，填土为灰褐色土，墓向为349°。出土人骨架一具，头向为349°，面向上，葬式为仰身直肢。经鉴定，性别为男性，年龄约30岁。葬具已腐烂，但根据棺腐土推测，其葬具应为木棺（图八）。

（二）遗物

宋代时期的遗物主要为M4、M5出土的器物，计有瓷器和陶器。

瓷碗　共出土6件。可分三式。

Ⅰ式：2件。敞口，尖唇，微弧壁，平底，矮圈足碗。M4：1，为细泥青瓷。制法为轮制。外饰纵瓜棱纹，内部器底和器壁分别饰斜向的辐射纹。口径11.2、高4.6厘米（图九，1）。M5：3，为青白瓷。制法为轮制。口沿下饰一道弦纹。口径12、高4.5厘米（图九，2）。

Ⅱ式：2件。葵口碗。侈口，尖唇，弧壁，平底，矮圈足碗。M4：2，为青白瓷。制法为轮制。外饰凹弦纹。口沿有五处凹陷将口沿分成五等份。口径14.4、高4.8厘米（图九，3）。

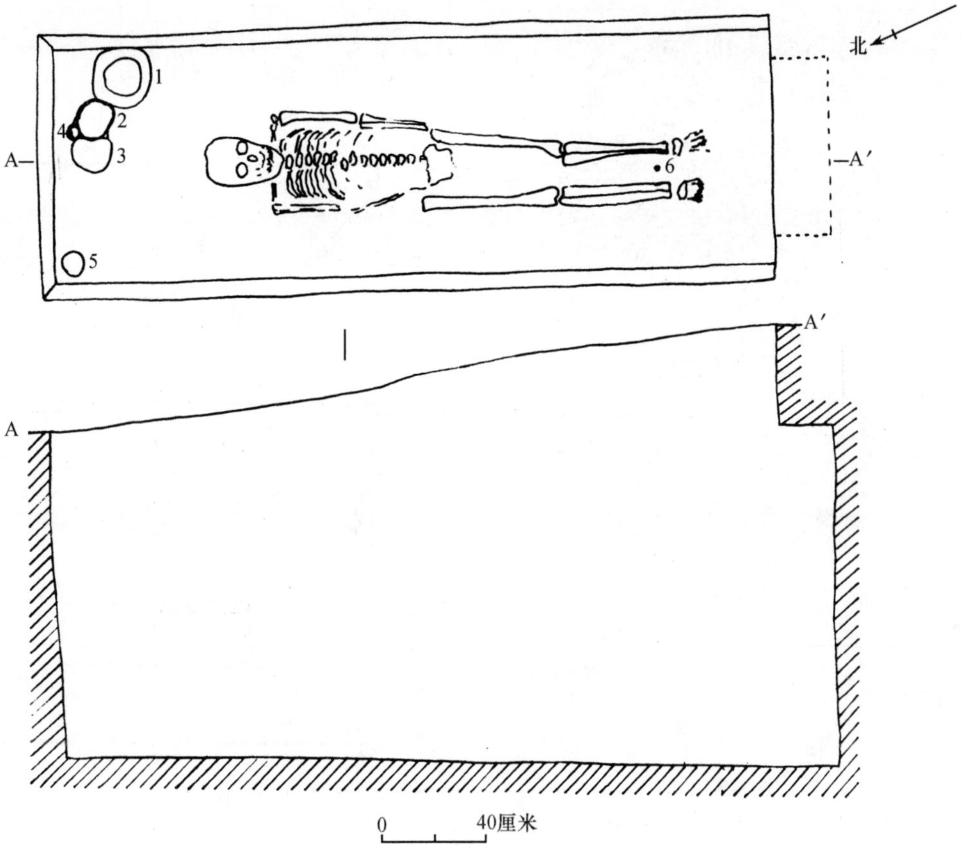

图七 M5平、剖面图

1. 陶罐 2、3. 瓷碗 4. 釉陶杯 5. 陶盏 6. 铁钱

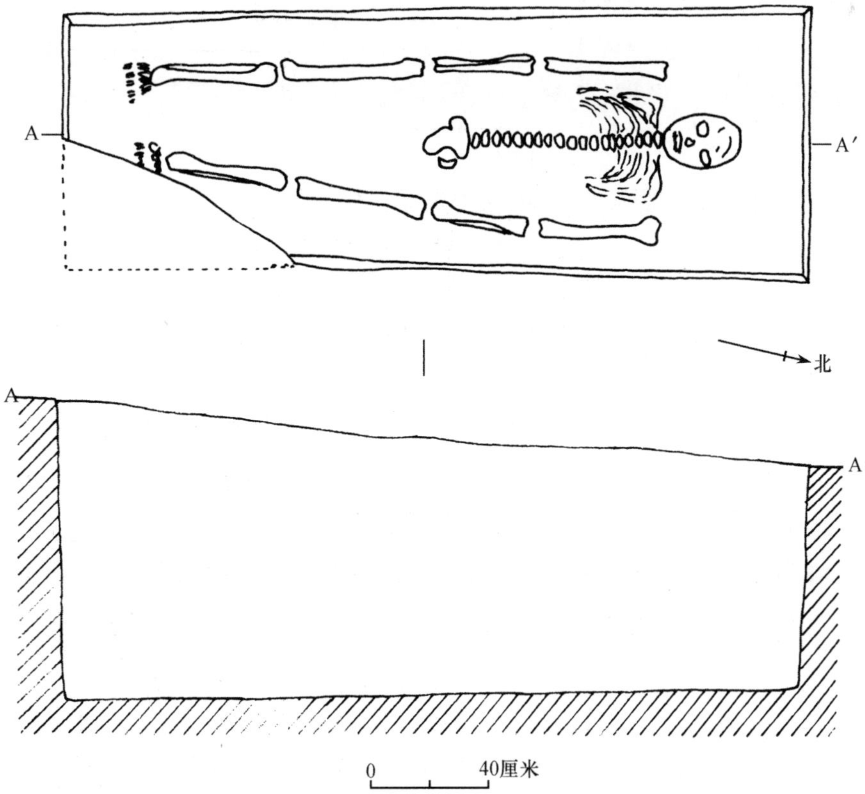

图八 M7平、剖面图

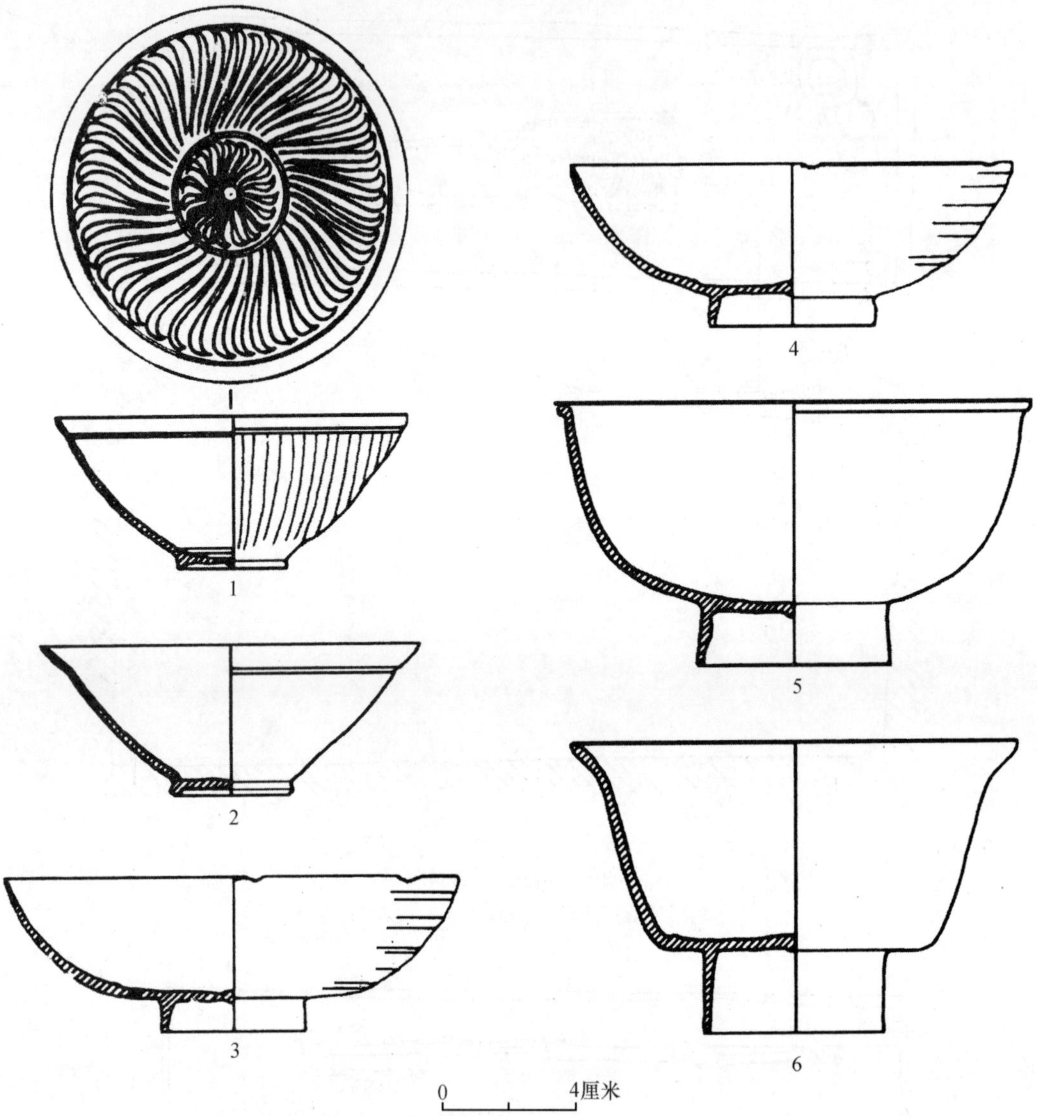

图九　宋代遗物

1、2. Ⅰ式瓷碗（M4：1、M5：3）　3、4. Ⅱ式瓷碗（M4：2、M4：4）

5、6. Ⅲ式瓷碗（M4：3、M5：2）

M4：4，为淡黄色瓷。制法为轮制。口沿有五处凹陷将口沿分成五等份。口径14.2、高4.8厘米（图九，4）。

Ⅲ式：2件。高圈足碗。M4：3，为米黄色瓷。侈口，尖唇外凸，弧壁，平底，高圈足。制法为轮制。口径14.8、高8厘米（图九，5）。M5：2，为米黄色瓷。侈口，尖唇，斜壁，平底，高圈足。制法为轮制。口径13.4、高8.8厘米（图九，6）。

陶壶　1件。M4：6，夹砂褐陶。侈口，长颈，鼓腹，平底，长流，竖錾耳。制法为轮制。鼓腹部呈一宽带状绛黄色，其上呈米黄色，其下呈灰色。口径7.6、高23.7厘米（图一〇，1）。

陶罐　1件。M5：1，泥质褐陶。敛口，矮领，微鼓腹，下腹内收，平底内凹。肩部饰两个横向立耳。制法为轮制。鼓腹以上施青黄色釉，以下未施釉，但留有上部施釉下流的痕迹。

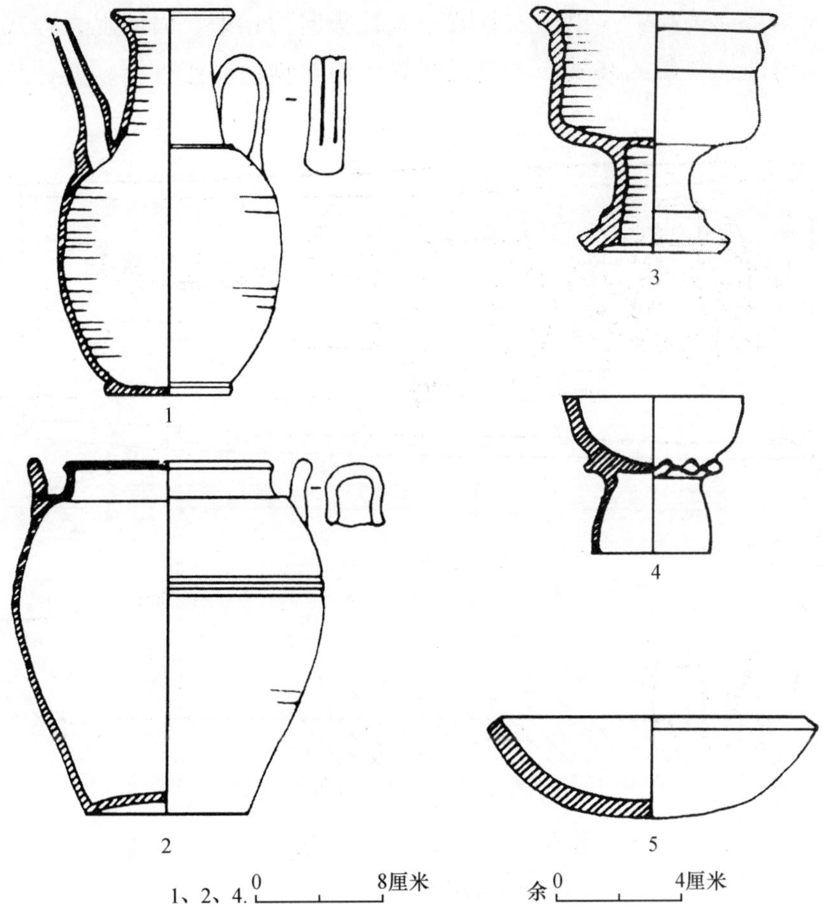

图一〇　宋代遗物

1. 陶壶（M4：6）　2. 陶罐（M5：1）　3. 釉陶杯（M5：4）　4. 陶灯（M4：5）　5. 陶盏（M5：5）

鼓腹部饰有三道凹弦纹。口径13.6，高22厘米（图一〇，2）。

釉陶杯　1件。M5：4，夹细砂酱釉陶。直口，凹宽沿外伸，直腹，平底，高喇叭形圈足。制法为轮制。内外施酱釉，但圈足未施釉。通体饰弦纹。口径8、高7.6厘米（图一〇，3）。

陶灯　1件。M4：5，泥质灰陶。侈口，弧壁，圜底，弧形高圈足。制法为轮制。圜底外侧饰有一圈莲花状的托。口径12.2、高9.8厘米（图一〇，4）。

陶盏　1件。M5：5，泥质灰陶。敞口，弧壁，圜底。制法为轮制。口径9.8、高3.2厘米（图一〇，5）。

四、清代遗存

（一）遗迹

清代遗迹发现有墓葬一座，即M3。

M3　土坑竖穴单室墓，位于T7东南部，东南部延伸至东隔梁，开口于第2层下，打破第3层。墓口长234、宽84厘米，距地面深185厘米；墓底长230、宽80厘米，距地面深275厘米，填土为灰褐色土，墓向为149°。出土人骨架一具，头向为149°，面向上，葬式为仰身直肢。经鉴定，性别为男性，年龄约30岁。葬具已腐烂，但根据棺腐土推测，其葬具应为木棺（图一一）。

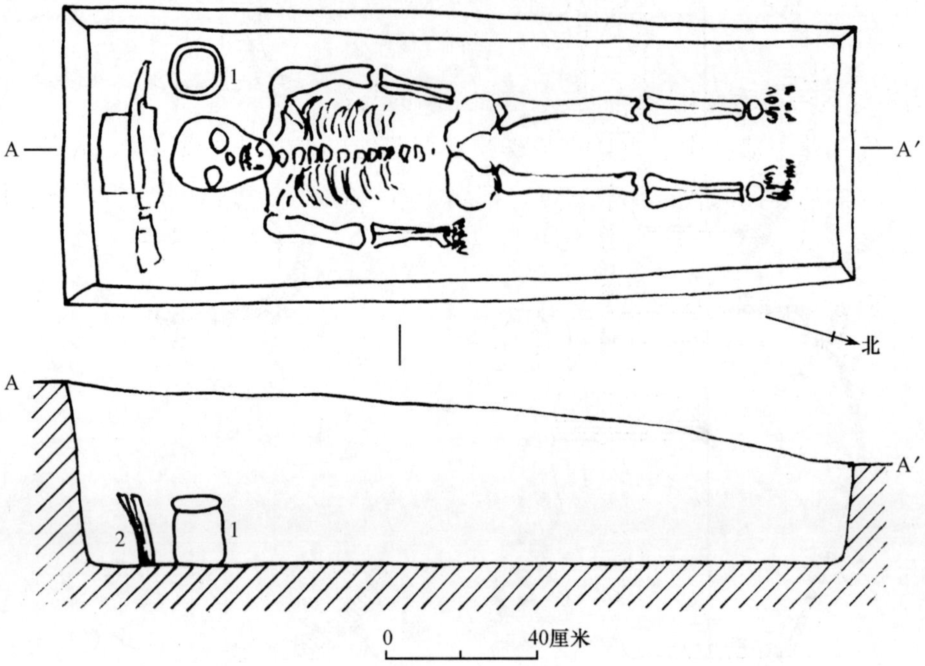

图一一　M3平、剖面图

1. 陶罐　2. 瓦块

（二）遗物

清代遗物即为M3出土的器物，仅有陶罐1件。

陶罐　1件。M3：1，为夹砂褐陶。侈口，圆唇，弧颈，溜肩，微鼓腹，底略内凹。制法为轮制。通体饰弦纹。口径10.8、高16.6厘米（图一二）。

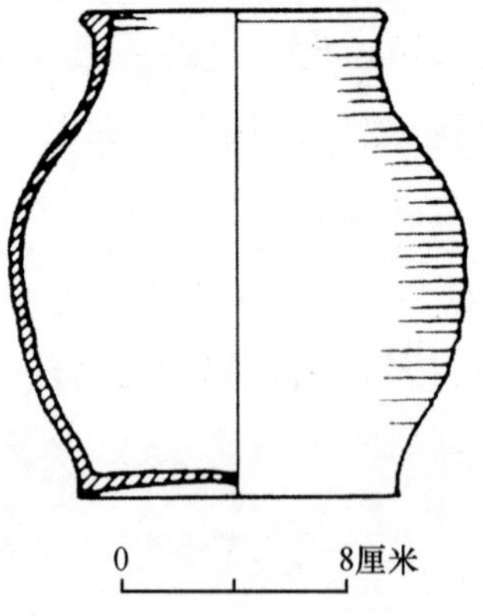

图一二　清代陶罐（M3：1）

五、结　语

李家坝遗址是三峡地区的一处重要遗址。这次发掘的收获主要有以下几个方面。

（1）李家坝遗址发现了五代、明代的堆积，并发现了叠压关系明确的唐代、宋代和清代墓葬，这为本地区考古学文化的编年体系增加了新的资料。

（2）唐代墓葬中遗存中的盘口壶与秭归窑湾墓地出土的Ⅲ式盘口壶（M34：1）完全一致[①]，因此，这期遗存的时代应比较接近，都属于唐代的遗存。这说明，至迟从唐代开始，这里就是比较繁华的地区。

（3）发掘到的宋代墓葬，即M4、M5出土的一些器物，如Ⅱ式葵口碗与巫山跳石遗址出土的宋代瓷器中的Ⅰ式葵口碗（T0301⑤B：9）相似[②]，Ⅲ式高圈足碗与奉节鱼复浦遗址出土的宋代瓷碗（T7⑩：1）相似[③]，其时代应该接近，都应为宋代。这更说明，在宋代，这里的经济已非常发达，人口已很多了。

附记：本次发掘工作由刘继东任领队，乔峡任执行领队，宜昌博物馆的李孝配、刘晓伟、王超等参加了本次发掘工作。发掘中得到了奉节县文物管理所的大力支持，在此表示衷心感谢！

绘图：王　超

执笔：刘继东　李孝配

① 咸宁市博物馆：《秭归窑湾墓地发掘简报》，《湖北库区考古报告集》（第三卷），科学出版社，2006年。

② 南京博物院考古研究所、巫山县文物管理所：《巫山跳石遗址发掘报告》，《重庆库区考古报告集·1997卷》，科学出版社，2001年。

③ 吉林大学考古系、奉节县白帝城博物馆：《奉节鱼复浦遗址发掘报告》，《重庆库区考古报告集·1997卷》，科学出版社，2001年。

奉节三塘崖墓群2003年度发掘简报

河北省文物研究所
奉节县文物管理所

三塘崖墓群位于奉节县三江乡三塘村二社一带，东北距新县城约20千米，南隔长江与安坪乡相对，东南隔江与新浦商周遗址相望。中心地理坐标为东经109°17′56″、北纬30°57′45″，海拔130～150米。墓群地处长江北岸由南北向冲沟分隔成的相连小山包上，分别处云盘包（山包名）、洋船包的缓坡及断崖处，坡度约30°。现地表除搬迁遗留的房基残垣外，地表广植柑橘、小麦、土豆、红薯等作物。该墓群于1992年复查并确认，1994年曾发掘东汉、三国、东晋等时期崖墓10座（图一）。

受重庆市文化局三峡办委托，河北省文物研究所三峡考古队于2003年2月26日至4月2日，分别于云盘包、洋船包各发掘5座和3座崖墓。墓葬分属东汉和三国蜀汉时期，兹分别报告如下。

一、东汉崖墓

共计3座（编号M6～M8），皆处于洋船包西侧断崖，临近冲沟。直接开凿于砂岩质山体，横穴洞式，墓口均覆以厚15～20厘米的表土，灌木杂草丛生，极为隐秘。

（一）墓葬形制

M7　平面近“凸”字形，方向230°。填土分上下两层：上层为较硬的红褐色土，下层为较硬的黄褐色土，均包含有大量的姜石块。由墓道、甬道、墓室三部分组成。墓道为长方形直壁斜坡式，坡较陡，出口端有二级不规则台阶，上端口长240、宽130、高50厘米，下端口长130、宽130、高322厘米。墓门平面略呈方形，底部发现有横向长方形凹槽，内发现有朽木痕迹，应为固定木板的基槽，推测墓门应以木板封堵。甬道平面呈长方形，底部略内倾，直壁，壁上部及顶部均坍塌，进深156、宽192、残高188厘米。墓室平面呈方形，底部较平，直壁，壁上部及顶部均塌毁，原状不可知，长210、壁残高72、顶现高212厘米。底部南北两侧各发现一具人骨，南侧为男性，北侧为女性，皆保存较差，在男性人骨腹部发现8枚五铢钱（图二）。

M8　暴露于地表，填土为较硬的红褐色土，内含较多姜石块。平面近“凸”字形，方向244°。由墓道、甬道、墓室三部分组成。墓道直接开口于断崖，为梯形斜平底式，直壁、平顶，上端长218、下端长140、宽120～136、高152～202厘米。墓门为直壁方形，底部亦发现有木板基槽。甬道平面为长方形，斜平底，直壁，弧顶，进深230、宽112、高110厘米。墓室平

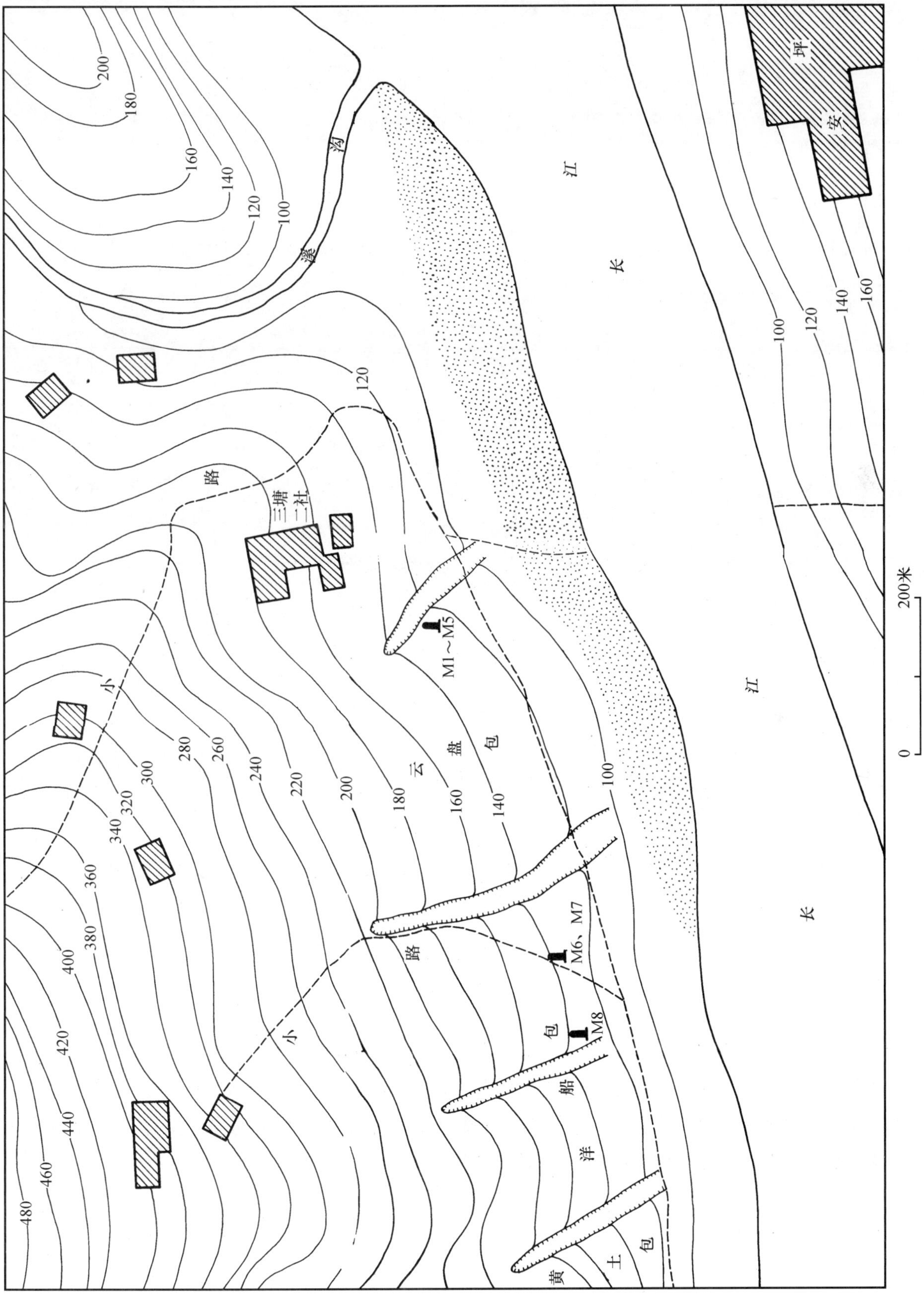

图一　三塘崖墓群地形及2003年发掘墓葬位置示意图

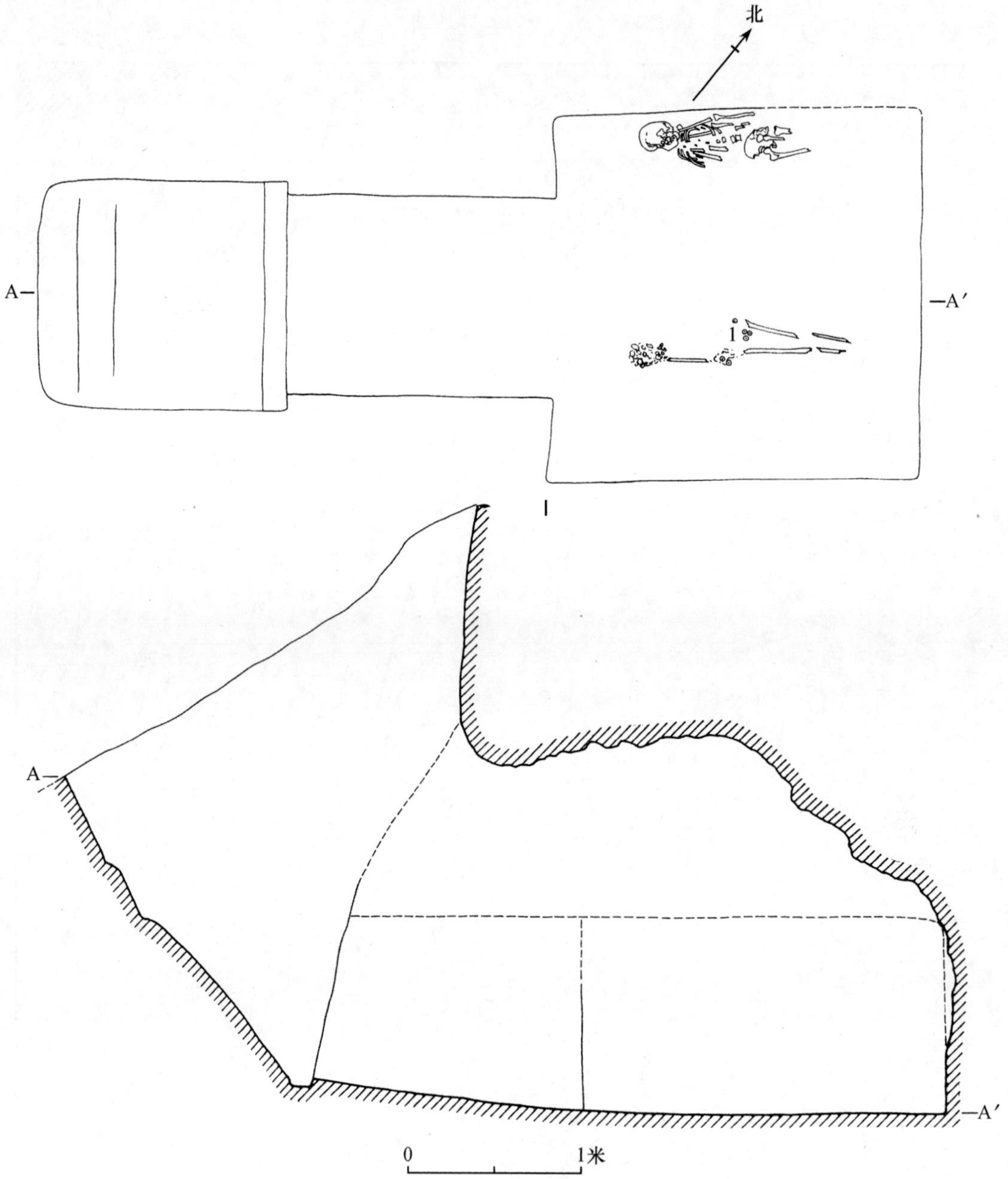

图二 M7平、剖面图
1. 铜钱

面呈长方形，底部由外向内倾斜，直壁，顶部略弧、外低内高，长236、宽185、高150厘米。壁及顶均有用条形工具抹平的印痕。底部东南角发现一具人骨，几成骨渣，性别、年龄不详，未发现葬具。随葬品中器物置于墓室后部两角及前部近甬道处，俑及动物模型等置于甬道里端，铜钱发现于人骨下肢部位（图三；彩版一〇九）。

（二）随葬品

共计59件。除一枚铜钱出土于M7外，余皆出于M8。以陶器为主，另有少量铜器、铁器

图三　M8平、剖面图

1、2. 陶罐　3. 陶盆　4. 铁釜　5、19. 陶壶　6. 陶鸡　7、8. 铜钱　9. 陶甑　10、14. 陶豆　11、12、15、20、31. 陶碗　13、17. 陶釜　16. 陶屋　18. 陶杯　21. 吹箫俑　22. 坐俑　23. 抚琴俑　24. 镇墓兽俑　25. 女舞俑　26. 击鼓俑　27. 立俑　28. 陶猪　29. 陶俑　30. 陶子母鸡

等。陶器包含有釉陶器，有壶、罐、盆、釜、豆、甑、碗、杯、俑、动物模型、房屋模型等类，以细砂质陶为主，有少量泥质陶。

1. 陶器

陶壶　2件。釉陶质。皆外壁施黄绿釉不及底，内胎呈砖红色，大小、形制相若。M8：19，盖为覆钵形，顶部中央为环状纽，盖面有轮修的痕迹。敞口，尖唇，略呈盘状，长颈，溜肩，鼓腹略下垂，高圈足外撇。肩部饰四周凹弦纹，并饰对称的铺首衔环。口径17.4、腹径18.6、底径13.2、通高31.8厘米（图四，1；彩版一一一，3）。

陶罐　2件。细砂质灰陶。大小、形制相同。M8：1，直口，圆唇，缘略外卷，束颈，广肩，鼓腹，圜底近平。颈下饰两周凹弦纹，颈以下遍饰细绳纹，其中肩、鼓腹处细绳纹被四周凹弦纹带割断。口径9.6、腹径30、通高18厘米（图四，2）。

陶盆　1件。M8：3，细砂质灰陶。敞口，窄折沿，尖圆唇，弧腹，平底。上腹部饰两周凹弦纹。口径27、底径10.8、通高12厘米（图四，3；彩版一一一，2）。

陶釜　2件。器形小。细砂质红陶。M8：13，敞口，方唇，折沿，弧腹，平底。口径7.2、腹径6.6、底径5.2、通高3厘米（图四，4）。M8：17，直口，圆唇，束颈，折肩，下腹斜收，

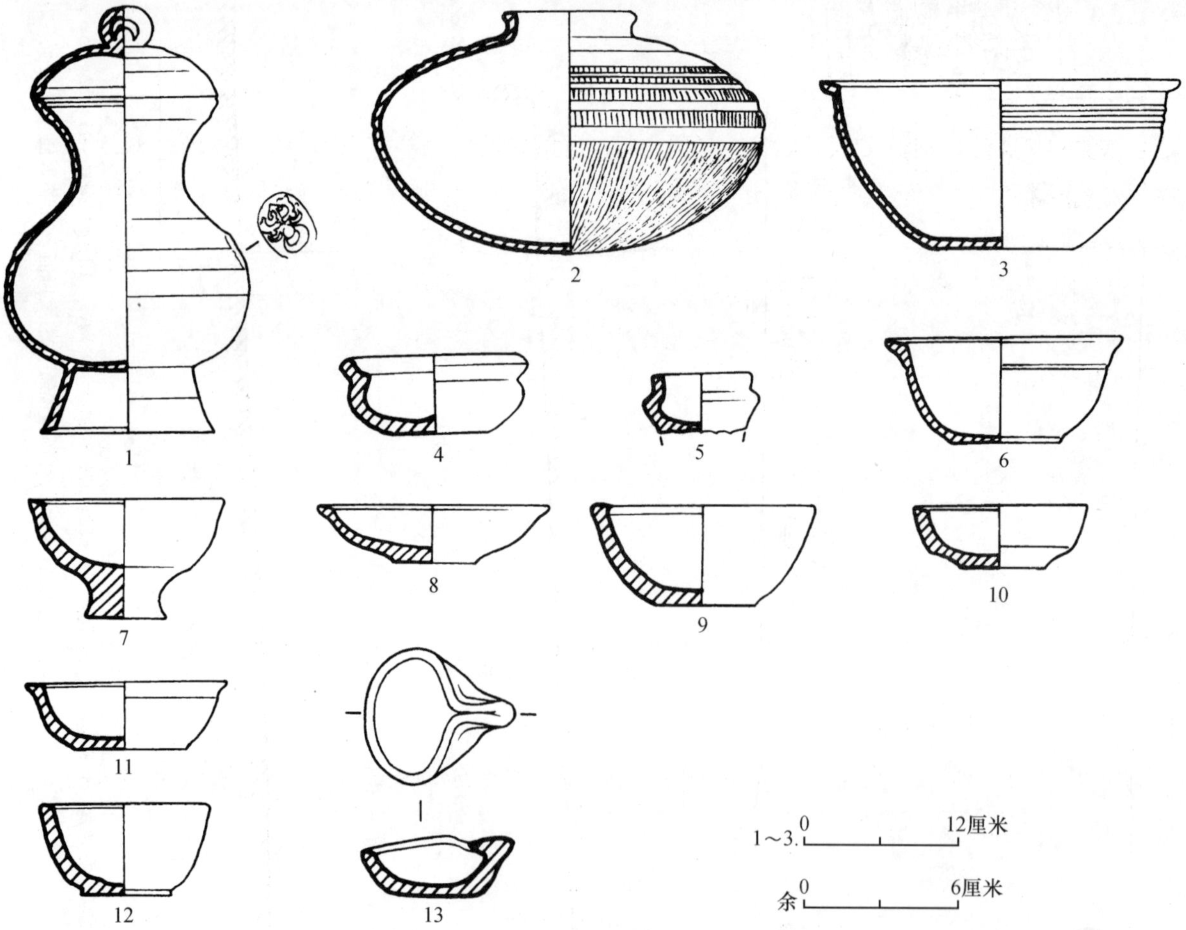

图四　出土陶器

1. 壶（M8：19）　2. 罐（M8：1）　3. 盆（M8：3）　4、5. 釜（M8：13、M8：17）　6. 甑（M8：9）　7. 豆（M8：14）　8、10. B型碗（M8：15、M8：31）　9、11. A型碗（M8：12、M8：20）　12. C型碗（M8：11）　13. 杯（M8：18）

底部残。口径3.9、腹径4.5、残高2.1厘米（图四，5）。

陶豆　2件。器形小。细砂质红陶。形制相似。侈口，方唇，弧腹，短粗柄。M8：14，口径7.5、底径3、通高4.5厘米（图四，7）。

陶甑　1件。器形小。泥质红陶。M8：9，侈口，尖圆唇，窄折沿，弧腹，平底。颈部有一周凹槽，圆形箅孔。口径9、底径5.7、通高3.9厘米（图四，6）。

陶碗　5件。泥质红陶。依底部形态分三型。

A型　2件。平底。M8：12，敞口，方唇，唇内缘有一周弦纹，弧腹，平底。口径8.4、底径3.9、通高3.9厘米（图四，9）。M8：20，敞口，尖唇，折沿，沿外缘饰两周凸棱，弧腹，平底。口径7.8、底径4.5、通高2.4厘米（图四，11）。

B型　2件。矮假圈足底。M8：15，敞口，尖圆唇，浅弧腹，平底。口径9、底径3、通高2.1厘米（图四，8）。M8：31，侈口，斜方唇，斜直腹，下部折收为假圈足底。口径6.3、底径3.2、通高2.3厘米（图四，10）。

C型　1件。M8：11，侈口，斜方唇，弧腹，饼足底。口径6.3、底径3.6、通高3.3厘米（图四，12）。

陶杯　1件。小型器。手捏制。M8：18，椭圆口，弧腹，平底。一侧有一手捏制的捉手。口径4.8、底径3.6、通高2.4厘米（图四，13）。

陶俑　7件。分乐舞俑、坐俑、立俑、镇墓兽俑四类。皆为泥质红陶。

乐舞俑　4件。

吹箫俑　1件。M8：21，头着鸡冠顶巾帻，面露微笑，身着广袖长袍，跽坐。双手执箫，右手在上执握，左手拇指握箫，余四指并拢按于箫上，做吹箫状。通高22厘米（图五，1）。

抚琴俑　1件。M8：23，头着平顶巾帻，面露微笑，着右衽长袍，袖口上捋，双手抚于琴几，做弹琴状。通高22.4厘米（图五，2；彩版一一〇，1）。

击鼓俑　1件。M8：26，头着平顶巾帻，面露微笑，身着右衽广袖长袍，跽坐。左手抚于圆形鼓上，右手紧握哑铃状鼓槌于肩部，似做击打状。通高16.8厘米（图五，3；彩版一一〇，2）。

女舞俑　1件。M8：25，头梳双髻，面露微笑，身着右衽广袖长袍，跽坐。左手平放于膝上，右手托腮，神情安详。通高18.8厘米（图六，1）。

坐俑　1件。M8：22，头着上翘式高冠，面呈微笑，身着广袖长袍，后摆曳地，拱手执于胸前，坐姿。通高20厘米（图六，2）。

立俑　1件。M8：27，头着小冠，表情凝重，身着广袖长袍，拱手交于胸前站立。通高17.7厘米（图六，3）。

镇墓兽俑　1件。M8：24，头生双角，张口吐舌下垂，双手撑地，拱背做垂侍状。通高16.4厘米（图六，4；彩版一一〇，4）。

动物模型　4件。

陶猪　1件。M8：28，双目圆睁，嘴上翘，尾侧卷，站立，身躯肥硕。通高9.6厘米（图七，2；彩版一一一，4）。

陶狗　1件。M8：29，昂首直耳，张口龇牙犬吠，尾上卷，颈、胸束带，站立。通高20.4

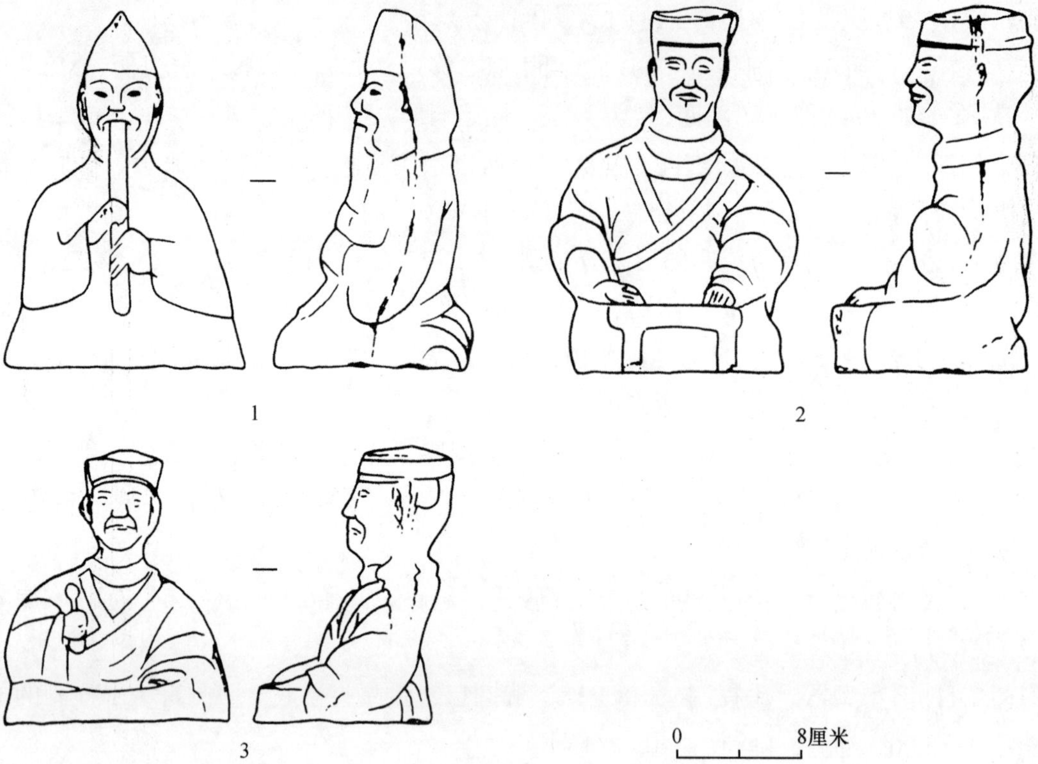

图五 陶俑

1. 吹箫俑（M8：21） 2. 抚琴俑（M8：23） 3. 击鼓俑（M8：26）

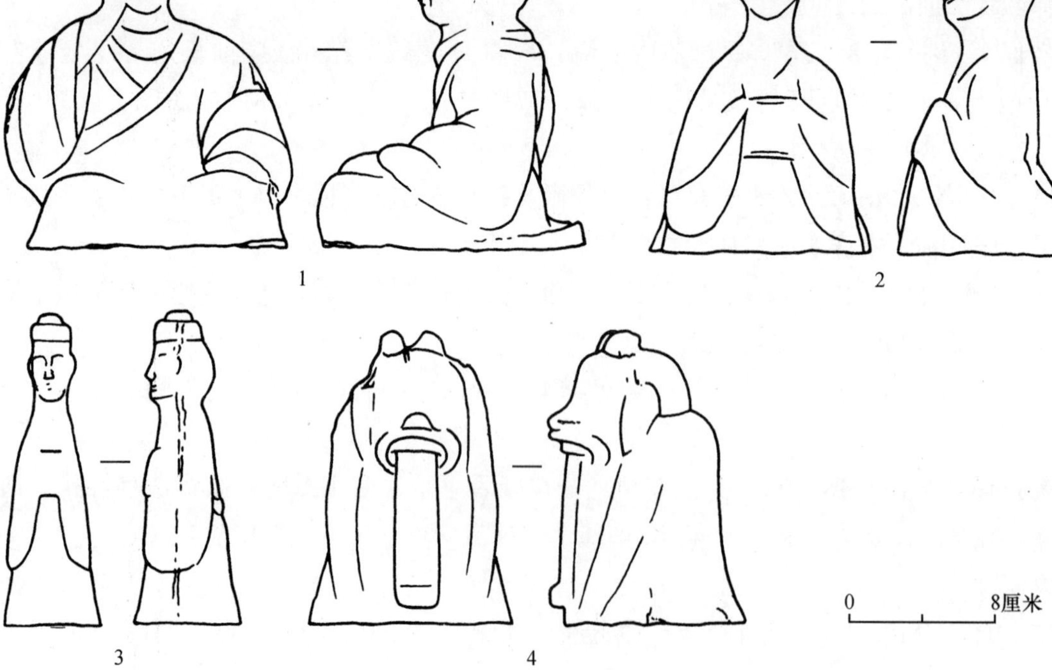

图六 陶俑

1. 女舞俑（M8：25） 2. 坐俑（M8：22） 3. 立俑（M8：27） 4. 镇墓兽俑（M8：24）

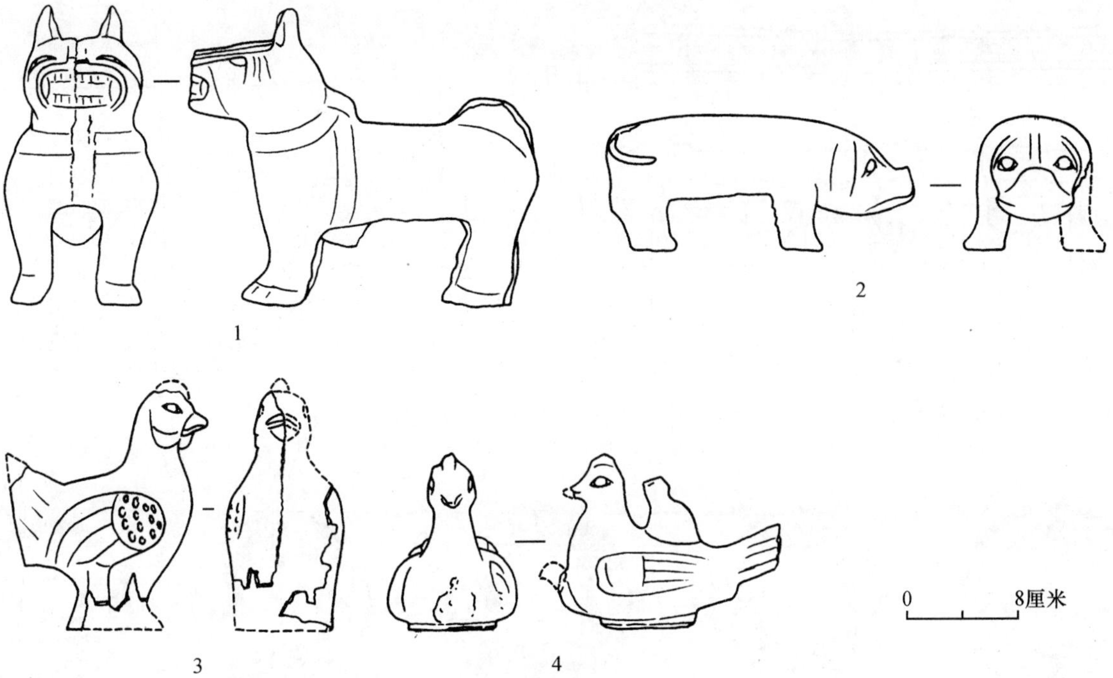

图七　陶动物模型

1. 狗（M8：29）　2. 猪（M8：28）　3. 鸡（M8：6）　4. 子母鸽（M8：30）

厘米（图七，1；彩版一一一，5）。

陶鸡　1件。M8：6，圆目，尖喙，冠残，尾上翘，尖部残，站立。残高16.4厘米（图七，3）。

陶子母鸽　1件。M8：30，圆目，尖喙，耸冠，尾似翩形上翘，蹲卧状，背负一蹲姿刍鸽，腹下依偎一小鸽。通高12厘米（图七，4）。

陶屋　1件。M8：16，坡顶，正脊两角起翘上昂，屋前面沿下接二斗拱（一斗三升），拱下方柱承托，屋内分隔为两间，右间门半掩，左间空置，屋前中央有一垂带式坡面。通高30.6厘米（图八，1；彩版一一一，1）。

2. 铁器

仅见釜1件。M8：4，盘状敞口，束颈，溜肩，鼓腹，圜底（底部残）。上腹部有一对称的环状耳。口径28.2、腹径27.2、残高21厘米（图八，2）。

3. 铜钱

30枚。

五铢　28枚。大多钱文模糊，其中6件钱文不辨。“五”字交笔皆缓曲。M7：1，有郭，“金”字头明显，“朱”字头圆折，直径2.5厘米（图八，3）。M8：7，外郭明显，“朱”字头圆折，直径2.5厘米（图八，4）。M8：8，仅“朱”字头可辨，圆折，直径2.5厘米（图八，5）。

另M8出土一枚钱文为“铢五”钱币，字体风格同上，直径2.4厘米（图八，6）及一枚货

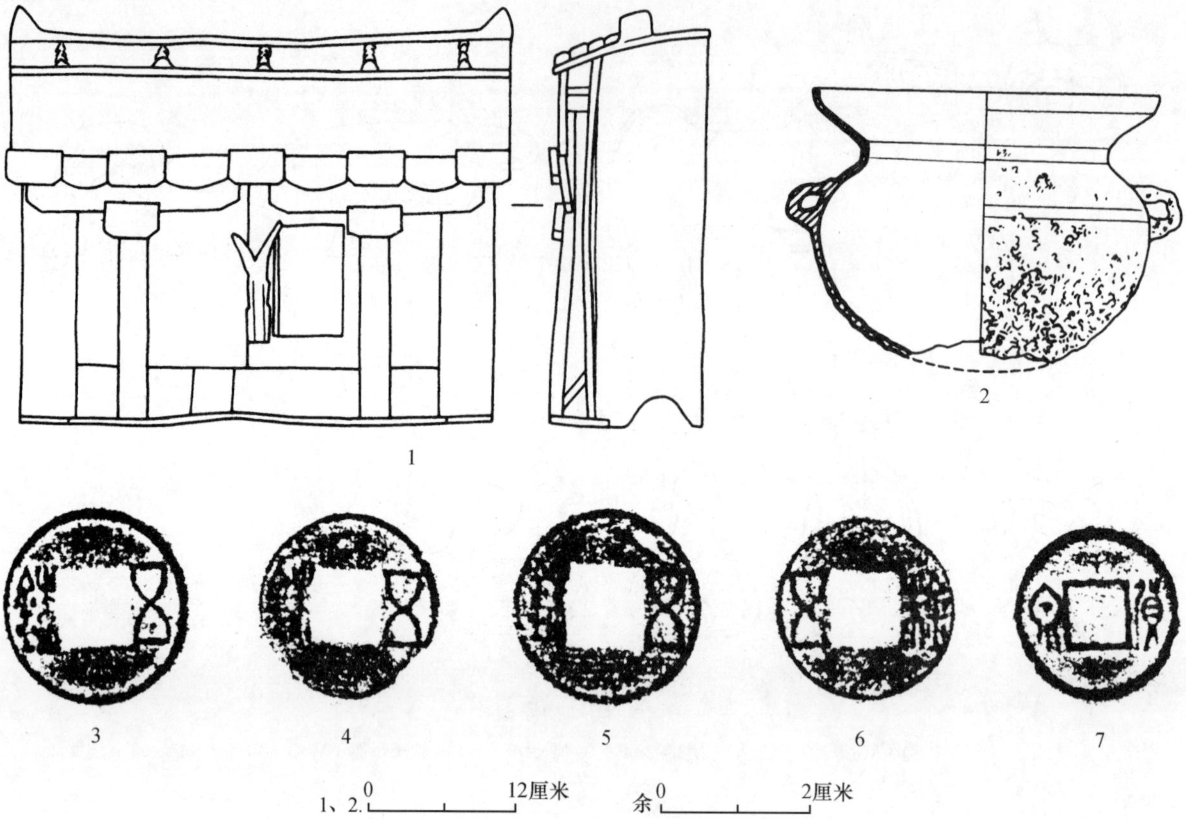

图八　随葬品及铜钱拓片

1. 陶屋（M8：16）　2. 铁釜（M8：4）　3～5. 五铢（M7：1、M8：7、M8：8）　6. “铢五”钱（M8出土）　7. 货泉（M8出土）

泉，直径2.1厘米（图八，7）。

二、蜀汉时期崖墓

（一）墓葬形制

共计5座（分别编号M1～M5），地处云盘包东南坡地上部，前临冲沟，南望长江。皆为小型单室墓，并排相间分布，壁、顶部塌毁严重。平面基本呈长条状，墓道略窄于墓室（彩版一〇八）。

M1　方向112°。平面呈长条状，总长332厘米。由墓道、墓门、墓室三部分组成。短墓道，略窄于墓室，前端为断崖，长60厘米。墓门以天然条石块平砌封堵，多已塌落不成形。墓室平面略呈圆角长方形，长236、宽92～96厘米，后端残留部分墓顶，高104厘米，后壁弧形外凸，底部为生土硬面，较平整，散落有坍塌的石块。墓室后部随葬有青瓷碗、饼形器及料串珠等。未发现人骨及葬具（图九）。

M3　方向98°。平面呈长条形，总长400厘米。由墓道、墓门、墓室三部分组成。墓道几与墓室同宽，长95厘米，底部有塌落的碎石块。墓门仍以天然条石及碎石块垒砌封堵，已塌落不成形。墓室平面呈长方形，长260、宽106厘米，后部残留部分墓顶，高156厘米，底部为生

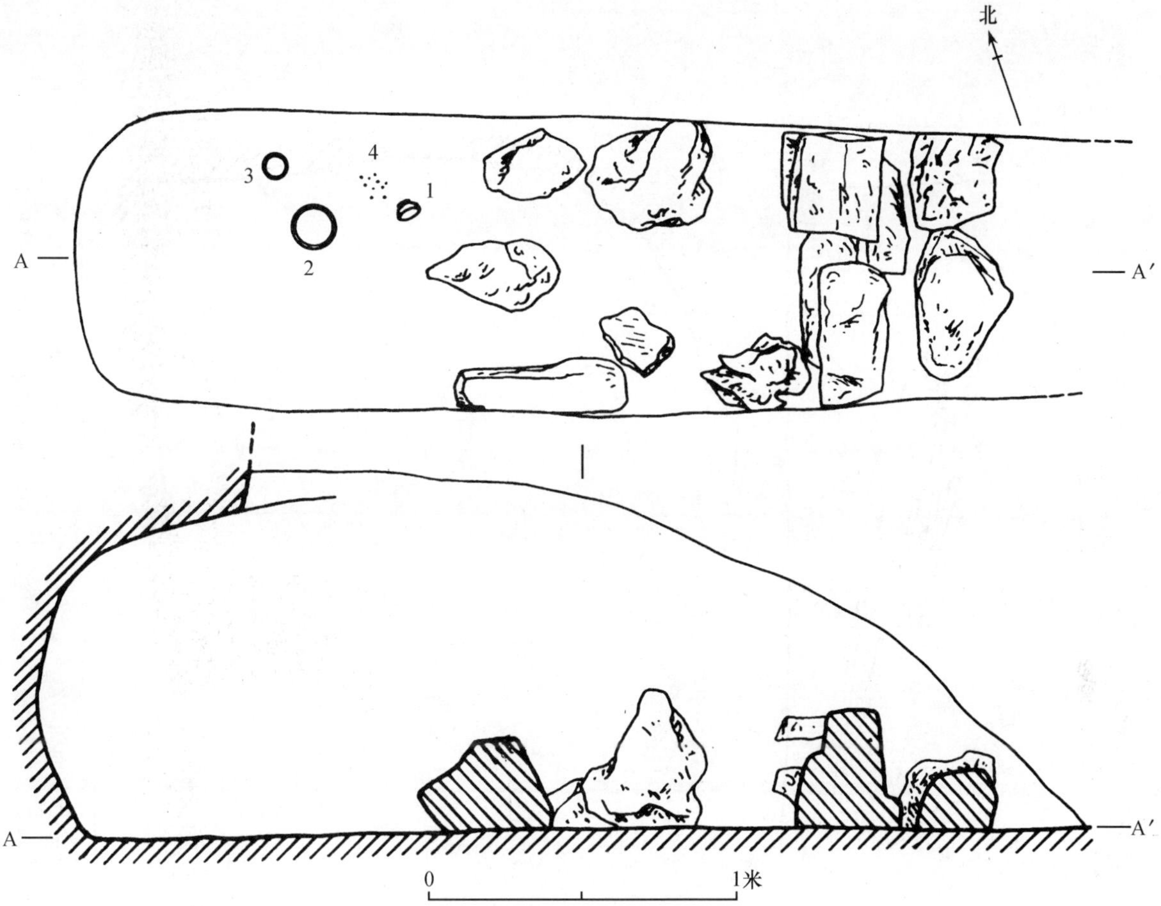

图九　M1平、剖面图
1、2. 青瓷碗　3. 青瓷饼形器　4. 料串珠

土硬面，较平整，北侧发现有人骨，其中一具可辨为仰身直肢，余皆零乱分布，从人骨残段分辨为三个个体，应系多次葬。墓室底部近墓门处随葬有青瓷四系罐、四系壶、碗、铜钱、铜帽饰、铜钗、银簪、银指环、银饰件、玉串珠、玉璜形饰、料串珠、料串饰、玛瑙串珠、玛瑙串饰及玻璃串饰件等（图一〇）。

（二）随葬品

共计233件，主要出土于M3。质地有瓷、铜、铁、银、玉、料、玛瑙和玻璃等，器类有四系罐、四系壶、碗、钵、盂及簪、钗、手镯、指环、串珠、串饰、铜钱、棺钉等。

1. 瓷器

共14件。皆为青瓷。

四系罐　3件。M3：1，胎灰白，青褐色釉，口残。曲颈，溜肩，鼓腹，平底。肩部饰四个桥形贯耳，内施釉只及颈部，外施釉不到底。腹径21、底径10.2、残高19.8厘米（图一一，2）。M3：4，胎灰白，青釉。直口，方唇，溜肩，长鼓腹，平底。肩部饰一周凹弦纹，上饰

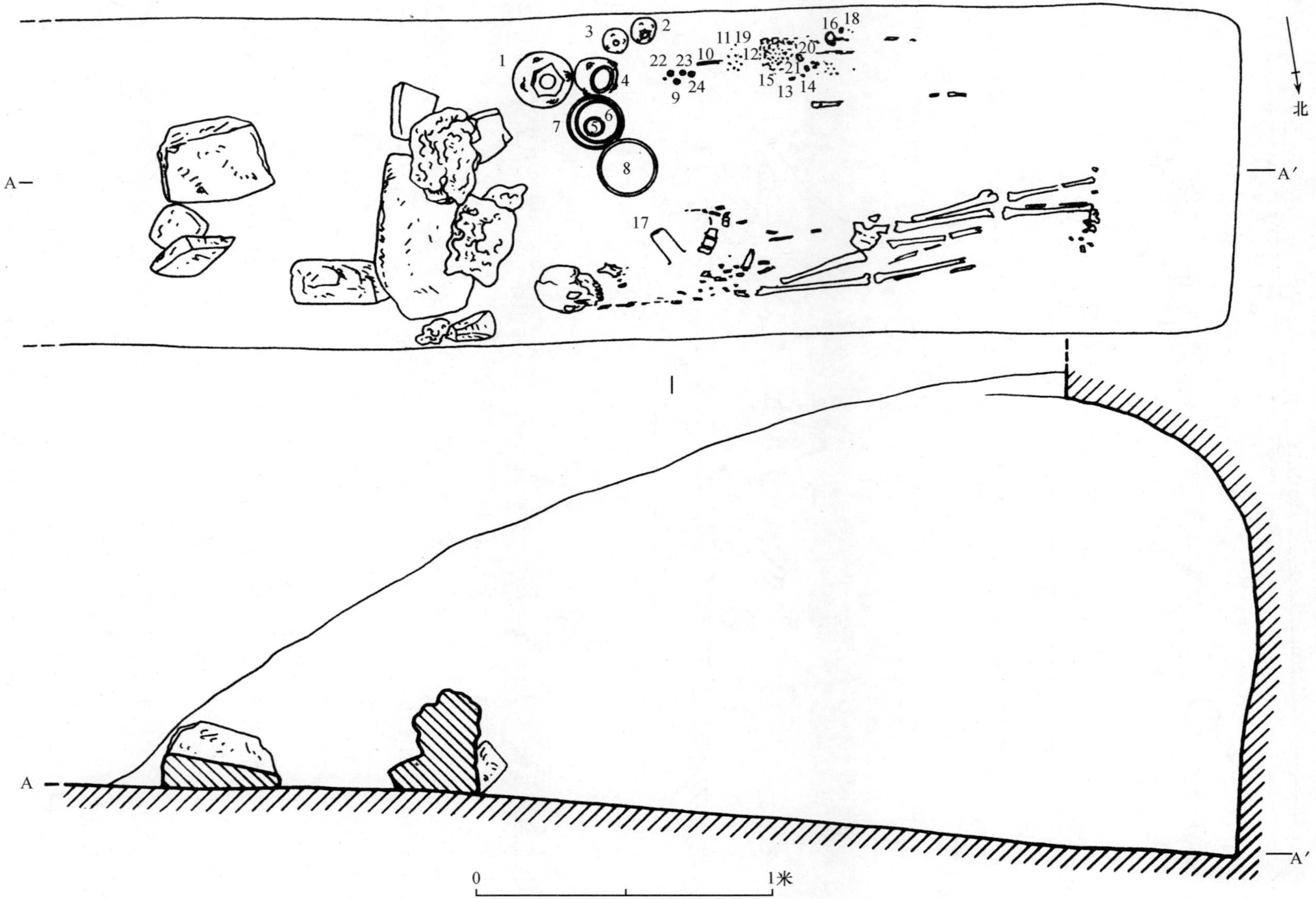

图一〇 M3平、剖面图

1、4. 青瓷四系罐 2、3. 青瓷四系壶 5～8. 瓷碗 9、22～24. 铜钱 10. 银簪 11. 铜帽饰 12、15. 料串饰 13. 玛瑙圆球状串饰 14. 玻璃串饰件 16. 银饰件 17. 铜钗 18. 银指环 19. 瓜棱枣核形料串珠 20. 玉璜形饰 21. 玛瑙鼓形串饰

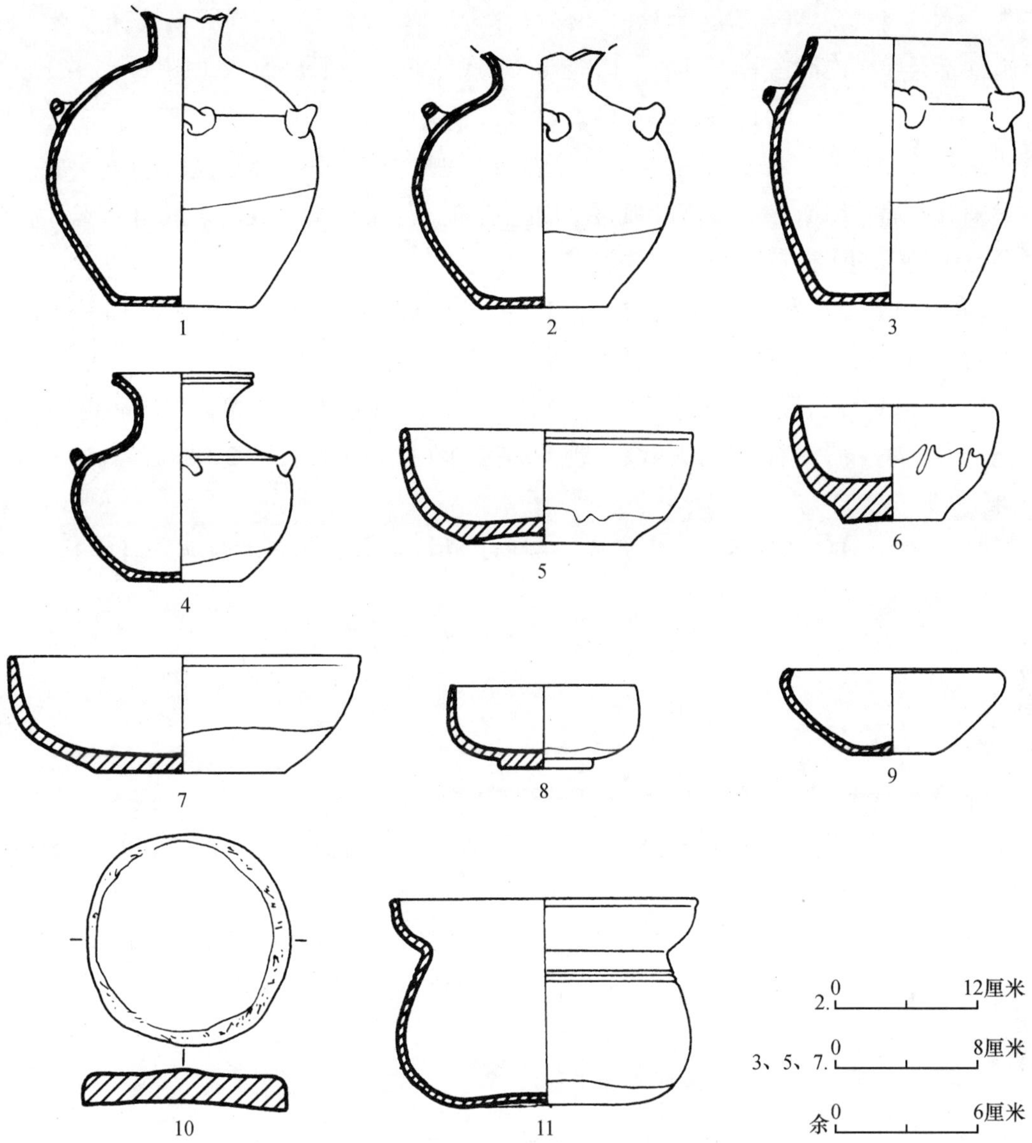

图一一　青瓷器

1. 四系壶（M3∶2）　2～4. 四系罐（M3∶1、M3∶4、M5∶2）　5、6. C型碗（M3∶6、M1∶1）　7. B型碗（M3∶7）　8. A型碗（M3∶5）　9. 钵（M5∶1）　10. 饼形器（M1∶3）　11. 盂（M5∶3）

四桥形贯耳，内外施釉皆不到底。口径9.6、腹径13.2、底径8、通高14厘米（图一一，3；彩版一一〇，5）。M5∶2，胎灰白。敞口，方唇，唇下有一周凹弦纹，曲颈，溜肩，鼓腹，平底。肩部饰两周凹弦纹，下饰四个桥形贯耳。内壁施釉只及口、颈部，外施釉不及底。口径5.7、腹径9、底径4.8、通高8.1厘米（图一一，4）。

四系壶　2件。口皆残。形制相同，大小相若。M3∶2，胎灰白，青黄色釉。长曲颈，溜肩，球腹，平底。肩部饰一周凹弦纹，上饰四桥形贯耳。内施釉只及颈部，外施釉不及底。腹径11.1、底径6、残高11.7厘米（图一一，1；彩版一一〇，3）。

碗　6件。依底部形制不同分三型。

A型　1件。饼足底。M3∶5，胎灰白。直口微敛，尖圆唇，鼓腹。内壁满釉，外壁施釉不及底。口径7.5、底径3.9、通高3.3厘米（图一一，8）。

B型 1件。平底。M3：7，胎灰白。侈口，尖圆唇、唇下饰一周凹弦纹，鼓腹。内壁满釉，外施釉不及底，内底留有支钉痕。口径18.8、底径10.4、通高6厘米（图一一，7）。

C型 4件。底内凹。M1：1，胎灰白。口微敛，尖圆唇，曲腹。内壁满釉，外壁施釉不及底，内底留有支钉痕。口径8.4、底径4.2、通高4.5厘米（图一一，6）。M3：6，胎灰白。口微侈，尖圆唇，唇外缘有一周凹槽，弧腹。内壁满釉，外施釉不及底，内底留有支钉痕。口径16、底径9.2、通高6厘米（图一一，5）。

钵 1件。M5：1，青瓷，胎灰白。敛口，圆唇，斜直腹，平底。内壁满釉，外施釉不及底。唇下饰一周凹弦纹。口径9、底径3.9、通高3.3厘米（图一一，9）。

盂 1件。M5：3，青瓷，胎灰白。盘口，圆唇，高领束颈，垂腹，平底略内凹。内壁满釉，外施釉不及底。唇下有一周凹弦纹，颈下饰三周凹弦纹。口径12.3、腹径12、底径6.9、通高8.1厘米（图一一，11）。

饼形器 1件。M1：3，系一瓷器残底，圆形，边缘留有人工打磨痕迹。直径8.4、厚1.2厘米（图一一，10）。

2. 银器

共6件。皆为装饰品。

簪 2件。断为四截。M3：10，细丝状。残长8.6厘米。

指环 2件。形制、大小相若。M3：18，扁平环状，断面呈扁方形。直径1.75厘米（图一二，3）。

饰件 1件。M3：16，不规则重环圈状，有残断的缺口。直径2.9～3.4厘米（图一二，1）。

手镯 1件。M4：1，残断。圆环状，断面呈扁圆形。直径5.8厘米（图一二，2）。

3. 料器

共199件。皆为微小串珠。除1件单独出土外，余分为3串。

M1：4，共计13件。扁圆状，中有一细穿孔，颜色有红、黄、蓝、黑、绿五种。直径0.2～0.6厘米。M3：12，共计45件。扁圆状，中有一细穿孔。大小不一，小者几成米粒状。颜色有黄、白、红、蓝四种。直径0.2～0.5厘米。M3：15，共计140件。大小不一，皆呈扁圆状，中有一细穿孔，细小者近米粒状。颜色有黄、红、黑、蓝、绿五种。直径0.1～0.7厘米。

瓜棱枣核形串珠 1件。M3：19，中空，表面有残断痕。长1厘米（图一二，6）。

4. 玉器

玉璜形饰 1件。M3：20，黄褐色，表面残损不全，不规则，中部有一对钻穿孔。通高1.7厘米（图一二，4）。

5. 玛瑙器

4件。皆为串饰件。

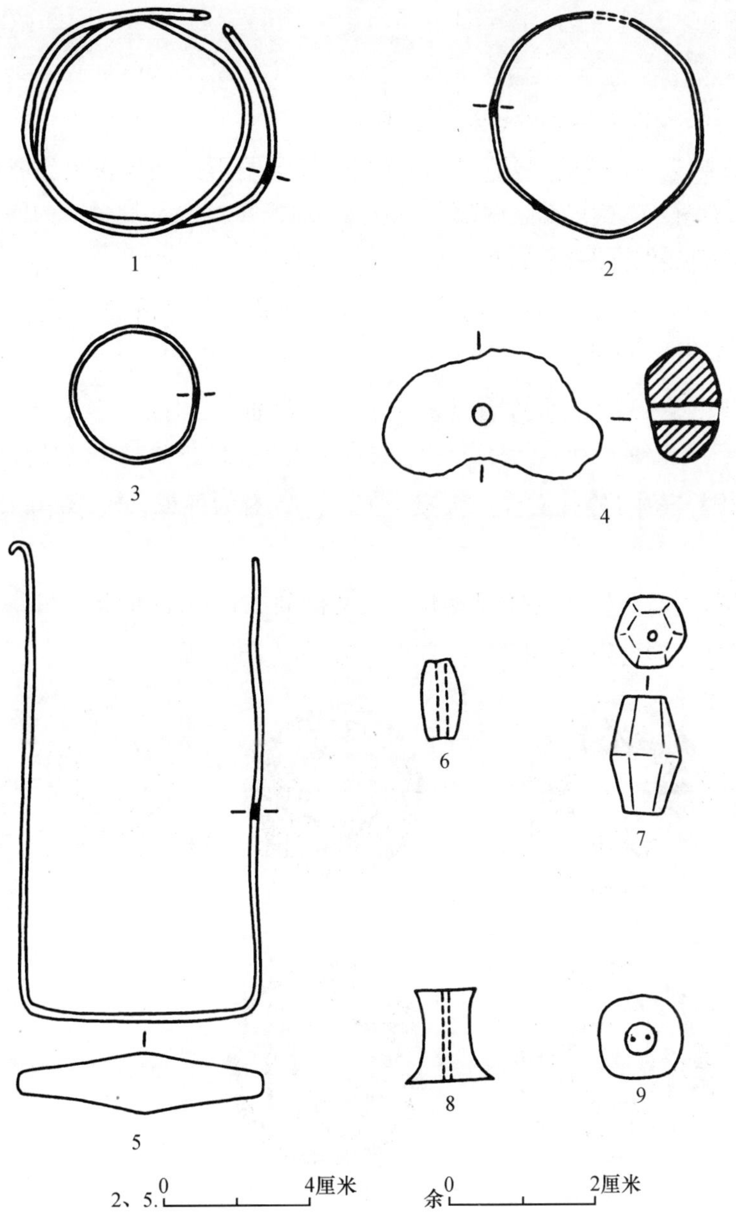

图一二　装饰品

1. 银饰件（M3：16）　2. 银手镯（M4：1）　3. 银指环（M3：18）　4. 玉璜形饰（M3：20）　5. 铜钗（M3：17）　6. 瓜棱枣核形料串珠（M3：19）　7. 玛瑙鼓形串饰（M3：21）　8. 玻璃串饰件（M3：14）　9. 铜帽饰（M3：11）

圆球状串饰　3件。M3：13，圆球两端磨平，中有一细穿孔。直径1厘米。

鼓形串饰　1件。M3：21，六棱状长鼓形，中有一穿孔，颜色呈深红。长1.5厘米（图一二，7）。

6. 玻璃器

1件。串饰件。M3：14，腰鼓形，中间有一圆形穿孔，出土时表面覆满黄白色鳞片状物质。长1.2厘米（图一二，8）。

7. 铜器

8件。除1件为钗，2件为帽饰外，余皆为铜钱。

钗 1件。M3：17，平面呈“几”形，顶端为扁平菱形，两支杈呈细条形，右支杈末端有弯钩。长12.8厘米（图一二，5）。

帽饰 2件。大小相同，形制相若。M3：11，圆盘状，中部鼓起，凸起面有二细圆穿孔。直径1.15厘米（图一二，9）。

铜钱 5枚。

五铢 1枚。M3：23，内外郭明显，“五”字缓曲，“铢”字不清。直径2.6厘米（图一三，1）。

大泉五十 2枚。其中1枚钱文为“大泉十五”。皆有内外郭，大小相同。直径2.8厘米（图一三，4、5）。

货泉 1枚。M3：22，残。内外郭皆有，钱文模糊。直径2.3厘米（图一三，2）。

直百 1枚。M3：24，内外郭皆有。直径1.8厘米（图一三，3）。

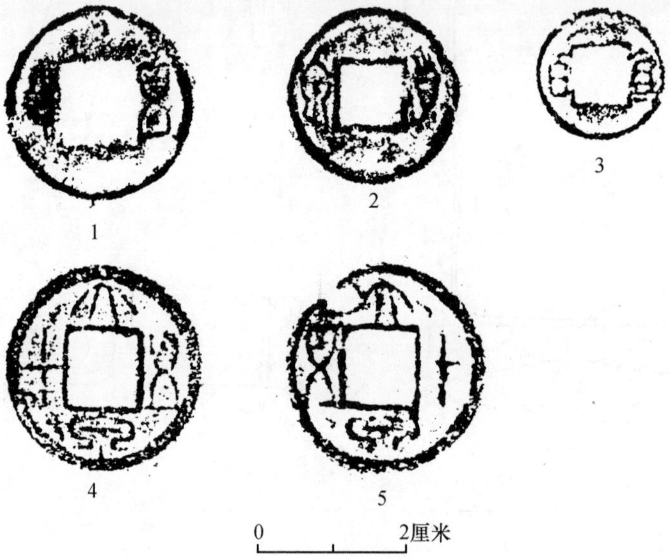

图一三 铜钱拓片

1. 五铢（M3：23） 2. 货泉（M3：22） 3. 直百（M3：24） 4、5. 大泉五十

三、结 语

M6～M8三座崖墓墓室总长均超过5米，属中型崖墓，平面近“凸”字形，与中原同时期墓葬形制相若，是东汉时期较为常见的一种墓葬形制。

墓内随葬品种类皆是该地区同时期常见类别。M8随葬品基本组合为壶、盆、罐、釜、甑等及俑、动物模型。其中侈口、短颈、广肩、鼓腹、圜底近平陶罐（M8：1、M8：2）为西汉晚期风格。釉陶壶（M8：5、M8：19）、釉陶盆（M8：3）则为东汉初期特征。而该墓较多的陶俑及动物模型种类、特征也显露出东汉中晚期风貌。尤其长舌镇墓兽俑流行于东汉晚期。俑及动物模型虽简约，但形态较生动，有一定的艺术价值。出土的铜钱，除1枚为货泉外，余皆为东汉中晚期风格的五铢钱。因此综合分析，该墓时代应为东汉中晚期。M7出土的1枚五铢钱也属此时期。M6虽未发现随葬品，依据墓葬形制及与M7的共存位置，亦当属同一时期。

M1～M5从墓室形状看，皆为长方形略呈椭圆形状，5座墓排列有序，应为家族合葬墓地。

从随葬品分析，其基本器物组合为青瓷四系罐、四系壶、碗等，除M2未有遗物出土外，余皆发现有随葬品。其中碗的数量最多，而碗形制的总体风貌与忠县涂井蜀汉崖墓群出土的碗相若[①]；四系壶（M3∶2、M3∶3）同样与该崖墓群Ⅰ、Ⅱ式盘口壶（M15∶3、M6∶13）相近；而四系罐（M3∶4）则与该崖墓群Ⅱ式四耳罐（M6∶5）相似。M5出土的四系罐（M5∶2）、盂（M5∶3）及钵（M5∶1）也是该时期风格。出土的铜钱除莽钱、东汉五铢钱外，还出土一枚“直百”五铢钱（M3∶24）。故从墓葬形制及出土物特征分析，M1～M5属蜀汉时期。

崖墓在四川和重庆长江及其支流沿岸地区有着广泛的分布，该批崖墓时代为东汉晚期至蜀汉时期，处于崖墓发展的鼎盛时期，墓内出土的随葬品总体风貌属汉文化系统，但各类陶俑及动物模型，如乐舞俑、长舌镇墓兽俑、子母鸽等又极具地方特征，为该地区崖墓的分期、分区、流布及与汉文化的关系研究提供了重要的资料。

绘图：任 涛

照相：刘连强 徐海峰

执笔：徐海峰 刘连强 张晓峥

① 四川省文物管理委员会：《四川忠县涂井蜀汉崖墓》，《文物》1985年第7期。

奉节口前崖墓群2003年度发掘简报

河北省文物研究所
奉节县文物管理所

口前崖墓群位于奉节县万胜乡三台村二社、十一社一带，地处长江支流朱衣河末段左岸的山坡上，东与奉节新县城相邻。中心坐标为东经109°27′、北纬31°1′，海拔140～180米。墓群所处山坡较陡，一般在30°左右。除部分山体基岩直接暴露于地表外，大多山体上部覆盖一层厚15厘米左右的表土层。该墓群发现于1992年，现暴露于地表的崖墓有数十座（图一）。

为配合三峡工程建设，受重庆市文化局委托，2003年3月3～27日，河北省文物研究所在奉节县文物管理所的协助下，对该墓群进行了小规模发掘。共清理崖墓2座（M1、M2），出土各类遗物20余件。现将发掘情况报告如下。

一、墓葬形制

M1、M2均为直接开凿于山体基岩中的横穴洞式中型崖墓，形制迥异。

M1　平面呈窄长梯形。方向145°。由墓道、墓门、墓室三部分组成，全长7.5米。墓道平面长方形，直壁，斜坡式底，近出口处有不规则台阶三级。长3.2、宽1.8、高0～3.84米。墓门（墓室外口）近方形，顶不规整。宽1.66、高1.4米。墓室平面长方形，平底，直壁，顶不规整。长4.3、宽1.7、高1.54～1.74米（图二；彩版一一二，1）。

墓内未见葬具，于墓室前部发现人骨1具，仰身直肢，头里脚外，女性，50岁左右。

除墓室中部偶见外，随葬品大多集中分布于墓室前部的人骨一带。

M2　位于M1西北260米处，被严重扰乱。平面呈“凸”字形。方向220°。由墓道、甬道、墓室三部分组成，全长10.25米。墓道平面呈窄长梯形，口窄底宽，斜坡式底，斜直壁。口部长5.3、宽0.55～1米，底部长4.3、宽1～1.2、高0～4.7米。甬道平面长方形，顶窄底宽，断面为梯形，平底，斜直壁，顶略上弧。长1.56、顶宽0.9、底宽1.1、高1.45米。墓室平面呈长方形，底、顶均外低里高，直壁，顶不规整，略上弧。长4.8、宽2、高1.45～1.75米（图三；彩版一一二，2）。

墓内未见葬具及人骨。于甬道外口处的盗洞内发现陶罐6件。

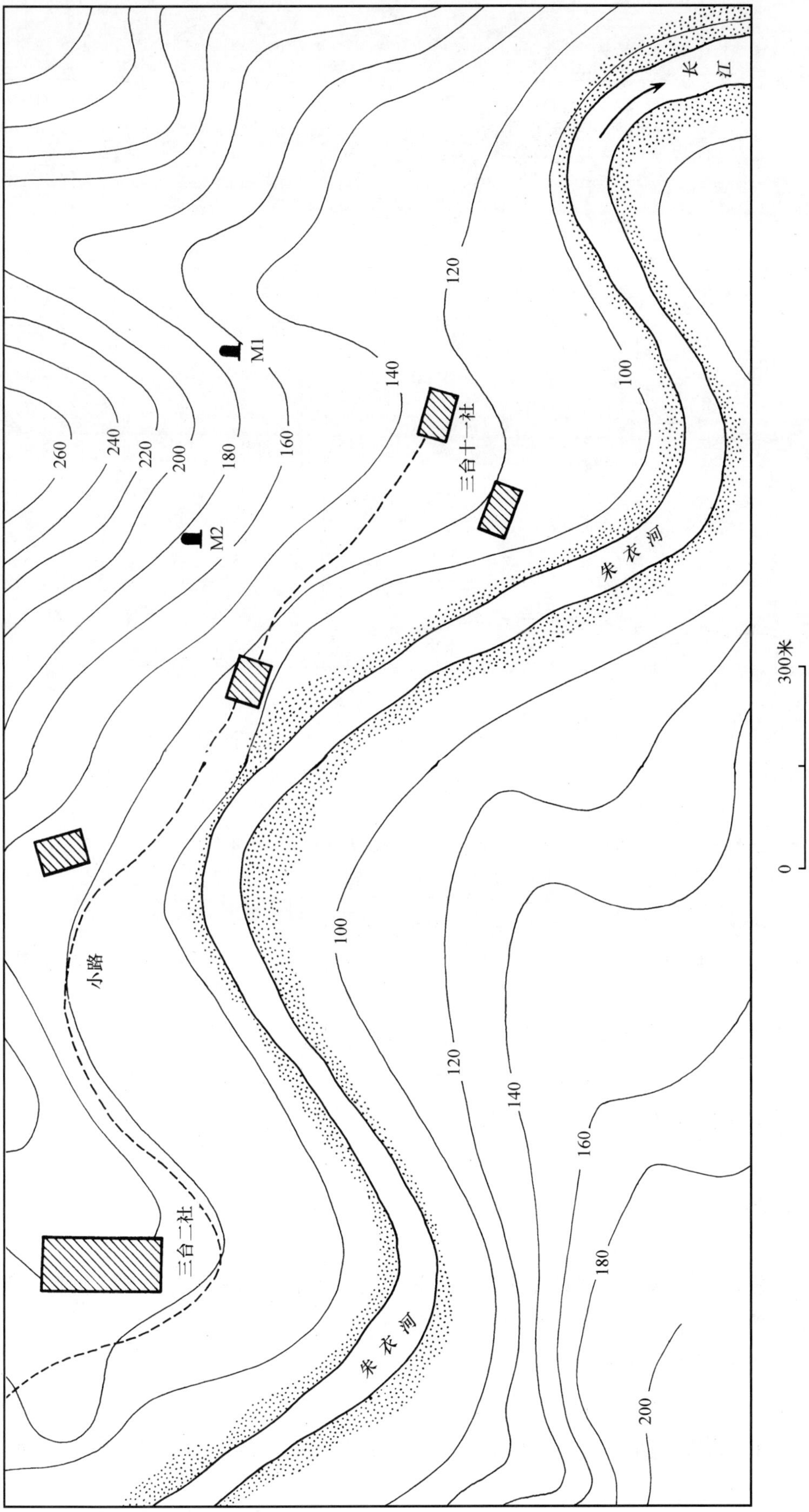

图一　口前崖墓群2003年发掘墓葬位置示意图

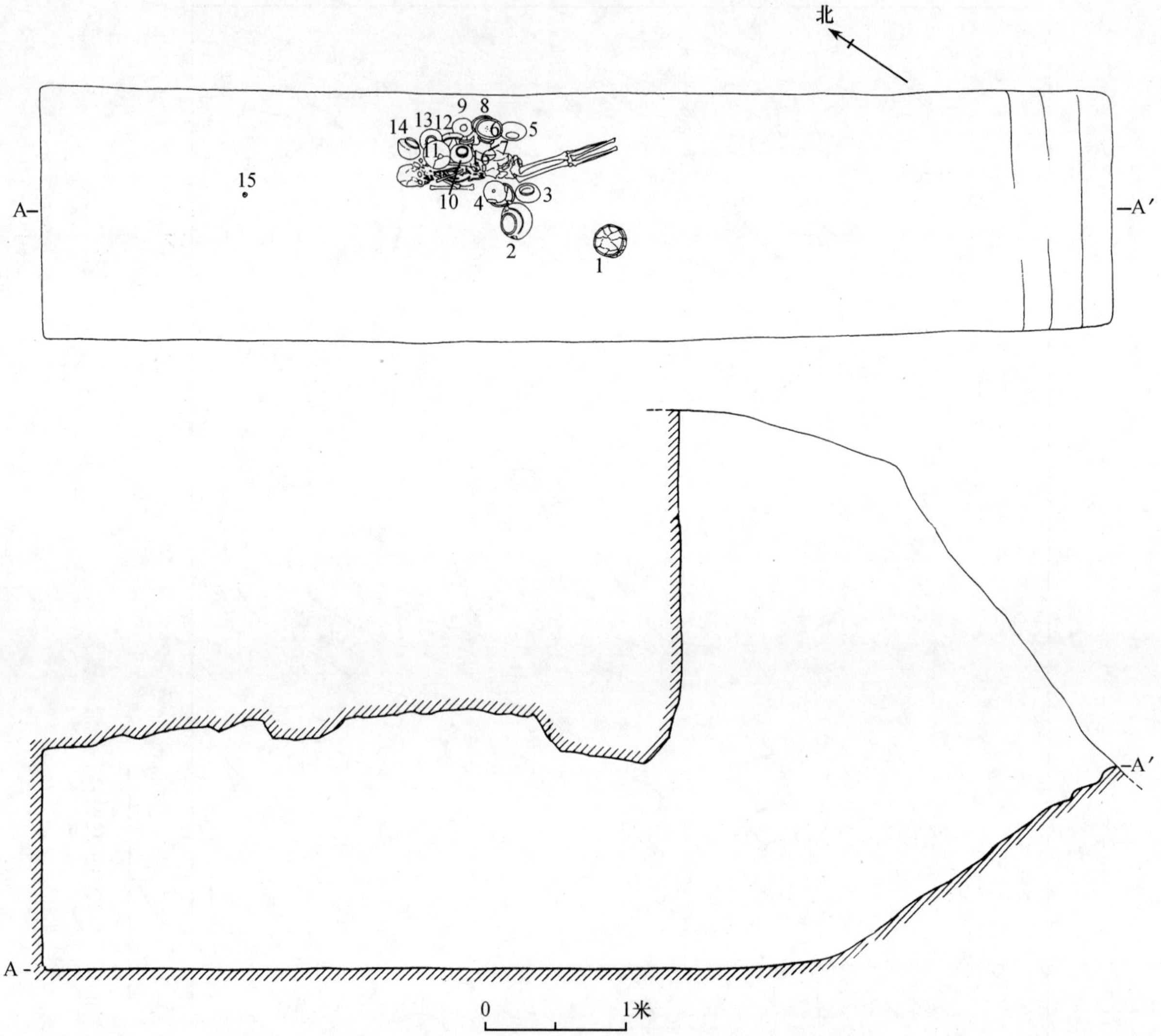

图二　M1平、剖面图

1. 釉陶盆　2. 釉陶壶　3、5、7、9～11、13、14. 陶罐　4. 陶盒　6、8. 陶甑　12. 釉陶碗　15. 铜钱　16. 釉陶器盖

二、随　葬　品

两墓内共发现25件随葬品，质地有陶、釉陶、铜。

（一）陶器

16件。以细砂质为最多，偶见泥质者。多为灰陶，另有少量灰黑、灰褐陶。仅有罐、壶、甑、盒四类。

罐　12件。依领部高矮分二型。

A型　4件。高领。依口、肩不同分二亚型。

Aa型　2件。折沿，折肩。M2∶05，方唇，斜腹，平底。体饰凹弦纹，唇部一周、肩部两

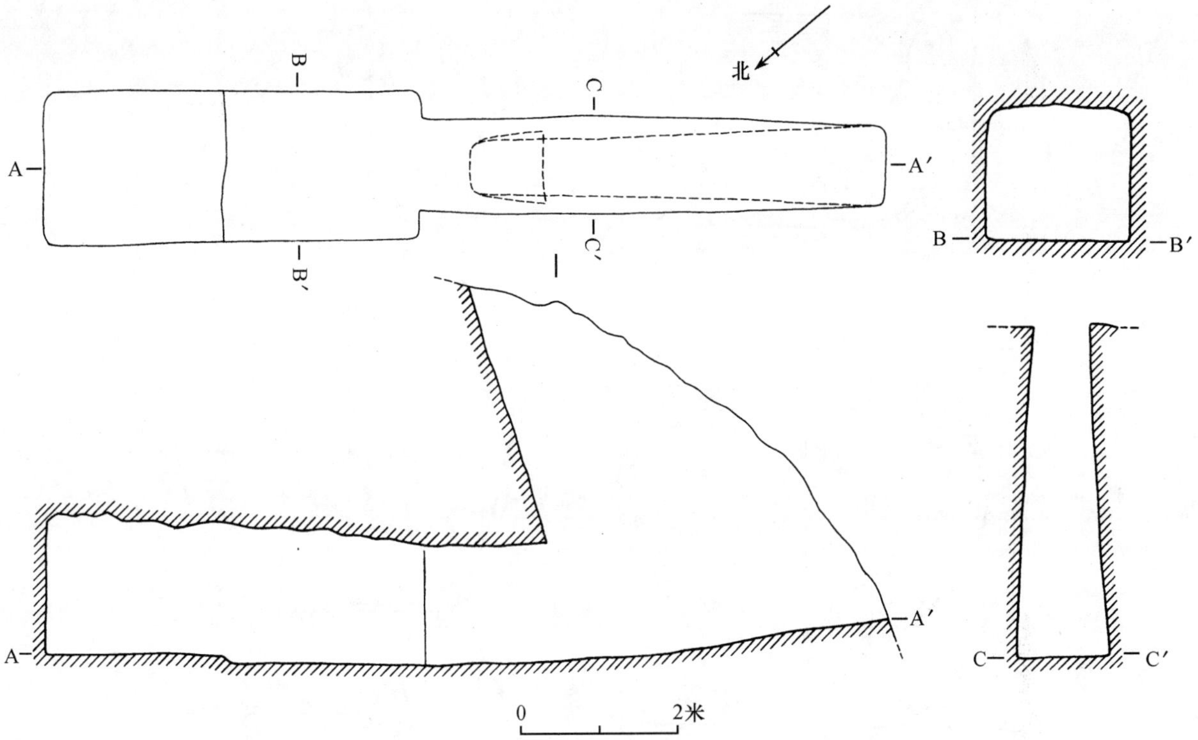

图三　M2平、剖面图

周。口径11.2、底径7.6、高11.2厘米（图四，1）。

Ab型　2件。圆肩。M1：9，斜平唇，斜腹，平底。肩饰磨光条带纹，其下饰凹弦纹三周，铺首一对。口径9.2、底径5.2、高10厘米（图四，2）。

B型　8件。矮领。依肩部不同分三亚型。

Ba型　2件。溜肩。M2：04，窄折沿，圆唇，弧腹，平底。肩饰磨光条带纹。口径10.4、底径10.4、高16.8厘米（图四，3）。

Bb型　5件。圆肩。M1：3，厚圆唇，斜腹，平底略内凹。肩饰凹弦纹两周。口径8.8、底径10、高10厘米（图四，6；彩版一一三，1）。

Bc型　1件。折肩。M1：11，方唇，深弧腹近直，平底。口径14、底径12.4、高17.6厘米（图四，4；彩版一一三，2）。

壶　1件。M2：02，口残，长颈，溜肩，弧腹，平底。肩腹部饰凹弦纹六周，两周一组。腹径14.8、底径5.2、残高13.6厘米（图五，6）。

甑　2件。形制不同。M1：6，敞口，折沿，方圆唇，腹下部弧收，底略内凹，底有穿孔11个。口径16、底径6.8、高5.6厘米（图五，2）。M1：8，敞口，窄折沿，方唇，腹中下部折收，平底，底有穿孔14个。唇部有凹弦纹一周，腹部饰压印有平行凹槽的凸棱一周。口径16.8、底径6、高8厘米（图五，1；彩版一一三，3）。

盒　1件。M1：4，子母口，弧腹，圈足。弧形盖，顶有一桥形纽。口径17.2、底径8、高12厘米（图五，4；彩版一一三，4）。

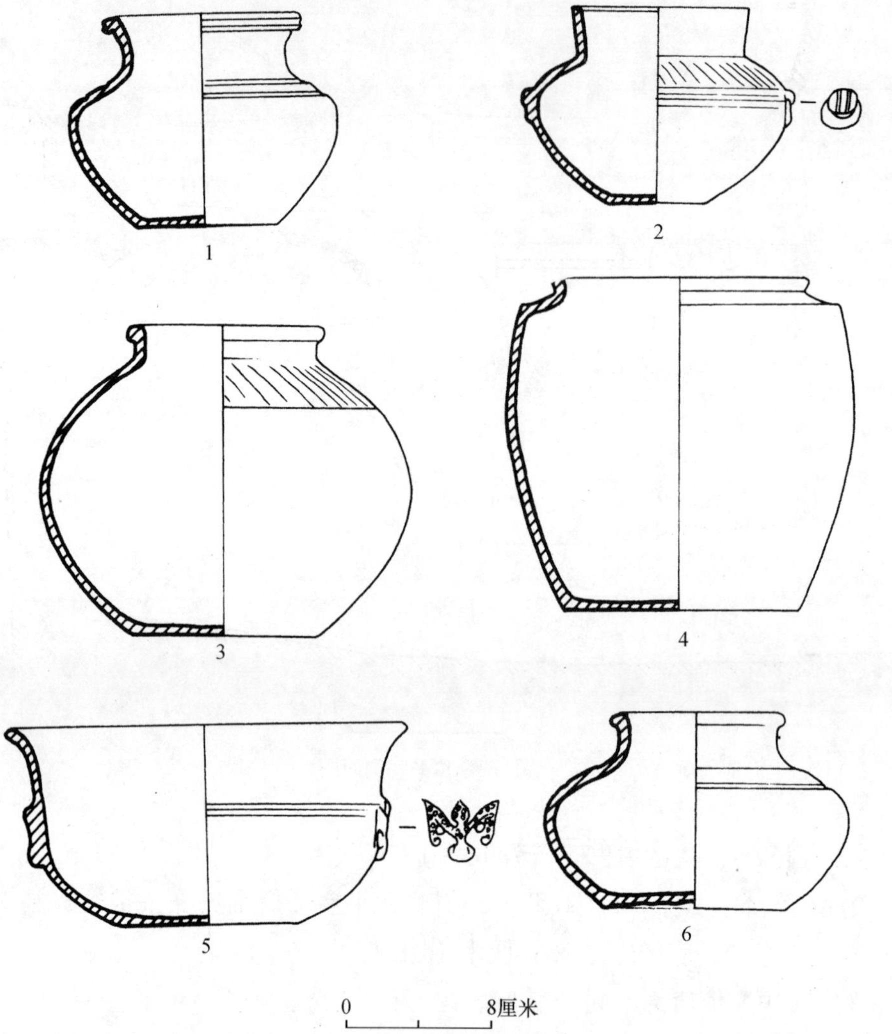

图四　出土陶器、釉陶器

1. Aa型陶罐（M2：05）　2. Ab型陶罐（M1：9）　3. Ba型陶罐（M2：04）　4. Bc型陶罐（M1：11）
5. 釉陶盆（M1：1）　6. Bb型陶罐（M1：3）

（二）釉陶器

4件。均为红陶，外施黄绿或黄褐釉。包括碗、盆、壶、器盖等器形。

碗　1件。M1：12，口微敛，斜方唇，深腹下部弧收，圈足略外张。口外有凹弦纹两周。外壁满施黄绿釉，局部有脱落现象。口径16.4、底径9.2、高8厘米（图五，3）。

盆　1件。M1：1，侈口，圆唇，深腹下部弧收，平底。腹饰凹弦纹两周、铺首一对。内、外壁均施黄绿釉，外壁不及底。口径21.6、底径10、高10.4厘米（图四，5）。

壶　1件。M1：2，盘口，方唇，长颈，溜肩，弧腹，高圈足外张。肩、腹、足部各饰凹弦纹两周，肩部饰铺首衔环一对。器外壁满施黄绿釉。口径13.8、底径14.4、高31.8厘米（图五，7）。

器盖　1件。M1：16，子口内敛，顶有三等距离圆锥状纽。外壁满施黄褐釉。口径12、高4.8厘米（图五，5）。

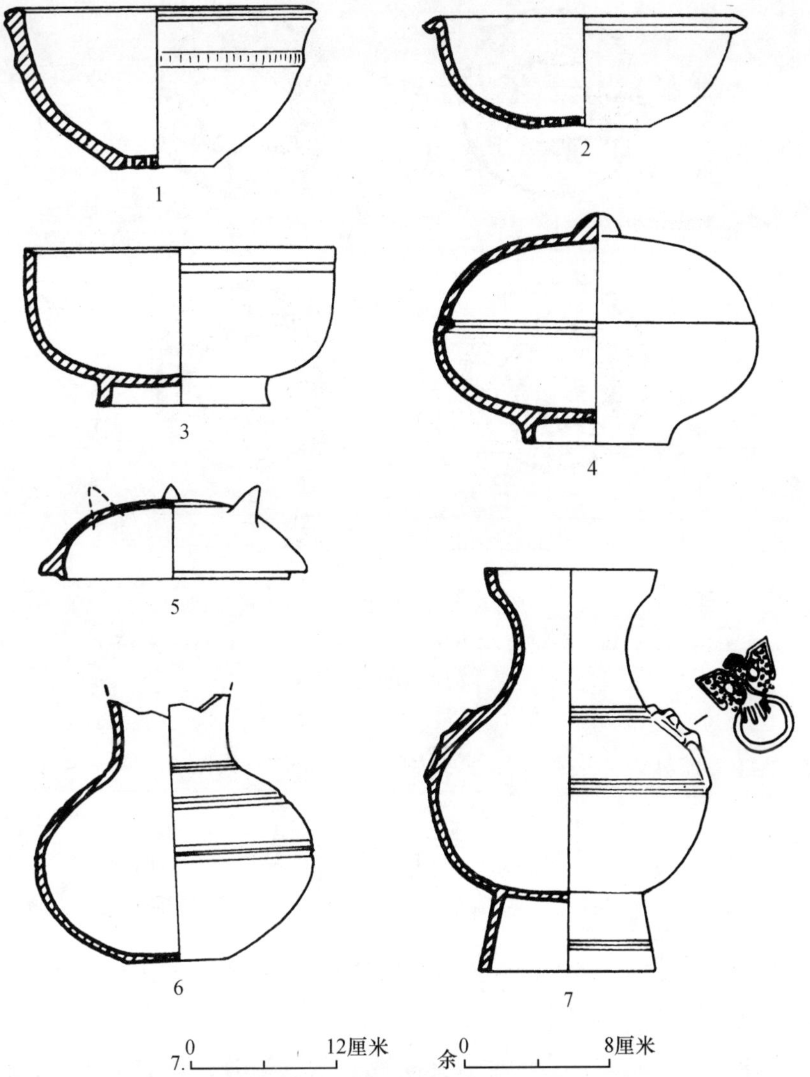

图五　出土陶器、釉陶器

1、2. 陶甑（M1：8、M1：6）　3. 釉陶碗（M1：12）　4. 陶盒（M1：4）　5. 釉陶器盖（M1：16）
6. 陶壶（M2：02）　7. 釉陶壶（M1：2）

（三）铜器

5件。均为五铢钱。正背面均有边郭，穿背面各边均有郭，“铢”字“金”旁首笔均呈三角形。钱币大小相同，皆钱径2.5、穿径1厘米。分二型。

A型　3枚。“五”字交笔缓曲。分二亚型。

Aa型　2枚。M1：15-1，“铢”字“金”字旁首笔三角形较小，“朱”上笔较短。穿正面无郭（图六，1）。

Ab型　1枚。M1：15-2，“铢”字“金”字旁首笔三角形较大，“朱”上笔较长。穿正面一边有郭（图六，2）。

B型　2枚。“五”字交笔较直，穿正面均无郭。分二亚型。

Ba型　1枚。M1：15-3，“朱”字上笔较长（图六，3）。

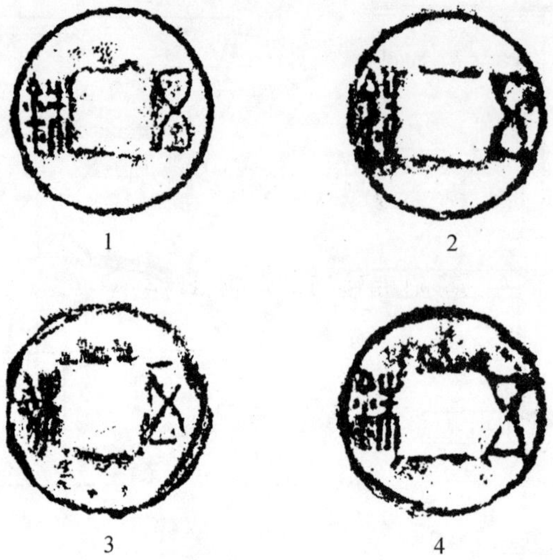

0　2厘米

图六　五铢铜钱拓片

1. Aa型（M1：15-1）　2. Ab型（M1：15-2）　3. Ba型（M1：15-3）
4. Bb型（M1：15-4）

Bb型　1枚。M1：15-4，“朱”字上笔较短，穿正面有四出纹（图六，4）。

三、结　　语

两座崖墓皆为中型单室墓。M1平面呈前窄后宽式，M2平面呈狭长“凸”字形，不见该地区同期崖墓习见的侧室、耳室、壁龛等，结构简单。

随葬品均以陶器为主，基本组合为壶、罐、碗、盒、甑等，以罐类为多，皆为西汉晚期至东汉早期风格；出土的五铢钱，“金”字头为“△”形，“朱”字头方折或略曲，“五”字交笔直或微曲，皆为西汉末至东汉初期特征。因此判定两座墓时代属西汉晚期至东汉早期。现学界一般认为崖墓是我国西南地区汉人使用的一种墓葬，从墓葬形制与随葬品特征看，也与中原地区同期墓葬相类似，应均属于汉文化系统。

绘图：任　涛
照相：刘连强　徐海峰
执笔：徐海峰　刘连强　张晓峥

万州柑子梁墓群2003年度发掘简报

洛阳市第二文物工作队

一、墓群概况

柑子梁墓群隶属于重庆市万州区武陵镇下中村7组，位于长江西岸的一级台地上，大浪口冲刷沟以南。地理中心坐标为北纬30°30′55″，东经108°15′52″，海拔150～165米。分布范围长200、宽140米，面积约28 000平方米。地形呈不规则长条状，大致为南北向，地势南高北低。北部民居和柑橘树密布，南部和东、北、西三面农田，种植蔬菜和水稻。地面上网格纹、车轮纹、“富贵”铭文砖随处可见 。

工作队于2001、2002年对该墓群进行了两次发掘，共发掘墓葬57座。今年工作队又组成了以副队长乔栋为领队，考古部张建文，技工贾小龙、赵书水、郭改伟、张国锋为成员的柑子梁墓群考古队，于2003年3月2日至4月5日进行了第三次发掘，区域主要集中于地势较低的南部地区，同时根据钻探情况选择发掘区域，为保持发掘的一致性，工地坐标点、基点、分区都和以前相同，布方均为5米×10米的探沟，方向0°，其中Ⅰ区3个、Ⅲ区7个、Ⅳ区30个，共发掘2000平方米。

此次发掘的区域由于地势相对较低，故堆积较厚，但地层堆积只有两层，和前两次的情况相同。此次共发掘墓葬4座，从形制上可分为土坑和砖室两种，下面根据形制分墓叙述。

二、土 坑 墓

1座。

M58　方向0°，长方形竖穴，周壁较规整，平底。墓口距地表深0.25～0.28、长2.66、宽1.37米，墓底距地表深0.81～0.86、长2.66、宽1.37米。填土为花土。墓内未见人骨架，仅发现部分下肢骨，一棺已朽，棺痕长2、宽0.85、厚0.05～0.06米。未见任何随葬品（图一）。

三、砖 室 墓

3座，早期都遭盗扰，据平面形状可分为“凸”字形和“刀”形两种，都由底为斜坡的墓道、封门、甬道、墓室四部分组成。

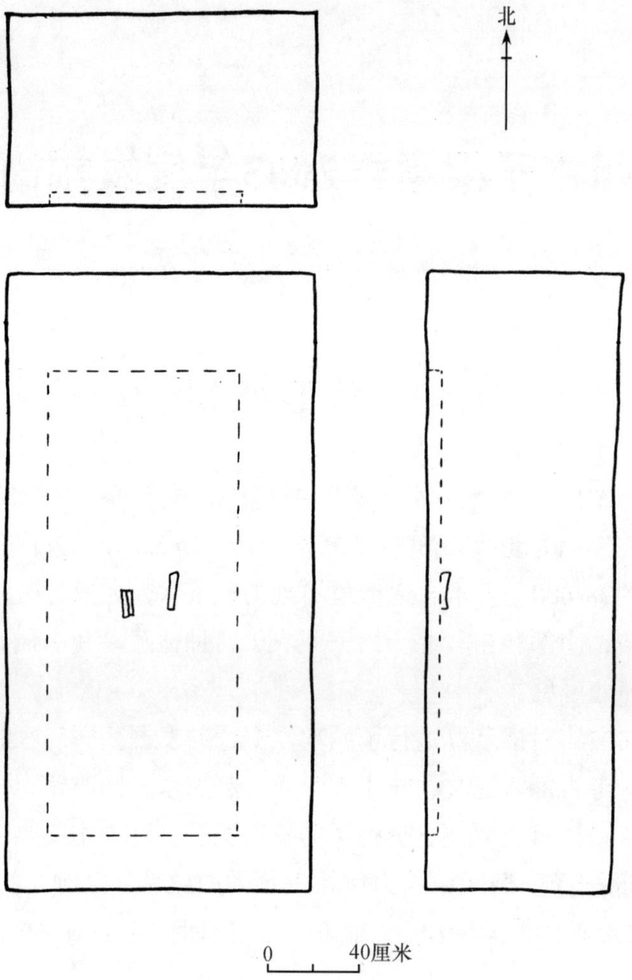

图一　M58平、剖面图

（一）“凸”字形墓

1座。

M59　方向160.5°，墓道位于甬道南，平面呈长方形，底为斜坡，上端口长1.94、宽1.2、深0.2～0.26、下端口长2.3、宽1.2、深0.2～1.4米。封门，位于甬道和墓道之间，用长条形小砖错缝平砌而成，宽1.6、残高0.3米。甬道，位于墓道北，呈长方形，长2.35、宽1.4、残高1.2米，口距地表0.3米，顶部被扰无存。墓室，位于甬道北，呈长方形，顶部被扰无存，翼墙用长条形小砖（一侧面为方格乳钉、回形乳钉、三角乳钉几何组合图案）错缝平砌而成。铺地砖大部分被揭。墓室翼墙用砖规格为0.43米×0.2米×0.1米，铺地砖为素面长条形，规格为0.4米×0.2米×0.08米。甬道翼墙用砖及砌法同墓室。

随葬品较少，仅见陶器和瓷器。

陶器，都为陶片，未见完整器形。

瓷器　5件。

壶　1件。M59：1，浅盘口，束颈，鼓腹，平底，肩部饰对称桥形双耳，鋬残，鸟头形注。通体饰黑色釉。口径5.5、底径6、高11厘米（图二，5）。

碗　3件。M59：2，侈口，浅腹，平底，浅灰色胎。内外施青釉。口径17、底径10、高6厘米（图二，3）。M59：3，侈口，腹下部微鼓，饼形圈足。通体施青釉。口径8、高4.4、底径4厘米（图二，4）。M59：4，侈口，腹下部微鼓，平底。通体施青釉。口径8.5、高4、底径5厘米（图二，6）。

器底　1件。M59：5，残高4厘米（图二，1）。

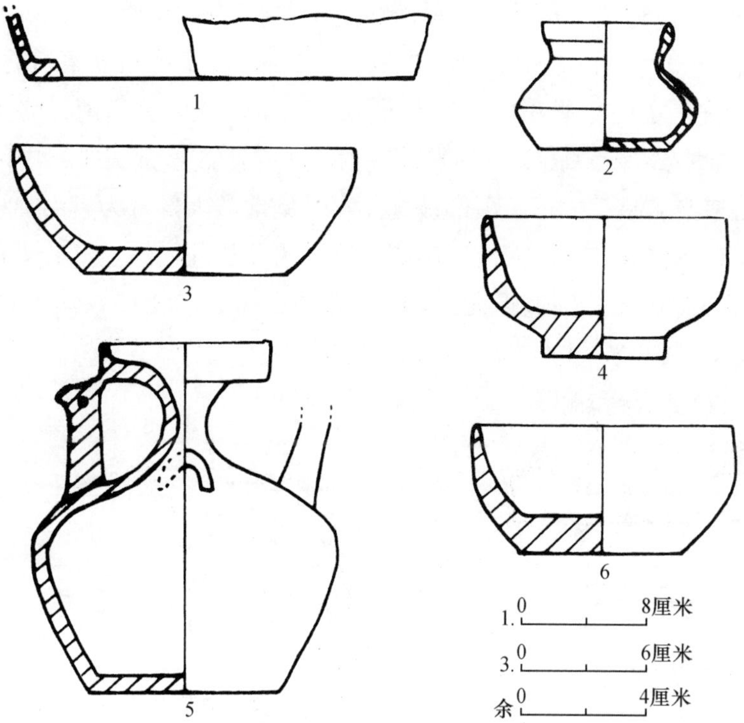

图二　M59、M60出土器物

1. 瓷器底（M59：5）　2. 陶罐（M60：1）　3、4、6. 瓷碗（M59：2、M59：3、M59：4）　5. 瓷壶（M59：1）

（二）“刀”形墓

2座。

M60　方向174°，墓道位于甬道南，平面呈圆弧形，底为缓坡，上端口长1.06、宽0～2.34、深0.28～0.7、下端口深0～0.84米。封门，位于甬道和墓道之间，用长条形小砖错缝平砌而成，宽2.06、残高0.8米。甬道，位于墓道北，呈长方形，长3.1、宽2.04、距地表0.14～0.28米。铺地砖用长条形小砖横纵交错铺成，顶部被扰无存。墓室，位于甬道北，呈长方形，顶部被扰无存，铺地砖大部分纵铺，仅有两排横铺。甬道和墓室翼墙用长条形小砖错缝平砌而成，砖侧纹饰同为菱形几何纹。墓砖规格：甬道、墓室壁砖为0.48米×0.18米×0.1米；铺地砖为0.48米×0.18米×0.1米、0.48米×0.17米×0.1米；封门砖为0.4米×0.18米×0.1米、0.38米×0.18米×0.1米。

随葬品较少，仅见陶器和铁器。

陶器　1件。

罐　M60：1，直口，平沿，短颈，鼓腹略扁，平底。口径4.4、腹径6、高4、底径4.4厘米

（图二，2）。

铁器　3件。

平底器　1件。M60：2，侈口，平底，有两耳。底径9.6、高3.3厘米（图三，1）。

环首器　1件。M60：3，环状首，剑形身，尖已残。残长11厘米（图三，2）。

刀　1件。M60：4，环首，长条形，单面刃，尖已残，有鞘痕。残长31厘米（图三，3）。

M61　方向358°，墓道位于甬道北，平面略呈长方形，底为斜坡，上端口长1.5、宽1.45、深0.3～1.6、下端口长1、宽1.45、深0.3～2.9米。封门，位于甬道和墓道之间，用长条形子母小砖错缝平砌而成，宽1.9、厚0.19、残高0.3米。甬道，位于墓道南，略呈长方形，东壁长1.8、西壁长1.74、宽1.56、残高0.9～1.3米，底为长条形小砖横铺三排，中间顺铺一列，均平放。墓室，位于甬道南，呈长方形，顶部被扰无存，铺地砖大部分为素面，横顺平放。墓室和甬道翼墙均用长条形小砖错缝平砌而成，砖侧纹饰同为菱形几何纹。墓砖规格：墓室、甬道壁砖为0.44米×0.17米×0.08米；铺地砖长0.44米，宽0.23、0.2、0.19、0.17、0.16米，厚0.08米；甬道铺地砖为0.44米×0.22米×0.08米。

随葬品较少，仅见陶器和铜钱。

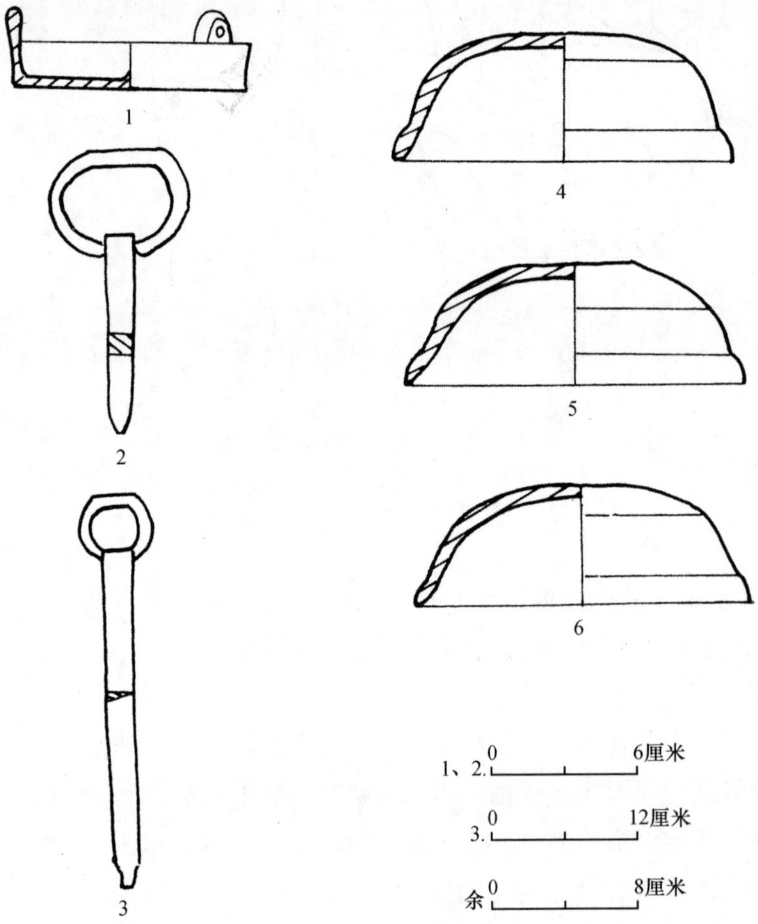

图三　M60、M61出土器物

1. 铁平底器（M60：2）　2. 铁环首器（M60：3）　3. 铁刀（M60：4）

4～6. 陶器盖（M61：2、M61：3、M61：1）

陶器　3件。泥制灰陶。均为器盖，形制相同，盘口，小平顶，大小略有不同。M61：1，口径18.4、顶径5.2、高6.4厘米（图三，6）。M61：2，口径18.4、顶径6、高6.4厘米（图三，4）。M61：3，口径18.4、顶径6、高6.8厘米（图三，5）。

铜钱　1枚。锈蚀严重，难以辨清。

四、结　语

本年度的发掘主要集中于地势较低的南部地区，墓葬发掘的数量与前两次相比较少，从墓葬形制和结构来看与以前完全相同，结合前两次的发掘，初步认为：

（1）墓葬结构只有两种：土坑和砖室，前者时代一般要早于后者，但都在汉到六朝期间，未见更早或更晚时期的墓葬。土坑墓时代一般都在汉代，砖室墓则在六朝。

（2）柑子梁是一处墓葬分布十分密集的地区，三次发掘共发掘墓葬61座。

（3）墓葬位置大多选择地势较高、临江的东坡，方向大多为南北向。

万州下中村遗址2003年度发掘简报

重庆市文化遗产研究院
万 州 区 博 物 馆

下中村遗址位于重庆市万州区武陵镇下中村十二组，东临长江，西靠尖山，北隔小浪口与大丘坪墓群相望，南依武陵中学和旧场镇，遗址地势西高东低，坡度较平缓，西部地形为两道被平整过的低矮山梁及山梁间沟谷地带，地表均为水稻梯田，海拔155～175米。山梁下为较平整的临江台地，地表以前为蔬菜地、柑橘林及现代民居等，海拔135～155米，随着二期工程蓄水邻近，地表附着物已经清理完毕。遗址现存面积约6万平方米，中心地理坐标为北纬30°30′25″，东经108°15′42″（图一）。

该遗址于1986年由四川省文物普查时被发现，为配合长江三峡工程建设，1994年厦门大学考古队对遗址进行了试掘，2001～2002年，重庆市文物考古所（今重庆市文化遗产研究院）和万州区博物馆联合组成考古队在全面钻探的基础上，先后进行了两次大规模发掘，完成规划发掘面积4000余平方米，清理了一批新石器—明清时期遗迹、遗物，明确了宋代下中村遗址乃武宁县治所在地的概念。

2003年3～4月，本考古队对下中村遗址连续进行第三次发掘，布方集中在遗址Ⅰ区、Ⅲ区，其中Ⅰ区布10米×10米探方4个，Ⅲ区布10米×10米探方13个，5米×10米探方2个，8米×10米探方3个，完成发掘面积2040平方米（图二）。

考古队由邹后曦任领队，参加发掘的工作人员有向渠奎、彭学斌、岳宗英、李应东、刘江、谭建华、郑燮及陕西技工吕积明、刘德平等同志。

一、地层堆积

本遗址的地层堆积和地势一样由西向东倾斜堆积。地层堆积厚度的地域性差异较大，一般在0.5～1.4米，个别区域达到3.3米。地层堆积以明清及唐宋文化层为主，在大部分探方中均有分布，商周文化层仅在T376探方一角有少量分布。不同分区中的地层土质、土色差异也较大。本年度探方、遗迹编号紧接2002年度编号。

下面以T377的南壁为例说明（图三）。

第1层：耕土层。黑褐色。厚5～20厘米。土质疏松，包含物有少量近现代瓦砾，青花瓷片等。

第2层：近现代层。红褐色。距地表深5～20、厚10～25厘米，土质较硬，包含物有青灰色及黄褐色板瓦残片、硬陶片、釉陶片、青瓷片、黑瓷片、白瓷片、青花瓷片等。可辨器形有碗、盏、带系罐等。

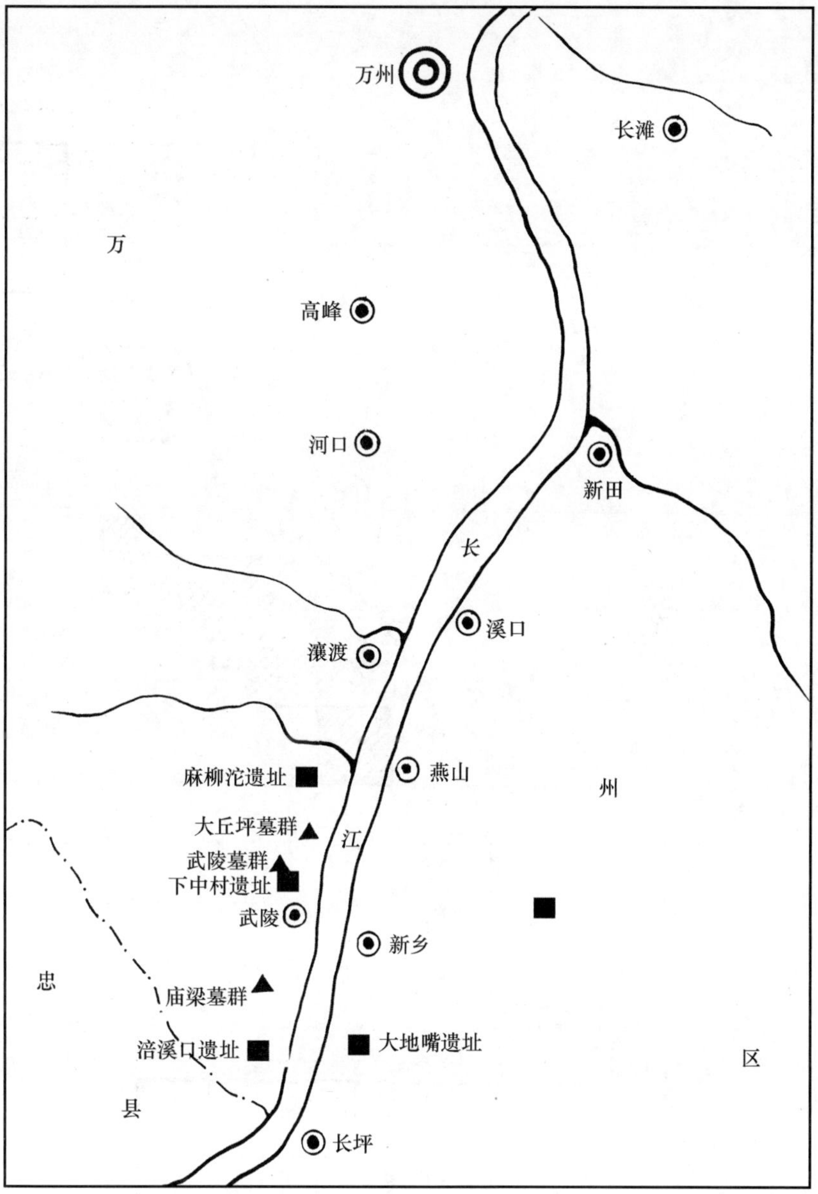

图一　下中村遗址位置示意图

第3层：明清层。灰黄色。距地表深23～40、厚7～25厘米，土质较硬，包含物有铁器残片、汉砖、竹（木）骨泥墙残片、板瓦及筒瓦残片、灰色及黄褐色陶片、青瓷片、黑瓷片、青花瓷片等，可辨器形有碗、盏、罐、研磨器、三足釜等。本层下H40及F18露头。

第4层：唐宋层。黄黑色。距地表深40～50、厚0～35厘米，土质较硬，包含物有青灰色瓦片、釉陶片、青瓷片、白瓷片等。可辨器形有葵口及素口碗、盏、罐、壶等。本层下H41露头。

第5层：唐宋层。灰褐色。距地表深60～95、厚5～33厘米。土质较硬，包含物有红烧土颗粒、青瓷片等。

第5层以下为深黄色生土。

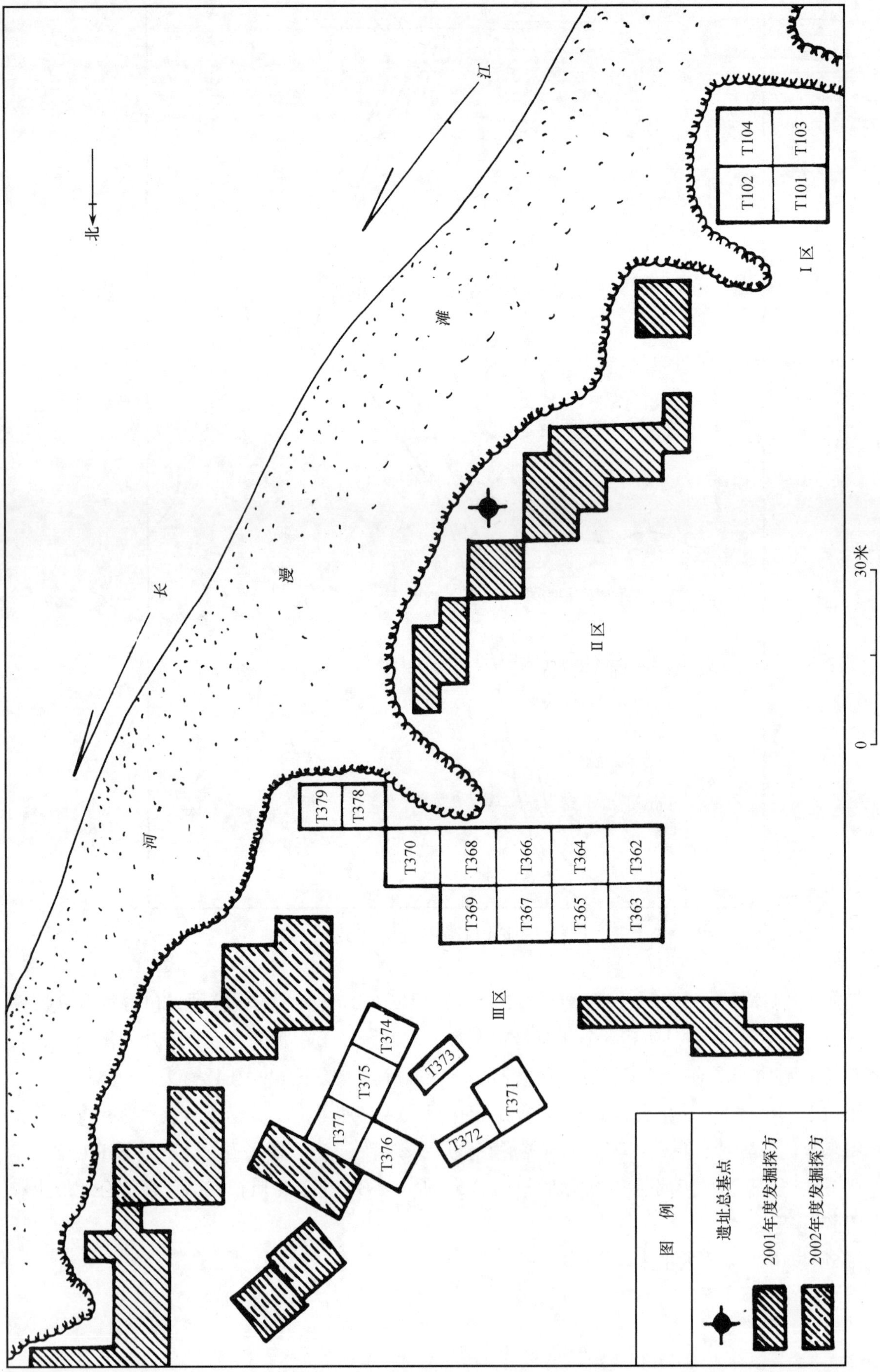

图二　2003年度下中村遗址布方图

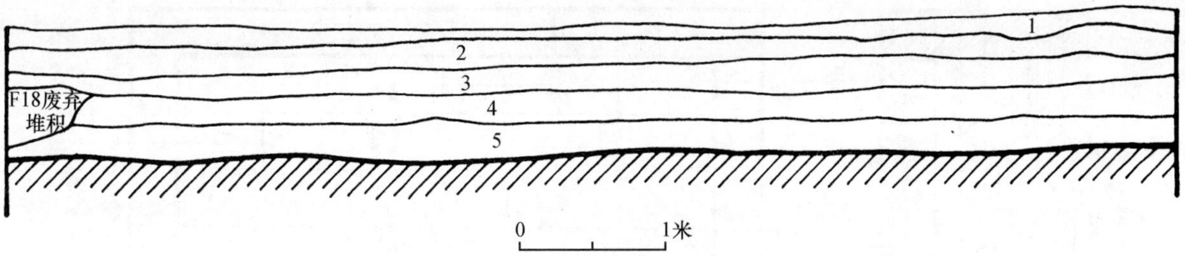

图三　T377南壁剖面图

二、六朝时期文化遗存

未见本期原生地层，仅发掘砖室墓1座，编号M9。

M9　位于T371东北部，部分压在北隔梁下，开口于第3层下，打破生土，甬道和墓道被F21打破，墓壁西部被一宋代盗洞打破，盗洞内遗留有一件釉陶碗。M9为“凸”字形砖室券顶墓，墓向为225°，墓口距地表深80厘米，墓圹长780、宽170～288、墓室残高108厘米。墓壁用长方形车轮纹砖错缝平砌而成，券顶完全垮塌，券顶砖为榫卯结构的富贵纹砖，铺地砖为长方形素面砖。由于M9早期被盗扰，墓内仅余少量木棺朽痕和红色棺漆残片以及人骨朽痕，墓主人的葬式、头向不可辨别，随葬品有青瓷碗11件、青瓷盘口壶1件、陶罐1件、铁刀1件及数枚五铢（图四）。

青瓷碗　11件。依腹部形态不同分为三型。

A型　8件。斜弧腹。M9：9，敛口，尖唇，饼足上有3个支钉痕迹。内外壁满施青釉，胎质较细腻。口径8、底径5.2、高4.4厘米（图五，3）。

B型　2件。斜直腹。M9：12，敛口，尖圆唇，饼足。内外壁满施青釉且釉层剥落较多，胎质较细腻。口径7.8、底径4.6、高3.9厘米（图五，5）。

C型　1件。折弧腹。M9：1，敛口，尖圆唇，饼足。内外壁满施青釉，釉层部分剥落，胎质较粗疏。口径8、底径5.2、高3.8厘米（图五，4）。

青瓷盘口壶　1件。M9：3，盘口残，束领，溜肩，弧腹，肩口上附四个扁曲系。施酱青釉至中腹，中腹以下露灰白胎。腹径9.6、底径5.6、残高10.4厘米（图五，2）。

陶罐　1件。M9：15，敛口，尖唇，鼓腹，平底，双系，上腹胎较薄，系下胎体内凹。青灰色夹细砂胎。口径20、底径15.2、高28.4厘米（图五，1）。

铁刀　1件。M9：7，器体锈蚀严重，直刃，直背，刀尖呈三角形，刃薄背厚。残长9.6厘米（图五，7）。

五铢　7枚，M9：18，“五”字交叉两笔略向外撇，“铢”字“金”旁呈三角形，“朱”字头圆折。钱径2.3厘米（图五，6）。

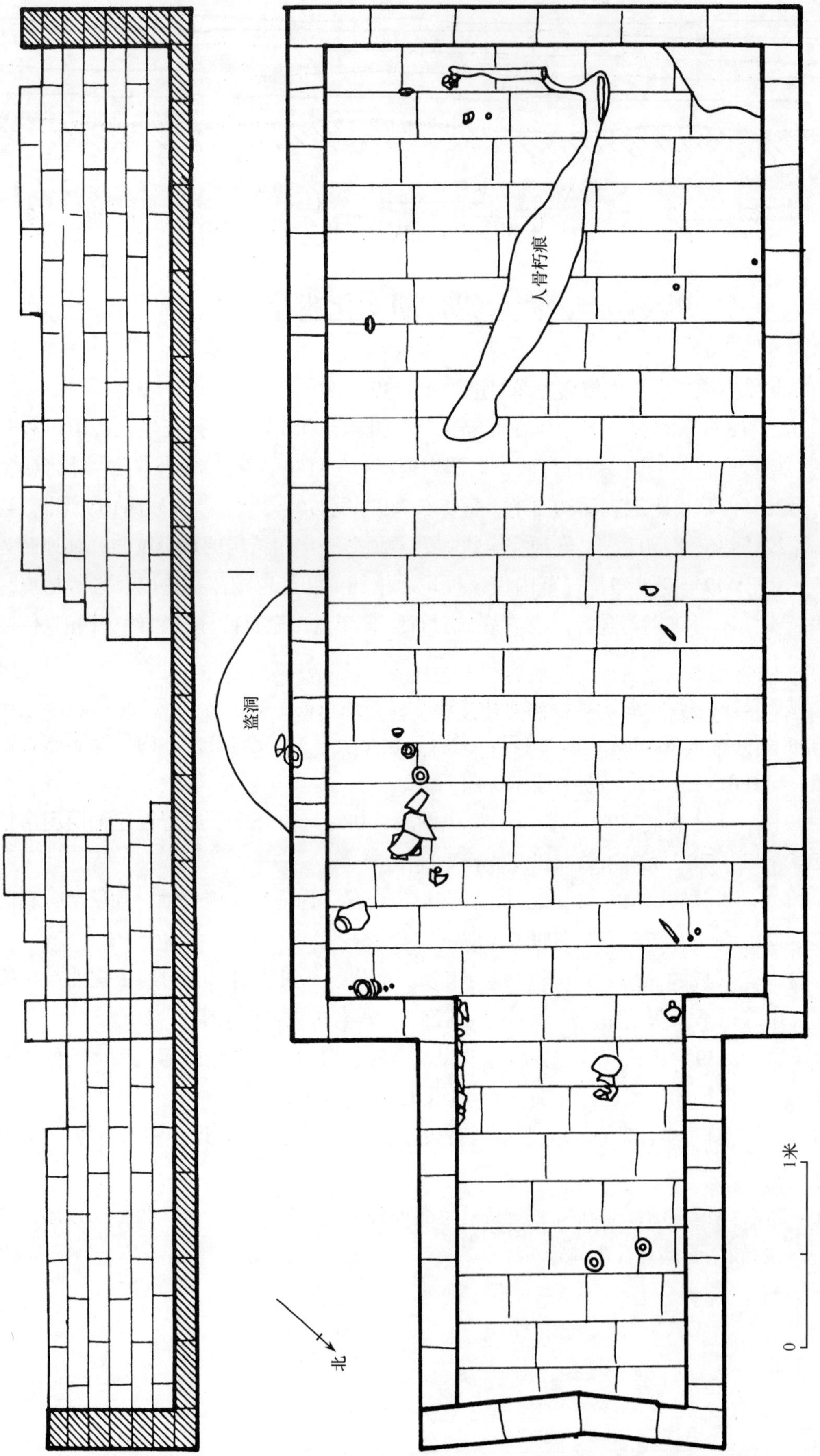

图四 M9平、剖面图

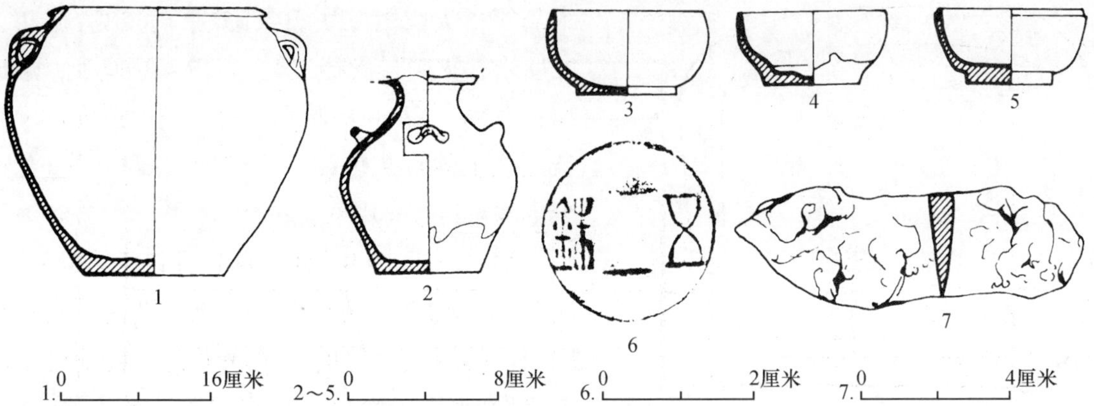

图五　M9出土器物

1. 陶罐（M9：15）　2. 青瓷盘口壶（M9：3）　3. A型青瓷碗（M9：9）　4. C型青瓷碗（M9：1）　5. B型青瓷碗（M9：12）　6. 五铢（M9：18）　7. 铁刀（M9：7）

三、唐代文化遗存

1. 遗迹

清理出的遗迹包括灰坑6个，灶坑4个。灰坑均为口大底小的锅底形坑，平面呈椭圆形或近圆形，灰坑容积普遍较大，坑壁及坑底经过修整。坑内包含物丰富，有陶、瓷器残片及砖瓦残片和粮食炭化颗粒等。灶坑分葫芦形双联灶和圆形灶两种，有火膛、火门、火道等结构，灶坑内填土包含有大量红烧土块及草木灰烬和少量砖瓦残片和青瓷片等。

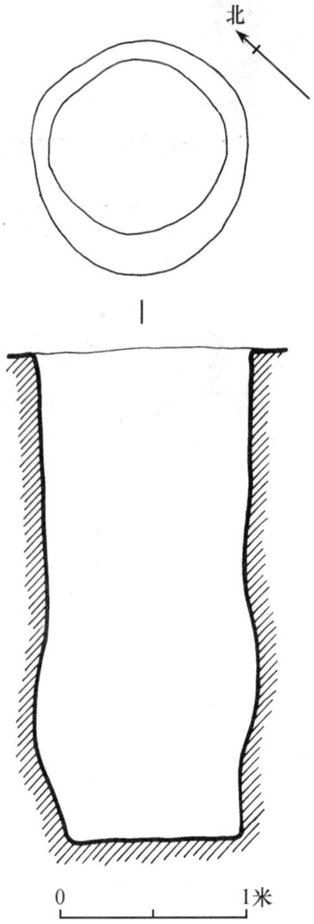

图六　H35平、剖面图

H35　位于T375的东北角，开口于第2层下，打破第3层及生土层，与邻近的H34、H36、H37共同构成一个灰坑组，平面呈椭圆形，坑口略大于底，坑底平整，坑壁经过修整。坑口距地表深45、最大口径120、坑自深250厘米。坑内填土为黄褐色，土质较硬，包含物有绳纹灰陶板瓦残片、灰陶盆残片、2件青瓷碗、1件青瓷碟、2件纺轮及谷物炭化颗粒等（图六）。

H37　位于T375东北角，开口于第2层下，打破第3层及生土，平面呈圆角方形，坑口略大于底，坑底平整，坑壁修制较规范，坑口距地表深75、最大直径226、坑自深190厘米。坑内填土为黄褐色，土质较硬。包含物有大量青灰色板瓦及筒瓦残片、灰陶罐残片、砖块、石块、粮食炭化颗粒等（图七）。

Z2　位于T369的西北角，开口于第2层下，打破生土，与邻近的Z3、Z4共同构成一个灶坑组，平面呈葫芦形，剖面呈锅底形，Z2由工作间、火门、火膛、火道四部分南北向串联组成，灶坑底较平整，坑壁呈弧形，坑口距地表30厘米，工作间最大径为184、高36厘米，坑内填土为灰褐色黏土，土质疏松，包含物有草

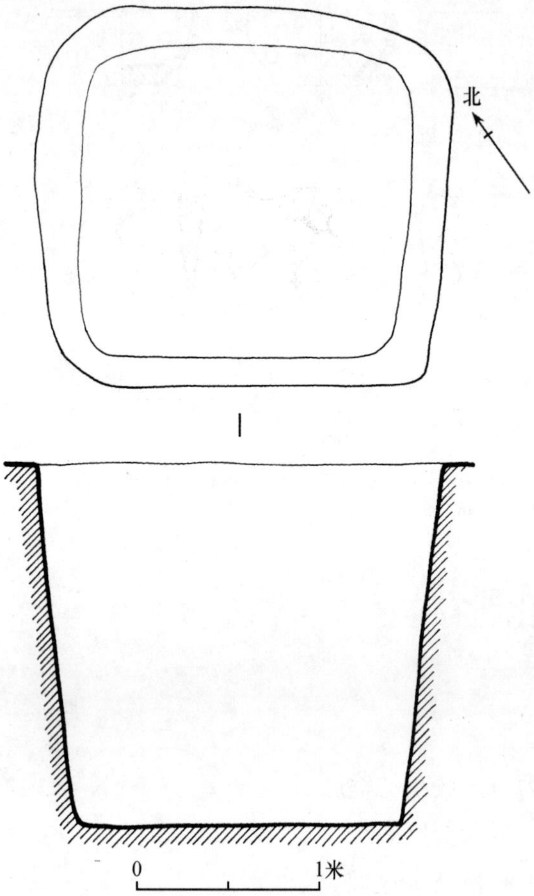

图七　H37平、剖面图

木灰等；火门由三块石条砌成，长28、宽20、高22厘米；火膛最大径224、高12～36厘米；烟道长14、宽16、高5～10厘米，火膛及火道内填土为夹杂红烧土的青灰色黏土，土质较疏松，包含物有少量木炭屑等（图八）。

Z4　位于T369的西北部，开口于第2层下，打破生土，Z2由火门及火膛组成，平面呈团扇形，剖面呈梯形，南北向，坑底平整，坑壁呈弧形，坑口距地表35厘米，火门呈长方形，长34、宽30、高18厘米；火膛呈椭圆形，直径为78～146、高18厘米。灶坑内填土为红烧土，土质疏松，包含物有少量板瓦残片（图九）。

2. 遗物

出土遗物分瓷器、陶器、石器和铜器，其中瓷器数量最多。

瓷器　大部分为青瓷器，器表多上一层化妆土后再施釉，施釉较均匀，一般内壁满釉，外壁施釉及中腹处，器表有垂釉。器形有坛、碗、纺轮等。

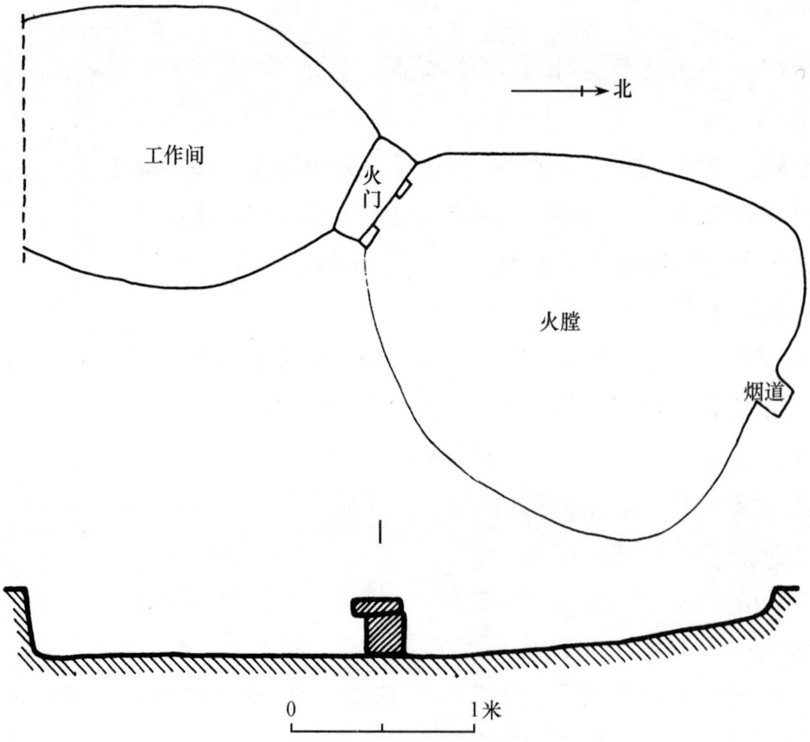

图八　Z2平、剖面图

坛 2件，均施青黄釉，敛口，圆唇，双缘，溜肩。根据有无系分为二型。

A型 无系坛。T375②：6，腹部以下残。施釉至上腹处，其余部分露红褐色胎。口径8.8、残高11.2厘米（图一〇，1）。

B型 有系坛。T375②：5，肩部以下残。肩部附有一捏制的扁曲系，施釉至肩部。其余部分露灰褐色胎。残高9.6厘米（图一〇，2）。

碗 6件。均施青釉。根据底足形态分为三型。

A型 2件。矮圈足碗。依据腹部形态分为二式。

Ⅰ式：1件。斜直腹。T367③：8，侈口，尖圆唇，口沿外施一层红黄色化妆土，器内壁及外上壁施青黄釉，其余部分露褐色胎。口径15.6、底径6.4、高4.1厘米（图一〇，12）。

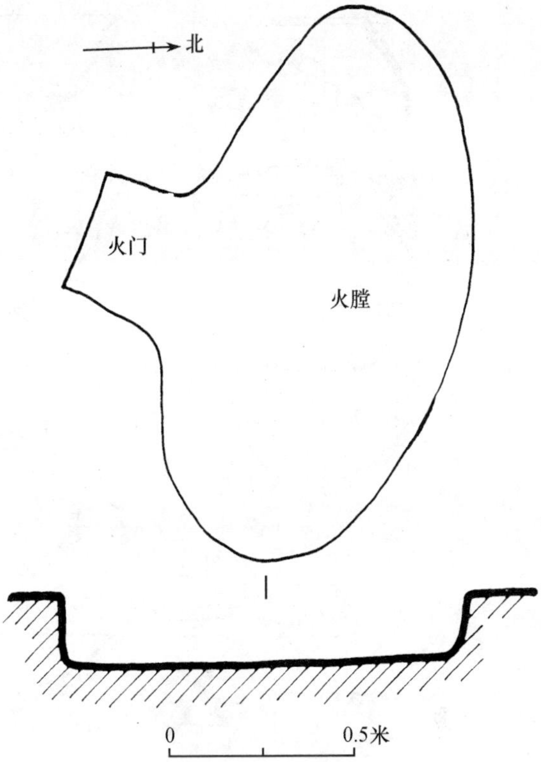

图九 Z4平、剖面图

Ⅱ式：1件。曲腹。H35：1，敛口，圆唇，内坦底。内壁及中腹以上施青釉并有垂釉，中腹以下露紫红色胎。口径15.6、底径8.4、高6.4厘米（图一〇，14）。

B型 2件。饼足碗，圆唇，内底有5个较大支钉痕迹。内壁满施青釉，外壁施釉及中腹。依据腹部形态分为二式。

Ⅰ式：1件。折腹。T375③：3，侈口，内坦底。外壁中腹以下露浅黄色胎。口径15.6、底径8、高5.6厘米（图一〇，8）。

Ⅱ式：1件。曲腹。H35：3，敛口，内底有一周划痕，底足略内凹。外壁中腹以下露灰黄色胎。口径16、底径4.8、高6厘米（图一〇，13）。

C型 2件。平底碗，依据腹部形态分为二式。

Ⅰ式：1件。折腹。T369③：2，侈口，折沿。内壁及外上壁满施青釉且有垂釉，其余部分露灰白胎。口径11.2、底径6、高4.2厘米（图一〇，11）。

Ⅱ式：1件。曲腹。T377④：7，敛口，尖圆唇，平底略内凹。内壁及外壁中腹以上施青釉，中腹以下露灰白胎。口径12、底径4、高4.4厘米（图一〇，10）。

纺轮 1件。H35：2，算珠形，体形小。器表施青釉，内孔周围釉层剥落。孔径0.8、高2.1厘米（图一〇，6）。

陶器 分高温釉陶和低温夹砂陶两类，器类有碗、钵、碟、纺轮等。

碗 1件。M9盗洞：1，侈口，尖圆唇，弧腹，饼足。内外壁皆施一层白色化妆土后再施米黄釉及中腹，其余部位露棕红色胎。口径15.6、底径6.4、高7.7厘米（图一〇，9）。

碟 1件。T367③：11，敛口，尖圆唇，斜直腹，饼足底略内凹。口部施米黄色化妆土，其余部位露红褐色胎。口径9.2、底径4.4、高3.5厘米（图一〇，4）。

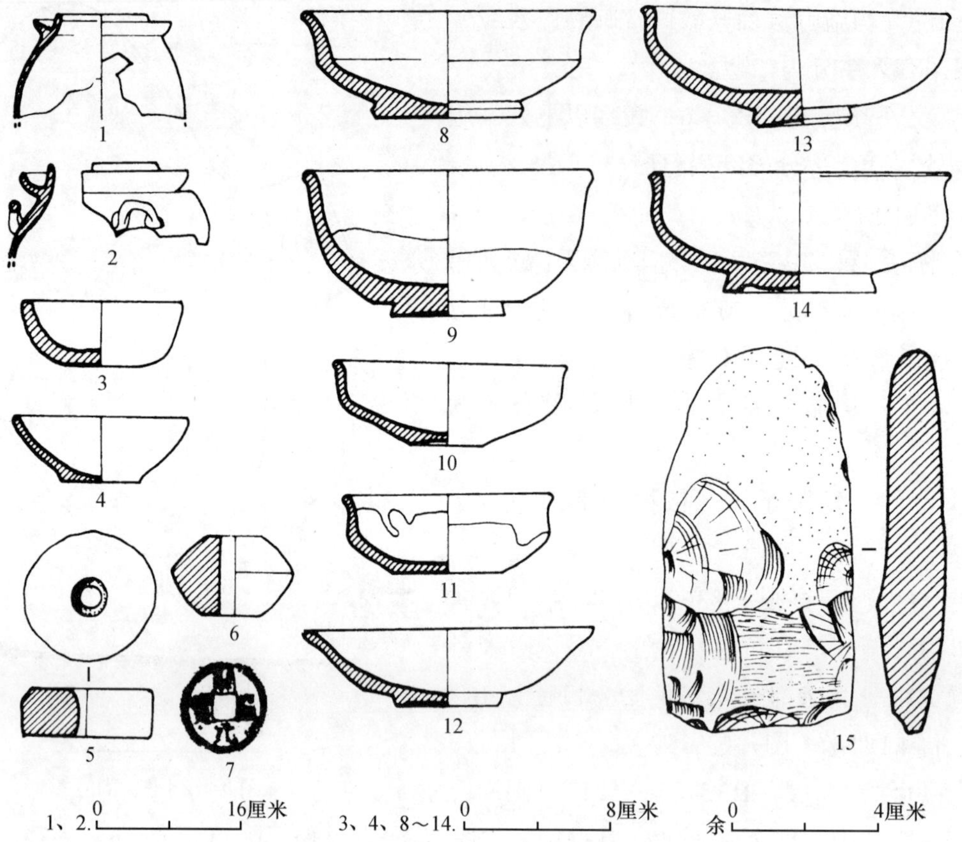

图一〇 唐代遗存出土器物

1. A型青瓷坛（T375②：6） 2. B型青瓷坛（T375②：5） 3. 陶钵（H34：1） 4. 陶碟（T367③：11） 5. 陶纺轮（H35：4） 6. 青瓷纺轮（H35：2） 7. 开元通宝（H34：11） 8. B型Ⅰ式青瓷碗（T375③：3） 9. 陶碗（M9盗洞：1） 10. C型Ⅱ式青瓷碗（T377④：7） 11. C型Ⅰ式青瓷碗（T369③：2） 12. A型Ⅰ式青瓷碗（T367③：8） 13. B型Ⅱ式青瓷碗（H35：3） 14. A型Ⅱ式青瓷碗（H35：1） 15. 石斧（H34：10）

钵 1件。H34：1，敞口，圆唇，弧壁，圜底，手工捏制。器表有较多捏制痕迹。灰黑色夹砂陶。口径8、底径4.4、高3.4厘米（图一〇，3）。

纺轮 1件。H35：4，圆柱形，中间有圆形穿孔。黑灰色夹砂陶。直径3.6、孔径1，高1.3厘米（图一〇，5）。

石器 石斧1件。H34：10，圆弧顶，平直刃，刃部经过打制。由青绿色砾石制成。宽5.3、高10.2厘米（图一〇，15）。

铜器 “开元通宝”铜钱8枚。H34：11，钱文对读，有内外郭。直径2.5厘米（图一〇，7）。

四、宋代文化遗存

1. 遗迹

共清理房屋2座，灰沟1条，灰坑1个。房屋均为地面式多间大型石构建筑，由于近代改土造田等活动对这些房屋的结构造成严重破坏，无法复原它们的整体格局。

F19　位于Ⅲ区南部的T363内，开口于第3层下，打破第5层和生土，距地表深35～95厘米，为地面式建筑，方向295°，被严重破坏，现存由1、2层条石构成的部分房基，残存房基由两个开间构成，南边的开间呈刀形，“刀把”处为门道，门道前有门槛及一块方形柱顶石，门道长200、宽195厘米；北边的开间呈长方形，残长505、残宽215厘米。房屋内堆积层为黄色黏土，土质紧密，包含物有大量灰陶筒瓦、板瓦及滴水残片、三足釜残片、青釉及白釉瓷片、铜钱等（图一一）。

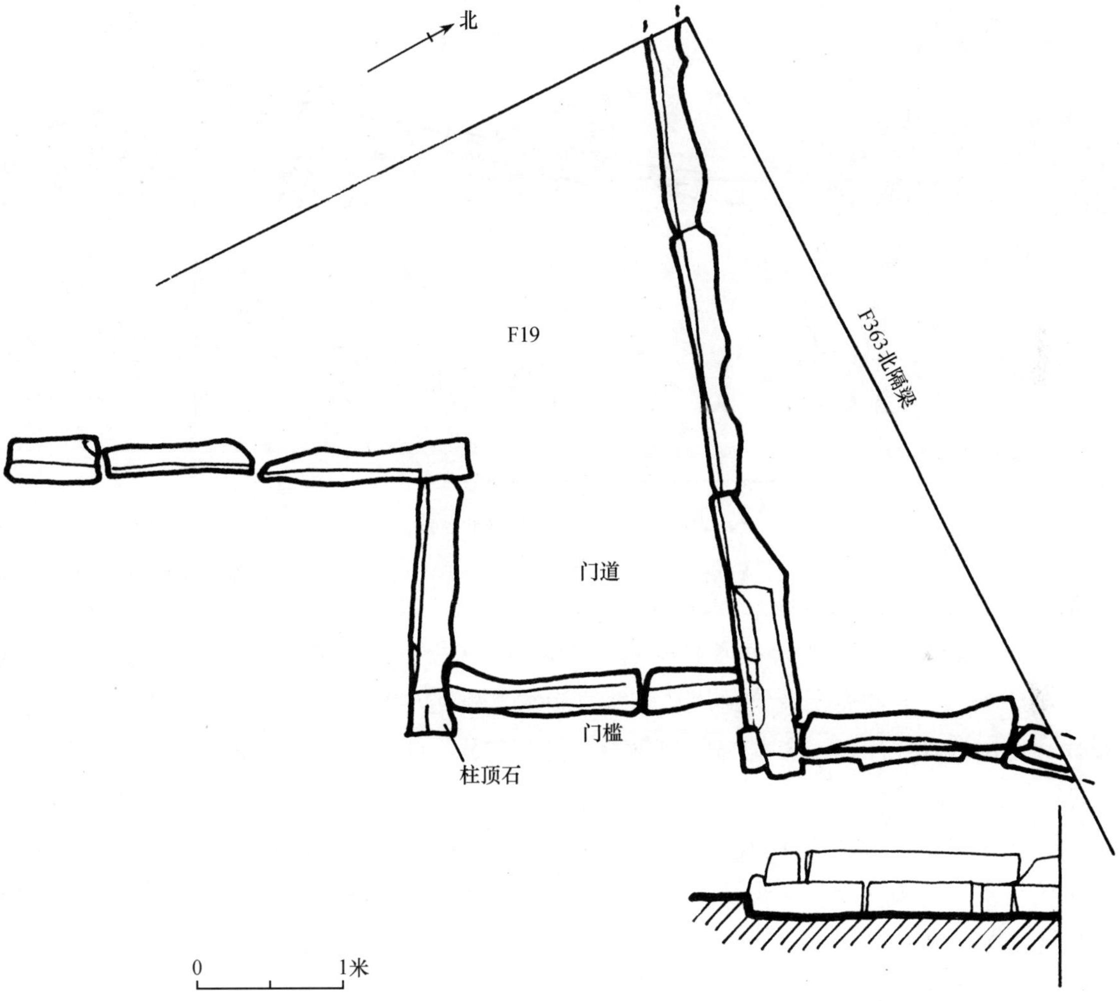

图一一　F19平、剖面图

F21　位于Ⅲ区南部的T371内，开口于第3层下，打破M9和生土，距地表深65～75厘米，被严重破坏，现存一条由条石构成的房基，残长650厘米，条石上凿有基槽，推测为安装木板墙之用，残存房基上有3个柱顶石。房屋内堆积层为灰黑色黏土，土质紧密，包含物有大量灰黑色瓦片、莲花纹及兽头形瓦当、菊花纹及卷草纹滴水、灰黄色及灰红色硬陶片、白瓷片、“皇宋通宝”铜钱等（图一二）。

G5　位于Ⅲ区南部的T373及T374内，开口于第3层下，打破生土，距地表深35厘米，平面呈“L”形，沟的较短的一部分在黄褐色生土挖成的基槽上由5～6厘米厚的石板铺地，两侧再

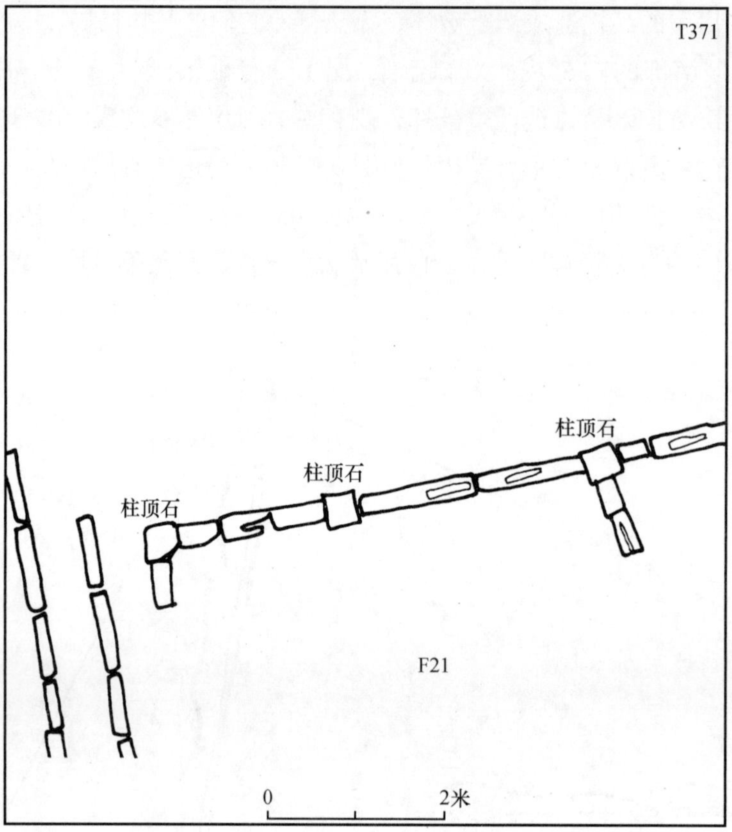

图一二　F21平、剖面示意图

铺以条石、汉砖砌成石槽，较长的部分则为直接在生土上挖成的简易土沟槽。石槽残长112、宽55、高15～25厘米，土沟槽残长1360、宽68～80、残高10～30厘米。沟内填土为灰黑色黏土，土质疏松，包含物有菊花纹瓦片、花草纹滴水、板瓦及筒瓦残片、三足釜残片、青黄釉瓷碗残片、青白瓷盘残片等，根据G5的包含物及其结构分析G5为排水沟（图一三）。

H33　位于Ⅲ区南部的T373内，开口于第2层下，打破生土，坑口距地表深33厘米，平面呈圆形，剖面呈口大底小的锅底形，口径100、底径77、自深50厘米。坑内填土为灰绿色黏土，土质较疏松，包含物有绳纹及素面板瓦残片、灰黑色陶罐残片、白瓷片、黑瓷片等，根据H33内包含物推测H33为一垃圾坑（图一四）。

2. 遗物

出土遗物分瓷器、陶器、铁器和铜器几类，其中瓷器数量最多，陶器次之。

瓷器　分黑瓷、白瓷、青瓷、青白瓷几种，胎多呈灰白色，少量呈红褐色或灰黑色，胎质普遍较细腻，器物器表大多为素面，少量青白瓷器上饰印花纹饰。器形有碗、盘、盏、灯、盏托等。

碗　4件。依口部及底足特征分为二型。

A型　3件。敞口圈足碗。根据唇部形态分二式。

Ⅰ式：2件。尖唇。T367②：4，斜直壁，内坦底，内底有涩圈，内外壁满施黑釉且垂釉较重，底足无釉。口径20、底径7.2、高5.6厘米（图一五，1）。

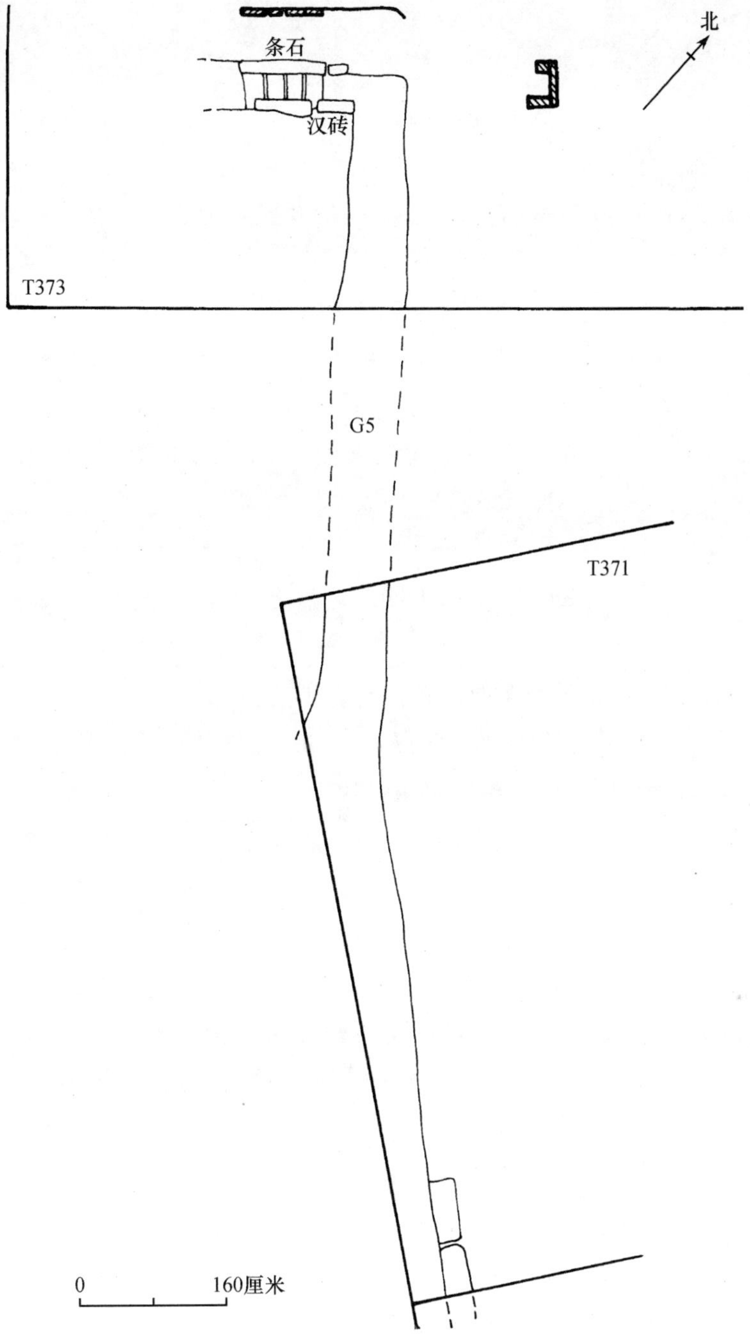

图一三　G5平、剖面图

Ⅱ式：1件。方唇。F21：3，斜弧腹，内坦底。内外壁满施白釉及下腹，底足无釉，施釉均匀。口径11、底径5.1、高3.4厘米（图一五，8）。

B型　1件。敛口饼足碗。T377③：6，尖唇，深弧腹。内壁及外上壁施青黄釉，外下壁及底足露红褐色胎，施釉不均匀且大量剥落。口径10、底径3.4、高5.3厘米（图一五，15）。

盘　3件。依底部形态分为二型。

A型　2件。圈足盘，侈口。F24：3，方唇，浅曲腹，内底有涩圈，外底有鸡心。除外底及圈足内壁露灰白胎外其余部位满施青白釉。口径14、底径5.4、高3.7厘米（图一五，2）。

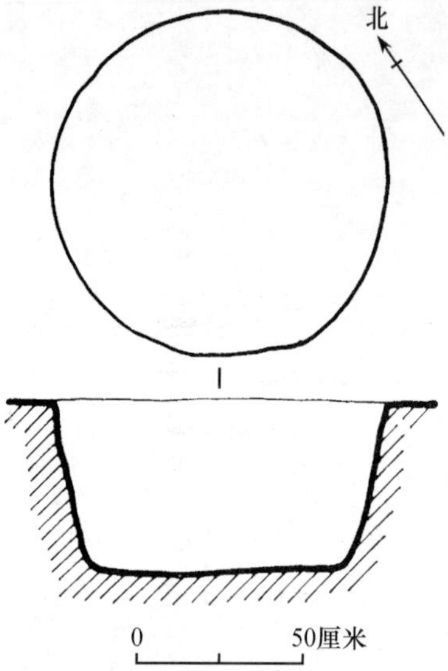

图一四 H33平、剖面图

B型 1件。平底盘。T373②：1，敞口，方唇，斜直壁，芒口。器表满施青白釉，内底饰印花鱼藻纹，内壁下部饰印花连弧纹和花草纹各一圈。口径14、底径10、高2.7厘米（图一五，20）。

盏 2件。依口部及底足形态分为二型。

A型 1件。弇口圈足盏。T367③：1，尖唇，斜弧腹，矮圈足，鸡心底。内外壁满施黑釉且有垂釉现象，外壁近底处及底足无釉。口径11.6、底径4.2、高5.8厘米（图一五，9）。

B型 1件。侈口饼足盏。T369②：1，折沿，尖唇，斜弧腹。内外壁满施黑釉，外底无釉，釉层厚重。口径11.6、底径4.8、高5厘米（图一五，16）。

盏托 1件。采：1，口及托沿残。内底及托沿沿面略内凹，饼足微上凹。内底及沿面施黑釉。残高3.4厘米（图一五，21）。

碟形灯 3件。敞口平足，口小于肩。依内外壁形态分为二型。

A型 2件。内弧壁，外壁斜直内收。T373③：2，器体厚重。内壁及外上壁施柿色釉，外下壁及底露灰白胎。口径9.2、底径3.6、高2.6厘米（图一五，3）。T376②：2，器壁有夹层，应为注水省油之用，内壁施青灰釉，其余部位露黑灰色胎。口径8、底径3.2、高2.6厘米（图一五，10）。

B型 1件。内壁斜直、外壁腰部直折。T367②：5，内坦底。内壁及口沿施黑釉，底部露灰白胎。口径9.2、底径4、高3.1厘米（图一五，17）。

陶器 分高温硬陶和低温夹砂陶两类。器类较丰富，有釜、盆、碗、钵、碟、网坠、瓦当、滴水等。

三足釜 1件。G5：7，仅存局部，柄、足均残断。红褐色硬陶胎，器壁极薄。器表有烟炱呈灰褐色。柄径1.4、足径1.2厘米（图一五，19）。

盆 1件。F19：1，敛口，折沿，尖圆唇，斜直腹，平底。灰黑色硬陶胎。口径24、底径8.8、高8.4厘米（图一五，4）。

碗 1件。T376③：6，侈口，尖圆唇，深弧腹，平底。红褐色硬陶胎。口部施黑灰色化妆土。口径16、底径5.6、高6厘米（图一五，11）。

钵 1件。T375③：4，侈口，方圆唇，弧腹，圜底。手捏制成，制作较粗糙。灰褐色泥质胎厚薄不均。口径8、底径2.8、高3.6厘米（图一五，18）。

碟 2件。敞口，圆唇，浅斜直腹内收，平底近饼足。胎体厚重。T367③：6，黑灰色硬陶胎。口径9.6、底径4.4、高2.9厘米（图一五，5）。

鸟食槽 1件。T364⑥：1，直口，方唇，直腹，平底。灰黑色硬陶胎。胎体厚重，制作粗糙。口径11.2、底径10、高4厘米（图一五，12）。

网坠 1件。T367②：3，呈圆柱形，中空。青灰色泥质陶胎。孔径1.8、高4.6厘米（图一五，22）。

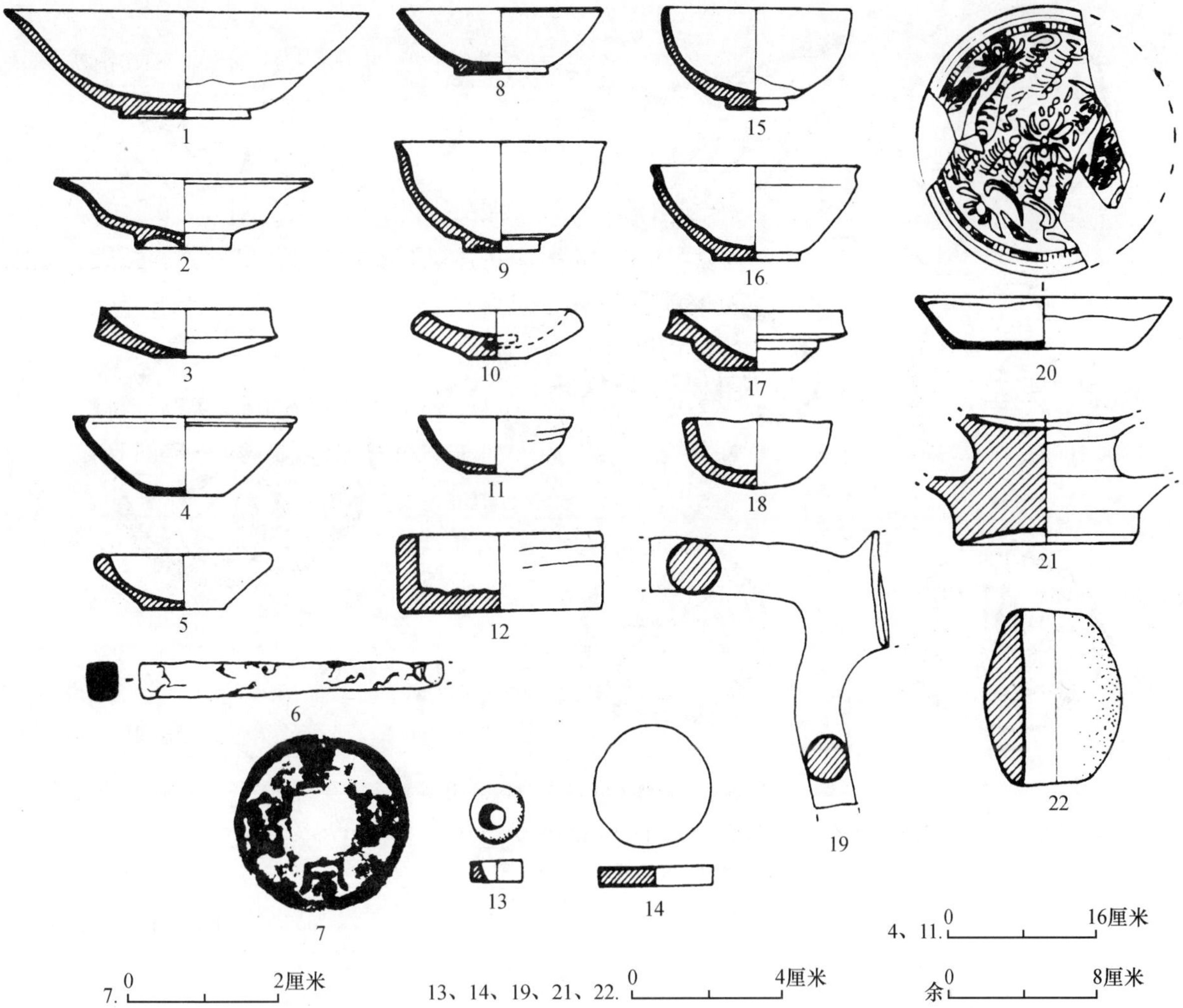

图一五　宋代遗存出土器物

1. A型Ⅰ式瓷碗（T367②：4）　2. A型瓷盘（F24：3）　3、10. A型瓷碟形灯（T373③：2、T376②：2）　4. 陶盆（F19：1）　5. 陶碟（T367③：6）　6. 铁凿（T373②：4）　7. 皇宋通宝（F21：23）　8. A型Ⅱ式瓷碗（F21：3）　9. A型瓷盏（T367③：1）　11. 陶碗（T376③：6）　12. 陶鸟食槽（T364⑥：1）　13、14. 陶饼形器（H41：1、F20：1）　15. B型瓷碗（T377③：6）　16. B型瓷盏（T369②：1）　17. B型瓷碟形灯（T367②：5）　18. 陶钵（T375③：4）　19. 陶三足釜（G5：7）　20. B型瓷盘（T373②：1）　21. 瓷盏托（采：1）　22. 陶网坠（T367②：3）

饼形器　2件。F20：1，用米黄釉陶残片制成。周缘磨制。直径3.2、厚0.5厘米（图一五，14）。H41：1，用泥质灰褐色残陶片制成。周缘磨制，中间斜向钻孔。直径1.5、孔径0.8、厚0.6厘米（图一五，13）。

瓦当　17件。均为泥质灰陶。外表无釉。形状为圆形或三角形，大小各异，圆形瓦当数量最多。当面纹饰丰富，有八瓣菊花纹、莲花纹、牡丹纹、兽面纹等（图一六）。

滴水　10件。均为泥质陶，外表无釉，形状为三角形，纹饰有莲花纹及菊花纹等（图一六）。

铁器　铁凿1件。T373②：4，体呈长条形，顶宽刃窄，凿尖残断，锈蚀严重。残长16.8厘米（图一五，6）。

铜器　4枚皇宋通宝。F21：23，钱文对读，有内、外郭。直径2.4厘米（图一五，7）。

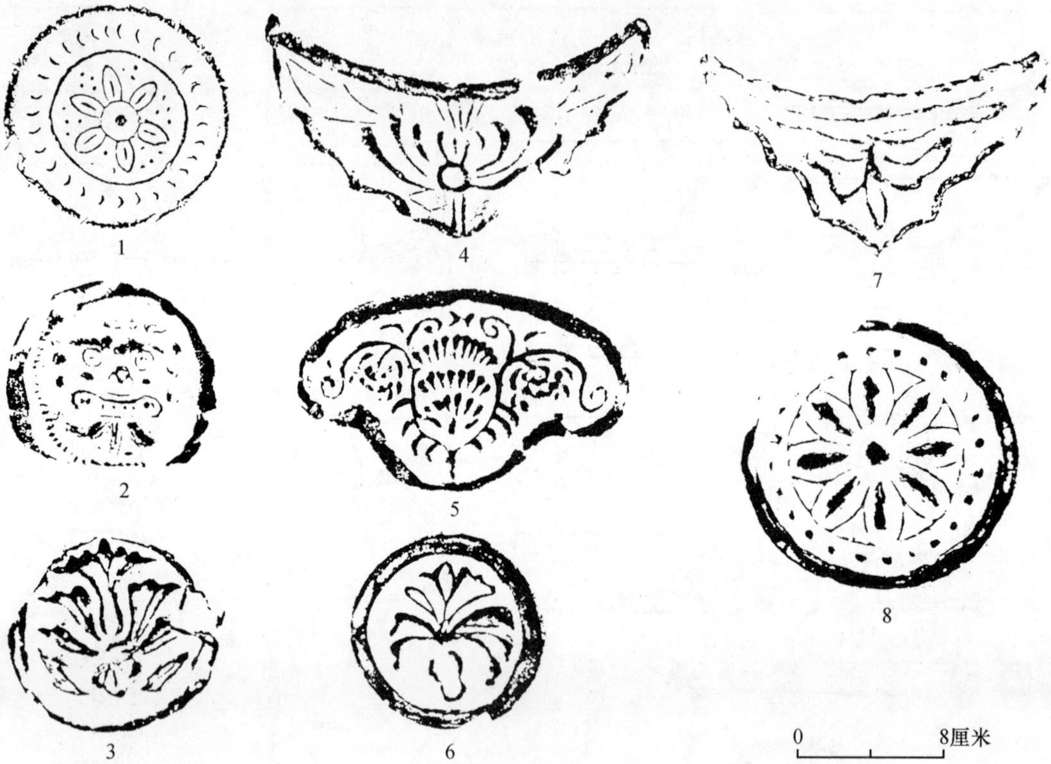

图一六　宋代遗存出土瓦当、滴水拓本

1、8. 莲瓣纹瓦当（T376③：9、F19：22）　2. 兽面瓦当（T371③：3）　3、6. 菊花纹瓦当（T371③：7、F21：27）

4、5、7. 菊花纹滴水（T271③：5、T367③：39、T377③：29）

五、结　　语

本年度最重要的收获为唐代遗存中由H34、H35、H36、H37构成的灰坑组及Z2、Z3、Z4构成的灶坑组。灰坑组位于Ⅲ区南部T375探方的东北部，组中各灰坑排列紧密有序、形制规整、深度较深、容积较大，且坑内填土中可见粮食作物炭化颗粒，据此我们可以断定该组灰坑曾被作为储存粮食的储藏坑使用。灶坑组同样位于Ⅲ区南部T369西北部，与灰坑组相距约25米，组中以Z2体形最大、结构最为完备，而结构简单、体形较小的Z3和Z4则平行排列在Z2两侧，通过对比同期遗存中民居内的生活用灶的形制和结构，再根据这些灶坑内部的包含物情况和烧结面厚度，显然该组灶坑非普通的生活用灶，应该是使用时间较长，且具有较大生产能力的生产用灶。结合邻近的灰坑组曾作为储藏大量粮食的储藏坑使用的情况，我们初步推定该灶坑组和灰坑组同为一座唐代酿酒作坊的组成部分。由于该作坊所在地及邻近区域均未发现唐代建筑遗迹，我们可进一步推测此作坊为露天式或直接在地表搭建的简单棚屋式作坊。唐代由于政治稳定、经济繁荣、人民生活相对富足，故饮酒之风尤盛，大小酒肆、酒楼遍布城乡且不受禁酒令的限制，《旧唐书·食货志》中记载：“东至宋泞（浙江），西至岐州（陕西），夹路列店肆待客，酒馔丰溢……以供商旅。”当时酒食业的繁盛程度可见一斑。伴随饮酒之风的盛行，各地制酒业也得到空前发展，其间川渝两地的制酒、贩酒业更达到了同代各地所不及的鼎盛状态，“万里桥边多酒家”“益州官楼酒如海”等著名诗句皆是当时川渝之地酒业繁盛的真实写照，《岁华纪丽谱》更是记述了有关唐明皇“至成都，市酒于富春坊”的事例。唐代官府不禁私酿，加之酿酒过程相对简单，根据北宋末成书的《北山酒经》记载，唐宋时期的制酒工艺流程为烫米（蒸煮原料）→合酵（投酒曲使原料发酵）→压榨（压榨酒醪使酒浆溢出）→澄清（过滤或自然放置酒浆以去掉酒浆中的杂质）→煮酒（在密封条件下对酒浆进行高温消毒）→成酒。所以任何人只需几只大瓮，一具烧锅甑桶，百十斤粮食即可进行酒类生产，故民间酿酒作坊林立，其中小型家庭作坊的产品仅供自家饮用或做抵充赋税之用，大型作坊的产品则供应周边乡镇的酒肆、酒楼。本次发掘出的及历年来在该作坊附近清理的类似功用的数个储藏坑①的容积普遍在7立方米左右，所以单个储藏坑盛装粮食的能力应在3500千克以上（根据农业部的有关数据，谷物的比重约为600千克/立方米），这样该作坊的数个储藏坑所能存放粮食的总量就在1.5万千克以上，故我们可以推算出该作坊的酒产量最大可达万斤（按当时谷物类原料与中低度酒的产出率约为3∶1计算，现代制酒工艺可达1∶1以上），一间拥有如此大原料储量和生产规模的作坊显然已非寻常百姓家的自酿作坊，而应是唐代当地一个具有供应周边乡镇所需酒类产品能力的较大型作坊。较为遗憾的是本次发掘中尚未在作坊范围内发现蒸煮原料和酒浆用的瓮甑类大型器物以及储藏成酒的酒窖，这或与本区地层堆积较薄，遗存受后期扰动特别是两宋时期大规模兴建房屋有关，而历年来发掘中出土的同期一批大型的尊、罐、坛类器物中则应该有部分是用作盛装成酒或者酒浆的容器②。

本次发掘所清理出的房屋遗迹普遍因近代改土造田等原因被严重破坏，结构残缺无法复原其原有格局，残存房基石修整规整，其上有“金边”或凹槽，房屋格构较规范，其建筑风格及式样具有典型的宋代房屋特征③。

出土器物以瓷器为大宗，且器类丰富。唐代瓷器大都为青瓷器，并有较明显的邛窑系瓷器特征④。宋代瓷器中以黑釉、白釉及青白釉瓷器为主，碗、盘、碟类器物数量最多，其中的黑釉灯碟、盏类器物为重庆涂山窑的典型产品⑤，白瓷器的窑口应该为四川彭州窑⑥，青白瓷印花纹类器物则是南宋景德镇湖田窑出产的精品⑦，这些来自不同产地的瓷器也从侧面反映了当时武陵物流发达、经济繁盛的景况。唐宋两期遗物中的陶器风格差异较小，其中硬陶器数量最多，从器形特征和制法看大部分应为本地土窑烧制。

本次发掘所清理出的大量遗迹单位及丰富的遗物都进一步证明了下中村遗址在唐宋时期确为峡江地区一处有相当规模的繁盛的居民聚居区，并有着重要的政治、经济地位。尤其是通过唐代制酒作坊的发现并具此所推的酒类产品的产量和消耗量更是说明下中村在唐代可能是一个

① 重庆市文物局、重庆市移民局：《万州下中村遗址》，科学出版社，2017年。
② 重庆市文物局、重庆市移民局：《万州下中村遗址》，科学出版社，2017年。
③ 国家建筑科学研究院建筑史编委会：《中国古代建筑史》，中国建筑工业出版社，1884年。
④ 四川省文化厅文物处：《四川古陶瓷研究》，四川省社会科学院出版社，1984年。
⑤ 陈丽琼：《重庆涂山窑宋代瓷窑试掘报告》，《重庆涂山窑小湾瓷窑发掘报告》，重庆出版社，2001年。
⑥ 丁祖春：《略谈彭州窑的制造工艺与装饰艺术》，四川省社会科学院出版社，1984年。
⑦ 刘新园、白焜：《景德镇湖田窑》，《文物》1980年第11期。

人口较多、经济较发达的大型集镇。已经持续了3年的下中村遗址的考古发掘也为进一步探讨研究峡江地区唐宋集镇遗存的发展沿革提供了大量翔实重要的考古学资料。

整理：彭学斌　岳中英　李应东　郑　燮
绘图：李应东
执笔：向渠奎　郑　燮

『十三五』国家重点出版物出版规划项目

TGCR

长江三峡工程文物保护项目报告

甲种第十三号

重庆库区考古报告集

2003卷（三）

重庆市文物局　重庆市水利局　编

科学出版社

内 容 简 介

本书共收录三峡工程重庆库区田野考古发掘简报134篇。长江三峡地区不仅山水雄奇，而且是一座瑰丽的文化宝库。考古发掘表明，自古以来，这里就是中华民族长江文明的重要舞台和文化交流的通道，保存着从旧石器、新石器时代经历夏商周直到宋元明清的各代文物古迹。

本书作为三峡工程重庆库区第七部科学发掘成果的正式报告集，相信对于三峡地区古代历史文化的研究，会起到积极的推动作用。

本书可供考古学、历史学等学科研究者，以及高等院校相关专业师生和广大文物考古爱好者阅读、参考。

图书在版编目(CIP)数据

重庆库区考古报告集. 2003卷：全5册 / 重庆市文物局，重庆市水利局编. —北京：科学出版社，2019.11
（长江三峡工程文物保护项目报告. 甲种第十三号）
“十三五”国家重点出版物出版规划项目
ISBN 978-7-03-063317-0

Ⅰ. ①重… Ⅱ. ①重…②重… Ⅲ. ①考古发掘－发掘报告－重庆－2003 Ⅳ. ①K872.719.5

中国版本图书馆CIP数据核字（2019）第252485号

责任编辑：王光明 / 责任校对：邹慧卿
责任印制：肖 兴 / 封面设计：陈 敬

科学出版社 出版
北京东黄城根北街16号
邮政编码：100717
http://www.sciencep.com

中国科学院印刷厂 印刷

科学出版社发行 各地新华书店经销

*

2019年11月第 一 版 开本：A4（880×1230）
2019年11月第一次印刷 印张：214 插页：115
字数：6 577 000

定价：2860.00元（全五册）

"13th Five-Year Plan" National Key Publications Publishing and Planning Project

Reports on the Cultural Relics Conservation
in the Three Gorges Dam Project
A(annual report) Vol.13

TGCR

Collections of Reports on the Archaeological Excavation in the Three Gorges Dam, Chongqing

in 2003 · III

Cultural Relics and Heritage Bureau of Chongqing
&
Chongqing Water Resources Bureau

Science Press

长江三峡工程文物保护项目报告

《重庆库区考古报告集·2003卷》

编 委 会

目　录

万州大坪墓群2003年度发掘简报

重庆市文化遗产研究院
益 阳 市 文 物 管 理 处
万 州 区 文 物 管 理 所

万州大坪墓群位于重庆市万州区瀼渡镇石山村大坪社，为东周至汉晋墓地。

2001年和2002年，对该墓地进行过两次发掘。两次共发掘东周巴人墓20座、汉代—六朝墓45座。2003年3～4月，对该墓地进行了第三次发掘，发掘东周墓27座、汉晋墓25座，出土了一批重要的文化遗物（彩版一一四、彩版一一五）。

参加发掘的有益阳市文物管理处盛定国、谈国鸣、熊有志、周创华、舒文明、吴宁平等同志。发掘过程中，万州区文物管理所给予大力协助。现将发掘情况简报如下。

一、东 周 墓

（一）墓葬形制与类型

此次共发掘东周墓27座，均开口于第2层明清扰乱层下，墓葬残存部分均不甚深，一般在0.3～0.8米（彩版一一八），只有一座（M92）深达2.25米。部分墓葬保存有人骨架，葬式有仰身直肢和二次葬两种，所有墓葬均没有发现葬具，但有2座墓发现有棺椁痕迹，M92为一棺一椁（图一；彩版一一六），M93则为单棺。

这批墓葬形制均为长方形竖穴土坑，可分宽坑和窄坑两类。

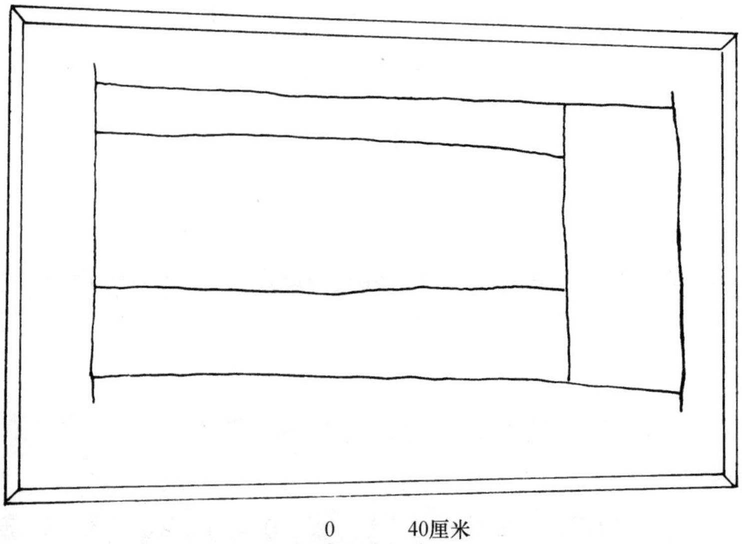

图一 M92棺椁遗迹平面图

1. 宽坑墓

墓宽2米左右，宽长比为2∶3，共4座，即M80、M92、M102、M115。

M92　位于T59，方向358°。墓口长3.32、宽2.02、墓底长3.2、宽1.88、残深2.25米。随葬器物置于足端，发现有棺椁痕迹（一棺一椁）（图二）。

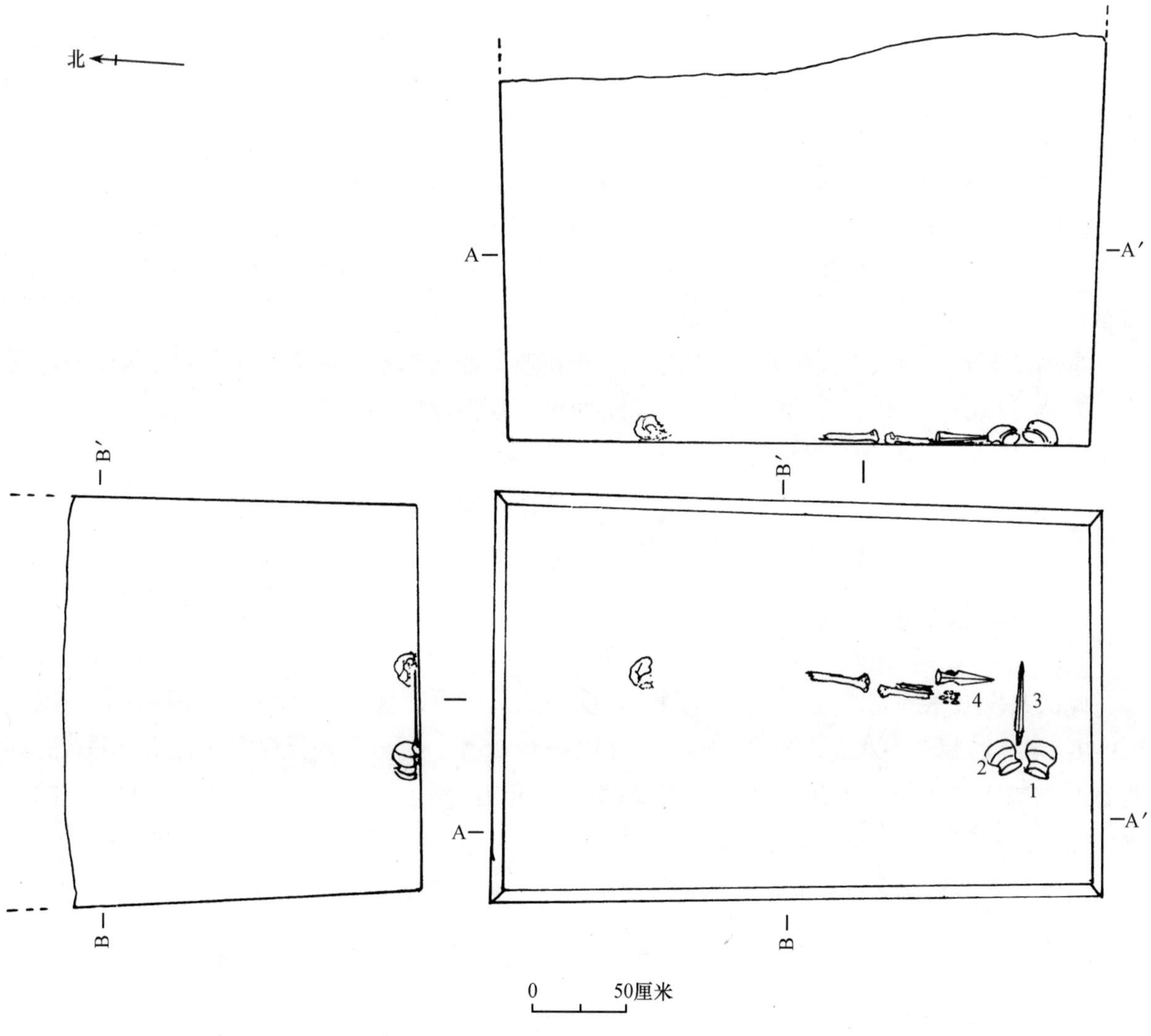

图二　M92平、剖面图
1、2. 陶罐　3. 铜剑　4. 铜矛

M115　位于T45，方向335°。墓底长2.8、宽1.65、残深1.5米。被M100之墓道打破（图三）。

2. 窄坑墓

墓宽一般在0.6～1米，宽长比约为1∶3，共23座（彩版一一七，1）。以M70、M107、M108、M119为例说明。

M70　位于T42，方向160°。墓底长2.72、宽1.04、残深0.2米。随葬器物较丰且完整（图四）。

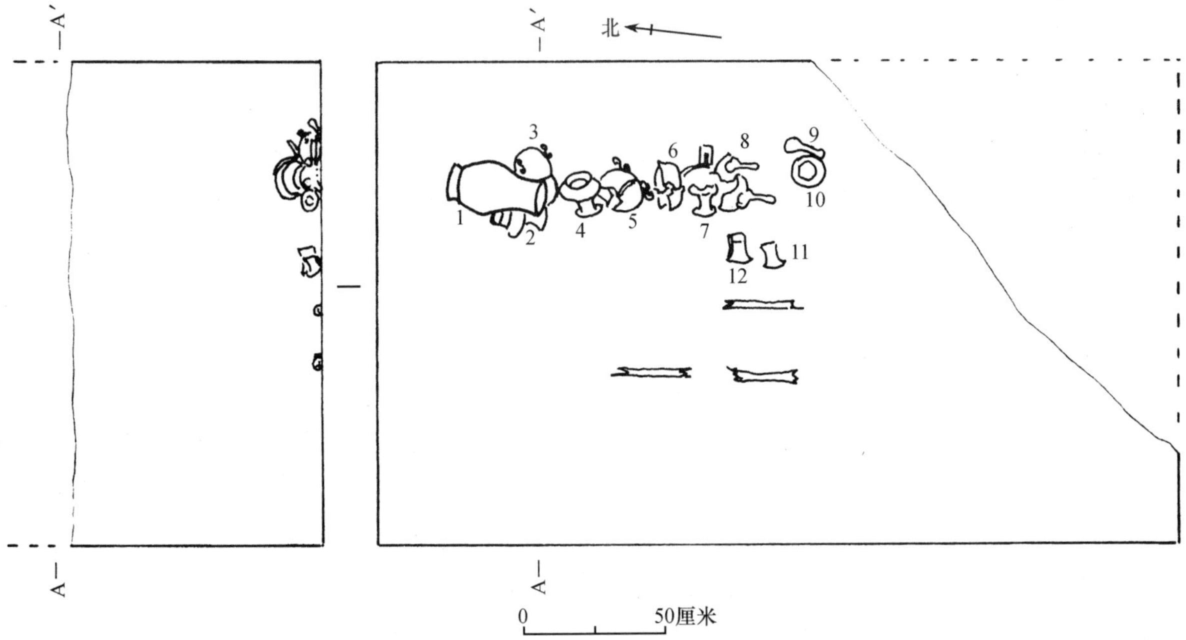

图三 M115平、剖面图

1. 陶壶 2、4、7. 陶豆 3、5. 陶敦 6. 陶盆 8. 陶鼎 9. 陶鼎足 10. 陶壶盖 11、12. 铜钺

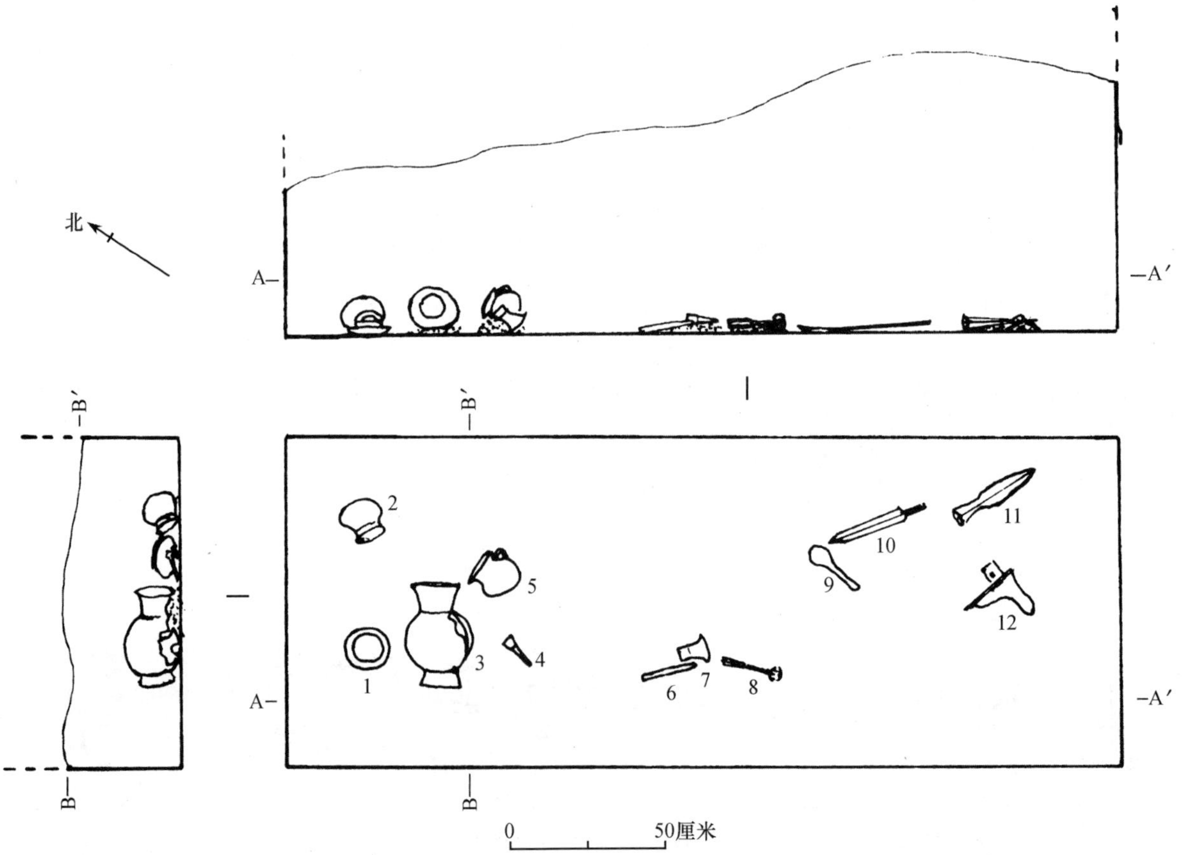

图四 M70平、剖面图

1. 陶壶盖 2. 陶壶 3. 陶罐 4. 铜斧 5. 铜鍪 6. 铜凿 7. 铜钺 8. 铜饰件 9. 铜勺 10. 铜剑 11. 铜矛 12. 铜戈

M107　位于T46，方向318°。墓口长2.6、宽1、墓底长2.5、宽0.9、残深0.7米。保存有较多的人骨，依人骨堆放形状分析，疑为二次葬（图五）。

M108　位于T49，方向335°。墓底长2.64、宽0.64、残深0.45米。保存有一具较为完整的人骨架，葬式为仰身直肢（图六；彩版一一八，2）。

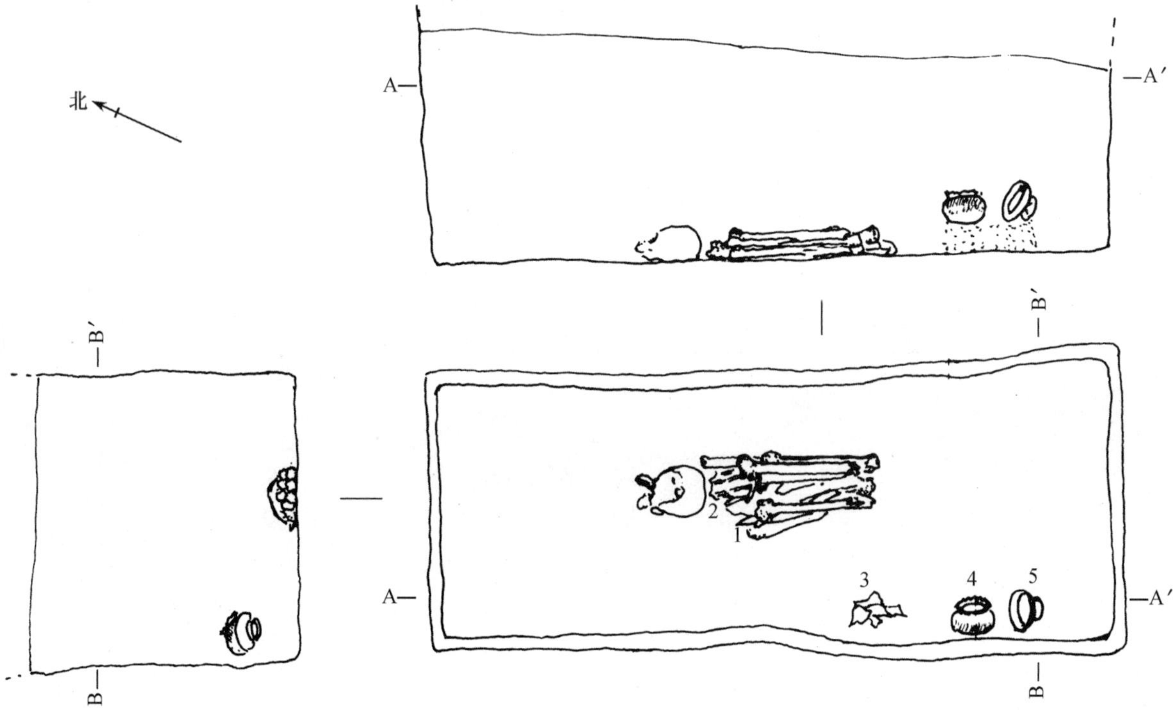

图五　M107平、剖面图

1. 铜剑　2. 人骨架　3、4. 陶罐　5. 陶豆

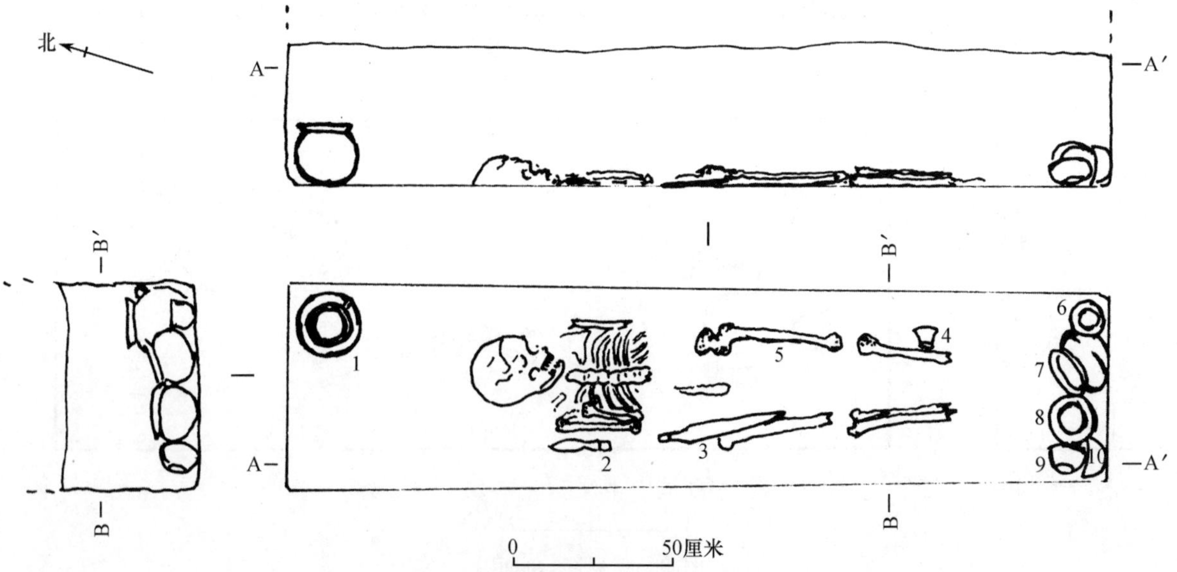

图六　M108平、剖面图

1、6～9. 陶罐　2. 铜矛　3. 铜剑　4. 铜钺　5. 琉璃管　10. 陶钵

M119 位于T49，方向325°。墓口长2.7、宽1.06、墓底长2.4、宽0.85、残深0.9米（图七；彩版一一七，2）。

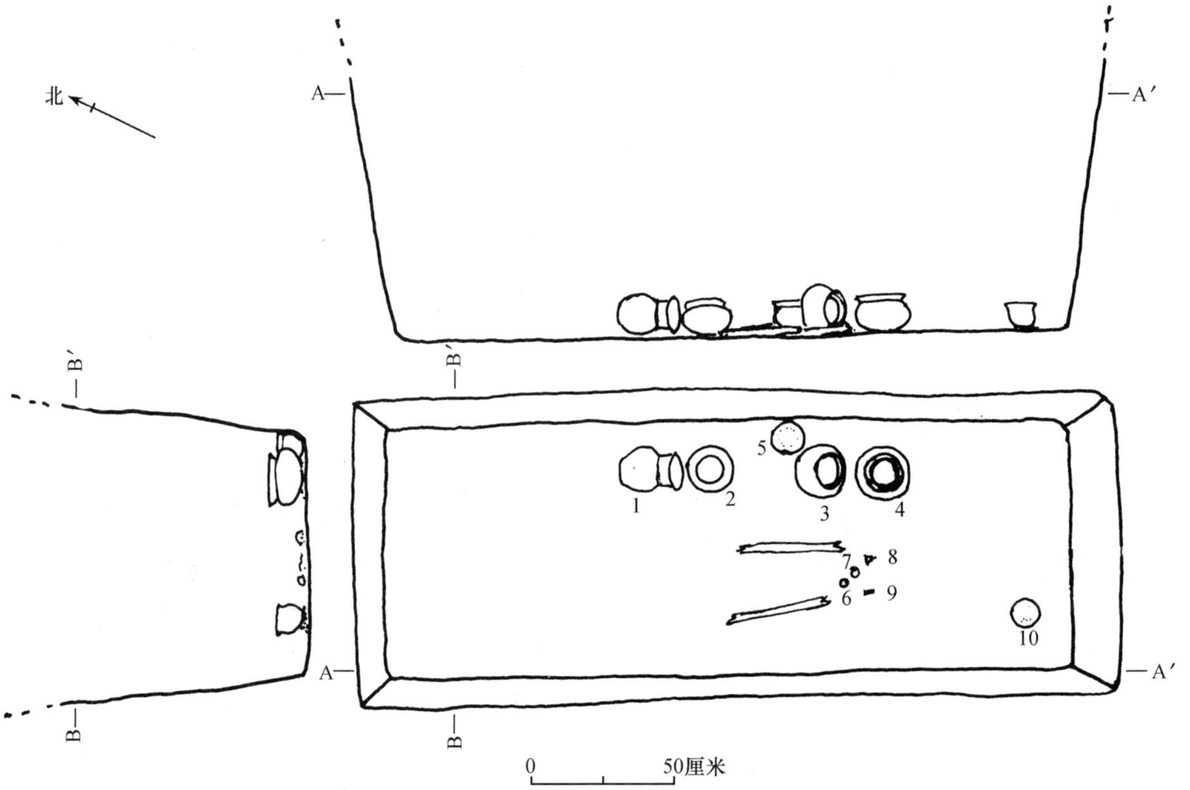

图七 M119平、剖面图

1. 陶壶 2～5、10. 陶罐 6. 铜环 7. 铜饰件 8. 铜铃 9. 水晶饰件

（二）随葬器物

除M118、M117、M80为空墓外，其余均出土有数量不等的器物，其中有的墓葬出土器物较丰且保存完整，如M70、M115。这些器物包括陶器、铜器、玉器、琉璃器。

1. 陶器

以泥质红陶，夹砂黑陶为主，另有少量泥质灰陶、夹砂灰陶、泥质褐陶、夹砂褐陶。除个别为素面外，大部分器物都有纹饰。纹饰以绳纹为主，另有少量弦纹、篮纹。其中绳纹又有规整绳纹（图八，1）；错乱粗绳纹（图八，2～4）；交错细绳纹（图八，5～8）。器形有罐、壶、豆、敦、鼎、钵等。

陶罐 依底之不同分三型。

A型 圜底罐。依腹之不同及圜底的大小又可分三亚型。

Aa型 鼓腹或垂腹，大圜底。分五式。

Ⅰ式：M106：5，夹砂灰陶。侈口，圆唇，短颈微束，深鼓腹，大圜底。口径13.6、最大腹径19.5、高18厘米（图九，1）。

图八　东周墓出土陶器纹饰

1. 规整绳纹　2～4. 错乱粗绳纹　5～8. 交错细绳纹

Ⅱ式：M108：7，夹砂褐陶。侈口，圆唇，颈微束，球形深腹，大圜底。颈以下饰规整细绳纹。口径13.8、腹径19.5、高17.4厘米（图九，2；彩版一一九，2）。

Ⅲ式：M108：1，夹砂灰陶。侈口，圆唇，矮领，斜肩，垂腹，大圜底。一侧颈肩结合部有环形执手。肩以下饰细绳纹。口径14.1、腹径21、高18.4厘米（图九，3；彩版一一九，4）。

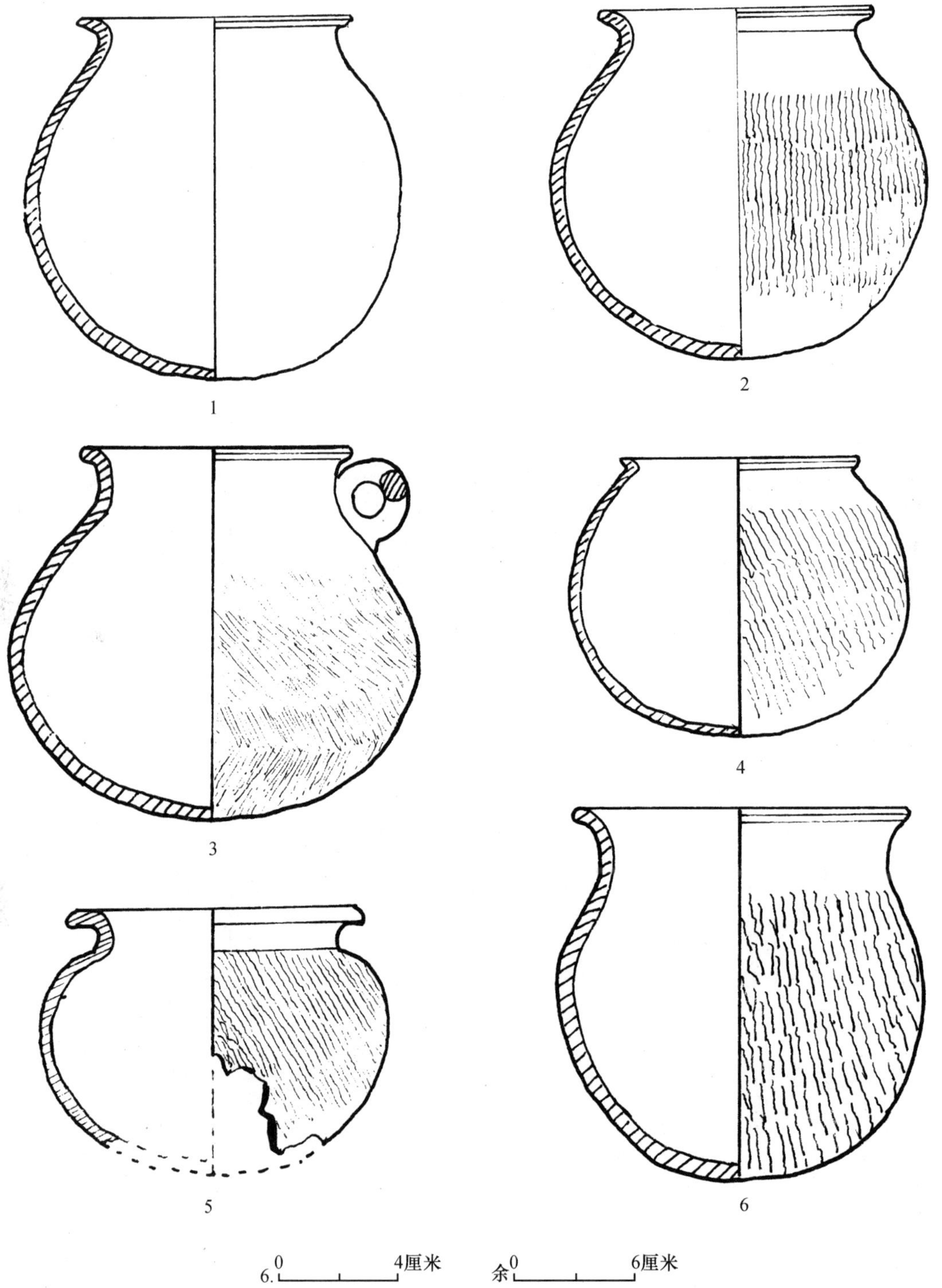

图九　东周墓出土陶罐

1. Aa型Ⅰ式（M106：5）　2. Aa型Ⅱ式（M108：7）　3. Aa型Ⅲ式（M108：1）
4. Aa型Ⅳ式（M105：6）　5. Aa型Ⅴ式（M119：3）　6. Ab型Ⅰ式（M85：2）

Ⅳ式：M105：6，夹砂黑陶。侈口，圆唇，领极矮，颈微束，球形腹，大圜底。肩以下饰细绳纹。口径12.6、腹径17.2、高13.5厘米（图九，4）。

Ⅴ式：M119：3，夹砂黑陶。侈口，平宽沿微外卷，短颈，球形腹，大圜底，底稍残。颈以下饰绳纹。口径14.2、残高11.4厘米（图九，5）。

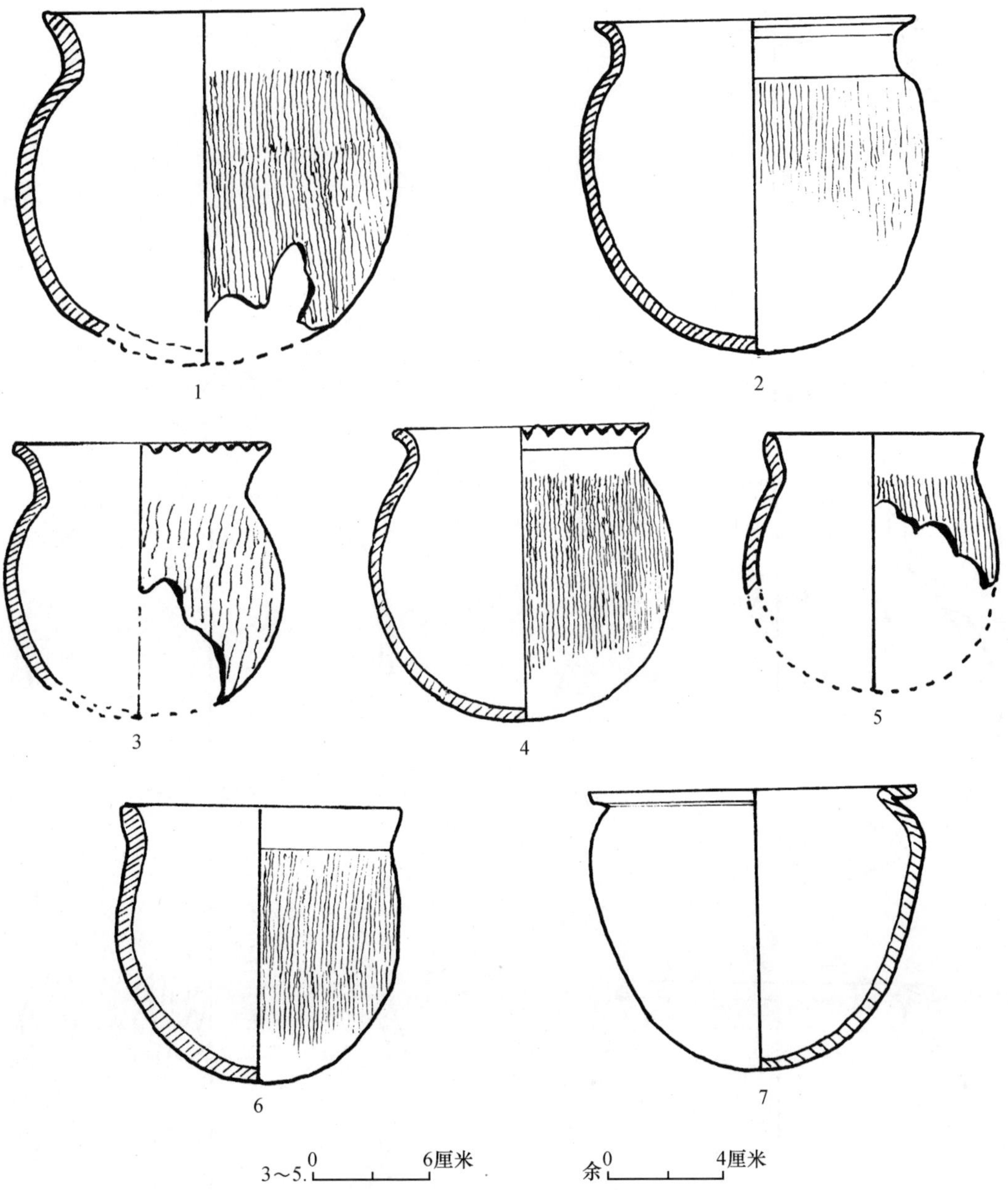

图一○　东周墓出土陶罐

1. Ab型Ⅱ式（M89：3）　2. Ab型Ⅲ式（M119：10）　3. Ab型Ⅳ式（M89：1）　4. Ab型Ⅴ式（M107：4）
5. Ab型Ⅵ式（M89：2）　6. Ac型Ⅰ式（M119：5）　7. Ac型Ⅱ式（M108：6）

Ab型　微鼓腹，中圜底。分六式。

Ⅰ式：M85：2，夹砂黑陶。侈口，圆唇，领较高，深腹微鼓，圜底。颈以下饰粗绳纹。口径11.4、腹12.6、高12.2厘米（图九，6）。

Ⅱ式：M89：3，夹砂黑陶。侈口，尖唇，领较高，溜肩，微鼓腹，圜底。底部稍残。颈以下饰规整绳纹。口径11.2、残高10.8厘米（图一○，1）。

Ⅲ式：M119：10，夹砂黑陶。侈口，圆唇，短颈，折肩，微鼓腹较深，圜底。颈以下饰细绳纹。口径11、腹径12.2、高11.6厘米（图一○，2）。M82：1（彩版一一九，3）。

Ⅳ式：M89：1，夹砂黑陶。侈口，沿部为手捏的花边，高领，腹微鼓，圜底。底稍残。

颈以下饰细绳纹。口径13.2、腹径15、残高13.8厘米（图一〇，3）。

Ⅴ式：M107：4，泥质褐陶。侈口，沿部为手捏的花边，颈微束，微鼓腹且较深，圜底。肩以下饰规整细绳纹。口径13.2、腹径16.2、高15厘米（图一〇，4）。

Ⅵ式：M89：2，夹砂黑陶。侈口，圆唇，领较高，腹微鼓。底部残缺。颈以下饰细绳纹。口径11.2、残高7.5厘米（图一〇，5）。

Ac型　微鼓腹或斜腹，小圜底近尖。分二式。

Ⅰ式：M119：5，夹砂红陶。侈口，圆唇，领较矮，上腹近直，下腹斜收成小圜底。颈以下饰细绳纹。口径9.6、高9.2厘米（图一〇，6）。

Ⅱ式：M108：6，泥质红陶。侈口，折平宽沿，束颈，斜腹，小圜底近尖。饰篮纹。口径11.6、高9.4厘米（图一〇，7）。

B型　平底罐。分五式。

Ⅰ式：M85：4，夹砂灰陶。直口，平宽沿，矮领，溜肩，鼓腹，平底。肩以下饰细绳纹。口径13.2、腹径19.5、底径9、高16.6厘米（图一一，1）。

Ⅱ式：M84：3，泥质红陶。侈口，束颈，溜肩，鼓腹，大平底。素面。口径14、腹径16.4、底径8.6、高10.4厘米（图一一，2；彩版一一九，5）。

Ⅲ式：M92：2，泥质红陶。喇叭口，高领，溜肩，鼓腹斜收成大平底。肩部饰两道凹弦纹。口径12、腹径18、底11.6、高17.6厘米（图一一，3）。

Ⅳ式：M90：2，泥质红陶。侈口，圆唇，短颈，溜肩，鼓腹斜收，平底。素面。口径7.2、腹径9.6、底径5.4、高6.6厘米（图一一，4）。

Ⅴ式：M85：20，泥质红陶。侈口，圆唇，颈微束，溜肩，鼓腹斜收成小平底。素面。口径13.5、腹径16.5、底7、高11厘米（图一一，5）。

C型　凹底罐。

M70：3，侈口，圆唇，高直领，斜肩，腹微鼓，大平底微内凹。领、肩部饰细绳纹。口径10.5、腹径14.8、底9、高14厘米（图一一，6；彩版一一九，1）。

陶壶　分四式。

Ⅰ式：M70：2，泥质红陶。喇叭口，长颈微弧曲，肩部微折，最大腹径在肩部。肩部饰两道凹弦纹。上腹壁近直，下腹斜收，假圈足。口径12.8、高22.8厘米。盖为平顶斜壁，高2厘米（图一二，1；彩版一一九，6）。

Ⅱ式：M90：3，泥质红陶。敞口，长颈微弧曲，溜肩，肩部有双系，腹微鼓，浅假圈足。颈部，腹部饰数道弦纹。口径7.5、底径8.6、高17厘米。盖为弧形，稍残（图一二，2）。

Ⅲ式：M115：1，泥质褐陶。敞口，长颈微曲，溜肩，深鼓腹，矮圈足，颈、肩、腹部分别饰两道弦纹。口径5.5、高22.4厘米。盖为弧形顶近平，高1.8厘米（图一二，3；彩版一一九，7）。

Ⅳ式：M90：1，泥质红陶。口微敛，长颈近直，圆肩，肩部有乳钉状纽，鼓腹，圈足。口径7.5、高17.6厘米。带盖，弧形顶。高3.3厘米（图一二，4）。

陶豆　分二型。

A型　高柄豆。又分二式。

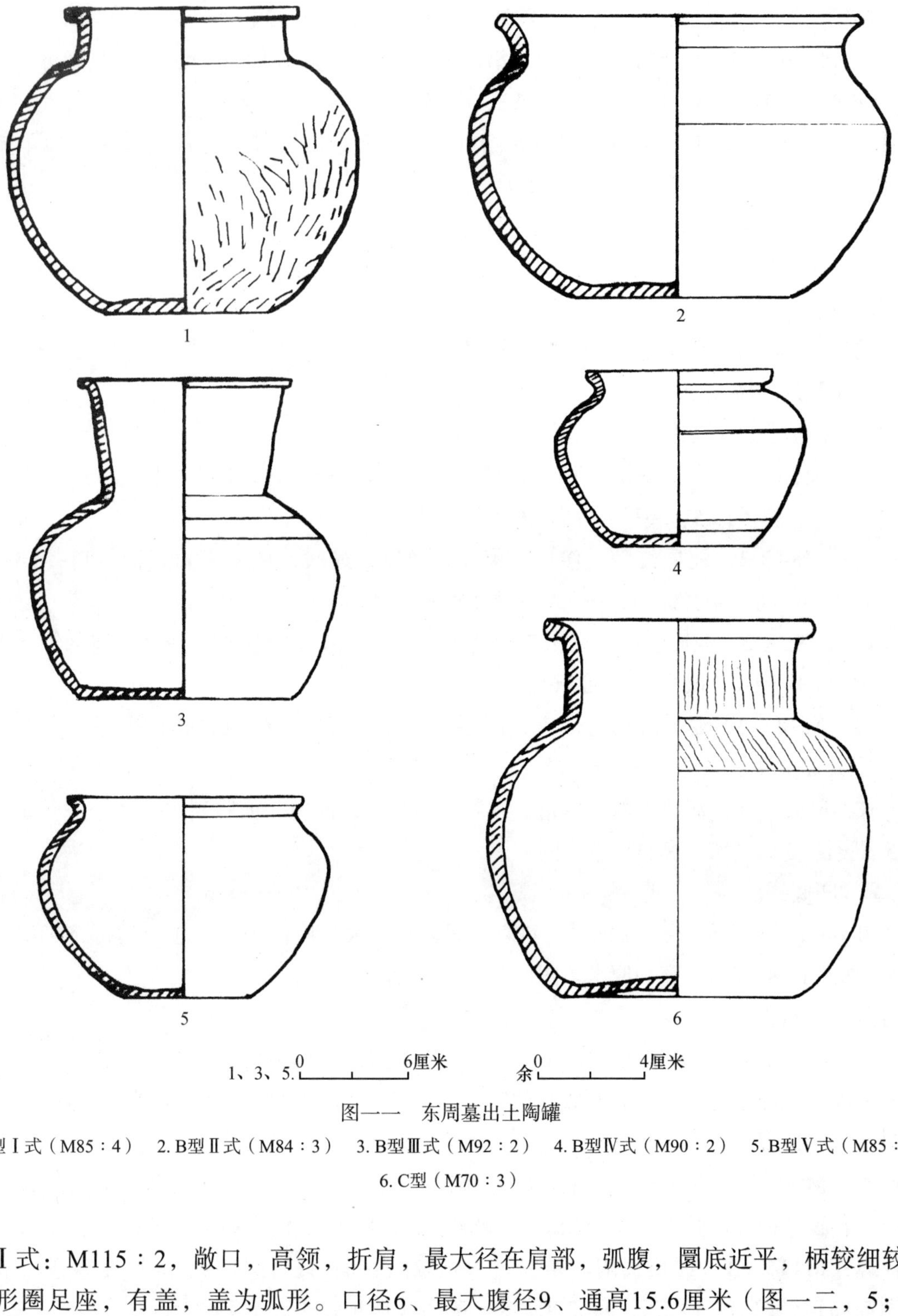

图一一 东周墓出土陶罐
1. B型Ⅰ式（M85：4） 2. B型Ⅱ式（M84：3） 3. B型Ⅲ式（M92：2） 4. B型Ⅳ式（M90：2） 5. B型Ⅴ式（M85：20） 6. C型（M70：3）

Ⅰ式：M115：2，敞口，高领，折肩，最大径在肩部，弧腹，圜底近平，柄较细较长，喇叭形圈足座，有盖，盖为弧形。口径6、最大腹径9、通高15.6厘米（图一二，5；彩版一二〇，3）。

Ⅱ式：M115：4，口微敛，腹壁较直，圜底近平，细长柄，喇叭形圈足座，有盖，盖顶近平。口径9.4、底径6.4、通高14米（图一二，6）。

B型 矮柄豆。分四式。

Ⅰ式：M85：3，泥质红陶。口微敛，尖唇，弧腹圜底，矮柄较粗，喇叭形圈足较浅。口

图一二　东周墓出土陶器

1. Ⅰ式壶（M70：2）　2. Ⅱ式壶（M90：3）　3. Ⅲ式壶（M115：1）　4. Ⅳ式壶（M90：1）　5. A型Ⅰ式豆（M115：2）　6. A型Ⅱ式豆（M115：4）

径16、高10.8厘米（图一三，1；彩版一二〇，5）。

Ⅱ式：M83：2，泥质灰陶。直口，平唇，浅腹，上腹近直，底近平，中细柄，宽喇叭形圈足。口径9、高6.4厘米（图一三，2）。

Ⅲ式：M84：1，泥质红陶。敞口，圆唇，弧腹，圜底近平，中细柄，喇叭形圈足。口径16.4，高12.4厘米（图一三，3；彩版一二〇，4）。

Ⅳ式：M107：5，泥质红陶。敞口，圆唇，弧腹且较深，矮柄，喇叭形圈足。口径14、高9.6厘米（图一三，4）。

陶敦　M115：3，泥质褐陶。子母口，器身和器盖合成一个大圆球，三纽和三足形制，大小完全相同。口径18、通高24.8厘米（图一三，5；彩版一二〇，1）。

陶鼎　M115：8，泥质褐陶。子母口，腹较浅，方形竖耳，扁棱形三足外撇，盖顶近平，

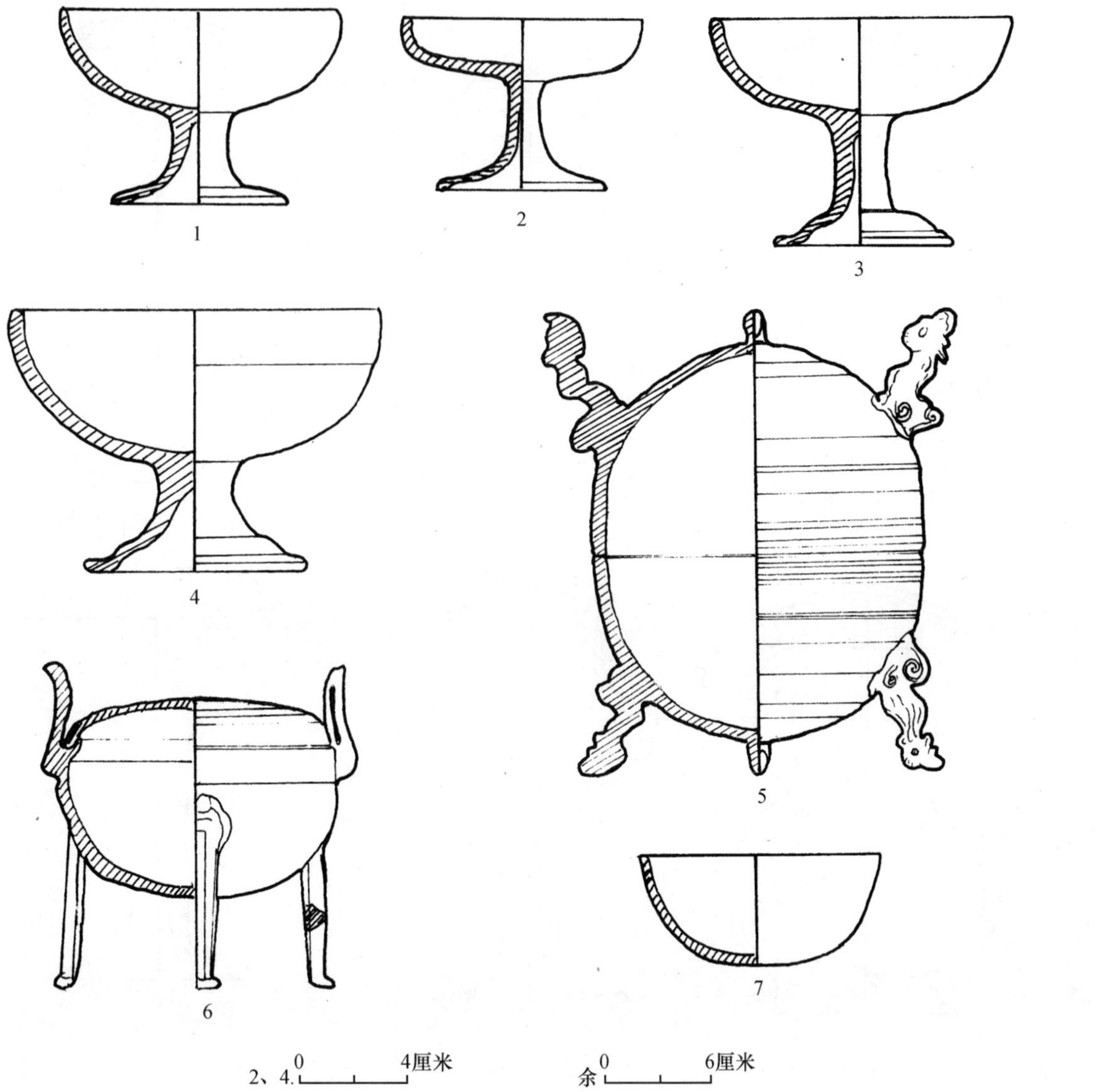

图一三　东周墓出土陶器

1. B型Ⅰ式豆（M85：3）　2. B型Ⅱ式豆（M83：2）　3. B型Ⅲ式豆（M84：1）　4. B型Ⅳ式豆（M107：5）
5. 敦（M115：3）　6. 鼎（M115：8）　7. 钵（M108：10）

弧壁，顶上一立纽，弧壁上三立纽。口径16、通高18厘米（图一三，6；彩版一二〇，2）。

陶钵　M108：10，夹砂红陶。敞口，尖唇，弧腹，圜底近平。素面。口径13.8、高6厘米（图一三，7）。

2. 铜器

以巴式兵器为主，保存均较为完整，另有少量铜錾、铜印章、铜勺、带钩等。

戈　1件。M70：12，中穿三胡，无上阑，下阑尾端有凸出的牙，内上有一圆孔，援后端与胡上有两面对称的虎纹图案，张口吐舌，神态威猛可怖。长24、宽13.5厘米（图一四，1；图一八，3、4；彩版一二一，2）。

剑　均为扁茎无格无首柳叶形剑。分三式。

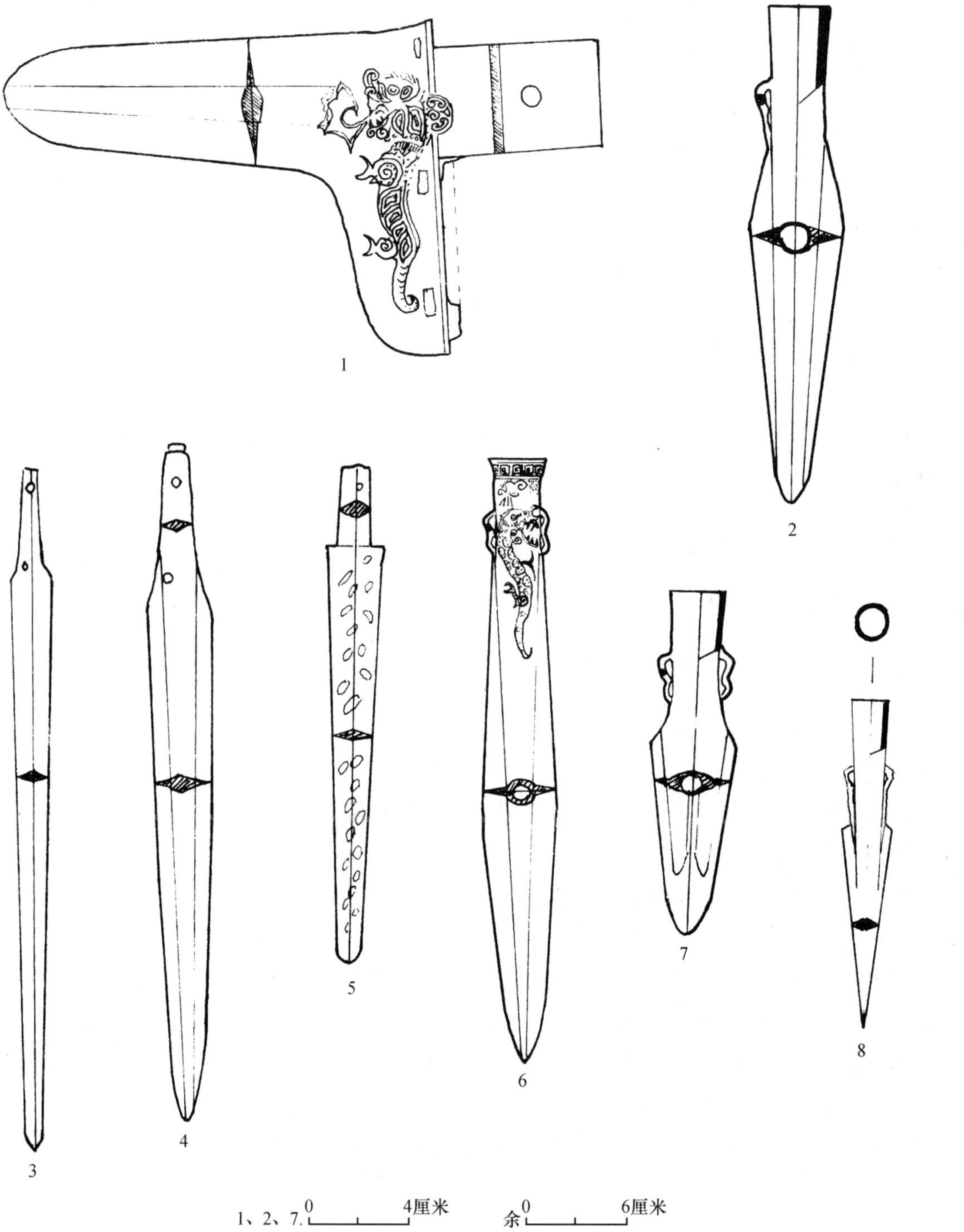

图一四　东周墓出土铜器

1. 戈（M70∶12）　2. Ⅰ式矛（M92∶4）　3. Ⅰ式剑（M107∶1）　4. Ⅱ式剑（M85∶17）　5. Ⅲ式剑（M105∶9）　6. Ⅱ式矛（M70∶11）　7. Ⅲ式矛（M105∶7）　8. Ⅳ式矛（M108∶2）

Ⅰ式：M107∶1，剑身薄而狭长，中有窄脊呈直线状隆起，剑身横剖面呈菱形，茎有双孔。通长40厘米（图一四，3；彩版一二一，3）。

Ⅱ式：M85∶17，剑身较宽而薄，中有宽脊，脊延长为茎，茎有双孔。通长39.5厘米（图一四，4；彩版一二一，4）。

Ⅲ式：M105：9，剑身较宽而薄，中有窄脊，剑身横断面呈菱形，腊端平，茎有单孔，剑身有虎纹斑。通长29厘米（图一四，5；彩版一二一，5）。

矛　分四式。

Ⅰ式：M92：4，叶较宽，骹较短，叶后部斜收与耳部相接，弧形单耳。长19.4厘米（图一四，2；彩版一二二，6）。

Ⅱ式：M70：11，矛身较窄，呈柳叶形，短骹，叶后部斜收与耳相接，双弓形耳。骹后部两面均饰虎纹，尾端饰一周云雷纹。通长35.4、叶宽4.2厘米（图一四，6；图一八，1、2；彩版一二二，5）。

Ⅲ式：M105：7，叶较宽，矛身呈三角形，中有高脊，骹较长，弓形双耳。长13.6厘米（图一四，7；彩版一二二，3）。

Ⅳ式：M108：2，叶较窄，矛身呈三角形，两侧有凹槽，长骹，骹中部有三角形双耳。通长19.2厘米（图一四，8；彩版一二二，7）。

箭镞　共10件，均出自M85（彩版一二二，1）。分六式。

Ⅰ式：M85：9，双翼形，中有宽脊隆起，两侧有浅凹槽，三棱形刃，短圆铤。通长8.4，刃长6、铤长2.5厘米（图一五，1）。

Ⅱ式：M85：8，双翼形，镞身较扁平，断面呈菱形，后锋双翼稍不齐，短圆关，短圆铤。通长5、左刃长4.4、右刃长4.1、关长1、铤长1.4厘米（图一五，2）。

Ⅲ式：M85：12，双翼形，镞身较扁平，断面呈菱形，后锋双翼错落不齐，铤较短，断面为扁菱形。通长7.3、左刃长3.7、右刃长5.2、铤长3厘米（图一五，3）。

Ⅳ式：M85：7，双翼形，中脊直线隆起，两侧有浅凹槽，三棱形刃，近圆形铤且较长。通长7.3、刃长4.4、铤长3.6厘米（图一五，4）。

Ⅴ式：M85：11，双翼形，镞身断面呈菱形，中脊隆起，后锋短，一侧刃残，铤近圆形，亦残。刃长3.1、铤残长1.8厘米（图一五，5）。

Ⅵ式：M85：10，双翼形，中有宽脊隆起，三棱形刃，短圆关，铤较长，断面呈菱形。通长8、刃长4.8、铤长3.8厘米（图一五，6）。

凿　1件。M70：6，体型细长，上宽下狭，长方銎。弧刃，刃部两侧略翘起。通长15厘米（图一五，7；彩版一二二，4）。

矛镦　1件。M105：8，圆筒形，中下部有一圆形穿孔。长3.8、銎口径2厘米（图一五，8）。

斧　1件。M70：4，长方銎，弧腰，弧刃且较宽，銎部一侧有纹饰。通长9.4、刃宽6厘米（图一五，9；图一九，2；彩版一二二，2）。

鍪　分二式。

Ⅰ式：M68：1，垂腹，最大腹径在下部，肩部有环形单耳。口径12、腹径16.2、高13.2厘米（图一六，1）。

Ⅱ式：M105：11，球形腹，最大腹径在中部，肩领间有辫索状环形单耳。口径10.2、腹径12、高13.5厘米（图一六，2；图一九，3；彩版一二一，1）。

勺　1件。M70：9，勺体为椭圆形，浅腹，圜底，柄狭长而扁平。勺径约5、柄长10厘米

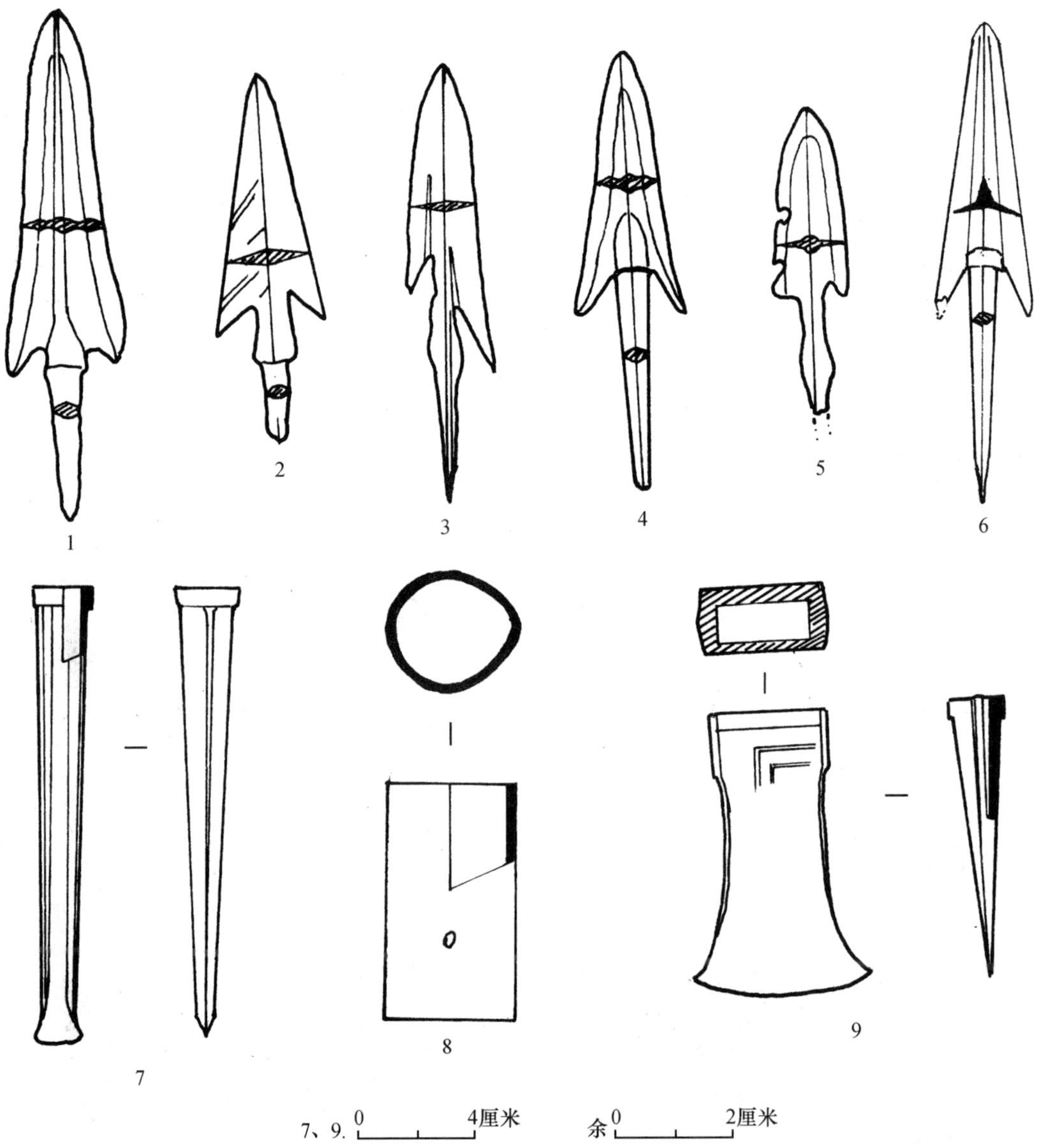

图一五　东周墓出土铜器

1. Ⅰ式箭镞（M85：9） 2. Ⅱ式箭镞（M85：8） 3. Ⅲ式箭镞（M85：12） 4. Ⅳ式箭镞（M85：7） 5. Ⅴ式箭镞（M85：11） 6. Ⅵ式箭镞（M85：10） 7. 凿（M70：6） 8. 矛镦（M105：8） 9. 斧（M70：4）

（图一六，4；彩版一二一，6）。

带钩　M89：7，鸭头形钩首，钩体圆而稍凸。上饰卷云纹，圆纽。通长5.3、宽2.5、纽径1.1厘米（图一六，7；图一九，1；彩版一二三，1）。

桥形饰件　1件。M106：8，器体扁平，顶端有一圆环。通长4.4、宽1、厚0.2、环径0.5厘米（图一六，8；彩版一二三，2）。

蒜头形饰件　1件。M70：8，蒜头镂空，圆柄较长，前段较细，后段较粗，用途不明。通长16.8厘米（图一六，9；彩版一二一，7）。

印章　3件。

M106：12，兽纽，兽踞坐，似犬，印面由三组图案组成。高2.5、印面长2、宽1.4厘米（图一六，3；图一九，6；彩版一二三，3）。M93：3，圆筒形纽，正方形座，印面图案不

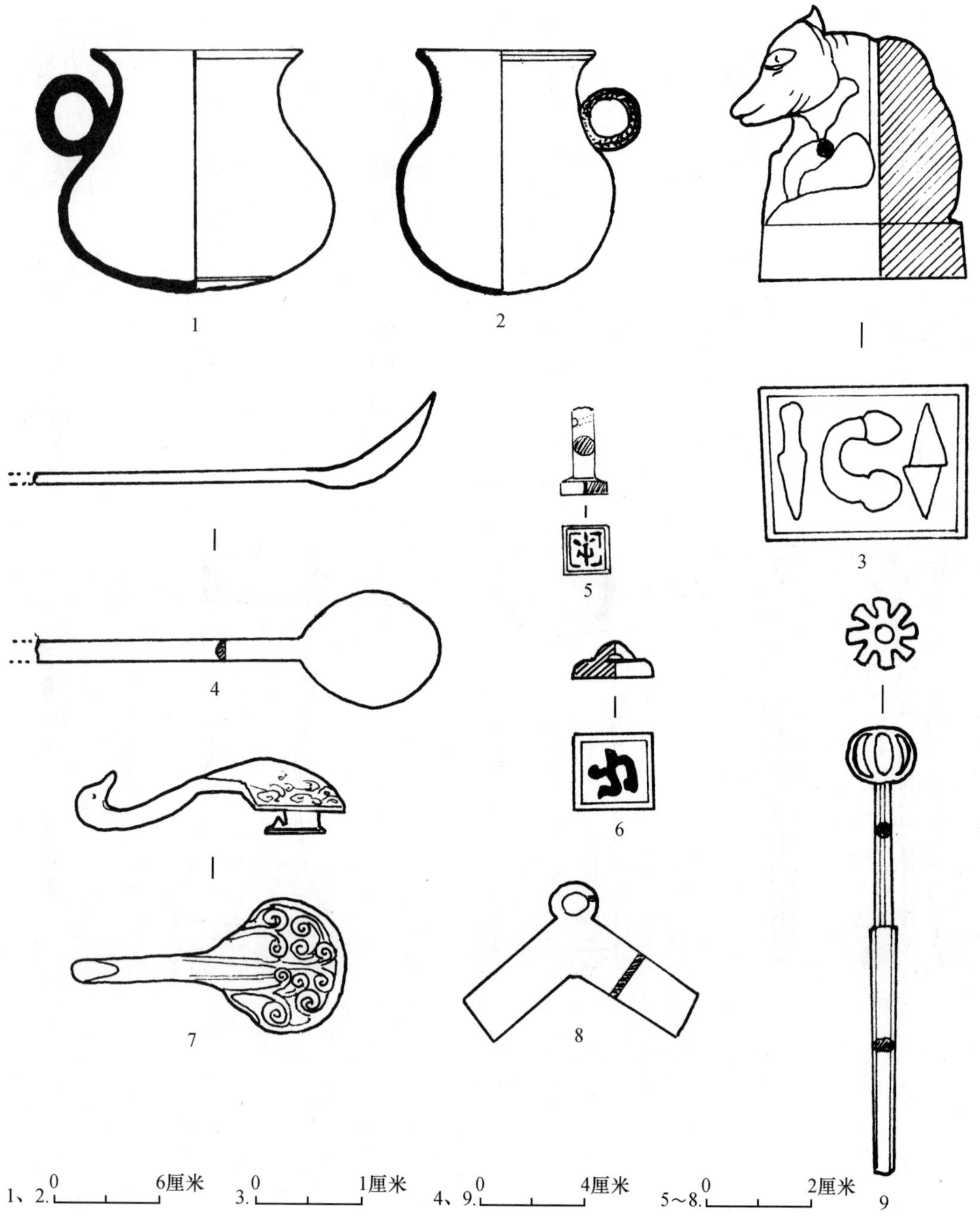

图一六　东周墓出土铜器

1. Ⅰ式鋬（M68：1）　2. Ⅱ式鋬（M105：11）　3、5、6. 印章（M106：12、M93：3、M106：10）　4. 勺（M70：9）　7. 带钩（M89：7）　8. 桥形饰件（M106：8）　9. 蒜头形饰件（M70：8）

甚清晰。高1.7、纽高1.4、印面边长0.9厘米（图一六，5；图一九，5；彩版一二三，4）。M106：10，半圆形纽，印面为正方形。高0.7、印面边长1.4厘米（图一六，6；图一九，4）。

3. 玉、琉璃器

玉环　M106：11，青绿色玉，光平。直径2.1、好径0.7、厚0.16厘米（图一七，1；彩版一二三，5）。

玉玦　M106：33，青白色玉，有灰绿色沁，光平。直径5.8、好径2.8、缺口0.3厘米（图

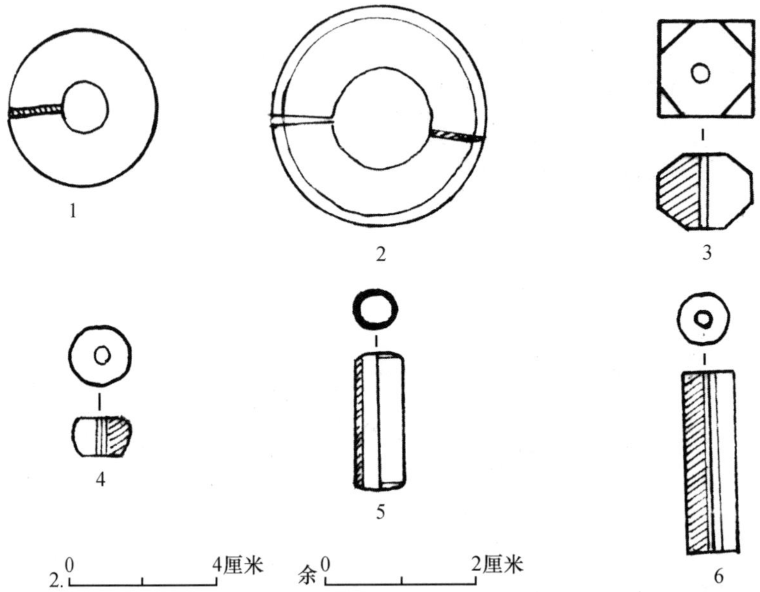

图一七　东周墓出土玉、琉璃器

1. 玉环（M106：11）　2. 玉玦（M106：33）　3. Ⅰ式琉璃珠（M85：2）　4. Ⅱ式琉璃珠（M82：4）　5. Ⅰ式琉璃管（M89：8）　6. Ⅱ式琉璃管（M106：7）

一七，2；彩版一二三，6）。

琉璃珠　分二式。

Ⅰ式：M85：2，水青色，断面为多棱形，中有孔。长1.3、高1、孔径0.2厘米（图一七，3）。

Ⅱ式：M82：4，圆形，中有孔。直径0.9、高0.5、孔径0.2厘米（图一七，4）。

琉璃管　分二式。

Ⅰ式：M89：8，圆柱形，中空。外径0.6、内径0.4、长1.8厘米（图一七，5）。

Ⅱ式：M106：7，圆筒形，中有孔。直径0.6、孔径0.15、长2.4厘米（图一七，6）。

（三）结语

这批东周墓葬所出土的铜鍪、柳叶形剑、柳叶形矛、折肩钺、虎纹戈等器物，是巴蜀文化中最具代表性的器物，因此，这批东周墓葬的文化性质应属于巴蜀文化，其年代大体在战国早、中期。

M89与M107均出土有花边口沿罐，这种器形在川东地区盛行于商周时期，一直延续到战国早期，这两座墓葬的年代在这批墓葬中应属于较早的，可能为战国早期前后。

其余墓葬（除M115外）的年代大致分属战国中期前后。这些墓葬出土的铜兵器组合剑、矛、钺或剑、矛、钺、戈或剑、矛、钺、斧均是战国早中期所流行的，其他器物如铜鍪、陶罐、陶豆等与云阳李家坝墓地同时期墓葬出土的同类器物有很多相似之处①，如Ⅰ式垂腹铜鍪

① 四川大学历史文化学院考古系：《云阳李家坝东周墓地发掘报告》，《重庆库区考古报告集·1997卷》，科学出版社，2001年。

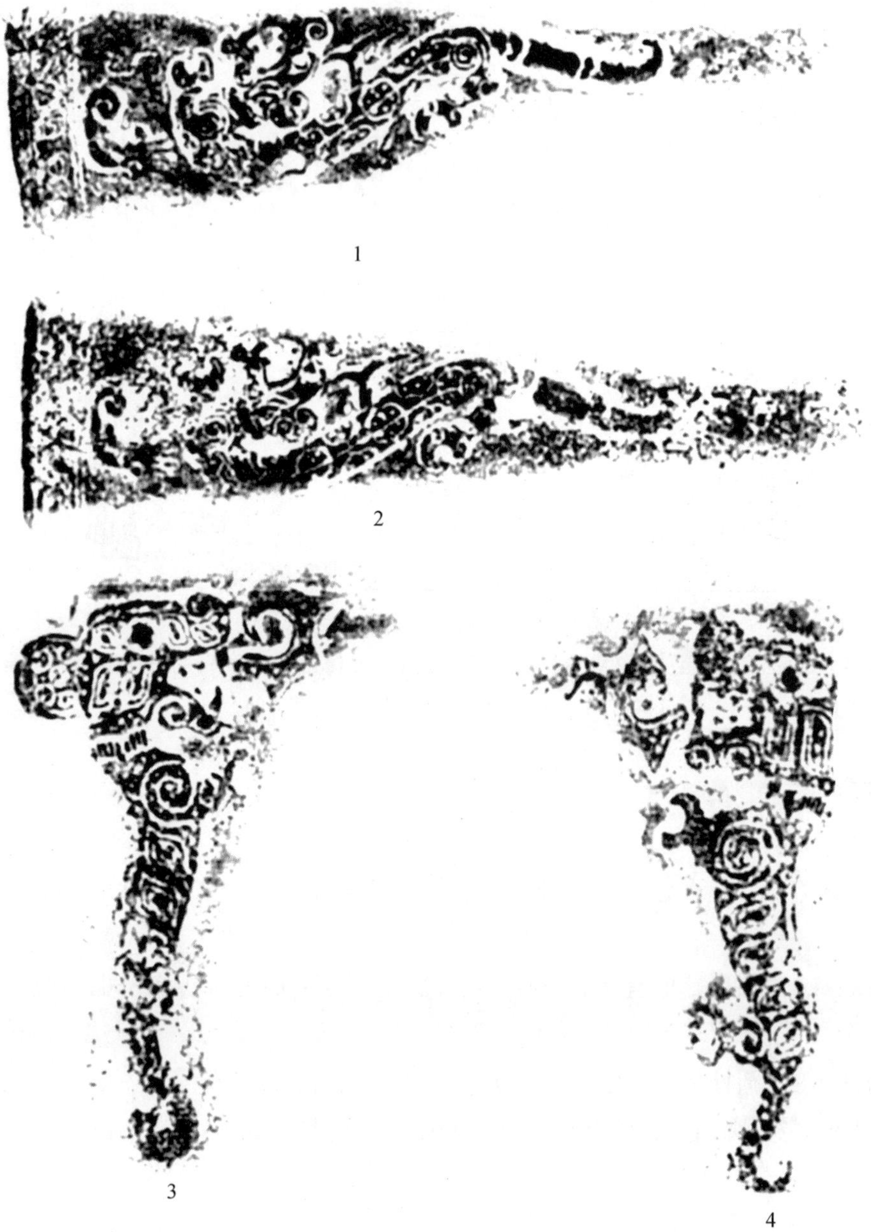

图一八　东周墓出土铜矛、戈纹饰拓片
1、2. M70：11铜矛正背两面纹饰拓片　3、4. M70：12铜戈正背两面纹饰拓片

（M68：1）与云阳李家坝墓地Ⅲ式鍪（M33：1）相近，Aa型Ⅱ式罐（M108：7）与云阳李家坝墓地Ⅲ式罐（M41：9，原报告名釜）相近，Ⅰ式壶（M70：2）与云阳李家坝墓地A型Ⅱ式壶（M54：5）相近。

M115所出土的仿铜陶礼器鼎、敦、壶的形制和《长沙楚墓》中乙类四期8段M1125所出鼎、敦、壶组合基本相同①，所出两件陶豆（A型Ⅰ式、A型Ⅱ式），也有人称这种器形为高足小壶，这种高足小壶本是北方地区流行的一种器物，到战国中期才传入楚地，在一些楚国高级

① 湖南省博物馆等：《长沙楚墓》，文物出版社，2000年。

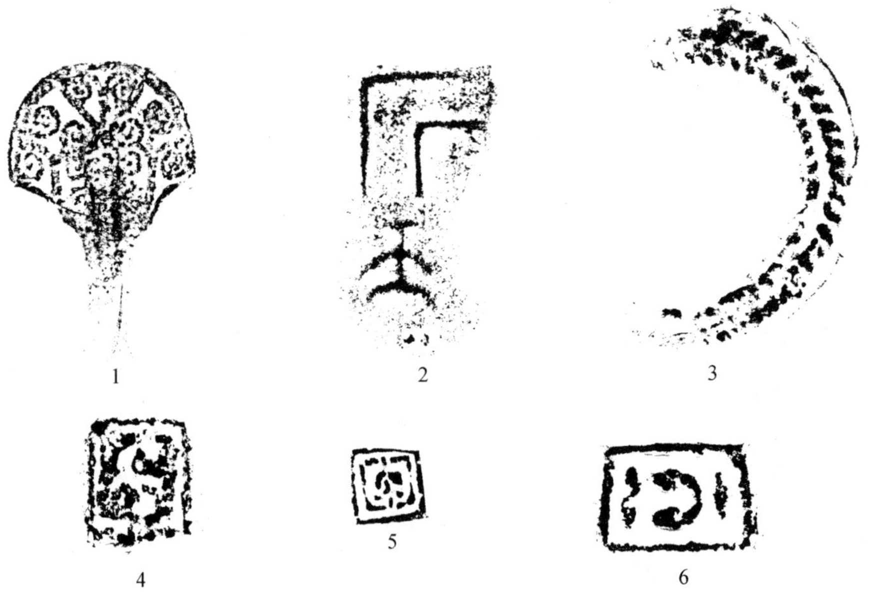

图一九　东周墓出土铜器纹饰拓片

1. 带钩（M89：7）　2. 斧（M70：4）　3. 鍪（M105：11）

4～6. 印章（M106：10、M93：3、M106：12）

贵族墓中常有出土①。由楚而传入巴肯定还需一个过程，故M115的年代应在战国中晚期之际。

M80、M117、M118因无任何器物出土，仅从墓葬形制推断，其时代大概也在战国时期。

通过对该墓地的三次发掘，我们可以认定该墓地及周围地区东周时期的居民主要是巴人。但墓地还出土有少量具有楚文化特点的器物，这显然是巴楚文化相互渗透的产物。但值得注意的是，M115出土两套鼎、敦、壶、豆的典型楚式仿铜陶礼器器物组合，墓主人的身份按楚制应为士级（下士）。尽管该墓还出土有两件巴式钺，但墓主肯定为楚人，这与战国时期楚灭巴的史实是相符的。

二、汉　　墓

（一）墓葬形制与类型

本年度共发掘汉墓12座。依构筑材料之不同，可分为四型。

A型　土坑墓。

2座，即M79、M100，形制均近似正方形。

M100　位于T45，方向340°。墓长3.8、宽3.4、深2.85米。墓室东侧有斜坡式墓道，坡度约50°。该墓保存完整，出土器物较为丰富而完整，内有一椁三棺和三具尸骨遗留痕迹（图二〇；彩版一二四，1）。

B型　砖室墓。按平面形状不同又可分二亚型。

① 湖南省博物馆等：《长沙楚墓》，文物出版社，2000年。

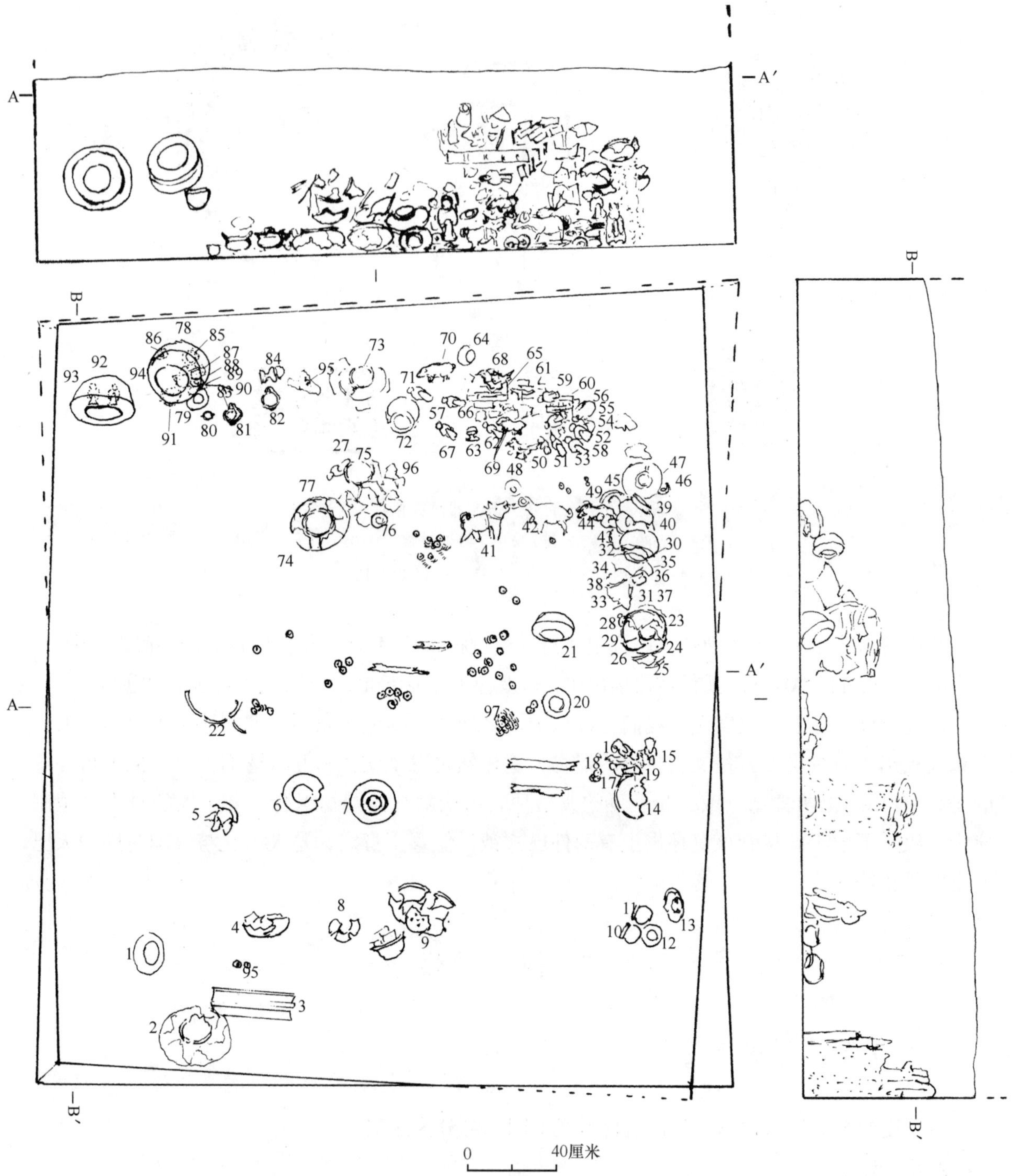

图二〇　M100平、剖面图

1、2、7、10、11、21、24、26、30～32、35～37、39、40、47、55、56、72～74、78、79、91、92. 陶罐　3、60、61、65. 陶楼　4、6、12、14、20、25、29、38、45、90. 陶钵　5、8、76. 釉陶钵　9、23. 陶甑　13. 陶镇墓兽　15～17、27、28、33、34、43、50～54、57～59、62、66、67、71、93、94. 陶俑　18、68. 陶子母鸡　19、48. 陶鸡　22. 铜环　41. 陶狗　42. 陶羊　44、69、70. 陶猪　46、83. 陶勺　49. 陶熏炉盖　63、64、84、89. 陶熏炉座　75. 陶盆　77、88. 陶匜　80、87. 陶杯　81、85. 陶炉　82. 陶盂　86. 铁刀　95. 料珠　96. 残陶片　97. 铜钱

Ba型　“刀”形砖室墓。仅1座，即M103。

M103　位于T52，方向330°。墓全长6.5、墓室长3.5、宽2.8、甬室长3、宽1.75、残深1.36米，墓底残存有部分铺地砖（图二一）。

Bb型　长方形砖室墓。共4座，即M73、M75、M77（彩版一二四，2）、M97。

M97　位于T46，方向325°。狭长方形。墓长3.1、宽0.96、残深0.43米（图二二；彩版一二四，3）。

C型　石室墓。均为经过人工加工的规整长条形花岗石砌成，有的还雕刻有图案，如M87南侧墓壁有一块花岗石上刻有鱼纹图案。分二亚型。

Ca型　“刀”形石室。共3座，即M87（彩版一二四，4）、M104、M113。

M113　位于T67，方向338°。墓全长6.4、墓室长4.8、宽2.4、甬室长1.6、宽1.4、深1.9米（图二三）。

Cb型　长方形券顶石室墓。仅1座，即M69，券顶部分已毁。

D型　砖石结合墓。仅1座，即M95。狭长方形，砖石无规律相混堆砌。

（二）随葬器物

出土器物较丰，以陶器为大宗，另有铜器、石器和少量铜钱。

1. 陶器

以泥质红陶为主，夹砂灰陶、泥质灰陶次之，另有少量泥质褐陶。纹饰以绳纹为主，另有少量弦纹、方格纹。器形有罐、壶、豆、杯、勺、井、楼等，还出土有较多的陶俑、动物俑。

陶罐　分六式。

Ⅰ式：M97∶3，泥质红陶。侈口，平沿，矮领，溜肩，鼓腹，圜底。中腹饰三道凹弦纹，腹及底饰细绳纹。口径16、腹径22.3、高15.4厘米（图二四，1；彩版一二五，2）。

Ⅱ式：M100∶35，泥质红陶。直口，圆唇，矮领，广斜肩，折腹，圜底。腹及底部饰细绳纹。口径9、腹径19.5、高14.8厘米。有盖，盖为一泥质灰陶钵，出土时扣合非常紧实，罐内有鱼骨若干（图二四，2；彩版一二五，1）。

Ⅲ式：M100∶56，泥质红陶。直口，圆唇，短颈，斜肩，折腹，腹较浅，大圜底。腹及底部饰交错绳纹。口径11、腹径16.5、高8.4厘米（图二四，3）。

Ⅳ式：M100∶78，泥质红陶。直口，圆唇，短颈，广斜折肩，深腹且腹壁较直。圜底近平，肩、腹部均有凹弦纹。口径14.8、腹径29.6、高29厘米（图二四，4）。

Ⅴ式：M79∶14，泥质红陶。喇叭口，高领，上腹较直，下腹弧收，平底，肩部附对称块状双耳。上腹部饰两道弦纹。口径12.2、腹径11.8、底径6、高10.8厘米（图二四，5）。

Ⅵ式：M79∶8，泥质红陶。敞口，圆唇，高领，溜肩，鼓腹，平底。肩、腹交接处有对称双乳钉。口径12、腹径15.6、底径7.6、高10.4厘米（图二四，6）。

陶壶　分二式。

Ⅰ式：M113∶1，泥质红陶。盘口，长颈较直，广斜肩，鼓腹，喇叭形圈足，肩部有对称

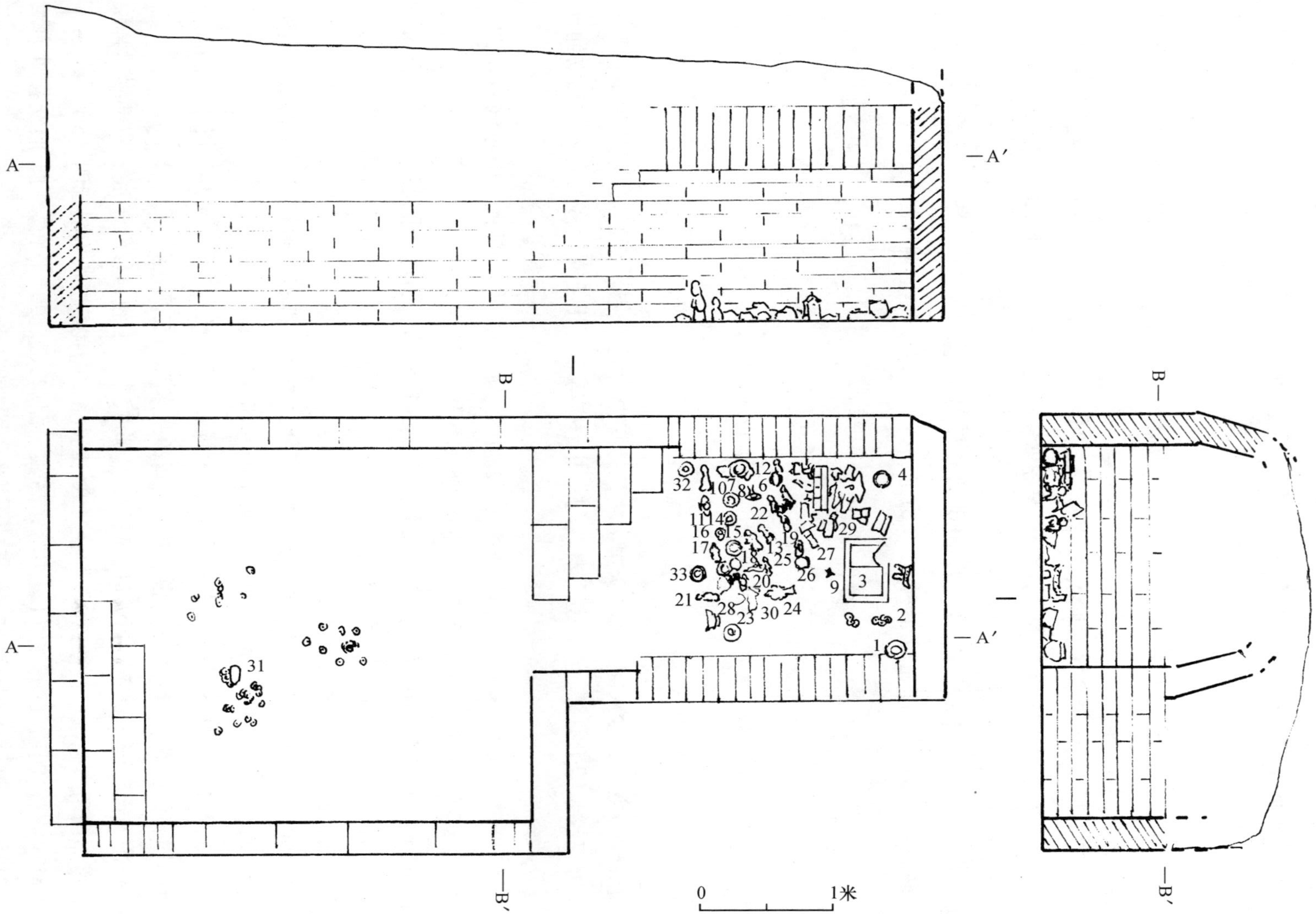

图二一　M103平、剖面图

1、14、33. 陶罐　2. 五铢钱　3. 陶池塘　4. 陶井　5. 陶房　6. 陶耳杯　7. 釉陶罐　8、27. 釉陶灯　9. 琉璃耳珰　10～13、16、17、19～23、25、30. 陶俑　15. 陶盆　18. 陶猪　24. 陶公鸡　26、28. 釉陶钵　29. 陶器盖　31. 石斧　32. 陶钵

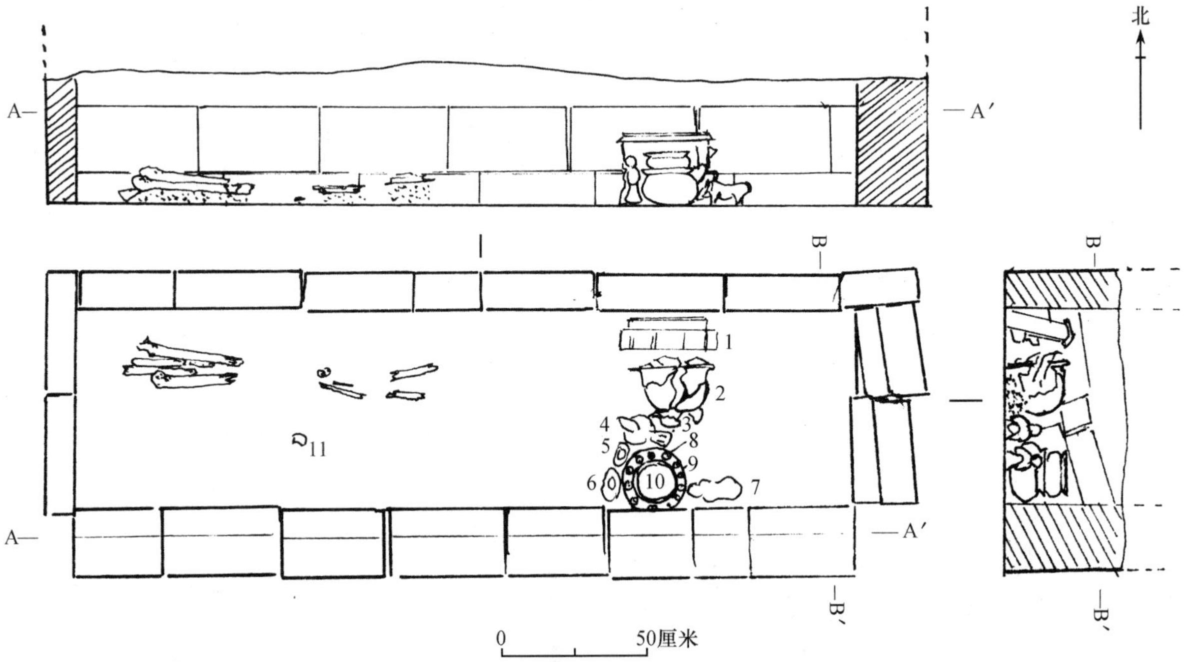

图二二　M97平、剖面图

1. 陶楼　2. 陶甑　3、9、10. 陶罐　4. 陶鸡　5、6. 陶俑　7. 陶猪　8. 铜五铢钱　11. 石片

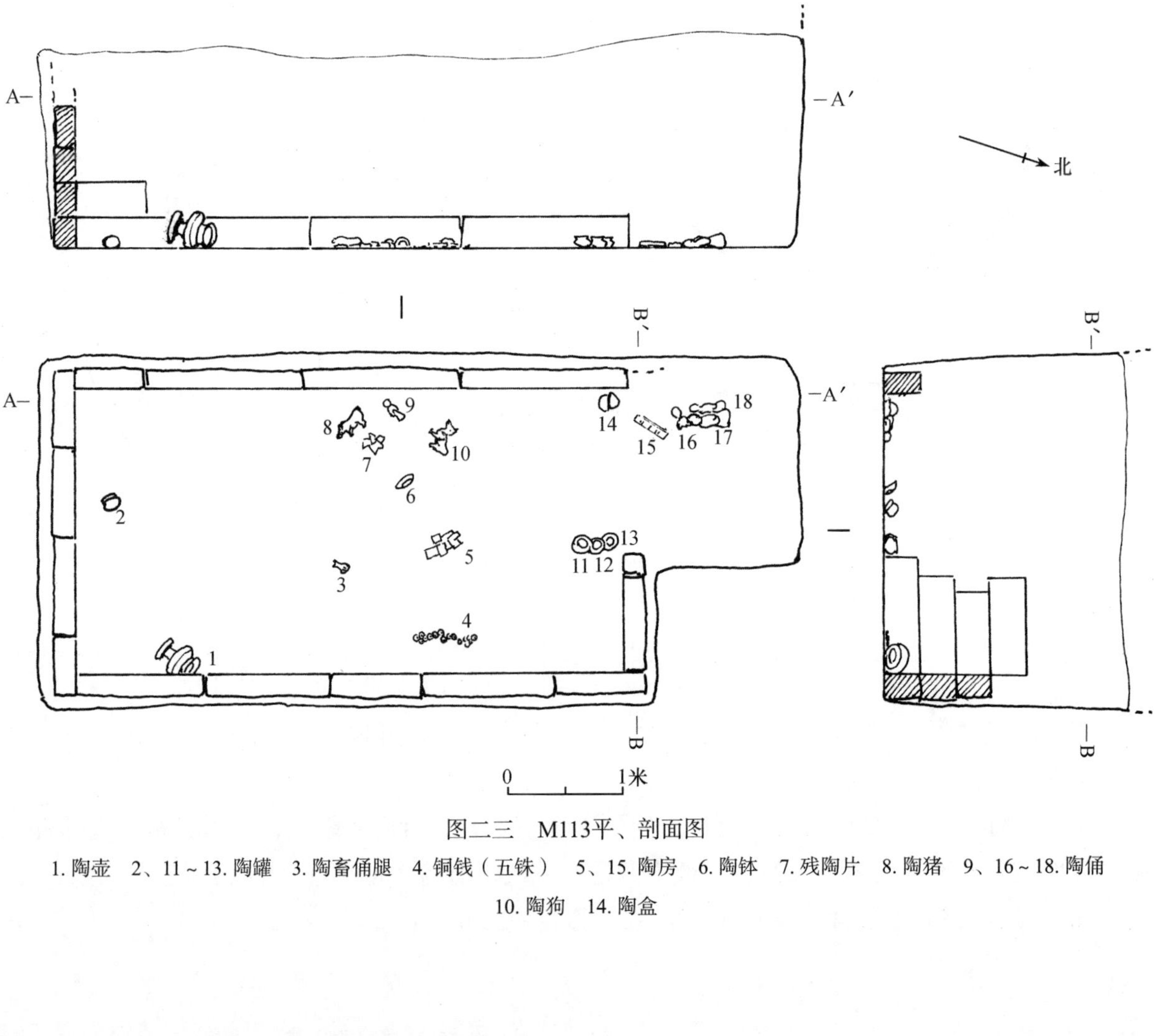

图二三　M113平、剖面图

1. 陶壶　2、11～13. 陶罐　3. 陶畜俑腿　4. 铜钱（五铢）　5、15. 陶房　6. 陶钵　7. 残陶片　8. 陶猪　9、16～18. 陶俑　10. 陶狗　14. 陶盒

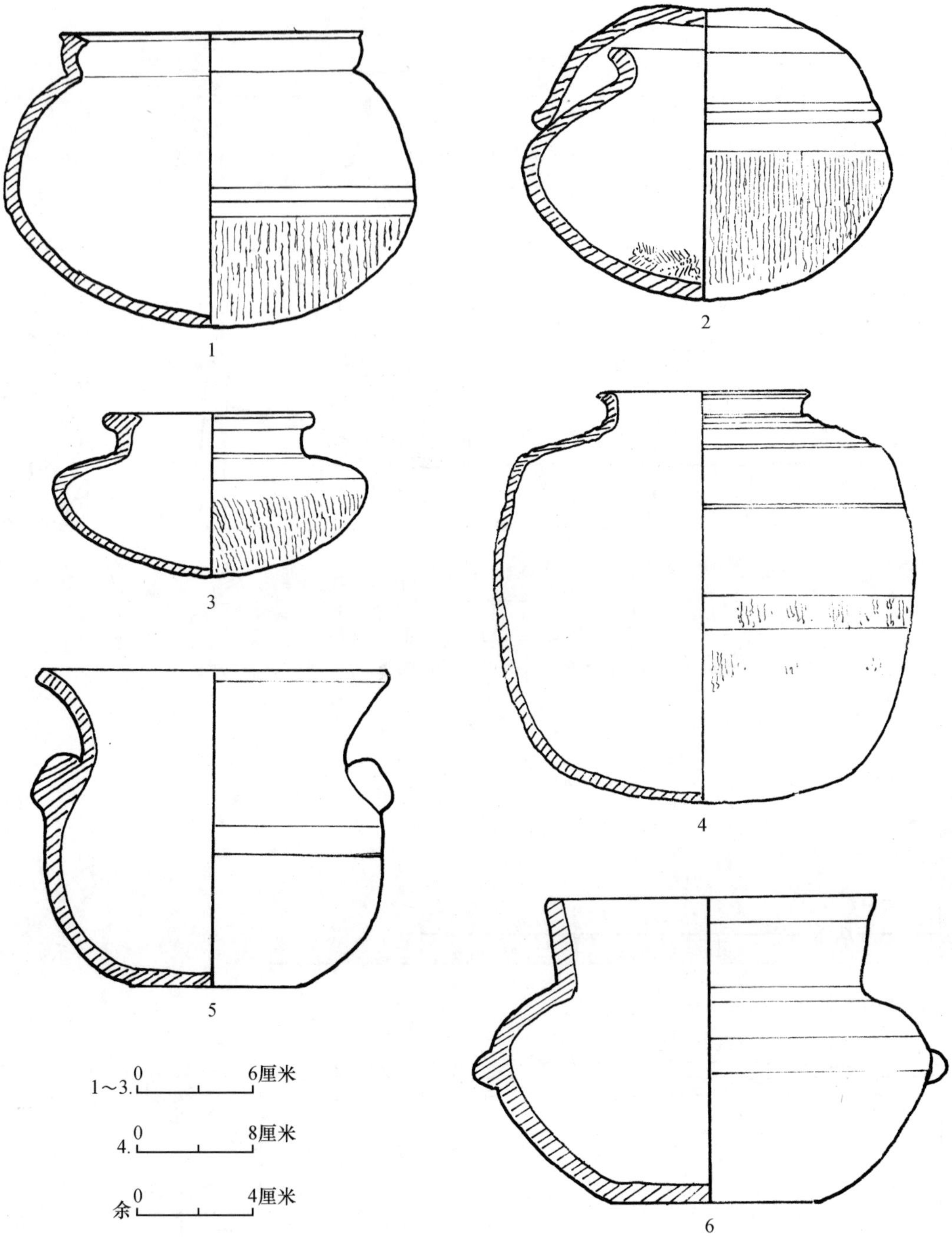

图二四 汉墓出土陶罐

1. Ⅰ式（M97：3） 2. Ⅱ式（M100：35） 3. Ⅲ式（M100：56） 4. Ⅳ式（M100：78） 5. Ⅴ式（M79：14） 6. Ⅵ式（M79：8）

兽面铺首。肩、腹饰数道凹弦纹，通体施绿釉，但剥落较甚。口径15、腹径23、底径15.3、高27.6厘米（图二五，1；彩版一二五，5）。

Ⅱ式：M87：6，泥质褐陶。盘口，斜颈上窄下宽，斜折肩，鼓腹，高喇叭座。肩部有对称半环形纽，肩部饰两道凹弦纹，腹部饰两道凸弦纹。有盖，顶平且有半环形纽。口径11.2、腹径20、底径16.8、高28.4厘米（图二五，2；彩版一二五，4）。

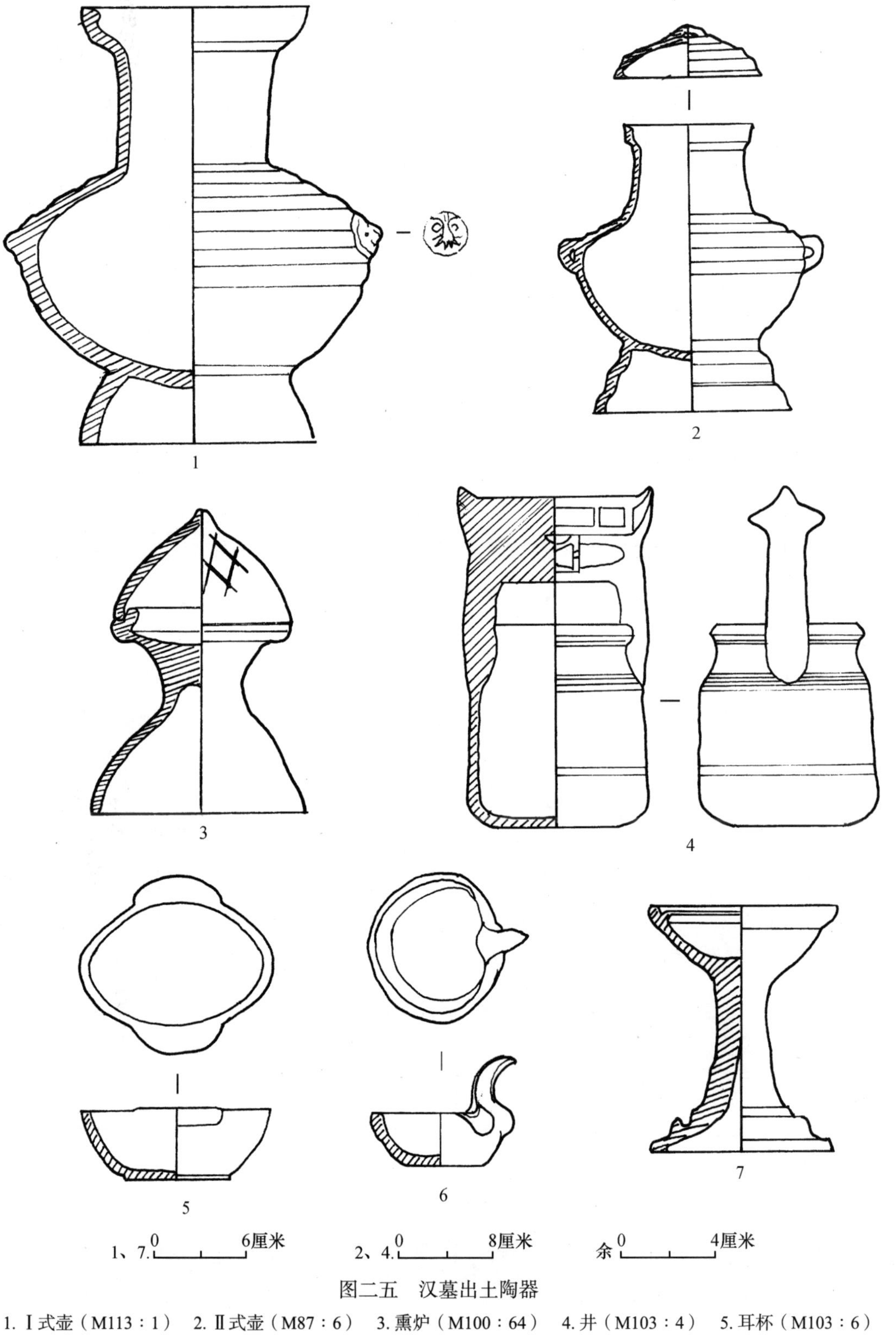

图二五　汉墓出土陶器

1. Ⅰ式壶（M113：1）　2. Ⅱ式壶（M87：6）　3. 熏炉（M100：64）　4. 井（M103：4）　5. 耳杯（M103：6）　6. 勺（M100：83）　7. 豆（M103：8）

陶熏炉　M100：64，高喇叭座，短柄且较粗，炉盖整体呈头盔形，顶有一乳突，上部有一周不规则斜网格纹。通体施黄绿釉，剥落较甚。底径9.5、通高12.8厘米（图二五，3）。

陶井　M103：4，夹砂灰陶，井身做罐状，侈口，圆唇，束颈，直腹，下腹弧收成平底，井亭两柱附着于肩、颈及口沿上，柱为圆筒形，亭顶为两面坡式，屋脊翘起，有瓦垅，亭顶下置辘车户。口径12.4、底径10、通高27.2厘米（图二五，4；彩版一二五，6）。

陶耳杯　M103：6，泥质灰陶胎。内外施黄绿釉且保存完整。敞口，折平沿，双弧形耳几与口沿平。口长径7.6、宽径5、底长径4.8、宽径3.4、高3厘米（图二五，5；彩版一二五，3）。

陶勺　M100：83，勺体侈口，弧腹，平底，一侧有竖柄，柄顶端卷曲。施黄绿釉。口径6、底径3.6、高2.2、柄高2.4厘米（图二五，6）。

陶豆　M103：8，豆盘为双重口，外口侈，内口敛，内外口结合处为一周凹槽，斜腹较浅，高柄，盘状圈足座。通体施黄绿釉，剥落较甚。口径12、底径11.6、高15.6厘米（图二五，7）。

陶盂　M100：82，敞口，束颈，浅腹，圜底近平，口沿有对称半环形竖耳外撇。通体施黄绿釉。口径8.4、高5.4厘米（图二六，1）。

陶楼　分二式。

Ⅰ式：M100：3，泥质灰陶。屋顶较平，前侧有五道瓦垄，屋前墙下伸，墙上有五根方形梁头、梁正中有斗拱构件，斗拱下有一竖墙将陶楼分成左右两间，屋前有一层阶基，左边房间前有一斜踏板。高32、面阔38.4、后墙宽32.4、进深12厘米（图二六，2；彩版一二五，7）。

Ⅱ式：M97：1，泥质灰陶，屋顶为弧形，屋脊凸出，前侧有五道瓦垅，屋前墙下伸，墙上有五根方形梁头，梁头下有斗拱构件，中部有档栏向外延伸，似现代楼房之阳台，阳台下左、中、右各有一方形斜柱支撑，阳台上左右两侧各有一人将头伸出栏外凝望，后墙及山墙均直立。高22.5、面阔32.1、进深7.5厘米（图二六，3；彩版一二五，8）。

陶俑　此次出土陶俑较多，M100就出土21件，以泥质灰陶和泥质红陶为主。可分二型，立俑和坐俑。

A型　立俑。又分三式。

Ⅰ式：M100：16，拱手立俑。头戴高冠，身着交领广袖长袍，双手拱握，拢于袖中，置于右侧胸前，面带笑容，神态憨厚可亲。高24厘米（图二七，1；彩版一二六，1）。

Ⅱ式：M103：7，拱手立俑。头戴尖顶圆冠，着高领广袖长袍，双手拢袖，拱握于胸前，脚尖露出，头微低，表情凝重。高26.5厘米（图二七，2；彩版一二六，2）。

Ⅲ式：M103：11，执扇立俑。头戴冠，着圆领长袍，右衽，右手执扇，左手握物下垂。高24.6厘米（图二七，3）。

B型　坐俑。分八式。

Ⅰ式：M103：10，吹箫俑。头戴尖顶圆冠，着交领长袍，跪坐，双手缩袖，握长箫，头微低，做吹箫状。高23.5厘米（图二七，4）。

Ⅱ式：M100：51，头戴巾，着圆领广袖长袍，跪坐，双手拱握于胸前，面目清晰，满脸笑容，双眼因笑而几乎眯成一线，形象十分生动。高18厘米（图二八，1；彩版一二六，7）。

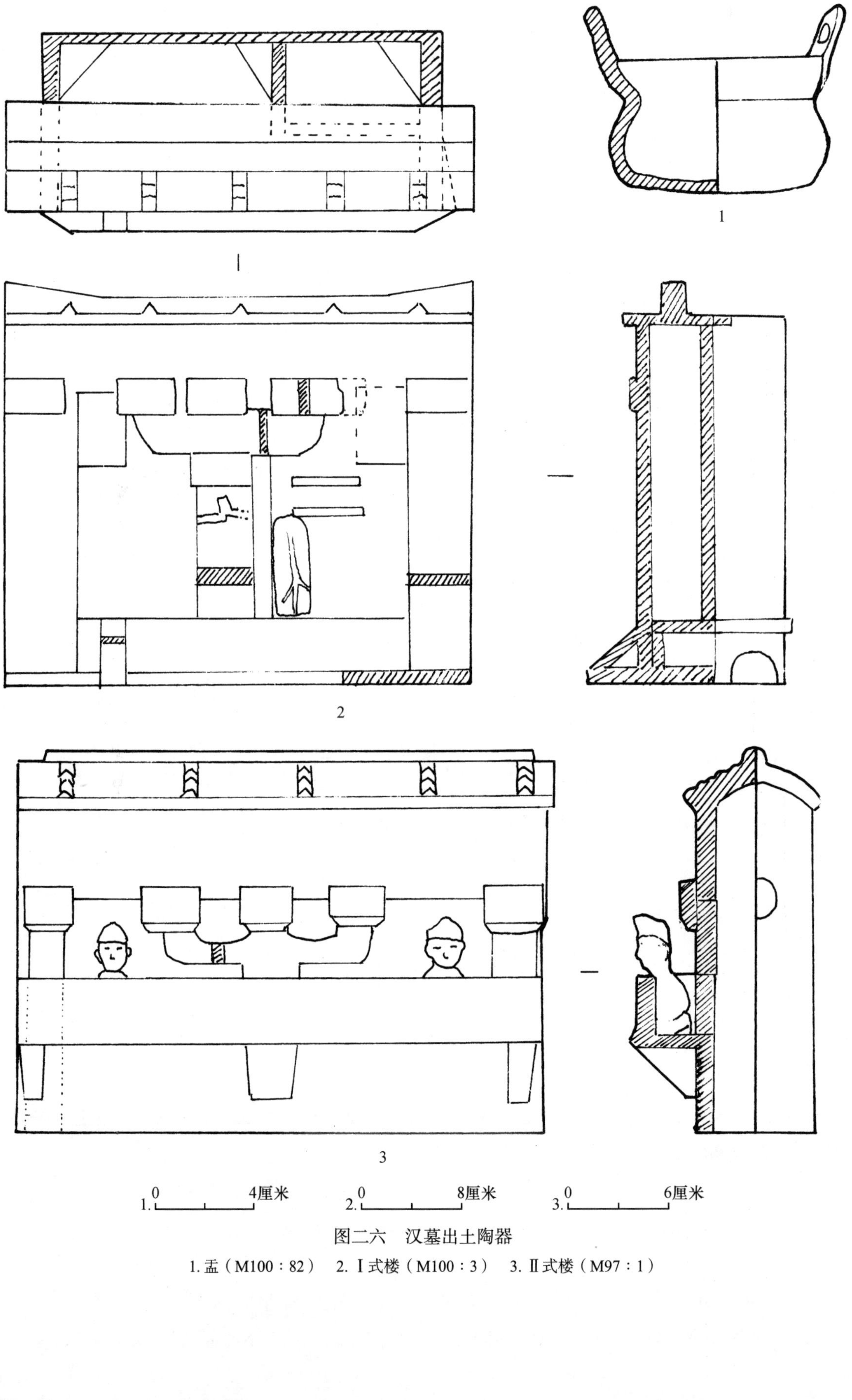

图二六　汉墓出土陶器

1. 盂（M100：82）　2. Ⅰ式楼（M100：3）　3. Ⅱ式楼（M97：1）

图二七　汉墓出土陶俑

1. A型Ⅰ式（M100：16）　2. A型Ⅱ式（M103：7）　3. A型Ⅲ式（M103：11）　4. B型Ⅰ式（M103：10）

Ⅲ式：M100：33，头戴尖顶圆冠，着广袖长袍，跪坐，双手拱握，拢于袖中，置于胸前，头微低，表情凝重。高19.4厘米（图二八，2）。

Ⅳ式：M103：9，头戴方巾，着交领长袍，盘腿坐，膝前置一条案，左手置于案上，右手抬起于胸前，头微仰，做说话状。高15.6厘米（图二八，3；彩版一二六，4）。

Ⅴ式：M100：66，头戴圆冠，着交领长袍，跪坐，左手握成孔（孔内原应有物）置于左膝上，右手抬起置于胸前，头微后仰，张嘴欲说，形象十分生动。高19.5厘米（图二八，4；彩版一二六，5）。

Ⅵ式：M100：50，击鼓俑，头戴冠，着交领广袖长袍，跪坐，左侧前置一圆鼓，左手做击鼓状，右手握拳抬起稍高于肩，头微向左侧，面带微笑。高18厘米（图二九，1；彩版

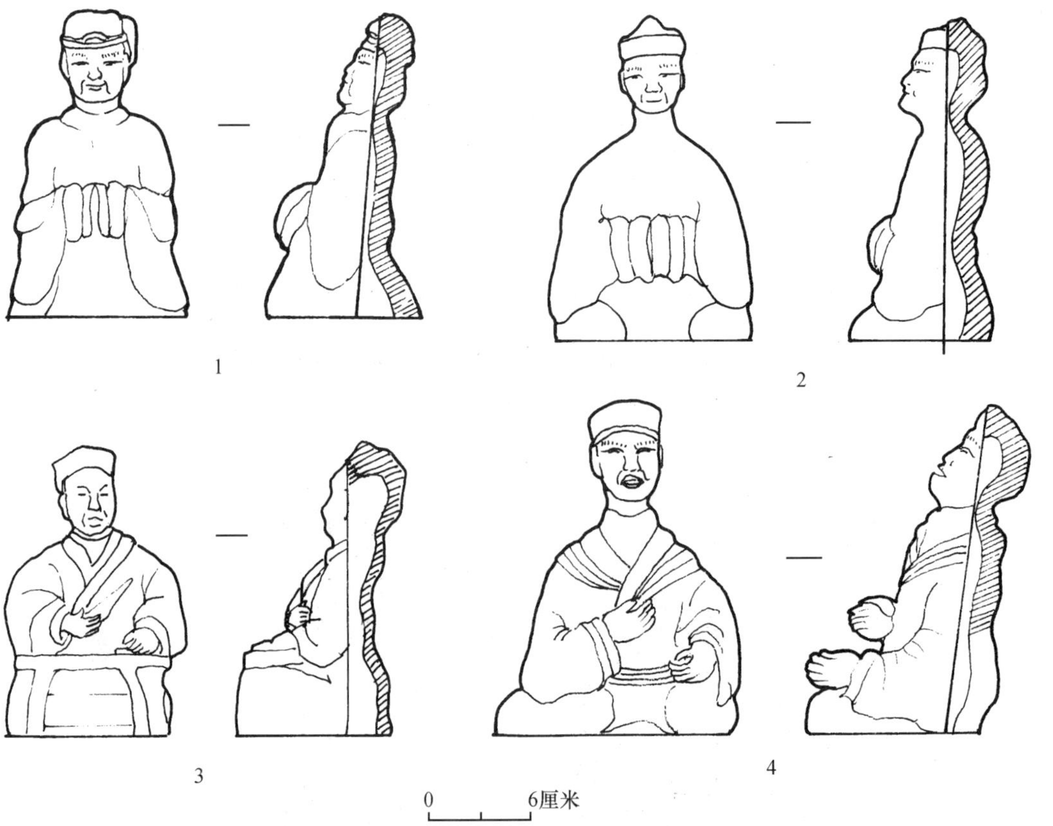

图二八 汉墓出土陶俑

1. B型Ⅱ式（M100：51） 2. B型Ⅲ式（M100：33） 3. B型Ⅳ式（M103：9） 4. B型Ⅴ式（M100：66）

一二六，3）。

Ⅶ式：M100：58，抚琴俑。头戴圆巾，着交领长袍，跪坐，膝前置琴，双手置琴上，做抚琴状。高22厘米（图二九，2；彩版一二六，6）。

Ⅷ式：M100：71，头戴冠，着交领广袖长袍，跪坐，双手拱握拢于袖中，置于胸前，做倾听状。高20厘米（图二九，3）。

陶狗 M104：13，泥质灰陶。头高高扬起，竖耳，龇牙咧嘴，神态威猛，脖间及前肢腹下系宽带，四肢短而粗壮，站立状。长22、高18厘米（图三〇，1；彩版一二七，2）。

陶猪 M104：42，嘴微上翘，四肢短而粗壮，身体肥硕，站立状。长25、高10.8厘米（图三〇，2；彩版一二七，5）。

陶羊 M100：42，泥质灰陶。头扬起前伸，双角弯曲，短尾上翘，四肢粗壮，身体肥硕，站立状。长25.5、高20厘米（图三〇，3；彩版一二七，1）。

陶子母鸡 M103：23，鸡头昂起，尾似翩形上翘，做俯卧状，背上蹲伏一小鸡，腹下依偎一小鸡，整体显得肥硕。长15、高12厘米（图三〇，4；彩版一二七，4）。

陶公鸡 M100：48，泥质灰陶。仰头，尖嘴，尾似翩形上翘，羽翼不甚清晰，双脚较矮。长20、高17.5厘米（图三一，1）。

陶镇墓兽 M100：13，泥质红陶。踞坐状，头上双畸角，两侧双宽大耳，鼓目，高鼻，宽嘴，口吐长舌，神态可怖。高22.8厘米（图三一，2；彩版一二七，3）。

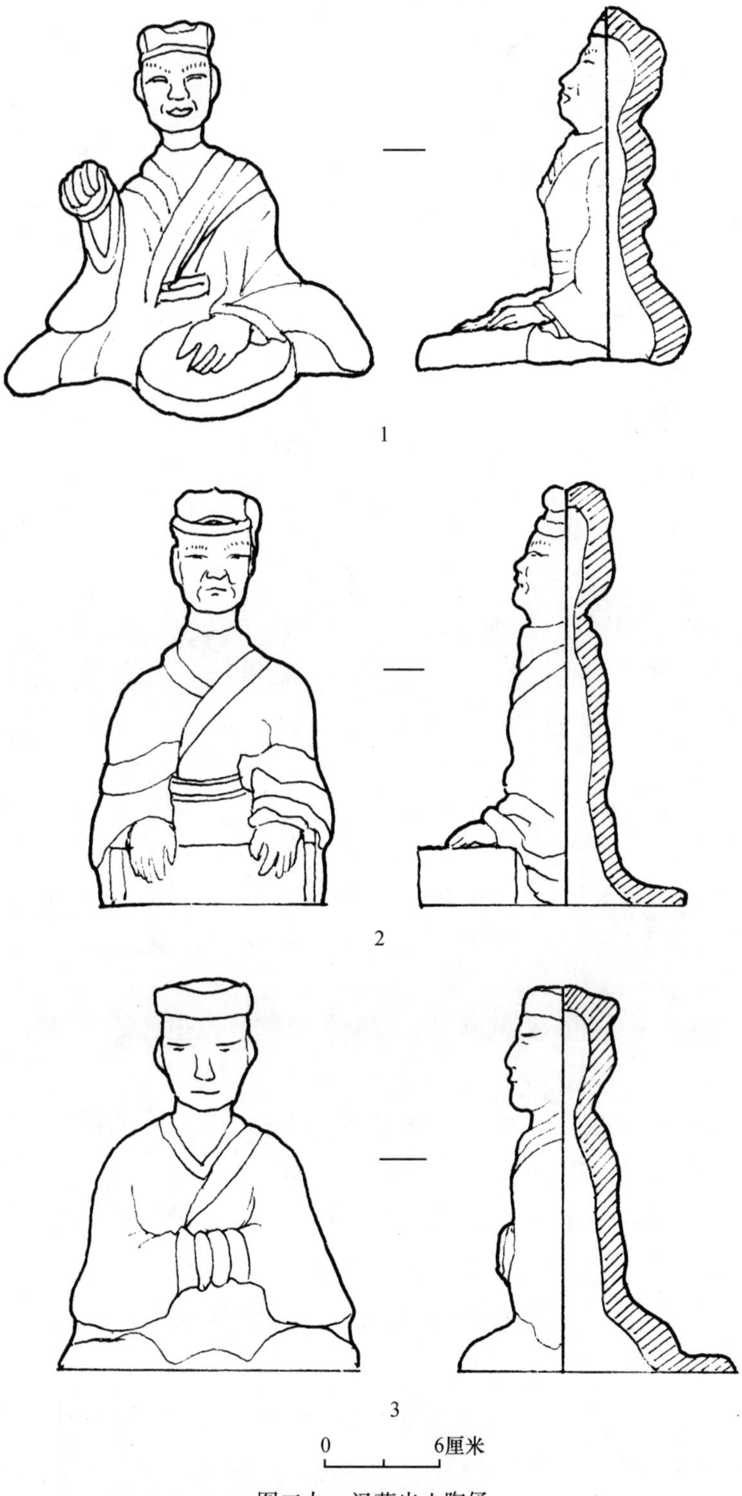

图二九　汉墓出土陶俑

1. B型Ⅵ式（M100：50）　2. B型Ⅶ式（M100：58）　3. B型Ⅷ式（M100：71）

2. 铜器

铜镜　1件。M79：1，素宽沿，半圆形纽座，纹饰为两圈锯齿纹中间夹一圈鸟纹，四个对称乳钉将鸟纹分成四组。直径7.6厘米（图三二，1；彩版一二七，6）。

图三〇　汉墓出土陶器

1. 狗（M104∶13）　2. 猪（M104∶42）　3. 羊（M100∶42）　4. 子母鸡（M103∶23）

铜环　2件。M100∶22，环内外两侧均稍高出，中间形成凹槽，鎏金，出土时已断成三段。外径22、内径16.5、槽宽2厘米（图三一，6；彩版一二七，7）。M69∶8，断面圆形。直径1.8、环径0.14厘米（图三一，5）。

3. 石器

石斧　2件。M103∶31，磨制。略呈长方形，弧刀中锋。长7.6、宽5厘米（图三一，4）。M86∶2，磨制。略呈梯形，上窄下宽，弧刃稍残，卵石制成。长8、首端宽4.6、刃宽5.4厘米（图三一，3）。

4. 铜钱

有五铢、货泉、大泉五十、剪轮钱等。

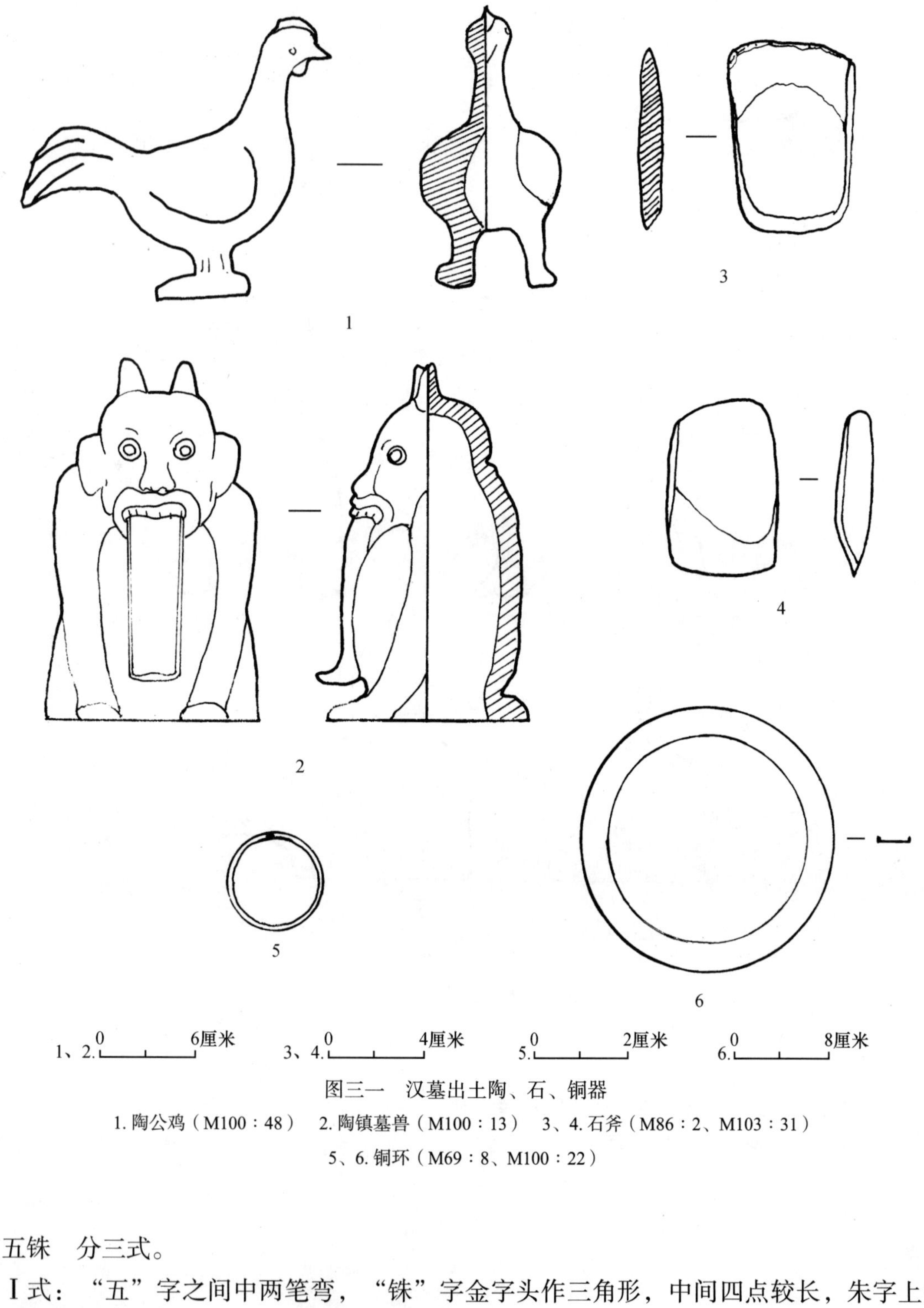

图三一　汉墓出土陶、石、铜器

1. 陶公鸡（M100：48）　2. 陶镇墓兽（M100：13）　3、4. 石斧（M86：2、M103：31）
5、6. 铜环（M69：8、M100：22）

五铢　分三式。

Ⅰ式："五"字之间中两笔弯，"铢"字金字头作三角形，中间四点较长，朱字上头方折，下头圆折。直径2.5、穿径1厘米（图三二，2、3）。

Ⅱ式："五"字交叉两笔微弯曲，"铢"字金字头作三角形，朱字上下圆折。直径2.4、穿径1厘米（图三二，4、5）。

Ⅲ式：钱文窄长，"五"字中间两笔弯曲外撇，"铢"字金字头作三角形，朱字上头方折，下头圆折。直径2.5、穿径1.1厘米（图三二，6）。

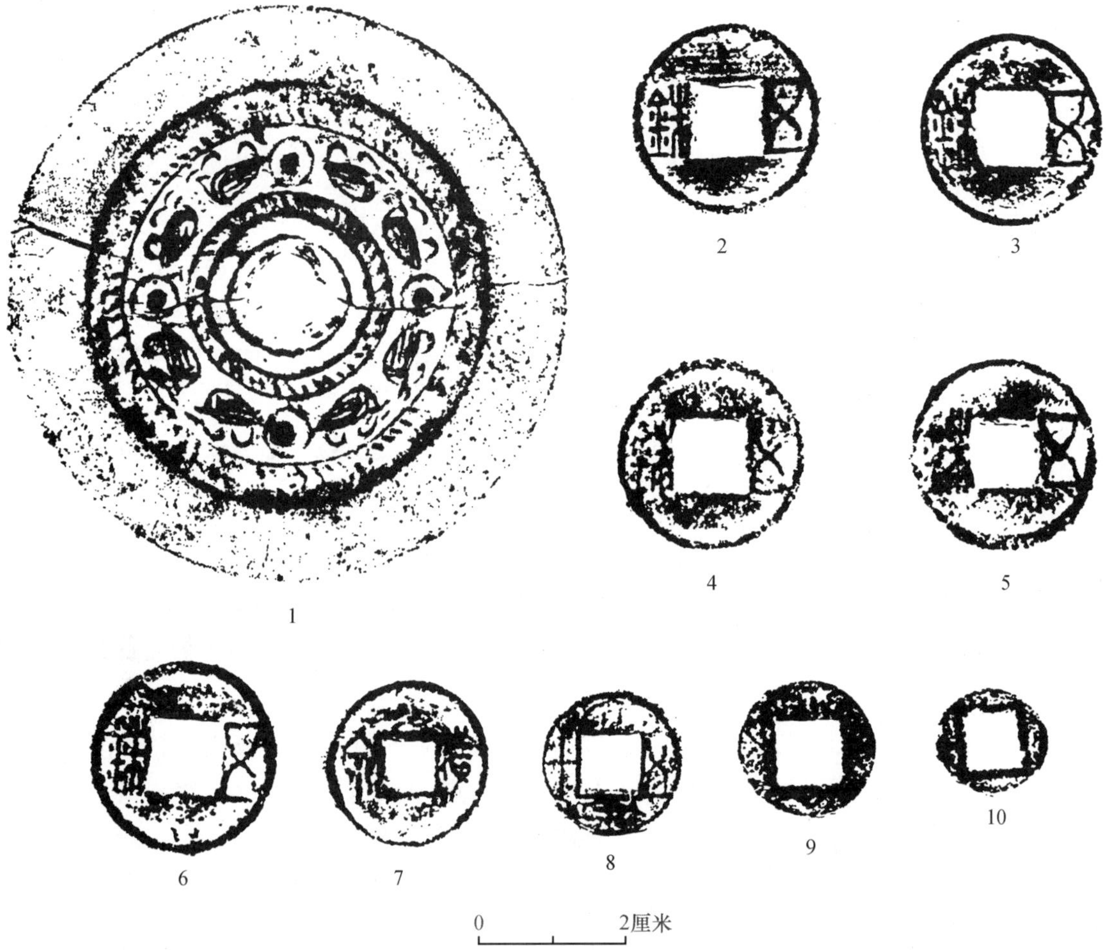
1 2 3 4 5 6 7 8 9 10
0 2厘米

图三二　汉墓所出铜镜、铜钱拓片

1. 铜镜（M79：1）　2、3. Ⅰ式五铢（M100、M77）　4、5. Ⅱ式五铢（M113）　6. Ⅲ式五铢（M103）　7. 货泉（M113）　8. 大泉五十（M97）　9. Ⅰ式剪轮钱（M113）　10. Ⅱ式剪轮钱（M113）

货泉　边郭不甚规整，钱文较清晰。直径2.2、穿径0.8厘米（图三二，7）。

大泉五十　边郭不甚规整，钱文较清晰，笔画纤细。直径1.8、穿径0.9厘米（图三二，8）。

剪轮钱　分二式。

Ⅰ式：无内外郭，无文。外径1.7～1.9、穿径0.9厘米（图三二，9）。

Ⅱ式：有内郭、无外郭，无文。外径1.3、穿径0.9厘米（图三二，10）。

（三）结语

此次发掘的12座汉墓出土器物较多，且以陶器为大宗，不见青瓷器，青铜器也很少，几乎每座墓里都出土有陶俑（侍俑、乐俑等）、动物俑（鸡、猪、狗、羊）、陶楼、池塘模型等明器，这与川东地区其他地方汉墓的埋葬习惯及风格是相一致的。根据所出器物的特点，综合墓葬形制、钱币等因素推断，这批汉墓的年代大致在新莽前后至东汉末。

M79、M100均为近正方形的竖穴土坑墓。这种墓葬形制在川东地区流行于西汉晚期，最晚到新莽至东汉初。M79出土有敦、盒等仿铜陶礼器，这些器形到西汉已是最后的孑遗，东汉墓中几乎不见，且M79出土有货泉。M100所出陶罐均为圜底罐，有人认为圜底罐在四川盆地流行于战国晚期至西汉时期，至东汉时期已完全被平底罐取代[①]。所出釉陶器施釉薄，且不均匀，出土时剥落较甚，这些都是釉陶器早期形态的反映。所出五铢钱铸造精致、字形高挺、笔画纤细，“五”字交叉两笔弯曲，下端两边近似平行，“朱”字上方折，下圆折，这些都是西汉晚期五铢钱的特征。M97为长方形砖室墓，所出陶罐也为圜底绳纹罐，同时出土有大泉五十，因此，我们认为M79、M97、M100这三座墓葬的年代应在新莽前后，其早晚关系可能为M100→M79→M97。

其余9座均为东汉时期墓葬。M73为长方形砖室墓，空无一物，M75、M77也为长方形砖室墓，M69为拱形砖室墓，M95为长方形砖室结合墓，这4座墓出土器物极少，从墓葬形制判断，时代可能为东汉早、中期。另外4座墓M87、M103、M104、M113年代则为东汉晚期。如M103出土的吹箫俑（M103：10）与万州松岭包墓地出土吹箫俑（M4：25）相近[②]，所出陶井（M103：4）与万州龙宝陈家坝墓地所出陶井（M1：15）相近[③]，M113所出剪轮钱具有明显的东汉晚期特征。

值得指出的是，M100保存完整，埋藏较深，且带有斜坡式墓道（其墓道打破战国晚期墓M115），出土器物无论数量还是种类都十分丰富，尤其是陶俑，种类多，烧造精致，造型活泼，面部表情细腻、丰富，形象栩栩如生，与同时期或后期陶俑制作只对人物轮廓作简单勾勒完全不同，是难得的艺术珍品，其质地大都为硬度较高的泥质灰、褐陶，这与后来陶俑大都为未经烧造的泥质红陶的风格也不相同。该墓内还发现有一椁三棺的棺椁痕迹，以及三具东西向平行排列的尸骨遗痕。这种单室墓葬多人的情形值得我们思考。从该墓出土器物几乎都为陶器而少有青铜器（仅见鎏金铜环）来看，墓主人的身份应不高。随葬器物80%置于墓室左侧墓壁与椁之间。这一点似应与三具尸骨生前的性别及身份、地位有关。至于该墓是属于先后下葬的家族墓，还是同时下葬的侍妾陪葬甚或殉葬墓，还有待于更进一步的研究、探讨。

三、六 朝 墓

（一）墓葬形制与类型

本年度共发掘六朝墓13座，开口均于第2层下，距地表较浅（图三三）。依构筑材料的不同，分三型。

---

① 四川大学文化学院考古系：《云阳李家坝37号岩坑墓发掘报告》，《重庆库区考古报告集·1997卷》，科学出版社，2001年。

② 青海省文物考古研究所三峡工作队：《万州松岭包墓地发掘报告》，《重庆库区考古报告集·1997卷》，科学出版社，2001年。

③ 青海省文物考古研究所三峡工作队：《万州龙宝陈家坝东汉墓地发掘报告》，《重庆库区考古报告集·1997卷》，科学出版社，2001年。

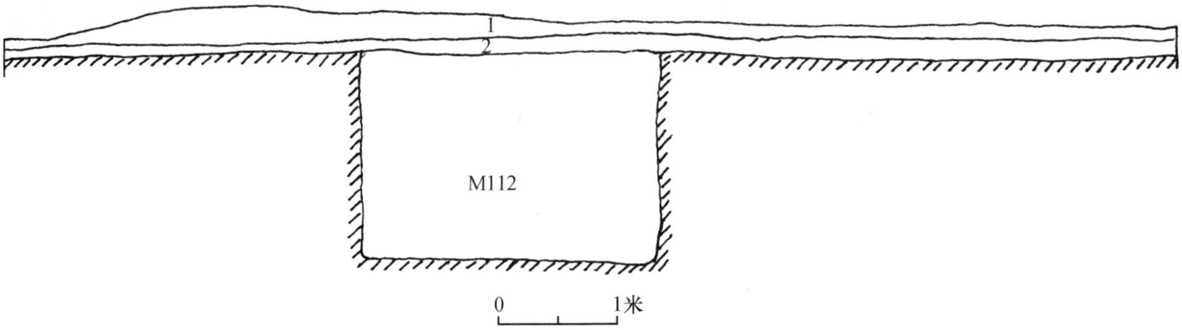

图三三　T66东壁地层剖面图

A型　砖室墓。依平面形状之不同，又分二亚型。

Aa型　“刀”形砖室墓。共7座，即M67、M71、M72、M110、M111、M112、M114。

M111　位于T65，方向250°，墓全长7.32、墓室长4.8、宽2.38、甬室长2.52、宽1.36、深1.32米。墓底残存有部分平铺地砖（图三四）。

Ab型　“凸”形砖室墓。仅1座，即M96。

B型　石室墓。依平面形状不同，又分二亚型。

Ba型　长方形石室。共3座，即M76、M78、M94。

Bb型　“刀”形石室。仅1座，即M88。

C型　砖石结合墓。仅1座，即M86。

这批墓葬以砖室墓为主，原先均应有券顶，这从填土中普遍发现有用于砌券顶的楔形榫卯砖可以得到佐证，墓壁砖及铺地砖均为长方体砖。这两种砖面向墓室的一侧均有模印花纹，下面选取典型且有特点者四种做简单介绍。

（1）中间为一组方格纹，两侧各有一组三角形几何纹（图三五，1）。

（2）中间为四组方块，每个方块内各有一“F”形文，两侧为对称三角形几何纹（图三五，2）。

（3）中间有三组纹，两侧各有一鹤的图案和车轮图案（图三五，3）。

（4）四周为菱形方格纹，中间菱形方格中央为圆圈内置一“米”字形纹，两侧为对称钱纹（图三五，4）。

（二）出土器物

因破坏较为严重，大部分墓葬被盗掘或被扰乱过，出土器物不多，以青瓷器和铜钱为主，选取其中较为典型且有代表性的器物介绍如下。

陶甑　M114：12，泥质灰陶。侈口，折沿，斜腹，平底，底有五个箅孔。素面。口径15、底径10.5、高8.4厘米（图三六，1）。

陶杯　M114：14，泥质红陶。火候低，敞口，方唇，平沿，腹壁近直，至底稍收，平底。口沿及近底处各有一道凹弦纹。口径6.4、高5.6、底径5.1厘米（图三六，2）。

青瓷罐　M88：9，敛口，尖唇，领较高，束颈，溜肩，鼓腹，平底。肩、腹部各有一道

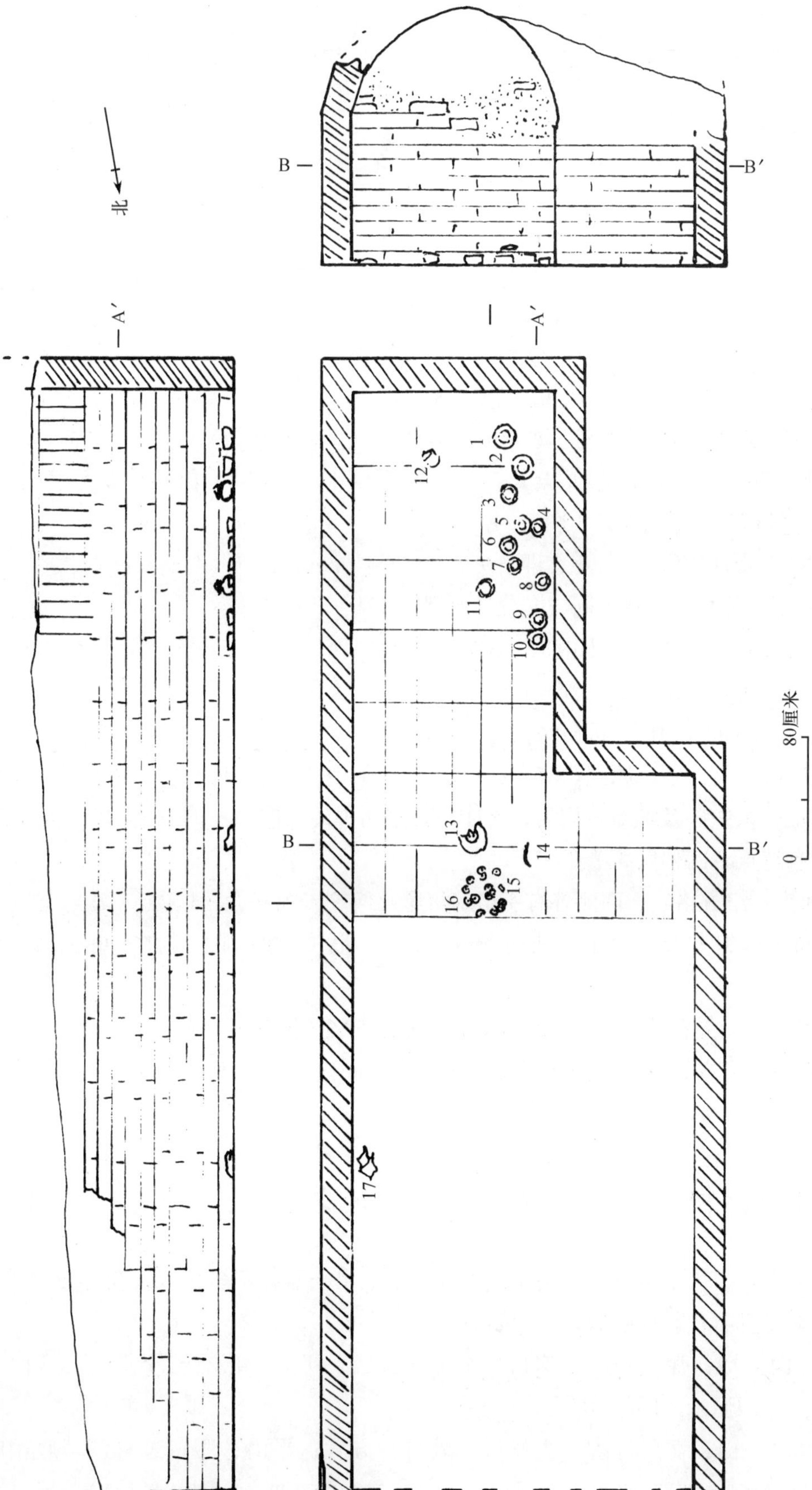

图三四　M111平、剖面图

1、2、9、10. 青瓷碗　3、11. 青瓷盘口壶　4～8. 青瓷盅　12. 陶豆（残片）　13. 陶甑　14. 铁刀　15. 铜管　16. 铜钱　17. 瓷碗（残片）

图三五　六朝墓砖纹饰拓片

1. 三角形几何纹（M103）　2. “F”文+三角形几何纹（M67）　3. 鹤纹+车轮图案（M103）　4. “米”字纹+钱纹（M111）

凹弦纹，施青釉，釉不及底。口径18.8、腹径21、底径11、高16.5厘米（图三六，3）。

青瓷碗　分三式。

Ⅰ式：M94：1，敞口，尖唇，上腹较直，下腹弧收，假圈足。内外均施开片青釉，保存完好。口径12.2、底径6、高5.6厘米（图三六，4；彩版一二八，5）。

Ⅱ式：M78：1，敛口，尖唇，弧腹较深，假圈足。施青绿色釉，釉面剥渗较甚。口径12.6、底径9、高7.5厘米（图三六，6；彩版一二八，3）。

Ⅲ式：M114：22，敞口，圆唇，斜腹较浅，浅饼底。腹壁有四道凹弦纹，外施青绿釉。口径19.2、底径10.8、高6.4厘米（图三六，7；彩版一二八，4）。

青瓷盘口壶　分四式。

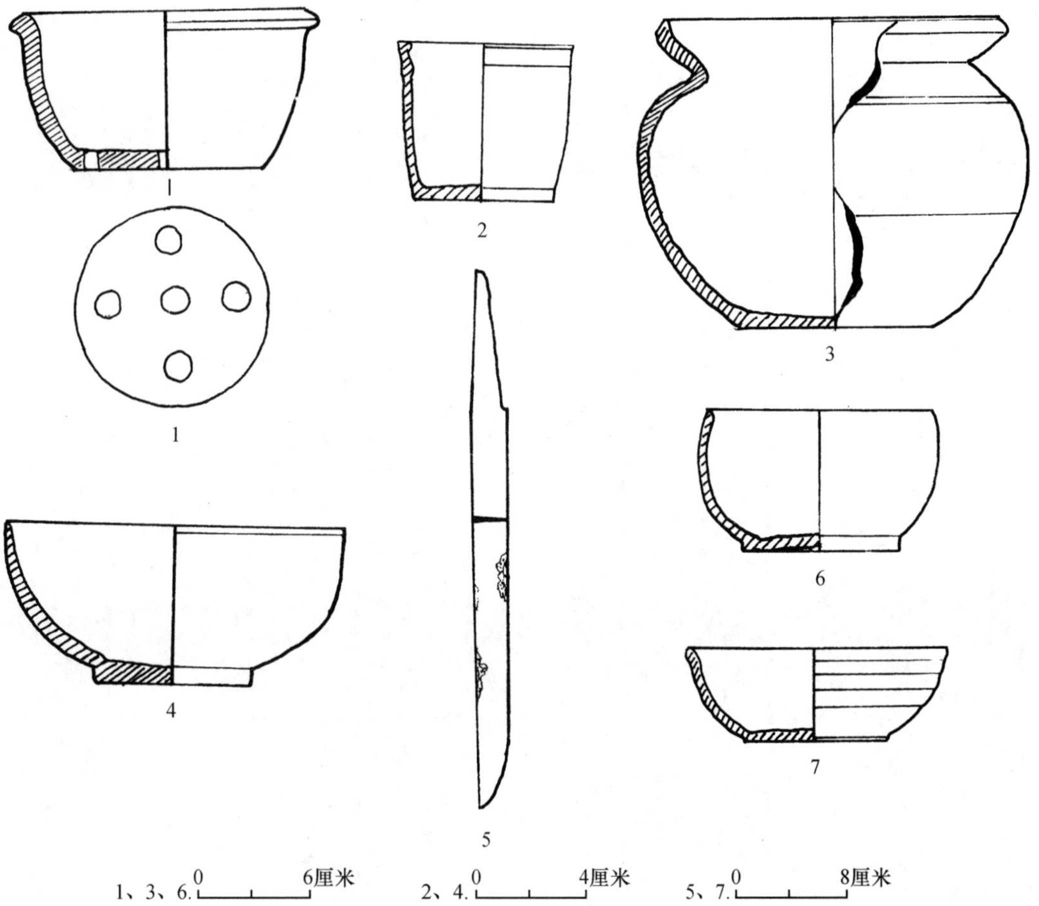

图三六　六朝墓出土陶、瓷器

1. 陶甑（M114∶12）　2. 陶杯（M114∶14）　3. 青瓷罐（M88∶9）　4. Ⅰ式青瓷碗（M94∶1）　5. 铁刀（M112∶12）
6. Ⅱ式青瓷碗（M78∶1）　7. Ⅲ式青瓷碗（M114∶22）

Ⅰ式：M111∶11，盘口，弧颈且较高，广斜肩，扁鼓腹，大浅饼底，有盖、盖顶平。有桥形纽，施青绿釉，剥落较甚。口径10、腹径13、底径11、高12.6厘米（图三七，1；彩版一二八，2）。

Ⅱ式：M111∶3，盘口残缺。细颈，溜肩，鼓腹，平底，肩部饰对称桥形四横系。肩部和腹部各饰一道凹弦纹，施青绿色釉。腹径15.2、底径9.3、残高5.6厘米（图三七，2）。

Ⅲ式：M114∶19，浅盘口，短颈，扁鼓腹，大浅饼底。施青绿色釉，下腹及底不施釉。口径9、腹径14.5、底径11、高9.2厘米（图三七，3；彩版一二八，1）。

Ⅳ式：M88∶1，盘口稍残。短颈广斜肩，折腹斜直收，大平底。肩部两侧饰两个一组的桥形四系及一道凹弦纹。腹径18、底径11、残高14.2厘米（图三七，4）。

铁刀　M112∶12，直刃，柄为三角形且较长。通长37.6、宽2.4、柄长9厘米（图三六，5；彩版一二八，6）。

铜钱　有半两、五铢、直百五铢三种。

半两钱　均无内外郭，分二式。

Ⅰ式：钱文清晰，字体粗大，“半”字上横长，下横短，“两”字上横较短。直径2.9、穿

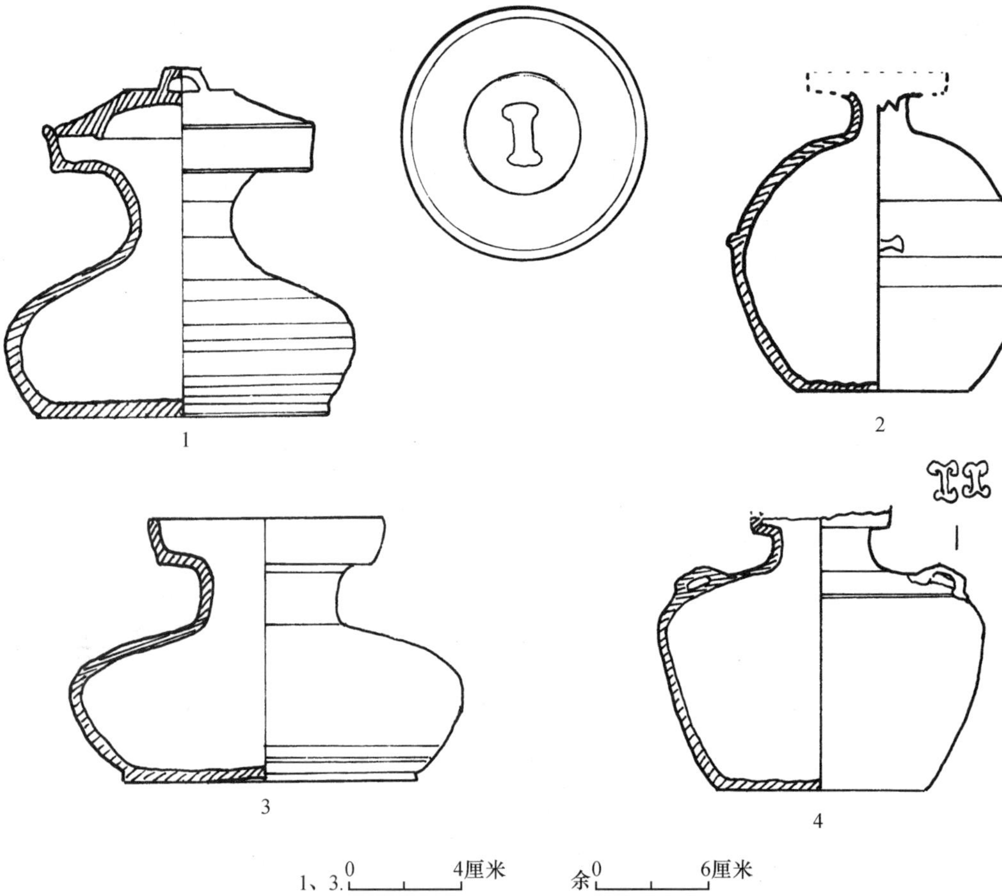

图三七　六朝墓出土青瓷盘口壶

1. Ⅰ式（M111∶11）　2. Ⅱ式（M111∶3）　3. Ⅲ式（M114∶19）　4. Ⅳ式（M88∶1）

径1.1厘米（图三八，1）。

Ⅱ式：钱文清晰，“半”字上下横等齐，“两”字上横较长。直径2.3、穿径0.8厘米（图三八，2）。

五铢钱　分三式。

Ⅰ式：有外郭，无内郭，钱文显狭长，“五”字交叉两笔微曲，金字头为锐三角形，“朱”字头上方折，下圆折。直径2.4、穿径1厘米（图三八，3）。

Ⅱ式：外郭较厚，无内郭，钱文清晰，“五”字交叉两笔弯曲外撇，金字头为三角形，“朱”字头上方折，下圆折。直径2.5、穿径1.1厘米（图三八，4）。

Ⅲ式：有外郭且规整，无内郭，钱文清晰，略显瘦长，“五”字交叉两笔弯曲较甚，金字头为锐三角形。“朱”字上方折，下圆折。直径2.4、穿径1.2厘米（图三八，5）。

直百五铢　分三式。

Ⅰ式：有内外郭，且外郭较宽较厚，钱文高挺，“五”字弯曲较甚。直径2.6、穿径1.1厘米（图三八，6）。

Ⅱ式：有内外郭，且较规整，外郭较宽厚，“五”字交叉两笔较直。直径2.8、穿径1厘米（图三八，7）。

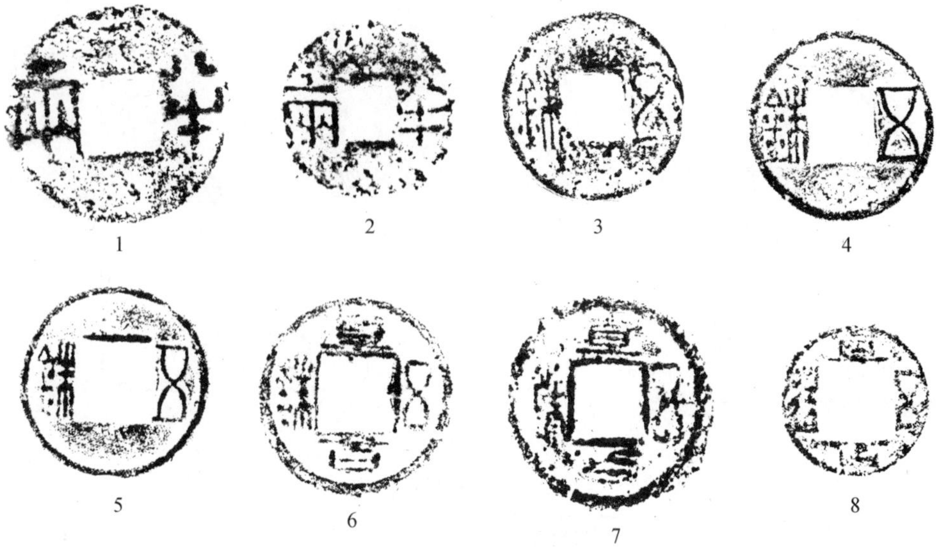

图三八　六朝墓出土铜钱拓片

1. Ⅰ式半两（M96）　2. Ⅱ式半两（M111）　3. Ⅰ式五铢（M71）　4. Ⅱ式五铢（M96）　5. Ⅲ式五铢（M96）
6. Ⅰ式直百五铢（M110）　7. Ⅱ式直百五铢（M110）　8. Ⅲ式直百五铢（M110）

Ⅲ式：无内外郭，字体较细，“五”字交叉两笔微曲。直径2、穿径1.1厘米（图三六，8）。

（三）结语

这批墓葬除M110外，均出土有青瓷器，器形主要有盘口壶、碗、盅。具有明显时代特征的是青瓷盘口壶。这批墓葬所出土的青瓷盘口壶形体较矮，整体显得矮胖圆润，颈较短，鼓腹而扁，大浅饼底或大平底，具有两晋时期风格，与南朝时期形体修长、腹径略大于底径的风格完全不同。因此这批墓葬的年代整体说来当在两晋时期。但它们之间也有早晚，如M114所出的Ⅲ式盘口壶形体更矮，腹径更大，浅饼底，M88所出的Ⅳ式盘口壶壶体开始变长，腹径稍变小，平底。M111所出Ⅱ式盘口壶形体略显修长，腹微鼓，腹径变小，平底，从这可以看出这3座墓葬之间的早晚关系，M114时代应在晋初，M88时代应在两晋之交，M111时代应在东晋。

M110出土器物极少，不见青瓷器，但出有Ⅰ式、Ⅱ式、Ⅲ式直百五铢钱，其年代应在蜀汉时期。

摄影：吴宁平
绘图：舒文明
器物修复：丁国荣
执笔：盛定国　周创华

万州武陵墓群2003年度发掘简报

重庆市文化遗产研究院

一、墓群概况和工作情况

武陵墓群[①]位于重庆市万州区武陵镇下中村十一、十二社，地处长江北岸一级台地上，东临长江，西靠尖山，北隔小浪口与大丘坪墓群相望，南依武陵中学，墓群与下中村遗址部分叠压，现存面积约45 000平方米，中心地理坐标为北纬30°30′25″，东经108°15′42″。墓群地势西高东低，坡度较平缓，西部地形由三个向长江凸出的山梁组成，自北向南分别为罗仁发嘴嘴、大坟坝、少耳嘴，山梁之间是平坦低矮的山湾，地表为梯级水稻田，海拔155～175米；山梁下为较平整的临江台地，地表为民居、蔬菜地、果树等，海拔145～155米（图一）。

武陵墓群发现于1986年四川省文物普查工作中。1994年厦门大学考古队在三峡库区文物抢救保护调查规划阶段对该墓群进行了调查和试掘[②]，共发掘汉代—六朝时期砖室墓4座，墓葬形制为刀形和“中”字形，出土一批陶、瓷、铁、石器及铜钱，在规划中列入A级发掘项目。2002年3～5月，重庆市文物考古所（今重庆市文化遗产研究院）与万州区博物馆联合组队，对该墓群进行第一次大规模发掘，完成田野钻探15 000平方米和规划发掘面积2000平方米。清理东汉—六朝时期墓葬13座[③]。

2002年底，当地农民在罗仁发嘴嘴上的小浪口南坡上部发现了一块石阙顶盖残件。2003年3月6日至5月7日，重庆市文物考古所实施武陵墓群2003年度项目的3000平方米发掘任务。布探方（沟）42个，发掘面积3300平方米，清理石阙残件4件（含1件怀疑是阙基的石块），秦汉至明清时期墓葬16座，共出土随葬品400余件。

二、石阙遗迹

本次发掘的最大收获当属武陵阙的发现。最早被发现的一个构件是阙顶，当时已经暴露在小浪口溪沟南坡的田地里，露出半个阙顶。经过发掘清理，发现阙顶是用整块石头雕刻而成，下层瓦当有一块是单独雕成并用榫卯接在阙顶上的，这部分已经缺失，有两个方形榫眼。阙顶保存近乎完整，仅有一角因为长期暴露在外，已经残损风化。阙顶整体为重檐庑殿式，高65、宽175、进深165厘米。连檐瓦当分上下两层，上层瓦当为素面，有一乳钉，垂脊端头各刻三个

---

① 规划报告中定名为罗仁发墓群，后改名为武陵墓群，本报告中全部使用现用名。

② 邓聪、吴春明：《东南考古研究（三峡考古）》（第2辑），厦门大学出版社，1999年。

③ 重庆市文物局、重庆市移民局：《万州武陵墓群》，科学出版社，2018年。

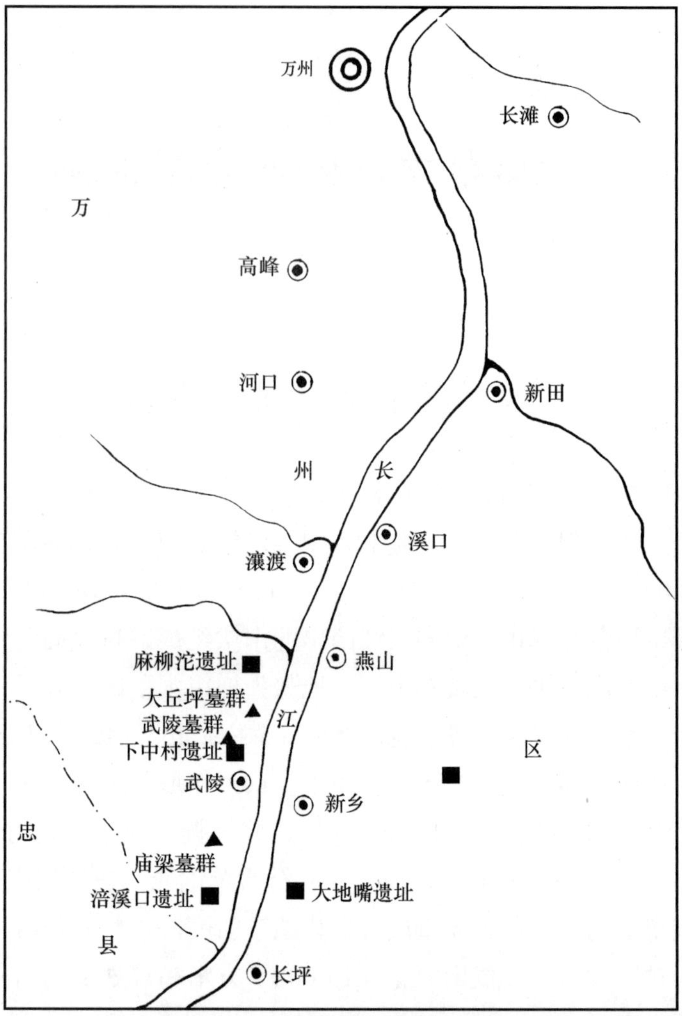

图一　武陵墓群位置示意图

瓦当；下层瓦当亦为素面，有一乳钉，垂脊各刻五个素面瓦当。正面檐下出椽五条（不含四对角椽子），侧面出椽五条（图二）。

随后在发掘中又在阙顶所在的坡地上方清末民房房基地上发现阙身残件，已经被拆解成砌猪圈用的五块石条。经过拼合复原，阙身基本完整，高215、上宽45、下宽75厘米，进深不详；右侧面减地浮雕青龙衔璧，左侧面为素面，四面留出边框；阙身中部榫头残（图三）。

在猪圈附近的近代地层中还发现阙顶残块及一块怀疑是阙基的残石条（图四）。

三、墓葬形制

为了便于对墓群历次发掘资料的统一研究，此次发掘的16座墓葬延续了2002年武陵墓群的墓葬编号，从M14～M30（后来M28作删号处理）按所属历史时代分有战国晚期至两汉墓葬12座、唐墓2座、明清墓2座；按形制分有竖穴土坑墓9座、砖室墓7座（其中M27很可能是1994年厦门大学试掘的M3）。以下按照时代和形制分类举例介绍。

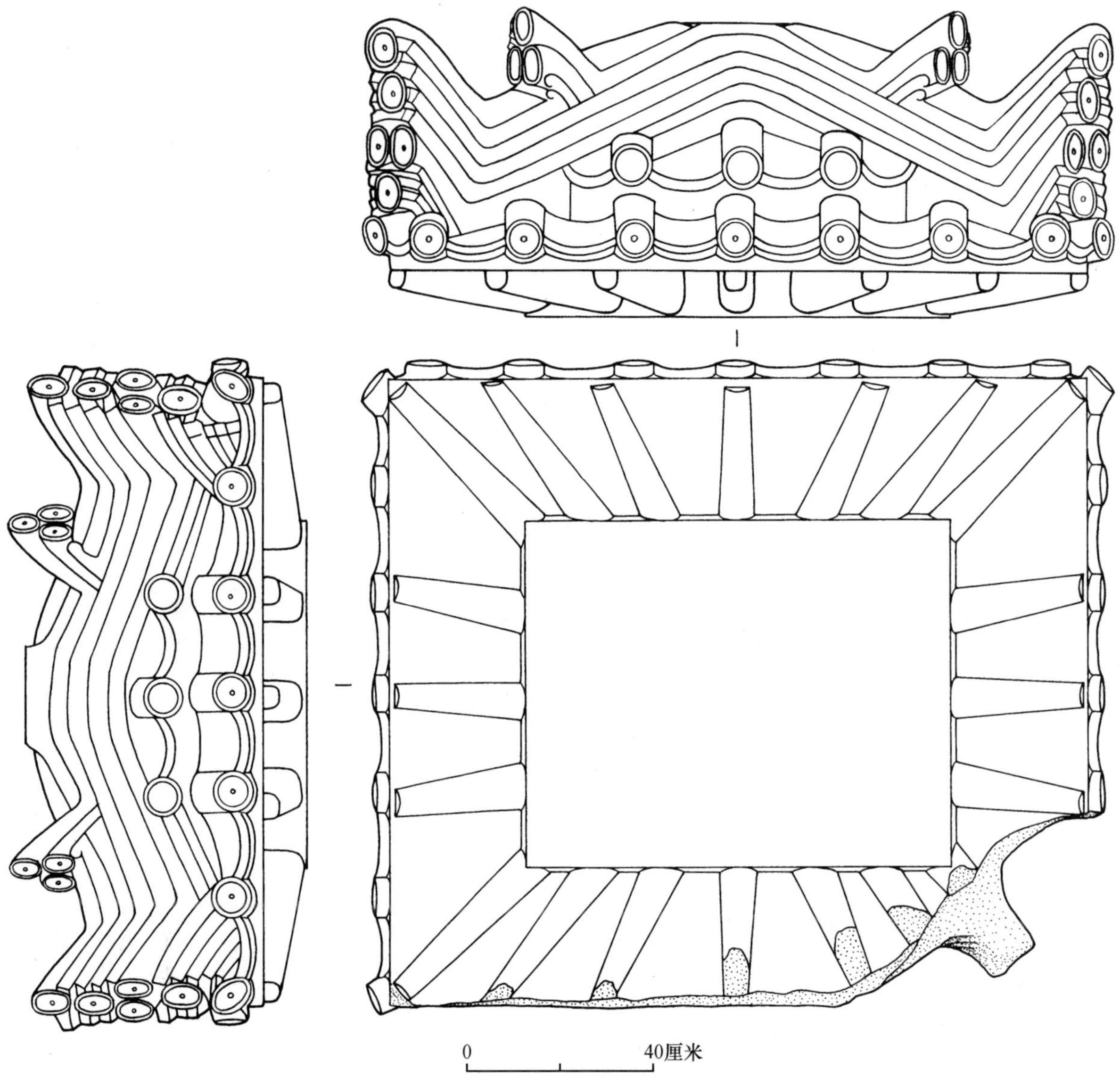

图二　武陵阙阙顶平、剖面图

（一）战国晚期至两汉墓葬

有竖穴土坑墓葬5座（M14、M22、M23、M29、M30），砖室墓7座（M15、M16、M19、M21、M25、M26、M27）。这一时期墓葬一般叠压在文化层下直接打破生土层。

1. 竖穴土坑墓

分为窄长方形土坑墓（M14、M29、M30）、宽长方形土坑墓（M22）、甲字形竖穴土坑墓（M23）三种，以下分别举例介绍。

M14　窄长方形竖穴土坑墓，方向28°。口大底小，有熟土二层台，墓室长330、宽132、距地面120厘米。墓底长270、宽130、深160厘米。二层台高50、南宽16、西宽14、北宽16、东宽30厘米。在墓室中南部有现代盗洞。骨架已朽坏无存，仅西北部二层台上残留有木椁痕迹。

图三 武陵阙阙身平、剖面图

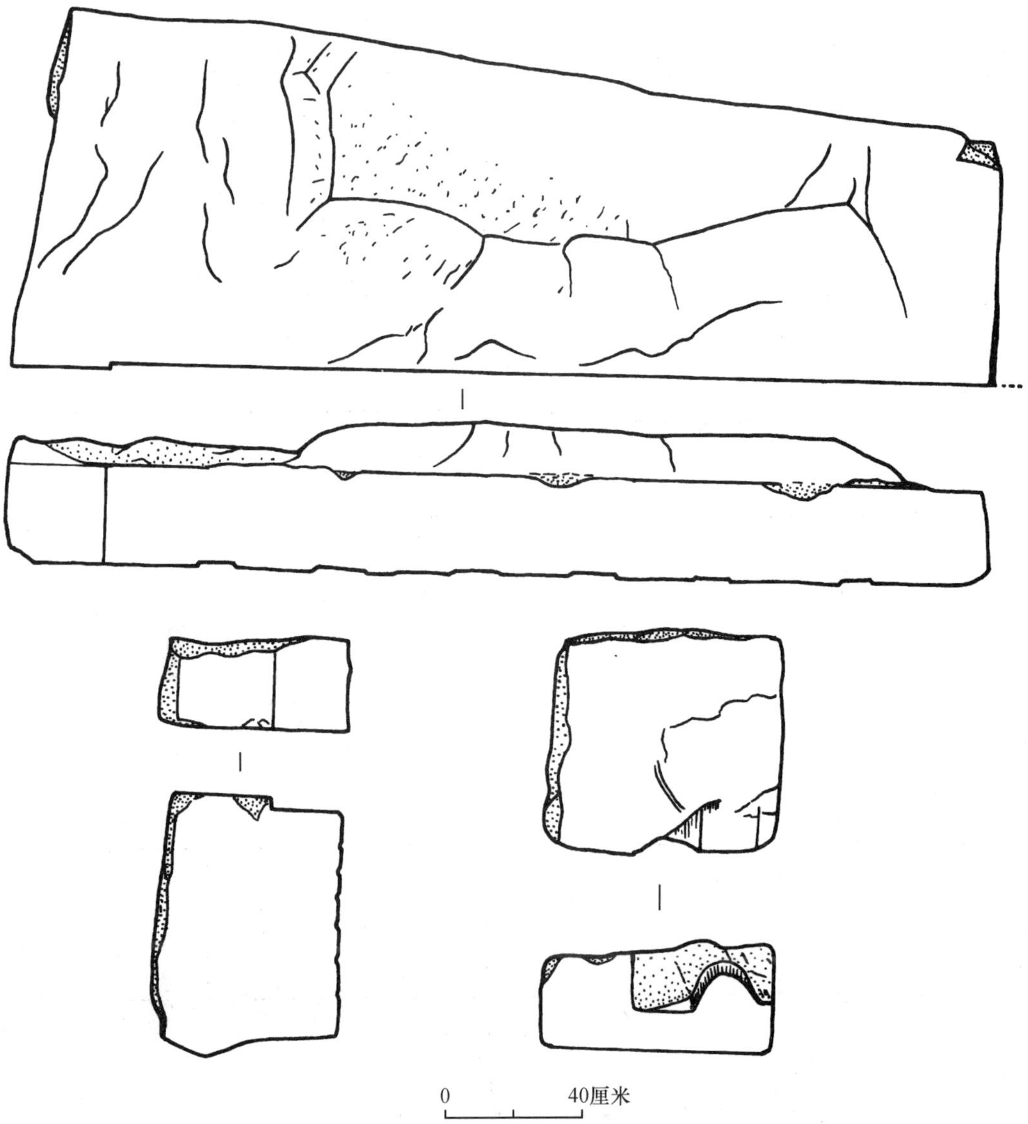

图四　石阙残件

随葬品放置于木椁内北端（图五）。

M22　宽长方形竖穴土坑墓，方向200°。墓上口长384、宽316、底部长322、宽260、墓口距地表深55、墓残深120厘米。墓壁加工痕迹不详。椁长宽不详，残高60厘米，木棺已朽，痕迹不清。椁内由东向西有五具骨架，均为仰身直肢葬，其中1、2、4、5具头向朝南，第3具头向朝北。骨架保存较好，其中第1、2、3具骨架四肢、头骨、牙齿、肋骨保存较好，第4、5具骨架四肢骨、头骨已腐朽。根据牙齿推断，第1、2、3具骨架年龄在35～45岁，性别不详。随葬品主要集中在南部（图六）。

M23　“甲”字形竖穴土坑墓，由墓道、甬道、墓室三部分组成，方向35°。墓口距地表20～40厘米，墓道呈长方形斜坡状，长260、宽220、深160～236厘米。甬道为长方形，长360、宽220、深280厘米。墓室接近正方形，长420、宽390、深280厘米。墓室两侧有熟土二层台，长420、宽50、高75厘米。墓壁光滑，甬道和墓室底部铺一层黄沙土。尸骨无存，其葬式、葬具不明。在墓室和甬道随葬有陶、铜、铁、骨器等（图七）。

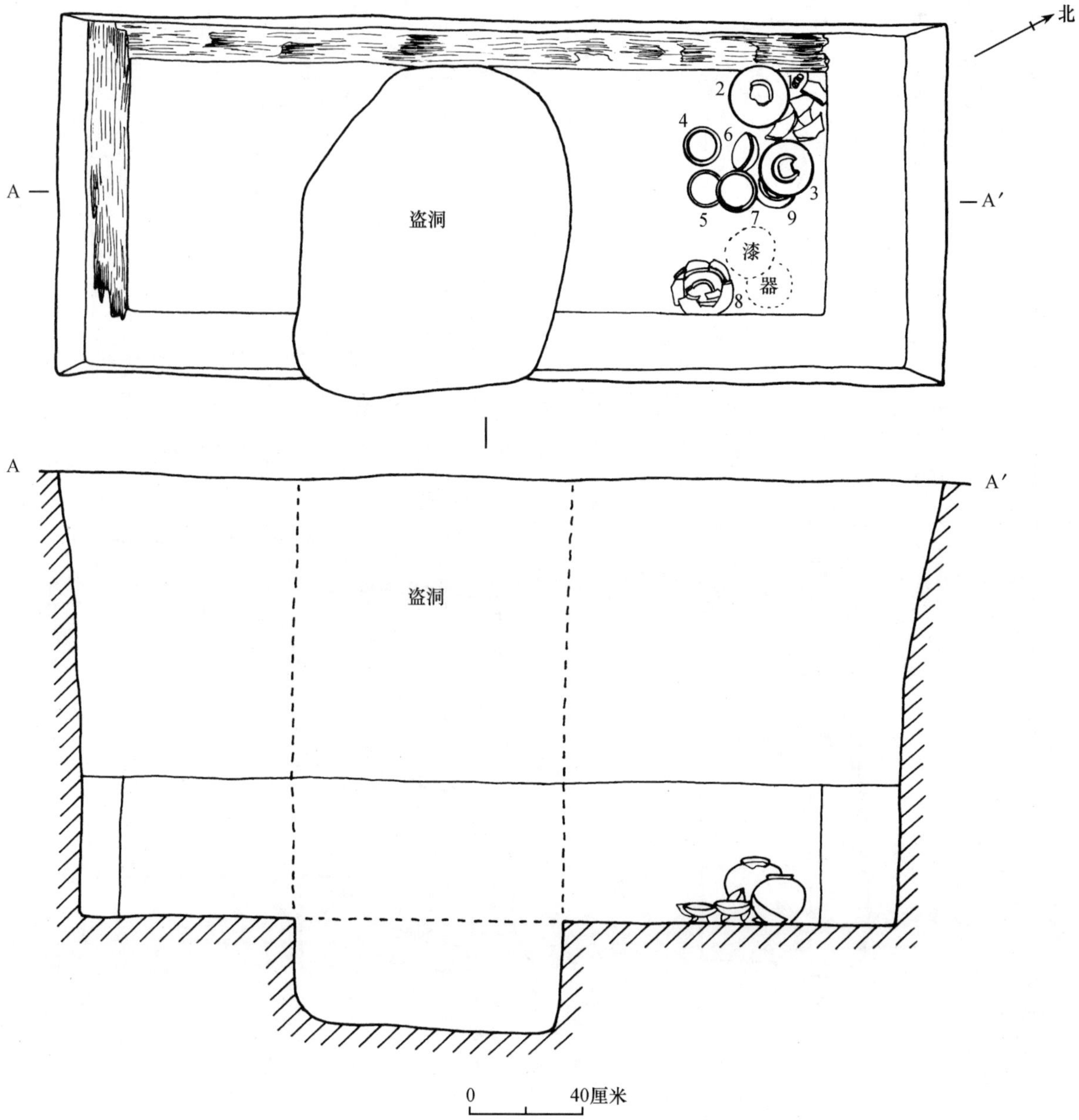

图五　M14平、剖面图

1. 铜钱　2、3、8. 陶罐　4～7、9. 陶豆

2. 砖室墓

分为刀形砖室墓（M15、M16、M21、M27）和“凸”字形砖室墓（M19、M25、M26）两种。由墓道、甬道、墓室三部分组成，有斜坡墓道，墓葬上半部分已经遭到破坏，残留部分券顶砖。随葬品遭到不同程度的扰乱，集中于甬道和墓室中部，以下分别举例介绍。

M15　刀形砖室墓，方向220°。斜坡状墓道宽151、残长126、残深86厘米，甬道长240、宽190、残高121厘米，长方形墓室长350、宽320、残高94厘米。甬道壁及底部均为顺砖错缝平砌，封门用条形榫卯砖错缝平砌，券顶用榫卯砖横砌。墓壁砖长43、宽20、厚10厘米，铺地砖长43、宽20、厚5～7厘米，券顶砖长30～37、宽20、厚10厘米，砖侧饰几何形纹。墓室中部残存2～3厘米褐色棺灰，后壁清理出几节肢骨，仅残存腐痕，葬式不详（图八）。

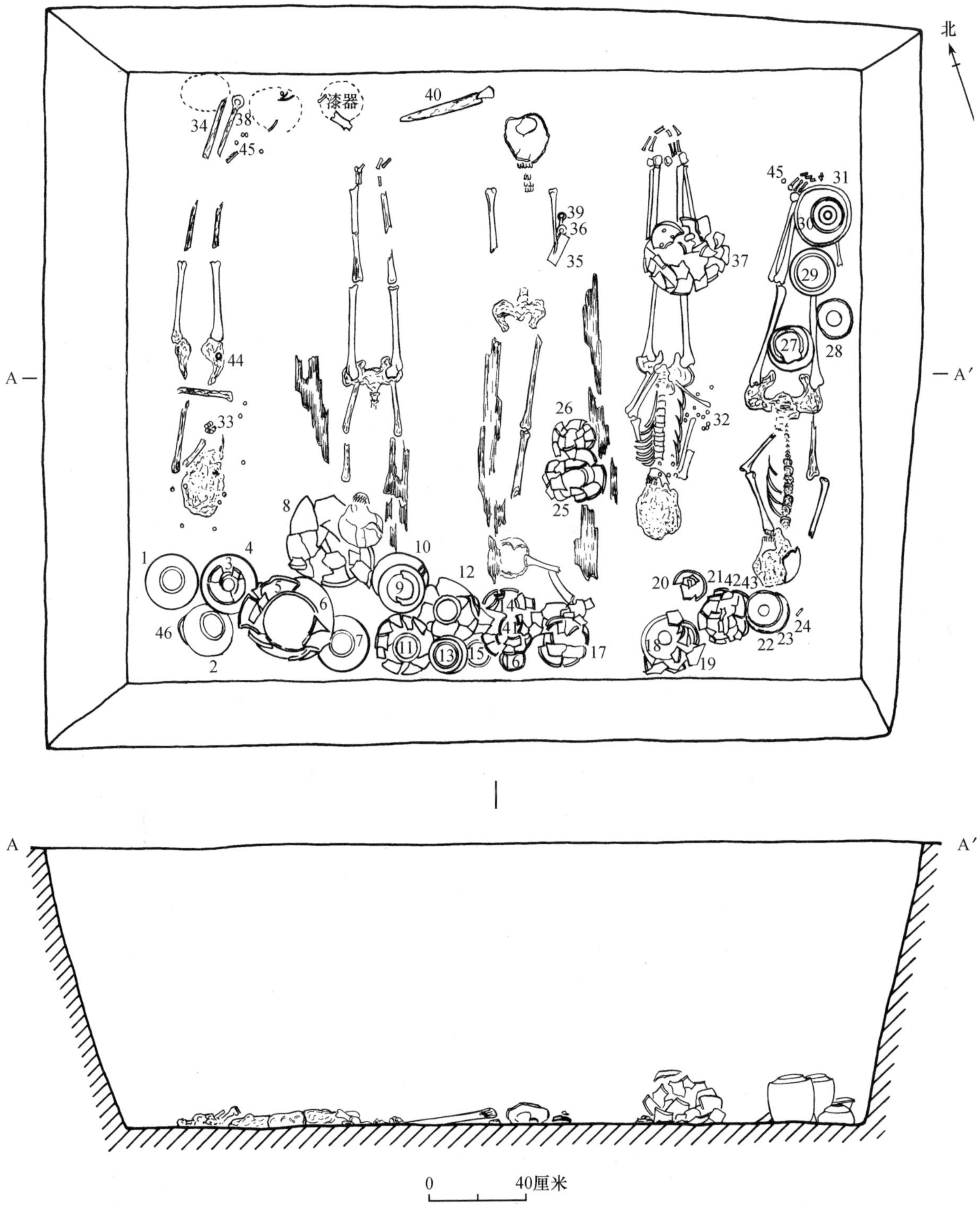

图六　M22平、剖面图

1、2、4、7、11～14、19、25、27、29. 陶罐　3、9、15、16、18、20～24、26、28、30、41～43、46. 陶钵　5. 陶甑　6. 铁釜　8、31. 陶盆　10. 铜鍪　17. 陶井　32、33、45. 铜钱　34. 玉尺　35. 玉黛板　36. 陶研子　37. 陶锺　38～40. 铁刀　44. 银指环

M25　“凸”字形砖室墓，方向34°。墓口距地表60厘米。斜坡状墓道长150、宽104～184、深108厘米，长方形甬道长250、宽140、深108厘米，长方形墓室长490、宽236、残高108厘米。甬道、墓室均用榫卯砖纵向起券，四壁用长条砖错缝平砌而成，底用楔形砖对缝横向平砌。榫卯砖有菱形纹、车轮纹两种纹饰，长42、宽21、厚12厘米，长条砖纹饰为菱形纹，长44、宽21、厚10厘米，铺地砖长44、宽22、厚6～7厘米。尸骨不存，葬式、葬具不明（图九）。

（二）唐代墓葬

唐墓2座（M17、M20），方向接近正南北向，墓圹规模较小，为狭长形竖穴土坑墓。葬具仅有单棺，随葬品主要是铜钱，也有少量瓷器等。均开口于宋元文化层下，打破汉代文化层，以下举例介绍。

M20　方向185°，平面呈长方形。墓室长226、北宽66、南宽64、墓底距地表97、残高50厘米。骨架仅残留腿骨少部，头向及面向、葬式不详。木棺的残朽痕迹长200、南宽54、北宽43厘米，有铁棺钉。身体上摆放有铜钱（图一〇）。

（三）明清墓葬

2座（M18、M24），均为长方形竖穴土坑墓，以下分别举例介绍。

M18　方向310°。长290、宽66～76、墓口距地表30、墓底距地表84厘米。木棺已朽，据棺钉位置确认木棺长190、西宽50、东宽44厘米。葬式为仰身直肢葬，头向西北，骨架保存较好。未见随葬品。

四、随葬器物

本次发掘出土陶、瓷、铜、铁、银、玉石、琉璃、骨等类随葬器物共454件，其中修复器物422件，以下分类介绍。

1. 陶器

以泥质陶为主，有少量夹细砂陶；有部分红胎陶施低温铅釉，绝大多数为酱黄釉，常见于锺、盘、灯、博山炉、卮、勺、魁等类器物上，胎釉结合较差，部分釉已剥落。器物多为轮制，少数为手、模制。纹饰有绳纹、凹弦纹、戳印纹、楔形纹、斜网格纹、方格纹、捏塑纹等。包括生活用器（容器）、模型明器、俑类、其他四类。

（1）生活用器（容器）

主要有罐、盆、钵、釜、豆、甑、鼎、锺、盘、博山炉、灯、勺、卮、魁、盒等器类。

罐　65件。根据整体特征分六型。

A型　19件。圜底罐。依据腹部和底部形态分三亚型。

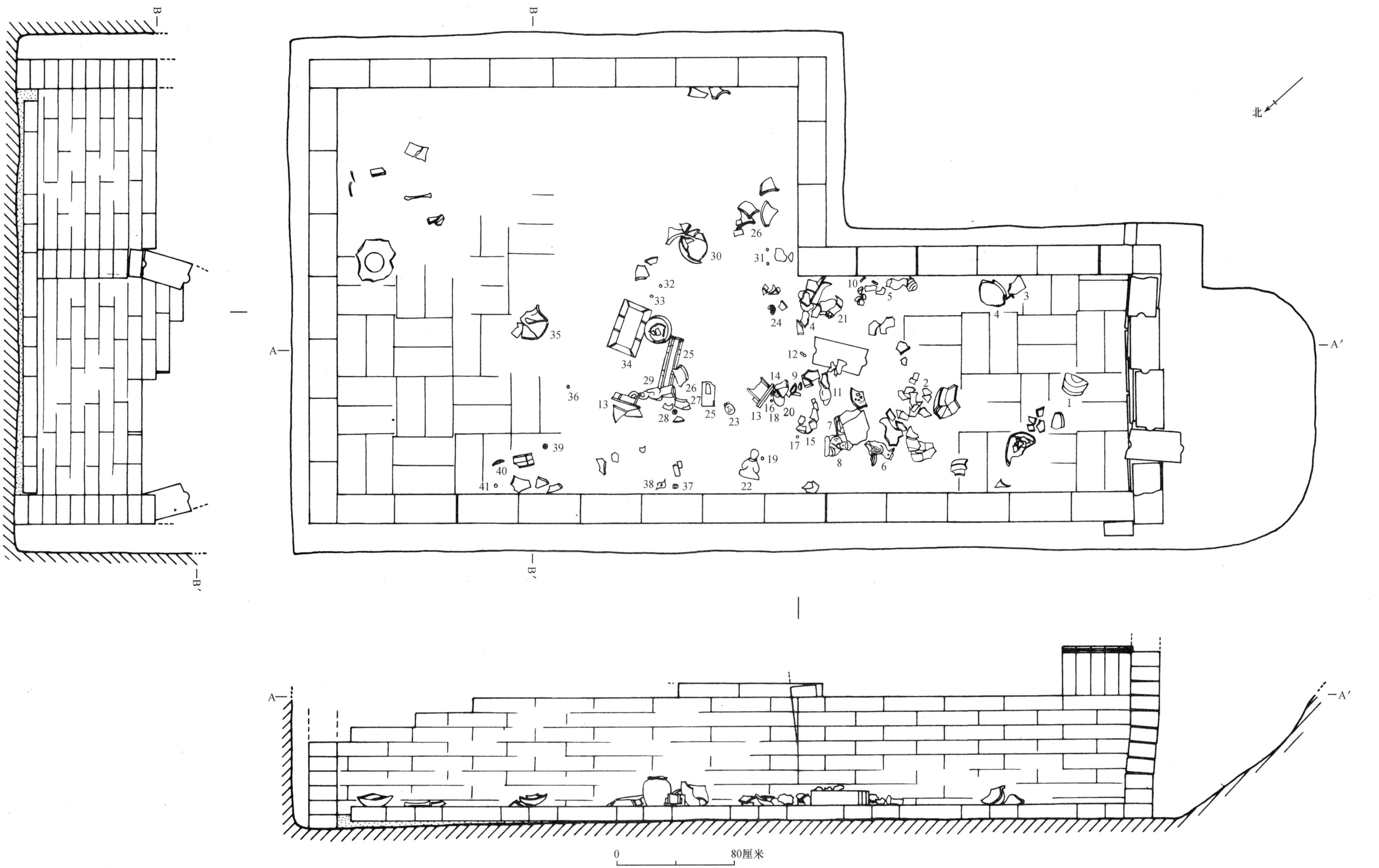

图八 M15平、剖面图

1. 陶钵 2、4、14、27、30、35. 陶罐 3、13. 陶房屋模型 5、9. 陶狗 6、38. 陶鸡 7. 陶水井 8. 陶抚耳俑 10、12. 铜棺饰件 11. 陶吹箫俑 15、16、40. 铜耳杯饰件 17～19、24、28、31～33、36、37、39、41. 铜钱 20. 陶猪 21. 陶庖厨俑 22. 陶抚琴俑 23. 陶执袋俑 25. 陶碓房 26. 陶甑 29. 陶舞俑 34. 陶水塘

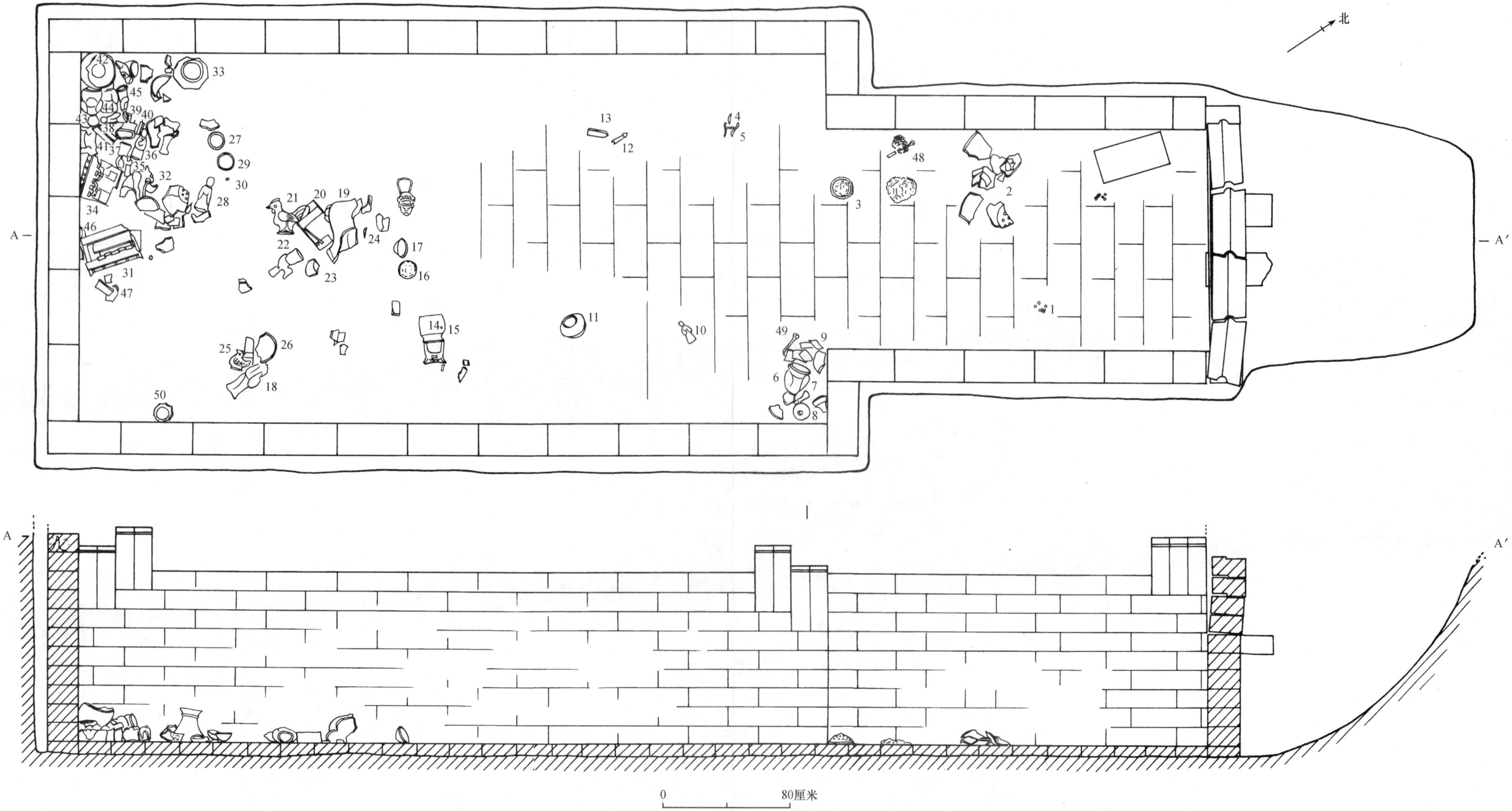

图九　M25平、剖面图

1、30. 铜钱　2. 陶甑　3、14、16、17、27、29、46、50. 陶博山炉　4、24. 耳杯铜饰件　5. 车马器铜饰件　6. 陶吹箫俑　7、10、23、28、35～38、45. 陶侍从俑　8. 陶灯　9、11、23. 陶罐　12. 铜饰件　13. 石镇纸　15. 陶水井　18. 陶提袋执便面俑　19. 陶狗　20. 陶碓房　21、25. 陶鸡　22. 陶舞俑　26、33、42. 陶锺　31. 陶碓房　32. 陶镇墓兽　34. 陶房屋模型　39. 陶击鼓俑　40. 陶抚琴俑　41. 陶猪　43. 陶庖厨俑　44. 陶抚耳俑　47. 陶水塘　48、49. 铁削

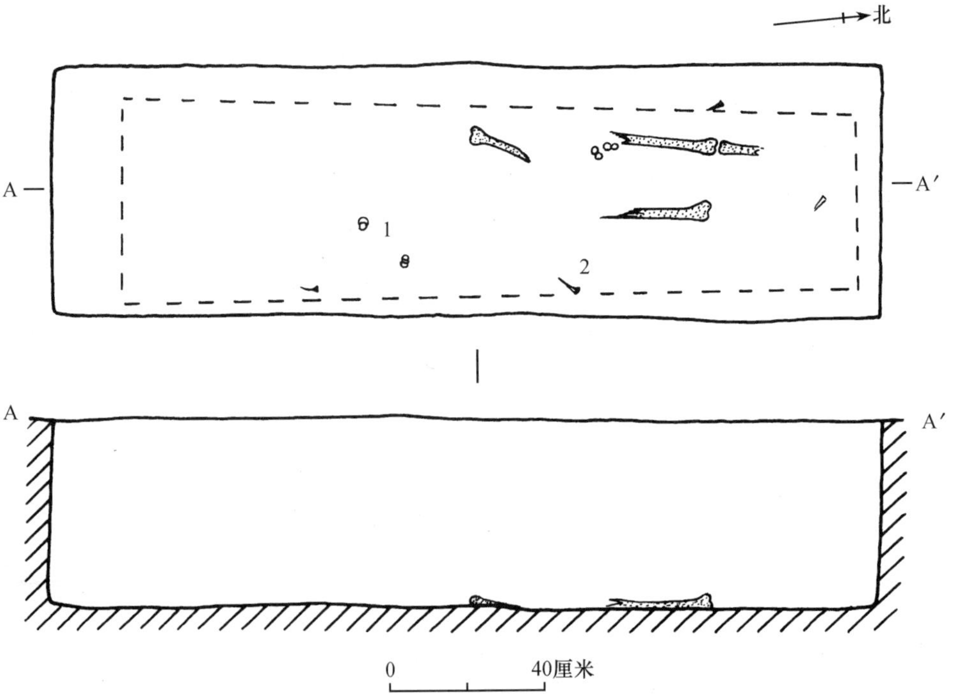

图一〇 M20平、剖面图

1. 铜钱 2. 棺钉

Aa型 5件。折沿，方唇，束颈，球形腹，凹圜底。M30：1，夹细砂灰陶。肩、腹部各有两道凹弦纹，腹部以下至底拍印斜向粗绳纹。口径14.4、腹径28、高20.8厘米（图一一，9）。M29：1，泥质黑皮陶。肩部有两圈凹弦纹，肩部之上有浅菱格划纹，腹部有一圈凹弦纹。口径12.4、腹径20、高14.4厘米（图一一，8）。

Ab型 12件。束颈，斜弧腹，圆圜底。肩部及腹至底拍印绳纹。分为三式。

Ⅰ式：1件。口、腹尺寸相近，体态较瘦。M14：8，泥质灰陶。卷沿，方唇，圆折肩。口径13、腹径19.4、高13.4厘米（图一二，8）。

Ⅱ式：9件。口、腹尺寸比变小，体态变肥。M22：7，夹细砂灰陶。折沿尖唇，折肩。口径11.8、腹径22、高13.8厘米（图一二，10）。

Ⅲ式：2件。小口，广肩，体态肥扁。M15：2，夹细砂灰陶。折沿，尖唇。肩部有两道凹弦纹及一戳印纹，肩部至底压制竖向粗绳纹并以四道宽抹痕分隔开。口径10.8、腹径30、高17厘米（图一二，9）。

Ac型 2件。折肩，筒形腹，圜底。M23：67，夹细砂灰陶。敛口，圆唇，颈肩结合处微凹。肩、腹部各有三道凹弦纹。口径15.2、腹径30.8、高21.2厘米（图一一，10）。

B型 6件。折肩罐，平底。根据口部形态分为二亚型。

Ba型 3件。直口，体形较小。依体态分二式。

Ⅰ式：1件。体态较矮。M23：115，夹细砂灰陶。折沿，尖唇，颈较高，弧腹。口径11.6、底径10、高11.2厘米（图一二，3）。

Ⅱ式：2件。体态较高。M16：7，泥质黄陶。圆唇，鼓腹。肩下部有一圈戳印纹，腹部有

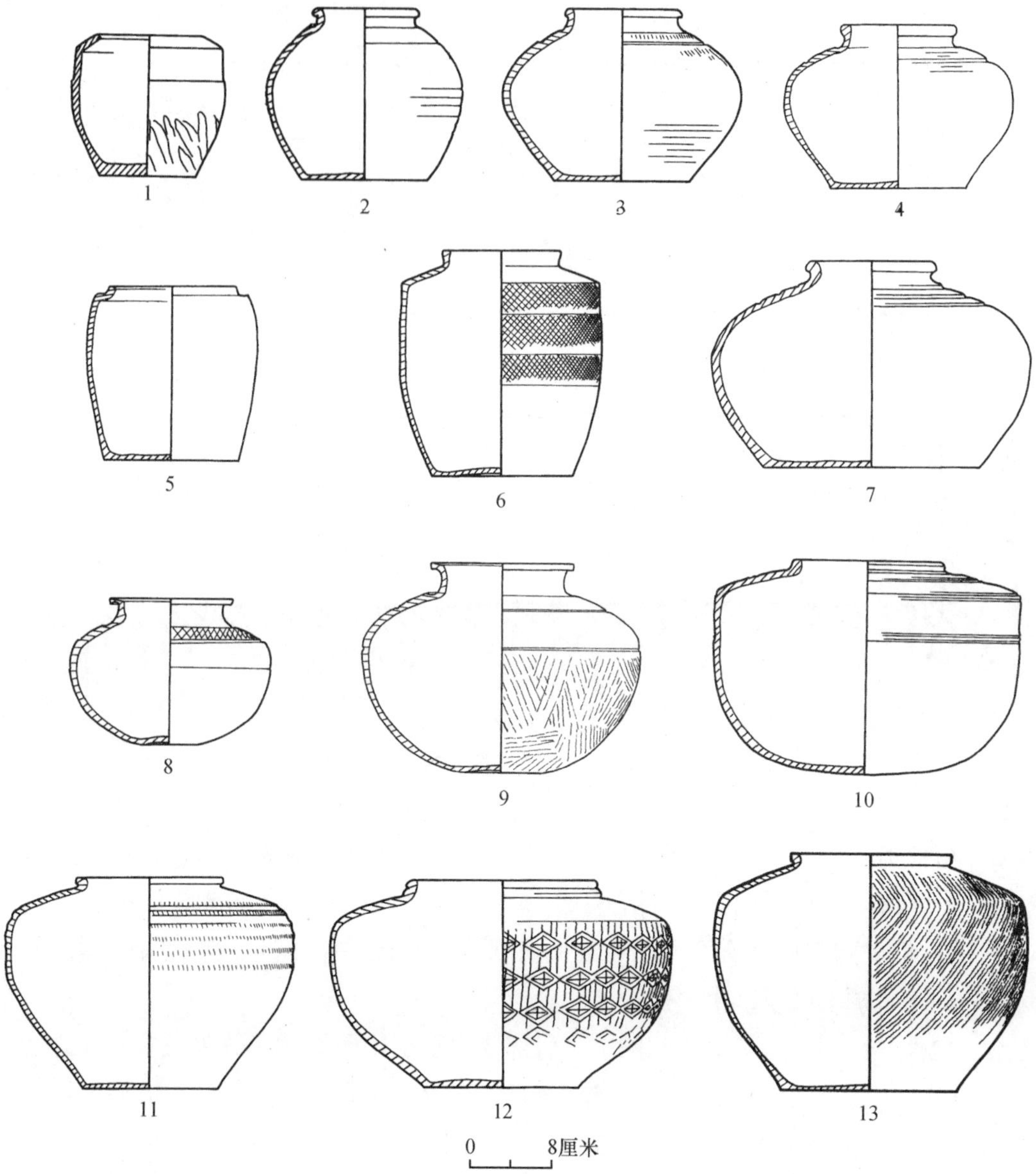

图一一 陶罐

1、6. F型Ⅱ式（M25：23、M26：26） 2. Cb型（M16：13） 3. Ca型Ⅱ式（M22：2） 4. Cc型Ⅰ式（M23：35） 5. F型Ⅰ式（M23：117） 7. Ca型Ⅰ式（M23：91） 8、9. Aa型（M29：1、M30：1） 10. Ac型（M23：67） 11. Bb型Ⅲ式（M21：13） 12. Bb型Ⅰ式（M23：109） 13. Bb型Ⅱ式（M26：35）

一道凹弦纹。口径11.7、底径13、高17.4厘米（图一二，7）。

Bb型 3件。敛口，鼓腹，个体较大。依据体态分三式。

Ⅰ式：1件。短领，广肩，体态较矮。M23：109，夹细砂灰陶。圆唇。腹部首先压制竖向绳纹，再压制出凸印的菱形纹。口径18.4、底径15.2、高20.4厘米（图一一，12）。

Ⅱ式：1件。体态较高。M26：35，泥质黄陶。卷沿，方唇。口沿至腹下部压印竖向绳纹。口径16.4、底径18、高23.4厘米（图一一，13）。

Ⅲ式：1件。体态高。M21：13，夹细砂灰陶。圆唇。肩至腹部有五道轮制抹痕，并饰有六道戳印纹。口径14.8、底径13.6、高21厘米（图一一，11）。

C型　28件。圆肩罐，鼓腹，平底。分四亚型。

Ca型　18件。小口，卷沿，圆唇，大平底。体型矮胖。可分二式。

Ⅰ式：8件。球形腹，形体较矮。M23：91，夹细砂灰陶。肩部有三道凹弦纹，其间有磨光划纹。口径12、腹径32、底径21.6、高20.4厘米（图一一，7）。另有罐盖2件，拱顶，子母口。M23：121，夹细砂灰陶。表面绘有红色彩料。口径14、高3.4厘米。

Ⅱ式：10件。腹部转折较明显，口变大，底变小。M22：2，夹细砂灰陶。肩部饰凹弦纹及竖向绳纹。口径11.2、腹径24、底径14、高17厘米（图一一，3）。

Cb型　1件。体形偏高，肩部较圆。M16：13，卷沿，圆唇，矮领，大平底。肩部有一圈凹弦纹。口径10.8、腹径20、底径12.8、高16.6厘米（图一一，2）。

Cc型　8件。侈口，圆唇。依体态的变化分三式。

Ⅰ式：3件。底径略大于口径，体型较胖。M23：35，夹细砂灰陶。肩部有一道凹弦纹。口径11.2、腹径23.2、底径13.6、高16.2厘米（图一一，4）。

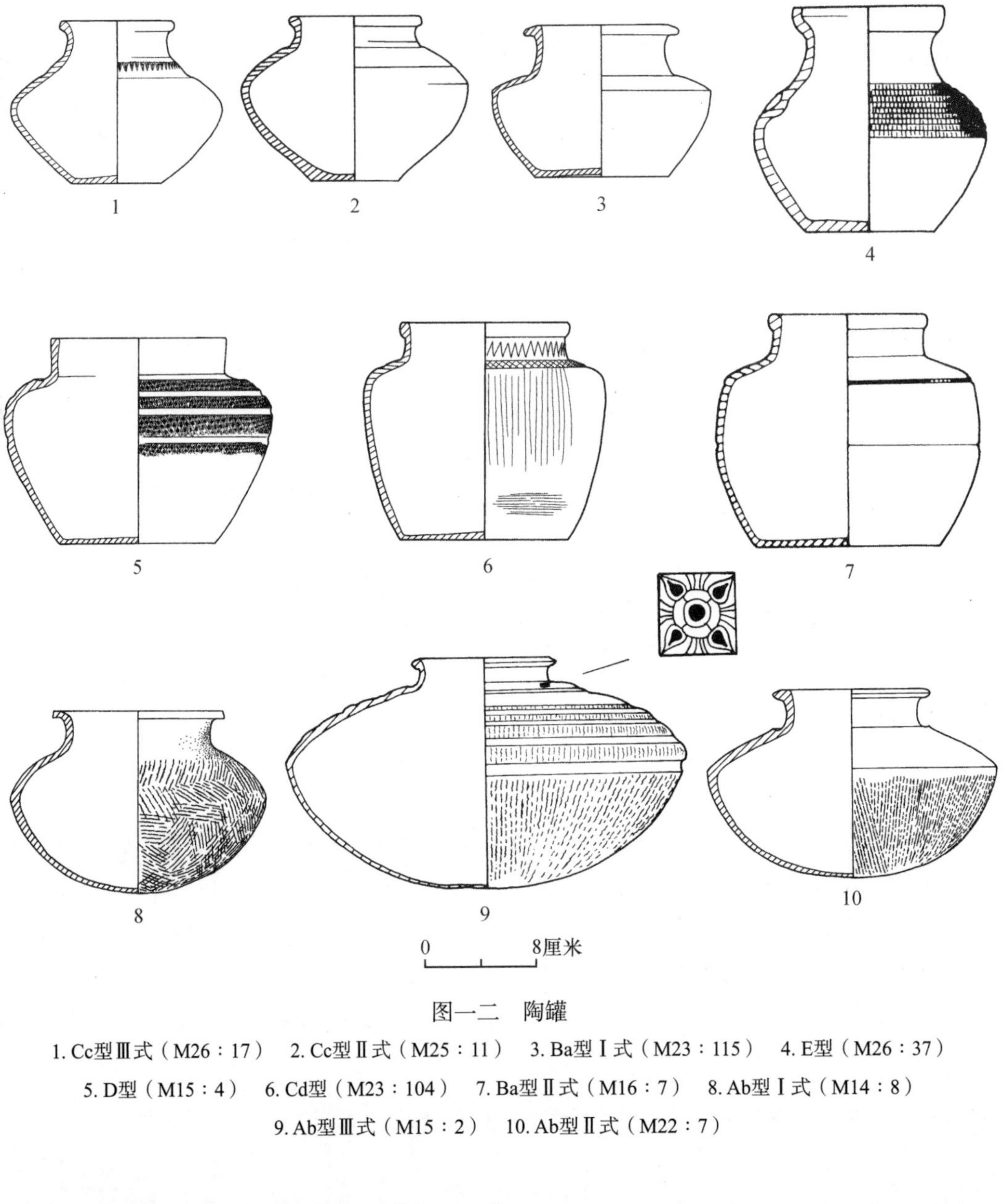

图一二　陶罐

1. Cc型Ⅲ式（M26：17）　2. Cc型Ⅱ式（M25：11）　3. Ba型Ⅰ式（M23：115）　4. E型（M26：37）　5. D型（M15：4）　6. Cd型（M23：104）　7. Ba型Ⅱ式（M16：7）　8. Ab型Ⅰ式（M14：8）　9. Ab型Ⅲ式（M15：2）　10. Ab型Ⅱ式（M22：7）

Ⅱ式：3件。口底接近，体态变瘦，最大腹径位于腹上部。M25：11，泥质灰陶。肩部有一道凹弦纹。口径10、腹径19.2、底径6.8、高12.2厘米（图一二，2）。

Ⅲ式：2件。体态较瘦，最大腹径位于腹中部。M26：17，夹细砂灰陶。肩部饰有凹弦纹及楔形纹。口径8.4、腹径16、底径6.8、高12厘米（图一二，1）。

Cd型　1件。卷沿，圆唇，束颈，腹略呈筒形，平底。M23：104，夹细砂灰陶。颈部有三角形划纹，肩部有菱形划纹，腹部有竖向划纹。口径12.4、腹径18、底径12.4、高16厘米（图一二，6）。

D型　1件。直领罐。M15：4，敞口，方唇，圆肩，鼓腹，平底。肩腹有四道宽凹弦纹，将饰于肩及腹上部的菱形印纹分隔开。口径12.7、底径12、高15.2厘米（图一二，5）。

E型　1件。盘口罐。盘口，方唇，颈较长，鼓腹，平底。M26：37，肩、腹之间原有对称两个粘贴的系，已残缺，仅有凹窝。肩部有九排戳印纹。口径11.6、底径9.6、高17.2厘米（图一二，4）。

F型　10件。筒形罐。形制为敛口或子母口，方唇，短颈或无颈，平折肩，筒形腹，平底。部分兼具仓或井筒之类模型明器的功能。依据肩、腹部形态变化分二式。

Ⅰ式：8件。最大径在腹部。M23：117，泥质灰陶。口径12.8、底径13.2、高17.2厘米（图一一，5）。

Ⅱ式：2件。最大径在肩部。M25：23，黄胎，表面有磨光红色陶衣。折肩，平底，腹部有一道折棱。口径8.8、底径8.4、高12厘米（图一一，1）。M26：26，泥质黄陶。腹部有压印方格纹，中间有轮制抹痕或凹弦纹隔为三段。口径12、底径14.4、高24.1厘米（图一一，6）。

盆　9件。折沿，弧腹，平底。分为两类。

甲类　6件。浅腹。分二式。

Ⅰ式：4件。圆弧腹。M23：25，泥质红胎，表面施酱黄釉。方唇，腹部有两对称环耳。口径24.8、底径12.8、高11厘米（图一三，3）。M23：41，泥质红胎，表面施酱黄釉。方唇。腹上部有三道凹弦纹，有对称两个铺首衔环纹。口径21.6、底径12.8、高8.6厘米（图一三，1）。M23：51，夹砂黑皮陶。圆唇，平底内凹。口径27.2、底径13.6、高10.8厘米（图一三，2）。

Ⅱ式：2件。折弧腹。M23：17，泥质黑皮陶。口径28.4、底径15.2、高7.8厘米（图一三，5）。M16：5，泥质红胎，施低温酱黄色铅釉。腹部有两道凹弦纹。口径26.2、底径9、高8.9厘米（图一三，4）。

乙类　3件。折沿，斜弧腹，平底。分二式。

Ⅰ式：2件。腹部较深。M23：95，夹砂灰陶。尖唇。腹部有一圈附加堆纹。口径23.2、底径12、高12厘米（图一三，6）。

Ⅱ式：1件。深腹。M22：8，夹砂灰陶。圆唇。腹部有一道折棱，腹部以下至底有细密轮制划纹，并有零星戳印纹。口径36、底径18.4、高20.4厘米（图一三，7）。

钵　88件。均为敞口，尖唇、唇部加厚，小平底，不同时期器形变化特征不明显。根据腹部特征分为二型。

A型　51件。折腹。依据腹部转折程度分二亚型。

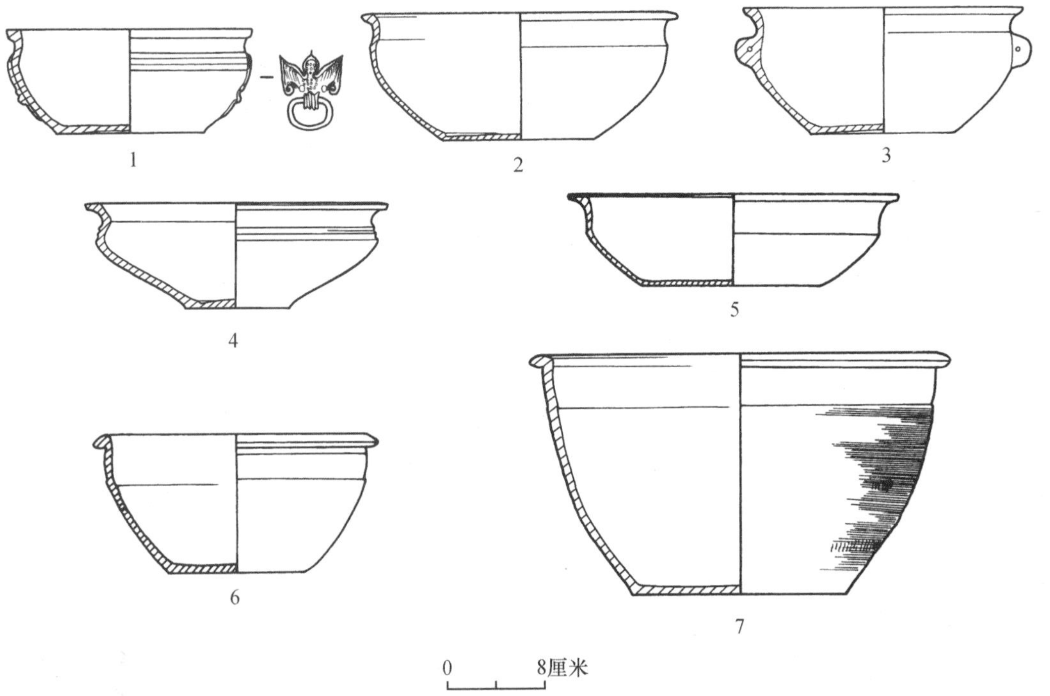

图一三　陶盆

1～3. 甲类Ⅰ式盆（M23：41、M23：51、M23：25）　4、5. 甲类Ⅱ式盆（M16：5、M23：17）　6. 乙类Ⅰ式盆（M23：95）　7. 乙类Ⅱ式盆（M22：8）

Aa型　41件。腹部急折，下腹向内收。M16：6，夹砂黄陶。折腹，底内略有凹陷。腹内中部有一圈折棱。口径18.2、底径4.8、高6.5厘米（图一四，8）。M22：20，泥质灰褐陶。内腹下部壁上有浅浅的划纹。口径12.4、底径4、高5.8厘米（图一四，3）。

Ab型　10件。腹部缓折，下腹略外鼓。M23：69，夹砂灰陶。内底凹陷，中部凸起。口径12.4、底径4、高5厘米（图一四，1）。

B型　37件。敞口，弧腹，平底。根据体形大小及腹部情况分三亚型。

Ba型　10件。弧腹。根据腹部深浅分为二式。

Ⅰ式：3件。腹部较浅。M22：9，夹砂灰陶。口径16、底径6、高5.8厘米（图一四，4）。

Ⅱ式：7件。腹部较深，近底部急收。M26：5，夹砂红陶。素面。口径16、底径5.2、高6.2厘米（图一四，6）。

Bb型　13件。弧腹较直。M23：21，泥质灰陶。口径16.4、底径5.6、高6厘米（图一四，7）。M16：2，圆唇。口径16、底径7、高6.4厘米（图一四，5）。

Bc型　14件。深弧腹，下腹有刀削痕迹。M23：63，夹砂灰陶。底部有旋削和切削痕，制作较粗糙。口径12、底径4.8、高3.8厘米（图一四，2）。

釜　5件。均为泥质红陶，器表施酱黄釉。卷沿，鼓腹，圜底。M23：38，沿面上有一圈折棱，腹上有对称两环耳，并有三圈凹弦纹。口径17.2、腹径17.6、高12.4厘米（图一五，6）。M16：4，肩部有两锥纽，并有一圈凹弦纹。口径12、高9厘米（图一五，5）。

豆　10件。敛口，圆唇，唇外有一圈凹弦纹。浅盘，矮喇叭状圈足。M30：4，泥质黑陶。足上有对称四个凹槽。口径12.4、足径4.8、高4.8厘米（图一五，1）。

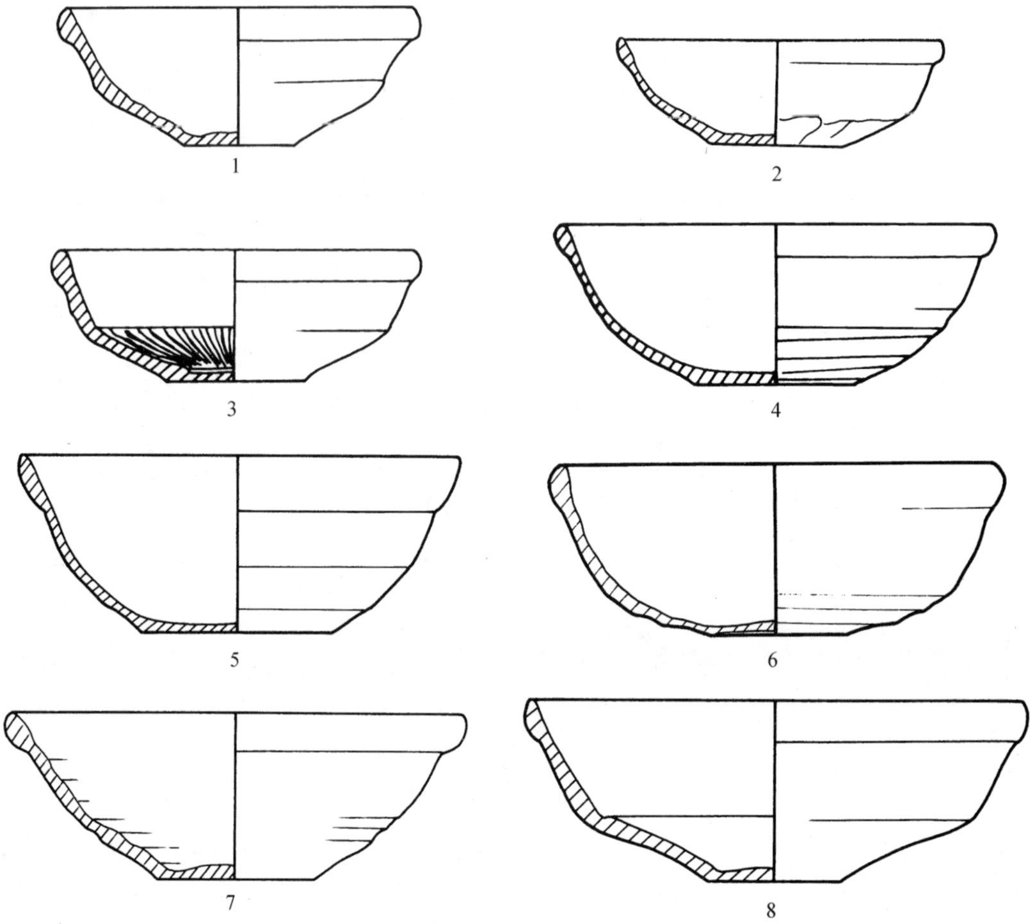

图一四 陶钵

1. Ab型（M23：69） 2. Bc型（M23：63） 3、8. Aa型（M22：20、M16：6） 4. Ba型Ⅰ式（M22：9） 5、7. Bb型（M16：2、M23：21） 6. Ba型Ⅱ式（M26：5）

甑 5件。形制均为盆形，折沿，尖唇，斜弧腹，底有箅孔。大部分下腹底有较厚铁锈，出土时置于铁釜上。M26：21，泥质灰陶。腹部有四排戳印纹，戳印纹之间有细密划纹，底部有10个箅孔。口径35.6、底径17.2、高21.2厘米（图二四，6）。

鼎 1件。M23：15，泥质红胎，表面施酱黄釉。盖为拱顶，上有三个对称半圆形纽，方唇。身为子母口，腹较浅，圜底，腹上有对称两个附耳及三个蹄足，蹄足较矮。口径20.8、高15.8厘米（图一五，8）。

锺 8件。大部分为泥质红陶，器表施酱黄釉。盘口，方唇，鼓腹，圈足。肩、腹有凹弦纹，两组弦纹之间有对称的衔环铺首。身、足分别轮制后拼合。依腹部和足部的变化分三式。

Ⅰ式：1件。颈部较粗长，球形腹，最大腹径在腹上部，高圈足。M23：46，泥质红胎，表面施酱黄釉，基本剥落。有盖，盖为子母口，拱顶，顶部有三个锥形纽。口径16、最大腹径26.4、足径18.4、通高45厘米（图一六，3）。

Ⅱ式：6件。最大腹径在腹中部。M23：6，泥质红胎，表面施酱黄釉。盖为拱顶，子母口，上有浅浮雕纹饰。细长颈，球形腹，高圈足，足壁斜直。口径12.8、最大腹径23.6、足径

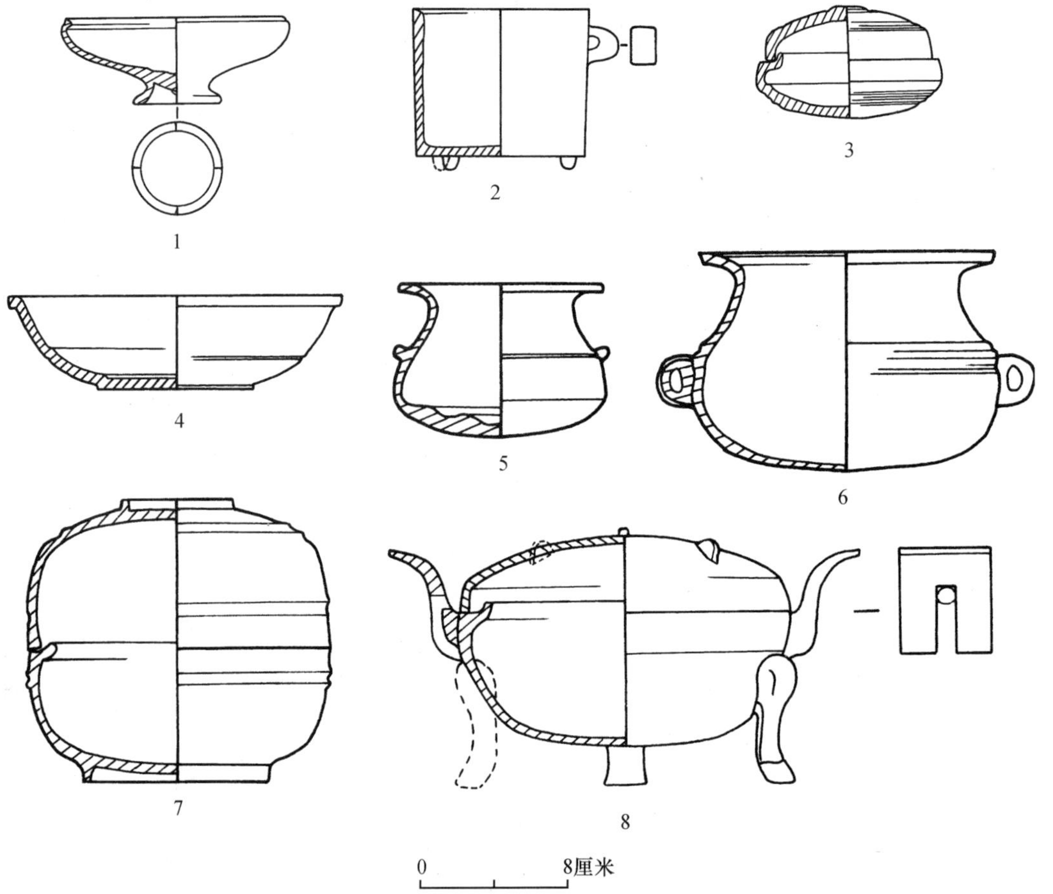

图一五　陶器

1. 豆（M30：4）　2. 卮（M23：27）　3. A型盒（M23：107）　4. 盘（M23：126）　5、6. 釜（M16：4、M23：38）　7. B型盒（M23：125）　8. 鼎（M23：15）

18.8、通高38厘米（图一六，2）。M22：37，盖为泥质黑陶。子母口，穹隆顶，有三个对称锥纽。器身为灰胎陶，粗长颈，扁球形腹，矮圈足，圈足上有一道凹棱。口径14、最大腹径27.2、足径17.2、通高34厘米（图一六，4）。

Ⅲ式：1件。颈部细短，最大腹径位于腹下部，高圈足。M26：6，泥质红胎，表面施酱黄釉。口径15.2、最大腹径23.2、足径16.8、通高36.2厘米（图一六，1）。

盘　2件。M23：126，泥质红胎，表面有酱黄釉。折沿，方唇，弧腹，平底（假圈足）。口径19、底径9、高5.2厘米（图一五，4）。

博山炉　12件，其中4件完整，另有8件炉盖。均为泥质红胎陶，器表施酱黄釉。炉身均为子母口，浅盘，喇叭形足。依炉盖分为二型。

A型　2件。盖为半圆球形。下有两层三角形镂孔，上一层为莲蓬状，有圆形戳印纹。盘部有月牙形镂孔及刻纹。M23：96，口径12、足径12、高22.4厘米（图一七，1）。

B型　2件。盖为锥形顶，顶部周围有3个卵形镂孔，最内为8个山形饰，中间是9个云形饰，外圈为18个山形饰。M16：18，口径10.8、高14.2厘米（图一七，2）。

灯　5件。泥质红胎。表面施酱釉，已经剥落。均为浅盘，柱状柄，喇叭口足。分为三型。

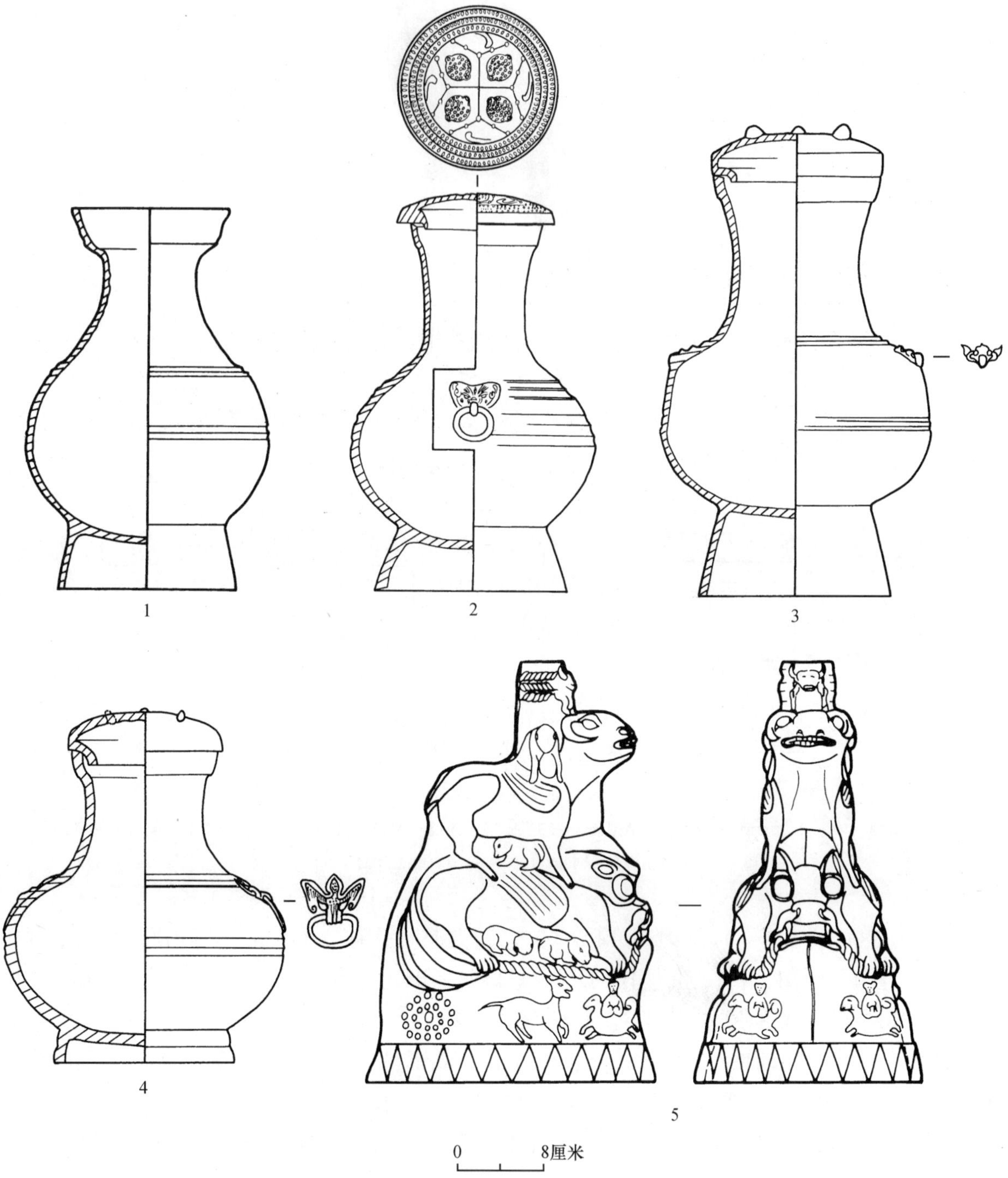

图一六 陶器

1. Ⅲ式锺（M26：6） 2、4. Ⅱ式锺（M23：6、M23：27） 3. Ⅰ式锺（M23：46） 5. 摇钱树座（M26：30）

A型 1件。盘为圆唇，弧腹，中心有凸起圆柱。M25：8，口径9.8、足径8.8、高12厘米（图一七，3）。

B型 1件。敛口，方唇。M23：49，口径8.8、足径9.6、高9.6厘米（图一七，5）。

C型 3件。方唇，敞口。M21：4，口径10.8、足径10.4、高11厘米（图一七，6）。

勺 5件。泥质红陶，施酱黄釉。粗柄圆斗，柄尾下弯，斗内及柄部施釉，柄部切削修整

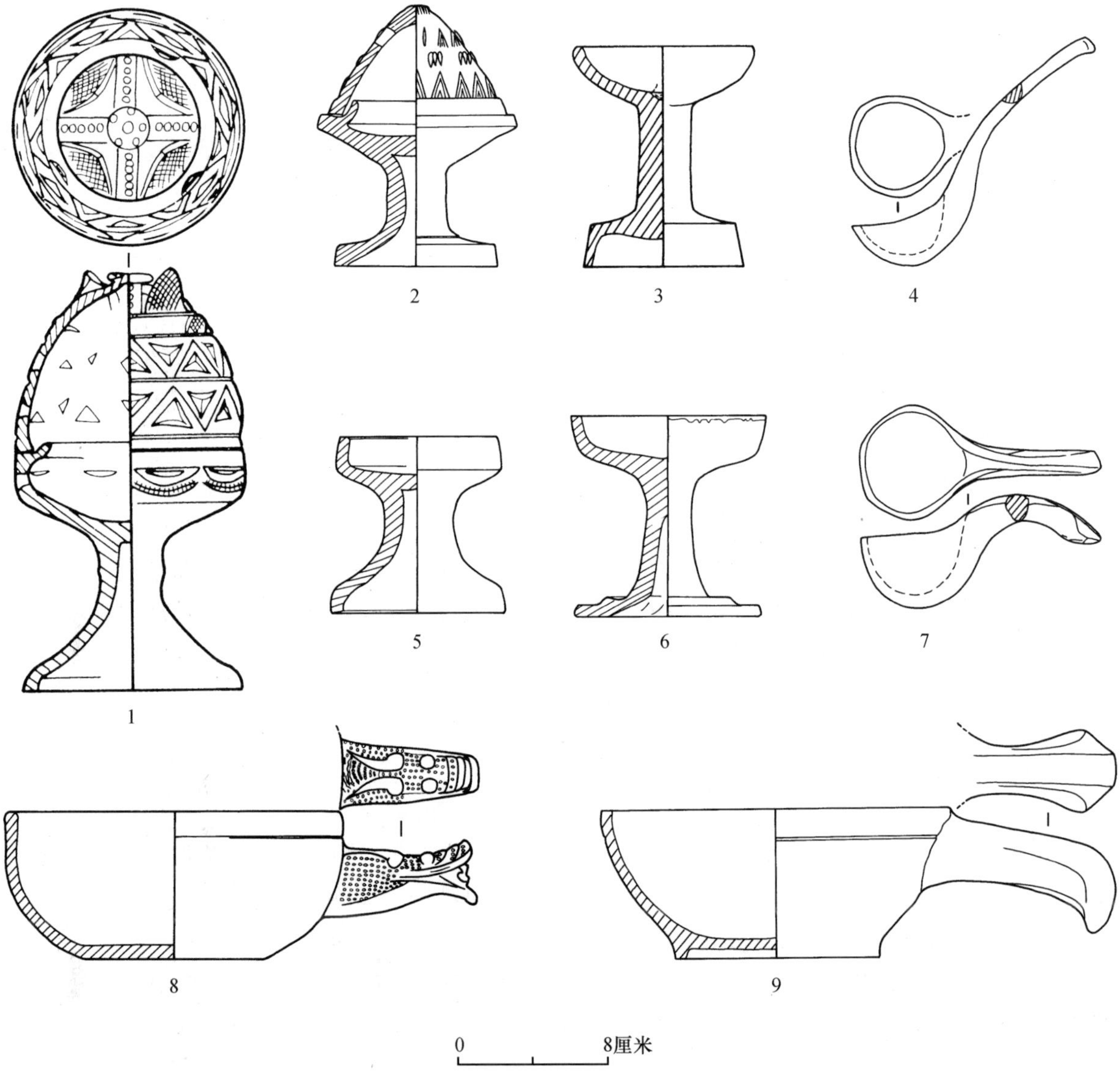

图一七 陶器

1. A型博山炉（M23：96） 2. B型博山炉（M16：18） 3. A型灯（M25：8） 4. A型勺（M16：28）
5. B型灯（M23：49） 6. C型灯（M21：4） 7. B型勺（M21：5） 8. A型魁（M23：4） 9. B型魁（M23：5）

痕迹明显。分二型。

A型 2件。勺柄较长。M16：28，长16厘米（图一七，4）。

B型 3件。勺柄较短曲。M21：5，长13.2厘米（图一七，7）。

卮 2件。泥质红陶，表面施酱黄釉。直口，方唇，筒形腹，平底，底上有三个乳钉形足，一侧有鋬手。M23：27，口径10、底径10、高8.7厘米（图一五，2）。

魁 3件。泥质红陶。圆唇，敞口，弧腹。分二型。

A型 1件。平底，有一龙头形柄，刻有角及圆形鳞片。M23：4，表面施青绿釉。口径17.4、底径10、高10.8、长25厘米（图一七，8）。

B型 2件。矮圈足，一侧有柄。内外均施酱黄釉，器外只施到腹部。M23：5，口径19.2、足径11.2、高10.2、长28.4厘米（图一七，9）。

盒　6件。分二型。

A型　1件。盒盖为方唇，直口，穹隆顶。盒身为子母口，圆唇，圜底。M23：107，泥质红胎，表面有酱黄釉。口径9.6、通高6.2厘米（图一五，3）。

B型　5件。泥质红胎，表面施酱黄釉，大部分剥落。盖为直口，方唇，深腹，圈足；腹部上、下各有两道凸棱。身为子母口，圆唇，深腹，圈足；腹部有两道凸棱。M23：125，口径18.4、通高16.2厘米（图一五，7）。

（2）模型明器

18件。

有房、碓房、水井、水塘、摇钱树座等类型。

房　8件。均为泥质灰陶。根据其结构特征分二型。

A型　6件。双层房，都不完整，有3件下层，3件上层。

下层为平顶悬山式屋顶，正面有瓦脊。M26：34，厅式结构，无前壁，正中有一立柱，下有柱础，柱上一斗三升直接承托腰檐。长37、宽13.6、高30厘米（图一八，1）。M26：71，门位于一侧，有台阶，左右各一柱，柱上一斗三升直接承托腰檐。长39.4、宽16、高32.6厘米（图一九，1）。

上层为悬山两面坡屋顶，有中脊，两端翘起，正面有瓦脊。厅式建筑，前有护栏。中柱一斗三升直接承托腰檐，左右各施一单斗承拱。M26：82，长40、宽30、高12.8厘米（图一八，2）。

B型　2件。单层房。M25：34，屋顶为平顶悬山式，屋脊两端翘起，正面有瓦垄。房屋为四开间，左起第二间有门，向内打开。屋侧山墙向前延伸至走廊。走廊外有护栏至立柱，柱上一斗三升承托腰檐。长28、宽9.8、高22.2厘米（图一九，2）。

碓房　2件。长方形敞式建筑，有四个长方形立柱，房内有舂米工具。M25：20，长25.6、宽7.2、高14.8厘米（图二〇，2）。

水井　5件。按照形制分二型。

A型　3件。由三部分组成：井架，形制为正方形，四隅做弧状内凹，中央圆形井眼，井口两侧有两立柱，上架“山”字形悬杆，中部有辘轳；平台下部有圆座套合于井身上。井身为筒形罐，子母口，圆唇，筒形腹，平底；腹中部有一道凹弦纹。水桶形如小罐，侈口，圆唇，鼓腹，平底。盖面刻划鱼纹、菱格纹、枝草纹。M22：17，泥质灰陶。水井通高33.4、井架长宽24.4、井身腹径19.2、水桶口径4.4、高5厘米（图二〇，5）。

B型　2件。井身为圆筒状，折沿，方唇，束颈，折肩，平底内凹。井沿上有悬山顶井亭，亭顶中脊两面各有五组瓦垄，柱间横轴中部设有轱辘。M25：15，口径15.6、高28.4厘米（图二〇，4）。

水塘　2件。均为长方形浅盘，四周起塘埂，塘内有堤。M15：34，中间有埂将塘完全隔开，一侧有鱼及菱角，一侧有田螺。长33.2、宽21.6、高5.2厘米（图二〇，3）。M21：10，中间有田埂略做分隔，大的一侧有莲蓬、田螺、藕，小的一侧有鱼及乌龟等。长22、宽11.2、高2.8厘米（图二〇，1）。

摇钱树座　1件。M26：20，泥质红陶，表面施有较厚白釉。座分三层，下层为骑动物的

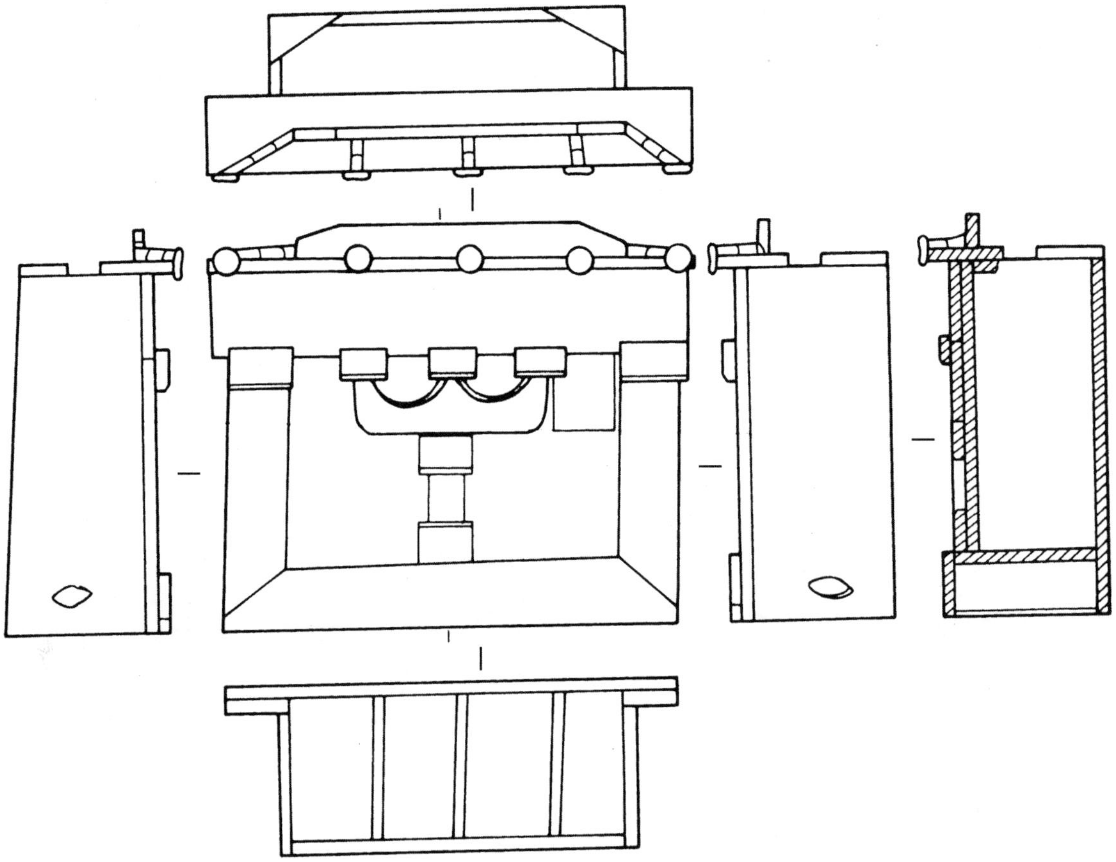

1

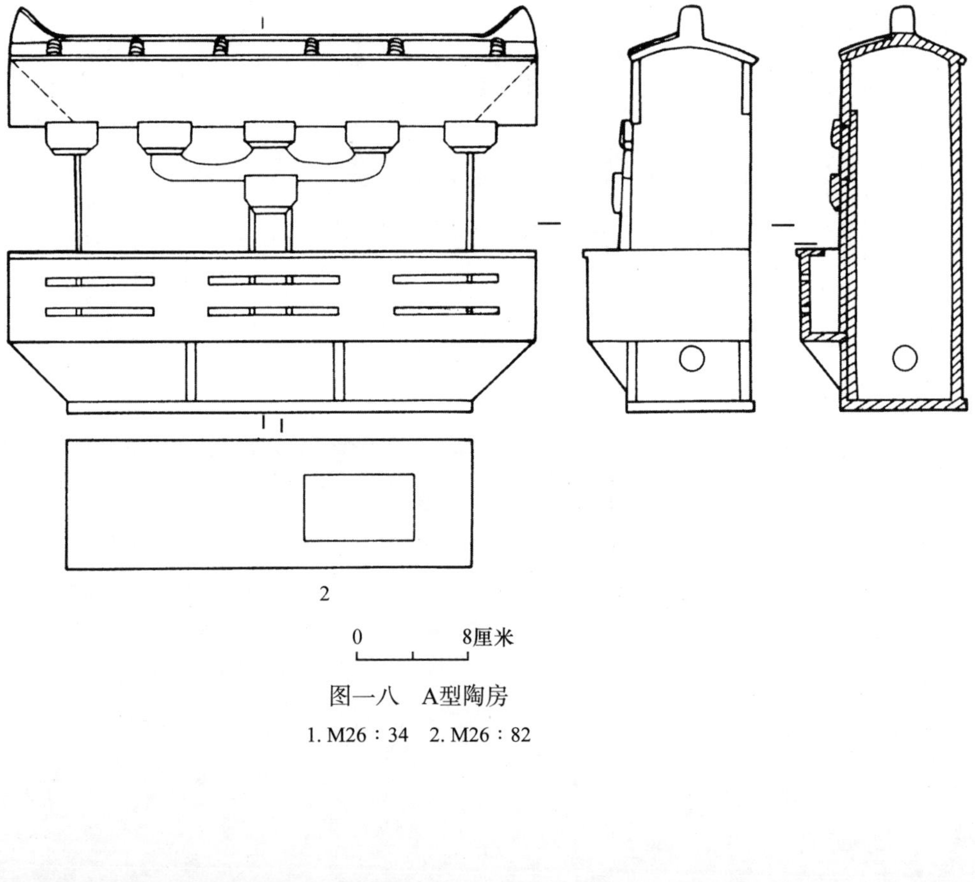

2

0 8厘米

图一八 A型陶房

1. M26：34 2. M26：82

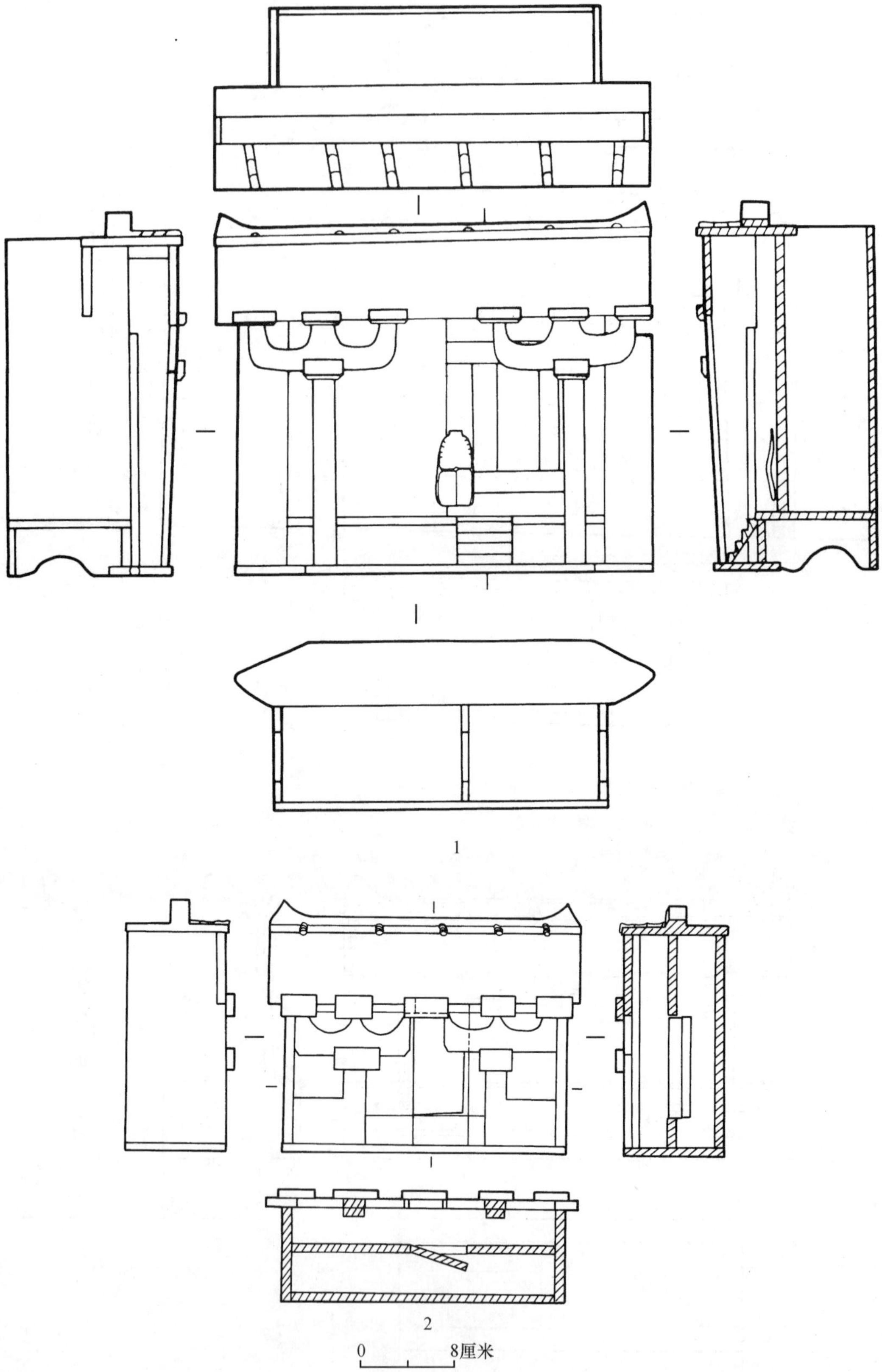

图一九 陶房

1. A型（M26：71） 2. B型（M25：34）

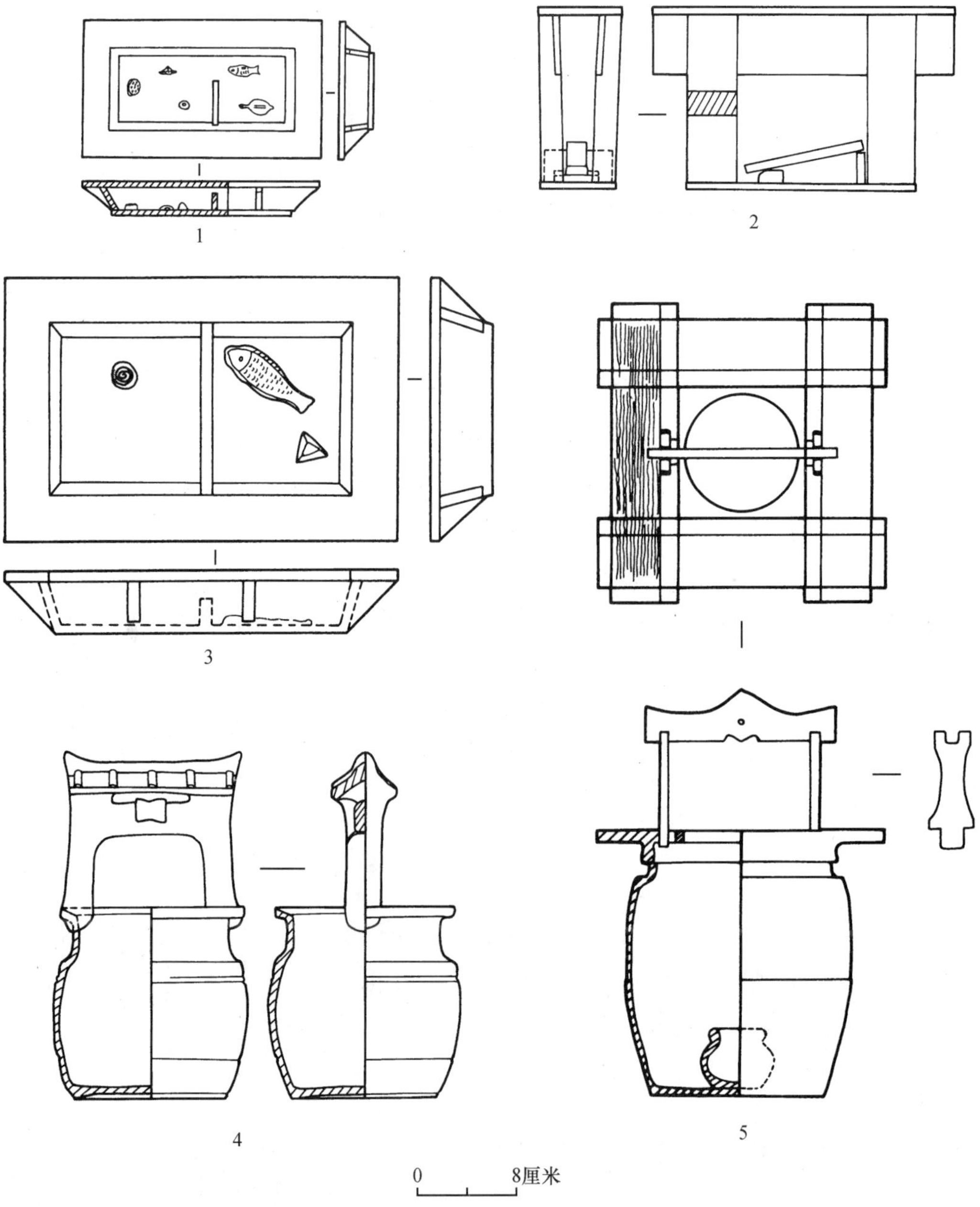

图二〇 陶器

1、3. 水塘（M21：10、M15：34） 2. 碓房（M25：20） 4. B型水井（M25：15） 5. A型水井（M22：17）

供养人、鹿及装饰花纹；中层为一大型动物，头上有角，背生双翅，短耳，圆眼，阔口獠牙，口衔一绳状物，左右两侧身下有两小型动物；上层为一似羊动物，有弯角，背生双翅，身下两侧各有一动物，左侧向前，右侧向后；羊背上是摇钱树孔，左右两侧各一似熊蹲坐的动物，正面是一动物，孔口部有三圈绳索。基座周围模糊刻有三角形边饰。底长28、座高40厘米（图一六，5）。

（3）俑类

57件。

均为合范模制，刮削修整痕迹较明显，陶质多为夹少量细砂，以红陶为主，少量灰陶。可分人物俑、动物俑两类。

1）人物俑

38件。均为泥质红陶，有侍从、侍卫、抚耳听乐、抚琴、击鼓、吹箫、吹埙、舞蹈、持便面提袋、庖厨、跪坐等造型。

侍从俑　14件。其中女侍从俑6件、男侍从俑8件。均为交领长服，广袖束腰，双手拢于胸前。M25：7，女性，头裹巾，面部模糊。高13.2厘米（图二一，7）。M25：38，男性，头戴巾帻。高19.5厘米（图二一，6）。

侍卫俑　1件。男性，交领长服，广袖束腰，外披胸甲，下摆为圆舌状，双手相拥于胸前，做侍立状。M26：22，高21.4厘米（图二一，5）。

抚耳听乐俑　4件。跪坐，头梳山形髻，扎巾，着三重衣，亵衣圆领，中衣、外衣均为交领右衽，中衣袖长至腕，外衣宽褶袖至肘，下摆成裙状，有褶边。分二型。

A型　1件。右手按膝，左手放于耳边做倾听状。M26：45，高24厘米（图二一，1）。

图二一　陶人物俑

1. A型抚耳听乐俑（M26：45）　2. B型抚耳听乐俑（M26：42）　3. B型抚琴俑（M15：22）　4. A型抚琴俑（M26：43）　5. 侍卫俑（M26：22）　6、7. 侍从俑（M25：38、M25：7）　8. A型击鼓俑（M25：39）　9. C型击鼓俑（M26：48）　10. B型击鼓俑（M26：69）

B型　3件。左手按膝，右手放于耳边做倾听状。M26：42，高17.3厘米（图二一，2）。

抚琴俑　4件。跪坐，头着帻巾，交领长服，琴置膝上，双手抚琴。分为二型。

A型　2件。琴较长。M26：43，高18厘米（图二一，4）。

B型　2件。琴较短。M15：22，高18.2厘米（图二一，3）。

击鼓俑　4件。跪坐，交领长服，鼓置于两膝前，左手抚鼓，右手做敲击状。分三型。

A型　2件。头戴进贤冠，右手攥握。M25：39，高18.2厘米（图二一，8）。

B型　1件。头戴巾帻，右手执槌。M26：69，高27.2厘米（图二一，10）。

C型　1件。头梳椎髻，右手攥握。M26：48，高18.4厘米（图二一，9）。

吹箫俑　1件。跪坐状，头戴胡帽，着三重衣，亵衣圆领，中衣、外衣均交领右衽，窄袖，束腰，双手捧箫鼓腮做吹奏状。M25：6，高21.5厘米（图二二，1）。

吹埙俑　2件。跪坐，头戴胡帽，衣饰不清，窄袖，束腰，双手捧埙于嘴边做吹奏状。M26：27，高16.7厘米（图二二，2）。

舞蹈俑　3件。着三重衣，亵衣圆领，中、外衣均交领右衽，中衣窄长，外衣袖至肘，有荷叶形褶边，下摆成裙状。分二型。

A型　2件。M25：22，头包巾，左手举于胸侧，右手提裙，身体左倾做舞蹈状，左足露出。高24厘米（图二二，5）。

B型　1件。M15：29，梳山形髻，束巾，左手掖袖提裙，右手举于胸侧，做舞蹈状。高21.4厘米（图二二，6）。

执便面提袋俑　2件。体形高大，立姿，交领长服，广袖束腰，左手提袋，右手执便面。M26：70，梳双环髻，扎巾。高29.2厘米（图二二，8）。M25：18，梳山形髻，扎巾。高37.6厘米（图二二，9）。

庖厨俑　2件。跪坐状，外衣交领宽袖，束腰，后摆呈交畸状。膝前置长方形四足案，左手按一物于案上，右手举刀于胸前做切状。M26：33，头戴巾帻。高17.4厘米（图二二，3）。M25：43，头梳髻。高25厘米（图二二，4）。

跪坐俑　1件。M26：66，头梳山形髻，扎巾，着三重衣。亵衣圆领，中衣、外衣均交领右衽；亵衣、外衣领上有三角形装饰；外衣宽短袖至肘，有荷叶边，后摆呈交畸状，束腰。跪坐状，双手相对放于膝上，做拍掌状。高25.2厘米（图二二，7）。

2）动物俑

19件。有鸡、狗、猪、镇墓兽等造型。

鸡　9件。根据体态特征分三型。

A型　4件。子母鸡，踞伏，昂首翘尾，矮冠绥，底座较矮。M25：25，胸前卧一小鸡，双翅前各伏两小鸡。长15、高12厘米（图二三，5）。M26：39，胸前及背上各有一小鸡，双翅前各伏一小鸡，双翅上下各有两个头向尾部的小鸡。长16、高13厘米（图二三，3）。M26：41，胸前及背上各有一小鸡。双翅前各伏两小鸡。长19、高15.2厘米（图二三，1）。

B型　4件。公鸡，尖喙，昂首，有冠绥，尖翘尾，高底座，座两侧雕出站立双足。M15：6，高19.2厘米（图二三，4）。

C型　1件。公鸡，尖喙，昂首，有冠绥及嗉，尖翘尾，无底座。M26：53，高21.6厘米

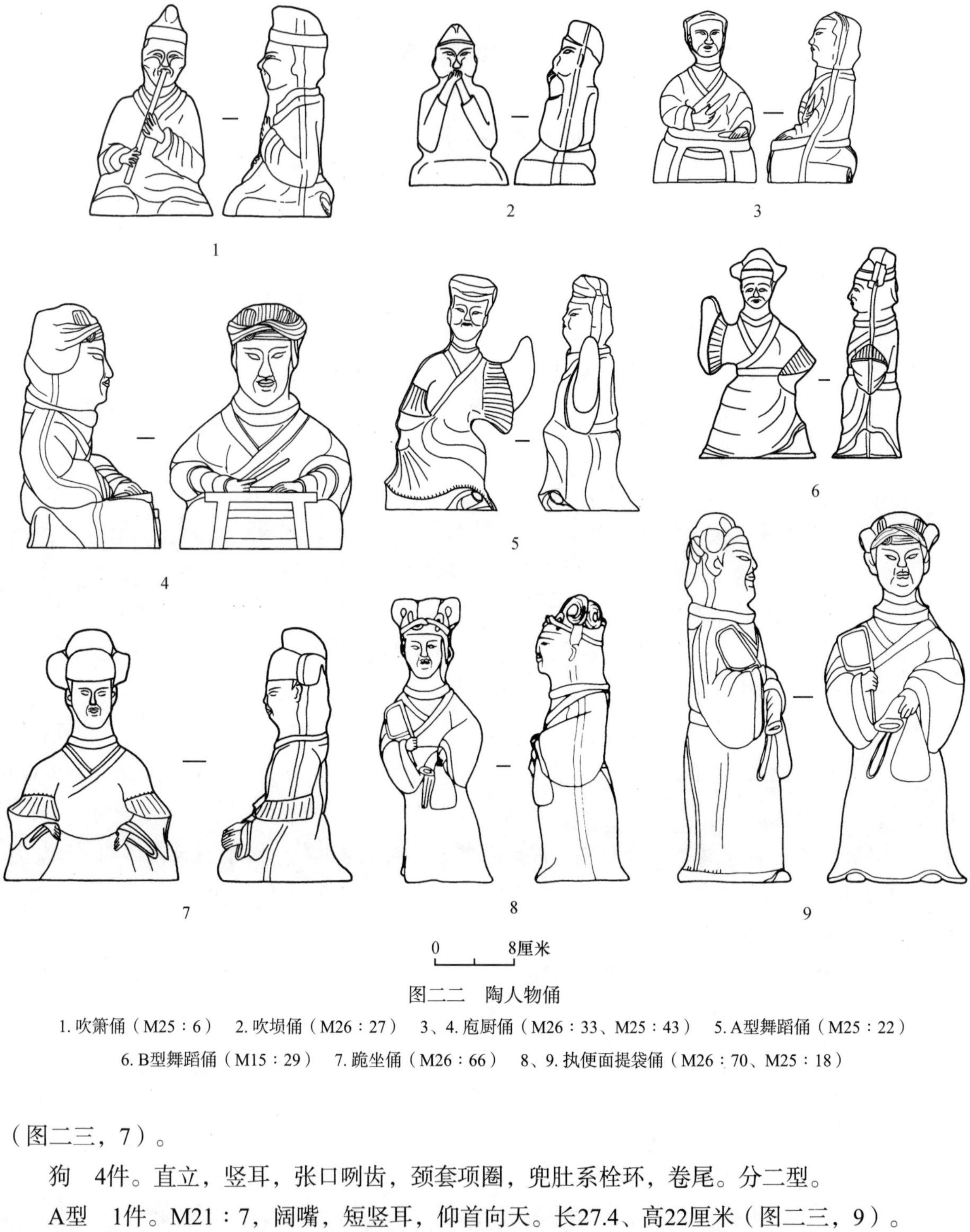

图二二　陶人物俑

1. 吹箫俑（M25：6）　2. 吹埙俑（M26：27）　3、4. 庖厨俑（M26：33、M25：43）　5. A型舞蹈俑（M25：22）
6. B型舞蹈俑（M15：29）　7. 跪坐俑（M26：66）　8、9. 执便面提袋俑（M26：70、M25：18）

（图二三，7）。

狗　4件。直立，竖耳，张口咧齿，颈套项圈，兜肚系栓环，卷尾。分二型。

A型　1件。M21：7，阔嘴，短竖耳，仰首向天。长27.4、高22厘米（图二三，9）。

B型　3件。昂首平视，尖耸耳。M25：19，体形较大，头、身分别模制，身体前粗后细。长48、高44.6厘米（图二三，6）。

猪　5件。短吻，垂耳，卷尾，体态肥硕。M26：54，獠牙露出，鼓目，有背鬃，身体及四肢粗壮。长26.1厘米（图二三，2）。

镇墓兽　1件。M25：32，前足直立，后足弯曲做蹲立状，有两尖角，一对尖耳，双目圆睁，大口獠牙露出，长舌伸出口外，垂至足间，面目凶恶。高21厘米（图二三，8）。

图二三　陶动物俑

1、3、5. A型鸡（M26∶41、M26∶39、M25∶25）　2. 猪（M26∶54）　4. B型鸡（M15∶6）
6. B型狗（M25∶19）　7. C型鸡（M26∶53）　8. 镇墓兽（M25∶32）　9. A型狗（M21∶7）

（4）其他类

仅有研子、陶拍两类。

陶拍　1件。M16∶12，七棱柱形，一面上有压制绳纹，似是陶拍一类。宽2.7、高1.1厘米（图二六，4）。

研子与黛板为一套器物，具体介绍详见下文“黛板”。

2. 瓷器

仅有1件瓷罐。

罐　1件。M17∶4，红褐色胎。内灰色，火候较高。口沿外及肩上部施白色釉，有流釉痕迹。敛口，方唇，鼓肩，平底。口径12.8、底径9.6、高15.2厘米（图二四，4）。

3. 铜器

铜器出土数量不多，现存种类有鍪、釜、摇钱树、耳杯饰件、棺饰件、漆卮饰件、车马器、泡钉等。

鍪　1件。侈口，方唇，鼓腹，圜底。器腹、底壁极薄。M22∶10，肩、腹结合处有一宽

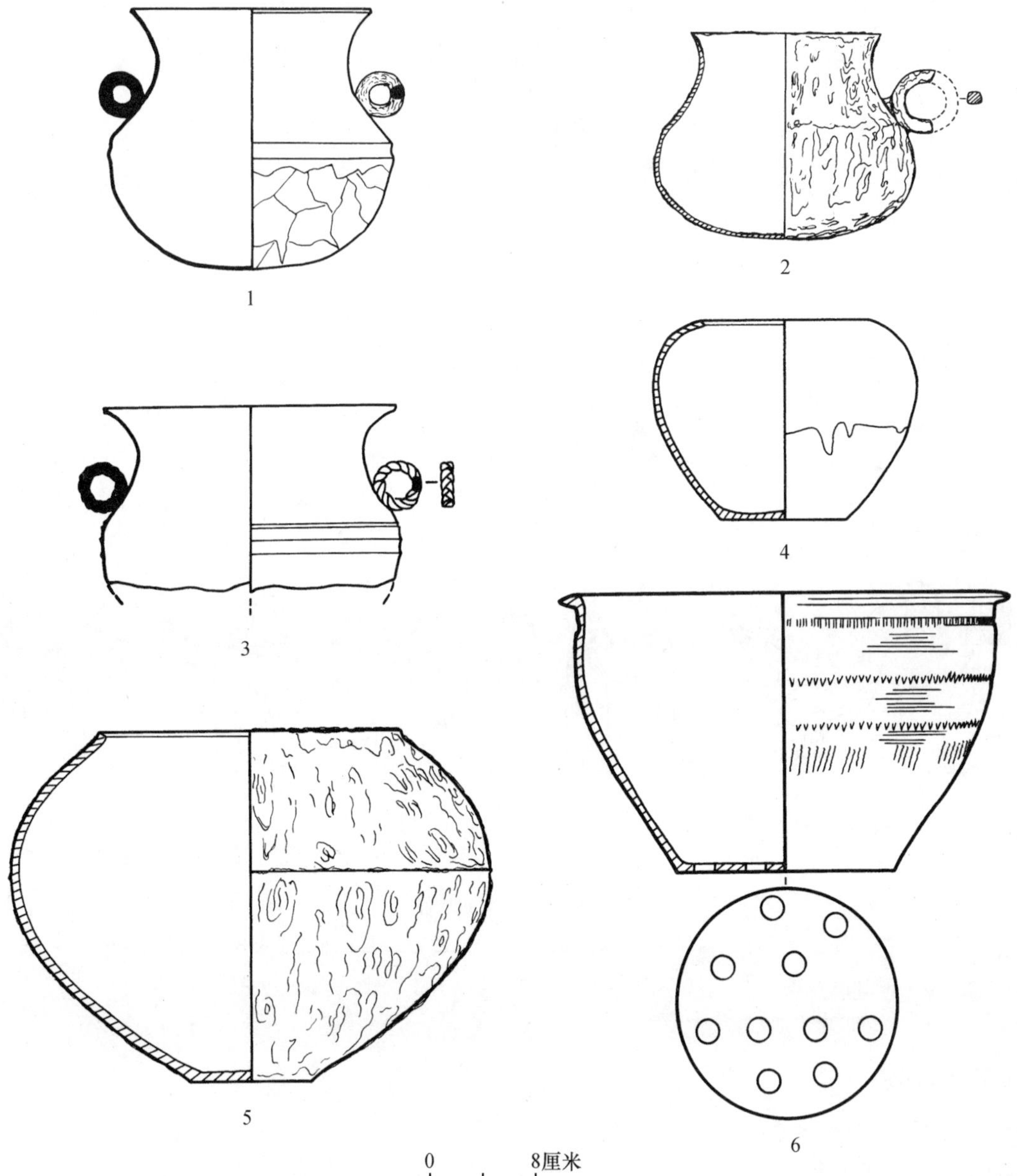

图二四 出土器物

1. 铜鍪（M22：10） 2. 铁鍪（M30：2） 3. 铜釜（M23：2） 4. 瓷罐（M17：4） 5. B型铁釜（M22：6） 6. 陶甑（M26：21）

凹槽，耳残缺。口径18.8、腹径22、高20厘米（图二四，1）。

釜 1件。侈口，方唇，鼓腹，圜底。器腹、底壁极薄。M23：2，肩部有两辫索式环耳。口径22.8、腹径23.6、残高13.8厘米（图二四，3）。

摇钱树 1件。M26：8，残存有摇钱树枝、摇钱树上的钱叶及下面的托盘部分，盘为宽沿，平底，中间有两方孔（图二五，1）。

耳杯饰件 9件。为漆木耳杯耳上釦饰。M15：15，平面为月牙形，剖面为“┓”形，鎏金。长6.8、宽1.45、厚0.7厘米（图二五，3）。

棺饰件 2件。棺上装饰，形如“几”字，表面有鎏金。M15：10，长3.3、宽1.7厘米（图

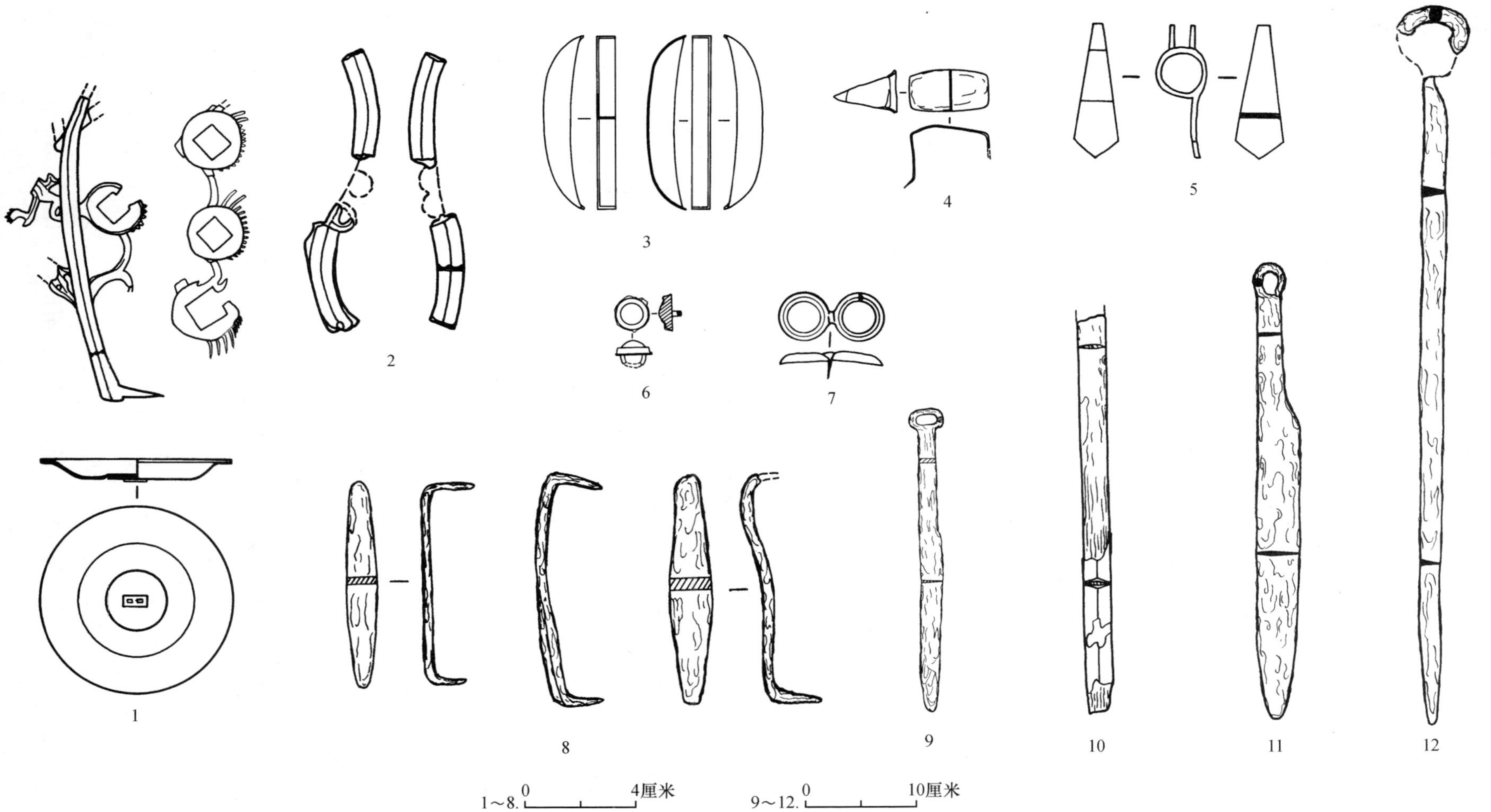

图二五　铁器、铜器

1. 铜摇钱树（M26∶8）　2. 铜车马器（M26∶36）　3. 铜耳杯饰件（M15∶15）　4. 铜棺饰件（M15∶10）　5. 铜漆卮饰件（M23∶39-1）
6、7. 铜泡钉（M26∶9、M23∶39-2）　8. 铁钉（M18∶1）　9、12. A型铁刀（M22∶38、M26∶12）　10. 铁剑（M26∶13）　11. B型铁刀（M22∶40）

二五，4）。

漆卮饰件　1件。M23：39-1，呈“α”形。长5.1厘米（图二五，5）。

车马器　M26：36，有2件。呈“S”形薄片，中间有穿孔。残长6.4厘米（图二五，2）。

泡钉　2件。M26：9，帽状。直径1.3、高0.9厘米（图二五，6）。M23：39-2，帽呈“8”形，中部有尖钉。长3.7、高0.9厘米（图二五，7）。

4. 铁器

有釜、鍪、刀（削）、剑、铁钉等类。

釜　3件。根据底特征分二型。

A型　2件。圜底。M23：18，侈口，鼓腹。口径32、高26.4厘米。

B型　1件。平底釜。M22：6，敛口，方唇，鼓腹，平底较小，体形较大。口径24、腹径37、底径9.6、通高26.8厘米（图二四，5）。

鍪　1件。侈口，鼓腹，圜底，上腹一侧有环形耳。M30：2，口径14、腹径19.2、高14.4厘米（图二四，2）。

刀（削）　10件。锐刃，厚背，环首。根据刃宽分二型。

A型　9件。刃部较窄。M26：12，体狭长。残长66.8、宽2、厚0.6厘米（图二五，12）。M22：38，刃宽大于茎宽，体较短。长26.4、宽1.9、厚0.35厘米（图二五，9）。

B型　1件。刃部较宽。M22：40，长42.4、宽4、厚0.4厘米（图二五，11）。

剑　2件。M26：13，剑锋细长，中脊明显，残存中部。残长34.4厘米（图二五，10）。M21：11，剑身窄长，有铁格，柄有木制握把痕，剑身有木鞘痕及漆痕。长116、宽3.2厘米。

铁钉　2套11件。应该是木棺上的部件。M18：1，5件。长9.8、宽1.8厘米（图二五，8）。

5. 银器

有手镯、指环两种，表面氧化为黑色。

手镯　1件。圆环形。M26：1，镯径6.1厘米（图二六，1）。

指环　1件。手制，圆环形。M22：44，环径2.2厘米（图二六，2）。

6. 玉石、琉璃器

有玉尺、黛板与研子、镇纸、耳珰等。

玉尺　2件。长条形薄片。M22：34，青玉质，呈鸡骨白色。一端有小圆孔。长23、宽1.7、厚0.4厘米（图二六，10）。M23：71，青玉质。长23、宽1.8、厚0.3厘米（图二二，9）。

黛板与研子　1套。黛板（M22：35），与研子配套使用。长方体薄片，青灰色页岩制作。长12.5、宽5.8、厚0.3厘米（图二六，7）。研子（M22：36），台形纽，纽上浮雕动物纹饰，正方形底座，使用面平整，光滑。纽径3、底座径3.2、高1.4厘米（图二六，5）。

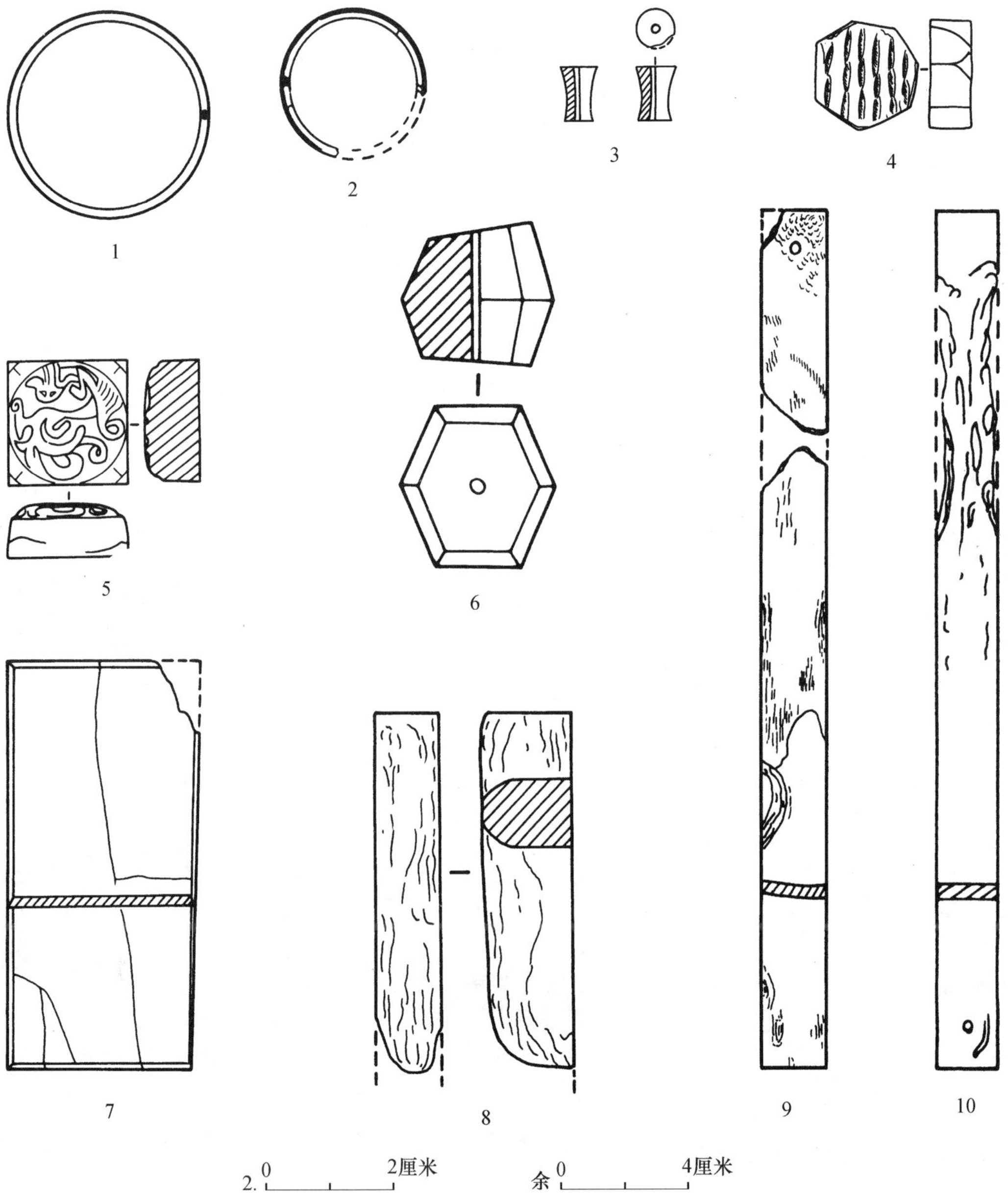

图二六　出土器物

1. 银手镯（M26：1）　2. 银指环（M22：44）　3. 琉璃耳珰（M26：2）　4. 陶拍（M16：12）　5. 陶研子（M22：36）　6. 骨饰（M16：24）　7. 玉黛板（M22：35）　8. 石镇纸（M25：13）　9、10. 玉尺（M23：71、M22：34）

镇纸　1件。M25：13，白色砂石质。长方形，磨蚀严重。长10.6、宽2.8、厚2厘米（图二六，8）。

耳珰　M26：2，1对2件。截面为亚腰形，中部有圆孔，浅蓝色，半透明质，有一件已经钙化为灰白色，体形较小。高1.4厘米（图二六，3）。

7. 骨器

骨饰　1件。M16：24，六棱柱形十四面体，中间有圆孔。白色。高4.2厘米（图二六，6）。

8. 钱币

共800余枚，计有五铢、半两、货泉、大泉五十、开元通宝、乾元重宝等种类（图二七）。其中M16、M21、M23出土较多。

五铢　500余枚。圆形方孔，有内外郭，正面篆书“五铢”。根据钱币字形、大小等分为三式。

Ⅰ式：有外郭，背面有内郭，钱文五字两交笔斜直，铢字金头较大。M23：103，外径3、孔径0.6、厚0.3厘米。

Ⅱ式：正面篆书“五铢”，五字两交叉笔稍曲，铢字金头较大，朱旁上下圆转。M15：19，外径1.8、孔径0.9、厚0.1厘米。

Ⅲ式：磨郭五铢，磨去外郭。钱文特征锈蚀不清。M15：28，外径2.4、孔径1、厚0.1厘米。

半两　9枚。圆形方孔，背面无纹，正面篆书“半两”。根据钱币大小分二式。

Ⅰ式：1枚。M30：3，钱体厚重。外径3、孔径0.6、厚0.3厘米。

Ⅱ式：8枚。M14：1，钱体较薄，有的表面有穿孔。外径1.8、孔径0.9、厚0.1厘米。

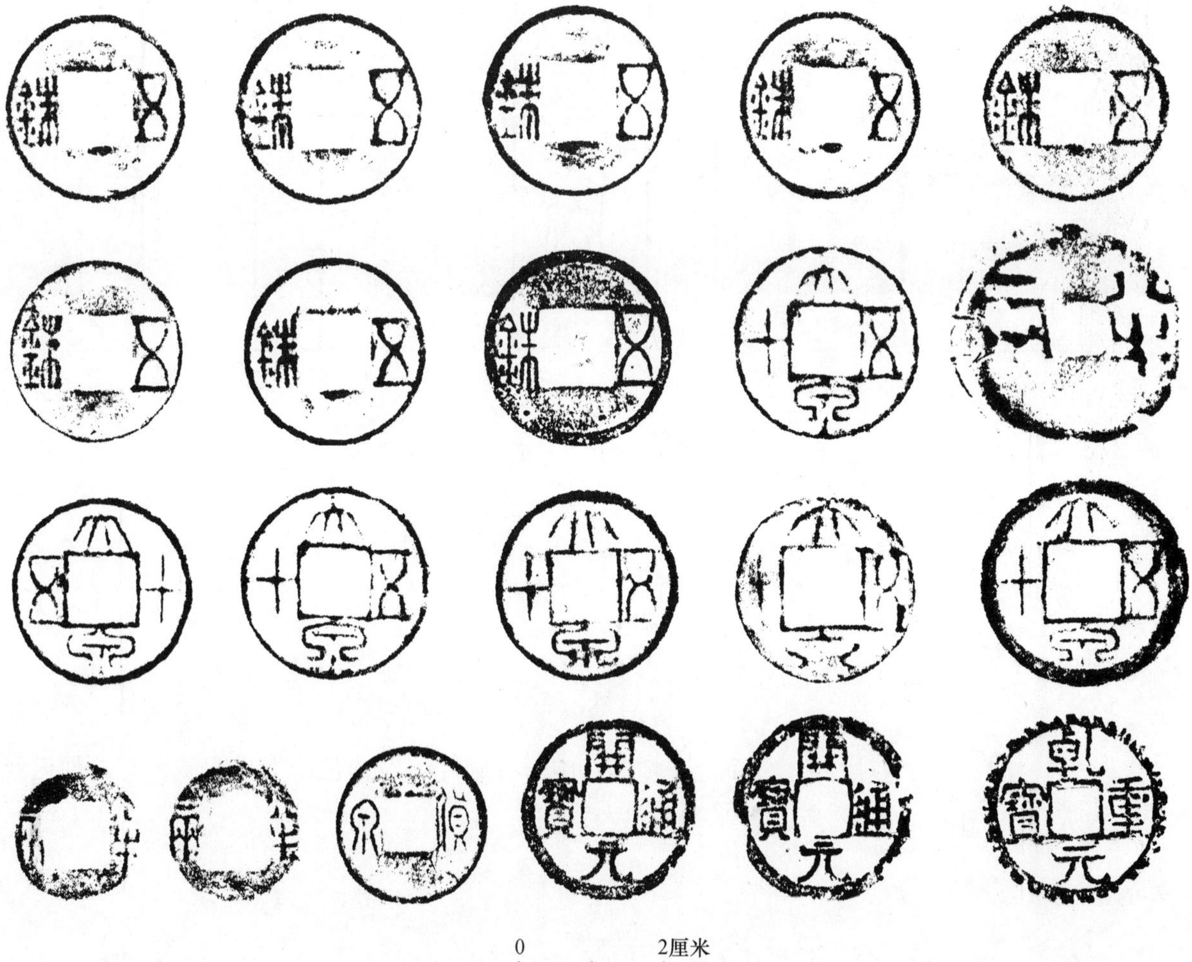

图二七　钱币拓片

货泉　46枚。M22：32，圆形方孔，有内外郭，正面篆书“货泉”四字。径2.1、孔径0.7、厚0.1厘米。

大泉五十　167枚。M23：9，圆形方孔，有内外郭，正面篆书“大泉五十”四字。径2.6、孔径0.9、厚0.2厘米。

开元通宝　11枚。M17：2，圆形方孔，有内外郭，正面楷书“开元通宝”。径2.5、孔径0.7、厚0.1厘米。

乾元重宝　1枚。M17：3，圆形方孔，有内外郭，楷书“乾元重宝”，外郭切削出一圈刻槽，使外郭为齿轮形。外径2.5、孔径0.7、厚0.1厘米。

五、分期与年代

本年度发掘墓葬中唐墓及明清墓葬时代特征清晰，没有必要再做分期断代。其余12座墓葬大致时期属于秦汉时期，根据叠压、打破关系、形制、器物型式组合，可以分为三段。

第一段：秦至西汉初年，属于此期的墓葬有3座（M14、M29、M30），均为窄长方形竖穴土坑墓，无墓道及椁室，墓向大体一致，均为顺江而葬。随葬品都置于墓室北部，器物组合分为豆、Aa型罐及釜、Ab型罐，都是三峡地区战国晚期以后巴人墓葬常见器物，部分墓内发现有半两钱。由此推断这批墓葬时代为秦至西汉初年，墓主应为当时巴人平民墓葬。

第二段：西汉中晚期至东汉早期，属于此期的墓葬有2座（M22、M23），墓葬类型为长方形或“甲”字形竖穴土坑墓葬。随葬品数量较多，灰陶器占很大比例，常见器形有罐、盆、甑、钵等，低温釉陶器数量较少，模型器开始出现。钱币除少量货泉、大泉五十外，大多为东汉五铢，钱质精良，制作较好。

第三段：东汉中晚期，属于此期的墓葬有7座（M15、M16、M19、M21、M25、M26、M27），均为砖室墓，平面结构有“凸”字形、刀形两种。这批墓葬都存在不同程度的破坏，出土的陶器常见器形有罐、盆、甑、钵等，低温釉陶器占相当数量，人物俑、动物俑及房、塘等模型器普遍出现，俑类器物绝大多数为个体较小的泥质红陶。钱币为东汉五铢，钱质精良，制作较好。

六、结　　语

本次发掘对阙顶及其周围地区的整体发掘收获并不是很理想，只发现了阙顶、半个阙身以及一些可能的残件，试图寻找阙原来所在位置、发现相关遗迹、进而判断武陵阙的形制的目的并没有达成。由于武陵阙所在的武陵墓群紧邻的下中村遗址是宋代武陵县城所在[1]，密集的建筑在很大程度上改变了原来的地貌，对墓群产生了相当程度的破坏，从武陵阙残件的出土情况看，阙身和阙顶大部分表面雕琢痕迹明显，没有经过风化水浸，这表明武陵阙原本位置在离出土地不远的坡顶附近，应该是树立不久就发生倒塌没有暴露在地表多久就被泥土掩埋，直到清

① 重庆市文物局、重庆市移民局：《万州下中村遗址》，科学出版社，2017年。

末民国时期，这里的村民建房削平斜坡夯筑地基时发现阙身，并把它肢解成条石砌做猪圈，因而未见于四川汉代石阙的调查资料记载[①]。

关于武陵阙的性质，由于没有较多证据，很难做出准确的判断。在武陵墓群的发掘中，除了M23规模较大外，未发现其他规模很大的墓葬，但在与武陵墓群隔冲沟相对的大丘坪墓群也发现了数座规模较大的两汉时期墓葬，不排除武陵墓群与大丘坪墓群属于同一个家族的墓地所在，武陵阙属于该家族某位显贵所立[②]。最近两年，在三峡库区的考古发掘中陆续出土了乌杨阙、武陵阙两座汉代石阙。据郑州大学报告，在忠县邓家沱遗址的发掘中在汉代地层中又发现了一座石阙的残件，但由于破坏严重，未能发现相关遗迹。这些发现表明在汉代的四川东部地区，立阙之风颇盛行。

武陵墓群的墓葬时代从秦至西汉早期开始各代均有一定数量的墓葬分布，加之武陵镇周边汉至唐宋时期的文化遗存密集分布，表明至少从秦代开始，这里就是长江上游的一个重要据点，一直有相当数量的先民在此居住生活。

各时期墓葬中的随葬器物体现出较强的时代特色和丧葬观念的变化。秦至西汉时期随葬品数量较少，多为釜、罐、豆等实用器皿；东汉时期随葬品数量明显增多，除罐、盆、甑、钵等日用器具外，人物俑、动物俑、房、塘、井等模型明器大量出现，反映当时人们“事死如事生”的丧葬观念，表明随经济发展、观念的变化，人们丧葬习俗随之变化的情况。

附记：参加本次发掘的工作人员有方刚、曾先龙、吴学功、上官林全、董朴顺、陈蓁、吕俊耀、史全兴、李平乐、孙少伟等。本次发掘工作得到万州区博物馆的大力支持，在此谨表谢意！

领队：邹后曦
绘图：吴学功　董朴顺
执笔：方　刚

① 徐文彬等：《四川汉代石阙》，文物出版社，1992年。
② 重庆市文物考古所、万州区博物馆发掘，资料整理中。

万州中嘴遗址2003年度发掘简报

云南省文物考古研究所
万州区文物管理所

一、引　　言

中嘴遗址位于重庆市万州区武陵镇西南约3千米的长江西岸一级台地，行政区划属武陵镇凤安村11组。该台地东西长约300、南北宽约200米，地势自西向东略有倾斜。台地东部边缘为长江流水冲刷形成的高约30米的陡坎，南北两面为流向长江的溪水冲刷形成的东西向山涧，台地南北边缘近顶部形成缓坡，台地西缘为高出台地10～30米的丘陵。丘陵以东的台地西缘过去为凤安村11组民居，为配合三峡工程建设，现已拆除。台地海拔140～150米（图一）。

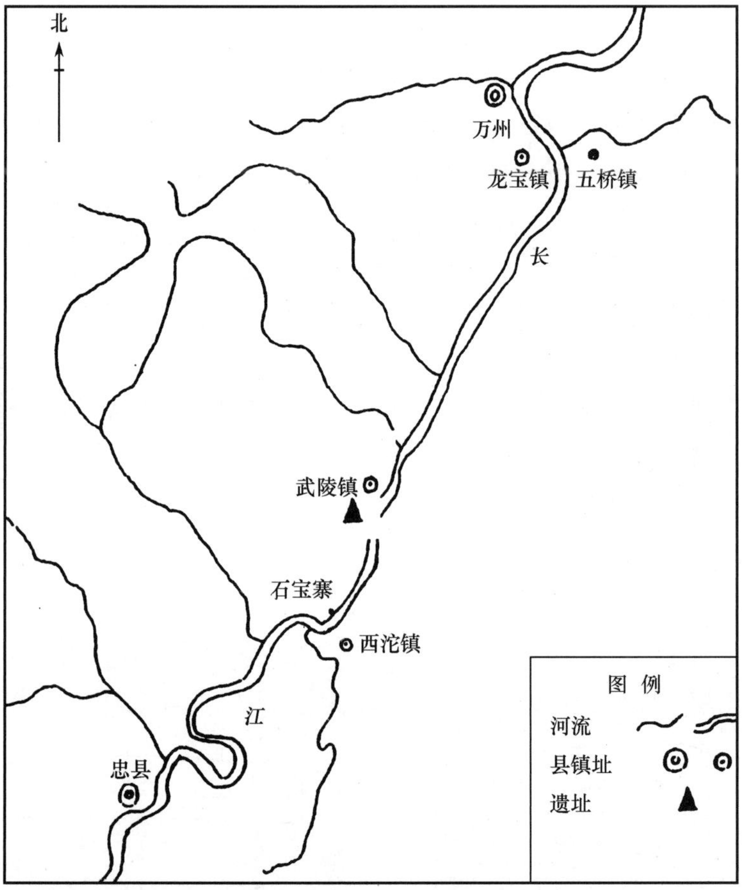

图一　中嘴遗址位置示意图

中嘴遗址于20世纪90年代初四川省文物普查时发现，90年代中期文物部门做过复查，初步确定为商周至唐宋时期的文化遗存，并发现台地以西丘陵上分布有数座汉唐时期的砖室和石室墓。为配合三峡工程建设，广西柳州博物馆于2001年和2002年先后两次对该遗址进行了抢救性发掘工作，在台地中部、中东部及北侧缓坡地带布方，发掘面积约2000平方米。受重庆市三峡办委托，云南省文物考古研究所三峡考古队于2003年2月下旬至4月中旬再次对该遗址进行抢救性发掘工作，在台地中西部及南侧缓坡地带布5米×5米探方24个和28个（编号为Ⅰ区、Ⅱ区），发掘面积1300余平方米。现将发掘的主要收获报告如下。

二、文化遗存

（一）地层堆积

Ⅰ区地势自北向南略有倾斜，西部、南部地势略低。该区地层最多五层，最少三层。北部、中部探方一般可分四层，南部几个探方可分三层，中西部探方可分五层。工地统一地层分五层。第1层为灰褐色耕作层，第2层为褐色土层，第3层为黄色细砂层，第4层为红褐色土层，第5层为青灰色土层。

Ⅱ区位于Ⅰ区南30余米，地势自北而南略倾，中部略低，东、西两端略高，除中南部少数探方可分五层，最东部少数探方可分四层外，多数探方分三层。工地统一地层可分六层，第1～6层分别为灰褐色耕土层、褐色土层、黄色细砂层、红褐色土层、黄色细砂层和青灰色土层。第1～4层相当于Ⅰ区第1～4层，第5层黄色细砂层仅限于Ⅱ区少数探方，第6层相当于Ⅰ区第5层。

Ⅰ区中北部地层以T24西壁为例，可分四层（图二）。

第1层：灰褐色耕土。较疏松。厚0.2～0.25米。含少量瓦片、瓷片等。

第2层：黄色细砂层。较松。厚0.1～0.2米。较纯净，未见包含物。

第3层：红褐色土层。略硬。厚0.15～0.2米。含少量炭屑、石片、白瓷片、泥质灰陶瓦片及较多火候较高的红褐色釉陶片、陶片。

第4层：青灰色土层。稍软。厚0.1～0.2米。含较多炭屑、石片、石器、火候高的红褐色釉陶片及零星白瓷片等。

Ⅰ区西部地层以T17北壁为例，共分五层（图三）。

第1层：灰褐色耕土。较疏松。厚0.2～0.25米。含少量瓦片、青花瓷片等。

第2层：褐色土层。略软。厚0.1～0.3米。含少量石片、青花瓷片及瓦片等。该层主要分布

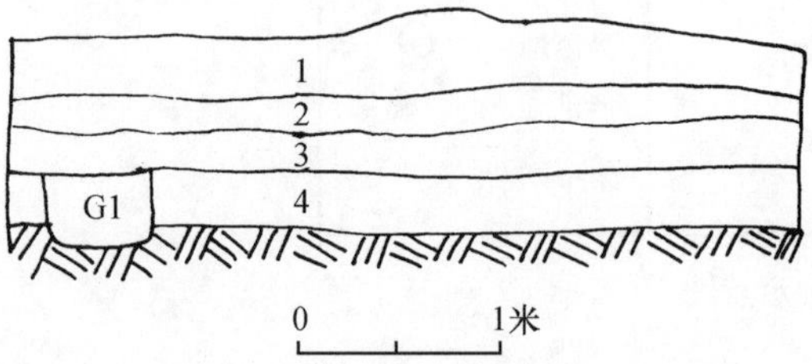

图二　T24西壁剖面图

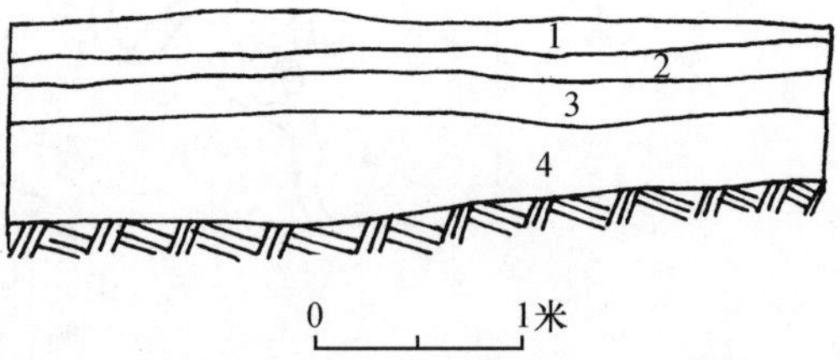

图三　T17北壁剖面图

于探方中西部及南部。

第3层：黄色细砂层。较松。厚0.1～0.2米。分布于探方东部，较纯净，未见包含物。

第4层：红褐色土层。略硬。厚0.1～0.15米。含少量炭屑、烧土、石片、瓷片和较多火候较高的陶片、釉陶片。该层主要分布于探方东北部及中部。

第5层：青灰色土层。略软。厚0.15～0.25米。含较多炭屑及火候高的红褐色陶片、釉陶片及石片。

Ⅱ区中南部地层以T37西壁为例，共分五层（图四）。

第1层：灰褐色耕土。较疏松。厚0.2～0.25米，含少量泥质灰陶瓦片、瓷片。

第2层：褐色土层。略软。厚0.05～0.30米。自北而南倾斜。含零星青花瓷片、瓦片、石片等。探方北壁附近未见分布。

第3层：红褐色土层。略硬。含零星炭屑、烧土及较多的火候较高的红褐陶片、釉陶片，泥质灰陶布纹瓦片、白瓷片等。该层主要分布于探方中北部。

第4层：黄色细砂层。较松。厚0.15～0.2米。较纯净，未见包含物。主要分布于探方中南部。

第5层：青灰色土层。略软。厚0.1～0.2米。含炭屑较多，出土较多陶片、釉陶片、石片、瓦片及少量陶器足、网坠、瓷片等。

Ⅱ区中北部地层以T38南壁为例，分三层（图五）。

第1层：灰褐色耕土。略疏松。厚0.2～0.25米。含少量近现代瓦片、瓷片等。

第2层：红褐色花土。略硬。厚0.15～0.2米。含少量炭屑，包含较多的釉陶片、陶片、布纹瓦片、白瓷片及少量石片、陶网坠等。

第3层：青灰色土层。略软。厚0.2～0.3米。含较多炭屑、釉陶片、陶片、瓦片、石片、石器及少量陶网坠、器足等。

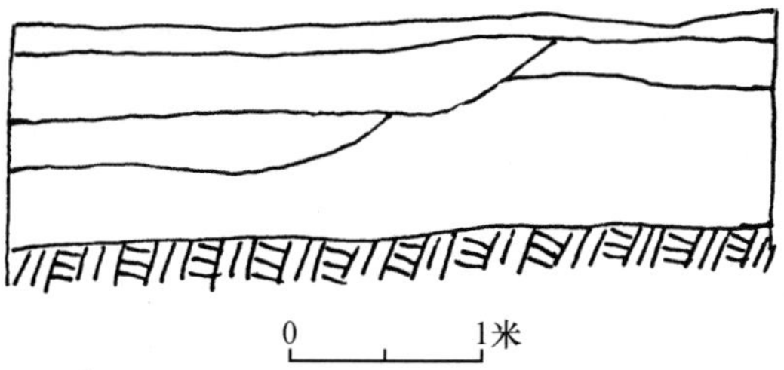

图四 T37西壁剖面图

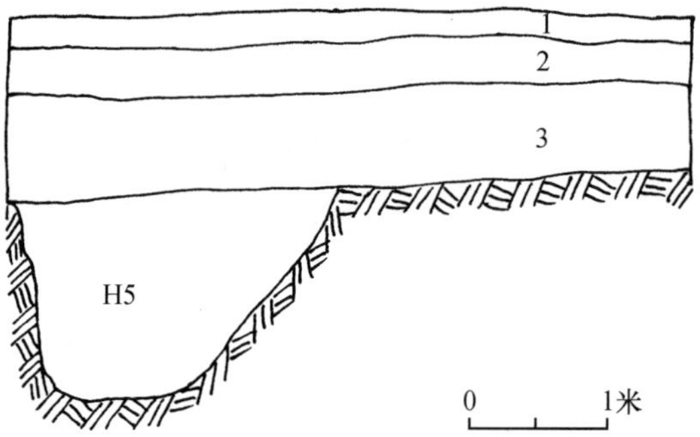

图五 T38南壁剖面图

（二）遗迹

包括灰坑、灰沟及房址。除H5位于Ⅱ区外，其余遗迹分布于Ⅰ区。房址为石砌墙基，分布于Ⅰ区西北部T22西北角，开口于第1层下，因系近年才拆除的近现代房屋遗迹，故未扩方清理。

1. 灰坑

共5个。多为不规则圆形、椭圆形，有1座为不规则长条圆角梯形。灰坑大小深度及开口层位多不一，为不同时期所形成。

H1　开口于T4第3层下，并打破黄色生土。坑口椭圆形，长2.8、宽1.75、深0.35米。坑壁内弧，呈锅底状。坑内填土为灰黑色花土，含较多炭屑、红烧土、碎细菱形纹砖块、釉陶片、刻纵向凹弦纹的扁平弧形青黄釉器耳、白瓷片等（图六）。

H2　开口于T22第4层下，打破黄色生土。坑口平面呈长条圆角梯形，坑壁向下逐渐内收，在西端形成一较深的圆形坑。坑内填土呈灰黑色，含零星炭屑，出土一施青黄釉、断面扁圆形的泥质红褐陶器耳残件。

H3　开口于T24第3层下，并打破第4层及生土。坑口呈圆角方形，长0.76、宽0.4米。坑壁较直，坑底近平，坑深0.5米，坑内填土呈灰黑色，含炭屑、青釉和黄釉陶片、白瓷片等。

H4　开口于T11第2层下，并打破第3、4层及生土。坑口呈椭圆形，长2.1、宽1.76米。坑壁略内弧，坑底略平，坑深0.5米。坑内填较纯净的黄色细砂，未见包含物。

H5　开口于T38、T40第3层下并打破生土。坑口呈不规则椭圆形，长3、宽1.2米。坑壁内收，坑底狭小，坑深0.6～1.6米。坑内上部填土呈灰褐色，下部填土呈灰黑色，含炭屑较多。出土大量釉陶片、陶片、石片、石料及少量瓷片、动物骨骼等。石片主要为利用鹅卵石做原料打成的石片，石料包括圆形、椭圆形鹅卵石等，陶器包括有碗、罐、壶、钵、盆、灯盏、缸、器流等，瓷器包括枕、壶、碗等（图七）。

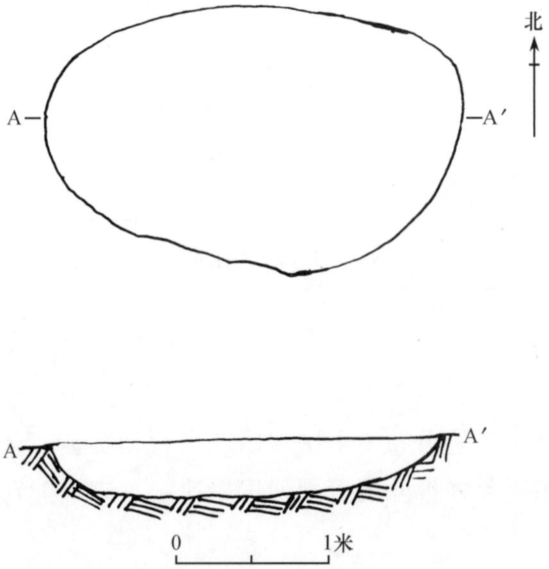

图六　H1平、剖面图

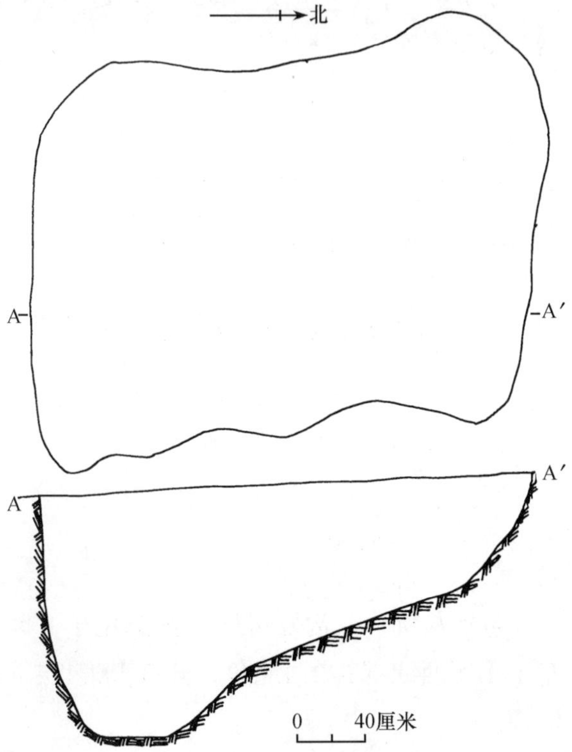

图七　H5平、剖面图

2. 灰沟

共2条。均分布于Ⅰ区，呈长条带状。

G1 开口于T24第3层下，并打破第4层及生土。呈东北至西南走向，长条带状。沟长5、宽0.4米，沟壁略内收，沟底近平，沟深0.36米。沟内填土呈红褐色，含炭屑、红烧土块，出土零星釉陶片。

G2 开口于T11第2层下，打破第4层及生土。呈东西向，长条带状。沟口长3.7、宽0.5米。沟壁较直，沟底较平，沟内填土呈灰褐色，特别松软，沟深0.3米。沟内未见包含物。

3. 遗物

本次发掘Ⅰ区、Ⅱ区出土器物大致相同，包括石器、陶器、瓷器、铜钱等类。

（1）石器

石器多为打制石片石器，也有少量磨制石器。此外，出土石料、石核较多。石料多为鹅卵石，也有极少的砂石。石器各层均有出土，尤以最下层出土最多。成型石器主要有石斧、锛、刀、铲、砍砸器、石片等。

石斧 6件。分四型。

A型 3件。长条形，弧顶。T22④：1，长条形，顶部略弧，两侧面较直，弧刃。斧身两侧面有加工留下的疤痕。除疤痕外，其余地方磨制光滑。长6、宽3.2、厚1.6厘米（图八，1）。T32③：2，长条形，弧顶，两侧面平直，刃部一侧已残。磨制。褐色砂石质。长7.4、宽4、厚2.3厘米（图八，2）。T33④：3，顶部和刃部弧形，两侧面有数处打制疤痕，尚未成型。青色砂石打制。长8、宽4.6、厚2厘米（图八，7）。

B型 1件。T35⑤：1，扁平梯形柄，双肩，肩略弧，刃部已残。柄和斧身正背面中部有一凸脊。褐色砂石磨制。残长7.8、肩高4.4、宽2～2.4、斧身厚1.6厘米（图八，4）。

C型 1件。T25③：1，顶部有一台面，肩部不对称，刃较弧而薄，青色砂石打制。柄高3.9、宽3～4.2、厚2.7、肩宽9.9、斧身长8.1厘米（图八，5）。

D型 1件。T11④：1，长方形，顶部有一台面，刃部及侧面有明显打制痕迹，尚未完全成型。青色砂石。长8、宽6、厚1～2厘米（图八，6）。

石锛 3件。单面刃，其中两件仅存刃部。T33④：2，长条梯形，顶部斜平，正面和左侧面磨制，背面及右侧面打制，刃部有使用痕迹。青色砂石。长6.6、宽3.4～4、厚0.05～1.8厘米（图八，3）。T3③：1，磨制。单面刃，刃略弧。青石质。残长2.7、宽4.5、厚0.7厘米（图八，8）。T12④：1，仅存刃部，单面刃，刃较弧。磨制。青黄色石质。残长3.8、刃宽4.6厘米（图八，9）。

石刀 1件。T32③：1，半月形，正背面略平，背部较厚，刃部略弧。青色砂石磨制。长9、宽4.8、厚0.2～2厘米（图九，1）。

石铲 1件。T33④：1，长条形，柄部较厚，背面略弧，器身中部内凹，刃略弧。青色砂石磨制。长10.8、宽2.8～3.8、厚2.8～3.4厘米（图九，3）。

砍砸器 1件。T7③：1，长条形，器身扁薄，弧顶，刃部经加工较锋利。青色砂石打制。

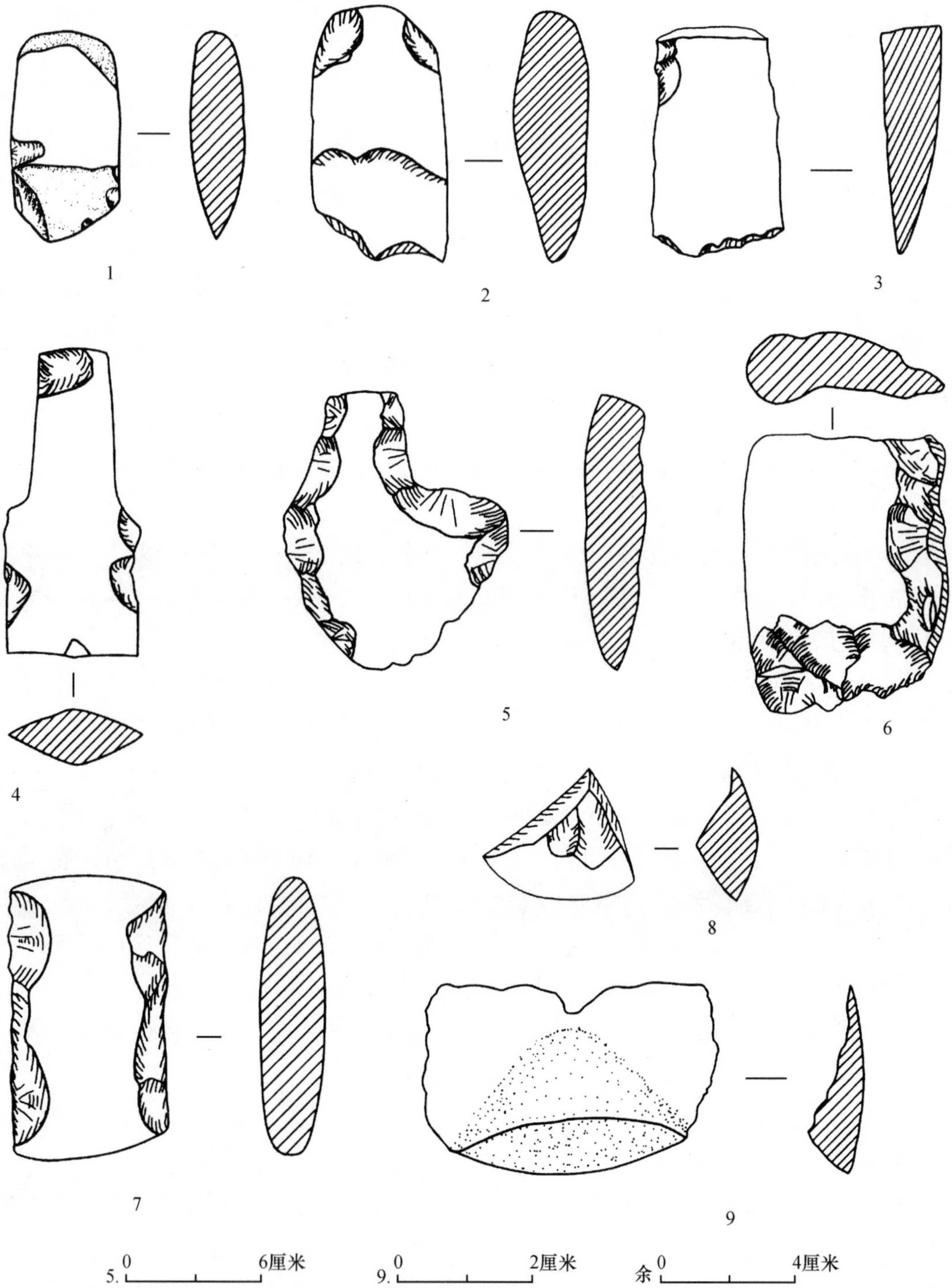

图八　石器

1、2、7. A型斧（T22④：1、T32③：2、T33④：3）　3、8、9. 锛（T33④：2、T3③：1、T12④：1）
4. B型斧（T35⑤：1）　5. C型斧（T25③：1）　6. D型斧（T11④：1）

长20、宽10、厚3.5厘米（图九，5）。

石片　3件。T8③：1，扁平椭圆形。刃部有加工痕迹，较薄而锋利，弧顶，青石打制。长11、宽7、厚0.8～1.2厘米（图九，2）。T49④：1，利用鹅卵石做原料，打下石片后，再加工修整。平面呈圆形，劈裂面和背面均有打击点，疤痕、半锥体，刃部锋利，青石打制。长8、

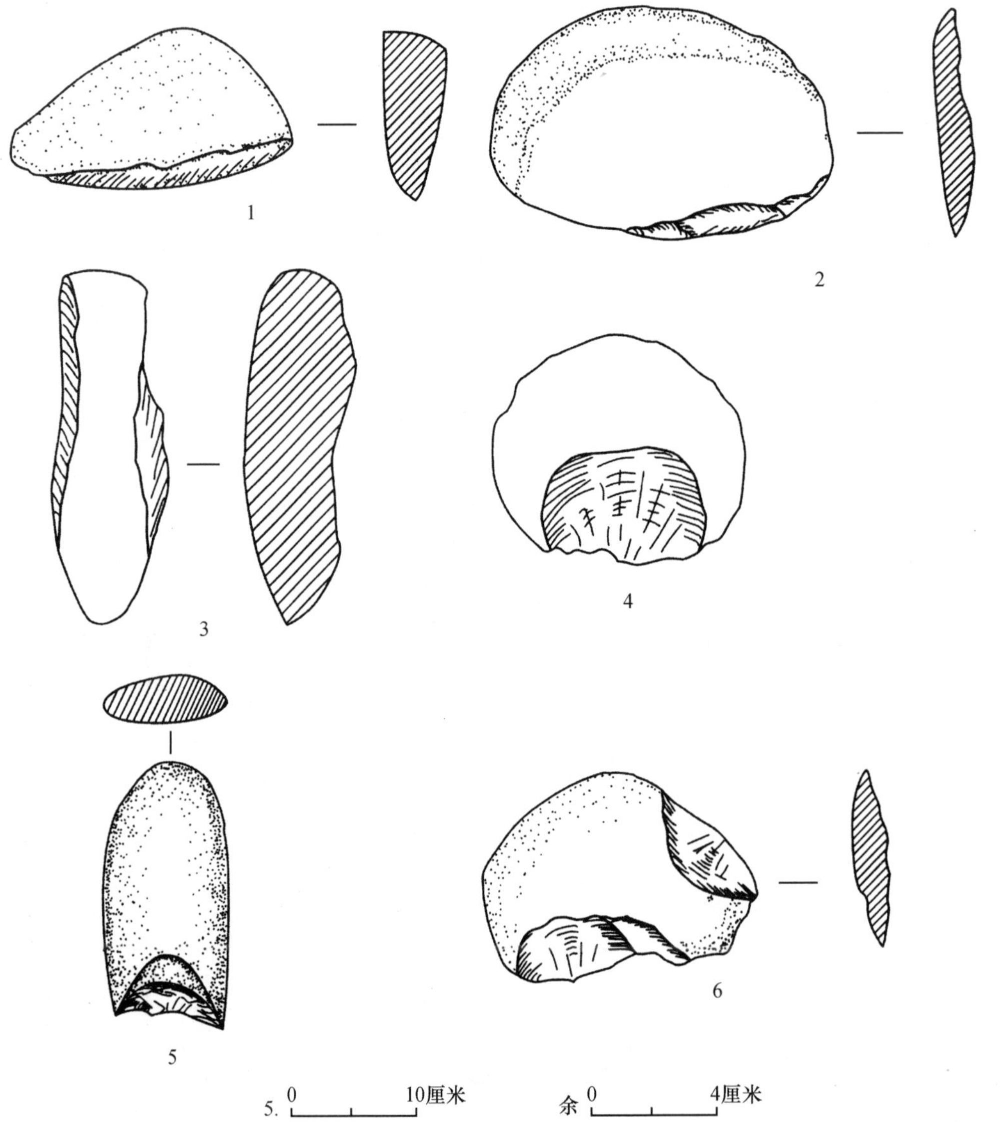

图九　石器

1. 刀（T32③：1）　2、4、6. 石片（T8③：1、T49④：1、T42③：1）　3. 铲（T33④：1）　5. 砍砸器（T7③：1）

宽7、厚0.5厘米（图九，4）。T42③：1，利用鹅卵石打下石片后，再在自然面左右两侧进行加工，青石打制。长8.8、宽6、厚1厘米（图九，6）。

（2）陶器

出土陶片在出土物中占绝大多数，尤以Ⅱ区出土较多。陶片主要出土于最早的两层地层及H5内。地层中出土陶片较碎，多不能修复，H5出土陶片较大，修复者略多。陶器多为火候较高的红褐陶，且施青釉、黄釉、白釉等的釉陶片占多数，有一定数量的泥质灰陶，主要为板瓦、筒瓦及盆、甑残片，也有极少量火候较低的红、褐陶片。陶片以泥质陶为主，有少量夹砂陶，主要为器足等。陶器多素面，纹饰主要有弦纹、网格纹、绳纹、布纹、水波纹以及几何形、莲瓣形、菱形图案等。釉陶器以青釉、黄釉、白釉、青黄釉为主，也有少量酱色釉。器物多内外壁施釉，其中内壁多满釉，外壁下腹及底部多不施釉，少数器物有滴釉及护胎釉现象。

根据修复情况，陶器器类主要有碗、盆、钵、甑、罐、坛、匜、灯盏、缸、三足器、网坠及板瓦、筒瓦、滴水等。

碗　根据底部特征可分三型。

A型　饼形底。依口部及腹部变化分五式。

Ⅰ式：1件。T36③：1，泥质红陶。口微敞，圆唇，弧腹，腹壁较厚，底径较大，浅底，内壁施黄釉，外壁腹中部以上施黄釉，下腹及底露胎。施釉不均，有滴釉现象。口径13.8、底径6.9、高6厘米（图一○，1）。

Ⅱ式：3件。敞口，腹微弧，腹壁较厚。T12④：3，夹砂灰褐陶。敞口，圆唇，素面。口径8.4、底径3.8、高2.2厘米（图一○，2）。T48③：1，夹砂灰褐陶。圆唇，内壁施酱黄色釉，口径10.8、底径3.6、高4厘米（图一○，3）。T38③：2，夹砂红褐陶。厚沿。沿面及内壁施黄釉。口径8、底径3.7、高2.4厘米（图一○，4）。

Ⅲ式：2件。沿面略外撇，腹略弧，胎壁较薄。H5：11，夹砂红褐陶。敞口，尖圆唇，斜弧腹，内壁底有5个支钉眼。外壁口沿及内壁施青釉，烧制粗糙。口径18.4、底径7.8、高6.8厘米（图一○，5）。H5：3，夹砂褐陶。内沿面略外折，斜弧腹。内壁及外壁腹中部以上施青釉。口径17.6、底径8、高5.2厘米（图一○，6）。

Ⅳ式：2件。口沿外撇，斜直腹，胎略薄。H5：4，夹砂红褐陶。平折沿，尖圆唇，斜直腹。上腹部施青釉，内壁及口沿施青白釉，有滴釉现象，内壁底部有5个支钉眼。口径17.6、底径8、高6.4厘米（图一○，7）。H5：6，夹粗砂红褐陶。斜折沿，尖圆唇，上腹部有一折

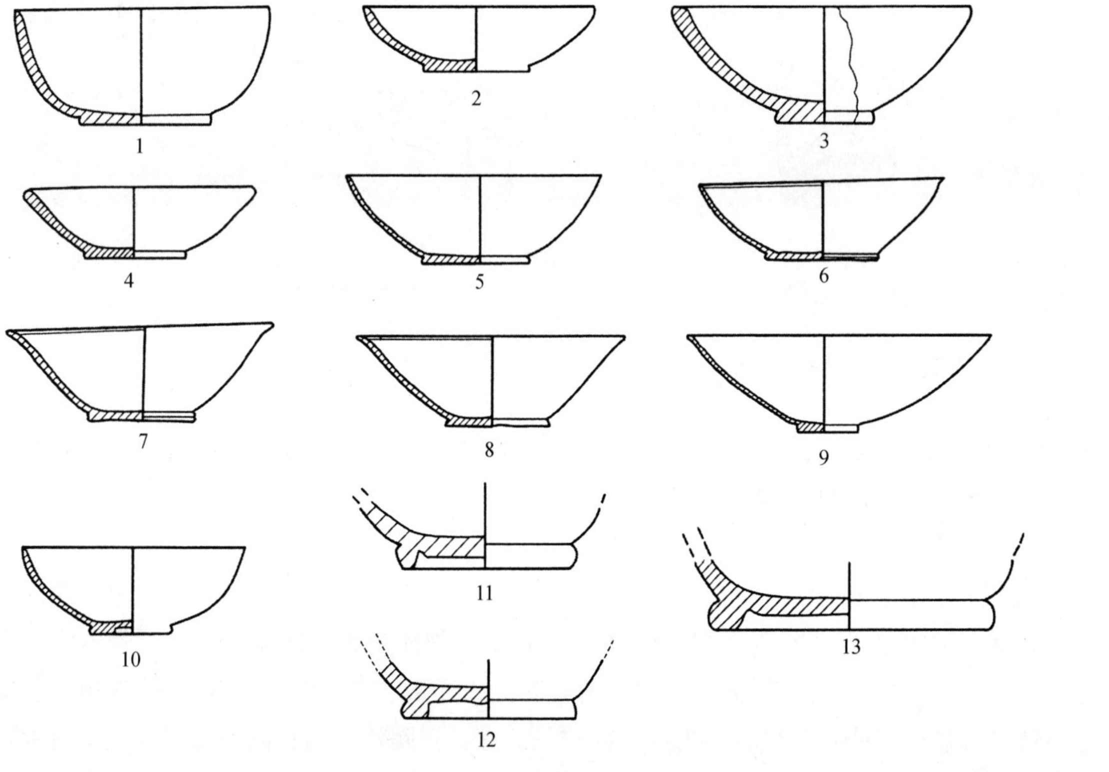

图一○　陶碗

1. A型Ⅰ式（T36③：1）　2～4. A型Ⅱ式（T12④：3、T48③：1、T38③：2）　5、6. A型Ⅲ式（H5：11、H5：3）　7、8. A型Ⅳ式（H5：4、H5：6）　9. A型Ⅴ式（H5：9）　10. B型（H5：26）　11～13. C型（T40③：5、T37⑤：4、T37⑤：1）

棱。上腹部至口沿以及内壁施青釉，内壁底有5个支钉眼，制作粗糙，有气泡。口径19.2、底径7.6、高6厘米（图一〇，8）。

Ⅴ式：1件。H5：9，夹砂黄褐陶。敞口，沿面外撇，尖圆唇，斜直腹，小平底。腹中部以上及内壁施青釉。口径27.3、底径5.3、高8.7厘米（图一〇，9）。

B型　2件。璧形底。H5：26，泥质红褐陶。敞口，圆唇，弧腹。内壁及外壁口沿施青釉。口径12、底径4.5、高4.5厘米（图一〇，10）。

C型　3件。环形底，底略高，下腹与底结合部有一凹槽。T37⑤：1，泥质灰白陶。大部已残。弧腹。内壁施青白釉。底径10、残高2.4厘米（图一〇，13）。T37⑤：4，泥质灰白陶。弧腹，足壁斜直。素面。底径9.3、残高3厘米（图一〇，12）。T40③：5，泥质白陶。弧腹，内壁施青釉。底径6.2、残高2厘米（图一〇，11）。

盆　4件。依口沿分四型。

A型　1件。T27③：6，泥质红褐陶。内外壁施青黄釉。外斜折沿，圆唇，深腹。腹中部有一凹弦纹。口径27、残高9厘米（图一一，1）。

B型　1件。H5：24，泥质灰陶。卷沿，内沿面有一折槽，形似子母口，腹略弧，平底。素面。口径21、底径7、高10厘米（图一一，2）。

C型　1件。H5：22，泥质红陶。敛口，向内平折沿，弧腹，平底。口沿下有对称双圆孔。素面。口径30、底径15、高15厘米（图一一，3）。

D型　1件。T36③：2，泥质红褐陶。敛口，尖唇，外沿下有一折棱。内壁口沿及外壁施青黄釉，底已残。口径25、残高7厘米（图一一，4）。

钵　分二型。

A型　1件。H5：12，夹砂灰陶。内壁施白釉。口微敛，圆唇，鼓肩，腹壁斜直，大平底。口沿下外壁有一折棱。口径20、底径19、高11.5厘米（图一一，5）。

B型　1件。H5：13，泥质红褐陶。敛口，圆唇，鼓肩，弧腹，小平底。口沿下有一圈凹弦纹，内壁及外壁腹以上部分施青白釉。口径22、底径12.5、高12.5厘米（图一一，6）。

盏　2件。T27③：2，泥质红陶。内壁施黄釉。浅盘形口，深弧腹，底有一圆孔，下承高柄，柄已残。口径16、残高4厘米（图一一，7）。T32③：1，夹砂白陶。外壁施酱黄色釉。浅盘形口，方唇，深腹，腹壁斜弧。下部已残。口径12.8、残高4厘米（图一一，8）。

罐　依口沿分二型。

A型　直口。T27③：3，泥质红陶。内壁口沿及外壁施黄釉。直口，方唇，鼓肩。口径10、残高3厘米（图一一，9）。

B型　敞口。H1：1，泥质红褐陶。内外壁施青釉。敞口，沿外卷，长直颈，尖唇，束颈。口径7.2、残高2.6厘米（图一一，10）。

甑　1件。H5：25，泥质灰陶。口微敛，卷沿，深腹，腹中部略鼓，腹中部有一宽带形拱耳，内壁中部有二层搭口，底中空成圆孔。素面。口径38、底径25、高37厘米（图一二，1）。

缸　1件。H5：23，泥质红褐陶。外壁施青黄釉。敞口，卷沿，上腹外鼓，下腹内弧，平底。口径40、底径16、高46厘米（图一二，2）。

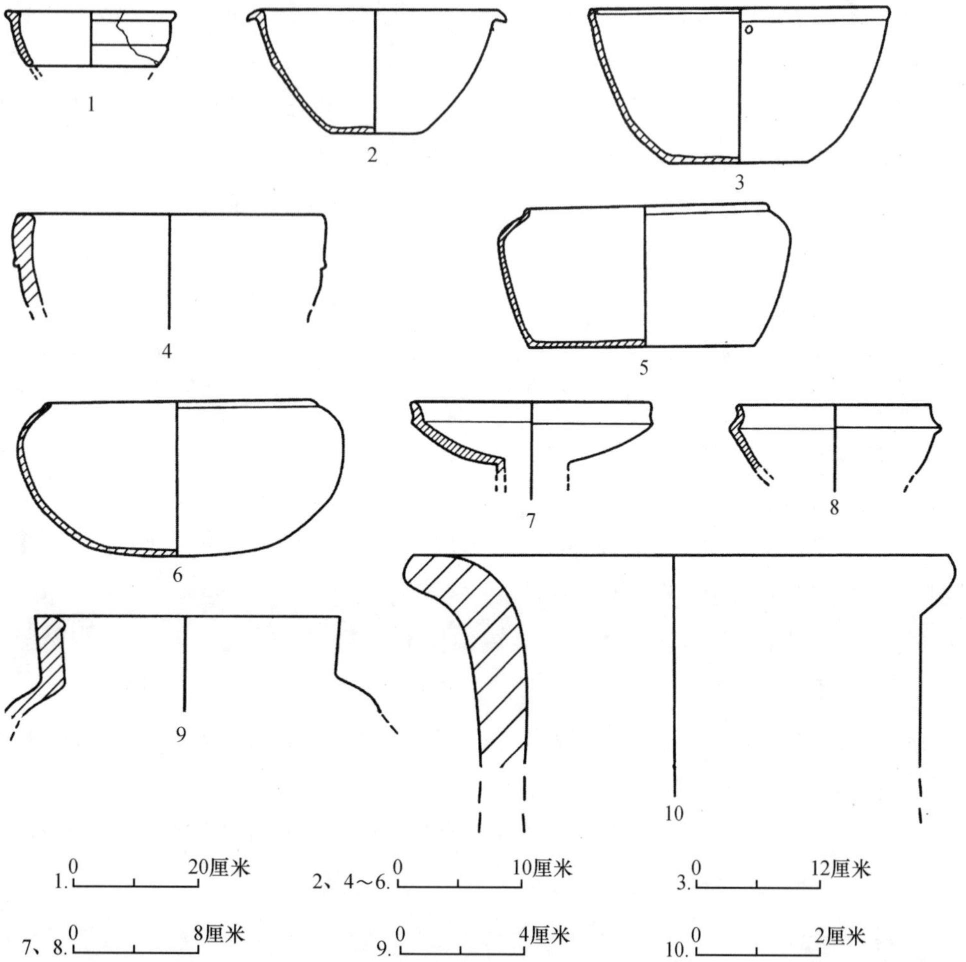

图一一　陶器

1. A型盆（T27③：6）　2. B型盆（H5：24）　3. C型盆（H5：22）　4. D型盆（T36③：2）　5. A型钵（H5：12）　6. B型钵（H5：13）　7、8. 盏（T27③：2、T32③：1）　9. A型罐（T27③：3）　10. B型罐（H1：1）

坛　4件。泥质红褐陶。形制仿盘口壶，但形体较大。盘形口较高，口略外撇，粗短直颈，深腹，小平底。外壁下腹以上部分施釉，釉面形成六瓣覆莲暗纹，下腹及底露胎，肩部饰6个桥形横系。依腹部可分二式。

Ⅰ式：2件。流肩，上腹略鼓。H5：18，口沿内壁施黄釉，外壁下腹以上部分施青黄釉，下腹部釉面形成6片覆莲形暗纹。口径27、底径13、高62厘米（图一二，3）。H5：19，口沿内壁施黄釉，外壁下腹部以上施青黄釉。下腹部形成6片覆莲暗纹。口径24、底径12.5、高58厘米（图一二，4）。

Ⅱ式：2件。鼓肩，腹壁斜直。H5：20，口沿内壁施黄釉，外壁下腹部以上施青绿釉。下腹部釉面呈6瓣覆莲暗纹。口径22、底径12、高56厘米（图一二，5）。H5：21，口沿内壁施青黄釉，外壁下腹部以上部分施酱色釉。下腹部釉面呈6瓣覆莲暗纹。口径24、底径12、高60厘米（图一二，6）。

匜　1件。H5：1，夹砂红褐陶。敞口，圆唇，腹中部略内弧，近底处内折，假圈足。口沿上有一流，腹中部饰一凹弦纹。内壁底部有5个支钉痕迹。内壁及外壁下腹折棱以上施青黄

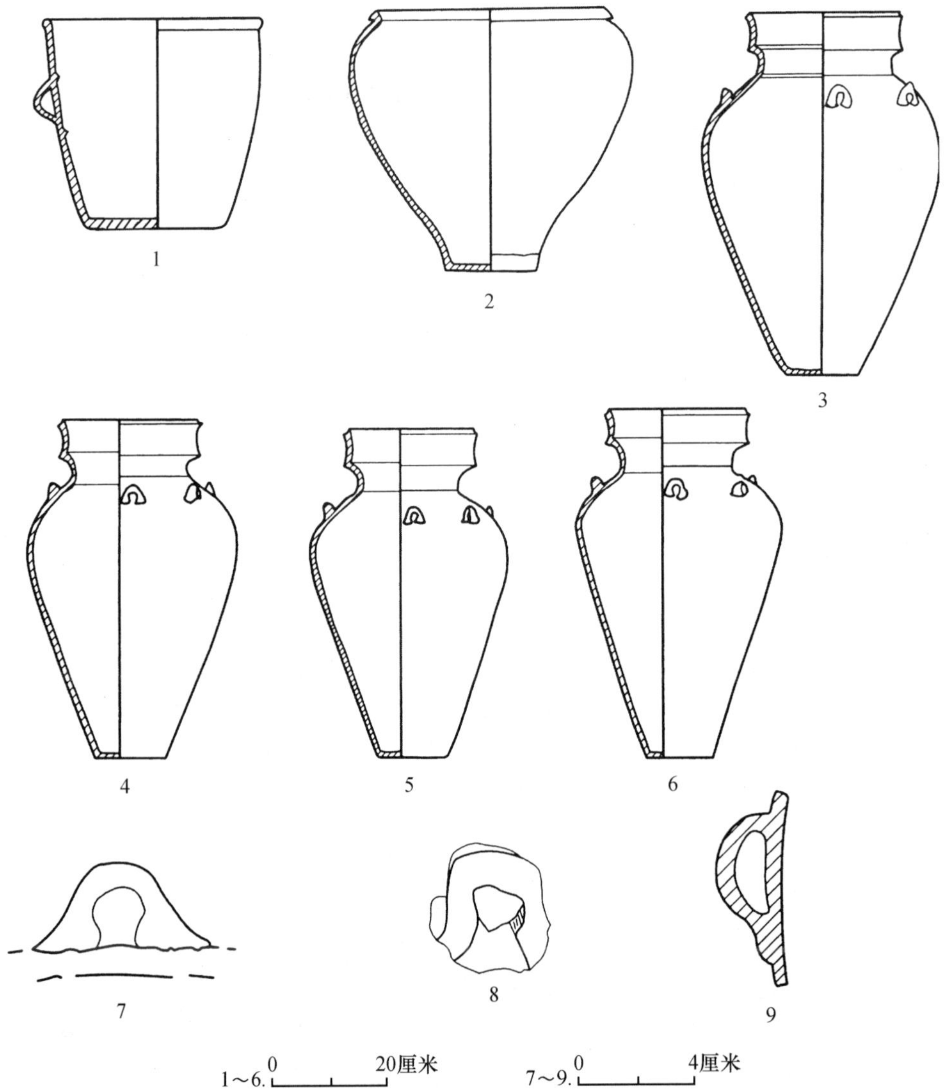

图一二　陶器

1. 甑（H5：25）　2. 缸（H5：23）　3、4. Ⅰ式坛（H5：18、H5：19）　5、6. Ⅱ式坛（H5：20、H5：21）　7. A型器耳（T40③：3）　8. B型器耳（T40②：1）　9. C型器耳（T37⑤：4）

釉。口径19.2、底径8.4、高11.6厘米（图一三，1）。

网坠　4件。纺锤形，中有圆孔。分二式。

Ⅰ式：3件。腹较鼓，穿孔较小。T27③：1，夹砂灰褐陶。腹中部较鼓。高5.6、口径1.6、腹最大径4、孔径1.2厘米（图一三，2）。T38③：1，夹砂灰陶。素面。高5、口径2.4、腹最大径4.2、孔径1.4厘米（图一三，3）。

Ⅱ式：1件。腹略鼓，孔径较大。T38②：1，泥质灰褐陶。高4.6、腹最大径3.4、孔径2厘米（图一三，4）。

器流　1件。T35⑤：2，泥质红褐陶。长条曲流，断面圆形，中有圆孔，接于上腹部。外表施青黄釉。残长6厘米（图一三，5）。

提梁　1件。T10③：1，夹砂灰陶。圆弧形，断面圆形。外表施青黄釉。残长9、断面直径1.8厘米（图一三，6）。

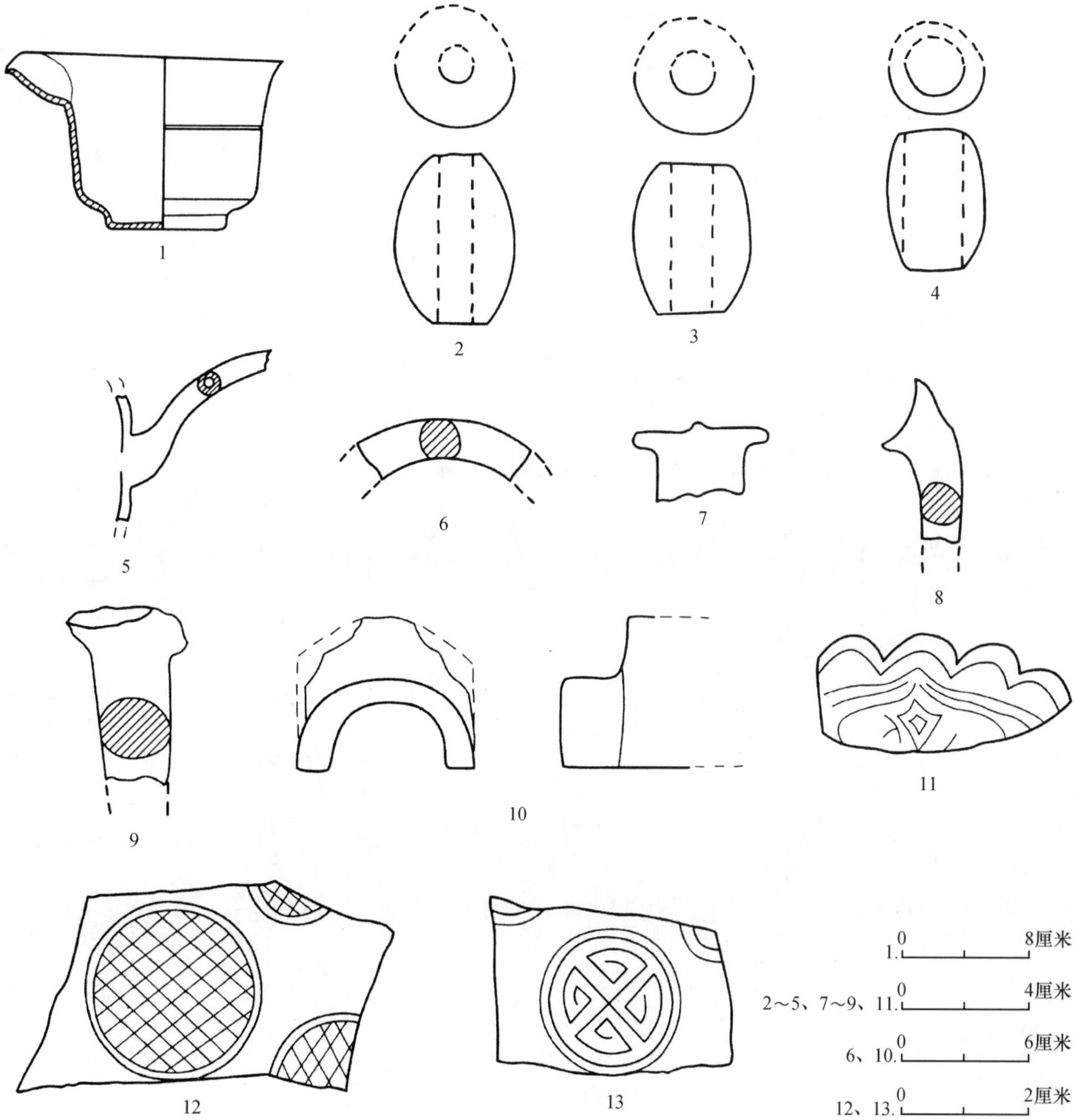

图一三　陶器

1. 匜（H5：1）　2、3. Ⅰ式网坠（T27③：1、T38③：1）　4. Ⅱ式网坠（T38②：1）　5. 器流（T35⑤：2）
6. 提梁（T10③：1）　7. 盖纽（T40③：4）　8. A型器足（T40③：2）　9. B型器足（T36③：7）　10. 筒瓦（T40③：1）
11. 滴水（T28③：2）　12、13. 陶片（T27③：5、T37⑤：3）

器耳　5件。分三型。

A型　3件。T40③：3，泥质红陶。外表施青黄釉。拱形耳。耳宽6、高3厘米（图一二，7）。

B型　1件。T40②：1，泥质红褐陶。外表施白釉。桥形耳。耳高3.4厘米（图一二，8）。

C型　1件。T37⑤：4，泥质红褐陶。外表施青黄釉。半月形耳。耳长5、高1.6厘米（图一二，9）。

盖纽　1件。T40③：4，泥质红褐陶。器表施青釉。圆形纽。纽面中部有一乳突。纽径

4.6、残高2.4厘米（图一三，7）。

器足　数件。均为夹砂陶，有红褐、灰褐色之分。分二型。

A型　足略弧，断面圆形，足细长。T40③：2，夹砂灰褐陶。足上部与器壁结合面呈弧形，足略曲，断面圆形。素面。残长5.4厘米（图一三，8）。

B型　足较直而粗。T36③：7，夹砂灰褐陶。足上部与器壁结合部粗壮，中下部呈圆柱形，较直。素面。残长5.6厘米（图一三，9）。

筒瓦　数件。多泥质灰陶，也有少数为夹细砂灰陶或褐陶。素面。断面半圆形，一端有搭口。T40③：1，夹砂灰褐陶。素面。宽9、高4.5～7.5、残长6.6厘米（图一三，10）。

板瓦　数件。一般凹面有布纹，少数凸面有水波纹、点戳纹。T40③：6，泥质灰褐陶。凹面印有布纹，凸面刻划水波纹、点戳纹。

滴水　1件。T28③：2，夹砂灰陶。外沿呈花边状，内刻对称飘带纹、菱形纹组合图案（图一三，11）。

陶片　数件。T27③：5，夹砂褐陶。外壁刻划圆圈纹和斜方格纹组合图案，并施青釉，内壁素面（图一三，12）。T37⑤：3，夹砂灰褐陶。外壁刻圆圈纹及勾连纹组合图案，并施青釉（图一三，13）。

（3）瓷器

瓷器主要为灰白瓷胎，也有少量青白瓷胎、白瓷胎。灰白瓷胎多数较粗糙，白瓷胎胎质较细腻。瓷器多施青釉、青黄釉，也有零星酱色釉、青绿釉、粉红色釉及青釉青花等。纹饰以划花为主，也有贴花和绘花，纹饰主要为朵花纹、草叶纹、飘带纹、荷叶纹、山水、鸳鸯等。从器类看，主要有碗、灯盏、罐、执壶、枕等。

碗　依底部及釉色分五型。

A型　饼形底，底略内凹，足较矮。H5：5，夹砂灰白瓷胎，胎质粗糙，外壁上腹和内壁施青釉。敞口，沿外撇，尖圆唇，弧腹。内壁底有5个支钉眼。口径20.8、底径8.4、高7.2厘米（图一四，1）。

B型　璧形底。H5：27，胎灰白，夹细砂。敞口，圆唇，斜弧腹。除底部外壁露胎外，其余部分施青釉。口径16、底径6、高4.8厘米（图一四，2）。

C型　环形底，足略外撇。分二式。

Ⅰ式：底较矮。H5：10，口沿外撇，圆唇，斜弧腹，外沿下有一凹槽。内底刻划草叶、朵花及水波纹，其上施绿釉、黄釉，其余部分施青黄釉。外壁下腹以上部分施青釉。胎青白瓷。口径17、底径6.3、高6.3厘米（图一四，3）。

Ⅱ式：底较高。T36③：6，瓷胎灰色，腹外壁及内底施青釉，足露胎。底径6、残高3.4厘米（图一四，4）。

D型　青花瓷器。T29①：1，胎白色，夹砂。腹壁较薄，底较厚，环底略外撇。内底印青花草叶纹，内外壁施青釉，足露胎。底径4、残高1.2厘米（图一四，7）。

E型　青花瓷器。T10②：1，弧腹，环底，削足，足内撇。胎夹砂青白色，内底绘飘带纹，其上施青釉。内外壁施青釉，足露胎。底径7.4、残高2.6厘米。

灯盏　分二型。

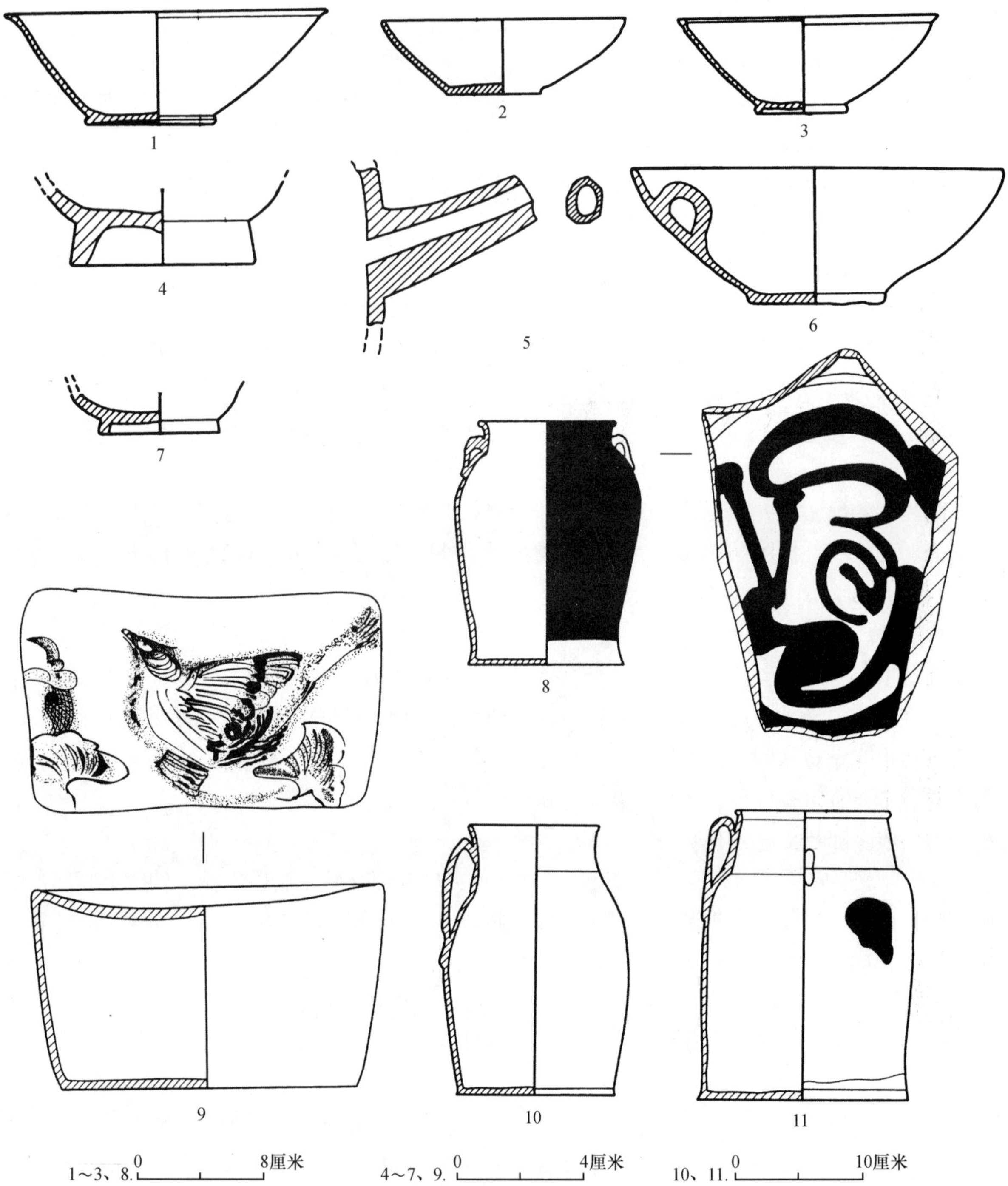

图一四 瓷器

1. A型碗（H5：5） 2. B型碗（H5：27） 3. C型Ⅰ式碗（H5：10） 4. C型Ⅱ式碗（T36③：6） 5. 器流（H5：29） 6. A型灯盏（H5：2） 7. D型碗（T29①：1） 8. A型罐（H5：8） 9. 枕（H5：15） 10. A型执壶（H5：17） 11. B型执壶（H5：16）

A型 钵形。H5：2，胎夹砂白色。口微敛，圆唇，弧腹，饼形底。内壁中上部有一半环形纽。内壁施青釉，外壁先施黄色护胎釉，再施青釉。口径12、底径4.4、高4.2厘米（图一四，6）。

B型 高柄。H5：28，泥质白胎，胎质细腻。内外壁施酱色釉。浅碟形口，直柄，柄中空。口径7、残高2.6厘米。

罐　双系。分二型。

A型　1件。H5：8，灰白瓷胎。敞口，卷沿，短直颈，深腹，下腹部外撇，平底。颈肩部有对称双系。内壁口沿及外壁下腹部以上施酱色釉，开冰裂纹。口径9、底径10、高15.5厘米（图一四，8）。

B型　1件。H5：7，沿略外卷，短直颈，上腹略鼓，下腹斜弧，平底。肩腹部饰对称双系。口沿及肩部施酱色釉，内壁口沿、外壁下腹至肩部施黄釉，底露胎，胎灰白色。口径13.1、底径10.8、高16.8厘米。

执壶　2件。分二型。

A型　1件。H5：17，口沿已残。束颈，肩部略鼓，腹壁较直，平底 。腹底结合部有一凹槽，颈腹部有扁平单把，把上有一凹槽。内壁颈以上部分和外壁底以上部分施青釉，釉面开冰裂纹。肩、腹部饰对称山水画，其上施绿釉、粉红色釉。胎青白色。底径13、残高21厘米（图一四，10）。

B型　1件。H5：16，卷沿，斜直颈，直腹，近底部略外撇，大平底。颈、腹部贴双称双系，另一侧贴塑扁平单把。把系上有两道凹弦纹。肩腹部绘荷叶图案三个，上施酱色釉。内壁口沿及外壁腹以上部分施青灰色釉，底露胎，胎青白色。口径12.5、底径17、高22.5厘米（图一四，11）。

枕　1件。H5：15，上面圆角梯形，中部略内凹，前低后高，上刻鸳鸯及荷叶。四侧面各刻一花草纹，其中一侧面上有一小圆穿。鸳鸯及花草图案上施青黄釉。除底面及四侧面下部未施釉外，其余部分施青釉，开冰裂纹，胎青白色。长14.4、宽7.6、高7.8厘米（图一四，9）。

器流　1件。H5：29，八棱形，内有椭圆形孔。流短直，接于颈下腹部。流孔内壁及流外壁均施青釉。夹砂灰白胎。长6厘米（图一四，5）。

（4）铜钱

1枚。为“开元通宝”铜钱，锈蚀严重，出土于T37第3层。

三、结　　语

通过发掘，我们对中嘴遗址有以下一些初步认识。

（一）Ⅰ区和Ⅱ区文化遗存的关系

Ⅰ区和Ⅱ区主要地层堆积基本一致，除Ⅱ区中南部三个探方第5、6层之间多了一个黄色砂层外，两区相应地层的土质、土色和包含物相似。灰褐色耕作层、红褐色土层和青灰色土层在两区所有探方均有分布，褐色土层在两区地势较低的探方有分布，系改地形成的堆积，叠压于红褐色土层上的黄色砂层在Ⅰ区中部、北部以及Ⅱ东部有分布，为洪水淤积的堆积。除灰褐色耕作层和褐色堆积层出土了少量石片、瓷片及瓦片等外，主要遗物多出土于红褐色土层、青灰色土层以及早期灰坑中，中嘴遗址主要为这两层及开口于其下的遗迹单位形成和废除时期的文化遗存。Ⅰ区和Ⅱ区除砂土层外各层均出土石片、石器等。但主要出土于最早期的青灰色土层中，而该层同时伴出大量火候较高的釉陶片及少量瓷片，表明中嘴遗址以石器为主的早期遗址受到破坏，致使早期地层受到严重扰乱而不存，石器等混入晚期地层中。略有不同之处在于，Ⅰ区位于地势略平的台地顶部偏西，Ⅱ区位于台地南部缓坡，主要遗迹多发现于Ⅰ区，而Ⅱ区仅发现1个灰坑，而该灰坑可能为流水冲刷形成的沟槽。Ⅰ区发现的遗物较少，而Ⅱ区发现的遗物较多一些，这可能与Ⅰ区为当时人类生活场所，而Ⅱ区为废弃物处理场所有关。

（二）分期及时代

中嘴遗址为隋唐至近现代的文化堆积。根据地层叠压关系及地层、遗迹出土遗物特征分析，将中嘴遗址可分为五期。

1. 一期（隋—唐初）

该期遗存主要为H1和H5及其下层出土遗物。遗物主要为盘口粗颈坛、饼足深腹碗、盆、甑等。盘口粗颈坛与湖北武汉郊区隋代出土盘口壶相似，饼足深腹碗胎较厚，腹壁较弧而深，瓷胎多为灰白色，较粗糙。盆、甑等多大口深腹，釉面多为青釉、青黄釉，施釉不到底，纹饰主要有弦纹、覆莲纹等，器身多桥形或拱形。无论是器形还是釉色，均与隋至唐初流行器物相似。初步推断这些遗存的时代大约为隋至唐初。H5上下部填土土色不一，遗物层层叠压。该灰坑从形成到废除延续时间较长，上部出土器物多具唐代中期特征。

2. 二期（唐中期）

该期遗存以青灰色土层及H5上部遗存为主。器物以陶器为主，同时包括一定数量的瓷器、石器，陶器中以釉陶为大宗。陶器主要有碗、罐、缸、匜、灯盏、器足、网坠、布纹筒瓦、板瓦等，瓷器主要有执壶、枕、碗、罐、灯盏等。瓷胎多灰白、青白色，有少量胎质细腻的白瓷片。碗类除饼形底外，还出现部分璧形底、环形底，但环底不高，胎略薄，口沿多外撇，腹壁斜弧。罐多卷沿，短颈，腹最大径位于腹上部，多双系，缸卷沿，上腹外鼓，下腹内收。灯盏均为盘口，口略外撇。执壶均有扁平单把，腹壁略直。枕形体较小。网坠腹中部较鼓，圆孔直径较小。釉色以青釉、黄釉为主，新出现少量酱色釉、白釉、红绿釉，纹饰主要有弦纹、花草、荷叶、鸳鸯等，除划花外，还有印花和绘花。筒瓦、板瓦多为灰陶，板瓦凹面多印有布纹。石器除大量石片、石核外，还有石斧、锛、铲等，多磨制。这一时期主要陶瓷器与唐代中期流行器物相似。推断这些遗存的时代大约为唐代中期。该层内还出土一枚“开元通宝”铜钱，也是该层断代的一个佐证。

3. 三期（唐代晚期）

本期遗存包括红褐色土层和H2、H3、G1。以陶器为主，有一定数量的青白瓷、白瓷片及零星石片。陶器中红褐陶质的釉陶片较多，青灰色瓦片、陶片数量较青灰色土层略有增加。釉陶中，除青釉、黄釉外，还有一定数量的青白釉、白釉陶片，基本不见酱釉、青黄釉陶片。陶器器类主要为碗、罐、壶、板瓦、筒瓦、滴水、网坠等。瓷器多白瓷和青瓷，主要为碗类，碗除少量璧形底外，多为环形底，且底多较高，圈足外撇或略内弧，足与底之间往往有一凹槽。罐形体较矮胖，腹最大径多位于中部，有敞口、直口、卷沿几种罐类。新出现断面圆形的长曲壶流。网坠腹略鼓，穿孔较大。多半环形耳、宽扁平曲柄。板瓦除凹面印有布纹外，部分凸面还刻划水波纹、绳纹。新出现圆圈纹、网格纹及其他几何纹组合而成的数组图案和刻有菱形纹、飘带纹组合图案的花边状口沿滴水。根据这些特征，本期遗存的时代大约为唐代中晚期。

4. 四期（明清时期）

本期遗存包括褐色土层和G2、H4。褐色土层主要分布于发掘区地势较低的探方，叠压于耕土层下，黄色细砂层或红褐色土层之上。包含物较少，主要为青花瓷片、灰陶瓦片及零星石片。瓦片多较厚，瓷片主要为瓷碗残片，内外壁施白釉、碗底绘或印有草叶纹、飘带纹，瓷胎青白或白色，胎质细腻，碗底有削足现象。根据叠压关系及出土器物形制推断，这一期遗存大约为明清时期形成。

5. 第五期（近现代）

本期遗存为灰褐色耕作层。该层主要包含物有近现代瓦片、瓷片以及青花瓷片、石片等。第四期褐色土层系改地形成的堆积，本期遗存系长期耕作形成的堆积，本期上限当与第四期下限相当，大约为清代，其下限至现代。

（三）主要文化因素分析

中嘴遗址大约是隋唐至近现代的遗存，遗物主要出土于隋唐时期的地层和遗迹中。该遗址第一至第三期，无论是器物的种类还是釉色、纹饰等都具有明显的承袭性，均以釉陶器为主，另有少量瓷器，出土同类器物在器形上有明显发展演变关系，是同一类型文化在不同时段的体现。

本次发掘早期文化遗存中，虽然出土了较多的石片、石核及磨制石器，但未发现早于隋唐时期的文化层位和遗迹，仅在Ⅰ区一个探方内青灰色土层中发现两片火候较低的绳纹、网格纹红褐陶片。Ⅱ区早期地层中出土一定数量的圆锥形鬲足或鼎足，但火候较高，似不属于更早期的遗物。同时，本次发掘并未发现三峡地区商周时期流行的花边口沿罐、高柄豆、尖底钵等典型器物。因此，调查推断中嘴遗址早期遗存可早到商周时期的说法在此次发掘中未得到证实。

至于属于隋唐时期的早期地层中出土了数量较多的石器，是隋唐时期该地区仍流行石器还是早期遗存受到隋唐时期人类活动破坏，还有待进一步研究。

通过发掘及整理可以看出，隋唐时期，中嘴遗址的主要日常器物以陶器为主，其中釉陶器占绝大多数，同时使用部分青瓷、白瓷器。而且相当一部分釉陶器和部分瓷器就是当地烧造的，H5中出土的釉陶器和部分青瓷器，胎质粗糙，釉面不均，常有气泡，器形不规整，似为次品，这些器物很可能是当地烧制的废弃品。网坠的发现表明沿江地区渔业活动是当时人类生产生活的一个重要方面。另一方面，当地文化同外地文化之间也有广泛的交流。出土的青釉六系盘口陶坛与湖北武汉郊区周家大湾241号隋墓出土的青瓷六耳大壶，无论是形制大小还是装饰花纹都极为相似，出土瓷质执壶的形制及釉下彩绘等技术无疑是受唐代长沙窑工艺技术影响的结果，甚或是长沙窑输入的产品。此外，碗、罐、缸、灯盏、枕等造型与全国隋唐时期流行的器物及釉色、花纹装饰等也大同小异，反映了当地文化与周边文化交流的频繁。

本次发掘中，发现了两层纯净细砂层。第一层位于耕土层或褐色土层之下，红褐色土层之上，主要分布于Ⅰ区中部、北部以及Ⅱ区东部，表明唐以后至明清以前当地曾发生过一次大洪水，细砂层为洪水淤积而成的堆积，Ⅰ区发现细砂层海拔约148米，推测这次洪水到达的海拔不低于150米。第二层细砂层仅见于Ⅱ区中南部地势最低的三个探方南半部，位于红褐色土层之下，青灰色土层之上，表明唐代中期该地也发生过一次洪水，洪水到达的海拔大约为140米。

附记：本次发掘得到了万州区文物管理所和武陵镇文化站的大力支持，在此表示感谢！

发掘、整理：李洪海　余晓靖　方跃章
徐文德　邓顺杰　蒋志龙
绘图、照相：余晓靖　方跃章
电脑制图：王艺乾
执笔：蒋志龙　徐文德

万州陈家坝墓群（遗址）2003年度发掘简报

青海省文物考古研究所
万州区文物管理所

陈家坝墓群（遗址）位于重庆市万州区武陵镇禹安村，地处长江左岸，由一级阶地和低山丘陵组成，北距武陵镇约5千米。中心地理坐标：东经108°14′20.5″，北纬30°28′24.1″，海拔146～169米。1998年青海省文物考古研究所曾在此处清理1座墓葬。2003年3～4月，受重庆市文化局的委托，青海省文物考古研究所对该墓群（遗址）进行了勘探和发掘，发掘面积2234平方米。根据工作需要，把发掘区分为甲、乙、丙三个区（图一）。其中甲区为缓坡地，有橘树等果树和稻田，布5米×5米探方27个，清理出东汉墓葬1座（M1）；乙区地势较为平坦，原栽有橘树，砍掉后辟为菜地，布5米×5米探方61个，清理出六朝墓葬1座（M2）及发现明清、六朝、商周文化层；丙区为一片竹林，布5米×1.2米、7米×1.2米探沟各一条，清理出清代墓葬1座（M3）。

一、墓　　葬

这次发掘共清理出东汉、六朝及清代墓葬各1座。

M1　方向6°。位于在甲区T3东面50米处，开口于第1层下，距地表深约0.2米。长方形砖室墓，长2.9、宽1.2米，毁坏严重，仅存底部。残存墓壁青砖侧面模印菱形纹，砖长35、宽16、厚7厘米，墓底用青灰色条砖平铺而成，有少量子母砖。未发现人骨遗骸和葬具痕迹。墓底中部发现灰陶钵1件、五铢铜钱4枚及少量陶片（图二；彩版一二九，1）。

陶钵　M1：1，泥质灰陶。敞口，圆唇，弧腹，平底。通高6、口径15.2、底径5.6厘米（图三，1）。

五铢铜钱　M1：2，直径2.55厘米。重3.1克。

M2　方向2°。位于乙区T1内，开口于第3层下，墓口距地表深0.6米。长方形竖穴土坑墓，长2.4、宽0.44、深0.25米。填土为深褐色土，质较松软。未发现人骨遗骸和葬具痕迹。墓底南端发现青瓷碗3件（图四；彩版一二九，2）。

青瓷碗　M2：1，灰胎，内外施青绿釉，外釉不及底。碗内口沿部有两道弦纹。敞口，尖圆唇，斜弧腹，饼形足，足底有一圈凹槽。通高7.2、口径14.4、底径4.4厘米（图三，4）。M2：2，灰胎，内外施青绿釉，有细微开片，外釉不及底。直口略外侈，尖圆唇，弧腹，饼形足。通高4.8、口径9.6、底径4.1厘米（图三，2；彩版一三〇，2）。M2：3，灰胎，内外施青绿釉，有细微开片，外釉不及底。直口略外侈，尖圆唇，弧腹，饼形足，足底有一圈凹槽。通高7.2、口径14、底径4.8厘米（图三，3）。

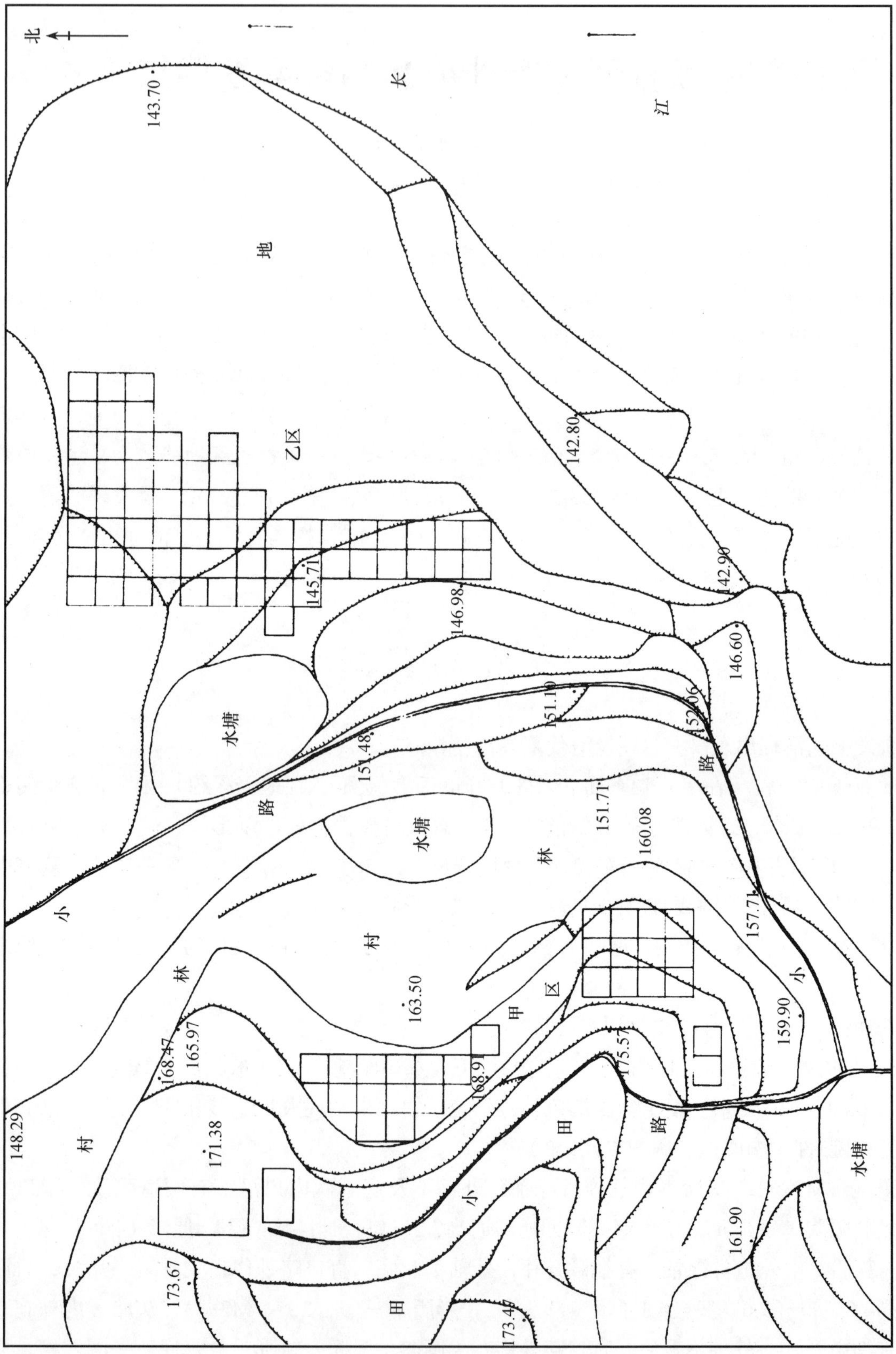

图一 陈家坝墓群（遗址）地形图及探方分布图

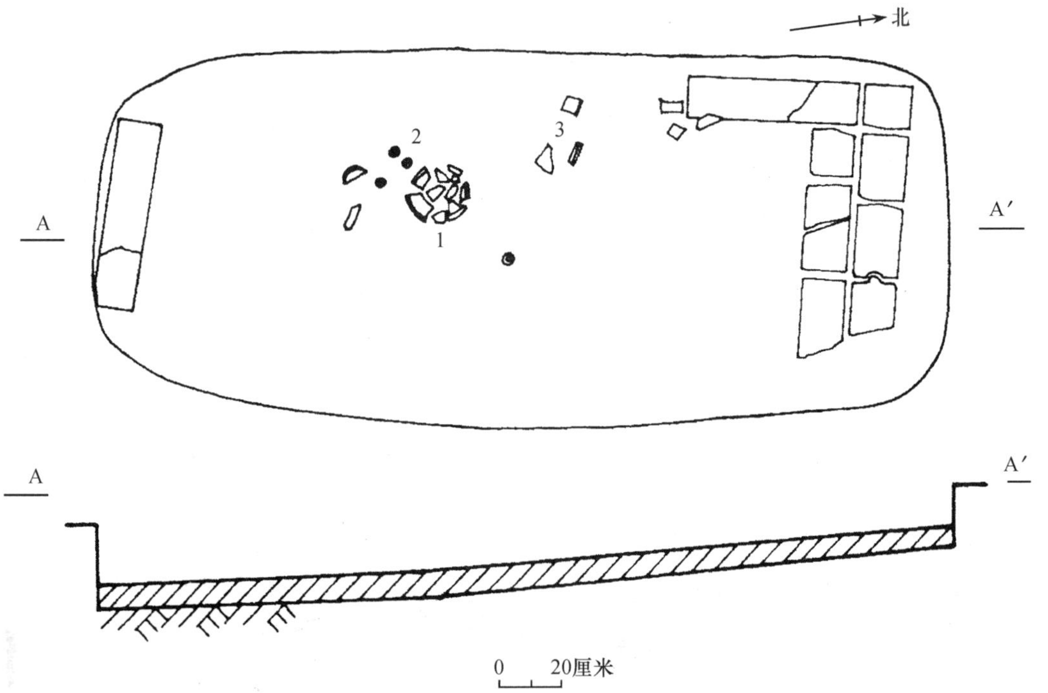

图二　M1平、剖面图

1. 陶钵　2. 铜钱　3. 陶片

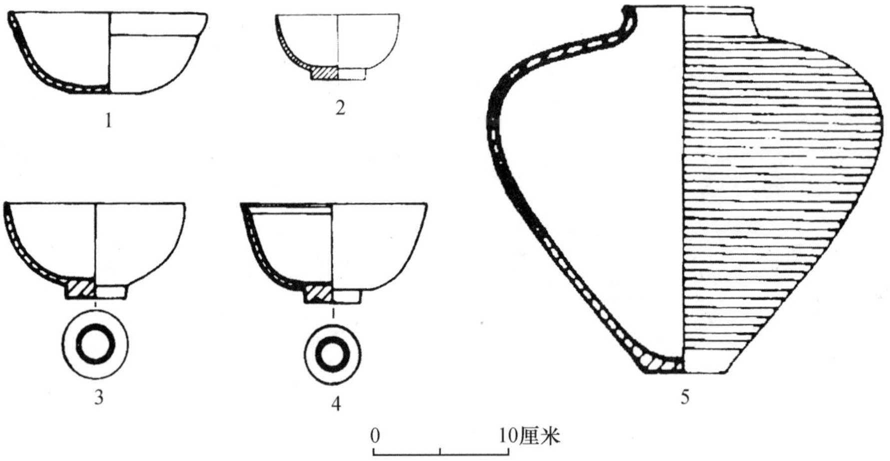

图三　M1～M3出土器物

1. 陶钵（M1：1）　2～4. 青瓷碗（M2：2、M2：3、M2：1）　5. 陶罐（M3：1）

M3　方向290°。位于丙区TG1内，开口于第1层下，墓口距地表深0.85米。梯形竖穴土坑墓，西宽东窄，东端被盗洞破坏，残长1.6、西端宽0.64、深0.15米。墓葬四壁及底部抹有一层白石灰。填土为灰褐色土，土质松软，出有青花瓷片。木棺葬具已朽，棺内置老年女性人骨1具，头向西，仰身直肢，颅骨、肋骨及膝盖以下部分有扰乱痕迹。盗洞中发现泥质灰陶罐1件，另外在墓底四周发现6枚铁棺钉（图五；彩版一三〇，1）。

陶罐　M3：1，泥质灰陶。外表颈部以下饰平行弦纹。侈口，厚圆唇，短颈，广肩，腹部上鼓，下部斜收，小平底。通高27、口径9.6、腹径30、底径6厘米（图三，5；彩版一三〇，3）。

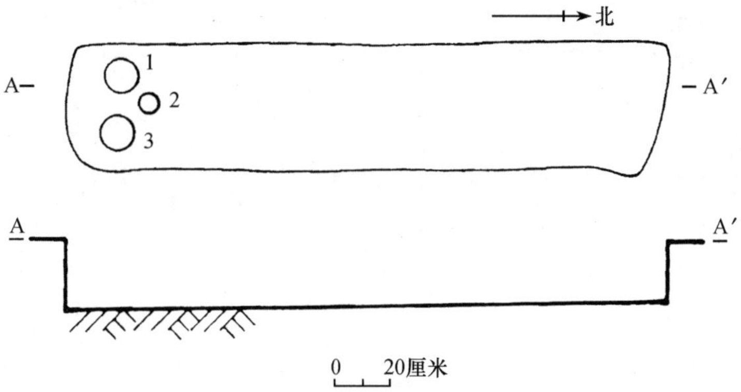

图四　M2平、剖面图

1～3. 青瓷碗

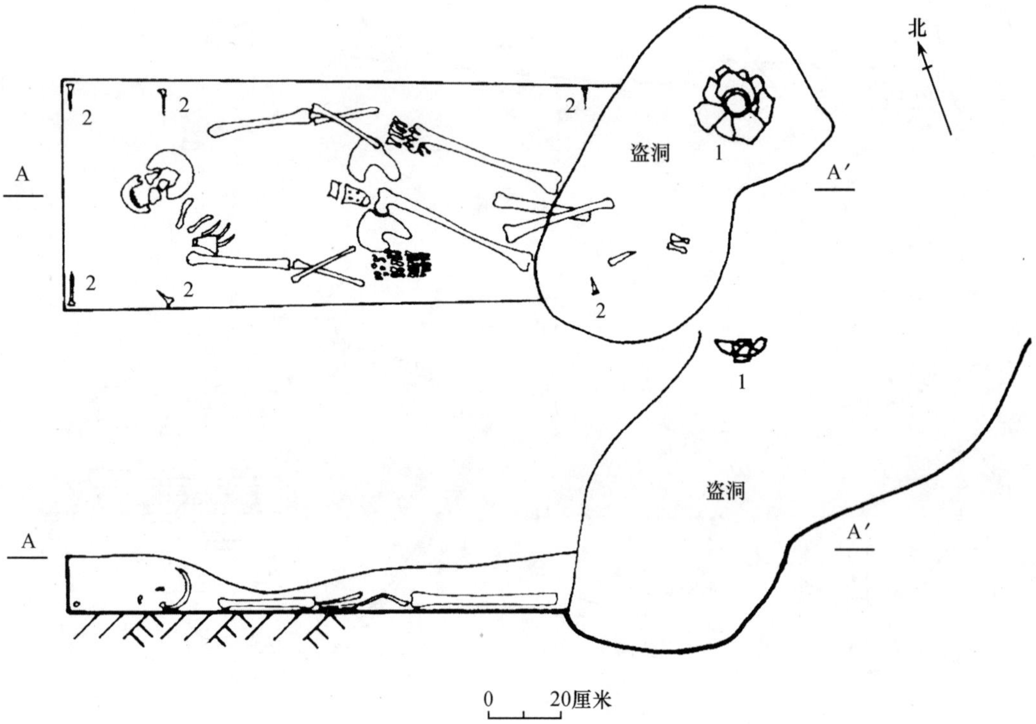

图五　M3平、剖面图

1. 陶罐　2. 铁棺钉

铁棺钉　M3：2，锥形。长14～16厘米。

二、遗　　址

1. 地层堆积

甲区和丙区地层堆积较为简单，未见文化层，乙区文化层堆积较厚，但遗迹及遗物稀少。现以T50南壁为例对乙区地层堆积情况加以介绍（图六）。

第1层：现代耕土层。厚0.25～0.3米。

第2层：红褐色黏土层。厚约0.25米。土质较硬，包含有少量明清时期的青花瓷片、石块，为明清文化堆积。

第3层：灰黄色黏土层。厚约0.45米。土质较硬，包含有少量六朝时期的青瓷片、夹砂陶片、石块、石器等，为六朝文化堆积。

第4层：灰褐色黏土层。厚约0.5米。土质较硬，零星出土有夹砂绳纹陶片，陶质酥软，火候较低，为商周文化堆积。

第4层下为原生黄色砂土。

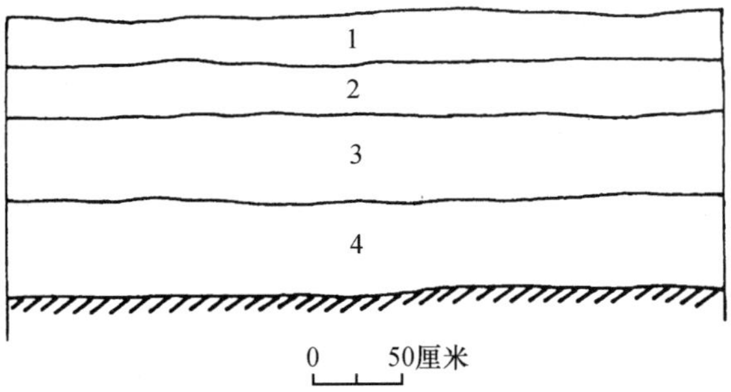

图六　乙区T50南壁剖面图

2. 文化遗迹

仅发现灰沟1条。

G1　位于乙区T44内，开口于第2层下，打破第3层，呈西北—东南向，形状规整，人工痕迹明显。向探方南部延伸部分未清理，清理部分长6.05、宽0.72、深0.16米。填土分上下两层，上层为灰褐色土，土质较硬，底部一层为厚约2厘米的草木灰。灰沟内未发现任何遗物（图七）。

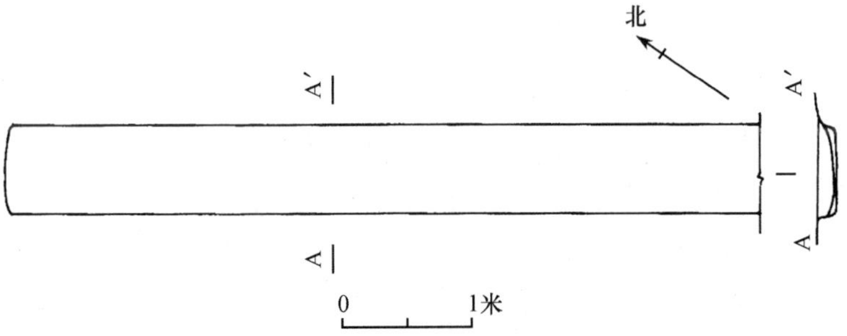

图七　G1平、剖面图

3. 文化遗物

出土少量青花瓷片、青瓷片、夹砂陶片及石器等，下面就所选几件标本予以介绍。

青瓷片　乙区T56③：1，罐（壶）肩腹部残片。灰胎，施青绿釉。开片较细，置一环形系耳。胎厚0.8厘米（图八，1）。

夹砂红陶片　乙区T1③：1，外表饰绳纹。质地酥软，火候较低。厚约1厘米（图八，2）。

石片　乙区T3③：1，红褐色粗砂岩，打制而成，边缘部有使用痕迹（图八，3）。

条形器　乙区T1③：2，残半。红褐色细砂岩，一面为自然面，一面磨制，其余两面系打击而成。残长约11厘米（图八，4）。

凿形器　乙区T6③：1，半成品，扁圆形灰色砾石，一端粗，一端细，细端两侧磨制痕迹明显，刃钝。长17、粗端宽8.8、刃宽4厘米（图八，5）。

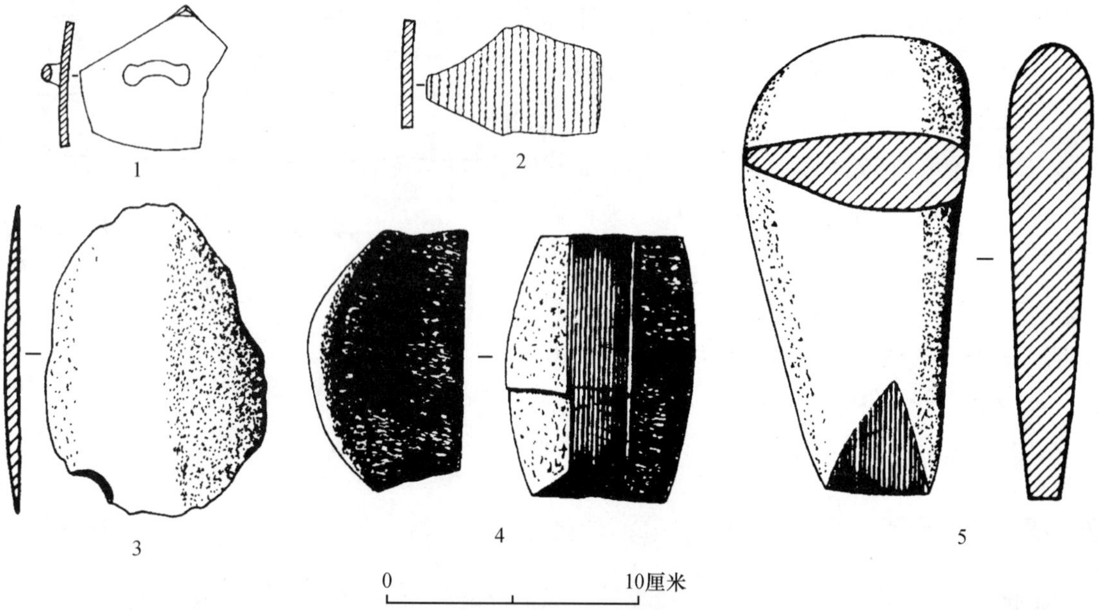

图八　遗址出土遗物

1. 青瓷片（乙区T56③：1）　2. 夹砂红陶片（乙区T1③：1）　3. 石片（乙区T3③：1）　4. 石条形器（乙区T1③：2）　5. 石凿形器（乙区T6③：1）

三、结　语

陈家坝墓群（遗址）经过1998年和2003年前后两次勘探和发掘，仅发现4座墓葬，而且属不同时期，显然该处非大型墓群所在地，后期平田整地也可能破坏了部分墓葬。这次清理的3座墓中，M1为一座残墓，仅存底部，出土随葬品极少，从所出东汉晚期的五铢铜钱来判断，该墓为东汉墓葬；M2仅发现3件六朝青瓷碗，虽定为墓葬，但未见人骨和葬具，而且墓室狭窄，是墓葬抑或是别的遗迹难以断定；M3填土中出有清代青花瓷片，显然该墓为清代墓葬。

从这次的勘探和发掘来看，遗址主要分布于长江左岸呈舌形前伸的第一级阶地之上，地层堆积由西向东渐次变薄，由上至下依次为明清文化堆积、六朝文化堆积、商周文化堆积，年代呈断续状，且遗迹和遗物均非常稀少，显然该处在历史上不是人类活动的中心区域，这也与该处未发现大型墓群的现象是相符合的。

领队：许新国
执行领队：刘宝山
发掘：陈海清　孙鸣生　胡晓军
王忠信　肖永明
绘图：孙鸣生
修复：顾希娟
照相：刘宝山
执笔：王忠信

万州瓦子岗窑址2003年度发掘简报

重庆市文化遗产研究院
沈阳市文物考古研究所
万 州 区 文 物 管 理 所

为配合三峡水库工程建设，2003年3月6～16日，重庆市文物考古所（今重庆市文化遗产研究院）与沈阳市文物考古研究所受重庆市文化局委托，联合组队对重庆市万州区地下文物保护抢救发掘项目瓦子岗窑址（原价值评估D级）进行了第一次发掘，历时10天，实际发掘面积200平方米，出土并采集了一批重要的古代文化遗物。现将此次田野工作情况及收获简报如下。

一、窑址概况

瓦子岗窑址位于重庆市万州区溪口乡蒲家村二组，地处长江南岸较为平缓的一级阶地上，窑址所在地东北部隔龙门冲沟与漆树坪窑址相望，西北部紧临长江河漫滩，西南部隔何家沟与石地坝相邻，南部海拔170米以上坡地为居民点。地理坐标为东经108°19′04″，北纬30°36′32″，海拔130～160米（图一）。发掘前地表有陶片堆积，并种植有小麦、胡豆及柑橘树等。因农民修建梯田和精耕活动，窑址已被严重破坏。

二、地层堆积

根据图纸资料及实地调查情况，我们在瓦子岗阶地东北部布设2米×6米探沟（北偏东40°）8条，编号为2003CWWBTG1～2003CWWBTG8。在西南部布设3米×25米规格探沟（方向20°）1条，编号为2003CWWNTG1，发现窑址一座。发掘面积共计200平方米（图二）。

发掘工作严格按照《田野考古工作规程》操作，按地层堆积的早晚关系由上至下逐层发掘，所见地层堆积情况有所差异，但多属近、现代平整土地形成的堆积。现以2003CWWBTG4和2003CWWNTG1所见地层堆积为代表说明地层情况。2003CWWBTG4以西壁为例，所见地层堆积可分三层（图三）（以下省略2003CWW）。

第1层：表土。厚50～60厘米。土质松散，为灰褐色土，包含一定植物根茎及零星陶片、陶器，多为硬陶，见釉陶，堆积普遍分布。

第2层：黄褐色黏土，泛红。厚2～2.1米。土质较硬，包含大量碎陶片及残陶器，多为硬陶，见釉陶，包含物分布无序，堆积普遍分布。

第3层：黄褐色亚黏土。厚20～40厘米。土质较密，含少量砂，包含少量烧土粒、烧砖碎块及碎陶片，堆积普遍分布。

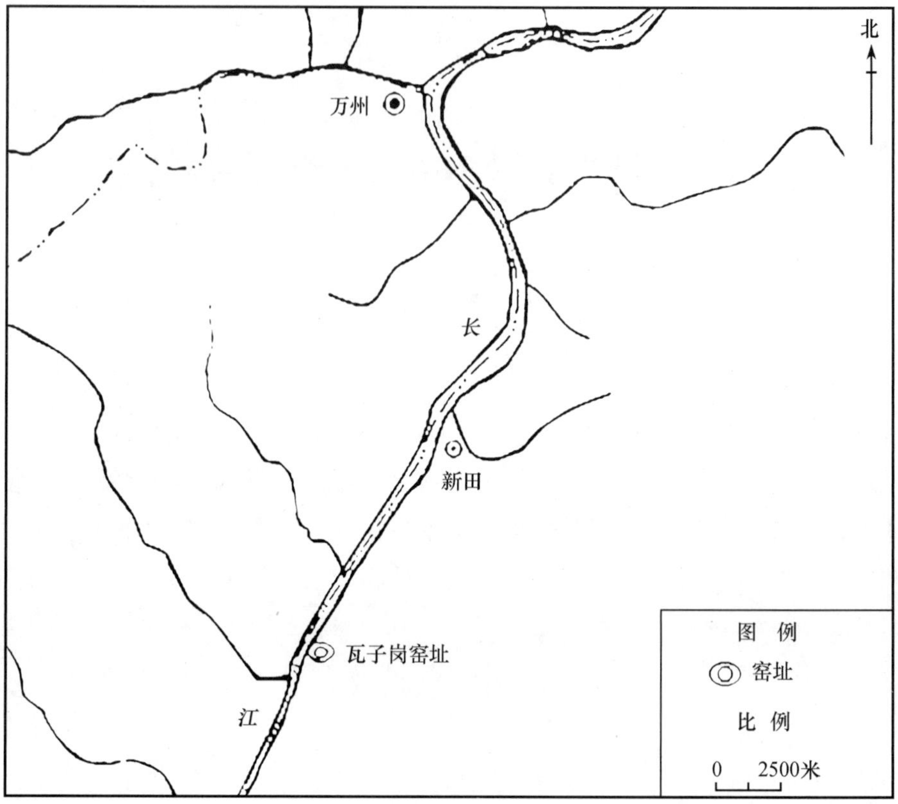

图一 瓦子岗窑址位置示意图

第3层以下为生土。

NTG1以北壁为例，根据土质土色及包含物的不同分为三层（图四）。

第1层：表土。厚10～65厘米。土质较疏松，含少量砂，湿度较小，局部因作水田，土质黏性较大，板结，堆积呈灰褐色，包含大量植物根茎、少量烧土粒及零星陶片，所见陶片大多为硬陶或釉陶。地层随地形呈现东南高西北低的状态，普遍分布于发掘区域，局部被现代用石材砌筑田坎打破。

第2层：黄褐色黏土，泛红。厚0～80厘米。土质紧密，湿度较小，包含一定陶片及烧土粒、烧砖碎块，所见陶片大多为硬陶或釉陶。地层随地形呈现东南高西北低的状态，分布于发掘区域大部，在探沟中部被梯田扰动破坏，部分中断。

第3层：灰褐色花土，泛黑。厚0～45厘米。土质紧密坚硬，湿度较小，包含大量陶片及烧土粒、烧砖碎块，所见陶片均为硬陶或釉陶。地层随地形呈现东南高西北低的状态。本层堆积仅部分存在于发掘区域西部，发现龙窑一座，开口于该层下并打破生土。

第3层以下为生土。

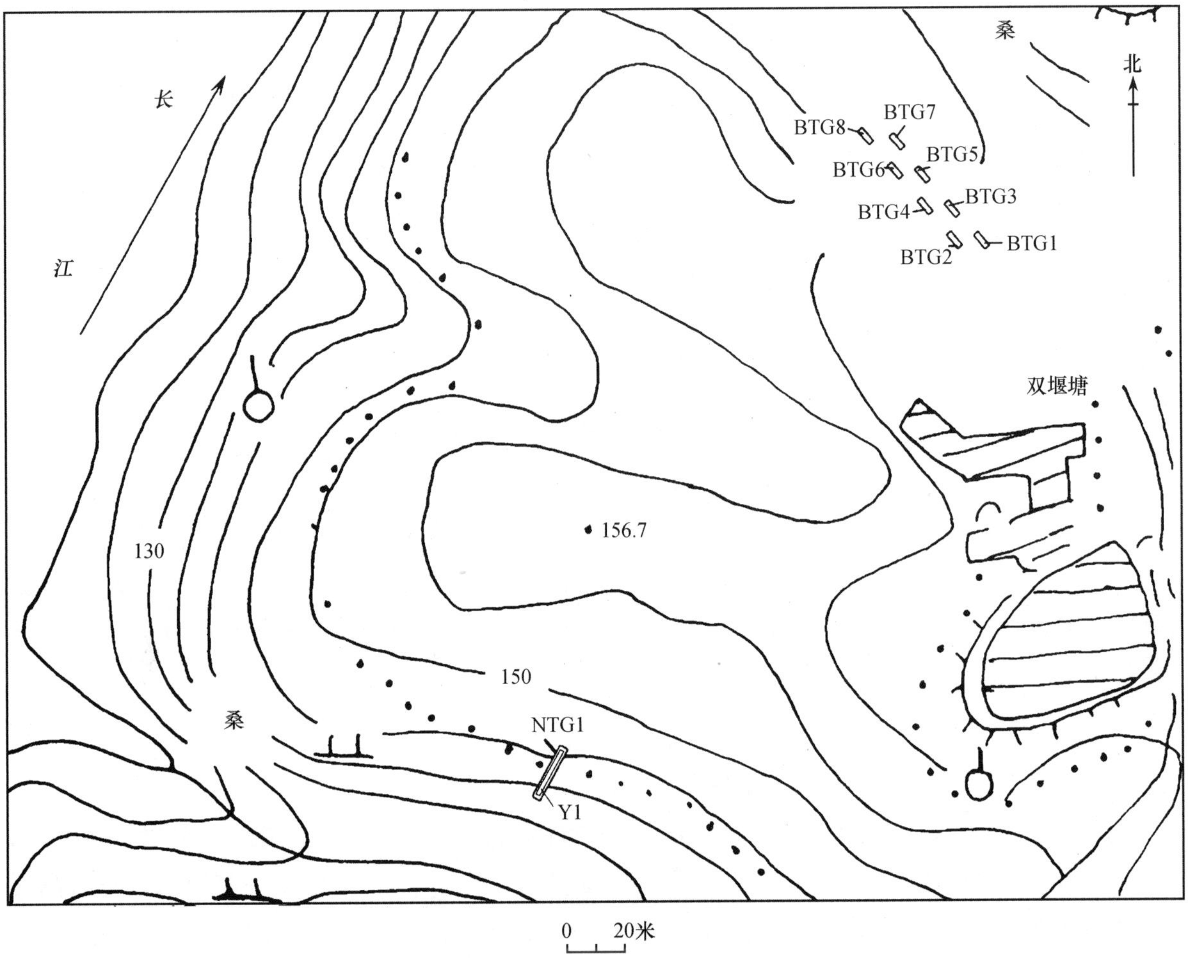

图二　探方、遗迹分布图

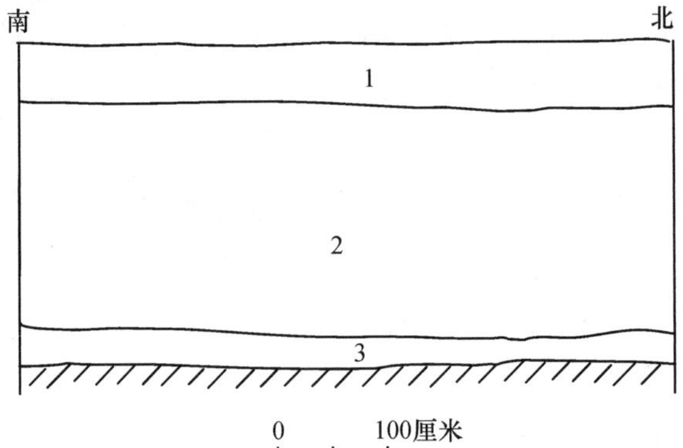

图三　BTG4西壁剖面图

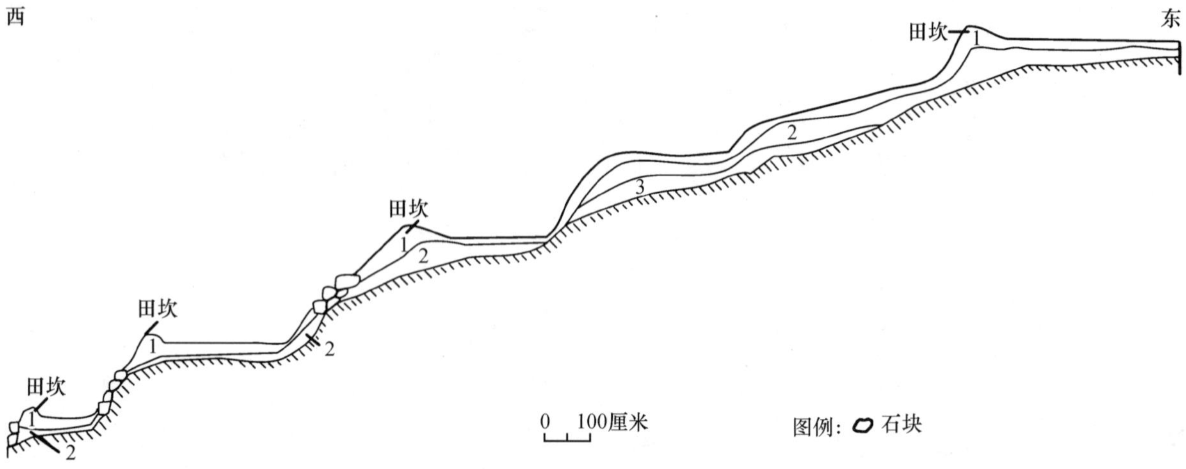

图四 NTG1北壁剖面图

三、遗迹现象

本次发掘发现窑址1座，编号为Y1（图五），破坏较严重。

Y1 位于瓦子岗阶地的西侧，为一西南—东北走向的长条形砖砌建筑，属龙窑，西南低东北高，方向24°，倾角16°。窑头、尾部均已遭破坏，仅存部分窑室、窑床及窑门。

窑室残长24.4、内宽1.85米。窑床表面为一层青灰色烧结面，厚约2 厘米。窑壁残高20～50厘米，西北侧窑壁厚10～25厘米，最高残存四层烧砖，烧砖长20、宽10、厚5厘米。东南侧窑壁破坏无存，仅存窑床烧结面。窑壁自离地40厘米以上开始起券。

窑门发现一个，位于西北侧窑壁，编号为Y1M1，残宽70、进深30厘米。窑室内残留有陶片及倒塌窑壁堆积，出土有支烧具垫柱及陶器。支烧具多为圆柱筒形，大体有高矮两种。陶器可辨器形有泥质灰陶小鼓腹罐、擂钵、碗、瓮等容器，多为泥质红陶和泥质灰陶，轮制轮修，腹部多有弦纹，器底一般圆平，有线条切割痕迹，烧制火候较高，工艺较为粗糙。

四、出土遗物

本次发掘出土遗物仅见陶器，共计出土遗物38件，多出自废弃陶片堆积，器形有垫柱、单把带流罐、擂钵、钵、罐、盆等。

垫柱 24件。可分三型。

A型 3件。可分二式。

Ⅰ式：2件。平顶，顶微内凹，直壁，底部略外撇，外壁见轮修旋痕。Y1：1，釉陶。顶部中空一小孔。口径13.8、顶径13.4、高34.8厘米（图六，1）。

Ⅱ式：1件。平顶，斜壁，底部外撇，外壁见轮修旋痕。Y1：8，泥质红褐陶。口径13.8、顶径12.4、高29.6厘米（图六，2）。

B型 16件。可分四式。

Ⅰ式：7件。平顶，斜壁内收，底部略外撇。BTG2②：3，泥质红陶。外壁见轮修旋痕。

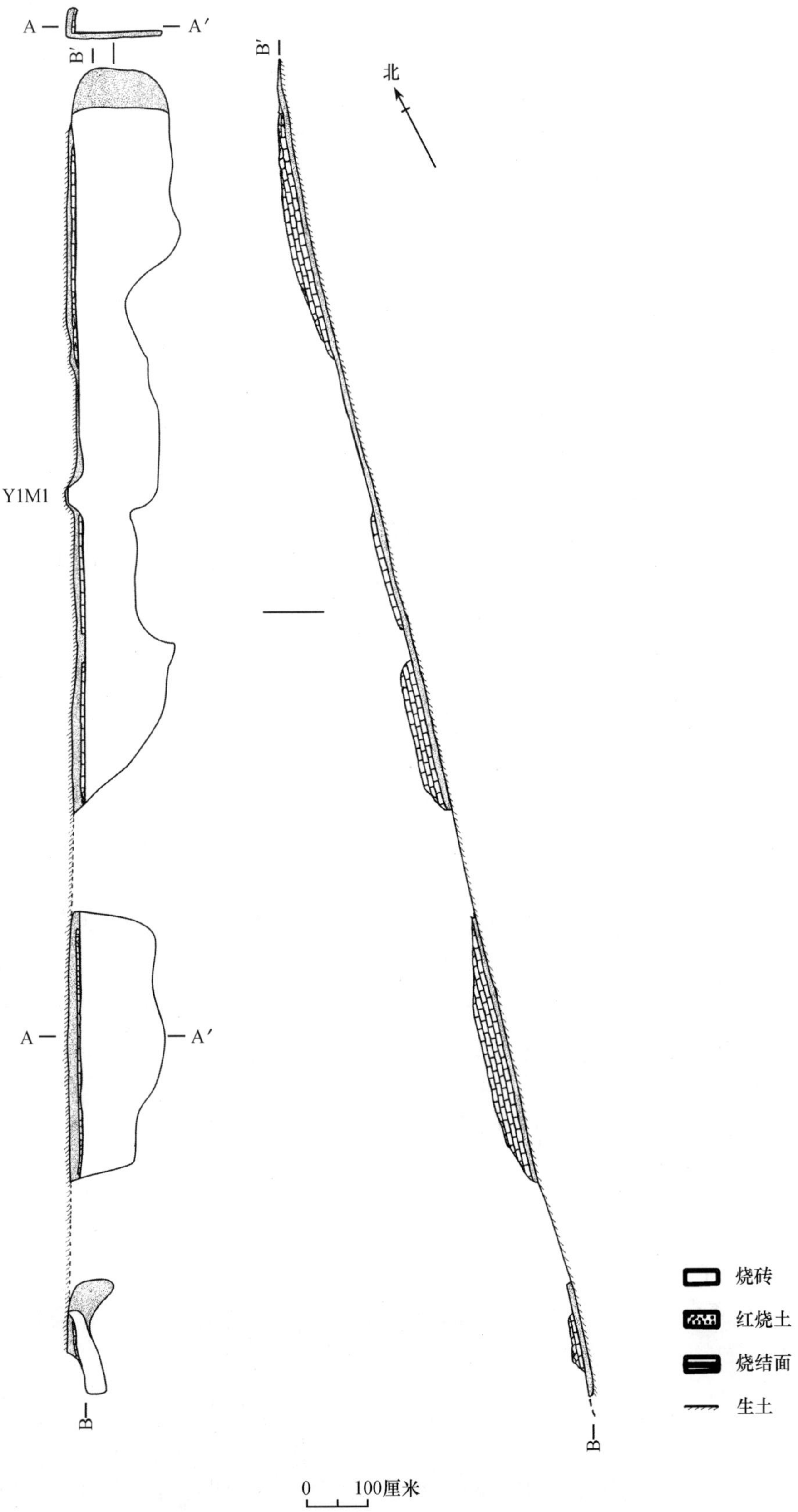

图五　Y1平、剖面图

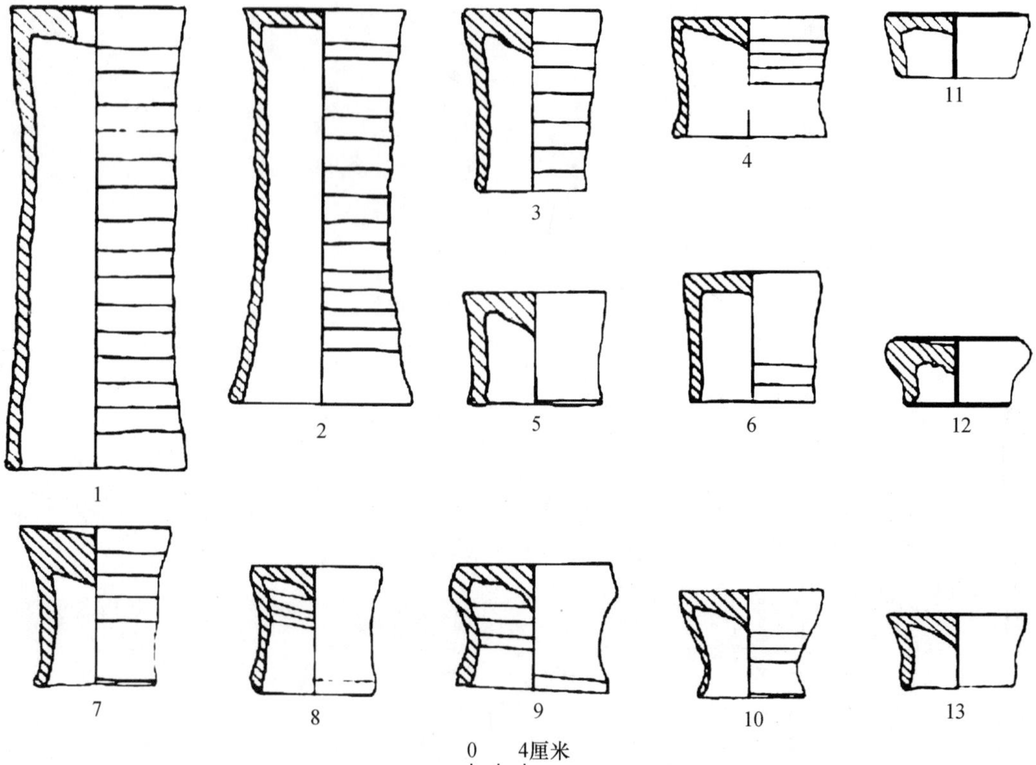

图六　出土陶器

1. A型Ⅰ式垫柱（Y1：1）　2. A型Ⅱ式垫柱（Y1：8）　3、4. B型Ⅰ式垫柱（BTG5②：1、BTG2②：3）　5、6. B型Ⅱ式垫柱（Y1：4、BTG4②：1）　7、8. B型Ⅲ式垫柱（BTG5②：2、BTG6②：1）　9、10. B型Ⅳ式垫柱（BTG4②：3、BTG6②：3）　11. C型Ⅰ式垫柱（BTG3②：2）　12. C型Ⅱ式垫柱（BTG4②：4）　13. C型Ⅲ式垫柱（BTG1②：3）

口径12、顶径12、高9厘米（图六，4）。BTG5②：1，釉陶。外壁见轮修旋痕。口径8.2、顶径10.6、高13.4厘米（图六，3）。

Ⅱ式：5件。平顶，直壁下收至底。Y1：4，泥质红陶。内壁见轮修旋痕。口径10.4、顶径12、高8.6厘米（图六，5）。BTG4②：1，釉陶。口径9.6、顶径10.4、高9.6厘米（图六，6）。

Ⅲ式：2件。壁内弧，底部外撇。BTG5②：2，釉陶。顶下陷，外壁见轮修旋痕。口径9、顶径11、高11.8厘米（图六，7）。BTG6②：1，内侧见轮修旋痕，平顶。口径8.8、顶径10、高9.6厘米（图六，8）。

Ⅳ式：2件。平顶，斜壁，束颈，底部外撇。BTG4②：3，泥质红褐陶。口径12、顶径12、高9～9.6厘米（图六，9）。BTG6②：3，釉陶。口径8、顶径11、高8厘米（图六，10）。

C型　5件。可分三式。

Ⅰ式：3件。平顶，斜壁内收至底。BTG3②：2，釉陶。素面。口径9、顶径10.8、高4.8厘米（图六，11）。

Ⅱ式：1件。顶微下凹，直壁下收至底。BTG4②：4，釉陶。素面。口径8.4、顶径10、高5厘米（图六，12）。

Ⅲ式：1件。平顶，斜壁下收，底部外撇。BTG1②：3，釉陶。素面。口径8.2、顶径

10.6、高5.6厘米（图六，13）。

单把带流罐　8件。可分三型。

A型　1件。斜肩，弧腹肩部下侧及腹部见轮修旋痕，平底，饼状足。BTG1②：5，釉陶，已残，半施青釉。底径9.8、腹径16、残高22.6厘米（图七，1）。

B型　1件。敛口，圆唇，沿微外卷，斜肩，弧腹，平底。腹部饰凸弦纹。BTG7②：1，釉陶。流残。口径13.6、底径9.2、高17.4厘米（图七，2）。

C型　6件。可分三式。

Ⅰ式：3件。侈口，圆唇，颈部收束，斜肩，斜腹内收，平底。腹部见轮修旋痕。BTG2②：2，釉陶。口径7.8～10.4、底径6.4、腹径14.4、高17.4厘米（图七，3）。WTG4②：2，釉陶。口径6～6.6、底径5.6、高12.8厘米（图七，4）。

Ⅱ式：1件。侈口，圆唇，近口处收束，斜腹微弧，平底。腹部见轮修旋痕。BTG2②：1，釉陶。口径7.2～9.8、底径8.6、腹径15.2、高15.6厘米（图七，5）。

Ⅲ式：2件。侈口，圆唇，斜肩，鼓腹，平底。腹部见轮修旋痕。BTG1②：6，釉陶。把残。口径6.6、底径4.8、腹径10.8、高12厘米（图七，6）。

罐　1件。直口，圆唇，沿微外卷，溜肩，斜腹微弧，近底处略内收。平底。肩部往下见凸弦纹。Y1：6，泥质红陶。口径9、底径8、腹径15、高17.2厘米（图七，7）。

深腹钵　2件。可分二式。

Ⅰ式：1件。Y1：10，泥质红陶。敛口，方唇，斜腹，腹部见轮修旋痕，近底处略内收，平底，足略呈饼状。口径21.2、底径10.6、高12.6厘米（图八，1）。

Ⅱ式：1件。Y1：11，泥质红陶。敛口，圆唇，弧腹，素面，近底处略内收，底微内凹。

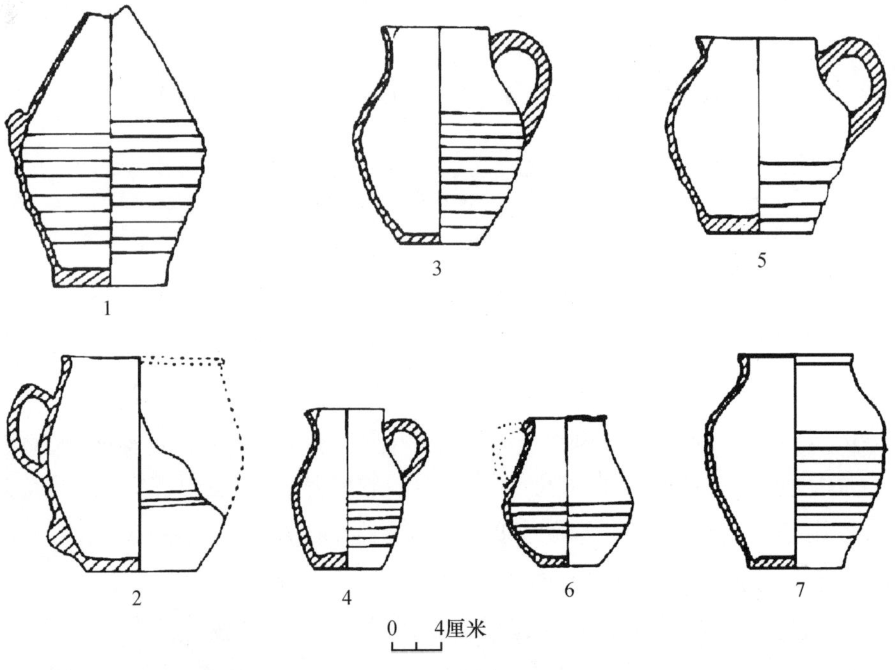

图七　出土陶器

1. A型单把带流罐（BTG1②：5）　2. B型单把带流罐（BTG7②：1）　3、4. C型Ⅰ式单把带流罐（BTG2②：2、WTG4②：2）　5. C型Ⅱ式单把带流罐（BTG2②：1）　6. C型Ⅲ式单把带流罐（BTG1②：6）　7. 罐（Y1：6）

口径20、底径10、高11.2厘米（图八，4）。

擂钵　2件。可分二式。

Ⅰ式：1件。Y1：9，泥质红陶。敛口，尖唇，斜腹，腹部见轮修旋痕，内侧呈组竖向规律分布条状细刻划纹，饼状足，平底。口径13.2、底径5.8、高10.8 厘米（图八，2）。

Ⅱ式：1件。BTG5②：3，釉陶。敛口，圆唇，腹微弧，腹部近底部分见轮修旋痕，内侧竖向呈条状规律分布刻划纹，平底。口径14、底径4.8、高8.6厘米（图八，3）。

盆　1件。Y1：12，泥质红陶。敛口，尖唇，平沿，斜腹微弧，平底。腹部饰弦纹。口径33.6、底径14.4、高20厘米（图八，5）。

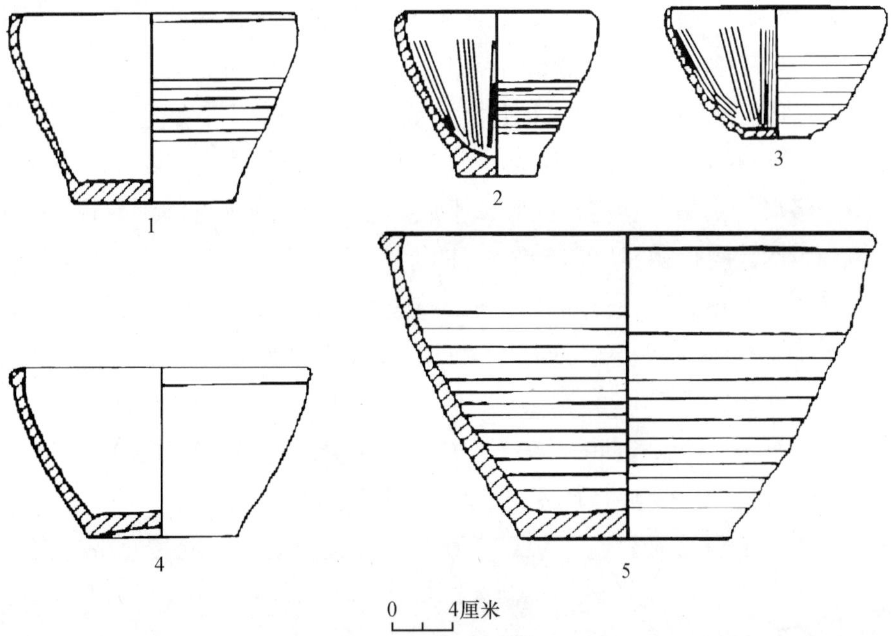

图八　出土陶器

1. Ⅰ式深腹钵（Y1：10）　2. Ⅰ式擂钵（Y1：9）　3. Ⅱ式擂钵（BTG5②：3）　4. Ⅱ式深腹钵（Y1：11）　5. 盆（Y1：12）

五、结　语

瓦子岗窑址发掘区域所见地层堆积呈斜坡状，与地表形态大体一致。因晚期人类修梯田平整土地等活动，窑址被破坏极为严重，部分堆积在窑址局部没有出现，废弃堆积也大多被扰动。堆积中见有少量完整器及可修复器物，其窑制品有陶罐、钵、盆、擂钵、单把带流罐等，尤以擂钵、单把带流罐为多，多为民间实用器。陶制品均为轮制。纹饰较简单，多为凹弦纹，以素面为主，胎质坚硬，大多为釉陶及红褐硬陶，轮制成型后还稍加修整，器物外表多有旋痕。制陶工艺较粗糙。火候较高。多烧结变形，说明当时窑工对窑温控制技术的掌握尚不够成熟，烧制水平较低。据此，我们推测该窑址可能为一处专门烧制日常生活用陶器的民窑。

该窑址系峡江地区较常见的龙窑。砌筑方法为在岗丘的斜坡上挖一沟槽，用细沙铺垫窑床，再用烧砖砌筑两侧窑墙及券顶。这种建造窑炉的方法始见于唐、五代时期的婺州窑[①]，可

① 秦浩：《隋唐考古》，南京大学出版社，1992年。

见该窑址亦继承了唐五代以来龙窑的砌筑方式。

从结构上看，整座窑址可能由火膛、窑室等部分组成，因窑头和窑尾破坏无存，故不知原窑炉的工作面和烟道情况。窑床面见有大量支垫及陶器碎片，亦见有少数完整器，表明原窑炉可能在使用期间坍塌或因其他原因废弃。

本次发掘未有明确纪年或题记的遗物出土，因此只能根据出土遗物的形制特征判断窑址的时代。从出土器物形制上看，该窑所出土深腹钵、盆及C型Ⅱ、Ⅲ式单把带流罐与武汉市江夏区新窑村窑址群陈家窑墩南宋—元代堆积所出深腹钵，A型Ⅱ、Ⅲ式带流罐形制十分接近[①]，其中C型Ⅱ式单把带流罐与安陆蒋家山明代墓葬M99：2出土的单把带流罐形制亦极相似[②]。C型Ⅰ式单把壶与奉节县鱼复浦遗址明代堆积中出土的单把带流罐（T5⑦：1）形制亦较相似[③]。目前该类器物在当地仍较多使用，现在多用来煮药、煮茶或炖菜盛汤之用，推测该类器物的使用当时可能亦与此有关。Y1窑室内出土的平底罐（Y1：6）与湖北秭归何家坪遗址明代遗存出土陶罐（M2：3）[④]、孝昌古坟岗明代墓葬M1出土陶罐（M1：1、M1：5）[⑤]、京珠高速公路孝南段潘婆婆坟地明代墓葬出土釉陶罐（M4：1、M5：2）[⑥]形制基本一致。因该窑址不见武汉市江夏区新窑村窑址群陈家窑墩南宋—元代堆积中与A型单把带流罐同出的B型单把环耳带流罐[⑦]，而B型单把环耳带流罐在南宋时期较为流行。由此我们认为瓦子岗窑址的使用时期可能为元—明时期，其上限不会超过南宋晚期。

对瓦子岗窑址的发掘，为研究峡江地区晚期龙窑的结构、建造水平、烧制技术等提供了珍贵的实物资料和研究信息，丰富了我们对峡江地区晚期龙窑的认识。

附记：本次工作在重庆市文化局、重庆市博物馆的领导、指导下进行。本文曾得到四川大学历史文化学院考古系宋治民教授的审阅，在此并致谢忱！本次发掘领队为顾罡，李龙彬、朱寒冰、沈彤林、程远福等加了考古钻探、发掘及整理工作。绘图朱寒冰、韩玉岩，摄影李龙彬。

执笔：李龙彬　朱寒冰

① 湖北省文物考古研究所：《武汉市江夏区新窑村窑址群的调查与发掘》，《江汉考古》2000年第4期。
② 孝感地区博物馆等：《安陆蒋家山古墓发掘简报》，《江汉考古》1990年第2期。
③ 吉林大学考古系等：《重庆市奉节县鱼复浦遗址发掘报告》，《江汉考古》1999年第1期。
④ 湖北省文物考古研究所：《湖北秭归何家坪遗址发掘简报》，《江汉考古》2002年第3期。
⑤ 湖北省文物考古研究所：《孝昌古坟岗墓地的发掘》，《江汉考古》1999年第3期。
⑥ 京珠公路考古队孝感市考古组：《京珠高速公路孝南段考古发掘简报》，《江汉考古》2000年第3期。
⑦ 湖北省文物考古研究所：《武汉市江夏区新窑村窑址群的调查与发掘》，《江汉考古》2000年第4期。

万州漆树坪窑址及墓葬2003年度发掘简报

重庆市文化遗产研究院
沈阳市文物考古研究所
万州区文物管理所

为配合三峡水库工程建设，2003年3月3～25日，重庆市文物考古所（今重庆市文化遗产研究院）与沈阳市文物考古研究所受重庆市文化局委托，联合组队对重庆市万州区地下文物保护抢救发掘项目漆树坪窑址（原价值评估C级）进行了第一次发掘，历时22天，实际发掘面积600平方米，出土并采集了一批重要的古代文化遗物。现将此次田野工作情况及收获简报如下。

一、窑址及墓葬概况

漆树坪窑址位于重庆市万州区溪口乡蒲家村十组，地处长江南岸较为平缓的一级阶地上，发现的墓葬位于窑址尾部西北向的阶地上，东北隔新屋沟与方家岭窑址相望，西南隔龙门冲沟与瓦子岗窑址相望，西北紧临长江河漫滩，东南海拔170米以上坡地为居民点。窑址与墓葬的中心地理坐标为东经30°36′59″，北纬108°19′22″，海拔为155米（图一）。发掘前地表修建成梯

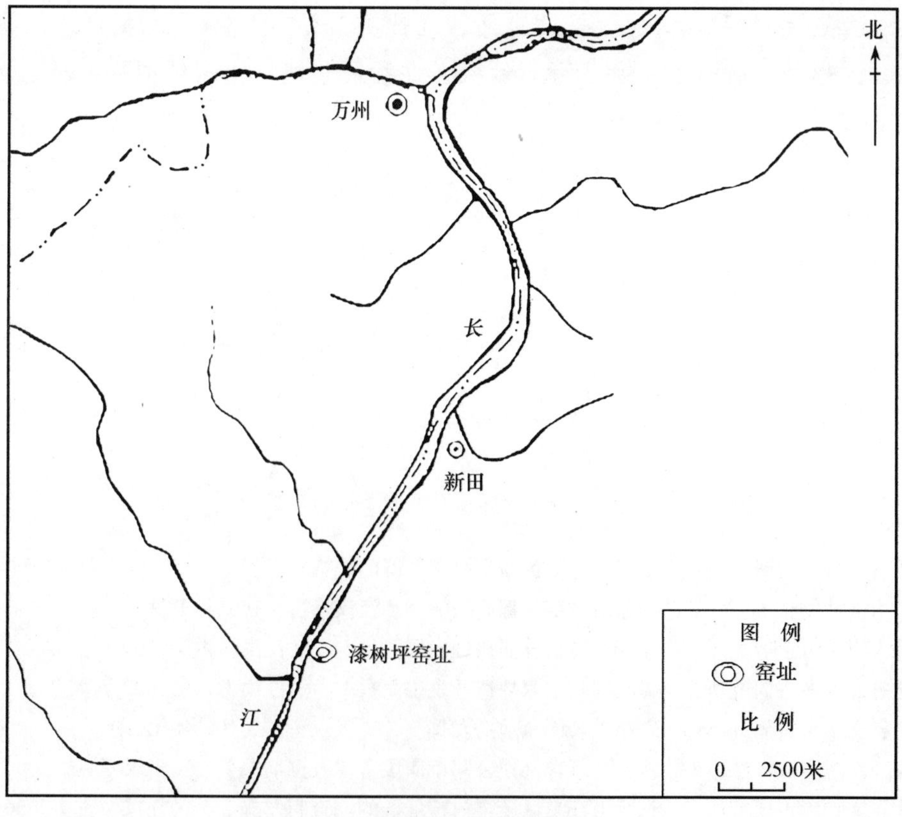

图一　漆树坪窑址位置示意图

田，种植有小麦、胡豆及柑橘树等。因农民修建梯田和精耕活动，窑址及墓葬均遭破坏，地表鲜见陶片、红褐色烧砖及蓝色青砖等遗物。

二、地层堆积

发掘依据图纸资料所示窑址中心位置及梯田陡坎处断面显示的烧土、烧砖分布范围，在烧土、烧砖分布中心区域布设方向南偏西20°、10米×10米探方4个，并在漆树坪大丘布设方向分别为北偏西30°、南偏西20°的10米×10米探方2个，编号分别为2003CWQT1、2003CWQT2、2003CWQT3、2003CWQT4、2003CWQT5、2003CWQT6（图二）（以下省略2003CWQ）。发掘工作遵照《田野考古工作规程》操作，按地层、堆积的早晚关系由上至下逐层发掘，所见地层多属近、现代平整土地形成的堆积，早期地层堆积被严重破坏。因探方分布并非限于一处，现分别以T4北壁、T6西壁为例说明漆树坪窑址地层堆积情况。

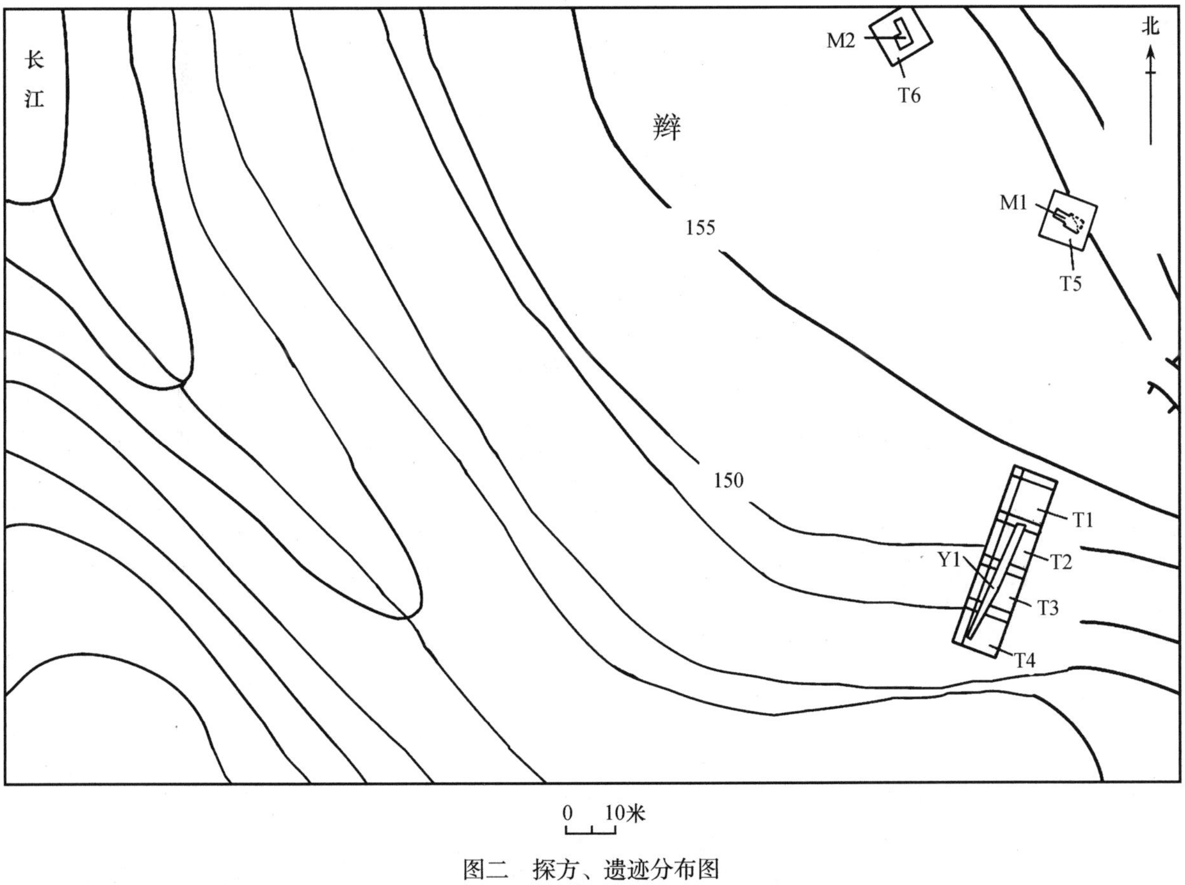

图二　探方、遗迹分布图

T3北壁（图三）。

第1层：堆积为耕土。厚17～50厘米。灰褐色，土质较疏松，湿度小，包含植物根茎、现代生活垃圾及少量陶片、烧土粒，为现代耕作活动形成堆积。

第2层：堆积为红褐色黏土。泛灰。厚25～30厘米。土质较硬，板结，湿度较小，包含一定的烧土、烧砖碎块及陶器残片，见青花瓷器残片，火候极高，工艺较好，颇类现代所见日用

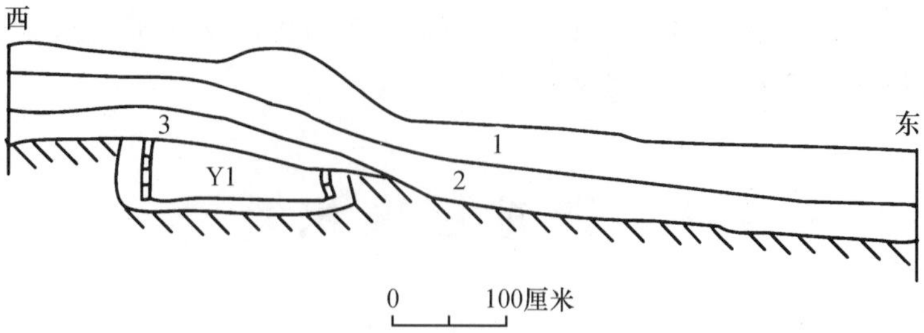

图三 T3北壁剖面图

青花器，普遍分布于发掘区域。

第3层：堆积为黄褐色亚黏土。厚0～25厘米。土质较硬，有一定湿度，含少量砂，包含少量陶片及烧土、烧砖碎块，在部分斜坡处该层见分层拍筑痕迹，普遍分布于发掘区域，由堆积内包含物情况看来，该层堆积及第2层堆积均应为人类造田及平整土地活动形成堆积。Y1开口于该层下，直接打破生土。

T6西壁（图四）。

第1层：堆积为耕土。厚20厘米。灰褐色，土质较疏松，湿度小，包含植物根茎、现代生活垃圾及少量烧砖碎块，似墓砖，为现代耕作活动形成堆积。

M2开口于该层下，直接打破生土。

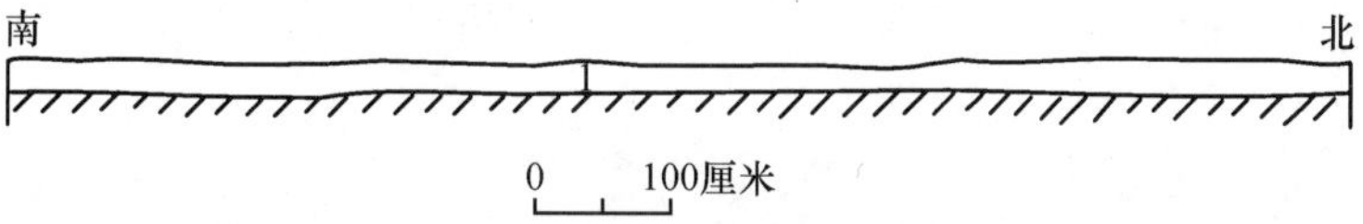

图四 T6西壁剖面图

三、窑　　址

本次发掘发现窑址1座，编号为Y1。

（一）窑址形制

Y1　为龙窑，开口于第3层堆积下并打破生土，为一西南—东北走向长条形倾斜建筑，在靠近残存窑址前部，窑址东南侧逐渐内收，向西北侧窑壁靠拢。窑址西南低东北高，方向南偏西25°，倾角22°，头、尾部均已遭破坏，仅存部分火膛及窑室。

火膛残长2米，内宽20～80厘米，底部用平整石板铺砌成；火膛与窑室被一中间留有火门的挡火墙相隔，挡火墙用长20、宽20、厚8厘米的烧砖平铺砌成，残高30厘米，火门宽约30厘米。挡火墙与窑室相接处为一高14厘米的烧土坎，土坎既有助于挡火，更有助于高温气流抬高进入窑室。

窑室残长25.6米，内宽80～175厘米，呈斜坡状，底部为窑床。窑床表面为一层上有细砂的青灰色烧结面。西侧窑壁残高0～65、厚26～44厘米，东侧窑壁基本被破坏殆尽，仅有局部残存，高0～15、厚20～25厘米，两壁均用规格长20、宽10、厚5厘米的烧砖立砌而成。窑壁窄而不高，自离地40厘米以上开始起券，结构较简单。

窑门发现1座，位于窑室西侧窑壁，西南距挡火墙约4米，编号为Y1M1，残宽55、进深40厘米，推测可能砌筑成拱形。窑室内残留有窑壁倒塌堆积及少量陶片，出土陶器烧制工艺较粗糙，但火候较高，可辨器形有泥质硬陶或釉陶的擂钵、钵、碗、盆、罐、瓮、支烧具等（图五）。

（二）出土遗物

漆树坪窑址保存情况较差，基本不见完整或可修复器物，多为泥质红陶或红褐陶，出土遗物可辨器形有擂钵、钵、盆、罐、瓮等，均轮制，火候较高，工艺略显粗糙。

陶擂钵　根据口沿不同，可分二式。

Ⅰ式：1件。敞口，圆唇，斜腹微弧，饼形足，平底。内壁呈组状竖向规律分布刻划凹槽纹。Y1：1，泥质红陶。口径12.6、底径4.4、高8.6厘米（图六，1）。

Ⅱ式：1件。敛口，圆唇，斜腹微弧，饼形足。底、口部下方饰数道旋棱腹部近底处见七道旋痕，内壁呈组状竖向规律分布刻划凹槽纹。Y1：2，泥质红陶。口径12.8、底径4.8、高9厘米（图六，2）。

陶钵　9件。均为口沿残片。根据腹部差异可分三式。

Ⅰ式：4件。斜腹。Y1B：6，口沿残片。泥质红褐陶。方唇，平沿，沿微外卷，腹部饰弦纹。口径26、残高10厘米（图六，4）。

Ⅱ式：4件。深腹，斜壁微弧。Y1B：2，口沿残片。泥质红陶。方唇，直口，沿微外卷，腹部饰弦纹。口径32、高13.5厘米（图六，3）。Y1B：7，口沿残片。泥质红褐陶。敛口，尖唇，沿微外卷。素面，内壁见轮修旋痕。口径28、残高8.6厘米（图六，6）。

Ⅲ式：1件。弧腹。Y1B：8，口沿残片。泥质红褐陶。素面，内壁见轮修旋痕。口径29.5、残高9厘米（图六，5）。

陶盆　2件。根据腹部差异可分二式。

Ⅰ式：敛口，尖唇，沿微外卷，弧腹。Y1B：4，口沿残片。泥质红陶。素面。口径32、残高5.5厘米（图六，8）。

Ⅱ式：敛口，尖唇，沿微外卷，直壁微弧。Y1B：9，口沿残片。泥质红陶。口径40、残高4.5厘米（图六，7）。

陶罐　4件。可分二型。

A型　3件。盂形罐。根据肩、腹部不同可分三式。

Ⅰ式：直口，方唇，广肩。Y1B：16，口沿残片。泥质红陶。口径18、残高6.5厘米（图七，2）。

Ⅱ式：直口，圆唇，溜肩，鼓腹，腹部见旋痕。Y1B：11，口沿残片。泥质红陶。口径10、腹径22.2、残高11厘米（图七，4）。

Ⅲ式：直口略敛，圆唇，短颈，溜肩，弧腹，腹部见轮修旋痕。Y1B：14，口沿残片。泥

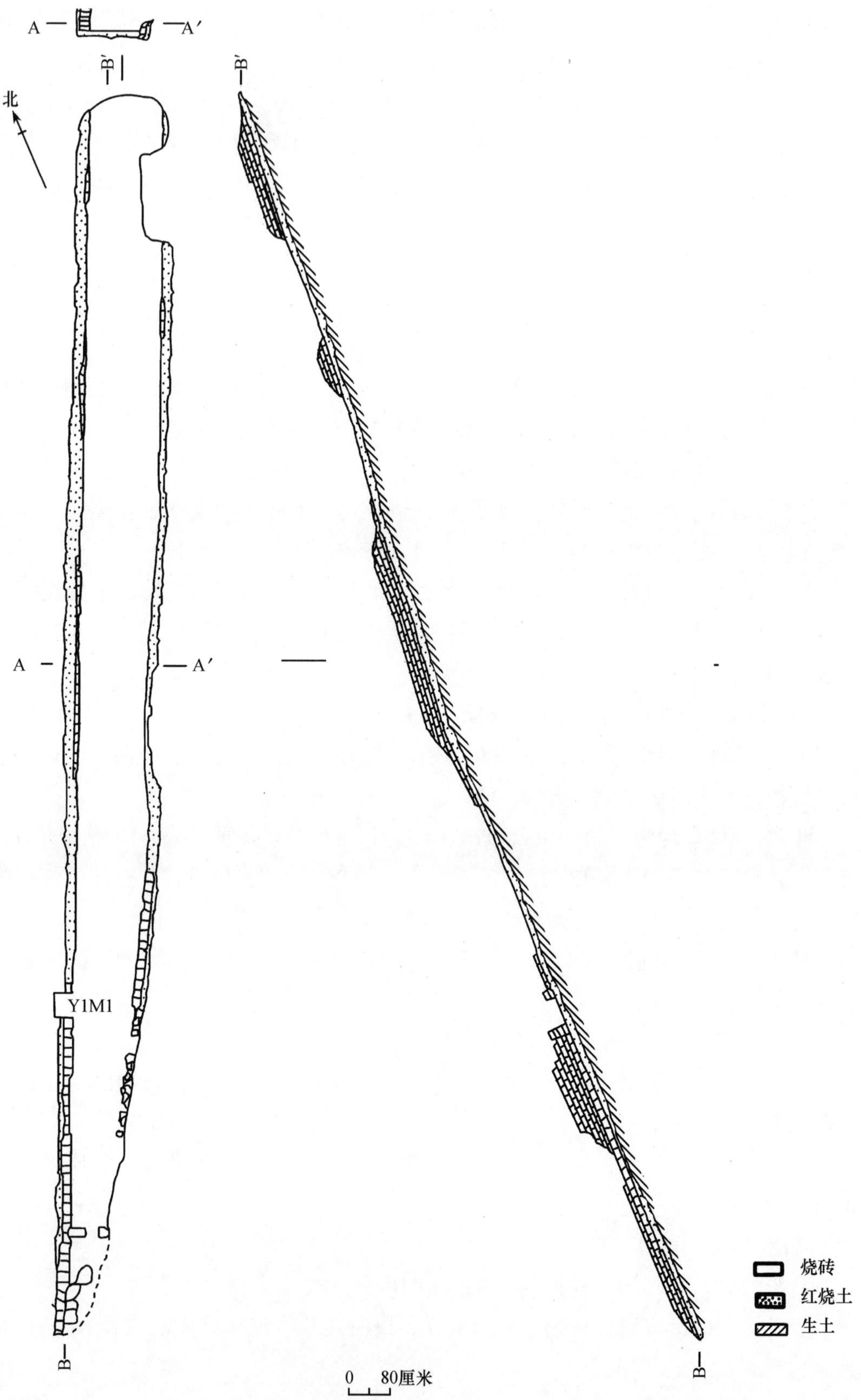

图五　Y1平、剖面图

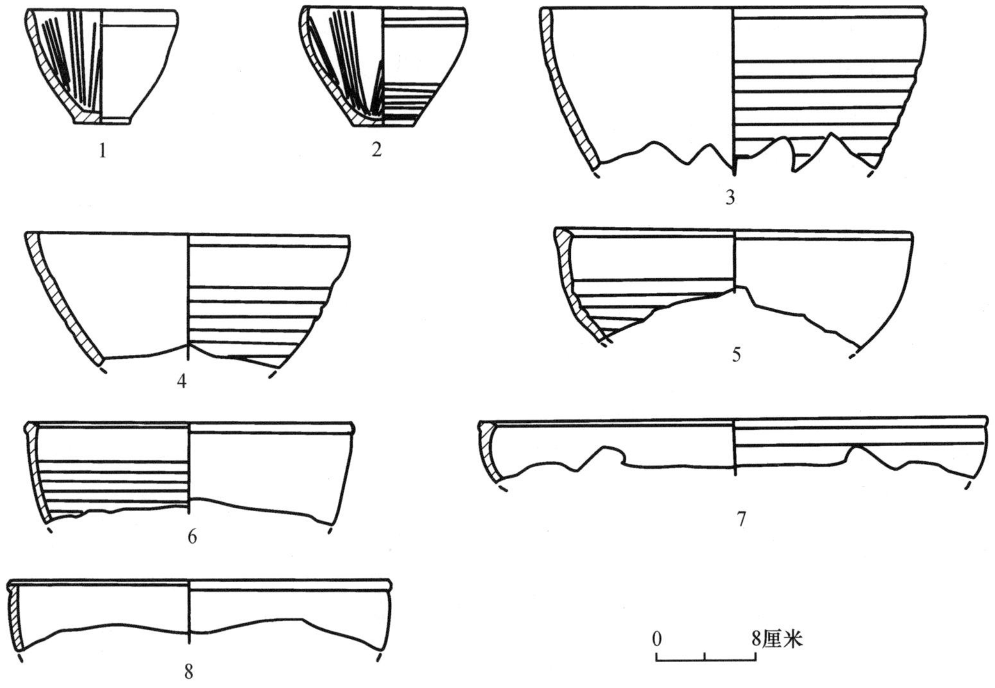

图六 Y1出土陶器

1. Ⅰ式擂钵（Y1：1） 2. Ⅱ式擂钵（Y1：2） 3、6. Ⅱ式钵（Y1B：2、Y1B：7） 4. Ⅰ式钵（Y1B：6） 5. Ⅲ式钵（Y1B：8） 7. Ⅱ式盆（Y1B：9） 8. Ⅰ式盆（Y1B：4）

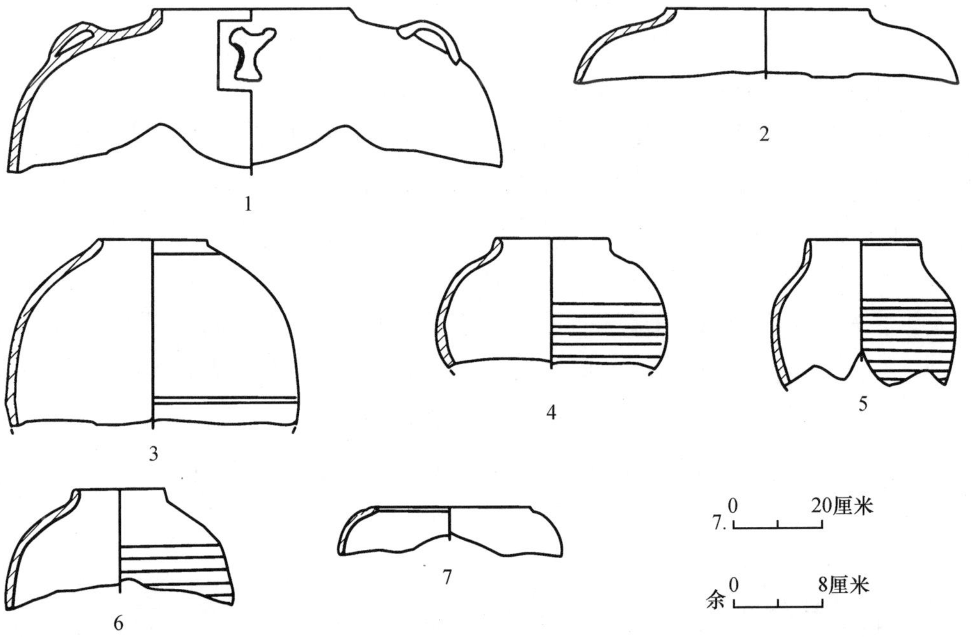

图七 Y1出土陶器

1. A型瓮（Y1B：1） 2. A型Ⅰ式罐（Y1B：16） 3. B型Ⅰ式瓮（Y1B：13） 4. A型Ⅱ式罐（Y1B：11） 5. A型Ⅲ式罐（Y1B：14） 6. B型Ⅱ式瓮（Y1B：15） 7. B型罐（Y1B：17）

质红陶。口径10、腹径16、残高12.6厘米（图七，5）。

B型　1件。大口罐，敛口，尖唇，唇外沿加厚，圆肩，直壁。Y1B：17，口沿残片。泥质红陶。口径36、残高10厘米（图七，7）。

陶瓮　3件。可分二型。

A型　1件。四系瓮，方唇，直口，广肩，直壁微弧，竖向贴塑四系。Y1B：1，口沿残片。泥质红陶。口径18、残高14厘米（图七，1）。

B型　2件。小口深腹瓮，可分二式。

Ⅰ式：直口略敛，双唇，斜肩，直壁，腹微弧。腹部饰一凸弦纹。Y1B：13，口沿残片。泥质红陶。口径10、腹径26、残高16厘米（图七，3）。

Ⅱ式：直口，方唇，溜肩，弧腹。腹部饰凸弦纹。Y1B：15，口沿残片。泥质红陶。口径8、腹径20、残高10厘米（图七，6）。

四、东　汉　墓

本次发掘发现东汉墓1座，编号为M2。

（一）墓葬形制

M2　墓葬位于T6中部，开口于耕土层下，直接打破生土。顶部墓室被平整土地及耕作活动破坏。墓葬平面呈刀把形，方向北偏西25°，墓圹用长42、宽18、厚8厘米的素面、菱形回纹或网格纹砖错缝砌筑，内为黄褐黏土堆积，包含墓葬垮塌墓砖。墓室内长2.4、宽2.6、残高0.4～0.45米，不见棺木及尸骨，底部见有零散分布的陶器残片及铜钱。墓底为平整的生土。甬道长2.1、宽1.4米，在甬道与墓室相接处发现两具人骨架，分别位于墓道东西两侧，尸骨零乱，保存较差，头向墓门，可能为墓主人。因墓室有积水痕，推测尸骨位置可能为墓内积水漂移所致。随葬器多分布于甬道，有铁釜1件、泥质灰陶甑1件、仿铜礼器釉陶锺3件、陶鼎1件、陶罐1件、陶杯1件、陶盒1件、陶钵4件、陶盆4件、陶豆2件、陶瓢2件、陶囷1件。另有若干陶器残片、五铢钱。由于墓内可能为积水浸泡，随葬器物分布有所移位。出土釉陶器釉大都脱落，胎呈红褐色，少数为灰色，质地较软，少数风化已松散。墓门宽0.9、残高0.4米。墓底为平整的生土（图八）。

（二）出土遗物

由于墓葬开口于耕土层下，已被严重破坏，但出土随葬器物多，下面分类予以介绍。遗物的分式仅反映器物的形态差异，并不代表相互间的演变关系。

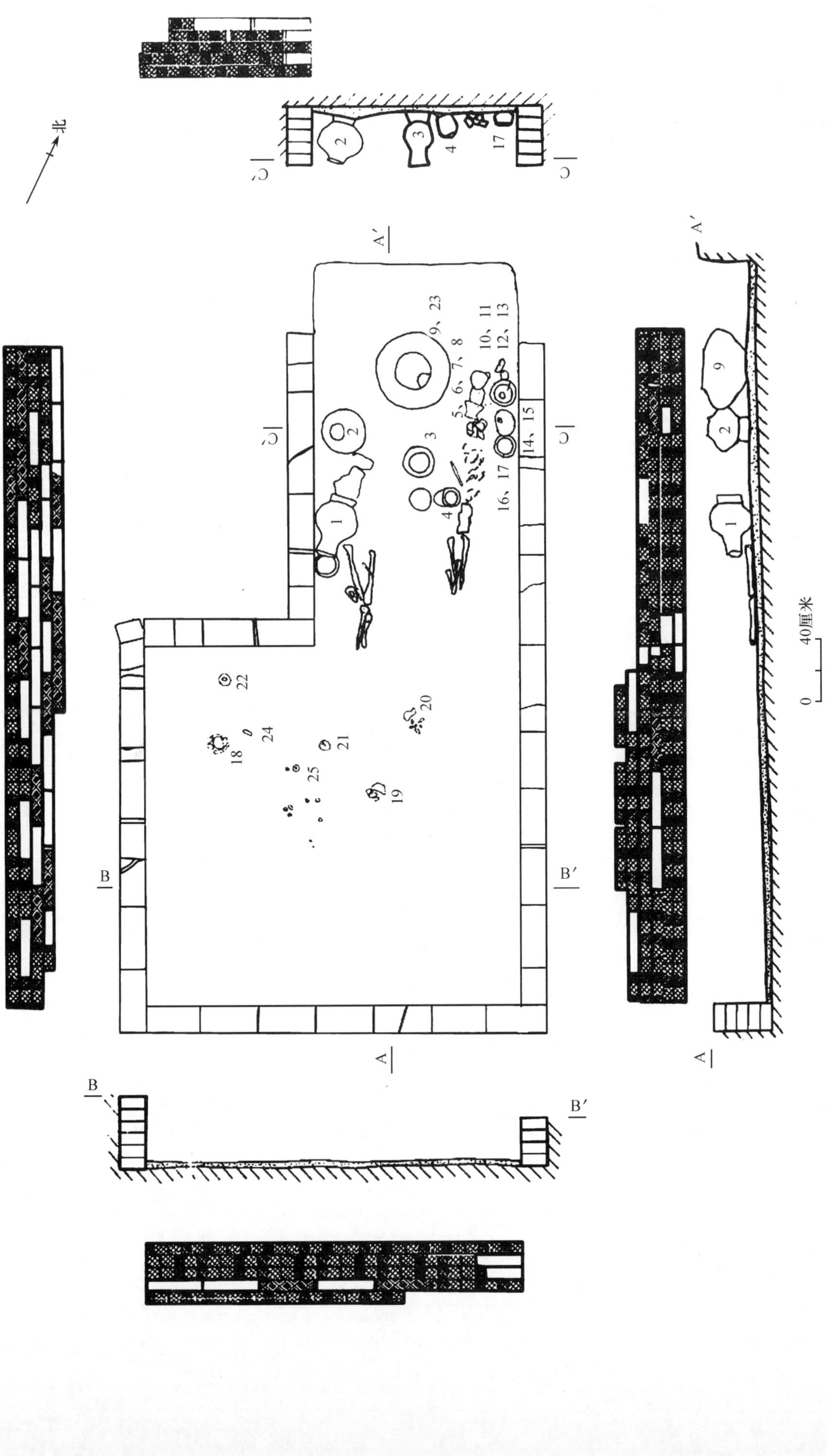

图八 M2平、剖面图

1～3. 釉陶锺 4. 陶囷 5、19. 陶豆 6、12～14. 陶盆 7、11、15、20. 陶钵 8、16. 陶瓢 9. 铁釜 10. 陶杯 17. 陶鼎 18. 陶罐 21. 陶器盖 22. 陶盒 23. 陶甑 24. 陶器柄 25. 铜钱

1. 陶器

锺　3件。釉陶，外部施酱黄釉。可分三式。

Ⅰ式：束颈，溜肩。肩部饰二道凹弦纹，鼓腹，腹部饰四道凹弦纹，对称塑一对铺首衔环，第四道弦纹下腹部内折。高圈足，呈喇叭形，圈足近底处饰二道凹弦纹。轮制轮修。M2：1，脱釉较严重，胎呈红褐色。口部已残。颈径11.2、腹径25.2、底径16、残高31厘米（图九，1）。

Ⅱ式：口部类盘状，敞口，方唇，束颈，颈部近肩处饰三道凹弦纹，圆肩，肩部饰二道凹弦纹。球形腹，腹部上部饰四道凹弦纹，对称塑一对铺首衔环，圈足，近底处直壁，饰二道凹弦纹，轮制轮修，器盖顶部中心为一桥形纽，周围饰叶柿蒂纹及卷云纹组合成的复合纹饰。M2：2，脱釉较严重，胎呈红褐色。器盖口径13、高5.3厘米，器物口径15.2、颈径10.2、腹径26.2、底径18.2、通高42厘米（图九，2）。

Ⅲ式：口部类盘状，敞口，方唇，束颈，溜肩，肩部饰二道凸弦棱，其下侧对称塑一对铺首衔环，鼓腹，腹部饰二道凹弦纹，高圈足，轮制轮修，器盖顶部等距分布三乳突，素面。M2：3，脱釉较严重，胎呈红褐色。器盖口径14、顶径4.8、高3.7厘米，器物口径12.2、颈径8.8、腹径21.4、底径19.4、高31.3厘米（图九，3）。

鼎　1件。敞口，圆唇，口部有对称环形双耳，束颈，斜肩，直壁，圜底，三柱状足。M2：17，釉陶，通体施酱黄釉，大部已脱落，胎呈红褐色。口径12.6、通高11厘米（图九，4）。

盒　1件。直口，双唇，直壁，腹近底斜收，平底。饰凹弦纹。M2：22，釉陶，表面施酱黄釉，内侧无釉，胎呈红褐色。口径6、底径2.7、高3.2厘米（图九，5）。

钵　4件。可分三式。

Ⅰ式：2件。敞口，折腹，平底。轮制轮修。M2：15，泥质灰陶。圆唇。口径18、底径5.6、高6.6厘米（图一〇，1）。M2：11，泥质灰陶。尖唇。口径16.6、底径6、高5.8～6.6厘米（图一〇，2）。

Ⅱ式：1件。敛口，圆唇，斜腹微弧，腹部上侧饰一弦纹，平底。素面，轮制轮修。M2：7，泥质灰陶。口径11、底径4.6、高4厘米（图一〇，3）。

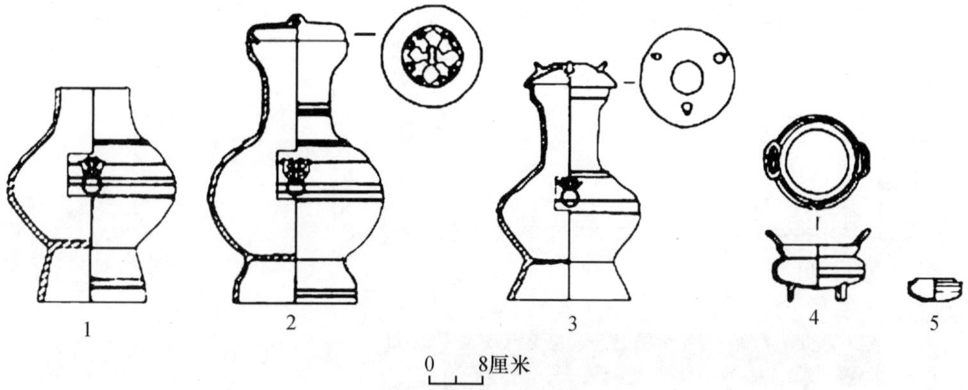

图九　M2出土陶器

1. Ⅰ式锺（M2：1）　2. Ⅱ式锺（M2：2）　3. Ⅲ式锺（M2：3）　4. 鼎（M2：17）　5. 盒（M2：22）

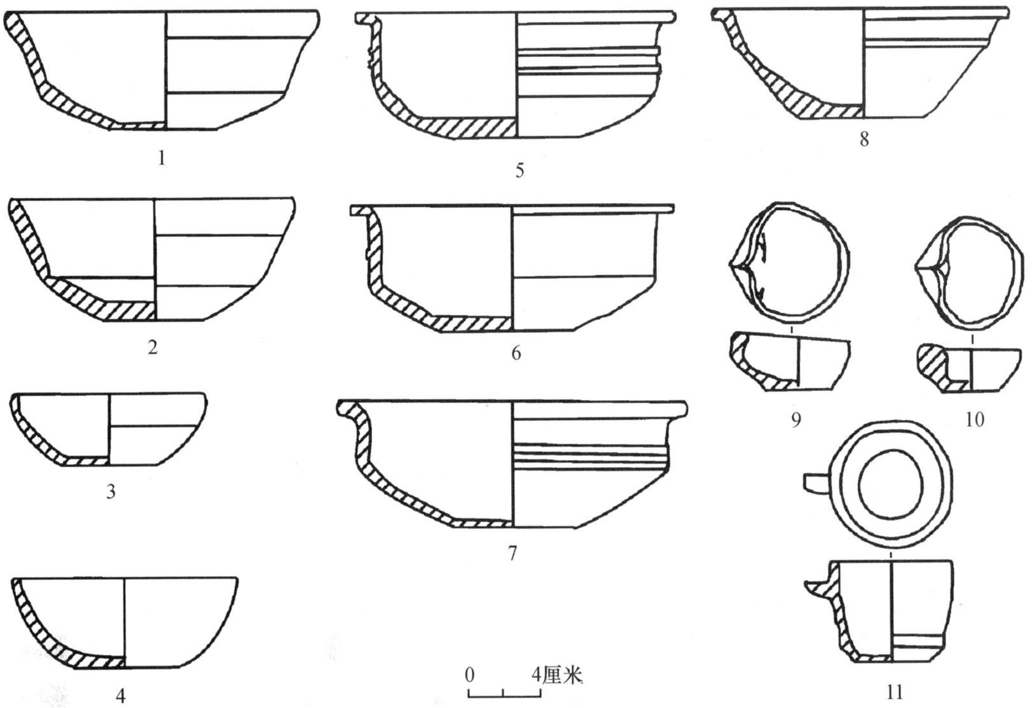

图一〇 M2出土陶器

1、2. Ⅰ式钵（M2：15、M2：11） 3. Ⅱ式钵（M2：7） 4. Ⅲ式钵（M2：20） 5、6. Ⅰ式盆（M2：6、M2：14） 7. Ⅱ式盆（M2：12） 8. Ⅲ式盆（M2：13） 9、10. 瓢（M2：8、M2：16） 11. 杯（M2：10）

Ⅲ式：1件。敞口微敛，方唇，弧腹，素面，平底，足略呈饼状。轮制轮修。M2：20，釉陶。通体施釉。已基本脱落，胎呈红褐色。口径13.4、底径5.7、高5厘米（图一〇，4）。

盆 4件。根据口、腹部不同可分三式。

Ⅰ式：2件。直口，平折沿，方唇，直壁，底微凹。轮制轮修。M2：6，釉陶。通体施酱黄釉，部分脱落，胎呈红褐色。腹部饰二道凹弦纹，腹部近底处微弧。口径18.4、底径6.8、高7厘米（图一〇，5）。M2：14，通体施酱黄釉，部分脱落，胎呈红褐色。腹部下侧饰一道凸棱，折腹。口径18.2、底径6.8、高7厘米（图一〇，6）。

Ⅱ式：1件。敞口，平折沿，方唇，直壁，折腹，平底。腹部饰二道凸弦纹。轮制轮修。M2：12，釉陶，通体施釉，已基本脱落，胎呈红褐色。口径20、底径6.8、高7厘米（图一〇，7）。

Ⅲ式：1件。敞口，平折沿，方唇，斜腹，平底。腹部饰一道凸弦纹。轮制轮修。M2：13，釉陶。通体施酱黄釉，部分脱落，胎呈红褐色。口径18、底径7.4、高6厘米（图一〇，8）。

瓢 2件。形制相同，轮制，手工捏塑出瓢把。平底。M2：8，釉陶。通体施釉，胎呈红褐色。最大口径6.6、底径4、高2.4～3厘米（图一〇，9）。M2：16，釉陶。通体施釉，已基本脱落，胎呈红褐色。最大口径6.3、底径3.5、高2.5～2.7厘米（图一〇，10）。

杯 1件。直口，方唇，直壁微弧，近口处捏塑一短把，近底处饰一道弦棱，平底。M2：10，釉陶。通体施酱绿釉，已大部脱落，胎呈红褐色。口径7、底径4.1、高5.6厘米（图一〇，11）。

囷　1件。直口微敛，圆唇，子母口，直壁略显弧形，器壁中部饰一弦纹，内收，平底。轮制轮修。M2：4，泥质灰陶。口径9.4、腹径12.6、底径9.2、高13厘米（图一一，1）。

罐　1件。敛口，圆唇，沿微外卷，口部饰二道凹弦纹，圆折肩，近边处饰一凹弦纹，斜腹微弧，平底。M2：18，釉陶。外侧施全釉，已基本脱落，胎呈红褐色。口径10、底径6.2、腹径13、高8.5厘米（图一一，3）。

器盖　1件。博山炉盖，敞口，方唇，弧壁，尖顶，近顶处饰网状刻划纹，顶部对称分布两长条形小凹槽。M2：21，釉陶。基本完整。表面施酱绿釉，内侧无釉，胎呈红褐色。口径12.6、通高11厘米（图一一，4）。

灯　2件。形制相同。侈口，尖唇，短柄，喇叭状足，足部外侧起一道棱。M2：5，釉陶。通体施酱黄釉，仅圈足内侧无釉，胎呈红褐色。口径9.6、底径11.8、高10.6厘米（图一一，5）。M2：19，釉陶。残，仅余器柄以下部分。通体施釉，仅圈足内侧无釉，胎呈红褐色。底径11.2、残高8厘米。

器柄　1件。M2：24，釉陶，施豆青釉，胎呈红褐色。作龙首造型。长5.5厘米（图一一，2）。

甑　1件。弧腹，底内凹。M2：23，泥质灰陶。腹、底部残片。小孔直径0.2～0.3厘米，呈同心圆规律分布在底部，底径14.2、残高13.2厘米（图一二，1）。

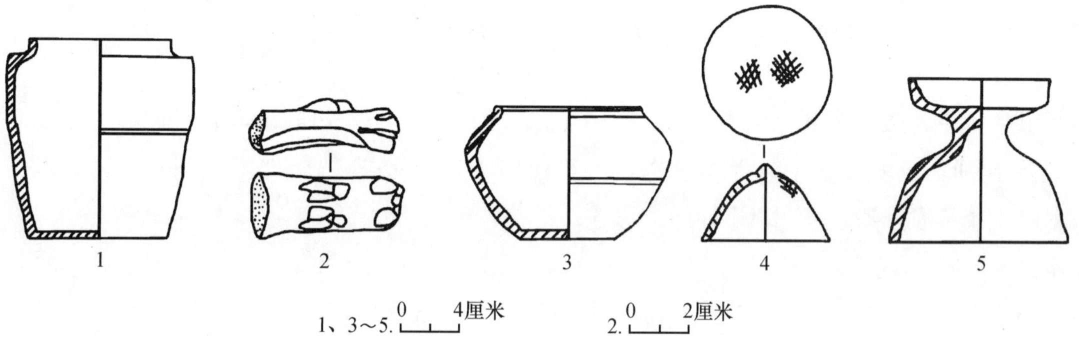

图一一　M2出土陶器

1. 囷（M2：4）　2. 器柄（M2：24）　3. 罐（M2：18）　4. 器盖（M2：21）　5. 灯（M2：5）

2. 铁器

铁釜　1件。M2：9，残。敛口，圆唇，斜肩，弧腹，平底。口径25、底径18、腹径52、高30厘米（图一二，2）。

3. 铜器

铜钱　5枚，均出自M2墓室，圆钱方穿，双面有周郭和穿郭，钱体厚0.14～0.15厘米，多严重锈蚀，钱文清晰的3枚，为“五铢”，余皆不清晰，分述如下。

五铢　3枚，M2：25-1～M2：25-3，正面阳铸钱文，“五”字中间两笔上端略往外撇，“金”字头作三角形但上角略尖，“朱”字两头略圆。直径2.6厘米。钱文锈蚀不清晰的钱币2枚，其形制与五铢相仿（图一三）。

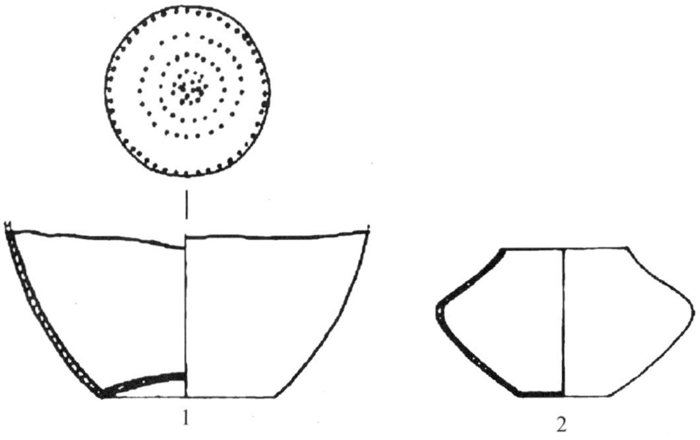

图一二 M2出土器物

1. 陶甑（M2：23） 2. 铁釜（M2：9）

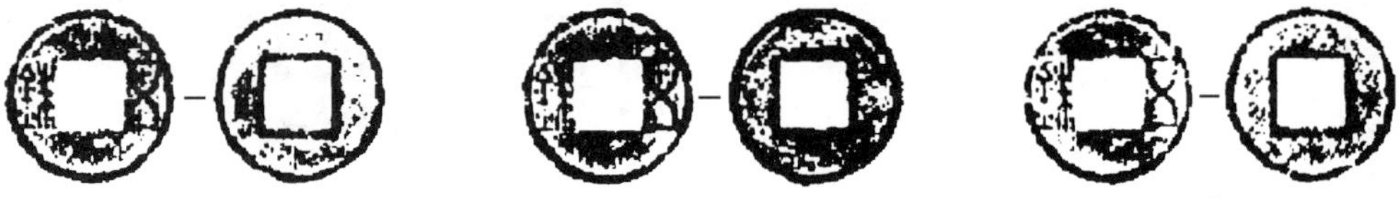

图一三 M2出土五铢钱

五、晋 墓

本次发掘发现晋墓1座，编号为M1（图一四）。

（一）墓葬形制

M1 墓葬位于T5东北部，开口于耕土层下，直接打破生土。墓顶及部分墓室均被平整土地及耕作活动破坏，从东侧田坎垮塌处可见墓室部分墓砖。墓葬平面呈“凸”字形，方向北偏西60º。墓圹多用规格为长45、宽20、厚10厘米的菱形回纹砖错缝砌筑，部分为楔形子母砖，见有素面墓砖，内为黄褐黏土堆积，包含墓顶及墓圹垮塌墓砖。墓室长2.8、宽2.4、残高0.75米，不见棺木、遗物及尸骨。甬道长2.45、宽1.45米，两侧均发现有随葬物，有四系青瓷罐2件、青瓷小碗3件、残青釉罐1件、残白瓷盘口壶1件、残铜带钩1件。墓门宽90、高42厘米。墓底为平整的生土。

（二）出土遗物

墓葬墓室东南角已被破坏，出土随葬器物较少，下面分类予以介绍，遗物的分式仅反映器物的形态差异，并不代表相互间的演变关系。

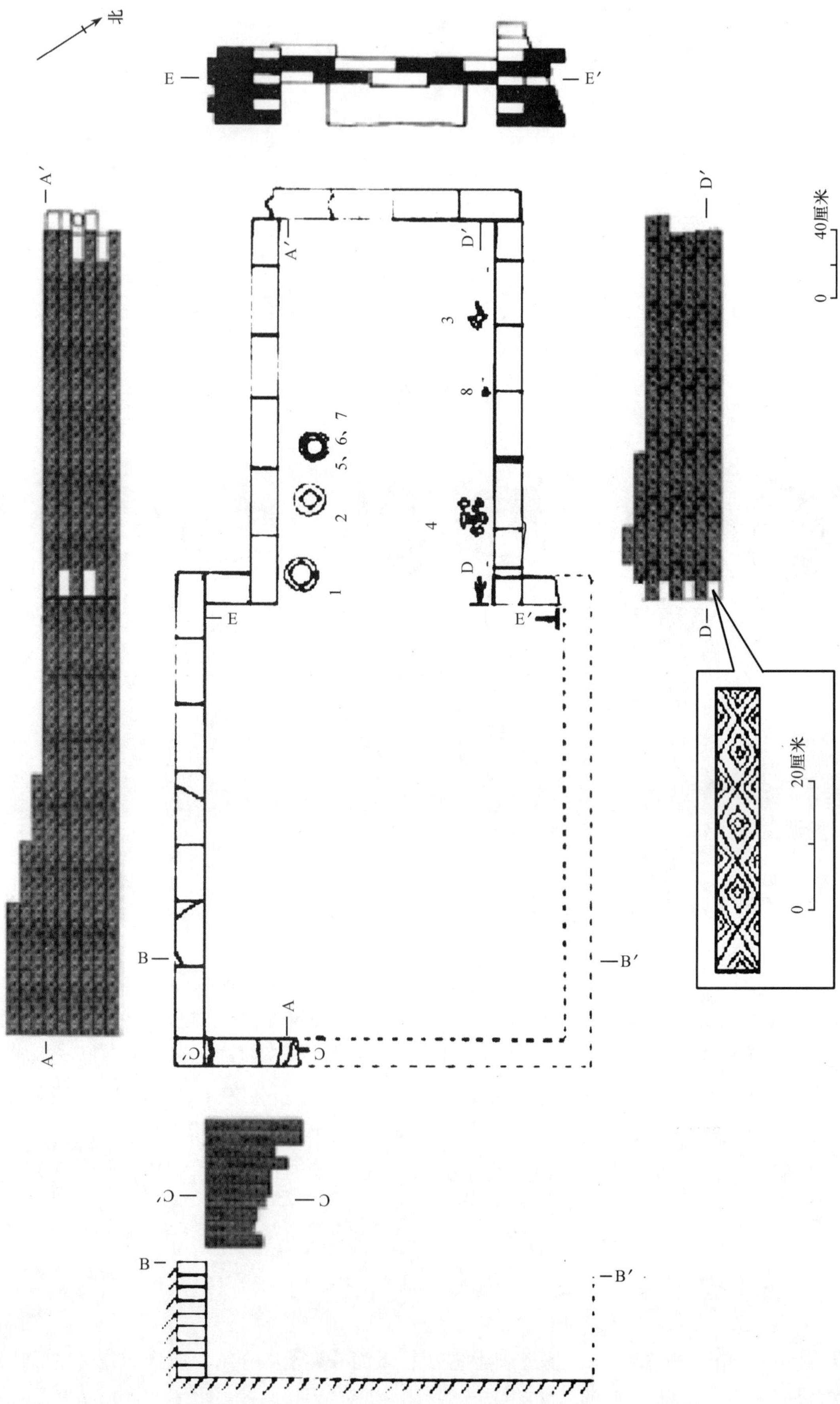

图一四 M1平、剖面图

1、2. 四系青瓷罐 3. 白瓷盘口壶 4. 青釉罐 5～7. 青瓷小碗 8. 铜带钩

1. 陶器

釉陶罐　1件。深腹，斜壁微弧，器底内凹，轮制轮修。M1：4，残。半施青釉，器物内壁及肩以下无釉，胎呈灰色。底径14、腹径25、残高16.5厘米（图一五，7）。

2. 瓷器

四系罐　2件。形制相同，大小不同，直口微敞，圆唇，口部向下分布两道凹弦纹，斜肩，肩部饰一道弦纹，沿弦纹横塑四系，斜壁微弧，平底。轮制。M1：1，施青釉，脱釉较严重，胎呈灰色。口径11.2、底径11.6、腹径18.4、高19.4厘米（图一五，1）。M1：2，施青釉，釉局部脱落。口部向下7.6厘米以下裸胎，胎呈灰色。口径9.8、底径8.8、腹径12.4、高14厘米（图一五，2）。

盘口壶　1件。盘口，方唇，束颈，斜肩。轮制。M1：3，口沿残片。施青釉，大部脱落。口径9.2、颈径5.2、残高12.5厘米（图一五，3）。

碗　3件。根据口、底部不同可分三式。

Ⅰ式：1件。敞口，尖唇，弧腹，足略呈饼状，器底内凹。轮制轮修。M1：5，基本完整。通体施酱黄釉，胎呈灰色。口径8.4、底径3.7、高3.5厘米（图一五，4）。

Ⅱ式：1件。敞口，尖唇，唇下饰一道凹弦纹，斜壁微弧，深腹，饼状足，平底。轮制轮修。M1：6，基本完整。通体施青釉，胎呈灰色。口径8、底径4.8、高3.5厘米（图一五，5）。

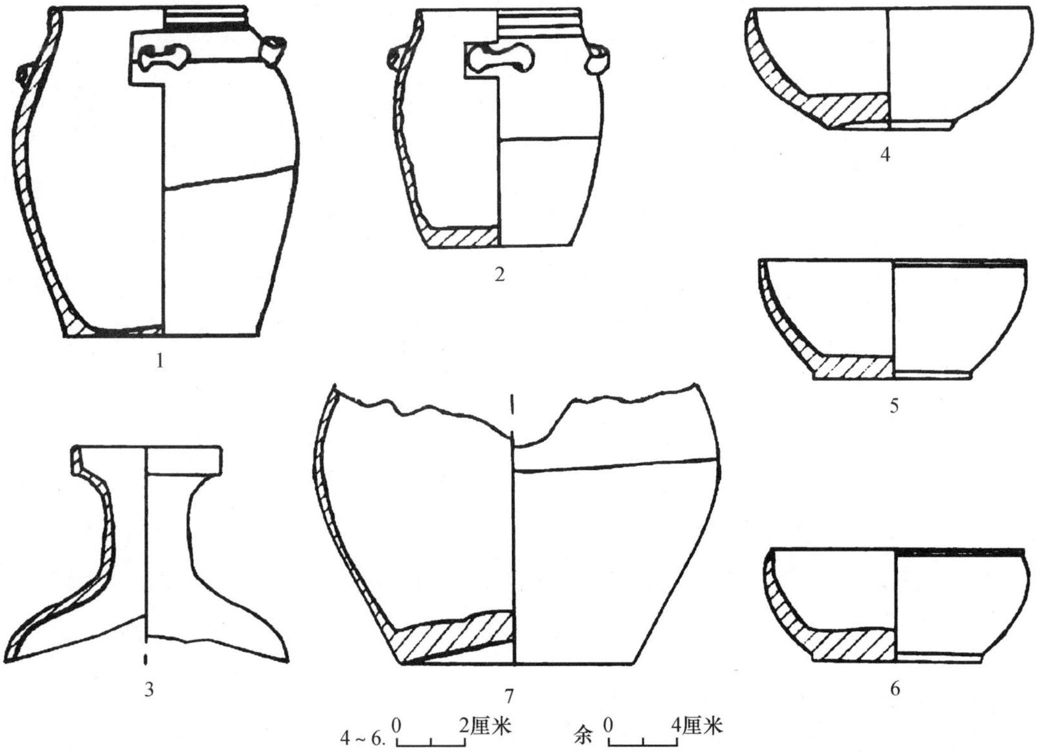

图一五　M1出土器物

1、2. 四系瓷罐（M1：1、M1：2）　3. 盘口瓷壶（M1：3）　4. Ⅰ式瓷碗（M1：5）　5. Ⅱ式瓷碗（M1：6）　6. Ⅲ式瓷碗（M1：7）　7. 釉陶罐（M1：4）

Ⅲ式：1件。敛口，尖唇，唇下饰一道凹弦纹，弧腹，足略呈饼状，平底。轮制轮修。M1：7，基本完整。通体施酱黄釉，胎呈灰色。口径7.6、底径5.1、高3.3厘米（图一五，6）。

3. 铜器

带钩　1件。M1：8，残。长方形框。长3、宽3厘米。

六、结　语

（一）漆树坪窑址

漆树坪窑址紧邻长江，为窑制品的运输提供了极为便利的条件。发掘区域所见地层堆积大多为晚期人类耕作及平整土地等活动所形成，窑址堆积被破坏极为严重，基本不见完整器物，可修复器物也极少。出土窑制品有陶盆、擂钵、钵、罐、瓮等，尤以罐、钵、瓮为多，多为民间的实用器。陶器均为轮制，胎质较坚硬，火候较高，以泥质红陶为多，少釉陶。纹饰较简单，以素面和凹弦纹为多。出土窑具种类较少，均为直筒形支垫具。制陶工艺较粗糙，一般轮制成型后稍加修整，器物外多有旋痕。堆积中烧结变形陶器占一定数量，说明当时窑工对窑温控制技术的掌握尚不够成熟，烧制水平较低。据此，我们推测该窑址可能为一处专门烧制日常生活用陶器的民窑。

从砌筑方法上看，该窑址系峡江地区较常见的龙窑。窑址坐东北朝西南，是在岗丘的缓坡上挖一沟槽，用细沙铺垫窑床，再用砖砌筑两侧窑壁及券顶。这种建造窑炉的方法始见于唐、五代时期的婺州窑[①]。可见该窑址继承了唐五代以来龙窑的砌筑方式。

从结构上看，该窑址由火膛、窑室等部分组成，因窑头和窑尾被破坏无存，故不知原窑炉的工作面和烟道情况。窑床底部少见支垫及陶器碎片，表明在烧完最后一窑后，窑工们将窑内陶器悉数取出，之后可能由于其他原因废弃。

此次发掘的窑址，均未出土有明确纪年或题记的遗物，因此，只能依据出土遗物与其他资料的对比来推断各遗迹的时代。从器物造型上看，该窑址出土擂钵均斜腹、圆唇、平底，内壁成组刻划有多道凹槽，有学者认为其可能作为研磨或澄滤用品使用[②]，该地区居民喜欢饮茶和食植物根茎，推测该类器物的使用可能与此有关。窑址所出Ⅰ式和Ⅱ式深腹钵均与武汉市江夏区新窑村宋—元时代陈家窑墩窑址出土的同类器物形制较相似[③]。所出A型Ⅰ式罐与荆门市子陵岗明代墓葬出土的无耳罐（M11：6）形制几乎相同[④]。同类窑制品亦见于附近宋—明时代的方家岭窑址[⑤]。由此，我们认为该窑址的使用年代应为宋—明时期。

① 秦浩：《隋唐考古》，南京大学出版社，1992年。

② 冯先铭：《中国陶瓷》，上海古籍出版社，2001年。

③ 武汉市文物考古研究所等：《武汉市江夏区新窑村窑址群的调查与发掘》，《江汉考古》2000年第4期。

④ 荆门市博物馆：《荆门市子陵岗古墓发掘简报》，《江汉考古》1990年第4期。

⑤ 沈阳市文物考古研究所等：《万州方家岭窑址考古勘探发掘报告》，待刊。

（二）M1

漆树坪M1墓室及甬道均遭破坏，残留部分墓室及甬道均用长条形模印花纹砖砌筑，为“凸”字形券顶砖室墓，出土随葬遗物较少，且未见有明确纪年或题记的遗物，但随葬器物特征及组合较有时代特征，因此仍可以推断该墓的时代。

该墓出土器物主要有碗、盘口壶及四系罐，且均为青瓷，胎质灰白。从蜀汉晚期开始，四川地区及长江中下游临近地区墓葬随葬品以青瓷为主，种类主要有罐、壶、碗等，多为灰白胎，胎质细腻坚硬，火候较高[①]。因此该墓时代上限为蜀汉晚期。

该墓出土的青瓷碗形制与秭归曲溪口遗址六朝堆积中出土的同类器物较相近[②]。出土的青瓷四系罐与丰都汇南墓群A型Ⅱ式（M11：7）青瓷罐形制、大小相似，出土的Ⅰ式青瓷碗与丰都汇南墓群C型（M11：3）和B型Ⅰ式（M12：8）青瓷碗的形制、大小相似[③]。同类形制的四系罐与青瓷碗亦见于忠县涂井蜀汉崖墓M6出土的Ⅱ式四耳罐（M6：5）、Ⅲ式青瓷碗（M6：16）[④]。丰都汇南墓群M11、M12的时代为两晋，忠县涂井蜀汉崖墓M6的时代为蜀汉后期或西晋。综合以上分析，我们认为漆树坪M1的时代应为两晋时期。

（三）M2

漆树坪M2开口于耕土层下，破坏较为严重，然出土随葬遗物较为丰富，虽未见有明确纪年或题记的遗物，但随葬器物组合较有时代特征，因此仍可以推断该墓的时代。

该墓出土遗物中发现有仿青铜礼器的圜底罐式双环耳鼎，这一器类具有较明显的时代特征。有学者认为，鼎作为仿青铜礼器在墓葬中存在的下限不超过东汉早期[⑤]。在奉节县拖板村崖墓群墓葬94FJ拖板M5中出土1件陶鼎[⑥]，另湖北蕲春枫树林墓群对面山墓地墓葬M5中亦出土1件陶鼎[⑦]，两墓葬综合各自随葬器物组合特征判定时代均为东汉中期，故在峡江地区及其附近墓葬中鼎的存在下限可到东汉中期。

该墓葬出土困1件，子母口，折肩，直壁，腹部饰一周凹弦纹，平底，其形制与云阳李家

① 四川省文物考古研究所：《丰都汇南墓群发掘简报》，《重庆库区考古报告集·1997卷》，科学出版社，2001年。

② 宜昌市博物馆：《三峡库区秭归曲溪口遗址发掘报告》，《江汉考古》1999年第2期。

③ 四川省文物考古研究所：《丰都汇南墓群发掘简报》，《重庆库区考古报告集·1997卷》，科学出版社，2001年。

④ 四川省文物管理委员会：《四川忠县涂井蜀汉崖墓》，《三峡考古之发现》，湖北省科学技术出版社，1998年。

⑤ 罗二虎：《四川崖墓的初步研究》，《考古学报》1988年第2期。

⑥ 吉林大学考古学系：《四川奉节崖墓》，《考古》待刊。

⑦ 湖北京九铁路考古队：《湖北蕲春枫树林东汉墓》，《鄂东考古发现与研究》，湖北科学技术出版社，1999年。

坝37号岩坑墓出土的M37：7相当接近①。该墓出土的囷与张建锋先生《两汉时期囷的类型学分析》一文中的E型Ⅲ式（四川开县棺山M2：1、陕西勉县老道寺M3）筒腹罐式囷形制亦近似②。从西汉中期开始，四川地区流行筒腹罐式囷，因此该墓出土的囷其上限在西汉中期，下限在东汉晚期。

该墓出土的Ⅰ式釉陶锺与万州安全墓地（M5：4、M18：8）出土的同类器物相似③。出土的Ⅱ式釉陶锺与巫山麦沱汉墓群出土的Ⅱ式釉陶壶（M33：13）的形制相似④，Ⅲ式釉陶锺及器盖与万州松岭包墓地（M4：8）出土的釉陶壶及器盖形制相似⑤。另该型器盖亦见于云阳李家坝37号岩坑墓（M37：22）⑥。巫山麦沱汉墓群M33及云阳李家坝37号岩坑墓时代为东汉早期，万州安全墓地M5时代为东汉中期，万州松岭包墓地M4的时代为东汉晚期。因此该墓出土的3件釉陶锺的时代为东汉。

该墓出土的少量五铢，形制相当于万州松岭包墓地Ⅲ式五铢，其流行时代为东汉中晚期⑦。

该墓出土的随葬陶器以黄釉陶及泥质红陶为主，灰陶较少，这是东汉中后期墓葬特征之一。

综合以上分析，我们认为漆树坪M2的时代应为东汉中晚期。

附记：本次工作在重庆市文化局、重庆市博物馆的领导、指导下进行。本文曾得到四川大学历史文化学院考古系宋治民教授的审阅，在此并致谢忱！本次发掘领队为顾罡，李龙彬、朱寒冰、沈彤林、程远福等加了考古发掘及整理工作。绘图朱寒冰、韩玉岩，摄影李龙彬。

执笔：李龙彬　朱寒冰

---

① 四川大学历史文化学院考古系等：《云阳李家坝37号岩坑墓发掘报告》，《重庆库区考古报告集·1997卷》，科学出版社，2001年。

② 张建锋：《两汉时期囷的类型学分析》，《江汉考古》1995年第4期。

③ 陕西省考古研究所等：《万州安全墓地发掘报告》，《重庆库区考古报告集·1997卷》，科学出版社，2001年。

④ 湖南省文物考古研究所等：《巫山麦沱汉墓群发掘报告》，《重庆库区考古报告集·1997卷》，科学出版社，2001年。

⑤ 青海省文物考古研究所三峡工作队等：《万州松岭包墓地发掘报告》，《重庆库区考古报告集·1997卷》，科学出版社，2001年。

⑥ 四川大学历史文化学院考古系等：《云阳李家坝37号岩坑墓发掘报告》，《重庆库区考古报告集·1997卷》，科学出版社，2001年。

⑦ 青海省文物考古研究所三峡工作队等：《万州松岭包墓地发掘报告》，《重庆库区考古报告集·1997卷》，科学出版社，2001年。

万州大田墓地2003年度发掘简报

重庆市文化遗产研究院
沈阳市文物考古研究所
万州区文物管理所

为配合三峡水库工程建设，2003年3月20日至4月4日，重庆市文物考古所（今重庆市文化遗产研究院）与沈阳市文物考古研究所受重庆市文化局委托，联合组队对重庆市万州区地下文物保护抢救发掘项目大田墓地（图一）进行了第一次发掘，历时15天，现将此次田野工作情况及收获简报如下。

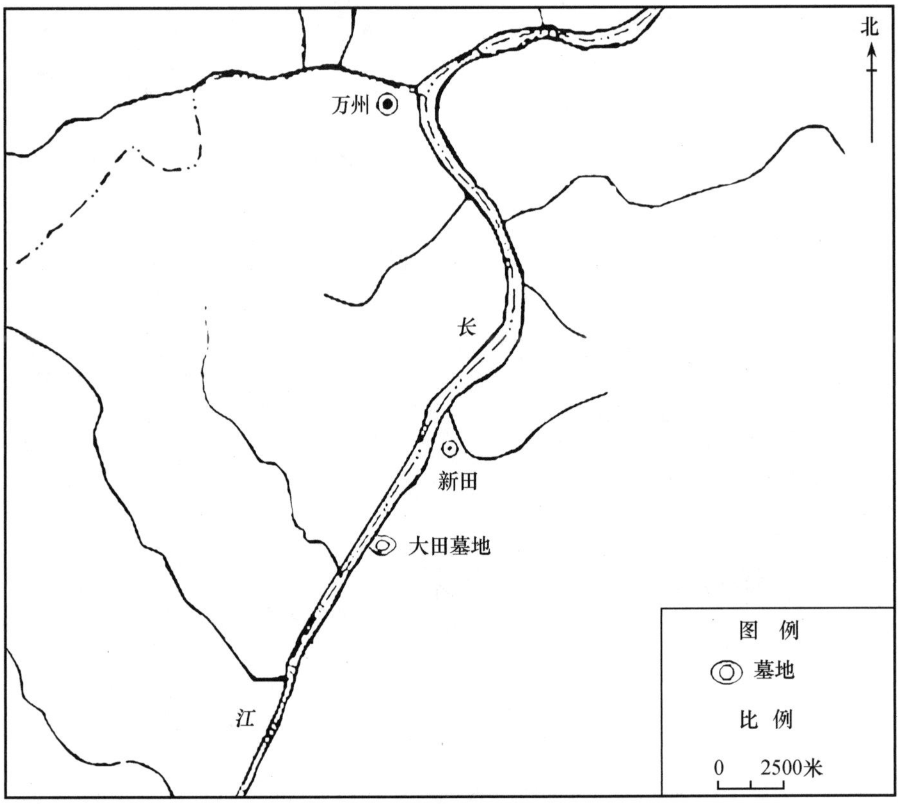

图一 大田墓地位置示意图

一、墓地概况

大田墓地位于重庆市万州区新田镇幸福村三组，地处长江南岸一东北—西南走向一级阶地上，平面呈舌状，南北长约70、东西宽4～30米，中心地理坐标为东经108°21′51″，北纬30°38′26″，海拔为155米。该地水土流失较为严重，阶地上基岩大多裸露，原为凸起的山包，后期平整土地时形成现状。根据地形，布探沟3条，编号分别为2003CWDTG1～

2003CWDTG3，探方5个，编号分别为2003CWDT1～2003CWDT5，发掘面积共计550平方米（计划500平方米），考古钻探面积3100平方米（计划3000平方米），共发现清理残墓2座，编号为2003CWDM1和2003CWDM2（图二）（以下省略2003CWD）。

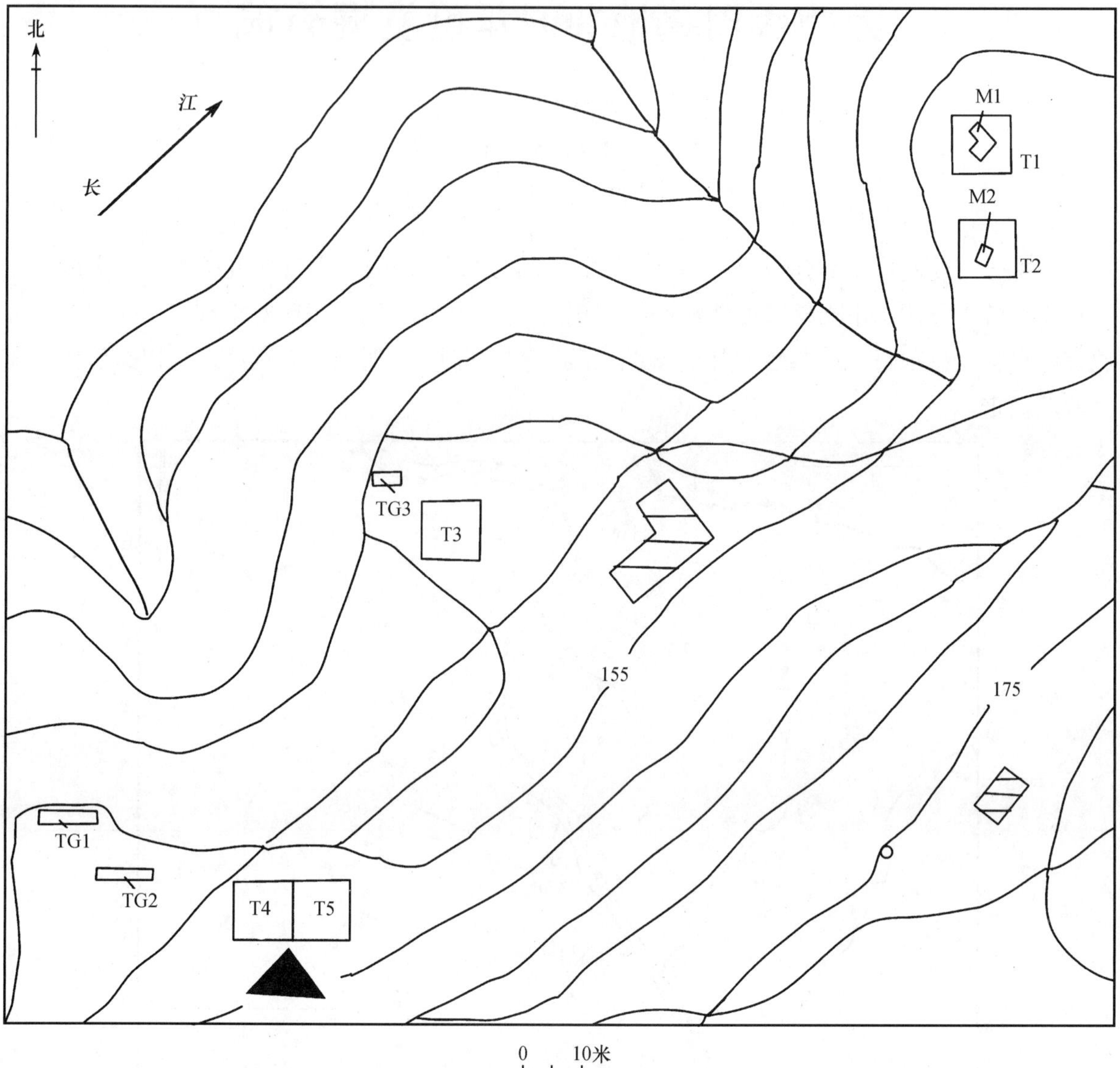

图二　探方、遗迹分布图

二、勘探情况及地层堆积

由于考古钻探、发掘区域较为分散，所见地层堆积并不一致，现分别对钻探和发掘的三个区域所见地层堆积进行说明。

TG1、TG2、T4及T5均位于大田阶地，我们对该地进行了普探和局部发掘，未见陶片等遗物及墓葬遗迹。地层以T5北壁堆积为例可分六层（图三）。

第1层：堆积为耕土。厚16～18厘米。灰褐色砂土，土质较疏松，湿度小，包含少量植物根茎。

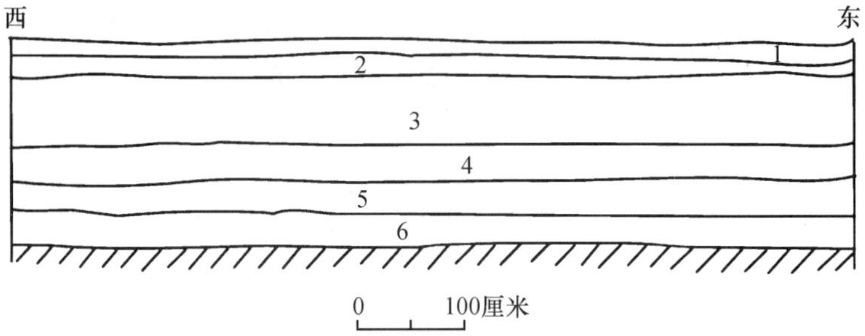

图三　T5北壁剖面图

第2层：堆积为黄褐色含砂亚黏土。厚15～20厘米。土质较纯净疏松，湿度较小。

第3层：堆积为砂土，中部偶间以红褐色淤土。厚58～68厘米。土质纯净疏松，仅见田螺等包含物。

第4层：堆积为黄褐色含砂亚黏土。泛灰。厚30～35厘米。土质纯净缜密，较硬。

第5层：堆积为黄色砂土。厚20～30厘米。土质纯净疏松，含砂量较大。

第6层：堆积为黄褐色砂土。厚30～40厘米。土质纯净疏松，包含少量钙结核。

其下为生土。

TG3与T3位于洞洞河阶地，我们对该地进行了普探和局部发掘，仅见有少数陶片及瓦片，未见有墓葬遗迹。地层堆积以T3北壁为例可分三层（图四）。

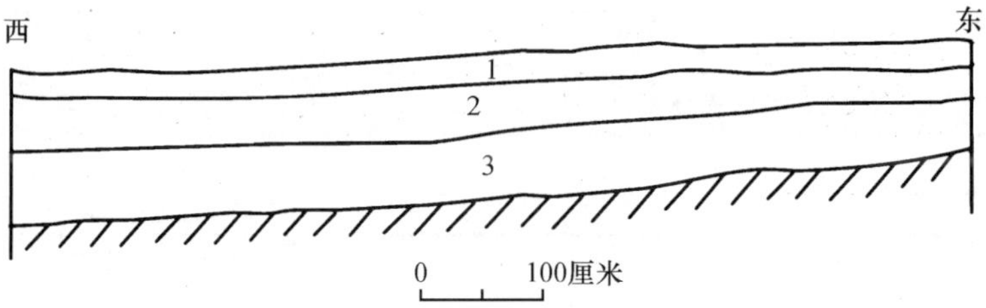

图四　T3北壁剖面图

第1层：堆积为耕土。厚20～25厘米。灰褐色砂土，土质较疏松，湿度小，包含少量植物根茎及瓦。

第2层：堆积为黄褐色含砂亚黏土。泛灰。厚20～40厘米。土质较疏松，湿度较小，包含少量陶片及残瓦片，瓦片较薄，内侧布纹较细密，见绿釉瓷片出土，火候极高。

第3层：堆积为黄色含砂亚黏土。厚45～60厘米。土质纯净缜密，包含少量钙结核。

其下为生土。

T1、T2均位于阶地之上，我们对该地进行了普探和局部发掘，发现有两座墓葬及少数陶片，地层堆积以T2北壁为例可分三层（图五）。

第1层：堆积为耕土。厚8～20厘米。灰褐色黏土，土质较疏松，包含少量植物根茎，见碎砖块。

第2层：堆积为灰褐色水锈土。厚10～20厘米。土质紧密坚硬，含砂量较大，湿度较小，见少量碎砖块。发现的两座砖室墓葬均开口于该层下。

第3层：堆积为黄色含砂亚黏土。厚15～20厘米。土质纯净紧密，包含少量钙结核。

其下为生土。

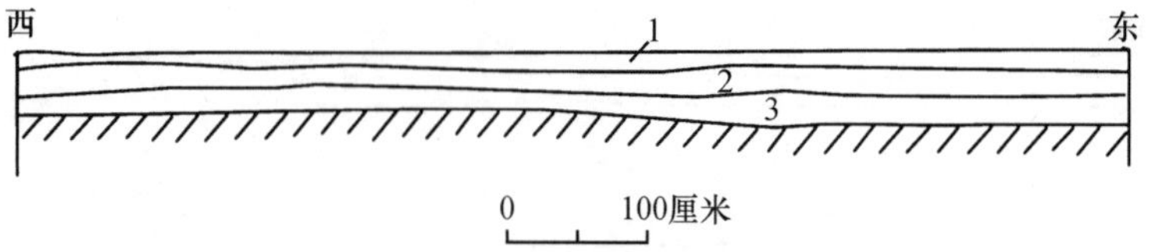

图五 T2北壁剖面图

三、墓葬形制

勘探发掘的两座墓葬均为砖室墓，平面可分为长方形和L形两类，每类各1座。由于自然水土流失及上百年来人类平整土地精耕活动，两座墓葬均遭严重破坏，券顶已无存，四壁大部分已坍塌。墓室用一长侧面有模印几何图案的条形砖错缝平砌墓壁而成。

M1 位于T1南部，平面呈L形，方向317°。顶部及部分墓室、墓门均遭破坏。墓圹用长方体砖砌筑，其中长厚一侧面有菱形回纹图案，顶部部分砖为子母砖，墓门处见菱形纹、网格纹组合纹饰的墓砖，另有少数素面墓砖，各种砖火候均较高。墓室残存7层砖，高55～70厘米，南北内宽2.2、东西内长3.86米；墓道南北长3.2、东西内宽1.44米。墓圹内堆积为黄褐黏土，包含部分券顶及墓壁坍塌墓砖，墓底为平整的生土，不见有棺木、尸骨及遗物，推测该墓葬可能被扰乱或盗掘（图六）。

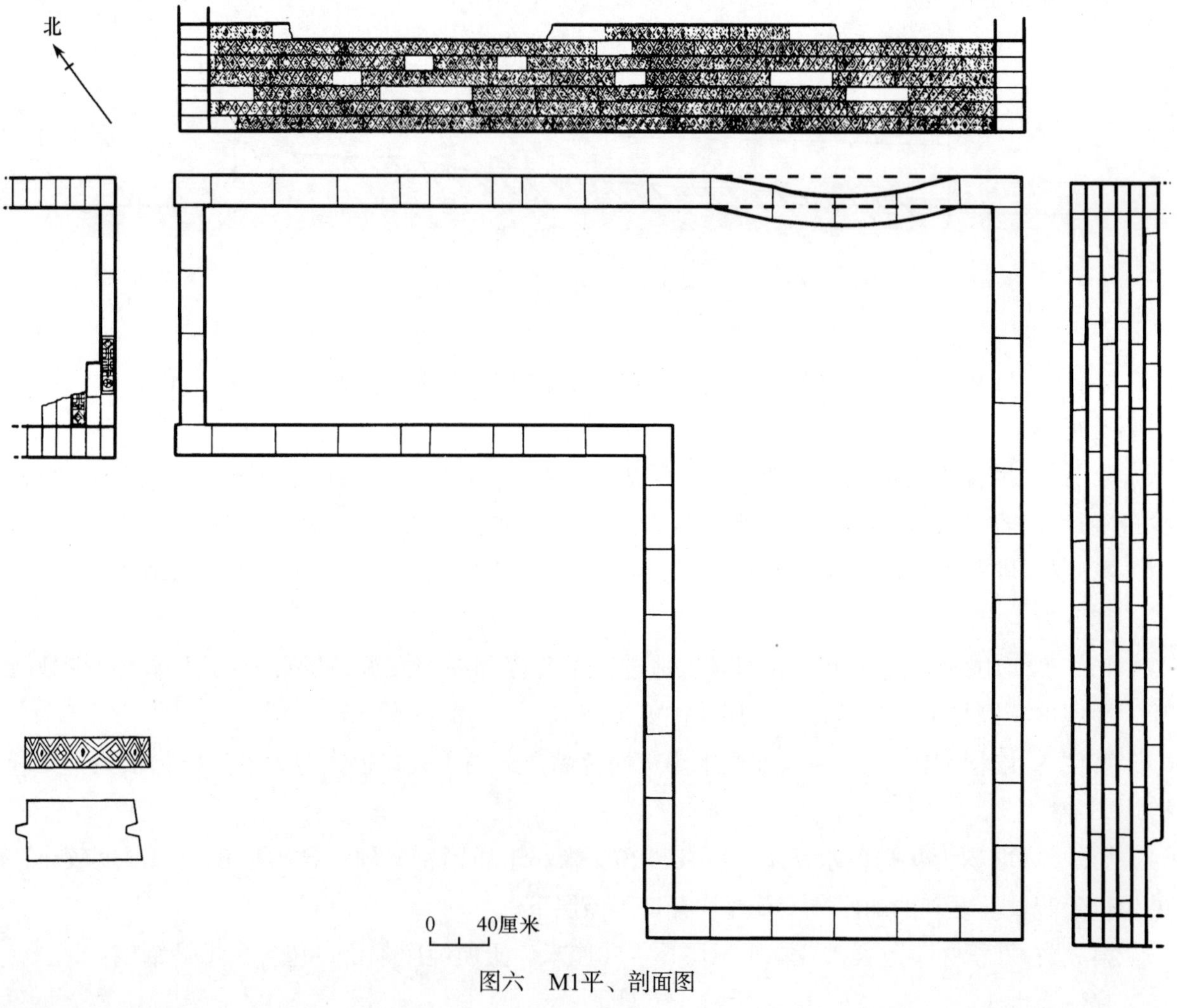

图六 M1平、剖面图

M2　位于M1东南12米处T2西北部，平面呈长方形，方向200°。墓顶及墓室四壁破坏已近无。墓圹用长方体砖砌筑，其中长厚一侧面有菱形回纹图案，有少数素面墓砖，砖火候较低。墓室残存约2层砖，高16～20厘米，长约3、宽约1.7米。室内堆积为黄褐黏土，包含有少量倒塌墓砖碎块。墓底为平整的生土，不见有棺木及尸骨，仅在墓室东侧出土12件随葬品，有残破泥质灰陶罐、泥质红陶勺、陶器盖、陶井架、陶俑、陶钵及五铢钱等（图七）。

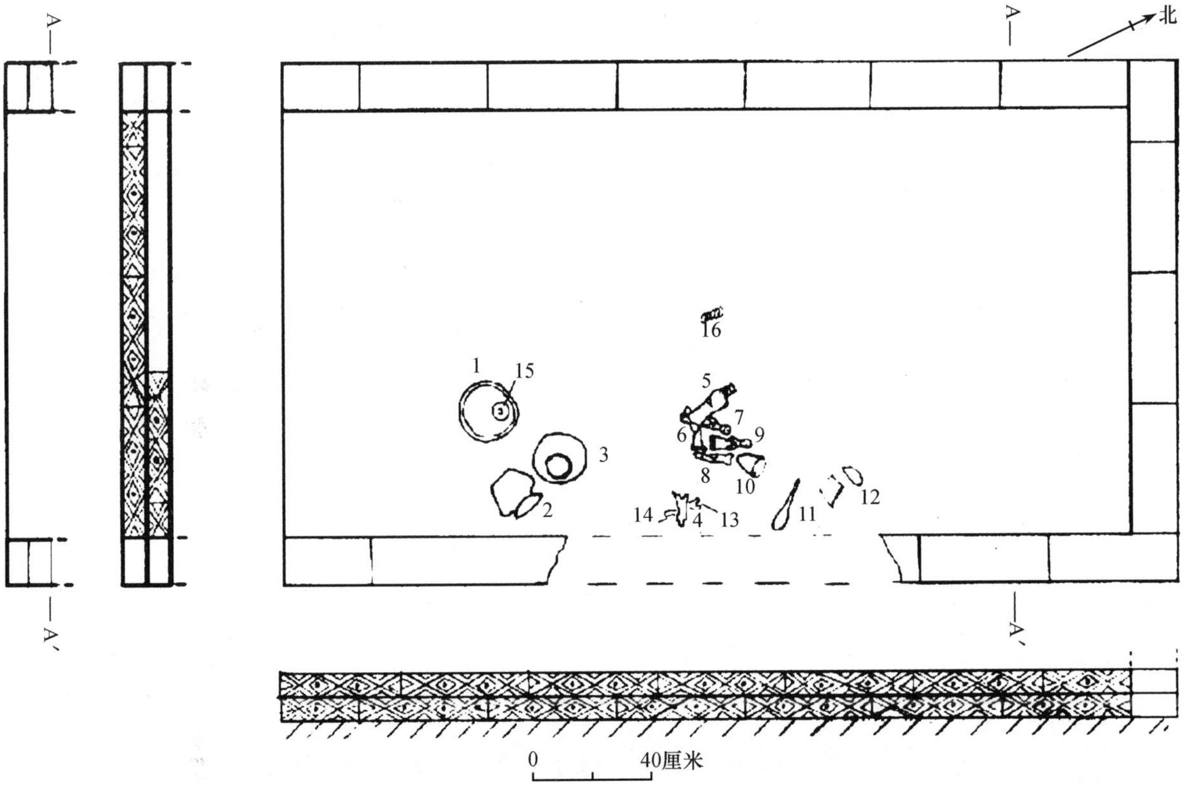

图七　M2平、剖面图
1～3、15. 陶罐　4、13～14. 陶井架　5～9. 陶俑　10. 陶器盖　11. 陶勺　12. 陶钵　16. 铜钱

四、墓　砖

因两墓所见墓砖各有几种且不尽相同，此处分别介绍如下。

M1所见墓砖有以下三种。

菱形纹砖　条形砖，一侧模印菱形纹饰。砖长40、宽21、厚10厘米（图八，1）。M1所见墓砖以该型为主。

菱形几何纹砖　条形砖，一侧模印纹饰，中间分布四组方块，每个方块内各有凸钉，两侧分布菱形回纹。砖长38、宽20、厚11厘米（图八，2、3）。

素面砖　条形砖。砖长40、宽20、厚10厘米。

M2被破坏较为严重，所见墓砖有以下两种。

菱形纹砖　长条砖。一侧模印菱形纹饰。砖长40、宽10、厚6厘米（图八，4）。

素面砖　条形砖。砖长42、宽18、厚8厘米。

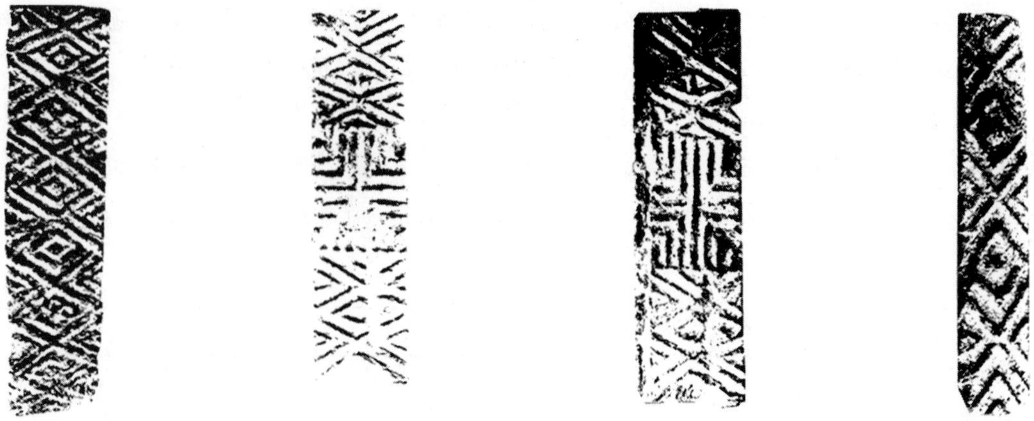

图八 M1、M2墓砖纹饰
1、4. 菱形纹砖 2、3. 菱形几何纹砖

五、随 葬 品

墓葬早期均被严重破坏，出土随葬器物较少，共计16件，且均出土于M2中。

1. 陶器

13件。

罐 4件。可分三型。

A型 1件。M2：1，夹细砂灰陶。深腹，弧壁，平底。素面。底、腹部残片。底径14.8、腹径20.8、残高14.5厘米（图九，1）。

B型 2件。短领罐。根据肩、腹部不同可分二式。

Ⅰ式：M2：2，夹细砂灰陶。侈口，圆唇，束颈，折肩，斜腹，平底。素面。口径10.4、底径7、高13厘米（图九，2）。

Ⅱ式：M2：3，夹细砂灰陶。侈口，圆唇，束颈，折肩，弧腹，平底。素面。口径11.6、底径7.6、高12.5厘米（图九，3）。

C型 1件。M2：15，泥质灰陶。敛口，圆唇，折肩，斜直腹，平底，底部中心处略显突出。素面。口径3、底径3.8、高3.1厘米（图九，4）。

勺 1件。M2：11，泥质红陶。近似烟斗状。勺舀长径6、短径5.3、深2.7、器物通长16.3厘米（图九，8）。

井架（组件） 3件。M2：4，夹细砂灰陶。上端近似“丫”字，中部两侧内凹，底端呈舌状凸出，截面呈长方形。长10、宽1～3、厚0.9厘米（图九，5）。M2：13，残。夹细砂灰陶。上端近似“丫”字，中部两侧内凹，截面呈长方形。残长5.6、残宽1.3～2.8、厚0.7厘米（图九，6）。M2：14，残。夹细砂灰陶。器物一侧平直，近中部较宽处有三道横向凹纹，另

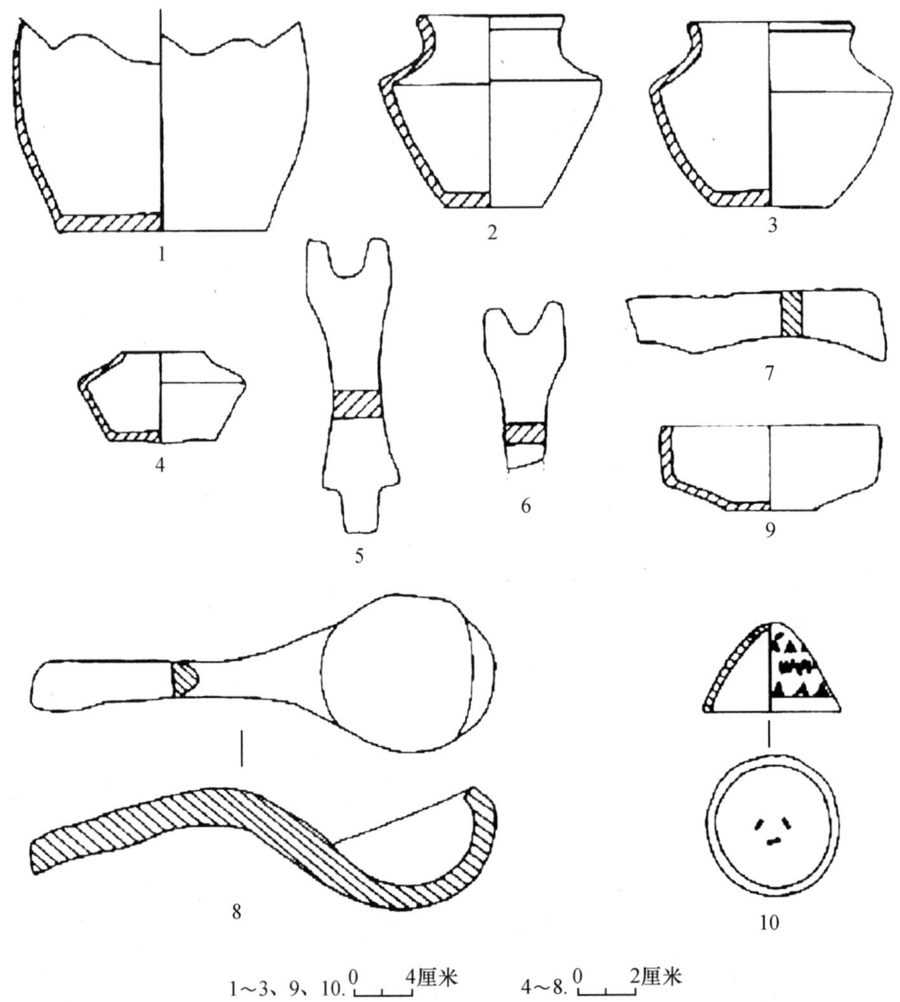

图九　M2出土器物

1. A型陶罐（M2：1）　2. B型Ⅰ式陶罐（M2：2）　3. B型Ⅱ式陶罐（M2：3）　4. C型陶罐（M2：15）　5～7. 陶井架（组件）（M2：4、M2：13、M2：14）　8. 陶勺（M2：11）　9. 釉陶钵（M2：12）　10. 釉陶器盖（M2：10）

一侧呈弧状内凹，平面部分近似“〗”形，唯中部稍凸出。残长9、残宽1.5～2.3、厚0.7厘米（图九，7）。

俑　5件。M2：5，残。男立俑。泥质红陶。头戴冠饰，长袍，宽袖，着束腰，两手交于腹前。残高20厘米（图一〇，1）。M2：6，残。立式女俑。泥质红陶。胸部以上缺失，长裙，宽袖，两手交于胸前。残高12.3厘米（图一〇，2）。M2：7，女立俑。泥质红陶。目视前方，长裙，宽袖，两手交于胸前。高12.3厘米（图一，3）。M2：8，女立俑。泥质红陶。目视前方，长裙，宽袖，两手交于胸前。高12.4厘米（图一〇，4）。M2：9，女立俑。泥质红陶。目视前方，长裙，宽袖，两手交于胸前。高17厘米（图一〇，5）。

2. 釉陶器

2件。

钵　1件。M2：12，通体施釉，已基本脱落。敛口，方唇，直壁，腹斜收，平底。口径

图一〇 M2出土陶俑

1. 男立俑（M2：5） 2～5. 女立俑（M2：6、M2：7、M2：8、M2：9）

15、底径6、高6厘米（图九，9）。

器盖 1件。M2：10，通体施豆青釉，大部已脱落。博山炉盖，敞口，方唇，口部外缘加厚，斜腹，尖圆顶顶部均匀分布有3个长条形孔。器盖表面饰草状印纹。口径9.5、高6厘米（图九，10）。

3. 钱币

出土钱币均方孔圆钱，双面有周郭和穿郭，钱体厚0.13～0.15厘米，严重锈蚀，粘贴叠起，其中钱文清晰的有两枚，为“五铢”，余皆不可辨，叙述如下。

五铢 2枚。M2：16，正面阳铸钱文，“五”字中间两笔上端略往外撇，“金”字头作三角形但上角略尖，“朱”字两头略圆。直径2.6厘米（图一一，1、2）。

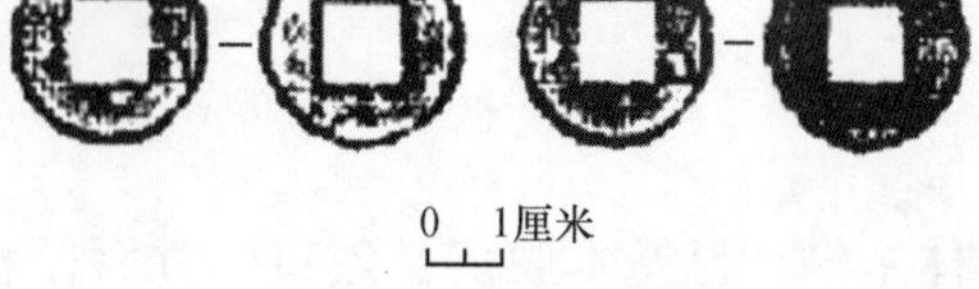

图一一 M2出土钱币拓片

六、结　　语

此次发掘所发现的墓葬，均未出土有明确纪年或题记的遗物，因此，只能依据出土遗物及墓砖与其他资料的对比来推断各墓葬的时代。

（一）M1

该墓为刀形砖室墓，墓葬已被严重破坏，且无一随葬品出土。墓室及甬道均用长条形模印花纹砖砌筑墓圹，用楔形子母砖券顶。其墓葬形制及模印花纹墓砖与重庆万州安全墓地一号墓葬[①]大体相同，万州安全墓地M1的时代发掘报告确定为东汉时期，以此我们推测大田M1的时代可能亦为东汉时期。

（二）M2

该墓为长方形砖室墓，墓葬虽被严重破坏，但出土少量有明显时代特征的随葬品，故仍可确定该墓葬的时代。

该墓砌筑墓圹所用的长条形墓砖，与万州上河坝墓地东汉晚期M1所见墓砖形制、纹饰基本一致[②]。该墓葬出土小口广肩平底罐2件，折肩，斜腹，肩部转折处较尖锐。参照奉节县营盘包东汉前期墓93FJ营盘M1出土的同类器物（M1：8）[③]、万州安全墓地东汉中期墓M5出土的E型罐[④]、丰都冉家路口墓群东汉中晚期墓葬出土的Da型Ⅱ式、Ⅲ式罐[⑤]形态变化，可以发现东汉时期这一地区小口广肩平底罐的演变趋势为折肩处逐渐锐折。该墓出土的小口广肩平底罐形制较丰都冉家路口墓群东汉中晚期墓葬出土的Da型Ⅱ式、Ⅲ式罐折肩处稍锐，可见其应为东汉晚期形态。

该墓出土的陶俑均为泥质红陶，模制，工艺较粗糙，其中陶俑（M2：5）与万州安全墓地东汉晚期墓葬M12所出土陶俑（M12：31）[⑥]形制基本一致。相同形制的陶俑亦见于巫山瓦岗

---

① 陕西省考古研究所等：《万州安全墓地发掘报告》，《重庆库区考古报告集·1997卷》，科学出版社，2001年。

② 青海省文物考古研究所等：《万州上河坝墓地发掘报告》，《重庆库区考古报告集·1997卷》，科学出版社，2001年。

③ 吉林大学考古学系：《四川省奉节县营盘包东汉土坑墓发掘简报》，《三峡考古之发现》（二），湖北科学技术出版社，2000年。

④ 陕西省考古研究所等：《万州安全墓地发掘报告》，《重庆库区考古报告集·1997卷》，科学出版社，2001年。

⑤ 四川省文物考古研究所：《丰都县三峡工程淹没区调查报告》，《三峡考古之发现》（二），湖北科学技术出版社，2000年。

⑥ 陕西省考古研究所等：《万州安全墓地发掘报告》，《重庆库区考古报告集·1997卷》，科学出版社，2001年。

槽东晚期汉代墓葬（M5：9）[①]。

该墓中随葬少量东汉五铢，其形制与万州松岭包墓地Ⅲ式五铢相似，流行时代为东汉中晚期[②]。

综合以上分析，我们认为大田M2的时代大体在东汉晚期。

附记：本次工作在重庆市文化局、重庆市博物馆的领导、指导下进行。本文曾得到四川大学历史文化学院考古系宋治民教授的审阅，在此并致谢忱！本次发掘领队为顾罡，李龙彬、朱寒冰、沈彤林、程远福等加了考古钻探、发掘及整理工作。绘图朱寒冰、韩玉岩，摄影李龙彬。

执笔：顾　罡　李龙彬　朱寒冰

① 南京市博物院考古研究所等：《巫山瓦岗槽汉代墓的发掘报告》，《重庆库区考古报告集·1997卷》，科学出版社，2001年。

② 青海省文物考古研究所三峡工作队等：《万州松岭包墓地发掘报告》，《重庆库区考古报告集·1997卷》，科学出版社，2001年。

万州里牌溪遗址2003年度发掘简报

辽宁省文物考古研究所
万州区文物管理所

里牌溪遗址位于重庆市万州区大周镇铺垭村的一处台地上，遗址的北部有一个季节河沟，当地称之为小畦沟。遗址地处长江左岸，江水自西南而来，在此转而向北逝去。此处阶地较其他部分凸出，其上大部分被现代民居废墟所覆盖，遗址所在台地的下方还有一个比较小的台地，两个台地的高度相差1米左右，台地向上地势渐渐变高，越是向上文化层的厚度越薄。该遗址所在的地理坐标为东经108°31′53″，北纬30°21′52″。海拔147～150米。因在三峡水库的二期水位线150米以下，即将被三峡水库所淹没（图一）。

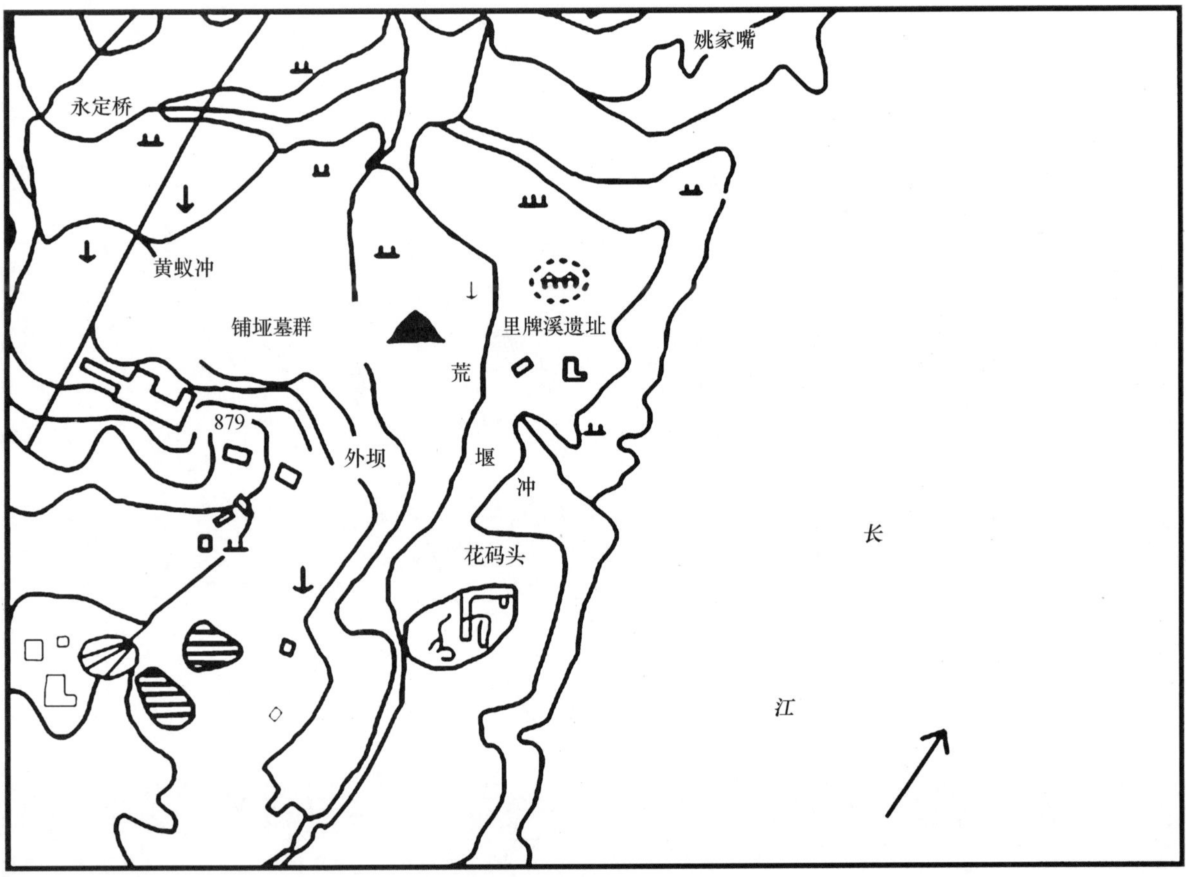

图一　里牌溪遗址地理位置示意图

因三峡水库蓄水在即，应协作方要求，辽宁省文物考古研究所组成一支考古队于2月下旬进驻工地随即展开工作。首先，我们对遗址的整个区域进行了勘探，勘探总面积达到10 300平方米；结合勘探和地表踏查的结果，我们在台地的近河岸处选择了初步发掘的地点。

我们主要采取了5米×5米的规格布探方发掘，进行揭露；为了尽可能地对这一区域进行发掘，在靠近台地的探方我们一般发掘到边缘，发掘的结果证明越是在台地的边缘，文化层和遗物的堆积越是丰富。因此，我们在该区共布了41个探方，发掘总面积1025平方米。田野工作时间为2003年2月27日至4月3日（图二）。

现将该遗址的情况简报如下。

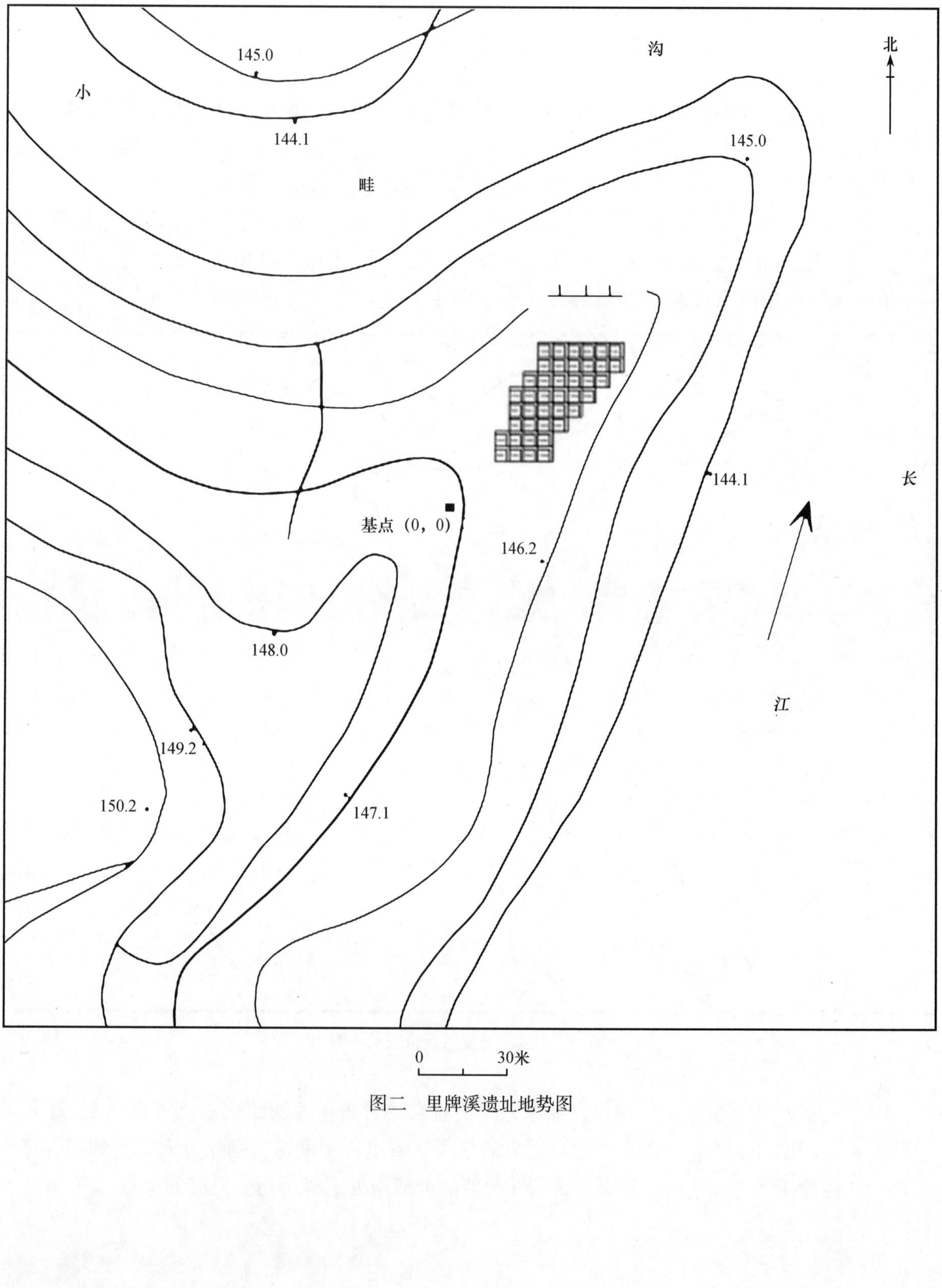

图二 里牌溪遗址地势图

一、地层堆积

该遗址的地层共分为5层。

第1层：为现代耕土。厚10～60厘米。由于地表为现代建筑基址，大部分探方内的表土层均比较厚，主要是水泥、砖瓦、地基石等，清理特别费时费力，又不利于勘探。

第2层：为浅色水锈土。厚15～25厘米。属于扰乱层，这层土内含有红烧土粒，土质坚硬。遗物包含很广，六朝时期的砖瓦残片、夹砂陶片和青花瓷片等，各个探方内的厚度基本一致，和上下层的界限很明显。没有发现任何遗迹。

第3层：为深色水锈土。厚15～35厘米。属于明清时期文化层，只在一部分探方内发现，含有青花瓷片比较多，没有可复原器。只在部分探方内发现了几个浅坑。

第4层：为黑色土层。厚40～60厘米。属于六朝时期和唐代文化层，这种黑土层多在接近该台地的边缘分布，遗址的上部分布渐少。遗迹较少。遗物相对比较丰富，多为青瓷器。

第5层：为黄褐色土层。厚20～30厘米。属于商周时期文化层，在已经发掘的区域中，只在其中的5个探方内发现了该文化层，遗物种类较多，以红褐陶方唇花边口沿陶罐为主。遗迹只发现灰坑。在该文化层的底部T0911内发现有3个柱洞遗存，但没有发现其他的遗迹现象和遗物。

以下为生土层（图三）。

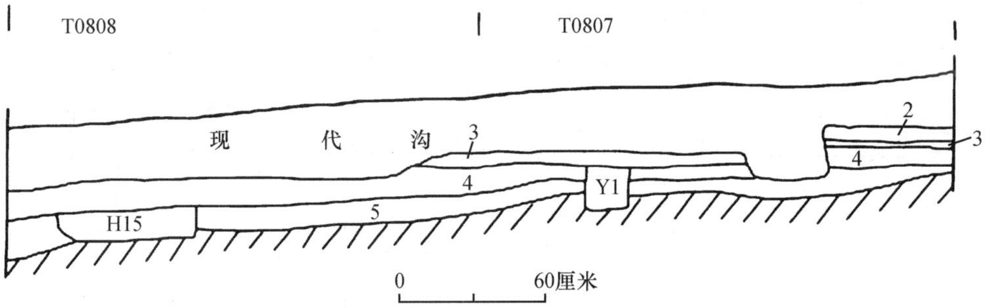

图三　地层剖面图

这个遗址现在的堆积并不是原生堆积，从这个遗址的整体堆积情况来看，商周时期的文化层（黄褐土层）在整个遗址中只占了邻近台地边缘的少部分地方，遗迹和遗物相对较少，文化层也比较薄。对它的分析只能是根据遗物描述来完成。叠压在黄褐土层上的是黑土层，在这个文化层中发现的遗迹现象比较少，遗物为六朝时期和唐代混合在一起，从遗物的特征上可以分辨，而从地层上无法分开。这种黑土层在遗址内的分布也不均匀。总体来说，也是多靠近台地的边缘。叠压在黑土层上的是两层水锈土，颜色有深浅之分，在部分探方内两层水锈土之间还有一层特别纯净不包含任何遗物的黄沙土，为水冲刷堆积而成，从水锈土层中出土的遗物来看，包含有绳纹瓦残片、青瓷瓷片和青花瓷片等。所以将该文化层定为明清时期的文化层。

二、遗　　迹

在这个遗址中发现的遗迹主要是灰坑、沟、柱洞、窑址和墓葬。

灰坑共发现14个，多是浅坑。其中明清时期灰坑4个，唐代和六朝时期灰坑8个，商周时期灰坑2个。

H15　位于T0808的中部，开口于第4层下。平面呈不规则形，东南两侧延伸到隔梁内，长290、宽140、深35厘米，坑口距地表深约90厘米。坑壁较直，底略有不平。H15的堆积可分为两层。

第1层：黑褐土。土质较硬，内含大量木炭粒、烧土颗粒和烧土块，以及大量的陶片。该层厚约15厘米，遗物按陶质可分为泥质和夹砂两种，夹砂陶较多，夹砂陶中夹砂红陶较多，其次是夹砂灰陶，少量夹砂黑陶；泥质陶中灰陶较多，其次是红陶，少量黑陶和黄褐陶。纹饰以粗绳纹为主，少量细绳纹，少量素面。可辨器形有罐、钵、豆等，其中齿状花边罐的口沿较多。

第2层：黑土。土质较硬，内含少量的木炭粒和烧土，陶片数量较少（图四）。

H12　位于T0808的中部。开口于第4层下，并打破第5层。平面呈椭圆形，长径为270（东北到西南向）、短径为190厘米，坑深30～50厘米，直壁、平底。H12的堆积只有一层，土质较坚硬，黑土，内含大量陶器残片、红烧土块和木炭粒。陶片有泥质和夹砂两种，夹砂陶多于泥质陶，夹砂红褐陶较多，灰陶次之，黑陶较少。泥质陶中泥质灰陶较多，红陶次之。纹饰以粗绳纹为主，少量细绳纹。泥质灰陶中素面较多。可辨器形有罐、钵、豆等，其中最有特点的是

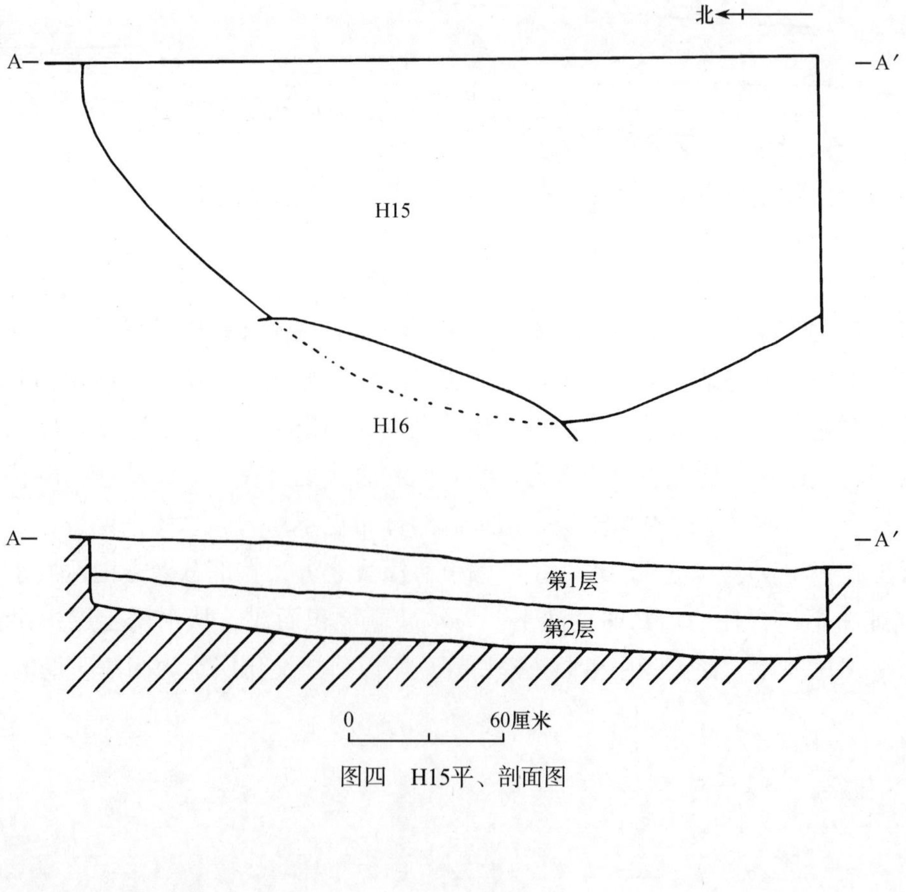

图四　H15平、剖面图

带有齿状花边的罐口沿，多为夹砂红褐陶，饰有粗绳纹；其次是泥质灰陶钵口沿，有的敛口较大，器壁较薄，器形较小，多为泥质灰陶，少量泥质黑陶和红陶，均为素面（图五）。

灰沟发现2条，其中G2为唐代遗存。

G2 开口于第3层下，打破第4、5层。G2为不规则的长条形，长约330、宽80～160厘米，沟壁略呈斜坡状，沟深约35厘米。G2仅有一层堆积，黑土，土质较坚硬，内含大量木炭粒，沟内出土了大量的陶片和瓷片。陶片多为夹砂灰陶，纹饰多为素面，少量绳纹纹饰，可辨器形有罐；少量夹砂灰褐陶，多为绳纹，少量素面，可辨器形有罐。瓷片均为青瓷，可辨器形有杯、碗、罐等（图六）。

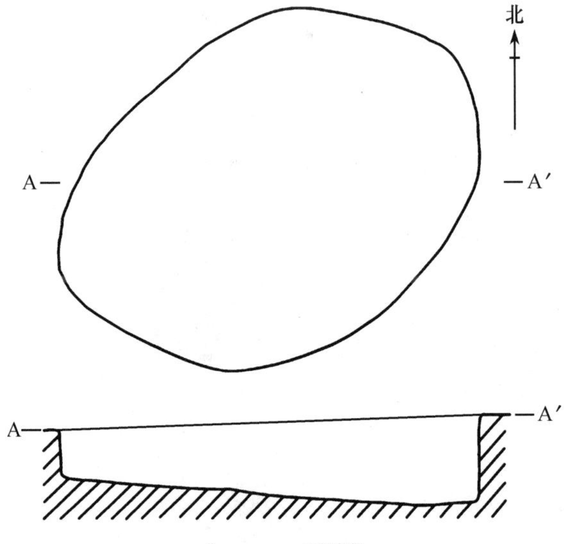

图五 H12平、剖面图

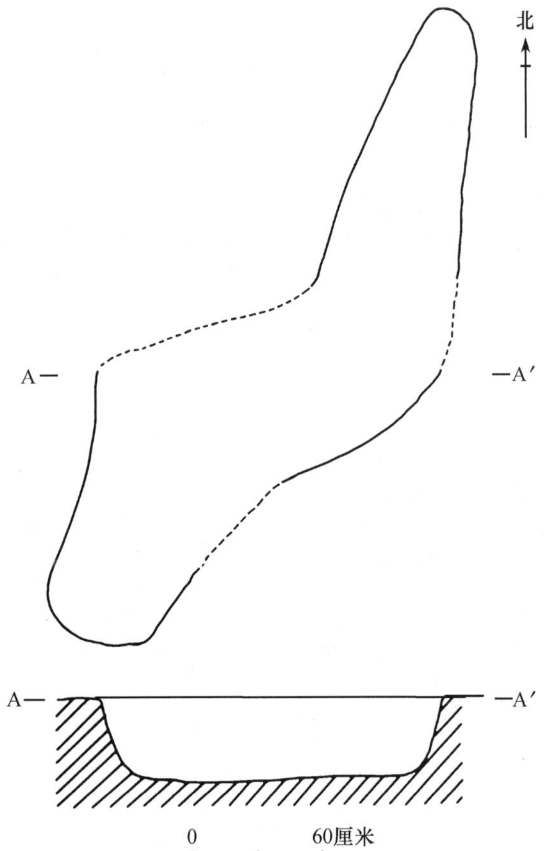

图六 G2平、剖面图

陶网坠 G2：1，夹细砂红褐陶。呈橄榄形。长6.2、最大径2.4、孔径1.4厘米（图七，11）。G2：2，泥质红褐陶。略呈圆柱形。长4、外径1.5、孔径1.1厘米（图七，10）。G2：3，泥质灰陶。略呈橄榄形。长4.5、外径2、孔径1.4厘米（图七，14）。

瓷碗 G2：4，青瓷。直口，方唇，鼓腹，饼形底。青瓷釉面保存较好，器内底有3个支钉痕。平底有点内凹。器内满釉，器外半釉，白色化妆土也是器内满施，器外半施。口径10.2、底径3.4、高5.2厘米（图七，5）。G2：5，青瓷。直口，方唇，鼓腹，饼形底。青瓷釉面保存较好。平底有点内凹。器内满釉，器外半釉。口径9.6、底径3.7、高4.7厘米（图七，4）。G2：6，青瓷。直口，圆唇，鼓腹，饼形底内凹。釉面全部脱落，露出褐色的胎质，胎质较细。器内满施化妆土，外施一半。器内底残留有3个支钉痕。口径14.6、底径4、高6.4厘米（图

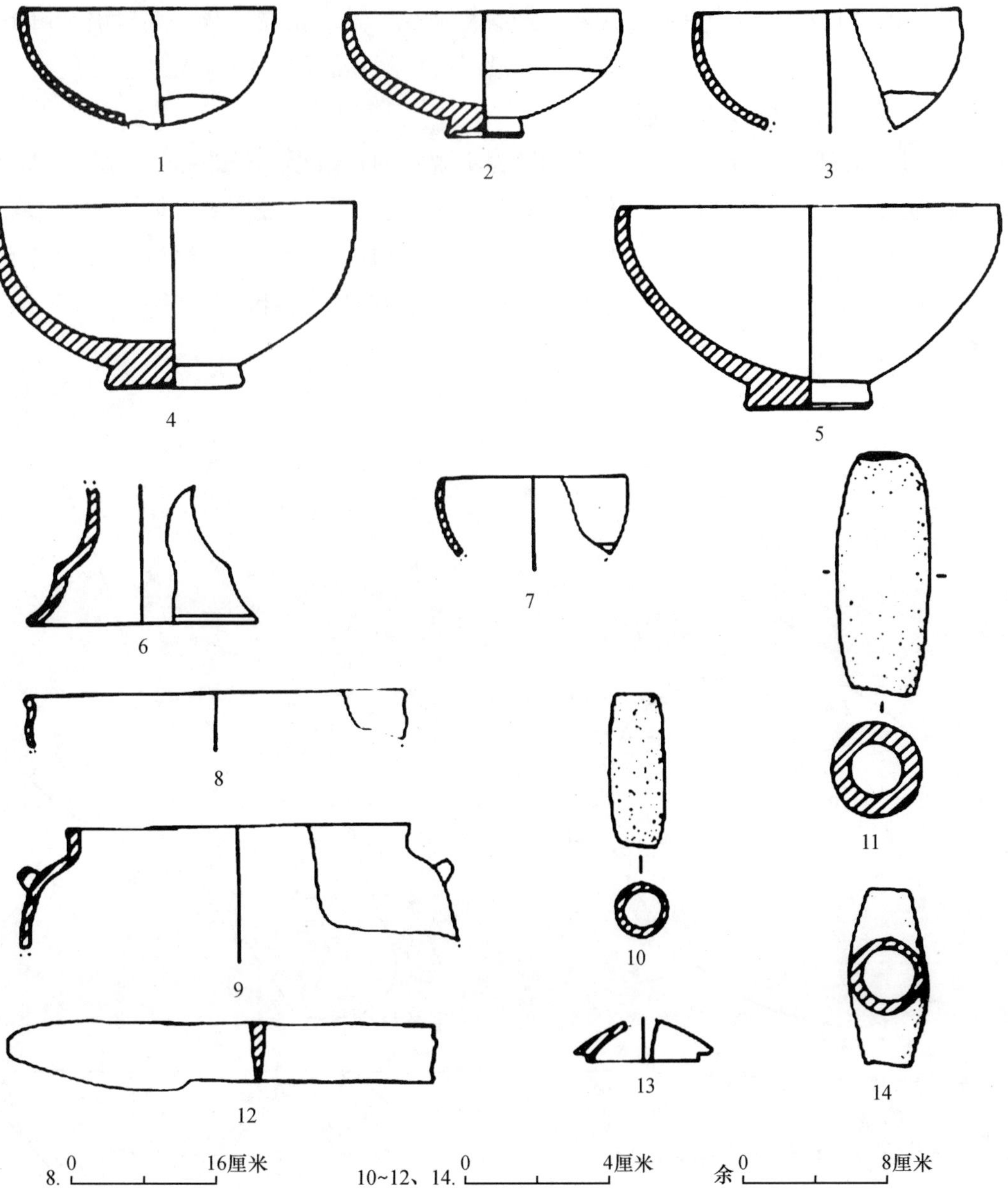

图七　G2出土器物

1～5、7. 瓷碗（G2：14、G2：6、G2：12、G2：5、G2：4、G2：11）　6. 瓷器底（G2：13）　8. 陶瓮（G2：8）
9. 瓷罐（G2：10）　10、11、14. 陶网坠（G2：2、G2：1、G2：3）　12. 铁刀（G2：7）　13. 瓷器盖（G2：9）

七，2）。G2：11，青瓷。直口，圆唇，鼓腹。器外施半釉。器内满釉。口径10、残高4厘米（图七，7）。G2：12，青瓷。直口，方唇，鼓腹。器外施半釉，器内满釉。口径14、残高6厘米（图七，3）。G2：14，白瓷。直口，方唇，弧壁。器外施半釉，器内满釉。口径14、残高6厘米（图七，1）。

铁刀　G2：7，刀的尖部和柄部皆残缺。不清楚形制。锈迹很厉害。只能辨认出一面有刃，一面为刀脊。残长12.2、背厚0.3厘米（图七，12）。

陶瓮　G2：8，侈口，圆唇，鼓腹。香灰胎。口径40、残高5.2厘米（图七，8）。

瓷器盖　G2：9，青瓷。子母口。外部施釉，器内无釉。口径6、残高2厘米（图七，13）。

瓷罐　G2：10，青瓷。直口，方唇，鼓腹。口部及器外饰釉，器内无釉。口径18、残高6厘米（图七，9）。

瓷器底　G2：13，青瓷。喇叭口形。器外施满釉，器内无釉。残高7厘米（图七，6）。

在T0911内发现有3个柱洞，均开口于第5层下。但没有发现其他的相关遗迹现象，难以确定为房址。

D1　平面呈圆形，直径为37、深10厘米。直壁平底，底部用三块石板平铺，堆积土呈黄褐色，内含大量炭粒，土质较硬较黏。D1距D2约15厘米，D1距D3约75厘米。距地表深约160厘米。

D2　平面呈圆形，直径为33、深15厘米。直壁平底，堆积土呈黑色，土质较硬较黏，D2距D3约65厘米。距地表深约160厘米。

D3　平面呈椭圆形，长径为37、短径为33厘米。直壁平底，中间柱子的直径为25厘米。堆积土呈黑色，含大量炭粒，土质较硬较黏，距地表深约160厘米（图八）。

窑址　2座，均只残存窑室部分，窑址内发现的遗物主要是大量的绳纹灰陶板瓦的残片，几乎不见其他遗物。

Y1　位于T0707的东北角，延伸入T0707的东隔梁和T0807的东南角，方向为近南北向，开口于第3层下，打破第4层。Y1只存在窑室部分，平面呈长方形，南北长230、东西宽40～50厘米，直壁、平底，窑深60厘米。Y1的堆积有三层。

第1层：为水锈土，黑色。厚约10厘米。土质较坚硬，无遗物。

第2层：为黄褐土。厚约35厘米。土质较软，在此层出土大量的瓦片和少量的陶片。瓦片有板瓦和筒瓦两种，瓦多为夹砂灰陶；其次为夹砂红褐陶，板瓦正面均饰有绳纹，部分背面饰

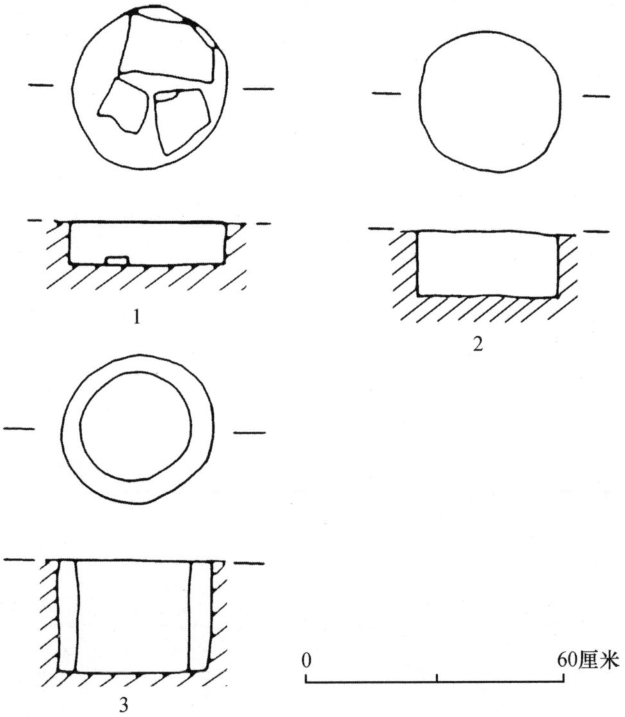

图八　T0911内柱洞

1. D1　2. D2　3. D3

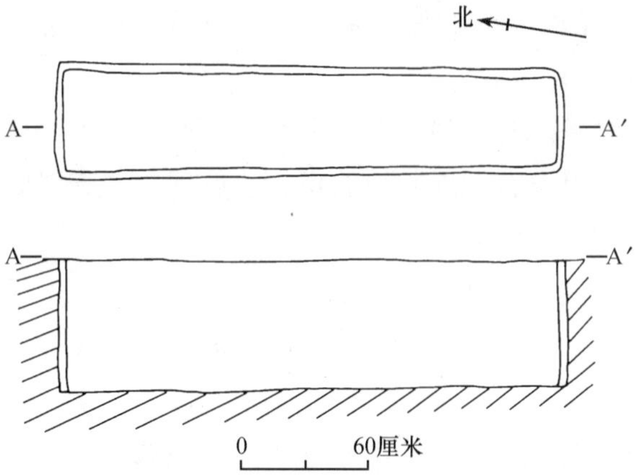

图九　Y1平、剖面图

有布纹，而筒瓦均为素面。陶片有夹细砂灰陶、夹砂红褐陶和夹砂灰褐陶三种，夹细砂灰陶片共出土10片，可辨器形有罐口沿3片、罐底2片，其余为腹片；夹砂红褐陶8片，无器形；夹砂灰褐陶7片，可辨器形有罐口沿。陶片多饰有绳纹，少量素面。

第3层：厚约15厘米。为红烧土层，红烧土下有一层炭灰，该层无遗物出土（图九）。

墓葬　1座，编号为M1。开口于第4层下，打破第5层黄土。为竖穴土坑墓，平面呈长方形，长约256、宽64～70、深约46厘米，直壁平底，根据现存棺钉，推断棺长约230、宽约54厘米。墓向174°。人骨保存较完整，不见左腿的胫骨和腓骨，女性，年龄在60岁左右。为仰身直肢葬（图一○）。

随葬器物有瓷器、银器和铜器。

瓷碗　M1：1，侈口，圆唇，折腹，折痕比较明显、圈足稍外撇。器内底有5个支钉痕，釉面已经全部脱落，器内和器的外半部饰白色的化妆土。胎质比较粗糙，暗红色。器外表的轮制痕迹明显。位于头顶东南角。完整。口径16、底径7.6、高6.4厘米（图一一，1）。

瓷盘　M1：2，位于头顶的西南角，残。直口，圆唇，斜直腹，平底。整个器体有点变形。器内底有一个不明显的凹坑。器外部可见有轮旋的痕迹，底部削的不规整。青瓷釉面半施，内外釉面均不及底。胎质较粗，暗红色。口径17.4、底径7、高4.4厘米（图一一，2）。

银簪　M1：3，头部比较粗，顶端残。由顶端向下自然弯曲。簪体较直。簪的另一端为钝尖。素面。银簪上有绿锈，位于盘内斜横至碗里。残长8.6、头粗0.6、体粗0.4厘米（图

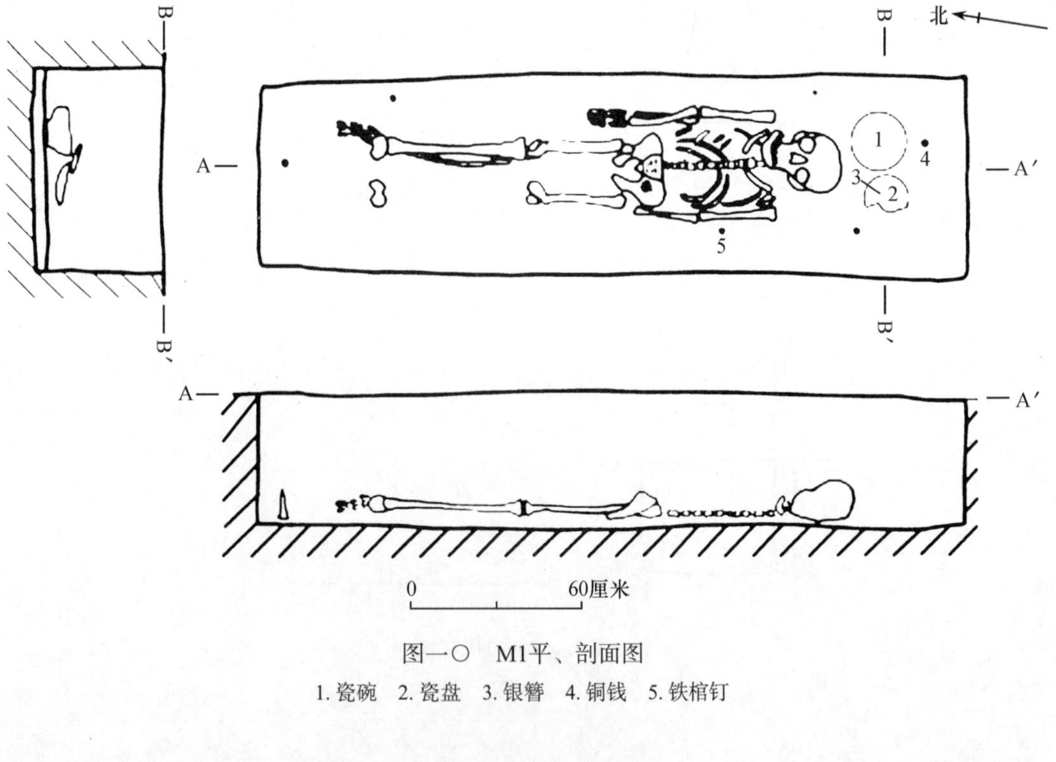

图一○　M1平、剖面图
1. 瓷碗　2. 瓷盘　3. 银簪　4. 铜钱　5. 铁棺钉

一一，3）。

铜钱　M1∶4，为开元通宝，位于骨盆下。

棺钉　M1∶5，铁制。钉帽为椭圆形，钉身为方柱形，截面为长方形，现存15枚。残长8～14厘米（图一一，4）。

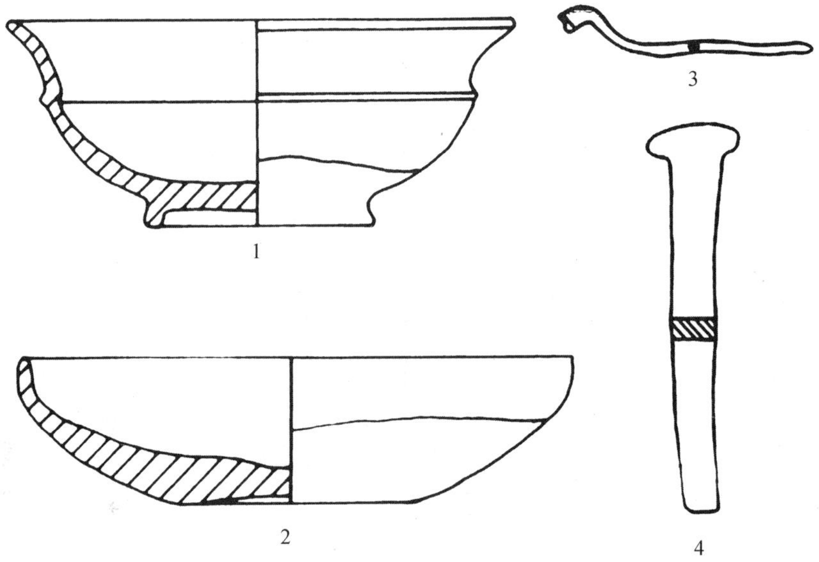

图一一　M1出土器物

1. 瓷碗（M1∶1）　2. 瓷盘（M1∶2）　3. 银簪（M1∶3）　4. 铁棺钉（M1∶5）

三、遗　　物

遗物比较丰富。从发掘的情况来看，这个遗址的文化层被破坏的比较严重。明清时期的文化层基本上不见遗物和遗迹现象。唐代和六朝时期的遗物相互混在一起，共存于黑土层（第4层）中，在各个探方内的分布不均匀。商周时期的文化层在这个遗址中也只分布于台地的边缘。台地中的大部分地区均不见该文化层。所以只能根据遗物自身的特点来描述。

商周时期的遗物以陶器为主。下面分类描述。

陶钵　在遗址中的数量较多，多和花边罐共存。依据器形划分为三型。

A型　T0810⑤∶2，夹细砂红褐陶。手制。残。口微敛，腹微鼓，圜底。素面。口径13、高6.5厘米（图一二，7）。

B型　T0807⑤∶1，夹细砂红褐陶。残。手制。敛口，圆唇，弧腹，圜底。素面。口径11.4、高4厘米（图一二，3）。

C型　H14∶1，夹细砂灰陶。残。手制。敛口，圆唇，弧壁，底向内收。素面。口径19.5、底径14、高4.5厘米（图一二，6）。

陶豆　数量较少。依据圈足的不同划分为二型。

A型　H14∶2，泥质灰陶。残。轮制。口部残缺，斜直腹，平底，下接有喇叭口圈足，较矮，圈足壁底部有折痕。素面。口径16、底径7.4、残高5.4厘米（图一二，8）。

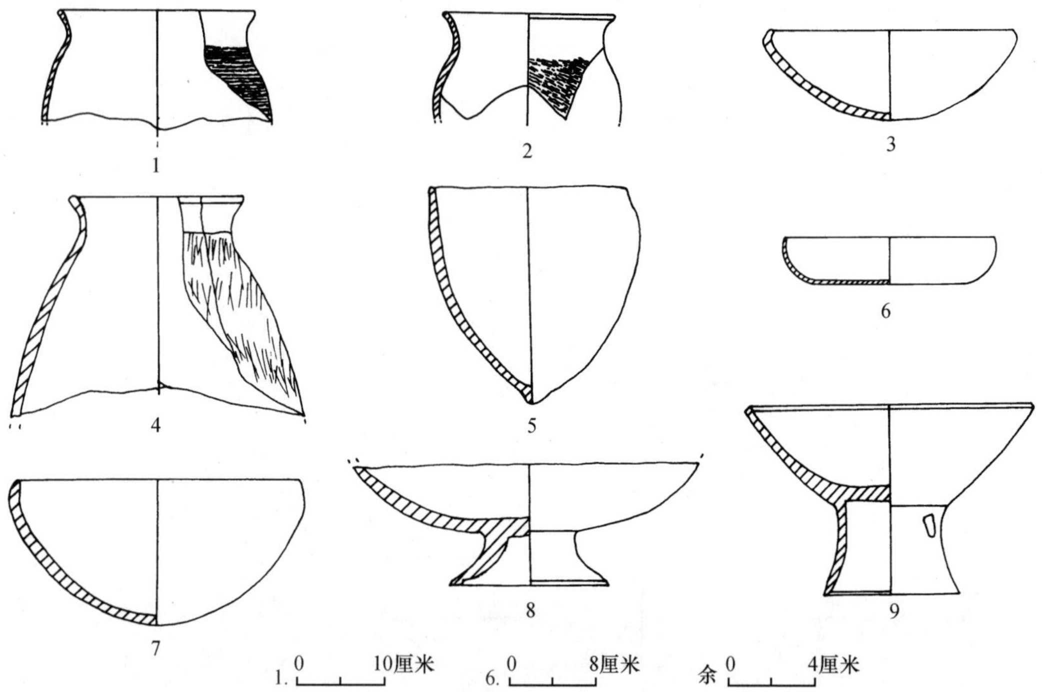

图一二　东周时期陶器

1. B型罐（H14：7）　2. 鬲（H14：8）　3. B型钵（T0807⑤：1）　4. Cb型罐（T0906⑤：1）　5. 尖底杯（T0810⑤：1）　6. C型钵（H14：1）　7. A型钵（T0810⑤：2）　8. A型豆（H14：2）　9. B型豆（H12：1）

B型　H12：1，夹细砂灰陶。残。手制。子母口，尖唇，斜直壁，平底，下接喇叭口矮圈足，圈足壁上有一个镂孔。素面。口径13.4、底径6.4、高8.6厘米（图一二，9）。

陶尖底杯　标本共发现4件，只有一件可以复原。T0810⑤：1，夹细砂灰陶。残。手制。直口，其中有一段口部被向内挤压，圆唇。腹部的上半部为直腹，下半部微鼓，向内渐收最后形成尖底。素面。口径10、高9.8厘米（图一二，5）。

陶盆　只发现1件。T0810⑤：3，夹细砂红褐陶。残。手制。侈口，圆唇，斜直壁。在近底部处有一个孔。底部残缺。素面。口径36.8、残高9.6厘米（图一三，5）。

陶罐　有花边罐和侈口罐两种，其中花边罐，夹砂红褐陶，花边，方唇，侈口。颈部素面，肩部饰有横向或竖向粗绳纹，火候较高。整理过程中不见可复原器。个体较多，器形有大小之分。依据口部的特征划分五型。

A型　可分为二亚型。

Aa型　H12：2，夹砂红褐陶。侈口，方唇，口沿饰成齿状花边。肩部以下饰竖向粗绳纹。口径35、残高13厘米（图一三，8）。

Ab型　T0709⑤：2，夹细砂褐陶。侈口，圆唇。口沿部压印一周窝点，形成近于齿状花边的口沿。颈部向下饰有竖向粗绳纹。口径30厘米（图一三，9）。

B型　H14：7，夹砂红褐陶。侈口，方唇。素面。口径24厘米（图一二，1）。

C型　可分为二亚型。

Ca型　H15：1，夹砂灰陶。侈口，圆唇，鼓腹。肩部以下饰竖向粗绳纹。口径14厘米（图一三，3）。

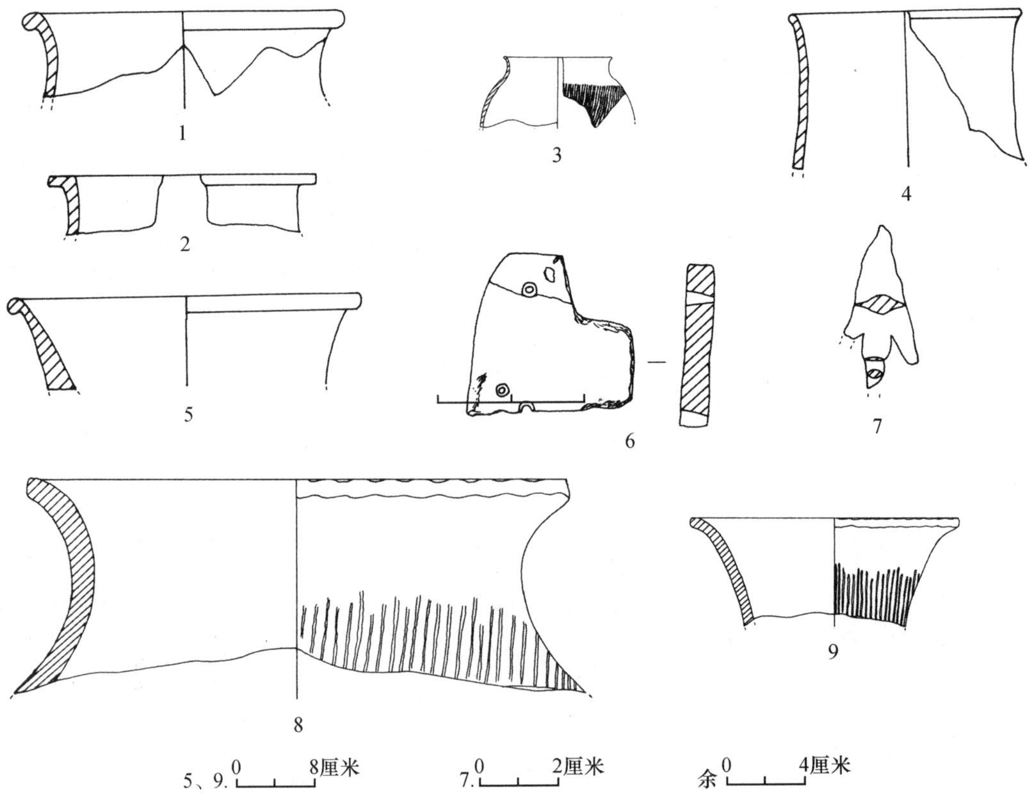

图一三　东周时期遗物

1. D型陶罐（H15：5）　2. E型陶罐（T0910⑤：3）　3. Ca型陶罐（H15：1）　4. 陶壶（T0809⑤：1）　5. 陶盆（T0810⑤：3）　6. 石钺（T1010⑤：1）　7. 铜镞（T1011⑤：1）　8. Aa型陶罐（H12：2）　9. Ab型陶罐（T0709⑤：2）

Cb型　T0906⑤：1，夹细砂红褐陶。侈口，圆唇，腹微鼓。器表的划纹较乱。口径8厘米（图一二，4）。

D型　H15：5，夹细砂灰陶。敞口，卷沿，圆唇。素面。口径16.8厘米（图一三，1）。

E型　T0910⑤：3，泥质灰陶。直口，平沿，方唇。口径14厘米（图一三，2）。

陶鬲　在本次发掘中没有发现鬲足。依据上部的特征辨识出一式。

H14：8，夹细砂黑陶。侈口，圆唇，鼓腹。肩部以下饰斜向粗绳纹。口径16、残高9.6厘米（图一二，2）。

陶壶　只发现1件。T0809⑤：1，夹细砂红褐陶。素面。侈口，圆唇。口径12、残高7.8厘米（图一三，4）。

铜镞　发现1枚。T1011⑤：1，残。青铜。铸制。三角形，两侧有翼，铤为扁圆形，尾端残。素面。残长4.1、厚0.5厘米（图一三，7）。

石钺　T1010⑤：1，残。通体磨制。残存尾部。残存2个从一面钻的钻孔。尾部的两端角部磨成弧形。残长8.5、残高8.2、厚度1.4厘米（图一三，6）。

六朝时期和唐代的遗物多以青瓷为主，共存于黑土层（第4层）中。其中唐代的遗物比较少。少见石器和骨器。该层中出土有较多的绳纹瓦，多数是比较碎小的残块，没有发现和这些遗物相对应的房址。

六朝时期的遗物较多，主要器形有碗、罐、钵、盘、器盖、瓶、瓦等。

瓷碗　此阶段瓷器中该种器类最多。依据器形划分七型。

A型　T0709④：1，青瓷。轮制。直口，圆唇，腹微鼓，平底。口部下有一道弦纹 。制作不规整，内壁的底部有一周支钉痕，残留有11个支钉痕。其下接底，后接的痕迹明显。青瓷釉面全部脱落，可见有化妆土的痕迹。其下为灰色胎质。器的外部可见有轮制的痕迹。口径17.2、底径10、高6.4厘米（图一四，1）。

B型　T0911④：1，青瓷。残。轮制。直口，圆唇，鼓腹，小饼形底。青瓷釉面保存较好。内外满釉。素面。口径8.4、底径4.2、高3.6厘米（图一四，2）。

C型　H1：1，青瓷。轮制。口沿处稍有破损，尖圆唇，敛口，弧壁内收，平底。口沿外侧有一周不明显的凹槽，腹部饰有一周凹弦纹。釉已脱胎。口径8.5、底径5.3、高4厘米（图一四，3）。

D型　H1：8，青瓷。轮制。圆唇，敞口，弧壁。口沿外侧有一周凹弦纹，器身饰有莲花。内外均施豆青釉，釉面均匀。口径15.2、残高9厘米（图一四，4）。

E型　T1011④：2，青瓷。轮制。残。直口，圆唇，斜直腹，平底。素面，内外釉面均只挂一半。其余的地方露胎，胎质比较细腻，灰白色。口径16、底径8、高5.2厘米（图一四，5）。

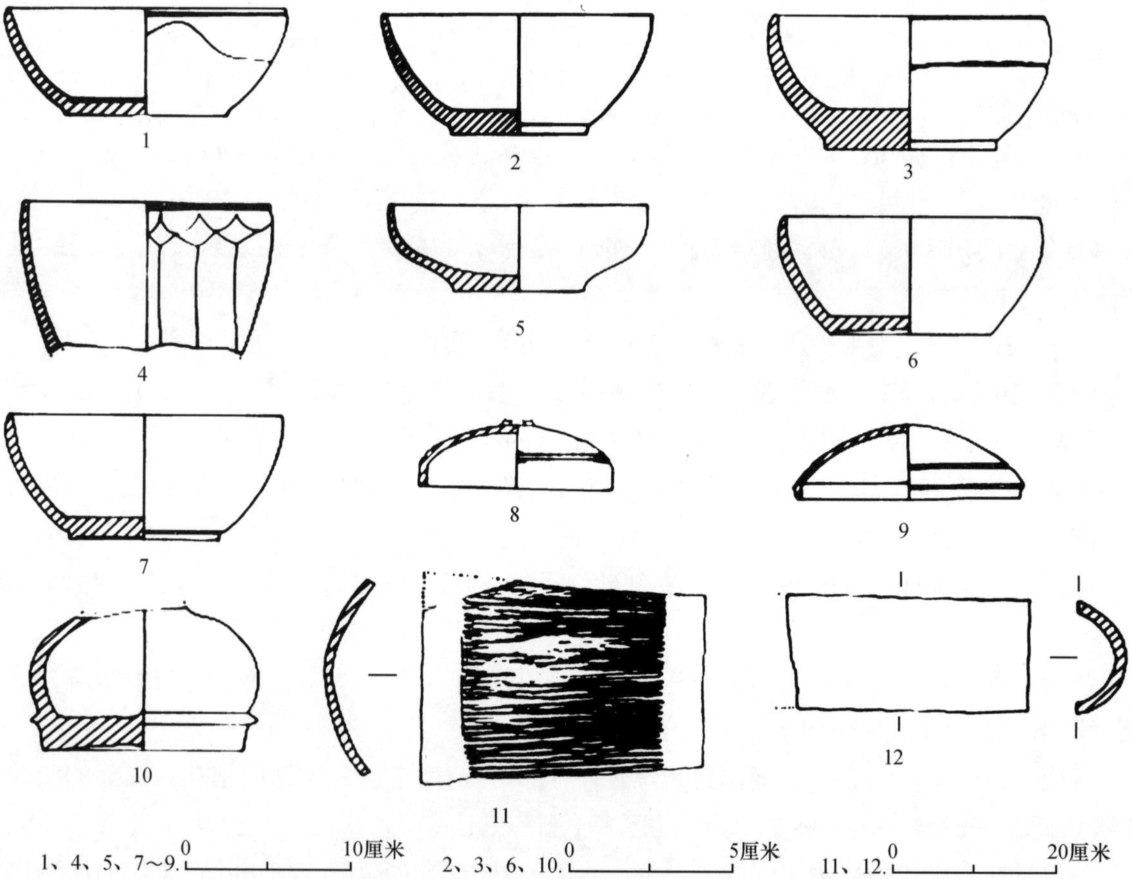

图一四　六朝时期遗物

1. A型瓷碗（T0709④：1）　2. B型瓷碗（T0911④：1）　3. C型瓷碗（H1：1）　4. D型瓷碗（H1：8）　5. E型瓷碗（T1011④：2）　6. F型瓷碗（T0808③：1）　7. G型瓷碗（T0809③：1）　8. A型瓷器盖（T0709④：2）　9. B型瓷器盖（T0809③：2）　10. 瓷瓶（T0704③：1）　11. 陶板瓦（T0704③：3）　12. 陶筒瓦（T0704③：4）

F型　T0808③：1，青瓷。轮制。残。直口，圆唇，鼓腹，平底。青瓷釉面保存较好，器内底有3个支钉痕。平底有点内凹。器内满釉，器外半釉，白色化妆土也是器内满施，器外半施。口径8、底径5、高3.5厘米（图一四，6）。

G型　T0809③：1，青瓷。轮制。残。直口，尖圆唇，斜直腹，平底。底部靠近外部有一周凹弦纹。器内底有一周支钉痕，残存6个。青瓷釉面保存不好，平底有点内凹。器内满釉，器外半釉，白色化妆土也是器内满施，器外半施。胎质为灰色。口径17.4、底径9.2、高7.4厘米（图一四，7）。

瓷罐　根据口沿区分有七型。

A型　T0810④：28，青瓷。轮制。直口，圆唇，鼓腹。口沿外周有一个外附盘。盘下有两个对称的系耳。口部、器内无釉。胎为暗灰色。素面。口径8、残高4厘米（图一五，4）。

B型　T0810④：21，青瓷。轮制。敛口，圆唇，平沿，短颈，鼓腹。釉面脱落。胎为灰色。口径14、残高4.4厘米（图一五，2）。

C型　T0810④：23，青瓷。轮制。直口，方唇，鼓腹。肩部有两个对称的系耳。器内无釉，外部的釉面有脱落。素面。口径18、高8.6厘米（图一五，1）。

D型　H1：9，青瓷。轮制。方唇，直口，广肩。口沿外侧有一周凹弦纹，在肩部饰三周凹弦纹，残存部分肩部贴塑一系，横置。外壁施豆青釉，釉面均匀。口径14、高4厘米（图一五，5）。

E型　T1011④：11，瓷器。轮制。微侈口，圆唇，平沿，短颈，鼓腹。肩部有两个对称的桥耳。表面无釉。胎质不纯净，红褐色。口径26、残高21厘米（图一五，3）。

F型　T1011④：5，瓷器。轮制。敛口，方唇，平沿，短颈，鼓腹。表面无釉。胎质不纯净，红褐色。口径16、残高4厘米（图一五，6）。

G型　T1011④：10，瓷器。轮制。口微敛，外叠圆唇，直腹。器表无釉。胎质较粗，暗红色。口径18、残高7厘米（图一五，14）。

陶罐　有七型。

A型　T0704③：1，夹细砂灰陶。轮制。口微侈，外叠圆唇，鼓腹。近底部有一道弦纹。口径38.4 、残高48厘米（图一五，7）。

B型　T0809③：1，泥质灰陶。轮制。口微侈，卷沿，圆唇，溜肩。肩部有一道弦纹。口径20厘米（图一五，10）。

C型　T0810④：3，夹细砂灰陶。轮制。敛口，方唇，唇外周有一道凸弦纹，平沿，直腹。口沿上有三个圆圈一组组成的纹饰，腹部上有一周附加堆复合凸弦纹。口径40、残高13.4厘米（图一五，13）。

D型　T1011④：1，夹细砂黑陶。轮制。直口，圆唇，鼓腹。颈部有四周凹弦纹。口径12、残高4厘米（图一五，9）。

E型　T0809③：11，夹细砂灰陶。轮制。直口，方唇，鼓腹。口沿外凸，肩部饰有布纹。口径30.8厘米（图一五，8）。

F型　T1011④：2，夹细砂黑陶。轮制。敛口，方唇，鼓腹。颈部有两周凹弦纹。口径18、残高4厘米（图一五，11）。

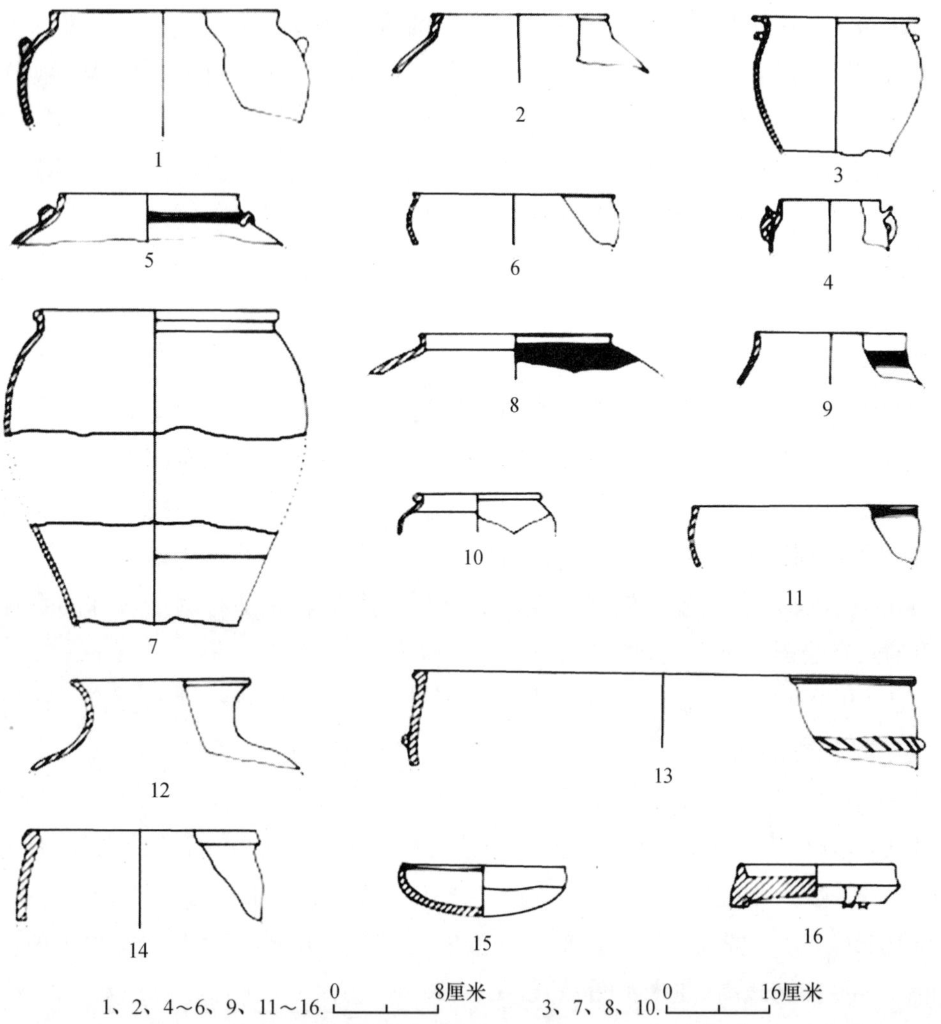

图一五　六朝时期遗物

1. C型瓷罐（T0810④：23）　2. B型瓷罐（T0810④：21）　3. E型瓷罐（T1011④：11）　4. A型瓷罐（T0810④：28）　5. D型瓷罐（H1：9）　6. F型瓷罐（T1011④：5）　7. A型陶罐（T0704③：1）　8. E型陶罐（T0809③：11）　9. D型陶罐（T1011④：1）　10. B型陶罐（T0809③：1）　11. F型陶罐（T1011④：2）　12. G型陶罐（T0708③：6）　13. C型陶罐（T0810④：3）　14. G型瓷罐（T1011④：10）　15. 瓷钵（T0704④：1）　16. 瓷盘（T0709④：4）

G型　T0708③：6，夹细砂灰陶。轮制。侈口，圆唇，短颈，鼓腹。素面。口径14、残高7厘米（图一五，12）。

瓷钵　只发现1件。T0704④：1，青瓷。轮制。直口，圆唇，弧壁，小平底。釉面脱落，饰有白色化妆土，其内满施，其外半施。口径13、底径2.4、高4厘米（图一五，15）。

瓷盘　只发现1件。T0709④：4，瓷器。残。轮制。直口，圆唇，盘的下半部外折之后内收，盘内底较平，外底内凹。盘底可见有三足，因为缺损，不可知形状。釉面全部脱落。胎质细腻，为灰白色。口径12.6、残高3厘米（图一五，16）。

瓷器盖　可分为二型。

A型　T0709④：2，青瓷。轮制。直口，盖体部分微鼓。顶端有纽，已毁，不可辨。釉一部分已经剥落。露出灰色胎体。盖顶部围绕着纽有一道弦纹，在盖体的下部有3道凹弦纹。口径12、残高4厘米（图一四，8）。

B型　T0809③：2，青瓷。轮制。残。子母口，鼓腹。顶端残。釉面全部脱落，可见有白色的化妆土。素面，可见有轮制的痕迹。口径14、高4.4厘米（图一四，9）。

瓷瓶　发现1件。T0704③：1，青瓷。轮制。残。口部残缺，鼓腹，平底略内凹。底部有一道凸棱。釉面脱落，露出里面的白色化妆土。胎质较粗，暗灰色。底径6.2、残高4.2厘米（图一四，10）。

陶瓦　数量很多，多数破碎很严重，分为板瓦和筒瓦两种。

板瓦　T0704③：3，泥质灰陶。一头宽，一头窄，不规整。瓦的背面中部有绳纹，内面素面。火候不高。长34.2、最宽24.8、厚0.8厘米（图一四，11）。

筒瓦　T0704③：4，泥质灰陶。残。素面。火候较高。残长30、宽13.6、厚1.1厘米（图一四，12）。

唐代遗物除了M1和G2的以外还有以下器物。

瓷碗　可分为三型。

A型　T0605③：1，青瓷。轮制。口外撇，尖唇，鼓腹，圈足。足底部可见有旋切的痕迹。青釉脱落，可见有红色的陶胎，内底可见有5个支钉痕 。器内满施化妆土，外部只施一半。圈足上有一周凹痕。口径16.2、底径7.6、高5.8厘米（图一六，1）。

B型　T0709④：5，青瓷。轮制。直口，方唇，斜直腹，饼形底内挖，外周削。器的内壁和外壁均见有鼓出来的圆泡，应该是烧制过程中出现的纰漏。青瓷釉面脱落比较严重，釉为比较暗的颜色。胎质较粗，褐色。口径18.4、底径5、高7.4厘米（图一六，2）。

C型　T0810③：1，青瓷。轮制。撇口，圆唇，斜直腹，底内收，圈足。釉面全部脱落，器内满釉，器外半釉。白色的化妆土的施法和挂釉一样。胎质较粗，暗红色。口径17.5、底径5.1、高7厘米（图一六，3）。

明清时期的文化层破坏比较严重，在目前发掘区内只见有部分残留的遗物。主要是泥质灰陶瓦片、青花瓷片、六朝时期的菱形花纹砖等遗物，不见可以复原器物。

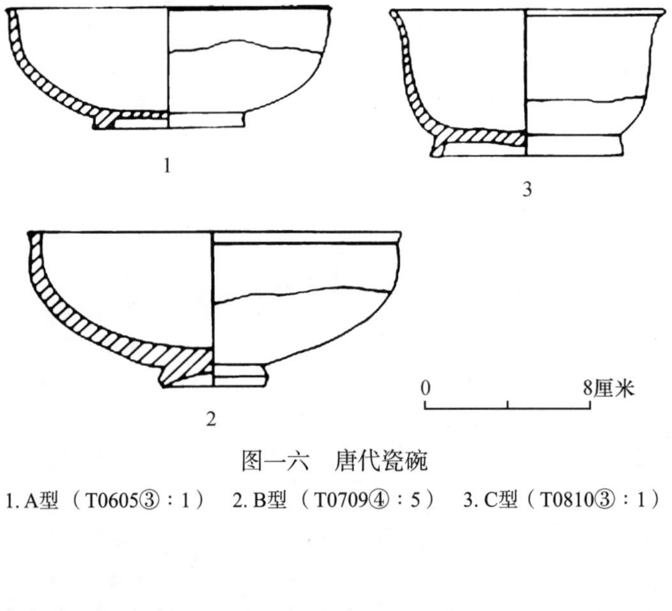

图一六　唐代瓷碗

1. A型（T0605③：1）　2. B型（T0709④：5）　3. C型（T0810③：1）

四、结　语

里牌溪遗址包含的文化从商周时期开始，历经六朝时期、唐宋时期一直到明清，延续时间比较长，遗址的分布面积也比较大。

总体来说，遗址的堆积呈现南北狭长，向西渐薄，向东（靠近江岸）的一侧渐厚。遗物的数量较多，以陶器和瓷器为主，基本上不见其他质类的器物。遗迹现象比较少见，以灰坑为主。

商周时期遗存是该遗址最早的文化遗存，从发掘的情况来看多分布于台地边缘地带，在整个遗址中的分布不均匀，保存也不太好，除了几个柱洞、灰坑以外没有发现其他的遗迹现象，遗物除了少数的小型器物，很少可以复原。从发掘的标本来看，在该遗址中以陶器为主要遗物，陶器中很少见到泥质陶，绝大部分为夹砂陶，火候不一，所夹砂的粗细也不一致，陶色大部分为红褐陶。器形以花边状口陶器（可能是罐）、尖底杯、豆为主要器物，是长江三峡地区商周遗存中常见的器物组合。由于器物过于残碎，很少复原，无法从更多的方面进行比较，所以只能是从器类与云阳李家坝①、巫山双堰塘②等遗址出土的同类器物比较，有相似之处，应归为同时期的一类遗存。

叠压在商周地层上的是六朝和唐宋时期的文化层，分布面积比商周时期的范围要大，总体来说，也是沿着台地的边缘分布。六朝时期和唐宋时期的文化遗存共存于一地层中，这种情况可能是地层被扰乱和破坏所致。唐代的遗物相对较少，遗迹主要是墓葬（M1）和灰沟（G2）。这两个单位出土的遗物代表了这个遗址中的唐代器物。六朝时期的遗迹主要是灰坑和窑（Y1、Y2），陶窑主要是以烧制瓦为主，由于只残存窑室（窑床），无法辨识其整体面貌。窑内的遗物主要是板瓦和筒瓦的残片，数量很大。在地层和灰坑中出土的六朝时期的瓷片和陶片数量很多，小件器物可以复原，大件器物很少复原。所出的瓷碗和丰都汇南墓群③出土的瓷器大体类似，胎质多为灰白色，釉面脱落严重，火候较高。应为两晋至南朝时期的遗物。陶片多为泥质黑陶，以罐类为主，多为素面，火候较低，很难复原。

该遗址在明清时期的文化层面积覆盖较大，遗物稀少，遗迹几乎不见，破坏最为严重。

附记：此次发掘的领队是李新全副所长，在辽宁省文物考古研究所领导的大力支持下，重庆市三峡办和万州区文物管理所及当地政府的多方面配合，我们得以顺利完成工作，在此表示衷心感谢。参加发掘和整理的人员有辽宁省文物考古研究所李维宇、白宝玉、万雄飞、付兴盛，配合发掘的有万州区天城文管所别廷芬。绘图者为邓茂、王晓磊、顾英武，摄影者为李维宇、白宝玉，黑白照片洗印由辽宁省文物考古研究所穆启文完成。

执笔：李维宇　白宝玉

① 四川联合大学历史系考古专业：《云阳李家坝遗址发掘报告》，《重庆库区考古报告集·1997卷》，科学出版社，2001年。

② 中国社会科学院考古研究所长江三峡工作队：《巫山双堰塘遗址发掘报告》，《重庆库区考古报告集·1997卷》，科学出版社，2001年。

③ 四川省文物考古研究所：《丰都汇南墓群发掘简报》，《重庆库区考古报告集·1997卷》，科学出版社，2001年。

万州嘴嘴墓群2003年度发掘简报

重庆市文化遗产研究院
开封市文物工作队
万州区文物管理所

嘴嘴墓群位于重庆市万州区新乡镇寨子村，北面长江，隔江与对岸武陵镇相望（图一），新乡镇行政区划原隶属武陵，后独立建镇。武陵镇紧邻长江，历史比较悠久，附近古文化遗址、古墓群分布较多，布遍长江两岸。嘴嘴墓群就是江南岸向北伸出的一块一级山前台地。海拔185米左右。一般情况这种平坦的台地是古墓葬较为集中的地方。台地被流水沟分隔成块状，像半岛形伸向长江。台地由于村民种植农作物被修整成阶梯状，梯面上主要是村民种植的蔬菜、甘蔗、柑橘等作物。2000年，复旦大学文博专业为配合学生田野考古实习曾在此进行过一次发掘，清理砖室墓1座。2001～2002年荆州博物馆考古队在该处进行过两次发掘，清理砖室墓、土坑墓10余座。2003年3月，开封市文物工作队受重庆市三峡办委托，再次对该区域进行勘探、发掘，勘探面积10 000平方米，发现不同时期古墓葬8座，现将各座墓发掘情况简报如下。

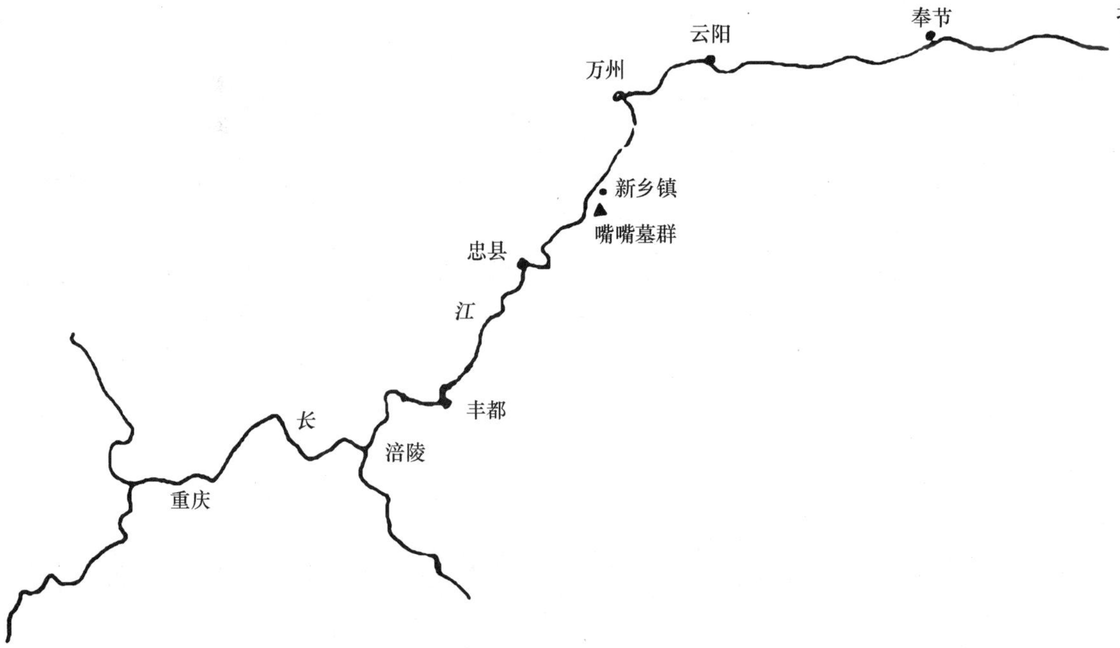

图一　嘴嘴墓群位置示意图

一、土 坑 墓

土坑竖穴墓共发掘清理6座，均为长方形竖穴土坑墓。

（一）M1

1. 墓葬形制

长方形竖穴土坑墓，墓口长2.8、宽1.8米，距地表深0.5米，墓深1.6米，墓壁规整垂直，墓内填土松软，墓向64°。墓内底部发现有铁钉和木灰痕迹，推测有木棺，从木棺灰痕范围测量棺长2.05、宽0.8米，棺内有骨架一具，已腐朽成黄色粉末状，依据骨痕判断葬式为仰身直肢，在棺内一端，即墓主人头部方向，有一头箱，长0.8、宽0.5米，用于放置随葬器物（图二）。

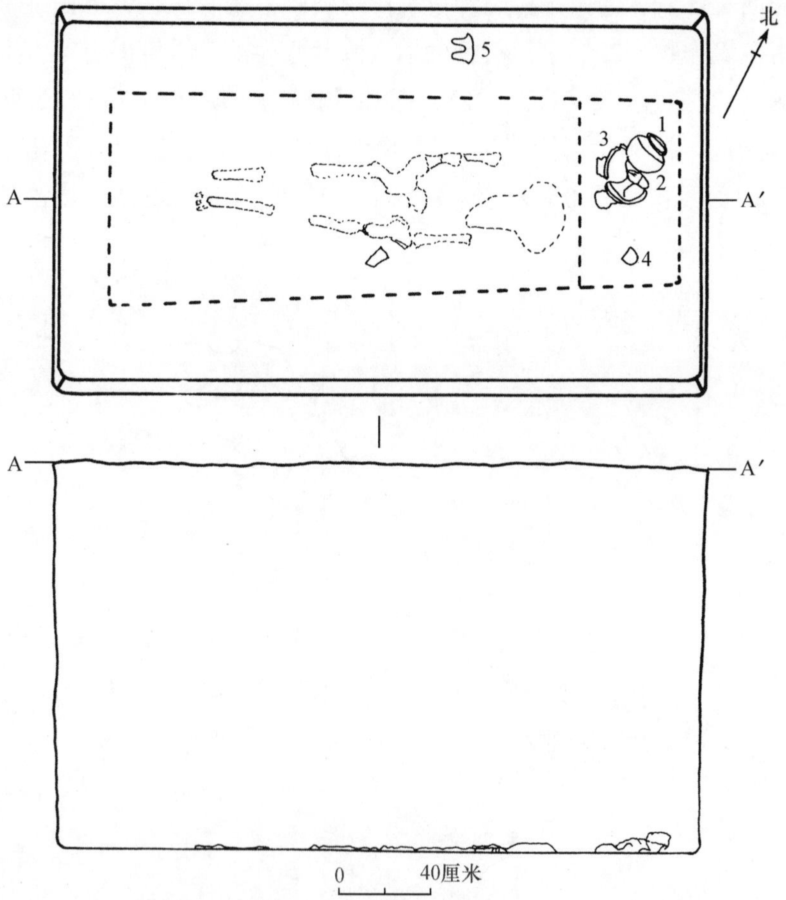

图二　M1平、剖面图

1. 陶罐　2. 陶豆　3. 陶釜　4. 铁锸　5. 铁锛

2. 随葬品

M1出土随葬器物共5件，陶器3件、铁器2件。

陶罐　1件。M1：1，泥质灰陶。尖唇，侈口，束颈，鼓腹，平底。口径12.4、腹径17.2、高10.6厘米（图三，1）。

陶豆　1件。M1：2，泥质灰陶。直口，浅盘，细长柄，喇叭形底座。口径13.8、底径9.6、高15厘米（图三，2）。

陶釜　1件。M1：3，夹砂灰陶。腹部饰粗绳纹。卷沿，敛口，短束颈，弧腹，圜底略凹。口径22.4、腹径23.2、高9.6 厘米（图三，3）。

铁锸　1件。M1：4，素面，红褐色。弧形宽刃。弧腰，后端有一凹槽形。长9.5、宽12.5厘米。

铁锛　1件。M1：5，红褐色，平面呈长方形。端部有长方形銎孔。长10、宽5、末端厚2.2厘米。

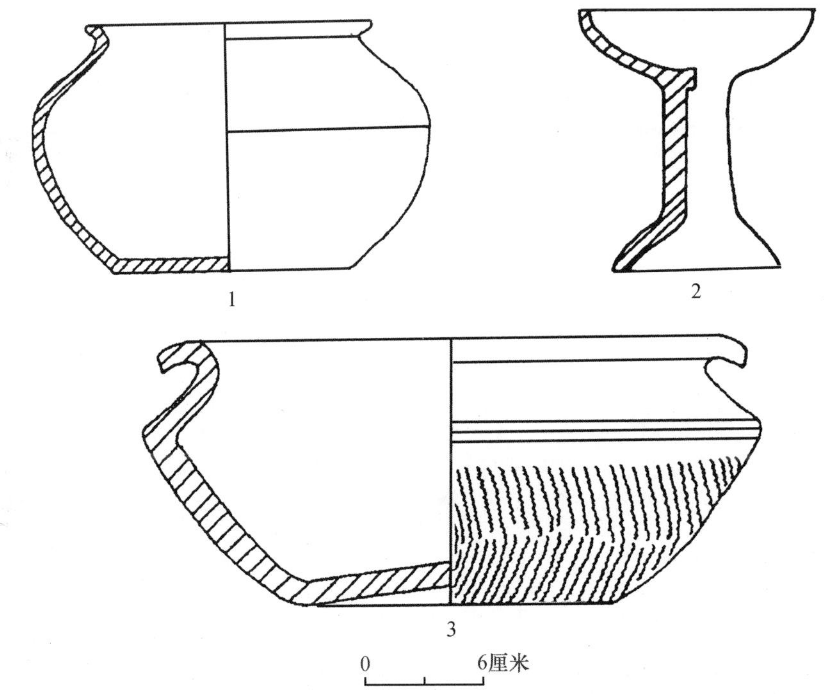

图三　M1出土器物

1. 陶罐（M1：1）　2. 陶豆（M1：2）　3. 陶釜（M1：3）

（二）M2

1. 墓葬形制

M2为长方形土坑竖穴墓，墓口长3.46、宽2米，距地表深0.87米，墓底长3.35、宽1.94米，墓向46°，墓深0.8米，墓壁基本陡直，保存规整，墓内填土为灰褐色花土，有夯打迹象，质地硬。墓内骨架一具，仰身直肢。骨架周围发现有棺灰痕迹，呈长方形，长2.52、宽0.94～1.04米（图四），棺外左侧偏墓主头向部位放置随葬品。

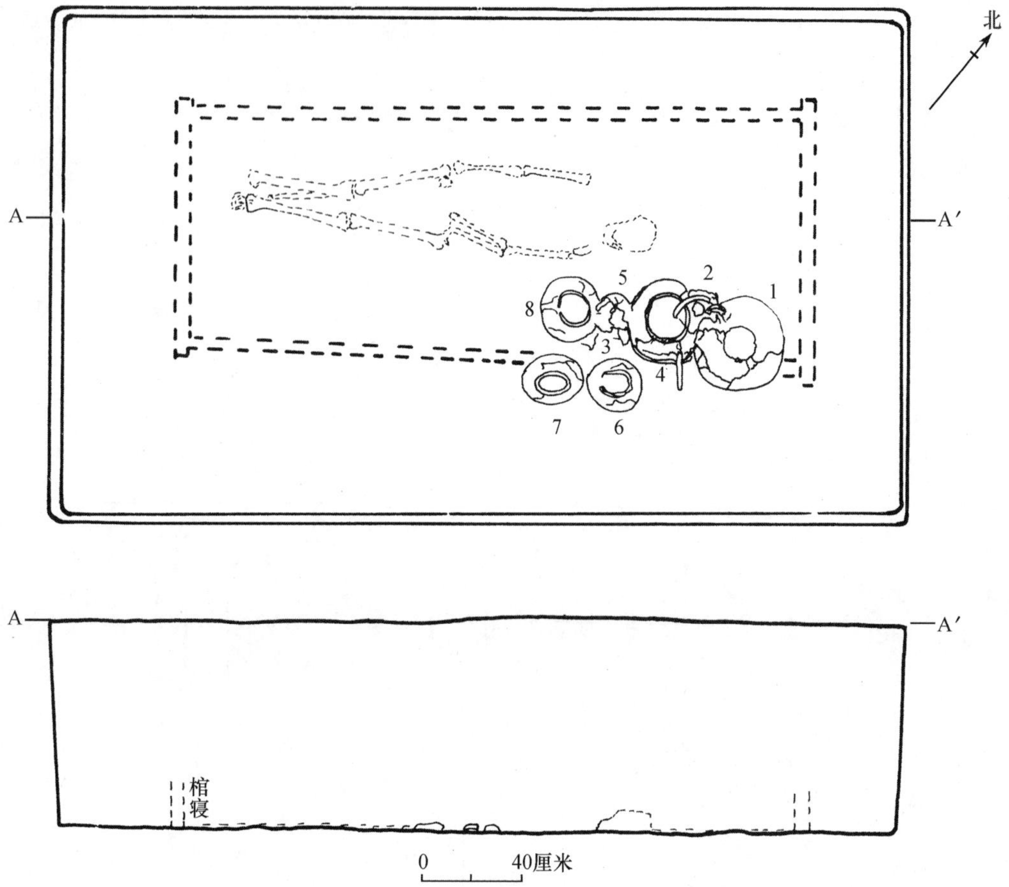

图四　M2平、剖面图

1. 陶坛　2. 陶甑　3. 陶壶　4. 铁支圈　5. 陶釜　6～8. 陶罐

2. 随葬品

M2出土随葬品8件，陶器7件、铁器1件。

陶坛　1件。M2∶1，泥质灰陶。方唇，平折沿，侈口，束颈，溜肩，鼓腹，圜底。肩上饰凹弦纹与绳纹，腹及底部饰绳纹。口径15、腹径35、高30厘米（图五，1）。

陶甑　1件。无法修复。泥质灰陶。方唇，平折沿，敛口，弧腹，小平底约凹且布满镂孔。

陶壶　1件。M2∶3，泥质灰陶。直口，直颈，溜肩，鼓腹，平底，腹上部有对称的方环钮。上腹部饰有凹弦绳纹。口径11.6、腹径20、底径6.4、高20厘米（图五，2）。

铁支圈　1件。M2∶4，圆环形圈，下附三扁平立足。足高11、环径24厘米。

陶釜　1件。M2∶5，无法修复。夹砂，灰褐色。斜方唇，束颈，鼓腹。腹部饰绳纹。

陶罐　3件。根据其肩部造型可分为二式。

Ⅰ式：2件。M2∶6，泥质灰陶。斜方唇平折沿，侈口，束颈，溜肩，弧腹，圜底。肩腹部饰绳纹。口径13.6、腹径20、高15.2厘米（图五，5）。M2∶7，泥质灰陶。方唇，平折沿，侈口，束颈，溜肩，鼓腹，圜底。肩部饰凹弦纹，下腹及底部饰绳纹。口径14.4、腹径21.6、高15.6厘米（图五，4）。

Ⅱ式：1件。M2∶8，泥质灰陶。方唇，平折沿，直口，束颈，折肩，弧腹，圜底。肩部

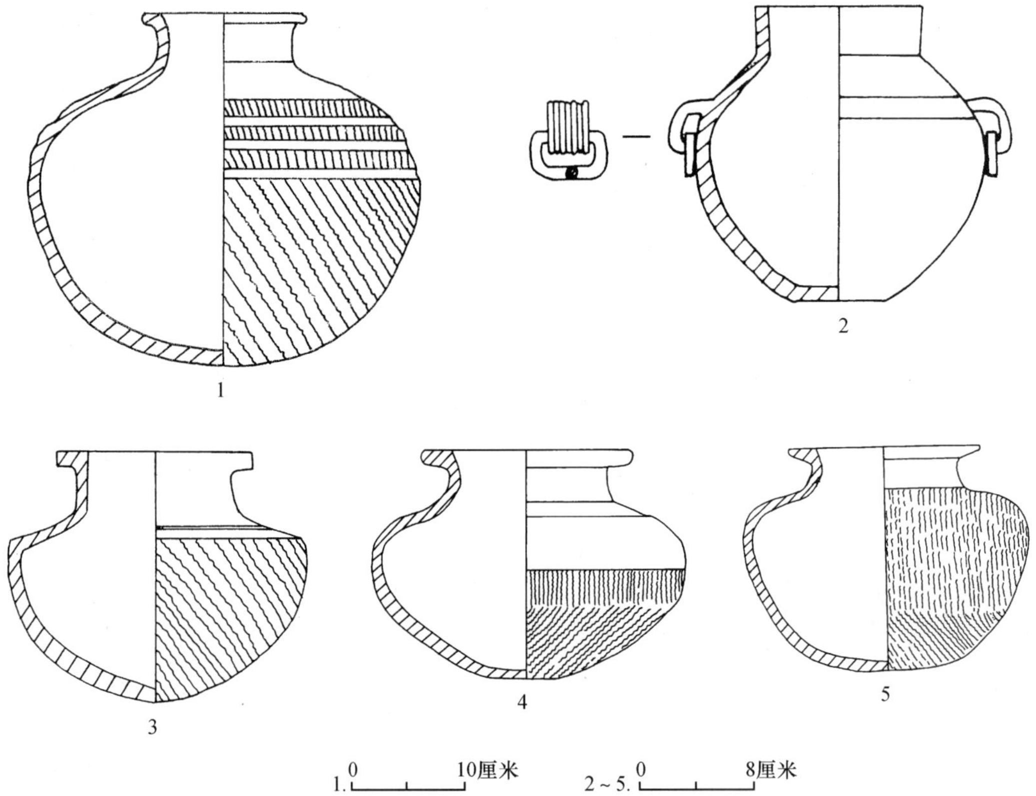

图五 M2出土器物

1. 陶坛（M2∶1） 2. 陶壶（M2∶3） 3～5. 陶罐（M2∶8、M2∶7、M2∶6）

饰凹弦纹，腹部饰绳纹。口径13.6、腹径20.8 、高17.2 厘米（图五，3）。

（三）M3

1. 墓葬形制

长方形竖穴土坑墓，墓口东西长4.2、南北宽2.85米，距地表深0.45米，墓底长3.2、宽1.8米，墓深3.6米，墓向69°。该墓口大底小，墓壁上部坡度较大，下部陡直，墓内填土有夯打迹象，土质坚硬，墓内有骨架一具，腐朽成黄色粉末状，从其轮廓确定葬式为仰身直肢，在骨架周围发现有木灰痕迹，推测应有木棺，由于墓底较潮湿，填土已是泥质，已无法清理出木棺的范围，在墓底东西两端各有一道沟槽，长1.8、宽0.3、深0.1米，槽内底部发现有木灰痕迹，推测可能为放置承托棺木的枕木而用（图六）。

2. 随葬品

该墓随葬品相对丰富，由于墓底潮湿度大，加上陶器烧制温度普遍不高，陶器多已粉碎，铜器类相对保存较好。共清理出土随葬品11件，其中铜器7件、玉器1件、琉璃器1件、铅片1件、陶器1件。

陶壶 1件。M3∶7，泥质灰陶。直口，高领，溜肩，鼓腹，圈足，肩上有对称的环状

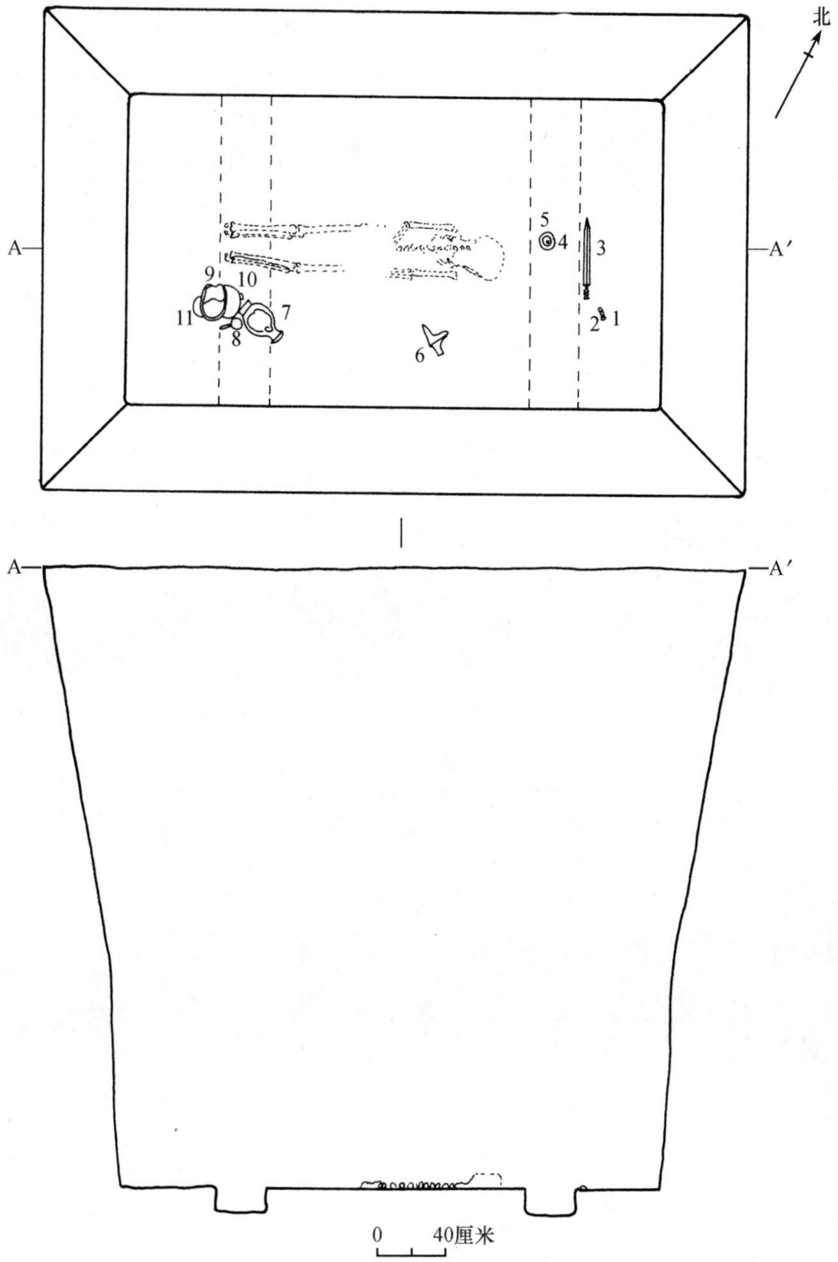

图六　M3平、剖面图

1. 铅片　2. 铜斧　3. 铜剑　4. 琉璃珠　5. 玉璧　6. 铜戈　7. 陶壶　8. 铜勺　9. 铜盆　10. 铜鼎　11. 铜釜

纽，上有子母口盖，弧状盖面，上立四扁纽。腹部饰有数周凹弦纹。口径9.6、腹径18.4、底径10.4、通高30厘米（图七，7）。

铜斧　1件。M3：2，斧身宽，弧腹，端部有长方形銎孔。素面。长7.1、刃宽4.7厘米（图七，8）。

铜剑　1件。M3：3，剑身呈柳叶形，中脊凸出，横剖面呈菱形，方形剑格，圆形柄。素面。通长48、宽6.6厘米（图七，3）。

铜戈　1件。M3：6，中胡四穿，无上阑，内上有二方孔，刃部横剖面呈菱形，内部横剖面呈长方形。素面。通长20、宽11厘米（图七，2）。

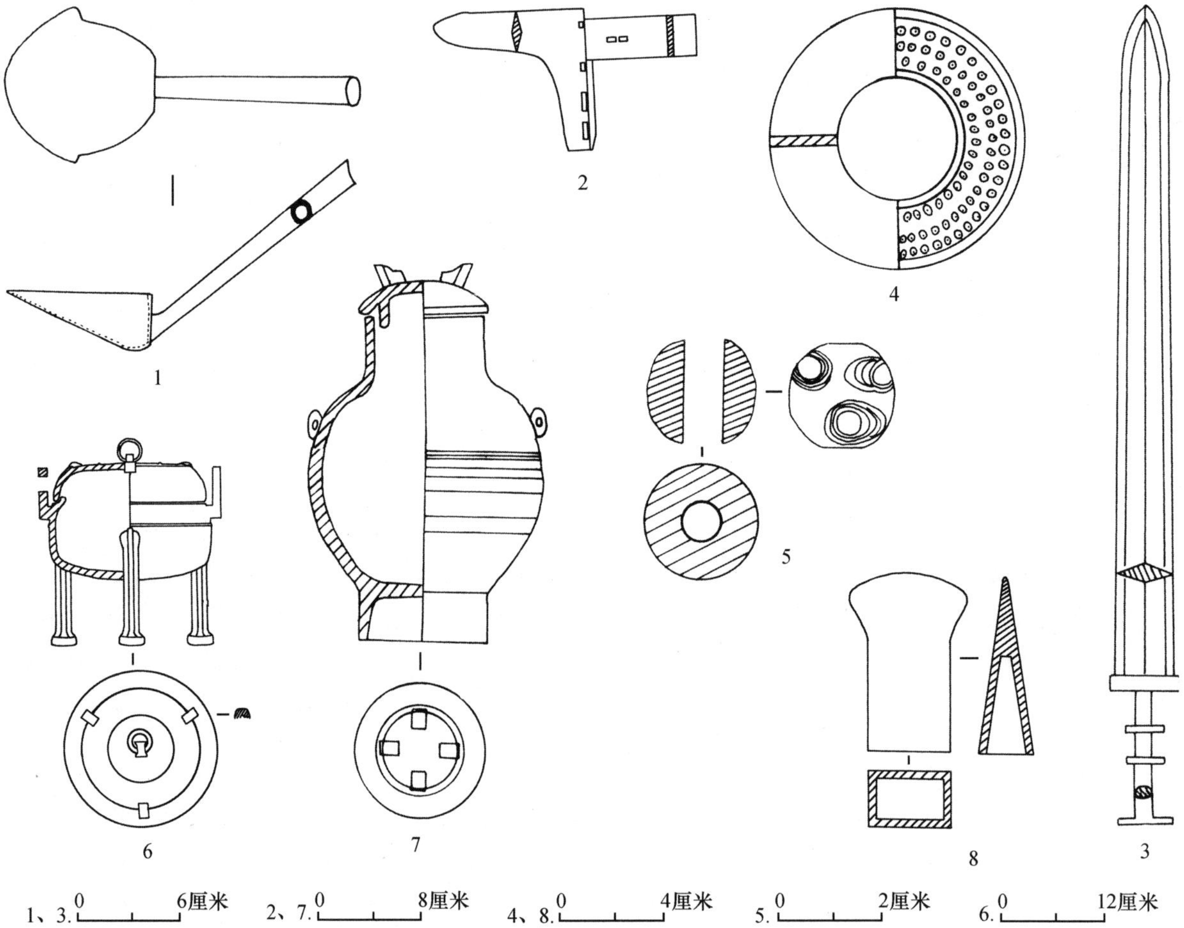

图七　M3出土器物

1. 铜勺（M3：8）　2. 铜戈（M3：6）　3. 铜剑（M3：3）　4. 玉璧（M3：5）　5. 琉璃珠（M3：4）　6. 铜鼎（M3：10）　7. 陶壶（M3：7）　8. 铜斧（M3：2）

铜勺　1件。M3：8，椭圆形勺头，圆形长柄。素面。通长21、宽9厘米（图七，1）。

铜盆　1件。M3：9，无法修复。平折沿，直口，折腹，平底，腹上部有对称双环纽。口径23、高6厘米。

铜鼎　1件。M3：10，鼓形盖，盖顶上二周同心凸弦纹，正中有一纽，纽上有环，外凸弦纹上已均匀分布三个桥形纽，器身为子母口，口沿外侧有两个立耳，腹微鼓，饰凸弦纹，圜底，下对立蹄形足。口径18、腹径19.8、通高24厘米（图七，6）。

铜釜　1件。M3：11，无法修复。敛口，弧腹，圜底。

玉璧　1件。M3：5，青色，圆环形，剖面呈长方形。双面皆饰三周珍珠纹。外径9.8、内径4.7、厚0.4厘米（图七，4）。

琉璃珠　1件。M3：4，琉璃质，深蓝色。鼓形，中有穿孔。径2.1、高2厘米。器身刻有上下二周鱼眼纹（图七，5）。

铅片　1件。白色，刀形，扁平状。长6.2、宽2.5、厚0.2厘米。

（四）M5

1. 墓葬形制

该墓为长方形穴土坑墓，墓向62°，墓口东西长3.35、宽2.7米，距地表深0.5、底长2.9、宽2.07～2.2、墓深3.2米，墓内填土经过夯打，土质较硬。墓底平坦，墓壁规整。

该墓内发现人骨架一具，已腐朽，依据痕迹确定为仰身屈肢，骨架周围发现有木灰痕迹，呈长方形，应为木棺，墓底两端发现有类似M3的两道沟槽，可能用来承接棺木，起防水、防潮作用（图八）。

2. 随葬品

该墓的随葬品放置墓主人左侧棺外。共发现11件，陶器9件、铁器2件，陶器组合为鼎、豆、壶、敦、盆。

陶鼎　2件。形制基本相同。泥质灰陶。子母敛口，鼓腹，两侧有对称的方形立耳，圜底，下附后三蹄六棱足。带盖，盖面底隆，正中有一环纽。盖面有二周凸弦纹。口径20、通高25.4厘米（图九，7、8）。

陶豆　2件。形制基本相同，泥质灰陶。子母敛口，弧腹，圜底，高柄，喇叭形圆足，带盖，盖面低隆。素面。口径12、底径10.2、高21.3厘米（图九，2、3）。

陶壶　2件。形制基本相同，泥质灰陶。侈口，高弧领，溜肩，鼓腹，圈足外撇，肩有对称的假双环纽，带盖，子母口，弧状盖面，上立三扁纽。颈及上腹饰数周凹弦纹。口径9.9、腹径17.1、底径12、通高25.5厘米（图九，1、9）。

陶敦　2件。形制基本相同，泥质灰陶。器盖与器身合成一圆球形，三纽与三足形制大小相同。素面。口径18、通高17.4厘米（图九，4、6）。

陶盆　1件。M5：3，泥质灰陶。圆唇，斜折沿，敛口，斜腹，平底。素面。口径16.6、底径8.8、高4.6厘米（图九，5）。

铁锸　2件。形制基本相同，宽刃呈弧形，弧腰，端部有“U”形槽。依据其尺寸可分为二式。

Ⅰ式：1件。M5：10，长8.5、宽9.5、端部厚2.5厘米。

Ⅱ式：1件。M5：11，长10、宽11.5、端厚3厘米。

（五）M6

1. 墓葬形制

长方形竖穴土坑墓，墓口南北长3.75、宽1.75米，墓向162°，墓距地表深0.85、墓底长3.4、宽1.5、墓深1米，墓壁斜直，自墓口向下0.6米处设有活土二层台，四壁二层台，宽0.26～0.8

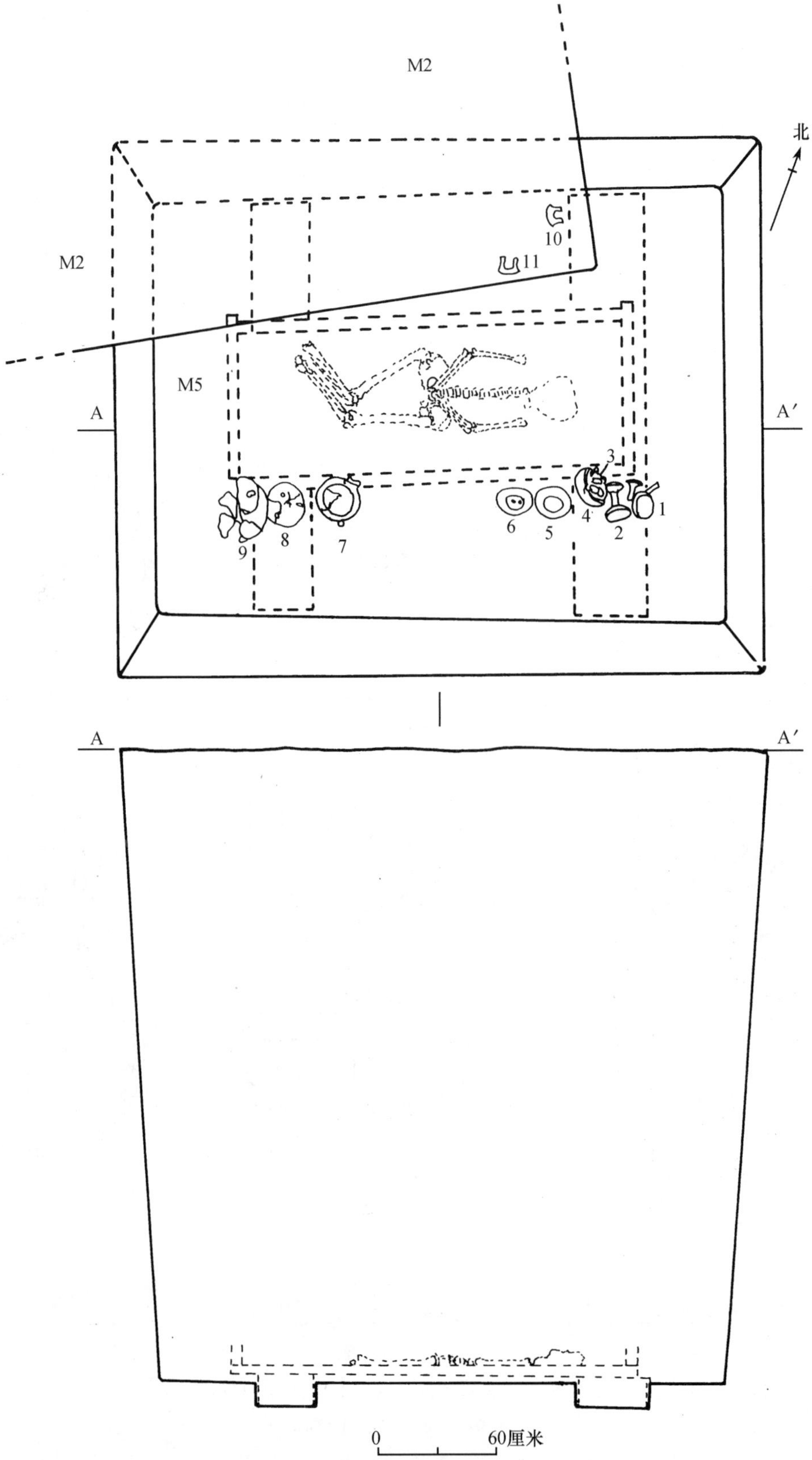

图八　M5平、剖面图

1、2. 陶豆　3. 陶盆　4、7. 陶鼎　5、6. 陶壶　8、9. 陶敦　10、11. 铁锸

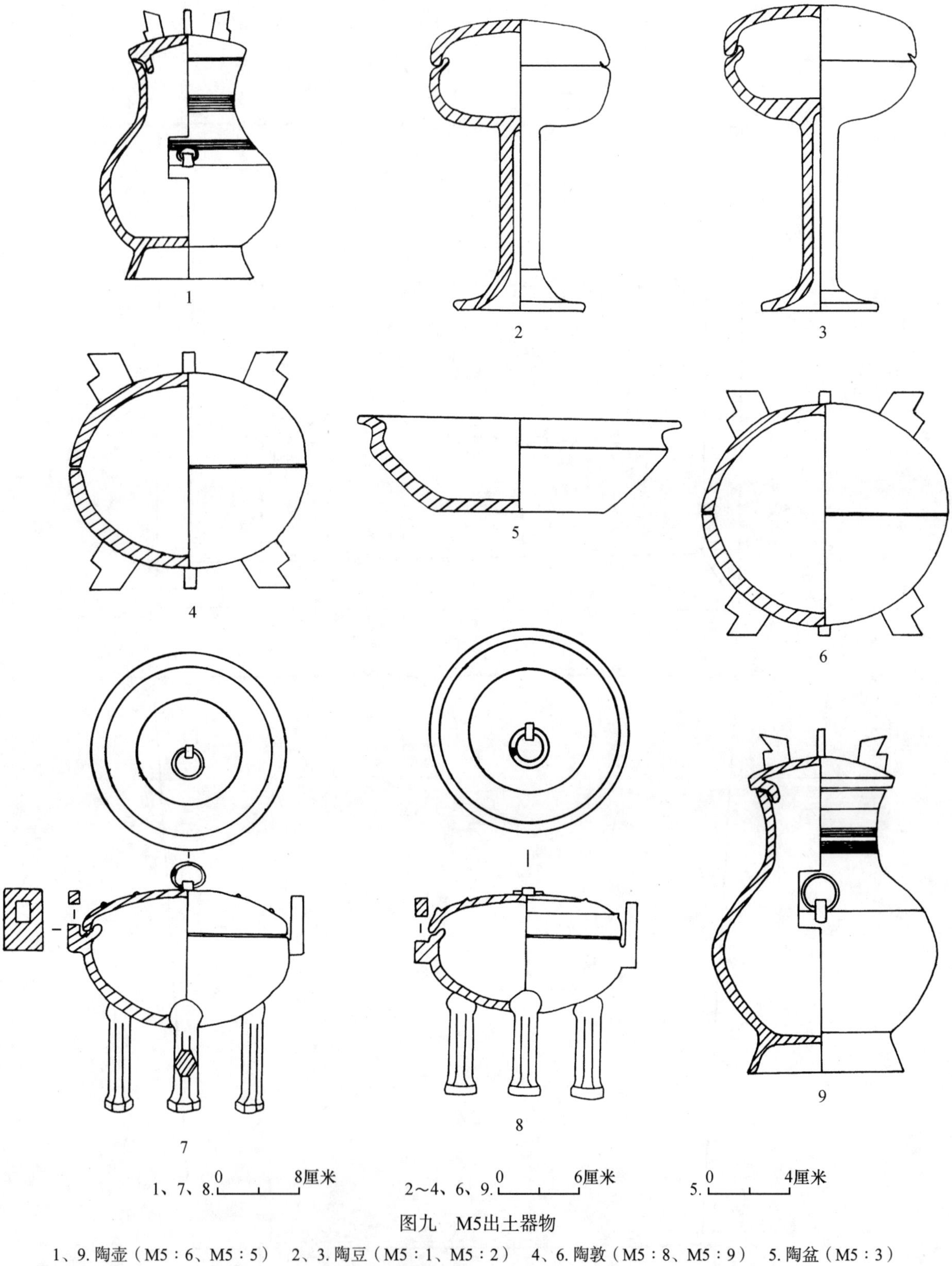

图九　M5出土器物

1、9. 陶壶（M5：6、M5：5）　2、3. 陶豆（M5：1、M5：2）　4、6. 陶敦（M5：8、M5：9）　5. 陶盆（M5：3）　7、8. 陶鼎（M5：7、M5：4）

米，在北壁中部二层台上面设有一壁龛，龛高0.2、宽0.22、深0.24米，龛内没有发现遗物（图一〇）。

M6葬具为单棺，依据墓室内遗留木灰痕迹可知棺室上口长3.15、宽0.98～1.19、棺底长3、宽0.88～1.1、棺室高0.4米，在棺室底部偏北置一木棺，已腐朽成白色和灰褐色灰痕，依据灰痕范围测量木棺长2.12、宽0.6～0.66、残高0.2米。

在棺内发现骨架一具，已腐朽成灰黑色痕迹，其葬式还可以基本确定为仰身直肢。

2. 随葬品

M6出土随葬品共7件，分别摆在棺木之间墓室的西南角和东南角，除几枚铜钱、1件铁斧外，其余均为陶器，因烧制火候较低，多已破碎。

陶甑　1件。M6：1，泥质灰陶。无法修复。方唇，平折沿，敛口，弧腹，小平底内凹有镂孔，腹部饰绳纹。

陶罐　4件。泥质灰陶。圜底内凹。腹部饰细绳纹。依据其口、肩、腹的造型差异可分三式。

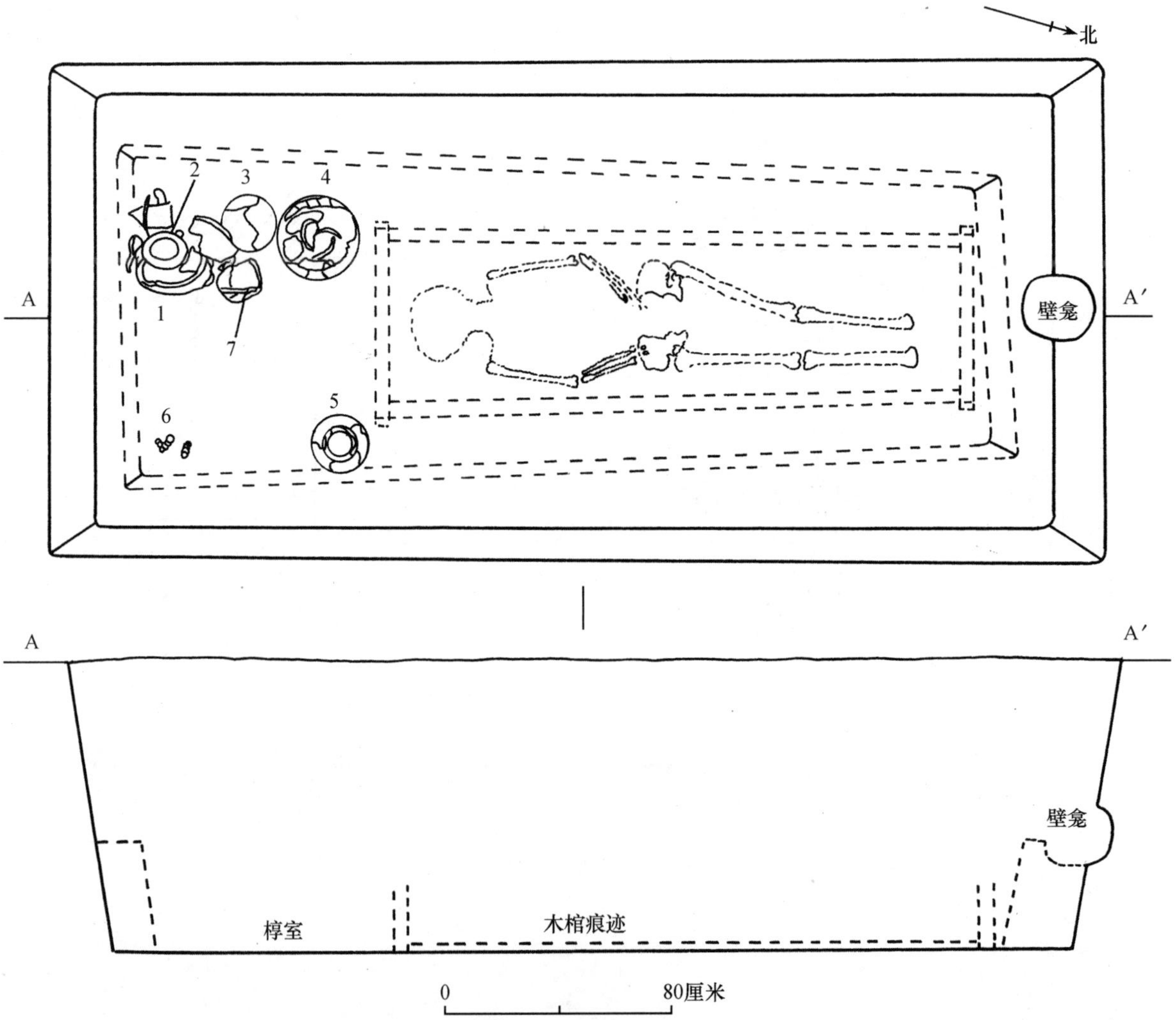

图一〇　M6平、剖面图
1. 陶甑　2. 铁釜　3～5、7. 陶罐　6. 铜钱6枚

Ⅰ式：1件。M6：3，泥质灰陶。方唇，平折沿，口微侈，高领束颈，溜肩，鼓腹，圜底微内凹。肩部饰二道凹弦纹，腹下部饰细绳纹。口径13.5、腹径21.3、高16.5厘米（图一一，4）。

Ⅱ式：2件。平折沿，侈口，束颈，折肩，弧腹，颈及上腹部饰有凹弦纹。M6：7，口径13.8、腹径20.5、高16厘米（图一一，2）。M6：5，口径12.8、腹径21.2、高18.2厘米（图一一，1）。

Ⅲ式：1件。M6：4，方唇，平折沿，口微侈，束颈，鼓腹，圜底。上腹饰凹弦纹。口径16.5、腹径30、高23厘米（图一一，3）。

铁釜　1件。M6：2，敞口，束颈，鼓腹，圜底，腹部有对称双纽。口径15、腹径24、高19厘米，锈蚀严重。

铜钱　6枚。圆形方孔，无内外郭，正面有“半两”字样。直径7.2、穿径0.7～0.9厘米。

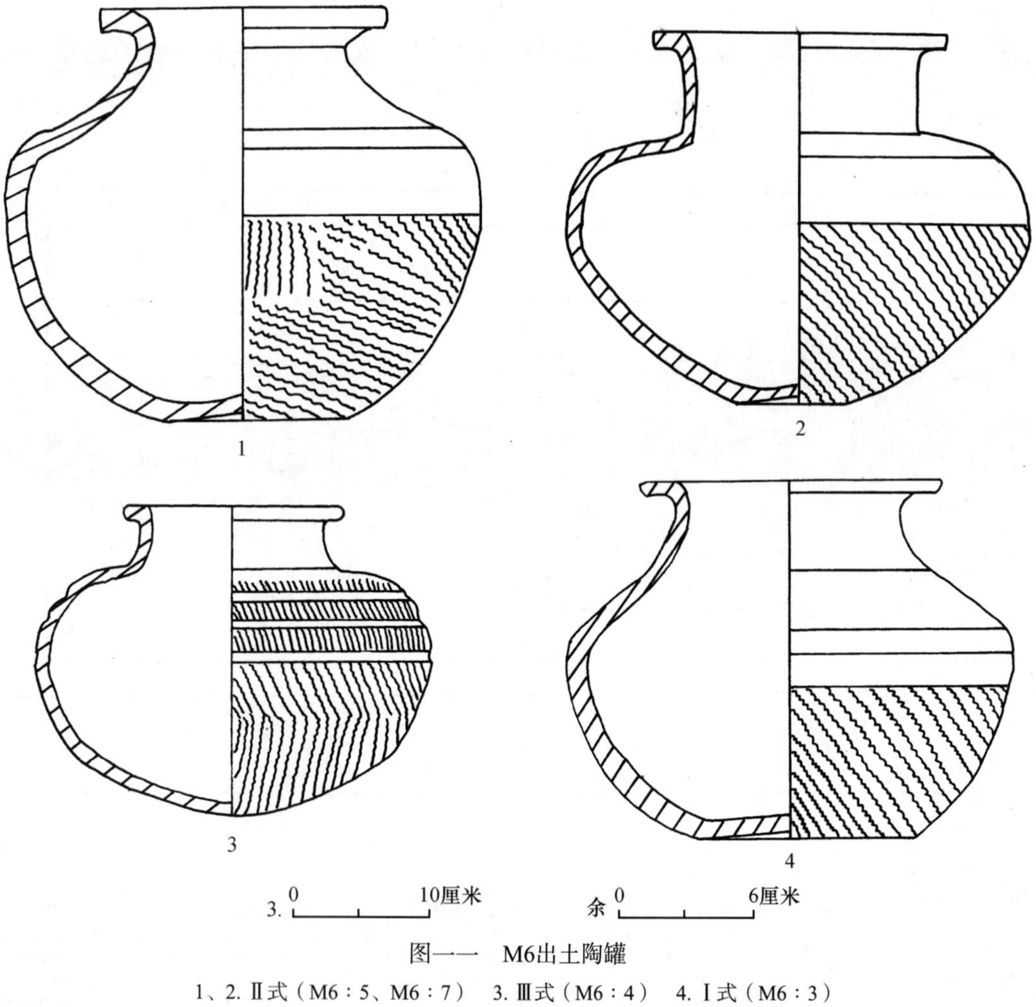

图一一　M6出土陶罐

1、2. Ⅱ式（M6：5、M6：7）　3. Ⅲ式（M6：4）　4. Ⅰ式（M6：3）

（六）M7

1. 墓葬形制

M7为长方形竖穴土坑墓，由于受人为平整土地破坏，现存墓穴深度仅剩0.2米，墓长2.6、宽1.6、距地表深0.85米，墓向63°，墓底平坦，墓内填土为灰褐色五花土，较硬（图一二）。

在墓底发现有长方形木灰痕迹，据此推断，应该有木棺，在木棺痕迹内发现人骨架一具，由于已腐朽成泥土状，葬式难以辨别。

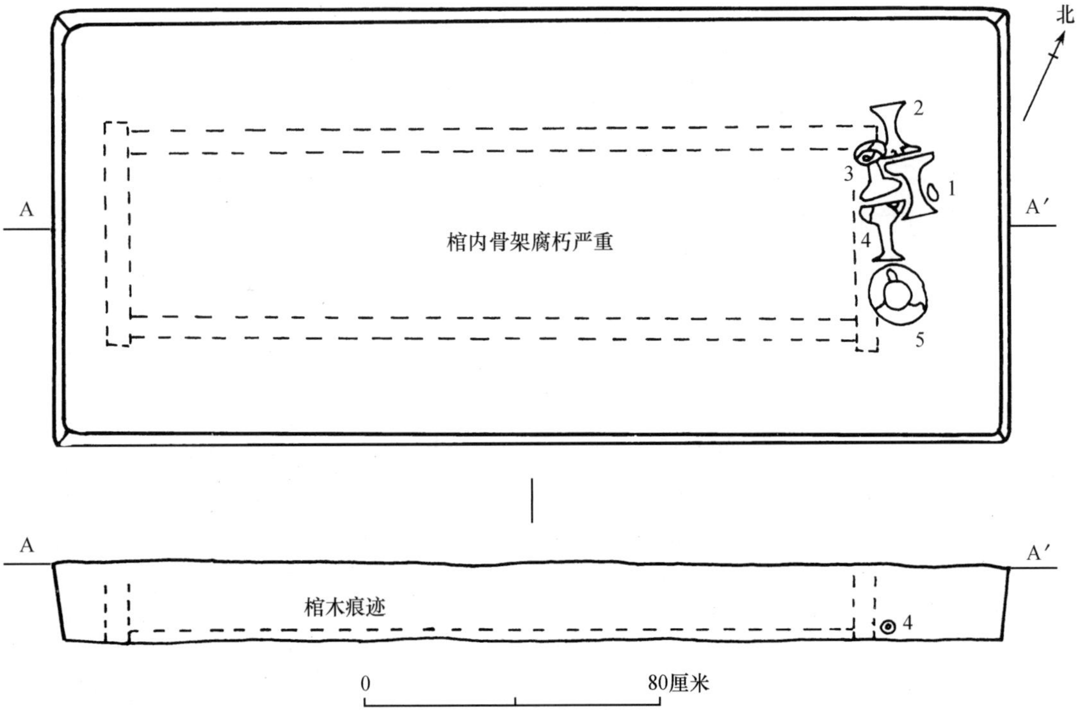

图一二　M7平、剖面图
1～4. 陶豆　5. 陶壶

2. 随葬品

该墓出土随葬品共5件，集中放置于墓主人头部。

陶豆　4件。形制相似，微敛口，弧腹浅盘，高柄，略粗，喇叭形圈足。M7：1～M7：4，口径12.8～14.4、底径4.8～10.4、高14～15.9厘米（图一三，1～4）。

陶壶　1件。M7：5，敞口，束颈，鼓腹下垂，平底，素面。口径9.8、腹径13.6、底径7.2、高13.2厘米（图一三，5）。

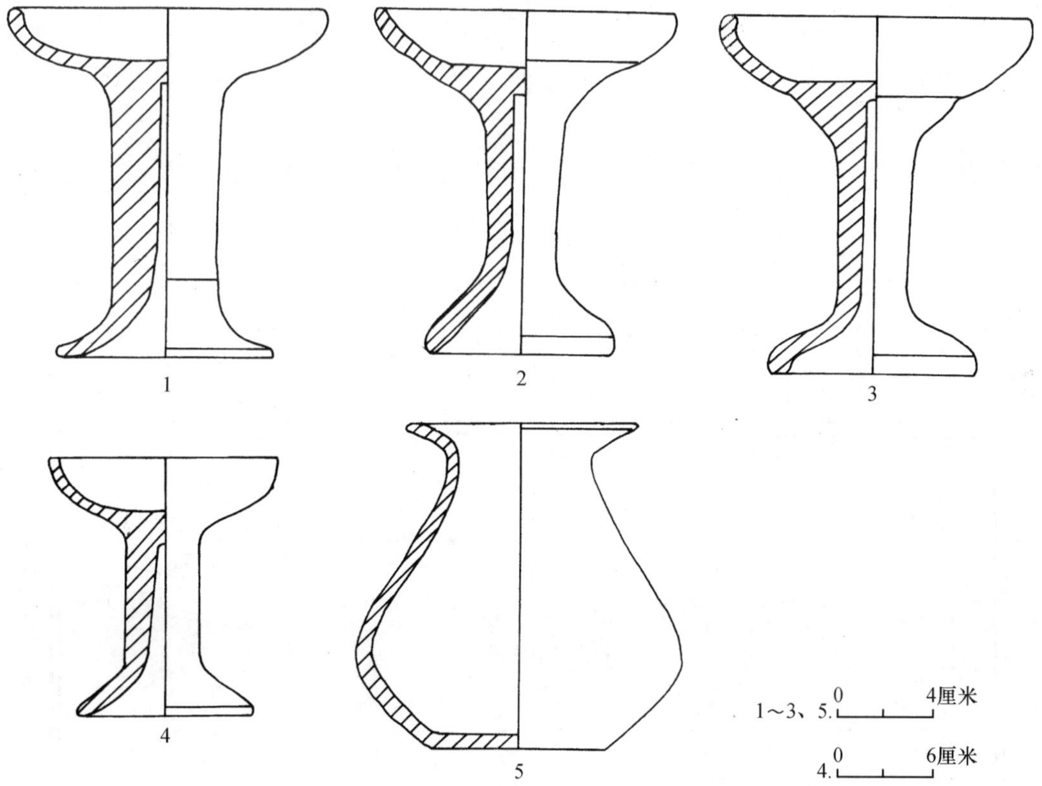

图一三　M7出土器物

1～4. 陶豆（M7：2、M7：1、M7：4、M7：3）　5. 陶壶（M7：5）

二、砖 室 墓

本次共清理两座砖室墓，M4与M8。

（一）M4

1. 墓葬形制

M4平面呈“凸”字形，由墓室、甬道两部分组成，墓向235°，甬道与墓室皆为长方形，券顶砖室结构，全长6.6、墓底距地表深2.44米，由于墓顶被今人平整土地破坏，部分已坍塌在墓室及通道内，甬道位于墓室西部，长1.97、宽1.42、高1.56米，墓室内设有棺床，位于墓室后部，棺床长2.37、宽2.36、高0.3、残高1.48米。该墓砌筑为先墓壁，后铺墓底，墓壁采用长方形条砖顺长，平砖错缝砌筑，残留9层，最上一层东角楔形子母砖侧立，应是券顶起层砖，其中甬道顶残留两组楔形子母砖，从中可以看出其砌筑券顶的方法，用子母侧立，横列两头扣砌筑，墓室券顶与甬道顶砌筑方法相同，甬道口采用长方形条砖和少量楔形子母砖，单砖横列错缝平砌，用以封堵墓门，两壁用模印有纹饰的条形砖错缝横列平砌，后壁用素面条形砖横列错缝平砌，墓底及棺床皆用长方形素面条砖对缝平铺，只有棺正侧面用横印有花纹的条形砖平砌，整个墓底铺设整齐（图一四）。

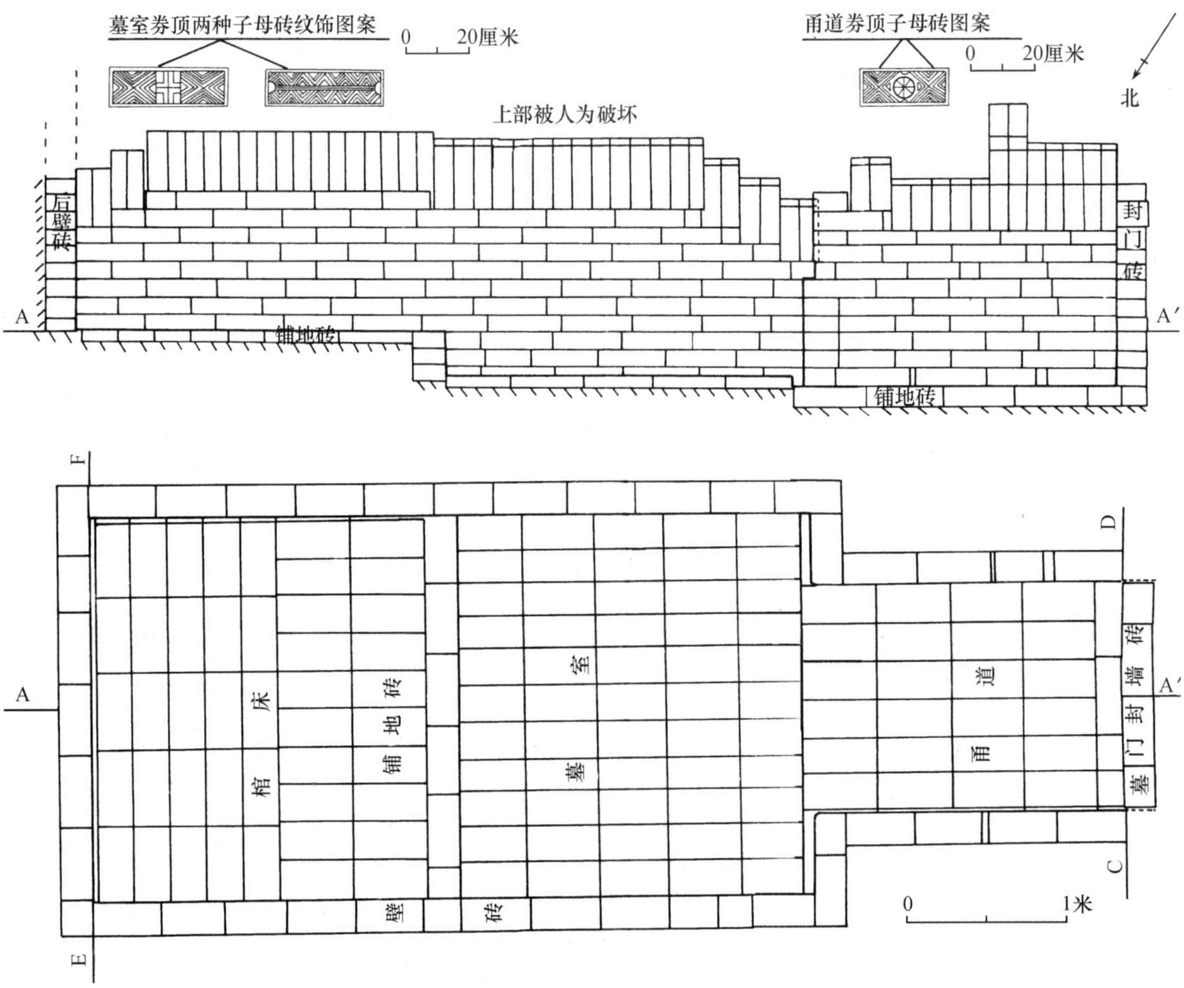

图一四　M4平、剖面图

该墓建筑用砖可分为两种。

楔形子母砖，略有弧度，两端各有榫卯，榫长4厘米，该类砖有两种尺寸，三种模印纹饰图案。

A型　砖长38～42、宽22、厚11.5厘米。其中一种一侧模印菱形花纹，中间为4组方格纹，方格内有小乳钉纹。另一种一侧模印组合菱形几何纹，以上两种纹饰砖主要用于墓室券顶。

B型　砖长28～34、宽20、厚12厘米。一侧模印有车轮纹，车轮纹两侧为对角的三角形菱形纹组合，该类砖用于甬道券顶。

长方体条形砖，可分为两种类型。

A型　砖宽20、厚10.5厘米。一侧面模印有方格纹，方格内各有一点，方格纹两侧各有一组同心菱形纹组合，该型砖用于砌筑墓壁。

B型　用于墓底地面铺设，有三种规格尺寸。

第1种：长×宽×厚=42厘米×20厘米×10厘米

第2种：长×宽×厚=46厘米×23厘米×6厘米

第3种：长×宽×厚=44厘米×20厘米×12厘米

葬具葬式：由于破坏盗扰严重，没有发现棺和骨架。

2. 随葬品

由于盗扰严重，墓室内残存较多的陶、瓷碎片，经过拼对复原，整理出8件，陶器3件、瓷器5件。

陶甑　1件。M4：2，泥质灰陶。宽折沿，敛口，折肩，斜直腹，底部内凹，底部有箅孔，肩部有二道凹弦纹。口径34、底径14、高18厘米（图一五，6）。

陶三足盘　1件。M4：7，泥质灰陶。直口，浅腹，平底下附三蹄形足。素面。口径15.4、通高5厘米（图一五，3）。

陶盆　1件。M4：8，泥质灰陶。敞口，圆唇，斜弦腹，平底。下腹部饰凸弦纹。口径17.6、底径7.2厘米（图一五，2）。

瓷罐　1件。M4：1，上部施黄褐色釉，下部露灰褐色胎。圆唇，小口，鼓腹，平底。腹部饰四行菊花花纹，腹下部饰数周凹弦纹。口径12、腹径24.8、底径14.4、高28厘米（图一五，4）。

青瓷碗　1件。M4：3，颜色呈青灰色。直口，圆唇，弧腹，假圈足。素面。口径15.3、底径10、高7厘米（图一五，1）。

小青瓷碗　3件。M4：6，3件形制颜色相似，体上部施青釉，下部无釉露白胎。直口，圆唇，弧腹，矮假圈足，局部釉剥落。素面。口径8.4、底径5.2、高4厘米（图一五，5）。

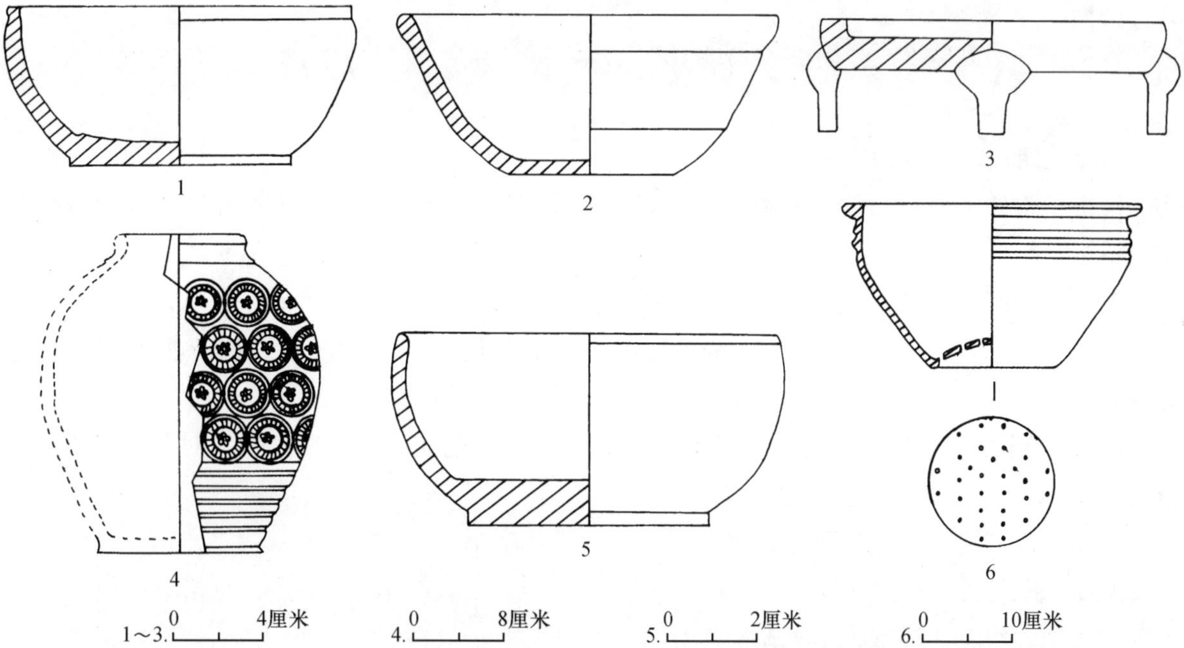

图一五　M4出土器物

1. 青瓷碗（M4：3）　2. 陶盆（M4：8）　3. 陶三足盘（M4：7）　4. 瓷罐（M4：1）　5. 小青瓷碗（M4：6）　6. 陶甑（M4：2）

（二）M8

1. 墓葬形制

M8为砖室墓，平面呈“刀”形，墓由墓室和甬道两部分组成，墓向255°，长4.6、宽2.4米，墓底距地表深3.6米，墓顶部分已由当地村民修整梯田时破坏，塌陷于墓室及甬道内，甬道位于墓室西端，长1.7、宽1.4、残高0.8米，底部与墓室底部相平，墓室长2.9、宽2.4、残高0.9米。该墓的砌筑方法是先砌墓壁，后铺墓底，用条形砖单块横向平砖错缝，墓底采用长方形素面条砖横向对缝平铺。券顶用带榫卯结构的长方形子母砖纵向立砌（图一六）。

该墓建筑用砖采用三种类型，纹饰图案有两种。

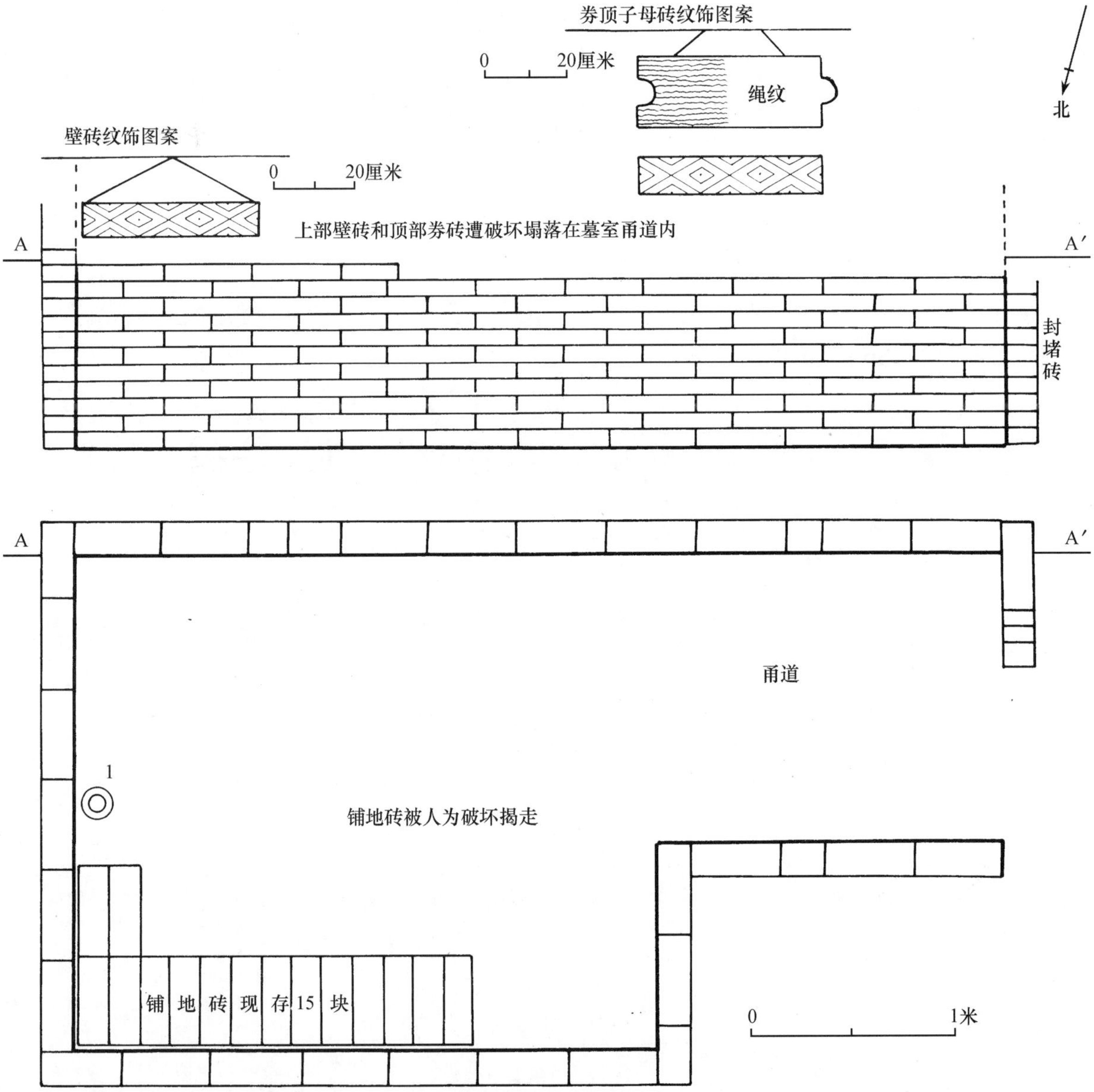

图一六　M8平、剖面图

1. 陶罐

A型　长方体条形砖，长×宽×厚=44厘米×16厘米×8厘米，一侧面横印有菱形花纹图案，用于墓壁砌筑。

B型　长方体子母砖，长×宽×厚=45厘米×17厘米×9厘米，两端有榫卯，榫长4、宽6厘米。平面顺长饰粗绳纹，一侧面饰与墓壁砖相同的纹饰，该类砖用于砌筑券顶。

C型　长方体素面条砖，长×宽×厚=44厘米×16厘米×9厘米，用于铺设墓底。由于该墓被破坏、盗扰严重，铺地砖部分已被揭出，所以，也未发现骨架和其他葬具。

2. 随葬品

经过整理与修复，共取得随葬品5件，均为陶器。

陶罐　3件。泥质灰陶。圆唇，侈口，束颈，溜肩，肩上饰弦纹，鼓腹。根据其腹部的不同又可分为二式。

Ⅰ式：1件。M8：1，鼓腹向下缓收到底略外张，腹最大径靠上。口径7.2、腹径12.4、底径6、高11.4厘米（图一七，3）。

Ⅱ式：2件。鼓腹向下较Ⅰ式急收平底，腹最大径过中部。M8：2、M8：3，口径10、腹径15.2、底径8.4、高10.4厘米（图一七，2、5）。

陶仓　1件。M8：4，泥质灰陶。卷沿，尖唇，鼓腹平底。肩部饰一周凹弦纹。口径12.8、底径14.4、腹径20、高19.6厘米（图一 七，4）。

陶盆　1件。M8：5，泥质灰陶。方唇，敞口，斜腹，平底。腹下部饰一凹弦纹。口径17.2、底径4.8、高6.4厘米（图一七，1）。

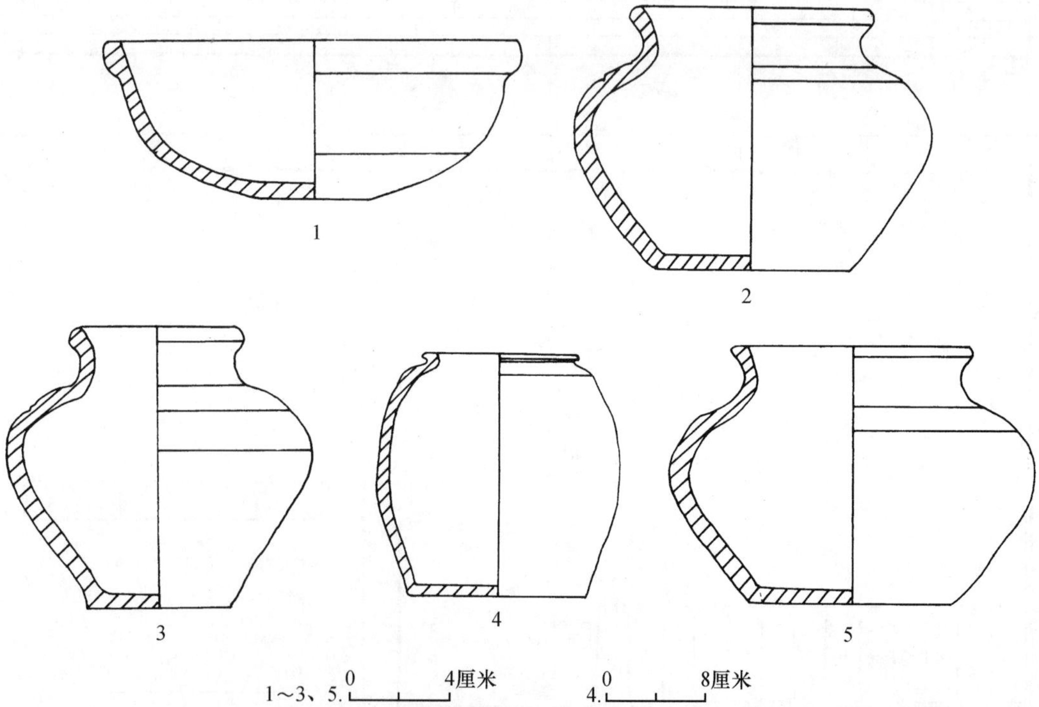

图一七　M8出土器物

1. 陶盆（M8：5）　2、3、5. 陶罐（M8：2、M8：1、M8：3）　4. 陶仓（M8：4）

三、年代分析

本次清理的8座墓多数是土坑墓，只有两座是砖室墓，土坑墓由于其隐蔽性较好，保存较好，砖室墓由于易于暴露多被盗扰，战国至西汉中期，土坑较多，西汉中期以后，砖室墓流行，从实际发掘情况看，土坑墓宋代都偏早，M1小型土坑竖穴墓随葬陶器3件，罐、豆、釜，典型战国墓陶器组合。另外，出土铁器2件，1件铁锸、1件铁锛，两件铁制农具的出土，一方面说明了当地农业的发展，另一方面也透露了铁制工具刚刚出现，其对人们的重要性；M3是一座略大型一点的竖穴土坑墓，随葬器物陶器有壶等，铜器有鼎、釜、剑、戈，另外还随葬有玉璧、琉璃珠等，从随葬器物看，墓主人身份略高，器物组合鼎、釜、剑、戈，也是典型的战国墓特征；随葬铜钱是当地战国墓常见现象，另外该墓填土有夯打迹象，也是战国墓的一个特点。M5竖穴土坑墓被M2打破，器物组合为鼎、敦、壶，有明显的战国墓特点，另外也随葬有2件铁锸，重庆瓦岗槽墓地发现有相似的墓葬，出土器物组合为鼎、敦、壶。M7也是一座小型竖穴土坑墓，残存墓底，在墓主人头部发现随葬品有4件豆、1件壶，制作粗糙，器形较小，时代也应为战国晚期。M2土坑竖穴墓打破M5，出土随葬器物组合有陶坛、甑、罐、釜及釜下铁支圈，铁器已用于生活当中，战国时期，铁器主要用于生产工具，西汉时期，铁器应用于开矿并推广到生活当中。M2时代定为西汉早期比较合适。M6为土坑竖穴墓，出土随葬器物组配有陶罐、甑，铁釜，数枚半两钱，时代也应为西汉早期。M4“凸”字形砖室墓，券顶，出土随葬器物有青瓷碗、黄褐釉瓷罐，丰都河南墓群M11发现有类似器形，M4年代应为六朝时期。M8刀形砖券墓，盗扰严重，出土随葬器物有陶罐、陶仓模型，时代应定为东汉时期，东汉时期比较流行随葬生活用具模型器物。

附记：本次发掘工作得到重庆市文物考古所、万州区文管所的大力支持，在此谨表谢忱！参加此次发掘的有刘春迎、王三营、葛奇峰、李健、赵良杰、杨笑天、杨海清、赵小光、马克、马利强。参加整理的有王三营、葛奇峰、李健。绘图葛奇峰。摄影王三营。

执笔：刘春迎　王三营　葛奇峰

万州铺垭遗址2003年度发掘简报

河南省文物考古研究院
万州区文物管理所

铺垭遗址位于重庆市万州区东北约20千米的大周镇铺垭村东南，地处长江左岸的台地上，东距长江约100米，西依山岭，东北与里牌溪遗址相邻。地理坐标为东经108°29′31″，北纬30°51′28″，海拔142～155米（图一）。在1994年调查中因发现有古代墓葬，便命名为铺垭墓地，被列为长江三峡水库淹没区的文物点。据原公布的墓地范围，南北长约160、东西宽约55米，总面积约8800平方米，三峡水库二期移民线自其西部穿过。后据钻探和发掘可知，这里除分布有一些古墓葬外，还有较厚的文化层堆积和房址、灰坑、活动面等遗存，实为一处古文化遗址。发掘前遗址地表为多层梯田。

受重庆市文化局委托，河南省文物考古研究所（今河南省文物考古研究院）成立长江三峡考古队，2003年2～4月以“万州铺垭墓地”为项目名称对该遗址进行了抢救性勘探与发掘。勘探采取1～1.5米间距的“梅花”形布孔方式，由普探和重点钻探相结合，对遗址进行了全面勘探。根据钻探结果与遗址的保存现状和自然地形地貌情况，我们决定对遗址的东部，即在阶地

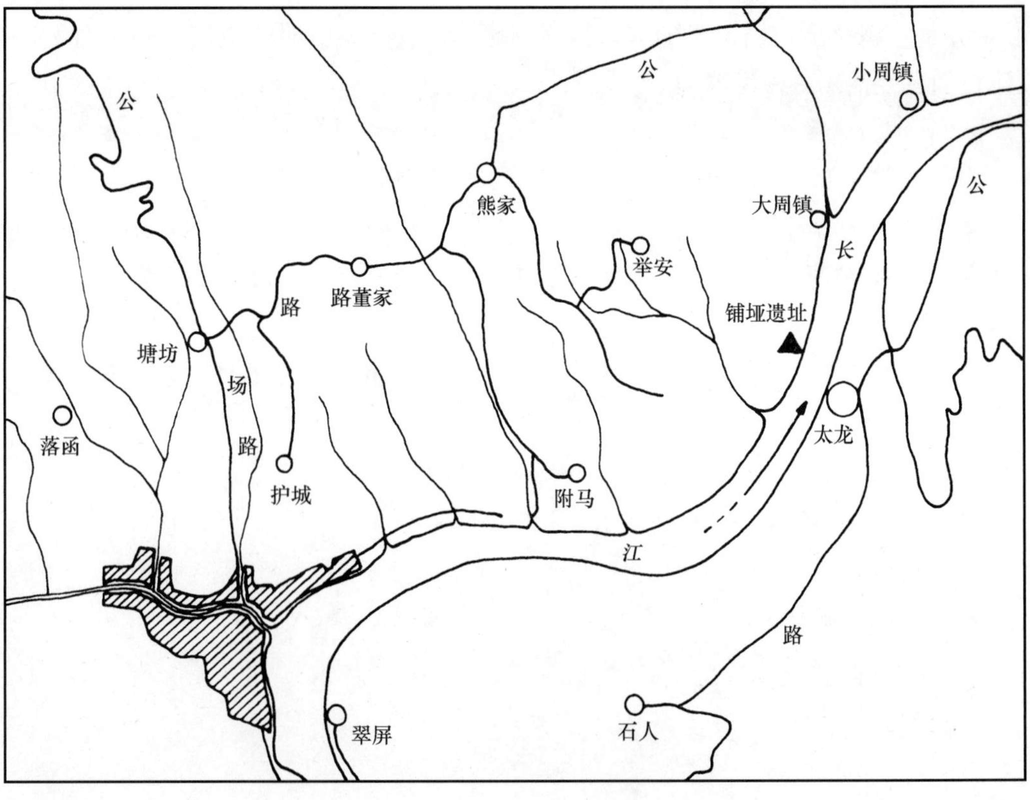

图一　铺垭遗址位置示意图

中、下部地势相对较开阔之处集中发掘。以穿过遗址南部的生产小路为界可将遗址分为Ⅰ、Ⅱ两区，每区地貌略有不同，各自独立布方。Ⅰ区在北，地势相对较平，于五层梯田上布设相连的探方69个；Ⅱ区在南，梯田间高差较大，在两层梯田上分别布方14个。本次发掘共布设探方83个，均为5米×5米，正北方向，总面积2075平方米，另发掘时根据需要扩方两处，面积为10平方米，总计遗址发掘面积2085平方米（图二、图三）。

一、地层堆积

钻探与发掘表明，因遗址地势西高东低，其地层堆积也是自西向东倾斜，而南北向则大致呈水平状堆积。Ⅰ区与Ⅱ区的文化层堆积有较大区别。Ⅰ区除个别探方外，各方地层基本一致，一般为四到五层，耕土层之下有明清、唐代、汉代文化层。现以Ⅰ区T10、T25、T40、T55、T70北壁为例加以说明（图四）。

第1层：紫褐色黏土。厚0.15～0.3米。内含植物根须及近现代瓦片、砖块。为现代耕土层。

第2层：灰褐色黏土，土质较硬。厚0.1～0.5米。出土有少量明清瓷片。此层分布普遍，为明清文化层。

第3层：浅黄色黏土，土质稍软。厚0.05～0.25米。出土有少量唐代瓷片等。此层仅局部呈片状分布，为唐代文化层。

第4层：黑灰色砂质黏土，土质稍硬。厚0.4～0.6米。出土有汉代陶器残片及瓦块、砖块等。此层分布也较普遍，为汉代文化层。

第4层下为浅黄色生土层，土质纯净而坚硬。

Ⅱ区的西部与南部堆积较简单，只有耕土层、明清、汉代或有唐代文化层，均较浅。而其东北部文化层深厚，除上述堆积之外，还有宋代及东周文化层。现以Ⅱ区T11、T14南壁为例介绍如下（图五）。

第1层：紫褐色黏土。厚0.1～0.35米。内含植物根须及近、现代砖块等。为现代耕土层。

第2层：灰褐色黏土。土质较硬。厚0.1～0.3米。出土有较多具有明清特征的青花瓷片。为清代文化层。

第3层：黑灰色黏土，土质稍软。厚0.15～0.38米。略呈坡状堆积，出土有大量的陶器残片、瓷片和少量石块。此层分布普遍，为宋代文化层。

第4层：浅褐色黏土，含有大砂粒。厚0.55～0.9米。呈坡状堆积，出土有大量瓦片、瓷片。此层分布普遍，为唐代文化层。

第5层：黄褐色黏土，土质稍硬。厚0.7～0.95米。包含大量炭粒和红烧土颗粒。明显呈坡状堆积，出土有大量陶器残片及少许石块。此层分布普遍，为周代文化层。

第6层：浅褐色黏土，土质紧密。厚0.7～1米。内含大量炭粒及红烧土颗粒，呈较倾斜的坡状堆积，出土有大量陶片、石块。该层堆积分布普遍，为周代文化层。

第7层：浅黄色黏土，土质硬密。厚0.45～0.95米。含炭粒及红烧土块较多，也呈较倾斜的坡状堆积，出土大量陶片。此层分布普遍，为周代文化层。

第7层下为浅黄色生土，土质坚硬、纯净。

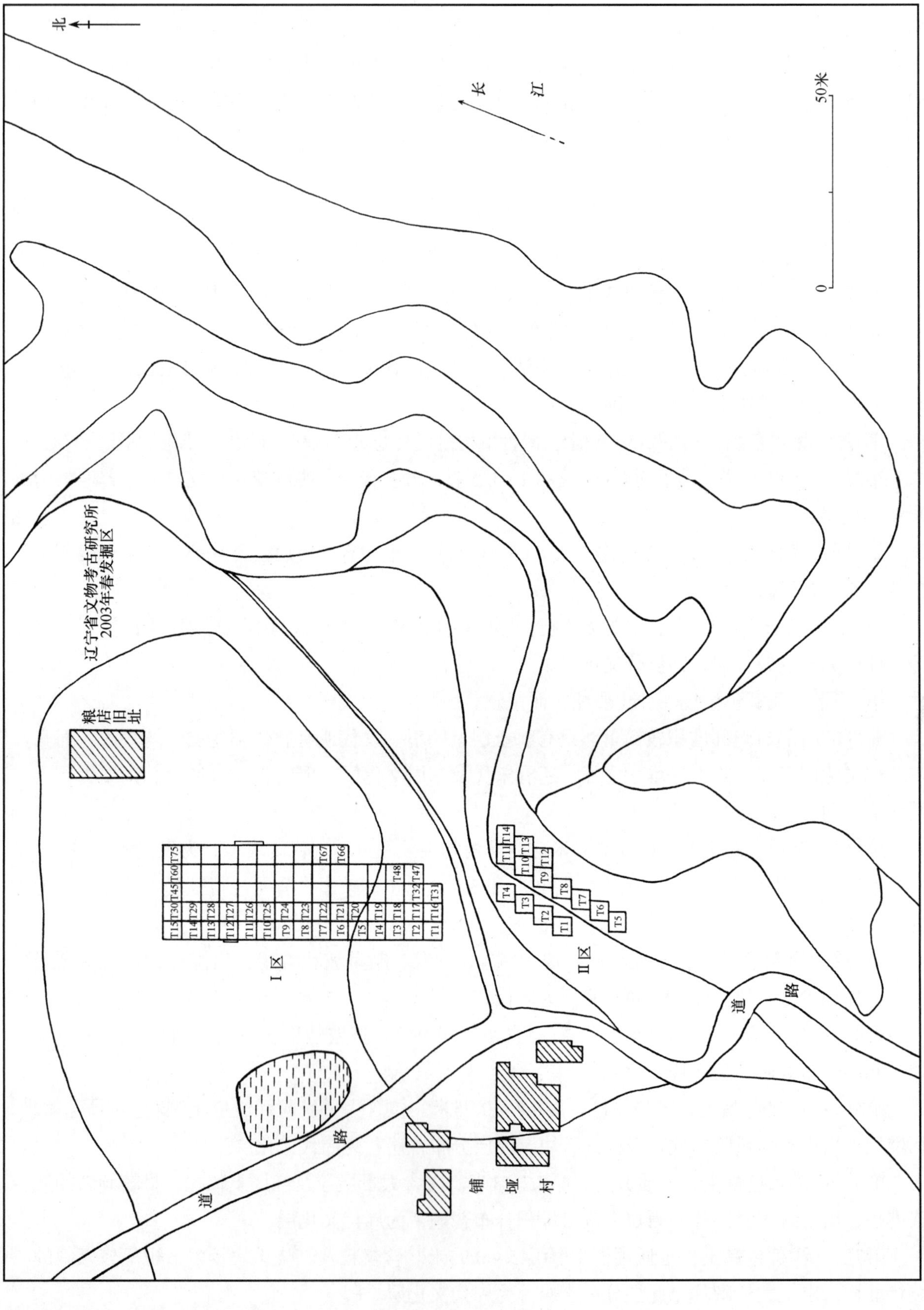

图二 铺垭遗址发掘布方位置图

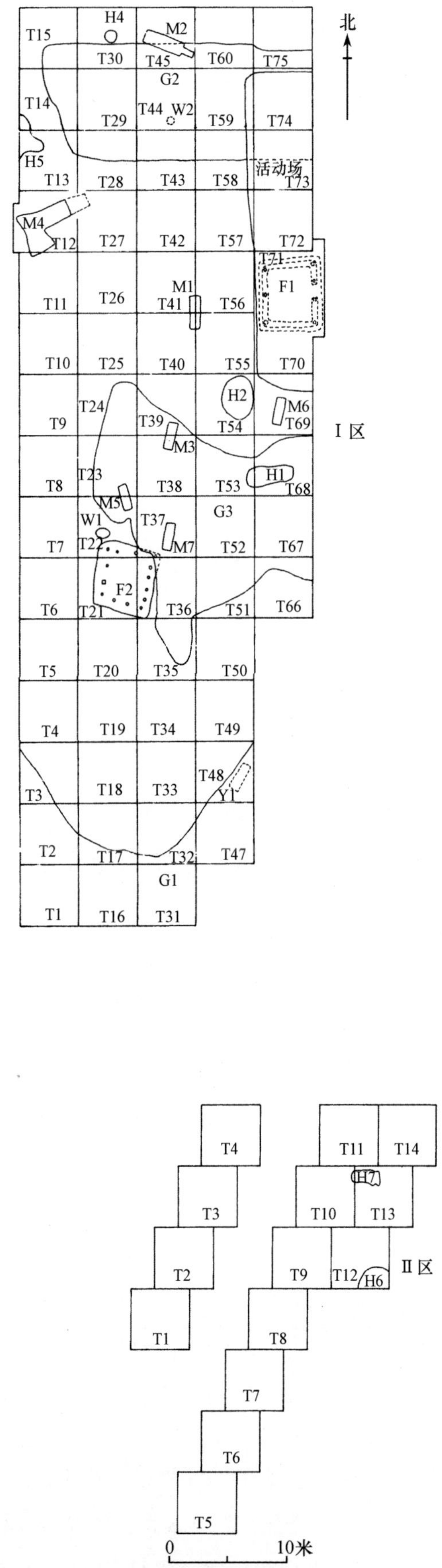

图三　铺垭遗址发掘遗迹总平面图

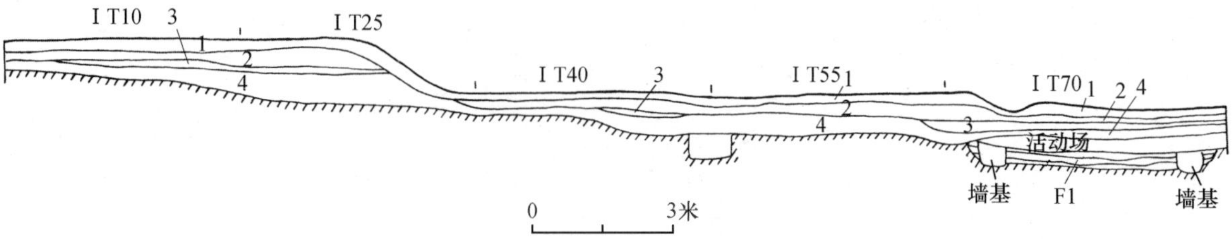

图四 Ⅰ区T10、T25、T40、T55、T70北壁剖面图

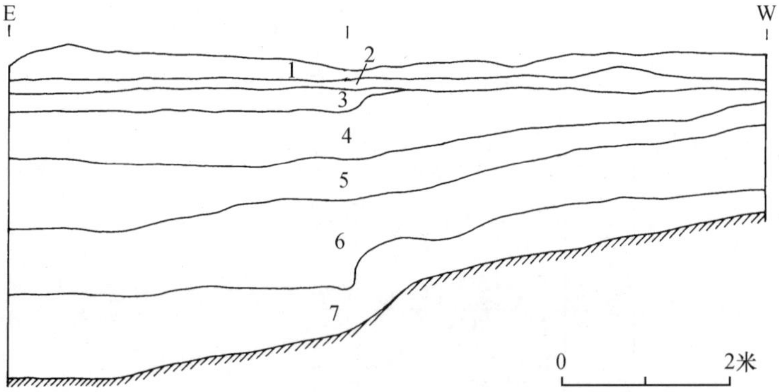

图五 Ⅱ发掘区T11、T14南壁剖面图

无论Ⅰ区还是Ⅱ区的文化层堆积，均自西而东由山坡向长江谷地倾斜，在Ⅱ区东部这种倾斜趋势更加明显。这是长江岸边坡状堆积遗址的普遍现象。由于自然与人为因素的共同作用，出现晚期地层或遗迹中混有较多早期遗物的复杂情况。

依据层位关系及各堆积单位的出土物特征可知，铺垭遗址有东周、汉代、唐代、宋代和明清时期的文化遗存。以下依序介绍。

二、文化遗存

（一）东周文化遗存

东周文化遗存有地层及灰坑、房址、灰沟、陶窑等遗迹。东周地层在Ⅰ区无存，在Ⅱ区东北部各探方均有发现，最多可达3层，自西向东倾斜严重，最厚达2.65米。

1. 遗迹

房址　2座。均为单间地面建筑，现仅存垫土、墙基与柱洞等。

F1　位于Ⅰ区东北部的T70、T71及两探方的东扩方内。开口于第4层下，被汉代活动场所叠压，打破生土。平面呈长方形，房门朝向长江，方向为93°。上部已被破坏，仅存墙基、柱洞与垫土等。房基坑（垫土范围）也为较规整的长方形，南北长6.1～6.5、东西宽5.5米，面积约35平方米，墙基以内面阔4.5～4.65、进深3.7～3.8米，室内净面积约17平方米。房基坑略呈斜壁平底状，内垫土可分3层，自西而东约略渐深。第1层为黄灰色，土质坚硬，内含较多红烧土颗粒、炭屑。分布于F1北部，厚0.03～0.2米。出土少量陶片及小石块等。第2层为黄褐色，土质较硬，内含少量红烧土颗粒，厚0.15～0.21米。第3层为黄褐色土，土质坚硬，内含极少量红烧土颗粒及残碎陶片等，厚0.13～0.15米。墙基槽宽0.32～0.55、深0.3～0.5米。墙基土色黄灰，土质较硬，含少量烧土颗粒及残碎陶片。门开在东墙中部，宽1.05米。发现柱洞7个，均位于墙基以内，其中墙基四角、西（后）墙中部及房门两侧各1个，呈匀称分布。柱洞皆为圆形，直壁平底，直径0.22～0.3、深0.28～0.58米。通过东北角的柱洞可清楚地看出其外为柱础坑，一侧为木柱废弃后形成的“柱心”。柱洞内土色灰或浅灰，土质松软。房址上部局部保留有平整的硬面，当为长期活动踩踏而致。垫土内出土战国时期的筒瓦、陶豆、陶钵等器物（图六）。

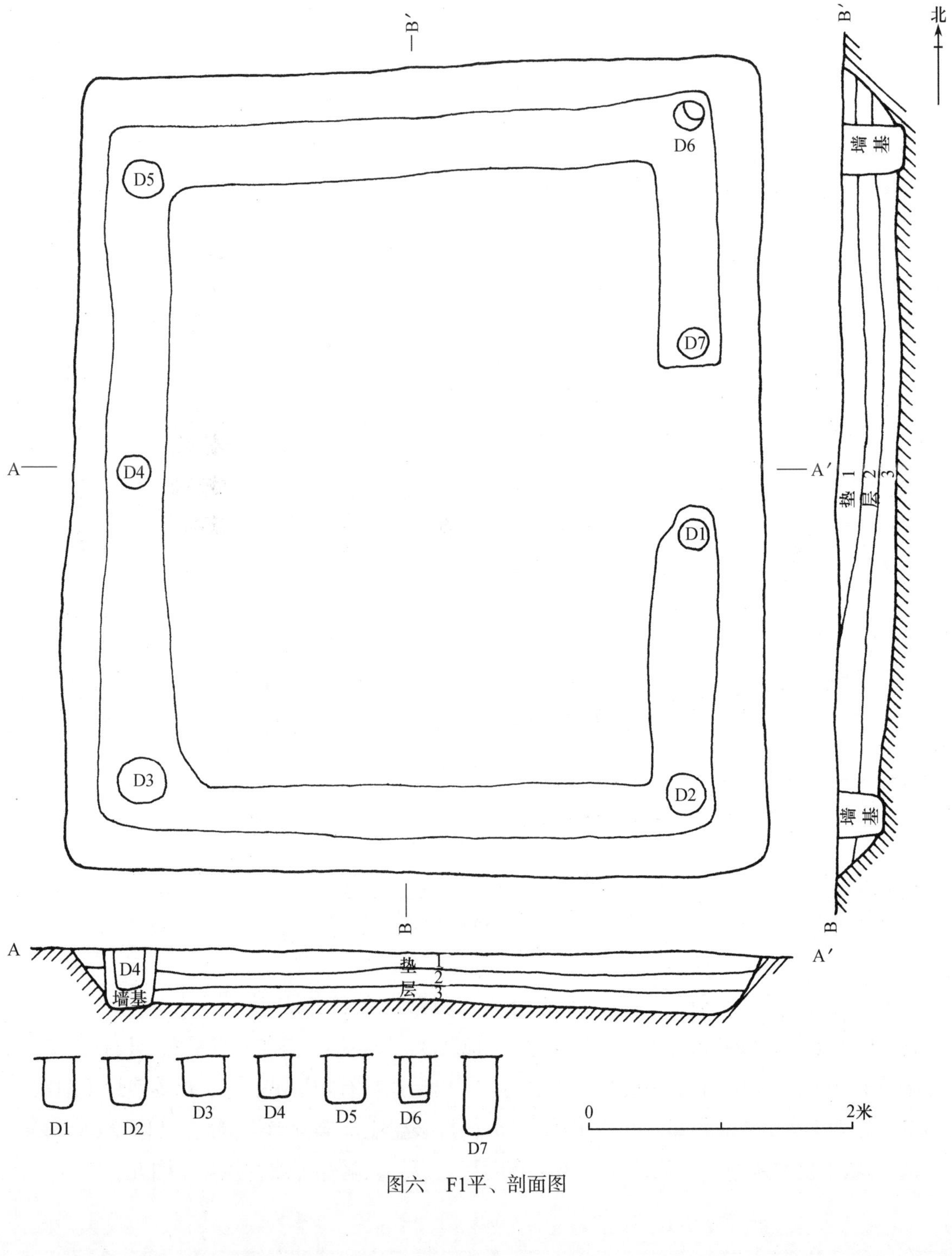

图六　F1平、剖面图

F2 位于Ⅰ区西北部，跨T21、T22、T36、T37四个探方。开口于第4层下，打破生土。仅存垫土与柱洞。房基坑略呈长方形，弧壁斜平底状，随地势自西而东渐深。内垫土可分2层。第1层为黄褐色，土质坚硬，内含较多砂粒，厚0.2～0.25米。出土少量陶片及小石块等。第2层为灰褐色，土质较硬，内含少量炭粒，厚0.15～0.2米。共发现柱洞14个。除1个为正方形外，余皆为圆形，直壁平底。正方形者边长0.25～0.3米，圆形者直径0.2～0.35、深0.2～0.45米。房址垫土内出土少量战国时期的陶器残片（图七）。

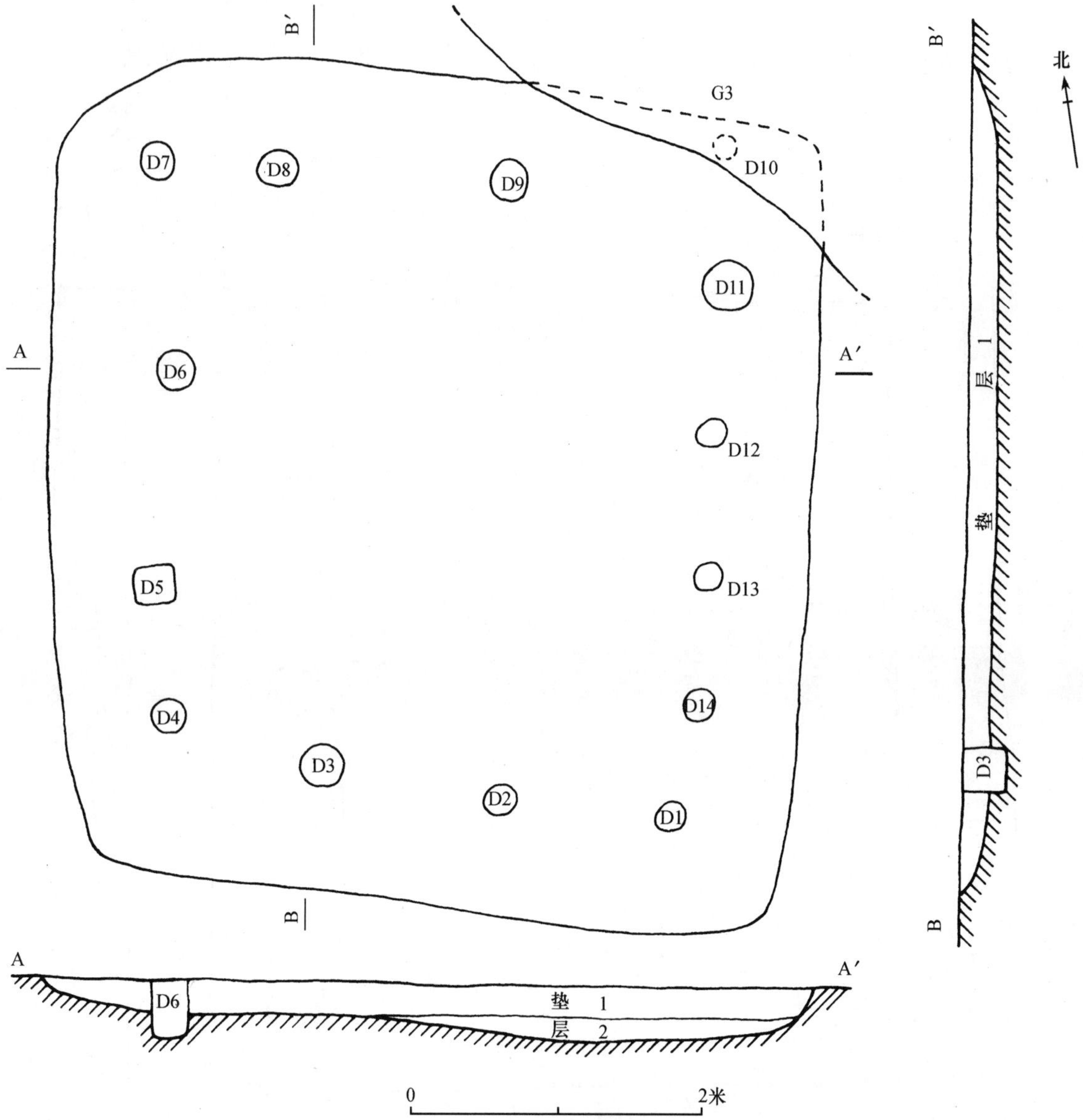

图七 F2平、剖面图

灰坑 3座。分别为圆形、椭圆形和长条形，斜壁，平底或圜底。

H1 位于Ⅰ区T68西部，开口于第4层下，打破G3。长条形，斜壁，近平底。长3.85、宽1.2～1.66、深0.4～0.5米。内填土呈深灰色，质地稍硬，出土遗物有陶鬲足、盆、罐等残片（图八）。

H2 位于Ⅰ区T54东北部，开口于第4层下，打破生土。椭圆形，圜底。口径2.65～3.4、深0.65米。内填土呈浅灰色，土质疏松，出土有筒瓦、板瓦、陶瓫等器物残片（图九）。

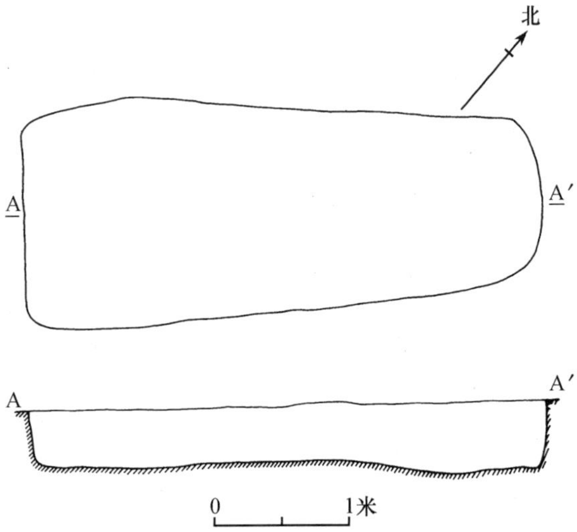

图八　H1平、剖面图

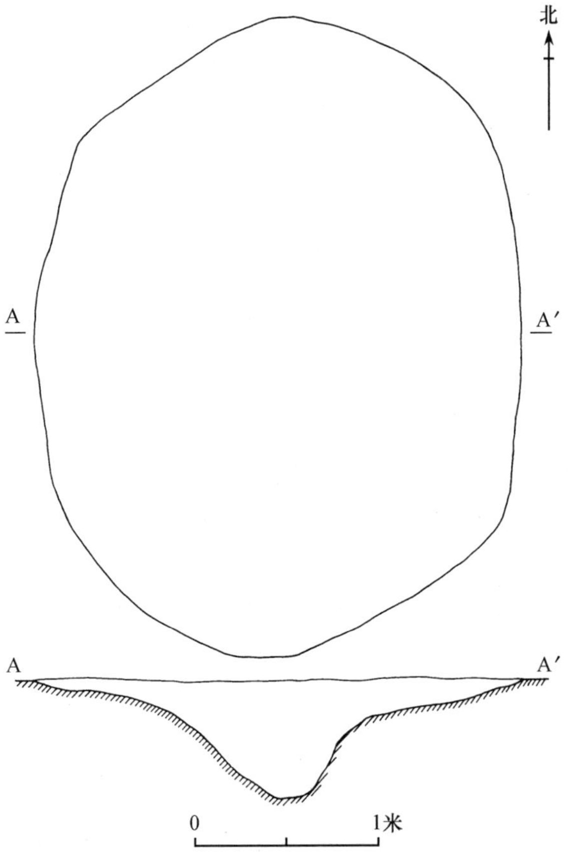

图九　H2平、剖面图

H6　位于Ⅱ区T12东南部，大部分压于东隔梁和南壁下未发掘。开口于第3层下，打破第4层。圆形，斜壁，平底。残径1.7～1.9、深0.5米。内填土为深灰色，土质松软，出土有鼎、盆、罐、豆等陶器陶片（图一○）。

灰沟　3处。均为大型沟，为自然沟经充填而成。

G1　位于Ⅰ区西南部，跨T1、T2、T3、T16、T17、T31、T32、T47和T48等9个探方，东、西、南分别延伸至未发掘区。开口于第4层下，打破Y1及生土。略呈东西向，斜坡状，高差较大，沟底部有疑似水流冲刷下切而形成的沟槽。发掘部分东西长20、南北宽14米，据钻探可知其东西总长约30、南北总宽约20米。沟内堆积可分3层。第1层为黄褐色，土质较硬，含有较多砂粒。厚0.35～0.5米。第2层为浅灰色，土质稍软。厚0.4～0.65米。第3层为深灰色，土质

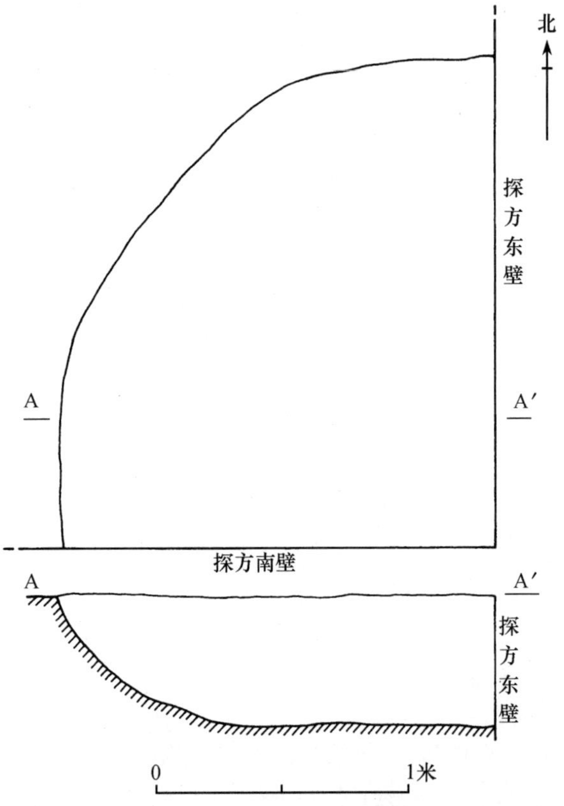

图一○　H6平、剖面图

稍硬。浅灰色，厚0.25～0.85米。沟内出土有陶器残片等，其多为东周遗存，灰沟下部还发现有较纯净的东周遗物，可见该沟的堆填始于东周。其第1层出土了一些汉代特征明显的陶器残片，表明此沟直到汉代才填充完毕。

G2　位于Ⅰ区北部，跨T13、T14、T15、T28、T29、T30、T43、T44、T45、T58、T59、T60、T73、T74和T75等15个探方，向东延伸至未发掘区。开口于第3层下，被汉代活动场及M2打破，打破W2及生土。发掘部分东西长23、南北宽约11.5、深0.5～0.75米。斜壁，底部不规则。沟内堆积为浅灰色淤积土，含少许浅黄色土块及大量炭屑、红烧土颗粒，出土少量陶器残片及石块。

G3　位于Ⅰ区中部，跨T22、T23、T24、T35、T36、T37、T38、T39、T51、T52、T53、T66、T67和T68等14个探方，向东延伸至未发掘区。开口于第4层下，被M3、M5、M7和H1打破，打破F2及生土。形状不规则，斜壁坡状底。南北长9.1～23.6、东西宽18.7、深0.3～1.1米。沟内堆积分3层。第1层为黄褐色土，土质松软。第2层为深灰色土，土质松软。第3层为黄灰色土，土质较软且黏，内含少量烧土颗粒等。沟内出土有鬲、豆、盆、罐等残片及石斧、杵等。

陶窑　1座。

Y1　位于Ⅰ区T48东部及东扩方内。开口于第4层下，被G1打破，打破生土。该窑被破坏严重，仅留火膛。火膛呈长方形，微斜壁下收，平底。长2.4、宽0.6～0.7、深0.45米，周围烧土厚0.02～0.05米。火膛内填土黄灰色，土质坚硬，下部有一层厚约0.05米的木炭屑，出土少量碎陶片。该窑应为烧制陶器、砖瓦等的遗迹（图一一）。

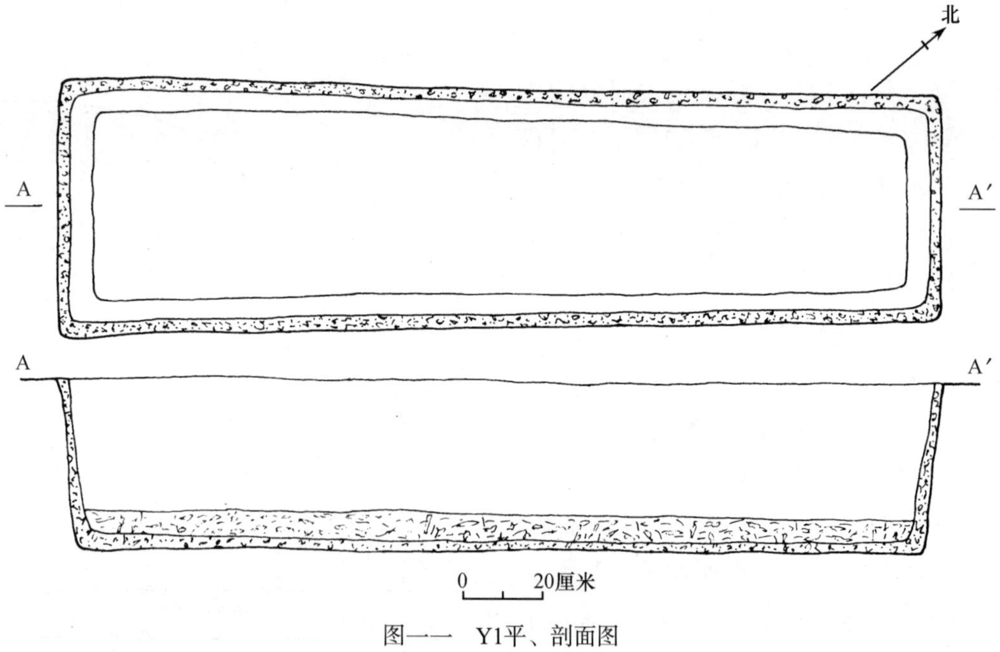

图一一　Y1平、剖面图

2. 遗物

有陶器、石器、铜器等三大类。

（1）陶器

数量最多。以夹砂灰陶和红褐陶、泥质灰陶和红陶为主，夹砂和泥质灰褐陶与泥质黑陶较少。纹饰以中绳纹为大宗，粗绳纹、细绳纹及方格纹较少，偶见少量附加堆纹和弦纹，素面陶在陶片中也占较大比例。陶器火候较低，陶质较差。主要器类为罐、鬲、豆、盆、罍，少量鼎、甗、釜、缸、花边大口罐、子口盆、小盆、壶、小杯等器。

鬲 22件（器物件数多以口沿计数，下同）。多夹砂红褐陶，少量灰陶。依口沿不同分二型。

A型 14件。均红褐陶。卷沿，圆唇。ⅡT11⑥：12，夹粗砂，灰胎。厚圆唇，鼓腹。腹饰中绳纹。口径16、残高6.6厘米（图一二，1）。ⅡT11⑥：13，夹粗砂，灰胎。尖圆唇，鼓腹。腹饰中绳纹。口径20、残高6厘米（图一二，2）。ⅠG1③：21，夹粗砂，灰胎。侈口，尖圆唇，腹稍鼓。腹饰中绳纹。口径12、残高9.2厘米（图一二，4）。

B型 8件。小折沿，方唇，略有颈。ⅡT14⑥：23，夹细砂红褐陶，灰胎。斜方唇，颈较明显，腹稍鼓。腹饰细绳纹。口径28、残高5厘米（图一二，3）。ⅠG1③：18，夹细砂红褐陶，青灰胎。弧腹。腹饰中绳纹。口径26、残高7厘米（图一二，5）。ⅠG1③：19，夹细砂红褐陶，薄灰胎。鼓腹。腹饰中绳纹。口径12、残高4厘米（图一二，6）。ⅠG1③：20，夹细砂灰陶。厚方唇，颈较明显，鼓腹。腹饰中绳纹。口径29.6、残高5.2厘米（图一二，7）。ⅡT11⑦：14，夹细砂灰陶，红褐胎。斜方唇，颈较明显，鼓腹。腹饰中绳纹。口径30、残高5厘米（图一二，8）。

鬲足 57件。多为夹砂红褐陶，较少灰陶和灰褐陶，足表通饰绳纹。分二型。

A型 36件。柱状，平足，个别平足端有绳纹痕。ⅡT11⑦：3，夹粗砂灰陶，褐胎。足表饰中绳纹。残高9.6厘米（图一三，1）。ⅡT14⑦：10，夹粗砂红褐陶，褐胎。足表饰中绳纹。残高12.5厘米（图一三，2）。ⅠG3：3，夹粗砂灰褐陶，灰胎。足表饰中绳纹。残高10.6厘米（图一三，5）。ⅠG3：4，夹粗砂红褐陶，褐胎。足表饰中绳纹。残高9.5厘米（图一三，6）。ⅠG1③：12，夹粗砂灰陶，褐胎。足表饰中绳纹。残高8.6厘米（图一三，3）。

B型 3件。皆出自ⅡT14⑦层，锥状。ⅡT14⑦：11，夹细砂红褐陶，褐胎。足表饰中绳

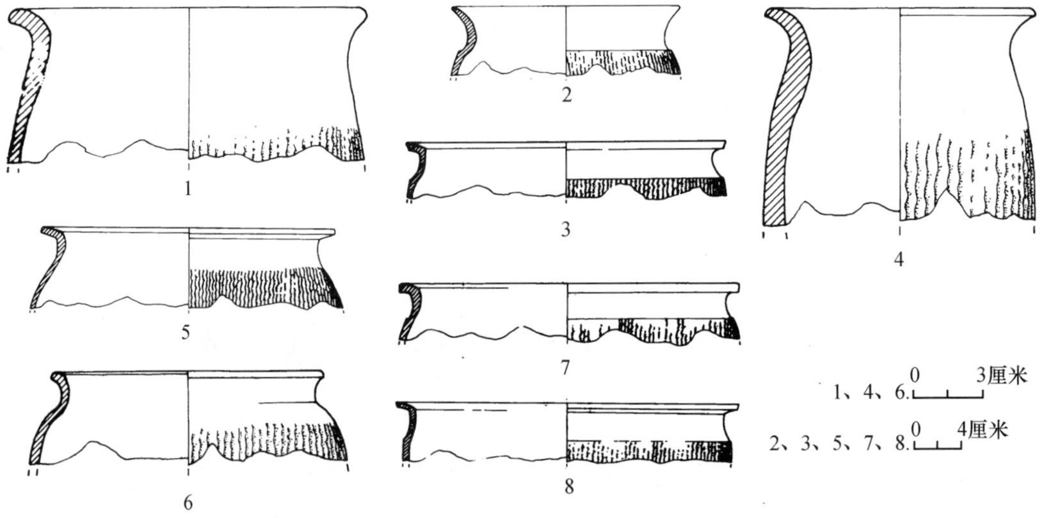

图一二 铺垭遗址出土陶鬲

1、2、4. A型（ⅡT11⑥：12、ⅡT11⑥：13、ⅠG1③：21） 3、5～8. B型（ⅡT14⑥：23、TG1③：18、TG1③：19、TG1③：20、ⅡT11⑦：14）

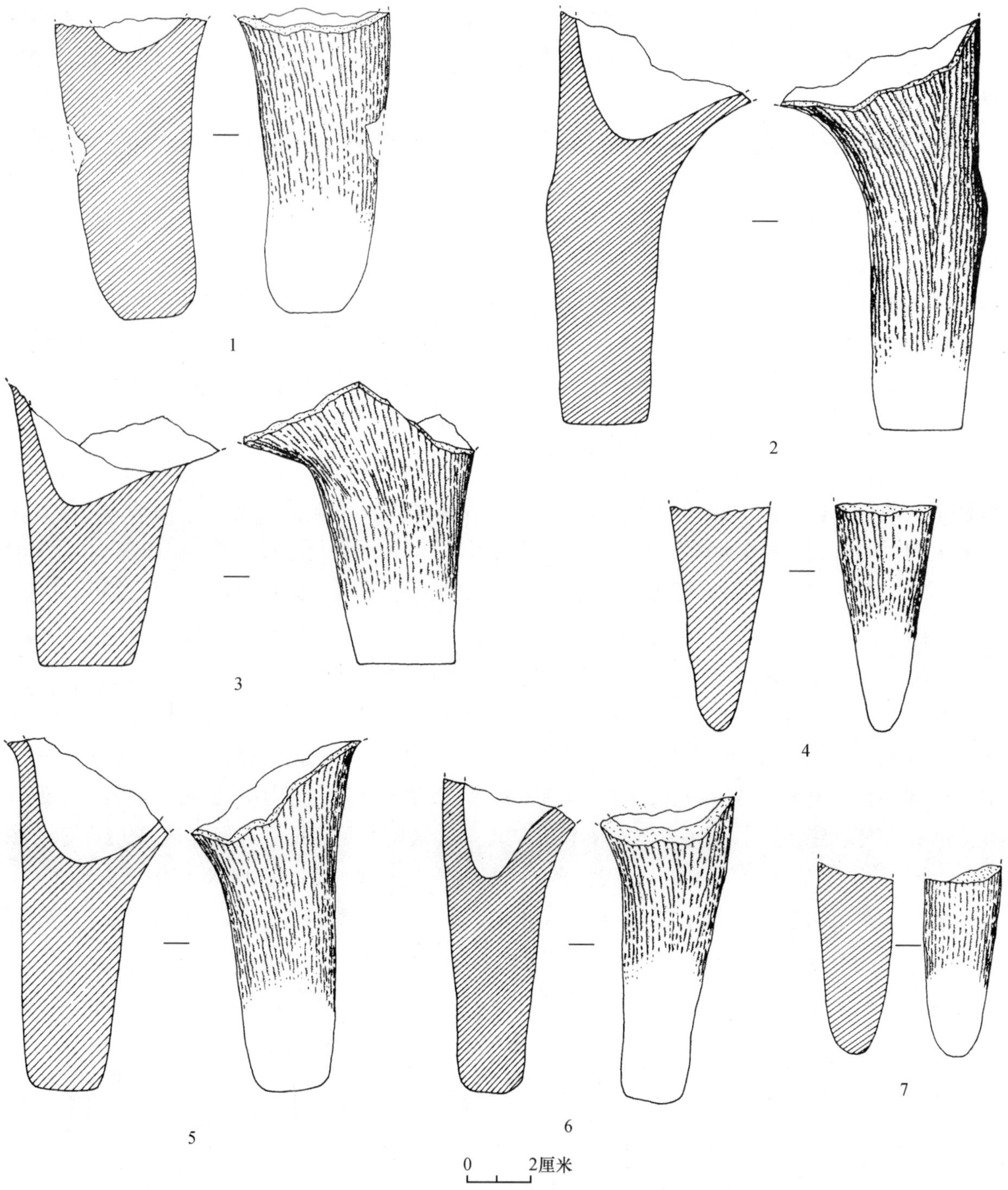

图一三 陶鬲足
1～3、5、6. A型（ⅡT11⑦：3、ⅡT14⑦：10、ⅠG1③：12、ⅠG3：3、ⅠG3：4）
4、7. B型（ⅡT14⑦：11、ⅡT14⑦：12）

纹。残高6.8厘米（图一三，4）。ⅡT14⑦：12，夹细砂红褐陶。足表饰中绳纹。残高6厘米（图一三，7）。

另有不可分型的鬲足18件，均残。

鼎 仅可确定鼎足，上部形态不明。据足、腹相接处内部无凹痕及多素面判定为鼎足而非鬲足。鼎足6件，均为夹砂红褐陶。可分三型。

A型　1件。柱状。ⅡT11⑥：5，夹粗砂，灰胎。足表饰粗绳纹。残高11厘米（图一四，6）。

B型　2件。圆锥状。ⅡT13⑥：5，夹粗砂，灰胎。足外有凹痕。足表饰中绳纹。残高11.3厘米（图一四，7）。

C型　1件。横断面呈弧角长方形。ⅠG1③：11，夹细砂，红胎。足表饰中绳纹。残高4.4厘米（图一四，8）。

另2件皆出自G1，因足尖残缺难以确定其所属型。据质、色、形制判断当属同一陶鼎，腹饰印痕较浅的中绳纹。ⅠG1③：13，夹粗砂红褐陶，青灰胎。外部有浅凹痕。残高8.2厘米（图一四，4）。ⅠG1③：14，夹粗砂红褐陶，青灰胎。外部有凹痕。残高6.9厘米（图一四，5）。

甗　1件。为腰部残片。ⅠG1③：22，夹细砂红褐陶。上、下粘接而成，下包上，相接处劈裂。被包部分露出清晰的中绳纹，外部中绳纹印痕模糊不清。腰径19.6、残高8.8厘米（图

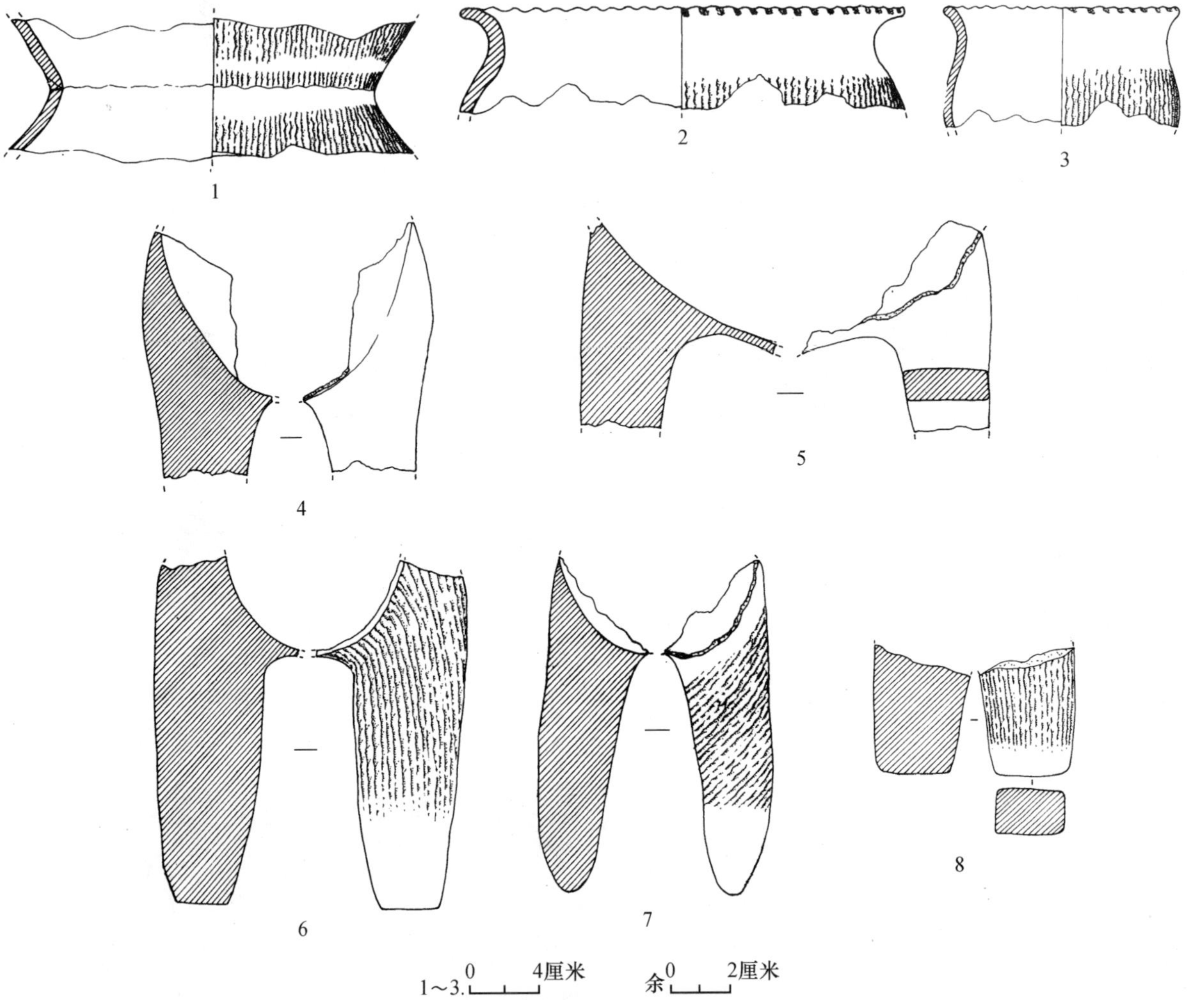

图一四　出土陶器

1. 甗（ⅠG1③：22）　2、3. A型釜（ⅡT14⑦：8、ⅡT14⑥：9）　4、5. 鼎足（ⅠG1③：13、ⅠG1③：14）
6. A型鼎足（ⅡT11⑥：5）　7. B型鼎足（ⅡT13⑥：5）　8. C型鼎足（ⅠG1③：11）

一四，1）。

釜 7件。均夹砂，其中红褐陶4件、灰褐陶3件。花边口，鼓腹。可分二型。

A型 4件。卷沿，圆唇，唇部按压出纹痕较大、深而稀疏的斜点状、锯齿状或坑窝状花边。ⅡT14⑦：8，夹粗砂红褐陶。胎壁厚重。唇部为斜点状花边，腹饰中绳纹。口径26、残高6厘米（图一四，2）。ⅡT14⑥：9，夹细砂灰褐陶。青灰胎。唇部为斜点状花边，腹饰中绳纹。口径14、残高7厘米（图一四，3）。

B型 3件。折沿，平方唇，唇部饰印痕较浅的、细密的绳切状花边。ⅡT13⑦：3，夹细砂灰褐陶。器形较大。宽折沿，唇部饰与沿、腹部相同的细绳纹痕花边，沿下饰斜细绳纹，腹部绳纹呈交错状。口径22、残高7.4厘米（图一五，1）。ⅡT13⑦：4，夹细砂红褐陶。灰胎。小折沿，内折棱较明显，唇部饰粗绳纹痕花边。腹饰交错细绳纹。口径22、残高4厘米（图一五，2）。

罐 56件。为常见器类。多泥质，少量夹细砂，多灰陶，较少红褐或红陶。可分二型。

A型 50件。有领。可分二亚型。

Aa型 32件。多盘口，少量为宽平沿，领较高直。ⅡT14⑦：15，泥质灰陶，红褐胎。盘口，厚方唇，唇略高于沿面，高领，鼓腹。领下腹部饰中绳纹。口径18、残高6.8厘米（图一五，3）。ⅡT14⑦：14，泥质灰陶。平沿，斜方唇，高领，鼓腹。腹饰中绳纹。口径26、残高6厘米（图一五，4）。ⅠG3：8，泥质灰陶。灰胎。平沿，小斜方唇，高领，弧腹。领、腹均饰中绳纹。口径30、残高7.8厘米（图一五，5）。ⅠG3：9，泥质灰褐陶。灰胎。平沿，厚方唇，唇面内凹，高直领，鼓腹。腹饰中绳纹。口径28、残高6.6厘米（图一五，6）。

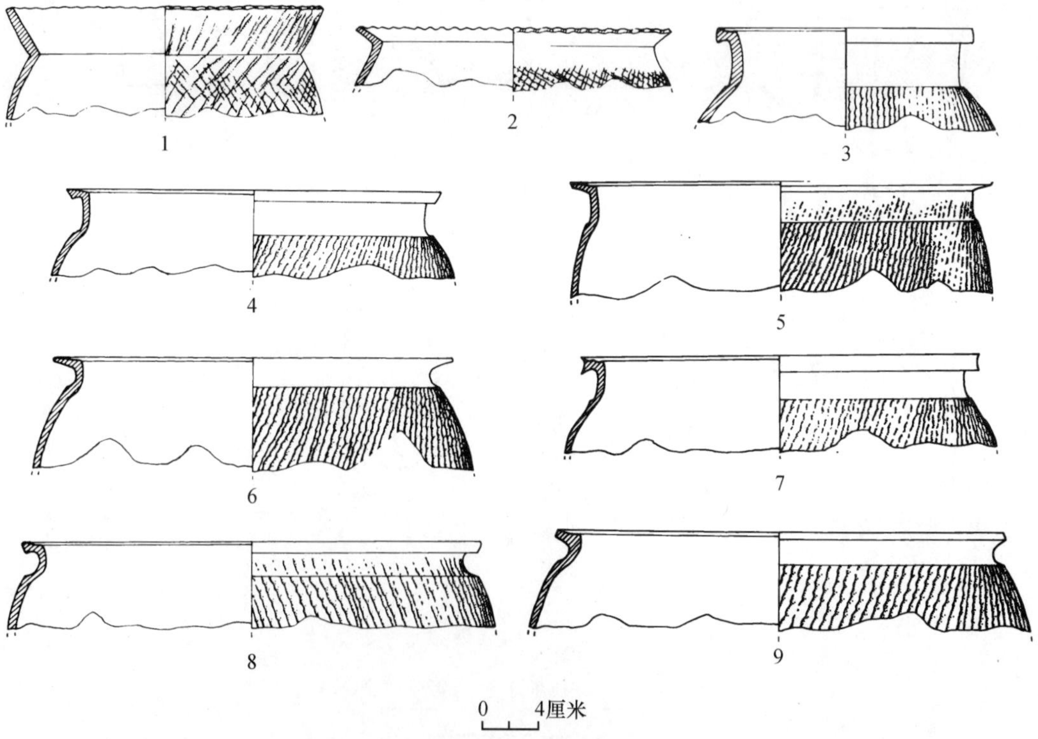

图一五 出土陶器

1、2. B型釜（ⅡT13⑦：3、ⅡT13⑦：4） 3～6. Aa型罐（ⅡT14⑦：15、ⅡT14⑦：14、ⅠG3：8、ⅠG3：9）
7～9. Ab型罐（ⅡT13⑥：7、ⅡT14⑥：24、ⅠG3：7）

Ab型　18件。卷领较低。ⅡT13⑥：7，夹细砂灰陶。平沿，圆唇，鼓腹。腹饰中绳纹。口径28、残高7.8厘米（图一五，7）。ⅡT14⑥：24，泥质红陶。灰胎。沿面稍凹，斜方唇，鼓腹。腹饰中绳纹。口径32、残高6厘米（图一五，8）。ⅠG3：7，泥质灰陶。灰胎。沿面稍凹，斜方唇，鼓腹。腹饰中绳纹。口径32、残高6.8厘米（图一五，9）。ⅠG1③：17，泥质灰陶。沿面较平，圆唇，鼓腹。腹饰中绳纹。口径32、残高7厘米（图一六，1）。

B型　6件。无领。ⅡT11⑦：11，泥质灰褐陶，薄灰胎。平折沿，方唇，鼓腹。沿下饰中绳纹。口径24、残高5.2厘米（图一六，2）。ⅡT14⑦：16，泥质灰陶，褐胎。卷沿，厚方唇，鼓腹。腹饰粗绳纹。口径32、残高8厘米（图一六，3）。ⅡT13⑦：8，泥质红褐陶。灰胎。卷沿，尖圆唇，鼓腹。素面。口径28、残高5.8厘米（图一六，4）。

罍　17件。均泥质，多灰陶，少量红陶与黑陶。侈口，卷沿。依沿部不同分二型。

A型　9件。口沿较薄，圆唇。ⅡT14⑦：6，灰陶。鼓腹。素面。口径13.2、残高4.6厘米（图一六，5）。ⅡT14⑥：21，灰陶。红褐胎，鼓腹。腹部饰方格纹。口径21.6、残高8厘米（图一六，6）。ⅡT11⑥：4，灰陶。弧肩，鼓腹。素面。口径17.2、残高4.4厘米（图一六，7）。

B型　6件。口沿厚重，宽方唇。ⅡT14⑦：7，红陶。青灰胎。素面。口径28.2、残高3.2厘米（图一六，8）。ⅡT14⑥：22，灰陶。鼓腹。腹饰方格纹。口径31.6、残高7.2厘米（图一六，9）。ⅡT11⑦：2，灰陶。素面。口径28.8、残高4.8厘米（图一七，1）。

另有2件为残存的肩、腹部，均出自H2，亦当属罍、瓮类器，或为A型罍。皆泥质，弧

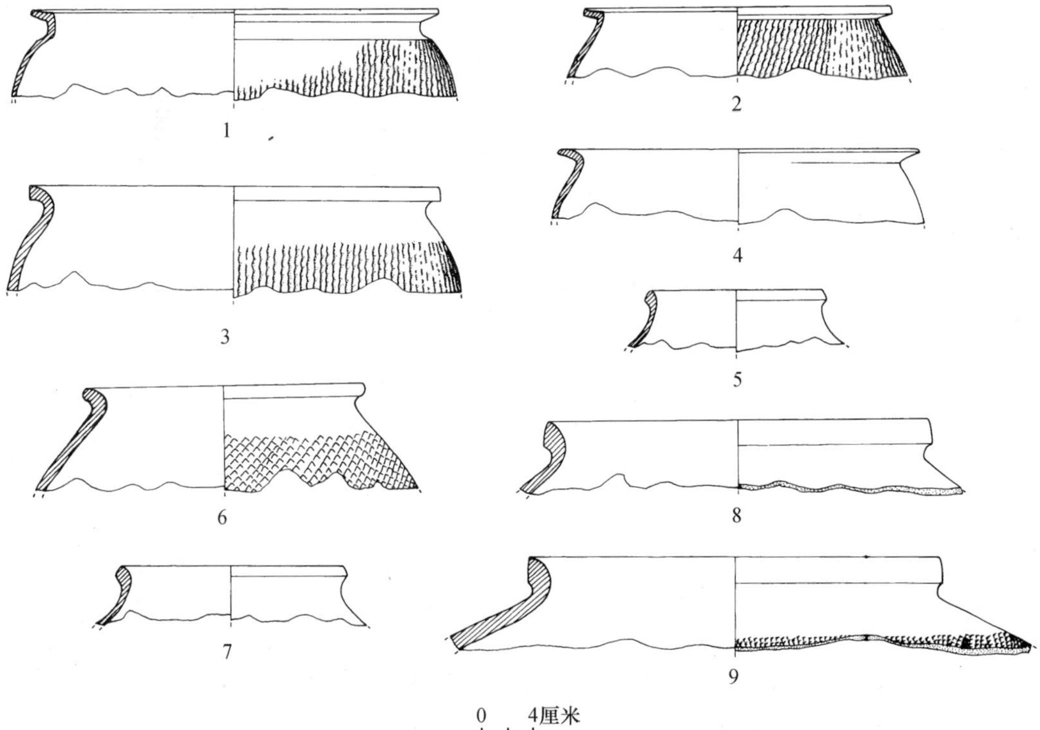

图一六　出土陶器

1. Ab型罐（ⅠG1③：17）　2～4. B型罐（ⅡT11⑦：11、ⅡT14⑦：16、ⅡT13⑦：8）　5～7. A型罍（ⅡT14⑦：6、ⅡT14⑥：21、ⅡT11⑥：4）　8、9. B型罍（ⅡT14⑦：7、ⅡT14⑥：22）

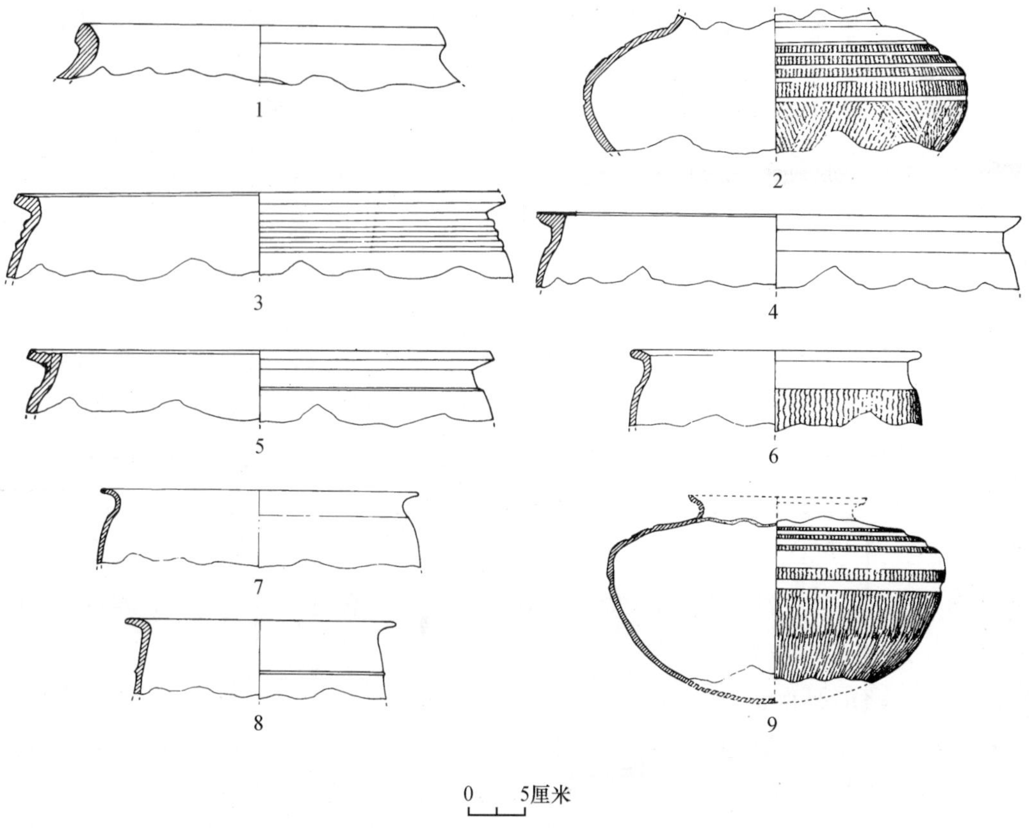

图一七　出土陶器

1. B型罍（ⅡT11⑦：2）　2、9. 罍残片（ⅠH2：3、ⅠH2：4）　3～5. Aa型盆（ⅡT14⑥：25、TG1③：15、ⅡT11⑥：6）　6、7. Ab型盆（ⅠG3：6、ⅠG3：5）　8. B型盆（ⅡT10③：3）

肩，鼓腹内收。ⅠH2：3，灰陶。肩腹间略有折痕。肩中部以下饰中绳纹，肩上部饰细弦纹，肩下部及肩、腹相接处绳纹之上加饰宽弦纹。腹径32厘米。（图一七，2）。ⅠH2：4，灰陶。除肩、腹部为细绳纹外，余部纹饰同H2：3相仿。腹径28厘米（图一七，9）。

盆　17件。多泥质，个别为夹细砂，灰陶。可分三型。

A型　14件。有颈。可分二亚型。

Aa型　10件。平折沿，多宽沿，沿面多有弦纹状沟槽。ⅡT14⑥：25，泥质。红胎。窄沿，斜方唇，鼓腹。上腹部饰弦纹。口径39.2、残高7.2厘米（图一七，3）。ⅠG1③：15，夹细砂。青灰胎。沿较宽，沿面有浅沟槽，尖圆唇，略有颈，腹微弧。素面。口径40、残高6厘米（图一七，4）。ⅡT11⑥：6，泥质。青灰胎。宽沿，沿面有较深沟槽，斜方唇，微弧腹。素面。口径37.2、残高5.8厘米（图一七，5）。

Ab型　4件。卷沿，圆唇。ⅠG3：6，泥质。红胎。略有颈，微弧腹。腹饰中绳纹。口径24、残高6.2厘米（图一七，6）。ⅠG3：5，夹细砂。灰胎。鼓腹。素面。口径26、残高6厘米（图一七，7）。

B型　2件。无颈。ⅡT10③：3，泥质。青灰胎。卷沿，尖圆唇，腹较斜直。素面。口径22、残高6.2厘米（图一七，8）。ⅡT11⑥：7，泥质。灰胎。折沿近平，斜方唇，腹近斜直。素面。口径26、残高4.6厘米（图一八，1）。

C型　1件。ⅡT14⑥：26，夹细砂。平方唇圆钝，直口，微弧腹。素面。口径26、残高5.4厘米（图一八，2）。

小盆　1件。ⅡT11⑦：8，泥质灰陶。侈口，小折沿，束颈，折肩，腹微弧。素面。口径19.6、残高4.6厘米（图一八，3）。

子口盆　1件。ⅡT11⑦：9，夹细砂灰褐陶。敛口，圆唇，鼓腹。腹饰两周弦纹。口径24、残高6厘米（图一八，4）。

豆　依豆盘统计为6件。可分二型。

A型　3件。敞口，圆唇，深盘。ⅡT11⑦：10，夹细砂灰陶。盘腹中部略有折痕。素面。口径20、残高4厘米（图一八，5）。ⅡT14⑥：20，泥质灰褐陶。灰胎。素面。口径16.4、残高10厘米（图一八，6）。ⅠH1：1，夹细砂红陶。尖圆唇。素面。口径20、残高4厘米（图一八，7）。

B型　3件。敛口，平方唇，浅盘。ⅡT14⑦：18，夹细砂灰褐陶。青灰胎。素面。口径16、残高2.2厘米（图一八，8）。ⅠH1：2，泥质红陶。素面。口径12、残高2.8厘米（图一八，9）。

出土豆柄（或豆座）　27件。除1件为高柄外，余皆似矮柄。多泥质，少量夹细砂，以灰陶居多，一部分为红陶和灰褐陶。ⅡT14⑦：13，夹细砂灰褐陶，灰胎。高柄，柄中部稍粗。素面。残长17厘米（图一九，8）。ⅠG3：10，泥质红陶。红胎。矮柄。素面。残高11.8厘米（图一九，9）。ⅠG1③：16，泥质红陶。灰胎。矮柄。素面。残高5.2厘米（图一九，11）。

壶　3件。敞口，束领。ⅡT12⑥：1，夹细砂灰褐陶。厚胎。圆唇，沿部下垂。素面。口

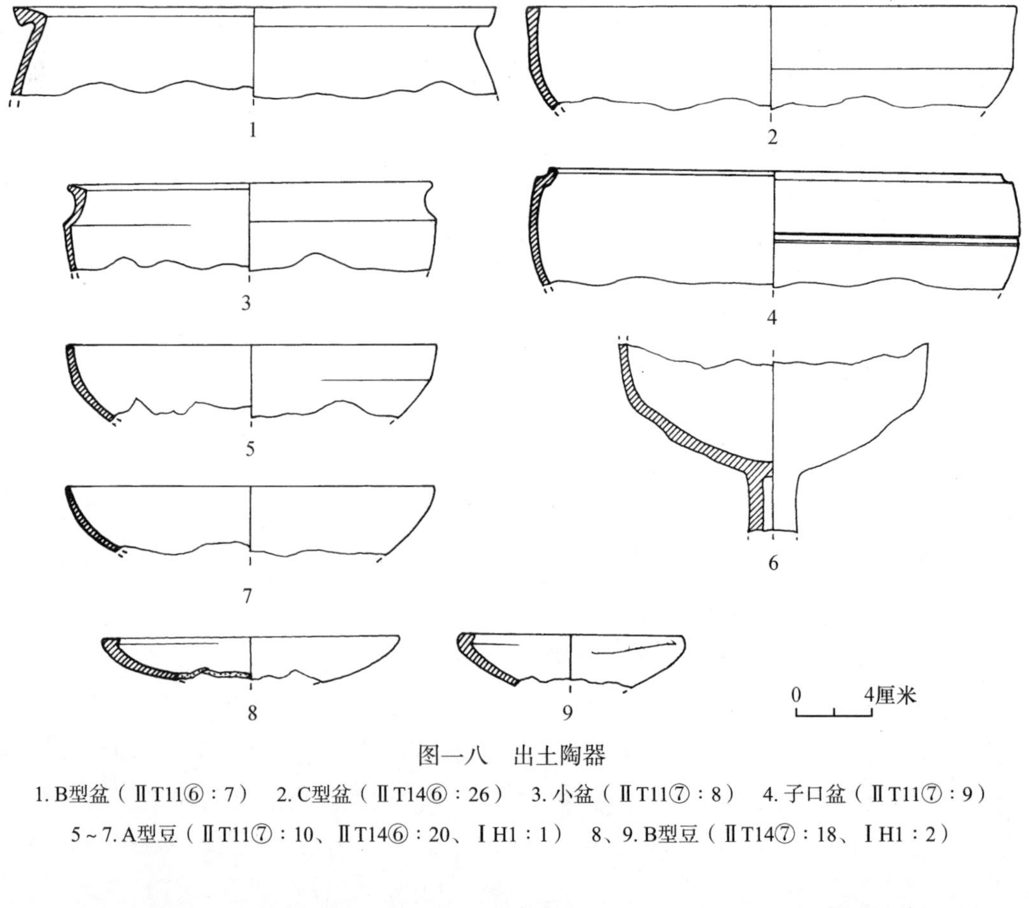

图一八　出土陶器

1. B型盆（ⅡT11⑥：7）　2. C型盆（ⅡT14⑥：26）　3. 小盆（ⅡT11⑦：8）　4. 子口盆（ⅡT11⑦：9）
5～7. A型豆（ⅡT11⑦：10、ⅡT14⑥：20、ⅠH1：1）　8、9. B型豆（ⅡT14⑦：18、ⅠH1：2）

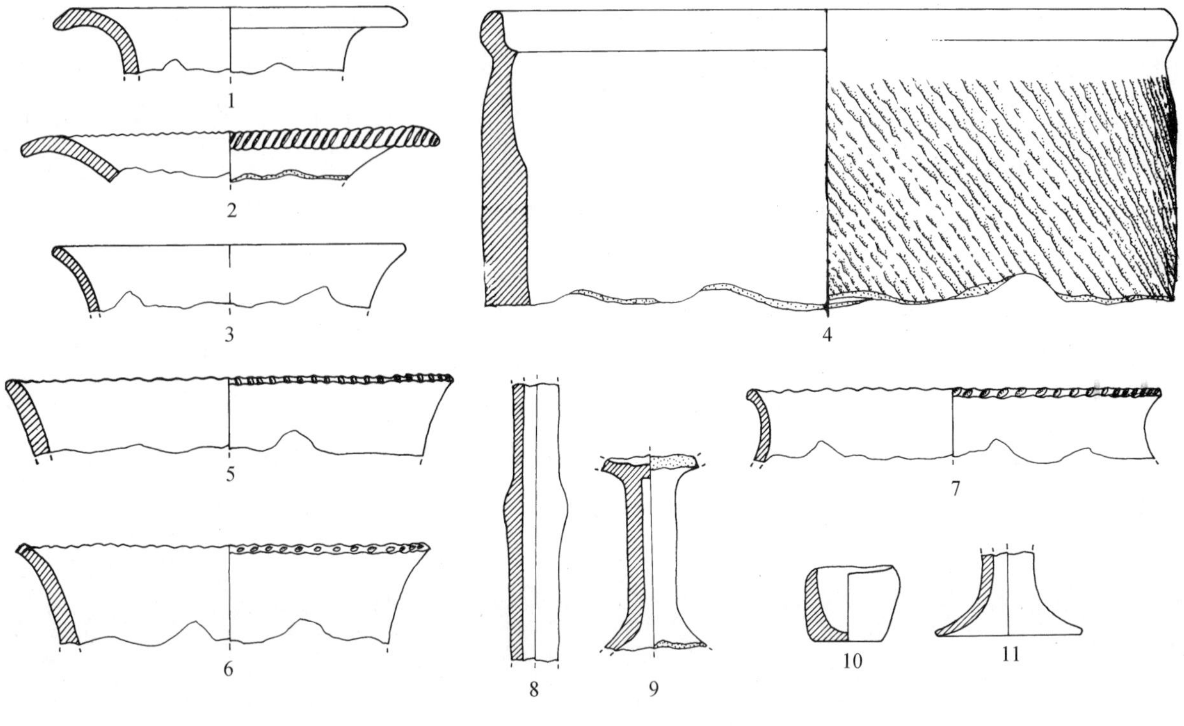

图一九　出土陶器

1~3. 壶（ⅡT12⑥：1、ⅡT13⑦：6、ⅡT10③：2）　4. 缸（ⅡT13⑦：9）　5~7. 花边大口罐（ⅡT14⑦：17、ⅡT10③：1、ⅡT12⑥：2）　8、9、11. 豆柄（ⅡT14⑦：13、ⅠG3：10、ⅠG1③：16）　10. 小杯（ⅡT14⑦：31）

径20、残高4厘米（图一九，1）。ⅡT13⑦：6，泥质红陶。厚胎。方唇。唇部饰绳切状花边。素面。口径26、残高3.2厘米（图一九，2）。ⅡT10③：2，泥质红陶。薄胎。圆唇。素面。口径22、残高4厘米（图一九，3）。

缸　3件。其中2件出自ⅡT13⑦层，另1件出自ⅡT11⑥层。均夹粗砂红陶，胎壁甚厚，最厚达5厘米，质粗疏。ⅡT13⑦：9，侈口，折沿，沿面下凹，似母口状，圆唇，深直腹，向下微弧，沿腹相接处较薄，以下渐厚。腹饰斜粗浅绳纹。口径43.2、残高18.2厘米（图一九，4）。另2件为腹、底部分，胎质甚酥松，弧腹，圜底，表面涂抹一层泥浆，其中一件腹部有宽2.2厘米纯净的浅黄色泥箍，箍带上下两边微鼓，较精致美观。

花边大口罐　3件。胎壁厚重，敞口，唇部饰大按窝状花边。ⅡT14⑦：17，夹粗砂红褐陶。圆唇，唇部花边窝痕较深，斜腹壁。素面。口径28、残高5.2厘米（图一九，5）。ⅡT10③：1，夹细砂红褐陶。斜方唇，唇部花边窝痕较浅。微束颈。素面。口径25.2、残高4.6厘米（图一九，6）。ⅡT12⑥：2，夹细砂灰陶。圆唇。唇部花边窝痕较浅。素面。口径26、残高4.6厘米（图一九，7）。

小杯　1件。ⅡT14⑦：31，夹粗砂红褐陶。用手捏制，粗糙，敛口，圆唇，鼓腹，小平底。素面。口径5、高4.7厘米（图一九，10）。

筒瓦　均残。泥质，多灰陶，少量黑陶。表面素面或饰绳纹，内素面。ⅠH2：1，灰陶。表面饰粗绳纹，绳纹清晰，被宽浅的弦纹抹掉二周。残长22、宽16、厚1厘米（图二〇，1）。

ⅠF1：1，灰陶。残存榫口一端。表饰印痕甚浅的粗绳纹。残长10、残宽8.6、厚0.7厘米（图二〇，3）。ⅡT14⑤：19，灰陶。残存卯口一端。素面。残长10.4、残宽11.2、厚1厘米（图二〇，4）。

板瓦　均残。ⅠH2：5，泥质灰陶。表面饰粗绳纹，绳纹规整、清晰，被甚宽浅的弦纹抹掉两周。残长30、残宽10、厚1厘米（图二〇，2）。ⅡT14⑥：29，泥质灰陶。表饰印痕模糊的小菱形方格纹，内素面。残长14.2、残宽9.8、厚1.2厘米（图二〇，5）。

纺轮　1件。ⅡT3③：10，夹细砂灰褐陶。扁圆形，略有折腰痕，中穿小孔。直径3.7、孔径0.5厘米（图二一，1）。

拍　2件。均出自ⅡT13⑥层，夹细砂红褐陶。柱状柄，拍面圆形，手制。ⅡT13⑥：2，拍面中部微鼓。面径5.7、残高6厘米（图二一，2）。ⅡT13⑥：1，拍面甚平。面径4.5、残高4.6厘米（图二一，3）。

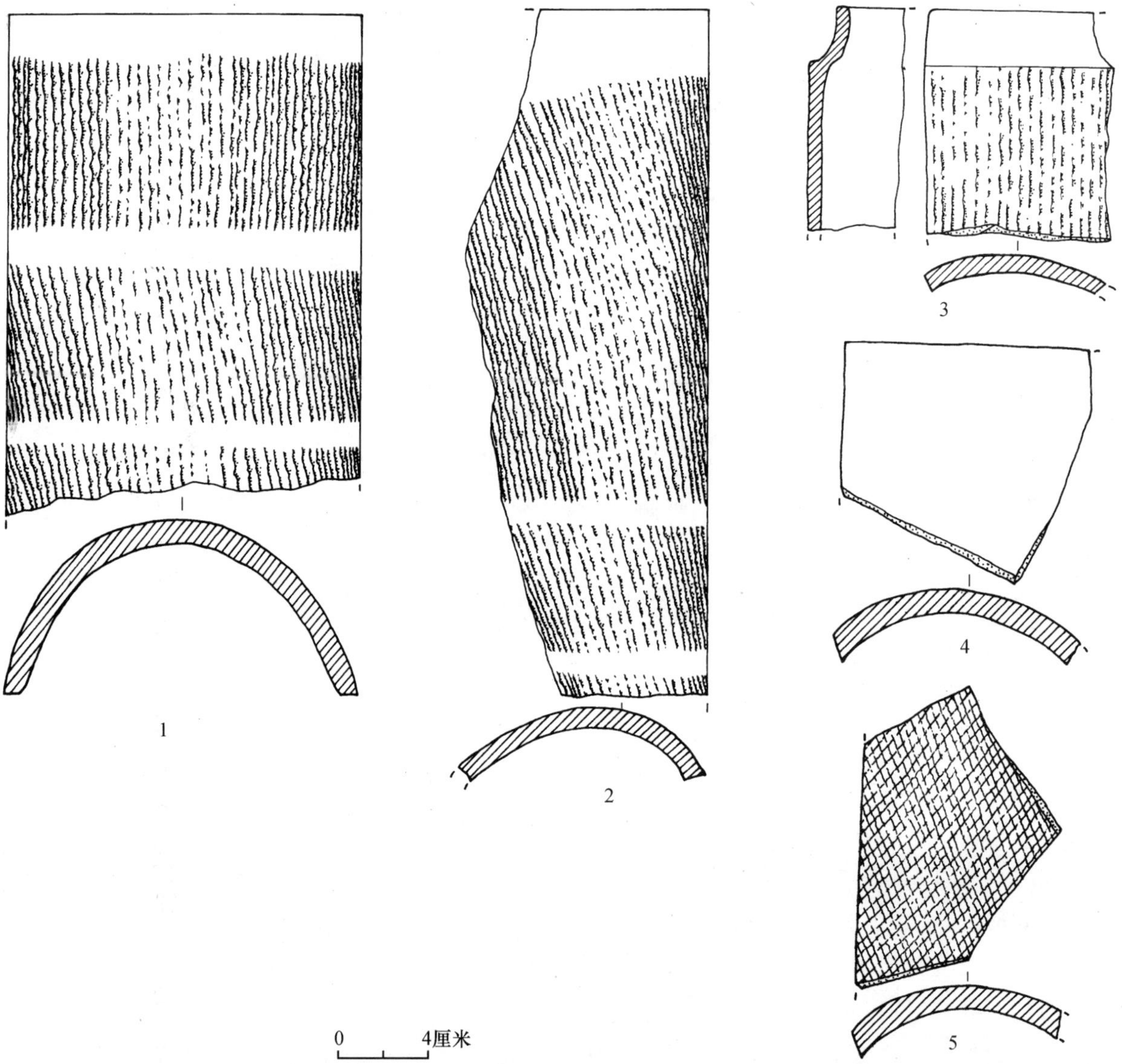

图二〇　出土陶器

1、3、4. 筒瓦（ⅠH2：1、ⅠF1：1、ⅡT14⑤：19）　2、5. 板瓦（ⅠH2：5、ⅡT14⑥：29）

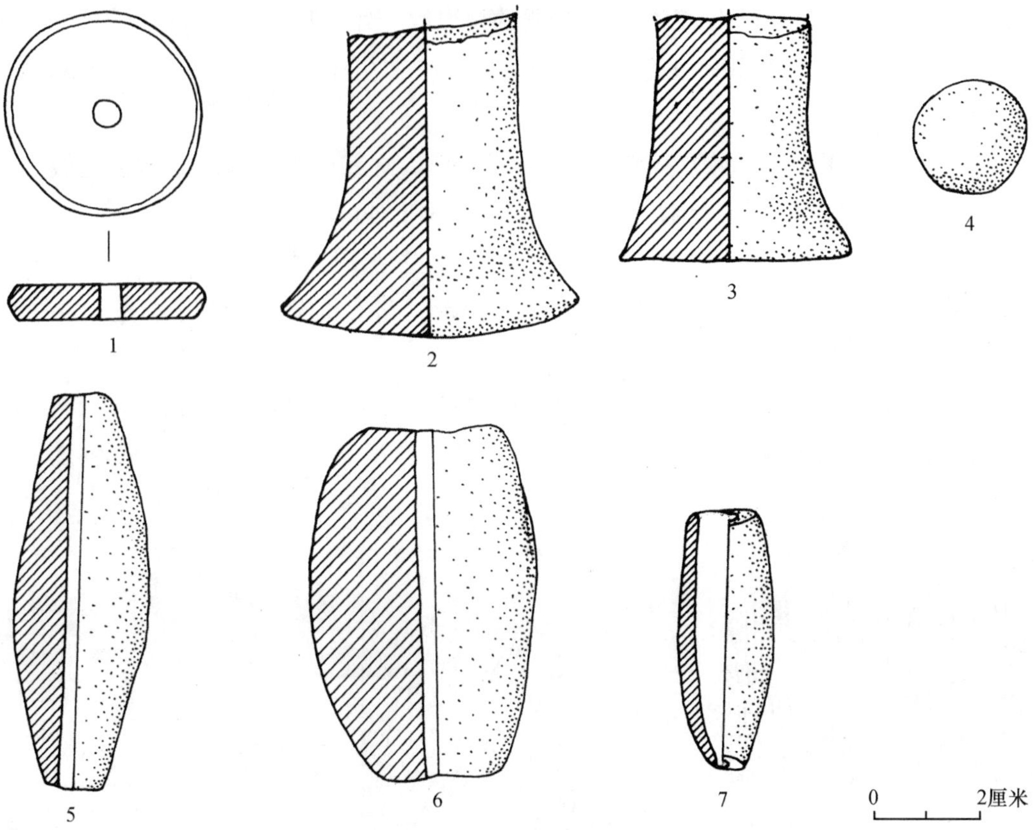

图二一 出土陶器

1. 纺轮（ⅡT3③：10） 2、3. 拍（ⅡT13⑥：2、ⅡT13⑥：1） 4. 弹丸（ⅠG1③：9）
5～7. 网坠（ⅡT14⑦：1、ⅠG3：11、ⅡT14⑥：30）

弹丸 1件。ⅠG1③：9，夹细砂灰陶。手制。直径2.1厘米（图二一，4）。

网坠 3件。ⅡT14⑦：1，泥质红陶。长鼓形，中有穿孔。长7.4、外径2.4、孔径0.6厘米（图二一，5）。ⅠG3：11，泥质红陶。略呈鼓形。长6.4、外径4.2、孔径0.36厘米（图二一，6）。ⅡT14⑥：30，泥质灰陶。长鼓形。长4.8、外径1.9、内径0.8厘米（图二一，7）。

（2）石器

有打制石器、磨制石器和天然石工具三类。

打制石器 7件。有石片和斧形器两种。

石片 5件。利用天然鹅卵石打劈成片，剥裂面上有打击点与放射线。ⅠG1③：8，灰黑色。约呈长方形。长7.7、宽4.5、厚1.6厘米（图二二，1）。

斧形器 2件。利用扁鹅卵石打击而成。ⅠG1③：6，浅灰色。两面均有多次打击痕迹，略呈短鞋底形。长8、下宽5.5、厚2.2厘米（图二二，2）。ⅠG3：1，浅灰绿色。两面均为天然石面，一面有反复打击痕迹，整体略呈鞋底形。长13.2、刃宽6、厚2.5厘米（图二二，3）。

磨制石器 9件。有斧、锛、凿、圭形器。

斧 2件。利用鹅卵石磨制而成。ⅡT10④：4，灰白色，器形较小，刃部有使用痕。长7.6、刃宽5.5、厚1.7厘米（图二二，4）。ⅠG1③：7，青灰色。器形较大，一面中部有崩疤，刃部一角残。长13.5、刃部复原宽6.2、厚3厘米（图二二，5）。

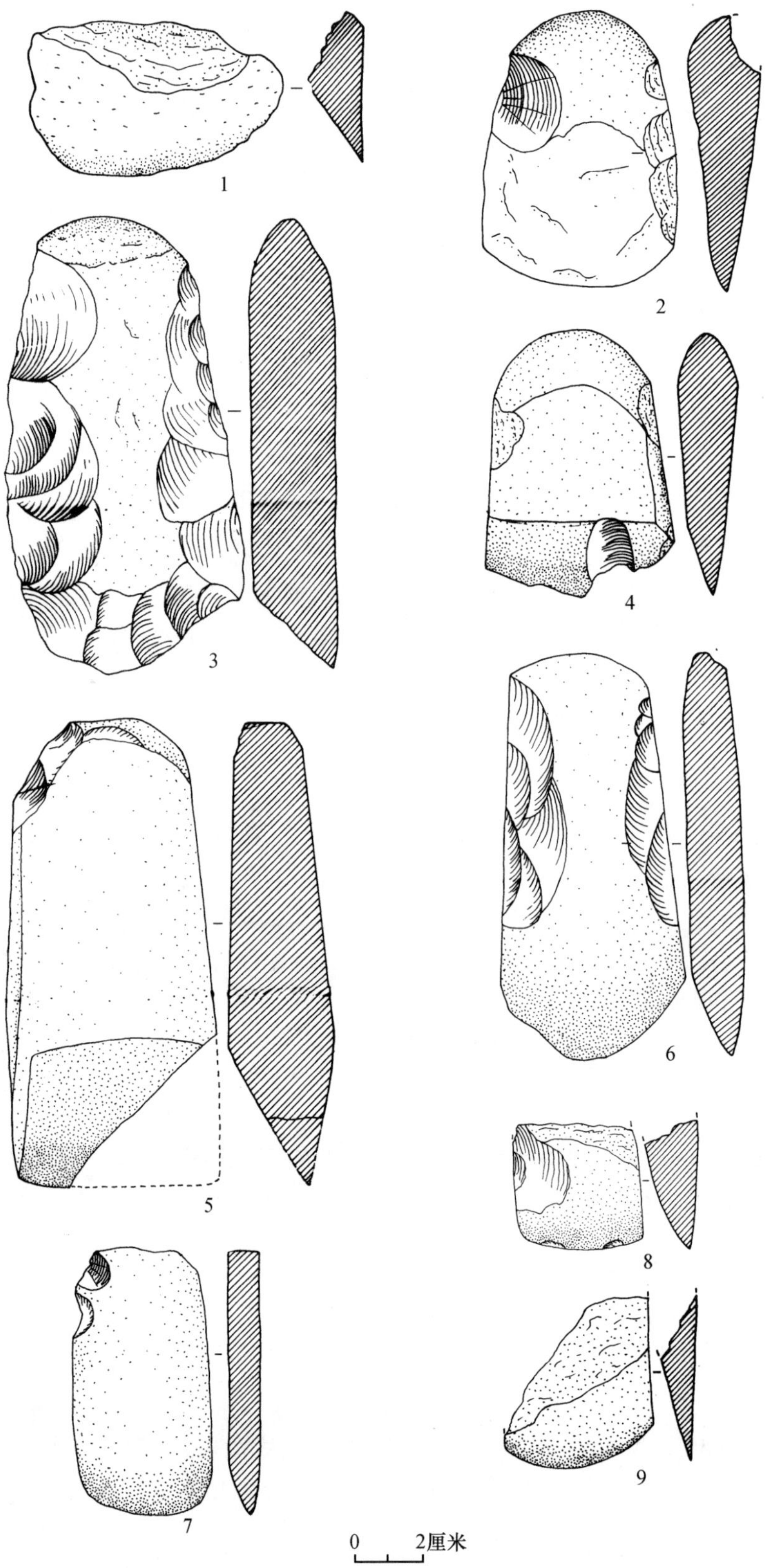

图二二　出土石器

1. 石片（ⅠG1③：8）　2、3. 斧形器（ⅠG1③：6、ⅠG3：1）　4、5. 斧（ⅡT10④：4、ⅠG1③：7）
6～9. 锛（ⅠG1③：3、ⅠG1③：2、ⅠG1③：4、ⅠG1③：5）

锛　5件。ⅠG1③：3，青灰色。器形较大。略呈鞋底形，磨制较精。长11.8、刃宽5.5、厚1.6厘米（图二二，6）。ⅠG1③：2，浅黄色，系从鹅卵石上剥下的石片加工而成，保留自然石面和剥离面，只有刃部磨出单面小侧刃，略呈长方形，两侧为自然剥裂而成的锐边。长7.7、刃宽4、厚1厘米（图二二，7）。ⅠG1③：4，残存刃部。灰白色。磨制精致。残长3.7、刃宽3.7、厚1.5厘米（图二二，8）。ⅠG1③：5，残存刃部。青灰色。磨制较精。残长4.6、刃宽4.5、厚1厘米（图二二，9）。ⅡT11⑦：15，绿灰色。两面及侧面磨制痕迹明显，略呈长方形，刃部及面部两侧有较多崩疤。长10.4、刃宽6、厚1.9厘米（图二三，1）。

凿　1件。ⅡT10④：5，灰白色。略呈梯形。磨制甚精。长5.3、刃宽2.5、厚0.5厘米（图二三，2）。

圭形器　1件。ⅡT14⑦：5，残。墨绿色。磨制较规整精致，长条形，断面呈五角形，一端上面有一较深沟槽，顶面有三道窄浅沟槽。残长6.5、宽2.5、厚1.5厘米（图二三，3）。

天然石工具　2件。无明显加工痕迹，但有使用痕迹，有杵和球两类。

杵　1件。ⅠG3：2，浅黄灰色。为扁柱形，两端稍尖。长28厘米（图二三，4）。

球　1件。ⅠG1③：1，灰白色，有黑色斑点。扁球形。长径5.5厘米（图二三，5）。

（3）铜器

4件。有镞和鱼钩两类。

镞　3件。可分二型。

A型　2件。有翼，脊、翼分界明显，菱形脊，菱形铤身，燕尾状双翼。ⅡT11⑦：1，长5.7厘米（图二三，9）。ⅡT14⑦：4，较大，翼尖及铤均残。残长5.3厘米（图二三，6）。

B型　1件。无翼。ⅡT14⑦：3，三棱形锋。残长3厘米（图二三，7）。

鱼钩　1件。ⅡT14⑦：2，呈“J”形，钩尖部有倒刺。残长2.2厘米（图二三，8）。

（二）汉代文化遗存

汉代遗存有地层、灰坑、活动场和墓葬。汉代地层在Ⅰ区中北部大部分探方均有发现。自西向东倾斜堆积，最厚达0.75米。

1. 遗迹

有灰坑、活动场和墓葬等。

灰坑　1座。

H4　位于Ⅰ区T30中部，开口于第3层下，打破第4层及生土。圆形，直壁，平底。直径约1、坑深0.6米。坑内填土呈灰色，土质稍硬，含大量木炭颗粒及红烧土块，底部清理出汉代残砖多块（图二四）。

活动场　1处。

活动场　位于Ⅰ区东部偏北，跨T57、T58、T59、T69、T70、T71、T72、T73和T74等探方。开口于第3层下，打破第4层、G2，并叠压F1。有面积较大的硬面，应为人为活动而致。大致呈南北向长方形。南北长26、东西宽约6米。通过解剖可知垫土分为2层：第1层灰色，土

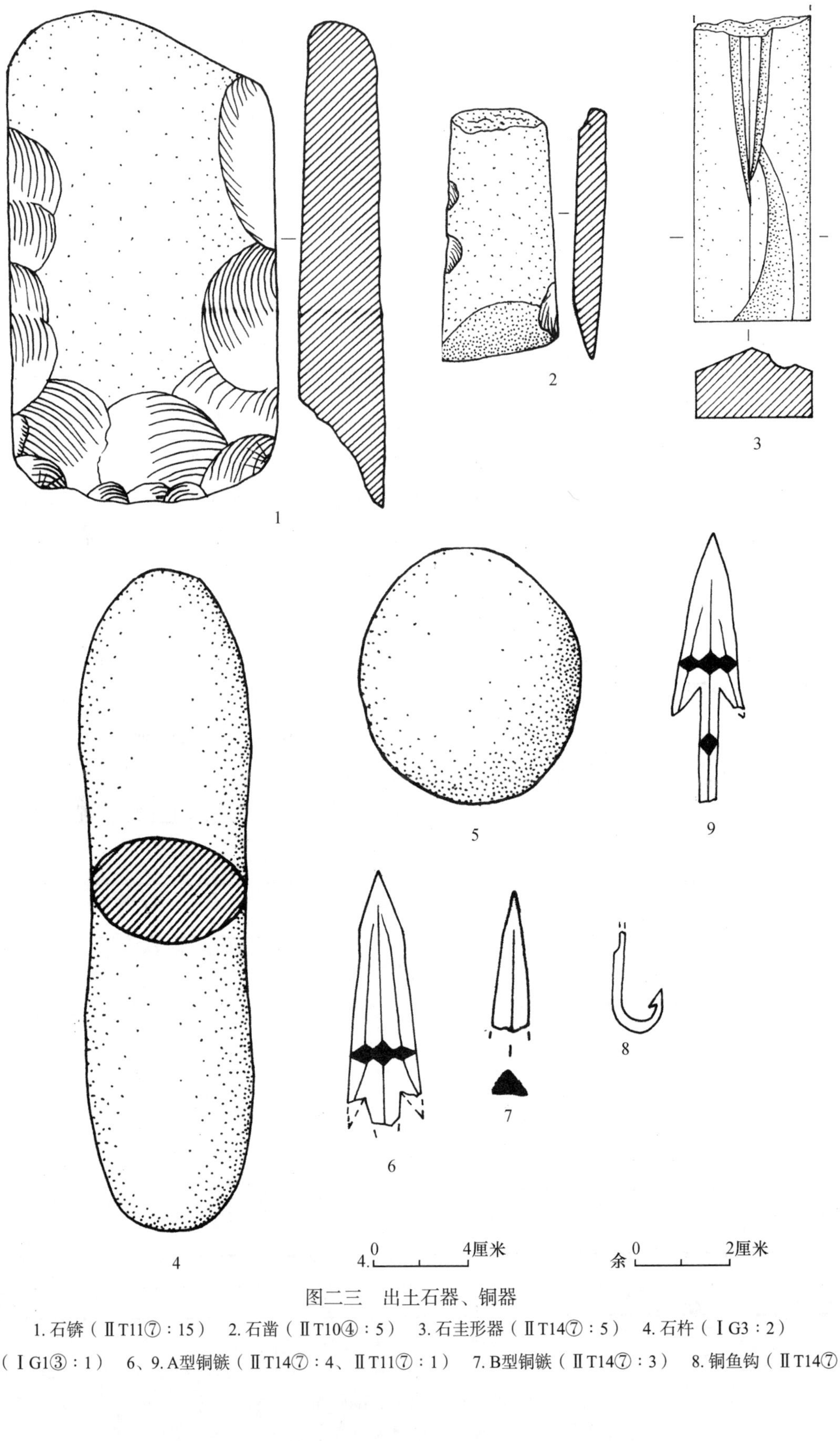

图二三　出土石器、铜器

1. 石锛（ⅡT11⑦：15）　2. 石凿（ⅡT10④：5）　3. 石圭形器（ⅡT14⑦：5）　4. 石杵（ⅠG3：2）
5. 石球（ⅠG1③：1）　6、9. A型铜镞（ⅡT14⑦：4、ⅡT11⑦：1）　7. B型铜镞（ⅡT14⑦：3）　8. 铜鱼钩（ⅡT14⑦：2）

质坚硬，含炭粒及红烧土颗粒较多，厚0.3～0.5米。第2层黄褐色，土质坚硬，含少许炭粒，厚0.12～0.3米。两层垫土内均出土少量陶器碎片。

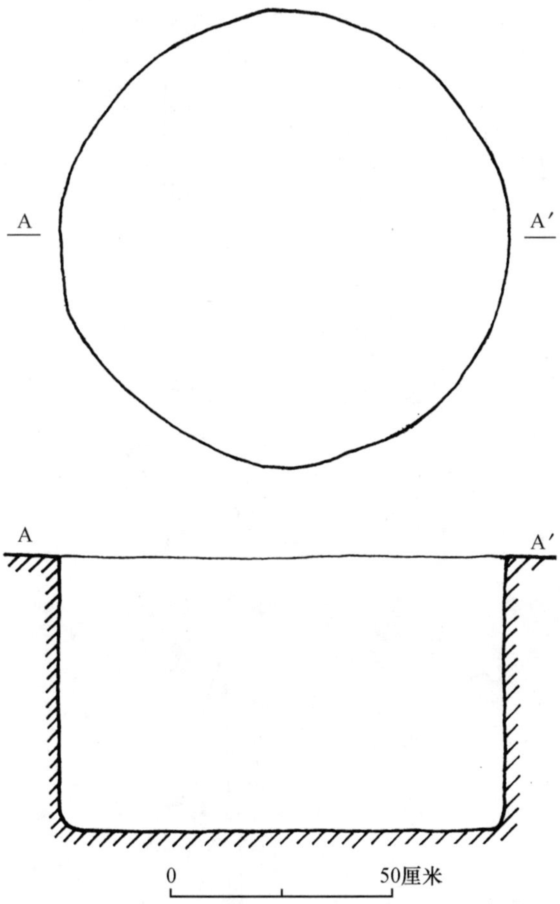

图二四　H4平、剖面图

墓葬　含瓮棺葬共5座。

M1　位于Ⅰ区北中部，跨T40、T41、T55和T56四个探方。开口于第3层下，打破第4层及生土。该墓上部已严重被毁，残留有墓室下部小砖。长方形，南北向。该墓墓道无存，据砌砖缺口判断，墓道当朝南或朝东。墓室下部用子母砖垒砌而成，最高保存三层，墓底无铺砖。长2.8、宽约0.9、残深0.4米。一些砖一侧模印有菱形花纹，有的为素面。砖长40、宽17、厚8.5厘米。葬具无存，人骨架朽甚无存，墓室西南部出土1件铁环形器（图二五）。

M2　位于发掘Ⅰ区北部、T45中部偏东南。开口于第2层下，墓口距地表约0.45米，为“甲”字形，方向110°。

该墓由墓室、墓道组成。墓道形状为长方形，上部长1.1、宽0.48～0.72、坡长1.6米，坡度为44°。墓道填土为灰黄色淤积土，土质坚硬。

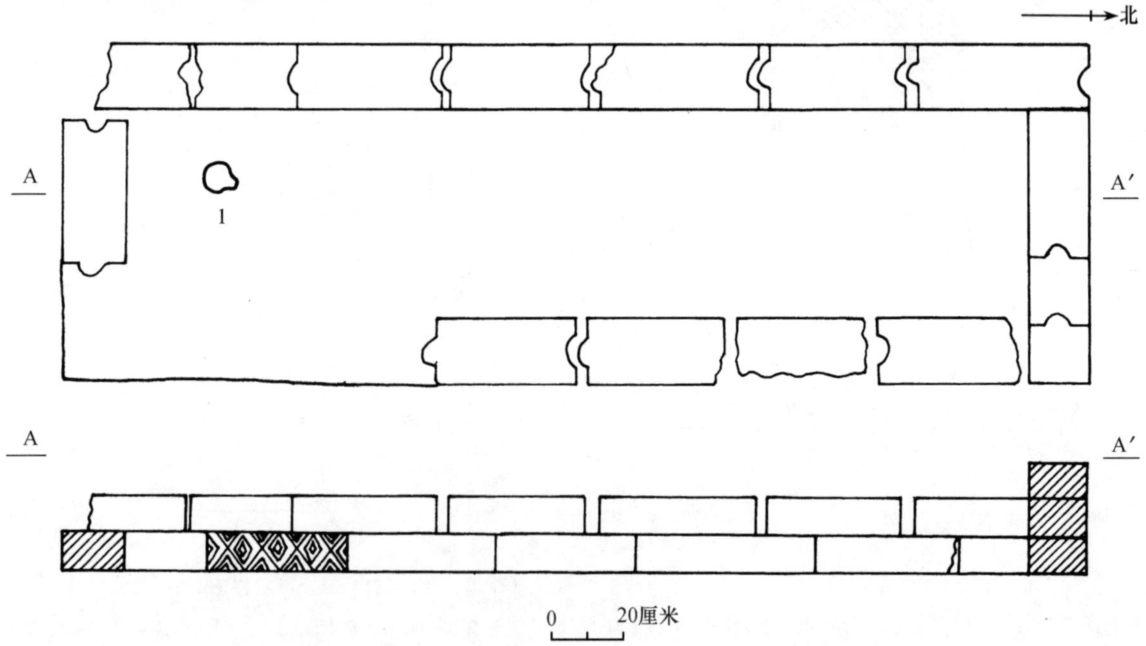

图二五　M1平、剖面图
1. 铁环形器

墓室为长方形，墓口长3.48、宽1.1米，墓底长2.86、宽0.72、深约1.2米。墓室三壁均用石块平砌而成，垒砌内面平整，但长、宽、厚度不一。墓底没有铺石块。墓室入口处用条形砖封堵，砖长35、宽16、厚8厘米，一侧面有菱形纹。墓室内填土为灰土，含大量细砂粒，土质稍硬。葬具无存，从墓底发现的铁拔钉来看，应有木棺。墓室狭小，推测应葬一人。因骨架已朽，余情不详。随葬器物计6件。分别为铜釜，铁鼎，陶甑、壶、器盖、圭各1件，均位于墓室前部。铜釜置于铁鼎内，陶器盖置于陶壶一侧，应为一套。墓底还有铁拔钉2枚（图二六）。

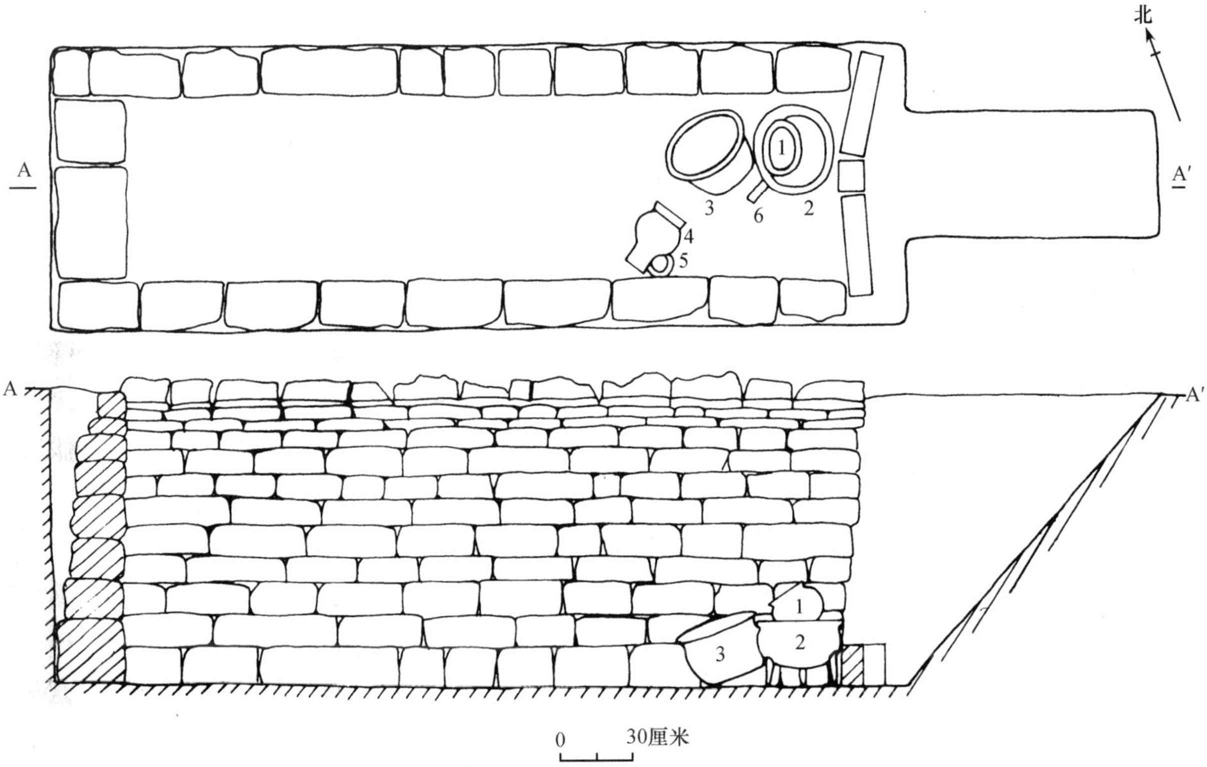

图二六　M2平、剖面图
1. 铜釜　2. 铁鼎　3. 陶甑　4. 陶壶　5. 陶器盖　6. 陶圭

M4　位于Ⅰ区西部偏北，占据T12大部，向南延伸至T11少部分。为刀形砖室墓，方向70°。开口于第2层下，打破第3层及生土（图二七）。

该墓由墓道、甬道、墓室组成。

墓道被斜坡状地层打破，形状略呈梯形，近墓室处增宽。东西残长0.52、南北宽1.4米，坡度约20°，内填黄褐色土，土质坚硬。

甬道为长方形，东西长约1.9、南北宽约1.7、残深约0.7米。其北、南两壁均用条形砖平砌而成，由于挤压而变形，内为黄褐色淤积土，土质坚硬。

墓室为长方形，南北长约3.1、东西宽约2.36、残深约1.14米。墓室西壁由于雨水浸蚀挤压等原因向内凹。相反，墓室南、北两壁向外凸。墓室填土为黄褐色淤积土，土质坚硬成块，含大量砖块，应系墓顶倒塌所致。墓室用子母砖、条形砖两种砖平砌而成。子母砖长40、宽16、厚8厘米，一侧面印有菱形纹。条形砖可分为两种：其一长约40、宽16、厚8厘米；其二长34、宽16、厚8厘米，两种砖均只有一侧模印有菱形纹。墓底北部均采用条形砖及子母砖平铺

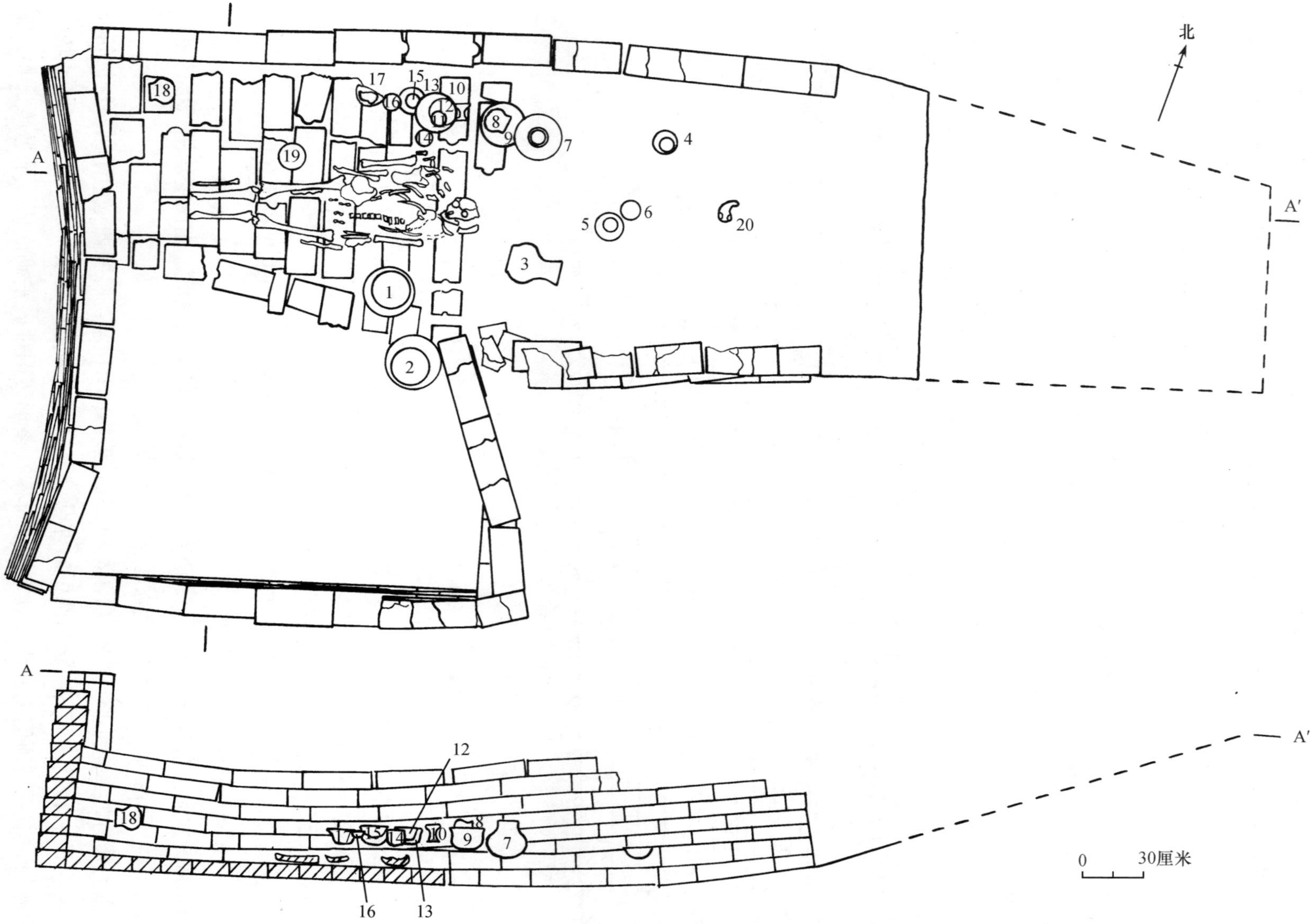

图二七 M4平、剖面图

1. 铜洗 2. 铁釜 3. 陶壶 4、11、12、15. 陶器盖 5. 陶仓 6. 陶鼎 7. 陶瓮 8、18. 陶罐 9、13. 陶盆 10、16. 陶灯 14. 陶杯 17. 陶甑 19. 陶匜 20. 陶勺

而成，其长、宽、厚与上述砖相同，但多为残砖。而墓底南部为红褐色砂土层（即生土）。在墓室西北角，清理出一长方形小坑，长0.28、宽0.2、深0.05米，内填灰黄色黏土，土质稍硬，内含有小动物骨骼，鉴定为鸡。墓内葬2人。于骨架底部发现木棺痕，但其轮廓不清晰。2具骨架均位于墓室北部，头东足西。北面一具骨架保存较差，有些凌乱，不规则，仰身直肢，面部向上，身长约1.45米，为男性，年龄45岁左右，估计为迁葬。南边一具骨架保存好，仰身直肢，面部稍侧向南，身长约1.38米，为女性，年龄近40岁。随葬器物计20件，铜器、铁器各1件，陶器18件。分别为铜洗，铁釜，陶壶、瓮、罐、仓、灯、盆、匜、杯、勺等，均发现于墓室北部及甬道内。陶器均泥质，除瓮、仓（含盖）为灰陶外，余皆红陶。轮制，但器形大多不规整。

W1　位于Ⅰ区中南部的T22中部。开口于第4层下，打破生土（图二八）。该瓮棺葬外为椭圆形圜底土坑，口长径1.16、短径0.9、残深0.32米。内填黄褐色土，土质坚硬。以陶瓮、平口瓮（皆残）为葬具，其内人骨不存。

W2　位于Ⅰ区北部的T44南部。开口于第3层下，上部被G2打破，打破生土（图二九）。该瓮棺葬为圆形直壁平底土坑，直径约0.7、残深0.76米。坑内填黄褐色土，土质坚硬。以平口陶瓮、陶盆为葬具，盆盖于瓮之上，其内人骨不存。

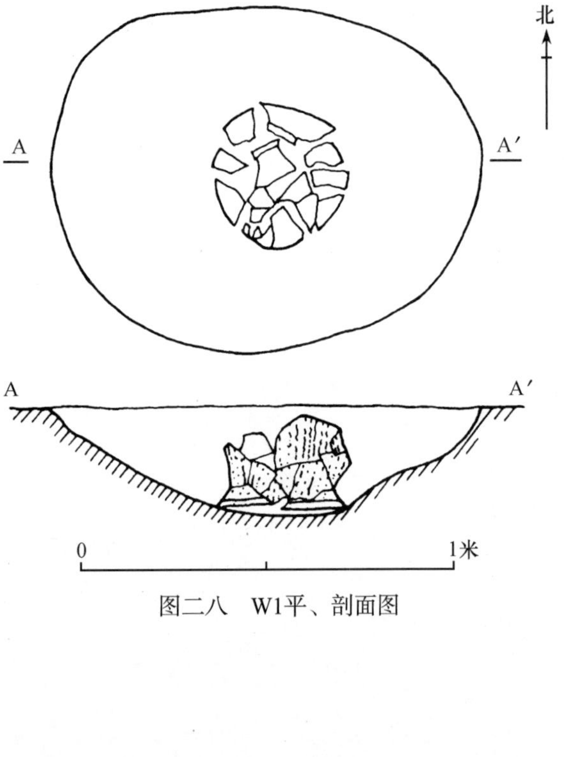

图二八　W1平、剖面图

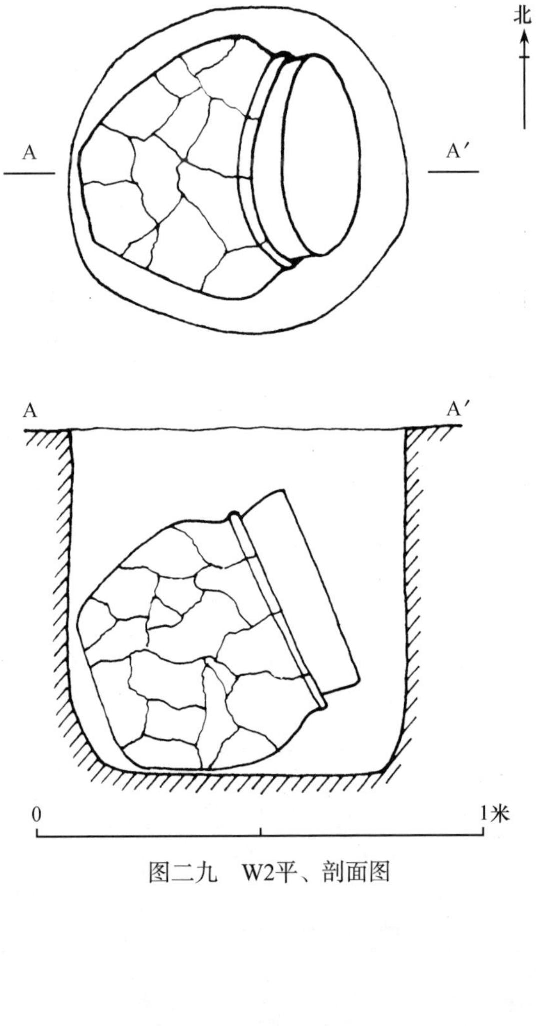

图二九　W2平、剖面图

2. 遗物

（1）陶器

绝大多数为泥质，多红陶或灰陶，少量黄褐陶，个别釉陶，还有甚少的夹细砂陶等。器形有盆、罐、瓮、壶、甑、灯、匜、杯、勺、平口瓮、器盖、仓、圭、网坠、陶拍、砖、瓦等。

壶　2件（器物件数为完整器数，下同）。ⅠM2：4，釉陶，泥质红胎。仅局部保留有黄绿色釉。盘口，方唇，长束颈，溜肩，圆腹略扁，喇叭状圈足。上腹附对称的双兽面铺首衔环，肩、腹部各饰两周弦纹。口径12.7、腹径21、底径13.5、高28厘米（图三〇，7）。ⅠM4：3，泥质红陶。盘口，方唇，弧颈，斜肩，扁腹，喇叭状圈足。上腹附对称的无环兽面铺首一对，肩部、腹部各饰三周弦纹，足部饰两周弦纹。口径13.4、腹径24、足径17.6、高28厘米（图三〇，8）。

罐　2件。ⅠM4：8，泥质红陶。侈口，卷沿，圆唇，束颈，溜肩，折腹，腹下弧收，小微凹底，肩部竖置对称的小泥凸状双耳。素面。口径11、底径6.2、高8厘米（图三一，1）。

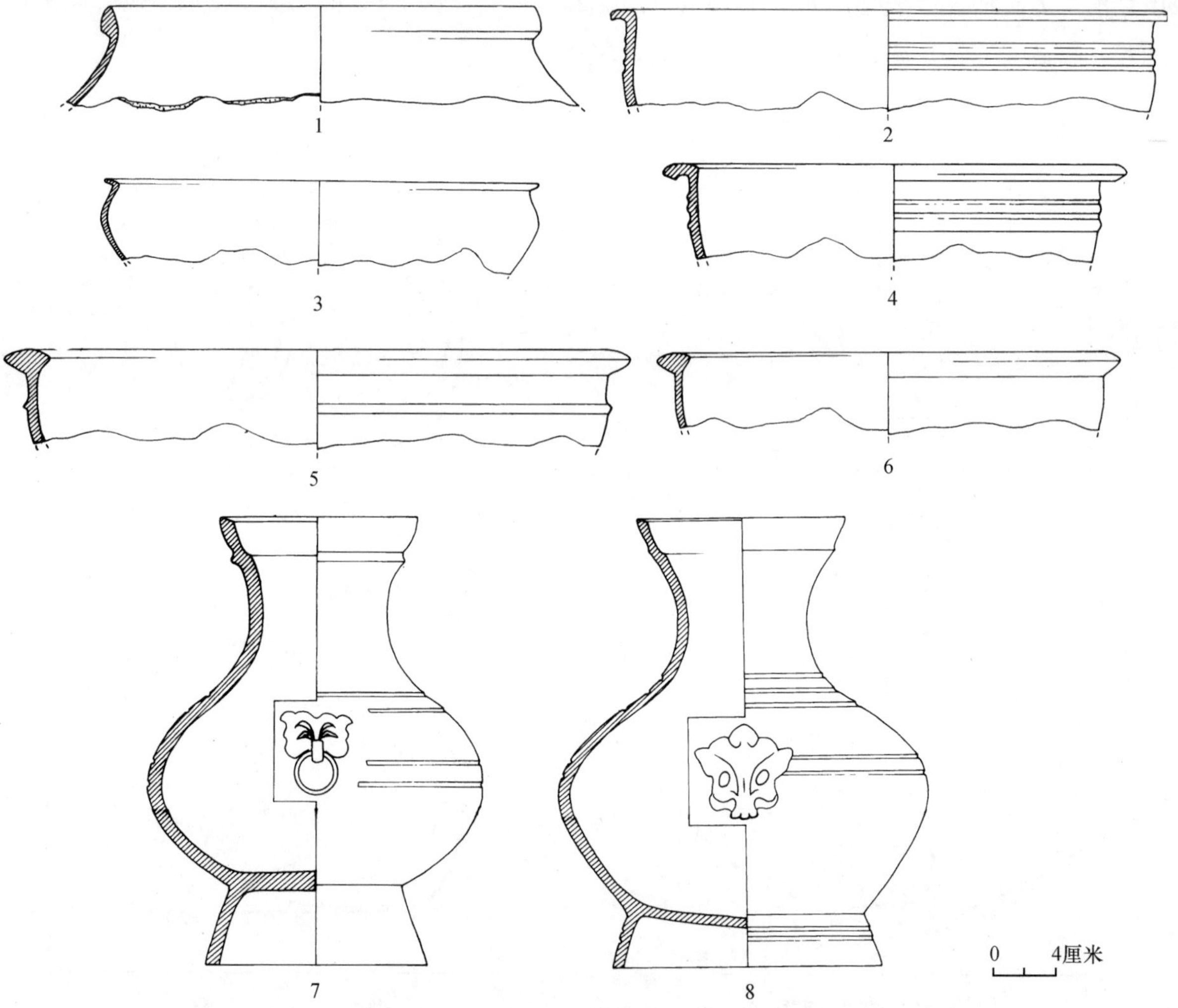

图三〇　出土陶器

1. 罐（ⅠT37④：7）　2～6. 盆残片（ⅠT58③：1、ⅠG1①：25、ⅠG2：1、ⅠG1②：26、ⅠT57③：2）
7、8. 壶（ⅠM2：4、ⅠM4：3）

ⅠM4：18，泥质红陶。侈口，圆唇，斜直领，溜肩，折腹，腹下斜收，平底，折腹处横置对称的小泥凸状双耳。素面。口径11、底径8、高8.5厘米（图三一，2）。另有残罐数件。ⅠT37④：7，泥质灰陶。小侈口，微卷沿，厚圆唇，斜鼓肩。素面。口径27.2、残高6厘米（图三〇，1）。

盆　3件。ⅠM4：9，器形较小。泥质红陶。侈口，折沿，圆唇，沿面下凹，弧腹较深，近似圜底状的小平底。上腹饰三周弦纹。口径18.2、底径6.6、高7.4厘米（图三一，3）。ⅠM4：13，器形较小。泥质红陶。形制与ⅠM4：9相仿，但沿面略为下凹，似母口状，腹甚浅，似盘，底较平。腹饰两周宽浅弦纹。口径18.5、底径7.2、高5厘米（图三一，4）。ⅠW2：2，器形较大。泥质灰陶。微敞口，厚方唇外凸，深弧腹，大平底微内凹。素面。口径34、底径22.8、高16.4厘米（图三一，5）。

另有残盆多件，器形较大。ⅠT58③：1，泥质灰陶。直口，小卷沿，小方唇，沿面弧鼓，弧腹。腹饰弦纹。口径36、残高6.3厘米（图三〇，2）。ⅠG1①：25，泥质灰陶。小卷沿，圆唇，微有颈，鼓腹。素面。口径26、残高5.6厘米（图三〇，3）。ⅠG2：1，泥质黄褐陶。微侈口，翻沿，斜方唇，沿面微鼓，斜直腹。腹饰弦纹。口径30、残高6厘米（图三〇，4）。ⅠG1②：26，泥质灰陶。敛口，折沿，尖唇，厚沿，沿内折棱凸出，弧腹。腹饰弦纹。口径40、残高6.5厘米（图三〇，5）。ⅠT57③：2，泥质灰陶。形制与上件相同，唯器形稍小。素面。口径30、残高5.2厘米（图三〇，6）。

瓮　2件。ⅠM4：7，泥质灰陶。侈口，平沿，圆唇，束颈，弧肩，扁圆腹，圜底。肩中

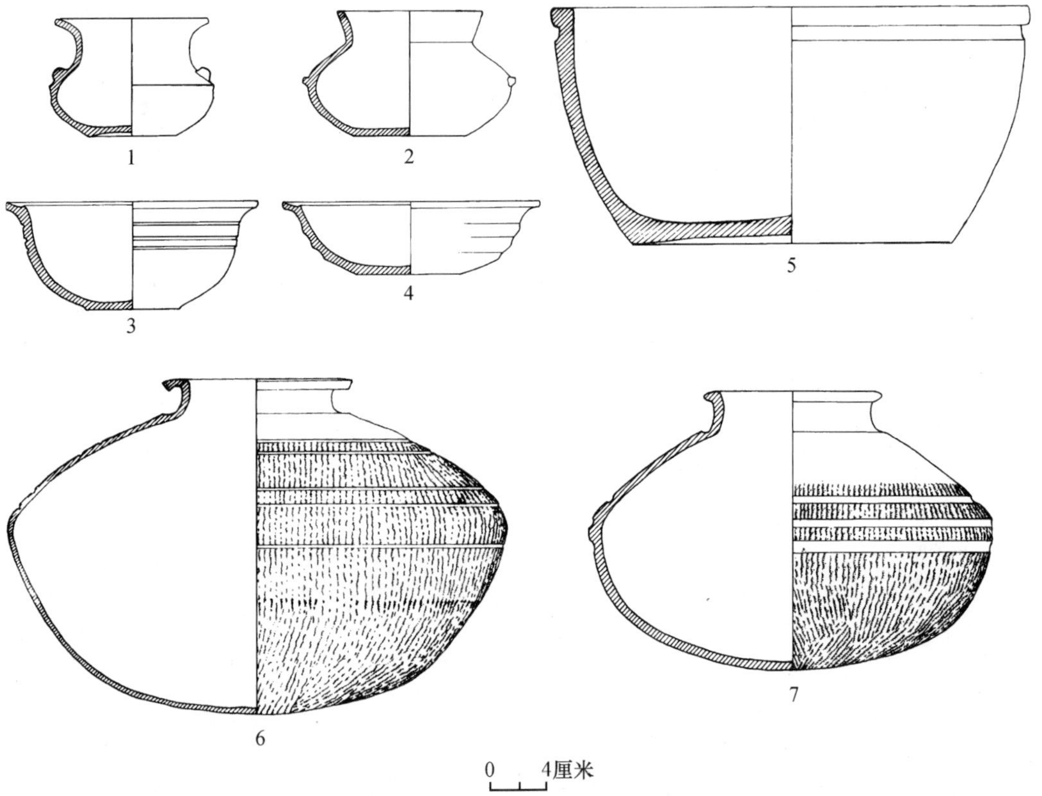

图三一　出土陶器

1、2. 罐（ⅠM4：8、ⅠM4：18）　3～5. 盆（ⅠM4：9、ⅠM4：13、ⅠW2：2）　6、7. 瓮（ⅠW1：2、ⅠM4：7）

部以下饰中绳纹，肩部及上腹部绳纹之上加饰宽浅弦纹。口径12.4、腹径29、高19.6厘米（图三一，7）。ⅠW1：2，泥质灰陶。小口，平折沿，斜方唇，矮领，溜肩，肩顶部一周宽浅凹痕，鼓腹，圜底。肩下部与腹、底部饰竖行中绳纹，肩部与上腹部绳纹之上加饰宽浅弦纹。口径13.8、肩径36、高23厘米（图三一，6）。

另有残瓮数件。ⅠT22④：1，器形甚大。泥质黄褐陶。侈口，平方唇，矮领，斜弧肩。肩饰印痕甚浅的中绳纹。口径35.4、残高9.4厘米（图三二，1）。

平口瓮　2件，器形甚大。ⅠW1：1，泥质灰陶。厚方唇，斜肩微弧，折肩，肩顶部一周宽浅凹痕，深斜腹。肩中部，折肩处上、下及上腹部各饰两周弦纹。口径14.8、肩径34、残高19.6厘米（图三二，2）。ⅠW2：1，泥质灰陶。平口，圆唇外鼓，窄斜肩，深弧腹，平底微内凹。素面。口径31.5、底径28.5、高36厘米（图三二，4）。

鼎　1件。ⅠM4：6，泥质红陶。盘口，微斜方唇，束颈，微鼓腹，圜底，弯曲的蹄形足，沿上斜附两环形耳。口径15.6、腹径16.3、高12.2厘米（图三二，3）。

甑　2件。ⅠM2：3，器形甚大。泥质灰黑陶。敛口，尖唇，小折肩，深弧腹，平底，底有14个小孔。素面。口径34.8、底径16.6、高19.2厘米（图三二，5）。ⅠM4：17，器形较小。泥质红陶。侈口，折沿，圆唇，弧腹，小平底，底中部1个、周围4个大致对称的小穿孔。腹部留有宽浅的轮旋痕。口径15.6、底径6、高6厘米（图三三，1）。

仓　1件。ⅠM4：5，泥质灰陶。敛口，斜方唇，折肩，深弧腹，平底。上腹饰一周弦

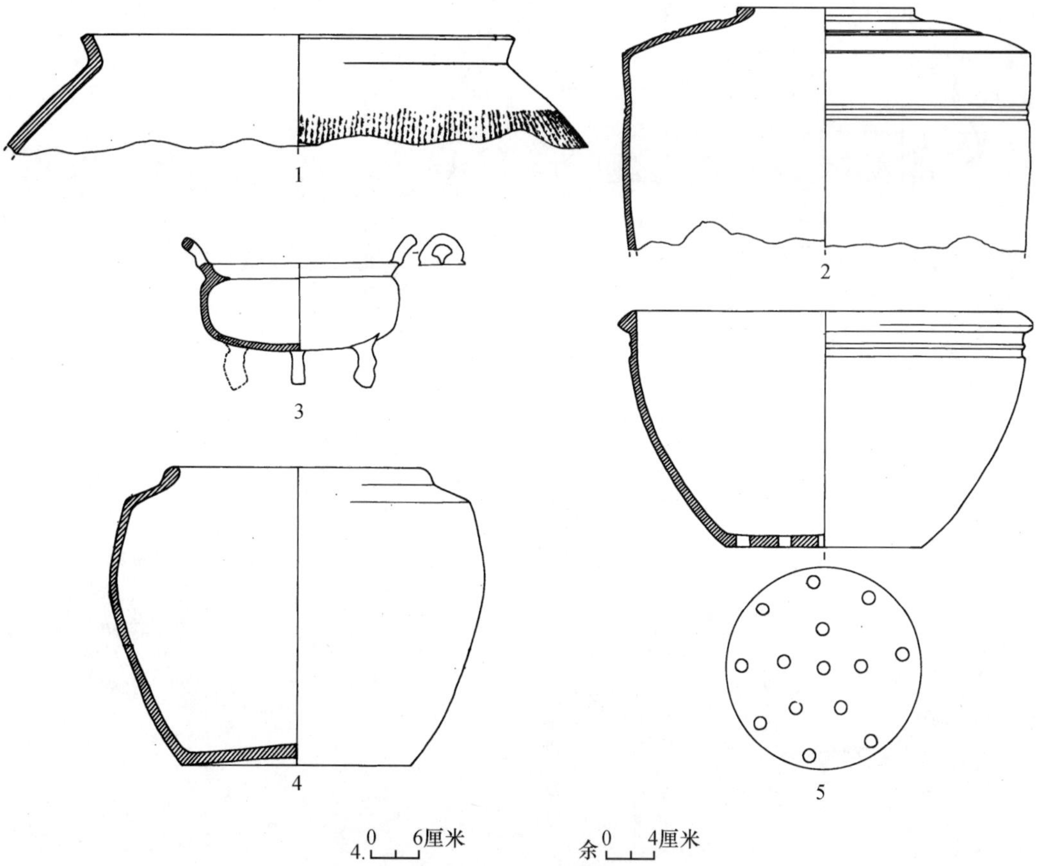

图三二　出土陶器

1. 瓮残片（ⅠT22④：1）　2、4. 平口瓮（ⅠW1：1、ⅠW2：1）　3. 鼎（ⅠM4：6）　5. 甑（ⅠM2：3）

纹。口径9.2、底径10、高13.8厘米（图三三，7）。

灯　2件。ⅠM4：10，泥质灰陶。子口，圆唇，弧腹，细矮柄，覆盘形座。素面。口径10.8、底径7.6、残高8.2厘米（图三三，8）。ⅠM4：16，泥质红陶。敞口，平方唇，弧腹，细矮柄，覆盘形座。素面。口径12、底径7、高7.6厘米（图三三，9）。

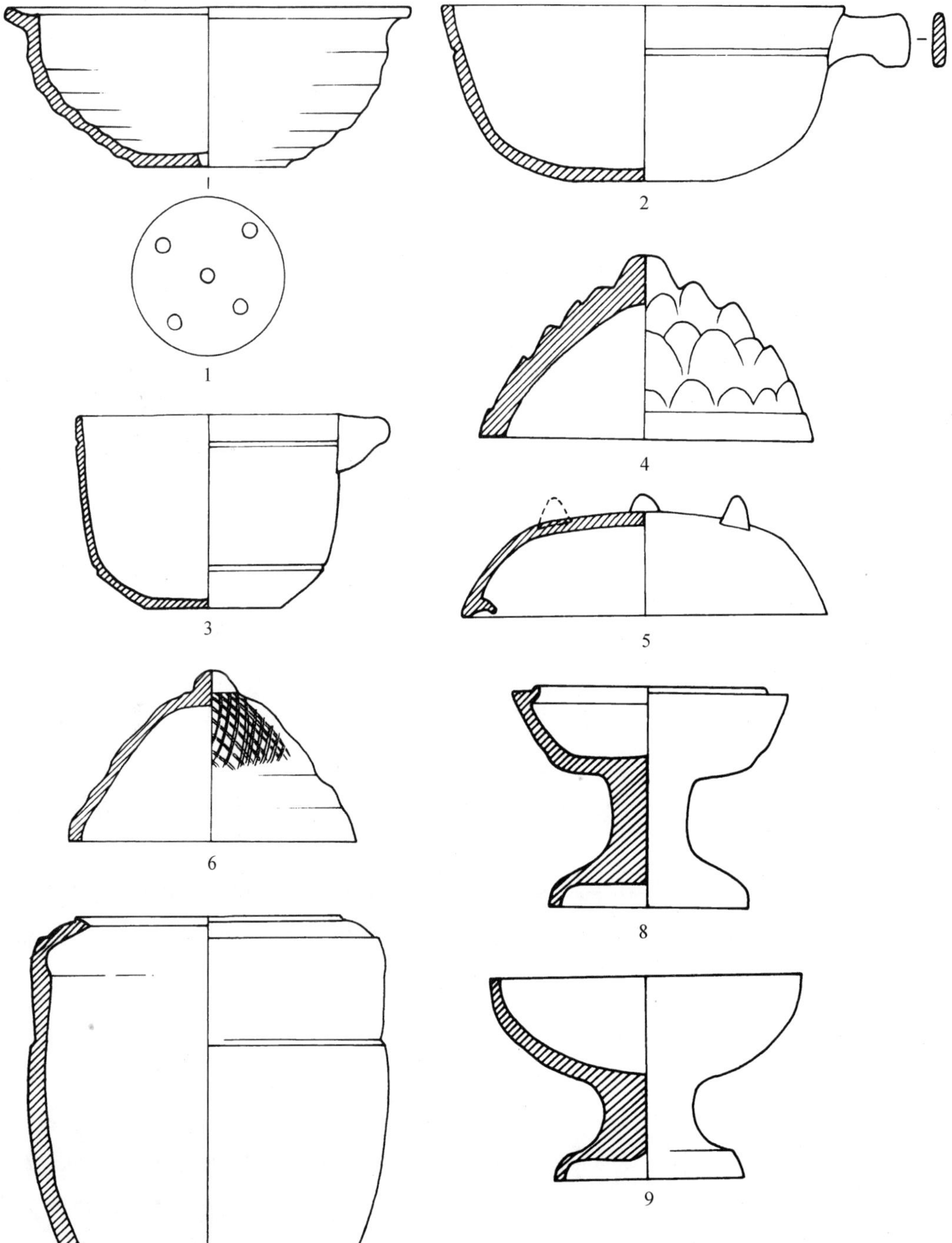

图三三　出土陶器

1. 甑（ⅠM4：17）　2. 匜（ⅠM4：19）　3. 杯（ⅠM4：14）　4～6. 器盖（ⅠM2：5、ⅠM4：4、ⅠM4：11）　7. 仓（ⅠM4：5）　8、9. 灯（ⅠM4：10、ⅠM4：16）

匜　1件。ⅠM4：19，泥质红陶。敞口，方唇，深弧腹，小平底，口部附一扁长方形把。口径15.4、底径6、高6.6厘米（图三三，2）。

杯　1件。ⅠM4：14，泥质红陶。微敞口，圆唇，斜直壁，腹壁下部斜收为小平底，口部附一扁小三角形把。腹壁上、下各饰一周弦纹。口径10.2、底径5.2、高7.2厘米（图三三，3）。

勺　1件。ⅠM4：20，泥质红陶。口部略呈桃形，敞口，平底，柄似鸟首形。口径6.8、高6.4厘米（图三四，3）。

器盖　5件。形制各异。ⅠM2：5，当为壶盖，博山炉式。泥质红陶。方唇外凸，盖壁微弧，顶部一小扁状乳突，整体上下三层，呈山峦形，峰峦之间为卷云纹。口径12.8、高6.8厘米（图三三，4）。ⅠM4：4，泥质红陶。子口，圆唇，矮弧顶，顶上部有三个均匀分布的小乳钉。该器与鼎（ⅠM4：6）均出土于M4甬道内，相距不远，质、色相同，正可扣合，当为鼎盖。口径14、底径8、高4.4厘米（图三三，5）。ⅠM4：11，泥质红陶。敞口，平方唇，高弧顶，顶中心一扁乳钉状泥凸。盖顶下部饰两周宽浅弦纹，以上饰均匀分布的三组菱形刻划纹。该盖与壶（ⅠM4：3）质、色相同，二者可扣合，皆出自M4墓室，然相距稍远，疑为壶盖。口径11.2、高6.2厘米（图三三，6）。ⅠM4：12，泥质灰陶。敞口，平方唇，矮弧顶，顶部隐约可见小乳钉。顶部有制作时的轮旋痕。该盖与仓（ⅠM4：5）质、色相同，正可扣合，当为仓盖。但二者出土时相距较远，疑为扰动所致。口径12、高3.6厘米（图三四，1）。ⅠM4：15，泥质红陶。器形较大，子口，圆唇，略有矮弧肩，弧顶。肩上、下部各有一周弦纹。此盖与盆（ⅠM4：13）出土时相邻，质、色相同，子口与母口似正可扣合，疑为该盆之盖，如然，二者为一套，可称为盒。口径18.6、高6.2厘米（图三四，2）。

圭　1件。ⅠM2：6，泥质灰陶。长方形，边部较齐。长12.4、宽3、厚0.6厘米（图三四，4）。

网坠　1件。Ⅰ活动场垫土：1，泥质黄褐陶。略鼓腹，中有穿孔。长6.1、外径2、内径1.7厘米（图三四，5）。

拍　1件。ⅠT51④：1，泥质灰陶。圆饼形，斜方唇，下面甚平，上面中部一纽。纽周围依纽形状饰亚腰形纹，拍子上面在一周弦纹内饰菱形方格纹，纽上部亦饰方格纹，纹饰均甚浅而模糊。直径8、高1.8厘米（图三四，8）。

砖　均为残块，有楔形砖、大长方形砖、小长方形砖多种。ⅠT24④：1，夹细砂灰陶。楔形砖，在砖侧面印有半幅的车轮和一人物形象图案，人物戴冠，冠似有翅，双腿分，呈行走状，一手执一方形物，腰部似佩带一剑或刀类武器。残长15、宽17、厚8.5厘米。ⅠT37④：6，夹细砂灰陶。小长方形砖。素面。残长14、宽12、厚3.2厘米（图三四，7）。

瓦　出土甚多，但均为残片，有板瓦和筒瓦两种。多夹细砂，少量泥质，以灰陶为主，也见黄褐陶。大多素面，内面布纹，也有无布纹和外面绳纹、内素面或略带绳纹痕的。

（2）铜器

仅釜、洗两种。

釜　1件。ⅠM2：1，青铜质。胎壁甚薄。侈口，卷沿，方唇，束颈，折肩，扁鼓腹，圜底。肩部有对称的双环状耳。上腹部饰两周弦纹。外壁有烟熏痕。口径20.6、腹径21.4、底径

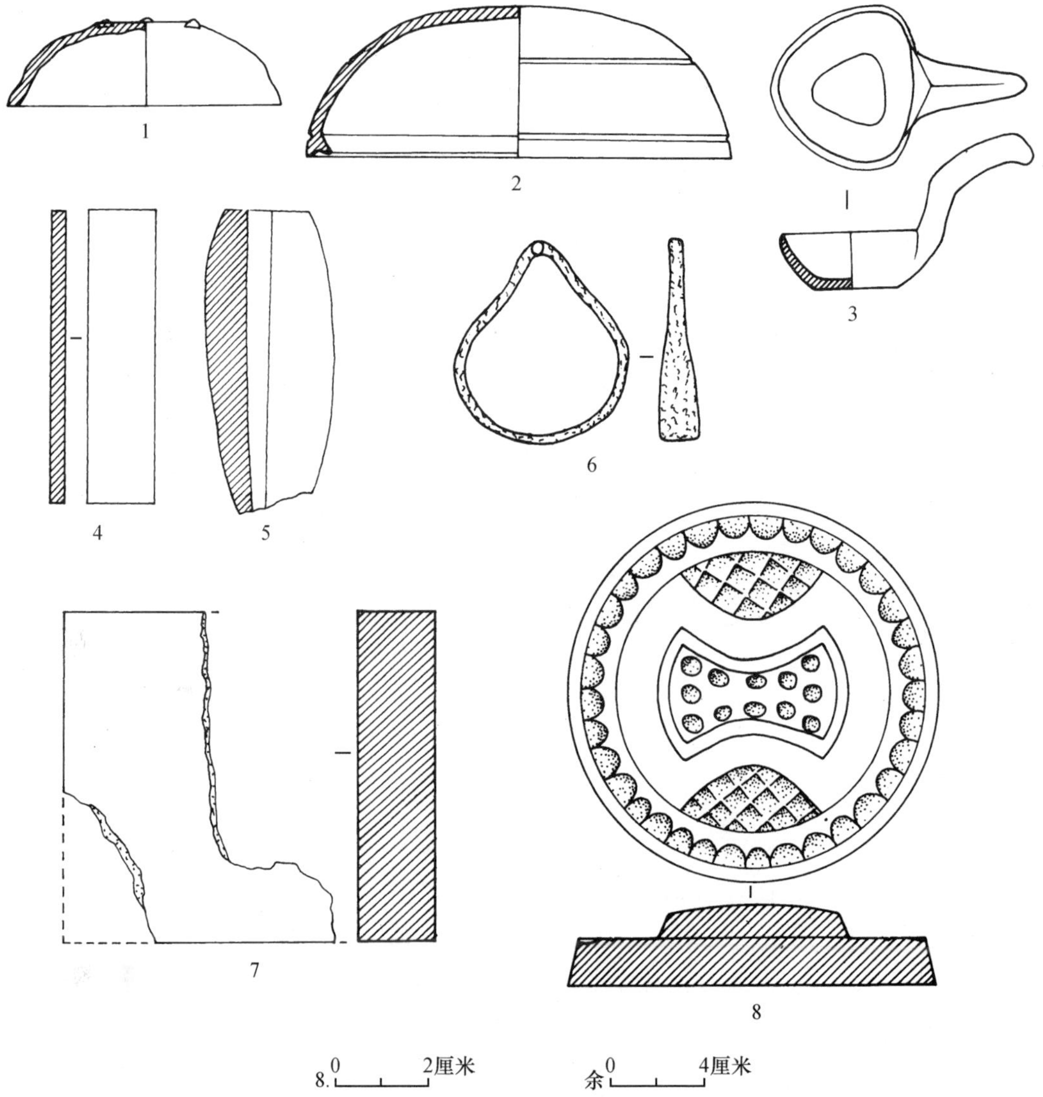

图三四　出土器物

1、2. 陶器盖（ⅠM4：12、ⅠM4：15）　3. 陶勺（ⅠM4：20）　4. 陶圭（ⅠM2：6）　5. 陶网坠（Ⅰ活动场垫土：1）　6. 铁环形器（ⅠM1：1）　7. 陶砖（ⅠT37④：6）　8. 陶拍（ⅠT51④：1）

14.2、高16.4厘米（图三五，1）。

洗　1件。ⅠM4：1，青铜质。侈口，翻沿，方唇，束颈，折肩，弧腹，微凹底。腹中部附对称的双铺首衔环，出土时环向上翘。上腹饰四周弦纹。口径24.6、腹径24、底径15、高11.8厘米（图三五，2）。

（3）铁器

器形有釜、鼎、斧、凿、环形器以及拔钉等。

釜　1件。ⅠM4：2，锈蚀但形制仍较清楚。侈口，宽折沿，圆唇，折肩，球状腹，圜底。口径30、腹径29、高24.5厘米（图三五，8）。

鼎　1件。ⅠM2：2，锈蚀严重。据现场清理时观察和起取后所获残片测量，可知其当为罐形鼎。侈口，折沿，鼓腹，圜底，三高扁足。口径约30、腹径约30、高约35厘米（图三五，7）。

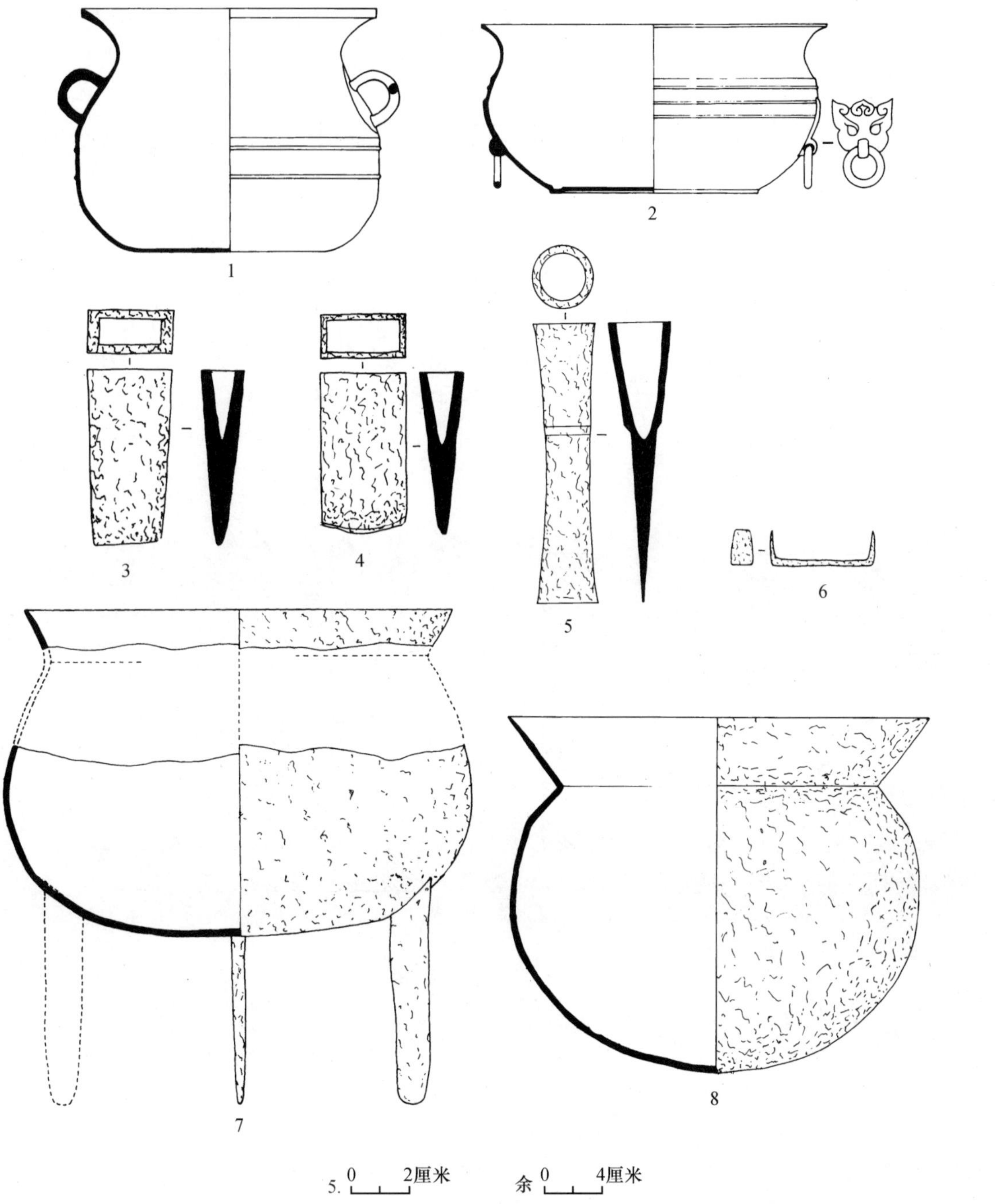

图三五　出土铜、铁器

1. 铜釜（ⅠM2：1）　2. 铜洗（ⅠM4：1）　3、4. 铁斧（ⅠG1②：23、ⅠG1②：24）　5. 铁凿（ⅠT57③：1）
6. 铁拔钉（ⅠM2：7）　7. 铁鼎（ⅠM2：2）　8. 铁釜（ⅠM4：2）

斧　2件。方銎。ⅠG1②：23，长12、宽6厘米（图三五，3）。ⅠG1②：24，长11.1、宽6厘米（图三五，4）。

凿　1件。ⅠT57③：1，圆銎，宽扁刃。长9.5、刃宽2.3厘米（图三五，5）。

环形器　1件。ⅠM1：1，桃形铁环，尖端剖面圆形，余处扁平，或为车器部件或为镢、锄类工具之箍。长8.6厘米（图三四，6）。

拔钉　2枚。形制相同。ⅠM2：7，宽扁状，两端向下弯曲。长7.4厘米（图三五，6）。

（三）唐代文化遗存

唐代遗存有地层、灰坑和墓葬。唐代地层在Ⅰ区中部以北的偏东部及Ⅱ区东南部有分布，Ⅰ区厚0.1～0.15米，Ⅱ区最厚可达0.45米。

1. 遗迹

有灰坑和墓葬等。

灰坑 1座。

H5 位于Ⅰ区T13西北部及T14西南部，向西延伸至未发掘区。开口于第2层下，打破第3层及生土。坑口形状不规则，斜壁平底状，残长3.5、深约0.65米。坑内填土可分两层。第1层（上部），浅灰色，土质稍软，含炭粒、红烧土颗粒较多，出土少量瓦片、残砖块等。第2层（下部），浅黄色，土质稍硬，含较少炭粒，出土石块、釉陶片等（图三六）。

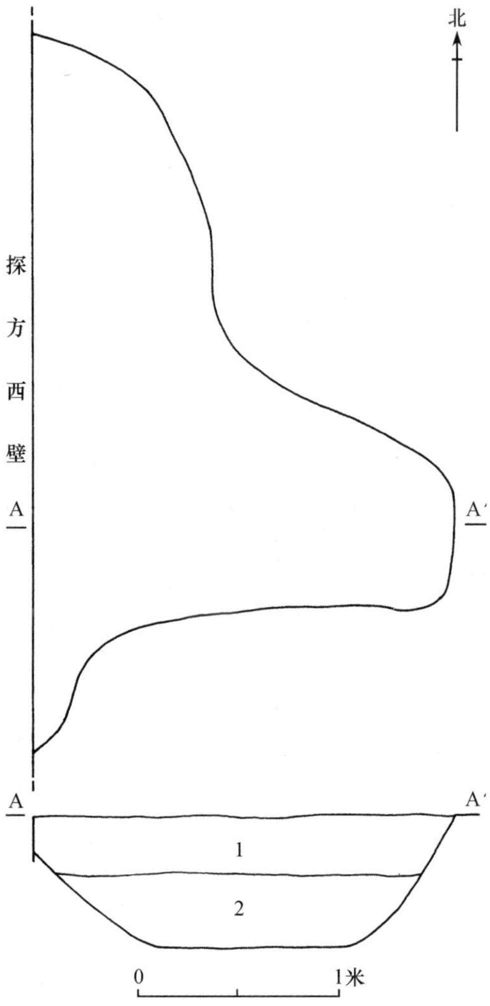

图三六 H5平、剖面图

墓葬 4座。均为长方形竖穴土坑墓，单人葬。每墓各随葬1件瓷碗。

M3 位于Ⅰ区中部的T38北部及T39南部。开口于第3层下，打破第4层及生土。墓室长2.3、宽0.72～0.8、残深0.2米。无葬具。墓主人头南足北，头向195°。头骨、四肢骨及盆骨保存较好。仰身直肢葬，男性，年龄45～50岁。随葬品为1件瓷碗，置于头骨一端的墓室西南部（图三七）。

M5 位于Ⅰ区中南部的T22东北部及T23东南部。开口于第2层下，打破第4层及生土。墓室长2.1、宽0.68～0.72、残深0.4米。无葬具。人骨朽甚，仅留两节股骨、一小段肱骨和几颗牙齿，墓主人应为头南足北，头向165°。性别、年龄不详。随葬品3件。瓷碗、铜把手、铜钱币各1件。瓷碗置于墓室西南部，铜把手与铜钱币位于墓室中部（图三八）。

M6 位于Ⅰ区中东部的T69中部。开口于第3层下，打破第4层。墓室长2.25、宽0.8、深0.5米。无葬具。人骨朽甚，仅在墓室北部保存少量脚趾碎骨，头向193°。性别、年龄不详。随葬品为1件瓷碗，平置于墓室西南部（图三九）。

M7 位于Ⅰ区中南部的T37南部。开口于第3层下，打破第4层及G3。墓室长2.2、宽0.8、深0.4米。无葬具。人骨朽甚，仅在墓室中部等处保存少量碎骨。据随葬品判断头向应为192°。

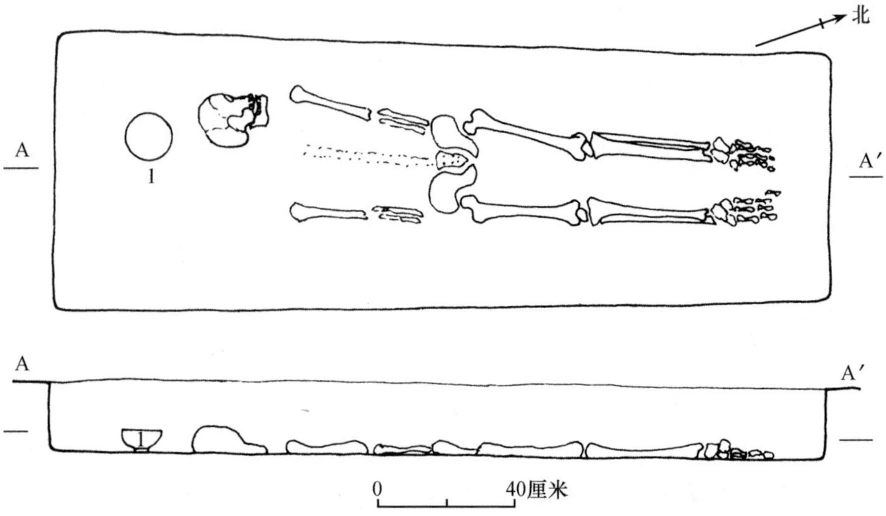

图三七 M3平、剖面图
1. 瓷碗

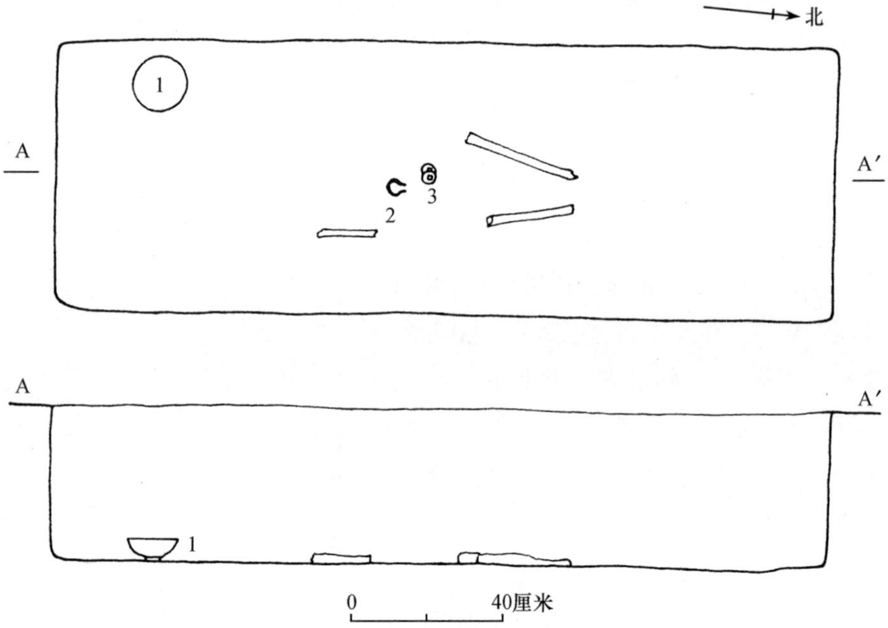

图三八 M5平、剖面图
1. 瓷碗 2. 铜把手 3. 铜钱币

性别、年龄不详。随葬品为1件瓷碗，平置于墓室西南部（图四○）。

2. 遗物

多为瓷器，少量硬陶器和铜器。

（1）瓷器

以青瓷系为主，另有少量黑瓷、白瓷等。胎质有紫红胎、铁灰胎、白灰胎、青灰胎等，以铁灰胎、紫红胎和青灰胎常见。往往先以白色化妆土衬底，后施釉，釉色有青绿、青灰、黄

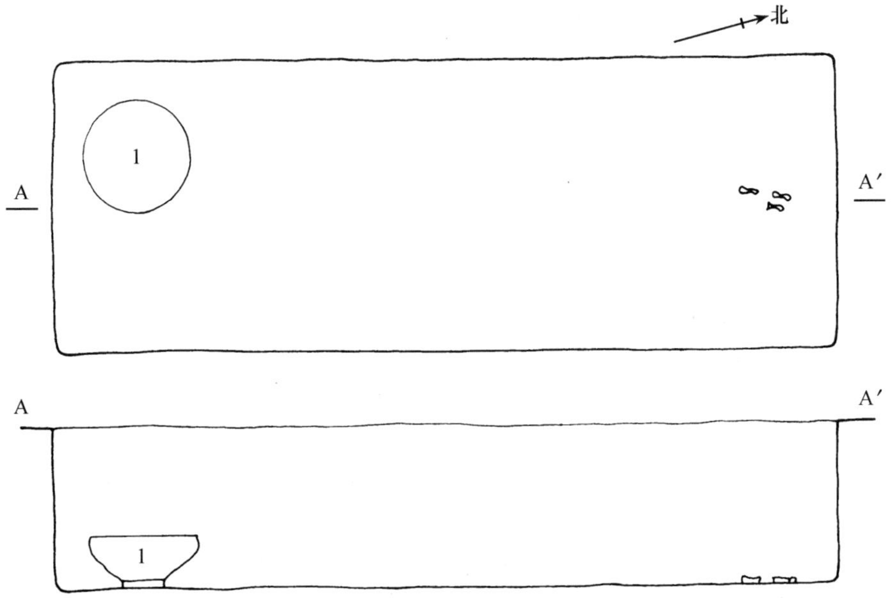

图三九　M6平、剖面图
1. 瓷碗

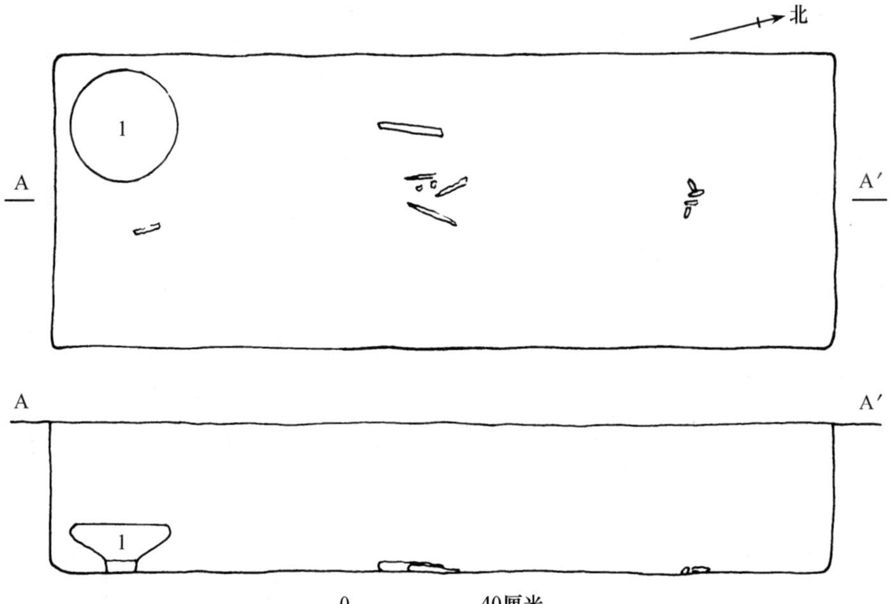

图四〇　M7平、剖面图
1. 瓷碗

褐、酱褐色等，以青绿釉居多。一般内壁满釉，外壁施半釉或仅口沿处施釉，且有流釉现象，釉面有细碎的开片，多易脱落，有的原釉面几乎完全脱落。器表纹饰少见，仅见弦纹等。主要器形有碗、盘、碟、盆、小罐、缸等。

碗　9件（器物类型件数均为标本件数，下同）。可分三型。

A型　3件。微敛口。青瓷，以白色化妆土衬底，施青绿色釉。ⅠM5：1，铁灰胎，平方唇，深弧腹，内底有5个支钉痕，饼足中部微内凹。内全釉，外半釉，青绿色釉大都脱落，只局部存留。口径15.4、底径5、高6.5 厘米（图四一，1）。ⅠM6：1，铁灰胎。平方唇，深弧腹，内底有5个甚小的支钉痕，饼足微内凹。内全釉，外半釉，青绿釉仅在局部有少量存留。口径15.5、底径5、高7.8厘米（图四一，2）。ⅠM7：1，紫红胎。平方唇，深弧腹，内底有5个支钉痕，饼足微内凹。内全釉，外半釉，青绿釉仅零星存留。口径13.8、底径4.2、高6.6厘米（图四一，3）。

B型　2件。敞口。ⅠT1③：1，灰白胎，黑釉。圆唇，浅腹微弧，饼足。内满釉，外半釉，口部釉因下滑呈黑褐色，下部尤其是内底部釉甚厚，色黑亮。口径12.2、底径4、高6厘米（图四一，4）。

C型　4件。侈口（撇口），均青瓷。ⅠM3：1，铁灰胎。圆唇，深弧腹，内底有5个清晰的支钉痕，饼底，底、身接痕清晰，底微内凹。以白色化妆土衬底，施青绿色釉，内满釉，外半釉，釉多已脱落。口径14、底径5.2、高8厘米（图四一，5）。ⅠT1③：2，紫红胎。圆唇，浅弧腹，内底有清晰的支钉痕，矮圈足。以白色化妆土衬底，施青绿釉，内满釉，外部仅口部施釉，青绿色釉多已脱落，内壁呈大斑点状存留。口径16.8、底径6、高6厘米（图四一，6）。ⅠT36③：1，紫红胎。圆唇，浅弧腹，内平底，有小支钉痕，饼足。以白色化妆土衬底，上又施釉，外部仅口部施釉，有流釉现象，外层釉已脱落，釉色不明。口径13.8、底径5、高 5.2厘米（图四一，7）。

盘　5件。均青瓷，青灰胎。以白色化妆土衬底，再施青绿色釉。分二型。

A型　1件。口微敛。ⅠT31③：2，圆唇，口微敛，浅弧腹，腹壁上薄下厚。内满釉，外

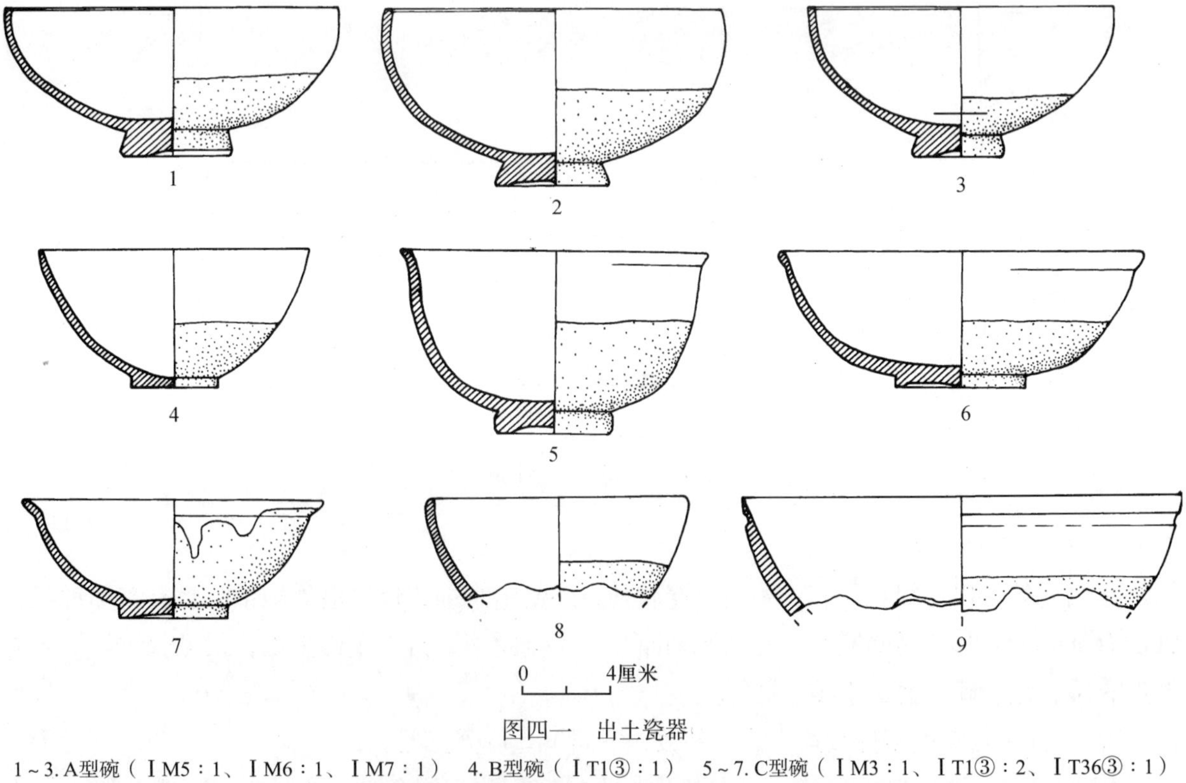

图四一　出土瓷器

1～3. A型碗（ⅠM5：1、ⅠM6：1、ⅠM7：1）　4. B型碗（ⅠT1③：1）　5～7. C型碗（ⅠM3：1、ⅠT1③：2、ⅠT36③：1）　8. A型盘（ⅠT31③：2）　9. B型盘（ⅠT9③：1）

半釉，釉面有细小开片。口径12、残高4.4厘米（图四一，8）。

B型　4件。敞口。ⅠT9③：1，尖唇，弧腹较深，腹壁上薄下厚。腹上部近口处饰一周弦纹。内满釉，外半釉，釉面细密开片擦之即脱落。口径20、残高5厘米（图四一，9）。ⅠT67③：1，尖唇，深弧腹，腹壁向下渐厚。腹上部近口处饰一周弦纹。内满釉，外半釉，外层釉面已脱落殆尽，仅零星可见。口径20.8、残高5.8厘米（图四二，1）。ⅡT13④：10，尖唇，深弧腹，胎壁上薄下厚。腹上部近口处饰一周弦纹。内满釉，外半釉，有流釉痕，釉面开片易脱落。口径18、残高6厘米（图四二，2）。ⅠT31③：1，尖唇，深腹微鼓，平底，底与壁之间有浅凹痕，腹壁较薄，底较厚。腹上部饰一周弦纹。内满釉，外半釉，仅存化妆土，外层釉已脱落，釉色不明。口径15.6、底径9.2、高5.8厘米（图四二，3）。

碟　5件。均施青绿色釉。分二型。

A型　3件。敞口，弧腹。ⅠT37③：1，灰白胎。圆唇，浅腹，平底，内底一周沟槽，中部微鼓。内满釉，外表施釉不及底，釉面保存较好，有开片。口径7.2、底径4、高2.5厘米（图四二，4）。ⅠT37③：4，青灰胎。圆唇，深弧腹。腹上部近口处饰两周弦纹。以白色化妆土衬底，再施釉，内满釉，外半釉，釉面有细密的开片，除弦纹内等低凹处有保留外，余处均已脱落。口径12、残高3.2厘米（图四二，5）。ⅠT68③：1，青灰胎。尖唇，深弧腹，平底。腹上部近口处饰一周宽浅弦纹。以白色化妆土衬底，再施釉，内满釉，外釉施至近底部，疑系埋

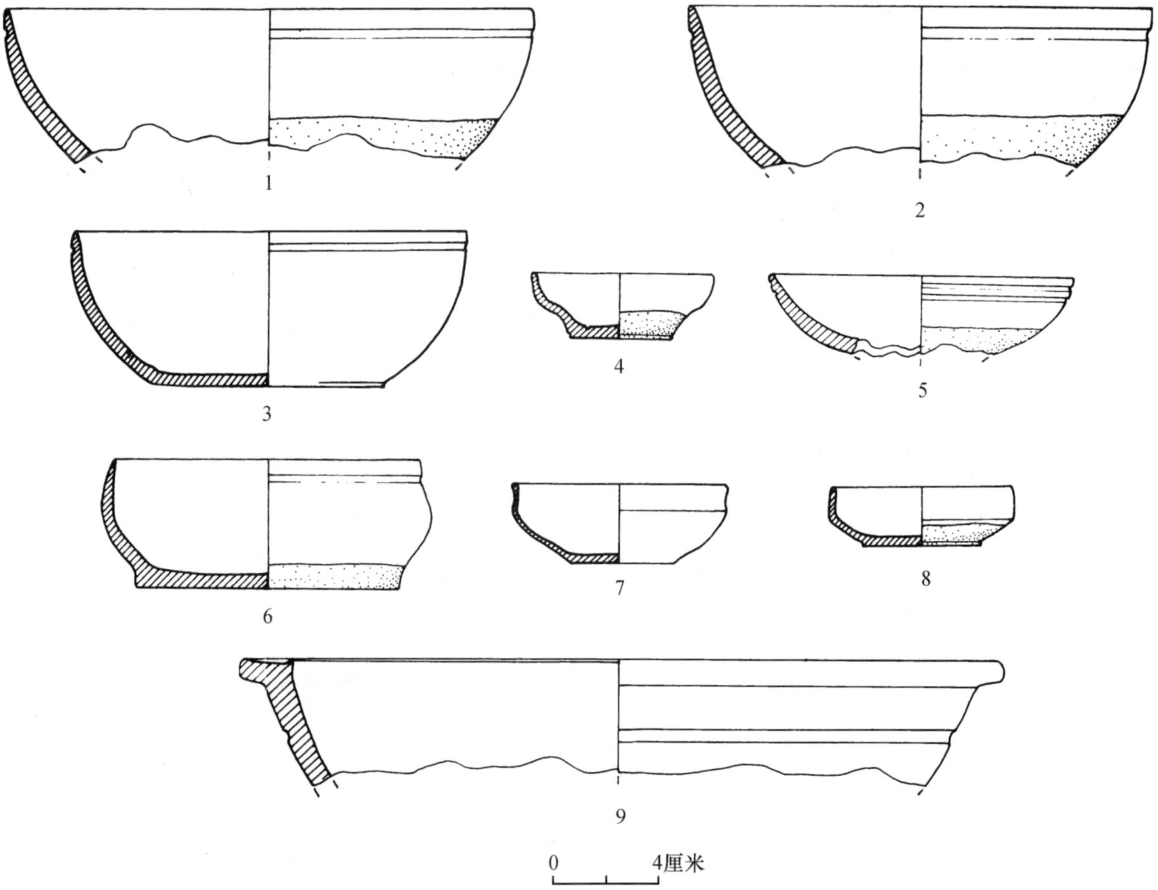

图四二　出土瓷器

1～3. B型盘（ⅠT67③：1、ⅠT13④：10、ⅠT31③：1）　4～6. A型碟（ⅠT37③：1、ⅠT37③：4、ⅠT68③：1）　7、8. B型碟（ⅠT37③：2、ⅠT37③：3）　9. A型盆（ⅡT13④：11）

藏等原因使得釉面形成糙面。口径12.2、底径10.4、高4.8厘米（图四二，6）。

B型　2件。直口，折腹。ⅠT37③：2，青灰胎。圆唇，弧腹，略有折痕，平底。以白色化妆土衬底，再施釉，内满釉，外半釉，外壁釉全脱落，内壁局部存留。口径8.4、底径3.8、高3厘米（图四二，7）。ⅠT37③：3，青灰胎。圆唇，腹折痕明显，平底，内底周围一周沟槽。以白色化妆土衬底，又施釉，内满釉，外半釉，外壁仅存化妆土，绿釉仅在内壁有少量存留。口径7.2、底径4.6、高2.2厘米（图四二，8）。

盆　5件。可分为三型。

A型　1件。侈口，折沿。ⅡT13④：11，青灰胎。平沿，折棱上凸，圆唇，斜直腹。上腹部饰一周弦纹。以白色化妆土衬底，又施青绿釉，内、外壁施釉，釉表有细密的开片。口径30、残高4.6厘米（图四二，9）。

B型　2件。侈口，卷沿。ⅠT22③：2，紫红胎。厚圆唇，折腹。以白色化妆土衬底，其上又施釉，内满釉，外部仅口沿施釉，外层釉全脱落，釉色不明。口径36、残高5.4厘米（图四三，1）。ⅠT56③：2，胎质、施釉情况与ⅠT22③：2，相同，器形相近。口径34、残高6.2厘米（图四三，2）。

C型　2件。敛口，口沿呈“T”字形。ⅠT29②：1，紫红胎，沿较厚，圆唇，斜腹。腹饰竖篮纹。内壁仅存白色化妆土，外壁化妆土之上施酱褐色釉。口径32、残高6.2厘米（图四三，3）。ⅡT5③：1，紫红胎。沿部较薄，尖唇，弧腹。内壁仅存白色化妆土，外壁直接施黄褐釉，沿面无釉。口径30、残高4.8厘米（图四三，4）。

小罐　1件。ⅠT54③：2，青瓷。灰白胎。小直口，尖唇，矮领，窄弧肩，深斜腹，平底。肩下部饰一周弦纹。施青绿釉，仅在口部内、外有少量存留，疑其为外半釉，内釉不明。口径13.2、底径8、高7.2厘米（图四三，8）。

樽　1件。ⅠT68③：2，白瓷。灰白胎。直口，厚圆唇外鼓，直壁，内外壁施白釉，釉面

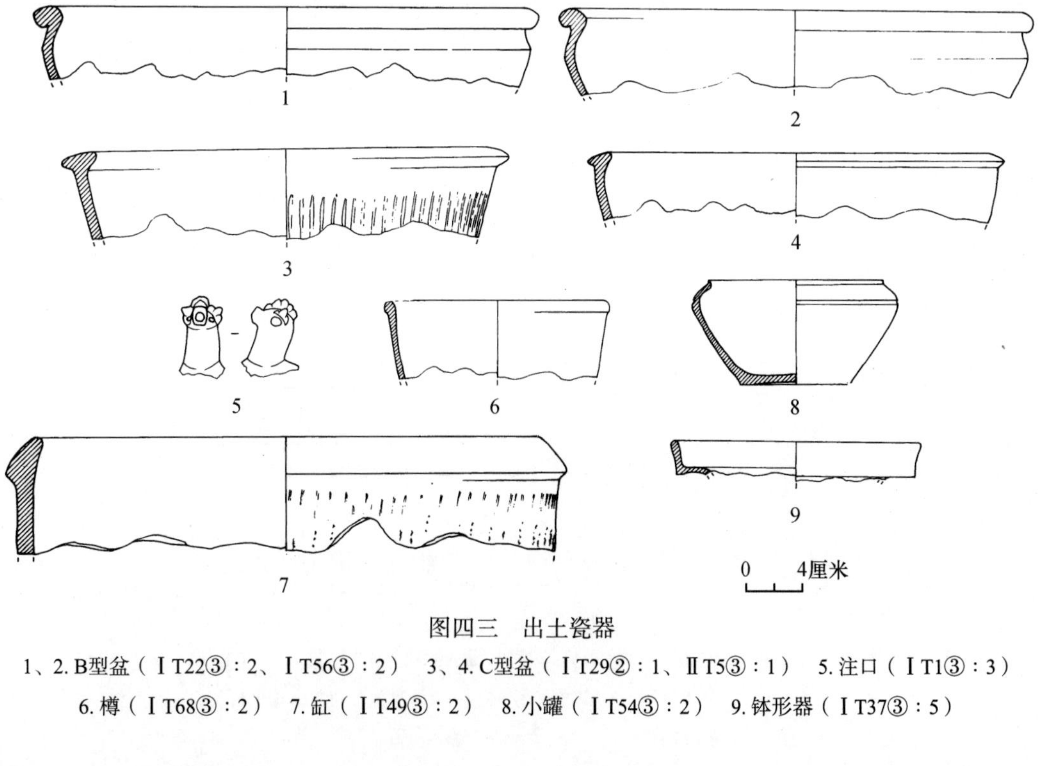

图四三　出土瓷器

1、2. B型盆（ⅠT22③：2、ⅠT56③：2）　3、4. C型盆（ⅠT29②：1、ⅡT5③：1）　5. 注口（ⅠT1③：3）　6. 樽（ⅠT68③：2）　7. 缸（ⅠT49③：2）　8. 小罐（ⅠT54③：2）　9. 钵形器（ⅠT37③：5）

较亮，唇部无釉。口径16、残高5.4厘米（图四三，6）。

缸　1件。ⅠT49③：2，紫红色。厚胎。敛口，圆唇，腹近直。腹壁有印痕甚浅的篮纹或绳纹类纹饰。内、外壁施黄褐色釉，沿面无釉。口径40、残高8厘米（图四三，7）。

注口　1件。ⅠT1③：3，白灰胎。鸡首形，大圆目，圆嘴，以压印的泥条作鸡冠。施青绿色釉，有开片。残长5厘米（图四三，5）。

钵形器　2件。均青瓷，漏斗状。ⅠT37③：5，白灰胎。圆唇，斜直腹，底较矮。无化妆土，内、外壁施青绿釉，釉面有细密开片。口径18、残高2.6厘米（图四三，9）。ⅠT54③：1，灰白胎。圆唇，斜腹内收，底较高。无化妆土，内、外壁施青绿釉，有细密开片。口径14、残高1.8厘米（图四四，1）。

器座　1件。ⅠT36③：2，铁灰胎。断面略呈亚腰形。表面施黄褐色釉。口径13.8、高3厘米（图四四，2）。

（2）陶器

有硬陶、泥质、夹细砂陶等。主要器形有盆、缸、托盘、碗、擂钵等。

盆　5件。均为硬陶。分三型。

A型　2件。侈口，小折沿。ⅡT14④：28，紫红胎。外壁及底呈深灰色，圆唇，平沿，沿腹间一周沟槽，斜腹，平底。口径34、底径16.6、高12厘米（图四四，3）。ⅠT47③：1，紫红胎。外壁呈深灰色，圆唇，沿微斜，斜腹。口径32、残高6.2厘米（图四四，4）。

B型　1件。侈口，微卷沿。ⅠT31③：3，紫红胎。口沿及外壁呈深灰色，沿卷叠，圆唇，沿、腹之间一周沟槽，微弧腹。口径26、残高7.8厘米（图四四，5）。

C型　2件。敛口。ⅠT56③：1，胎、表均紫红色。口沿外叠边，尖唇，沿近口部有一周沟槽，微弧腹。口径32、残高6.4厘米（图四四，6）。ⅠT11③：1，紫红胎。外壁深灰色，沿

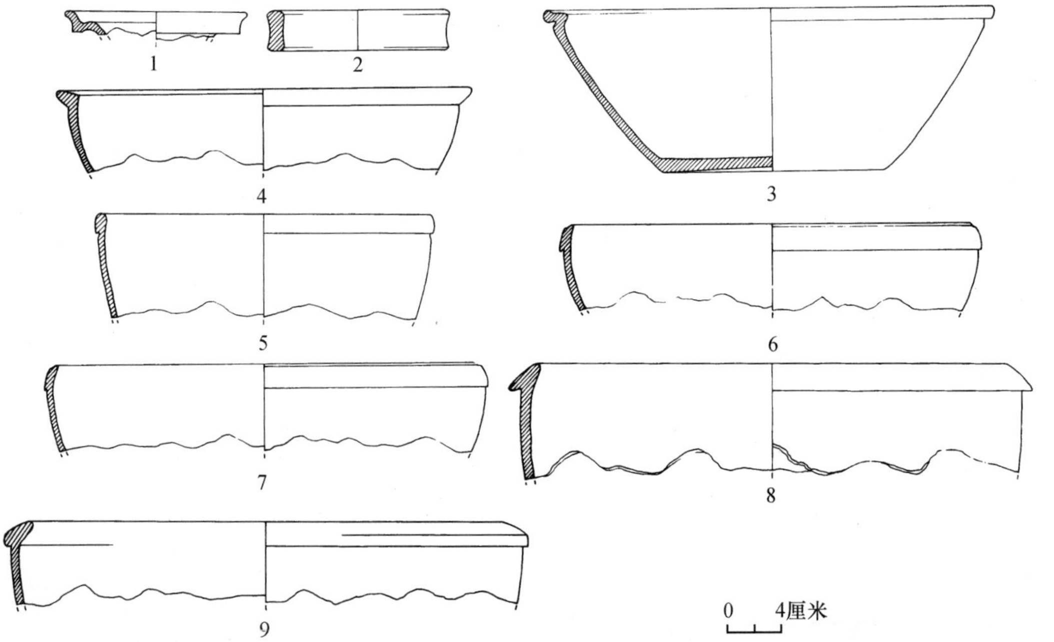

图四四　出土器物

1. 瓷钵形器（ⅠT54③：1）　2. 瓷器座（ⅠT36③：2）　3、4. A型陶盆（ⅡT14④：28、ⅠT47③：1）　5. B型陶盆（ⅠT31③：3）　6、7. C型陶盆（ⅠT56③：1、ⅠT11③：1）　8、9. 陶缸（ⅠT17③：1、ⅠT49③：1）

外微有叠边痕，小方唇，微弧腹。口径34、残高6.6厘米（图四四，7）。

缸　2件。均硬陶。敛口，沿外叠边，尖唇。ⅠT17③：1，铁灰胎。内、外壁灰褐色，叠边较厚，下部斜垂，直腹。口径36、残高8.2厘米（图四四，8）。ⅠT49③：1，紫红陶。内外壁深灰色，叠边宽而薄，微弧腹。口径36、残高6.2厘米（图四四，9）。

托盘　1件。ⅠT48③：1，硬陶。紫红胎。外壁呈深灰色，浅盘形，方唇，浅斜腹，平底。口径17.6、底径16、高2厘米（图四五，1）。

擂钵　1件。ⅠT51③：2，硬陶。紫红胎。外壁上部呈深灰色。敛口，尖唇，沿外小贴边，斜腹，内壁有细密的斜竖刻槽。口径14、残高4.6厘米（图四五，3）。

（3）铜器

有把手和钱币两种。

把手　1件。ⅠM5：2，弓形，两端各有一孔。当属随葬品木竹器箱盒类盖之把手。长2.8厘米（图四五，4）。

钱币　5枚。有三种。

隋五铢　2枚。同出于ⅠM5，大小、形制、钱文相同。字体瘦，“五”字两笔交叉较直与

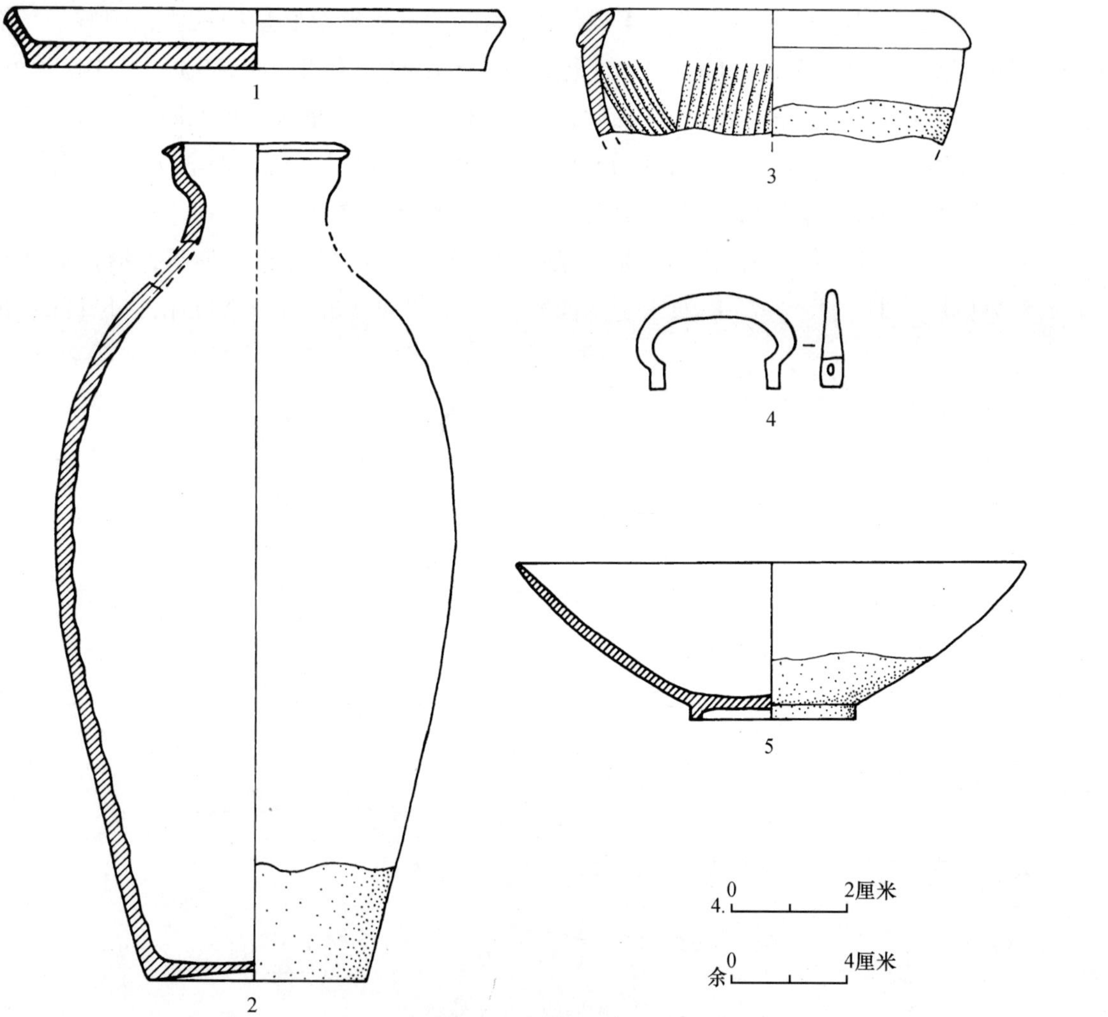

图四五　出土器物

1. 陶托盘（ⅠT48③：1）　2. 陶壶（ⅡH7：1）　3. 陶擂钵（ⅠT51③：2）　4. 铜把手（ⅠM5：2）　5. 瓷碗（ⅡT14③：27）

内郭连为一体，“铢”字“金”旁随郭弧曲。ⅠM5：3，钱径2.3、穿宽0.8、郭宽0.02、厚0.08厘米（图四六，1）。

压胜钱　1枚。出于ⅠM5，粘连于两枚五铢钱之间。ⅠM5：5，椭圆形，穿为长方形，无郭，周边部有对应的六个小孔。钱长径2.4、短径2.1厘米，穿长1.4、宽0.45～0.5、厚0.06厘米。

开元通宝　2枚。形制、钱文相同，但大小有异。“元”字首横较短，“通”字“走”旁前三笔不连。ⅠT56③：3，面部周郭与穿郭规整匀称，背部粗糙，周郭与穿郭宽度不同。钱径2.4、穿宽0.7、周郭宽0.2、穿郭宽0.05～0.15、厚0.15厘米（图四六，2）。ⅡT9②：2，形制规整。钱径2.1、穿宽0.6、厚0.08厘米。

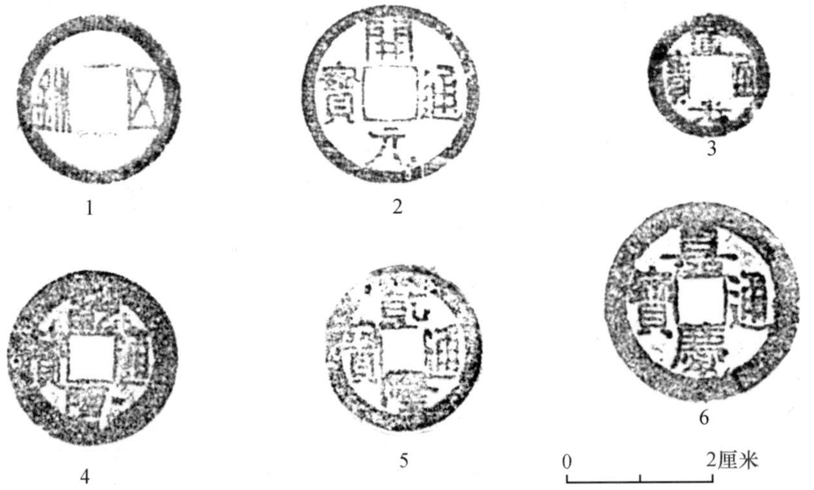

图四六　钱币拓片

1. 隋五铢（ⅠM5：3）　2. 开元通宝（ⅠT56③：3）　3. 道光通宝（ⅠT47②：2）　4、5. 乾隆通宝（ⅡT9②：1、ⅠT13②：12）　6. 嘉庆通宝（ⅠT48②：2）

（四）宋代文化遗存

有地层及灰坑等遗迹。宋代地层在Ⅰ区无存，在Ⅱ区东北部一些探方有分布，自西向东严重倾斜，最厚达约0.5米。

1. 遗迹

仅有灰坑。

灰坑　1座。

H7　位于Ⅱ区东北部的T13西北部及T10东北部。开口于第3层下，打破第4、5层。不规则长条形，斜壁，平底。残长2.1、深约0.9米。坑内填土浅灰色，土质稍软，含大量炭粒，出土有陶器残片、瓦片等（图四七）。

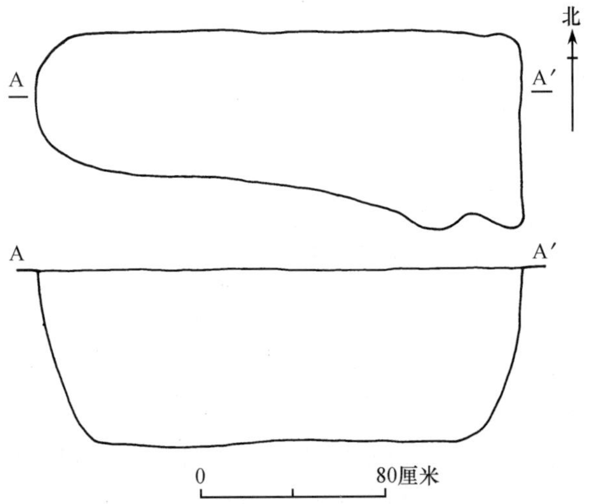

图四七　H7平、剖面图

2. 遗物

遗物较少，主要有瓷器和陶器等。

瓷碗　1件。ⅡT14③：27，白胎。敞口，圆唇，斜腹，圈足。白釉，内满釉，外半釉。口径18.2、足径5.9、高5.4厘米（图四五，5）。

陶壶　1件。ⅡH7：1，硬陶。紫红胎。小盘口，方唇外凸，短颈，溜肩，肩残，深弧腹，平底微凹。器表下腹部施青釉。口径6.6、底径8、高约28.8厘米（图四五，2）。

（五）明清文化遗存

无遗迹，仅有文化层，在遗址范围内均有分布，其中西北部较薄，东南部较厚，最厚可达0.65米。

遗物多为青花瓷、青瓷器残片，另有零星的钱币等。

瓷器主要器形有碗、盘、勺等。其中1件青花瓷碗的圈足内有青花书写的“□明嘉靖（二字均仅存约1/2）年制（残存左上部）”，双行竖读。

钱币　7枚。均清代钱。有康熙通宝、乾隆通宝、嘉庆通宝和道光通宝四种。除康熙通宝因背被磨不明外，其余背面均有满文。

康熙通宝　1枚。ⅠT24②：2，钱体甚薄，字迹不清，背部已磨平。钱径2.25、穿宽0.6、面廓宽0.3、厚0.05厘米。

乾隆通宝　2枚。ⅡT9②：1，“乾”“隆”二字大小相仿，“乾”字的“乞”部较大。钱径2.4、穿宽0.6、郭宽0.35、厚0.08厘米（图四六，4）。ⅠT13②：12，“乾”字略小于“隆”字，“乾”字“乞”部较小。钱径2.15、穿宽0.5、郭宽0.25、厚0.12厘米（图四六，5）。

嘉庆通宝　1枚。ⅠT48②：2，郭内一周有基本对称的8个钻孔。钱径2.7、穿宽0.6、郭宽0.3、厚0.08厘米（图四六，6）。

道光通宝　3枚。大小各不相同。ⅠT26①：1，钱径2.3、穿宽0.55、郭宽0.2、厚0.08厘米。ⅠT30②：12，钱径2、穿宽0.55、郭宽0.2、厚0.06厘米。ⅠT47②：2，钱径1.65、穿宽0.55、郭宽0.2、厚0.05厘米（图四六，3）。

三、结　　语

（一）关于铺垭遗址

通过发掘可知，原名为“铺垭墓地”的文物点实为一处遗址，并与东北部的里牌溪遗址连成一体。因“铺垭墓地”面积较大，遗址范围已非用“里牌溪”这一小地点冠名所能涵盖，因此可以将此遗址更名为铺垭遗址。铺垭遗址总面积约12 000平方米。本次工作是对铺垭遗址北部的发掘。

铺垭遗址虽然面积不大，但遗存年代跨度大，从东周开始，历经东汉、唐、宋，一直延续到明清。但其文化间歇期相对较长，文化堆积的年代缺乏连续性。这种文化堆积现象在忠县中坝[①]、万州麻柳沱[②]、万州塘房坪[③]、万州中坝子[④]、云阳李家坝[⑤]、巫山跳石[⑥]等遗址均有存在，可见是渝东长江沿岸古遗址较普遍的特征。

遗址中发现3条灰沟，因其形制较大，应为自然冲沟。在灰沟下部发现有较纯净的东周遗物，是知在东周时期冲沟已开始堆填，本文将之归为东周遗迹。而其上部堆积中也见汉代器物，可见这些冲沟的填充经历了较长时期，或是填满后由于山坡水流冲刷又成沟槽在汉代经过了再次堆填。这也是江边坡地遗址堆积的习见现象。

（二）关于各期文化遗存

1. 东周文化遗存

东周文化遗存是铺垭遗址的主要文化遗存。该期地层在更靠近长江的Ⅱ区东北部各探方均有分布，而且堆积较厚，遗迹种类较全，是该遗址的繁荣期。清理的2座房址均为单间地面式建筑，其中F1保存较好，垫土、墙基、柱洞齐全，门道清晰，可使人们较清楚地了解这一时期的房屋结构。然F2仅有房址垫土及柱洞，不见墙基，抑或为一座干栏式建筑。

该期的陶器无论种类还是器形、纹饰均与万州塘房坪、万州麻柳沱、巫山跳石、忠县中坝等遗址的同期文化的陶器特征相同，应是渝东地区较典型的东周文化遗存，即巴文化遗存。而A型鬲足（ⅡT14⑦：10、ⅠG1③：12）等足底甚平，足表绳纹细密，袋足内窝痕较深，具有西周风格，时代当为西周时期。豆柄（ⅡT14⑦：13）为细长柄，也为较早期的特征。从而可知上述东周时期的遗存中很可能某些年代较早，可早到西周时期。

遗址中除有磨制石器外，还有打制石器和直接利用天然石作为工具，这是古代人们充分利用自然资源服务于生产生活的实证。

该期厚胎缸出土较集中，一般认为这类器物与金属（如铜）冶炼有关，遗址文化层中又出土有铜镞、鱼钩等铜质器物，不排除铺垭遗址在东周时期曾有青铜铸造业的可能性。

---

① 四川省文物考古研究所、忠县文物保护管理所：《忠县中坝遗址发掘报告》，《重庆库区考古报告集·1997卷》，科学出版社，2001年。

② 上海大学文物考古研究中心、万州区文物管理所：《万州麻柳沱遗址发掘报告》，《重庆库区考古报告集·1997卷》，科学出版社，2001年。

③ 陕西省考古研究所、万州区文物管理所：《万州塘房坪遗址发掘报告》，《重庆库区考古报告集·1997卷》，科学出版社，2001年。

④ 西北大学考古队、万州区文物管理所：《万州中坝子遗址发掘报告》，《重庆库区考古报告集·1997卷》，科学出版社，2001年。

⑤ 四川大学历史文化学院考古系、云阳县文物管理所：《云阳李家坝遗址发掘报告》，《重庆库区考古报告集·1997卷》，科学出版社，2001年。

⑥ 南京博物院考古研究所、巫山县文物管理所：《巫山跳石遗址发掘报告》，《重庆库区考古报告集·1997卷》，科学出版社，2001年。

2. 汉代文化遗存

汉代遗存也是铺垭遗址的主要文化遗存。其在遗址中的分布较之东周文化遗存多略高和更远离现今长江水面。汉代地层、灰坑、活动场的出土物多属于东汉时期。

包括瓮棺葬在内的汉代墓葬，形制各异，钱币等纪年材料均为出土。M1为小型砖室墓，破坏严重，所用子母砖形制及菱形花纹均与万州庙湾墓地①M3相同，时代应相近，即属东汉时期。M2为石室墓，类似形制的汉墓在巫山跳石遗址也有发现，器物组合为铜釜、铁鼎、陶甑、带盖壶等，其中釉陶壶、博山炉式器盖等皆具东汉时期的特征，其年代也可能在东汉早中期。M4为典型的刀形墓，器物组合为铜洗、铁釜及陶壶、罐、瓮、仓、灯、盆、杯、匜、勺等，其中陶壶（ⅠM4：3）、陶瓮（ⅠM4：7）、陶盆（ⅠM4：13）、陶仓（ⅠM4：5）分别与万州安全墓地②陶壶（M18：8）、陶罐（M18：70）、A型陶盆（M18：71）、A型陶囷（M18：43）等形制相近，年代也应相去不远，当同属东汉晚期。瓮棺葬W1、W2分别以陶瓮、平口瓮和陶盆、平口瓮为葬具，这些器物也具有东汉时期的特征，其中陶瓮（ⅠW1：2）与巫山麦沱汉墓③Ⅰ式瓮（M39：7）相似，年代也可能早到西汉晚期。

3. 唐代文化遗存

唐代遗存也是铺垭遗址较丰富的文化遗存。出土器物以瓷器为多，硬陶器少。发掘的唐墓方向基本一致，均为单人葬，各有1件瓷碗随葬，葬俗相同。瓷碗、盘、碟等往往为内满釉，外施半釉，外壁青绿釉多脱落。其中A型瓷碗（ⅠM6：1）、C型瓷碗（ⅠT36③：1）、A型硬陶盆（ⅡT14④：28）分别与云阳明月坝遗址④A型Ⅰ式瓷碗（H3①：7）、C型瓷碗（T1④：11）、A型Ⅰ式陶盆（T3⑤：9）相似，表明它们的年代应相去不远。墓葬中又有开元通宝随葬，可见铺垭遗址唐代遗存的年代应在唐中晚期。

4. 宋代与明清文化遗存

铺垭遗址宋代遗存较少，其中硬陶壶（ⅡH7：1）与巫山跳石遗址瓷四系壶（T0301⑤A：12）形制相仿，唯前者因肩残不知是否也附有竖系。明清瓷片、铜钱的发现，表明铺垭遗址的下限已达明清时期。

附记：本次发掘领队为张志清，执行领队魏兴涛。发掘工作得到了重庆市博物馆刘豫川馆

① 重庆市博物馆、万州区文物管理所：《万州庙湾墓地发掘报告》，《重庆库区考古报告集·1997卷》，科学出版社，2001年。

② 陕西省考古研究所、万州区文物管理所：《万州安全墓地发掘报告》，《重庆库区考古报告集·1997卷》，科学出版社，2001年。

③ 湖南省文物考古研究所、巫山县文物管理所：《巫山麦沱汉墓群发掘报告》，《重庆库区考古报告集·1997卷》，科学出版社，2001年。

④ 四川大学历史系考古专业：《云阳明月坝遗址试掘简报》，《四川考古报告集》，文物出版社，1998年。

长、重庆市文物研究所邹后曦所长的大力支持，万州区天城文物管理所别廷芬所长配合了发掘，在此表示谢意。报告曾发表于《华夏考古》2008年第2期，后略有修改、校对，关于本次发掘的材料应以此报告为准。

摄影：魏兴涛
拓片：李胜利
绘图：贾长有　薛国政　别廷芬
执笔：魏兴涛　李胜利

附表一　Ⅱ T14⑦陶片统计表

纹饰＼陶质、陶色		夹砂			泥质				合计	百分比/%
		灰	红褐	灰褐	灰	红	灰褐	黑		
中绳纹		104	52	4	4				164	53.59
方格纹					7		25		32	10.46
细绳纹		4							4	1.31
粗绳纹		12			2				14	4.58
素面		6		3	44	36		3	92	30.07
合计		126	52	7	57	36	25	3	306	100
百分比/%		41.18	16.99	2.29	18.63	11.76	8.17	0.98	100	
		60.46			39.54					
器形	鬲		2						2	4.26
	鬲足	1	15	1					17	36.17
	釜		1						1	2.13
	罐		3	2	8	1			14	29.78
	罍				1	2	1	1	5	10.64
	盆				2				2	4.26
	豆盘			1					1	2.13
	豆柄	1			1	1			3	6.37
	小杯		1						1	2.13
	花边大口罐		1						1	2.13
合计		2	23	4	12	4	1	1	47	100
百分比/%		4.26	48.94	8.51	25.52	8.51	2.13	2.13	100	
		61.70			38.30					

附表二　G3陶片统计表

纹饰＼陶质、陶色		夹砂			泥质			合计	百分比/%
		灰	红褐	灰褐	灰	红	灰褐		
中绳纹		37	29	3	74	22		165	36.34
粗绳纹		1	2		1			4	0.88
方格纹					4	5		9	1.98
素面		9		2	176	86	3	276	60.79
合计		47	31	5	255	113	3	454	100
百分比/%		10.35	6.83	1.10	56.17	24.89	0.66	100	
		18.28			81.72				
器形	鬲		3	2				5	19.23
	鬲足		6	1				7	26.92
	罐	3			4	2		9	34.62
	盆	2			1			3	11.54
	豆柄		1			1		2	7.69
合计		5	10	3	5	3		26	100
百分比/%		19.23	38.46	11.54	19.23	11.54		100	
		69.23			30.77				

巫山古城遗址（人民医院）2003年度发掘简报

武汉市文物考古研究所
巫 山 县 文 物 管 理 所

巫山古城遗址（人民医院）位于重庆市巫山县巫峡镇东南部。遗址分布在一处依山傍水的高台地上，南临长江，东接大宁河口，北边和西边是高山山麓，海拔130米左右。人民医院工地位于遗址的东南部，巫山古城的石墙蜿蜒环绕在它的南面和东面，地表原建有巫山县人民医院门诊部和其他民用建筑，工地西面是古城遗址南门考古工地（图一；彩版一三一）。

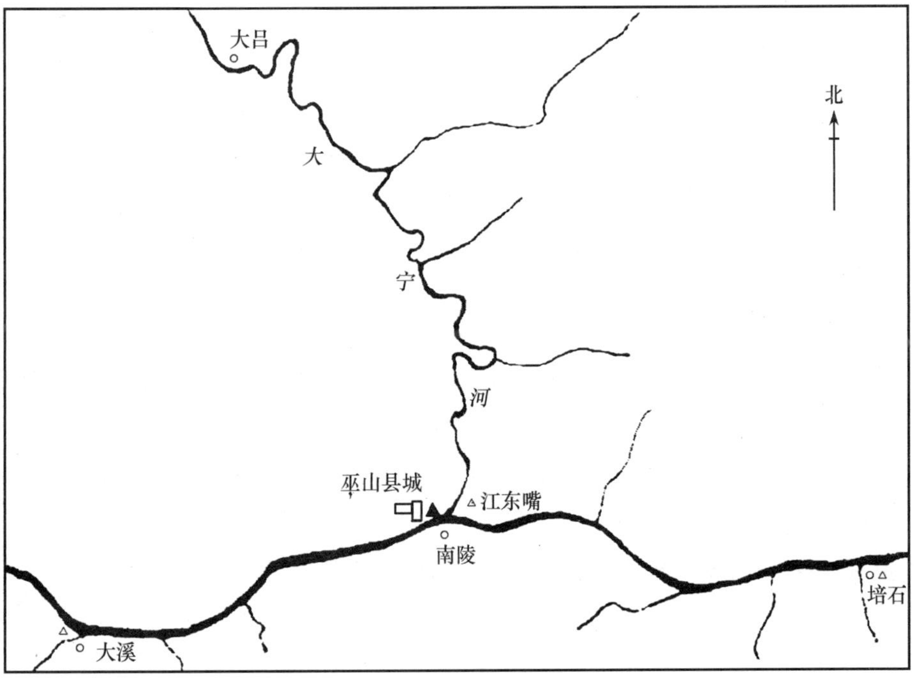

图一　巫山古城遗址位置示意图

根据《巫山县志》和巫山县文物管理所相关资料记载：1972年9月县人民医院修建人防工程时，曾在遗址下部堆积中发现石斧、骨针、人骨及大量的鱼骨和兽骨；稍后，另一单位建楼时，曾在遗址上部堆积中发现唐代陶罐。为了配合三峡建设工程，进一步了解和研究史前时期至历史时期本地人们生产和生活的基本面貌，我们承担了2003年度巫山古城遗址（人民医院）考古工作，计划勘探20 000平方米，发掘2000平方米。现将发掘所获简报如下。

一、地层堆积

以巫山古城石墙东南角为永久性坐标，根据文化遗存堆积深度、工作时限、工地安全等多方面因素，我们按正南北方向，以10米×10米的规格，布置探方20个。全工地文化层统一编号，共分七层，时代包括现代、清代、宋代、汉代和新石器时代。

第1层：现代层。灰黑土，土质疏松。堆积厚度1.5～2.5米。出土遗物有青花瓷片、布纹瓦、条石等。

第2层：清代层。灰黄土。堆积厚度0.5～0.8米。出土遗物有素面板瓦、筒瓦、龙泉窑青瓷、建窑黑瓷及清代青花瓷碗等。堆积趋势遗址南部厚，北部较薄或缺失。

第3层：宋代层。灰砂土，土质疏松。堆积厚度0.3～0.7米。出土遗物有大量素面板瓦、筒瓦及少量宋代青白斗笠碗等。

第4层：汉代层。灰褐土，土色泛暗红色，土质较板结。堆积厚度0.6～1.2米。出土遗物有大量粗绳纹板瓦、筒瓦、瓦当以及灰陶豆、罐等，还伴出土大量鱼骨、兽骨、红烧土块，少量新石器时代红陶器残片、磨制石器等。堆积趋势越往遗址北部汉代堆积就越厚。

第5层：新石器时代文化层。灰红斑土，土质较板结。堆积厚度0.3～0.6米。出土遗物有夹砂灰陶的猪嘴形支座、釜、罐类器，泥质红陶碗、高圈足豆、纺轮等，以及大量石斧、锛、凿、刮削器、石片等。第5层层表还有较多新石器时代灰坑或鱼骨坑。

第6层：新石器时代文化层。浅灰砂土，土质疏松。堆积厚度0.4～0.5米。出土遗物有夹砂红陶的釜、罐类器、猪嘴形支座、石斧、锛、石片、石核等，夹有少量的红烧土星、草木灰等。第6层层表也有较多新石器时代灰坑及鱼骨坑。同时，在第6层层表发现了大量的大溪文化竖穴土坑墓，排列有序，分布密集，多呈东西向。

第7层：黄砂土，土质较板结。堆积厚度0.4～0.6米。出土遗物有大量鱼骨渣、兽骨等，陶片较少，还夹杂有少量红烧土星。第7层层表也发现了大量的大溪文化竖穴土坑墓。

以下为黄黏土夹铁锈斑，板结、无包含物，应为生土层（图二）。

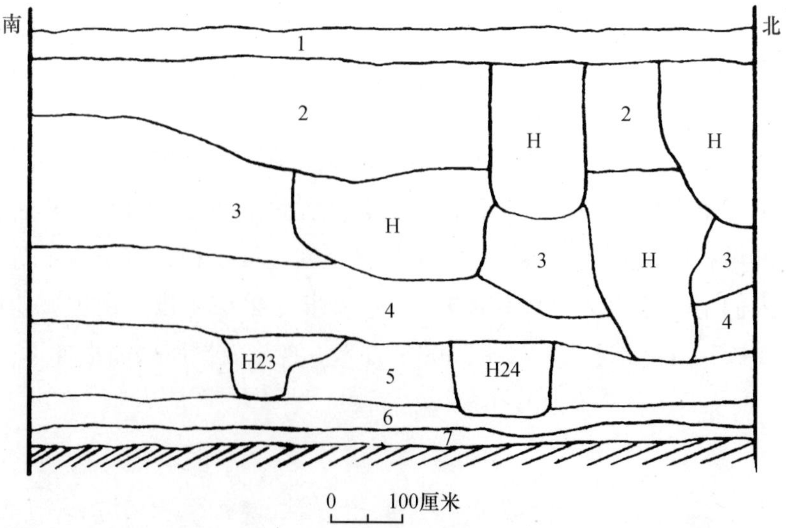

图二 T15西壁剖面图

总体来看，巫山古城遗址（人民医院）工地文化堆积北边厚南面稍薄。遗址北部从地表到生土层，各时期文化堆积厚度有6米余，遗址南部从地表到生土层，各时期文化堆积厚度有4米余。

二、新石器时代遗存

巫山古城遗址（人民医院）工地第5层至第7层为大溪文化层，发现文化遗迹有灰坑52个、房址1座（F2）和墓葬129座，文化遗物有石器、陶器、玉器、骨器和兽骨、鱼骨、蚌壳等（图三）。

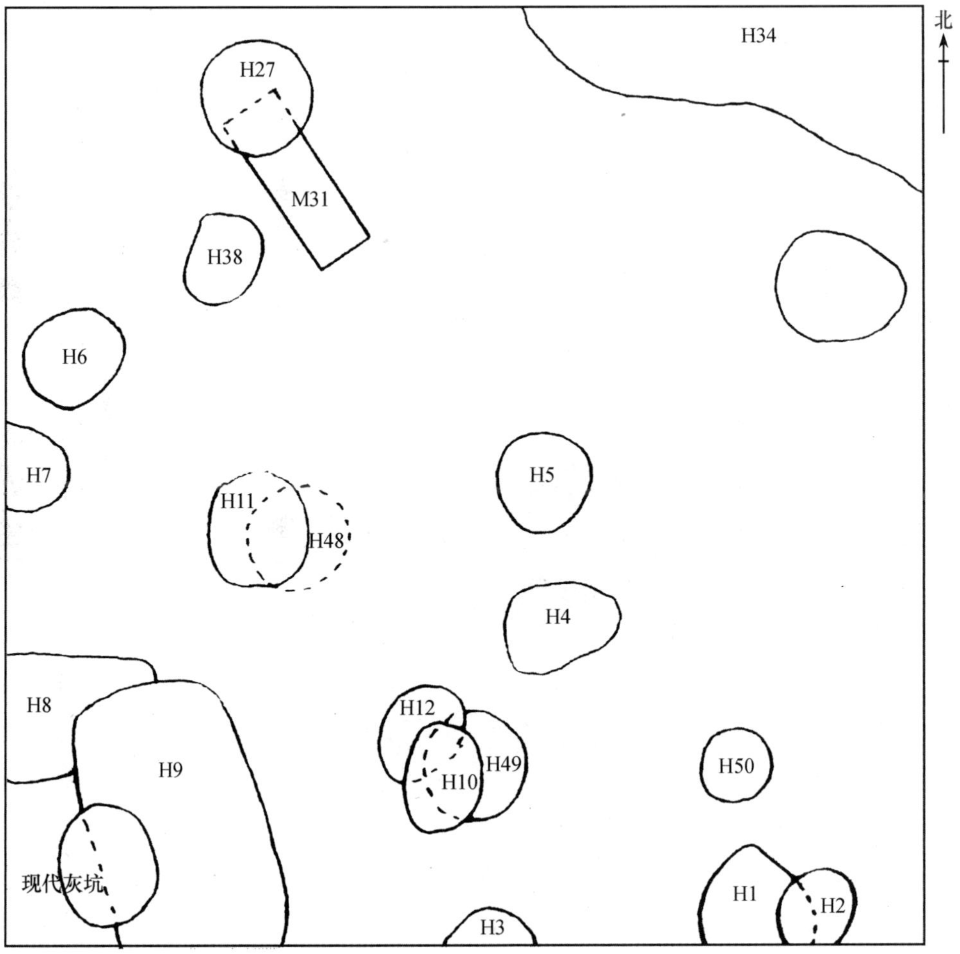

图三　T7遗迹平面图

（一）墓葬

1. 墓葬形制

大溪文化墓葬大部分集中分布在遗址南部的T2和T3之内，周邻探方只有零星墓葬。墓葬形制包括仰身直肢葬、屈肢葬和二次葬三大类，均为竖穴土坑墓。举例说明如下。

M47　开口于T3第5层下，打破M48。墓坑口距地表深1.75米。墓坑为长方形，坑壁陡直。东西长1.64、南北宽0.7、残深0.1米。墓葬填土为灰褐土。仰身直肢葬（图四）。

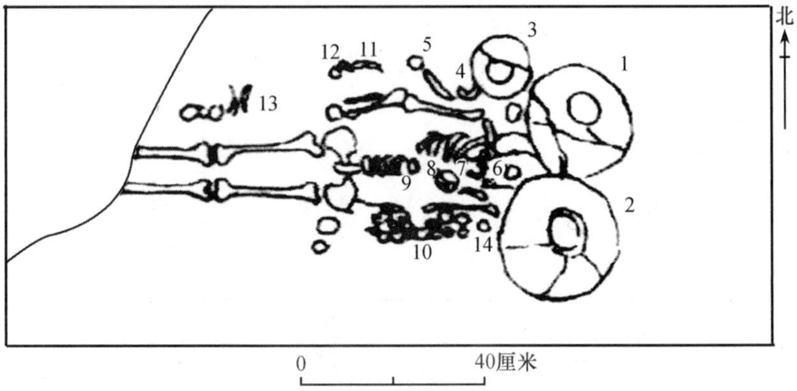

图四　M47平面图

1. 陶盆　2. 陶器盖　3. 陶碗　4、7、8、12. 玉玦　5. 骨锥　6. 玉璜　9. 骨针　10. 石球　11、13. 牙饰　14. 石器

M40　开口于T2第5层下，打破第6层。墓坑口距地表深1.7米。墓坑为长方形，坑壁陡直。东西长1.2、南北宽0.64、残深0.06米。墓葬填土为灰褐土。侧身屈肢葬（图五）。

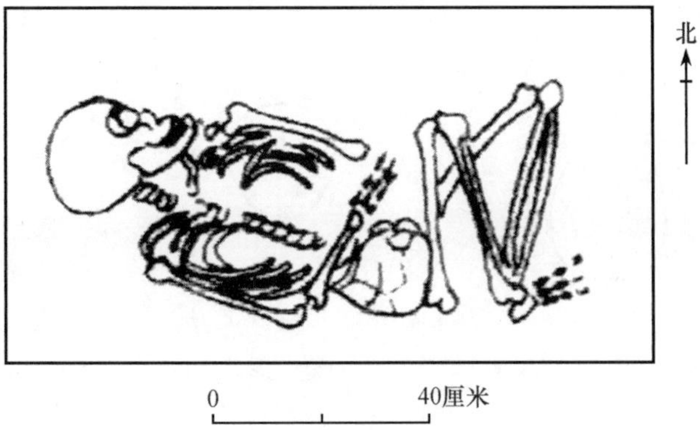

图五　M40平面图

M22　开口于T6第5层下，打破第6层。坑口距地表深2.2米。墓坑为长方形，坑壁陡直。东西长1.1、南北宽0.5、残深0.14米。墓葬填土为灰黄土。二次葬（图六）。

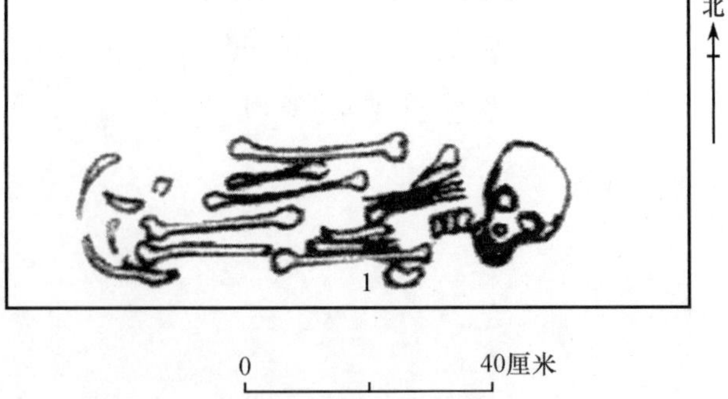

图六　M22平面图

1. 玉璜

2. 随葬品

随葬品种类有生产工具、生活用器及装饰品等，其中以生产工具为主，生活用器次之。

（1）生产工具

包括打制石器、磨制石器、陶器、骨器等。

打制石斧　根据平面形状分为四型。

A型　3件。长条形。M130：4，利用长条形卵石，两侧稍加打琢加工而成。黑色。长17.2厘米（图七，1）。

B型　20件。长方形。M58：2，利用较厚的长方形石片将周边稍加打琢，一面留有自然岩

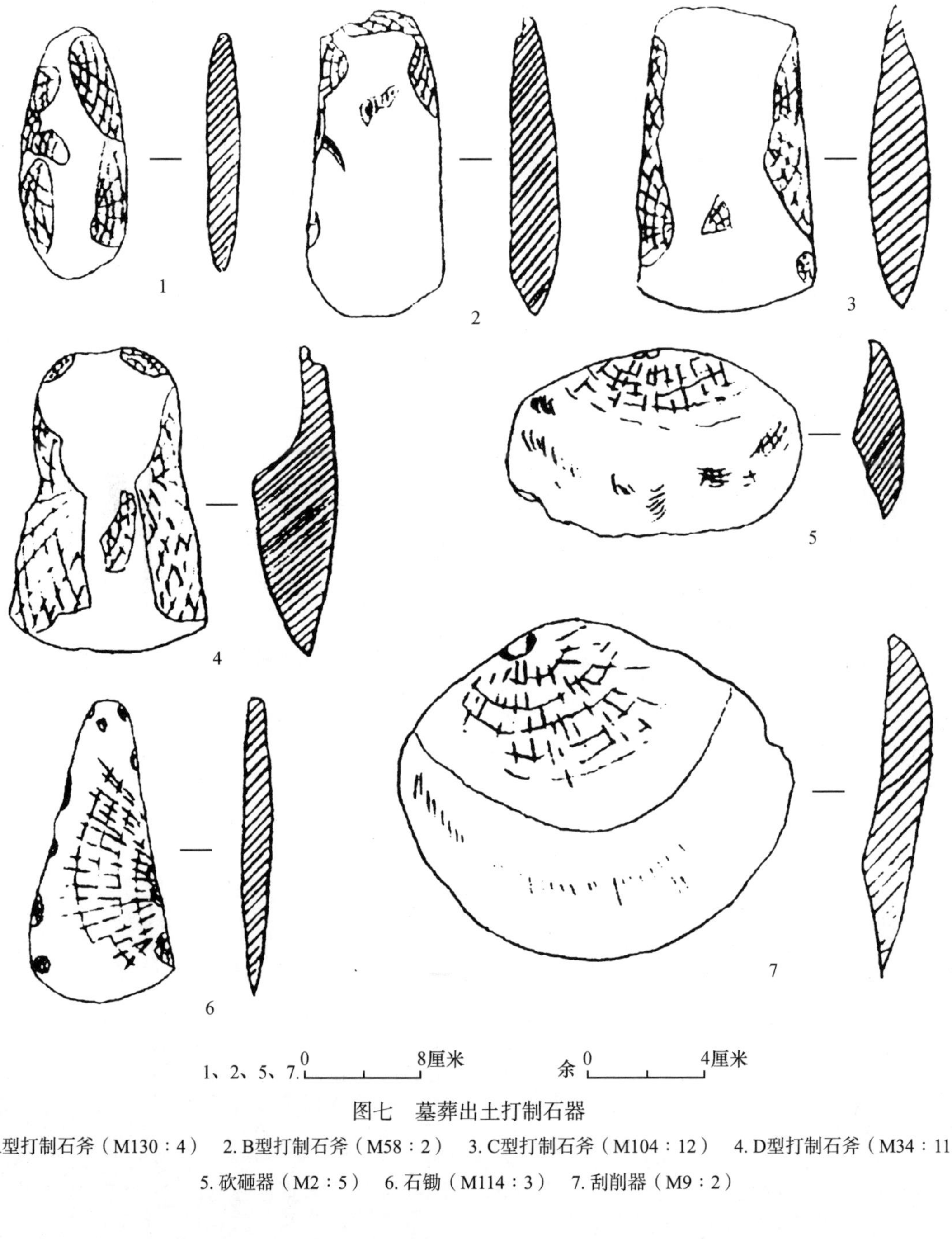

图七　墓葬出土打制石器

1. A型打制石斧（M130：4）　2. B型打制石斧（M58：2）　3. C型打制石斧（M104：12）　4. D型打制石斧（M34：11）　5. 砍砸器（M2：5）　6. 石锄（M114：3）　7. 刮削器（M9：2）

面。单面刃，刃部稍加磨制。灰色。长20.8厘米（图七，2）。

C型　23件。梯形。M104：12，平面呈梯形，较宽。一面两侧打制，刃部稍磨，另一面保留自然岩面。灰色。长10.4厘米（图七，3）。

D型　2件。有肩石斧。M34：11，利用较厚的卵石，打琢出亚腰形石斧，刃部稍加琢磨，一面留有自然岩面。灰黑色。长10厘米（图七，4）。

砍砸器　2件。M2：5，以圆石片加工而成，一面保留自然岩面。棕褐色。刃宽20厘米（图七，5）。

刮削器　8件。M9：2，平面呈方形，利用较薄的石片，两面打磨成刃，刃部有使用痕迹。棕褐色。刃宽11.8厘米（图七，7）。

石锄　2件。M114：3，以长石片加工而成，一面保留自然岩面，器形较大。平面上窄下宽，近似三角形。刃微弧，两侧打制成刃。黑色。长20.4厘米（图七，6）。

磨制石斧　根据形状分为四型。

A型　7件。长条形。M94：2，体较薄，弧刃。灰色。长23厘米（图八，1）。

B型　长方形。根据制法分成二式。

Ⅰ式：23件。一端磨制双面刃。M119：6，平面呈长方形，一端磨制双面刃。体较薄，弧刃，周边留有琢制痕迹，刃部磨制锋利。灰色。长24.2厘米（图八，2）。

Ⅱ式：5件。两端均磨制双面刃。M55：2，弧刃。磨制精细。灰色砾石。长20厘米（图八，3）。

C型　梯形。根据制法分成二式。

Ⅰ式：64件。一端磨制双面刃。M90：6，刃微弧。黑色。长18.6厘米（图八，4）。

Ⅱ式：9件。两端均磨制双面刃。M104：11，弧刃较宽。灰色。长11.2厘米（图八，5）。

D型　1件。有肩石斧。M104：13，弧刃较宽，束腰。灰色。长10.8厘米（图八，6）。

穿孔石铲　2件。M104：18，平面呈梯形。磨制精细。体薄弧刃，双面钻孔。青灰色。长16.5厘米（图八，7）。M56：16（彩版一三三，4）。

石钺　1件。M61：1，平面短梯形。器形规整，平顶宽弧刃，上部穿孔，双面钻孔，体薄。通体磨光。黑色。长15.2厘米（图八，8）。

陶纺轮　根据形态分为二型。

A型　断面近似弧边长方形，可分二式。

Ⅰ式：5件。外缘呈弧形。M90：9，素面。直径4.8厘米（图九，1）。

Ⅱ式：1件。外缘略鼓凸。M57：1，外缘刻划二股斜线组成曲折几何图案。直径4厘米（图九，2）。

B型　断面近似梯形。可分为二式。

Ⅰ式：16件。外缘呈斜边。M36：5，缘面刻划网格加圆点图案。直径4厘米（图九，3）。

Ⅱ式：1件。外缘内曲。M83：2，顶面、底面的外围及腰部正中分别戳印圆圈纹一周，同时在圆圈纹周边刻划短斜线一周加以装饰。直径7厘米（图九，4）。

石网坠　7件。M52：7，断面呈亚腰梯形，中间凿有系绳索的凹槽，沟槽较深，黄白色。

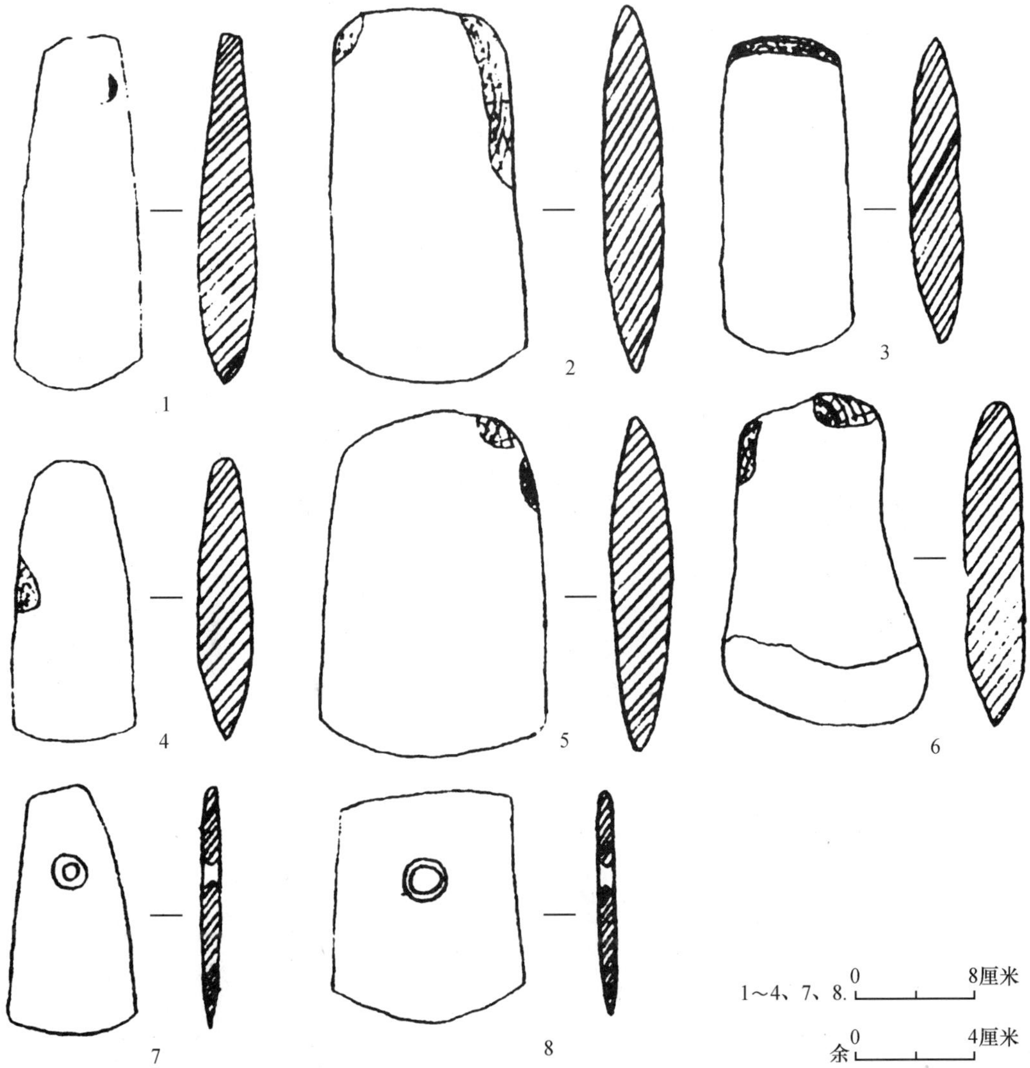

图八　墓葬出土磨制石器

1. A型磨制石斧（M94：2）　2. B型Ⅰ式磨制石斧（M119：6）　3. B型Ⅱ式磨制石斧（M55：2）
4. C型Ⅰ式磨制石斧（M90：6）　5. C型Ⅱ式磨制石斧（M104：11）　6. D型磨制石斧（M104：13）
7. 穿孔石铲（M104：18）　8. 石钺（M61：1）

直径1.8厘米（图九，5）。M47：9，用椭圆形卵石制成，在卵石中部凿有系绳索的凹槽，沟槽很深。直径2.8厘米（图九，6）。

骨匕　5件。M119：1，用劈开的骨管制成。断面呈圆弧形，尖锋锐利。上端刻划梳篦纹。长18.5厘米（图九，7）。

骨凿　1件。M104：4，用劈开的骨管制成。平刃较宽，器身断面为圆弧形。长17.2厘米（图九，8）。

骨矛　1件。M111：9，用骨管加工而成。断面为圆形，中空，一端削成锋利的尖刃。长18厘米（图九，9）。

骨镞　28件。M114：13，器身圆锥形，锥形短铤，尖锋残。残长13.4厘米（图九，10）。

骨锥　根据形状分为二型。

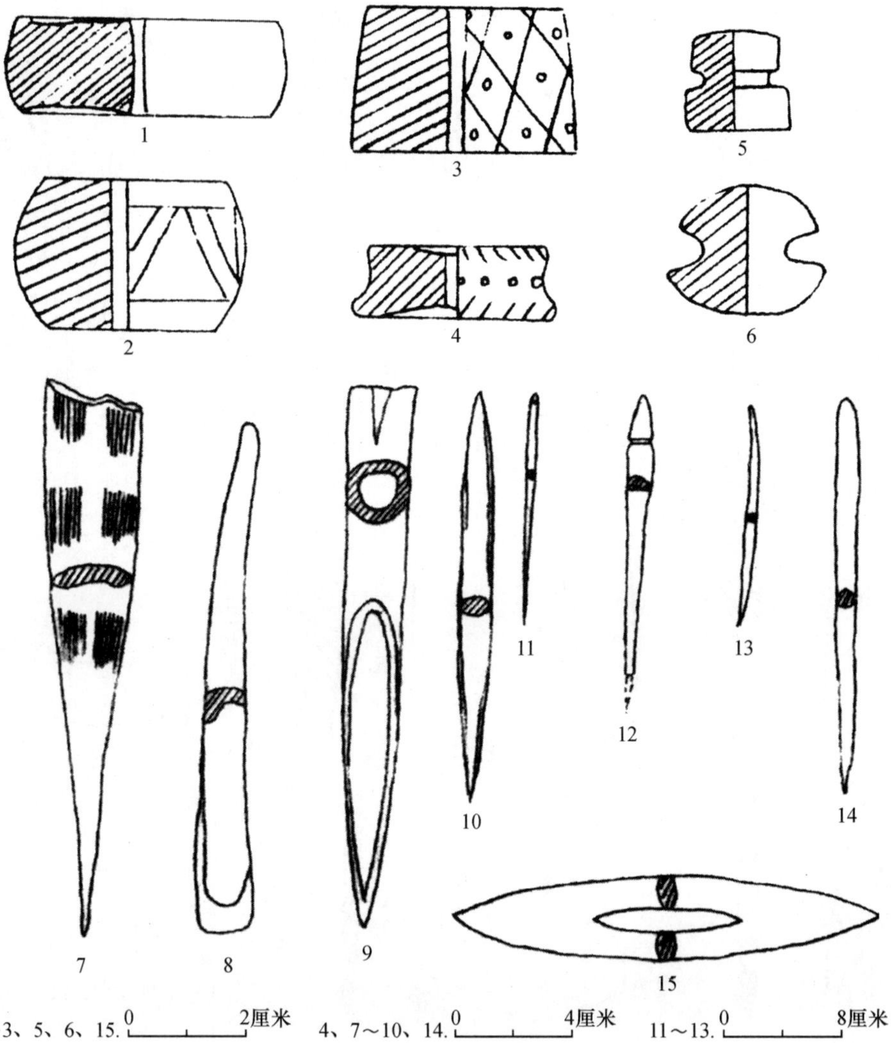

图九　墓葬出土生产工具

1. A型Ⅰ式陶纺轮（M90：9）　2. A型Ⅱ式陶纺轮（M57：1）　3. B型Ⅰ式陶纺轮（M36：5）　4. B型Ⅱ式陶纺轮（M83：2）　5、6. 石网坠（M52：7、M47：9）　7. 骨匕（M119：1）　8. 骨凿（M104：4）　9. 骨矛（M111：9）　10. 骨镞（M14：13）　11. A型骨锥（M121：14）　12. B型骨锥（M104：3）　13. 骨针（M130：8）　14. 骨簪（M59：8）　15. 骨梭（M101：14）

A型　1件。M121：14，锥身为圆柱状。长16厘米（图九，11）。

B型　15件。M104：3，锥身为扁平状，一端刻有凹槽。残长18.6厘米（图九，12）。

骨针　1件。M130：8，断面为长方形。两端尖锋，中部略宽。长15.7厘米（图九，13）。

骨簪　2件。M59：8，断面呈菱形。利用扁形骨料，一端加工成圆锥形。长13厘米（图九，14）。

骨梭　2件。M101：14，平面形状为菱形，内部有菱形的孔，断面为圆角长方形。磨制精细。长7.3厘米（图九，15；彩版一三二，2）。

另有骨器（彩版一三二，4）。

（2）生活用器

主要是陶器。

圈足碗　根据形态分为三型。

A型　敛口。根据腹部和圈足分为二式。

Ⅰ式：1件。M105：13，腹稍浅，圈足较直。通高11.1、口径15、底径10.7厘米（图一○，1）。

Ⅱ式：4件。腹稍深，圈足外撇。M54：11，夹细砂红陶，外红内黑。器表施红陶衣。通高10.5、口径15.5、底径8.5厘米（图一○，4）。

B型　直口方唇。根据圈足变化分为二式。

Ⅰ式：2件。圈足较直。M101：9，通高9.9、口径18.8、底径11.5厘米（图一○，2）。

Ⅱ式：1件。M84：3，圈足外撇。通高8.4、口径19.3、底径7.3厘米（图一○，5）。

C型　侈口，斜腹较深。根据底径变化分成二式。

Ⅰ式：4件。底径小，下腹细。M92：5，夹细砂红陶，外红内黑。器表施红陶衣。通高10、口径13.5、底径10厘米（图一○，3）。

Ⅱ式：1件。M84：2，底径稍小，下腹稍粗。通高10.5、口径16、底径11.8厘米（图一

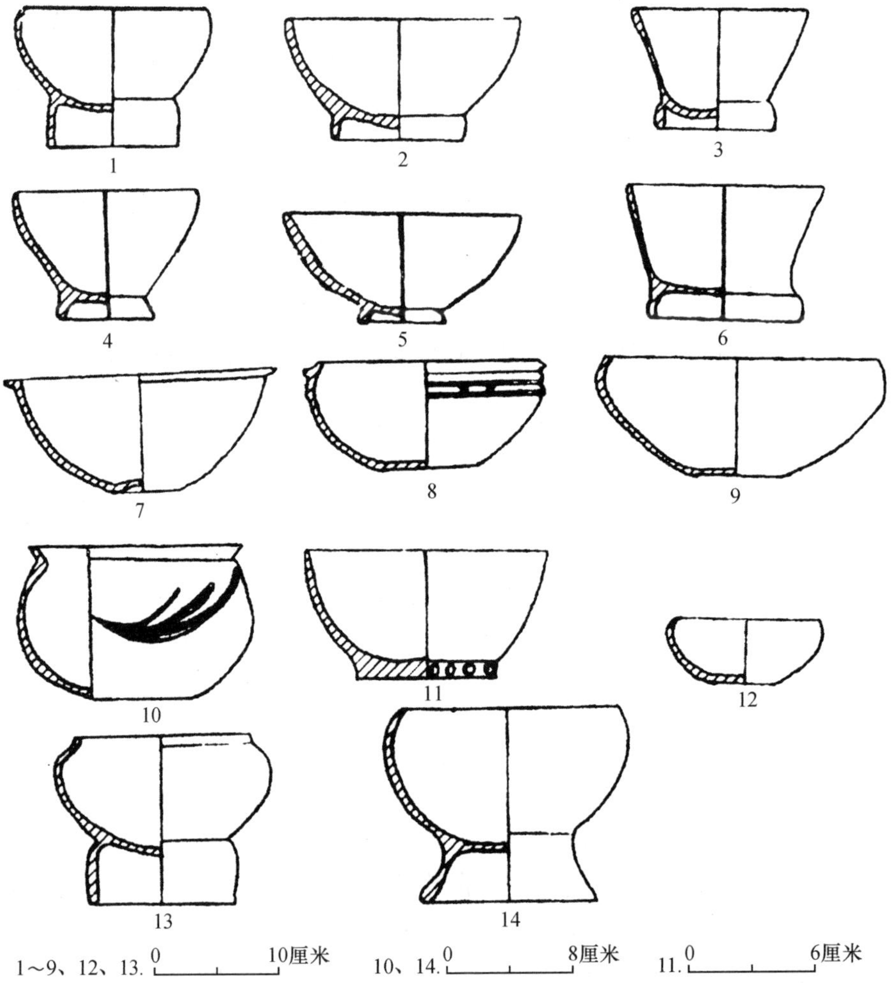

图一○　墓葬出土陶器

1. A型Ⅰ式碗（M105：13）　2. B型Ⅰ式碗（M101：9）　3. C型Ⅰ式碗（M92：5）　4. A型Ⅱ式碗（M54：11）　5. B型Ⅱ式碗（M84：3）　6. C型Ⅱ式碗（M84：2）　7. A型盆（M36：9）　8. B型盆（M4：2）　9. C型盆（M47：1）　10. A型平底钵（M21：3）　11. B型平底钵（M82：1）　12. C型平底钵（M118：1）　13. Ⅰ式豆（M101：13）　14. Ⅱ式豆（M14：1）

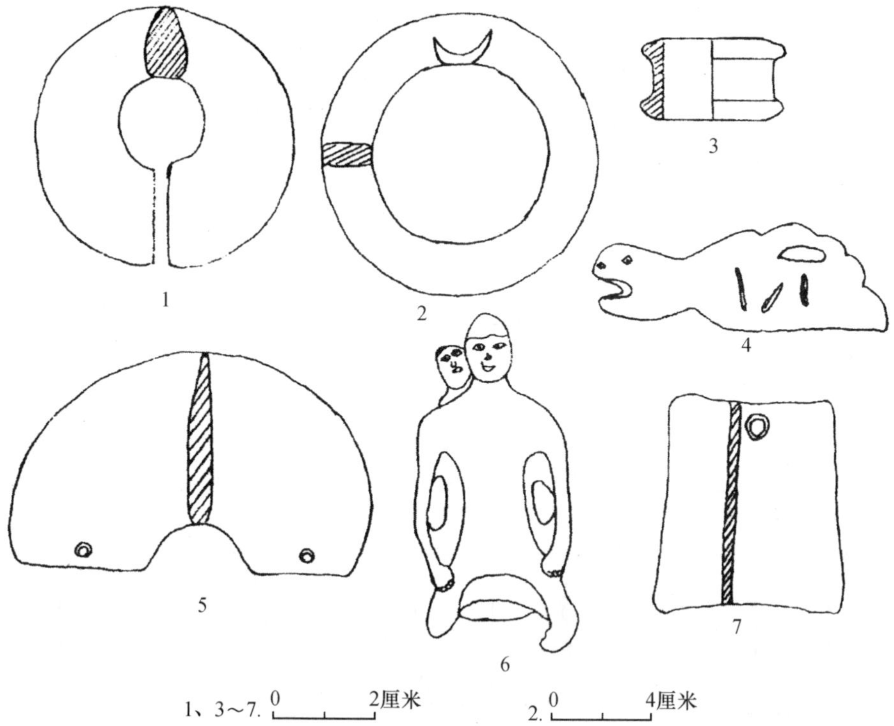

图一二　墓葬出土装饰品

1. 石玦（M58：6）　2. 石镯（M53：1）　3. 石耳坠（M99：2）　4. 石龟（M76：2）　5. 石璜（M2：1）　6. 石人（M81：3）　7. 玉片（M100：1）

双面钻孔。长7.4、宽4.3厘米（图一二，5）。

玉片　1件。M100：1，平面呈梯形。青灰色玉质。体薄，断面为长方形，顶端正中穿一孔。长4.2、宽3.8、厚0.18厘米（图一二，7）。

石龟　1件。M76：2，在黑色石片上立体雕刻成龟形，采用线刻手法雕饰龟的各个部位，通体打磨精细。残长5.9厘米（图一二，4；彩版一三二，5）。

石人　1件。M81：3，黑色石质。立体圆雕，一大一小两人，做背负状。后面的小人头枕大人右肩，向前瞭望。上、下肢比例不一，五官仅具其形，雕刻不太细腻。通高6.7厘米（图一二，6；彩版一三二，3）。

3. 分期及年代

巫山古城遗址的大溪文化墓葬，根据面貌及层位关系可分为两组，即开口于第5层下的76座墓葬为第一组，开口于第6层下的53座墓葬为第二组，年代大致分为早、晚两期。随葬品的共同特征是：石制工具十分丰富，大多经过磨制加工，打制石器也占较大比例，制作技术较高。陶器以红陶为主，褐红陶次之，少量灰陶和黑陶。夹砂陶为主，多施红陶衣，有的外红内黑，也有少量泥质陶。部分陶器经过打磨，表面光亮。从发展趋势看，泥质黑陶和灰陶所占比例逐渐增多，器类不断增加，反映早晚两期一脉相承的发展关系。高圈足盘早期多见，晚期少见。圈足器的变化是早期圈足较直，到晚期逐渐外撇。而带沿的器物早期少见，晚期多见。纹饰主要有戳印纹、压印纹、剔刺纹、绳纹以及少量弦纹等。绳纹皆为竖向细绳纹。彩陶纹样以平行条纹、草叶纹、漩涡纹、三角纹、勾连纹等常见。圈足器比较发达，器物主要有陶釜、圈足碗、圜底罐、高圈足盘、豆、平底杯、鼓形器座、蘑菇形支座、猪嘴形支座、球、簋、盆、器盖、弦纹罐、壶等。与周邻地区的遗址比较，巫山古城遗址大溪文化墓葬的特征与宜昌中堡岛①、枝江关庙山②、宜都红花套③、巫山大溪④等遗址较一致，应属大溪文化关庙山类型。早期和晚期分别与大溪文化二期和三期相当⑤。

（二）文化层

1. 遗迹

共发现大溪文化时期的灰坑52个，可分为圆形和椭圆形两类。举例说明如下。

H4　开口于T7第4层下，打破第5层。平面近圆形，直径1.1米，口大于底，坑壁不甚光滑，逐渐下收成平底，残深0.55米。H4填土为灰黑色，土质疏松（图一三）。

H17　开口于T6第4层下，打破第5层。平面为椭圆形，坑壁呈斜坡状，东壁较陡，西壁为平缓的坡状。坑口东西长1.9、南北宽0.9、深0.2～0.6米。H17填土为灰黄砂土，含有少量红烧土土块，土质疏松（图一四）。

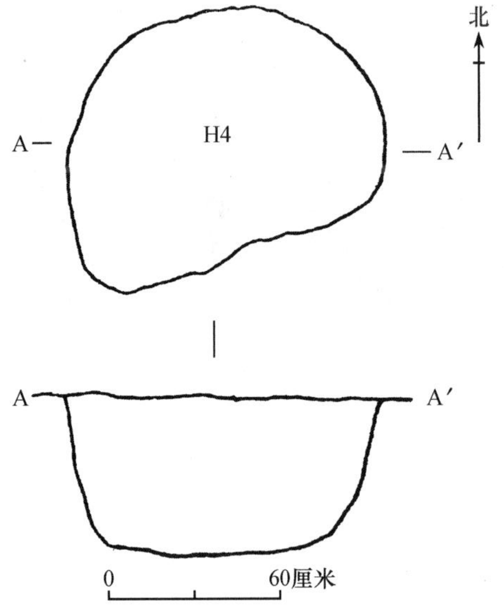

图一三　H4平、剖面图

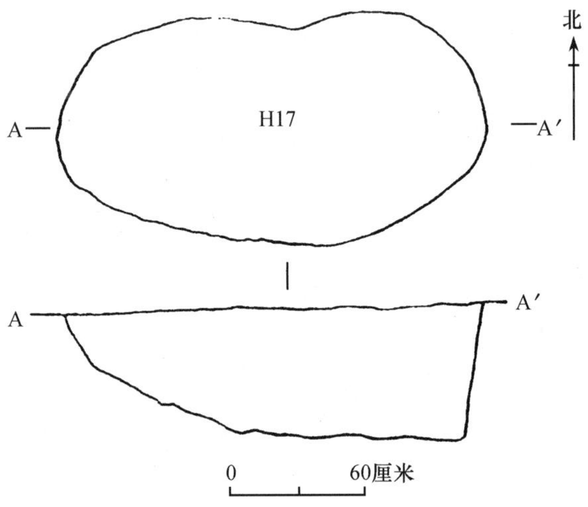

图一四　H17平、剖面图

① 陈任贤、谢达远：《宜昌中堡岛新石器时代遗址》，《三峡考古之发现》，湖北科学技术出版社，1998年。

② 中国社会科学院考古研究所湖北工作队：《湖北枝江县关庙山新石器时代遗址发掘简报》，《考古》1981年第4期；《湖北江县关庙山新石器时代遗址第二次发掘》，《考古》1983年第1期。

③ 林春、谢文纶：《红花套与江汉地区新石器时代诸文化》，中国考古学会第二次年会提交论文。

④ 四川省博物馆：《巫山大溪遗址第三次发掘》，《考古学报》1981年第4期。

⑤ 何介钧：《长江中游原始文化初论》，《湖南先秦考古学研究》，岳麓书社，1996年。

2. 遗物

以陶片为主，器物种类丰富。以夹砂红陶为主，其次为夹砂褐陶，也有少量泥质黑陶、灰陶和彩陶。素面最多，有的施红陶衣。纹饰有戳印纹、刻划纹、附加堆纹、镂孔、弦纹等。器形有鼎、三足器、釜、束颈侈沿罐、矮领圜腹罐、盘口彩陶罐、高领罐、敛口罐、小罐、瓮、缸、碗、钵、彩陶红顶钵、豆、熏、高圈足盘、盘、盆、圈足杯、平底杯、圜底杯、尖底杯、彩陶杯、器盖、器座、支座、陶饼、陶球、陶杯等。其中以釜、罐类器数量为最多，种类也最丰富。此外，也出土了一定数量的石器和骨器，石器多为打制石器，也有部分磨制精美，一般都有使用痕迹或残损。简介如下。

石斧　数量很多。根据形状分为四型。

A型　15件。长条形。T8⑤：11，利用较厚的石片打制而成。一面保留自然岩面，劈裂面打制平整，弧刃。长19厘米（图一五，1）。

B型　8件。长方形。T3⑥：23，用长石片加工而成。磨制规整。平刃，刃部有明显的使用痕迹。长17.4厘米（图一五，2）。

C型　18件。梯形。T8⑤：20，利用较厚的石片打制而成。弧刃，一面保留自然岩面，劈裂面打制平整。长12.6厘米（图一五，3）。

D型　4件。有肩石斧。H38：38，用长石片加工而成。一面保留自然岩面，有肩，大弧刃。长9.8厘米（图一五，4）。

石铲　3件。平面呈梯形。T3⑥：16，体较薄，顶微弧，大弧刃磨制锋利。磨制精细。双面钻孔。长12厘米（图一五，5）。

石网坠　1件。T11⑤：10，用长条形卵石制成。在卵石中间打制系绳索的凹槽。长13.6厘米（图一五，6）。

石锄　14件。T8⑤：8，平面呈梯形。亚腰平刃。用石片两侧打制，一面留有自然岩面。长15.6厘米（图一五，7）。

石支座　1件。T2⑥：7，通体磨制，整体呈蘑菇形。顶部为圆球状，足部上细下粗。通高9.8厘米（图一五，8；彩版一三三，1）。

陶釜　193件。夹砂陶。宽沿略外侈。H21：1，鼓腹，圜底。通高20.4、口径15.6厘米（图一六，1）。

陶碗　根据口部变化分为三型。

A型　内折沿，弇口。根据口部和腹部变化分为二式。

Ⅰ式：13件。T3⑥：21，内折沿，腹较深。通高9.2、口径14.4、底径10厘米（图一六，2）。

Ⅱ式：12件。T9⑤：1，内折沿，沿面略凹，腹稍浅。通高9.2、口径19.2、底径12厘米（图一六，3）。

B型　53件。敛口，T11⑤：3，腹稍深。通高8.3、口径15.2、底径9.8厘米（图一六，4）。

C型　敞口，浅腹。根据圈足变化分为二式。

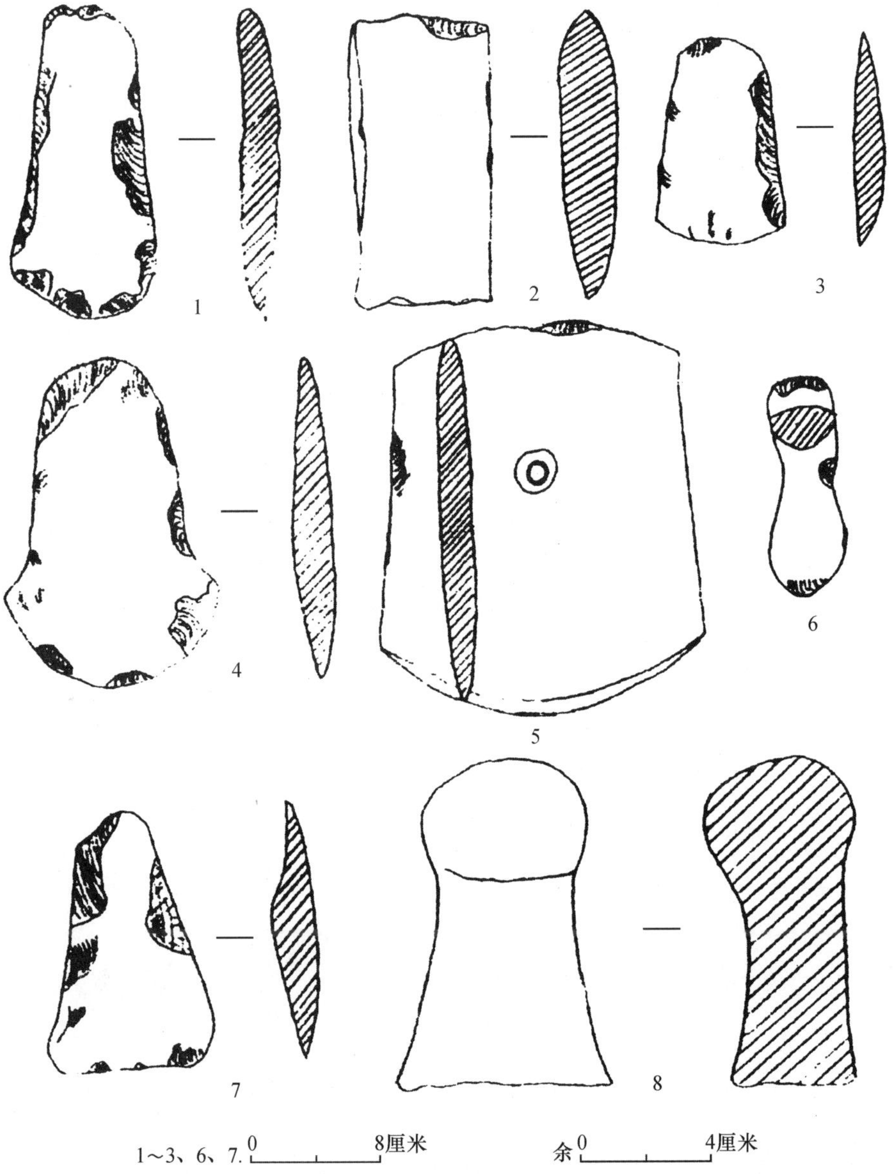

图一五　文化层出土石器

1. A型斧（T8⑤：11）　2. B型斧（T3⑥：23）　3. C型斧（T8⑤：20）　4. D型斧（H38：38）　5. 铲（T3⑥：16）　6. 网坠（T11⑤：10）　7. 锄（T8⑤：8）　8. 支座（T2⑥：7）

Ⅰ式：6件。T8⑤：1，圈足较直。通高8.1、口径20.4、底径10.5厘米（图一六，5）。

Ⅱ式：7件。T8⑤：59，圈足外撇。通高6.9、口径15.1、底径7.5厘米（图一六，6）。

陶圜底杯　根据口部分为二型。

A型　3件。侈口。T12⑤：46，夹细砂红陶。侈口圜底。器表饰竖向绳纹。口径12厘米（图一六，7）。

B型　7件。侈口。T6⑥：1，肩部饰一圈按窝纹。通高4.8、口径7.2厘米（图一六，8）。

陶圈足杯　4件。T6⑤：1，敞口，圈足，筒形深腹。通高17.3、口径12.6、底径8.2厘米（图一六，9）。

陶器座　1件。H1：9，泥质灰陶。鼓形，腹部饰对称三角形镂孔两个。高3.8、底径11.2厘

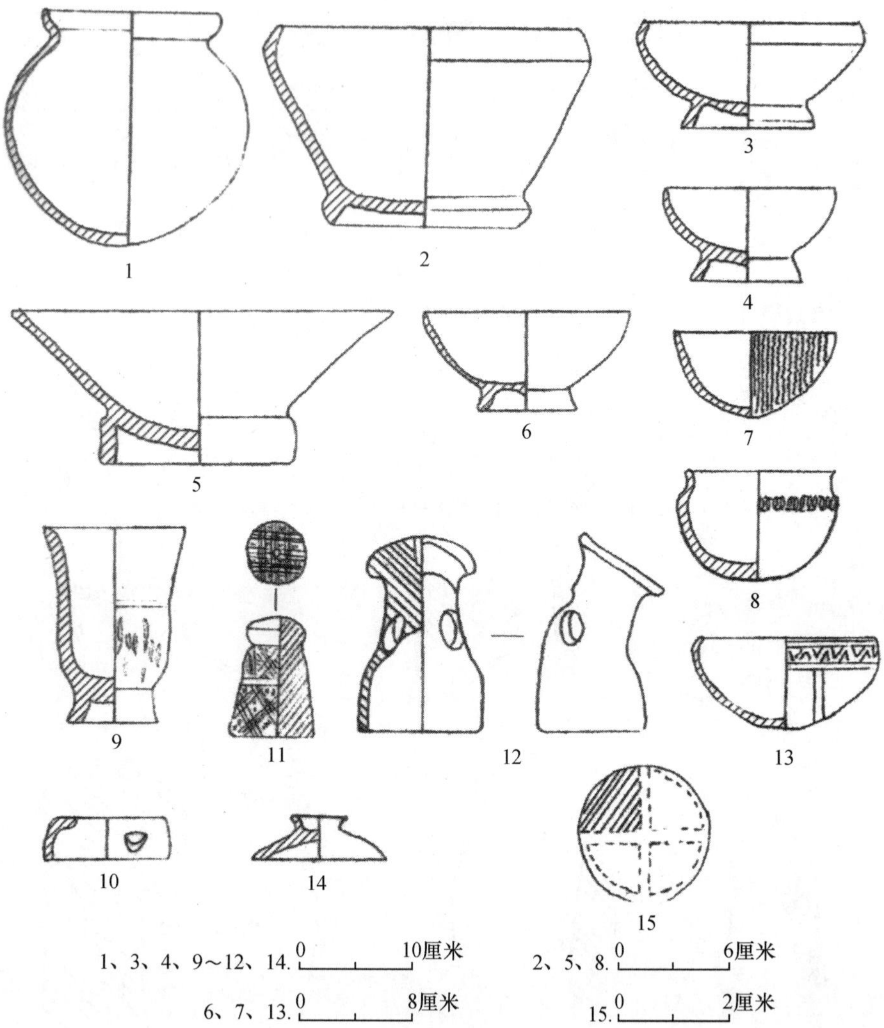

图一六 文化层出土陶器

1. 釜（H21：1） 2. A型Ⅰ式碗（T3⑥：21） 3. A型Ⅱ式碗（T9⑤：1） 4. B型碗（T11⑤：3） 5. C型Ⅰ式碗（T8⑤：1） 6. C型Ⅱ式碗（T8⑤：59） 7. A型圜底杯（T12⑤：46） 8. B型圜底杯（T6⑥：1） 9. 圈足杯（T6⑤：1） 10. 器座（H1：9） 11. A型支座（T2⑤：1） 12. B型支座（H4：1） 13. 彩陶钵（T15⑤：5） 14. 器盖（H11：1） 15. 球（H28：20）

米（图一六，10）。

陶支座 根据形态分为二型。

A型 18件。蘑菇形。T2⑤：1，夹粗砂红陶。器表施灰白色陶衣。通体刻划几何图案。柱体为实心，柱顶圆饼较大，中心穿眼。通高10厘米（图一六，11）。

B型 22件。猪嘴形（彩版一三二，1）。H4：1，柱体为空心。通高17、底径11厘米（图一六，12）。

彩陶钵 8件。T15⑤：5，敛口，平底，腹稍浅。肩部施红底黑彩的彩绘，图案为平行线夹“V”字形组合图案。通高6.5、口径13、底径2.7厘米（图一六，13）。

陶器盖 3件。H11：1，玉璧形盖纽。通高3.5、口径12厘米（图一六，14）。

陶球 2件。H28：20，夹砂陶。实心。用二股篦点组成米字纹。直径2.4厘米（图一六，15）。

石玦　2件。T3⑥：4，圆形，内孔小，断面呈长方形，有破裂后钻孔修复使用的痕迹。直径2.5厘米（图一七，1）。

绿松石坠　8件。T3⑥：45，平面呈梯形。顶端穿孔，体薄。长1.7厘米（图一七，2）。

牙锥　1件。T11⑤：23，用动物尖牙加工而成，一端磨出平刃。残长5.4厘米（图一七，3）。

骨管　1件。H31：7，圆筒状，中空，表面经过刮削加工。残长3.2厘米（图一七，4）。

骨镞　根据形状分为二型。

A型　3件。T3⑤：5，镞身呈扁平状，可能是利用骨壁自然面加工制成（图一七，5）。

B型　1件。H51：3，镞身呈圆锥状，磨制浑圆，光滑。长10.3厘米（图一七，6）。

骨锥　根据形状分为二型。

A型　8件。T8⑤：88，锥身呈圆柱形。长14厘米（图一七，7）。

B型　2件。T6⑤：8，锥身为扁平状。长11.6厘米（图一七，8）。

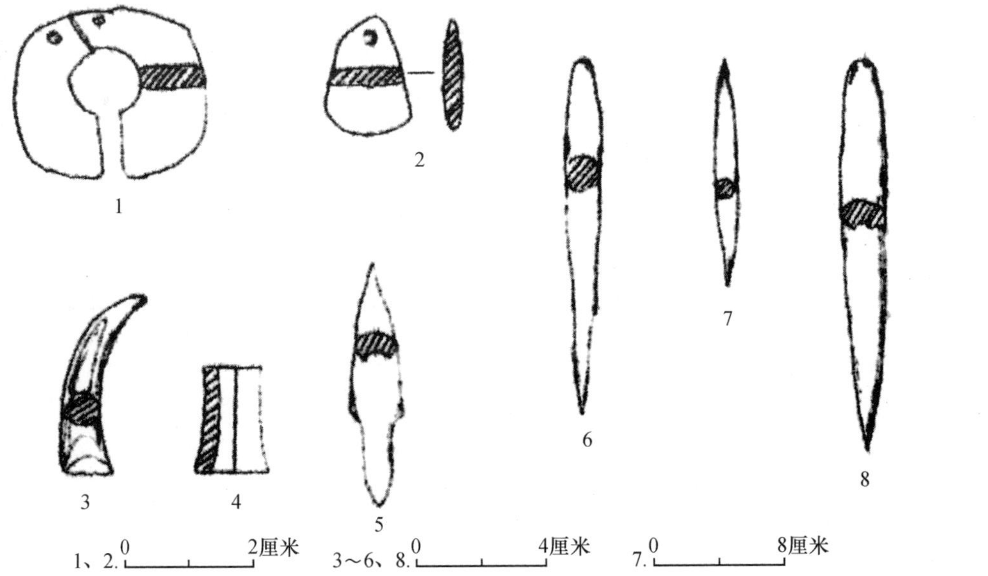

图一七　文化层出土器物

1. 石玦（T3⑥：4）　2. 绿松石坠（T3⑥：45）　3. 牙锥（T11⑤：23）　4. 骨管（H31：7）　5. A型骨镞（T3⑤：5）　6. B型骨镞（H51：3）　7. A型骨锥（T8⑤：88）　8. B型骨锥（T6⑤：8）

3. 分期与年代

对照墓葬出土的器物特征，我们将文化层出土遗物也分为早、晚两期。第6层出土遗物面貌与早期墓葬同类器特征较一致，我们归入早期。从层位关系和器形特征看，文化层中晚于第6层的各单位出土遗物特征更接近晚期或略晚于晚期墓葬的同类器，我们将他们都归于晚期。

三、汉代遗存

1. 遗迹

仅有“刀”字形砖室墓1座。

M13　开口于T9第3层下，打破第4层。长方形墓室，甬道位于墓室一侧，整个平面呈“刀”把形。墓口距地表深2.4、长3.54、宽2米，无顶，残深0.9米。单砖错缝平铺砌墙，墓室内无铺地砖，甬道内铺地砖为横向与纵向相间平铺。此墓早期遭到严重破坏。随葬品残存铜耳环3件，五铢钱和货泉各1枚。从墓室结构和钱文看，此墓年代应为东汉初期（图一八）。

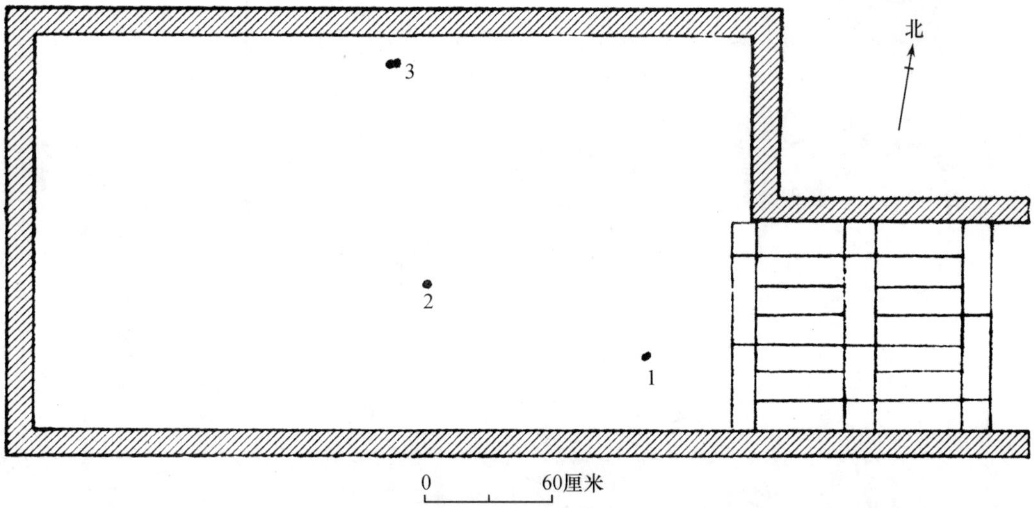

图一八　M13平面图

1. 铜环　2、3. 铜钱

2. 遗物

汉代地层出土物以灰陶为主，有少量红黄陶片，种类以饰绳纹的板瓦、筒瓦、瓦当为大宗。陶器类型有罐、豆、盆、瓮、缸等，也出土少量东周陶器，如鬲足、鼎足、喇叭形座豆、尖底杯、高领罐等。但东周地层已被汉代地层扰乱破坏，仅残留部分遗物。

卷云纹瓦当　4件。T9④：18，夹细砂灰陶。瓦头部分与筒瓦部分分制，然后用泥条黏合加固而成。瓦头正面饰卷云纹。直径14厘米（图一九，1）。

勾连云纹瓦当　1件。T11④：42，制法相同。瓦头正面饰勾连云纹，筒瓦饰绳纹。直径14厘米（图一九，2）。

放射状云纹瓦当　5件。T17④：17，制法相同。瓦当正面饰放射状云纹。筒瓦饰绳纹（图一九，3）。

筒瓦　15件。T15④：6，细砂灰黄陶。子口。筒瓦表面饰细绳纹。残长35.5厘米（图一九，4）。

陶瓮　2件。T11④：20，细砂灰陶。弇口，筒腹平底。周身饰间断绳纹，腹部饰两道附加

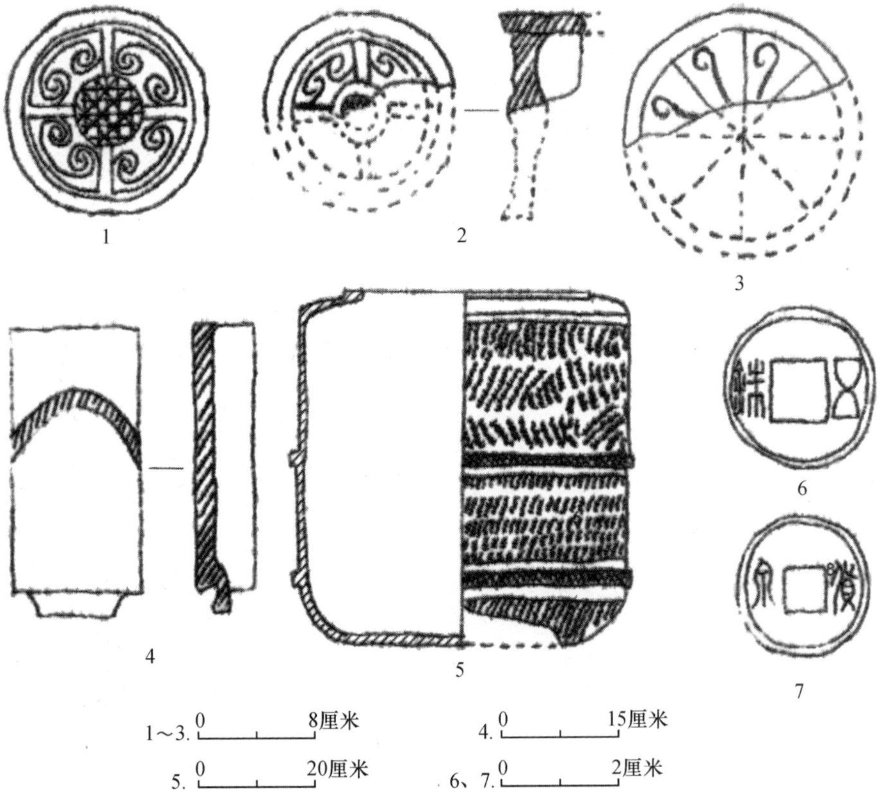

图一九　汉代遗物

1. 陶卷云纹瓦当（T9④：18）　2. 陶勾连云纹瓦当（T11④：42）　3. 陶放射状云纹瓦当（T17④：17）　4. 陶筒瓦（T15④：6）　5. 陶瓮（T11④：20）　6. 五铢钱（T11④：5）　7. 货泉钱（T11④：19）

堆纹，其上刻划网格纹。通高59、口径42、腹径56厘米（图一九，5）。

五铢钱　6枚。T11④：5，方孔圜钱。隶体阳文。朱字方折。直径2.6厘米（图一九，6）。

货泉钱　3枚。T11④：19，方孔圜钱。隶体阳文。直径2.3厘米（图一九，7）。

四、宋代遗存

宋代地层出土遗物以筒瓦、板瓦为主，尤以葵花纹瓦当、莲花纹瓦当最为典型。其次为各种窑口的瓷器，包括景德镇窑的影青瓷、建窑黑瓷中的黑釉盏、玳瑁盏等。同时伴出较多早期地层的包含物。

瓷葵口盘　1件。T20③：16，青白瓷。灰白胎。釉色较暗。葵口，平底，腹较浅。八出葵口，在盘的内壁有八条出筋连接葵口处和盘内底边缘。口径8.4、通高2厘米（图二〇，1）。

瓷盘　1件。T20③：6，青白瓷。白胎。斜腹较浅，圈足极小，釉面有细小冰裂纹。盘内模印牡丹花卉图案，盘内底模印水涡纹。口径18、通高3.3厘米（图二〇，4）。

瓷斗笠碗　2件。T20③：7，葵口，斜直腹，圈足较小。碗内壁划水草纹，不甚规整。口径19、底径5.5厘米（图二〇，7）。T15③：42，灰白胎。侈口，斜弧腹，浸釉法施釉，圈足内底无釉，腹部采用半刀泥手法刻划草叶纹。口径12、底径3、通高5.6厘米（图二〇，2）。

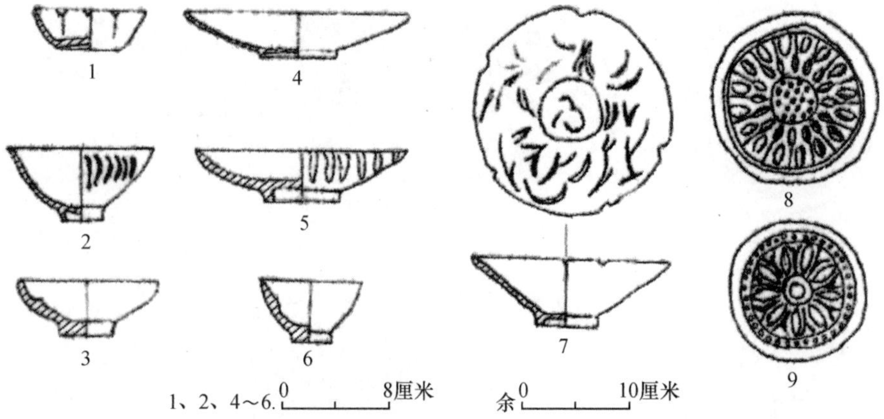

图二〇　宋代遗物

1. 瓷葵口盘（T20③：16）　2、7. 瓷斗笠碗（T15③：42、T20③：7）　3、6. 黑瓷盏（T11③：2、T20③：1）　4. 瓷盘（T20③：6）　5. 青瓷盘（T11③：1）　8. 陶葵花纹瓦当（T20③：3）　9. 陶莲花纹瓦当（T19③：5）

青瓷盘　1件。T11③：1，敞口，浅腹。腹部饰瓜棱状纹。通体施青釉，釉面均匀。通高3.6、口径1厘米（图二〇，5）。

黑瓷盏　4件。T11③：2，口微敛，弧腹，假圈足。碗内壁起棱。浸釉法施釉，圈足无釉。通高4、口径10.2厘米（图二〇，3）。T20③：1，敞口，斜腹，假圈足，碗内壁起棱。窑变釉，黑釉中夹有黄色斑纹。通高5.8、口径9.7、底径3.8厘米（图二〇，6）。

葵花纹瓦当　5件。T20③：3，细砂灰陶。瓦头正面饰葵花纹。直径16.8厘米（图二〇，8）。

莲花纹瓦当　7件。T19③：5，细砂灰陶。瓦头正面饰莲花纹。直径13.2厘米（图二〇，9）。

五、清代遗存

清代层出土遗物以青花瓷为主，灰陶次之。较大型的器物如罐、壶、擂钵等多为粗胎釉陶器。

青花瓷碗　2件。T12②：1，青花颜色深涩，红砂胎，碗内底有叠粘连留下的涩圈一周。圈足外沿无釉。敞口，浅腹。青花图案随意勾勒。口径12、高5、底径5.7厘米（图二一，5）。

青花瓷盅　1件。T7②：1，直口，弧腹，圈足。青花构图简略，随意勾勒数笔。通高3.5、口径6.6、底径3厘米（图二一，7）。

陶小口罐　2件。T6②：3，泥质红陶。小口矮颈，鼓肩小平底。肩腹部饰瓦棱状弦纹。通高23.8、口径10.8厘米（图二一，1）。

陶大口罐　1件。T17②：26，酱釉陶罐，施半釉。直口，上腹部微鼓，平底。口径7.4、通高8.5、底径5.3厘米（图二一，2）。

黑釉单把罐　1件。T11②：31，通体施黑釉。直颈，腹微鼓，平底。贴附一单把。通高8.6、口径3.7、底径5.3厘米（图二一，3）。

陶壶　1件。T7②：9，泥质红陶。敞口带纽。球腹上置一环状把手，平底。通高12.8、底

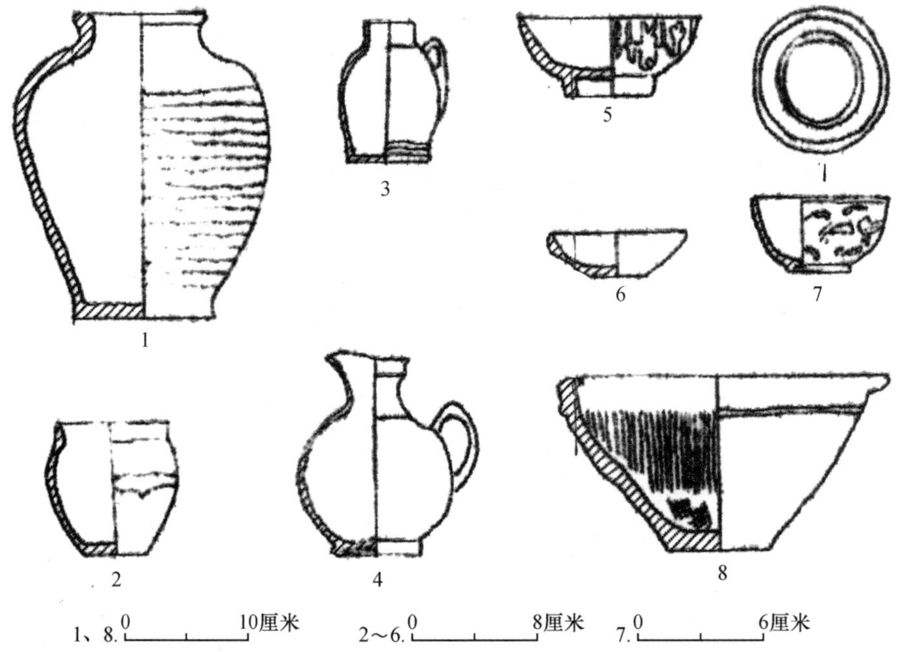

图二一　清代遗物

1. 陶小口罐（T6②：3）　2. 陶大口罐（T17②：26）　3. 黑釉单把罐（T11②：31）　4. 陶壶（T7②：9）
5. 青花瓷碗（T12②：1）　6. 陶碟（T20②：6）　7. 青花瓷盅（T7②：1）　8. 陶擂钵（T3②：4）

径5.7厘米（图二一，4）。

陶碟　8件。T20②：6，褐红陶胎。采用浸釉法施釉，圈足无釉。酱褐色釉，器表较粗糙。通高2.8、口径8.2厘米（图二一，6）。

陶擂钵　1件。T3②：4，褐红陶胎。仅口沿部分施釉，器内壁划有竖向刻槽。通高13.6、口径26厘米（图二一，8）。

六、结　　语

（1）巫山古城遗址文化堆积相当厚，多在4～6米，文化内涵也十分丰富。发掘资料表明，新石器时代、东周时期、汉代、六朝、宋代、明代乃至清代，均有人在这里居住活动，尤其大溪文化时期、汉代、宋代、清代等几个时期人们在这里的生产生活最为发达、最为频繁。

（2）巫山古城遗址的大溪文化墓地，是这次发掘的重大发现。墓地的规模、保存情况、出土遗物等各个方面，都可以与巫山大溪遗址相媲美，是研究大溪文化不可多得的实物资料。

（3）巫山古城遗址出土的圆雕石龟和石人，以及精美的彩陶器，不仅反映了新石器时代人们高超的制陶、制石器技术，也向我们传递了一些古人思想意识方面的信息。

摄影：许志斌
绘图：罗宏斌　陈　艳
执笔：雷兴军　陈　艳　雷　霆

巫山大溪村墓群2003年度发掘简报

重庆市文化遗产研究院
巫山县文物管理所

大溪村墓群位于重庆市巫山县大溪乡大溪村。根据我们的调查结果，在大溪村范围内存在多处古墓葬群，主要分布在大溪乡老场镇、枣园坪后坡山根、大溪遗址西侧山根、南侧山湾等几处地点，其中尤以后一地点墓葬数量最多、最密集，且保存最好。2003年大溪村墓群的发掘选择在紧邻大溪遗址西侧处进行。

大溪村墓群（即大溪遗址西侧地点，下同）中心地理坐标为东经109°30′31″，北纬31°0′15″，海拔147~190米。墓群西侧紧靠瞿塘峡南岸的盛家山，东面与大溪遗址连成一体，再往东即长江与大溪河交汇处的河漫滩，长江、大溪河分别从北、南两面流过（图一）。该墓群地面坡度较大，部分墓葬因现代民居建筑被毁。按照规划，该墓群为D级发掘项目，海拔在

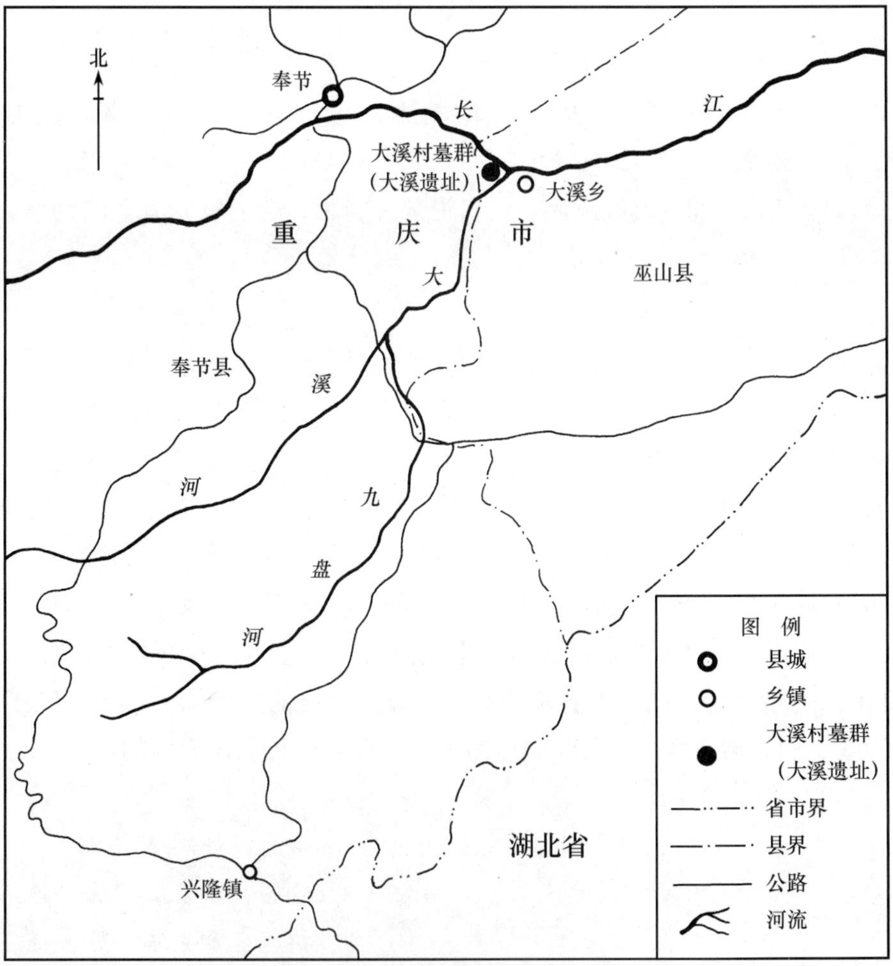

图一　大溪村墓群位置示意图

135米及其以上。此前重庆市文物考古所对大溪遗址的几次发掘中，均在海拔147米以下清理过多座汉至六朝的墓葬，考虑到这些墓葬的分布范围与147米以上的所谓大溪村墓群互相交错，再加上大溪村墓群与大溪遗址的地形实际上紧密相连，无法分割，所以我们在发掘时将大溪村墓群的地貌分区、探方编号、遗迹与墓葬编号纳入大溪遗址的编号系统，即统一以WD代称。

本次发掘布方较分散，主要采取探沟发掘方法，以扩大发掘的控制面积，尽量减少墓葬遗漏。具体在大溪遗址（大溪村墓群）的Ⅰ区布探沟4个，编号为2003WDⅠT11、T12、T13、T14；在Ⅱ区布探沟4个，编号为2003WDⅡT1、T2、T3、T4；在Ⅲ区共布探方1个，编号为2003WDⅢT31（以下省略2003WD），合计布方面积共329平方米，除1条探沟没有扩方外，其余均进行了扩方，实际发掘面积超过了500平方米。

一、地层堆积

所布探沟和探方一般只有两层，第1层为现代耕土层，第2层为明清文化层，第2层之下分布有明清墓葬以及汉至六朝墓葬。只有Ⅱ区南部的一条探沟有汉、六朝的文化层。下面以Ⅱ区探沟T3东壁剖面举例介绍（图二）。

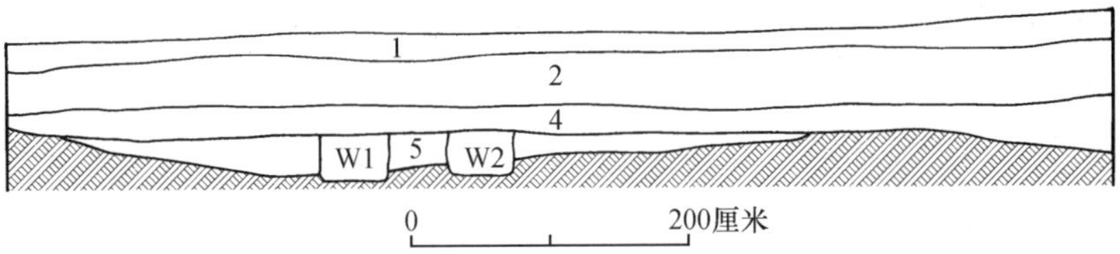

图二　ⅡT3东壁剖面图

第1层：厚15～25厘米。为现代农耕土。呈黄灰色。西高东低呈斜坡状，土质疏松。包含一些植物根茎、浅灰色素面瓦片、小石块等。

第2层：深15～25、厚20～50厘米。黄褐色黏土，含大量料姜石。满方分布，由西向东倾斜。出土少量青灰色粗绳纹瓦片。

第3层：深20～50、厚0～44厘米。淡黄色黏土，土质较硬。分布在探方西北角。出土遗物极少，发现一残花纹砖。

此层下发现瓮棺葬ⅡW3。

第4层：深30～65、厚10～100厘米。灰褐色黏土，土质坚硬。西高东低呈坡状堆积，内含大量料姜石。出土少量青灰色绳纹瓦片、黑皮陶片。

此层下发现ⅡW1和ⅡW2两座瓮棺。

第5层：深36～78、厚0～25厘米。灰色黏土，土质紧密。分布在探方中东部。基本不出文化遗物。

此层下为黄色黏土，十分纯净，定为生土。

此次共发掘各时期墓葬11座，其中汉至六朝时期墓葬9座，分别为ⅠM34、ⅠM35、ⅠM36、ⅡM193、ⅡM194、ⅡW1、ⅡW2、ⅡW3、ⅢM6。这9座墓葬中有1座砖室墓、5座石室墓、3座瓮棺葬。明代墓葬2座，只给其中一座墓葬进行了编号，编号为ⅢM5。以下就发现的汉至六朝墓葬做一介绍。

二、墓葬形制

从类别上看，本次发掘的汉至六朝墓葬可分为砖室墓、石室墓、瓮棺葬三类。其形制如下。

（一）砖室墓

仅1座。

ⅢM6　位于ⅢT1南部，叠压于第3层下，被ⅢM5及另一座未编号墓葬打破，它又打破生土。方向85°（图三）。

该墓平面呈“凸”字形。现存甬道和墓道两部分，墓圹底部甬道部分略低于墓室部分。甬

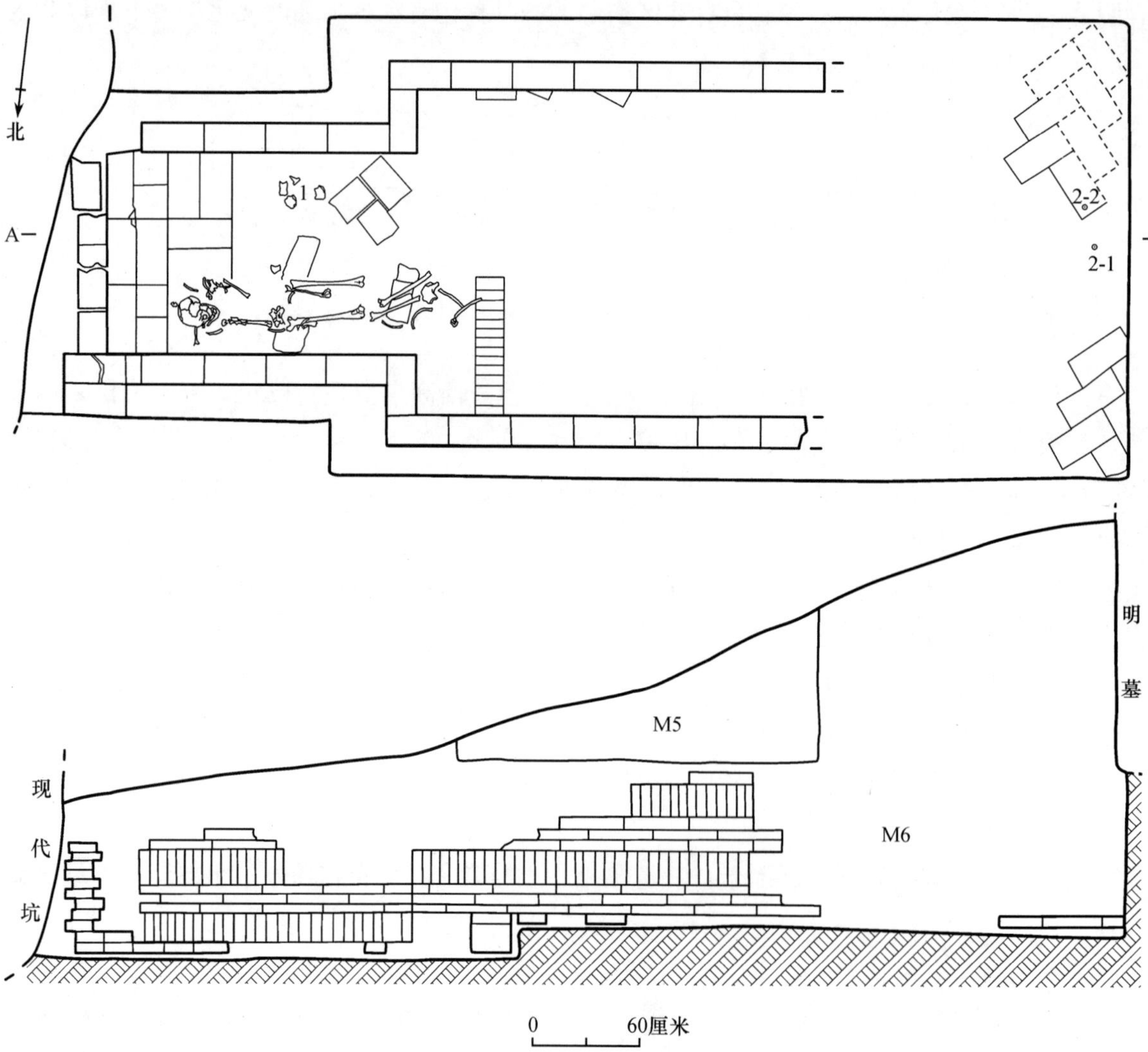

图三　ⅢM6平、剖面图

1. 青瓷碗

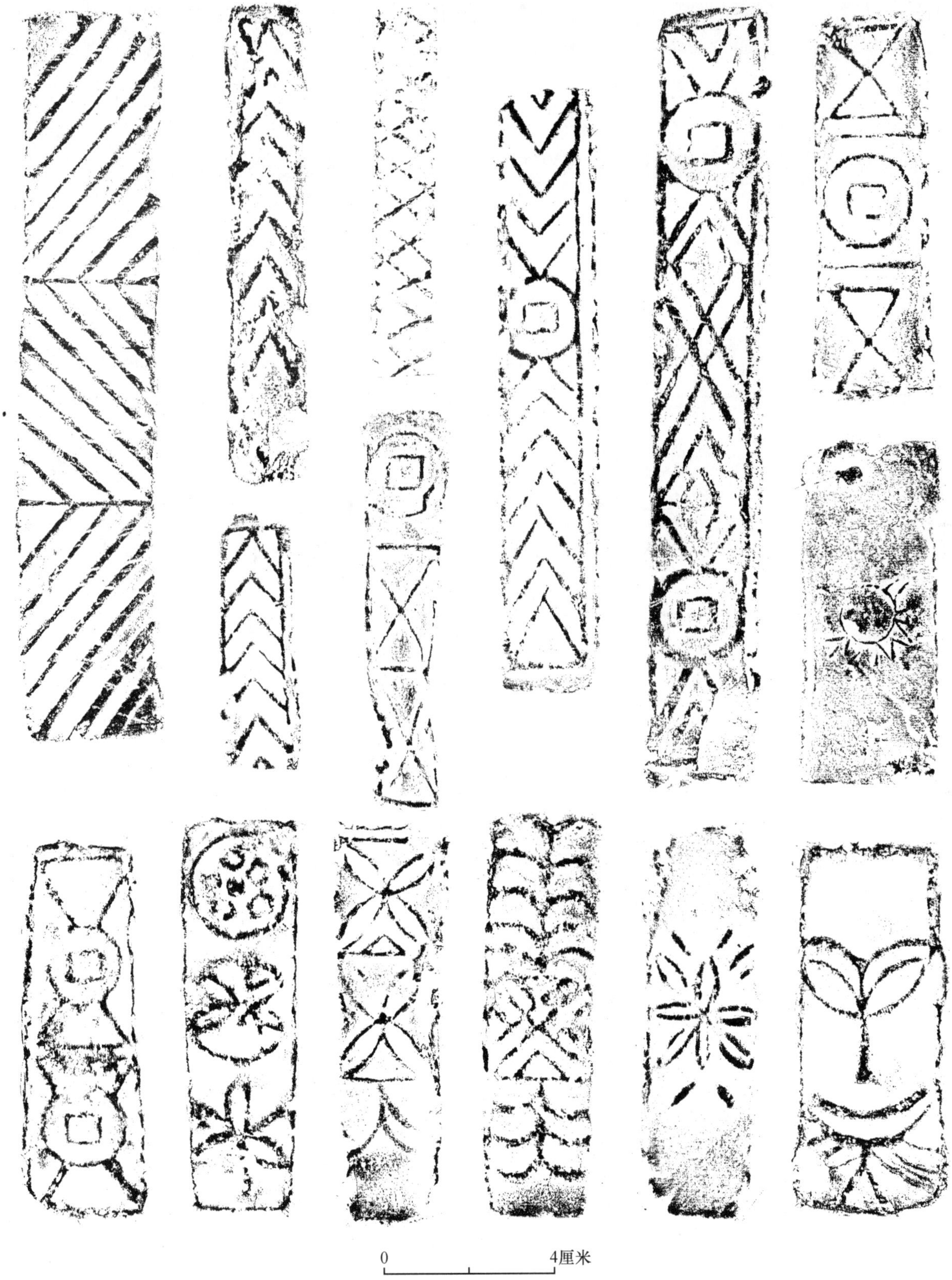

图四　ⅢM6墓砖纹饰拓片

道呈长方形，现存54厘米高封门，前侧残存部分铺地砖，以丁、顺交替铺地。甬道长176、宽145、残高56厘米。墓室平面为长方形，后侧墓墙不存，墓底铺地砖大多已散失，前侧见有砖砌棺床一道。墓室长411、宽210、残高40～70厘米。该墓墓墙砌法为三顺一丁，砖的规格大小不一致，有32厘米×5.7厘米×4.5厘米、32厘米×4.5厘米×3厘米、32厘米×6.5厘米×6厘米、34厘米×5.5厘米×5厘米等几种，砖纹有折线、网纹、折线+钱纹、重菱纹+钱纹、“五”+钱纹、太阳纹、钱纹、莲纹、树纹、兽面纹等（图四）。另出土有多块铭文砖，具体分两种：一种模印“普通二年”；另一种模印“庚子歲□二（？）立”，其中一字较残不可辨，一字存疑（应依上一字确定）（图五）。

该墓填土为五花土，包含有较多的白灰渣，个别砖块上还黏有石灰，应是受晚期明墓扰乱所致。甬道处存骨架1具，头向东，面向北。现存随葬品2件（套），分别为青瓷碗、铜钱（2枚）。

图五　ⅢM6出土文字砖

（二）石室墓

5座。分别为ⅠM34、ⅠM35、ⅠM36、ⅡM193、ⅡM194。除ⅠM34为一条晚期沟打破形制不辨外，其余均为“刀”形石室墓。这些刀形石室墓绝大多数“刀”把（即甬道）在墓室的右侧（依墓室定），只有ⅠM36在左侧。

ⅡM194　位于大溪村墓群Ⅱ区中部山坡上T4的西端，叠压于第4层下，打破生土。墓向20°（图六）。

ⅡM194平面呈“刀”形，土坑竖穴石室墓，由墓道、甬道、墓室三部分组成，土圹通长920、最宽252、深200～240厘米。墓道平面近梯形，口部陡直，底部向甬道倾斜，长160、宽115～150、深160～240厘米。甬道为长方形，拱顶仅余小部分保存完好，壁、顶均用经过打制的石块错缝平砌而成，石块一般长15～35、宽8～15、厚5～15厘米。甬道长248、宽148、高160厘米。墓室平面呈长方形，顶已不存，以石块错缝砌墓墙，层缝间夹有薄小石片，以黏土黏合，墓室长470、宽182～195、残高110厘米。整座墓葬未铺地，以土圹底平整而成。

ⅡM194墓内堆积浅褐色五花土，其中墓道填土经过夯打，较坚硬。墓内残存人骨朽痕一具，另见似头骨朽痕一处，大致可辨头向南。甬道堆积土中发现一绳纹瓦片，发现的随葬品有铜指环（3件）、铜钱（15枚）、银镯（3件）、琉璃耳珰（4件）、黑石头共26件。

（三）瓮棺葬

3座。分别是ⅡW1、ⅡW2、ⅡW3，均位于ⅡT3内，其中ⅡW1、ⅡW2位置较近，叠压于第5层下，ⅡW3略远，叠压于第4层下，均打破生土（图七）。

ⅡW1　平面近椭圆形，剖面呈柱形。墓坑壁较直，底较平。坑内用灰褐土填充，并含少量红烧土，并出土一件残陶钵。坑口直径48～60、深40厘米。该墓葬具为一鼓肩平底陶罐，罐口用绳纹板瓦覆盖。罐内填充灰色土，内有婴幼儿碎骨（图八）。

ⅡW2　墓口平面呈椭圆形，剖面呈柱形。墓坑壁较直，底较平。坑内填土夹杂少量红烧土。坑口直径60～70、深47厘米。该墓葬具为一鼓肩平底陶罐，罐口用绳纹板瓦覆盖。罐内有灰色土，夹杂婴幼儿碎骨（图九）。

ⅡW3　墓口平面呈近圆形，剖面呈柱形。墓壁陡直，底略圜近平。墓内填灰褐色土，较硬。墓口直径50、深55厘米。该墓葬具为一折肩深腹圜底瓮，竖置，瓮口用一残凹圜陶器底覆盖，罐内填土较松软，内夹杂婴幼儿碎骨（图一〇）。

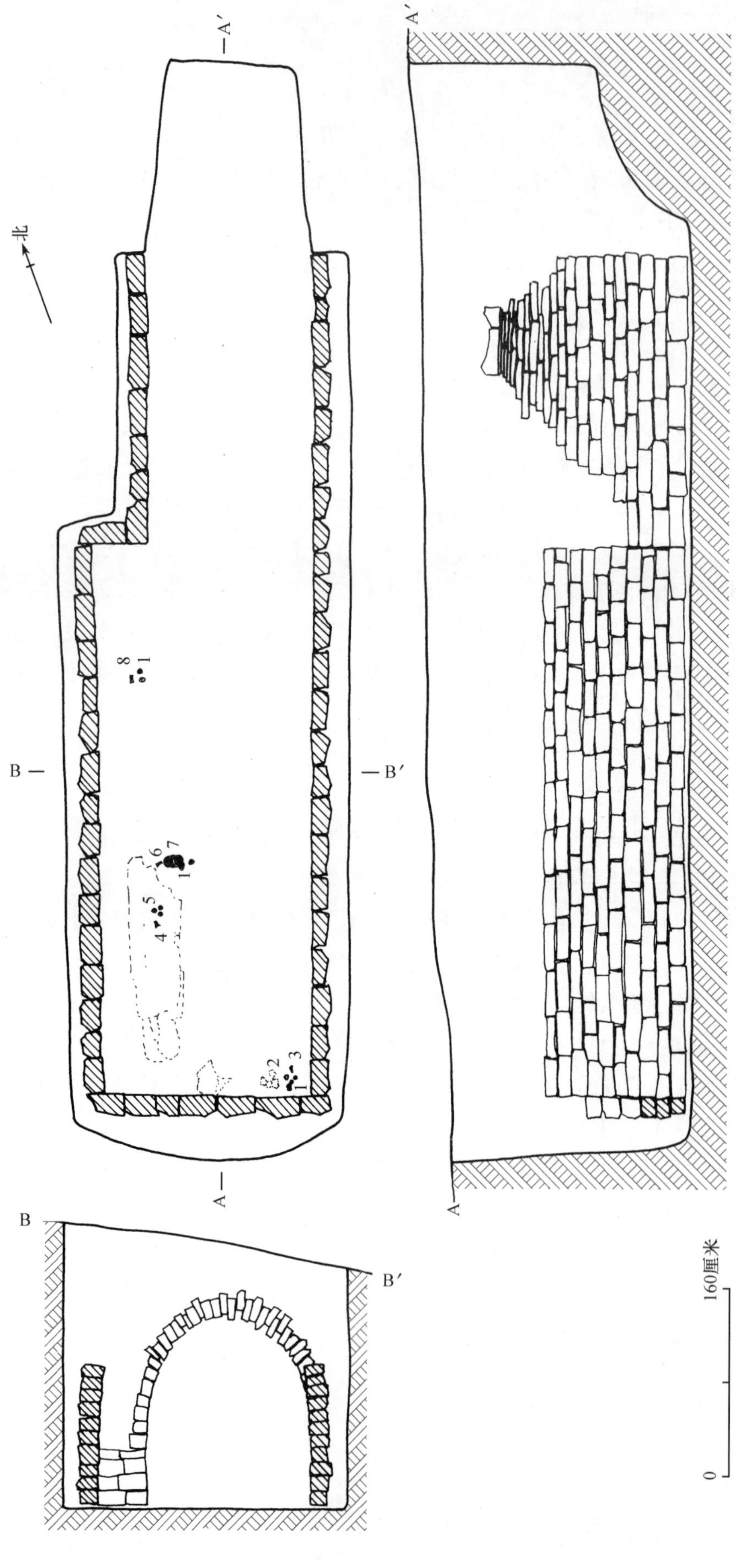

图六 ⅡM194平、剖面图

1. 铜钱 2. 黑石头 3、4、6、8. 琉璃耳珰 5. 铜指环 7. 银镯

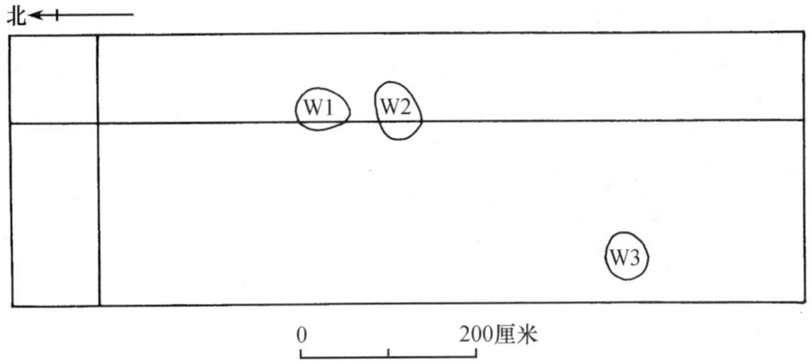

图七　ⅡT3内瓮棺墓分布图

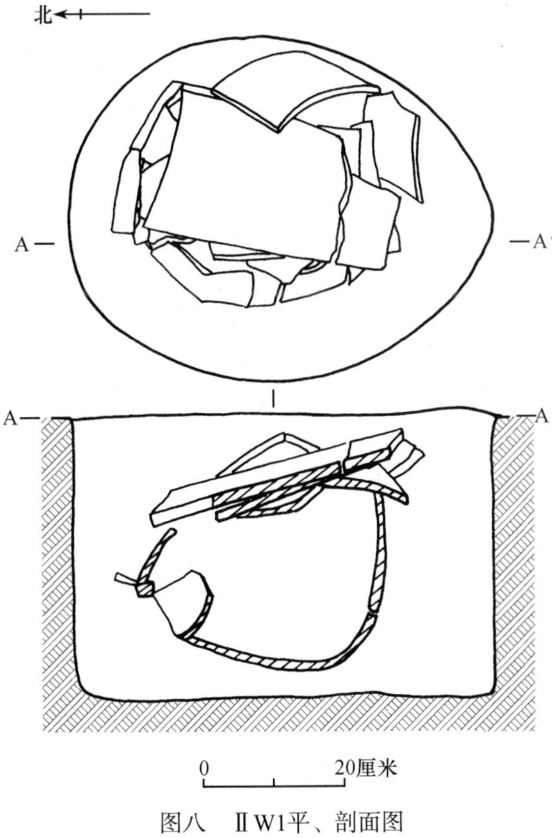

图八　ⅡW1平、剖面图

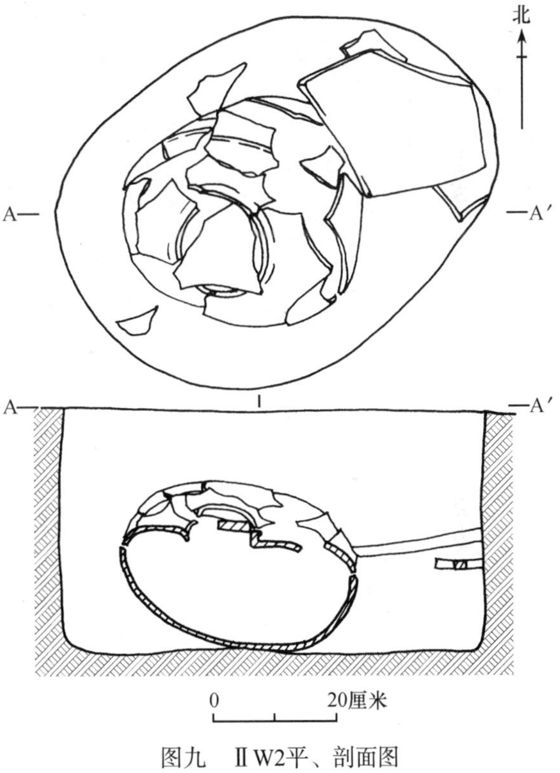

图九　ⅡW2平、剖面图

三、出土器物

本次发掘出土器物有陶、瓷、铜、铁、银、料器六大类，但数量不多。

1. 陶器

共出土13件，有瓮、罐、壶、钵、卮、灯、匜、板瓦7种器物，绝大多数可修复完整。

筒腹瓮　1件。ⅡW3：1，泥质灰陶。微卷沿，矮领，折肩，深腹，圜底。肩部饰弦纹，腹部及近圜底处各饰箍带纹一周，其上饰网纹，器身饰粗绳纹，被弦纹和箍带纹隔断。出土时瓮口有盖，系由残器底倒扣而成，底面有制作时的削痕。口径24.3、肩径36.4、高50.2厘米（图一一）。

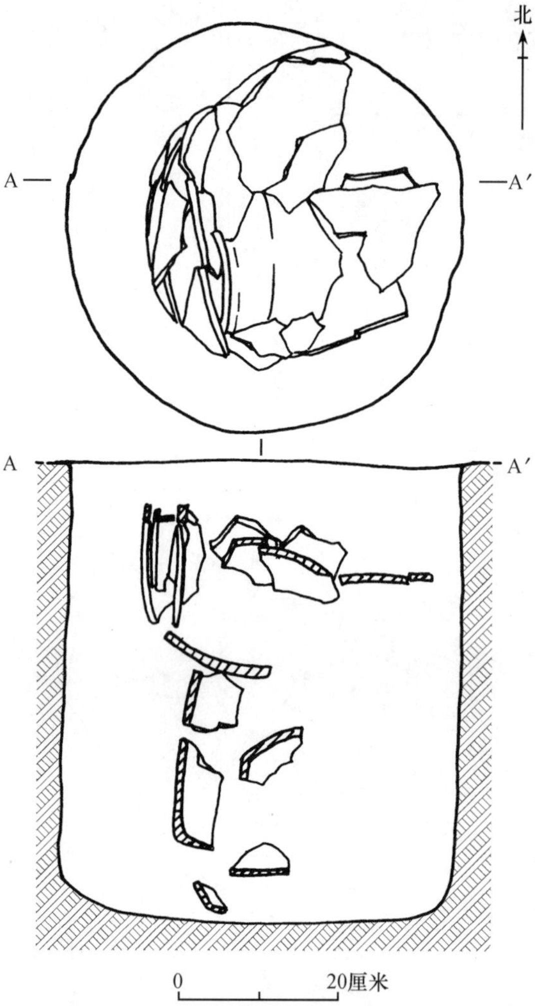

图一〇　ⅡW3平、剖面图

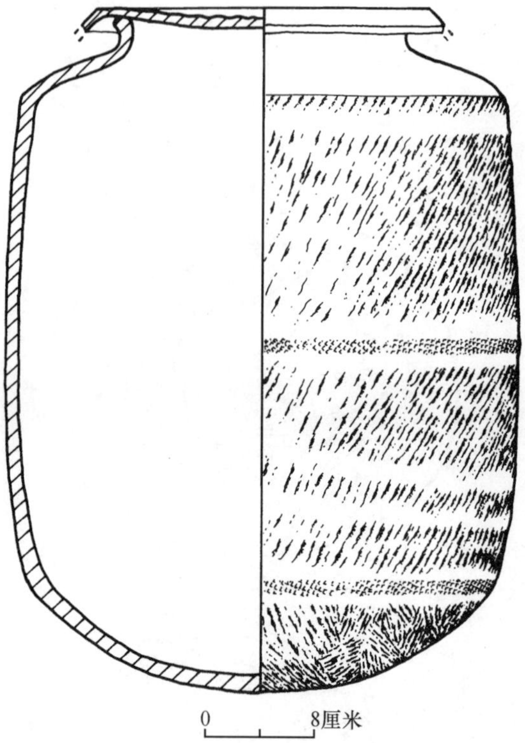

图一一　出土陶瓮（ⅡW3：1）

折肩罐　2件。ⅡW1：1，泥质黑皮陶。卷沿，矮领，广肩，平底。肩部饰两道凹弦纹和网格暗纹。口径19.2、腹径35.2，高27.2厘米（图一二，1）。ⅡW2：1，泥质黑皮陶。卷沿，广肩，底微凹。肩部饰由多根细线构成的“×”形暗纹一周。口径20、腹径37.6、高28.4厘米（图一二，2）。

壶（锺）　1件。ⅠM35：6，泥质红陶。壶呈盘口形，颈部以下残。盖有三个乳突形纽，子母口。均饰青褐色釉。直径12.4厘米（图一二，3）。

平底钵　4件。ⅠM35：5，泥质红陶。饰青褐色釉。卷沿外翻，折腹，平底。口径12.4、底径4.4、高4.3厘米（图一二，4）。ⅠM35：2，泥质红陶。圆唇，卷沿，敞口，斜腹，平底。口径11.6、底径4.4、高5.2厘米（图一二，5）。ⅠM35：10，敞口，折沿，平底。口径11.6、底径4.4、高4.8厘米（图一二，6）。ⅡW1：03，泥质灰陶。敞口，厚唇，折腹。口径19.2、残高5.8厘米（图一二，7）。

卮　2件。ⅠM35：13，敞口，平底。施青褐色釉。口径7.2、高5.4厘米（图一二，8）。ⅠM35：9，敞口，平底。施青褐色釉。口径6.4、高5厘米（图一二，9）。

灯　1件。ⅠM35：11，器身内折沿，子口，喇叭形座。施青褐色釉。最大直径10、高8.2

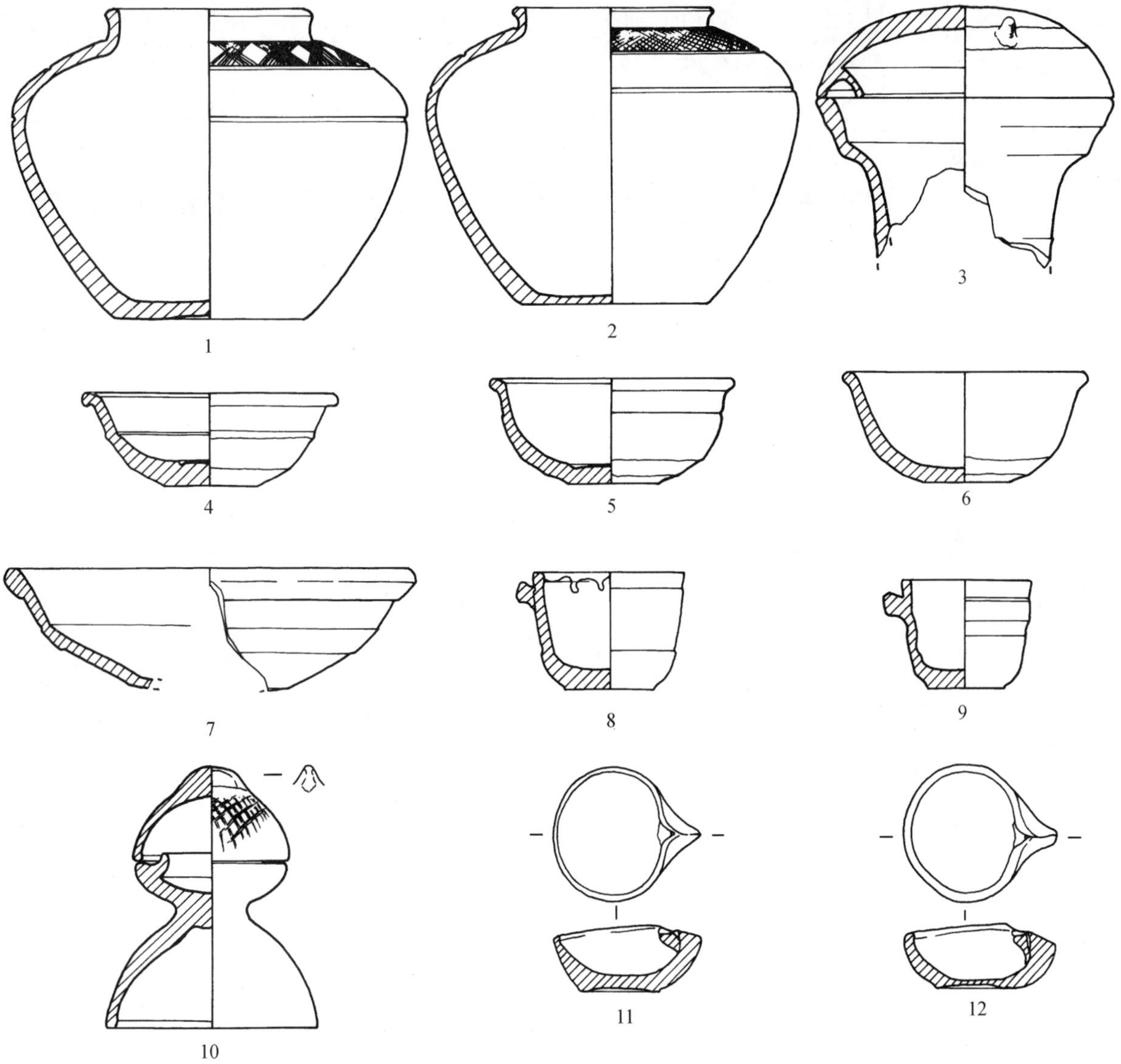

1、2. 0 8厘米　余 0 4厘米

图一二　出土陶器

1、2. 折肩罐（ⅡW1：1、ⅡW2：1）　3. 壶（ⅠM35：6）　4～7.平底钵（ⅠM35：5、ⅠM35：2、ⅠM35：10、ⅡW1：03）　8、9.卮（ⅠM35：13、ⅠM35：9）　10.灯（ⅠM35：11、ⅠM35：3）　11、12.匜（ⅠM35：4、ⅠM35：12）

厘米。器盖（IM35：3）为泥质红陶，原釉色已掉。半球形，深腹，顶有鸡冠形扁纽，纽两侧饰交错划纹。盖径7.3、高4.3厘米（图一二，10）。

匜　2件。ⅠM35：4，泥质红陶。在口部一侧捏尖状捉手，捉手内垫泥块。敞口，平底。最大口径6.2、底径3.8、高3厘米（图一二，11）。ⅠM35：12，最大径6.3、高3厘米（图一二，12）。

2. 瓷器

均为青瓷器。有四系罐、盏、钵、碗四种。

四系罐　1件。ⅠM36：1，敛口，圆腹，底残。肩部饰4个横向耳。胎色呈灰褐，施酱黄釉，釉不及底。口径13.4、残高16.2厘米（图一三，1）。

盏　1件。IM36：2，敞口，弧腹，平底，呈假圈足。胎质较白，青黄色釉，施釉不及底。口径9、高3.8厘米（图一三，2）。

钵　1件。IM36：3，敞口，弧腹，平底，呈假圈足。灰白色胎，青黄色釉，施釉不及底。内底有8个粗大的支钉痕。口径16.8、高6.4厘米（图一三，3）。

碗　1件。ⅢM6：1，直口略内敛，深腹，假圈足底，底部有凹槽一周。施青釉，开细小冰裂纹，外壁下腹及底不施釉。口径13.6、底径4、高8.4厘米（图一三，4）。

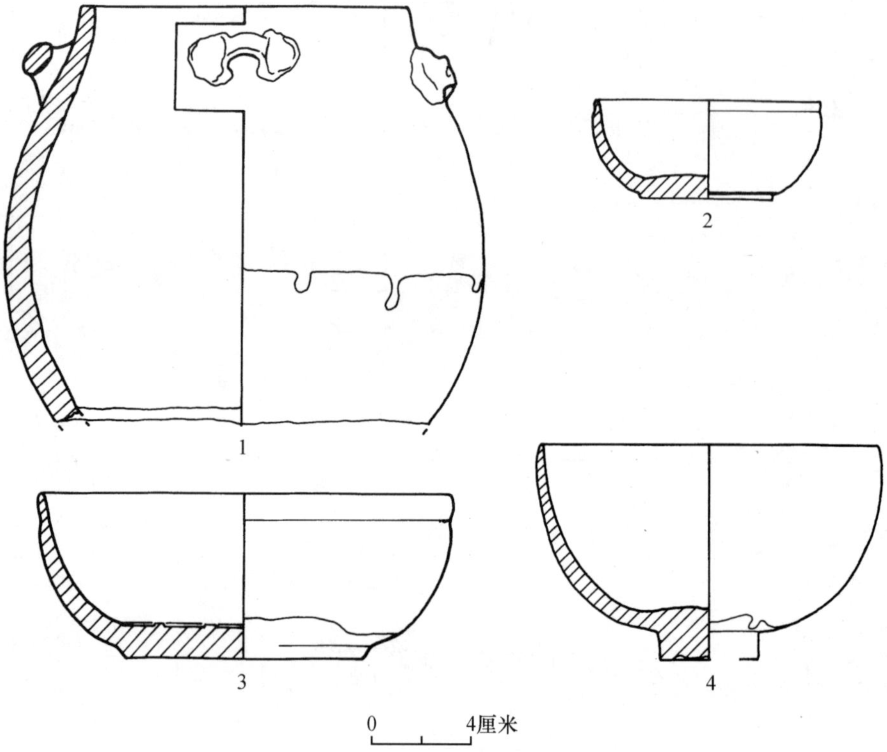

图一三　出土青瓷器

1. 四系罐（ⅠM36：1）　2. 盏（ⅠM36：2）　3. 钵（ⅠM36：3）　4. 碗（ⅢM6：1）

3. 铜器

环　1枚。ⅠM35：8，圆形，截面近方形。直径4.8厘米（图一四，7）。

指环　3枚。均圆形，截面近圆形。ⅡM194：5a，直径2厘米（图一四，3）。ⅡM194：5b，直径2.3厘米（图一四，2）。ⅡM194：5c，直径1.8厘米。

五铢　数量较多。从钱文形态看，绝大多数为东汉五铢。均有外郭。钱径2.5～2.6、穿径0.9～1厘米（图一五，1～23、25）。其中ⅡM194：1h，背面有一菱形纹（图一五，22）；ⅡM193：6，北面内郭四边之间各有一小凹缺，可能穿系时留下的（图一五，12）；ⅢM6：2a，钱文漫漶不清，无郭，钱径2.2、穿径1厘米（图一五，25）。

鹅眼钱　1枚。ⅠM36：4b，钱径0.9、穿径0.5厘米（图一五，24）。

无文钱　1枚。ⅢM6：2b，无文。钱径2.5、穿径1厘米（图一五，26）。

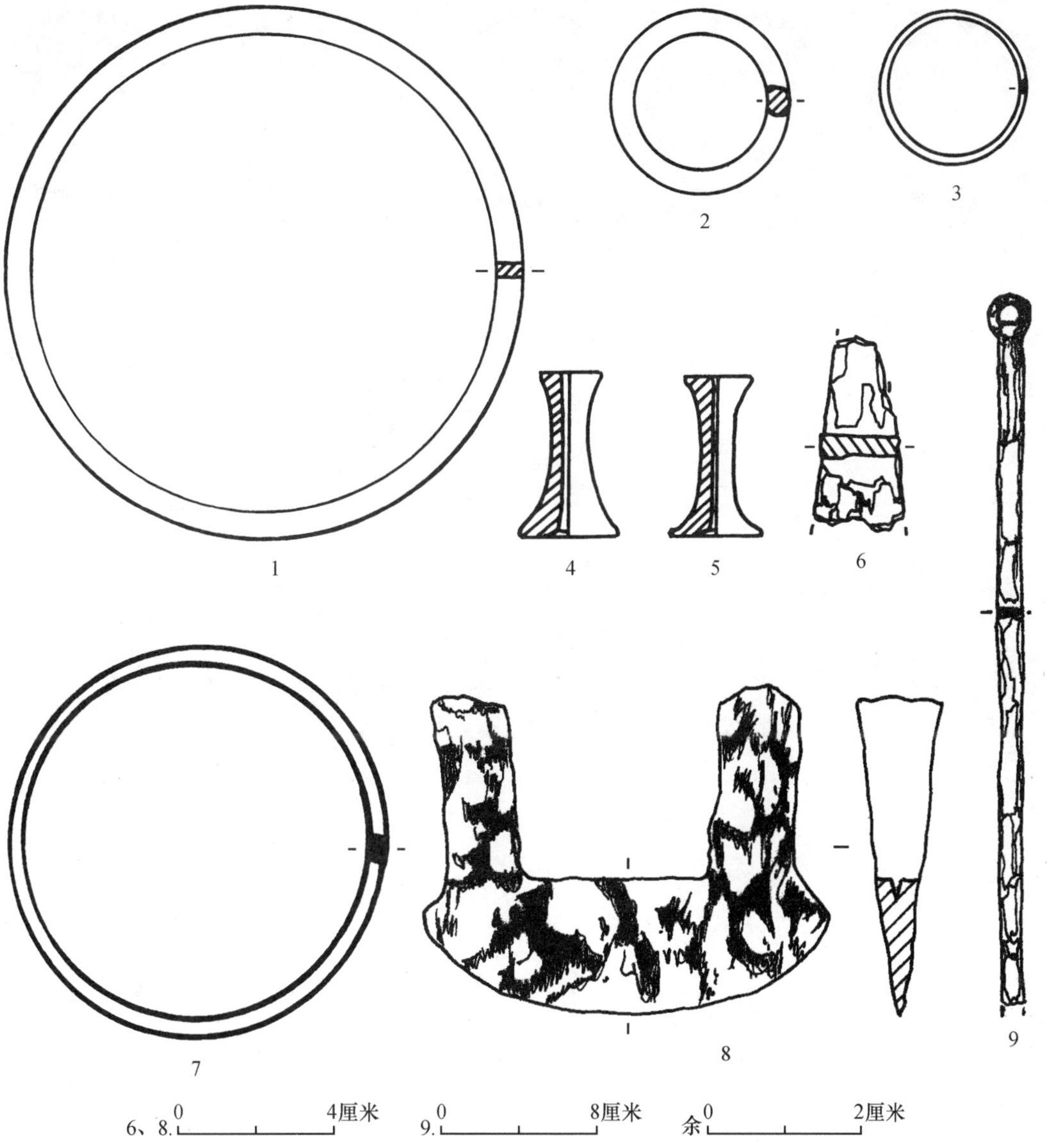

图一四 出土铜器、银器、铁器、料器

1. 银镯（ⅡM194：7） 2、3. 铜指环（ⅡM194：5b、ⅡM194：5a） 4、5. 琉璃耳珰（ⅡM194：3、ⅡM194：4）
6. 铁削（ⅠM35：7） 7. 铜环（ⅠM35：8） 8. 铁臿（ⅡT2采：2） 9. 铁剑（ⅡM193：5）

4. 其他

其他尚有少量银器、铁器、琉璃器。

银镯 3枚。ⅡM194：7，圆形，断面呈长方形。直径6.7厘米（图一四，1）。

铁剑 1件。ⅡM193：5，环首，剑身细长，锋已残。残长35.6厘米（图一四，9）。

铁削 1件。ⅠM35：7，已残（图一四，6）。

铁臿 1件。ⅡT2采：2，凹字形，弧刃，正锋。高8.3、宽10.4厘米（图一四，8）。

琉璃耳珰 5枚。ⅡM194：3，绿色，亚腰形，中有一穿孔。底径1.3、高2.1厘米（图一四，4）。ⅡM194：4，共4枚，均青黑色，亚腰，中有细孔。底径1.2、高2厘米（图一四，5）。

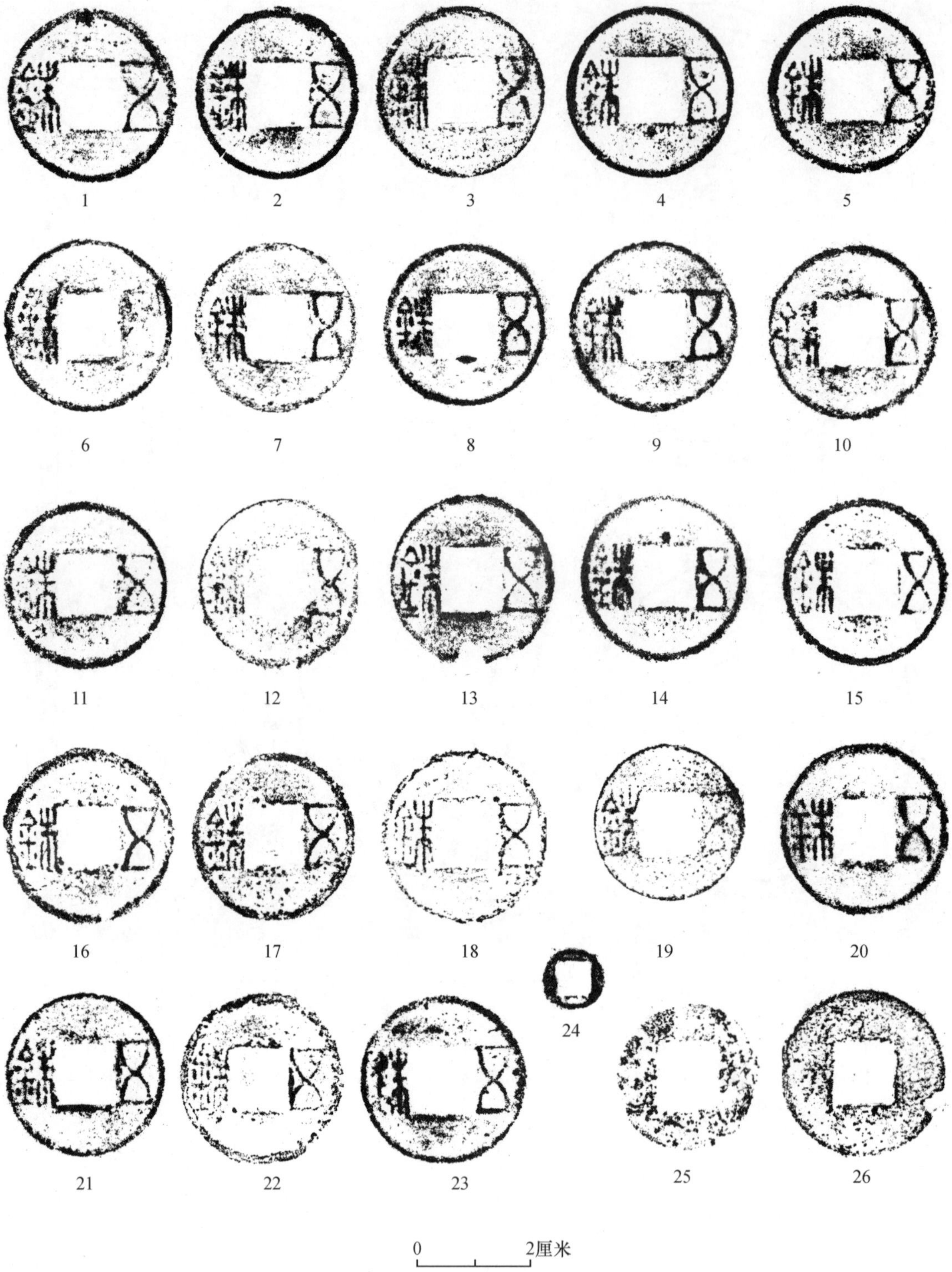

图一五　出土钱币拓片

1. ⅡM193：1a　2. ⅡM193：1b　3. ⅡM193：1c　4. ⅡM193：2a　5. ⅡM193：2b　6. ⅡM193：2c　7. ⅡM193：3a　8. ⅡM193：3b　9. ⅡM193：3c　10. ⅡM193：4a　11. ⅡM193：4b　12. ⅡM193：6　13. ⅡM193：7a　14. ⅡM193：7b　15. M194：1a　16. ⅡM194：1b　17. ⅡM194：1c　18. ⅡM194：1d　19. ⅡM194：1e　20. ⅡM194：1f　21. ⅡM194：1g　22. ⅡM194：1h　23. ⅠM36：4a　24. ⅠM36：4b　25. ⅢM6：2a　26. ⅢM6：2b

四、结 语

（一）年代讨论

ⅠM36出土的鹅眼钱（ⅠM36：4b），钱径无郭且小并无文，应为东汉末年董卓毁五铢钱所改铸的小钱。而ⅢM6出土的钱币，其中ⅢM6：2a五铢钱，应为梁武帝所铸没有内外郭且直径较小的“公式女钱”。

从出土瓷器来看，ⅢM6出土青瓷碗，足高而小，腹部较深，足底还有弦纹，其时代可大致定在南朝偏晚阶段。ⅢM6出土多块“普通二年”纪年铭文砖，查其年代为南朝晚期梁武帝的年号，为521年。ⅢM6出土的 “庚子歲□二（？）立”砖，查在此期间最近的庚子年应为520年。

从陶器看，ⅠM35出土大量釉陶器，其陶器形态特征与巫山地区东汉中晚期墓葬所出陶器接近。而ⅡW3墓葬形制和陶瓮，与湖北秭归东门头遗址王莽时期的W1极相近，巴东红庙岭遗址石M13出土的陶瓮也与该件陶瓮相近，石M13的时代被确定为东汉早期①。

而ⅡW1、ⅡW2与秭归东门头遗址W2出土的陶器形态相近，但是后者肩部无纹，被定为三国时期②。大溪村ⅡW1、ⅡW2的陶罐肩部所饰“×”形暗纹和网格暗纹，以及肩部的凹弦纹，与西晋时期瓷器盛行的纹饰风格和位置都很接近。

综上所述，可以将大溪村墓群2003年度发掘的汉至六朝墓葬分为如下四期。

一期：王莽时期至东汉早期。该期墓葬有ⅡW3。

二期：东汉中晚期。该期墓葬有ⅠM35、ⅠM36，另外，ⅡM193、ⅡM194时代特征不明显，但初步判断应属此期。本期墓葬还可分为两段，第一段以ⅠM35为代表，很可能属于东汉中期。第二段以ⅠM36为代表，年代为东汉末期。

三期：西晋时期。该期墓葬有ⅡW1、ⅡW2。

四期：南朝晚期。该期墓葬有ⅢM6，其具体年代为萧梁时期，不早于521年。

（二）其他

大溪村墓群本年度发掘的墓葬，与以前大溪遗址发掘的晚期墓葬相比，新增加了瓮棺葬，这是本次发掘的主要收获之一。从瓮棺葬情况看，不同时期的瓮棺葬所用葬具不同，盖具则由一般陶器底发展到用瓦覆盖，这种情况与邻近的巴东、秭归等地发现的瓮棺葬俗是比较一致的。

巫山县历史悠久。秦昭襄王三十年（前277年）始建巫县。东汉建安十五年（210年），刘备主荆州，析巫县置北井县。蜀汉章武二年（222年），县境属吴，隶属宜都郡。吴孙休永

① 国务院三峡工程建设委员会办公室、国家文物局：《巴东红庙岭》，科学出版社，2010年，第304、306页。

② 国务院三峡工程建设委员会办公室、国家文物局：《秭归东门头》，科学出版社，2010年，第146、147、161页。

安三年（260年）分宜都郡置建平郡，治巫县。西晋秦始四年（268年）隶属巴东郡（治今奉节）。五年，以巫、北井、泰昌、建始四县置建平都尉，咸宁元年（275年）改都尉为郡，于是吴、晋各有建平郡，太康元年（280年），吴亡，二建平郡合并（治巫城）。东晋划建始县置南陵县（治今南陵乡）。刘宋时期（420～479年）析县之东境设归乡县，属建平郡。南齐时（479～502年），县西90里置黾阳县，属巴东郡。梁武帝普通四年（523年），省黾阳。西魏时（535～556年），巫山属巴东郡。北周分建平郡置永昌郡。武帝天和元年（566年），分县境之西置江阴县（治今曲尺乡）。从上述情况看，巫山县在六朝时期，其在蜀吴之间、南北朝之间的治权屡易，但多数时候为郡治所在，与现今大昌、秭归、建始等地属于同一辖境。这就说明这一地区的文化及丧葬习俗有很大的相似性。

领队：邹后曦

执行领队：白九江

发掘人员：邹后曦　白九江　徐克诚
陈芙蓉　林必诚　许文英
杨晓红　姚本安　梁　志
丁敬民

修复：张光敏

照相：白九江

绘图：徐　静

执笔：白九江

巫山平安墓地2003年度发掘简报

湖南省文物考古研究所
巫山县文物管理所
津市市文物管理所

2003年2月下旬，湖南省文物考古研究所受重庆市文化局三峡办委托，对位于巫山县的古坟包等4处墓群（遗址）进行抢救性勘探、发掘。其中平安墓地指派津市市文物管理所负责具体勘探、发掘工作。平安墓地本季度工作任务为勘探面积45 000平方米，发掘面积500平方米。津市市文物管理所于3月初组队从事田野勘探、发掘工作，在巫山县文物管理所的协助下，于3月底圆满完成了工作任务。现将这次发掘工作的主要收获报告于下（勘探收获另文报告）。

一、地理位置及墓地环境

平安墓地位于巫山县南陵乡平安村，墓地紧靠长江南岸，坐落石化山北麓。墓地随山势和河流呈东西走向，东北距巫山县城5千米左右（图一；彩版一三四，1）。

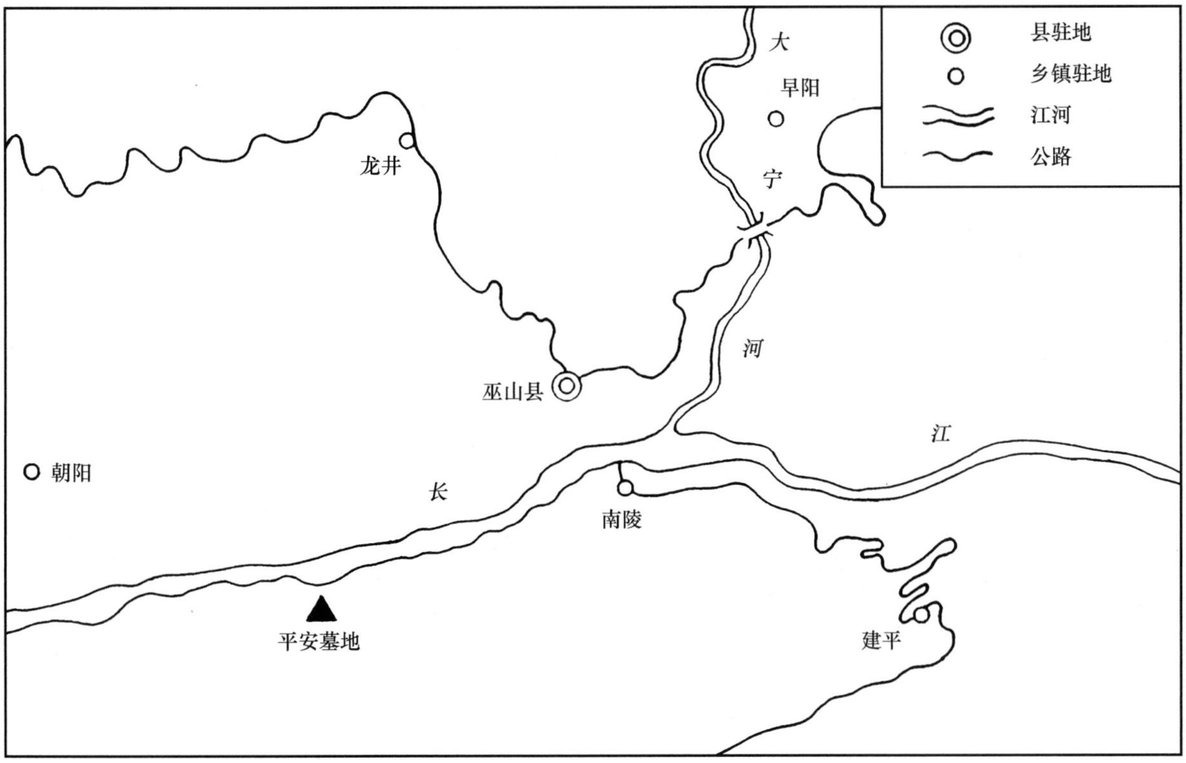

图一　平安墓地位置示意图

我们工作的地点处于平安村二、三组范围，东西全长约2千米，分别称下安坪、上安坪，中间有一道自然冲沟间隔开。我们将工作重点放在三组的上安坪，下安坪只进行适当的调查、勘探工作。墓地在海拔140米以下较平坦的阶地，140米以上山势陡峭，我们工作范围海拔在130～250米。在此范围之内，从我们调查、勘探及发掘工作的结果表明，早期墓葬绝大多数都位于陡峭的山坡上，到处可见汉代墓砖及被掘毁的砖室墓，而下面较平坦的坡地上则极少发现早期墓葬，这可能是由于坡度平缓更适宜居住的缘故。“上安坪”“下安坪”即是指这一平缓的阶地，原为当地村民聚居区，现因三峡工程居民迁移而成为废墟。

二、探方及墓葬概述

根据调查勘探的情况，我们还选取了四个点分四区开挖探方发掘墓葬。四个区分别为：一区（大块子）（彩版一三四，2）；二区（土垅坎）；三区（大坟堰）；四区（老屋场）。四个区的海拔分别为150、180、175、150米左右，共布方20个。一区布方5个，其中南部上坡4个，东西向并列，从东到西分别编为T1～T4；北部下坡布方1个，编为T5。T1～T3为5米×5米，T4、T5为5米×3米。二区东西向并列布5米×5米探方4个，从东至西编为T6～T9。三区东西向并列布5米×5米探方4个，从东至西编为T10～T13。四区分南北两块，相距约10米左右，南块呈“田”字形布方4个，编为T14～T17；北块呈曲尺形布方3个，编为T18～T20，探方面积均为5米×5米。发现墓葬后，在T3、T5、T11、T12等方内共扩方52平方米，实际发掘面积532平方米（图二）。

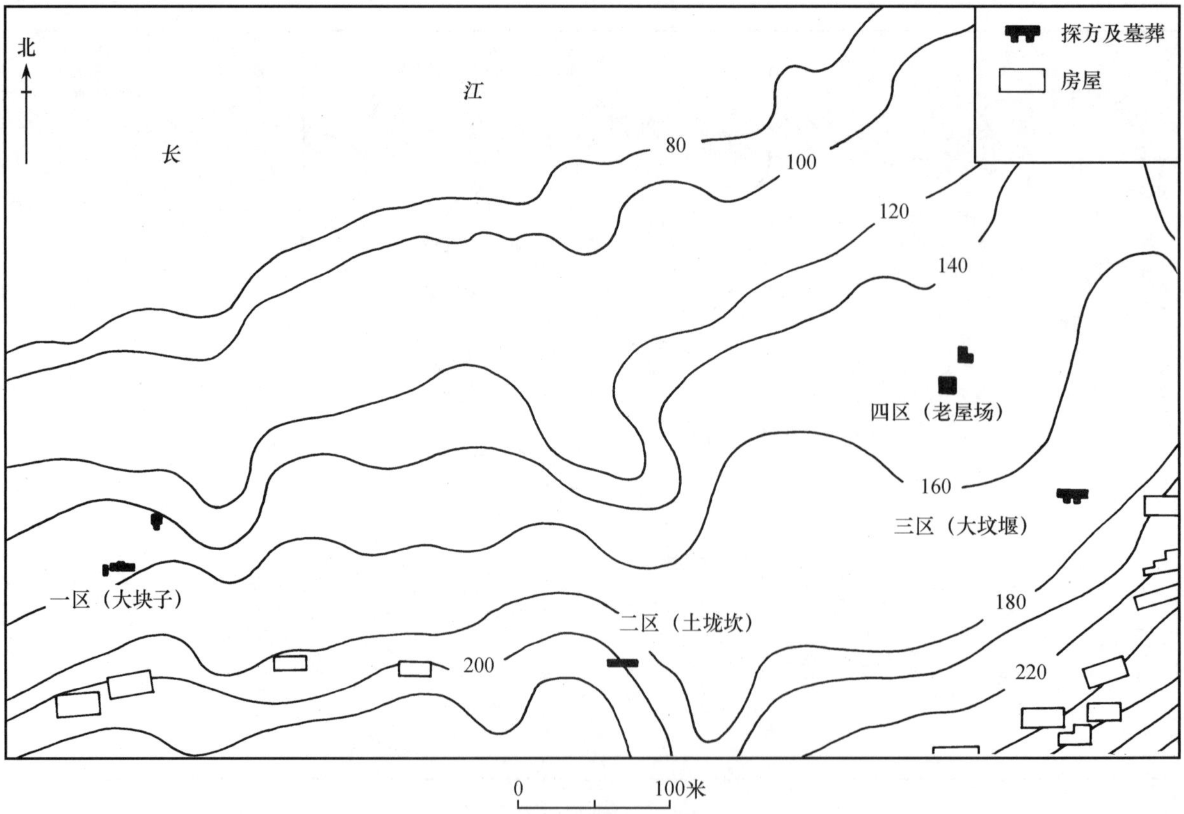

图二　墓地环境

各区地层均较简单，因位于陡峭山地，耕土层和扰土层都不甚厚，在50厘米以内，只是梯田的前端扰土层较厚。除墓葬外，一般耕土层和扰土层下即为生土层，没有其他遗迹和文化堆积层。以T3东壁为例（图三）。

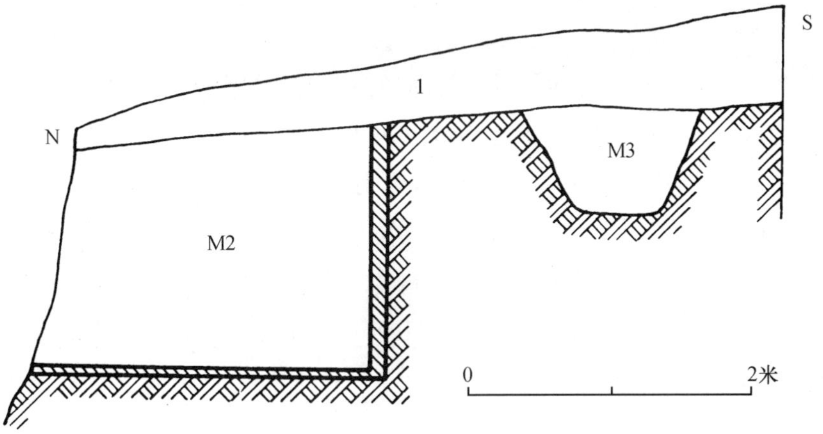

图三　T3东壁剖面图

第1层为耕土和扰土层，厚15～70厘米。灰褐色和浅灰色土。内夹少量石子、近现代瓷片。

第1层下有两座时代相差很远的墓葬——M2、M3。M2为东汉砖室墓，M3为晚期土坑墓。M2北端为一断坎，将M2北端破坏。两座墓葬均直接打破生土。

生土表层为赭色粉砂岩风化土，内夹较多石子。此次发掘共发现墓葬6座，其中一区4座、三区2座。分别位于T2（M1）、T3（M2、M3）、T5（M4）、T11（M5）、T12（M6）五个方内。M1、M3为晚期土坑墓，墓坑浅而窄小，墓中无随葬品，仅残留少量骨头，估计为明清时期；M4为西汉时期土坑墓；M2、M5、M6三座墓为新莽至东汉早期券顶砖室墓。其中M5、M6两墓并排而葬，相距仅4米，方向一致，形制相差无几，时代接近，应为同一家庭成员的异穴并冢合葬墓（图四）。

四墓中共出土随葬品40件（套），其中M2有3件、M4有9件，M5有21件、M6有7件。

由于M1、M3时代较晚，且为空墓，故叙述从略。下文将分别对M2、M4、M5、M6做较详细介绍。

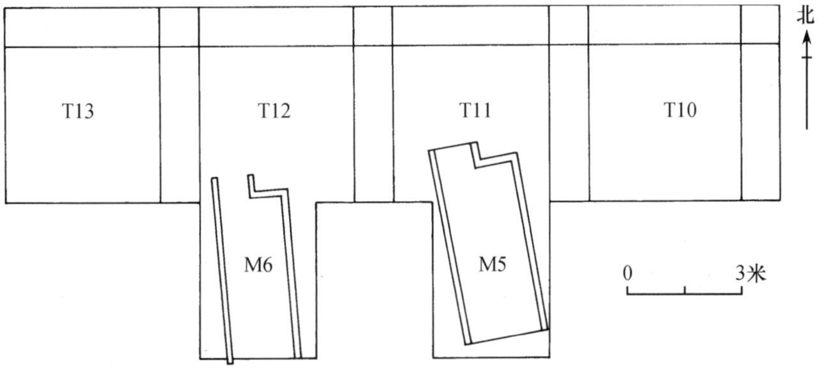

图四　三区（大坟堰）探方及墓葬分布图

三、墓　葬

1. M2

位于T3东北角。为长方形券顶砖室墓，方向353°。券顶塌陷，北端被毁，甬道应在北端，形制不明。墓壁为顺砖平砌，约1米高处开始由两边向中间起券。平铺地砖，地砖和壁砖均为普通长方形砖，券砖用坡边长方形砖。砖的一侧有篱笆状几何印纹，一面印粗绳纹。砖长约33、宽约17、厚4.4～6厘米（图五，2、3）。墓室残长（内空，下同）3、宽1.5、残高1.6米。墓室后壁及两侧经外部土层挤压变形。墓早期被盗，晚期扰乱、塌毁。券顶中部有一盗洞，墓中随葬品盗毁殆尽，仅残留铜环1只、残铁削1件和铜五铢3枚（图五，1）。

铁削　1件。M2：2，环首，直削一边厚一边薄。锈蚀严重，前端残，中部断。残长14厘米（图六，1）。

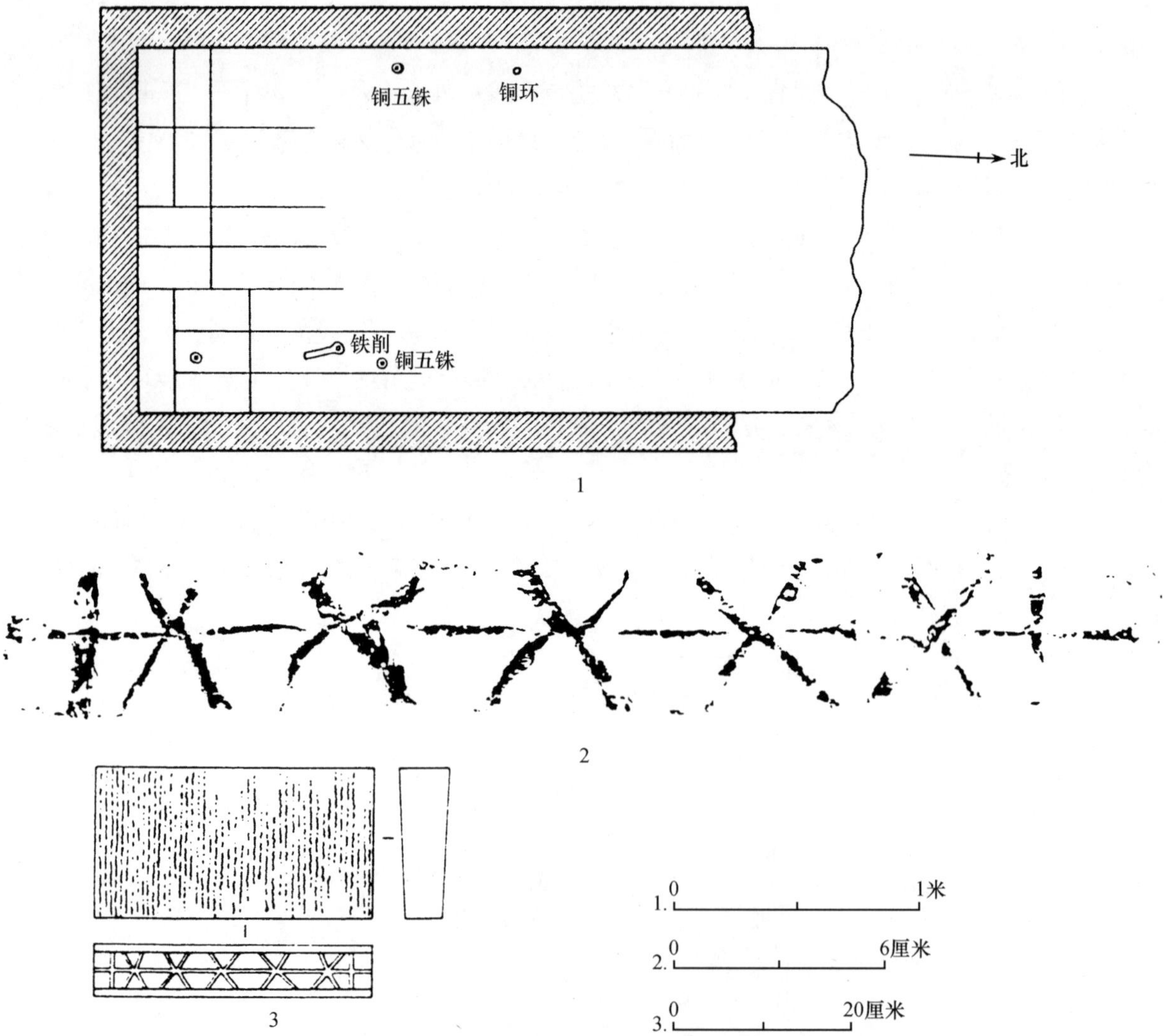

图五　M2平面图及墓砖图、墓砖花纹拓片

1. M2平面图　2. 墓砖花纹拓片　3. 墓砖

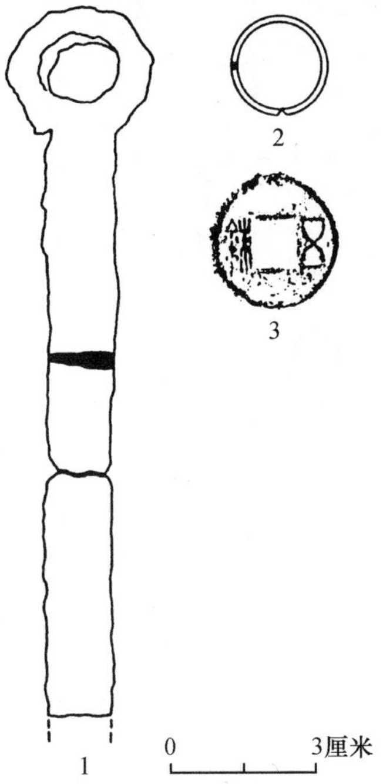

图六　M2出土器物

1. 铁削（M2∶2）　2. 铜环（M2∶3）　3. 铜五铢（M2∶1）

铜环　1只。M2∶3，环形，圆茎，茎两端交汇处有一三角形小缺口。直径2厘米（图六，2）。

铜五铢　3枚。M2∶1，字体宽放，质地较差。径2.6厘米（图六，3）。

2. M4

位于T5北部，为竖穴土坑墓，方向355°。墓葬位于陡坡上，因而南高北低，南深北浅。东、西、南三方受外力挤力，生土向墓内倾斜，墓壁变形，故无法知道原有墓壁形状，将上部生土多次扩挖才至墓底。现墓坑形状为根据推测复原所得。墓底呈正方形，边长3.5米。南部距地表深3.6米，北部1米，墓中填黄褐色五花土。器物位于墓葬西南部，有陶器8件，铜五铢9枚。另有少量骨头残留（图七）。

陶高领罐　2件。形制大致相同。高直领，侈口，三角形卷沿，宽斜肩，肩、腹、颈转折明显。深弧腹，圜底微凹。腹饰粗绳纹。M4∶1，口沿外侈较甚。口径12.8、腹径30、高24.4厘米（图八，2；彩版一三五，6）。M4∶2，肩部有一周附加堆纹。口径12.2、腹径28.8、高22.8厘米（图八，1）。

陶筒形罐　2件，修复1件。两件形制大致相同。M4∶5，弇口，圆唇，斜折肩，筒形腹深、直，近底略收，大平底。肩、腹部各有一周剔刻指甲纹，沿下两周弦纹。口径6.4、腹径13.2、高10.6厘米（图八，3）。

陶小壶　3件，均残，形制大致相同。一件大致修复。口残，侈口，斜长颈，溜肩，扁腹，平底微凹。腹径11.2、残高8厘米（图八，4）。

铜五铢　9枚，边郭周整，钱文规范，质地优良。“五”字较窄，上下呈对顶弹头形。其

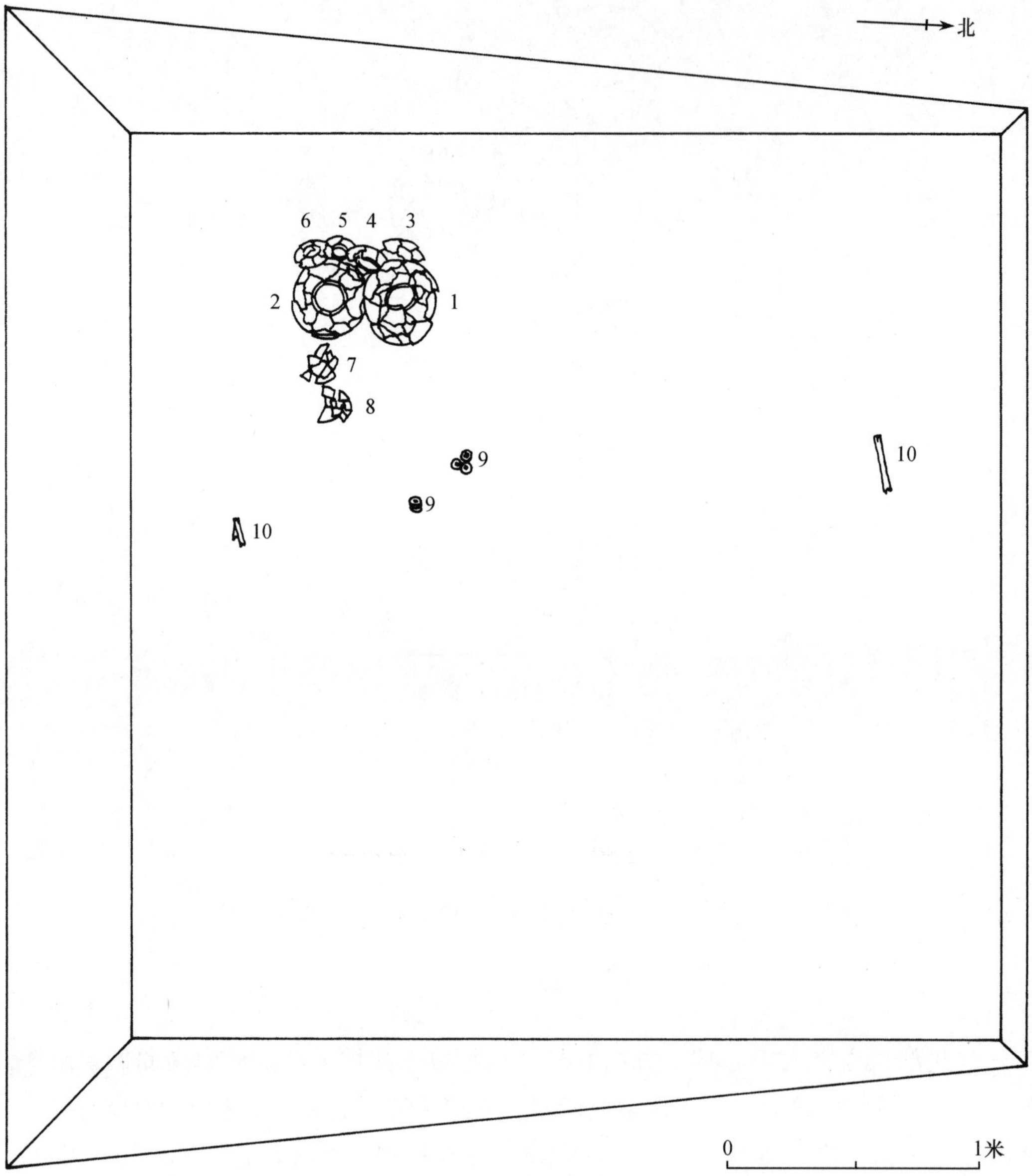

图七　M4平面图

1、2. 陶高领罐　3、4、8. 陶小壶　5、6. 陶筒形罐　7. 残陶器　9. 铜五铢　10. 骨头

一穿上一横郭。径2.45～2.5厘米（图八，5、6）。

3. M5

位于T11南端，方向350°。T11向南扩方12平方米发掘该墓。墓为长方形砖室券顶，北端有短甬道，甬道偏向左侧呈刀把形。顺砖平砌壁砖，约1.2米高处开始起券。没有后壁，横铺地砖。墓底后部叠砌两块砖高、横铺三块砖宽的台阶（图九）。墓砖有普通长方形砖和长方形坡边砖两种，有的一侧边印有菱形和网状几何形纹，有的一面有粗绳纹。砖长34～37厘米，宽21～22厘米，普通长方形砖厚7.6厘米左右，坡边砖厚边7厘米左右，薄边6厘米左右。普通长方形砖用于砌墓壁和铺地，坡边砖用于砌券顶（图一〇）。

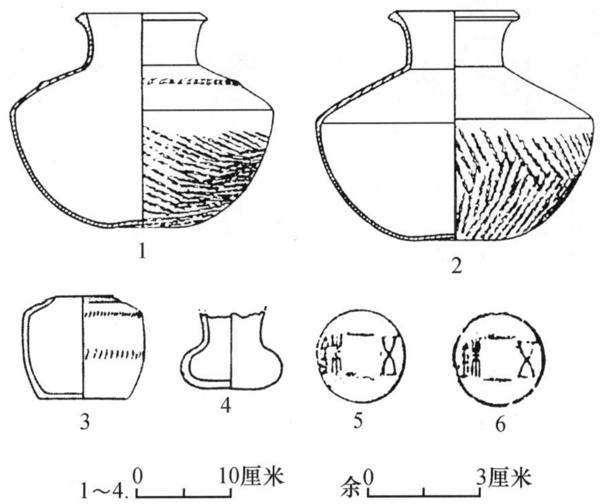

图八　M4出土陶、铜器

1、2. 陶高领罐（M4：2、M4：1）　3. 陶筒形罐（M4：5）　4. 陶小壶（M4：3）　5、6. 铜钱（M4：9）

墓葬处于两级梯田之间，大部分处于上一级梯田内。虽券顶不存，但仍保留部分起券砖。北端处于下一级梯田内，墓上部全部捣毁，距墓底已不足40厘米高。随葬品绝大多数位于墓室北端与甬道口的交界处，所幸几乎全部完好无损地得以保存，仅陶壶的盖纽被铲去。墓道长5、墓室宽1.8、残高2米。墓中出土器物21件（套），有铜器4件，余为陶器（彩版一三四，3）。

铜鍪　1件。M5：9，青黑色，胎较薄，器底及下腹有较厚的烟炱。敞口，弧颈，折肩，深弧腹，圜底。肩部有对称环耳，耳呈绳索状。口径20、腹径22.4、高20.4厘米（图一一，1；彩版一三五，1）。

铜盆　1件。M5：2，斜折沿，弧腹较直，圜底近平，胎薄。口径23.8、高8.4厘米（图一一，2；彩版一三五，4）。

铜帽　2件。圆筒形。M5：20，近底微张，平底微凹。底残。口径2.8、高3.6厘米（图一一，4）。M5：21，平底。上部有一小圆孔。口径2.6、高2.2厘米（图一一，3）。

陶壶　1件。M5：1，器身为盘状口，粗弧颈，圆肩，鼓腹，圜底，矮圈足外撇。颈及上腹饰三组弦纹，肩部有对称铺首。盘状浅盖，子母口，盖中纽残。口径17.2、腹径29.2、带盖通高35.2厘米（图一二，1；彩版一三五，5）。

陶筒形罐　6件。分三种形态：高体、中体、矮体。高体与中体的基本形态一致：矮领，斜折肩，深腹斜直，平底，腹有削棱。

高体　1件。M5：4，口微敛。口径9.2、肩宽15.8、高15.4厘米（图一三，6）。

中体　4件。M5：3，矮直领。上腹一周卵点纹。口径9.6、肩宽15.2、高14厘米（图一三，3）。M5：6，口微侈。口径8.6、肩宽15.4、高13.2厘米（图一三，2）。M5：7，平口内斜。口径8.6、肩宽15、高13.6厘米（图一三，1）。M5：8，同M5：3。口径8、肩宽15.4、高14.1厘米（图一三，4）。

矮体　1件。M5：5，弇口，厚方唇，卷贴沿，斜折肩，深弧腹，近底凹曲，大平底微凹。肩部一周指甲纹，下腹削棱。口径9、肩宽15.2、高10.9厘米（图一三，5）。

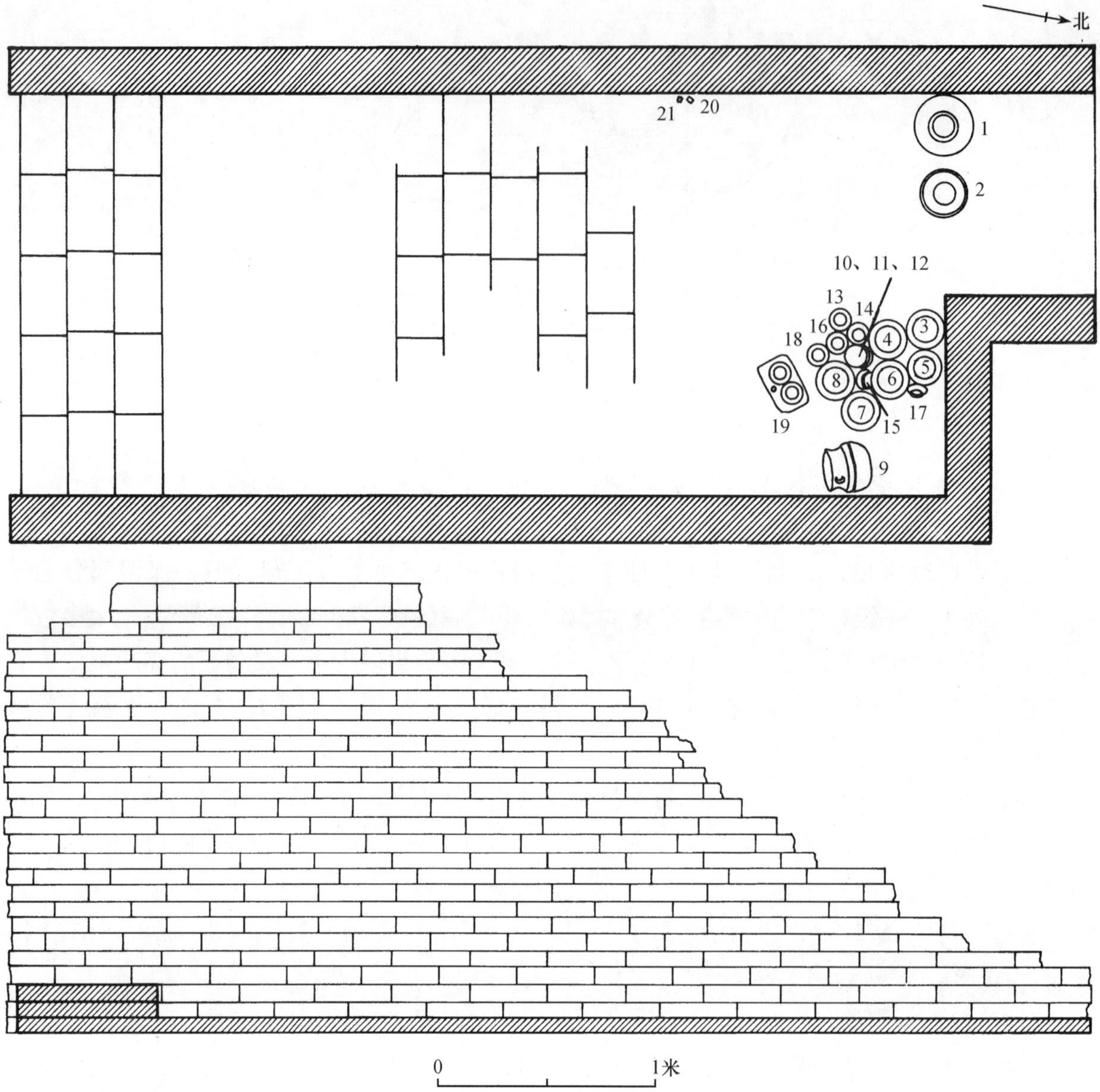

图九　M5平、剖面图

1. 陶壶　2. 铜盆　3～8. 陶筒形罐　9. 铜鍪　10. 陶小甑　11、18. 陶小盂　12、15. 陶小盆　13、16、17. 陶釜　14. 陶小壶　19. 陶灶　20、21. 铜帽

陶灶　1件。M5∶19，平面长方形。双釜座，中间前端一囱孔。与釜座对应的一侧有悬置的双火门，下有粗绳纹。釜座上各置一釜，釜上再分别置一盆一甑。长24.6、宽15.2、高7.6厘米（图一二，2～6；彩版一三五，3）。

陶釜　5件，2件附属于陶灶。余3件形制相似。矮体，折腹，平底。M5∶13，厚圆唇，腹削棱。口径6、高4.4厘米（图一四，3）。M5∶16，厚方唇，腹削棱。口外两周凹凸相间弦纹。口径5.8、高4.9厘米（图一四，2）。M5∶17，折沿，厚圆唇，器形不规整。口径6、高4.2厘米（图一四，1）。

陶小壶　1件。M5∶14，弧颈，喇叭口，凹沿。斜肩，扁腹，下腹斜收，小平底。下腹削棱。口径7、高8厘米（图一四，4）。

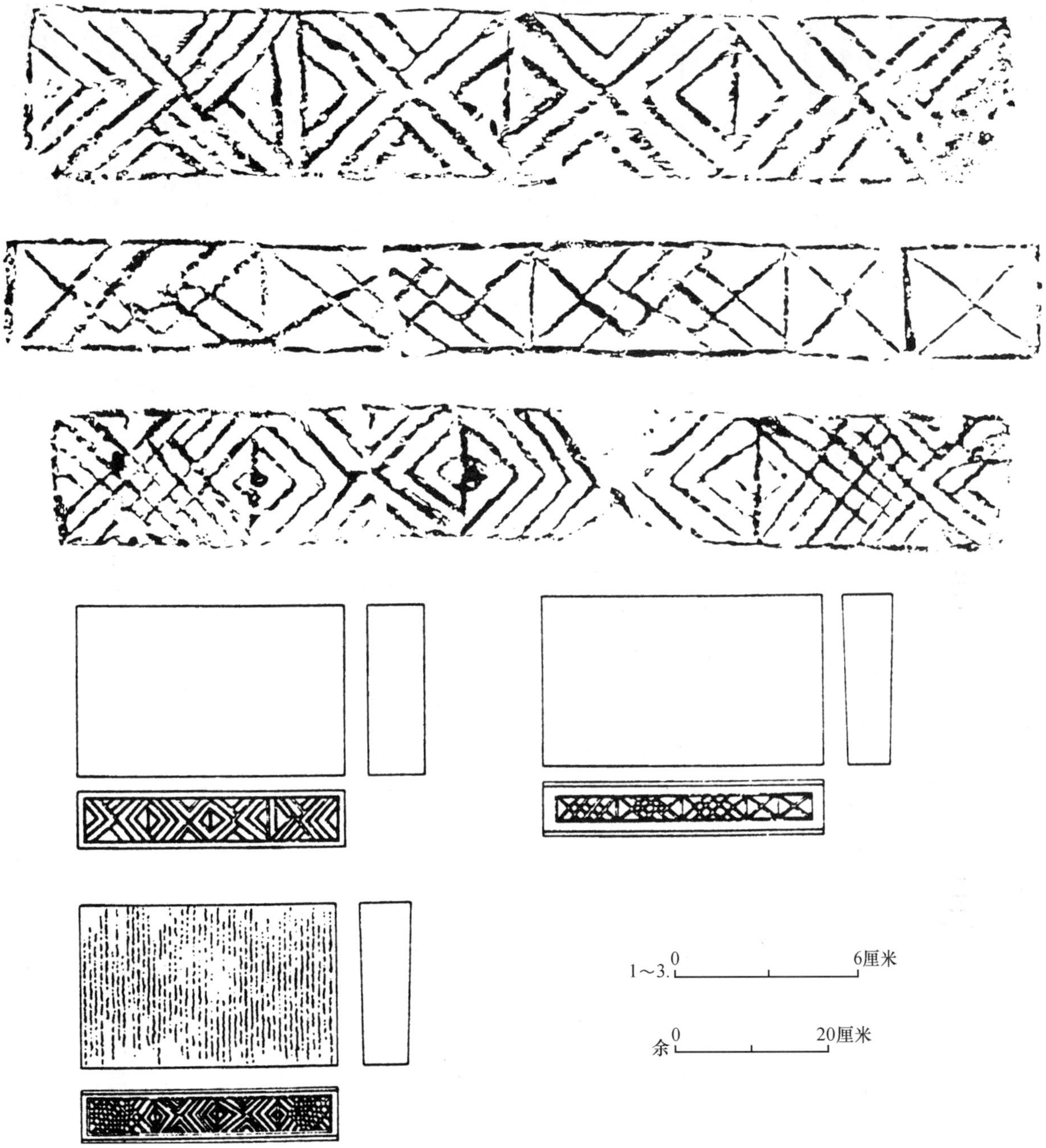

图一〇 M5墓砖图及墓砖花纹拓片

陶小盂 2件。M5：11，矮直领，窄肩，扁腹，底缓平。口径7、高4.8厘米（图一四，5）。M5：18，矮直领，窄肩较平，腹斜直，平底。口径6.8、高5.8厘米（图一四，6）。

陶小甑 2件，1件附属于陶灶。M5：10，敞口，凸唇，凹沿，斜直壁，小平底，底有11个小箅孔。口径10、高5厘米（图一四，7）。

陶小盆 3件，1件附属于陶灶。M5：12，子母口，浅折壁，小平底。下腹削棱。口径10.6、高3.4厘米（图一四，9）。M5：15，凹沿似子母口，折壁，腹较深，小平底。口径10.8、高4.8厘米（图一四，8）。

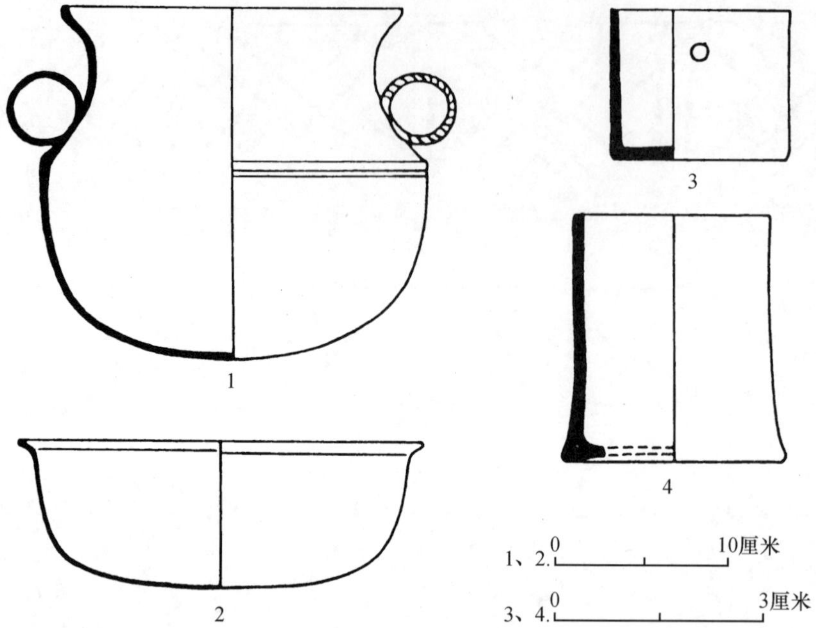

图一一　M5出土铜器

1. 鍪（M5：9）　2. 盆（M5：2）　3、4. 帽（M5：21、M5：20）

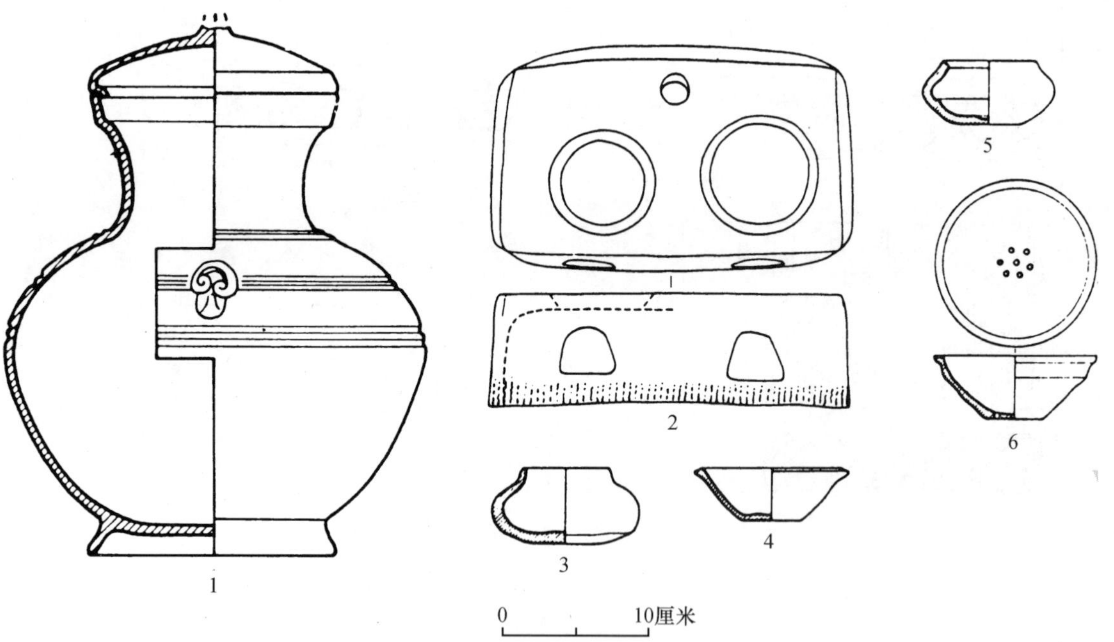

图一二　M5出土陶器

1. 壶（M5：1）　2～6. 灶及附属釜、甑、盆（M5：19）

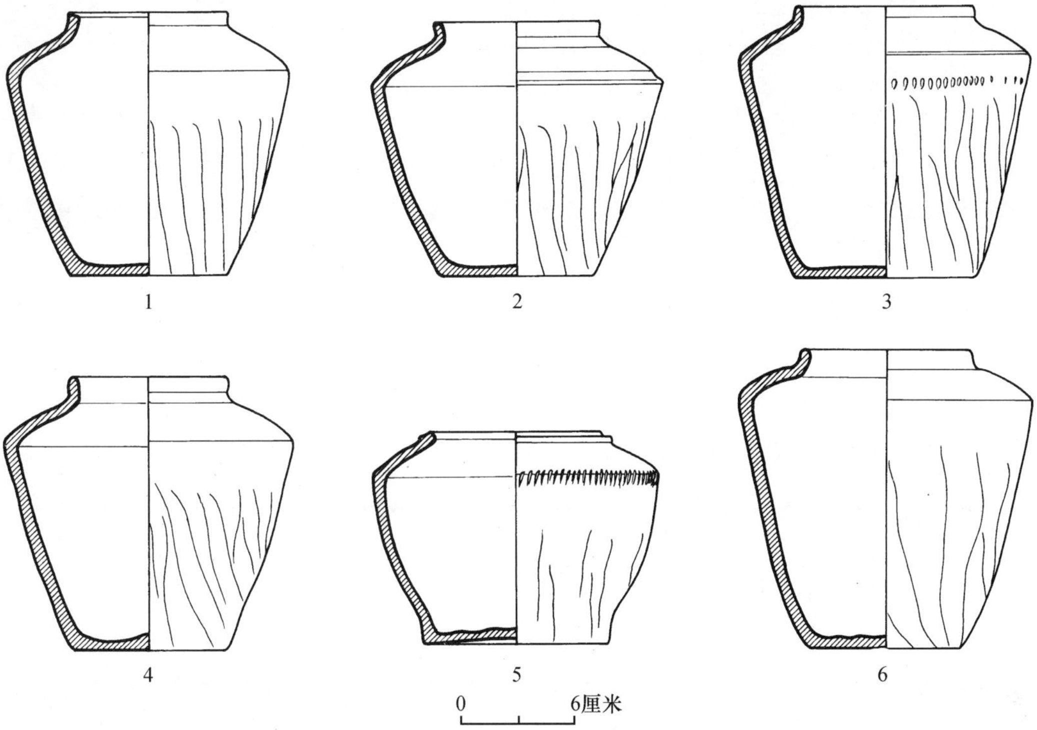

图一三　M5出土陶筒形罐

1. M5∶7　2. M5∶6　3. M5∶3　4. M5∶8　5. M5∶5　6. M5∶4

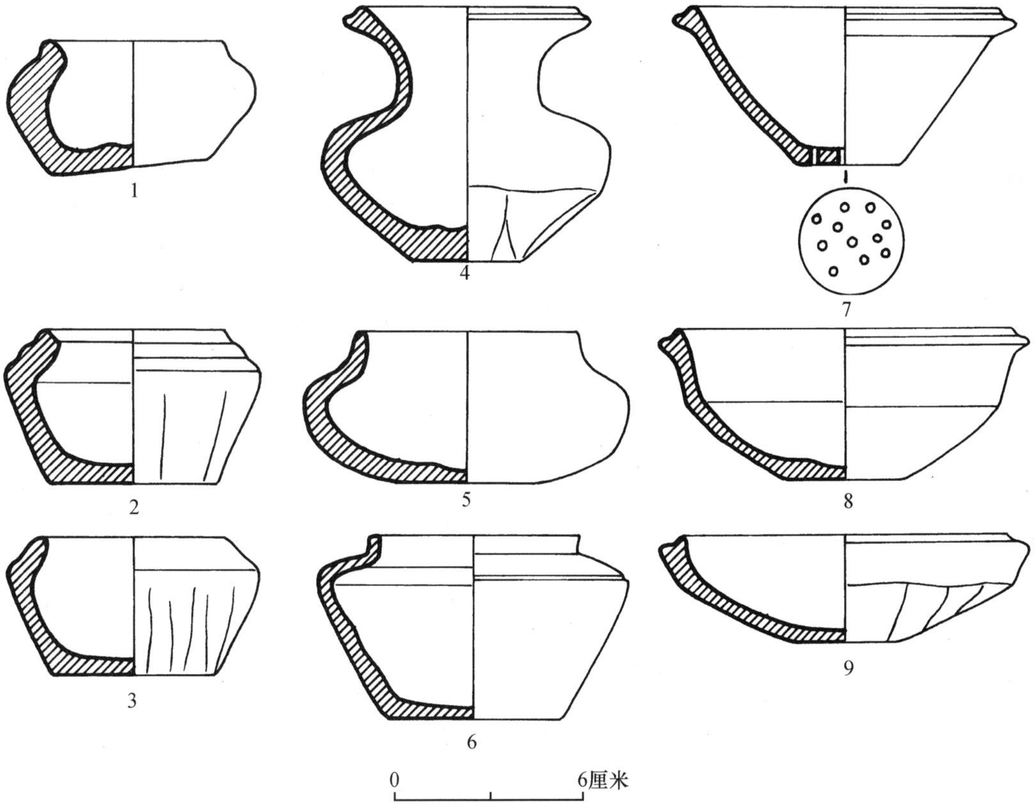

图一四　M5出土陶器

1～3. 釜（M5∶17、M5∶16、M5∶13）　4. 小壶（M5∶14）　5、6. 小盂（M5∶11、M5∶18）　7. 小甑（M5∶10）　8、9. 小盆（M5∶15、M5∶12）

4. M6

位于T12南部，大部分在探方外，T12向南扩方12平方米发掘墓葬。该墓位于M5西侧，与之并排，两墓相距仅4米。均南北向，甬道均朝北，M6方向355°。两墓结构基本相同，只是M6没有铺地砖，墓室稍窄。M6墓甬道长4.8、宽1.6、残高1.56米。随葬品的位置与M5同，但数量较少，仅7件，全为陶器（图一五）。

圜底罐　1件。M6∶1，矮直领，厚三角唇，斜折肩，弧腹与底连为一体。器身较矮，体较宽。腹饰细绳纹。口径10、腹径21、高13.4厘米（图一六，5）。

筒形罐　5件，分高体、矮体两种形态。

高体　4件，其中1件未修复、1件口残（图一六，4）、2件完整。基本形态一致：弇口，贴沿，斜折肩，深腹斜直，大平底，肩、腹有弦纹，弦纹间分别饰卵点纹、刻划条纹，下腹削棱。M6∶3，口径6.6、肩宽14、高12.8厘米（图一六，3）。M6∶6，口残。腹无刻划纹及削棱。肩宽14、残高11厘米（图一六，2）。

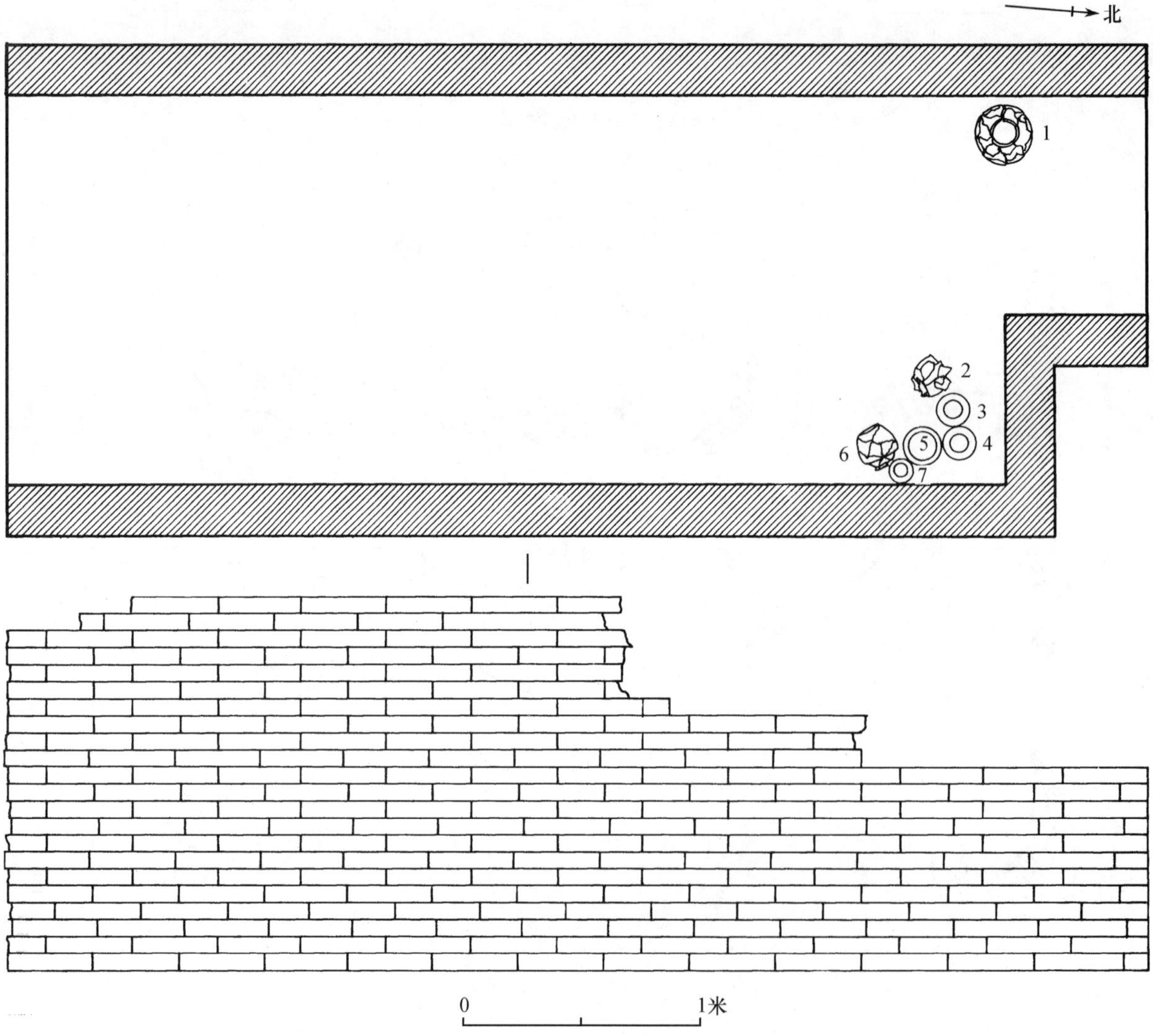

图一五　M6平、剖面图

1. 陶圜底罐　2～6. 陶筒形罐　7. 陶盂

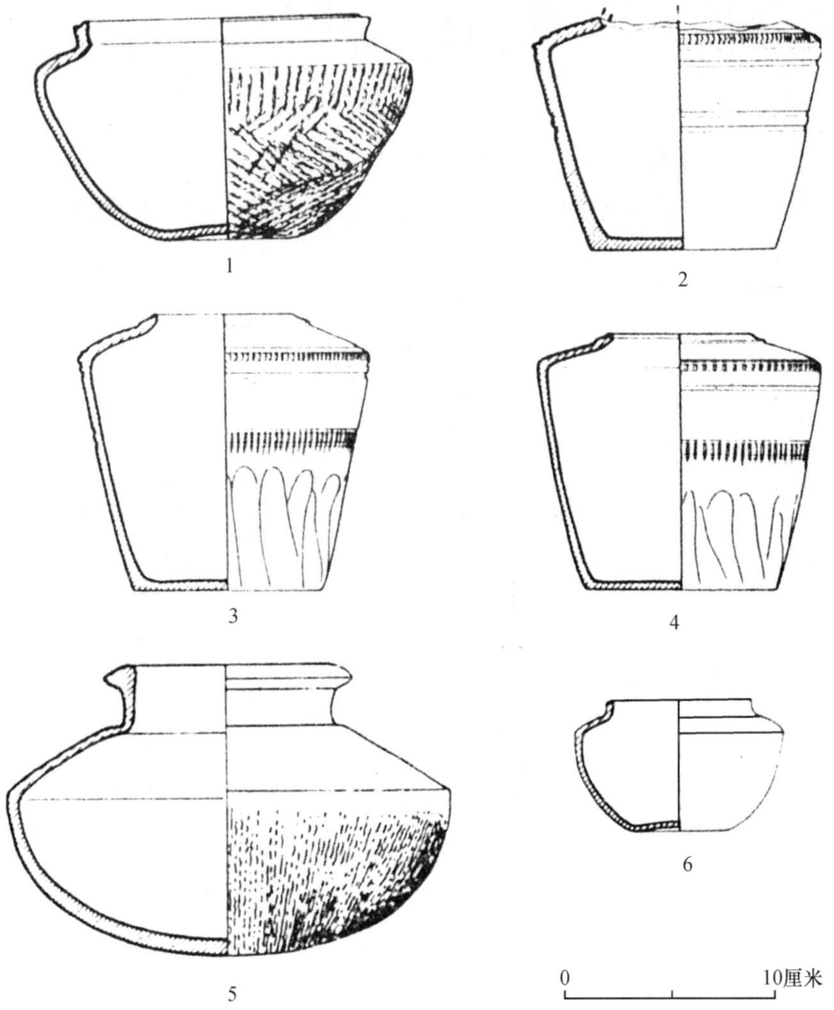

图一六　M6出土陶器

1～4. 筒形罐（M6：5、M6：6、M6：3、M6：4）　5. 寰底罐（M6：1）　6. 盂（M6：7）

矮体　1件。M6：5，矮领，凹沿似子母口，折肩，斜腹缓收，圜内微凹。腹饰粗绳纹。口径13.2、肩宽18、高10.2厘米（图一六，1；彩版一三五，2）。

盂　1件。M6：7，矮领，窄折肩，深弧腹，凹圜底。素面。口径7、高6.1厘米（图一六，6）。

四、结　　语

（1）4座墓中所出五铢钱、铜鍪以及墓葬形制、结构等都具有汉墓特征，因而4座墓均应属汉代墓葬。M4为土坑墓，余3座为砖室墓，从相对年代上讲M4应早于其他3墓。

（2）M4中出土陶高领罐、陶筒形罐、铜五铢分别与巫山麦沱墓地1997年度发掘属于西汉晚期的B型Ⅰ式罐、Ac型Ⅱ式罐、Ⅱ式五铢相同，墓葬结构也具有这一时期特点。因而M4的时代应属西汉晚期。

（3）M5、M6两墓从相互关系、形制、结构、规模、随葬品放置位置等方面分析，时代应相差无几，且两墓应有一定的内在联系，应为同冢异穴合葬墓，两墓墓主或为同一家庭成员。

M6出土器物较少，组合较简单，器物形态与M5同类器也存在一些差异。其中筒形罐的差别较显著。M6中高体筒形罐和M4中所出筒形罐基本形态接近，只是器体变高，显得较修长，下腹有削棱，形态介于麦沱墓地Ac型Ⅱ式与Ac型Ⅲ式罐之间。M5中筒形罐多与麦沱墓地Aa型Ⅲ、Ⅳ式和Ab型Ⅲ、Ⅳ式罐同。以上几种形态的罐在峡江地区同时并存于新莽至东汉初年的墓中。同时，M5中所出铜鍪、盆、陶壶等也都具有这一时期的特点。据此推断，M5、M6应为新莽至东汉初年墓葬。

（4）M2严重被毁，又遭自然损毁，断代依据不充分。但从墓葬结构分析，应属东汉墓葬。五铢钱同麦沱墓地中Ⅲ式五铢钱，流行于新莽至东汉时期。

（5）从我们调查和发掘的结果分析，平安墓地是一处以两汉墓葬为主的墓地，其中尤以新莽至东汉时期砖室墓具有特色。该墓地的发掘为系统研究峡江地区两汉时期的历史、文化、经济等增加了有益的参考资料。

发掘人员：谭远辉　彭　佳　罗敏华
王小健、王新柱
照相、摄像：王小健　彭　佳
器物修复：王新柱　罗敏华
资料整理：谭远辉　彭　佳　罗敏华
电脑录入：彭芳
绘图、执笔：谭远辉

巫山平安墓地2003年度勘探简报

湖南省文物考古研究所
巫山县文物管理所
津市市文物管理所

一、工作经过

2003年3月，我们在对巫山平安墓地进行发掘的同时，根据计划，同时对墓地进行了调查勘探，面积为45 000平方米。我们工作的地点为巫山县南陵乡平安村二、三组，海拔130～250米。调查勘探工作从3月8～18日结束，历时11天。工作分两步进行，即调查访问和铲探。调查访问主要是了解以前发现和损毁的墓葬情况，据此分析该墓地墓葬的分布规律；铲探主要是对未暴露墓葬进行重点钻探，根据钻探结果制订发掘计划和选点布方。钻探工作由王新柱负责，分三个组进行勘探，每组两人。方法：按2米间距布梅花点用洛阳铲钻取土样，判别土层中遗迹。

首先我们在平安三组的大块子分南、北两片进行钻探，南片主要是在三组村民王德平的土豆地里，北片位于任本义的橘子林中，海拔150～160米。继后又对老屋场、杉树坡、谭家坟、大坟堰等属于平安三组的几个地点进行了钻探，较集中的为大块子、老屋场、大坟堰。3月13日开始，对平安二组范围进行钻探，主要集中在马场岭一带，其中又分裤裆坵、庙梁子、王爷庙几个小区块。重点勘探总面积约5000平方米。此外，我们还根据群众提供的线索，对平安二、三组范围的多处地点进行了有目标的选点钻探，重点区域或疑点加密探孔。我们工作的重点主要是放在三组范围，通过我们的调查勘探，发现多处古墓葬点，较重要的点有大块子、土垅坎、大坟堰、古董包、观音梁子等。在平安二组的马场岭还发现汉代遗址一处（图一）。

二、主要收获

我们这次调查勘探的首要收获是发现了大量两汉时期墓葬，另一重要收获是发现了一处汉代古文化遗址。现分别介绍于下。

（一）古墓葬

平安墓地分布着较多的两汉古墓葬，其中尤以东汉时期砖室墓为显著。经过我们的调查勘探表明，墓葬大都位于150～250米陡峭的山坡上，150米以下和250米以上极少发现汉代墓葬。

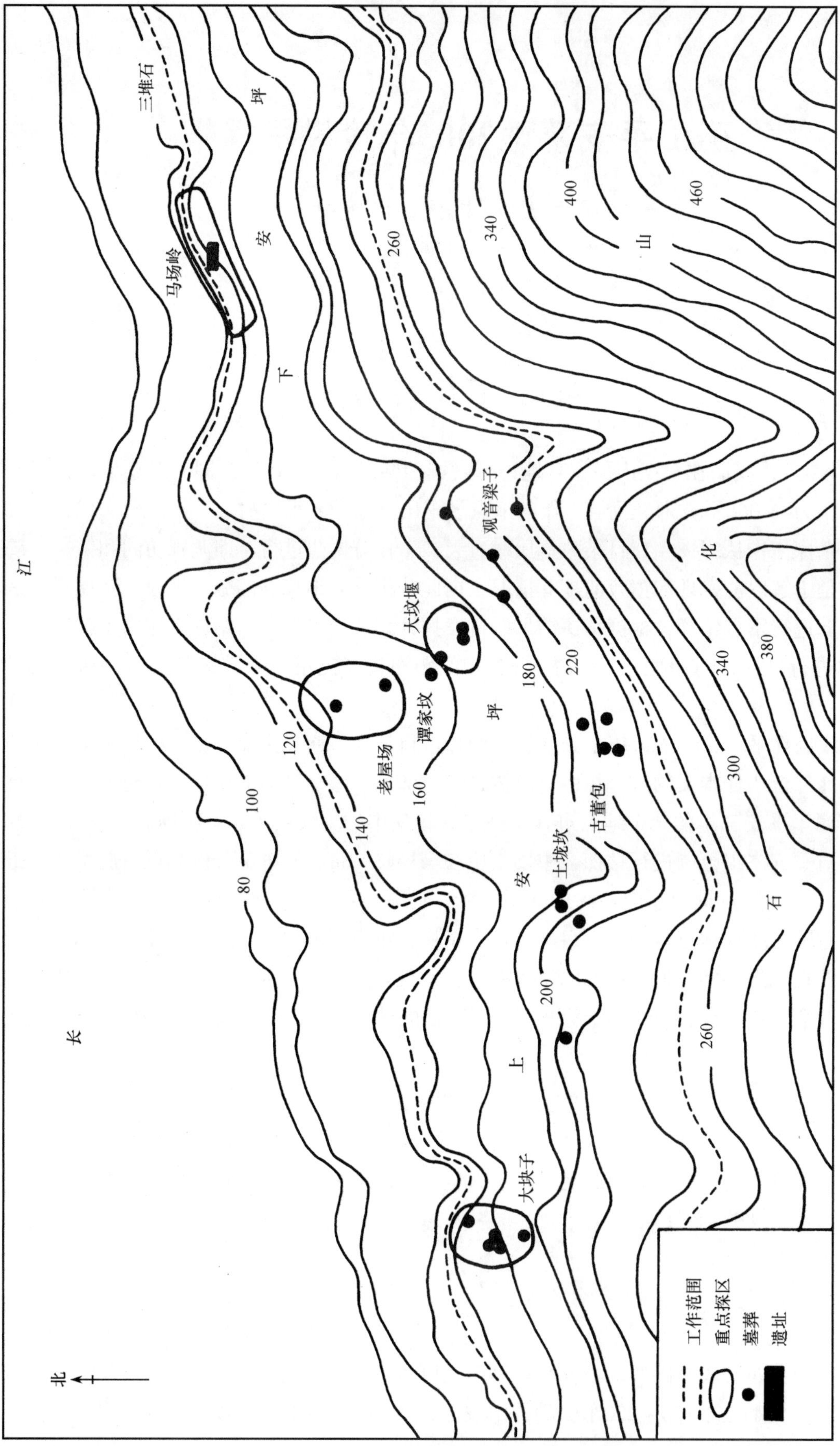

图一 平安墓地形及调查勘探情况平面图

120～150米为较平坦的坡地，平安二、三组的这一地带分别称为下安坪、上安坪，以前是当地居民的聚居之地。三峡工程动工后，居民搬迁，现为一片废墟。因而该地段自古至今都是适宜居住的地段。再下为长江高洪浸淹之地，再上山势陡峭，极少平坦之地，且距长江水面远，取水不便，故而在下安坪、上安坪所处的高程上极少发现古墓葬。在150～250米，墓葬分布较为密集。有些自然小地名便透露出古墓密集目标明显的信息，如大坟堰、古董包、土垅坎等。在以前的生产和农民建房过程中，发现和破坏的墓葬不下百处，有的已被盗毁，现地面上仍随处可见盗洞。

由于山势陡峭，有的墓葬筑墓方式不是惯常使用的竖穴式，而是横穴式，即横向往山体内打洞，然后在洞内砌筑砖室墓，墓口在陡峭的山坎边。这种墓用探铲不易探到，只有通过铲刮剖面或挖断面的方法才能探到。在平安墓地目前发现的墓葬类型有竖穴土坑、竖穴土坑券顶砖室、竖穴土坑券顶石室、横穴土坑券顶砖室。存在于巫山麦沱墓地的四大类八小类墓葬，在平安墓地目前只发现其中的两大类四小类。

从我们调查和发掘的情况看，该墓地两汉墓葬的年代多为西汉晚期至东汉早期，西汉时期为土坑墓，新莽及东汉时期为砖室或石室券顶墓。随葬品以陶器为主，少量铜器，与峡江地区其他地点同时期墓葬情况一致。当然，由于调查勘探和发掘面积、数量的局限，该墓地的整体面貌还不是十分明了，有待于今后的工作使其显露出全貌。

该墓地盗扰情况较为严重，首当其冲的便为砖室墓。这些盗扰现象又主要发生于现代，20世纪末至21世纪初大量的突击性的基本建设工程给古墓葬带来的损毁是较严重的。例如，20世纪末巫山磷肥厂在平安三组古董包一带征地基建，便挖毁了大量的古墓。在三峡工作的移民迁建、兴修公路过程中挖毁的砖室墓也不计其数，土坑墓因目标不明显情况不明。现村民的房舍四周及田头地角随处可见堆码或散弃的墓砖，有的村民家中还藏有墓中出土的陶俑，铜和陶生活器皿等。在农民种地等生产活动中也损毁了部分墓葬，但情况不如上面两项严重。近年古董收藏升温，刺激了不法分子的盗墓欲望，加上三峡工程的地下文物大发现、大清理，致使盗墓之风猖獗，峡江地区盗墓分子活动猖獗，文物贩子蚁聚。平安墓地自然不能幸免，在考古勘探发掘中，要想找到几座未被盗扰的墓葬实非易事。

（二）古遗址

文物钻探中，在平安二组（下安坪）的马场岭至王爷庙一带发现一处古文化遗址，海拔140米左右。通过钻探，遗址东西长约200、南北宽约40米，总面积约8000平方米。遗址处于下安坪较平坦的阶地上。遗址前端为一断坎，坎高约3、长约150米，东西走向约向北、南偏斜。在断坎上暴露遗址地层较为清楚，遗址堆积东厚西薄。我们从断坎两端进行了剖面调查，调查情况如下。

东端，断坎高约2.8米，调查长度约5米。断面可见三大层（图二，1）。

第1层：灰色耕土层及扰土层。厚60厘米左右。

第2层：灰褐色土文化堆积层，土质较板结。从里面采集到灰陶绳纹板瓦、灰色陶罐口沿、弦纹灰陶片等。剖面上还见有灰坑遗迹、红烧土。厚约1.5米。

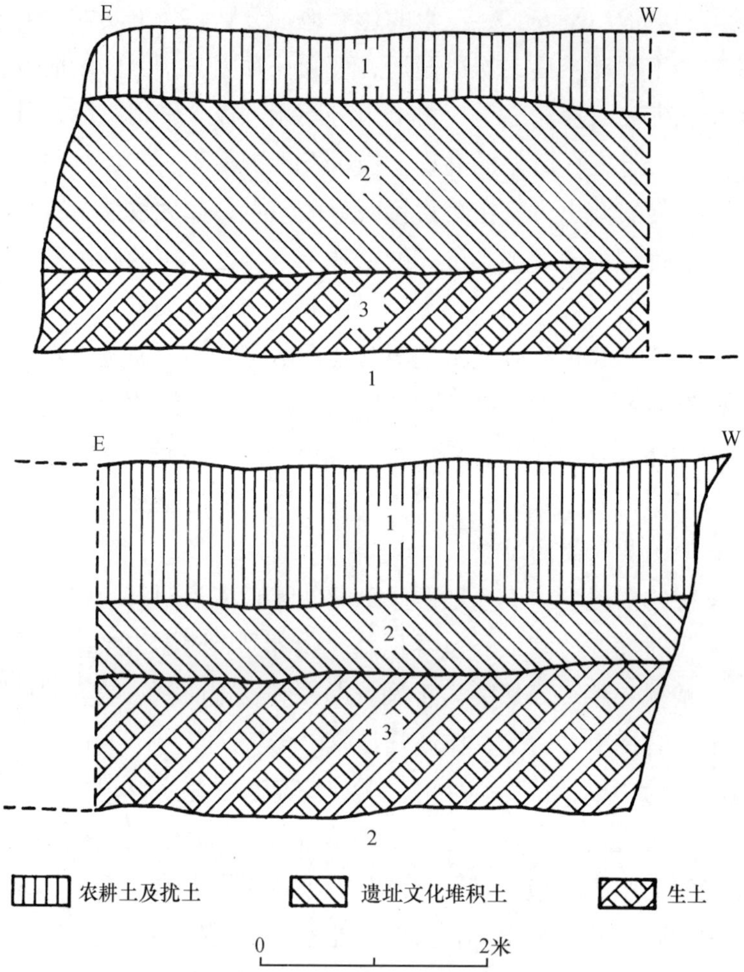

图二 马场岭遗址断坎地层剖面调查示意图

1. 东端 2. 西端

第3层：生土层。赭色粉砂岩风化土，含有较多石子，结构较松散。

西端，断坎高约3、调查长度约5米，主要地层亦为三大层（图二，2）。

第1层：灰色耕土及推填浮土，填土土质松散，为近现代堆积。厚约1.2米。

第2、3层性质与东端同，约65厘米。

从遗址中我们采集到陶器口沿、绳纹板瓦、穿孔陶片、鱼骨等遗物（图三，1～3）。陶器多为泥质灰陶，少量黑皮陶。从器形、纹饰、陶质、陶色等方面因素分析，具有明显的汉代遗物特征，因而推断遗址年代应为汉代。

另外，我们还从该处约海拔90米处采集到磨制石斧1件（图三，4）。该石斧系从上坡落下，既有可能属于汉代遗址内遗物，又有可能属于新石器时代遗物，从器形及工艺水平分析，后者的可能性更大。如然，则这一带还应存在有新石器时代遗址，或已破坏，或未找到，有待今后的工作证实。

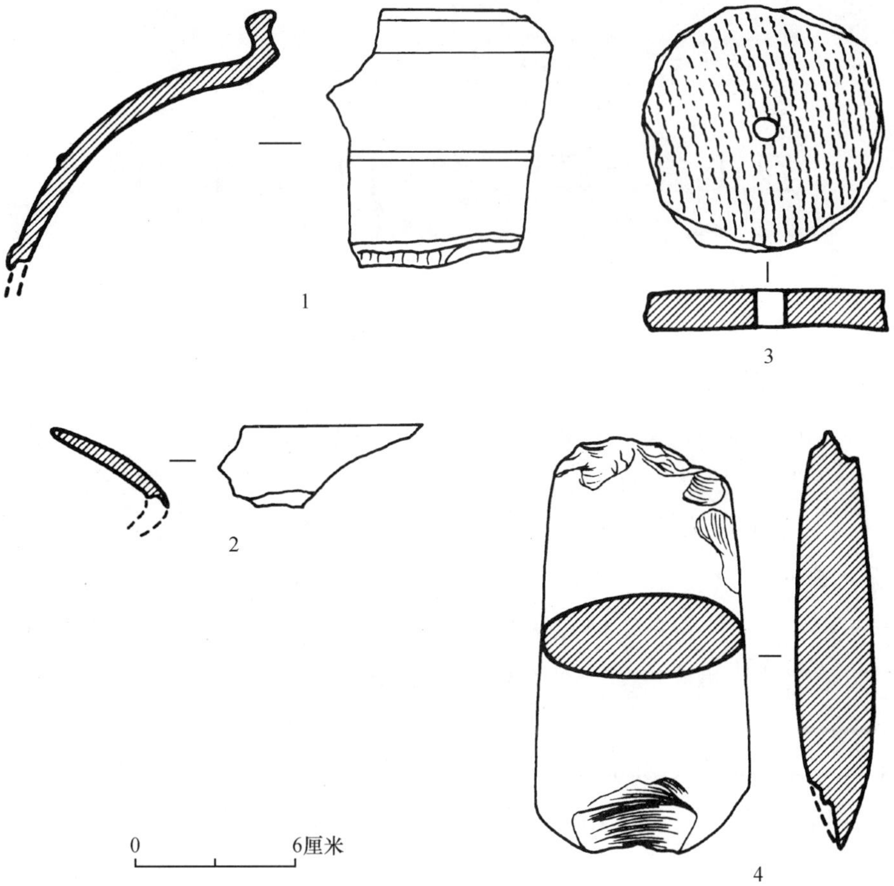

图三　采集陶、石器标本

1～3. 马场岭遗址采集陶片标本　4. 采集石斧

调查者：王新柱　彭　佳　罗敏华
谭远辉

资料收集：王新柱

照相、摄像：王小健　彭　佳

电脑录入：彭　芳

绘图、执笔：谭远辉

巫山关上遗址2003年度发掘简报

湖南省文物考古研究所
怀 化 市 文 物 处
巫 山 县 文 物 管 理 所

关上遗址位于重庆市巫山县曲尺镇朝阳村七组，长江北岸二级阶地上，海拔140米，总面积约5000平方米。整个遗址表面已垦为梯土或修建房屋，遗址受到严重破坏。遗址西距曲尺镇水路8千米，东水路15千米为巫山新县城，南濒长江，北依七组移民宿舍，再往上为崇山峻岭，绵延不断（图一）。

该遗址是中国社会科学院考古研究所对三峡库区进行文物普查时发现的。2003年春，湖南省文物考古研究所承担了重庆市三峡库区部分考古发掘项目，并将关上遗址委托怀化市文物处实施发掘任务。

2003年3～4月，怀化市文物处组织人员进行发掘。共开5米×5米探方4个，连同单独清理的一个灰坑，揭露面积101平方米（图二）。参加发掘的人员有向开旺、杨志勇、张涛、江洪等同志。

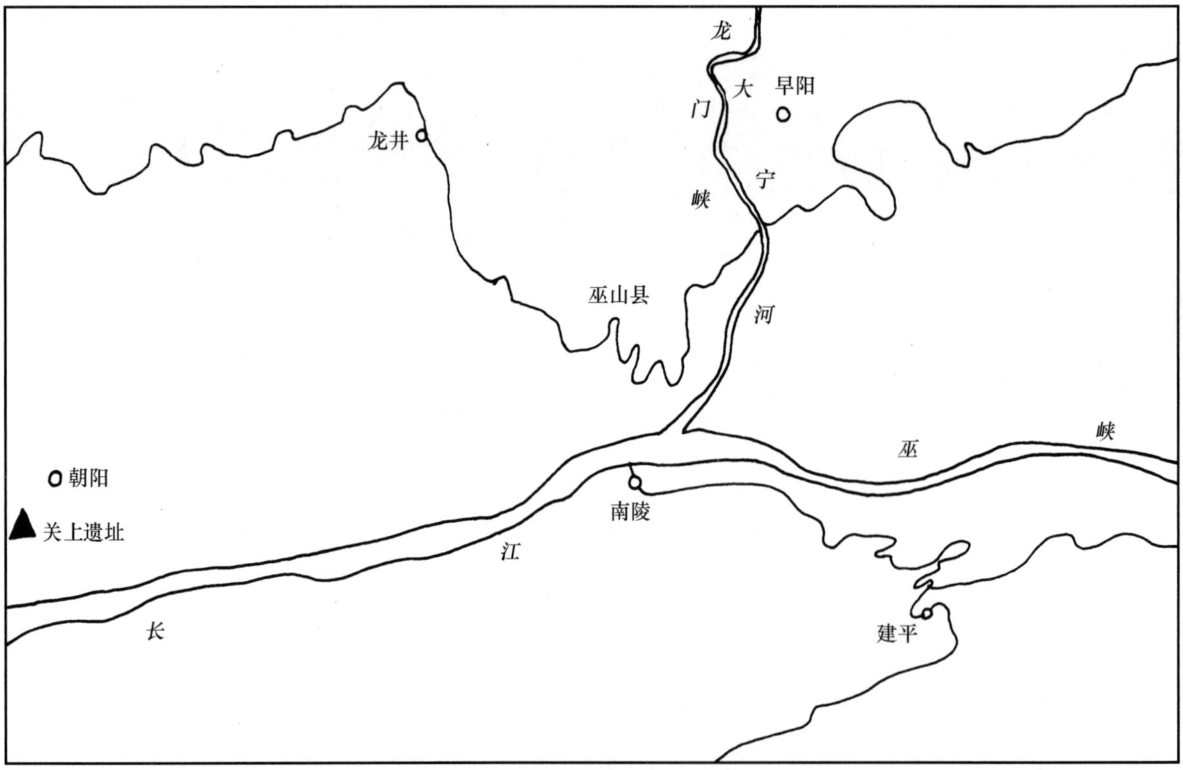

图一　关上遗址位置示意图

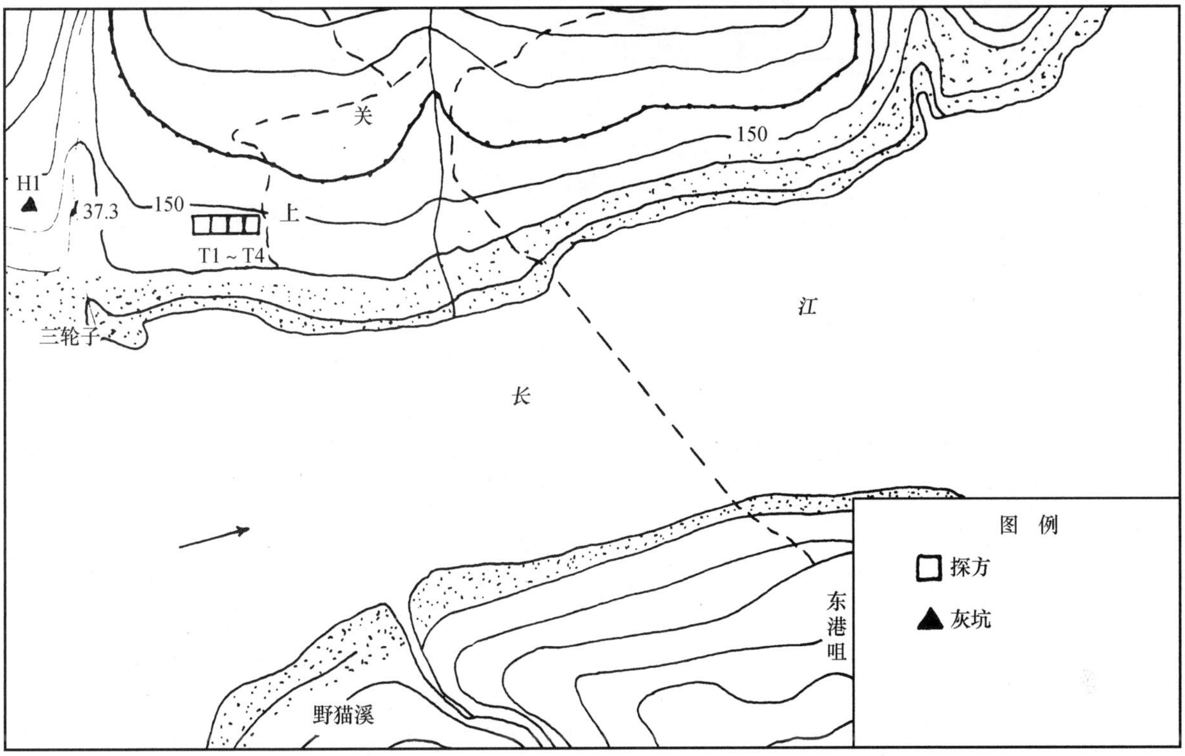

图二　关上遗址探方分布示意图

一、地层堆积

在发掘的4个探方中，发现小沟1条和2座清代墓葬（图三）。清代墓为土坑墓，无随葬品，有骨架。T1、T2未见文化层堆积，T3、T4的地层堆积也较简单，从上至下可分三层，其中T3缺第3层。下面以T4南壁剖面为例加以介绍（图四）。

第1层：耕土层。种植马铃薯、蚕豆等旱粮作物。土质灰色较疏松。厚20～30厘米。含有少量东周时期的陶片以及近现代瓷器残片等。

第2层：深灰色土，含有碎石颗粒。土质结构紧密。厚0～35厘米。出土陶鬲、罐、豆、盂等器物口沿及大量陶片、少量石片、石锛等遗物。

第3层：灰黄色黏土。土质结构紧密，黏性较强，厚0～10厘米，包含物同第2层。

第3层以下为黄色原生土，未发掘。

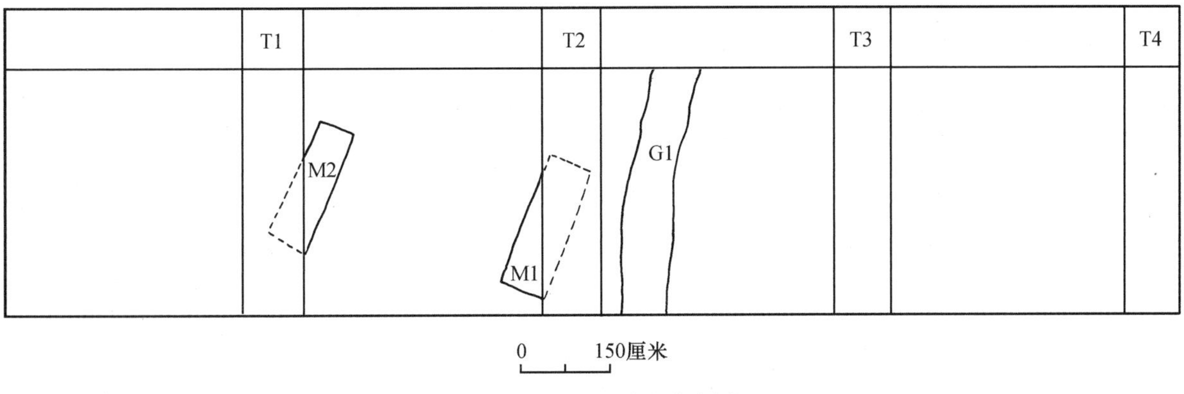

图三　关上遗址遗迹分布图

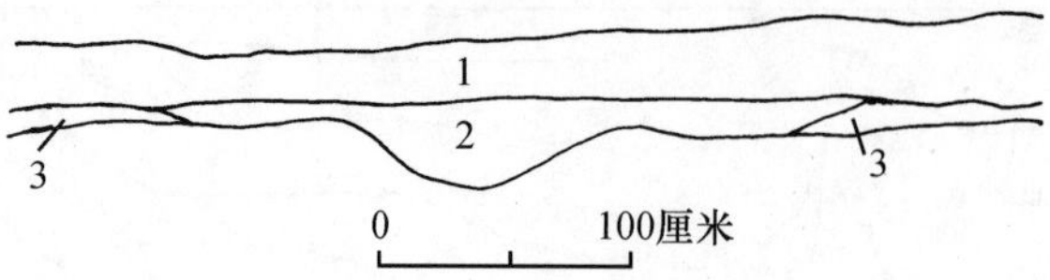

图四 T4南壁剖面图

二、遗 迹

1. 灰坑

1个（编号H1）。位于关上遗址西200米处，在这次采点时发现并清理。口呈不规则椭圆形，锅状底，长1.5、宽1.04、深0.8米（图五）。填土为灰褐色，结构紧密。含石片、红烧土粒及大量夹粗砂陶片，可辨器形有罐、壶、钵等，纹饰有方格纹、粗绳纹、弦纹，罐的口沿有花边口。

2. 小沟

1条（编号G1）。位于T3的第1层下，大体呈南北方向，依地势开挖（北高南低），不甚规整，沟壁斜直。沟内填土为深灰色土，在沟内出土的器物有鬲、罐、豆等陶器，还出有石锛、石片、砾石等。沟宽0.8米，长度只清理了4米，深0.2～0.26米，坡度13°（图六）。

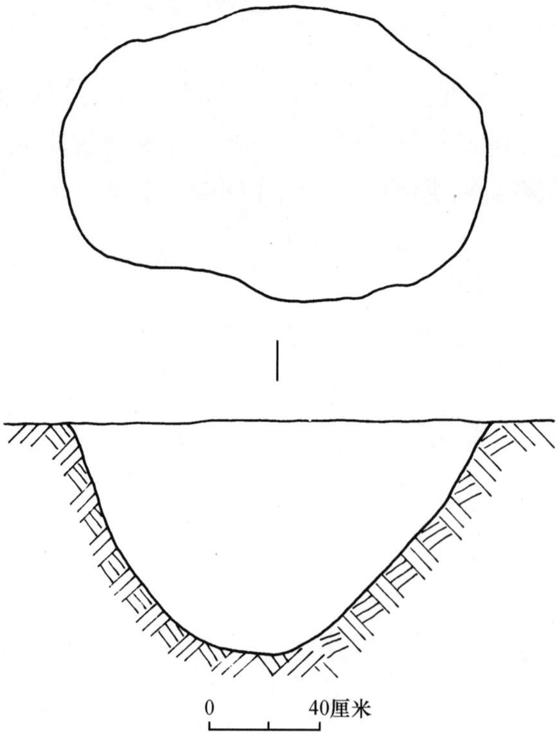

图五 H1平、剖面图

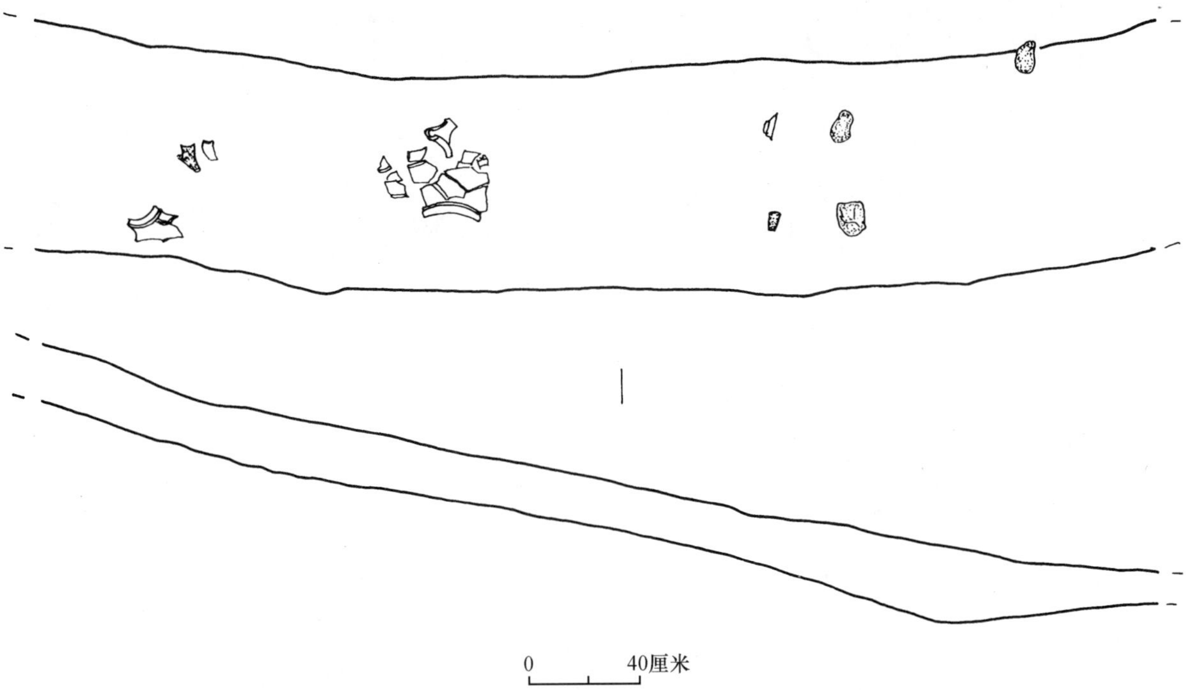

图六　G1平、剖面图

三、遗　　物

1. 陶器

陶器轮制，内壁有手指按窝痕，夹粗砂夹细砂陶居多，也有不少泥质陶，以灰褐色为主。

陶器纹饰主要为方格纹、粗绳纹、细绳纹（图七）。器物颈部、肩部、腹部饰有弦纹，罐有花边口等。

陶器器类以实用器为主，包括鬲、罐、钵、壶、豆。由于发掘面积少，在地层中出土的这类器物多数不能复原，仅修复陶鬲1件。现分别介绍如下。

鬲　分二式。

Ⅰ式：器体大，为实用器。T4②：16，凹沿，口微侈，束颈，斜肩，最大腹径偏上，弧裆缓平，柱形足。肩部以下饰粗绳纹，腹部抹光二圈。口径22、通高33.6厘米（图八，10）。

Ⅱ式：实用器。T4②：7，宽斜沿，敛口，颈略束，斜肩较甚（图八，1）。另外还出土了不少鬲足，有柱形、锥形两种。T4③：1，锥形，饰绳纹（图八，8）。

罐　器体大，为实用器。夹粗砂灰陶居多。分六型。

A型　花边口罐。分三式。口沿变化从大侈口—侈口—微侈。

Ⅰ式：H1：2，口侈较甚，颈略束，斜肩。饰细绳纹（图八，3）。

Ⅱ式：H1：3，侈口，颈略束。肩部饰细绳纹（图八，4）。

Ⅲ式：G1：4，口微侈。肩部饰细绳纹（图八，2）。

B型　粗长颈罐。H1：1，侈口，卷沿，粗长颈。口径24.8厘米（图八，9）。

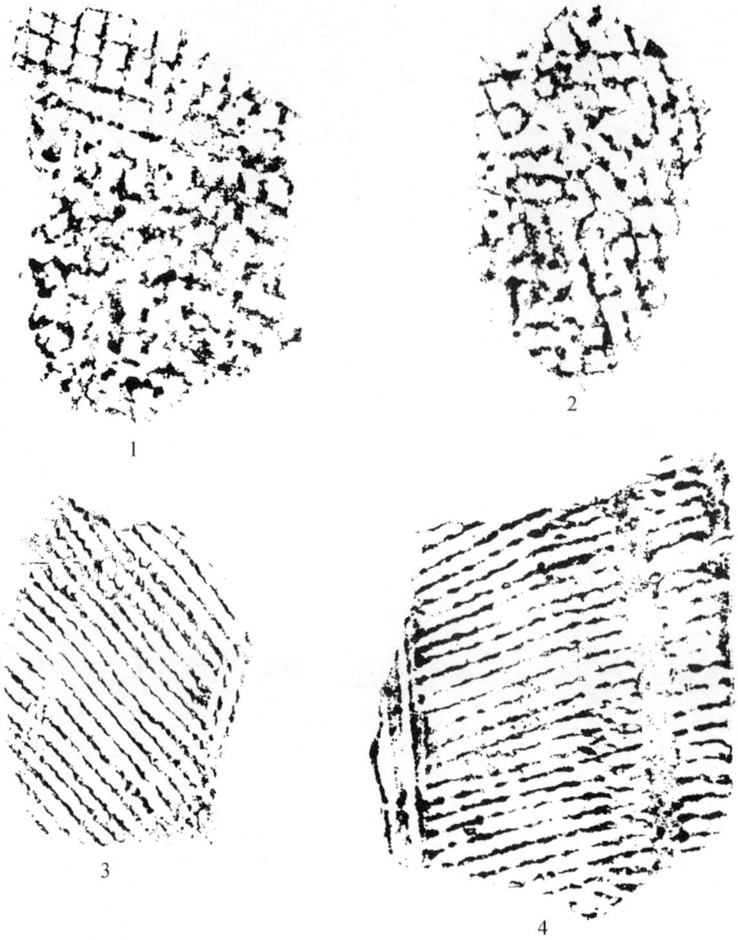

图七　陶器纹饰拓片

1. T4②：15　2. T3②：16　3. T3②：17　4. T4②：17

C型　矮领束颈罐。分二式。

Ⅰ式：H1：5，沿面宽折，侈口，束颈，斜肩。颈部饰绳纹（图八，6）。

Ⅱ式：T4③：3，侈口，束颈（图八，5）。

D型　长颈侈口罐。H1：4，侈口，粗长颈。口径22厘米（图八，7）。

E型　凹沿束颈罐。分二式。

Ⅰ式：G1：6，宽凹沿，侈口，束颈，斜肩。肩部以下饰绳纹，抹光二圈。口径21.6厘米（图九，8）。

Ⅱ式：T3②：11，宽凹沿，口微侈，束颈，肩斜较甚。上饰二周宽带凹弦纹，以下饰绳纹（图九，7）。

F型　矮领罐。T4②：10，直口，矮领，广肩（图九，1）。

盂　泥质灰陶。T4②：6，平沿，口微敛，腹略鼓（图九，3）。

钵　泥质灰陶。H1：6，敛口，腹鼓偏上（图九，2）。

盆　泥质灰陶。T3②：3，宽平沿，直口（图九，4）。

豆　泥质灰陶。分二式。

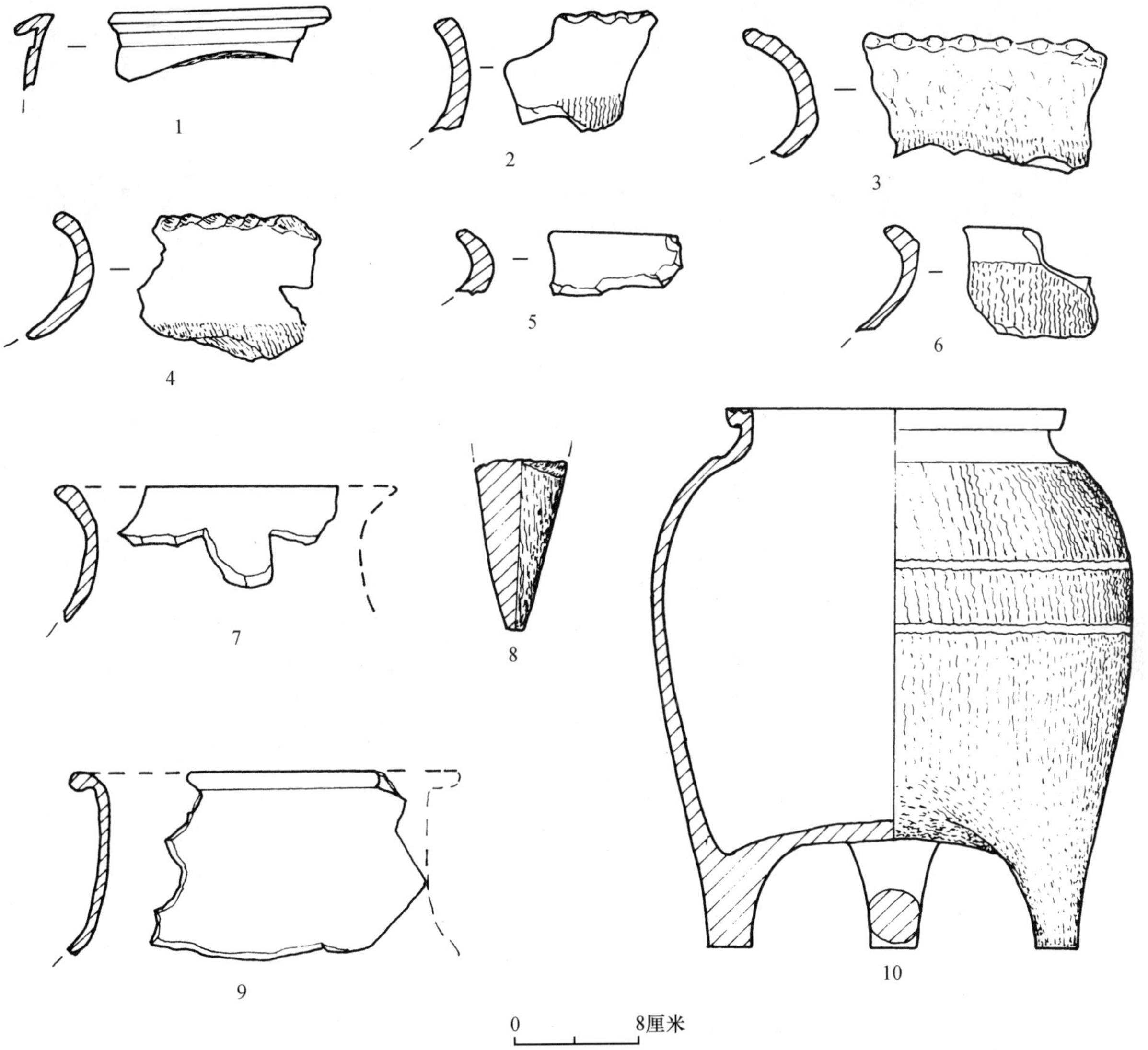

图八 出土陶器

1、8. Ⅱ式鬲（T4②：7、T4③：1） 2. A型Ⅲ式罐（G1：4） 3. A型Ⅰ式罐（H1：2） 4. A型Ⅱ式罐（H1：3） 5. C型Ⅱ式罐（T4③：3） 6. C型Ⅰ式罐（H1：5） 7. D型罐（H1：4） 9. B型罐（H1：1） 10. Ⅰ式鬲（T4②：16）

Ⅰ式：T4②：4，浅盘。口径13.6厘米（图九，5）。

Ⅱ式：G1：5，深盘（图九，6）。

另外还出土不少豆柄，有两种。T4②：3，粗柄中空，喇叭形座（图九，9）。T3②：1，实柄（图九，10）。

2. 铁器、石器

铁臿 1件。T4②：1，凹字形，刃部微弧。刃宽9.4、长8.8厘米。

石斧 1件。T4②：2，选择大小适中的砾石做原料，在一侧稍打制修整，在一端打制出刃口，形成石斧状坯。未磨制。长10.8厘米。

石锛 1件。G1：1，砾石料，手握持部分经修理，刃面磨制光滑，有使用崩痕。长7

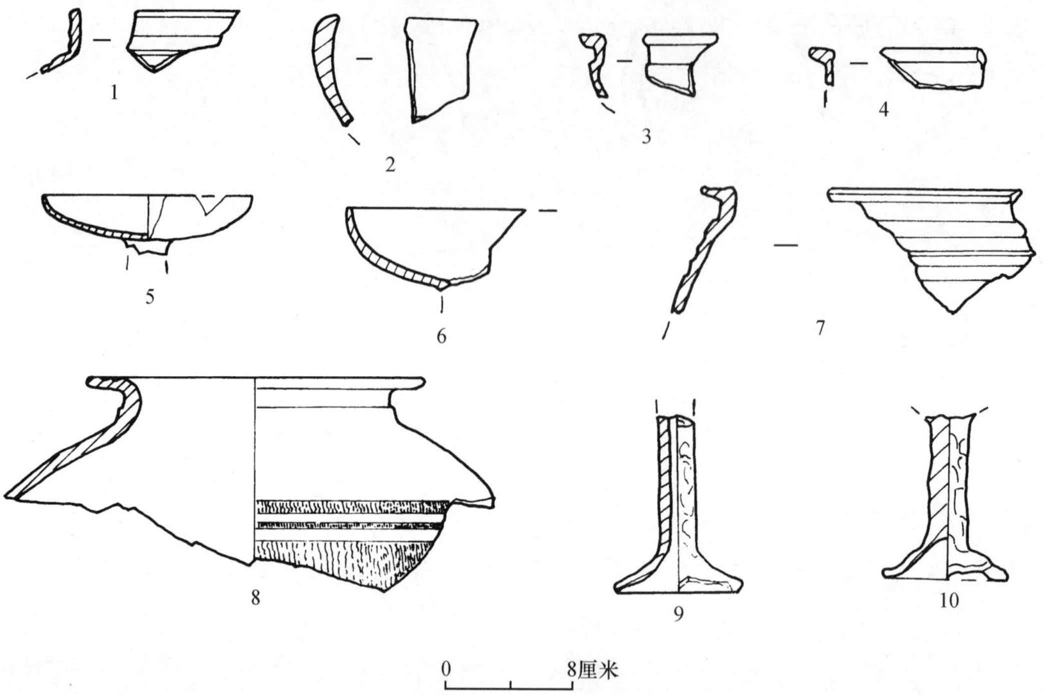

图九　出土陶器

1. F型罐（T4②：10）　2. 钵（H1：6）　3. 盂（T4②：6）　4. 盆（T3②：3）　5. Ⅰ式豆（T4②：4）　6. Ⅱ式豆（G1：5）　7. E型Ⅱ式罐（T3②：11）　8. E型Ⅰ式罐（G1：6）　9、10. 豆柄（T4②：3、T3②：1）

厘米。

石片　H1：15，砾石料，经多次剥片，形成刃口。长5.4厘米。G1：2，长6.2厘米。

另外还出土了不少动物骨骸等。

四、结　　语

（一）遗存的文化特点、年代、属性

由于发掘的面积小，没有发现墓葬材料。文化层堆积比较简单，上下仅两个层次，为同一时期的遗存。在该遗存里主要出土的是陶器，也有少量的石器和铁器。陶器为器体较大的实用器，以夹砂陶和泥质陶为主，均轮制，胎厚实，火候高，纹饰包括粗绳纹、细绳纹、方格纹，罐口沿有的为花边口。主要器形有鬲、罐、盂、豆等。石器有打制的石片，也有磨制精细的小石锛。石片经多次剥片形成刃沿，使用痕明显。石锛小巧，通体光滑。铁器主要为生产工具铁锸，保存情况好。

关上遗址文化遗存的年代，类似的情况较少，虽在当地已经发掘了几批材料，可惜未能见到发表的资料，也未能见到实物样品而进行分析比较。这里只能在较大范围内遗存中找一些相关材料与之对比如下。

关上遗址出土的陶器器体大多为实用器，与湘西辰溪仙人湾遗址（灰坑）出土的陶鬲形制十分相似①，也与湖南靖州鸬鹚江春秋墓（M3：7）出土的同类器的形制接近②，上述两处遗址、墓葬的年代为春秋中晚期。与湖南益阳栗山园遗址出土的鬲几乎没有多大的区别③，栗山园遗址的年代为春秋晚期。出土的宽沿罐、盂、豆等在江陵纪南城遗址中常见，与长沙、常德、怀化等地春秋楚墓和楚文化遗址出土的同类器物类同。鉴于此，我们有理由认为该遗存的年代与上述遗存、墓葬的年代相当，为东周时期（即春秋中晚期）。同时从以上获得的信息表明，该遗存文化性质有着强烈的楚文化因素。这就是说，在东周时期（春秋中晚期）楚人就已进入巫峡地区。以至多年来在该地发掘的战国楚墓群以及在墓中出土楚式剑、大量的楚式日用陶器就不足为怪了。

（二）遗址发掘的意义

这次发掘出土的文化遗物虽然有限，但是给我们提供了十分有价值的信息。在东周时期，楚人的一支溯江而上，进入该地繁衍生息。发掘材料进一步表明，楚人进入以后，仍旧保留着原有的文化习俗，同时也融合了当地较为先进的文化，如花边口陶罐（有学者介绍该类器物为当地土著民族较为流行的一种器物）在遗址出土器物中占了一定比例。从这里可以看出，楚民族为三峡地区的社会繁荣、社会进步做出了贡献。

绘图、器物照相：张　涛
电脑录入：杨志勇
器物修复：向树青
执笔：向开旺

① 参见怀化市博物馆1988年调查材料，资料未发表。
② 怀化地区文物工作队、靖县文管所：《湖南靖州鸬鹚江春秋、晋墓发掘报告》，《南方文物》1993年第3期。
③ 舒华昌：《益阳县发现两处东周遗址》，《湖南考古辑刊》（第3集），1986年。

巫山高塘村墓群2003年度发掘简报

湖南省文物考古研究所
怀 化 市 文 物 处
巫 山 县 文 物 管 理 所

为了配合三峡建设工程，抢救库区文物，湖南省文物考古研究所承担了重庆三峡库区2003年部分考古发掘项目，并将其中巫山县高塘村墓群的发掘任务委托怀化市文物处组织实施。2003年3～4月，怀化市文物处对高塘村墓群进行了考古发掘，历时1个月，完成了300平方米的发掘任务。现将情况报告如下。

一、概　　况

高塘村墓群位于重庆市巫山县巫峡镇高塘村4～6组（包括高塘观、下西坪、玉皇阁、麦沱等墓地），长江北岸。最高海拔269米，均属三峡工程淹没区及迁建范围之内。东临老县城，西至淀粉厂，南濒长江，北依新县城（图一）。

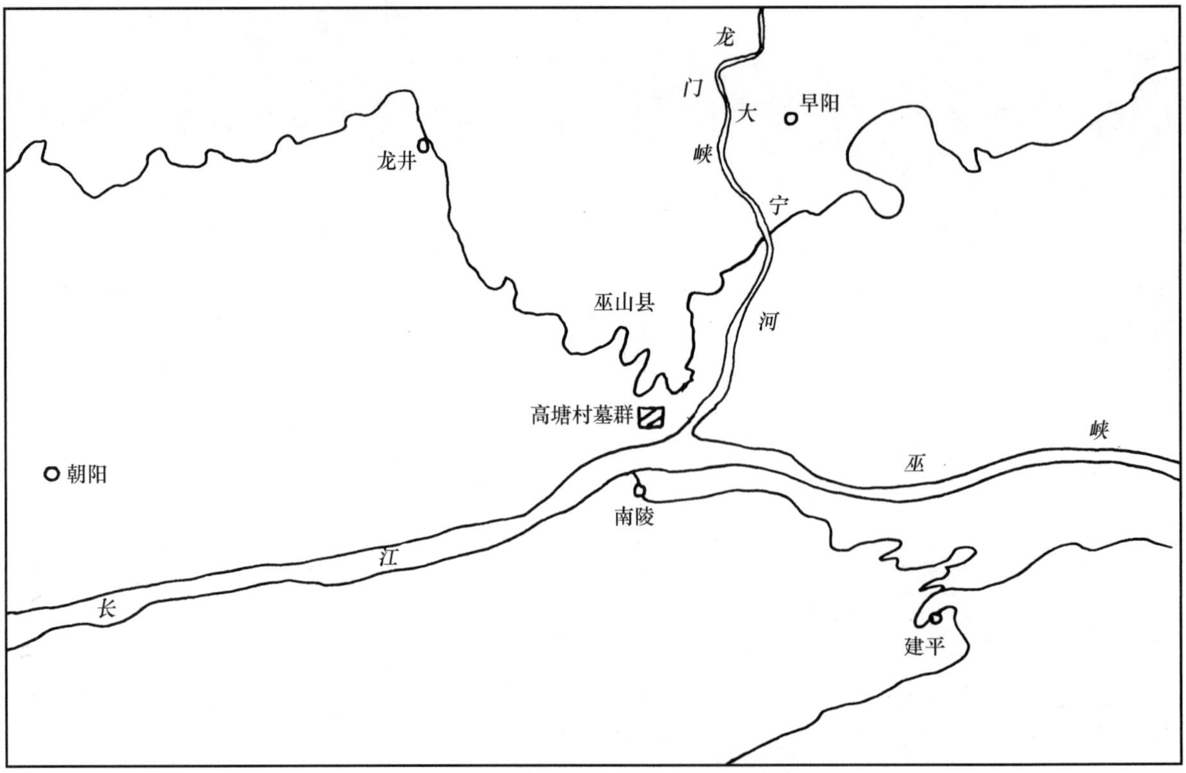

图一　高塘村墓群位置示意图

墓群地势陡峭，由独立的6座山头构成，北高南低，自东向西依次排列，东西长约3000、南北宽约300米，面积达90万平方米，其中断崖、石山、沟壑等占三分之一，墓葬面积约60万平方米。

1997～2002年，湖南省文物考古研究所、南京博物院以及湖南怀化市、湘西土家族苗族自治州、常德市的考古工作人员先后8次对墓群中的高塘观、下西坪、玉皇阁、麦沱等重点墓地进行考古发掘，发掘面积达1.2万平方米以上，出土了一大批珍贵文物。

由于三峡二期工程中治理地质灾害——滑坡的工作全面开工，使整个墓群特别是海拔175米水位线以下的墓葬全部被治理滑坡工程的土石方掩埋，175米水位线以上至269米处的绝大多数墓葬也同时被开掘的"之"字形简易进料公路的土石方覆盖。

我们这次进场时，十几台推土机、挖土机几乎是昼夜不停地工作，抢救发掘任务十分紧迫。根据墓地范围内全面施工的客观条件，同时考虑到计划发掘面积较少而又要多发掘墓葬、多出土文物等要求，我们采取重点布方发掘和抢救清理墓葬的方法进行。在施工现场十分危险的情况下，共抢救发掘墓葬9座，其中两汉时期墓葬7座、宋墓2座（图二），出土文物224件（含货币81枚）。

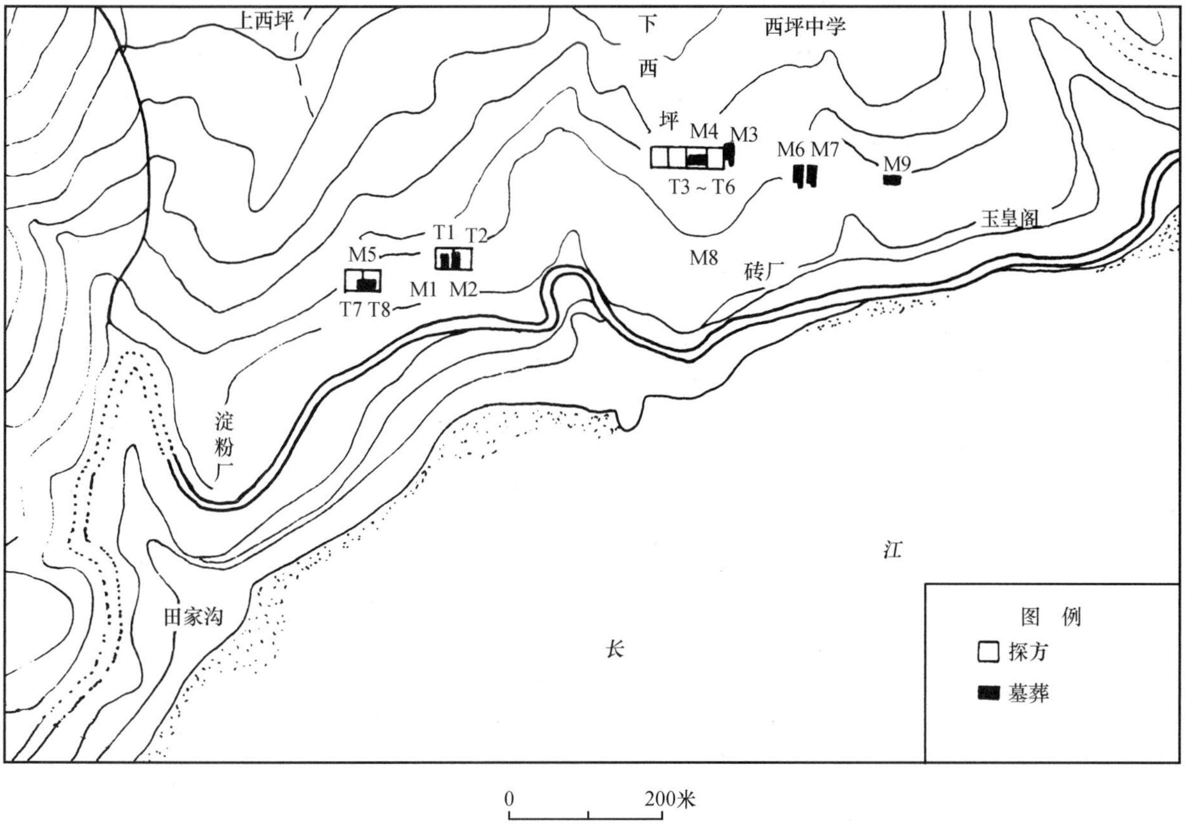

图二　墓葬分布图

二、墓葬形制

发掘的9座墓葬除M8、M9为宋代墓葬外，其余M1～M7的形制有三类，即土坑墓、土坑坑底铺石墓、砖室墓。

一类　土坑墓，共4座。编号M1、M2、M4、M5。均为中小型土坑墓，封土已不存在，填土为墓坑原土回填，但也有从其他地方拣选较为纯净灰黑土回填的部分。土质结构紧密，夯层难辨。墓葬未见使用白膏泥，墓具已腐烂，结构不明。M4人骨灰一目了然，其余墓则未见。由于墓葬上部地表多已动土，其实际深度不详。

M4　长方形墓坑，填土纯净，是从其他地方拣选较好土回填的，土质较紧，经夯筑，夯窝不明显。四壁较为垂直，做工较为规整，由于山体早年滑坡，造成坑壁有些变形。随葬器物置于墓室中央部分，墓主（两具人骨）头东脚西于器物两侧，仰身直肢。人骨灰痕清晰，左侧墓主人身高1.7米（推测为男性），右侧墓主人身高1.52米（女性）。由此可知，该墓为夫妇合葬墓。墓口长3.1、宽2.8米，墓底长3、宽2.6、深5.6米（图三）。M1、M2、M5，均为长方形竖穴土坑墓，做工规整，已遭破坏，器物散失，组合不全。

二类　土坑坑底铺石墓，1座。编号M3。墓室呈刀把形，墓坑底部用石块平铺，因山体滑坡挤压，铺石上翘，底呈斜坡状，四壁未砌砖也未券拱。由于该墓室延至居民宿舍基础内而未能全部发掘，仅清理3.3米。墓室残长3.3、宽1.7、深1.8米，甬道长1.4、宽0.9米，墓道被破坏尺寸不明（图四）。

三类　砖室墓，2座。编号M6、M7。刀把形，“刀柄”在人左。M6，刀把形有券砖室墓。墓平面呈刀把形，由墓道（已被破坏）、甬道、墓室三部分组成。“刀柄”在人左。墓道已被挖土机破坏，长度不清。甬道有券拱，底为青砖错缝平铺，壁为单砖错缝砌，长1.42、宽0.9、高1.4米。墓室因山体滑坡使砌砖拱垮，券顶变形，时有坍塌危险，室内积满了砖块碎石淤土。因种种原因墓室仅清理长2.32、宽1.7、高1.62米。墓底铺砖和墓壁砌法同甬道，墓室底部高于甬道底两块砖（图五）。

另外，发掘的2座宋代墓葬，编号M8、M9。其中M9为长方形竖穴土坑墓，填土为黄褐色较松散，人骨已不存，葬具不明，长3.2、宽1.4米，方向85°。随葬器物2件，置于一侧。M8为长方形竖穴砖室墓，该墓已被近现代墓葬叠压，封土情况不知，墓底青砖平铺，墓壁青砖错缝砌法，墓顶用三块厚约10厘米的大石块覆盖，坑内灰色淤土约厚30厘米，人骨尚存，葬具一棺，大部分腐烂，残剩棺板厚约0.5厘米，在头部置釉陶枕1件，方向160°。墓底内长2.5、宽0.8、高0.8米（图六）。

墓砖：M6、M7的砖形制相同。主要有长方形、楔形两种。平面多饰粗绳纹，也有素面的，侧面以各种花纹图案装饰。长方形砖砌墓壁，楔形砖可能为砌墓顶的坡边砖。

M6的墓壁砖有两种，均为长方形，但尺寸花纹有别。M6砖1，平面绳纹，侧面菱形几何纹图案，两端各有四道横杠，中间三道横杠。长36.5、宽13.3、厚6.5厘米（图七，1）。M6砖2，平面绳纹，侧面花纹为菱形几何纹，间“.”图形，两端各二道横杠，中部有三道横杠，间隔有序。长34、宽17、厚5.6厘米（图七，2）。

图三　M4平、剖面图

1、6. 铜钱　2、10、19、23. 陶壶　3～5、7～9、11～13. 陶罐　14、15. 陶甑　16、17. 陶钵　18. 陶灶　20. 陶器座　21、22. 陶釜

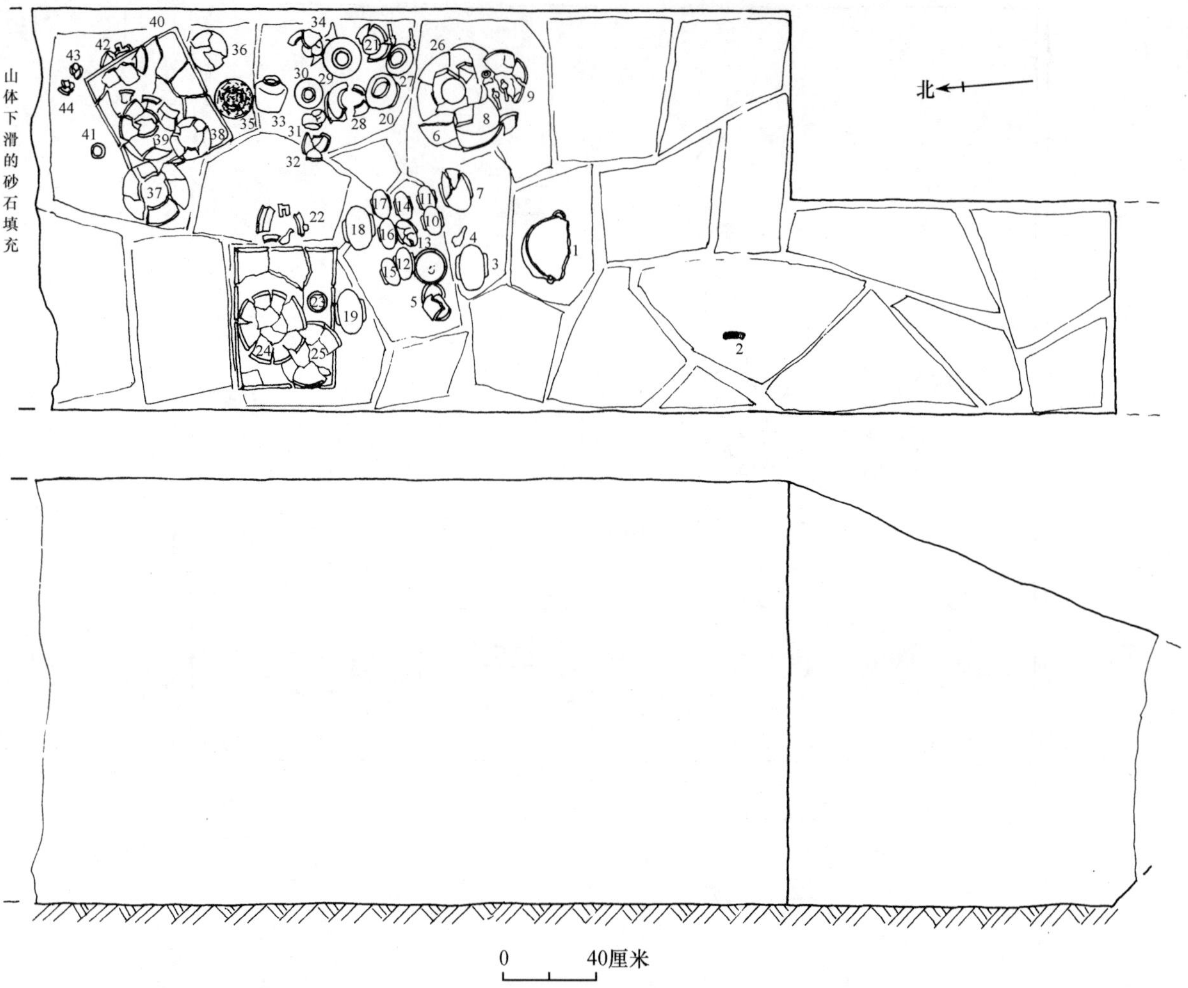

图四 M3平、剖面图

1. 陶鉴 2. 铜钱 3、7、10～19. 陶耳杯 4. 陶勺 5、23. 陶卮 6、44. 陶钵 8、31、35、41. 陶壶 9、22、27、42. 陶鼎 20、21、25、28～30、33、37、38、43. 陶罐 24. 陶盘 26、40. 陶案 32. 陶碗 34. 陶豆 36、39. 陶盒

另外M8的青砖火候高，无花纹图案。砖长28、宽14、厚7厘米。

三、随葬器物

这批墓葬中的M6、M7已被盗掘，M1、M2、M5被机械施工破坏，M3则因故未能全部清理，使之随葬品组合不全，实际数量不明。共出土随葬器物224件，其中陶器136件、铁器4件、骨器1件、石器1件、青瓷器1件、钱币81枚，器物修复113件。

1. 陶瓷器

共136件。器形有罐、壶、鼎、盒、鉴、盘、碗、钵、卮、耳杯、豆、案、器座、灶、釜、甑、勺、俑、镇墓兽、鸡、猪、房屋、水田，以及釉陶壶、釉陶碗、釉陶盘、釉陶杯、釉陶盂、釉陶钿、釉陶博山炉等。在宋代墓出土釉陶枕、双系罐、青瓷碗等。绝大多数为泥质灰

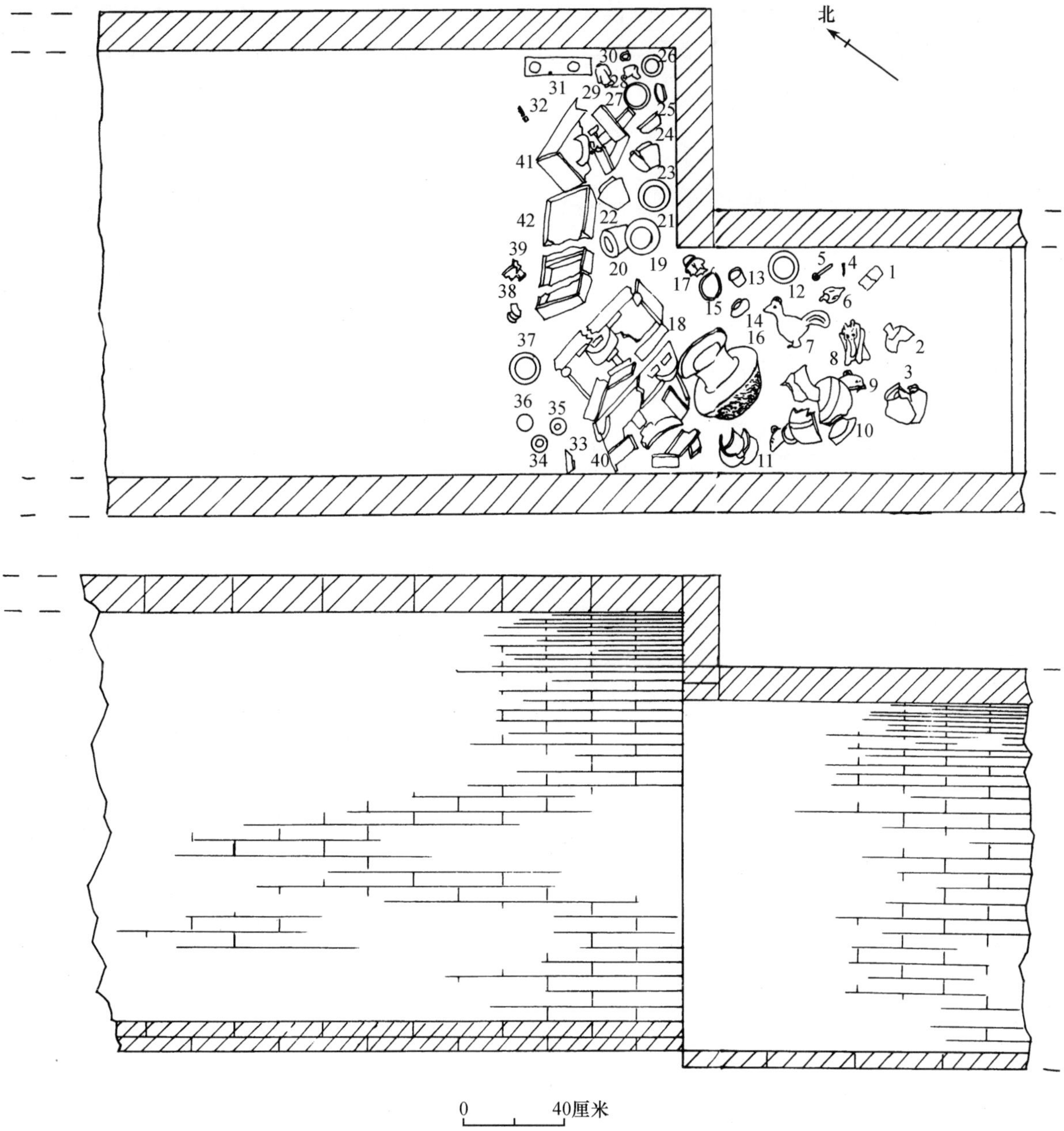

图五　M6平、剖面图

1. 石盒　2、12. 釉陶博山炉　3、11、16、19～23、37. 陶罐　4. 铁钉　5. 铁刀　6. 陶鸭　7. 陶鸡　8. 陶镇墓兽　9. 釉陶壶盖　10. 釉陶壶　13. 釉陶杯　14. 陶釜　15、30. 釉陶钵　17、29. 陶俑　18、40、41. 陶房屋　24、25、36、38、39. 釉陶碗　26. 陶钵　27、33. 釉陶盘　28. 陶猪　31. 陶灶　32. 骨锯　34. 陶壶　35. 釉陶盂　42. 陶水田

陶，也有泥质红陶以及红胎釉陶器，器表施黑衣的也有不少。器物多采用轮制的方法制成，一些器物的附件为手工做成。

罐　42件。可分十三型。

A型　6件。无领小口罐。器形小，均为明器。分三式。底由小变大，腹部变化：鼓腹偏上—扁腹—折腹。

Ⅰ式：3件。鼓腹偏上。直口，广肩，小平底。M4：12，口径4.4、底径2.4、高4.8厘米

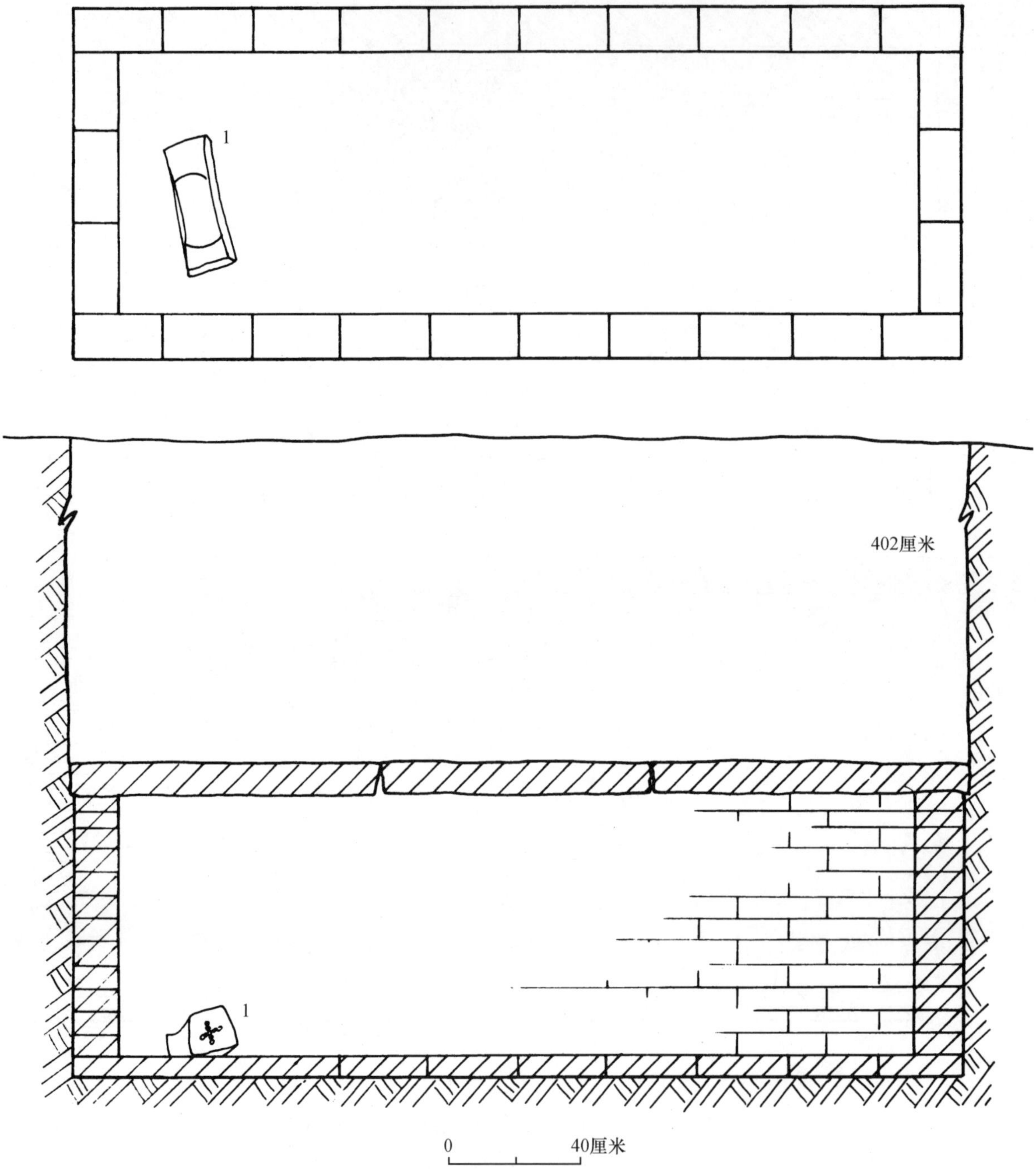

图六 M8平、剖面图
1. 釉陶枕

（图八，1）。

Ⅱ式：1件。M4：13，扁鼓腹。直口，广肩，平底变大。口径5.2、底径2.8、高4.2厘米（图八，2）。

Ⅲ式：2件。器体增大，鼓腹略折。直口斜肩，平底大于Ⅱ式，腹部刀削痕明显。M3：30，口径7.8、底径3.8、高6.8厘米（图八，3）。

B型 3件。有领扁鼓腹罐。明器。分二式。腹部变化：由鼓腹到扁鼓腹。

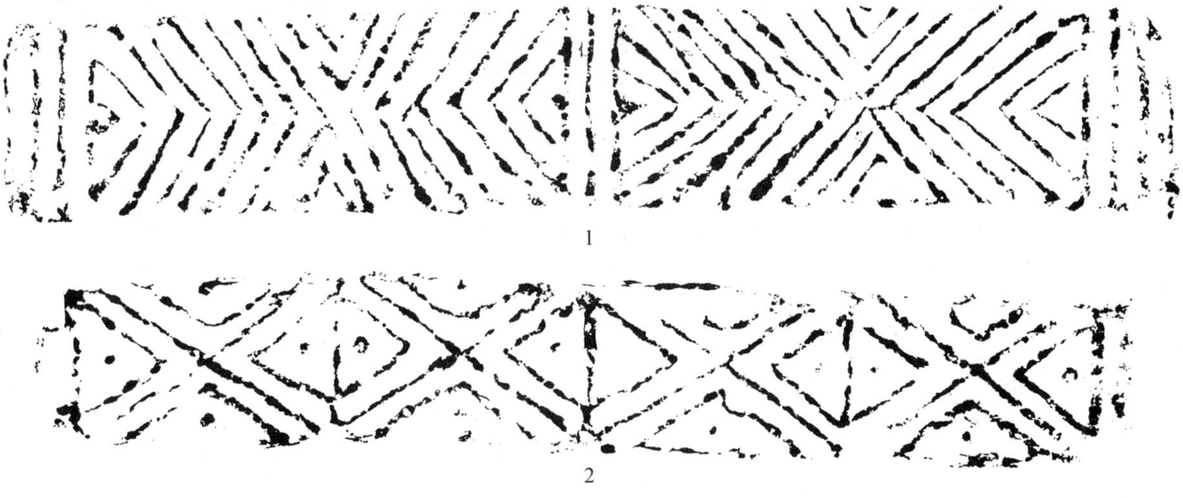

0　2厘米

图七　M6出土花纹砖拓片

1. M6砖1　2. M6砖2

Ⅰ式：2件。鼓腹。直口，矮领，广肩，小平底。肩部压印斜条纹一周，腹下部有削棱痕。M1：8，口径5.2、底径2.8、高6厘米（图八，4）。

Ⅱ式：1件。M2：3，扁鼓腹。直口，矮领，斜肩，小平底。有削棱。口径4.6、底径2.4、高4.8厘米（图八，5）。

C型　2件。有领鼓腹罐。分二式。

Ⅰ式：1件。M1：5，宽沿外斜，侈口，矮颈束，鼓腹，平底。口径6.8、底径4、高8.2厘米（图八，6）。

Ⅱ式：1件。M5：2，卷沿，直口，颈更矮，鼓腹下部略折收，平底。口径6.8、底径3.6、高6.7厘米（图八，7）。

D型　8件。卷沿鼓腹罐。分三式。肩部变化：广肩—缓平肩—斜肩，底由小变大。

Ⅰ式：3件。口微敛，广肩，腹下斜收，大平底，盖微隆。M4：4，腹部上下压印两组绳索花边纹，其间凸弦纹一周。口径9.2、底径10.8、通高12.5厘米（图九，1）。

Ⅱ式：2件。肩缓平。M4：5，腹下斜收，平底变小，盖微隆。腹部上下饰绳索花边纹。口径10.8、底径8.8、通高14.2厘米（图九，2）。

Ⅲ式：3件。与Ⅱ式不同之处，肩部变为斜肩，底更小一些。M5：1，口径9.2、底径8.4、高11厘米（图九，3）。

E型　8件。无领折肩罐。M3：29，侈口，肩下折明显，平底，腹部削棱大。口径8.6、底径8.6、高10.6厘米（图八，8）。

F型　2件。矮领筒形罐。M6：37，口微侈，平肩，平底。腹部凹宽带弦纹一周，有削棱。口径10、底径9.6、高12厘米（图九，4）。

G型　1件。M6：20，无领大口罐。敛口，折肩，最大腹径在肩部，下腹内收较甚，平底。腹上部有一道凹痕。口径10.8、底径7.2、高8厘米（图九，5）。

H型　5件。高领折肩罐。分二式。

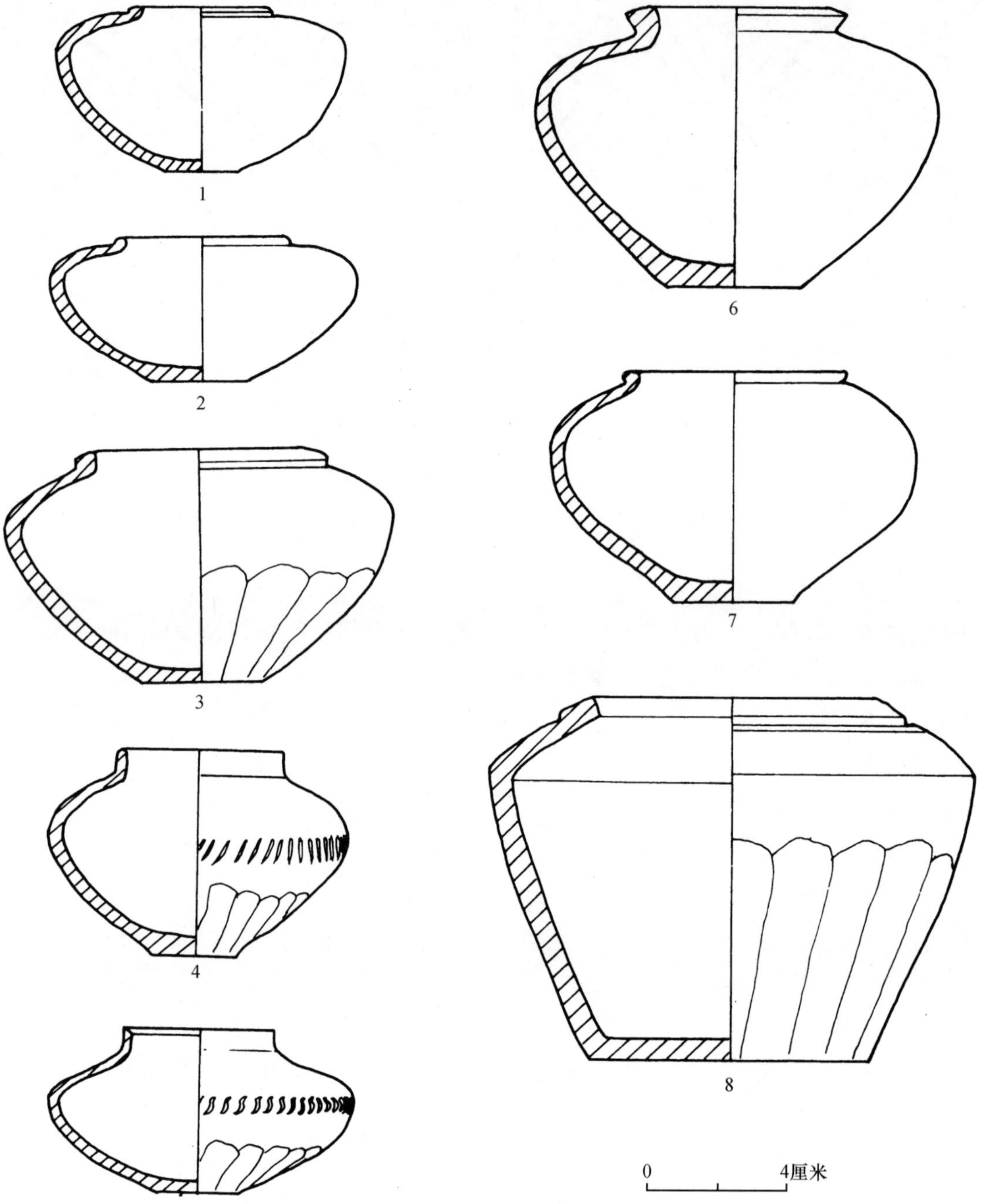

图八　出土陶罐

1. A型Ⅰ式（M4：12）　2. A型Ⅱ式（M4：13）　3. A型Ⅲ式（M3：30）　4. B型Ⅰ式（M1：8）
5. B型Ⅱ式（M2：3）　6. C型Ⅰ式（M1：5）　7. C型Ⅱ式（M5：2）　8. E型（M3：29）

Ⅰ式：2件。M6：19，凹沿，侈口，折肩，平底。腹上部压印花边图案，腹下部削痕明显。口径9.6、底径10、高11.8厘米（图九，6）。

Ⅱ式：3件。与Ⅰ式大体相同。M6：22，侈口，斜沿，肩部较之平折。腹上部饰带状网格纹，腹下部有刀削痕。口径9.2、底径10、高11厘米（图九，7）。

I型　2件。矮领折肩罐。M7：5，敛口，矮领，斜折肩，最大腹在肩部，平底。肩部饰网

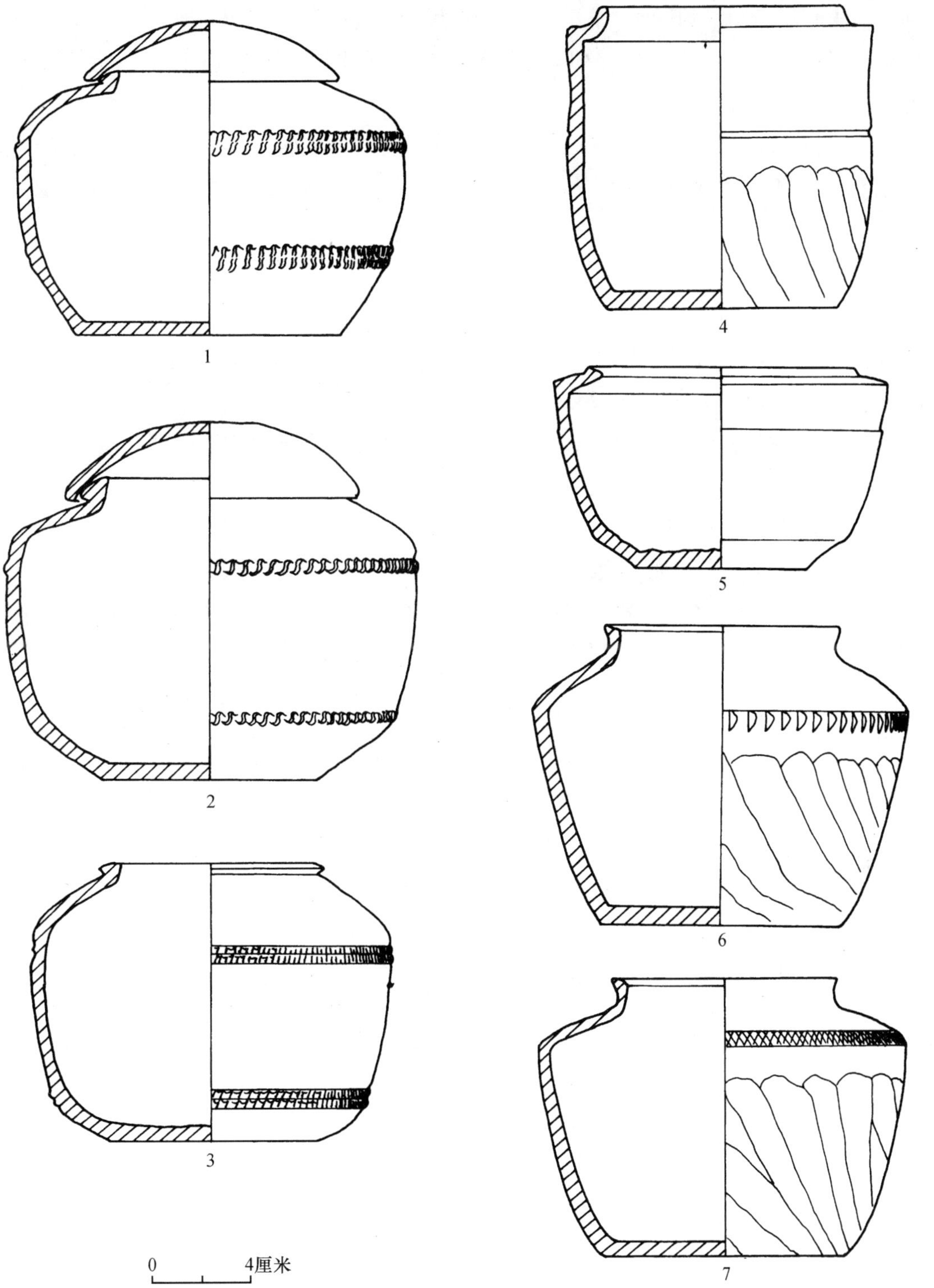

图九　出土陶罐

1. D型Ⅰ式（M4：4）　2. D型Ⅱ式（M4：5）　3. D型Ⅲ式（M5：1）　4. F型（M6：37）　5. G型（M6：20）　6. H型Ⅰ式（M6：19）　7. H型Ⅱ式（M6：22）

纹一周，腹下有削棱痕。口径8、底径6.4、高9.4厘米（图一〇，5）。

J型　1件。M7：1，扁腹罐。侈口，矮领略束，扁鼓腹，平底。腹下有刀削痕。口径6.8、底径6.4、高4.8厘米（图一〇，2）。

K型　1件。M7：3，矮领鼓腹罐。斜沿直口，矮领，鼓腹，平底，腹下有削棱痕。口径6.8、底径6、高7厘米（图一〇，1）。

L型　1件。M7：8，直口高领罐。直口，高领，斜折肩，最大径在肩部，平底。肩部饰网格纹一周。口径8、底径8.2、高10厘米（图一〇，6）。

M型　2件。长颈圜底罐。分二式。

Ⅰ式：1件。M6：16，凹沿外斜，大侈口，粗长颈，扁鼓腹，圜底内凹。肩部有五周凹弦纹，腹部以下饰绳纹。口径20、高24.4厘米（图一〇，8）。

Ⅱ式：1件。M7：9，宽凹沿，侈口，细长颈，溜肩，鼓腹，圜底内凹。肩部有两组网格纹，腹部以下饰绳纹。口径17.2、高22.4厘米（图一〇，7）。

壶　13件。1件式不明，余分四型。

A型　7件。长径小平底壶，明器。分四式。腹部的变化规律从鼓腹—扁鼓腹较甚。

Ⅰ式：3件。鼓腹。M4：23，圆唇，敞口，长颈，广肩，鼓腹，小平底。腹部压印一周花边纹。口径4、底径2、高5.4厘米（图一一，1）。

Ⅱ式：1件。M4：19，腹部由Ⅰ式的鼓腹往扁鼓腹变化，纹饰同Ⅰ式。盖上有纽。口径4、底径4、高5.6厘米（图一一，4）。

Ⅲ式：2件。扁鼓腹。M1：6，腹下刀棱痕明显。口径4.8、底径3.2、高5.6厘米（图一一，2）。

Ⅳ式：1件。M3：41，扁鼓腹更甚，底更小。口径5.6、底径3、高5.6厘米（图一一，3）。

B型　3件。盘口壶。分三式。颈由短变长。

Ⅰ式：1件。M4：2，盘口，颈较短，鼓腹，圈足。腹上部有对称二纽，肩腹部饰多道弦棱纹。口径12.8、圈足径15.2、高32厘米（图一一，6）。

Ⅱ式：1件。M1：1，盘口，颈变长变粗，扁鼓腹，圈足。腹上部有对称铺首衔环，肩、腹部有三组凹弦纹。口径10、圈足径10.8、高19.2厘米（图一一，7）。

Ⅲ式：1件。M3：8，盘口，细长颈，扁鼓腹，高圈足。腹部有对称鎏金铜质铺首衔环，环可活动，用预制的构件嵌于器壁内固定。肩腹部饰两组宽凹弦纹。口径16.8、圈足径19.2、高39.6厘米（图一一，8）。

C型　1件。M3：31，粗颈扁鼓壶。凹沿，侈口，粗长颈，扁鼓腹，平底。口径7、底径6、高8.2厘米（图一〇，3）。

D型　1件。M6：34，大口平底壶。大侈口，颈粗，折腹，平底，腹下有削棱。口径9.6、底径4.8、高8.4厘米（图一〇，4）。

鼎　5件。2件式不明，余分二式。

Ⅰ式：1件。M1：2，子母口，鼓腹，圜底，三蹄足，附方形耳。盖残。口径15.2、通高11.8厘米（图一二，1）。

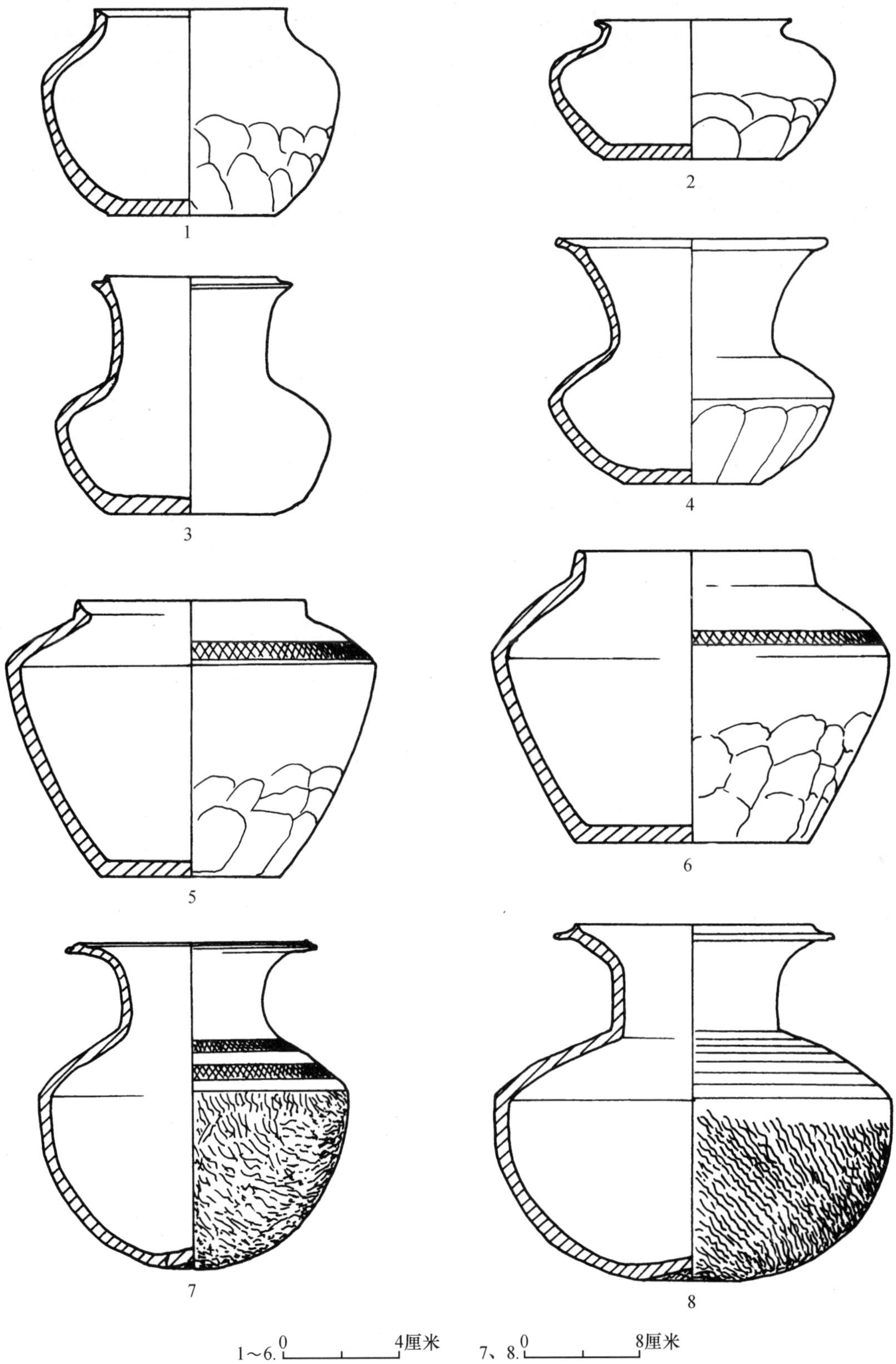

图一〇　出土陶器

1. K型罐（M7∶3）　2. J型罐（M7∶1）　3. C型壶（M3∶31）　4. D型壶（M6∶34）　5. I型罐（M7∶5）　6. L型罐（M7∶8）　7. M型Ⅱ式罐（M7∶9）　8. M型Ⅰ式罐（M6∶16）

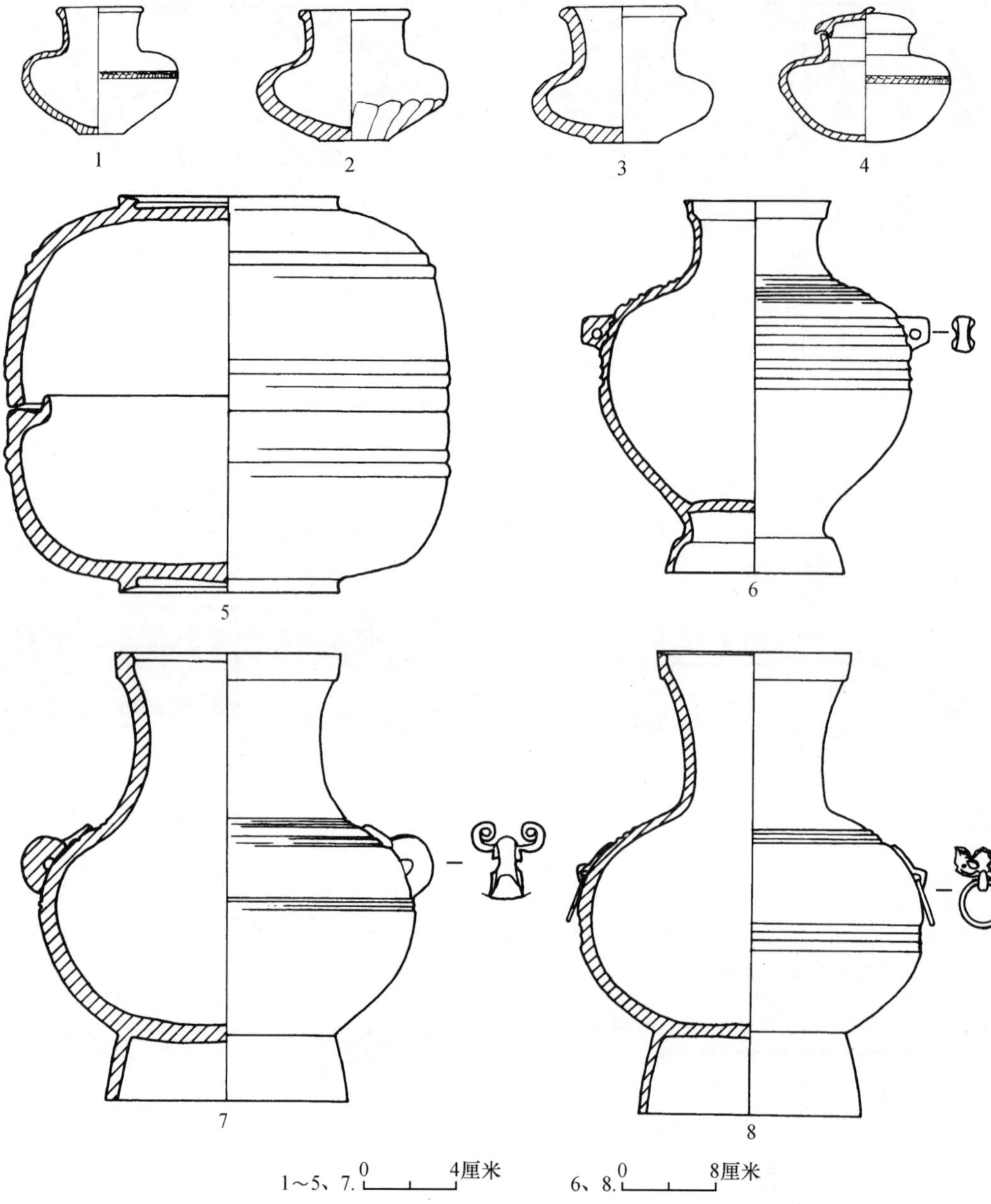

图一一　出土陶器

1. A型Ⅰ式壶（M4：23）　2. A型Ⅲ式壶（M1：6）　3. A型Ⅳ式壶（M3：41）　4. A型Ⅱ式壶（M4：19）　5. 盒（M3：36）　6. B型Ⅰ式壶（M4：2）　7. B型Ⅱ式壶（M1：1）　8. B型Ⅲ式壶（M3：8）

Ⅱ式：2件。M3：22，器体较大，大体同Ⅰ式，腹浅。口径16.2、通高14厘米（图一二，2）。

盒　2件。M3出土，形制相同。M3：36，由两个深腹圈足钵承合，腹部及口沿处有两道凸棱纹。口径16.2、圈足径9.6、通高17厘米（图一一，5）。

鉴　1件。M3：1，器体大。盘口，颈略束，腹微鼓，大平底。腹部有鎏金铜质铺首衔环一对，将预制铺首的构件嵌入器壁内固定，环仍可活动。口径25.6、底径15.2、高11厘米（图一二，3）。

盘 1件。M3：24，出土时置于案上。宽平沿，敞口，腹外壁微弧，矮假圈足。腹部有一周凹弦纹。口径24.8、圈足径12、高5.8厘米（图一二，4）。

碗 1件。M3：32，凹沿，敞口，颈部微弧，平底。口径11.6、底径5.2、高3.5厘米（图一三，5）。

钵 9件。分三型。

A型 7件。分三式。

Ⅰ式：2件。M4出土，形制相同。M4：16，斜沿有唇，口微敛，腹下内收甚，小平底，有刀削痕。口径7.2、底径2.4、高4.5厘米（图一三，1）。

Ⅱ式：3件。M1：9，腹下折收，腹上部有弦棱纹。口径9.2、底径2.8、高4.2厘米（图一三，2）。

Ⅲ式：2件。M3：6，已残，不能复原。侈口，颈略束，腹下有刀削棱。口径12厘米（图一三，3）。

B型 1件。M6：26，侈口，束颈，折腹，平底，腹下有削棱。口径14、底径6.4、高4.4厘米（图一三，7）。

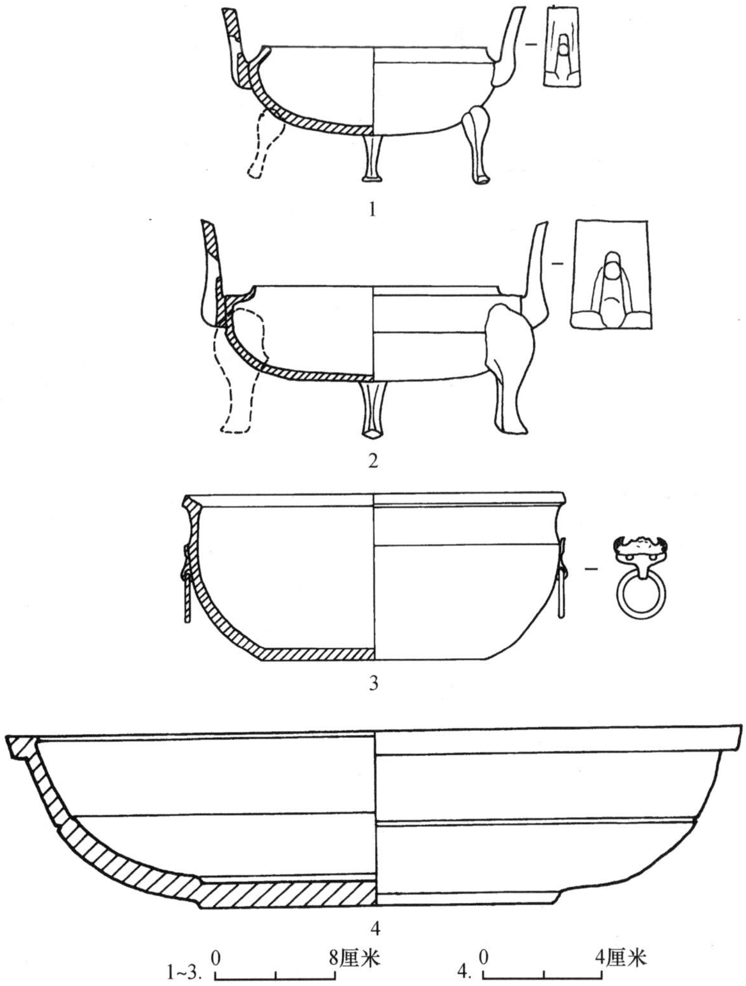

图一二 出土陶器

1. Ⅰ式鼎（M1：2） 2. Ⅱ式鼎（M3：22） 3. 鉴（M3：1） 4. 盘（M3：24）

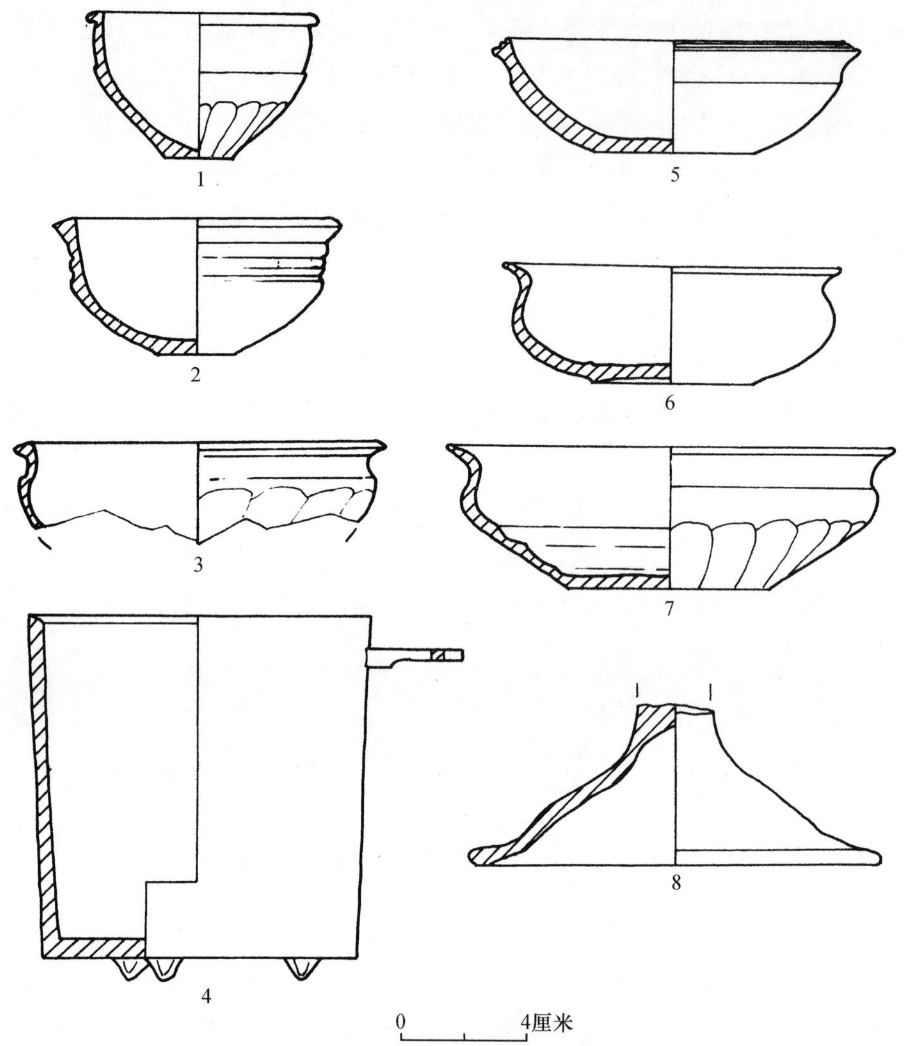

图一三　出土陶器

1. A型Ⅰ式钵（M4：16）　2. A型Ⅱ式钵（M1：9）　3. A型Ⅲ式钵（M3：6）　4. 卮（M3：5）　5. 碗（M3：32）
6. C型钵（M7：6）　7. B型钵（M6：26）　8. 豆（M3：34）

C型　1件。M7：6，侈口，束颈，扁鼓腹，平底略内凹。口径10.6、底径5.2、高3.6厘米（图一三，6）。

卮　2件。出于M3，形制相同。M3：5，直口直壁，平底略小于口，三乳足，一侧近沿处有方形把。口径11、底径10、高11.4、把长3厘米（图一三，4）。

豆　1件。M3：34，已残不能复原。喇叭形座。底座径13.2厘米（图一三，8）。

釜　4件。分二型。

A型　3件。分二式。

Ⅰ式：2件。M4出土，形制同。M4：21，直口，矮领，扁鼓腹，小平底。腹部有对称小纽，凹弦纹两周。口径4.8、底径2.2、高4.6厘米（图一四，2）。

Ⅱ式：1件。M1：3，形制与Ⅰ式大体相同，鼓腹，腹下有刀削棱。口径5.2、底径3.3、高5.4厘米（图一四，3）。

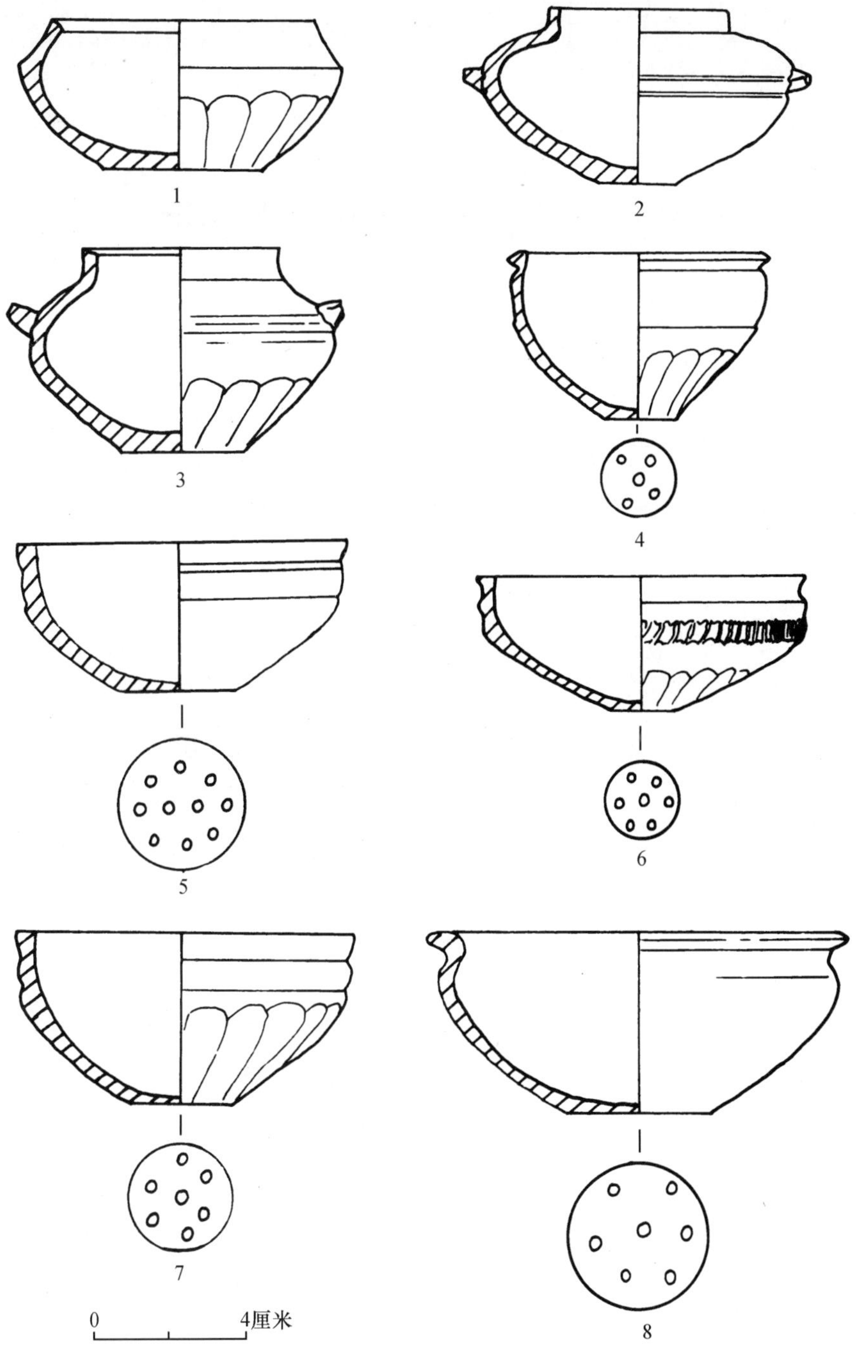

图一四 出土陶器

1. B型釜（M6：14） 2. A型Ⅰ式釜（M4：21） 3. A型Ⅱ式釜（M1：3） 4. Ⅰ式甑（M4：15） 5～7. Ⅱ式甑（M1：11、M2：1、M1：10） 8. Ⅲ式甑（M7：7）

B型 1件。M6：14，敛口，折肩，平底。腹部以下有刀削棱。口径7.2、底径4.4、高4厘米（图一四，1）。

甑 6件。分三式。

Ⅰ式：2件。M4出土，形制同。M4：15，口微敛，深腹，小平底。底上有箅孔5个，成梅花形，腹下有削痕。口径7.2、底径2、高4.5厘米（图一四，4）。

Ⅱ式：3件。M2：1，平沿，直口，腹下内收，小平底上有7个箅孔，腹部压印一周花边纹，腹下刀削痕明显。口径8.8、底径2、高3.6厘米（图一四，6）。M1：10，口径9.2、底径2.9、高4.5厘米（图一四，7）。M1：11，底有10个箅孔。口径8.9、底径3、高4厘米（图一四，5）。

Ⅲ式：1件。M7：7，钵形。底有7个箅孔。口径11.6、底径4、高4.8厘米（图一四，8）。

耳杯　12件。M3出土。分二式。

Ⅰ式：4件。器形较大，做工规整。均为泥质橙色陶。M3：3，正面椭圆形，内凹成弧壁，两边有半圆形耳，饼足。口长径16.8、通高4.6厘米（图一五，5）。

Ⅱ式：8件。形制相同。泥质灰陶。器体比Ⅰ式小。M3：14，器内外施朱彩，多已脱落。口长径11.6、通高3厘米（图一五，4）。

案　2件。M3出土。形制相同。M3：26，器体矮，长方形，平底，有边框，盘中有二孔。盘口长径60、宽径44、高2.8厘米（图一五，6）。

器座　3件。分三式。

Ⅰ式：1件。M4：20，豆形。中空，浅盘，出土时上置一小壶（M4：19）。口径6.4、高5.8厘米（图一五，3）。

Ⅱ式：1件。M2：4，豆形。中空，盘浅更甚。口径7.2、高5.4厘米（图一五，1）。

Ⅲ式：1件。M5：7，豆形。中空，深盘。口径6.8、高6.7厘米（图一五，2）。

灶　4件。分二型。

A型　3件。双火眼灶。分三式。

Ⅰ式：1件。M4：18，长方形内空，灶面有两个圆形火眼，正面有两个拱形火门通地，四边倒棱。长21、宽11、高5.2厘米（图一六，1）。

Ⅱ式：1件。M1：4，长方形内空，外壁有弧度，灶面两个圆心火眼，正面有两个拱形火门不通地，四边角倒棱。长20.8、宽12.6、高5.8厘米（图一六，2）。

Ⅲ式：1件。M6：31，形制同Ⅱ式，灶面火眼间靠后留有烟孔。长26.4、宽12、高7厘米（图一六，3）。

B型　1件。M7：2，单火眼灶。近正方形内空，上窄下宽，四角倒边，灶面一火眼，右上角留有烟孔，正面拱形门不通地。灶面长16、宽13厘米，底长18.4、宽14.2、高7厘米（图一六，4）。

勺　1件。M3：4，有斗已残，凹长鋬斜直外撇。鋬长4.9厘米（图一七，6）。

俑　2件。M6：17，身已残，仅剩头部。面部轮廓清晰，戴帽，张耳，闭目养神状，无表情。残长9.6厘米（图一七，1）。M6：29，立俑。头已残，身着长袍，右臂向上抬举，左臂垂直。残高16.8厘米（图一七，5）。

镇墓兽　1件。M6：8，狮形呈蹲坐状，张耳，平视，猪鼻，嘴吐长舌。高17.6厘米（图一七，4）。

鸭　1件。M6：6，体型小，形态逼真，中空，呈水中嬉戏状，两足未露。高6.6厘米（图一七，3）。

鸡　1件。M6：7，造型逼真，比例适中，呈站立状，腹中空，长冠高耸，大尾上翘，羽

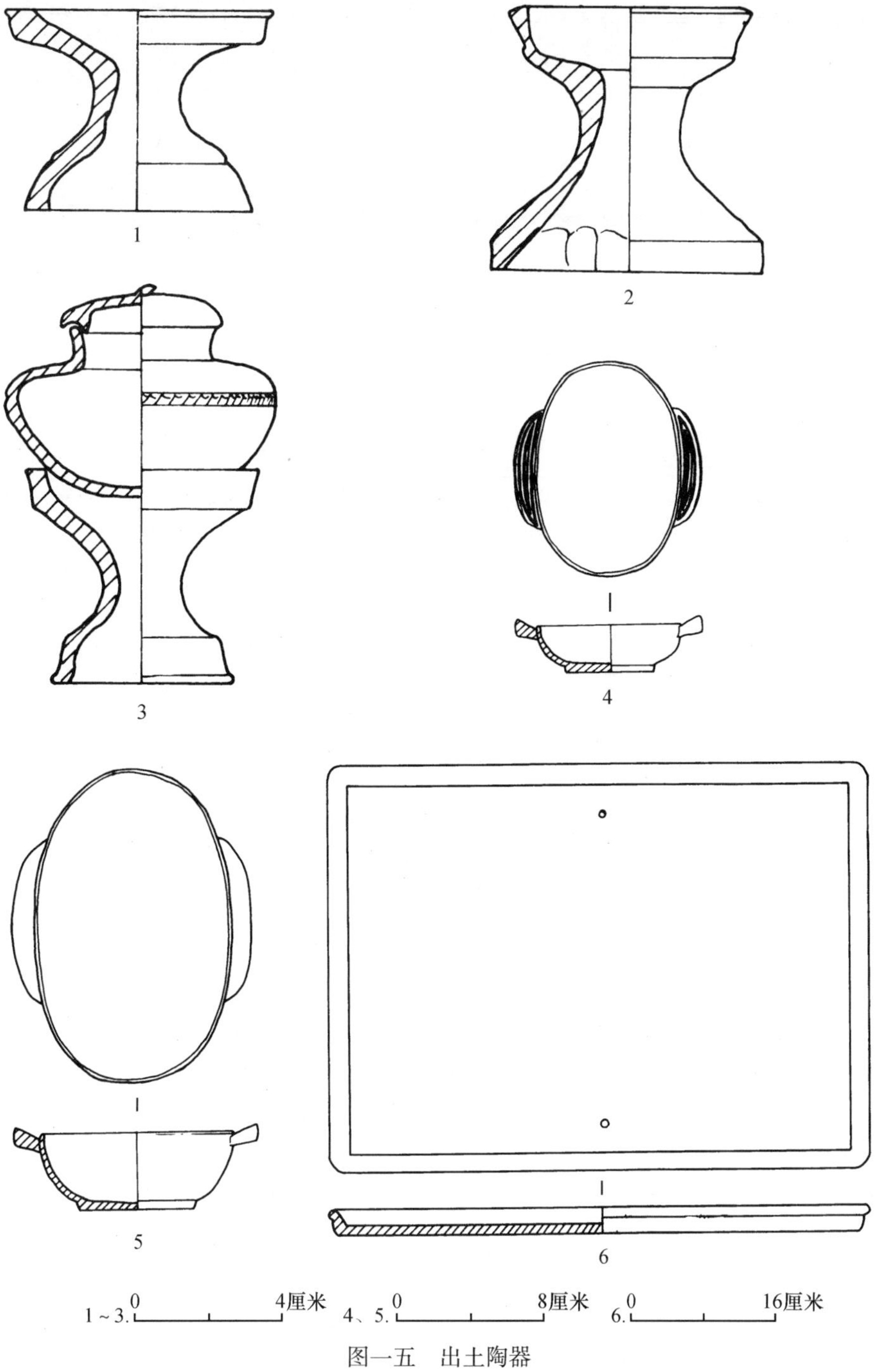

图一五　出土陶器

1. Ⅱ式器座（M2：4）　2. Ⅲ式器座（M5：7）　3. Ⅰ式器座（M4：20）　4. Ⅱ式耳杯（M3：14）　5. Ⅰ式耳杯（M3：3）　6. 案（M3：26）

毛丰满。高17.6厘米（图一七，7）。

猪　1件。M6：28，头部残断，前蹄已失，肥实，双蹄并立，尾卷于上。高10.8厘米（图一七，2）。

房屋　3件。出土于M6（编号M6：18、M6：40、M6：41）。该墓被盗时原来置放的位置不明，现据其功能，摆列成由门坊、主楼、平房为组合的庄园式建筑群（图一八，5）。

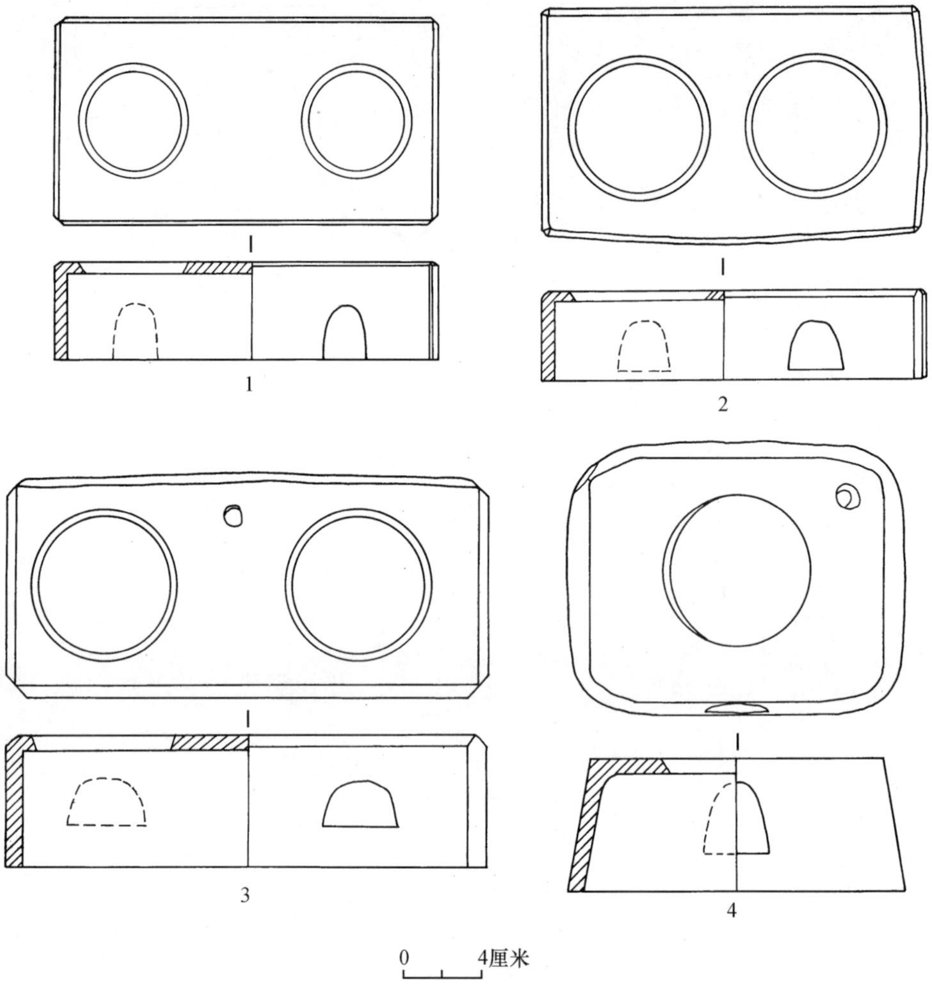

图一六　出土陶灶

1. A型Ⅰ式（M4：18）　2. A型Ⅱ式（M1：4）　3. A型Ⅲ式（M6：31）　4. B型（M7：2）

正面各构件及有关部位均施朱、白两色彩绘，惜已脱落。下面按门坊、主楼、平房的顺序加以介绍。

门坊　M6：40，整栋建筑为平房，平面呈长方形。面阔35.2、进深11.2厘米，立面为长方形，通高33.2厘米。全部构架用预先制成构件组合而成。屋底地面为整块陶板，两侧山墙，后墙、立于底板之上冲顶全封闭。后墙中央内向开门，可活动开启，宽11.6、高11.6厘米。正面大部分洞开，近檐处有封墙，高6.4厘米。其下左右两边为装饰性的一斗二升。这样就使得门坊的正面造型整体呈“八”字形。内厅内未砌墙间隔，也无摆设。屋顶为预制的一块整瓦，盖在屋上（可拆卸，下同），两头微翘应是烧制变形所致，顶为起脊的两坡式顶，每坡有5条瓦垄（图一八，3）。

主楼　M6：41，为假干栏式楼房。平面呈长方形，面阔44.8、进深15.2、通高36厘米。整个构架也是用预制的构件组合而成的，房屋底面为整块陶板，墙体全封闭立于底板之上冲顶。正面及两侧面均设阳台式楼道，从两侧阳台（楼道）上下进出，正面栏杆卧棂式，侧面栏杆呈扶梯状。阳台离底7.6、宽6.4厘米，正面栏杆高8.4厘米，由三单拱形构件支撑。檐下有面墙，高6.4厘米。中柱上托装饰性一斗三升，左右两边悬挂帷幕与斗齐，无门窗。内未设隔墙也未

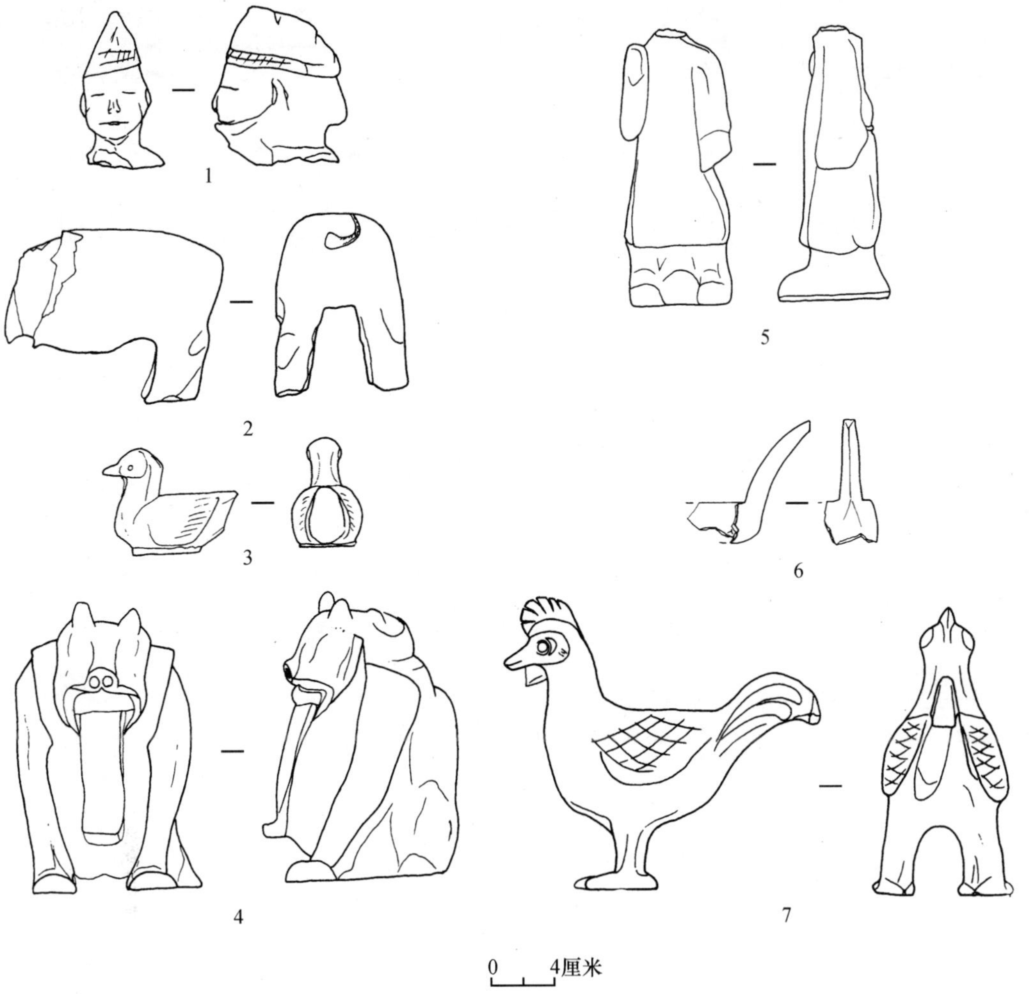

图一七　出土陶器

1、5. 俑（M6：17、M6：29）　2. 猪（M6：28）　3. 鸭（M6：6）　4. 镇墓兽（M6：8）　6. 勺（M3：4）　7. 鸡（M6：7）

铺地板悬空，两侧阳台下墙体底部各有进出的门洞，推测楼下应是存放杂物或圈养牲畜的用房。屋顶做法、形式同门坊，起脊两坡式，5条瓦垄，平置于上（图一八，4）。

平房　M6：18，较主楼矮。平面呈长方形，面阔32.4、进深12.8厘米。立面呈长方形，通高29.6厘米。构架制作、底面、墙体制作方法均同主楼。正面墙体檐下封墙5厘米高度，下面封墙高6厘米，形成门槛，门窗均无。中柱落地，上托装饰性一斗三升，其左右上方各饰一圆形构件与升平排。室内未砌隔墙，成一通间。屋顶也是预制的一块整瓦覆盖于上，为起脊的两坡式屋顶，每坡有瓦垄5条（图一八，2）。

由以上门坊、主楼、平房组成的院落，建筑规模宏大，造型别致典雅，充分显示了当时地主庄园经济的发达，同时也反映出建筑技术、造型艺术的发展成就。

水田　1件。M6：42，整体长方形。以预制的整块陶板作底板，四周有低矮田埂也是用构件组合在底板之上而形成长方形田面，田面有垄将其间隔为二丘，面积相等，田间是否种植作物、有俑劳作等情形因扰乱已不知。总长40、宽21、高4厘米（图一八，1）。

釉陶碗（施釉均为酱红釉，下同）　5件。M6出土，分二型。

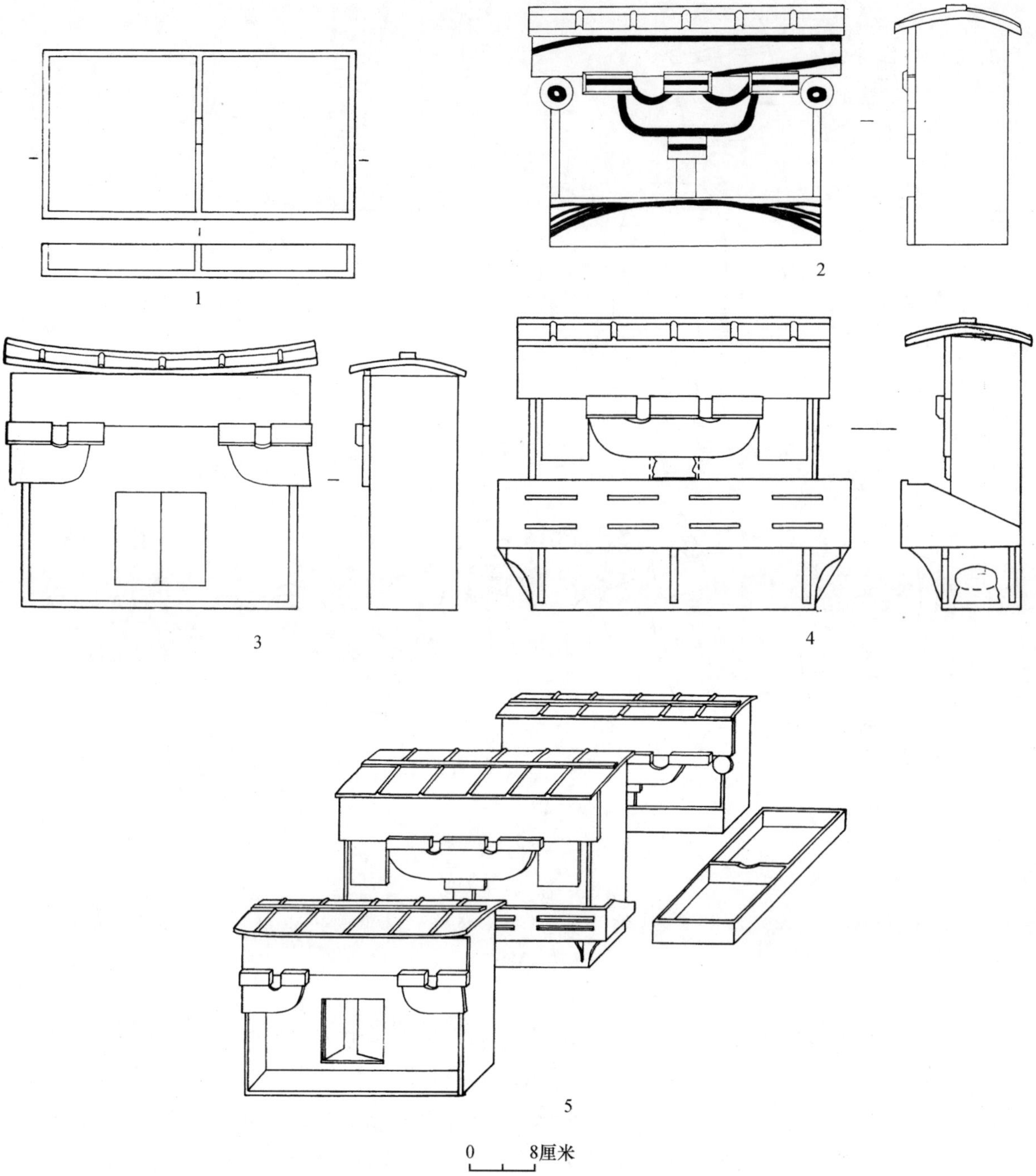

图一八　出土陶器

1. 水田（M6：42）　2. 平房（M6：18）　3. 门坊（M6：40）　4. 主楼（M6：41）

5. 房屋（M6：40、M6：41、M6：18、M6：42组成）

A型　2件。无沿，浅盘。M6：38，口微敛，腹下内收较甚，平底。口径11.5、底径4、高4厘米（图一九，1）。

B型　3件。有沿面，深盘。分二式。

Ⅰ式：1件。M6：25，凹沿，深盘，侈口，腹下近底部折收，平底。腹部有数道弦纹。口径13.2、底径4、高4.8厘米（图一九，5）。

Ⅱ式：2件。M6：24，平沿，口微侈，深盘，平底。腹部上下各一道弦纹。口径12.4、底

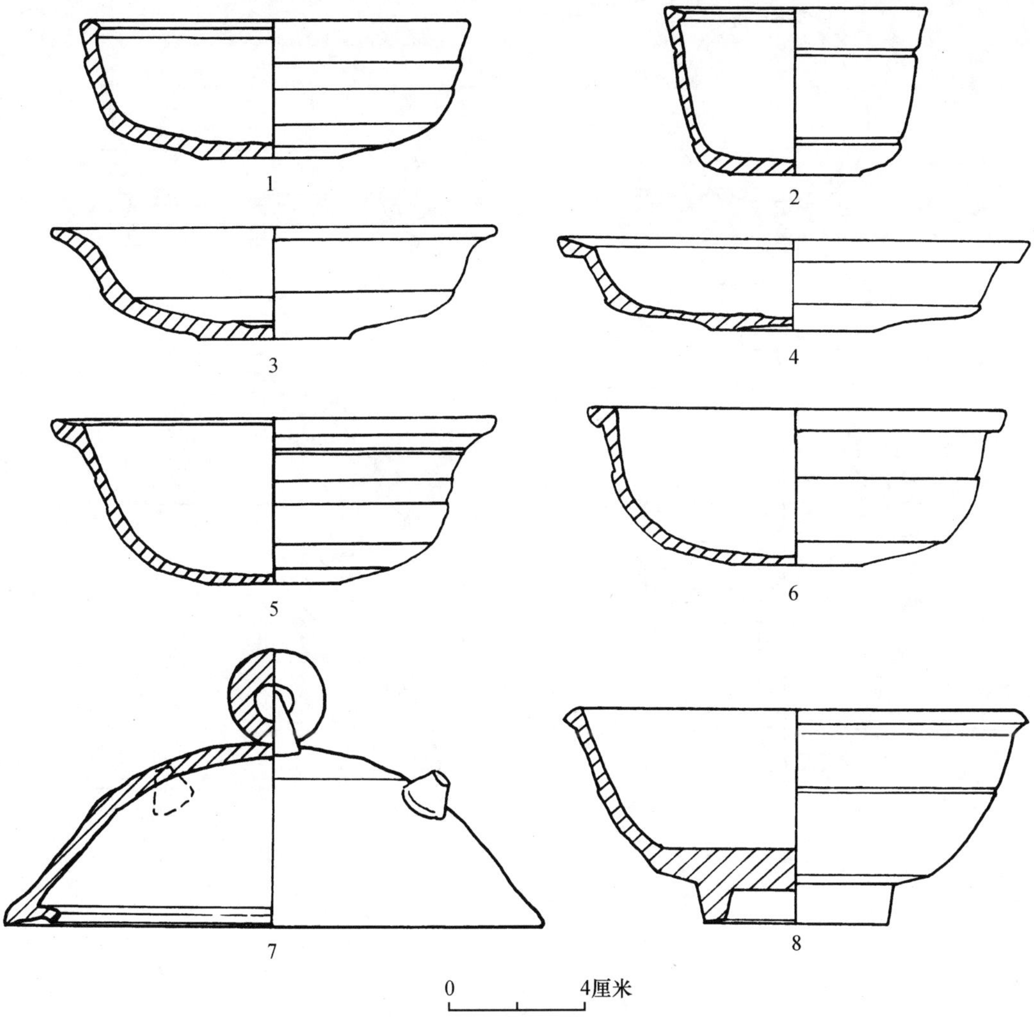

图一九　出土釉陶器、瓷器

1. A型釉陶碗（M6：38）　2. 釉陶杯（M6：13）　3. Ⅰ式釉陶盘（M6：33）　4. Ⅱ式釉陶盘（M6：27）
5. B型Ⅰ式釉陶碗（M6：25）　6. B型Ⅱ式釉陶碗（M6：24）　7. 釉陶壶盖（M6：9）　8. 青瓷碗（M9：1）

径4.2、高4.5厘米（图一九，6）。

釉陶盘　2件。分二式。

Ⅰ式：1件。M6：33，浅盘，侈口，外壁曲弧，饼足。口径13.2、底径4.6、高3.2厘米（图一九，3）。

Ⅱ式：1件。M6：27，浅盘，斜沿，侈口，腹下曲折，饼足。口径14、底径5、高2.6厘米（图一九，4）。

釉陶杯　1 件。M6：13，斜沿，口微敛，斜直壁，饼足。腹部上下各一道宽带状凹弦纹。口径7.8、底径4、高4.8厘米（图一九，2）。

釉陶壶　1件。M6：10，盘口、长颈，圆鼓腹。腹上部有二道带状凹弦纹，盖隆上饰桥形纽。口径14、残高32厘米（图二〇，6）。

釉陶盂　1件。M6：35，大侈口，束颈，折鼓腹，饼足。口径10.8、底径4.8、高5厘米（图二〇，2）。

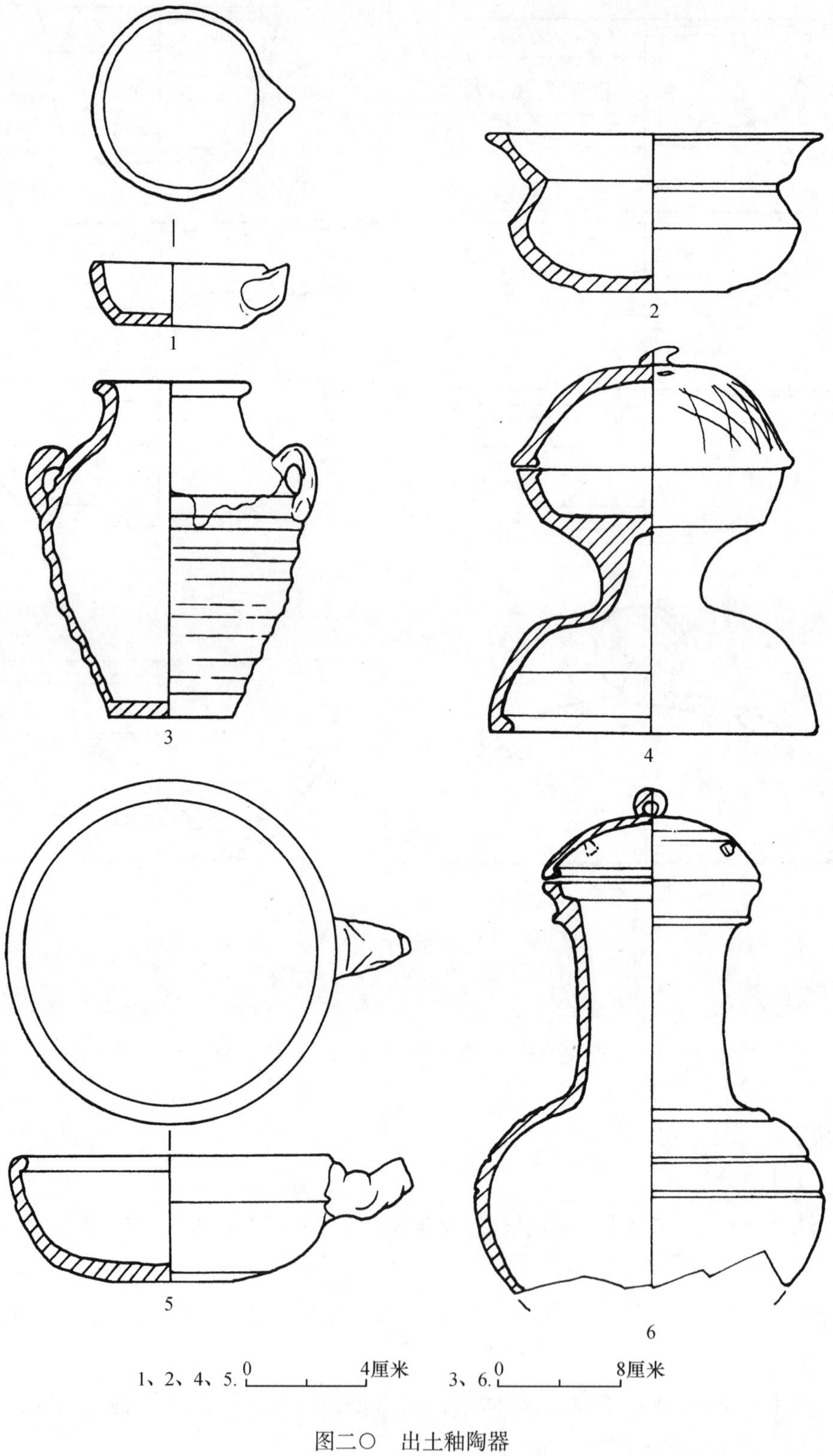

图二〇　出土釉陶器

1. Ⅱ式钠（M6：30）　2. 盂（M6：35）　3. 双系罐（M9：2）　4. 博山炉（M6：12）　5. Ⅰ式钠（M6：15）　6. 壶（M6：10）

釉陶钠　2件。分二式。

Ⅰ式：1件。M6：15，圆唇，敛口，平底，腹上部有錾手。口径10.8、底径4、高4、錾长2.4厘米（图二〇，5）。

Ⅱ式：1件。M6：30，器体比Ⅰ式小，浅盘，口微敞，平底，腹部饰有小纽。口径5.6、底径4、高2厘米（图二〇，1）。

釉陶博山炉　2件，1件残。M6：12，由盖、身组成。炉身豆形，盖隆顶饰纽有烟孔，“山”已简化成刻划交叉纹样。炉身盘口径8.8、通高12.2厘米（图二〇，4）。

釉陶壶盖　1件。M6：9，器身大，盖隆顶部有一大环形纽及三对称乳状纽，轮制痕数道。口径16、通高8厘米（图一九，7）。

另外在M8、M9还出土了釉陶双系罐、绿釉陶枕、青瓷碗。

釉陶双系罐　1件。M9：2，侈口，长鼓腹，平底。肩部有对称双系，腹部以下有多道凹弦纹。口沿以下至肩部施褐色釉，釉垂，腹部露胎。口径10.4、底径8.2、高21.2厘米（图二〇，3）。

绿釉陶枕　1件。M8：1，器体大，为实用器。长方形体，马鞍形，中空。除底部外，通体施绿釉，局部有脱落现象，两端镂空为四个葫芦组成一组图案，底镂空葫芦图案一个。长38.8、宽14、高12厘米（图二一，6）。

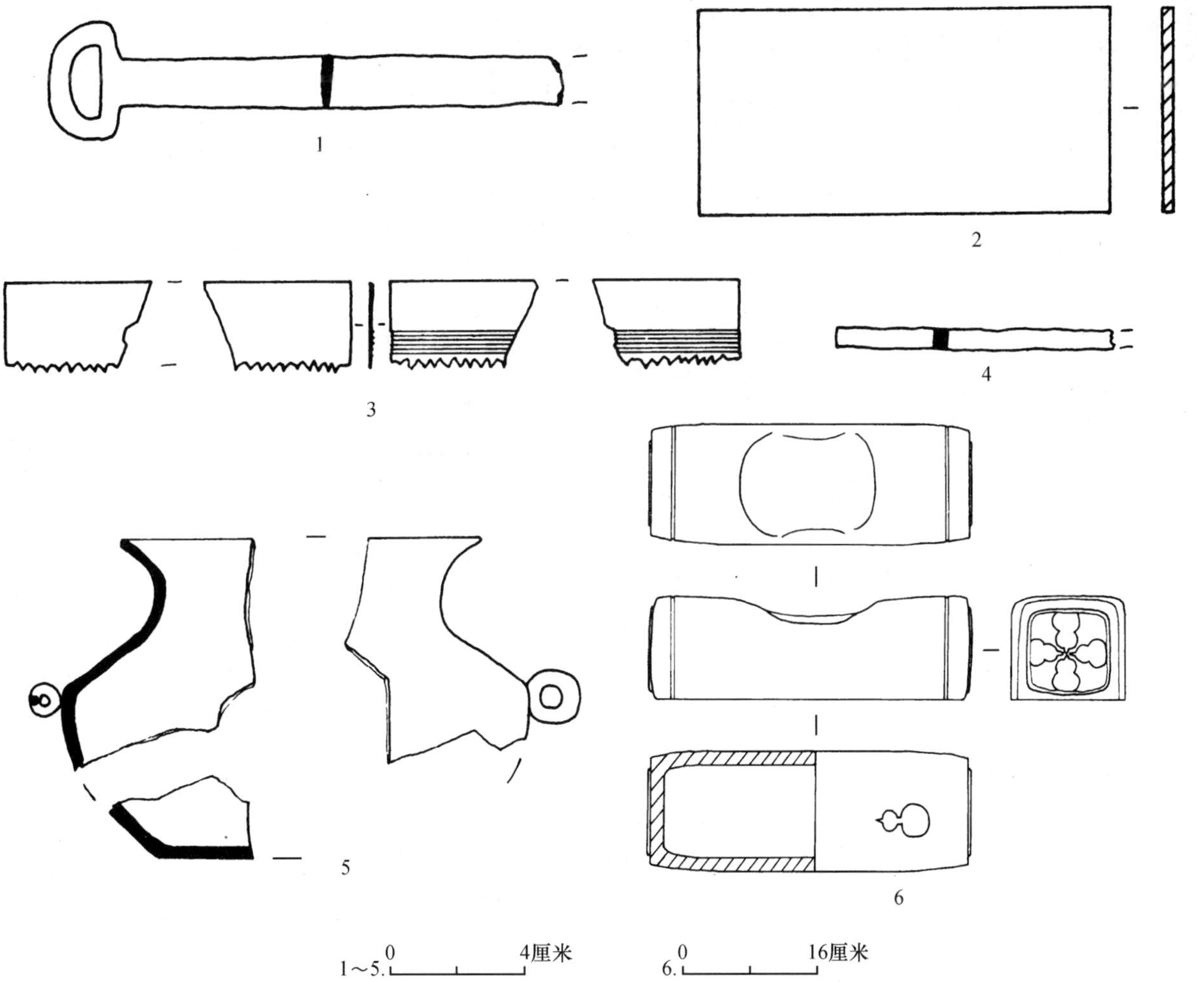

图二一　出土器物

1. 铁刀（M6：5）　2. 石盒底板（M6：1）　3. 骨锯（M6：32）　4. 铁钉（M6：4）　5. 铁錾（M2：5）　6. 绿釉陶枕（M8：1）

青瓷碗　1件。M9：1，斜沿面，侈口，深腹外壁近底部刀切，圈足。腹部一道宽凹弦纹，腹下露胎。口径14、圈足径5.6、高6.2厘米（图一九，8）。

2. 铁器、骨器、石器

铁鐅　2件。出土于2座墓。形制大体相同，锈蚀均残。M2：5，喇叭口、束颈、折肩、扁腹、平底，肩部有环形纽，一大一小。口径10.8厘米（图二一，5）。

铁刀　1件。M6：5，环首，一面刃，锋残。残长15.4厘米（图二一，1）。

铁钉　1件。M6：4，锈蚀，方形体。残。残长8.5厘米（图二一，4）。

骨锯　1件。M6：32，用骨骸磨成薄片，在一侧制成齿。一面近齿处有几道细弦纹，残断两截，因中间失去一截未能复原。宽2.6、厚0.1厘米（图二一，3）。

石盒底板　1件。M6：1，仅剩底板，底板上有黏合痕迹。长12.5、宽6、厚0.4厘米（图二一，2）。

3. 钱币

共出土81枚。出土于3座墓中，有半两、五铢、货泉等币种。

半两　64枚。M4出土，置放在足部一端。胎薄，无郭，篆体阳文，大小不一。M4：6-1，钱径2.8、穿径1厘米（图二二，1）。M4：6-2，较小。钱径2.4、穿径0.8厘米（图二二，2）。

五铢　1枚。M5：9，钱文篆体，“五”字交股微曲，上下两横不出头，“铢”字“金”字头矢状，“朱”字上下圆折，“金”旁与“朱”字平齐，外郭较宽。钱径2.7、穿径1厘米（图二二，3）。

货泉　16枚。M3出土。外郭较宽，篆体右读钱文，钱文清晰。M3：2-1，直径2.2、穿径0.7厘米（图二二，4）。

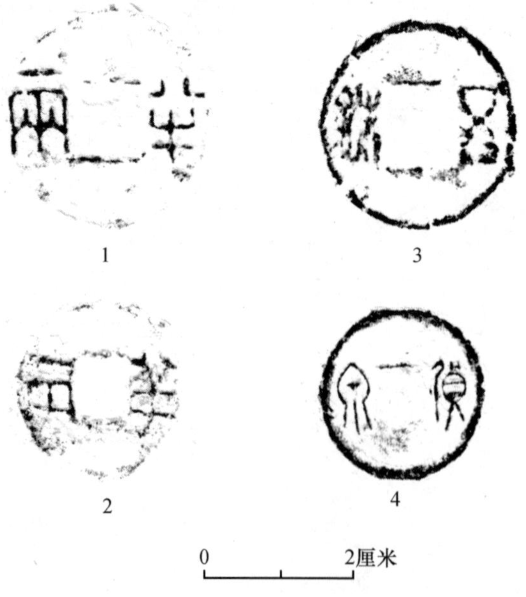

图二二　钱币拓片

1、2. 半两（M4：6-1、M4：6-2）　3. 五铢（M5：9）　4. 货泉（M3：2-1）

四、墓葬年代

根据墓葬形制和器物特征以及参照该墓地前几年的发掘资料等因素综合分析，对这批墓葬的年代做如下推断（划分为四期）。

M4与2001年（下西坪墓地）发掘的M10、 M11 、M13在同一埋葬地点，与M13间隔约10米，当年因故未能发掘。长方形竖穴墓，无墓道，随葬品组合为罐、壶、钵以及灶、釜、甑、器座等明器，伴出薄胎铜半两钱，不出五铢钱。墓葬形制、随葬品组合以及器形特征与上述2001年发掘的M10、 M11 、M13的完全相同[①]，出土的铜半两钱，应是汉高祖时所铸。故将该墓的年代定为西汉早期偏晚（一期）。

M5为长方形竖穴土坑墓，器物组合被扰乱不全，器物特征接近M4的同类器物特征，不出半两钱。出土的五铢钱，为西汉武帝五铢。因此，推测该墓的年代为西汉中期（二期）。M1、M2没有直接推测年代的依据材料，但从这两座墓葬不出半两铜钱以及所出器物形制与M5大体相同等情况推测，其年代应与之相差不远，为西汉中期。

M3为刀把形土坑，底铺石块，形制与西汉时期的有明显区别，与东汉早期流行的无券拱的砖室墓也有差异。不出东汉五铢钱。出土的货泉钱，篆体右读钱文清晰，为王莽时期钱币，铸于公元14年。鉴于此，把该墓的年代定为新莽时期（三期）。

M6为刀把形有券砖室墓，出土器物较丰富，被盗后仍出土40多件器物，其中包括房屋、水田模型以及鸡、鸭等家畜等明器。出土的釉陶器占有一定比例。很显然，该墓刀把形砖室墓坑、墓砖上的几何纹图案、所出的釉陶盘口壶形制，均与巫山下西坪墓地M14相同[②]（M14出土墓砖铭文“永元十年□□造”），因此把该墓的年代定为东汉中晚期（四期）应无多大问题。

M7被盗严重，器物流失较大，使对比的材料减少，但从墓室结构与M6同，墓穴与M6相距仅2米（为家族墓地）的情况推测，该墓的年代也应与之相当。

M8墓壁为砖砌，坑底铺青砖，无砖券拱，选择三块厚10厘米的青石板横盖于上，十分牢固，这次发掘时仍未坍塌，保存完好，出土的一件釉陶枕，器形大，为实用器。据重庆市有关老师介绍，在巫山乃至库区各县市还从未发现。该墓无确定年代的直接依据，又未见同类器物材料报道做比较，这样就使得其确切年代难以判定。不过，我们在巫山一些墓地挖掘的明清时期墓葬与之有着本质的区别，而且出土的同类器物多为装饰性没有实用价值的青花瓷枕[③]。鉴于此，我们推测该墓的年代为宋代。M9出土的青瓷碗、双系罐，制作粗糙，显然为民窑烧制，为典型的北宋时期的产品。

---

① 重庆市文化局、湖南省文物考古研究所、湖南省怀化市文物处、巫山县文物管理所：《2001年巫山下西坪古墓群勘探发掘报告》，待刊。

② 重庆市文化局、湖南省文物考古研究所、湖南省怀化市文物处、巫山县文物管理所：《2001年巫山下西坪古墓群勘探发掘报告》，待刊。

③ 参见巫山县博物馆藏品资料，资料未发表。

五、结　语

（1）西汉早期墓为土著文化。例如，M4随葬器物组合为罐、壶、钵，伴出灶、釜、甑、器座等明器，不见中原地区常见的鼎、盒、壶、钫等礼器，整个文化面貌与中原地区以及湖南境内同时期汉墓相去甚远。而出土的半两钱为汉初全国流通的统一货币，可见这里已属西汉王朝管辖。

（2）M6出土的房屋模型，包括门坊、主楼、平房等建筑，是典型的庄园式建筑。别致的造型、合理的布局，反映出东汉时期建筑技术、造型艺术的发展和成就。主楼为假干栏式，显然是吸取了南方民族的建筑风格。可见，民族文化相互融合、相互借鉴已经达到了一定的水平。水田、家禽等成套模型明器反映了庄园经济的空前发展。

（3）M3墓底铺石并呈倾斜状，M6、M7的墓壁变形，墓室底部后半部上翘烘托的情况说明，该地域在历史上曾发生山体滑动。目前国家投入大量资金治理滑坡等地质灾害的措施是十分正确的。

附记：此次发掘领队尹检顺，执行领队向开旺，参加发掘和资料整理的工作人员有杨志勇、张涛、江洪、朱卫红；绘图、照相张涛；电脑打字杨志勇、朱卫红、向小丫；器物修复向树青。

执笔：向开旺

附表一　汉墓形制与类型　　（单位：米）

墓号	方向（°）	尺寸（长×宽-深）			形制与结构	类型	备注
		墓室	甬道	墓道			
M1	25	残 2.4×1.6−2.8			土坑墓，长方形竖穴	一	墓坑被破坏
M2	20	残 2.1×2.4−4.8			土坑墓，长方形竖穴	一	墓坑被破坏
M3	355	残3.3×1.7−1.8	1.4×0.9	被破坏	土坑，坑底铺石墓，刀把形	二	墓室伸至现代住房基础，未全部清理
M4	95	口3.1×2.8 底3×2.6−5.6			土坑墓，长方形竖穴	一	
M5	342	3×1.6−6.4			土坑墓，长方形竖穴	一	出土文物组合不全
M6	325	残 2.32×1.7−1.62	1.42×0.9～1.4	被破坏	砖室墓，刀把形有券拱	三	被盗
M7	325	残 3.5×1.1−1.4	被破坏	被破坏	砖室墓，刀把形有券拱	三	被盗

附表二　墓葬出土器物与分期

墓号	随葬器物			分期	备注
	陶瓷器	其他	合计		
M1	罐BⅠ、CⅠ，壶AⅠ、Ⅲ、BⅡ，鼎Ⅰ，钵AⅡ2，灶AⅡ，釜AⅡ，甑Ⅱ2		12	二	西汉中期
M2	罐BⅡ，壶AⅢ，甑Ⅱ，器座Ⅱ	铁錾	5	二	西汉中期
M3	鼎Ⅱ2，鼎2，壶AⅣ、BⅢ、C、壶，罐AⅢ2、E8，盒2，鉴，盘，碗，钵AⅢ2，卮2，耳杯14、Ⅱ8，案2，豆，勺	铜货泉16	59	三	新莽时期
M4	罐AⅠ3、AⅡ、DⅠ3、DⅡ2，壶AⅠ2、AⅡ、BⅠ，钵AⅠ2，灶AⅠ，釜AⅠ2、甑Ⅰ2，器座Ⅰ	铜半两64	85	一	西汉早期偏晚
M5	罐BⅠ、CⅡ、DⅢ3，钵AⅡ，器座Ⅲ	铁錾，铜五铢	9	二	西汉中期
M6	壶D，釉陶壶，罐F2、G、HⅠ2、HⅡ3，MⅠ，釉陶盘Ⅰ、Ⅱ，釉陶碗A2、BⅠ、BⅡ2，钵B，釉陶杯，釉陶铆Ⅰ、Ⅱ，釉陶盂，釉陶博山炉2，灶AⅢ，釜B，俑2，镇墓兽，鸡，鸭，猪，房屋3，水田，釉陶器盖	铁刀，铁钉，骨锯，石盒底板	42	四	东汉中晚期
M7	罐Ⅰ2、J、K、L、MⅡ，钵C，灶B，甑Ⅲ		9	四	东汉中晚期
M8	釉陶枕		1	M8、M9为宋墓，不分期	
M9	釉陶双系罐，青瓷碗		2		

注：随葬器物栏内，英文字母为型，罗马数字为式，阿拉伯数字为件数，未注明者为1件

巫山上西坪古墓地2002～2003年度发掘简报

武汉市文物考古研究所
巫山县文物管理所
武汉市盘龙城遗址博物馆

上西坪古墓地位于重庆市巫山县新县城西部，北依山峰，俯瞰长江，属巫峡镇西枰村一社辖地。为配合县污水处理厂施工取土和三峡移民小区建设工程，按重庆市文物局计划安排，武汉市文物考古研究所组队，会同巫山县文物管理所等单位，于2002年10月17日至2003年1月10日，对该处古墓地进行了考古勘探和发掘工作。

上西坪古墓地南北长约500、东西长约3000米，北起于西坪小区坡下，东始于新县城广东大道西转盘，南止于西转盘至沿江大道公路之上，西端至火焰沟。中心位置东经109°52′25″，北纬31°04′30″，海拔180～300米。墓地范围内主要分布有三条呈南北走向的山梁。地形多为陡峭的坡地，间或分布有几处稍平缓的台地。根据地形地貌，我们将整个工作区分为3个分区，由东至西分别编号为Ⅰ、Ⅱ、Ⅲ区。2002年12月底，有关工程部门在高塘村六社辖区内一台地取土时发现古墓，武汉市文物考古研究所配合巫山县文物管理所对其中的部分墓葬进行了清理，资料暂编为Ⅳ区，统一整理。鉴于山高坡陡、土石混杂等实际情况，遂采用钻探与探沟相结合的方式进行勘探工作，即在积石较多的梯田等坡地上布置2米×2米的探沟，在农田农舍周边与较平缓的台地上，按2米×2米间距，布置探孔进行钻探。勘探总面积67 000平方米。对勘探工作中发现的文物遗迹现象，依其分布密集程度，采用了大面积揭露和针对性地布置探方揭露的方法进行发掘，面积达2200平方米。发掘清理了西汉、东汉、宋代等历史时期各类墓葬21座。现将本次发掘收获简报如下。

一、西汉墓葬

西汉时期墓葬主要分布在Ⅲ区中部的一处台地上，当地又称此台地为“四方丘”。在面积约700平方米的范围内，共发掘了4座西汉墓，分别编号ⅢM3、ⅢM5、ⅢM7、ⅢM8。在Ⅳ区发掘的一座西汉墓，编号ⅣM4。

（一）墓葬形制

墓葬均为竖穴土圹墓、墓口距现地表深0.4～0.7米。依据墓口平面形状，可分为三种形制。

A型墓　带双墓道方形土圹墓。

1座（ⅢM7）。墓葬开口平面呈“中”字形，方向北偏东40°，方形墓室外圹长6.3、宽6.5米，底部长、宽各4.1米。在距墓圹开口1.5米深处留有一周宽0.8米的生土二层台，墓底距墓口深5.85米，墓室底端有两道宽0.25、深0.15、相距2米的枕木槽。墓壁微向内收，在北壁和南壁正中位置各设一条斜坡式墓道。北墓道开口保留长9、宽4.9、底宽3.1米，东、西两壁各有5.2米长与墓圹二层台相连的生土二层台。南墓道开口保留长6.9、宽4.7、底宽2.9米，其南端被ⅢM8打破。东西两壁上亦有与墓坑相连的生土二层台，在近中部的二层台上见有两条深0.15、宽0.2米的沟槽相对而置，应是为安放木杠而设，北墓道未见这种沟槽。两条墓道底部与墓室底部间距达2.2米深。坑内填土为经夯实的黄褐色花土，因盗掘扰乱严重，葬具、葬式等情况不详（图一；彩版一三六，1）。

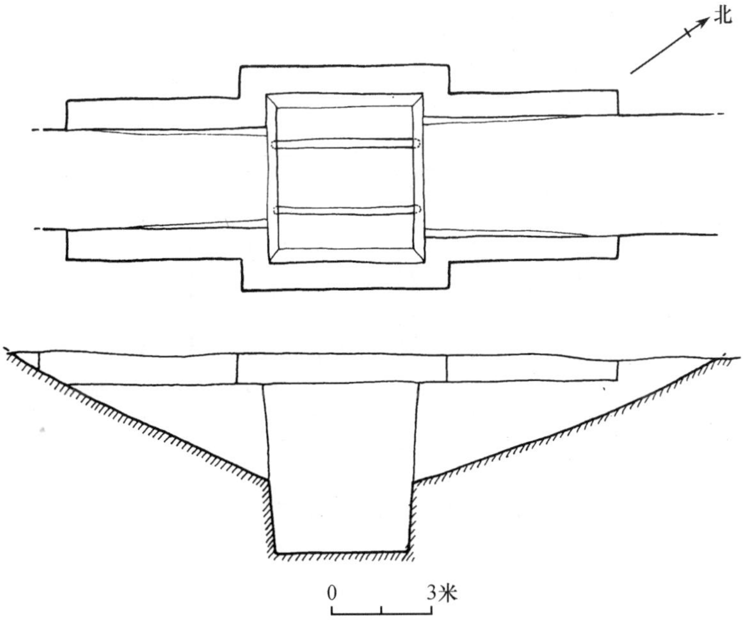

图一　ⅢM7平、剖面图

B型墓　带墓道长方形土圹墓。

2座（ⅢM3、ⅢM5）。墓口平面形状呈“凸”字形，长方形土圹墓室，长斜坡墓道。从墓葬的结构看，似又可分为二式。

Ⅰ式：ⅢM3。墓室开口长6.4、宽7米，墓底长4.3、宽3.6米。方向北偏东30°。东、西两壁内收明显，在距墓葬开口下1.54米深处留有一周宽0.7～0.8米的生土二层台。墓室底部有两条宽0.25、深0.2、相距1.5米的枕木槽。墓底距地表深5.75米。在墓室的北壁正中设一条斜坡墓道，长7.5、开口宽5、底宽3.7米。墓道两壁设有与墓室相连的生土二层台，长5.6米。其上见有数道深0.15米的枕木槽。墓道底部与墓室底部间距达2.5米，墓圹内填土多为经夯实的黄褐色花土（图二；彩版一三六，1）。

Ⅱ式：ⅢM5。墓室外圹为4.5米×4.5米的方形，墓底长宽为3.7米×3.8米。墓壁稍向内收，墓底距地表深6.3米。没有设置二层台。在墓室南壁正中处设一条长斜坡墓道，开口宽3.5、底宽3米，其前部已在修建施工道路时被破坏，现存长度为8.4米。墓道底部与墓室底部相接处只留有0.25米的台阶（图三；彩版一三六，2）。

C型墓　2座（ⅢM8、ⅣM4），长方形竖穴土坑墓。无墓道。ⅢM8长2.2、宽0.84、残深0.2～0.24米，打破ⅢM7南墓道。ⅣM4长3.5、宽2.5、残深2.4米，墓壁较陡直。

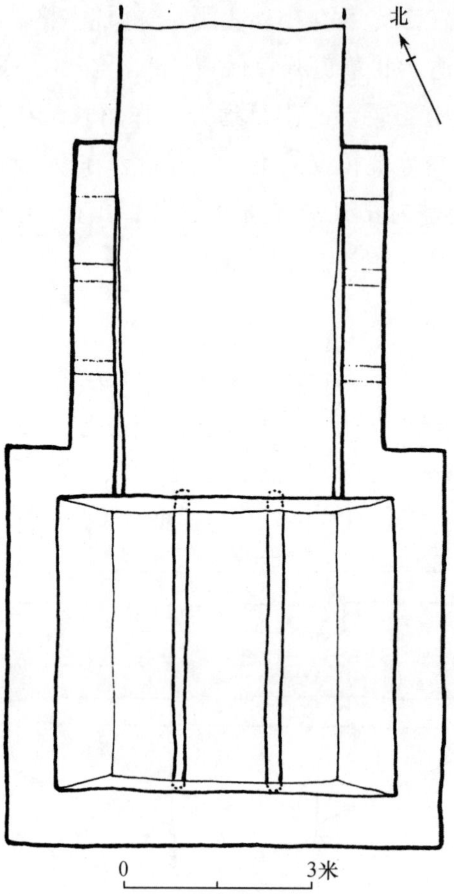

图二　ⅢM3平面图

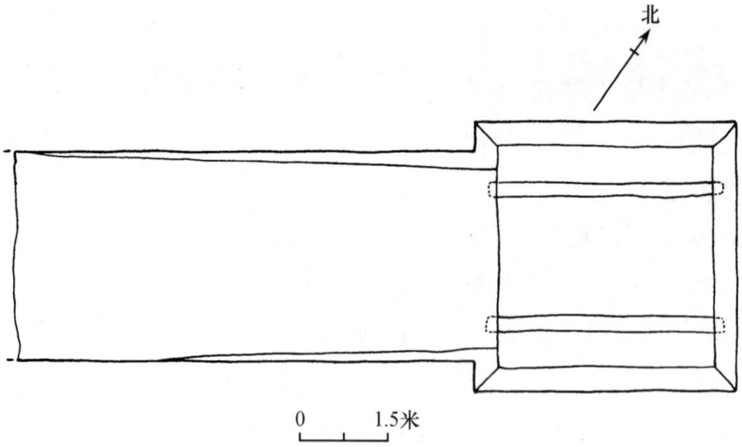

图三　ⅢM5平面图

（二）出土遗物

因盗掘等原因，破坏严重。各墓所出土随葬品甚少，随葬器物质地有陶、铁、铜类。

1. 陶器

器形有甗、壶、釜、豆、盂、灶等。

甗　依器形特征，可分二式。

Ⅰ式：ⅢM5∶4（釜）、ⅢM5∶5（甑），泥质灰陶。下釜口微内敛，溜肩，弧底，腹较深。肩部压印二道弧纹。通高4.5、口径5厘米。上甑尖唇折沿，弧腹，平底，腹较深，箅眼较小。通高4、口径8厘米（图四，1、2）。

Ⅱ式：ⅢM7∶6（釜）、ⅢM7∶1（甑），泥质灰陶。器表经打磨，烧成温度较高。下釜直口，方唇，方肩，扁腹较浅，饼状小平底。肩部饰一周捏塑而成的花瓣状堆纹。通高6、口径8.5厘米。上甑平沿，敞口，斜腹较浅，平底，箅眼较多。通高5.1、口径15厘米（图四，4、5）。

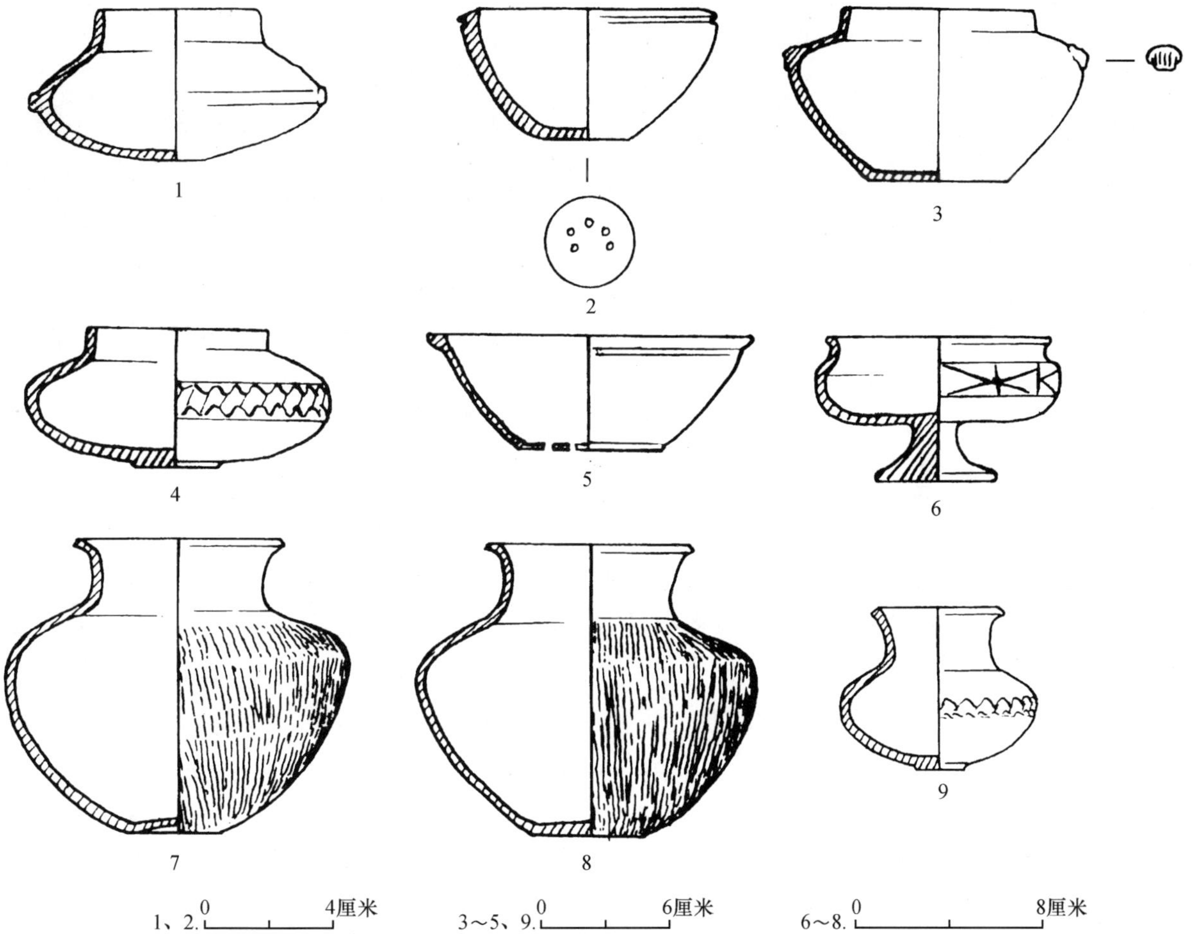

图四　西汉墓出土陶器

1、3、4. 釜（ⅢM5∶4、ⅢM7∶4、ⅢM7∶6）　2、5. 甑（ⅢM5∶5、ⅢM7∶1）　6. 豆（ⅢM5∶1）　7、8. 壶（ⅢM8∶1、ⅢM8∶2）　9. 盂（ⅢM7∶3）

壶　分为二式。

Ⅰ式：ⅢM8：1，夹砂灰褐色陶。口较直，溜肩，鼓腹，平底微内凹。肩部下器表印拍印绳纹。高17.5、口径12厘米（图四，7）。

Ⅱ式：ⅢM8：2，夹砂灰陶。口稍外敞，广肩，腹较深，平底。高18、口径12厘米（图四，8）。

釜　ⅢM7：4，泥质灰陶。短直领，方唇，溜肩，斜直腹内收，平底。肩部饰两对称的假环纽。高8.5、口径9.3厘米（图四，3）。

豆　ⅢM5：1，泥质灰陶。直口，圆唇，实心高柄圈足。器表模印平行直线和三角形图案。高8.7、口径13.6厘米（图四，6）。

盂　ⅢM7：3，泥质灰陶。侈口，圆方唇，直领，溜肩，斜弧腹，饼状平底。肩部饰一周捏塑而成的花瓣状堆纹。高7.5、口径5.4厘米（图四，9）。

灶　ⅢM7：2，泥质灰陶。灶面呈“凸”字形，双灶眼，长弧形单灶门。长27.6、宽19.2、高15.2厘米（图五，1；彩版一三九，1）。

2. 其他

铜铃　2件。ⅢM5：3，铃身呈梯形，横部面为椭圆形，半圆形纽。铃体内垂一叶形铃舌。口宽1.7、通高2.7厘米（彩版一三九，2）。

铁臿　1件。ⅣM4：填1，臿作“凹”字形，弧刃。刃宽12、通高11.2厘米（图五，2）。

铜币　ⅢM5，“半两”钱。钱文字体含隶书之意，字体呈方形，应为汉代所铸的“四铢半两”。直径2.2厘米（图五，1-2）。

（三）墓葬年代

通过对墓葬形制和出土遗物的综合分析，我们认为这组墓葬的年代应为西汉早、中期。

ⅢM8出土的广肩壶是西汉中期墓葬中具有代表性的随葬器物，因此我们推断该墓的年代当为西汉中期。ⅢM5中只出土有“四铢半两”，而未见始铸于“元狩五年”的“五铢”钱，故而推断该墓的年代当在西汉中期的武帝前后。ⅣM4与早先发掘的ⅣM3应是异穴合葬墓，从出土于墓内填土中的绳纹陶片分析，该墓的年代与ⅢM8大致相当，即西汉中期。ⅢM7出土的陶盂明显带有西汉前期的器物特征。ⅢM7南墓道被ⅢM8打破，其时代应早于ⅢM8。另外，ⅢM7的墓室底部与墓道底部之间有落差达2米的台阶，而与ⅢM5墓道底部直达墓室底部的结构有明显不同，据此我们认为ⅢM7的年代应早于ⅢM8和ⅢM5，为西汉早期晚段。ⅢM3紧挨ⅢM7东南并列而筑，两者相距为0.3～0.5米，两墓应为同冢异穴合葬墓。从ⅢM7墓室东南壁向ⅢM3一侧倾斜，ⅢM3墓室西北壁内收较大等现象推断，ⅢM3的年代与ⅢM7相当或稍晚。

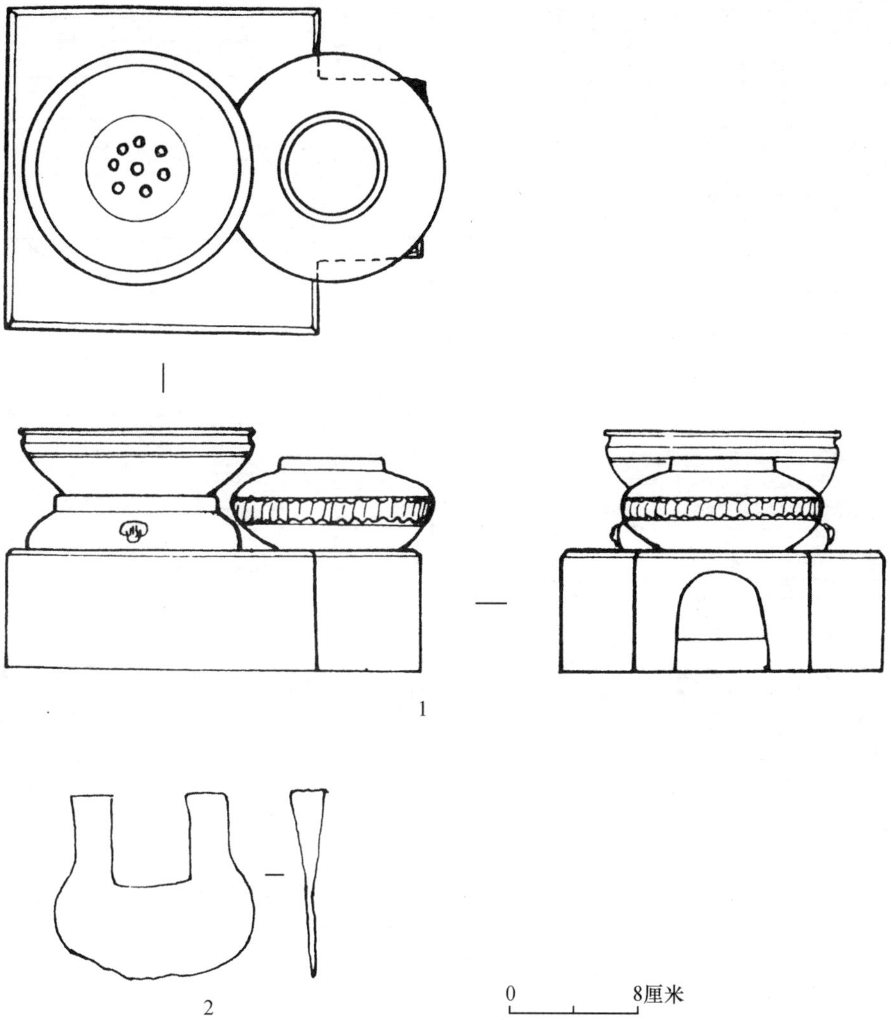

图五　西汉墓出土器物
1. 陶灶（ⅢM7：2）　2. 铁臿（ⅣM4：填1）

二、东汉墓葬

东汉时期墓葬在Ⅱ、Ⅲ、Ⅳ区都有发现，此次共清理发掘了14座，其中Ⅱ区4座、Ⅲ区8座、Ⅳ区2座。

（一）墓葬形制

分为土坑砖室墓和土洞砖室墓两种形制。

A型墓　土坑砖室墓。其建筑特点为：先挖竖穴土坑，再以砖砌筑墓室，无墓道。这类墓多在较平坦的台地平坝上分布。依据砌筑墓室用砖的不同特点，又可将此型墓分为二式。

Ⅰ式：以长条形墓砖和大方砖砌筑墓室，长条形墓砖的一侧模印有较繁缛的变形几何花纹（图六，6、7）。如ⅣM6，砖室平面呈“刀”形，残长5.7、通宽2.12米。砖壁以长条形砖紧贴土坑壁错缝平砌而成，铺地砖为一竖一丁单砖平铺。

图六 东汉墓砖

1. ⅡM1 2. ⅢM4：1 3. ⅢM4：3 4、5. ⅣM5 6、7. ⅣM6

Ⅱ式：墓砖一侧的花纹为模印动物纹、植物纹和其他图案。此式墓葬计有ⅡM1～ⅡM4。ⅡM1平面为长方形，砖室通长4.8、宽1.3米。砖壁砌法为错缝平砌，墓后部对缝平铺一层铺地砖，前部无铺地砖，封门处以石块为基底，上砌砖封门。ⅡM3平面也应为长方形，残长3.1、宽1.8米。其砌筑方法与ⅡM1同，墓中出土有“五铢”钱、榆荚钱等铜币。

B型墓　土洞砖室墓。其特点是：在较为陡峭的坡地上，先挖凿出洞室，再以长条形墓砖沿洞壁砌筑砖室，有较长的斜坡墓道。根据墓砖纹饰的区别，可分为二式。

Ⅰ式：墓砖以长条小砖为主，砖的一侧模印有较繁缛、规整的几何纹饰（图七）。此式墓葬计有ⅢM10、ⅢM16～ⅢM20、ⅣM5。

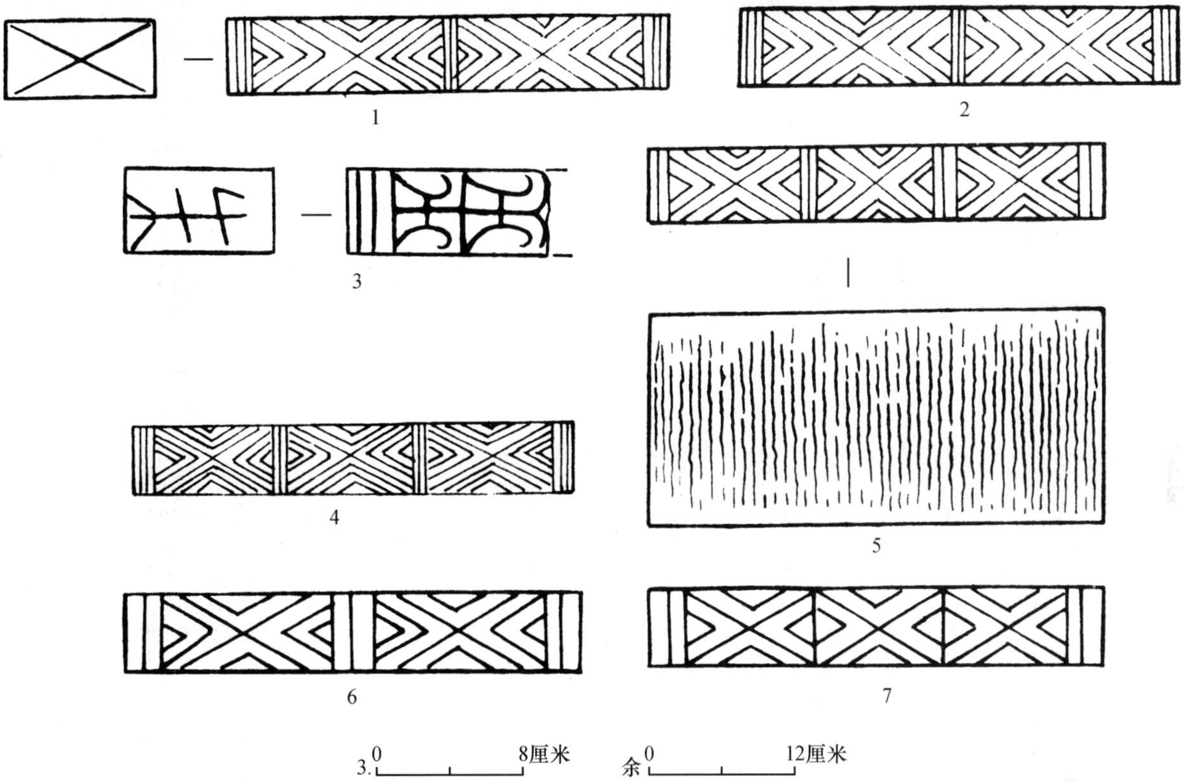

图七　东汉墓砖

1. ⅢM10墙砖　2. M10铺地砖　3. M10：8　4、5. ⅢM16　6. ⅢM17　7. ⅢM18

ⅢM10　位于ⅢM3东南约8米处，砖室平面呈“刀”形，砖室墓壁以长条砖错缝平砌而成，铺地砖砌法为对缝平铺，券顶。通长5、宽1.9、高1.9米，其中通道长2.3、宽0.94、宽1.5米。长斜坡墓道直抵甬道口，墓道宽度为1米。在墓内积土中见有刻划“朱”字铭文的残砖块（彩版一三九，3）。

ⅢM17　位于Ⅲ区南部的陡峭山坡上，砖室平面呈“刀”形，砖壁紧贴挖凿的洞壁错缝平砌，无铺地砖，洞壁顶部呈弧形。砖室通长5.8、宽2.2、高约1.8米。其中甬道长1.5、宽1.04米。长斜坡墓道底部极陡，其底部与甬道底部之间留有0.5米深的台阶，宽1.4米（图八，2）。

ⅣM5　砖室平面为“刀”形，墓壁砌法为对缝平砌，铺地砖为对缝平铺，券顶。墓室通长8.51、宽1.9、高2米，其中通道长1.5米。

Ⅱ式：以模印有植物纹、动物纹和其他纹饰的长条砖砌筑墓室。此式墓计有ⅢM4、ⅢM9。

ⅢM4　位于Ⅲ区“四方丘”东南坡上，东北距ⅢM9约5米，砖室平面呈“刀”形，墓壁砌法为对缝平砌，席纹状铺地砖，券顶。通长4.1、宽1.94、高1.7米。其中甬道长1.1、宽0.86、高1.44米。长斜坡墓道宽0.93米。

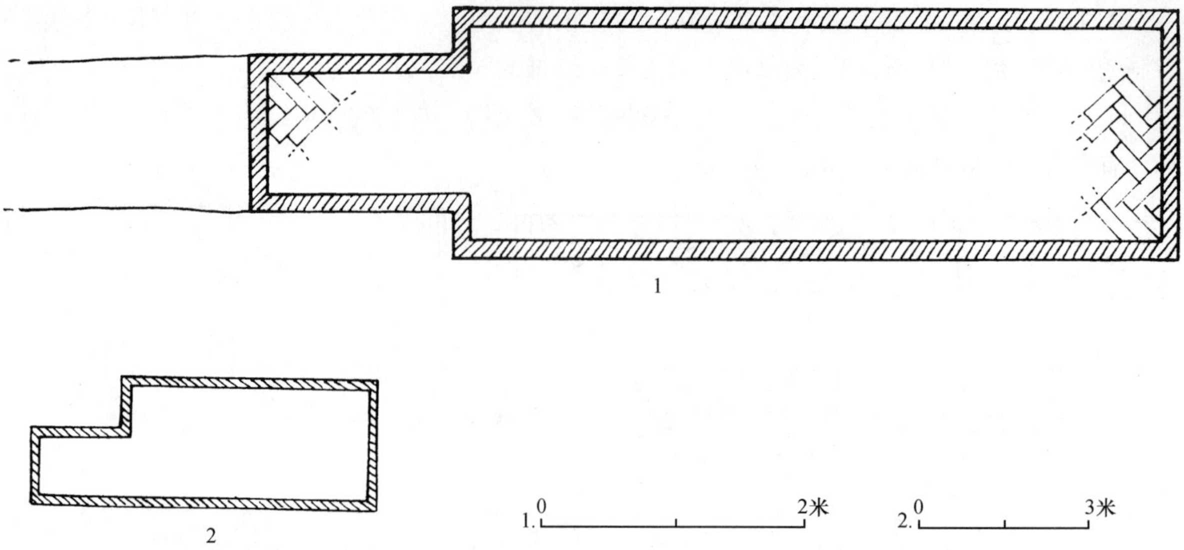

图八 ⅢM9、ⅢM17平面图

1. ⅢM9 2. ⅢM17

ⅢM9 砖墓平面呈“凸”字形，墓壁砌筑方法与ⅢM4同，通长7.8、宽1.84、高1.9米。其中甬道长1.8、宽1.1、高1.4米。长斜坡墓道底部直抵甬道口（图八，1；彩版一三七，1）。

（二）出土遗物

上述各墓均遭不同程度的盗掘，出土文物数量共计75件，器物质地有铜、瓷、釉陶和陶器。

1. 铜器

龙形棺饰 ⅣM6，薄铜片裁制而成，锈蚀较严重，龙做昂首曲身状。长为26、体宽6.5厘米。

鎏金铜牌饰 ⅣM6，圆形，以银白色为衬底，在鎏金的铜片轮廓上，用细如发丝的线条刻划出双阙、天门、朱雀、仙人、祥云等图案。直径24、厚0.2厘米（图九；彩版一三九，4）。

耳杯镶边 ⅢM16，月牙形，断面呈锐角形。素面。长7厘米。

案几镶边 ⅢM17，断面呈“⊏⊐”形。边长11、宽1.2厘米（彩版一三九，5）。

泡钉 伞形钉帽，锥状形钉。直径2～2.5、高3～3.5厘米。

2. 青瓷器

四系罐 ⅣM5：1，敛口，矮领，圆尖唇，斜肩圆弧腹，平底。肩腹交界处做台阶状接口，并置四个柱状桥形纽。肩部压印一周花瓣纹，器腹满印小方格纹。胎色白中泛灰。器表施大半釉，芒口。施釉较厚，釉色青绿，釉质莹润。高22、口径10厘米（图一〇，4；彩版一三九，6）。

图九　鎏金铜牌饰（ⅣM6）

3. 釉陶器

高领壶　分为二式。

Ⅰ式：ⅢM16：1，盘口，平沿，直颈较长，弧肩，斜弧腹内收，喇叭状高圈足，肩部饰两个对称的铺首衔环。半球体器上盖置柱状弧形纽和等距的三个乳钉。泥质红褐色陶胎，通体施釉，釉色褐红。高38.4、口径11.2厘米（图一〇，1）。

Ⅱ式：ⅣM6：4，盘口，沿壁稍浅，宽平沿，高颈内束，广肩、弧腹内收，喇叭状高圈足。泥质褐红色胎，通体施釉，釉色褐红。高28.4、口径16.8厘米（图一〇，2）。

盖钵　泥质褐红陶。敞口，平折沿，斜直腹，平底。半球形器盖上置环形纽和等距三枚乳钉。钵内壁和器盖外壁施釉，釉色褐黄。ⅢM17：16，通高8.8、口径10.4厘米（图一〇，3；彩版一三八，1）。

灶　ⅢM16：12，长方形灶面，双灶眼，单火门设挡火墙和烟道，灶面印弦纹一周。泥质红褐色陶胎。通体施釉，釉色褐黄。长25.2、宽12.8、高9.2厘米（图一一，2）。

仓　ⅢM16：10，敛口，斜折肩，圆筒形器身，平底。褐红色陶胎。施半釉，釉色青中泛黄。高22、口径6.4厘米（图一〇，5）。

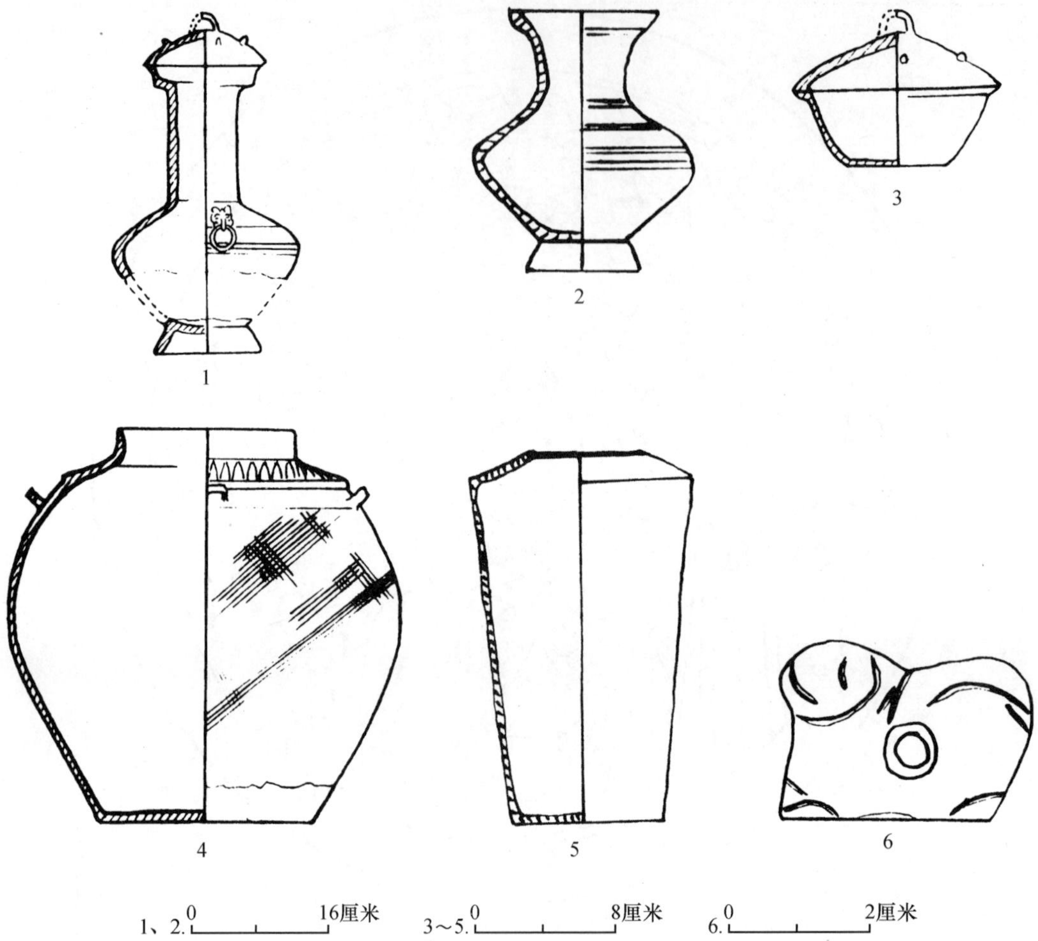

图一〇 东汉墓出土器物

1. Ⅰ式釉陶高领壶（ⅢM16：1） 2. Ⅱ式釉陶高领壶（ⅣM6：4） 3. 釉陶盖钵（ⅢM17：16） 4. 青瓷四系罐（ⅣM5：1）
5. 釉陶仓（ⅢM16：10） 6. 琉璃卧虎（ⅡM2：1）

兽形器足 ⅢM16：5，泥质红陶刻塑而成。兽做蹲踞状，雕刻线条流畅，造型生动。高6.3厘米（彩版一三八，2）。

4. 陶器

罐 依其造型可为二型。

A型 窄肩罐。ⅢM17：4，泥质灰陶。敛口，窄肩，直腹平底。高15.2、口径8.8厘米（图一二，1）。

B型 广肩罐。可分为二式。

Ⅰ式：ⅢM16：2，泥质灰陶。敞口，圆唇，矮领较直，广肩，斜直腹，平底。肩部饰一周斜线戳印纹。高13.2、口径8厘米（图一二，2）。

Ⅱ式：ⅢM16：14，泥质灰陶。敞口，方唇，矮领微外撇，广肩，斜直腹，平底。肩部压印一周小方格纹。高13.2、口径8厘米（图一二，3）。

灶 按灶面形状的不同，可分为二式。

Ⅰ式：ⅢM10：3，泥质灰陶。灶平面呈直角长方形，个别还设有挡火板等设施，双灶

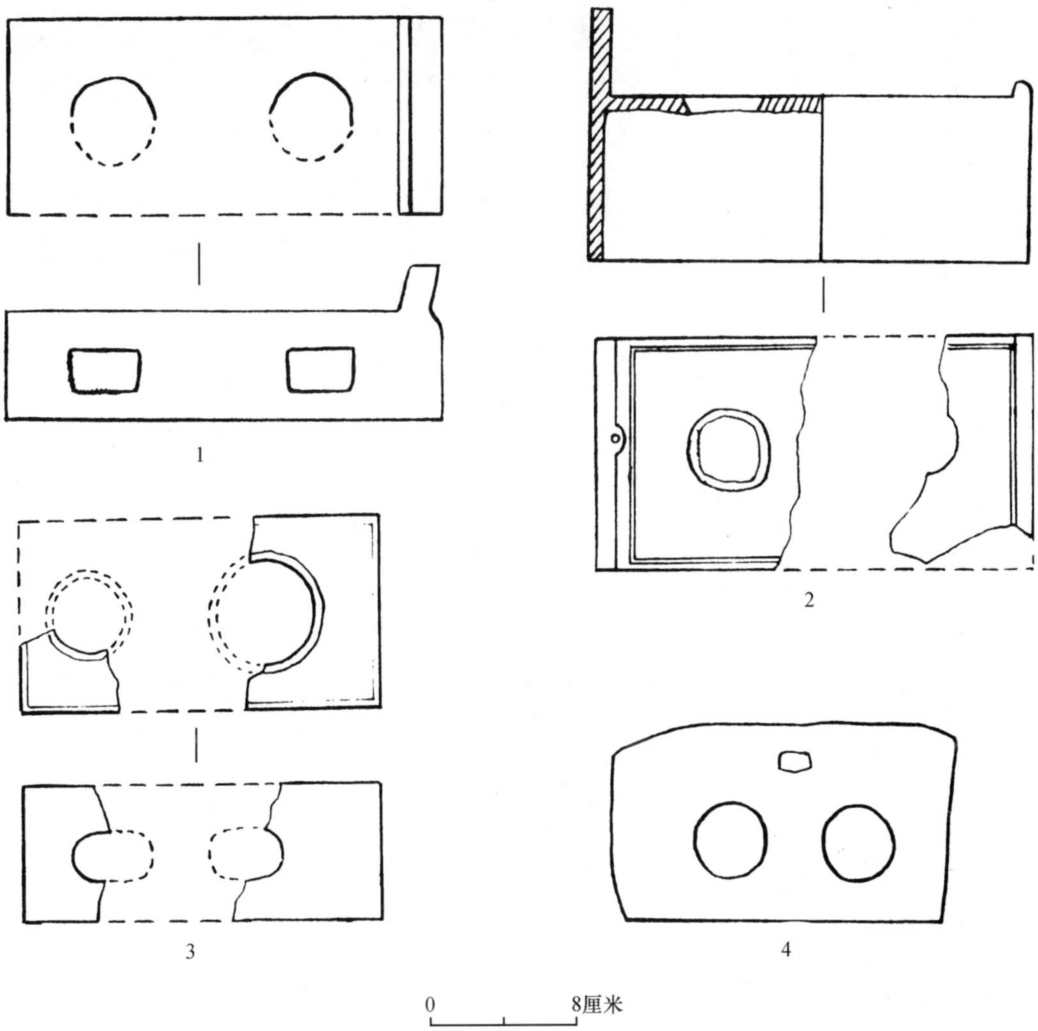

图一一　东汉墓出土器物

1、3. Ⅰ式陶灶（ⅢM10：3、ⅢM9：3）　2. 釉陶灶（ⅢM16：12）　4. Ⅱ式陶灶（ⅢM16：8）

眼，双火门。长20～25、宽10～12、高6～7厘米（图一一，1）。ⅢM9：3（图一一，3）。

Ⅱ式：ⅢM16：8，泥质灰陶。灶平面呈圆角长方形，双灶眼，双火门。长20、宽10.8、高6.4厘米（图一一，4）。

盂　ⅢM9：2，敞口，圆唇，矮领，溜肩，斜弧腹，平底。器表下部留有一圈刀削痕。高5.5、口径6.3厘米（图一二，4）。ⅢM17：13（图一三，3）。

甑　可分为三式。

Ⅰ式：ⅢM19：1，敞口，平折沿，半球形器身。高3.8、口径7.4厘米（图一二，5）。

Ⅱ式：ⅢM4：1，敛口，斜直腹，平底。高4.2、口径9厘米（图一二，6）。

Ⅲ式：ⅢM16：13，敞口，斜折沿，折腹，小平底。高4.4、口径11.6厘米（图一二，7）。

盆　ⅢM16：9，敞口，宽平沿，折腹，平底。高8.4、口径25.6厘米（图一二，8）。

釜　ⅣM5：填1，泥质灰陶。敛口，敞沿，折肩，斜弧腹，圜底。高12.5、口径15.5厘米（图一三，1）。

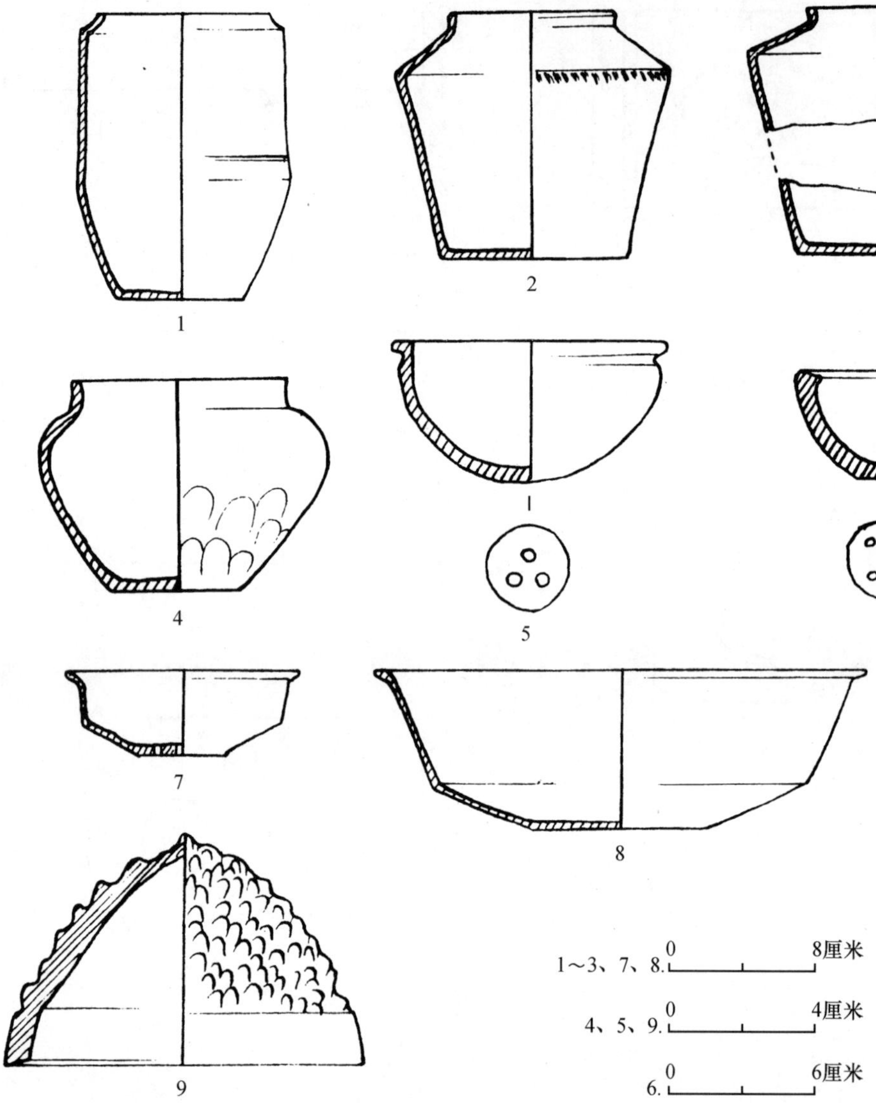

图一二　东汉墓出土陶器

1. A型罐（ⅢM17：4）　2. B型Ⅰ式罐（ⅢM16：2）　3. B型Ⅱ式罐（ⅢM16：14）　4. 盂（ⅢM9：2）
5. Ⅰ式甑（ⅢM19：1）　6. Ⅱ式甑（ⅢM4：1）　7. Ⅲ式甑（ⅢM16：13）　8. 盆（ⅢM16：9）　9. 器盖（ⅣM6：12）

钵　ⅢM17：15，泥质红黄陶。敛口，圆弧肩，斜腹，饼状圈足。高4、口径10厘米（图一三，2）。

豆　ⅢM10：2，泥质灰陶。敞口折沿，喇叭口，高圈足。器表压印一周波浪形堆纹。高4.8、口径7.2厘米（图一三，4）。

碗　ⅢM10：5，泥质红陶。敞口，斜沿，弧腹，平底。高5.6、口径11.2厘米（图一三，5）。

女侍俑　泥质灰陶。女侍做跪坐状，双手合于胸前，面部表情安详，宽衣博袖。ⅢM17：1，通高18.6、底宽10厘米（图一四，1；彩版一三八，4）。

文吏俑　泥质灰陶捏塑而成，作跪坐姿，双手合于胸前，头戴方帽，面带微笑。ⅢM17：2，通高19.2厘米（图一四，2；彩版一三八，3）。

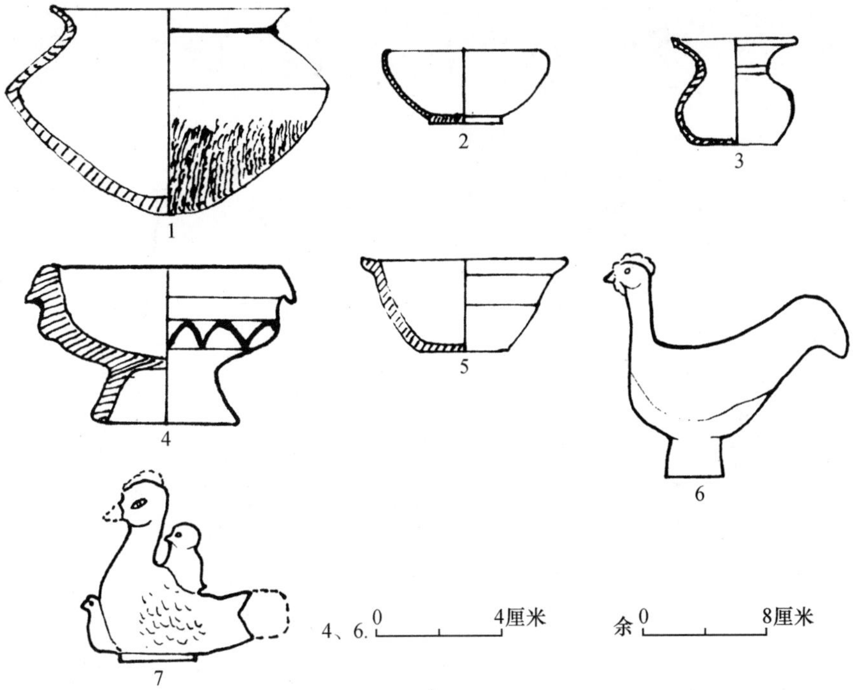

图一三　东汉墓出土陶器

1. 釜（ⅣM5：填1）　2. 钵（ⅢM17：15）　3. 盂（ⅢM17：13）　4. 豆（ⅢM10：2）　5. 碗（ⅢM10：5）
6. 鸡（ⅢM16：3）　7. 子母鸡（ⅢM17：3）

男侍俑　泥质灰陶。跪坐姿，头戴方帽，面带微笑，一手上举做托物状。ⅢM17：7，高17.2、底宽14厘米（图一四，3）。

男坐俑　2件。泥质灰陶。做拱手跪坐状，无冠，面目慈祥，俑身涂红色彩绘。ⅢM17：10，通高13.6厘米（图一四，4；彩版一三八，5）。

鸡　ⅢM16：3，泥质红陶。立于圆柱形底座上，高冠瘦身，大尾羽。通高8.5厘米（图一三，6）。

子母鸡　ⅢM17：3，泥质灰陶捏塑而成。母鸡做卧状，体态肥硕，尾羽作扇形，背上蹲一小鸡，腹下偎一小鸡，造型生动。通高12、身长13.2厘米（图一三，7）。

器盖　ⅣM6：12（图一二，9）。

5. 其他

琉璃卧虎　ⅡM2：1，褐红色。用简洁的线条雕刻出卧虎之态，虎身中部有一穿。高2.4、身长3.4厘米（图一〇，6）。

钱币　均为五铢钱，“五”字中间两笔相交处呈弧形，“铢”字金旁上部呈三角形，“朱”字上部转角处圆折，个别墓葬还伴出有“剪轮五珠”和榆荚钱（图一五，3～6）。

（三）墓葬年代

根据墓葬形制、墓砖纹饰、出土文物及当地已发掘的墓葬资料等综合分析，我们认为这组

图一四　东汉墓出土陶俑

1. 女侍俑（ⅢM17∶1）　2. 文吏俑（ⅢM17∶2）　3. 男侍俑（ⅢM17∶7）　4. 男坐俑（ⅢM17∶10）

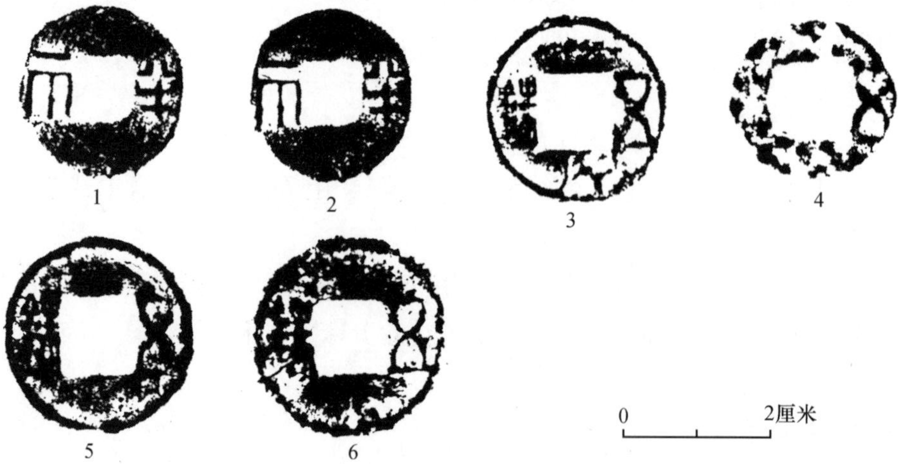

图一五　出土铜钱

1、2. 半两（ⅢM5）　3、5、6. 五铢（ⅡM3、ⅢM9、ⅣM6）　4. 剪轮五铢（ⅢM9）

墓葬的年代为东汉晚期。大致可分为两期。

第一期：东汉晚期前段。这一时期的墓葬计有ⅢM10、ⅢM16～ⅢM20、ⅣM5、ⅣM6，均为B型Ⅰ式墓。砌筑墓室的墓砖纹饰为模印直线几何菱形纹，线条规整，是这一地区东汉中晚期墓葬常见的墓砖纹样。上述各墓中出土的釉陶器、陶俑等器物在巫山麦沱、瓦岗槽墓地中都有大量出土，为东汉中晚期墓葬流行的随葬器物。ⅢM16出土的B型Ⅰ式广肩罐的形制和装饰手法与湖北宜昌前坪东汉中晚期墓葬所出的陶罐相同。ⅣM6出土的青瓷四系罐与涪陵东汉晚期崖墓中的同类器物形制相同。由此推断这组墓葬的年代应在东汉晚期前段。

第二期：东汉晚期后段。包含的墓葬有ⅢM4、ⅢM9、ⅡM1～ⅡM4。砌筑墓室的墓砖花纹出现模印的动、植物纹和呈弧线的几何花纹，墓中出土的"五铢"钱币字体宽放，"铢"字金字旁三角形较大，"五"字中间两笔处弯曲较甚，具有明显的东汉末期钱币特征。同时在ⅢM9和ⅡM3中还伴出有第一期墓葬未见的"剪轮五铢"和榆荚钱。因此我们认为这6座墓葬的年代应稍晚于第一期墓葬的年代，为东汉晚期后段。

三、宋代墓葬

墓葬位于Ⅲ区中部的台地上（四方丘）。共发掘2座，编号ⅢM1和ⅢM2。两墓均为竖穴土坑墓。ⅢM1平面呈圆角长方形，墓坑开口长2.2、宽0.8、残深0.4米，墓口距现地表0.15厘米（图一六；彩版一三七，2）。ⅢM2西北距ⅢM1约1.5米，墓之南部在农田建设中已被毁，残长1.7、宽1.26、深0.4米。两墓中各有骨架一副，葬式为仰身直肢。

ⅢM1出土器物5件。

瓷碗　1件。ⅢM1：2，敞口，斜直壁，小圈足，形似斗笠。白色薄胎，通体施青白色釉，施釉薄而均匀，釉质莹润。高8、口径15厘米（图一七，1）。

陶灯　1件。ⅢM1：1，泥质灰陶。豆状，直口，平沿，高圈足。高12.3、口径6.7厘米（图一七，2）。

釉陶盏　1件。ⅢM1：3，敞口，圆唇，斜腹，平底。褐灰色陶胎。器内壁施满釉，器表施半釉，釉色褐黄。高3.4、口径8.3厘米（图一七，3）。

铁刀　1件。ⅢM1：4，刀尖做弯钩状，单刃。通长17.4、宽2.2厘米（图一七，4）。

钱币　1枚。ⅢM1：5，"开元通宝"，方孔，有郭。直径2.2厘米。

该墓所出的青白瓷斗笠碗是景德镇窑系北宋时期的典型器物，墓中所出铜钱为"开元通宝"，未见其他宋代钱币，故其年代应为北宋早期。ⅢM2未出任何随葬品，但从地层关系和尸骨腐朽程度等因素比较，其年代应与ⅢM1相同。

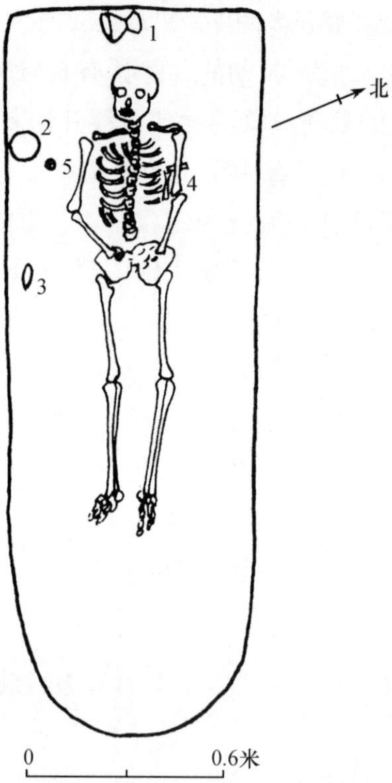

图一六　ⅢM1平面图

1. 陶灯　2. 瓷碗　3. 釉陶盏　4. 铁刀　5. 铜钱

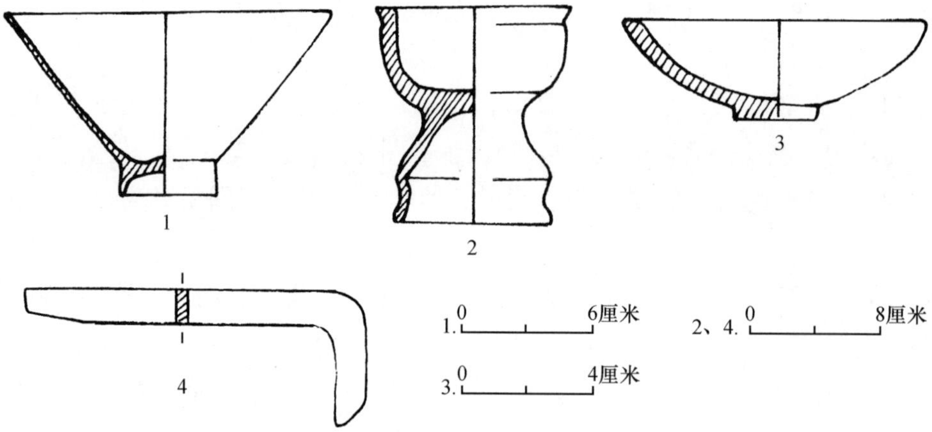

图一七　宋墓出土器物

1. 瓷碗（ⅢM1：2）　2. 陶灯（ⅢM1：1）　3. 釉陶盏（ⅢM1：3）　4. 铁刀（ⅢM1：4）

四、结　　语

通过此次勘探、发掘工作，我们对巫山上西坪地区的古墓葬分布状况及大致年代有了初步的认识。清理发掘的西汉早、中期墓葬，分布相对集中，多数规模较大。ⅢM7墓室面积近40平方米，并带有前后两条墓道，这种形制的大墓在峡江地区并不多见，其规格等级应在西汉时期大型墓之列。墓主拥有较高的身份地位，可能为俸禄在千石以上的中、高级官吏，或有爵位之富商大贾。ⅢM3与ⅢM7并列建造，两者相距仅50厘米，墓室规模与ⅢM7相当，两墓应是同冢异穴合葬墓，为西汉早期常见的合葬方式 。ⅢM5在距ⅢM7后墓道南端2米处掘地而建，墓室规模与ⅢM7大致相当，虽年代略晚于ⅢM7，但仍同属于一个贵族墓地。东汉晚期的墓葬多是土洞砖室墓。这批墓葬的发掘为巫山汉墓的研究增添了宝贵的材料。在东汉晚期墓葬中出土的青瓷四系罐，胎质硬而细腻，绿釉厚而凝重，保存完好，是珍贵的早期青瓷标本，其产地应在长江下游的江浙地区。ⅣM6出土的鎏金铜牌饰的图案内容带有早期道教的色彩，为研究早期宗教的形成和发展和当时人们的丧葬习俗提供了翔实的实物史料。

参加本次工作的人员有魏航空（领队）、姚晶华、许志斌、陈艳、裴健、陈兴付、徐国胜、朱菁华等同志。

摄影：许志斌
绘图：陈兴付　余才山
执笔：姚晶华　裴　健　陈兴付

云阳丰包岭墓地2003年度发掘简报

成都文物考古研究院
绵　阳　博　物　馆
云阳县文物管理所

为配合三峡水利工程的建设，成都文物考古研究所（今成都文物考古研究院）和绵阳博物馆受重庆市文化局委托，承担了2003年度云阳丰包岭墓地考古发掘工作。丰包岭墓地位于云阳县栖霞乡向城村一社（图一），是一处东西长约150、南北宽约80米的山坡，位于长江左岸，海拔170～175米。东边为干沟子，西侧为云阳老党校，南为云双公路，北为山梁。地理坐标为东经108°52′，北纬30°57′（图二）。

丰包岭墓地发现于20世纪80年代初，在修建云阳植物油厂时，曾出土文物若干，同时该墓地也遭到较大程度的破坏。丰包岭墓地发掘级别为D级。我们在钻探基础上，以“1773”号电杆为基点，布5米×5米探方4个。发掘工作从2003年2月28日起，至3月12日结束，发掘面积100平方米，清理南北朝时期砖室墓1座，编号为2003YFM1（以下省略2003YF）。

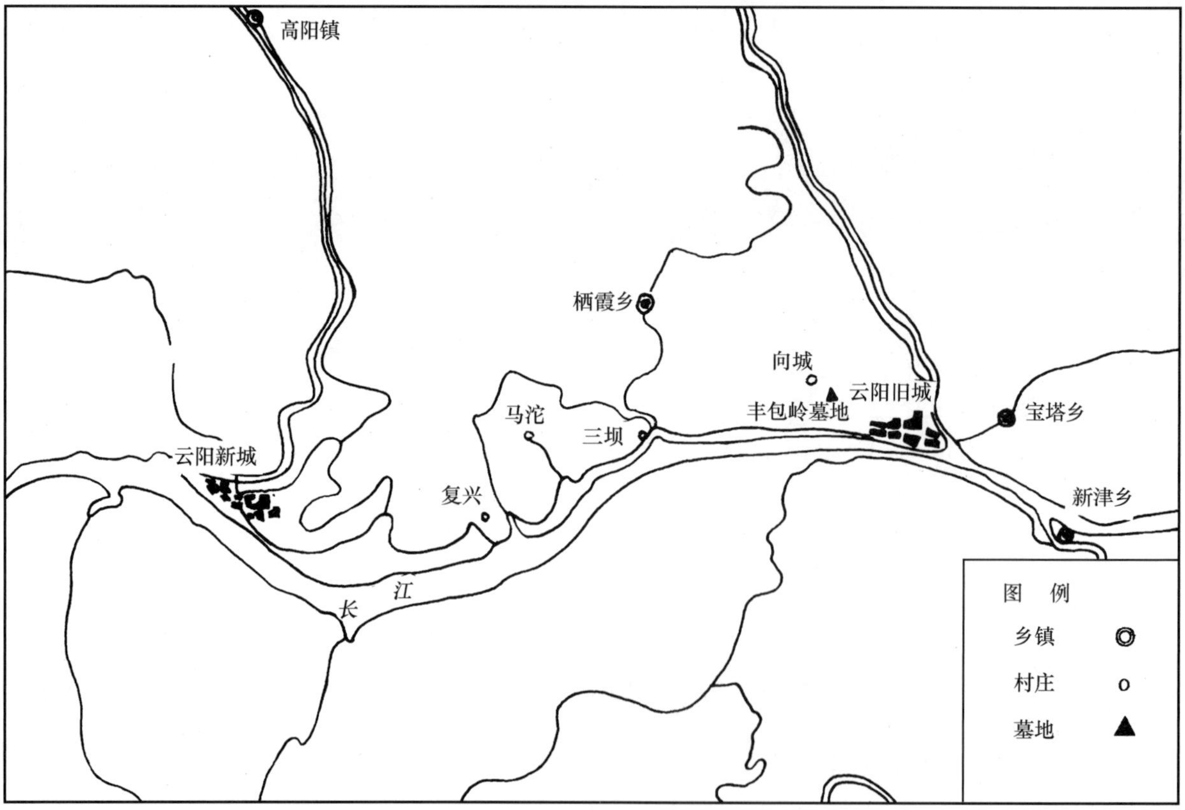

图一　丰包岭墓地位置示意图

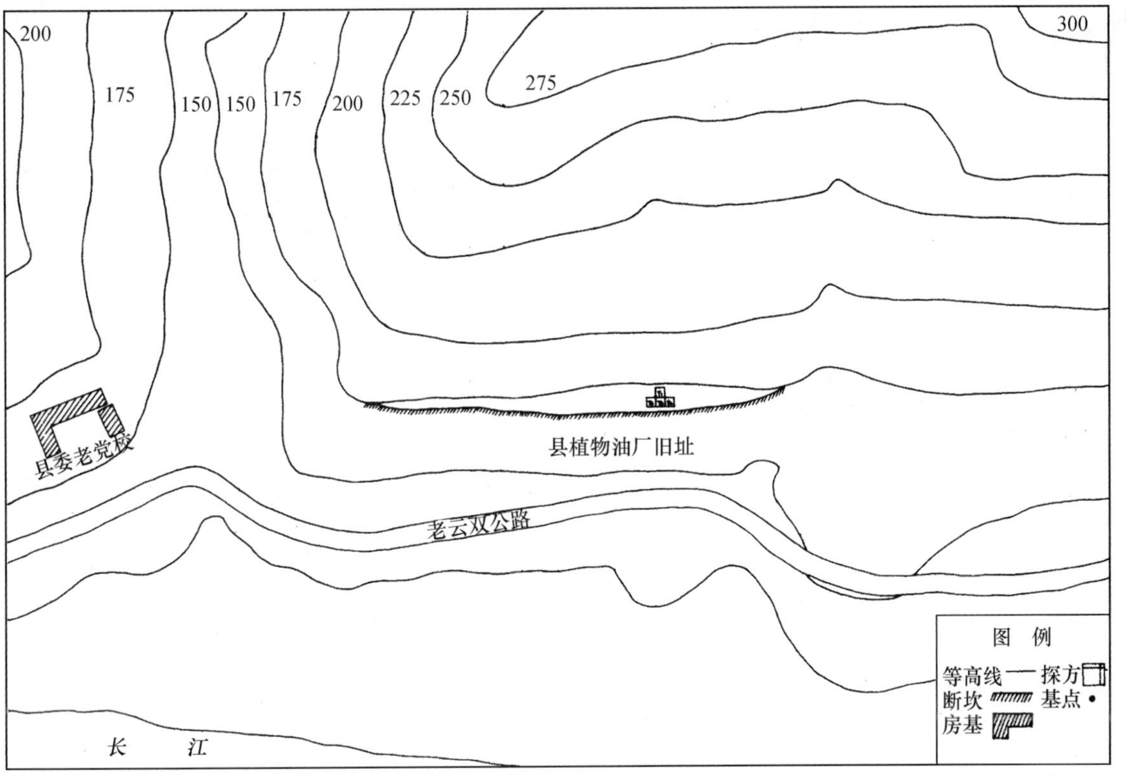

图二　丰包岭墓地布方发掘位置示意图

一、墓葬结构

M1　平面呈“凸”字形。方向178°。由墓道和墓室组成，墓顶不存。墓室长4.2、宽1.86米；墓道长0.4、宽1.34米。墓底距地表1.7米。墓壁以平砖错缝顺砌，墙砖2～13轮，高1.17米。墓室底部用厚0.03～0.05米的薄石板铺砌。墓道底部用长方形几何纹砖纵向铺砌（图三）。墓道已被部分破坏。墓室砌筑方法为先砌壁后铺地。墓砖为长方形，规格较为统一，长0.36～0.4、宽0.18～0.19、厚0.085～0.09米，且一个长侧面有模印几何图案花纹（图四）。随葬器物以青瓷器为主。墓葬填土为红褐色黏土，夹砂石颗粒。

二、随葬器物

M1　随葬品10件。有瓷器、陶器、铜器、铁器和钱币等。

瓷器　4件。

罐　1件。M1：3，灰白胎，釉色青绿晶莹。子口，直腹微弧，平底内凹，肩部饰四桥形系，带盖，盖顶为桥形纽。底部有支钉痕迹。口径11.4、腹径13.6、底径13.2、通高13厘米（图五，1）。

器盖　1件。M1：1，灰白胎，青黄釉。母口，盖面斜弧，平顶，桥形纽。径10.8、高3厘米（图五，4）。

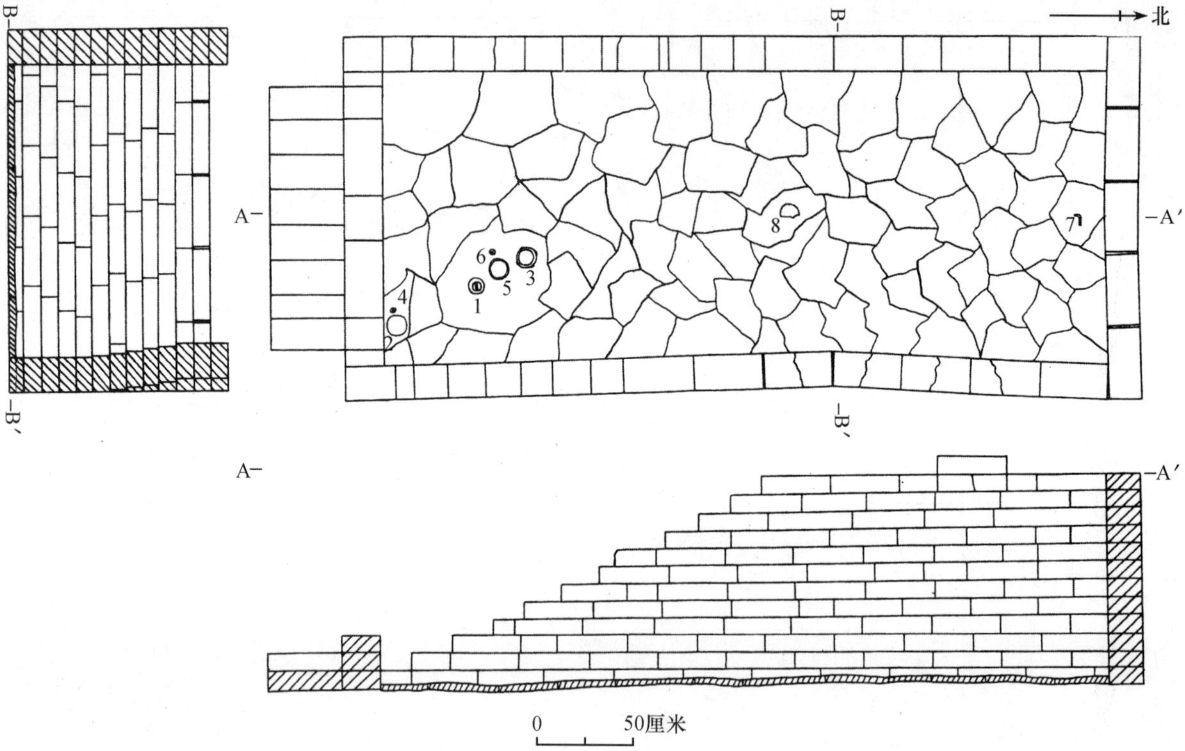

图三 M1平、剖面图

1. 瓷器盖 2. 铜马蹬 3. 瓷罐 4、6. 钱币 5、9. 瓷砚 7. 铜饰件 8. 陶甑 10. 铁镜 （9、10被叠压）

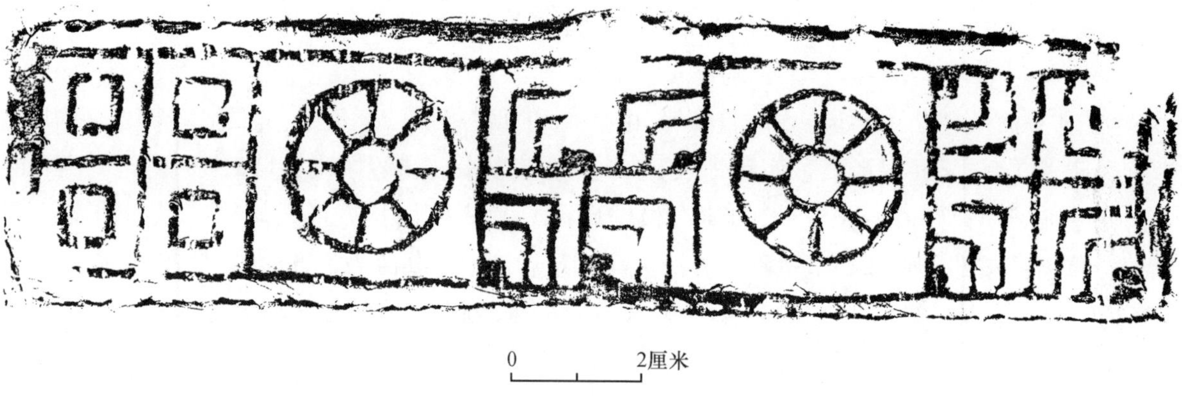

图四 墓砖纹饰拓片

砚 2件。灰白胎，青黄釉。M1：5，敞口，圆唇，浅盘，平底内凹。内饰一道弦纹及四支钉痕迹。口径14、底径13、高2.1厘米（图五，3）。M1：9，残。口径13.8、底径13、高2厘米（图五，8）。

陶器 1件。

甑 M1：8，灰陶。敛口，圆唇外凸，弧腹，平底内收。素面，底部有5个箅孔。口径17.8、底径12、高11.4厘米（图五，2）。

铜器 2件。

马镫 1件。M1：2，残。平面近长方形，弧刃，有一长方形穿。残长10.6、宽4.8、厚1.6

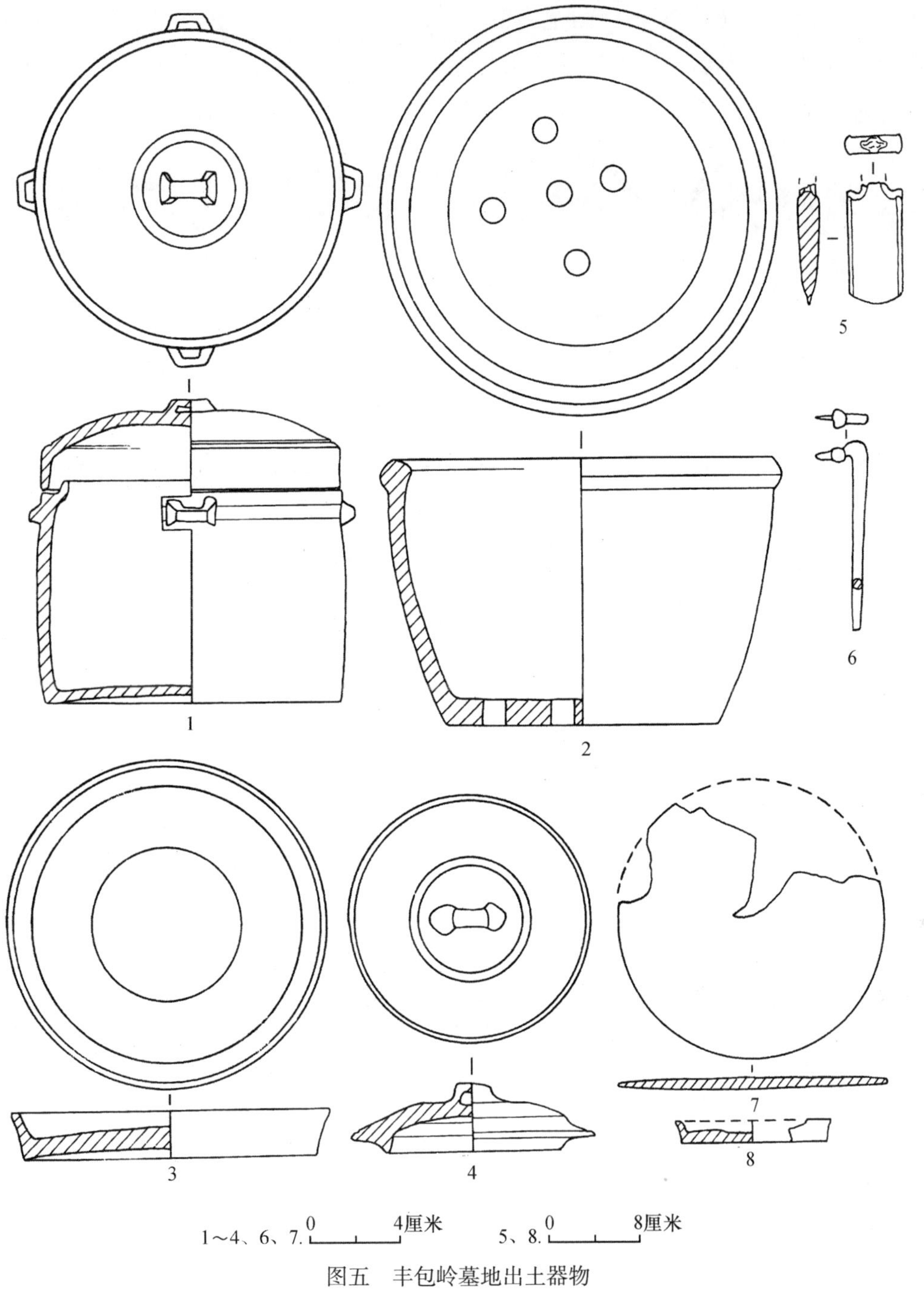

图五　丰包岭墓地出土器物

1. 瓷罐（M1：3） 2. 陶甑（M1：8） 3、8. 瓷砚（M1：5、M1：9） 4. 瓷器盖（M1：1） 5. 铜马镫（M1：2） 6. 铜饰件（M1：7） 7. 铁镜（M1：10）

厘米（图五，5）。

铜饰件　1件。M1：7，残。呈钩状。残长8厘米（图五，6）。

铁器　1件。

镜　M1：10，残，锈蚀严重，圆形。直径12、厚0.2～0.4厘米（图五，7）。

钱币　2枚。

五铢　M1：4，“五”字相交两笔弯曲，“金”字头作三角形，“朱”字上下两笔转直角。周郭、背穿郭均为圆郭。径2.5、穿1.05厘米（图六，1）。

货泉　M1：6，边郭清晰，字迹整齐。径2.3、穿0.65厘米（图六，2）。

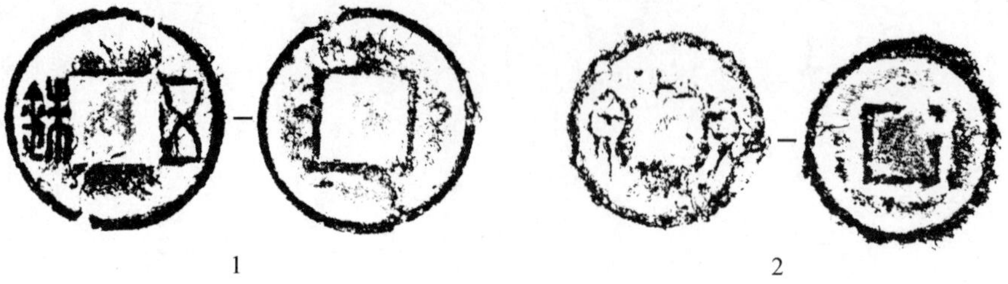

图六　钱币拓片

1. 五铢（M1：4）　2. 货泉（M1：6）

三、结　　语

丰包岭墓地此次发掘虽然是小型砖室墓，且没有出土有明确绝对纪年的文物，但是其时代特征还是十分明显的，根据墓葬形制和出土器物可推断该墓年代。该墓出土物以青瓷器为主，其中瓷器盖、瓷砚、陶甑与万州庙湾墓地M2、万州上河坝墓地M2的同类器物相同，其时代应在南朝初期。四系瓷罐釉色青绿晶莹、胎质细腻、造型优美，且无使用痕迹，应为专门为随葬而烧造的明器。

丰包岭墓地的发掘为研究峡西地区古代文化，尤其是丧葬习俗方面提供了新的实物资料。

附记：参加田野发掘的有宋建民、夏良明。在此次发掘过程中，我们得到了云阳县文管所及栖霞乡文化站的大力支持和帮助，在此表示衷心的感谢！

摄影：文星明

绘图：夏良明

修复、拓片：巩　三

执笔：宋建民

云阳大地坪遗址2003年度发掘简报

株 洲 市 博 物 馆
湖南省文物考古研究所
云 阳 县 文 物 管 理 所

一、引　　言

云阳大地坪遗址地处重庆市云阳县盘石镇龙安村十组，位于东经108°42′45.63″，北纬30°54′36″，海拔130～175米，东南距盘石镇约2千米，北面与长江北岸云阳县县城隔河相对（图一），地处长江南岸的第二级阶地上。株洲市博物馆在2002年对该遗址进行了第一次正式发掘，2003年3～5月进行了第二次发掘工作，主要发掘C、D两个区（图二），计划发掘面积1000平方米，实际发掘面积1015平方米。本报告为第二次发掘主要收获。

经考古勘探，依地形在上年度所布C区再布方12个（其中T9、T10、T11规格为10米×10米，方向15°；T12规格为5米×5米，方向30°，后扩方9平方米；T13、T14、T15、T16规格为5米×5米，方向33°；T17、T18规格为10米×10米，方向33°；T19规格为9米×9米，方向20°；T20规格为10米×10米，方向20°），该区俗称碉楼坪。C区的西边选择D区布方2个（其中T1、T2规格10米×10米，方向330°），该区俗称王家大院。本次共发掘墓葬8座，灰坑7个，房址3座，窑址3座。其中C区遗迹编号接续2002年度序号，遗迹号前冠以2003YD（云阳大地坪）及区号（图二）。

二、地层堆积

C区以T11西壁地层剖面为例（图三），加以说明。

第1层：现代耕土层。厚15～30厘米。灰黑色土，土质疏松。内含现代的煤炉渣、塑料、炭渣、植物根须等。

第2层：明清文化层。厚20～90厘米。黄褐色粉砂质黏土，土质较疏松，内含青花瓷片、石器等。

第3层：唐宋文化层。厚0～120厘米。黑褐色粉砂质黏土，土质疏松，内含白瓷瓷片、青瓷瓷片、陶器等。

第4层：新石器时代文化层。厚0～55厘米。灰褐色粉砂质砂土，土质疏松，内含较多陶片、石器、红烧土颗粒、动物骨头、果核和炭渣等，陶片以夹砂陶为主，泥质陶次之，纹饰有绳纹、斜线纹、篮纹、箍带纹、戳印纹、镂孔等，可辨器形有罐、缸、钵、盆、纺轮等，石器

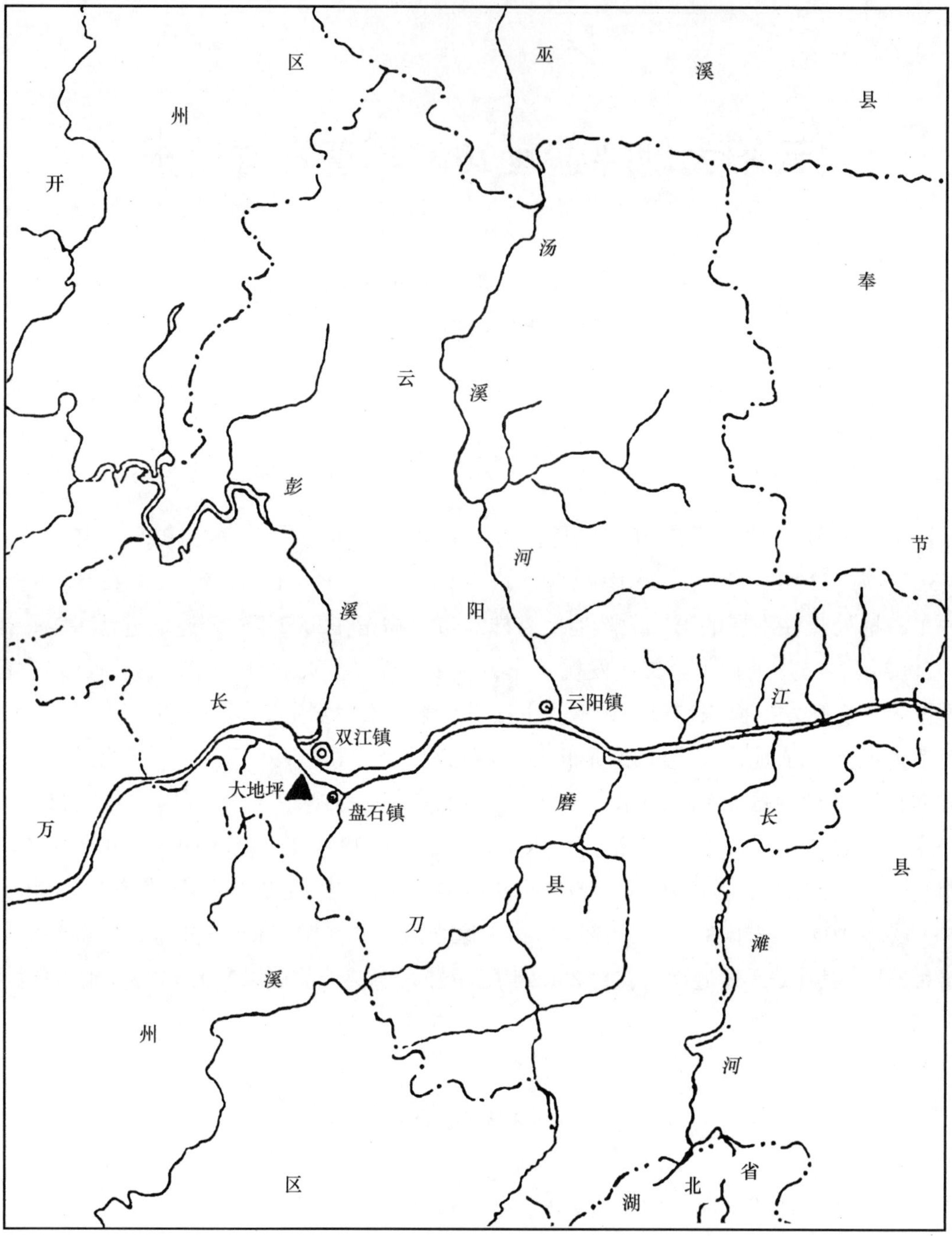

图一 大地坪遗址位置示意图

有打制的尖状器、刮削器、砍砸器、网坠和磨制的石锛，M1～M8开口于本层下。

第5层：新石器时代文化层。厚0～30厘米。灰色粉砂质砂土，土质极疏松，出土极少的陶片、石片、炭渣等，陶片有夹砂陶片、泥质陶片，无可辨器形，纹饰仅见绳纹、附加堆纹等。

第6层：黄色粉砂质砂土层。为生土层。

D区发掘的T1和T2地层堆积共分6层，土质土色杂乱，为唐宋时期坡状次生堆积，文化包含物涵盖新石器晚期至唐宋时期，地层堆积不再做详细说明。

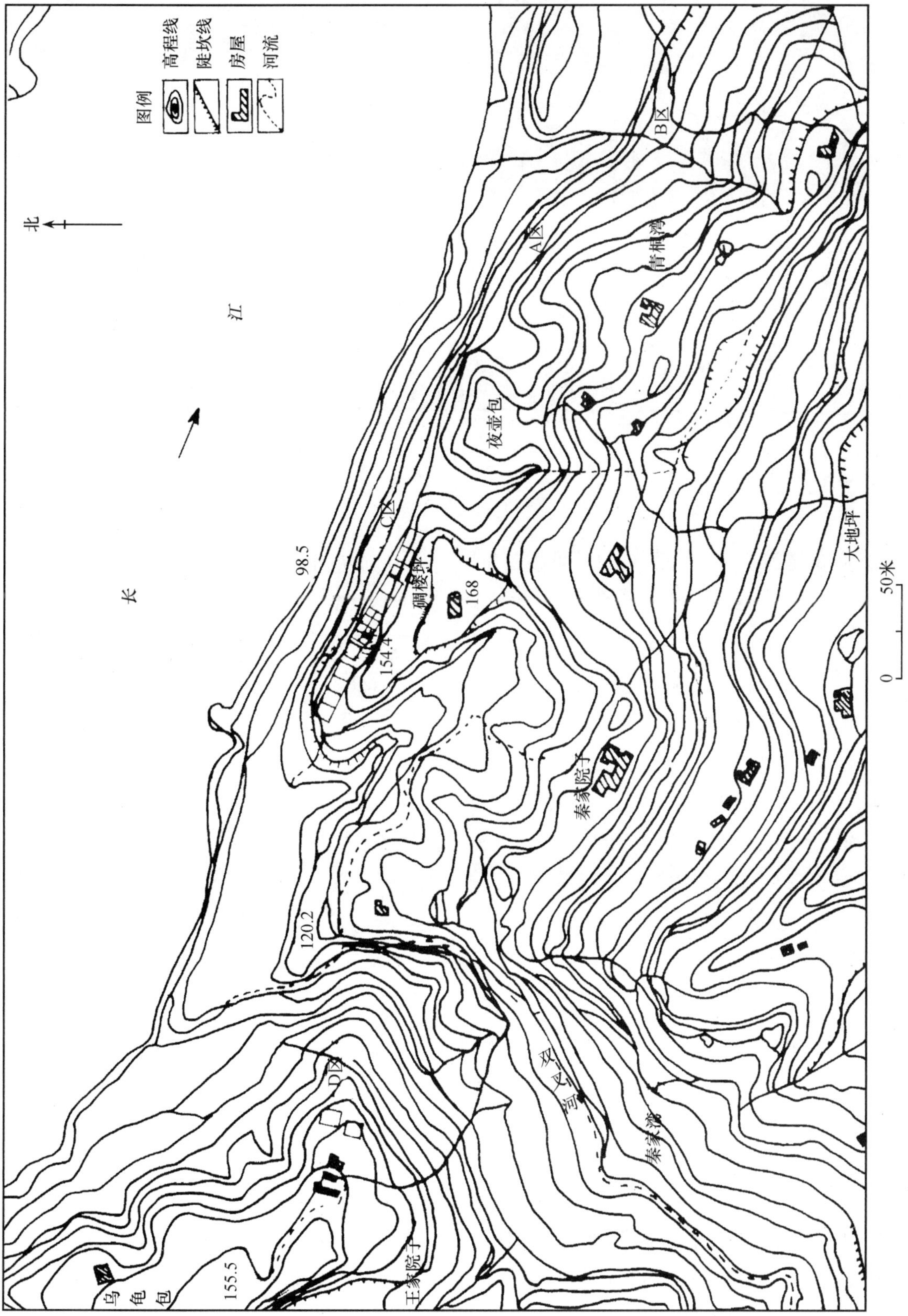

图二　大地坪遗址第二次发掘探方分布图

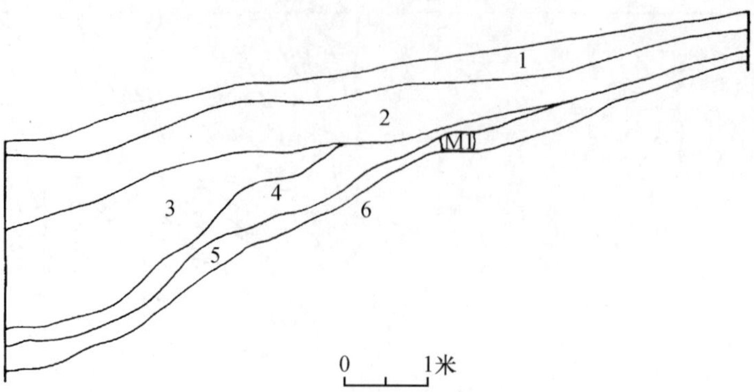

图三 C区T11西壁地层剖面

三、C区新石器时代文化遗存

（一）遗迹

C区发现的遗迹有墓葬、灰坑、房址、窑址等。现分别介绍如下。

1. 墓葬

共发现8座墓葬，分别编号为2003YDC区M1～M6、M8、M9，均为竖穴土坑墓（原M7后否认为墓葬），现分述之。

M1 位于T11西部，开口于T11第4层下，打破第5层。为长方形竖穴土坑墓，方向288°，呈东西向，墓口距T11西南角地表深145、残深18、残长40厘米，墓口宽46、墓底宽44厘米。填土为灰色粉砂质砂土，无葬具、骨架痕迹，且无任何随葬品（图四）。

M2 位于T11西部，开口于T11第4层下，打破第5层。为长方形竖穴土坑墓，方向280°，呈东西向，墓口距T11西南角地表深150、残深26、墓口长192、宽60～94、底宽60～90厘米。填土为灰褐色粉砂质砂土，人骨、葬具均无痕迹。随葬品有石器和陶器（图五）。以下分述之。

石器 共4件。为尖状器、网坠、砍砸器和石球。

尖状器 1件。M2：1，砂岩砾石。黄褐色。近平顶，扁平近三角形，一侧弧直身，另一侧折身，钝锋。打击点和放射线明显，系锤击加工而成。长17.6、宽10.4、厚3.4厘米（图六，1）。

网坠 1件。M2：11，砂岩砾石。灰褐色。呈扁平椭圆形，两端呈圆弧形，腰部对称各打击成一凹槽，打击点明显，系锤击而成。长10.8、宽7.8、厚2.6厘米（图六，2）。

砍砸器 1件。M2：6，砂岩石。红褐色。呈尖圆形，圆弧顶，弧身，圆弧刃。打击点、放射线和同心波纹清晰可见，系锤击而成。长9.8、宽10.4、厚2.6厘米（图六，3）。

石球 1件。M2：12，石英砾石。黄白色。呈圆形，利用圆形自然石英砾石磨制而成，两端磨平直径6.6厘米（图六，4）。

陶器 共9件。器类可分为罐、盆、缸、钵等。

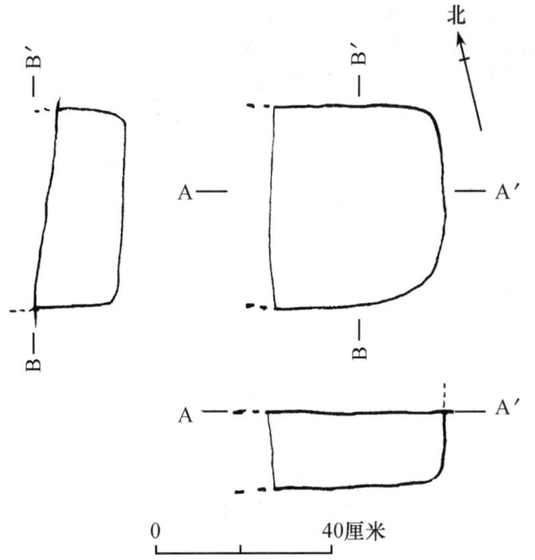

图四　C区M1平、剖面图

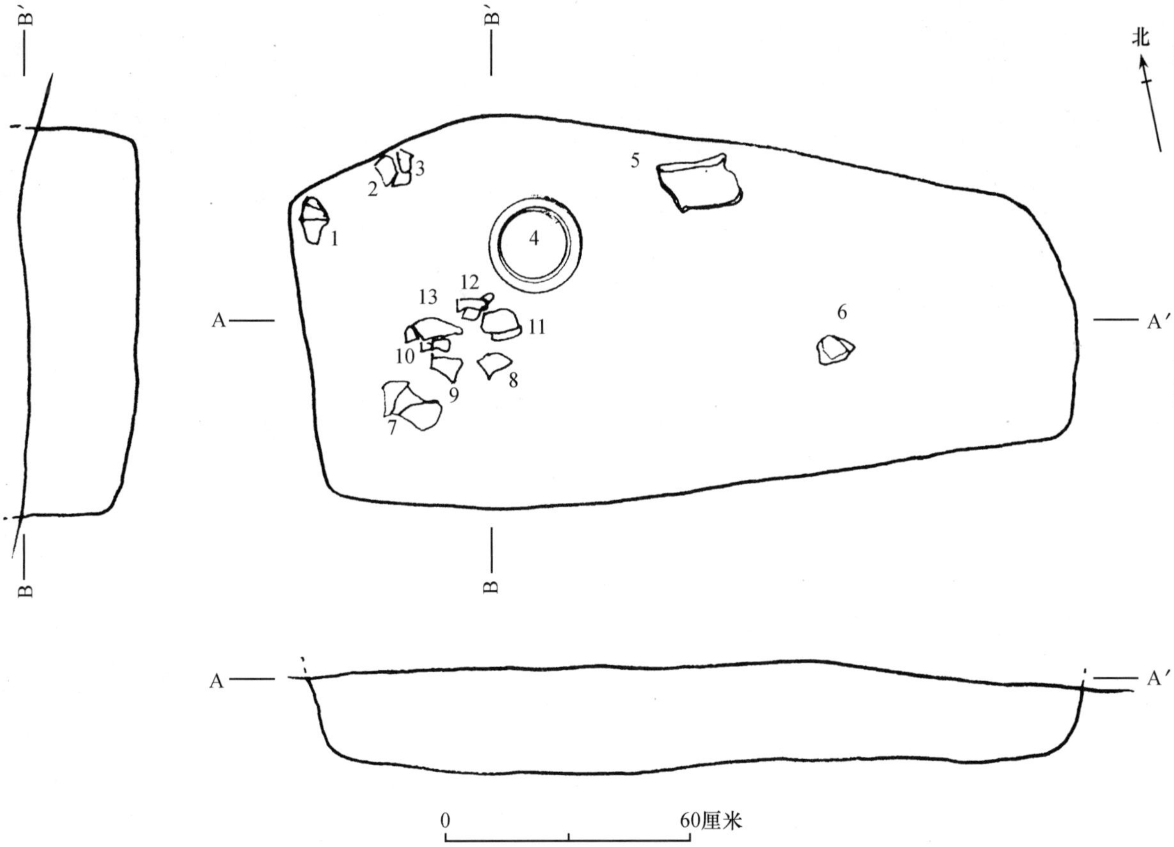

图五　C区M2平、剖面图

1. 石尖状器　2、4、7～10. 陶罐　3. 陶钵　5. 陶缸　6. 石砍砸器　11. 石网坠　12. 石球　13. 陶盆

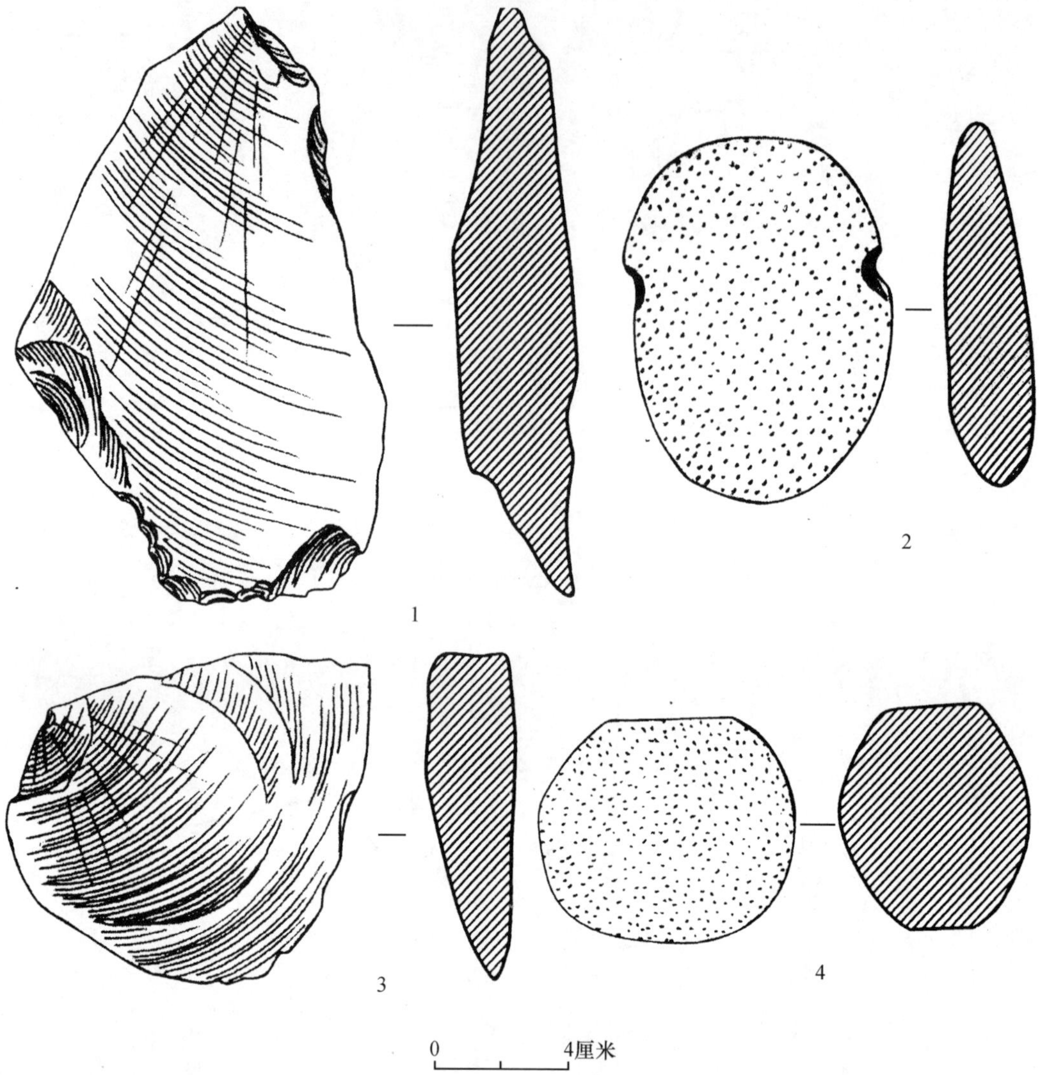

图六　C区M2出土石器

1. 尖状器（M2：1）　2. 网坠（M2：11）　3. 砍砸器（M2：6）　4. 球（M2：12）

罐　共6件。M2：7，夹砂黑褐陶。微侈口，圆唇，宽折沿，深直腹。腹部饰戳点纹、弦纹及交错细绳纹。口径17、残高14.5厘米（图七，6）。M2：4，泥质黄褐陶。敛口，圆唇，宽圆肩，鼓腹，平底。口径11、高13.3厘米（图七，8）。M2：2，夹砂黑褐陶，圆唇，宽平折沿，斜腹。腹部饰粗绳纹。口径18.4、残高4.8厘米（图七，2）。M2：8，夹砂红褐陶。圆唇，侈口，深直腹。口部滚压小花边，腹部饰细绳纹，并间以压印纹。口径20.8、残高4.5厘米（图七，1）。M2：9，夹砂黑褐陶。侈口，方唇，束颈，微鼓深腹。口沿压印小花边，腹部饰细绳纹、刻划纹和凸起方块纹。口径18、残高16厘米（图七，4）。M2：10，夹砂红褐陶。深腹微鼓。腹部饰细绳纹、刻划断线纹。仅存腹局部残高16.4厘米（图七，5）。

盆　1件。M2：13，泥质黑皮红褐陶。尖圆唇，宽平折沿，斜坦腹。素面。口径28、残高5厘米（图七，9）。

缸　1件。M2：5，夹砂红陶。侈口，深直腹，厚胎。腹部饰篮纹和宽平箍带纹。残高26.8、胎厚4厘米（图七，7）。

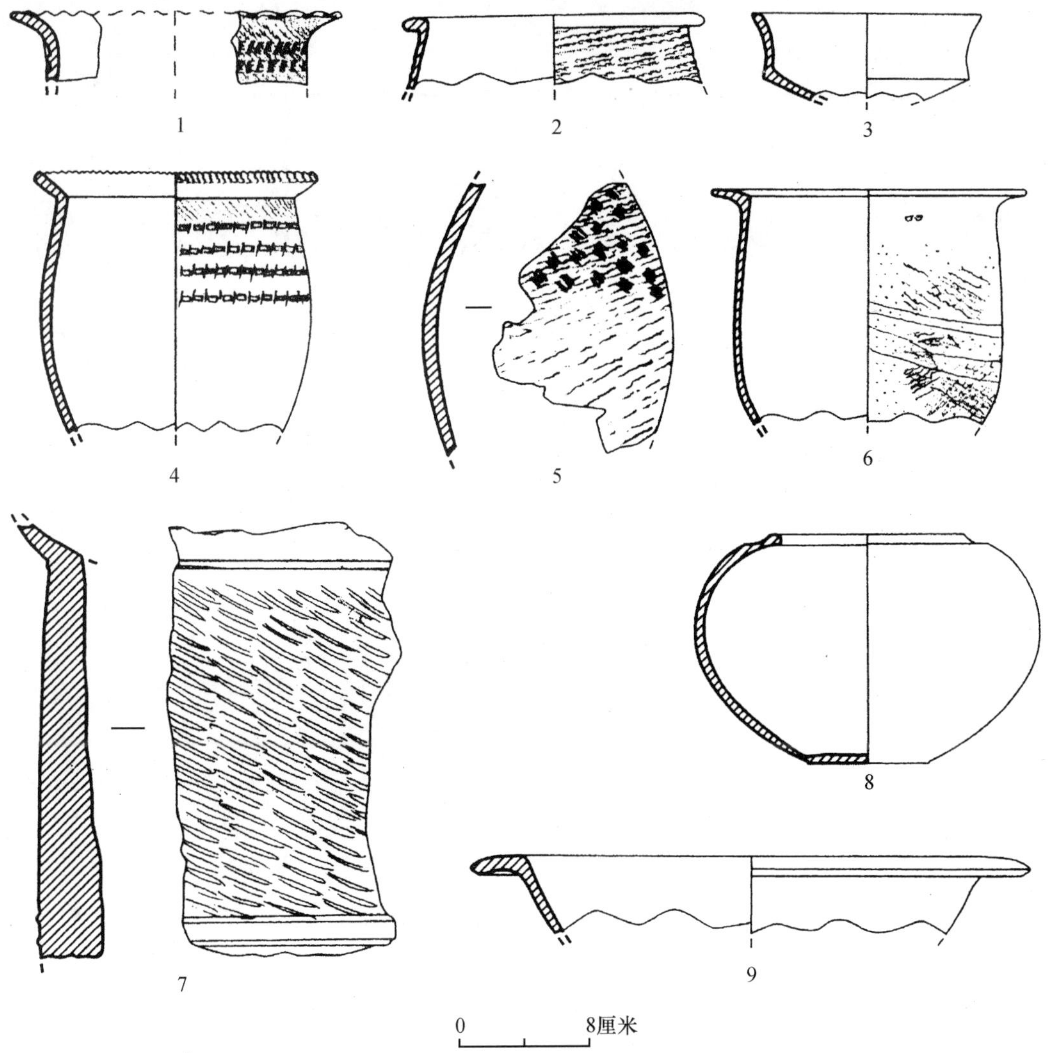

图七　C区M2出土陶器

1、2、4～6、8. 罐（M2：8、M2：2、M2：9、M2：10、M2：7、M2：4）　3. 钵（M2：3）　7. 缸（M2：5）　9. 盆（M2：13）

钵　1件。M2：3，泥质黑皮红褐陶。敞口，圆唇，折腹坦收。上腹部饰细瓦棱纹。口径14.4、残高5.2厘米（图七，3）。

M3　位于T11西部，开口于T11第4层下，打破M8和第5层。为长方形竖穴土坑墓，方向288°，墓口距T11西南角地表深155、长194、宽54、残深20厘米，墓底长180、宽52厘米。填土为灰褐色粉砂质砂土，人骨、葬具均无痕迹。随葬品有石器和陶器（图八）。以下分述之。

石器　共7件。器类可分为砍砸器、刮削器、尖状器等。

砍砸器　2件。M3：10，红褐色砂岩砾石。通体呈扁椭圆形，圆弧顶，弧身，齿刃。打击点和放射线较强，系锤击法打制而成。长17.2、宽10.8、高3.2厘米（图九，1）。M3：4，黑褐色砂岩砾石。通体呈不规则圆形，近平顶，圆身，齿刃。打击点和放射线明显，系锤击法打制而成。长8、宽13.4、厚2.4厘米（图九，7）。

刮削器　4件。M3：11，黄褐色砂岩砾石。通体呈不规整椭圆形，长弧顶，弧身，弧形齿刃。打击点、放射线明显，系锤击法打制而成。长4.6、宽8.4、厚1厘米（图九，3）。

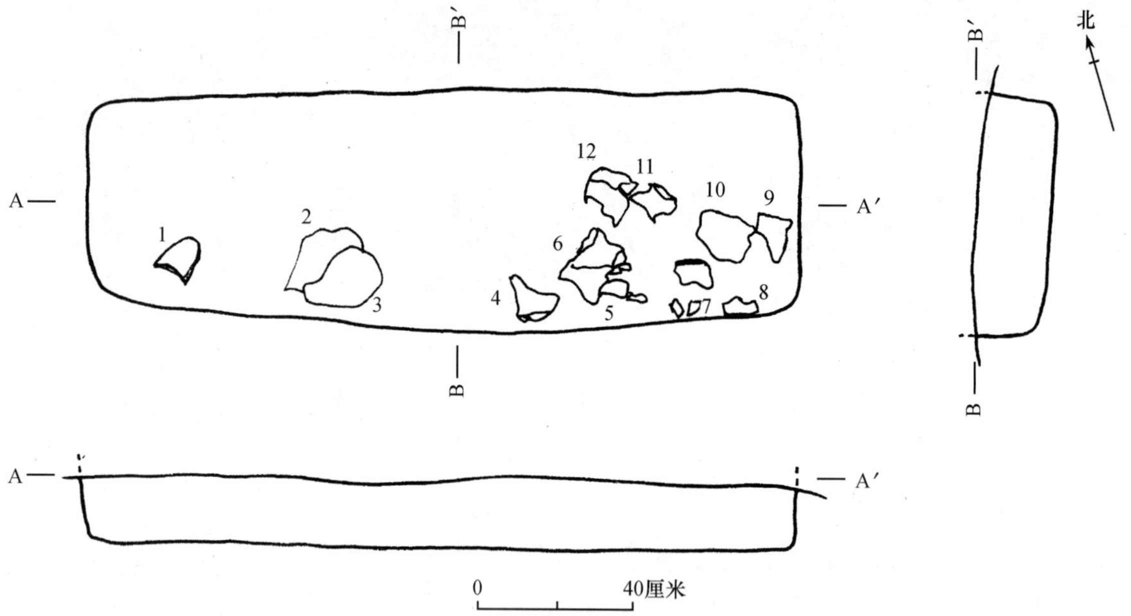

图八　C区M3平、剖面图

1. 陶缸　2、5、9. 陶罐　3. 石尖状器　4、10. 石砍砸器　6、8、11、12. 石刮削器　7. 陶器底

M3：12，褐色砂岩砾石。呈不规整半圆齿形，平顶，弧身，齿刃。打击点和放射线明显，系单面锤击而成。长4、宽4.6、厚1厘米（图九，5）。M3：8，灰色砂岩砾石。通体呈不规整椭圆形，弧顶，弧身，圆弧细齿刃。打击点、放射线和同心波纹较为清晰。系单面锤击加工而成。长9.2、宽6.4、厚1.3厘米（图九，6）。M3：6，黄褐色砂岩砾石。通体呈不规整半圆形，平顶，圆弧身，弧齿刃。打击点和放射线较明显，系锤击法加工而成。长3.8、宽5.6、厚1.2厘米（图九，4）。

尖状器　1件。M3：3，灰黑色砂岩砾石。呈尖状圆形，圆顶，圆弧身，钝锋。打击点和放射线明显，系单面锤击加工而成。长12.4、宽10、厚3.2厘米（图九，2）。

陶器　共5件。器类可分为罐、缸、器底等。

罐　共3件。M3：2，夹砂黑褐陶。方唇，侈口，束颈。深腹微鼓，平底。口沿压印小花边。口径22.8、高20、底径11.2厘米（图一〇，1）。M3：9，黑灰褐胎泥质陶。圆唇，卷沿，长直颈。颈部饰瓦棱纹。口径23.2、残高6.4厘米（图一〇，2）。M3：5，泥质橘黄陶。圆唇，卷沿，斜长颈。颈部饰戳点纹和凸棱纹。口径21.6、残高6.4厘米（图一〇，3）。

缸　1件。M3：1，夹砂红陶。方唇，折沿，高颈，深直腹。腹部饰篮纹。口径36、残高16.8、厚2.6厘米（图一〇，5）。

器底　1件。M3：7，夹砂红褐陶。平底。素面。底径14、残高1.6厘米（图一〇，4）。

M4　位于T11中西部。开口于T11第4层下，打破第5层，为长方形竖穴土坑墓，方向268°（图一一）。墓口距T11西南角地表深155、长170、宽48、残深16厘米，墓底长宽与墓口一致。填土为灰褐色粉砂质砂土。人骨、葬具痕迹均无。随葬品均为陶器。

陶器　共2件。器类可分壶和圈足器等。

壶　1件。M4：1，黑皮灰胎泥质陶。盘口（残），细长颈，颈以下残。口外部及颈部饰

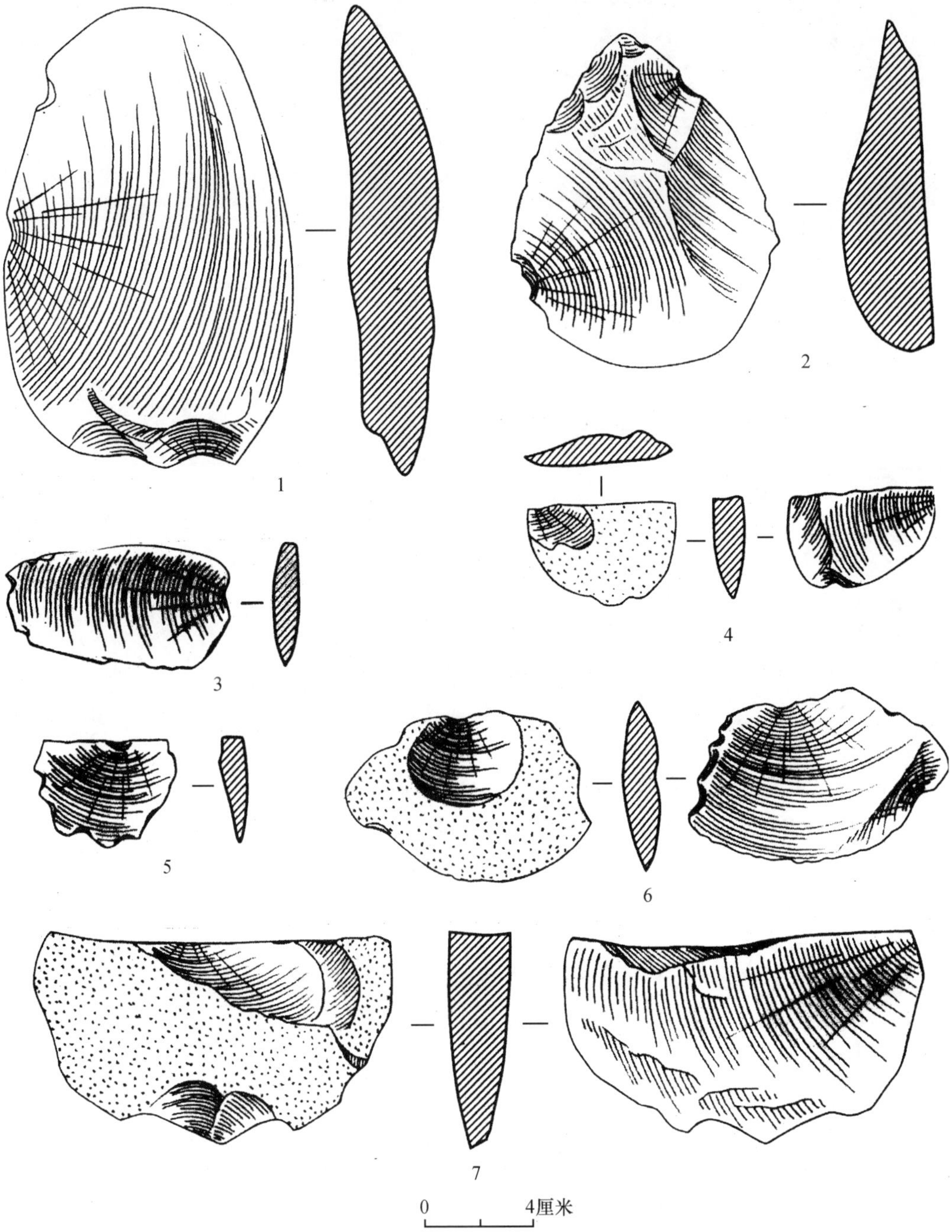

图九　C区M3出土石器

1、7. 砍砸器（M3：10、M3：4）　2. 尖状器（M3：3）　3～6. 刮削器（M3：11、M3：6、M3：12、M3：8）

刻划短浅纹及戳点纹。残高6厘米（图一二，1）。

圈足器　1件。M4：2，泥质灰褐陶。坦腹，高圈足，圈足上镂孔。残高5.5厘米（图一二，2）。

M5　位于T11中西部，开口于T11第4层下，打破第5层。长方形竖穴土坑墓，方向272°（图一三）。墓口距T11西南角地表深155、长190、宽40、残深22厘米，墓底长宽与墓口一致，填土为灰色粉质砂土，人骨架无下肢痕迹，葬式为仰身直肢，头向108°，无葬具痕迹，无

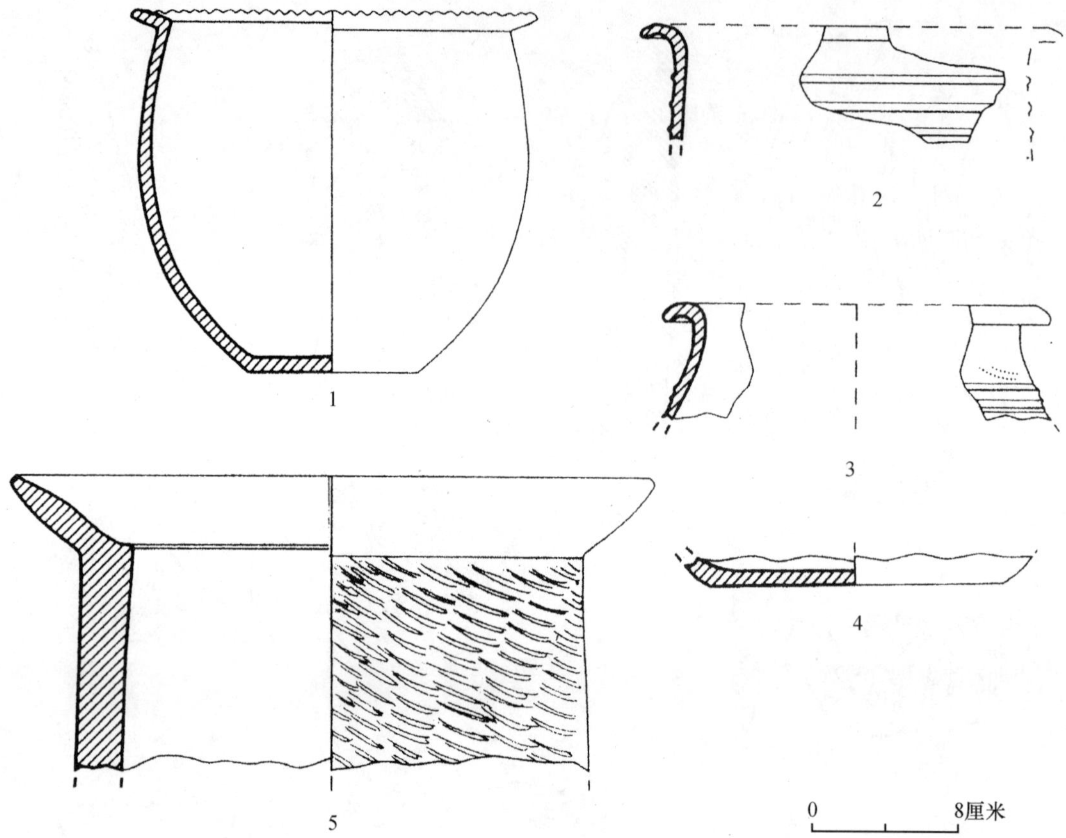

图一〇　C区M3出土陶器

1～3. 罐（M3：2、M3：9、M3：5）　4. 器底（M3：7）　5. 缸（M3：1）

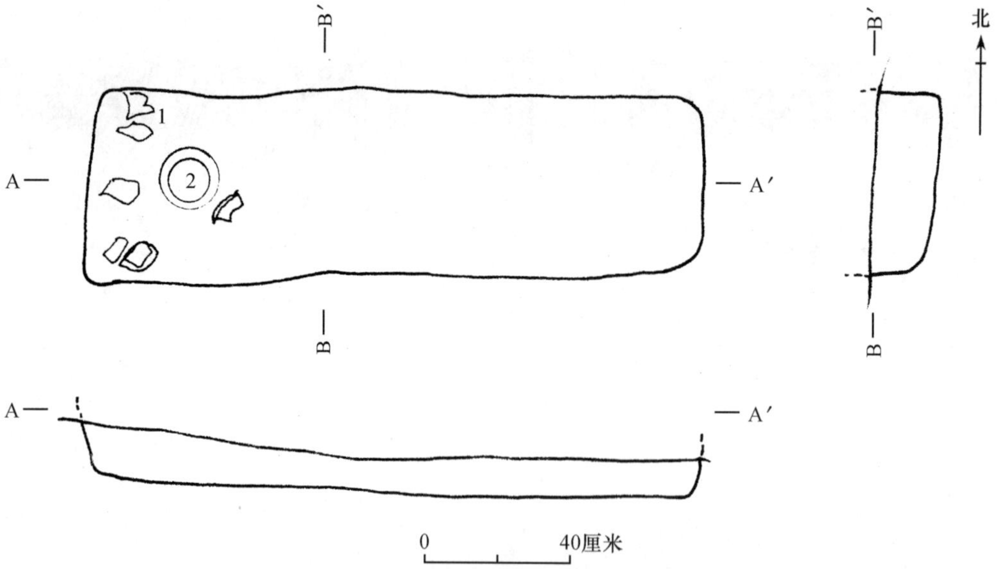

图一一　C区M4平、剖面图

1. 陶壶　2. 陶圈足器

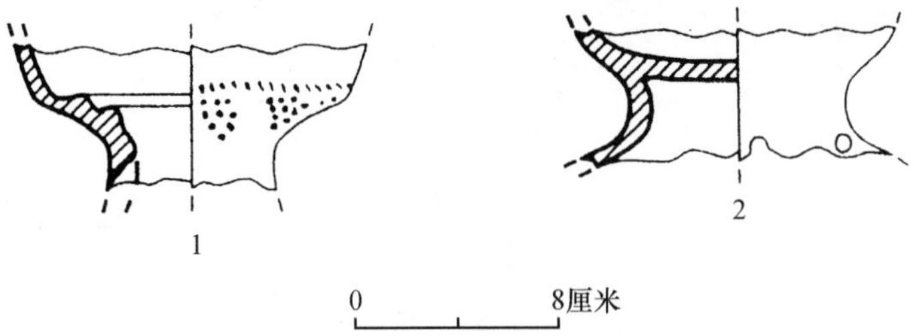

图一二 C区M4出土陶器

1. 壶（M4：1） 2. 圈足器（M4：2）

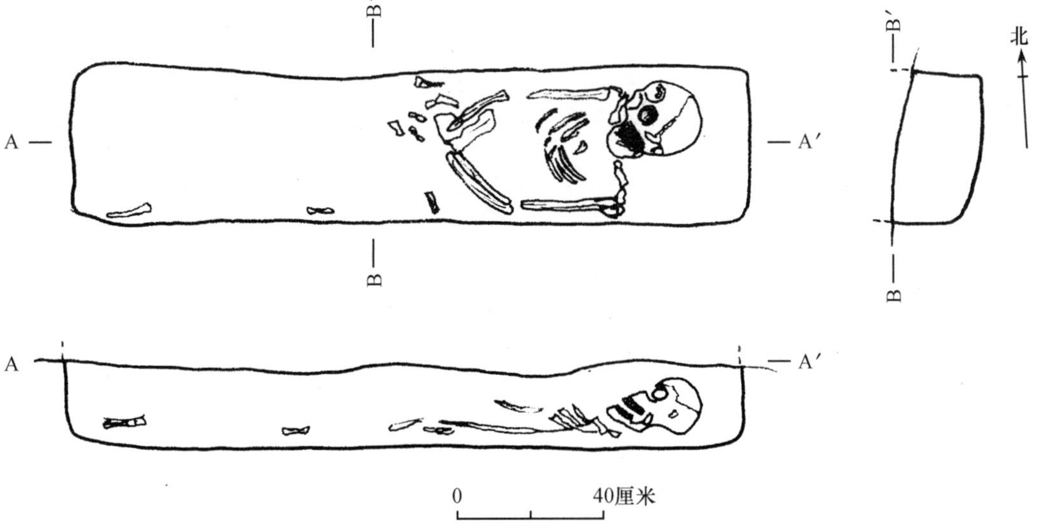

图一三 C区M5平、剖面图

随葬品。

M6 位于T11中西部，开口于T11第4层下，打破第5层，为不规整长方形竖穴土坑墓，方向267°（图一四）。墓口距T11西南角地表深160、长205、宽50～62、残深34厘米，墓底长199、宽42～56厘米。

填土为灰褐色粉砂质砂土，人骨架和葬具无痕迹。随葬品为1件陶器。

罐 1件。M6：1，夹砂红褐陶。方唇，侈口，深直腹斜收，平底。口沿压印小花边，腹部饰六周凹弦纹和交错细绳纹。口径25.6、底径11.6、高29厘米（图一五）。

M8 位于T11中西部，开口于T11第4层下，被M3打破，打破第5层，为长方形竖穴土坑墓，方向288°（图一六）。墓口距T11西南角地表深169、长196、宽64、残深18厘米，墓底长宽与墓口一致。填土为残灰褐色粉砂质砂土。人骨架为仰身直肢，无棺木痕迹。随葬品有石器和陶器，石器有石核、砍砸器和石片等。选用的标本为3件陶器，器类为瓶、罐、器底等。以下分述之。

罐 1件。M8：1，夹砂灰褐陶。侈口，卷沿，深腹。口沿压印花边，腹部饰斜绳纹。残高6.6厘米（图一七，1）。

圈足器 1件。M8：2，泥质黄陶。曲腹，平底。腹以上残。素面。底径5.6、残高8.4厘米（图一七，2）。

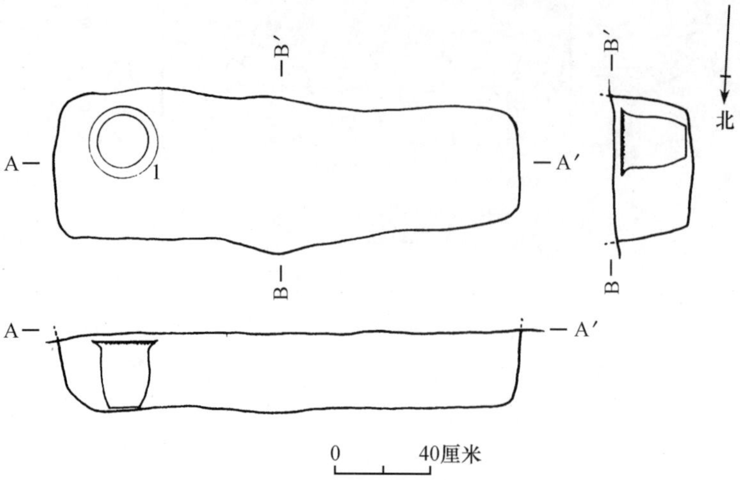

图一四 C区M6平、剖面图

1. 陶罐

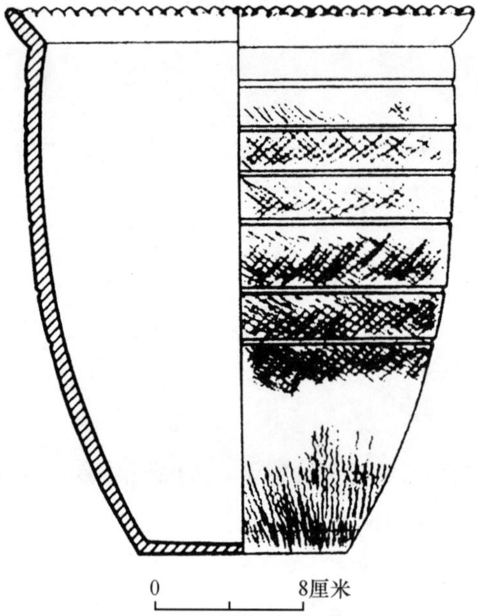

图一五 C区M6出土陶罐（M6：1）

瓶 1件。M8：3，黑皮红胎泥质陶。圆唇，小盘口，束颈，颈以下残。素面。口径6.4、残高1.8厘米（图一七，3）。

M9 位于T12东北部，开口于T12第3层下，被Y1打破，打破T12第4层，为长方形竖穴土坑墓，方向为302°。墓口距T12西南角地表深180、长190、宽50、残深10厘米，填土为浅灰褐色粉砂质砂土，人骨架胯骨以上骨架无痕迹。随葬品仅1件陶罐残片（图一八）。

罐 1件。M9：1，夹砂灰褐陶。尖圆唇，敞口，高领，束颈，溜肩。鼓腹饰水同心波纹。口径30、残高12.6厘米（图一九）。

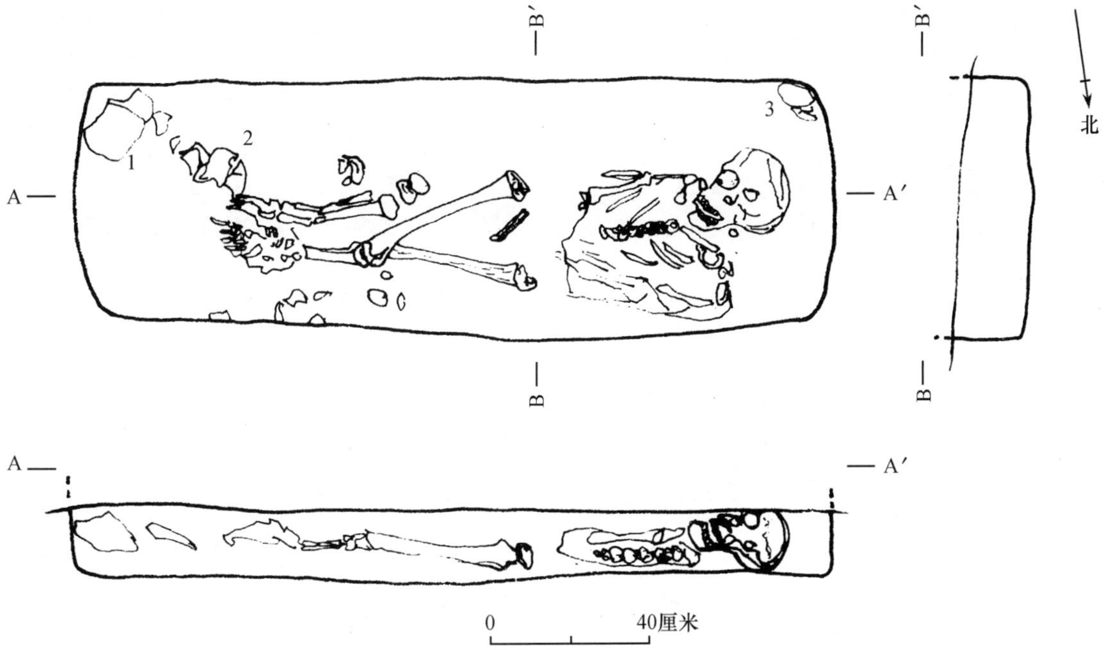

图一六　C区M8平、剖面图

1. 陶罐　2. 陶圈足器　3. 陶瓶

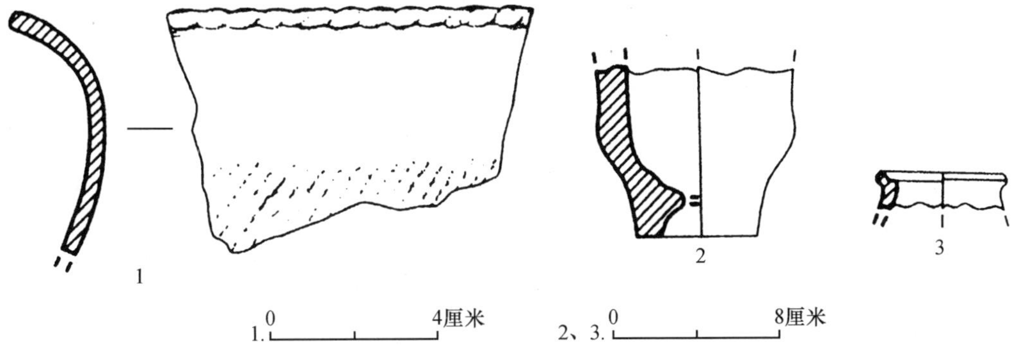

图一七　C区M8出土陶器

1. 罐（M8：1）　2. 圈足器（M8：2）　3. 瓶（M8：3）

2. 灰坑

C区仅发现1个新石器时代灰坑，编号为2003YDC区H1。H1位于T9南部，开口于T9第2层，打破第4层，平面呈不规整椭圆形，四壁倾斜，底部凹凸不平，四壁和底部均未见人工修整痕迹。开口距西南角地表深约25、长轴220、短轴122、残深32厘米。其包含物有大量的炭渣、烧土、螺蛳壳、较多的陶片、石片、打制石器及动物骨渣等。打制石器可见斧、尖状器、刮削器等。陶片以夹砂陶为主，少量泥质陶。陶色可见红、灰两种，纹饰可见绳纹。未见可辨器形（图二〇）。

3. 房址

共2座新石器时代房址，即F2、F3。

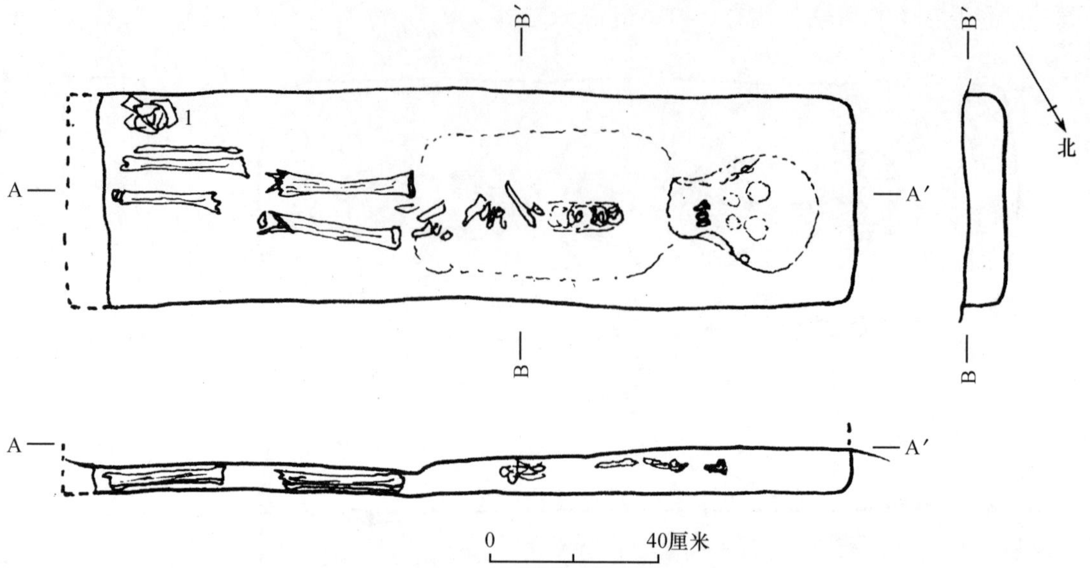

图一八　C区M9平、剖面图

1. 陶罐

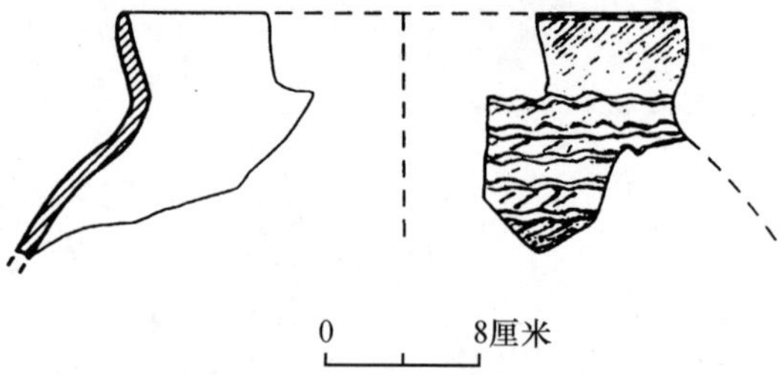

图一九　C区M9出土陶罐（M9：1）

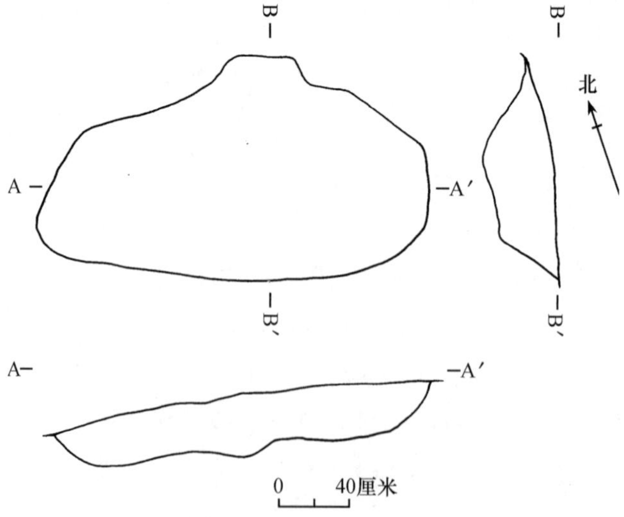

图二○　C区H1平、剖面图

F2　位于T17中西部，由D1～D6组成，未发现房址的其他结构。D1、D2直径在15～24、深10～24厘米。D1～D2位于探方南部，开口于T17第6层下，打破第10层；D3～D6位于中北部，开口于第9层下，打破第10层，即生土层。D1～D6无叠压打破关系和其他痕迹出现，均为一次埋藏。T17中各地层堆积为坡状堆积，地势南高北低，体现了南薄北厚的埋藏现象，T17第6层以下的各地层（第7～9层）均分布在探方北部。第6层以上无任何其他遗迹出现。由以上现象可知，D1、D2虽然开口于第6层下，但直接打破第10层，即生土层，与D3～D6的关系密切，且D1和D2中的填土均为一次性填充，与D3～D6的包含物一致。因此，D1、D2的开口也可视为T17第9层下，与D3～D6为同一时期一座房址（即F2）的6个柱洞遗迹，即新石器时代房址遗迹。由于F2结构不完整，其面积无法估计（图二一）。

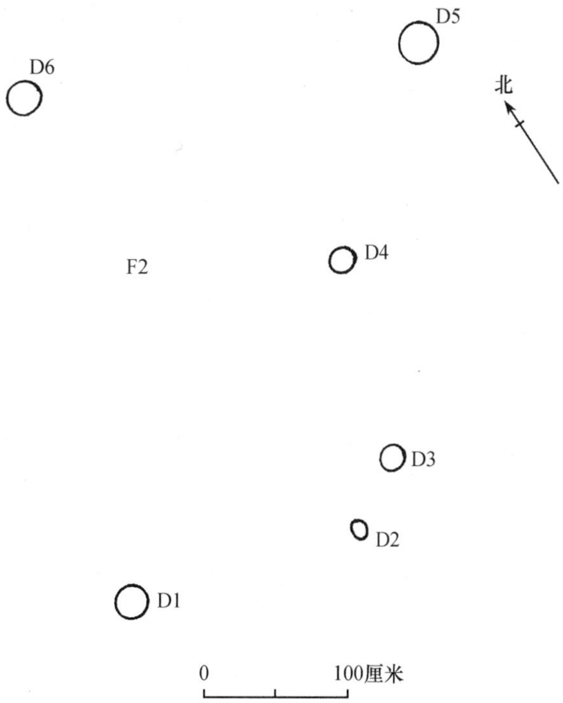

图二一　C区F2平面图

F3　位于T12中南部，由D1～D4四个柱洞和Z2组成，未发现门道、踩踏面等房址的组成部分遗迹。F2开口于T12第3层下，打破第4层，柱洞（D1～D4）直径在25～35厘米，开口距T12西南角地表深98～128、残深10～20厘米，柱洞内填土均为一次性埋藏。各柱洞内填土为灰褐色粉砂质黏土，含有炭渣、螺蛳壳、夹砂红褐陶片、夹砂黑陶、红烧土颗粒等。纹饰可见绳纹，器形不辨。Z2与第一次发掘的Z1相似，Z2仅存灶膛局部。呈圆弧形，火烧土壁厚4～7、残深10～15厘米。残余面积约0.4平方米，填土为灰黑色，含大量的红烧土、炭渣、碎陶片及动物骨渣等，未见纹饰和可辨器形。

由于F3（包括D1～D4及Z2）的结构不完整，其分布面积无法估计（图二二）。

4. 窑址

共发现新石器时代窑址3座，即2003YDC区Y1～Y3。以下分述之（图二三）。

Y1　位于T12东北部，开口于T12第3层下，被Y3打破，Y1打破M9，方向为坐南朝北。窑床呈长圆形，仅存部分窑床底，残长140、宽92、残深5～20厘米，窑壁外红内灰，内壁坚硬，烧结层厚10～20厘米。窑床底部略呈南高北低之势，Y1南部窑壁有一圆形烟道，窑床内直径20、残深约20厘米。Y1填土为灰褐色粉砂质砂土，含大量红色或灰色烧土、炭渣等，无其他文化包含物（图二四）。

Y2　位于T12北部，开口于T12第3层下，打破第4层，被Y3打破，方向为坐南朝北。窑床呈长圆形，Y2除窑床保存大部分外，其他结构（如烟道、灶膛等）均无。窑床内空长88、宽64、残深12～66厘米，窑床底部呈南高北低之势，窑壁局部略变形，外红内灰，内壁烧结，坚硬无比，烧结层厚8～20厘米。填土为灰色粉砂质砂土，夹有少量的火烧土（灰色为主）、炭

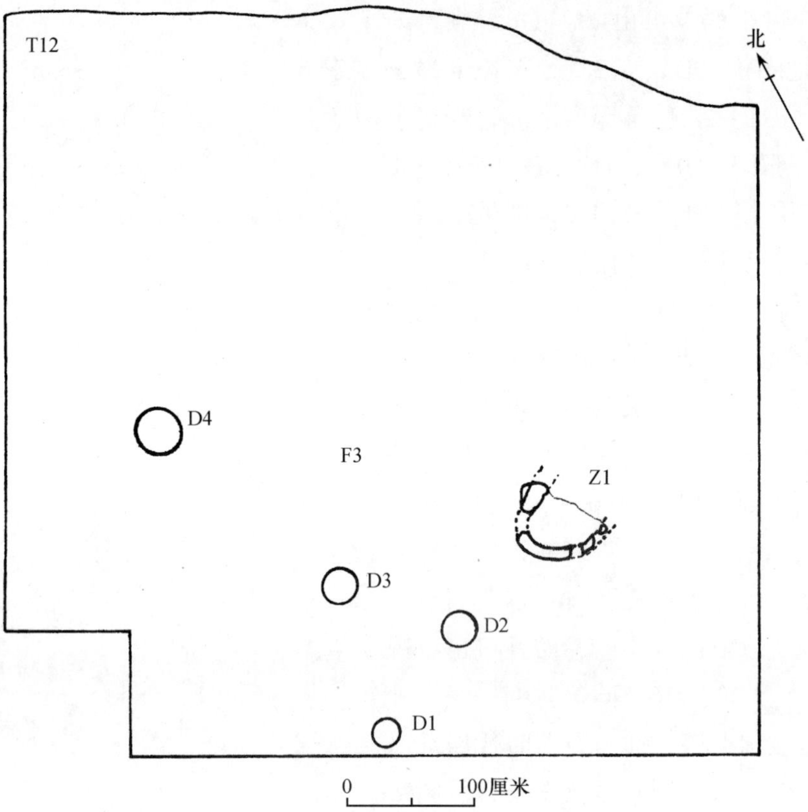

图二二　C区F3平面图

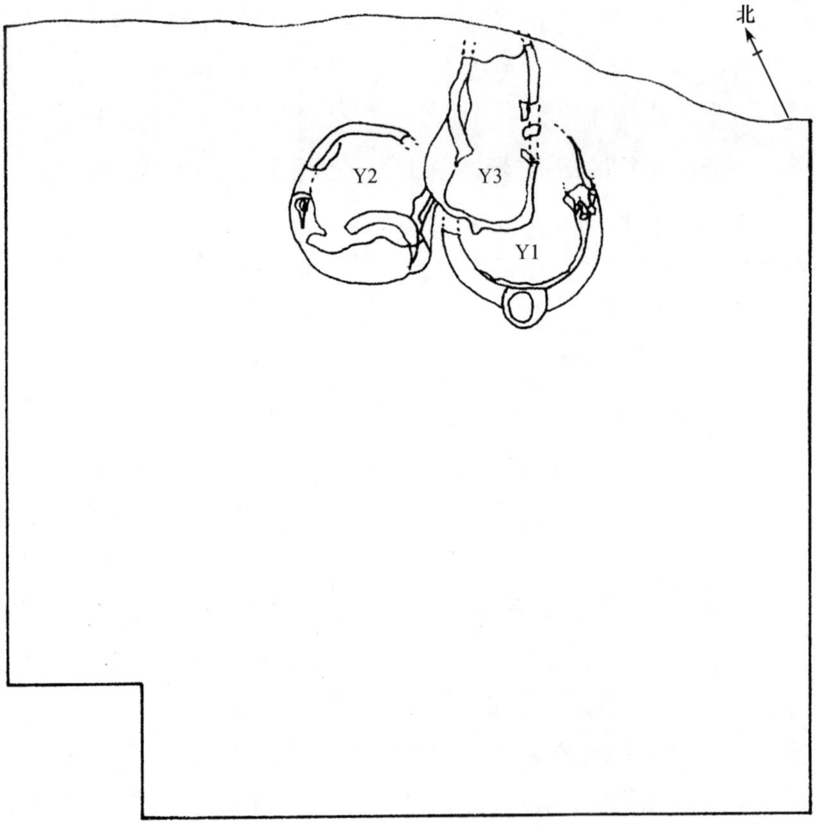

图二三　C区Y1、Y2、Y3关系图

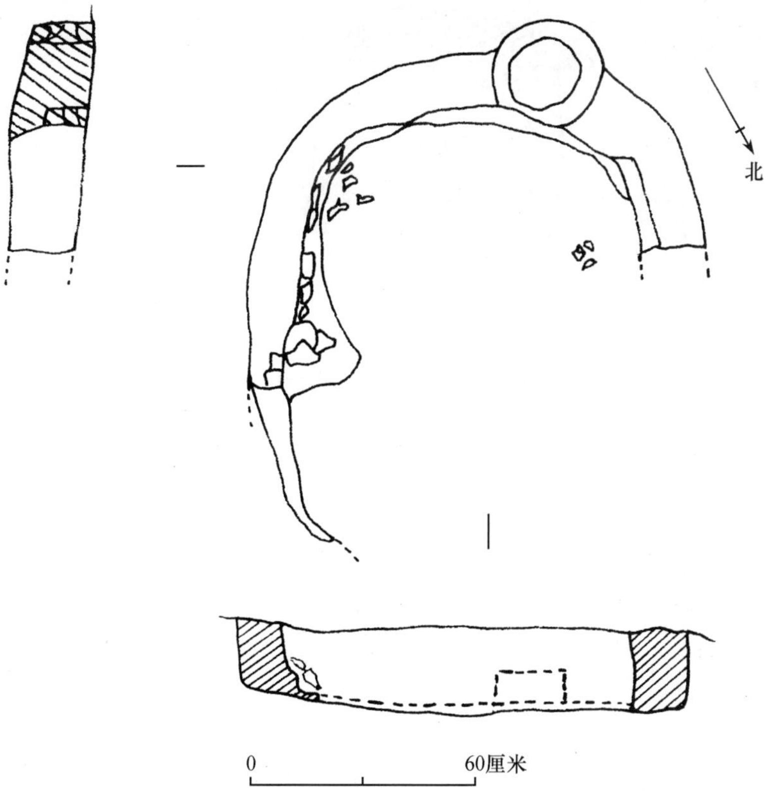

图二四　C区Y1平、剖面图

渣、螺蛳壳、陶片、砺石和打制石器等。石器可辨有磨制砺石，打制的圆刃刮削器，石镞毛坯。陶器可辨有泥质折沿长颈罐、夹砂褐陶矮颈小罐、镂孔小喇叭原胎圈足和红陶罐残片等。纹饰主要有绳纹、附加堆纹、篮纹、戳点纹和瓦棱纹等（图二五）。标本为1件骨饰件。

骨饰件　1件。Y2：1，动物骨质钙化，胎薄。近长方弓背形。素面。宽2.4、残高3.9厘米（图二六）。

Y3　位于T12北部，开口于T12第3层下，打破Y1、Y2和T12第4层。方向为坐南朝北，窑床呈长圆形，窑室局部略变形，烧结层厚10～20厘米，窑床部分残缺。火膛、烟道均无。Y3内空残长130、宽60、残深54厘米。填土为灰色粉砂质砂土（含砂量少于第4层），内含较多的红烧土、灰色烧土、砂岩石、炭渣、陶片等，另在清理Y3北部（即残余窑床外，可能为火膛位置）外填土时发现含炭渣烧土明显增多。Y3填土中石器均为磨制石器，器形有石斧毛坯和砾石等，石质为页岩，易碎。陶片以粉砂灰陶居多，极少量的夹砂陶、泥质陶。纹饰可见细绳纹、戳点纹、弦纹、圆凸点纹，带大小不一戳点纹的附加堆纹和篮纹等。陶片普遍火候高，大多数器物变形，器形可见长颈罐、折腹盆、红陶缸残片。标本仅1件陶瓮（图二七）。

瓮　1件。Y3：1，夹砂红褐陶。圆唇，口沿外翻，长颈，溜肩，鼓腹。口径17.4、残高14厘米（图二八）。

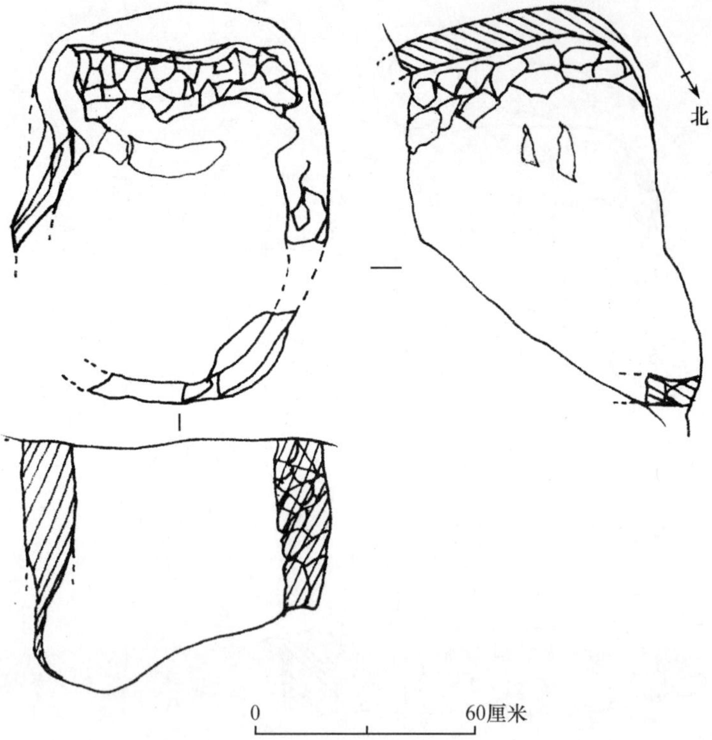

图二五　C区Y2平、剖面图

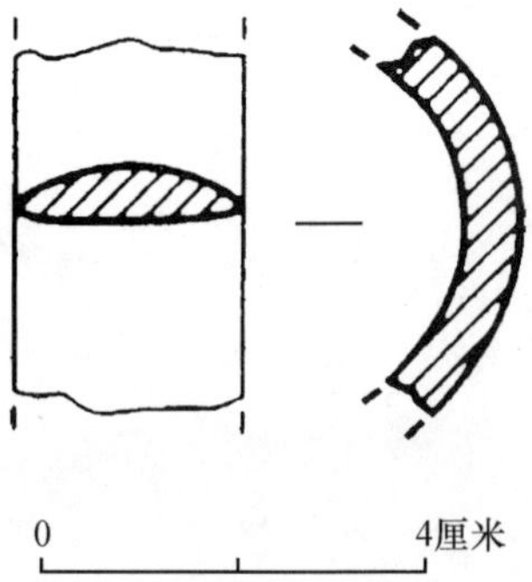

图二六　C区Y2出土骨器（Y2：1）

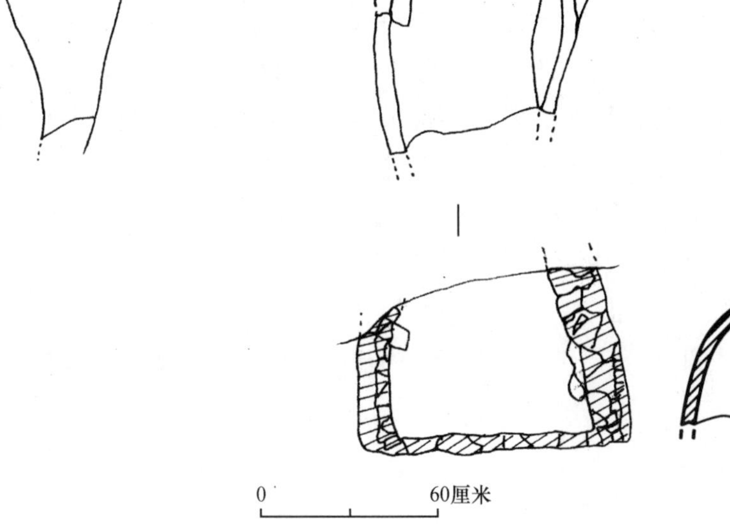

图二七　C区Y3平、剖面图

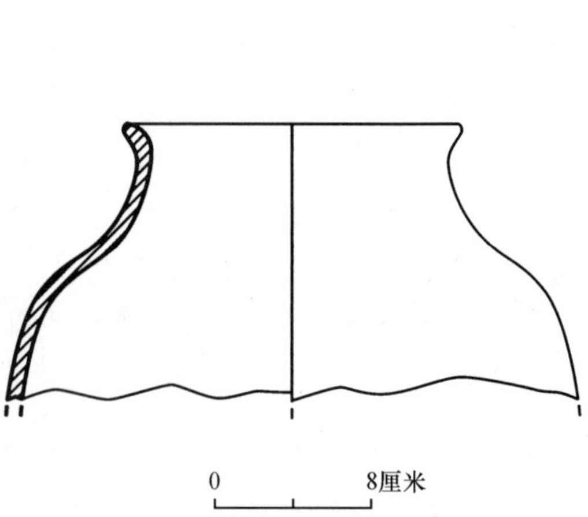

图二八　C区Y3出土陶瓮（Y3：1）

（二）地层遗物

C区第二次所发掘的各探方中新石器时代地层有T9④、T10④、T11④⑤、T12③④、T17⑨、T18⑩（表一）。T11⑤与T12④的地层一致，为本次发掘最早的文化层，包含物也基本相同，出土极少的陶片，为夹砂褐陶和泥质陶，纹饰可见绳纹、堆纹等，无可辨器形。做^{14}C测定如表二。T9④、T10④、T11④、T12③、T17⑨、T18⑩中出土的新石器时代遗物非常丰富，文化内涵基本一致，出土遗物主要有石器、陶器和动植物遗骸等。

表一　大地坪遗址2003年度第二次发掘地层年代对应表

<table>
<tr><th colspan="2" rowspan="2">探方号
年代</th><th colspan="12">C区</th><th colspan="2">D区</th></tr>
<tr><th>T9</th><th>T10</th><th>T11</th><th>T12</th><th>T13</th><th>T14</th><th>T15</th><th>T16</th><th>T17</th><th>T18</th><th>T19</th><th>T20</th><th>T1</th><th>T2</th></tr>
<tr><td colspan="2">现代</td><td>①</td><td>①</td><td>①</td><td>①</td><td>①</td><td>①</td><td>①</td><td>①</td><td>①</td><td>①</td><td>①</td><td>①</td><td>①</td><td>①</td></tr>
<tr><td colspan="2">明清时期</td><td>②</td><td>②</td><td>②</td><td>②</td><td>②
③</td><td>②
③</td><td>②
③
④</td><td>②
③</td><td>②
③
④
⑤
⑥</td><td>②
③
④
⑤
⑥</td><td>②</td><td>②</td><td>②
③
④
⑤
⑥</td><td>②
③
④A
④B
⑤
⑥</td></tr>
<tr><td colspan="2">唐宋时期</td><td>③</td><td>③</td><td>③</td><td></td><td></td><td></td><td></td><td></td><td>⑦
⑧</td><td>⑦
⑧
⑨</td><td></td><td></td><td></td><td></td></tr>
<tr><td rowspan="2">新石器
时代</td><td>第2段</td><td>④</td><td>④</td><td>④</td><td>③</td><td></td><td></td><td></td><td></td><td>⑨</td><td>⑩</td><td></td><td></td><td></td><td></td></tr>
<tr><td>第1段</td><td></td><td></td><td>⑤</td><td>④</td><td></td><td></td><td></td><td></td><td></td><td></td><td></td><td></td><td></td><td></td></tr>
<tr><td colspan="16">生土层</td></tr>
</table>

表二　北京大学加速器质谱（AMS）^{14}C测试报告

送样单位：株洲市博物馆

送样人：席道合

<table>
<tr><th rowspan="2">实验室
编号</th><th rowspan="2">样品</th><th rowspan="2">样品
原编号</th><th rowspan="2">^{14}C年代
（BP）</th><th colspan="2">树轮校正后年代（BC）</th><th rowspan="2">测量日期</th></tr>
<tr><th>1（68.2%）</th><th>2（95.4%）</th></tr>
<tr><td>BA03332</td><td>炭
（土样）</td><td>2003YDC区T11④</td><td>5150 ± 60</td><td colspan="2">未作树轮年代校正</td><td>2004年2月</td></tr>
<tr><td>BA090569</td><td>炭</td><td>2003YDC区T12M9</td><td>4175 ± 50</td><td>2880BC（14.2%）2830BC
2820BC（54.0%）2670BC</td><td>2900BC（95.4%）2610BC</td><td>2009年11月</td></tr>
<tr><td>BA090570</td><td>粗陶</td><td>2003YDC区T11⑤</td><td>5540 ± 45</td><td>4450BC（23.9%）4410BC
4400BC（44.3%）4340BC</td><td>4470BC（95.4%）4320BC</td><td>2009年11月</td></tr>
</table>

注：所用^{14}C半衰期为5568年。BP为距1950年的年代

1. 石器

出土量十分丰富，品种繁多。器类可分为砍砸器、刮削器、尖状器、铲形器、镰形器、锄、斧、盘状器、亚腰形器、网坠、雕刻器、锤、锛、凿、矛、镞、砺石共17种。

砍砸器　共13件。均为打制石器。可分为四型。

A型　共6件。分为三个亚型。

Aa型　1件。T9④：9，砂岩砾石。砖红色，呈不规整扁形，尖圆顶，弧身，单面弧刃。单向锤击而成，打击点、放射线清晰。长13.2、宽14.4、厚4厘米（图二九，1）。

Ab型　共4件，T11④：21～T11④：24。T11④：24，砂岩砾石。青黑色，呈椭圆形，弧顶，弧身，圆刃。打击点，放射线明显。系锤击而成。长9.5、宽11.5、厚2.1厘米（图

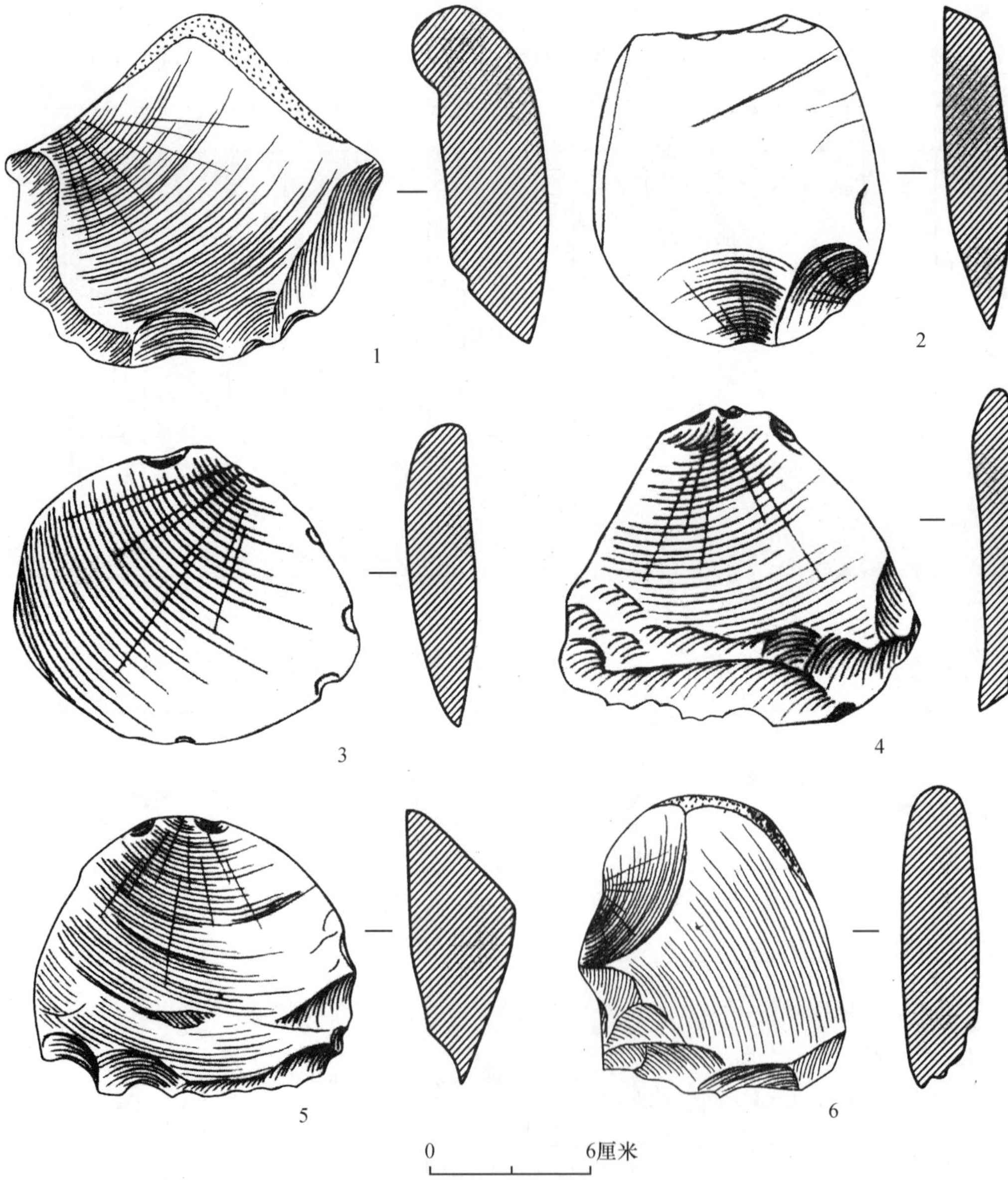

图二九　C区出土石砍砸器

1. Aa型（T9④：9）　2. Ab型（T11④：24）　3. Ac型（T18⑩：9）　4. B型（T18⑩：7）　5. Ca型（T11④：18）　6. Cb型（T11④：19）

二九，2）。

Ac型　1件。T18⑩：9，砂岩砾石。红褐色，弧平顶，弧直身，圆刃。打击点、放射线明显，系用碰击法、锤击法加工而成。长10.8、宽12.8、厚2.2厘米（图二九，3）。

B型　共2件，T11④：20、T18⑩：7。T18⑩：7，褐色砂岩砾石。呈扁形，弧顶，弧直身，弧直刃。打击点和放射线明显，呈单面锤击而成。长12、宽13.5、厚2.1厘米（图二九，4）。

C型　共2件。分为二亚型。

Ca型　1件。T11④：18，灰色砂岩砾石。近半圆形，弧顶，弧身，端刃。打击点、放射线和同心波纹清晰。长10.4、宽12.2、厚3.8厘米（图二九，5）。

Cb型　1件。T11④：19，褐红色砂岩砾石。扁长形，圆顶，弧直身，端刃。打击点和放射线明显，系多次锤击而成。长11.1、宽9.6、厚2.8厘米（图二九，6）。

D型　共3件。共分为三亚型。

Da型　1件。T18⑩：8，褐色砂岩砾石。呈不规整方形，弧顶，直身，圆弧齿刃。打击点、放射线、同心波纹清晰，系多次锤击加工而成。长10.8、宽12.8、厚2.4厘米（图三○，1）。

Db型　1件。T18⑩：6，灰黄色砂岩砾石。含不规整方形，弧平顶，亚腰身，圆弧齿刃，打击点和放射线明显，系多次锤击而成。长13.6、宽11.2、厚4厘米（图三○，2）。

Dc型　1件。T18⑩：5，黄褐色砂岩砾石。圆顶，一侧弧身，另一侧略亚腰身，尖圆刃。打击点和放射线明显，系单面锤击加工而成。长16、宽11.2、厚2.8厘米（图三○，3）。

刮削器　共5件。均为打制石器，分四型。

A型　1件。T11④：13，褐红色砂岩砾石。呈椭圆形，弧顶，弧身，圆刃。打击点，放射线和同心波纹清晰。呈菱形，平弧顶，弧直身，弧刃。单面锤击加工而成。长8.8、宽12.5、厚1.4厘米（图三○，7）。

B型　1件。T11④：14，褐红色砂岩砾石。呈不规则菱形，平弧顶，弧直身，弧刃。打击点、放射线清晰，单面锤击加工而成。长8.8、宽12.5、厚1.4厘米（图三○，4）。

C型　1件。T11④：17，灰色砂岩砾石。呈不规整三角形，尖圆顶，弧身，端刃。系单面锤击加工而成。长10、宽11.2、厚2.2厘米（图三一，1）。

D型　2件。分为二亚型。

Da型　1件。T11④：16，褐红色砂岩砾石。呈不规整椭圆形，弧平顶，弧身，弧刃。台面、打击点和放射线清晰。系碰砧法和锤击法多次加工而成。长7、宽8.8、厚1.7厘米（图三○，5）。

Db型　1件。T11④：15，青灰色砂岩砾石。呈不规整三角形，弧平顶，斜弧身，弧尖刃。台面、打击点和放射线清晰。系碰砧法和锤击法多次加工而成。长5.3、宽7.8、厚1.6厘米（图三○，6）。

尖状器　共6件。均为打制石器。可分为三型。

A型　共2件。分为二亚型。

Aa型　1件。T9④：10，灰褐色页岩石。呈不规整三角锥形，圆顶，弧直锥身，三角锥尖锋。打击点和放射线明显，系锤击加工而成。长11.7、宽8.2、厚2.8厘米（图三一，2）。

图三〇　C区出土石器

1. Da型砍砸器（T18⑩：8）　2. Db型砍砸器（T18⑩：6）　3. Dc型砍砸器（T18⑩：5）　4. B型刮削器（T11④：14）
5. Da型刮削器（T11④：16）　6. Db型刮削器（T11④：15）　7. A型刮削器（T11④：13）

Ab型　1件。T11④：31，褐色砂岩砾石。呈扁平不规整三角形，圆顶，弧直身，锋略尖。打击点和放射线清晰，系锤击加工而成。长13、宽10.6、厚1.8厘米（图三一，3）。

B型　共3件。分为三亚型。

Ba型　1件。T10④：1，青灰色砂岩砾石。呈不规整菱形，厚重，弧折顶，折身，钝锋。打击点和放射线较明显，系多次锤击加工而成。长16.8、宽9.6、厚3厘米（图三一，4）。

Bb型　1件。T11④：30，褐红色砂岩砾石。呈不规整菱形，扁平，弧折顶，折身，尖锋。系单面多次锤击而成。长14.6、宽9.6、厚1.8厘米（图三一，5）。

Bc型　1件。T9④：12，青黄色砂岩砾石。呈不规整菱形，扁平形，平顶，直折身，尖锋。打击点和放射线明显，单面多次锤击加工而成。长12.4、宽5.3、厚2.2厘米（图三一，6）。

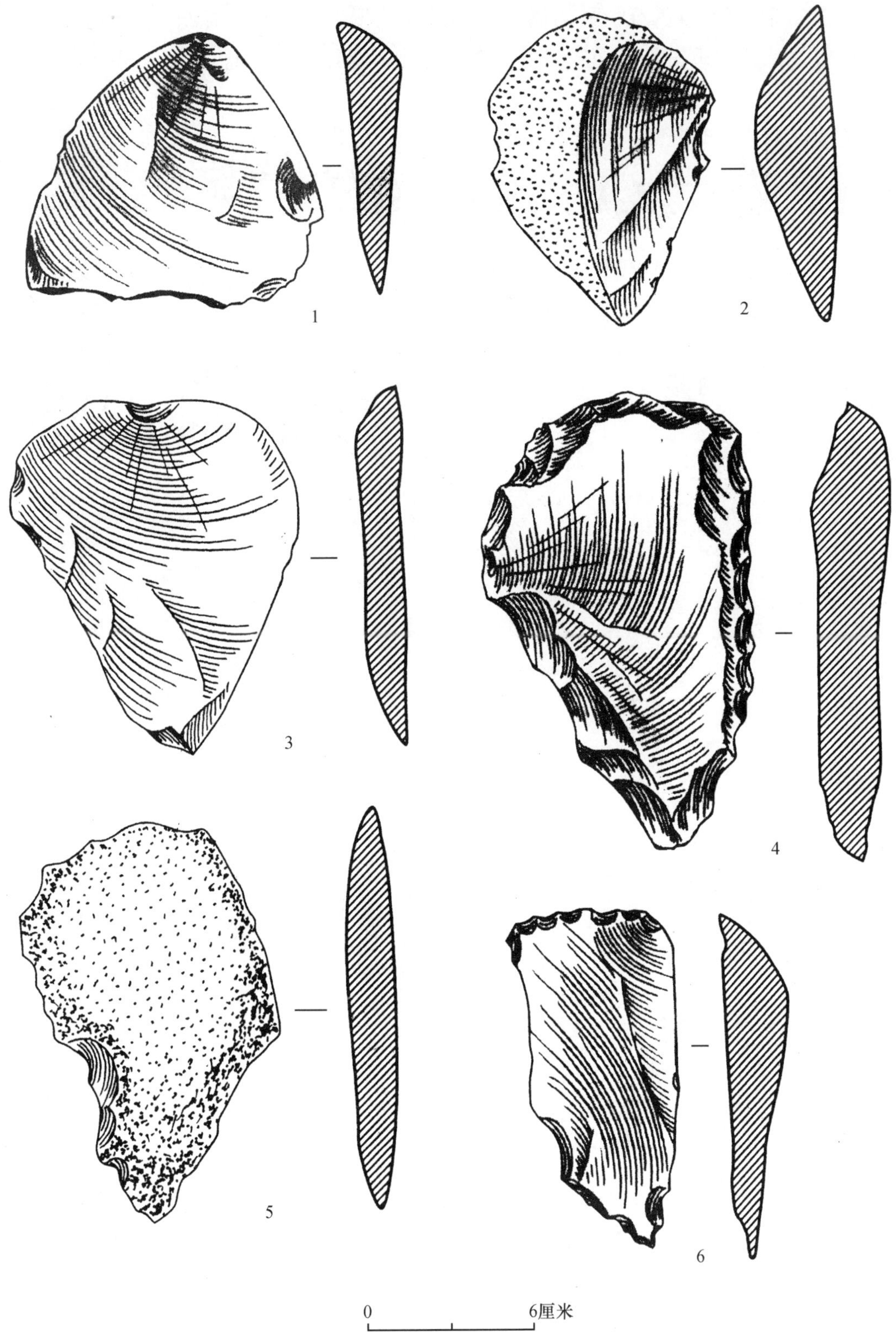

图三一　C区出土石器

1. C型刮削器（T11④：17）　2. Aa型尖状器（T9④：10）　3. Ab型尖状器（T11④：31）　4. Ba型尖状器（T10④：1）　5. Bb型尖状器（T11④：30）　6. Bc型尖状器（T9④：12）

C型　1件。T17⑨：1，红色砂岩砾石。不规整菱形，近圆顶，弧折身，略尖锋。打击点和放射线明显，系多次锤击加工而成。长10.2、宽7.8、厚1.8厘米（图三二，1）。

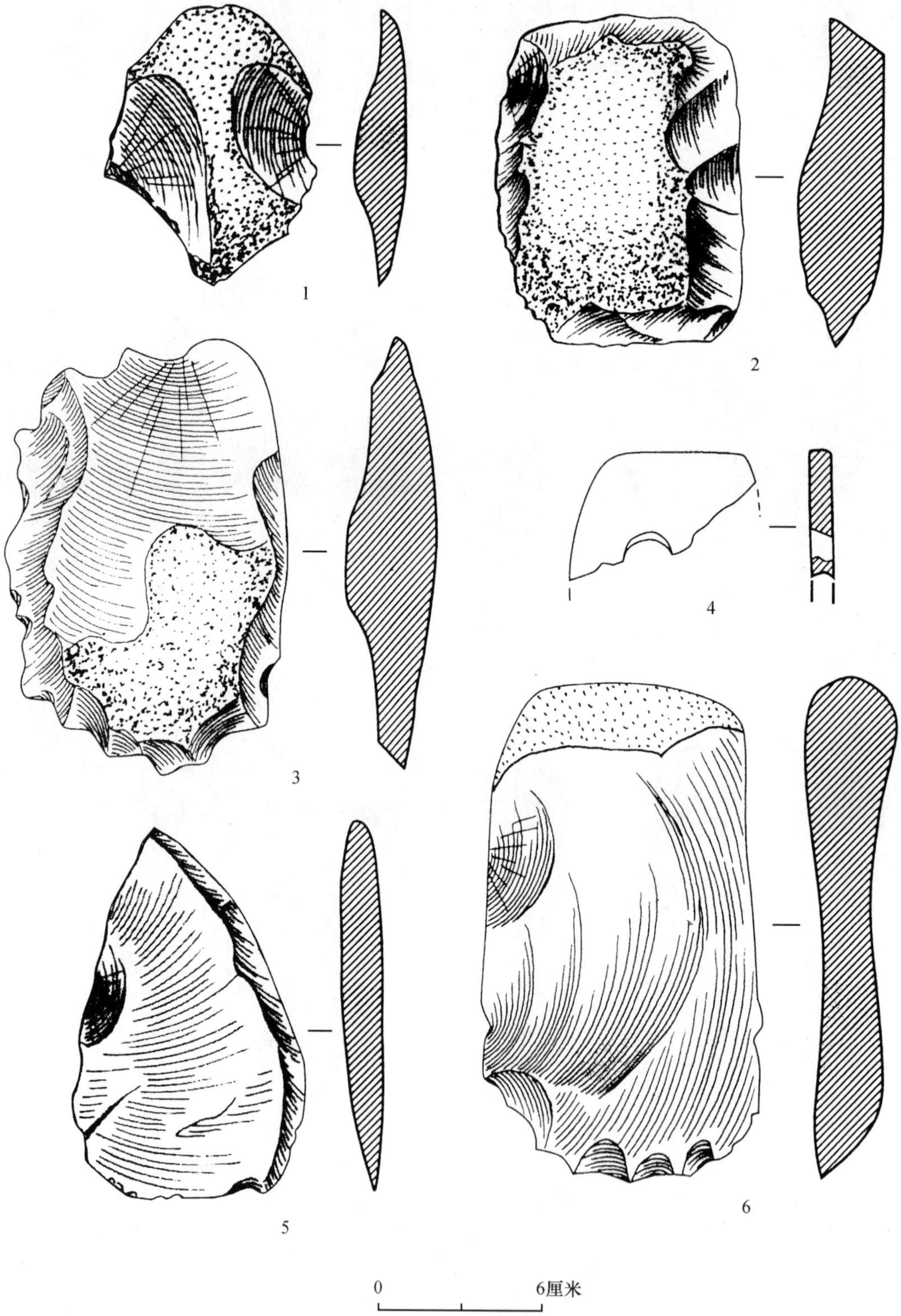

图三二　C区出土石器

1. C型尖状器（T17⑨：1）　2. Aa型铲形器（T9④：7）　3. Ac型铲形器（T18⑩：11）　4. C型铲形器（T12③：6）　5. B型铲形器（T18⑩：1）　6. Ab型铲形器（T11④：4）

铲形器　共5件，4件为打制、1件为磨制。可分为三型。

A型　共3件。可分为三亚型，均为打制石器。

Aa型　1件。T9④：7，白色石英砂岩。呈扁平近长方形，弧平顶，弧直身，端刃。打击点和放射线不明显，系双面多向加工而成。长12、宽9.1、厚3.2厘米（图三二，2）。

Ab型　1件。T11④：4，褐色砂岩砾石。呈不规整扁平长方形，弧顶，近直身，弧齿刃。打击点、放射线和同心波纹清晰。系多向锤击而成。长18.4、宽10.7、厚3.6厘米（图三二，6）。

Ac型　1件。T18⑩：11，褐色砂岩砾石。不规整长方形，斜凹顶，弧身，弧齿刃。打击点和放射线明显，系多次多向锤击而成。长15.6、宽10.4、厚3.2厘米（图三二，3）。

B型　1件。T18⑩：1，深红色砂岩砾石。呈不规整三角形，钝尖顶，弧身，近端刃。打击点和放射线明显，系锤击加工而成。长13.6、宽8.9、厚1.6厘米（图三二，5）。

C型　1件。T12③：6，灰黑色页岩石。平顶，弧身，两面磨平，中间镂圆孔。器身局部及刃部残缺，通体磨制。残长4.4、宽7、厚0.8厘米（图三二，4）。

镰形器　共1件。T12③：11，灰色砂岩石，呈弦月形，平顶，弧身，圆弧刃。打击点和放射线不明显，系碰砧法和锤击法多次加工而成。长3.7、宽9.6、厚1.5厘米（图三三，1）。

锄　共6件。均为打制石器，分为三型。

A型　1件。T11④：3，红褐色砂岩石。呈鞋形，弧顶，亚腰弧身，尖圆刃。打击点和放射线较明显，同心波纹清晰。系单面多次锤击加工而成。长16.8、宽7、厚2.8厘米（图三三，5）。

B型　共4件。分为四个亚型。

Ba型　1件。T11④：35，青灰色砂岩砾石。呈圆铲形，尖圆顶，直身，平折肩，圆刃。打击点、放射线和同心波纹较明显，系单面多次锤击加工而成。长13、宽7.2、厚1.6厘米（图三三，3）。

Bb型　1件。T18⑩：3，灰黄色砂岩砾石。呈近圆铲形，近圆顶，斜弧身，斜折肩，弧齿刃。打击点和放射线不明显。单面多次加工而成。长11.4、宽7.9、高2.5厘米（图三三，2）。

Bc型　1件。T17⑨：2，青灰色砂岩砾石。呈近圆铲形，弧顶，直身，斜折肩，近圆刃。局部打击点和放射线明显，系单面多向锤击加工而成。长11.8、宽7.8、厚1.9厘米（图三三，4）。

Bd型　1件。T18⑩：4，青灰色砂岩砾石。呈不规整铲形，弧顶，直身，一侧溜肩，另一侧斜折肩，弧刃。局部打击点和放射线清晰，系单面多向多次锤击加工而成。长10.8、宽8.8、厚2厘米（图三三，6）。

C型　1件。T18⑩：2，黄白色石英砂岩石。形状不规整，呈宽扁形，近弧顶，亚腰身，矮斜折肩，弧齿形。局部打击点和放射线明显，系单面多向多次锤击加工而成。长15.2、宽10.8、厚4.2厘米（图三四，1）。

斧　共12件。

打制3件，磨制3件，打制兼磨制6件。可分为五型。

A型　1件。T11④：26，黄褐色砂岩石。呈不规整梯形，弧平顶，斜弧身，近端齿刃。打

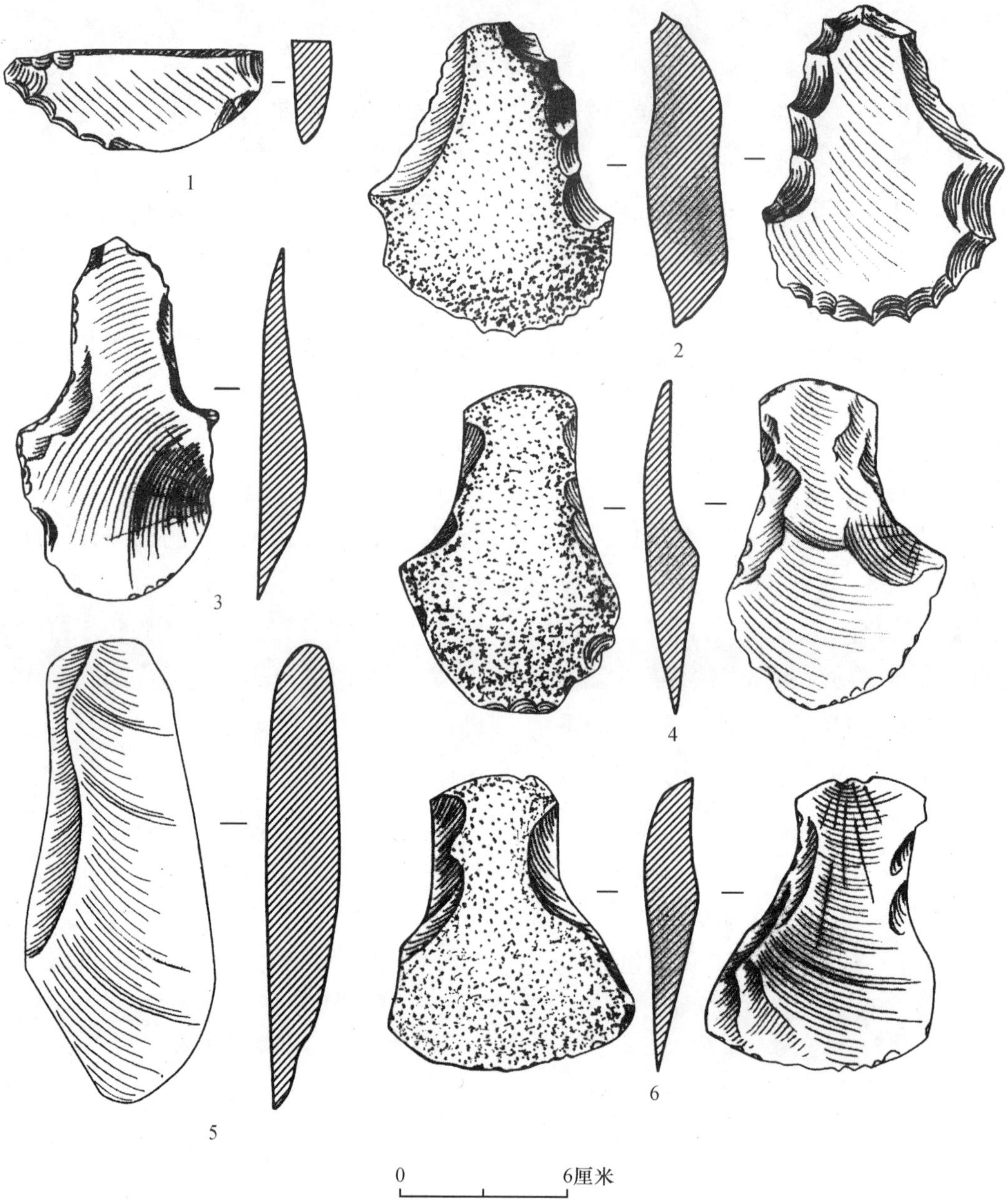

图三三　C区出土石器

1. 镰形器（T12③：11）　2. Bb型锄（T18⑩：3）　3. Ba型锄（T11④：35）　4. Bc型锄（T17⑨：2）
5. A型锄（T11④：3）　6. Bd型锄（T18⑩：4）

击点和放射线明显，系单向锤击而成。长11.8、宽7.2、厚2.2厘米（图三四，2）。

B型　共2件。可分二亚型，均为打制石器。

Ba型　1件。T11④：33，红色砂岩砾石。形状不规整，圆顶，斜直身，一侧斜折肩，圆弧刃。打击点和放射线明显，系单面锤击而成。长11.2、宽6.7、厚2.4厘米（图三四，3）。

Bb型　1件。T11④：25，红色砂岩砾石。形状不规整，平顶，斜直身，一侧斜折肩，近圆刃。打击点和放射线均不明显，系多次打制加工而成。长9.8、宽6.4、厚2.2厘米（图三四，5）。

C型　1件。T12③：1，呈长条形，圆顶，直身，弧刃。磨制。长8.4、宽3.6、厚1.2厘米

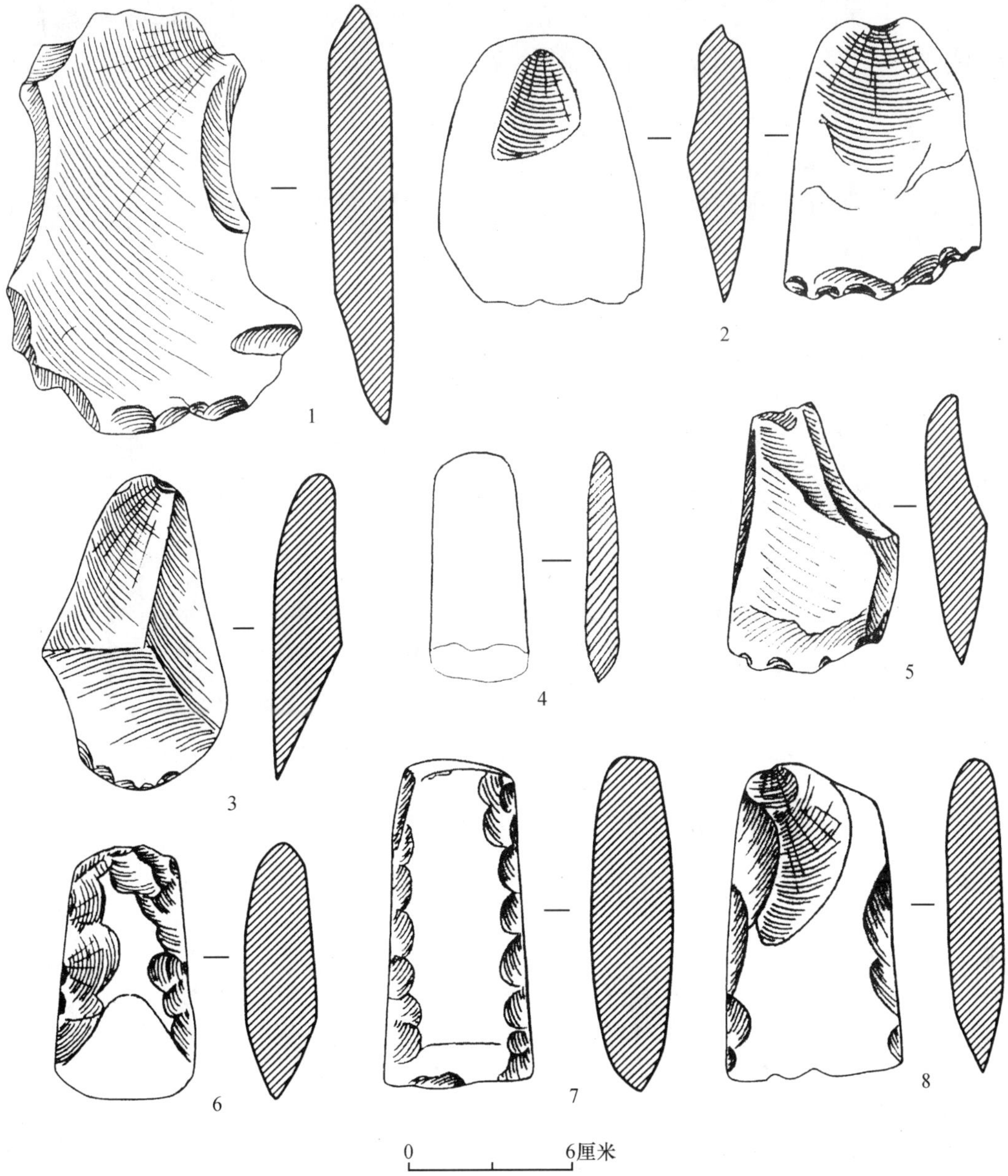

图三四　C区出土石器

1. C型锄（T18⑩：2）　2. A型斧（T11④：26）　3. Ba型斧（T11④：33）　4. C型斧（T12③：1）
5. Bb型斧（T11④：25）　6. Dc型斧（T11④：1）　7. Db型斧（T10④：3）　8. Da型斧（T9④：1）

（图三四，4）。

D型　4件。可分为四亚型。

Da型　1件。T9④：1，褐色砂岩砾石。呈不规整梯形，宽长，弧斜顶，斜直身，弧直刃。器顶和身部打制，刃部磨制。高11.5、宽6.4、厚2厘米（图三四，8）。

Db型　1件。T10④：3，青灰色砂岩石。呈不规整梯形，窄长，弧顶，斜直身，弧直刃。器身打制加工，刃部磨制。高12、宽5.5、厚3厘米（图三四，7）。

Dc型　1件。T11④：1，灰褐色砂岩砾石。呈不规整梯形，窄短，圆弧顶，斜直身，圆弧刃。顶部和身体被打制加工，刃部磨制。高9.3、宽5.2、厚2.6厘米（图三四，6）。

Dd型　1件。T11④：2，灰色砂岩砾石。窄短，圆弧首，斜直身，弧刃。身部有打制痕迹，刃部磨制。高9.5、宽5.3、厚2.6厘米（图三五，1）。

E型　共4件。均为磨制兼打制加工，可分四亚型。

Ea型　1件。T12③：2，红色页岩石。近长方形。窄短，平顶，直身，弧刃残损。身部有打制痕迹，刃部磨制有使用破损痕迹。高6.1、宽4.9、厚2厘米（图三五，2）。

Eb型　1件。T12③：5，灰色砂岩石。呈长方形，窄短，近平顶，近直身，直刃。身部打制加工，刃部磨制。高8.6、宽4.8、厚1.2厘米（图三五，3）。

Ec型　1件。T18⑩：12，灰色砂岩石。近长方形，宽长，近平顶，弧直身，弧刃。顶部打制，刃部磨制。高10.6、宽7.2、厚2.6厘米（图三五，5）。

Ed型　1件。T12③：4，青黄色页岩砾石。呈长条形，圆顶，弧直身，弧刃。刃部磨制，

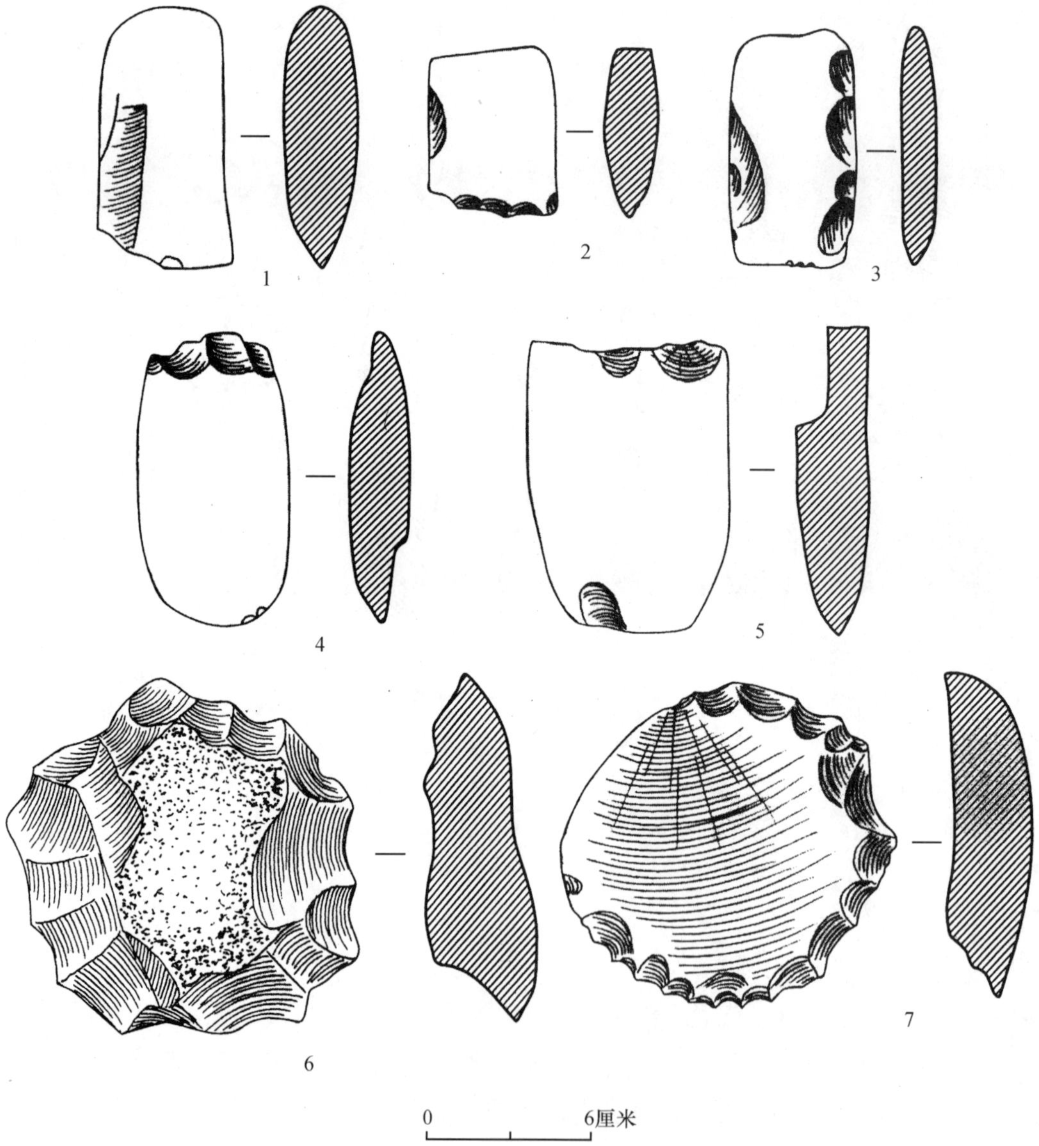

图三五　C区出土石器

1. Dd型斧（T11④：2）　2. Ea型斧（T12③：2）　3. Eb型斧（T12③：5）　4. Ed型斧（T12③：4）
5. Ec型斧（T18⑩：12）　6. Aa型盘状器（T12③：10）　7. Ab型盘状器（T18⑩：10）

有使用残损痕迹。高10.6、宽5.6、厚2.2厘米（图三五，4）。

盘状器　共5件。均为打制，可分为三型。

A型　共2件。可分为二亚型。

Aa型　1件。T12③：10，褐色砂岩石。厚大近圆盘状。厚平身，齿刃。打击点明显，周身多次加工。外径12.8～13.2、厚4.4厘米（图三五，6）。

Ab型　1件。T18⑩：10，红褐色砂岩石，厚大圆盘状，厚平身，齿刃，局部圆弧。局部打击点、放射线明显，周身多次打制而成。外径11.8～12、厚2.8厘米（图三五，7）。

B型　共2件。可分为二亚型。

Ba型　1件。T11④：28，深灰色砂岩砾石。薄小方圆盘状，薄平身，齿刃。局部打击点和放射线较明显。周身多次加工而成。外径8.5～9.6、厚1.7厘米（图三六，1）。

Bb型　1件。T9④：5，青灰色砂岩砾石。薄小方圆盘状弧背身，齿刃。打击点明显，周身多次加工而成。外径8.4～9.4、厚1.8厘米（图三六，3）。

C型　1件。T12③：14，青黄色砂岩砾石。薄小不规整盘状，弧背身，齿刃。打击点和放射线不明显，周身多次加工而成。外径5.2～5.6、厚0.8厘米（图三六，4）。

亚腰形器　1件。T9④：6，砖红色砂岩砾石。长扁椭圆亚腰形，两端圆形，器身亚腰。打击点明显，双向多次锤击加工而成。长轴21.6、短轴14.2、厚4.8厘米（图三六，5）。

网坠　共4件。均为打制石器。可分为二型。

A型　共2件。可分为二亚型。

Aa型　1件。T9④：3，红褐色砂岩石。体型大，近圆形，扁圆身，亚腰。打击点和放射线明显，系双向锤击加工而成。外径9.2～11.2厘米（图三六，2）。

Ab型　1件。T9④：2，灰色砂岩砾石。体型大，呈圆形，扁圆身，亚腰。打击点和放射线明显，系双向锤击加工而成。外径9.1～9.4厘米（图三六，8）。

B型　共2件。可分为二亚型。

Ba型　1件。T9④：4，灰褐色砂岩砾石。体型小，呈椭圆形，扁平椭圆身，亚腰。打击点和放射线明显，系双向锤击加工而成。长轴7.7、短轴5.6厘米（图三六，6）。

Bb型　1件。T12③：7，褐色砂岩砾石。体型小，呈近圆形，扁圆身，亚腰。打击点明显，系双向锤击加工而成。外径5.6～6.4厘米（图三六，7）。

雕刻器　共7件。均为打制石器，可分为三型。

A型　共3件。可分为三亚型。

Aa型　1件。T9④：11，黄白色石英砾石。尖三角锥体，体型稍大。斜弧顶，近弧背身，弯尖锋。打击点和放射线明显，利用剥落的石片做雕刻器。长12、宽4、厚2.4厘米（图三七，1）。

Ab型　1件。T11④：34，褐色砂岩砾石。呈三角尖锥体，个体较小，圆弧顶，弧背齿身，弯尖锋。打击点和放射线明显，利用剥落的石片做雕刻器。长7.8、宽3.2、厚0.9厘米（图三七，2）。

Ac型　1件。T17⑨：3，红色砂岩石。呈叶形三角锥体，个体小，斜折顶，弧背身，弯尖锋。打击点和放射线不明显，利用剥落的石片做雕刻器。长8、宽3.8、厚0.7厘米（图

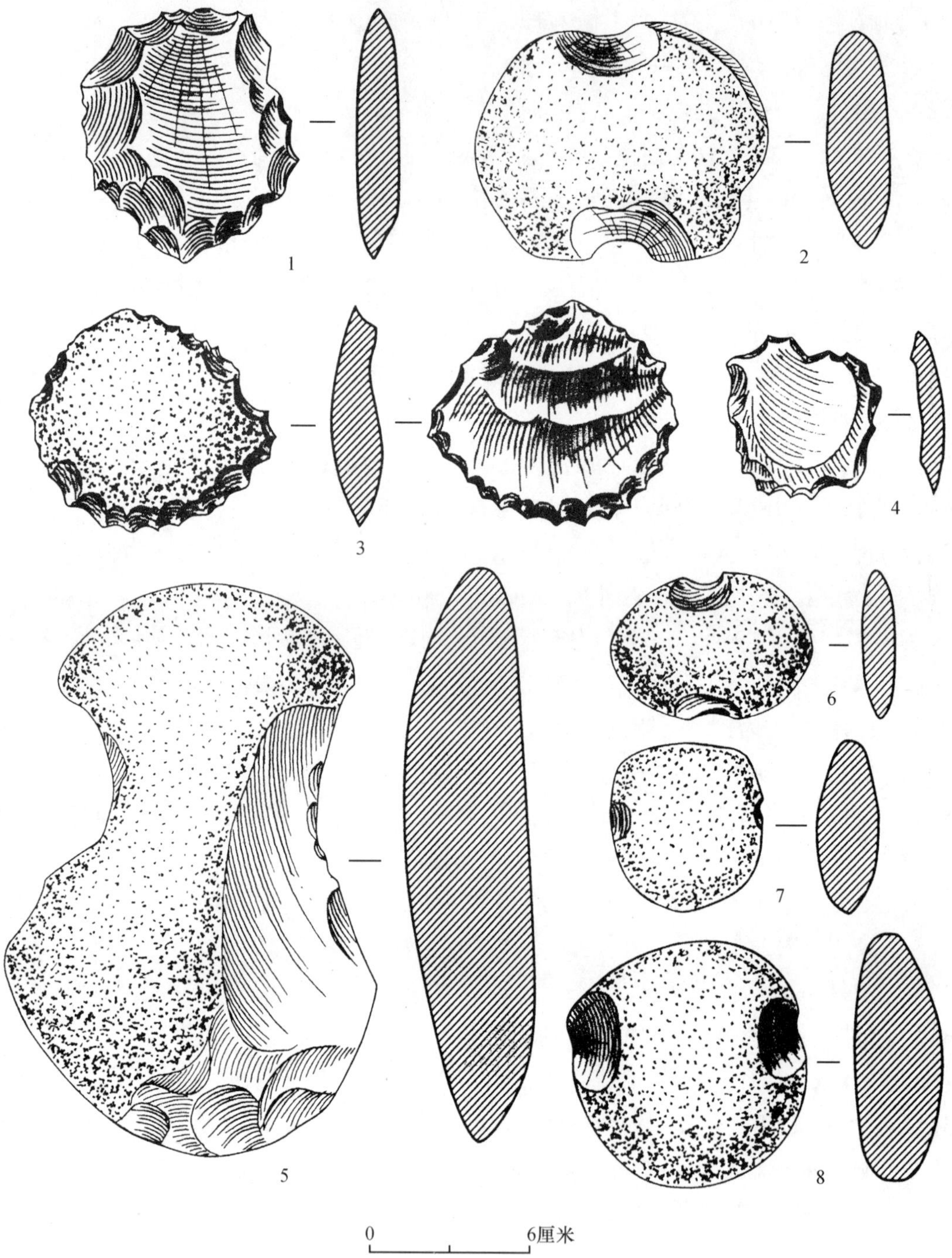

图三六　C区出土石器

1. Ba型盘状器（T11④：28）　2. Aa型网坠（T9④：3）　3. Bb型盘状器（T9④：5）　4. C型盘状器（T12③：14）　5. 亚腰形器（T9④：6）　6. Ba型网坠（T9④：4）　7. Bb型网坠（T12③：7）　8. Ab型网坠（T9④：2）

三七，3）。

B型　共2件。可分为二亚型。

Ba型　1件。T12③：8，黄白色石英砾石。呈扁三角锥形体，个体小型，弧顶，斜身，尖锋。打击点和放射线不明显，利用剥落的石英做雕刻器。长7.8、宽3.5、厚1.2厘米（图三七，4）。

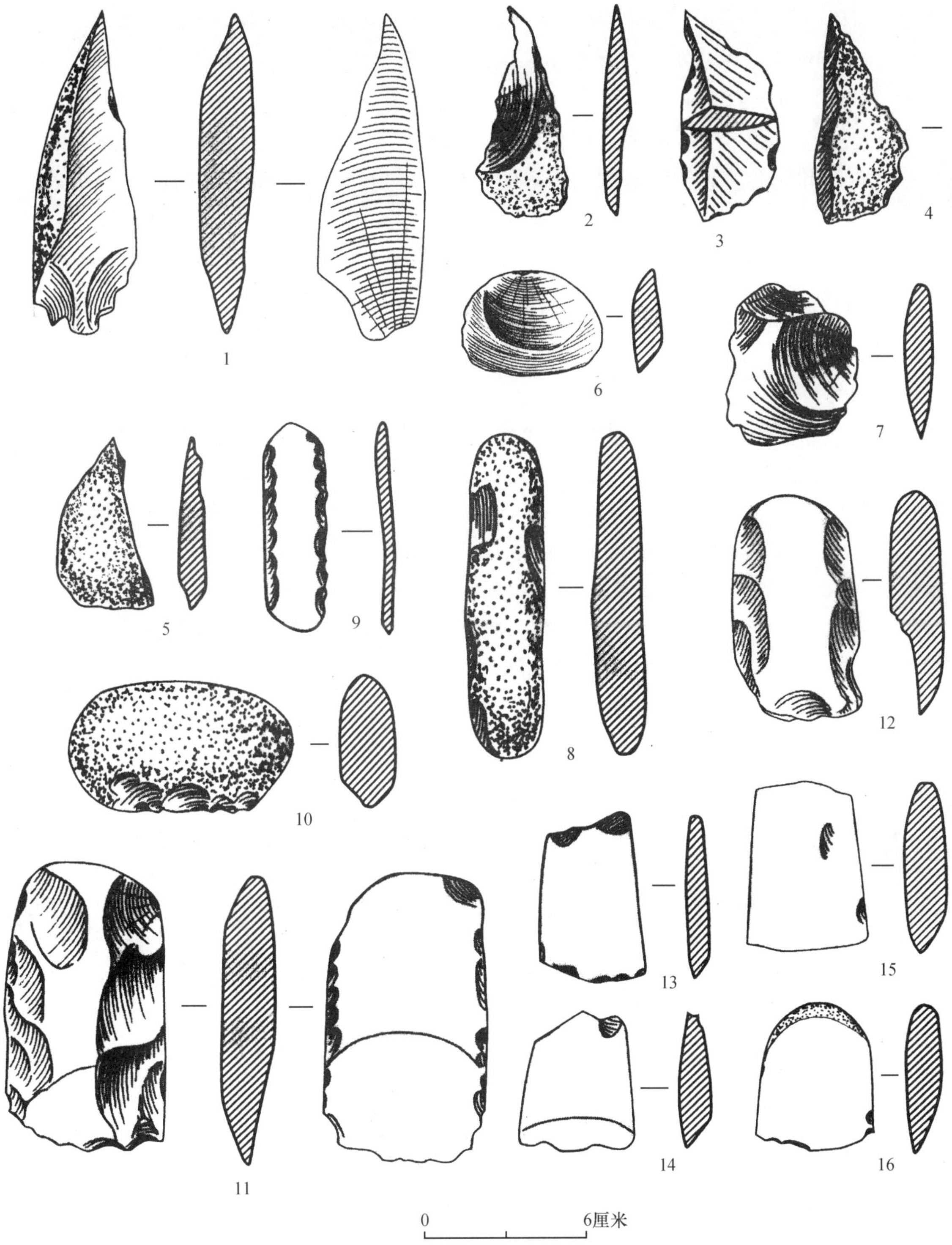

图三七　C区出土石器

1. Aa型雕刻器（T9④：11）　2. Ab型雕刻器（T11④：34）　3. Ac型雕刻器（T17⑨：3）　4. Ba型雕刻器（T12③：8）　5. Bb型雕刻器（T18⑩：17）　6. Ca型雕刻器（T12③：12）　7. Cb型雕刻器（T12③：9）　8. Aa型锤（T11④：8）　9. Ab型锤（T11④：10）　10. B型锤（T11④：9）　11. Aa型锛（T18⑩：14）　12. Ab型锛（T18⑩：15）　13. Ba型锛（T18⑩：13）　14. Bb型锛（T12③：3）　15. Bc型锛（T11④：5）　16. C型锛（T11④：6）

Bb型　1件。T18⑩：17，灰色砂岩砾石，呈弯月形三角锥体，个体小，弧顶，弧身，尖锋。打击点和放射线不明显，利用剥落的石片做雕刻器。长6.3、宽3.5、厚1厘米（图三七，5）。

C型　共2件。可分为二亚型。

Ca型　1件。T12③：12，褐色砂岩砾石。呈扁椭圆形，个体小，圆弧顶，圆弧身，弧刃。打击点、放射线和同心波纹清晰，利用剥落的石片做雕刻器。长轴5.3、短轴3.8、厚0.6厘米（图三七，6）。

Cb型　1件。T12③：9，灰黄色页岩石。呈不规整圆形，个体小，弧顶，弧身，圆弧刃。打击点、放射线和同心波纹清晰，利用剥落的石片做雕刻器。长5.8、宽5、厚1.2厘米（图三七，7）。

锤　共3件。均为打制，可分为二型。

A型　2件。可分为二亚型。

Aa型　1件。T11④：8，青黄色砂岩砾石。厚长，呈长条形，两端圆形。直身有使用痕迹。长12、宽2.8、厚1.9厘米（图三七，8）。

Ab型　1件。T11④：10，青黄色砂岩砾石。薄短，呈长条形，两端圆形。直身有使用痕迹。长6.9、宽2.3、厚0.4厘米（图三七，9）。

B型　1件。T11④：9，灰褐色砂岩砾石。呈扁长椭圆形，两端圆形，弧直身。一侧有使用痕迹。长8.2、宽4.9、厚2.2厘米（图三七，10）。

锛　共6件。为磨制或磨制兼打制，可分为三型。

A型　共2件。可分为二亚型。

Aa型　1件。T18⑩：14，灰白色砂岩砾石。个体较大，圆弧顶，直身，圆弧刃。器身打制加工，放射线和打击点明显，刃部磨制，刃面一长一短。长10.8、宽6、厚2厘米（图三七，11）。

Ab型　1件。T18⑩：15，青灰色砂岩砾石。个体稍小，圆弧顶，近直身，弧刃。器身打制加工而成，刃部磨制，有使用痕迹，刃面残损。长9.3、宽5.2、厚2厘米（图三七，12）。

B型　共3件。均为磨制，可分为三个亚型。

Ba型　1件。T18⑩：13，黄白色砂岩砾石。呈不规整菱形，斜直顶，斜直身，斜弧刃。刃部有使用痕迹，顶部略残损。长6.2、宽4、厚0.8厘米（图三七，13）。

Bb型　1件。T12③：3，灰色砂岩石。近梯形，斜折顶，斜直身，弧直刃，刃面一长一短。有使用残损痕迹。长5.2、宽4.2、厚1.2厘米（图三七，14）。

Bc型　1件。T11④：5，黄白色页岩石。梯形，弧直顶，斜直身，弧直刃，刃面一长一短。长6.2、宽4.7、厚1.6厘米（图三七，15）。

C型　1件。T11④：6，灰色页岩砾石。近梯形，圆顶，斜直身，圆弧刃，局部使用残损。长5、宽4.3、厚1.3厘米（图三七，16）。

凿　共2件。分为二型。

A型　1件。T18⑩：16，红色（内灰）砂岩石。呈长方形，斜顶，直身，居中直刃，刃面一长一短。刃部及器身局部磨制，器身大部分打制加工，打击点明显。长8、宽3.4、厚1.2厘米（图三八，1）。

B型　1件。T11④：7，灰色砂岩石。呈长条形，斜平顶，直身，边刃，圆弧。磨制。长3.35、宽1.15、厚0.6厘米（图三八，2）。

矛　共3件。均为打制，可分为三型。

A型　1件。T11④：32，黄色砂岩砾石。骹部呈近梯形，截面呈实三锥体。斜直刃，弧翼，脊从骹部延至锋部，三锥体尖锋。多次琢制而成。长14、宽5.6、厚2.4厘米（图三八，8）。

B型　1件。T11④：27，深灰色砂岩砾石。骹部厚平，较短，呈梯形，弧刃，钝锋。多次琢制而成。长8.9、宽4.6、厚1.9厘米（图三八，3）。

C型　1件。T10④：2，红褐色页岩石。骹部扁平呈三角形弧刃，尖锋。多次琢制而成。

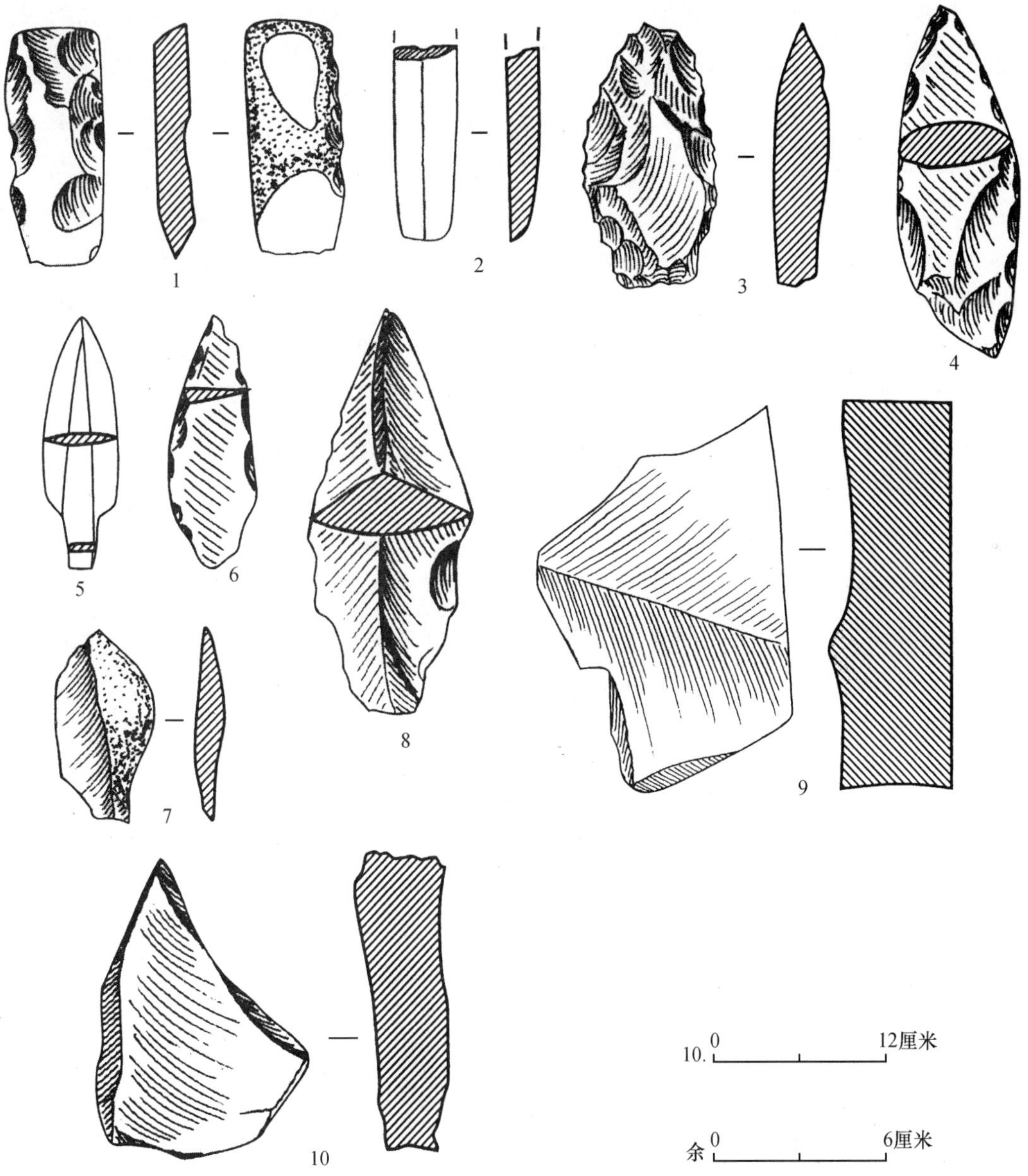

图三八　C区出土石器

1. A型凿（T18⑩：16）　2. B型凿（T11④：7）　3. B型矛（T11④：27）　4. C型矛（T10④：2）　5. C型镞（T10④：4）　6. A型镞（T11④：29）　7. B型镞（T12③：13）　8. A型矛（T11④：32）　9、10. 砺石（T11④：11、T11④：12）

长12.4、宽4.2、厚1.6厘米（图三八，4）。

镞　共3件，打制2件，磨制1件。分为三型。

A型　1件。T11④：29，红色岩砂石。铤部扁平，呈不规整梯形，弧刃，尖锋。长6.6、宽3、厚0.5厘米（图三八，6）。

B型　1件。T12③：13，灰黑色砂岩砾石。扁平铤，呈近梯形，脊从铤部延至锋部，刃部圆弧或直弧，尖锋。双面打制而成。长9.9、宽3.6、厚1厘米（图三八，7）。

C型　1件。T10④：4，红褐色砂岩石。扁平铤，呈梯形，脊部由宽逐渐变窄（从铤至锋），弧圆刃，尖锋。磨制。长8.6、宽2.6、厚0.3厘米（图三八，5）。

砺石　共2件。

A型　1件。近长方形。T11④：11，灰褐色砂岩石。呈不规整长方形，砺石面磨成两个凹面，器身局部残损。长13.2、宽9、厚4.4厘米（图三八，9）。

B型　1件。近三角形。T11④：12，褐红色砂岩石。呈不规整三角形，砺石面磨成一个凹面，器身局部残损。高20.4、底宽14.6、厚5.3厘米（图三八，10）。

2. 陶器

碉楼坪（即C区）的新石器时代地层有T9④、T10④、T11④⑤、T12③④、T17⑨和T18⑩共8个层位，其中T11⑤、T12④所出的陶片均为碎陶片，器形不辨，纹饰仅见绳纹和箍带纹等（图三九），为同一时期地层，也为C区最早的文化层。而T9④、T10④、T11④、T12③、T17⑨和T18⑩所出土的文化包含物大同小异，应为同一时期地层。发掘工作结束后以T11④为代表做了陶系统计。C区出土的陶片十分丰富，仅T11④所出土的陶片便达1722片。陶片以夹砂陶居多，占陶片总数的55.9%。泥质陶（部分为泥质粉砂陶）次之，占44.1%；夹砂陶以红陶居多，黑陶、红褐陶、灰陶、褐陶和黄陶依次之；泥质陶以黑衣陶居多，灰陶、红陶、黑陶和黄陶依次之；陶片以素面为主，占陶片总数的56.5%，纹饰陶片占43.5%。陶片纹饰非常发达，单一纹饰及组合纹饰种类达45种之多；纹饰以中绳纹为主，占陶片总数的19.5%，瓦棱纹占5.4%，凹弦纹占2.8%，粗篮纹占1.5%，附加堆纹占1.3%。其余有细绳纹、细篮纹、戳点纹、方格纹、凸弦纹、戳印纹、压印凸方块纹、交错细绳纹、刻划交错细线纹、刻划凹弦纹、刻划折线纹及各种纹饰相间的组合纹饰，占陶片总数的13%。陶片可辨器形有罐、壶、瓮、钵、缸、盆、杯、瓶、纺轮及一些平底器、圈足器和器盖等。以罐最为丰富，壶、盆、缸、杯、钵、瓮依次之，瓶、纺轮少见。另外，以平底器为主，圈足器较少。陶器多采用泥条盘筑后经慢轮修整，少部分轮制，极少的大件陶器采用泥片贴塑法制成，另小件器如侈口小杯则采用手捏制而成。各类陶器分型分式描述如下。

罐　共31件。可分为高领罐、长颈罐、折沿罐、盘口罐、鼓腹罐等。

高领罐　4件。依口沿可分为三型。

A型　1件。M9：1，描述见遗迹部分（图四〇，1）。

B型　2件。可分为二亚型。

Ba型　1件。T12③：19，夹砂黄陶。尖唇，侈口，高领，束领，上腹斜腹，下部残缺。领外部及腹上部饰斜向细绳纹，束颈处贴塑粗绳状箍带纹。残高5.3厘米（图四〇，2）。

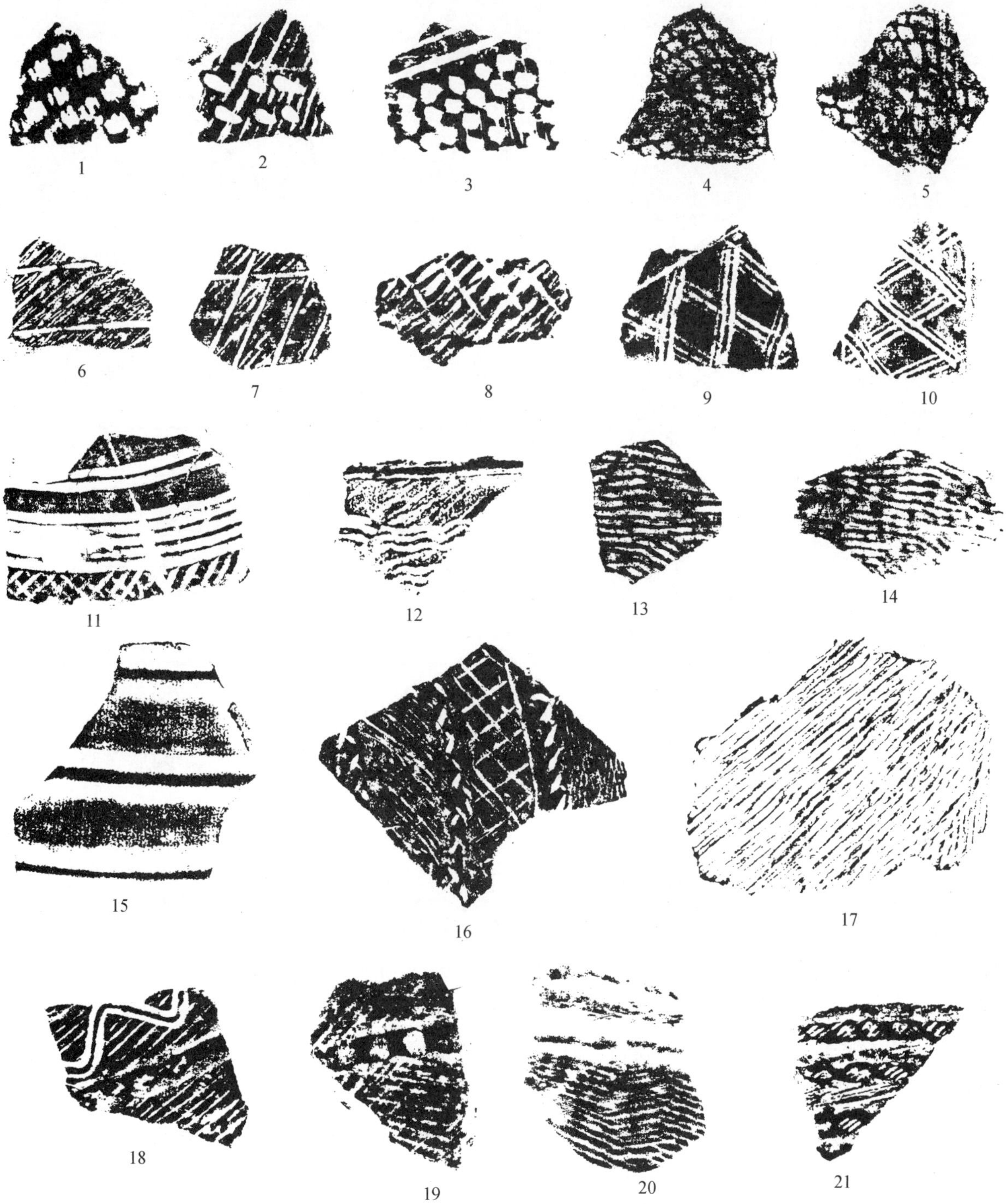

图三九　C区陶片拓片

1～3、6. T10④　4、5、7～16. T11④　17. T12Y3　18. T12③　19～21. T18⑩

Bb型　1件。T18⑩：22，夹砂红陶。圆唇，微侈花边口沿，高领，束颈，上腹斜弧，下部残缺。口沿压印花边，领外部及上腹饰交错绳纹，束颈处贴塑联窝纹箍带。残高7厘米（图四〇，3）。

C型　1件。T18⑩：19，夹砂红陶。方唇，外部起棱，直口微侈，微束颈，斜直深腹。口沿及箍带上压印绳纹，领外部饰交错细绳纹或折向细绳纹。口径22、残高7.4厘米（图四

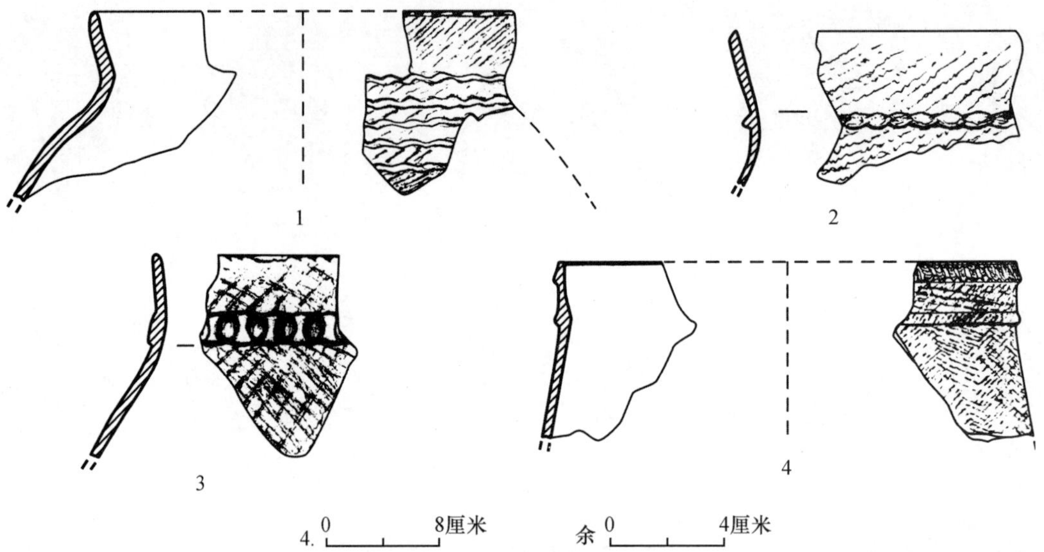

图四〇 C区出土陶高领罐

1. A型（M9：1） 2. Ba型（T12③：19） 3. Bb型（T18⑩：22） 4. C型（T18⑩：19）

〇，4）。

长颈罐 10件。依口沿可分二型。

A型 3件。卷沿可分为二亚型。

Aa型 2件。颈腹较直。M3：9，描述见遗迹部分（图四一，1）。T11④：39，泥质黑衣红褐胎。圆唇，敞口，较粗型长直颈。颈部饰较疏瓦棱纹。口径33、残高7.5厘米（图四一，4）。

Ab型 1件。斜鼓颈。M3：5，描述见遗迹部分（图四一，5）。

B型 7件。依颈部斜直可分二亚型。

Ba型 3件。颈腹较直。T11④：37，泥质黑皮红褐胎。尖圆唇，卷沿，粗型直长颈。颈部饰较疏瓦棱纹。口径26、残高9.6厘米（图四一，6）。T11④：42，泥质黑皮红褐胎。尖方唇，侈口，折沿，较粗直长颈。颈部饰较疏瓦棱纹。口径20、残高10.4厘米（图四一，10）。T11④：43，泥质黑皮红褐胎。圆唇，侈口，略卷沿，粗型直长颈。颈部饰三道瓦棱纹。口径20、残高8.8厘米（图四一，9）。

Bb型 4件。颈腹外弧，T11④：38，泥质黑皮灰黑胎。尖方唇，敞口，粗型斜直长颈。颈部饰较疏瓦棱纹。口径24、残高9.5厘米（图四一，3）。T11④：40，泥质黑皮灰胎。圆唇，侈口，略卷沿，较粗型斜直长颈。颈部饰稍密瓦棱纹。口径23、残高8.5厘米（图四一，2）。T11④：41，泥质黑皮灰胎。尖圆唇，侈口，略卷沿，较粗型斜直长颈。颈部饰较疏瓦棱纹。口径20、残高7.8厘米（图四一，7）。T11④：44，泥质黑皮红褐胎。尖圆唇，侈口，卷沿，较细型斜直长颈。颈部饰较疏瓦棱纹。口径18、残高4.6厘米（图四一，8）。

折沿罐 10件。可分为五型。

A型 3件。圆唇，斜折沿，束颈。T11④：69，泥质黑皮灰胎。侈口，折沿，深腹微鼓。素面。口径26、残高16厘米（图四二，4）。T11④：76，泥质红陶（实含粉砂）。侈口，略卷沿，圆肩，鼓腹。素面。口径24、残高6.4厘米（图四二，7）。T11④：53，小罐。

图四一　C区出土陶长颈罐

1、4. Aa型（M3：9、T11④：39）　2、3、7、8. Bb型（T11④：40、T11④：38、T11④：41、T11④：44）
5. Ab型（M3：5）　6、9、10. Ba型（T11④：37、T11④：43、T11④：42）

夹砂灰陶。尖圆唇，侈口，折沿，溜圆角，鼓腹。腹部饰绳纹。口径10、残高5.2厘米（图四二，8）。

B型　2件。花边口，斜折沿。M3：2和M2：9，描述见遗迹部分（图四二，2、3）。

C型　3件。花边口，斜折沿，深腹。M6：1、M2：8描述见遗迹部分（图四二，1、12）。T11④：54，夹砂红褐胎。方唇，侈口，折沿，深弧腹。口沿压印花边，腹部饰斜绳纹和交错绳纹。口径20、残高7.2厘米（图四二，10）。

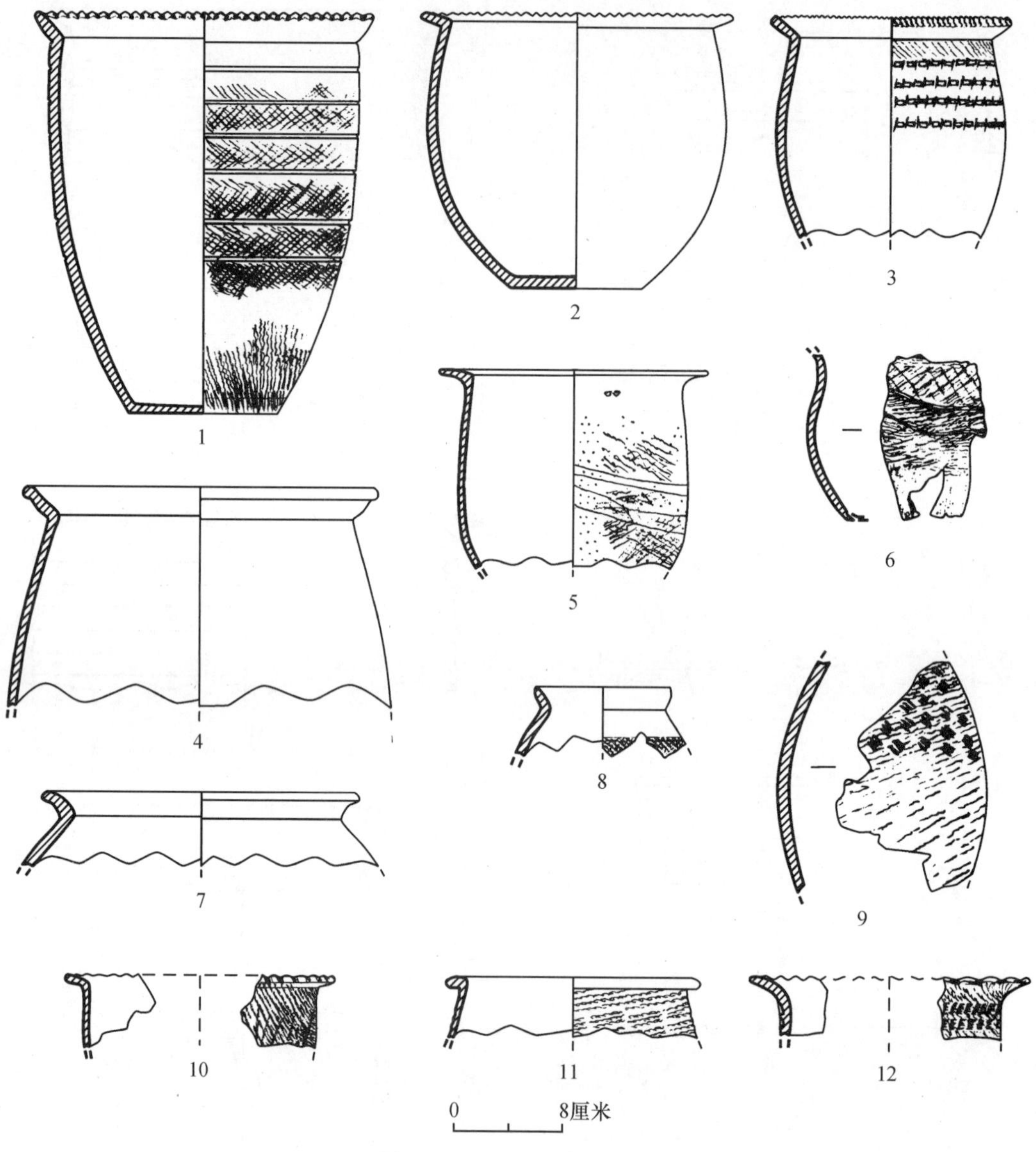

图四二　C区出土陶折沿罐

1、10、12. C型（M6：1、T11④：54、M2：8）　2、3. B型（M3：2、M2：9）　4、7、8. A型（T11④：69、T11④：76、T11④：53）　5. D型（M2：7）　6、9. 其他型（T11④：65、M2：10）　11. E型（M2：2）

D型　1件。平折沿，深鼓腹。M2：7，描述见遗迹部分（图四二，5）。

E型　1件。圆唇，平折沿。M2：2，描述见遗迹部分（图四二，11）。

另两件罐残片无法分型。M2：10，描述见遗迹部分（图四二，9）。T11④：65，夹砂红褐胎，微鼓腹。饰交错细绳纹及刻划弧形凹弦纹，仅存腹局部。残高12厘米（图四二，6）。

盘口罐　3件。可分三型。

A型　1件。T18⑩：25，夹砂灰褐陶。方唇，盘口，腹部残缺。盘口外部压印花边。饰斜绳纹。口径24、残高4厘米（图四三，1）。

B型　1件。T11④：73，夹砂黑陶。圆唇，盘口，束颈，圆肩，鼓腹。素面。口径15、残高3.2厘米（图四三，2）。

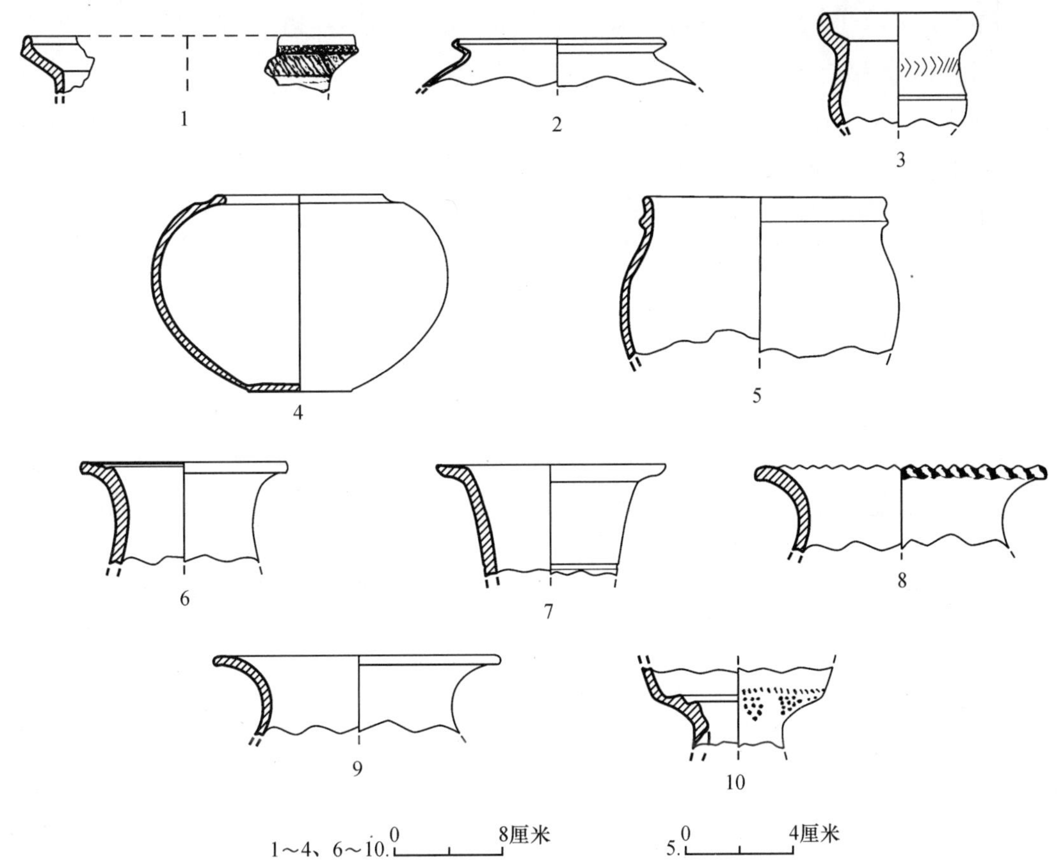

图四三　C区出土陶器

1. A型盘口罐（T18⑩：25）　2. B型盘口罐（T11④：73）　3. C型盘口罐（T11④：68）　4. 敛口鼓腹罐（M2：4）　5. 直口鼓腹罐（T11④：47）　6. Aa型壶（T18⑩：20）　7. Ab型壶（T12③：17）　8. Ba型壶（T18⑩：21）　9. Bb型壶（T11④：45）　10. C型壶（M4：1）

C型　1件。T11④：68，小罐。夹砂黑褐陶。圆唇，盘口，微束颈，鼓腹下坠。腹部刻划折线纹、凹弦纹。口径11.5、残高8.2厘米（图四三，3）。

直口鼓腹罐　1件。T11④：47。黄色泥质陶（夹粉砂）。圆唇，直口，微束领，溜肩，鼓腹。颈部饰附加堆纹。口径9、残高5.4厘米（图四三，5）。

敛口鼓腹罐　1件。M2：4，描述见遗迹部分（图四三，4）。

壶　5件。依口沿变化可分为三型。

A型　2件。折沿壶。可分二亚型。

Aa型　1件。T18⑩：20，泥质黑皮红褐胎。方唇，敞口，长弧颈。口沿面压印凹弦纹，素面。口径15.2、残高7.2厘米（图四三，6）。

Ab型　1件。T12③：17，泥质黄陶（含粉砂），尖圆唇，敞口，斜直颈。颈部饰凹弦纹。口径16、残高8厘米（图四三，7）。

B型　2件。卷沿喇叭口。可分二亚型。

Ba型　1件。T18⑩：21，泥质灰陶。花边口，长颈。口径21.6、残高6.4厘米（图四三，8）。

Bb型　1件。T11④：45，泥质灰陶（含粉砂）。圆唇，长颈。素面。口径21、残高5.6厘米（图四三，9）。

C型 1件。M4：1，盘口，细颈。描述见遗迹部分（图四三，10）。

瓮 3件。可分为二型。

A型 2件。Y3：1，遗迹部分已做描述（图四四，1）。T17⑨：4，泥质灰陶。尖圆唇，喇叭口，卷沿，短颈，溜圆肩，鼓腹。颈部及腹中部各饰一道细凹弦纹。口径18.4、残高24厘米（图四四，2）。

B型 1件。T18⑩：24，泥质黄陶（含粉砂）。圆唇，敞口，卷沿，矮颈，宽圆肩。素面。口径20、残高2.6厘米（图四四，3）。

钵 3件。可分为二型。

A型 2件。折腹钵。M2：3，遗迹部分已做描述（图四四，5）。T11④：75，泥质黄陶。尖圆唇，敞口，折腹坦收。素面。口径14、残高2.4厘米（图四四，4）。

B型 1件。直腹钵。T18⑩：18，泥质黄陶。尖圆唇，直口，直腹圆收，平底。下腹饰戳点纹。口径11.2、底径7.2、高8厘米（图四四，6）。

缸 7件。可分为三型。

A型 共4件。折沿缸。依口沿可分为二亚型。

Aa型 2件。M2：5，描述见遗迹部分（图四四，8）。M3：1，描述见遗迹部分（图四四，7）。

Ab型 2件。T11④：64，夹砂红陶。圆唇，侈口，折沿，高领斜直腹。腹部饰细篮纹。口径32.5、残高9.5、胎厚1.2厘米（图四四，10）。T12③：18，夹砂红陶。圆唇，侈口，略平折沿，高领斜直腹。唇部压印一道凹弦纹，沿外部压印二道凹弦纹。残高7.2、胎厚0.8厘米（图四四，9）。

B型 1件。微直口折沿缸。T11④：70，夹砂红陶。圆唇，直口微敛，凹形沿面，高领，束颈，斜腹。素面。残高6.4、胎厚1.4厘米（图四五，1）。

C型 2件。卷沿缸。T11④：71，夹砂红陶。方唇，直口微敛，凹形沿面，矮领，束颈，斜腹。素面。残高8.1、胎厚2厘米（图四五，2）。T11④：72，夹砂黄陶。方唇，敞口，略卷沿，斜腹。素面。残高6.2、胎厚1.2厘米（图四五，3）。

盆 6件。依口沿可分为三型。

A型 1件。宽平折沿。M2：13，描述见遗迹部分（图四五，5）。

B型 4件。敛口内折沿。T11④：48，泥质红陶。圆唇。素面。口径30、残高5.8厘米（图四五，4）。T11④：50，泥质红陶。尖圆唇，斜坦腹。素面。口径31、残高4.4厘米（图四五，6）。T11④：52，泥质黑皮红褐胎。尖唇，坦腹，平底。素面。口径22、残高4厘米（图四五，8）。T11④：49，泥质黄陶。尖圆唇，斜坦腹。素面。残高3.2厘米（图四五，9）。

C型 1件。敞口盆。T11④：74。泥质灰陶（含粉砂）。尖圆唇，敞口，坦腹。素面。残高5.2厘米（图四五，7）。

杯 6件。依器底形制可分为四型。

A型 1件。高足杯。T10④：5，夹砂红陶。口残。弧腹，内底尖凹。素面。底径4、残高7厘米（图四六，1）。

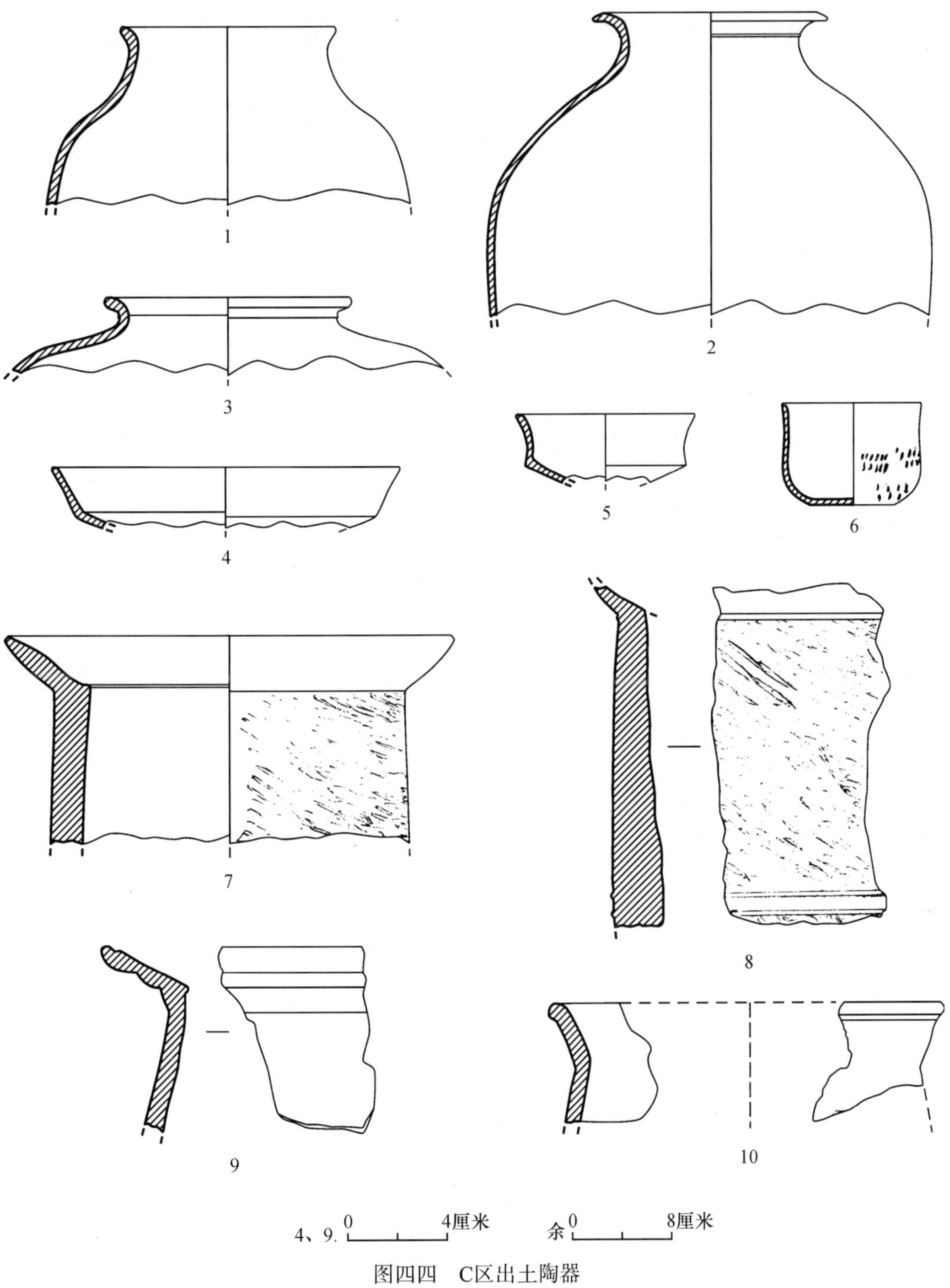

图四四　C区出土陶器

1、2. A型瓮（Y3：1、T17⑨：4）　3. B型瓮（T18⑩：24）　4、5. A型钵（T11④：75、M2：3）　6. B型钵（T18⑩：18）　7、8. Aa型缸（M3：1、M2：5）　9、10. Ab型缸（T12③：18、T11④：64）

B型　2件。斜腹平底。T11④：63，泥质灰陶。口残。斜弧腹，平底。腹下部饰凹弦纹一周。底径9.6、残高4厘米（图四六，2）。T11④：59，黑皮红褐胎。口、上腹残。斜直下腹，平底。素面。底径5.6、残高5.2厘米（图四六，4）。

C型　2件。平底。T11④：62，泥质黑皮灰胎。口及上腹残。下腹曲弧，平底。下腹饰七道凹弦纹和凸方块纹。底径10、残高6厘米（图四六，5）。T18⑩：23，泥质灰陶。口及上腹

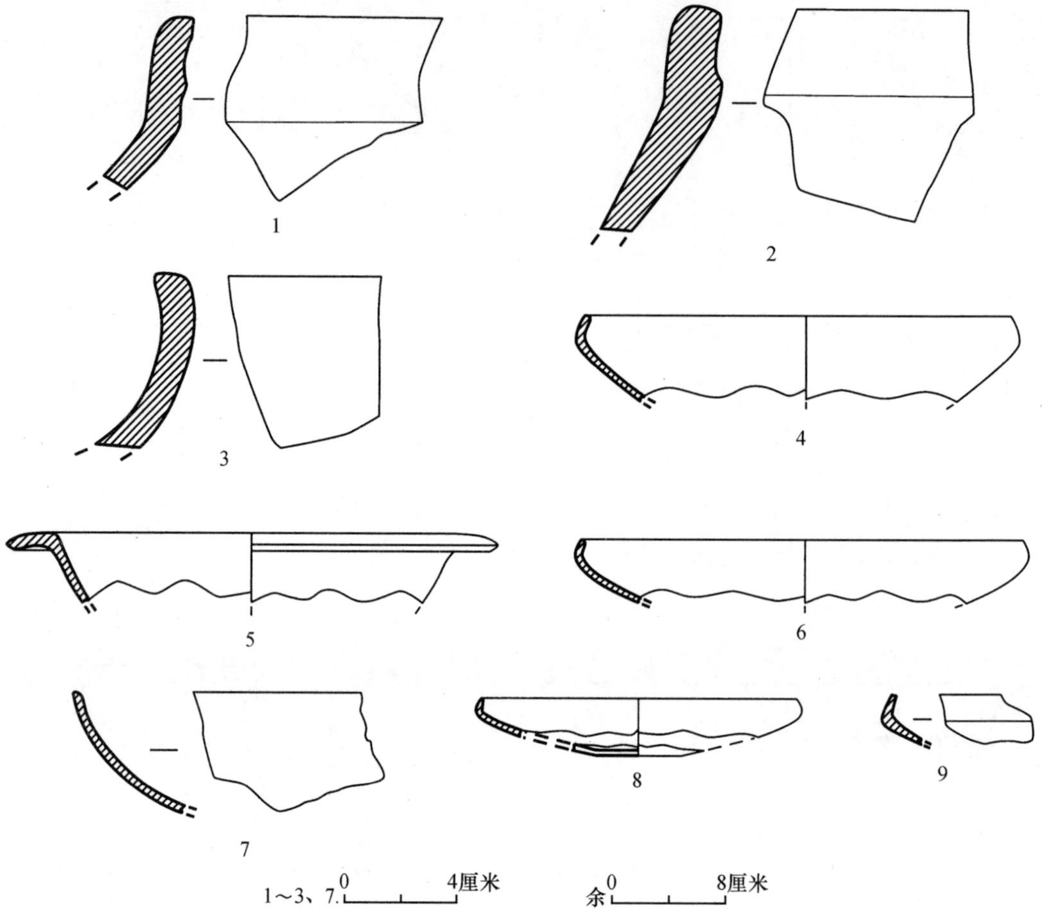

图四五 C区出土陶器

1. B型缸（T11④：70） 2、3. C型缸（T11④：71、T11④：72） 4、6、8、9. B型盆（T11④：48、T11④：50、T11④：52、T11④：49） 5. A型盆（M2：13） 7. C型盆（T11④：74）

残。下腹曲弧，平底。素面。底径9.6、残高4厘米（图四六，6）。

D型 1件。小圜底。T9④：13，夹砂红褐陶。厚胎，圆唇，侈口，微束颈，微鼓腹，小圜底。素面。口径4、高4.5厘米（图四六，3）。

瓶 1件。M8：3，描述见遗迹部分（图四六，7）。

纺轮 2件。T11④：66，泥质红陶。呈圆饼形，边缘圆弧，轴心圆孔，面平。素面。直径4.6、残厚0.5厘米（图四七，11）。T11④：67，泥质红陶。呈圆饼形，边缘圆弧凸起，轴心细圆孔，面平。素面。直径4、残厚0.8厘米（图四七，12）。

器盖 2件。T12③：15，泥质红陶。盖纽卷沿，纽面凹弧，矮柄中空穹顶，盖面残。素面。纽径4.8、残高2.3厘米（图四六，8）。T12③：16，夹砂红褐陶。灰胎，纽上部残，矮柄，盖面圆弧，边缘残。素面。残高2.8厘米（图四六，9）。

器底 10件。可分为二型。

A型 3件。圈足器。可分为三亚型。

Aa型 1件。M4：2（图四七，8）。

Ab型 1件。M8：2（图四七，9）。

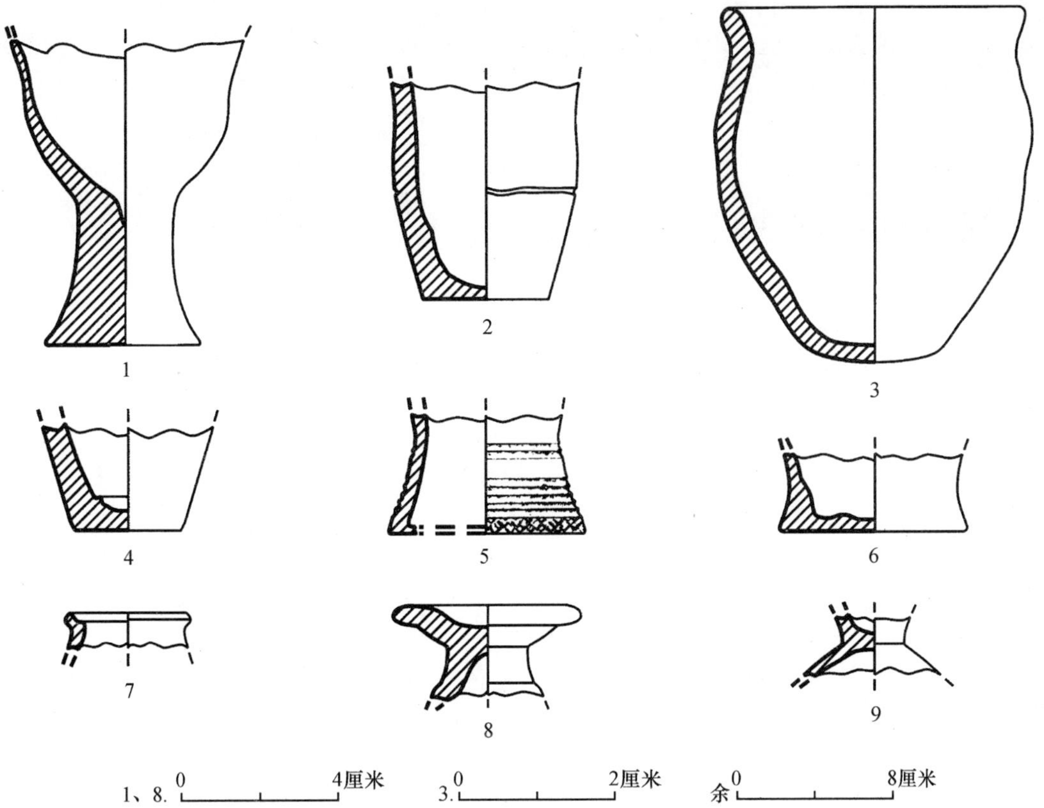

图四六　C区出土陶器

1. A型杯（T10④：5）　2、4. B型杯（T11④：63、T11④：59）　3. D型杯（T9④：13）　5、6. C型杯（T11④：62、T18⑩：23）　7. 瓶（M8：3）　8、9. 器盖（T12③：15、T12③：16）

Ac型　1件。T11④：61，夹砂红褐陶。呈喇叭形，中空，足外卷，足尖圆。素面。底径10.4、残高2.8厘米（图四七，10）。

B型　7件。平底器。依器腹可分为二亚型。

Ba型　6件。斜弧腹。有M3：7（图四七，1）、T11④：55（图四七，5）、T11④：56（图四七，2）、T11④：57（图四七，3）、T11④：58（图四七，4）、T9④：14（图四七，6）。或为夹砂陶，或为泥质陶，多为素面，仅T9④：14饰斜绳纹。

Bb型　1件。曲腹，底径较Ba型略小。T11④：60，黑皮红褐胎。下腹圆鼓收，平底。素面。底径6.4、残高5.6厘米（图四七，7）。

（三）动植物遗存

C区新石器时期地层中所发现的动植物遗存数量大，动物骨头可辨的有鱼、猪、牛、螺蛳等，以鱼和螺蛳为最多。植物有果核和水稻等，考古过程中在陶片表面发现有水稻稻粒（标本采自T12第3层出土的厚胎陶片上）和大量水稻稻粒压痕，后经湖南省文物考古研究所测定。

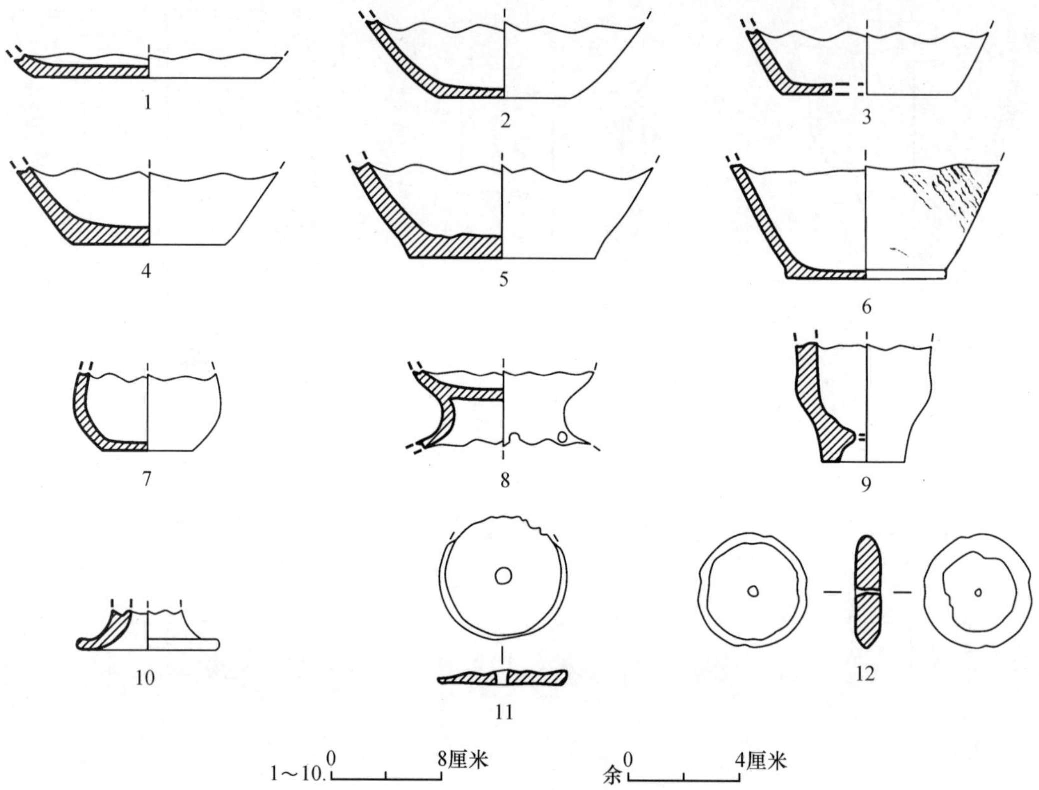

图四七　C区出土陶器

1～6. Ba型器底（M3：7、T11④：56、T11④：57、T11④：58、T11④：55、T9④：14）　7. Bb型器底（T11④：60）
8. Aa型器底（M4：2）　9. Ab型器底（M8：2）　10. Ac型器底（T11④：61）　11、12. 纺轮（T11④：66、T11④：67）

四、C区商周以后各时期文化遗存

（一）遗迹

硐楼坪发掘区（即C区）发现商周时期以后的遗迹只有5个灰坑，即H2～H6（图四八），均为清代遗迹。现分别介绍如下。

H2　位于T13中部偏西南角，开口于T13第2层下，距地表深182～193厘米，打破第3、4层。H2为圆形竖穴，底平。直径为160～170、深136～140厘米。壁与底均无加工痕迹，较平整，坑内填土为深黄色黏土，未见层次，为一次性堆积；填土中含有较少的细砂、陶片、红陶片、青花瓷片、铁钉等。

H3　位于T13中部偏东北角，叠压打破关系同H2，距地表深148～153厘米，形状为圆形竖穴。直径为148～153、深135～146厘米，壁与底均无加工痕迹，较平整。坑内填土为深黄色黏土，未见层次，为一次性堆积，填土中含较少的砂，极少的青花瓷片，有瓷碗圈足、残铁器和铜钱1枚等。铜钱字迹清晰，为清代“乾隆通宝”。

H4　位于T13东南角，大部分压于东南壁下，仅发掘部分至底，开口距地表深40～45厘米，层位叠压打破关系同H2、H3等。形状局部圆形，依据同时期灰坑推测形状为圆形竖穴。直径不详，深150～155厘米，壁底未见加工痕迹，填土为深黄色黏土，含少量的细砂、石块等。

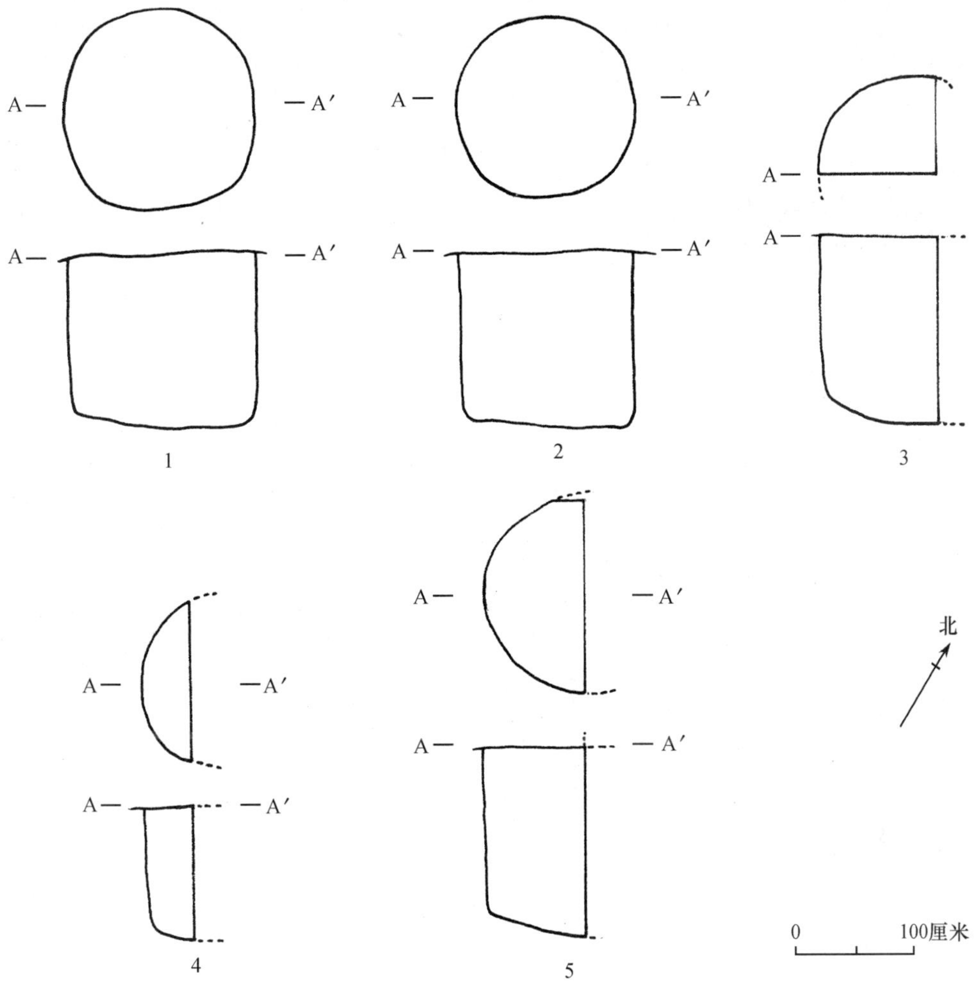

图四八　C区商周时期以后灰坑平、剖面图
1. H2　2. H3　3. H4　4. H5　5. H6

H5　位于T13东部，大部分压于东隔梁中，开口距地表深40～45厘米，层位叠压与打破关系同相邻灰坑，仅发掘露出局部，依据其他相同时期灰坑的特征推测其形状也为圆形竖穴。直径不详，深100～110厘米，壁与底均无加工痕迹，较平坦。填土无层次，为一次性堆积。填土为深黄色黏土，含较少的细砂，无其他文化包含物。

H6　位于T13东北角，一部分压于东隔梁和北隔梁之下，开口距地表深40～43厘米，层位叠压与打破关系同以上灰坑。仅发掘露出局部，依据其他相同时期灰坑的特征，推测其形状也为圆形竖穴。直径不详，深140～157厘米，坑壁、底均无加工痕迹，较平整，填土无层次，为一次性堆积，填土为深灰色黏土，含较少的细砂、几块较大的砂岩石块，无其他文化包含物。

H2～H6，形状相同，均开口于第2层下，打破第3、4层，埋藏方式相同，从它们的地层叠压打破关系及第2、3层的文化性质（第2、3层均为清代堆积），推测H2～H6这5个灰坑的年代均为清代。

（二）遗物

碉楼坪发掘区（即C区）新石器时代以后地层中发现有商周至汉晋的遗物，但无明确该时期的堆积，所出遗物均出自唐宋以后的地层中，晚期地层年代较明确的有唐宋时期和清代等；由于晚期地层中包含物涵盖了新石器时代以后各时期的遗物，无法清晰准确地分时段列出其中的遗物。因此，从这些遗物中选用的可辨器形标本均概括为商周和唐宋两个时期的遗物，其中包括石器、陶器、瓷器和铁器等。下面分别就遗物质地分时期介绍如下。

1. 石器

晚期地层中所出土的石器均出自唐宋时期和清代地层中，下面将分这两个时段分别介绍。

（1）唐宋时期地层

共4件。器形为尖状器、铲形器、镰形器，均为打制石器。现分述如下。

尖状器　共2件。T11③：2，黄白色砂岩砾石。圆顶，一侧圆弧身，另一侧斜直身，尖锋，系双面锤击加工而成。长12、宽6.1、厚2.7厘米（图四九，1）。T18⑨：2，褐红色砂岩砾石，圆弧顶，圆弧身，三锥体尖锋，打击点、放射线较明显，系双面锤击加工而成。长12、宽

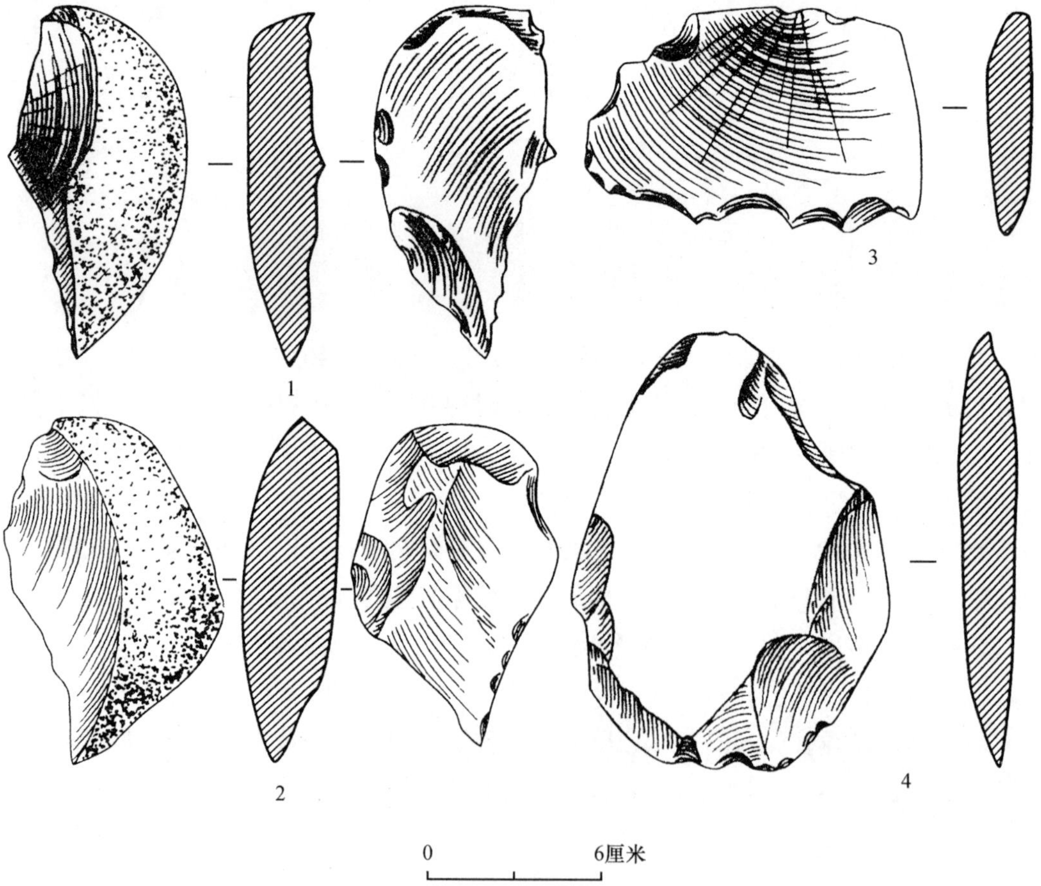

图四九　C区唐宋时期地层中出土石器

1、2. 尖状器（T11③：2、T18⑨：2）　3. 镰形器（T11③：1）　4. 铲形器（T18⑨：1）

7.9、厚3.4厘米（图四九，2）。

铲形器　1件。T18⑨：1，黄色石英砂砾石。近圆顶，一侧弧身，另一侧圆肩，圆身，近圆薄刃。打击点较明显，系单面多向多次锤击加工而成。长15、宽11、厚2厘米（图四九，4）。

镰形器　1件。T11③：1，深灰色砂岩石。呈不规整梯形，平顶，弧直身，弧齿刃，打击点、放射线、同心波纹较明显。系单向锤击加工而成。长11.2、宽6.7、厚1.7厘米（图四九，3）。

（2）清代地层

共5件。器形为盘状器、三角形器、镰形器、镞。下面分述之。

盘状器　1件。T18⑤：2，青灰色砂岩石。呈圆盘状，器身中部向刃部由厚变薄，周身齿刃。打击点、放射线多且较为明显，系多角度多次锤击加工而成。直径8.3～8.4、厚2.4厘米（图五〇，1）。

三角形器　1件。T11②：1，砖红色砂岩石。近平顶，弧齿身，薄尖刃，台面较平整。打击点、放射线、同心波纹明显，系碰砧法和锤击法加工而成。高7.6、宽7.1、厚1厘米（图五〇，2）。

镰形器　1件。T10②：1，黄白色页岩砾石。呈三角形扁锥体，圆弧顶，斜直身，直薄刃，打击点、放射线明显，系单面多次加工而成。长11、宽6.8、厚1.7厘米（图五〇，3）。

镞　共2件。T18⑤：1，黄白色砂岩石。扁方铤，一侧弧折刃，另一侧弧刃，钝尖锋。台

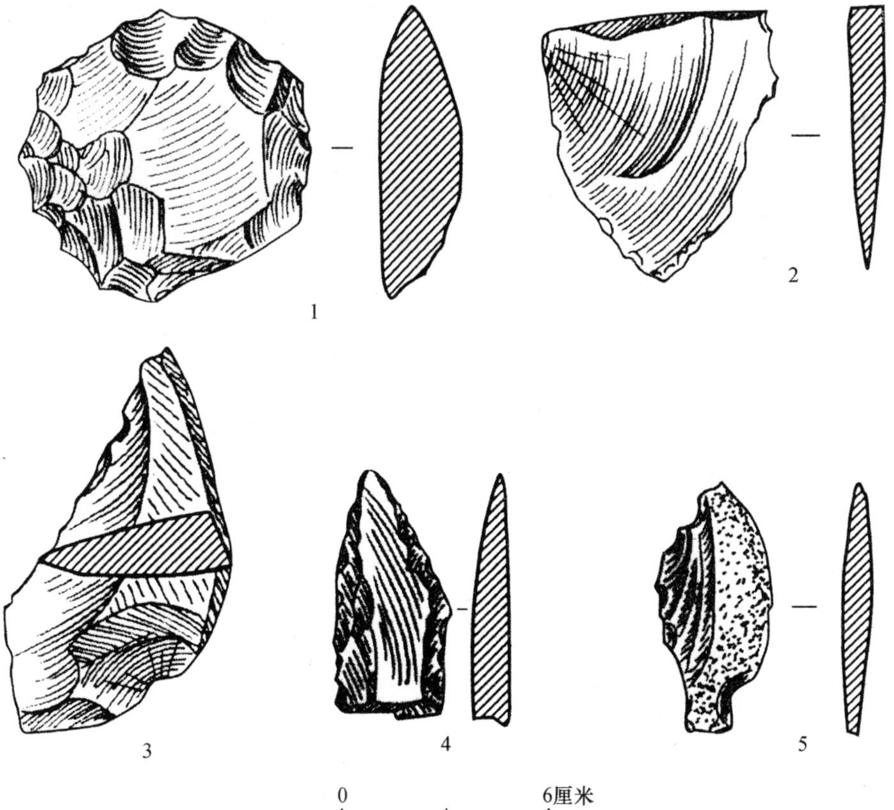

图五〇　C区清代地层中出土石器

1. 盘状器（T18⑤：2）　2. 三角形器（T11②：1）　3. 镰形器（T10②：1）　4、5. 镞（T18⑤：1、T18④：1）

面较平整，打击点、放射线较明显，系多次多角度锤击加工而成。长7.2、宽3.5、厚1.2厘米（图五○，4）。T18④：1，灰色砂岩石。扁平长方形铤，弧刃，钝尖锋。打击点、放射线、同心波纹明显，系多次多角度加工而成。长7.3、宽3.4、厚1厘米（图五○，5）。

2. 陶器

（1）商周时期陶器

均出自碉楼坪发掘区唐宋时期地层中，器形为罐、豆形器、尖底器、器盖。下面分述之。

罐　2件。可分为二型。

A型　T9③：1，夹砂褐陶。圆唇，敞口，卷沿，短颈，圆肩，弧直腹，肩腹部饰粗绳纹。口径23.2、残高14厘米（图五一，6）。

B型　T9③：4，泥质灰陶。圆唇，侈口，略卷沿，弧直腹。腹部饰粗绳纹。口径25.2、残高13.2（图五一，5）。

豆形器　1件。T9③：3，泥质黑皮红褐胎。圆柄中空，喇叭形圈足，上下部均浅。素面。残高3厘米（图五一，4）。

尖底器　2件。可分为二型。

A型　T11③：3，泥质黄陶。口残。下腹弧收，尖底略残。下腹饰四道凹弦纹。残高6厘米（图五一，1）。

B型　T11③：4，泥质红褐陶。口残。弧直腹斜收，乳尖底。下腹饰两道凹弦纹。残高5.2厘米（图五一，2）。

器盖　1件。T11③：5，夹砂灰褐陶。纽上部残，圆形纽柄，中空，圆弧形盖面，穹顶，盖沿残。素面。残高4.8厘米（图五一，3）。

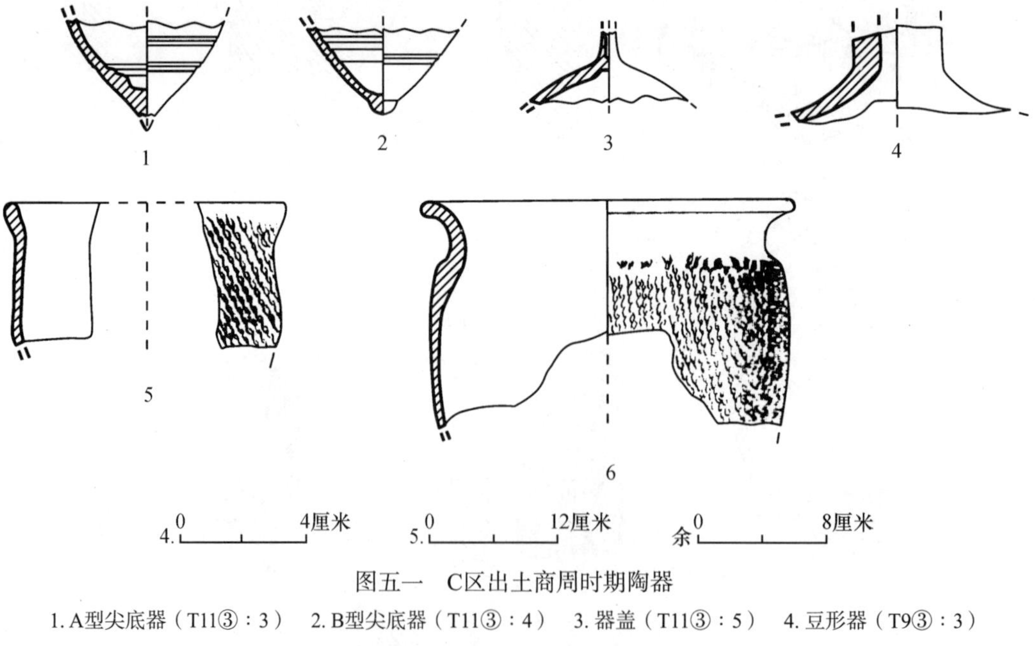

图五一　C区出土商周时期陶器

1. A型尖底器（T11③：3）　2. B型尖底器（T11③：4）　3. 器盖（T11③：5）　4. 豆形器（T9③：3）　5. B型罐（T9③：4）　6. A型罐（T9③：1）

（2）唐宋时期陶器

1件。

陶罐　T10③：1，青黄釉。褐胎，硬陶，圆唇，侈口，折沿，束颈，溜肩，鼓腹内弧斜收，平底。口至腹中部施青黄釉，下腹未施釉，釉大部分已剥落，肩部对称捏四桥形系。口径26、高44.3厘米（图五二，1）。

3. 瓷器

出土于唐宋时期地层。

瓷碗　1件。T9③：5，黄白釉，紫红胎。圆唇，敞口，弧折腹斜收，底残，内满釉，外半釉并有垂釉痕迹，大部分釉已剥落。口径18.4、残高6厘米（图五二，2）。

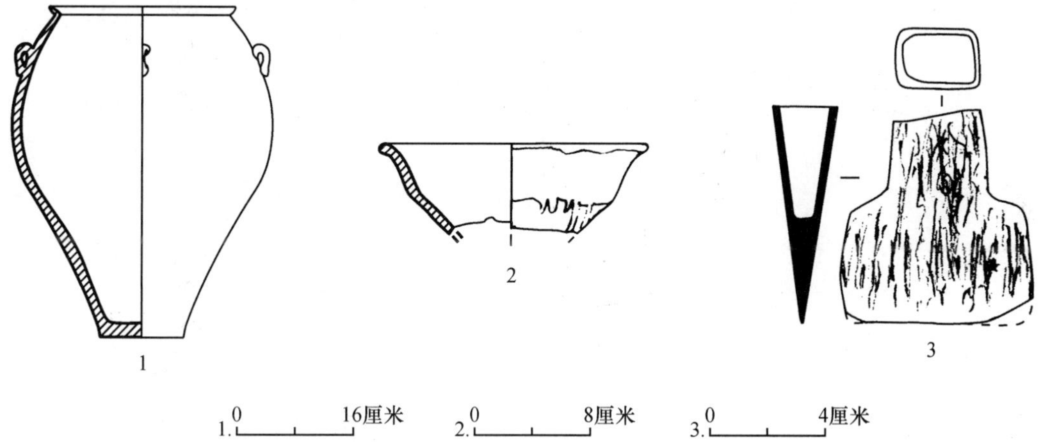

图五二　C区出土唐宋时期器物

1. 陶罐（T10③：1）　2. 瓷碗（T9③：5）　3. 铁臿（T9③：2）

4. 铁器

出土于唐宋时期地层。

铁臿　1件。T9③：2，呈褐色，铁锈较严重，方深銎，斜圆肩，臿身呈方形，圆角直刃。宽6.8、高7.2厘米（图五二，3）。

五、D区各时期文化遗存

（一）遗迹

D区发现的一个灰坑和一座房址均为唐宋时期遗迹。T1中所发现的遗迹H1（原编号为H7）的时代为宋代，而相邻探方T2中第6层下的F1（原编为F3）的年代应与宋代接近，或早至唐代。现将H1与F1介绍如下。

H1　位于T1南部并延伸入南壁中，后经扩方对H1进行清理。H1开口于第3层下，打破第4层。平面呈不规整梯形，长190、宽25～125、深42厘米。平面、底部均呈西高东低之势，坑壁较平整。填土为红褐色黏土，含大量的红烧土块，较少的陶片、打制石器，极少的青瓷残片，1枚“开元通宝”铜钱和石片等。器形可辨瓦当、瓷片、瓷罐等，纹饰可见绳纹（图五三）。

F1　位于T2中西部，开口于第6层下，打破第7层生土。由D1～D6共6个柱洞组成，D1～D6的直径9.5～17.5厘米，D1～D6的开口平面高差不大。平面呈椭圆和圆形，洞壁较光整，底部平整。填土为浅黄色粉砂质黏土。未见有文化包含物出土；无其他痕迹，均为一次性填充，因揭露面积有限，房址无法连成具体形状；另外也未见房址其他构成部分（图五四）。

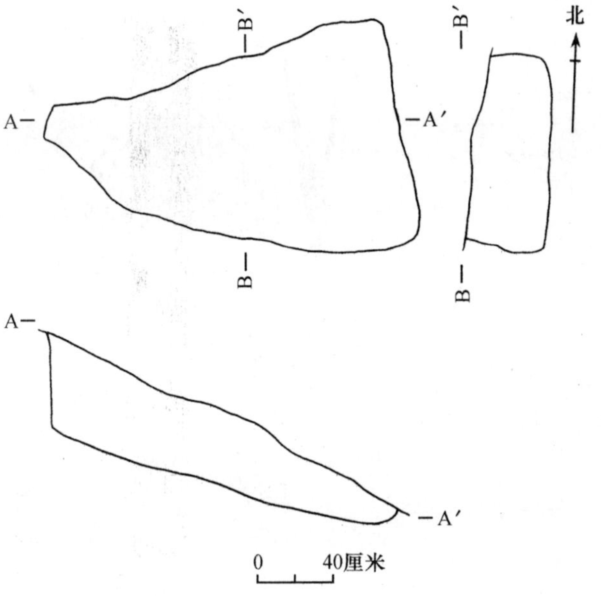

图五三　D区H1平、剖面图

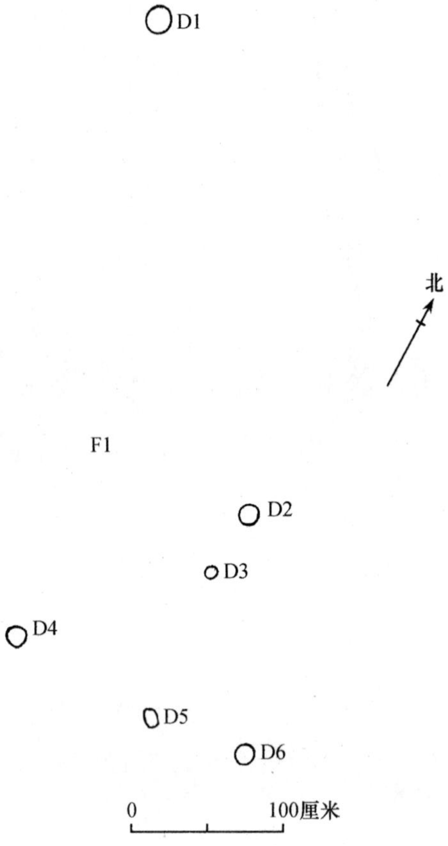

图五四　D区F1平面图

（二）遗物

D区发掘的两个探方所出土的遗物均出自唐宋时期堆积，且除表土层外，也未发现晚于宋代的堆积。因此，只能依据各地层出土遗物的时代特征，大致分为四个时期，即新石器时代、商周时期、两汉时期、南北朝—唐宋时期等。下面就四个文化时期分述如下。

（1）新石器时代遗物

D区新石器时代堆积出土的遗物器类为陶罐和盆。不进行分型分式描述。下面分述之。

陶罐　共3件。可分为侈口折沿罐和卷沿罐。

侈口折沿罐　共2件。T2⑤：12，夹砂红褐陶。圆唇，侈口，折沿，矮领，束颈，斜腹，下腹及底残。领外部饰竖绳纹，腹部饰绳纹加菱格纹的组合纹饰。口径34、残高6.6厘米（图五五，1）。T2⑤：13，夹砂红褐陶。尖方唇，侈口，折沿，矮领，束颈，斜腹，下腹及底残。口沿压印花边，领外部饰细绳纹和短浅刻划纹的组合纹饰。口径36、残高8厘米（图五五，3）。

卷沿罐　1件。T2⑤：14，夹砂红褐陶。尖圆唇，口微敞，微卷沿，束颈，溜肩，鼓腹。腹部饰细斜纹。口径14、残高6.8厘米（图五五，4）。

折腹盆　1件。T2⑤：10，泥质黑皮红褐胎。尖唇，敞口，折腹斜收。素面。口径22、残高3.6厘米（图五五，2）。

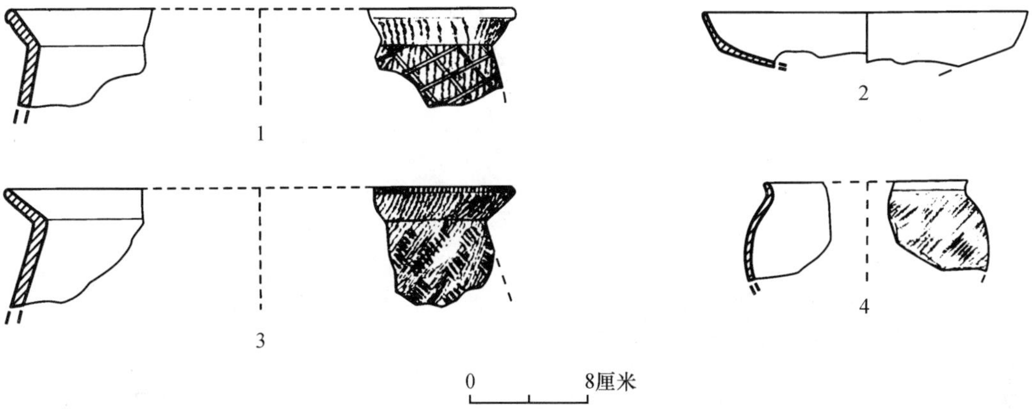

图五五　D区出土新石器时代陶器

1、3. 侈口折沿罐（T2⑤：12、T2⑤：13）　2. 折腹盆（T2⑤：10）　4. 卷沿罐（T2⑤：14）

（2）商周时期遗物

D区商周时期遗物均出自唐宋时期堆积，出土的器物为陶器和铁器，陶器有罐、瓮、盆、壶、尖底器、鼎（鬲）足、豆柄、网坠等，铁器仅1件铁锛。下面分述之。

陶罐　共5件。可分为卷沿矮颈罐、高颈直口罐两种。

陶卷沿矮颈罐　2件。T2⑤：11，夹砂红褐陶。圆唇，侈口，略卷沿，矮颈，矮领，鼓肩。腹及底残。肩部饰竖向较粗绳纹。口径25、残高8.1厘米（图五六，9）。T2③：1，泥质灰陶。尖圆唇，微敞口，卷沿，矮颈，圆肩，鼓腹。下腹及底残。肩腹部饰竖向绳纹。口径14、残高8.8厘米（图五六，14）。

陶高颈直口罐　3件。T2③：3，泥质灰陶。圆唇，直口微敞，卷沿，高颈，宽斜肩。腹及底残。肩部饰竖向细绳纹。残高9.2厘米（图五六，17）。T2③：4，夹砂褐陶。圆唇，直口微侈，高颈，宽斜肩。腹及底残。口部滚印大花边，肩部饰竖向细绳纹。残高7.4厘米（图五六，11）。T2③：5，夹砂灰陶。尖圆唇，口微敞，高颈，宽斜肩。口部滚压大花边。肩部饰竖向细绳纹。残高5.6厘米（图五六，13）。

陶瓮　3件。可分为敛口和直口两种。

陶敛口瓮　1件。T2③：8，泥质灰陶。圆唇，敛口，短颈，宽圆肩。腹及底残。肩颈交接处起棱，肩部饰凹弦纹两周。口径14、残高4厘米（图五六，10）。

直口瓮　2件。T2③：2，泥质灰陶。尖方唇，平折沿，直口，矮颈，溜肩，鼓腹，素面。残高14厘米（图五六，8）。T2③：6，泥质灰陶。方唇，唇外部饰凸起圆棱，直口，矮颈，宽圆肩。腹及底残，肩部饰细绳纹。口径21.2、残高7.6厘米（图五六，12）。

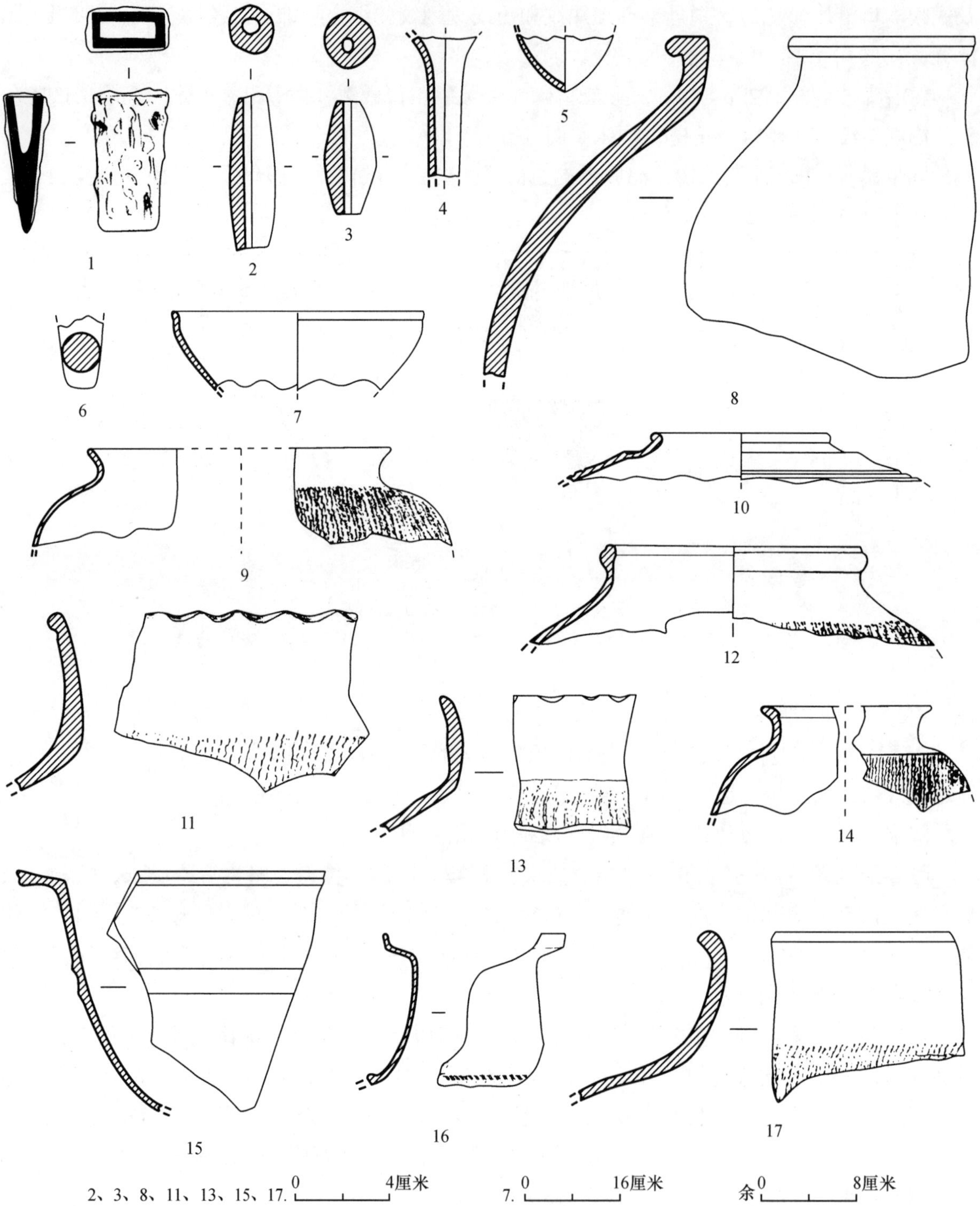

图五六　D区出土商周时期器物

1. 铁锛（T2③：20）　2、3. 陶网坠（T1③：2、T2③：10）　4. 陶豆柄（T2③：11）　5. 陶尖底器（T2③：12）　6. 陶足（T1②：3）　7、15. 陶大口盆（T2③：9、T2⑤：1）　8、12. 陶直口瓮（T2③：2、T2③：6）　9、14. 陶卷沿矮颈罐（T2⑤：11、T2③：1）　10. 陶敛口瓮（T2③：8）　11、13、17. 陶高颈直口罐（T2③：4、T2③：5、T2③：3）　16. 陶盘口壶（T1②：1）

陶大口盆　2件。T2⑤：1，泥质灰黑陶。双唇，敞口，宽平折沿，斜腹弧收。底残。腹中部饰两圈凸弦纹。口径42、残高12.8厘米（图五六，15）。T2③：9，泥质灰陶。圆唇，直口，弧腹。底残。素面。口径42、残高12.8厘米（图五六，7）。

陶盘口壶　1件。T1②：1，泥质灰陶。圆唇，长颈，肩部特征不明显。腹及底残。肩部饰一周凸方块纹。残高12.4厘米（图五六，16）。

陶尖底器　1件。T2③：12，夹砂红褐陶。圆弧腹，尖底。素面。残高4.6厘米（图五六，5）。

陶足　1件。T1②：3，夹砂红褐陶。圆柱形足。饰绳纹。残高5.8厘米（图五六，6）。

陶豆柄　1件。T2③：11，泥质黑皮褐胎。圆柄中空，喇叭圈足。素面（图五六，4）。

陶网坠　2件。T1③：2，灰色泥质（含粉砂）陶，圆柄形，中空，两端略小。素面。长6.4、柄径2厘米（图五六，2）。T2③：10，红褐色泥质陶。呈橄榄形。中空。素面。长4.64、柄径2.2厘米（图五六，3）。

铁锛　1件。T2③：20，铁质。方銎，近梯形，斜直身，圆角直刃，锈蚀严重，外裹一层铁锈，不见纹饰。宽6、高11.2厘米（图五六，1）。

（3）两汉时期遗物

D区两汉时期遗物均出自唐宋时期堆积。出土的器物均为陶器，器类可分为缸、盆和筒瓦等。下面分述之。

陶缸　2件。T2③：7，夹砂褐陶。方唇，小盘口，短颈，溜肩，弧直腹。沿外部压印凹弦纹。口径48、残高15.6厘米（图五七，2）。T2③：16，泥质灰陶。方唇，直口，弧直深腹。唇部压印两周凹弦纹，唇外部压印一周凹弦纹，腹部贴塑绞索状箍带纹。残高13.4厘米（图五七，9）。

陶盆　4件。可分为平折沿盆和卷折沿盆两种。

陶平折沿盆　3件。T2③：19，泥质灰黑陶。尖圆唇，平折沿，敞口，斜直腹，平底。素面。口径25.6、底径13.7、高8.4厘米（图五七，5）。T2③：18，泥质灰陶。尖圆唇，敞口，弧平折沿，弧腹坦收。腹中部饰凸弦纹一周。口径48、残高8.8厘米（图五七，4）。T2③：17，泥质灰黑陶。尖圆唇，敞口，弧平折沿，短颈，折肩，斜腹弧收。素面。口径35.2、残高8.8厘米（图五七，3）。

陶卷折沿盆　1件。T2③：15，泥质灰黑陶。方唇，宽平卷折沿，深斜腹弧收。腹内壁中部饰凹弦纹一周，外部饰一周凸弦纹和一周细密凹弦纹。口径64、残高14厘米（图五七，6）。

陶筒瓦　3件。T1②：2，泥质灰陶。瓦身截面呈半圆筒形，瓦头卷上翘。素面。长22、宽13.4厘米（图五七，8）。T2③：13，泥质灰陶。瓦身截面呈半圆筒形，瓦身饰细绳纹。残长16.2、宽16厘米（图五七，1）。T2③：14，夹细砂红陶。瓦头略卷上翘，瓦身截面呈圆弧形。瓦身饰粗绳纹。残长12、宽11厘米（图五七，7）。

（4）南北朝—唐宋时期遗物

均出自唐宋时期堆积。出土器物有陶器和瓷器，陶器仅有瓦当，瓷器均为青瓷。器形可分为钵、碗、瓦当和鱼形器等，下面分述之。

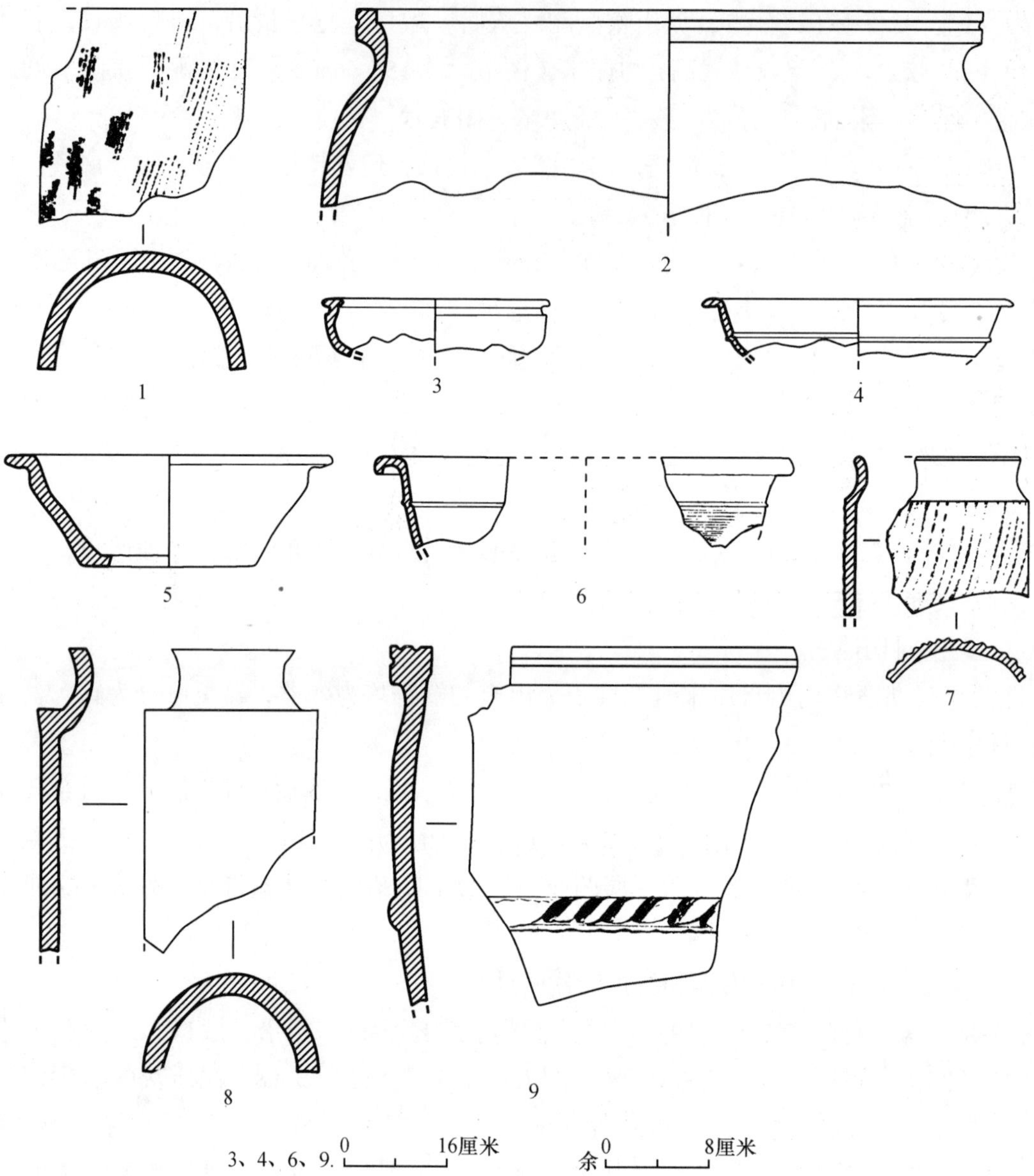

图五七　D区出土两汉时期陶器

1、7、8. 筒瓦（T2③：13、T2③：14、T1②：2）　2、9. 缸（T2③：7、T2③：16）

3～5. 平折沿盆（T2③：17、T2③：18、T2③：19）　6. 卷折沿盆（T2③：15）

陶瓦当　2件。T1③：1，泥质灰陶。呈圆形。饰连珠纹和凹弦纹，中心圆凸。直径13.2厘米（图五八，8）。T2⑤：9，泥质灰陶。呈圆形。饰连珠纹，中心圆凸。直径12.8厘米（图五八，7）。

瓷钵　4件。可分为直口钵、敛口钵和侈口钵三种。

瓷直口钵　2件。T2⑤：5，青黄釉灰白胎，下腹及底足未施釉。圆唇，直口，直腹坦收，饼形底内凹。上腹饰凹弦纹。口径16、底径10.6、高5.6厘米（图五八，4）。T2⑤：2，青黄釉

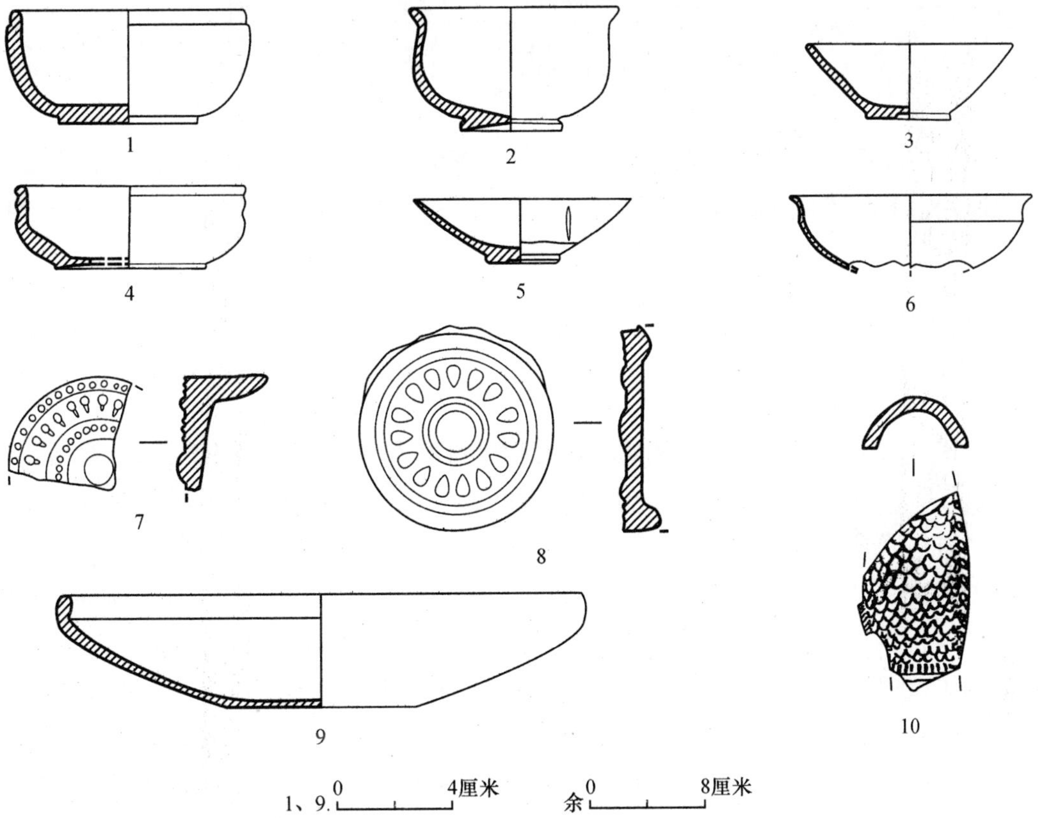

图五八　D区出土南北朝—唐宋时期器物

1、4. 瓷直口钵（T2⑤：2、T2⑤：5）　2. 瓷侈口钵（T2⑤：8）　3、5、6. 瓷碗（T2⑤：3、T2⑤：4、T2⑤：7）　7、8. 陶瓦当（T2⑤：9、T1③：1）　9. 瓷敛口钵（T2⑤：6）　10. 瓷鱼形器（T1②：4）

灰白胎。下腹及底足未施釉。尖圆唇，直口，弧直腹弧收，饼形底。口径7.8、高3.8、底径5厘米（图五八，1）。

瓷敛口钵　1件。T2⑤：6，青黄釉灰白胎，下腹及底未施釉。圆唇，微敛口，弧坦腹，平底。口径18、底径6.8、高3.8厘米（图五八，9）。

瓷侈口钵　1件。T2⑤：8，浊白色釉，釉色未烧成功，砖红胎。下腹及底足未施釉，尖圆唇，侈口略卷，直腹圆收，饼形底足内凹。口径14.2、底径7.2、高8.4厘米（图五八，2）。

瓷碗　3件。T2⑤：3，青黄釉灰白胎，下腹及底足未施釉。尖圆唇，敞口，斜直腹，璧形底。口径14.6、底径6、高5.2厘米（图五八，3）。T2⑤：4，青黄釉灰白胎，下腹及底足未施釉。尖唇，敞口，斜坦腹，璧形底。腹部饰刻划纹。口径15、底径5.6、高4.4厘米（图五八，5）。T2⑤：7，青白釉砖红胎，釉开小片。尖圆唇，卷沿，敞口，折腹坦收。口径17、残高5厘米（图五八，6）。

瓷鱼形器　1件。T1②：4，青黄色釉，鱼形。尾部饰凹弦纹。残高13.9、宽8厘米（图五八，10）。

六、结　语

本次对大地坪遗址碉楼坪地点（即C区）、王家大院地点（即D区）的发掘，发现了丰富的古文化遗存。下面谈几点认识。

（一）各时期遗存年代推断

C区文化遗存可大致分为四个时期，即新石器时代晚期（细分为1、2段）、商周时期、唐宋时期和清代。其中商周时期未见文化层，遗物出自唐宋及清代地层中。D区虽有新石器时代晚期、商周时期、两汉时期和南北朝—唐宋时期的文化遗物，但只有唐宋时期的地层。

新石器时代晚期一段的遗存包括T11⑤和T12④。根据两个探方的地层叠压关系可知，T11⑤和T12④是本次发掘最早的文化层，其出土的陶片虽无可辨器形，但从陶质、陶色及其纹饰来看，与上层（T11④、T12③）及新石器时代晚期遗迹所出土陶片的基本特征相似，或有承袭关系。从T11⑤所出土的粗陶标本^{14}C检测结果来看，其年代为5540年±45年（未经树轮校正）。该年代相当于渝东地区玉溪上层文化晚期，反观T11④等同时期地层出土的敛口钵、折沿深腹罐明显是从玉溪上层文化的同类器演变而来，Y3出土的瓮（Y3：1）也与玉溪上层文化的瓮有明显的传承关系，T11④层与Y3等遗迹的年代与玉溪坪第二期相当[①]。因此，可推测本次发掘最早文化层的年代在玉溪上层文化晚期至玉溪坪文化早期之间，大致在距今5400年。

新石器时代晚期二段包括T11④、T12③等为代表的地层及墓葬、房址、窑址等遗迹。所出陶器与渝东地区其他相关遗址的陶器有相同或相似之处。其中，高领罐、长颈罐、折沿深腹罐、盘口罐、杯、喇叭口壶、折沿壶、折腹钵、宽平折沿盆和内折沿盆等与玉溪坪遗址的玉溪坪文化第二期的Bb型盘口罐、A型折沿盆、Bb型杯、Bb型长颈罐、B型敛口盆、三期的B型喇叭口壶、A型Ⅱ式折腹钵、B型敛口盆形制基本相同。在99哨棚嘴遗址第二期[②]、97哨棚嘴第一期[③]、杜家院子遗址[④]、涪溪口遗址早期[⑤]、魏家梁子遗址早期[⑥]等遗址中也能找到相同或相似者。此段选用了2个标本做^{14}C检测，第一个数据取自M9中的炭标本，测出的年代为4175年

① 白九江：《重庆地区的新石器文化——以三峡地区为中心》，巴蜀书社，2010年。

② 北京大学考古学研究中心、北京大学考古文博学院三峡考古队、重庆市忠县文物管理所：《忠县哨棚嘴遗址发掘报告》，《重庆库区考古报告集·1999卷》，科学出版社，2006年。

③ 北京大学考古文博院三峡考古队等：《重庆忠县㽏井沟遗址群哨棚嘴遗址发掘简报》，《重庆库区考古报告集·1997卷》，科学出版社，2001年。

④ 成都文物考古研究所、重庆市文物局、忠县文物管理所：《忠县杜家院子遗址发掘简报》，《重庆库区考古报告集·2001卷》，科学出版社，2007年。

⑤ 福建省博物馆考古队等：《万州涪溪口遗址发掘报告》，《重庆库区考古报告集·1997卷》，科学出版社，2001年；福建省考古队：《万州涪溪口遗址第三次发掘报告》，《重庆库区考古报告集·1999卷》，科学出版社，2006年；福建省考古队等：《万州涪溪口遗址发掘报告》，《重庆库区考古报告集·1998卷》，科学出版社，2003年。

⑥ 吴耀利、丛德新：《试论魏家梁子文化》，《考古》1996年第8期。

±50年（未经年轮校正）；第二个数据取自T11④，测出的年代为5150年±60年（未经年轮校正）。依据地层与遗迹（T12③、M9与T12④）的叠压和打破表现的早、晚关系，第一个数据与第二个数据反映的年代恰恰相反，对比一段的数据，我们认为4175年±50年数据不可取，而5150年±60年数据可能准确一些。由此推测本遗址新石器时代晚期第二段的年代为玉溪坪文化第二期至第三期，在距今5100年左右。

商周时期的遗物出自唐宋地层，有罐、豆形器、尖底器等，在峡江地区各商周时期遗址中可找到相同或相似者，时代特征较明显。唐宋时期地层出土的青黄釉硬陶罐和黄白釉紫红胎瓷碗，从釉胎和器形上看其窑口应为邛崃窑系，年代亦很清晰。

（二）新石器时代晚期文化特征

（1）栽培水稻遗存的发现是突出的收获。新石器时代晚期地层中出土的动植物遗存丰富，动物骨头可辨有鱼、猪、牛、螺等，以鱼、螺为多；植物遗存有果核和水稻。水稻遗存由湖南省文物考古研究所测定6个稻谷个体标本，性质均类似现代栽培稻。动植物遗存的发现与研究反映了峡江地区渔猎与水稻栽培并存的经济方式。

（2）石器之丰富是一大特色。数量庞大，品种繁多，器类有砍砸器、刮削器、尖状器、铲、镰、锄、斧、盘状器、亚腰形器、网坠、雕刻器、锤、锛、凿、矛、镞和砺石计17种。以打制石器为主，磨制石器占少部分，另有少量用磨制和打制两种方法加工而成的石器。个体以中石器为主，小部分为细小石器。打制方法有锤击法、锐棱砸击法，少用碰砧法。一部分细小石器和少数磨制石器利用了自然砾石或稍作琢制而使用，或剥石片直接使用，或琢制后磨制使用，或直接用河砾石磨制使用，这些加工石器的方式丰富了人们对峡江地区史前石器的认识。

（3）陶器表现出了丰富完整的文化内涵。一是陶器普遍夹砂。新石器时代晚期上层陶片十分丰富，以C区T11④为代表，陶片达1722块。经统计，上层出土的陶片以夹砂陶为主，泥质陶略少。实际上，泥质陶中有相当部分的粉砂陶，应是峡江地区特殊地理环境下形成的粉砂质土质而形成的特有现象。峡江地区所见纯黏土很少，大部分黏土中含有粉砂，将粉砂陶归入泥质陶也未尝不可，从而使人们对峡江地区的泥质陶有了一个新的认识。二是陶器纹饰丰富多彩。陶片中纹饰陶占43.5%，几近一半。纹饰品种达45种之多，以中绳纹（表中列为绳纹）为主，占陶片总数的19.5%，其他如瓦棱纹、凹弦纹、附加堆纹、细绳纹、篮纹（分粗细两种）、戳点纹、方格纹、凸弦纹、戳印纹、压印凸方块纹、交错绳纹、刻划细线纹、刻划折线纹、刻划凹弦纹及各种纹饰相间的组合纹饰占陶片总数的13%。三是制陶技术多种方法并存。陶器的制作多用泥条盘筑法，后经慢轮修整，少部分采用轮制，大件器（缸等）则用泥片贴塑法制成，少量小件器物用手捏制而成。泥质陶中常见的黑皮陶使用了磨光加工工序。四是陶器组合多见于玉溪坪文化。C区新石器时代晚期上层堆积中出土的陶片可辨器形品种繁多，有罐、壶、瓮、钵、缸、盆、杯、瓶、纺轮及一些平底器、圈足器和器盖等，尤以罐为大宗，壶、盆、缸、杯、钵、瓮依次之，瓶、纺轮等少见。器底以平底为主，圈足较少，另见一件侈口小杯为小圜底。以罐、壶、盆、缸、杯、钵和瓮等为器形组合也常见于玉溪坪文化诸多遗址中。

（4）丰富的遗迹反映了峡江地区史前聚落形态。本次发掘发现的新石器时代晚期遗迹较多，有8座墓葬、3座窑址、1处房址和1个灰坑等。墓葬方向均为东西向，形制均为长方形竖穴土坑，所发现骨架均为仰身直肢；墓地位于整个遗址的西部，并与制陶区相连。随葬品或有完整器，或为陶片和石器，或无随葬品，葬品以罐为主。窑址均坐南朝北，窑址作坊区位于生活区西部（紧邻F2），墓地的东部（Y1打破M9），窑址的形制均为圆形，就地挖土穴而用，可见火膛、窑床和烟道等部位。窑内的废弃品均为泥质灰陶（实为粉砂陶，并且多变形），可以看出其烧制陶器是就地取材，说明该遗址出土的陶器应为就地烧制，也可以看出窑内的室温较高。从窑壁的烧结层厚度也可以看出其使用时间较长。又从Y1、Y2和Y3的打破关系和窑址的形制来看，该遗址的原住民在此生活有一定的时间，但延续时间不会有太大的跨度（从地层堆积的厚度和遗址的承袭关系可以看出）。该遗址共发现房址3处（第一次发掘F1），有两处（F1和F2）发现灶膛遗迹（Z1和Z2），并且F1～F3均位于整个遗址的东部，由此可以看出遗址的东部为生活区，西部为墓葬区，并且紧紧相连，而窑址作坊区则位于生活区和墓葬区中间。另外，发现1个灰坑位于遗址的最西部。遗址出土文化遗物除新石器时代晚期遗存外，唐宋时期及清代地层中还发现了新石器时代以后多个时期的遗物，可以看出自新石器时代晚期以来，此处一直是理想的生存之所。

本次发掘的面积虽然不大，遗存却十分丰富。各种遗迹的发现，将一个原始的聚落展示于世人面前，成为目前峡江地区较为完整的史前聚落。尤其是史前栽培水稻的出土，成就了峡江地区第一稻，为研究该地区史前稻作农业起源与发展提供了重要材料。

领队：席道合
执行领队：李景业
发掘人员：席道合　李景业　陈晓华
黄阳秋　王　峰　江少华
刘　峰　雷军建
修复：王　峰　黄阳秋　巩　三
照相摄影：江少华　雷军建
绘图：李景业　陈晓华　黄阳秋
刘　峰　雷军建
整理：黄阳秋　文国勋　李永锋
雷　明　栗林洪
执笔：黄阳秋　文国勋

附表一　大地坪遗址第二次发掘墓葬登记表

墓号		方向/°	地层关系	墓葬形制		随葬器物		时代	备注
				形状	长×宽–深/厘米	陶器	石器		
C区	M1	288	开口于T11第4层下，打破第5层	长方形竖穴土坑	40×46–18	无	无	新石器时代	墓残
	M2	280	开口于T11第4层下，打破第5层	长方形竖穴土坑	192×60–26	罐6、盆1、缸1、钵1	尖状器1、网坠1、石球1、砍砸器1	新石器时代	
	M3	288	开口于T11第4层下，打破M8和第5层	长方形竖穴土坑	194×54–20	罐3、缸1、器底1	砍砸器2、刮削器4、尖状器1	新石器时代	
	M4	268	开口于T11第4层下，打破第5层	长方形竖穴土坑	170×48–16	圈足器1、壶1	无	新石器时代	
	M5	272	开口于T11第4层下，打破第5层	长方形竖穴土坑	190×40–22	无	无	新石器时代	
	M6	267	开口于T11第4层下，打破第5层	长方形竖穴土坑	205×56–34	罐1	无	新石器时代	
	M8	288	开口于T11第4层下，打破第5层	长方形竖穴土坑	196×64–18	瓶1、罐1、圈足器1	石核、砍砸器、石片	新石器时代	仰身直肢
	M9	302	开口于T12第3层下，打破第4层	长方形竖穴土坑	190×50–10	罐1	无	新石器时代	残骨架

附表二　大地坪遗址第二次发掘灰坑、房址、窑址登记表

编号		位置	地层关系	形状特征	规格/厘米			现象及主要出土物	时代	备注
					长	宽	深			
C区	H1	T9南部	开口于T9第2层下，打破第4层	不规整椭圆形，四壁倾斜，底部凹凸不平	220	122	32	大量的炭渣、烧土，螺蛳壳，较多的陶片、石片、打制石器及动物骨渣等	新石器时代	
	H2	T13中部偏西南角	开口于T13第2层下，打破第3、4层	坑口圆形，微弧壁、平底	160～170	160～170	136～140	陶片、青花瓷片、铁钉等	清代	
	H3	T13中部偏东北角	开口于T13第2层下，打破第3、4层	坑口圆形，微弧壁、平底	148～153	148～153	135～146	极少的青花瓷片，瓷碗圈足、残铁器和铜钱1枚等	清代	
	H4	T13东南角	开口于T13第2层下，打破第3、4层	坑口圆形，微弧壁、平底	不详	不详	150～155	少量的细砂、石块	清代	
	H5	T13东部	开口于T13第2层下，打破第3、4层	坑口圆形，微弧壁、平底	不详	不详	100～110	细砂	清代	
	H6	T13东北角	开口于T13第2层下，打破第3、4层	坑口圆形，微弧壁、平底	不详	不详	140～157	细砂、石块	清代	

续表

编号		位置	地层关系	形状特征	规格/厘米			现象及主要出土物	时代	备注
					长	宽	深			
C区	F2	T17中西部	D1、D2开口于T17第6层下，打破第10层。D3～D6开口于第9层下，打破第10层	形状不明，残余柱洞6	不详	不详	柱洞残，深10～24	柱洞内无包含物	新石器时代	结构不完整
C区	F3	T12中南部	开口于T12第3层下，打破第4层	形状不明，残余柱洞4、灶1	不详	不详	柱洞残，深10～20	柱洞填土含有炭渣、螺蛳壳、夹砂红褐陶片、夹砂黑陶、红烧土颗粒等。灶内含大量的红烧土、炭渣、碎陶片及动物骨渣等	新石器时代	房残，有灶
C区	Y1	T12东北部	开口于T12第3层下，被Y3打破，且打破M9	窑床呈长圆形	140	92	5～20	窑内含大量红色或灰色烧土、炭渣等	新石器时代	残
C区	Y2	T12北部	开口于T12第3层下，被Y3打破	窑床呈长圆形	88	64	12～66	窑内含少量的火烧土、炭渣、螺蛳壳、骨饰件、砺石、刮削器、石锛、泥质折沿长颈罐、夹砂褐陶矮颈小罐、镂孔小喇叭圈足、红陶罐残片等	新石器时代	残
C区	Y3	T12北部	开口于T12第3层下，打破Y1、Y2和T12第4层	窑床呈长圆形	130	60	54	窑内有磨制石器、长颈罐、折腹盆、红陶缸残片等	新石器时代	残
D区	H1	T1南部	开口于第3层下，打破第4层	坑口呈不规整梯形，直壁、斜平底	190	25～125	42	大量红烧土块、极少的青瓷片、陶片等	宋	
D区	F1	T2中西部	开口于第6层下	形状不明，残余柱洞6	不详	不详	柱洞残，深10～13	柱洞内无包含物	唐宋	残

附录　重庆云阳大地坪遗址古稻初步鉴定结果

送样标本：陶片　　　　　　　　　　　　　　　　　　　　编号：2003YD C区T12 ③

鉴定结论：

陶片的表面发现较多的水稻，绝大部分为水稻的痕迹。本次测得较完整的水稻痕迹5个，水稻实体1个。

（1）表面纹饰

1）水稻痕迹表面可以清晰地看出稻谷乳头状凸起的压痕。

2）水稻实体表面较光滑，保留有5%的水稻乳头状凸起。

3）无论痕迹还是实体均未见芒，性质类似现代的栽培稻。

（2）数据分析

双目立体镜下侧得古稻粒长，粒宽及现代野生稻、粳稻、籼稻平均粒长、粒宽数据如下：

样品	粒长/毫米	粒宽/毫米	长宽比	检测结果
古稻1	7.50	3.00	2.50	水稻印痕
古稻2	9.00	5.00	1.80	水稻印痕
古稻3	8.00	3.00	2.67	水稻印痕
古稻4	5.50	2.70	2.04	水稻印痕
古稻5	6.00	2.50	2.40	水稻印痕
古稻6	5.60	2.20	2.55	水稻实体
现代野生稻	8.56	2.57	3.38	
现代粳稻	7.35	3.33	2.22	
现代籼稻	8.11	2.94	2.77	

利用上述数据做成的粒长、粒宽二维平面图中可以清晰得看出古稻与现代水稻不同，不论是粒长还是粒宽变异区域较大。具体性质如下。

古稻1：斜率介于粳稻和籼稻之间，具有类似现代粳稻和籼稻过渡的性质。

古稻2：粒长超过现代野生稻的平均值，在这点上与野生稻有相似之处，但由于粒宽的数据还有待于进一步证实，其性质暂不讨论。

古稻3：斜率与现代籼稻非常接近，性质类似现代籼稻。

古稻4、5、6：斜率与现代粳稻接近，其性质类似现代粳稻。但与现代粳稻不同的是3个稻粒的粒长小于现代稻粒，为5.5～6.0，属于"小粒稻"（现代已基本不种植）。

古代稻谷不同于现代的水稻，其变异性较大，因此其性质的判断，不能只根据某些特征就下结论。上述的结论主要是根据古稻的长宽比性质得出的，也是非常初步的，详细的结论还有待于今后的硅酸体和电镜的资料分析。

湖南省文物考古研究所　顾海滨

云阳佘家嘴遗址2003年度春季发掘简报

厦门大学考古队

考古调查、钻探、发掘资料表明，位于云阳县巴阳镇巴阳村的佘家嘴遗址，是三峡工程淹没区内的一处重要的古文化遗址。厦门大学考古队于2000年、2001年、2002年三次对该遗址进行了发掘工作。受重庆市文化局三峡办委托，我队再次承担了2003年度春季1000平方米的发掘任务。参加本次发掘工作的有厦门大学人文学院历史系考古专业教师2名、技工6名。考古队于2003年3月15日进场开始工作，依据2002年发掘状况，配合三峡淹没区二期（巴阳149.5米）即将于4月10日开始蓄水的实际情形，该年度选择在大田嘴处于136～142米高程的台地进行发掘，根据地形分布5米×5米探方39个，YBS0301T01～YBS0301T35方向为北偏东27°，YBS0301T36～YBS0301T39与2002年度发掘探方连接，为正南北向，同时因墓葬发掘扩方1个，共完成发掘面积1000平方米。发掘深度最深2.8、最浅0.95米，平均深度1.9米，发掘至生土。

发掘工作遵照《田野考古工作规程》及三峡文物保护规划要求进行，现将佘家嘴遗址2003年度考古发掘工作的主要收获报告如下。

一、地层堆积与年代

YBS0301（大田嘴）发掘区位于佘家嘴遗址东部、长江北岸台地，39个探方分布在上、中、下三个层面（图一），均为农耕麦田。

下层为最靠江边的凸出台地，是江岸遭洪水冲刷滑坡而形成的堆积，布方8个，探方发掘最深达2.63米，为唐宋、明清文化层。

中层与下层高差1.5米，布方19个，其中4个与2002年发掘的探方连接，15个依地形分布。由于开垦耕地，文化层遭到破坏，遗存埋藏最深2.75米，可分为7层，以YBS0301T38为例（图二）。

第1层：耕土层。灰褐色黏土。厚13～22厘米。

第2层：耕土铺垫层。厚14～23、深22～24厘米，浅灰褐色黏土。结构较疏松，夹杂较多炭屑，包含有青花瓷片、现代瓷片、现代瓦片等。

第3A层：浅褐黄色黏土质粉砂层。厚20～24、深36～42厘米。浅褐黄色，呈粉砂状，含青花瓷片。

第3B层：褐色黏土。结构紧密。厚19～22、深57～64厘米。出土有较多的青花瓷和少量青瓷，以及夹砂陶、泥质陶、硬陶、釉陶等。

第3C层：浅褐色黏土。厚85～94、深85～94厘米。结构紧密。包含物和上层差不多，有青花、青瓷、釉陶、泥质陶等，以上为明清时代堆积。

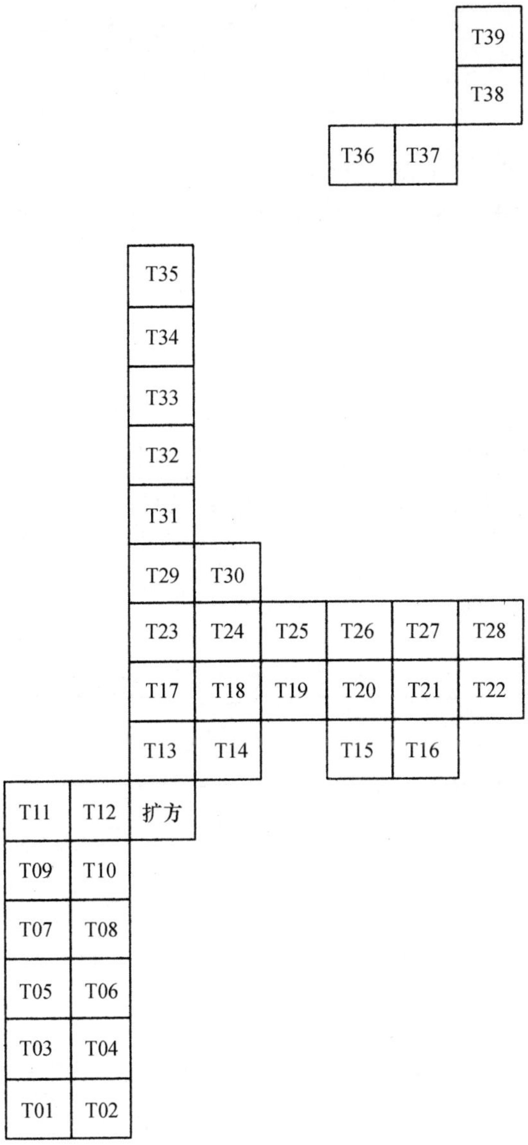

图一　YBS0301（大田嘴）探方分布图

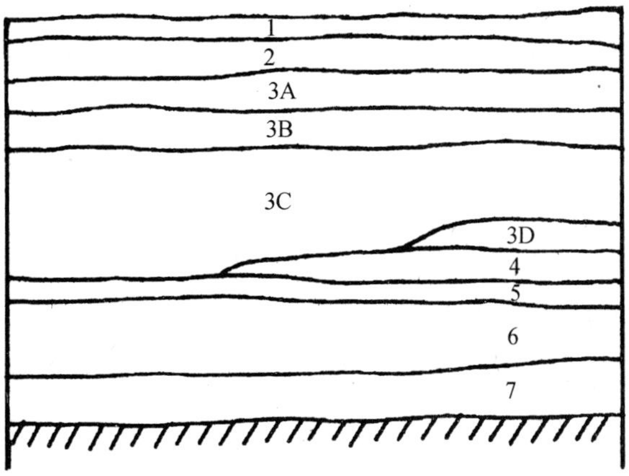

图二　YBS0301T38东壁剖面图

第3D层：浅土黄色粉砂质黏土。厚0～14、深135～153厘米。没有包含物。

第4层：暗灰色粉砂质黏土。西高东低呈斜坡状堆积。厚0～18、深151～160厘米。土质较硬，出土青瓷、白瓷、釉陶、硬陶和夹砂陶、泥质陶等，陶片多饰绳纹，少量粗绳纹、弦纹、方格纹等，素面较少，为唐宋文化层，可能早到南朝。

第5层：灰色粉砂质黏土。厚15～18、深160～175厘米。含绳纹瓦、菱形纹砖块等，为汉晋时期堆积。

第6层：浅灰色粉砂质黏土。色泽比5层稍深，厚35～48、深180～195厘米。出土数量较多的夹砂、泥质陶片，以夹砂灰陶为主，有一些红陶和少量的黑陶，纹饰多绳纹，可辨器形除罐类外，有豆把、厚胎夹砂绳纹花口灰陶器物口沿和尖底器残片。

第7层：浅灰黄色粉砂质黏土。厚28～37、深230～243厘米。陶片明显减少，多泥质陶，少夹砂陶，灰陶为主，但黑陶和红陶也占相当比例，纹饰素面占大多数，少量绳纹等，出土鬲足、豆把及砍砸石器。根据包含物，第6、7层应为商周时期文化层。以下为生土层。

上层与中层高差1.2米，布方12个，亦因开垦耕地，文化层遭到严重破坏，地层堆积最深2.4米，可分5层，以YBS0301T10为例（图三）。

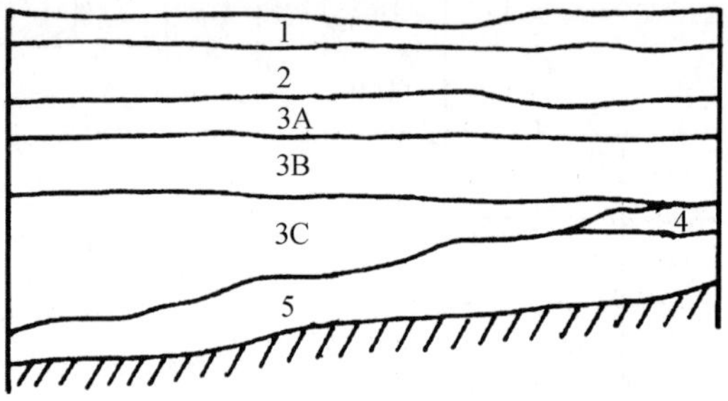

图三　YBS0301T10北壁剖面图

第1层：耕土层。灰褐色黏土。厚15～20厘米。结构疏松，杂质很多，含有少量陶片和青花瓷片。

第2层：耕土铺垫层。浅灰褐色黏土。厚20～25、深15～20厘米。结构较致密，易结成块。含有青花瓷片、墓砖碎块、炭屑及一些早期的陶片。

第3A层：浅褐黄色黏土质粉砂。厚15～20、深45～50厘米。黏土质粉砂结构疏松，很纯，偶夹青花瓷片。

第3B层：浅灰褐色黏土。厚30～35、深68～70厘米。黏土结构紧密，出土了不少青花瓷片、青瓷片、泥质红瓦和灰瓦片、泥质红陶和灰陶片，以及釉陶碗等。

第3C层：浅褐色黏土。厚0～75、深95～105厘米。结构紧密。包含物和上层差不多，有青花、青瓷、釉陶、泥质陶等。

第4层：暗灰色黏土。厚0～18、深96～107厘米。分布不均，靠江边的堆积厚达1米，含大量釉陶、青瓷、夹砂陶、泥质陶、砖块、开元通宝铜钱等，可见器形有罐的口沿等，为唐宋时期的文化层。

第5层：灰色粉砂质黏土，土质致密。厚15～55、深125～175厘米。呈斜坡分布，含少量夹砂陶、泥质陶、灰陶砖块和绳纹瓦等，陶器饰绳纹，可见罐的口沿，应是汉晋时期文化层。生土层为灰黄色黏土质粉砂。

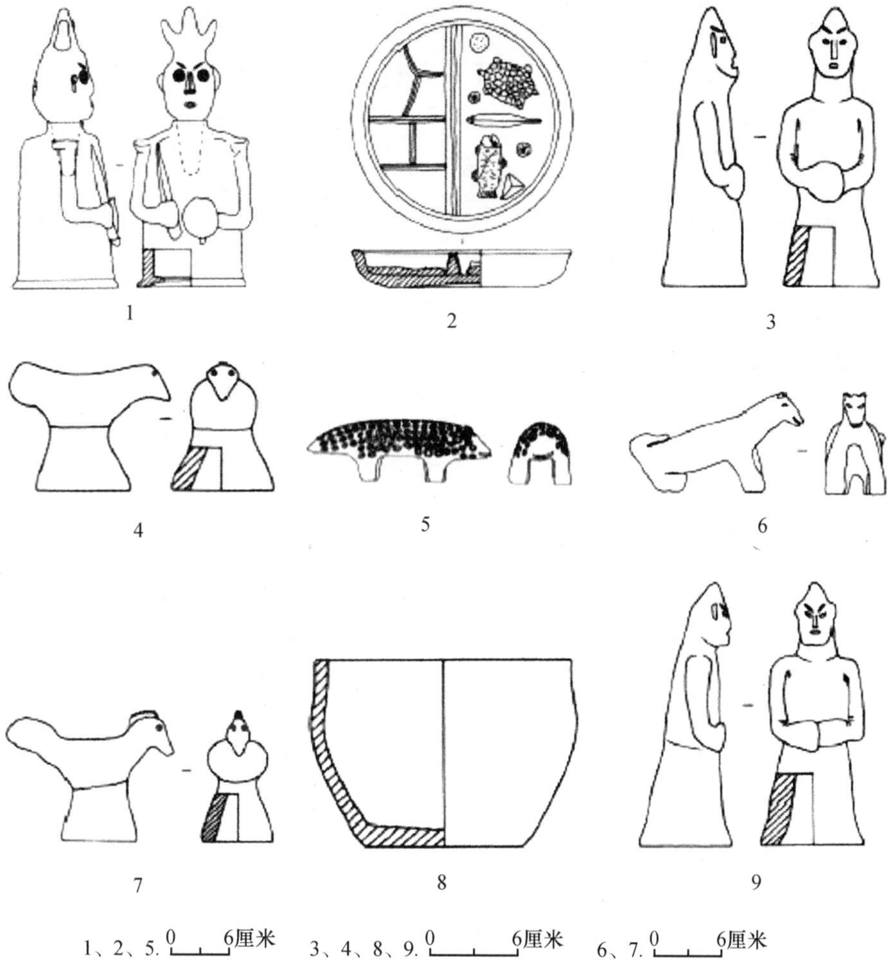

图六　YBS0301M1出土器物

1. 陶武士俑（YBS0301M1：1） 2. 陶田塘（YBS0301M1：2） 3、9. 陶侍俑（YBS0301M1：3、YBS0301M1：12） 4. 陶鸟（YBS0301M1：4） 5. 陶穿山甲（YBS0301M1：5） 6. 陶狗（YBS0301M1：6） 7. 陶鸡（YBS0301M1：7） 8. 陶罐（YBS0301M1：9）

铜钱　1枚。YBS0301M1：8，圆形方孔。腐锈较甚，但可见“五”字样，为五铢钱。厚0.1、孔边长1、外径2.6厘米。

陶罐　1件。YBS0301M1：9，泥质灰陶。素面。轮制。直口，方唇，微鼓腹，平底。通高12、口径17、底径10.4厘米（图六，8）。

铜鐎斗　1件。YBS0301M1：10，把长22厘米，器表虽布满铜锈，但保存完好。盘口，斜腹，平底微弧，把端饰龙首纹。通高7.8、底径11、口径16.4厘米（图七，1）。

铜铃　1件。YBS0301M1：11，圆形，桥形纽。空腹，底部开一道小口，内置一小圆石球，摇动可发出铃声。通高2、圆径1.8厘米（图七，2）。

陶仓　1件。YBS0301M1：13，泥质灰陶。呈楼屋状，由屋身与屋顶盖两部分组成。屋顶作人字形脊，两端上翘饰瓦屋顶。屋身大体呈长方体，内空。正面开门，楼梯由侧面环绕而上。通高18.6、长21.4、宽9.6厘米（图七，3）。

陶灯　1件。YBS0301M1：15，泥质灰陶。素面。豆形灯，双层浅盘，喇叭形圈足，圈足

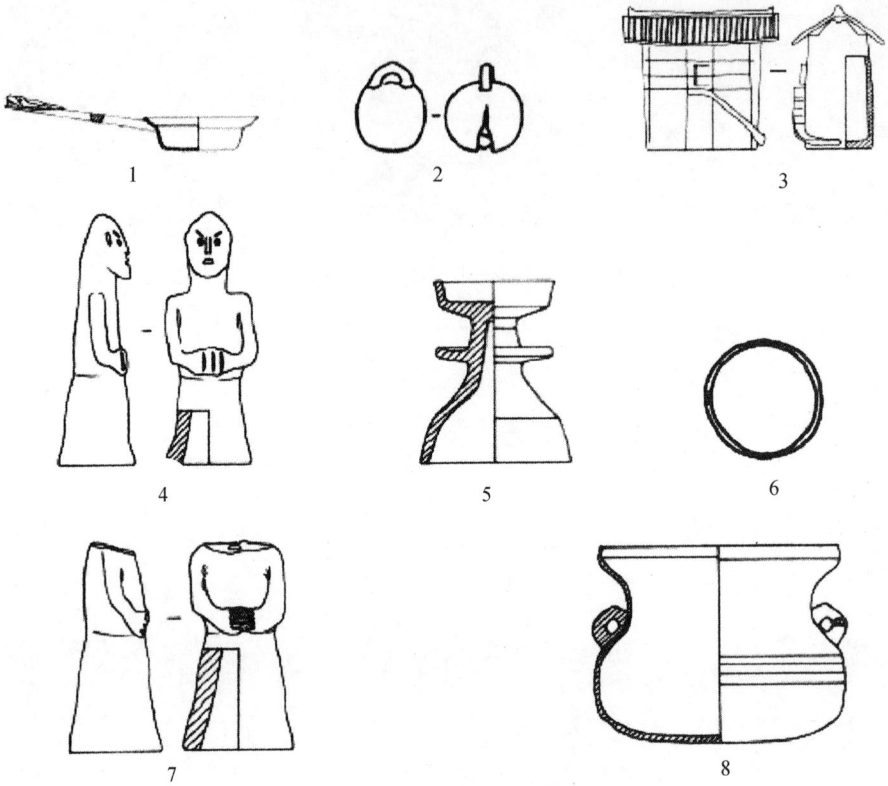

图七　YBS0301M1出土器物

1. 铜鐎斗（YBS0301M1：10）　2.铜铃（YBS0301M1：11）　3. 陶仓（YBS0301M1：13）　4、7. 陶侍俑（YBS0301M1：14、YBS0301M1：17）　5. 陶灯（YBS0301M1：15）　6. 银指环（YBS0301M1：16）　8. 铜鍪（YBS0301M1：18）

大于器身。轮制。通高15.6、口径10.6、底径13.2厘米（图七，5）。

银指环　1枚。YBS0301M1：16，圆形。表层腐蚀较甚，素面无纹。通高0.15、直径2、厚0.1厘米（图七，6）。

铜鍪　1件。YBS0301M1：18，盘口，束颈，鼓腹，圜底。腹部饰有三道凸弦纹。颈部有一对称“C”字形耳，耳横断面呈半圆状，保存完整。通高14.2、口径17.6厘米（图七，8）。

（二）地层

地层中出土可复原的有汉晋、唐宋时代的钵、罐、盘、碟、碗等釉陶和青瓷器，以及铜钱，还有商周时期的陶器和石器等32件。

1. 商周时期遗存

发现于北区（大田嘴）。在2002年工作的基础上，今年又布了4个探方T36～T39。发现完整器物4件（图八），主要为石器，另外出土较多早期陶片。

石核砍砸器　1件。YBS0301T38⑦：1，燧石砾石。大致呈长椭圆形。先去掉一小节，然后在一侧交互打下了三个石片并在局部刃部略加修理形成凸面，刃部缘曲折，留有约60%的砾石表皮。长12.8、宽12.5、厚5.3厘米（图八，1）。

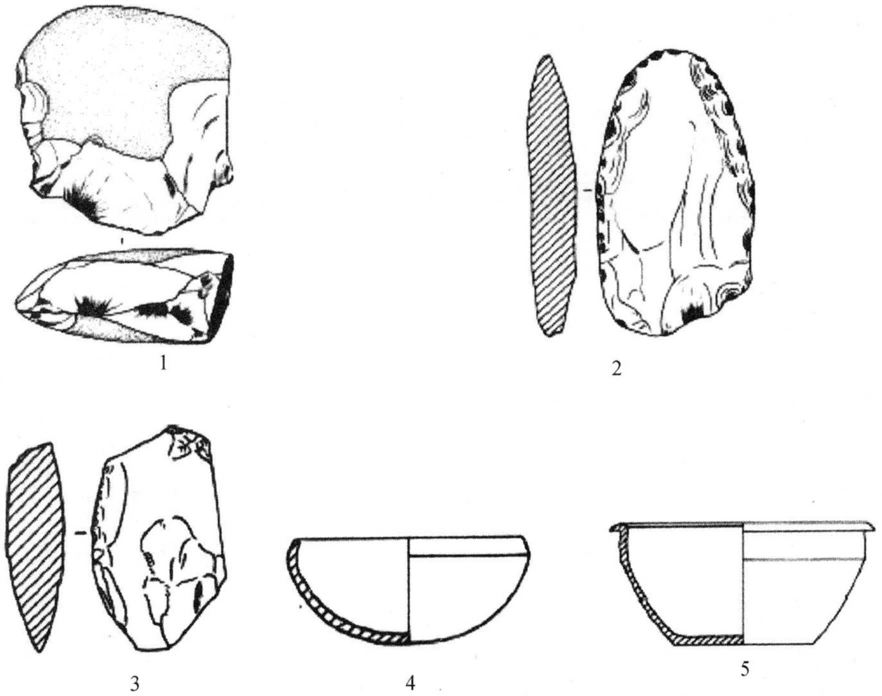

图八　商周、汉晋时期出土器物

1. 石核砍砸器（YBS0301T38⑦：1）　2. 石片砍砸器（YBS0301T38⑦：2）　3. 石斧（YBS0301T36⑥：1）
4. 陶钵（YBS0301T38⑥：1）　5. 陶盆（YBS0301T36⑤：1）

石片砍砸器　1件。YBS0301T38⑦：2，利用火山岩砾石打下的椭圆形石片。在右侧先去薄，留下两个较大的小石片疤（长宽分别为28毫米×39毫米，15毫米×30毫米）。然后沿左侧和远端向腹面修理，小石片疤一般大小为8毫米×15毫米。背面为砾石表皮。长8.3、宽14.3、厚2.4厘米（图八，2）。

石斧　1件。YBS030lT36⑥：1，灰绿色砾石，质致密。通体磨光，局部打制，双面磨刃。平面呈不规则形，纵剖面大体显锥形，刃锋利。长6.5、宽4.1、厚1.8厘米（图八，3）。

陶钵　1件。YBS0301T38⑥：1，夹砂灰硬陶偏黑。残。变形较甚。敛口，圆唇弧腹，圜底。通高5.4、口径12厘米（图八，4）。

陶片以泥质灰陶为多，其次是夹砂灰陶，少量泥质红陶、夹砂红陶和泥质黑陶。主体纹饰是绳纹、交错绳纹，其次是网格纹加弦纹、方格纹、网格纹，还有少量篮纹、云雷纹、压印纹、附加堆纹、刻划纹等。根据口沿和足底残片判断器形主要有罐、豆、鼎、鬲、盂、钵、纺轮等，其中齿状唇夹砂绳纹红陶罐口沿和灰陶尖底器残片特征较为明显。

2. 汉晋时期遗存

本次发掘面积较小，该时期出土的遗物较少（图八）。

陶盆　1件。YBS0301T36⑤：1，泥质灰硬陶。直口微敛，折沿，尖唇，斜腹，平底，轮制，腹上部饰有一道凸棱。通高10.8、口径24、底径13.2厘米（图八，5）。

铜钱　1件。YBS0301T10⑤：1，圆形方孔，正面右左分别铸小篆体“半两”二字，上下无字微弧，背面平直。厚0.08、直径2.3、孔边长0.8厘米。

3. 南朝—唐宋时期遗存

探方YBS0301T13第4层出土的10件釉陶和青瓷被认为是南朝时期的遗物（图九），碗占的比例较大。

釉陶盅　1件。YBS0301T13④：2，灰胎，青釉，器内满釉，器外釉不及底。器内底饰一道弦纹。侈口，尖唇，斜腹，平底。通高3.4、口径9、底径4厘米（图九，2）。

釉陶钵　1件。YBS0301T13④：4，灰胎，青釉，芒口，釉不及底，器内满釉，但均剥落较甚，该器在施釉之前似有先施一层化妆土。敛口，圆唇，斜腹，平底。通高6.2、口径16.2、底径10.9厘米（图九，3）。

釉陶碗　4件。YBS0301T13④：5，灰胎，青釉，器内施满釉，器外釉不及底。敞口，圆唇，弧腹，假圈足。器内底有支钉残迹。通高6.6、口径18.2、底径7.6厘米（图九，4）。YBS0301T13④：6，青釉。器内施满釉，器外釉不及底。敞口，卷沿，弧腹，假圈足，圈足内留有轮制时刀刮残迹。该器变形较甚，器内底有支钉痕迹。通高6.4、口径18、底径7.4厘米（图九，5）。YBS0301T13④：7，青釉，釉不及底，有剥釉现象。器内底留有5个支钉残迹。敞口，圆唇，弧腹，假圈足。通高4.6、口径13.4、底径5.2厘米（图九，6）。YBS0301T13④：8，青釉。器内施满釉，器外釉不及底，未见剥釉现象。器内底有支钉残迹。气泡较多。敞口，尖唇，斜腹，假圈足微内凹。通高4.4、口径16.8、底径6.4厘米（图九，7）。

釉陶盆　1件。YBS0301T13④：9，灰胎，黄釉，芒口，器内满釉，器外釉不及底，剥釉现象严重。盘口，圆唇，弧腹，平底内凹。器腹饰有一周网格纹。通高10、口径23.8、底径

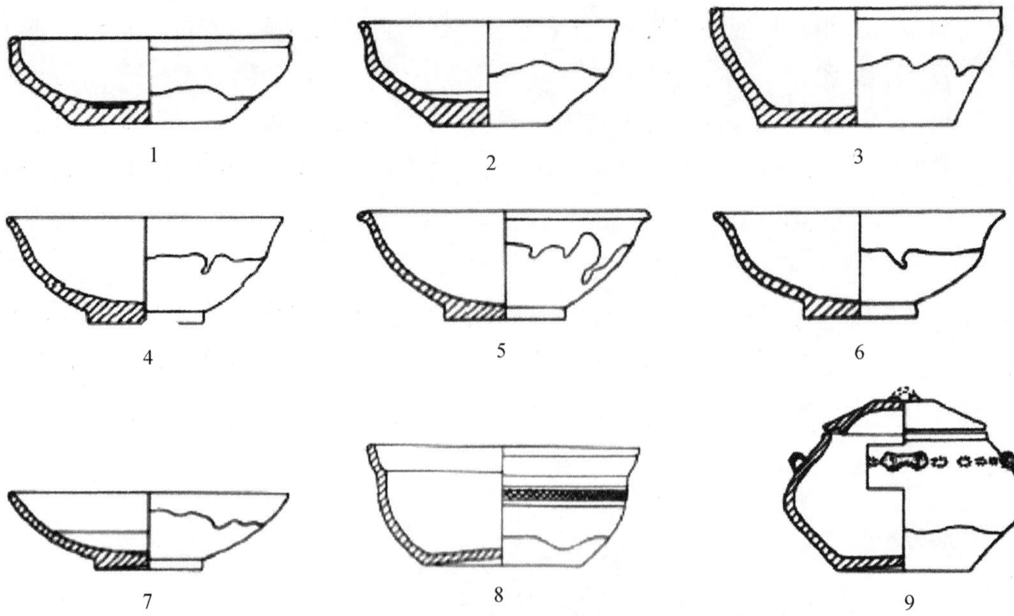

图九　南朝出土器物

1. 青瓷钵（YBS0301T13④：1）　2. 釉陶盅（YBS0301T13④：2）　3. 釉陶钵（YBS0301T13④：4）
4～7. 釉陶碗（YBS0301T13④：5、YBS0301T13④：6、YBS0301T13④：7、YBS0301T13④：8）
8. 釉陶盆（YBS0301T13④：9）　9. 青瓷带盖四系罐（YBS0301T13④：10）

13.6厘米（图九，8）。

带盖四系罐　1件。YBS0301T13④：10，灰胎，青釉，小开片，罐器内施满釉，器外釉不及底。直口，圆唇，鼓腹斜收小平底内凹。四个桥形耳对称分布于肩部。器耳为捏制后贴于器身，肩部同时还饰有一周花瓣纹。器盖内未施釉，外施满釉。器盖呈斗笠状，顶部有小纽但已残。子母口，圆唇。通高8.8、罐口径8.6、底径7厘米（图九，9）。

青瓷钵　1件。YBS0301T13④：1，灰胎，青釉，芒口，器内满釉，器外釉不及底。直口，圆唇，斜腹，平底，器较矮扁。器内底饰一道弦纹。通高3.4、口径12、底径6.6厘米（图九，1）。

另外，还有来自其他探方的该时期的器物。

釉陶擂钵　1件。YBS0301T22④：1，灰胎，青釉，器内口沿处施釉，外釉不及底。敛口圆唇，唇下沿内收，弧腹，假圈足，足残。带流，器内饰有数组条状刻划纹，每组四至五道刻划线。通高7.8、口径14.2厘米（图一〇，7）。

釉陶盆　1件。YBS0301T37④：2，红褐胎，灰釉，器内外施釉均不及底。敛口，圆唇，斜腹，假圈足。通高10.7、口径26.8、底径12.4厘米（图一〇，9）。

釉陶三足盆　1件。YBS0301T37④：3，红褐胎，灰黄釉，器内满釉，外不及底。器身环底锅状。器底等分捏制三个虎腿状鼎足。通高11.2、口径29厘米（图一〇，10）。

釉陶碟　YBS0301T37④：4，灰胎，青釉，器内施釉不至底，器外素胎。敞口，圆唇，斜腹，假圈足。通高3、口径10、最大腹径3.8厘米（图一〇，11）。YBS0301T12④：2，灰胎，青釉，器外釉不及底。形状近六边形。敞口，斜腹，平底，素面。口长12.7、口宽7.4、高2.8、底长7.4厘米（图一〇，2）。YBS0301T12④：6，灰胎，酱釉，器外釉不及底。敞口，圆唇，斜腹，平底。通高2.3、口径10.6、底径3.8厘米（图一〇，6）。

釉陶双系罐　1件。YBS0301T12④：1，灰胎，黄釉，釉不及底，有垂釉现象，变形严重。敛口，斜沿，鼓腹，平底，腹上部饰有两个“n”形耳，耳为捏制后贴于器身。通高20.4、口径12.4、底径10厘米（图一〇，1）。

釉陶碗　3件。YBS0301T12④：4，青釉器内施满釉，器外釉不及底。小开片。敞口，圆唇，弧腹，圈足。通高4.2、口径13.4、底径4.4厘米（图一〇，4）。YBS0301T12④：5，灰胎，青釉，釉不及底。敞口，卷沿，尖唇，弧腹，假圈足。通高6.2、口径16.6、底径7.2厘米（图一〇，5）。YBS0301T37④：1，青釉，器内施满釉，外釉不及底。敞口，圆唇，弧腹，玉璧足，足底中部有鸡心点，足壁斜削一圈。通高5.2、口径15、底径6.5厘米（图一〇，8）。

陶网坠　2件。YBS0301T12④：3，泥质灰陶。素面。橄榄形中部有一孔，一端已残。残高5.4、直径3.6、孔径1厘米（图一〇，3）。YBS0301T28④：1，泥质灰陶。素面。圆瓶状中部有一孔，纵剖面呈长方形。通高2.8、孔径1、直径5厘米（图一〇，12）。

铜钱　1枚。YBS0301T22④：2，圆形方孔，宽缘。正面顺上右下左顺序为“元丰通宝”四字，背面无字。直径3、孔边长0.7、厚0.1厘米。

4. 明清时期遗存

石斧　1件。YBS0301T20③B：1，灰绿色砾石。质致密。通体磨光。大体呈长方形，

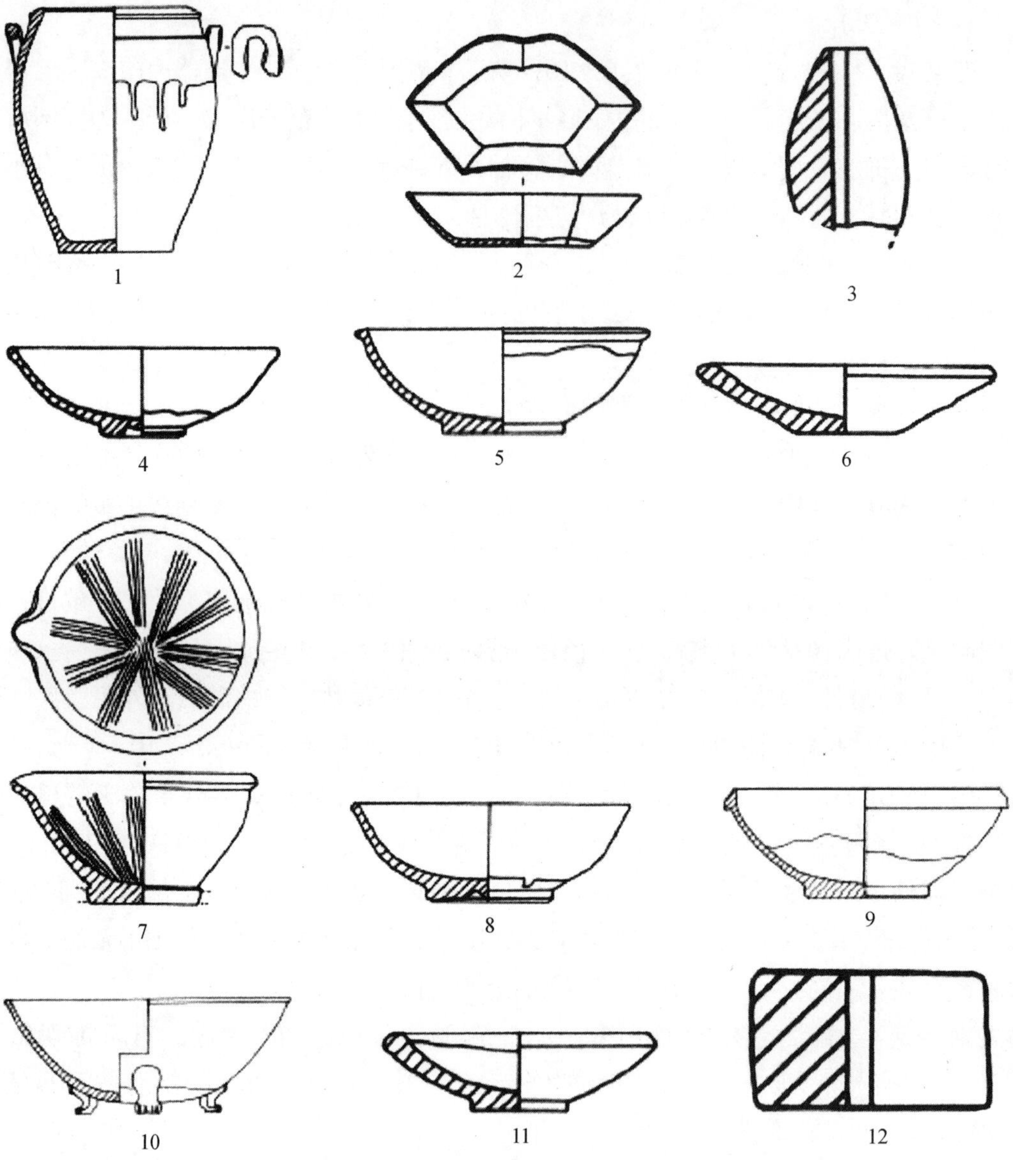

图一〇　唐宋时期出土器物

1. 釉陶双系罐（YBS0301T12④：1）　2、6、11. 釉陶碟（YBS0301T12④：2、YBS0301T12④：6、YBS0301T37④：4）
3、12. 陶网坠（YBS0301T12④：3、YBS0301T28④：1）　4、5、8. 釉陶碗（YBS0301T12④：4、YBS0301T12④：5、YBS0301T37④：1）　7. 釉陶擂钵（YBS0301T22④：1）　9. 釉陶盆（YBS0301T37④：2）
10. 釉陶三足盆（YBS0301T37④：3）

刃与顶端均稍弧，双面磨刃，纵剖面呈锥形，横剖面呈长方形，顶部为自然面。长5.3、宽4.2、厚1.4厘米。

瓦当　1件。YBS0301T20③B：1，泥质灰陶。圆形。已残，仅剩小半，模制，窄缘，近缘处有一周凸弦纹，弦纹内饰有头像，浅浮雕，写意较夸张：大鼻子、大眼、大嘴。形态表情较凶狠。直径13.6、最大径1.2～1.8厘米。

网坠　1件。YBS0301T05③C：1，泥质红硬陶。橄榄形，中部有一小孔。器表中部戳印四个相对对称的小戳点。直径3.2、孔径1.2、高4.8厘米。

三、主要收获与建议

本年度虽然发掘面积不大，所获资料有限，但对佘家嘴遗址的地层关系与形成原因、遗存年代与文化面貌等取得了一些有益的认识。

明清时代的大面积开垦耕地，以及洪水冲刷淤积，形成了在第1现代耕土层和第2耕土铺垫层下的3A、3B、3C、3D、3E多层的地层叠压，整个堆积层相当厚，包含物却很少，除青花瓷外，偶尔也发现个别早期的遗物。

唐宋时期亦曾有过较大规模的垦殖，重土为田，位于高处的文化层以及墓葬被挖掘推填到低洼的地方平整土地。南朝—唐宋文化层在发掘区分布不均，随着地势向江边倾斜，有的探方厚1米以上，地层中夹杂着许多唐宋以前的遗物，如YBS0301T13④、YBS0301T12④出土的多件完整或可复原的釉陶、青瓷器，以及散见于各探方同层中的墓砖残块，显然是汉晋时代墓葬遭到破坏、随葬品被移动填埋的结果。

汉至晋是人口聚居、经济繁荣、文化发达的时期，大批墓葬的发现及其精致随葬品的出土是最好的表征。此次发掘的YBS0301M1虽然是一座已经遭受破坏的墓葬，但清理出的18件器物，陶田塘、谷仓、武士俑（一说巫师俑）等品种很有特色，极具研究价值。

商周时期文化堆积层分布范围较小，遗物出土不多，虽然难以反映遗存文化特征的全貌，但提供了极其重要的线索。YBS0301T38⑦、YBS0301T39⑥出土的齿状唇夹砂绳纹红陶罐口沿、灰陶尖底器残片以及砍砸器等，还有不少包含于晚期地层中的类似陶片和石器，都说明商周文化遗存的存在，且有着丰富的内涵。

长期以来，佘家嘴遗址由于自然因素和历代耕作，遭到了一定程度的破坏，但仍不失为一处分布范围较广、持续年代较长、文化遗存丰富的遗址。在探讨巴蜀文化及其与周边乃至中原文化的关系方面，具有重要的学术价值和特殊的研究意义。过去几年，我们的工作多集中在150米高程以下进行，为了获得对遗址文化形态和文化性质更加深入的了解和全面的认识，今后在三峡淹没区三期高程（巴阳150～175米）内继续对佘家嘴遗址做进一步的考古发掘，是很有必要的。

执笔：庄景辉　蔡保全

云阳三坝溪墓群（遗址）2003年度发掘简报

成都文物考古研究院
绵　阳　博　物　馆
云阳县文物管理所

三坝溪墓群（遗址）位于云阳县双江镇三坝村一社长江北岸二级台地上，是一处面积约20 000平方米的临江台地。遗址北侧为老云双公路，西为倒马溪（小潘家沟），南临长江，东为石板沟。遗址北高南低，向长江缓慢倾斜，海拔150～175米。地理坐标为东经108°45′，北纬30°56′（图一）。

三坝溪墓群（遗址）1992年由四川省文物考古研究所和云阳县文物管理所调查发现，1993年四川大学又对该遗址进行了复查。2003年成都文物考古研究所（今成都文物考古研究院）、绵阳博物馆受重庆市文化局委托对该遗址进行了抢救性发掘。其发掘级别为D级，计划发掘面积100平方米。我们首先对该墓群（遗址）进行了详细的调查。在调查基础上，以陈家老院子房基西南角为基点，在其南布5米×5米探方3个，探方编号为2003YST1（以下简写为“T1”，

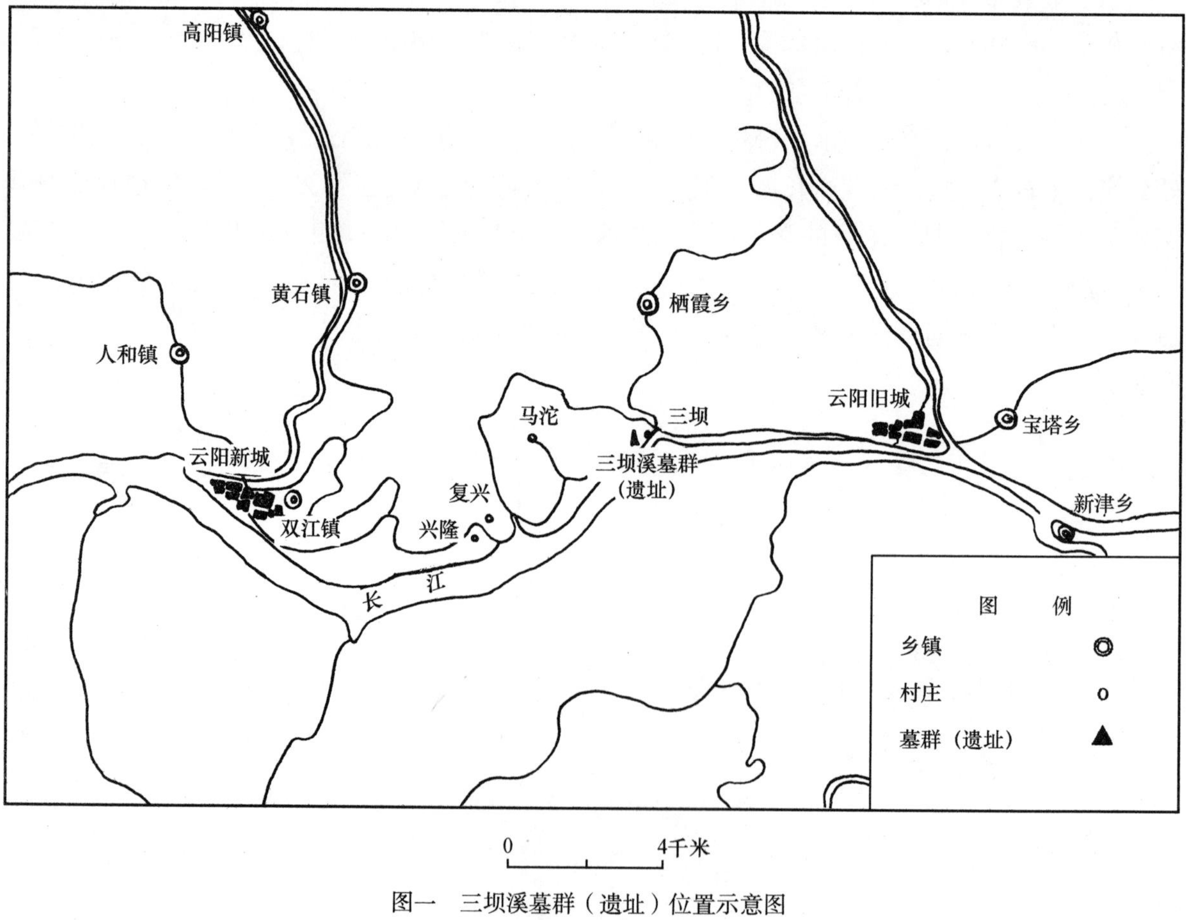

图一　三坝溪墓群（遗址）位置示意图

余同）、T2和T3；在其东、西两侧分别布5米×5米探方各1个，编号分别为T4、T5（图二）。发掘工作从2003年2月28日开始，至3月26日结束。实际发掘面积159平方米。

一、地层情况

该墓群（遗址）地层可分7层。以T1较具代表性，现以T1东壁（图三）和北壁（图四）为例加以说明。

第1层：耕土层，褐色土。土质松软，含大量植物根茎。厚0.11～0.4米。

第2层：红褐色土。土质较硬，内含较多碎石和少量青花瓷片，包含物较少。厚0～0.6米。

第3层：灰砂土。纯净，无包含物。为洪水堆积。厚0～0.35米。

第4层：红褐色土。土质较松，内含较多碎石。包含少量明清时期青花瓷片。为泥石流堆积。厚0～2.08米。

第5层：黄褐色泛红土。土质较密，较黏。包含较多绳纹陶瓦、鬲、豆和罐等残片。为战国时期地层。厚0～0.32米。

第6层：黄褐色泛灰土。土质较硬，略带砂性。包含有较多炭粒和大量陶片，有竹节状高柄陶豆、小平底罐、缸和尊、釜、罐等残片，还出土骨匕、卜骨和其他大量的鱼骨等。为商周时期地层。厚0～1.1米。

第7层：黄褐色土。较板结，略带砂性。比较纯净，包含有零星陶片。为商周时期地层。厚0～0.98米。

其下为紫红色生土。

二、商周遗存

本次发掘未见第6层遗迹，出自地层堆积当中的遗物有陶器、骨器及少量动物骨骼。

1. 陶器

据统计，第6层共出土陶片1548片（件），除个别修复外，绝大部分为破碎陶片。制作方法绝大多数为泥条盘筑成型，口沿内外和器腹上部加以轮修，其余部分均手工修整，个别器物为手工捏制。

陶质分为夹砂和泥质两大类。以夹砂陶为主，占92.51%；泥质陶较少，占7.49%。夹砂陶又有夹粗砂和夹细砂两种。以夹细砂为主，占整个陶系的85.47%；夹粗砂较少，占整个陶系的7.04%。夹细砂陶陶土中夹有极细的砂粒和贝壳粉末，部分陶土经过淘洗，陶质细腻。夹粗砂陶陶土中掺有细小砂粒和石粒，也杂有少量石英。整个遗址中，陶器以夹砂细陶为主，夹粗砂陶和泥质陶较少。

由于烧制的火候不均，陶色多不纯正，还出现夹胎现象。陶色可分为红、褐、灰、黑、橙黄几种。以黑、灰、褐陶为主，分别占整个陶系的26.1%、24.94%、21.97%；红陶次之，占

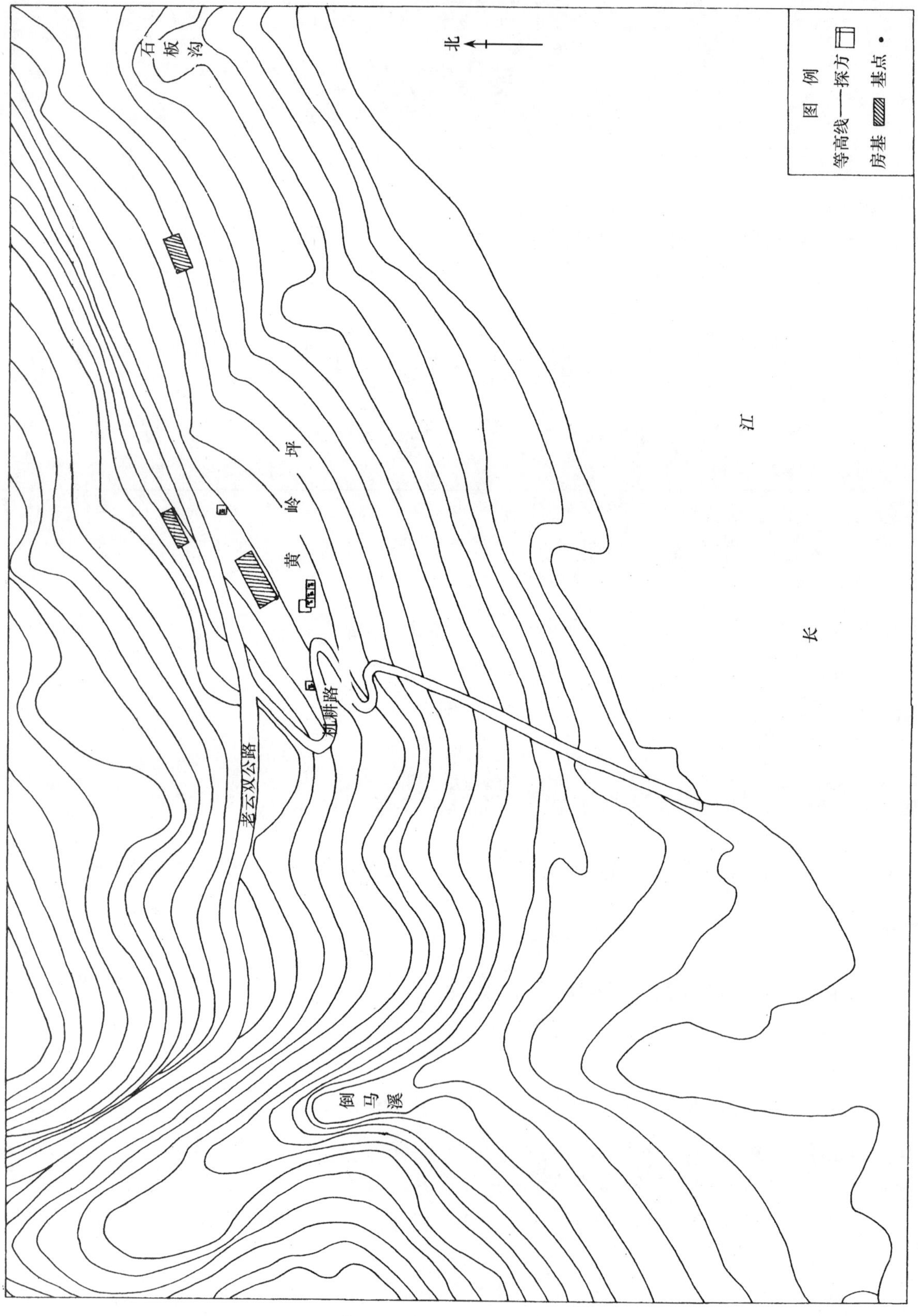

图二 三坝溪墓群（遗址）布方发掘位置示意图

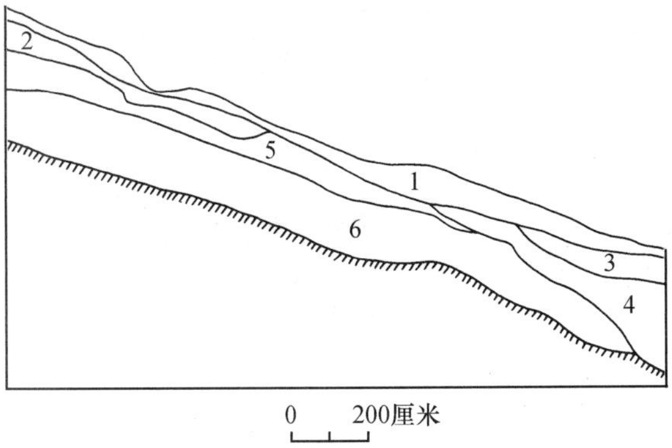

图三　T1东壁剖面图

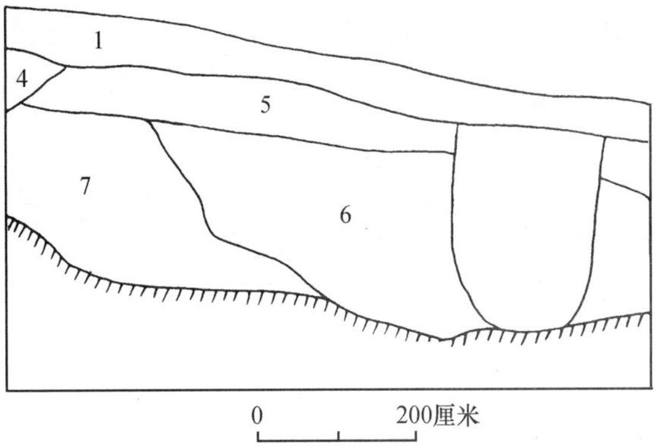

图四　T1北壁剖面图

16.99%；橙黄陶较少，占整个陶系的8.46%；还有少量白陶和黑皮陶，黑皮陶多经磨光。另有部分夹砂陶器内外表焦黑，应为使用过程中造成的。烧制陶器的火候普遍较低。

陶器中多素面陶，施纹者较少，素面陶占整个陶系的84.82%。纹饰以组状绳纹、方格纹常见，凹凸弦纹、附加堆纹次之，划纹、涡旋纹、花边少见（图五）。装饰手法有拍印、压印、戳印、堆饰、刻划等；拍印纹饰多浅而模糊，其他则较清晰、深刻。

由于陶片破碎，多不辨器形。依口沿、底足残片观察，器形以平底为主，三足器和圜底器、圈足器较少，不见尖底器。经拼对修复，可辨认、分类的器形有缸、壶、罐、豆形器、豆、盆、碗、钵、杯等。

缸　3件。T1⑥：9，泥质白陶，内掺少量石英颗粒。方唇，敞口，深腹斜弧，圜底，厚胎。通体饰方格纹，上腹饰一道规整的附加堆纹。口径38、通高35.4厘米（图六，1）。T1⑥：55，夹粗砂红陶。口部残片。方唇，敞口，斜弧腹。通体饰方格纹，腹部饰一道附加堆纹。口径32、残高11.8厘米（图六，2）。T1⑥：56，夹砂橙黄陶。口部残片。方唇，敞口，深腹。上腹饰一道附加堆纹。口径35、残高9厘米（图六，3）。

壶　无完整器。选择标本6件，因颈部形态变化，可分为三式。

Ⅰ式：2件。从颈下部束颈。T1⑥：26，夹细砂褐陶。口部残片。圆唇，束颈，素面。口径16.5、残高6.8厘米（图六，7）。T1⑥：25，泥质灰陶。口部残片。圆唇，敞口，束颈，领较高。素面。口径15、残高9厘米（图六，8）。

Ⅱ式：2件。从颈中部圆束。T1⑥：22，夹细砂灰褐陶。口部残片。尖圆唇，敞口，束颈。素面。口径16.4、残高6.4厘米（图六，9）。T1⑥：24，夹细砂灰陶。口部残片。圆唇，敞口，束颈。颈部饰二道凹弦纹。口径12、残高7.6厘米（图六，10）。

Ⅲ式：2件。从颈上部束颈，沿外翻较甚。T1⑥：23，泥质灰陶。口部残片。尖圆唇，敞口，束颈。颈部饰一道凹弦纹。口径17、残高4.8厘米（图六，11）。T1⑥：21，夹细砂灰陶。口部残片。圆唇，敞口，束颈。颈部饰二道凹弦纹。残宽8、残高10.4厘米（图六，12）。

瓮　选择标本9件。根据形体，可分二型。

A型　1件。卷沿，广肩，形体较大。T1⑥：47，夹细砂褐陶。口部残片。厚圆唇，敛口，束颈，厚胎。口径26.8、残高4.6厘米（图六，18）。

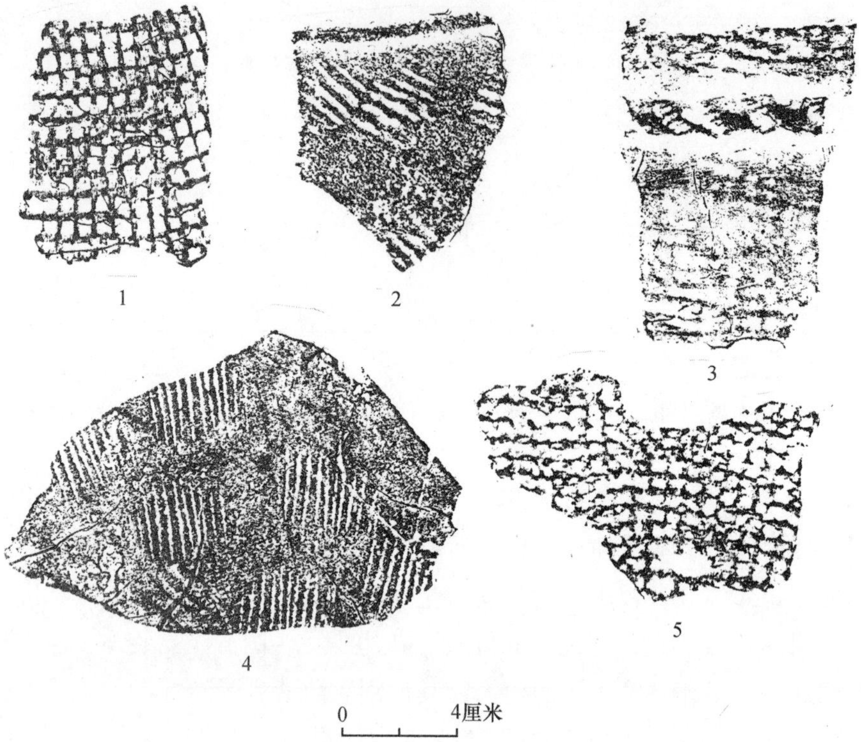

图五 商周陶器纹饰拓片

1. T1⑥：133 2. T1⑥：134 3. T1⑥：135 4. T1⑥：136 5. T1⑥：137

B型 8件。敛口，圆肩，形体较小。肩部多饰组状绳纹。根据口沿变化，可分为四式。

Ⅰ式：3件。圆唇，无沿。T1⑥：29，夹砂红陶。口部残片。圆唇，敛口，圆肩。肩部饰组状绳纹。宽4.8、高7.4厘米（图六，13）。T1⑥：30，夹细砂橙黄陶。口部残片。圆唇，敛口，圆肩。肩部饰组状绳纹。残宽5.6、残高7厘米（图六，14）。T1⑥：27，夹细砂灰陶。口部残片。圆唇，敛口，圆肩，下腹斜收。肩部饰组状绳纹。残宽9、残高9.2厘米（图六，15）。

Ⅱ式：2件。圆唇，沿略外凸。T1⑥：32，夹砂灰陶。口部残片。圆唇，敛口，圆肩，下腹斜收。肩部饰组状绳纹。残宽4.6、残高9厘米（图六，16）。T1⑥：34，夹砂灰陶。口部残片。圆唇，敛口，圆肩，下腹斜收。肩部饰组状绳纹。口径24、残高7.2厘米（图六，17）。

Ⅲ式：2件。沿外凸明显。T1⑥：28，夹细砂红陶。口部残片。尖圆唇，沿面微凹，敛口，圆肩。肩、腹饰组状绳纹。口径22、残高4.8厘米（图六，4）。T1⑥：31，夹砂灰陶。口部残片。尖圆唇，敛口，圆肩。肩部饰组状绳纹。口径24、残高4.6厘米（图六，5）。

Ⅳ式：1件。沿外凸较甚。T1⑥：33，夹细砂灰陶。口部残片。方唇，沿面微凹，敛口，圆肩。肩部饰斜向绳纹。口径26、残高4.8厘米（图六，6）。

小平底罐 数量较多，共86个不同个体，修复1件。敛口，肩较宽，形体较小。多为夹细砂陶。轮制。根据沿面的变化，可分为二型。

A型 12件。卷沿。根据唇沿的变化，可分二亚型。

Aa型 10件。尖圆唇。根据肩部变化，可分三式。

Ⅰ式：2件。圆肩。T1⑥：7，夹细砂灰陶。尖圆唇，敛口，圆肩，下腹斜收。素面。口径

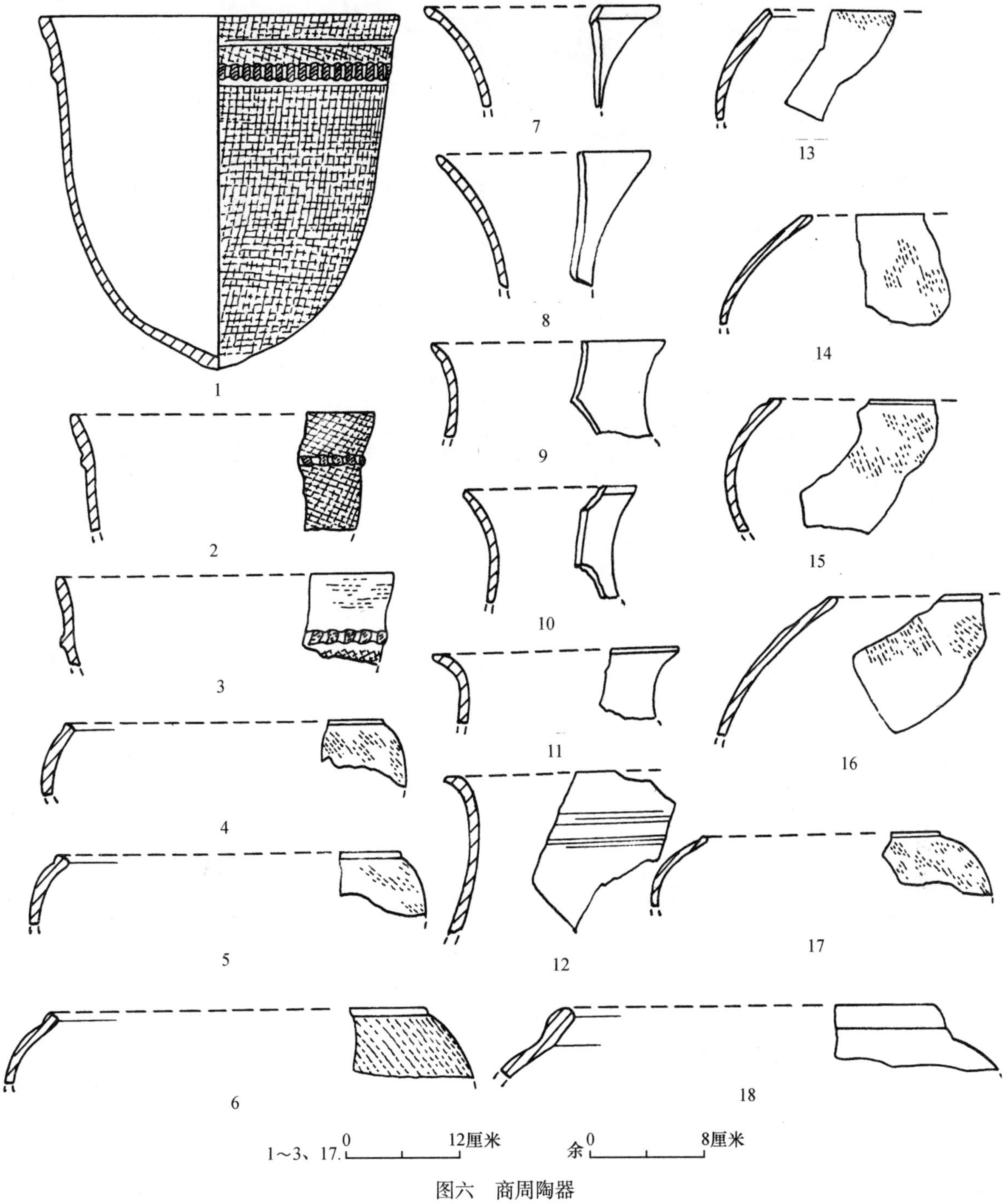

图六　商周陶器

1～3. 缸（T1⑥：9、T1⑥：55、T1⑥：56）　4、5. B型Ⅲ式瓮（T1⑥：28、T1⑥：31）　6. B型Ⅳ式瓮（T1⑥：33）
7、8. Ⅰ式壶（T1⑥：26、T1⑥：25）　9、10. Ⅱ式壶（T1⑥：22、T1⑥：24）　11、12. Ⅲ式壶（T1⑥：23、T1⑥：21）
13～15. B型Ⅰ式瓮（T1⑥：29、T1⑥：30、T1⑥：27）　16、17. B型Ⅱ式瓮（T1⑥：32、T1⑥：34）　18. A型瓮（T1⑥：47）

12.6、腹径15.2、底径3.8、高11.4厘米（图七，1）。T1⑥：108，夹细砂灰陶。口部残片。圆唇，敛口，圆肩。素面。口径14、残高4厘米（图七，2）。

Ⅱ式：3件。肩圆折。T1⑥：119，夹细砂灰陶。口部残片。圆唇，卷沿，敛口，肩圆折，下腹斜收。素面。口径13、残高8.6厘米（图七，3）。T1⑥：105，夹细砂灰陶。口部残

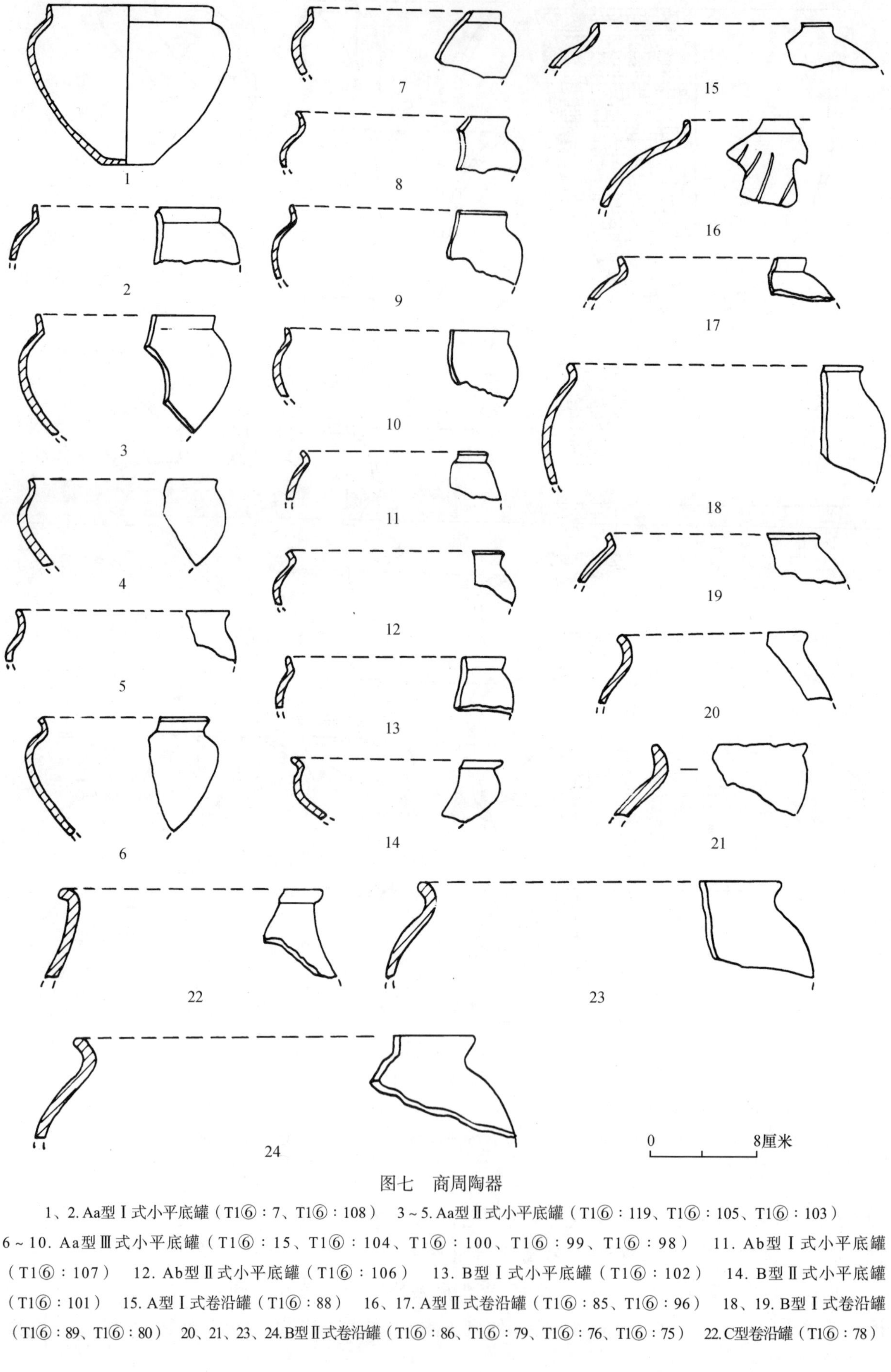

图七　商周陶器

1、2. Aa型Ⅰ式小平底罐（T1⑥：7、T1⑥：108）　3～5. Aa型Ⅱ式小平底罐（T1⑥：119、T1⑥：105、T1⑥：103）　6～10. Aa型Ⅲ式小平底罐（T1⑥：15、T1⑥：104、T1⑥：100、T1⑥：99、T1⑥：98）　11. Ab型Ⅰ式小平底罐（T1⑥：107）　12. Ab型Ⅱ式小平底罐（T1⑥：106）　13. B型Ⅰ式小平底罐（T1⑥：102）　14. B型Ⅱ式小平底罐（T1⑥：101）　15. A型Ⅰ式卷沿罐（T1⑥：88）　16、17. A型Ⅱ式卷沿罐（T1⑥：85、T1⑥：96）　18、19. B型Ⅰ式卷沿罐（T1⑥：89、T1⑥：80）　20、21、23、24. B型Ⅱ式卷沿罐（T1⑥：86、T1⑥：79、T1⑥：76、T1⑥：75）　22. C型卷沿罐（T1⑥：78）

片。尖圆唇，卷沿，敛口，肩圆折，下腹斜收。素面。口径14、残高6.2厘米（图七，4）。T1⑥：103，夹细砂灰陶。口部残片。圆唇，敛口，圆肩。素面。口径16、残高3.7厘米（图七，5）。

Ⅲ式：5件。耸肩。T1⑥：15，夹细砂灰陶。口部残片。圆唇，卷沿，敛口，折肩，下腹斜收。素面。口径12.6、残高8.4厘米（图七，6）。T1⑥：104，夹细砂橙黄陶。口部残片。圆唇，卷沿，敛口，耸肩。素面。口径14.4、残高4.8厘米（图七，7）。T1⑥：100，夹细砂灰褐陶。口部残片。圆唇，卷沿，敛口，耸肩。素面。口径16、残高4.1厘米（图七，8）。T1⑥：99，泥质灰陶。口部残片。尖圆唇，卷沿，敛口，耸肩，下腹斜收。素面。口径16、残高5.4厘米（图七，9）。T1⑥：98，夹细砂橙黄陶。口部残片。圆唇，卷沿，敛口，耸肩，下腹斜收。素面。口径16.8、残高5厘米（图七，10）。

Ab型　2件。方唇。根据肩部变化可分为二式。

Ⅰ式：1件。圆肩。T1⑥：107，夹细砂黑陶。口部残片。方唇，卷沿，敛口，圆肩。素面。口径14、残高3.6厘米（图七，11）。

Ⅱ式：1件。折肩。T1⑥：106，夹细砂灰陶。口部残片。方唇，卷沿，敛口，折肩。素面。口径16、残高4厘米（图七，12）。

B型　2件。折沿。根据肩部变化可分为二式。

Ⅰ式：1件。圆肩。T1⑥：102，夹细砂灰陶。口部残片。圆唇，折沿，敛口，圆肩。素面。口径16.5、残高3.8厘米（图七，13）。

Ⅱ式：1件。耸肩。T1⑥：101，夹细砂黑皮陶。口部残片。尖唇，折沿，敛口，耸肩，下腹斜收。素面。口径16、残高4.6厘米（图七，14）。

卷沿罐　数量不多，共10个不同个体，均为口沿残片，残存部分肩腹。以夹细砂陶为主，也有少量的夹粗砂陶。大多为素面。根据口颈的不同，可分为三型。

A型　3件。卷沿敛口。根据肩部变化，可分为二式。

Ⅰ式：1件。广肩。T1⑥：88，夹细砂灰陶。口部残片。方唇，敛口，广肩。素面。口径18、残高3.2厘米（图七，15）。

Ⅱ式：2件。圆肩。T1⑥：85，夹砂灰褐陶。口部残片。尖唇，敛口，溜肩，弧腹。肩腹部饰三道竖向划纹。残宽5.8、残高6.4厘米（图七，16）。T1⑥：96，夹细砂灰褐陶。口部残片。尖圆唇，敛口，圆肩。素面。口径14、残高3厘米（图七，17）。

B型　6件。卷沿侈口。均为夹粗砂陶。手工捏制，根据沿面变化，可分为二式。

Ⅰ式：2件。沿外卷。T1⑥：89，夹细砂灰褐陶。口部残片。方唇，敛口，圆肩。素面。口径22、残高8.6厘米（图七，18）。T1⑥：80，夹细砂橙黄陶。口部残片。圆方唇，敛口，圆肩。素面。口径15.6、残高3.6厘米（图七，19）。

Ⅱ式：4件。沿外翻。T1⑥：86，夹砂灰陶。口部残片。圆唇，敛口，广肩。素面。口径14、残高5厘米（图七，20）。T1⑥：79，夹粗砂黑褐陶。口部残片。圆唇，侈口，溜肩。素面。残宽6.8、残高5.2厘米（图七，21）。T1⑥：76，夹砂黑褐陶。口部残片。圆方唇，敛口，广肩。素面。口径30、残高7厘米（图七，23）。T1⑥：75，夹粗砂黑褐陶。口部残片。圆唇，口微侈，溜肩。素面。口径30、残高7.2厘米（图七，24）。

C型　1件。领稍高，颈微束。T1⑥：78，夹砂红褐陶。圆唇，卷沿，敞口，束颈。素面。口径20、残高6.4厘米（图七，22）。

折沿罐　4件。根据沿面变化，可分为三式。

Ⅰ式：1件。斜折沿，沿面向内倾斜。T1⑥：84，夹细砂黑褐陶。口部残片。方唇，敛口，圆肩。素面。口径28.8、残高5.7厘米（图八，1）。

Ⅱ式：2件。平折沿。T1⑥：83，夹砂黑褐陶。口部残片。方唇，敛口。素面。口径20、残高4.8厘米（图八，2）。T1⑥：91，夹砂黑陶。口部残片。方唇，敛口。素面。口径15、残高3厘米（图八，3）。

Ⅲ式：1件。平折沿，沿面较凹。T1⑥：95，夹细砂黑陶。口部残片。方唇，直口，腹较直。腹部饰竖向绳纹。残宽3、残高3.9厘米（图八，8）。

敞口罐　2件。厚圆唇，形体较大。T1⑥：74，夹砂灰褐陶。沿外翻，敞口，束颈。素面。口径28.8、残高5.4厘米（图八，4）。

直领罐　1件。T1⑥：92，夹细砂红陶。口部残片。圆唇，直口，直领，广肩。素面。口径16、残高4.6厘米（图八，5）。

花边罐　1件。T1⑥：90，夹细砂黑陶。口部残片。圆唇，敞口，束颈。唇部用物戳压成浅花边。口径18、残高3.6厘米（图八，6）。

曲腹圈足罐　1件。T1⑥：5，夹细砂灰陶。底腹残片。高领，曲腹，下腹弧收。颈部饰二道凹弦纹。腹径16.2、底径6.6、残高11.8厘米（图八，7）。

高领广肩双耳罐　1件。T1⑥：10，夹细砂灰陶。口部残片。尖唇，沿贴附，口微侈，高领较直，沿领之间贴附双耳。颈部饰三道凹弦纹，肩部饰一道凹弦纹，面较凹。口径14.2、残高10.2厘米（图八，9）。

圆肩鼓腹罐　1件。T1⑥：19，夹细砂黑褐陶。颈腹残片。肩腹部饰组状绳纹。颈径16.8、腹径33.8、残高13.4厘米（图八，10）。

盆　6件。均为口部残片。根据口沿及腹部变化，可分三型。

A型　3件。折沿。根据沿面变化，可分为三式。

Ⅰ式：1件。平折沿，沿面较凹，敞口。T1⑥：87，夹细砂灰褐陶。口部残片。方唇，折沿，沿面较凹，斜直腹。素面。残宽3.2、残高5.8厘米（图八，11）。

Ⅱ式：1件。平折沿，沿面较平，口微敛。T1⑥：93，夹砂橙黄陶。口部残片。方唇，平折沿，口微敛，弧腹。素面。口径22、残高3.6厘米（图八，13）。

Ⅲ式：1件。沿面向内倾斜，沿面微凹。T1⑥：77，夹细砂灰陶。口部残片。尖圆唇，直腹。素面。口径24、残高5厘米（图八，14）。

B型　1件。无沿。T1⑥：48，夹细砂灰褐陶。口部残片。方唇，敞口，弧腹。素面。口径30、残高5.9厘米（图八，15）。

C型　2件。曲腹。T1⑥：36，泥质灰陶。口部残片。圆唇，窄沿，直口，曲腹。肩部饰二道凹弦纹，腹部也饰二道凹弦纹。口径24、残高9.6厘米（图八，16）。T1⑥：35，泥质灰陶。口部残片。残宽5.2、残高5.6厘米（图八，12）。

豆形器　形似豆而盘有孔与柄相通，故名豆形器。T1⑥：1，盘为夹细砂而柄为泥质黑皮

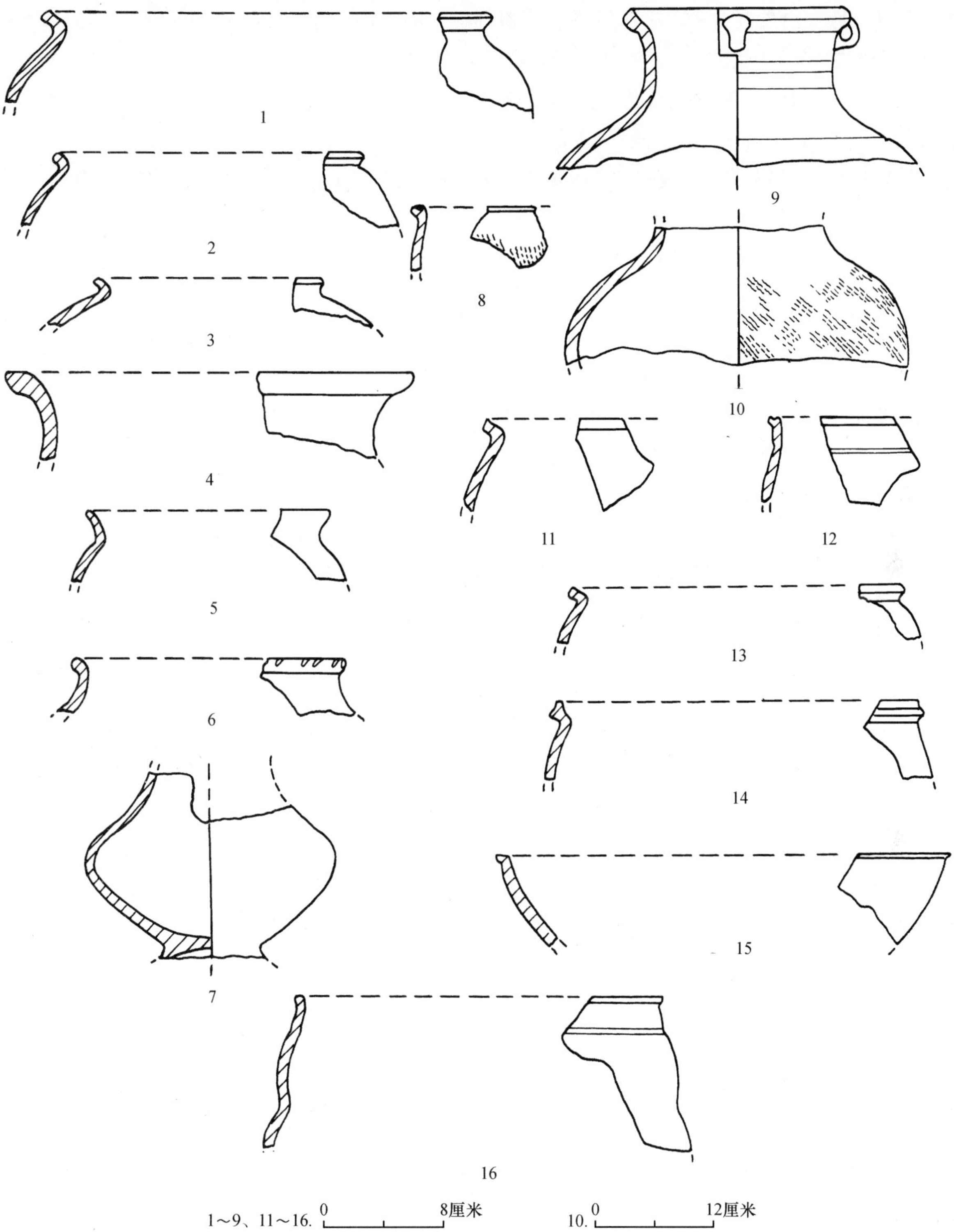

图八 商周陶器

1. Ⅰ式折沿罐（T1⑥：84） 2、3. Ⅱ式折沿罐（T1⑥：83、T1⑥：91） 4. 敞口罐（T1⑥：74） 5. 直领罐（T1⑥：92） 6. 花边罐（T1⑥：90） 7. 曲腹圈足罐（T1⑥：5） 8. Ⅲ式折沿罐（T1⑥：95） 9. 高领广肩双耳罐（T1⑥：10） 10. 圆肩鼓腹罐（T1⑥：19） 11. A型Ⅰ式盆（T1⑥：87） 12、16. C型盆（T1⑥：35、T1⑥：36） 13. A型Ⅱ式盆（T1⑥：93） 14. A型Ⅲ式盆（T1⑥：77） 15. B型盆（T1⑥：48）

陶，豆盘方唇，沿外卷，敞口，腹壁斜直，似杯形，沿下饰二道凹弦纹；柄部细高，呈梭形，中空，下部饰二道凹弦纹；底座呈喇叭形，也饰二道凹弦纹。口径10.2、底径15、高33.2厘米（图九，1）。T1⑥：2，夹细砂黑陶。盘部残片。呈杯形，底部有孔通向柄部。残高10.2厘米（图九，2）。T1⑥：3，盘柄残段。盘部为夹细砂黑陶。呈杯形，底部有孔通向柄部；柄部为泥质黑皮陶。呈竹节状。残高13.2厘米（图九，4）。T1⑥：52，夹细砂黑皮陶。为盘柄残段。盘呈杯状，柄呈柱状。残高8厘米（图九，3）。

豆盘　4件。根据口及腹部变化，可分为二型。

A型　3件。侈口，沿外翻，浅盘。T1⑥：8，夹细砂黑陶。口部残片。圆唇，侈口，斜弧腹，浅盘。素面。口径15、残高4厘米（图九，5）。T1⑥：37，泥质黑皮陶。口部残片。圆唇，侈口，斜弧腹，浅盘。素面。残高3.8、残宽2.4厘米（图九，6）。T1⑥：43，泥质黑皮陶。口部残片。圆唇，侈口，斜弧腹，浅盘。素面。残高2.4、残宽3.6厘米（图九，7）。

B型　1件。敞口，盘较深。T1⑥：110，夹细砂黑褐陶。口部残片。方唇，敞口，斜直腹。素面。口径17.2、残高3.9厘米（图九，8）。

豆柄　6件。可分为二型。

A型　3件。柱状柄。T1⑥：49，夹细砂黑褐陶。为柄部残段。中部饰一道凹弦纹，下部呈喇叭状，中空。残高12厘米（图九，9）。T1⑥：53，夹细砂黑陶。为盘柄残段。高柄呈柱状，下呈喇叭形，中空，素面。残高8.4厘米（图九，10）。T1⑥：54，夹细砂黑陶。为柄部残段。柱状中空，饰二道凹弦纹。残高4.8厘米（图九，11）。

B型　3件。竹节状柄。T1⑥：6，泥质黑皮陶。为柄部残段。中部饰一镂空，下部呈喇叭状，中空。残高15.2厘米（图九，12）。T1⑥：50，夹细砂灰陶。为盘柄残段。中空。残高11厘米（图九，13）。T1⑥：51，夹细砂灰陶。为柄部残段，中空，下为喇叭形。残高8.2厘米（图九，14）。

豆座　2件。均为喇叭形圈足。T1⑥：46，泥质黑皮陶。底部残片。喇叭形圈足，足外撇。素面。底径16、残高3.2厘米（图九，15）。T1⑥：40，夹细砂灰褐陶。底部残片。喇叭口圈足，足外撇。素面。残宽6、残高4.5厘米（图九，16）。

钵　5件。均为口部残片，以夹细砂陶为主。根据制作方法的不同，可分为二型。

A型　1件。轮制。T1⑥：41，夹细砂褐陶。口部残片。方唇，敛口，弧腹。腹部饰数道凹弦纹，腹上部有一镂孔。残宽2.4、残高4.4厘米（图一〇，1）。

B型　4件。捏制。T1⑥：70，夹细砂红褐陶。口部残片。方唇，敛口，弧腹。素面。口径11、残高6.9厘米（图一〇，2）。T1⑥：71，夹细砂红陶。口部残片。方唇，敛口，弧腹。素面。残宽2.4、残高6.8厘米（图一〇，3）。T1⑥：72，夹细砂红褐陶。口部残片。方唇，敛口，弧腹。素面。残宽4.6、残高6.4厘米（图一〇，4）。T1⑥：73，夹细砂红褐陶。口部残片。方唇，敛口，弧腹。素面。口径10、残高5.2厘米（图一〇，5）。

碗　2件。均为口部残片，以夹细砂陶为主。根据制作方法的不同，可分为二型。

A型　1件。轮制。T1⑥：67，夹细砂橙黄陶。口部残片。圆唇，沿微卷，敞口，弧腹。素面。口径14.4、残高4厘米（图一〇，6）。

B型　1件。捏制。T1⑥：68，夹细砂红陶。口部残片。方唇，敞口，斜直腹。素面。口

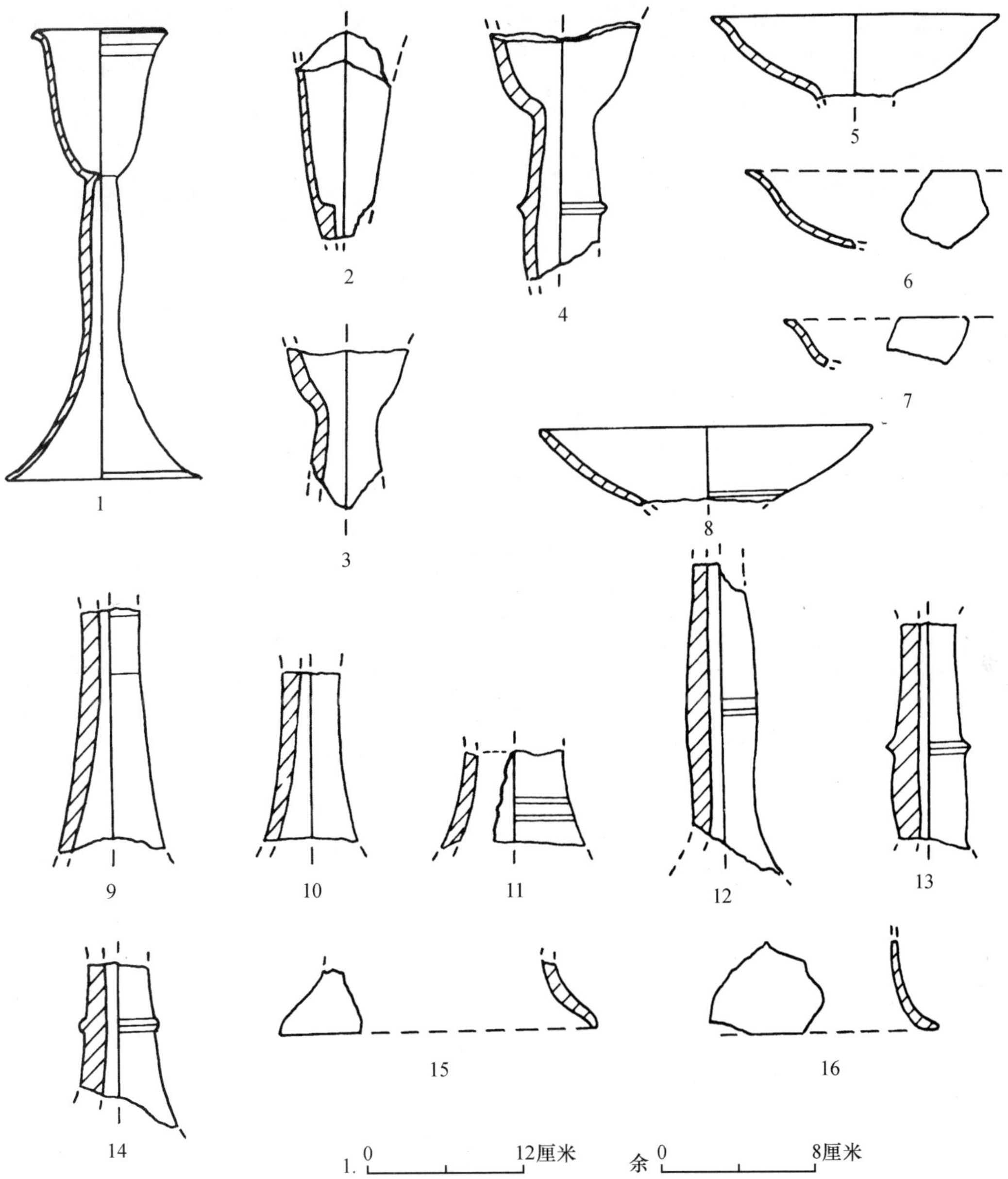

图九　商周陶器

1～4. 豆形器（T1⑥：1、T1⑥：2、T1⑥：52、T1⑥：3）　5～7. A型豆盘（T1⑥：8、T1⑥：37、T1⑥：43）　8. B型豆盘（T1⑥：110）　9～11. A型豆柄（T1⑥：49、T1⑥：53、T1⑥：54）　12～14. B型豆柄（T1⑥：6、T1⑥：50、T1⑥：51）　15、16. 豆座（T1⑥：46、T1⑥：40）

径20、残高8.4厘米（图一〇，7）。

杯　3件，均为口部残片。根据制作方法的不同，可分为二型。

A型　2件。轮制，薄胎。T1⑥：18，泥质灰胎黑皮陶。口部残片。尖唇，敞口，上腹斜直，下腹弧收。腹部饰一道凸棱。口径13.6、残高8.6厘米（图一〇，8）。T1⑥：42，泥质灰胎黑皮陶。尖唇，敞口，腹斜直。腹部饰一道凸棱。残宽1.6、残高3.4厘米（图一〇，9）。

B型　1件。捏制。T1⑥：69，夹细砂红陶。口部残片。圆唇，敞口，腹斜直。素面。口径11、残高4.8厘米（图一〇，10）。

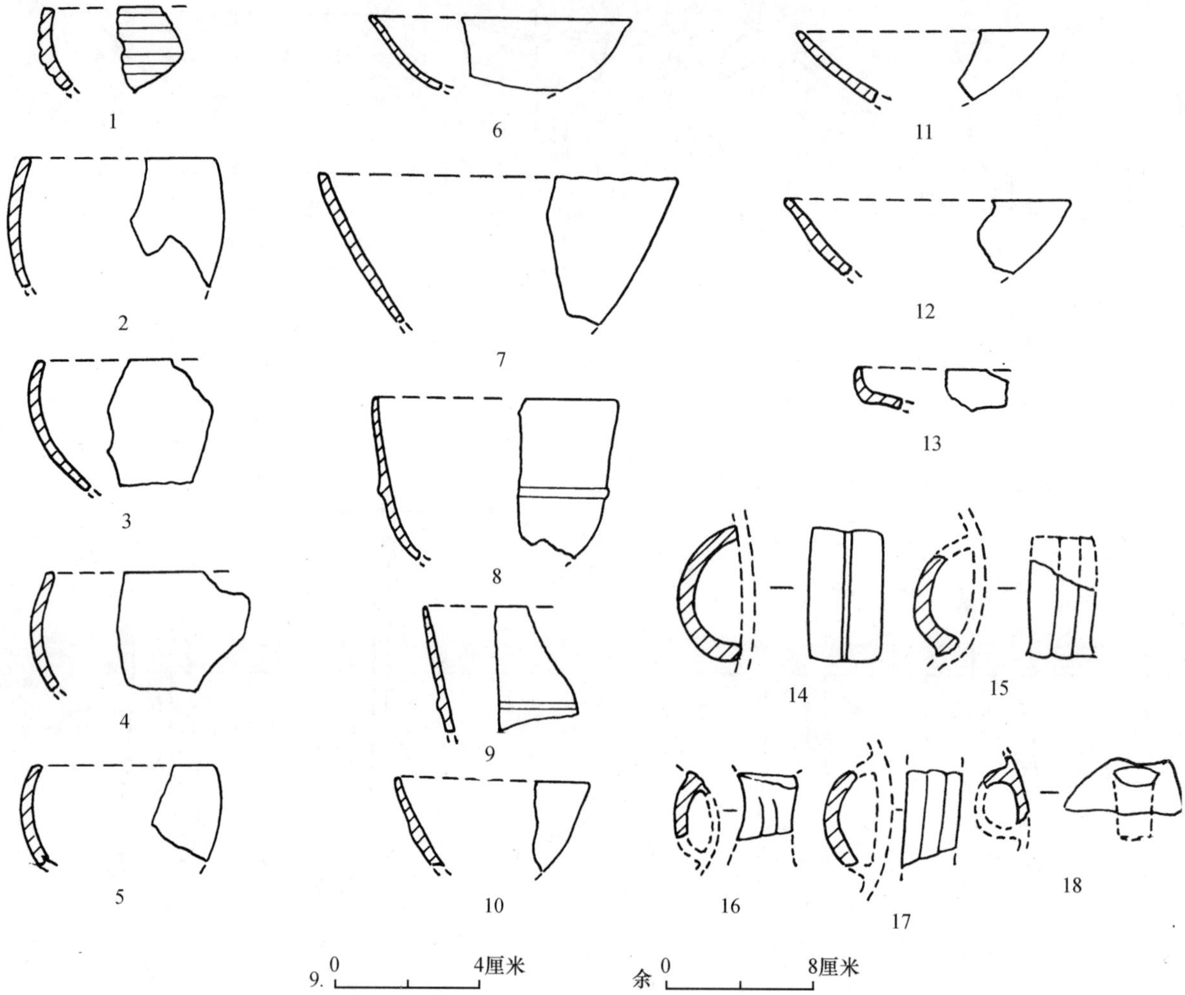

图一〇 商周陶器

1. A型钵（T1⑥：41） 2～5. B型钵（T1⑥：70、T1⑥：71、T1⑥：72、T1⑥：73） 6. A型碗（T1⑥：67） 7. B型碗（T1⑥：68） 8、9. A型杯（T1⑥：18、T1⑥：42） 10. B型钵（T1⑥：69） 11、12. A型盘（T1⑥：38、T1⑥：39） 13. B型盘（T1⑥：45） 14. Aa型器耳（T1⑥：57） 15. Ab型Ⅰ式器耳（T1⑥：66） 16. Ab型Ⅱ式器耳（T1⑥：65） 17、18. Ab型Ⅲ式器耳（T1⑥：64、T1⑥：63）

盘 3件。均为口部残片。根据腹部深浅的不同，可分为二型。

A型 2件。深腹。T1⑥：38，夹细砂灰陶。口部残片。圆唇，敞口，斜弧腹。素面。口径14、残高3.8厘米（图一〇，11）。T1⑥：39，夹细砂灰陶。口部残片。圆唇，敞口，斜直腹。素面。口径16、残高4厘米（图一〇，12）。

B型 1件。浅腹。T1⑥：45，泥质灰陶。口部残片。方唇，直口，直腹，浅盘。素面。残宽1.8、高2.2厘米（图一〇，13）。

器耳 6件。根据形态不同，可分为二型。

A型 5件。器耳较长、较宽，弧形耳，为鬶、盉类器耳。根据器耳装饰方法的不同，可分为二亚型。

Aa型 1件。器耳饰一道竖弦纹。T1⑥：57，夹细砂红陶。耳部残片。宽耳。长7.2、宽4.1厘米（图一〇，14）。

Ab型　4件。器耳饰二道竖弦纹。根据器耳宽窄的不同，可分为三式。

Ⅰ式：1件。宽耳。T1⑥：66，夹细砂红褐陶。耳部残片。残长5.4、宽3.8厘米（图一〇，15）。

Ⅱ式：1件。耳较宽。T1⑥：65，夹细砂红陶。耳部残片。残长3.6、宽3.4厘米（图一〇，16）。

Ⅲ式：2件。器耳较窄。T1⑥：64，夹细砂红褐陶。耳部残片。残长5、宽3厘米（图一〇，17）。T1⑥：63，夹细砂红陶。耳部上段残片。残长3、宽1.8厘米（图一〇，18）。

B型　1件。拱形耳，形体较小。T1⑥：62，泥质灰陶。长2.3、宽1.2厘米（图一一，10）。

器盖把手　1件。T1⑥：61，夹细砂褐陶。呈圆柱状，中空。素面。径2、残长5.2厘米（图一〇，11）。

器足　3件。为鬶、盉类三足器之足。T1⑥：59，夹砂橙黄陶。足部残段，呈圆锥状。素面。残高4.2厘米（图一一，12）。T1⑥：58，夹砂红陶。呈圆锥状。素面。残高4.5厘米（图一一，13）。T1⑥：60，夹砂红陶。呈圆锥状。素面。残高3.8厘米（图一一，14）。

器底　均残余器物底部和部分腹片，均为夹砂陶。根据底部形态，可分为三型。

A型　7件。平底。根据底部特征，可分为二亚型。

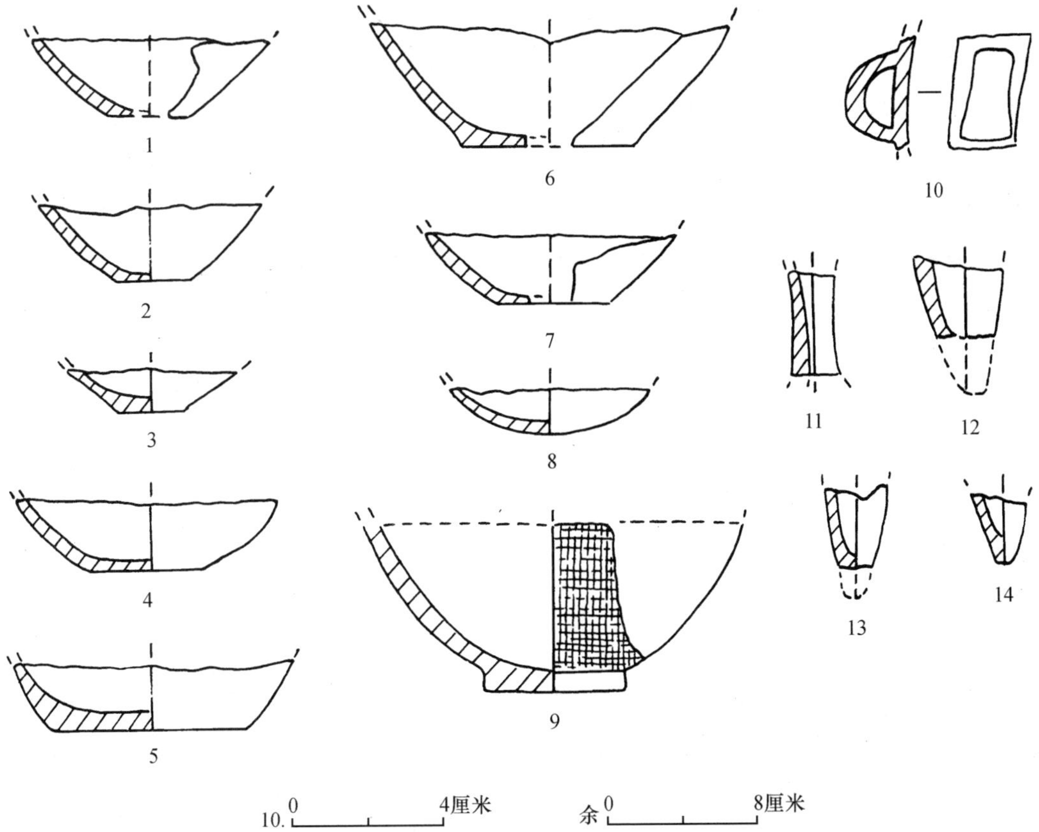

图一一　商周陶器

1～3. Aa型器底（T1⑥：111、T1⑥：115、T1⑥：116）　4～7. Ab型器底（T1⑥：112、T1⑥：113、T1⑥：114、T1⑥：117）　8. C型器底（T1⑥：118）　9. B型器底（T1⑥：13）　10. B型器耳（T1⑥：62）　11. 器盖把手（T1⑥：61）　12～14. 器足（T1⑥：59、T1⑥：58、T1⑥：60）

Aa型　3件。小平底。T1⑥：111，夹细砂黑皮陶。底部残片。下腹斜收。素面。底径4.2、残高4厘米（图一一，1）。T1⑥：115，夹细砂橙黄陶。底部残片。斜直腹，平底。素面。底径4、残高4厘米（图一一，2）。T1⑥：116，夹细砂灰褐陶。底部残片。素面。底径4、残高2.2厘米（图一一，3）。

Ab型　4件。底较大。T1⑥：112，夹细砂红陶。底部残片。下腹斜直，平底，内底有手抹痕迹。素面。底径6、残高3.8厘米（图一一，4）。T1⑥：113，夹细砂红褐陶。底部残片。斜直腹，平底，内底有轮制痕迹。素面。底径9.8、残高3.4厘米（图一一，5）。T1⑥：114，夹细砂红褐陶。底部残片。底径9、残高6.2厘米（图一一，6）。T1⑥：117，夹细砂橙黄陶。底部残片。下腹斜收。素面。底径6、残高3.6厘米（图一一，7）。

B型　1件。假圈足。T1⑥：13，夹粗砂红陶。底部残片。腹斜弧，假圈足。腹部饰方格纹。底径7.8、残高8.6厘米（图一一，9）。

C型　1件。圜底。T1⑥：118，夹砂灰陶。底部残片。素面。残高2.4厘米（图一一，8）。

2. 骨器

骨匕　1件。T1⑥：4，牛骨制成，刃部及两侧有磨光加工痕迹。长17.2、宽2.4、厚0.3厘米（图一二，6）。

卜骨　5件。T1⑥：14，牛骨制成，一侧烙成方孔。长9.1厘米（图一二，1）。其余4件均用鱼鳃骨加工制成，均在正面边缘烙出圆方孔，用以占卜。T1⑥：11，长7.5、宽2.4、厚1.2厘米（图一二，2）。T1⑥：12，长8.2、宽3.8、厚1厘米（图一二，3）。T1⑥：16，长6.5、宽3.3、厚1.2厘米（图一二，4）。T1⑥：17，长6.5、宽4.5、厚1.5厘米（图一二，5）。

此外，还在地层中出有不少动物骨骼，比较零碎。以鱼骨为主，还有少量其他动物肢骨、肋骨、牙齿等。

三、东周遗存

未见遗迹现象，出土遗物只发现陶器和一部分瓦片。

陶器多为轮制，也有部分手制，器形较为规整。以泥质陶居多，夹砂陶也占相当比例。陶色以灰陶为主，红、褐陶较少，不见黑陶。纹饰以绳纹为主，也有一定数量的素面，其他纹饰少见（图一三）。器形有鬲、豆、罐、盏、钵等。其中以鬲、豆居多。

鬲　2件。T1⑤：1，夹砂褐陶。圆唇，平折沿，直口，矮束颈，圆肩，弧腹，平弧裆，柱锥状足，足底呈小平足状。腹壁较薄，内壁接足根处有一内凹小窝。肩部以下至足均饰竖绳纹。口径21、腹径29.2、腹深23.8、通高32厘米（图一四，1）。T1⑤：3，泥质灰陶。口部残片。方唇，平折沿，直口，矮领，束颈，圆肩，弧腹。沿面饰二道凹弦纹，肩以下饰竖向间断绳纹。口径20、残高15厘米（图一四，2）。

鬲足　2件。均为上粗下细的柱状足，断面呈圆形。T1⑤：4，夹砂红陶。通体饰竖向绳

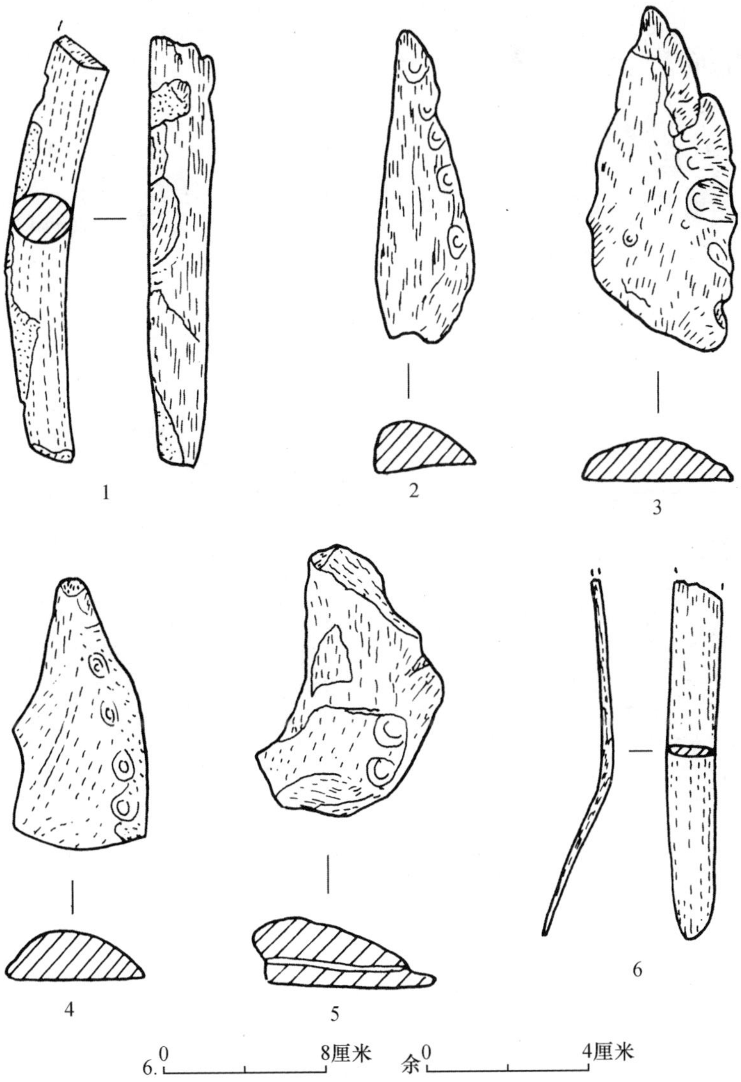

图一二　商周骨器

1～5. 卜骨（T1⑥：14、T1⑥：11、T1⑥：12、T1⑥：16、T1⑥：17）　6. 骨匕（T1⑥：4）

纹。残高11.8厘米（图一四，4）。T1⑤：5，腹足残片。腹部为夹砂灰陶，足部为夹砂红陶。通体饰竖向绳纹。残高22.4厘米（图一四，5）。

尖底盏　1件。T1⑤：2，泥质灰陶。底残。圆唇，口微敛，折腹，上腹弧收，下腹斜直。素面。口径16、残高4.8厘米（图一四，3）。

钵　1件。T1⑤：8，夹细砂灰黄陶。口部残片。圆唇，敛口，弧腹。素面。残宽2.6、残高4.4厘米（图一四，6）。

豆　2件。均为泥质陶。圆柱状柄，柄较高。T1⑤：6，泥质灰陶。盘柄残段。残高9厘米（图一四，7）。T1⑤：7，泥质褐胎黑皮陶。盘柄残段。柱状柄，中空。素面。残高7厘米（图一四，8）。

折沿罐　1件。T1⑤：9，夹细砂灰陶。口部残片。圆唇，平折沿，沿面微凹，侈口，束颈。素面。口径16、残高4厘米（图一四，9）。

卷沿罐　1件。T1⑤：10，夹细砂橙黄陶。口部残片。方唇，卷沿，直口，广肩。素面。

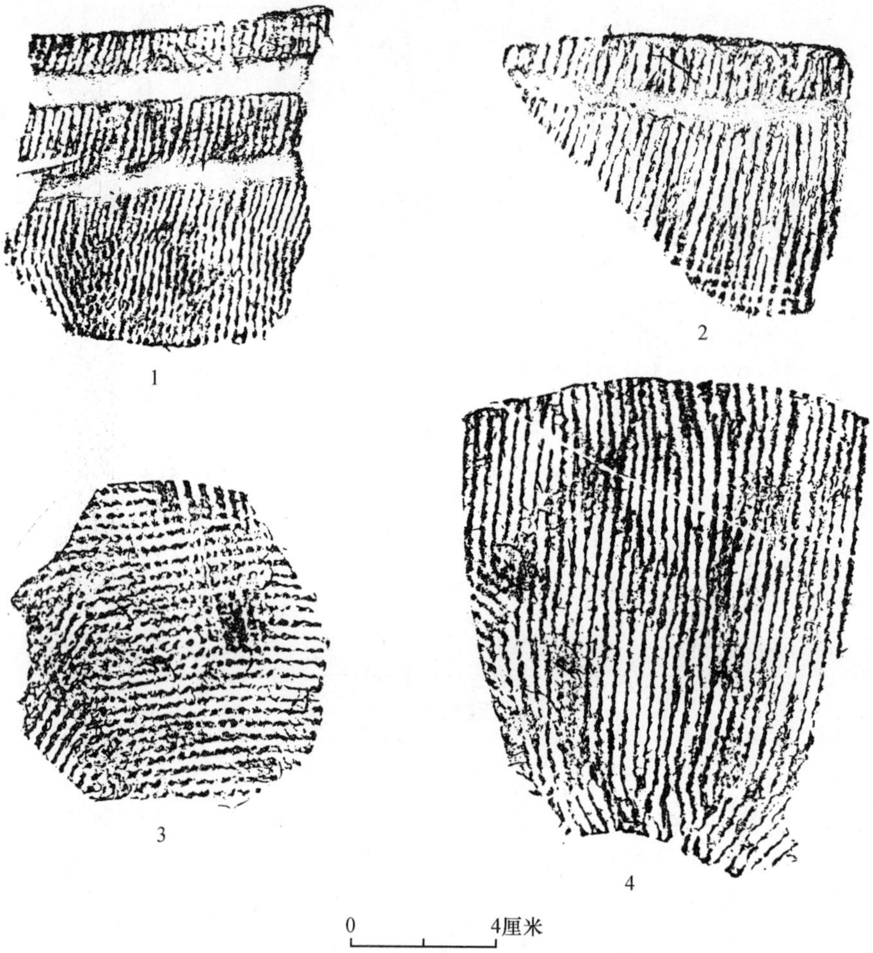

图一三　东周陶器纹饰拓片
1. T1⑤：13　2. T1⑤：14　3. T1⑤：15　4. T1⑤：16

残宽4.4、残高5厘米（图一四，10）。

筒瓦　T1⑤：11，泥质灰陶。残片，表面饰斜向粗绳纹，背面饰布纹。残长7、残宽6厘米（图一四，11）。T1⑤：12，泥质灰陶。残长6.6、残宽6.8厘米（图一四，12）。

四、汉代遗存

1. 遗迹

发现汉魏时期砖室墓2座。由于水土流失和农业生产，各墓均遭到不同程度的破坏，券顶尚存，四壁垮塌。砌筑方法为先砌壁后铺地，墓壁以平砖错缝顺砌。各墓砖的规格较统一，且一个长侧面有模印几何图案花纹（图一五）。

M1　位于T4②层下，已遭破坏。从残存部分推断，平面应为长方形。残长1.96、残宽1.36米。墙砖残存四轮，高0.4米，墓地砖横砌。墓向136°。未发现随葬品（图一六）。

M2　位于T5②层下，结构基本完整。刀把形墓。墓室长3.54、宽3.23米，墓道长1.8、宽

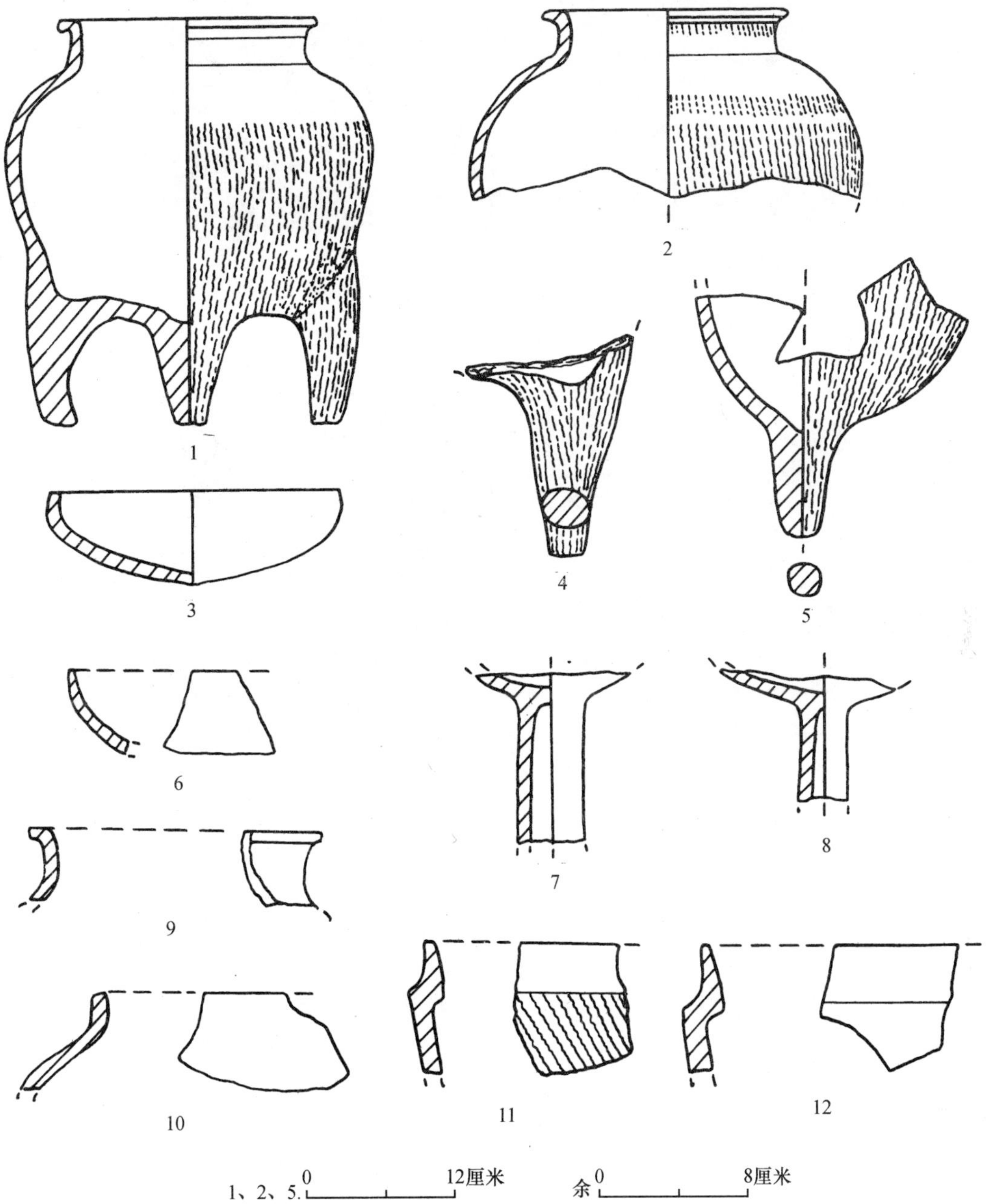

图一四　东周陶器

1、2. 鬲（T1⑤：1、T1⑤：3）　3. 尖底盏（T1⑤：2）　4、5. 鬲足（T1⑤：4、T1⑤：5）　6. 钵（T1⑤：8）　7、8. 豆（T1⑤：6、T1⑤：7）　9. 折沿罐（T1⑤：9）　10. 卷沿罐（T1⑤：10）　11、12. 筒瓦（T1⑤：11、T1⑤：12）

1.8米。墙砖残存十二轮，高1.1米。墓室铺地砖横砌，墓道竖砌。墓向152°。出土文物12件，有釉陶钵、陶盒、陶豆、陶罐、铁钩、铜泡钉及钱币等（图一七）。

2. 遗物

遗物主要是M2的随葬器物，有陶器、铜器、铁器及钱币。

（1）陶器

釉陶钵　1件。M2：7，泥质红陶。方唇，口微敛，上腹较弧，下腹斜收，矮圈足。通体

图一五　墓砖纹饰拓片

1. M1　2～4. M2　5、6. 采集

施绿釉，沿及腹部饰三道凹弦纹。口径19.2、足径7.6、高6.6厘米（图一八，1）。

盒　2件。M2：8，泥质红陶。子口，深弧腹，圈足外撇。沿及腹部饰三道凹弦纹。口径18.6、足径9.2、高8厘米（图一八，2）。M2：10，泥质红陶。口部残片。子口，弧腹，腹部饰二道凹弦纹。口径18、残高6厘米（图一八，3）。

豆　1件。M2：11，泥质红陶。子口，直腹浅盘，柱状柄，足残。素面。口径9.2、残高11厘米（图一八，4）。

罐　1件。M2：9，泥质灰陶。尖唇，平折沿，沿面较鼓，直口，束颈，折肩，弧腹，圜底。底腹饰竖向绳纹。口径12.4、腹径21.2、高13.5厘米（图一八，6）。

鼎耳　2件。均为采集品。采：1，泥质灰陶。宽耳贴附。耳宽5.6、高8.8、厚1厘米（图一八，7）。

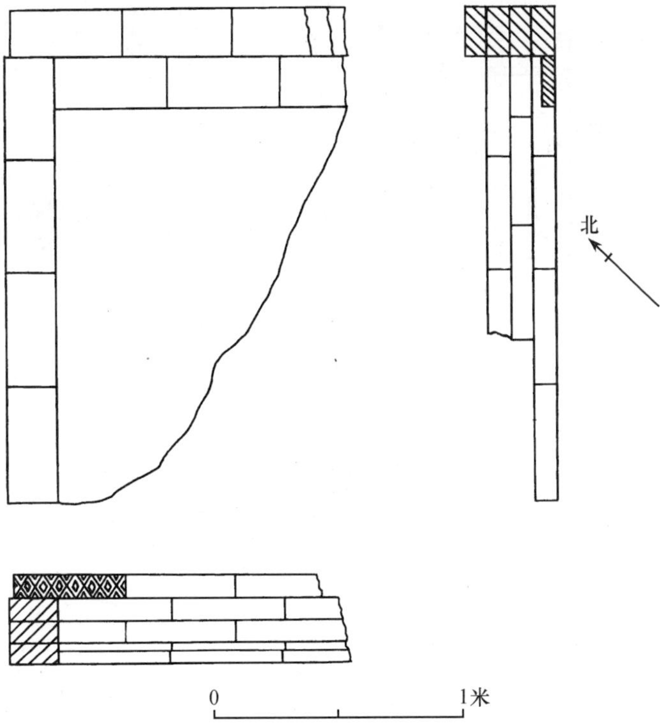

图一六　M1平、剖面图

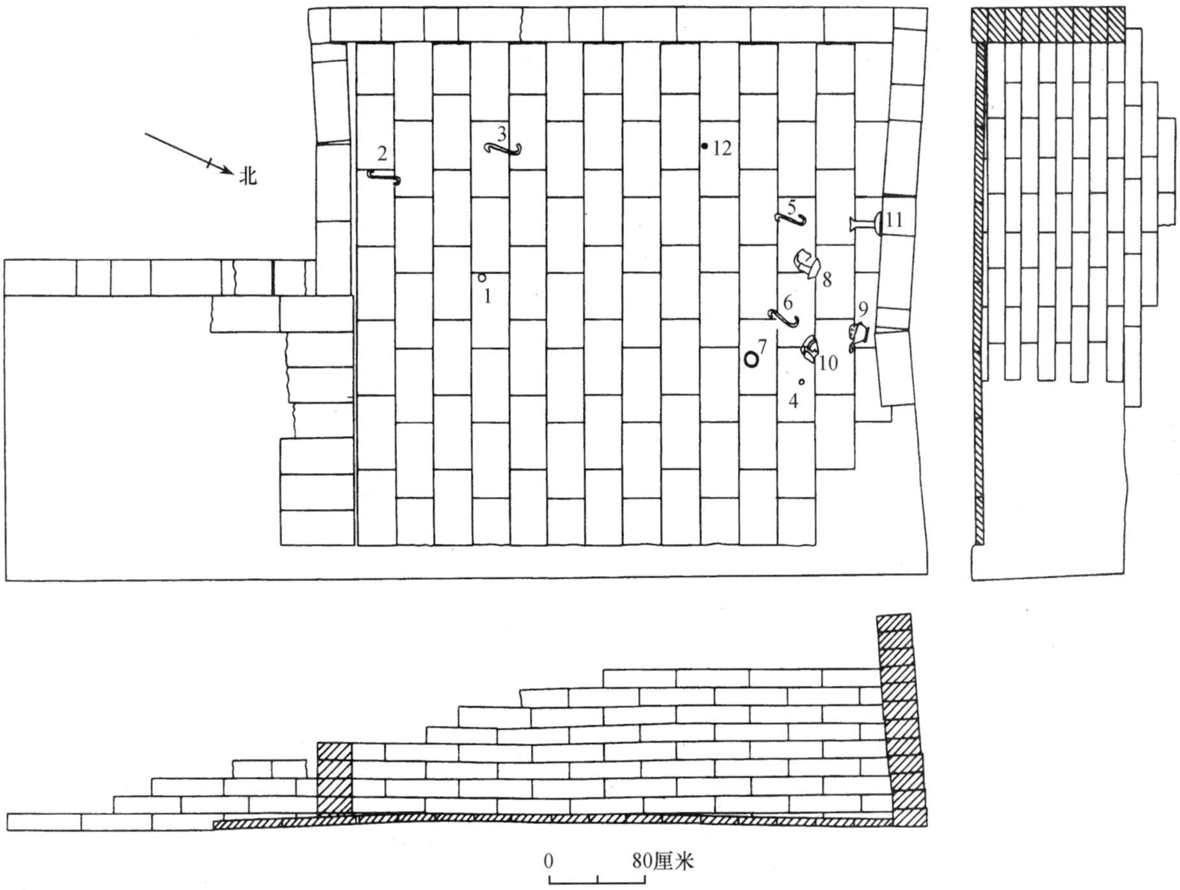

图一七　M2平、剖面图

1. 铜泡钉　2、3、5、6. 铁钩　4、12. 钱币　7. 釉陶钵　8、10. 陶盒　9. 陶罐　11. 陶豆

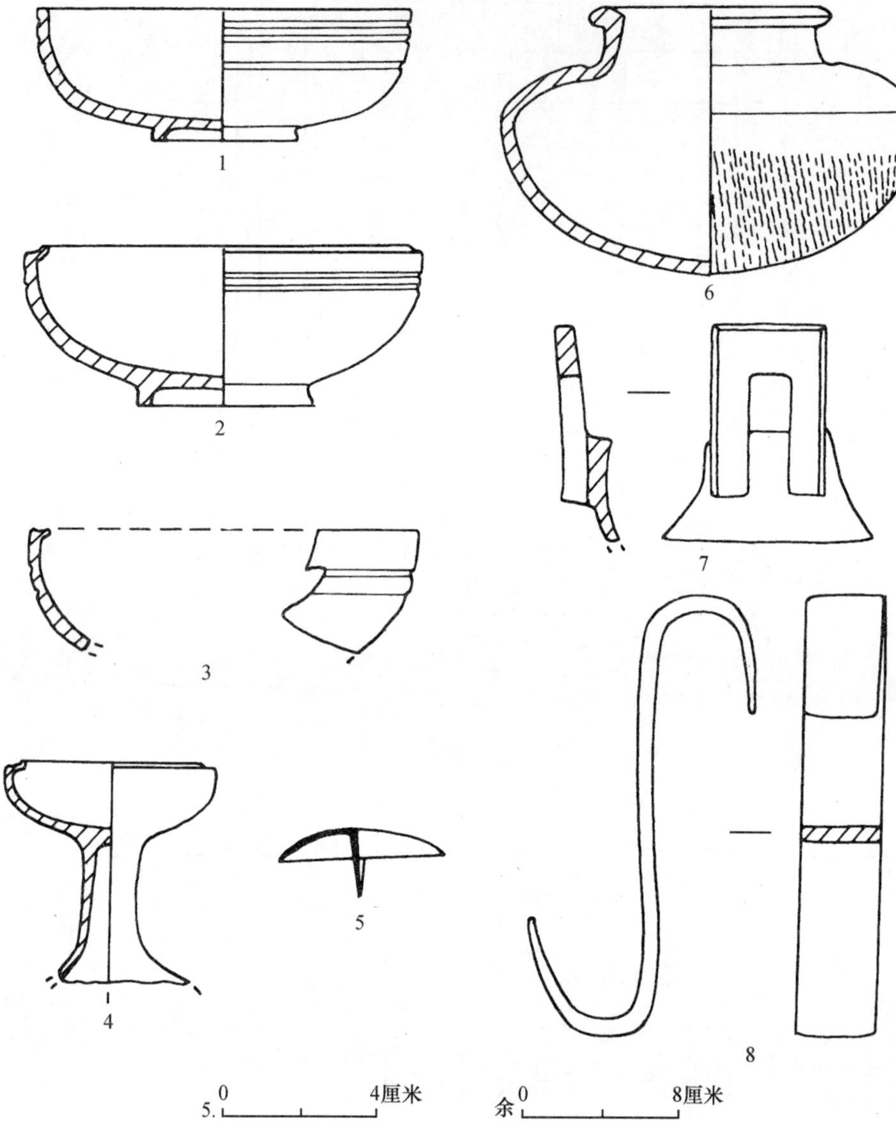

图一八 汉代器物

1. 釉陶钵（M2：7） 2、3. 陶盒（M2：8、M2：10） 4. 陶豆（M2：11） 5. 铜泡钉（M2：1） 6. 陶罐（M2：9）
7. 陶鼎耳（采：1） 8. 铁钩（M2：2）

（2）铜器

泡钉 1件。M2：1，圆形，有鎏金痕迹。直径4.2、高1.7厘米（图一八，5）。

钱币 13枚。多数铜质较差，但钱文清晰，均为五铢钱。可分为二式。

Ⅰ式：1枚。“五”字中间二笔交叉弯曲，“金”字头作三角形，“朱”字上端较直。周郭、背穿郭均为圆郭。钱径2.5、穿径1厘米（图一九，1）。

Ⅱ式：12枚。同Ⅰ式，仅“朱”字上端外撇。钱径2.5、穿径1厘米（图一九，2）。

（3）铁器

铁钩 4件。均为“S”形。M2：2，长11、宽4厘米（图一八，8）。

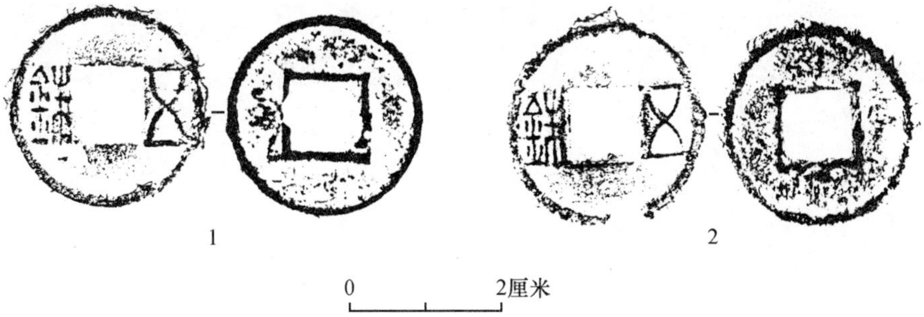

图一九　钱币拓片（M2）
1. Ⅰ式　2. Ⅱ式

五、结　　语

云阳三坝溪墓群（遗址）是峡江地区一处重要的古文化遗址。通过本次发掘，使我们对三坝溪遗址的文化内涵有了初步了解，取得了一定收获。现归纳如下：

第一，三坝溪遗址发现相当于商周时期的文化遗存，是本次发掘的最大收获，纠正了过去该遗址为汉代墓地的片面认识。T1⑥、⑦层出土陶器以小平底罐、高柄豆、豆形器、小平底瓮、缸为基本器物组合；以夹细砂陶为主，泥质陶较少；以素面为主，施纹者较少，有组状绳纹、方格纹、凹凸弦纹、附加堆纹等，组状绳纹主要饰于瓮类肩腹部，方格纹主要饰于陶缸，一般通体施纹，颈部饰一周附加堆纹，凹凸弦纹主要饰于高柄豆和豆形器。其总体文化面貌与成都平原三星堆遗址[①]和十二桥遗址[②]有很大的相似性，相当于三星堆文化三期偏晚阶段和十二桥文化一期，其年代大致在商代晚期的殷墟二期或稍早[③]。陶缸与湖北宜昌中堡岛遗址商代地层所出同类器物相近[④]。小平底罐、高柄豆、豆形器、小平底瓮等器物在峡江地区还出现于湖北宜昌中堡岛[⑤]、荆州荆南寺[⑥]、秭归朝天嘴[⑦]、云阳李家坝[⑧]、万州中坝子[⑨]、万州塘房坪[⑩]、

① 四川省文物管理委员会、四川省博物馆、广汉县文化馆：《广汉三星堆遗址》，《考古学报》1987年第2期。

② 四川省文物管理委员会、四川省文物考古研究所、成都市博物馆：《成都十二桥商代建筑遗址第一期发掘简报》，《文物》1987年第12期。

③ 孙华：《四川盆地的青铜时代》，科学出版社，2000年；江章华、王毅、张擎：《成都平原先秦文化初论》，《考古学报》2002年第1期；江章华、李明斌：《古国寻踪》，巴蜀书社，2002年。

④ 湖北省宜昌地区博物馆、四川大学历史系：《宜昌中堡岛新石器时代遗址》，《考古学报》1987年第1期。

⑤ 湖北省宜昌地区博物馆、四川大学历史系：《宜昌中堡岛新石器时代遗址》，《考古学报》1987年第1期。

⑥ 荆州地区博物馆、北京大学考古系：《湖北荆南寺遗址第一、二次发掘》，《考古》1989年第8期。

⑦ 国家文物局三峡考古队：《湖北秭归朝天嘴遗址发掘简报》，《文物》1989年第2期。

⑧ 四川大学历史文化学院考古系、云阳县文物管理所：《云阳李家坝遗址发掘报告》，《重庆库区考古报告集·1997卷》，科学出版社，2001年。

⑨ 西北大学考古队、万州区文物管理所：《万州中坝子遗址发掘报告》，《重庆库区考古报告集·1997卷》，科学出版社，2001年。

⑩ 陕西省考古研究所、万州区文物管理所：《万州塘房坪遗址发掘报告》，《重庆库区考古报告集·1997卷》，科学出版社，2001年。

忠县哨棚嘴[①]、忠县中坝[②]、涪陵镇安[③]、涪陵蔺市[④]诸遗址中。与此同时，代表当地土著文化（巴文化）的花边口形器却很少出现。此外，在该遗址发现较多鱼骨和其他动物骨骸，并出现卜骨，为解读当时峡江地区人们的社会生活和精神生活提供了新的实物资料。总之，三坝溪遗址商代地层的发现为研究三峡地区这一时期的文化状况及其与邻近文化的交流提供了重要的实物资料，具有较高的研究价值。

第二，东周时期遗存的发现，也是本次发掘的重要收获之一。陶器以鬲、豆、罐为基本器物组合，并出土较多建筑用板瓦、筒瓦，其时代应在战国早、中期，反映战国时就有人在此居住，这为研究旧县坪遗址的起源提供了新的线索。

第三，通过调查和发掘，可以确定三坝溪墓群是峡江地区一处重要的墓地。调查发现，仅在第三期水位范围内就有42个盗洞，盗洞旁边散布着许多几何纹或素面砖块和陶鼎、豆、罐等器物残片。目前可以确定的土坑墓和砖室墓就有12座左右。我们认为，通过钻探将会有更多的墓葬被发现。从清理的2座砖室墓来看，时代应为汉魏时期。土坑墓的时代从采集到的陶片观察，可能早到西汉时期。三坝溪墓群与马粪沱墓地隔沟相望，地理环境极为相似，墓葬时代也基本一致，应与马粪沱墓群有着密切联系，可能为同一墓群的不同组成部分，与旧县坪遗址也有着密切的关系，应该是旧县坪遗址的墓葬区。

附记：三坝溪墓群（遗址）发掘领队王毅。参加发掘的工作人员有宋建民、巩三。室内整理工作由宋建民、巩三、夏良明完成。修复、拓片巩三，绘图夏良明，摄影文星明。此次发掘在重庆市文化局三峡办的指导下，得到云阳县文物管理所的大力支持和配合，在此表示感谢。

执笔：宋建民　巩　三　杨　伟

① 北京大学考古文博学院三峡考古队、重庆市三峡库区田野考古培训班、忠县文物管理所：《忠县㽏井沟遗址群哨棚嘴遗址发掘简报》，《重庆库区考古报告集·1997卷》，科学出版社，2001年。

② 笔者参与该遗址1997～1999年度发掘。

③ 涪陵博物馆黄海同志向笔者提供有关资料。

④ 涪陵博物馆黄海同志向笔者提供有关资料。

云阳大凼子墓群2003年度发掘简报

成都文物考古研究院
绵　阳　博　物　馆
云阳县文物管理所

为配合三峡水利工程建设，成都文物考古研究所（今成都文物考古研究院）和绵阳博物馆受重庆市文化局委托，承担了2003年度云阳大凼子墓群考古勘探和发掘工作。大凼子墓群位于云阳县双江镇兴隆村11社，是一处东西长约200、南北宽约70米的山坡，坡度较大。东边为复兴场自来水厂石道，西侧为兴隆码头嘴；第三期水位线上是三坝砂砖厂，坡下即是长江（图一）。

大凼子墓群在1992年经四川省文物考古研究所调查发现，1994年四川大学考古学系复查确认。成都文物考古研究所和绵阳博物馆组成的三峡考古队于2003年2月又进行了调查，发现在第二、三期水位范围内散布着许多几何纹或素面砖块、绳纹陶片和陶瓦。大凼子墓群的发掘级别为D级，计划勘探面积10 000平方米，发掘面积500平方米。经钻探，探明3座砖室墓和2座土坑墓。由于修路、改地和山体滑坡等原因，砖室墓保存状况很差。勘探和发掘工作从3月2日开始，至4月4日结束。清理了砖室墓3座、土坑墓2座和1条冲沟（图二）。现分别报告如下。

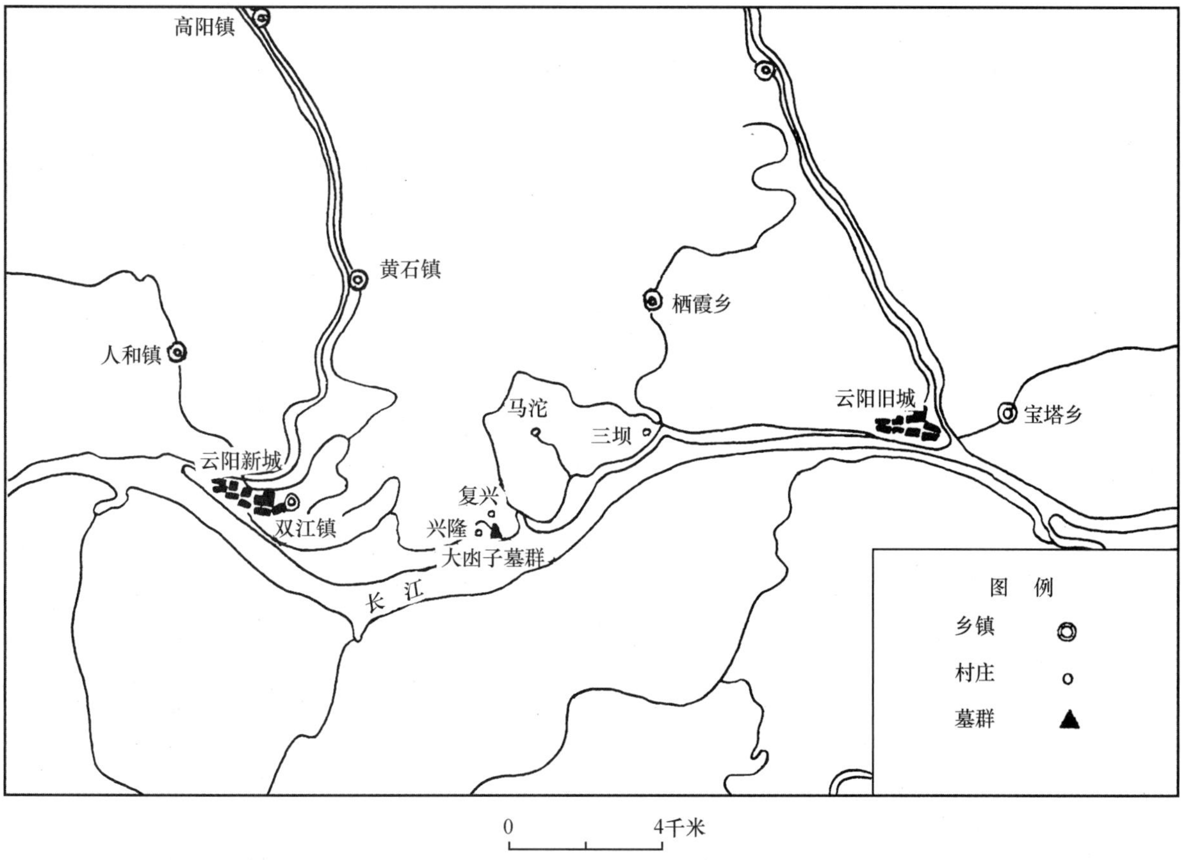

图一　大凼子墓群位置示意图

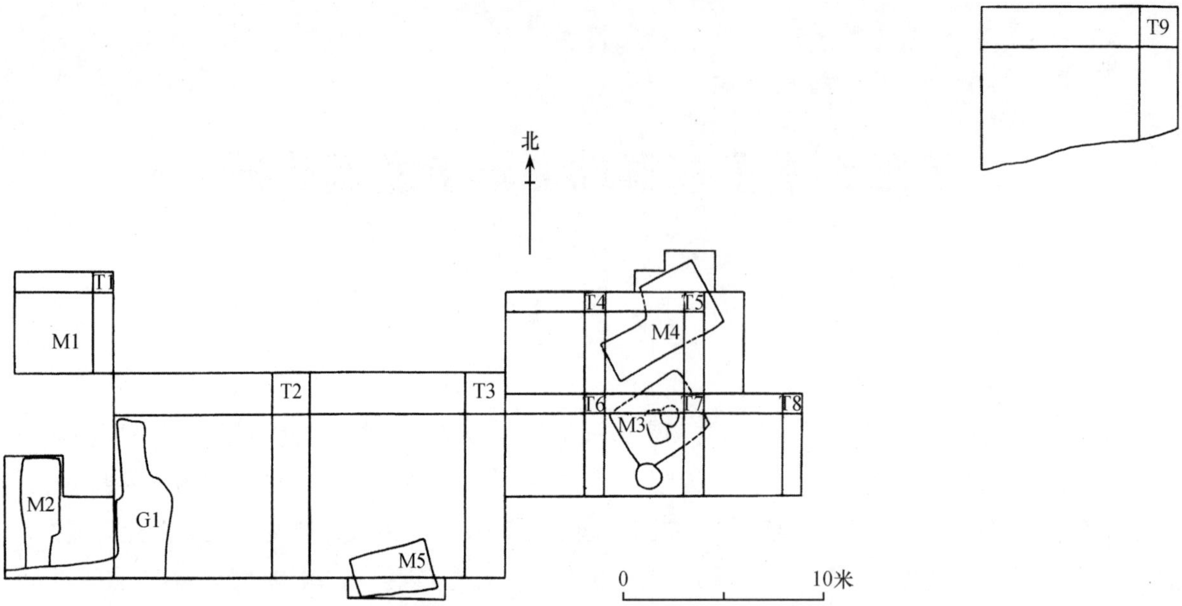

图二　大凼子墓群布方图、遗迹分布图

一、墓葬和冲沟

云阳大凼子墓群由于修路、改地和山体滑坡等原因，墓葬保存状况很差。砖室墓、土坑墓和冲沟的开口均在第1层，即耕土层下。

1. 砖室墓

3座。

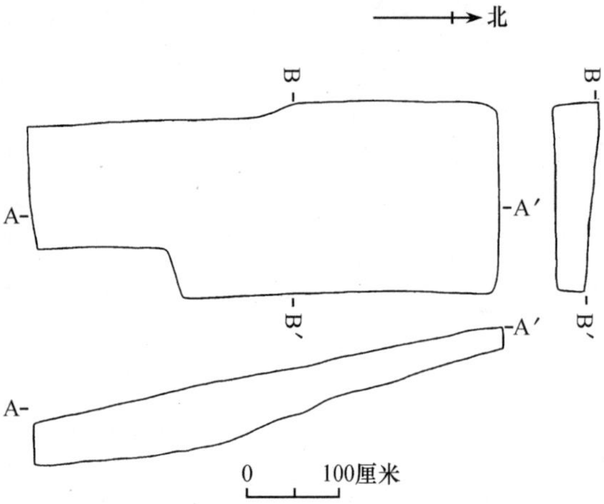

图三　M2平、剖面图

M1　仅是一堆碎乱的砖块，无法确定其形制和大小。没有任何器物出土。

M2　也是一堆碎乱的砖块，但从土质、土色分析，其形制可以判断为刀把形砖室墓。墓坑填土为黑褐色。最长5.14、宽2、残高0.49米。方向180°（图三）。没有任何器物出土。

M4　墓葬填土为灰褐色。刀把形。甬道内铺地砖已不存。墓室东南部已遭彻底破坏，铺地砖仅余墓室西北角极少的一部分。从甬道南壁、北壁和墓室北壁等处残存的情况看，墓壁是用饰几何纹的长方形砖错缝铺砌的。砖一般长39.5～43、宽21.5、厚9厘米，饰几何纹（图四，2）。墓全长6、宽1.96～3.5、残高0.9米。方向240°。随葬器物主要集中在墓室西北角，出土有陶、铜、铁和钱币等文物30余件（图五）。

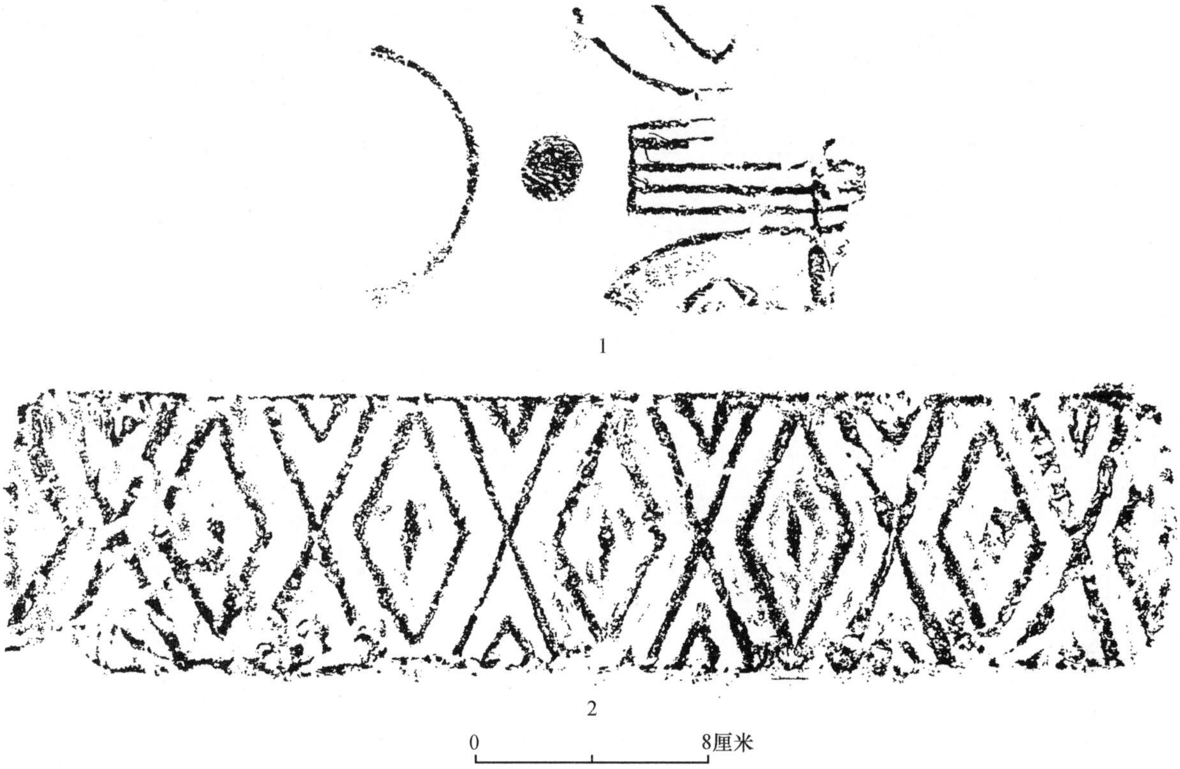

图四　墓砖纹饰拓片

1. M2　2. M4

2. 土坑墓

2座。

M3　在墓室中部发现两个盗洞，西南角发现一个盗洞。在耕土中发现许多陶器碎片。墓坑填土为花杂土。墓室呈长方形，长4.2、宽3.4～3.52、最深处1.46米。没有发现墓道。方向234°。随葬器物主要集中在墓室北侧和东南部，出土有陶、铜、铁和钱币等文物50余件（图六）。

M5　墓室呈长方形，其南侧已遭破坏。墓葬填土为灰褐色。长3.85、残宽1.2～2.4、最深处0.36米。没有发现墓道。方向290°。随葬器物有陶器15件，钱币18枚（图七）。

3. 冲沟

1条。

G1　位于T2西侧，南壁外没有揭露。冲沟呈南北向，北高南低，在西南角转折向西。T2内平面呈凸字形，北窄南宽。暴露部分长7.2、宽1.4～3.1米（图八）。沟内填土为褐色，夹有少量的碎砖块，可能是墓葬被冲毁形成的。出土有青瓷碗、磨制石器和铜剑柄共3件文物。

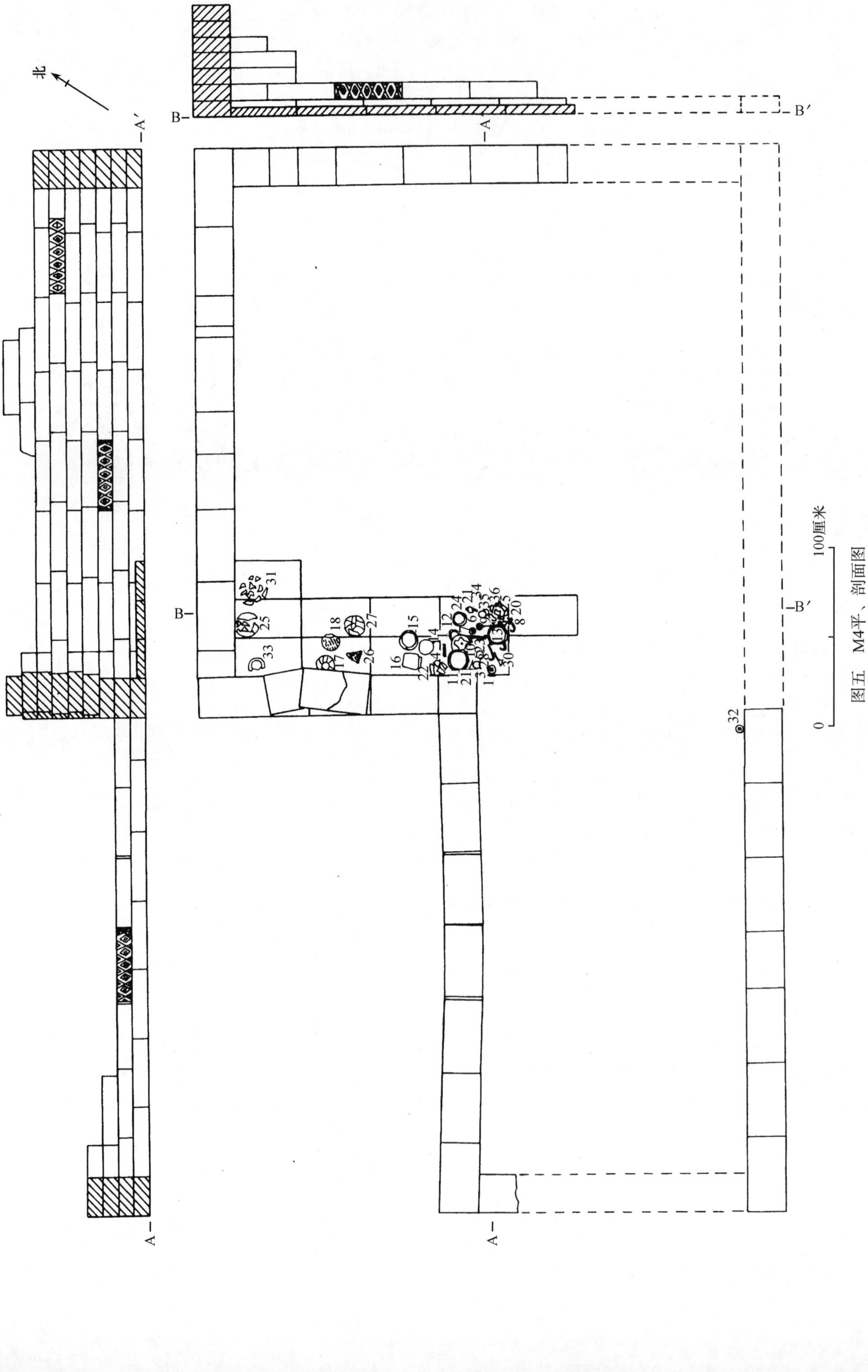

图五　M4平、剖面图

1、7、9、19、32、35. 铜钱币　2. 铁锤状器　3、21、23、34. 铜泡钉　4. 铁环首削　5. 陶碗　6、10、20. 陶灯　8、13、28、29. 铁钩　11、14、16、17、24、27、31、33. 陶囷　12、22. 陶器盖　15. 陶壶　18. 陶罐　25. 陶盆　26. 陶博山炉盖　30. 陶勺　36. 陶舟

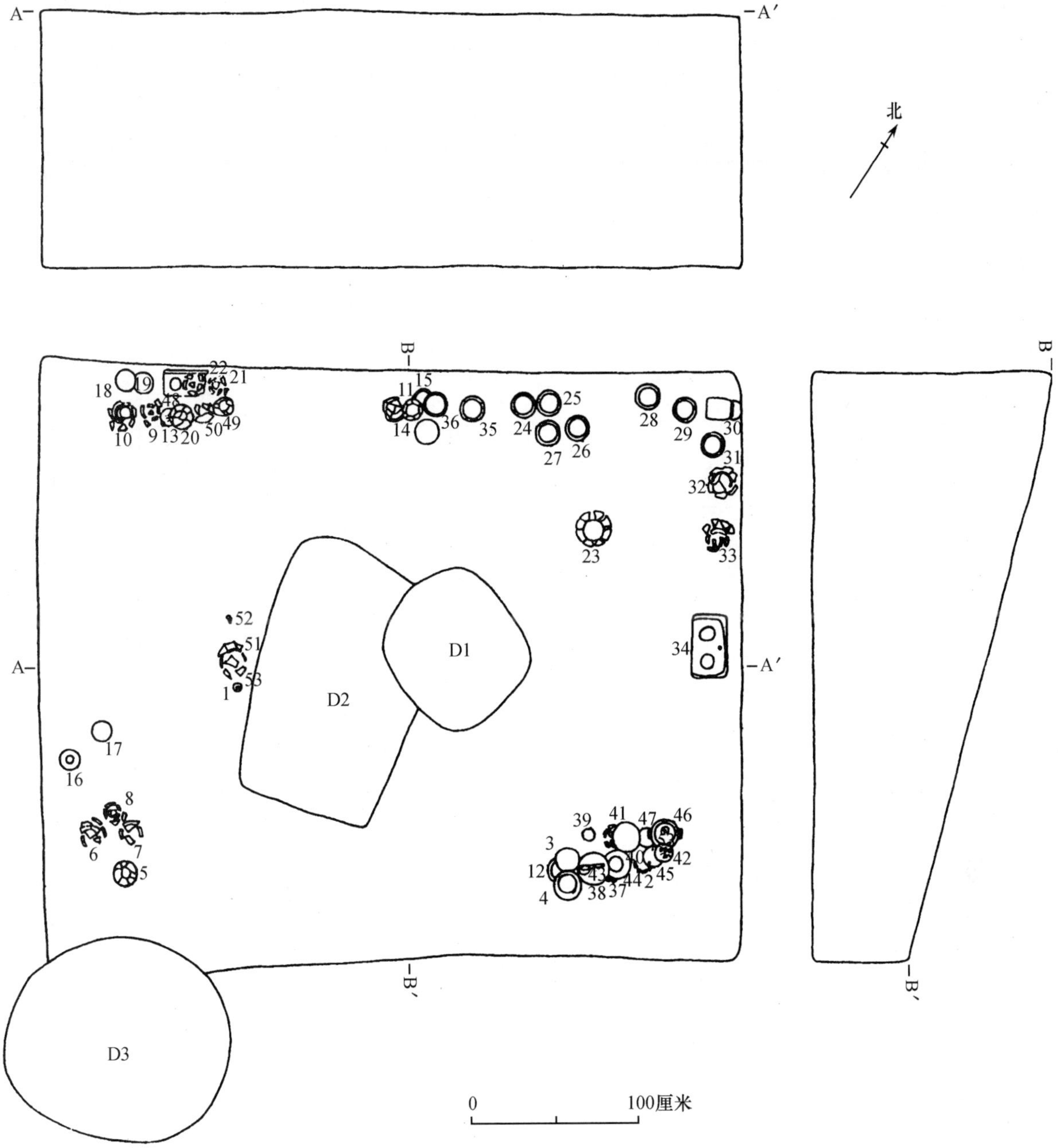

图六　M3平、剖面图

1、53. 铜钱币　2、46. 陶鼎　3、11、17～19、21、22、47、50. 陶器盖　4、12. 陶盒　5、8. 陶碗　6. 陶盅　7. 陶盘　9. 陶盒盖　10、13、14、16、23、32、33. 陶罐　15、24～31、35、36、49. 陶囷　20. 陶钵　34、48. 陶灶　37、39. 铜饰　38、40、41. 陶盆　42. 陶熏炉　43. 陶勺　44. 陶壶　45. 陶甑　51. 铁罐　52. 铜盖弓帽　D1、D2、D3均为盗洞

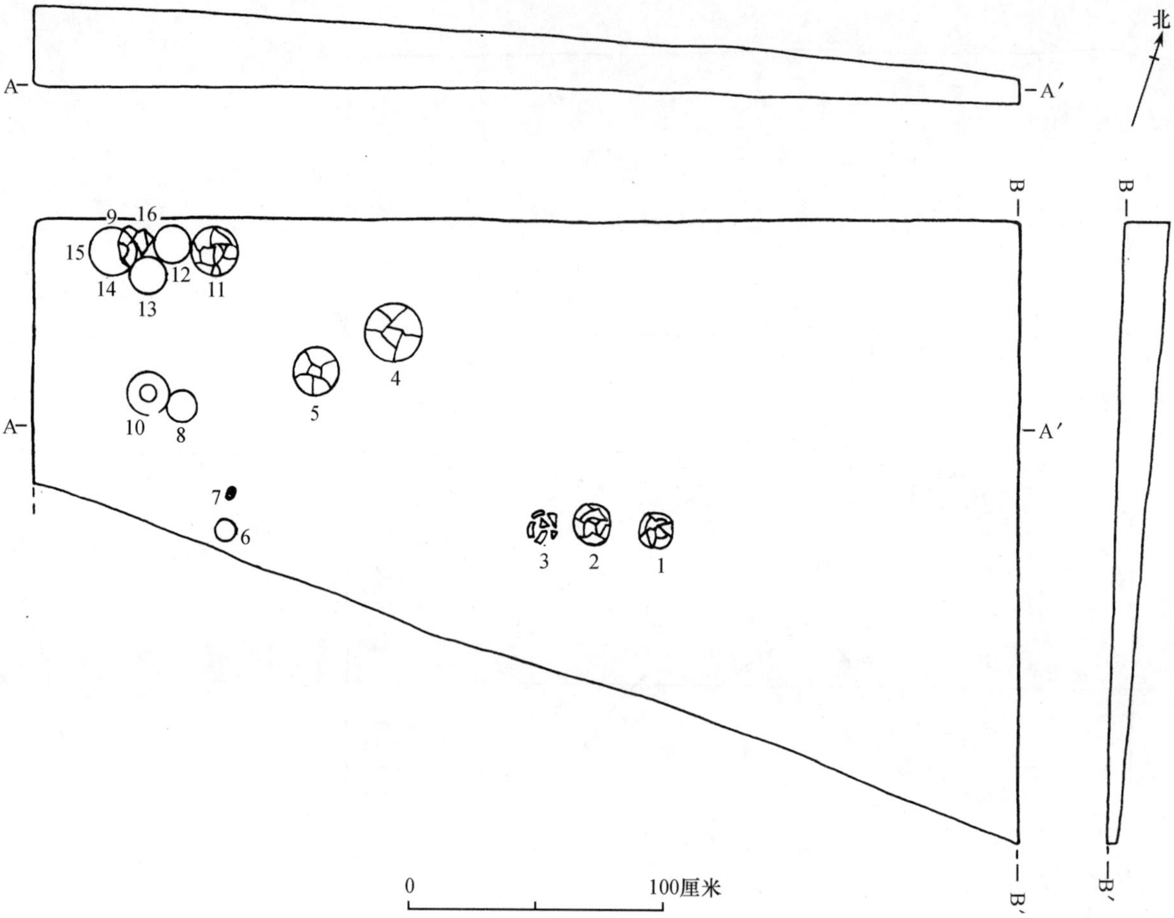

图七 M5平、剖面图

1. 陶盒 2、13. 陶壶 3、5. 陶罐 4、6、14. 陶钵 7、14. 铜钱币 8. 陶豆 9. 陶器盖 10. 陶盒盖 11. 陶盒身 12. 陶鼎 15. 陶盆 16. 陶囷

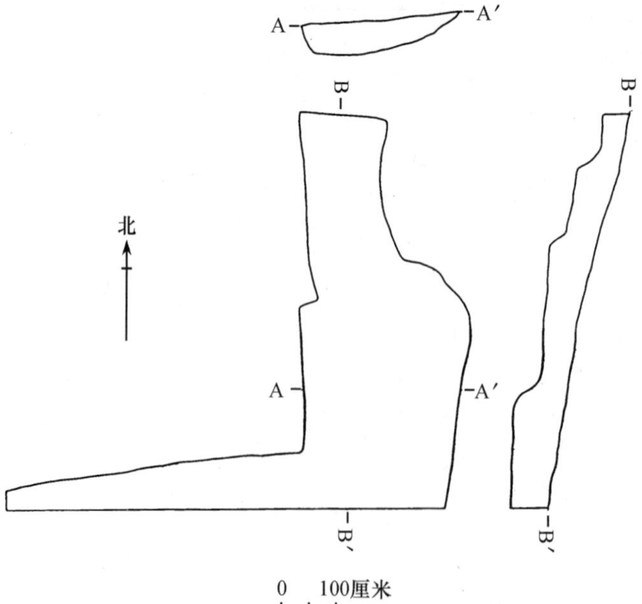

图八 G1平、剖面图

二、出土器物

大凼子5座墓葬只有3座有随葬品，加上冲沟出土的共计100余件，其中钱币28枚。

（1）M2　纹饰砖，1块。

子母砖　残。饰圆点、半圆等纹饰（图四，1），两侧饰细绳纹。残长25、宽16、厚11厘米。

（2）M3　随葬品50余件，有陶器、铜器、铁器和钱币等。

陶器　48件。

囷　12件。均为灰陶或灰褐陶。短颈，折肩，颈肩弧状相连，上腹近直，下腹略弧，平底。一般腹部饰一周凹弦纹和施黄褐色陶衣，陶衣大部分已剥落。口沿大多有细微的差别。可分为四式。

Ⅰ式：6件。敛口，平唇外折。M3：30-2，最大径在下腹。口径12.4、底径12.4、高17.2厘米（图九，13）。M3：28，腹饰两周凹弦纹。口径12.4、底径12、高17.2厘米（图九，6）。M3：29，最大径在肩下，上腹与中部各饰一周凹弦纹。口径12、底径13、高14.6厘米（图九，11）。M3：31，最大径在中部，上腹与中部各饰一周凹弦纹。口径12.2、底径13.4、高16厘米（图九，1）。M3：26，口径11.4、底径13.2、高15.8厘米（图九，7）。M3：49，口径11.4、底径12.8、高16.2厘米（图九，2）。

Ⅱ式：2件。口近直，平唇圆折。M3：25，口径11.2、底径14、高16.4厘米（图九，3）。M3：27，口径12.2、底径14.5、高14.8厘米（图九，8）。

Ⅲ式：3件。口微侈，平唇外折。M3：24，口径11.4、底径14、高14.1厘米（图九，10）。M3：15，下腹残。口径9.8、残高5.2厘米（图九，9）。M3：25，尺寸不详。

Ⅳ式：1件。M3：36-2，敛口，圆唇外折。最大径在下腹。口径12.6、底径14.4、高15.1厘米（图九，5）。

器盖　11件。可分六式。

Ⅰ式：2件。灰褐陶，夹细砂。口微侈，平沿，方唇，斜直壁，面平。M3：22，口径14、面径13、高1.6厘米（图一〇，8）。M3：50，面墨书二字已略残。口径12.8、面径12、高2厘米（图一〇，5）。

Ⅱ式：2件。口微侈，圆唇，斜直壁，面平。腰部一周细凹弦纹。M3：21，灰陶，夹细砂。施黑褐色陶衣。口径14、面径13、高2.1厘米（图一〇，13）。M3：18，黑褐陶，有黄褐色陶衣痕。口径14、面径13.4、高2厘米（图一〇，14）。

Ⅲ式：2件。灰褐陶，夹细砂。口微敛，平沿外折，弧腹，面圜状近平。M3：19，外有黄褐色陶衣痕。口径15.2、高4厘米（图一〇，17）。M3：30-1，沿内外施一周黑色陶衣。口径16、高3.2厘米（图九，12）。

Ⅳ式：2件。口微敛，平唇，沿上略内收，弧腹，圜面。有黄褐色陶衣痕。M3：47，灰褐陶。口径16、高4.2厘米（图一〇，11）。M3：17，灰陶。口径16、残高3.2厘米（图一〇，12）。

Ⅴ式：1件。M3：36-1，灰陶，有黄褐色陶衣痕。口近直，平沿，方唇，弧腹，面圜状近

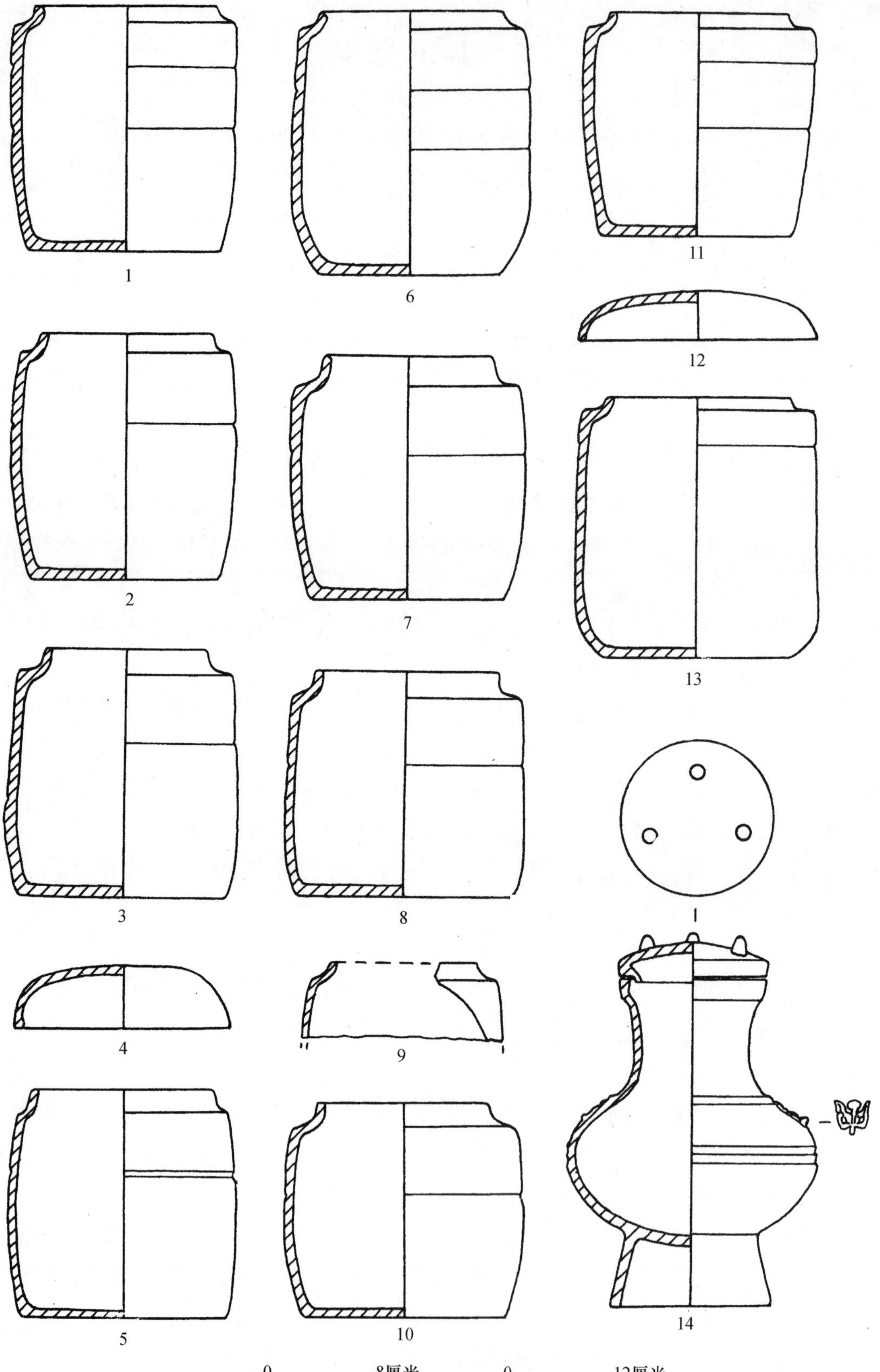

图九　M3出土陶器

1、2、6、7、11、13. Ⅰ式囷（M3：31、M3：49、M3：28、M3：26、M3：29、M3：30-2）　3、8. Ⅱ式囷（M3：25、M3：27）　4. Ⅴ式器盖（M3：36-1）　5. Ⅳ式囷（M3：36-2）　9、10. Ⅲ式囷（M3：15、M3：24）　12. Ⅲ式器盖（M3：30-1）　14. 壶（M3：44）

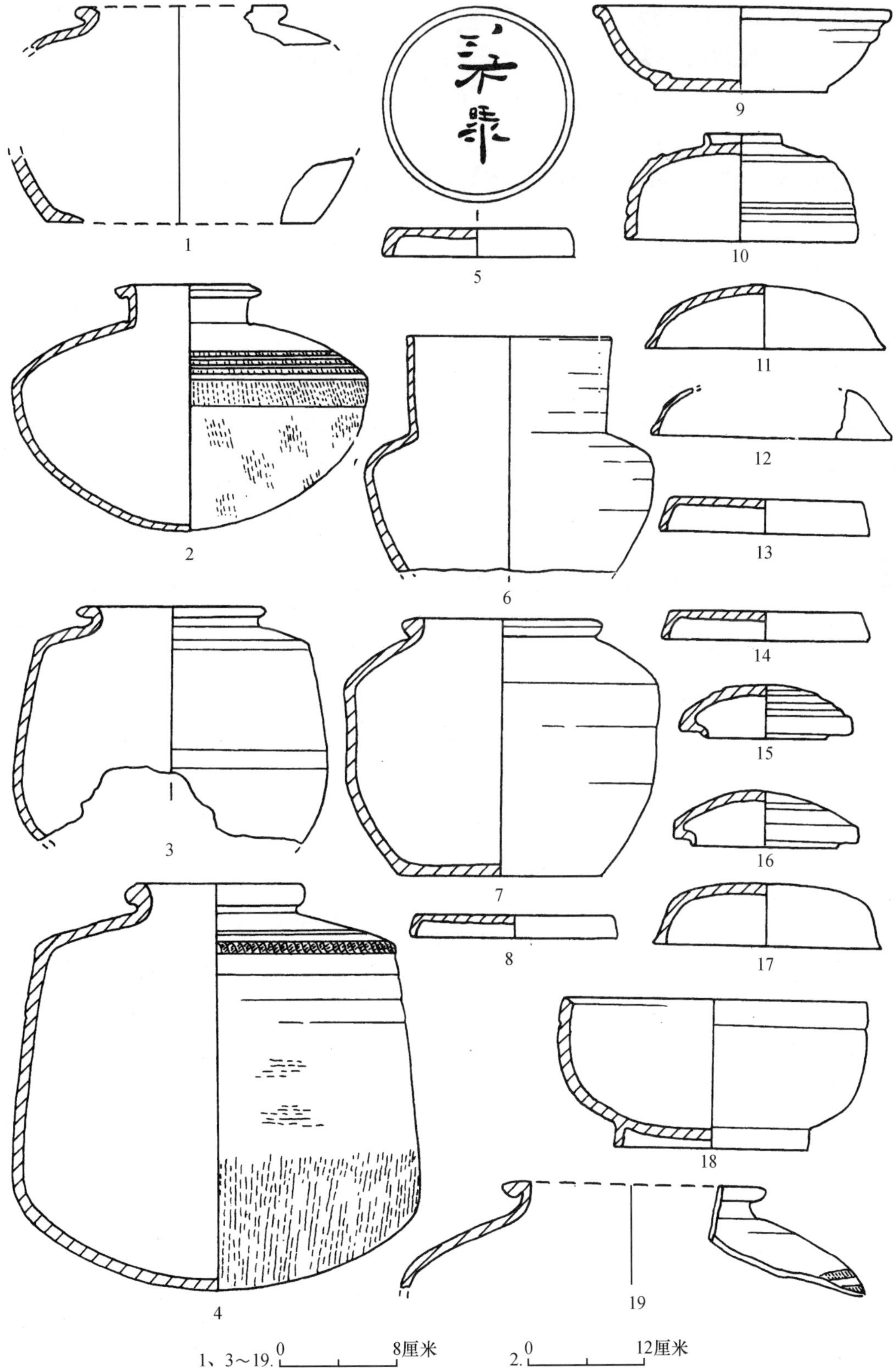

图一〇　M3出土陶器

1～4、6、7、19. 罐（M3：33、M3：23、M3：10、M3：32、M3：16、M3：13、M3：14）　5、8. Ⅰ式器盖（M3：50、M3：22）　9. 盘（M3：7）　10. 盒盖（M3：9）　11、12. Ⅳ式器盖（M3：47、M3：17）　13、14. Ⅱ式器盖（M3：21、M3：18）　15、16. Ⅵ式器盖（M3：11、M3：3）　17. Ⅲ式器盖（M3：19）　18. 钵（M3：20）

平。口径16、高3.2厘米（图九，4）。

Ⅵ式：2件。红褐陶，夹细砂。施黄褐色陶衣，部分剥落。子口，弧面。M3：3，口径12.2、高3.6厘米（图一〇，16）。M3：11，子口残存红漆痕。口径11.6、高3.4厘米（图一〇，15）。

罐 7件。M3：32，灰褐陶，有黄褐色陶衣痕。侈口，圆唇，广肩，肩下斜直，圜底。最大径在下腹。外唇和肩部各饰一周细凹弦纹。折肩处饰一周堆塑纹，间以绳纹。上腹饰三周细凹弦纹，下腹及圜底饰细绳纹。口径11.6、肩径24、最大径27.2、高26.2厘米（图一〇，4）。M3：10，黄褐陶，夹细砂。侈口，圆唇外折，宽肩，上腹斜直，下腹弧状，底残。口径12.2、残高15.2厘米（图一〇，3）。M3：13，灰陶。口微敛，沿面略弧，无颈，溜肩，上腹较直，下腹弧状，平底略内凹。口径13.6、底径13、高16.6厘米（图一〇，7）。M3：14，灰陶，有黄褐色陶衣痕。口微敛，沿略平，外沿卷收，溜肩。肩下部分残。肩部饰两周竖线戳印纹。口径18、残高7厘米（图一〇，19）。M3：16，黑褐陶，施黄褐色陶衣。口近直，平唇内斜外折，长颈，溜肩，弧腹，底残。肩腹间饰一周凹弦纹。口径14、腹径19.8、残高15.2厘米（图一〇，6）。M3：33，灰陶，有黄褐色陶衣痕。口微敛，圆唇，无颈，溜肩，下腹略弧，平底。口径14、底径18厘米（图一〇，1）。M3：23，灰陶。口近直，唇略圆尖，束颈，折肩，下腹弧状，圜底。肩腹饰细绳纹，肩部绳纹被四周宽带凹弦纹所割分。口径14.8、腹径36、高23.6厘米（图一〇，2）。

甑 1件。M3：45，灰陶，有黄褐色陶衣痕。敛口，平唇外折，弧腹，平底。底有7个圆形穿孔。口径20、底径6.6厘米（图一二，3）。

灶 2件。M3：48，灰陶。近长方形。上面有圆形炊具孔两个，中间后侧有一烟孔。正面两个龛形火门。长33.2、宽17.2、高13.4厘米（图一二，1）。M3：34，灰陶，有黄褐色陶衣痕。呈椅状。灶背、左、右均有挡板。背板有菱形划纹，中间一线三个上翘挂钩。面有圆形炊具孔两个，中间后侧一烟孔。正面两个龛形火门。长45.6、宽28、高26厘米（图一二，2）。

盆 3件。M3：38，红褐陶。侈口，平唇外折，颈略内收，弧腹，平底。颈下附加对称圆形双耳。内和上腹施青黄色釉，下腹施黄褐色陶衣。口径23.2、底径13、高11.4厘米（图一一，8）。M3：41，灰陶，有黄褐色陶衣痕。口微侈，平沿，方唇，弧腹，下部已残。外沿下饰一周凹弦纹。口径20、残高4.6厘米（图一一，4）。M3：40，灰陶，有黄褐色陶衣痕。口微侈，平沿，弧腹。腹部一周凸棱。下部已残。口径26、残高5.6厘米（图一一，2）。

鼎 2件。M3：46，红褐陶，有黄褐色陶衣痕。盖圆形，口微敛，平唇内斜，浅腹，弧面。盖面饰三乳状纽。身为子口，口微敛，圆唇，折肩，弧腹，圜底、蹄足。双附耳呈“S”状。盖径20、高4厘米；身口径17.4、高10.6厘米（图一一，3）。M3：2，红陶。施青黄色釉，部分已剥落。无盖。身为子口，直口，圆唇，折肩，弧腹，圜底，蹄足。双附耳呈“S”状。口径14.8、高9.8厘米（图一一，9）。

勺 1件。M3：43，黄褐陶。勺体敞口，弧腹，底近平。勺柄弧状，有磨痕。长22.6厘米（图一一，5）。

盅 1件。M3：6，红陶，施黄褐色陶衣，部分已剥落。口微敛，平唇内斜，身呈筒状，平底略内凹。沿下有一半圆形附耳，底有三个乳钉状支足。口径11.6、底径11.2、高11.6厘米

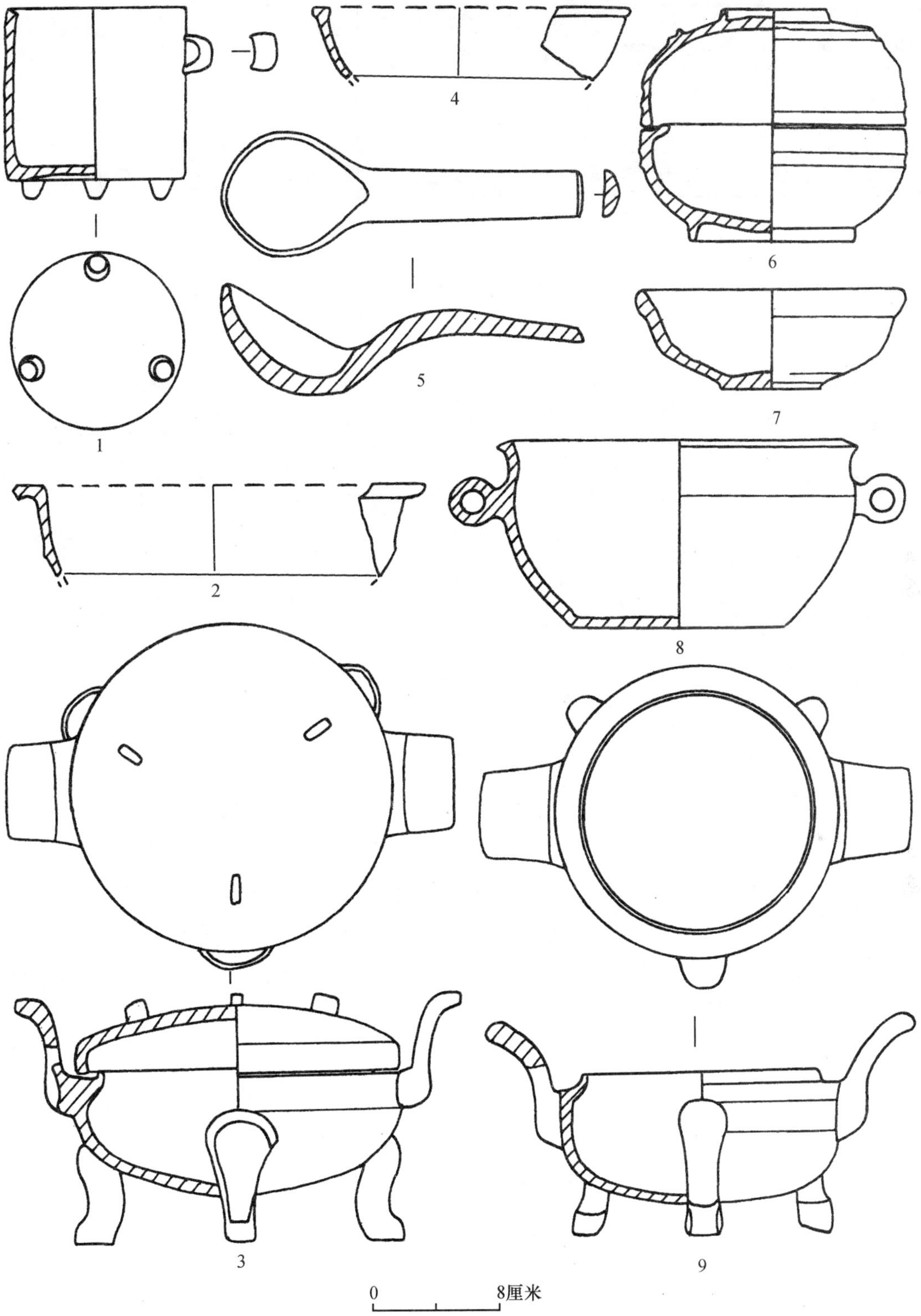

图一一　M3出土陶器

1. 盅（M3：6）　2、4、8. 盆（M3：40、M3：41、M3：38）　3、9. 鼎（M3：46、M3：2）　5. 勺（M3：43）
6. 盒（M3：12、M3：4）　7. 碗（M3：8）

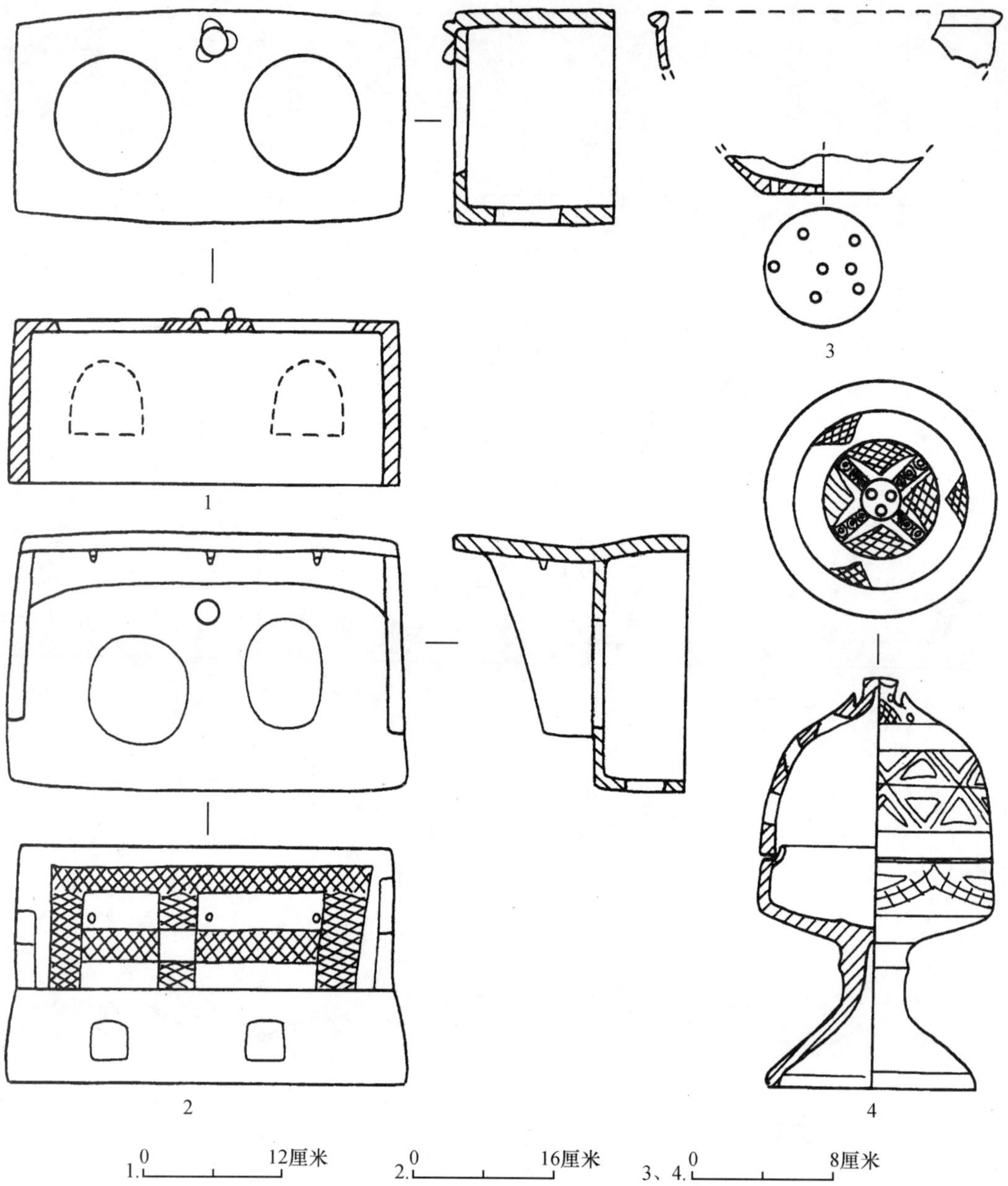

图一二 M3出土陶器

1、2. 灶（M3：48、M3：34） 3. 甑（M3：45） 4. 熏炉（M3：42）

（图一一，1）。

碗 2件。灰褐陶。敞口，圆唇外折，折腹，矮饼足。M3：8，施黑褐色陶衣，大部分已剥落。口径16.2、底径6、高6厘米（图一一，7）。M3：5，沿内外施黑色陶衣。口径17、底径7.2、高5.8厘米。

盘 1件。M3：7，红陶，施青黄色釉，部分已剥落。敞口，平沿，方唇外折，弧腹，矮饼足。腹部内外均饰一周凹弦纹。口径19.8、底径11.6、高5.4厘米（图一〇，9）。

钵 1件。M3：20，上部灰陶，圈足为红褐陶。内外施灰褐色陶衣。敛口，平沿内斜，弧腹，圈足。沿下有一周凹弦纹。口径20.6、底径13、高9.6厘米（图一〇，18）。

壶 1件。M3：44，红褐陶，盖和下腹施黄褐色陶衣，其余部分施青黄色釉。盖子口，敛口，圆唇，折肩，弧面。饰三个乳状纽。身盘口略敛，平沿，方唇，长颈，鼓腹，圈足。肩和腹部各饰三周凸棱，肩两侧饰兽面铺首。盖径15、高4.3厘米；身口径14.8、腹径25、底径16.4、高32.4厘米（图九，14）。

熏炉　1件。M3∶42，盖为黄褐陶。花瓣状，镂空，饰菱形纹和凹弦纹。身呈豆状。红褐陶。子口近直，圆唇，圆折肩，浅腹，短柄，喇叭足。柄部饰竹节，肩下饰弧状凹戳印纹。柄部及以下施黄釉，其余部分施黄褐色陶衣。底径12、通高22.4厘米（图一二，4）。

盒　1套。M3∶12、M3∶4，红陶，施青黄色釉，部分已剥落。盖M3∶12，敛口，平沿内斜外折，弧腹、圈足纽。纽外两周凸棱。身M3∶4，子口，敛口，圆唇，弧腹，圈足。上腹两周凸棱。盖径17、高7.2厘米；身口径14.2、底径10.4、高7.2厘米（图一一，6）。

盒盖　1件。M3∶9，红陶，残存青黄色釉和黄褐色陶衣痕。敛口，平沿内斜，弧腹，圈足纽。纽外两周凸棱，沿外两周凹弦纹。径15.6、高7厘米（图一〇，10）。

铜器　8件。

“∩”形饰　2件。均残。断面呈圆形。M3∶39，径0.2～0.4厘米（图一三，1）。

盖弓帽　5件。均残。圆形，圆顶，中空，中部斜出一刺上翘。壁很薄。M3∶52，厚0.1、残高2.5厘米（图一三，2）。

灯笼形饰　1件。M3∶37，残。中空。壁厚0.2、口径2.3、高5.2厘米（图一三，3）。

铁器　1件。

罐　M3∶51，锈、残。敛口，平沿内斜，斜肩，平底。口径22、底径10.4厘米（图一三，4）。

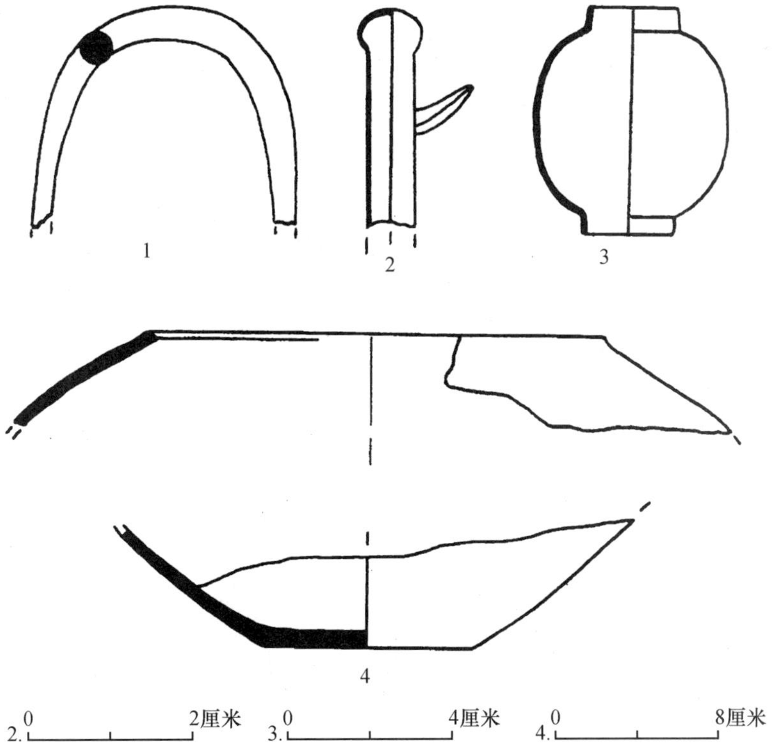

图一三　M3出土铜器、铁器

1. 铜“∩”形饰（M3∶39）　2. 铜盖弓帽（M3∶52）　3. 铜灯笼形饰（M3∶37）　4. 铁罐（M3∶51）

钱币 4枚。其中，1枚字迹不清，1枚完整。可分二式。

Ⅰ式：2枚。“五”字相交两笔较弯曲，“金”字头呈三角形，“朱”字上下两笔转直角。M3：53-2，直径2.5、穿径1.1厘米（图一四，1）。

Ⅱ式：1枚。“五”字同Ⅰ式，“金”字头呈箭镞状，“朱”字上笔转直角，下笔转圆折。M3：53-3，直径2.5、穿径1厘米（图一四，2）。

（3）M4 随葬品37件，有陶器、铜器、铁器和钱币等。

陶器 20件。

囷 8件。大多数为灰陶，并施黄褐色陶衣，但大部分已剥落。基本上腹部都有一周凹弦纹。根据口沿变化可以分为五式。

Ⅰ式：2件。敛口，平唇内斜，短颈，折肩，身近筒状，上腹斜直，下腹略呈弧状内收，平底。M4：14，腹饰两周凹弦纹。口径10.6、腹径13.8、底径10.5、高15厘米（图一五，8）。M4：27，夹少许白色细砂。口径9.3、底径9.8、高16厘米（图一五，1）。

Ⅱ式：1件。M4：17，红褐陶，夹少许细砂。敛口，圆唇内斜外折，无颈，折肩，身近筒状，上腹斜直，下腹略呈弧状内收，平底。肩下与腹部各饰一周凹弦纹。口径11.6、腹径15.8、底径12、高16.8厘米（图一五，9）。

Ⅲ式：1件。M4：16，黑褐陶，夹细砂。口微敛，平沿略内斜外折，短颈，折肩，身近筒状，上腹内收一圈，下腹弧状内收，平底。内沿下有一周凹弦纹。口径10.2、腹径14.8、底径12.6、高15厘米（图一五，4）。

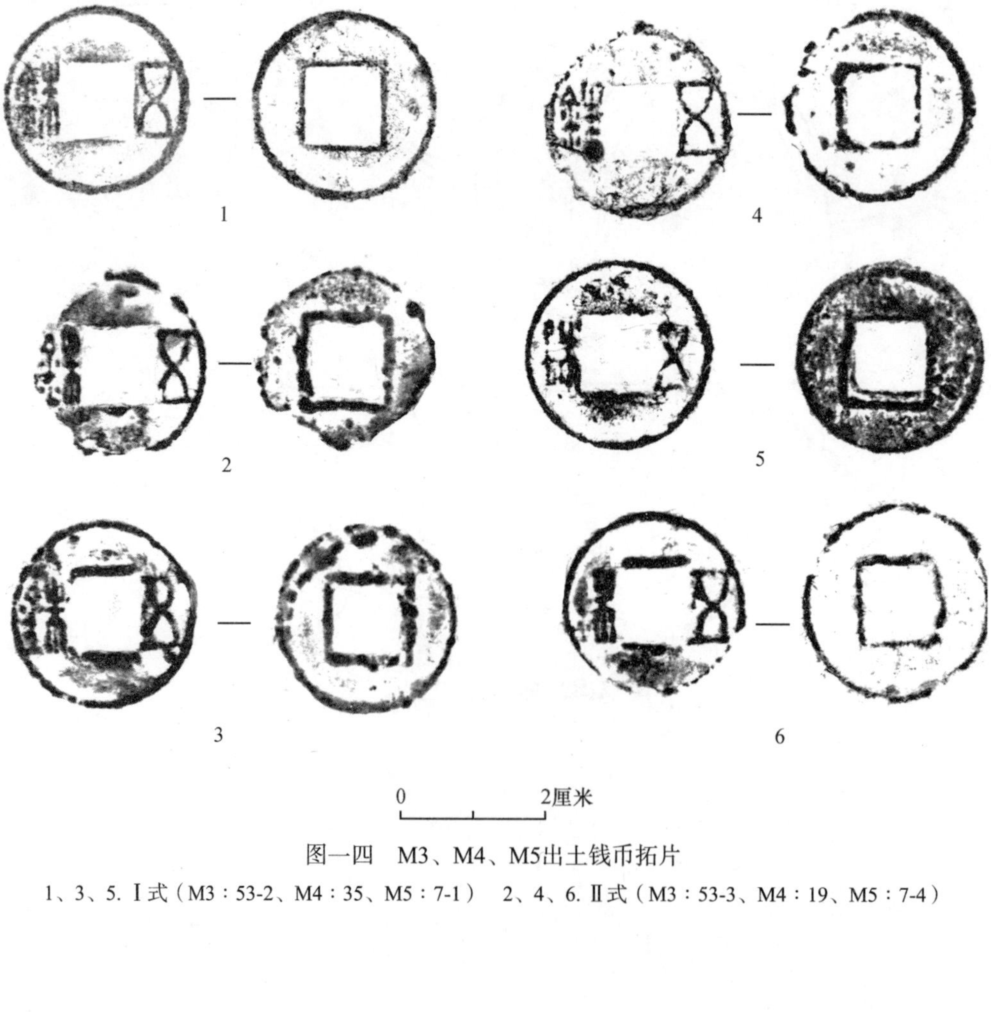

图一四 M3、M4、M5出土钱币拓片

1、3、5. Ⅰ式（M3：53-2、M4：35、M5：7-1） 2、4、6. Ⅱ式（M3：53-3、M4：19、M5：7-4）

图一五　M4出土陶器

1、8. Ⅰ式囷（M4：27、M4：14）　2. Ⅳ式囷（M4：31）　3、10. 器盖（M4：12、M4：22）　4. Ⅲ式囷（M4：16）　5、6. 残囷（M4：24、M4：33）　7. Ⅴ式囷（M4：11）　9. Ⅱ式囷（M4：17）

Ⅳ式：1件。M4：31，口微侈，唇近平，短颈，折肩，最大径在下腹，平底略内凹。口径8、腹径13、底径10.2、高15.6厘米（图一五，2）。

Ⅴ式：1件。M4：11，夹少许白色细砂。口近直，圆唇，短颈，折肩，平底。口径9、底径9.6、高15.4厘米（图一五，7）。

另有2件残。M4：24，红褐陶，夹细砂，仅存腹部以下。下腹呈弧状，平底。腹饰一周凹弦纹，内外器壁有黑色斑点，可能是黑色陶衣痕迹。底径12、残高12.4厘米（图一五，5）。M4：33，仅存底部。平底，内底有一周凸棱。底径10、残高4.2厘米（图一五，6）。

盆　1件。M4：25，红褐陶，夹细砂。侈口，平唇内斜外折，颈略内收，弧腹、平底略内凹。内底有一周凸棱。颈下饰三周凹弦纹。内外均施黄釉，釉色黄中带青。口径25.2、底径12.4、高10.4厘米（图一六，5）。

器盖　2件。M4：22，红褐陶，夹细砂。盖面饰浮雕状四蒂纹，间以三个凸状乳钉和四组蔓草纹。盖面施青黄釉，里有灰色陶衣痕。直径16.1、高3.2厘米（图一五，10）。M4：12，红褐陶，夹细砂。盖面近沿一周凹弦纹，内饰浮雕状四蒂纹，间以四个凸状乳钉，外饰以连续的48个凸状小乳钉。盖面施黄釉，里有黑色陶衣痕。直径16、高3厘米（图一五，3）。

博山炉盖　1件。M4：26，红褐陶，夹细砂。五层山峰相连，最下一层山峰间各有一圆形穿孔，圈部饰有水波纹和点纹。盖上部施青釉，下部施青黄色釉。底径9.4、高6.8厘米（图一六，16）。

壶　1件。M4：15，红陶，夹细砂。盘口，平沿，方唇，长颈上部略小于下部，鼓腹，圈足。下颈和腹部饰数周凹弦纹，腹两侧饰兽面铺首，但面目已不清。通体施釉，黄中带青，已有部分剥落。口径12.2、腹径21、底径15、高29厘米（图一六，7）。

罐　1件。M4：18，灰陶，夹少许细砂。直口，圆唇外折，短颈，广肩，弧腹，圜底。口径11.6、腹径22.2、高12.8厘米（图一六，6）。

勺　1件。M4：30，红褐陶，夹少许细砂。勺体为侈口，平唇，圜底。勺柄断面呈半圆形。柄面和勺内施黄釉，部分已剥落。长13.8厘米（图一六，17）。

盘　1件。M4：36，红褐陶，夹细砂。敞口，平沿内斜外折，折腹，平底略内凹。盘内近底和底中部各有一周凹弦纹。外沿有黄釉痕迹，腹部有黑色陶衣痕。口径21.8、底径9.8、高6.4厘米（图一六，1）。

碗　1件。M4：5，红褐陶，夹细砂。口微敛，弧腹，饼足略内凹。上腹两周凹弦纹。有青黄釉痕迹。口径17.2、底径9.6、高6.2厘米（图一六，13）。

灯　3件。红陶，夹细砂，均仅存一部分。施黄褐色釉，部分已剥落。M4：6，盘中间有三个近椭圆形的穿孔与空柄相通。残高5.4厘米（图一六，12）。M4：20，内外均施黄褐色釉，略泛青。残高6厘米（图一六，8）。M4：10，残存下部，状如喇叭。中部有一周凹弦纹。釉色略泛青。残高6.9、底径11.7厘米（图一六，3）。

铜器　5件。

泡钉　5件。呈伞状，鎏金。M4：23，直径4.2、高2厘米（图一六，9）。M4：34-1，钉残。直径6.4、残高1.8厘米（图一六，4）。M4：21，钉残。直径6.2、残高1.8厘米（图一六，14）。

铁器　7件。

环首削　1件。M4：4，刀尖和环首已残。刀背厚0.4～0.6、刀刃厚0.2～0.4、残长12厘米（图一六，11）。

锤状器　1件。M4：2，残，呈锤状。柄厚0.5、宽2.5、残长15.2厘米（图一六，15）。

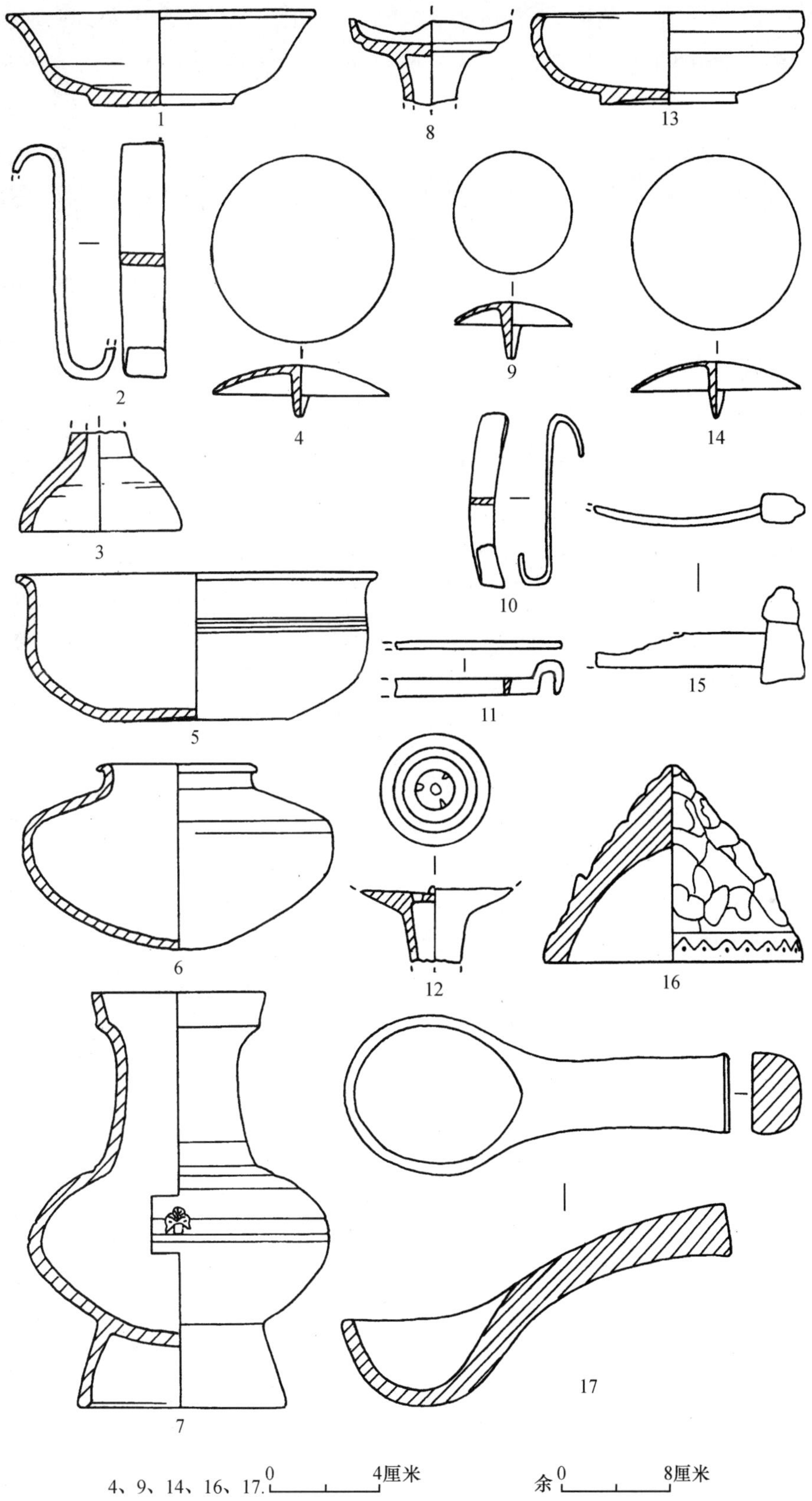

图一六 M4出土器物

1. 陶盘（M4：36） 2、10. 铁钩（M4：29、M4：8） 3、8、12. 陶灯（M4：10、M4：20、M4：6） 4、9、14. 铜泡钉（M4：34-1、M4：23、M4：21） 5. 陶盆（M4：25） 6. 陶罐（M4：18） 7. 陶壶（M4：15） 11. 铁环首削（M4：4） 13. 陶碗（M4：5） 15. 铁锤状器（M4：2） 16. 陶博山炉盖（M4：26） 17. 陶勺（M4：30）

钩 5件。呈“S”形，钩上残存木痕，可能是木棺附件。分大小两种。M4：29，锈、残。长16.4、宽3、厚0.5厘米（图一六，2）。M4：8，锈、残。长11.8、宽2.1、厚0.4厘米（图一六，10）。

钱币 6枚。可分二式。

Ⅰ式：“五”字较宽大，相交两笔较弯曲。“金”字头呈箭镞状；“朱”字上笔转折近直，下笔略转圆折。M4：35，直径2.5、穿径1厘米（图一四，3）。

Ⅱ式：“五”相交两笔较弯曲。“金”字头呈三角形，“朱”字上下两笔转折近直。M4：19，直径2.5、穿径1厘米（图一四，4）。

（4）M5 随葬品32件，有陶器和钱币等。

陶器 14件。

囷 1件。M5：16，灰陶。敛口，平沿，短颈，折肩，腹部残。平底。口径12、底径12.8厘米（图一八，5）。

罐 2件。M5：3，灰褐陶，施黑色陶衣，大部分已剥落。弧腹，平底。底径14、残高9.4厘米（图一八，1）。M5：5，黄褐陶，残存口沿。敛口。沿略弧。口径13、残高2.3厘米（图一七，7）。

钵 3件。均为黄褐陶，施黑色陶衣，部分已剥落。可分为二式。

Ⅰ式：1件。下腹残。侈口，沿略弧，唇略尖，弧腹，平底。M5：14，口径19、底径6.4厘米（图一七，2）。

Ⅱ式：2件。敞口，尖唇，弧腹，平底。M5：6，腹部饰一周凹弦纹。口径17、底径6、高7.2厘米（图一七，5）。M5：4，口径18、底径5.2、高7.2厘米（图一七，1）。

器盖 1件。M5：9，灰褐陶，夹细砂。施黑色陶衣，部分已剥落。弧面，近沿两周凸棱，凸棱内侧三个圆形穿孔。直径13、高2.6厘米（图一七，4）。

豆 1件。M5：8，灰褐陶。仅存上部。施黑色陶衣，部分已剥落。盘口略敛，平沿内斜，尖唇，弧腹，柄空。直径17.2、残高8.8厘米（图一七，6）。

壶 2件。M5：13，上部灰陶，下部灰褐陶。盘口略敛，平沿，方唇，短颈，球腹，矮圈足。肩部饰三周凹弦纹，腹部和圈足分别饰两周凸棱。腹两侧饰兽面铺首。口径14.4、腹径31.6、底径16.4、高31.6厘米（图一七，9）。M5：2，黄褐陶。残。矮圈足，饰两周凸棱。腹饰兽面铺首。底径16、残高5.2厘米（图一七，8）。

盆 1件。M5：15，黄褐陶。施黑色陶衣，部分已剥落。敛口，平沿外折，弧腹，平底略内凹。上腹饰一周堆塑纹。口径26、底径12、高10.4厘米（图一七，3）。

盒 2件。M5：1，黄褐陶。残。盖M5：1-2，盖面呈弧状、圈足纽。身M5：1-1为子口，敛口，圆唇外卷，折肩，弧腹，圈足。肩下饰一周凹弦纹，腹内饰两周凹弦纹。盖纽径8.8、残高6.5厘米；身口径17.2、底径9厘米（图一八，3、4）。另一件灰褐陶。残。施黑色陶衣，部分已剥落。盖M5：10，呈弧状、圈足纽。身M5：11，为子口，敛口，圆唇，折肩，弧腹，圈足。盖纽径11.2、口径20厘米；身口径16、底径11.6厘米（图一八，6、7）。

鼎 1件。M5：12，灰陶。无盖。身为子口，敛口，平唇，折肩，弧腹，圜底，蹄足。双附耳较直。口径18.8、高14.2厘米（图一七，10）。

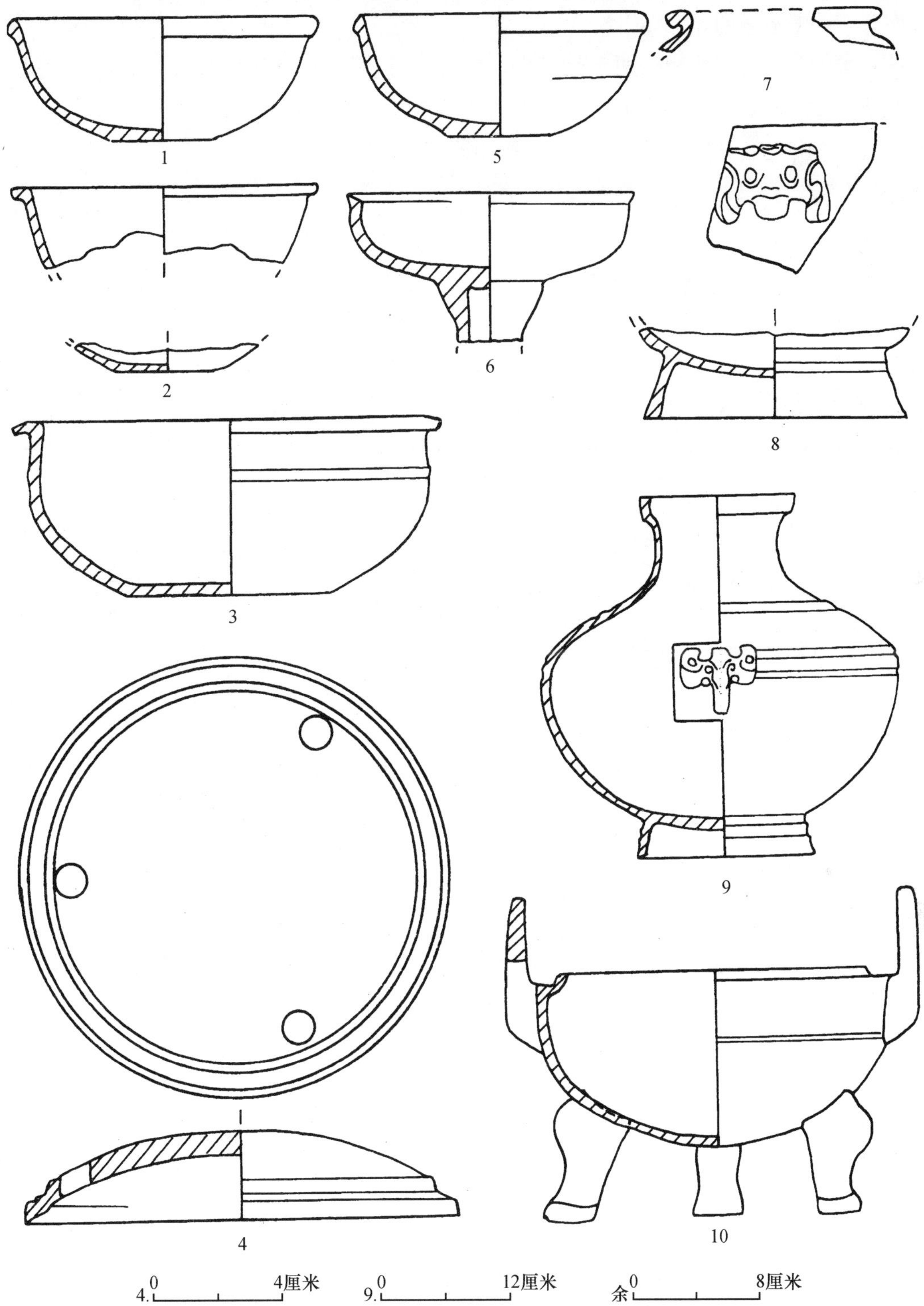

图一七　M5出土陶器

1、5. Ⅱ式钵（M5：4、M5：6）　2. Ⅰ式钵（M5：14）　3. 盆（M5：15）　4. 器盖（M5：9）　6. 豆（M5：8）　7. 罐（M5：5）　8、9. 壶（M5：2、M5：13）　10. 鼎（M5：12）

钱币　18枚。其中4枚完整、10枚字迹已不清楚。可分二式。

Ⅰ式：4枚。“五”字相交两笔较直。“金”字头呈箭镞状，“朱”字上笔转直角。下笔转圆折。10枚字迹不清的，可以看出“五”字相交两笔较直。直径2.5～2.6、穿径0.9～1.05厘米。如M5：7-1（图一四，5）。

Ⅱ式：4枚。“五”字相交两笔较弯曲。“金”字头呈三角形，“朱”字上笔转折直角，下笔略圆折。直径2.4、穿径3枚0.9、1枚1厘米。如M5：7-4（图一四，6）。

（5）G1　出土品3件，有瓷器、石器和铜器等。

瓷器　1件。

碗　1件。G1：1，灰白胎。侈口，圆唇，内唇泛白，弧腹，饼足略内凹。上部和内侧施黄釉，下腹施青釉，近底和饼足未施釉。口径15.2、底径4、高5.2厘米（图一八，2）。

石器　1件。

磨制石器　1件。G1：3，青黄色石料。呈椭圆形。一端两侧有磨痕。长4.4、宽2.5、厚0.4、刃厚0.05厘米。

铜器　1件。

剑柄　1件。G1：2，锈、残。带格剑柄。残长4.8厘米。

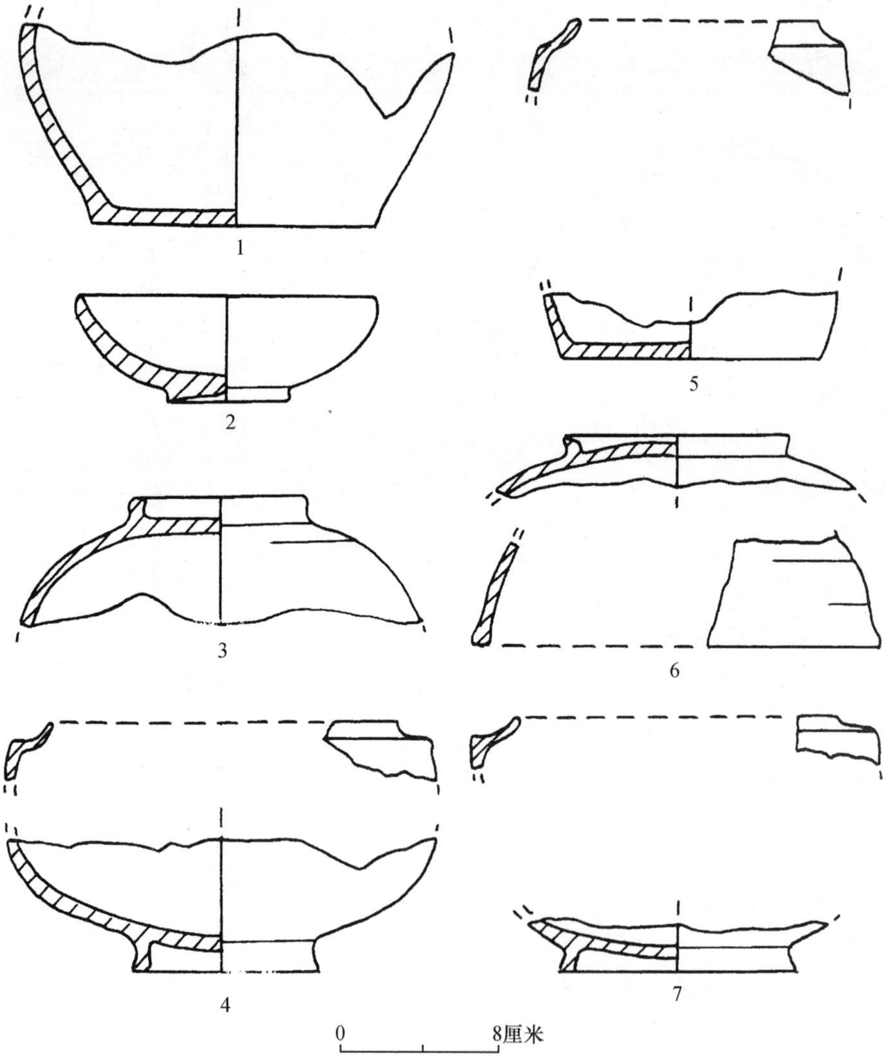

图一八　G1和M5出土器物

1.陶罐（M5：3）　2.瓷碗（G1：1）　3、6.陶盒盖（M5：1-2、M5：10）　4、7.陶盒身（M5：1-1、M5：11）　5.陶囷（M5：16）

三、结　语

云阳大凼子墓群出土器物的3座墓葬，时代特征比较明显，从墓葬形制、器物组合和器形特征等方面来分析，这3座墓葬都应为两汉时期。

M5为土坑墓，其结构已遭破坏，长宽比例不清楚，而且基本上仅存墓底部分。器物的基本组合为陶鼎、盒、壶，另外还有陶钵、盆、罐、囷等。壶短颈，矮圈足。钱币均为 “五铢”，都具有西汉中晚期的特点。M5的年代应为西汉晚期。

M3是长方形土坑墓，但显得较宽，口底基本同大。器物的基本组合也为陶鼎、盒、壶，另外还有大量的陶囷和钵、盆、罐、灶、盘等。陶鼎与云阳李家坝M37岩坑墓出土陶鼎基本一样，陶熏炉盖、罐、囷和壶等都分别与李家坝M37岩坑墓陶熏炉盖、M38陶瓮、囷和壶等非常接近 。钱币没有发现莽钱，均为“五铢”，具有西汉晚期的特点。其年代应为西汉晚期，下限有可能要到王莽时期。

M4为刀把形砖室墓，其结构部分已遭破坏，仅在墓室西北角出土有器物，但器物的基本组合已不清楚。陶壶长颈，上部略小于下部，圈足较高，与巫山瓦岗槽M9陶壶基本一致。陶囷器形与M3基本一样，但个体较小。钱币均为“五铢”，其中最晚的两枚具有东汉中晚期的特点。M4的年代应为东汉中晚期，或晚期偏早。

M1仅是一堆碎乱的砖块，无法确定其形制和大小，没有任何器物出土。M2是刀把形砖室墓，也没有任何器物出土。从墓砖观察，M1、M2的时代应在汉魏时期。

G1原来可能是墓葬，出土的青瓷碗具有魏晋时期的特点。因此，G1可能形成于魏晋时期。

通过调查、钻探和目前的发掘工作，可以确定大凼子墓群是一处汉魏时期的墓葬区，由于修路、改地和坡度较大造成的山体滑坡等人为与自然原因，墓葬保存状况极差。但我们认为，其仍为研究当时峡江地区的丧葬习俗与人们的生活状况提供了新的实物资料。

附记：这次发掘工作是在重庆市文化局和重庆市文物考古所领导下进行的，在具体发掘工作中，得到云阳县文物管理所领导和业务干部、双江镇兴隆村和11社干部与村民的大力支持、配合。在此谨表谢意！

领队：王　毅
执行领队：唐光孝
发掘者：唐光孝　许　蓉　夏良明
照相：文星明
绘图：夏良明
修复拓片：巩　三
执笔：唐光孝　许　蓉

云阳马沱墓地2003年度发掘简报

郑州市文物考古研究院
云阳县文物管理所

2001年秋冬季和2002年春季，为配合三峡工程建设，郑州市文物考古研究所（今郑州市文物考古研究院）先后对重庆市云阳县马沱墓地进行了两次发掘，发掘面积达5000平方米（每年各2500平方米），清理东周至六朝时期墓葬80余座，出土大批随葬器物，仅修复、复原的陶瓷器、青铜器、铁器等就有1200余件，同时出土铜钱约3000枚。由于该墓地规模大、墓葬分布密、时代跨度长、出土遗物十分丰富，具有重要的考古研究价值，2003年3～6月郑州市文物考古研究所受重庆市文化局委托，对云阳县双江镇马沱墓地进行了第三次考古发掘（图一）。本年度发掘面积3000平方米，共清理东周至唐代墓葬50余座，出土器物600余件，出土各类钱币800余枚，现将2003年度发掘成果报告如下。

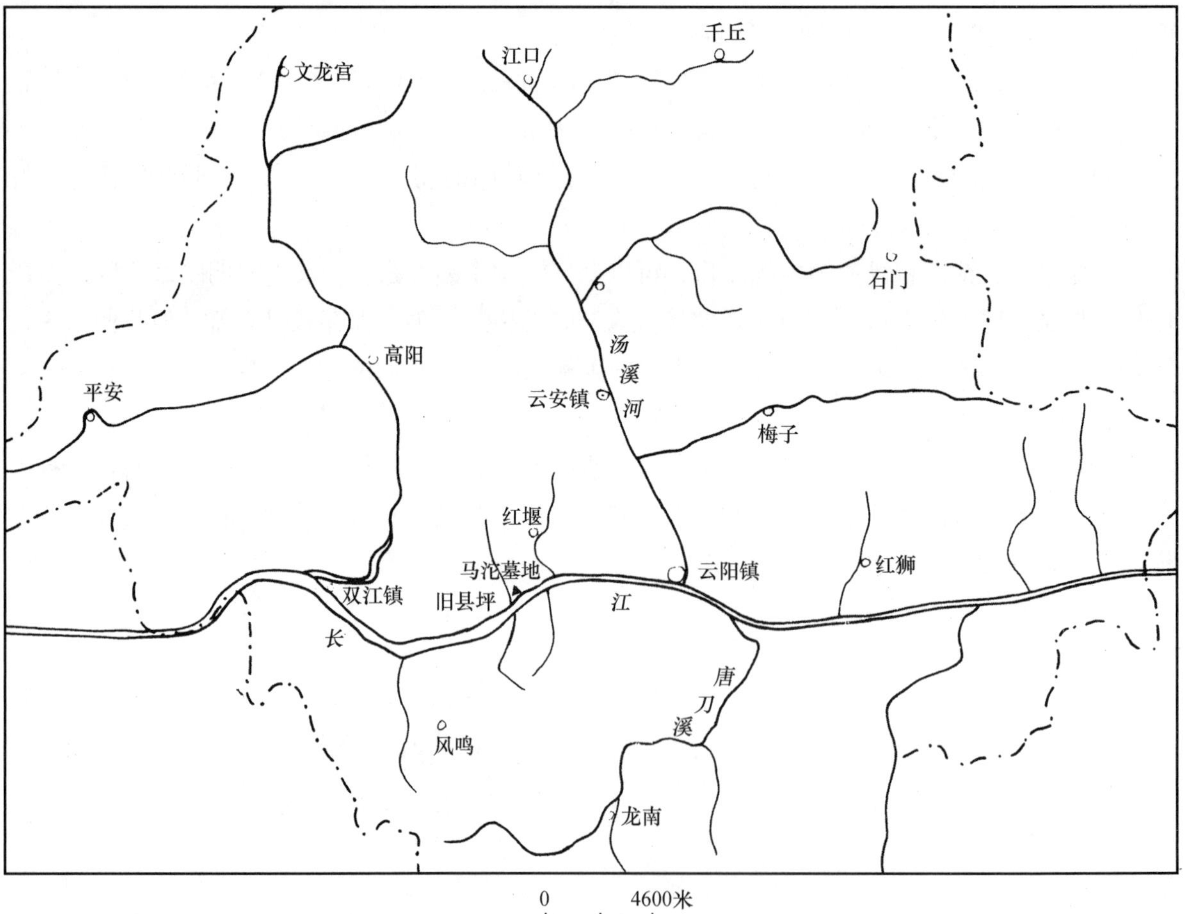

图一　马沱墓地位置示意图

一、东周墓葬

共19座。编号M82、M83、M84、M85、M86、M92、M102、M104、M112、M113、M115、M118、M121、M122、M123、M124、M125、M126、M129。

（一）墓葬形制

19座墓均为长方形竖穴土坑墓，分大型和中小型两类。

1. 大型墓

1座，M124。位于墓地西南部（第Ⅲ象限）一个高约5米的断崖上，海拔约150米。南距长江约200米。断崖地势高耸，崖上为一面积较大的台地，向南俯视则为长江和江边低缓沙地。从周围地势来看，此处实谓挑选墓穴地望的优先选择地。

墓葬平面呈“甲”字形。墓圹为长方形竖穴土坑，四壁各有二层台阶内收。方向64°。墓口东西长10、南北宽7.8、深1米；墓底东西长4.8、南北宽3.2、深8米。墓圹东壁中间有一斜坡式墓道，残长1.4、宽2.2米，坡度25°。依现存墓口尺寸计算，该墓面积约80平方米（图二）。

墓圹四壁略向内倾斜，有二层台阶。第一层深1.9～2米（距墓口，以下同），由外向内略倾斜，四壁台阶宽度均约1米；第二层台阶深3.4～3.5米，东、西两壁台阶宽约0.6米，南、北两壁宽约0.4米。

墓室位于第二层台阶的下面，打破生土，是一个口长5.6、宽3.6米，底长4.8、宽3.2米的长方形竖穴土坑，四壁略向内倾斜，平底。墓室内主要放置棺椁和随葬器物。墓底发现有朽木痕，根据现场情况判断，此墓应为一棺一椁。由于盗扰破坏、坍塌等原因，棺、椁均已无存，仅能依残留朽木痕来推断出椁长约3.8、宽2.4米，棺长约2、宽1米。棺内骨架已朽蚀殆尽，葬式及性别不明。

墓圹内上半部填土为灰黑色软土，下部及墓室内均为黄灰色夯土，土质黏硬，结构紧密，内含有炭粒、烧土粒及料姜石块、石块等，未见其他文化遗物。夯层厚0.15～0.2米。未见夯窝痕迹。

随葬器物放置于墓室西南角棺、椁之间，可辨器形的有陶器10件，另有石料珠、铜伞箍等。因陶质十分疏松、火候较低，陶器仅修复鼎2件。

该墓在东北部、东部和中部分别被M87、M98、M106打破。西部和南部分别有盗洞直入墓底，其中2号盗洞为近期所为。

2. 中小型墓

18座。大多是狭长形的竖穴土坑墓，四壁较斜直，一般有熟土二层台。口长3、宽2米左右。葬具有一棺一椁、单椁或单棺。墓底两端椁或棺下一般有垫木槽。所见葬式大多是仰身直肢，个别上肢弯曲。现举例介绍如下。

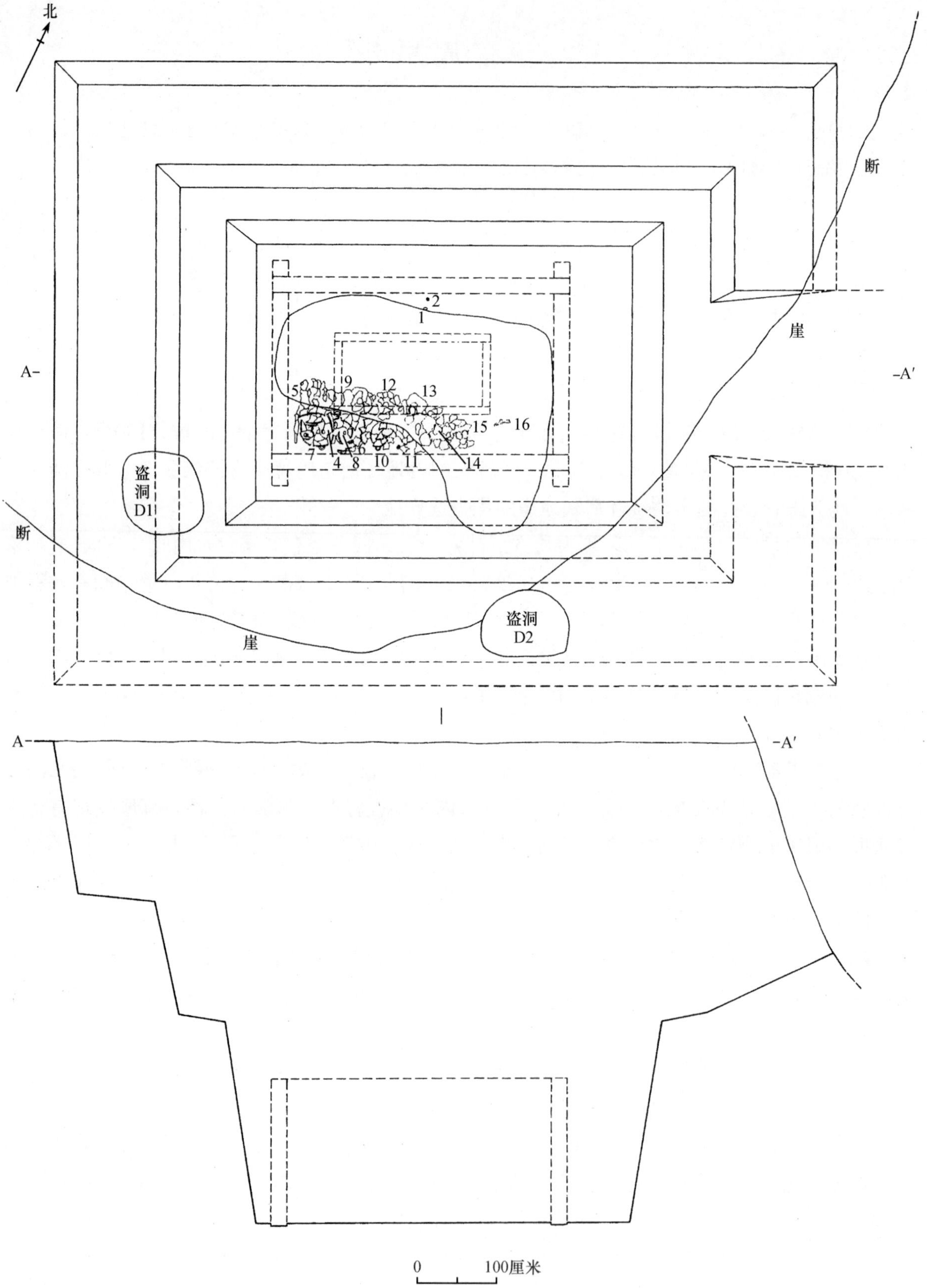

图二　M124平、剖面图

1. 石彩珠　2. 石块　3、4、8. 铜伞箍　5～7、10、11. 陶鼎　9、12、15. 陶簠　13、14. 陶盒　16. 鹿角

M125　一椁一椁。方向178°。墓口长3、宽2米，底长2.6、宽1.8、深2.9～3.5米。椁呈“Ⅱ”形，长2.36、宽1.4米，椁痕宽0.1～0.14米；棺略偏于椁室的东部，呈方形，长1.74、宽0.8米，棺痕宽0.1米。棺椁下南北两端各有一垫木。墓内填黄褐色五花土，土质较硬，结构疏松，含料姜石颗粒、石块等。单人葬，骨架散乱，葬式不明。随葬器物放置于底部西侧棺、椁之间，可辨器形仅3件陶器，分别是敦、罐、豆（图三）。

M122　单椁墓。方向335°。口长3.7、宽3～3.3、深0.7米，底长2.56、宽1.63、深3.6米。四壁斜直内收，在北壁距墓口深1.16米处东西两壁有二层台，宽约0.4米。墓内填土为红褐色花土。椁平面呈“Ⅱ”形，因挤压北端呈弧形。椁长2.2、宽0.76米。椁内有人骨架一具，仰身直肢，面向东。在东侧椁痕下放置一排随葬器物，共计陶器10件，均较破碎（图四）。

M121　单棺墓。方向278°。墓口长2.6、宽1.6、深1.25米，墓底长2.3、宽1.4、深2.6米。该墓被M117打破。四壁微斜收，内填红褐色花土，结构致密。棺位于墓底中央，长2.6、宽0.42～0.6米。骨架为仰身直肢，头向西，朽蚀严重，性别不明。棺内头端随葬有陶器4件，计有鬲、盆、豆、罐各1件（图五）。

（二）随葬器物

共出土146件，修复100件。有陶器、铜器、玉器、漆器（均未能修复）等。

1. 陶器

共124件，修复80件。主要有夹砂灰陶、泥质灰陶、泥质黑皮陶等，另外有少量红褐陶。夹砂陶均含细砂，泥质灰陶中也大都掺有细沙。黑皮陶胎质一般较为纯净，红胎，外表经过磨光，并多有彩绘装饰，制作精美，火候较低。陶器制法以泥条盘筑并轮修和轮制为主，在器表和胎壁上可见盘筑、轮修和轮制的痕迹。另外，器物的足、把手、耳、纽等部件则多为捏制、模制。

器表多装饰有纹饰和彩绘图案。纹饰主要是以绳纹、凸弦纹为主，另外有凹弦纹、暗纹、刻划纹等。绳纹主要饰在鬲腹部、鼎和壶腹底部，均拍印而成，较凌乱不规范；弦纹饰在鼎、壶、豆、敦等器物的腹、口、颈部，暗纹则主要见于泥质黑皮陶高柄豆的豆盘内。彩绘主要用在鼎、敦、壶、豆等仿铜陶礼器上，以红、黄、白等色为主。

器类主要有鬲、盆（盂）、罐、鼎、敦、壶、豆等。简介几类如下。

鬲　6件，修复5件。均夹砂灰陶。分二型。

A型　4件。平折沿较宽，方唇，短直颈，鼓腹，联裆微上弧，柱足高而直。腹、足均饰绳纹。M85：2，下腹部为横向绳纹，余为竖向绳纹，鼓腹部分加饰凹弦纹两周。口径21.6、通高23.4厘米（图六，3）。M123：2，口径24.3、通高25.5厘米（图六，1）。

B型　1件。M121：2，窄折沿近平，沿面微内凹，短颈，腹壁微弧，联裆近平，柱足高而直。通体饰粗绳纹。腹中部饰凸弦纹一周。口径19.8、通高19.5厘米（图六，2）。

盆（盂）　4件，修复2件。泥质灰陶。敛口，折沿，弧腹，平底。素面。M85：6，土灰色。斜折沿，方唇。口径19.6、底径8.4、通高11厘米（图六，4）。M121：3，平折沿，沿面

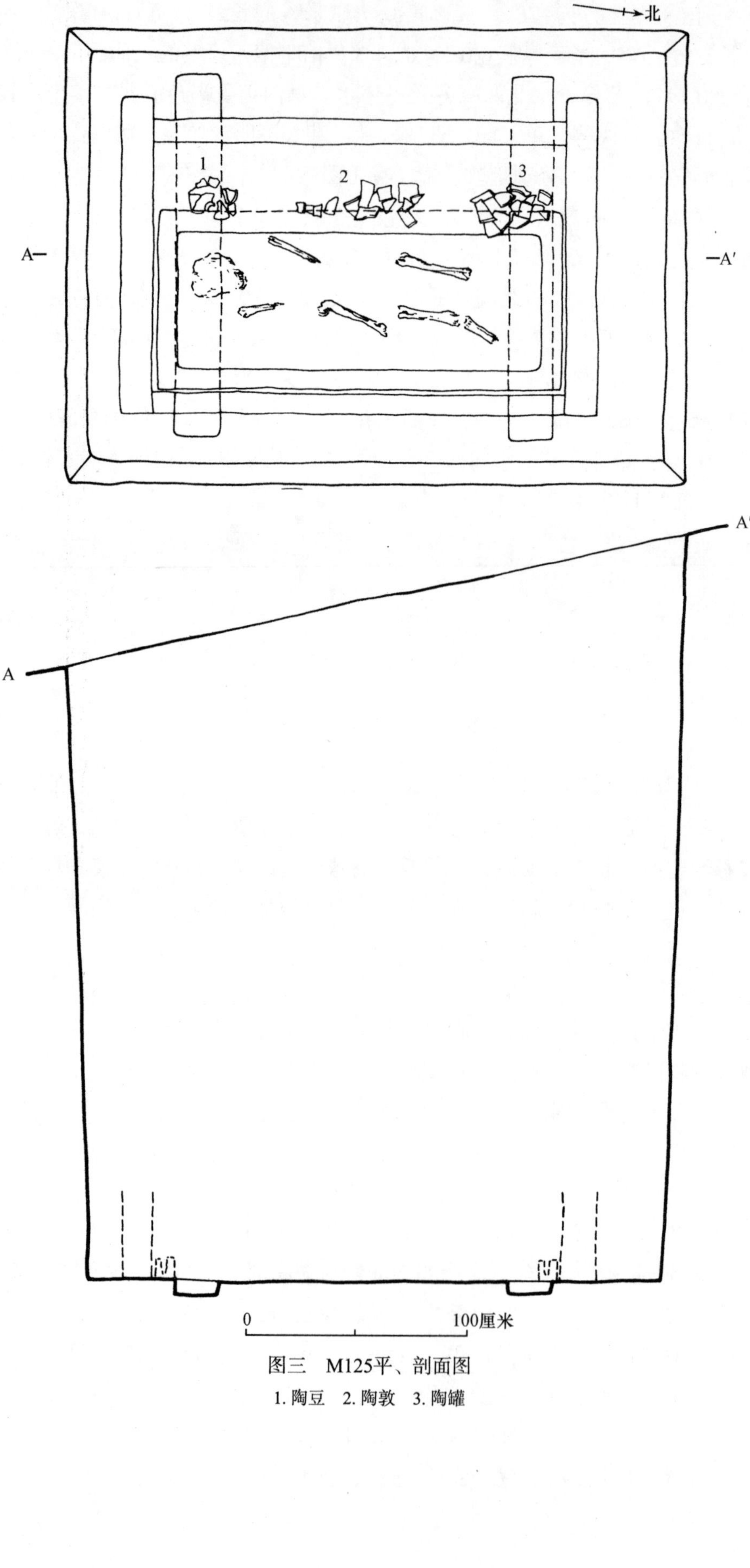

图三　M125平、剖面图

1. 陶豆　2. 陶敦　3. 陶罐

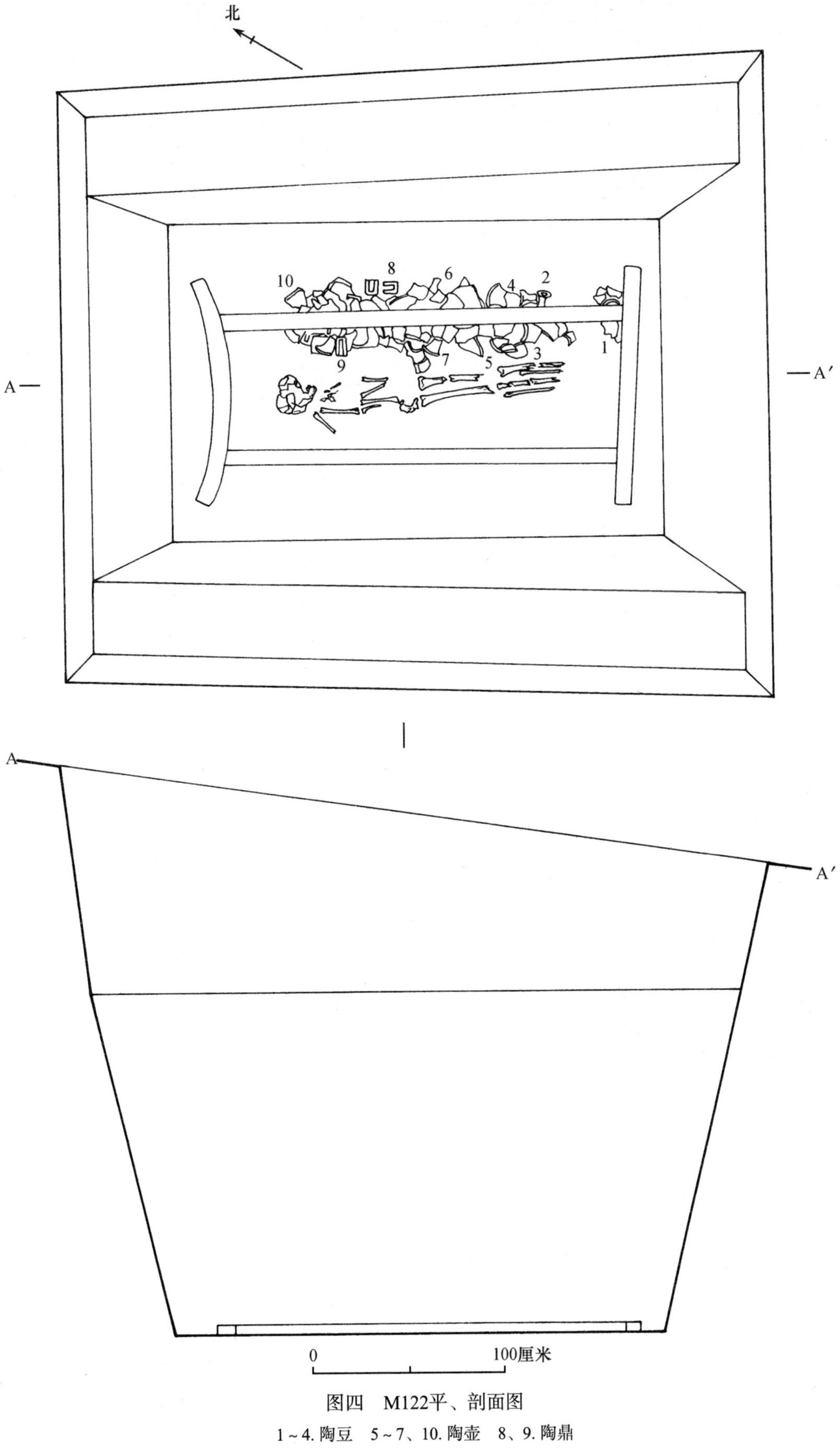

图四　M122平、剖面图

1～4. 陶豆　5～7、10. 陶壶　8、9. 陶鼎

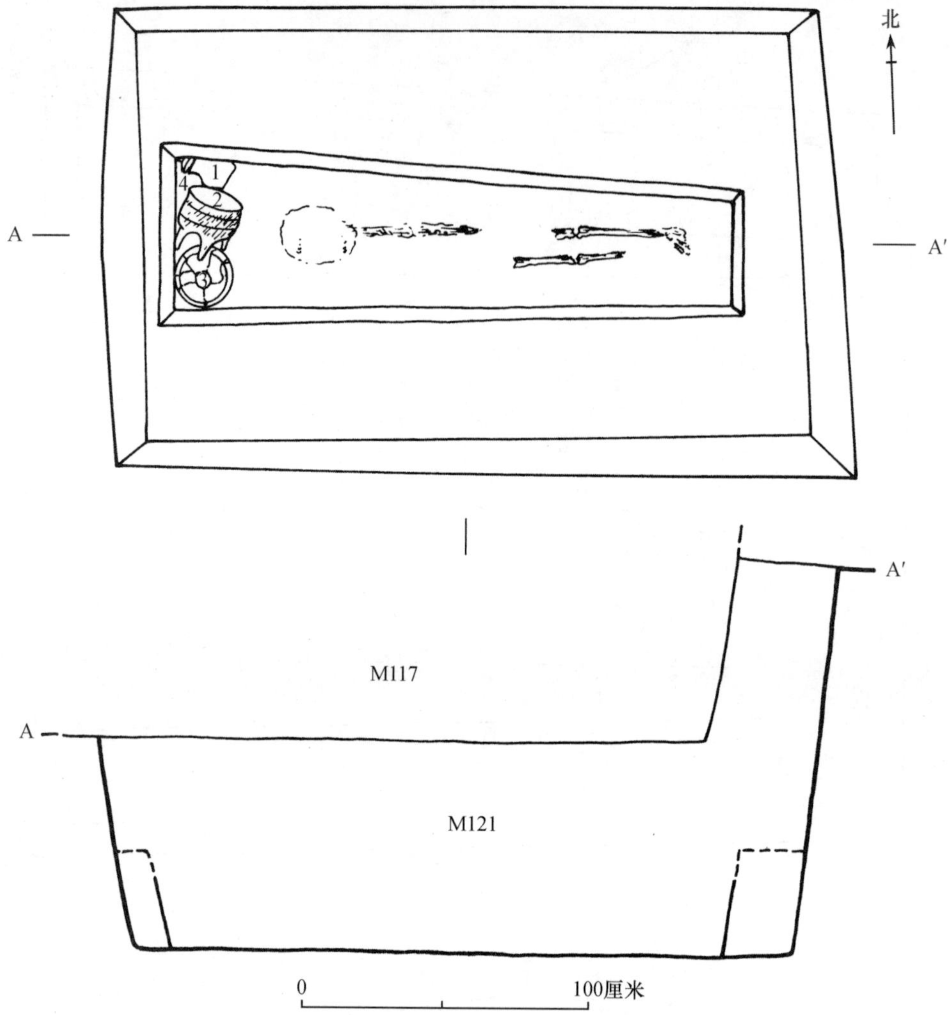

图五 M121平、剖面图
1. 陶罐 2. 陶鬲 3. 陶盆 4. 陶豆

微内凹，方唇，器底内部上凸。口径22.5、底径9、通高9.8厘米（图六，5）。

罐 9件，仅修复4件。均为泥质陶。侈口，长颈，鼓腹，平底或凹圜底，腹部一般饰绳纹。M85：7，平折沿，厚方唇，凹圜底。下腹部饰绳纹。口径14.8、底径9.4、通高24.2厘米（图六，6）。M121：1，侈口，无沿，平底。素面。口径10、底径9、通高15.5厘米（图六，7）。

豆 20件。分三型。

A型 6件。浅腹豆。均泥质灰陶。敞口，浅弧腹，细高柄，喇叭形座。均素面。M85：16，口径13.5、底径8.4、通高13.8厘米（图七，1）。M85：12，口径14.8、底径9.5、通高20厘米（图七，2）。

B型 7件。有盖深腹豆。均泥质黑皮陶。子母口内敛，圆唇，扁方腹或圆方形腹，平底或圜底，细高柄，喇叭形座。口上承盖。盖及豆腹部一般有彩绘装饰，大多脱落殆尽。M122：4，扁方形腹，盖上有三个方形纽。腹及盖彩绘装饰，盖另饰凹弦纹两周。口径12.3、底径8.7、通高18.5厘米（图七，4）。M115：13，圜底豆腹较深，盖顶有四纽，中央有一泥条

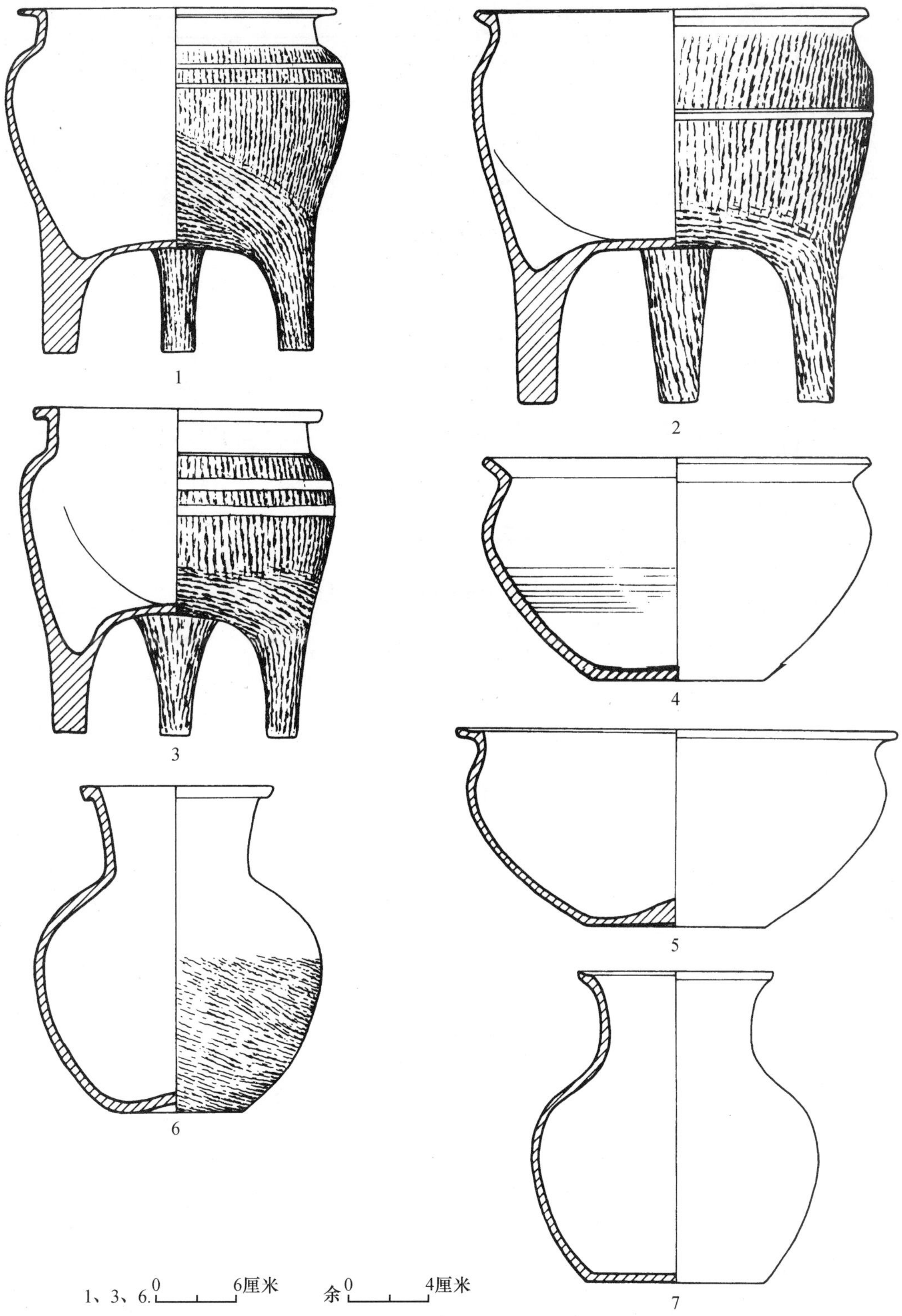

图六　东周墓葬出土陶器

1、3. A型鬲（M123：2、M85：2）　2. B型鬲（M121：2）　4、5. 盆（M85：6、M121：3）　6、7. 罐（M85：7、M121：1）

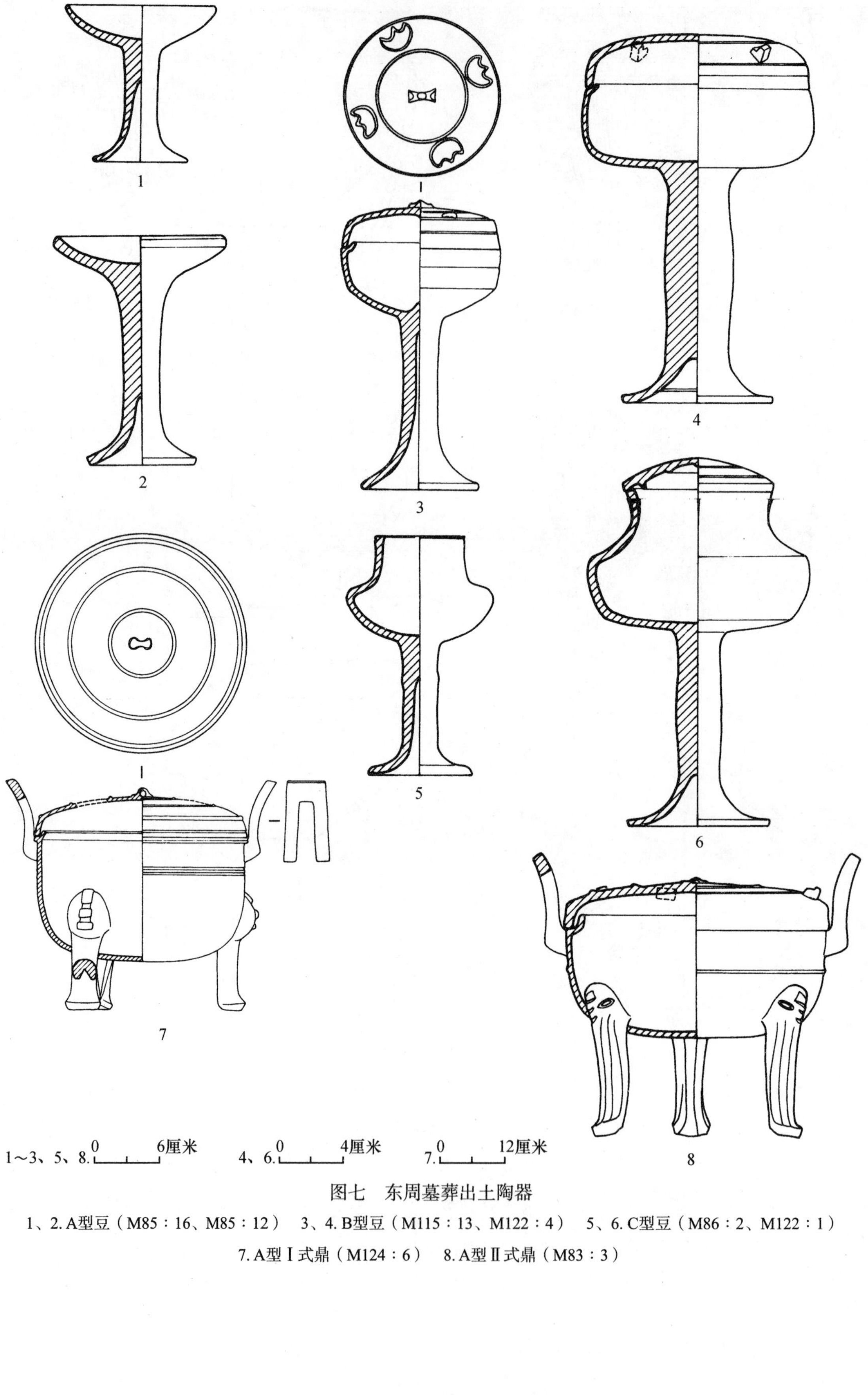

图七　东周墓葬出土陶器

1、2. A型豆（M85：16、M85：12）　3、4. B型豆（M115：13、M122：4）　5、6. C型豆（M86：2、M122：1）

7. A型Ⅰ式鼎（M124：6）　8. A型Ⅱ式鼎（M83：3）

捏制的桥形纽。盖、腹部饰凹弦纹数周。口径12、底径10.6、通高21.6厘米（图七，3）。

C型 7件。均泥质黑皮陶。小直口或微侈口，壶形腹，圜底，细高柄，喇叭形座。盖及腹部一般有彩绘，但大多脱落。M122：1，有盖。盖上饰凹弦纹三周。口径8.9、底径8.5、通高19.6厘米（图七，6）。M86：2，盖失。口径8、底径9.3、通高21厘米（图七，5）。

鼎 修复9件。均泥质黑皮陶。器表彩绘，图案脱落。分二型。

A型 8件。分二式。

Ⅰ式：2件。双耳外弧撇，敛口，盆形深腹，圜底近平，三个凹槽形蹄足较矮。M124：6，形体较大。腹部饰凹弦纹两周，盖顶部饰凸弦纹三周，中央有一桥形纽。口径36、通高31.3厘米（图七，7）。

Ⅱ式：6件。腹较浅，圜底，两耳微外弧，棱形蹄足细高。腹及盖上一般饰有弦纹。M122：8，盖上有三方形纽，中央有一泥条贴筑的桥形纽和圆环。腹部饰凸弦纹一周。口径18、通高18.6厘米（图八，1）。M83：3，三足略曲。口径24.5、通高24.8厘米（图七，8）。

B型 1件。M102：3，壶形腹，有提梁。小口，扁圆腹，平底，三个多棱形蹄足。腹中部饰凸弦纹一周。腹部有白衣彩绘装饰。口径9、腹径22.4、高25.8厘米（图八，5）。

敦 13件，修复7件。均泥质黑皮陶。球形或长圆腹。盖身轮制，纽、足模制。器表一般有彩绘。M115：6，球形腹，上下各有三个兽形纽、足，腹部两侧各有一对环耳。腹径19、通高23.2厘米（图八，4）。M86：7，长圆腹。腹部有凹弦纹一周。腹径20.3、通高23.6厘米（图八，3）。

壶 共19件，修复7件。均泥质黑皮陶。长颈，杯形口微外侈，溜肩，圆鼓腹，圜底或凹圜底，矮圈足。盖低平，上饰三纽。盖、肩及圈足部分一般均饰有凹弦纹，器表多有彩绘装饰。M115：10，口径12.6、底径13.6、通高34.6厘米（图八，2）。M104：3，口径12.3、底径10.4、通高25.3厘米（图九，1）。

罍 1件。M102：4，泥质黑皮陶。小口，矮颈，鼓肩，圆鼓腹，圜底，矮圈足。口上承盖，平顶，直腹。器表有彩绘装饰，腹部饰有凹弦纹。口径12、底径12.3、通高21.5厘米（图九，2）。

2. 铜器

共出土22件，修复20件。有剑、矛、带钩、棺饰件、伞箍等。

剑 3件。1件采集，另2件分别出于M85、M129两墓。尖锋，无从，圆首。M129：1，窄格，空茎，无箍。长42厘米（图九，4）。M85：1，广格，实茎，双箍。长43厘米（图九，5）。

矛 2件。有长骹、短骹两种。M104：1，长骹，窄叶，圆脊中空，双弓形纽。在骹上用绿松石等嵌饰蝉形图案。长20.8厘米（图九，6）。M85：17，短骹，宽叶，圆脊中空，双弓形纽。素面。长21.6厘米（图九，7）。

带钩 1件。M123：1，短身，兽形首，方扣。扣及钩身饰涡纹等纹饰。长3.3厘米（图九，3）。

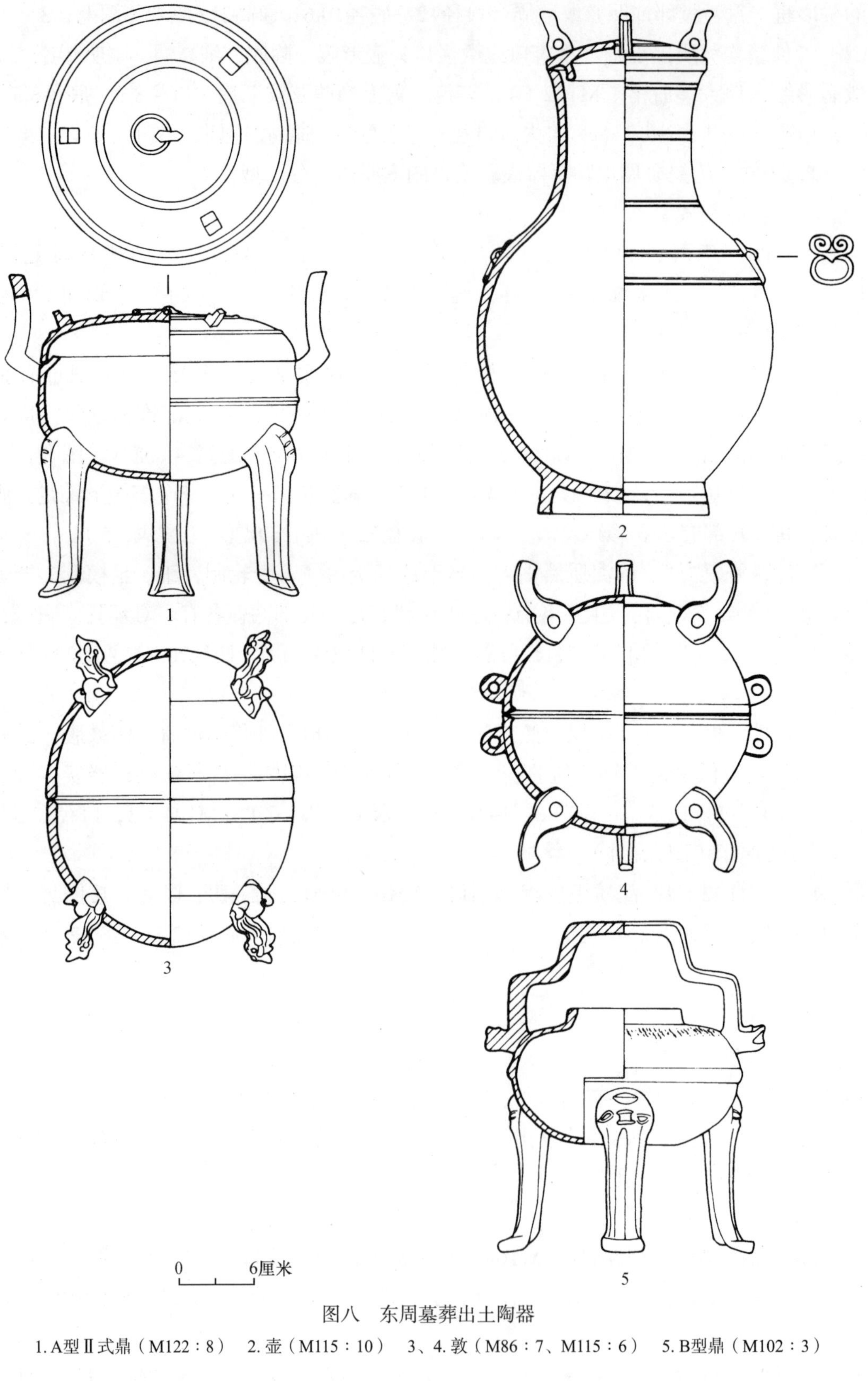

图八　东周墓葬出土陶器

1. A型Ⅱ式鼎（M122：8）　2. 壶（M115：10）　3、4. 敦（M86：7、M115：6）　5. B型鼎（M102：3）

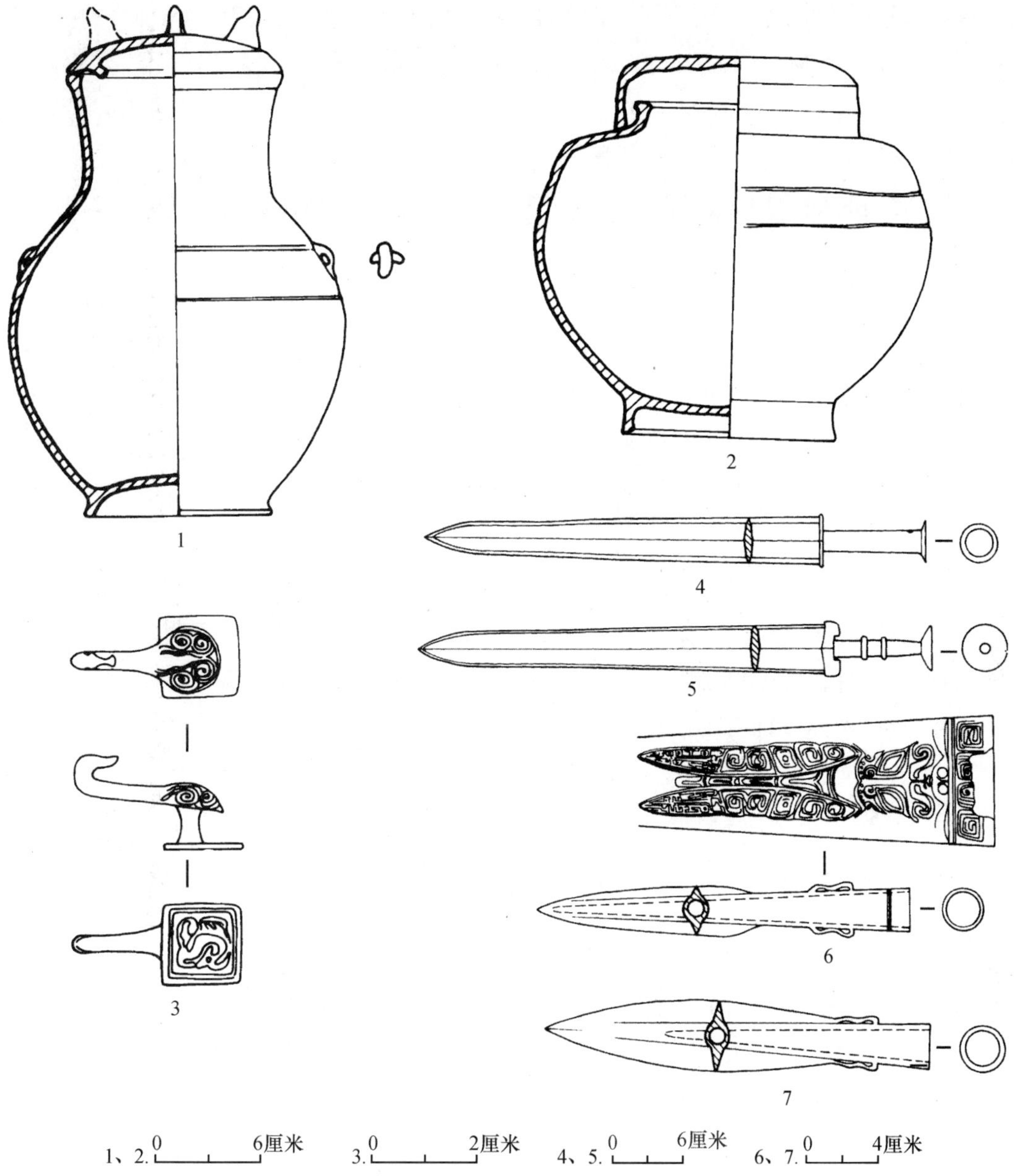

图九　东周墓葬出土器物

1. 陶壶（M104：3）　2. 陶罍（M102：4）　3. 铜带钩（M123：1）　4、5. 铜剑（M129：1、M85：1）　6、7. 铜矛（M104：1、M85：17）

（三）小结

1. 年代与分期

根据出土器物组合及墓葬形制等，可大致将这批墓葬分为两期。

第一期：春秋时期。5座，即M85、M92、M121、M123、M129。

墓葬形制为较狭长的长方形土坑竖穴墓，多有二层台，长宽比接近于2：1。器物组合基本上是鬲、盆（盂）、豆、罐等，均具有典型的春秋时期墓葬特征。与邻近地区材料相比，本期

A型鬲、B型鬲分别与湖北当阳赵家湖[①]D型Ⅲ式、D型Ⅳ式鬲相同或相似，M121的盆与当阳赵家湖B型Ⅳ式盆相似，M85的盆则与当阳赵家湖B型Ⅰ式盆相似，A型豆与当阳赵家湖B型Ⅰ式豆相同。总体来说，第一期墓葬器物组合与器物形态与当阳赵家湖三期5段和四期6段相同，其时代应为春秋中晚期，下限有可能到战国早期。

第二期：战国时期。14座，即M82、M83、M84、M86、M102、M104、M112、M113、M115、M118、M122、M124、M125、M126。

本期墓葬仍以长条形竖穴土坑墓为主，多有二层台。器物以鼎、敦、壶、豆等为基本组合，泥质黑皮陶为主，器表多磨光，并饰彩绘图案，整体面貌与一期明显不同。与当阳赵家湖相比，其A型Ⅰ式鼎与当阳赵家湖D型Ⅲ式鼎相同、A型Ⅱ式鼎与当阳赵家湖E型Ⅴ式鼎相似、陶敦与当阳赵家湖Ⅲ、Ⅳ式敦形态相似等。所以，本期墓葬器物组合和器物形态与当阳赵家湖六期11段、七期12段墓葬相同，时代应属战国中晚期。

2. 墓葬性质

一、二期墓葬均属于楚墓，如一期以鬲、盆、罐为基本器物组合，二期则以鼎、敦、壶、豆等为基本器物组合，均是典型楚文化器物组合；鬲、鼎、敦、壶等器物形制更是典型的楚式器物；第二期器物表面多饰有绚丽而繁缛的彩绘装饰图案，也与楚地器物装饰风格一致；墓葬底部在棺、椁之下横置垫木的习俗，在楚文化墓葬中也是常见的。另外，在今年和往年所发现的东周墓葬中，典型巴文化遗物很少，主要是矛、鍪等青铜器，除此以外绝大多数随葬品均属楚式器物。综上所述，我们认为一、二期墓葬具有非常典型的楚墓特征，属楚文化遗存。

3. 关于M124

M124是这次东周墓葬发掘中的一大收获。该墓形制非常大，平面呈“甲”字形，现存墓口长约10、宽近8米，并有两层二层台，据我们了解，这样大的墓葬在峡江地区发现是相当少的；同时，从发掘时的情况看，随葬器物相当丰富，从仅修复的两件陶鼎来看，器物形制也是相当大的，另外还有一些铜器等，这些迹象均表明墓葬规格较高，墓主人生前可能具有较高的身份地位。

二、两汉墓葬

本年度共清理两汉墓葬27座。

（一）墓葬形制

主要有竖穴土坑墓和砖室墓两种形式。

① 湖北省宜昌地区博物馆、北京大学考古系：《当阳赵家湖楚墓》，文物出版社，1992年。

1. 竖穴土坑墓

15座，即M87、M97、M98、M100、M103、M105、M109、M110、M114、M116、M117、M120、M127、M131、M133。平面多呈长方形或近方形，口底基本同大，四壁竖直或稍斜直内收，个别墓葬有熟土二层台。长3、宽2米左右，因各墓所处地域和遭受破坏程度不同，深度不一，浅者不足1米，深者可达3.7米。葬具多为单棺或单椁，很少见有棺有椁者，个别无葬具。骨架保存较好者均为仰身直肢葬。

M87　单棺墓。长条形土坑竖穴墓。方向55°。墓口长2.8、宽1.4～1.5、深0.6米，底长2.6、宽1.3、深1.5米，熟土二层台宽0.12～0.2米。棺长2.14、宽0.8～0.9、深0.4米，棺板痕宽0.1米。骨架腐蚀严重，仅能辨其形，仰身直肢。棺内骨架左侧随葬有罐、壶、鼎、盆等陶器9件，铁釜1件（图一〇）。

M103　单椁。方向273°。墓口长3、宽2、深0.75～0.9米，底长2.6、宽1.7、深2.2米。填

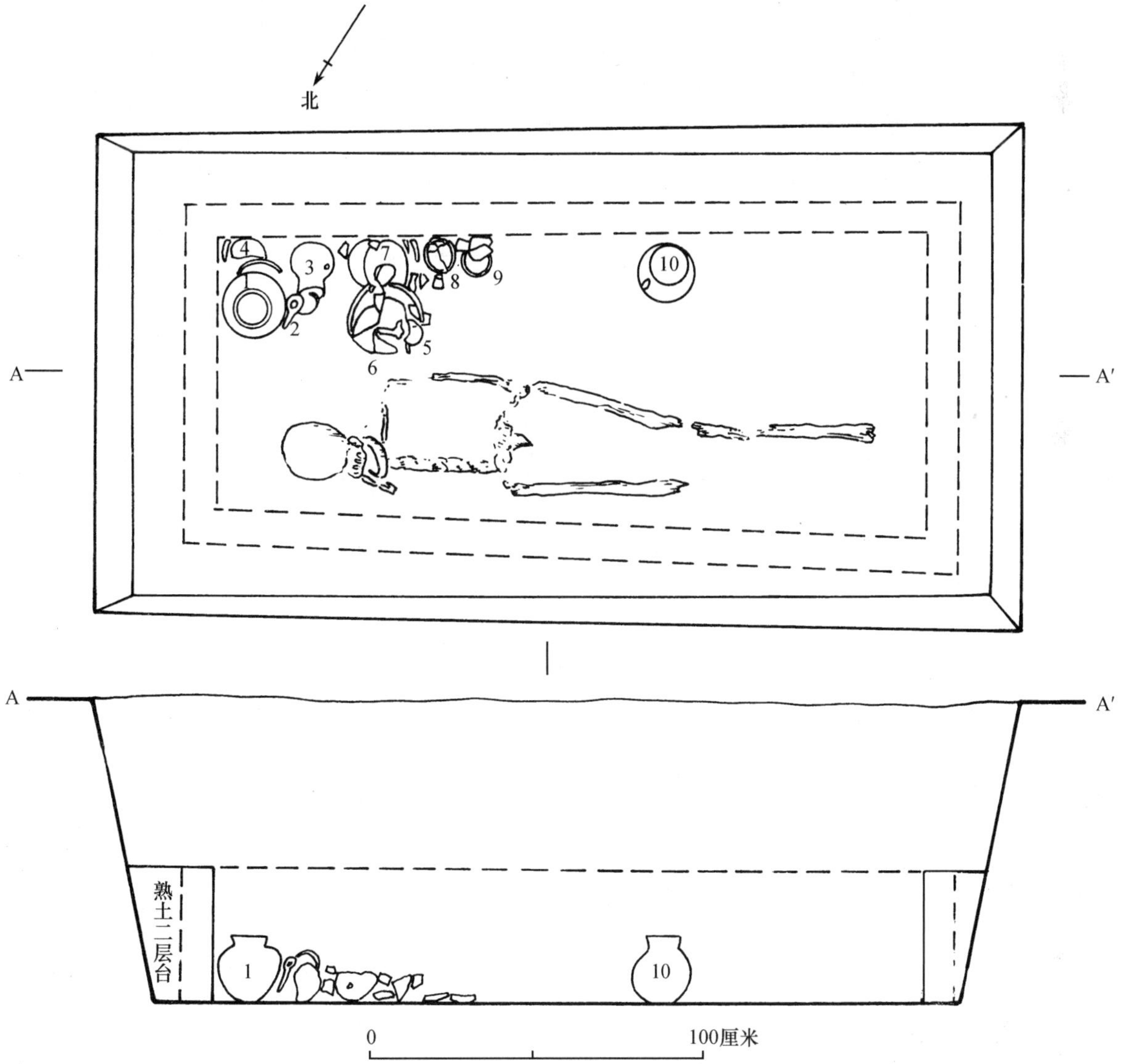

图一〇　M87平、剖面图

1、4. 陶圜底罐　2. 陶匏勺　3. 陶壶　5. 陶勺　6. 陶鼎　7. 陶盆　8、9. 陶豆　10. 铁釜

土为红褐色花土，土质较硬，含炭粒、料姜、石块等。椁呈“Ⅱ”形，仅余椁痕，长2.2、宽1.2、椁痕宽0.1米。椁内骨架腐蚀较严重，仰身直肢。骨架右侧随葬陶壶、盒、鼎、豆等11件，铜勺、铁釜各1件（图一一）。

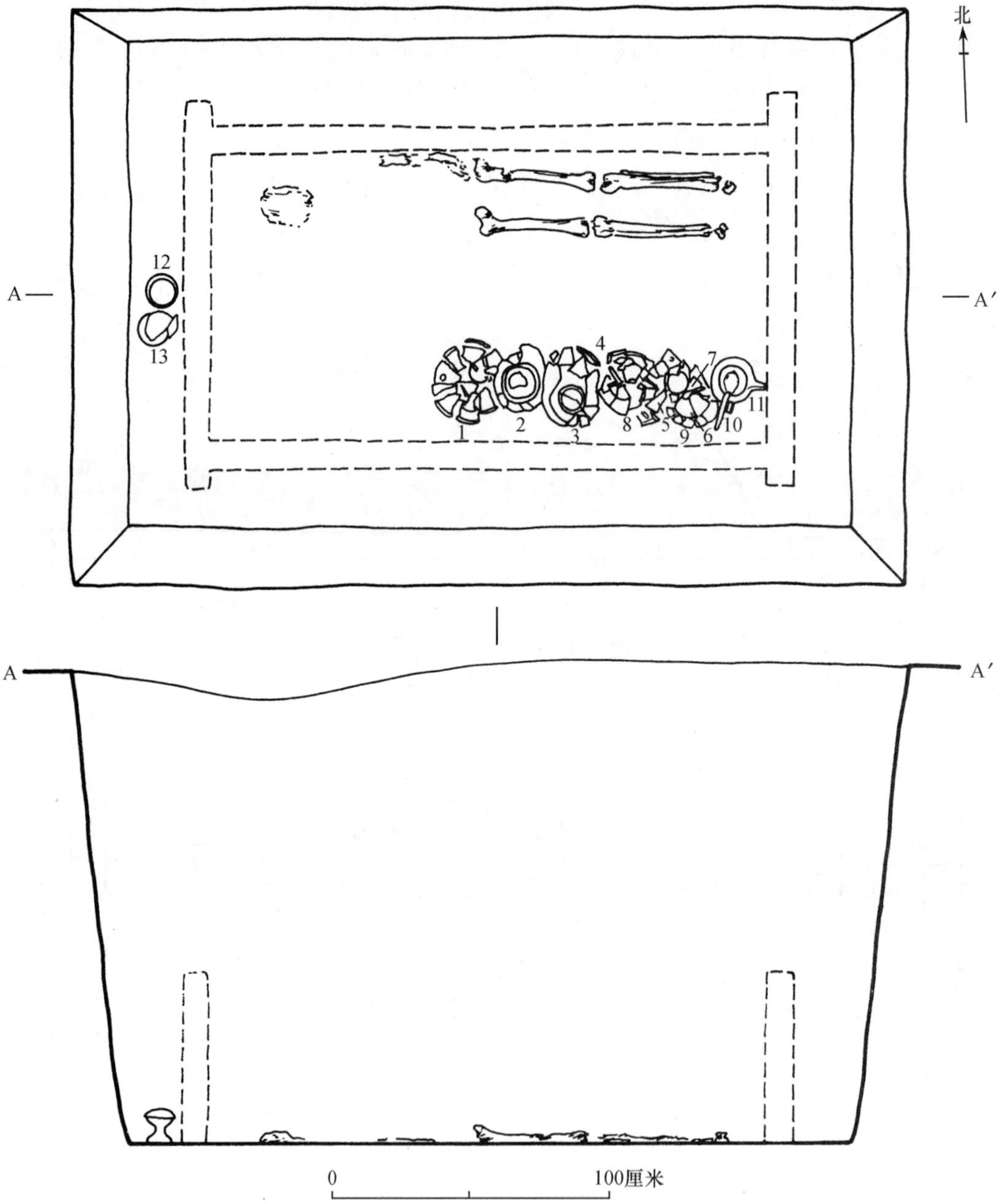

图一一 M103平、剖面图

1、5. 陶壶 2、3. 陶盒 4、6. 陶勺 7. 陶匏勺 8、9. 陶鼎 10. 铜勺 11. 铁釜 12、13. 陶豆

2. 砖室墓

共12座，即M88、M89、M90、M91、M93、M94、M95、M101、M106、M111、M119、M132。均单室墓，一般都有甬道和墓室，个别有墓道，平面呈刀把形。所有砖室墓均为土圹砖室墓，即建造时先依照墓室尺寸挖一竖穴式土圹，再于其内砌建砖室，后填土封埋。未见洞

室砖室墓。

墓砖　分两类。一类是普通条砖，长40、宽20、厚10厘米。多用来砌墓室四壁和墓底铺墁，部分砖侧面饰几何形、“田”字形及车轮等图案；另一类则为榫卯砖，有条形和楔形两种，条形多用于墓室四壁，楔形则主要用来砌建墓顶及甬道券顶，此类砖多为素面。

M93　长条形砖室墓。方向170°。由于被晚期地层破坏，南部墓顶及墓道无存。墓室长3.52、宽1.9米，现存墓口距地表深0.6～1、墓底深1.7～2.7米。据判断，该墓应无甬道。墓室四壁以条砖垒砌，底部条砖墁地，顶部则以榫卯结构的边坡形砖券砌拱形顶，高1.5米；墓室口部以砖垒砌若干层形成墓门。墓室内中部东侧骨架一具，头南脚北，仰身直肢。近墓口处放置随葬器物10余件（图一二）。

M106　由墓道、甬道、横室组成。方向240°。墓道为竖井斜坡式，口长2.1、宽1.2～1.3米。甬道位于墓室西南端，长2、宽1.9、券顶高1.46米，甬道口部用砖垒砌成墓门封堵。墓室南北长3.5、宽2.7、券顶高2.3、墓底深4.5米。因墓室近期严重被盗，室内仅余残碎陶器、铜器、铁器等30件。骨架无存，葬式葬具均不明（图一三）。

（二）随葬器物

出土约600件，修复353件。主要为陶器324件，另有铜器22件、铁器7件。出土钱币800余枚。简单介绍几类如下。

1. 陶器

有灰陶、红陶及釉陶三种，以泥质陶居多。泥质陶一般含有细砂，残碎较甚，不易修复。釉陶器均为红胎，以姜黄釉居多，另有黄绿色釉、棕红色釉、褐色釉。

纹饰以绳纹为主，弦纹次之，另有少量指压纹、戳印纹等。绳纹多饰于釜、瓮及各种罐形器腹部；弦纹多饰于鼎、釜、罐、壶、盒、仓等器物。部分泥质灰陶器上有红、黑色彩绘图案，釉陶器则常模印有柿蒂纹、仙山神兽、星斗等图案。

器类主要有鼎、盒、壶、豆、罐、釜、甑、瓮等，其次是仓、灶、博山炉等，另有人物俑、动物俑等。

鼎　14件。分四式。

Ⅰ式：4件。均泥质灰陶。体型较小，扁圆腹较浅，圜底，直折厚方耳，微外弧，三蹄足略瘦高近直或微外撇，盖弧鼓，盖上三个象形鸟形纽。腹部一般饰有凸弦纹。M117：3，口径14、通高13厘米（图一四，3）。M110：1，口径14、通高15.2厘米（图一四，2）。

Ⅱ式：3件。泥质灰陶。器形稍大。直折方耳近直或微外撇，扁腹加深，平底，三蹄较粗矮，近直立。盖弧鼓，上饰三个简化的鸟形纽。腹部一般饰凸弦纹一周，器表有彩绘装饰（均脱落）。M87：6，口径15.3、通高15厘米（图一四，6）。M103：8，口径16、通高16厘米（图一四，5）。

Ⅲ式：4件。均泥质灰陶。腹加深，盖低平，足较矮，弧方耳弧外撇。盖顶饰三个方形乳突状纽。M109：7，口径23.2、通高15.3厘米（图一四，1）。

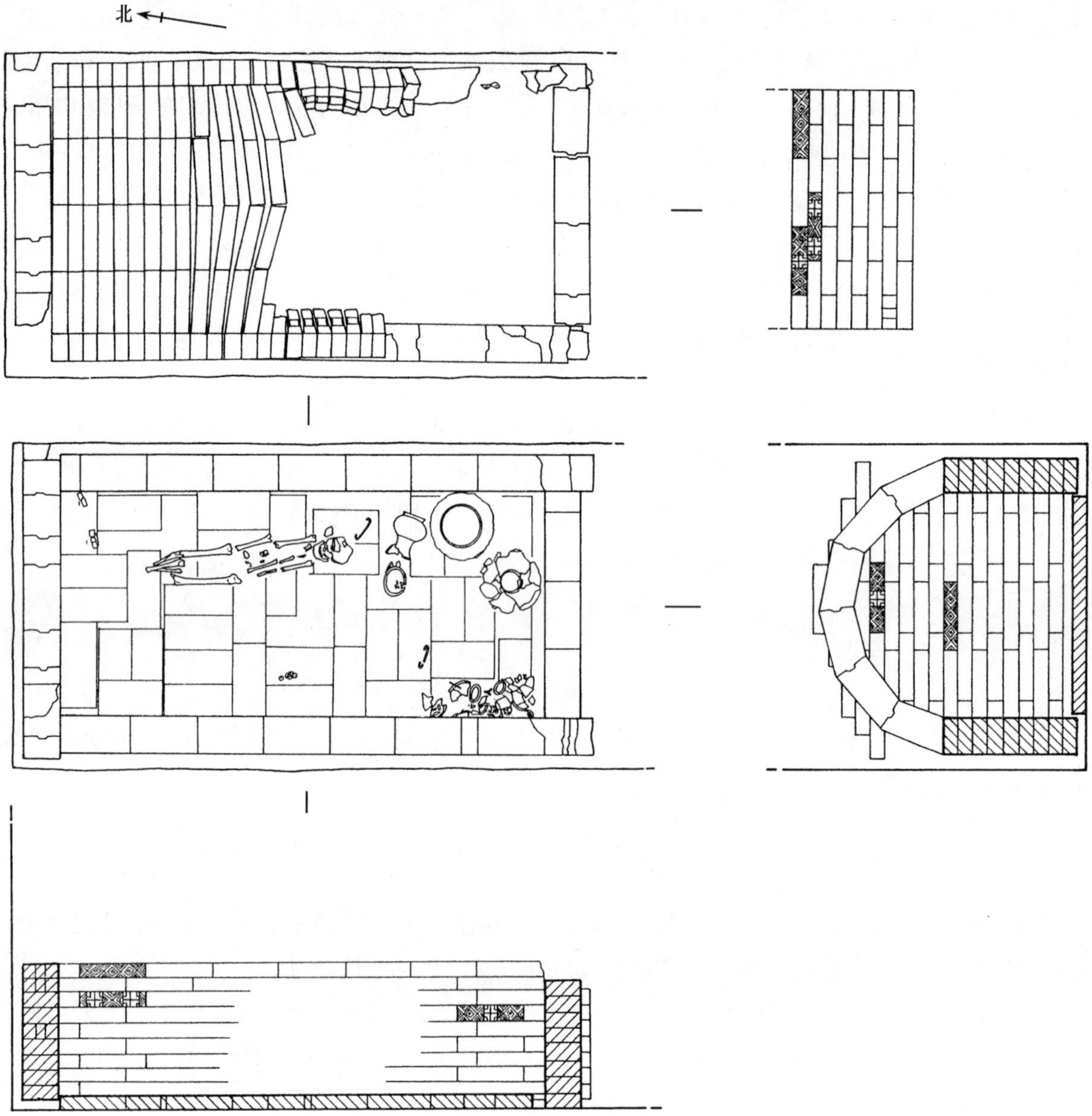

图一二　M93平、剖面图

Ⅳ式：3件。均泥质红胎釉陶。扁腹较浅，近平底，两弧耳较长弧外撇，蹄足或兽面形足。盖低平，上有乳状纽。盖、耳一般装饰有繁缛纹饰。M106：28，酱红色釉。盖上装饰有柿蒂、动物等图案。口径15.8、通高10.6厘米（图一四，4）。M94：45，盖顶饰有盘龙形图案。口径18、通高14.6厘米（图一四，7）。

盒　19件。分四式。

Ⅰ式：10件。均泥质灰陶。扁圆腹或扁方腹，矮圈足，盖顶有圈足形捉手。腹部一般饰多道凹弦纹，多有彩绘装饰。M103：3，口径15.2、底径11.6、通高12.6厘米（图一五，1）。M100：6，口径18.1、底径9.1、通高13.7厘米（图一五，2）。

Ⅱ式：7件。多为釉陶。形体变高，折腹，圈足。盖、腹部多饰有凹弦纹。M120：1，泥质灰陶。仅余腹部。口径15.6、底径11.2、通高8.6厘米（图一五，3）。M94：23，姜黄色釉。

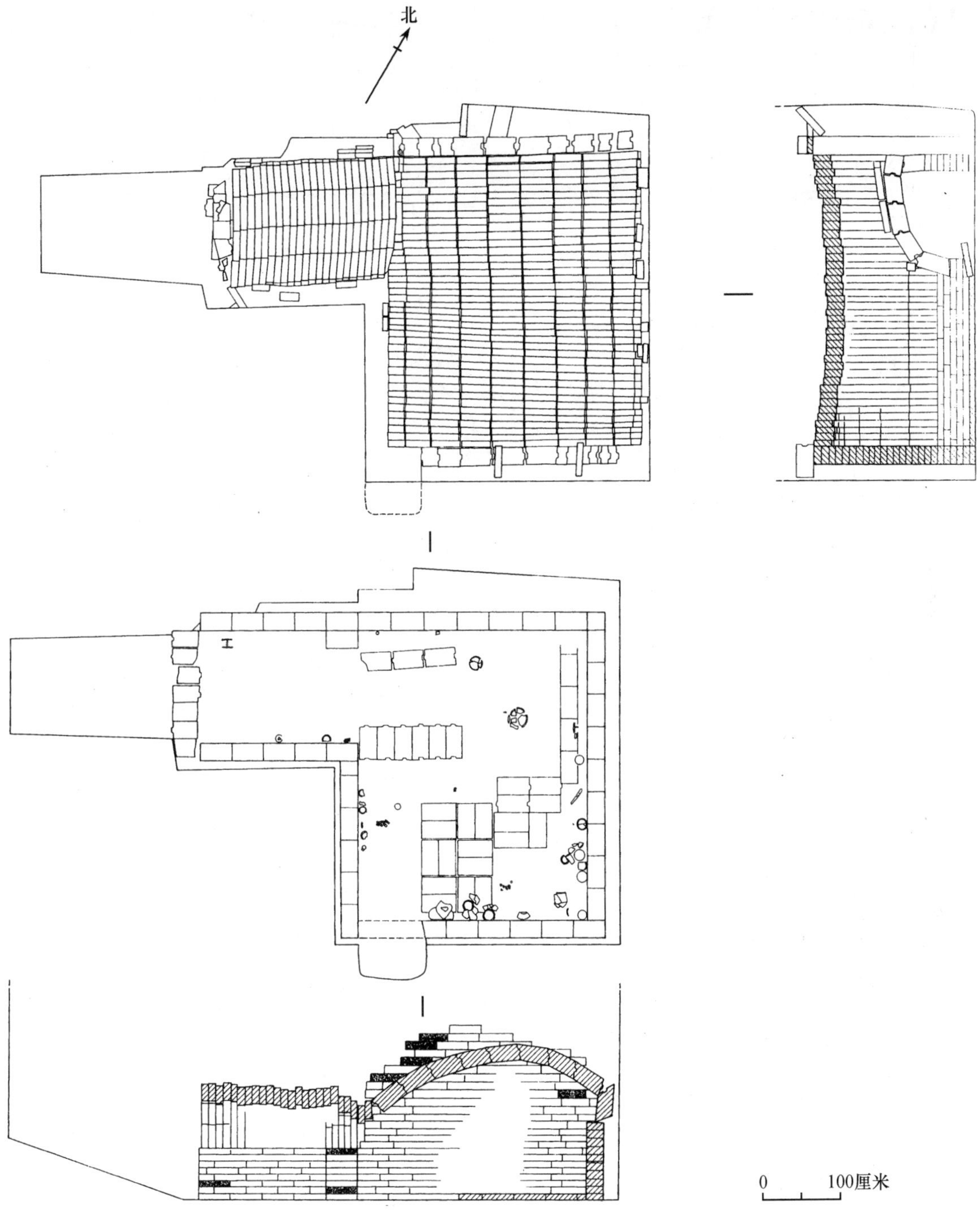

图一三　M106平、剖面图

口径13、底径10、通高13.2厘米（图一五，4）。

Ⅲ式：1件。M94∶26，仅余腹部。泥质红陶。素胎无釉。敛口，方折腹，圜底近平，下接三个锥形矮足。口及下腹饰凹弦纹数周。口径12、高7.2厘米（图一五，5）。

Ⅳ式：1件。M106∶7，仅余盖。酱红色釉陶。折腹，直口，小平顶。口部饰凹弦纹一周。口径17.7、底径5.4厘米（图一五，6）。

壶　27件。分二型。

图一四　两汉墓葬出土陶鼎

1. Ⅲ式（M109：7）　2、3. Ⅰ式（M110：1、M117：3）　4、7. Ⅳ式（M106：28、M94：45）
5、6. Ⅱ式（M103：8、M87：6）

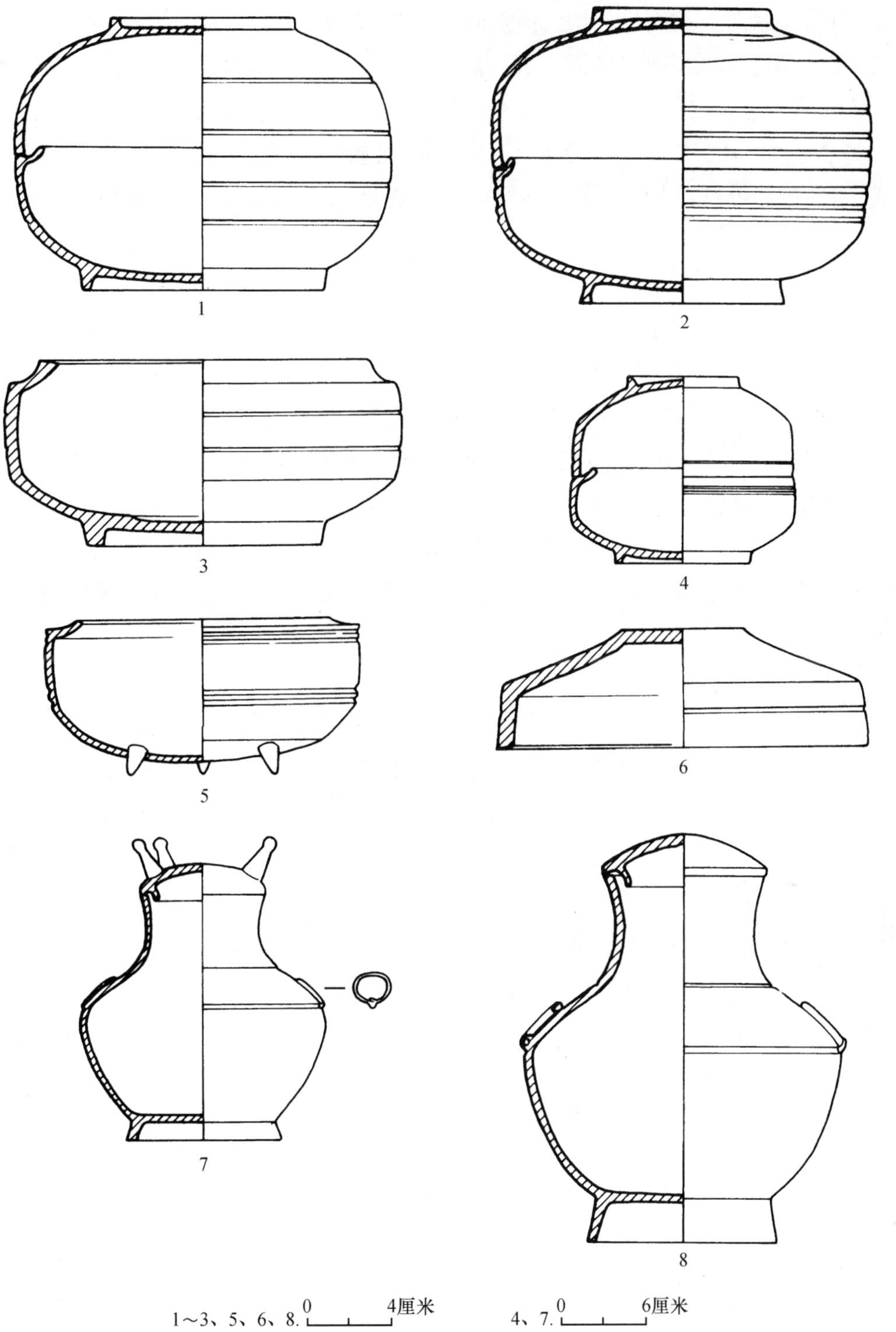

图一五　两汉墓葬出土陶器

1、2. Ⅰ式盒（M103：3、M100：6）　3、4. Ⅱ式盒（M120：1、M94：23）　5. Ⅲ式盒（M94：26）
6. Ⅳ式盒（M106：7）　7、8. A型Ⅰ式壶（M103：1、M117：10）

A型　10件。短颈，矮圈足。均泥质灰陶。分二式。

Ⅰ式：6件。近直口或微侈口，溜肩，肩部有对称圆环，斜弧腹，平底。肩部一般饰二道凹弦纹。个别有彩绘。M103：1，有盖，上有三个长纽。口径8.8、底径10.8、通高21厘米（图一五，7）。M117：10，口径7.8、底径9.1、通高18.1厘米（图一五，8）。

Ⅱ式：4件。杯形口，束颈，平底或圜底。M120：11，口径11.2、底径14.4、通高22.2厘米（图一六，5）。

B型　17件。长颈，高圈足。多为红胎釉陶。肩腹部饰多道凹弦纹。分三式。

Ⅰ式：7件。杯形口，弧束颈，溜肩，圆弧腹，两侧饰对称衔环铺首，圜底。M94：27，素胎无釉。盖上有三个锥状纽。口径14.2、底径15.9、通高37厘米（图一六，1）。M91：36，酱红色釉。盖上饰柿蒂纹和星斗图案。口径15.5、底径14.7、通高37.2厘米（图一六，2）。

Ⅱ式：6件。盘口，直颈或弧束颈，扁圆腹，最大径在腹中部。M106：22，酱红色釉。口径15.6、底径17.4、通高33厘米（图一六，4）。

Ⅲ式：4件。盘口发达，长颈，扁折腹。M111：40，酱红色釉。口径14.8、底径16.5、通高40厘米（图一六，3）。M101：21，淡绿色釉。口径15.6、底径16.2、通高28.2厘米（图一七，1）。

盆　18件。分三型。

A型　5件。均泥质红陶。仿铜洗。斜折沿，深腹弧鼓，平底。一般有对称的两铺首衔环。M94：38，器表施淡绿色釉，釉较薄。腹中部饰凹弦纹数周。口径25.6、底径13.2、通高10.6厘米（图一七，2）。M91：10，器表施淡黄色釉。口径21.2、底径11.8、通高11.6厘米（图一七，3）。

B型　1件。M106：7，平折沿，弧腹，小平底。酱红色釉，器表半釉，内壁满釉。沿下饰凹弦纹数周。口径24.8、底径8.1、通高8.4厘米（图一七，5）。

C型　12件。折腹较浅，折沿，平底。分三式。

Ⅰ式：2件。平折沿，腹较深，上腹弧束，下腹弧收。M120：10，上腹部饰凸弦纹一周。口径28.5、底径13.5、通高9.9厘米（图一七，6）。

Ⅱ式：4件。均泥质红陶。斜折沿，腹浅，素面。M94：56，淡黄色釉。口径24、底径10.6、通高6厘米（图一七，7）。M91：21，姜黄色釉。口径17.4、底径6、通高4.9厘米（图一七，8）。

Ⅲ式：6件。腹更浅，类似盘。均釉陶。M91：117，酱红色釉。口径21.6、底径9、通高5.1厘米（图一七，4）。M94：29，酱红色釉。口径20.3、底径10.2、通高3.8厘米（图一七，9）。

甑　17件。分二型。

A型　10件。形体较大，一般与铁釜等相配合。均泥质灰陶。分二式。

Ⅰ式：6件。敛口，平折沿或卷折沿，深腹微弧，凹圜底，底饰细密扎孔。M91：15，上腹部饰两周凹弦纹。口径34.2、底径15、通高18.1厘米（图一八，2）。M111：17，上腹部饰凹弦纹数周。口径35.3、底径16.4、通高18.5厘米（图一八，1）。

Ⅱ式：4件。微敛口，深弧腹，平底，底上孔大而疏。M95：6，折沿下垂。素面。口径

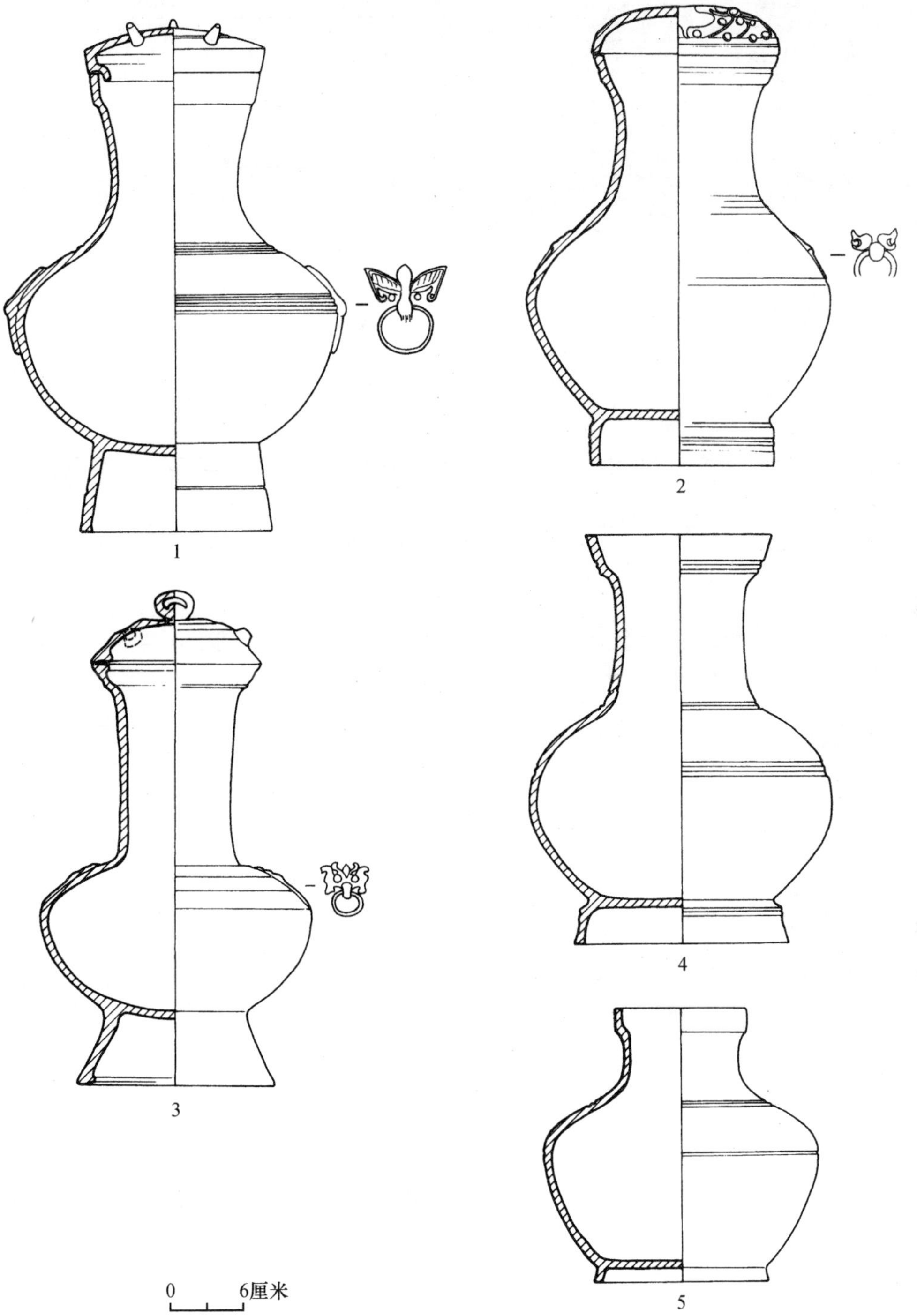

图一六　两汉墓葬出土陶壶

1、2. B型Ⅰ式（M94：27、M91：36）　3. B型Ⅲ式（M111：40）　4. B型Ⅱ式（M106：22）

5. A型Ⅱ式（M120：11）

35.5、底径15、通高20厘米（图一八，3）。M101：6，上腹部饰方格纹。口径35、底径16.9、通高20.4厘米（图一八，4）。

B型　7件。形体较小，浅腹，底部扎孔稀疏。M100：12，泥质灰陶。敛口，平折沿较宽，弧腹，小平底。素面。口径16.4、底径5.5、通高7厘米（图一八，6）。M109：12，泥质

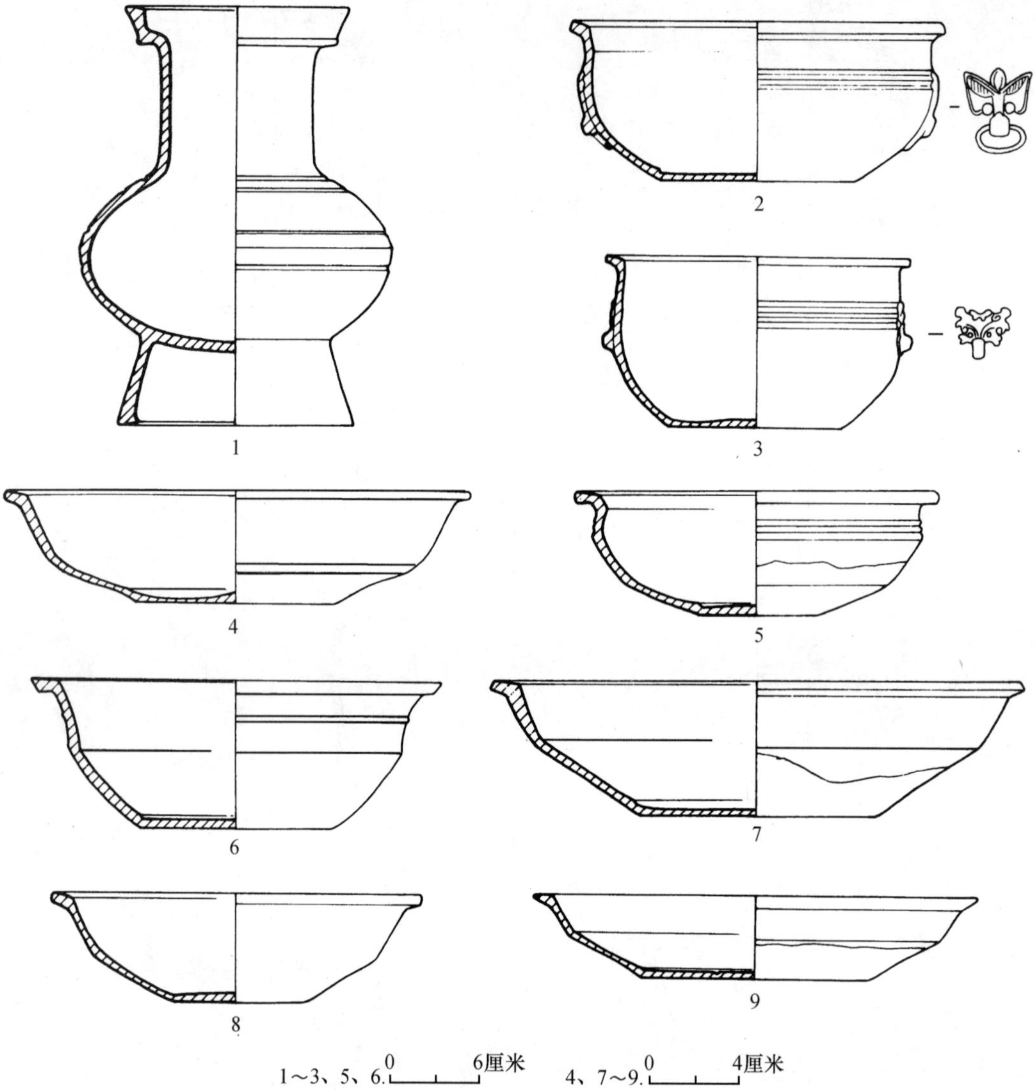

图一七 两汉墓葬出土陶器

1. B型Ⅲ式壶（M101：21） 2、3. A型盆（M94：38、M91：10） 4、9. C型Ⅲ式盆（M91：117、M94：29） 5. B型盆（M106：7） 6. C型Ⅰ式盆（M120：10） 7、8. C型Ⅱ式盆（M94：56、M91：21）

灰陶。平折沿，近直口，弧垂腹，圜底近平，极矮圈足。素面。口径27.6、底径8.7、通高10.8厘米（图一八，5）。

釜 26件。分四型。

A型 3件。仿铁釜。小口，直领，扁鼓腹，平底。M91：58，泥质灰陶。口径10.2、底径12.1、通高15.7厘米（图一九，6）。M94：11，口径12.6、底径10.9、通高13.2厘米（图一九，2）。

B型 11件。均泥质红陶。器形较小，明器化。侈口，束颈，扁折腹，平底。素面。M111：21，口径8.9、底径6.6、通高5.6厘米（图一九，5）。M93：12，沿上有对称双耳。口径10.8、底径5、通高9.5厘米（图一九，7）。

C型 10件。侈口，折沿或翻沿，束颈，平底或圜底。两侧一般有对称铺首衔环。均釉

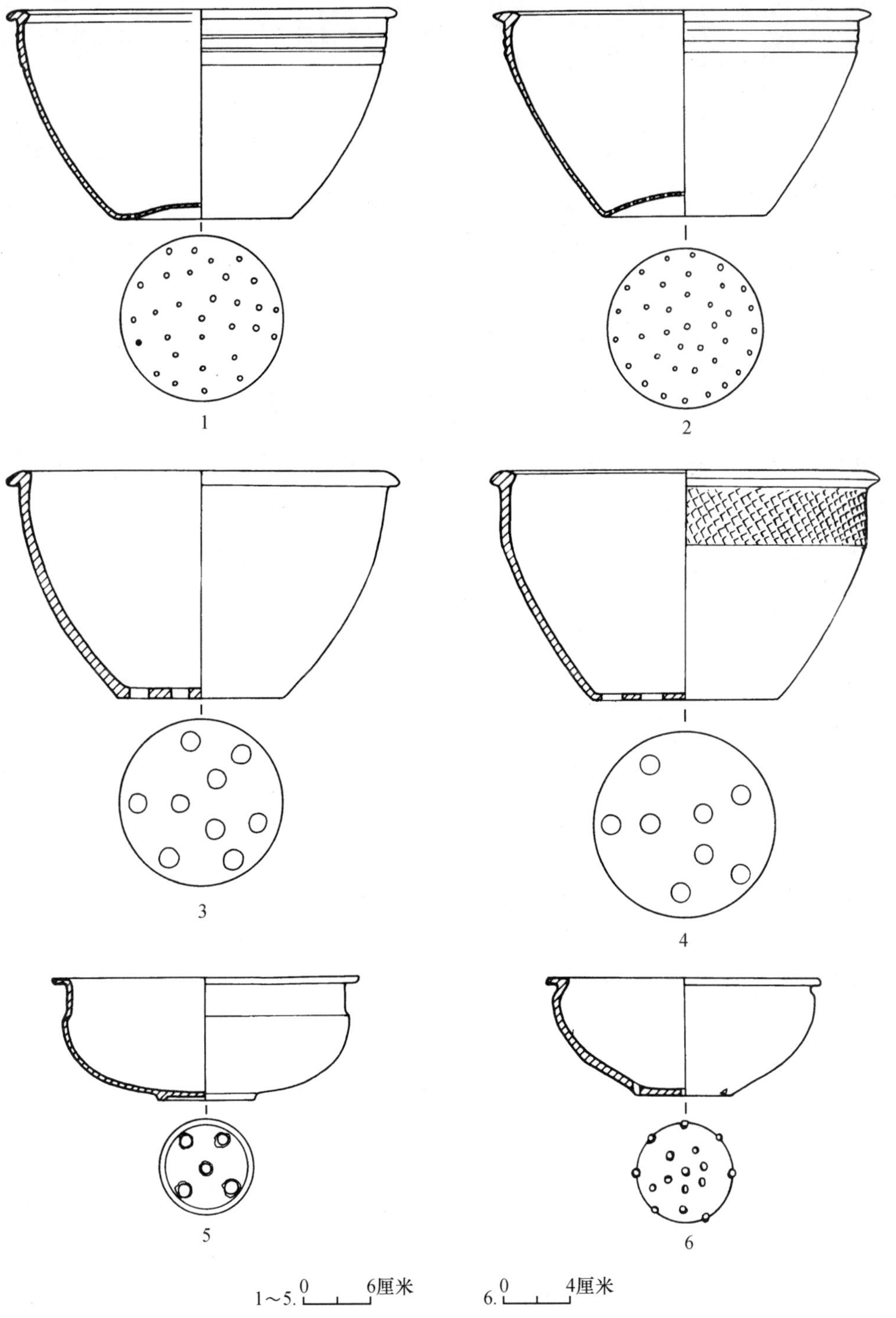

图一八　两汉墓葬出土陶甑

1、2. A型Ⅰ式（M111：17、M91：15）　3、4. A型Ⅱ式（M95：6、M101：6）　5、6. B型（M109：12、M100：12）

陶。M94：46，姜黄色釉。侈口，折沿，溜肩，扁垂腹，圜底。腹部饰凹弦纹数周。口径13.8、通高10厘米（图一九，3）。

D型　2件。均泥质灰陶。小口近直或外侈，长颈，扁腹，圜底，下接三锥状足。素面。M109：11，外有彩绘。口径13.6、通高21.5厘米（图一九，1）。M110：2，口径12.4、通高15.6厘米（图一九，4）。

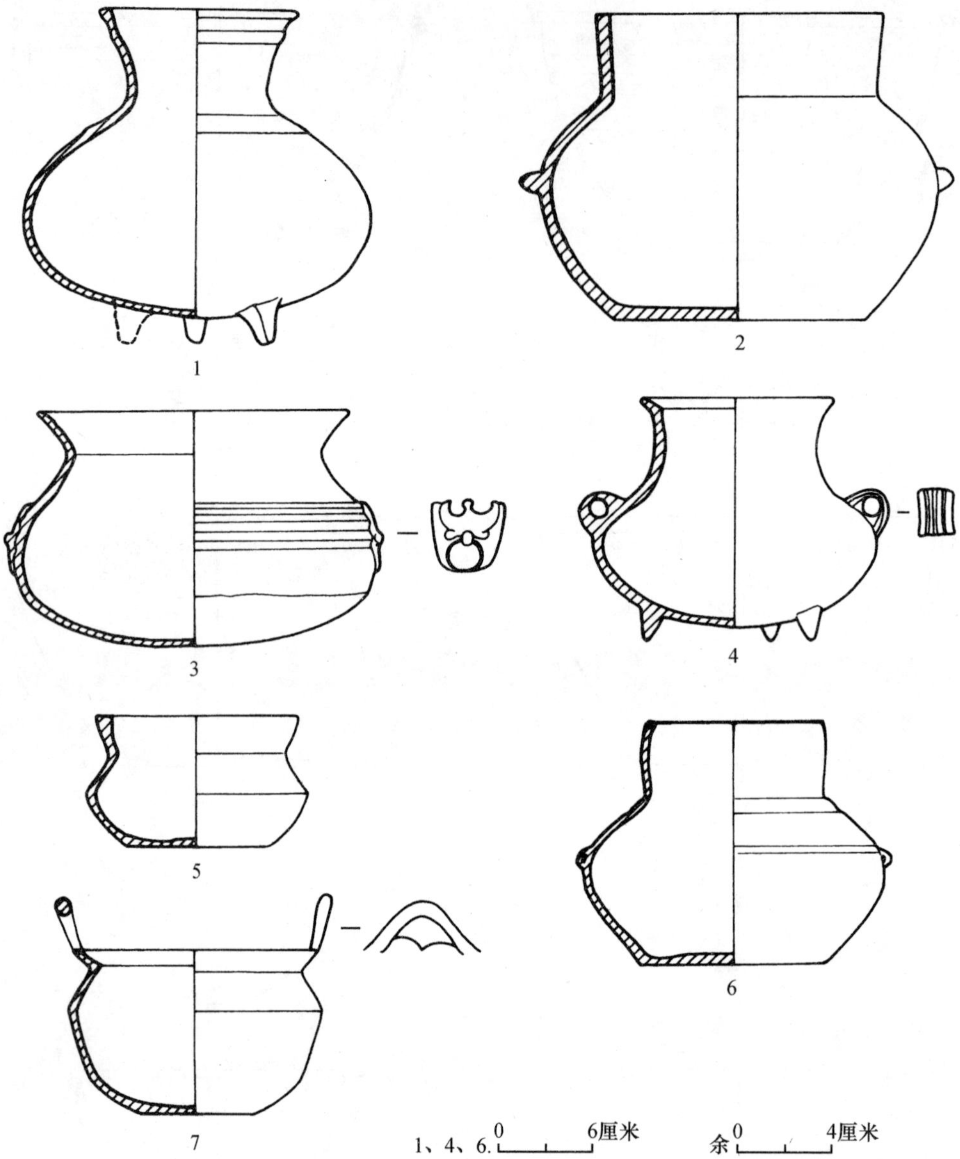

图一九　两汉墓葬出土陶釜

1、4. D型（M109：11、M110：2）　2、6. A型（M94：11、M91：58）　3. C型（M94：46）
5、7. B型（M111：21、M93：12）

罐　34件。分四型。

A型　15件。圜底罐。均泥质灰陶。小口，折沿，束颈，圜底。分三式。

Ⅰ式：4件。宽折沿，厚方唇，束颈较高，鼓肩，弧腹，圜底或圜底内凹。肩部一般饰凹弦纹，腹部饰绳纹。M87：4，口径14、通高15.3厘米（图二〇，2）。M87：1，口径14、通高15厘米（图二〇，1）。

Ⅱ式：2件。平折沿，溜肩，弧折腹较深。肩部饰凹弦纹，腹部饰较细绳纹。M97：7，口径14、通高15.6厘米（图二〇，3）。

Ⅲ式：9件。颈较矮，窄折沿，扁折腹。下腹部饰绳纹。M91：66，口径12.5、通高14.2厘米（图二〇，4）。M101：16，口径12.3、通高13.7厘米（图二〇，5）。

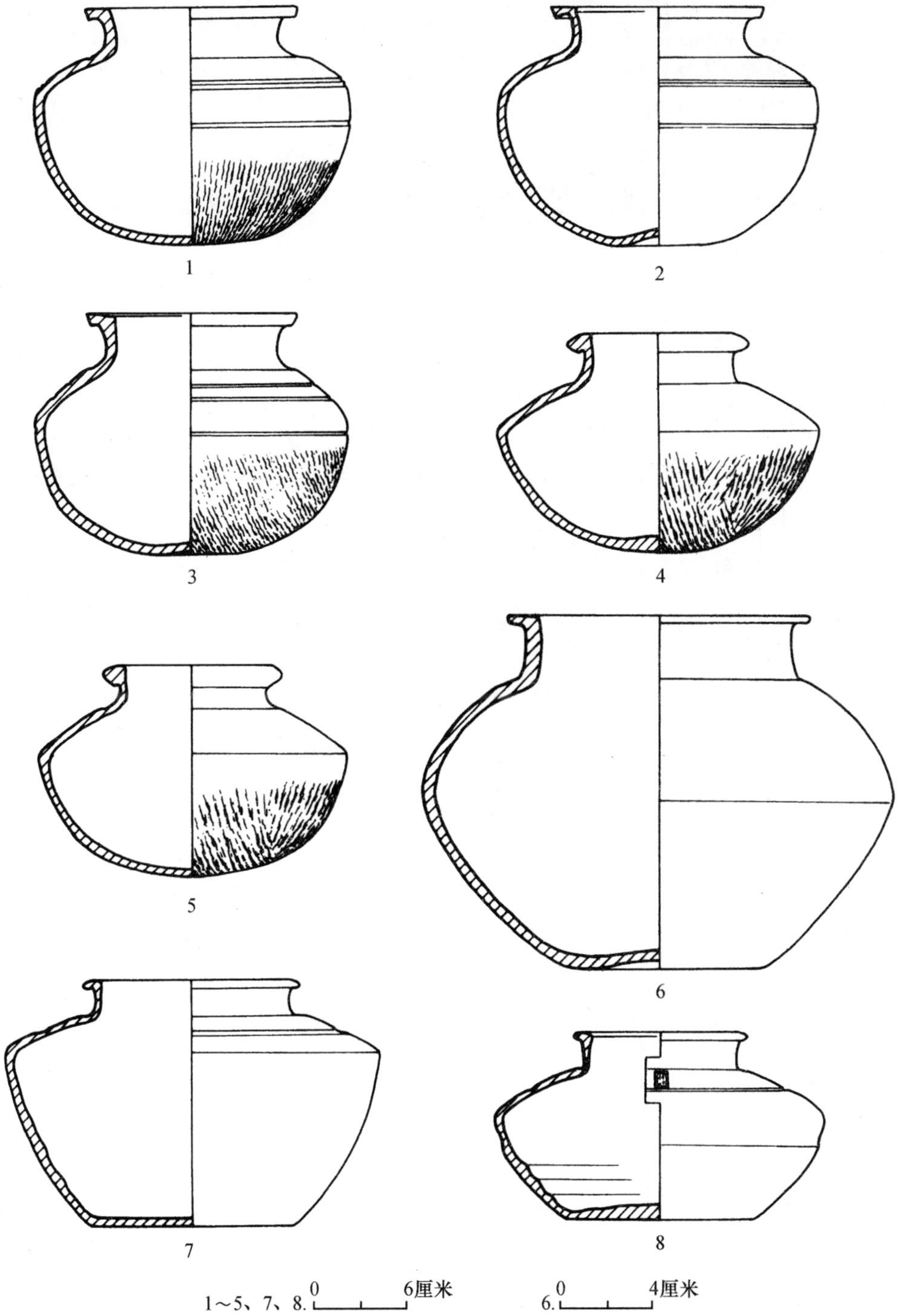

图二〇 两汉墓葬出土陶罐

1、2. A型Ⅰ式（M87：1、M87：4） 3. A型Ⅱ式（M97：7） 4、5. A型Ⅲ式（M91：66、M101：16） 6. B型Ⅰ式（M116：2） 7、8. B型Ⅱ式（M101：26、M91：38）

B型 6件。折肩平底罐。均泥质灰陶。小口，矮领。分二式。

Ⅰ式：2件。平折沿较宽，弧折腹，最大径在中部，平底微上凹。下腹部饰绳纹。M116：2，口径13.4、底径15.2厘米（图二〇，6）。

Ⅱ式：4件。矮领，锐折肩，腹斜收，平底，最大径靠上。多素面。M91：38，口径11.5、底径12.6、通高12厘米（图二〇，8）。M101：26，口径14.7、底径13.2、通高16厘米（图二〇，7）。

C型　12件。器形似A型罐，唯形体较大。小口，矮领，扁圆腹，圜底。肩部饰凹弦纹和绳纹，腹部饰绳纹。M101：25，口径11.4、腹径32.6、通高18.6厘米（图二一，5）。M94：48，口上承钵形盖。口径13、通高24.8厘米（图二一，2）。

D型　1件。M120：20，折肩折腹罐。泥质灰陶。小口，斜直肩，微垂腹，平底。素面。口径12、底径15.4、通高14.4厘米（图二一，3）。

瓮　5件。分二型。

A型　4件。均泥质灰陶。小口，圆唇，斜直肩，深腹，圜底。肩、上腹部多饰凹弦纹，下腹及底多饰细绳纹，但大都不明显。M94：44，口径14.8、通高25厘米（图二一，1）。M101：27，口径12.6、通高26厘米（图二一，4）。

B型　1件。M91：45，小口，广肩，深腹微弧，平底。腹部饰凹弦纹及竖绳纹。口径24.8、底径21.4、通高37.6厘米（图二一，6）。

豆　11件。泥质灰陶。形制均较小。折腹较浅，圜底或近平底，细柄。口上承盖。素面。M109：3，口径9.5、底径5.6、通高9.1厘米（图二二，2）。M87：9，口径10.2、底径6、通高8.1厘米（图二二，1）。

灯　18件。均泥质红陶。分三型。

A型　7件。形体较高大，浅盘。喇叭形座。釉陶。M91：89，酱红色釉。口径11.2、底径9.8、通高15.1厘米（图二二，9）。M94：74，暗绿色釉。口径8.6、底径9.4、通高10.4厘米（图二二，4）。

B型　6件。弧腹盘，盘腹较深，喇叭形座。M91：115，器表施淡绿色釉。口径11.3、底径9.8、通高10.9厘米（图二二，5）。M93：14，绿色釉。口径9、底径11.6、通高10厘米（图二二，6）。

C型　5件。形体较小，明器化。小直口，扁折腹，喇叭形座。均素面红陶。M111：6，口径5.2、底径11.2、通高8.8厘米（图二二，7）。M111：26，口径6.8、底径9、通高8.2厘米（图二二，8）。

熏炉　6件。均泥质红陶。分二型。

A型　5件。底为喇叭形圈足座。M94：12，盖失。深腹，圜底，矮柄。素面。口径10、底径8.6、通高10.8厘米（图二二，3）。M94：57，高盖，盖腹镂孔装饰图案。扁方腹，圜底，喇叭形座。盖无釉，腹施淡黄色釉。口径9.2、底径10.6、通高21厘米（图二二，11）。

B型　1件。M106：46，子口承盖，扁方腹，圜底近平，细柄，浅盘式座。酱红釉。口径9、底7.2、通高13厘米（图二二，10）。

钵　28件。均泥质灰陶。分三型。

A型　2件。敞口，折腹，小平底。素面。M120：15，口径17.8、底径5.2、通高6.4厘米（图二三，2）。M120：12，口径18.4、底径6.4、通高7厘米（图二三，1）。

B型　25件。弧腹钵。敞口，平底。素面。M91：33，口径16.2、底径5.4、通高5.8厘米（图二三，7）。M101：15，口径12、底径5.3、通高4.6厘米（图二三，3）。

C型　1件。M111：20，泥质红陶。敛口，尖圆唇，弧腹，平底。素面。口径10.7、底径

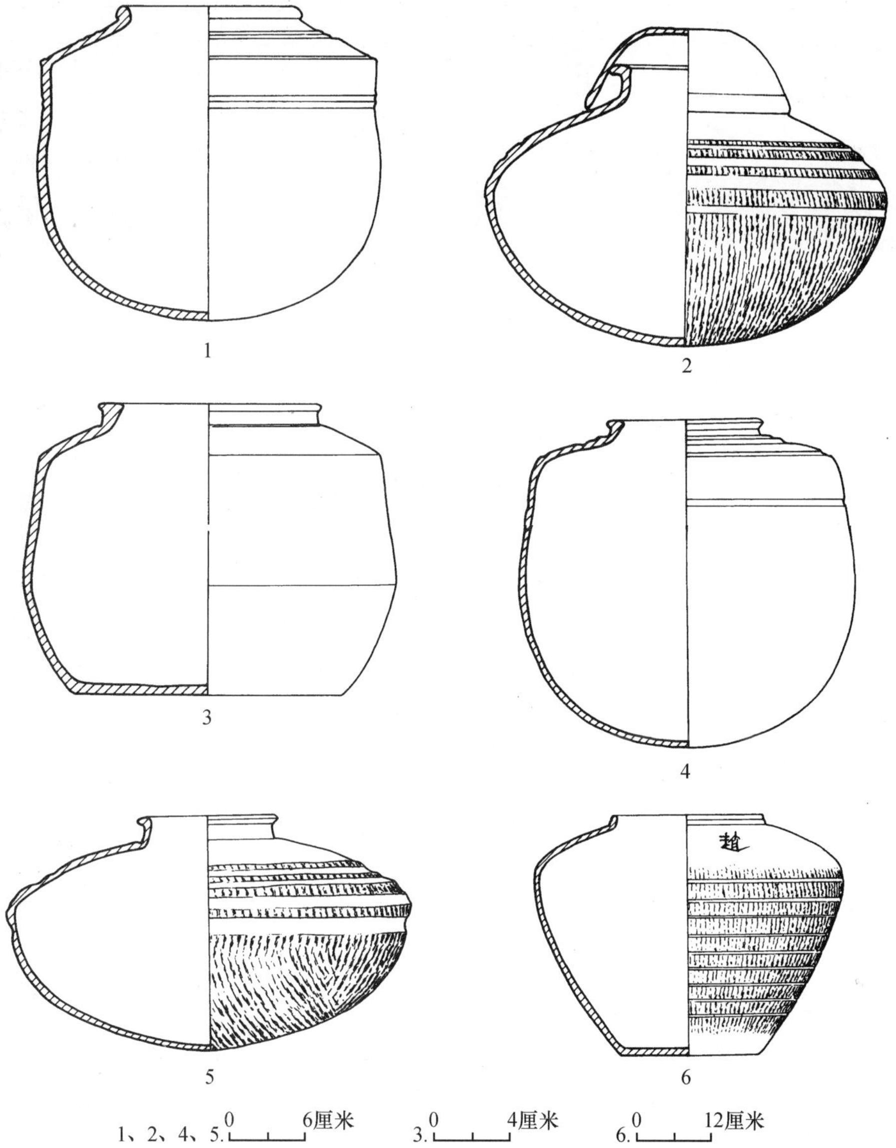

图二一　两汉墓葬出土陶器

1、4. A型瓮（M94：44、M101：27）　2、5. C型罐（M94：48、M101：25）　3. D型罐（M120：20）　6. B型瓮（M91：45）

5、通高4.1厘米（图二三，5）。

碗　10件。均泥质灰陶。敞口，厚圆唇，深弧腹，矮圈足。素面。M91：68，口径20、底径8.5、通高5.8厘米（图二三，4）。M91：32，口径21.3、底径8.5、通高6.5厘米（图二三，6）。

仓　数量较多。修复41件。分二型。

A型　33件。形体瘦高。分二式。

Ⅰ式：6件。筒形腹，壁较直。均泥质灰陶。M94：34，盖失。腹部饰多道凹弦纹。口径10.4、底径10.6、通高16.1厘米（图二三，9）。M91：70，覆钵形盖。腹中部饰凹弦纹一周。口径11.8、底径12、通高18厘米（图二三，10）。

Ⅱ式：27件。多为泥质灰陶，少数泥质红陶。壁外弧。一般在口部和腹中部饰有凹弦

1～4、6～8、10、11. 0 4厘米　　余 0 6厘米

图二二　两汉墓葬出土陶器

1、2. 豆（M87：9、M109：3）　3、11. A型熏炉（M94：12、M94：57）　4、9. A型灯（M94：74、M91：89）　5、6. B型灯（M91：115、M93：14）　7、8. C型灯（M111：6、M111：26）　10. B型熏炉（M106：46）

纹。盖多低弧。M101：3，泥质灰陶，口径17.6、底径15.8、通高24.2厘米（图二四，2）。M94：47，泥质灰陶。口径9.3、底径9.6、通高16.2厘米（图二三，11）。

B型　8件。均泥质灰陶。形体较矮胖，肩宽底小。一般在中腹部饰凹弦纹一周。M89：24，盖低弧。口径9.6、底径8.8、通高14.5厘米（图二四，1）。M111：25，口径9.9、底

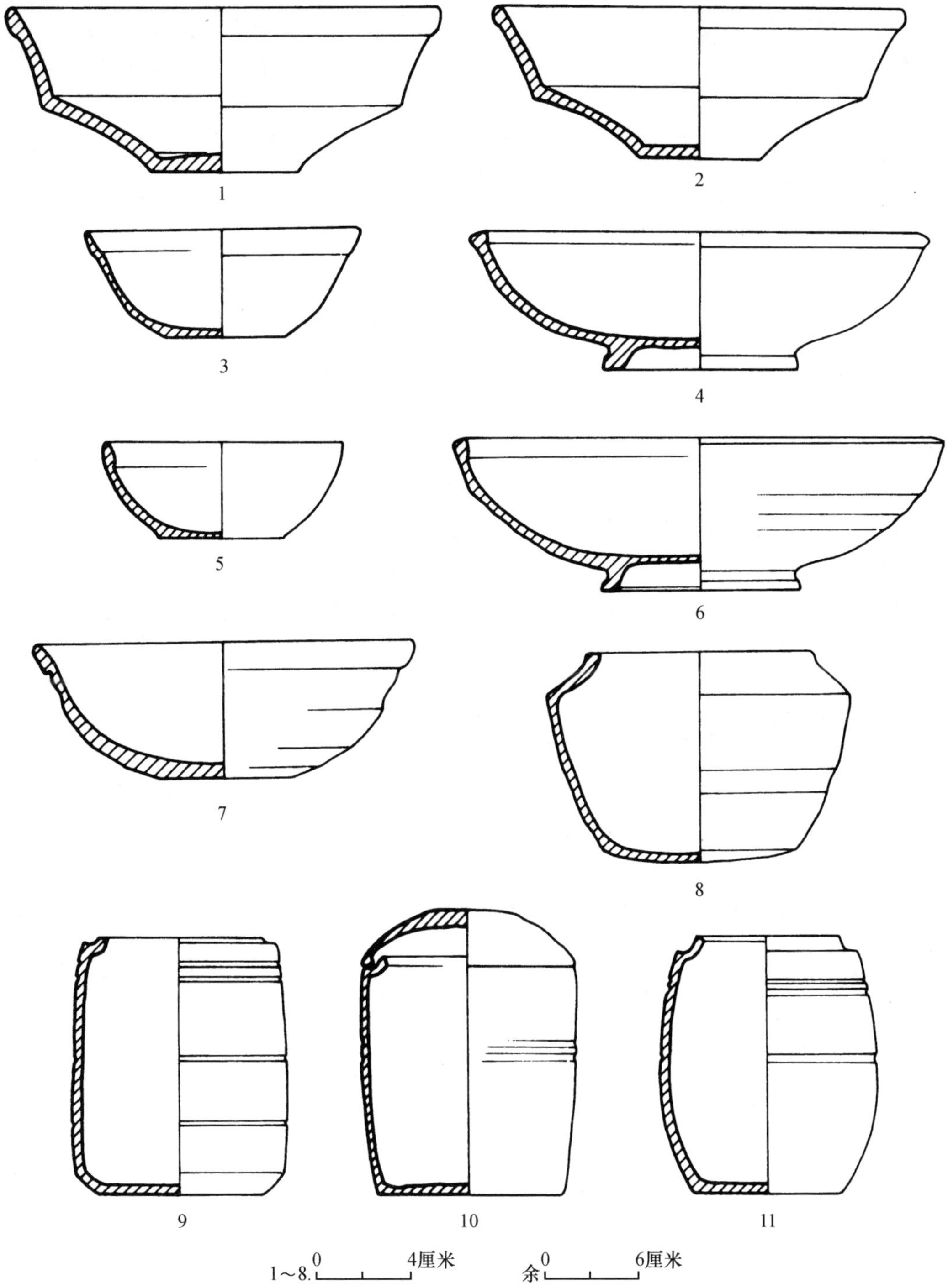

图二三　两汉墓葬出土陶器

1、2. A型钵（M120：12、M120：15）　3、7. B型钵（M101：15、M91：33）　4、6. 碗（M91：68、M91：32）　5. C型钵（M111：20）　8. B型仓（M111：25）　9、10. A型Ⅰ式仓（M94：34、M91：70）　11. A型Ⅱ式仓（M94：47）

径9、通高8.8厘米（图二三，8）。

耳杯　9件。泥质灰陶或红陶。素面。M91：2，绿色釉。长圆腹，两耳微上翘，平底，假圈足。口径6～10、底径3.6～6、高2.8厘米（图二四，3）。

魁　6件。均泥质红陶。M91：103，盆形腹，姜黄色釉。圜底近平，圈足，兽首形把手。

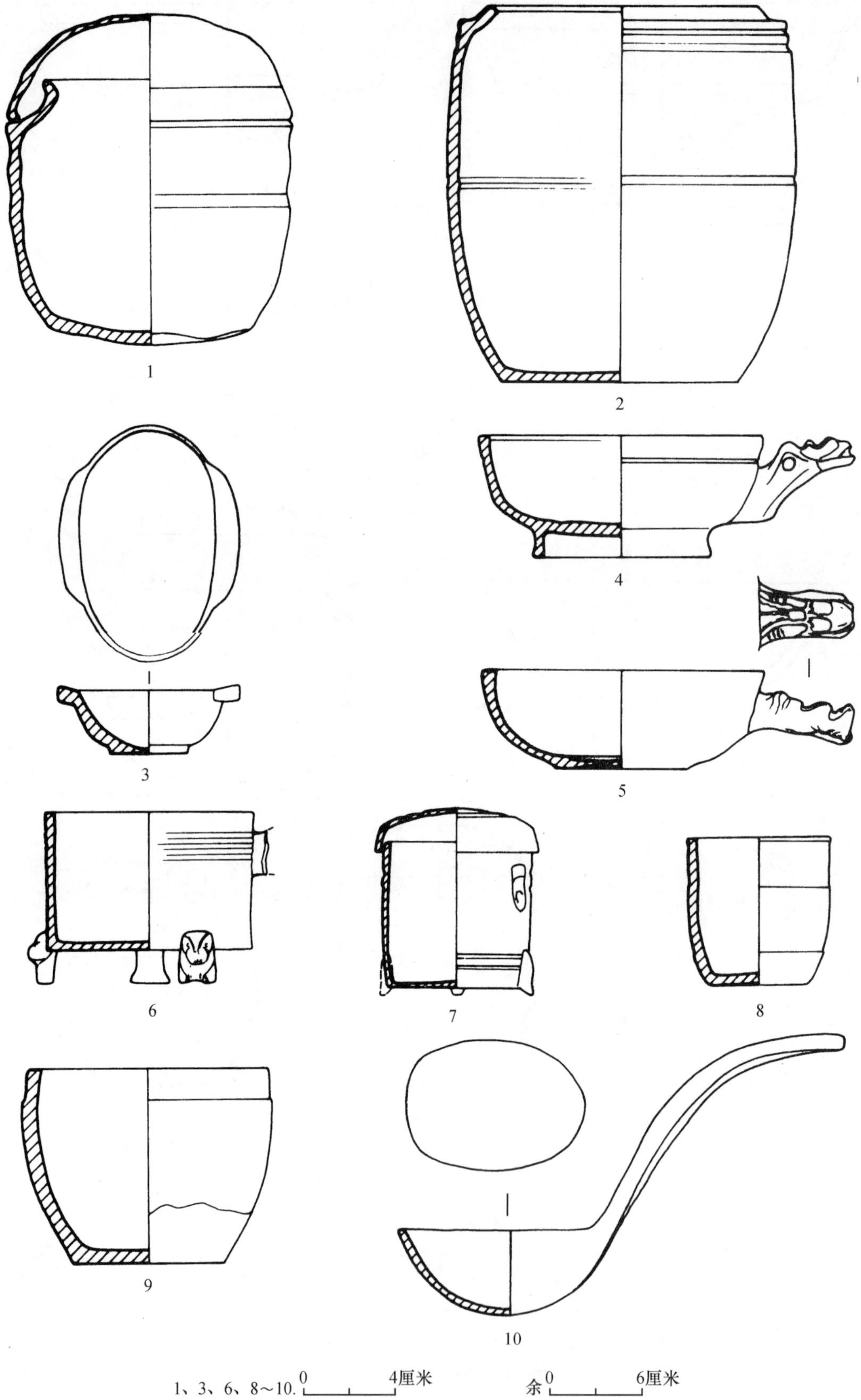

图二四　两汉墓葬出土陶器

1. B型仓（M89：24）　2. A型Ⅱ式仓（M101：3）　3. 耳杯（M91：2）　4、5. 魁（M91：103、M91：120）
6、7. 卮（M94：73、M91：77）　8、9. 杯（M119：5、M106：19）　10. A型勺（M94：53）

口部饰凹弦纹一周。口径19.7、底径11.7、通高7.7厘米（图二四，4）。M91：120，姜黄色釉。平底。素面。口径18.8、底径8、通高6.3厘米（图二四，5）。

卮　3件。均釉陶。直口，直腹，平底或三兽足。M94：73，绿色釉。三足高，把手残。上腹部饰凹弦纹数周。口径9.2、底径9.2、通高7.4厘米（图二四，6）。M91：77，有盖。三足较矮。下腹近底处饰凹弦纹二周。口径10.8、通高12厘米（图二四，7）。

杯　8件。均泥质红陶。多施釉。多为筒形腹，平底。腹部一般饰弦纹。M119：5，姜黄色釉。口径6.4、底径4.2、通高6.4厘米（图二四，8）。M106：19，酱红釉。微敛口，弧腹，平底。素面。口径10.6、底径6.6、通高8.4厘米（图二四，9）。

勺　16件。分三型。

A型　3件。均泥质红陶。长柄，深勺腹。M94：53，绿釉。长19.6厘米（图二四，10）。M91：18，无釉。长13.7厘米（图二五，1）。

B型　7件。均泥质灰陶。浅腹，矮柄。M109：6，残长7.4厘米（图二五，2）。

C型　6件。匏勺。均泥质灰陶。M109：9，长9厘米（图二五，3）。M103：7，长9.1厘米（图二五，7）。

俑　8件。有人俑、动物俑、兽俑等。

跪坐俑　2件。叉手于胸前，昂首挺身。M101：20，泥质红陶。高13.3厘米（图二五，10）。M101：11，泥质灰陶。高18.2厘米（图二五，6）。

立俑　1件。M89：6，泥质灰陶。双手抱于胸前。高16.7厘米（图二五，4）。

鸡　3件。M89：13，泥质红陶。长17、高17.6厘米（图二五，11）。M101：24，子母鸡。泥质黑陶。残长11.5、高11.7厘米（图二五，8）。

猪　1件。M101：1，泥质红陶。长24.9、高13厘米（图二五，9）。

兽俑　1件。M89：20，双犄角，口吐长舌，前肢附地，呈蹲坐状。高16.3厘米（图二五，5）。

2. 铜器

共22件，主要有容器、兵器及棺饰件等。

洗　2件。敞口，斜折沿，弧鼓腹，平底。M94：76，口径22.8、底径8.8、通高7.5厘米（图二六，3）。

钫　1件。M94：8，侈口，束颈，鼓腹，高圈足外侈。两侧铺首衔环。口径11.8、底径14.6、通高34.4厘米（图二六，2）。

勺　2件。长柄，浅勺腹。M103：10，柄长10.4厘米（图二六，1）。

剑　1件。M82：1，长身，广格，双箍，圆首，实茎。剑身似裹有编织物。长47.7厘米（图二六，4）。

3. 铁器

共7件。主要有釜、鍪、支架等。

釜　1件。M93：4，朽蚀严重。直口，有领，扁圆腹，圜底。腹部饰凸弦纹两周。口径

图二五　两汉墓葬出土陶器

1. A型勺（M91：18）　2. B型勺（M109：6）　3、7. C型勺（M109：9、M103：7）　4. 立俑（M89：6）
5. 兽俑（M89：20）　6、10. 跪坐俑（M101：11、M101：20）　8、11. 鸡（M101：24、M89：13）　9. 猪（M101：1）

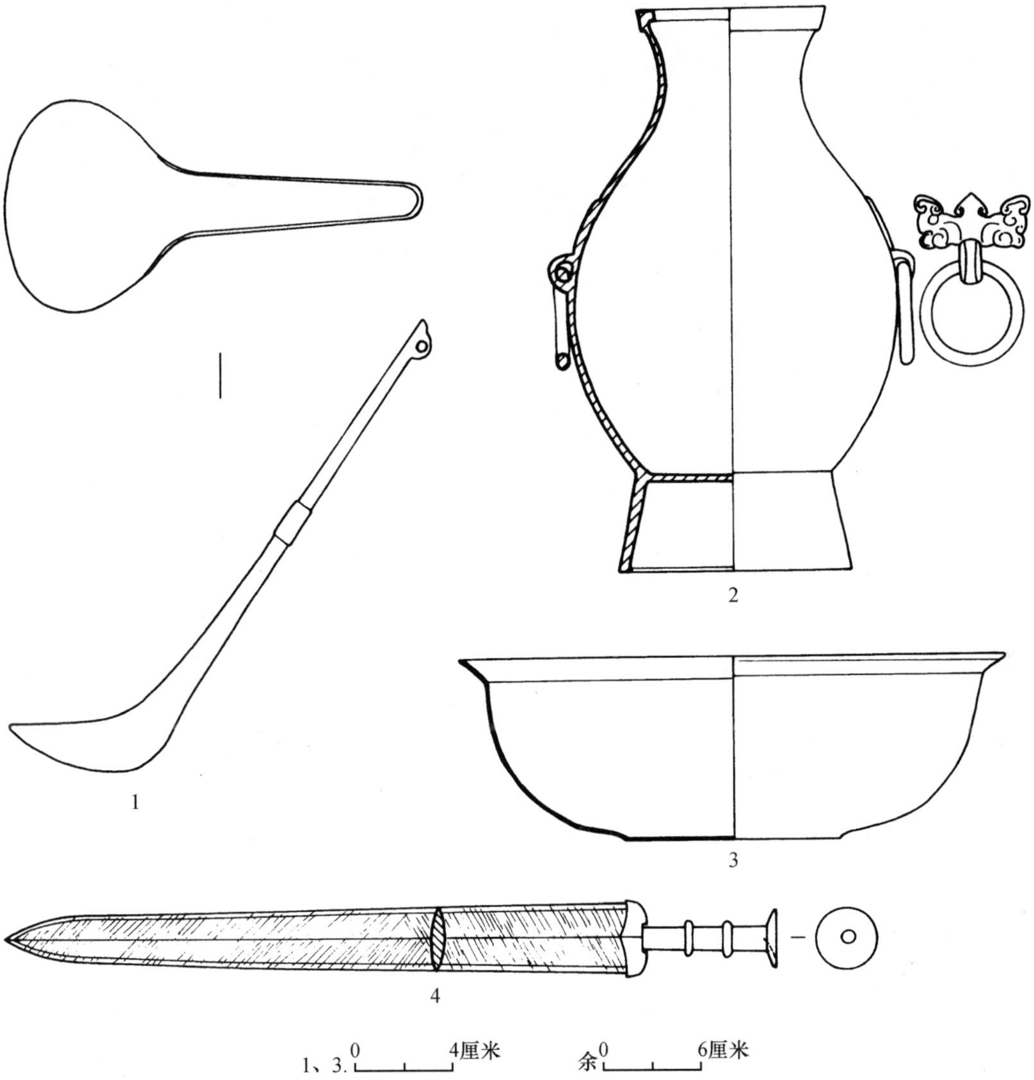

图二六 两汉墓葬出土铜器

1. 勺（M103：10） 2. 钫（M94：8） 3. 洗（M94：76） 4. 剑（M82：1）

25、高28厘米（图二七，1）。

鍪 2件。均残。小口外侈，束颈，弧腹，两环耳。M87：10，口径14.5、残高13.5厘米（图二七，2）。

支架 4件。形制基本相同。圆形架身，下接三足外撇。M93：50，扁足。直径25、高21.4厘米（图二七，3）。

（三）分期与年代

根据墓葬形制与出土器物组合、器物形制及钱币等，并根据往年发掘整理的初步研究结果，可大致将这批墓葬分为四期。

第一期：西汉早期。6座，M100、M103、M109、M110、M116、M117。

本期墓葬均为长方形土坑竖穴墓，一般均较狭长，长宽比在1.5：1左右。器物形制一般较

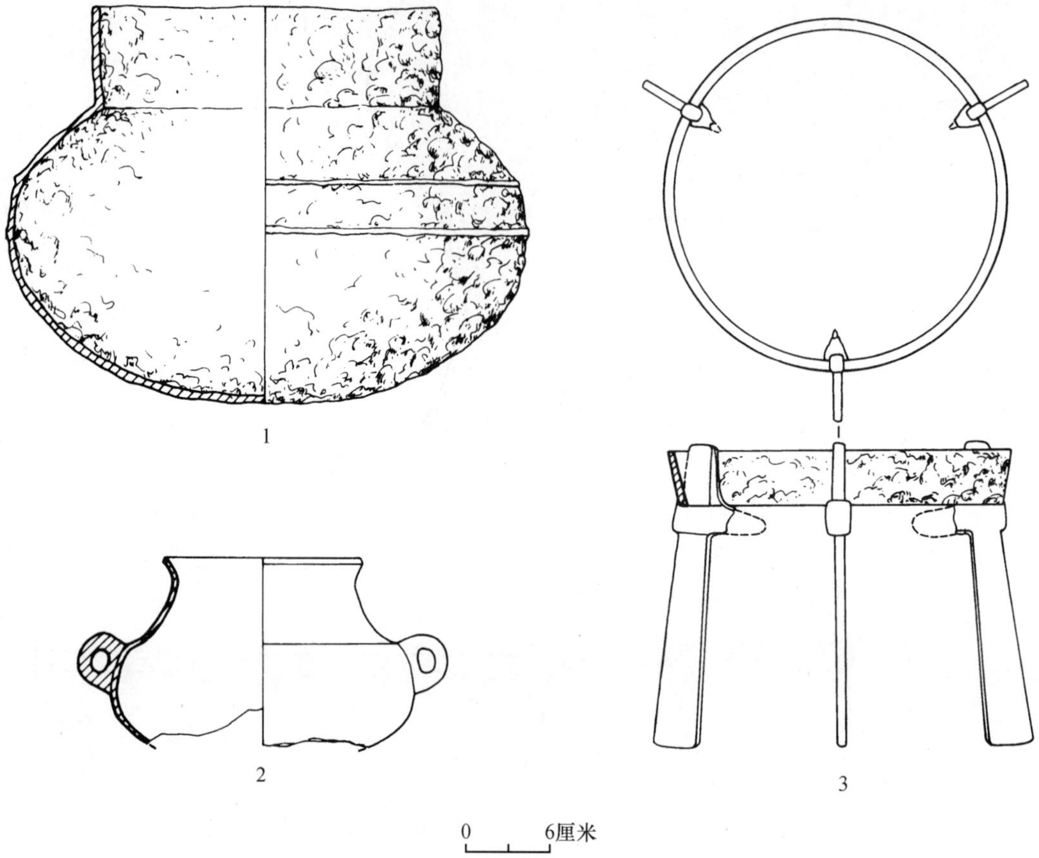

图二七　两汉墓葬出土铁器

1. 釜（M93：4）　2. 鍪（M87：10）　3. 支架（M93：50）

小，鼎腹较扁圆，形体矮，鼎盖纽多为象形鸟形纽，耳多为厚方耳；圈足器足一般较矮，盒呈扁圆腹；器物表面多饰有彩绘图案。墓葬中多出土半两钱币，不见五铢。

第二期：西汉中晚期。4座，M87、M97、M105、M120。

本期墓葬仍为长方形土坑竖穴墓，但长宽比已接近1，近正方形，墓葬形制较大，随葬器物丰富，器类增多。器物形体增大，鼎腹一般接近于球体，腹较深，耳为较扁薄的方耳；盒形体较高，腹部方折。部分墓葬出现釉陶，但多呈外绿内红釉。墓葬内一般多出土五铢钱，钱币字体略小于钱郭高度，“五”字的两笔弯曲程度较小，为西汉晚期五铢钱币的形态。

第三期：新莽时期。4座，M91、M94、M98、M101。

M98为土坑竖穴墓，近正方形。其余3座墓葬均为砖室墓。出土器物以泥质红陶居多，釉陶大量出现，釉质晶亮，器表多有浅浮雕式图案。陶鼎腹较扁，两耳外弧较甚，陶盒仍为折腹，但高度降低，呈扁方腹，部分盒圆形捉手和圈足被三纽代替。博山炉、釉陶灯等出土较多。墓葬中出土西汉晚期五铢，同时出土较多的“大泉五十”“货泉”“布泉”等，更是典型新莽时期的货币。M101出土的陶壶腹较扁，壶口为盘口，具有东汉早期器物的特点，所以本期墓葬下限有可能到东汉早期。

第四期：东汉中晚期。7座，M88、M89、M93、M95、M106、M111、M119。

7座墓葬均为砖室墓，刀把形单室券顶。出土器物以泥质红陶较多，釉陶数量减少，明器大量出现。基本器物组合虽然仍为鼎、盒、壶，但数量已明显减少，有些墓葬则不出鼎、盒，器物制作粗糙、形制退化。所出钱币多为东汉中晚期五铢。

另外，M90、M114、M127、M131、M132、M133六墓因未能修复器物，根据出土器物残片及墓葬形制等判断应为汉墓，其中M114、M127、M131、M133可能为西汉墓，M90、M132可能为东汉墓葬。

三、唐代墓葬

本年度共发掘清理唐代墓葬5座，即M96、M99、M108、M128、M130。

（一）墓葬形制

有石室墓、土洞墓两种形式。

1. 石室墓

2座。平面呈长条形，由墓道和墓室两部分组成。墓道为长方形竖穴式，墓室则是用较规则的石条砌成拱顶。整个墓葬均是由地表下挖竖穴式墓圹，然后于圹内砌建石室，最后封埋填土。

M128　方向235°。墓圹长4.8～5.3、宽约2.5米，墓室长4.1、宽1.65、深2.2米左右。墓室东、西壁均用长石条纵向错缝竖砌5层后开始起券成拱，拱顶高2.1米；后壁用两块石板侧砌；墓底则未见石条；墓门亦为石结构，由门楣、门柱组成，墓门用石条封堵。墓道长3、宽1.7、深2米。墓室内随葬有瓷器、铜饰件等8件，另出土“开元通宝”1枚（图二八）。

2. 土洞墓

2座。M99，方向225°。由墓道、墓室两部分组成。墓室长2.3、宽1～1.3、深1.9米，底略窄。墓室与墓道相接处用砖封堵。墓道为长条形竖井式，长2、宽1、深1.95米。墓室内骨架1具，朽蚀严重，仅余下肢骨，仰身直肢葬。墓室内随葬有陶器、瓷器、铁器等；另有朱砂画石符及铜钱币若干枚（图二九）。

（二）随葬器物

共出土陶器、瓷器、铁器等20件，另出“开元通宝”若干枚。

1. 陶器

陶罐　1件。M99：6，泥质灰陶。类子母口内敛，圆唇，溜肩，长弧腹，平底。口上承平盖，中有圆形纽。素面。口径17.5、底径19、通高31.8厘米（图三〇，1）。

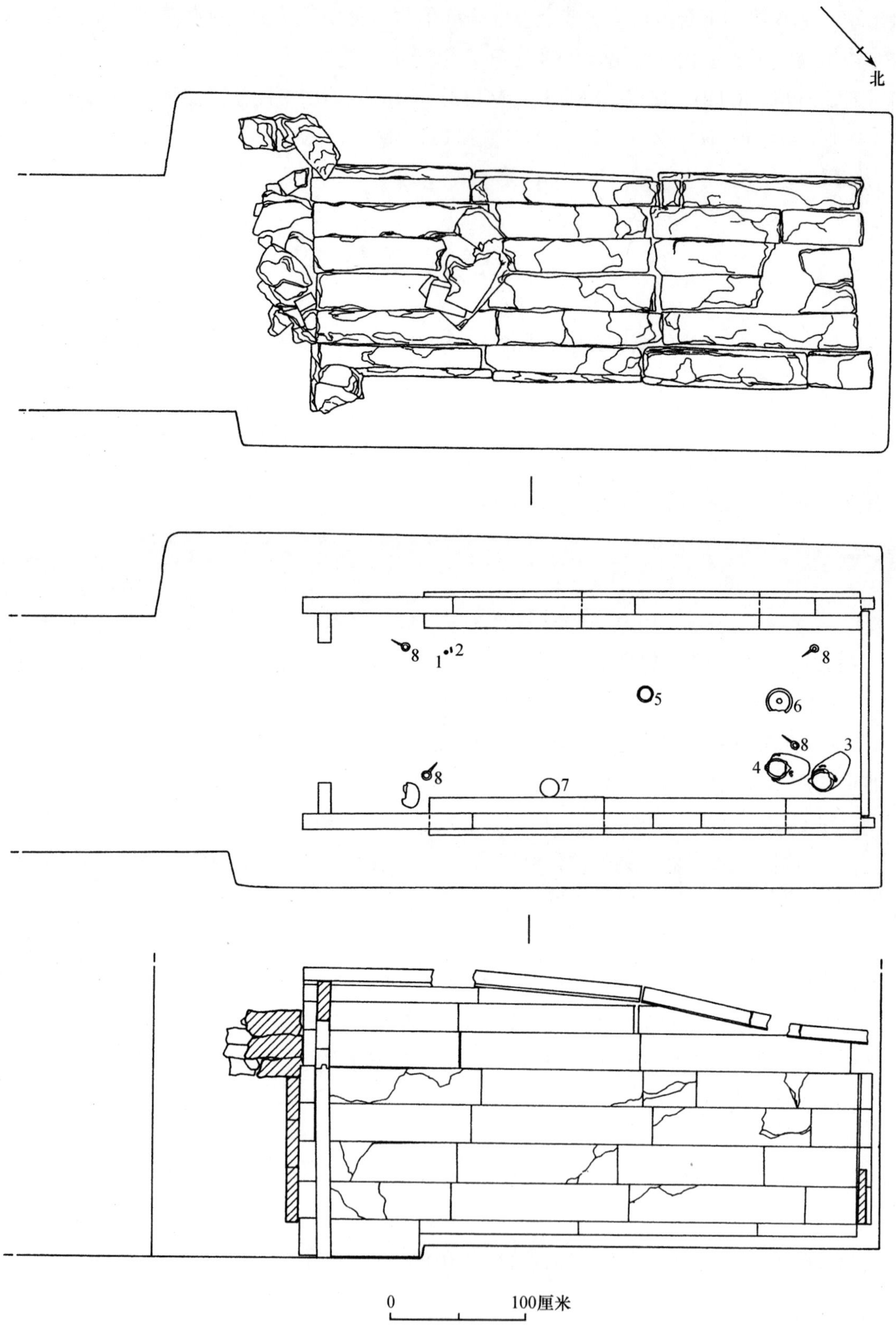

图二八　M128平、剖面图

1. 铜币　2. 铜饰件　3、4. 瓷四系罐　5. 瓷双系罐　6. 瓷唾壶　7. 瓷碗　8. 铁钉环

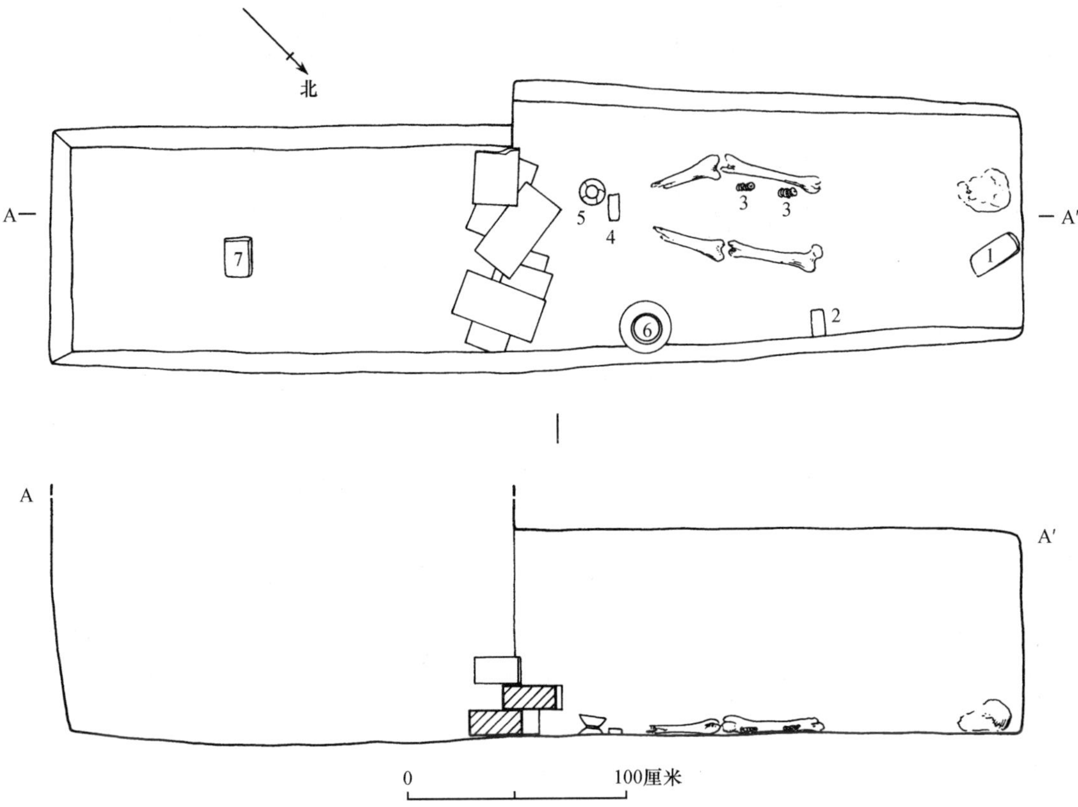

图二九　M99平、剖面图

1、2、7. 石符镇　3. 铜钱币　4. 铁器　5. 瓷碗　6. 陶罐

2. 瓷器

11件。

壶　1件。M130：3，黑釉，灰白胎。盘口较直，颈粗而长，弧肩，腹壁斜直，凹圜底。肩部饰对称四系。口径17.9、底径16.7、通高36.1厘米（图三〇，2）。

罐　6件。分二型。

A型　3件。形体瘦高，直口，矮领，溜肩，深腹，平底，双横耳或四横耳。M108：1，灰胎，褐色釉不及底。双横耳。口径11.8、底径11、通高23厘米（图三〇，5）。M128：4，灰胎，四横耳，上腹薄釉，下腹素胎无釉。口径12.2、底径10.7、通高33.5厘米（图三〇，3）。

B型　3件。近直口，矮束颈，窄肩微鼓，斜直腹，平底微凹，双系或四系。M130：1，四系竖耳。器表有滴釉。口径8.7、底径10.6、通高19.7厘米（图三一，1）。M128：5，双系。浅黄釉。颈、肩相接处施褐点彩，腹部施褐色与蓝色点彩。口径8.8、底径10、通高16.8厘米（图三一，4）。

碗　3件。M99：5，淡青釉。葵瓣口，平底。口径11.6、底径3.6、通高3.8厘米（图三〇，4）。M96：2，豆青色釉。敞口，圆唇，弧腹，底部厚，圈足。口径14.6、底径6、通高7.2厘米（图三一，3）。

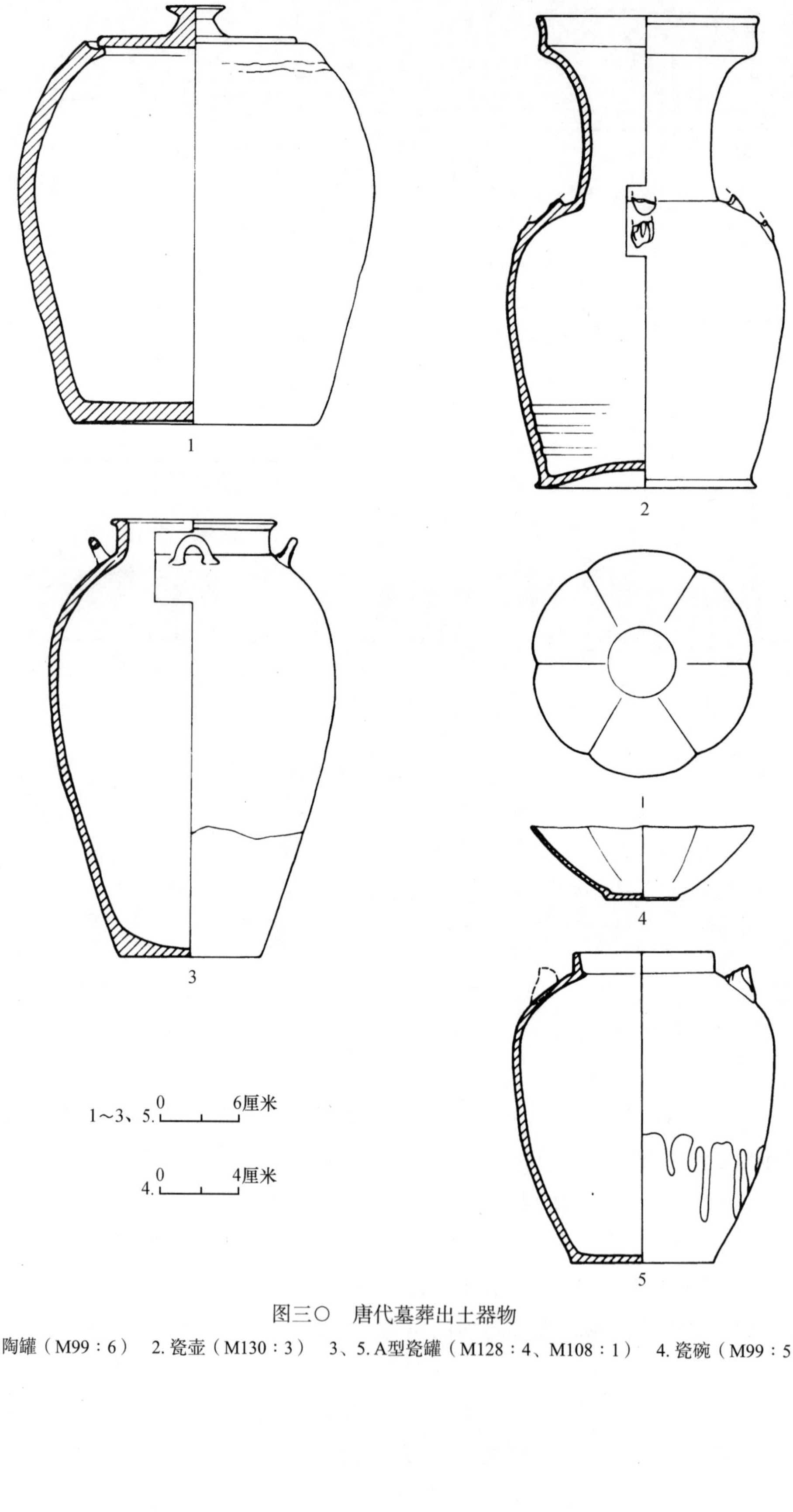

图三〇 唐代墓葬出土器物

1. 陶罐（M99：6） 2. 瓷壶（M130：3） 3、5. A型瓷罐（M128：4、M108：1） 4. 瓷碗（M99：5）

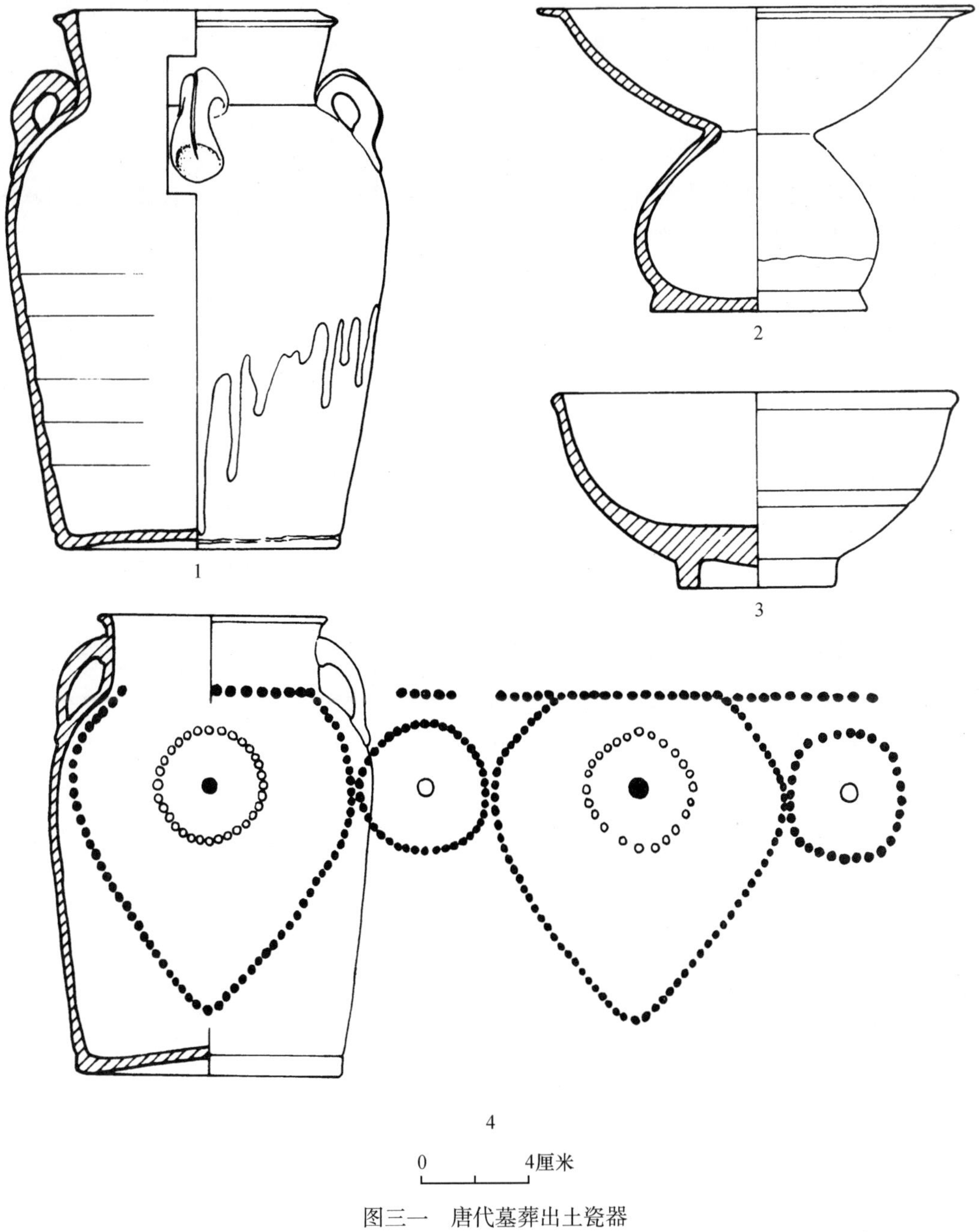

图三一　唐代墓葬出土瓷器

1、4. B型缸（M130：1、M128：5）　2. 唾壶（M128：6）　3. 碗（M96：2）

唾壶　1件。M128：6，深褐色釉，釉不及底。盘口外敞，平折沿，扁垂腹，平底。口径16.5、底径8.1、通高11.2厘米（图三一，2）。

（三）小结

5座墓葬的分布无明显规律，随葬品也不丰富，但时代特征还是很明显的。其中M128、M108的A型罐与长沙咸嘉湖唐墓①同类器相同，M128、M130的B型罐与长沙唐大和六年王清墓②同类器相同，盘口壶与武昌郊区隋唐墓出土同类器③相似；且墓葬中出土铜钱均为“开元通宝”。所以5座墓葬时代应属唐代后期。

四、结　语

（1）本年度发掘概况与2001年、2002年情况大体相同。最大的收获有两点：一是发掘了19座东周墓葬，出土了一批春秋战国时期随葬器物，大大丰富了该墓地早期资料。尤其是M124的发掘，为探讨该墓地性质和其他相关问题的研究提供了线索和实物资料。同时，本次发掘再次充实了一批两汉墓葬的材料，为该墓地的进一步研究提供了珍贵材料。二是本年度还首次发现了几座唐代墓葬，尽管墓葬数量很少，但已经说明该墓地直到唐代仍在使用。据了解，云阳县境内唐代墓葬过去发现不多，材料相对匮乏，这次发掘可以说是填补了该段空白，同时，更将该墓地的使用年代延长了数百年之久。

（2）马沱墓地的发掘工作已告一段落，墓地时代及文化内涵已基本清楚。据初步研究，该墓地始于春秋时期，历战国、秦、西汉、东汉、蜀汉、六朝诸代，到六朝晚期趋于衰落，之后至少到唐代仍在使用，粗略计算，该墓地使用年代竟达千年之久。现有材料表明，时代跨度如此之长的墓地在峡江地区尚不多见。该墓地东周时期墓葬遗存性质是以楚文化遗存为主，很少见有巴文化器物。在远离楚文化中心区的巴人统治腹地，发现如此多的楚墓，应与史载春秋战国时期巴楚相争有关。这批墓葬的发现无疑为我们探讨春秋战国时期巴楚关系和楚国疆域等历史问题提供了重要资料。至汉代则属典型的中原秦、汉文化系统，应与秦、汉的大一统政治格局有关。

连续三年的发掘均表明马沱墓地始、兴、衰的时间顺序与朐忍县旧县坪遗址（原朐忍县旧址）的始弃年代相吻合；另外，该墓地以战国、两汉时期遗存最为丰富，是其繁盛时期，这与旧县坪遗址多年来的发掘结果④也是一致的。上述更证明我们以前关于马沱墓地与旧县坪遗址关系的判断是正确的⑤。

马沱墓地发现的从战国到唐代几乎连续不断的遗迹和遗物，无论是对于马沱墓地本身，还

① 湖南省博物馆：《湖南长沙咸嘉湖唐墓发掘简报》，《考古》1980年第6期。

② 周世荣：《略谈长沙王清墓与出土瓷器的窑口问题》，《考古》1985年第7期。

③ 权奎山：《中国南方隋唐墓的分区分期》，《考古学报》1992年第2期。

④ 黑龙江省文物考古研究所：《云阳县旧县坪遗址发掘报告》，《重庆库区考古报告集·1998卷》，科学出版社，2003年；另依参观吉林省文物考古研究所1999年以来发掘出土遗物情况。

⑤ 郑州市文物考古研究所、云阳县文物保护管理所：《2001年度云阳县马沱墓地考古发掘报告》，《重庆库区考古报告集·2001卷》，科学出版社，2008年。

是旧县坪遗址，乃至于峡江地区该历史阶段的考古学研究，都具有重要意义。所以，下一步我们还将对该墓地进行系统化的整理，以便尽早公布全部发掘材料，供大家深入研究，以期解决峡江地区一些重大的考古学课题。

领队：张建华
发掘：秦德宁 李家俊 王广才
信应君 高赞岭
王 军 张吉民 张明菊
王 辉 张建华
修复：冯福庆 李恩圆 秦秀花
绘图：李 扬 高赞岭 张建华
摄影：刘彦锋
执笔：张建华 李 扬 秦德宁
李家骏

云阳旧县坪遗址2003～2004年度发掘简报

吉林省文物考古研究所
云阳县文物管理所

旧县坪遗址是长江三峡淹没区内一处重要古代文化遗址，以往被认定为汉朐忍县县城所在，是三峡工程（重庆库区）地下文物保护抢救发掘的A级项目。

遗址位于云阳新县城双江镇东北12千米处长江北岸临江的一个小盆地中，即原云阳县城至双江镇公路南侧，地属双江镇建民村二社。长江在此折一“U”形小弯从遗址西南至东北环流东去。遗址西南窄、东北宽，略近狭长梯形，其东北部较平坦，四周环绕低山矮丘，中心较低（图一）。

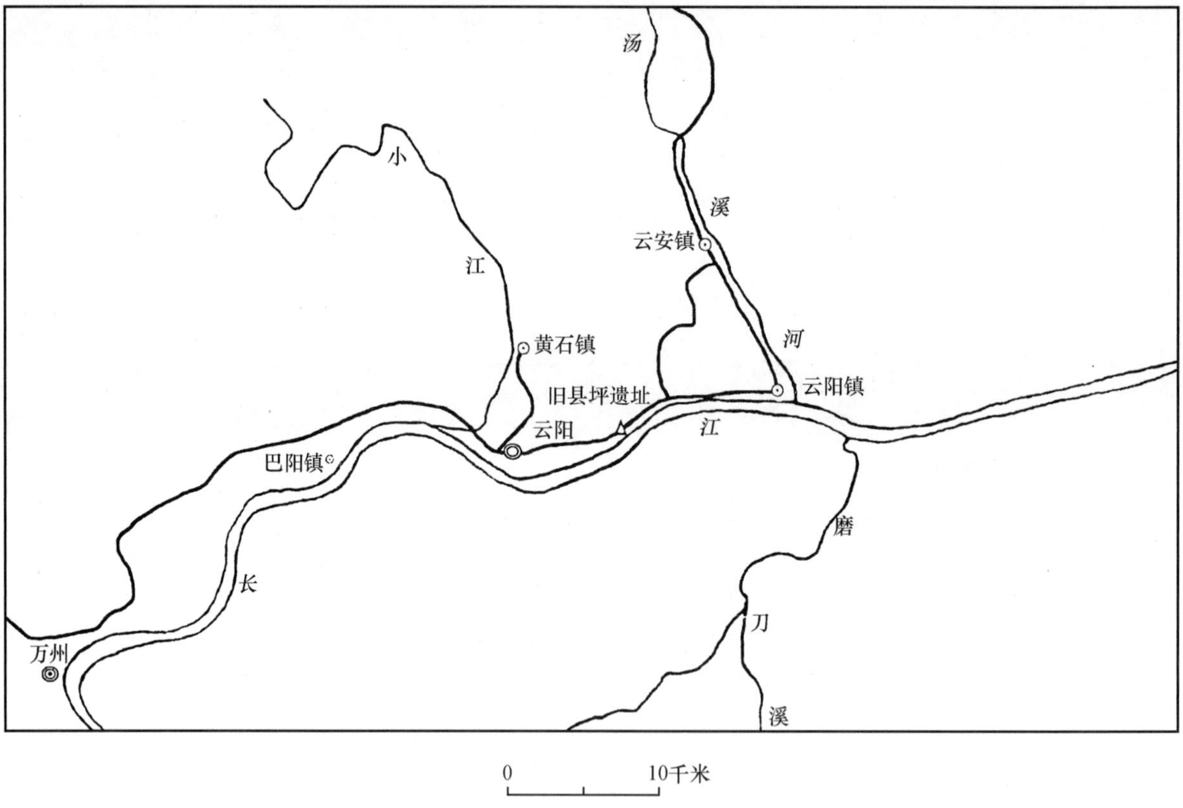

图一　旧县坪遗址位置示意图

一、发掘经过和地层堆积

本次发掘任务为4000平方米，分2003年和2004年两次完成，实际发掘面积4800平方米，主要涉及E区、S区、R区，共发现房址、灰坑、夯台、墓葬、沟渠等遗迹67处，出土遗物小件1800余件。

2003年发掘主要以探沟为主，包括E区6条、S区3条、R区6条。

R区发掘主要是为了保证一期水位线以下的地层及文化堆积能全部发掘清楚。经过发掘发现该部分堆积主要为淤积土，主要遗迹为较为残破的房址等。

E、S区经发掘并结合2001年的发掘结果，发现该处存在一个较大规模的遗址集中区域，因此在2004年度通过连续布方予以全面揭露。

S区位于遗址中部偏南，南端临长江，主要堆积有6层。其北邻为E区，俗称“大坪”，表面较为平整，经发掘其主要堆积有11层。现以ST0705、ST0805、ET0309、ET0409等方西壁为例（图二），将地层堆积情况介绍如下（地层层号以E区为准）。

第1层：厚20～45厘米。黄褐色，泛灰。土质疏松。包含少量塑料、煤渣等现代遗物等。

第2A层：厚0～31、距地表深20～45厘米。棕红色。土质较为疏松，略含砂。未发现包含物出土。

第2B层：厚0～40、距地表深38～65厘米。浅灰色。较致密。未见包含物出土。

第3层：厚0～38、距地表深25～75厘米。浅黄色，略泛灰。土质致密，较纯，略含砂。仅见零星绳纹灰褐色陶片。

第4层：厚0～35、距地表深70～120厘米。黄色土。较致密。包含少量瓦片、白瓷片等。

第5A层：厚20～65、距地表深60～140厘米。黑灰色。土质致密。于该层中下部发现大量红烧土块、炭屑以及少量灰褐陶瓦片，出土物包括纺轮、网坠、铁镞、铜镞、瓷钵、铜钱等。

第5B层：厚20～95、距地表深125～180米。红褐色，略泛灰。土质较为致密。包含少量红色砂岩风化物。

第5C层：厚24～62、距地表深140～290厘米。黑绿色。土质较疏松，含水量较大，含砂。包含有大量炭屑、绳纹褐色瓦片、陶片等，出土物包括铜钱、铜镞、铁镞、瓷钵等。

第6A层：厚0～68、距地表深210～365厘米。灰绿色土。含砂量大。包含较多陶片及少量瓦片。

第6B层：厚0～70、距地表深220～395厘米。黄褐色。土质较致密。无包含物出土。

第7A层：厚0～85、距地表深280～415厘米。黑绿色土。土质较密。包含物较少。

第7B层：厚0～57、距地表深379～445厘米。黄色土。土质疏松。含有少量陶片。

二、遗　　迹

本次发掘发现有房址、夯台、灰坑、坑、墓葬、沟渠等多处遗迹。分述如下。

1. 房址

共发现房址16座。

03YJRF3　位于R区T3西北侧，第5层下，方向45°。该房址大致呈梯形，长11.9、南端宽7.28、北端宽5.52米，由于多年沉降出现轻度滑坡现象，自西向东倾斜，落差50厘米。共设四

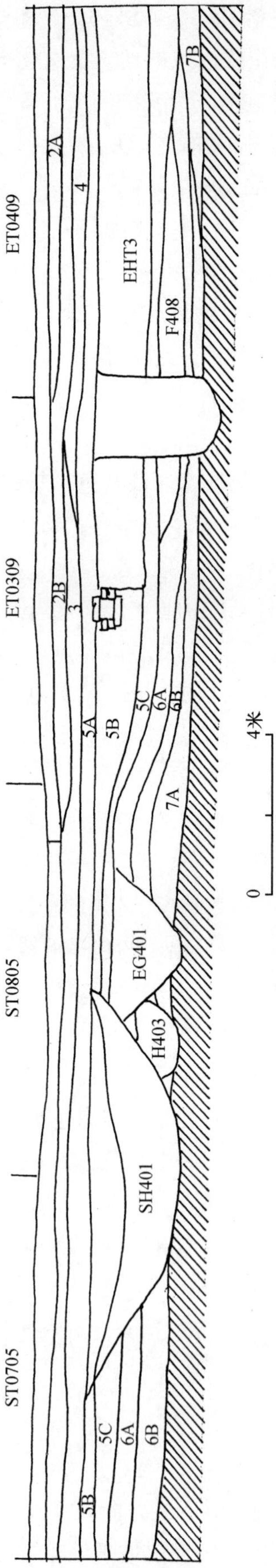

图二 ST0705、ST0805、ET0309、ET0409西壁剖面图

间，以墙相隔，并设门相通。房内东部有一石砌圆柱形台基，直径110、残高36厘米，其东南侧40厘米处放置一储水用的圜底瓮。房内南端有一刀把形水池，长2.9、宽0.8、深0.2～0.5米，四周用石板围起，石板铺地。房屋北墙外西端有一大瓮，东端有两个直径1米左右的椭圆形储泥坑，直壁，平底，深约50厘米，两坑间距2米，坑内填充黄黏土，土质细腻纯净；房屋南墙外侧与墙平行建一条护坝，以较规则的石块单层错缝叠砌而成，与墙间距74厘米。房屋内堆积一层瓦砾，夹杂少量较硬的红褐色土，并出土石拍、铁凿、五铢、货泉及少量陶片，可辨器形有瓮、罐、盆、碗等。从该房址内外设施可判断其是一制陶作坊，由所处层位及形制判断其建于六朝时期。

03YJEF301　位于E区西南部，第5层下，方向55°。该房址大致呈长方形，内隔六间，由于破坏严重，墙体大多已无存。房内西半部以方砖及榫卯砖铺地，东半部未铺地，并可见两处砖石铺砌的近圆形台基，直径约1米，可能为工作台。北部有两块边长60、厚11厘米的方形础石，排列方向与墙体平行。房外南侧有一条砖砌的排水渠自北向南呈弧形延伸，长约4、宽0.3米，房屋内的堆积层为灰绿色土，土质坚硬，结构致密，包含大量绳纹板瓦、筒瓦残片及红烧土块和木炭粒，并出土铜镞、铁镞、铁刀、五铢及大量素面陶片、青釉、酱黄釉瓷片，可辨识的器形有瓮、罐、钵、盆、碗等。由所处层位及形制判断该房址建于六朝中期。

03YJEF302　位于E区西南部，第4B层下。该房址为长方形，为进深一间、面阔二间的抬梁式木结构基址。长13.1、宽1.9米，方向48°。有南北两排础石，均为暗础，大多用红色泥质岩加工而成，方圆不一，表面平整，有的方础表面凿出圆台，并刻有用于立柱的重心十字线，北排六块，南排八块。方础边长60～90、圆础直径65～80、厚15厘米。南排础石南部1.8米处另有两块与其平行的础石，间距9.1米。柱础间有明显的踩踏面，厚1～2厘米。房屋内的堆积层为红褐色土，包含绿釉瓷钵、罐残片。由所处层位及形制判断该房址建于六朝晚期。

04YJEF405　位于E区南部，方向以残存最长的墙基为方向定为45°，发现于第5A层下。该房址平面呈方形，残存三处墙基，大体可以相连，南侧墙基残长7.25、西侧墙基残长5.7、东侧墙基仅剩1.55米，房内地面保存较好，比较平整，墙基仅存一层，与地面持平，由于缺少一侧墙基，因此房址范围难以确定，仅能确定房址的大体形状为长方形（图三）。

04YJEF408　位于E区西南部，第5C层下。房基以灰黄色土垫平地面后建造，垫土较致密，包含物很少，垫土上有平行的两排方形础石，呈东北—西南向排布，础石边长65～70厘米，每排4个，因上层夯台的打破，础石缺失一块。房屋地面为黑色灰烬层。房屋北侧垫土边缘有一段残存的墙基，由长50～90、宽约20厘米的条石筑城，残长6.5米。南侧有两个石夯嵌于房基垫土之中，上表面与础石等高。地面以上有一层5～10厘米厚的红色瓦砾及泥块堆积，在这一层堆积中出土有瓦当、瓷钵、陶钵等遗物，共计11件。值得注意的是在房基垫土当中发现两具人骨，均仰身直肢。1号，头向140°，面向左，两臂交叉于胸前；2号，头向320°，面向不明，手臂也似交叉于胸前。在1号人骨左侧1.3米处有一瓮棺（W2），棺内葬一婴儿骨骸。至于为何会在房基内出现人骨，以及死者的身份和死因，都还有待于进一步的鉴定和研究。由开口层位判断该房址建于东汉晚期（图四）。

04YJSF301　位于S区东北部，第3A层下，方向55°。因破坏严重，该房址现存进深一间、面阔两间，残长7.8、宽3.1、墙残高18～36厘米。南墙用长方形条石砌起，北墙用未加工过的

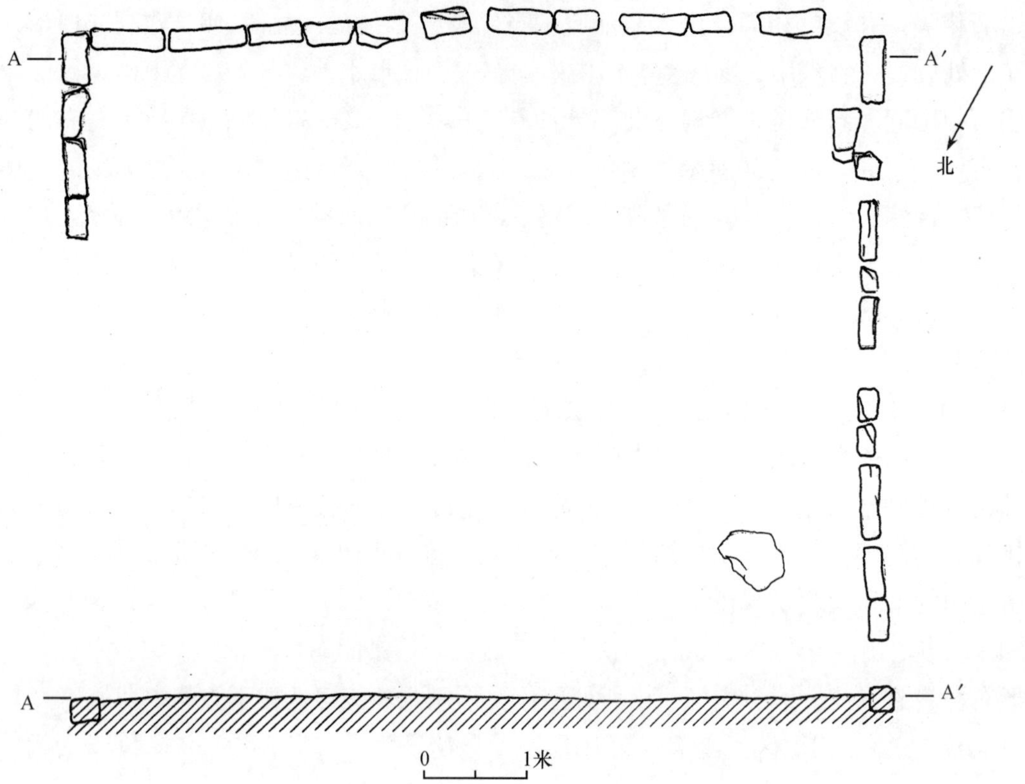

图三　04YJEF405平、剖面图

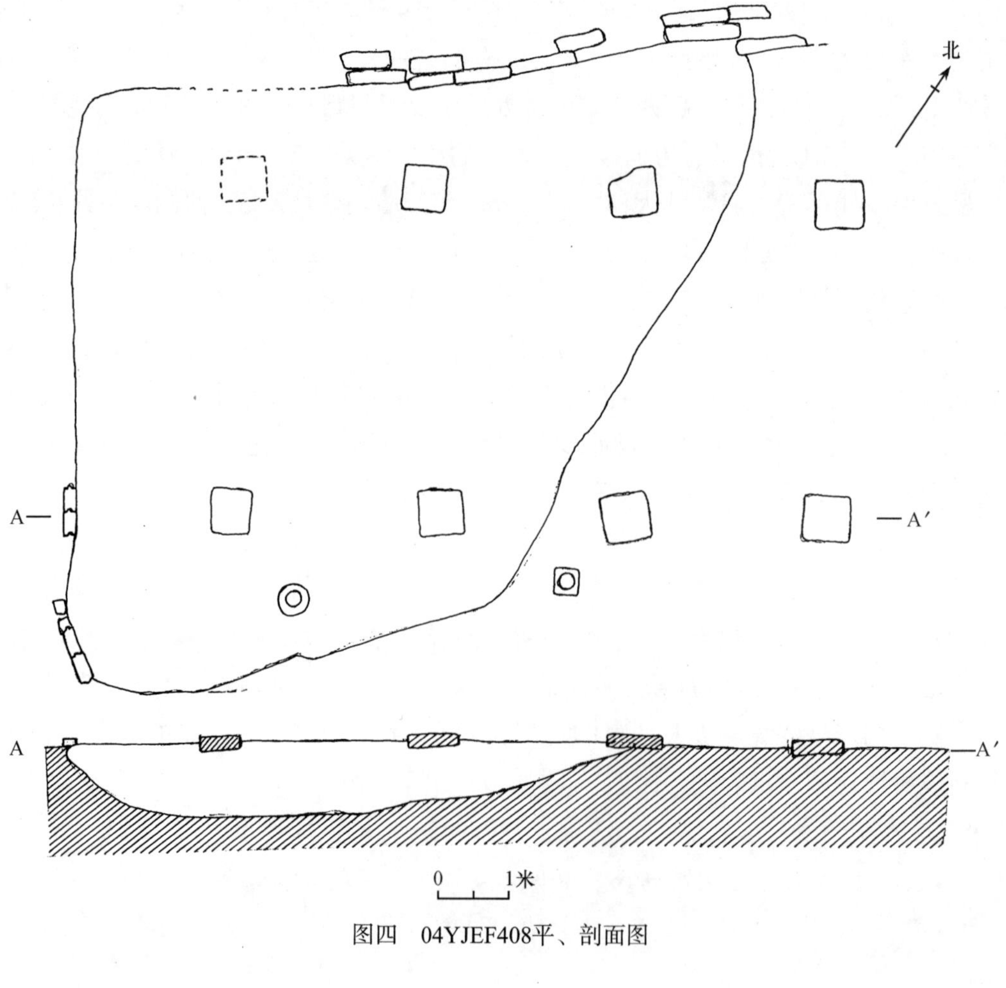

图四　04YJEF408平、剖面图

较为规整的石块砌基，上抹草拌泥，并用条石错缝平砌，两墙间设有隔墙，东西墙残缺，西南部被一石椁墓打破（M301），东端使用汉碑下半段做房础。房址西侧有一排水沟，自南向北穿墙而过，沟两侧用条石和未加工的较为规整的石块砌成，渠底未铺石，上无盖板，沟宽60、深24、残长180厘米，南高北低，落差15厘米。房屋内的堆积层为红褐色土，性黏，坚硬，包含少量绳纹板瓦、筒瓦、绿釉瓷钵、罐残片，并夹杂有炭粒和红烧土粒。墙体下底水平处有一层厚1～2.5厘米的踩踏面。由所处层位及出土遗物判断该房址建于六朝时期。

04YJSF402　位于S区，延伸到E区，发现于S区第3A层下，即E区第5A层下，方向55°，该房址仅存石砌墙基三条，虽然不相连接，但是在同一平面上构成一座房址的残迹，且各墙基延伸方向均支持这一推断。房址仅存东西北三条墙基，北侧墙基最长为11.75米，东侧、西侧墙基分别长4.3、2.95米，房址为长方形，南墙不存在。房内地面保存极差，墙基经过解剖应该仅剩底层。房内西北角发现以石条平铺成约长1.9、宽0.8米的平面，可能用作房屋内的础石，北墙外侧东北角处发现另一条石砌边，与墙基构成一条水渠，应与房址排水有关系。房内堆积为上层地层堆积，房址周围同层发现数条水渠及数座房址，构成一个小居住区。根据叠压关系，该房址应为六朝遗迹（图五）。

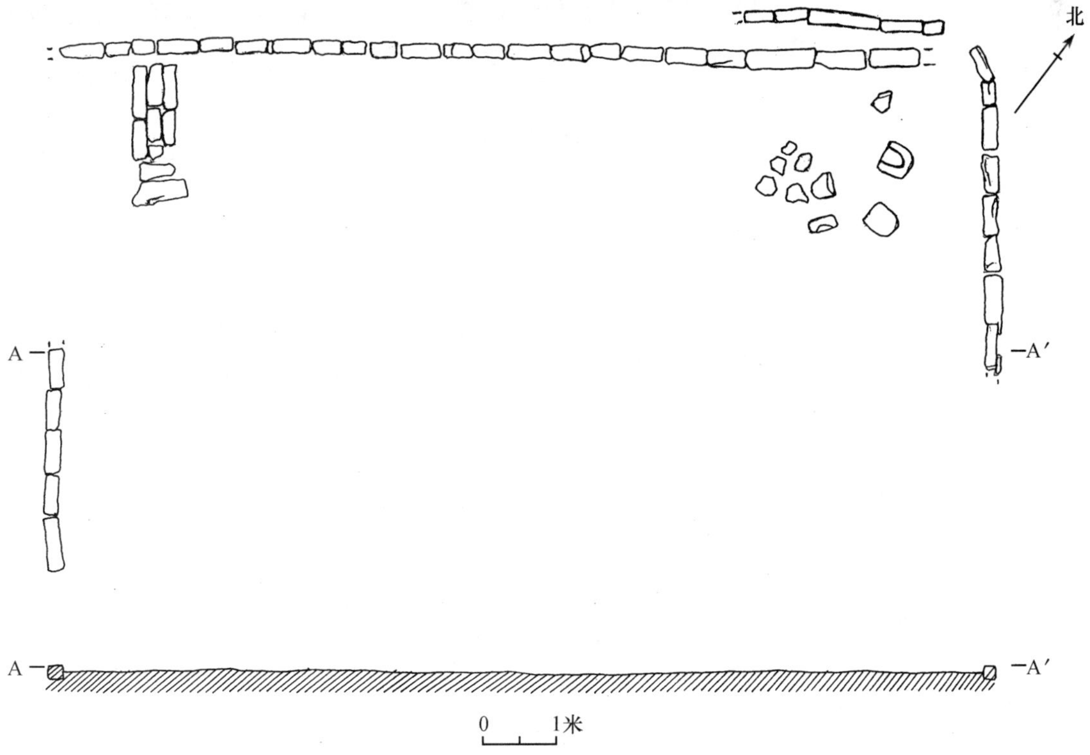

图五　04YJSF402平、剖面图

2. 夯台

共发现夯土台基3座。

04YJEHT1　台基略呈东北—西南走向，方向北偏东43°。现今清理出的部分平面近长方形，横截面呈梯形，顶面宽约11、底面宽约21米，目前揭露的长度约60米。由于台基起建地面凹凸不平，夯筑台基时未经平整，台基夯土厚度差别较大，在0.9～1.8米。夯台以黄、红、黑色花土夯筑，局部根据不同色土所占比例不同，在剖面上可划出10～30厘米厚度的夯层，最多处可见5层，夯层上不见夯窝。台基表面破坏严重，不见原生地面，遗迹现象破坏殆尽。台基西部及南侧边残留数段条石垒砌的墙基，另在台基西部清理出两道条石作壁、板石为底和盖的水渠，分别与台基同向和垂向。构筑水渠所用条石略经琢制，盖板石未经修整，均为当地产的灰红色砂岩。根据现存遗迹现象，难辨此台基的年代及其上的建筑布局。

04YJEHT2　该夯土台基位于E区中部偏东，方向为51°，发现于第5C层。该夯台为平面呈长方形覆斗形台基，由于长期破坏其上部已经不是很完整，仅底边比较完整。HT2顶部残长30.2、残宽22.8米，底部长31.5、宽24.5米，残高1.5米左右。夯土主要为黄绿土，较为细腻，黏性大，其次为红色砂岩风化物及岩石残块，较为疏松，均为细砂。夯台夯层最多有十余层，厚度为10～30厘米，夯层并不统一。于夯土第11层中发现“大泉五十”1枚，于东侧红色砂岩风化沙土夯层中也出土“大泉五十”1枚，夯层下部为基岩。HT2的建筑年代根据夯土中所出“大泉五十”可以认定为东汉早期，而使用年代则可以延续至魏晋，并多次经过修整、补建。现存有夯台上的房址，编号为EF401的是将HT2表面修整后建立的由柱础、柱洞、墙基共同构筑的房址，于EF401居住面与H101中出瓷四系罐等物可以判定EF401为魏晋时期的建筑；其东侧为EG401，为EF401南侧排水沟，由花纹砖构筑而成；EQ402为挖于夯台表面的沟渠，可能应用于排水，而HT2东南、西南角均有石质水渠，可能也是用于排水。上述遗迹均为后期构筑，打破HT2，可能为魏晋时期遗迹。EG401位于HT2南侧，与HT2发现于同层，北侧沟边即为HT2南边，其构筑年代应该与HT2同时期，且其作用是为了保护HT2免受南侧山坡流水的冲积。

04YJHT3　位于E区西部第5A层下，打破第5B及第5C层，呈东北—西南向长方形，方向38°，台基由花土层层夯筑而成，夯层厚5～10厘米，长32、宽11、平均厚度为1.5米。西南端被上层台基遗迹打破，约0.5米深。台内有10个平面大致呈长方形的夯墩，也为层层夯筑而成，夯层薄，多在5厘米以下，夯墩深度在3～3.5米，最深处可至生土层。这些夯墩呈平行的两排分布，用作立柱的基础或用于加固夯台，但这些夯墩的中部往往可见有空洞，形成原因不明，推测可能立有木柱，年久腐朽后造成空洞现象。夯台边缘大致垂直于地面。夯台内出土大量文物，主要有弹丸、纺轮、网坠、镞、泡钉、铜铃、铁器等，共计100余件，以及大量瓦片和陶瓷器残片。由该夯台的建筑方法及所在层位判断，应为六朝时期的建筑台基（图六）。

3. 灰坑

共发现灰坑18座。

03YJEH301　位于E区T3中南部，开口于第3层下，打破第5、第6层，平面呈圆角长方形，四壁略内斜，平底，方向57°。坑口长217、宽142、距地表深55～60厘米；坑底长202、宽130、距地表深150～156厘米。坑内自下而上堆积大量红色泥质粗绳纹板瓦、筒瓦，少许泥质灰瓦，填土为黄褐色，结构松散，并夹有大量陶、瓷器残片，主要有泥质灰陶罐、盆、瓮，泥质红陶瓮、酱黄釉四系罐、青釉瓷片等（图七，1）。

04YJSH401　位于S区中部，发现于第3A层下，该灰坑为近圆形圜底灰坑。坑口最大径为9.9、坑内最深为2.2米，坑内堆积分为两层。第1层土色泛灰，较为疏松，堆积厚度不一，坑

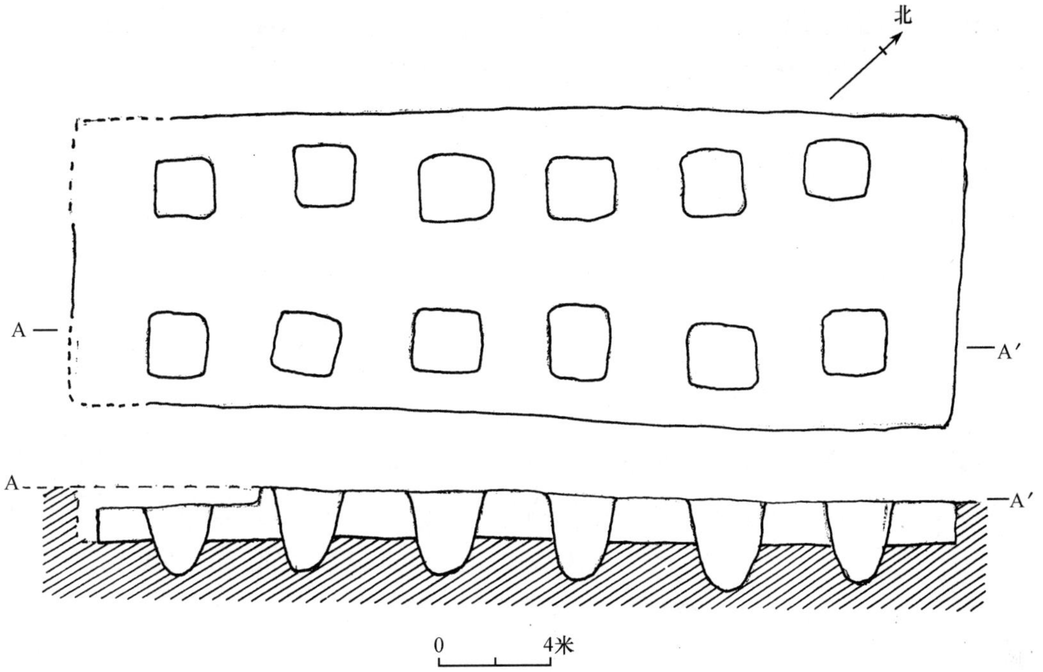

图六　04YJHT3平、剖面图

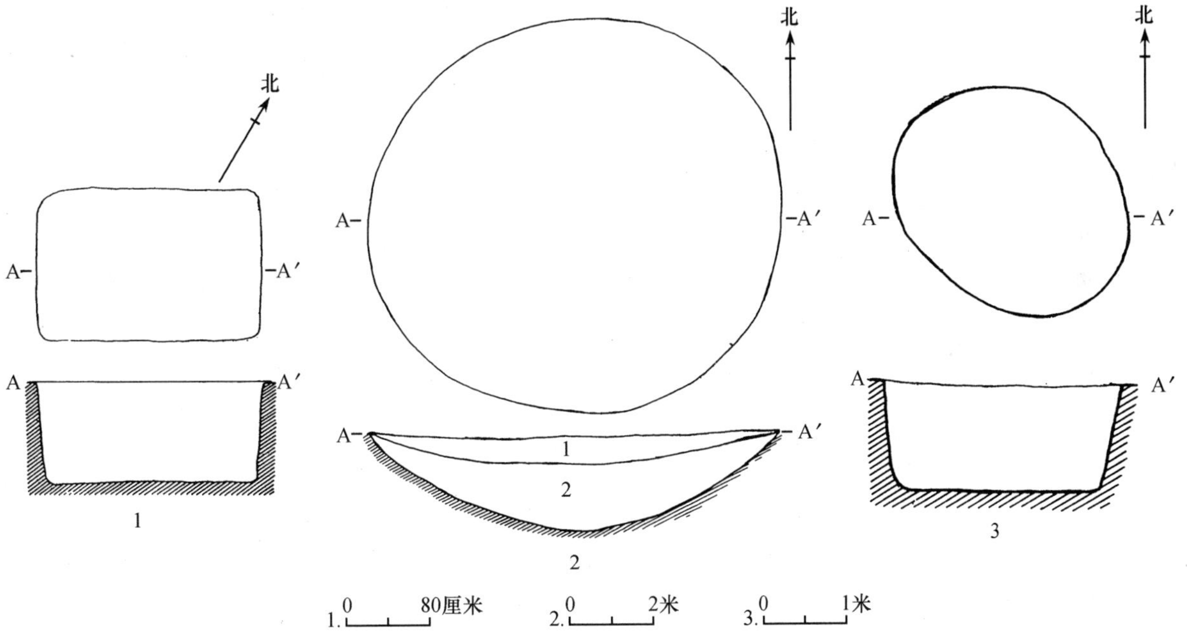

图七　灰坑平、剖面图

1. 03YJEH301　2. 04YJSH401　3. 04YJSH407

周边较薄，中间较厚，出土少量的瓦片、散碎陶片等，还有铜镞和泡钉。第2层土色黑绿色，其底部有一层黄沙土，分布不是很均匀，该黑绿土层受坑形状限制，边缘薄，包含物主要为花纹砖、石块、石条、碎瓦片等。根据叠压关系及坑内遗物特征，可确认是六朝遗迹（图七，2）。

04YJSH407　位于S区东部，发现于第4B层下。该坑形状近似椭圆形，平底，壁外斜，坑口最大径305、深约135厘米，坑东南部稍微低于底面，有一个不规则的斜坡。坑内堆积仅一层，为黑绿色土，含水量极大，极黏，疏松，出土铁馒1件，刃部稍微残。坑壁及坑底均附着一层极细之黄色土，不渗水，推测该坑可能用于存水。根据叠压关系及坑内遗物特征，年代可能为战国—汉代（图七，3）。

4. 坑

共发现坑3座。

04YJSK2　该坑位于S区中部，发现于第4B层下，基本为正方形，上部因塌方形状不规则，一部分压于SH401之下，坑作于生土或基岩之上。SK2基本为正方形，为上口略大下部收小的竖穴式土坑。内侧四角有伸入东西两壁的长方形坑洞，应该是用于架设挡板，防止坑壁坍塌所挖。坑下部以木板构筑成方形，围成四壁，直接坐于基岩上。SK2深8米，上口最宽处3.7、距离坑口1.9米处发现东西两壁放置挡板的洞，每往下1米均有同样发现，距离坑口6米处发现连续的挡板，最上层已经腐蚀殆尽，下层存有约1.6米高、边长2.3米的木圹，其底部直接构筑于基岩上。SK2堆积可以分为两层。第1层黄土层，包含铁锈斑点，较为细腻致密，与部分灰土混合一起，黄土与坑壁生土完全一致，可能为塌方所致。其中出土大量陶器残片，竹木残段，发现较为完整的陶壶1件。二层为青膏泥，含砂土，极细，黏性大，可以分成若干小层，每层约20厘米，夹杂大量竹席残片，该层堆积一直延伸至坑底。出土较完整的陶器高领罐、双耳罐、鬲、豆等。从该坑的构筑方式，并结合2001年发掘的K1的特征，确定该坑应该是构筑的墓坑，但是从堆积分析，该坑没有葬入墓主。后期可能因为长期塌方废弃作为灰坑。根据地层叠压关系和出土遗物特征可以认定该坑构筑于战国中晚期（图八）。

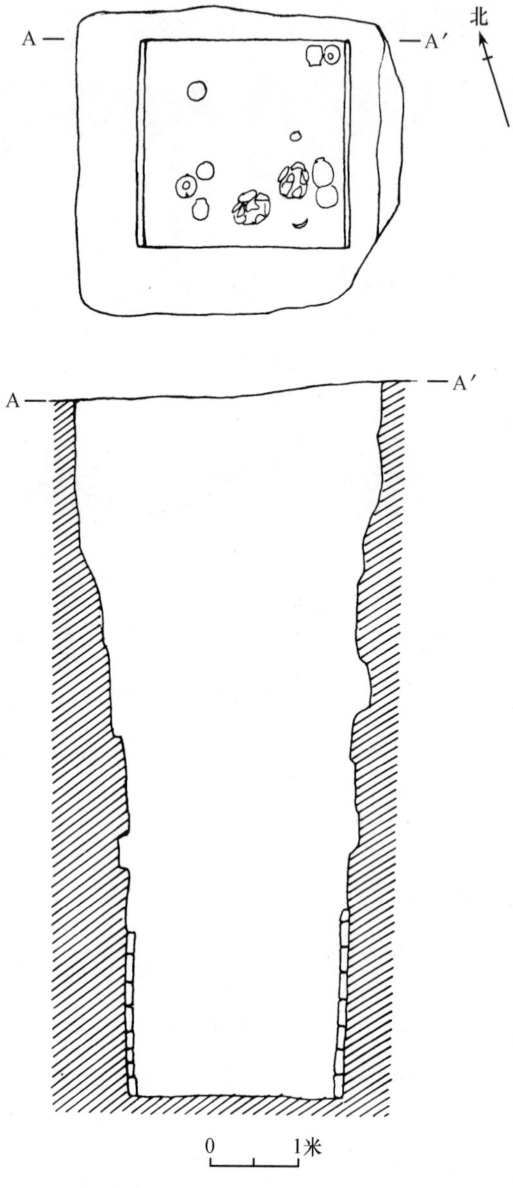

图八　04YJSK2平、剖面图

04YJEK1　位于E区西南部，开口于第6B层下，椭圆形，呈东北—西南向分布，方向28°。内有38具人骨也呈东北—西南向分布，其中仅3具有墓圹及简易木葬具。这些人骨有的比较完整，有的残缺不全，相互叠压堆积，人骨周围多见陶器残片，主要器形有豆、鬲、罐等。人骨具体状况如下。1号仰身直肢，头向242°，面向微偏右，左股骨折断，骨架长170厘米；2号仰身屈肢，头向62°，面向左，骨架长155厘米；3号侧身屈肢，头向152°，面向东北，下肢已朽，上肢细小，应为一儿童；4号位于3号东部，扰乱，除头骨和若干肢骨外，未见其他部位骨骼；5号位于1号下部，侧身直肢，头向242°，面向西北；6号仅余一头骨，头向62°，面向右；7号侧身，肢体已朽，头向30°，面向南；8号位于东北部，仰身直肢，头向60°，面向上，右臂曲置于胸前，骨架身长160厘米；9号仰身直肢，头向260°，面向右，双臂置于身两侧，骨架长170厘米；10号仅有一头骨，头向25°，面向南；11号仅有一根股骨；12号仅有几根肢骨；13号仅有一头骨，头向180°，面向东；14号仰身直肢，头向30°，面向右，左手上臂置于胸前，骨架长160厘米；15号仰身直肢，头向30°，面向左，左手臂曲置于胸前，骨架长150厘米；16号仰身直肢，头向30°，面向上，骨架长175厘米；17号仰身直肢，头向240°，面向不明，下肢长70厘米；18号仰身屈肢，头向60°，面向右，左臂置于胸前；20号仰身直肢，头向232°，面向左，骨架残长140厘米，略呈弧状，男性；21号俯身直肢，下肢微弯曲，头向118°，面向右前侧，左臂弯曲，肘上翘，右臂弯折于身右侧，骨架长150厘米，男性；22号为一儿童，仰身屈肢，年龄在10岁以内，头向237°，面向上，左臂弯曲置于身左侧，右前臂置于腹前，小腿并拢，骨架长80厘米；23号俯身直肢，头向165°，面向右，小臂残，小腿无，残长120厘米，男性；24号仰身直肢，头向340°，面向上，双臂自然下垂，无右下肢；25号仰身屈肢，身向348°，头向158°，面向上，左臂置于腹前，右臂弯曲置于胸前，下肢弯曲，膝盖上翘，骨架长150厘米；26号上半身遭破坏，仅剩下肢骨，判断该人骨仰身直肢，方向25°，残长90厘米；27号仰身直肢，身体微弯曲，头向28°，面向微偏左，左臂自然下垂，右臂弯曲置于胸前，盆骨残缺，小腿交叉，左在下，右在上，骨架长165厘米；28号仅一具头骨，无身躯，头向上，面向前（东北）微上仰；29号仰身直肢，头向298°，面向上，左臂自然下垂，下肘置于盆骨处，右臂弯曲置于胸前，小腿交叉，左在上，右在下，身长150厘米；30号有木质葬具，长方形，长180、宽40、高30厘米，人骨俯身直肢，头向296°，面向左，上臂反折于背后，下肢小腿并拢，骨架长150厘米；31号仅一具头骨，头向上，面向西，下颌骨与颅骨分离，颅骨下压着一根肢骨；32号俯身直肢，左臂残，右臂向上伸出，压于颅骨之下，头向28°，面向左，骨架长160厘米；33号俯身屈肢，头向10°，面向左，左臂弯曲置于身左侧，右臂压于身下，下肢弯曲，在膝盖处叠压，身长150厘米；34号仅发掘出头部，头向227°，面向右；35号仅发掘出头部，头向30°，面向右；36号有木质葬具，长方形，长190，宽40，高40厘米，人骨仰身直肢，头向142°，面向左，两手臂自然下垂，下肢长而直骨架长175厘米，男性；37号仰身直肢，方向160°，无头，两上肢自然下垂，左手位于盆骨下，右手位于盆骨上，骨架残长140厘米；38号仰身直肢，头向169°，面向左，两手臂自然下垂，下肢也自然摆放，骨架长165厘米，男性（图九）。

5. 墓葬

共发现墓葬5处。

04YJSM301　位于S区东北部，开口于第3A层下，打破SF301南部。石椁墓，椁长243、宽62～75厘米，墓向197°。先在地面上挖出长方形浅竖穴，以两层碎瓦夯实做墓底，再于竖穴侧壁砌上下两层石条，墓两端及墓口则以石条、石板、花纹砖等铺盖，所用石材与被其打破的SF301相同，可能是就地取材而建。墓内填土黄褐色，质地疏松，夹杂少量料姜石，并包含少

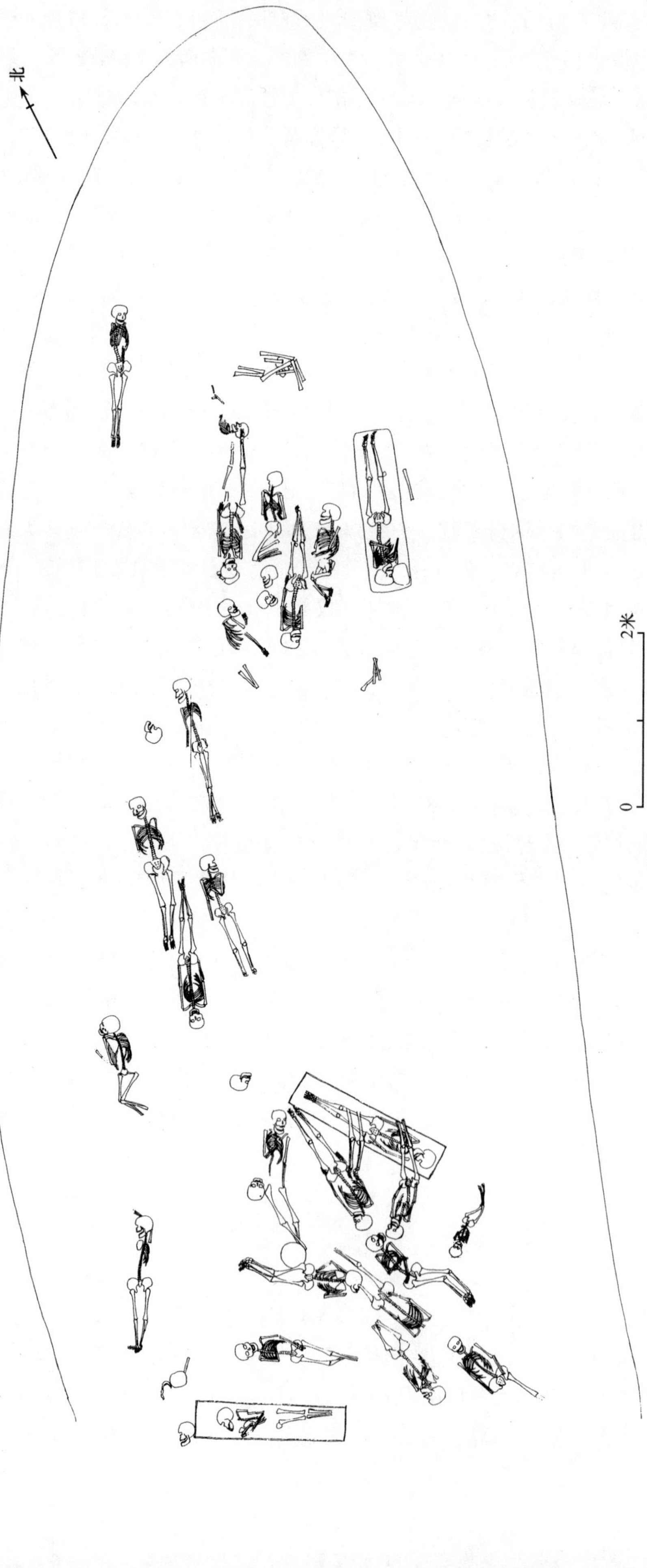

图九 04YJEK1人骨分布图

量粗绳纹瓦片及绿釉瓷片。墓中部遭破坏，盖板及墓底瓦片被扰动，人骨架保存较差，仅存少量颅骨残片、3枚牙齿、股骨、右侧胫骨和少量趾骨，葬式为仰身直肢。墓内发现3件随葬品：1件银钗，位于头骨左侧；1枚银戒指，位于左股骨外侧，应戴于墓主人左手指上；1件铜釜，位于左脚下，釜底及外壁布满黑灰，应为墓主生前实用器。从牙齿磨损程度及随葬品看，墓主人应为年轻女性。从开口层位判断此墓当建于六朝时期（图一〇）。

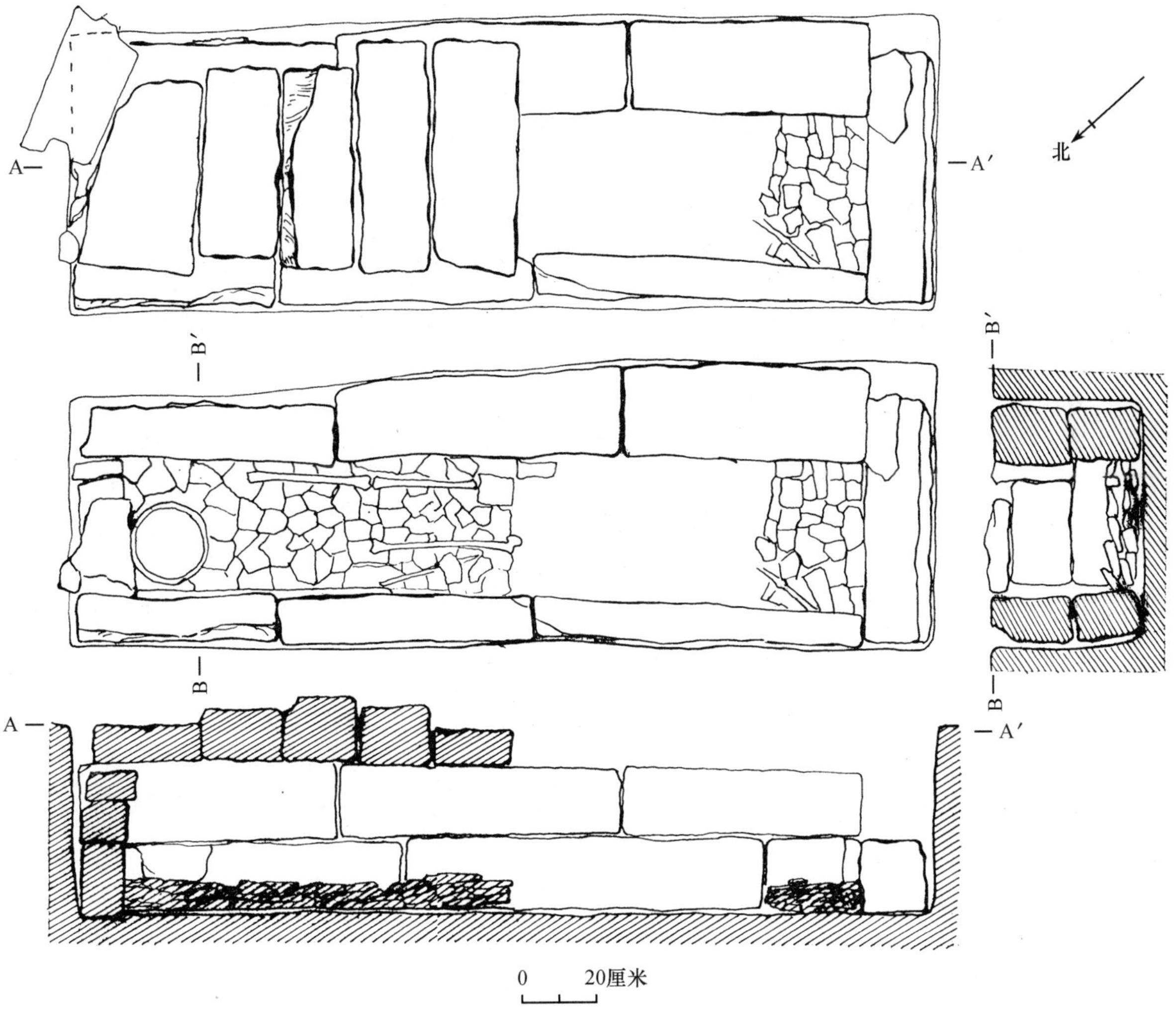

图一〇　04YJSM301平、剖面图

04YJEW1　位于E区西南部T0309内，开口于第5C层下，墓口圆角长方形，长90、宽60、距地面深230厘米，墓壁弧形，墓底圆角长方形，长60、宽45、距地面深280厘米。填土为黑色，土质较疏松，无包含物。该墓使用一陶瓮做葬具，瓮高56、最大径33.6厘米，瓮棺躺置于墓坑内，瓮口方向315°。棺内葬一小孩，保存状况很差，仅剩几颗牙齿和一片头盖骨，葬式不明，无随葬品。由开口层位判断，该瓮棺应为东汉晚期的墓葬（图一一，1）。

04YJEW2　位于E区西南部T0309内，F403的房基垫土之中。无墓圹，仅用一陶釜立于土中作为葬具，釜口向上，无盖。釜内葬一小孩，保存状况很差，仅剩几片头盖骨和若干细小的肢骨，头向西北，葬式不明，无随葬品。由所在层位判断，该瓮棺所处时代应为东汉晚期（图一一，2）。

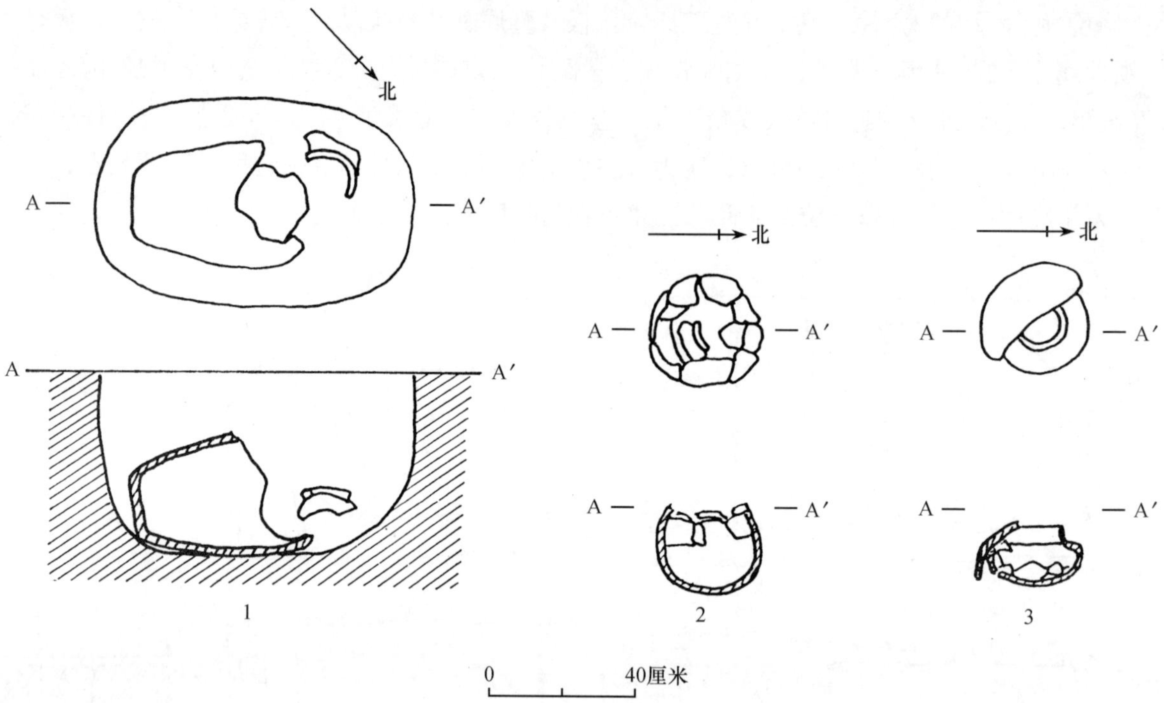

图一一　墓葬平、剖面图

1. 04YJEW1　2. 04YJEW2　3. 04YJEW3

04YJEW3　位于E区西南部T0308内第6A层中，无墓圹，仅有一陶罐作为瓮棺，罐口盖一厚0.6厘米的绳纹大口罐腹片。陶罐最大径30、高20、距地面深375厘米，墓内有人骨残块，保存状况较差，无随葬品。由所在层位判断，该瓮棺所处时代应为东汉（图一一，3）。

6. 沟渠

共发现沟渠12座。

04YJEQ404　位于E区西南部，开口于第5A层下。石砌暗渠，由三条分别自东北、东南、西南延伸过来的支渠汇总一处并向西北延伸形成，平面大致呈十字交叉形。渠两侧由长50～90、宽16～20厘米的条石垒砌，底部和渠盖均由形制不甚规则的厚约10厘米的片石铺砌，渠壁砌四至五层条石，并夹有个别取自汉墓的方格纹砖作为条石的代用品。3条支渠的长度分别为2.5、5、14.5米，汇总后的长度为19米，渠宽与渠深均为0.8米左右。3条支渠头端稍高，至交汇点后渐低，至总渠端部至最低点，两端高度差最大可达1.5米。该渠为建于EHT3之中的一条暗渠，其上表面与夯台同高，应与该夯台同时代，且可能为该夯台上所建房屋EF403的附属建筑（图一二）。

04YJEQ407　位于ET0411内，发现于第5A层下，中部由于其下压G401致使中部被冲毁或破坏，方向320°。该渠以条石、石块、石片侧立砌成，东南段以石片侧立于渠底上，渠底亦为近似10厘米的石块，西北段可以分为三部分，渠盖由0.17米的片石盖成，渠身有一层或两层石条或石片构成，渠底由石片组成，渠总长15、宽0.75～1.1、渠内宽0.45～0.6米。渠中部因EG401后期排水冲毁，渠残高东南部为0.4～0.66、西北段为0.5～0.85米。渠内堆积主要是西北段渠内，为浅灰色淤土，发现一些陶器口沿及黄釉瓷片。根据叠压关系及坑内遗物特征，可确

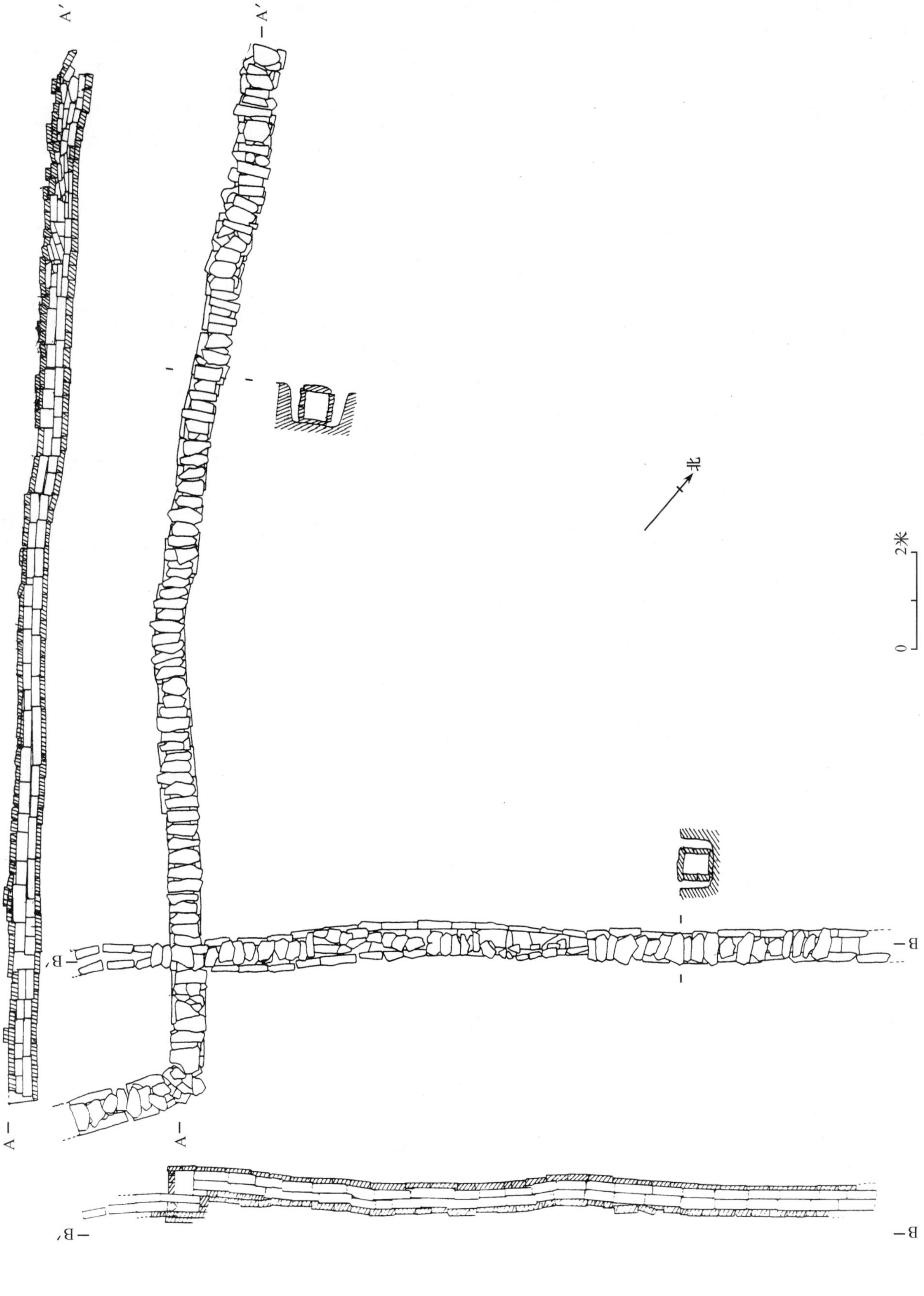

图一二　04YJEQ404平、剖面图

定该渠为六朝时期遗迹（图一三）。

04YJEG401　该沟发现于S区，延伸到E区，长轴方向为48°，发现于S区第3C层下，即E区第5C层下，建于生土之上。该沟总长45米左右，西南部较高，截面口大底小，口宽4米左右，下底宽0.7米。西南部位于山坡上，东北端伸入HT2东侧一大坑中，坑深近6、宽6.5米，长度不明。该沟堆积基本一层，不能划分出明显的地层，土色黑灰，含沙，包含大量瓦片、陶片、石块等物，土质较为致密。该沟南侧为山坡，可能用于排除山水。该沟根据地层关系及包含物可以确定为东汉时构建。

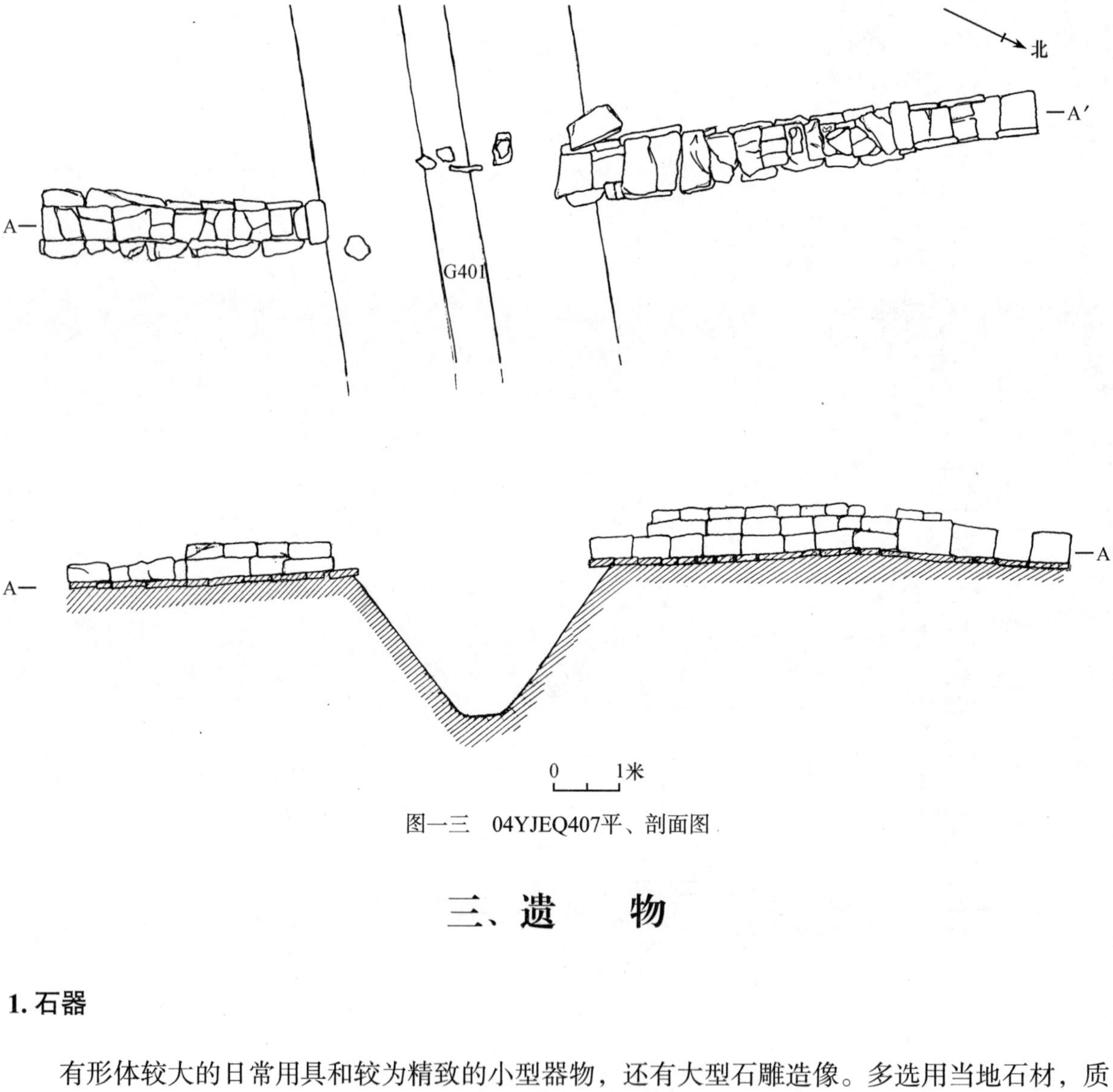

图一三　04YJEQ407平、剖面图

三、遗　　物

1. 石器

有形体较大的日常用具和较为精致的小型器物，还有大型石雕造像。多选用当地石材，质地疏松，易粉化，小型器物以河卵石作原料，表面打磨光滑。

石磨盘　2件。04YJST0603③：13，灰色。圆形。直径36、厚12厘米。中部有两个半圆形凹槽，外侧壁凿出一个长方形槽（图一四，1）。04YJEHT1：32，灰色。圆形。中部有一个边长4、深3厘米的孔，槽外有一圈凸棱，棱外凿有弧形条纹、直径56、厚5.8厘米。

石碓　2件。04YJST0804③：35，已残。青灰色。圆形容器。外壁打磨平整，并饰以高浮

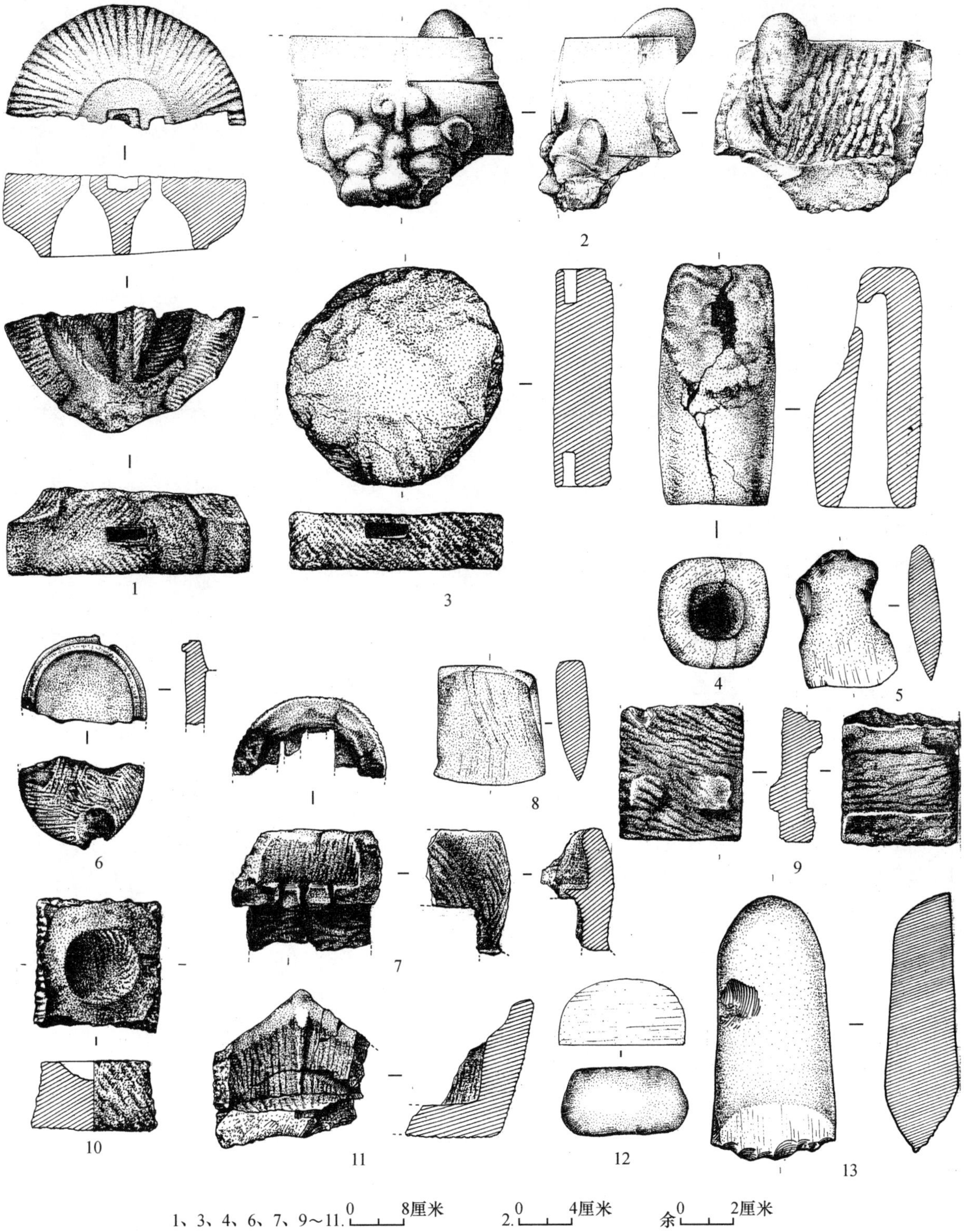

图一四 石器

1. 磨盘（04YJST0603③：13） 2、11. 碓（04YJST0804③：35、04YJEHT3：105） 3. 夯（04YJST0704③：20） 4. 风管（04YJST0604③：12） 5、8、13. 斧（04YJST0805③：5、03YJS采：2、03YJS采：1） 6、9. 器座（04YJST0804③：20、04YJST0804③：19） 7. 坩埚（04YJST0804③：32） 10. 门枢（04YJST0805③：6） 12. 拍（03YJRF3：17）

雕兽头，内壁有竖向凿痕，口沿处有一珠状凸起延伸至内壁。底部残。直径21.8、壁厚3.2、残高13厘米（图一四，2）。04YJEHT3：105，已残。青灰色。平底，一侧顶端为三角形，中部有一条竖棱。通高21、底厚4.5厘米（图一四，11）。

石夯　1件。04YJST0704③：20，灰色。平面圆形。直径33、高8.5厘米。侧壁有两个对称分布的长方形槽。宽6.4、高2.4、进深5.2厘米（图一四，3）。

石风管　1件。04YJST0604③：12，灰色。圆柱状。长37、截面直径16厘米。中部有出风孔。孔径7.5厘米（图一四，4）。

石器座　2件。04YJST0804③：20，灰色。圆形。上表面平坦，边缘有一圈凸起的棱。直径19.5、厚4厘米（图一四，6）。04YJST0804③：19，灰色。长方形。一面有两个凸起的方台，另一面有两条平行的凸棱。残长20、宽18.5、厚4厘米（图一四，9）。

石坩埚　1件。04YJST0804③：32，灰色。圆槽形，直壁，内壁中部有四条平行的柱状体。已残。外径24、内径16、残高18厘米（图一四，7）。

石门枢　1件。04YJST0805③：6，灰色。方台体，中部有一圆形凹槽。上底边长17、下底边长20、高11、槽径12、深3.5厘米（图一四，10）。

石臼　6件。04YJEHT1：34，灰色。方形，中部圆槽。边长40、槽径28、深24、高40厘米。04YJEHT1：36，灰色。圆形，中部圆槽。直径52、槽径28、深22.4、高40厘米。

石斧　9件。04YJST0805③：5，青色。亚腰形，刃部略宽。长5.5、宽3.9厘米（图一四，5）。03YJS采：2，青灰色。长方形，平背，弧刃，表面光滑。长4.7、宽4.4、厚1.25厘米（图一四，8）。03YJS采：1，青黑色。圆首，弧刃，上窄下宽。长10.4、宽4.4～5、厚2.6厘米（图一四，13）。

石雕　5件。04YJEHT1：1，红色砂岩雕琢而成。为一神兽形象，卧于长方形基座之上。颈部粗壮，上昂，正面饰有卷曲纹饰，头部残，肩生羽翅，背部平直，臀后有一尾，尾尖一分为二，搭于脊背左上部，四肢粗短，脚宽大，四趾，趾尖锋利，腹部左侧雕有一小型石兽形象，小兽顶生双圆耳，面部残缺，腹部坠于地面，下肢粗短，不见上肢。通长94、宽56、残高55、基座厚9厘米（图一六）。04YJEHT2：30，青灰色砂岩雕琢而成。为一蟾蜍形象，卧于长方形基座之上。头部略高，双目大而外凸，目后雕两道弯月形眉，大口紧闭，口下正中雕一方框，框内雕四道竖向凸棱，前腿粗短，四趾大爪，趾间内向相对，后腿蜷蹲，小爪向前，腹部较鼓，臀部浑圆，背部平直，中央偏后处凿一边长25、深20厘米的方槽。蛙体通长119、宽100、高78、底座厚17.5厘米（图一七）。04YJEHT1：31，红色砂岩雕琢而成。为一蛙形础石，卧于长方形基座之上。通体光滑圆浑，头部残缺，前腿俯卧，后腿蹲踞，四趾大爪，腹部较鼓，背部扁平，为立柱之用。蛙体通长73、宽60、高27、底座厚8厘米（图一五，1）。04YJEHT1：33，红色砂岩雕琢而成。为一祥禽形象，仅存头部。头顶正中雕有一冠，立目，眼珠浑圆，眼部后下方有半圆形耳郭，喙部较长，顶雕两个椭圆形鼻孔，嘴中叼一条形物体，面部雕有三道“S”形曲线（图一五，2）。04YJEHT1：37，青灰色砂岩雕琢而成。残存一爪立于基座之上。为饼形脚掌，前端三趾，中趾较长。基座厚9厘米（图一五，3）。

石凿　1件。04YJET0308⑥：1，青绿色。方柱体，一端有尖刃。残长4厘米（图一五，12）。

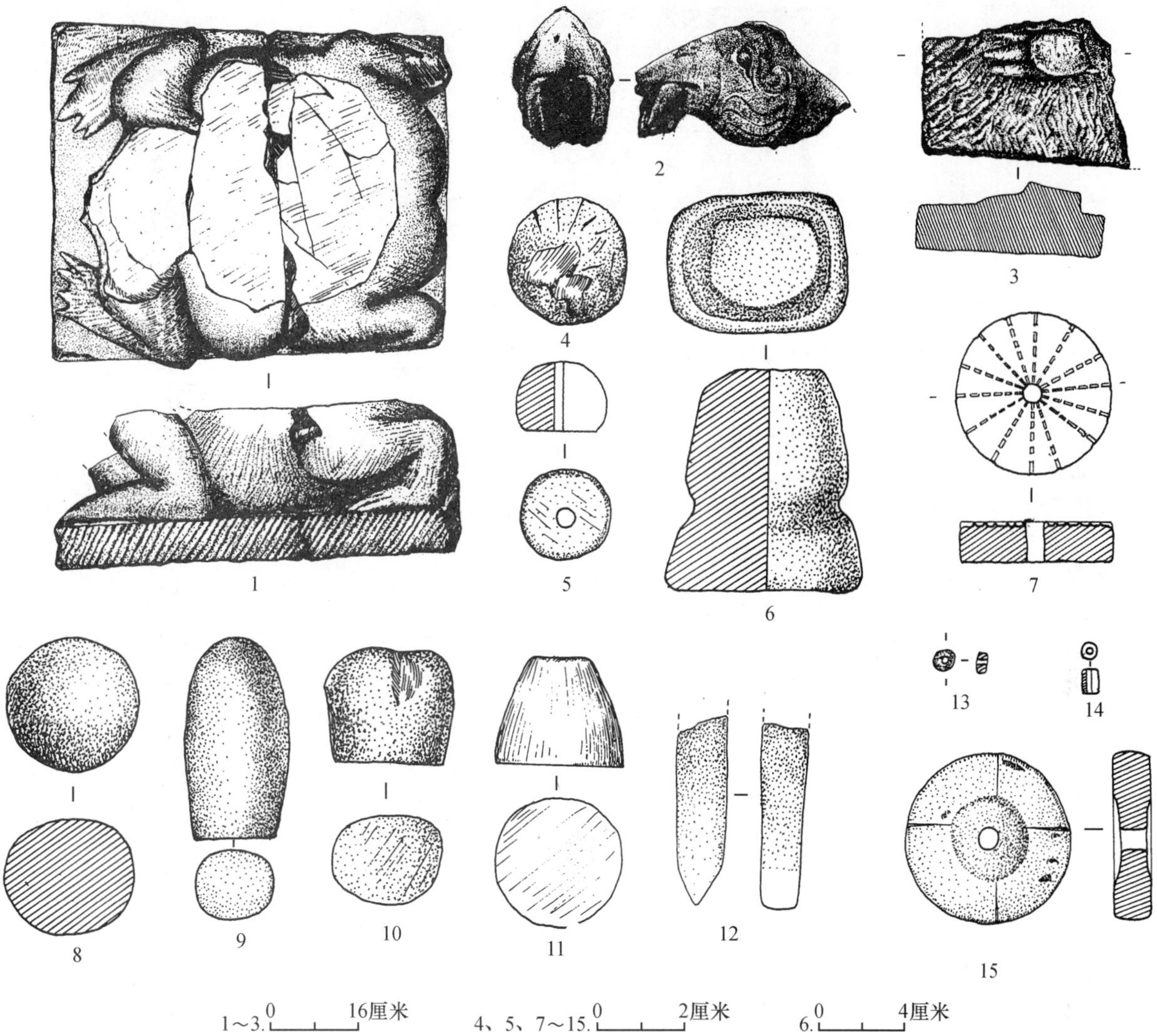

图一五　石器

1～3. 石雕（04YJEHT1：31、04YJEHT1：33、04YJEHT1：37）　4、8. 弹丸（04YJET0613⑤：24、04YJEHT3：3）　5、13、14. 珠（04YJST0603③：12、03YJET3⑥：4、04YJET0408④：7）　6. 网坠（04YJET0412⑤：17）　7、15. 纺轮（04YJST0907③：3、04YJET0613⑥：5）　9. 研磨器（03YJEH301：3）　10、11. 拍（03YJRT4③：1、03YJRF3：18）　12. 凿（04YJET0308⑥：1）

石弹丸　13件。04YJET0613⑤：24，红褐色。球体，表面有砸击痕。直径2.5厘米（图一五，4）。04YJEHT3：3，灰色。扁球体，表面磨光。长径3、短径2.5厘米（图一五，8）。

石网坠　1件。04YJET0412⑤：17，红色。柱状，截面呈圆角长方形，腰部有一条凹槽。长9、宽6、高9.5厘米（图一五，6）。

石纺轮　2件。04YJST0907③：3，白色。磨制。圆饼形，中部有穿孔，正面饰放射形沟纹。直径3.6、孔径0.4、高0.9厘米（图一五，7）。04YJET0613⑥：5，黑褐色。磨制。圆饼形，轮边微凸，中部内凹，并有一穿孔。直径3.8、孔径0.5、高0.9厘米（图一五，15）。

石研磨器　1件。03YJEH301：3，青灰色。磨制而成。大致呈圆柱体，圆顶，平底。通高4.5、截面直径1.8厘米（图一五，9）。

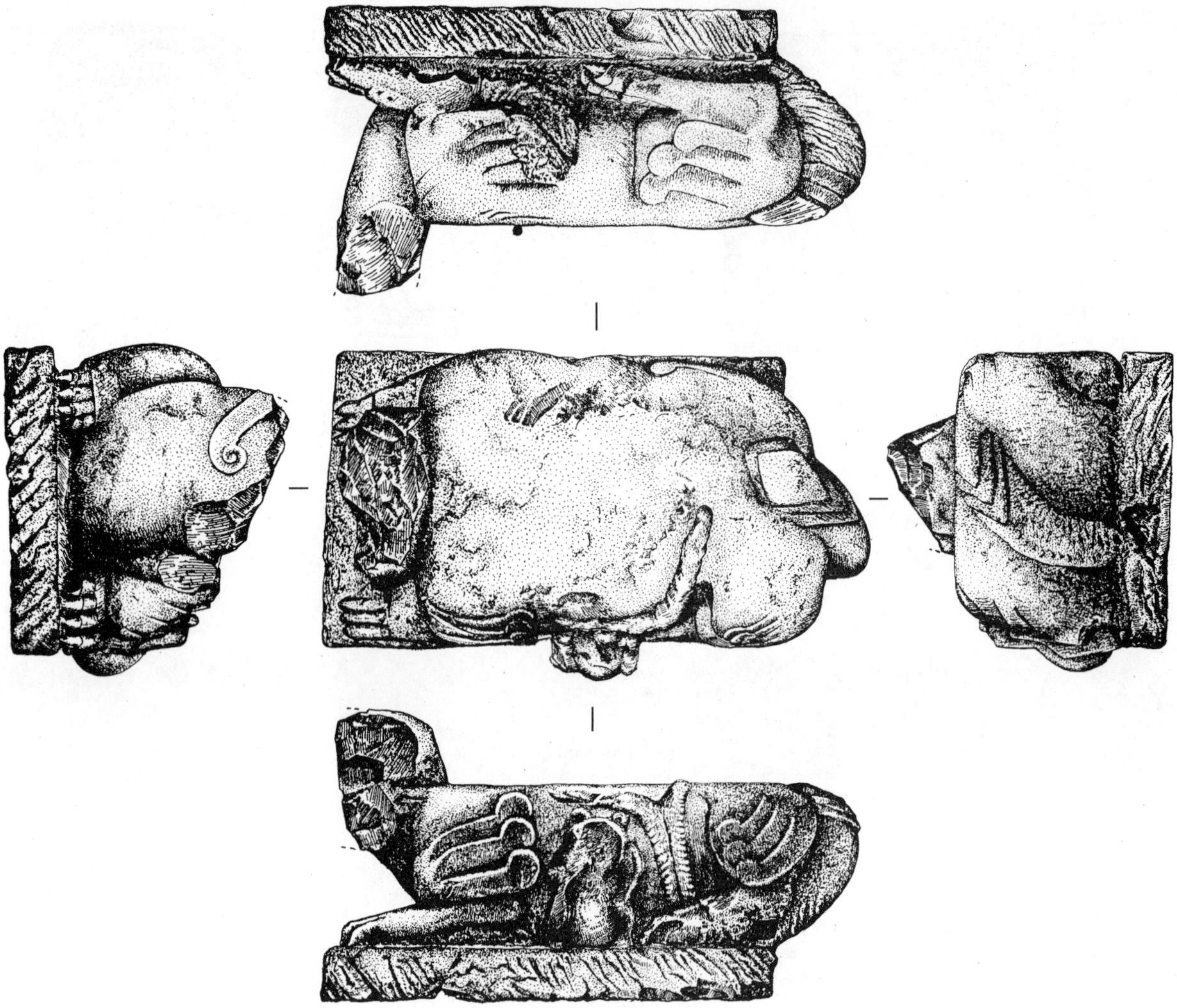

图一六　石雕神兽（04YJEHT1：1）

石拍　3件。03YJRF3：18，青灰色。磨制而成。呈上小下大的圆台体。通高2.35、底面直径2.9厘米（图一五，11）。03YJRF3：17，青绿色。河卵石磨制而成。拍打面呈圆角长方形。通高2.55、底面长5、宽2.6厘米（图一四，12）。03YJRT4③：1，黄褐色。磨制而成。上部浑圆，中微凹，壁平直。通高2.5、底面长2.4、宽1.9厘米（图一五，10）。

石珠　3件。03YJET3⑥：4，青白色。磨制而成。圆形，中部有圆形穿孔，上、下两端较平，中部微凸。最大径0.5、孔径0.16、高0.25厘米（图一五，13）。04YJET0408④：7，灰白色。磨制而成。素面。圆柱状，中部有穿孔，上、下两端较平，中部微凸。最大径0.4、孔径0.12、高0.5厘米（图一五，14）。04YJST0603③：12，灰白色。近球形，一端被磨平。直径2、高1.6厘米。中部有穿孔，孔径0.4厘米（图一五，5）。

石碑　1件。04YJSF301：5，红色砂岩雕刻而成。长方形碑身。长方形榫，榫端残。碑首正中浮雕“妇人启门”形象，左右分饰玉兔、玄鸟，碑两侧浮雕青龙、白虎。碑文字体为隶书，共367字。碑文四周阴刻云纹，文间饰有四只形态各异的飞鸟，上方云纹正中有一圆形的

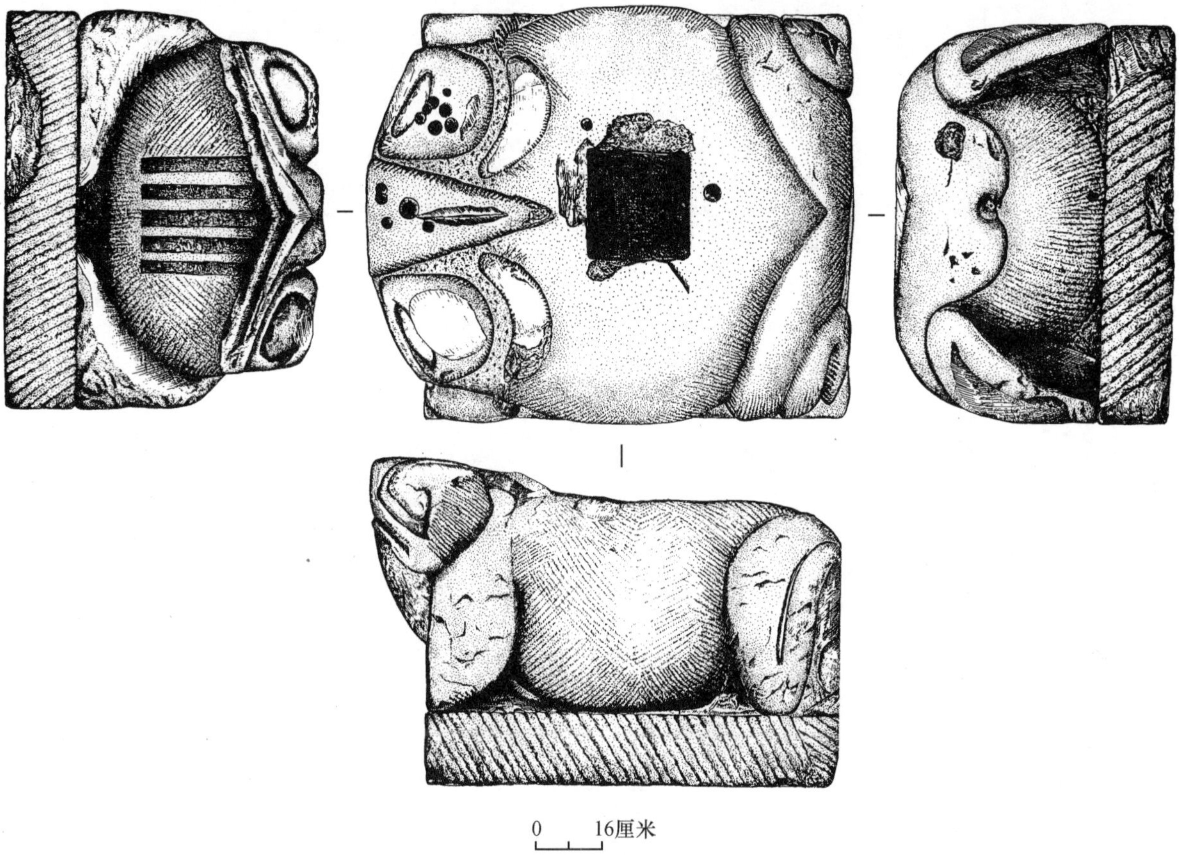

图一七 石雕蟾蜍（04YJEHT2：30）

穿。碑体通高240、宽95、厚22厘米。

2. 陶器

主要器形有豆、鬲、罐、釜、瓮、缸、钵、盆等容器，瓦当、板瓦、筒瓦、砖等建筑材料，以及纺轮、网坠等生活用品。多为泥质陶，少量夹砂。陶色以灰、褐为主，还有少量黑皮陶。素面较多，纹饰以绳纹和弦纹为主。

豆 199件。素面。喇叭形座，空心柱柄。有高有矮。豆盘深浅不一。残器较多。分四型。

A型 152件。浅腹。分二亚型。

Aa型 36件。高柄。04YJSK2②：12，泥质灰陶。敞口，弧腹，盘底微凹，高柄，座壁微凹。口径15.2、底径9、高17.5厘米（图一八，1）。04YJSK2②：14，泥质黑陶。敞口，弧腹，盘底微凹，柄稍高，座壁直。口径15、底径8.5、高14厘米（图一八，2）。04YJET0309⑤标：23，泥质灰陶。座壁平，座沿方唇，外侧有一圈凹槽。底径8.8、残高8厘米（图一八，6）。04YJSK2②标：7，泥质黑陶。高柄，座壁内凹，座沿方唇。底径9.2、残高13厘米（图一八，8）。04YJSK2①标：2，泥质灰褐陶。座壁外凸。底径9.2、残高11.3厘米（图一八，9）。04YJET0308⑥标：11，夹细砂黄褐陶。敞口，尖唇，弧腹。口径16、残高4.6厘米（图一八，16）。

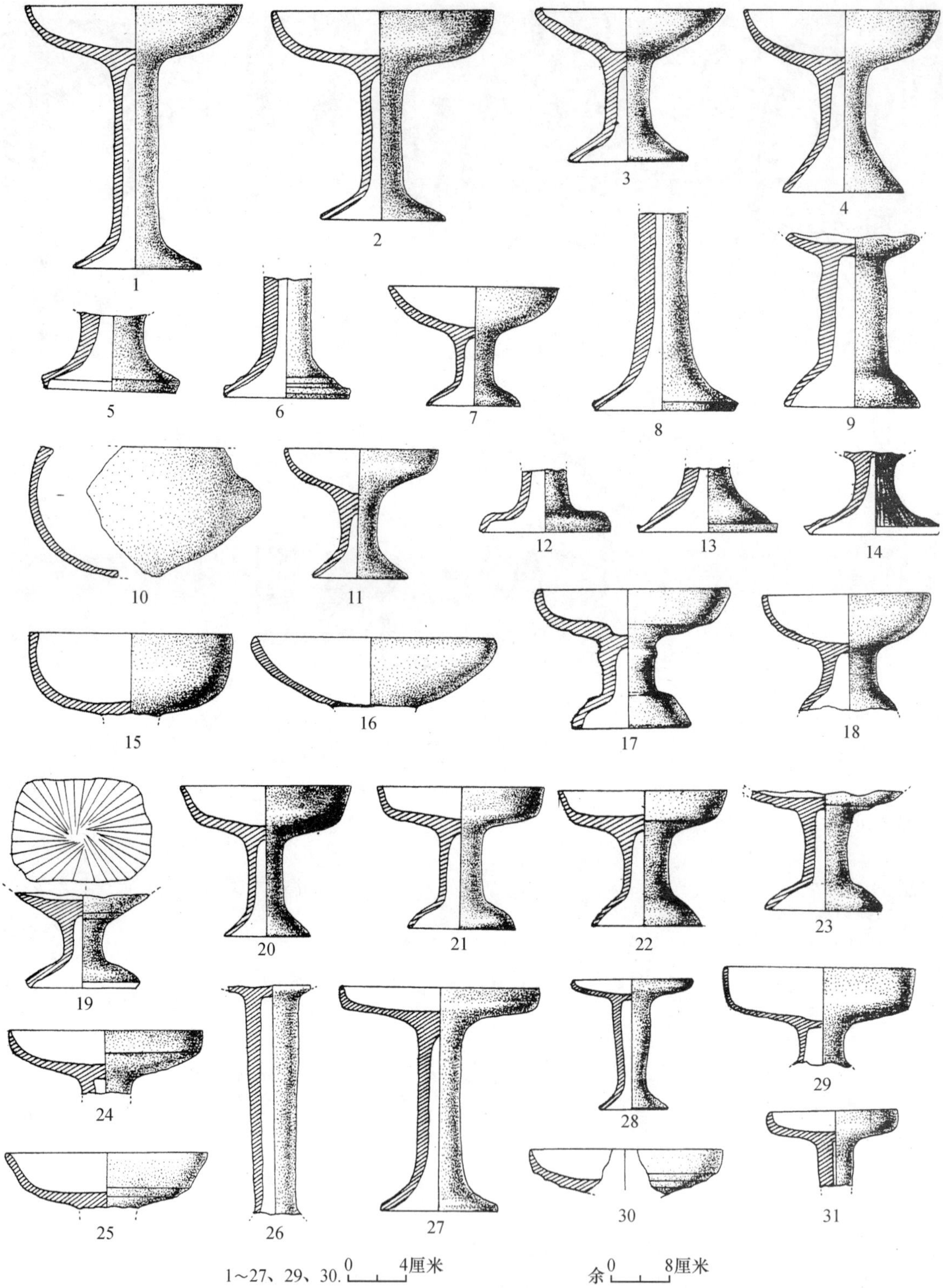

图一八 陶豆

1、2、6、8、9、16. Aa型（04YJSK2②：12、04YJSK2②：14、04YJET0309⑤标：23、04YJSK2②标：7、04YJSK2①标：2、04YJET0308⑥标：11） 3～5、7、11～14、18、19. Ab型（03YJEH306：4、04YJSK2②：16、04YJSK2②标：3、04YJSK2②：17、04YJSK2①标：1、04YJSK2②标：2、04YJET0308⑤标：8、04YJSK2②标：6、04YJSK2①标：1、04YJSK2①标：5） 10、15. B型（04YJSK2①标：3、04YJSK2②标：8） 17、20～25、29、30. C型（03YJEH306：2、04YJSK2②：22、04YJSK2②：20、04YJSK2②：15、04YJET0308⑥标：47、04YJSK2①标：4、04YJET0308⑥标：31、04YJET0308⑥标：28、04YJSK2②标：5） 26、28. Da型（04YJET0308⑥标：29、04YJET0318⑥标：20） 27、31. Db型（04YJSK2②：13、04YJET0308⑥标：12）

Ab型　116件。矮柄。03YJEH306：4，泥质红褐陶。敞口，斜弧腹，豆座圆唇，斜直壁。口径13、底径7.8、高10厘米（图一八，3）。04YJSK2②：16，泥质灰陶。敞口，尖唇，弧腹，盘底凹，座壁直。口径13.5、底径8.2、高12.2厘米（图一八，4）。04YJSK2②标：3，夹细砂黑皮陶。柄较粗，座壁内凹，座沿方唇内折。底径9、残高5.2厘米（图一八，5）。04YJSK2②：17，泥质灰陶。敞口，弧腹，盘底凹，座壁外凸。口径11.5、底径6.5、高8厘米（图一八，7）。04YJSK2①标：1，泥质灰陶。敞口，弧腹，盘底凹，座壁直。口径10.4、底径6.5、高9.5厘米（图一八，11）。04YJSK2②标：2，泥质黑皮陶。座壁内凹，座沿圆唇，内折。底径8.8、残高4.3厘米（图一八，12）。04YJET0308⑤标：8，泥质黑褐陶。座壁微外凸，座沿方唇外翘。底径9.2、残高4.3厘米（图一八，13）。04YJSK2②标：6，泥质灰陶。座壁较平，座沿方唇，微内折。表面饰竖形刻划纹。底径8.6、残高5.5厘米（图一八，14）。04YJSK2①标：1，泥质灰陶。圆唇，弧腹，盘底凹，矮柄，座壁外凸。口径11.2、残高8厘米（图一八，18）。04YJSK2①标：5，泥质灰陶。盘底平，上有放射状刻划纹，座壁微外凸，座沿方唇微内折。底径7.2、残高6.3厘米（图一八，19）。

B型　8件。深腹。04YJSK2①标：3，泥质灰陶。方唇，鼓腹，深盘，敛口。残高8.6厘米（图一八，10）。04YJSK2②标：8，泥质黑陶。圆唇，鼓腹，深盘，口微敛。盘内壁饰竖形刻划纹。口径12.8、残高5.5厘米（图一八，15）。

C型　20件。折腹。03YJEH306：2，泥质灰黑陶。圆唇，浅盘，矮柄，豆座圆唇，折肩，斜直壁。口径13.2、底径8、残高9.5厘米（图一八，17）。04YJSK2②：22，泥质灰褐陶。敞口，斜直壁，盘底微凹，座壁直。口径12、底径6、高10厘米（图一八，20）。04YJSK2②：20，泥质灰褐陶。敞口，斜直壁，底微凹，座壁外凸。口径11.5、底径7.5、高9.5厘米（图一八，21）。04YJSK2②：15，泥质灰褐陶。敞口，斜直壁，盘底平，座壁外凸。口径11.5、底径7.5、高9厘米（图一八，22）。04YJET0308⑥标：47，泥质灰陶。盘底有一道折痕，盘底微凸，座壁外凸。底径7.6、残高8厘米（图一八，23）。04YJSK2①标：4，泥质灰陶。尖唇，盘外壁有一道折痕，盘底较平。口径13、残高4.2厘米（图一八，24）。04YJET0308⑥标：31，泥质灰褐陶。敞口，尖唇，盘外壁有两道折痕，盘底较平。口径13.8、残高3.6厘米（图一八，25）。04YJET0308⑥标：28，夹细砂黄褐陶。敞口，直壁，圆唇，盘底微凹，矮柄。口径12.4、残高6.6厘米（图一八，29）。04YJSK2②标：5，泥质灰褐陶。尖唇，盘外壁有三道折痕，盘底较平。口径14.5、残高3厘米（图一八，30）。

D型　19件。直腹。分二亚型。

Da型　8件。柄上粗下细。04YJET0308⑥标：20，泥质灰褐陶。敛口，斜直壁，浅盘，盘底微凹，座壁直，座缘方唇。口径15.6、底径8.6、高17.4厘米（图一八，28）。04YJET0308⑥标：29，泥质灰褐陶。盘与座均残。残高15.4厘米（图一八，26）。

Db型　11件。柄匀粗。04YJSK2②：13，泥质灰陶。直壁，浅盘，盘底平，高柄，座壁内凹。口径13.5、底径8、高15厘米（图一八，27）。04YJET0308⑥标：12，泥质灰陶。尖唇，浅盘，盘底平。口径17、残高10.2厘米（图一八，31）。

陶壶　1件。04YJSK2①：5，泥质黑皮陶。直口，方唇，长颈，鼓腹，底微凹。最大腹径以下饰粗绳纹。口内径9、外径10.5、底径6.7、最大腹径16、高16.2厘米（图二〇，12）。

罐 95件。依基本形制的不同可分为以下几类。

高领罐 11件。依底分二型。

A型 5件。凹底。04YJEW3：1，泥质灰陶。折沿，方唇，直颈，圆肩，弧腹。肩部以下通体饰绳纹。口径16.8、肩径27.3、底径9、高22.4厘米（图一九，1）。04YJSK2②：26，泥质灰陶。折沿，方唇，直颈，圆肩，鼓腹。颈部以下通体饰绳纹。口径11、肩径16、底径7、高15厘米（图一九，6）。04YJSK2②：35，泥质灰陶。方唇，平沿，折肩，鼓腹。腹部及底部饰绳纹，并有不甚明显的刻划网格纹。口径12.5、肩径14、底径7.5、高14厘米（图一九，7）。

B型 6件。平底。04YJSK2①：7，泥质黄褐陶。折沿，圆唇，直颈，圆肩，斜直腹。颈部饰刻划竖条纹，肩部饰三周弦纹，内有暗划三角纹。口径13、肩径22.5、底径12、高22厘米（图一九，2）。04YJSK2②：25，泥质黑陶。口微侈，方唇，直颈，圆肩，斜直腹。口径14、腹径22、底径12、高21厘米（图一九，3）。04YJET0308⑥标：46，泥质红褐陶。侈口，方唇。口径14.4、残高6.5厘米（图一九，9）。04YJET0309⑤标：13，夹细砂灰陶。仅存口部，方唇，弧颈。口径12.6、残高7.2厘米（图一九，10）。

双耳罐 1件。04YJSK2②：23，泥质灰陶。侈口，方唇，圆肩，肩两侧有拱形圆耳，鼓腹，底微凹。通体饰绳纹。口径12.6、最大腹径21、底径5、高20厘米（图一九，4）。

深腹罐 2件。04YJSK2①：8，泥质红褐陶。侈口，方唇，短颈，鼓腹。颈部以下通体饰绳纹。口径19、最大腹径32、残高39.3厘米（图一九，5）。04YJSK2②标：32，泥质灰褐陶。圆肩，弧腹，凹底。通体饰绳纹，上部为弦断绳纹。肩径38.4、底径10、残高39.2厘米（图一九，8）。

小口罐 53件。依底分三型。

A型 43件。凹底。可分二亚型。

Aa型 29件。长颈。分四式。

Ⅰ式：7件。04YJSK2①：6，泥质灰陶。方唇，平沿，口微侈，圆肩，鼓腹。颈部以下通体饰绳纹，肩部及中腹部有两条压印弦纹。口径16.5、最大腹径27.5、底径10、高28.5厘米（图二〇，1）。

Ⅱ式：8件。04YJSK2②：31，泥质灰陶。平沿，尖唇，圆肩，鼓腹。颈部饰竖条纹，肩部以上饰弦断绳纹，肩以下通体饰绳纹。口径15.2、最大腹径28.2、底径9、高26厘米（图二〇，2）。04YJSK2②：24，泥质灰陶。方唇，微上凸，圆肩，鼓腹。颈部饰竖条纹，其他部位饰绳纹，肩部有一周压印弦纹。口径13.5、最大腹径19.5、底径8、高18.5厘米（图二〇，3）。

Ⅲ式：8件。04YJSK2②：30，泥质灰陶。方唇，平沿，圆肩，鼓腹，最大腹径偏上。颈部饰竖条纹，肩部以上饰弦断绳纹，肩以下饰绳纹。口径13.5、最大腹径24.5、底径10、高24厘米（图二〇，4）。

Ⅳ式：6件。04YJSK2①标：16，泥质灰陶。平沿，方唇，最大腹径偏上。唇侧有一圈凹槽，颈部饰竖条纹，其他部位饰绳纹。口径19.2、残高6.5厘米（图一九，13）。

Ab型 14件。束颈。分二式。

Ⅰ式：6件。04YJSK2①标：20，泥质灰陶。侈口，方唇。颈部以下饰绳纹。口径24、残

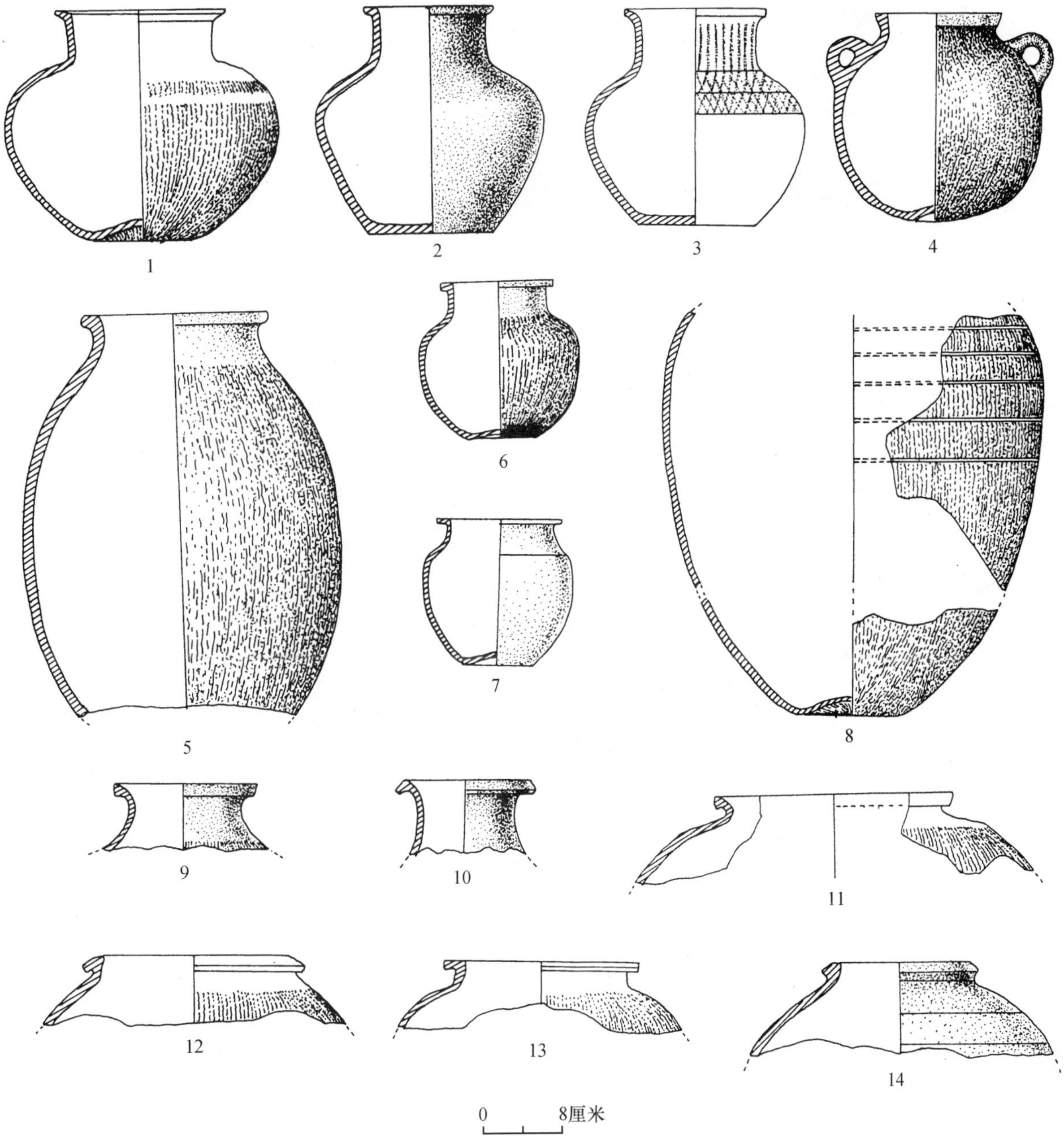

图一九　陶罐

1、6、7. A型高领罐（04YJEW3：1、04YJSK2②：26、04YJSK2②：35） 2、3、9、10. B型高领罐（04YJSK2①：7、04YJSK2②：25、04YJET0308⑥标：46、04YJET0309⑤标：13） 4. 双耳罐（04YJSK2②：23） 5、8. 深腹罐（04YJSK2①：8、04YJSK2②标：32） 11. Ab型Ⅰ式小口罐（04YJSK2①标：20） 12、14. Ab型Ⅱ式小口罐（04YJSK2①标：23、04YJET0613⑤标：10） 13. Aa型Ⅳ式小口罐（04YJSK2①标：16）

高8.2厘米（图一九，11）。

Ⅱ式：8件。04YJET0613⑤标：10，泥质黑皮陶。敛口，圆唇。肩部有两条凹弦纹。口径16、残高8.8厘米（图一九，14）。04YJSK2①标：23，泥质黄褐陶。敛口，方唇，微下垂。颈部以下饰绳纹。口径18.4、残高6.5厘米（图一九，12）。

B型　9件。圜底。分三式。

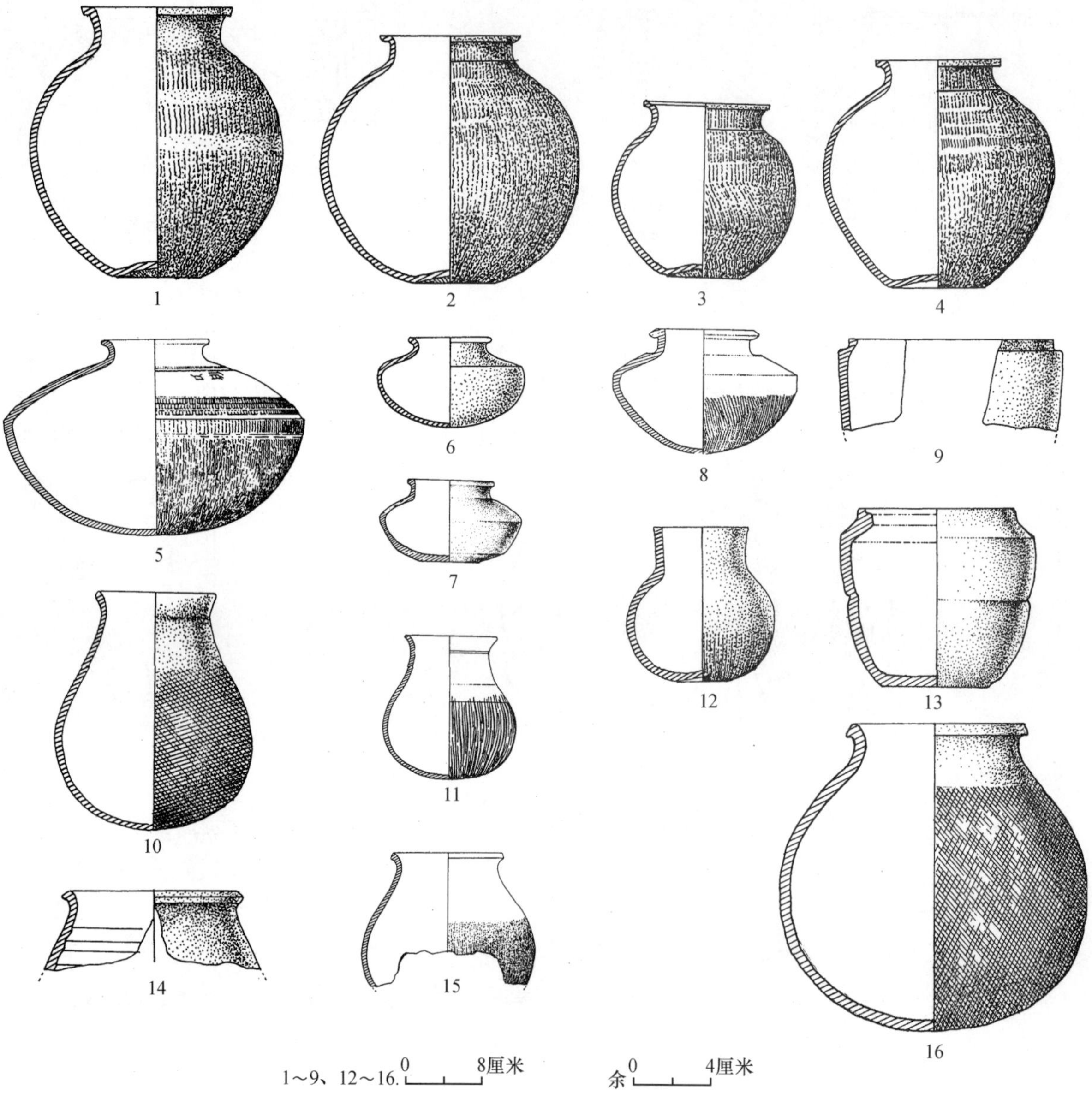

图二〇 陶器

1. Aa型Ⅰ式小口罐（04YJSK2①：6） 2、3. Aa型Ⅱ式小口罐（04YJSK2②：31、04YJSK2②：24） 4. Aa型Ⅲ式小口罐（04YJSK2②：30） 5. B型Ⅰ式小口罐（03YJET1⑤：22） 6. B型Ⅱ式小口罐（04YJET0308⑤：9） 7. C型小口罐（03YJRF3：2） 8. B型Ⅲ式小口罐（03YJRF3：3） 9、13. 仓（04YJET0308⑥标：37、04YJET0613⑥：1-2） 10、11. Ⅰ式釜（04YJSK2②：36、03YJEH306：1） 12. 壶（04YJSK2①：5） 14、15. Ⅲ式釜（04YJET0308⑥标：4、04YJSK2①标：14） 16. Ⅱ式釜（04YJEW2：1）

Ⅰ式：7件。03YJET1⑤：22，泥质灰陶。口微侈，圆唇，束颈，折肩，鼓腹。肩部有刻划文字，并饰弦断绳纹，肩以下饰绳纹。口径11.9、肩颈32.3、高20.4厘米（图二〇，5）。04YJEHT2下⑦B标：7，泥质灰陶。直口，圆唇，折肩，鼓腹。肩以上饰弦断绳纹，肩以下通体饰绳纹。口径8.4、肩径29.6、残高15.2厘米。

Ⅱ式：1件。04YJET0308⑤：9，泥质黄褐陶。侈口，圆唇，束颈，折肩，腹微鼓。素面。口径9、肩径16、高9.5厘米（图二〇，6）。

Ⅲ式：1件。03YJRF3：3，泥质灰陶。直口，折沿，尖唇，颈较长，折肩，斜弧腹，底较尖。肩以下饰绳纹。口径10.4、肩颈19.7、高12.8厘米（图二〇，8）。

C型 1件。平底。03YJRF3：2，泥质灰陶。直口，折沿，圆唇，颈较长，折肩，折腹。素面。口径9.1、肩颈15.8、底径6、高8.4厘米（图二〇，7）。

大口罐 28件。束颈，凹底。分五式。

Ⅰ式：3件。04YJET0308⑥标：41，泥质黑皮陶。方唇，平沿，侈口。唇外侧有一圈凹槽，颈下部有一圈凸棱。口径36.8、残高8.2厘米（图二一，1）。

Ⅱ式：8件。04YJET0308⑥标：23，泥质灰褐陶。方唇，平沿。最大径以下饰绳纹。口径29.2、残高8.4厘米（图二一，5）。04YJET0308⑥标：43，泥质灰褐陶。方唇，微下垂。沿面有三道凸弦纹，肩部以下饰绳纹。口径33.6、残高9.2厘米（图二一，3）。

Ⅲ式：7件。04YJSK2①标：21，泥质灰陶。方唇，唇侧外凸，平沿。沿面有三道凹槽，颈部以下饰绳纹。口径29.6、残高6.2厘米（图二一，6）。04YJSK2②标：22，泥质黑褐陶。方唇。唇外侧有一圈凹槽，颈部有不甚明显的竖条纹，肩部饰弦纹。口径37.6、残高11.8厘米（图二一，7）。

Ⅳ式：6件。04YJET0308⑥：22，夹细砂黄褐陶。圆唇，微下垂，斜弧腹。肩部以上饰竖条纹，肩部以下通体饰绳纹。口径39.6、肩径40、底径13.8、高21.6厘米（图二一，4）。04YJSK2②：7，泥质黄褐陶。方唇，平沿，斜弧腹。颈部有竖条纹，肩部有三道弦纹，肩以下饰绳纹。口径23.5、肩径24.5、底径10、高15厘米（图二一，9）。

Ⅴ式：4件。04YJET0308⑥：23，泥质黑皮陶。圆唇，折肩，斜弧腹。素面。口径24.8、肩径24.4、底径8、高10厘米（图二一，2）。04YJET0402⑤标：3，泥质灰褐陶。圆唇，束颈，折肩，口微敛。口径36、残高4.8厘米（图二一，8）。

瓮 38件。依口沿形制可分为四型。

A型 20件。侈口。分二亚型。

Aa型 19件。尖圆唇。分三式。

Ⅰ式：8件。04YJET0308⑥标：26，夹细砂红褐陶。口径33.2、残高7.8厘米（图二二，1）。04YJSK2②标：12，泥质黑皮陶。肩以下饰方格纹。口径37.2、残高10.6厘米（图二二，13）。

Ⅱ式：10件。04YJSK2①标：11，泥质灰褐陶。圆唇。口沿外侧有一道凸棱。口径22.2、残高6.8厘米（图二二，4）。04YJET0309⑤标：15，夹细砂红褐陶。尖唇。口沿外侧有一道凹槽。口径24.8、残高6.2厘米（图二二，2）。

Ⅲ式：1件。04YJSK2②标：14，泥质灰陶。圆唇，斜直壁。口沿以下饰五条波浪纹，之下饰方格纹。口径24、残高16.4厘米（图二二，7）。

Ab型 1件。方唇。04YJSK2①标：8，泥质灰陶。形体较瘦。外壁有多条凸棱。口径16、残高10厘米（图二二，10）。

B型 3件。束颈。04YJEW1：1，泥质灰陶。侈口，圆肩，深腹微鼓，平底。口径20、底径16、最大径33.6、高56厘米（图二二，5）。04YJSK2①标：19，泥质红褐陶。口微侈。颈部饰竖条纹，颈以下饰弦断绳纹。口径24、肩径52、残高35.6厘米（图二二，6）。

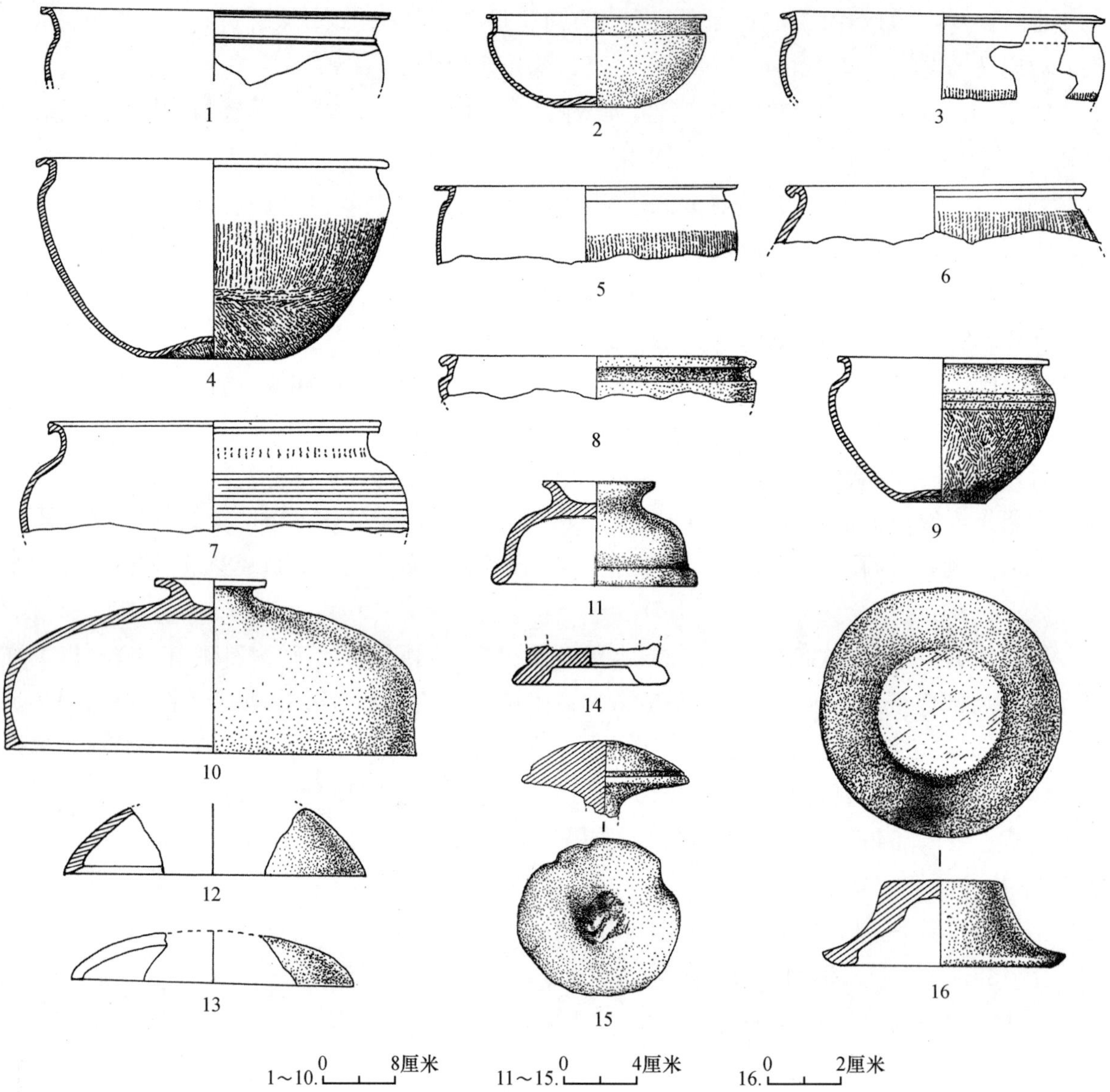

图二一 陶器

1. Ⅰ式大口罐（04YJET0308⑥标：41） 2、8. Ⅴ式大口罐（04YJET0308⑥：23、04YJET0402⑤标：3） 3、5. Ⅱ式大口罐（04YJET0308⑥标：43、04YJET0308⑥标：23） 4、9. Ⅳ式大口罐（04YJET0308⑥：22、04YJSK2②：7） 6、7. Ⅲ式大口罐（04YJSK2①标：21、04YJSK2②标：22） 10～16. 器盖（04YJET0308⑥：19、03YJET3⑥：1、04YJET0309⑤标：20、04YJET0613⑤标：7、03YJRT2②：2、04YJET0712⑤C：18、04YJST0704③：13）

C型 6件。直口。03YJRF3：4，方唇，折肩，斜直腹，平底微内凹。上腹部饰方格纹。口径11、肩颈18.8、底径13、高18.4厘米（图二二，11）。03YJRF3：22，方唇，圆肩，斜直腹，平底。上腹部饰网格纹。口径28、肩颈38.4、底径20、高33.6厘米（图二二，14）。04YJET0309⑤标：10，夹细砂灰陶。方唇。唇上部有一圈凹槽，颈部饰斜绳纹。颈部以下饰竖绳纹。口径44.8、残高8.4厘米（图二二，9）。04YJEHT3标：33，夹细砂灰褐陶。方唇。唇上部有一圈凸棱，颈部饰斜绳纹，颈部以下饰竖绳纹。口径40.8、残高8厘米。

D型 9件。敛口。分三式。

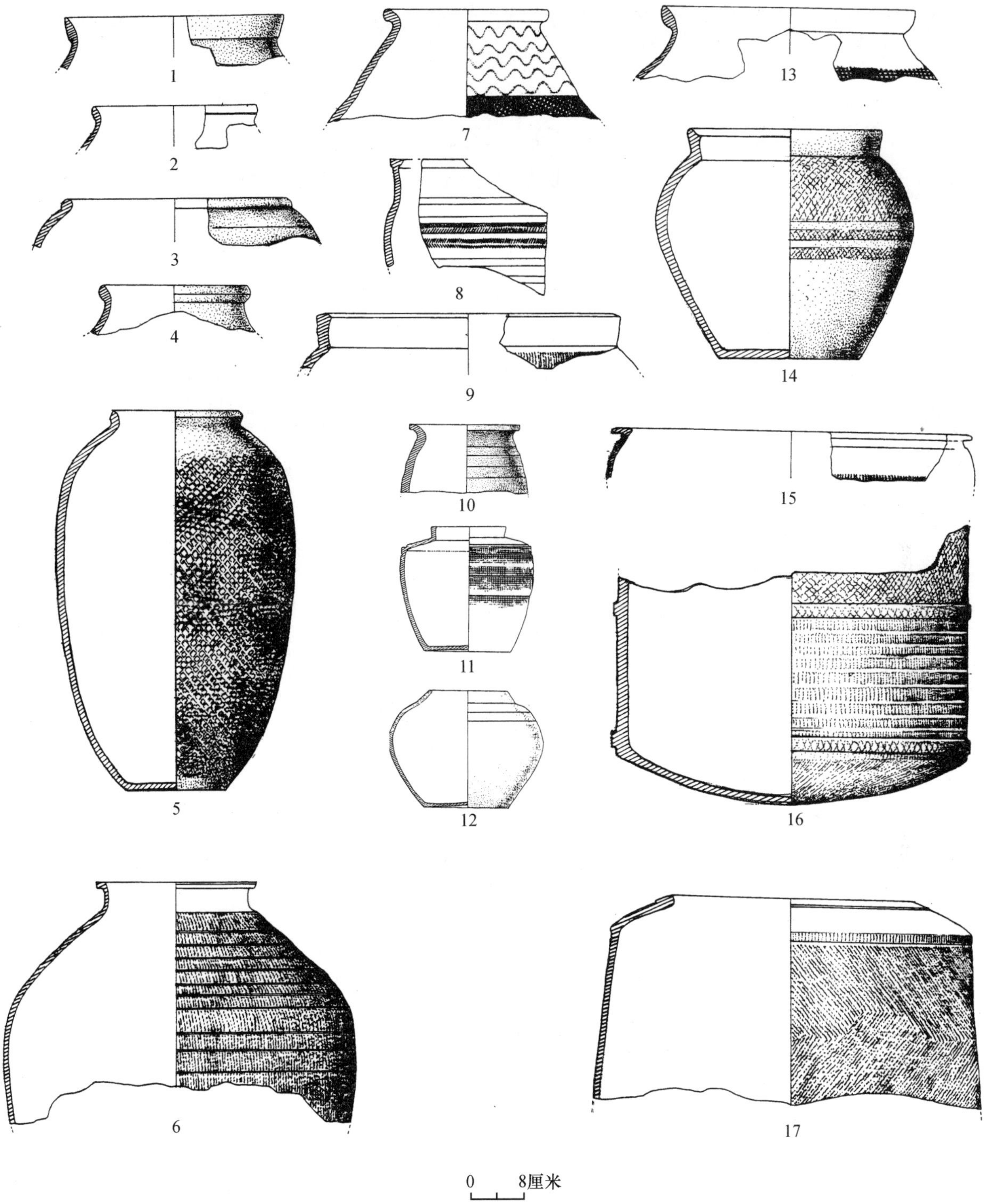

图二二　陶瓮、缸

1、13. Aa型Ⅰ式瓮（04YJET0308⑥标：26、04YJSK2②标：12） 2、4. Aa型Ⅱ式瓮（04YJET0309⑤标：15、04YJSK2①标：11） 3. D型Ⅱ式瓮（04YJET0613⑤标：9） 5、6. B型瓮（04YJEW1：1、04YJSK2①标：19） 7. Aa型Ⅲ式瓮（04YJSK2②标：14） 8. B型缸（04YJET0613⑤标：13） 9、11、14. C型瓮（04YJET0309⑤标：10、03YJRF3：4、03YJRF3：22） 10. Ab型瓮（04YJSK2①标：8） 12. D型Ⅲ式瓮（03YJRF3：5） 15. A型缸（04YJET0308⑤标：1） 16、17. D型Ⅰ式瓮（03YJRF3标：2、04YJEHT3标：19）

Ⅰ式：5件。03YJRF3标：2，泥质灰陶。直腹，圜底。通体饰绳纹，下腹部有两条附加堆纹。腹径52.6、残高34、壁厚0.8厘米（图二二，16）。04YJEHT3标：19，泥质灰陶。方唇，折肩，直壁。肩部以下饰弦纹。口径36、肩径54、残高30厘米（图二二，17）。04YJEHT3标：21，泥质黑皮陶。方唇，折沿。沿外压印花边及刻划纹。口径29.2、残高3.2厘米。

Ⅱ式：2件。04YJET0613⑤标：9，圆唇。肩部有一道凸棱。口径33.2、残高6.6厘米（图二二，3）。

Ⅲ式：2件。03YJRF3：5，泥质灰陶。敛口，圆唇，圆肩，鼓腹，平底微凹。口径11.4、底径12.4、高17.2厘米（图二二，12）。

釜　10件。分三式。

Ⅰ式：3件。03YJEH306：1，泥质灰陶。侈口，圆唇，长颈，鼓腹，圜底，颈部以下饰绳纹。口径10.1、最大腹颈14.7、高15厘米（图二〇，11）。04YJSK2②：36，泥质灰陶。敞口，圆唇，长颈，鼓腹，圜底。颈部以下饰网格纹。口径13.5、最大腹径21.5、高25厘米（图二〇，10）。

Ⅱ式：1件。04YJEW2：1，泥质灰陶。侈口，尖唇，短颈，鼓腹，圜底。颈部以下饰网格纹。口径18.5、最大腹径32.5、高32.5厘米（图二〇，16）。

Ⅲ式：6件。04YJET0308⑥标：4，泥质黑褐陶。侈口，折沿。口径18、残高8.2厘米（图二〇，14）。04YJSK2①标：14，夹粗砂灰褐陶。侈口，方唇，鼓腹。口径12、残高13.8厘米（图二〇，15）。

仓　2件。04YJET0613⑥：1-2，泥质灰陶。出土时仓内装有动物骨骼，并以一倒置陶钵扣于仓口。直口，方唇，折肩，斜直腹，平底。腹中部有一道凹弦纹。口径8.5、肩径10.4、底径5.75、高9.5厘米（图二〇，13）。04YJET0308⑥标：37，泥质黑皮陶。直口，方唇，直腹。口10.2、残高5.2厘米（图二〇，9）。

鬲　10件。依形制分二型。

A型　9件。大口，斜腹。04YJSK2②：8，泥质灰褐陶。方唇，弧颈。颈部有竖条纹，通体饰绳纹，肩部有一条压印弦纹。口径25、肩径28.5、通高28、裆高7.4、足间距17厘米（图二三，3）。04YJSK2②：4，泥质灰褐陶。通体饰绳纹，肩部有一条压印弦纹。残高27、裆高9、足间距22厘米（图二三，2）。04YJSK2①标：6，方唇，折沿，直颈。颈部以下饰绳纹，肩部有一条压印弦纹。口径28.4、残高8厘米（图二三，1）。

B型　1件。小口，直腹。04YJSK2②：6，方唇，折沿，弧颈。上部饰弦断绳纹，下部通体饰绳纹。口径20.5、最大径37.5、通高38、裆高8.5、足间距26厘米（图二三，4）。

甗　19件。依形制可分二型。

A型　4件。深腹。04YJSK2①：10，泥质灰陶。平沿，方唇，鼓腹。颈部有竖条纹，颈部以下通体饰绳纹，肩部有一道压印形成的弦纹。口径27、腰径12.5、最大径32、残高27厘米（图二三，9）。04YJSK2②标：29，泥质灰褐陶。平沿，方唇，腹微鼓。颈部以下通体饰绳纹，肩部有一道压印形成的弦纹。口径27.2、残高15.2厘米（图二三，5）。

B型　15件。浅腹。04YJSK2②：1，泥质灰陶。平沿，方唇，圆肩，斜弧腹。肩部饰弦断纹，肩以下通体饰绳纹。口径52、肩径58、腰径13、残高34厘米（图二三，7）。04YJSK2②

图二三　陶鬲、甗

1～3. A型鬲（04YJSK2①标：6、04YJSK2②：4、04YJSK2②：8）　4. B型鬲（04YJSK2②：6）　5、9. A型甗（04YJSK2②标：29、04YJSK2①：10）　6～8. B型甗（04YJSK2②标：30、04YJSK2②：1、04YJSK2①标：28）

标：30，泥质灰褐陶。折沿，圆唇，圆肩。颈部以下通体饰绳纹，肩部有一道压印形成的弦纹。口径31.2、残高8厘米（图二三，6）。04YJSK2①标：28，泥质黑皮陶。折沿，圆唇，圆肩。颈部以下通体饰绳纹。口径51.6、腰径22.8、残高44厘米（图二三，8）。

甑　6件。04YJET0613⑤标：15，泥质灰陶。底径16.4、孔径1.9、残高3.4厘米（图二四，2）。04YJET0408⑤标：5，泥质灰陶。底径28.6、孔径2.4、残高11.6厘米（图二四，3）。04YJEK1：4，泥质红褐陶。底径13.2、孔径0.8、残高5.6厘米（图二四，1）。

缸　4件。依形制可分为二型。

A型　2件。敛口。04YJET0308⑤标：1，泥质灰陶。方唇，折沿，短颈。肩部以下饰绳纹。口径48、残高7.2厘米（图二二，15）。04YJEHT3标：8，泥质灰陶。圆唇，折沿。外壁饰凸出的弦断绳纹。口径54.4、残高10厘米（图二五，22）。

B型　2件。直口。04YJET0613⑤标：13，泥质灰陶。唇上部平，两侧加厚。肩部饰两道折线纹。残高20厘米（图二二，8）。

盆　136件。依口沿分四型。

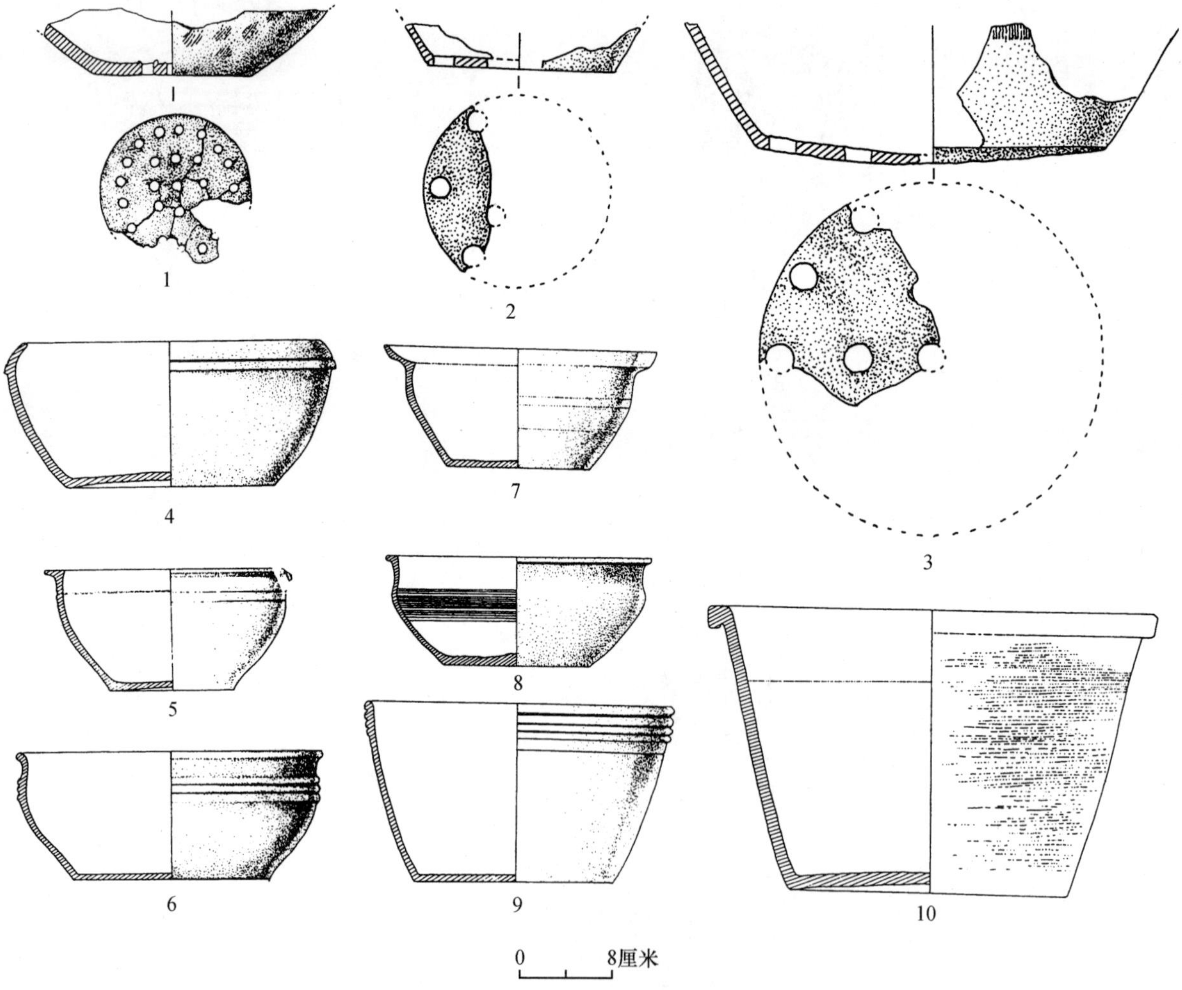

图二四　陶甑、盆

1～3. 甑（04YJEK1：4、04YJET0613⑤标：15、04YJET0408⑤标：5）　4. Ab型盆（03YJEH303：1）　5、8. Da型盆（03YJEH303：5、04YJET0308⑥：21）　6. Dc型盆（03YJET3⑤：4）　7. C型盆（03YJEH303：3）　9. Bc型盆（03YJRF3：21）　10. Bb型盆（03YJEH303：2）

A型　95件。敛口。分二亚型。

Aa型　59件。卷沿，圆唇。04YJET0613⑤：12，泥质灰陶。斜直腹，平底。外壁靠近口沿处饰细绳纹。口径31、底径17.5、高21厘米（图二五，1）。04YJET0613⑤标：1，泥质灰陶。斜弧腹。外壁上部饰弦断网格纹。口径38.8、残高13.2厘米（图二五，2）。04YJET0309⑤标：4，泥质灰陶。斜直壁。口沿以下饰麦穗纹。口径36、残高6.8厘米（图二五，5）。04YJEHT3标：1，泥质灰陶。斜直壁。口沿以下饰方格纹。口径36.8、残高9.4厘米（图二五，8）。04YJET0309⑤标：1，夹细砂灰陶。斜弧壁，向下渐薄。口径28、残高8.6厘米（图二五，10）。04YJEHT2下⑦B标：2，泥质灰陶。斜弧腹。外壁靠近口沿处有一圈凸棱。口径26.4、残高10.2厘米（图二五，7）。04YJET0308⑥标：19，泥质灰陶。斜弧壁。口沿下部有几条细棱。口径47.2、残高10厘米（图二五，17）。

Ab型　36件。重沿。03YJEH303：1，泥质灰陶。斜弧壁，平底微内凹。内底中部饰一圆形放射状条纹。口径26.2、底径18.4、高12厘米（图二四，4）。04YJEHT3标：2，泥质黄褐陶。斜弧壁。口径34.4、残高9.6厘米（图二五，3）。

B型　19件。直口。分三亚型。

Ba型　9件。卷沿，方唇。04YJEHT2下⑦B标：4，泥质灰陶。直壁，外壁有细密的弦纹。口径30.3、残高4.4厘米（图二五，9）。04YJET0308⑥标：2，夹细砂灰陶。斜直壁。口径38.2、残高7.5厘米（图二五，11）。

Bb型　3件。折沿，方唇。03YJEH303：2，泥质灰陶。斜直壁，平底微内凹。口径39.5、底径24.4、高24厘米（图二四，10）。04YJEHT3标：9，泥质灰陶。直壁。外壁有细密的弦纹。口径38.8、残高9.6厘米（图二五，14）。

Bc型　7件。重沿，圆唇。03YJRF3：21，泥质灰陶。斜直壁，平底。口径26、底径17.2、高15厘米（图二四，9）。04YJET0309⑤标：5，泥质灰陶。斜直壁。口径35.2、残高12厘米（图二五，6）。

C型　9件。侈口。03YJEH303：3，泥质灰陶。尖唇，鼓腹，平底。口径23.7、底径12.5、高10.2厘米（图二四，7）。04YJEG401标：5，泥质灰陶。方唇，腹壁较直，底部残。口径27.6、残高5.2厘米（图二五，13）。04YJEG401标：6，泥质灰陶。圆唇，折腹，底部残。口径28、残高6厘米（图二五，15）。04YJEG401标：7，泥质灰褐陶。圆唇，鼓腹，底部残。口径28、高9.2厘米（图二五，12）。04YJET0613⑤标：4，泥质灰陶。圆唇，鼓腹，腹壁较薄，底部残。外壁施几周弦纹。口径24.4、高7.6厘米（图二五，18）。

D型　13件。敞口。分三亚型。

Da型　5件。平沿，方唇。03YJEH303：5，泥质灰陶。斜弧腹，平底，微内凹。口径22、底径11、高10.2厘米（图二四，5）。04YJET0308⑥：21，夹细砂黑皮陶。直颈，圆肩，斜直腹，平底。口径23、底径12.6、高9厘米（图二四，8）。

Db型　2件。卷沿，圆唇。04YJET0308⑥标：1，泥质黑褐陶。外壁口沿下部内凹。口径46.4、残高8厘米（图二五，20）。

Dc型　6件。口沿微侈。03YJET3⑤：4，泥质灰陶。斜弧腹，平底。上腹部饰三道凸弦纹。口径26.5、底径16.5、高10.5厘米（图二四，6）。04YJET0308⑥标：5，泥质灰褐陶。圆

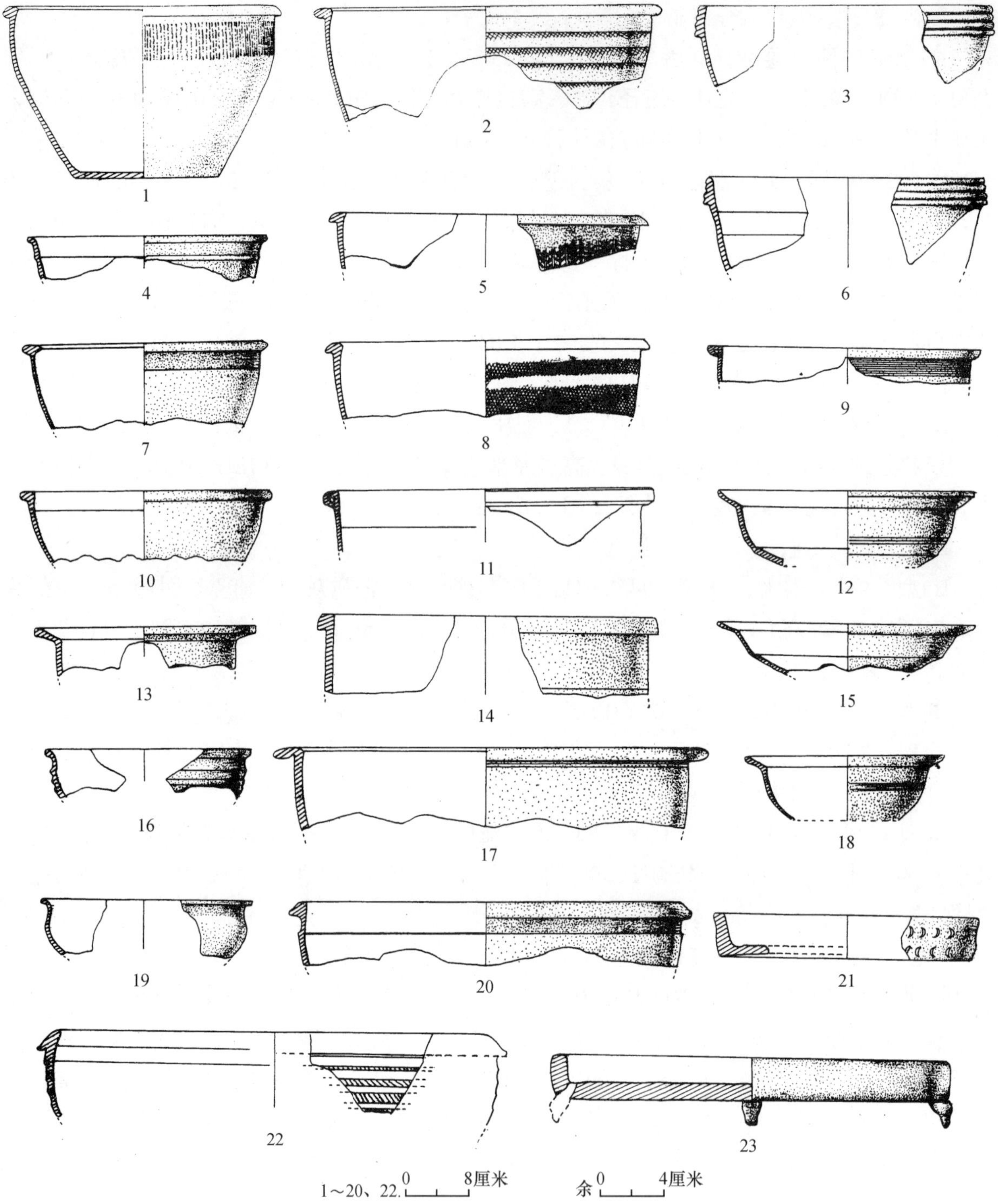

图二五 陶器

1、2、5、7、8、10、17. Aa型盆（04YJET0613⑤：12、04YJET0613⑤标：1、04YJET0309⑤标：4、04YJEHT2下⑦B标：2、04YJEHT3标：1、04YJET0309⑤标：1、04YJET0308⑥标：19） 3. Ab型盆（04YJEHT3标：2） 4、16、19. Dc型盆（04YJEHT2下⑦B标：5、04YJET0308⑥标：5、04YJET0308⑥标：22） 6. Bc型盆（04YJET0309⑤标：5） 9、11. Ba型盆（04YJEHT2下⑦B标：4、04YJET0308⑥标：2） 12、13、15、18. C型盆（04YJEG401标：7、04YJEG401标：5、04YJEG401标：6、04YJET0613⑤标：4） 14. Bb型盆（04YJEHT3标：9） 20. Db型盆（04YJET0308⑥标：1） 21、23. 盘（04YJET0308⑤标：5、03YJST1⑤：28） 22. A型缸（04YJEHT3标：8）

唇，弧颈，肩不明显。口径25.8、残高5.7厘米（图二五，16）。04YJET0308⑥标：22，泥质灰褐陶。方唇，弧颈，圆肩。口径26.4、残高6.8厘米（图二五，19）。04YJEHT2下⑦B标：5，夹细砂灰褐陶。斜弧腹，肩与颈均不明显。外壁靠近口沿处有一圈凸棱。口径30.4、残高5.4厘米（图二五，4）。

钵 27件。分四型。

A型 10件。敞口。分三式。

Ⅰ式：2件。鼓腹。03YJET3⑤：5，泥质灰陶。尖唇，小平底。外壁饰两道凹弦纹。口径16.5、底径6.5、高6.3厘米（图二六，1）。

Ⅱ式：5件。腹微鼓。04YJET0308⑥：24，泥质灰陶。尖唇，小平底。腹外壁有三条凸棱。口径11.4、底径4.2、高4厘米（图二六，15）。04YJST0605③：3，泥质灰陶。圆唇，小平底。口径13.3、底径4.8、高4.5厘米（图二六，16）。

Ⅲ式：3件。斜弧腹。03YJET1⑤：11，泥质灰陶。尖唇，小平底微凹。口径16.4、底径5.4、高6.8厘米（图二六，3）。

B型 6件。直口。分二式。

Ⅰ式：3件。直腹。03YJET3⑥：2，泥质黑灰陶。方唇，斜直腹，大平底。口径18.5、底径14.9、高7.4厘米（图二六，4）。

Ⅱ式：3件。鼓腹，微折。03YJET3⑤：8，出土时两钵扣在一起，均为泥质灰陶。圆唇，腹微鼓，平底。上部的口径17.5、底径8、高8厘米；下部的口径18.2、底径11、高8.4厘米（图二六，5）。

C型 10件。敛口。分四式。

Ⅰ式：1件。浅腹。03YJET3⑤：22，泥质灰褐陶。圆唇，腹微鼓，大平底。口径22、底径14.5、高6.2厘米（图二六，2）。

Ⅱ式：4件。腹较深，最大腹径偏下。04YJEHT3：55，灰陶。圆唇，鼓腹，平底。口沿外侧饰一道弦纹。口径18.2、底径8.9、高7.6厘米（图二六，6）。

Ⅲ式：4件。深腹，最大腹径偏上。04YJEF408：3，夹砂红陶。圆唇，腹微鼓，平底。口径20、底径12.2、高8厘米（图二六，7）。

Ⅳ式：1件。深腹，壁较直。03YJEH303：4，泥质灰陶。圆唇，斜直腹，平底。口径18、底径10.5、高7.2厘米（图二六，13）。

D型 1件。束颈，口微侈。03YJET3⑤：25，泥质灰陶。圆唇，圆肩，斜直腹，小平底。口径16.2、底径6、高5.1厘米（图二六，8）。

碗 6件。03YJET1⑤：27，泥质灰陶。敛口，圆唇，弧腹，台底微内凹。口径15.5、底径8.5、通高5.9厘米（图二六，9）。03YJET3⑤：24，泥质灰陶。敛口，圆唇，折腹，圈足底。内底戳印一四瓣花方款。口径21、底径12.4、通高6.8厘米（图二六，10）。04YJEHT3：110，泥质黑陶。敛口，尖唇，折腹，台底。最大径处饰一道凹弦纹。口径9.6、底径5、高4.2厘米（图二六，12）。

盘 3件。03YJST1⑤：28，泥质灰褐陶。方唇，唇中部有一道凹槽，直口，直壁，平底下有三个楔形足。口径24.5、底径23、通高4.2厘米（图二五，23）。04YJET0308⑤标：5，

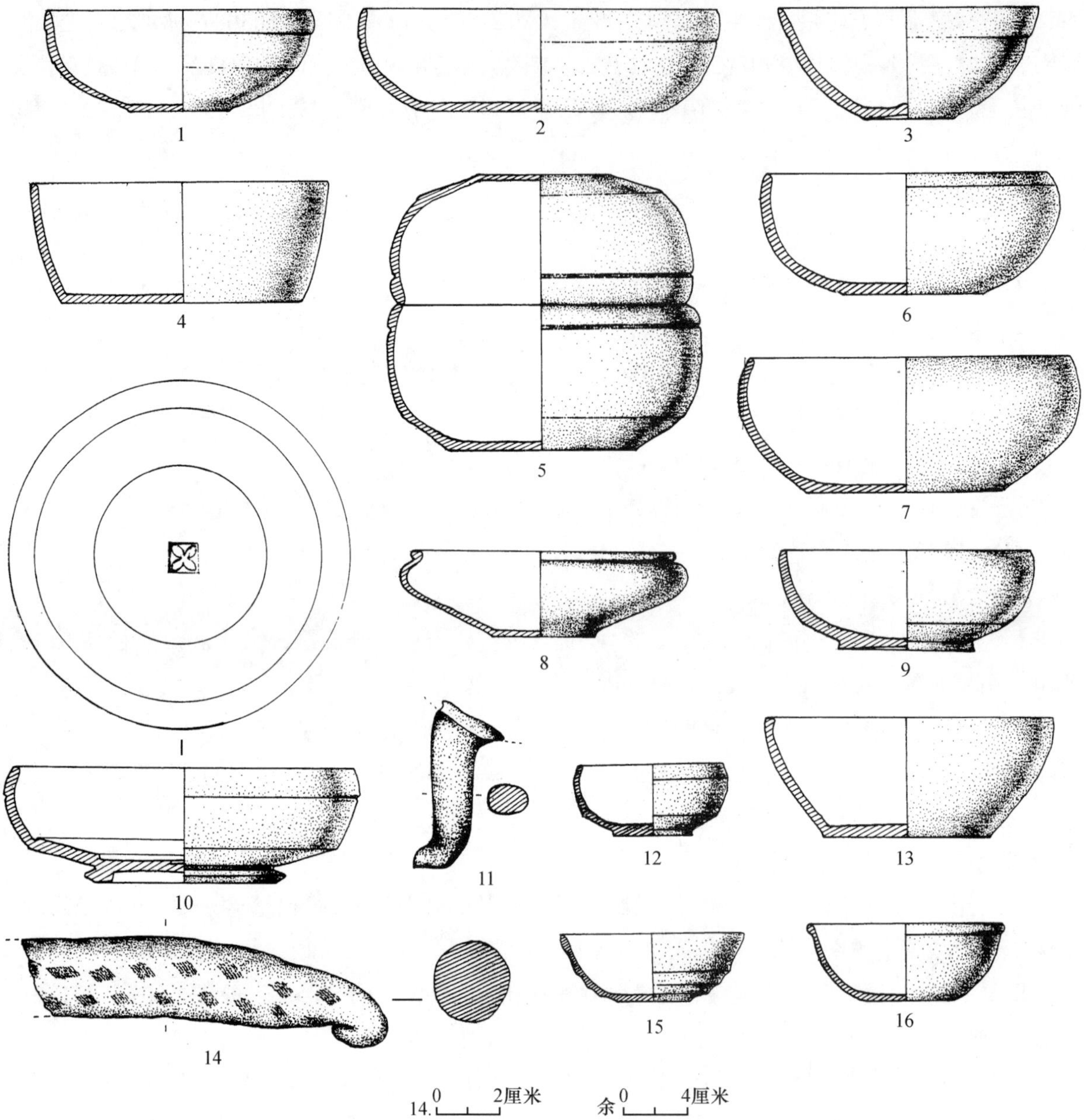

图二六　陶器

1. A型Ⅰ式钵（03YJET3⑤：5）　2. C型Ⅰ式钵（03YJET3⑤：22）　3. A型Ⅲ式钵（03YJET1⑤：11）　4. B型Ⅰ式钵（03YJET3⑥：2）　5. B型Ⅱ式钵（03YJET3⑤：8）　6. C型Ⅱ式钵（04YJEHT3：55）　7. C型Ⅲ式钵（04YJEF408：3）　8. D型钵（03YJET3⑤：25）　9、10、12. 碗（03YJET1⑤：27、03YJET3⑤：24、04YJEHT3：110）　11. 器足（04YJET0309⑤：25）　13. C型Ⅳ式钵（03YJEH303：4）　14. 器柄（04YJET0309⑤标：21）　15、16. A型Ⅱ式钵（04YJET0308⑥：24、04YJST0605③：3）

方唇，敞口，直壁，平底。外壁饰指甲纹。口内径30、外径32、底径31.2、高5.2厘米（图二五，21）。

器盖　8件。03YJET3⑥：1，泥质黑灰陶。圆形纽。圆肩，敞口。纽径6、口径10.8、高5.6厘米（图二一，11）。03YJRT2②：2，夹砂黄褐陶。圆形纽。纽径8.6、残高2厘米（图二一，14）。04YJST0704③：13，夹砂红陶。平面圆形，纽部较平，底部内凹。纽径3.5、口径6.8、高2.2厘米（图二一，16）。04YJET0712⑤C：18，灰陶。平面圆形，纽部残，底部外凸。直径4.5、高1.8厘米（图二一，15）。04YJET0613⑤标：7，泥质黄褐陶。口径16、残高2.6厘米（图二一，13）。04YJET0309⑤标：20，夹细砂灰褐陶。口径16.8、残高3.7厘米（图二一，12）。04YJET0308⑥：19，夹细砂黄褐陶。纽径6.2、口径23、高9.4厘米（图二一，10）。

器柄　1件。04YJET0309⑤标：21，夹细砂黑褐陶。表面饰块状绳纹。残长11.2、直径2.4厘米（图二六，14）。

器足　1件。04YJET0309⑤：25，泥质红陶。兽蹄形。通长10厘米（图二六，11）。

研磨器　1件。04YJET0308⑥：2，夹粗砂黑陶。柱状柄，中空，端部近椭圆形。通高8.4、顶长9.5、底径4厘米（图二七，20）。

弹丸　3件。04YJEHT1：19，泥质灰陶。手制。直径1.5厘米（图二七，16）。

网坠　26件。均为泥质。梭形，手制而成，中部有穿孔。依形制可分二型。

A型　25件。03YJEH306：5，灰褐陶。长4.9、最大径1.7、孔径0.6厘米（图二七，3）。04YJST0907③：6，灰黑陶。长4、最大径1.2、孔径0.4厘米（图二七，5）。04YJEHT3：56，红陶。长7、最大径1.8、孔径0.6厘米（图二七，1）。04YJEHT2：18，灰陶。长5.2、最大径2.5、孔径0.7厘米（图二七，2）。04YJEHT1：25，灰陶。长4.8、最大径1.5、孔径0.4厘米（图二七，4）。

B型　1件。04YJEHT2：14，红陶。长6.6、最大径4.8、孔径1厘米（图二七，6）。

纺轮　29件。均为泥质灰陶或黑陶。平面圆形，中部有穿孔。依形制可分三型。

A型　7件。饼形。04YJST0705③：1，最大径3.8、孔径0.6、高1.8厘米（图二七，10）。04YJET0410⑤C：16，最大径3.9、孔径0.5、高1.6厘米（图二七，11）。04YJET0308⑤：5，直径4.2、孔径0.6、厚0.6厘米（图二七，12）。

B型　6件。圆台形。03YJET1⑤：31，底径2.5、孔径0.3、高1.5厘米（图二七，9）。04YJSK2①：2，底径3.5、孔径0.4、高1.5厘米（图二七，13）。04YJET0411①：1，底径3.4、孔径0.3、高2厘米（图二七，19）。

C型　16件。算珠形。腰部饰三条弦纹。04YJSF301：1，直径2.9、孔径0.35、高2.1厘米（图二七，17）。04YJET0410⑤C：20，直径2.6、孔径0.4、高1.5厘米（图二七，18）。04YJEHT3：41，形体较大。最大径4.5、孔径0.4、高3.4厘米（图二七，14）。

棋子　9件。分二型。

A型　7件。圆饼形。04YJEHT3：33，直径2.5、厚0.5厘米（图二七，7）。

B型　2件。圆饼形，上端有柱状纽。04YJEHT1：11，直径2.1、高2厘米（图二七，8）。

陶俑　1件。04YJET0613⑤：11，泥质灰陶。坐姿男俑，头戴小冠，身穿长袍，双手交叉置于胸前。通高20.2厘米（图二七，21）。

陶范　3件。03YJEH301：2，泥质。红褐色。残长11、宽6.5、厚5、槽深2厘米（图二七，15）。04YJET0307②：2，由加砂青砖凿磨而成。上有刻划符号。残长11、宽10.5、厚5厘米。

钱纹陶片　3件。04YJST0705③：7，泥质青灰色陶。表面印有“五铢”钱纹。厚0.5厘米。04YJEHT3：107，泥质灰陶。表面印有“大泉五十”钱纹。厚0.8厘米。

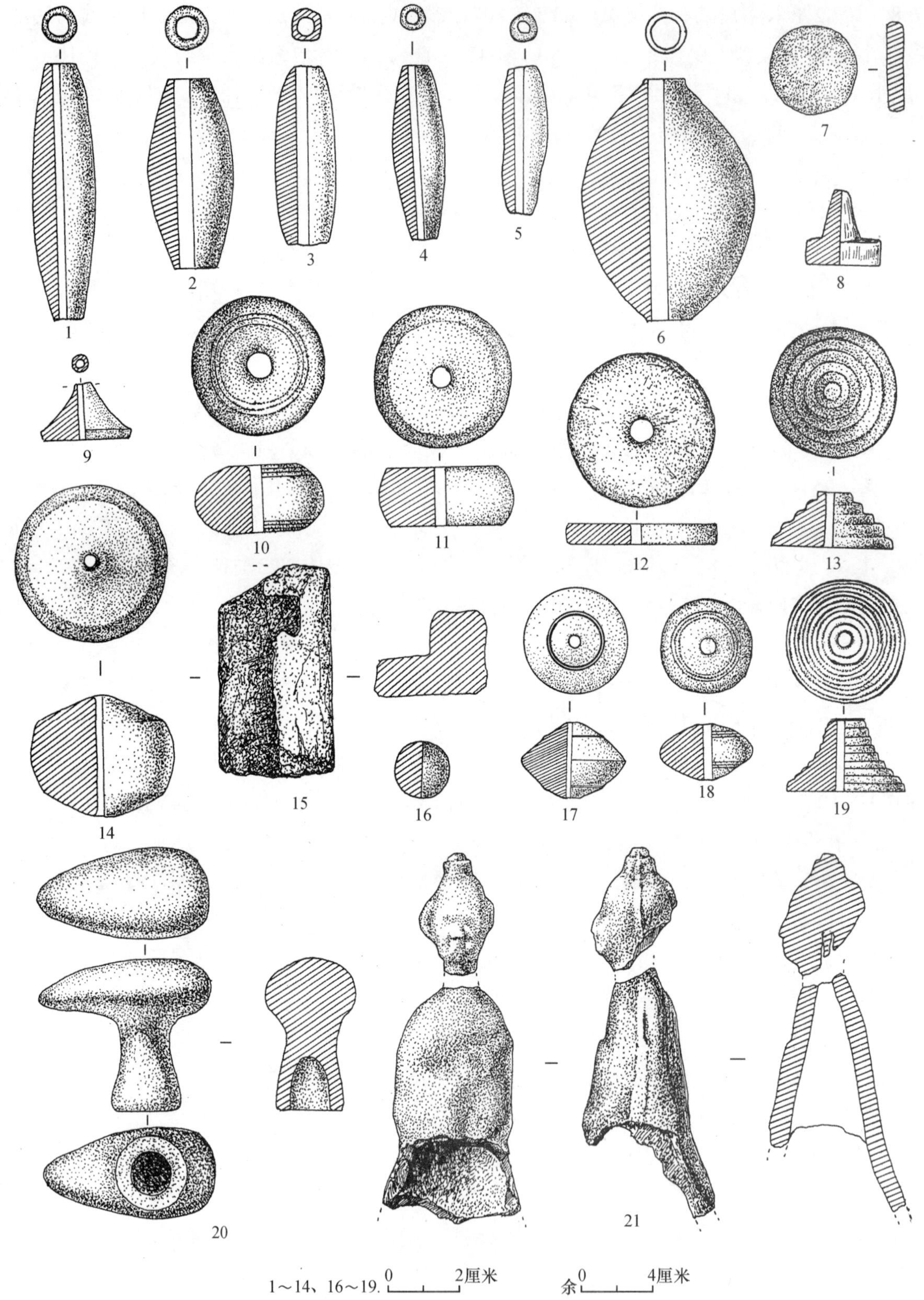

图二七　陶器

1～5. A型网坠（04YJEHT3：56、04YJEHT2：18、03YJEH306：5、04YJEHT1：25、04YJST0907③：6）　6. B型网坠（04YJEHT2：14）　7. A型棋子（04YJEHT3：33）　8. B型棋子（04YJEHT1：11）　9、13、19. B型纺轮（03YJET1⑤：31、04YJSK2①：2、04YJET0411①：1）　10～12. A型纺轮（04YJST0705③：1、04YJET0410⑤C：16、04YJET0308⑤：5）　14、17、18. C型纺轮（04YJEHT3：41、03YJSF301：1、04YJET0410⑤C：20）　15. 范（03YJEH301：2）　16. 弹丸（04YJEHT1：19）　20. 研磨器（04YJET0308⑥：2）　21. 俑（04YJET0613⑤：11）

筒瓦　8件。泥质灰陶。手制，长方形，半圆筒体，圆唇。外表面饰粗绳纹及弦断绳纹，部分内表面压印布纹，两侧及末端有切割痕。03YJEF301：38，通长43、宽15.5、高8、瓦头长3、宽7.5厘米（图二八，1）。04YJET0609③：4，通长36、宽13.8、高7.5、瓦头长5.4、宽9.6厘米（图二八，3）。04YJET0613⑥：9，通长36.2、宽15、高8、胎厚1.4、瓦头长4、宽12.4厘米（图二八，4）。04YJET0613⑥：10，通长41、宽13.2、高6.8、胎厚0.8、瓦头长3.2、宽10厘米（图二八，2）。04YJST0705③：10，通长51、宽15、高7.5、厚0.9、瓦头长4、宽14厘米（图二八，5）。04YJET0612⑦B：1，通长42.7、宽15.6、高8.5厘米（图二八，6）。

板瓦　2件。04YJET0512⑤：15，泥质灰陶。手制，长方形，截面呈拱形。外表面饰粗绳纹，内表面印有细密的布纹，两侧及末端有切割痕。长44、宽35、高7.5、厚1厘米（图二九）。

瓦当　19件。均为泥质灰陶或红陶，当面分四区，主体纹饰为卷云纹，中部多饰一圆形乳突，有的印有人面图案，有的印有空心十字纹。03YJRF3：25，直径12.8、厚1.6厘米（图三〇，5）。03YJRF3：6，直径15.5、厚0.8厘米（图三〇，2）。03YJEH304：1，直径14、厚1.4厘米（图三一，2）。04YJET0512⑤：14，直径14、厚3厘米（图三一，3）。03YJET2⑤：12，直径14、厚0.8厘米（图三一，1）。03YJET3⑤：16，直径14.5、厚0.8厘米（图三〇，3）。03YJET3⑤：30，直径14.5、厚1.1厘米（图三〇，1）。04YJEF408：4，直径13.5、厚1.6、筒残长8厘米（图三〇，4）。04YJET0612⑦B：2，直径13、厚1.6厘米（图三〇，6）。04YJEHT2：15，直径14、厚1.6厘米（图三一，4）。

砖　100多件。均为青灰色。04YJST0906③：1，方砖。残。上表面有刻划文字。残长15、残宽11、厚9.5厘米（图三一，5）。04YJEQ1：1，梯形榫卯砖。侧面有菱形纹饰，上表面有三个刻划符号。长39、宽17～18、厚9.8厘米（图三二，1）。04YJEQ1：2，梯形榫卯砖。侧面饰菱纹及车轮形纹饰。长33、宽16～17、厚10厘米（图三二，2）。04YJEQ1：3，长方形砖。侧面饰菱形及十字形纹饰。长38.2、宽18、厚8厘米（图三二，3）。04YJEQ1：4，长方形砖。侧面饰菱纹及车马纹饰。长35、宽18、厚8厘米（图三二，4）。

3. 瓷器

以青瓷容器居多。器形以钵、罐为主。轮制。表面均有开片，釉质脱落现象较多。

钵　31件。分三型。

A型　3件。敞口。04YJST0604③：6，圆唇，鼓腹，平底。外饰一圈凹弦纹。口径9、底径5.2、高2.8厘米（图三四，6）。

B型　11件。直口。分二亚型。

Ba型　2件。斜直壁，平底。04YJST0603③：34，施绿釉，外底不上釉。尖唇，斜直腹。外壁饰两圈弦纹。口径12、底径8.4、高5厘米（图三三，2）。

Bb型　9件。斜弧壁。04YJST0704③：18，施绿釉，外底不上釉。尖唇，腹微弧。口径15.4、底径10.8、高7厘米（图三三，1）。04YJET0513⑤：3，尖唇，腹微弧。口径14.5、底径10、高6.5厘米（图三三，3）。

C型　17件。分四式。

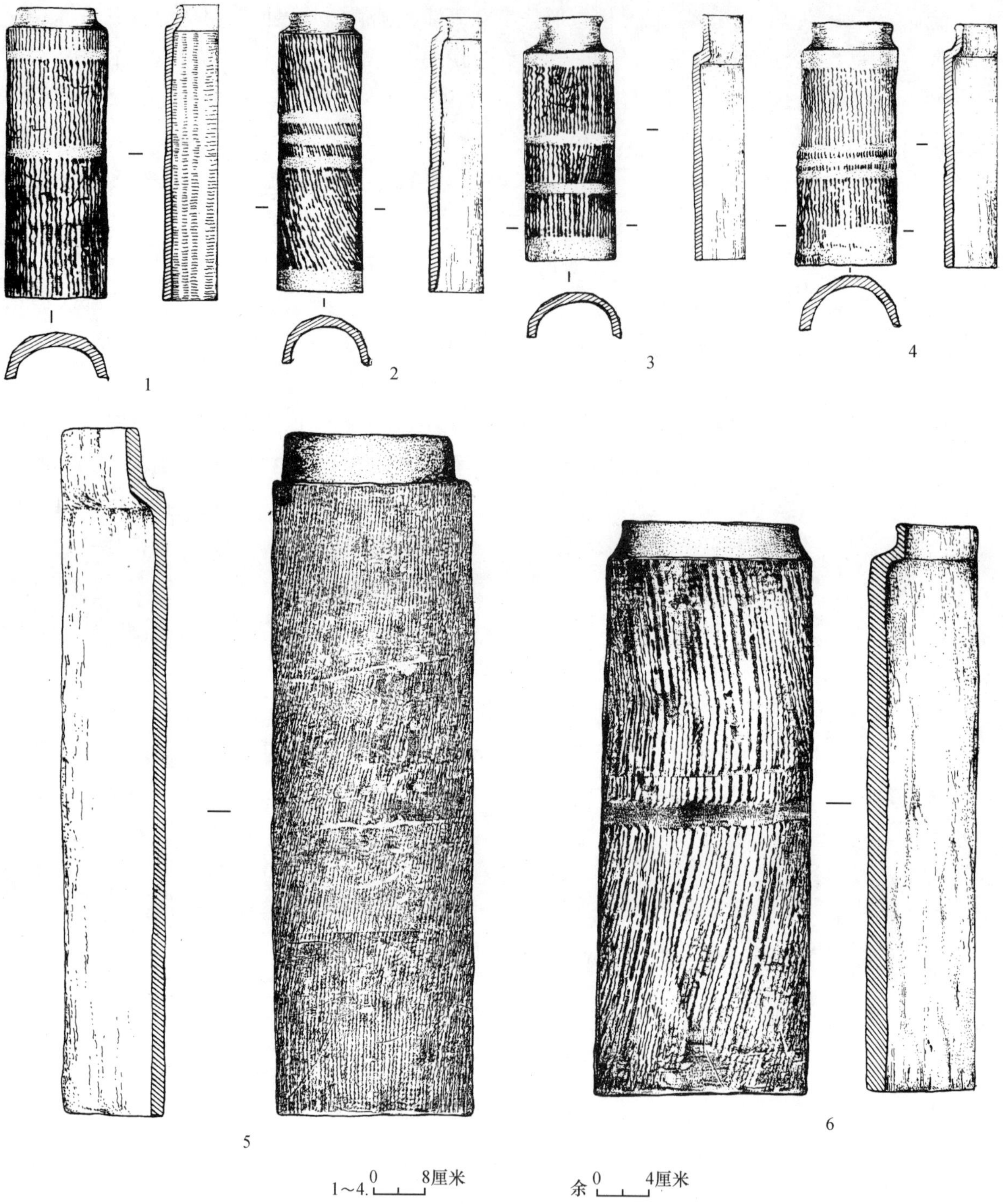

图二八 筒瓦

1. 03YJEF301：38 2. 04YJET0613⑥：10 3. 04YJET0609③：4 4. 04YJET0613⑥：9 5. 04YJST0705③：10 6. 04YJET0612⑦B：1

Ⅰ式：7件。浅腹，鼓腹，大平底。03YJET3⑤：33，施绿釉，外底不上釉。圆唇，弧壁。口径18.5、底径15、高6.3厘米（图三三，7）。

Ⅱ式：4件。腹较深，斜弧壁，大平底。03YJET3⑤：24，施绿釉，外底不上釉。圆唇，弧壁。外壁有几道凸弦纹，内壁饰一周波浪纹。口径21.3、底径14.5、高6.4厘米（图三三，

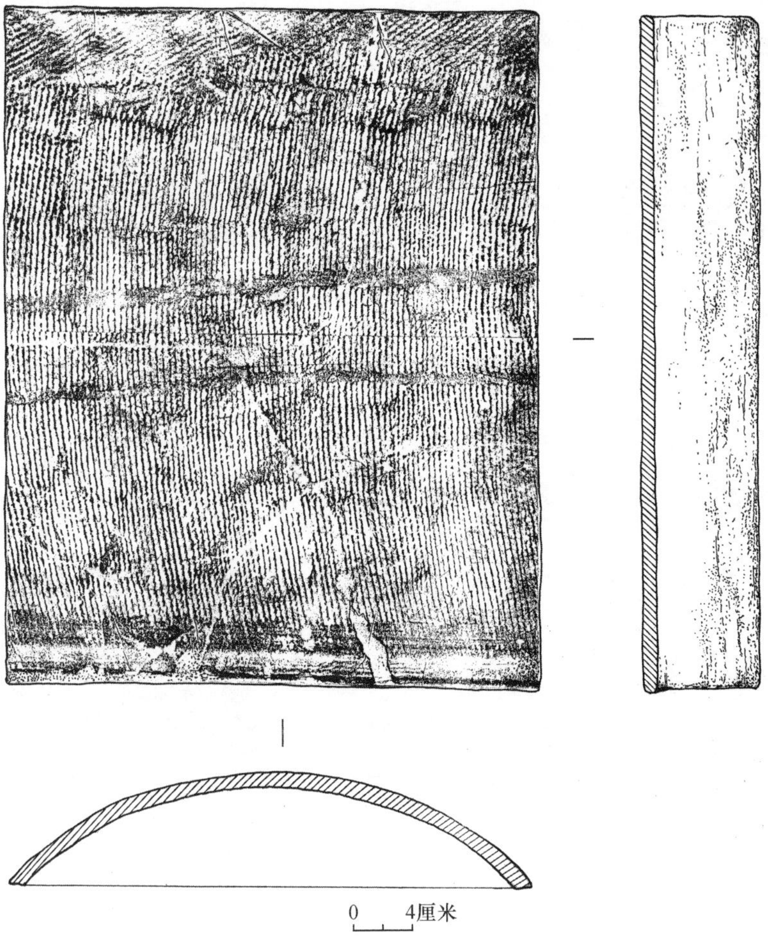

图二九 板瓦（04YJET0512⑤：15）

9）。03YJST1⑤：12，尖唇，直腹，底微内凹。内壁有轮修痕迹。口径17.2、底径11.4、高6厘米（图三三，10）。

Ⅲ式：1件。深腹，斜直壁，有不甚明显的台底。03YJST1⑤：10，尖唇，斜直腹。外饰四圈凹弦纹。口径18、底径10.7、高7厘米（图三三，5）。

Ⅳ式：5件。深腹，斜弧壁，小平底。04YJEHT3标：27，施绿釉，外底不上釉。平底。口径14.4、底径7.6、高6.6厘米（图三三，4）。

碗 42件。分三型。

A型 8件。台底，形体较大。分二式。

Ⅰ式：7件。03YJST1⑤：24，灰白胎。施绿釉，大部已脱落。方唇，斜弧腹，底微内凹。口径16.5、底径11.4、高5.6厘米（图三三，11）。03YJET3扩2⑤：2，灰白胎。施绿釉，大部已脱落。圆唇，斜弧腹。口径14.8、底径10、高5.4厘米（图三三，15）。

Ⅱ式：1件。03YJET3⑤：32，灰白胎。施绿釉，大部已脱落。尖唇，束颈，斜弧腹，台底上端内收。口径18.8、底径12、高5.2厘米（图三三，8）。

B型 18件。台底，形体较小。分四式。

Ⅰ式：1件。敞口，浅腹，鼓腹，最大腹径偏上。04YJST0604③：5，圆唇。口径8、底径

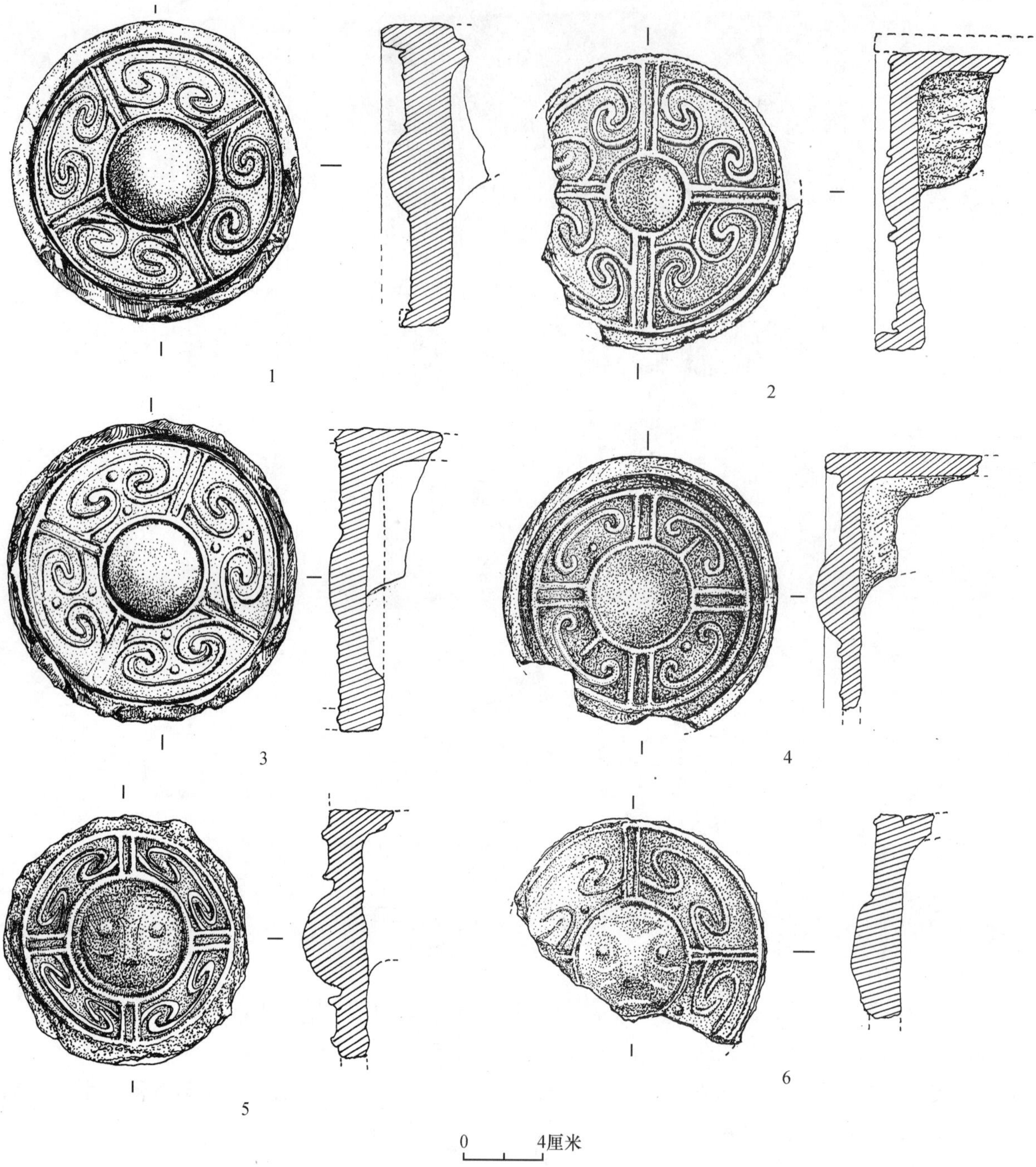

图三〇　瓦当

1. 03YJET3⑤：30　2. 03YJRF3：6　3. 03YJET3⑤：16　4. 04YJEF408：4　5. 03YJRF3：25　6. 04YJET0612⑦B：2

3.8、高3厘米（图三四，11）。

Ⅱ式：8件。直口，浅腹，鼓腹，最大腹径偏下。03YJST1⑤：4，釉已脱落。子口，尖唇。口径8.5、底径5.2、高3.5厘米（图三四，7）。03YJEF301：25，内满釉，外壁施半釉。尖唇，腹壁较厚。口径8.8、底径6.2、高3.2厘米（图三四，10）。

Ⅲ式：5件。口微敛，浅腹，腹微鼓。03YJST1⑤：15，通体施绿釉。尖唇。口径11.3、底径6.5、高4.2厘米（图三四，5）。03YJST1⑤：17，通体施绿釉。圆唇，底微凹。口径9、底

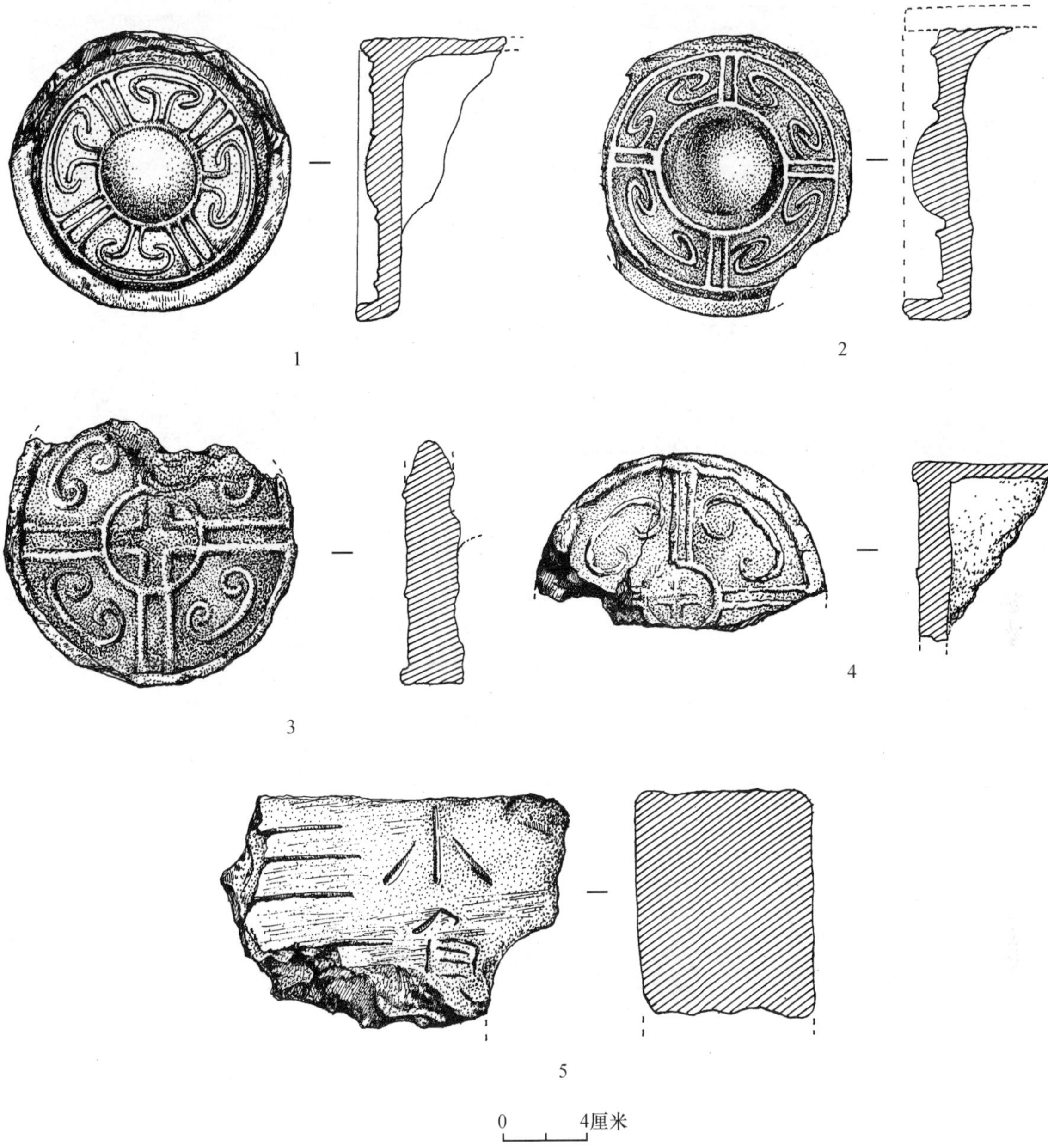

图三一　瓦当、砖

1～4. 瓦当（03YJET2⑤：12、03YJEH304：1、04YJET0512⑤：14、04YJEHT2：15）　5. 砖（04YJST0906③：1）

径5.5、高3.5厘米（图三四，3）。

Ⅳ式：4件。斜弧壁，深腹。03YJST1⑤：20，釉已脱落。圆唇，底微凹。口径8.3、底径5.2、高4.4厘米（图三四，2）。

C型　16件。圈足底。分二式。

Ⅰ式：14件。03YJST1⑤：23，施绿釉，外底不上釉。圆唇，直口，直壁，鼓腹。口径16.7、底径10.5、高5.9厘米（图三三，14）。

Ⅱ式：2件。04YJET0613④：1，通体施绿釉。敞口，尖唇，斜腹，圈足。口径14、底径5.2、高4厘米（图三四，1）。

图三二　花纹砖

1. 04YJEQ1：1　2. 04YJEQ1：2　3. 04YJEQ1：3　4. 04YJEQ1：4

罐　12件。03YJEH301：1，四系罐。施酱黄釉，底未上釉。圆唇，直口，高领，圆肩，斜直腹。肩部对称分布四个横向的錾。口径10.5、最大腹径22.4、底径11.6、高22.7厘米（图三三，13）。04YJET0412⑤：7，施绿釉，外底不上釉。直口，鼓腹，圆肩，平底。肩部有两个对称的錾。口径5.8、最大腹径10.8、底径4.8、高6.9厘米（图三三，18）。04YJEHT3标：28，施青釉。直口，圆唇。口径13.5、残高6厘米（图三三，17）。04YJET0408⑤标：6，施青釉，施釉不到底。直口，圆唇，鼓腹。肩两侧各有两耳。口径19.2、残高10.8厘米（图三三，19）。

盂　7件。03YJRF3：1，灰白胎。釉脱落。侈口，方唇，鼓腹，圜底。通体饰网格纹。口径13.5、腹径13、通高9厘米（图三三，12）。04YJET0408⑤：20，釉黄绿色半釉。侈口，圆唇，腹微鼓，平底。外壁饰细网格纹及凹弦纹。口径22.5、底径15.4、高8.4厘米（图三三，

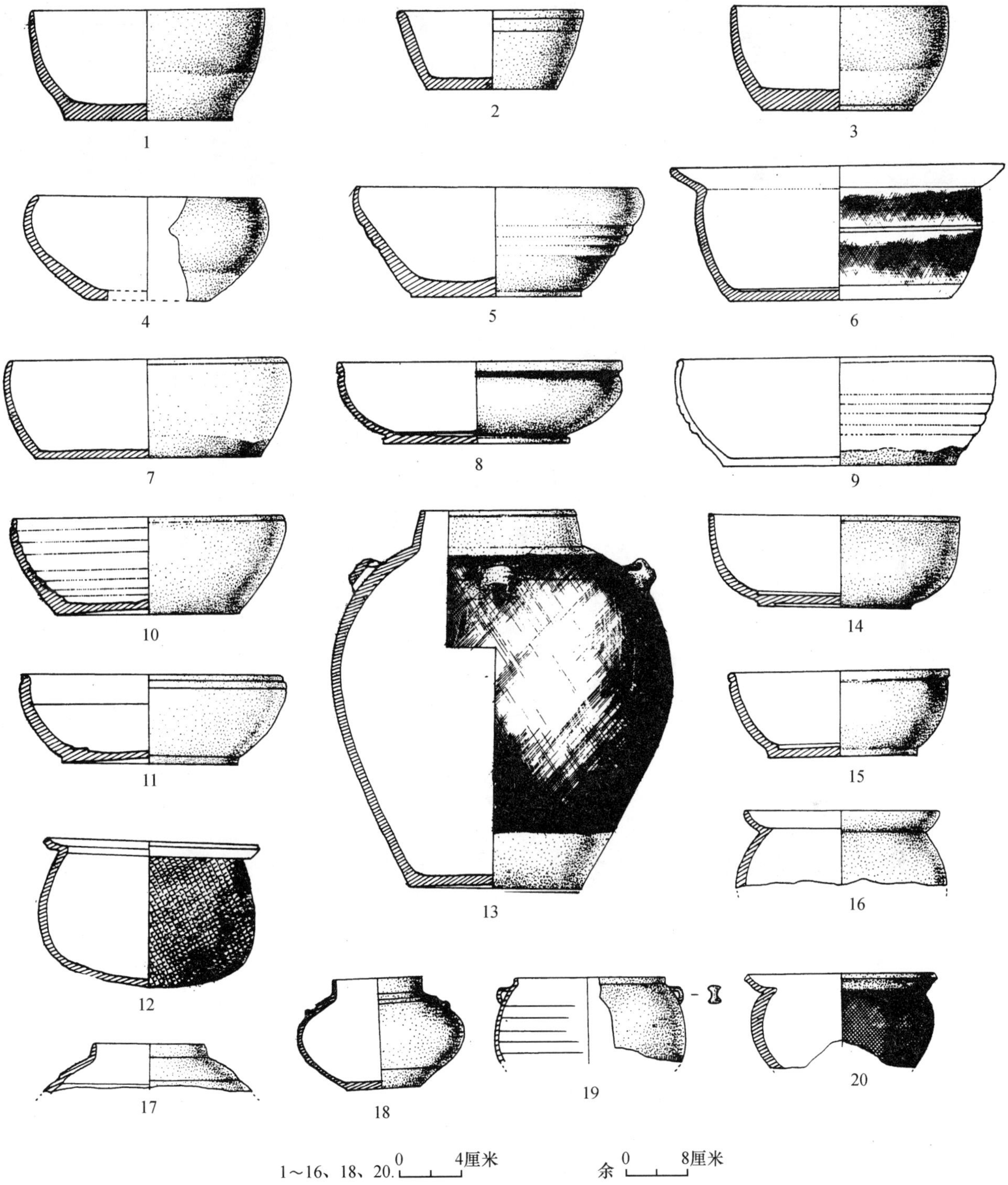

图三三 瓷器

1、3. Bb型钵（04YJST0704③：18、04YJET0513⑤：3） 2. Ba型钵（04YJST0603③：34） 4. C型Ⅳ式钵（04YJEHT3标：27） 5. C型Ⅲ式钵（03YJST1⑤：10） 6、12、16、20. 盂（04YJET0408⑤：20、03Y3RF3：1、04YJET0613⑤标：19、04YJEHT3标：26） 7. C型Ⅰ式钵（03YJET3⑤：33） 8. A型Ⅱ式碗（03YJET3⑤：32） 9、10. C型Ⅱ式钵（03YJET3⑤：24、03YJST1⑤：12） 11、15. A型Ⅰ式碗（03YJST1⑤：24、03YJET3扩2⑤：2） 13、17～19. 罐（03YJEH301：1、04YJEHT3标：28、04YJET0412⑤：7、04YJET0408⑤标：6） 14. C型Ⅰ式碗（03YJST1⑤：23）

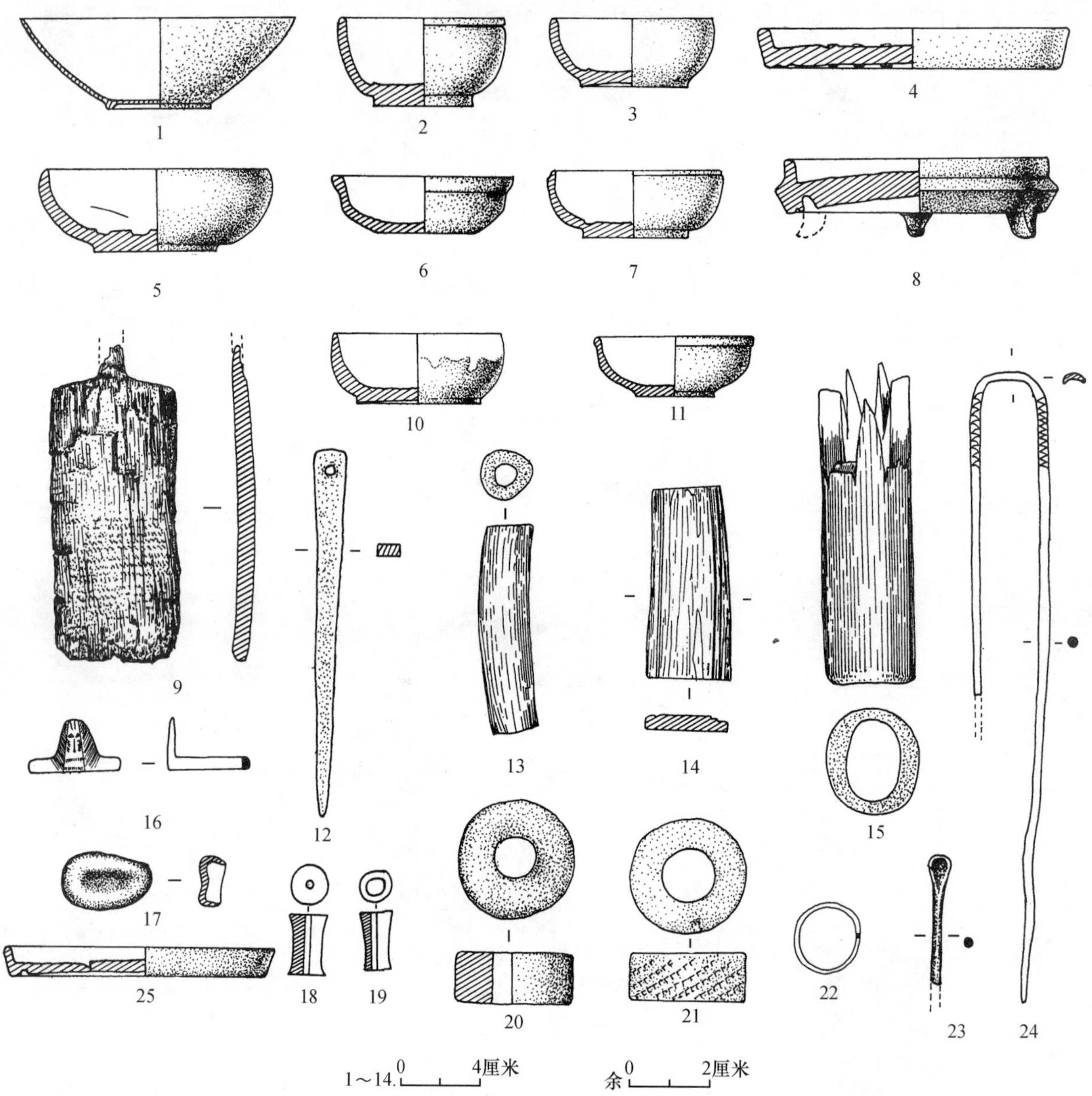

图三四　瓷器、骨角器及其他

1. C型Ⅱ式瓷碗（04YJET0613④：1）　2. B型Ⅳ式瓷碗（03YJST1⑤：20）　3、5. B型Ⅲ式瓷碗（03YJST1⑤：17、03YJST1⑤：15）　4、25. A型瓷盘（03YJST1⑤：27、03YJET2⑤：22）　6. A型瓷钵（04YJST0604③：6）　7、10. B型Ⅱ式瓷碗（03YJST1⑤：4、03YJEF301：25）　8. B型瓷盘（03YJET3扩2⑤：19）　9. 木拍（04YJSK2①：15）　11. B型Ⅰ式瓷碗（04YJST0604③：5）　12. 骨笄（04YJST0603③：24）　13、15. 骨管（04YJET0309⑤：23、04YJET0411⑤：7）　14. 鹿角板（04YJET0612⑤C：6）　16. 银戒指（04YJSM301：2）　17. 骨饰件（04YJEHT3：65）　18、19. 耳珰（04YJET0308⑤：10、04YJEF408：8）　20、21. 瓷环（04YJST0805③：4、03YJEF301：26）　22. 银指环（03YJET1⑤：39）　23. 铅耳勺（04YJST0805③：2）　24. 银钗（04YJSM301：1）

6）。04YJET0613⑤标：19，未施釉。口径12.8、残高4.8厘米（图三三，16）。04YJEHT3标：26，未施釉。表面饰网格纹。口径12.4、残高6厘米（图三三，20）。

盘　3件。分二型。

A型　2件。敞口，斜直壁，平底。03YJST1⑤：27，灰白胎。釉已脱落。圆唇，底微内凹。底内外均有一圈方形支钉。口径16、底径15.1、高1.9厘米（图三四，4）。03YJET2⑤：22，灰白胎。釉已脱落。圆唇。口径13.8、底径13.2、高1.6厘米（图三四，25）。

B型　1件。直口，三足。03YJET3扩2⑤：19，施黄绿釉，已脱落。圆唇，折腰，盘底中部微鼓。口径13.4、底径14.2、通高3.5厘米（图三四，8）。

环　4件。03YJEF301：26，白瓷。外壁饰斜向压印方格纹。外径2.92、内径1.3、高1.2厘米（图三四，21）。04YJST0805③：4，白瓷。外径3、内径1、高1.2厘米（图三四，20）。

瓷片标本　1件。03YJET3扩2⑤：53，白瓷。为碗的残片。轮制而成。饰戳印指甲纹。残宽5.4、残高5.1、厚4.8厘米。

4. 铜器

出土大量铜镞、铜钱以及铜铃、铜环、泡钉等小件铜器，另有大量不同形制的构件和饰品。均为浇铸而成。

铜镞　145件。依形制可分为四型。

A型　13件。双翼形镞身。分三亚型。

Aa型　4件。翼较宽较短，中部有脊，脊向两翼对称分叉，铤截面呈圆形。03YJET1⑤：18，通长3.5、翼展1.2、铤1.1厘米（图三五，22）。04YJET0408⑥：7，通长5.2、翼展1.7、铤0.2厘米（图三五，6）。04YJST0804③：23，形似鱼骨。通长3.7、翼展1.8厘米（图三五，23）。

Ab型　6件。长翼，弧刃，中部有圆柱形脊，铤截面呈圆形。04YJET0309⑤：24，通长6、镞身4、铤2厘米（图三五，3）。04YJET0712⑤C：4，通长3.9、镞身2.9、铤1厘米（图三五，2）。

Ac型　3件。镞身较扁，弧刃，翼不明显，关与铤截面呈圆形。04YJEHT3：68，通长8.3、镞身2.3、关1、铤5.1厘米（图三五，9）。

B型　11件。三翼形镞身。分二亚型。

Ba型　10件。圆锥形脊，三翼等距分布，铤截面呈圆形。03YJET1⑤：9，通长6.8、镞身3.4、关1、铤2.4厘米（图三五，19）。03YJST1⑤：9，通长3.7、镞身3.5、铤0.2厘米（图三五，27）。04YJET0511⑤C：20，通长3.8厘米（图三五，24）。

Bb型　1件。镞身截面呈三角形，边内凹，关与铤截面呈等边三角形。04YJET0308⑥：14，通长11、镞身1.5、关0.3、铤9.2厘米（图三五，8）。

C型　87件。三棱形镞身。分五亚型。

Ca型　28件。镞身上部三棱尖，下部圆柱体，铤截面圆形。03YJET1⑤：24，通长6.1、镞身3.3、铤2.8厘米（图三五，18）。04YJET0410⑤C：22，通长7.3、镞身3.9、铤3.4厘米（图三五，15）。04YJET0511⑤C：3，通长7.7、镞身4.3、铤3.4厘米（图三五，14）。

Cb型　17件。镞身截面呈三角形，关截面呈六边形，铤截面呈圆形。04YJEHT3：84，通长3.2、镞身2.3、关0.5、铤0.4厘米（图三五，21）。04YJET0411⑤：5，通长4.9、镞身2.5、关1、铤1.9厘米（图三五，1）。

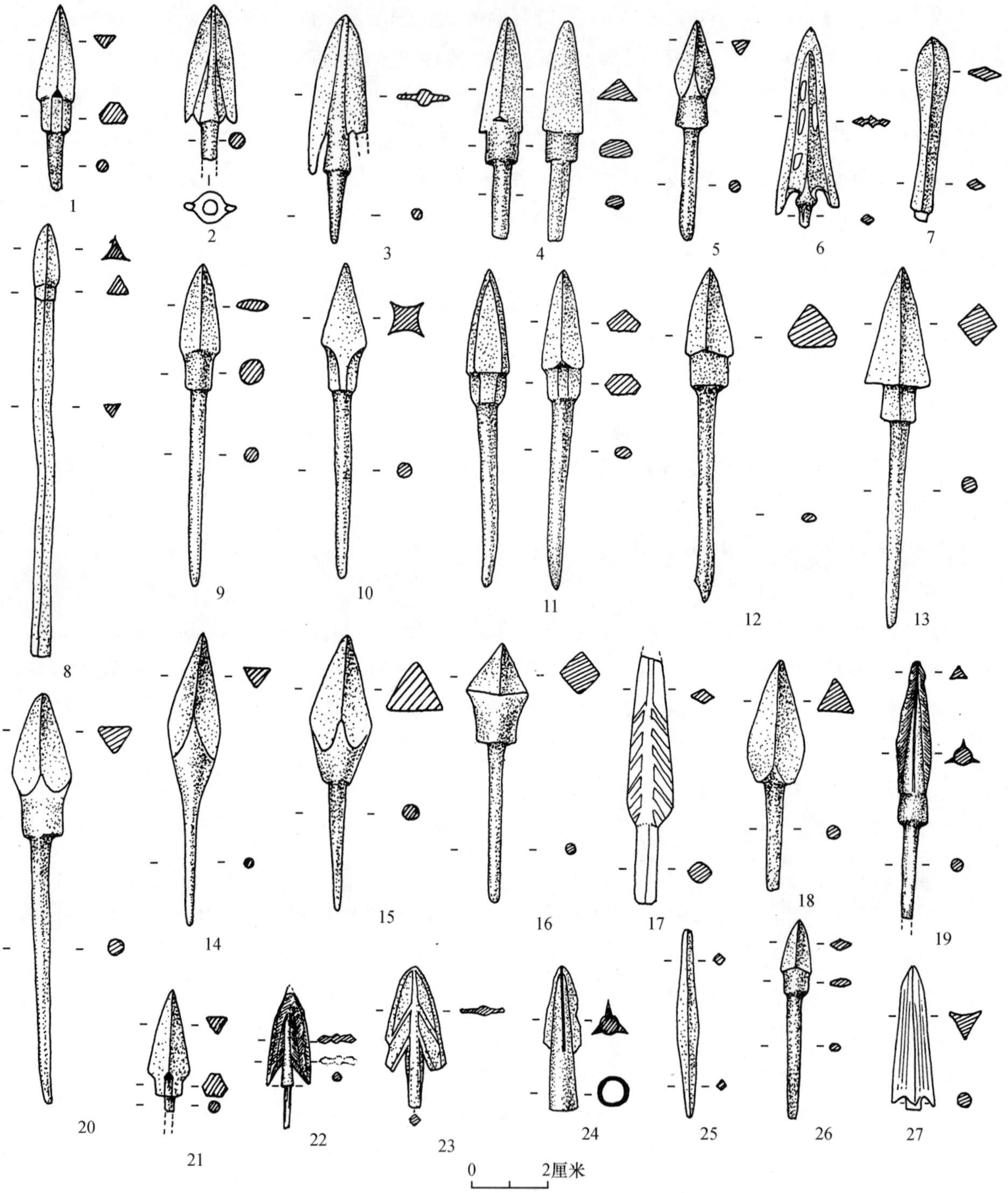

图三五 铜镞

1、21. Cb型（04YJET0411⑤：5、04YJEHT3：84） 2、3. Ab型（04YJET0712⑤C：4、04YJET0309⑤：24） 4. Cc型（04YJEHT1：12） 5、20. Ce型（04YJST0604③：2、04YJST0603③：20） 6、22、23. Aa型（04YJET0408⑥：7、03YJET1⑤：18、04YJST0804③：23） 7. Dc型（04YJST0705③：6） 8. Bb型（04YJET0308⑥：14） 9. Ac型（04YJEHT3：68） 10. Db型（04YJST0705③：11） 11、12. Cd型（04YJEHT3：4、04YJST0705③：15） 13. Df型（03YJET3扩2⑤：26） 14、15、18. Ca型（04YJET0511⑤C：3、04YJET0410⑤C：22、03YJET1⑤：24） 16. Da型（04YJST0804③：6） 17. Dg型（03YJST1⑤：8） 19、24、27. Ba型（03YJET1⑤：9、04YJET0511⑤C：20、03YJST1⑤：9） 25. De型（04YJST0603③：30） 26. Dd型（04YJEHT3：21）

Cc型　4件。镞身截面呈等腰三角形，关与铤截面呈椭圆形。04YJEHT1：12，通长5.8、镞身3.1、关0.8、铤1.9厘米（图三五，4）。

Cd型　25件。镞身截面呈五边形，关截面呈六边形，铤截面呈椭圆形。04YJEHT3：4，通长8.3、镞身2.8、关0.9、铤4.6厘米（图三五，11）。04YJST0705③：15，通长8.7、镞身2.3、关0.8、铤5.6厘米（图三五，12）。

Ce型　13件。镞身截面呈等边三角形，关与铤截面呈椭圆形。04YJST0603③：20，通长10.8、镞身2.6、关1.1、铤7.1厘米（图三五，20）。04YJST0604③：2，通长5.9、镞身1.9、关1、铤3厘米（图三五，5）。

D型　34件。四棱形镞身。分七亚型。

Da型　2件。镞身截面呈正方形，关与铤截面呈圆形。04YJST0804③：6，通长6、镞身1.3、关1.3、铤4.3厘米（图三五，16）。

Db型　2件。镞身截面呈菱形，四边内凹，关截面呈八边形，铤截面呈圆形。04YJST0705③：11，通长8.2、镞身2、关1.3、铤4.7厘米（图三五，10）。

Dc型　1件。镞身与关截面均为菱形，铤截面呈椭圆形。04YJST0705③：6，通长4.8、镞身1.8、关2.7、铤0.3厘米（图三五，7）。

Dd型　26件。镞身截面呈菱形，关与铤截面呈扁圆形。04YJEHT3：21，通长5.3、镞身1.4、关0.5、铤3.4厘米（图三五，26）。

De型　1件。镞身与铤截面均为正方形。04YJST0603③：30，通长5厘米（图三五，25）。

Df型　1件。镞身与关截面均为正方形，铤截面呈圆形。03YJET3扩2⑤：26，通长9.5、镞身3、关1、铤5.5厘米（图三五，13）。

Dg型　1件。03YJST1⑤：8，镞身截面菱形，铤截面呈方形。残长6.5、镞身4.5、铤2厘米（图三五，17）。

铜珠　2件　04YJET0309⑤C：14，中部有一正方形孔。直径1.9、孔边长0.7、高1.1厘米（图三六，6）。04YJEHT3：16，中部有一圆形穿孔。直径0.7、孔径0.2、高1厘米（图三六，10）。

盖弓帽　1件。04YJEHT3：5，已弯曲变形。残长3.3、截面直径0.7厘米（图三六，5）。

悬刀　2件。04YJET0309⑤C：11，长6.4、宽1.7、厚0.65厘米（图三六，4）。

铜链　2件。04YJET0613⑤：10，由五个铜环组合而成。铜环截面呈圆形。总长6厘米（图三六，14）。

铜勺　1件。03YJET1④B：1，勺身椭圆形，勺柄上翘，前宽后窄。背饰条形槽。通长3.6、勺身长1.5、柄长2.4厘米（图三六，3）。

顶针　15件。03YJET2③：1，外表面有五排横向的戳点。直径1.6、高0.7厘米（图三六，13）。

铜镜　14件。均为残块。03YJRT2②：8-2，外区饰以折线纹，内区饰栉齿纹。直径11.4、缘厚0.5厘米（图三七，32）。04YJET0611⑤C：4，中部饰以连弧纹和弦纹，外饰两圈栉齿纹，纹间有异形文字。直径13、缘宽1.5、厚0.4厘米（图三八，2）。04YJEHT3：64，中部有

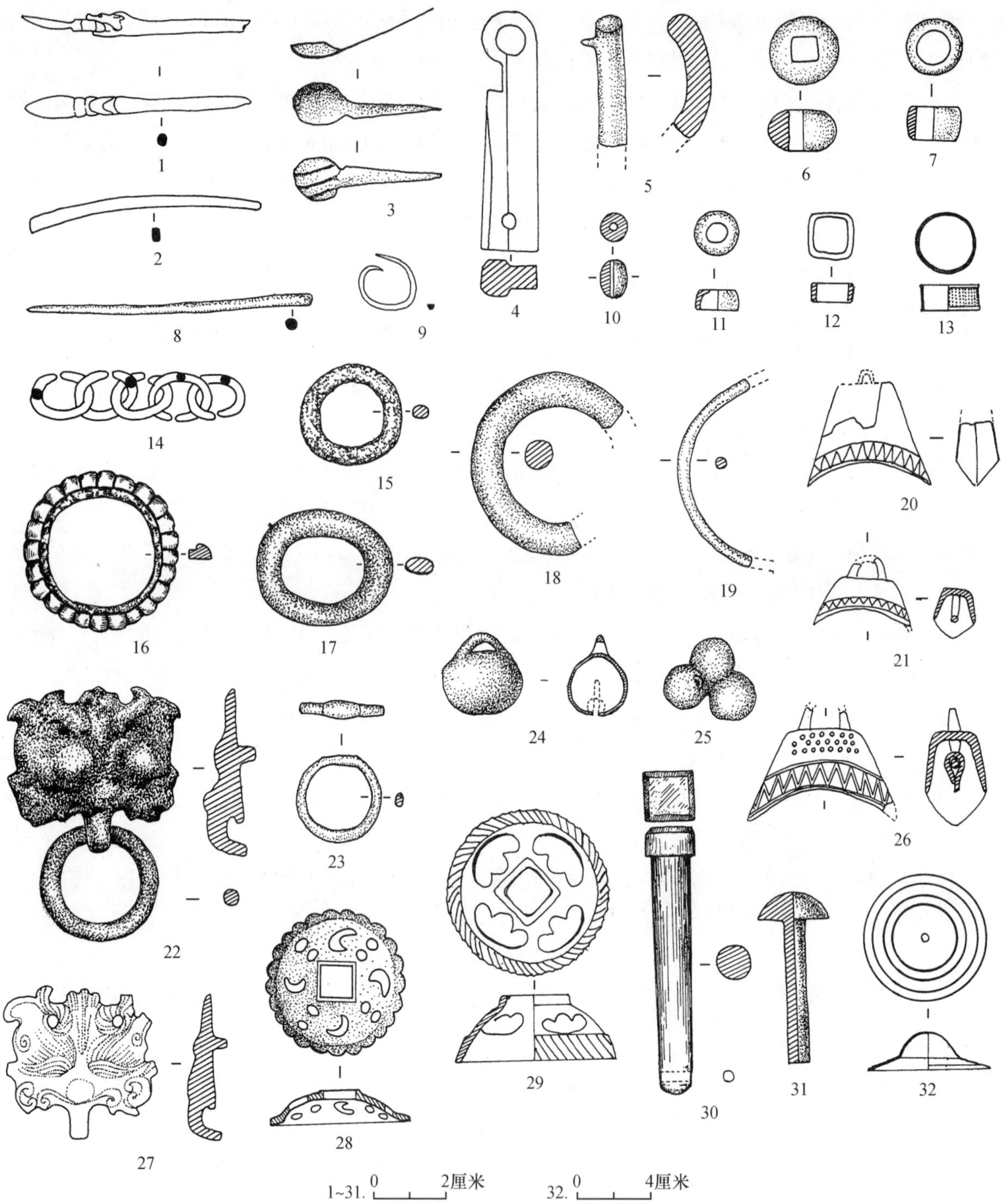

图三六　铜器

1、2、8. 笄（03YJET1⑥：3、04YJET0309⑤C：17、04YJET0408⑤：1）　3. 勺（03YJET1④B：1）　4. 悬刀（04YJET0309⑤C：11）　5. 盖弓帽（04YJEHT3：5）　6、10. 珠（04YJET0309⑤C：14、04YJEHT3：16）　7、11、12、15～19. 环（04YJET0511⑤C：17、04YJEHT3：26、04YJET0412⑤：11、04YJET1④B：10、04YJST0907③：4、04YJEHT1：9、04YJEHT3：97、04YJEHT3：38）　9. 耳环（04YJET0511⑤C：15）　13. 顶针（03YJET2③：1）　14. 链（04YJET0613⑤：10）　20、21、26. C型铃（03YJRF3：15、03YJRT2②：12-2、03YJRT2②：12-1）　22、27. 铺首（04YJEF404：1、04YJET0309⑤：22）　23. 戒指（03YJRF3：23）　24. A型铃（03YJET2⑤：25）　25. B型铃（03YJRT2②：11）　28、29. 器座（03YJST1⑤：7、04YJST0704③：3）　30、31. 销钉（03YJET3扩2⑤：22、04YJST0603③：27）　32. 镲（03YJET1⑤：35）

兽形图案及乳突，其外有一圈文字，文字以外依次为栉齿纹、三角纹和卷云纹。直径16、镜缘厚0.4、内部厚0.3厘米（图三八，1）。04YJET0411⑤：19，镜缘饰一圈栉齿纹，并有一圈文字。直径约10、厚0.2厘米（图三七，27）。04YJET0412⑤：12，外缘饰一圈"∽"形纹饰，并有一圈文字。直径约15、厚0.3厘米（图三七，29）。04YJET0613⑤：4，镜缘处饰卷云纹及三角纹。直径14、缘厚0. 4、内部厚0.1厘米（图三七，30）。

铜笄 3件。03YJET1⑥：3，首端为一龙头张嘴口衔铲形刀。笄身残，截面呈椭圆形，表面有打磨痕迹。残长6.4、长径0.3、短径0.2厘米（图三六，1）。04YJET0408⑤：1，笄身截面呈圆形。通长8、直径0.3厘米（图三六，8）。04YJET0309⑤C：17，笄身截面呈长方形。通长6.5、长径0.4、短径0.3厘米（图三六，2）。

耳环 2件。04YJET0511⑤C：15，截面呈等腰梯形。通长4厘米（图三六，9）。

铜环 16件。04YJST0907③：4，截面大致呈长方形，正面饰花瓣形纹。外径4.3、内径3、厚0.4厘米（图三六，16）。04YJEHT3：38，截面呈圆角方形，直径5、边长0.3厘米（图三六，19）。04YJEHT3：26，直径1.2、高0.5厘米（图三六，11）。04YJET0511⑤C：17，外径1.5、内径0.9、高0.9厘米（图三六，7）。04YJET0412⑤：11，方形环。边长1.2、厚0.2、高0.5厘米（图三六，12）。04YJEHT3：97，截面呈圆形。外径5、内径3.2厘米（图三六，18）。04YJET1④B：10，截面呈圆形。外径2.7、内径1.7厘米（图三六，15）。04YJEHT1：9，椭圆形。长径3.8、短径3.2（图三六，17）。

戒指 1件。03YJRF3：23，圆环形。截面呈椭圆形。戒面扁平，呈椭圆形。外径2.4、内径1.9厘米（图三六，23）。

铜钗 1件。04YJET0613④：6，"∩"形。顶部扁圆，钗身锥状。截面呈圆形。长10.6、截面直径0.16厘米（图三七，14）。

铜铃 24件。根据形制可分为三型。

A型 20件，椭圆形铃，顶部有桥形纽。03YJET2⑤：25，长径2.3、短径1.7、纽高0.5厘米（图三六，24）。

B型 1件。三联铃。03YJRT2②：11，由三枚球形小铃黏合而成。每铃直径1.2～1.4厘米（图三六，25）。

C型 3件。钟形铃，形似编钟，顶部有桥形纽，下端饰有弦纹和三角纹。03YJRT2②：12-1，残高3.1、宽2～4.2、厚1.2～1.7厘米（图三六，26）。03YJRT2②：12-2，通高1.9、宽1.5～2.8、厚0.8～1.2厘米（图三六，21）。03YJRF3：15，残高2.9、宽1.5～3.5、厚0.5～1.1厘米（图三六，20）。

铺首 5件。兽面形纹饰。04YJET0509⑤：5，长4.4、宽4厘米（图三七，1）。04YJET0309⑤：22，长4、宽4.2厘米（图三六，27）。04YJEF404：1，长4.5、宽4.5、衔环外径3、内径2.6厘米（图三六，22）。

泡钉 23件。03YJET2③：4，钉帽平顶，钉身较扁。通高2.1、钉帽直径2.5厘米（图三七，28）。03YJEF302：4，钉帽弧顶，钉身四棱柱体。钉帽直径4.5、高0.7厘米

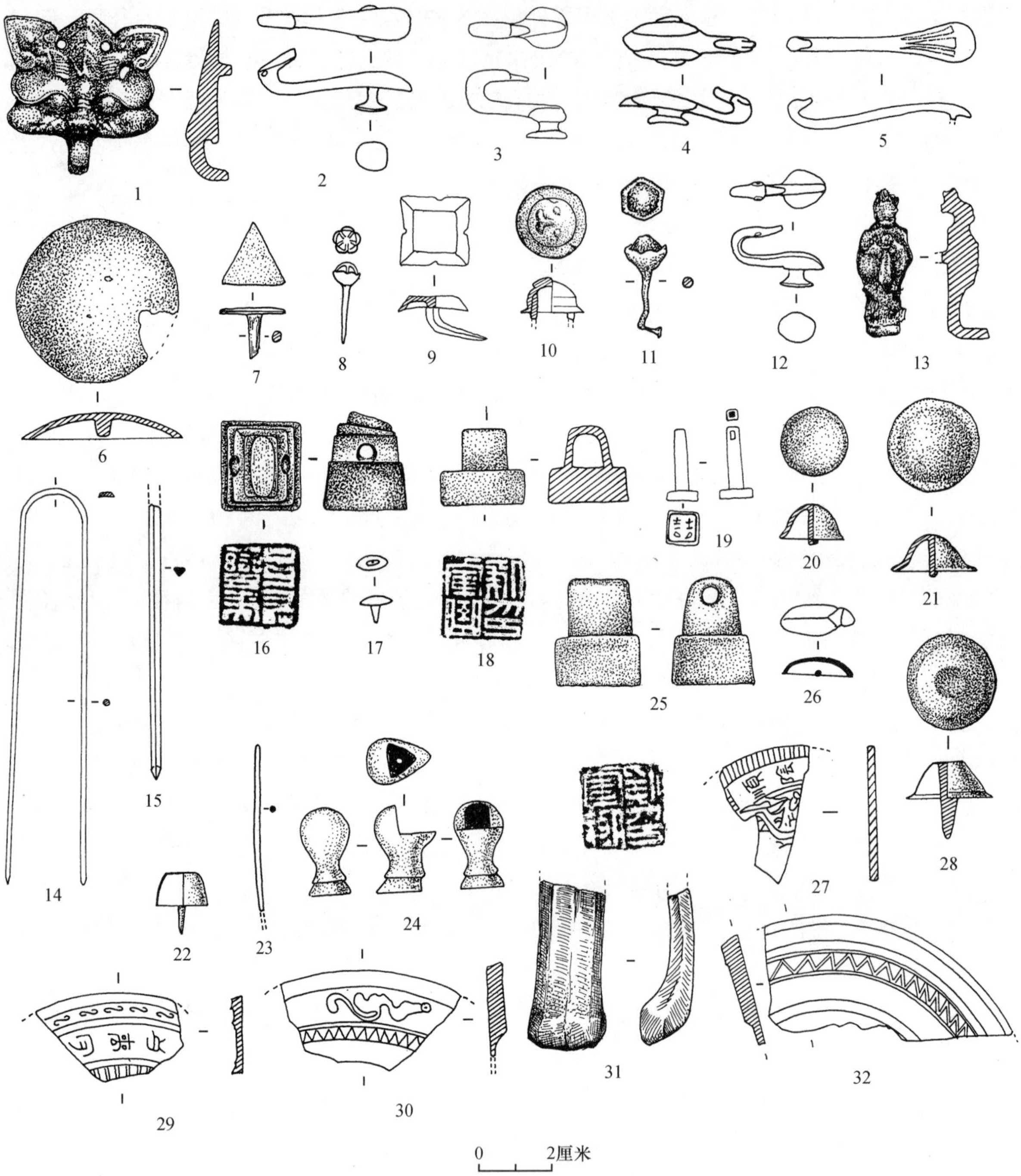

图三七 铜器

1. 铺首（04YJET0509⑤：5） 2、5. B型带钩（04YJET0408⑥：13、04YJET0307⑤：7） 3、4、12. A型带钩（03YJRT2②：7、04YJET0712⑤C：8、03YJET3扩2⑤：39） 6、10、20、21、28. 泡钉（03YJEF302：4、04YJET0408④：2、04YJEHT3：98、04YJEHT3：37、03YJET2③：4） 7～9、11、17、22. 钉（04YJET0613⑥：6、04YJST0603③：5、04YJET0509⑤：7、04YJET0309⑤C：15、04YJEHT2：1、03YJET1⑥：5） 13. C型带钩（04YJST0804③：28） 14. 钗（04YJET0613④：6） 15. 三棱锥（04YJSK2①：4） 16、18、19、25. 印（04YJEHT1：18、03YJET2⑤：3、03YJET3扩2⑤：24、03YJST2③：1） 23. 针（04YJEHT3：61） 24、31. 器足（04YJEHT3：54、04YJEHT2：25） 26. 釦（03YJET3扩2⑤：6） 27、29、30、32. 镜（04YJET0411⑤：19、04YJET0412⑤：12、04YJET0613⑤：4、03YJRT2②：8-2）

（图三七，6）。04YJEHT3：37，钉帽弧顶，钉身较扁。直径2.5、高1厘米（图三七，21）。04YJEHT3：98，钉帽弧顶，钉身较扁。直径1.8、高1厘米（图三七，20）。04YJET0408④：2，钉帽上表面饰人面纹，并有鎏金痕迹，钉身锥形，位于钉帽下端两侧。直径1.95、高1.52厘米（图三七，10）。

铜钉　6件。03YJET1⑥：5，钉帽平顶，钉身锥形。通高1.7、钉帽直径1.4厘米（图三七，22）。04YJET0613⑥：6，等边三角形钉帽，圆锥状钉身。通高1.45、钉帽边长1.9厘米（图三七，7）。04YJEHT2：1，船形钉帽，楔状钉身。通高0.7厘米（图三七，17）。04YJST0603③：5，五瓣花形钉帽，鎏金，柱状钉身。通长2.2厘米（图三七，8）。04YJET0309⑤C：15，头端六瓣花形，下连一枝。截面呈圆形。通长2.5厘米（图三七，11）。04YJET0509⑤：7，方形钉帽。钉身弯曲，截面呈方形。边长2厘米（图三七，9）。

销钉　3件。03YJET3扩2⑤：22，方形钉帽，圆柱状钉身。通长7.2、钉帽边长1.4、钉身截面直径1厘米（图三六，30）。04YJST0603③：27，伞形钉帽，圆柱状钉身。通高4.6、钉帽直径2、钉身截面直径0.6厘米（图三六，31）。

铜釦　3件。03YJET3扩2⑤：6，釦面船形，饰甲壳纹，背面有桥形纽。长2、宽0.87、高0.43厘米（图三七，26）。

带钩　15件。分三型。

A型　4件。鸭形，做曲颈回望状，后端下部为一亚腰形柄，底座大致呈圆形。03YJET3扩2⑤：39，长2.66、高1.78、宽1.1厘米（图三七，12）。03YJRT2②：7，长2.8、宽1.2、高2.8厘米（图三七，3）。04YJET0712⑤C：8，长3.5、宽1.1、高1.2厘米（图三七，4）。

B型　10件。琵琶形，前端做一禽转项回首状，后端下部为一柱状柄，底座大致呈圆形。04YJET0408⑥：13，长4.45、高1厘米（图三七，2）。04YJET0307⑤：7，长5.1、最宽处1.1、高1厘米（图三七，5）。

C型　1件。04YJST0804③：28，人形，呈拱手作揖状。高4、宽1.3厘米（图三七，13）。

带扣　8件。04YJST0604③：9，一端直边，一端弧边，中部有兽爪状凸起。长5.5、宽4、厚0.2厘米（图三九，6）。04YJET0511⑤C：21，拱形。长3.5、宽2.1厘米（图三九，12）。04YJST0603③：10，上端长方形，下端圆形。通长3.4、宽2厘米（图三九，16）。04YJST0603③：40，一端椭圆形，一端长方形。通长2.2、宽2.2、厚0.6厘米（图三九，11）。04YJST0704③：9，长方形。长3.2、宽2厘米（图三九，17）。04YJEHT3：13，亚腰形。一端直边，一端弧边。长4.5、宽2、厚0.4厘米（图三九，14）。04YJEHT2：16，长方形。一端为圆形环。长4.2、宽1、厚0.4厘米（图三九，15）。

铜牌饰　8件。04YJET0613⑤：14，大致呈圆角长方形片状。表面有不规则团状花纹，鎏金，上端弯曲呈钩状。长3.5、宽1.5、厚0.12厘米（图三九，5）。04YJET0711⑤C：6，长方形。有对称的镂孔，两面紧密排布柱状凸起，顶部有龙形装饰。残长9.5、宽4.3、厚0.4厘米（图三八，3）。04YJET0511⑤C：19，圆角长方形，遍布圆形及不规则形镂孔。残长4.6、宽4.4、厚0.2厘米（图三八，6）。

铜钩　4件。04YJET0412⑤：16，截面圆形。直径0.25、长8厘米（图三九，4）。04YJEHT2：11，截面方形。边长0.3、长3厘米（图三九，10）。04YJEHT3：78，截面圆形。

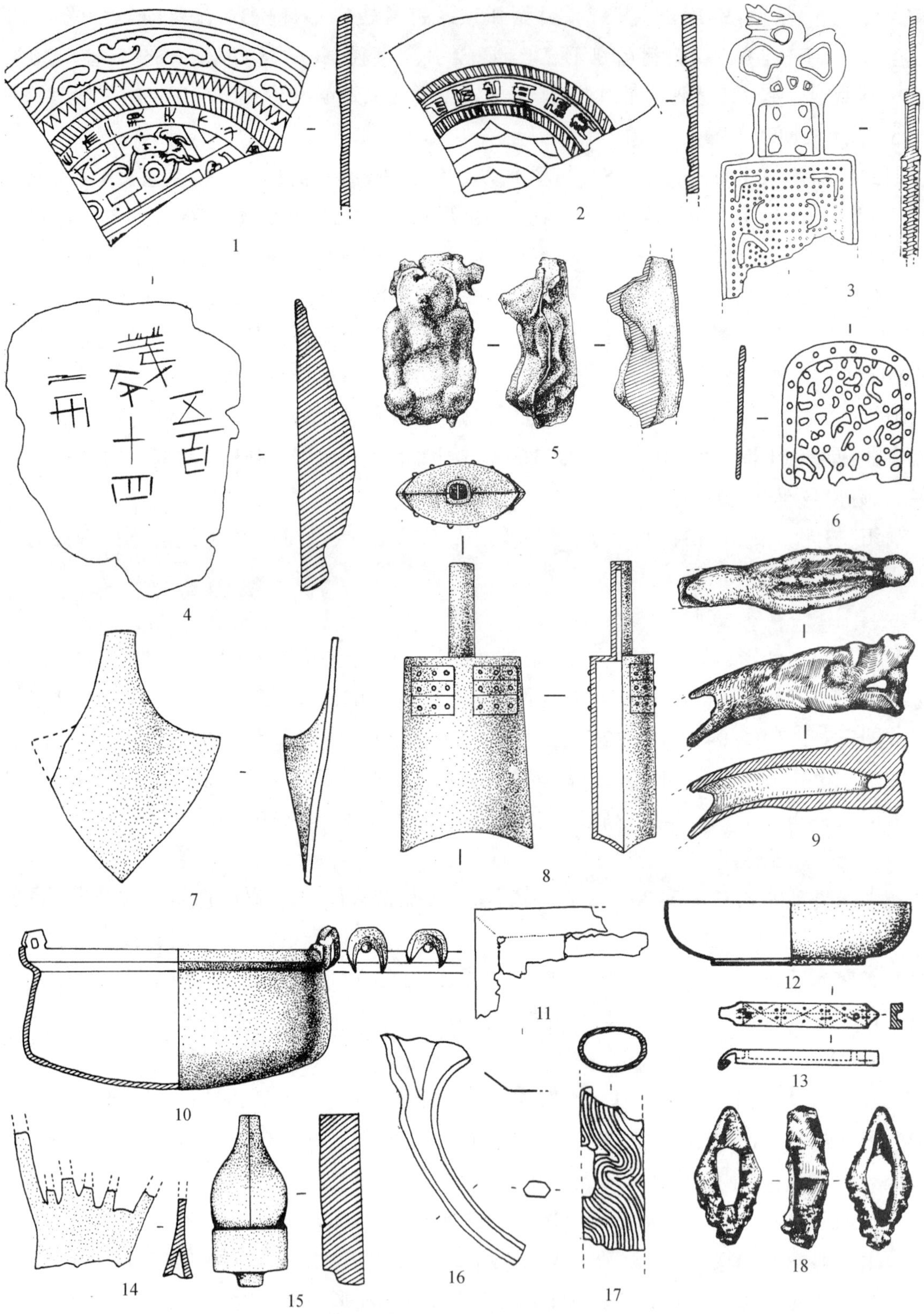

1～7、9、11、13～18. 0 2厘米　8. 0 8厘米　10、12. 0 4厘米

图三八　铜器

1、2. 镜（04YJEHT3：64、04YJET0611⑤C：4）　3、6. 牌饰（04YJET0711⑤C：6、04YJET0511⑤C：19）　4. 饼（03YJET1⑤：41）　5、13、14、17. 饰件（04YJET0412⑤：5、03YJET3扩2⑤：18、04YJET0711③：1、04YJEHT3：80）　7、15、18. 构件（04YJEHT3：49、04YJEHT3：85、04YJEHT1：23）　8. 编钟（04YJET0308⑥：5）　9、16. 器柄（04YJEHT1：15、04YJST0603③：32）　10. 釜（04YJSM301：3）　11、12. 盘（03YJET2⑤：29、04YJEHT2：6）

直径0.2、长2.5厘米（图三九，9）。

铜印　4件。03YJET3扩2⑤：24，印面正方形。阴刻“誌”字样。四棱柱状柄，上窄下宽，顶端有一圆形穿。边长0.9、厚0.22、柄长1.62厘米（图三七，19）。03YJST2③：1，印面正方形，上部略窄，侧视呈梯形，阴刻“军假侯印”字样，边长2.3厘米。印纽桥形。通高2.88厘米（图三七，25）。03YJET2⑤：3，印面正方形，上部略窄，侧视呈梯形，阴刻“军曲侯印”字样，边长2.25厘米。印纽桥形，通高2厘米（图三七，18）。04YJEHT1：18，印身覆斗形，印面正方形，阴刻篆书“蛮夷邑长”字样。印纽长方形覆斗状，中部有圆形穿孔，边长2.3、通高2.2厘米（图三七，16）。

环权　10件。04YJET0511⑤C：4，直径2.1。截面圆形，直径0.2厘米（图三九，8）。04YJET0410⑤C：9，直径1.6厘米。截面圆形，直径0.25厘米（图三九，2）。04YJET0711⑤C：3，直径1厘米。截面圆形，直径0.2厘米（图三九，3）。04YJET0308⑥：7，一组四枚，截面圆角长方形。外径依次为2、2、1.5、1厘米，内径依次为1、1、0.6、0.3厘米（图三九，1）。

铜三棱锥　1件。04YJSK2①：4，截面等边三角形。残长7.3厘米（图三七，15）。

铜针　1件。04YJEHT3：61，残长4.5厘米。截面圆形，直径0.2厘米（图三七，23）。

铜镲　1件。03YJET1⑤：35，平面圆形，中部凸起呈斗笠状，顶部有一圆孔。鎏金，外周饰弦纹。直径6.8、通高2、厚0.15厘米（图三六，32）。

铜器柄　3件。04YJEHT1：15，柱状，柄端龙头形，中空。残长7.8厘米（图三八，9）。04YJST0603③：32，柱状，花形柄，截面六边形。通长7.5厘米（图三八，16）。

铜器足　4件。04YJEHT2：25，兽蹄形。残高4.7厘米（图三七，31）。04YJEHT3：54，兽蹄形。高2.4厘米（图三七，24）。

铜器座　2件。03YJST1⑤：7，平面花边圆形，中部有一方孔，方孔外对称分布四个钩形镂孔，方孔四角各有两圆孔呈放射状排列。直径3.9、孔径0.9、高0.9厘米（图三六，28）。04YJST0704③：3，平面圆形，中部有一方孔，方孔外对称分布四个云形镂孔，下侧饰栉齿纹。直径4.5、孔径1、高1.8厘米（图三六，29）。

铜盘　2件。03YJET2⑤：29，方形，敞口，斜直壁。因残缺，边长不详。高0.6厘米（图三八，11）。04YJEHT2：6，圆形，直口，鼓腹，台底。口径16、底径10、高4、厚0.1厘米（图三八，12）。

铜釜　1件。04YJSM301：3，口微敞，圆唇，束颈，直腹微外凸，圜底。口沿两侧各有一对鋬。素面。釜身有纵向合范痕。口径19.45、最大腹径21、通高10.7厘米（图三八，10）。

铜饼　1件。03YJET1⑤：41，不规则长条形。一面平整并錾刻隶书七字，另一侧呈弧状凸起，周边不规则，呈自然滴流状，应为冶炼成形的铜材，上刻重量单位。长9.5、宽7.8、最厚处1.8厘米（图三八，4）。

编钟　1件。04YJET0308⑥：5，柱形柄，中空。顶部有一横梁用于穿挂，钟身平面呈梯形，下端弧形，内凹。钟身上部饰以方框及乳钉。通长39.2、钟身25、钟柄12.5、宽18厘米（图三八，8）。

铜饰件　18件。03YJET3扩2⑤：18，长条形。两端呈尖圆形，前侧下垂呈弯钩状。外表面有菱形戳刺纹，并鎏金，内侧有一凹槽。通长5.3、宽0.74、厚0.45厘米（图三八，13）。

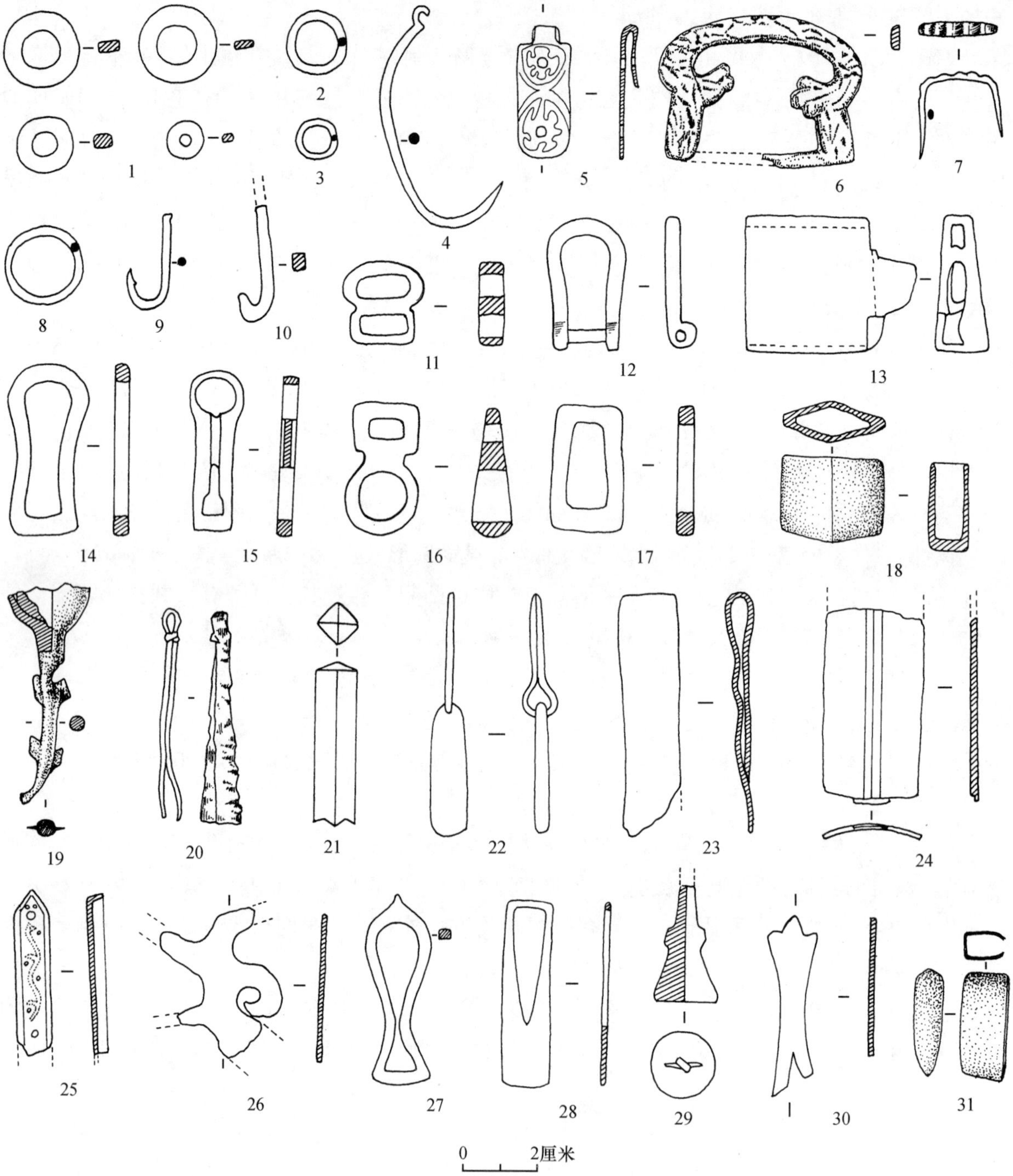

图三九　铜器

1～3、8. 环杈（04YJET0308⑥：7、04YJET0410⑤C：9、04YJET0711⑤C：3、04YJET0511⑤C：4）　4、9、10. 钩（04YJET0412⑤：16、04YJEHT3：78、04YJEHT2：11）　5. 牌饰（04YJET0613⑤：14）　6、11、12、14～17. 带扣（04YJST0604③：9、04YJST0603③：40、04YJET0511⑤C：21、04YJEHT3：13、04YJEHT2：16、04YJST0603③：10、04YJST0704③：9）　7、19、20、25、26、30. 饰件（03YJET1④B：2、03YJET1⑤：6、04YJEHT1：10、04YJST0704③：4、04YJET0613⑤：6、04YJST0704③：6）　13、18、21～24、27～29、31. 构件（04YJET0613⑤：23、03YJRT2②：13-2、04YJST0603③：23、04YJET0712⑤C：9、04YJEHT3：100、04YJET0308⑥：12、04YJET0410⑤C：18、04YJEHT3：96、04YJEHT3：79、04YJEHT1：7）

03YJET1④B：2，“∩”形，中部有波状纹饰，两端呈锥状。通长5.2厘米（图三九，7）。03YJET1⑤：6，头端喇叭花形，下连一枝，截面呈圆形，对生扁叶。通长5.8厘米（图三九，19）。04YJST0704③：6，亚腰形，一端三瓣花形，一端叉形。长5、厚0.15厘米（图三九，30）。04YJET0711③：1，片状，上部有七条呈放射状的柱体，下部残。残长4、宽3.2厘米（图三八，14）。04YJEHT1：10，由一条形铜片弯折而成。长5.7厘米（图三九，20）。04YJEHT3：80，由一块方形铜片卷制而成，表面饰曲线纹。残长5厘米。截面呈椭圆形，长径2.1、短径1.4厘米（图三八，17）。04YJST0704③：4，圭形。表面有虚线波浪纹及圆圈纹，鎏金。残长4.3、厚0.4厘米（图三九，25）。04YJET0412⑤：5，熊形饰件。中空、长6、宽3.5厘米（图三八，5）。04YJET0613⑤：6，不规则形。长4、宽3.5、厚1厘米（图三九，26）。

铜构件　25件。04YJET0613⑤：23，长方形。右侧有一扁柄，上窄下宽，中空，侧视呈梯形。通长4.63、宽3.62、厚1～1.5厘米（图三九，13）。04YJST0603③：23，方柱形。一端凸起呈四棱锥状，一端内凹。长4.5、截面边长0.8厘米（图三九，21）。04YJET0410⑤C：18，亚腰形。顶部有一纽状凸起。截面呈长方形。通长5、最宽处1.7厘米（图三九，27）。04YJEHT3：96，长方形，中部有一三角形开口。长5、宽1.3、厚0.15厘米（图三九，28）。04YJEHT3：85，上部花蕾状，下部长方形。通长5.5、宽2.5、厚1.2厘米（图三八，15）。04YJEHT3：79，喇叭形。底面直径1.5、高3厘米（图三九，29）。04YJET0712⑤C：9，由两件铜器组合而成，一件呈针状，一件呈条状。总长6.5厘米（图三九，22）。04YJEHT1：23，平面呈菱形，中部有菱形孔。边长2.5、厚1厘米（图三八，18）。04YJEHT3：49，铲形。长8、宽6、厚0.2厘米（图三八，7）。04YJEHT3：100，由条状铜片弯折而成。长6.5、宽1.5厘米（图三九，23）。04YJEHT1：7，槽形。长2.7、宽0.7、高1.2厘米（图三九，31）。04YJET0308⑥：12，长方形。上部有一长方形凸起，中部饰三条凸弦纹。残长5.2、宽2.6、厚0.2厘米（图三九，24）。03YJRT2②：13-2，平面呈方形，截面菱形，中空。宽2.8、高2.3、厚1.1厘米（图三九，18）。

铜钱　232枚。以剪轮钱居多，往往成串出土，保存状况较差。

半两　13枚。04YJET0307⑥：2，直径2.3厘米（图四〇，2）。04YJET0512⑤：20，直径2.2厘米（图四〇，1）。

直百五铢　9枚。04YJST0603③：7，直径2.6厘米（图四〇，6）。04YJET0412⑤：10，直径2.6厘米（图四〇，5）。

货泉　9枚。04YJET0411⑤：6，直径2.3厘米（图四〇，3）。03YJET1⑤：7，直径2.3厘米（图四〇，4）。

大泉五十　7枚。04YJEHT2：28，直径2.6厘米（图四〇，13）。

太平百钱　2枚。04YJEHT3：10，直径2.5厘米（图四〇，14）。04YJET0612⑤C：22，直径1.9厘米（图四〇，15）。

五铢　73枚。04YJST0805③：7，直径2.5厘米（图四〇，7）。04YJET0511⑤C：12，直径2.3厘米（图四〇，10）。04YJEHT3：76，四出五铢。直径2.5厘米（图四〇，9）。04YJEHT3：83，直径2.5厘米（图四〇，8）。04YJST0907③：1，直径2.2厘米（图四〇，11）。04YJST0805③：7，直径2.5厘米（图四〇，12）。

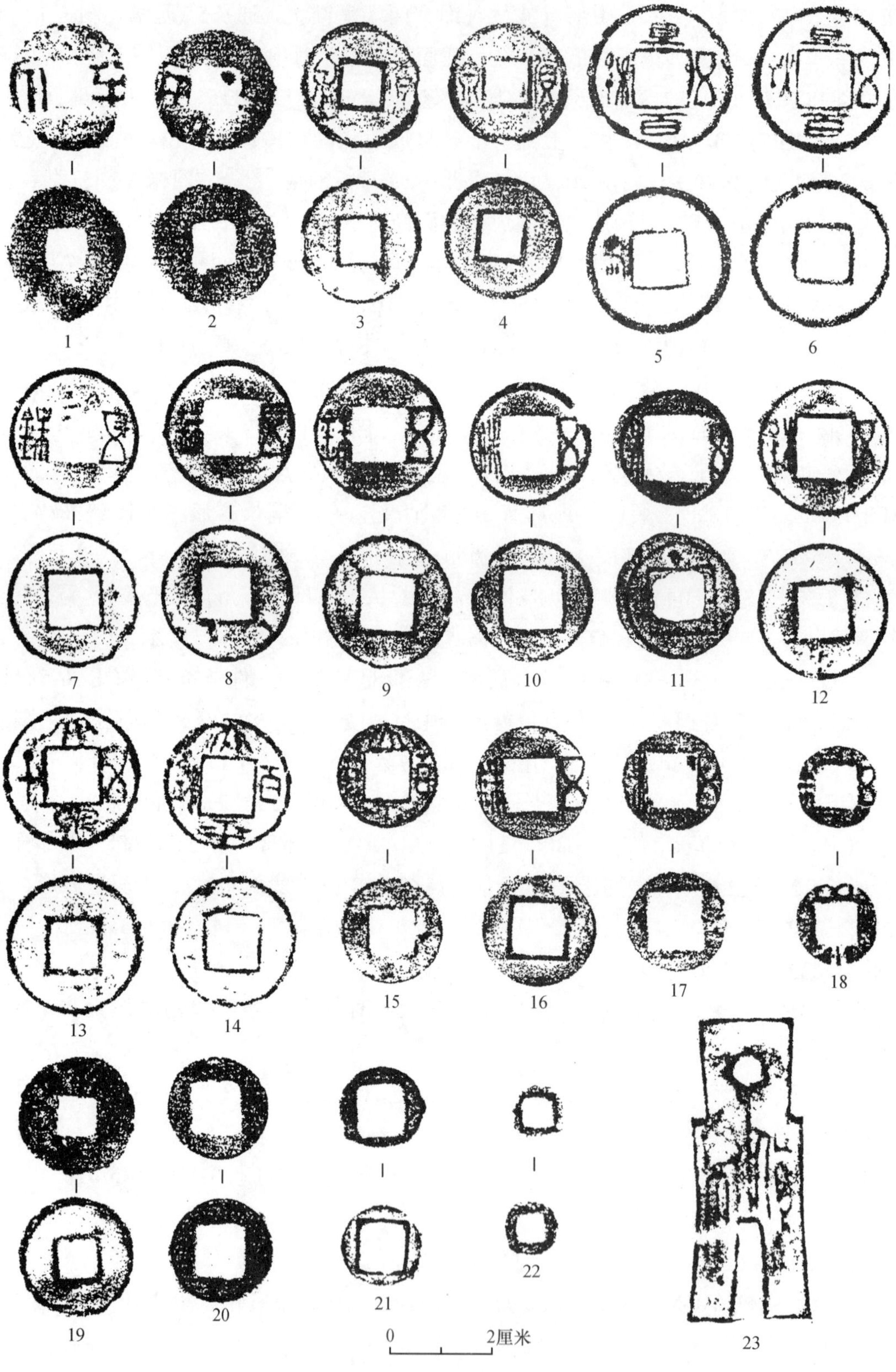

图四〇　铜钱拓片

1、2. 半两（04YJET0512⑤：20、04YJET0307⑥：2）　3、4. 货泉（04YJET0411⑤：6、03YJET1⑤：7）　5、6. 直百五铢（04YJET0412⑤：10、04YJST0603③：7）　7～12. 五铢（04YJST0805③：7、04YJEHT3：83、04YJEHT3：76、04YJET0511⑤C：12、04YJST0907③：1、04YJST0805③：7）　13. 大泉五十（04YJEHT2：28）　14、15. 太平百钱（04YJEHT3：10、04YJET0612⑤C：22）　16～18、21. 剪轮五铢（04YJEHT3：89、04YJST0907③：2、04YJST0804③：31、04YJST0803③：1）　19、20. 无文钱（04YJST0908③：6、04YJEHT3：6）　22. 榆荚钱（04YJEHT3：90）　23. 布币（03YJET3②：2）

剪轮五铢　115枚。04YJST0907③：2，直径1.8厘米（图四〇，17）。04YJEHT3：89，直径2.2厘米（图四〇，16）。04YJST0804③：31，直径1.6厘米（图四〇，18）。04YJST0803③：1，直径1.55厘米（图四〇，21）。

无文钱　2枚。04YJST0908③：6，直径2.2厘米（图四〇，19）。04YJEHT3：6，直径1.95厘米（图四〇，20）。

榆荚钱　1枚。04YJEHT3：90，直径1厘米（图四〇，22）。

布币　1枚。03YJET3②：2，铲形，平肩平首，方足，正面有“货布”二字，两面均有郭。通高5.3、厚0.21厘米（图四〇，23）。

5. 铁器

出土大量镞、刀、剑等兵器，以及斧、镬、锄、尊、钩、镰等农业生产工具。以锻铸为主要制作工艺。

铁镞　56件。依镞身形制可分为四型。

A型　15件。三棱形镞身，可分为四亚型。

Aa型　8件。镞身较长，截面呈等边三角形，铤截面呈圆形。03YJEF301：2，残长10.5、镞身10、铤0.2厘米（图四一，1）。04YJET0612⑤C：5，通长12.6、镞身10.6、铤2厘米（图四一，4）。04YJST0603③：22，通长8.9、镞身7、铤1.9厘米（图四一，2）。

Ab型　3件。镞身较长，截面呈等边三角形，铤截面呈方形，铤端呈尖状。04YJET0613⑤：17，通长8.82、镞身6.45、铤2.37厘米（图四一，3）。

Ac型　2件。镞身截面等边三角形，铤截面呈椭圆形。04YJET0612⑤C：25，通长10.7、镞身5、铤5.7厘米（图四一，8）。

Ad型　2件。镞身较短，截面呈等腰三角形，铤截面呈圆形。04YJET0512⑤：3，通长3.2、镞身1.6、铤1.6厘米（图四一，7）。

B型　30件。四棱形镞身。可分为五亚型。

Ba型　4件。镞身截面呈长方形，铤截面呈椭圆形。04YJET0411⑤：2，通长6.7、镞身4、铤2.7厘米（图四一，5）。

Bb型　12件。镞身与铤截面均为菱形。04YJET0612⑤C：13，通长7、镞身4、铤3厘米（图四一，6）。04YJET0613④：7，通长7.6、镞身3、关3.2、铤1.4厘米（图四一，10）。04YJST0704③：2，通长7.7厘米（图四一，11）。

Bc型　8件。镞身截面呈菱形，关与铤截面均为圆形。04YJET0410⑤C：19，通长4.7、镞身1.2、关1.8、铤1.7厘米（图四一，9）。

Bd型　5件。镞身截面呈正方形，铤截面呈圆形。04YJST0804③：3，通长12、镞身6.5、铤5.5厘米（图四一，18）。04YJET0408⑤：16，通长9.1、镞身6.8、铤2.3厘米（图四一，12）。

Be型　1件。镞身较短，截面呈正方形，铤截面呈圆形。04YJST0604③：3，通长8、镞身1、铤7厘米（图四一，13）。

C型　8件。镞身呈扁圆形，铤截面呈圆形。04YJET0612⑤C：19，通长6.5、镞身4、铤2.5

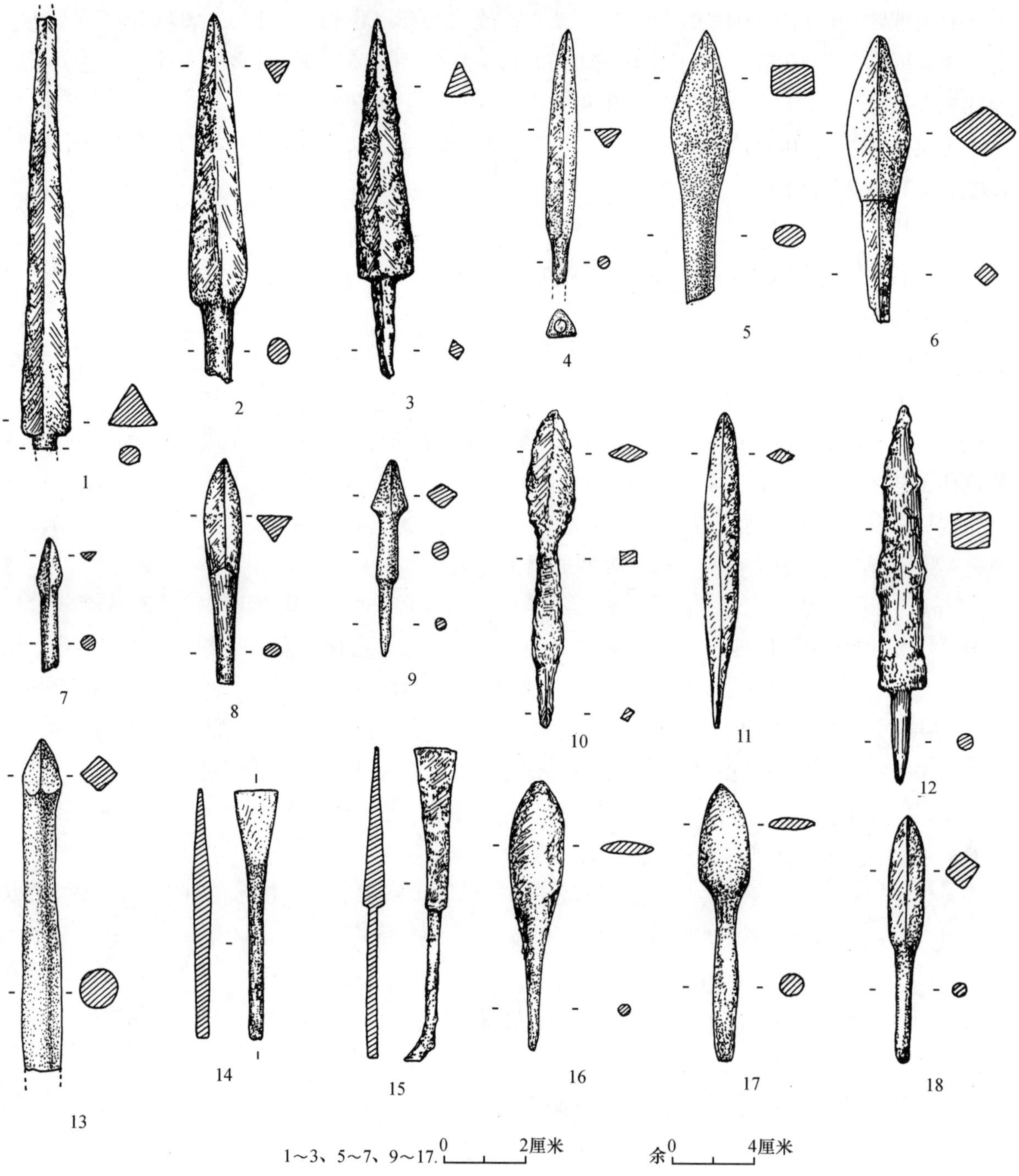

图四一 铁镞

1、2、4. Aa型（03YJEF301：2、04YJST0603③：22、04YJET0612⑤C：5） 3. Ab型（04YJET0613⑤：17） 5. Ba型（04YJET0411⑤：2） 6、10、11. Bb型（04YJET0612⑤C：13、04YJET0613④：7、04YJST0704③：2） 7. Ad型（04YJET0512⑤：3） 8. Ac型（04YJET0612⑤C：25） 9. Bc型（04YJET0410⑤C：19） 12、18. Bd型（04YJET0408⑤：16、04YJST0804③：3） 13. Be型（04YJST0604③：3） 14、15. D型（04YJEHT3：34、03YJET3扩2⑤：16） 16、17. C型（04YJET0612⑤C：19、04YJST0704③：1）

厘米（图四一，16）。04YJST0704③：1，通长6.7、镞身2.6、铤4.1厘米（图四一，17）。

D型 3件。镞尖扁平，铤截面呈正方形。03YJET3扩2⑤：16，通长7.6、镞身4、铤3.6厘米（图四一，15）。04YJEHT3：34，通长6、镞身1.5、铤4.5厘米（图四一，14）。

铁剑 3件。04YJET0511⑤C：11，柱状柄。剑身靠柄部较宽，向后渐窄。通长17.8厘米（图四二，8）。04YJET0712⑤C：30，一端较平，另一端残。长24、宽1.8、厚0.3厘米（图四二，7）。

铁刀 15件。04YJET0613④：14，直背，弧刃，有关，柄部较细，可能装有木柄。通长13.7、刃部长4.2、关长2.8、柄长6.6厘米（图四二，12）。04YJST0704③：12，直背，直刃，尖端弧刃。残长16.5、宽2.6厘米（图四二，13）。04YJST0604③：1，刃微弧。残长7.1、宽1.1厘米（图四二，9）。04YJEHT3：93，直背，弧刃，扁柄。残长11厘米（图四二，11）。04YJET0308⑤：7，直背，弧刃，圆柱形柄中空。通长7.5厘米（图四三，2）。04YJET0612⑤C：15，形体较长。刃微弧。长27、最宽处3、背厚0.7厘米（图四二，6）。

铁矛 1件。03YJET3⑤：1，矛身较扁较薄，圆柱状柄中空。通长60、柄长17、截面直径2厘米（图四二，5）。

铁镬 10件。04YJEHT2：27，长方形，中空，刃端微弧。长9.5、宽5、厚2.5厘米（图四二，1）。

铁锥 7件。04YJET0612⑤C：9，锥柄圆形，中部有一穿孔，锥身截面呈方形。通长13.4厘米（图四二，2）。04YJET0412⑤：1，锥身圆柱体，尖扁平。通长11.2厘米（图四二，4）。

铁斧 4件。04YJET0613⑤：26，柄端截面呈椭圆形，中空，弧刃。长10.4、宽5～7.8、厚2.4厘米（图四二，3）。

铁锛 1件。03YJET3⑤：2，长方形，直壁，直刃。通长5.4、宽1.7、厚0.6厘米（图四二，10）。

铁锸 3件。04YJSF301：2，柱状柄，弧刃。通高12、残宽10.5、厚2.4～0.3厘米（图四三，5）。

铁镰 5件。03YJET2⑤：15，直背，直刃，柄与刃垂直，柄截面呈方形。刃长8.2、刃宽2.8厘米（图四三，6）。03YJET2⑤：16，弧背，弧刃，柄截面呈长方形。通长19、刃长6.1厘米（图四三，9）。

铁锄 1件。04YJET0612⑤C：4，柄端呈圆筒状，刃端弧形。残长5.6、宽5.5厘米（图四三，10）。

铁錾 2件。04YJST0906③：5，柄端截面呈椭圆形，头端扁平。长15、宽2.5厘米（图四三，1）。04YJET0411⑤：16，柄端截面呈长方形，尖端三角形。长7.5、厚0.7厘米（图四二，14）。

铁镈 5件。04YJST0804③：30，圆锥体。中空。长13、最大截面直径2.8厘米（图四三，3）。

镈形器 1件。04YJET0410⑤C：2，柄端呈圆筒状。尖端三角形。通长14.5、柄径4.5厘米（图四三，4）。

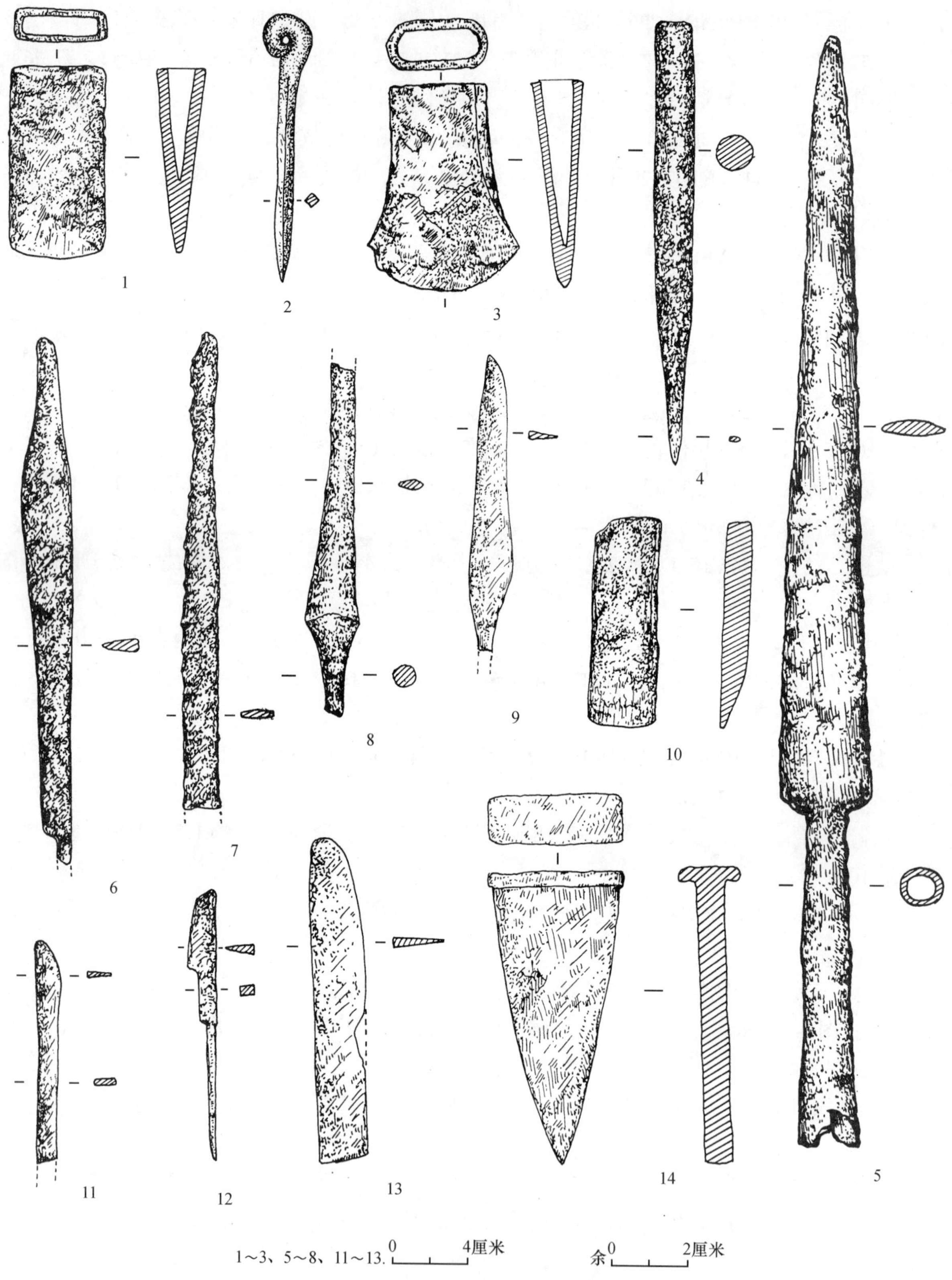

图四二 铁器

1. 镢（04YJEHT2：27） 2、4. 锥（04YJET0612⑤C：9、04YJET0412⑤：1） 3. 斧（04YJET0613⑤：26）
5. 矛（03YJET3⑤：1） 6、9、11～13. 刀（04YJET0612⑤C：15、04YJST0604③：1、04YJEHT3：93、04YJET0613④：14、04YJST0704③：12） 7、8. 剑（04YJET0712⑤C：30、04YJET0511⑤C：11） 10. 锛（03YJET3⑤：2）
14. 錾（04YJET0411⑤：16）

铁管　2件。03YJET3⑤：3，截面呈圆形，中空。下部内折。上端口径1.8、下部口径1.3厘米（图四三，21）。

铁环　2件。04YJEHT3：35，环形。截面呈圆形。直径5.2、截面直径1.1厘米（图四三，17）。04YJET0612⑤C：14，椭圆环状。长径4、短径2、高1.3厘米（图四三，18）。

铁累　2件。04YJEHT3：25，半球体。顶部有桥形纽。表面饰竖条纹。直径6、高5.5、纽宽1.5厘米（图四三，15）。

钩形器　5件。04YJET0613⑥：4，钩体截面呈长方形。上端有长方形柄。柄下一侧有耳。通长15.8、柄宽0.8、钩身截面长1.8、宽0.5厘米（图四三，7）。04YJET0309⑤C：2，钩体截面呈方形。柄端有一穿孔。尖端外凸（图四三，11）。04YJET0309⑤C：3，钩体截面呈长方形。柄细长。通长21厘米（图四三，8）。

铁钉　4件。03YJRT4③：4，钉帽方形。钉身截面呈方形。通长10.3、钉帽边长1.3厘米（图四三，14）。04YJEHT3：31，钉帽圆形。钉身截面呈方形。通长7、钉帽直径2厘米（图四三，13）。

铁镳　2件。04YJET0612⑤C：20，圆柱体。中部为环形。残长15.9、截面直径1厘米（图四三，20）。04YJEHT3：108，由两根铁条拧制而成。中部呈环状。通长11.2、环径5厘米（图四三，12）。

铁器足　1件。03YJRF3：14，足身外凸内凹，表面有条形沟纹。残长15、宽3.5、厚1.9厘米（图四三，16）。

铁钱　4件。03YJST3④：3，圆形方孔。直径2.5、孔边长0.8、厚0.31厘米（图四三，19）。

6. 骨、角器

骨管　2件。04YJET0309⑤：23，柱状。截面近圆形，中空。长10.3、直径2.5、孔径1.3厘米（图三四，13）。04YJET0411⑤：7，柱状。截面近圆形，中空。一端有五个三角形锯齿。通长8、直径2.5、孔径1.4厘米（图三四，15）。

骨笄　1件。04YJST0603③：24，长18、最宽处1.3、厚0.4厘米（图三四，12）。

骨饰件　1件。04YJEHT3：65，平面呈不规则椭圆形，中部微凹。因受铜锈侵蚀表面呈翠绿色。长2.2、最宽处1.4、高1.2厘米（图三四，17）。

鹿角板　1件。04YJET0612⑤C：6，长9.7、宽3.4～4.2、厚0.8厘米（图三四，14）。

7. 其他

耳珰　3件。亚腰形，中部有孔。04YJEF408：8，长1.4、最大径0.8、孔径0.4厘米（图三四，19）。04YJET0308⑤：10，长1.5、最大径1、孔径0.1厘米（图三四，18）。

银指环　1件。03YJET1⑤：39，直径1.7。截面边长0.2厘米（图三四，22）。

银戒指　1件。04YJSM301：2，戒身截面呈扁圆形，一侧有舌形装饰，与戒身垂直，上有阴刻线条纹饰。直径2.2、截面直径0.4厘米（图三四，16）。

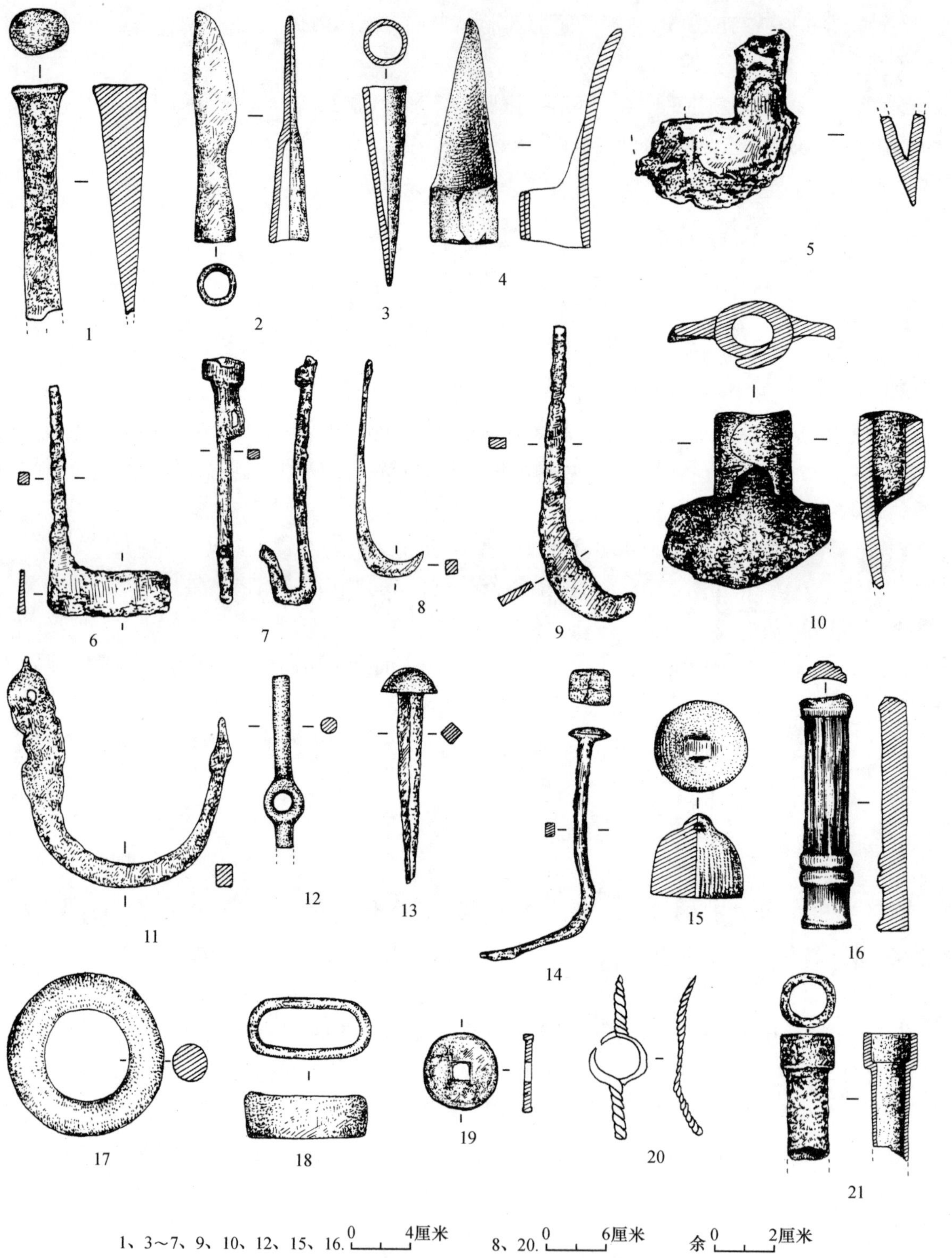

图四三　铁器

1. 錾（04YJST0906③：5）　2. 刀（04YJET0308⑤：7）　3. 镈（04YJST0804③：30）　4. 镈形器（04YJET0410⑤C：2）
5. 锸（04YJSF301：2）　6、9. 镰（03YJET2⑤：15、03YJET2⑤：16）
7、8、11. 钩形器（04YJET0613⑥：4、04YJET0309⑤C：3、04YJET0309⑤C：2）　10. 锄（04YJET0612⑤C：4）
12、20. 镳（04YJEHT3：108、04YJET0612⑤C：20）　13、14. 钉（04YJEHT3：31、03YJRT4③：4）
15. 累（04YJEHT3：25）　16. 器足（03YJRF3：14）　17、18. 环（04YJEHT3：35、04YJET0612⑤C：14）
19. 钱（03YJST3④：3）　21. 管（03YJET3⑤：3）

银钗　1件。04YJSM301：1，“∩”形，钗首饰“之”字纹，钗身呈针状。通高15.7、钗身截面直径2.2厘米（图三四，24）。

铅耳勺　1件。04YJST0805③：2，残长3.3、勺端宽0.6厘米（图三四，23）。

木拍　1件。04YJSK2①：15，长16、宽6.8、厚1厘米（图三四，9）。

四、结　　语

2003～2004年度旧县坪遗址的发掘工作主要集中在位于遗址南部的E区和S区，以及位于遗址西南部的R区，发掘面积约4800平方米。通过对这几个区域内遗迹的发掘和确认，对该区域内文化堆积的文化属性有了较全面的了解，初步判断出该区域与整个遗址的关系及功能。

该区域主要有战国、两汉、六朝及宋元遗存，尤其战国、东汉、六朝时期人类活动较频繁，并留下丰富的遗迹遗物。主要遗迹有战国时期的埋葬坑，东汉至六朝的大型夯土台基和房屋建筑基址，以及城市规划中不可或缺的排水设施（主要是环夯土台基开挖的明沟和打破台基而建的石结构暗渠）。此外，大量石器、日用陶器、货币、武器、农具等遗物的出土也证明该遗址历史上曾长期有人类活动，并存在有序的社会政治、经济、生活秩序。其中一件“汉巴郡朐忍令广汉景云碑”尤为重要。此碑立于熹平二年，是为东汉和帝时的朐忍县令所立的功德碑。此碑的出土充分证明了“旧县坪遗址为汉代朐忍县城所在”这一论断。现就该区域所见遗存做如下结论。

（1）位于遗址最南端的S区在东周时期地势较陡，南高北低，地层堆积呈斜坡状，未见正常的文化堆积层及早于战国的文化层。战国层中发掘出的埋葬坑（EK1）使用的是由于地势落差而自然形成的沟状坑，此外还发现一个初步确认为墓葬的深坑（即SK2，三年前在对该区的发掘中也发现一类似的深坑，初步判断性质相同），再无房址等其他遗迹发现。由此初步判断该区在战国时可能为墓葬区，富庶者或等级较高的人使用有木椁葬具的规整的墓葬；下层贫民及战俘刑犯人等则被较集中地葬在一起，没有修建规整的墓葬，那些地势低洼的地方成了他们的天然墓地。

（2）逐年的洪水冲击形成了较厚的淤积层，将原有的沟壑填平，使这一带地势逐渐平缓。进入汉代，已成为一片难得的宜居之地，并逐渐有人居住。尤其东汉、六朝时期在此建有大量房屋，从已发现的几个大型建筑台基看，这里具有较大规模和较高等级的房屋，同时发现了不少形制规整的排水渠。这些用条石修砌的渠依房而建，纵横交错，显然是配合房屋及建筑台基的一个完整而细致的规划，并不是普通小户有能力或有必要修建的，极有可能就是朐忍县城的衙署所在，抑或是县城高官显贵们的聚居地。

通过这几年的工作，我们已能证明旧县坪遗址为东汉至六朝朐忍县城所在，并初步搞清了城市的基本布局和功能。但受发掘面积所限，本年度发掘中未发现道路、城墙等城市基本设施，还有待于来年工作中进一步发现和研究。

附记：本年度发掘领队傅佳欣，执行领队王洪峰。参加发掘工作的人员有王洪峰、王志刚、赵海龙、梁会丽、徐坤、聂勇、赵振江。参加资料整理的人员有王洪峰、梁会丽、徐坤、谷芃、赵振江。器物修复由赵振江完成。

清绘：王新胜
照相：谷德平
执笔：梁会丽　徐　坤

忠县永兴场遗址2003年度发掘简报

岳阳市文物考古研究所
忠 县 文 物 管 理 所

永兴场遗址位于长江西岸，为一长条形小山丘，地属重庆市忠县涂井乡友谊村四社。遗址南与王家堡遗址隔大溪沟老鸦冲遥遥相对，北与李家溪仅咫尺之遥，隔江东南与力场乡庙儿咀、东北与中心乡干家沟相望，南与忠县县城直线距离约13.5千米，北与石宝寨直线距离约8千米。长江在遗址的东侧自南向北流过。遗址表土除移民拆迁后留下的废墟外，均为旱土与农田，种有油菜与小麦，地表偶见有花纹砖及先秦和汉代的陶片。临江陡壁依稀可见文化层堆积。参加此次发掘的人员有郭胜斌、罗仁林、何捷、黄军毅、王新平、谢斌等。现将发掘情况简报如下。

一、遗　　址

（一）布方情况及地层堆积

根据永兴场的地形特征和文化层保存状况，以及调查勘探的初步认识，布方发掘选择在永兴场北部王神庙西北角开方2个（10米×10米），编号为T1、T2；在永兴场南部东端陈家冲开方3个（10米×10米），编号为T3、T4、T5，所有探方均为正南北方向。

根据发掘的情况得知，陈家冲3个探方的主要地层堆积为夏商时期文化层和打破文化层的东汉时期墓葬；而王神庙两个探方的地层堆积主要为汉代文化层堆积，现分别介绍。

（1）T3南壁剖面地层堆积（图一）

第1层：现代耕土层。褐灰色土，质地结构疏松。厚15～25厘米。含有近、现代砖、瓦、瓷片及东汉时期墓葬残砖。

第2层：隋唐时期文化层。黄色土，质较坚硬。厚25～40厘米。含有较少的隋唐时期瓷片。

第3层：夏商时期文化层。深褐色土，质较疏松。厚80～115厘米。含有夏商时期竹节形高柄豆、灯形器、尖底杯等。

（2）T2南壁剖面地层堆积（图二）

第1层：现代耕土层。黑灰色土。厚20～25厘米。含有明清及现代瓷瓦片。

第2层：挠乱层。黄灰色土，质较坚硬。厚5～40厘米。含有近现代瓦片以及汉代的陶片。

第3层：汉代文化层。灰土，质较硬。厚40～90厘米。含有较多的汉代陶片、瓦片等。陶片以夹砂灰陶为主，纹饰以绳纹为主。主要器类有筒瓦、板瓦、豆、盆、网坠等。

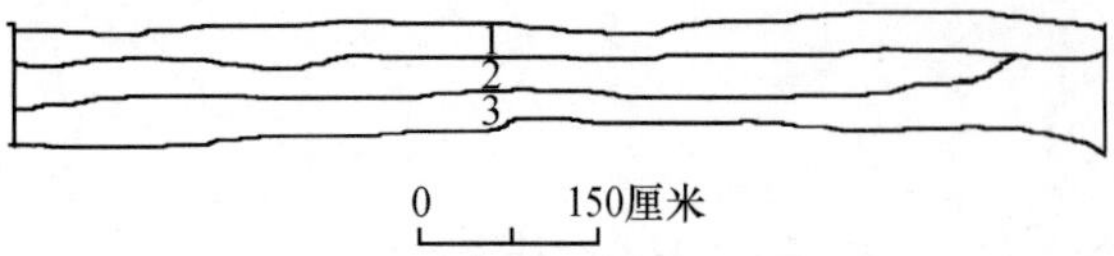

图一　T3南壁剖面图

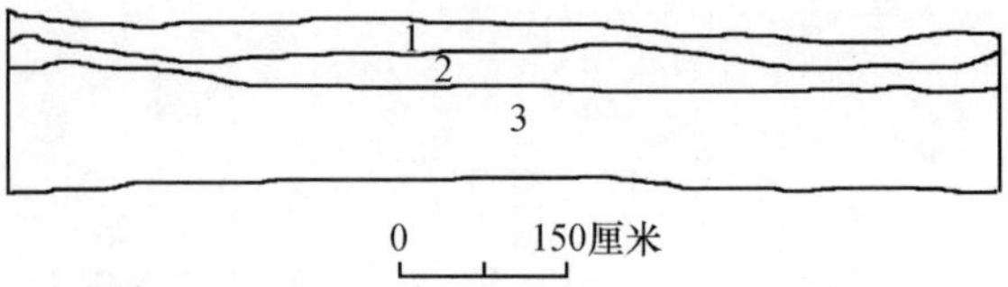

图二　T2北壁剖面图

（二）出土遗物

遗址部分出土的遗物主要以陶器为主，地层主要为两个时期的堆积，即相当于夏商时期和汉代的堆积，还有较薄的隋唐以后的地层堆积。现将遗物分别叙述于次。

1. 夏商时期遗物

这一时期的遗物主要见于遗址南部的陈家冲地段T3的第3层。主要为陶器。以泥质磨光黑皮陶和灰陶为主，夹砂灰陶和红陶次之，还有少量夹砂褐红陶。纹饰主要有绳纹、镂孔等，还有少量弦纹。器类主要有豆、灯形器、圈足盘、盆、罐、双耳壶、釜、斝、尖底盏等，并出土有少量残石器。

豆　大宗器。出土数量较多。以泥质黑皮陶为主，泥质灰陶次之，有少量的泥质红胎磨光黑皮陶和夹砂陶。轮制。视其形态可分二型。

A型　上部呈杯形，侈口，圆唇，斜弧腹，菱形柄内空，细高柄中部外鼓，柄上、下部内束。喇叭形座，足下部起台棱。T3③：5，泥质红胎磨光黑皮陶。柄中部饰三道凸棱纹，下部饰二道凸棱纹。圈足上部饰四道凹弦纹。口径14、通高40厘米左右（图三，4）。

B型　上部呈杯形，微敛口，圆唇，弧腹。竹节形柄内空，柄中部外鼓，细高喇叭形座。柄上部饰两个对称的或单一的圆形镂孔，中部饰一道凸棱。T3③：2，夹砂磨光黑陶。柄上部饰单一的圆形镂孔。口径10厘米（图三，1）。T3③：8，残。仅见圈足。夹砂灰陶（图三，8）。

灯形器　亦为大宗器。整体形态与豆接近，唯盘部无底，与柄内空相连，其用途可能为滤器。陶质陶色与豆大致相同。轮制。可分二型。

A型　形态与A型豆接近。上部呈杯形，侈口，圆唇，斜弧腹。菱形柄内空，柄中部外鼓，柄上、下部内束。细高喇叭形座。T3③：7，泥质磨光黑陶。柄外鼓外饰一道凸棱，圈足上部饰二道凹弦纹。口径14、通高36厘米左右（图三，5）。T3③：3，残。仅见柄部。泥质灰陶，柄中部外鼓处饰一道凸棱纹，其下又饰两个对称的圆形镂孔（图三，15）。

B型　形态与B型豆近似，唯不见有凸弦纹装饰。T3③：1，残。夹砂灰陶（图三，2）。

圈足盘　较为少见。T3③：16，夹砂红陶。仅见圈足，圈足外撇。圈足径7厘米（图三，6）。

盆　数量较多。形态基本相同。均夹砂灰陶，有的施有黑色陶衣。均为圆唇，微卷沿，深腹，平底。T3③：13，夹砂灰陶。口径39.8、通高20厘米左右（图三，9）。T3③：14，夹砂灰陶。口径28、通高16厘米左右（图三，11）。

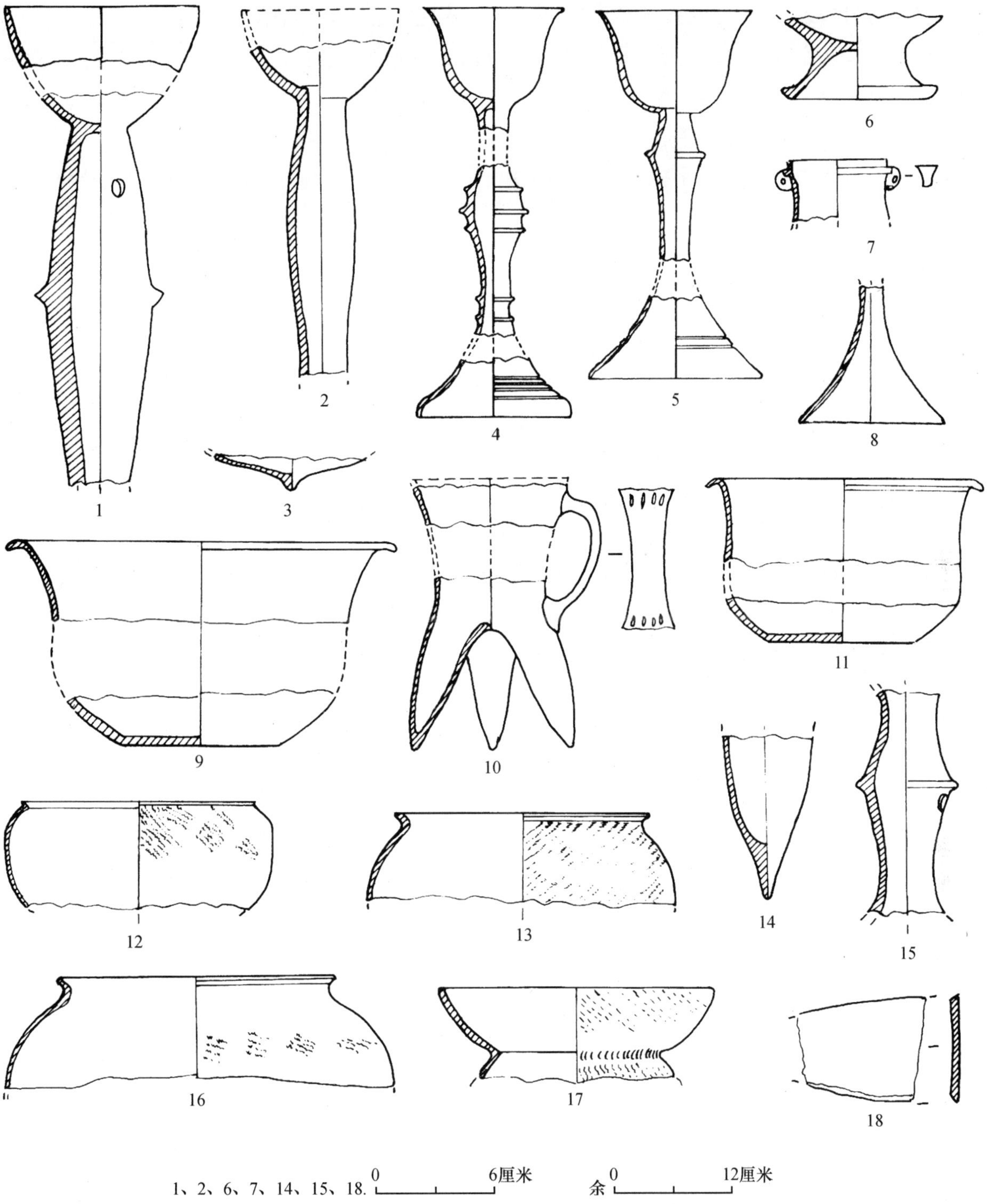

图三　夏商时期器物

1、8. B型陶豆（T3③：2、T3③：8）　2. B型陶灯形器（T3③：1）　3. 陶尖底盏（T3③：8）　4. A型陶豆（T3③：5）　5、15. A型陶灯形器（T3③：7、T3③：3）　6. 陶圈足盘（T3③：16）　7. 陶双系壶（T3③：20）　9、11. 陶盆（T3③：13、T3③：14）　10、14. 陶鬶（T3③：9、T3③：4）　12. A型陶罐（T3③：10）　13、16. B型陶罐（T3③：12、T3③：11）　17. 陶釜（T3③：15）　18. 石刀（T3③：21）

罐　数量较多。以夹砂褐红陶为主，夹砂灰陶次之。器表均饰有绳纹。可分二型。

A型　体形矮胖，最大腹径在器上部。尖圆唇，短折沿，鼓腹，下腹内收。T3③：10，夹砂灰陶。器表颜色不纯，器上部呈黑灰色。口径24、最大腹径27.6厘米（图三，12）。

B型　体形高大，最大腹径在器中部。圆唇，束颈，鼓腹。T3③：12，夹砂褐红陶。口径25.9、最大腹径27.2厘米（图三，13）。T3③：11，夹砂褐红陶。口径28、最大腹径39.6厘米（图三，16）。

尖底盏　仅见1件。T3③：8，夹砂红陶（图三，3）。

双系壶　仅见1件。T3③：20，泥质灰陶。敛口，高颈，饰对称圆形双系。口径5厘米（图三，7）。

釜　仅见1件。T3③：15，夹砂红陶。圆唇，盘口。器表饰绳纹。口径28厘米（图三，17）。

鬶　数量较少。有夹砂红陶和泥质红胎黑皮陶之分。T3③：9，泥质红胎黑皮陶。敞口，圆唇，筒形腹，束腰，颈、腹间设宽扁状鋬，鋬上、下有戳印纹，三袋足，联裆。口径16、通高26.4厘米左右（图三，10）。T3③：4，夹砂红陶。残。仅见袋足（图三，14）。

石刀　仅见1件。T3③：21，青灰页岩。一面刃，磨制精细。残长6.2厘米（图三，18）。

2. 汉代及隋唐时期遗物

汉代的遗存主要见于遗址北部的王神庙地段T1、T2的第3层。出土的遗物较为丰富，陶质以夹砂灰陶为主，泥质灰陶次之，还有少量夹砂红陶和泥质黑灰陶。纹饰主要为绳纹。器类以板瓦和筒瓦为主，网坠较为多见，还有少数豆、盆、罐、钵等。隋唐时期的遗物主要见于遗址南部陈家冲地段T3的第2层。出土的遗物较少，仅见几件残破的青瓷碗标本和其他器皿的青瓷残片等。因其遗存稀薄，加上遗物又很少见，故放在汉代遗存部分一并叙述。

罐　出土数量虽然不多，但形态较为复杂。可分三型。

A型　体形较大。筒形腹。T2③：7，夹砂灰陶。尖唇，卷折沿。表饰拍印方格纹。口径28厘米（图四，2）。

B型　体形较小。鼓腹，体形矮胖。T2③：5，泥质褐陶。尖唇，短折沿。口径20厘米（图四，7）。

C型　小口，矮领，溜肩，鼓腹。T2③：1，泥质灰陶。表呈青灰色，火候较高。尖唇，斜折沿，直口，矮领。口径12.8、领高3.2厘米（图四，6）。

盆　出土数量较多。可分三型。

A型　鼓腹。短颈不显。T2③：2，泥质灰陶。表呈青灰色，火候较高。短折沿，沿面上弧。口径28厘米（图四，3）。

B型　斜腹较直。T2③：3，泥质灰陶，胎褐红。宽折沿，沿面斜弧。口径32厘米（图四，8）。

C型　折腹。下腹内收较甚。T4③：3，泥质灰陶。宽折沿近平。口径26厘米（图四，9）。

豆　数量较少。T2③：4，泥质灰陶。豆盘较浅，细柄（图四，14）。

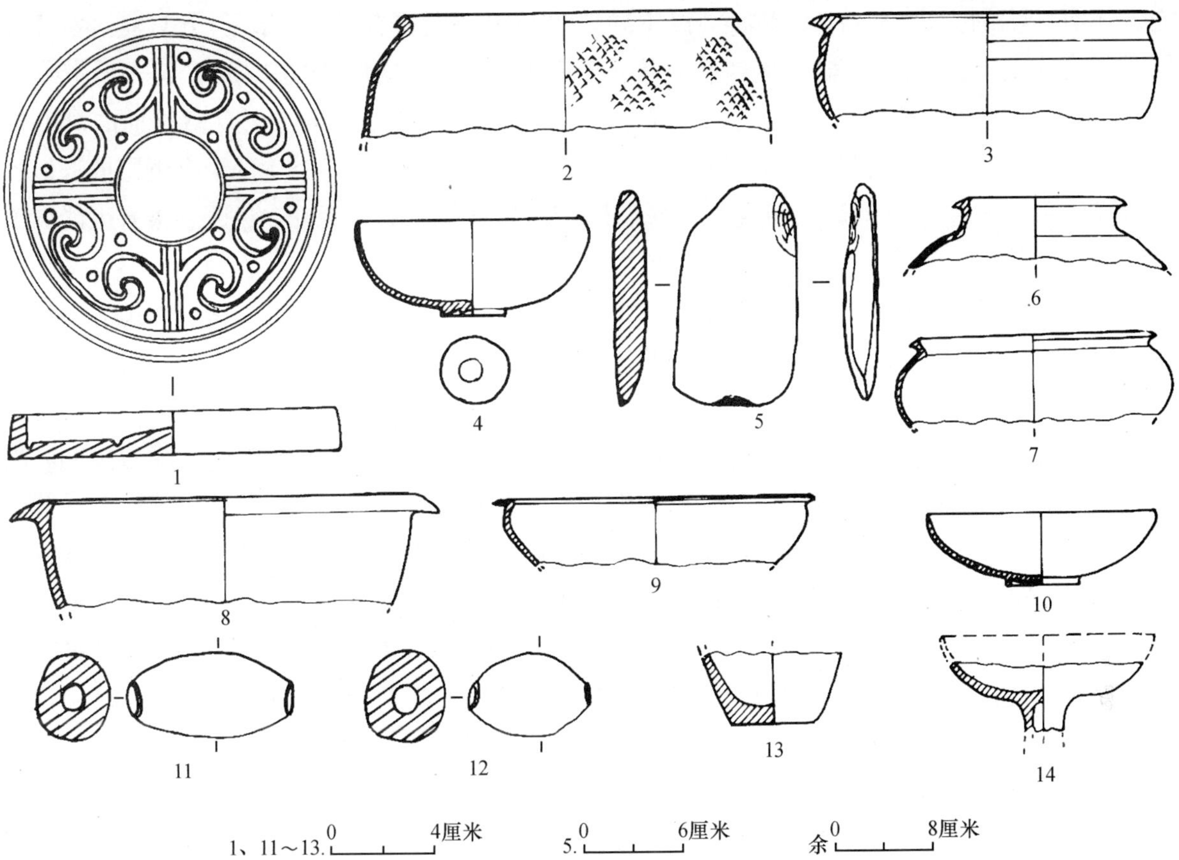

图四　汉代及隋唐时期器物

1. 陶瓦当（T2③：36）　2. A型陶罐（T2③：7）　3. A型盆（T2③：2）　4、10. 青瓷碗（T3②：4、T3②：1）　5. 石斧（T3③：2）　6. C型陶罐（T2③：1）　7. B型陶罐（T2③：5）　8. B型陶盆（T2③：3）　9. C型陶盆（T4③：3）　11、12. 陶网坠（T2③：22、T2③：21）　13. 陶钵（T2③：6）　14. 陶豆（T2③：4）

钵　数量较少。T2③：6，泥质灰陶。平底。底径3.4厘米（图四，13）。

瓦当　T2③：36，圆形。泥质灰陶。表饰同心圆纹及四等分的卷云纹及圆形乳钉纹。直径14.4厘米（图四，1）。

网坠　数量极多。均呈棱形，中间有一圆形孔。T2③：22，泥质灰陶（图四，11）。T2③：21，泥质灰红陶（图四，12）。

石斧　仅见1件。T3③：2，青绿色油岩，磨制精细。弧刃。刃宽7.5、通长13.5厘米（图四，5）。

青瓷碗　青黄色釉，内满釉，外釉不到底。T3②：4，尖圆唇，腹较深，饼形足（图四，4）。T3②：1，尖圆唇，浅坦腹，矮圈足（图四，10）。

（三）结论

此次发掘各探方文化层的堆积较薄，内涵较简单，很难发现有遗迹的现象，遗物也不丰富。根据地层堆积及遗物排比情况看，本次发掘遗址部分大致可以分为三个时期的堆积。

第一期，以T3的第3层为代表，陶器以泥质磨光黑皮陶和灰陶为主，夹砂灰陶和红陶次之，还有较少的夹砂褐红陶。素面陶占主导地位，纹饰主要有绳纹、镂孔及少量刻划纹。器物组合主要有豆、灯形器、盆、罐、鬶、尖底盏等。从器物的形态方面看，A型灯形器（T3③：7）、陶鬶（T3③：9）、A型罐（T3③：10），与朝天咀B区夏商时期的灯形器（85ZCT6⑥B：21）、陶鬶（85 ZCT6⑥B：14）、陶釜（85 ZCT7⑥B5）的形态近同或近似，陶质陶色亦大致相同[①]。同时又与成都平原夏商时期的同类器[②]相差无几，说明它极有可能属于峡江地区一个地方文化类型。另外，永兴场遗存中陶盆（T3③：13、T3③：14）的形态又与江汉地区[③]以及湖南岳阳铜鼓山商代早期遗存[④]的同类器近同或近似，说明这一区域的地方文化类型在自身的发展过程中，又或多或少地吸收了周围地区的文化因素。其年代大致与中原地区的夏商时期相当。

第二期，以T1、T2的第3层为代表。陶器以灰陶为主，红陶及黑灰陶次之。陶质以夹砂陶占主导地位，泥质陶较少。纹饰主要为素面陶，绳纹及方格纹较为少见。器物主要有豆、盆、钵、罐等。另外，出土的板瓦较多，亦见有少数的筒瓦和较多的陶网坠。从器物的形态及特征方面看，此期出土的板瓦、筒瓦多夹砂灰陶，饰粗绳纹，是战国至西汉时期遗址中最常见的遗物，另外，陶豆（T2③：4）、陶罐（T2③：5）及C型陶盆（T4③：3）均与中坝遗址汉代遗存[⑤]的同类器相同或相似，故推测其时代也与此大致相当。

第三期，分布的文化层极薄，且分布范围较小，仅见于T3第2层，遗物也较为少见，仅见有少量的青瓷器及其残片，主要器类仅见瓷碗，主要施青黄色釉，器内一般施满釉，外釉不到底。碗的形态（T3②：1、T3②：4）与巫山跳石遗址唐代遗存的同类器[⑥]相同或近似，釉色及施釉的作风也大致相同或近似，故推测其时代也应与之相当。

二、墓葬及坑形遗迹

此次对永兴场遗址的勘探、发掘，共发现3座东汉时期的墓葬及一座被彻底扰乱的明代土坑墓（明墓编号为M3，仅见不到1平方米的墓底，散见零星的明代瓷片，简报从略）。墓葬全部分布在遗址南部东端的陈家冲地段，皆分布于T4、T5两个探方内，其中在T4内发现两座，编号为M1、M2，并在M1、M2墓底同一平面的东部发现两个大致呈圆形的坑形遗迹，编号为H1、H2（图五）。T5中发现2座，编号为M3、M4（M3打破M4）。墓葬均残，有的仅见墓底

① 国家文物局三峡考古队：《湖北秭归朝天咀遗址发掘简报》，《三峡考古之发现》，湖北科学技术出版社，1998年。

② 四川大学历史系考古教研组：《广汉中心公社古遗址调查简报》，《文物》1961年第11期。

③ 湖北省文物考古研究所：《盘龙城——一九六三年——九九四年考古发掘报告》，文物出版社，2001年；荆州地区博物馆：《江陵荆南寺遗址第一、二次发掘简报》，《考古》1989年第8期。

④ 湖南省文物考古研究所等：《岳阳市郊铜鼓山商代遗址与东周墓发掘报告》，《湖南考古辑刊》（第5集），岳麓书社，1989年。

⑤ 四川省文物考古研究所等：《忠县中坝遗址发掘报告》，《重庆库区考古报告集·1997卷》，科学出版社，2001年。

⑥ 南京博物院考古研究所等：《巫山跳石遗址发掘报告》，《重庆库区考古报告集·1997卷》，科学出版社，2001年。

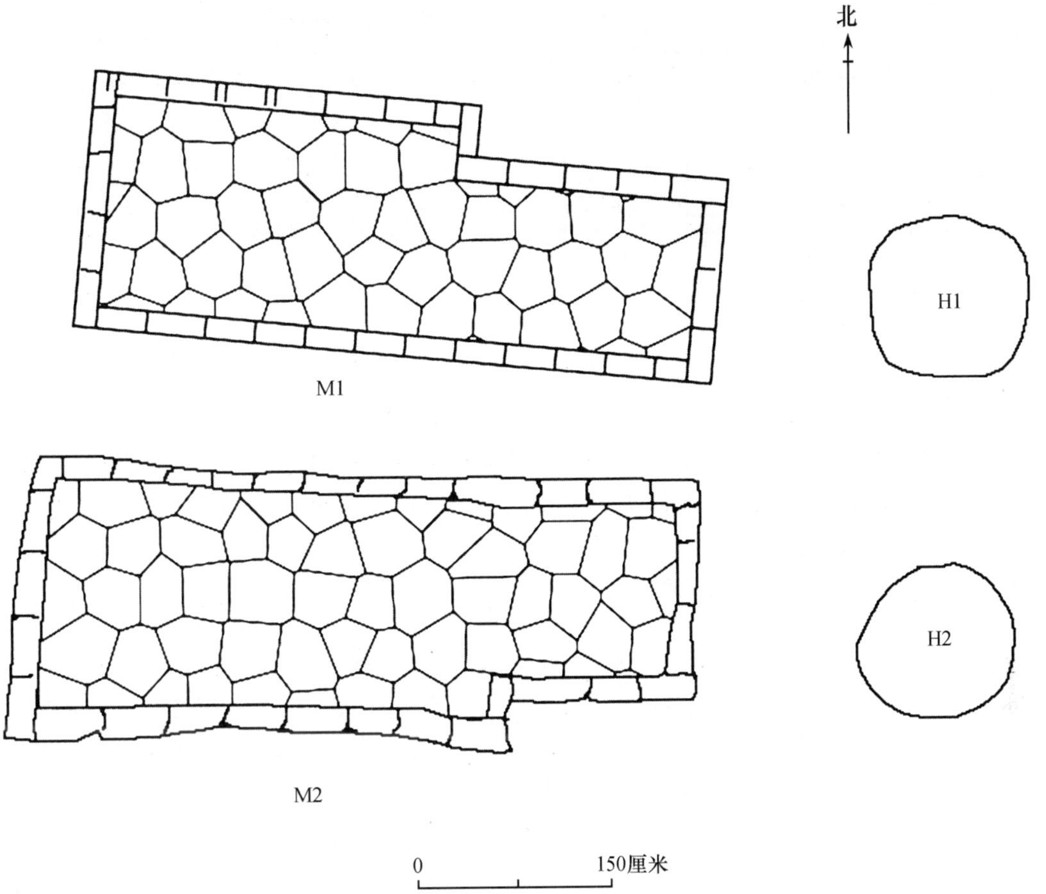

图五　M1、M2及H1、H2平面图

及极少一部分墙砖。现将东汉时期的墓葬和坑形遗迹发掘的情况介绍如下。

（一）墓葬的形制

墓葬（东汉墓）的平面形制全部为刀把形。又根据墓墙壁、墓底所用材料的不同，可分为砖石室墓、石室墓、砖室墓。因墓葬大部分已被破坏，墓顶的形态均不清楚，但根据历年来三峡地区考古发现及发掘的情况得知，砖室墓一般为券顶。

M1　方向95°。分布于T4北部，南距M2约250厘米。开口于第3层下。墓室墙壁多用侧面饰菱形几何纹的砖或素面砖平铺错缝堆砌，墓底用不规则的灰白色页岩片平铺。残深70厘米，残墓口距地表深60～110厘米，墓底距地表130～180厘米。填土为粉红褐色黏土。甬道位于东部，甬道长160、宽140厘米，墓室长290、宽160厘米。墙壁砖长40、宽20、厚8厘米。墓底片石厚6～8厘米。随葬品被盗无存，亦不见有棺椁痕迹（图六）。

M4　方向135°。分布于T5中部，开口于耕土层下，已被严重破坏和扰乱，仅见有少量墓墙壁砖，墓圹的痕迹仍清晰可见。残深20～30厘米。随葬品仅见有30枚五铢铜钱。不见有棺椁痕迹，墓底无铺地砖或铺地石。墓墙壁砖侧面多饰有菱形几何纹。甬道长180、宽140、墓室长260、宽190厘米（图七）。

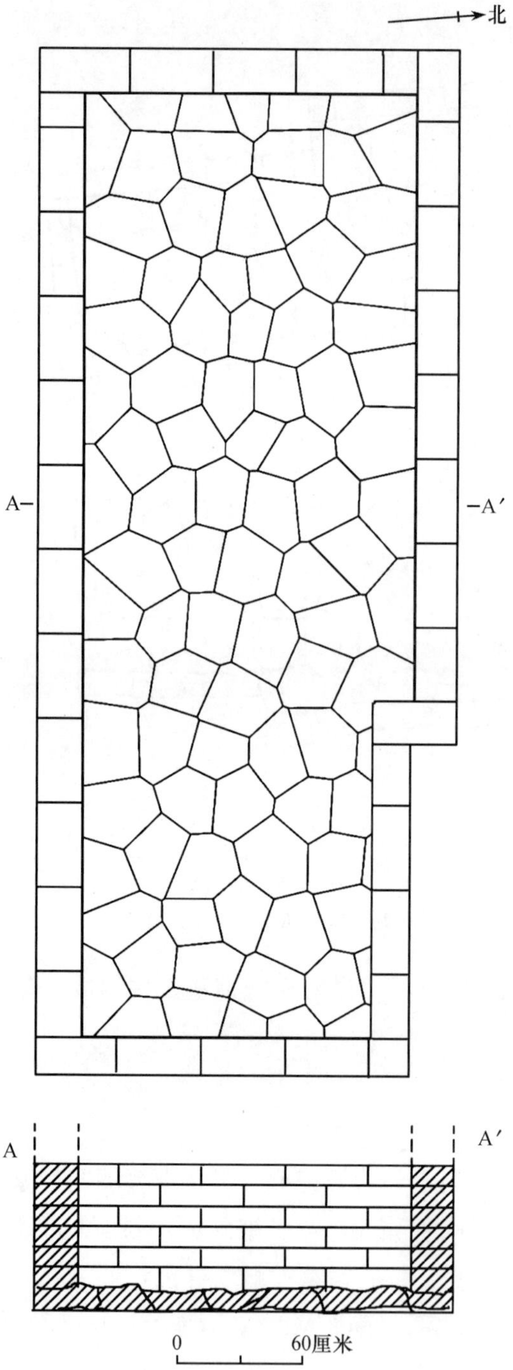

图六　M1平、剖面图

M2　方向95°。分布于T4的南部，开口于文化层第3层下。墓葬上部已被破坏，残存墓口距地表深70～120、墓底距地表深140～190、墓残深20厘米。甬道长170、宽130厘米，墓室长300、宽170厘米。墓壁用长30～40、厚7～8厘米的长方形粉红色页岩平铺错缝堆砌，墓底用大致呈长方形、方形、不规则形的粉红色页岩平铺，一般厚6～8厘米。墓底未见有被扰乱的现象。随葬品全部分布于甬道处，主要有陶俑、动物、陶罐、陶仓、瓷碗和鱼池模型等（图八）。

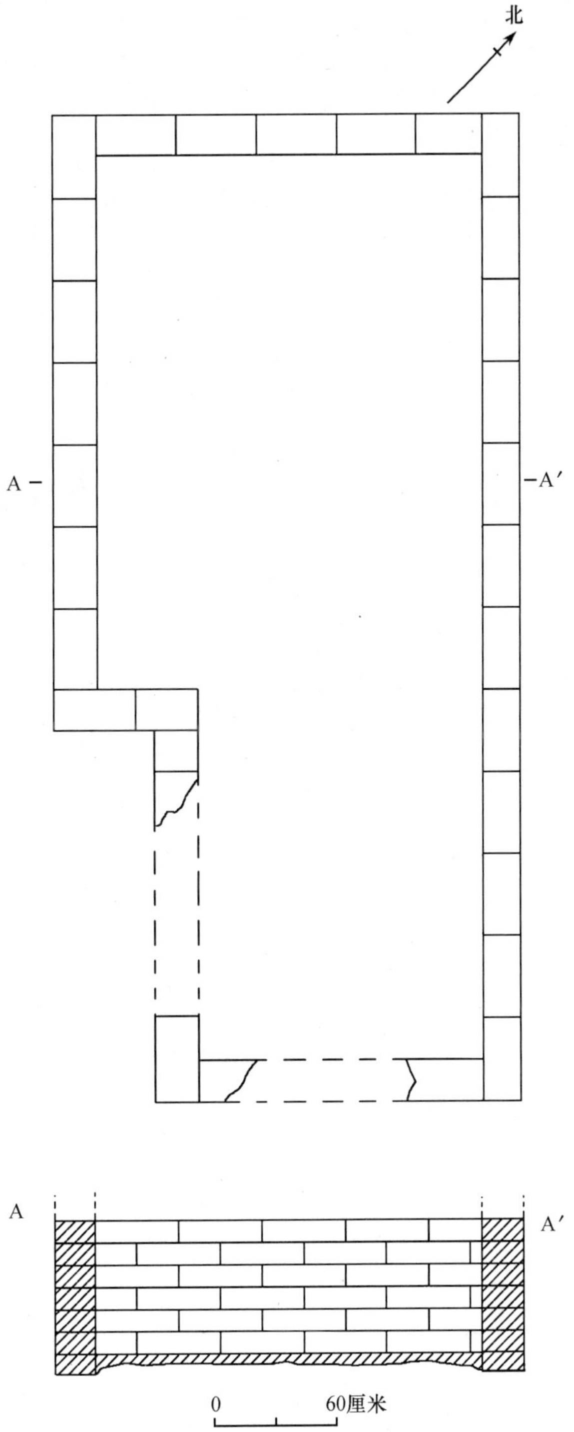

图七　M4平、剖面图

（二）坑形遗迹

坑形遗迹两处，分布在M1、M2甬道外东部，两坑相距280厘米。均呈圆形。编号为H1、H2。坑内填土为粉红色黏土，均加工过，质地细腻、均匀，颗粒直径0.1～0.2厘米，坑底发现有草木灰及红烧土颗粒痕迹。坑底部平坦，坑壁从四周向中央倾斜。

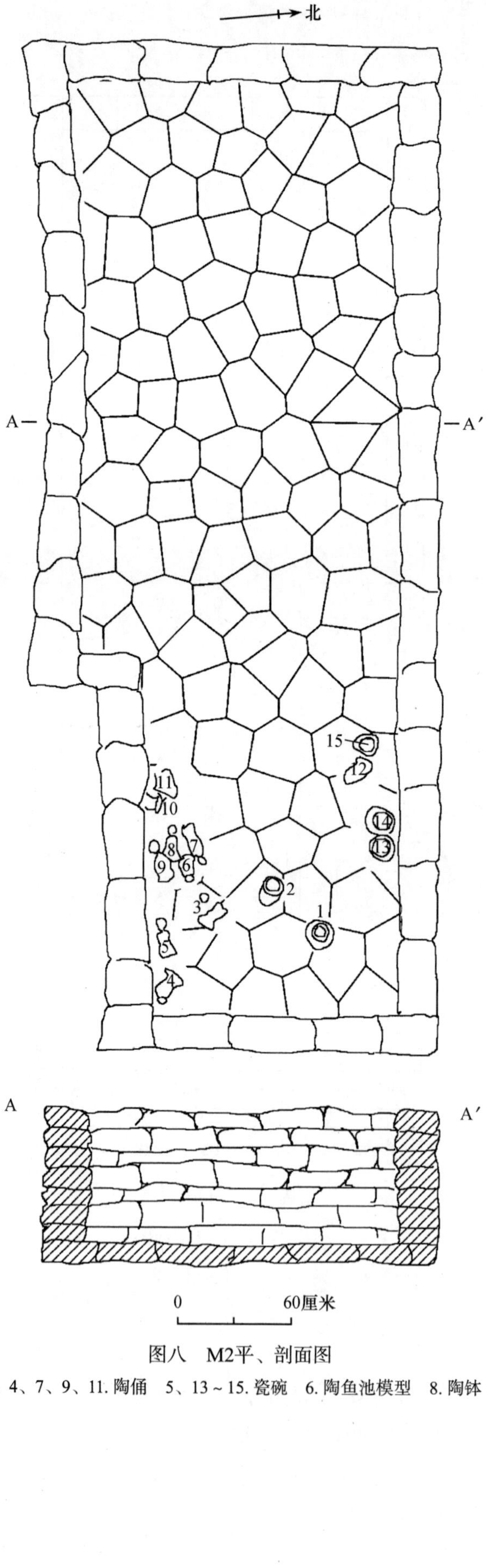

图八 M2平、剖面图

1. 陶罐 2. 陶仓 3、4、7、9、11. 陶俑 5、13～15. 瓷碗 6. 陶鱼池模型 8. 陶钵 10. 陶鸡 12. 陶猪

H1　直径50、残深40、西距M1约50厘米（图九）。

H2　直径46、残深30、西距M2约50厘米（图一〇）。

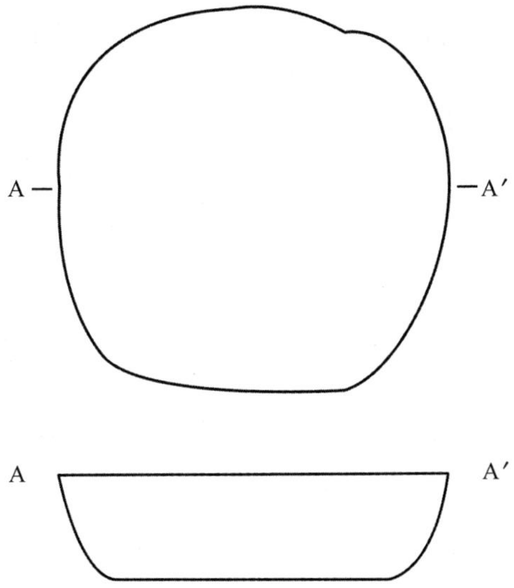

图九　H1平、剖面图

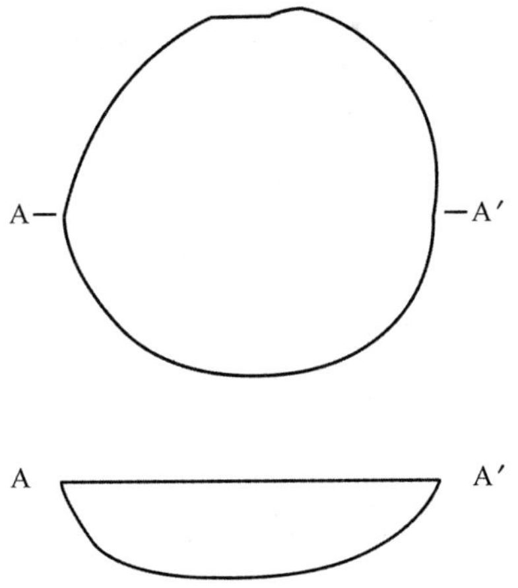

图一〇　H2平、剖面图

（三）随葬品

此次发掘的3座墓中，随葬品主要见于M2，五铢钱主要见于M4。共出土器物14件，铜钱30枚。现叙述如下。

瓷碗　2件。可分二型。

A型　1件。M2：15。尖圆唇，敛口，假圈足。施青绿色釉。口径4.5、高2厘米（图一一，6）。

B型　1件。M2：5，圆唇，直口，平底。施青绿色釉。口沿外侧饰二道凹弦纹。口径13.5、高5.1厘米（图一一，8）。

陶罐　1件。M2：1，泥质灰陶。轮制。圆唇，卷沿，束颈，鼓腹，平底。口径14、通高14厘米（图一一，4）。

陶仓　1件。M2：2，泥质灰陶。轮制。敞口，平折沿，平底。饰弦纹。口径20、通高10厘米（图一一，3）。

陶钵　1件。M2：8，泥质灰陶。形态近似B型瓷碗，尖圆唇，敛口，平底。器外壁饰三道凹弦纹。口径20、高5.2厘米（图一一，9）。

陶俑　9件。可分两类。

文官俑　3件。M2：11，泥质红陶。头戴平冠，身着交领宽袖长袍，双手抱拱于胸前，做站立状。通高11厘米（图一一，2）。

女立俑　6件。M2：4，泥质红陶。头戴巾，身着宽袖长袍。体显胖，鼓腹。双手抱拱于胸前。通高22厘米（图一一，1）。

猪　1件。M2：12，泥质灰陶。昂首，竖耳，双目外凸，尾上卷，做站立注视状。体显肥胖。通长24、通高12厘米（图一一，5）。

图一一 墓葬出土部分器物

1. 陶女立俑（M2：4） 2. 陶文官俑（M2：11） 3. 陶仓（M2：2） 4. 陶罐（M2：1） 5. 陶猪（M2：12） 6. A型瓷碗（M2：15） 7. 陶鸡（M2：10） 8. B型瓷碗（M2：5） 9. 陶钵（M2：8）

鸡 1件。M2：10，泥质红陶。高冠尖嘴，垂耳，曲颈，体肥，做站立状。通长13.5、通高13.5厘米（图一一，7）。

鱼池模型 1件。M2：6，泥质灰陶。平面呈长方形。长21、宽18厘米。鱼池围堤陡直，池底平坦。鱼池内堆塑有小鱼船、供船停泊的锚墩和若干条鱼，鱼肥体大，栩栩如生。

（四）结论

此次发掘的3座墓葬，均为刀把形砖（石）室墓，均有甬道，这是三峡地区最为常见的东汉时期墓葬的形态。墓顶虽然被破坏无存，但根据墓周围散见的楔形砖的情况推测，这一类墓应为券顶砖室墓，砖侧面多有菱形几何形纹装饰。这也是东汉时期习见的墓砖特点。女立俑的形态（M2：4）与万州松岭包东汉墓的女立俑（M4：37），鸡俑（M2：10）与万州松岭包东汉墓的鸡俑的形态（M4：35）近同或近似，其时代也应大致相当，即相当于东汉晚期[①]。

此次发掘的M1、M2东侧，即甬道东侧发现的与墓底大致在同一平面的坑形遗迹，虽未见有任何可证明时代的遗物，但根据坑内填土土质的情况判断，它们应与墓葬同时，可能是为墓主人举行祭祀遗迹之遗留。这种遗迹现象在三峡地区还不多见，为研究三峡地区东汉时期的风俗习惯、宗教观念提供了新的考古资料。

执笔：郭胜斌　罗仁林　万　猛
黄军毅　王新平

① 青海省文物考古研究所三峡工作队等：《万州松岭包墓发掘报告》，《重庆库区考古报告集·1997卷》，科学出版社，2001年。

忠县瓦窑古墓群2003年度发掘简报

长沙市文物考古研究所
忠 县 文 物 管 理 所

一、概　　况

瓦窑古墓群位于重庆市忠县乌杨镇沿溪村四社（原瓦窑村一、六队），距忠县县城约有7千米。地处长江南岸的一级阶地上，地理坐标为东经107°59′09″，北纬30°12′04″，海拔150～180米（图一）。

瓦窑古墓群是1994年4月由北京大学考古学系在进行库区文物调查时发现，当时认为墓群位于乌杨镇瓦窑六队较低平的山梁上，面积约为15 000平方米。2002年10～12月，根据国家文物局指示，应重庆市文化局邀请，并履行三峡库区文物抢救工作2002年规划任务，长沙市文物考古研究所实施对口支援三峡淹没区地下文物抢救工作，对此墓群进行了大面积初次勘探和发掘。

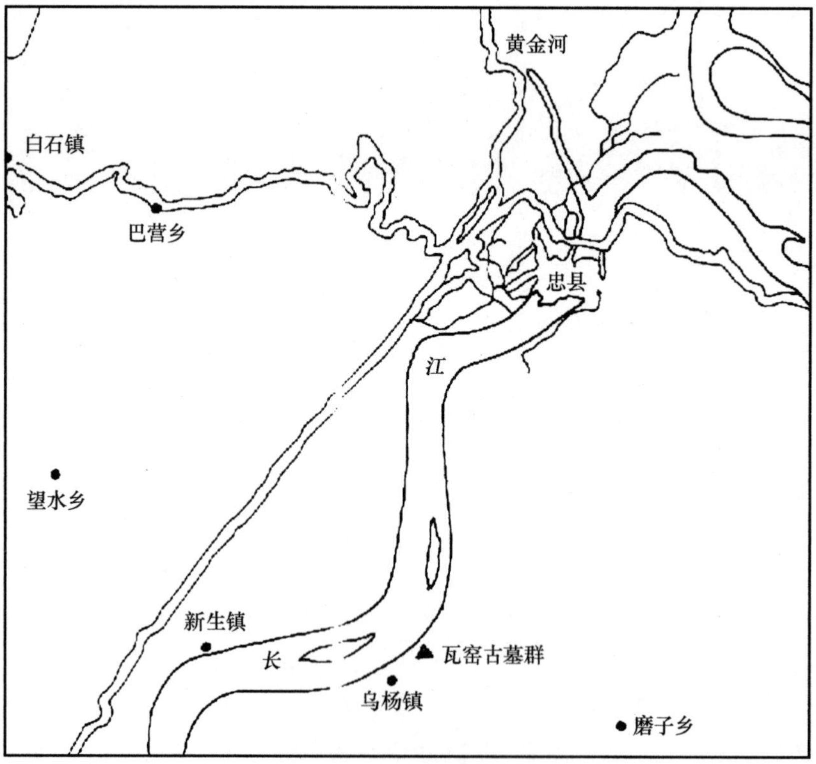

图一　瓦窑古墓群位置示意图

调查时我们发现，原定墓群点为柏树堡，但经过勘探及调查发现山堡上的墓葬在七八年前由于当地生产队在此烧砖做瓦而遭到严重破坏，故堡上仅遗留一些墓葬青砖之类。相反，我们在与柏树堡一溪（苦洞溪）之隔的位于瓦窑一队的外梁堡上发现一批墓葬。其海拔为168米。经与有关部门协商，我们选择此点为中心点进行了大面积发掘。2002年发掘面积共900平方米，发掘收获主要是清理了秦末至西汉中晚期的土坑竖穴墓8座、东汉时期的砖室墓2座，其中8座土坑竖穴墓排列有序，并大多保存完整，出土一大批很有价值的随葬物品。从墓葬分布看，应为一时代延续较长的家族墓地，另外2座东汉砖室墓由于埋藏较浅，且遭后代盗扰，破坏十分严重。

鉴于2002年度发现的秦末至西汉墓葬的重要性，2003年4～6月，我所继续接受重庆市三峡办的邀请，对此墓群进行了第二次发掘。为了发掘资料能与去年的发掘成果相衔接，该年度在距去年发掘点东侧60米的地方布方进行发掘，共按正北方向布方10个，面积均为10米×10米，发掘面积共1000平方米，编号为2003ZWWT1～2003ZWWT10。地面种植物为小麦、油菜等（图二）。现将有关发掘情况报告如下。

本次发掘共发现墓葬5座，均为秦末至西汉的土坑竖穴墓，呈东西向分布。编号分别为2003ZWWM1～2003ZWWM5（简称M1～M5）。墓葬均开口于耕土层下，打破生土层。耕土层为深灰褐色疏松土，含较多有机物根茎，厚20～40厘米。生土层为十分纯净的浅黄土层，较板结。墓葬内填土均为深灰褐色杂土，含有少量小石块及料姜石等（图三）。

二、墓葬形制

本次发掘的5座墓葬均保存较好，为土坑竖穴墓，现分别介绍各墓葬形制。

M1　长方形土坑竖穴墓。该墓横跨T1、T2、T6、T7四个探方，中心处于T1的关键柱处。方向85°。墓葬埋藏较深，墓口长440、墓口宽360、墓底长420、墓底宽342、深280厘米，略接近于正方形，墓葬四壁十分规整、光滑。墓口靠东及靠西为较薄的浅黄色岩石层，可见墓葬是穿透岩石层开凿的。单从墓室大小看，规模相对较大，但与之相反的是随葬品很少，主要分布在墓葬北壁中部一带，偏东面为少量陶器，偏西面为数枚铜钱。出土器物有陶罐及铜钱等，室内葬具和尸骨因腐朽已无存（图四）。

M2　长方形土坑竖穴墓。横跨T7、T8两个探方，位于两个探方的南壁一带。方向260°。墓葬埋藏相对较浅，墓口长370、墓口宽218、墓底长360、墓底宽206、深60～78厘米，墓葬四壁较规整、光滑。室内葬具和尸骨无存，随葬品较丰富，主要分布在墓葬南壁正中一带。出土器物有陶罐及铜钱等（图五）。

M3　长方形土坑竖穴墓。该墓分布在T8的东南角一带。墓葬埋藏相对较浅，方向263°。墓口长410、宽260、墓底长380、宽248、深106～142厘米，墓葬四壁较规整、光滑。室内葬具和尸骨无存，随葬品较少，主要分布在墓葬南壁中部一带。出土器物有陶罐及铜钱等（图六）。

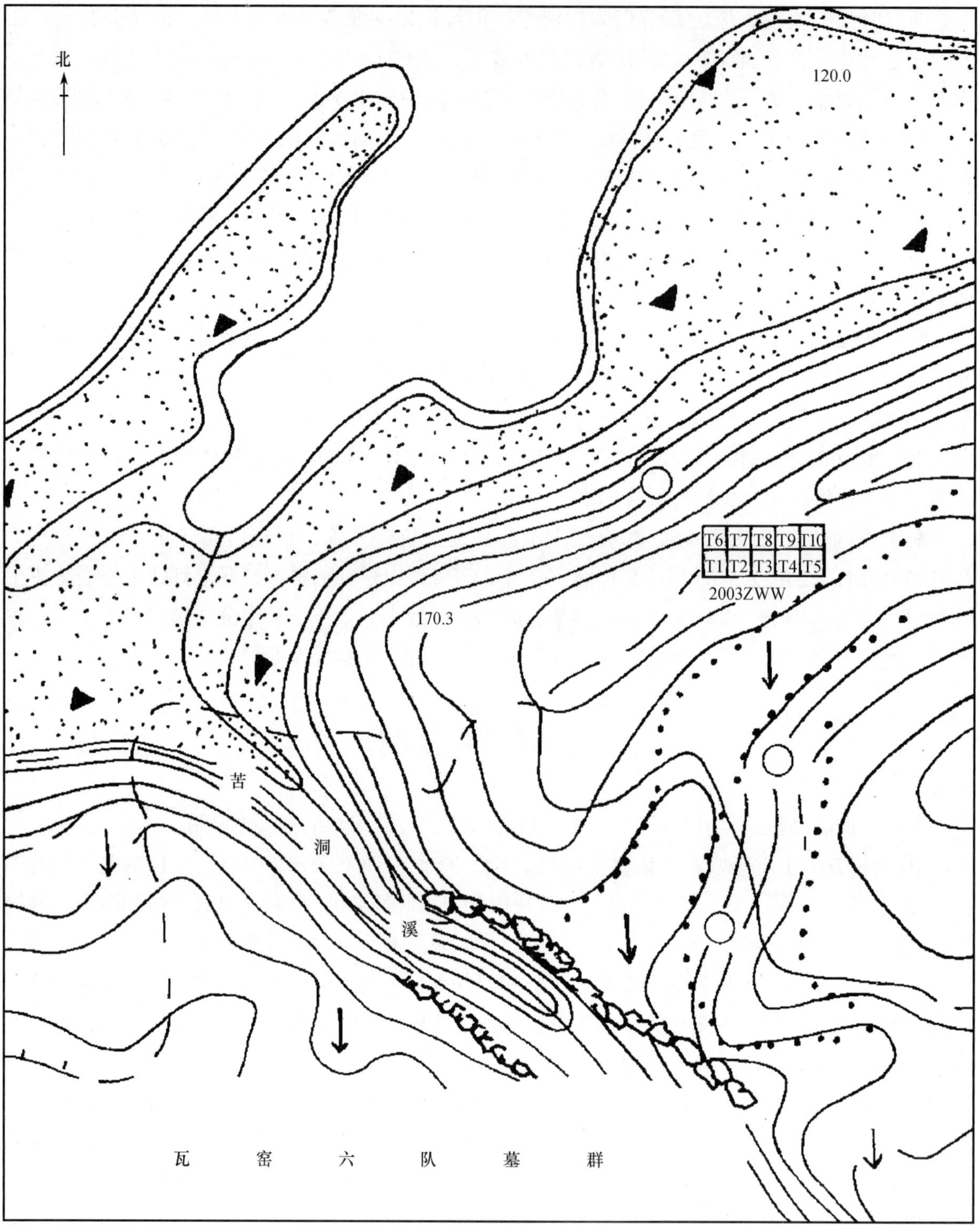

图二 探方分布示意图

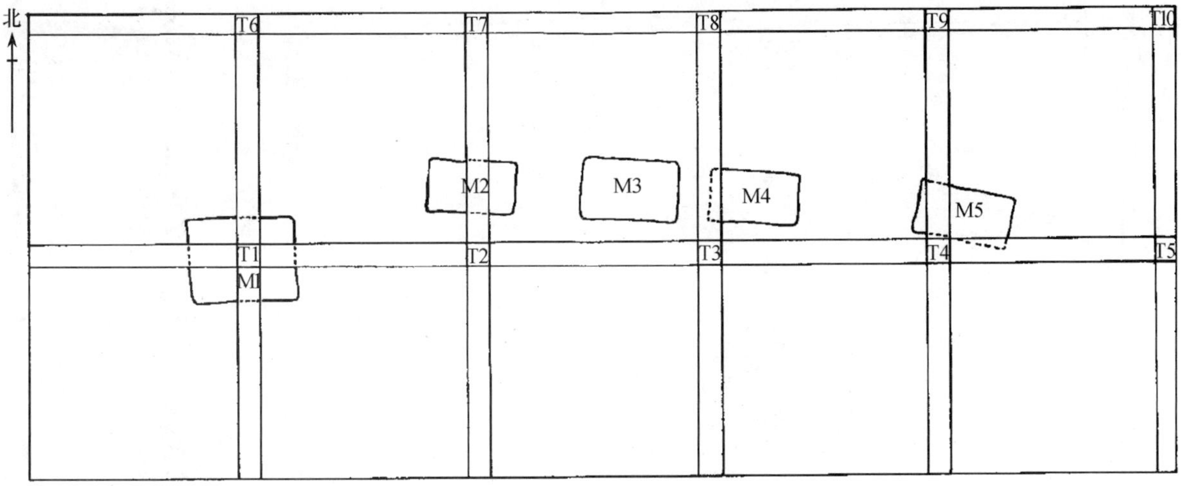

图三　墓葬分布图

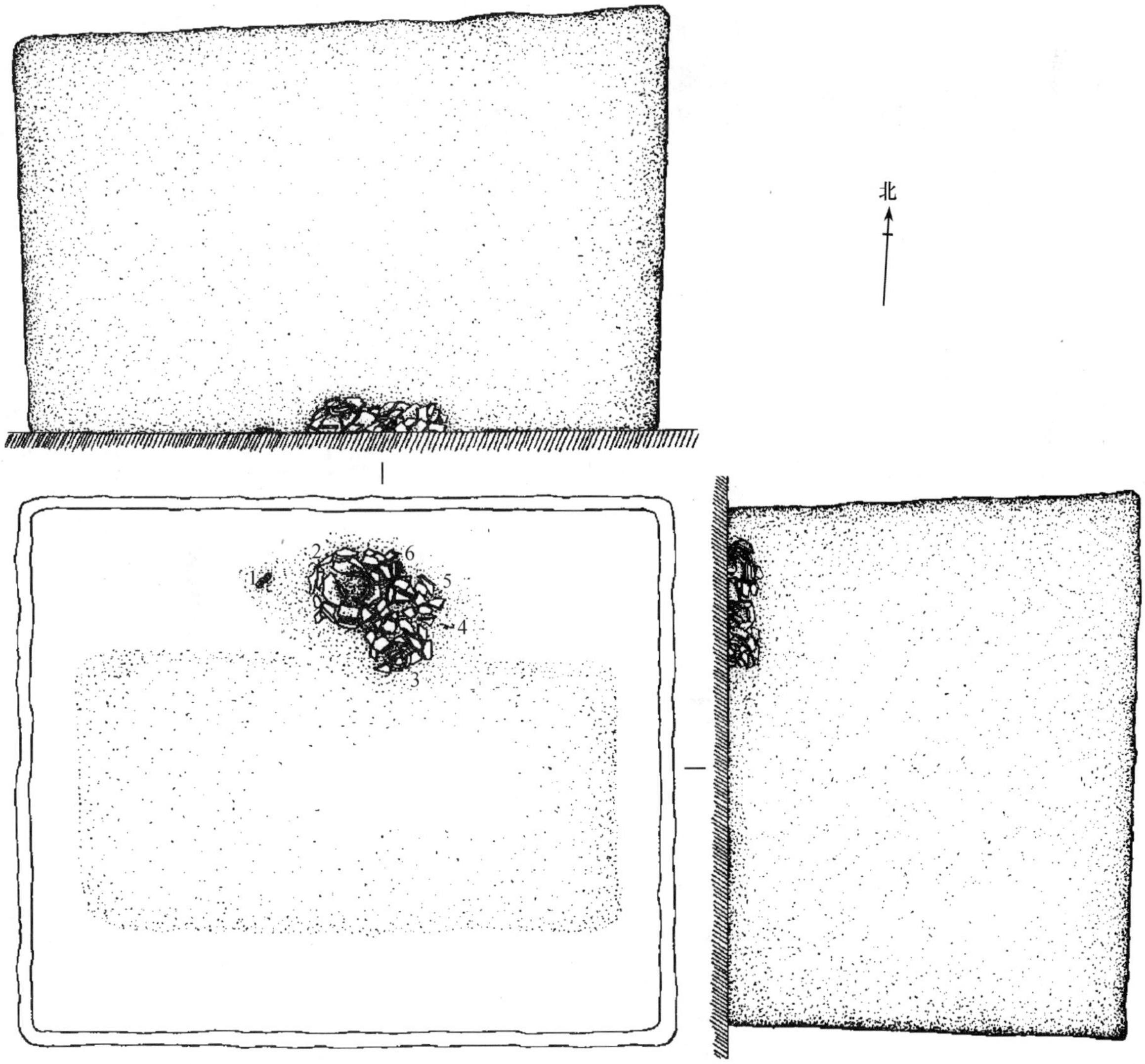

图四　M1平、剖面图

1. 铜钱　2、3. 陶罐　4. 铜带钩　5. 陶钵　6. 铁刀

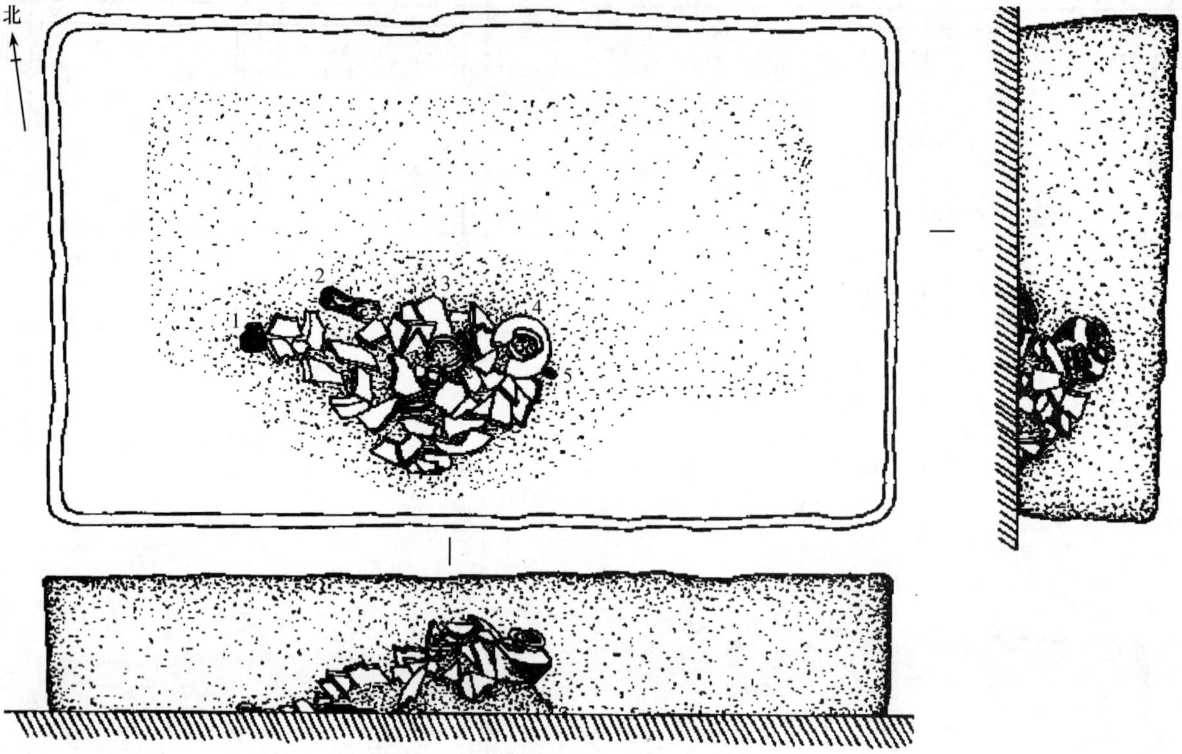

图五　M2平、剖面图

1. 铁镬　2. 铁锄　3、4. 陶罐　5. 铜钱

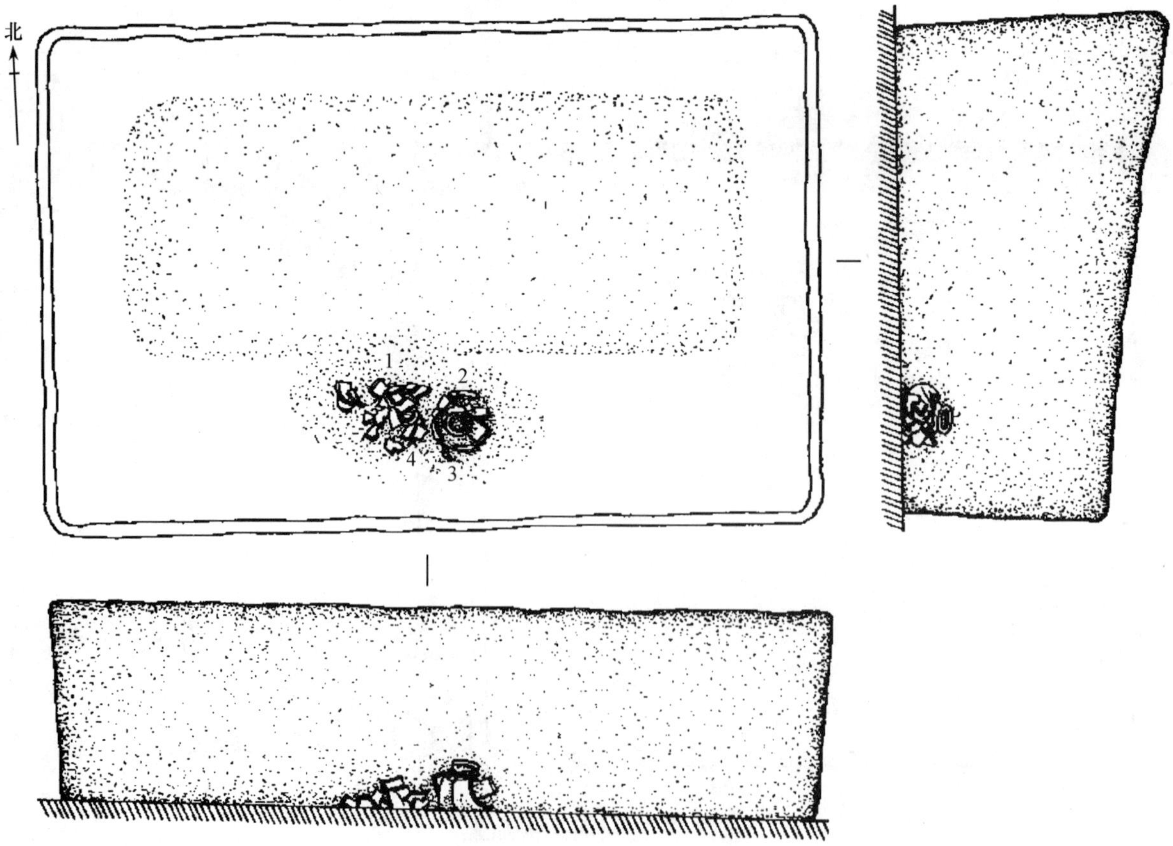

图六　M3平、剖面图

1、2. 陶罐　3. 铜钱　4. 铁刀

M4　长方形土坑竖穴墓。该墓横跨T8、T9两个探方，位于T9的西南角，墓葬的西端伸进T8的东隔梁。方向265°。墓葬埋藏相对较浅，墓口长384、墓口宽220、墓底长370、墓底宽210、深116～126厘米，墓葬四壁较光滑。室内葬具和尸骨无存，随葬品丰富，主要分布在墓葬南壁一线。出土器物丰富（图七）。

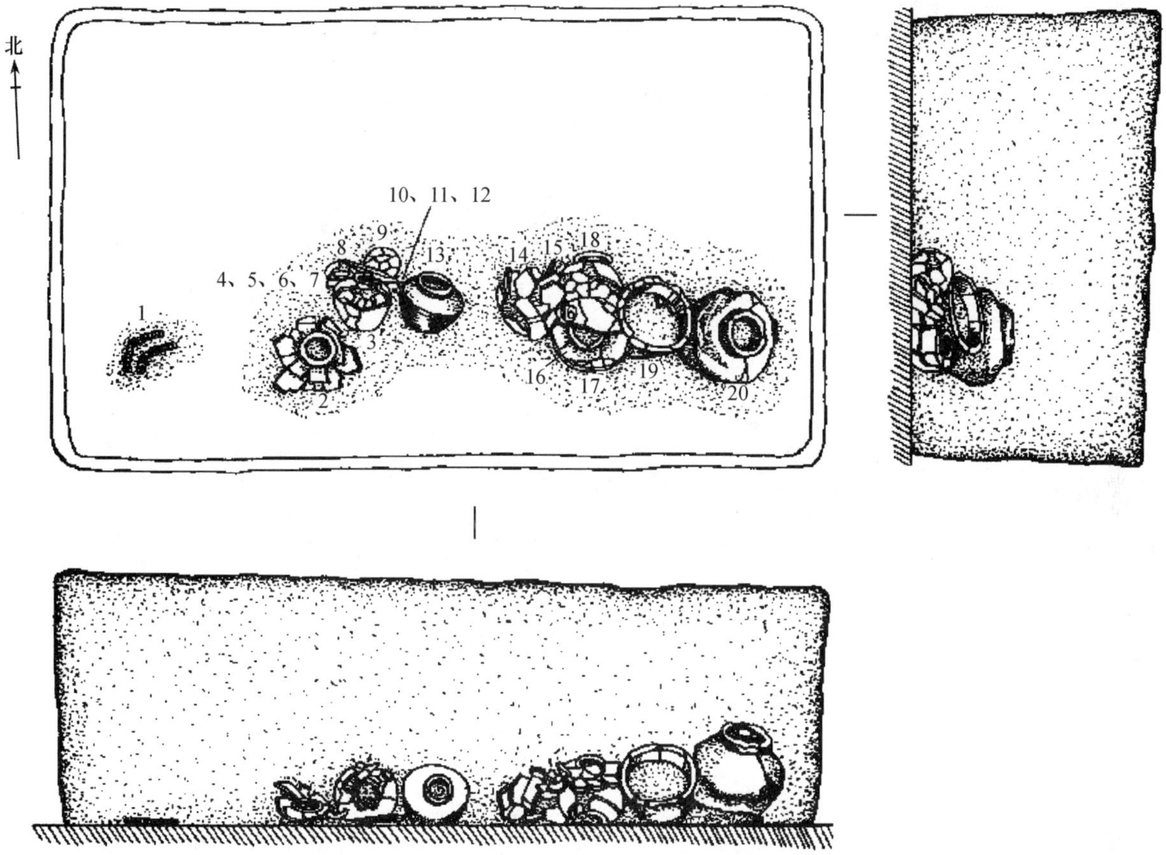

图七　M4平、剖面图

1. 铜钱　2、3、13、17、18. 陶罐　4～7. 铜璜　8. 铜剑　9. 铜镜　10. 料珠　11. 铜环　12. 金属网坠　14. 铁镬　15. 铁剑　16. 石印章　19. 陶盆　20. 铁釜

M5　长方形土坑竖穴墓。该墓横跨T5、T9、T10三个探方，位于T10的西南角，墓葬少部分伸进T5的北隔梁及T9的东隔梁。方向230°。墓葬埋藏相对较深，墓口长400、墓口宽240、墓底长370、墓底宽180、深200～230厘米，墓葬四壁较规整、光滑。室内葬具和尸骨无存，随葬品丰富，主要分布在墓葬东南角及西壁一带。其中东南角主要为陶器及少量铁器，西壁一带主要为陶网坠及铜器等。出土器物有铜弩机、铜钱、陶罐、陶网坠、铁臿及铁镬等（图八）。

三、随葬器物

该次清理的5座墓葬中，仅M2由于埋藏较浅，发掘时已基本接近墓底，故随葬品遭到部分盗扰，而其他墓葬保存都较完整，随葬品均未遭盗掘，但各墓葬的随葬品多少及种类都有较大差别，其中M4随葬品最为丰富，M5相对也较丰富，M1及M3则随葬品较少。此次共发掘出土

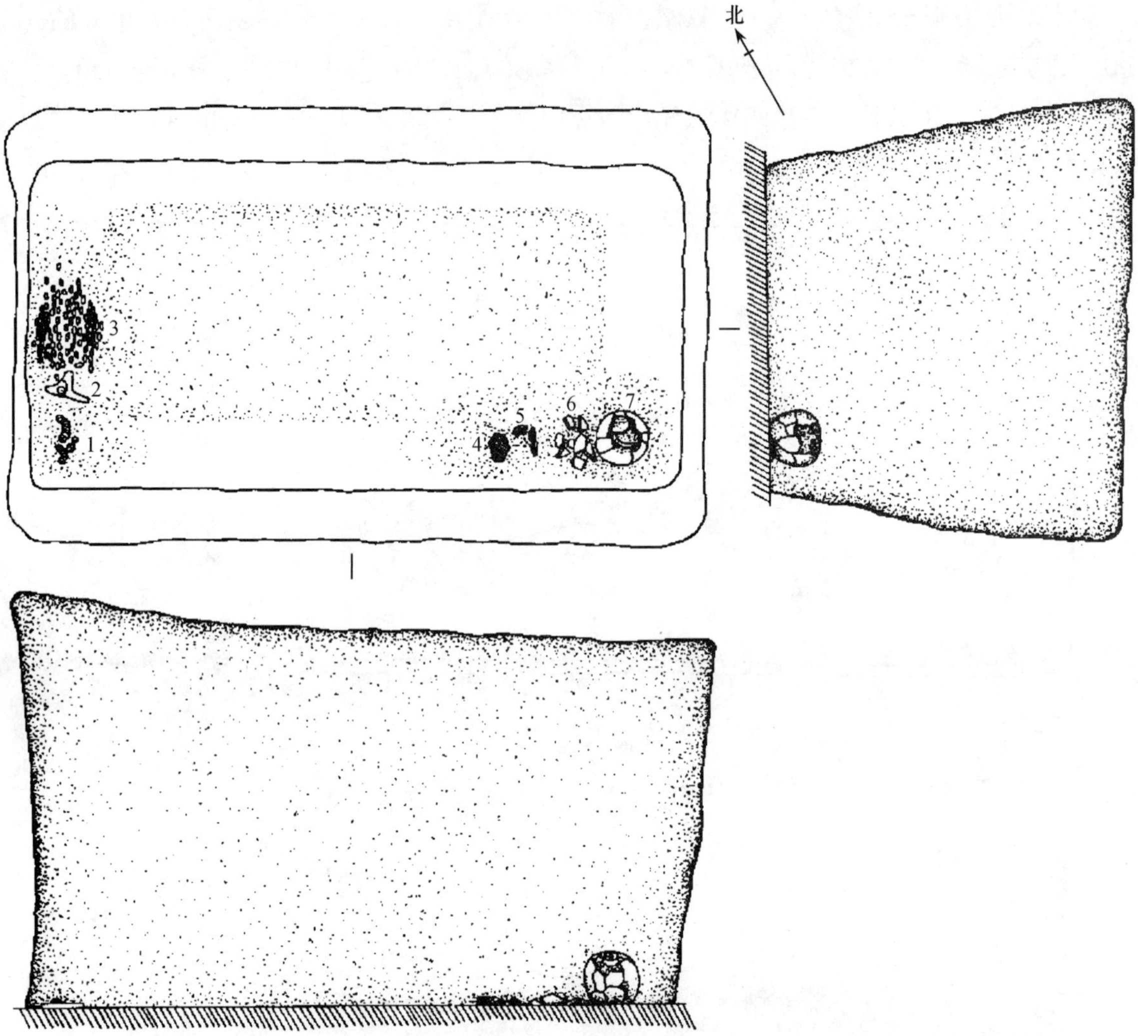

图八　M5平、剖面图

1. 铜钱　2. 铜弩机　3. 陶网坠　4. 铁镬　5. 铁臿　6. 陶钵　7. 陶罐

经修复的各类器物有39件（套），按质地可分为陶器、铜器、铁器、料器、石器及金属器等。现将出土器物详细介绍如下。

1. 陶器

陶器共有16件（套），占出土器物的41%。主要有罐、盆、钵、网坠等。器物均为泥质灰陶，纹饰有绳纹、弦纹、菱形纹、篦点纹等。器物以轮制为主，制作较为规整、精细，大多火候较高，器物保存良好。

陶罐　12件。均为泥质灰陶。依据形制差别可分为三型。

A型　3件。绳纹圜底罐。依据口沿及腹部可分为二亚型。

Aa型　2件。折腹圜底罐。M2∶4，口微外卷，短外平折沿，短束颈，折腹，圜底。肩饰一道凹弦纹，腹、底饰错乱绳纹。口径13.2、腹径20.4、高15厘米（图九，1）。M4∶3，肩饰两道凹弦纹。口径14.8、腹径23.2、高18.4厘米（图九，2）。

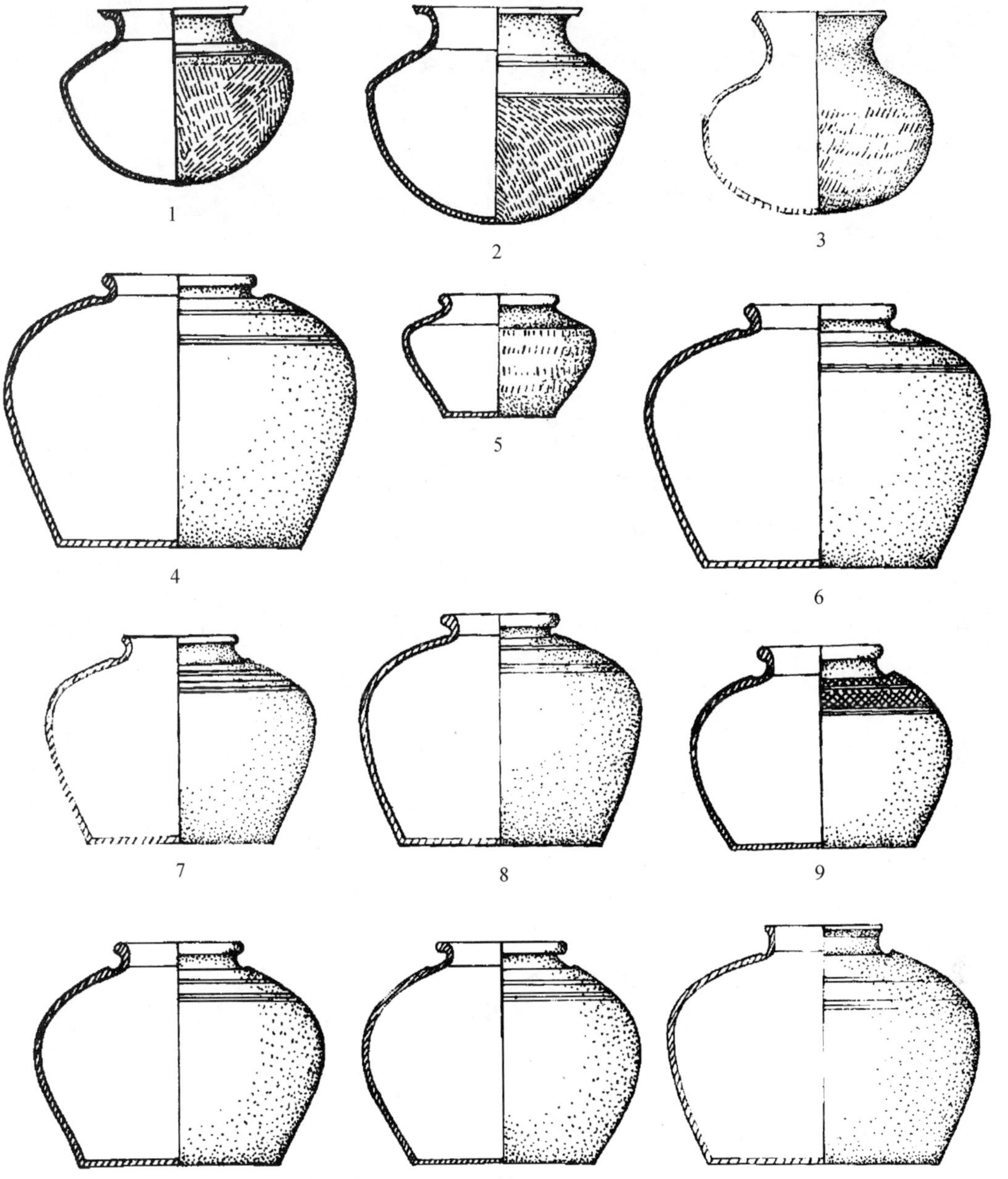

图九　出土陶器

1、2. Aa型罐（M2：4、M4：3）　3. Ab型罐（M3：2）　4、6、8. B型Ⅰ式罐（M2：3、M5：7、M4：2）　5. C型罐（M1：3）　7. B型Ⅱ式罐（M3：1）　9. B型Ⅴ式罐（M1：2）　10、11. B型Ⅳ式罐（M4：13、M4：18）　12. B型Ⅲ式罐（M4：17）

Ab型　1件。鼓腹圜底罐。M3：2，口外卷，短束颈，圆鼓腹，圜底。腹、底饰绳纹。口径11.6、腹径28、高20.4厘米（图九，3）。

B型　8件。大弦纹平底罐。依据口沿及腹部的变化可分为五式。

Ⅰ式：3件。M2：3，短沿外卷，短束颈，肩、上腹圆鼓，下腹斜内收，平底。肩饰三道凹弦纹。口径13.6、腹径31.2、高22.8厘米（图九，4）。M5：7，口径13.2、腹径30.8、高22.4厘米（图九，6）。M4：2，口径10.4、腹径24.8、高19.6厘米（图九，8）。

Ⅱ式：1件。M3：1，短沿外卷，较Ⅰ式短，短束颈，肩、上腹圆鼓，下腹斜内收，平底。肩饰三道凹弦纹。口径10.4、腹径24、高17.6厘米（图九，7）。

Ⅲ式：1件。M4：17，直口，短束颈，肩、上腹圆鼓，下腹斜内收，平底。肩饰三道凹弦纹。口径10.4、腹径28、高20.4厘米（图九，12）。

Ⅳ式：2件。M4：13，短沿外卷，短束颈，肩、中上腹圆鼓，腹最大径下移至中腹，下腹斜内收并微束，平底。肩饰三道凹弦纹。口径11.2、腹径24、高19厘米（图九，10）。M4：18，口径11.2、腹径23.2、高17.2厘米（图九，11）。

Ⅴ式：1件。M1：2，短外卷沿，短束颈，肩、上腹圆鼓，下腹斜内收，腹较前四式底矮，平底。肩饰三道凹弦纹，并饰有浅细的菱形纹。口径10.2、腹径24、高18厘米（图九，9）。

C型 1件。小篦纹平底罐。M1：3，泥质灰陶。短沿外卷，短束颈，肩弧折，上腹弧鼓，下腹斜内收并内束，平底。腹饰三周篦点纹。形体较小。口径11.2、腹径25、高19厘米（图九，5）。

陶盆 1件。M4：19，泥质灰陶，敞口，短外折平沿，深双腹，下腹内收，平底。口径32.8、腹径28.8、底径18、高19.6厘米（图一〇，1）。

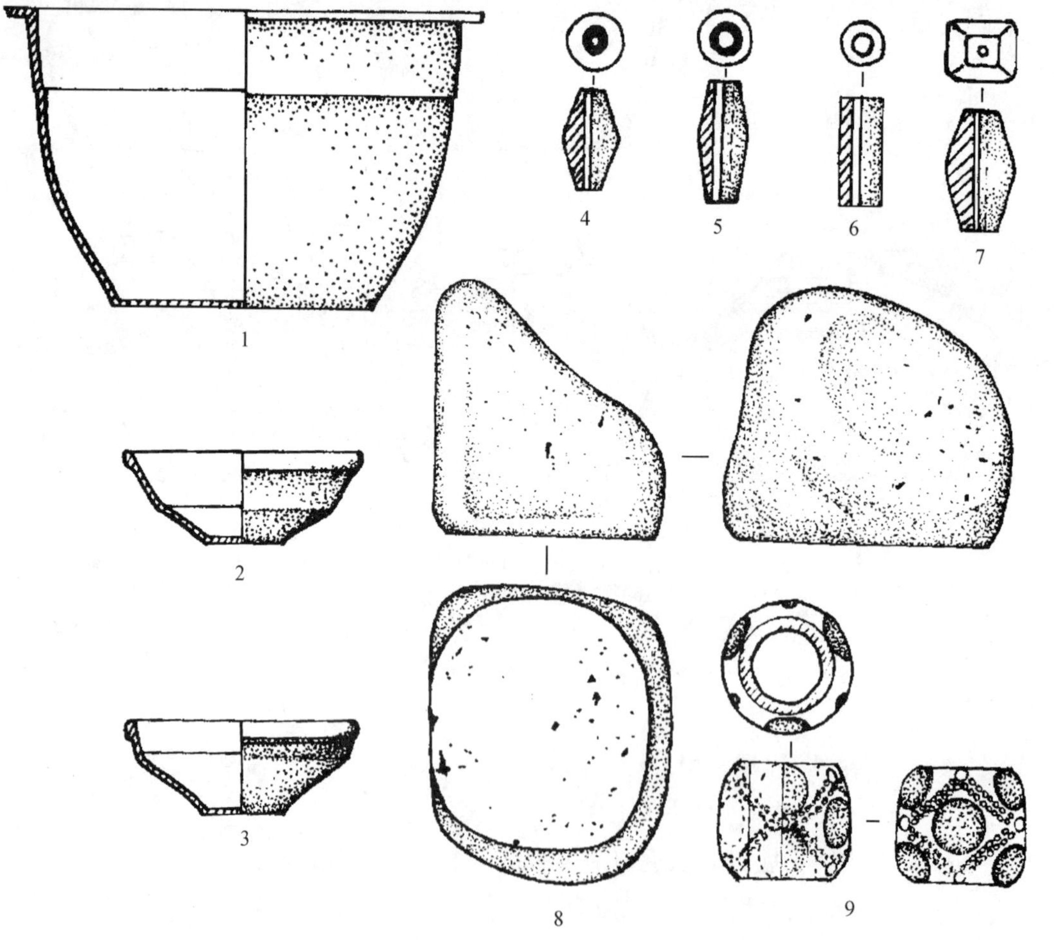

图一〇 出土器物

1. 陶盆（M4：19） 2. Ⅱ式陶钵（M1：5） 3. Ⅰ式陶钵（M5：6） 4. A型陶网坠（M5：3-1） 5. B型陶网坠（M5：3-2） 6. C型陶网坠（M5：3-3） 7. 金属网坠（M4：12-1） 8. 石印章（M4：16） 9. 料珠（M4：10）

陶钵　2件。依据口及腹部的变化可分为二式。

Ⅰ式：1件。M5：6，口微敞，折腹，上腹较浅，下腹较深并斜内收微束，平底。口径16、腹径14.4、底径5.6、高6厘米（图一〇，3）。

Ⅱ式：1件。M1：5，敞口较Ⅰ式甚，折腹，上腹较深，下腹较浅并斜内收并微束，平底。口径16.8、腹径12.8、底径5.6、高6厘米（图一〇，2）。

陶网坠　157枚。由于火候不同，陶色较杂，火候高者呈灰黑色，低者呈浅黄色或浅红色。依据形态差别可分为三型。

A型　19枚。算珠状，腹较弧鼓。M5：3-1，最大径0.9、长1.7厘米（图一〇，4）。

B型　125枚。橄榄状，腹较瘦长。M5：3-2，最大径0.8、长2厘米（图一〇，5）。

C型　13枚。直管状。M5：3-3，腹径0.7、长1.8厘米（图一〇，6）。

2. 铜器

铜器有10件（套），占出土器物的26%。主要器形有剑、环、璜、带钩、镜、弩机及铜钱等。器物制作都较为规整、精细，保存良好，部分有残失。铜钱共264枚，有秦汉“半两”、汉“五铢”等。

铜璜　4件。均相同。M4：4、M4：5、M4：6、M4：7，呈半环状，顶部有一穿孔，两面均饰几何形花纹，顶部饰半对角纹，下端饰变体凹字纹，中间以两道凹弦纹隔开。外径11.8、内径5.6、高2.2、厚0.1厘米（图一一，2～5）。

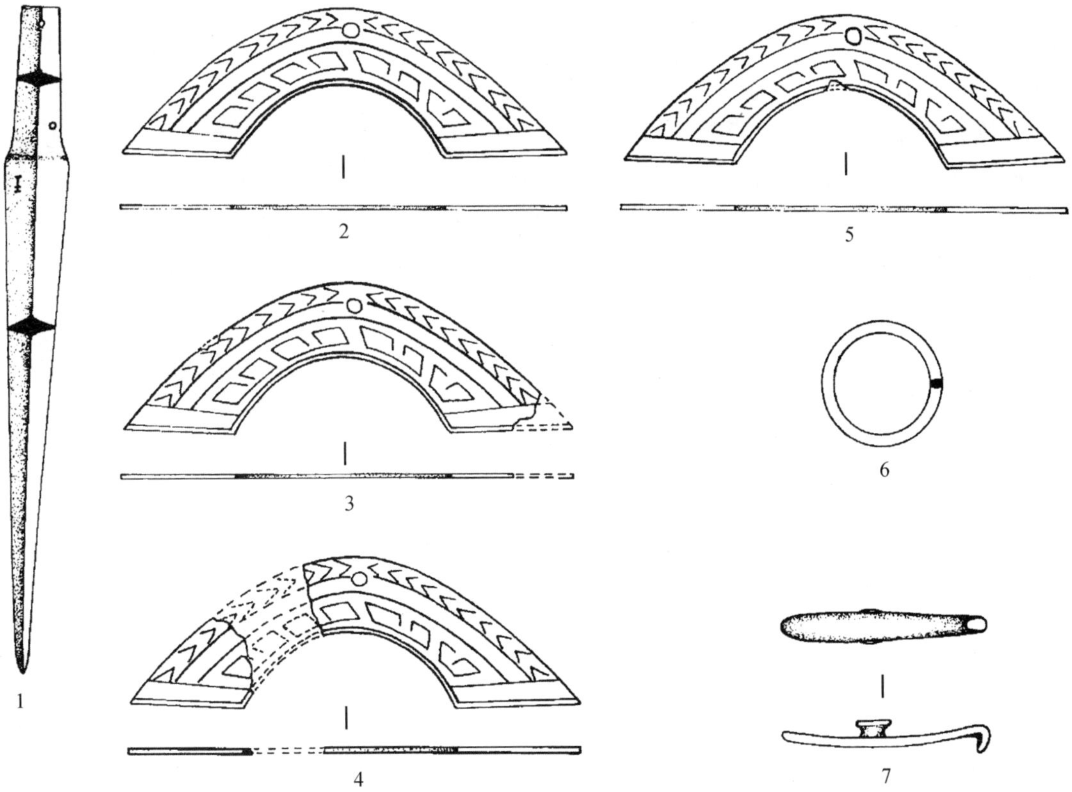

图一一　出土铜器

1. 剑（M4：8）　2～5. 璜（M4：4、M4：5、M4：6、M4：7）　6. 环（M4：11）　7. 带钩（M1：4）

铜剑 1件。M4：8，扁茎柳叶形剑，扁茎上下两圆穿，剑身横截面呈菱形，剑身上端阴刻一“王”字，尖锋，剑茎与剑身交接处有焊接痕迹，应为打制后焊接而成。茎长8、身长26、通长34厘米（图一一，1）。

铜环 1件。M4：11，环状。外径3.2、内径2.6厘米（图一一，6）。

铜带钩 1件。M1：4，形体较小，扁长条形，断面呈长方形，背中部有一蘑菇状纽。长5.5、宽0.8厘米（图一一，7）。

铜镜 1件。M4：9，连弧纹镜，体薄，背饰八连弧纹间隔细小卷云纹，内圈饰两周细凸弦纹，中间饰一桥形纽，铜质较差，破碎成数块。直径18、缘厚0.2厘米（图一二，1）。

铜弩机 1件。M5：2，保存基本完整，弦横断面呈长方形，牙上有两孔，上为椭圆形，下为圆形，扳机呈“7”形。总长12、高5.4、厚0.4厘米（图一二，2）。

铜钱 264枚。五座墓葬中或多或少都出土有铜钱，其中有秦大半两钱、汉早中期小半两钱及汉中晚期五铢钱，除M1出土五铢钱外，其余均为半两钱（表一）。

半两钱 共260枚。依据大小及形制差别可分为十型。

A型 106枚。钱体最小，小穿。M4：1-1，外郭径2.2、穿径0.9厘米。外郭低平，内郭近乎消失（图一三，1）。M4：1-2，外郭径2.2、穿径1厘米（图一三，2）。M4：1-3，外郭径2.3、穿径0.9厘米（图一三，3）。

B型 22枚。钱体最小，大穿。M4：1-4，外郭径2.4、穿径1.2厘米。外郭低平，无内郭（图一三，4）。

C型 24枚。钱体稍大，小穿，半字下端一横较长。M2：5-1，外郭径2.7、穿径0.9厘米。外郭低平，无内郭（图一三，5）。M2：5-2，外郭径2.8、穿径1厘米（图一三，6）。M3：3-1，外郭径3、穿径1厘米（图一三，7）。

D型 16枚。钱体稍大，小穿，半字下端一横较短。M3：3-2，外郭径2.7、穿径0.9厘米。

1

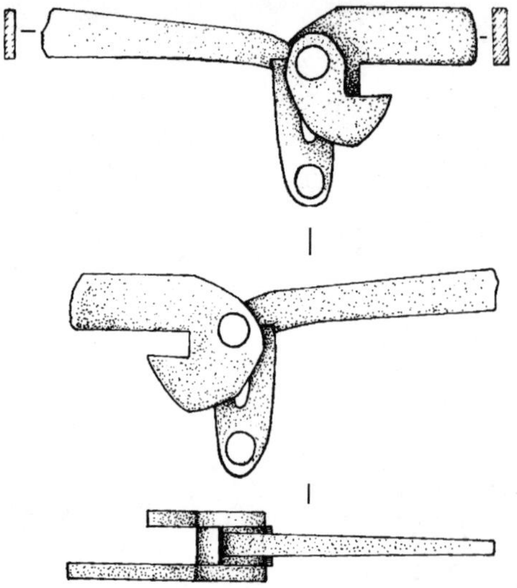
2

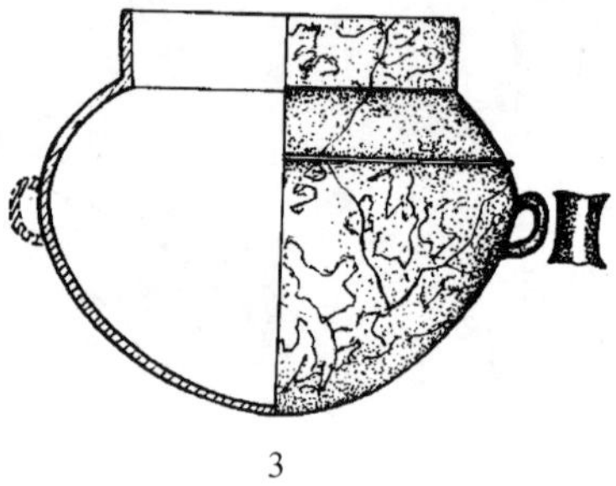
3

图一二 出土铜器及铁器

1. 铜镜（M4：9） 2. 铜弩机（M5：2） 3. 铁釜（M4：20）

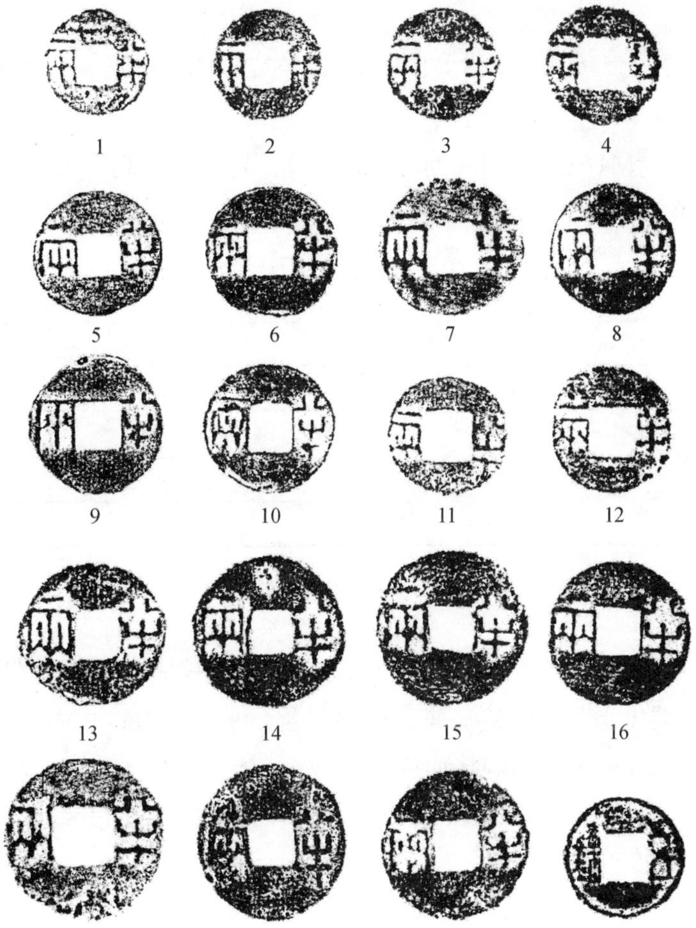

图一三　出土铜钱拓片

1～3. A型半两钱（M4∶1-1、M4∶1-2、M4∶1-3）　4. B型半两钱（M4∶1-4）　5～7. C型半两钱（M2∶5-1、M2∶5-2、M3∶3-1）　8、9. D型半两钱（M3∶3-2、M2∶5-3）　10. E型半两钱（M2∶5-4）　11、12. F型半两钱（M2∶5-5、M3∶3-3）　13～16. G型半两钱（M5∶1-1、M5∶1-2、M5∶1-3、M5∶1-4）　17. H型半两钱（M5∶1-5）　18. I型半两钱（M5∶1-6）　19. J型半两钱（M5∶1-7）　20. 五铢钱（M1∶1-1）

外郭低平，无内郭（图一三，8）。M2∶5-3，外郭径2.8、穿径1厘米。外郭低平，内郭近乎消失（图一三，9）。

E型　4枚。钱体稍大，小穿，两字上端为圆角，下端内束。M2∶5-4，外郭径2.8、穿径0.9厘米。外郭低平，内郭近乎消失（图一三，10）。

F型　18枚。钱体稍大，大穿。M2∶5-5，外郭径2.6、穿径1.1厘米。外郭低平，内郭近乎消失（图一三，11）。M3∶3-3，外郭径2.7、穿径1.1厘米（图一三，12）。

G型　50枚。钱体最大，小穿。M5∶1-1，外郭径3.1、穿径1厘米（图一三，13）。M5∶1-2，外郭径3.2、穿径1厘米（图一三，14）。M5∶1-3，外郭径3.3、穿径1厘米（图一三，15）。M5∶1-4，外郭径3、穿径1厘米（图一三，16）。

H型　6枚。钱体最大，大穿。M5∶1-5，外郭径3.3、穿径1.4厘米（图一三，17）。

I型　8枚。钱体最大，小穿。M5∶1-6，外郭径3.1、穿径1厘米。两字下敞，半字下端一横较短（图一三，18）。

J型　6枚。钱体最大，小穿。M5：1-7，外郭径3.1、穿径1厘米。半字上端呈“八”字形（图一三，19）。

五铢钱　4枚。出于M1中，形制相同。M1：1-1，外郭稍细高，无内郭。外郭径2.5、穿径1.1厘米（图一三，20）。

表一　出土铜钱一览表

墓号	数量/枚	钱文	外廓径/厘米
M1	4	五铢	2.5
M2	12	半两	2.6～2.8
M3	50	半两	2.6～2.8
M4	128	半两	2.2～2.4
M5	70	半两	3.1～3.3

3. 铁器

铁器有9件，占出土器物的23%。主要有铁釜容器；铁镢、铁锄、铁臿等生产工具；铁刀、铁剑等兵器；铁器出土时均锈迹斑斑，锈蚀严重，从形制看，大多制作粗糙，是以打制为主，冶铸辅之，耳等附件应为手制焊接而成。

铁釜　1件。M4：20，高直口，圆鼓腹，圜底。肩饰一道细凸弦纹，中腹饰一对桥形耳，口径24.8、腹径36、高28.8厘米（图一二，3）。

铁镢　3件。依据形态差别可分为二型。

A型　1件。有肩小镢。M2：1，长方形短銎，“八”字形肩，身较短。銎长3、銎宽1.6、总长7.4、总宽6.4厘米（图一四，1）。

B型　2件。无肩镢。M5：4，长方形銎，身上窄下宽，刃微弧。銎长3.6、銎宽1.8、总长12、总宽7.8厘米（图一四，4）。M4：14，上端残失。残长12、宽8厘米（图一四，2）。

铁锄　1件。M2：2，包銎短刃锄，銎略呈长方形，是由两面包卷而成，锄身呈梯形，部分残失，圆弧刃。銎长10、总长20、宽8厘米（图一四，3）。

铁臿　1件。M5：5，凹字形，楔形銎，微外敞，一銎残失，弧刃。刃端残损严重。銎长7、总长12.6、宽13厘米（图一四，6）。

铁剑　1件。M4：15，仅存前端一部分，前窄后宽，横断面呈三角形。残长25、残宽3.8厘米（图一四，8）。

铁刀　2件。均残损，仅剩刀身一部分，横断面呈弧三角形。M3：4，残长5.7、残宽2.4厘米（图一四，5）。M1：6，残长10.3、残宽3厘米（图一四，7）。

4. 料器

1件。占出土器物的2.5%。M4：10，为一蜻蜓眼料珠。呈浅黑色，算珠状，外表所嵌之物已残失，仅存凹窝，大凹窝上下各三对称，中间三个间隔，其间饰以小凹点纹组成的菱形纹。高1.9、宽2.2、内径1.1厘米（图一〇，9）。

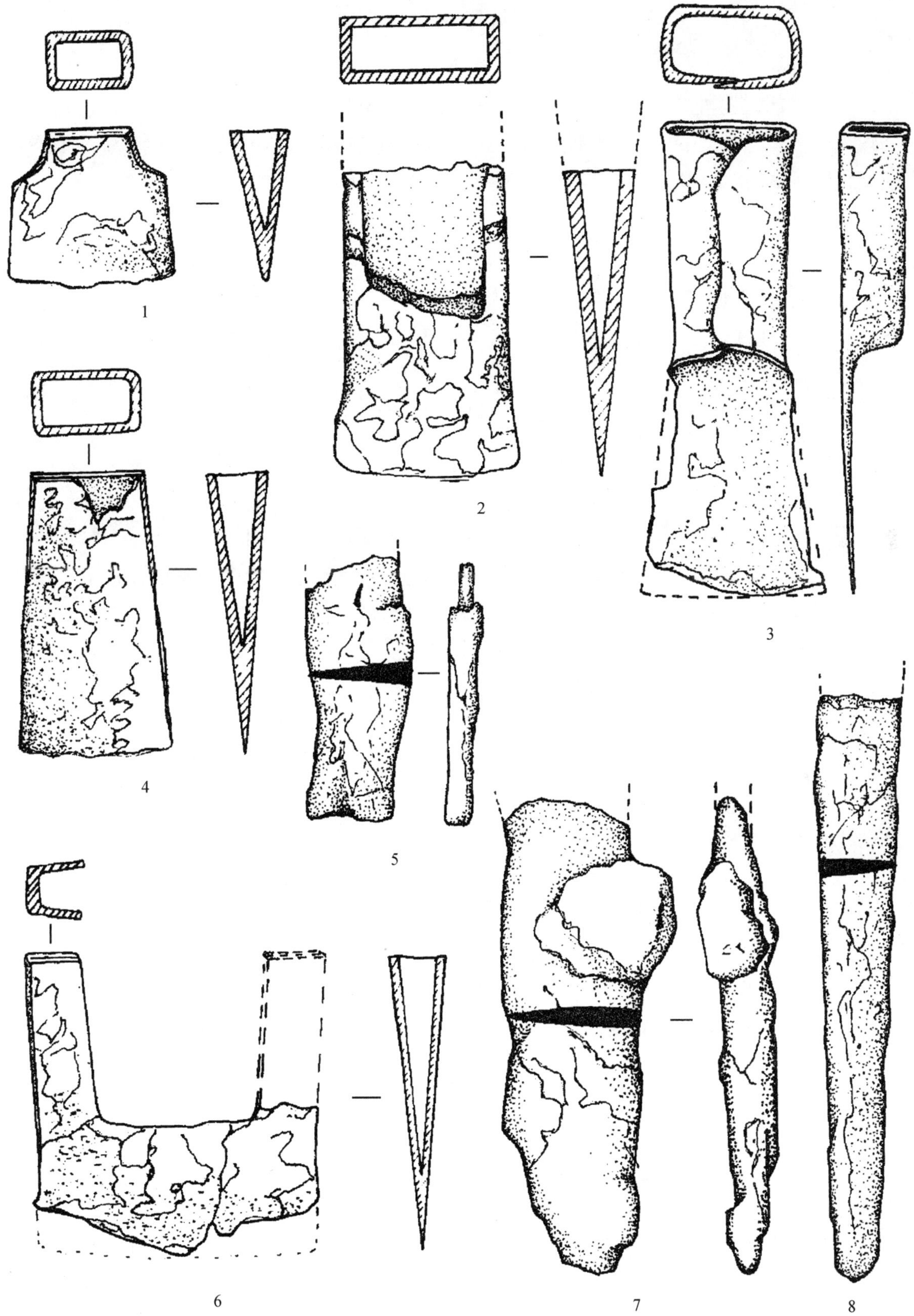

图一四 出土铁器

1. A型镬（M2：1） 2、4. B型镬（M4：14、M5：4） 3. 锄（M2：2）
5、7. 刀（M3：4、M1：6） 6. 臿（M5：5） 8. 剑（M4：15）

5. 石器

1件。占出土器物的2.5%。M4：16，为一石印章，呈枣红色，是一卵石的一半制成，印面呈圆角正方形，光滑无字，应为一印章坯，出土时印面周边黏有黑色墨痕，可能为一象征性印章模型（图一〇，8）。

6. 金属器

2件。占出土器物的5%。形制相同，为金属网坠，由于腐蚀严重，已不能辨明为何种金属，呈乳白色。M4：12-1，呈橄榄状，两端为盝顶。长2、宽1.2厘米（图一〇，7）。

四、结　语

此次发掘的5座墓葬，与我所去年首次发掘的8座土坑竖穴墓十分相似[①]，没有出土有明确纪年的物品，但可从墓葬形制、埋藏位置及出土器物等方面分析其相对年代及文化内涵。

从本次发掘的结果看，主要是继去年的发掘，进一步丰富了这批分布密集、时代紧密相连的秦末至汉代墓葬资料，这些对于认识本地及峡江地区的汉代丧葬习俗、物质文化、文化因素及墓葬区内涵等都有很大的帮助。

（一）墓葬分期

综合去年的发掘资料，可以看出这次发掘的5座墓葬均为秦末至西汉中晚期墓，可分为二期。

1. 第一期

秦末至西汉早中期。

M2、M3、M4、M5四座墓葬均属于本期。4座墓葬形制接近，为长方形土坑竖穴墓，较二期墓葬小，有巴蜀长方形窄坑形墓葬的遗风。墓葬随葬器物相对丰富。A型及B型网坠与云阳李家坝[②]及万州麻柳沱遗址出土陶网坠相似[③]。出土铁臿M5：5与涪陵镇安遗址B型铁臿M2：2形制相同，当为西汉早期[④]。出土铜钱中，G～J型半两钱为秦大半两钱，C～F型为西汉初期铸

① 长沙市文物考古研究所等：《2002年度三峡库区忠县瓦窑古墓群发掘报告》，待刊（2002年10～12月，我所在距此次发掘点60米处发掘了8座土坑竖穴墓，时代及文化内涵应较接近）。

② 四川大学历史文化学院考古系等：《云阳李家坝巴人墓地发掘报告》，《重庆库区考古报告集·1998卷》，科学出版社，2003年。

③ 重庆市博物馆等：《万州麻柳沱遗址发掘报告》，《重庆库区考古报告集·1998卷》，科学出版社，2003年。

④ 北京市文物研究所三峡考古队等：《涪陵镇安遗址发掘报告》，《重庆库区考古报告集·1998卷》，科学出版社，2003年。

行半两钱，而A型及B型半两则为文帝“四铢半两”。

2. 第二期

西汉中晚期。

M1属于本期。墓葬形制较一期大，略呈正方形，而且埋藏较深，但出土器物偏少，墓葬形制与出土器物极不相称。Ⅱ式陶钵与丰都汇南墓群Ab型Ⅰ式陶钵（M17：6）形制相同①。出土五铢为西汉晚期五铢钱。

（二）文化因素分析

2003年度发掘的5座墓葬，与2002年第一次发掘的秦至西汉墓葬相同，反映出巴蜀及楚的文化因素相互交融之现象。三峡区域由于其独特的地理位置，从战国末期至西汉初期，一直处于巴蜀文化、秦文化及楚文化的交界点。作为直接反映当时文化载体的秦末至西汉时期的墓葬，在文化因素上表现出十分明显的多样性。出土器物明显蕴含三种文化因素在内。例如，出土的陶圜底罐、铁釜及柳叶形铜剑，都是巴蜀文化的典型器物；柳叶形铜剑与云阳李家坝巴人墓地M5：2及M12：1形制相同②；连弧纹铜镜、铜带钩、蜻蜓眼式料珠、盆及钵等蕴含楚文化特征。

（三）生产经济成分推测

从出土的器物看，既出土较多铁制农具，又有少量陶质、金属网坠模型及铜弩机。以此可以推测，当时峡江地区的生产经济是以农耕为主，以渔业及田猎为辅，这也能充分体现出当地居民因地制宜的生存方式。

（四）墓葬关系

本次发掘的秦末至西汉早中期的4座墓葬，与2002年第一次发掘的右侧4座墓葬的时代为同一时期，应为一处血缘亲密、管理严格的家族墓地。而M1则相对较晚，关系不能确定。

总之，此次是继2002年度第一次发掘后又一次大规模的发掘，弥补了2002年度发掘资料的不足，对于全面揭示瓦窑古墓葬群的文化内涵及了解峡江地区秦末至西汉的丧葬文化、物质文化、生产经济等都有十分重要的价值。

附记：本次发掘工地总领队为宋少华，执行领队为黄朴华，参加发掘的还有何佳、周劲、李建伟、胡相国等。发掘过程中承蒙重庆市文化局、重庆市博物馆、重庆市文物考古所、湖南

① 四川省文物考古研究所等：《丰都汇南墓群发掘报告》，《重庆库区考古报告集·1998卷》，科学出版社，2003年。

② 四川大学历史文化学院考古系等：《云阳李家坝巴人墓地发掘报告》，《重庆库区考古报告集·1998卷》，科学出版社，2003年。

省文物考古研究所、湖北省文物考古研究所及忠县文物管理所等单位的大力指导和支持，在此一并致谢。

摄影：黄朴华　何　佳
摄像：何　佳
绘图：周　劲　黄朴华　何　佳
修复：李建伟
拓片：杨　慧　谈雪慧　周自如
执笔：何　佳

忠县邓家沱遗址2003年度发掘简报

郑州大学历史学院考古系
忠县文物管理所

一、遗址概况与文化层堆积

（一）遗址概况

邓家沱是长江北岸的一块山前一级台地，隶属于重庆市忠县新生镇邓家村第二村民组。北距邓家村约500米，距县城约10千米，西南距新生镇约7千米，东南与乌杨镇隔长江主河道相遥，南边分别隔长江支流和邓家溪与塘土坝和鹿角村相望。地理坐标东经107°59′36″，北纬30°13′35″（图一）。邓家沱平面近似三角形，东西宽约250、南北长约150米。西北靠山部分地势最高，海拔160米左右，南部和东南部地势较低，海拔150米左右。长江航道的眼睛——邓家沱五号台就设置在台地顶角的右边（彩版一四〇，1、2）。

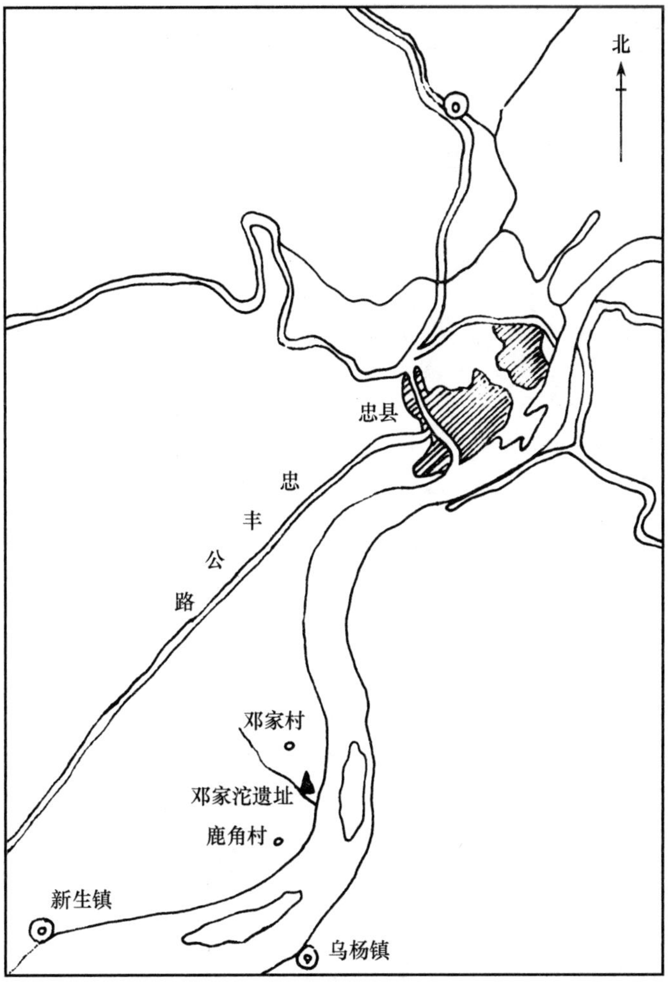

图一　邓家沱遗址位置示意图

1973年忠县文物管理所对邓家沱遗址进行了初步调查。1991年确定为三峡水库淹没区地下文物二类遗址。1994年北京大学考古系又对其进行了钻探调查，确定为汉至宋时期的遗址。2001年郑州大学历史学院对该遗址进行了钻探和发掘，发掘面积2000平方米。

2003年发掘时间为3～5月。钻探和2001年发掘的结果显示，邓家沱遗址的文化层堆积很不平衡，Ⅰ区西部和Ⅱ区东部堆积坡度相对较大，文化层堆积较薄，一般堆积厚度在50～110厘米；Ⅲ区和Ⅳ区西部因近代烧窑取土将文化层堆积破坏殆尽；文化层堆积最厚、遗物最为丰富的地方主要集中在Ⅰ区东部和Ⅳ区东部，堆积最厚在300厘米以上，最薄也在230厘米左右，大部分探方的文化层堆积厚度都在240～250厘米。

2003年探方布设是在2001年发掘工作的基础上进行的，采用以东南为主，西北为辅的原则，分别在东南部的Ⅳ区发掘5米×5米探方74个，东北部的Ⅰ区发掘5米×5米探方42个、5米×10米探方2个、10米×1.5米探沟1条，共计发掘面积3015平方米，超额完成了协议书要求的3000平方米的发掘任务。发现灰坑18个、墓葬4座、瓮棺葬1座。出土遗物数万件。

（二）文化层堆积

现分别选择各区具有典型性和有重要遗存的探方剖面为代表，介绍本遗址的文化层堆积情况。

1. Ⅰ区文化层堆积

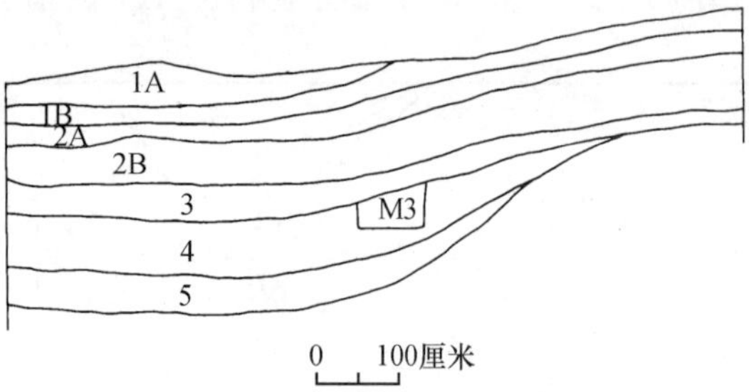

图二　03ZDⅠT1204南壁剖面图

Ⅰ区文化层堆积整体呈西部薄东部厚之势。西部堆积厚度在150厘米左右，主要为明清时期堆积；东部堆积厚度在250厘米左右，从下到上有商周、秦汉、六朝、唐宋、明清等时期的堆积。下面以03ZDⅠT1204南壁剖面（图二）为代表介绍Ⅰ区探方堆积层次。

第1层：耕土层。厚17～75厘米，西部高于东部，东部堆积较厚。浅灰色，质地松软。虽然可以分为二亚层，但是没有学术意义。包含有塑料等现代遗物残片。

第2A层：浅黄色土。厚17～30厘米。全方分布，西高东低。质地较硬，含有少量炭粒。出土素面板瓦等。

第2B层：浅灰褐色土。厚50～60厘米。全方分布，西高东低。土质略硬，含砂量较大，夹杂少量烧土粒。出土青花瓷片、素面板瓦残片等。

第3层：浅黄褐色土。厚17～50厘米。全方分布，西高东低。粉砂土质，黏性较大，结构较紧密，夹杂少量烧土粒和炭粒。出土少量厚胎绳纹板瓦。

该层下开口的遗迹有M3，出土物有瓷盆、瓷圈足盘等。同层位的墓葬有的出土“开元通宝”铜钱。其下打破第4层。

另外，该层下西部还发现石阙底座，石阙底座直接坐落在第5层上。

第4层：灰褐土。厚0～60厘米。主要分布在探方东部。土质黏性较大，结构紧密，硬度较大。夹杂有少量炭粒和烧土粒。出土绳纹板瓦、筒瓦和青瓷碗残片及石阙构件。

第5层：浅红褐砂土。厚0～40厘米。主要分布在探方东部。土质黏性较大，结构略疏松，夹杂有较多的红烧土粒和炭粒。出土物较少，主要有尖底杯残片等。该层下为生土。

2. Ⅳ区文化层堆积

Ⅳ区主要位于遗址的东南部，西北略高于东南。文化层的堆积与地势基本一致，也呈西北部较薄东南部较厚之势。西部探方文化层堆积最薄的地方厚度在50厘米左右，年代主要为明清时期；东部和东南部探方的文化层堆积最厚可达370厘米以上。从下到上有商周、秦汉、六朝、唐宋、明清等时期的堆积。以03ZDⅣT1413西壁剖面（图三）为代表介绍如下。

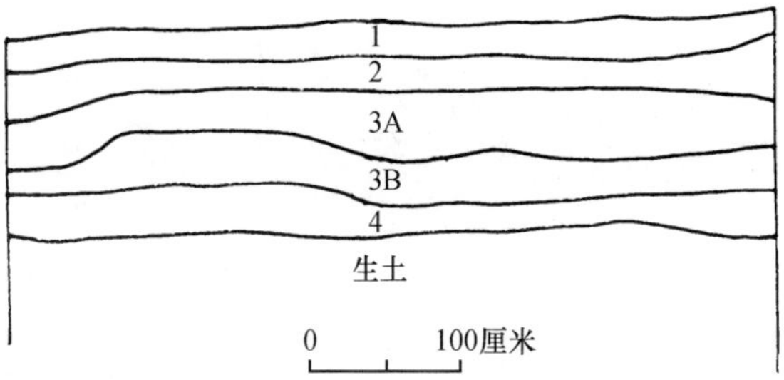

图三　03ZDⅣT1413西壁剖面图

第1层：耕土层。厚10～18厘米。土色呈深灰褐色，土质为粉砂土，结构疏松。层内包含物为植物根系和近现代的瓦片碎渣，遍布全方。本层直接叠压第2层。

第2层：厚13～20厘米。土色呈浅灰褐色，土质为粉砂土，结构较紧。层内包含物为绳纹的板瓦残片、筒板瓦的残片色泽为蓝、红褐色，还有烧土粒，遍布全方。堆积形状为西北高、东南低的坡状形。

第3A层：厚20～40厘米。土色呈浅红褐色，土质为粉砂土，结构紧密。层内包含物为泥质素面灰色和红色的陶片、尖底杯的残片。烧土粒遍布全方。

第3B层：厚30～35厘米。土色呈浅红褐色，土质为粉砂土，结构较紧。层内包含物为烧土粒。本层直接叠压第4层。

第4层：厚20～25厘米。土色呈浅黄褐色，土质为粉砂土，结构较紧。本层位含砂较重，无包含物。该层下为生土。

二、商周时期遗存

商周时期遗存在邓家沱遗址中最为突出，不仅文化层堆积较厚，而且出土物也最为丰富，尤其是颇具特色的堆积内涵和堆积方式，对研究本遗址的性质及相关遗存的性质具有重要价值。

（一）遗迹

本期发现的遗迹主要有灰坑15个。形状有圆形或近圆形、不规则形等。以H6为代表进行介绍。

H6　位于Ⅰ区T1314内。开口于第5层下，打破第5A层。长96～185、深46厘米（图四）。出土器形有素缘绳纹罐、尖底杯、高领罐等。

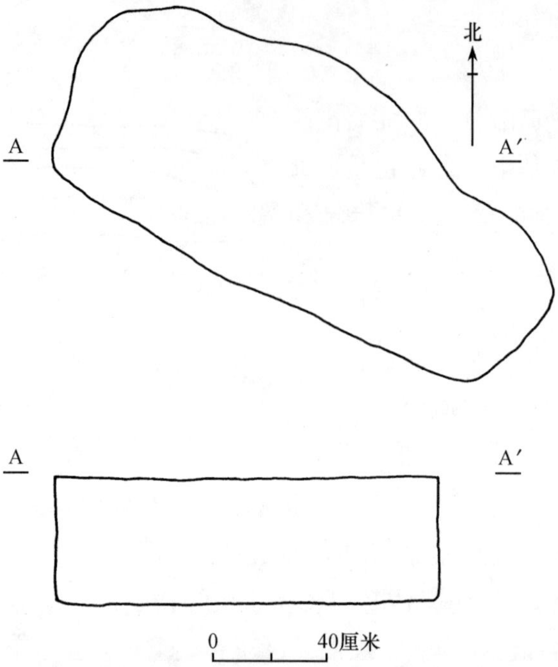

图四 03ZDⅠH6平、剖面图

（二）遗物

1. 遗迹单位出土遗物

本期发现的遗迹有15个灰坑。经室内整理后确定有标本的灰坑10个。现以序号由小到大将各单位出土遗物报告如下。

（1）03ZDⅣH2出土器物

罐 2件。03ZDⅣH2：2，夹砂灰褐陶。侈口，尖圆唇，束颈，颈以下残。颈部饰凹弦纹两周。口径15.2、残高7.6厘米（图五，2）。03ZDⅣH2：1，夹细砂灰陶。侈口，卷沿，尖圆唇，束颈较直，颈以下残。颈部饰凹弦纹一周。口径15.2、残高7.6厘米（图五，1）。

豆 1件。03ZDⅣH2：5，夹细砂灰褐陶。敞口，圆唇，浅腹，豆柄残。素面。口径14.6、残高5.8厘米（图五，3）。

残尖底盏 1件。03ZDⅣH2：3，夹砂灰陶。小平底。素面。底径2.8、残高3.2厘米（图五，4）。

残器底 2件。03ZDⅣH2：4，夹砂灰陶。下腹部饰不规则划纹。底径6、残高8厘米（图五，5）。03ZDⅣH2：6，夹细砂灰褐陶。器表有杂乱不规则的划痕。底径6、残高7.6厘米（图五，6）。

（2）03ZDⅣH3出土器物

尖底杯 2件。03ZDⅣH3：4，泥质红陶。残存尖底。腹、底交接处凸棱明显。残高4厘米（图六，3）。03ZDⅣH3：5，泥质红陶。残存尖底。腹、底交接处凸棱明显。残高2.3厘米（图六，4）。

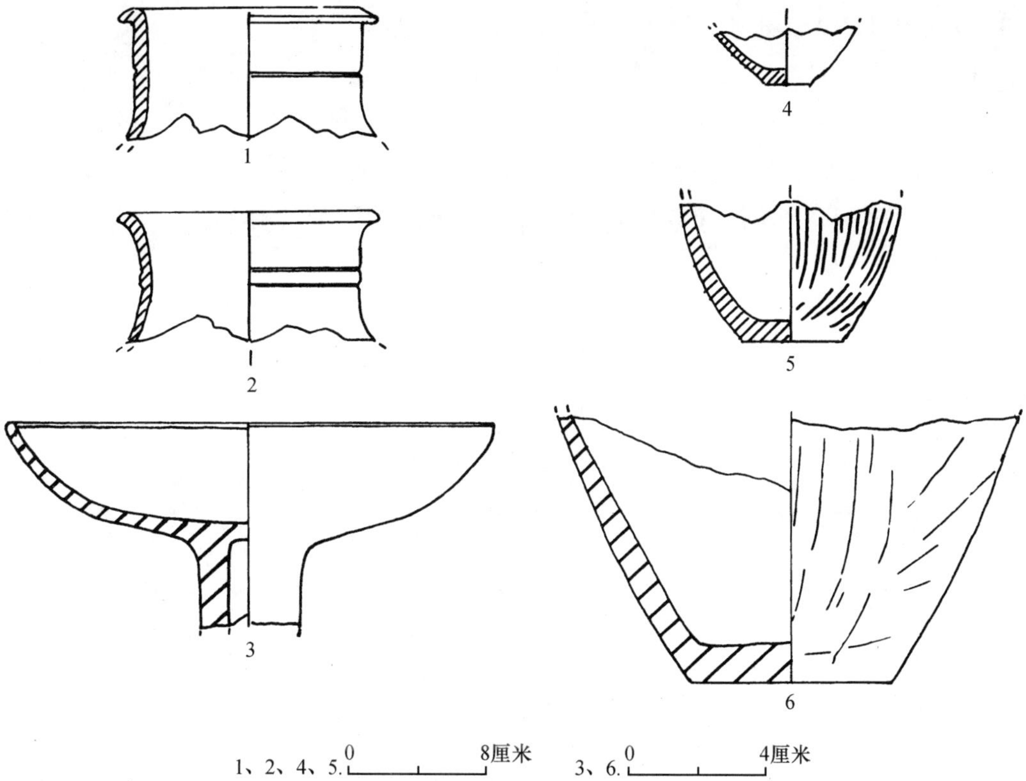

图五　03ZDⅣH2出土陶器

1、2. 罐（03ZDⅣH2：1、03ZDⅣH2：2）　3. 豆（03ZDⅣH2：5）　4. 残尖底盏（03ZDⅣH2：3）

5、6. 残器底（03ZDⅣH2：4、03ZDⅣH2：6）

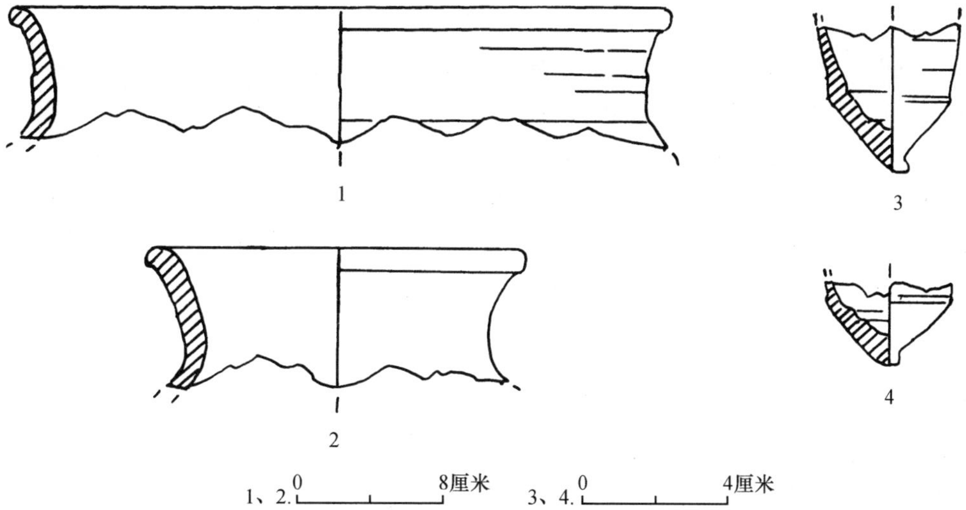

图六　03ZDⅣH3出土陶器

1、2. 罐（03ZDⅣH3：1、03ZDⅣH3：2）　3、4. 尖底杯（03ZDⅣH3：4、03ZDⅣH3：5）

罐　2件。03ZDⅣH3：1，夹细砂灰陶。侈口，圆唇，束颈，颈以下残。颈部饰有弦纹。口径36、残高7.2厘米（图六，1）。03ZDⅣH3：2，夹细砂灰陶。侈口，圆唇，束颈，颈以下残。口径20.4、残高7.6厘米（图六，2）。

（3）03ZDⅣH7出土器物

尖底杯　55件。03ZDⅣH7：1，夹砂红陶。敞口，斜腹，尖底，底尖弯曲，形体矮胖。内外壁留有旋痕。口径5.6、高7.8厘米（图七，1）。03ZDⅣH7：4，夹细砂灰褐陶。敞口，斜腹，尖底，底尖弯曲，形体略瘦长。内外壁留有旋痕，腹、底交接处略显凸棱。高7.7厘米（图七，3）。03ZDⅣH7：2、03ZDⅣH7：3，皆夹砂红陶。两个套在一起，皆残存尖底。形体略瘦长。外壁留有旋痕，腹、底交接处略显凸棱。残高7.2厘米（图七，2）。

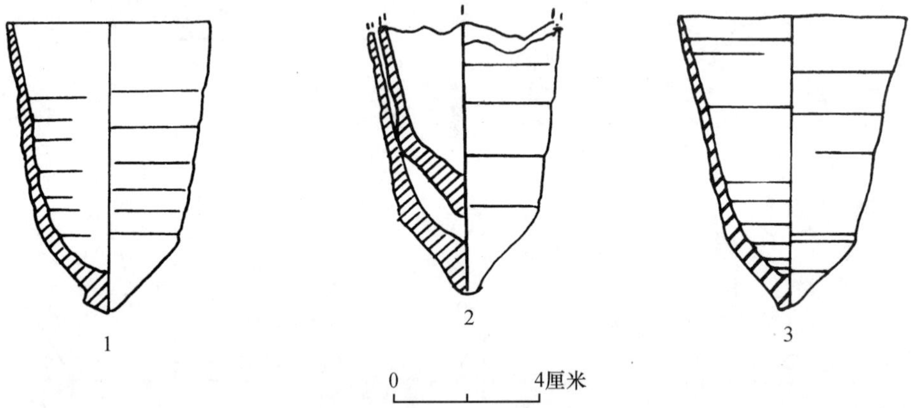

图七　03ZDⅣH7出土陶尖底杯

1. 03ZDⅣH7：1　2. 03ZDⅣH7：2、03ZDⅣH7：3　3. 03ZDⅣH7：4

（4）03ZDⅣH8出土器物

素缘绳纹罐　2件。03ZDⅣH8：8，夹砂灰陶。侈口，微折沿，方唇，唇部有一周凹槽，溜肩，肩部以下残。器表饰斜向细绳纹。口径36、残高8厘米（图八，9）。03ZDⅣH8：9，夹砂灰陶。侈口，卷沿，方唇，唇部有一周凹槽，溜肩，肩部以下残。器表饰细绳纹。口径37.6、残高8厘米（图八，8）。

高领罐　2件。03ZDⅣH8：2，泥质灰陶。侈口，圆唇，卷沿外翻下耷，束颈，颈部以下残。颈饰一周凹弦纹。口径14.4、残高6.4厘米（图八，2）。03ZDⅣH8：1，泥质灰皮红胎陶。侈口，卷沿外翻，尖圆唇，束颈较直，颈部以下残。素面。口径17.6、残高7.2厘米（图八，1）。

尖底杯　1件。03ZDⅣH8：6，泥质灰陶。残存尖底。腹、底交接处凸棱明显。残高4厘米（图八，12）。

尖底盏　2件。03ZDⅣH8：4，泥质灰陶。残存尖底。底部有凹弦纹。残高4.8厘米（图八，10）。03ZDⅣH8：5，泥质灰陶。残存尖底。残高2.8厘米（图八，11）。

盆　4件。03ZDⅣH8：7，泥质灰陶。敛口，平折沿，尖圆唇，鼓腹，腹部以下残。上腹部饰凹弦纹一周。口径20、残高6厘米（图八，5）。03ZDⅣH8：12，夹砂灰陶。平折沿，尖圆唇，鼓腹，底残。上腹部饰有一道凹弦纹。口径26、残高6厘米（图八，4）。03ZDⅣH8：10，夹砂灰陶。敞口，折平沿，斜方唇，腹残。口径40、残高4.4厘米（图八，7）。03ZDⅣH8：11，夹砂灰褐陶。敞口，平折沿，斜方唇，腹残。上腹部有凹弦纹。口径36.8、残高4.4厘米（图八，6）。

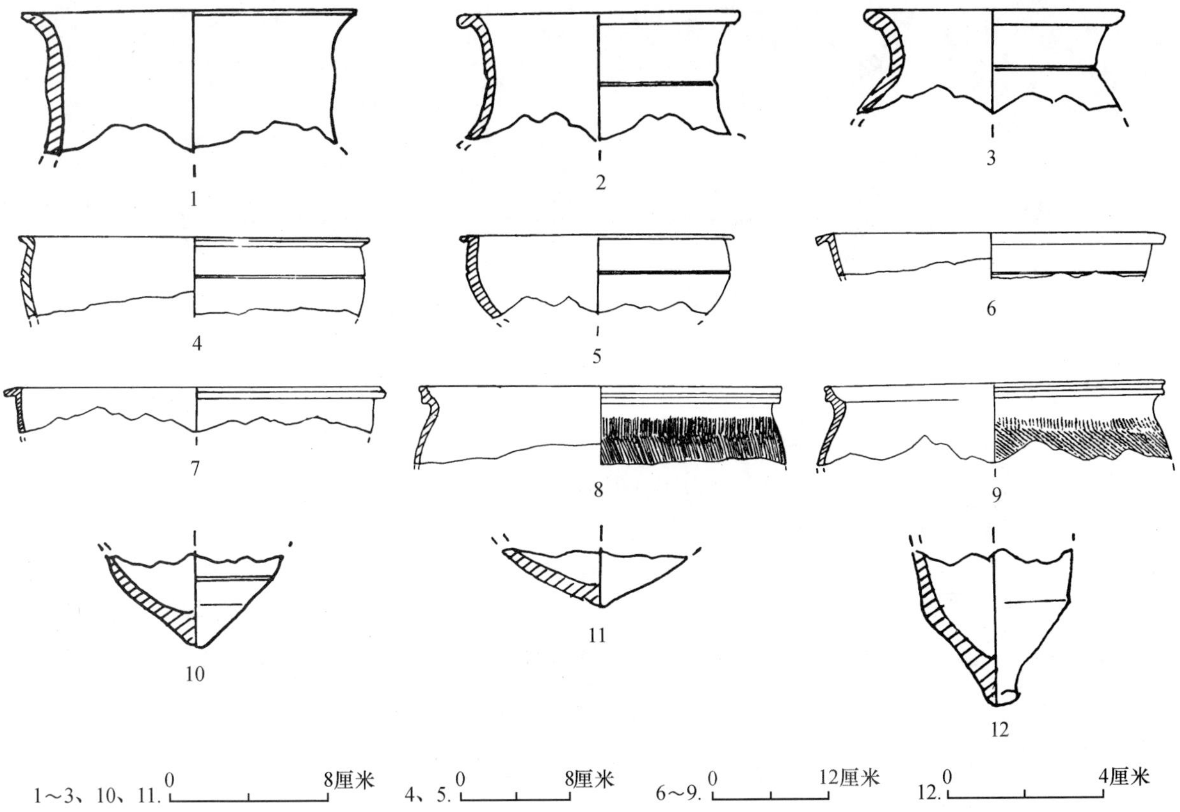

图八　03ZDⅣH8出土陶器

1、2. 高领罐（03ZDⅣH8：1、03ZDⅣH8：2）　3. 素缘素面罐（03ZDⅣH8：3）　4～7. 盆（03ZDⅣH8：12、03ZDⅣH8：7、03ZDⅣH8：11、03ZDⅣH8：10）　8、9. 素缘绳纹罐（03ZDⅣH8：9、03ZDⅣH8：8）　10、11. 尖底盏（03ZDⅣH8：4、03ZDⅣH8：5）　12. 尖底杯（03ZDⅣH8：6）

素缘素面罐　1件。03ZDⅣH8：3，泥质灰陶。侈口，卷沿外翻下耷，圆唇，束颈，溜肩，肩部以下残。颈饰一周凹弦纹。口径13.6、残高5.2厘米（图八，3）。

（5）03ZDⅠH12出土器物

豆　2件。03ZDⅠH12：1，夹砂灰陶。豆盘与豆柄分制。敞口，微敛，尖圆唇，浅弧腹，平底，柄残。素面。口径15.2、残高5.2厘米（图九，2）。03ZDⅠH12：2，夹砂灰陶。敞口，微敛，尖圆唇，浅弧腹，平底，柄残。素面。口径15.2、残高6.4厘米（图九，1）。

（6）03ZDⅠH13出土器物

素缘绳纹罐　7件。03ZDⅠH13：6，夹砂灰陶。侈口，卷沿，圆唇，束颈，耸肩，肩部以下残。器表饰细绳纹。口径15.2、残高5.2厘米（图一〇，2）。03ZDⅠH13：21，夹砂灰陶。侈口，微折，斜方唇，束颈，溜肩，肩以下残。器表饰斜方格形不规则划纹。口径35.2、残高10厘米（图一〇，11）。03ZDⅠH13：25，夹砂褐陶。侈口，卷沿，圆唇，束颈，溜肩，肩部以下残。器表饰交错中粗绳纹。口径32、残高11厘米（图一〇，10）。03ZDⅠH13：7，夹砂灰陶。侈口，卷沿，圆唇，束颈，溜肩，肩部以下残。器表饰中绳纹。口径18.4、残高5.2厘米（图一〇，5）。03ZDⅠH13：23，夹砂灰陶。侈口，卷沿，圆唇，束颈，鼓肩，肩部以下残。肩部饰有指压痕迹，器表饰绳纹。口径24、残高6厘米（图一〇，9）。03ZDⅠH13：4，泥质灰陶。微侈口，圆唇，微束颈，颈、腹交接处微凸起，腹近直，下腹残。器表饰杂乱斜向

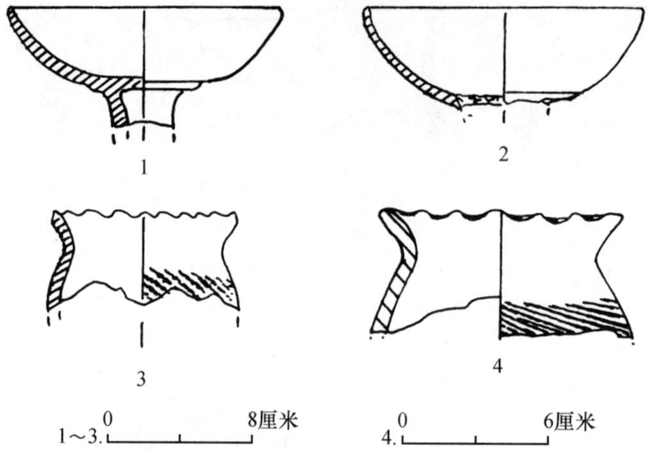

图九　03ZDⅠH12、03ZDⅣT0908③B出土陶器

1、2. 豆（03ZDⅠH12：2、03ZDⅠH12：1）　3、4. 花边口沿罐（03ZDⅣT0908③B：1、03ZDⅣT0908③B：2）

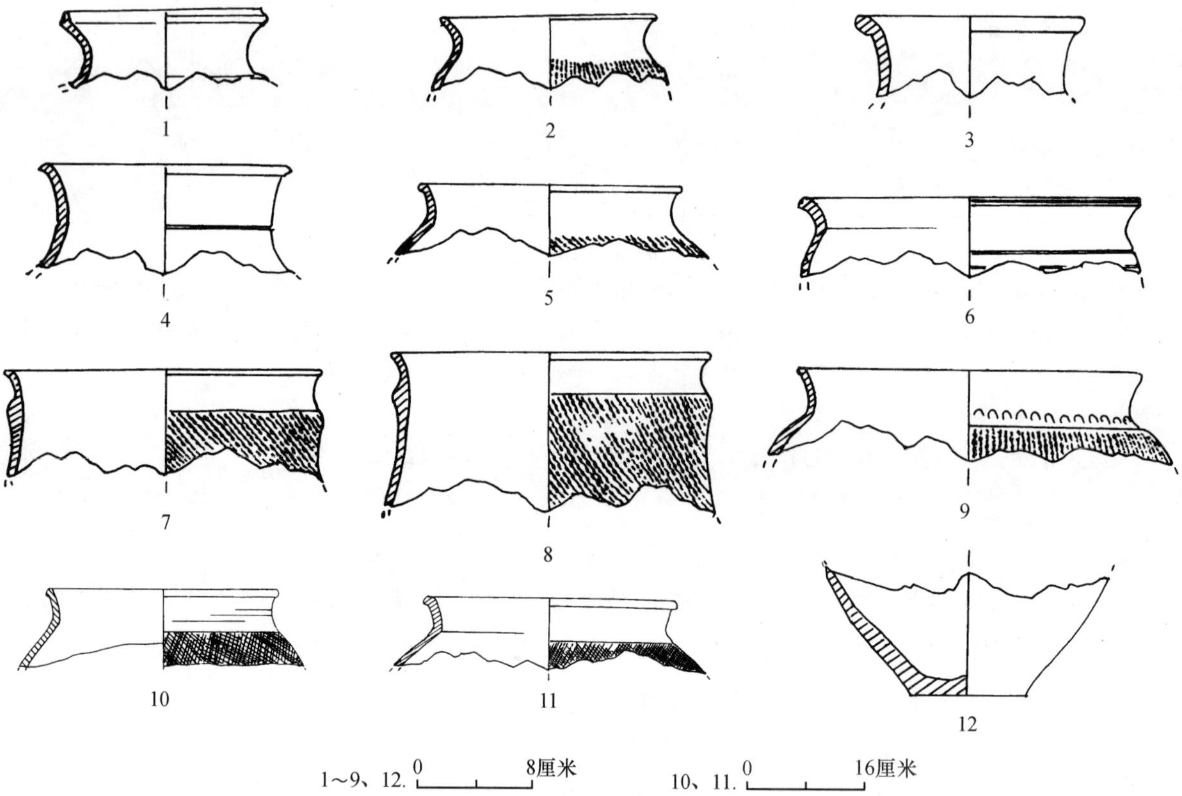

图一〇　03ZDⅠH13出土陶器

1. 盘口罐（03ZDⅠH13：5）　2、5、7～11. 素缘绳纹罐（03ZDⅠH13：6、03ZDⅠH13：7、03ZDⅠH13：8、03ZDⅠH13：4、03ZDⅠH13：23、03ZDⅠH13：25、03ZDⅠH13：21）　3、4. 高领罐（03ZDⅠH13：18、03ZDⅠH13：3）　6. 盆（03ZDⅠH13：22）　12. 残器底（03ZDⅠH13：16）

绳纹。口径22.4、残高10.8厘米（图一〇，8）。03ZDⅠH13：8，泥质灰陶。微侈口，圆唇，微束颈，颈、腹交接处微凸起，腹近直，下腹残。器表饰斜向绳纹。口径22.4、残高7.2厘米（图一〇，7）。

高领罐　3件。03ZDⅠH13：3，夹砂灰陶。侈口，卷沿，尖圆唇，束颈，颈部以下残。颈部饰凹弦纹一周。口径17.6、残高7.6厘米（图一〇，4）。03ZDⅠH13：18，夹砂灰陶。侈口，卷沿，圆唇，束颈，颈部以下残。素面。口径16、残高5.6厘米（图一〇，3）。03ZDⅠH13：24，泥质灰陶。侈口，尖圆唇，卷沿，束领较直，溜肩，鼓腹，底残。上腹饰凹弦纹一周。口16、腹径28、残高28厘米（图一一，6）。

盘口罐　1件。03ZDⅠH13：5，泥质灰陶。侈口，卷沿，唇部内折呈盘状，束颈，颈部以下残。素面。口径14.4、残高5.6厘米（图一〇，1）。

盆　3件。03ZDⅠH13：22，夹砂灰陶。侈口，微折沿，斜方唇，束颈，溜肩，肩部以下残。肩部饰凹弦纹两周。口径24、残高5.2厘米（图一〇，6）。03ZDⅠH13：1，夹砂灰陶。侈口，卷沿微折，尖圆唇，弧腹，底残。器表饰绳纹，内壁饰横向刻划纹。口径32、残高8厘米（图一一，5）。03ZDⅠH13：12，夹砂黑皮褐陶。敞口，折沿，斜方唇，弧腹，底残。素面。口径40、残高6.4厘米（图一一，3）。

甑箅　2件。03ZDⅠH13：20，夹砂灰陶。侈口，卷沿微折，圆唇，弧腹，底残。腹部

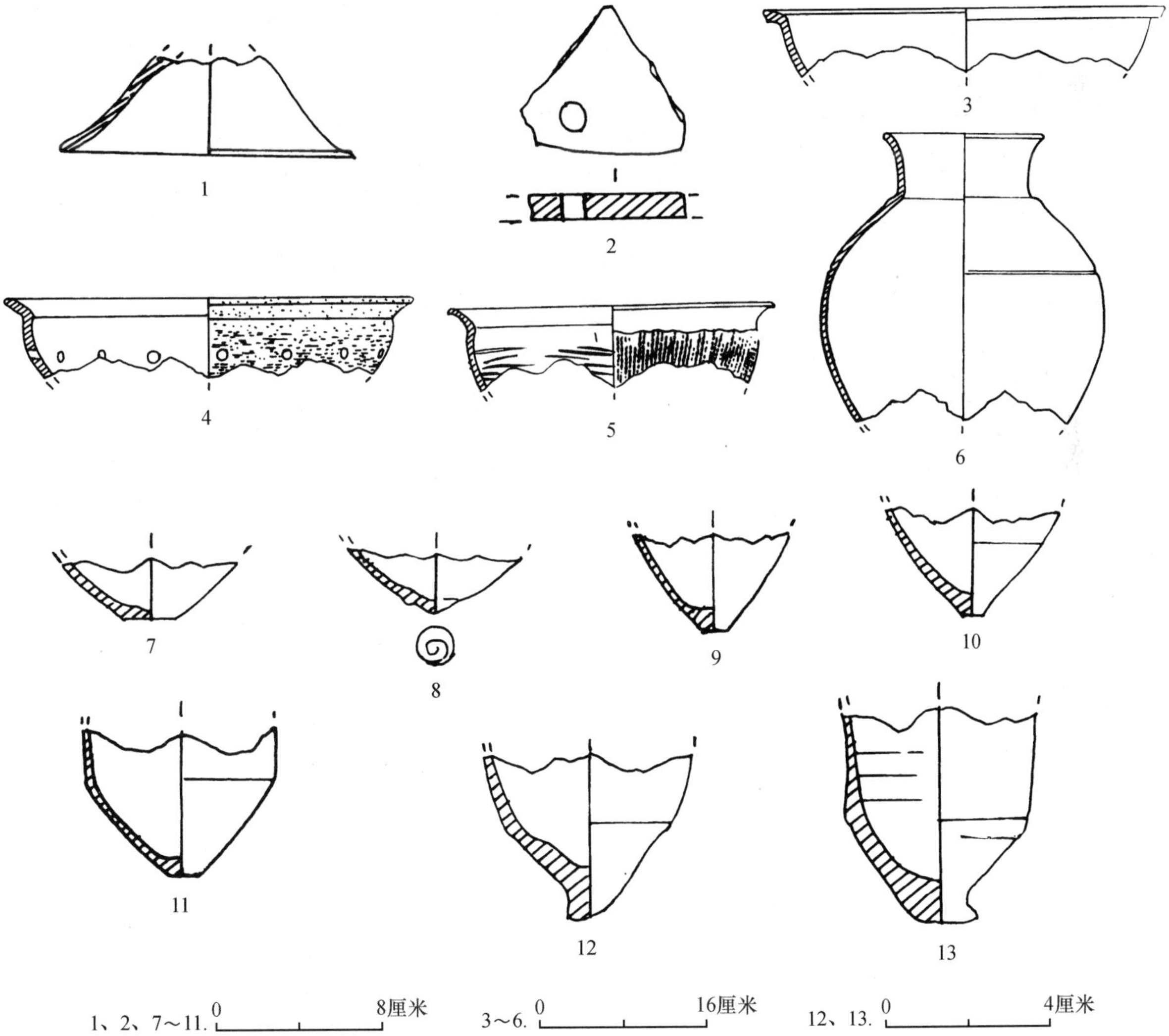

图一一　03ZDⅠH13出土陶器

1. 器盖（03ZDⅠH13：9）　2、4. 甑箅（03ZDⅠH13：19、03ZDⅠH13：20）　3、5. 盆（03ZDⅠH13：12、03ZDⅠH13：1）　6. 高领罐（03ZDⅠH13：24）　7、8. 尖底盏（03ZDⅠH13：17、03ZDⅠH13：13）　9～11. 炮弹形杯（03ZDⅠH13：10、03ZDⅠH13：11、03ZDⅠH13：2）　12、13. 尖底杯（03ZDⅠH13：15、03ZDⅠH13：14）

饰不规则篮纹，并有戳刺麻点，腹壁上残存镂孔一排。口40、残高7.6厘米（图一一，4）。03ZDⅠH13：19，夹砂灰陶。仅存底部，上有一小圆孔。残长7.2厘米（图一一，2）。

尖底杯 2件。03ZDⅠH13：15，夹砂红陶。残存尖底。形体较胖。腹、底转折处凸棱不明显。残高4厘米（图一一，12）。03ZDⅠH13：14，夹砂灰陶。残存尖底，形体较瘦。腹、底转折处凸棱明显。内壁留有旋痕。残高5厘米（图一一，13）。

炮弹形杯 3件。03ZDⅠH13：2，泥质灰陶。残存尖平底。腹、底转折处凸棱明显。残高7.2厘米（图一一，11）。03ZDⅠH13：10，泥质灰陶。残存尖平底。残高4.8厘米（图一三，9）。03ZDⅠH13：11，泥质灰陶。残存尖平底。残高5厘米（图一一，10）。

尖底盏 2件。03ZDⅠH13：17，泥质灰陶。残存尖平底。底径2.4、残高2.8厘米（图一一，7）。03ZDⅠH13：13，夹砂灰陶。残存尖底。残高2.8厘米（图一一，8）。

器盖 1件。03ZDⅠH13：9，夹砂灰陶。喇叭形，纽座残。素面。口径14.4、残高4.8厘米（图一一，1）。

残器底 1件。03ZDⅠH13：16，泥质灰陶。残存平底。素面。底径8.4、残高8.4厘米（图一〇，12）。

（7）03ZDⅣH14出土器物

罐 2件。03ZDⅣH14：2，夹砂红陶。侈口，卷沿外翻，尖圆唇，溜肩，肩以下残。器表饰斜向绳纹。口径15.2、残高6.4厘米（图一二，3）。03ZDⅣH14：4，夹细砂黄褐陶。侈口，卷沿，尖圆唇，溜肩，鼓腹，底残。器表饰细绳纹。口径20、残高11.2厘米（图一二，4）。

盆 2件。03ZDⅣH14：1，泥质灰陶。敛口，平折沿，尖圆唇，鼓腹。底残。上腹饰凹弦纹一周。口径22.4、残高6厘米（图一二，1）。03ZDⅣH14：3，夹砂灰褐陶。敛口，平折沿，尖圆唇，鼓腹，底残。上腹饰凹弦纹一周。口径24、残高5.6厘米（图一二，2）。

（8）03ZDⅣH15出土器物

素缘罐 2件。03ZDⅣH15：2，夹砂灰陶。侈口，卷沿外翻，束颈，鼓肩微耸，肩以下残。器表饰粗绳纹。口径9.6、残高6.8厘米（图一三，6）。03ZDⅣH15：3，夹砂灰陶。侈

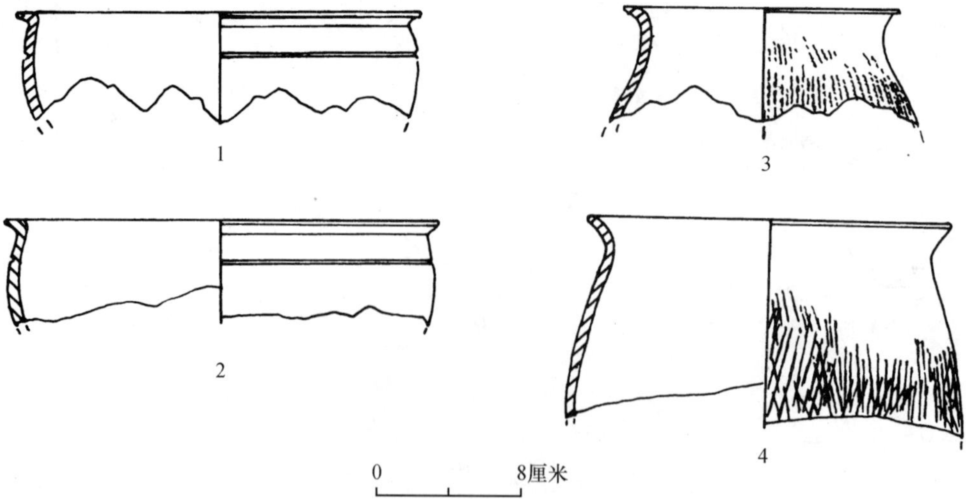

图一二 03ZDⅣH14出土陶器

1、2. 盆（03ZDⅣH14：1、03ZDⅣH14：3） 3、4. 罐（03ZDⅣH14：2、03ZDⅣH14：4）

口，卷沿外翻，圆唇，束颈，颈以下残。口径28、残高6厘米（图一三，3）。

花边口沿罐　2件。03ZDⅣH15：6，夹砂红陶。侈口，卷沿外翻，圆唇，束颈，溜肩，肩以下残。唇面饰指压花边，器表饰斜向粗绳纹。口径17.2、残高6厘米（图一三，1）。03ZDⅣH15：7，夹砂黄褐陶。侈口，卷沿，束颈，溜肩，肩以下残。唇面饰绳切螺旋状花边，器表饰粗绳纹。口径19.2、残高6.4厘米（图一三，2）。

尖底杯　1件。03ZDⅣH15：1，夹细砂红陶。残存尖底。形体瘦长。底角尖锐。残高7.2厘米（图一三，4）。

炮弹形杯　1件。03ZDⅣH15：5，夹砂灰陶。残存尖底。底、腹交接处凸棱明显，内外壁留有旋痕。残高6.2厘米（图一三，5）。

器盖抓手　1件。03ZDⅣH15：4，夹细砂黑皮灰胎陶。束腰形抓手，盖盘残。盖径10、残高3.2厘米（图一三，7）。

（9）03ZDⅣH16出土器物

素缘绳纹罐　3件。03ZDⅣH16：10，夹砂灰陶。侈口，卷沿，斜方唇，溜肩，肩以下残。腹饰纵向绳纹。口径8、残高4.4厘米（图一四，5）。03ZDⅣH16：4，夹砂灰陶。侈口，卷沿，尖圆唇，微耸肩，肩以下残。腹部饰杂乱细绳纹。口径18.4、残高5.6厘米（图一四，3）。03ZDⅣH16：14，夹细砂灰褐陶。侈口，卷沿，尖圆唇，溜肩，肩以下残。腹部饰细绳纹。口径20、残高5.6厘米（图一四，4）。

花边口沿罐　2件。03ZDⅣH16：12，夹砂灰陶。侈口，卷沿，圆唇，溜肩，肩以下残。唇面饰指压花边，腹饰绳纹。口径24、残高8厘米（图一四，1）。03ZDⅣH16：13，夹细砂黄褐陶。侈口，卷沿，圆唇，内唇沿微敛，溜肩，肩以下残。唇面饰指切波状花边，唇部内侧有

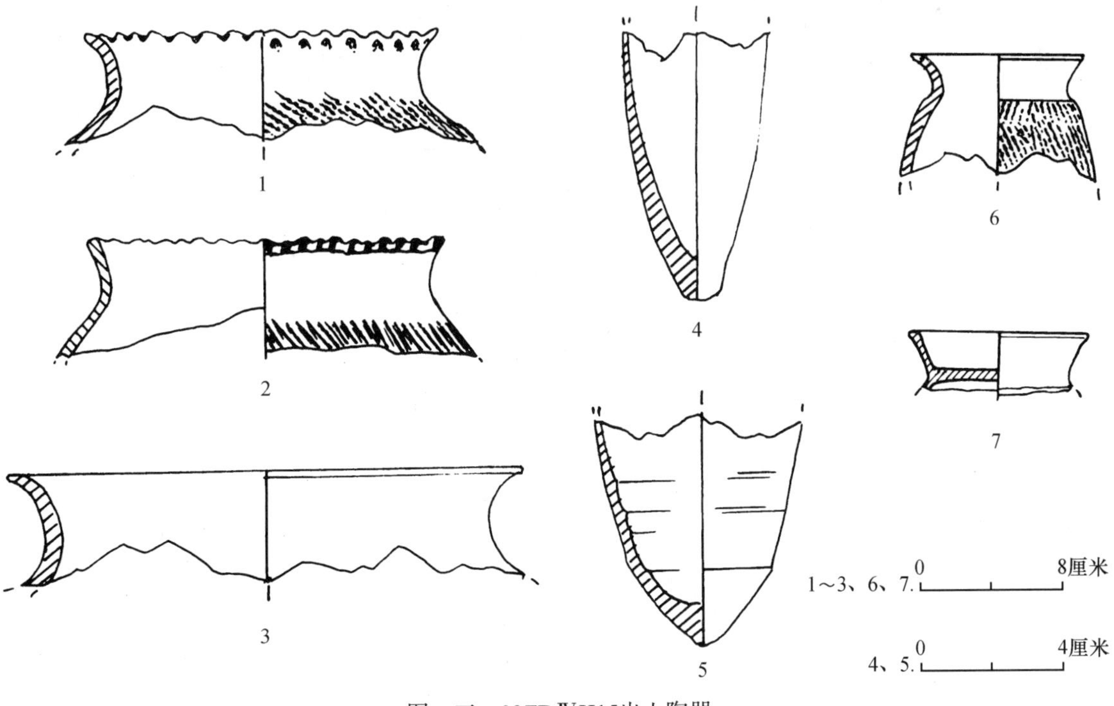

图一三　03ZDⅣH15出土陶器

1、2. 花边口沿罐（03ZDⅣH15：6、03ZDⅣH15：7）　3、6. 素缘罐（03ZDⅣH15：3、03ZDⅣH15：2）
4. 尖底杯（03ZDⅣH15：1）　5. 炮弹形杯（03ZDⅣH15：5）　7. 器盖抓手（03ZDⅣH15：4）

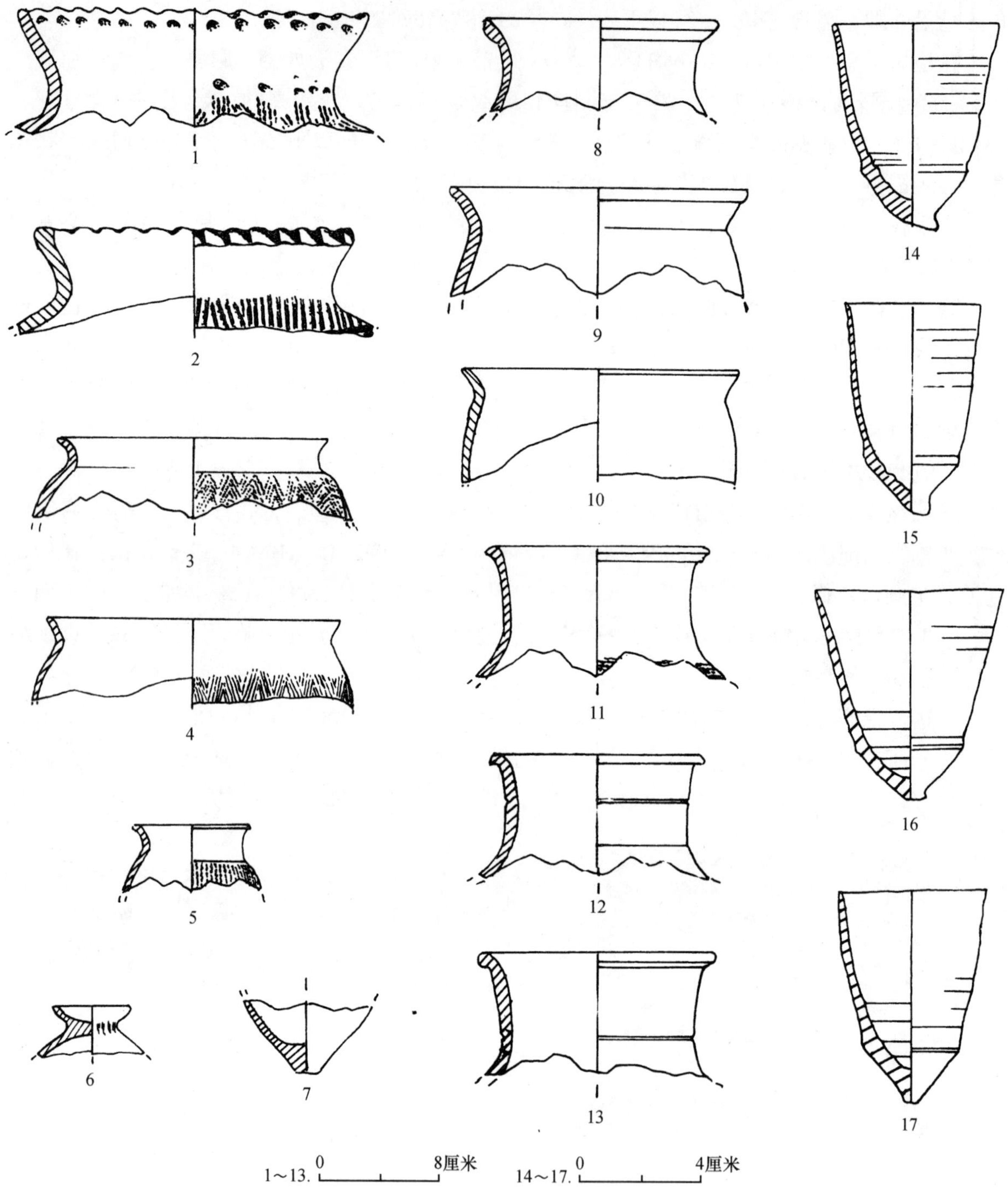

1～13. 0 8厘米 14～17. 0 4厘米

图一四 03ZDⅣH16出土陶器

1、2. 花边口沿罐（03ZDⅣH16：12、03ZDⅣH16：13） 3～5. 素缘绳纹罐（03ZDⅣH16：4、03ZDⅣH16：14、03ZDⅣH16：10） 6. 残器盖抓手（03ZDⅣH16：9） 7. 残尖底盏底（03ZDⅣH16：8） 8、11～13. 高领罐（03ZDⅣH16：11、03ZDⅣH16：3、03ZDⅣH16：6、03ZDⅣH16：7） 9、10. 素缘素面罐（03ZDⅣH16：5、03ZDⅣH16：15） 14～17. 尖底杯（03ZDⅣH16：1、03ZDⅣH16：2、03ZDⅣH16：16、03ZDⅣH16：17）

指窝痕，腹部饰粗绳纹。口径22、残高7.4厘米（图一四，2）。

素缘素面罐 2件。03ZDⅣH16：5，夹砂灰皮红胎陶。侈口，卷沿，圆唇，溜肩，肩以下残。素面。口径20、残高7.2厘米（图一四，9）。03ZDⅣH16：15，夹砂灰陶。侈口，卷沿，尖圆唇，溜肩，颈肩之间略显有棱，腹壁较直，下腹残。素面。口径18.4、残高7.8厘米（图一四，10）。

尖底杯　4件。03ZDⅣH16：1，泥质红陶。敞口，尖唇，形体矮胖，底尖弯曲（轮制成形后从转盘上扭掉而形成）。内外壁均有轮制旋痕，腹底连接处凸棱明显。口径5.6、高7厘米（图一四，14）。03ZDⅣH16：16，夹细砂灰陶。敞口，尖唇，形体矮胖，底尖弯曲。内外壁均有轮制旋痕，腹底连接处凸棱明显。口径5.4、高7厘米（图一四，16）。03ZDⅣH16：2，泥质红陶。敞口，尖唇，形体较瘦，底尖弯曲。外壁有轮制旋痕，腹底连接处凸棱明显。口径4.8、高7厘米（图一四，15）。03ZDⅣH16：17，夹细砂红褐陶。敞口，尖圆唇，器形较瘦，底尖弯曲。内外壁均有轮痕，腹底连接处凸棱明显。口径5、高7.1厘米（图一四，17）。

高领罐　4件。03ZDⅣH16：11，泥质灰皮红胎陶。侈口，卷沿，圆唇，束颈较直，颈以下残。口径16、残高6.4厘米（图一四，8）。03ZDⅣH16：6，泥质灰陶。侈口，卷沿，圆唇，束颈较直，颈以下残。颈部饰凹弦纹一周。口径14.4、残高8.4厘米（图一四，12）。03ZDⅣH16：3，泥质灰皮红胎陶。侈口，卷沿，尖圆唇，束颈较直，颈以下残。素面。口径15.2、残高8.8厘米（图一四，11）。03ZDⅣH16：7，泥质灰皮红胎陶。侈口，卷沿，圆唇，束颈较直，颈以下残。颈部饰凹弦纹一周。口径16、残高8.4厘米（图一四，13）。

残尖底盏底　1件。03ZDⅣH16：8，泥质灰陶。残存底部，尖平底。残高4.8厘米（图一四，7）。

残器盖抓手　1件。03ZDⅣH16：9，夹砂灰陶，束腰形抓手。座径5.6、残高2.8厘米（图一四，6）。

（10）03ZDⅣH18出土器物

船形杯　2件。03ZDⅣH18：11，夹粗砂红褐陶。厚胎。器形整体为船形，横截面为半圆形，一端平直，另一端残。口沿为圆唇略尖。残长11.5、宽约9.6、壁厚约1.2厘米（图一五，12）。03ZDⅣH18：1，夹砂红陶。厚胎。残存平直一端。残长10.8、残高6厘米（图一五，11）。

炮弹形杯　6件。03ZDⅣH18：2，夹细砂灰陶。残存尖底，底、腹交接呈圆折，尖平底。转折处有一周凹弦纹，器内壁留有旋痕。残高9.2厘米（图一五，6）。03ZDⅣH18：9，夹细砂黑皮陶。残存尖底，器壁陡直，腹、底交接处有明显折棱，尖平底。残高7.4厘米（图一五，1）。03ZDⅣH18：8，夹细砂灰褐陶。残存尖底，器壁近直，腹、底交接处有明显折棱，尖平底。残高9厘米（图一五，2）。03ZDⅣH18：4，夹细砂灰陶。残存尖底，底、腹交接呈圆折，尖平底。转折处有一周凹弦纹。残高8.8厘米（图一五，7）。03ZDⅣH18：6，夹细砂灰陶。口、底皆残，底、腹交接呈圆折，转折处有两周凹弦纹。残高8.8厘米（图一五，8）。03ZDⅣH18：12，夹细砂灰陶，略带黄色。口、底皆残，底、腹交接呈圆折，转折处有两周凹弦纹。残高9厘米（图一五，9）。

尖底盏　3件。03ZDⅣH18：3，夹砂灰陶。微敛口，尖圆唇，弧腹微曲，尖底。底部饰凹弦纹一周，内壁留有旋痕。口径12.8、高6.8厘米（图一五，10）。03ZDⅣH18：10，夹细砂青灰陶。口部残，弧腹较深，内有轮制痕迹，尖圜底，近底处有凸棱。残高7.4厘米（图一五，3）。03ZDⅣH18：5，夹细砂灰陶。残存尖底，内壁有旋痕。残高4.4厘米（图一五，5）。

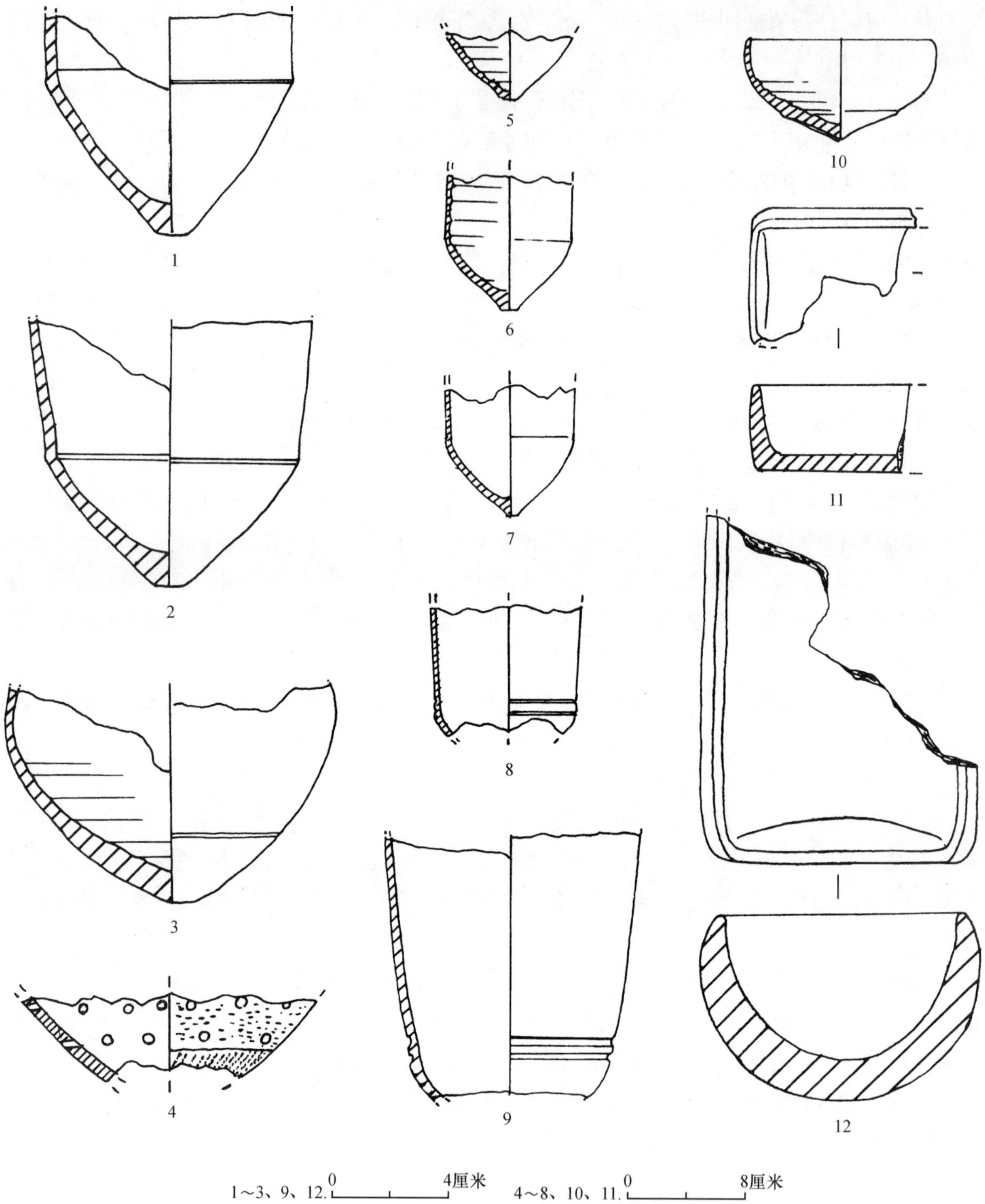

图一五　03ZDⅣH18出土陶器

1、2、6～9. 炮弹形杯（03ZDⅣH18：9、03ZDⅣH18：8、03ZDⅣH18：2、03ZDⅣH18：4、03ZDⅣH18：6、03ZDⅣH18：12）　3、5、10. 尖底盏（03ZDⅣH18：10、03ZDⅣH18：5、03ZDⅣH18：3）　4. 箅形器（03ZDⅣH18：7）　11、12. 船形杯（03ZDⅣH18：1、03ZDⅣH18：11）

箅形器 1件。03ZDⅣH18：7，夹砂灰陶。口、底部皆残。周壁镂刻小圆孔，器表饰划纹及戳刺麻点。残高5.6厘米（图一五，4）。

2. 文化层单位出土遗物

（1）03ZDⅣT1110④B出土器物

素缘绳纹罐 4件。03ZDⅣT1110④B：13，夹砂灰陶。侈口，卷沿外翻，尖圆唇，束颈，颈部以下残。器表饰细绳纹。口24、残高5.2厘米（图一六，4）。03ZDⅣT1110④B：19，夹细砂红褐陶。侈口，卷沿，尖圆唇，束颈，颈部以下残。器表饰细绳纹。口24.8、残高6厘米（图一六，3）。03ZDⅣT1110④B：3，夹细砂灰陶，侈口，卷沿，圆唇，弧腹，下腹残。器表饰以交错细绳纹。口径40、残高13.2厘米（图一七，1）。03ZDⅣT1110④B：15，夹砂黄褐陶。侈口，卷沿，尖圆唇，弧腹，下腹残。器表饰以交错中绳纹。口径46、残高13厘米（图一七，2）。

花边口沿罐 2件。03ZDⅣT1110④B：14，泥质红陶。侈口，卷沿外翻，尖圆唇，束颈，颈部以下残。唇部饰指压锯齿状花边。口径16、残高6.8厘米（图一六，2）。03ZDⅣT1110④B：20，夹细砂红陶。侈口，卷沿，尖圆唇，束颈，颈部以下残。唇部饰指压锯齿状花边。口径12.8、残高6.2厘米（图一六，1）。

船形杯 2件。03ZDⅣT1110④B：1，夹砂红陶。平面呈船形，一端圆弧，一端斜直，横断面呈半圆形。胎由沿至底部逐渐增厚，底外部呈褐色，为火烧所留，内壁粗糙呈海绵状，应为盐水腐蚀而成。口长24.4、宽9.6～11.2、高6.4～6.8厘米（图一七，3；彩版一四一，1）。03ZDⅣT1110④B：2，夹砂褐陶。长24.4、宽10、高5.6～6.8厘米（图一七，4；彩版一四一，2）。

尖底杯 4件。03ZDⅣT1110④B：9，夹细砂红陶。敞口，尖圆唇，斜直腹，尖底，底尖弯曲。腹、底交接处凸棱不明显。口径6.4、高8.2厘米（图一七，7）。03ZDⅣT1110④B：17，夹细砂红褐陶。敞口，尖圆唇，斜直腹，尖底，底尖弯曲。腹、底交接处凸棱不明显。底部内外留有旋痕，口部因挤压而成椭圆形。长径7.4、短径5.8、高8厘米（图一七，8）。03ZDⅣT1110④B：10，泥质灰陶。残存尖底，底尖弯曲。腹、底交接处凸棱明显。残高4.4厘米（图一七，5）。03ZDⅣT1110④B：11，泥质红陶。残存尖底，底尖弯曲。腹、底交接处凸棱明显。残高4.8厘米（图一七，6）。

高领罐 5件。03ZDⅣT1110④B：4，泥质灰陶。侈口，卷沿，圆唇，沿面平直，束颈较直，颈部以下残。素面。口颈15.2、残高6厘米（图一六，8）。03ZDⅣT1110④B：5，夹砂灰陶。侈口，卷沿，圆唇，束颈较直，颈部以下残。素面。口径16、残高7.6厘米（图一六，12）。03ZDⅣT1110④B：6，泥质灰陶。侈口，卷沿，圆唇，束颈较直，颈部以下残。素面。口径16、残高7.6厘米（图一六，9）。03ZDⅣT1110④B：7，泥质灰陶。侈口，卷沿，圆唇，束颈，颈部以下残。颈部饰一周凹弦纹。口径16、残高6.8厘米（图一六，10）。03ZDⅣT1110④B：18，夹细砂灰陶。侈口，卷沿，尖圆唇，束颈，颈部以下残。颈部饰一周凹弦纹。口径15.2、残高7.5厘米（图一六，11）。

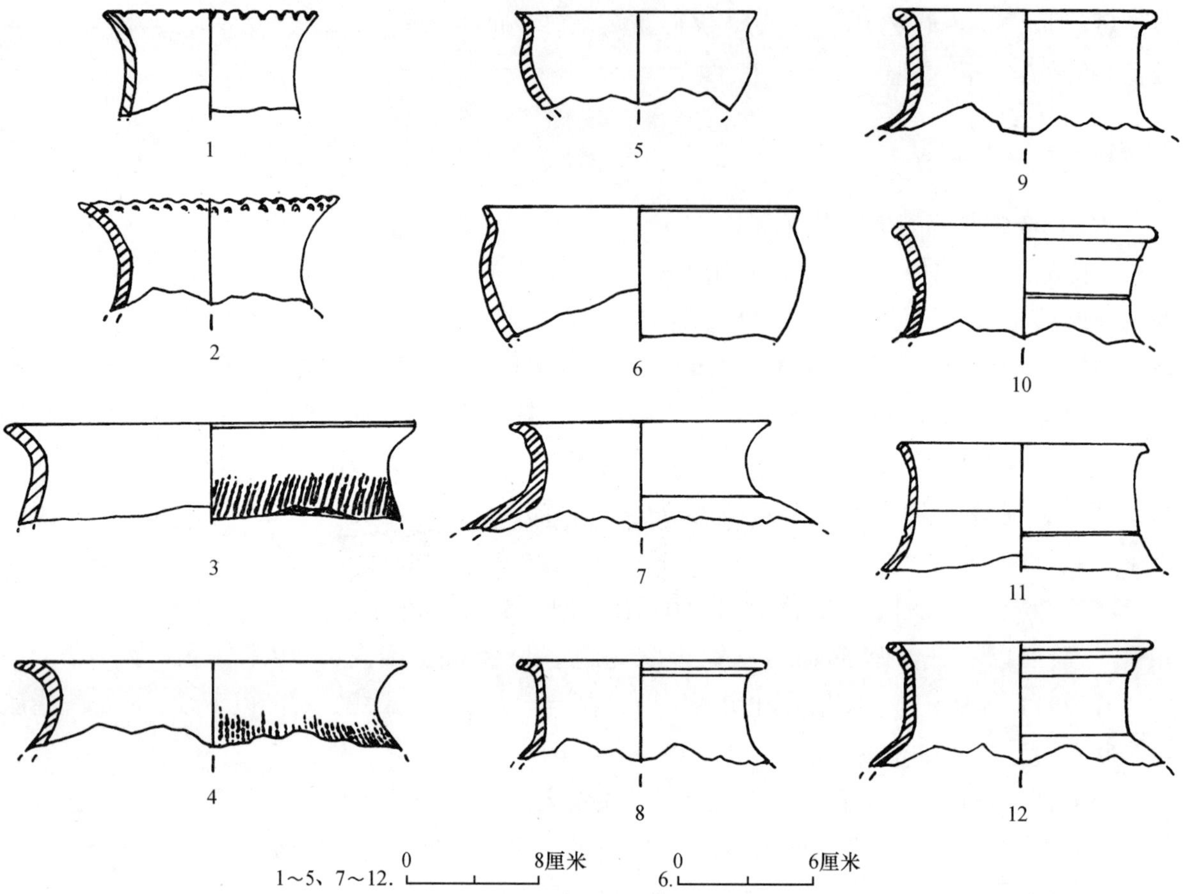

图一六　03ZDⅣT1110④B出土陶器

1、2. 花边口沿罐（03ZDⅣT1110④B：20、03ZDⅣT1110④B：14）　3、4. 素缘绳纹罐（03ZDⅣT1110④B：19、03ZDⅣT1110④B：13）　5、6. 垂腹盆（03ZDⅣT1110④B：12、03ZDⅣT1110④B：16）　7. 瓮（03ZDⅣT1110④B：8）　8～12. 高领罐（03ZDⅣT1110④B：4、03ZDⅣT1110④B：6、03ZDⅣT1110④B：7、03ZDⅣT1110④B：18、03ZDⅣT1110④B：5）

垂腹盆　2件。03ZDⅣT1110④B：12，泥质灰陶。侈口，卷沿，尖圆唇，鼓腹，底残。素面。口径14.4、残高5.6厘米（图一六，5）。03ZDⅣT1110④B：16，夹砂灰陶。侈口，卷沿，尖圆唇，鼓腹，底残。素面。口径14.4、残高6厘米（图一六，6）。

瓮　1件。03ZDⅣT1110④B：8，泥质灰陶。侈口，卷沿外翻，尖圆唇，鼓肩，肩部以下残。素面。口径16、残高6.4厘米（图一六，7）。

（2）03ZDⅣT1211④B出土器物

素缘绳纹罐　1件。03ZDⅣT1211④B：4，夹细砂灰陶。侈口，卷沿外翻，尖圆唇，束颈，颈部以下残。器表饰绳纹。口径44、残高5.6厘米（图一八，1）。

尖底杯　5件。03ZDⅣT1211④B：11，泥质灰陶。残存尖底，腹、底交接处凸棱不明显。内壁留有旋痕。素面。残高5.8厘米（图一八，17）。03ZDⅣT1211④B：13，泥质红陶。残存尖底，腹、底交接处凸棱不明显。素面。残高5厘米（图一八，9）。03ZDⅣT1211④B：19，夹细砂红褐陶。素面。残高5.2厘米（图一八，10）。03ZDⅣT1211④B：21，泥质灰褐陶。内壁旋痕较显。残高6.2厘米（图一八，16）。03ZDⅣT1211④B：18，夹细砂红褐陶。残存

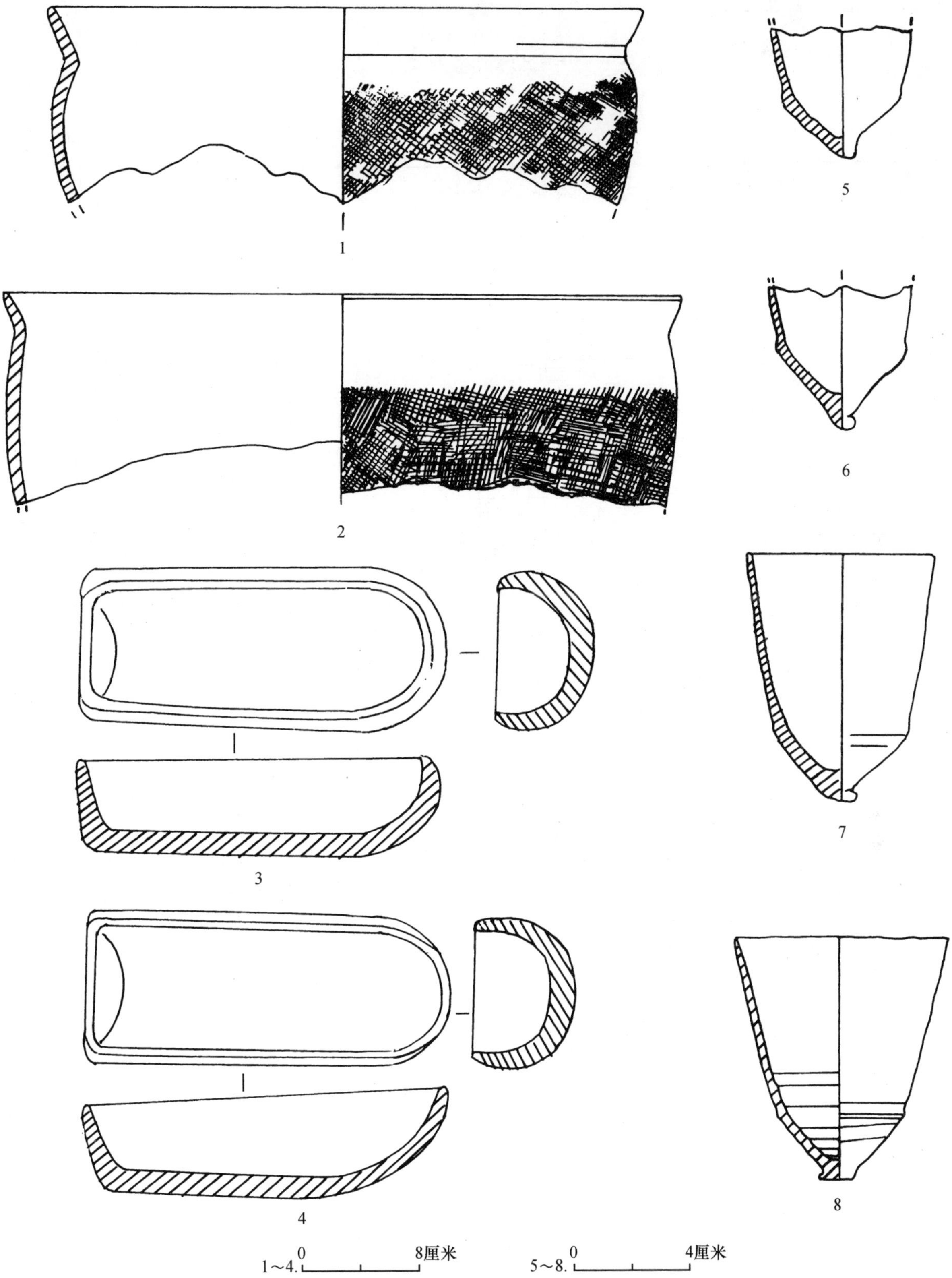

图一七　03ZDⅣT1110④B出土陶器

1、2. 素缘绳纹罐（03ZDⅣT1110④B：3、03ZDⅣT1110④B：15）　3、4. 船形杯（03ZDⅣT1110④B：1、03ZDⅣT1110④B：2）　5～8. 尖底杯（03ZDⅣT1110④B：10、03ZDⅣT1110④B：11、03ZDⅣT1110④B：9、03ZDⅣT1110④B：17）

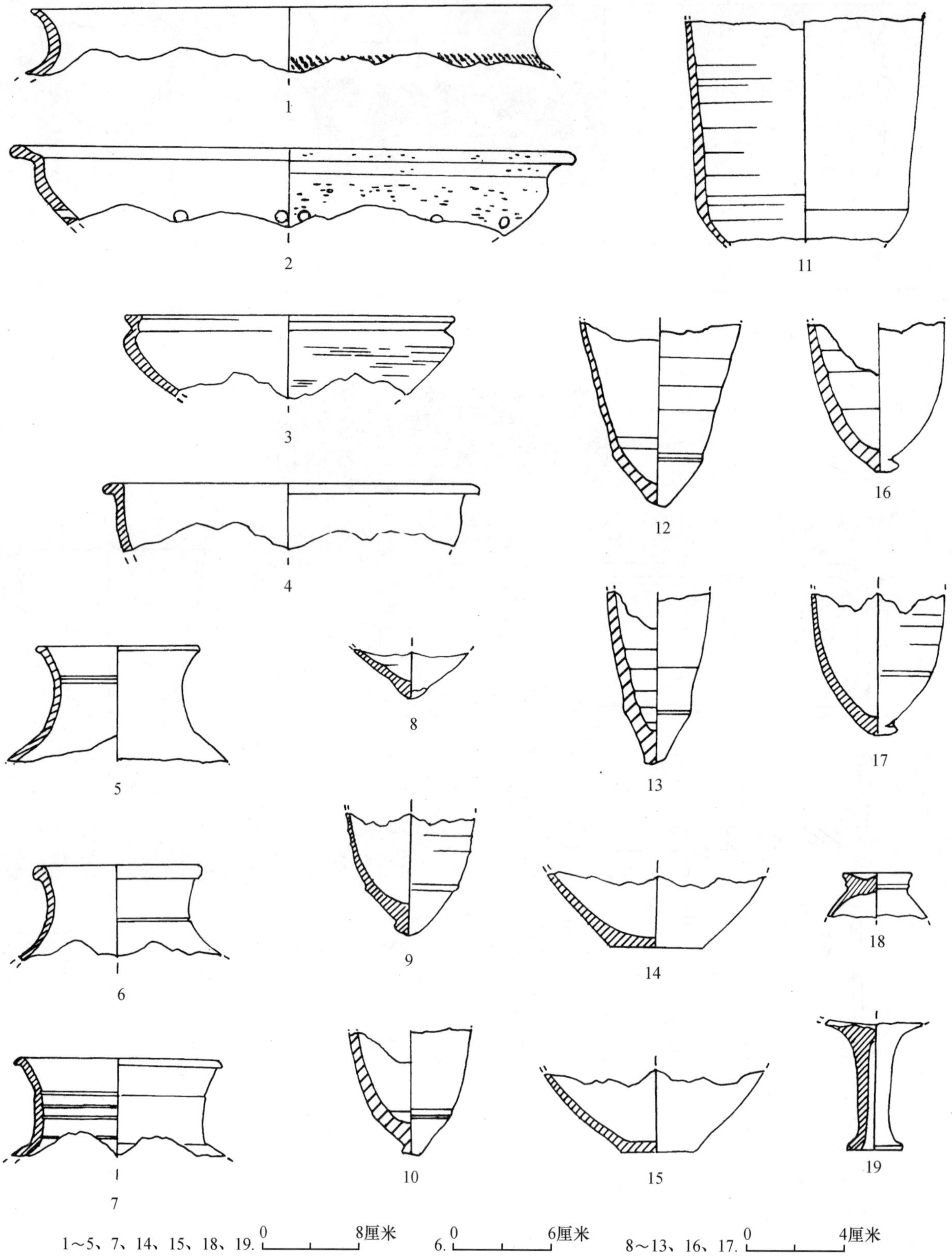

图一八 03ZDⅣT1211④B出土陶器

1. 素缘绳纹罐（03ZDⅣT1211④B：4） 2. 甑箅（03ZDⅣT1211④B：5） 3、8. 尖底盏（03ZDⅣT1211④B：7、03ZDⅣT1211④B：8） 4. 盆（03ZDⅣT1211④B：10） 5~7. 高领罐（03ZDⅣT1211④B：6、03ZDⅣT1211④B：3、03ZDⅣT1211④B：2） 9、10、13、16、17. 尖底杯（03ZDⅣT1211④B：13、03ZDⅣT1211④B：19、03ZDⅣT1211④B：18、03ZDⅣT1211④B：21、03ZDⅣT1211④B：11） 11、12. 炮弹杯（03ZDⅣT1211④B：17、03ZDⅣT1211④B：12） 14、15. 残平底器（03ZDⅣT1211④B：15、03ZDⅣT1211④B：16） 18. 器盖抓手（03ZDⅣT1211④B：9） 19. 豆柄（03ZDⅣT1211④B：14）

尖底。器体瘦长。腹、底交接处凸棱明显。内壁留有旋痕。素面。残高7.1厘米（图一八，13）。

炮弹形杯　2件。03ZDⅣT1211④B：12，夹细砂灰褐陶。残存底部，腹、底交接处凸棱明显。内外壁留有旋痕。残高7.6厘米（图一八，12）。03ZDⅣT1211④B：17，夹细砂灰陶。口残、底残，腹部近直筒形，底部斜内收，腹、底交接处折棱不明显。内壁留有旋痕。素面。残存直径7～10、残高9.2厘米（图一八，11）。

高领罐　3件。03ZDⅣT1211④B：2，泥质红陶。侈口，卷沿，尖圆唇，束颈较直，颈以下残。颈内部饰有凹弦纹。口径17.6、残高8厘米（图一八，7）。03ZDⅣT1211④B：3，夹细砂红褐陶。侈口，卷沿，圆唇，束颈，颈部以下残。颈部有凹弦纹。口径13.8、残高7.6厘米（图一八，6）。03ZDⅣT1211④B：6，泥质红褐陶。侈口，卷沿，圆唇，束颈，颈部以下残。颈内壁有凹弦纹。素面。口径14、残高9.6厘米（图一八，5）。

甑箅　1件。03ZDⅣT1211④B：5，夹砂灰陶。侈口，斜折沿，圆唇，束颈，鼓肩，弧壁，底残。腹部有多个箅孔。口径48、残高6.4厘米（图一八，2）。

尖底盏　2件。03ZDⅣT1211④B：7，夹砂灰陶。敛口，平折沿，圆唇，束颈，鼓肩，弧腹，底残。腹部饰刻划线纹及戳刺麻点。口径28、残高6.8厘米（图一八，3）。03ZDⅣT1211④B：8，夹砂灰陶。残存尖底。素面。残高4厘米（图一八，8）。

盆　1件。03ZDⅣT1211④B：10，夹细砂红陶。微敛口，平折沿，圆唇，弧腹，底残。素面。口径32、残高5.6厘米（图一八，4）。

器盖抓手　1件。03ZDⅣT1211④B：9，夹砂红陶。残存束腰形抓手。座径6、残高4厘米（图一八，18）。

豆柄　1件。03ZDⅣT1211④B：14，泥质灰陶。柱状柄，喇叭形底。素面。残高8.4厘米（图一八，19）。

残平底器　2件。03ZDⅣT1211④B：15，泥质灰陶。素面。底径8、残高5.6厘米（图一八，14）。03ZDⅣT1211④B：16，夹砂灰陶。素面。底径6、残高6.8厘米（图一八，15）。

船形杯　1件。03ZDⅣT1211④B：1，夹粗砂红褐陶。残存平直一端，横截面为半圆形。素面。残长13.6、宽10.6、最厚处约1.2厘米（图一九，2）。

纺轮　1件。03ZDⅣT1211④B：20，泥质褐陶。扁圆，截面为梯形。素面。最大径3.8、上径1.6、下径3、高1.5、孔径0.6厘米（图二〇，9）。

（3）03ZDⅣT1210④B出土器物

素缘罐　7件。03ZDⅣT1210④B：1，夹细砂灰陶。卷沿，尖圆唇，溜肩，鼓腹，底残。器表饰中绳纹。口径20、残高14.8厘米（图二一，1）。03ZDⅣT1210④B：2，夹细砂灰褐陶。卷沿，尖圆唇，溜肩，肩以下残。器表饰中绳纹。口径19.2、残高8.8厘米（图二一，2）。03ZDⅣT1210④B：11，夹砂灰陶。卷沿，圆唇，溜肩，肩以下残。器表饰细绳纹。口径22.4、残高4.8厘米（图二一，12）。03ZDⅣT1210④B：4，夹细砂灰陶。侈口，卷沿，圆唇，束颈较直，溜肩，肩以下残。器表饰细绳纹。口径27.2、残高8厘米（图二一，3）。03ZDⅣT1210④B：9，夹细砂灰陶。侈口，卷沿外翻，圆唇，束颈，圆肩，肩以下残。器表

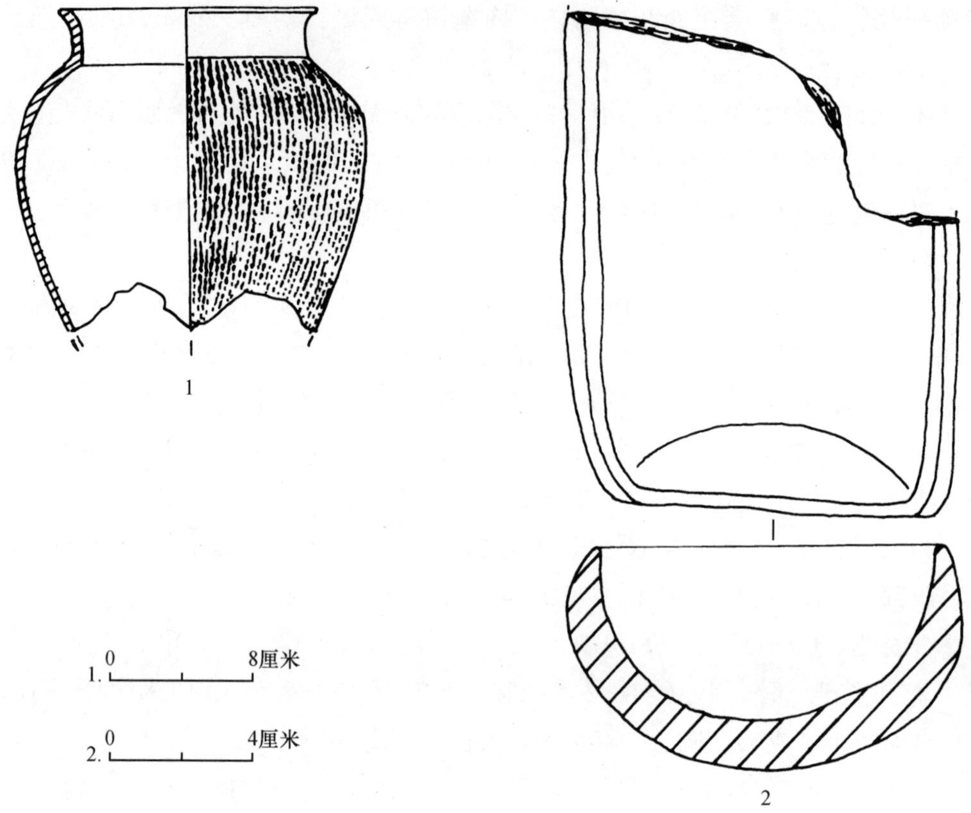

图一九　03ZDⅣT1313④B、03ZDⅣT1211④B出土陶器

1. 素缘罐（03ZDⅣT1313④B：1）　2. 船形杯（03ZDⅣT1211④B：1）

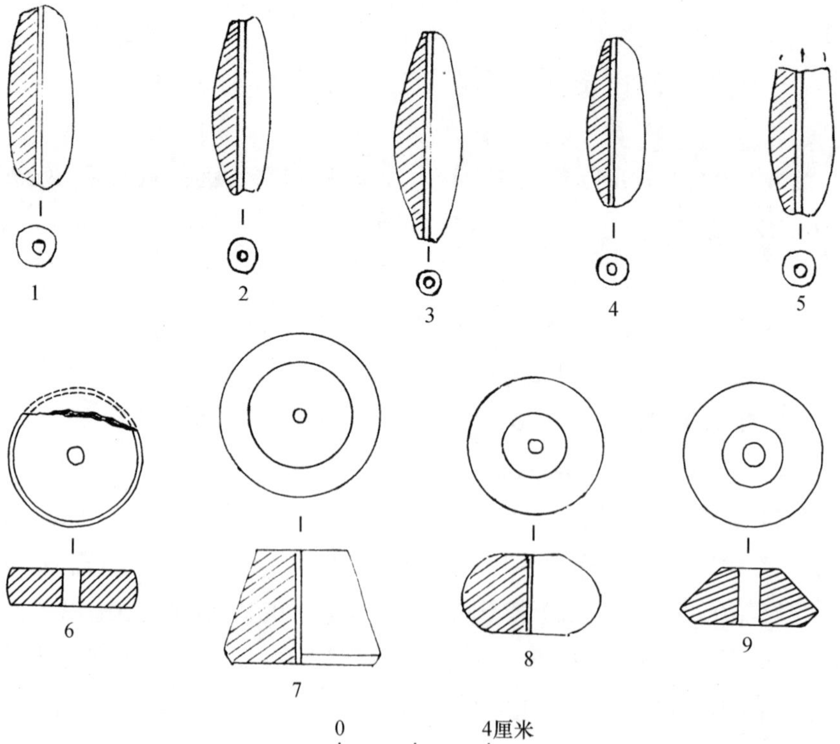

图二〇　邓家沱遗址出土陶网坠、陶纺轮、石纺轮

1～5. 陶网坠（03ZDⅠT1211④：1、03ZDⅠT1211④：2、03ZDⅠT1211④：3、03ZDⅠT1211④：4、03ZDⅠT1211④：5）

6. 石纺轮（03ZDⅣT0715③A：1）　7～9. 陶纺轮（03ZDⅣT1710④：1、03ZDⅣT1805⑤：1、03ZDⅣT1211④B：20）

饰绳纹。口径12.8、残高6.4厘米（图二一，7）。03ZDⅣT1210④B：12，夹细砂深灰陶。侈口，卷沿，尖圆唇，束颈，溜肩，肩以下残。颈部以下饰中绳纹。口径30.8、残高8厘米（图二一，4）。03ZDⅣT1210④B：14，夹砂灰褐陶。卷沿，尖圆唇，溜肩，肩以下残。器表饰中绳纹，颈部有一圈凹弦纹。口径12、残高6.1厘米（图二一，8）。

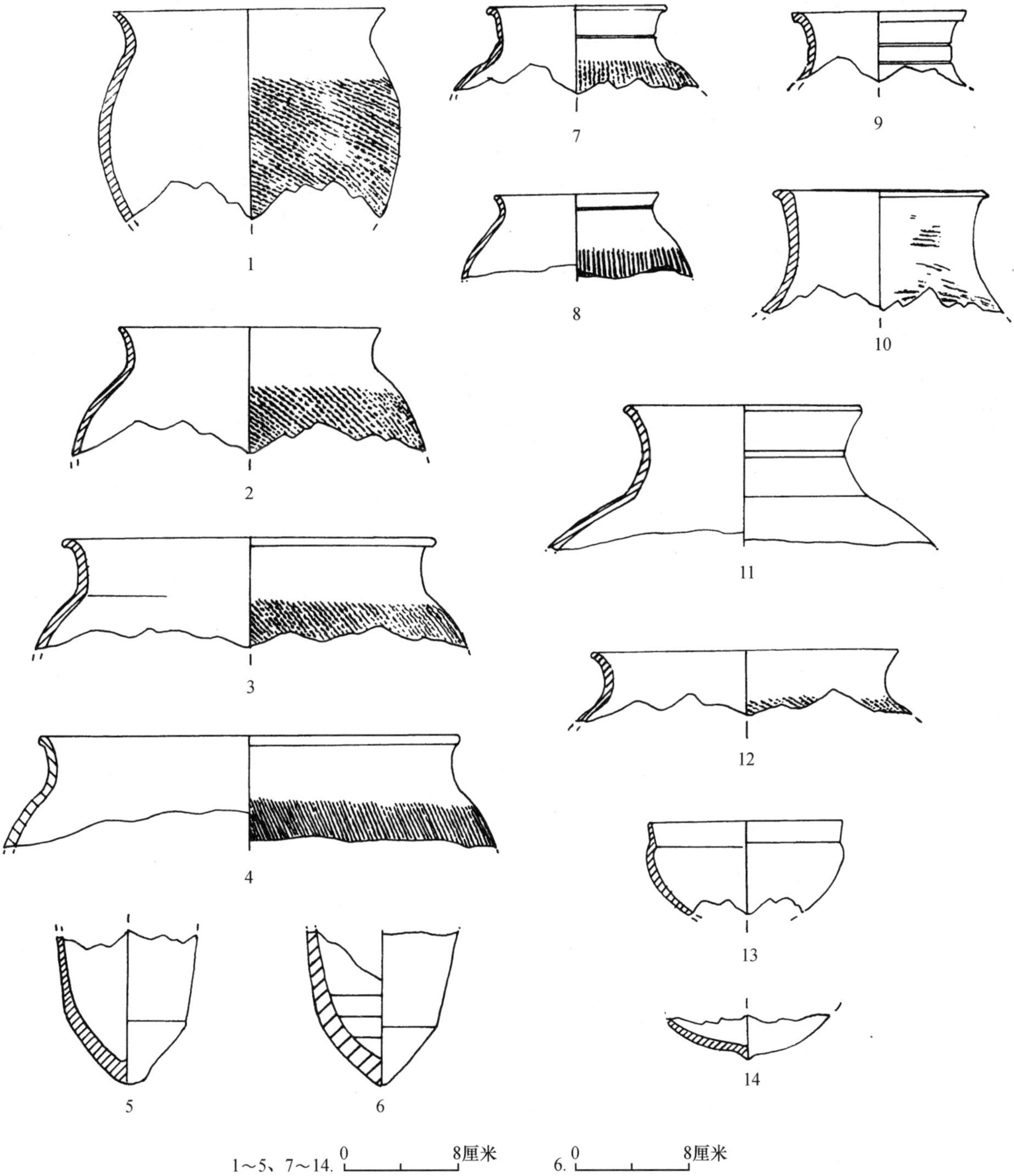

图二一　03ZDⅣT1210④B出土陶器

1～4、7、8、12. 素缘罐（03ZDⅣT1210④B：1、03ZDⅣT1210④B：2、03ZDⅣT1210④B：4、03ZDⅣT1210④B：12、03ZDⅣT1210④B：9、03ZDⅣT1210④B：14、03ZDⅣT1210④B：11）　5、6. 炮弹形杯（03ZDⅣT1210④B：10、03ZDⅣT1210④B：13）　9～11. 高领罐（03ZDⅣT1210④B：7、03ZDⅣT1210④B：5、03ZDⅣT1210④B：3）　13、14. 尖底盏（03ZDⅣT1210④B：8、03ZDⅣT1210④B：6）

高领罐　3件。03ZDⅣT1210④B：3，夹细砂青灰陶。侈口，卷沿，圆唇，束高领，圆肩，肩以下残。领中部有凹弦纹。口径17.6、残高9.8厘米（图二一，11）。03ZDⅣT1210④B：5，夹砂灰陶。侈口，卷沿，圆唇，束高领，领以下残。器表有刮抹痕迹。素面。口径16、残高8.8厘米（图二一，10）。03ZDⅣT1210④B：7，夹细砂灰陶。侈口，卷沿，宽方唇，束高领，领以下残。领中部有凹弦纹。口径12.8、残高5.2厘米（图二一，9）。

炮弹形杯　2件。03ZDⅣT1210④B：10，泥质灰陶。残存尖底。腹、底交接处折棱不明显。残高10.8厘米（图二一，5）。03ZDⅣT1210④B：13，夹细砂灰褐陶。残高5.5厘米（图二一，6）。

尖底盏　2件。03ZDⅣT1210④B：8，泥质灰陶。微侈口，折沿较直，尖圆唇，鼓肩，弧腹，底残。素面。口径14.4、残高6.8厘米（图二一，13）。03ZDⅣT1210④B：6，泥质灰陶。残存底部。素面。残高3.2厘米（图二一，14）。

（4）03ZDⅣT1111④B出土器物

素缘绳纹罐　2件。03ZDⅣT1111④B：7，夹砂灰陶。侈口，卷沿，圆唇，溜肩，肩以下残。器表饰绳纹。口径20、残高4.8厘米（图二二，5）。03ZDⅣT1111④B：9，泥质灰陶。侈口，卷沿，尖唇，圆肩微耸，肩以下残。器表饰绳纹。口径14.4、残高6厘米（图二二，6）。

瓮　3件。03ZDⅣT1111④B：1，夹细砂灰陶。侈口，卷沿，斜方唇，束颈，溜肩，肩以下残。颈部饰凹弦纹。口径16、残高12.8厘米（图二二，2）。03ZDⅣT1111④B：2，夹砂灰陶。侈口，卷沿，厚圆唇，束颈，溜肩，肩以下残。素面。口径17.6、残高7.2厘米（图二二，1）。03ZDⅣT1111④B：3，泥质灰陶。侈口，卷沿，斜方唇，束颈，颈以下残。口径15.2、残高5.2厘米（图二二，7）。

豆盘　1件。03ZDⅣT1111④B：4，夹砂灰陶。口微敛，平圆唇，弧腹较深，圜底，柄残。素面。口径15.8、残高5.6厘米（图二二，8）。

尖底盏底　2件。03ZDⅣT1111④B：5，泥质灰陶。残存尖底。内壁留有旋痕。素面。残高4厘米（图二二，10）。03ZDⅣT1111④B：10，泥质灰陶。残存尖平底。素面。残高2.8厘米（图二二，9）。

盆　1件。03ZDⅣT1111④B：6，夹粗砂灰陶。侈口，微折沿，方唇略圆。沿下饰两个对称鸡冠鋬。器表留有刮抹痕迹。口径44、残高4.4厘米（图二二，4）。

大口素面罐　1件。03ZDⅣT1111④B：13，夹粗砂灰陶。侈口，圆唇，微折沿，溜肩，肩以下残。器表留有刮抹痕迹。口径32、残高4.4厘米（图二二，3）。

尖底杯　2件。03ZDⅣT1111④B：11，泥质红陶。腹底连接处折棱明显。素面。残高3.8厘米（图二二，12）。03ZDⅣT1111④B：12，泥质红陶。腹底连接处折棱明显。素面。残高4厘米（图二二，11）。

残器盖　1件。03ZDⅣT1111④B：8，夹砂灰陶。残存捉手。捉手径5.4、残高2.8厘米（图二二，13）。

（5）03ZDⅣT1209④B出土器物

素缘罐　1件。03ZDⅣT1209④B：1，夹砂灰陶。轮制。侈口，卷沿外翻，尖圆唇，溜肩微耸，肩以下残。器表饰绳纹。口径14.4、残高6厘米（图二三，2）。

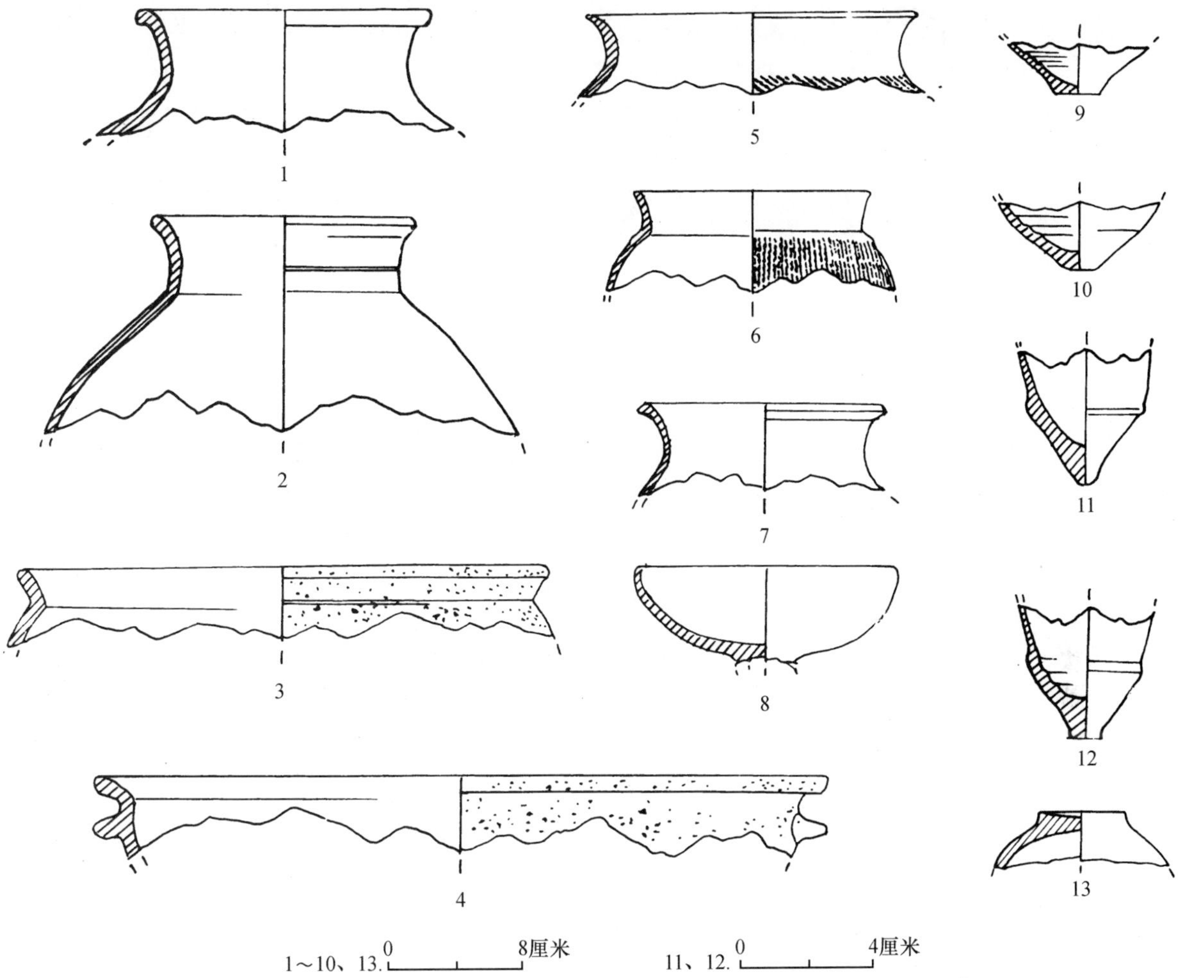

图二二　03ZDⅣT1111④B出土陶器

1、2、7. 瓮（03ZDⅣT1111④B：2、03ZDⅣT1111④B：1、03ZDⅣT1111④B：3）　3. 大口素面罐（03ZDⅣT1111④B：13）　4. 盆（03ZDⅣT1111④B：6）　5、6. 素缘绳纹罐（03ZDⅣT1111④B：7、03ZDⅣT1111④B：9）　8. 豆盘（03ZDⅣT1111④B：4）　9、10. 尖底盏底（03ZDⅣT1111④B：10、03ZDⅣT1111④B：5）　11、12. 尖底杯（03ZDⅣT1111④B：12、03ZDⅣT1111④B：11）　13. 残器盖（03ZDⅣT1111④B：8）

船形杯　1件。03ZDⅣT1209④B：2，夹粗砂红褐陶。模制。残存平直一端，口沿圆唇略尖。素面。残长13.5、残宽10.5、最厚约1.4厘米（图二三，1）。

尖底杯　1件。03ZDⅣT1209④B：3，泥质红褐陶。残存底部，器体瘦长，底尖偏向一侧。素面。壁厚约0.3、残高7.1厘米（图二三，3）。

炮弹形杯　1件。03ZDⅣT1209④B：4，泥质灰褐陶。残存底部，腹与底部交接处有明显折棱。内壁有轮制痕迹。素面。壁厚0.2～0.5、残高8厘米（图二三，4）。

（6）03ZDⅣT1109④B出土器物

素缘罐　1件。03ZDⅣT1109④B：1，夹细砂灰褐陶。侈口，圆唇，微折沿，溜肩，肩以下残。颈部以下饰中绳纹。口径42、残高8厘米（图二四，1）。

高领罐　1件。03ZDⅣT1109④B：3，泥质灰陶。侈口，方唇，高束颈，颈部以下残。颈部饰一周凹弦纹。口径15.2、残高7.6厘米（图二四，2）。

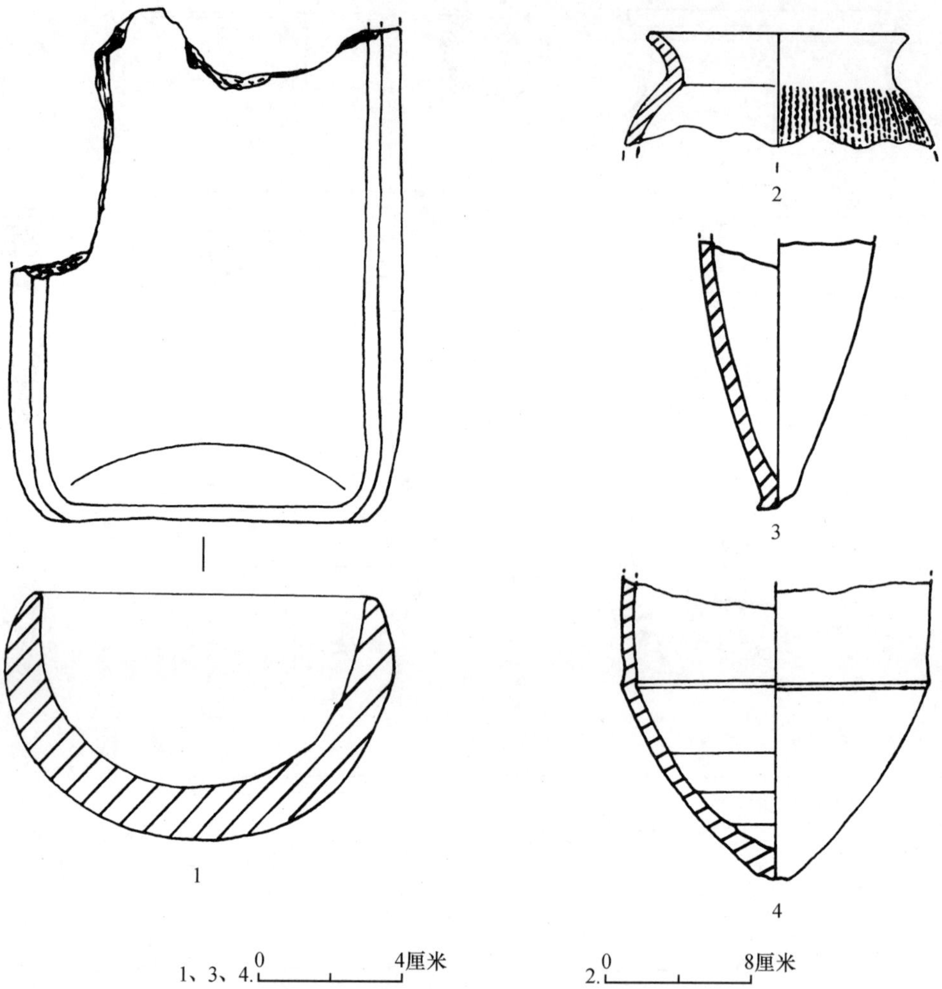

图二三　03ZDⅣT1209④B出土陶器

1. 船形杯（03ZDⅣT1209④B：2）　2. 素缘罐（03ZDⅣT1209④B：1）　3. 尖底杯（03ZDⅣT1209④B：3）　4. 炮弹形杯（03ZDⅣT1209④B：4）

尖底杯　2件。03ZDⅣT1109④B：5，泥质红陶。残存尖底，腹与底交接处折棱明显。素面。残高4.2厘米（图二四，6）。03ZDⅣT1109④B：6，泥质红陶。残存尖底，腹与底交接处折棱明显。素面。残高4.6厘米（图二四，7）。

残罐底　1件。03ZDⅣT1109④B：4，泥质灰陶。残存平底。素面。底径8、残高7.6厘米（图二四，3）。

残豆　1件。03ZDⅣT1109④B：7，泥质灰陶。盘、柄皆残。素面。残高2.8厘米（图二四，8）。

圈足器底　1件。03ZDⅣT1109④B：2，泥质灰陶。圈足中部略鼓，底缘外凸。底径20、残高4厘米（图二四，5）。

残器盖　1件。03ZDⅣT1109④B：8，泥质灰陶。盖与座皆残。残高4厘米（图二四，4）。

（7）03ZDⅣT1114④出土器物

花边口沿罐　4件。03ZDⅣT1114④：2，夹砂红陶。侈口，卷沿，尖圆唇，广肩，肩

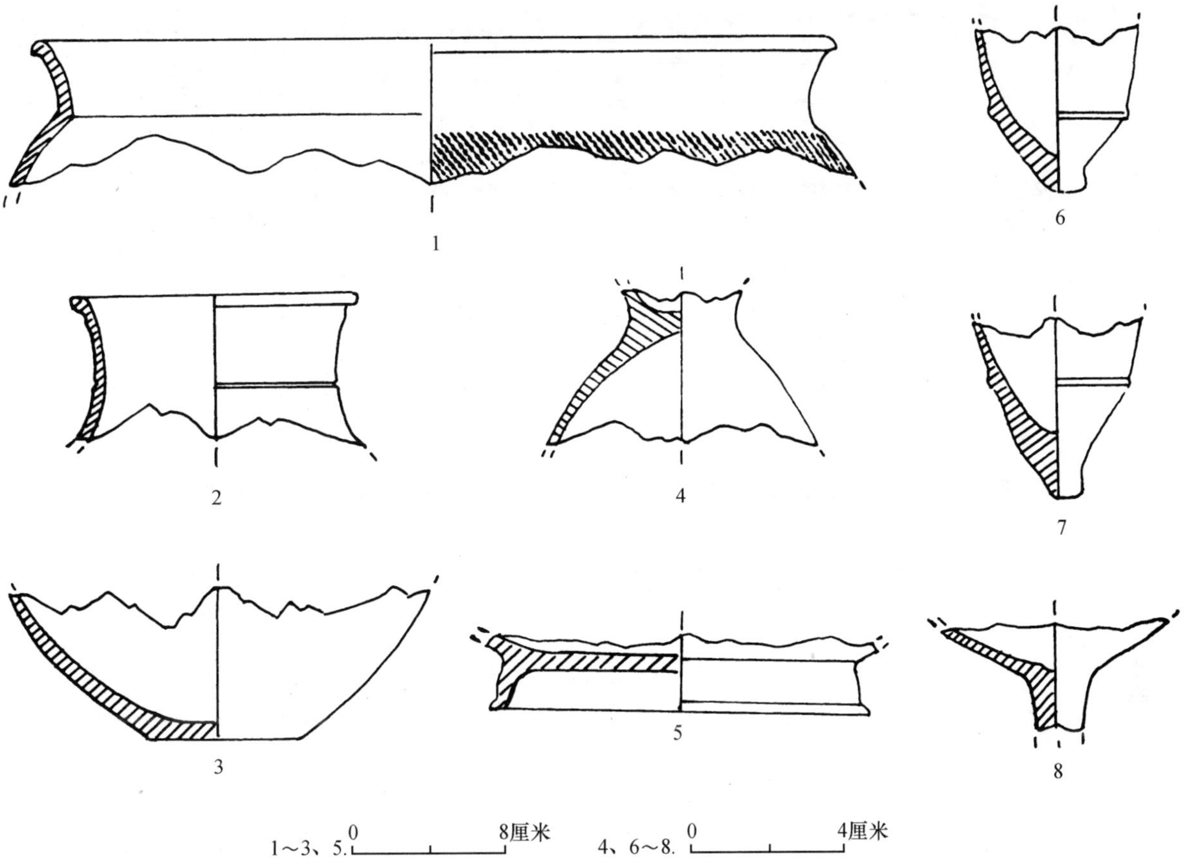

图二四　03ZDⅣT1109④B出土陶器

1. 素缘罐（03ZDⅣT1109④B：1）　2. 高领罐（03ZDⅣT1109④B：3）　3. 残罐底（03ZDⅣT1109④B：4）　4. 残器盖（03ZDⅣT1109④B：8）　5. 圈足器底（03ZDⅣT1109④B：2）　6、7. 尖底杯（03ZDⅣT1109④B：5、03ZDⅣT1109④B：6）　8. 残豆（03ZDⅣT1109④B：7）

以下残。唇部饰波浪形指压花边，器表饰粗绳纹。口径28、残高5.2厘米（图二五，4）。03ZDⅣT1114④：3，夹砂灰陶。侈口，卷沿，圆唇，溜肩，腹以下残。唇面饰手捏花边，器表饰粗绳纹。口径22.4、残高9.2厘米（图二五，3）。03ZDⅣT1114④：4，夹砂黑灰陶。侈口，卷沿，垂肩，腹以下残。唇部饰波浪形指压花边，器表饰粗绳纹。口径24、残高9.4厘米（图二五，2）。03ZDⅣT1114④：5，夹细砂红褐陶。侈口，微卷沿，尖圆唇，广肩，肩以下残。唇部饰指压波浪形花边，颈部有一周凸棱。素面。口径28、残高6厘米（图二五，1）。

瓮　1件。03ZDⅣT1114④：1，夹细砂黄褐陶。侈口，尖圆唇，卷沿，束颈，溜肩，肩以下残。素面。口径16、残高9.1厘米（图二五，5）。

（8）03ZDⅣT1103④出土器物

花边口沿罐　5件。03ZDⅣT1103④：3，夹砂灰陶。侈口，卷沿，圆唇，微折沿，广肩，肩以下残。唇部饰指压窝纹花边，器表饰棒压绳纹。口径22.4、残高7.2厘米（图二六，3）。03ZDⅣT1103④：1，夹砂灰陶。侈口，微折沿，圆唇，溜肩，肩以下残。唇部饰指压波浪纹花边，器表饰绳纹。口径24、残高6.4厘米（图二六，1）。03ZDⅣT1103④：2，夹砂褐陶。侈口，微折沿，尖圆唇，溜肩，肩以下残。唇部饰指压波浪纹花边，器表饰中绳纹。口径24、残

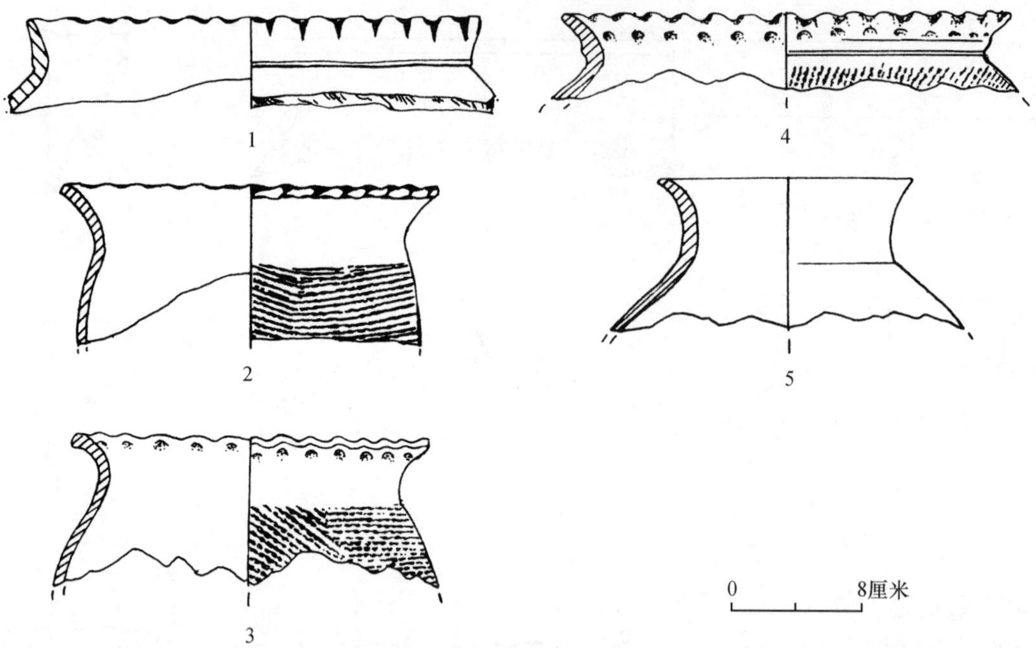

图二五　03ZDⅣT1114④出土陶器

1～4. 花边口沿罐（03ZDⅣT1114④：5、03ZDⅣT1114④：4、03ZDⅣT1114④：3、03ZDⅣT1114④：2）

5. 瓮（03ZDⅣT1114④：1）

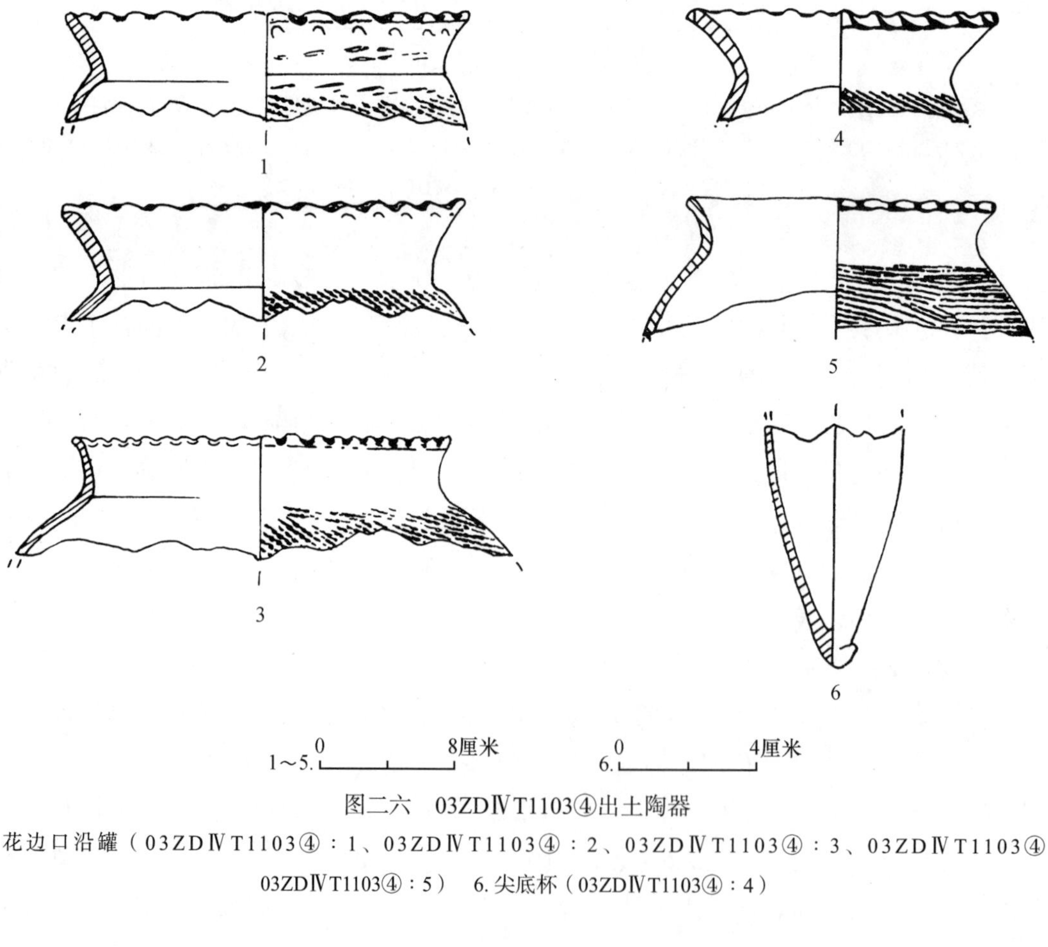

图二六　03ZDⅣT1103④出土陶器

1～5. 花边口沿罐（03ZDⅣT1103④：1、03ZDⅣT1103④：2、03ZDⅣT1103④：3、03ZDⅣT1103④：6、03ZDⅣT1103④：5）　6. 尖底杯（03ZDⅣT1103④：4）

高6.8厘米（图二六，2）。03ZDⅣT1103④：5，夹细砂红褐陶。侈口，卷沿，圆唇，广圆肩，肩以下残。唇部饰指压波浪纹花边，器表饰棒压绳纹。口径18、残高7.2厘米（图二六，5）。03ZDⅣT1103④：6，夹砂灰陶。侈口，卷沿，尖圆唇，溜肩，肩以下残。唇部饰指压波浪纹花边，器表饰中绳纹。口径18、残高6.4厘米（图二六，4）。

尖底杯　1件。03ZDⅣT1103④：4，夹砂灰陶。残存尖底，底尖弯曲。残高7厘米（图二六，6）。

（9）03ZDⅣT1015④出土器物

素缘罐　1件。03ZDⅣT1015④：3，夹砂红褐陶。侈口，卷沿，方圆唇，广肩，肩以下残。颈部以下饰粗绳纹。口径34、残高6.8厘米（图二七，4）。

花边口沿罐　3件。03ZDⅣT1015④：1，夹细砂红陶。侈口，微卷沿，圆唇，溜肩，肩以下残。唇面饰指压波浪纹花边，内外侧均有指窝痕，器表饰细绳纹。口径21.2、残高6.4厘米（图二七，1）。03ZDⅣT1015④：2，夹砂灰陶。侈口，卷沿，圆唇，束颈。颈以下残。唇面饰指压波浪纹花边。口径13.6、残高4.8厘米（图二七，3）。03ZDⅣT1015④：4，夹砂红陶。侈口，卷沿，方圆唇，溜肩，肩以下残。唇面饰指压波浪纹花边，内外侧均有指窝痕，器表饰细绳纹。口径20.8、残高6.8厘米（图二七，2）。

（10）03ZDⅣT1212④B出土器物

素缘罐　2件。03ZDⅣT1212④B：3，夹砂灰皮红胎陶。侈口，卷沿尖唇，垂肩，微鼓腹，下腹与底残。器表饰纵向细绳纹。口径12、残高7.6厘米（图二八，1）。03ZDⅣT1212④B：1，夹细砂青灰陶。侈口，卷沿，尖圆唇，圆肩，肩以下残。器表饰斜向细绳纹。口径16、残高6.4厘米（图二八，2）。

花边口沿罐　1件。03ZDⅣT1212④B：11，夹砂红陶。侈口，卷沿，尖圆唇，广圆肩，肩部以下残。唇面饰指压花边，器表饰斜向绳纹。口径20、残高6.4厘米（图二八，3）。

高领罐　1件。03ZDⅣT1212④B：2，夹细砂灰褐。侈口，方唇，束颈，颈以下残。缘面与颈部饰有凹弦纹。口径19.6、胎厚0.6、残高9.6厘米（图二八，4）。

瓮　2件。03ZDⅣT1212④B：12，夹粗砂褐陶。侈口，微折沿，方唇，圆肩，肩以下残。唇外缘有凹槽，沿面内凹。器表饰绳纹。口径30、残高6.8厘米（图二八，9）。

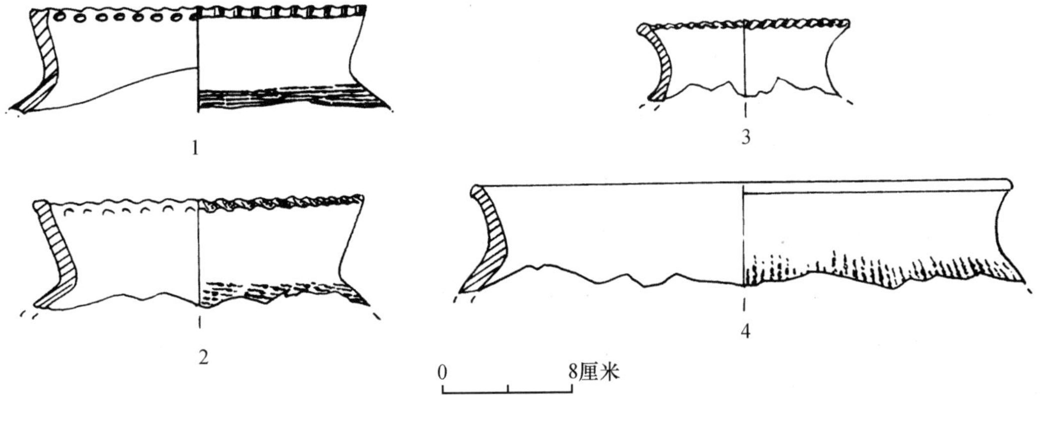

图二七　03ZDⅣT1015④出土陶器

1～3. 花边口沿罐（03ZDⅣT1015④：1、03ZDⅣT1015④：4、03ZDⅣT1015④：2）　4. 素缘罐（03ZDⅣT1015④：3）

图二八 03ZDⅣT1212④B出土陶器

1、2. 素缘罐（03ZDⅣT1212④B：3、03ZDⅣT1212④B：1） 3. 花边口沿罐（03ZDⅣT1212④B：11） 4. 高领罐（03ZDⅣT1212④B：2） 5、7. 炮弹形杯（03ZDⅣT1212④B：6、03ZDⅣT1212④B：8） 6. 尖底杯（03ZDⅣT1212④B：7） 8、9. 瓮（03ZDⅣT1212④B：14、03ZDⅣT1212④B：12） 10. 深腹盆（03ZDⅣT1212④B：4） 11. 耸肩罐（03ZDⅣT1212④B：13） 12、13. 残簋器座（03ZDⅣT1212④B：9、03ZDⅣT1212④B：10） 14. 豆（03ZDⅣT1212④B：5）

03ZDⅣT1212④B：14，夹细砂灰褐陶。侈口，微折沿，方唇，溜肩，肩以下残。唇面有凹槽，沿面内凹。素面。口径21、残高3.7厘米（图二八，8）。

深腹盆 1件。03ZDⅣT1212④B：4，夹砂黑皮红胎陶。侈口，宽卷沿，方唇，耸肩，肩以下残。唇面有凹槽，沿面内凹。肩饰凹弦纹一周，腹饰横向划线纹。口径28.8、残高7.2厘米（图二八，10）。

豆 1件。03ZDⅣT1212④B：5，泥质红陶。残存豆盘底部及豆柄。素面。残高4.4厘米（图二八，14）。

尖底杯 1件。03ZDⅣT1212④B：7，夹砂红陶。残存尖底，腹、底交接处折棱明显。内壁留有旋痕。残高3.6厘米（图二八，6）。

炮弹形杯 2件。03ZDⅣT1212④B：8，泥质灰陶。残存尖平底。素面。残高3.6厘米（图二八，7）。03ZDⅣT1212④B：6，夹细砂黑灰陶。残存尖底。残高6厘米（图二八，5）。

残簋器座 2件。03ZDⅣT1212④B：9，泥质灰陶。束腰形底座。素面。座径4.4、残高5.2厘米（图二八，12）。03ZDⅣT1212④B：10，夹砂红陶。喇叭形底座。素面。座径9.6、残高3.6厘米（图二八，13）。

耸肩罐 1件。03ZDⅣT1212④B：13，泥质灰陶。敞口，尖圆唇，折耸肩，弧腹，底残。素面。口径12.8、残高5.6厘米（图二八，11）。

（11）03ZDⅣT1213④A出土器物

花边口沿罐 1件。03ZDⅣT1213④A：11，夹细砂红陶。侈口，卷沿，圆唇，唇部饰指压花边，颈以下残。素面。口径15.2、残高4.8厘米（图二九，1）。

盘口罐 2件。03ZDⅣT1213④A：1，夹细砂灰陶。侈口，卷沿，圆唇内折成盘口，束颈较直，颈以下残。颈部饰一周凹弦纹。口径14.4、残高6.8厘米（图二九，5）。03ZDⅣT1213④A：14，泥质黄褐陶。侈口，卷沿，圆唇内折成盘口，束颈较直，颈以下残。颈部饰两周凹弦纹。口径15.6、残高6.8、胎厚0.4厘米（图二九，7）。

高领罐 3件。03ZDⅣT1213④A：12，泥质灰陶。侈口，卷沿，圆唇，束高领，领以下残。素面。口径16、残高8.9厘米（图二九，4）。03ZDⅣT1213④A：3，泥质灰陶。侈口，卷沿，尖圆唇，高领较直，领以下残。素面。口径15.2、残高9.2厘米（图二九，3）。03ZDⅣT1213④A：4，夹细砂灰陶。侈口，卷沿，尖圆唇，高领较直，束颈，领以下残。颈部饰一周凹弦纹。口径12、残高7.6厘米（图二九，2）。

瓮 2件。03ZDⅣT1213④A：2，泥质灰陶。侈口，卷沿，沿面稍向外翻，高领，广肩，肩以下残。颈部饰两周凹弦纹。口径16、残高7.2厘米（图二九，8）。03ZDⅣT1213④A：13，泥质灰陶。侈口，卷沿，尖圆唇，束颈，广肩，肩以下残。颈部有凹弦纹。口径13.2、残高6.8厘米（图二九，6）。

盆 1件。03ZDⅣT1213④A：5，夹细砂灰陶。敛口，卷沿，尖圆唇，鼓肩，肩以下残。肩部饰一周凹弦纹。口径28、残高6厘米（图二九，9）。

尖底杯 3件。03ZDⅣT1213④A：6，夹砂红陶。残存尖底，腹、底交接处折棱不明显。素面。残高4.2厘米（图三一，14）。03ZDⅣT1213④A：7，夹砂红陶。残存尖底，腹、底交接处折棱不明显。素面。残高5.4厘米（图二九，12）。03ZDⅣT1213④A：8，泥质红陶。残

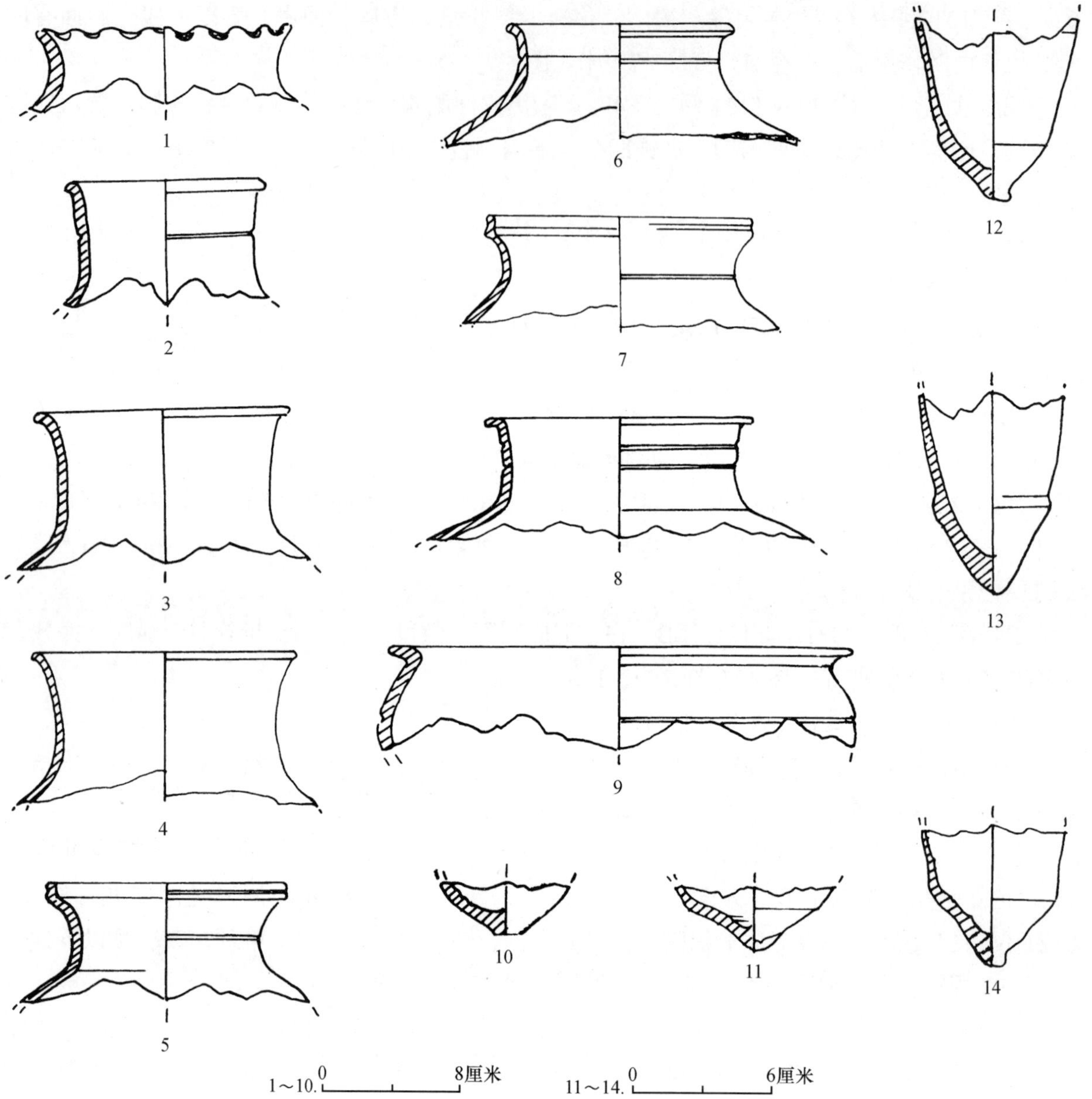

图二九 03ZDⅣT1213④A出土陶器

1. 花边口沿罐（03ZDⅣT1213④A：11） 2～4. 高领罐（03ZDⅣT1213④A：4、03ZDⅣT1213④A：3、03ZDⅣT1213④A：12） 5、7. 盘口罐（03ZDⅣT1213④A：1、03ZDⅣT1213④A：14） 6、8. 瓮（03ZDⅣT1213④A：13、03ZDⅣT1213④A：2） 9. 盆（03ZDⅣT1213④A：5） 10、11. 残尖底盏（03ZDⅣT1213④A：10、03ZDⅣT1213④A：9） 12～14. 尖底杯（03ZDⅣT1213④A：7、03ZDⅣT1213④A：8、03ZDⅣT1213④A：6）

存尖底，腹、底交接处折棱明显。素面。残高6厘米（图二九，13）。

残尖底盏 2件。03ZDⅣT1213④A：9，泥质红陶。残存尖底。素面。残高2厘米（图二九，11）。03ZDⅣT1213④A：10，泥质红陶。残存尖底。素面。残高3.2厘米（图二九，10）。

（12）03ZDⅣT1214④出土器物

花边口沿罐 2件。03ZDⅣT1214④：1，夹砂红褐陶。侈口，卷沿，圆唇，圆肩，肩以下残。唇部有指压波浪纹花边，唇部内外侧均有指窝痕，器表饰中绳纹。口径28.4、残高6.4厘米

（图三〇，1）。03ZDⅣT1214④：2，夹砂灰陶。侈口，卷沿，圆唇，圆肩，肩以下残。唇部有指压波浪纹花边，唇部内外侧均有指窝痕。口径42.4、残高4.4厘米（图三〇，3）。

盆 1件。03ZDⅣT1214④：3，夹砂灰陶。敛口，折沿，沿面内凹，方唇，圆耸肩，肩以下残。唇面有一周凹槽，器表有刮抹痕迹。口径44、残高5.2厘米（图三〇，2）。

尖底杯 1件。03ZDⅣT1214④：4，泥质红陶。残存尖底，腹、底交接处折棱明显。素面。残高4.6厘米（图三〇，4）。

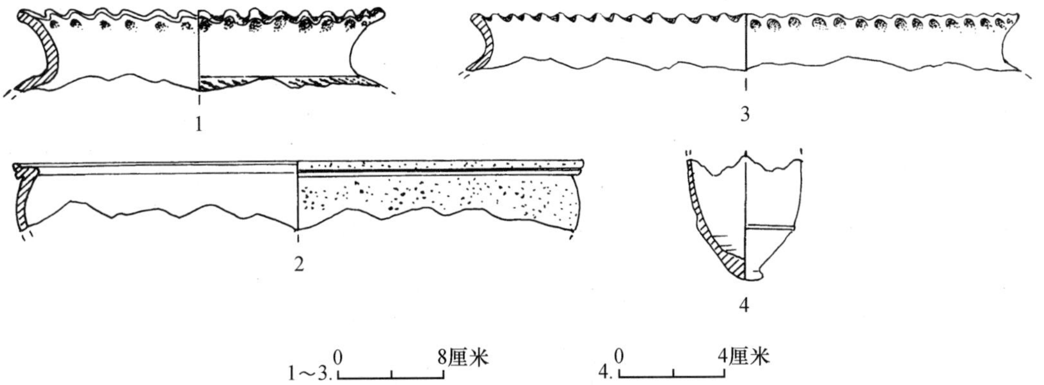

图三〇 03ZDⅣT1214④出土陶器

1、3. 花边口沿罐（03ZDⅣT1214④：1、03ZDⅣT1214④：2） 2. 盆（03ZDⅣT1214④：3） 4. 尖底杯（03ZDⅣT1214④：4）

（13）03ZDⅣT1312③B出土器物

花边口沿罐 3件。03ZDⅣT1312③B：2，夹砂红皮灰胎陶。侈口，卷沿，尖圆唇，颈以下残。唇部有指压波浪纹花边，唇部内外侧均有指窝痕，器表饰中绳纹。口径32、残高6.4厘米（图三一，4）。03ZDⅣT1312③B：3，泥质灰陶。侈口，卷沿，尖圆唇，圆肩，肩以下残。唇部有指压波浪纹花边，唇部内外侧均有指窝痕，器表饰中绳纹。口径20.8、残高6.8厘米（图三一，1）。03ZDⅣT1312③B：1，夹砂红陶。侈口，卷沿，圆唇，溜肩，肩以下残。唇部有指压波浪纹花边，器表饰绳纹。口径20、残高7.2厘米（图三一，2）。

船形杯 2件。03ZDⅣT1312③B：7，夹粗砂红皮灰胎陶。平面似船形，残存较平直一端。残长12.4、高6.4厘米（图三一，8）。03ZDⅣT1312③B：4，夹粗砂红褐陶。器形整体为船形，横截面为半圆形，一端平直，另一端残，口沿为圆唇略尖，夹粗砂厚胎。素面。残长13.8、宽10.2、最厚约1.2厘米（图三一，5）。

炮弹形杯 2件。03ZDⅣT1312③B：5，泥质灰陶。残存尖底，内壁留有轮制痕迹。素面。残高10.2厘米（图三一，3）。03ZDⅣT1312③B：6，泥质灰陶。残存尖底。素面。残高10厘米（图三一，7）。

高领罐 1件。03ZDⅣT1312③B：8，夹砂灰皮红胎陶。侈口，卷沿，尖圆唇，束颈，颈以下残。素面。口径14.4、残高5.2厘米（图三一，6）。

（14）03ZDⅠT1408④出土器物

素缘绳纹罐 4件。03ZDⅠT1408④：2，夹砂灰陶。侈口，卷沿，圆唇，溜肩，鼓腹，底残。器表饰粗绳纹。口径12、残高9.2厘米（图三二，4）。03ZDⅠT1408④：3，夹砂灰陶。侈口，卷沿，圆唇，溜肩，肩以下残。器表饰粗绳纹。口径10.4、残高4.8厘米（图三二，3）。

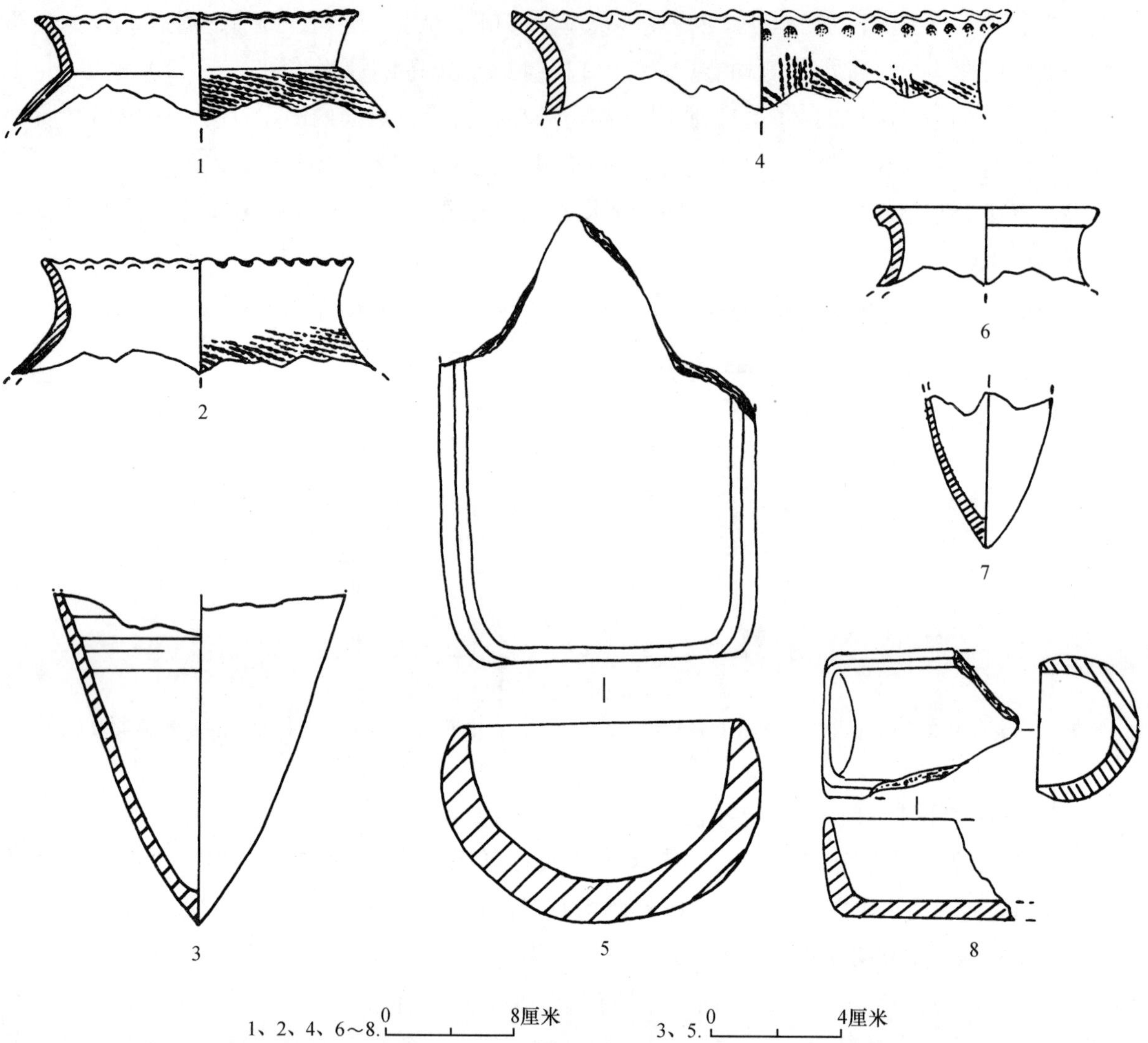

图三一 03ZDⅣT1312③B出土陶器

1、2、4. 花边口沿罐（03ZDⅣT1312③B：3、03ZDⅣT1312③B：1、03ZDⅣT1312③B：2）

3、7. 炮弹形杯（03ZDⅣT1312③B：5、03ZDⅣT1312③B：6） 5、8. 船形杯（03ZDⅣT1312③B：4、03ZDⅣT1312③B：7）

6. 高领罐（03ZDⅣT1312③B：8）

03ZDⅠT1408④：1，夹细砂青灰陶。侈口，卷沿，圆唇，束颈，上腹壁斜直，下残。颈腹之间有折棱，器表饰中绳纹。口径20、残高7.4厘米（图三二，1）。03ZDⅠT1408④：4，夹砂灰陶。侈口，卷沿，圆唇，束颈，上腹壁斜直，下残。颈腹之间折棱明显，腹饰细绳纹。口径21.6、残高7.6厘米（图三二，2）。

船形杯 1件。03ZDⅠT1408④：5，夹砂红陶。模制。平面呈船形，残存较平直一端。素面。残长6.2、残高5厘米（图三二，5）。

（15）03ZDⅠT1509③出土器物

素缘罐 1件。03ZDⅠT1509③：3，夹砂灰陶。侈口，卷沿，方圆唇，束颈，圆肩，肩以下残。器表饰方格纹。口径11.2、残高6厘米（图三三，4）。

花边口沿罐 1件。03ZDⅠT1509③：7，夹砂灰陶。侈口，卷沿，尖圆唇，唇面饰绳切花

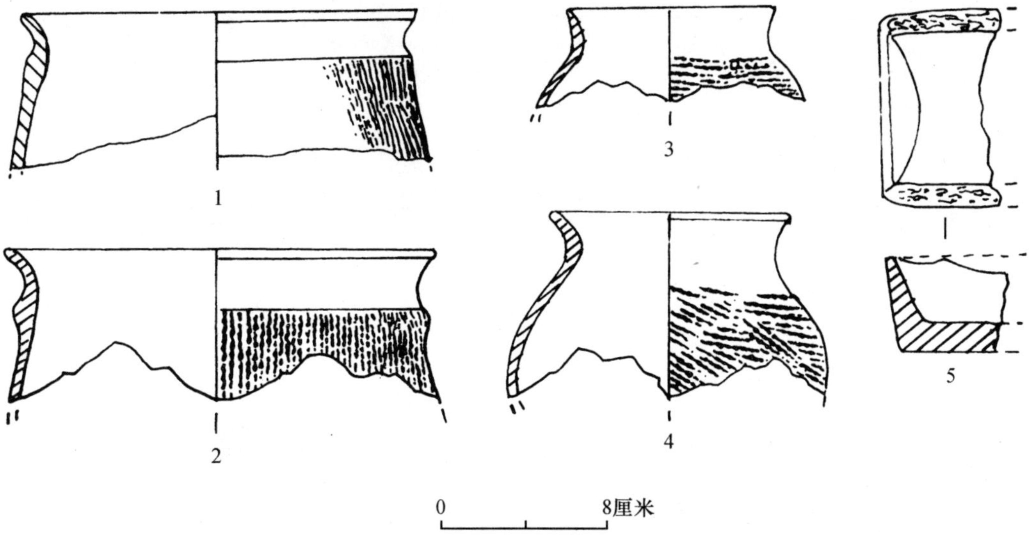

图三二　03ZDⅠT1408④出土陶器

1～4. 素缘绳纹罐（03ZDⅠT1408④：1、03ZDⅠT1408④：4、03ZDⅠT1408④：3、03ZDⅠT1408④：2）

5. 船形杯（03ZDⅠT1408④：5）

边，浅圆鼓腹，底残。器表饰粗绳纹。口径10.4、残高9.2厘米（图三三，3）。

尖底盏　1件。03ZDⅠT1509③：6，夹砂红皮灰胎陶。敛口，尖圆唇，曲腹，底残。素面。口径24、残高4厘米（图三三，5）。

尖底杯　1件。03ZDⅠT1509③：4，泥质红陶。残存尖底，底尖弯曲。腹、底交接处折棱不明显。素面。残高4厘米（图三三，6）。

豆　2件。03ZDⅠT1509③：1，夹砂灰陶。微敛口，尖圆唇，浅腹，圜底，柱状柄，底座残。素面。口径16、残高11.2厘米（图三三，2）。03ZDⅠT1509③：2，夹细砂青灰陶。微敛口，尖圆唇，浅腹，圜底，柱状柄，底座残。素面。口径14、残高10.4厘米（图三三，1）。

残石器　1件。03ZDⅠT1509③：5，石质。磨制。青色砂岩。呈圆角三角形，顶部有一从两面对钻的孔，但未钻透。素面。宽0.9～3.9、残高6.8、厚0.6厘米（图三三，7）。

（16）03ZDⅣT1014⑤出土器物

素缘绳纹罐　1件。03ZDⅣT1014⑤：3，夹细砂灰陶。口微侈，卷沿，尖圆唇，溜肩，鼓腹，下腹残。器表饰中绳纹。口径10、残高9、壁厚约0.6厘米（图三四，3）。

尖底杯　2件。03ZDⅣT1014⑤：1，泥质灰陶。残存尖底，器体瘦长，底尖弯曲。腹、底交接处折棱明显。残高6.8厘米（图三四，1）。03ZDⅣT1014⑤：2，泥质青灰陶。残存尖底，器体瘦长，底尖弯曲。器身与底部接合处有明显凸棱。残高6.8厘米（图三四，2）。

（17）03ZDⅠT1407④B出土器物

尖底杯　3件。03ZDⅠT1407④B：1，泥质红陶。两件套在一起。残存尖底，底部弯曲。器身与底部接合处有明显凸棱，器表留有旋痕。残高8厘米（图三五，1）。03ZDⅠT1407④B：2，泥质红陶。两件套在一起。残存尖底，底部弯曲。器身与底部接合处有明显凸棱。残高6.4厘米（图三五，2）。03ZDⅠT1407④B：3，泥质红陶。残存尖底。器身与底部接合处有明显凸棱。残高5.2厘米（图三五，3）。

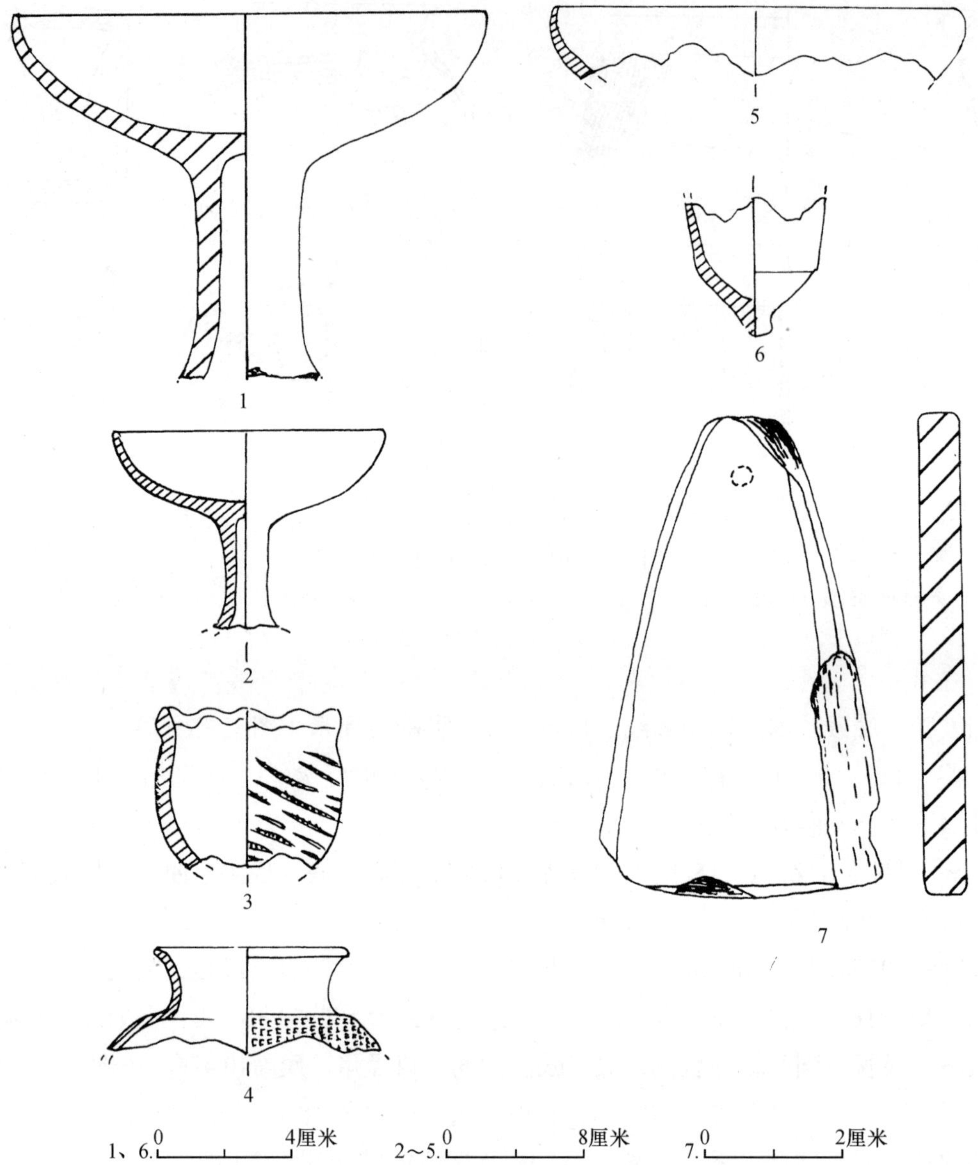

图三三 03ZDⅠT1509③出土器物

1、2. 陶豆（03ZDⅠT1509③：2、03ZDⅠT1509③：1） 3. 陶花边口沿罐（03ZDⅠT1509③：7） 4. 陶素缘罐（03ZDⅠT1509③：3） 5. 陶尖底盏（03ZDⅠT1509③：6） 6. 陶尖底杯（03ZDⅠT1509③：4） 7. 残石器（03ZDⅠT1509③：5）

（18）03ZDⅣT0908③B出土器物

花边口沿罐 2件。03ZDⅣT0908③B：1，夹砂红陶。侈口，卷沿，尖圆唇，垂肩，肩以下残。唇部饰指压花边，器表饰粗绳纹。口径9.6、残高5.2厘米（图九，3）。03ZDⅣT0908③B：2，夹砂红陶。侈口，卷沿，尖圆唇，垂肩，肩以下残。唇部饰指压波浪纹花边，器表饰中绳纹。口径9.6、残高5.1、胎厚0.3～0.5厘米（图九，4）。

（19）03ZDⅣT0905③出土器物

素缘罐 1件。03ZDⅣT0905③：1，夹细砂青灰陶。圆唇，卷沿，侈口，束颈，颈腹之间有折棱，鼓腹。腹部有中绳纹。口径12、残高7.4厘米（图三六，1）。

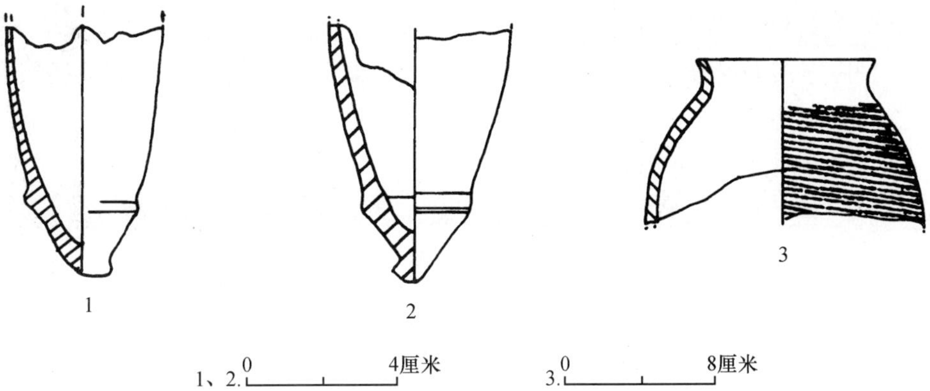

图三四 03ZDⅣT1014⑤出土陶器

1、2. 尖底杯（03ZDⅣT1014⑤：1、03ZDⅣT1014⑤：2） 3. 素缘绳纹罐（03ZDⅣT1014⑤：3）

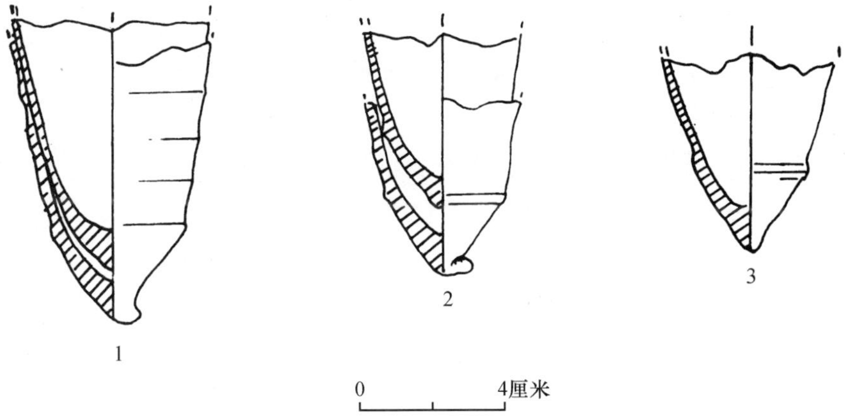

图三五 03ZDⅠT1407④B出土陶尖底杯

1. 03ZDⅠT1407④B：1 2. 03ZDⅠT1407④B：2 3. 03ZDⅠT1407④B：3

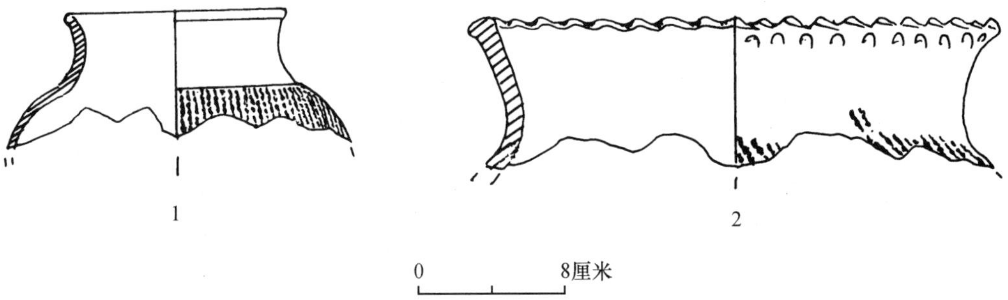

图三六 03ZDⅣT0905③出土陶器

1. 素缘罐（03ZDⅣT0905③：1） 2. 花边口沿罐（03ZDⅣT0905③：2）

花边口沿罐 1件。03ZDⅣT0905③：2，夹砂青灰陶。侈口，沿面内凹，唇部有波状花边，唇部外侧有指窝，束颈。腹部饰中粗绳纹。口径28.8、残高8厘米（图三六，2）。

（20）03ZDⅣT1313④B出土器物

素缘罐 1件。03ZDⅣT1313④B：1，夹砂红褐陶。侈口，卷沿，尖圆唇，束颈，耸鼓肩，内斜弧腹，底残。器表饰粗绳纹。口径16.4、残高16.8厘米（图一九，1）。

（21）03ZDⅣ1805⑤出土器物

陶纺轮　1件。03ZDⅣ1805⑤：1，泥质灰陶。圆珠形。顶面径1.8、底面径2、腹径3.8、孔径0.4、高2.2厘米（图二〇，8）。

（22）03ZDⅠT1211④出土器物

陶网坠　5件。03ZDⅠT1211④：1，泥质灰陶。枣核形。残长4.8、最大径1.6、孔径0.4厘米（图二〇，1）。03ZDⅠT1211④：2，夹细砂灰陶。枣核形。残长4.6、最大径1.6、孔径0.4厘米（图二〇，2）。03ZDⅠT1211④：3，夹砂灰陶。枣核形。残长5.6、最大径1.8、孔径0.4厘米（图二〇，3）。03ZDⅠT1211④：4，夹砂灰陶。枣核形，长4.6、最大径1.6、孔径0.4厘米（图二〇，4）。03ZDⅠT1211④：5，夹砂灰陶。枣核形，残长4、最大径1.8、孔径0.4厘米（图二〇，5）。

（23）03ZDⅣT0914④出土器物

石斧　1件。03ZDⅣT0914④：1，青灰色石。扁长方体。正面磨光，背面粗糙，弧顶，弧刃，两面刃，刃部呈锯齿状。长13.6、宽6.8、厚2.2厘米（图三七，2）。

（24）03ZDⅣT0714④A出土器物

石斧　1件。03ZDⅣT0714④A：1，青灰色石。不规则扁长方体，弧顶，三面刃，侧刃均为打制而成的两面直刃，下刃呈弧形。一面磨光，一面粗糙。长13.8、宽5.6、厚2厘米（图三七，1）。

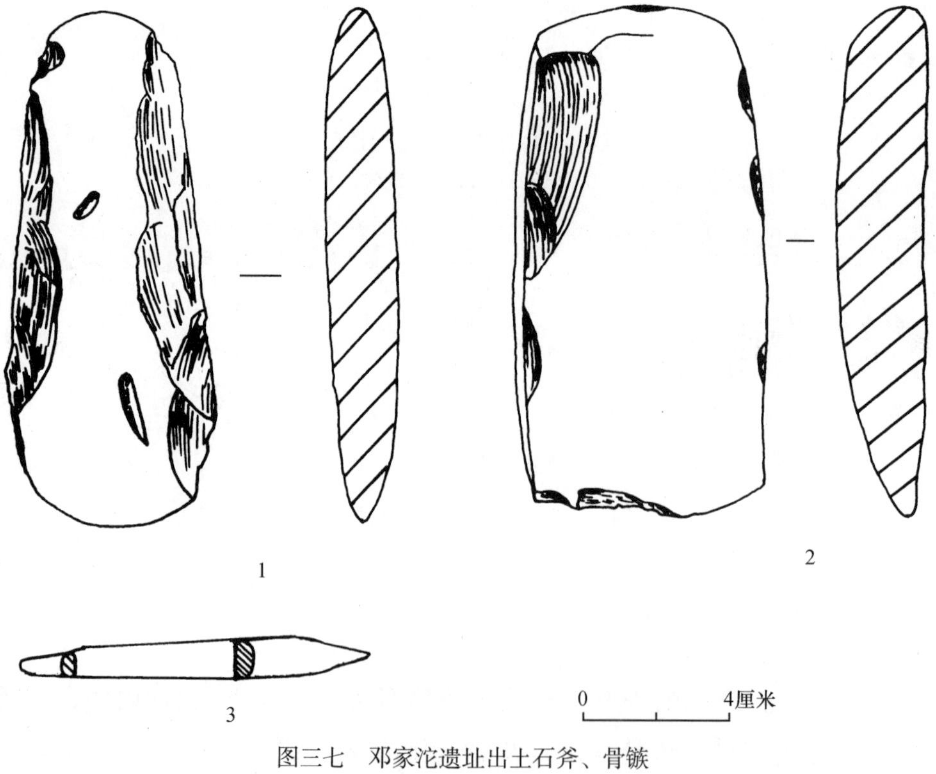

图三七　邓家沱遗址出土石斧、骨镞

1、2. 石斧（03ZDⅣT0714④A：1、03ZDⅣT0914④：1）　3. 骨镞（03ZDⅣT1412②：1）

三、秦汉时期遗存

（一）文化层堆积

秦汉时期文化层堆积比较简单，仅见少量墓葬和瓮棺葬，而罕见文化层堆积。这一时期的文化层堆积质地较硬，仅夹杂少量炭粒。遗物仅发现少量绳纹板瓦和筒瓦残片，不像是居住生活所形成的。

（二）遗迹

本期遗迹比较贫乏，发现有墓葬1座、瓮棺1座。

M4　位于03ZDⅡT0808内，开口于耕土下，打破生土。砖室墓，方向20°。平面呈“凸”字形，甬道长160、宽142、深116厘米。墓室长240、宽235、深134厘米。四壁采用平砖错缝砌造，券顶则采用子母立砖砌造。因盗扰严重而骨架不存，仅发现 2 枚五铢钱和部分陶俑残片（图三八）。

W2　位于03ZDⅠT1215内，开口于第3层下打破第4层（西周层）。坑口近椭圆形，直壁，底较平。径长45～55、深43厘米。内置瓮、盆各一，瓮内置一具小孩尸骨，仅存头骨碎片，其上扣盆（图三九；彩版一四〇，3）。

（三）遗物

1. 遗迹单位出土遗物

本期出土物相对较少。

（1）03ZDⅡM4出土器物

五铢钱　2枚。锈蚀严重。03ZDⅡM4：1，直径2.5厘米。钱文“五铢”。

（2）03ZDⅠW2出土器物

深腹盆　1件。03ZDⅠW2：1，夹砂灰褐陶。直口微敛，平折沿，圆唇，上腹较直，下腹内弧收，平底。上腹饰一道凸弦纹。口径34.2、底径16、高21.4厘米（图四〇，1；彩版一四一，3）。

瓮　1件。03ZDⅠW2：2，夹砂灰褐陶。敛口，直沿，方圆唇，唇面有折棱，耸广肩，鼓曲腹，小平底。肩部饰一圈“蝴蝶”形纹饰，器表饰篮纹。口径21.8、底径10.4、高29.6厘米（图四〇，2；彩版一四一，4）。

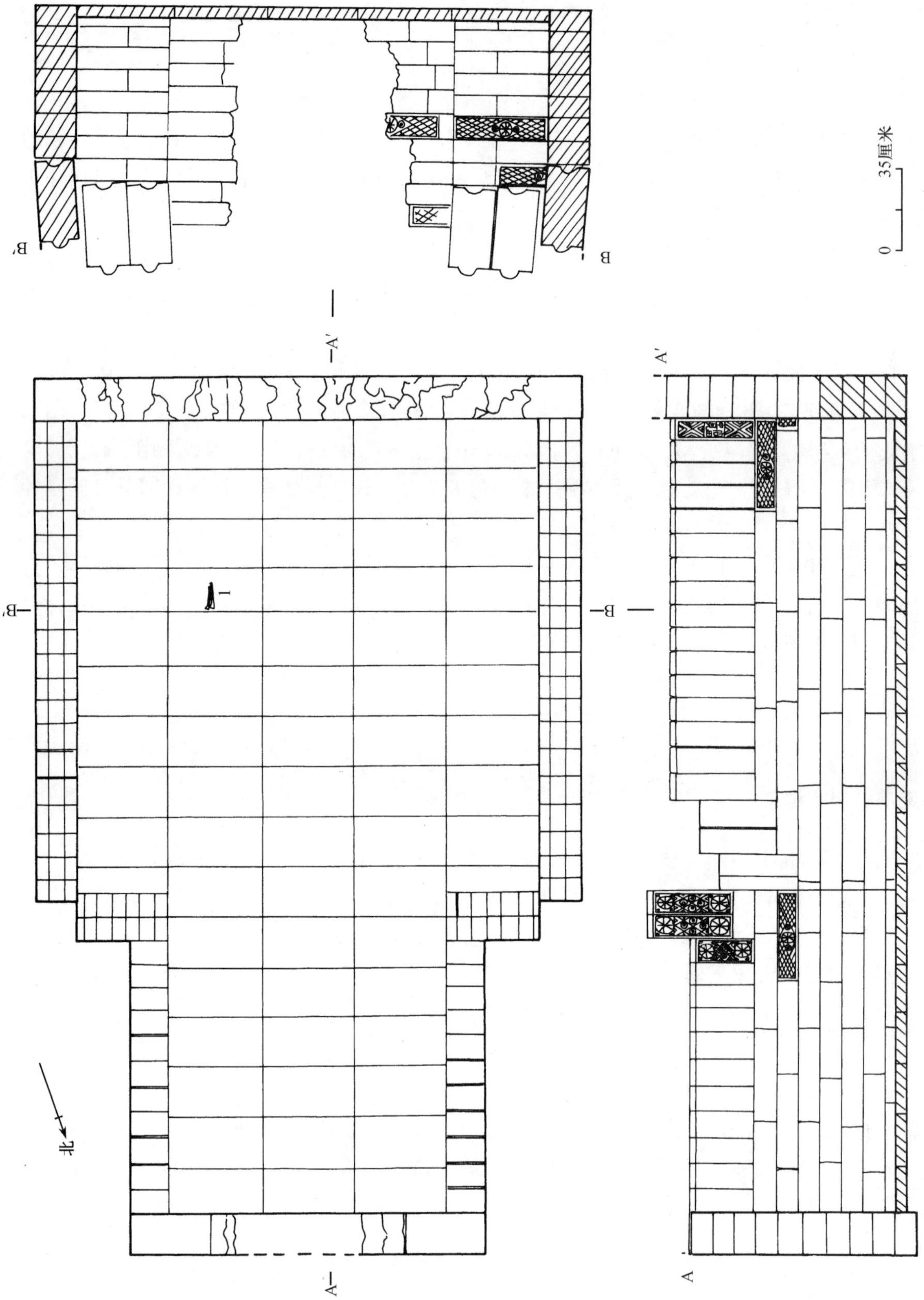

图三八　03ZD II M4平、剖面图

1.棺钉

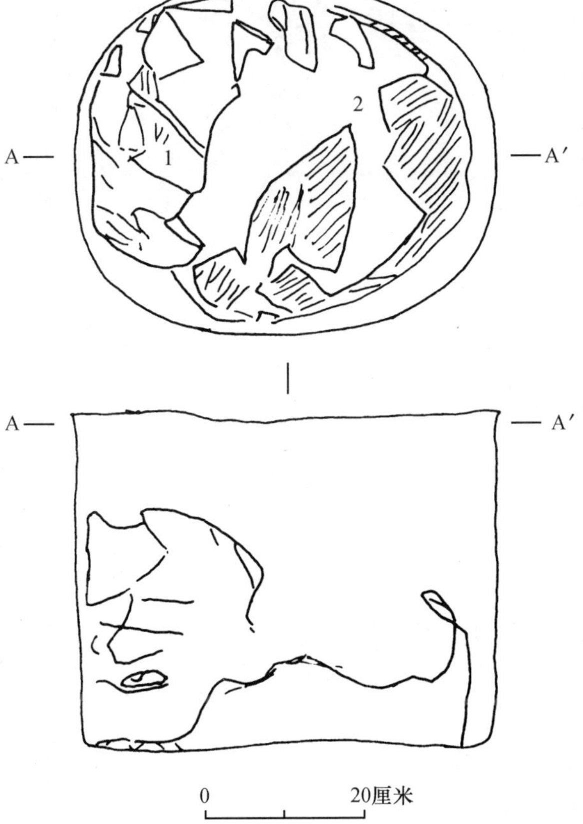

图三九　03ZDⅠW2平、剖面图
1. 陶深腹盆　2. 陶瓮

2. 文化层单位出土遗物

（1）第4层出土遗物

1）03ZDⅠT1204④出土器物

右阙枋子层　1件。出土于03ZDⅠT1204东部，与右阙斗石东西并列（彩版一四二，1、2），层位关系为第3层下与第4层上。03ZDⅠT1204④：1（原03ZDQ03），石质，灰白色砂石。长方体，顶部有榫头，底部有卯孔。四个转角处均浮雕有角神，形体似熊，弓背、鼓腹、屈腿，做支撑状；四面上下边框均有粗线刻纹，中间浅浮雕上下三排中间无孔的圆璧纹。长80、宽38、高40厘米。

右阙斗石　1件。出土位置、层位关系与右阙枋子层相同。03ZDⅠT1204④：2（原03ZDQ04），石质，灰白色砂石。呈顶部长宽大于底部长宽的方斗形体。底部中间有卯孔，顶部有部分遭破坏，残存部分未见有榫头痕迹。四面均有浮雕图案，正面图案漫漶不清，残存部分似朱雀中部；背面正中为站立的凤凰，形体与孔雀相似，昂首翘尾，口衔瑞草，凤凰背部之上正中浮雕纵长方形榜题，榜文阴线隶书“凤凰”（彩版一四三，4）；右侧面为三足乌，呈站立状，三足乌背部上方浅浮雕长方形榜题，仅存一“三”字（彩版一四四，2）；左侧面仅残存四兽足。上部残长69、复原长度85厘米，残宽27、复原宽度40厘米，下部长72、宽30厘米，高48厘米。

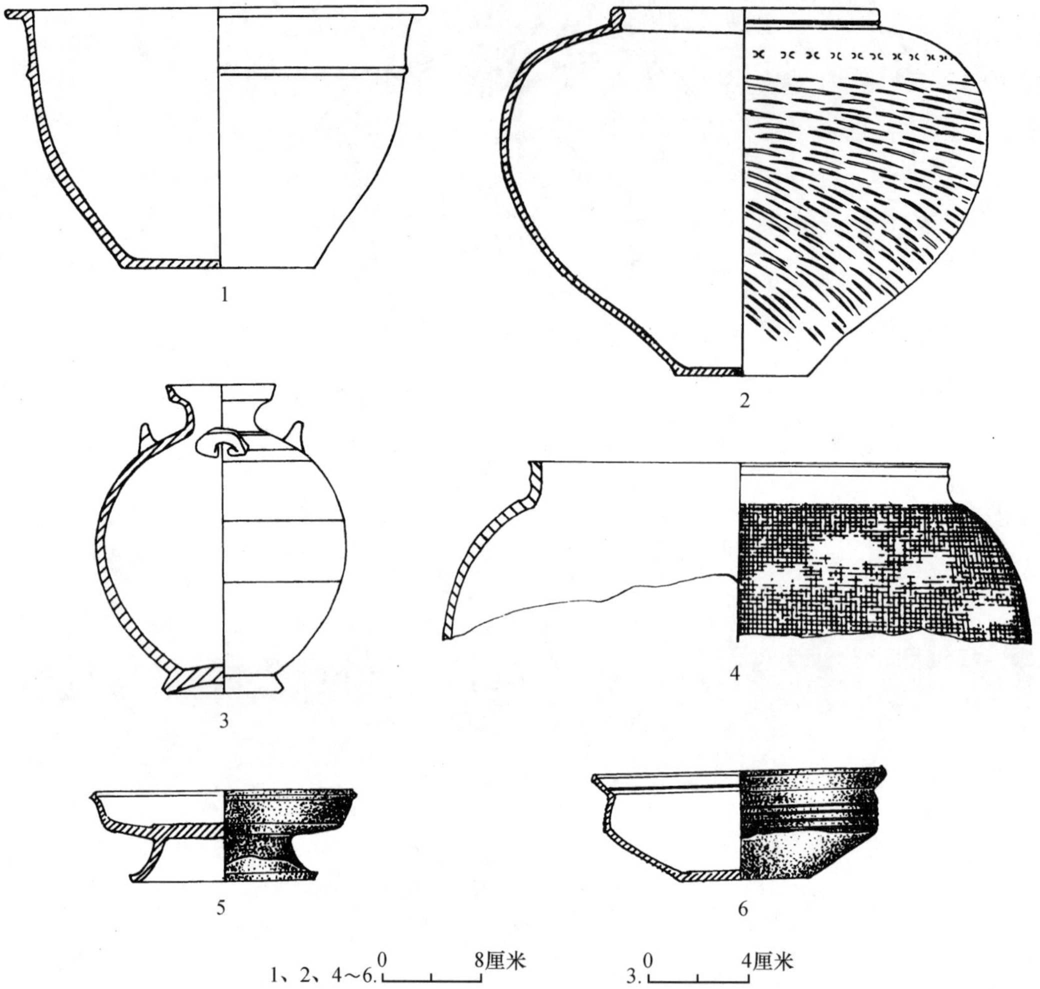

图四〇　03ZDⅠW2、ⅠM2、ⅠM3、ⅣT1710③出土器物

1. 陶深腹盆（03ZDⅠW2：1）　2、4. 陶瓮（03ZDⅠW2：2、03ZDⅣT1710③：4）　3. 瓷四系盘口罐（03ZDⅠM2：4）　5. 瓷高圈足盘（03ZDⅠM3：1）　6. 瓷盆（03ZDⅠM3：2）

右阙基座　1件。出土于03ZDⅠT1204东部，层位关系为第4层下与第5层上。03ZDⅠT1204④：3（原03ZDQ05），石质，白色砂石。长方体，中间有凹槽，为卯孔结构。四面留有粗线刻纹。长110、宽76、高28厘米（彩版一四二，3）。

2）03ZDⅠT1206④出土器物

左阙阙身　1件。出土于03ZDⅠT1206中部偏北。03ZDⅠT1206④：1（原03ZDQ06），石质，灰白色砂石。长方体，顶部有榫头，下部残。阙首饰粗线刻划纹，方形边框上饰回形纹。四面均有阴线雕刻。正面残存阙铭，篆书“故绵竹□……”（彩版一四四，4）。背面左上方存有方形榜题，隶书“□宽”。右侧浅浮雕神人戏龙图案，神人戴道冠，右腿弯曲，左腿后伸，左手持瑞草向龙嘴伸，右手后举；龙嘴衔瑞草，曲颈飞舞向前，身饰菱形鳞片（彩版一四三，5）。左侧浅浮雕神人托月图案，神人身着宽袖长袍，右手托举圆月于头顶之上，月中有桂树和玉兔（彩版一四三，6）。顶宽71、厚25～26、残高116厘米。

左阙阙顶　1件。位于左阙阙身的北部。03ZDⅠT1206④：2（原03ZDQ07），石质，灰白色砂石。残为两块，顶部瓦垄清晰，底部有卯孔。残长92、残宽49、高约48厘米（彩版一四三，2）。

左阙枋子层　1件。位于左阙阙身之下。03ZDⅠT1206④：3（原03ZDQ08），石质，灰白色砂石。长方体，顶部中间有榫头，底部中间有卯孔。四个转角处均浮雕有角神，形体似熊，弓背、鼓腹、屈腿，做支撑状（彩版一四四，3）；四面上下边框均有粗线刻纹，中间浅浮雕上下三排中间有孔的圆璧纹。长80、宽38、高41厘米（彩版一四二，4）。

左阙斗石　1件。位于左阙阙身之下。03ZDⅠT1206④：4（原03ZDQ09），石质，灰白色砂石。呈顶部长宽大于底部长宽的方斗形体，顶部正中雕有榫头，底部正中雕有卯孔。四面均有浮雕图案，正面多漫漶不清，残存部分可辨为龙头部和尾部（彩版一四三，1）；背面图案为天鹿居中而立，天鹿头上一耳一角，肩生双翼，身饰圆点云纹，口衔其前部的连理或嘉禾枝条，天鹿尾部斜下方为一向上飞奔的飞兔，斜上方为一只逆向展翅飞行、口衔瑞草的鸾鸟。天鹿尾部正上方、飞兔与鸾鸟腹下和连理或嘉禾底根之前分别浮雕纵长方形榜题，惜榜文已漫漶不清（彩版一四三，3）；右侧面为天马，昂首而立，身饰卷云纹，马背上部正中浮雕纵长方形榜题，榜文阴线隶书“天马”；左侧面为天禄，呈站立状，形体似鹿，头上长有三只锥形角与双耳，身饰圆点云纹，肩似生翼，背部上方的浮雕榜题呈圭形，榜文无存（彩版一四四，1）。上部长84、残宽28、复原后宽40厘米，下部长72、下部残宽20、复原后宽27厘米，高48厘米。

3）03ZDⅣT1710④出土器物

陶纺轮　1件。03ZDⅣT1710④：1，夹细砂灰褐陶。两面平整，中有穿孔，截面呈梯体，素面磨光。顶面径2.6、底面径4、厚度3、孔径0.2厘米（图二〇，7）。

4）03ZDⅣT1704④出土器物

铜杈　1件。03ZDⅣT1704④：1，铜质，模制。近圆锥形，上部有穿孔。宽2、高2.2厘米（图四一，4）

5）03ZDⅣT0911④出土器物

五铢钱　1枚。03ZDⅣT0911④：1，直径2.6厘米（图四八，2）。

（2）第3层出土遗物

1）03ZDⅠT1408③出土器物

宽沿盆　4件。03ZDⅠT1408③：1，泥质灰陶。微敛口，平折沿上翘，圆唇，上腹竖直，下腹弧收，底残。上腹饰凹弦纹和弦断绳纹，内壁留有旋痕。口径35.2、残高12厘米（图四二，1）。03ZDⅠT1408③：2，泥质灰陶。微敛口，平折沿，圆唇，上腹竖直，下腹弧收，底残。素面。口径35.2、残高13.2厘米（图四二，3）。03ZDⅠT1408③：5，泥质灰陶。微敛口，平折沿下垂，圆唇。腹底残。素面。口径37.6、残高5.6厘米（图四二，4）。03ZDⅠT1408③：7，泥质灰陶。微敛口，平折沿，斜方唇，微鼓腹，底残。腹部旋痕明显。口径35.2、残高10厘米（图四二，2）。

钵　3件。03ZDⅠT1408③：3，泥质灰陶。敞口，窄沿微侈，尖圆唇，弧腹，平底。上腹饰宽凹槽一周。口径26.4、高9、底径16.8厘米（图四二，5）。03ZDⅠT1408③：6，泥质灰陶。敞口，窄平沿，尖圆唇，弧腹，底残。上腹饰宽凹槽一周。口径25.6、残高6.4厘米（图四二，7）。03ZDⅠT1408③：4，泥质灰陶。敛口，窄沿微侈，尖圆唇，弧腹，平底。上腹饰

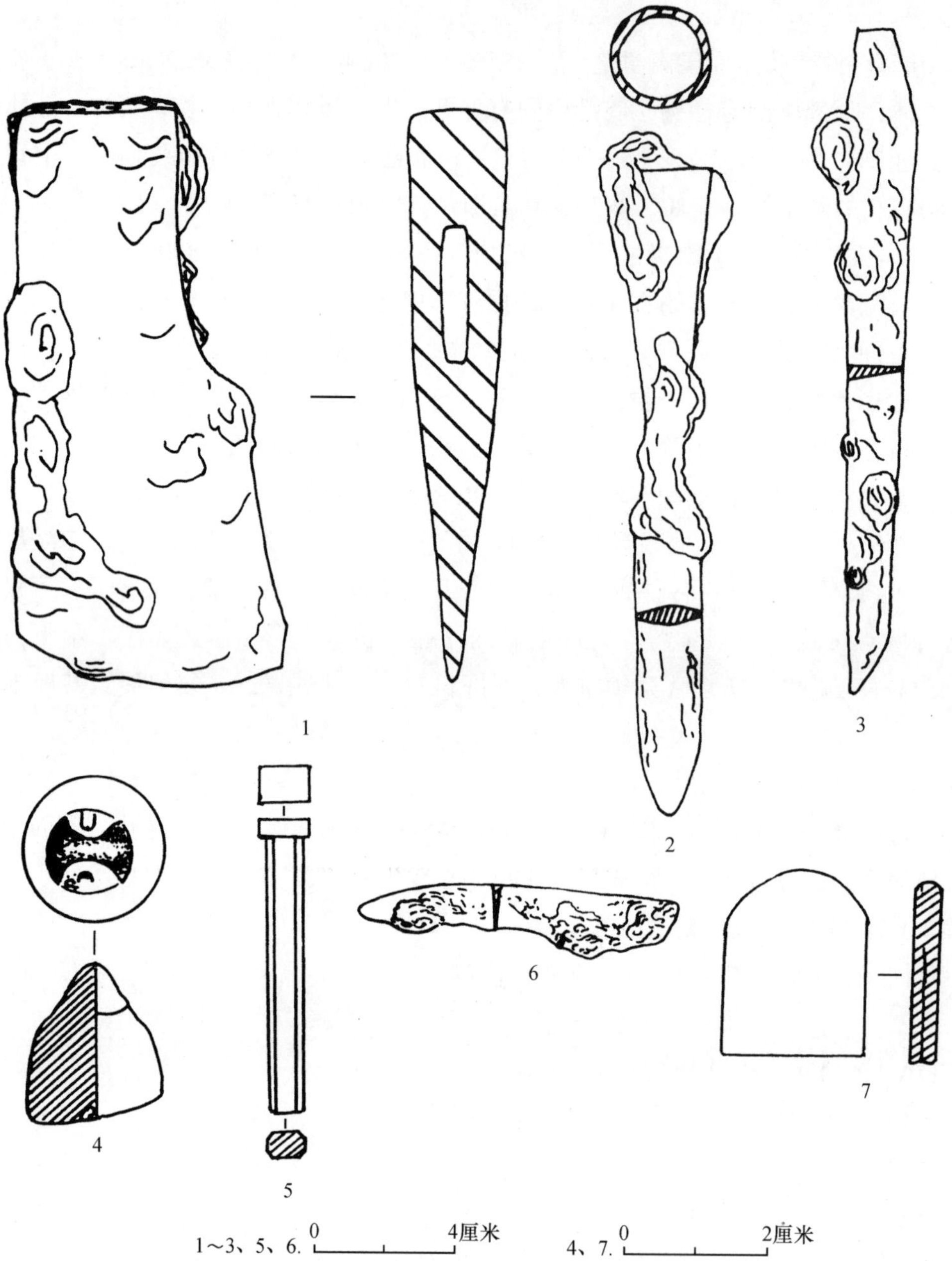

图四一　邓家沱遗址出土铜、铁器

1. 铁斧（03ZDⅣT0914③：1）　2. 铁矛（03ZDⅣT0815③：2）　3、6. 铁刀（03ZDⅣT0815③：3、03ZDⅠM2：2）　4. 铜杈（03ZDⅣT1704④：1）　5. 铜饰件（03ZDⅣT1710③：5）　7. 铜牌饰（03ZDⅠM2：3）

宽凹槽一周。口径24、高9、底径15.2厘米（图四二，6）。

2）03ZDⅠT1308③出土器物

残瓷盘口壶　1件。03ZDⅠT1308③：1，灰褐胎，釉脱落。盘口，束颈，圆肩，肩以下残。口径6.8、残高9.6厘米（图四三，12）。

3）03ZDⅠT1316③出土器物

瓷钵　1件。03ZDⅠT1316③：1，灰白胎，灰黄釉，外部施釉不到底。敛口，圆唇，弧腹，底残。口径15.2、残高6.4厘米（图四三，3）。

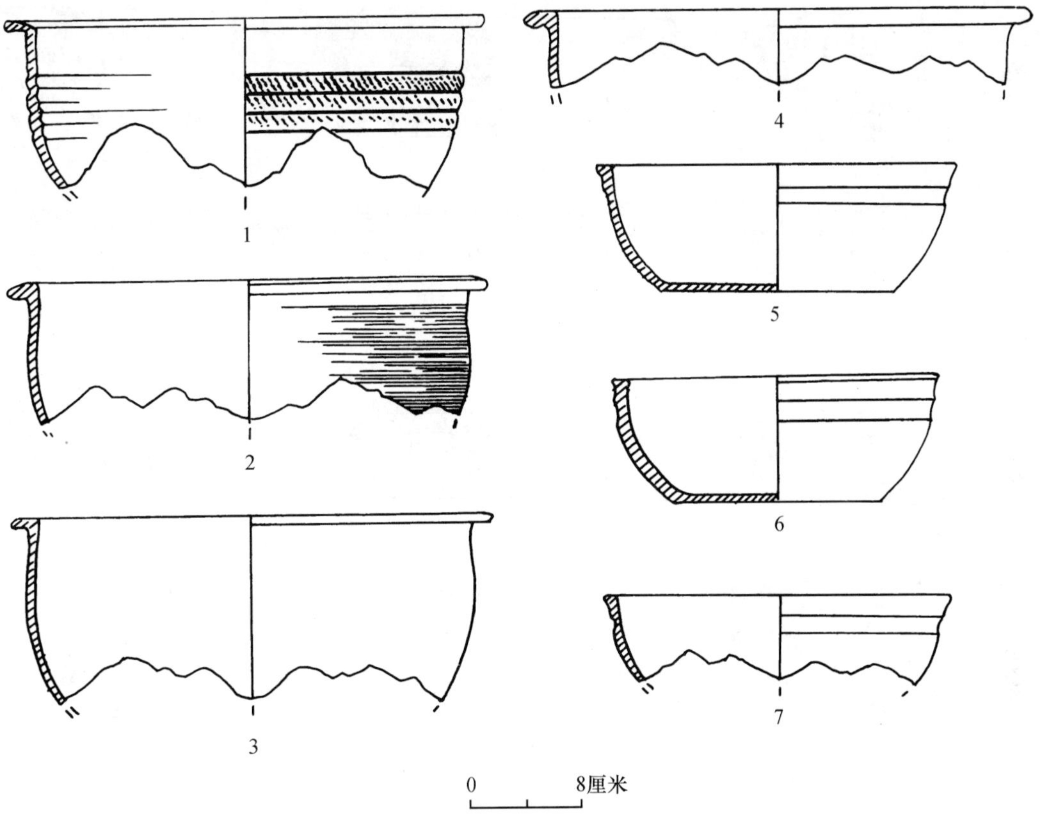

图四二　03ZD Ⅰ T1408③出土陶器

1～4. 宽沿盆（03ZD Ⅰ T1408③：1、03ZD Ⅰ T1408③：7、03ZD Ⅰ T1408③：2、03ZD Ⅰ T1408③：5）
5～7. 钵（03ZD Ⅰ T1408③：3、03ZD Ⅰ T1408③：4、03ZD Ⅰ T1408③：6）

4）03ZDⅣT0813③出土器物

青瓷钵　1件。03ZDⅣT0813③：1，灰白色胎，青釉。外部施釉不到底。敞口，圆唇，鼓肩，弧腹，平底。口径11.2、底径6、高3.6厘米（图四三，9）。

5）03ZDⅣT0913③出土器物

青瓷钵　1件。03ZDⅣT0913③：1，灰白色胎，青黄釉。外部施釉不到底。微敛口，尖圆唇，浅弧腹，平底略内凹。唇外缘饰两周凹弦纹。口径16.4、底径10.4、高5.2厘米（图四三，7）。

6）03ZDⅣT0815③出土器物

青瓷盏　1件。03ZDⅣT0815③：1，灰白胎，青釉。外部施釉不到底，釉面脱落。敞口，尖圆唇，鼓肩，腹微曲，平底略内凹。口径8.4、底径4、高2.8厘米（图四三，11）。

铁矛　1件。03ZDⅣT0815③：2，铁质。柳叶形刃，三角形锋，侧刃较直，圆锥銎。锈蚀严重。长18厘米（图四一，2）。

铁刀　1件。03ZDⅣT0815③：3，铁质。直背，单面刃。锈蚀严重。残长18厘米（图四一，3）。

7）03ZD Ⅰ T1311③出土器物

青瓷碗　1件。03ZD Ⅰ T1311③：1，灰白胎，青釉。外部施釉不到底。微敛口，尖圆唇，斜弧腹，平底。口径19.2、底径10.4、高6.4厘米（图四三，2）。

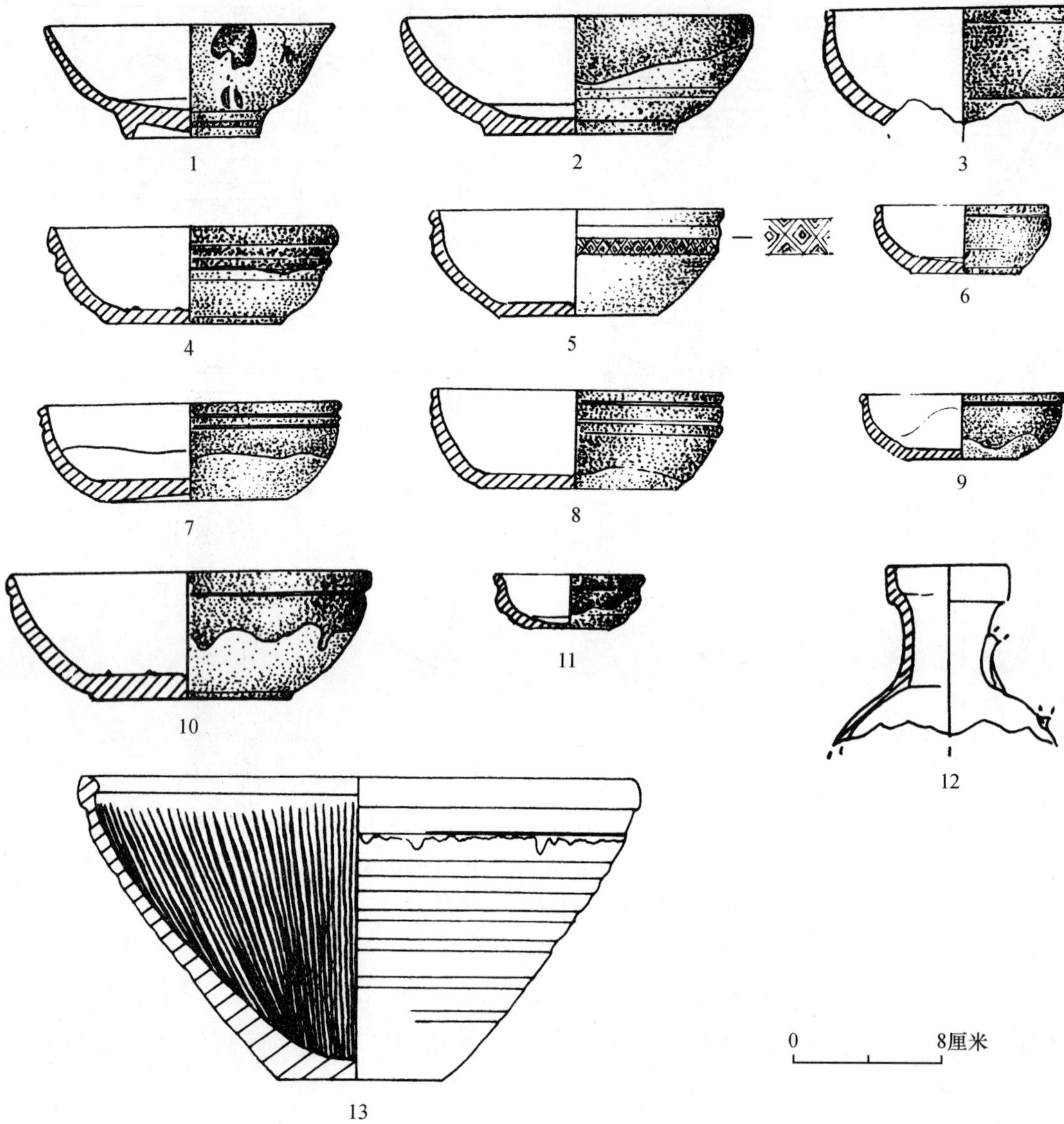

图四三　邓家沱遗址出土器物

1. 青花瓷碗（03ZDⅣT0605②：1）　2. 青瓷碗（03ZDⅠT1311③：1）　3、4、8. 瓷钵（03ZDⅠT1316③：1、03ZDⅣT1710③：2、03ZDⅣT1710③：1）　5、10. 瓷碗（03ZDⅣT1704③：1、03ZDⅣT1710③：3）　6、11. 青瓷盏（03ZDⅣT0605③：1、03ZDⅣT0815③：1）　7、9. 青瓷钵（03ZDⅣT0913③：1、03ZDⅣT0813③：1）　12. 残瓷盘口壶（03ZDⅠT1308③：1）　13. 陶刻槽盆（03ZDⅣT0713②B：1）

8）03ZDⅣT1111③出土器物

筒瓦　2件。03ZDⅣT1111③：1，泥质灰陶。横断面呈半圆形，残存子口头部。器表饰斜向绳纹。残长14.4、高7、宽14.8厘米（图四四，3）。03ZDⅣT1104③：1，泥质灰陶。横断面呈半圆形，残存子口头部。器表饰斜向绳纹，内壁留有布纹。残长13.2、高7.2、宽14.4厘米（图四四，4）。

9）03ZDⅣT1610③出土器物

筒瓦　1件。03ZDⅣT1610③：1，泥质灰陶。残存子口一端。器表饰斜向粗绳纹。残长12.8、宽13.6厘米（图四四，5）。

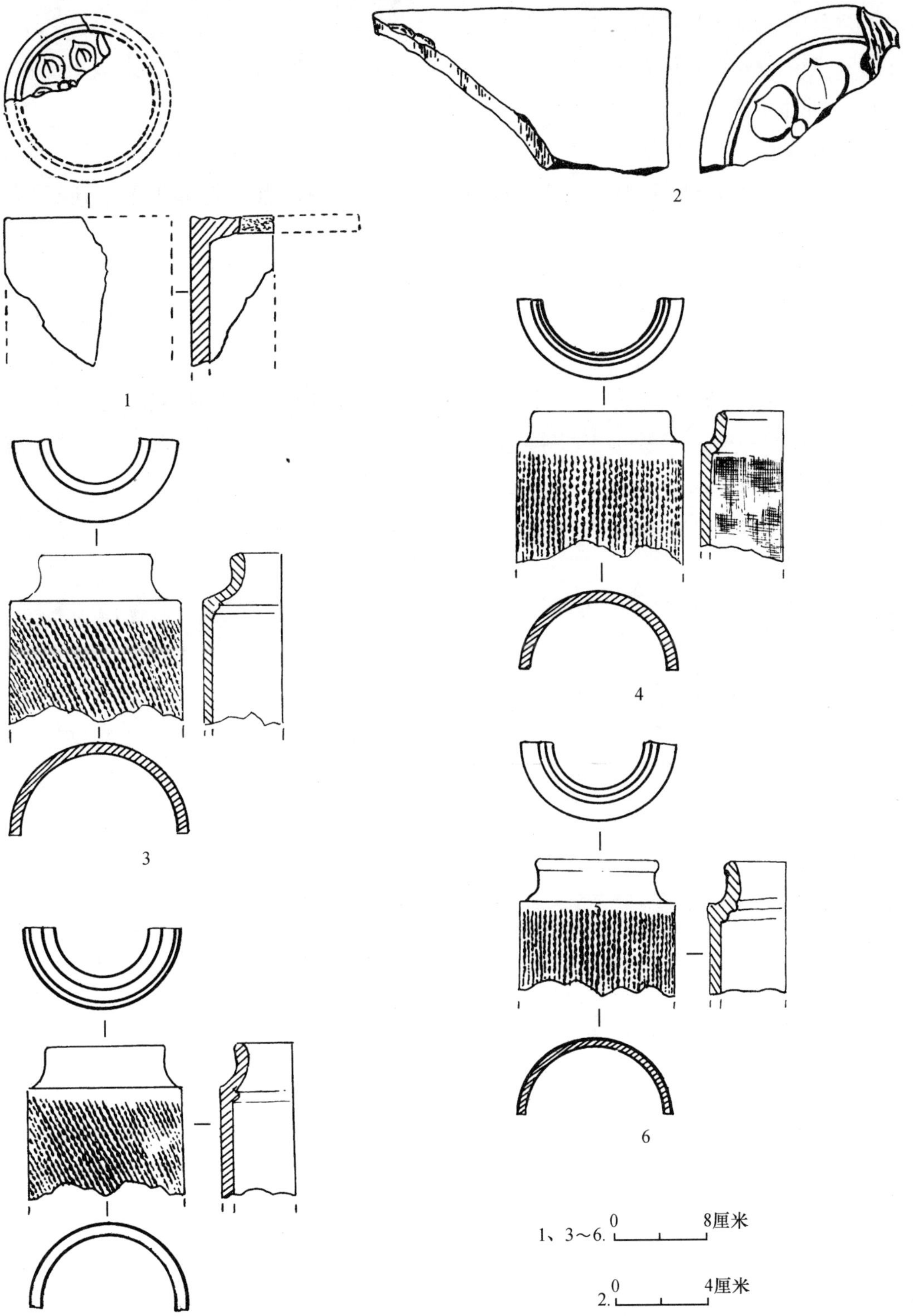

图四四　邓家沱遗址出土陶瓦当、筒瓦

1、2. 瓦当（03ZDⅣT0615③：1、03ZDⅣT0615③：2）　3～6. 筒瓦（03ZDⅣT1111③：1、03ZDⅣT1104③：1、03ZDⅣT1610③：1、03ZDⅣT1203③：1）

10）03ZDⅣT1203③出土器物

筒瓦 1件。03ZDⅣT1203③：1，泥质灰陶。残存子口一端。器表饰纵向粗绳纹。残长11.6、宽13.6厘米（图四四，6）。

11）03ZDⅣT1710③出土器物

瓷钵 2件。03ZDⅣT1710③：1，灰白胎，青釉，内满釉，外部施釉不到底，釉面脱落。微敛口，尖圆唇，弧腹，平底。唇下有两道凹槽。口径16、底径11.2、高5.2厘米（图四三，8）。03ZDⅣT1710③：2，灰白胎，青釉，内满釉，外部施釉不到底。敞口，尖圆唇，弧腹，平底。底饰一周7个支钉，上腹有两道凹槽。口径16、底径9.6、高5.2厘米（图四三，4）。

瓷碗 1件。03ZDⅣT1710③：3，灰白胎，青釉，内满釉，外部施釉不到底，釉面脱落。敞口，尖圆唇，弧腹，平底。底饰一周支钉7个。口径20、底径11.2、高6.8厘米（图四三，10）。

陶瓮 1件。03ZDⅣT1710③：4，泥质灰陶。直口，平方唇，唇外有一道凸棱，圆肩，鼓腹，下残。内壁略有凸凹不平的窝点，器表饰网状方格纹。口径34、残高14.4厘米（图四〇，4）。

铜饰件 1件。03ZDⅣT1710③：5，铜质，青绿色锈。上部长方体，下部呈六棱柱体，略有锈蚀。最长约8.2、宽1～1.5、厚0.8～1.2厘米（图四一，5）。

12）03ZDⅣT1704③出土器物

瓷碗 1件。03ZDⅣT1704③：1，胎色灰白，青褐釉。微敛口，圆唇，上腹略耸，下腹斜弧内收，平底。上腹部装饰有菱形回纹。口径16、底径8.8、高5.6厘米（图四三，5）。

13）03ZDⅣT0605③出土器物

瓷盏 1件。03ZDⅣT0605③：1，灰白色胎，浅青色釉，内外均施满釉，外壁釉面脱落。微敛口，圆唇，弧腹，平底。唇下有一周凹槽。口径9.6、底径6.4、高3.6厘米（图四三，6）。

14）03ZDⅣT1212③出土器物

五铢钱 1枚。03ZDⅣT1212③：1，直径2.5厘米（图四八，1）。

四、唐宋时期遗存

（一）唐宋时期文化层堆积概况

本遗址内的唐宋时期文化层堆积相对较少，主要以Ⅳ区探方中的第3层堆积为主。文化层堆积厚度一般在40～50厘米，颜色呈青黄褐色。土质黏性较大，稍硬，内含有少量河卵石。出土物较少，除少量绳纹板瓦、筒瓦残片外，还出土有少量青花瓷碗、莲花纹瓦当残片。该层下发现有少量墓葬，出土开元通宝铜钱。

（二）遗迹

M1　位于03ZDⅠT1211内，开口于第2层下打破第3层。方向160°。长方形土坑竖穴墓，长190、宽70、深40厘米。内置1具人骨，侧身屈肢，朽蚀严重（图四五）。随葬开元通宝1枚。

M2　位于03ZDⅠT1214内，开口于第3层下打破第4层。方向26°。长方形土坑竖穴墓，长185、宽50、深18厘米。内置1具人骨，仰身直肢，朽蚀严重（图四六）。随葬瓷四系盘口罐、铁刀、铜牌饰各1件，开元通宝4枚。

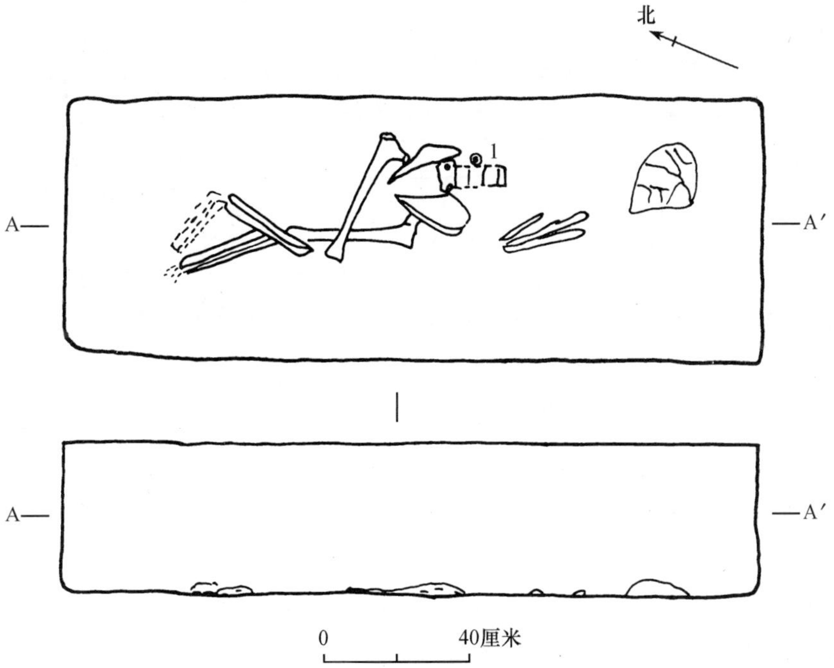

图四五　03ZDⅠM1平、剖面图
1. 开元通宝

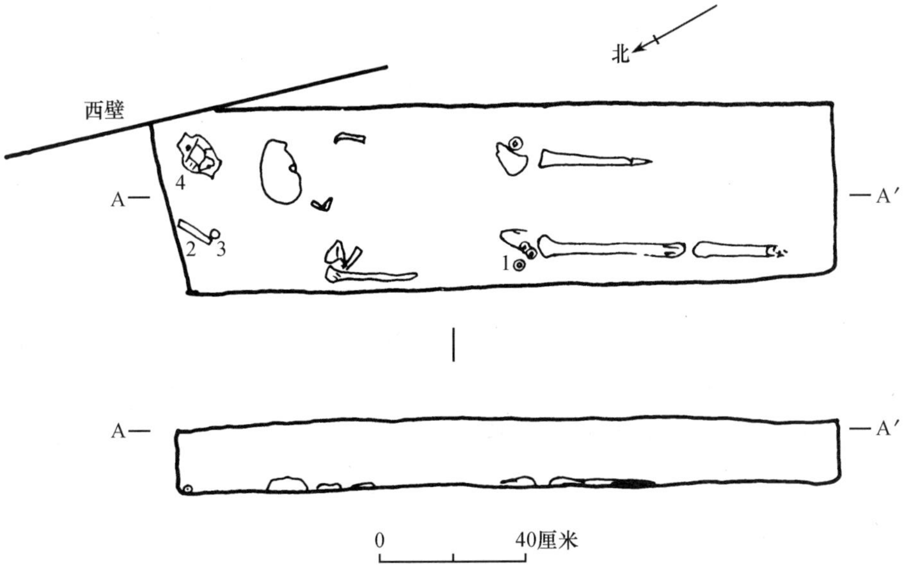

图四六　03ZDⅠM2平、剖面图
1. 开元通宝　2. 铁刀　3. 铜牌饰　4. 瓷四系盘口罐

M3　位于03ZDⅠT1204内，开口于第3层下打破第4层。方向175°。长方形土坑竖穴墓，长230、宽92、深40厘米。内置1具人骨，仰身直肢，朽蚀严重。随葬瓷高圈足盘、瓷盆各1件（图四七；彩版一四〇，4）。

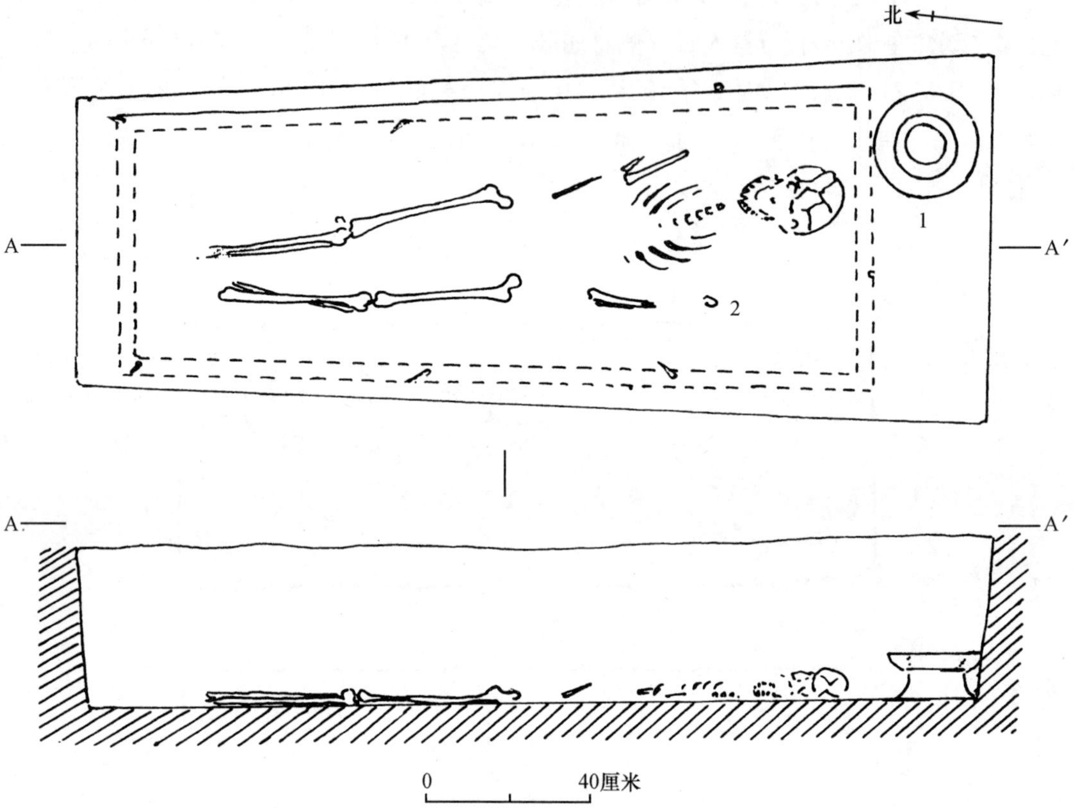

图四七　03ZDⅠM3平、剖面图
1. 瓷高圈足盘　2. 瓷盆

（三）遗物

1. 遗迹单位出土遗物

（1）03ZDⅠM1出土遗物

开元通宝　1枚。03ZDⅠM1：1，钱文“开元通宝”。直径2.4厘米（图四八，3）。

（2）03ZDⅠM2出土器物

四系盘口罐　1件。03ZDⅠM2：4，灰白色胎，青褐色釉，外部施釉不到底。盘口，尖圆唇，束颈，纵椭圆形腹，平底，圆饼形圈足，底面微凹。上腹部附加四个系，器表有数周弦纹。口径4.6、底径5、高12.2厘米（图四〇，3）。

铁刀　1件。03ZDⅠM2：2，铁质。弧背，锈蚀严重。残长9厘米（图四一，6）。

铜牌饰　1件。03ZDⅠM2：3，铜质。残存部分呈碑形。长2.5、宽2、厚0.4厘米（图四一，7）。

开元通宝　4枚。03ZDⅠM2：1-4，钱文“开元通宝”。直径2.4厘米。

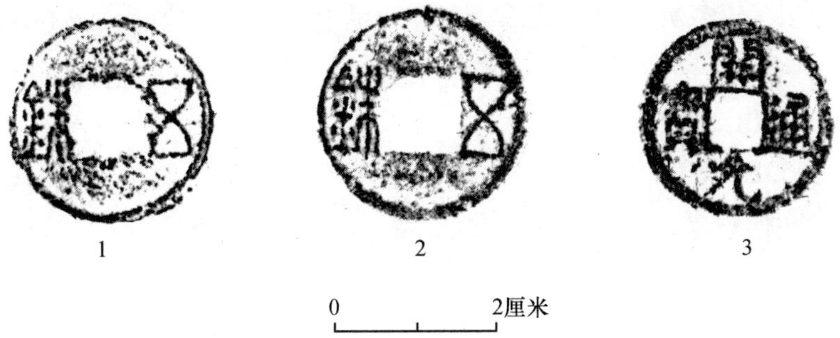

图四八　邓家沱遗址出土铜钱拓片

1、2. 五铢钱（03ZDⅣT1212③：1、03ZDⅣT0911④：1）　3. 开元通宝（03ZDⅠM1：1）

（3）03ZDⅠM3出土器物

瓷高圈足盘　1件。03ZDⅠM3：1，青黄釉，外壁施釉不到底。轮制。敞口，斜方唇，折腹，喇叭形圈足。盘内底部有支钉痕。素面。口径22、底径15.2、高7.2厘米（图四〇，5）。

瓷盆　1件。03ZDⅠM3：2，青黄釉，外壁施釉不到底。轮制。侈口，折沿，圆唇，耸腹，平底。器表饰四周凹弦纹。口径24、底径10.4、高8.6厘米（图四〇，6）。

2. 文化层单位出土遗物

（1）03ZDⅣ0615③出土器物

瓦当　2件。皆残。03ZDIVT0615③：1，泥质灰陶。瓦当正面模印莲瓣纹。残长12.8厘米（图四四，1）。03ZDIVT0615③：2，泥质灰陶。瓦当正面模印莲瓣纹。残长12.9厘米（图四四，2）。

（2）03ZDⅣT0914③出土器物

铁斧　1件。03ZDⅣT0914③：1，铁质，锈蚀严重。整体呈扁平梯形，两面弧刃，有方形銎。长15.8、刃部最宽7.6、柄部最宽4.6、厚2.8厘米（图四一，1）。

（3）03ZDⅣT0715③A出土器物

石纺轮　1件。03ZDⅣT0715③A：1，暗灰色石，磨制。扁圆形，中间有一圆孔，上部残。直径3.7、孔径0.5、高1厘米（图二〇，6）。

（4）03ZDⅣT0605②出土器物

青花瓷碗　1件。03ZDⅣT0605②：1，灰白色胎，内外皆施釉。侈口，尖圆唇，斜弧腹，矮圈足，凹圜底。器表饰叶状青花纹样。口径16、底径7.6、高6厘米（图四三，1）。

（5）03ZDⅣT1412②出土器物

骨镞　1件。03ZDⅣT1412②：1，骨质，磨制而成。扁锥状。长9.8厘米（图三七，3）。

五、明清时期遗存

本遗址内的明清时期文化层堆积比较普遍，在遗址中被统一划分为第2层。土质颜色呈褐色或灰褐色。厚度一般在20～30厘米，最厚60厘米左右。结构比较紧密，局部曾经水淹没，含砂量较大。堆积内含有较多炭粒和少量红烧土粒，出土物主要为青花瓷片和素面板瓦残片。未发现遗迹现象。

03ZDⅣT0713②B出土器物

刻槽盆 1件。03ZDⅣT0713②B：1，泥质红褐陶。微敛口，圆唇，上腹略弧，下腹斜内收，平底。唇下有凹槽一周，器表饰数周凹弦纹。口径30.4、底径9.2、高16厘米（图四三，13）。

六、结 语

本年度考古发掘收获主要有以下四个方面。

（1）剔剥出的西周时期生产废弃堆积场面是本次考古发掘的重大收获。我们采用重点局部区域逐层揭露的方法，成功剔剥出涉及9个探方、225平方米的西周时期生产废弃堆积场面。层面上废弃的大量红烧土块、尖底杯、船形杯、陶罐等残片以及大量的河卵石残块，展示出当时宏大的生产场景，为我们研究该遗址的性质和当时的生产工艺提供了重要资料。

（2）完整船形杯的发现具有重要意义。第一次发掘虽然发现了不少残片，但没有能复原的，这使其与其他遗址出土的同类器的价值大打折扣。这次完整船形杯的发现，不仅对研究本遗址的性质具有重要意义，而且对研究这种器形在本地区的谱系也具有重要价值。

（3）2003年度出土的一枚铜权在本地区考古发掘中也是罕见的珍品，对研究东汉到两晋时期的衡制具有重要价值。

（4）石阙阙身的龙、马、鹿和人物等图案精美别致，具有较高的艺术价值。

绘图：许俊平 张清池

执笔：李 锋

丰都汇南墓群2003年度第二次发掘简报

重庆市文化遗产研究院
丰都县文物管理所

丰都县位于重庆市中部，其地貌由一系列皱褶山系构成。长江横贯县域中部，江以南为七曜山脉和方斗山脉，江以北有蒋家山、黄草山，形成南高北低，“四山夹三槽”的地形。全年气候温和，雨量充沛，四季分明，自然环境非常优越。

据文献记载，该区域先秦时曾为“巴子别都”，秦属巴枳县（今涪陵）。西汉属益州郡枳县，东汉和帝永元二年（90年）分枳邑置为平都县，后反复废置易名，至1958年，始名丰都县。

20世纪90年代因三峡工程的建设，原丰都老县城被淹没，城区迁至长江南岸汇南乡（现更名为三合镇）。汇南墓群位于新县城城区内，包括西起峡南溪、东至龙河与长江交汇处，长约3.5、宽约1千米的范围。地理坐标为东经107°42′，北纬29°53′。此墓群于1992年三峡库区文物调查时被发现。墓群所在地为自南向北倾斜的阶地性地貌，由于分布有数条南北向的冲沟，而被划分为21个小墓群。海拔150～190米，是墓葬分布最为密集的中心区域（图一）。

1993～2003年，四川省文物管理委员会、四川省文物考古研究所及三星堆遗址工作站等单位，在丰都县文物管理所的配合下，先后六次对该墓群的李家梁子、庙嘴梁子、汇星堡、黄桷堡、祠堂堡、中梁子、蛮洞梁子、粮站梁子、柏屋坪梁子、吊脚崖、加油站梁子、钟姑娘梁子等10多个山包梁子进行了较大规模的发掘，共发掘两汉至南北朝时期各类墓葬100余座，出土了大量该时段的各类文物。

此次发掘是对汇南墓群的第七次发掘，由重庆市文化遗产研究院和丰都县文物管理所联合进行。在本年度第一次发掘的基础上，分别对加油站梁子、钟姑娘梁子、井水湾梁子进行了第二次补充发掘。从2003年10月20日至12月4日，历时46天，完成发掘面积2198平方米，发掘墓葬15座。以加油站梁子为主，布探沟9条（编号为2003FHTG1～2003FHTG9，在下文中介绍时省略2003FH，余同），面积330平方米；布探方16个（编号为2003FHT1～2003FHT16），面积1358平方米；发掘墓葬11座（编号为2003FHM1～2003FHM11）。井水湾梁子布探方1个（编号2003FHT17），面积100平方米；发掘墓葬1座（编号为2003FHM12）（图二）。钟姑娘梁子布探沟1个（编号2003FHTG22），面积10平方米；布探方4个（编号为2003FHT18～2003FHT21），面积400平方米；发掘墓葬3座（编号为2003FHM13～2003FHM15，下文叙述均省略2003FH）（图三）。现将发掘情况分述如下。

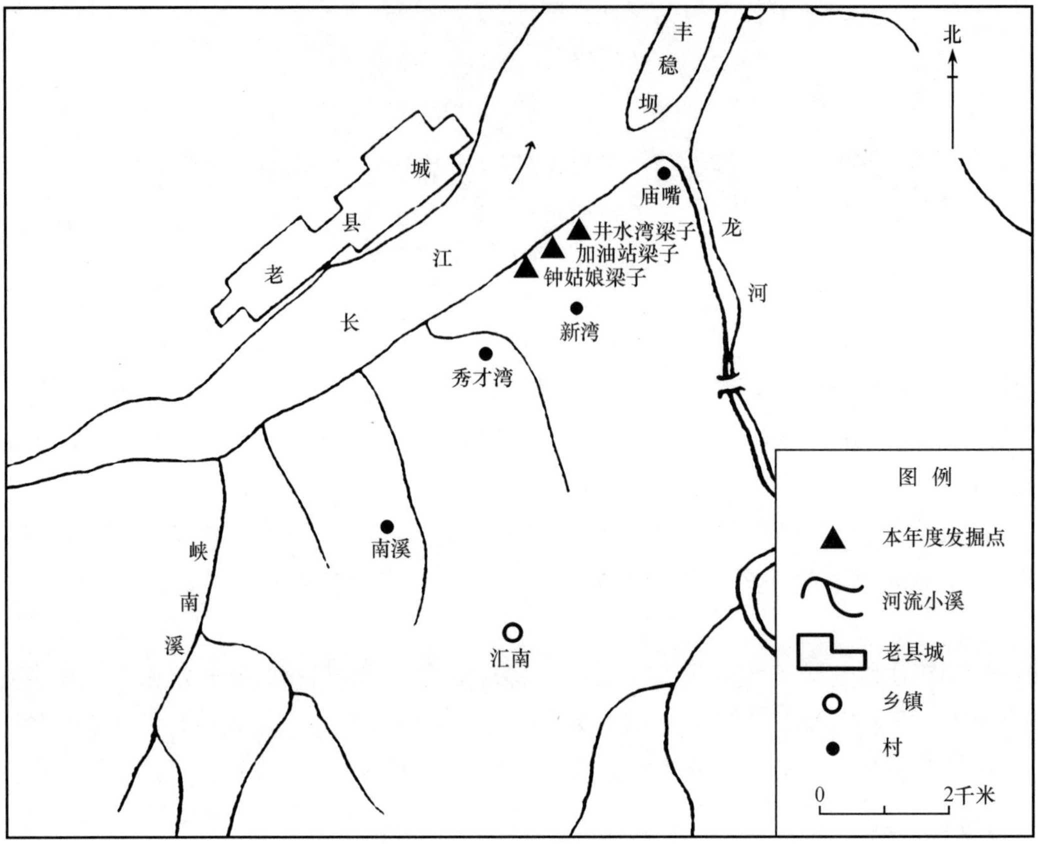

图一　汇南墓群位置示意图

一、墓葬概述

本次发掘的15座墓葬，均开口于耕土层下，直接打破生土。根据墓葬形制分为三类。

竖穴土坑墓　包括M3、M6、M11、M15等4座。M15出自钟姑娘梁子，余均位于加油站梁子。M3、M6为西北—东南走向，M11、M15为东北—西南走向。其中M15被M13打破，M3被M1打破。

砖室墓　包括M1、M2、M5、M7～M10、M12、M14等9座。M12、M14分别位于井水湾梁子和钟姑娘梁子，相距颇远；其余7座均位于加油站梁子，M10位于加油站梁子南部滨江路下的堡坎上；M7～M9位于加油站梁子的西部，M7和M8间距仅约0.2米，M8与M9相距约22米；M1、M2位于加油站梁子的东部，间距不过1米。M1、M2 、M9东南向，M7、M8、M10西北向，M14西南向，M12、M5东北向。

石室墓　包括M4、M13等2座。M4位于加油站梁子，M13位于钟姑娘梁子。两座墓葬均由土圹、墓道、甬道、墓室四部分组成。M4的甬道为单券顶，M13甬道为双重券顶。M4有9具人骨架分5处保存，而M13的骨架、棺椁均已腐朽不详。

墓葬随葬品以陶器为主，其余为瓷、铜、铁、银、玉石等器，共计267件，其中较完整及可修复的有200件、残碎不可修复的有67件（本文不做详细介绍）。另有铜钱币1370枚。

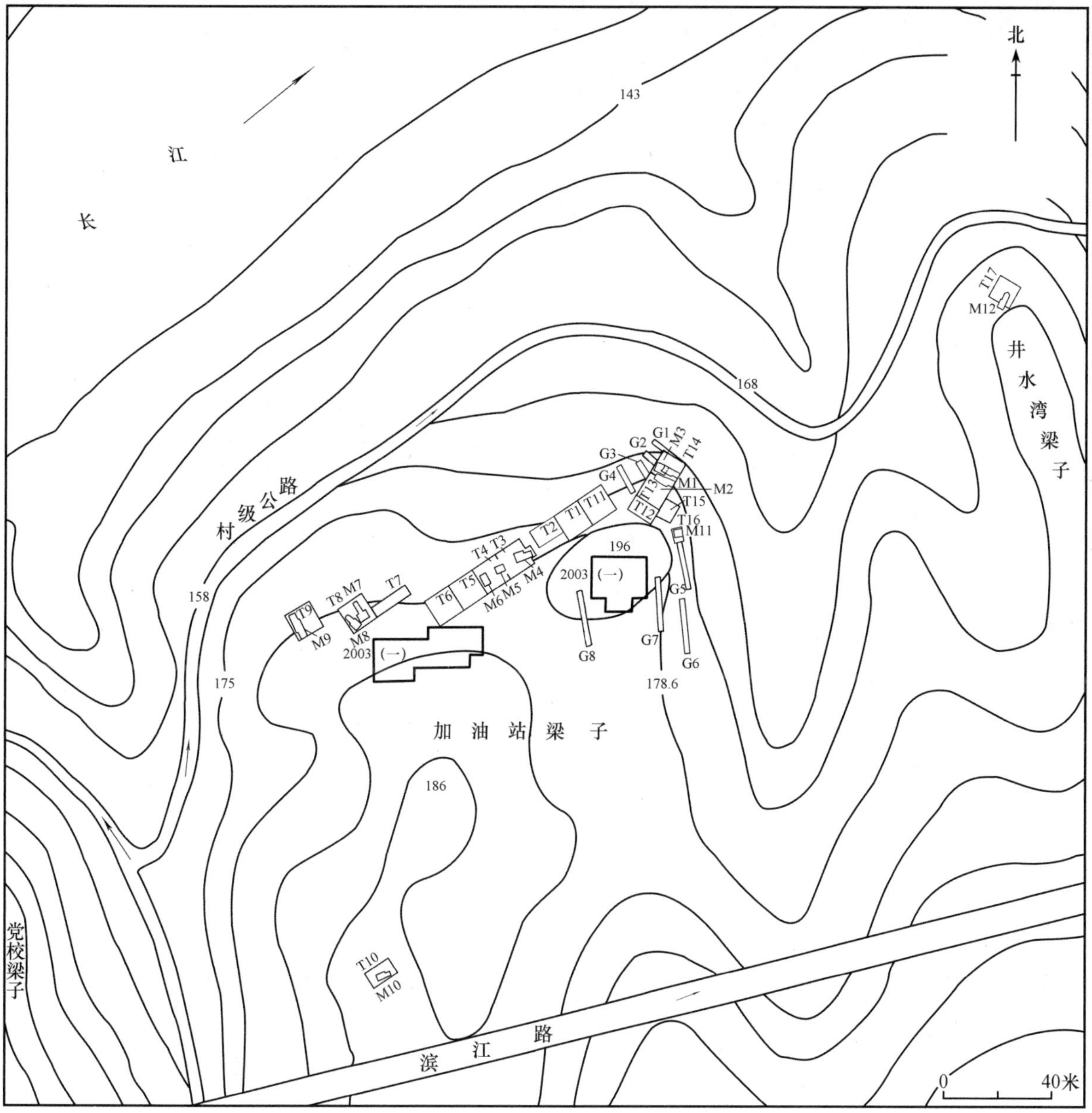

图二　加油站梁子与井水湾梁子墓葬分布图

二、墓葬分述

（一）土坑墓

4座。M3、M6、M11、M15，平面呈长方形，均无墓道，四壁规整，墓底较平。M3有熟土二层台，且台面西北部填土中出有多件随葬器物，墓底以不规则石板铺垫。M6和M11被严重扰乱。M6随葬器物零散分布于墓室中部，均十分破碎，无法修复。M11墓室不见随葬器物，仅在扰土中出有少量陶房、罐、钵、人俑、鸡俑等残片，墓底西南见红烧土、大量草木灰及少量骨渣腐痕。由于扰乱严重，4座墓的葬式、葬具均不可辨。各墓情况分述如下。

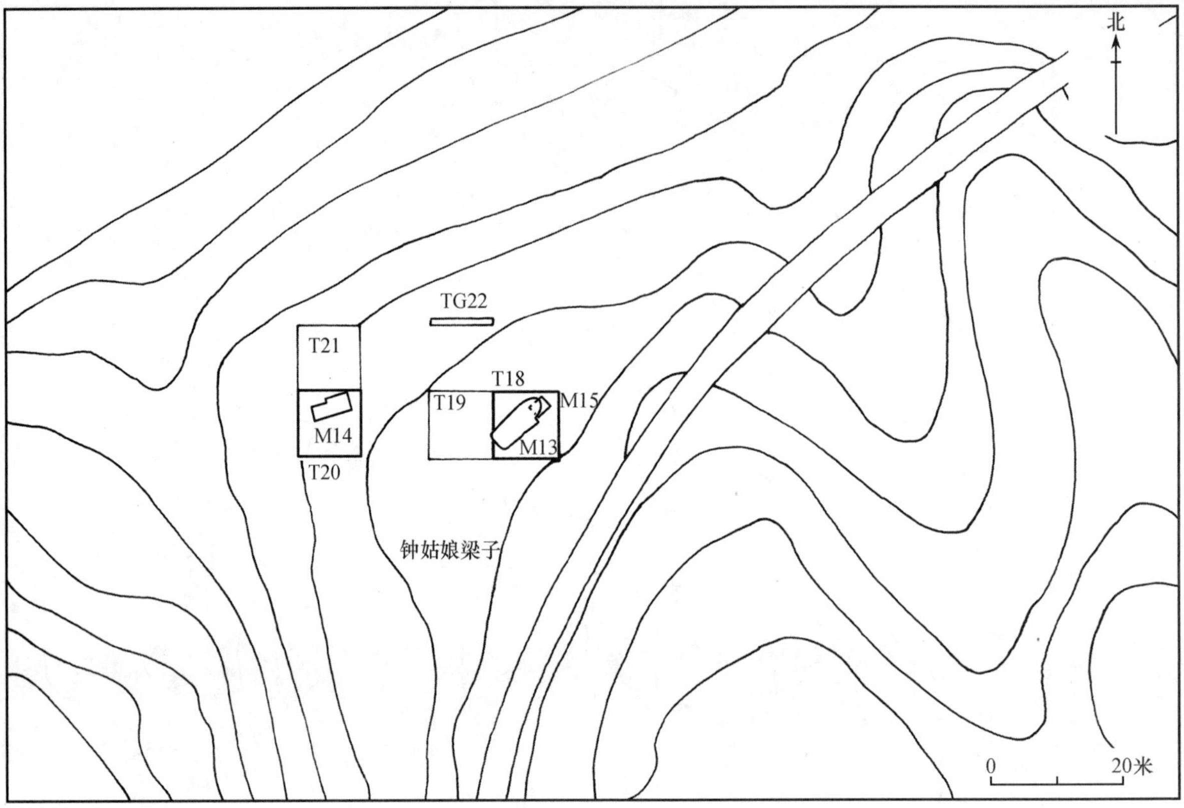

图三　钟姑娘梁子墓葬分布图

（1）M3

墓葬形制　M3位于加油站梁子T14的西北部。长方形竖穴土坑墓。方向307°。开口耕土层下，打破生土层，距现地表深40厘米。

墓口略大于墓底，斜壁，四壁规整，墓底较平。墓室东南部上端被M1打破。墓口长462、宽370厘米；墓底长452、宽356厘米，深120～240厘米。墓底满铺较平滑的不规则青灰色片石，厚5～8厘米。另有一周熟土二层台，宽30～66、高80～90厘米（图四、图五）。

填土分二层。

第1层：厚32～165厘米。红褐色及灰褐色黏土夹少量黄褐土，含较多红烧土粒、草木灰。

第2层：厚80～90厘米。主要在二层台内。填土为黄褐粉砂土夹大量的硝灰、烧土粒。

墓西北角发现一至墓底的盗洞。盗洞内填土为灰褐杂土夹砖块，出土一些陶片。故墓底靠北部未发现较多的随葬器物。

葬具与葬式　由于遭盗扰，未见人骨架及棺木痕迹，葬式、葬具不可辨。

出土器物　第1层填土下出土随葬器物13件。随葬器物绝大部分保存较好，主要为陶器，其次为铜器、铁器，大多为器皿用具。器形有灰陶罐2、釜1、壶1、盆1、钵2、仓1、板瓦1、铅釉陶盒1；铜鍪1、璜耳1；铁刀1；铜钱3组共88枚，主要集中在墓室的西北部，其中有1组铜钱垫置于一片灰陶绳纹瓦上。

陶器　10件。其中灰陶器9件、铅釉陶器1件。

灰陶器　9件。

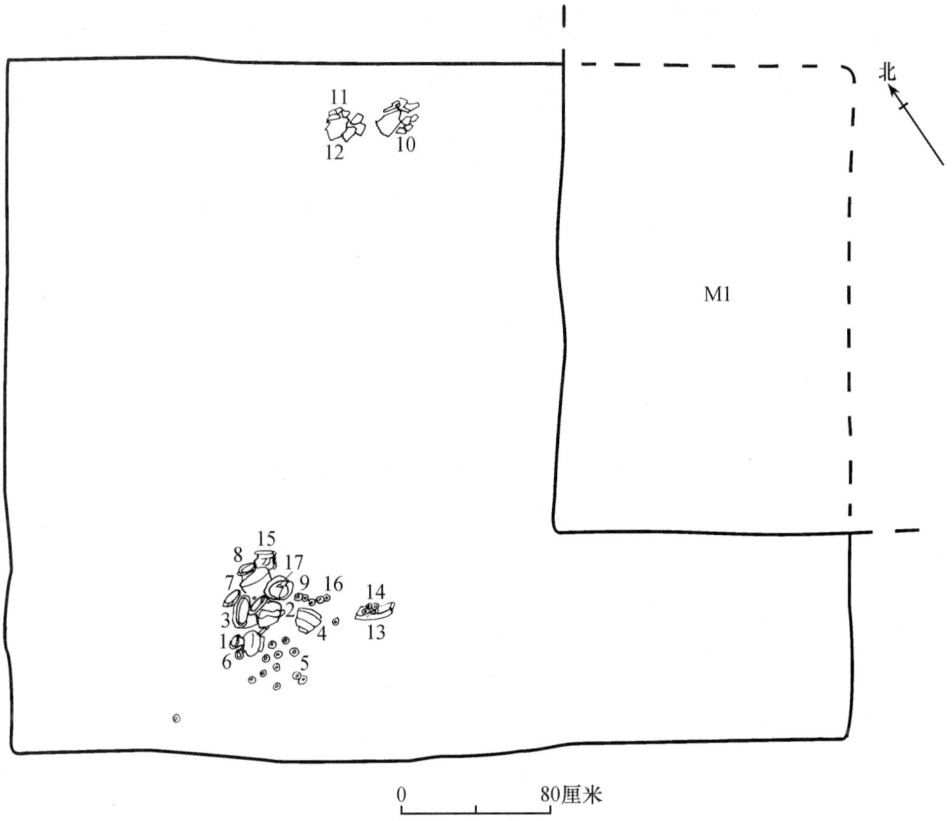

图四　M3第1层平面图

1. 陶壶　2. 陶釜　3. 陶盆　4、7. 陶钵　5、14、16. 铜钱　6. 铁刀　8、15. 陶罐　9. 铜鍪　10. 陶仓　11、12. 陶盒　13. 陶板瓦　17. 铜璜耳

罐　2件。泥质灰陶。轮制。侈口，圆唇，束颈，溜肩，鼓腹，大平底。肩饰一周凹弦纹。M3：08，口径11、腹径24、底径13.8、高17.6厘米（图六，1）。M3：015，口径10.6、腹径22.8、底径14.5、高16厘米（图六，2）。

釜　1件。M3：02，夹砂灰陶。侈口，圆唇，斜折沿，沿面微凹，垂腹下折，圜底。下腹及底饰绳纹。口径32、腹径34、高24厘米（图六，11）。

壶　1件。M3：01，泥质灰陶。轮制。方唇，盘口较斜，束颈，溜肩，鼓腹，矮圈足。肩、腹各饰二周凹弦纹。口径11、腹径19、底径11.8、高18.8厘米（图六，3）。

盆　1件。M3：03，泥质灰陶。轮制。敛口，凹唇，折沿外翻，弧腹，平底。腹部饰数周细弦纹。口径26、底径11、高15.2厘米（图六，10）。

钵　2件。泥质灰陶。敞口，尖圆唇，折腹，下腹内收，小平底。M3：04，折腹处圆折。口径16、底径5、高6厘米（图六，6）。M3：07，口径13.6、底径3.8、高5厘米（图六，5）。

仓　1件。M3：010，泥质灰陶。轮制。敛口，方唇，平折肩，弧腹近直，平底。肩下及中腹各饰一周凹弦纹，下腹饰数周细弦纹。腹部见数周拉坯旋痕。口径14.5、腹径18.8、底径16.2、高18.1厘米（图六，7）。

板瓦　1件。M3：013，泥质灰陶。弧面饰粗绳纹，凹面印布纹。残长30、残宽25.6、厚1.2厘米（图六，13）。

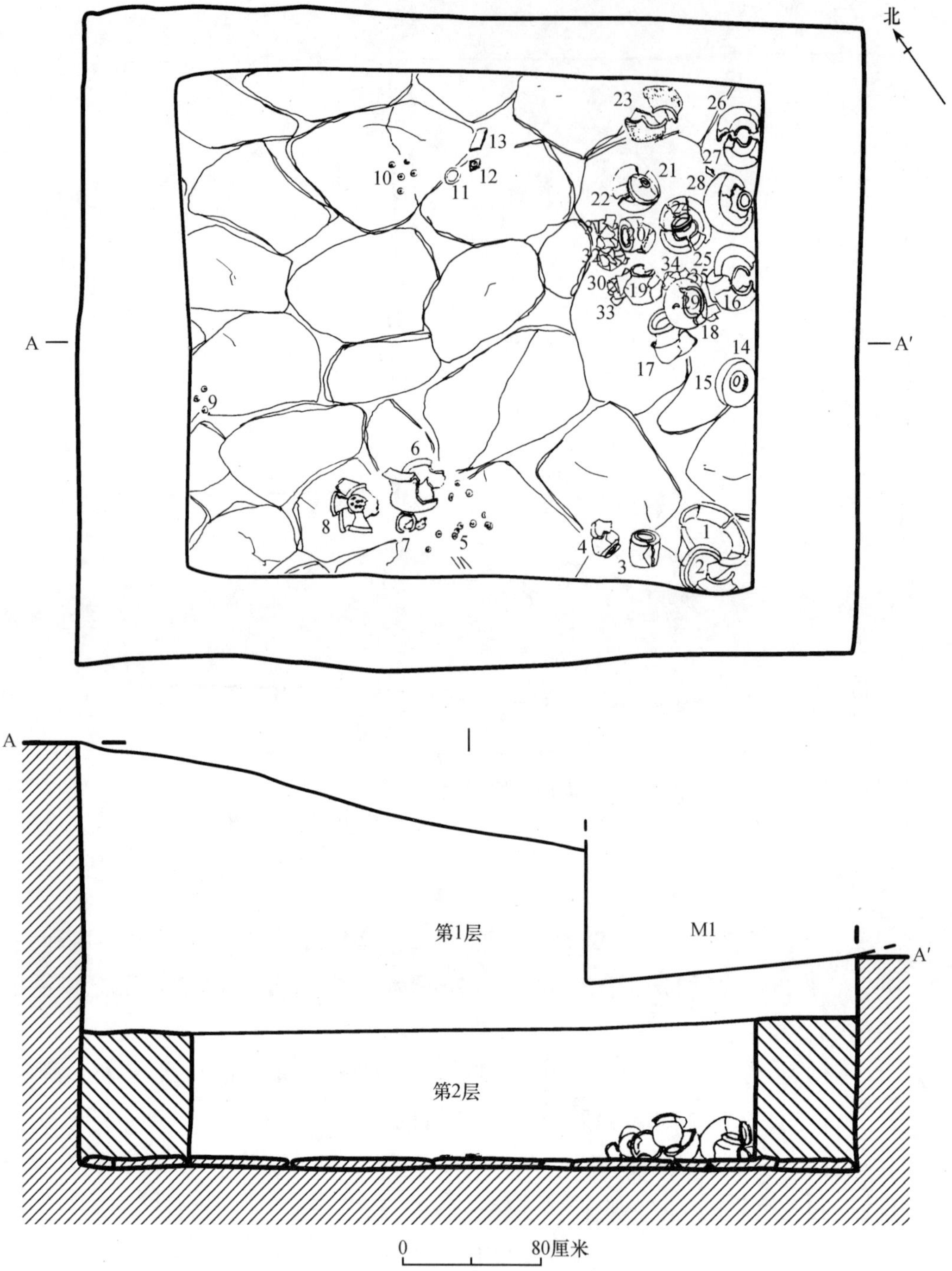

图五　M3第2层平、剖面图

1、8. 陶甑　2. 铁釜　3、20、22. 陶仓　4. 陶博山炉盖　5、9、10. 铜钱　6. 陶釜　7、14、21、24、32～34. 陶钵　11. 铜环　12. 陶印模　13. 石圭板　15、16、18、19、23、25～29. 陶罐　17. 铜洗　30. 陶博山炉　31. 陶盘　35. 陶灯

铅釉陶器　1件。

盒　1件。M3：011、M3：012，泥质红陶胎，器表施酱黄釉。器分上下两部分，子母口，圆唇，上腹较直，下腹弧收，矮圈足。口下饰一周凸弦纹。盖与盒身略同，直口，圈足纽，近足处和近口部皆饰二周凸弦纹。器口径14、腹径17.2、底径9.6、盖口径17.4、通高16厘米（图六，8）。

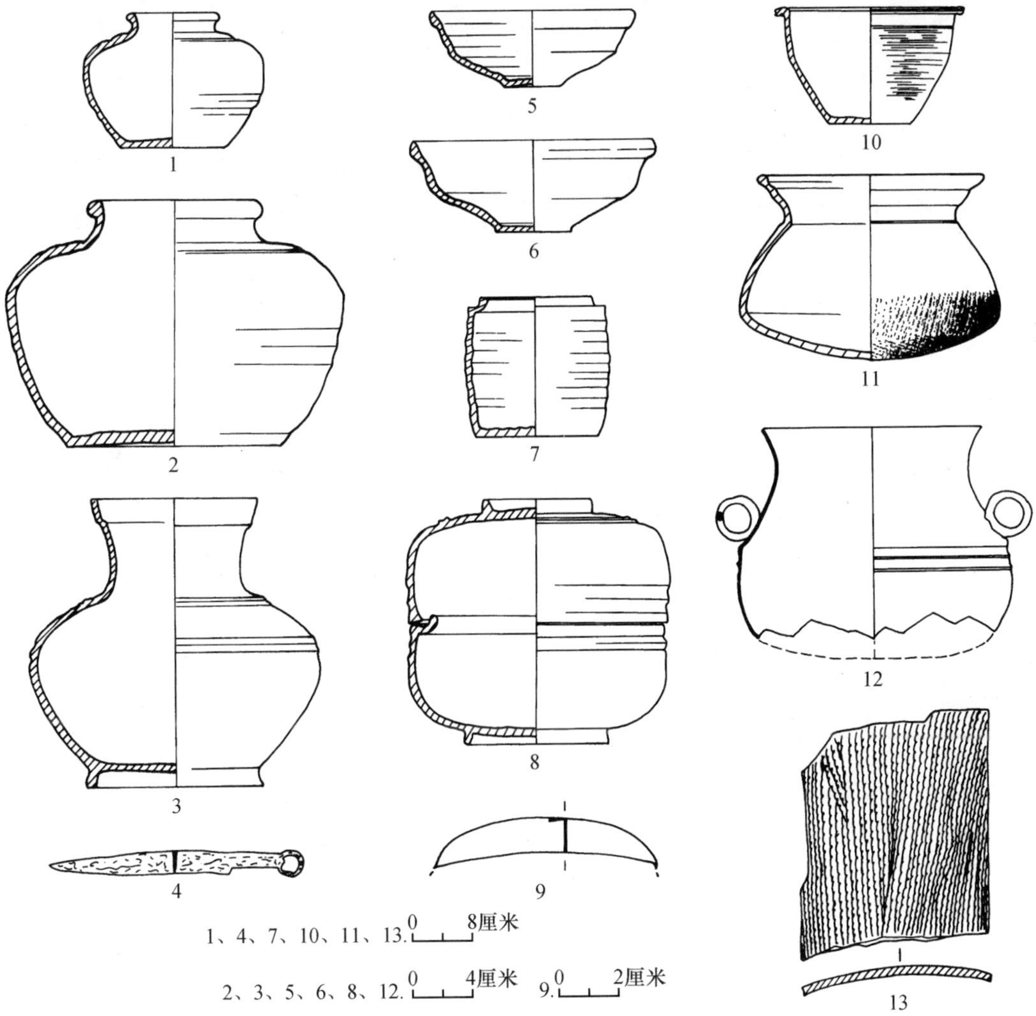

图六　M3第1层出土器物

1、2. 陶罐（M3：08、M3：015）　3. 陶壶（M3：01）　4. 铁刀（M3：06）　5、6. 陶钵（M3：07、M3：04）　7. 陶仓（M3：010）　8. 陶盒（M3：011、M3：012）　9. 铜璜耳（M3：017）　10. 陶盆（M3：03）　11. 陶釜（M3：02）　12. 铜鍪（M3：09）　13. 陶板瓦（M3：013）

铜器　2件。

鍪　1件。M3：09，铜质。侈口，方唇，束颈，折肩，弧腹，圜底已残。肩饰二对称环耳，腹饰二周凸弦纹。口径14.6、腹径18.2、高15厘米（图六，12）。

璜耳　1件。M3：017，铜质。月牙形。长7.5、宽1.1、厚0.1厘米（图六，9）。

铁器　1件。

刀　1件。M3：06，铁质。环首，单刃，短柄。锈蚀。长34、宽2.8厘米（图六，4）。

铜钱　3组共88枚。包括五铢、货泉二种。

五铢　87枚。分二型。

A型　83枚。钱正背面均有外郭，背面有内郭，正面无内郭，正方穿。依钱文特征大致可分三式。

Ⅰ式：21枚。铸工较好，钱型规整，钱文清晰、笔画较粗。“五”字交笔较直，交笔与上下横笔相接处呈外放状，字形如两个对角三角形。“铢”字的“朱”字头方折，“金”字头多呈箭镞形。钱径2.5～2.6、穿边长0.9～1厘米（不含郭）。M3：014-1、M3：014-2穿上一横，M3：014-3穿下一星（图七，1～3）。

Ⅱ式：61枚。铸工较好，钱型规整，钱文清晰、笔画较细。"五"字交笔弯曲大，交笔与上下横笔相接处近垂直，字形如两个对顶弹头，上下横笔出头。"铢"字的"朱"字头方折，"金"字头多呈箭镞形。钱径2.5～2.6、穿边长0.9～1厘米（不含郭）。M3：014-4、M3：014-5、M3：016-1穿上一横，M3：014-6穿下一星（图七，4～7）。

Ⅲ式：1枚。笔画较细。"五"字交笔弯曲，交笔与上下横笔相接处近垂直，字形似两个对顶弹头，上下横笔出头。"铢"字的"朱"字头圆折，"金"字头呈箭镞形。M3：05-1，钱径2.6、穿边长1厘米（不含郭）（图七，8）。

B型 4枚。磨郭钱。以A型钱磨郭而来。钱径2.3～2.4、穿边长0.9～1厘米（不含郭）。M3：016-2（图七，9）。

货泉 1枚。钱正背面均有外郭，背面有内郭，正面无内郭，正方穿。钱径2.3、穿边长0.8厘米（不含郭）。M3：016-3（图七，10）。

第2层填土下、二层台内出土随葬器物共32件，大多集中在墓室的东南部，以陶器为主，少量铜器、铁器及石器，绝大部分为器皿用具。其中较完整及可修复的有28件，包括灰陶罐9、甑2、釜1、仓3、钵7、盘1、印模1、铅釉陶博山炉1、灯1；铜洗1；石圭板1。残不能修复的有4件：灰陶罐1、铅釉陶博山炉盖1；铜环1；铁釜1。另有铜钱3组共19枚，主要置于墓室中部。

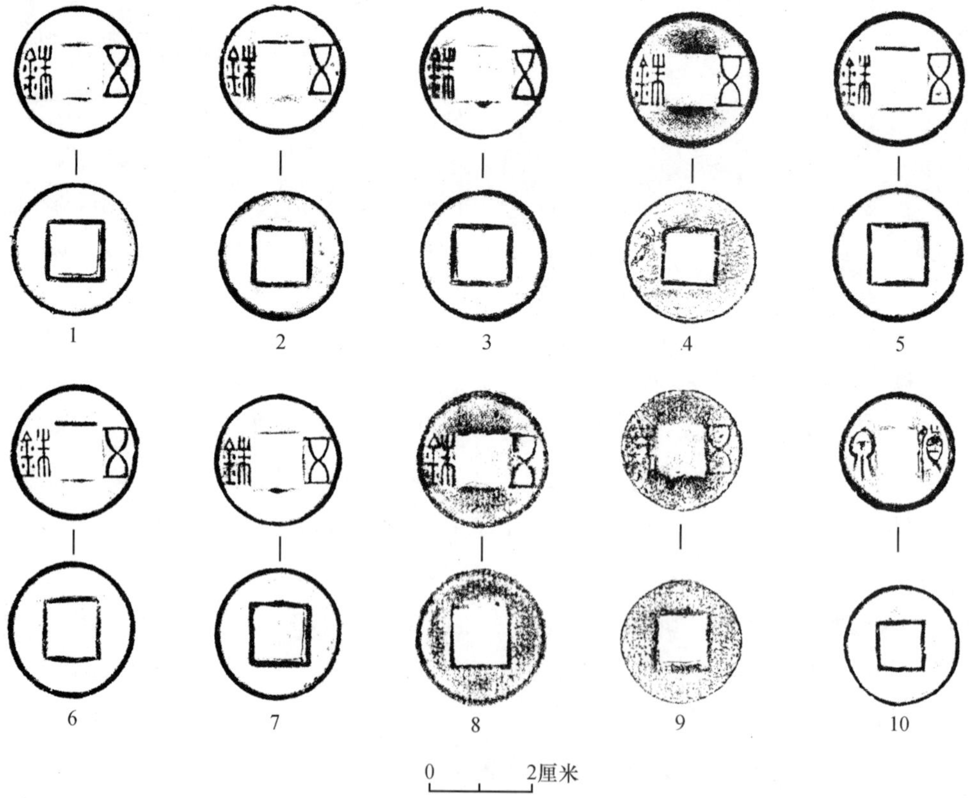

图七 M3第1层出土钱币

1～3. A型Ⅰ式五铢（M3：014-1、M3：014-2、M3：014-3） 4～7. A型Ⅱ式五铢（M3：014-4、M3：014-5、M3：016-1、M3：014-6） 8. A型Ⅲ式五铢（M3：05-1） 9. B型五铢（M3：016-2） 10. 货泉（M3：016-3）

陶器　26件。其中灰陶器24件、铅釉陶器2件。

灰陶器　24件。

罐　9件。均为泥质灰陶。M3：19，轮制。侈口，圆唇，卷沿，束颈，溜肩，鼓腹，大平底。颈肩交接处凹陷，肩饰一周凹弦纹。口径10.6、腹径17.5、底径10.5、高10厘米（图八，1）。M3：25，轮制。侈口，圆唇，卷沿，束颈，溜肩，鼓腹，大平底。肩及中腹各饰一周凹弦纹，下腹部饰数周细弦纹。口径11.4、腹径24.2、底径15.2、高15.8厘米（图八，2）。M3：28，轮制。侈口，圆唇，卷沿，束颈，溜肩，鼓腹，平底。肩饰弦断网格纹。口径11.5、腹径24.6、底径14.5、高16.8厘米（图八，3）。M3：27，轮制。侈口，圆唇，卷沿，矮直颈，溜肩，鼓腹，大平底。肩上部饰二周凹弦纹，肩、腹各饰二周压印附加堆纹。口径14.4、腹径29.2、底径20、高26.2厘米（图八，4）。M3：16，轮制。侈口，方唇，卷沿，束颈，鼓肩，弧腹，平底。肩、腹饰弦断绳纹。口径17.4、腹径29、底径16.4、高20.2厘米（图八，5）。M3：26，轮制。侈口，凹唇，卷沿，束颈，鼓肩，弧腹，平底。肩、腹饰弦断绳纹。口径15.2、腹径27.8、底径17.5、高20.2厘米（图八，6）。M3：29，轮制。侈口，方唇，卷沿，束

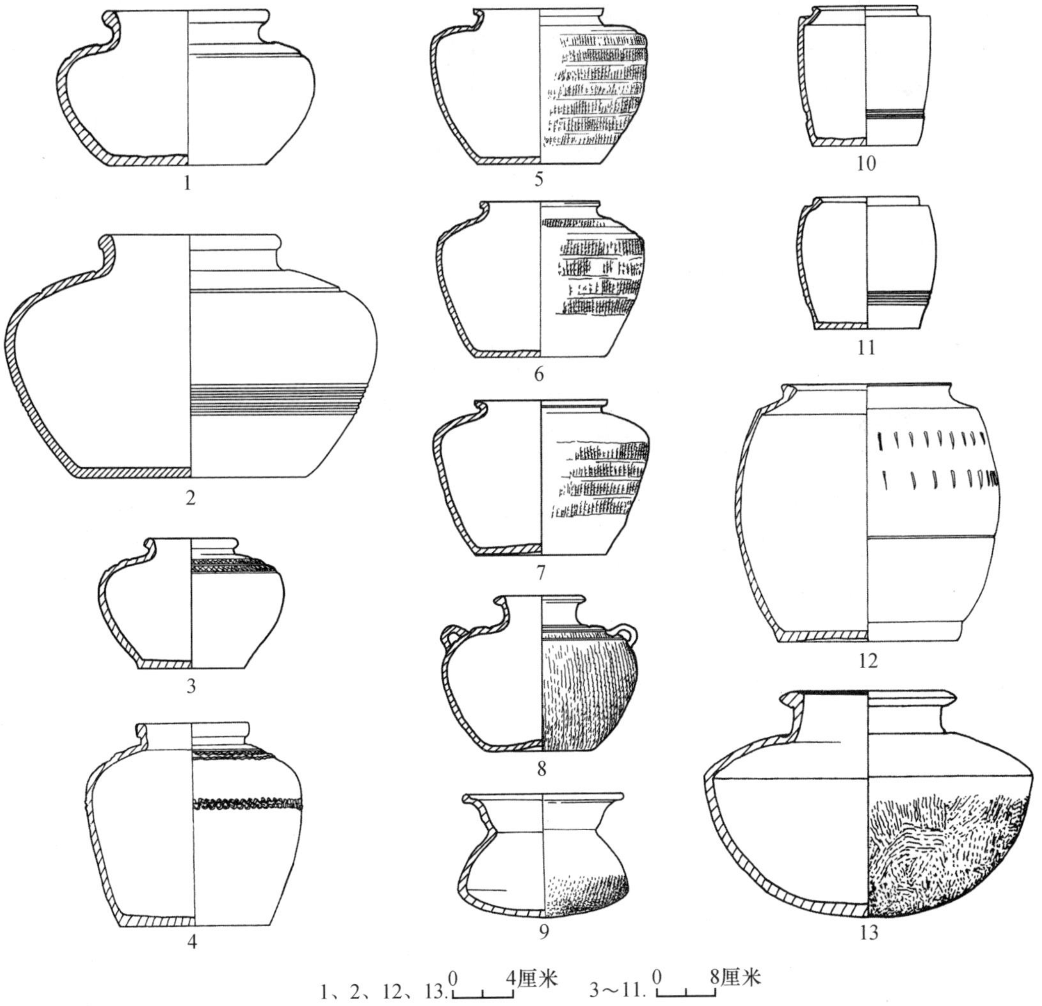

图八　M3第2层出土陶器

1～8、13. 罐（M3：19、M3：25、M3：28、M3：27、M3：16、M3：26、M3：29、M3：23、M3：15）

9. 釜（M3：6）　10～12. 仓（M3：22、M3：20、M3：3）

颈，鼓肩，弧腹，平底微内凹。腹饰弦断绳纹。口径17.8、腹径29、底径17.6、高20厘米（图八，7）。M3：23，侈口，尖圆唇，束颈，溜肩，鼓腹，圜底内凹。肩有二对称条形耳，肩先饰绳纹，再饰三周弦纹，腹满饰绳纹。口径11.5、腹径25.6、底径14、高20厘米（图八，8）。M3：15，轮制。直口，尖圆唇，宽折沿，沿面内侧有一细凹槽，直颈，折肩，弧腹，圜底。腹及底部饰交错绳纹。口径10、腹径22.2、高14.6厘米（图八，13）。

甑 2件。泥质灰陶。轮制。敞口。M3：1，尖唇，外翻沿，斜腹，平底有59个箅孔。口径39.2、底径20、高26.5厘米（图九，11）。M3：8，凹唇，折沿外翻，弧腹，平底有8个箅孔。腹部饰数周细弦纹。口径25.2、底径13、高16厘米（图九，14）。

釜 1件。M3：6，夹砂灰陶。侈口，圆唇，斜折沿，沿面微凹，垂腹下折，圜底。腹至

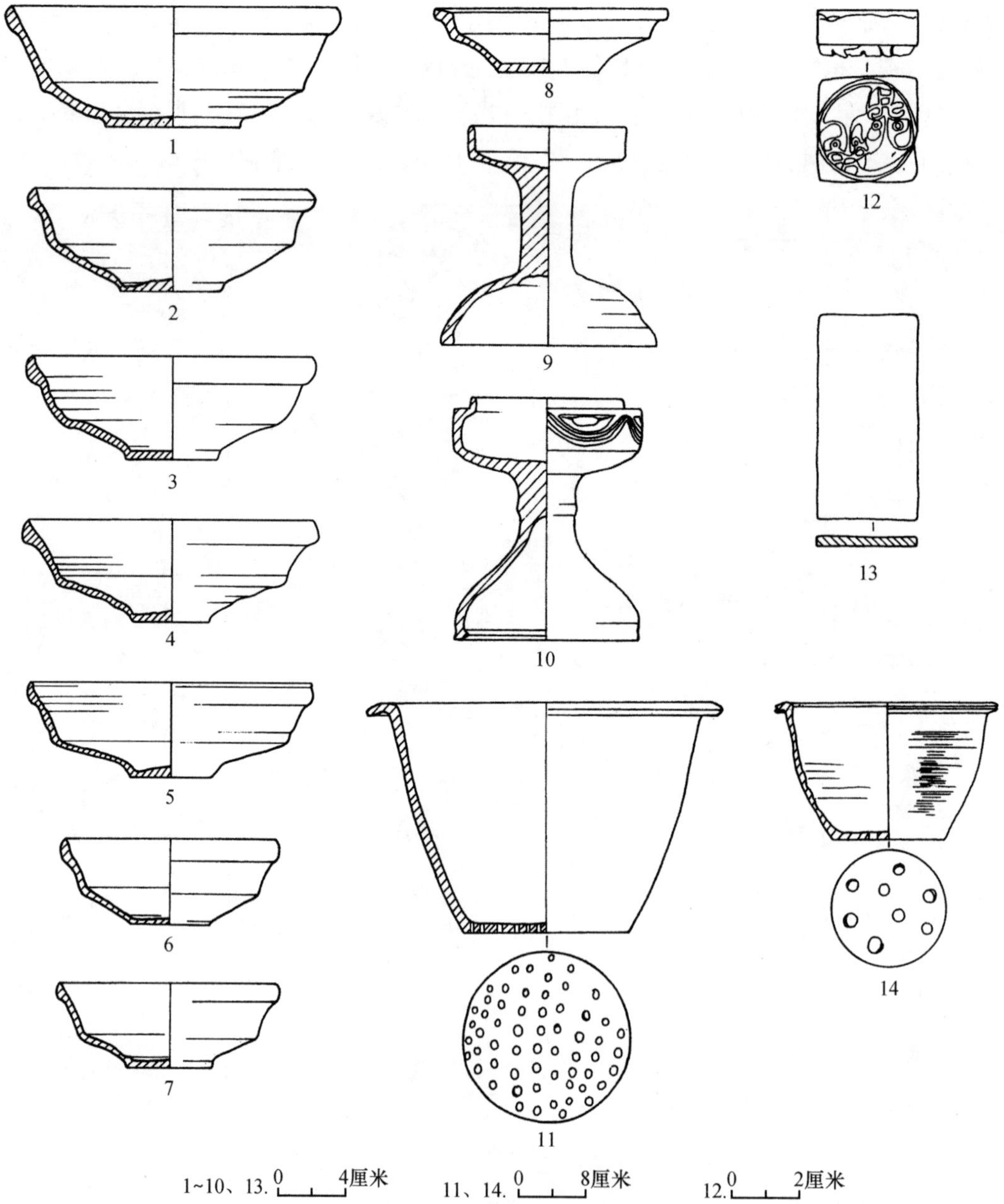

图九 M3第2层出土器物

1～7. 陶钵（M3：7、M3：34、M3：14、M3：24、M3：32、M3：33、M3：21） 8. 陶盘（M3：31） 9. 陶灯（M3：35） 10. 陶博山炉（M3：30） 11、14. 陶甑（M3：1、M3：8） 12. 陶印模（M3：12） 13. 石圭板（M3：13）

底部饰交错绳纹。口径21、腹径22.8、高16厘米（图八，9）。

仓 3件。泥质灰陶。轮制。敛口，尖圆唇。M3：22，耸折肩，弧腹近直，平底。下腹饰数周细弦纹。口径14.2、腹径18.2、底径14、高18厘米（图八，10）。M3：20，平折肩，微鼓腹，平底。下腹饰数周细弦纹。口径14、腹径18.6、底径14.2、高17.2厘米（图八，11）。M3：3，斜折肩，鼓腹，平底内凹。腹部饰刻划纹及一周凹弦纹。口径11.6、腹径18、底径12.4、高16.6厘米（图八，12）。

钵 7件。泥质灰陶。轮制。敞口，尖圆唇，折腹。M3：7，上腹较斜，下腹弧收，平底。口径19.6、底径8、高7厘米（图九，1）。M3：14，上腹微弧，下腹内收，小平底。口径16.6、底径5.5、高6厘米（图九，3）。M3：24，上腹斜立，下腹内收，小平底。口径17.2、底径4.4、高6厘米（图九，4）。M3：21，上腹斜立，下腹内收，小平底。口径13、底径5、高5厘米（图九，7）。M3：32，上腹斜立，下腹内收，小平底。口径17、底径5、高5.5厘米（图九，5）。M3：33，上腹斜立，下腹斜收，小平底。口径13、底径4.8、高5厘米（图九，6）。M3：34，小平底。口径16.5、底径5.8、高6厘米（图九，2）。

盘 1件。M3：31，泥质灰陶。敞口，方唇，折沿微斜，折腹明显，下腹内收，小平底。口径14、底径6、高3.7厘米（图九，8）。

印模 1件。M3：12，泥质灰陶。正方形，印面圆圈内饰相向二龙头，残留少量朱砂。边长3、高1.4厘米（图九，12）。

铅釉陶器 2件。

博山炉 1件。M3：30，泥质红陶胎。器表施酱红釉。无盖。子母口，方唇，直腹，喇叭状底座。腹壁有六组镂空的小孔洞，孔之间饰数道弧形带状刻划纹，实心短柄有一周凸棱。口径9.2、底径11、高14厘米（图九，10）。

灯 1件。M3：35，泥质红陶胎。器表施酱黄釉。直口，圆唇，实心圆柱柄较长，覆钵状底座。口径9、底径12.8、高12.8厘米（图九，9）。

铜器 1件。

洗 1件。M3：17，铜质。仅存口沿。口径26、残高6厘米。

石器 1件。

石圭板 1件。M3：13，石质。长方形。表面打磨光滑，涂有一层朱砂红。断成五块。长12、宽6、厚0.6厘米（图九，13）。

铜钱 3组共19枚。包括五铢、大泉五十两种。

五铢 8枚。钱正背面均有外郭，背面有内郭，正面无内郭，正方穿。依钱文特征大致可分三式。

Ⅰ式：2枚。铸工较好，钱型规整，钱文清晰、笔画较粗。“五”字交笔较直，交笔与上下横笔相接处呈外放状，字形如两个对角三角形。“铢”字的“朱”字头方折，“金”字头呈箭镞形。钱径2.5、穿边长1厘米（不含郭）。M3：10-1、M3：5-1穿上一横（图一〇，1、2）。

Ⅱ式：3枚。铸工较好，钱型规整，钱文清晰、笔画较细。“五”字交笔弯曲大，交笔与上下横笔相接处近垂直，字形如两个对顶弹头，上下横笔出头。“铢”字的“朱”字头方折，

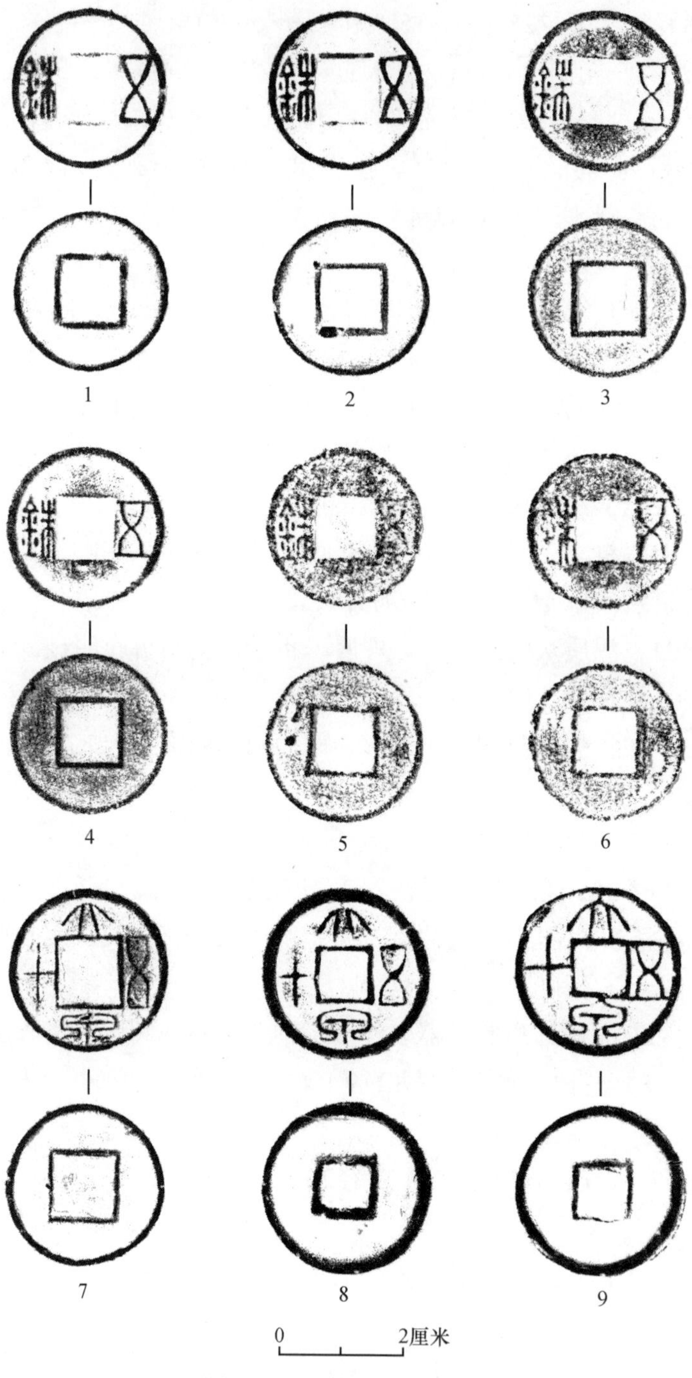

图一〇　M3第2层出土钱币

1、2. Ⅰ式五铢（M3：10-1、M3：5-1）　3、4. Ⅱ式五铢（M3：5-6、M3：5-2）　5、6. Ⅲ式五铢（M3：9-1、M3：9-2）　7. A型大泉五十（M3：5-3）　8. B型大泉五十（M3：5-4）　9. C型大泉五十（M3：5-5）

“金”字头呈箭镞形。钱径2.5～2.6、穿边长0.9～1厘米（不含郭）。M3：5-6、M3：5-2穿下一星（图一〇，3、4）。

Ⅲ式：3枚。笔画较细。“五”字交笔弯曲，交笔与上下横笔相接处略内收或近垂直，字形似两个对顶弹头，上下横笔出头。“铢”字的“朱”字头圆折，“金”字头呈三角形。钱径2.5～2.6、穿边长0.9～1厘米（不含郭）。M3：9-1、M3：9-2（图一〇，5、6）。

大泉五十 11枚。钱型规整，钱文清晰。正背面均有内外郭。正方穿。依钱文特征大致可分三型。

A型 6枚。“大”字横笔呈向下半圆弧线，“五”字相交两笔较曲。钱径2.2～2.7、穿边长0.8～1厘米（不含郭）。M3∶5-3（图一〇，7）。

B型 4枚。“大”字横笔顶部平，两头向下垂。“五”字相交两笔较曲。钱径2.2～2.8、穿边长0.7～0.8厘米（不含郭）。M3∶5-4（图一〇，8）。

C型 1枚。“大”字横笔顶部向上尖凸，两头斜下折，顶上有短出头。“五”字相交两笔较曲。钱径2.7、穿边长0.8厘米（不含郭）。M3∶5-5（图一〇，9）。

（2）M6

墓葬形制 M6位于加油站梁子T4的西部。长方形竖穴土坑墓。方向340°。开口于耕土层下，打破生土层。距现地表25～30厘米。墓室长410、宽240、残深40～50厘米。墓壁较直，墓底平整（图一一）。M6填土为一次性填土，灰褐色微黏土，较紧密，含大量草木灰、碎陶片、残砖块及植物根须。

葬具与葬式 墓葬被严重扰乱，葬式、葬具均已不可辨。

出土器物 可辨随葬器物约10件，零散分布于墓室中部，均十分破碎，无法修复。以陶俑为主（人俑7、狗俑1），另有陶杯口沿1和残摇钱树枝1。不见铜钱。

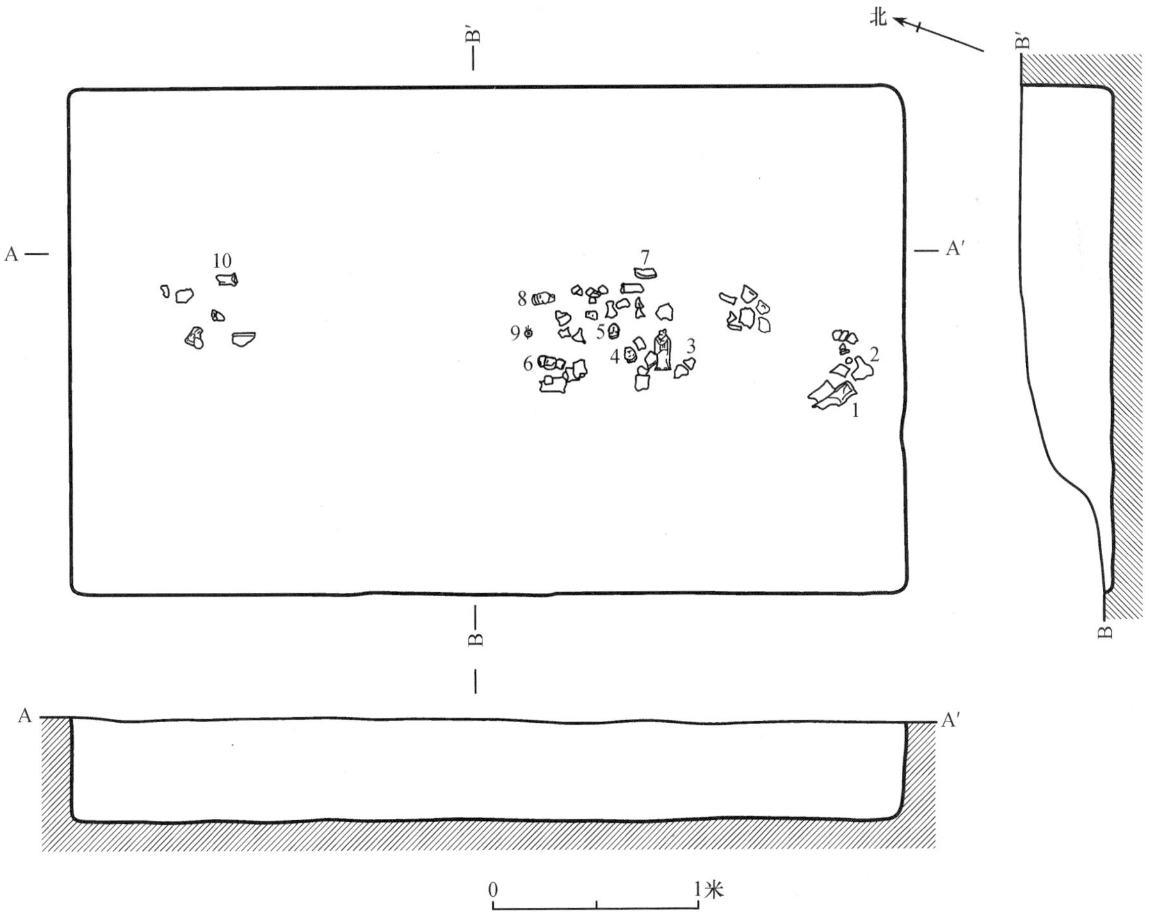

图一一 M6平、剖面图

1、3～6、8、10. 陶人俑 2. 陶狗 7. 陶杯 9. 铜摇钱树枝

（3）M11

墓葬形制　M11位于加油站梁子T16的中部。长方形竖穴土坑墓。方向78°。开口在第2层扰土层下，打破生土层，距现地表100～110厘米。墓室东部被修建长江防护堤破坏掉，现存墓室长370、宽320、残深20～30厘米。墓壁较直，墓底较平整（图一二）。填土为灰红褐黏土，夹少量红烧土粒、草木灰及一些残碎陶片。墓底靠西南部只存有一些红烧土，夹大量的草木灰。

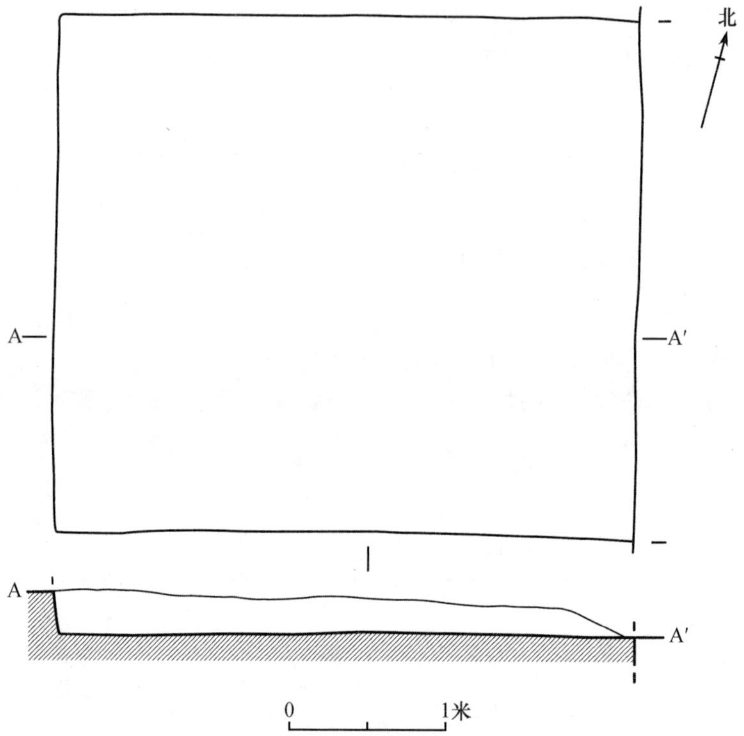

图一二　M11平、剖面图

葬具与葬式　遭严重扰乱，棺椁、尸骨已不存，只在墓底西南部填土里有极少的骨渣腐痕。

出土器物　墓室底部未见随葬品。只在填土里出现少量灰陶房、罐及红陶人俑、鸡俑、钵等残碎片，均不能修复。也无铜钱。

（4）M15

墓葬形制　M15位于钟姑娘梁子T18的东北部，长方形竖穴土坑墓，方向85°。开口于第2层扰土层下，打破生土层，距现地表120厘米。墓室上端大部分被M13的墓道所打破，但墓底保存完整。墓室东西长250、南北宽120、墓口距墓底280厘米。墓坑壁上下较垂直，壁面平整（图一三）。墓室内回填五花色土，质地较硬，内夹大量的料姜石块。

葬具与葬式　不见棺椁及人骨腐痕，无法判定葬式和头向。

出土器物　随葬品放置于墓底西南角（右侧近墓壁处），仅有3件陶器，其中灰陶盒2、罐1，皆为器皿用具。均残碎，可修复。不见铜钱。

陶盒　2件。泥质灰陶。盖直口，盒子母口，折腹，上腹较直，下腹弧收，矮圈足。M15：1，盖、盒各饰四周和一周凹弦纹。盒内口径16.2、腹径19.8、底径11.2、高6.4厘米，盖口径18、腹径18、底径9.6、高7.8厘米（图一四，3）。M15：2，盖、身各饰二周凹弦纹。口径21.6、底径11.2、通高16厘米（图一四，1）。

陶罐　1件。M15：3，泥质灰陶。侈口，圆唇，卷沿，高领微束，扁鼓腹，圜底近平。腹部饰网格纹。口径12、腹径13.4、高15.6厘米（图一四，2）。

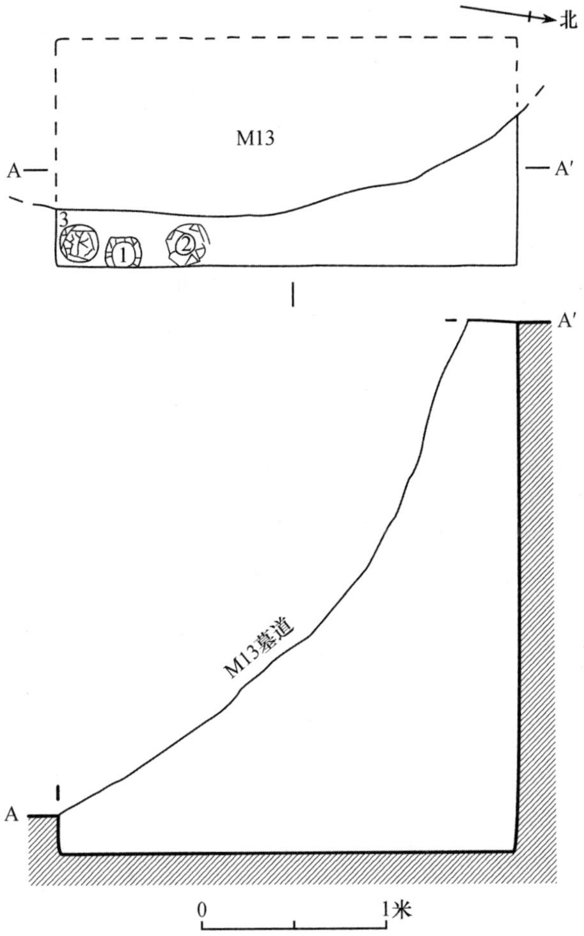

图一三　M15平、剖面图

1、2. 陶盒　3. 陶罐

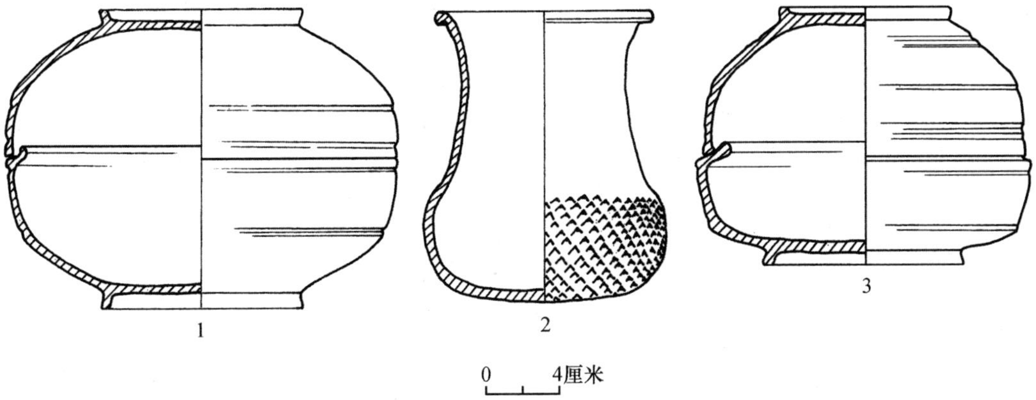

图一四　M15出土陶器

1、3. 盒（M15：2、M15：1）　2. 罐（M15：3）

（二）砖室墓

根据墓葬平面结构，又可分为长方形（A型）、“凸”字形（B型）、刀把形（C型）以及刀把形带后室（D型）四型。

该批墓葬均遭不同程度的破坏。M2、M5、M7、M9、M12均有多处盗洞，M8、M10更是被洗劫一空，仅M1、M2保存较好。

墓葬结构一般由土圹、墓道、甬道、墓室四部分组成，其中M2、M9还带后室，M5无甬道。墓道及券顶绝大部分已损毁陷塌，墓壁均以青灰色单砖错缝平铺叠砌而成，一长侧边模印纹饰，砖纹向内，只有M5第9轮、M7墓室东壁第8和10轮、南壁第9和11轮墙砖纹饰向外。券顶一般以长方形或楔形榫卯砖纵向券拱。墓底多数有铺地砖，多以“八”字形平铺或与墓壁呈45°斜铺而成，也有顺甬道长或宽铺成的；少数墓底无铺地砖，均以夹料姜石的黄褐土平整而成。墓砖多以菱形纹、重菱纹 、回纹、方格纹等几何纹饰为主，少量麦穗纹、钱纹、车轮纹以及“千” “萬”铭文砖出现。

因后期的严重扰乱，M2、M7～M10、M12的葬式葬具已无法分辨。M1内发现人骨2具，南北向仰身直肢，东部1具为头北脚南，身高约165厘米，男性；西部1具混乱模糊，仅见几团人骨腐痕。不见棺椁痕迹。M5中人骨架2具，东西向仰身直肢，北部人骨头东脚西，南部1具头西脚东，不见棺椁腐痕，封门在西部。M14发现人骨5具，均仰身直肢，墓室内并列3具，其中北部2具头向西（甬道口），南部1具及甬道与墓室间并列的2具，头向均朝东。在甬道与墓室间北侧1具骨骸的肩胸处发现铜发钗及铜手镯，推断应为女性，其余4具则性别不明。M7～M10因扰乱无法分辨随葬器物的位置，M1、M5随葬器物位置较清楚。M5随葬器物置于墓室中部，呈南北向排列；M1随葬器物分布于甬道内和墓室的西侧（右侧）；M12的随葬器物集中于墓室的西南角（右后侧）；M14随葬器物集中于甬道口的南侧（左侧）；M2随葬器物集中在甬道及墓室的东侧（左侧）。由此可见，甬道内是放置随葬器物的主要场所。

1. A型

1座。M5，平面为长方形。

墓葬形制　M5位于加油站梁子T4的东部，并延伸至T3西部，长方形单室砖室墓，方向65°。开口于耕土层下，打破生土层，距现地表20～30厘米。由土圹、墓道、墓室三部分组成。其构筑方式为先挖一长方形土圹，再用砖错缝平砌成墓壁（图一五）。土圹长328、宽286、残深130厘米。墓道已毁。封门在墓室西部，用残砖垒成，规格不一。墓室长267、宽245、残高124厘米。从第10轮墙砖开始南北起券，券顶已遭破坏。第9轮墙砖纹饰向外。墙砖为长方形，长42、宽20、厚8厘米；券顶砖为楔形榫卯砖，长44、宽20、厚6～7厘米。一长侧边均饰菱形几何纹（图五二，2）。墓底无铺地砖，为黄褐色土，含少许料姜石。在西北角有盗洞1个，未至墓底。M5封土为偏黄的灰褐色土，较疏松，含大量料姜石颗粒及少许草木灰。填土为灰褐色土，疏松，含少许草木灰、螺蛳壳及券顶残砖等。

葬具与葬式　墓室有人骨架2具。北部骨架：头东脚西，残存头骨和肢骨；南部骨架：头

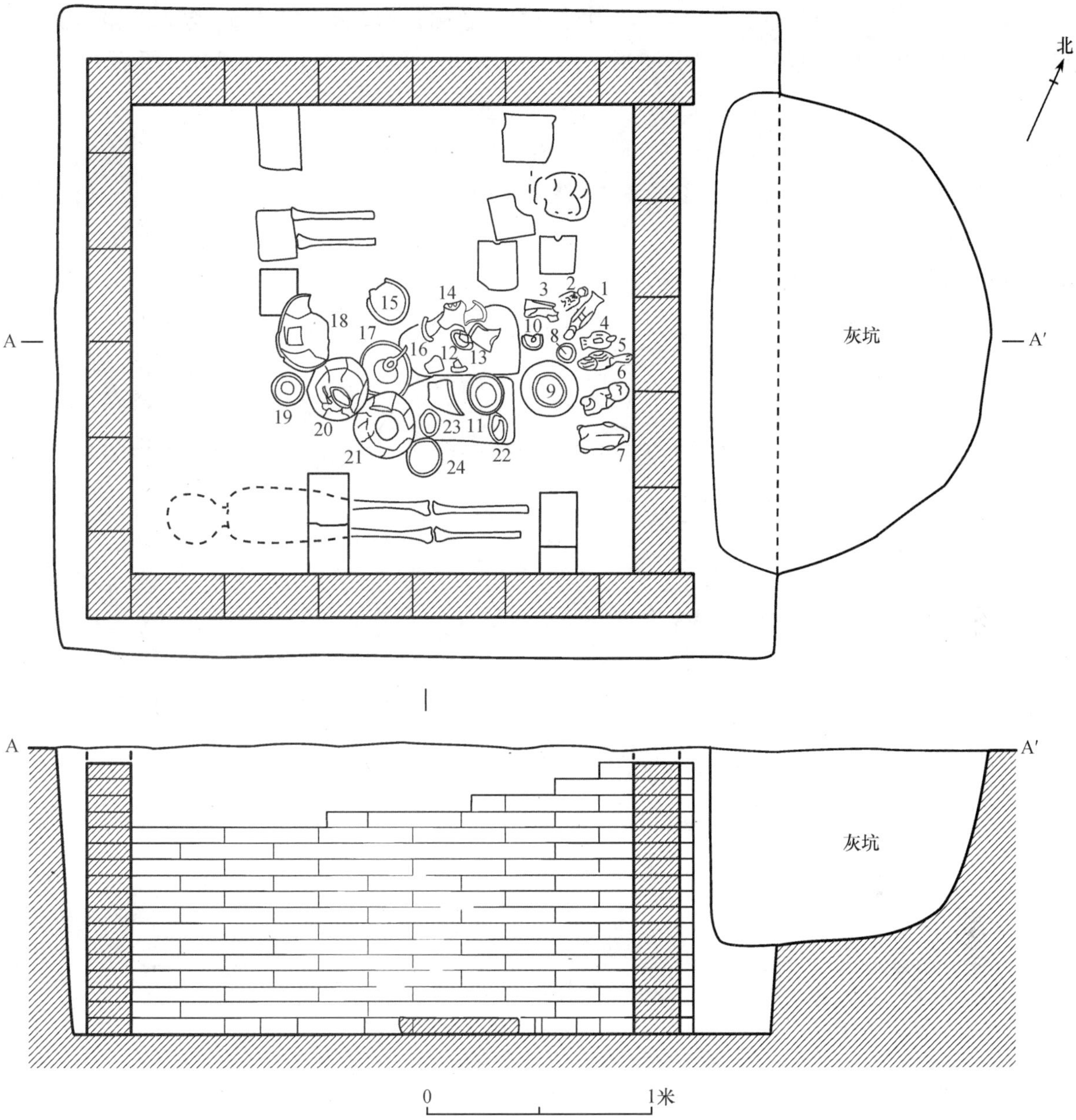

图一五　M5平、剖面图

1～3. 陶人俑　4、5. 陶鸡　6. 陶狗　7. 陶猪　8. 陶灯　9、21. 陶罐　10、12、24. 陶器盖　11. 陶钵　13、22、23. 陶耳杯　14. 陶甑　15. 陶簋　16. 陶勺　17. 陶盆　18. 陶釜　19. 陶盘　20. 陶钟

西脚东，仅存肢骨。均用宽18厘米的残砖垫棺。由于遭破坏严重，墓主年龄不详，可能为夫妻合葬。

出土器物　出土随葬品共24件，集中置于墓室中部偏东，全部为陶器（包括器皿用具和俑）。其中较完整及可修复的有21件，含陶罐2、釜1、甑1、钟1、簋1、钵1、耳杯1、鸡俑1、猪俑1、狗俑1；铅釉陶盆1、盘1、灯1、博山炉盖1；红陶勺1、耳杯2、人俑2、鸡俑1。残不可修复的有3件，为陶器盖2、人俑1。不见其他质地器类及铜钱。

陶器　21件，其中灰陶器11件、铅釉陶器4件、红陶器6件。

灰陶器　11件。

罐 2件。泥质灰陶。轮制。侈口，圆唇，卷沿，斜折肩，鼓腹。M5：9，平底微内凹。口径17、腹径25、底径12.6、高17.5厘米（图一六，2）。M5：21，下腹斜收，平底。肩饰二周凹弦纹。口径15.2、腹径23.8、底径13.6、高16.6厘米（图一六，1）。

釜 1件。M5：18，泥质灰陶。直口，方唇，高领，溜肩，鼓腹，圜底近平。肩下附二耳及二周凹弦纹。口径21.2、腹径27.2、高20.4厘米（图一六，3）。

甑 1件。M5：14，泥质灰陶。轮制。敛口，尖圆唇，外翻沿，弧腹，下腹斜收，平底有6个箅孔。上腹饰数周细弦纹。口径30.2、腹径27.6、底径14.8、高21.2厘米（图一六，8）。

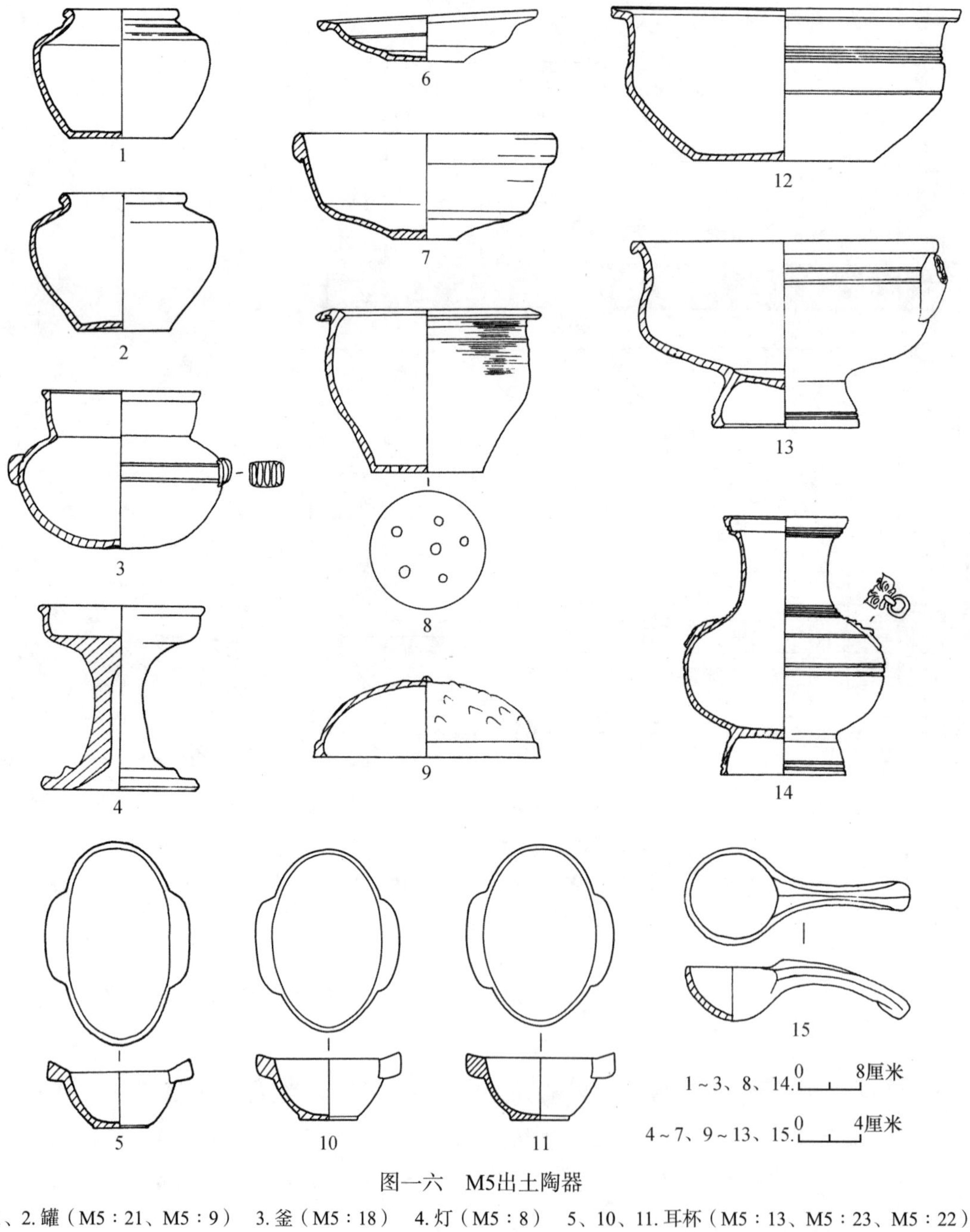

图一六 M5出土陶器

1、2. 罐（M5：21、M5：9） 3. 釜（M5：18） 4. 灯（M5：8） 5、10、11. 耳杯（M5：13、M5：23、M5：22） 6. 盘（M5：19） 7. 钵（M5：11） 8. 甑（M5：14） 9. 博山炉盖（M5：24） 12. 盆（M5：17） 13. 簋（M5：15） 14. 钟（M5：20） 15. 勺（M5：16）

钟　1件。M5：20，泥质灰陶。轮制。盘口，长颈微束，溜肩，鼓腹，高圈足。颈下饰四周凹弦纹，肩附二对称衔环铺首，腹部饰三周凹弦纹，圈足饰二周凹弦纹。口径16.4、腹径21.3、底径16.8、高33.2厘米（图一六，14）。

簋　1件。M5：15，泥质灰陶。侈口，圆唇，卷沿，微鼓腹，高圈足外撇。上腹及圈足各饰二周凹弦纹，上腹应附有錾，已残。口径20.2、腹径19.2、底径9.8、高12厘米（图一六，13）。

钵　1件。M5：11，泥质灰陶。轮制。敞口，厚尖圆唇，折腹，上腹斜直，下腹急收，小平底。口径17.4、底径4.4、高6.8厘米（图一六，7）。

耳杯　1件。M5：23，泥质灰陶。平面呈椭圆形，敞口，方唇，弧腹，饼足底。口长径两侧附月牙形实耳。口长径11.7、短径9.5、底长径7、短径3.8、通高4.4厘米（图一六，10）。

鸡俑　1件。M5：5，泥质灰陶。公鸡。立姿，昂头，长颈，翘尾，羽翼刻划明显。高22.3厘米（图一七，5）。

猪俑　1件。M5：7，泥质灰陶。立姿，张嘴露齿，前背脊高耸，短尾。长26.4、高15.2厘米（图一七，3）。

狗俑　1件。M5：6，泥质灰陶。立姿，体矮壮。竖耳，张嘴露齿，尾翘于臀上。颈及前腹套扁箍，系于背上圆环内。长24、高19.2厘米（图一七，4）。

铅釉陶器　4件。泥质红陶胎，施酱黄釉，多剥落。

盆　1件。M5：17，直口，方唇，斜折沿，折腹，上腹较直，下腹斜收，平底。腹饰四周凹弦纹。口径23.2、底径11.8、高9.8厘米（图一六，12）。

盘　1件。M5：19，敞口，方唇，斜折沿，折腹，小平底。器物变形。口径14.8、底径5.2、高3厘米（图一六，6）。

灯　1件。M5：8，灯盘直口较浅，圆柱形空心长柄，近喇叭状底座。口径11.2、底径10.2、高11.8厘米（图一六，4）。

博山炉盖　1件。M5：24，半球形。盖表饰乳突。口径15、高5.2厘米（图一六，9）。

红陶器　6件。

勺　1件。M5：16，泥质红陶。舀部平面近圆形，实心曲柄。通长15、舀部高3.6厘米（图一六，15）。

耳杯　2件。泥质红陶。平面呈椭圆形，敞口，方唇，弧腹，饼足底。口长径两侧附月牙形实耳。M5：13，口长径13、短径9.6、底长径7.2、短径3.6、通高4.2厘米（图一六，5）。M5：22，口长径11.7、短径9.5、底长径7、短径3.8、通高4.4厘米（图一六，11）。

俑　3件。合范制作。

侍俑　2件。泥质红陶。立姿。M5：2，右衽宽袖长服，束腰，双手拢于腹前。高17厘米（图一七，1）。M5：1，戴介帻，右衽宽袖长袍，束腰，双手拢于腹前，足尖露于袍外。高23.6厘米（图一七，2）。

鸡俑　1件。M5：4，泥质红陶。子母鸡。昂头，翘尾，俯卧，背上、前腹及双翅下共有6只小鸡。高12.7厘米（图一七，6）。

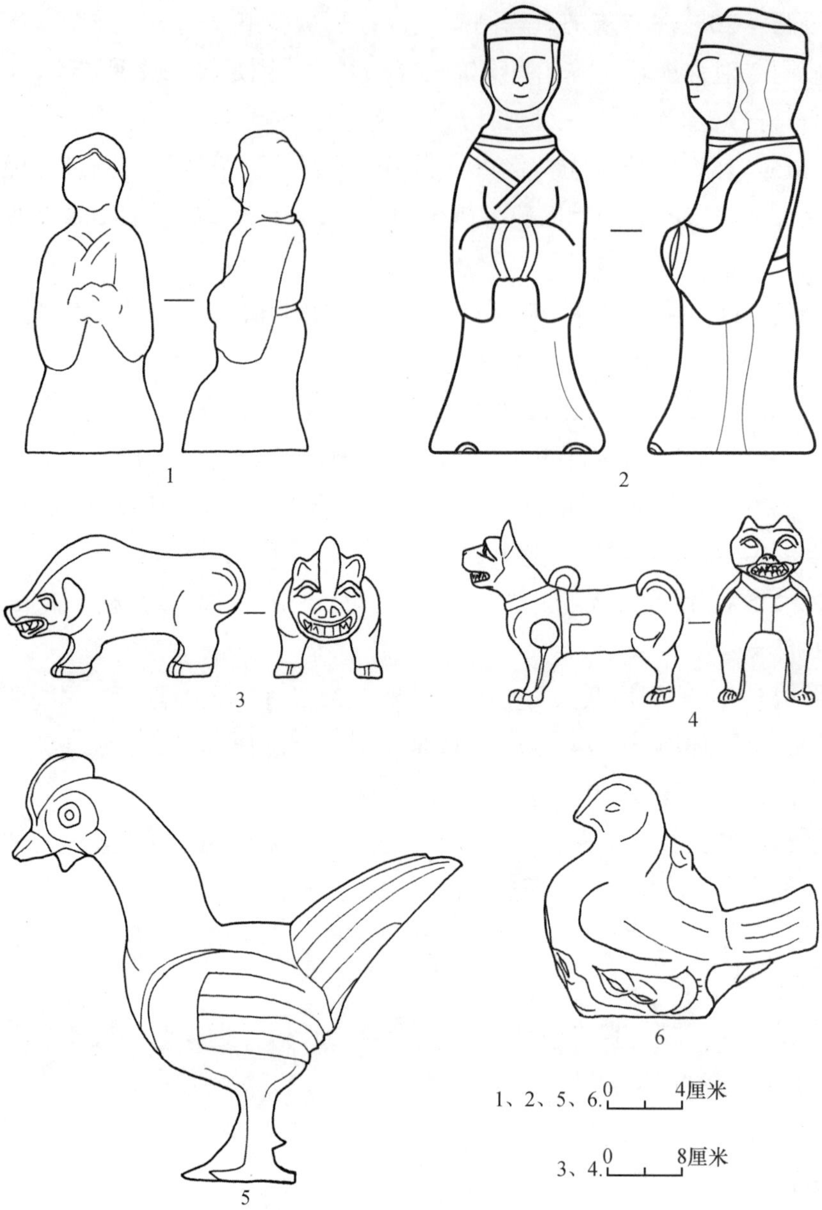

图一七　M5出土陶俑

1、2. 侍俑（M5：2、M5：1）　3. 猪俑（M5：7）　4. 狗俑（M5：6）　5、6. 鸡俑（M5：5、M5：4）

2. B型

2座。M7、M8，平面呈“凸”字形。

（1）M7

墓葬形制　M7位于加油站梁子T8的东部。“凸”字形砖室墓。方向332°。开口于耕土层下，打破生土层，距现地表20~25厘米。由土圹、墓道、甬道、墓室四部分组成。其构筑方式为先挖一“凸”字形土圹，再用砖错缝平砌成墓壁（图一八）。土圹通长约700（包括墓道）、宽170~380、深158~320厘米。墓道为斜坡土圹式，长约238、宽170~184厘米，坡度10°。甬道南北长195、东西宽175、高140厘米。从第6轮墙砖开始东西起券，券顶上有直径60厘米盗洞1个。墓室东西长375、南北宽260、残高90厘米。券顶为南北起券，已遭破坏。墙砖

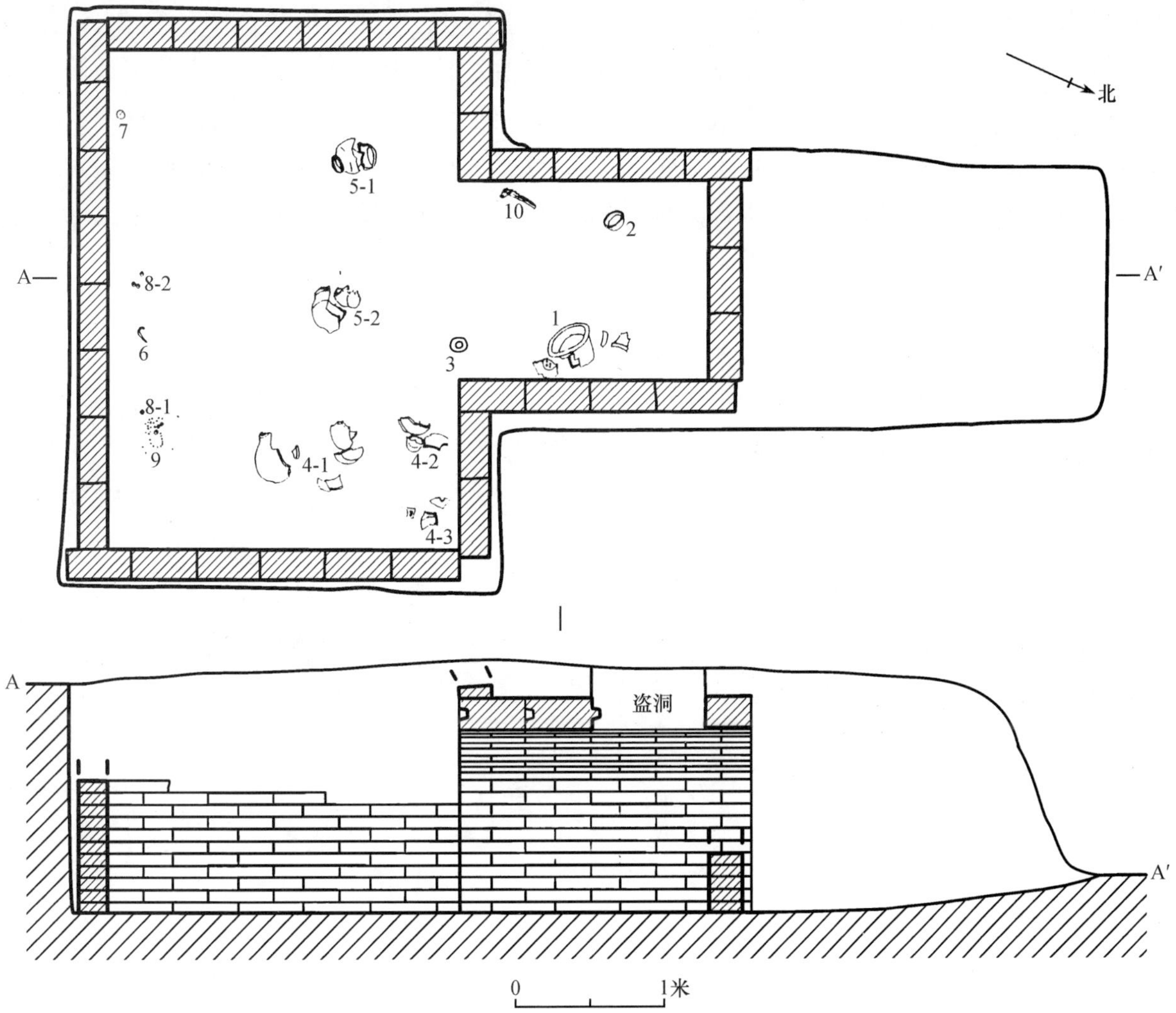

图一八 M7平、剖面图

1. 陶甑 2、3. 瓷碗 4、5. 瓷罐 6. 铜钗 7. 铜车軎 8. 铜钱 9. 琉璃玛瑙珠串饰 10. 铜刁斗柄

为长方形，长42、宽20、厚8厘米；券顶用楔形榫卯砖，长44、宽20、厚6～8厘米。均饰菱形方格纹。墓室东壁第8和10轮、南壁第9和11轮纹饰向外。墓底无铺地砖，为黄褐色生土，含少许料姜石，有灰白色河沙铺垫其上，厚0～20厘米。M7封土为黄褐色粉砂土，含少许料姜石及草木灰，较疏松。填土为灰褐色土，疏松，含少许草木灰及大量残券顶砖，有少量青瓷残片。

葬具与葬式 由于后期盗扰，墓主骨架无踪，也不见棺木痕。

出土器物 出土随葬品共9件，因扰毁而散乱分布于甬道和墓室。有陶器、瓷器、铜器（饰件）、玉石器（饰品）4种，以瓷器为主，陶瓷器均为器皿用具。其中完整及可修复的有8件，分别为瓷碗2、罐2；铜钗1、车軎1、刁斗柄1；琉璃玛瑙珠串饰1。残不可修复的1件，为陶甑。另有铜钱1组共4枚，出于墓室后壁。

瓷器 4件。

碗 2件。青瓷，灰白胎。内外施青釉。M7：2，敛口，圆唇，弧腹，饼足底微内凹。口外壁饰一周弦纹。口径15、底径9.8、高6.6厘米（图一九，1）。M7：3，釉不及底。敛口，尖圆唇，腹微鼓，饼足底。口径8、底径4.2、高4厘米（图一九，3）。

罐　2件。青瓷，灰白胎，口部及器表上腹施青釉，下腹及底无釉。M7：4，口微敛，圆唇，短斜颈，弧腹，下腹斜收，平底微凹。腹上部附四对称条形系，口外壁饰二周凹弦纹。口径10.2、腹径14.6、底径9.8、高17.2厘米（图一九，5）。M7：5，敛口，圆唇，短斜颈，鼓腹，下腹近底内收，平底。腹上部附四对称条形系，口外壁及系间各饰二周凹弦纹。口径12.8、腹径18、底径12.8、高15.6厘米（图一九，2）。

铜器　3件。

钗　1件。M7：6，铜质。两股笄，1股残，笄呈锥状。残长8厘米（图一九，6）。

车軎　1件。M7：7，铜质。圆柱状，中空，弧顶，口部微外撇。下部有二对称穿孔，上部饰二周凸棱，近口部饰一周凹弦纹。口径2.7、高3.2厘米（图一九，4）。

刁斗柄　1件。M7：10，铜质。圆柱状长柄，中空，柄端为龙头形。残长18厘米（图一九，8）。

玉石器　1件。

琉璃玛瑙珠串饰　1串。M7：9，约350余颗。均散落于墓底，由墓底淤泥中经淘洗选出。呈扁圆珠状者居多，均有穿孔。颜色多为黄、白、红。直径多在0.15～0.3厘米，个别1厘米（图一九，7）。

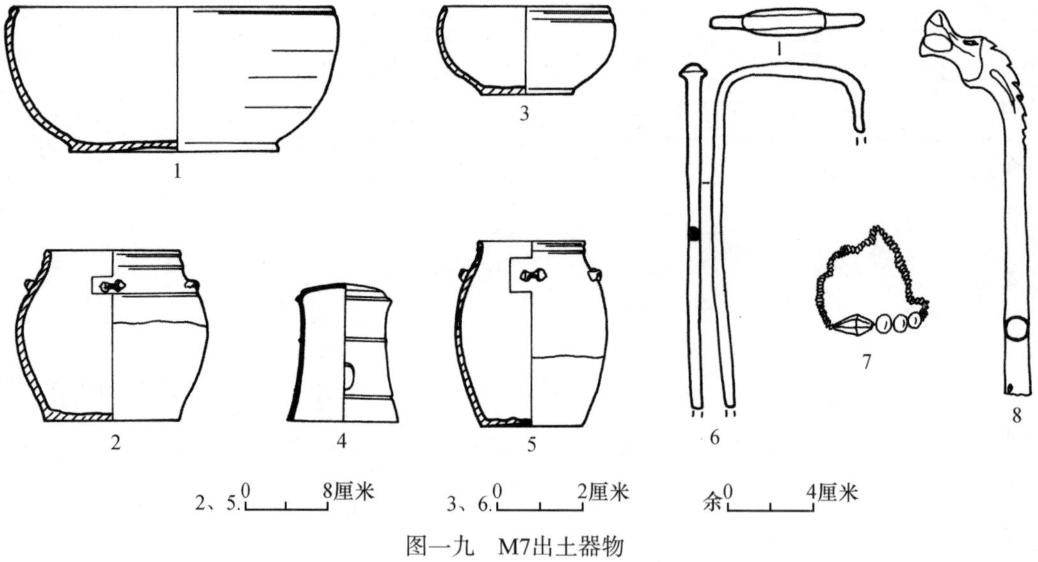

图一九　M7出土器物

1、3. 青瓷碗（M7：2、M7：3）　2、5. 青瓷罐（M7：5、M7：4）　4. 铜车軎（M7：7）　6. 铜钗（M7：6）　7. 琉璃玛瑙珠串饰（M7：9）　8. 铜刁斗柄（M7：10）

铜钱　1组共4枚。均为五铢。分二型。

A型　2枚。钱正背面均有外郭，背有内郭，正面无内郭，正方穿。“五”字交笔弯曲，交笔与上下横笔相接处近垂直，字形如两个对顶弹头，上下横笔出头。“铢”字的“朱”字头圆折，“金”字头呈三角形。钱径2.4～2.5、穿边长0.9～1（不含郭）厘米。M7：8-1，“五”字下阴刻一横（图二〇，1）。

B型　2枚。磨郭钱。以A型钱磨郭而来。M7：8-2，钱径2.2、穿边长1（不含郭）厘米（图二〇，2）。

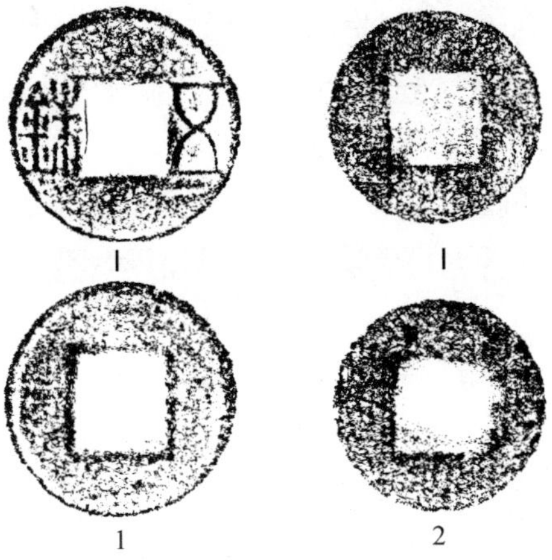

图二〇 M7出土钱币

1. A型五铢（M7：8-1） 2. B型五铢（M7：8-2）

（2）M8

墓葬形制 M8位于加油站梁子T8的西部，“凸”字形砖室墓，方向321°。开口于耕土层下，打破生土层，距现地表20～40厘米。由土圹、墓道、甬道、墓室四部分组成。其构筑方式为先挖一“凸”字形土圹，再用砖错缝平砌成墓壁（图二一）。土圹通长约720（包括墓道）、宽204～288厘米。口大底小，斜壁，底部砖壁与土圹壁紧靠无空隙。墓道为斜坡土圹

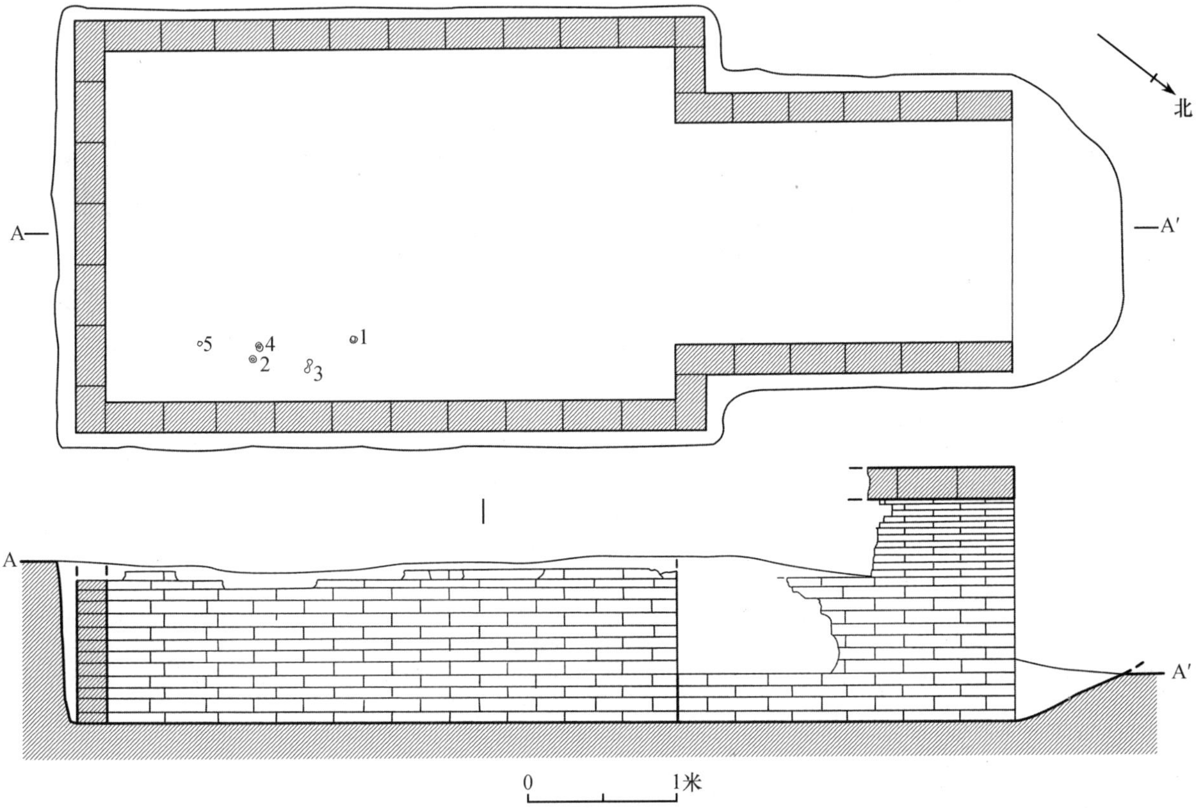

图二一 M8平、剖面图

1. 银指环 2、4. 铜钱 3、5. 铜饰

式，平面呈半椭圆形，残长70、最宽204 厘米，坡度10°。甬道长230、宽146、高140厘米。从第12轮墙砖开始起券，券顶顶部残存部分券顶砖。墓室长384、宽250、残高100厘米。券顶已被破坏，残留墙砖，最高轮数13轮，未见起券。墙砖为长方形，长39、宽20、厚8厘米，饰菱形“回”纹。券顶砖为楔形榫卯砖，长40、宽20、厚5～7厘米，饰几何纹。墓底无铺地砖。填土为红褐土夹黄褐砂土，较松散，上部含有树根及明清陶瓷残片，墓底为灰褐色土，夹大量红烧土及草木灰。

葬具与葬式　由于扰乱严重，墓室未见人骨、棺木痕迹，无法判定葬具、葬式。

出土器物　仅存3件器物（铜饰2、银指环1），均残损。另有铜钱2组共2枚。

铜钱　2组共2枚。均为五铢。

钱正背面均有外郭，背有内郭，正面无内郭，正方穿。“五”字交笔弯曲，交笔与上下横笔相接处近垂直，字形如两个对顶弹头，“铢”字的“朱”字头圆折，“金”字头呈三角形。背面穿四角有4条放射状短线与外郭相连。钱径2.6、穿边长1厘米（不含郭）。M8：4-1，背穿四角有四条放射状短线与外郭相连（图二二）。

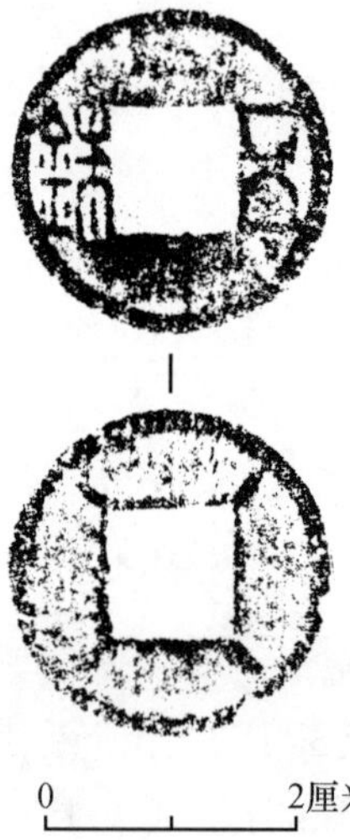

图二二　M8出土五铢（M8：4-1）

3. C 型

4座。M1、M10、M12、M14，平面呈刀把形。

（1）M1

墓葬形制　M1位于加油站梁子T14的西南部，刀把形砖室墓。开口于耕土层下，打破M3及生土层，距现地表20～40厘米。由土圹、墓道、甬道、墓室四部分组成。其构造方法为先挖一刀形土圹，然后用砖于土圹内错缝平砌成墓壁（图二三）。由于自然山洪冲击及人为改田造地等因素对墓葬扰动较大，造成墓壁变形，券顶坍塌，墓道被毁。土圹长约670、宽200～270、残深30～110厘米。封门建在甬道口外，残存5轮砖。甬道长约246、宽约152、残高48厘米。仅存墙砖，最高轮数7轮，券顶已被破坏。墓室长约380、宽约260、残高30～100厘米。东墙仅存墙砖8轮，西墙仅存墙砖17轮，因墙体被挤压变形不知券顶从哪一轮起券。墙砖为青灰色长方形榫卯砖，长40、宽20、厚7厘米。甬道底部铺地砖顺墓向（甬道长）铺排，为长方形榫卯砖，长47、宽20、厚8厘米；墓室底部铺地砖呈“八”字形平铺，地砖为长方形，长45、宽20、厚7厘米；垫棺砖为长方形，长42、宽20、厚8厘米。均在一长侧边饰菱形几何纹（图五二，1）。墓内填土为红褐色黏土夹黄褐砂土，较紧密，含大量的红烧土粒、草木灰及一些陶器残片，下部填土内夹有大量倒塌的券顶残砖。靠底部有厚20～30厘米的填土，为黄褐色粉砂土，较紧密。

葬具与葬式　墓室内发现人骨2具。靠东面1具为头北足南、仰身直肢，身高约165厘米，可能为男性。西侧仅存人骨腐痕一团，头向、性别不详。另在人骨周边存有大量的炭屑、朱砂痕，钱币放置在人骨的两侧。

出土器物　随葬器物大多放置在甬道内和墓室的西侧，甬道内的器物多已遭挤压成碎片。共出土器物51件，主要为陶器（包括器皿用具、模型明器和俑），少量银器、铜容器和铁器（炊具）。其中较完整及可修复的有40件，分别为灰陶盆2、罐5、碓房1、塘1、人俑4、铅釉陶罐4、盂1、钟1、魁1、盘2、卮1、博山炉盖1、灯2、耳杯1、圈1、红陶耳杯1、奁1、人俑5、狗俑1、鸡俑1、马俑1；银环1；铁釜1。残碎不可修复的有11件，为灰陶房1、铅釉陶盘1、红陶耳杯2、人俑2、狗俑1、鸡俑1、镇墓兽1；铁削1；铜洗1。另有铜钱9组1102枚，主要置于墓室后半部的周边及其中部，少量在墓室与甬道交接的东侧。

陶器　38件。其中灰陶器13件、铅釉陶器15件、红陶器10件。

灰陶器　13件。均为泥质灰陶。

盆　2件。M1：55，轮制。直口，圆唇，斜折沿，弧腹，下腹近底内收，平底。腹部饰二周凹弦纹，内外壁见拉坯旋痕。口径26.8、底径11.6、高12厘米（图二四，11）。M1：57，轮制，内壁见拉坯旋痕。口微敛，尖圆唇，外翻沿，弧腹，下腹斜收，平底。腹部饰二周凹弦纹。口径38.2、腹径35.6、底径17.8、高24.5厘米（图二四，12）。

罐　5件。侈口，圆唇，卷沿，束颈。M1：19，轮制。溜肩，鼓腹，平底。肩饰竖条状压印纹、凹弦纹各一周。口径10.8、腹径16.8、底径7.8、高12.4厘米（图二四，1）。M1：16，轮制。溜肩，鼓腹，近底内收，平底内凹。肩饰二周凹弦纹。口径10.7、腹径19、底径9.8、高12厘米（图二四，2）。M1：12，轮制。斜折肩，鼓腹，平底微内凹。口径10.6、腹径18、底径8.4、高13.4厘米（图二四，3）。M1：9，轮制。斜折肩，鼓腹，下腹近底内收，平底略内凹。口径10、腹径18、底径8、高13.6厘米（图二四，4）。M1：11，轮制。尖圆唇，斜折肩，鼓腹，平底微内凹。口径10、腹径18、底径7.8、高13.2厘米（图二四，5）。

碓房　1件。M1：38，平顶，四熊状立柱，房内置臼槽、臼槌。顶长28、宽8.8、底长24、宽8.8、通高15.6厘米（图二五，10）。

塘　1件。M1：46，长方形，中用堤半分，两塘相通，塘内泥塑龟、鱼、螺、蛙。口长38.4、宽25、底长28、宽15、通高4.6厘米（图二五，15）。

俑　4件。合范制作。

侍俑　1件。M1：50，立姿，戴帷帽，亵衣圆领，外右衽宽袖长袍，双手拢于腹前，足尖露于袍外。高20.8厘米（图二七，6）。

佩剑侍卫俑　3件。M1：44、M1：54，立姿，戴介帻，亵衣圆领，外右衽宽袖长袍，左腋下挟剑，双手拢于腹前，足尖露于袍外。高20厘米（图二七，1、2）。M1：49，立姿，戴介帻，亵衣圆领，外右衽宽袖长袍，左腋下挟剑，双手拢于腹前，足尖露于袍外。高19.8厘米（图二七，3）。

铅釉陶器　15件。均为泥质红陶胎。

罐　4件。M1：18，轮制。先施酱红色陶衣，再施白釉，多剥落，有“银釉”现象，近底无釉。侈口，尖圆唇，卷沿，束颈，斜折肩，微鼓腹，平底。口径9.8、腹径17.6、底径7、高12.8厘米（图二四，6）。M1：35，轮制。先施酱红色陶衣，再施白釉，有“银釉”现象，近底无釉。侈口，尖圆唇，卷沿，束颈，斜折肩，微鼓腹，平底。口径9.8、腹径17.5、底径7、高12.8厘米（图二四，7）。M1：13，轮制。器表施酱黄釉，近底无釉。侈口，尖圆唇，

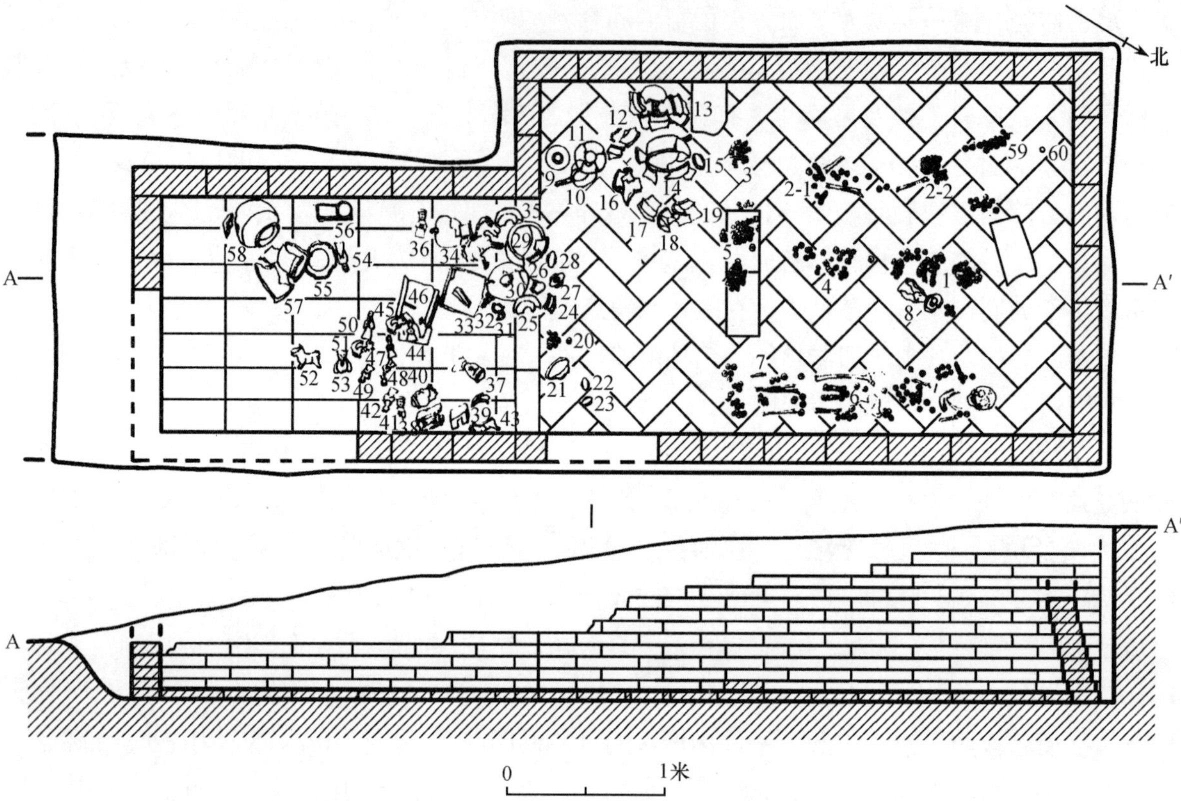

图二三 M1平、剖面图

1～6、20、32、59.铜钱 7.铁削 8、31.陶灯 9、11～14、16、18、19、35.陶罐 10.陶魁 15、21、24.陶盘 17.陶博山炉盖 22、23、27、28.陶耳杯 25.陶盂 26.陶卮 29.铜洗 30.陶钟 33.陶奁 34.陶马 36、37、40～42、44、47～50、54.陶人俑 38.陶碓房 39.陶房 43、52.陶狗 45、51.陶鸡 46.陶塘 53.陶镇墓兽 55、57.陶盆 56.陶圈 58.铁釜 60.银环

卷沿，斜直颈，圆肩，鼓腹，平底微内凹。口径19.8、腹径28.8、底径16、高21.2厘米（图二四，8）。M1：14，轮制。器表施酱黄釉，近底无釉。子母口盖，盖面弧形。侈口，尖圆唇，卷沿，斜直颈，斜折肩，鼓腹，平底微内凹。口径19.6、腹径29.2、底径16、通高23.6厘米（图二四，9）。

盂 1件。M1：25，轮制。表施酱黄釉，近底无釉。侈口，方唇，卷沿，束颈，折肩，鼓腹，平底。肩饰二周凹弦纹。口径14、腹径15.6、底径8、高11.4厘米（图二四，10）。

钟 1件。M1：30，轮制。先施酱红色陶衣，再施白釉，有“银釉”现象，圈足底部无釉。子母口弧形盖，盖顶立鸟形纽。盘口，微束颈，溜肩，扁鼓腹，高圈足。肩饰二对称铺首衔环，腹及圈足各饰二周凹弦纹。口径15.2、腹径27.2、底径16、通高39.6厘米（图二五，3）。

魁 1件。M1：10，内外施酱黄釉，外底无釉。直口，凹唇，斜折沿，弧腹，圜底，长圆柱柄。腹部饰二周凹弦纹。口径20、高8.4、柄长11.6厘米（图二五，13）。

盘 2件。内施酱黄釉。敞口，方唇。M1：15，平折沿，折腹，下腹内收，小平底。口径19.8、底径5.5、高5.1厘米（图二五，7）。M1：24，斜折沿，折腹，小平底。口径17、底径5、高3.6厘米（图二五，6）。

卮 1件。M1：26，轮制。器表施酱黄釉，近底无釉。敛口，圆唇，弧腹。口下饰二周凹弦纹，并附一环形耳。口径9.6、腹径10.4、底径7.2、高8厘米（图二五，5）。

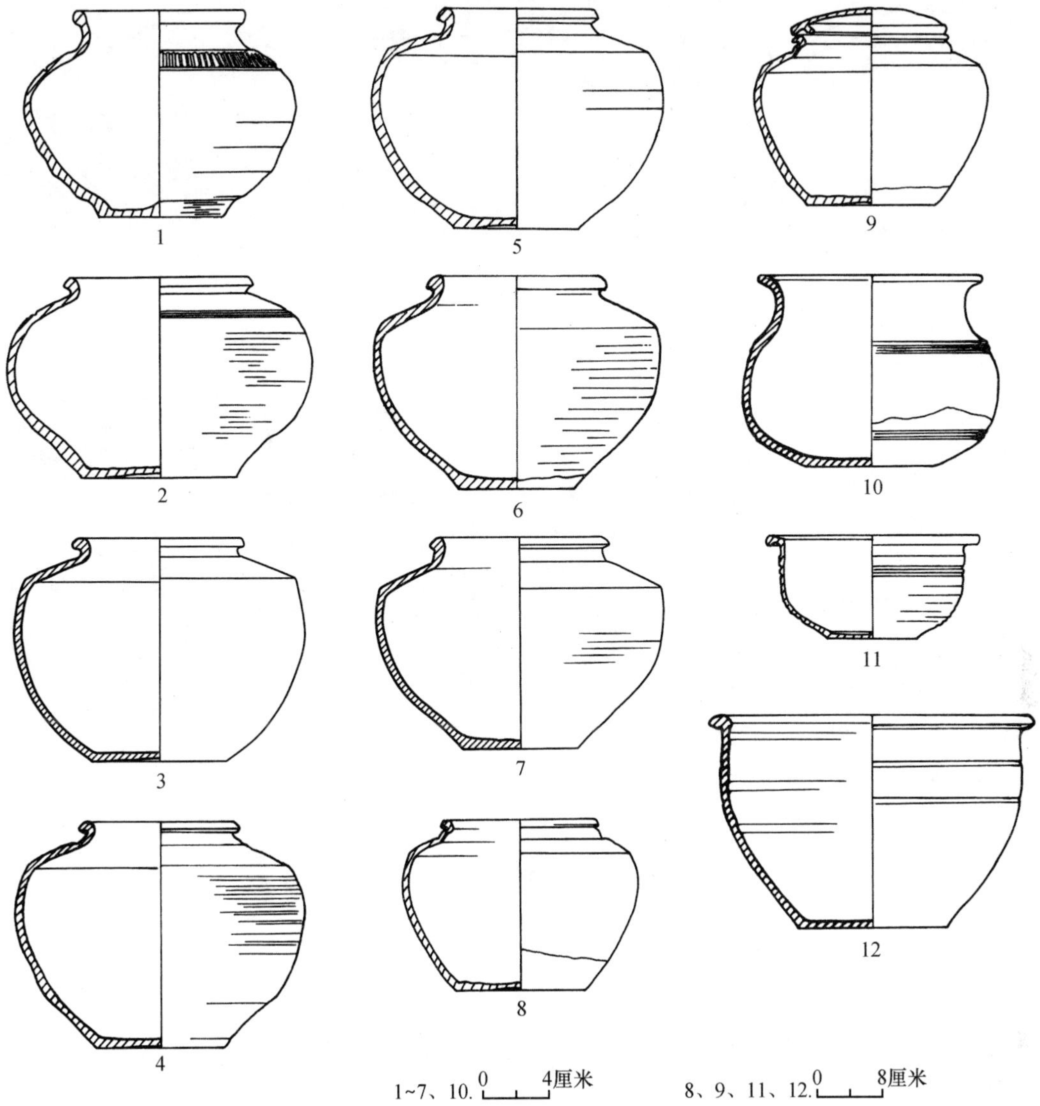

图二四　M1出土陶器

1～9. 罐（M1：19、M1：16、M1：12、M1：9、M1：11、M1：18、M1：35、M1：13、M1：14）
10. 盂（M1：25）　11、12. 盆（M1：55、M1：57）

博山炉盖　1件。M1：17，表施酱黄釉。锥状，器表有若干凸起似乳钉。口径11.6、高2.8厘米（图二五，12）。

灯　2件。M1：8，灯盘外壁施酱黄釉。由灯盘、短柄及立兽底座组成。底座立兽似熊，短柄有竹节样凸棱。灯盏敛口，方唇，弧腹。口沿下饰一周弦纹。口径11.2、高 20厘米（图二五，9）。M1：31，表施酱黄釉。豆形，盘较深，敛口，方唇，弧腹，圆柱柄较高，盘状底座。口沿下饰二周细弦纹。口径10.8、底径10.4、高12.8厘米（图二五，8）。

耳杯　1件。M1：27，内施酱黄釉。敞口，方唇，弧腹，饼足底。口部附二对称月牙形实耳。口长径9.4、短径5.8、底短径2.8、通高3.2厘米（图二五，4）。

圈　1件。M1：56，表施酱黄釉。由圆形圈栏和长方形廊组成，之间有门相通，底有四足，圈壁及廊壁分别有三角形和长条形镂空。通长36.4、圈直径16.4、圈高11.2厘米（图二五，14）。

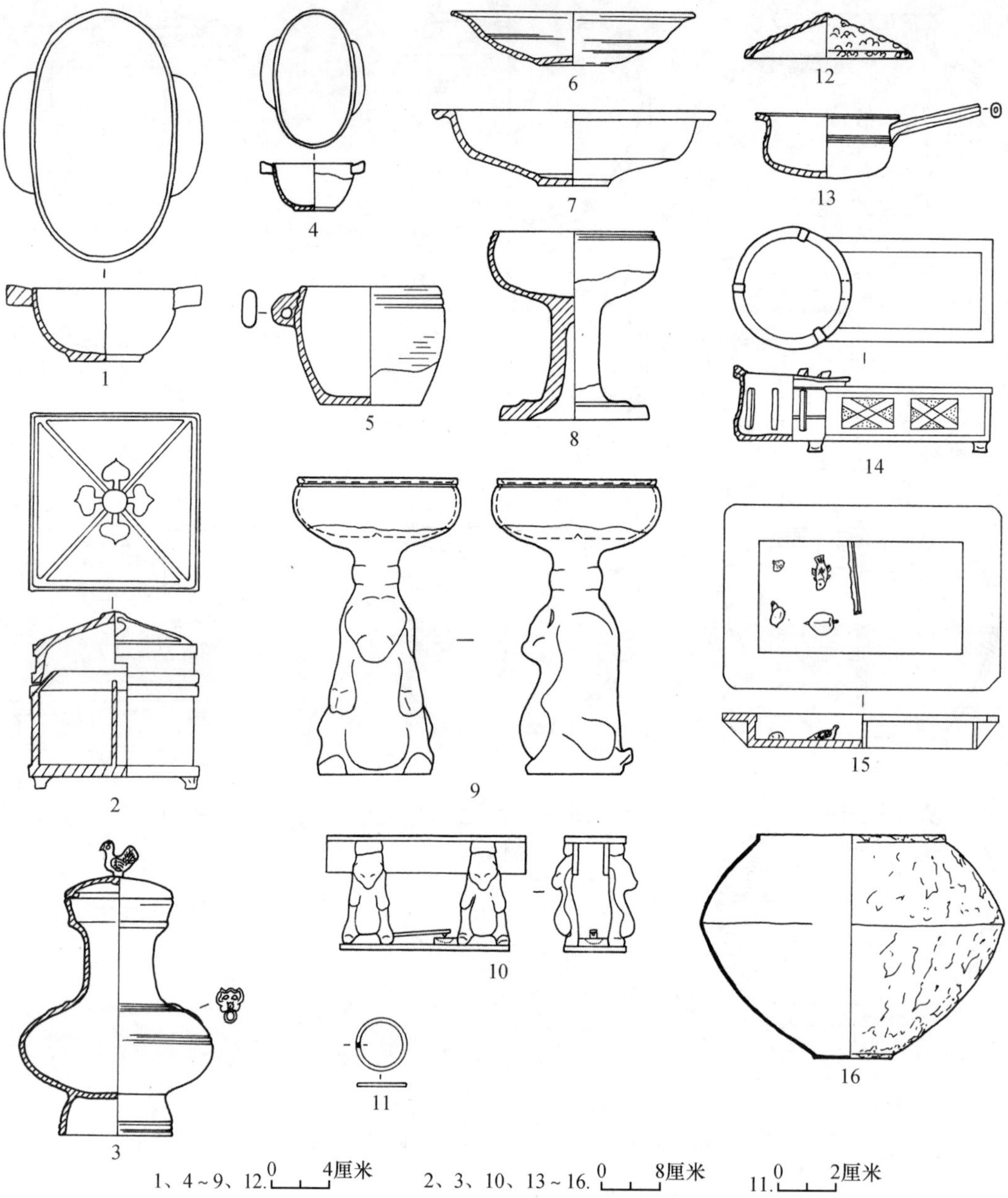

图二五　M1出土器物

1、4. 陶耳杯（M1：28、M1：27）　2. 陶奁（M1：33）　3. 陶钟（M1：30）　5. 陶卮（M1：26）　6、7. 陶盘（M1：24、M1：15）　8、9. 陶灯（M1：31、M1：8）　10. 陶碓房（M1：38）　11. 银环（M1：60）　12. 陶博山炉盖（M1：17）　13. 陶魁（M1：10）　14. 陶圈（M1：56）　15. 陶塘（M1：46）　16. 铁釜（M1：58）

红陶器　10件。泥质红陶。

耳杯　1件。M1：28，敞口，方唇，弧腹，饼足底。口部附二对称月牙形实耳。口长径17.2、短径10.2、底短径4.8、通高5.2厘米（图二五，1）。

奁　1件。M1：33，正方形。子母敛口，直腹，底有四足，盖直口，斜腹。顶饰柿蒂纹。边长24、通高24厘米（图二五，2）。

俑　8件。合范制作。

侍俑　4件。M1：42，立姿。平上帻，褒衣圆领，外右衽宽袖长袍，下摆沿有皱褶，双手拢于腹前。高20.6厘米（图二七，4）。M1：48，立姿，平上帻，褒衣圆领，外宽袖长袍，双手拢于腹前。高21.4厘米（图二七，5）。M1：36，立姿，束巾，宽袖长袍，双手拢于腹前。高16厘米（图二七，7）。M1：47，立姿，束巾，宽袖长袍，双手拢于腹前。高15.8厘米（图二七，8）。

吹箫俑头　1件。M1：37，介帻，嘴噘长箫，颈以下残。残高7厘米（图二七，9）。

狗俑　1件。M1：52，立姿。昂头，竖耳，额有皱褶，长嘴，体矮肥，尾卷于臀上，颈腹套扁箍交于背上拴环内。长37.6、高30厘米（图二六，2）。

鸡俑　1件。M1：45，公鸡，立姿，昂头，翘尾。高18.8厘米（图二六，3）。

马俑　1件。M1：34，立姿，体壮，昂首，张嘴，鬃毛高耸，背上置鞍，头顶及马尾残。通长42、通高47.2厘米（图二六，1）。

银器　1件。

银环　1件。M1：60，圆环状，双面有凹槽。直径1.7、孔径1.3厘米（图二五，11）。

铁器　1件。

铁釜　1件。M1：58，锈蚀。直口，方唇，短直颈，溜肩，折腹，小平底。口径26、腹径42.4、底径10.6、高30厘米（图二五，16）。

铜钱　9组共1102枚。包括五铢、货泉、半两3种。

五铢　1099枚。分二型。

A型　596枚。钱正背面均有外郭，背面有内郭，正面无内郭，正方穿。依钱文特征大致可分二式。

Ⅰ式：87枚。钱文笔画较细。“五”字交笔弯曲大，交笔与上下横笔相接处近垂直，字形如两个对顶弹头，上下横笔有左右分别出头或左右均出头的。“铢”字的“朱”字头方折，“金”字头多呈箭镞形。钱径2.4～2.7、穿边长0.9～1厘米（不含郭）。M1：2-1、M1：4 -2穿下一星，另有M1：4-3（图二八，1～3）。

Ⅱ式：509枚。钱文笔画较细。“五”字交笔弯曲，交笔与上下横笔相接处略内收或近垂直，极个别略呈外放状，字形似两个对顶弹头，极少数似对角三角形，上下横笔有左右分别

1、2. 0 8厘米　3. 0 4厘米

图二六　M1出土陶俑

1. 马俑（M1：34）　2. 狗俑（M1：52）　3. 鸡俑（M1：45）

图二七　M1出土陶俑

1～3. 佩剑侍卫俑（M1：44、M1：54、M1：49）　4～8. 侍俑（M1：42、M1：48、M1：50、M1：36、M1：47）
9. 吹箫俑头（M1：37）

出头或左右均出头的。“铢”字的“朱”字头绝大多数圆折，极少数方折，“金”字头绝大多数呈三角形。钱径2.4～2.6、穿边长0.8～1厘米（不含郭）。M1：2-2、M1：2-3穿下阴刻一“十”字，M1：4-4、M1：59-1为双面五铢，M1：5-1“五铢”二字从左至右排列，且为反文，M1：3-1穿上五竖，另有M1：6-1（图二八，4～10）。

B型　503枚。磨郭钱。均以A型钱磨郭而来，外郭被磨去部分或完全被磨，个别背面内郭被磨。钱径2.3～2.6、穿边长0.8～1厘米（不含郭）。M1：4-6正穿上方一短横、背穿右侧有三圆点，M1：4-7背穿上方阴刻一“十”字，另有M1：32-1（图二八，11～13）。

货泉　2枚。钱正背面均有外郭，背面均有内郭。正方穿。分二型。

A型　1枚。正面无内郭。M1：2-4，钱径2.2、穿边长0.7厘米（不含郭）（图二八，14）。

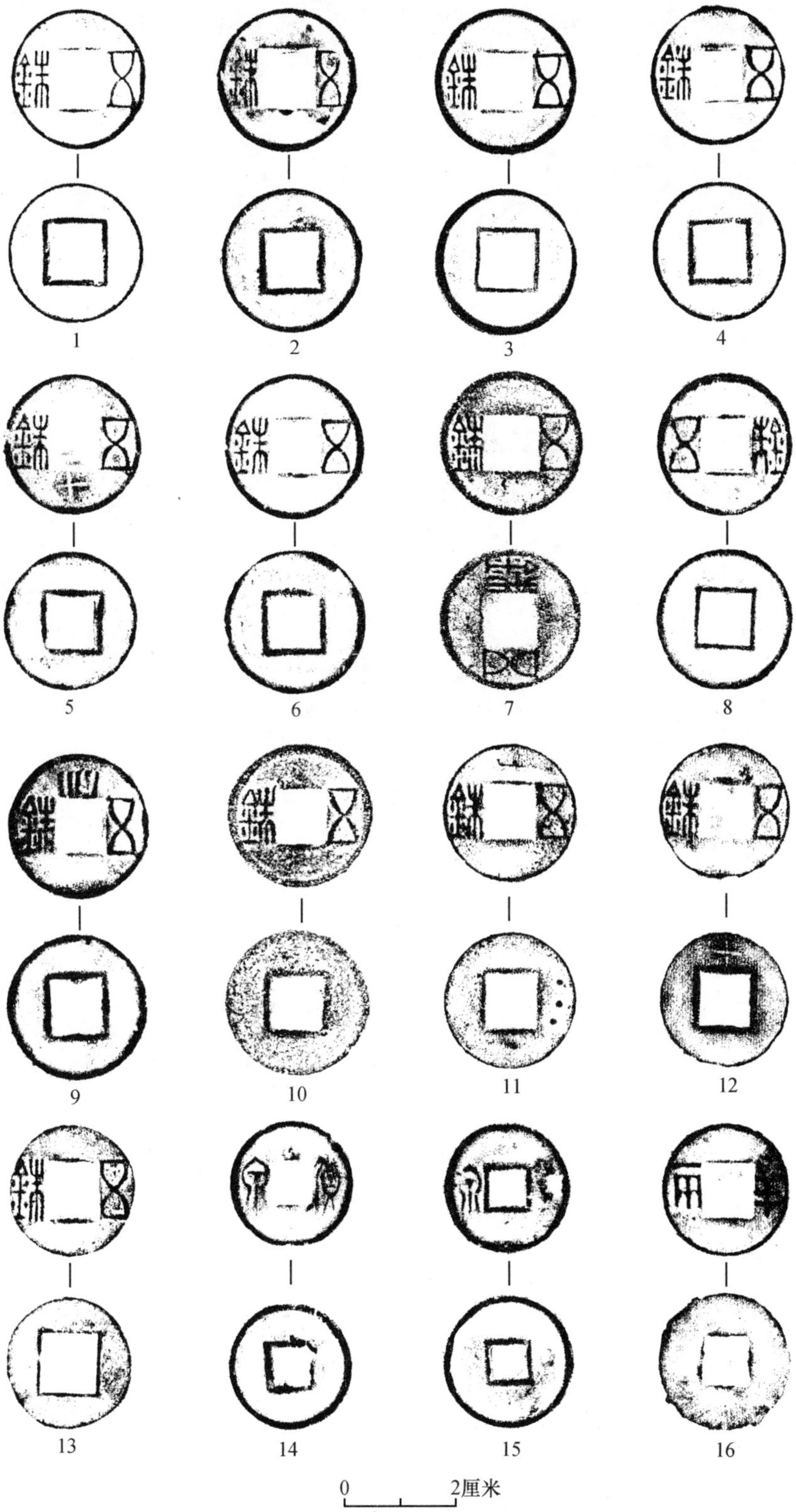

图二八　M1出土钱币

1～3. A型Ⅰ式五铢（M1：2-1、M1：4-2、M1：4-3）　4～10. A型Ⅱ式五铢（M1：2-2、M1：2-3、M1：4-4、M1：59-1、M1：5-1、M1：3-1、M1：6-1）　11～13. B型五铢（M1：4-6、M1：4-7、M1：32-1）　14. A型货泉（M1：2-4）　15. B型货泉（M1：6-2）　16. 半两（M1：4-5）

B型　1枚。正面有内郭。M1：6-2，钱径2.3、穿边长0.6厘米（不含郭）（图二八，15）。

半两　1枚。钱正面有外郭，背面无外郭，正背面均无内郭，正方穿。M1：4-5，钱径2.4、穿边长0.9厘米（不含郭）（图二八，16）。

（2）M10

墓葬形制　M10位于加油站梁子T10的东南部，刀把形砖室墓，方向80°。开口于耕土层下，打破生土层，距现地表30～40厘米。由土圹、墓道、甬道、墓室四部分组成。其构造方法为先挖一刀把形土圹，然后用砖于土圹内错缝平砌成墓壁（图二九）。土圹长470、宽165～215厘米。墓道已毁。封门位于甬道口外。甬道长180、宽160、高188厘米；墓室长280、宽210、高225厘米。甬道与墓室均残留有半圆弧形券顶，甬道从第17轮墙砖起券，墓室从第19轮起券。甬道底可见铺地砖，顺甬道宽铺成。墓砖有长方形和楔形2种。墙砖、铺地砖为长方形，饰菱形几何纹；券顶砖为楔形，少量饰“千”“萬”铭文。长方形砖长42、宽18、厚8厘米；楔形砖长44、宽18、厚6～8厘米（图五二，5、6）。M10封土为浅黄褐色黏土，较紧密，含少许料姜石颗粒。填土为灰褐色土，较疏松，含大量券顶残砖、少许草木灰及近现代杂物。

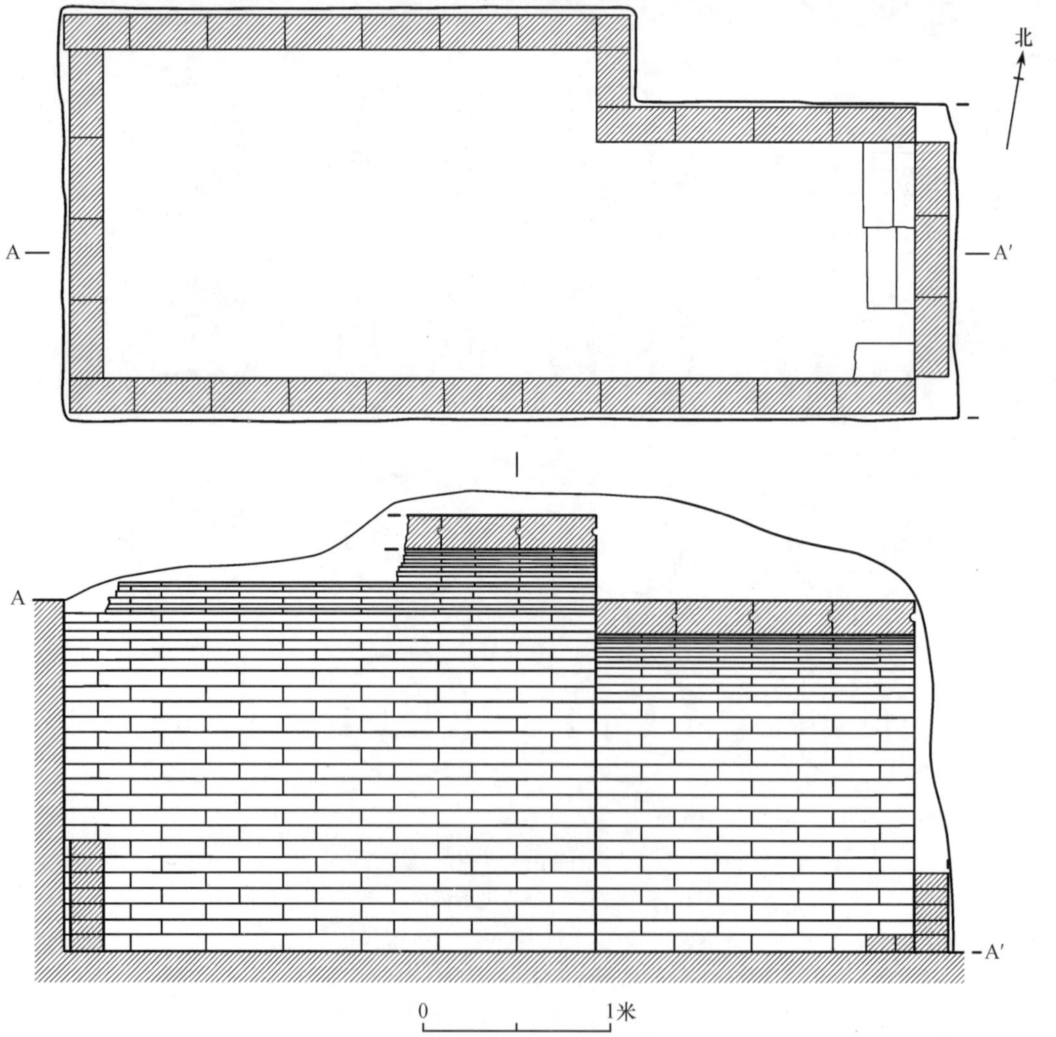

图二九　M10平、剖面图

葬具与葬式　由于遭严重破坏，不见墓主及棺椁，无法判定葬式及葬具。

出土器物　因后期严重扰乱，随葬品被洗劫一空。

（3）M12

墓葬形制　M12位于井水湾梁子T17的西南部。刀把形砖室墓。开口于耕土层下，打破生土层，距现地表30厘米。由土圹、墓道、甬道、墓室四部分组成。其构造方法为先挖一刀把形土圹，然后用砖错缝平砌成墓壁（图三〇）。土圹长620、宽230～286、残深150厘米。墓道呈斜坡土圹状，平面呈不规则半椭圆形，残长约100、最宽约214厘米。封门在甬道口外，用砖垒砌，残高96厘米。甬道长254、宽220、残高138厘米。从第14层开始起券，券顶已遭破坏。墓室长325、宽270、残高112厘米。券顶已坍塌。墙砖均为长方形，纹饰基本为菱形几何纹与乳钉纹组合，长43～44、宽18～19、厚7厘米。第16层砖纹饰为菱形纹与“千”“萬”铭文组合，长44、宽18、厚7.5厘米（图五二，7、8）。墓室和甬道底部均铺以青砖，与墓壁呈斜角铺排。铺地砖长44、宽20、厚7.8厘米。M12填土为灰褐色黏土，夹少量黄褐色砂土，较疏松，含较多红烧土、草木灰及大量植物根须、残砖等，并有少量残碎陶片。在墓道和甬道各有一盗洞，均长约70、宽约60厘米。

葬具与葬式　由于遭后期扰乱，葬具、葬式均不可辨。

出土器物　出土随葬品共15件，主要置于墓室后壁的西南角，个别出于填土中，基本为残片。绝大部分为陶器（包括器皿用具、模型明器和俑），极少铜器（饰件）。其中较完整及可

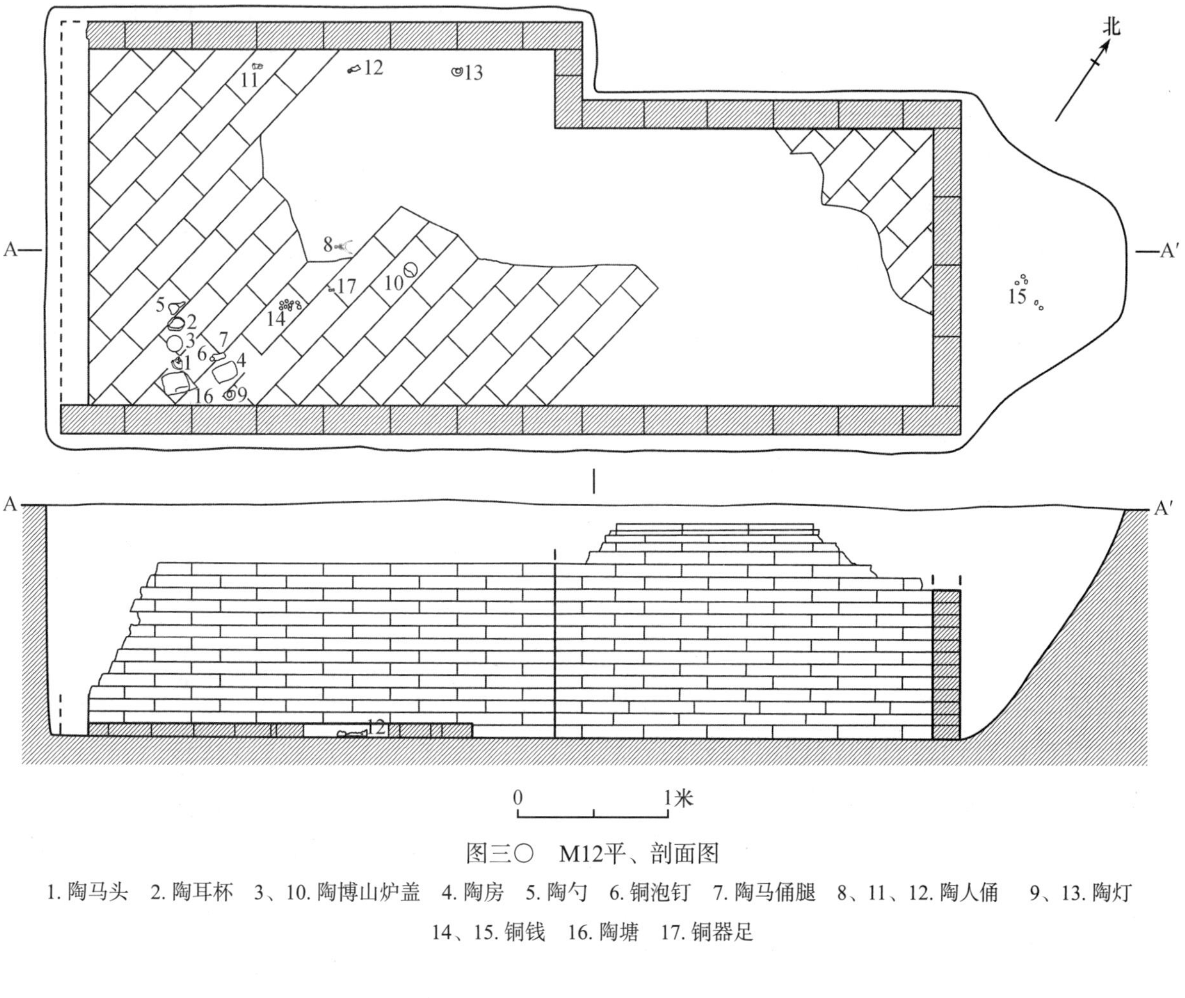

图三〇　M12平、剖面图

1. 陶马头　2. 陶耳杯　3、10. 陶博山炉盖　4. 陶房　5. 陶勺　6. 铜泡钉　7. 陶马俑腿　8、11、12. 陶人俑　9、13. 陶灯　14、15. 铜钱　16. 陶塘　17. 铜器足

修复的有14件，为铅釉陶勺1、灯1；红陶灯1、博山炉盖2、耳杯1、房1、塘1、人俑3、马俑头1；铜泡钉1、器足1。残碎不可修复的有1件：红陶马俑腿。另有铜钱2组共18枚，大多出于墓室，少量出于墓道口。

陶器　12件。其中铅釉陶器2件、红陶器10件。

铅釉陶器　2件。均为泥质红陶胎。

勺　1件。M12：5，内施酱黄釉。舀部平面呈椭圆形，龙头形柄。通长14.8厘米（图三一，8）。

灯　1件。M12：9，灯盘施酱黄釉。由灯盘、柄及二重兽座组成。兽座底层为一蟾蜍，其背上立一兔，兔头顶上接短柄，柄饰一周凸棱，灯盘直口，方唇。盘口径13.2、高23.2厘米（图三一，1）。

红陶器　10件。均为泥质红陶。

灯　1件。M12：13，由灯盘、柄及兽座组成，灯盘已残，短柄饰二周凸弦纹，兽座上层形似兔，下层残。残高16.7厘米（图三一，5）。

博山炉盖　2件。M12：3、M12：10，半球状，器表满饰乳突。口径11.6、高5.2厘米（图三一，6、7）。

耳杯　1件。M12：2，敞口，方唇，弧腹，饼足底，口部附二对称月牙形实耳。口长径19、口短径11.6、底长径10、底短径5.6、通高6厘米（图三一，2）。

房　1件。M12：4，平面近方形。两面坡屋顶，各饰筒瓦垄三组，平脊，正立面中部开一长方形门，右墙下部有一圆孔。高24、正立面宽19.2、圆孔径3.2厘米（图三一，12）。

塘　1件。M12：16，平面呈长方形，塘内泥塑鱼、螺、龟等。长34、宽22、高4.8厘米（图三一，13）。

俑　4件。合范制作。

骑马俑　1件。M12：8，戴武冠，亵衣圆领，外衣右衽，着履，双手举于胸前，右手残，左手似握缰绳，双腿做跨马状。高40厘米（图三一，11）。

佩剑侍卫俑　1件。M12：11，立姿，头残缺，亵衣圆领，外右衽宽袖长袍，左腋下挟剑，双手拢于腹前，足尖露于袍外。高24.9厘米（图三一，4）。

侍俑　1件。M12：12，立姿，戴帽，右衽宽袖长袍，双手拢于腹前，足尖露于袍外。高18.9厘米（图三一，14）。

马俑头　1件。M12：1，竖耳，睁眼，张嘴，露齿，鬃毛高耸。高21厘米（图三一，10）。

铜器　2件。

泡钉　1件。M12：6，铜质鎏金。泡钉帽平面呈圆形，剖面微弧，帽下中部有一锥状钉。直径4.6、高1.2厘米（图三一，3）。

器足　1件。M12：17，铜质。呈瓢状，凹面中间有一锥状钉。高2.6厘米（图三一，9）。

铜钱　2组共18枚。均为五铢。分二型。

A型　5枚。钱正背面均有外郭，背有内郭，正面无内郭，正方穿。依钱文特征大致可分二式。

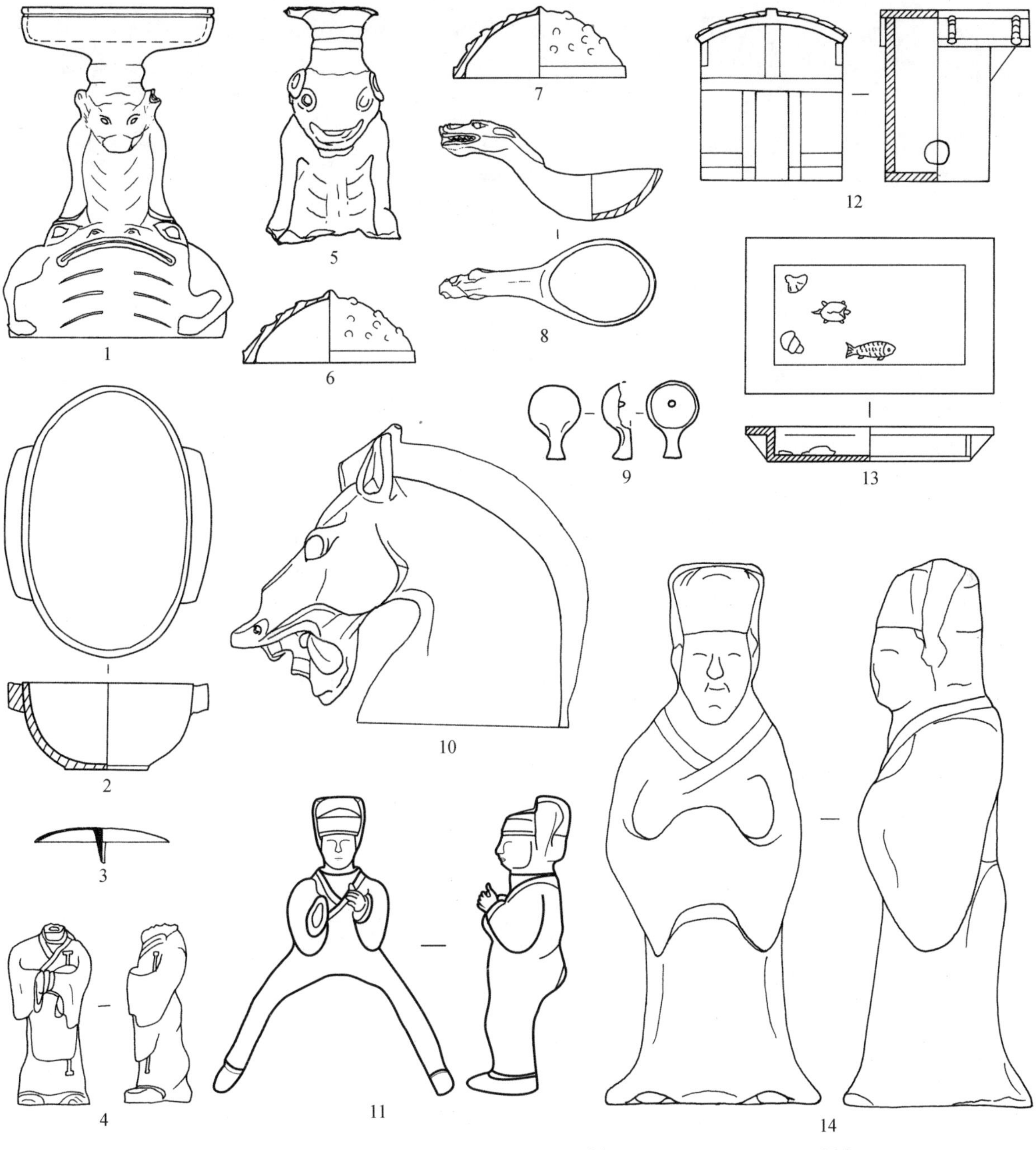

1、2、5～8、10. 0 4厘米　3、9、14. 0 2厘米　4、11～13. 0 8厘米

图三一　M12出土器物

1. 陶灯（M12：9）　2. 陶耳杯（M12：2）　3. 铜泡钉（M12：6）　4. 陶佩剑侍卫俑（M12：11）　5. 陶灯（M12：13）　6、7. 陶博山炉盖（M12：3、M12：10）　8. 陶勺（M12：5）　9. 铜器足（M12：17）　10. 陶马俑头（M12：1）　11. 陶骑马俑（M12：8）　12. 陶房（M12：4）　13. 陶塘（M12：16）　14. 陶侍俑（M12：12）

Ⅰ式：1枚。“五”字交笔弯曲，交笔与上下横笔相接处近垂直，字形略似两个对顶弹头，上下横笔出头。“铢”字的“朱”字头方折，“金”字头呈三角形。钱径2.5、穿边长1厘米（不含郭）。M12：14-1（图三二，1）。

Ⅱ式：4枚。笔画较细。“五”字交笔弯曲，交笔与上下横笔相接处略内收或近垂直，

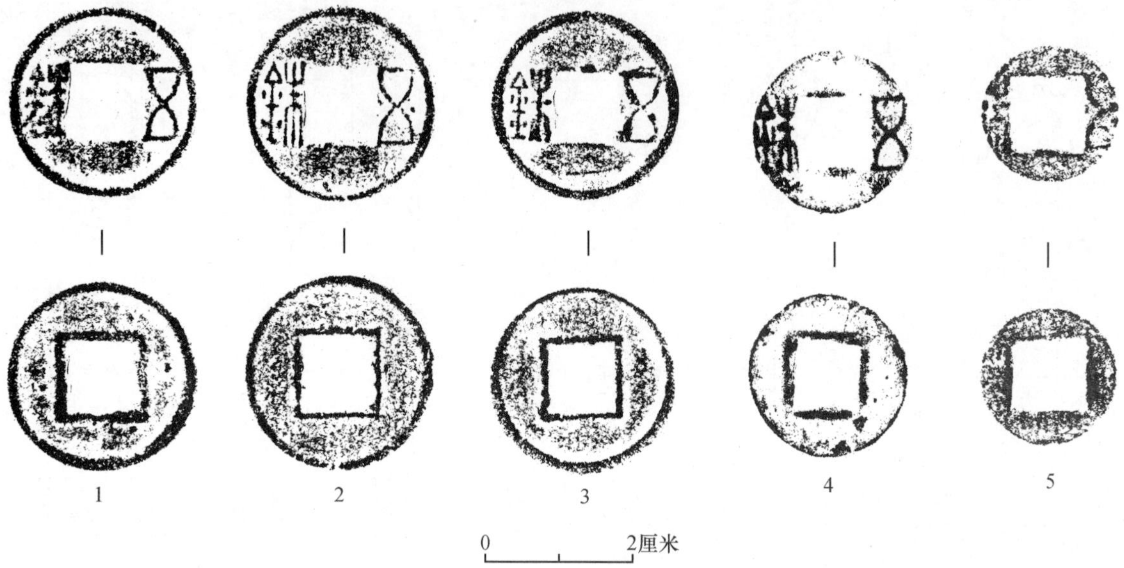

图三二 M12出土钱币

1. A型Ⅰ式五铢（M12：14-1） 2、3. A型Ⅱ式五铢（M12：14-2、M12：14-3） 4、5. B型五铢（M12：14-4、M12：14-5）

字形如两个对顶弹头，部分上下横笔出头。“铢”字的“朱”字头圆折，“金”字头多呈三角形。钱径2.5～2.6、穿边长0.9～1厘米（不含郭）。M12：14-2、M12：14-3穿上一星（图三二，2、3）。

B型 13枚。磨郭钱。以A型钱磨郭而来。外郭被完全磨去，部分背面内郭被磨，肉有少量被磨。钱径1.8～2.5、穿边长0.9～1（不含郭）厘米。M12：14-4、M12：14-5（图三二，4、5）。

（4）M14

墓葬形制 M14位于钟姑娘梁子T20的东北部，刀把形砖室墓，方向285°。开口于耕土层下，打破生土层，距现地表深125～250厘米。由土圹、墓道、甬道、墓室四部分组成。其构造方法为先挖一刀把形土圹，然后用砖错缝平砌成墓壁（图三三）。土圹长620、宽224～300、残深280厘米。墓道已被毁。封门在甬道口外，用砖垒砌，残高70厘米。甬道长250、宽208、残高96厘米；墓室长340、宽270、残高168厘米。券顶全部坍塌。墙砖为长方形，长44、宽18、厚8厘米。以菱形几何纹为主，少量为菱形纹与“千”“萬”铭文组合、菱形纹与麦穗纹组合、菱形纹与钱纹组合（图五二，9）。甬道和墓室均满铺地砖，用长方形青砖呈“八”字形平铺。墓内填杂土夹大量残券顶砖。

葬具与葬式 墓内有人骨架5具。由北向南分别编为1～5号。其中1～3号位于墓室后部，并排列，身高在160～174厘米。1号头西脚东，仅剩肢骨；2号和3号只隐约见腐痕，2号头西脚东，3号头东脚西。4～5号位于墓室与甬道之间的中南部，均头东脚西，仅存肢骨，身高在140～144厘米，可能为小孩。4号随葬物有铜手镯、发钗，应为女性。5具骨架均仰身直肢。应为一家族合葬墓。

出土器物 出土随葬品共24件，均残，可修复。主要为瓷器，少量陶器及铜器（饰品），陶瓷器均为器皿用具。器形有陶釜4；瓷碗16、罐1、壶1；铜手镯1、钗1。陶瓷器均置于甬道

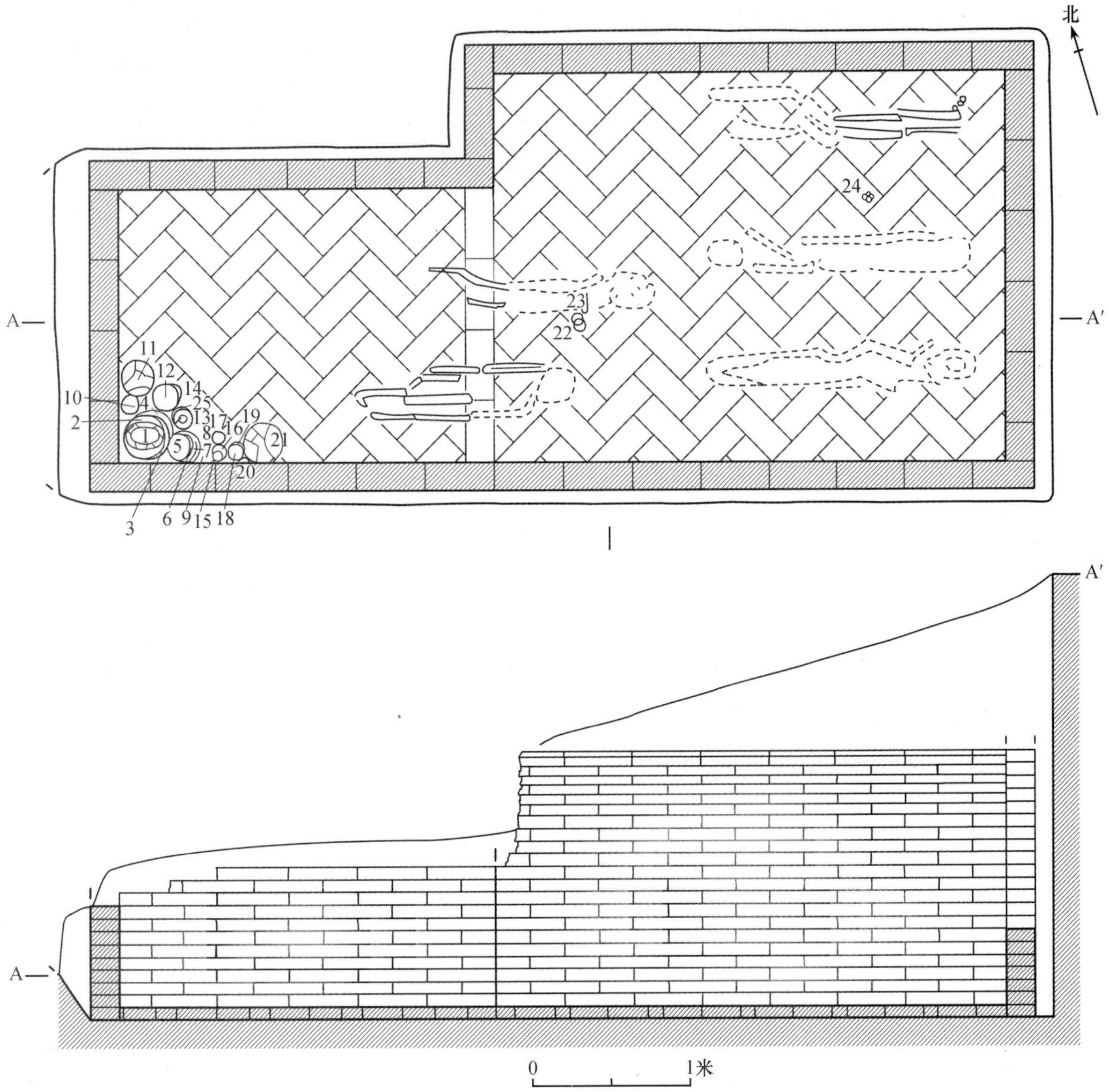

图三三　M14平、剖面图

1～3、21. 陶釜　4～10、13～20、25. 瓷碗　11. 瓷罐　12. 瓷壶　22. 铜手镯　23. 铜钗　24. 铜钱

口南侧，铜饰置于墓室与甬道之间。另有铜钱1组7枚，置于墓室东北部。

陶器　4件。M14：21、M14：3为夹砂黄褐陶。M14：1、M14：2为夹砂灰褐陶。

釜　4件。侈口，斜折沿。M14：21，上沿折，唇面微凹，弧腹下垂，圜底。沿外壁及腹、底部饰绳纹。口径27、腹径22.4、高21.5厘米（图三五，2）。M14：1，上沿折，唇面微凹，弧腹下垂，圜底。沿外壁及腹、底部饰绳纹。口径27.2、腹径24、高21.2厘米（图三五，3）。M14：2，圆唇，沿面微凹，弧腹下垂，圜底。沿外壁及腹、底部饰绳纹。口径20.4、腹径16、高13.4厘米（图三五，4）。M14：3，斜方唇，深弧腹下垂，圜底。腹、底部饰绳纹。口径28、腹径24、高21.2厘米（图三五，1）。

瓷器　18件。青瓷，灰白胎，内外饰青釉。

碗　16件。M14：7，釉大部分剥落，外壁下部及底无釉。口微敛，圆唇，斜腹，平底微

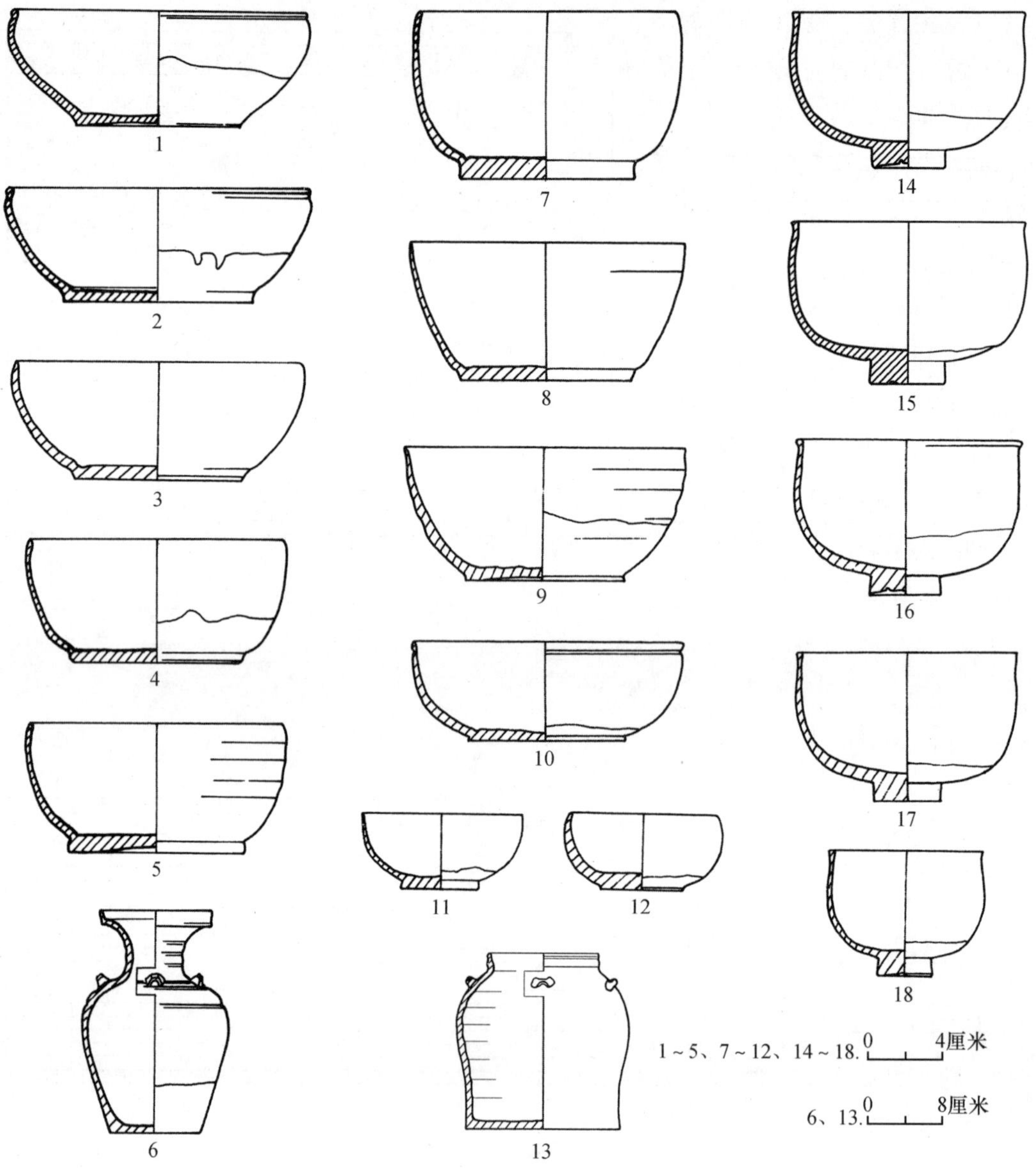

图三四　M14出土瓷器

1 ~ 5、7 ~ 12、14 ~ 18. 碗（M14：7、M14：9、M14：4、M14：6、M14：10、M14：5、M14：25、M14：8、M14：13、M14：17、M14：20、M14：18、M14：14、M14：16、M14：19、M14：15）　6. 壶（M14：12）　13. 罐（M14：11）

凹。口外壁饰一周凹弦纹。内底有15个支钉痕。口径16、底径9、高6厘米（图三四，1）。M14：9，外壁下部及底无釉。口微敛，圆唇，斜腹，饼足底。口外壁饰一周凹弦纹。内底有数个支钉痕。口径16.6、底径10.5、高6厘米（图三四，2）。M14：4，釉大部分剥落，外壁下部及底无釉。口微敛，尖圆唇，弧腹，饼足底。口径15.8、底径9、高6.2厘米（图三四，3）。M14：6，外壁下部至底无釉。口微敛，圆唇，弧腹，饼足底。口径14.2、底径9、高6.4厘米（图三四，4）。M14：10，口微敛，尖圆唇，深弧腹，饼足底内凹。口径14.2、底径9.6、高6.8厘米（图三四，5）。M14：5，外底无釉。口微敛，圆唇，深弧腹，饼足底。口径14.5、底径9.6、高8.8厘米（图三四，7）。M14：25，敞口，尖圆唇，深斜弧腹，饼足底。内、外底分别有8个和12个支钉痕。口径15、底径9.2、高7.2厘米（图三四，8）。M14：8，外壁下部及底无釉。敞口，尖圆唇，深弧腹，饼足底较矮。口径15.2、底径8.7、高7厘米（图三四，9）。M14：13，敞口，圆唇，弧腹，饼足底。口外壁饰一周较宽凹弦纹。口径14.6、底径8.6、高5.2厘米（图三四，10）。M14：17，外釉不及底。敞口，尖圆唇，弧腹，饼足底。口径8.7、底径4.4、高4厘米（图三四，11）。M14：20，外釉不及底。敛口，圆唇，上腹微鼓，饼足底较矮。口径8、底径4.4、高4厘米（图三四，12）。M14：18，小开片，外釉不及底。直口，方唇，深弧腹，饼足。口径12.5、底径4、高8.2厘米（图三四，14）。M14：14，小开片，外釉不及底。直口，方唇，深弧腹，饼足。口径12.4、底径4、高8.6厘米（图三四，15）。M14：16，小开片，外釉不及底。直口，方唇，深弧腹，饼足。口径12、底径4、高8.4厘米（图三四，16）。M14：19，小开片，外釉不及底。直口，方唇，深弧腹，饼足。口径11.8、底径3.6、高7.8厘米（图三四，17）。M14：15，外釉不及底。直口，方唇，深弧腹，饼足。口径8.4、底径3、高6.6厘米（图三四，18）。

罐 1件。M14：11，口微侈，圆唇，束颈，溜肩，上腹微鼓，下腹近直，平底。口外壁饰一周凹弦纹，肩附四对称条形系。口径12、腹径18.8、底径16.8、高18.4厘米（图三四，13）。

壶 1件。M14：12，盘口内壁及器表饰青釉，外壁下部至底无釉。盘口，尖圆唇，束颈，溜肩，鼓腹，下腹斜收，平底。颈部饰三周弦纹，肩附四对称桥形系，系下及上腹各饰一周弦纹。口径12.3、腹径16、底径9.8、高23.2厘米（图三四，6）。

铜器 2件。

手镯 1对。M14：22，铜质。圆环形，外壁呈齿轮状。内径5.8、外径6.6、厚0.6厘米（图三五，5）。

钗 1件。M14：23，铜质。两股笄，一股残断，笄呈锥状，上端较宽，上端侧面呈伞状。残长11.8厘米（图三五，6）。

铜钱 1组共7枚。均为五铢。分二型。

A型 1枚。钱正背面均有外郭，背有内郭，正面无内郭，正方穿。“五”字交笔弯曲，交笔与上下横笔相接处近垂直，字形如两个对顶弹头，“铢”字的“朱”字头圆折，“金”字头呈三角形。M14：24-1，钱径2.5、穿边长1厘米（不含郭）（图三六，1）。

B型 6枚。磨郭钱。以A型钱磨郭而来。钱径2～2.3、穿边长0.7～1厘米（不含郭）。钱径2.2、穿边长1厘米（不含郭）。M14：24-2穿上一横（图三六，2）。

4. D型

2座。M2、M9，平面呈刀把形，带后室。

（1）M2

墓葬形制 M2位于加油站梁子T14的西部和T13的东南部，刀把形砖室墓带后室，即在刀把形砖室墓的墓室后壁带出一长方形耳室。开口于耕土层下，打破生土层，距现地表深40～85厘米。由土圹、墓道、甬道、前室、后室五部分组成。其构造方法为先挖刀把形土圹，再用青灰色榫卯单砖错缝垒砌成墓壁（图三七）。土圹残长826、宽194～284、残深282厘米。墓道已全毁。甬道残长186、宽144、残高7～35厘米。残留7轮墙砖。前室长344、宽230、残高175厘米，存有25轮墙砖，第20轮起券。后室长266、宽212、残高175厘米。存有墙砖25轮（以后室

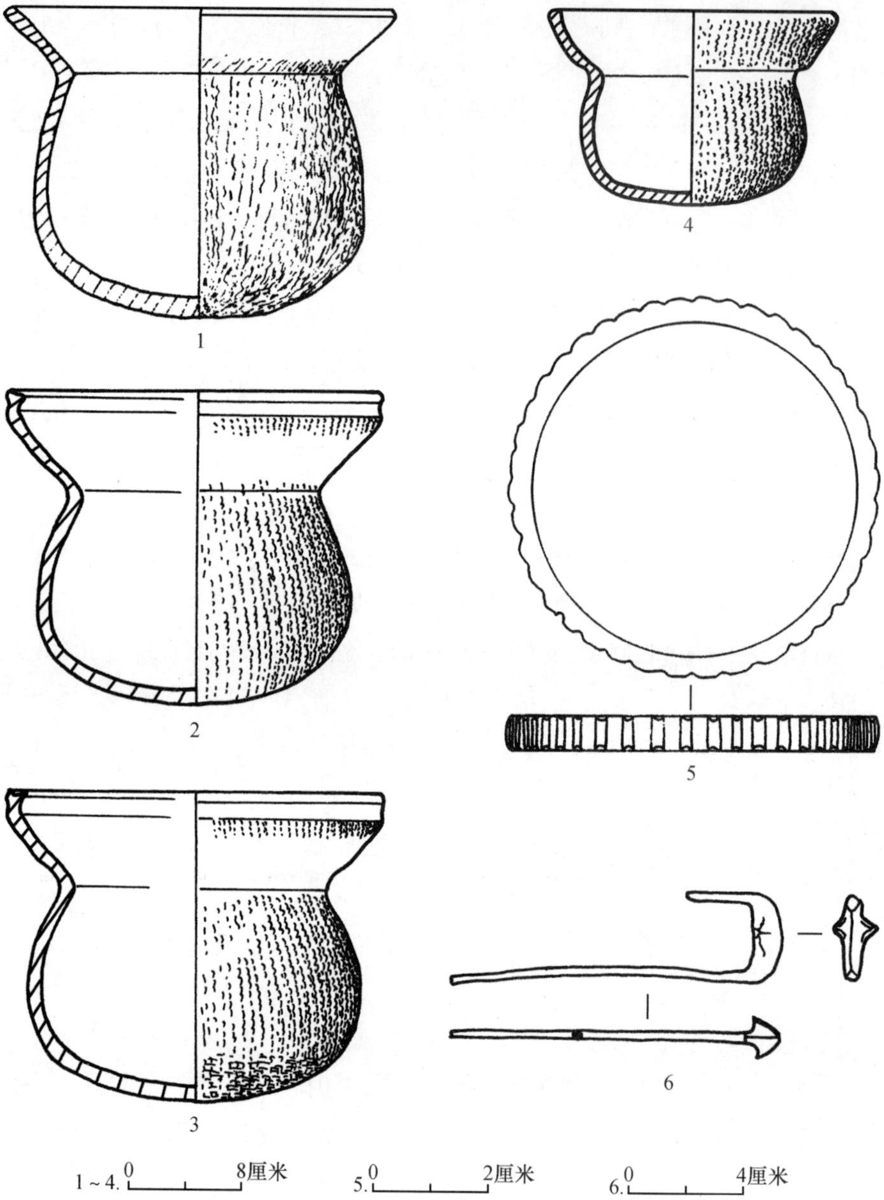

图三五 M14出土器物

1～4. 陶釜（M14：3、M14：21、M14：1、M14：2） 5. 铜手镯（M14：22） 6. 铜钗（M14：23）

后墙为准），因整个墓东壁墙已变形倒塌，无法数出墙砖轮数。甬道墙砖长42、墓室墙砖长43厘米，均宽18、厚7厘米，均在一长侧边饰菱形几何纹。整个墓底满铺地砖，呈“八”字形平铺。地砖长42、宽17、厚5厘米。封土为红褐色黏土，夹红烧土粒、草木灰，结构较紧密，厚40～140厘米，西部高而厚，出土少量的泥质红陶罐残片。在封土下券顶坍塌，墓内填土为红褐土夹灰黄褐土、碎砖、红烧土粒、草木灰等，较紧密，厚80～140厘米。出土大量红陶、灰陶、釉陶、铜器残片。距墓底30厘米左右为黄褐色粉砂土夹少许红褐土，较紧密，主要是墓内淤积土。该墓有盗洞2个，一个位于前室西南角与甬道相接处，打破至墓底，另一个位于后室后墙近西北角上部，未打破至墓底。盗洞中出有一些残陶片。

葬具与葬式 因遭严重盗扰，墓室内未发现棺木、人骨痕迹，只在填土中出现一些人

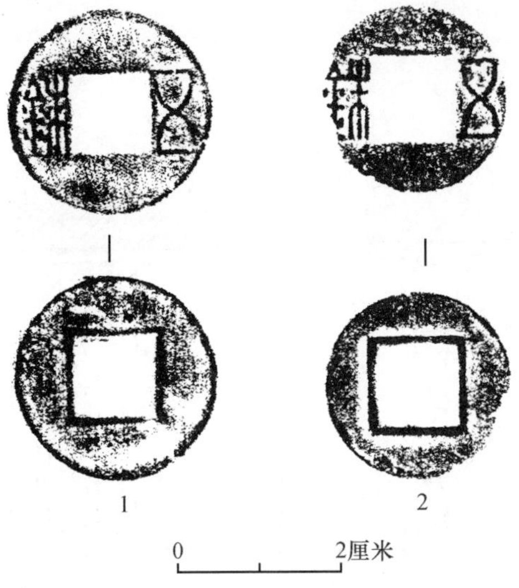

图三六　M14出土钱币

1. A型五铢（M14：24-1）　2. B型五铢（M14：24-2）

骨渣。

出土器物　二室仅余部分散乱残碎的随葬物品，主要放置在甬道和墓室的东侧，以陶器为主（包括器皿用具、模型明器和俑），少量铜器和铁器，共40件。其中较完整及可修复的有17件，分别为灰陶钵2、铅釉陶博山炉盖1、红陶博山炉盖2、人俑6、鸡俑4；铜盒1、璜耳1。残碎不能修复的有23件，为陶罐1、铅釉陶钟1、勺1、灰陶房3、红陶人俑13、狗俑1、兽脚1、兽耳1；铁器1。另有铜钱4组72枚，主要置于墓室西侧和后室的后壁下。

陶器　15件，其中灰陶器2件、铅釉陶器1件、红陶器12件。

灰陶器　2件。均为泥质灰陶。

钵　2件。敞口，尖圆唇，折腹，小平底。M2：3，折腹处圆折，近底内收。口径18.6、底径5.6、高6.1厘米（图三八，4）。M2：4，下腹内收。口径18.6、底径4.8、高6.2厘米（图三八，6）。

铅釉陶器　1件。

博山炉盖　1件。M2：1，泥质红陶胎，先施酱红色陶衣，再施白釉，有“银釉”现象。山形，盖表有若干凸起，近口沿处饰一周三角纹。口径11、高7.2厘米（图三八，3）。

红陶器　12件。均为泥质红陶。

博山炉盖　2件。M2：39，山形，盖表有若干凸起似乳钉，其间戳有3个穿孔。口径10.8、高6厘米（图三八，2）。M2：13，半球状，盖表布满乳突。口径11.6、高5厘米（图三八，1）。

俑　10件。合范制作。

侍俑　1件。M2：30，立姿。束巾，褒衣圆领，外右衽宽袖长袍，双手拢于腹前，足尖露于袍外。高23厘米（图三九，2）。

佩剑侍卫俑　1件。M2：18，立姿，进贤冠，右衽宽袖长袍，束腰，左腋下挟剑，双手拢于腹前。高24.5厘米（图三九，1）。

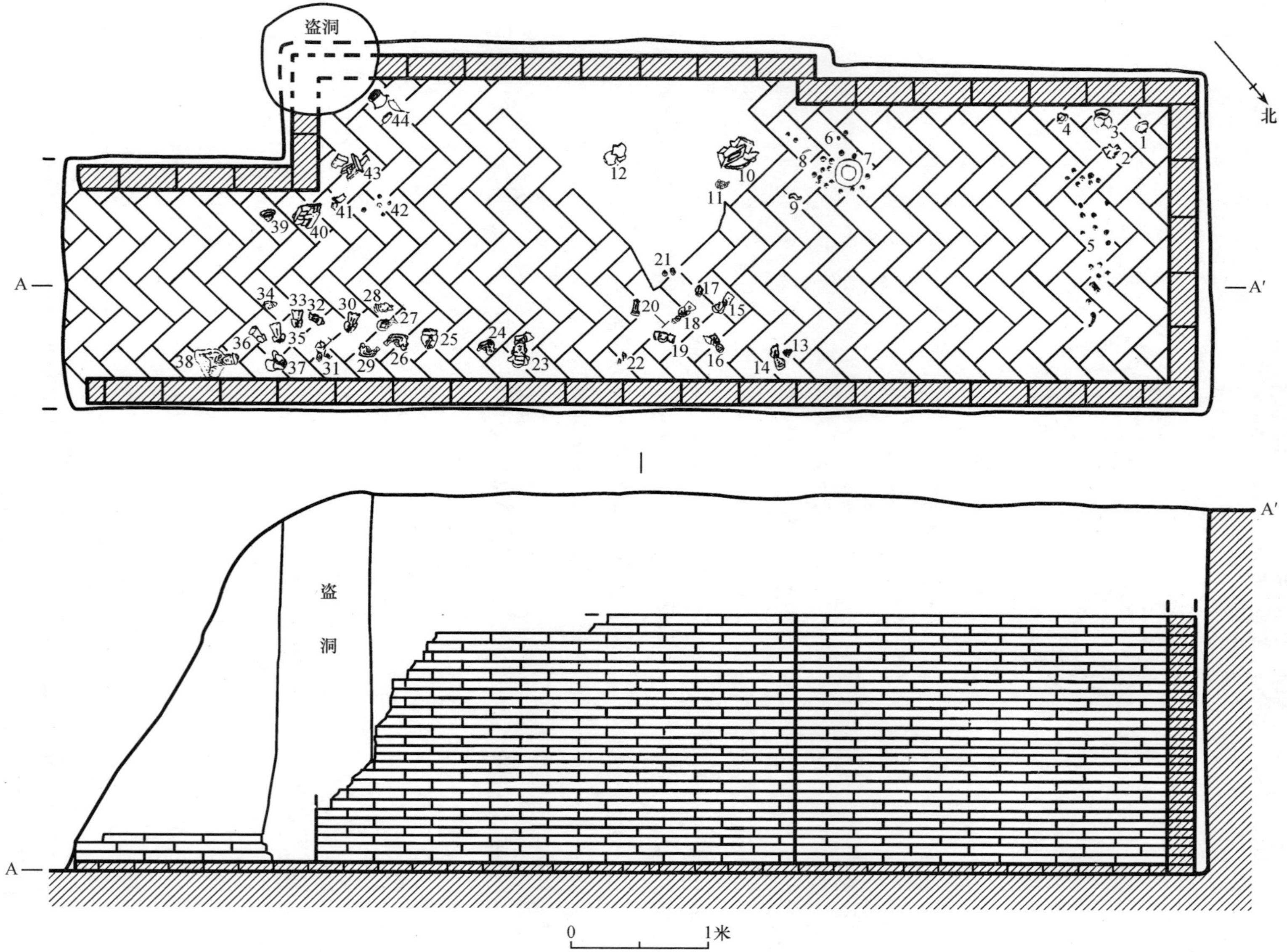

图三七　M2平、剖面图

1、13、39. 陶博山炉盖　2. 陶狗　3、4. 陶钵　5、6、21、42. 铜钱　7. 铜盒　8. 铜璜耳　9. 陶勺　10、40、43. 陶房　11、14～19、23、25、28、30～38. 陶人俑　12. 陶罐　20. 陶兽脚　22. 陶兽耳　24、26、27、29. 陶鸡　41. 铁器　44. 陶钟

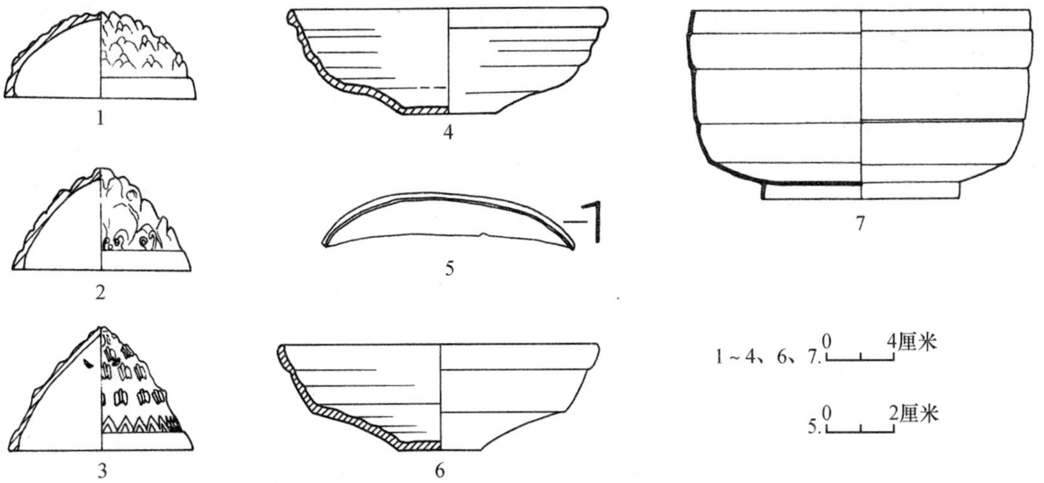

图三八　M2出土器物

1～3. 陶博山炉盖（M2：13、M2：39、M2：1）　4、6. 陶钵（M2：3、M2：4）　5. 铜瑱耳（M2：8）　7. 铜盒（M2：7）

抚琴俑　1件。M2：38，跪坐姿，平巾帻，袭衣圆领，外右衽宽袖长袍，双膝上置琴，双手抚琴。高28厘米（图三九，5）。

人俑头　3件。M2：11，双髻，裹巾，系结于额前，颈以下残。残高5.6厘米（图三九，4）。M2：23，梳山形髻，裹巾，系于脑后，颈以下残。残高7.6厘米（图三九，3）。M2：15，平上帻，袭衣圆领，肩以下残。残高8厘米（图三九，6）。

子母鸡俑　4件。昂头，翘尾，俯卧。M2：24，鸡背上、前胸下共有 2只小鸡。高10.4厘米（图三九，7）。M2：26，鸡背上、前胸及双翅下共有6只小鸡。高16厘米（图三九，10）。M2：27，鸡背上、前胸及双翅下共有6只小鸡。高12.9厘米（图三九，8）。M2：29，鸡背上、前胸及双翅下共有6只小鸡。高14厘米（图三九，9）。

铜器　2件。

盒　1件。M2：7，铜质。直口，尖唇，腹饰瓦棱纹，圈足。口径20.4、底径12、高11厘米（图三八，7）。

瑱耳　1件。M2：8，铜质。月牙形。长7.5、宽1.2、厚0.1厘米（图三八，5）。

铜钱　4组共72枚。均为五铢。分二型。

A型　65枚。钱正背面均有外郭，背面有内郭，正面无内郭。正方穿。依钱文特征大致可分三式。

Ⅰ式：2枚。笔画较粗。“五”字交笔较直，交笔与上下横笔相接处呈外放状，字形如两个对角三角形。“铢”字的“朱”字头方折，“金”字头呈箭镞形。M2：5-1，钱径2.5、穿边长1厘米（不含郭）（图四〇，1）。

Ⅱ式：6枚。笔画较细。“五”字交笔弯曲，交笔与上下横笔相接处近垂直，字形如两个对顶弹头，部分上下横笔出头。“铢”字的“朱”字头方折，“金”字头多呈三角形。钱径2.5～2.6、穿边长0.9～1厘米（不含郭）。M2：6-1、M2：6-2、M2：5-3（图四〇，2～4）。

Ⅲ式：57枚。笔画较细。“五”字交笔弯曲，交笔与上下横笔相接处近垂直，字形似两个对顶弹头，部分上下横笔出头。“铢”字的“朱”字头圆折，“金”字头呈三角形。钱径

图三九　M2出土陶俑

1. 佩剑侍卫俑（M2：18）　2. 侍俑（M2：30）　3、4、6. 人俑头（M2：23、M2：11、M2：15）　5. 抚琴俑（M2：38）　7～10. 子母鸡俑（M2：24、M2：27、M2：29、M2：26）

2.5～2.6、穿边长0.9～1厘米（不含郭）。M2：6-3、M2：5-4、M2：42-1穿上方阴刻一竖（图四○，5～7）。

B型　7枚。磨郭钱。以A型钱磨郭而来。钱径2.4～2.6、穿边长0.9～1厘米（不含郭）。M2：5-5、M2：5-6（图四○，8、9）。

（2）M9

墓葬形制　M9位于加油站梁子T9的西部，刀把形砖室墓带后室，方向26°。开口于耕土层

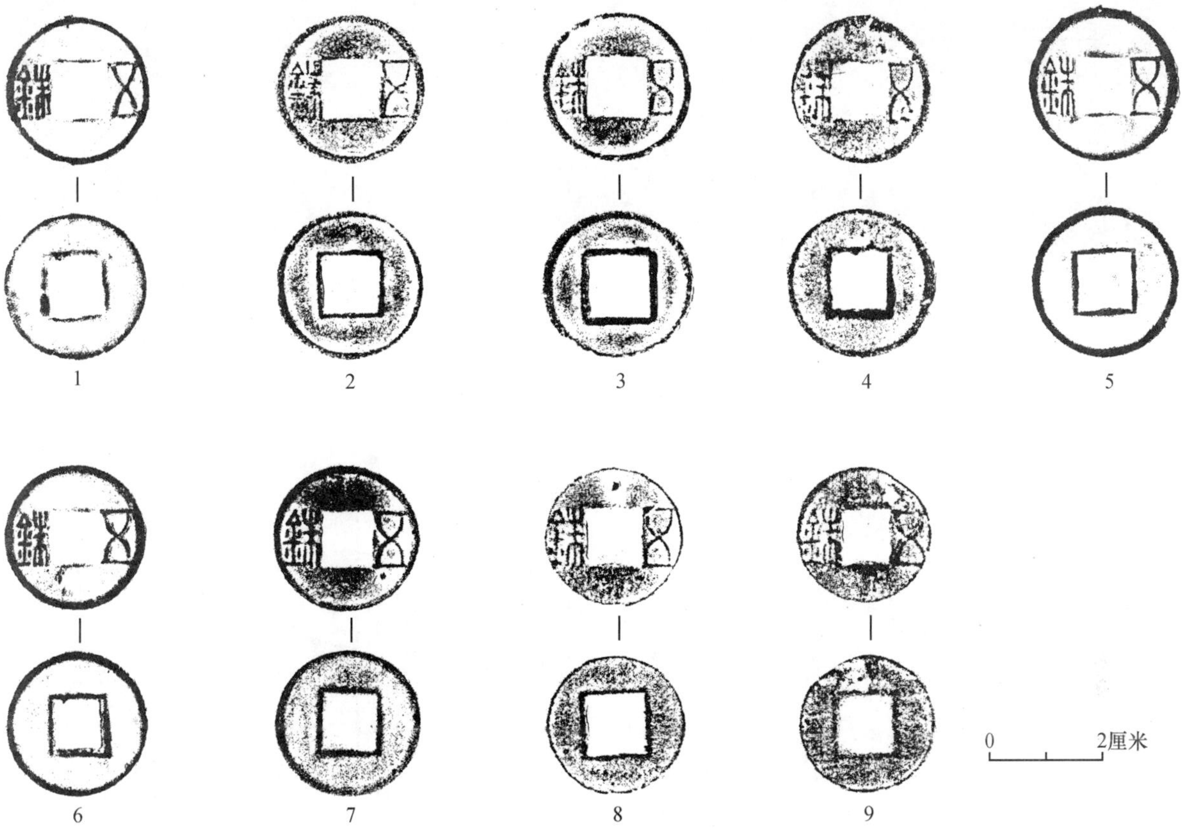

图四〇　M2出土钱币

1. A型Ⅰ式五铢（M2：5-1）　2～4. A型Ⅱ式五铢（M2：6-1、M2：6-2、M2：5-3）　5～7. A型Ⅲ式五铢（M2：6-3、M2：5-4、M2：42-1）　8、9. B型五铢（M2：5-5、M2：5-6）

下，打破生土层，距现地表30～40厘米。由土圹、墓道、甬道、前室、后室五部分组成。其构造方法为先挖刀把形土圹，再用单砖砌成墓壁（图四一）。土圹残长895、宽236～304、残深210厘米。墓道为斜坡土圹式，残长60、最宽260厘米，坡度约10°。甬道残长270、宽180、残高150厘米。残存22轮墙砖，第14轮开始起券，券顶已被破坏。前室长330、宽230、残高180厘米。残存墙砖28轮，第20轮起券，券顶已被毁。靠东壁前后室交界处有一盗洞，打破至墓底。后室长250、宽170、残高110厘米。残存墙砖18轮，后壁已被破坏到底。后室后部残留部分铺地砖，呈“八”字形平铺，采用不完整的榫卯砖，饰菱形几何纹。墙砖为菱形几何纹饰单砖，前室第19轮墙砖纹饰为菱形纹与车轮纹组合。车轮纹砖长39、宽19、厚9厘米；其余墙砖及地砖长44、宽20、厚7厘米（图五二，3、4）。该墓由于遭后期严重扰乱，填土上部较为杂乱，灰褐色土夹大量唐至明清陶瓷残片，填土底部为30厘米厚的浅黄色砂土，夹红烧土粒，较紧密，随葬器物出于其下。

葬具与葬式　由于后期盗扰极为严重，葬具、葬式均不能辨。

出土器物　出土器物共26件，其中填土上部扰乱层出土的陶瓷残片中可修复的有11件；墓底出土器物共15件，散乱分布于甬道及前室的西侧，多为残片。以瓷器为主（器皿用具），陶器次之（器皿用具、模型明器和俑），少量铜器（饰品）、铁器（农具）。其中较完整及可修复的有19件，包括红陶人俑腿1；瓷碗9、瓷盏3、瓷碟3、瓷盘1、瓷壶1；不明铁器1。残碎不

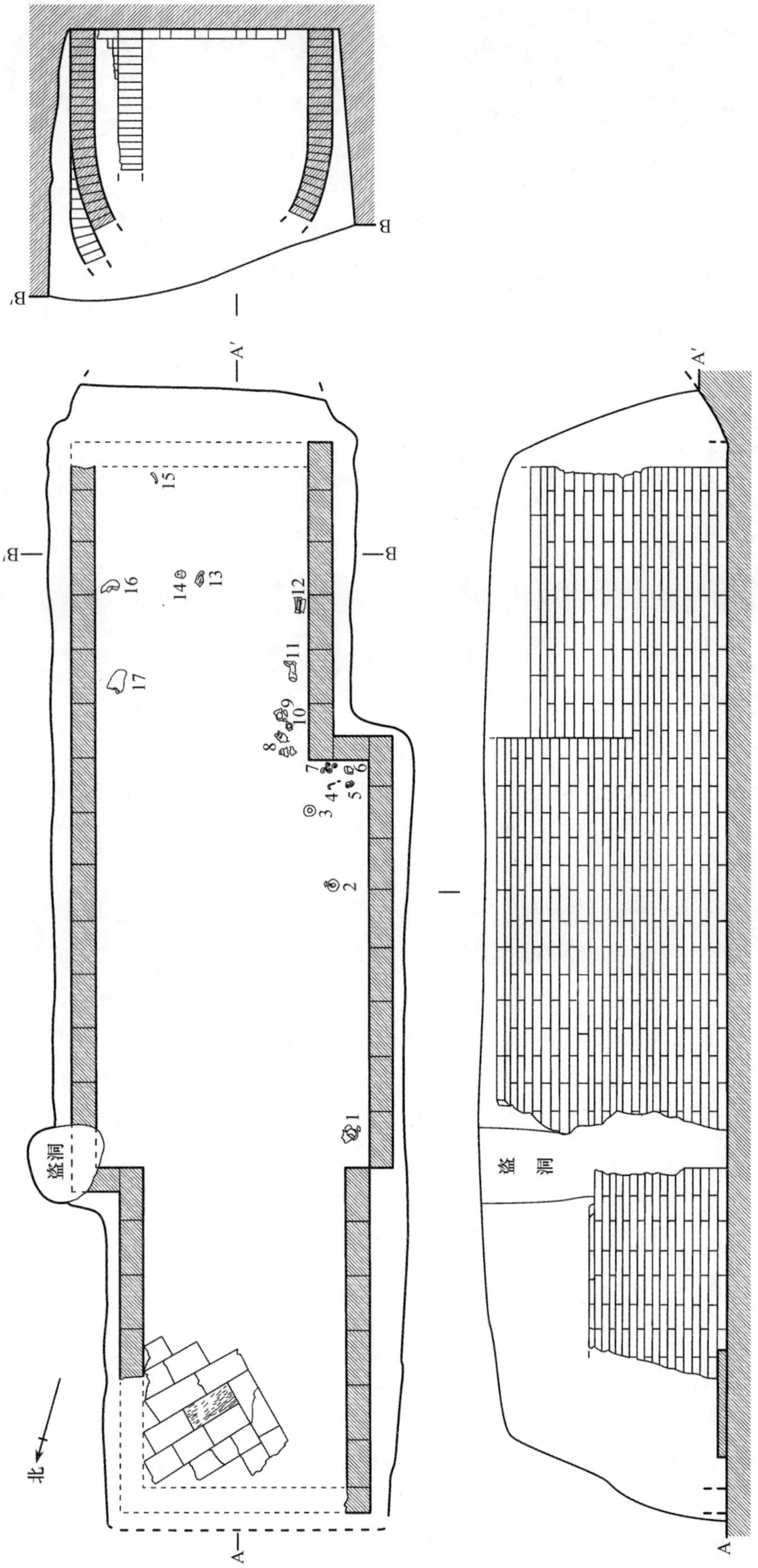

图四一 M9平、剖面图

1～3、6、9、10、16. 瓷碗 4. 铜钗 5. 铁钱 7. 铜钱 8. 瓷盘口壶 11. 陶人俑腿 12. 陶房 13. 陶鸡尾 14. 陶人俑头 15. 陶魁把 17. 不明铁器

可修复的有7件，为陶房1、铅釉陶魁把1、红陶人俑头1、鸡尾1；瓷壶1、碗底1；铜钗1。另有铜钱1组2枚，铁钱1组（残碎），置于前室与甬道转角处。

陶器　1件。

人俑腿　1件。M9：11，泥质红陶。为左小腿及足，足着履。足长13、腿残高12厘米（图四二，3）。

瓷器　17件。包括瓷碗9件、瓷盏3件、瓷碟3件、瓷盘1件、瓷壶1件。

青瓷碗　4件。灰白胎，内外施青釉，外釉不及底。M9：16，釉大部分剥落。敛口，圆唇，弧腹，大平底。口沿上存有5颗为一组的两组褐色点彩纹，其中一组仅存2颗；口外壁饰一周宽凹弦纹。口径17.2、底径11.2、高6.4厘米（图四二，1）。M9：3，敛口，圆唇，弧腹，平底。口外壁饰二周细凹弦纹。口径15.2、底径8.5、高6厘米（图四二，2）。M9：9，口微敛，圆唇，弧腹，饼足底。内底有3个支钉痕。口径8.8、底径4.4、高4厘米（图四二，4）。M9：6，口微敛，圆唇，弧腹，饼足底。口沿上存有一组5颗褐色点彩纹。内底有3个支钉痕。口径8.4、底径4.4、高4厘米（图四二，5）。

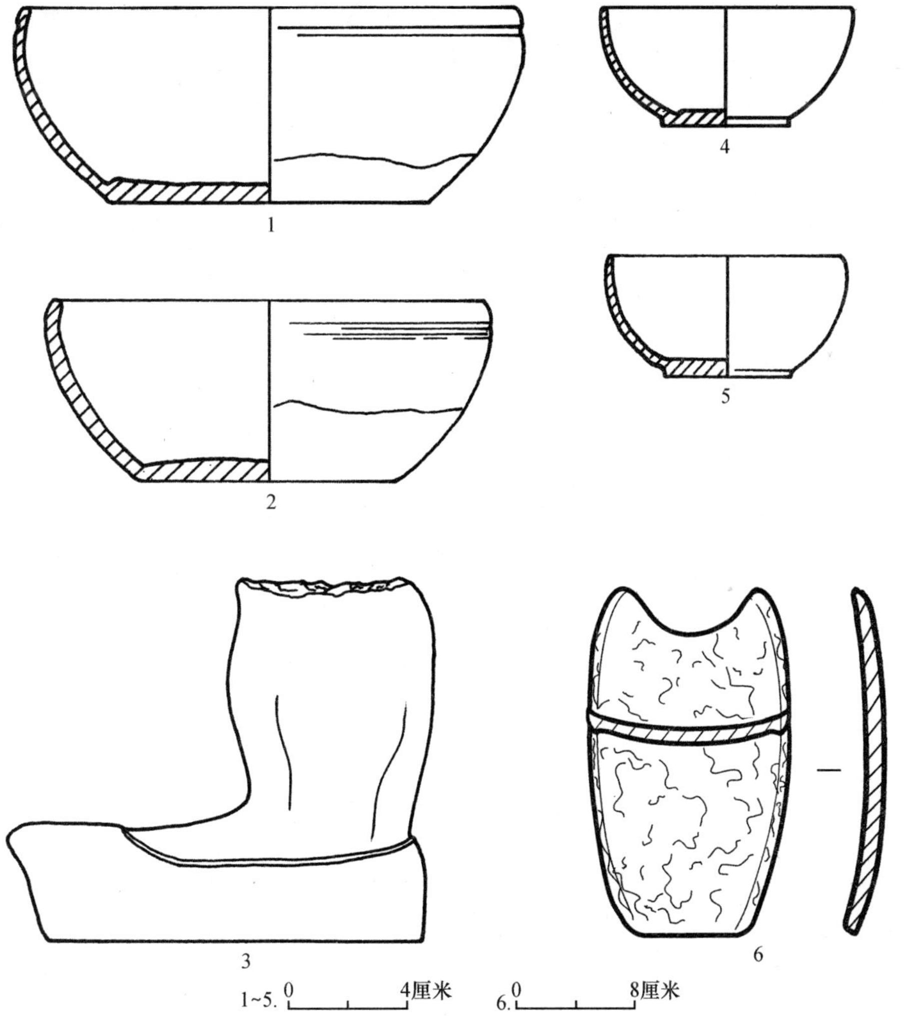

图四二　M9出土器物

1、2、4、5. 青瓷碗（M9：16、M9：3、M9：9、M9：6）　3. 陶人俑腿（M9：11）　6. 不明铁器（M9：17）

青瓷盏　2件。灰白胎，内外施青釉，圈足底有涩圈。M9：2，灰白胎，内外施豆青釉，釉色温润。敛口，圆唇，弧腹，圈足，内底微凹。外壁饰12瓣仰莲瓣纹。口径9.6、底径2.7、高4厘米（图四三，4）。M9：1，浅灰胎，内外施青釉，釉色发暗，开大冰裂片。敞口，圆唇，弧腹，圈足，内底微凹。外壁见轮制旋痕。口径9.9、底径3、高4.2厘米（图四三，5）。

青瓷碟　2件。浅灰胎，内满施青釉，外无釉。M9：01，内底釉呈天蓝，开细密冰裂纹。敞口，平折沿，折腹，平底。外壁至底显火石红。口径9.2、底径3.8、高2.4厘米（图四三，1）。M9：02，内壁及内底部分釉呈天蓝，开细密冰裂纹。敞口，斜折沿，折腹，平底。外壁至底显火石红。口径7.6、底径3.6、高2.2厘米（图四三，2）。

青白瓷碟　1件。M9：010，洁白胎细薄微透光，釉色莹润如玉，口沿无釉。敞口，斜直壁，平底微凹。内壁分别模印一周回纹和水波纹，内底模印莲花双鱼纹，外壁素面。口径10.2、底径6.4、高2厘米（图四三，3）。

白瓷碗　5件。浅灰胎，胎质较细腻，内外施白釉，釉色泛青，外釉不及底。M9：03，敞口，弧腹，矮圈足。外壁见轮制旋痕，内底一圈细砂粒痕。口径16、底径6.2、高4.9厘米（图四四，4）。M9：04，敞口，斜弧腹，矮圈足。内底一圈细砂粒痕。口径15.4、底径6.5、高4.6厘米（图四四，5）。M9：07，敞口，斜弧腹，矮圈足。内外壁见轮制旋痕，内底一圈细砂

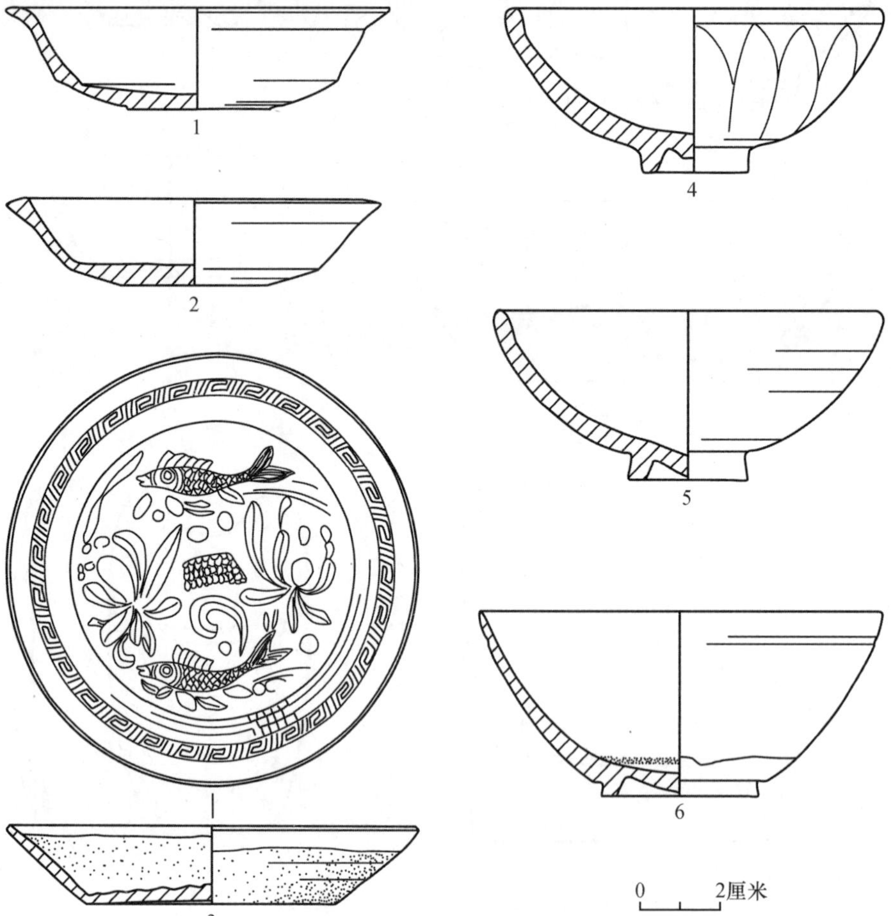

图四三　M9出土器物

1、2. 青瓷碟（M9：01、M9：02）　3. 青白瓷碟（M9：010）　4、5. 青瓷盏（M9：2、M9：1）　6. 白瓷盏（M9：09）

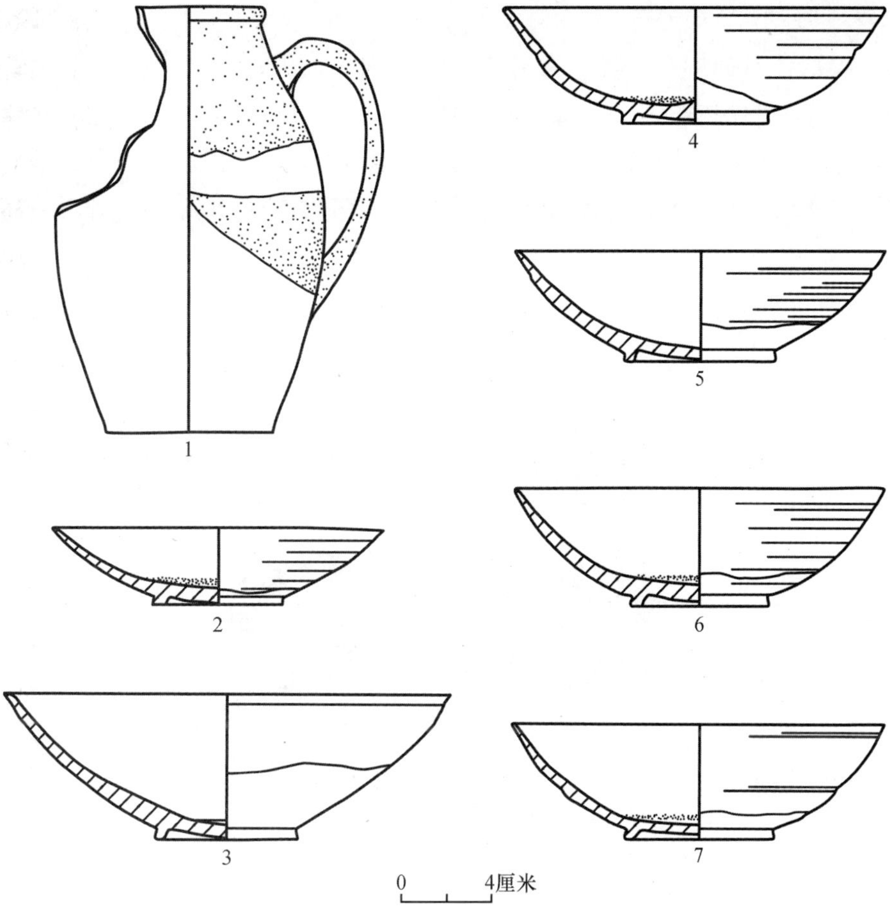

图四四 M9出土器物

1. 黑瓷壶（M9：011） 2. 白瓷盘（M9：05） 3～7. 白瓷碗（M9：06、M9：03、M9：04、M9：07、M9：08）

粒痕。口径15.4、底径5.8、高4.9厘米（图四四，6）。M9：08，敞口，斜弧腹，矮圈足微外撇。内外壁见轮制旋痕，内底一圈细砂粒痕。口径15.7、底径6.2、高4.9厘米（图四四，7）。M9：06，侈口，斜弧腹，矮圈足，内底微凹。内底残存6团细砂粒痕。口径18.5、底径5.8、高6.2厘米（图四四，3）。

白瓷盏 1件。M9：09，黄白胎，内外施白釉，口沿一周褐釉，外釉不及底。敞口，弧腹，矮圈足微外撇。内外壁见轮制旋痕，内底一圈细砂粒痕。口径9.8、底径4、高8.4厘米（图四三，6）。

白瓷盘 1件。M9：05，灰胎，胎质略粗，内外施白釉，釉色泛青，外釉不及底。敞口，斜腹，矮圈足。内外壁见轮制旋痕，内底一圈细砂粒痕。口径13.8、底径5.5、高3.2厘米（图四四，2）。

黑瓷壶 1件。M9：011，红褐胎，胎质较粗。施黑褐釉，釉不及底。敛口，厚圆唇，鼓腹，平底，曲柄，器物残缺不知是否有流。口径6.8、高17.2厘米（图四四，1）。

铁器 1件。

不明铁器 1件。M9：17，凹弧面，一端较平，另一端内凹弧刃。锈蚀严重。长20、宽12、厚1.2厘米（图四二，6）。

铜钱　2枚。均为五铢。分二型。

A型　1枚。钱正背面均有外郭，背有内郭，正面无内郭，正方穿。“五”字交笔弯曲，交笔与上下横笔相接处略内收，字形如两对顶弹头，上下横笔出头。“铢”字的“朱”字头圆折，“金”字头呈三角形。钱径2.4、穿边长1厘米（不含郭）。M9：7-1（图四五，1）。

B型　1枚。磨郭钱。以A型钱磨郭而来。钱径2、穿边长1厘米（不含郭）。M9：7-2（图四五，2）。

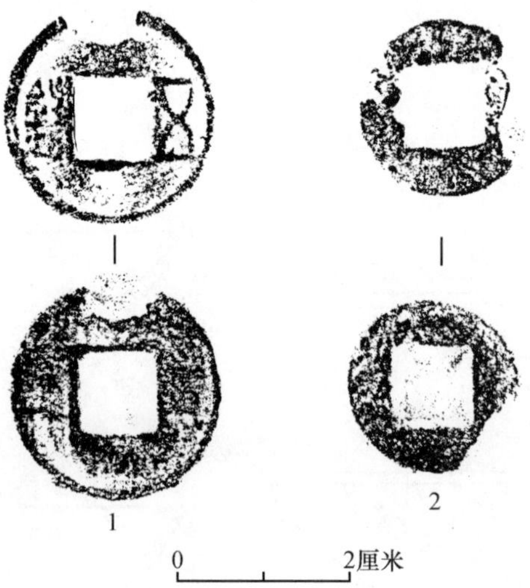

图四五　M9出土钱币

1. A型五铢（M9：7-1）　2. B型五铢（M9：7-2）

（三）石室墓

2座。M4、M13，平面呈刀把形。

（1）M4

墓葬形制　M4位于加油站梁子T3的东部，刀把形石室墓，方向73°。开口于耕土层下，打破生土层，距现地表深10～30厘米。由土圹、墓道、甬道、墓室四部分组成。其构筑方式为先挖一刀把形土圹，再用青灰色条石错缝平砌成墓壁（图四六）。土圹长590、宽230～314、残深152厘米。墓道已遭破坏。封门为条石砌成，残存5层，残高112厘米。甬道长220、宽180、残高70厘米。单券顶，从第5轮条石起券，顶部已坍塌。墓室长330、宽246、残高132厘米。券顶已遭破坏，不知起券点。墓壁条石宽20、厚44厘米，长度不等；券顶石宽18～23、厚44厘米，长度不等。第5轮条石宽24～26、厚44厘米，长度不等。条石均经修凿。墓底满铺大小形状不一的石板，厚4～6厘米。M4 封土为灰褐色黏土，结构较紧密，含少许草木灰。填土为灰褐色土，较疏松，含少许料姜石颗粒、草木灰、残砖及大量坍塌的券顶石。其中有一条石长130～140、宽44～50、厚15～20厘米。出土有大量青瓷残片，器形有碗、罐等，伴随少许绳纹瓦。

葬具与葬式　M4应为一家族合葬墓，可辨9具人骨架。由北向南分别编为1～5组。其中1～4组葬于墓室，第5组为小孩，葬于甬道与墓室之间，位于甬道南部。其年龄在10～60岁，在各组

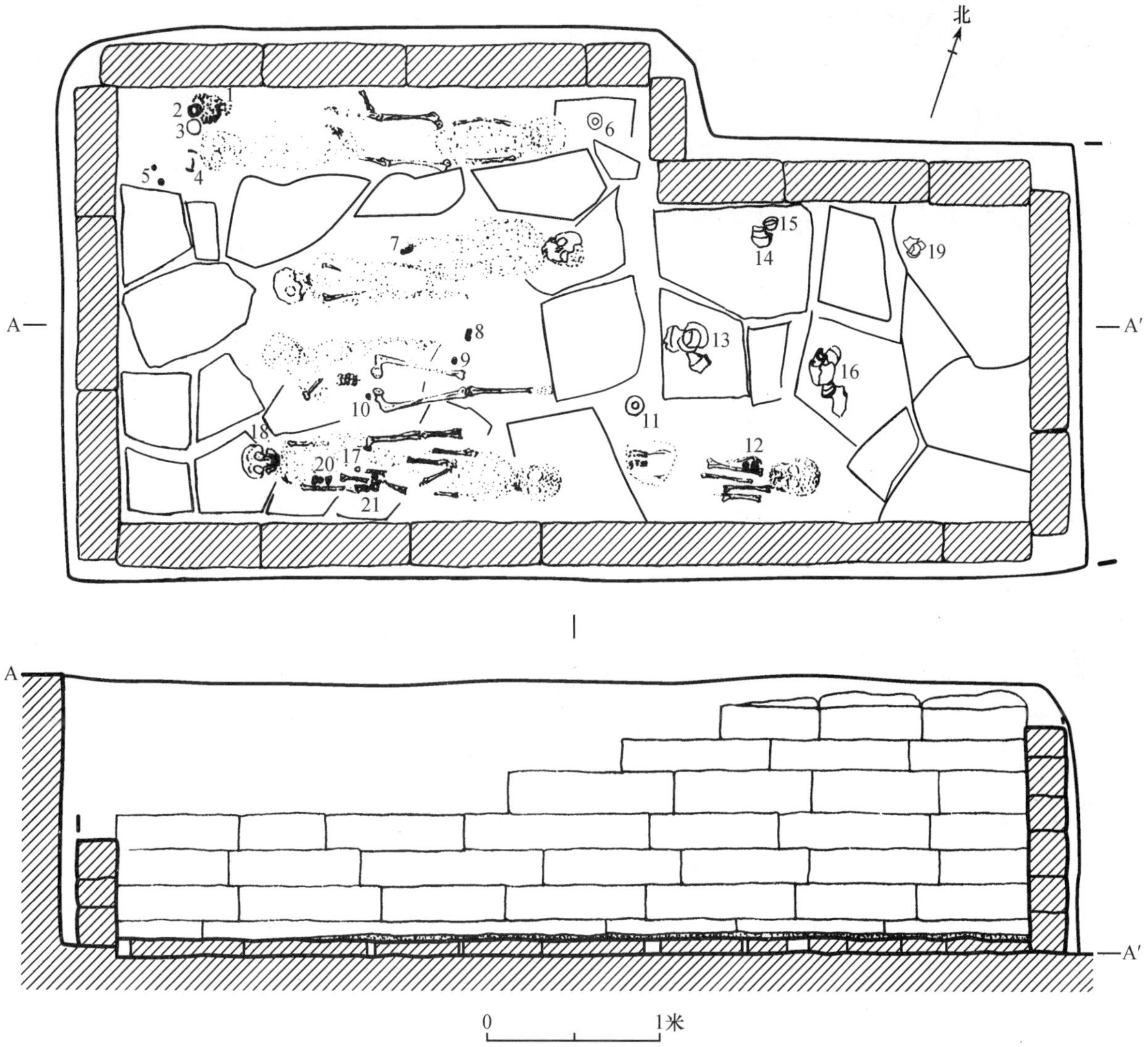

图四六　M4平、剖面图

1. 琉璃玛瑙珠串饰　2. 铜手镯　3. 铜饰　4. 铜饰件　5、7～10、12、20、21. 铜钱　6、11、15、19. 瓷碗　13、16. 瓷盘口壶　14. 瓷罐　17. 铜指环　18. 人牙

骨架下均有厚2～4厘米的河沙垫棺。

第1组：2具骨架。男：头东脚西；女：头西脚东。随葬品有琉璃珠、玛瑙、铜镜、手镯、发钗、青瓷碗、铜钱4枚。

第2组：2具骨架，腐蚀严重。男：头东脚西；女：头西脚东。随葬品有铜钱5枚。

第3组：2具骨架。头西脚东，呈拥抱状。随葬物有铜钱7枚，半两2枚。

第4组：2具骨架。男：头东脚西；女：头西北脚东南。随葬物有铜钱2枚，指环1件。

第5组：1具骨架。小孩，头东脚西。随葬品有铜钱1枚，足右侧有一件青瓷小碗。

出土器物　随葬器物共12件，零散分布于墓室和甬道。以瓷器为主（器皿用具），少量铜器（饰品、生活用品）、玉石（饰品）。其中较完整及可修复的有8件，包括瓷碗2、罐1、壶2；铜镜1、指环1；琉璃玛瑙珠串饰1。残不可修复的有4件，为瓷碗2；铜手镯1、饰件1。另有铜钱8组15枚，分布于人骨旁。

瓷器　5件。青瓷，灰白胎。

碗　2件。M4：6，二次施釉，内外先施青黄釉，再施白釉，大部分剥落。口微敛，方圆唇，弧腹内收，平底。口径18、底径9、高9厘米（图四七，6）。M4：11，内外满施青釉，小开片。敛口，尖圆唇，弧腹，饼足底。口径8、底径4.5、高4.4厘米（图四七，1）。

罐　1件。M4：14，上腹施酱黄釉，多剥落，下腹及底无釉。敛口，方唇，短斜颈，溜肩，鼓腹，下腹近底略弧内收，平底微凹。口外壁饰二周凹弦纹，肩部残剩三条形系。内壁见拉坯旋痕。口径11、腹径16.6、底径12.6、高14.2厘米（图四七，3）。

壶　2件。M4：13，施青釉，下腹及底无釉。肩以上残，溜肩，鼓腹，平底。肩部残剩一条形系。内壁见拉坯旋痕。腹径17.2、底径10.5、残高13厘米（图四七，7）。M4：16，施青釉，下腹及底无釉。肩以上残，溜肩，鼓腹，平底微凹。肩部附四条形系。内壁见拉坯旋痕。腹径21.3、底径13.6、残高14.8厘米（图四七，8）。

铜器　2件。

镜　1件。M4：3，铜质。半球形纽，对穿孔，斜凸棱缘。缘内饰凹面带、宽尖三角锯齿纹带和窄尖三角锯齿纹带各一周，地纹因锈蚀严重仅可辨一龙形局部。镜面微弧，局部锈蚀。直径8.3、厚1～2厘米（图四七，2）。

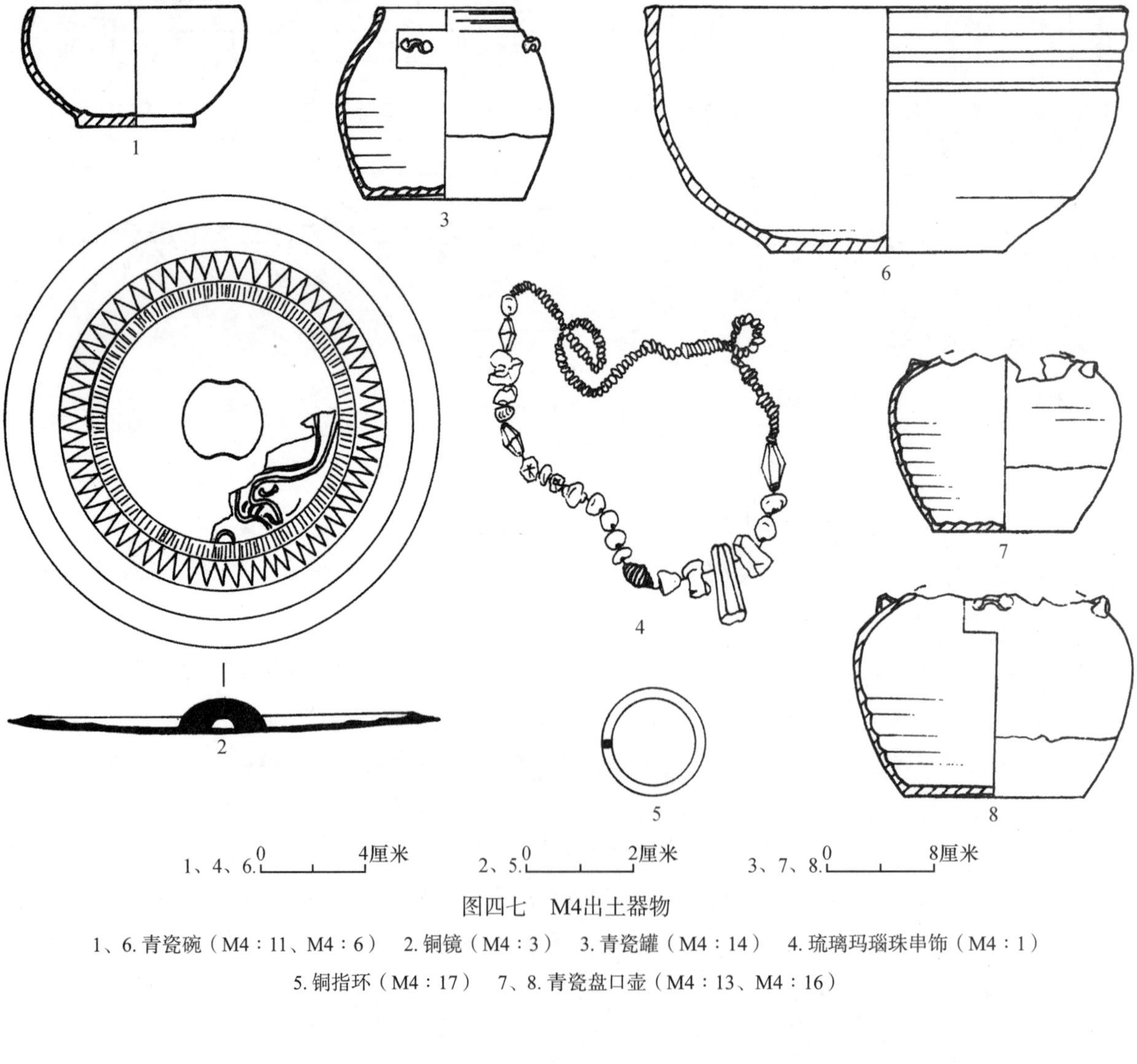

图四七　M4出土器物

1、6. 青瓷碗（M4：11、M4：6）　2. 铜镜（M4：3）　3. 青瓷罐（M4：14）　4. 琉璃玛瑙珠串饰（M4：1）　5. 铜指环（M4：17）　7、8. 青瓷盘口壶（M4：13、M4：16）

指环　1件。M4：17，铜质。圆环形，直径2厘米（图四七，5）。

玉石　1件。

琉璃玛瑙珠串饰　1串。M4：1，3500余颗，散落于墓底，从淤泥中淘洗选出。多为扁圆珠状，颜色有黄、绿、白、红、灰、蓝、黑等，以黄、白、蓝、灰居多。直径多在0.1～0.3厘米，少量0.5～1厘米（图四七，4）。

铜钱　8组共15枚。包括五铢、直百五铢、大泉五十、四铢、半两5种。

五铢　6枚。分二型。

A型　2枚。钱正背面均有外郭，背有内郭，正面无内郭。正方穿。依钱文特征大致可分二式。

Ⅰ式：1枚。笔画较粗。"五"字交笔较直，交笔与上下横笔相接处呈外放状，字形如两个对角三角形。"铢"字的"朱"字头方折，"金"字头呈箭镞形。钱径2.5、穿边长1厘米（不含郭）。M4：7-1（图四八，1）。

Ⅱ式：1枚。笔画较粗。"五"字交笔弯曲，交笔与上下横笔相接处略内收，字形如两个对顶弹头。"铢"字的"朱"字头圆折，"金"字头呈箭镞形。钱径2.6、穿边长0.9厘米（不含郭）。M4：7-2（图四八，2）。

B型　4枚。磨郭钱。以A型钱磨郭而来。钱径2.1～2.4、穿边长0.9～1厘米（不含郭）。M4：8-1（图四八，3）。

直百五铢　3枚。正背面均有内外郭，内郭较浅细。正方穿。钱径2.7、穿边长0.9厘米（不含郭）。M4：5-1（图四八，4）。

大泉五十　1枚。正背面均有内外郭。正方穿。"大"字横笔顶部稍凸，顶上微出头，两头斜下折。钱径2.8、穿边长0.8厘米（不含郭）。M4：5-2（图四八，5）。

四铢　3枚。正背面均有外郭，背有内郭，正面无内郭。正方穿。钱径2.2～2.3、穿边长0.9～1厘米（不含郭）。M4：8-2（图四八，6）。

半两　2枚。正背面均无内外郭，正方穿。钱径3.2～3.6、穿边长0.9～1.3厘米（不含郭）。M4：9-1、M4：9-2（图四八，7、8）。

（2）M13

墓葬形制　M13位于钟姑娘梁子T18的中部，中型石室墓，平面呈刀把形。开口于耕土层下，打破生土层，距现地表深110厘米。由土圹、墓道、甬道、墓室四部分组成。其构筑方式为先挖一刀把形土圹，再用条石错缝平砌成墓壁（图四九）。土圹长670、宽190～230、残深260厘米。墓道平面呈半椭圆形，从墓口呈斜坡状伸入墓底。长210厘米，宽度不等，最宽190厘米。墓门位于甬道口内，距甬道口36厘米，为双开门。门扇高126、宽170、厚6～10厘米。靠门框的一侧边上下有轴，上轴长10、下轴长7厘米；两扇门合缝一边的中段离边沿10厘米处各有一直径3厘米的圆孔。门扇正面经打磨平整，素面；背面仿木门样有人字形组成的图案，被两条竖线等分成三块。门两侧及上方有门框，下有门槛。左右门框高120、厚14厘米，门槛宽36厘米，上门框因洞室券拱的关系，宽度仅16厘米。上方门框及下方门槛均有轴洞。封门位于甬道口外，用条石封砌，依甬道口形状逐层上收，共11层。封门石加工略粗糙，规格与其他相同。甬道长180、宽170、高180厘米。甬道券顶从第5层开始起券，共14层条石到拱顶，在甬道

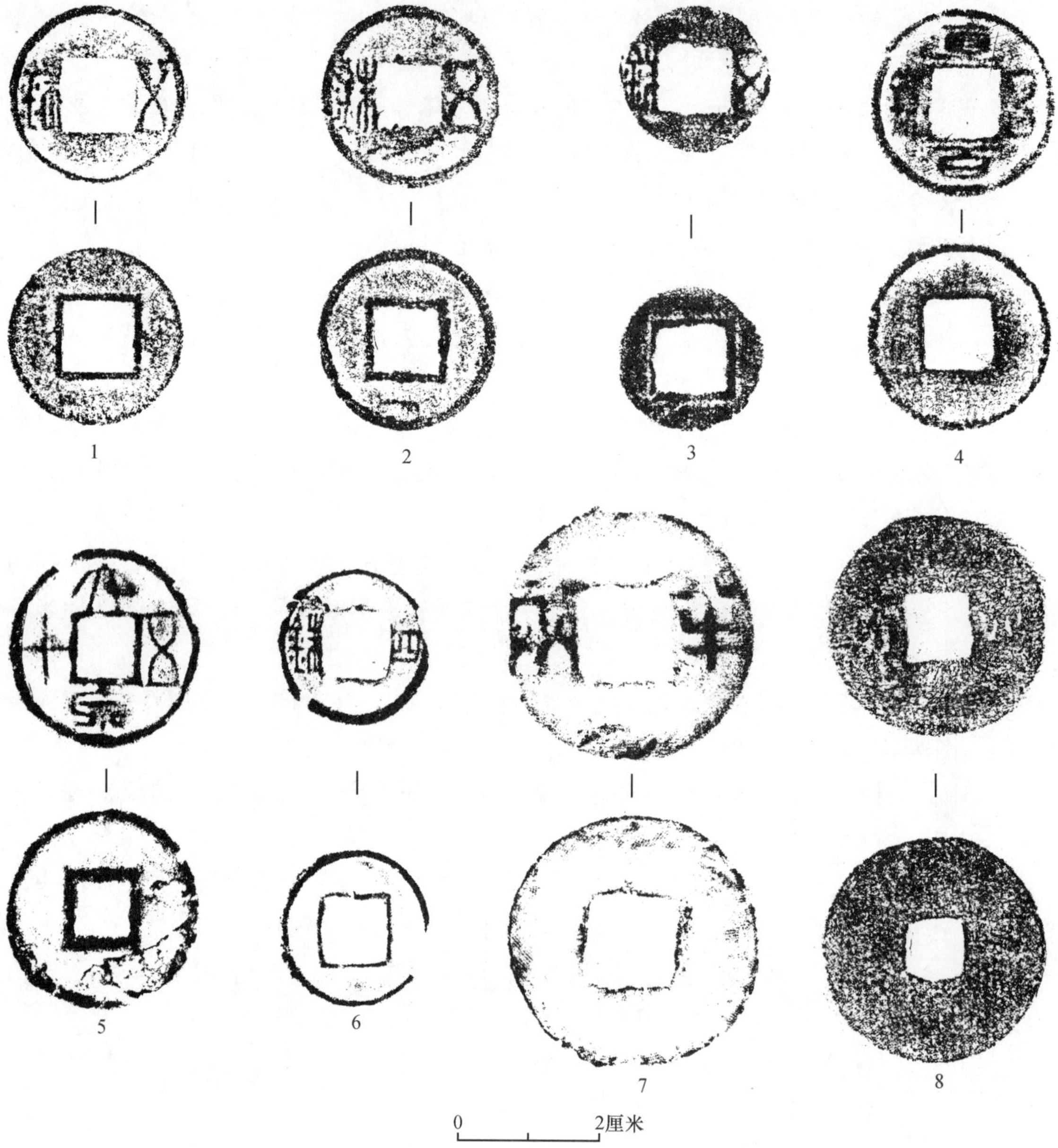

图四八　M4出土钱币

1. A型Ⅰ式五铢（M4：7-1）　2. A型Ⅱ式五铢（M4：7-2）　3. B型五铢（M4：8-1）　4. 直百五铢（M4：5-1）　5. 大泉五十（M4：5-2）　6. 四铢（M4：8-2）　7、8. 半两（M4：9-1、M4：9-2）

口部位的券顶之上还有一重券顶。甬道底用长方形石板顺甬道宽铺排。墓室长260、宽216、高220厘米。从第7层条石开始起券，共17层到券顶，墓室后壁采用条石平砌，共13层到洞顶。后壁第7层中部凸出两块条石，相距28厘米，可能是架小木板的供台，其上部有一凹进石壁的壁龛，长38、高22厘米。墓室底用青砖与墓壁成45°斜角铺排。该墓有盗洞2个。甬道外侧西南转角处盗洞时代较早，圆形，直径60厘米，打破甬道与墓室之间石壁进入墓底。甬道外侧西北部则为现代盗洞，圆形，直径54厘米，打破甬道石壁，损坏墓门而进入墓底。

葬具与葬式　由于后期盗扰，葬具、葬式不明。

出土器物　出土随葬品仅5件，可修复。包括陶器、瓷器两类（为器皿用具和俑）。其中3

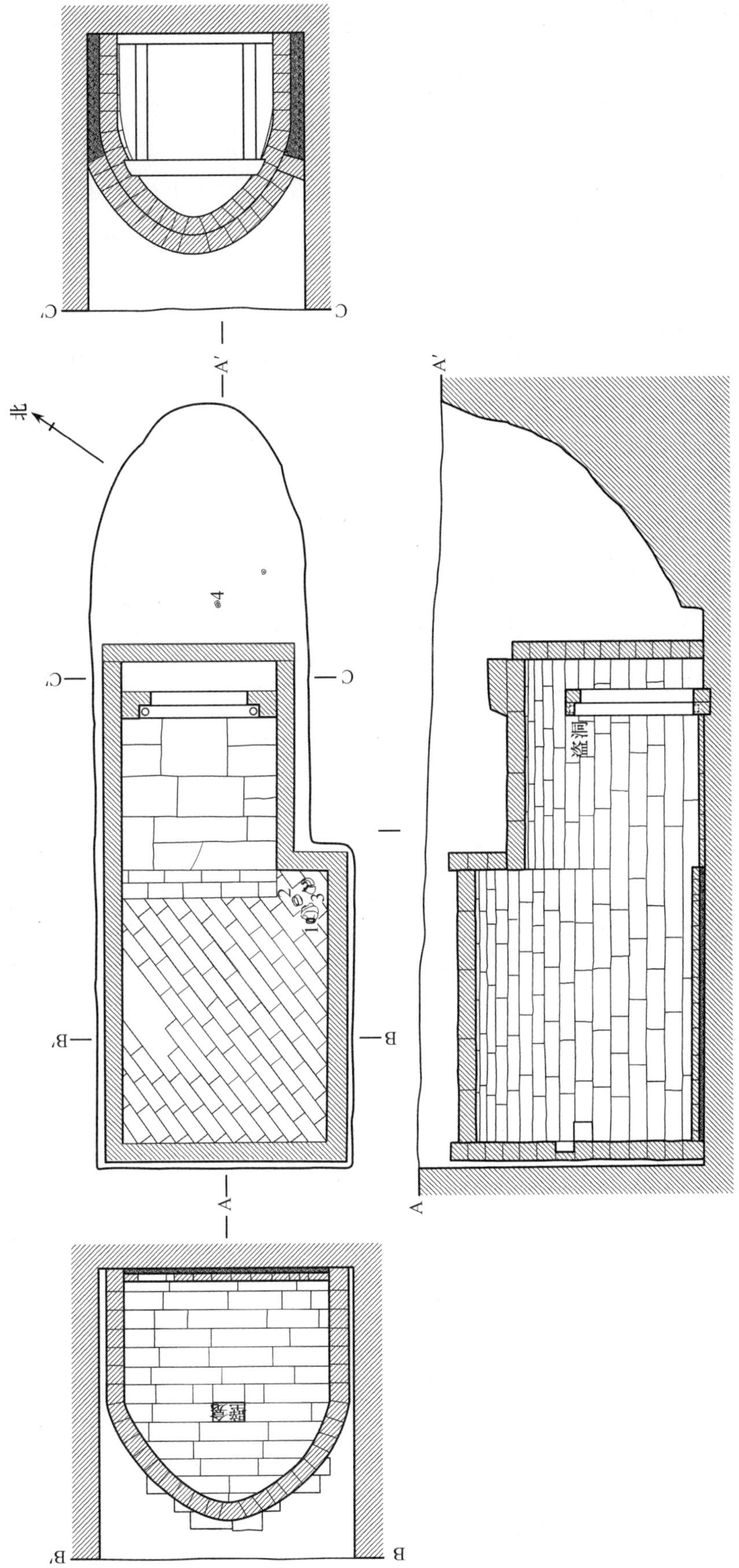

图四九 M13平、剖面图

1. 瓷盘口壶 2. 瓷碗 3. 陶罐 4. 铜钱

件出于墓室的东南角，为灰陶罐1；瓷壶1、瓷碗1；填土出有灰陶马1件；盗洞内出土灰陶罐1件。另有铜钱1组41枚，出于墓道口。

陶器　3件。均为泥质灰陶。

罐　2件。口微侈，圆唇，卷沿。M13：001，短束颈，溜肩，鼓腹，下腹近底内收，平底。肩部有二条形系，下腹近底处饰一周凹弦纹。轮制。口径25.6、腹径34.8、底径16.8、高28.8厘米（图五〇，2）。M13：3，矮斜领，斜折肩，弧腹内收，平底。肩饰一周凹弦纹。口径14.4、腹径24.8、底径10.8、高18厘米（图五〇，4）。

俑　1件。合范制作。

马俑　1件。M13：01，立姿，体高壮。昂首，张嘴，竖耳，鬃毛耸立，尾上翘，尾端呈球形。头、身分别制作。长54.3、高51.6厘米（图五〇，5）。

瓷器　2件。均为青瓷。

壶　1件。M13：1，黄褐胎，内外施青黄釉，外壁下腹无釉，施一层酱红色化妆土。浅盘口，短束颈，溜肩，鼓腹，下腹斜收，平底。肩附对称四条形系。轮制，下腹见拉坯旋痕，系为泥条捏制。口径16、腹径26、底径13.6、高29.2厘米（图五〇，1）。

碗　1件 。M13：2，灰白胎，内外满施青釉。口微敛，尖圆唇，弧腹，饼足底内凹。口外壁饰一周凹弦纹，内外底有若干支钉痕。口径15.2、底径10.6、高6.2厘米（图五〇，3）。

铜钱　1组共41枚。包括五铢、货泉、半两、定平一百、太平□□5种。

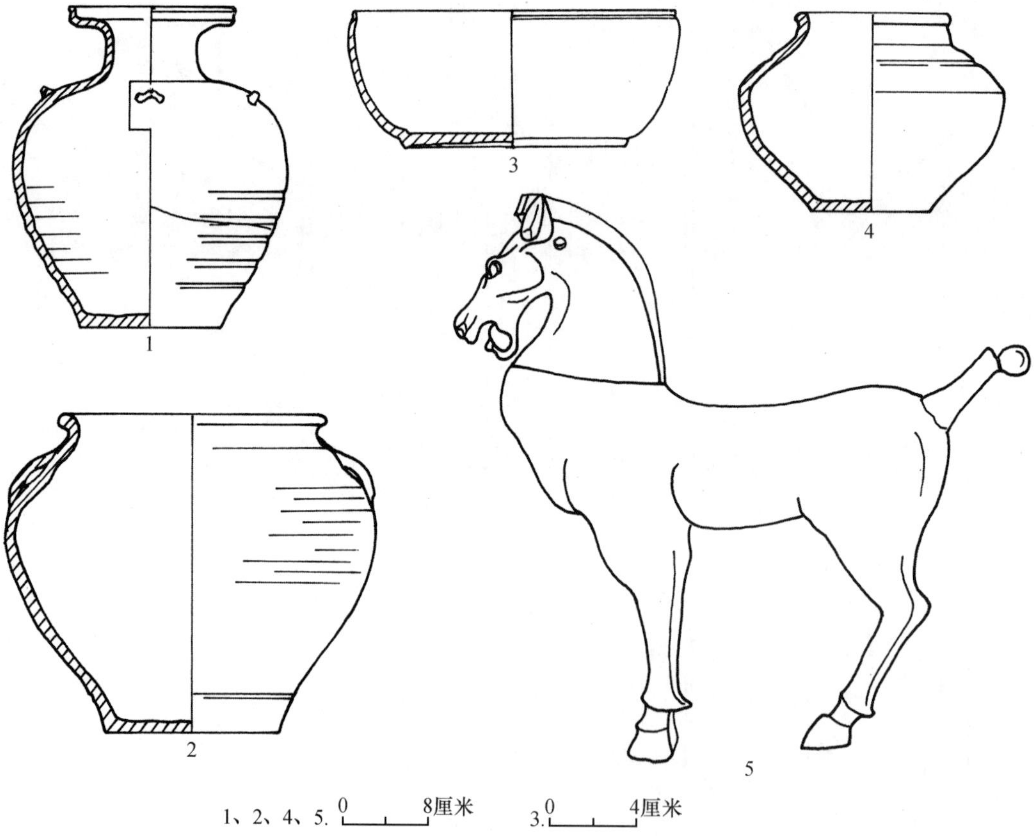

图五〇　M13出土器物

1. 青瓷盘口壶（M13：1）　2、4. 陶罐（M13：001、M13：3）　3. 青瓷碗（M13：2）　5. 陶马俑（M13：01）

五铢　31枚。分二型。

A型　14枚。钱正背面均有外郭，背有内郭，正面无内郭。正方穿。依钱文特征大致可分三式。

Ⅰ式：1枚。笔画较粗。“五”字交笔较直，交笔与上下横笔相接处呈外放状，字形如两个对角三角形。“铢”字的“朱”字头方折，“金”字头呈箭镞形。钱径2.4、穿边长1厘米（不含郭）。M13：4-1（图五一，1）。

Ⅱ式：3枚。笔画较细。“五”字交笔弯曲，交笔与上下横笔相接处略内收或近垂直，字形如两个对顶弹头，上下横笔出头。“铢”字的“朱”字头方折，“金”字头多呈三角形。钱径2.5～2.6、穿边长0.9～1厘米（不含郭）。M13：4-2、M13：4-3穿上一横（图五一，2、3）。

Ⅲ式：10枚。笔画较细。“五”字交笔弯曲，交笔与上下横笔相接处略内收或近垂直，字形似两个对顶弹头，部分上下横笔出头。“铢”字的“朱”字头圆折，“金”字头多呈三角形。钱径2.5～2.6、穿边长0.9～1厘米（不含郭）。M13：4-4、M13：4-12（图五一，4、5）。

B型　17枚。磨郭钱。以A型钱磨郭而来。钱径1.6～2.5、穿边长0.9～1厘米（不含郭）。M13：4-5、M13：4-6（图五一，6、7）。

货泉　4枚。钱型规整，钱文清晰、布局疏朗。正背面均有外郭，背面均有内郭。正方穿。分二型。

A型　3枚。正面无内郭。钱径2.2～2.3、穿边长0.7厘米（不含郭）。M13：4-7（图五一，8）。

B型　1枚。外郭极窄，正面有内郭。钱径2.2、穿边长0.7厘米（不含郭）。M13：4-8（图五一，9）。

半两　3枚。残，锈蚀，钱文模糊不清。钱径2.2～2.5、穿边长0.7～0.8厘米（不含郭）。M13：4-9（图五一，10）。

定平一百　1枚。铸造粗劣，钱极薄小。钱径1.3、穿边长0.6厘米（不含郭）。M13：4-10（图五一，11）。

太平□□　2枚。锈蚀，钱薄小，钱文模糊不清，仅辨得“太平”二字。钱径1.3～1.6、穿边长0.7～0.8厘米（不含郭）。M13：4-11（图五一，12）。

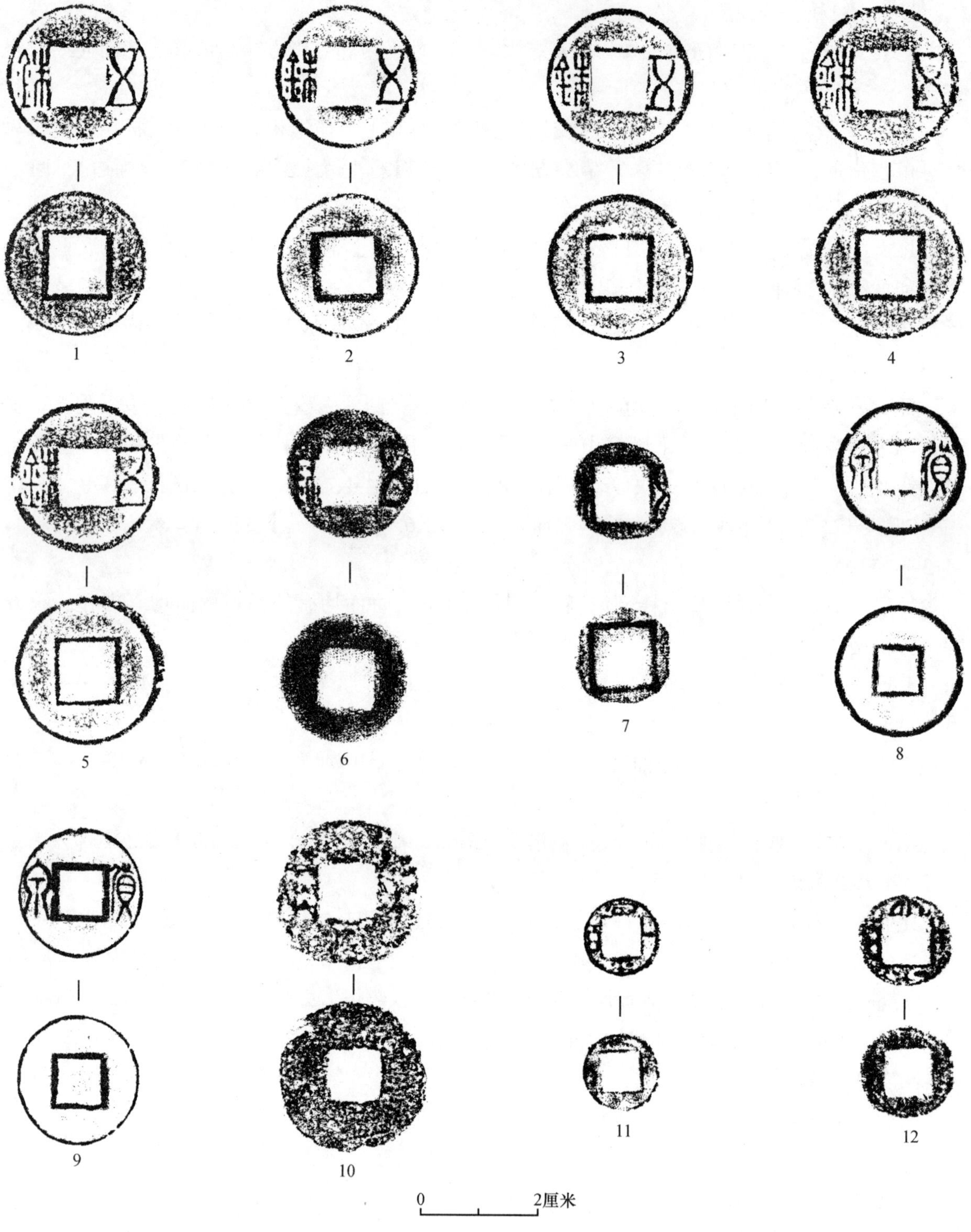

图五一　M13出土钱币

1. A型Ⅰ式五铢（M13：4-1）　2、3. A型Ⅱ式五铢（M13：4-2、M13：4-3）　4、5. A型Ⅲ式五铢（M13：4-4、M13：4-12）　6、7. B型五铢（M13：4-5、M13：4-6）　8. A型货泉（M13：4-7）　9. B型货泉（M13：4-8）　10. 半两（M13：4-9）　11. 定平一百（M13：4-10）　12. 太平□□（M13：4-11）

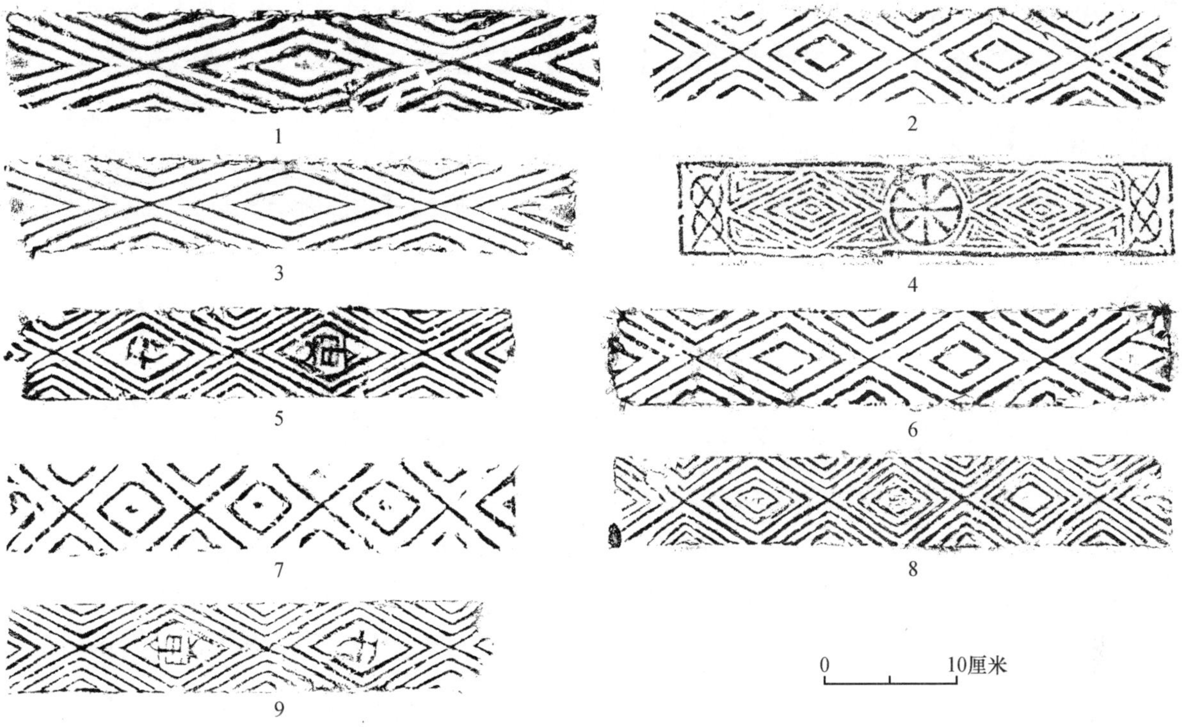

图五二　墓砖拓片

1. M1　2. M5　3、4. M9　5、6. M10　7、8. M12　9. M14

三、结　　语

本次发掘的15座墓葬共发现两组打破关系：M1→M3、M13→M15。

M11为长方形竖穴土坑墓。由于后期扰乱极为严重，不见随葬品，只在填土里出现少量灰陶房、罐及红陶人俑、鸡俑、钵等残碎片，其时代难以准确判断。

其余墓葬内虽未出土明确的纪年文字材料，但依据墓葬之间的打破关系和墓葬形制、随葬品的组合以及出土钱币来分析判断，仍可对这些墓葬的时代做出初步推定，大致可分为五期。

一期：西汉中晚期。M15。长方形竖穴土坑墓。

M15出土的灰陶盒、高领罐，具有西汉中晚期风格，故推断M15的时代应在西汉中晚期，是本次发掘墓葬时代最早的一座。

二期：东汉早期。包括M3、M6。长方形竖穴土坑墓。

M3出土有五铢钱，其中少量为武帝昭帝五铢、大部分为西汉晚期宣平时期五铢、极个别东汉建武五铢，以及新莽时期发行的大泉五十、货泉；随葬器物中以灰陶器为主，器类有罐、仓、钵、盘、甑、盆、釜、壶，少量铅釉陶器，有灯、博山炉、盒等。铅釉陶明器出现于西汉早期，在东汉时取代灰陶器的地位成为随葬的主流。该墓出土的M3：27灰陶罐与1998年忠县崖脚墓地BM22：85灰陶罐①、1999年忠县㽏井沟遗址群崖脚（半边街）墓地CM7Cb型

① 北京大学考古文博学院三峡考古队、重庆市忠县文物管理所：《忠县崖脚墓地发掘报告》，《重庆库区考古报告集·1998卷》，科学出版社，2003年。

罐[1]、2001年万州礁芭石墓地M2Ad型陶罐[2]、1998年汇南墓群M18：34Bb型Ⅰ式陶罐[3]相近；M3：16、M3：26、M3：29灰陶罐与1998年忠县崖脚墓地BM22A型罐[4]、1999年忠县㽏井沟遗址群崖脚（半边街）墓地CM7B型罐[5]相近；M3：010灰陶仓与1998年忠县崖脚墓地BM22：24灰陶井桶[6]相近；釉陶盒、灰陶盆与2001年万州礁芭石墓地M2：83釉陶盒[7]、M2：109灰陶盆[8]相近。M3形制为带熟土二层台的长方形竖穴土坑墓，墓底铺石块，具有土坑墓向砖室墓转换的时代特征。故M3时代应在东汉早期。

M6由于遭后期严重扰乱，随葬器物以残碎的陶俑为主，另有一陶杯口沿和一小片残摇钱树枝，不见铜钱。根据墓葬形制及随葬品组合，推断其大致时代为东汉早期偏晚。

三期：东汉中晚期。包括M5、M2、M1、M12、M10、M8。皆为砖室墓，其中M5为长方形单室砖室墓，M8为“凸”字形，M2为刀把形带后室，M1、M12、M10为刀把形。本期除M10、M8遭后期严重扰乱几乎不剩一物外，其余各墓随葬器物均以铅釉陶和红陶为主，灰陶退居次要地位，器物组合基本一致，器形包括实用器皿及明器器皿、模型明器与俑类明器，以明器为主导，尤其是反映庄园生活的俑类明器与模型明器占大宗，实用器皿所占比例极小。

M5不见钱币出土。随葬器物有铅釉陶、红陶及灰陶，前两者的总和与灰陶的数量相当，器形包括实用器皿、明器器皿和俑类明器，有铅釉陶盆、盘、灯、博山炉，红陶耳杯、勺、俑，灰陶罐、釜、甑、钟、簋、钵、耳杯、俑等。所出铅釉陶盘、红陶耳杯、灰陶罐等与M1较为接近。故M5的时代应为东汉中晚期。

M2所出五铢绝大部分为东汉五铢，其中少量磨郭钱。出土随葬器物以铅釉陶与红陶为主，灰陶所占比例较小，器形包括实用器皿、明器器皿、模型明器和俑类明器，所出灰陶钵与M3较为接近，时代应晚于M3。故M2时代应为东汉中晚期。

M1出土有大量东汉五铢，其中磨郭钱数量近半，该钱大量出现于东汉中晚期；另出有新莽时期货泉。随葬器物以铅釉陶和红陶为主，但灰陶仍占一定比例。出土器物类型丰富，包括实用器皿、明器器皿、模型明器和俑类明器，有铅釉陶罐、盂、钟、盘、魁、卮、耳杯、灯、

---

① 北京大学考古文博学院三峡考古队、重庆市忠县文物保护管理所：《忠县㽏井沟遗址群崖脚（半边街）墓地1999年度发掘简报》，《重庆库区考古报告集·2002卷·中》，科学出版社，2010年。

② 广东省文物考古研究所、重庆市文物局、重庆市万州区文物管理所：《万州礁芭石墓地发掘报告》，《重庆库区考古报告集·2001卷·中》，科学出版社，2007年。

③ 四川省文物考古研究所、丰都县文管所：《丰都汇南墓群发掘报告》，《重庆库区考古报告集·1998卷》，科学出版社，2003年。

④ 北京大学考古文博学院三峡考古队、重庆市忠县文物管理所：《忠县崖脚墓地发掘报告》，《重庆库区考古报告集·1998卷》，科学出版社，2003年。

⑤ 北京大学考古文博学院三峡考古队、重庆市忠县文物保护管理所：《忠县㽏井沟遗址群崖脚（半边街）墓地1999年度发掘简报》，《重庆库区考古报告集·2002卷·中》，科学出版社，2010年。

⑥ 北京大学考古文博学院三峡考古队、重庆市忠县文物管理所：《忠县崖脚墓地发掘报告》，《重庆库区考古报告集·1998卷》，科学出版社，2003年。

⑦ 广东省文物考古研究所、重庆市文物局、重庆市万州区文物管理所：《万州礁芭石墓地发掘报告》，《重庆库区考古报告集·2001卷·中》，科学出版社，2007年。

⑧ 广东省文物考古研究所、重庆市文物局、重庆市万州区文物管理所：《万州礁芭石墓地发掘报告》，《重庆库区考古报告集·2001卷·中》，科学出版社，2007年。

博山炉、圈，红陶耳杯、奁、俑，灰陶罐、盆、碓房、塘、俑等。其中釉陶钟与2001年度巫山下西坪墓群的M5：3C型Ⅱ式釉陶壶[①]相近，红陶奁、釉陶圈与1998年度丰都杜家包汉墓群M2的陶奁[②]和M14：11釉陶禽畜栏[③]相近，红、釉陶耳杯与2002年忠县洋渡沿江汉墓M2：26陶耳杯[④]相近，灰陶碓房与2000年涪陵太平村墓群M20：4陶碓房[⑤]相似，铁釜与2002年度万州大坪墓群M32：2铁釜[⑥]相近，釉陶盂与2001年度万州武陵镇吊嘴墓群M7：49釉陶罐[⑦]相近。M1打破M3，其时代应晚于M3。故M1的时代应为东汉中晚期。

M12出土的五铢钱主要为东汉五铢，其中磨郭钱占绝大多数。随葬器物以红陶为主，铅釉陶次之，不见灰陶器。器形包括实用器皿、明器器皿、模型明器和俑类明器，有红陶耳杯、博山炉、房、塘、俑，釉陶勺、灯等。故M12的时代应为东汉中晚期。

M10、M8遭后期扰乱极为严重。根据墓葬形制和遗物推断，时代应为东汉时期。其中M8出土有四出五铢，该钱为东汉灵帝时期所铸造，因此M8时代应为东汉晚期。

四期：蜀汉末期。M13。刀把形石室墓。

M13被扰乱破坏严重，出土随葬品不多，有瓷器和陶器，出土有定平一百和太平百钱，这两种钱均流行于蜀汉时期，其中太平百钱为蜀汉后期减重钱。故M13的时代应为蜀汉末期。

五期：南朝时期。包括M4、M14、M7、M9。除M4为刀把形石室墓外，其余3座分别为刀把形、凸字形和刀把形带后室的砖室墓。

M4出土钱币有秦半两、大泉五十、五铢、直百五铢、四铢。随葬品以青瓷器为主，不见陶器，器类有四系罐、盘口壶、碗等。所出四系罐、碗皆具有南朝时期风格，四铢始铸于南朝刘宋时期，故M4的时代应在南朝刘宋时期。

M14出土随葬品以青瓷器为主，少量陶器。青瓷器中有四系罐、盘口壶、碗等，均具有鲜明的南朝特征。其中的盘口壶与2002年涪陵横梁子墓群M1：19Aa型壶[⑧]相近。故M14的时代应为南朝时期，比M4略晚。

M7、M9随葬品均以青瓷器为主，所出碗、四系罐均与M4有相似或相近之处。其大致时代

---

① 湖南省文物考古研究所、怀化市文物事业管理处、巫山县文物管理所：《巫山下西坪古墓群勘探发掘报告》，《重庆库区考古报告集·2001卷·上》，科学出版社，2007年。

② 重庆市博物馆：《丰都杜家包汉墓群发掘简报》，《重庆库区考古报告集·1999卷》，科学出版社，2006年。

③ 重庆市博物馆：《丰都杜家包汉墓群发掘简报》，《重庆库区考古报告集·1999卷》，科学出版社，2006年。

④ 重庆市文物考古所、忠县文物管理所：《忠县洋渡沿江汉墓发掘报告》，《重庆库区考古报告集·2002卷·中》，科学出版社，2010年。

⑤ 陕西省考古研究所、重庆市涪陵区博物馆：《涪陵太平村墓群考古发掘报告》，《重庆库区考古报告集·2000卷·下》，科学出版社，2007年。

⑥ 重庆市文物考古所、益阳市文物处、万州区文物管理所：《万州大坪墓群发掘简报》，《重庆库区考古报告集·2002卷·中》，科学出版社，2010年。

⑦ 湖南省岳阳市文物考古研究所、重庆市万州区文物管理所：《万州武陵镇吊嘴墓群发掘报告》，《重庆库区考古报告集·2001卷·中》，科学出版社，2007年。

⑧ 重庆市文物考古所、涪陵区博物馆：《涪陵横梁子墓群发掘报告》，《重庆库区考古报告集·2002卷·中》，科学出版社，2010年。

应与M4相当，或略晚于M4。

此外，M9遭后期盗扰极为严重，墓室底部出土的M9：1和M9：2两件青瓷盏的器形及胎质、釉色完全不同于墓底出土的其他南朝青瓷器，推测应是盗扰者不慎带入墓内的，大致判断其属于元代中晚期龙泉窑青瓷。填土上部扰乱层出土修复的10余件瓷器亦不是南朝时期遗物，推测其大致时代为南宋中晚期，其中M9：01和 M9：02两件青瓷碟的器形及釉面开细密冰裂纹、内底釉色呈天蓝的特征与南宋中晚期重庆清溪窑仿钧釉瓷（或称似汝类钧釉瓷）同类器相吻合；5件白瓷碗（M9：03、M9：04、M9：06～M9：08）和1件白瓷盏（M9：09）的器形、釉色尤其是内底用砂粒间隔叠烧的装烧工艺与南宋中晚期重庆合州窑白瓷以及四川彭州磁峰窑白瓷的特点类似；M9：010芒口双鱼纹青白瓷碟系南宋中晚期景德镇湖田窑青白瓷。

汇南墓群所在地一直是汉至南北朝时期当地居住民的墓地集中区。本次发掘的15座墓葬规模大小、等级略有差别，随葬品组合也不完全相同，应是一般的中小地主和平民墓葬。

本次发掘的墓葬主要集中在加油站梁子，其中二期的M3与M6墓向相同，三期中的M1与M2、M10与M8、 M5与相邻井水湾梁子的M12墓向分别相同，二期与三期、五期墓葬的墓向有相同也有差异。同一区域同一时期部分墓葬的墓向相同表明其有相同的丧葬习俗和相同的社会环境，而不同期的差异应当是其习俗在沿袭传统的基础上随着时代的变化而改变的结果。此外，同一区域的不同时期墓葬中所出土的同类随葬品其型、式应存在有承袭演变的轨迹。这可以从四期M13的青瓷盘口壶与五期M14的青瓷盘口壶，从短粗颈、宽肥体向细长颈、修长体发展渐变的过程中体现出来。当然，同一时期的同类随葬品也同样存在着此种一脉相承的演变关系（如五期M4的青瓷四系罐与M7和M14的青瓷四系罐，腹的最大径向上移、体型由宽肥变瘦长）。另M4与M14分别葬有人骨架9具和5具，为多次葬，此种情况应是“汉制”多代合葬习俗的沿袭或经济状况低下的反应，抑或二者兼有。

本次发掘的这批墓葬进一步充实了汇南墓群的墓葬资料，为研究丰都及三峡库区从西汉到南北朝时期发展进程中的社会经济状况、生产力水平和本土丧葬习俗的演变规律以及外来文化对其影响渗透交融等情况提供了更多的实物依据。

附记：本次发掘领队袁东山，执行领队徐小林，参加发掘的人员有夏志平、张勇、李伸前、毛卫。

绘图：张　涛
修复：徐兴琼
拓片：蔡远富
执笔：何海蓉　袁东山

丰都大湾墓群2003年度发掘简报

重庆市文化遗产研究院
宝鸡市考古工作队
丰都县文物管理所

大湾墓群原位于丰都县高家镇大湾村，由于2002年三峡库区大规模移民，行政区划发生变化，原大湾村行政建制不再存在，大湾河以东划入新设立的规划村，原大湾河以西的大湾村六、九、十、十一社与汶溪村合并，划为汶溪四社。大湾墓群位于现在的高家镇规划村、汶溪四社区域。

20世纪90年代初，长江沿岸文物普查确定大湾墓群东北起于原高家镇长江导航站，西南止于原大湾村，长江南岸的一级台地上。中心地理坐标为东经107°49′56″，北纬29°59′29″。海拔160米。面积37 500平方米。时代为汉代。

一、墓地及工作概况

大湾墓群继2001年度[①]、2002年度[②]发掘之后于2003年度进行了第三次发掘，按照协议发掘1500平方米。三年来，大湾墓群的考古发掘基本是由东区向西区，从低海拔到高海拔的区域进行。

2003年发掘工作继续依照前两年的分区和编号进行，具体情况详见2001年度和2002年度的发掘报告。此处不再赘述。只是在西区增加未涉及的靠近汶溪河的西Ⅶ、Ⅷ区（彩版一四五）。工作主要集中在西Ⅶ区。

2003年10月25日进入工地开始发掘，11月27日结束田野发掘工作。共发掘墓葬14座，见墓葬分布图、墓地地形图（图一）。现将各墓葬情况报告于下。

二、墓葬概述

（一）M1

1. 墓葬形制及结构

M1为一座刀把形砖室墓，方向303°。由甬道、墓室两部分组成，甬道、墓室前部与墓室

① 重庆市文化局、重庆市博物馆、宝鸡市考古工作队、丰都县文物管理所：《丰都大湾墓群2001年度发掘报告》，待刊。

② 重庆市文化局、重庆市文物考古所、宝鸡市考古工作队、丰都县文物管理所：《丰都大湾墓群2002年度发掘报告》，待刊。

后部的地表面有高度差。墓葬开口于扰土层下，距现地表42～80厘米。曾遭盗扰，破坏严重。其构筑方法是，直接构筑于生土中，先自地面下挖刀形土圹，土圹开挖规整，四壁经过拍打、修整。而后于土圹之内起砖壁，墓壁与土圹壁间留有7厘米的空隙，空隙内填红褐色五花土。M1土圹残长423、宽187～259、残深122厘米（图二；彩版一四六，1）。

甬道　平面呈长方形。甬道两壁间有砖砌的封门，长130、残高21厘米。甬道北壁与墓室北壁连成一体，南壁作90°南拐，形成墓室南壁。填土中发现有带子母榫卯的条砖，推测原应有券顶。底部为姜石生土，稍作修整。甬道长134、宽130、残高21厘米。

墓室　平面呈长方形。东西长240、南北宽202、残高42厘米。墓室自地面以长方形条砖错缝叠砌起壁。菱形花纹一侧朝向墓室。砖间填塞黄褐色黏土。后壁于南北两侧壁顶端外起墙，不与两壁交错咬合。地面与甬道处同一地平，为姜石地面。

葬具腐朽无存，尸骨无存，葬式、头向不明。

2. 出土器物

出土遗物8件（组），位置在墓室中部。

瓷碗　1件。M1：1，口沿部残。敞口，圆唇，弧腹，假圈足。内腹及腹外的中上部施豆青色釉，釉层开极小的裂片，腹下部和圈足露灰白胎，器内底部有垫烧支点残留的疤痕。厚胎，轮制。口径14.8、通高7、底径8.6、最大径15.3厘米（图三，2；彩版一五五，6）。

铜指环　6件。均为铜质，表面锈蚀严重。皆为圆环形，无接口。形制大小各异。M1：2，截面呈半圆形。残断。直径1.8、厚0.2厘米（图三，3）。M1：3，截面为小长方形。直径2、厚0.2厘米。M1：4、M1：5与M1：3基本相同（图三，4）。M1：6与M1：7相似，环外表面均饰齿轮状突起一周。直径2、厚0.38厘米（图三，5）。

钱币　铜质，锈蚀。共2枚，均为五铢钱。形制、大小相同。M1：8，边郭规整，字迹清楚。“五”字中间两笔弯曲交叉；“金”字头呈小三角形；“朱”字上端圆润，下端左方折，右圆润。直径2.6、穿径1.1厘米（图六，1）。

墓砖　2件。M1：01，泥质灰陶。一角残。长方形条砖，下面饰绳纹，一长侧面饰菱形几何纹，菱形纹中饰菱形小乳钉。色深灰。烧制温度高。长42.3、宽21、厚7.5厘米（图四，1）。M1：02，泥质灰陶。一角残。长方形条砖，上下面饰绳纹，一长侧面饰菱形几何纹，菱形纹中饰菱形小乳钉。色深灰。烧制温度高。长42.5、宽21、厚7.3厘米（图四，2）。

（二）M2

1. 墓葬形制及结构

M2位于丰都县高家镇汶溪村四社（原大湾村九社），当地俗称“卧坡岭”的丘原上，属西Ⅴ区的长江南岸二道坡地。

M2为一座平面呈“凸”字形的砖室墓（图五；彩版一四六，2、3）。方向310°。墓葬开口于耕土层下，距现地表29厘米。由甬道、墓室等四部分构成。墓道可能遭破坏，不见墓道。

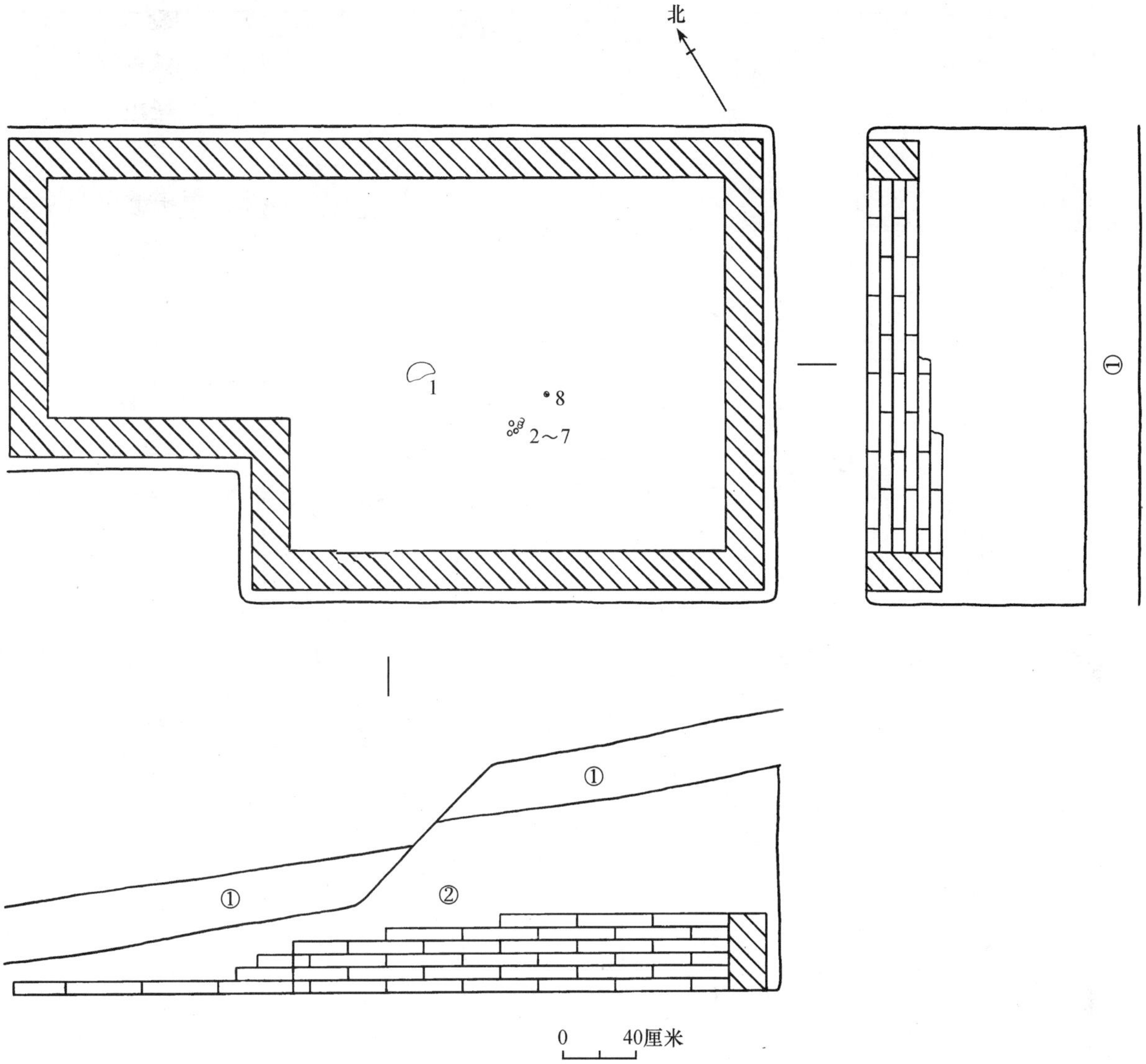

图二　M1平、剖面图
①耕土层　②扰土层
1. 瓷碗　2～7. 铜指环　8. 铜钱币

其构筑方法为先下挖“凸”字形土圹于生土之中，土圹壁经过拍打修整，较为平滑，不见工具痕。而后于底部沿土圹壁以条砖错缝叠砌砖壁，构成甬道、墓室。砖壁与土圹壁间留有8厘米左右的空隙，空隙间填有较为纯净的红褐色黏土，填土经过夯压，较为坚硬。土圹长520、宽194～336、残深44厘米。

甬道　平面呈方形，位于墓室西侧正中，甬道壁以菱形几何边纹条砖叠砌。甬道内填黄褐色黏土夹杂少量砖渣砖块，地面是姜石层，稍作修整。甬道南北长144、东西宽144、内高44厘米。

墓室　平面呈长方形。地面与甬道地平面处同一高度。墓室内填满黄褐色五花土，内夹杂大量的碎砖块，土质较坚硬。墓室东西长335、南北宽285、残高44厘米。

发现有少量朱砂混在泥土里，可能为棺上的漆皮，可断定有棺。发现少量碎尸骨的痕迹，但无法判明葬式。

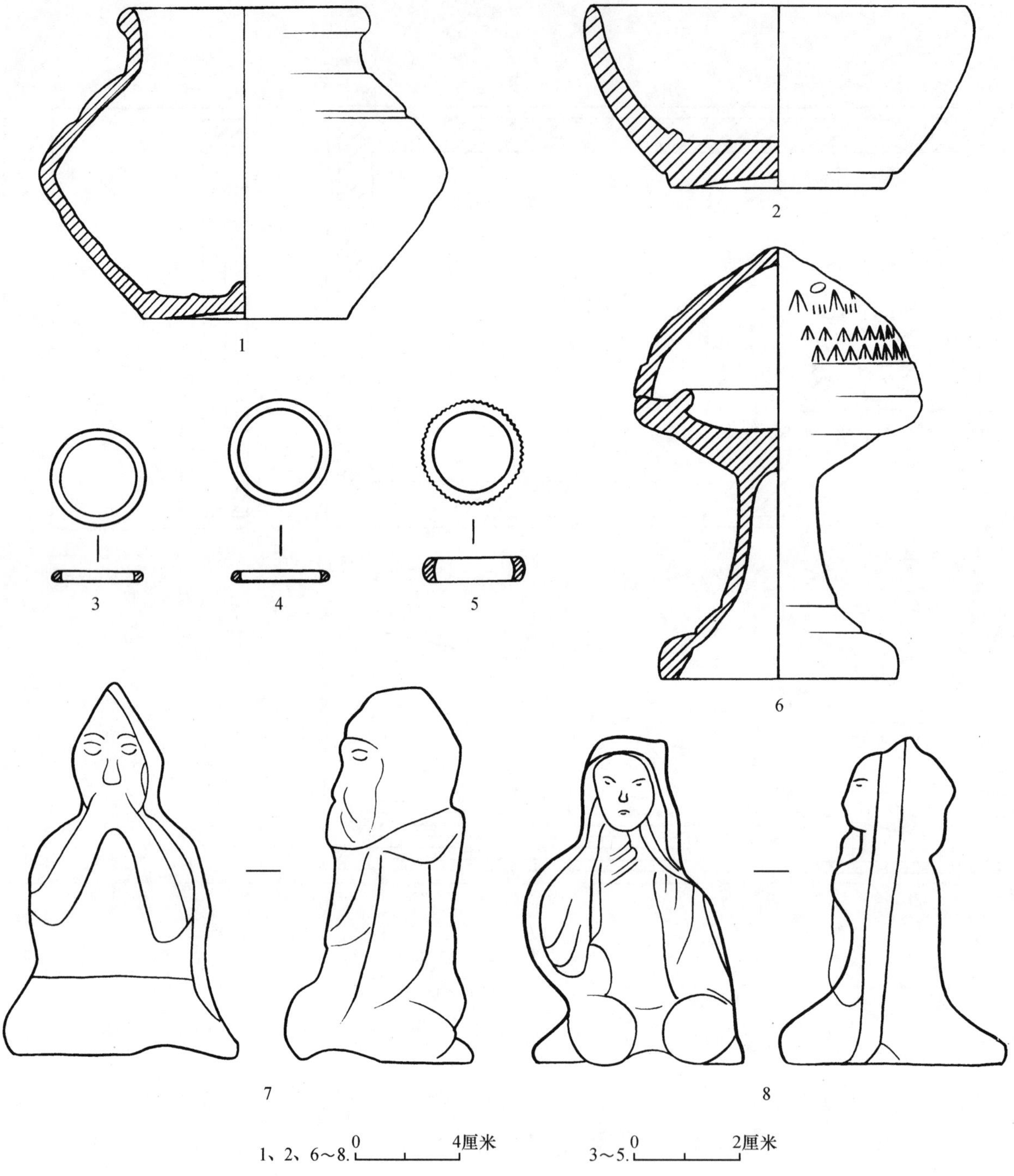

图三　M1、M2出土器物

1. 陶罐（M2：6）　2. 瓷碗（M1：1）　3～5. 铜指环（M1：2、M1：3、M1：6）　6. 陶博山炉（M2：1）
7. 陶吹埙俑（M2：4）　8. 陶抚耳俑（M2：3）

2. 出土器物

出土有8件（组）遗物，位置在墓室内偏西。

陶博山炉　1件。M2：1，釉陶。修复完整。半球形盖，浅盘子母口，圆柱形柄，浅覆盘状底座。中空。底座与柄下部各饰一道弦纹。盖表面遍饰三角纹，顶部有三个镂孔。表面均施

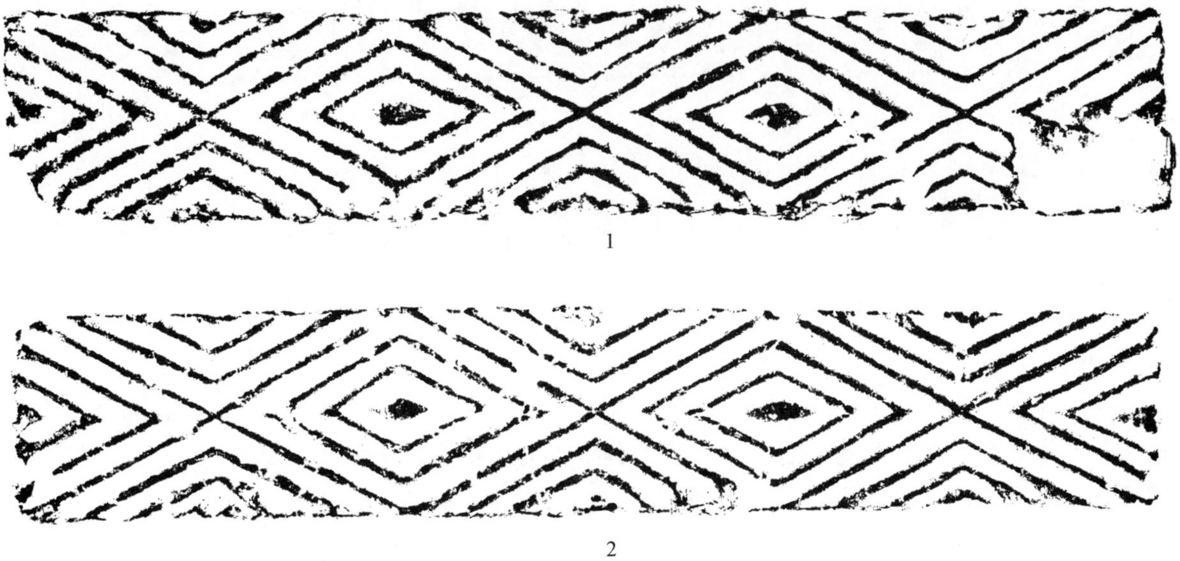

图四 M1墓砖拓片

1. M1：01 2. M1：02

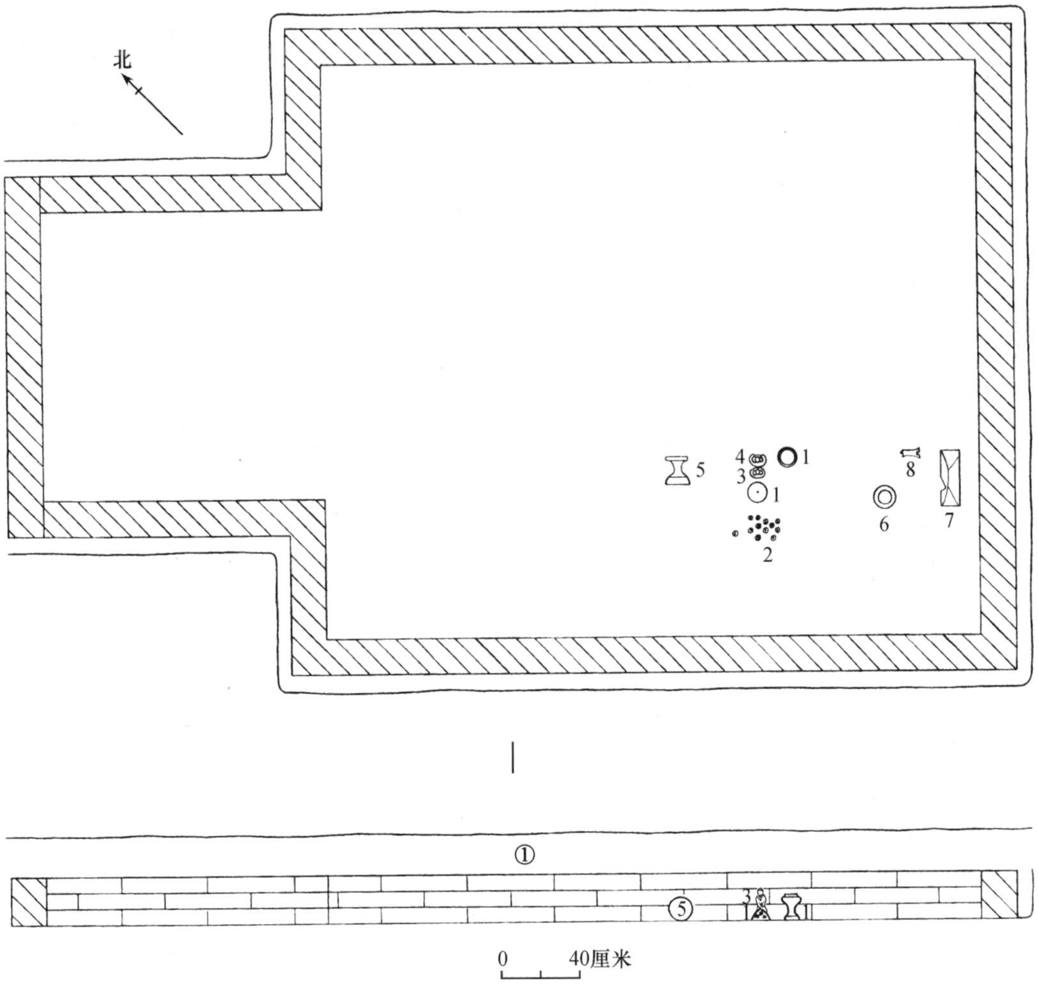

图五 M2平、剖面图

①耕土层

1. 陶博山炉 2. 铜钱币 3、4. 陶俑 5. 陶灯 6. 陶罐 7. 陶案 8. 陶井架

酱黄色釉，脱落较多。通高16.6、盘径11.2、底径9.2厘米（图三，6；彩版一五二，2）。

钱币　均为五铢钱。共55枚，分为二式。

Ⅰ式：共53枚。形制、大小相同。M2：2-1，边郭规整，字迹清楚。“五”字中间两笔弯曲交叉；“金”字头呈小三角形稍倾斜；“朱”字上端方折，下端圆润。直径2.6、穿径1厘米（图六，2）。

Ⅱ式：共2枚。形制、大小相同。M2：2-2，外边郭被剪掉，字迹清楚。“五”字中间两笔弯曲交叉，字体较矮；“金”字头呈小三角形；“朱”字上端方折，下端圆润。底径2.2、直径1厘米（图六，3）。

陶抚耳俑　1件。M2：3，泥质灰陶，完整。跪坐姿。头戴巾帻，五官不清。着宽袖长服，束腰，下摆呈喇叭形后曳。仰面右倾，身体微张。右手抚耳做倾听状；左手下垂抚膝。神态恬静。通高12.6厘米（图三，8；彩版一五一，4）。

陶吹埙俑　1件。M2：4，泥质灰陶。完整。跪坐姿，戴尖帽，深目高鼻。着长服。双手抱埙抵唇，腮鼓起做吹奏状。模制拼接而成，中空。通高14.4厘米（图三，7；彩版一五一，2）。

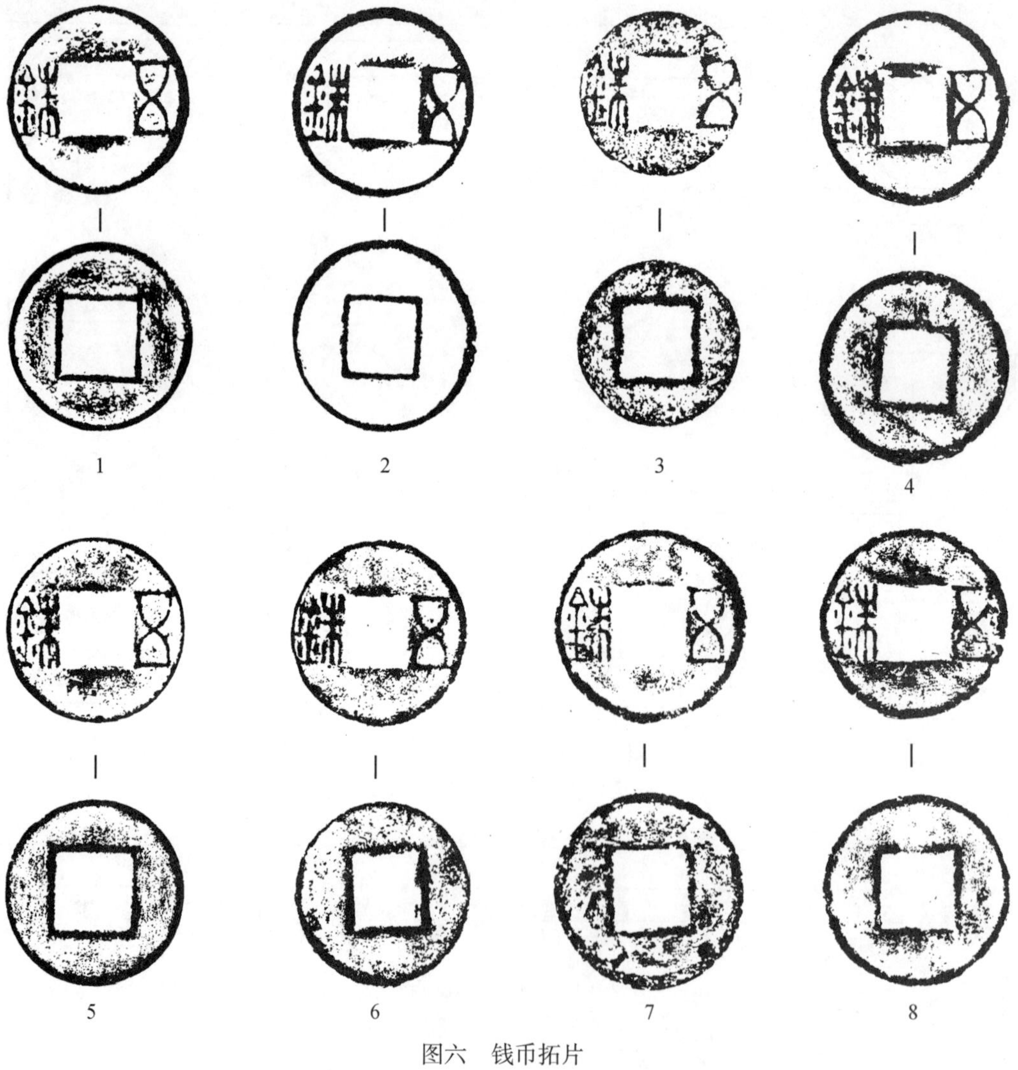

图六　钱币拓片

1. M1：8　2. M2：2-1　3. M2：2-2　4. M6：6　5. M8：3-1　6. M13：9　7. M9：2　8. M8：3-2

陶灯 1件。M2：5，釉陶。轮制。完整。盘形灯盏，方唇，平底，喇叭状柄，覆圆盘状底座，中空。底座和柄下部各饰一道弦纹。器外部和灯盏内施酱黄色釉。釉面脱落较多，漏出红陶胎体。盘口径11.4、底径10.2、通高13.4厘米（图七，6；彩版一五四，5）。

陶罐 1件。M2：6，泥质灰陶。修复完整。侈口，圆唇，束直颈，溜肩，鼓腹内收，平底。肩部饰一道弦纹。轮制。口径9.2、底径8.2、腹径16、通高12厘米（图三，1；彩版一五三，6）。

陶案 1件。M2：7，泥质灰陶。修复完整。长方形案面，下有两顺长垂直的挡板，挡板外侧起半圆柱形棱，挡板与圆棱下接四蹲坐的熊形足，四熊两两相背，相背两熊蹲坐在长方形垫板上。熊为高浮雕制成圆嘴，大腹漏脐。形象生动。模制、手制结合。长31.5、宽12.6、高16.6厘米（图七，7；彩版一五〇，4）。

陶井架 1件。M2：8，泥质灰陶。完整。井架为束腰长方形，一端带榫，另一端开叉。长9.7、宽3.6、厚8厘米（图七，1）。

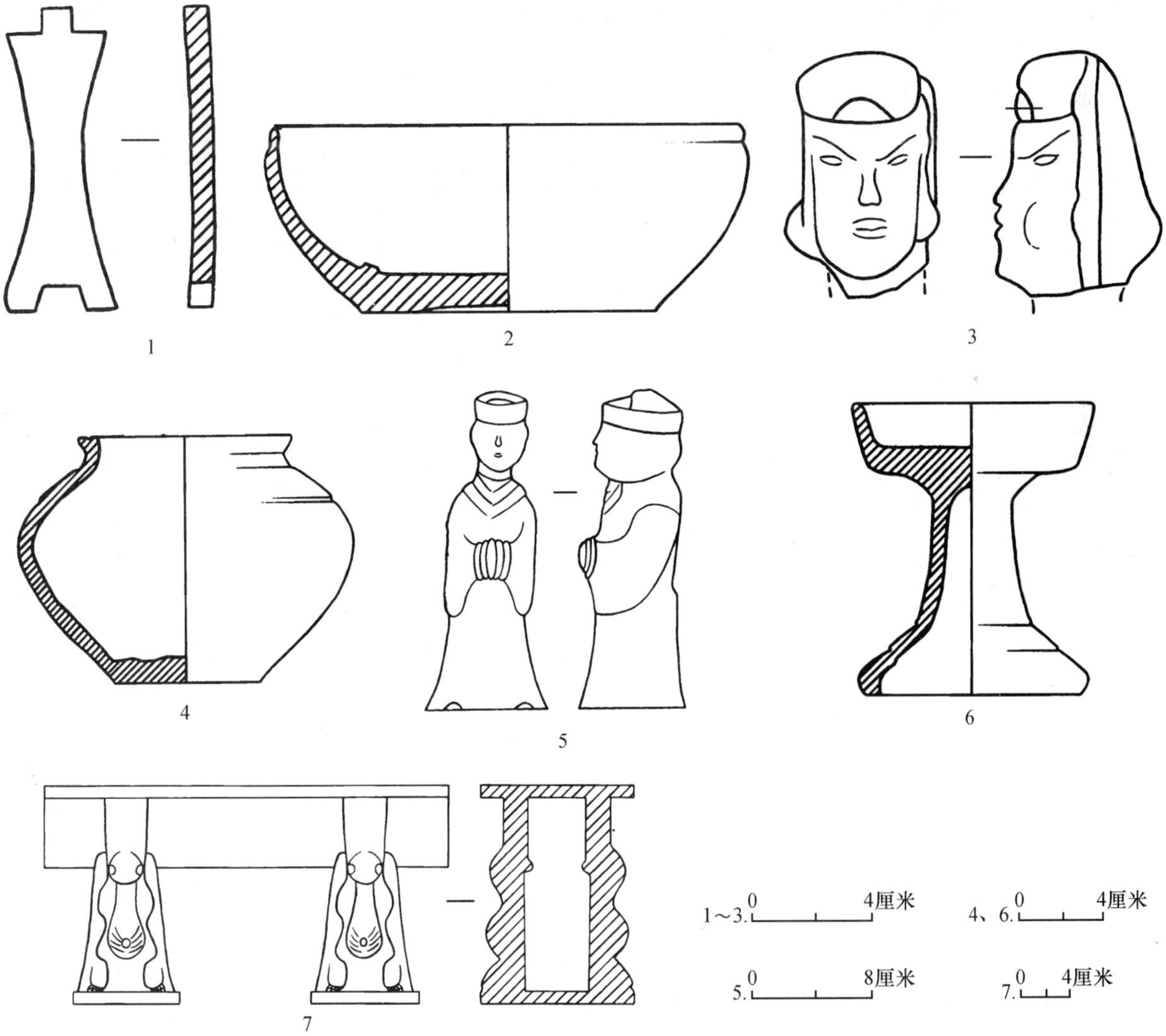

图七 M2、M4、M5、M6出土器物

1. 陶井架（M2：8） 2. 瓷碗（M4：2） 3. 陶俑头（M4：1） 4. 陶罐（M5：2） 5. 陶立侍俑（M6：1） 6. 陶灯（M2：5） 7. 陶案（M2：7）

墓砖　1件。M2：01，泥质灰陶。完整。长方形条砖。上下面饰绳纹，一长侧面饰菱形几何纹，线条粗壮，纹饰浑厚。其余面素面（图八，1）。长43.5、宽18.5、厚8厘米。

图八　墓砖拓片

1. M2：01　2. M4：01　3. M5：01　4. M6：01

（三）M3

M3位于丰都县高家镇汶溪村四社（原大湾村九社），当地俗称“大田坝”的丘原上，属西Ⅲ区的长江南岸二道坡地。

M3为刀形砖室墓（图九）。由于近代破坏，墓砖全部被撬走，而且墓葬土圹上部被严重扰乱仅剩余墓葬底部的土圹壁。其构筑方法是，先自地面下挖刀形土圹，土圹开挖规整，四壁经过拍打、修整。土圹与墓葬砖墙壁有8厘米的红褐色土层。以下的尺寸均为土圹，不含土层的尺寸。

平面呈刀形。方向305°。开口于扰土层以下，距地表60厘米。土圹残长420、宽180～310、残深30厘米。由甬道和墓室两部分构成，墓道破坏无存。

甬道　平面呈长方形。残长120、宽180、残深30厘米。南壁残留部分一层砖，拐直角与墓室南土圹壁相连。土圹北壁与墓室土圹北壁呈直线。内填杂乱土，包含大量残砖块和姜石块。被扰乱严重。

墓室　平面呈横长方形。墓室土圹南北长310、东西宽300、残深30厘米。全为土圹壁。内填杂乱土，包含大量残砖块和姜石块。被扰乱严重。

未见尸骨和葬具痕迹，无法判定葬具、头向、葬式。

无出土遗物。由于墓砖均残碎，未采集。

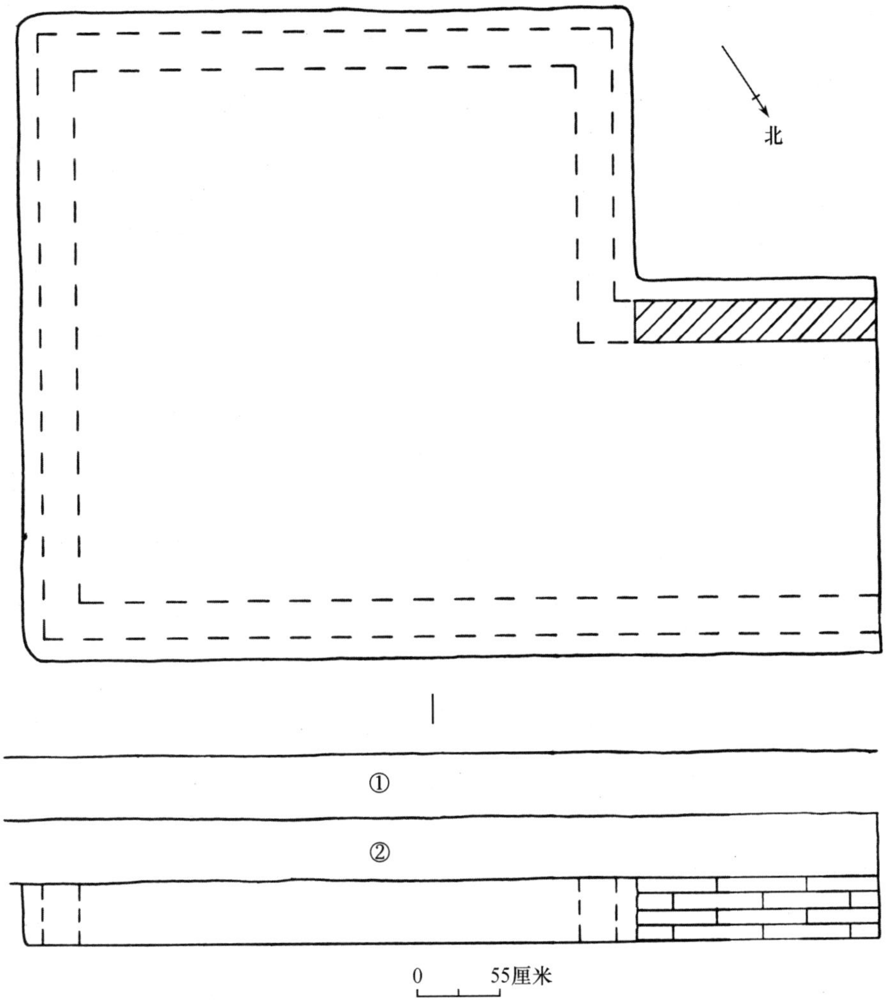

图九　M3平、剖面图
①耕土层　②扰土层

（四）M4

M4位于丰都县高家镇汶溪村（原大湾村四社），丰（都）高（镇）公路汶溪河大桥东侧向东80米处，即当地俗称“黄金包”的缓坡上。处大湾墓群西Ⅶ区。

1. 墓葬形制

M4为一座刀形砖室墓（图一〇；彩版一四七，1）。方向315°。墓葬墓室部分位于一较高田埂下，开口于扰土层下，距现地表60厘米；另外墓葬部分在下面的坡地上，开口于耕土层以下，直接构筑于生土中，距现地表30厘米。曾遭盗扰，破坏严重。其构筑方法是，先自地面下挖刀形土圹，土圹开挖规整，四壁经过拍打、修整。而后于土圹之内起砖壁，墓壁与土圹壁间留有8～10厘米的空隙，空隙内填红褐色五花土。土圹残长430、宽205～287、残深10～90厘米。

由甬道、墓室两部分组成。墓葬甬道以前部分遭破坏无存。

甬道　平面呈长方形。甬道南北壁仅余二三层砖，南壁与墓室南壁连一体，北壁作90°北拐，形成墓室北壁。填土中发现有带子母榫卯的条砖，推测原应有券顶。底部姜石生土地面，稍作修整，坑洼不平。甬道长130、宽145、残高16厘米。

墓室　平面呈长方形。东西长270、南北宽227、残高90厘米。东西两壁均为长方形条砖错缝叠砌起壁，菱形几何纹一侧朝向墓室。砖间填塞黄褐色黏土。后壁与南北两侧壁叠砌交错咬合。墓室所用墓砖以长方形条砖为主，杂有少量的带榫卯的条砖，花纹内向。地面与甬道处同一地平，底部姜石生土地面，稍作修整，坑洼不平。

葬具、尸骨腐朽无存。葬具、葬式、头向不明。

2. 出土器物

陶俑头　1件。M4：1，泥质红陶。残。束高髻扎巾，面目清楚，方脸，眼睛眯起，高鼻，颧骨凸起，嘴微张。模制后拼合。残高7.8厘米（图七，3；彩版一五一，1）。

瓷碗　1件。M4：2，修复完整。厚胎，轮制。敞口，圆唇，弧腹，平底。口沿外下饰一周弦纹。内腹及腹外的中上部施豆青色釉，釉层开极小的裂片，腹下部和圈足露灰白胎，器内底部均匀分布有垫烧支点残留的疤痕。口径15.2、腹径15.8、底径9.6、高6厘米（图七，2；彩版一五五，3）。

墓砖　1件。M4：01，泥质灰陶。断，修复。长方形条砖，上下面饰绳纹，一长侧面饰菱形几何纹，线条稍细。灰色。长41、宽19.5、厚7厘米（图八，2）。

（五）M5

M5位于丰都县高家镇汶溪村（原大湾村四社），当地俗称“包儿上”的缓坡上。处于大湾墓群西Ⅳ区。

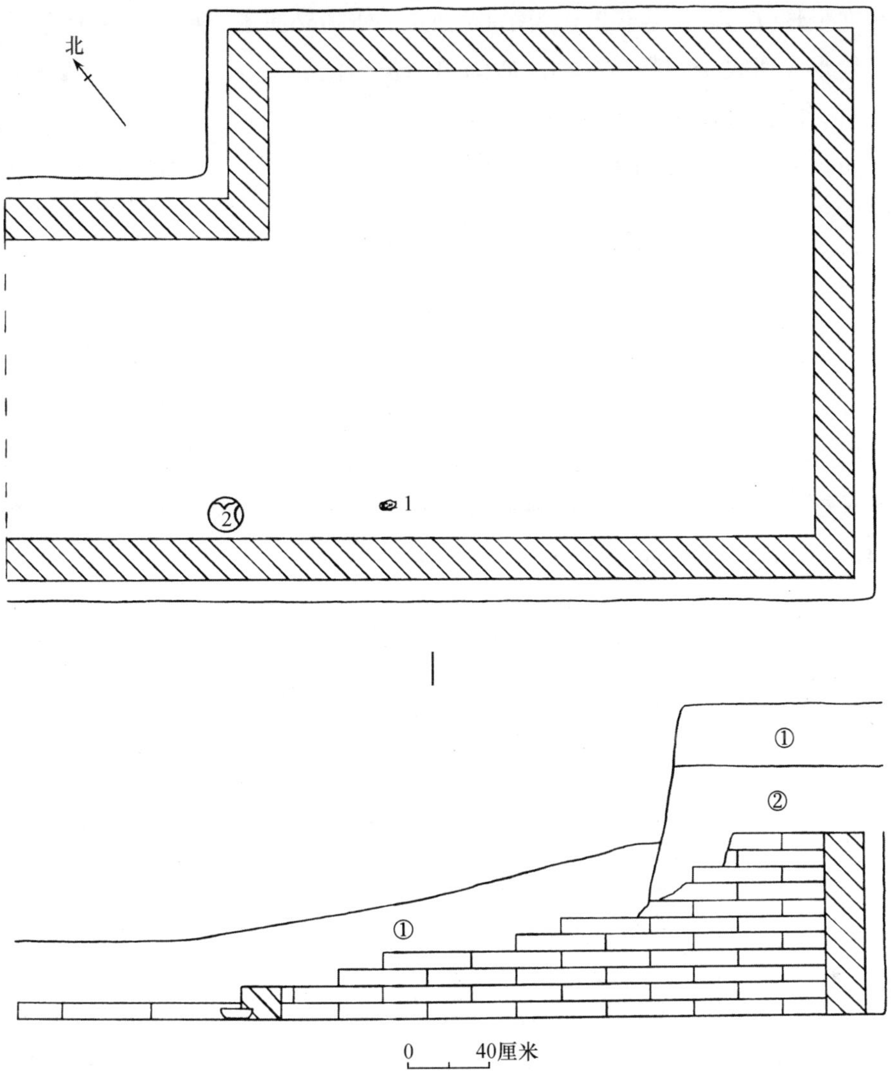

图一〇 M4平、剖面图
①耕土层 ②扰土层
1. 陶俑头 2. 瓷碗

1. 墓葬形制

M5为一座刀形砖室墓（图一一；彩版一四七，2）。方向300°。墓葬甬道前半部分被一座现代墓打破。其余墓葬部分开口于扰土层下，距现地表约36厘米。曾遭盗扰，破坏严重。其构筑方法是，先自地面下挖刀形土圹，土圹开挖规整，四壁经过拍打、修整。而后于土圹之内起砖壁，墓壁与土圹壁间留有空隙，空隙内填红褐色五花土。土圹残长290、宽152～220、残深56厘米。

由甬道、墓室两部分组成。

甬道 平面呈长方形。甬道南北两侧壁仅余二三层砖，南壁与墓室南壁连一体，北壁作90°北拐，形成墓室北壁。填土中发现有带子母榫卯的条砖，推测原应有券顶。底部姜石生土地面，稍作修整，坑洼不平。甬道残长20、宽96、残高32厘米。

墓室　平面呈长方形。东西长220、南北宽164、残高56厘米。南北两壁均为长方形条砖错缝叠砌起壁，菱形几何纹一侧朝向墓室。砖间填塞黄褐色黏土。后壁与南北两侧壁叠砌交错咬合。墓室所用墓砖以长方形条砖为主，杂有少量的带榫卯的条砖，花纹内向。墓室内填黄褐色黏土和砖块，亦有零星红陶残片出土。地面与甬道处同一地平，底部姜石生土地面，稍作修整，坑洼不平。

葬具、尸骨腐朽无存。葬具、葬式、头向不明。

2. 出土器物

出土遗物2件，出土位置为墓室后部。

陶塘　1件。M5：1，泥质红陶。残，修复完整。长方形，四角抹掉，宽平沿，浅直腹，平底。塘中设长埂，埂不封口，一侧浮雕贴塑龟、鱼、螺；另一侧无饰。分体制作各部分后拼接而成。长33、宽22.5、高4厘米（图一二，5；彩版一五〇，1）。

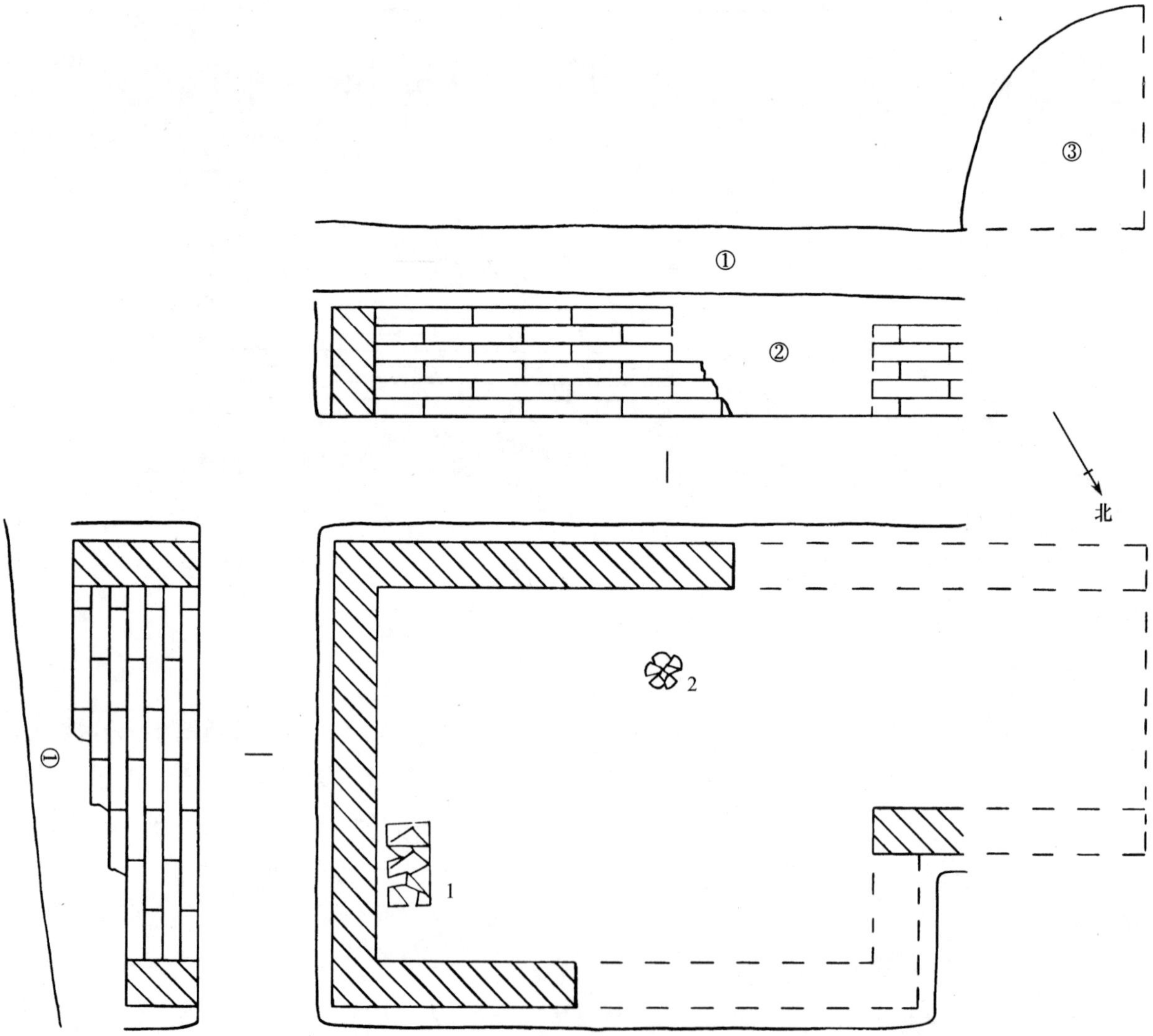

图一一　M5平、剖面图

①耕土层　②扰土层　③现代墓封土

1. 陶塘　2. 陶罐

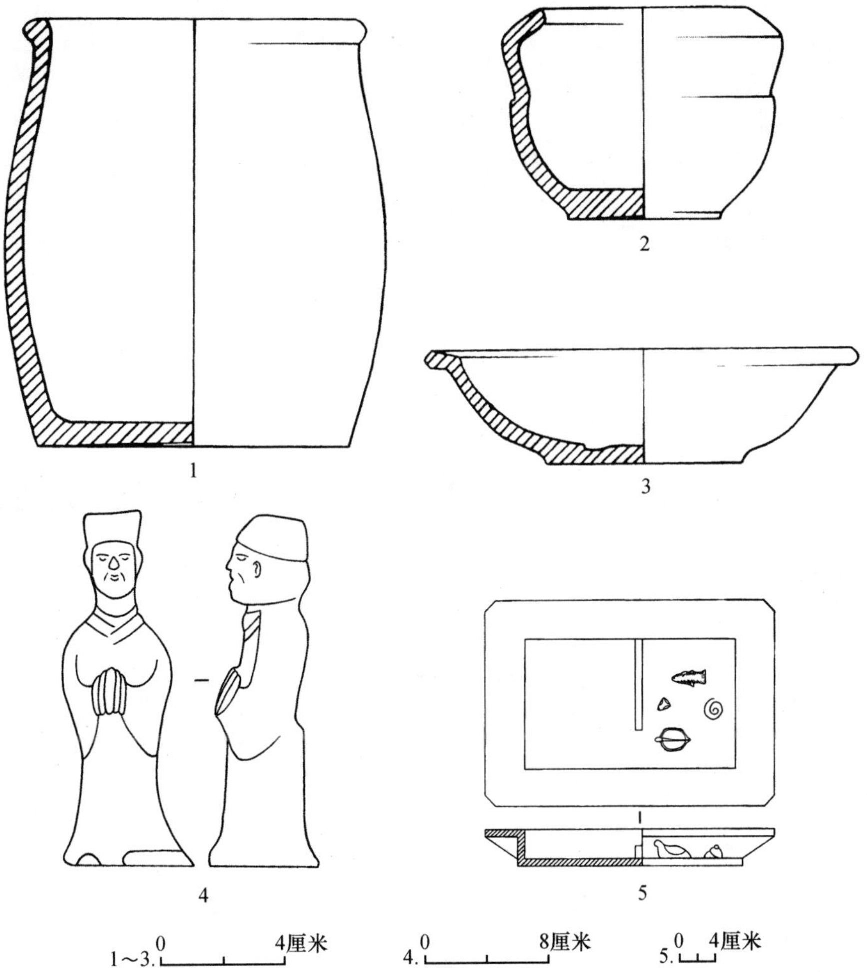

图一二　M5、M6出土器物

1. 陶直筒罐（M6：7）　2. 陶罐（M6：2）　3. 陶钵（M6：5）　4. 陶立侍俑（M6：3）　5. 陶塘（M5：1）

陶罐　1件。M5：2，泥质红陶。修复完整。敛口，尖唇，窄平沿，斜矮领，圆肩，鼓腹，下腹斜收，平底。口沿上饰弦纹一周，肩部饰弦纹一周。素面。轮制。口径10、腹径15.6、底径6.8、高11.3厘米（图七，4；彩版一五三，5）。

墓砖　1件。M5：01，泥质灰陶。完整。长方形条砖，上下面饰绳纹，一长侧面饰菱形几何纹，菱形纹正中饰菱形小乳钉。色深灰。烧制温度高。长43.5、宽19.5、厚8厘米（图八，3）。

（六）M6

M6位于丰都县高家镇汶溪村四社（原大湾村十社），即当地俗称“王甫岭”的缓坡上。处大湾墓群西Ⅵ区。距离M7西北约5米。

1. 墓葬形制

M6为一座刀把形砖室墓（图一三；彩版一四八，1）。方向220°。墓葬开口于耕土层下，

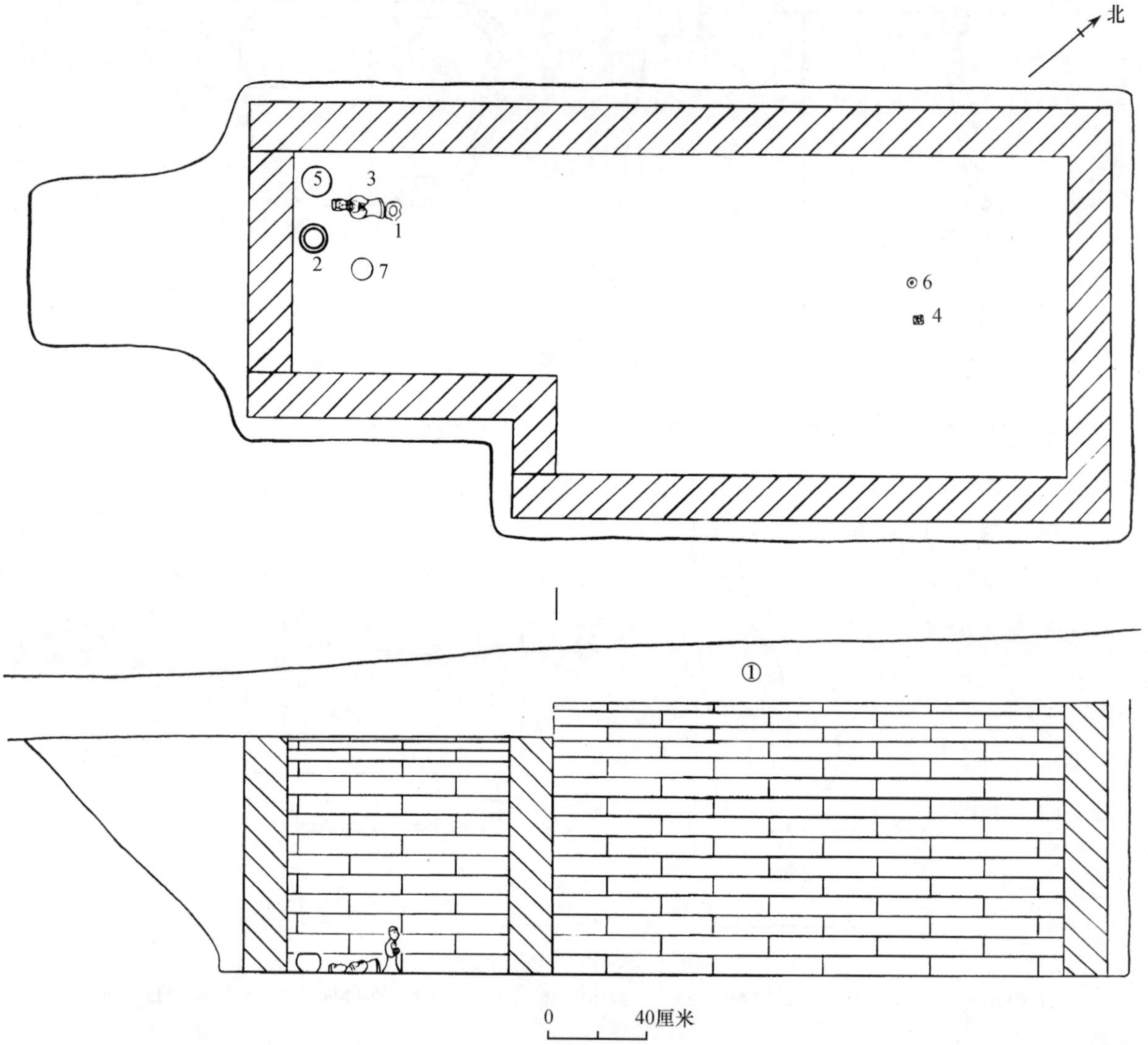

图一三　M6平、剖面图
①耕土层
1、3. 陶俑　2. 陶罐　4. 铜印章　5. 陶钵　6. 铜钱币　7. 陶直筒罐

距现地表30厘米。曾遭盗扰。其构筑方法是，直接构筑于生土中，先自地面下挖刀形土圹，土圹开挖规整，四壁经过拍打、修整。而后于土圹之内起砖壁，墓壁与土圹壁间留有约8厘米的空隙，空隙内填红褐色五花土。M6土圹残长440、宽140～160、残深130厘米。

由墓道、甬道、墓室三部分组成。

墓道　斜坡土圹式，平面呈舌形。坡陡且短，底部与开口处呈圆弧状，墓道经过修整，比较平顺。墓道填土为黄褐色土，土质疏松。墓道残长90、宽70、残深76厘米。

甬道　平面呈长方形。甬道东西两壁内有砖砌的封门，长90、残高96厘米。甬道西壁与墓室西壁连成一体，东壁作90°东拐，形成墓室东壁。甬道两壁采用长方形条砖错缝叠砌而成，砖侧面的菱形几何纹朝向甬道内，砖间铺垫黄褐色黏土。甬道东壁自下向上第九层起上部稍有弯曲，并以带子母口的长方形条砖砌起，说明甬道有卷顶，卷顶破坏坍塌。填土为黄褐色黏土，夹杂大量砖块，也有带子母榫卯的条砖。底部为姜石生土地面，稍作修整。甬道长110、宽90、残高96厘米。

墓室 平面呈长方形。南北长208、东西宽130、残高110厘米。墓室自地面以长方形条砖错缝叠砌起壁。菱形花纹一侧朝向墓室。砖间填塞黄褐色黏土。墓室东壁自下向上第十一层起上部稍有弯曲，并以带子母口的长方形条砖砌起，说明墓室有券顶，券顶破坏坍塌。后壁于东西两侧壁交错咬合。填土为黄褐色黏土，夹杂大量砖块，也有带子母榫卯的条砖。地面与甬道处同一地平，为姜石地面。

葬具腐朽无存，尸骨无存，葬式、头向不明。

2. 出土器物

出土遗物7件（组），出土位置为甬道口和墓室后部。

陶立侍俑 2件。M6：1，泥质红陶。模制拼接而成。中空。残，修复完整。立姿。戴圆冠，高鼻，颧骨凸起，唇紧闭。面部较长，下颌圆润。着三重衣，亵衣圆高领，外衣宽袖及地长服，袖胡垂膝。双手抱拥胸前。通高20.4厘米（图七，5；彩版一五一，6）。M6：3，泥质红陶。背部残，修复。立姿。头戴平顶冠，面目不清，高鼻。着两层衣，亵衣圆领，外衣右衽宽袖长服，下摆曳地。双手相拥于胸前。模制拼接而成。中空。通高21.6厘米（图一二，4；彩版一五一，5）。

陶罐 1件。M6：2，泥质灰陶。轮制。修复完整。敛口，方唇，斜肩，上腹斜直，下腹微鼓斜收，假圈足。口径7、腹径9.4、底径5.2、高7厘米（图一二，2；彩版一五四，3）。

陶钵 1件。M6：5，泥质灰陶。轮制。口沿部残，经修复。敞口，宽平沿，弧腹稍鼓，平底。内底圆平。通体素面。烧制温度不高。口径14.4、底径6.6、高3.8厘米（图一二，3；彩版一五四，1）。

陶直筒罐 1件。M6：7，泥质灰陶。轮制。修复完整。直口，圆唇，腹部呈直筒状，下腹稍鼓，平底。通体素面。口径10.4、腹径12.4、底径10.6、高14.2厘米（图一二，1；彩版一五三，2）。

铜印章 1件。M6：4，铜，边郭部分残损。正面方形，边郭部分锈蚀残损，但字迹笔画清楚，为阳文，篆刻有两字。背部圆形纽，大穿孔。为墓主人的私印。长2、宽1.7、厚1.6厘米（图一五，6）。

钱币 共2枚，均为铜质五铢钱。形制、大小相同。M6：6，边郭规整，字迹清楚。“五”字中间两笔弯曲交叉；“金”字头呈小三角形；“朱”字上端方折，下端圆润。直径2.6、穿径1厘米（图六，4）。

墓砖 1件。M6：01，泥质灰陶。完整。长方形条砖，上下面饰绳纹，一长侧面饰菱形几何纹，其余素面。长45、宽18.5、厚7厘米（图八，4）。

（七）M7

M7位于丰都县高家镇汶溪村（原大湾村十社），大湾河西侧西Ⅵ区的王甫领缓坡上。距离M6东南约5米。

1. 墓葬形制

M7为一座长方形砖室墓（图一四；彩版一四八，2）。方向220°。由墓道、墓室两部分组成。墓葬开口于扰土层下，直接构筑于生土中，距现地表约70厘米。曾遭盗扰，破坏严重。其构筑方法是，先自地面下挖“凸”字形土圹，土圹开挖规整，四壁经过拍打、修整。而后于长

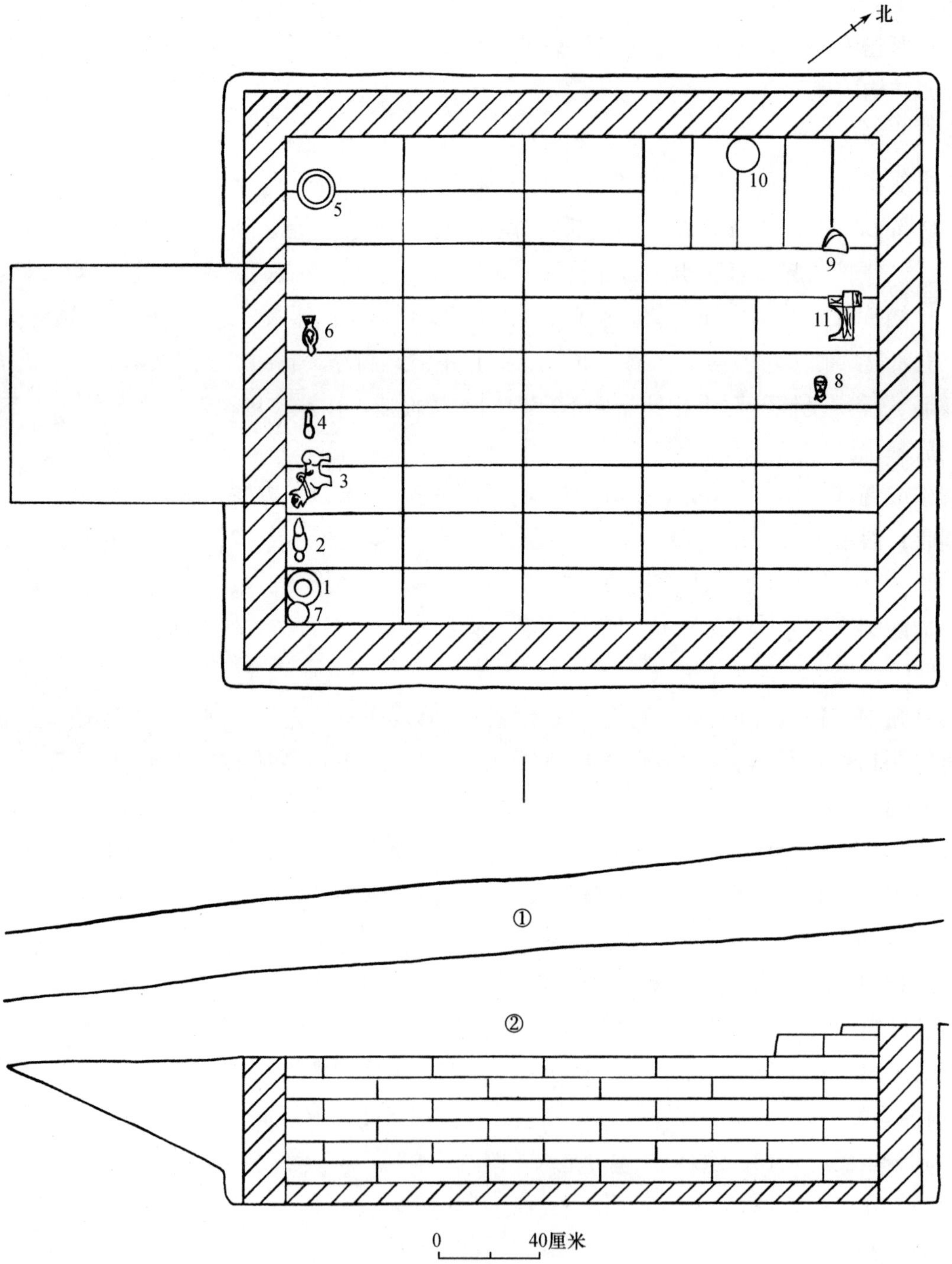

图一四　M7平、剖面图
①耕土层　②扰土层
1、10. 陶罐　2. 陶公鸡　3. 陶狗　4. 陶勺　5. 陶钵　6. 陶子母鸡　7. 陶杯　8. 陶俑头　9. 陶博山炉盖　11. 陶井台

方形土圹墓室之内起砖壁，墓壁与土圹壁间留有约8厘米的空隙，空隙内填红褐色五花土。M7土圹残长370、宽232、残深68厘米。

墓道　斜坡土圹式，平面呈舌形。墓道两壁及墓道底较平整。残长84、宽90、残深42厘米。墓道与墓室接口处有几块碎砖、残砖。

墓室　平面呈长方形。南北长234、东西宽186、残高60厘米。墓室与墓道相接处为砖封门，比较规整，砌在墓室南壁中间，与南壁成一完整墓壁。墓室自地面以长方形条砖错缝叠砌起壁。菱形花纹一侧朝向墓室。砖间填塞黄褐色黏土。由墓室西壁上端稍有弯曲和墓室内出土有带榫卯结构的楔形残砖，判明墓室上部有卷顶，卷顶遭破坏。后壁与东西两侧壁交错叠砌。墓室内填黄褐色黏土，夹杂大量砖块、零星的灰陶和红陶片。墓葬底为长方形条砖平铺地面，除过墓室东北角采用东西横向铺五块砖外，其余均为南北竖向。

葬具腐朽无存，尸骨无存，葬式、头向不明。

2. 出土器物

出土遗物11件（组），出土位置主要在墓室靠近墓道的西壁附近。

陶罐　2件。M7：1，泥质灰陶。轮制。修复完整。侈口，圆唇，束颈，斜肩，鼓腹，平底。肩部饰戳印纹、凹弦纹各一周。通体素面。烧制温度不高。口径9.4、腹径15.3、底径6.4、高10.2厘米（图一五，1；彩版一五三，3）。M7：10，泥质灰陶。轮制。修复完整。侈口，圆唇，斜沿，束颈，腹壁直，大平底。通体素面。口径13.6、腹径15、底径12.6、高13.7厘米（图一五，2；彩版一五三，1）。

陶井台　1件。M7：11，泥质灰陶，残半部。“井”字形，残留井台一角，中心残余半圆形井口，正面边饰阴线刻弧线纹。背部于中部堆起圆棱，做成子母口。残长19.2、残宽12.4厘米（图一五，5；彩版一五〇，2）。

陶勺　1件。M7：4，泥质灰陶。厚胎。柄部残。圆形勺身，方厚唇，半球形勺腹，圜底，柄部斜直，正面三角棱状，背面半圆形。口径4.8、长9.7厘米（图一五，3；彩版一五〇，3）。

陶公鸡　1件。M7：2，泥质灰陶。模制拼接而成，中空。喙部残。昂首，曲颈，高冠，鼓目，半圆锥尾上翘，两足粗短直立。高18.6、长18、宽9.4厘米（图一六，8；彩版一五二，3）。

陶子母鸡　1件。M7：6，泥质灰陶。模制拼接而成，中空。修复完整。昂首，尖喙，短颈，喇叭形尾。背负小鸡一只，身前遮伏小鸡一只。矮圆筒座。高10.6、长14、宽8.2厘米（图一五，4；彩版一五二，4）。

陶俑头　1件。M7：8，泥质红陶，残。头戴巾帻，方脸，高鼻，颧骨突起，嘴紧闭。颈部以下残。残高6.5厘米（图一六，4）。

陶狗　1件。M7：3，泥质红陶。模制拼接而成，中空。完整。立姿，昂首，耸耳，鼓目，阔嘴露齿，粗短尾上翻臀上。颈有缰带，肚有兜肚，背拴环。前肢外八字直立。体态骄猛。高17.4、长23.8、宽8.7厘米（图一六，9；彩版一五二，6）。

陶钵　1件。M7：5，釉陶。修复完整。侈口，圆唇，束颈，斜肩，鼓腹，平底。器

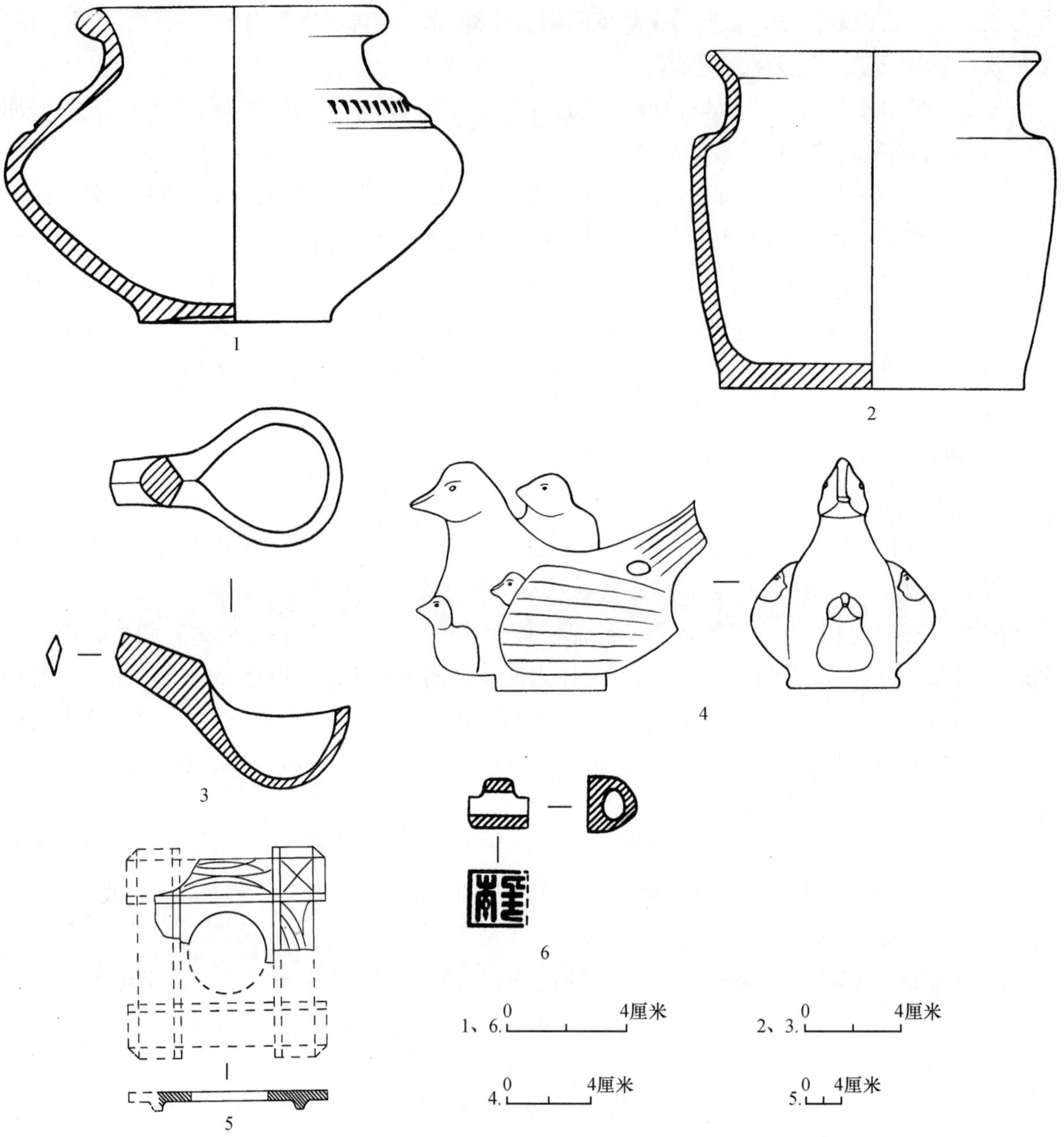

图一五　M6、M7出土器物

1、2. 陶罐（M7：1、M7：10）　3. 陶勺（M7：4）　4. 陶子母鸡（M7：6）　5. 陶井台（M7：11）　6. 铜印章（M6：4）

表施酱黄色釉，脱落严重。口径11.8、腹径15.2、底径7、高9.4厘米（图一六，1；彩版一五三，4）。

陶杯　1件。M7：7，釉陶。轮制。完整。口微敛，方唇，直腹微鼓，平底。口沿下饰一周凹弦纹。器外表施酱黄色釉，不及底。口径8.4、腹径9.4、底径7.4、高7.9厘米（图一六，2；彩版一五四，4）。

陶博山炉盖　1件。M7：9，釉陶。修复完整。圆锥乳状，器顶部一圆乳钉，器表浮雕山形、三角印纹。器外表施酱黄色釉，釉不及口沿、内壁。高5.8、直径10.8厘米（图一六，5；彩版一五二，1）。

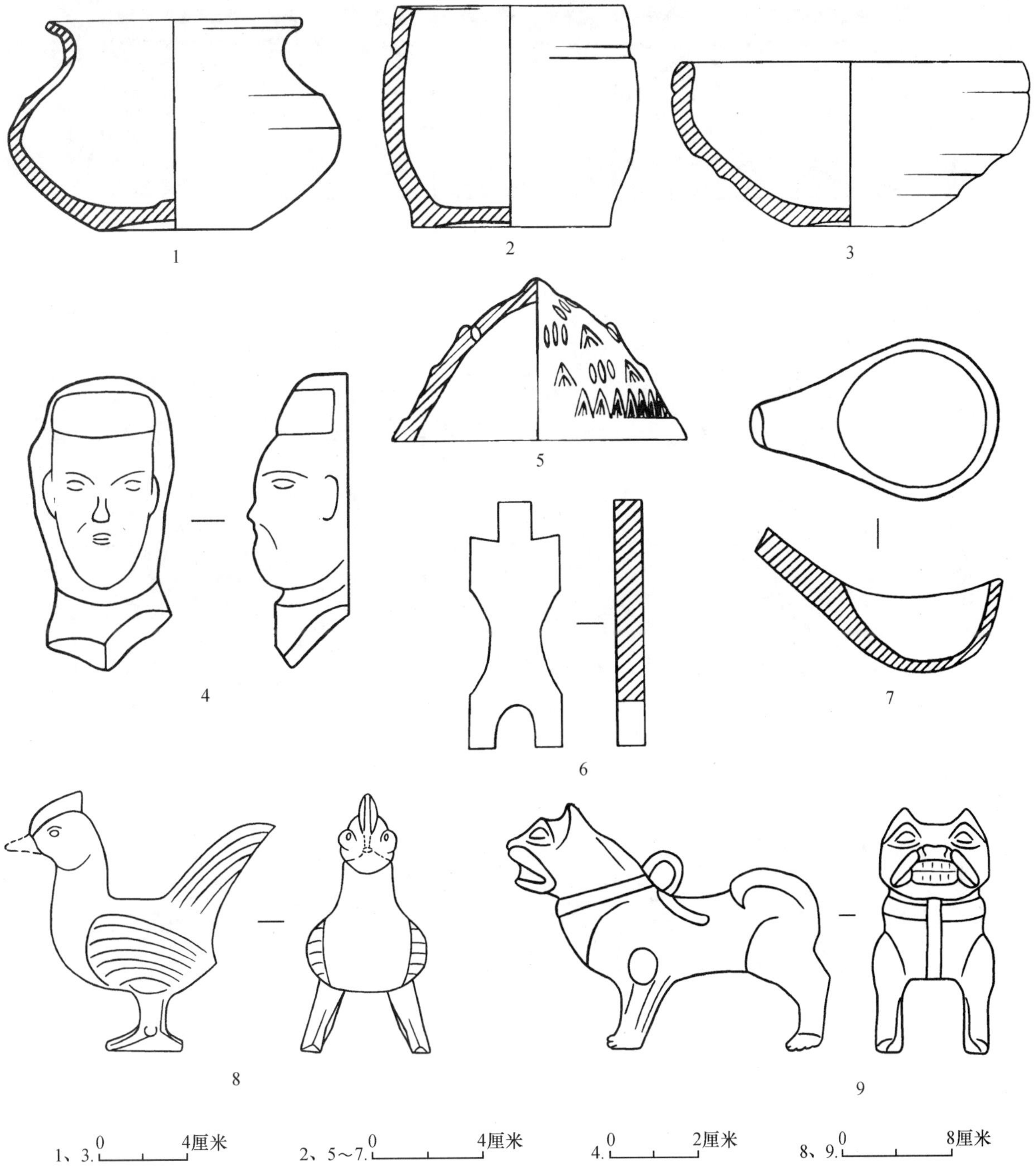

图一六　M7～M9出土器物

1. 陶钵（M7：5）　2. 陶杯（M7：7）　3. 陶钵（M8：1）　4. 陶俑头（M7：8）　5. 陶博山炉盖（M7：9）
6. 陶井架（M8：2）　7. 陶勺（M9：1）　8. 陶公鸡（M7：2）　9. 陶狗（M7：3）

墓砖　2件。M7：01，泥质灰陶。完整。长方形条砖，一长侧面饰长方形框内两边饰菱形几何纹，正中饰十字纹，其余素面。灰色，烧制温度高。长44、宽23、厚10厘米（图一七，1）。M7：02，泥质灰陶，完整。长方形条砖，两长侧薄厚不一，呈楔形，两端有榫卯结构。上下面饰绳纹，较薄侧面饰菱形几何纹。灰色，烧制温度高。长45、宽17.5、厚7～8厘米（图一七，2）。

图一七　墓砖拓片

1. M7：01　2. M7：02　3. M8：01　4. M10：01

（八）M8

M8位于丰都县高家镇汶溪村（原大湾村四社），丰（都）高（镇）公路汶溪河大桥东侧向东100米处，即当地俗称“土地包”的缓坡上。处大湾墓群西Ⅶ区。距离M9西北约4米。

1. 墓葬形制

M8为一座刀形砖室墓（图一八；彩版一四九，1）。方向256°。开口于耕土层以下，距现地表30厘米。曾遭盗扰，破坏严重。其构筑方法是，直接构筑于生土中，先自地面下挖刀形土圹，土圹开挖规整，四壁经过拍打、修整。而后于土圹之内起砖壁，墓壁与土圹壁间留有空隙，空隙内填红褐色五花土。土圹残长392、宽182～262、残深100厘米。

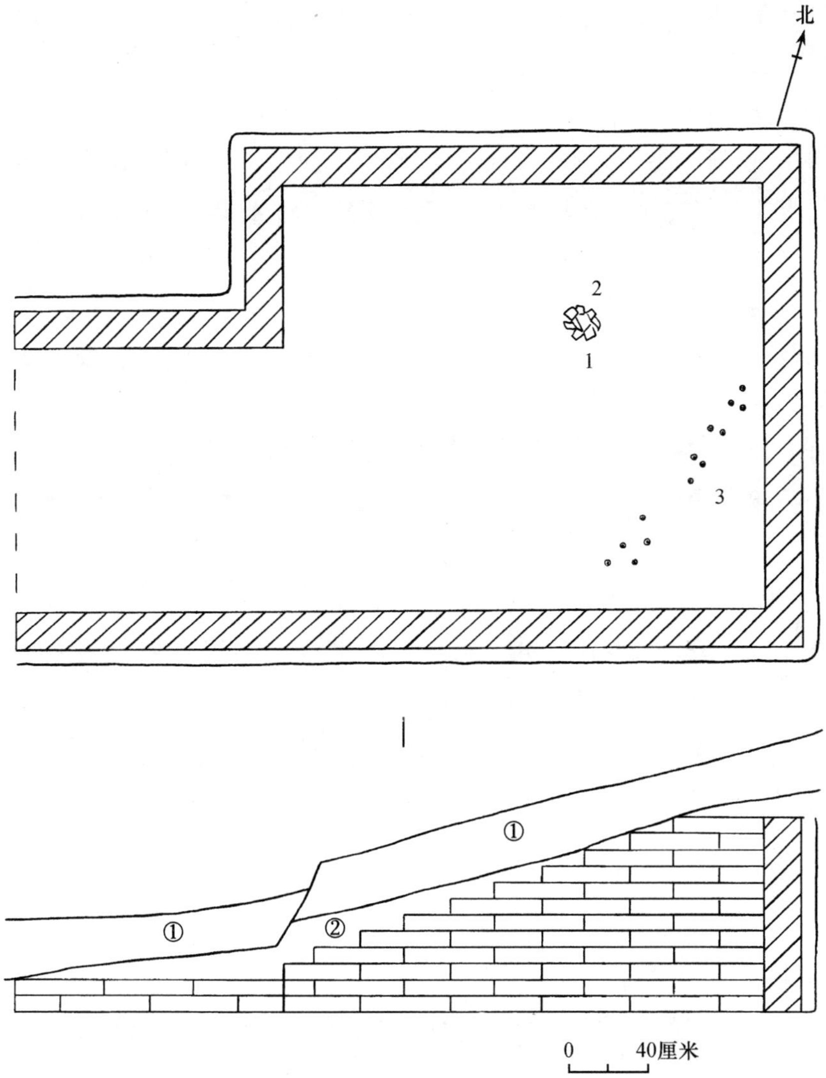

图一八 M8平、剖面图
①耕土层 ②扰土层
1. 陶钵 2. 陶井架 3. 铜钱币

由甬道、墓室两部分组成。墓葬甬道以前部分遭破坏无存。

甬道 平面呈长方形。甬道南北两侧壁仅余二层砖，北壁与墓室北壁连为一体，南壁作90°南拐，形成墓室南壁。填土中发现有带子母榫卯的条砖，推测原应有券顶。底部姜石生土地面，稍作修整，坑洼不平。甬道残长135、宽130、残高16厘米。

墓室 平面呈长方形。东西长240、南北宽210、残高96厘米。南北两壁均为长方形条砖错缝叠砌起壁，菱形几何纹一侧朝向墓室。砖间填塞黄褐色黏土。后壁与南北两侧壁叠砌交错咬合。墓室所用墓砖以长方形条砖为主，杂有少量的带榫卯的条砖，花纹内向。地面与甬道处同一平面，底部姜石生土地面，稍作修整，坑洼不平。

葬具、尸骨腐朽无存。葬具、葬式、头向不明。

2. 出土器物

出土遗物3件（组），位置在墓室后部。

陶钵　1件。M8：1，釉陶。轮制。修复完整。直口，圆唇，上腹壁直，下腹弧收成小平底。器表施酱色釉，大部分脱落。口径15.8、最大径16.4、底径5.4、高7.4厘米（图一六，3；彩版一五四，2）。

陶井架　1件。M8：2，泥质灰陶。井架为束腰长方形，一端带榫，另一端开叉。腰部残损。高8.8、宽3.4、厚1厘米（图一六，6）。

钱币　均为五铢钱。共19枚。可分二式。

Ⅰ式：共9枚。形制、大小相同。M8：3-1，边郭被剪掉少许，字迹清楚。“五”字中间两笔弯曲交叉；“金”字头呈小三角形稍倾斜；“朱”字上端方折，下端圆润。直径2.5、穿径1.1厘米（图六，5）。

Ⅱ式：共10枚。形制、大小相同。M8：3-2，均为五铢钱。边郭规整，字迹清楚。“五”字中间两笔弯曲交叉；“金”字头呈小三角形；“朱”字上、下端圆润。直径2.6、穿径1.1厘米（图六，8）。

墓砖　1件。M8：01，泥质灰陶，残一角。长方形条砖，一长侧面饰菱形几何纹，其余素面。长47、宽18.5、厚8.5厘米（图一七，3）。

（九）M9

M9位于丰都县高家镇汶溪村（原大湾村十一社），丰（都）高（镇）公路汶溪河大桥东侧向东100米处，即当地俗称“土地包”的缓坡上。处大湾墓群西Ⅶ区。距离M8东南约4米。

1. 墓葬形制

M9为一座刀形砖室墓（图一九）。方向250°。开口于耕土层以下，距现地表30厘米。曾遭盗扰，破坏严重。仅存墓葬土圹形制，所有的墓砖被当地村民撬掘一空，土圹与原来墓砖墙壁之间有约8厘米的红褐色土层，可以观察到原来墙壁的外沿。土圹残长372、宽138～238、残深最深处为60厘米。

由甬道、墓室两部分组成。墓葬甬道以前部分遭破坏无存。

甬道　平面呈长方形。甬道前半部分遭破坏。南壁与墓室南壁连一体，北壁作90°北拐，形成墓室北壁。填土中均为残碎的砖块和黄褐色的黏土，质地坚硬。底部姜石生土地面，稍作修整。甬道的长宽为原来甬道壁外沿之间的长度，残长60、宽123、残高14厘米。

墓室　平面呈长方形。东西长303、南北宽223、残高60厘米。填土中均为残碎的砖块和黄褐色的黏土，质地坚硬。地面与甬道处同一地平，底部姜石生土地面，稍作修整，坑洼不平。

葬具、尸骨腐朽无存。葬具、葬式、头向不明。

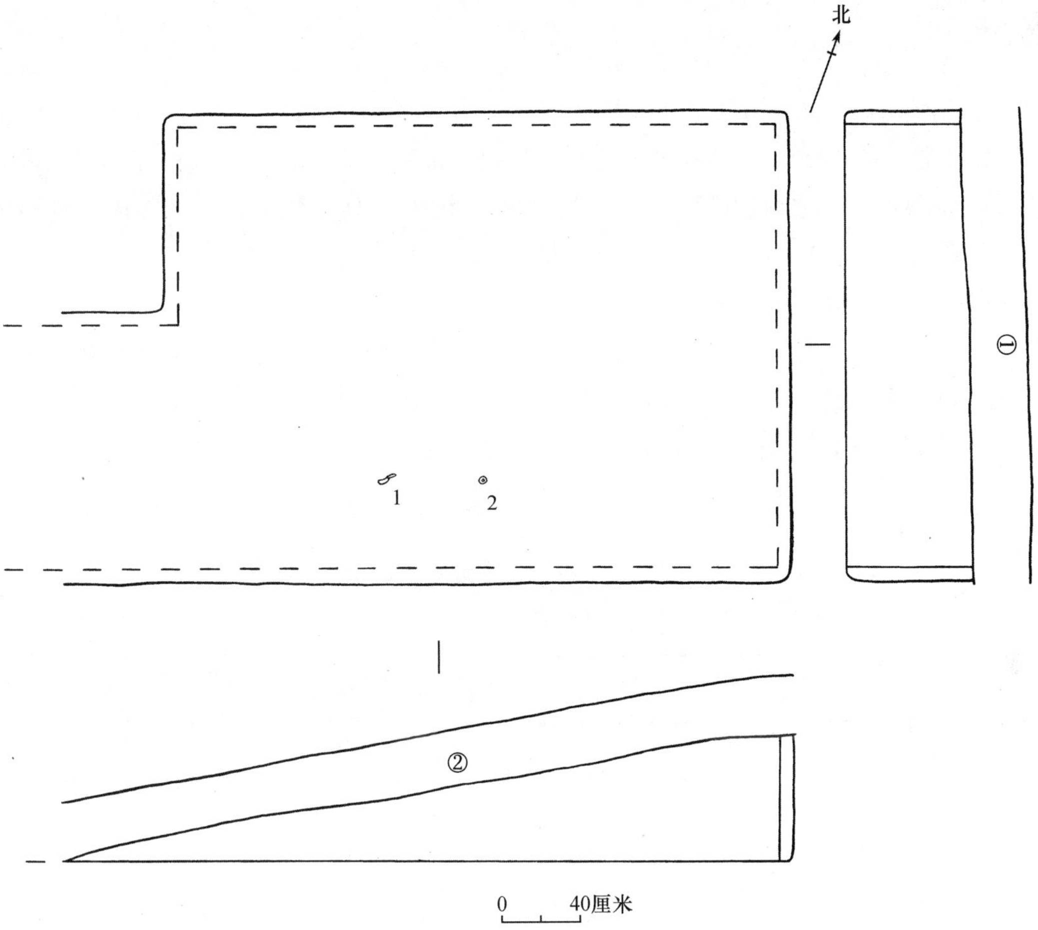

图一九 M9平、剖面图
①耕土层 ②扰土层
1. 陶勺 2. 铜钱币

2. 出土器物

出土遗物2件（组），一件为柄残的陶勺，另一件为钱币2枚。

陶勺 1件。M9：1，釉陶。柄部残缺。半圆形勺体，敞口，方唇，浅腹，圜底。柄部斜直，正面平齐，截面为半圆形。勺正面施酱色釉。口径5.6、残长9厘米（图一六，7）。

钱币 2枚，均为五铢铜钱。M9：2，边郭规整，字迹清楚。“五”字中间两笔弯曲；“金”字头呈三角形；“朱”字上下端圆润。直径2.6、穿径1.1厘米（图六，7）。

（十）M10

M10位于丰都县高家镇汶溪村（原大湾村十一社），丰（都）高（镇）公路汶溪河大桥东侧向东80米处，即当地俗称“黄金包”的缓坡上。处大湾墓群西Ⅶ区。距离M4西北约2米。

1. 墓葬形制

M10为一座残墓，余略方形墓室（图二〇）。方向326°。开口于耕土层以下，距现地表30厘米。曾遭盗扰，破坏严重。其构筑方法是，先自地面下挖土圹，土圹开挖规整，四壁经过拍打、修整。而后于土圹之内起砖壁，墓壁与土圹壁间留有7厘米的空隙，空隙内填红褐色五花土。土圹残长228、宽224、残深最深处为81厘米。

墓室以前部分遭破坏无存。

墓室　平面略呈方形。长200、宽184、残高81厘米。填土中均为残碎的砖块和黄褐色的黏土，质地坚硬。墓室底部铺地砖，采用南北向横铺长方形条砖四道，东西向纵铺一道。

葬具、尸骨腐朽无存。葬具、葬式、头向不明。

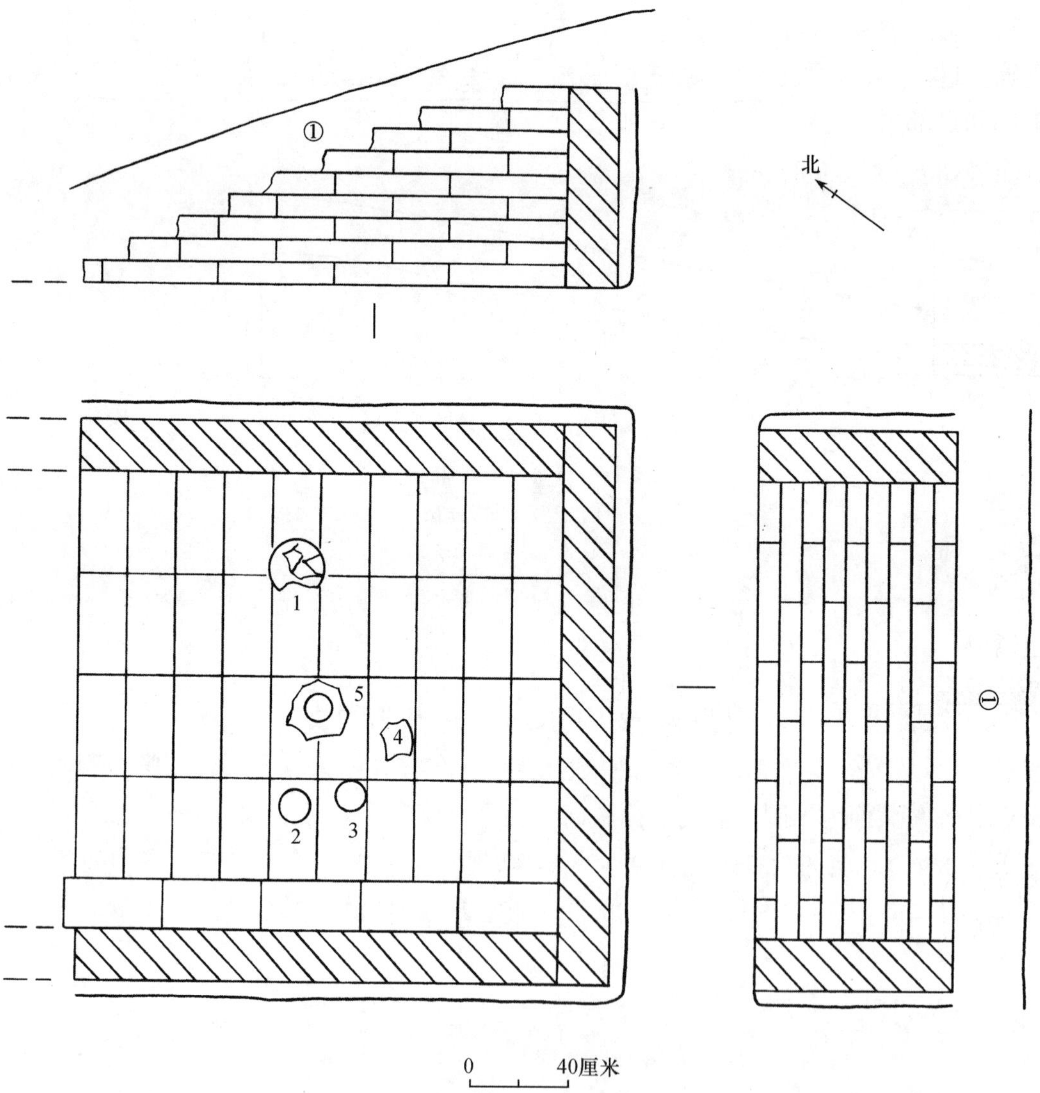

图二〇　M10平、剖面图

①耕土层

1. 陶釜　2、3瓷盏　4. 瓷碗　5. 瓷壶

2. 出土器物

出土遗物5件，位置在墓室中部。

陶釜　1件。M10：1，夹砂红陶。轮制。修复完整。侈口，方唇，宽斜领内凹，束颈，鼓腹，圜底。唇面、领外壁、腹部及底部均饰粗绳纹。烧制温度不高。口径20.6、腹径18.2、高20厘米（图二一，9；彩版一五五，1）。

瓷盏　2件。M10：2，厚胎。轮制。口沿残。敞口，尖圆唇，腹壁较直，薄饼足。豆青色釉，开细小的裂片。釉不及底，灰白胎。釉层脱落严重。素面。口径8.2、腹径8.6、底径5、高4厘米（图二一，2）。M10：3，灰白胎厚。轮制。口沿残。敞口，尖圆唇，弧腹，饼足。豆青色釉。通体施釉。釉层开细小的裂片。素面。口径8.4、腹径8.7、底径5.4、高4.2厘米（图二一，3）。

瓷碗　1件。M10：4，轮制。修复完整。敞口，尖圆唇，弧腹，矮饼足。器表原施有釉，唯腹下部和足部未施釉。釉层因酥粉已失色、剥落。器内底部残留垫烧支点的疤痕。素面。口径13、腹径13.6、底径8.8、高6.4厘米（图二一，1）。

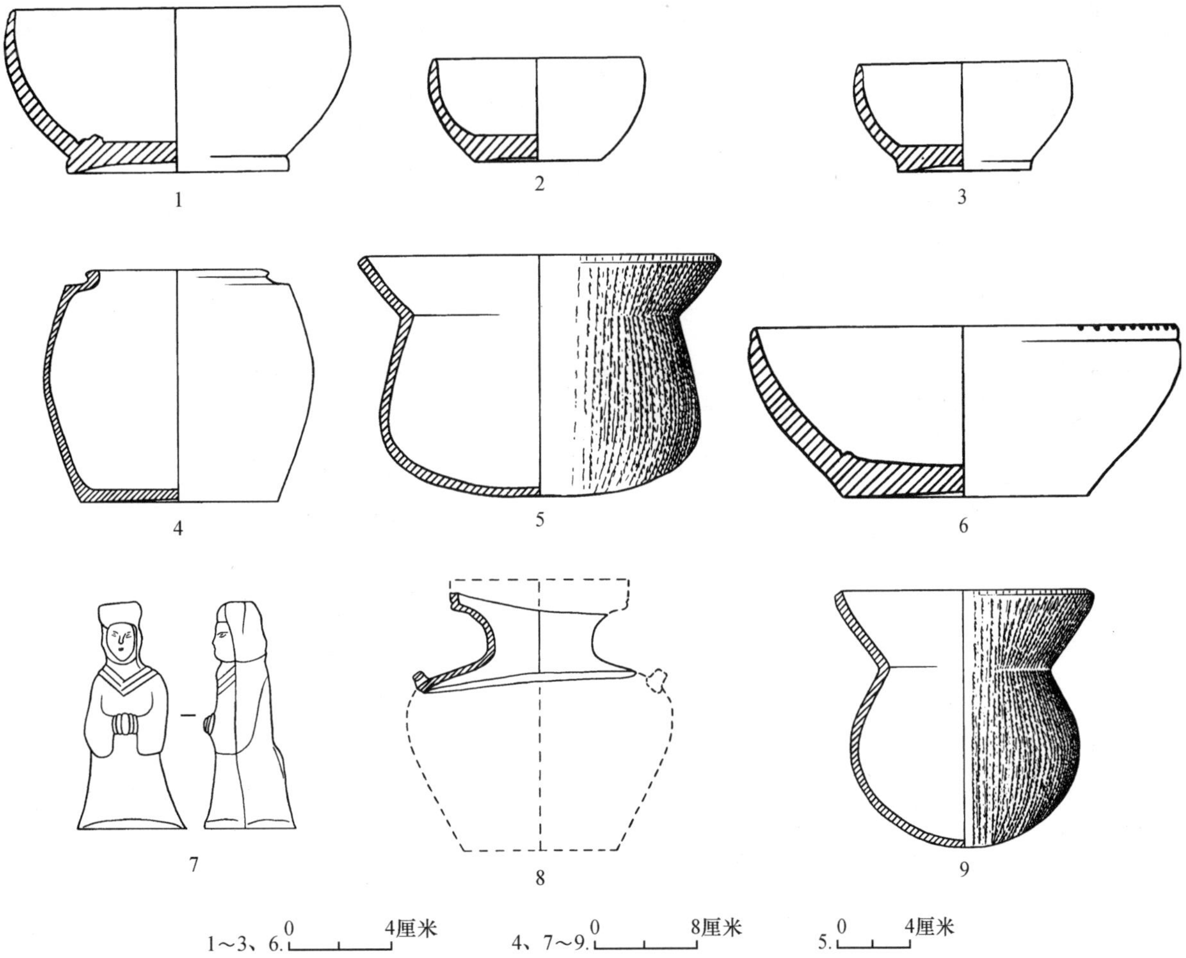

图二一　M10～M13出土器物

1、6. 瓷碗（M10：4、M13：1）　2、3. 瓷盏（M10：2、M10：3）　4. 陶罐（M12：2）　5、9. 陶釜（M12：1、M10：1）　7. 陶立侍俑（M11：1）　8. 瓷壶（M10：5）

瓷壶　1件。M10：5，厚胎。轮制。残甚，仅余部分盘口、颈部、部分肩部。盘口，束颈，圆肩。肩部有桥形纽。盘口部与器表施青釉，开小裂纹，釉面光亮，均匀。残高7.4、残直径17.6厘米（图二一，8）。

墓砖　1件。M10：01，泥质灰陶。长方形条砖，上下面饰绳纹，一长侧面饰菱形几何纹，其余素面。浅灰色，烧制温度不高。长41、宽9.5、厚8厘米（图一七，4）。

（十一）M11

M11位于丰都县高家镇汶溪村（原大湾村十一社），丰（都）高（镇）公路汶溪河大桥东岸的高包缓坡处，即当地俗称“鸭嘴田”的缓坡上。处大湾墓群西Ⅷ区。

1. 墓葬形制

M11为一座曲尺形砖室墓（图二二）。方向324°。开口于扰土层下，距现地表38厘米，曾遭盗扰，破坏严重。其构筑方法是，先自地面下挖曲尺形土圹，土圹开挖规整，四壁经过拍打、修整。而后于土圹之内起砖壁，墓壁与土圹壁间留有7厘米的空隙，空隙内填红褐色五花土。土圹残长456、宽300～380、残深80厘米。

由甬道、墓室两部分组成。墓葬甬道以前部分遭破坏无存。

甬道　平面呈长方形。北壁与墓室北壁连一体，南壁作90°南拐，形成墓室南壁。填土为黄褐色黏土，夹杂少量的砖块。底部少量姜石和黄色生土地面，稍作修整。甬道残长101、宽140、残高40厘米。

墓室　平面呈横长方形。南北长385、东西宽240、残高80厘米。东西两壁均为长方形条砖错缝叠砌起壁，菱形几何纹一侧朝向墓室。砖间填塞黄褐色黏土。后壁与南北两侧壁叠砌交错咬合。墓室所用墓砖以长方形条砖为主，杂有少量的带榫卯的条砖，花纹内向。填土为黄褐色黏土夹杂大量砖块。填土中也带有榫卯结构的条砖，估计原有券顶。地面与甬道处同一地平，底部少量姜石和黄色生土地面，稍作修整。

葬具、尸骨腐朽无存。葬具、葬式、头向不明。

2. 出土器物

出土遗物2件，计有立侍俑一件在墓室后左侧出土，铜鱼一件出土于甬道右侧。

陶立侍俑　1件。M11：1，泥质灰陶。模制拼接而成。中空。完整。立姿，头戴平顶冠，面目模糊，高鼻，嘴紧闭，身着两重衣，外穿宽袖长服，下摆曳地，袖胡过膝。双手相拥于胸前。通高17.6厘米（图二一，7；彩版一五一，3）。

铜鱼　1件。M11：2，鱼状薄片，鱼头部肥大夸张，近似圆洞的鱼眼，腰部逐渐变细，鱼尾部逐渐变大，上面刻三条细线。正面平整，背部锈蚀，粗糙。长6.7、宽3.9厘米（图二六，5；彩版一五二，6）。

墓砖　2件。M11：01，泥质灰陶。长方形条砖，两长侧薄厚不一，呈楔形。上下面饰麦粒状绳纹，较薄侧面两边饰菱形几何纹，中部菱形几何纹中饰十字纹。其余素面。长41、

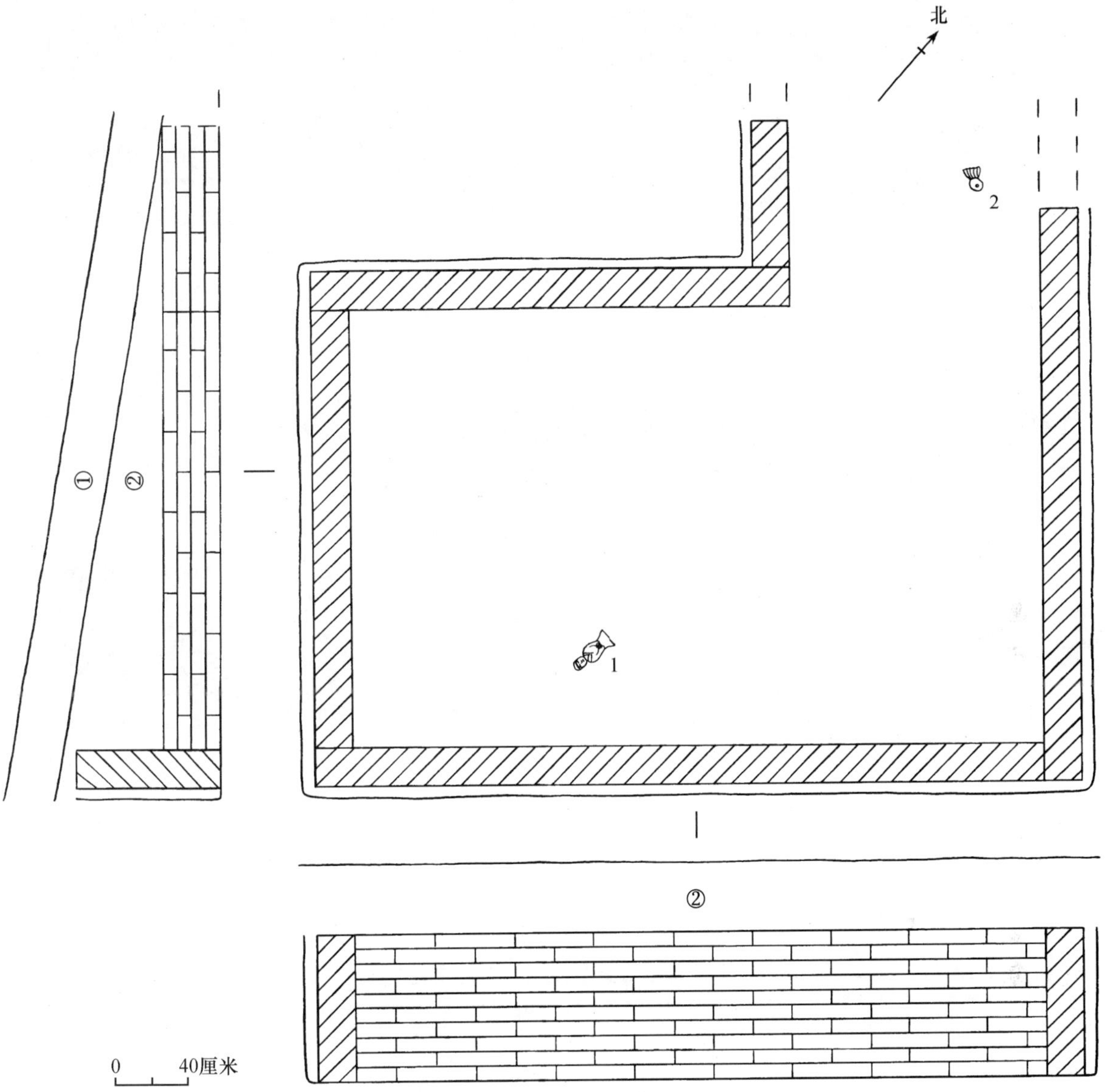

图二二　M11平、剖面图
①耕土层　②扰土层
1. 陶俑　2. 铜鱼

宽20.5、厚6.2～8厘米（图二三，1）。M11：02，泥质灰陶。长方形条砖，上下面饰绳纹，一长侧面饰菱形几何纹，其余素面。深灰色。烧制温度高。长42.5、宽20、厚8厘米（图二三，2）。

（十二）M12

M12位于丰都县高家镇汶溪村四社（原大湾村十一社），丰（都）高（镇）公路汶溪河大桥东侧向东80米处，即当地俗称“黄金包”的缓坡上。处大湾墓群西Ⅶ区。距离M4东南约50米。

图二三　墓砖拓片

1. M11：01　2. M11：02　3. M12：01　4. M13：01　5. M14：01

1. 墓葬形制

M12为一座刀把形砖室墓（图二四；彩版一四九，2）。方向200°。墓葬开口于耕土层下，距现地表30厘米。曾遭盗扰。其构筑方法是，直接构筑于生土中，先自地面下挖刀形土圹，土圹开挖规整，四壁经过拍打、修整。而后于土圹之内起砖壁，墓壁与土圹壁间留有约8

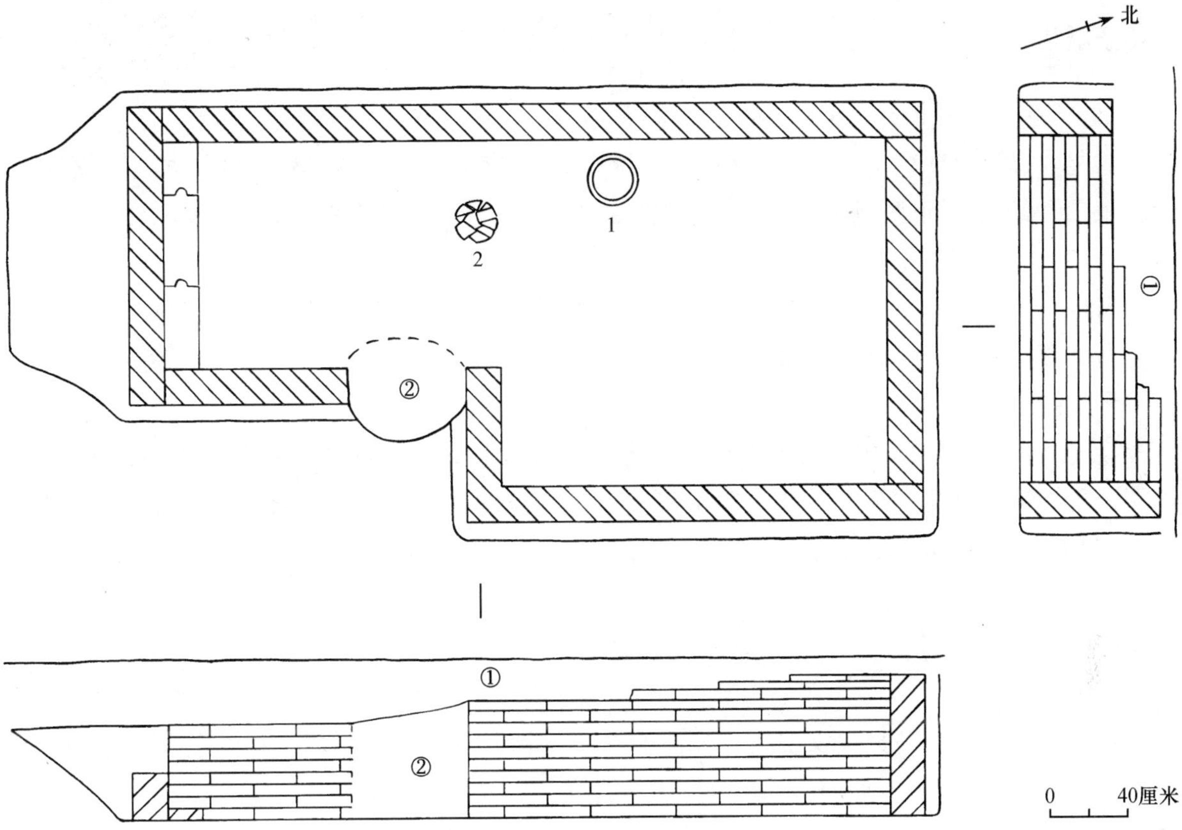

图二四　M12平、剖面图
①耕土层　②盗洞
1. 陶釜　2. 陶罐

厘米的空隙，空隙内填红褐色五花土。土圹残长500、宽176～240、残深72厘米。

由墓道、甬道、墓室三部分组成。

墓道　斜坡土圹式，平面呈舌形。墓道坡陡且短，底部与口处呈圆弧状，经过修整，填土为黄褐色黏土，土质稀松。残长60、宽120、深48厘米。

甬道　平面呈长方形。甬道长154、宽114、残高48厘米。甬道东西两壁端外有砖砌的封门，长150、残高14厘米。甬道西壁与墓室西壁连成一体，东壁作90°东拐，形成墓室东壁。甬道两壁采用长方形条砖错缝叠砌而成，砖侧面的菱形几何纹朝向甬道内，砖间铺垫黄褐色黏土。甬道东壁与墓室壁连接处发现一约50厘米的椭圆形盗洞。填土为黄褐色黏土，夹杂大量砖块，也有带子母榫卯的条砖，推测原应有券顶。底部为姜石生土地面，稍作修整。

墓室　平面呈长方形。南北长198、东西宽174、残高72厘米。墓室自地面以长方形条砖错缝叠砌起壁。菱形花纹一侧朝向墓室。砖间填塞黄褐色黏土。墓室东壁自下而上第十层起上部稍有弯曲，并以带子母口的长方形条砖砌起，说明墓室有券顶，券顶破坏坍塌。后壁于东西两侧壁内起墙，不与两壁交错咬合。填土为黄褐色黏土，夹杂大量砖块，也有带子母榫卯的条砖。地面与甬道处同一平面，为姜石地面。

葬具腐朽无存，尸骨无存，葬式、头向不明。

2. 出土器物

出土遗物2件，出土位置为墓室与甬道相接处，计有陶釜1件、陶罐1件。

陶釜　1件。M12：1，夹砂红陶。烧制温度不高，轮制。修复完整。侈口，方唇，宽斜折沿，束颈，鼓腹，圜底。唇面、沿外壁及腹部以下饰粗绳纹。器底有烟炱痕。口径19.6、腹径18、高13.4厘米（图二一，5；彩版一五五，2）。

陶罐　1件。M12：2，泥质灰陶。轮制。修复完整。敛口，圆唇，斜折肩较窄，弧腹较直，最大腹径在腹中部，下腹微内收，平底。通体素面。口径14.2、腹径21.2、底径15.6、高18厘米（图二一，4）。

墓砖　1件。M12：01，泥质灰陶。长方形条砖，上下面饰绳纹，一长侧面两边饰菱形几何纹，正中饰十字纹，四角为四个小圆乳钉，一个残缺。其余素面。深灰色。烧制温度高。长43.5、宽18.5、厚6.5厘米（图二三，3）。

（十三）M13

M13位于丰都县高家镇汶溪村（原大湾村十一社），丰（都）高（镇）公路汶溪河大桥东侧向东80米处，即当地俗称“黄金包”的缓坡上。处大湾墓群西Ⅶ区。距离M4约2米（图二五）。

1. 墓葬形制

M13为一座刀形砖室墓，方向316°。M13所处位置为大缓坡，甬道部开口于耕土层以下，距现地表30厘米；墓室部分开口于扰土层以下，距现地表58厘米。曾遭盗扰，破坏严重。直接构筑在生土上，其构筑方法是，先自地面下挖刀形土圹，土圹开挖规整，四壁经过拍打、修整。而后于土圹之内起砖壁，墓壁与土圹壁间留有8厘米的空隙，空隙内填红褐色五花土。土圹残长468、宽220～296、残深84厘米。

由甬道、墓室两部分组成。墓葬甬道以前部分遭破坏无存。

甬道　平面呈长方形。西壁与墓室西壁连一体，东壁作90°东拐，形成墓室东壁。填土中发现有带子母榫卯的条砖，推测原应有券顶。底部姜石生土地面，稍作修整，坑洼不平。甬道残长130、宽165、残高45厘米。

墓室　平面呈长方形。南北长310、东西宽240、残高84厘米。东西两壁均为长方形条砖错缝叠砌起壁，菱形几何纹一侧朝向墓室。砖间填塞黄褐色黏土。后壁在东西两壁内错缝叠砌起壁，菱形几何纹一侧朝向墓室。墓室内填黄褐色黏土，夹杂大量砖块，并有少许残碎的灰陶、红陶片。墓室所用墓砖以长方形条砖为主，杂有少量的带榫卯的条砖，花纹内向。可推测原应有券顶。地面与甬道处同一平面，底部姜石生土地面，稍作修整，坑洼不平。

葬具、尸骨腐朽无存。葬具、葬式、头向不明。

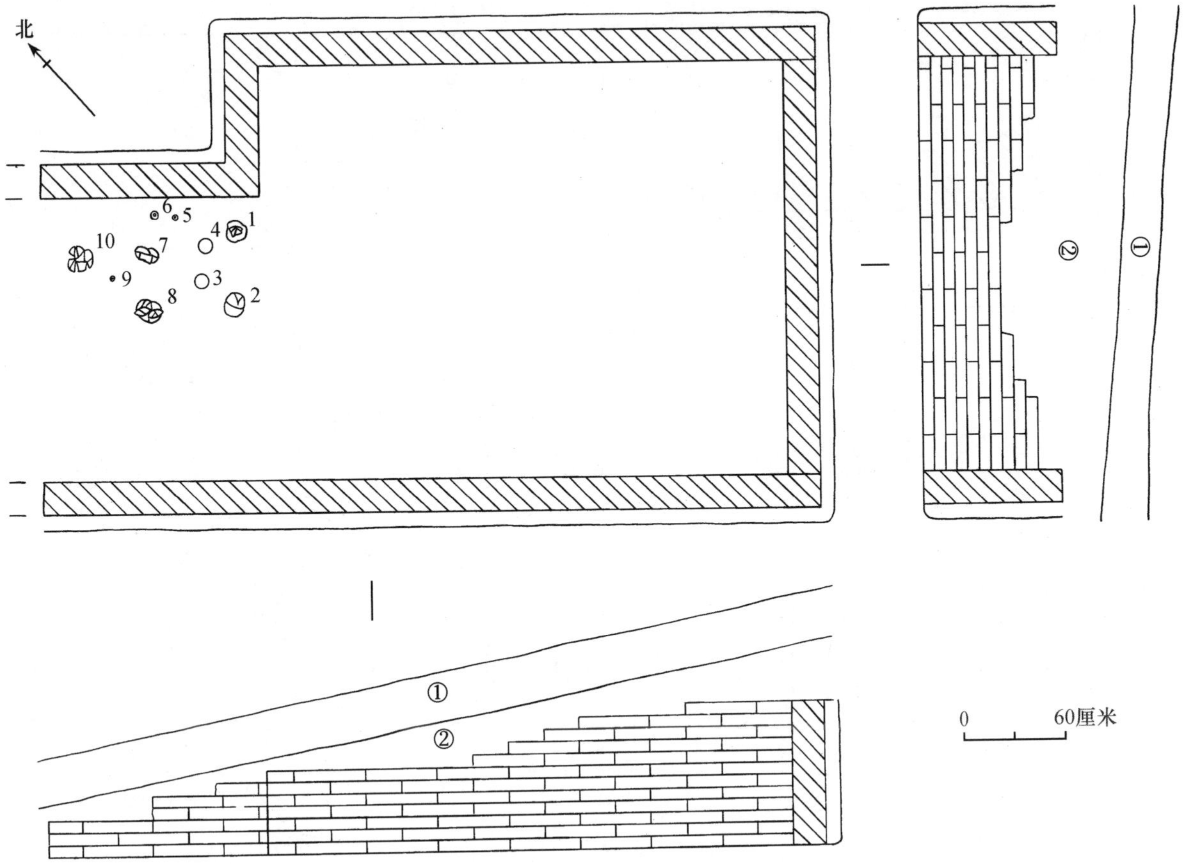

图二五　M13平、剖面图

①耕土层　②扰土层

1、2. 瓷碗　3、4. 瓷盏　5、6. 陶纺轮　7. 陶钵　8. 陶甑　9. 铜钱币　10. 瓷壶

2. 出土器物

出土遗物10件（组），出土位置为甬道内东侧，计有瓷碗2件、瓷盏2件、陶纺轮2件、陶钵1件、瓷壶1件、陶甑1件、钱币2枚。

瓷碗　2件。M13：1，厚胎。轮制。修复完整。敞口，尖唇，浅腹，平底。内外施豆青色釉，器表釉及腹中，下腹及底露灰白色胎，釉层脱落严重。口沿外无规律分布有褐色小斑点，下饰一周凹弦纹。口径16.8、最大径17.2、底径9.8、高6.6厘米（图二一，6；彩版一五五，4）。M13：2，厚胎。轮制。修复完整。敞口，尖唇，浅腹，平底。内外施豆青色釉，器表施釉及腹中，下腹及底露灰白色胎，釉层脱落严重。口沿外无规律分布有褐色小斑点，下有一周凹弦纹。器内底等距离分布的垫烧支点疤痕。口径17、最大径17.6、底径10、高6.8厘米（图二六，1；彩版一五五，5）。

瓷盏　2件。M13：3，轮制。口沿部残。敞口，尖圆唇，弧腹，薄饼足。豆青色釉，开细小的裂片，脱落严重。釉不及底，灰白胎。釉层较薄。口沿外下饰一周凹弦纹。口径8.5、最大径8.7、底径5、高3.9厘米（图二七，1）。M13：4，轮制。口沿部残。敞口，尖圆唇，弧腹，高饼足。豆青色釉，开细小的裂片，脱落严重。釉不及底，灰白胎。釉层较薄。口沿外下饰一周凹弦纹。素面。口径8、最大径8.4、底径4.4、高4厘米（图二七，2）。

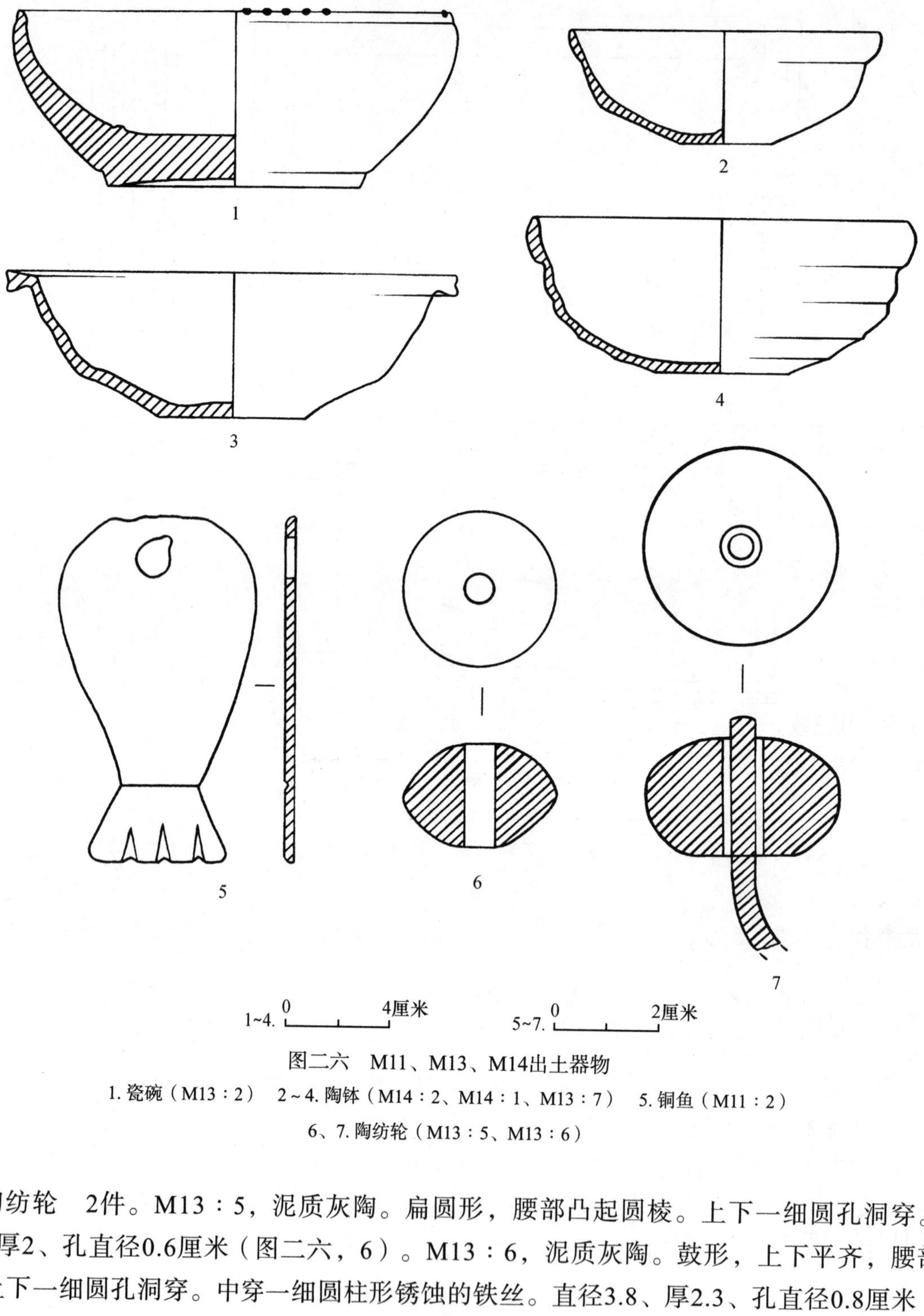

图二六 M11、M13、M14出土器物

1. 瓷碗（M13：2） 2~4. 陶钵（M14：2、M14：1、M13：7） 5. 铜鱼（M11：2）
6、7. 陶纺轮（M13：5、M13：6）

陶纺轮 2件。M13：5，泥质灰陶。扁圆形，腰部凸起圆棱。上下一细圆孔洞穿。直径3、厚2、孔直径0.6厘米（图二六，6）。M13：6，泥质灰陶。鼓形，上下平齐，腰部凸起，上下一细圆孔洞穿。中穿一细圆柱形锈蚀的铁丝。直径3.8、厚2.3、孔直径0.8厘米（图二六，7）。

陶钵 1件。M13：7，泥质灰陶。轮制。修复完整。敞口，尖圆唇，弧腹内收小平底。腹部凸起两周圆棱。素面。口径14.4、最大径15.2、底径5.2、高6厘米（图二六，4）。

陶甑 1件。M13：8，泥质灰陶。轮制。修复完整。敞口，卷沿，腹部斜内收，平底。底部正中有一较大圆形孔。通体素面。口径18、最大径19、底径11.8、高16、孔径8.2厘米（图二七，3；彩版一五四，6）。

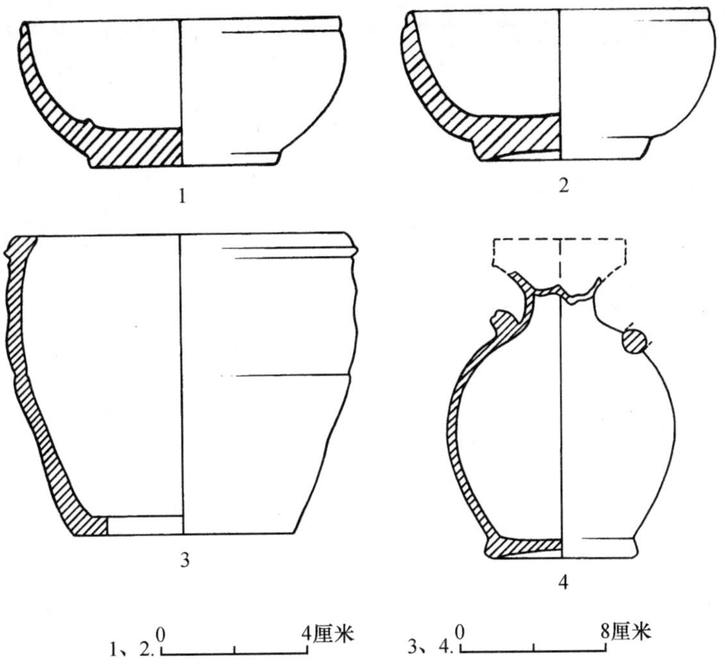

图二七　M13出土器物

1、2. 瓷盏（M13：3、M13：4）　3. 陶甑（M13：8）　4. 瓷壶（M13：10）

钱币　共2枚，均为五铢铜钱。M13：9，边郭被剪掉少许，字迹清楚。“五”字中间两笔弯曲；“金”字头似一箭头，“朱”字上端略方折，下端圆润。直径2.5、穿径1厘米（图六，6）。

瓷壶　1件。M13：10，口沿部残。束颈，圆肩，鼓腹，假圈足，底部内凹。颈的内部以上及器表施豆青色釉，釉不及腹下部以下，漏灰白色胎。釉层厚，有细小裂纹。肩部有一捏制的三角锥状的假流，对称肩部有鋬，残。残高15.2、腹径12.2、底径8.4厘米（图二七，4；彩版一五〇，5）。

墓砖　1件。M13：01，泥质灰陶。长方形条砖，上下面饰绳纹，一长侧面饰长方形框内菱形几何纹，其余素面。深灰色，烧制温度高。长41、宽19.5、厚7.3厘米（图二三，4）。

（十四）M14

M14位于丰都县高家镇汶溪村（原大湾村十社），即当地俗称“卧坡岭”的缓坡上。处大湾墓群西Ⅴ区。距离M2约60米。

1. 墓葬形制

M14为一座刀形砖室墓（图二八）。方向270°。开口于耕土层以下，距现地表30厘米。曾遭盗扰，破坏严重。直接构筑在生土上，其构筑方法是，先自地面下挖刀形土圹，土圹开挖规整，四壁经过拍打、修整。而后于土圹之内起砖壁，墓壁与土圹壁间留有7厘米的空隙，空隙内填红褐色五花土。土圹残长505、宽192～294、最深处残深112厘米。

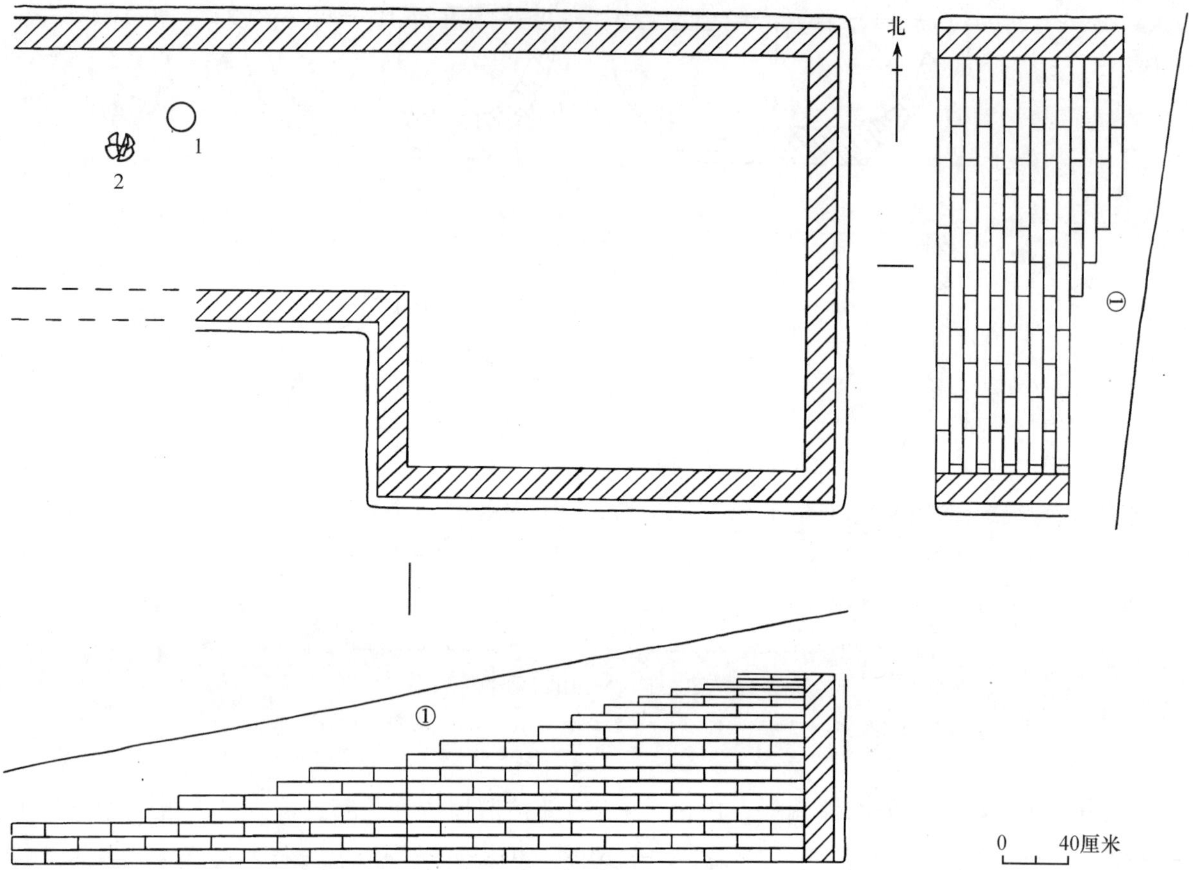

图二八 M14平、剖面图
①耕土层
1、2. 陶钵

由甬道、墓室两部分组成。墓葬甬道以前部分遭破坏无存。

甬道 平面呈长方形。北壁与墓室北壁连一体，南壁作90°南拐，形成墓室南壁。甬道的南壁部分被破坏。甬道内填土为黄褐色黏土夹杂砖块，少量残碎的陶片。底部为少量的姜石和黄色生土地面，稍作修整。甬道残长200、宽142、残高50厘米。

墓室 平面呈长方形。东西长280、南北宽244、残高112厘米。南北两壁均为长方形条砖错缝叠砌起壁，菱形几何纹一侧朝向墓室。砖间填塞黄褐色黏土。后壁与南北两壁一起咬合错缝叠砌起壁，菱形几何纹一侧朝向墓室。墓室内填黄褐色黏土，夹杂大量砖块，并有少许残碎的灰陶、红陶片。墓室所用墓砖以长方形条砖为主，杂有少量的带榫卯的条砖，花纹内向。可推测原应有券顶。地面与甬道处同一地平，底部少量的姜石和黄色生土地面，稍作修整。

葬具、尸骨腐朽无存。葬具、葬式、头向不明。

2. 出土器物

出土遗物2件，出土位置为甬道内北侧，计有陶钵2件。

陶钵 2件。M14：1，釉陶。厚胎。轮制。敞口，方唇，斜平沿，弧腹折收小平底。口沿及器内表施酱黄色釉，有细小裂纹，釉面有脱落。口径17.9、底径5.6、高5.6厘米（图二六，

3）。M14：2，泥质灰陶。轮制。敞口，尖圆唇，浅折腹收成小平底。口径12、底径3.4、高4.4厘米（图二六，2）。

采集墓砖　1件。M14：01，泥质灰陶。长方形条砖，上下面饰绳纹，一长侧面饰菱形几何纹，菱形纹中为菱形小乳钉，其余素面。深灰色，烧制温度高。长40、宽17.5、厚7厘米（图二三，5）。

三、时代划分

由于大湾墓群的墓葬被近代破坏较为严重，这次发掘的墓葬均不同程度遭到破坏，有的墓葬空无一物，这就为分期研究带来了不便。以下主要依据墓葬形制和出土的器物，与前面几次发掘的墓葬及出土物进行对比，并参照其他地区的同类墓葬，就此次发掘的墓葬进行大致的时代划分。

M1出土的瓷碗与汇南墓群98FHCM10AbⅠ式碗M10：37相似①，可推断M1的时代大致为蜀汉晚期至晋初；另外该墓葬出土的钱币均为五铢钱，该种钱币流行于东汉中晚期。所以该墓葬的时代应为蜀汉晚期至晋初。

M2的墓葬形制为“凸”字形，构筑方法与以往发掘的东汉至南朝的“凸”字形砖室墓葬相似。出土器物亦有相似和相近的，特别是抚耳俑与99FHBM29：27抚耳俑相似②，吹埙俑与2002FGDM22：4③、99FHD16：38吹埙俑相似，所以时代应为东汉中晚期。

M3无法判定时代。

M4由于此墓仅出土1件瓷碗和1件残俑头，只能依据青瓷碗来判断时代。该瓷碗与98FHCM10：32相近，98FHCM10时代为蜀汉晚期到晋初④，故M4应属这一时期。瓷碗与2002FGDM13：1十分相似，2002FGDM13时代为西晋初期⑤。所以，M4的时代应为西晋初期。

M5的墓葬形制为刀形砖室墓，出土的泥质红陶模型明器塘和泥质红陶罐具有典型的东汉特色。依据陶罐的器形与汇南墓群出土的Ea型陶罐99FHBM25：22相似，99FHBM25为东汉中

① 四川省文物考古研究所、丰都县文管所：《丰都汇南墓群发掘报告》，《重庆库区考古发掘报告集·1997卷》，科学出版社，2001年。

② 四川省文物考古研究所、丰都县文管所：《丰都汇南墓群发掘报告》，《重庆库区考古发掘报告集·1998卷》，科学出版社，2003年。

③ 重庆市文化局、重庆市文物考古所、宝鸡市考古工作队、丰都县文物管理所：《丰都大湾墓群2002年度发掘报告》，待刊。

④ 四川省文物考古研究所、丰都县文管所：《丰都汇南墓群发掘报告》，《重庆库区考古发掘报告集·1997卷》，科学出版社，2001年。

⑤ 重庆市文化局、重庆市文物考古所、宝鸡市考古工作队、丰都县文物管理所：《丰都大湾墓群2002年度发掘报告》，待刊。

晚期[①]，可推定M5时代应为东汉中晚期。

M6形制较小，却很完整，与以往发掘的东汉时期的墓葬一致。出土的陶俑与东汉的陶俑特征相同。出土的M6：2陶罐与安全墓地98CWAM18出土的M18：4罐相似，另外该墓出土的M6：5陶钵与安全墓地98CWAM18出土的M18：46陶碟相似，钱币与98CWAM18的Ⅲ式五铢钱币相似，98CWAM18时代是东汉晚期[②]，可推知该墓葬的时代也应为东汉晚期。

M7出土的动物俑具有东汉墓葬出土动物俑的鲜明特征。釉陶罐与涪陵蔺市的98FLM1出土的陶罐M1：19相似，另外M7：1陶罐与98FLM1出土的C型陶罐相似，釉陶杯与98FLM1的B型卮M1：6[③]、汇南墓群99FHDM16的Ⅰ式杯M16：8相似，M7：10陶罐与汇南墓群的99FHBM23：31井身相似[④]，因此M7的时代应与上述各墓时代相同，为东汉中晚期。

M8出土器物少，仅依据釉陶钵和钱币来判断时代。釉陶钵与赤溪M2CaⅠ式钵M2：67、槽房沟M2Cb型陶钵相似，出土钱币与该墓出土的Ⅱ式五铢钱币相似[⑤]。因此，该墓的时代大致与赤溪M2和槽房沟M2的时代相当，为东汉晚期。

M9无法判定时代。

M10出土的夹砂红陶釜与汇南墓群的AⅠ式陶釜FHCM10：19相似，M10出土的青瓷盏、瓷碗与汇南墓群98FHAM2出土的器物均相似，98FHAM2时代为南朝早中期，因此可推定M10的时代与98FHAM2相当，为南朝早中期[⑥]。

M11出土的男立侍俑具有较多的东汉时期特征，也是流行于这时期的人物俑中重要的组成部分。所以M11的时代大致为东汉时期。

M12出土的陶釜与汇南墓群98FHAM2的AⅢ式釜M2：40相似，M12：2陶罐与93汇南墓群BⅡ式罐M17：9相似，而98FHAM2时代为两晋时期[⑦]，93汇南M17时代为南朝早中期[⑧]，因此可推定M12时代应为南朝早中期。

M13出土器物具有典型的东晋时期的特征，瓷碗的口沿上施褐色点彩，瓷壶的腹部较鼓。

---

① 四川省文物考古研究所、丰都县文管所：《丰都汇南墓群发掘报告》，《重庆库区考古发掘报告集·1998卷》，科学出版社，2003年。

② 陕西省考古研究所、万州区文物管理所：《万州安全墓地发掘报告》，《重庆库区考古报告集·1997卷》，科学出版社，2001年。

③ 重庆市文物考古所、涪陵区文物管理所：《涪陵蔺市遗址发掘简报》，《重庆库区考古发掘报告集·1998卷》，科学出版社，2003年。

④ 四川省文物考古研究所、丰都县文管所：《丰都汇南墓群发掘报告》，《重庆库区考古发掘报告集·1998卷》，科学出版社，2003年。

⑤ 四川省文物考古研究所：《丰都县三峡工程淹没区调查报告》，《四川考古报告集》，文物出版社，1998年。

⑥ 四川省文物考古研究所、丰都县文管所：《丰都汇南墓群发掘报告》，《重庆库区考古发掘报告集·1997卷》，科学出版社，2001年。

⑦ 四川省文物考古研究所、丰都县文管所：《丰都汇南墓群发掘报告》，《重庆库区考古发掘报告集·1997卷》，科学出版社，2001年。

⑧ 四川省文物管理委员会、四川省文物考古研究所、丰都县文物管理所：《丰都县汇南两汉—六朝墓发掘简报》，《四川考古研究论文集》，《四川文物》1996年增刊。

该墓出土的陶甑与汇南墓群99FHDM34：10相似[①]，略显矮胖，时代应比M34早。因此，该墓的时代应为东晋时期。

M14出土的釉陶钵与99汇南Gb型釉陶钵M16：2相似，灰陶钵与99汇南AbⅢ式钵M16：18相似，由99汇南M16为东汉中晚期墓葬，推断M14为东汉中晚期。

综上所述，此次发掘的墓葬大致分为三个阶段：东汉——M11东汉时期，M2、M5、M7、M14东汉中晚期，M6、M8东汉晚期；晋——M1蜀汉晚期至晋初，M4西晋初期，M13东晋时期；南朝——M10、M12南朝早中期。M3、M9的时代不详。

四、结　语

经过三次对大湾墓群较大规模的发掘，我们逐步对墓群有了比较全面深刻的认识，主要表现在以下几个方面。

一是墓葬的分布虽然比较稀疏，但有一定的规律。墓葬多筑在河谷丘壑的土包上，墓道朝向长江岸边和土包的东南方向，也有个别的墓葬依据土包的位置有所不同。墓主尸骨保存虽然很少，但仍可依据墓葬形制判定墓主的头向西北。基本上是两个以上的墓葬占据一个土包，应该说总体稀疏分布，相对又比较集中。墓葬之间未发现打破关系，而且大多墓葬为整齐有序的排列。我们虽很少得知墓主与相邻墓葬的关系，是同一家族内的关系或为夫妇等别的关系。但是我们可以肯定它们之间有一定的关联。

二是墓葬形制多为刀形墓葬，其次为长方形。墓葬多为斜坡墓道，在刀形土圹或长方形土圹内进行砖式建筑，采用的砖大多为长方形条砖，一长侧面有菱形几何纹，这多在墓室或墓道底部错缝砌墙。或是带有榫卯结构的楔形砖，这多用于墓室上部的券顶。建筑墓葬的残砖用于封门。墓葬上面有封土。这是东汉至南朝时期最为典型的墓葬形式。

三是随葬器物。根据时代的不同，随葬器物亦有一定的规律。西汉时期以实用的泥质灰陶器为主要随葬用器，有少量的铜兵器、铁器，东汉早期这种情况开始变化，铜兵器退出不见，模型俑器逐渐成为主流品类，所出器物除个别在形制上仍保留晚期巴蜀文化的某些特征以外，汉式陶器已占据主导地位。直至蜀汉，墓葬内始终有三套随葬品，一套是泥质灰陶的罐、钵、釜、甑等组成的实用器；一套是釉陶壶、钵、盂、勺、博山炉、灯等所构成的明礼器；一套是以人物俑、动物俑以及塘、井、房、畜（禽）栏模型所构成的内容丰富的模型俑器。蜀汉时期，开始出现少量的瓷器，至两晋，瓷器成为随葬品的主流，模型俑器、釉陶明礼器数量减少，逐渐退出流行，至南朝晚期全部消失。随葬品的发展脉络非常清楚，即由早期主要为陶质生活用具，演变为大量随葬陶模型明器、俑器，继而发展到随葬大量的青瓷类生活用具，时代特征十分鲜明[②]。

---

① 四川省文物考古研究所、丰都县文管所：《丰都汇南墓群发掘报告》，《重庆库区考古发掘报告集·1998卷》，科学出版社，2003年。

② 王力军：《丰都地区两汉—南朝墓葬的初步研究》，《重庆·2001三峡文物保护学术研讨会论文集》，科学出版社，2003年。

附记：参加此次三峡考古发掘的有刘军社、王力军、王颢、李伸前、陈恩乾、刘军户、杨富科、张喜文、任新宇、李永忠、张培刚等。

领队：邹后曦

执行领队：刘军社

绘图：陈恩乾　刘军户　任新宇

修复、拓印：张喜文　李伸前　李永忠

照相、摄像、资料整理：王力军　王　颢

执笔：王　颢　王力军

『十三五』国家重点出版物出版规划项目

长江三峡工程文物保护项目报告

甲种第十三号

重庆库区考古报告集

2003卷（四）

重庆市文物局 重庆市水利局 编

科学出版社

内 容 简 介

本书共收录三峡工程重庆库区田野考古发掘简报134篇。长江三峡地区不仅山水雄奇，而且是一座瑰丽的文化宝库。考古发掘表明，自古以来，这里就是中华民族长江文明的重要舞台和文化交流的通道，保存着从旧石器、新石器时代经历夏商周直到宋元明清的各代文物古迹。

本书作为三峡工程重庆库区第七部科学发掘成果的正式报告集，相信对于三峡地区古代历史文化的研究，会起到积极的推动作用。

本书可供考古学、历史学等学科研究者，以及高等院校相关专业师生和广大文物考古爱好者阅读、参考。

图书在版编目（CIP）数据

重庆库区考古报告集. 2003卷：全5册 / 重庆市文物局，重庆市水利局编. —北京：科学出版社，2019.11
（长江三峡工程文物保护项目报告. 甲种第十三号）
"十三五"国家重点出版物出版规划项目
ISBN 978-7-03-063317-0

Ⅰ. ①重… Ⅱ. ①重…②重… Ⅲ. ①考古发掘-发掘报告-重庆-2003 Ⅳ. ①K872.719.5

中国版本图书馆CIP数据核字（2019）第252485号

责任编辑：王光明 / 责任校对：邹慧卿
责任印制：肖 兴 / 封面设计：陈 敬

科 学 出 版 社 出版
北京东黄城根北街16号
邮政编码：100717
http://www.sciencep.com

中国科学院印刷厂 印刷
科学出版社发行 各地新华书店经销

*

2019年11月第 一 版 开本：A4（880 × 1230）
2019年11月第一次印刷 印张：214 插页：115
字数：6 577 000

定价：2860.00元（全五册）

（如有印装质量问题，我社负责调换）

"13th Five-Year Plan" National Key Publications Publishing and Planning Project

Reports on the Cultural Relics Conservation
in the Three Gorges Dam Project
A(annual report) Vol.13

Collections of Reports on the Archaeological Excavation in the Three Gorges Dam, Chongqing

in 2003 · Ⅳ

Cultural Relics and Heritage Bureau of Chongqing
&
Chongqing Water Resources Bureau

Science Press

长江三峡工程文物保护项目报告

重庆库区编委会

重庆市人民政府三峡文物保护专家顾问组

长江三峡工程文物保护项目报告

《重庆库区考古报告集·2003卷》

编　委　会

目　　录

丰都槽房沟墓地2003年度发掘简报

重庆市文化遗产研究院
宝鸡市考古工作队
丰都县文物管理所

槽房沟墓地位于重庆市丰都县镇江镇观石滩东北约700米的长江北岸小山梁上，南临长江，丰（都）镇（江）公路从其南端经过，海拔155米。时代为汉代—六朝时期。1987年文物普查时发现，1992年三峡库区文物调查时发现暴露残墓3座。1993年12月四川省文物考古研究所对该墓地的西部进行了小规模的试掘，清理墓葬2座，出土文物70余件。 2001年10月至2002年1月重庆市博物馆、宝鸡市考古工作队、丰都县文物管理所联合对该墓地进行了大规模考古发掘，发现了东汉延光四年的纪年墓，并出土了目前已知最早的铜佛像。

为配合三峡水利工程建设，自2003年10月至2004年1月，重庆市博物馆、宝鸡市考古工作队在丰都县文物管理所的积极协助下，第二次对该墓地东区进行了大规模考古勘探发掘。本次发掘墓地位于槽房沟（2001年发掘点）以东的小山梁上，当地人称作空洞包，地处长江北岸的二阶台地，丰（都）镇（江）公路从山脚下穿过。空洞包左侧是凉水溪沟，右侧是槽房沟。该墓地保存状况较好，现为当地农户菜地。此次发掘面积1500平方米，发现墓葬13座，时代为东汉—两晋时期。墓葬分布于空洞包一侧面向江面的山脊上，未发现打破关系（图一；彩版一五六，1）。现将各墓情况报告于下。

一、墓葬概述

（一）M1

1. 墓葬形制

M1位于空洞包的中下部，为刀把形洞室砖墓，方向250°（图二；彩版一五六，2）。墓葬开口于第2层扰土层下，打破生土层，距现地表约0.66米，早期遭破坏。由甬道、墓室两部分组成，甬道前部、顶部与墓的左壁、墓顶已不存在，但据墓室两侧墓砖至近顶处渐向内收的情形判断，墓顶应为券顶。

甬道平面呈长方形，建在墓室前部左侧一端，甬道左壁与墓室左壁连成一线。上部坍塌遭破坏，两侧壁以长方形菱形几何边纹花砖错缝平铺叠砌而成，砖间以一层薄薄的黄泥合缝。甬道内及墓室填土较为坚硬，呈黄褐色，黏性较大，内夹杂有大量的碎砖和小石块等。甬道内残长1.3、内宽1.4、残高0.24～1米。

甬道及墓室处于同一水平面，未铺地砖。墓室用单侧菱形几何纹砖平砌而成，绝大多数墓

砖花纹朝向墓室内侧，墓砖的上下两面均饰有绳纹，长约46、宽约19、厚7厘米左右，形状有长方形砖、长方形字母砖等，还有少量菱形几何纹砖饰有“千萬”二字。砖室长2.35、宽2.8、墓室后壁最高处残高0.7、墓室前端残存高度0.6米。

该墓甬道左壁与墓室左壁绝大部分已被破坏。

墓圹自生土下挖成长方形竖穴土坑，坑壁经过拍打、修整，距墓室砖壁各宽约0.2米，砖室建成后，壁外回填五花土夯打。

2. 葬具与葬式

未发现葬具痕迹。尸骨腐朽无存，无法判定葬式和头向。在墓室底部右半侧有用8块长方形子母砖组合的半方框形棺床。

3. 出土器物

出土器物31件，质地有铜、铁、陶。器物种类有生活用具、装饰用品、钱币等。下面分别叙述。

铜器　2件。

铜鍪　1件。M：1，敞口，环状竖耳，肩部置对称双耳，扁腹，近平底。腹饰两周凸弦纹。口颈20.2、腹径22、腹深16.8、高17.2厘米（图三，1；彩版一六五，1）。

耳杯鋬　1件。M1：4，铜质。月牙形，应是嵌在漆器耳杯鋬上的。长7.8厘米（图三，2）。

钱币　2种。

五铢　1枚。M1：21-1，有边郭。“五”字中间两笔弯曲；“铢”字金字头呈“△”形，“朱”字头右方折。钱径2.5、方穿0.9厘米（图四〇，1）。

货泉　1枚。M1：21-2，有边郭。篆体，从右到左读。钱径2.2、方穿0.6厘米（图四〇，2）。

铁器　1件。

铁刀　M1：28，铁质。单面刃。残长11.1厘米（图三，3；彩版一六四，5）。

陶俑　2件。

立侍俑　M1：10，泥质红陶。戴高冠，目下视，小嘴，亵衣圆领，外为交领右衽，广袖长袍，双手抱于胸前，左臂夹物，袍下露双足。高34.4厘米（图三，5；彩版一六二，2）。

陶猪　M1：22，泥质红陶。纵向平分两部分模制，合范而成。耸短耳，张嘴露齿，目微凸。体长，肥硕，短尾右卷臀上。中空。通高15.2厘米（图三，4；彩版一六四，1）。

陶器　22件。

陶罐　6件。M1：2，泥质灰陶。小口，卷沿，斜颈，弧肩，鼓腹，平底。肩上饰两周凹槽，中间饰一周小三角形纹。口径10、腹径17.6、腹深11.6、底径8.4、高12.2厘米（图四，1）。M1：3，泥质红陶。重唇，圆肩，弧斜收腹，外底内凹，内底中部上凸。肩饰一周凹槽。口径11.4、腹径17、腹深10.4、底径7.8、高12厘米（图五，6）。M1：6，泥质灰陶。小口，卷沿，曲颈，弧肩，弧收腹，底微内凹。肩上饰两周小三角形纹，下饰一周凹槽。口径

北
空
洞
包
M1
M2
M3
M4
M5
M6
M7
M8
M9
M10
M11
M12
M13
粮　库
生
产
路
丰
江
镇
长
公
路
图 例
民宅
现代墓
2003年发掘墓葬
0
100米

图一　槽房沟墓地地形图

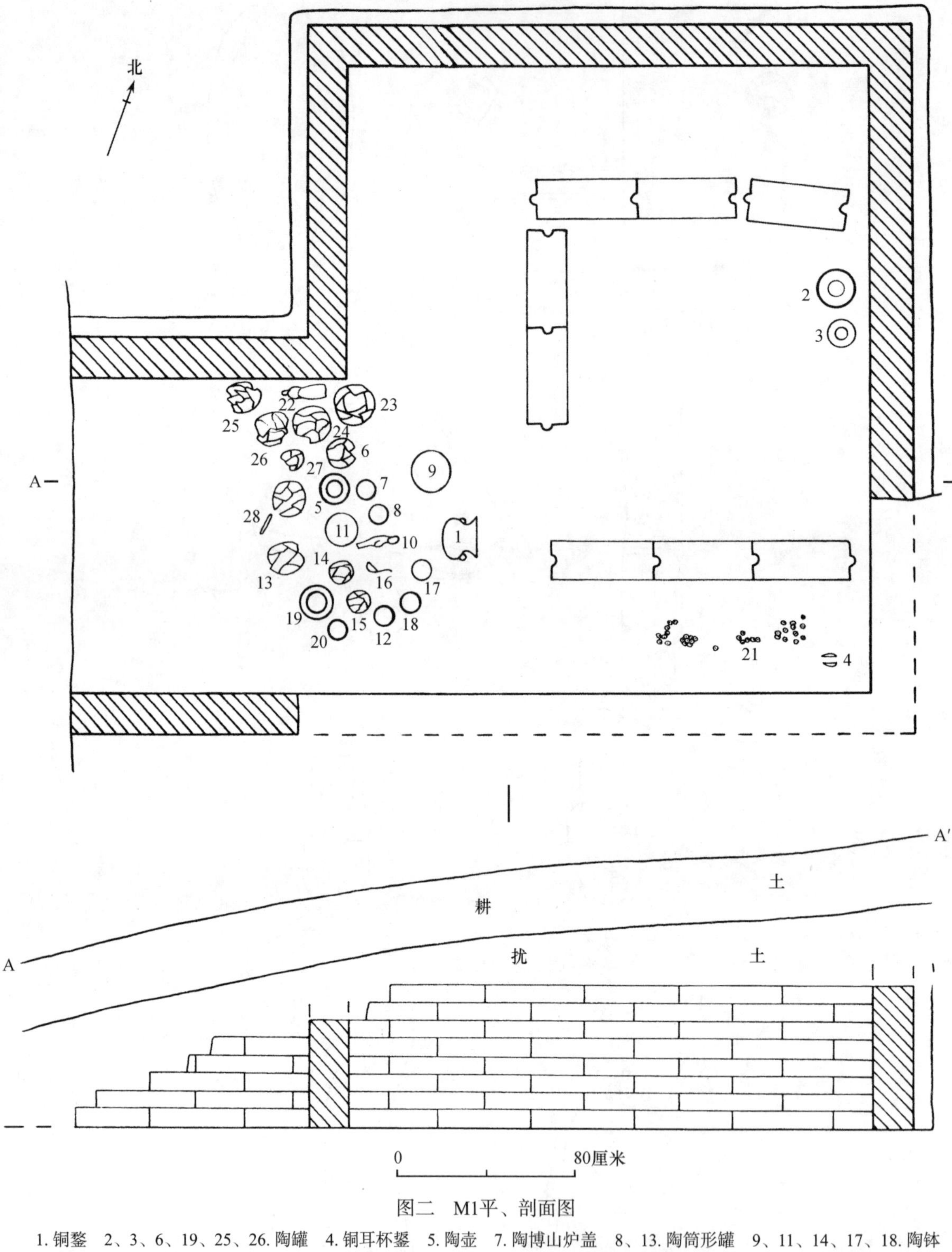

图二 M1平、剖面图

1. 铜鍪 2、3、6、19、25、26. 陶罐 4. 铜耳杯鋬 5. 陶壶 7. 陶博山炉盖 8、13. 陶筒形罐 9、11、14、17、18. 陶钵 10. 陶立侍俑 12. 陶盆 15. 陶灯 16. 陶勺 20. 陶杯 21. 钱币 22. 陶猪 23. 陶圜底罐 24. 陶甑 27. 小陶罐 28. 铁刀

9.2、腹径16.4、腹深10.8、底径8.5、高11.6厘米（图四，2）。M1：19，泥质灰陶。侈口，曲颈，弧肩，鼓腹，底微内凹。肩上饰两周凹槽。口径10.2、腹径16、腹深9、底径9.4、高10厘米（图四，7）。M1：25，泥质灰陶。侈口，卷沿，斜颈，弧肩，鼓腹，底内凹。肩上饰一周小三角形纹，下饰一圈凹槽。口径10、腹径18、腹深10.4、底径7.8、高12.2厘米（图四，

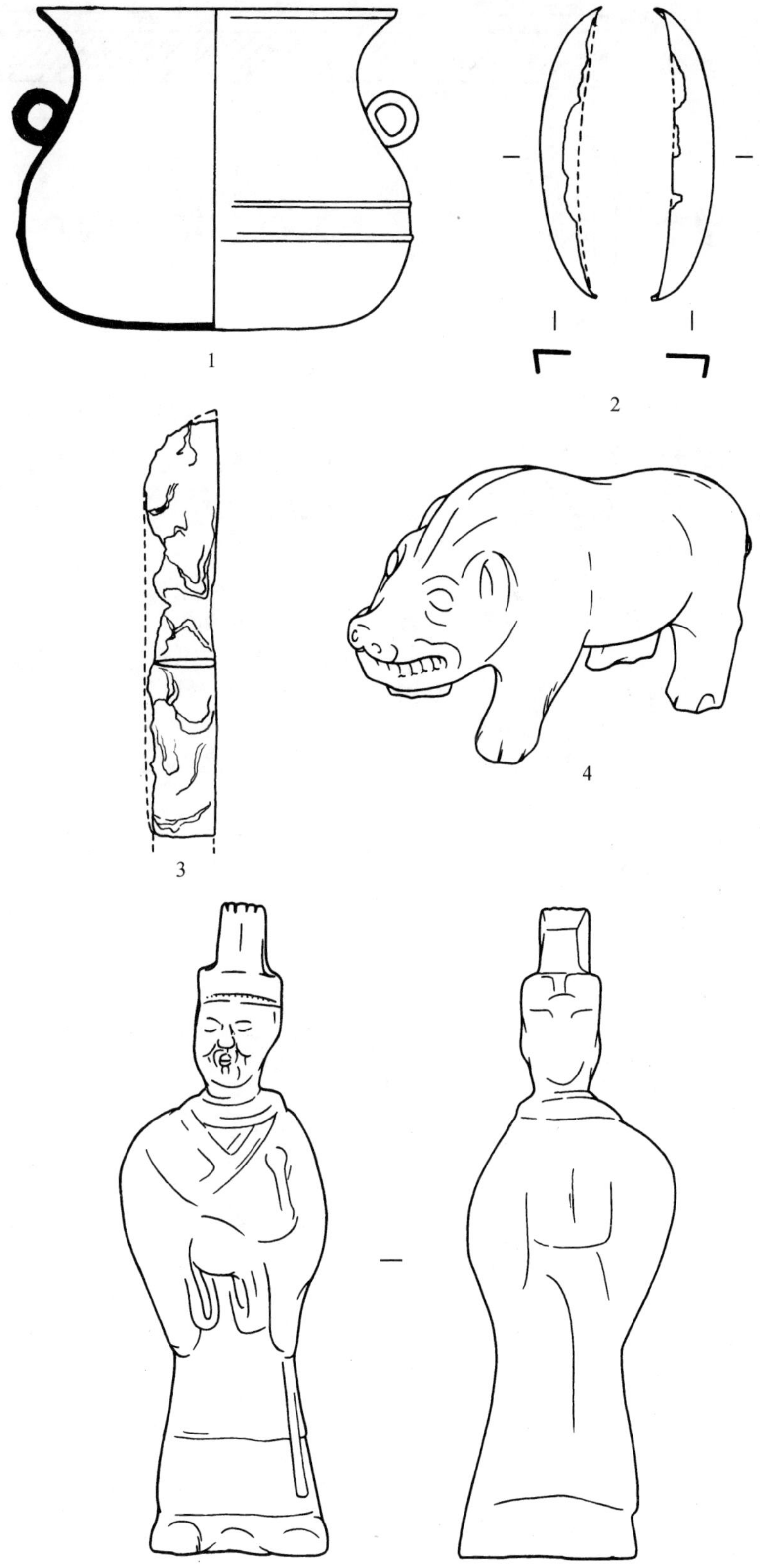

1、4、5. 0 4厘米　2、3. 0 2厘米

图三　M1出土器物

1. 铜鍪（M1：1）　2. 铜耳杯鋬（M1：4）　3. 铁刀（M1：28）　4. 陶猪（M1：22）　5. 陶立侍俑（M1：10）

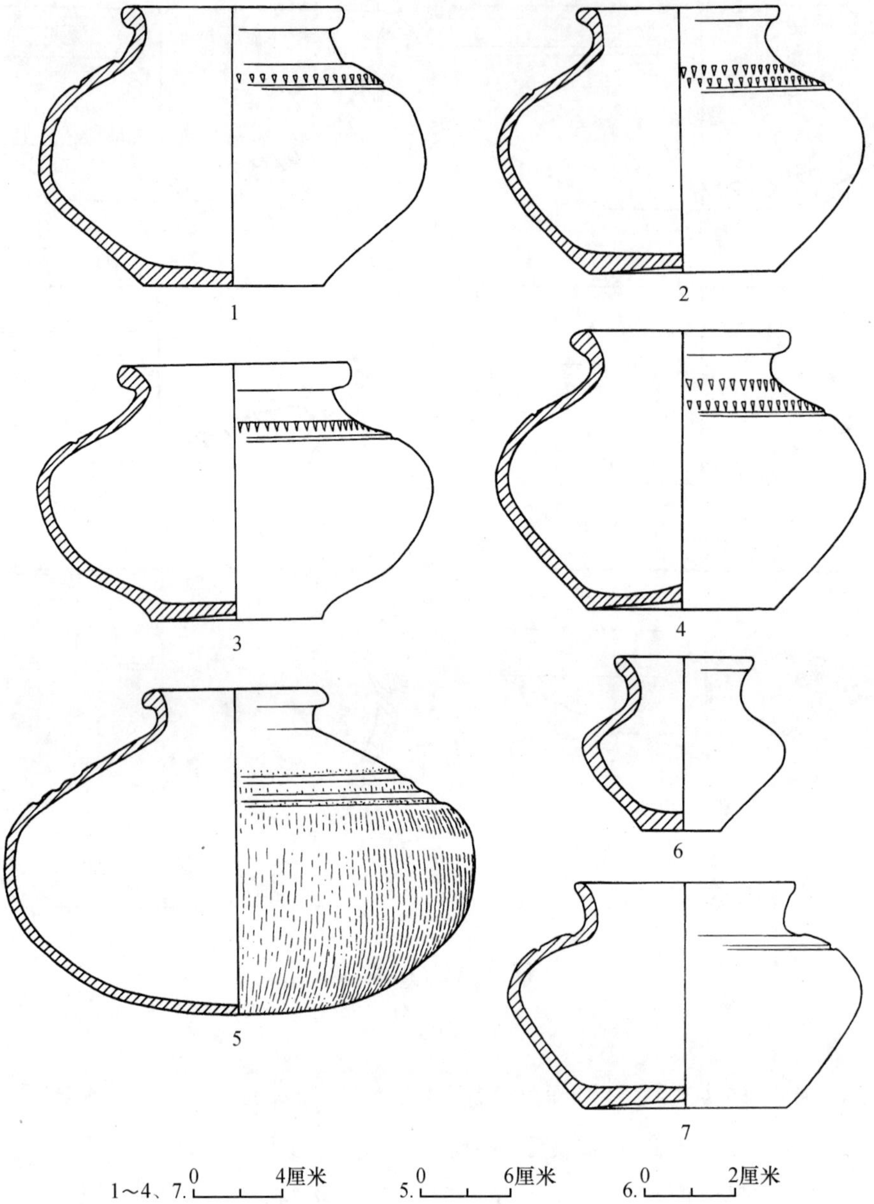

图四　M1出土陶器

1～4、7. 罐（M1：2、M1：6、M1：25、M1：26、M1：19）　5. 圜底罐（M1：23）　6. 小陶罐（M1：27）

3）。M1：26，泥质灰陶。侈口，卷沿，曲颈，弧肩，鼓腹，底内凹。肩上饰两周小三角形纹，下饰一周凹槽。口径10.6、腹径16.6、腹深11.2、底径8.6、高11.2厘米（图四，4）。

小陶罐　1件。M1：27，完整。是陶井的一部分，代表水桶，与一个破碎陶罐、陶井盖同出，破碎陶罐无法修复。侈口，圆唇，曲折肩，斜收腹，平底。口径3、腹径4.6、腹深3.4、底径1.8、高3.8厘米（图四，6）。

圜底罐　1件。M1：23，泥质灰陶。小口，卷唇，短颈，弧肩，鼓腹，圜底。肩上饰三周凹槽，腹饰绳纹。口径12.6、腹径32.3、腹深20.4、高21.4厘米（图四，5）。

筒形罐　2件。M1：8，泥质灰陶。敛口，腹微鼓，底稍内凹。口径14、腹径20、腹深16、底径14、通高18厘米（图六，5）。M1：13，泥质灰陶。敛口，腹微鼓，底稍内凹。口径

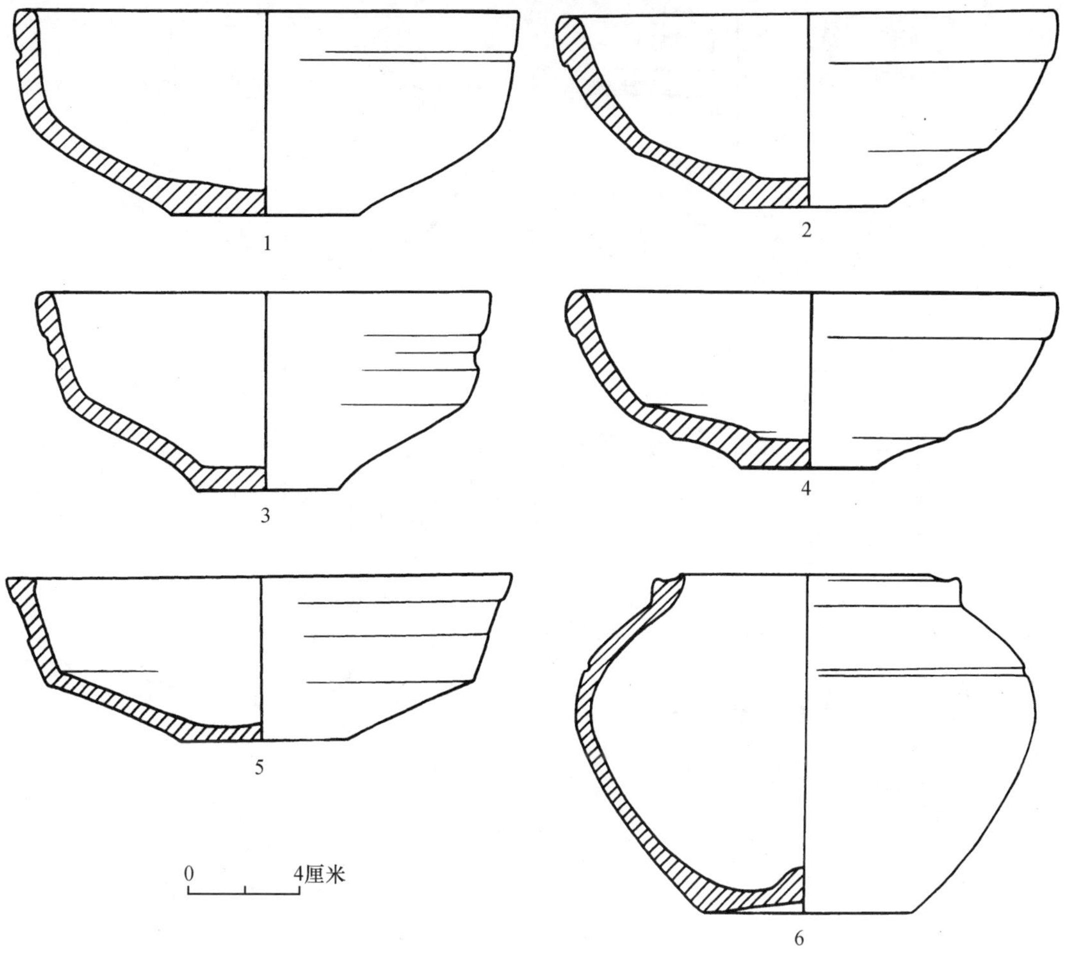

图五 M1出土陶器

1～5. 钵（M1：18、M1：11、M1：14、M1：17、M1：9） 6. 罐（M1：3）

13.4、腹径18.4、腹深16.3、底径14、通高17.3厘米（图六，4）。

陶壶 1件。M1：5，釉陶，器表施酱色釉。有盖，盖上有三乳突。侈口，长弧颈，颈下饰两周凹槽，鼓腹，对称铺首状耳，腹部饰凹槽一周，矮圈足，饰两周凹槽。口径16.5、腹径27、腹深30、底径17.5、通高35.8厘米（图六，7；彩版一六二，6）。

博山炉盖 1件。M1：7，釉陶，表面施酱色釉。乳房状，有镂空。高6.8、口径11厘米（图六，2）。

陶钵 5件。M1：9，泥质红陶。平唇，折腹，小平底。口径18.6、腹径16.8、腹深5.2、底径6、高5.8厘米（图五，5）。M1：11，泥质灰陶。平唇，折腹，小平底。口径18.4、腹径17.2、腹深5.8、底径5.6、高6.8厘米（图五，2）。M1：14，泥质灰陶。平唇，折腹，小平底。口径17.6、腹深6.2、底径5、高7厘米（图五，3）。M1：17，泥质灰陶。平唇，折腹，小平底。口径18、腹深5.2、底径5、高6.2厘米（图五，4）。M1：18，釉陶，器表施茶色釉。平唇，唇下有一周凹槽，曲腹，小平底。口径18.4、腹深6.4、底径7、高7.2厘米（图五，1）。

陶盆 1件。M1：12，釉陶。侈口，斜平沿，折腹，平底。口径21.2、腹深4.6、底径6.8、高5.4厘米（图六，1）。

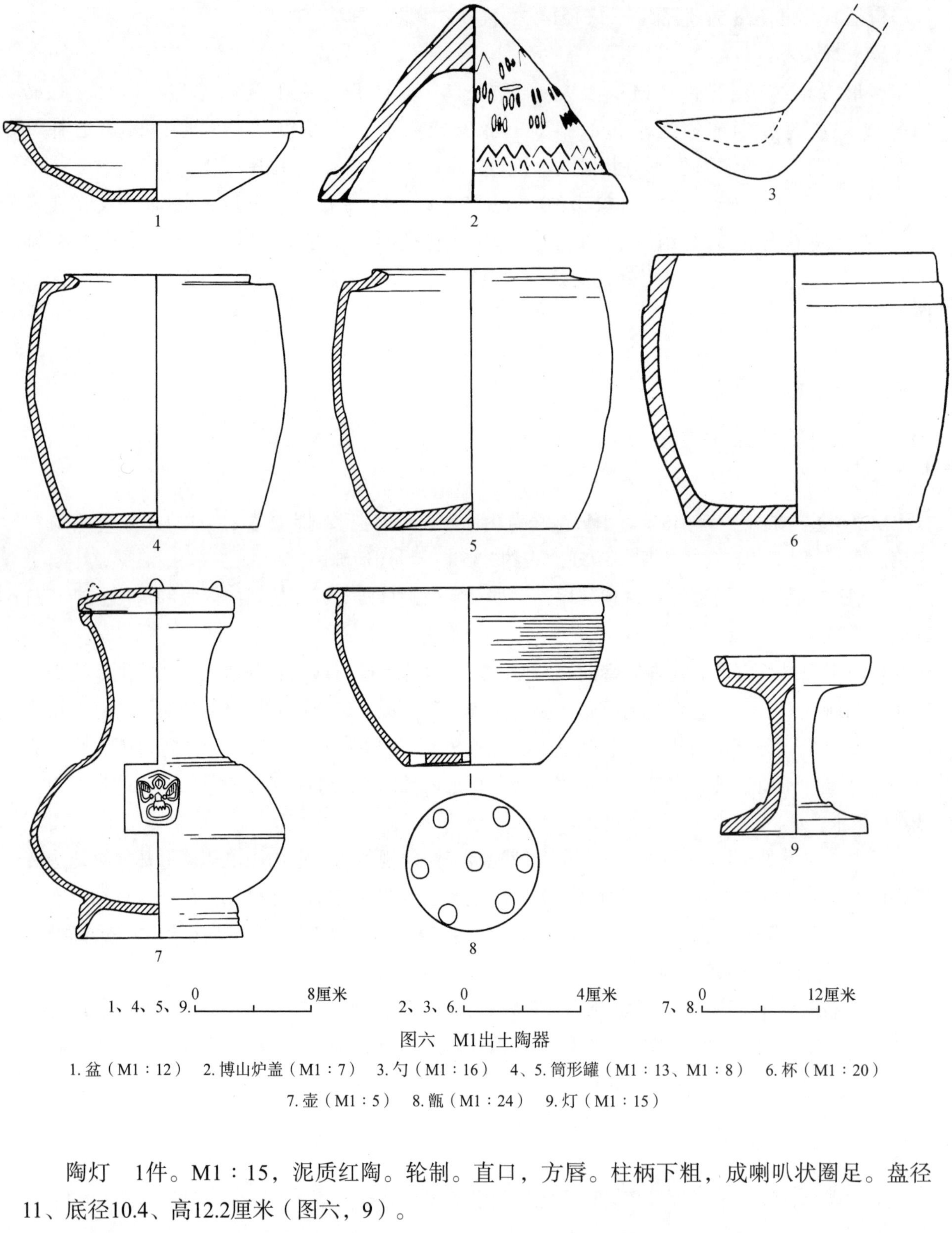

图六　M1出土陶器

1. 盆（M1：12）　2. 博山炉盖（M1：7）　3. 勺（M1：16）　4、5. 筒形罐（M1：13、M1：8）　6. 杯（M1：20）　7. 壶（M1：5）　8. 甑（M1：24）　9. 灯（M1：15）

陶灯　1件。M1：15，泥质红陶。轮制。直口，方唇。柱柄下粗，成喇叭状圈足。盘径11、底径10.4、高12.2厘米（图六，9）。

陶勺　1件。M1：16，泥质红陶。柄残，深腹，厚壁。残长5.6厘米（图六，3）。

陶杯　1件。M1：20，泥质红陶。敛口，平唇，弧腹，平底。颈呈梯状。口径10、腹径10.8、底径8.2、高9.3厘米（图六，6）。

陶甑　1件。M1：24，泥质灰陶。直口，沿外卷，收腹，底有7个圆孔，微内凹。腹饰弦

纹。口径31、腹径28.5、腹深17、底径14.5、高18.3厘米（图六，8）。

砖 2种。

菱形方格纹砖 1件。M1：29，泥质灰陶。长方形。上下两面均饰有绳纹，在砖的一侧，左右分别饰两组平行的斜线，相交成菱形，中填以“◇”形，砖边沿补饰“∧”“∨”“＜”“＞”形等几何纹。长43、宽19、厚7厘米（图四一，1）。

“千萬”文字砖 1件。M1：30，泥质灰陶。有榫卯。上下两面均饰绳纹，在砖的一侧，左右分别饰两组平行的斜线，相交成菱形，中填以“◇”形，砖边沿补饰“∧”“∨”“＜”“＞”形等几何纹，“◇”形内填有文字“千萬”。长46、宽19、厚6.5厘米（图四一，2）。

（二）M2

1. 墓葬形制

M2 位于M1下方东南8米处山坡上，背山面江。为刀把形洞室砖墓，方向110°。墓葬开口于第2层扰土层下，打破生土层，距现地表约0.35米，早期遭破坏。

墓道已不存在，甬道、墓室顶部塌陷。据墓室两侧墓砖至近顶处渐向内收的情形判断，墓顶应为券顶。

甬道平面呈长方形，建在墓室前部右侧一边，甬道右壁与墓室右壁连成一线。上部遭破坏坍塌，两侧壁以长方形菱形几何纹花砖错缝平铺叠砌而成，砖间以一层薄薄的黄泥合缝。甬道内及墓室上半部分填土为扰土，较为坚硬，黏性较大，内夹杂有碎砖和小石块等。下半部分为黄褐色淤土，土质较纯，夹杂残砖及完整砖。甬道内长2.35、内宽1.55、残高0.4～0.8米，封门残高0.32米。

甬道及墓室处于同一水平面，人字形铺地砖，铺地规整。墓室均用单侧菱形几何纹花边砖平砌而成，绝大多数墓砖花纹朝向墓室内侧，墓砖上下两面均饰有绳纹，长约45、宽约21、厚约7厘米，形状有长方形砖、长方形字母砖等。砖室长3、宽1.95米，墓室后壁塌陷，最高处残高1.8、墓室前端残存高度1米。

墓室后壁墙上端未存，可能倒塌于墓室，后挡墙墓壁断面有一“U”形沟槽扰土，打破两侧生土，很可能是水土流失冲垮墓室后挡墙壁，墓底的淤土形成于此原因（图七；彩版一五七，1）。

2. 葬具与葬式

未发现葬具痕迹。尸骨腐朽无存，无法判定葬式和头向。

3. 出土器物

出土器物30件，绝大多数出土于甬道与墓室之间。质地有铁、瓷、陶器等。下面分别叙述。

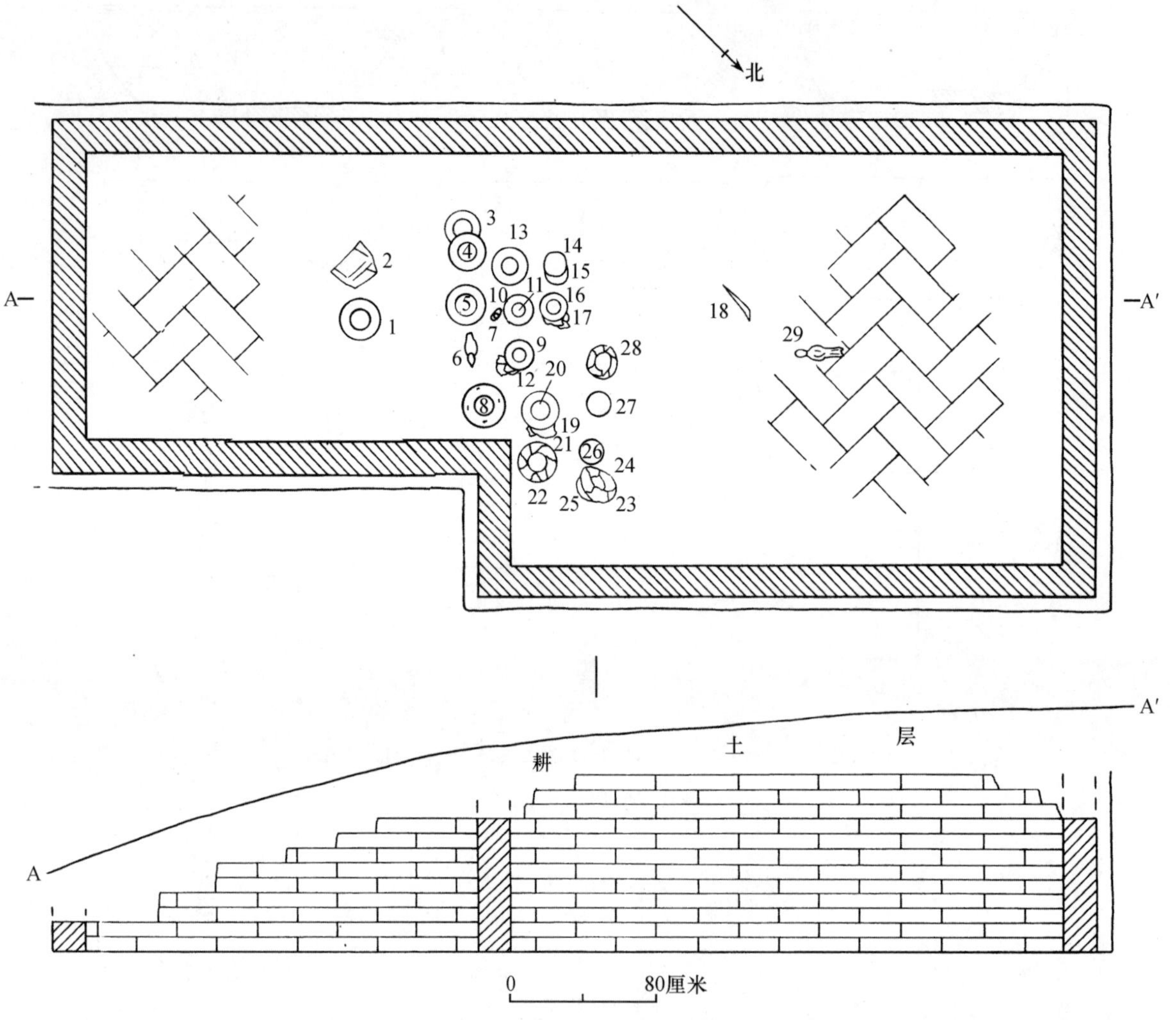

图七　M2平、剖面图

1. 陶壶　2. 陶房　3、9、14、15、23～26. 瓷钵　4. 六系瓷罐　5. 陶釜　6. 陶鸡　7、29. 陶立侍俑　8、16、27. 四系瓷罐　10、11、20. 瓷碗　12. 瓷器盖　13、28. 陶罐　17、21. 瓷盏　18. 铁刀　19. 陶甑　22. 鸡首瓷壶

铁器　1件。

铁刀　1件。M2：18，残。刃呈斜弧状，背厚而平直，刃末端直收成尖状，说明末端是装入木柄内的。长32、宽约3.3、厚0.7厘米（图八，11）。

瓷器　19件。

钵　8件。M2：3，青瓷。灰白胎，施青灰釉，釉不及底。口沿残缺。微敛口，圆尖唇，斜弧腹，平底。口沿下饰浅凹弦纹两周。口径14.2、腹径4.2、底径10、通高5.4厘米（图八，1）。M2：9，青瓷。灰白胎，施青灰釉，釉不及外底。口沿残缺。微侈口，圆唇，斜弧腹，平底。口沿下饰凹弦纹两周。口径16.6、腹深5.2、底径11、高6.2厘米（图八，2）。M2：14，青瓷。灰白胎，施青灰釉，釉不及外底。口沿残缺。敛口，尖圆唇，斜弧腹，平底。口沿下饰浅凹弦纹一周。口径17、腹深5.2、底径10、高6.1厘米（图八，3）。M2：23，青瓷。灰白胎，施青灰釉，釉不及底。残。侈口，方圆唇，斜弧腹，平底微内凹。口沿下饰凹弦纹一周。口径16、腹深4.2、底径11、高5.6厘米（图八，5）。M2：24，青瓷。灰白胎，胎质较厚，施

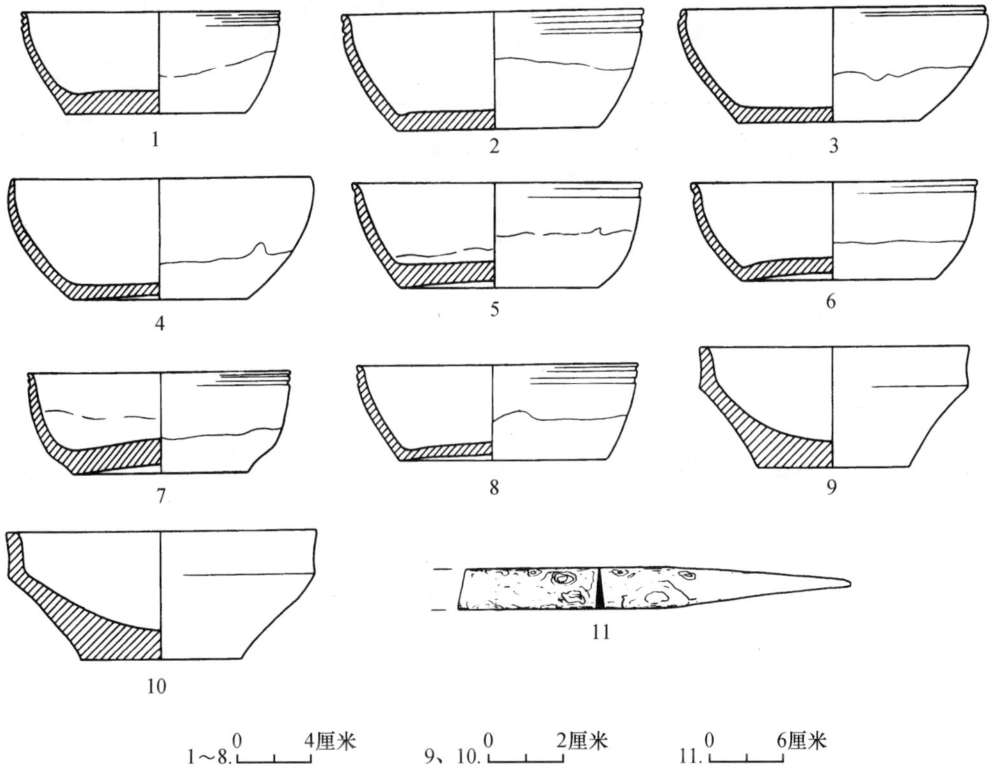

图八　M2出土瓷器、铁器

1～8. 瓷钵（M2：3、M2：9、M2：14、M2：15、M2：23、M2：24、M2：25、M2：26）　9、10. 瓷盏（M2：17、M2：21）　11. 铁刀（M2：18）

青灰釉，釉不及外底。口沿残缺。圆唇，斜弧腹，平底微内凹。口沿下饰浅凹弦纹一周。口径16、腹深4、底径10.8、高5.3厘米（图八，6）。M2：25，青瓷。灰白胎，施青灰釉，釉不及口沿及底。口沿残。敛口，圆唇，圆肩，弧腹，平底微内凹。口沿下饰浅凹弦纹一周。口径14.5、腹深5.6、底径9.2、高5.4厘米（图八，7）。M2：26，青瓷。灰白胎，施青灰釉，釉不及底。有裂纹。圆唇，斜弧腹，平底微内凹。口沿下饰浅凹弦纹两周。口径15.5、腹深4.1、底径11.4、高5.1厘米（图八，8）。M2：15，青瓷。青釉，釉不及底。口沿施四组酱斑点釉，每组六点，呈花边状。口沿微残。口微敛，尖圆唇，圆肩，斜弧腹，平底，假圈足。口沿下饰浅凹弦纹一周。内底有一周乳突支点。口径16.6、腹深5.2、底径9.8、高6.5厘米（图八，4；彩版一六四，3）。

酱斑点彩最早开始于吴晋之际，东晋时在长江中游各地流行。四川地区酱斑点彩出现于西晋时期，东晋时期的纹饰以弦纹为主，多饰于碗的外口沿及罐的系（耳）之间，褐色斑点纹主要饰于碗口沿。

盏　2件。M2：17，青瓷。灰白胎，施青灰釉，釉不及外底。口沿微残。个体较小，尖圆唇，折肩，下腹斜收，小平底。做工粗糙。口径7.5、腹深2. 5、底径4.2、高3.2厘米（图八，9）。M2：21，青瓷。灰白胎，施青灰釉，釉不及外底。口沿微残。个体较小，圆唇，折肩，下腹斜收，小平底。做工粗糙。口径8.5、腹深2.6、底径4.4、高3.4厘米（图八，10）。

碗　3件。M2：10，青瓷。灰白胎，除假圈足外全身施青釉。口沿微残。个体较小，口微

敛，尖圆唇，弧腹，平底，假圈足。口径7.4、腹深3.4、底径4.8、高4.6厘米（图九，2；彩版一六四，4）。M2：11，青瓷。灰白胎，除假圈足外全身施青釉。口沿微残。圆唇，圆肩，弧腹，平底，假圈足。碗内壁底部饰浅凹弦纹一周。口径12.4、腹深4.8、底径7.4、高6厘米（图九，1）。M2：20，青瓷。灰白胎，施青灰釉，釉不及外底。口沿微残。个体较小，尖圆唇，圆肩，斜弧腹，平底，假圈足。口径9.2、腹深3.1、底径5.4、高4厘米（图九，3）。

六系小口青瓷罐　1件。M2：4，灰白胎，施青灰釉，外表釉不及底。做工粗糙。小口，平沿，无颈，溜肩，鼓腹，平底。肩压六个桥形系，两两相对，四个横向系，两个竖向桥形系分别夹在两个横向系之间，均为泥条捏制。口径7.8、腹径14.8、腹深14.3、底径8.2、通高14.6厘米（图九，4；彩版一六二，3）。

四系瓷罐　3件。M2：16，灰白胎，施青灰釉，外表釉不及底。直口，平沿，短颈，溜肩，最大腹径在肩部，斜收腹，平底。沿下饰一道凹弦纹，肩饰一道凹弦纹，上压四个桥形系，为泥条捏制。口径9、腹径14.2、腹深14、底径8.6、通高14.7厘米（图一〇，3）。M2：27，灰白胎，施青灰釉，外表釉不及底。颈以上缺。溜肩，最大腹径在肩部，斜弧收

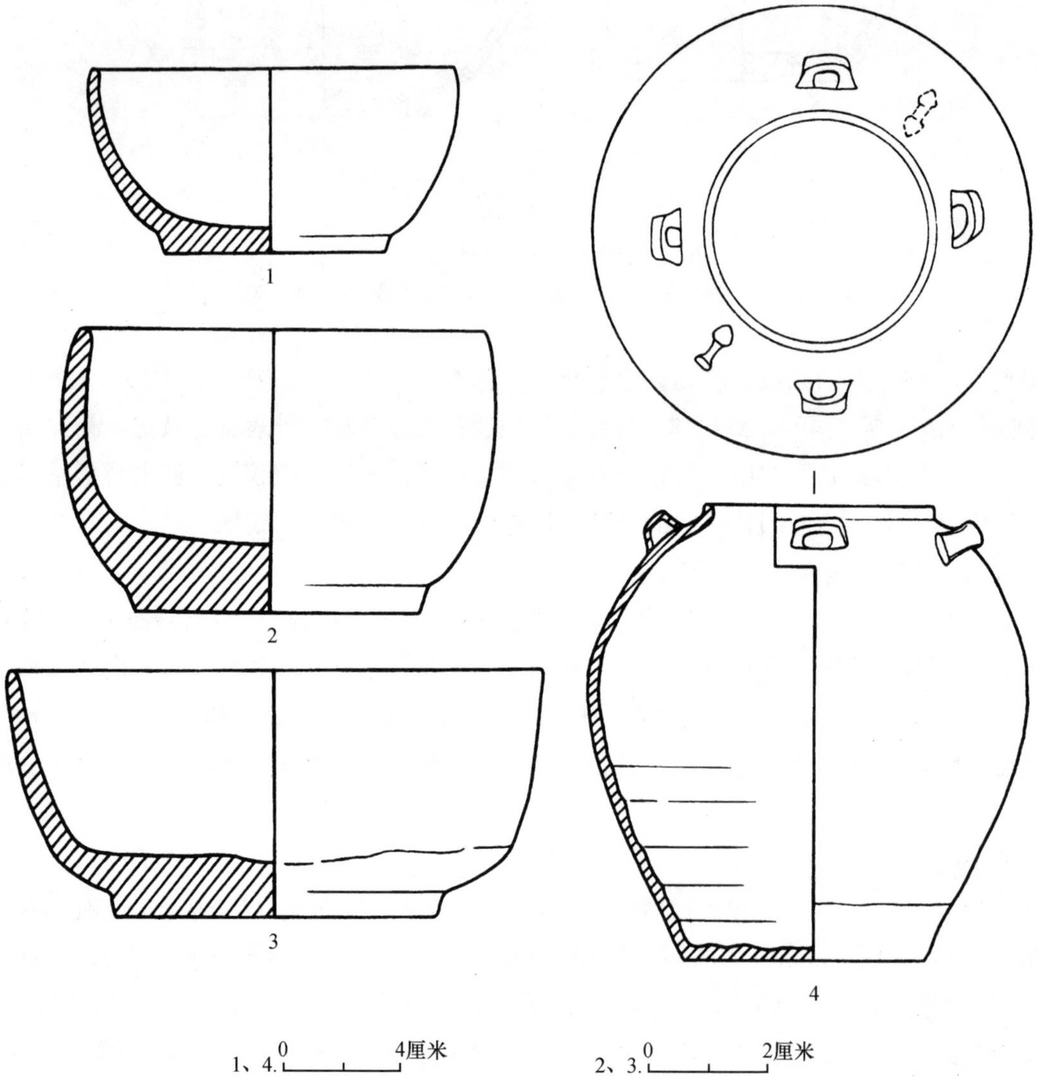

图九　M2出土瓷器

1～3. 碗（M2：11、M2：10、M2：20）　4. 六系小口青瓷罐（M2：4）

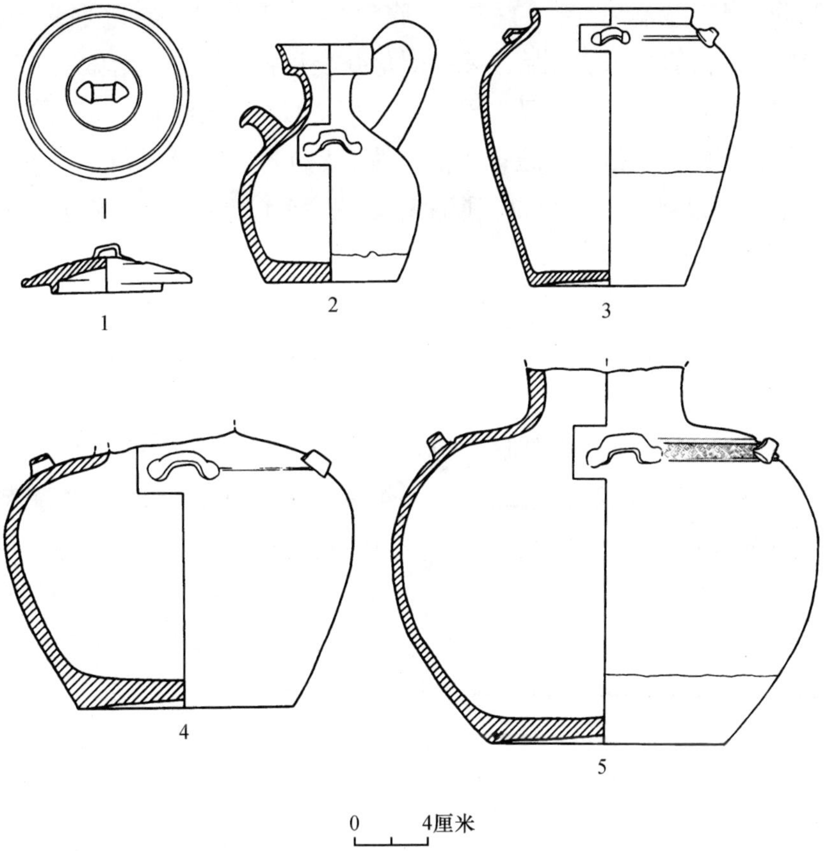

图一〇 M2出土瓷器
1. 器盖（M2：12） 2. 鸡首瓷壶（M2：22） 3～5. 四系瓷罐（M2：16、M2：27、M2：8）

腹，平底。肩饰一道凹弦纹，上压四个桥形系，为泥条捏制。腹径19、腹深13、底径11.8、残高14.6厘米（图一〇，4）。M2：8，青瓷。灰白胎，施青灰釉，外表釉不及底。为泥条捏制。颈以上残。一桥形系缺。溜肩，鼓腹，底微内凹。肩部饰三道浅凹弦纹。四个桥形系对称压在下部两道凹弦纹上，两道凹弦纹间的器胎上饰菱形方格纹一周，上施釉。口径8.6、腹径23.4、腹深18.8、底径13、残高20厘米（图一〇，5）。

鸡首瓷壶　1件。M2：22，灰白胎，施豆青釉，外表釉不及底。形体较小。盘口残。束颈，溜肩，鼓腹，平底。有提梁，梁附于肩与盘口之间。象征性流做鸡首状，肩有二桥形系。口径5.4、腹径9.8、腹深11.6、底径7.4、通高12.6厘米（图一〇，2；彩版一六二，4）。

器盖　1件。M2：12，青瓷。灰白胎，外施青灰釉。口沿微残。子母口。桥形纽，饰浅凹弦纹两周。直径9.4、通高2.7厘米（图一〇，1）。

陶器　9件。

立侍俑　2件。M2：7，泥质红陶。戴冠，着二重衣，外为交领右衽，着长袍，露双足。双手抱于胸前，头偏一侧，眉清目秀，隆鼻小嘴，面带两酒窝。范痕明显。高22.6厘米（图一一，1；彩版一六一，3）。M2：29，泥质红陶。戴冠，着二重衣，外为交领右衽，着长袍，露双足，广袖。双手抱于胸前，眉清目秀，隆鼻小嘴，面带两酒窝。范痕明显。高22.8厘米（图一一，2；彩版一六一，5）。

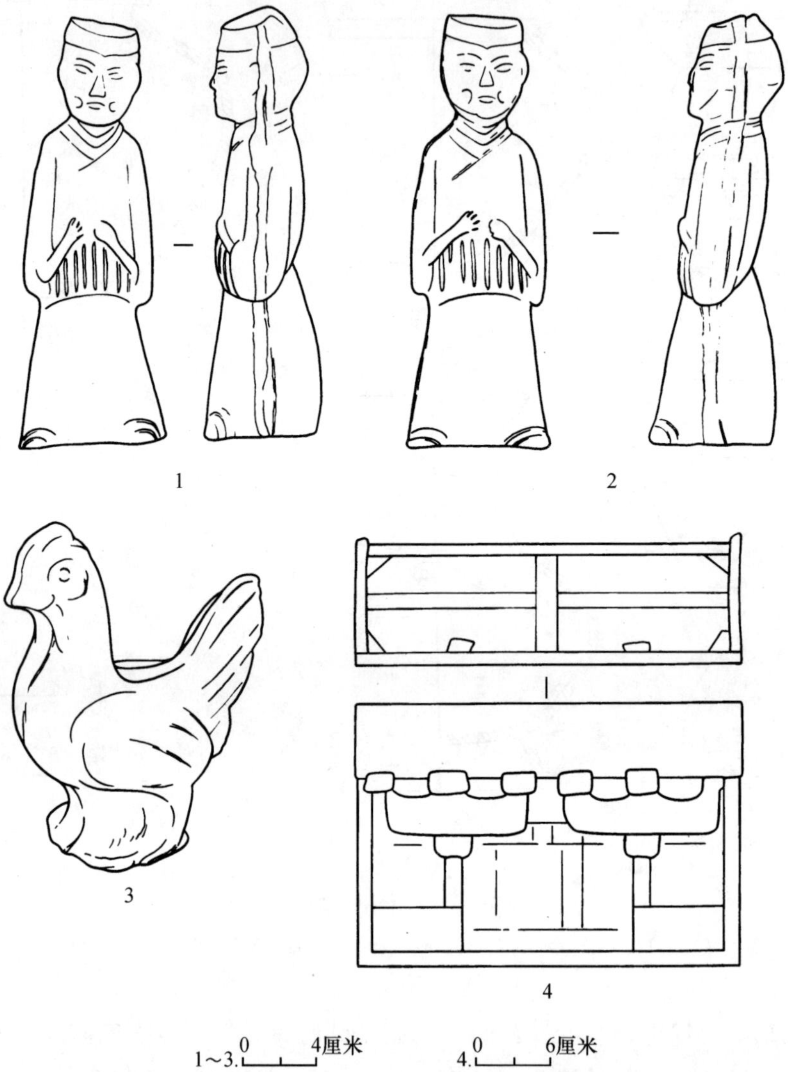

图一一　M2出土陶器

1、2. 立侍俑（M2∶7、M2∶29）　3. 鸡（M2∶6）　4. 房（M2∶2）

陶鸡　1件。M2∶6，泥质红陶。昂首、耸冠，尖喙、圆目，立足、翘尾。应为母鸡。高18.5厘米（图一一，3；彩版一六三，5）。

陶房　1件。M2∶2，泥质红陶。屋面呈横长方形，二柱上为一斗三升，无屋顶。火候较高，先制成各部件后拼接而成。长31.5、宽9.5、高21厘米（图一一，4；彩版一六四，2）。

陶壶　1件。M2∶1，绿釉陶。鼓腹以上施茶绿色釉，鼓腹以下施茶色釉，不及圈足。盖失，口沿残。盘口，平沿，长颈，溜肩，鼓腹，高圈足。颈下、腹上、足下部分别有数周凹槽。肩上有一对兽面铺兽衔环。口径15.8、腹径25.4、底径16.8、通高31.7厘米（图一二，5）。

陶釜　1件。M2∶5，泥质灰陶。口沿残。喇叭口，方唇，束颈，垂腹微鼓，底内凹。腹部有三道浅凹槽。口径17、腹径16.4、腹深12.8、底径11、通高14厘米（图一二，1）。

陶罐　2件。M2∶13，泥质红陶胎。轮制。器表面施茶色釉，未及器底。圆唇，无领，口沿内倾，折肩，鼓腹，底微内凹。火候较低。口径11、腹径18.2、腹深12.4、底径7.2、通高13

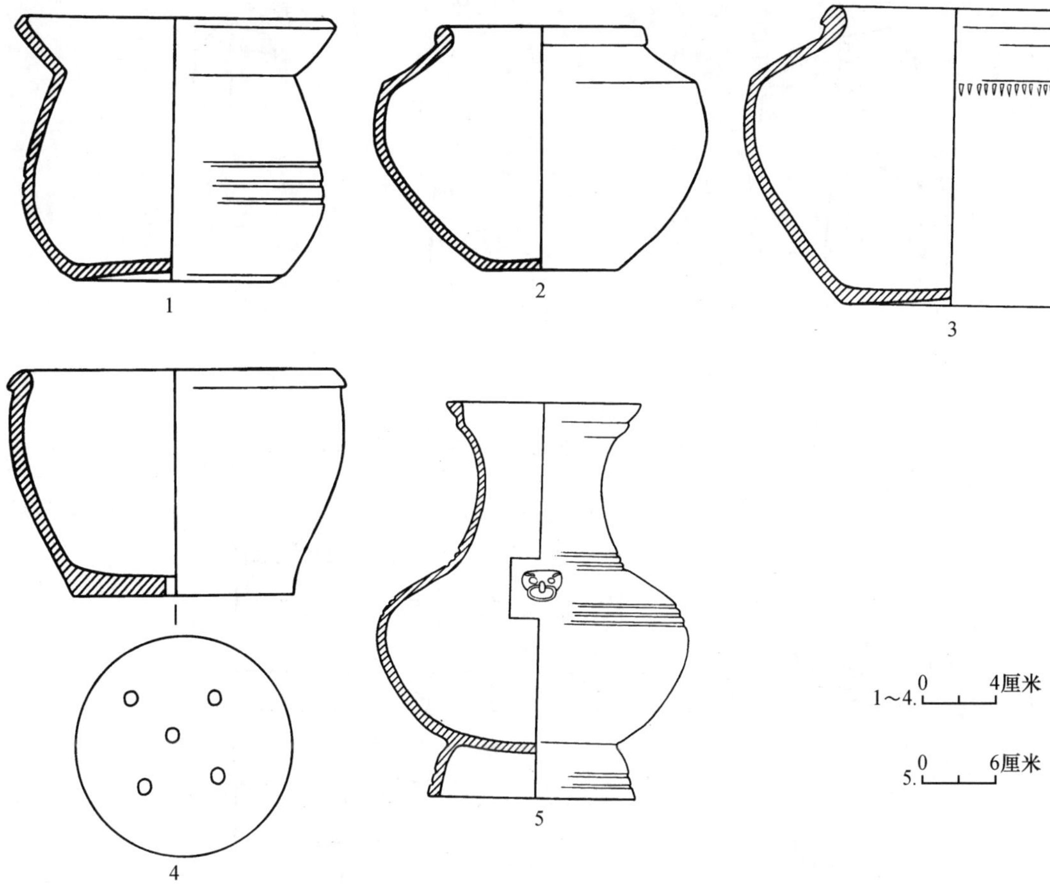

图一二　M2出土陶器

1. 釜（M2：5）　2、3. 罐（M2：13、M2：28）　4. 甑（M2：19）　5. 壶（M2：1）

厘米（图一二，2）。M2：28，泥质灰陶。轮制。圆唇，无领，口沿内倾，折肩，鼓腹平底。肩下饰一周戳纹。口径14、腹径22.7、腹深15、底径12、通高15.8厘米（图一二，3）。

陶甑　1件。M2：19，泥质灰陶。敞口，厚圆唇，斜弧收腹，平底，底部有5孔。口径17、腹径18、腹深11、底径12、通高12厘米（图一二，4）。

砖　1种。

菱形方格纹砖　1件。M2：30，泥质灰陶。长方形。上下两面均饰有绳纹，在砖的一侧，左右分别饰两组平行的斜线相交成菱形，中填以“◇”形，“◇”形内嵌一乳突，砖边沿补以“∧”“∨”“<”“>”形等几何纹。长41、宽20、厚7厘米（图四一，3）。

（三）M3

1. 墓葬形制

M3位于M2以南约20米的下方。M3方向205°。M3全长7.2米，是该墓地唯一1座“中”字形洞室砖墓，墓葬开口于第2层扰土层下，打破生土层，距现地表约0.8米，遭严重破坏（彩版一五七，2）。

由甬道、前室及后室三部分组成，南侧的墓壁、甬道、墓室顶部已不存在，但据墓室两侧墓砖至近顶处渐向内收的情形判断，墓顶应为券顶。

甬道、前室未铺地砖，只是前室中部有几块铺地砖，后室底部铺地砖大小、颜色不一，看不出规则，可能当初是用剩余的残砖应付而为。墓室底部与甬道底部处于同一水平面。墓室均用单侧菱形花边砖平砌而成，绝大部分砖已压碎，墓砖一般花纹朝向墓室内侧，墓砖的上下两面均饰有绳纹，长44、宽约20、厚约7厘米，形状有长方形砖、长方形子母砖等。

甬道长2.3（包括封门砖墙）、宽1.4米，一侧壁（左）仅残留两层砖，封门（前）、右壁残存高度为0.48米。前室长2.5、宽2.45米，右壁砖墙残存高0.88米。后室长2.4（包括后挡墙在内）、宽2.05米。后室残高0.8米。

墓圹自生土下挖成长方形竖穴土坑，坑壁经过拍打、修整，距墓室砖壁各宽约0.1米，砖室建成后，壁外回填五花土夯打（图一三）。

2. 葬具与葬式

未发现葬具痕迹。尸骨腐朽无存，无法判定葬式和头向。

3. 出土器物

因早年塌陷，打坏所有的陶器，后经泥土填实，清理的遗物均在残砖缝与红黏土之间，清理难度非常大。从清理看，器物主要放在前室及甬道的右侧，铜器放置于前室，铁釜放置于甬道紧靠右壁，陶房置于甬道的后部背靠左砖墙。陶狗放置于甬道、前室之间。钱币从前室散落于后室，而且叠压“成堆”。出土器物55件。质地有铜、铁、陶器。器物种类有生活用具、钱币等。下面分别叙述。

铜器　13件（组）。

铜盆　1件。M3：1，完整。侈口，曲颈，微鼓腹，斜弧收底，平底。腹有对称衔环耳。口径25.3、腹径24、腹深11.6、底径15、高12厘米（图一四，3；彩版一六五，5）。

铜壶　1件。M3：2，底残。杯口，弧颈，鼓腹，有对称衔环耳，矮圈足外侈。口径13、腹径21.2、腹深22.8、底径17.5、高28厘米（图一五，1；彩版一六二，1）。

铜鍪　1件。M3：3，敞口，环状竖耳，双耳偏于肩部，底残。口径22、腹径22.8厘米（图一四，2）。

铜盒　2件。M3：4，子母口，盖与器身基本对称，直腹，圈足。口径22、腹径21.6、底径11.5、通高27.3厘米（图一六，5）。M3：5，子母口，盖与器身基本对称，直腹，圈足。盖手中心铸有柿蒂纹饰。通高18.4、口径19、腹径21、底径12.5厘米（图一六，3；彩版一六五，2）。

铜沿饰　1组。M3：6（图一六，2）。M3：6-1，应是漆器铜沿饰，截面呈“U”形。直径26.6厘米。M3：6-2，应是漆器铜沿饰，截面呈“U”形。直径26厘米。M3：6-3，应是漆器铜沿饰，截面呈“U”形。直径24.4厘米。M3：6-4，应是漆器铜沿饰，截面呈“U”形。直径26厘米。

铜饰　1组，4件。M3：7，出土于墓室中部，与成堆的器物在一起。表面鎏金，从泡钉与

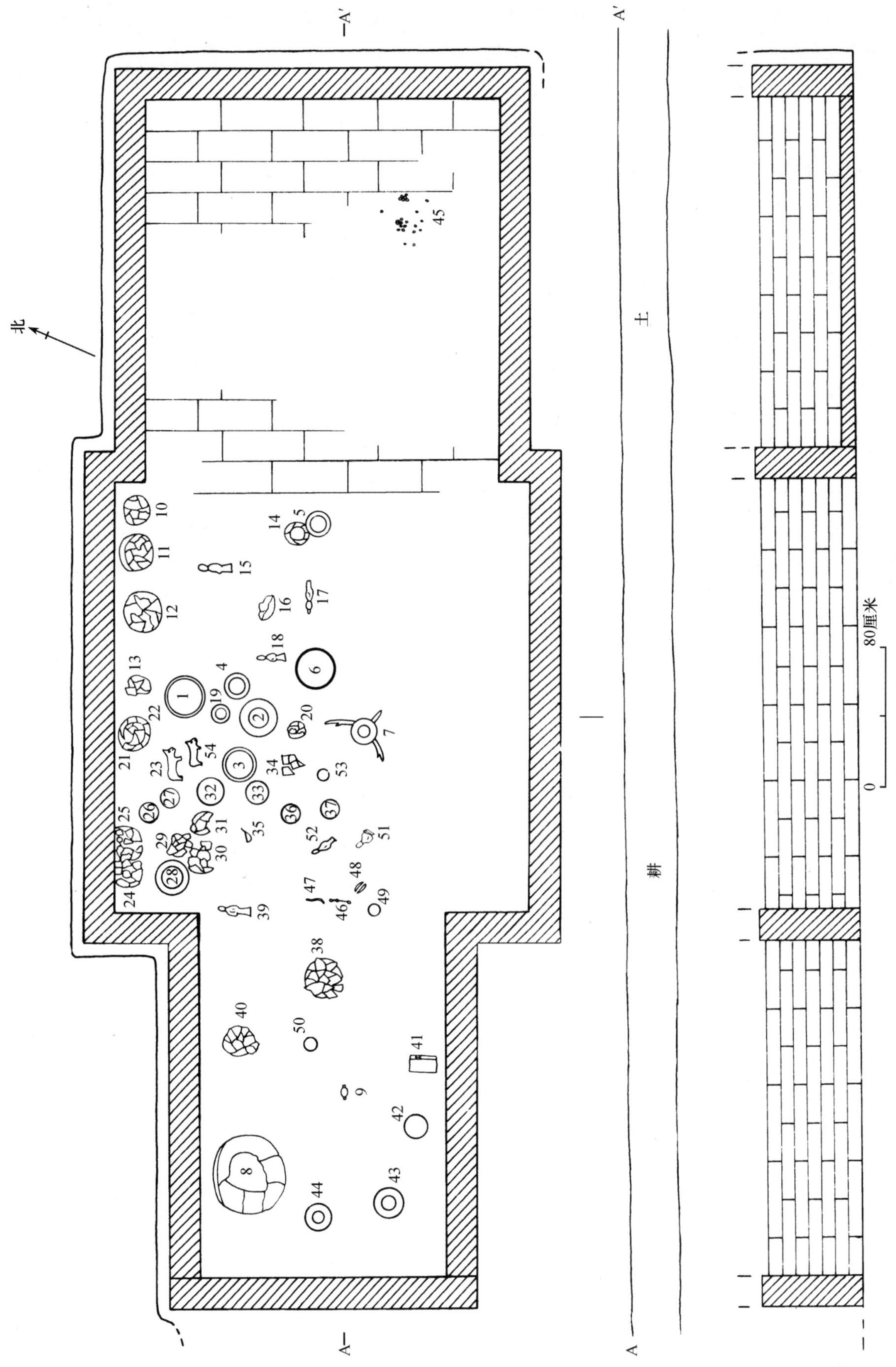

图一三 M3平、剖面图

1. 铜盆 2. 铜壶 3. 铜鍪 4、5. 铜盒 6. 漆器铜沿饰 7. 铜饰 8. 铁釜 9. 铜葫芦形器 10. 小陶罐 11、19、20、28、32、44. 陶罐 12、29. 陶壶 13. 陶子母鸡 14. 陶瓢 15、39. 陶立侍俑 16、21、26、31. 陶钵 17. 陶顶罐俑 18. 陶抚耳俑 22、24、40. 陶釜 23. 陶狗 25、43. 陶盆 27. 陶博山炉盖 30. 陶筒形罐 33、42. 陶碗 34. 陶井台 35. 陶勺 36、37. 陶灯 38. 陶圜底罐 41. 陶房 45. 五铢钱 46. 铜马衔 47. 铜马镳 48、53. 铜耳杯鋬 49. 陶杯 50. 陶博山炉 51. 陶抚琴俑 52. 陶舞俑 54. 陶猪

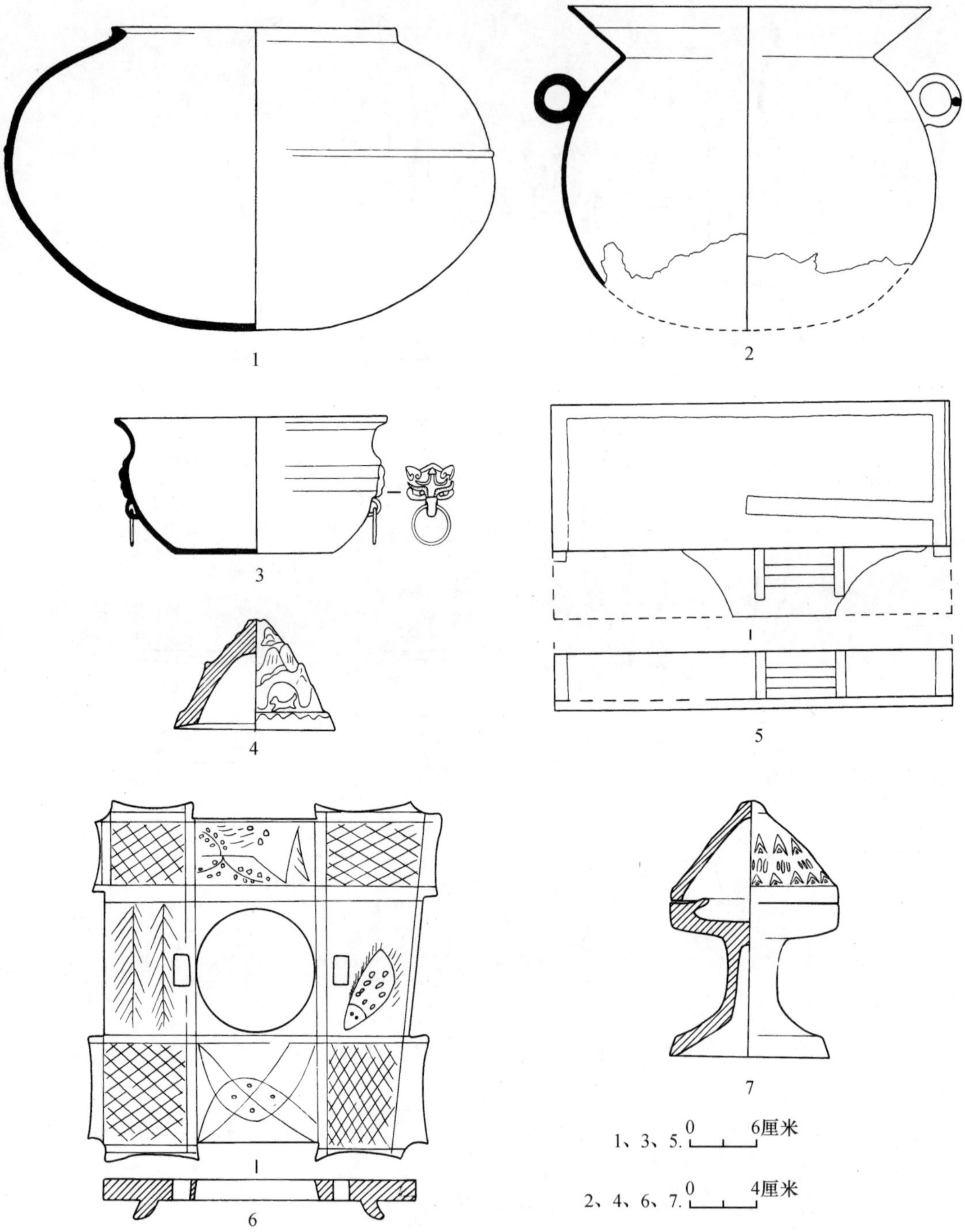

图一四　M3出土器物

1. 铁釜（M3：8）　2. 铜鍪（M3：3）　3. 铜盆（M3：1）　4. 陶博山炉盖（M3：27）　5. 陶房（M3：41）
6. 陶井台（M3：34）　7. 陶博山炉（M3：50）

其他部分组成及泡钉上的朽木痕迹推测，应是木质物品上的饰物。由连在一起的一对弯曲龙头饰、璧状铜片、泡钉及圭形铜饰组成，圭形铜饰一侧有两扁形环。通长33.6厘米（图一六，4；彩版一六五，4）。

葫芦形器　1件。M3：9，葫芦形，中部空，两头呈杯口形。口径2.2、腹径4.8、高6.4厘米（图一六，1；彩版一六五，3）。

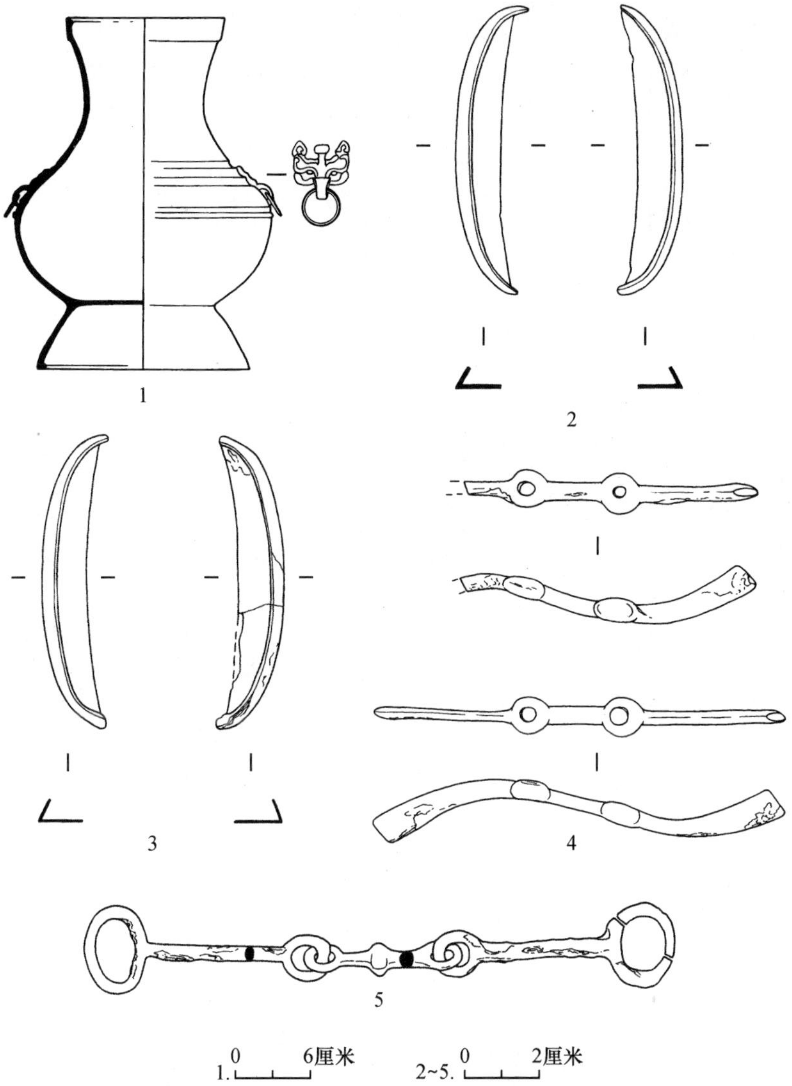

图一五　M3出土铜器

1. 壶（M3：2）　2、3. 耳杯鋬（M3：53、M3：48）　4. 马镳（M3：47）　5. 马衔（M3：46）

马衔　1件。M3：46，铜质。三链环相连。中间的链环小，连接两头环的铜棒中间外凸一圈。长15.9厘米（图一五，5）。

马镳　2件。M3：47，铜质。长11.3厘米（图一五，4）。

耳杯鋬　2件。M3：48，铜质。月牙形，应是嵌在漆器耳杯鋬上的。长7.8厘米（图一五，3）。M3：53，铜质。月牙形，应是嵌在漆器耳杯鋬上的。长7.7厘米（图一五，2）。

钱币　1种。

五铢　M3：45，有边郭。“五”字中间两笔弯曲；“铢”字金字头呈“△”形，“朱”字头左、右方折。钱径2.5、方穿0.9厘米（图四〇，3）。

铁器　1件。

铁釜　1件。M3：8，小口，无颈，鼓腹，圜底。腹部饰一周凸弦纹。口径26、腹径46、腹深26.1、高27厘米（图一四，1）。

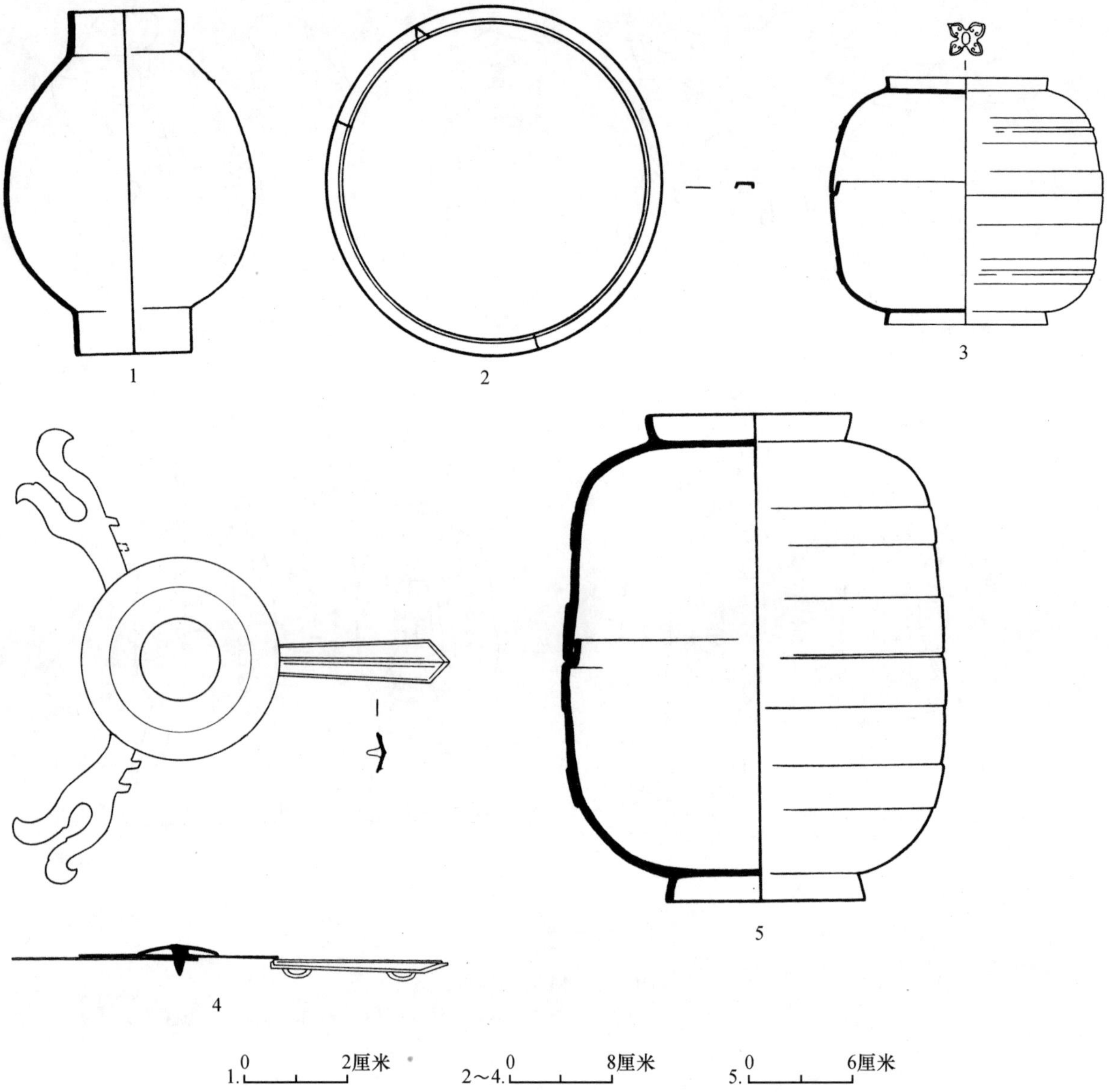

图一六　M3出土铜器

1. 葫芦形器（M3：9）　2. 沿饰（M3：6）　3、5. 盒（M3：5、M3：4）　4. 铜饰（M3：7）

陶器　40件。

俑　9件。

立侍俑　2件。M3：15，泥质红陶。高冠，面目残，着三重衣，亵衣圆领，外为交领右衽，着及地长袍，双手拢袖置于腹部，袍下露双足尖。腰间系带，垂于腹下。左臂夹物。袍后腰下斜开叉。高24厘米（图一七，4；彩版一六一，1）。M3：39，泥质红陶。高冠，面带浅笑，着三重衣，亵衣圆领，外为交领右衽，着及地长袍，双手拢袖置于腹部，袍下露双足尖。腰间系带，垂于腹下。左臂夹物。袍后腰下斜开叉。高24.2厘米（图一七，5；彩版一六一，2）。

顶罐俑　1件。M3：17，泥质红陶。右手挽袖扶罐顶于头上，面目不清，亵衣圆领，外为窄袖交领右衽长袍，下露裤及双履，左手置于胸前。高18厘米（图一七，3；彩版

图一七　M3出土陶俑

1. 子母鸡（M3：13）　2. 抚耳俑（M3：18）　3. 顶罐俑（M3：17）　4、5. 立侍俑（M3：15、M3：39）

一六一，4）。

抚耳俑　1件。M3：18，泥质红陶。胸以下及左臂残缺。挽高髻，髻呈圆弧山状，额系方巾，结于脑后。眉清目秀。着三重衣，褒衣圆领，外为交领右衽。右手抚耳，面目安详。残高13.8厘米（图一七，2）。

抚琴俑　1件。M3：51，泥质红陶。缺头。跽坐于长方形琴前，着三重衣，褒衣圆领，外为交领右衽，挽袖，袖起折。左手抚琴，右手指做弹奏状。高12.6、宽15.6厘米（图一八，3）。

舞俑　1件。M3：52，泥质红陶。高髻，面带浅笑，着三重衣，褒衣圆领，外为交领右衽，长裙，裙摆前下方有半圈刻划纹饰。右臂残，左手提裙叉腰。通高21.1厘米（图一八，1；彩版一六一，6）。

子母鸡　1件。M3：13，泥质红陶。昂首，尾残，蹲伏状。背负小鸡，身下遮伏小鸡。高11. 2厘米（图一七，1）。

陶狗　1件。M3：23，泥质灰陶。头前伸，双耸耳，凸目，张嘴露齿，做吠状，四足有

图一八　M3出土陶俑

1. 舞俑（M3：52）　2. 狗（M3：23）　3. 抚琴俑（M3：51）　4. 猪（M3：54）

力。长24厘米（图一八，2）。

陶猪　1件，M3：54，夹砂灰陶，鼓眼，凸嘴，鼻部上翘，两耷耳。体肥，卷尾。长20.4、高13.4厘米（图一八，4）。

陶器　31件。

陶罐　6件。M3：11，泥质灰陶。敛口，沿外卷，斜颈，折肩，斜弧收腹，底微内凹。颈上饰一周波浪纹，腹饰刻划方格纹及细碎绳纹。口径21、腹径38.5、腹深23.2、底径20、高24.8厘米（图一九，6）。M3：19，泥质灰陶。残。敛口，斜颈，折肩，鼓腹，平底。颈上饰一周波浪纹，肩饰一周刻划方格纹。口径10.6、腹径23.6、腹深15、底径15.4、高16厘米（图一九，4）。M3：20，泥质灰陶。敛口，沿外卷，斜颈，折肩，斜弧收腹，平底。颈上饰一周波浪纹，腹饰刻划方格纹及细碎绳纹。口径23、腹径38、腹深25、底径19.4、高25.6厘米（图一九，5）。M3 ：28，泥质灰陶。残。小口微侈，短曲颈，弧肩，肩上数周凹槽，并有一周小凸三角纹。斜收腹，平底。口径9、腹径22.4、腹深19.8、底径13.4、高20.2厘米（图一九，2）。M3：32，泥质灰陶。残。侈口，圆唇，弧肩，鼓腹，底内凹。颈上饰一周波浪纹，肩饰两周小凸三角纹。口径10、腹径17、腹深11、底径8.4、高12.2厘米（图一九，1）。M3：44，泥质灰陶。残。敛口，斜颈，折肩，鼓腹，平底。颈上饰一周波浪纹，肩饰一周刻划方格纹。

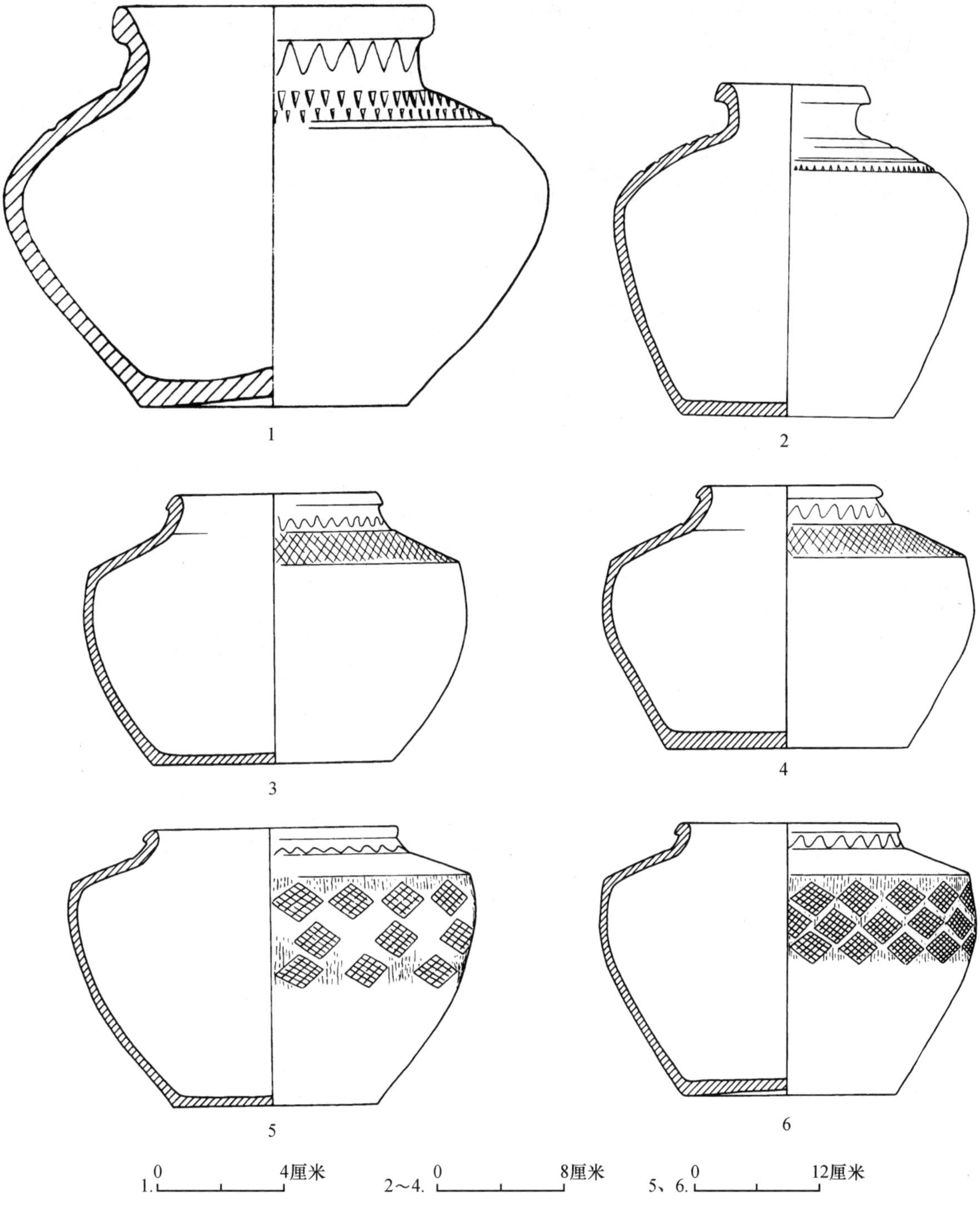

图一九　M3出土陶器

1～6. 罐（M3：32、M3：28、M3：44、M3：19、M3：20、M3：11）

口径12.6、腹径24、腹深15.4、底径15、高16.4厘米（图一九，3）。

筒形罐　1件。M3：30，泥质灰陶。敛口，曲肩，弧筒腹，平底内微凸。口径9.6、腹径13.6、腹深11.2、底径9.4、高12厘米（图二〇，4）。

圜底罐　1件。M3：38，泥质灰陶。小口外侈，曲颈，弧肩，鼓腹，圜底。肩及腹饰数道凹槽，腹、底饰细绳纹。口径10、腹径30、腹深20.6、高21.6厘米（图二〇，8）。

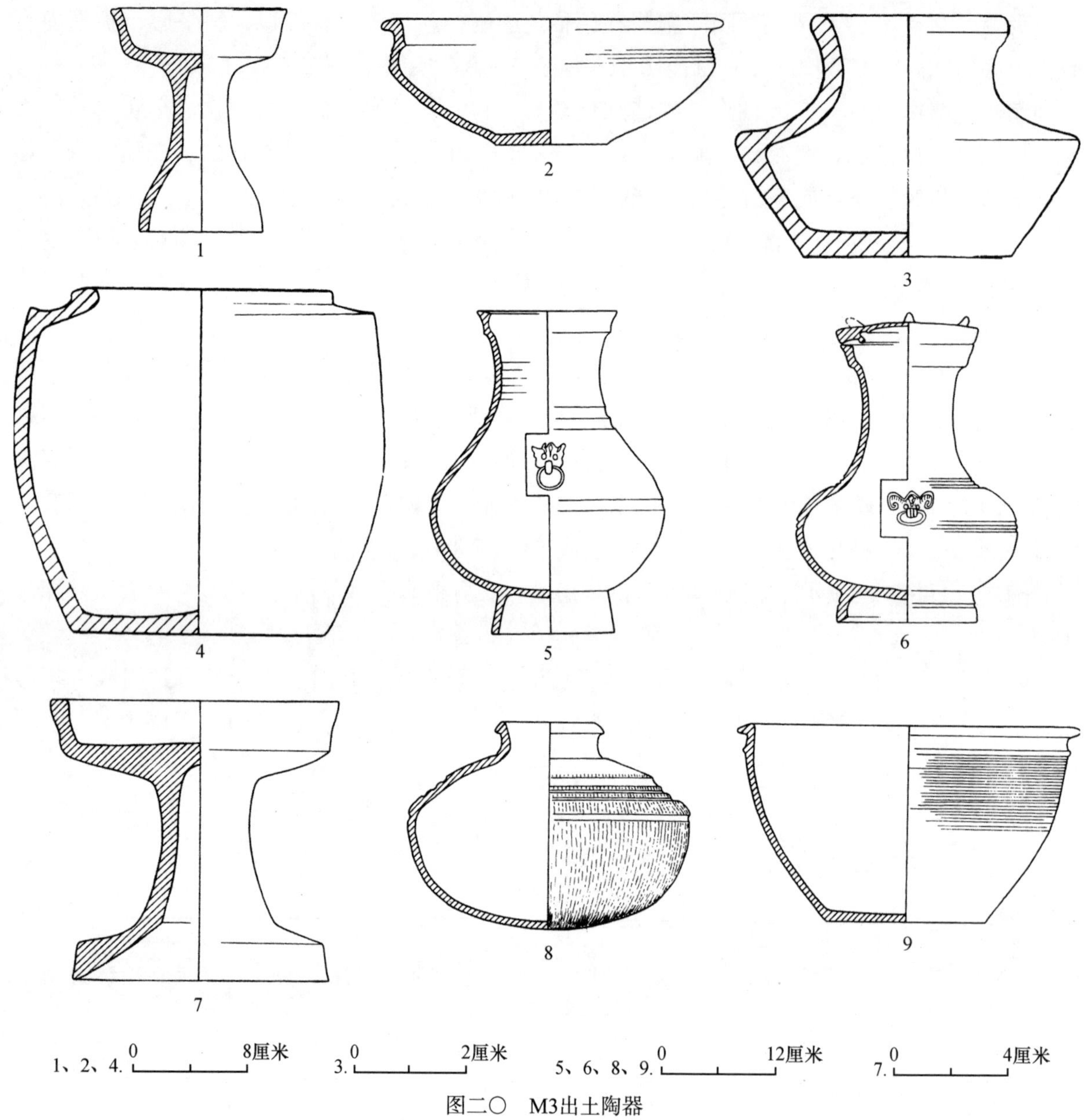

图二〇　M3出土陶器

1、7. 灯（M3：37、M3：36）　2、9. 盆（M3：25、M3：43）　3. 小陶罐（M3：10）　4. 筒形罐（M3：30）　5、6. 壶（M3：12、M3：29）　8. 圜底罐（M3：38）

小陶罐　1件。M3：10，完整。是陶井的一部分，代表水桶，与一个破碎陶罐、陶井盖同出，破碎陶罐无法修复。侈口，圆唇，曲折肩，斜收腹，平底。口径3.4、腹径6.2、腹深3.8、底径3.8、高4.2厘米（图二〇，3）。

陶壶　2件。M3：12，釉陶。施酱色釉。盖失，口沿残。盘口，斜平沿，长颈，溜肩，鼓腹，高圈足。颈下、腹上、足下部分别有数周凹槽。肩上有一对兽面铺兽衔环。口径15、腹径25.5、底径13、通高34厘米（图二〇，5）。M3：29，釉陶。施酱色釉。有盖，盖上三乳突。盘口，平沿，长颈，溜肩，鼓腹，圈足。颈下、腹上、足下部分别有凹槽。肩上有一对兽面铺兽衔环。口径14.4、腹径23.8、底径15.3、通高31.4厘米（图二〇，6）。

陶瓢　1件。M3：14，釉陶。施酱红色釉。腹附柄，柄残。瓢侈口，斜平唇，折腹内直收，小底内凹。腹有数周凹弦。口径16.8、底径7.4、高6.2厘米（图二一，11）。

陶钵　4件。M3：16，釉陶。施酱红色釉。侈口，斜平唇，折腹内直收，小底内凹。腹有一周凹槽。口径20、腹深4.6、底径6.6、高5.8厘米（图二一，3）。M3：21，泥质灰陶。侈口，圆唇，折腹，小平底。口径17.6、腹深5.4、底径5、高6.2厘米（图二一，1）。M3：26，釉陶。外壁施酱红色釉。直口，斜平唇，弧腹，底内凹。腹有两周凹弦纹。口径16.4、底径7.4、高6厘米（图二一，4）。M3：31，釉陶。施酱红色釉。直口，平唇，折腹急内曲收，小平底。口径18.2、底径6.5、高6.5厘米（图二一，2）。

陶釜　3件。M3：22，釉陶。器表施酱红色釉。侈口，曲颈，鼓腹，平底。腹有一周凹槽。口径13.8、腹径13.4、腹深9、底径8.5、高9.6厘米（图二一，9）。M3：24，釉陶。器表施酱红色釉。侈口，曲颈，鼓腹，平底。腹有一周凹槽，有对称錾。口径12、腹径14.6、腹深9、底径13、高9.6厘米（图二一，8）。M3：40，釉陶。喇叭口，束颈，垂腹微鼓，内凹底。腹有一周凹槽。口径13、腹径11、腹深7.8、底径9、高8.4厘米（图二一，7）。

陶房　1件。M3：41，泥质灰陶。仅剩房基。长方形高台基，前有踏步。长36、宽6厘米（图一四，5）。

陶盆　2件。M3：25，釉陶。器内表及口沿施酱红色釉。杯口，沿外卷，颈内收，折腹斜弧内收，平底。腹饰数周凹槽。口径24.5、腹深7.8、底径8、高8.8厘米（图二〇，2）。

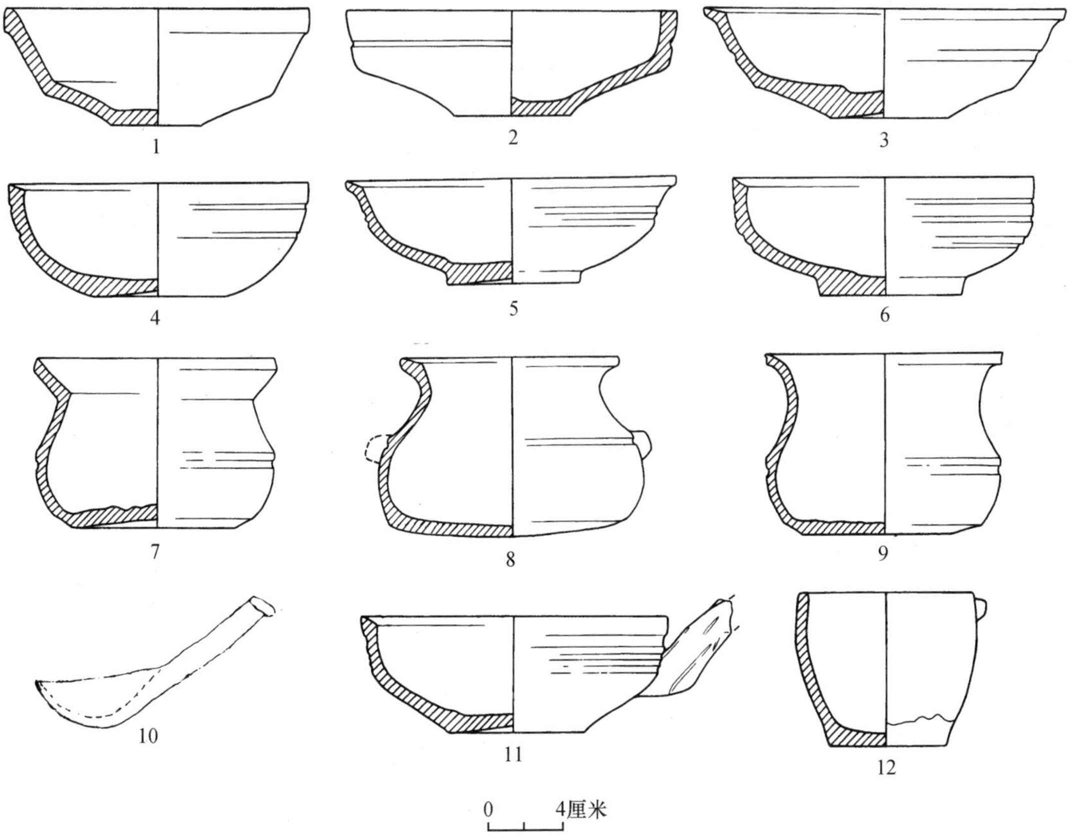

图二一　M3出土陶器

1～4. 钵（M3：21、M3：31、M3：16、M3：26）　5、6. 碗（M3：33、M3：42）　7～9. 釜（M3：40、M3：24、M3：22）　10. 勺（M3：35）　11. 瓢（M3：14）　12. 杯（M3：49）

M3：43，泥质灰陶。外斜沿颈部略凹，弧直腹，平底。颈下有一周凸弦纹。腹上半部分饰细弦纹。口径33.4、腹径33、腹深19.7、底径17.4、高20.6厘米（图二〇，9）。

博山炉盖　1件。M3：27，釉陶。表面施酱色釉。呈乳房状。口径10、高6.4厘米（图一四，4）。

陶碗　2件。M3：33，釉陶。内施酱色釉。侈口，斜平沿，尖唇，弧腹斜收，圈足。腹有两周凹弦纹。口径18、腹深4.6、底径7.4、高5.6厘米（图二一，5）。M3：42，釉陶。施酱色釉。直口，斜平沿，尖唇，弧腹斜收，假圈足。腹有数周凹弦纹。口径16.8、腹深5.6、底径8、高6.6厘米（图二一，6）。

井台　1件。M3：34，泥质灰陶。平面呈"井"字形，表面以双线"井"字分割，四角填以斜线方格纹。四边刻有鱼、麦穗状及规整的弧线与曲尺线等纹饰。正中有圆形井口，井口上竖井架，残缺。边长20.8、井口径7厘米（图一四，6）。

陶勺　1件。M3：35，釉陶。泥质红陶，勺里及柄前部表施酱色釉。总长15.2、勺深2厘米（图二一，10）。

陶灯　2件。M3：36，釉陶。酱釉。轮制。盘口，方唇，斜壁，矮柄，喇叭形中空底座。口径10.4、底径9.2、通高9.8厘米（图二〇，7）。M3：37，釉陶。酱釉。轮制。盘口，方唇，斜壁，高柄，喇叭形中空底座。口径12.8、盘深2.8、底径9、通高15.6厘米（图二〇，1）。

陶杯　1件。M3：49，釉陶。酱黄色釉。收口，平唇，弧腹，平底。口沿下有一方棱形凸起。高8.2、口径9.8、腹径10.2、腹深9.6、底径6.5厘米（图二一，12）。

博山炉　1件。M3：50，酱黄色釉。山形盖，盘口，柱形柄稍矮，喇叭形底。底径9.6、通高15厘米（图一四，7）。

砖　1种。

菱形方格纹砖　1件。M3：55，泥质灰陶。长方形。上下两面均饰有绳纹，在砖的一侧，饰有多组平行的斜线相交成菱形，中填以"◇"形，"◇"形内嵌一乳钉，砖边沿补以"∧""∨""<"">"形等几何纹。长41、宽20、厚7厘米（图四一，4）。

（四）M4

1. 墓葬形制

墓开口距地表0.2米。刀把形墓（图二二）。方向155°。内填黄褐色杂土，夹杂大量料姜石。该墓由甬道、墓室两部分组成，甬道、墓室顶已不存在，但据墓室两侧墓砖至近顶处渐向内收的情形判断，墓顶应为券顶。墓底距现地表深度1.8米。

甬道平面呈长方形，建在墓室前部左侧一端，甬道左壁与墓室左壁连成一线。甬道内填土较为坚硬，呈黄褐色，黏性较大，内夹杂有少量的碎砖和小石块等。甬道内残长1.2、内宽1.5、残高1.1米。

墓顶早年塌陷，上部已被破坏，洞室内填满五花色土，含有大量的残砖块、河卵石等杂物。砖室长2.9、宽2.25、墓室后壁残高1.6米。

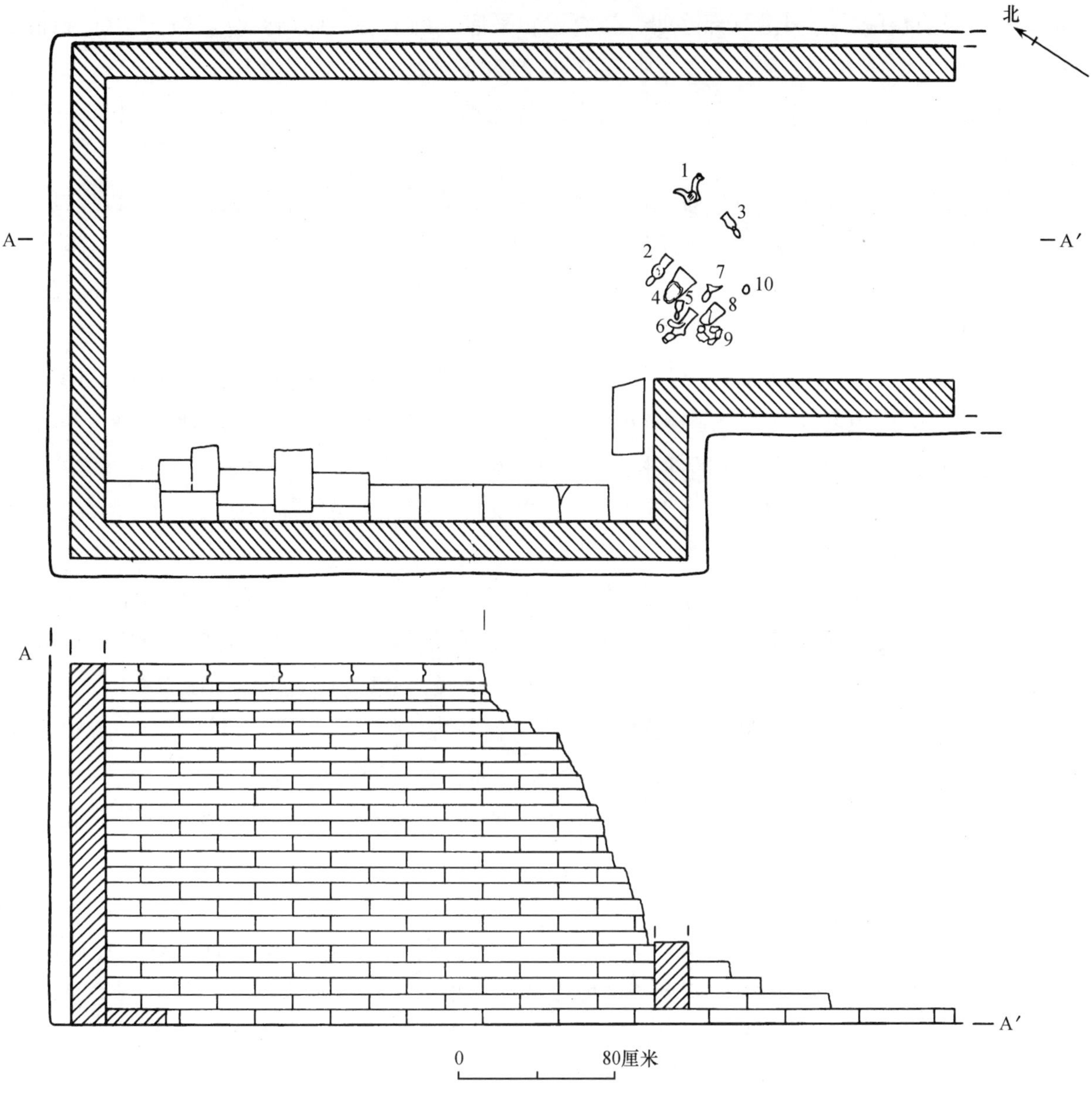

图二二 M4平、剖面图

1. 陶公鸡 2、3、5、7. 陶立侍俑 4. 陶吹箫俑 6. 陶抱袋俑 8. 陶侍俑 9. 陶子母鸡 10. 陶俑头

甬道、墓室两侧壁以长方形菱形几何边纹花砖错缝平铺叠砌而成，墓砖花纹朝向墓室内侧，墓砖的上下两面均饰有绳纹。墓砖长约40、宽约18、厚约7厘米，形状有长方形砖、长方形字母砖等。

甬道未发现铺地砖、墓室底部铺砖绝大部分不存在，从墓室右侧残存的铺地砖看，墓室底部错缝平铺而成。

墓圹自生土下挖成长方形竖穴土坑，坑壁经过拍打、修整，距墓室砖壁各宽约0.2米，砖室建成后，壁外回填五花土夯打。

2. 葬具与葬式

墓中葬具与人骨均已腐朽，无法判定葬式和头向。

3. 出土器物

不见封门砖，只在残存的甬道口发现数件被打碎的陶俑。出土器物经整理共11件，有人物俑、动物俑等。

陶俑 10件。

立侍俑 4件。M4：2，泥质红陶。戴冠，眉目不清，亵衣圆领，外为交领右衽，广袖长袍，双手抱于胸前。高24厘米（图二三，3；彩版一五八，6）。M4：3，泥质红陶。眉目不清，广袖长袍，双手抱于胸前。高17厘米（图二三，6；彩版一六〇，6）。M4：5，泥质红陶。眉目不清，广袖长袍，双手抱于胸前。高18厘米（图二三，5；彩版一六〇，2）。M4：7，泥质红陶。眉目不清，广袖长袍，双手抱于胸前。高18厘米（图二三，7）。

吹箫俑 1件。M4：4，泥质红陶。头戴尖顶帽，头发为圆珠状卷毛，高鼻，突颧骨。短衣窄袖。跪坐，双手握箫，做吹奏状。高26.6厘米（图二四，1；彩版一六〇，4）。

抱袋俑 1件。M4：6，泥质红陶。平顶冠，面带浅笑。亵衣圆领，外为交领右衽。广袖长袍，可见袍内裙摆及双足尖，左手持袋于胸前，袋系垂于袍前，右手缺。高32.4厘米（图二四，3；彩版一六〇，3）。

侍俑 1件。M4：8，泥质红陶。双髻，右髻呈圆弧状，左髻略呈方形，额系巾，结于脑后，眉清目秀。着二重衣，亵衣圆领，外为交领右衽，宽袖，及地长袍。外袖端呈喇叭状，袖部起皱成片状，右膝前伸，下曲成施礼状，双手交叉按袋置于右膝之上，右手缩进袋口状内袖，按在左手之上。通高33.6厘米（图二四，4；彩版一五九，4）。

俑头 1件。M4：10，泥质红陶。扇形髻，系巾，结于额前。高8.2厘米（图二三，1）。

陶公鸡 1件。M4：1，泥质红陶。基本完整。翘尾，耸冠，伸脖，做打鸣状。立足有力，羽毛刻划清晰。高17.5厘米（图二三，4；彩版一六三，4）。

子母鸡 1件。M4：9，泥质红陶。昂首，翘尾，蹲伏状。背负小鸡，身下遮伏小鸡，羽毛刻划清晰，形象生动。高12.6、长14.5厘米（图二三，2）。

砖 1种。

菱形方格纹砖 1件。M4：11，泥质灰陶。子母口。上下两面均饰有绳纹，在砖的一侧，左右分别饰两组平行的斜线，相交成菱形，中填以“◇”形，“◇”形内嵌以乳钉，砖边沿补以“∧”“∨”“<”“>”形等几何纹。长42、宽18、厚7厘米（图四一，5）。

（五）M5

1. 墓葬形制

位于M4上方约3.5米。为刀把形砖室墓（图二五）。方向55°。墓葬开口于第2层扰土层下，距现地表约0.5米，墓底距地表1.46米，早期遭破坏。

该墓由墓道、甬道、墓室三部分组成，甬道、墓室顶已不存在，北壁残留较高，东、南、西三壁破坏严重，仅留2～6层砖。但据墓室两侧墓砖至近顶处渐向内收的情形判断，墓顶应为

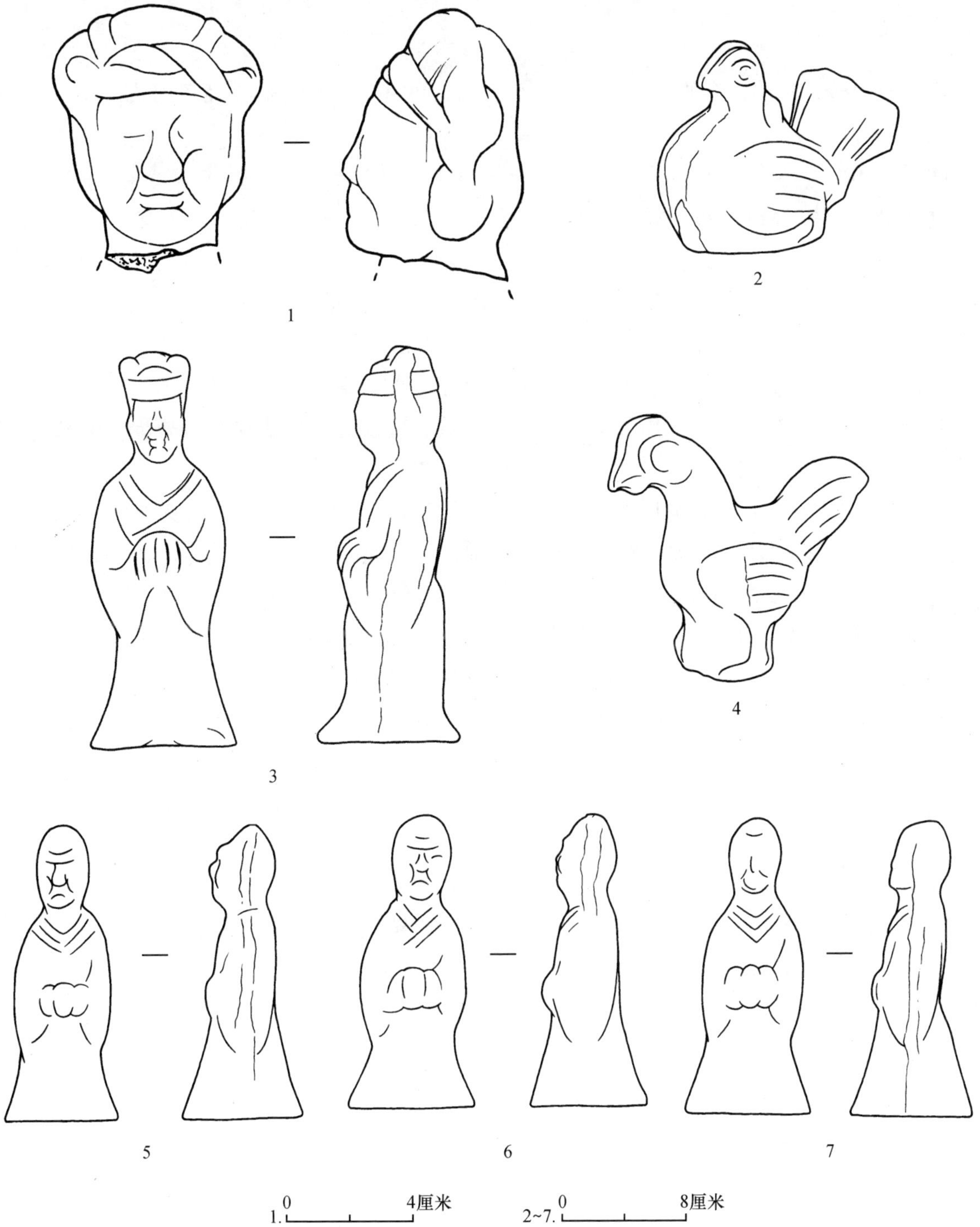

图二三　M4出土陶俑

1. 俑头（M4：10）　2. 子母鸡（M4：9）　3、5~7. 立侍俑（M4：2、M4：5、M4：3、M4：7）　4. 公鸡（M4：1）

券顶。墓底距现地表深1.46米。内填黄褐色杂土，夹杂大量姜石。

斜坡形墓道，长1.64、宽2.2米。

甬道平面呈长方形，建在墓室前部右侧一端，甬道右壁与墓室右壁连成一线。甬道内填土较为坚硬，呈黄褐色，黏性较大，内夹杂有大量的碎砖和小石块等。甬道内长2.3、内宽1.8、残高0.24~0.96米。

图二四　M4、M5出土陶俑

1. 吹箫俑（M4：4）　2. 提袋俑（M5：11）　3. 抱袋俑（M4：6）　4. 侍俑（M4：8）

墓顶早年塌陷，上部已被破坏，洞室内填满五花色土，含有大量的残砖块、河卵石等杂物。砖室长2.9、宽2.5、墓室西北壁残高1.2米。

甬道、墓室两侧壁以长方形菱形几何边纹花砖错缝平铺叠砌而成，墓砖花纹朝向墓室内侧，墓砖的上下两面均饰有绳纹。墓砖长约45、宽约18.5、厚约8厘米，形状有长方形砖、长方形字母砖等。

甬道、墓室底部用残砖错缝平铺而成。

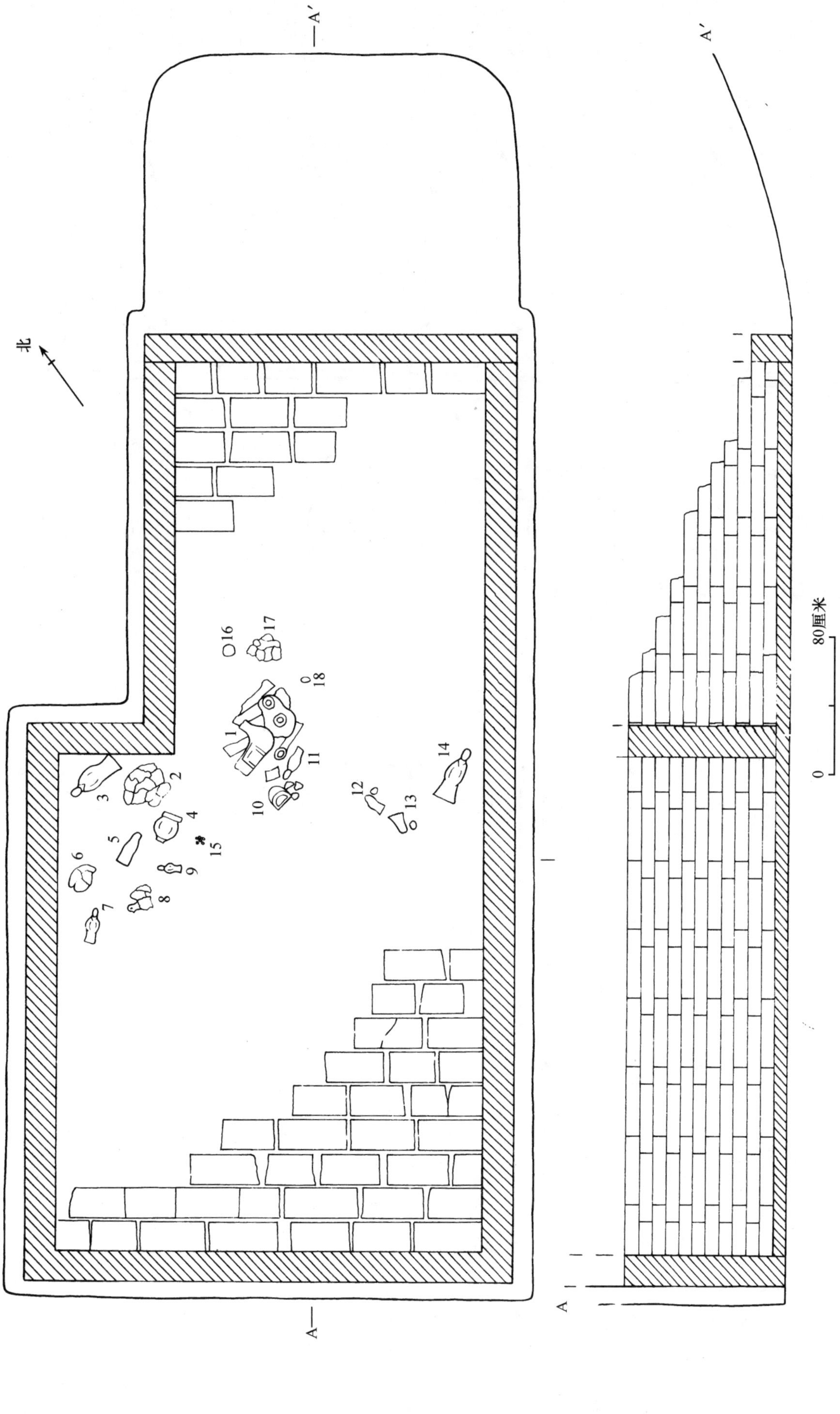

图二五 M5平、剖面图

1、2. 陶马 3、14. 陶抱袋俑 4. 陶庖厨俑 5、7、9、12、13. 陶立侍俑 6. 陶钵 8. 陶子母鸡 10. 陶击鼓俑 11. 陶提袋俑 15. 钱币 16. 陶博山炉盖 17. 陶筒形罐 18. 陶俑头

墓圹自生土下挖成长方形竖穴土坑，坑壁经过拍打、修整，距墓室砖壁各宽约0.1米，砖室建成后，壁外回填五花土。

2. 葬具与葬式

墓中葬具与人骨均已腐朽，无法判定葬式和头向。

3. 出土器物

出土器物19件（组）。器物类型有人物俑、动物俑、生活用器等 。

钱币　1种。

五铢　2件。M5：15，有边郭。“五”字中间两笔弯曲弧度较大；“铢”字金字头呈“△”形，“朱”字头右笔画方折。钱径2.6、方穿0.8厘米（图四〇，6）。

陶俑　14件。

抱袋俑　2件。M5：3，泥质红陶。平顶冠，面带浅笑。亵衣圆领，外为交领右衽。广袖长袍，可见袍内裙摆及双足尖，左手抱袋于胸前，袋系垂于袍前，右手缺。高31.4厘米（图二六，3；彩版一五九，3）。M5：14，泥质红陶。平顶冠，面带浅笑。亵衣圆领，外为交领右衽。广袖长袍，可见袍内裙摆及双足尖，左手抱袋于胸前，袋口垂于腹前，右手缺。高31.4厘米（图二六，4）。

庖厨俑　1件。M5：4，泥质红陶。跽坐在几案前，戴冠，面带微笑，眉目不清。亵衣圆领，外为交领右衽，挽袖。高20、宽13厘米（图二七，7；彩版一五八，4）。

立侍俑　5件。M5：5，泥质红陶。戴冠，外为交领右衽，广袖长袍，露双足，双手抱于胸前。眉目不清，鼻突出。范痕明显。高20.6厘米（图二八，5；彩版一五九，1）。M5：7，泥质红陶。戴冠，外为交领右衽，广袖长袍，露双足，双手抱于胸前。眉目不清，鼻突出。高20.4厘米（图二七，3；彩版一五九，2）。M5：9，泥质红陶。下半残。眉目不清。交领右衽，广袖长袍，双手抱于胸前。残高10.5厘米（图二七，2）。M5：12，泥质红陶。眉目不清，外为交领右衽，广袖长袍，露双足，双手抱于胸前。高16.2厘米（图二七，4）。M5：13，泥质红陶。头戴花饰，眉目不清，广袖长袍，露双足，双手抱于胸前。高17.1厘米（图二七，5；彩版一五九，5）。

击鼓俑　1件。M5：10，泥质红陶。跽坐于鼓前，头戴小方顶帽，面无表情。亵衣圆领，外为交领右衽，挽袖。左手按鼓，右手似举槌做击鼓状。高21.6厘米（图二七，8）。

提袋俑　1件。M5：11，泥质红陶。梳髻，额前系蝴蝶形带。面带浅笑。着二重衣，亵衣圆领，外为交领右衽，宽袖，及地长袍。袖部起皱，左手提带，带系垂于袍前，右手持物于胸前。通高26.8厘米（图二四，2；彩版一五九，6）。

俑头　1件。M5：18，泥质灰陶。缺身。双髻，右髻呈圆弧状，左髻呈长方形。残高10.6厘米（图二七，1）。

陶马　2件。M5：1，泥质红陶。头失。雕塑。做站立状，翘尾，尾尖打结。残长40、残高42.4厘米（图二八，4；彩版一六三，2）。M5：2，泥质红褐陶。雕塑，火候较低。尖耳，张口怒目做嘶叫状，有鞍。长44.8、高54厘米（图二八，6；彩版一六三，1）。

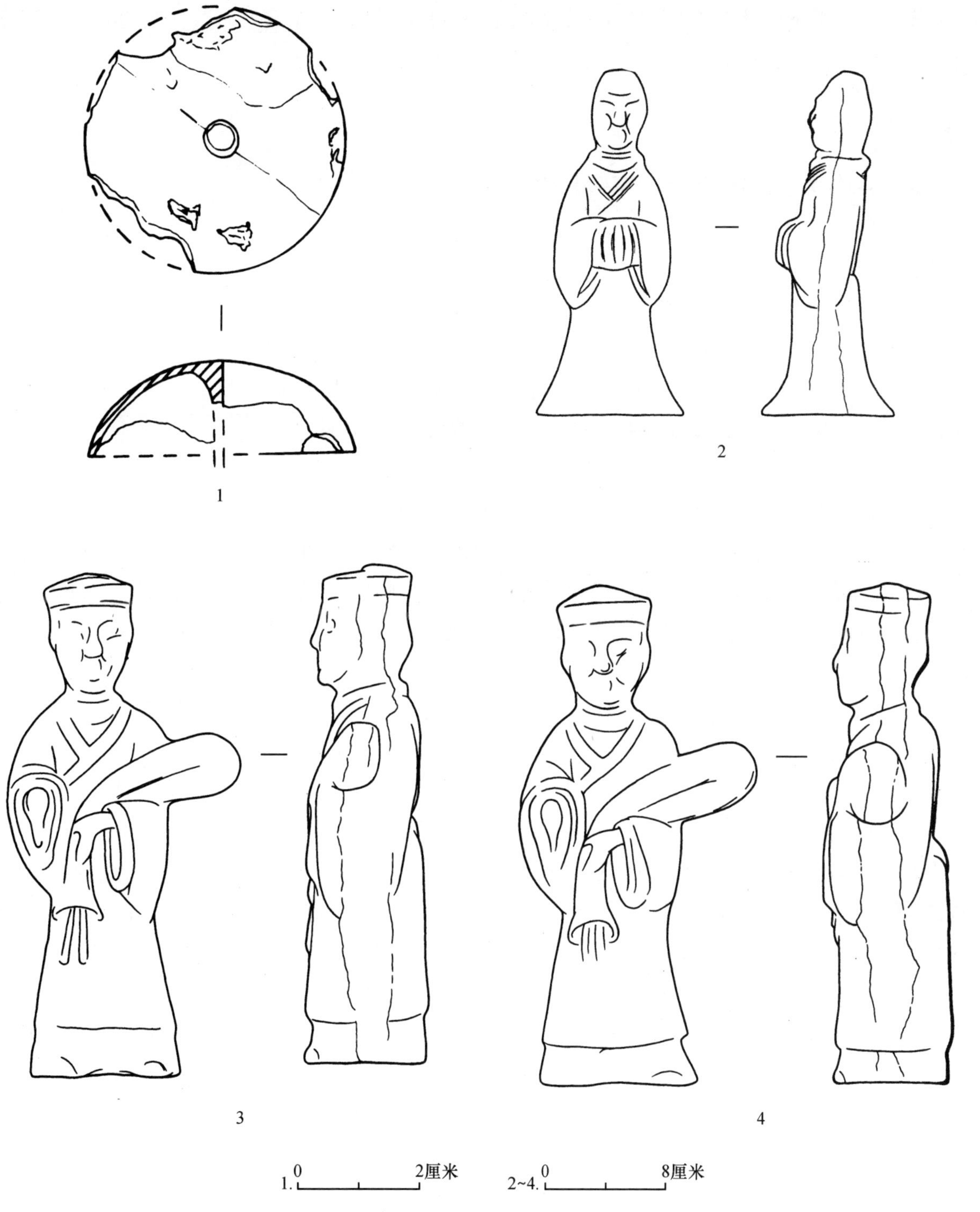

图二六 M5、M6出土器物

1. 铜泡钉（M6：4） 2. 陶立侍俑（M6：1） 3、4. 陶抱袋俑（M5：3、M5：14）

子母鸡 1件。M5：8，泥质红陶。首前倾，背负小鸡，翘尾，站立状。羽毛刻划清晰，形象生动。高14厘米（图二七，6）。

陶器 3件。

陶钵 1件。M5：6，泥质灰陶。残。敛口，圆唇，弧腹，平底微内凹。口径13.4、腹径

图二七　M5出土陶俑

1. 俑头（M5：18）　2～5. 立侍俑（M5：9、M5：7、M5：12、M5：13）　6. 子母鸡（M5：8）　7. 庖厨俑（M5：4）　8. 击鼓俑（M5：10）

13.8、腹深4.8、底径6.4、高5.6厘米（图二八，1）。

博山炉盖　1件。M5：16，釉陶。表面上有茶色釉。近似半球形，直口，方唇，顶部一大乳突，器表饰若干小乳钉。高5、径12厘米（图二八，2）。

筒形罐　1件。M5：17，泥质灰陶。大口，圆唇，外卷沿，无颈，深腹，平底。口径19、腹径23.2、腹深22.8、底径18.4、高24厘米（图二八，3）。

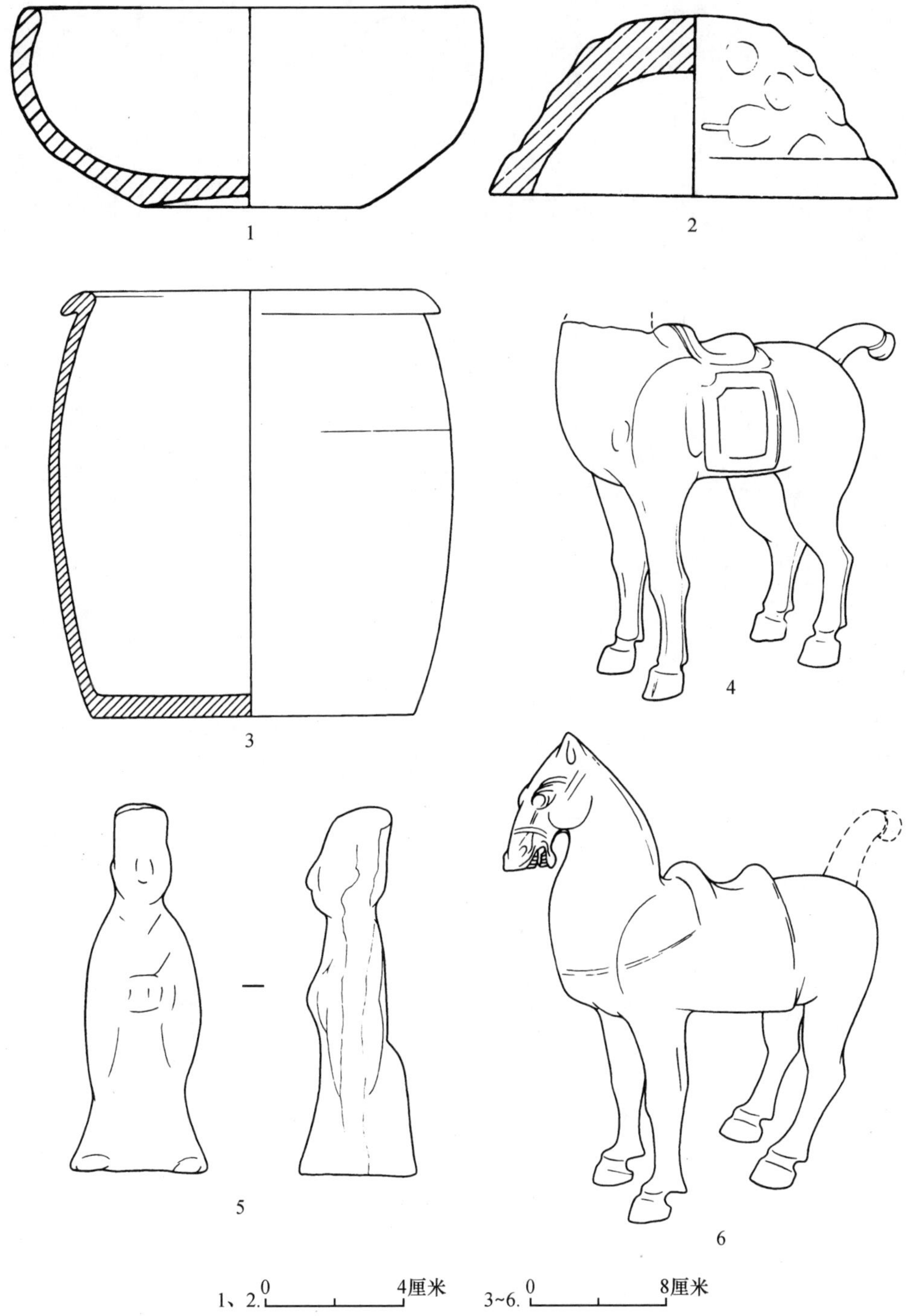

图二八 M5出土陶器

1. 钵（M5：6） 2. 博山炉盖（M5：16） 3. 筒形罐（M5：17） 4、6. 马（M5：1、M5：2） 5. 立侍俑（M5：5）

砖 1种。

菱形方格纹砖 1件。M5：19，泥质灰陶。上下两面均饰有绳纹，在砖的一侧，左右分别饰两组平行的斜线，相交成菱形，中填以“◇”形，“◇”形内嵌有“田”字，砖边沿补以“∧”“∨”“<”“>”形等几何纹。长45、宽18.5、厚8厘米（图四二，1）。

（六）M6

1. 墓葬形制

位于M4、M5东北约20米。为刀把形砖室墓（图二九）。方向30°。墓葬开口于第2层扰土层下，距现地表约0.35米，墓底距地表1.55米，破坏严重。

由甬道、墓室两部分组成。墓道全部毁坏，尺度不详。

甬道右壁与墓室右壁已不复存在。无封门。甬道残长1.4、宽1.35米。

残存甬道、墓室均用单侧菱形几何纹花砖错缝平铺叠砌而成，绝大多数墓砖花纹朝向墓室内侧，墓砖的上下两面均饰有绳纹，长约42、宽约21、厚约7厘米，形状有长方形砖、长方形字母砖等。砖室内长3.5、宽1.95、墓室后壁残高1.2米。

由于该墓多次盗扰，整个墓室内回填进大量的碎砖和河卵石，土质脏乱。墓室、甬道底部铺有“人”字形地砖。

其构造方法为墓圹自生土下挖成“刀”形土圹，坑壁经过拍打、修整，再用砖砌成墓壁，

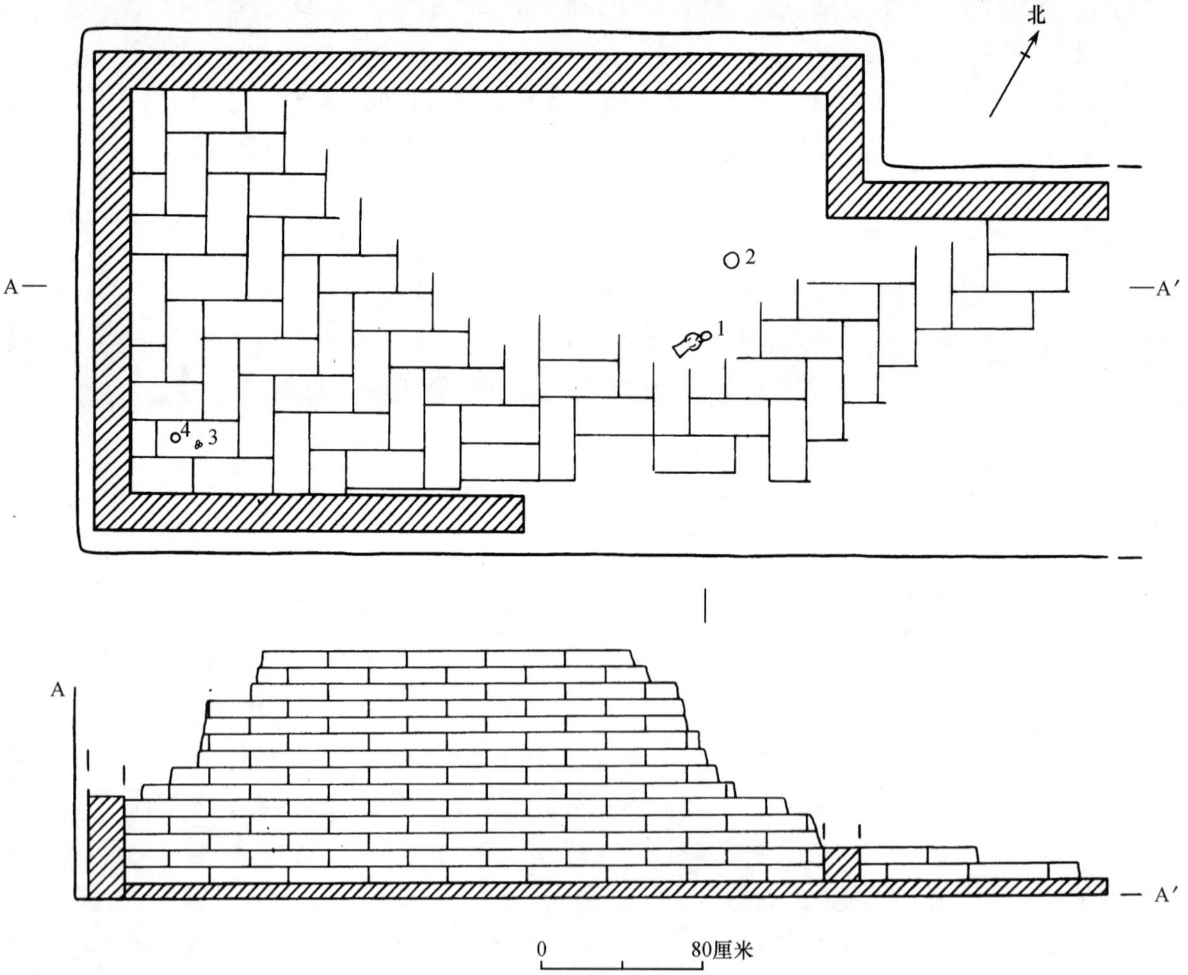

图二九　M6平、剖面图

1. 陶立侍俑　2. 陶博山炉盖　3. 钱币　4. 铜泡钉

土圹壁与墓壁之间空隙宽约0.1米，砖室建成后，壁外回填五花土。

2. 葬具与葬式

墓中葬具与人骨均已腐朽，无法判定葬式和头向。

3. 出土器物

出土器物5件（组）。质地有铜、陶器。器物种类有人物俑、生活用具、钱币等。

铜器　1件。

铜泡钉　1件。M6：4，铜质。残，表面鎏金，似图钉形。径4.3厘米（图二六，1）。

钱币　1种。

五铢　1件。M6：3，有边郭。“五”字中间两笔弯曲；“铢”字金字头呈“△”形，“朱”字头左、右方折，钱径2.6、方穿0.9厘米（图四〇，5）。

陶俑　1件。

立侍俑　1件。M6：1，泥质红陶。面部微笑，眉目不清。身着及地长袍，着三重衣，亵衣圆领，外为交领右衽，广袖，双手拢袖置于腹部。高21.8厘米（图二六，2）。

陶器　1件。

博山炉盖　1件。M6：2，釉陶，器表面上有茶色釉。近似半球形。直口，方唇，器表饰若干组小乳钉，三枚为一组，有镂空。盖口外沿饰一周三角纹饰。高6.6、径11.4厘米（图三〇，1）。

砖　1种。

菱形方格纹砖　1件。M6：5，泥质灰陶。长方形，上下两面均饰有绳纹，在砖的一侧饰三组平行的斜线，相交成菱形，中填以“◇”形，“◇”形内嵌有乳突，砖边沿补以“∧”“∨”“＜”“＞”形等几何纹。长41.5、宽21.5、厚7厘米（图四二，2）。

（七）M7

1. 墓葬形制

位于空洞包顶，是该墓地最高的一座。墓开口距地表0.35米。刀把形砖洞室墓（图三一）。方向60°。

该墓由墓道、甬道、墓室三部分组成，甬道、墓室顶已不存在。但据墓室两侧墓砖至近顶处渐向内收的情形判断，墓顶应为券顶。内填黄褐色杂土，夹杂大量姜石，墓底距现地表深1.8米。

斜坡形墓道，长1.6、宽2.3米。

甬道平面呈长方形，建在墓室前部右侧一端，甬道右壁与墓室右壁连成一线。封门破坏严重。甬道内填土黏性较大，内夹杂有大量的碎砖和小石块及草灰等。甬道内长2.7、内宽1.7、残高1.6米。在甬道右侧砖壁距底70厘米处有65厘米×90厘米一缺口，为早期盗洞。盗墓者先

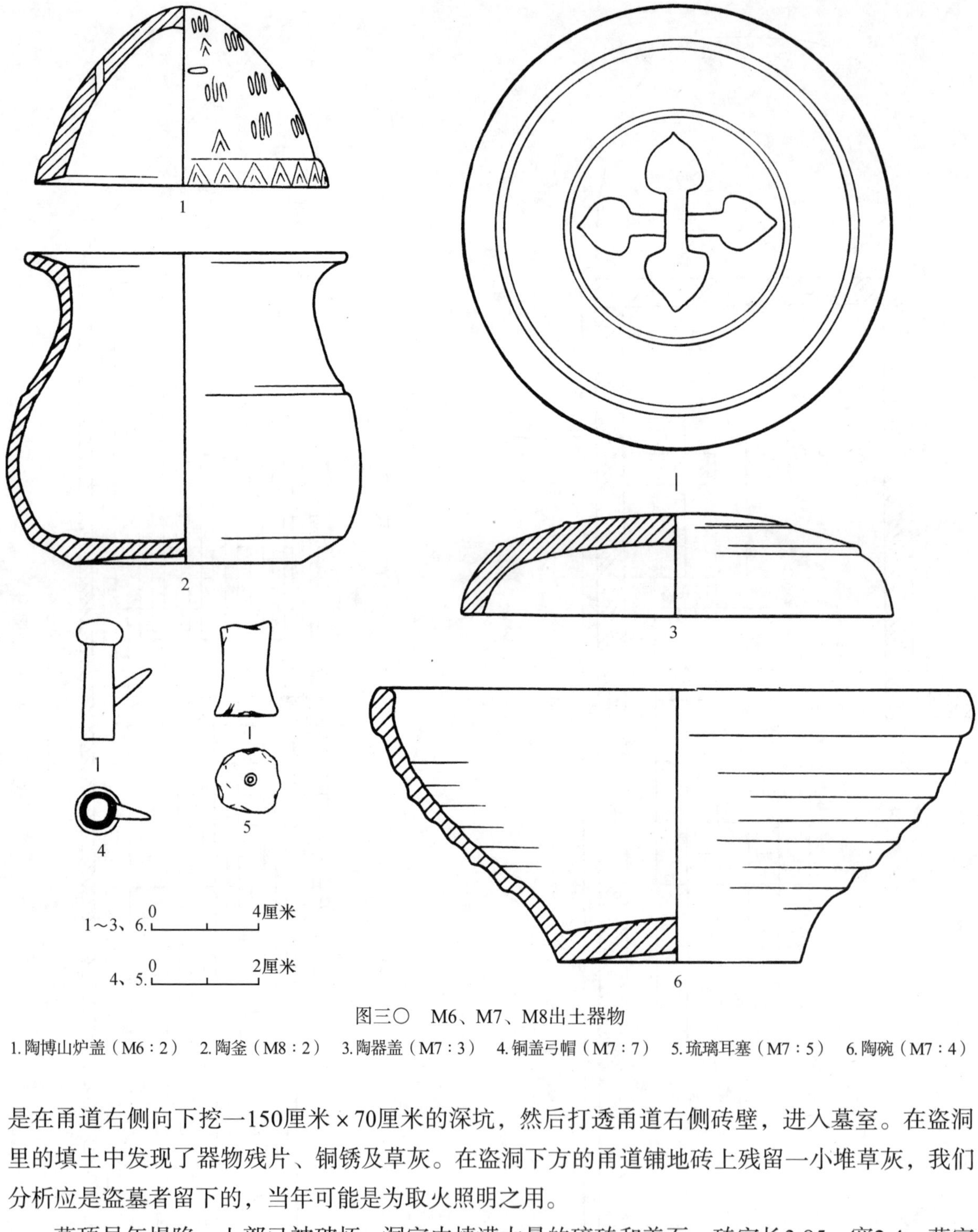

图三〇　M6、M7、M8出土器物

1. 陶博山炉盖（M6：2）　2. 陶釜（M8：2）　3. 陶器盖（M7：3）　4. 铜盖弓帽（M7：7）　5. 琉璃耳塞（M7：5）　6. 陶碗（M7：4）

是在甬道右侧向下挖一150厘米×70厘米的深坑，然后打透甬道右侧砖壁，进入墓室。在盗洞里的填土中发现了器物残片、铜锈及草灰。在盗洞下方的甬道铺地砖上残留一小堆草灰，我们分析应是盗墓者留下的，当年可能是为取火照明之用。

墓顶早年塌陷，上部已被破坏，洞室内填满大量的碎砖和姜石。砖室长3.85、宽2.4、墓室壁残高1.6米。

甬道、墓室两侧壁以长方形菱形几何边纹花砖错缝平铺叠砌而成，墓砖花纹朝向墓室内侧，墓砖的上下两面均饰有绳纹。墓砖长约39、宽约22、厚约7厘米，形状有长方形砖、长方形字母砖等。

甬道、墓室底部用砖平铺成“人”字形。

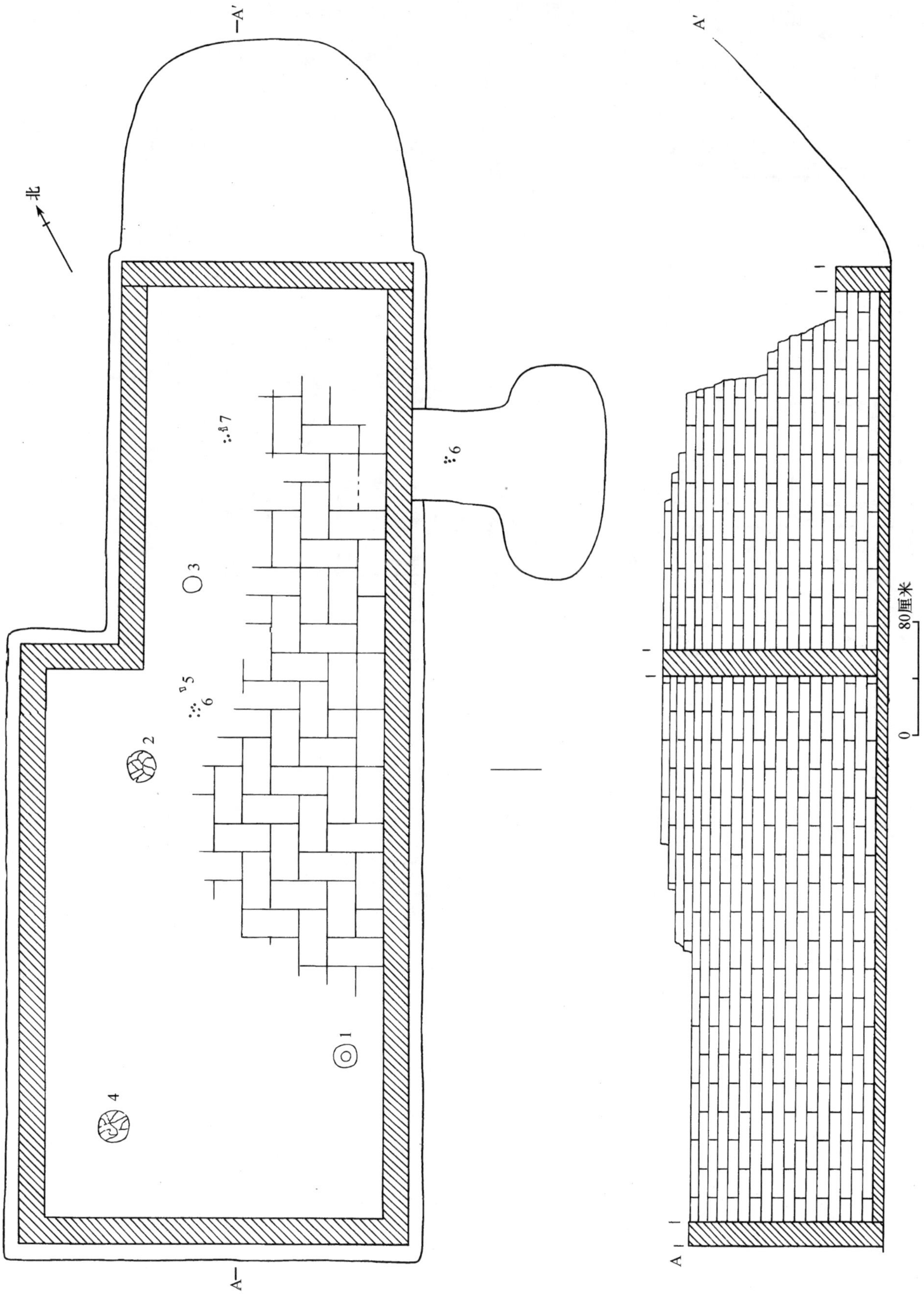

图三一　M7平、剖面图

1、2. 陶罐　3. 陶器盖　4. 陶碗　5. 琉璃耳塞　6. 钱币　7. 铜盖弓帽

墓圹自生土下挖成长方形竖穴土坑，坑壁经过拍打、修整，距墓室砖壁各宽约0.1米，砖室建成后，壁外回填五花土夯打。

2. 葬具与葬式

墓中葬具与人骨均已腐朽，无法判定葬式和头向。

3. 出土器物

出土器物8件（组），质地有铜、琉璃、陶等。器物类型有生活器具、钱币等。

铜器 1件。

盖弓帽 1件。M7：7，铜质。长2.2厘米（图三〇，4）。

钱币 1种。

五铢 1件。M7：6，五铢。有边郭。“五”字中间两笔弯曲弧度较小；“铢”字金字头呈“△”形，“朱”字头左、右弧折，钱径2.5、方穿0.9厘米（图四〇，4）。

琉璃 1件。

耳塞 1件。M7：5，琉璃。近似柱状，断面近梯形，中有小孔，浅蓝色。长1.7厘米（图三〇，5）。

陶器 4件。

陶罐 2件。M7：1，泥质灰陶。轮制。侈口，卷沿，短颈，弧肩，鼓腹，斜直收腹，小平底。颈有对称小孔，应作穿系用，颈下、肩上有数道凹弦纹。口径9.8、腹径15.5、腹深9.8、底径6、高11厘米（图三二，5）。M7：2，泥质灰陶。残，可修复。敛口，短颈，斜折肩，鼓腹，平底。口径13.6、腹径21.6、腹深15.3、底径14、高16.6厘米（图三二，7）。

器盖 1件。M7：3，釉陶。器表施茶色釉。残，可修复。盘状，外饰两周凸弦纹，顶饰柿蒂纹。口径16.8、深2.6、高3.8厘米（图三〇，3）。

陶碗 1件。M7：4，泥质红陶。喇叭状，大口，圆唇，斜直收腹，小底微内凹。口径23.4、深8.6、底径9.4、高10.2厘米（图三〇，6）。

砖 1种。

菱形方格纹砖 1件。M7：8，泥质灰陶。子母口。上下两面均饰有绳纹，在砖的一侧，左右分别饰两组平行的斜线，相交成菱形，中填以“◇”形，砖边沿补以“∧”“∨”“<”“>”形等几何纹。长39、宽22、厚6.5厘米（图四二，3）。

（八）M8

1. 墓葬形制

位于空洞包顶M7东北约10米，几乎与M7成一直线，但方向恰好相反。墓开口距地表1米。方向220°（图三三）。

该墓由墓道、甬道、墓室三部分组成，斜坡形墓道，长1.52、宽1.8米。

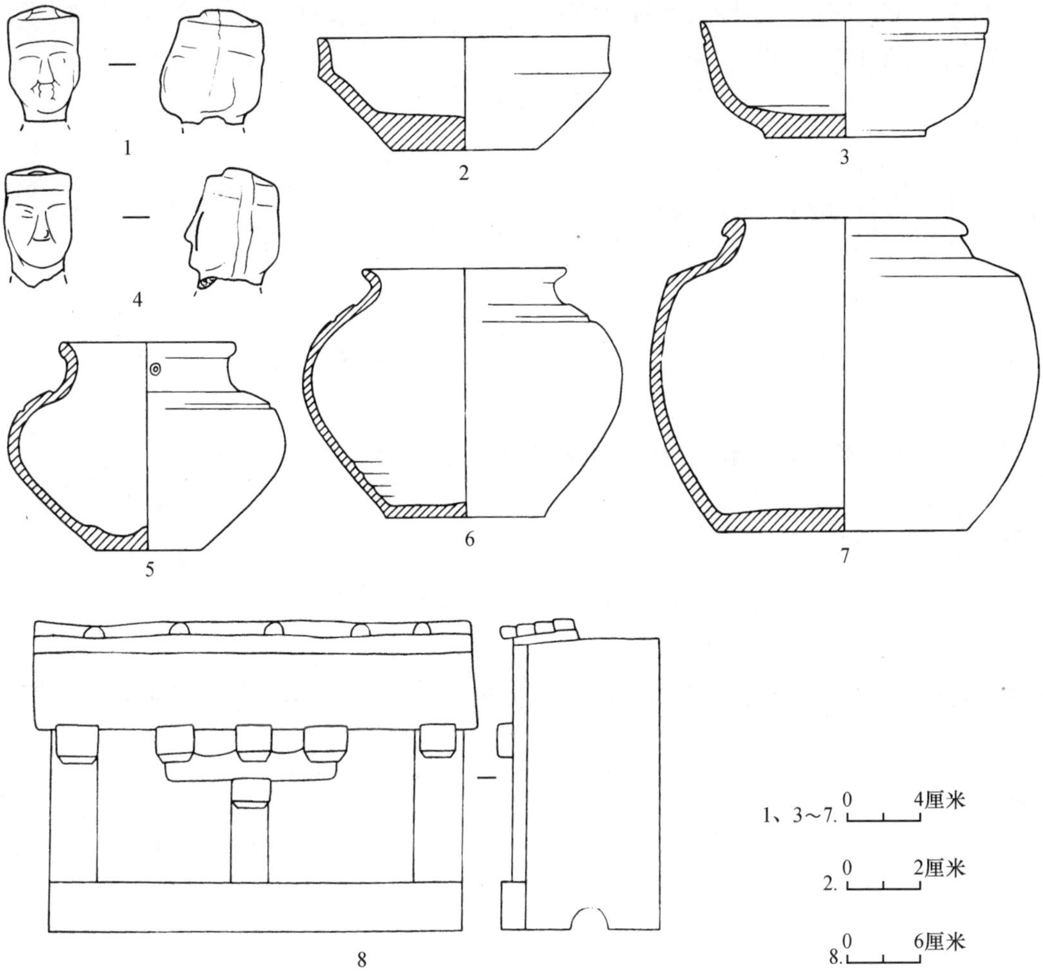

图三二　M7、M8、M9、M10出土器物

1、4. 陶俑头（M8：3、M10：9）　2. 瓷盏（M9：2）　3. 瓷碗（M9：1）　5～7. 陶罐（M7：1、M8：1、M7：2）　8. 陶房（M10：11）

封门、甬道顶部完整。封门第1层为双墙，以上为残砖单墙而砌，共21层。甬道券顶为错缝侧砌。第11层起起券。甬道高1.9米，底距现地表深度2.9米。甬道平面呈长方形，建在墓室前部左侧一端，甬道左壁与墓室左壁连成一线。甬道内上半部分空，下半部分淤土黏性较大。甬道内长2.6、内宽1.5、高1.9米。

墓顶早年塌陷，上部已被破坏，洞室内填满大量的碎砖和姜石。砖室长3.5、宽2.35、墓室壁残高1.43米。

甬道两侧（除封门）、墓室四壁从底层起第5层到第8层一圈砖的图案特别，三组图案三等分砖面，中间的方框内浮雕有奔马、车轮，两边各饰一组同向“W”形纹饰。其余墙壁以长方形菱形几何边纹花砖错缝平铺叠砌而成，墓砖花纹朝向墓室内侧，墓砖的上下两面均饰绳纹。墓砖长约44、宽约20、厚约8厘米，形状有长方形砖、长方形字母砖等。

甬道、墓室底部均用砖平铺成“人”字形，甬道、墓室之间用单砖平铺分界。

墓圹自生土下挖成长方形竖穴土坑，坑壁经过拍打、修整，距墓室砖壁各宽约0.2米，砖室建成后，壁外回填五花土。

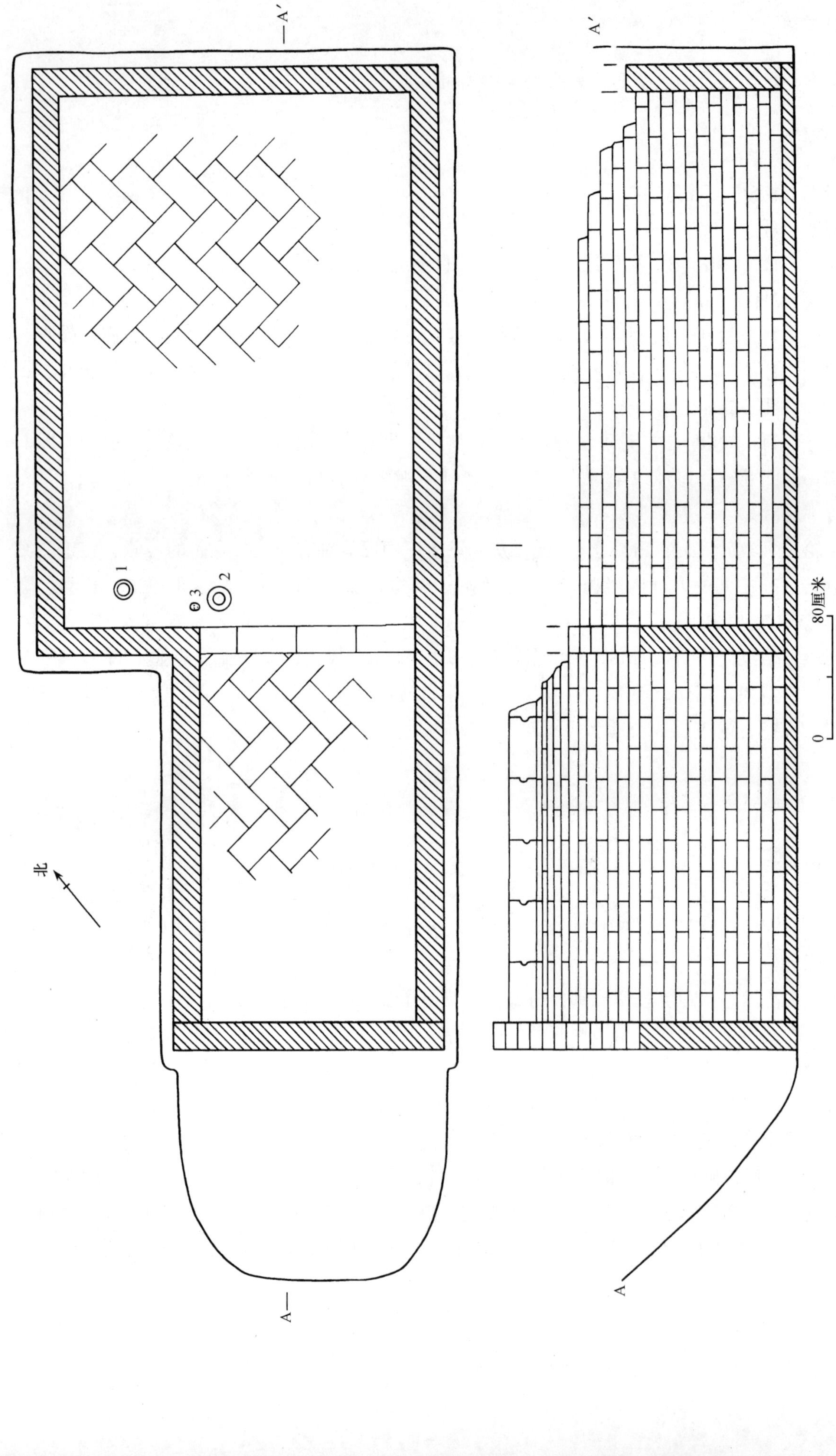

图二三 M8平、剖面图
1. 陶罐 2. 陶釜 3. 陶俑头

2. 葬具与葬式

墓中葬具与人骨均已腐朽，无法判定葬式和头向。

3. 出土器物

出土器物5件。现分述如下。

陶俑　1件。

俑头　1件。M8：3，泥质红陶。戴冠，眉目不清。残高6厘米（图三二，1）。

陶器　2件。

陶罐　1件。M8：1，泥质灰陶。轮制。残，可修复。侈口，卷沿，短颈，弧肩，鼓腹，斜直收腹，小平底。颈下、肩上有数道凹弦纹。口径11.2、腹径17.5、腹深12.4、底径8.8、高13.2厘米（图三二，6）。

陶釜　1件。M8：2，泥质红陶。残，可修复。喇叭口，斜沿，长颈，鼓腹，底微内凹。颈下饰一圈凹弦纹。口径12.4、腹径13.8、腹深11、底径9、高11.6厘米（图三〇，2）。

砖　2种。

车轮奔马纹砖　1件。M8：4，泥质灰陶。上下两面均饰有绳纹，在砖的一侧，三组图案三等分砖面，中间的方框内浮雕有奔马、车轮，两边各饰一组同向“W”形纹饰。长44、宽20、厚7.5厘米（图四二，4）。

菱形方格纹砖　1件。M8：5，泥质灰陶。上下两面均饰绳纹，在砖的一侧，左右分别饰两组平行的斜线，相交成菱形，中填以“◇”形，砖边沿补以“∧”“∨”“<”“>”形等几何纹。长45、宽19、厚6.5厘米（图四二，5）。

（九）M9

1. 墓葬形制

位于空洞包顶M7东北约10米，与M8并排，两者相距3.3米。墓开口距地表0.5米，方向225°（图三四）。

该墓由墓道、甬道、墓室三部分组成，斜坡形墓道，长1.2、宽1.8米。

封门用残砖单砌而成。甬道底起第11层起券，顶已塌陷，甬道残高1.8米。甬道底距现地表深度2.3米。

甬道平面呈长方形，建在墓室前部右侧一端，甬道右壁与墓室右壁连成一线。甬道内淤土黏性较大。甬道内长1.1、内宽1.5、高1.4米。

墓顶上部已被破坏，洞室内填满大量的碎砖和姜石。砖室长3.5、宽2.4、墓室壁残高0.5米。

甬道、墓室墙壁以长方形菱形几何边纹花砖错缝平铺叠砌而成，墓砖花纹朝向墓室内侧，墓砖的上下两面均饰绳纹。墓砖长约41、宽约20、厚约8厘米，形状有长方形砖、长方形字母砖等。

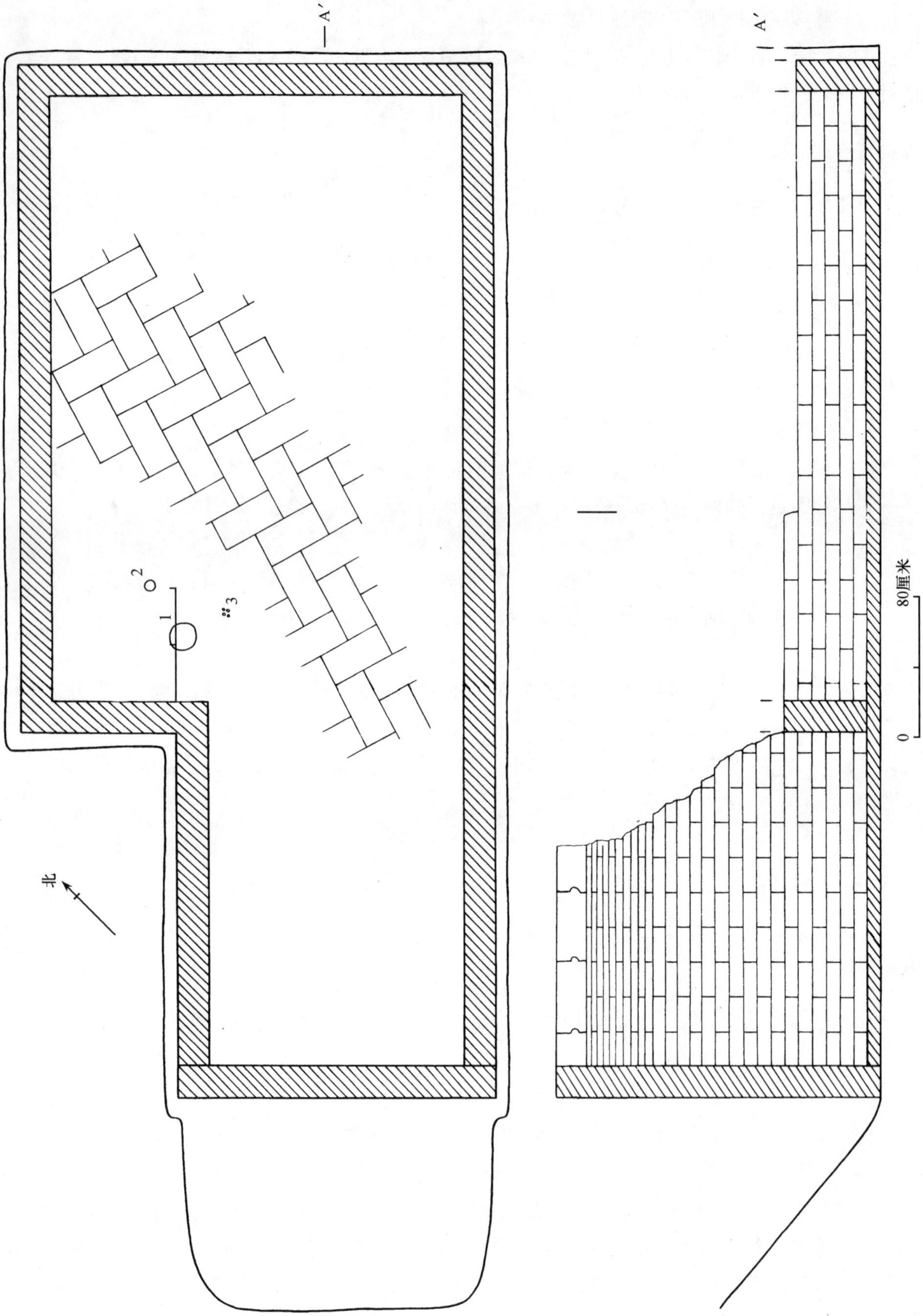

图三四　M9平、剖面图

1. 瓷碗　2. 瓷盏　3. 钱币

甬道、墓室底部均用砖平铺成“人”字形。

墓圹自生土下挖成长方形竖穴土坑，坑壁经过拍打、修整，距墓室砖壁各宽约0.1米，砖室建成后，壁外回填五花土夯打。

2. 葬具与葬式

墓中葬具与人骨均已腐朽，无法判定葬式和头向。

3. 出土器物

钱币　1种。

五铢　1件。M9：3，有边郭。“五”字中间两笔弯曲；“铢”字金字头呈“△”形，“朱”字头左、右方折。钱径2.5、方穿0.9厘米（图四〇，7）。

瓷器　2件。

瓷碗　1件。M9：1，青瓷，灰白胎，除假圈足外全身施青釉。口沿残。侈口，尖唇，弧腹，平底，假圈足。碗内壁底部及外壁口沿下各饰浅凹弦纹一周。口径16、腹深5、底径9、高6.5厘米（图三二，3）。

瓷盏　1件。M9：2，青瓷。口沿微残。个体较小，直口，尖圆唇，折肩，斜直收腹，小平底。灰白胎，施青灰釉，釉不及外底。口径8、腹深2、底径4、高3厘米（图三二，2）。

砖　1种。

菱形方格纹砖　1件。M9：4，泥质灰陶。上下两面均饰有绳纹，在砖的一侧，左右分别饰两组平行的斜线，相交成菱形，中填以“◇”形，砖边沿补以“∧”“∨”“＜”“＞”形等几何纹，一“◇”形内嵌以乳钉，另一“◇”形内嵌以“四角星”。长40.5、宽19、厚7.5厘米（图四三，1）。

（十）M10

1. 墓葬形制

位于M5西北上方约10米。方向50°（图三五）。残存墓道、甬道及墓室一角。

坡形墓道长1.14、宽1.5米。

甬道平面呈长方形，应建在墓室前部右侧一端，甬道右壁与墓室右壁连成一线。甬道内填土较为坚硬，呈黄褐色，黏性较大，内夹杂有大量的碎砖和小石块等。甬道内长1.4、内宽1.2、残高1.18米。

墓室绝大部分因耕地而被破坏，砖室残长1.45、宽1.9、墓室与甬道相连壁残高1米。

墓壁以长方形菱形几何边纹花砖及菱形几何纹文字砖错缝平铺叠砌而成，墓砖花纹朝向墓室内侧，墓砖的上下两面均饰有绳纹。墓砖长约42、宽约17.5、厚约7厘米，形状有长方形砖、长方形字母砖等。

甬道、墓室底部用残砖错缝平铺而成。

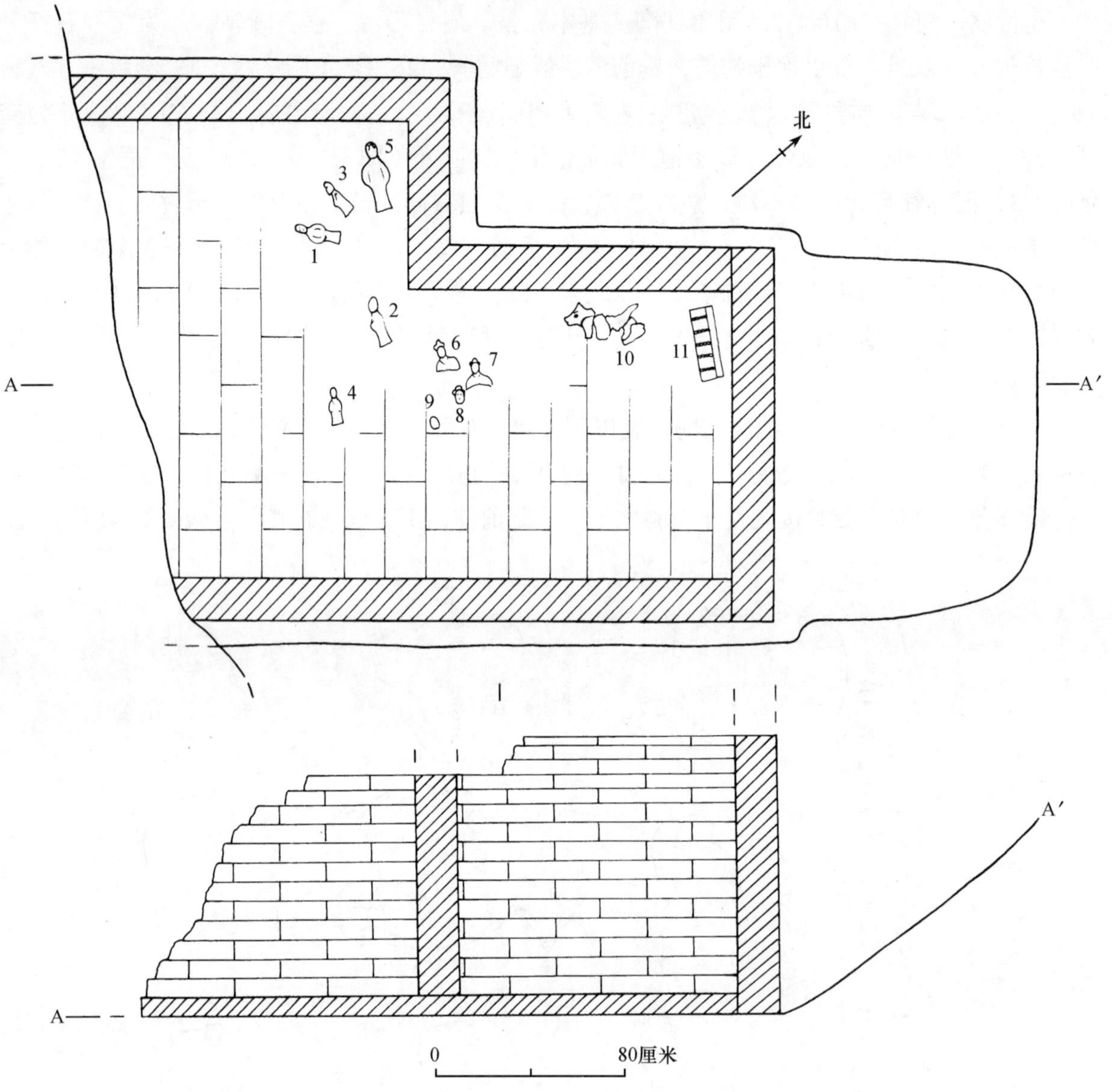

图三五　M10平、剖面图

1～5. 陶立侍俑　6、7. 陶侍俑　8. 陶抚耳俑头　9. 陶俑头　10. 陶猪　11. 陶房

墓圹自生土下挖成长方形竖穴土坑，坑壁经过拍打、修整，距墓室砖壁各宽约0.1米，砖室建成后，壁外回填五花土。

2. 葬具与葬式

墓中葬具与人骨均已腐朽，无法判定葬式和头向。

3. 出土器物

遗物出土于墓室与甬道相接处。出土器物12件。器物类型有人物俑、动物俑等。现分述如下。

陶俑　10件。

立侍俑 5件。M10：1，泥质红陶。基本完整。眉目不清，亵衣圆领，外为交领右衽，广袖长袍，露双足，双手抱于胸前，胸前两乳峰显露。高26厘米（图三六，5；彩版一五八，5）。M10：2，泥质红陶。基本完整。戴冠，隆鼻，小嘴，面带愁容。亵衣圆领，外为交领右衽，广袖长袍，露双足，双手抱于胸前。高24.8厘米（图三六，6；彩版一五八，2）。M10：3，泥质红陶。面目不清，亵衣圆领，外为交领右衽，长袍，双手抱于胸前。高18.4厘米（图三七，6；彩版一五八，1）。M10：4，泥质红陶。带冠，眉目不清，亵衣圆领，外为交领右衽，长袍，双手抱于胸前。高19.2厘米（图三七，4；彩版一六〇，5）。M10：5，泥质红陶。仅剩后半身。梳髻，系方巾，结于脑后。腰间束带，裙后开叉。通高31.6厘米（图三七，3）。

侍俑 2件。M10：6，泥质红陶。胸以下残缺。双髻，右髻呈圆弧状，左髻略呈方形。着三重衣，亵衣圆领，外为交领右衽，宽袖。领边饰三角形饰，外袖端呈喇叭状，袖部起皱成片状（残部分应为双手交叉按袋置于右膝之上，右膝前伸，下曲成施礼状）。残高20.4厘米（图

图三六 M10、M11出土陶器

1. 公鸡（M11：1） 2. 母鸡（M11：4） 3. 俑头（M11：3） 4. 侍俑（M10：6） 5、6. 立侍俑（M10：1、M10：2）

1、2. 0 4厘米 3~6. 0 8厘米

图三七 M10出土陶俑

1. 抚耳俑（M10：8） 2. 猪（M10：10） 3、4、6. 立侍俑（M10：5、M10：4、M10：3） 5. 侍俑（M10：7）

三六，4）。M10：7，泥质红陶。胸以下残缺。戴圆顶冠，冠前下方有一带戳纹。着三重衣，亵衣圆领，外为交领右衽。以下部分残。残高19.8厘米（图三七，5）。

抚耳俑 1件。M10：8，泥质红陶。仅剩头部分。残高7.8厘米（图三七，1）。

俑头 1件。M10：9，泥质红陶。戴冠，眉目不清。残高6.4厘米（图三二，4）。

陶猪 1件。M10：10，泥质红陶。鼓眼，凸嘴，鼻部上翘，两耳下垂。体瘦长，卷尾。长22、高11.8厘米（图三七，2；彩版一六三，3）。

陶器　1件。

陶房　1件。M10：11，泥质灰陶。应为三柱二开间，中间一柱施一斗三升，高台基。斗拱承脊，纵施筒瓦五组。火候较高，先制成各部件后拼接而成。长36、宽12、高25厘米（图三二，8）。

砖　1种。

"千萬"文字砖　2件，M10：12，泥质灰陶。长方形。上下两面均饰有绳纹，在砖的一侧，左右分别饰两组平行的斜线相交成菱形，中填以"◇"形，砖边沿补以"∧""∨""＜""＞"形等几何纹，"◇"形内填有文字"千萬"。长46、宽19、厚6.5厘米（图四三，2）。

（十一）M11

1. 墓葬形制

紧靠M1、M2。长方形砖墓。方向240°（图三八）。墓葬开口于第2层扰土层下，打破生土层，距现地表约0.4米，墓底距地表1.2米。早期遭破坏。

墓地唯一一座长方形墓葬。填土较为坚硬，呈黄褐色，黏性较大，内夹杂有大量的碎砖和小石块等。砖室残长2.9、宽1.1、墓室后壁残高0.8米。

墓壁用长方形砖错缝平铺叠砌而成，分麦穗、菱形几何边纹花纹，墓砖花纹朝向墓室内侧，墓砖的上下两面均饰有绳纹，未铺地砖。墓砖长约43、宽约21、厚约7.5厘米。

墓圹自生土下挖成长方形竖穴土坑，坑壁经过拍打、修整，距墓室砖壁各宽约0.2米，砖室建成后，壁外回填五花土。

2. 葬具与葬式

墓中葬具与人骨均已腐朽，无法判定葬式和头向。

3. 出土器物

随葬品绝大多数被打碎移位，其原放置位置无从考查。出土器物经整理有7件，有侍俑、家畜俑等。

陶俑　6件。

立侍俑　3件。M11：2，泥质红陶。面目不清，褒衣圆领，交领长袍，双手抱于胸前。高14.2厘米（图三九，3；彩版一五八，3）。M11：5，泥质红陶。面目不清，褒衣圆领，交领长袍，双手抱于胸前。高14.2厘米（图三九，2）。M11：6，泥质红陶。缺头，褒衣圆领，交领长袍，双手抱于胸前。后背有刻划作"四"字形。残高11.8厘米（图三九，1）。

俑头　1件。M11：3，泥质红陶。梳髻，面目不清。残高8厘米（图三六，3）。

陶公鸡　1件。M11：1，残，仅剩脖子以上。泥质红陶。耸冠，圆目，垂耳。脖一侧题刻"三仗"二字。残高12.6厘米（图三六，1；彩版一六二，5）。

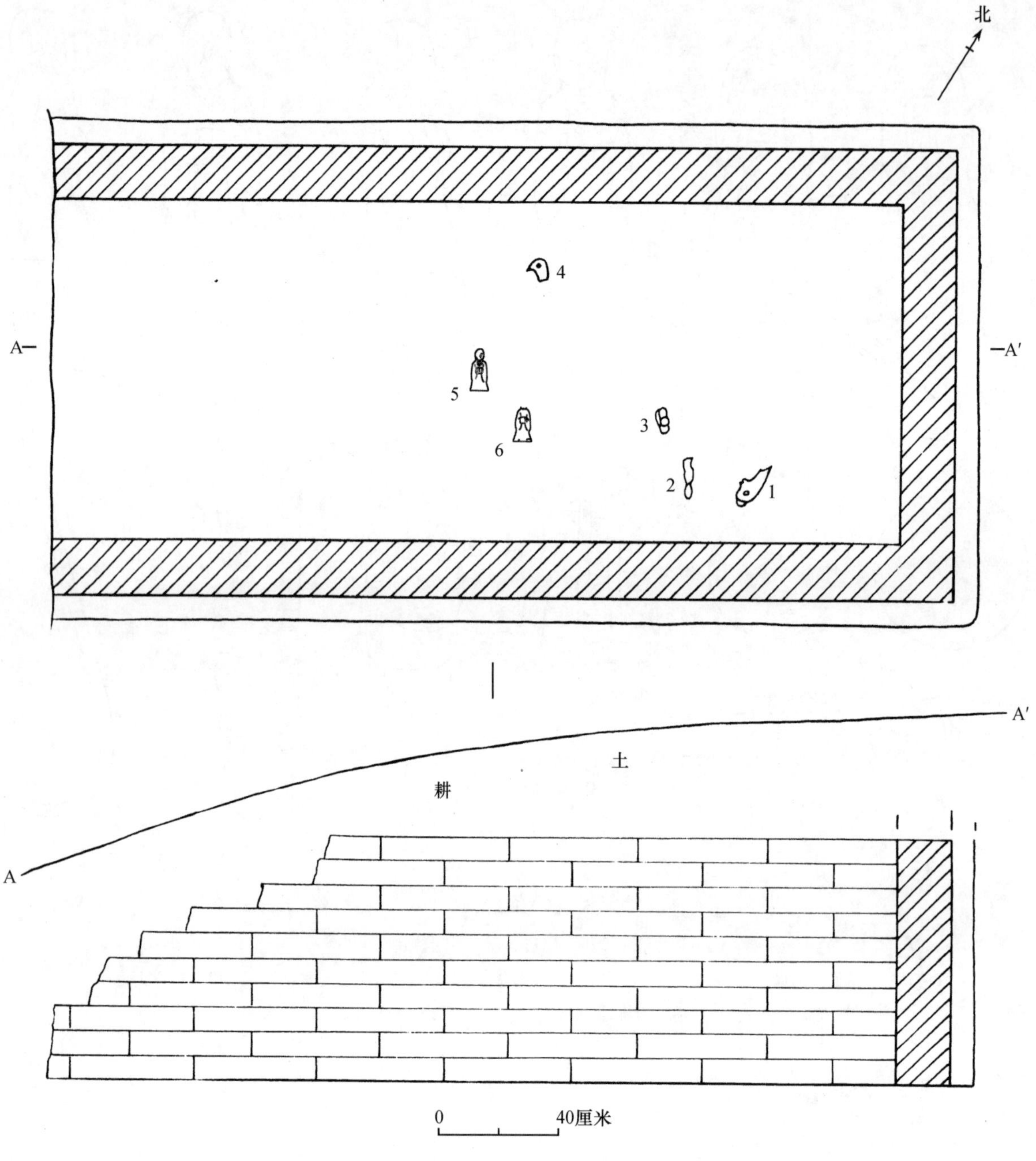

图三八　M11平、剖面图
1. 陶公鸡　2、5、6. 陶立侍俑　3. 陶俑头　4. 陶母鸡

陶母鸡　1件。M11：4，残，仅剩头，泥质红陶。耸冠，圆目，尖喙，垂耳。残高9厘米（图三六，2）。

砖　1种。

麦穗菱形纹砖　1件。M11：7，泥质灰陶。长方形。上下两面均饰有绳纹，在砖的一侧饰两组菱形、麦穗纹，菱形内嵌有乳突，砖边沿补以“∧”“∨”“<”“>”形等几何纹。长46、宽18、厚7厘米（图四三，3）。

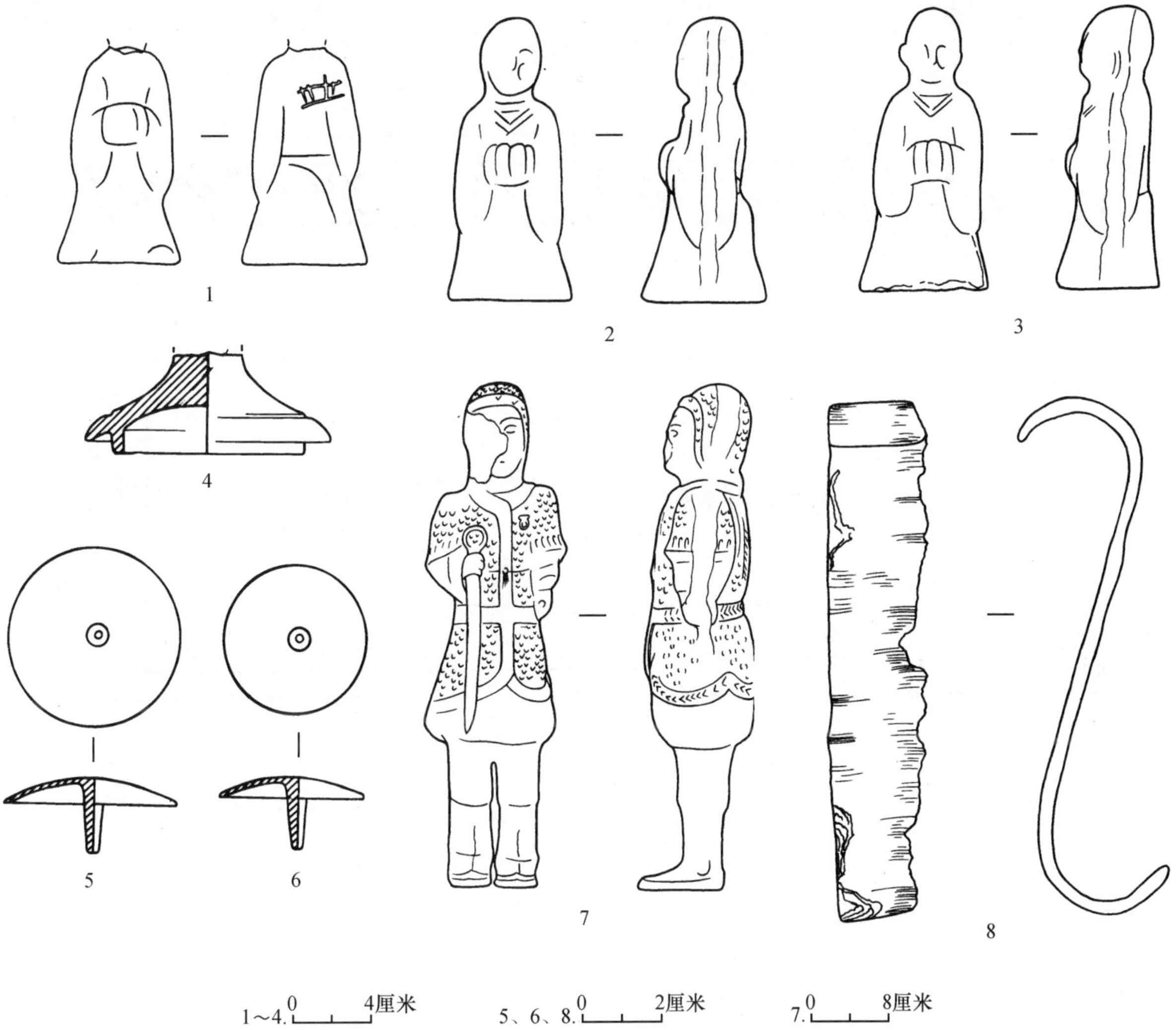

图三九　M11、M12出土器物

1～3. 陶立侍俑（M11：6、M11：5、M11：2）　4. 陶器盖（M12：5）　5、6. 铜泡钉（M12：3、M12：4）
7. 陶武士俑（M12：1）　8. 铁带钩（M12：6）

（十二）M12

1. 墓葬形制

位于空洞包的下部，M3东约10米。M12为砖室墓，由于破坏严重形制不详。方向110°。墓葬开口于第2层扰土层下，打破生土层，距现地表约0.3米，遭严重破坏。顶已不存在，但据墓室两侧墓砖至近顶处渐向内收的情形判断，墓顶应为券顶。

墓道、甬道无存。仅存墓室后壁及部分左右墓壁，上部坍塌，墓室均用单侧菱形花边砖平砌而成，绝大多数墓砖花纹朝向墓室内侧，墓砖的上下两面均饰有绳纹，形状有长方形砖、长方形字母砖等。砖间以一层薄薄的黄泥合缝。砖长约42、宽18、厚7厘米。

填土较为坚硬，呈黄褐色，黏性较大，内夹杂有大量的碎砖和小石块等。墓室残长2.7、宽2.3、残高0.24～1.26米。

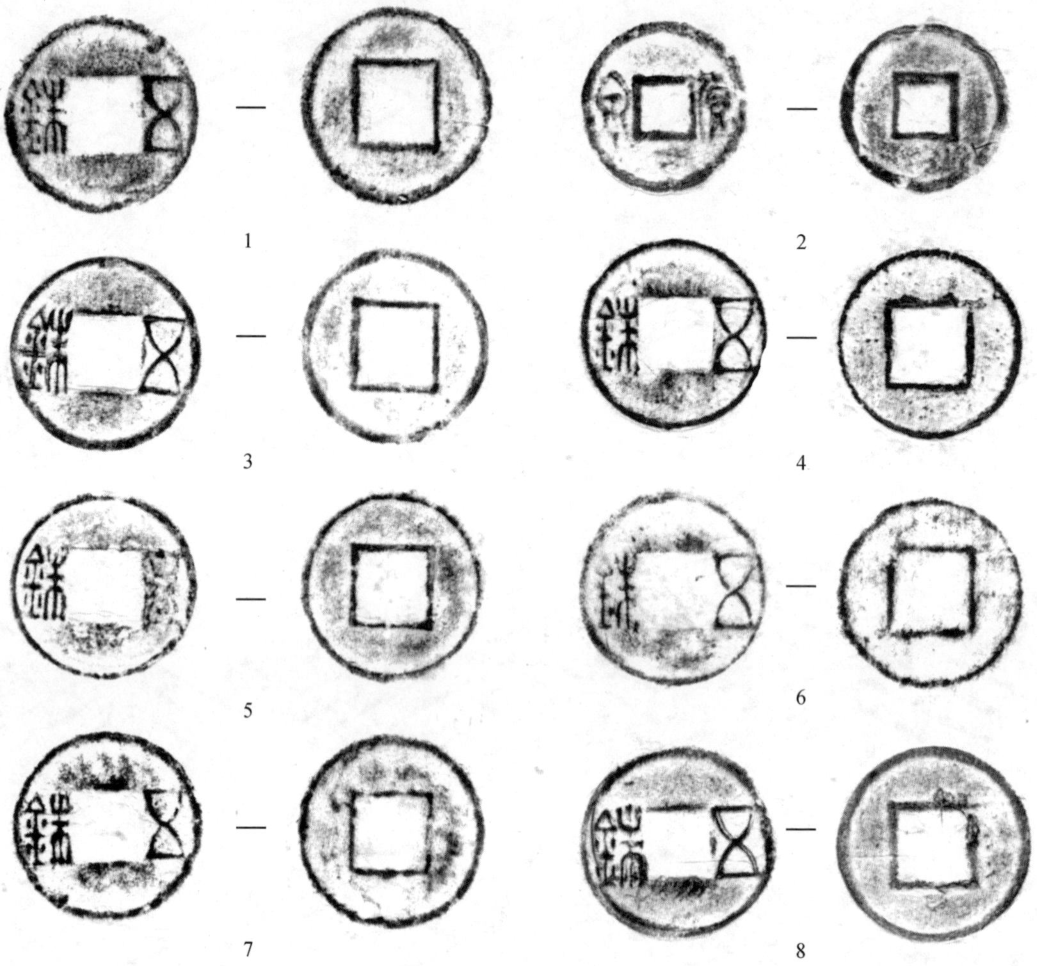

图四〇　铜钱拓片

1、3～8. 五铢（M1：21-1、M3：45、M7：6、M6：3、M5：15、M9：3、M12：2）　2. 货泉（M1：21-2）

该墓只在墓室右侧残存少量铺地砖，铺成“人”字形。

墓圹自生土下挖成长方形竖穴土坑，坑壁经过拍打、修整，距墓室砖壁各宽约0.1米，砖室建成后，壁外回填五花土夯打。

2. 葬具与葬式

未发现葬具痕迹。尸骨腐朽无存，无法判定葬式和头向。

3. 出土器物

出土器物7件，质地有铜、铁、陶。器物种类有生活用具、装饰用品、俑、钱币等。

铜器　2件。

铜泡钉　2件。M12：3，铜质。残。表面鎏金。似图钉形。径4.5厘米（图三九，5）。M12：4，铜质。残。表面鎏金。似图钉形。径3.75厘米（图三九，6）。

钱币　1种。

图四一 墓砖拓片

1. M1：29 2. M1：30 3. M2：30 4. M3：55 5. M4：11

五铢 M12：2，有边郭。“五”字中间两笔弯曲；“铢”字金字头呈“△”形，“朱”字头右方折。钱径2.5、方穿0.9厘米（图四〇，8）。

铁器 1件。

带钩 1件。M12：6，铁质。作“S”状。长13.1厘米（图三九，8）。

陶俑 1件。

武士俑 1件。M12：1，泥质红褐陶。面残。戴头盔，身着铠甲，束腰带，左衽。右手握

图四二 墓砖拓片

1. M5：19 2. M6：5 3. M7：8 4. M8：4 5. M8：5

剑于右半身前，左手下垂。双脚并立做立正状。高50.6厘米（图三九，7；彩版一六〇，1）。

陶器 1件。

器盖 1件。M12：5，泥质红陶。子母口。握残。残高5、径12.8厘米（图三九，4）。

砖 1种。

菱形方格纹砖 1件。M12：7，泥质灰陶。子母口。上下两面均饰有绳纹，在砖的一侧左右分别饰两组平行的斜线，相交成菱形，中填以“◇”形，一“◇”形内嵌乳突，砖边沿补以“∧”“∨”“＜”“＞”形等几何纹。长42、宽18、厚7厘米（图四三，4）。

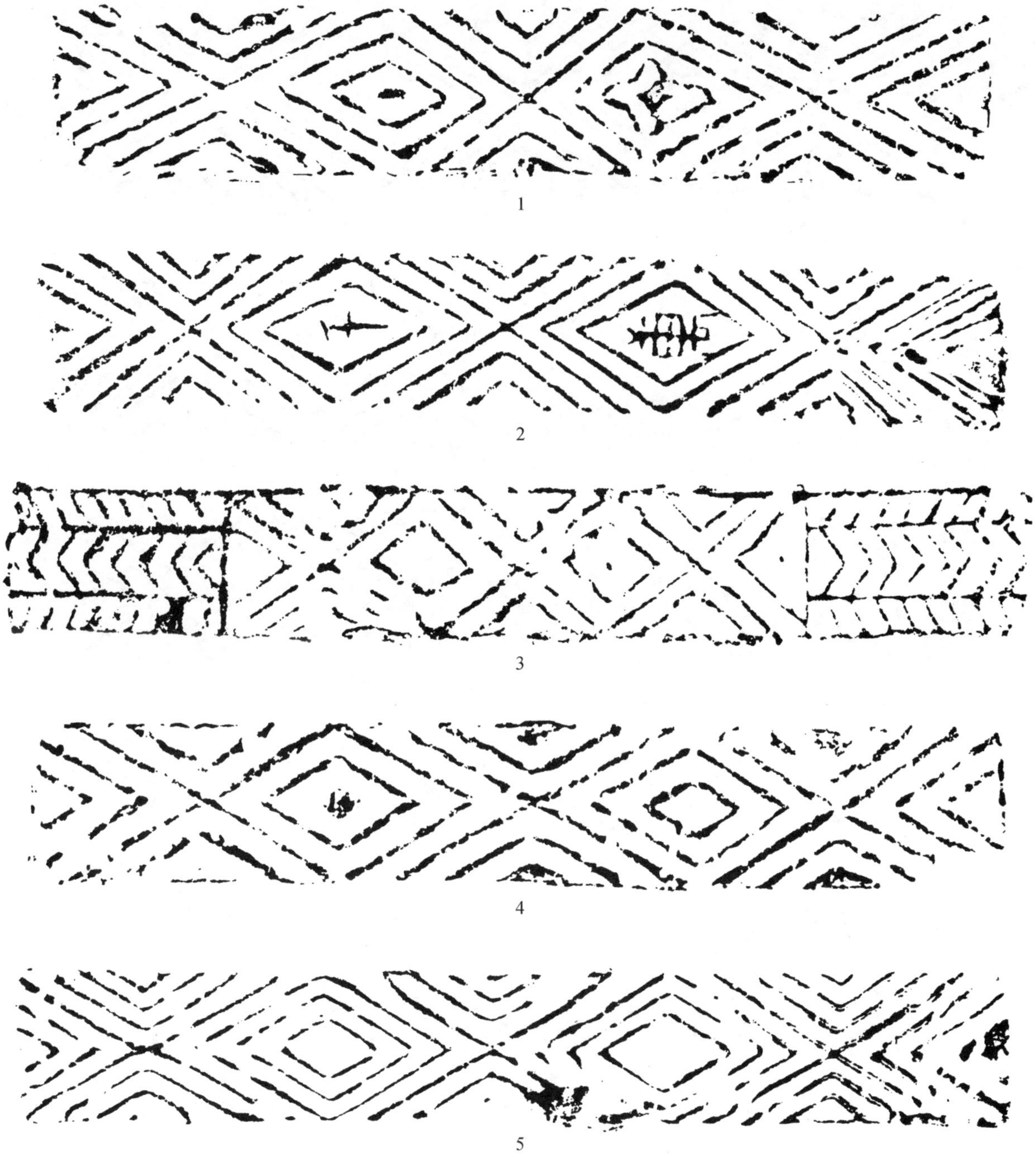

图四三　墓砖拓片

1. M9：4　2. M10：12　3. M11：7　4. M12：7　5. M13：1

（十三）M13

1. 墓葬形制

位于空洞包半山梁M2西北约10米处，墓开口距地表0.3米。方向110°。该墓由甬道、墓室两部分组成，甬道、墓室顶已不存在。墓室两壁保存较高，甬道两壁残存1～5层砖，前封门仅

存1层砖，墓室后壁也仅余3层砖，其余垮塌。据墓室两侧墓砖至近顶处渐向内收的情形判断，墓顶应为券顶。

甬道平面呈长方形，建在墓室前部左侧一端，甬道左壁与墓室左壁连成一线。甬道内填土较为坚硬，呈黄褐色，黏性较大，内夹杂有少量的碎砖和小石块等。甬道内长1.8、内宽1.3、残高0.1～0.4米。

墓顶早年塌陷，上部已被破坏，洞室内填满五花土，含有大量的残砖块、河卵石等杂物。砖室长3、宽2、墓室壁残高1.26米。

甬道、墓室两侧壁以长方形菱形几何边纹花砖错缝平铺叠砌而成，墓砖花纹朝向墓室内侧，墓砖的上下两面均饰有绳纹。墓砖长约45、宽约19、厚约6.5厘米，形状有长方形砖、长方形字母砖等。

甬道、墓室底部铺砖绝大部分不存在，只在墓室前部残存有铺地砖，铺成“人”字形。

墓圹自生土下挖成长方形竖穴土坑，坑壁经过拍打、修整，距墓室砖壁各宽约0.1米，砖室建成后，壁外回填五花土。

2. 葬具与葬式

墓中葬具与人骨均已腐朽，无法判定葬式和头向。

3. 遗物

该墓严重盗扰，未出任何器物。

砖　1种。

菱形方格纹砖　1件。M13：1，泥质灰陶。上下两面均饰有绳纹，在砖的一侧，左右分别饰两组平行的斜线，相交成菱形，中填以“◇”形，砖边沿补以“∧”“∨”“<”“>”形等几何纹。长45、宽19、厚6.5厘米（图四三，5）。

二、结　　语

本次发掘的13座墓葬虽然程度不同地遭到盗扰，但仍出土了生活用具、房屋模型、陶俑、钱币等各类文物194件（组），其中铜器18件（组），有铜盒、铜鍪、铜盆、铜饰等；瓷器21件，大都为死者生前所用，因为许多器物有使用受损痕迹；陶器128件，有生活器具、人物俑、动物俑等；钱币主要是五铢，个别墓出土少量剪轮五铢、货泉。

1. 墓葬形制

M13破坏严重，只残存墓葬一小部分。在已知形制的12座墓中，有10座为刀把形洞室砖墓、一座“中”字形洞室砖墓（M3）、一座竖穴砖墓（M11）。刀把形墓有M1、M2、M4～M10、M13。在刀把形墓中，M1、M4、M8、M13四座墓其刀把建在墓室前部左侧一端，即甬道左壁与墓室左壁连成一线；而M2、M5、M6、M7、M9、M10这6座墓其刀把建在墓室前部

右侧一端，即甬道右壁与墓室右壁连成一线。

墓葬开口一般较浅，在第2层扰土层下，打破生土层，距现地表0.2～0.5米。墓壁以长方形菱形几何边纹花砖错缝平铺叠砌而成，砖间以一层薄薄的黄泥合缝。墓圹自生土下挖成长方形竖穴土坑，坑壁经过拍打、修整，距墓室砖壁各宽约0.1米，砖室建成后，壁外回填五花土。

2. 墓葬年代

槽房沟墓地共发掘13座墓葬，其中M13严重被盗扰，无出土器物及陶片，对我们判断其年代带来一定的困难。

M1为刀把形洞室砖墓、M3为“中”字形洞室砖墓，虽然两座墓葬形制不同，但出土的器物有共同点，就是生活器具多，占80%，而各类俑只占极小比例；都出铜器，所出的铜鍪，敞口，环状竖耳，双耳偏于肩部，双耳相等，扁腹，近乎平底；两墓同样也出漆耳杯的铜鍪。因此，它们的时代应该接近。2001槽房沟墓地纪年墓M9的年代为东汉安帝延光四年，即125年，为东汉中期[①]。M9出土的器物特点是各类俑比例大，生活器比例极少。因此，我们认为M1、M3年代应属于东汉早期。M1与M3相比，可能M3早于M1，原因有二：第一，M3出土了大量的铜器，有铜鍪、铜釜、铜盒、铜壶等，M1只出土一件铜鍪；第二，M3出土的钱币是单一的五铢，而MI除五铢外，还有剪轮五铢、货泉。

从出土器物分析，M4～M6、M10应属于东汉中晚期，M12出土的武士俑在以往的东汉墓葬中未发现，且M12的铺地砖为人字形。根据该墓地发掘情况，铺地砖平铺，时代一般较早，大约为东汉时期，出青瓷的墓葬铺地砖一般为人字形。M12出土的武士俑在已往的东汉墓葬中未发现，且M12的铺地砖为人字形，但未发现瓷器，我们初步推断M12时代为蜀汉时期。

M2、M9出土青瓷。M2：15，青瓷钵。青釉，釉不及底。口微敛，尖圆唇，圆肩，斜弧腹，平底，假圈足。口沿施四组酱斑点釉，每组六点，呈花边状，口沿下饰浅凹弦纹一周。酱斑点彩最早开始于吴晋之际，东晋时在长江中游各地流行。四川地区酱斑点彩出现于西晋时期，东晋时期的纹饰以弦纹为主，多饰于碗的外口沿及罐的系（耳）之间，褐色斑点纹主要饰于碗口沿[②]。因此，M2、M9应属于两晋时期。

M8与M9并列，两者相隔不足3米，且方向一致，两者均为人字形砖铺地，因此M8与M9时代大体相当。

处于山梁顶的M7与M8两者相距10米，几乎在一条直线上，但方向恰好相反。由于出土器物少，有一瓦棱陶碗不见于以往东汉墓葬中，M7也为人字形砖铺地，初步推测M7属于两晋时期。

3. 需探讨问题

刀把形墓有M1、M2、M4～M10、M13。在刀把形墓中，M1、M4、M8、M13四座墓其刀把建在墓室前部左侧一端，即甬道左壁与墓室左壁连成一线；而M2、M5、M6、M7、M9、

---

① 重庆市博物馆、宝鸡市考古工作队、重庆市文化局、丰都县文物管理所：《丰都槽房沟墓地发掘报告》，《重庆库区考古报告集·2001卷》，科学出版社，2008年。

② 何志国：《四川六朝瓷器初论》，《考古》1992年第7期。

M10这6座墓其刀把建在墓室前部右侧一端，即甬道右壁与墓室右壁连成一线。刀把左右有别这种现象是随意的，还是反映了男女在葬式上的区别，因这些墓葬都被不同程度盗扰过，未发现葬具与骨骼痕迹，因此无法判断，但在今后工作中值得留意。

在槽房沟墓地所发掘的墓葬似有一个规律，铺地砖错缝平铺，时代一般较早，大约为东汉时期，而出青瓷器的墓葬铺地砖一般铺成人字形。这一现象是否适合于其他墓地，有待进一步考察。

附记：本次发掘领队邹后曦，执行领队刘军社，参加发掘人员有辛怡华、李伸前、陈恩乾、杨富科、李永贞、任新宇。

绘图：陈恩乾　任新宇　李永贞　李伸前
拓片：杨富科
照相：辛怡华
执笔：刘军社　辛怡华

丰都二仙堡墓群2003年度发掘简报

长沙市文物考古研究所
丰都县文物管理所

一、概　　况

二仙堡墓群位于重庆市丰都县镇江镇杜家坝村，中心位置在杜家坝村西南500米的长江北岸一、二级台地上，东北距冉家路口砖厂250米，地理坐标为东经107°44′36″，北纬29°54′52″，海拔160～190米（图一）。

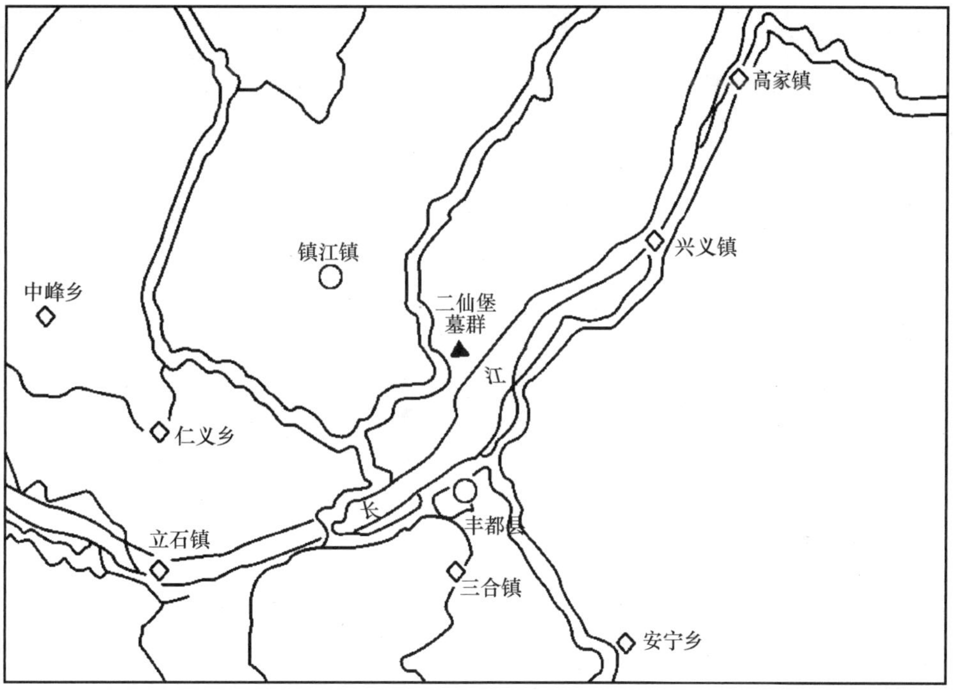

图一　二仙堡墓群位置示意图

该墓群于1987年文物普查时发现，1992年长江三峡淹没区文物调查时被命名为二仙堡墓群。1993年重点复查时发现暴露汉墓5座，有较多东汉时期的几何形花纹砖，部分有“富贵”“五铢”等铭文，从丰都县境内已发掘的汉墓分析，该墓群时代为汉代。二仙堡墓群主要分布在由东北向西南的冉正丙梁子、李文秀梁子、深田坝子及二仙堡梁子上，面积50 000平方米。

2003年11月1日至12月15日，长沙市文物考古研究所根据国家文物局指示，应重庆市文化局邀请，并履行三峡库区文物抢救工作2003年规划任务，对该墓葬区进行了田野考古勘探和发掘工作，前后历时45天。通过调查，发现该墓葬区的几座梁子上都分布着较密集的墓葬，既有土坑墓，又有砖室墓，时代以两汉为主，其他时代为辅。为了确保这次发掘工作的质量及以后工作的规划，我们首先对冉正丙梁子和李文秀梁子进行了有选择的发掘，即根据全面钻探的结果，以墓葬分布密集区为中心，按正北方向布方，分A、B两区进行发掘。李文秀梁子二级台地为A区，布方8个，10米×10米，编号为2003FZEA区T1～2003FZEA区T8；冉正丙梁子为B区，布方12个，10米×10米，编号为2003FZEB区T1～2003FZEB区T12。发掘总面积共为2000平方米。发掘区原种植有农作物红薯、青菜及一些豆类等。墓葬均开口于耕土层之下，耕土层厚45～55厘米。耕土层下即为黄色生土（图二）。

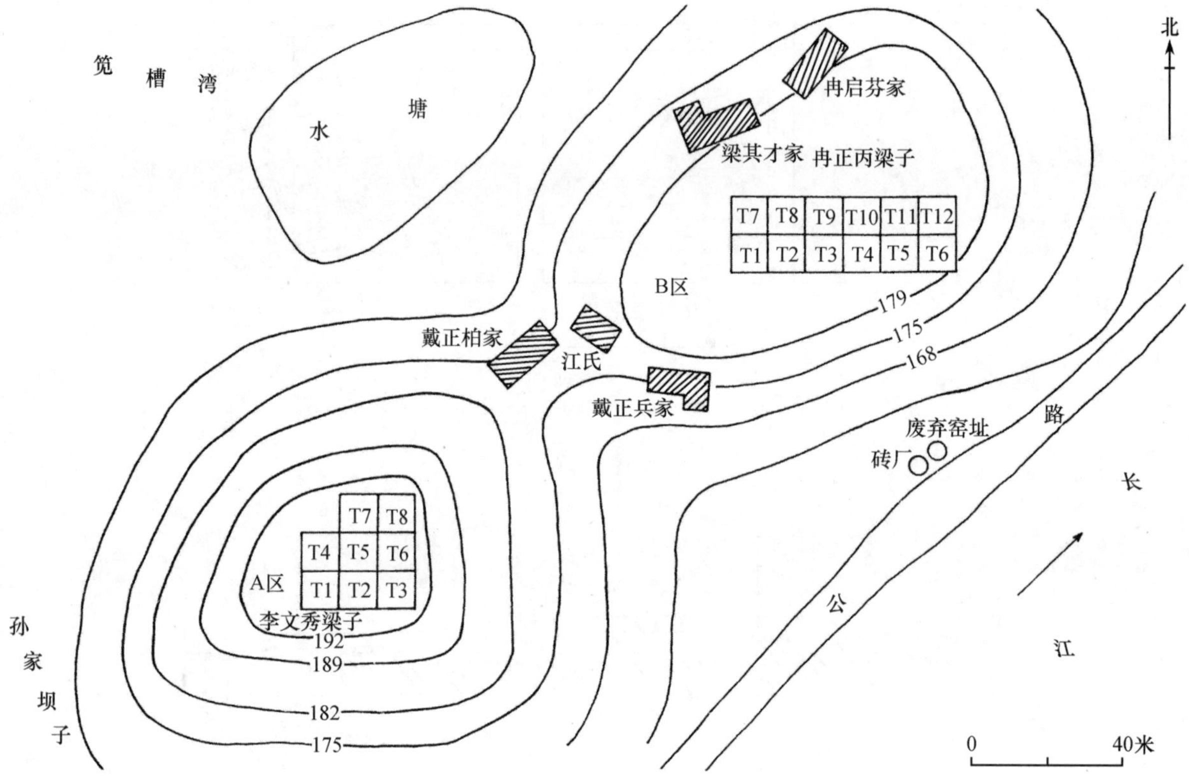

图二　探方分布图

本年度对二仙堡墓群的发掘，共发现古墓葬16座，其中土坑墓7座、砖室墓9座。A区共发掘土坑墓3座、砖室墓3座，编号为：2003FZEA区M1～2003FZEA区M6（简称AM1～AM6），其中AM1、AM2、AM5为土坑竖穴墓，AM3、AM4、AM6为砖室墓（图三、图四）。B区共发现土坑墓4座、砖室墓6座，编号为：2003FZEB区M1～2003FZEB区M10（简称BM1～BM10）。其中，BM6、BM8、BM9、BM10为长方形土坑竖穴墓，BM1、BM2、BM3、BM4、BM5、BM7为砖室墓（图五、图六）。

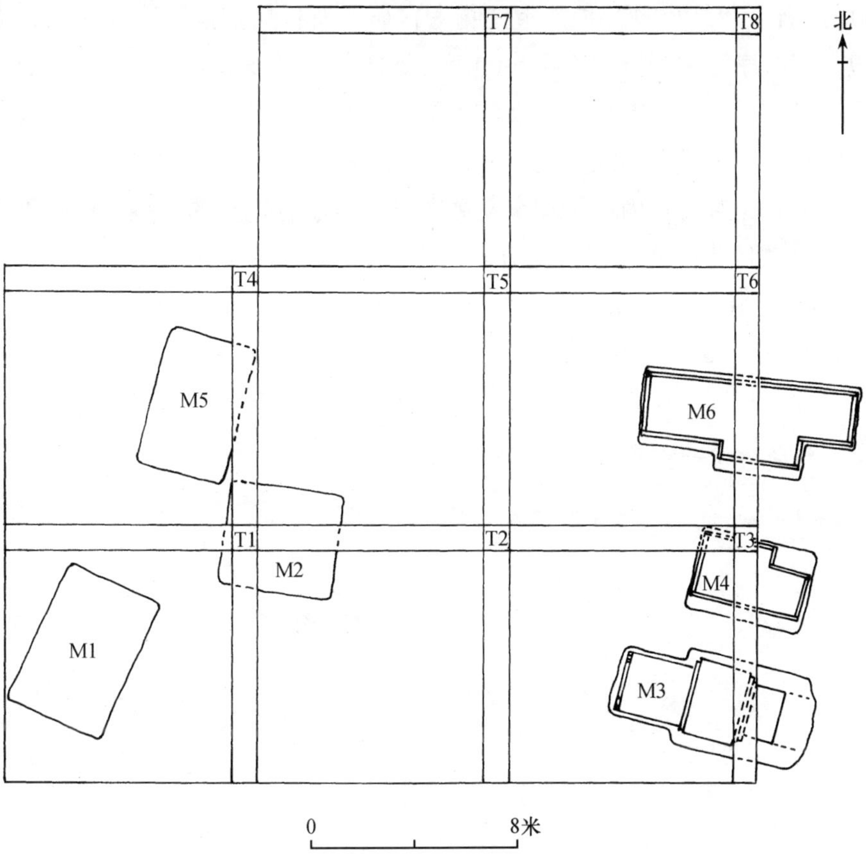

图三 A区平面图

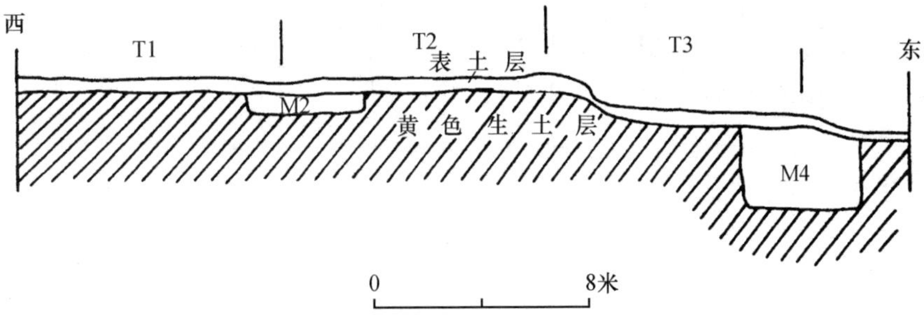

图四 A区剖面图

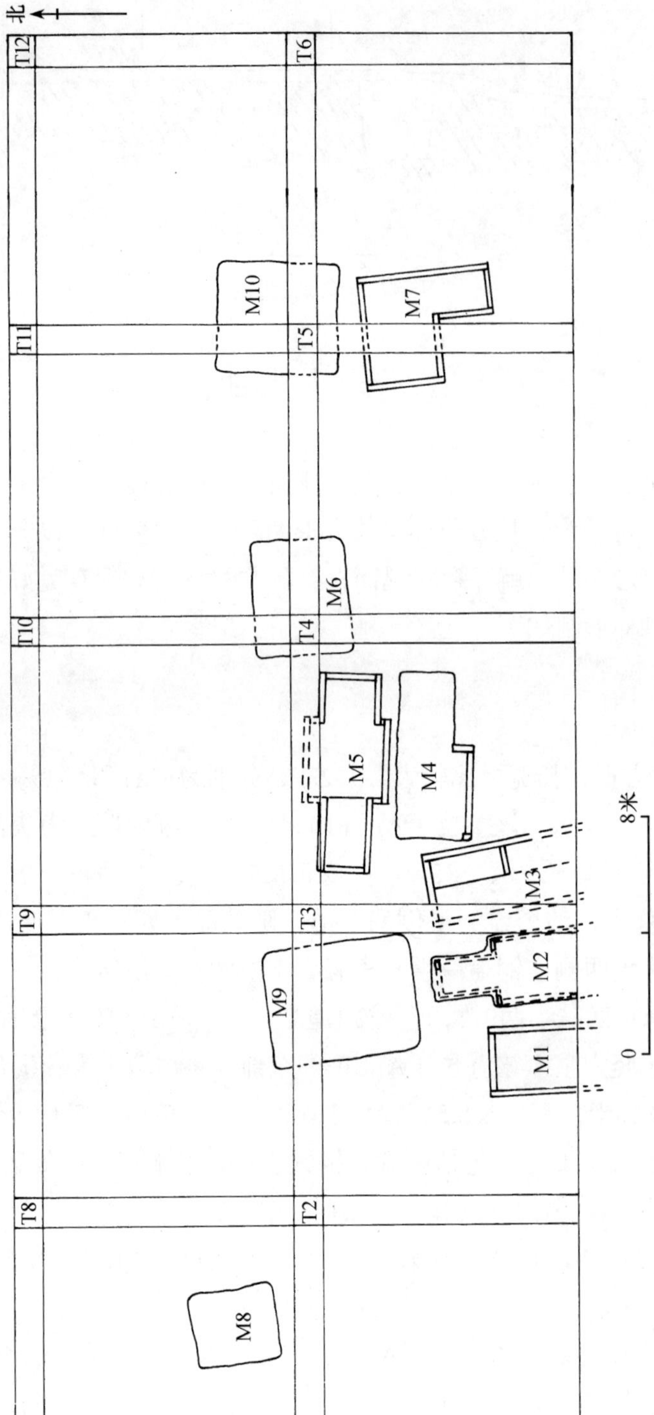
北
T12
T11
T10
T9
T8
T7
T6
T5
T4
T3
T2
T1
M10
M7
M6
M5
M4
M3
M2
M1
M9
M8
0
8米

图五 B区平面图

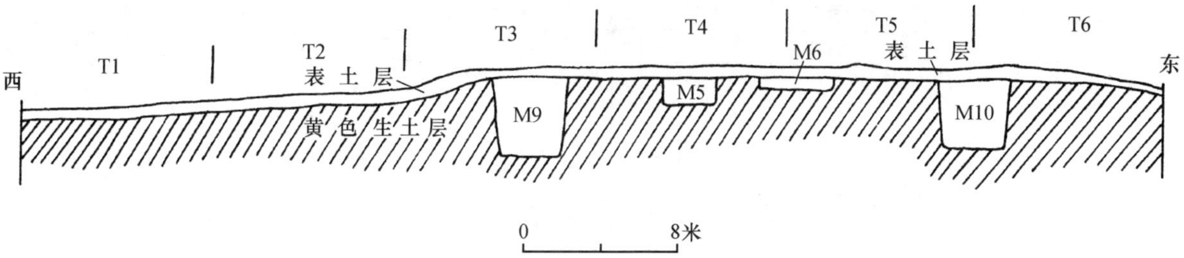

图六　B区剖面图

二、墓葬形制

2003年度二仙堡墓群共发现16座墓葬，包括土坑竖穴墓和砖室墓两种墓葬形式。根据墓葬的形制，土坑竖穴墓又可分为狭长方形和宽长方形两种，砖室墓则可以分为“中”字形、刀把形、长方形和“凸”字形四种。就保存状况而言，除AM2和BM7保存完好未经盗扰外，其余均遭盗掘。现分别介绍墓葬形制如下。

1. 土坑竖穴墓

A型　墓口呈狭长方形，长宽之比较大，共2座，分别为AM1和AM5。

AM1　长方形土坑竖穴墓。该墓位于A区T1的西北部，墓内填土为灰褐色，土质疏松，有较多料姜石。方向26°。墓口长5.8、宽3.9米；墓底长5.5、宽3.6、深4.7米。该墓西北部有一个方形现代盗洞，直达墓底，整个盗洞呈倒漏斗形。随葬品主要置于墓底西侧和南侧，其中铁器、铜器和石器主要置于西侧，铜盖弓帽和陶罐置于南侧。铜钱14枚，均为“半两”钱。其中大半两5枚，直径3厘米；四铢半两9枚，直径2.1厘米。墓内葬具和尸骨无存（图七）。

AM5　长方形土坑竖穴墓。该墓位于A区T4的东部，墓内填土为灰褐色，土质疏松。方向17°。墓口长5.64、宽3.56米；墓底长5.5、宽3.43、深3.1米。该墓南部有一个圆形盗洞，直达墓底。随葬品主要分布于盗洞下方，包括陶罐、铜钱、铜钫、铜盖弓帽等物。其中铜钱2枚，均为大“半两”，直径3厘米。墓内葬具和尸骨无存（图八）。

B型　墓坑呈宽长方形，长宽之比较小，共5座，包括AM2、BM6、BM8、BM9以及BM10。

AM2　长方形土坑竖穴墓。该墓处于A区T1、T2、T4和T5四个探方相接处。墓内填土为灰褐色，土质疏松。方向10°。墓口长4.3、宽3.9米；墓底长3.26、宽3.86、残深0.7米。该墓未被盗扰。随葬品主要置于东侧，陶器有钵，铜器有杯耳、洗、博山炉、铜饰及鎏金铜釦，铁器有铁灯等。墓室西侧置铜钱170余枚，均为“货泉”，直径2.2厘米。墓内葬具和尸骨无存（图九）。

BM6　长方形土坑竖穴墓。该墓位于B区T4、T5、T10和T11四个探方相接处。墓内填土为灰褐色和黄褐色，较杂乱，土质疏松。方向357°。墓口长4.1、宽3.5米；墓底长4.02、宽3.42、残深0.5米。随葬品置于墓室东南部，其中铜钱15枚，均为“五铢”，直径2.6厘米。另有陶罐1件。墓内葬具和尸骨无存（图一〇）。

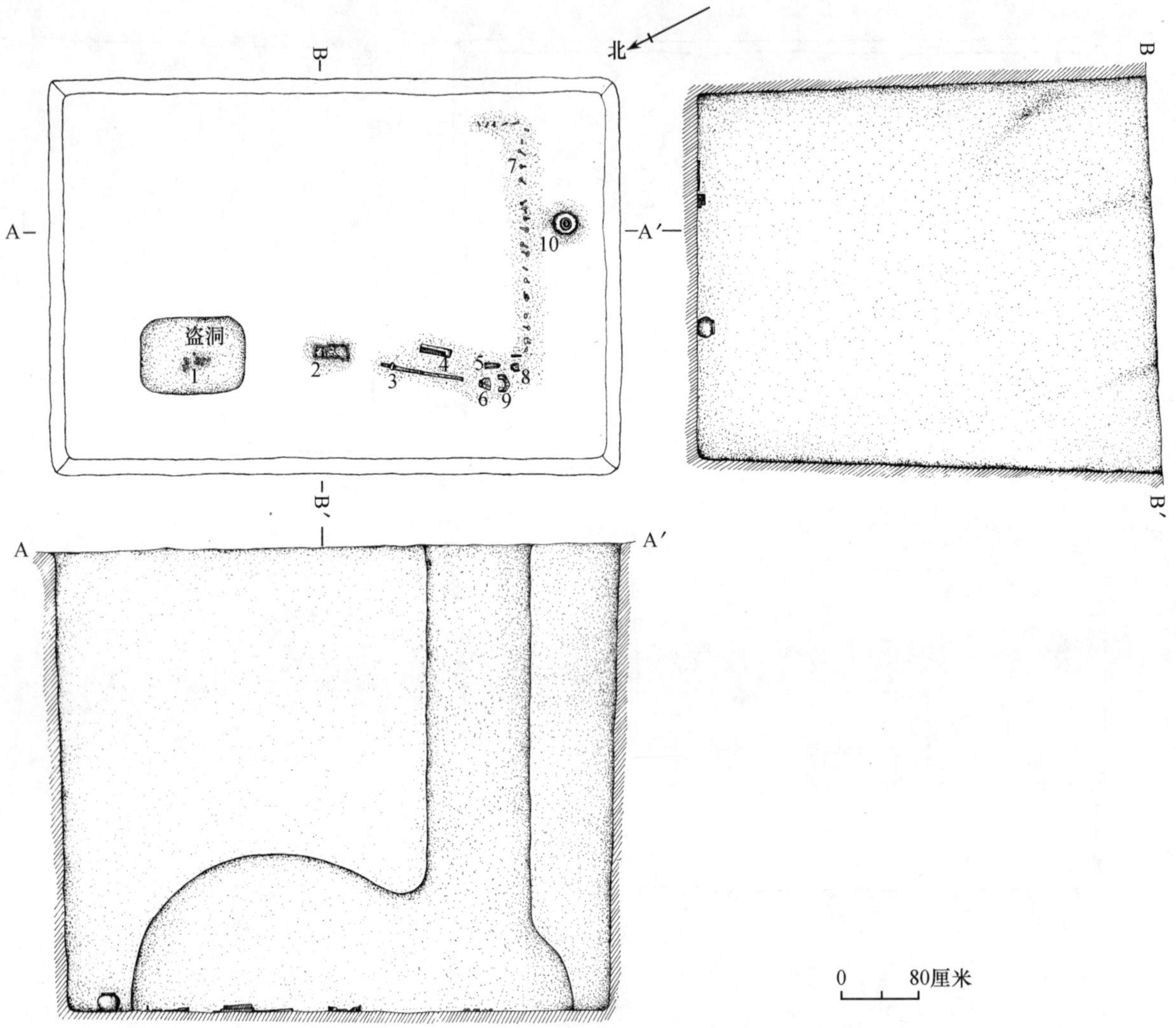

图七　AM1平、剖面图

1. 铜钱（14枚“半两”）　2. 铜钫残片　3. 铁剑　4. 砺石　5. 铁锄　6、8. 铁镬　7. 铜盖弓帽　9. 铁臿　10. 陶罐

BM8　长方形土坑竖穴墓。该墓位于B区T8南部偏东。墓内填土为灰褐色和黄褐色，较杂乱，土质疏松。方向350°。墓口长3.22、宽2.82米；墓底长3.16、宽2.75、残深0.5米。该墓被盗扰严重，仅存6枚“五铢” 钱，直径2.6厘米，置于墓室北部。墓内葬具和尸骨无存（图一一）。

BM9　长方形土坑竖穴墓。该墓位于B区T3的北部和T9的南部。墓内填土为黄褐色，较板结。方向353°。墓口长5、宽3.9米；墓底长3.8、宽3.2、深4.3米。墓葬中部有一个圆形盗洞，直达墓底，呈倒漏斗形。随葬品主要置于北、东、南三面，北部置铜钱150枚，其中138枚“五铢”，直径2.6厘米，12枚“货泉”，直径2.1～2.2厘米；东部主要置陶俑；南部置铜器。墓内葬具和尸骨无存（图一二）。

BM10　长方形土坑竖穴墓。该墓位于B区T5、T6、T11和T12四个探方的相接处。墓内填土为黄褐色，较板结。方向4°。墓口长4.2、宽3.5米；墓底长3.3、宽2.5、深3.5米。墓葬中部有一个圆形盗洞，直达墓底，呈倒漏斗形。随葬品分别置于墓室北部和西部，北部置铜钱30枚，均为“五铢”，直径2.6厘米；西部置陶狗、陶俑、陶罐、鎏金铜泡钉及铜泡钉等。墓内葬具

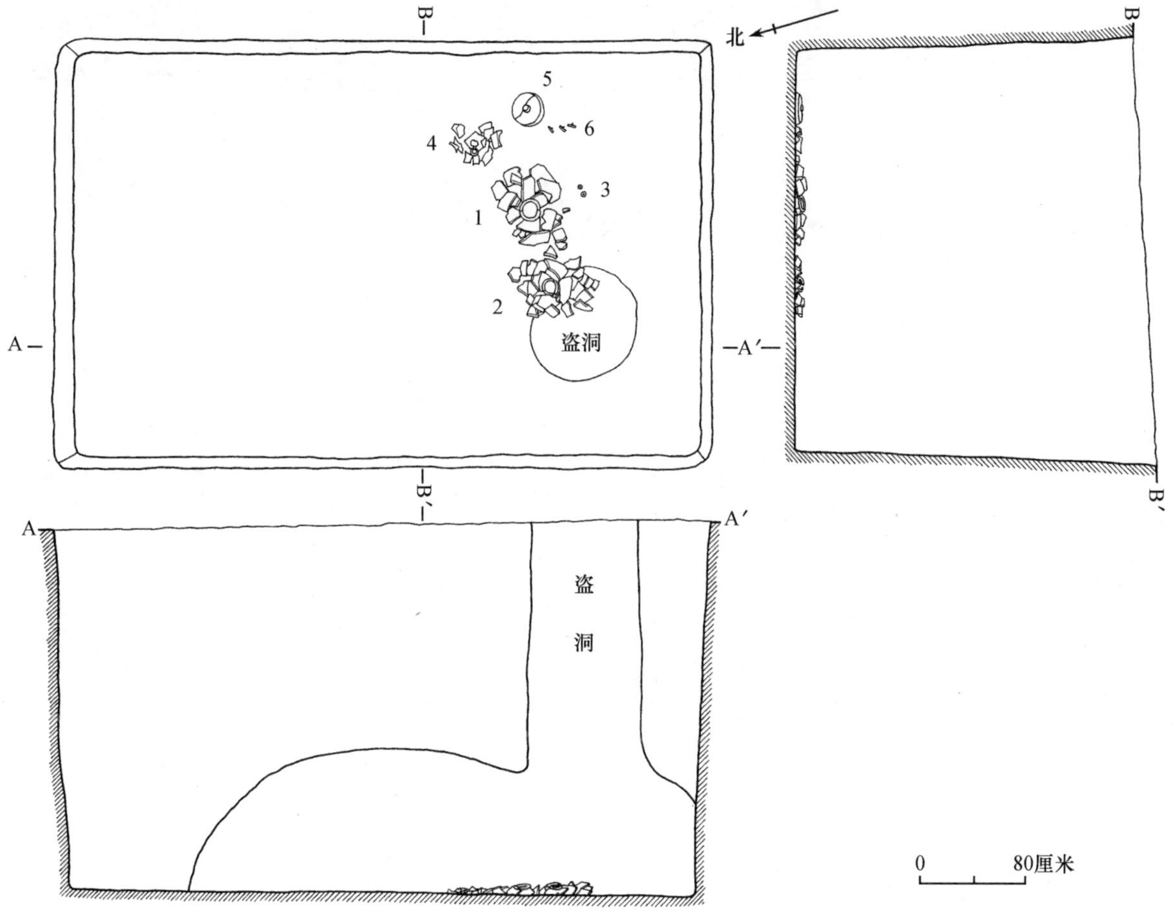

图八　AM5平、剖面图

1、2. 陶罐　3. 铜钱（2枚“半两”）　4. 铜钫（残）　5. 陶器盖　6. 铜盖弓帽（4件，均残）

和尸骨无存（图一三）。

2. 砖室墓

A型　墓葬平面呈长方形。共2座，分别为BM1和BM3。

BM1　长方形砖室墓。该墓位于B区T3的南部。墓内填土为灰褐色，土质疏松。墓葬残长3.2、宽2.4、残深1.02米。方向358°。砖室顶部和南部残缺，仅余北半部。未见铺地砖，北墙保存较好，共18层；中部保存较差，仅余4层。墓砖错缝单层叠砌，均为菱形花纹砖，单砖长42、宽20、厚6厘米（图一四）。随葬品共4件，陶塘、陶灯、陶罐和青瓷碗各1件，均置于墓室的西北角。墓内葬具和尸骨无存（图一五）。

BM3　长方形砖室墓。该墓位于B区T3和T4的相接处。墓内填土为灰褐色，土质疏松。方向350°。墓葬残长4.1、宽2.52、残深0.48米。菱形花纹青砖长44、宽20、厚7厘米；子母口绳纹砖长44、宽19、厚7.5厘米（图一六）。随葬品有陶人物俑、陶镇墓兽、陶狗、陶屋、铜钱等。其中3件陶人物俑和1件陶镇墓兽置于墓室中部，3件陶人物俑、1件陶屋、1件陶狗和7枚“五铢”钱置于墓室北部，其中“五铢”钱直径2.6厘米。墓内葬具和尸骨无存（图一七）。

B型　墓葬平面呈“凸”字形。共2座，分别为AM6和BM2。

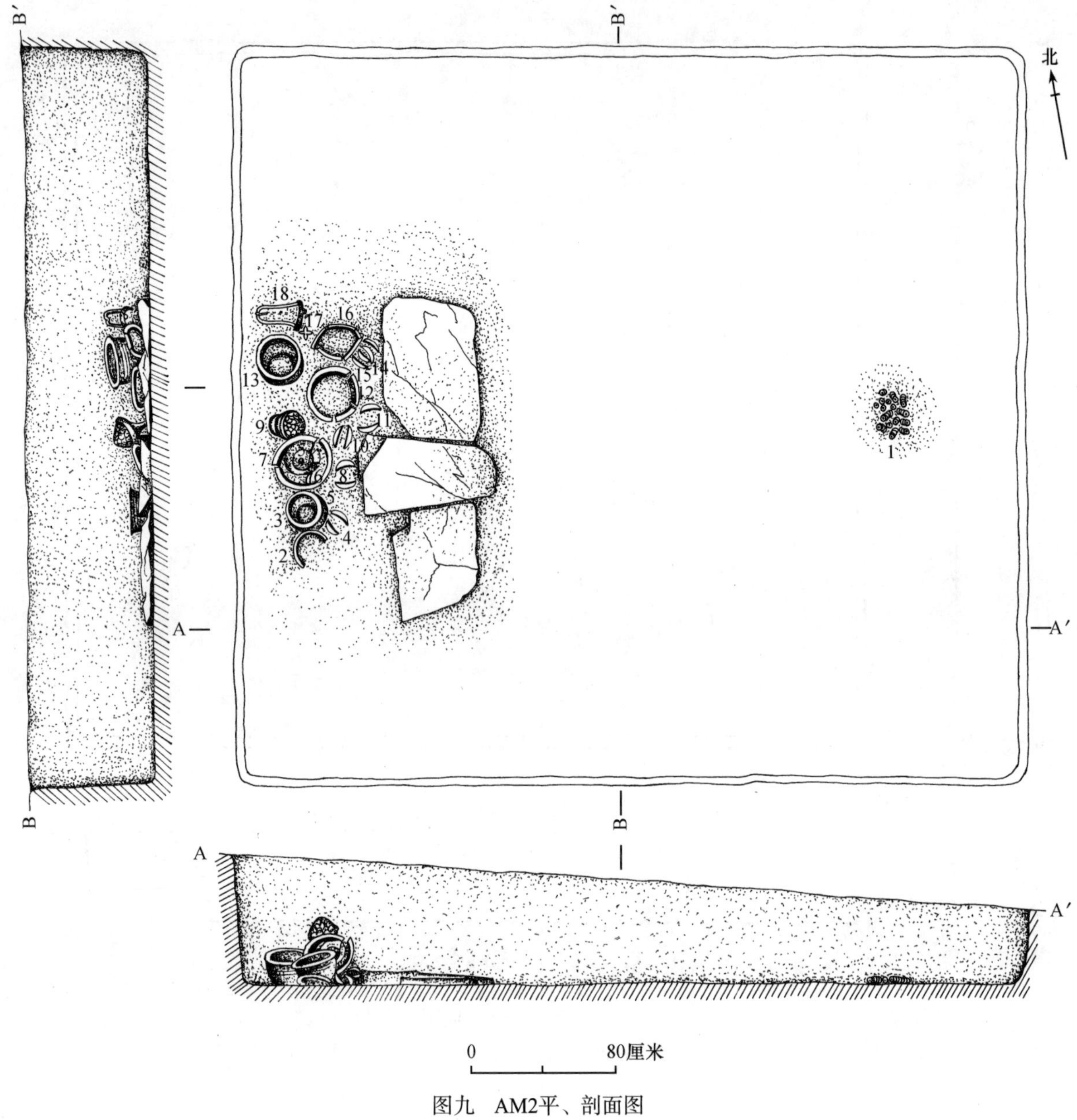

图九　AM2平、剖面图

1. 铜钱（170余枚）　2、7、12、16. 鎏金铜釦　3、13. 铜洗　4、6、8、10、11、14、15. 铜杯耳　5. 陶钵　9. 铜博山炉　17. 铜饰　18. 铁灯

AM6　“凸”字形砖室墓。该墓位于A区T6的东部。墓内填土为灰褐色，土质疏松。方向277°。墓葬总长7.82、宽3.38、深2.48米；前室长2.2、宽1.9、深1.06米；中室长3.2、宽3.38、深2.1米；后室长4.62、宽2.36、深2.48米。出土器物以陶器为主，前室两侧出土有陶俑、陶魁、陶器盖、陶鸡、镇墓兽等，中室南侧出土耳杯、陶罐、陶盘及摇钱树底座等。铜钱均为“五铢”，共15枚，直径2.6厘米。墓室墙体均由子母口菱形纹砖错缝叠砌，主室和后室的券顶保存较好。墓底铺地砖与墙体呈45°，“人”字形斜铺（图一八）。墓砖主要为子母口菱形纹砖和菱形纹带铭文砖，子母口菱形砖长43、宽20、厚7厘米，子母口菱形纹带铭文砖长45、宽20、厚7厘米，两种砖上均饰有绳纹（图一九）。葬具为石棺，由一整块红砂岩雕刻而成，

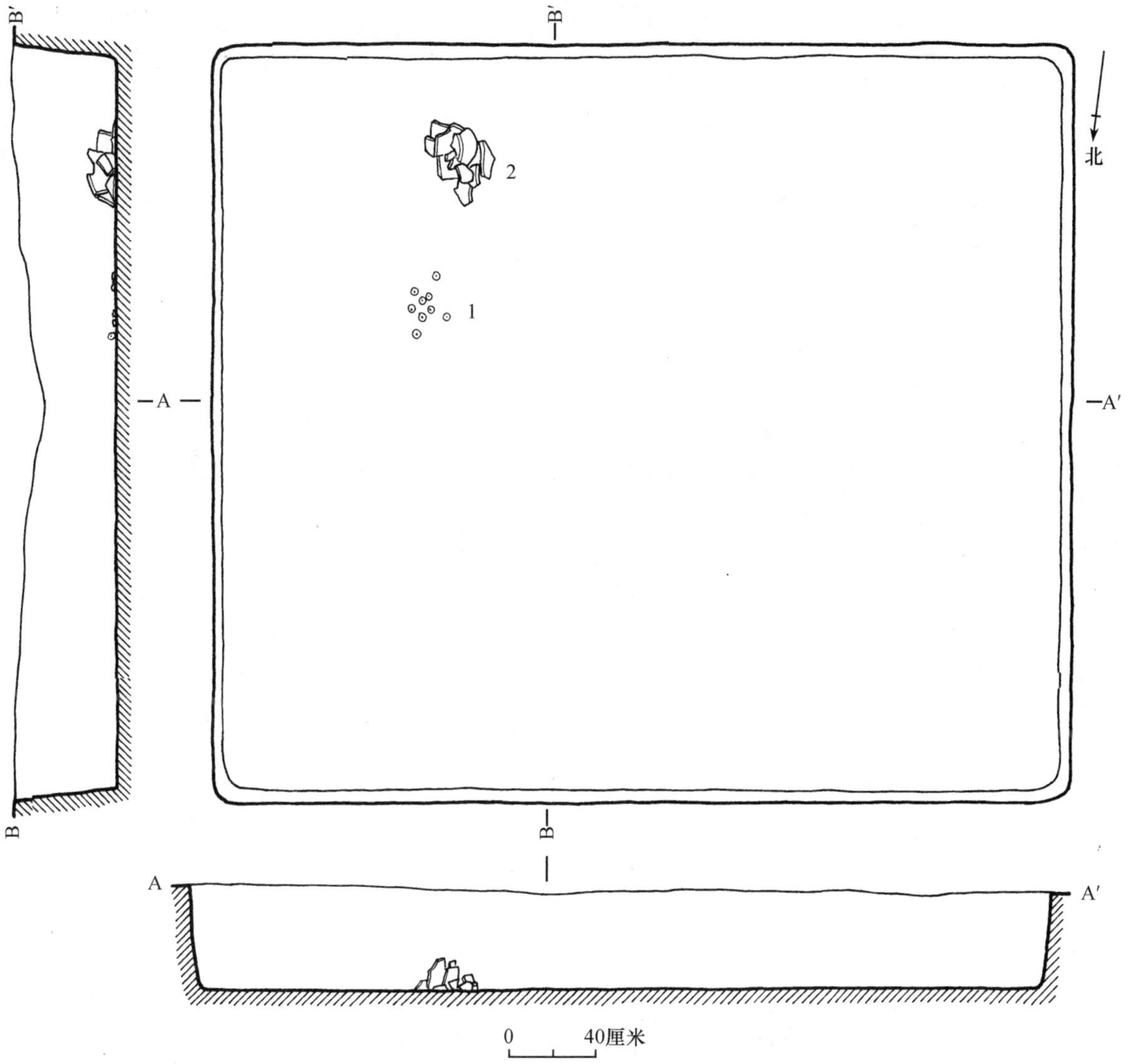

图一〇 BM6平、剖面图

1. 铜钱（15枚“五铢”） 2. 陶罐（残）

子母口盖，顶盖凿有几何纹，棺身有不规则凿痕。棺身长214、宽64、高80厘米；底厚21、壁厚5厘米，顶盖长218、宽64、厚24厘米（图二〇）。墓内尸骨无存。

BM2 “凸”字形砖室墓。该墓位于B区T3的东南部。墓内填土为灰褐色，土质疏松。方向355°。墓葬残长5.3、宽2.34、深0.7米。其中前室残长3.2、宽2.34、深0.7米；后室长2.1、宽1.34、深0.7米。墓砖大多已不存，仅余数块残碎铺地砖置于墓坑四周。该墓遭盗扰，随葬品仅余1件陶人物俑和8枚“五铢”钱，“五铢”钱直径2.6厘米。陶俑直立置于前室西北部，铜钱散布于后室北部正中。墓内葬具和尸骨无存（图二一）。

C型 墓葬平面呈“中”字形。共2座，分别为AM3和BM5。

AM3 “中”字形砖室墓。该墓位于A区T3的东南部。墓内填土为灰褐色，土质疏松。方向284°。墓葬总长7.26、宽3.2、深2.44米。前室长1.3、宽1.96、深2.1米；中室长2.6、宽3.2、深2.44米；后室长2.36、宽2.34、深2.1米。墓室券顶保存完整，由子母口带车轮菱形纹楔形砖

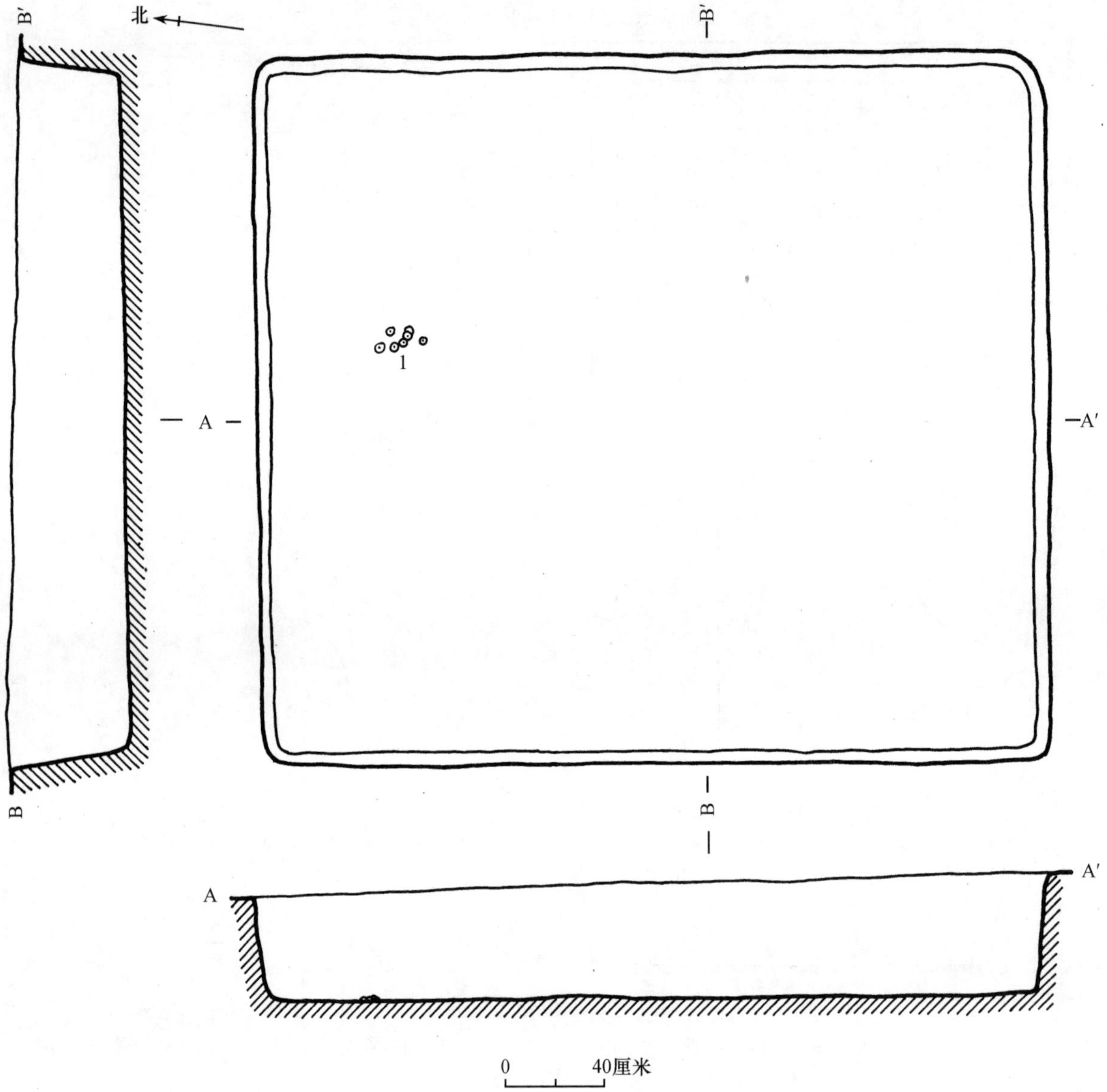

图一一　BM8平、剖面图
1. 铜钱（6枚“五铢”）

和子母口带十字菱形纹楔形砖砌成，墓墙和墓底都由菱形马纹“利后”铭文砖砌成，墙体为错缝叠砌，铺地砖为横排平砌。菱形马纹“利后”铭文砖长44、宽20、厚7厘米。楔形砖长边44、短边38、宽17、厚7厘米。两种砖上均饰有绳纹（图二二）。随葬品在前室、中室和后室均有分布，主要为陶器和铁器。其中前室放置有2件陶釜、1把已残断的铁剑。中室北侧放置有4件陶俑、1件陶盖，中部放置有1件陶狗、1件陶罐，南侧放置有3件陶罐、2件陶俑。后室的北侧放置有6件陶俑，南侧放置有2件陶罐、1件陶鸡。墓内葬具和尸骨无存（图二三）。

BM5　“中”字形砖室墓。该墓位于B区T4北部。墓内填土为灰褐色，土质疏松。方向273°。墓葬总长7、宽3.02、深1.3米。其中前室长1.76、宽1.7、深1.3米；中室长2.46、宽3.02、深1.3米；后室长2.76、宽1.6、深1.3米。砖室顶部残，券顶不存。墓砖有子母口菱形纹砖和子母口菱形纹带铭文砖（图二四），墓墙为错缝叠砌，后室为横排平砌，中室横排平砌与竖排

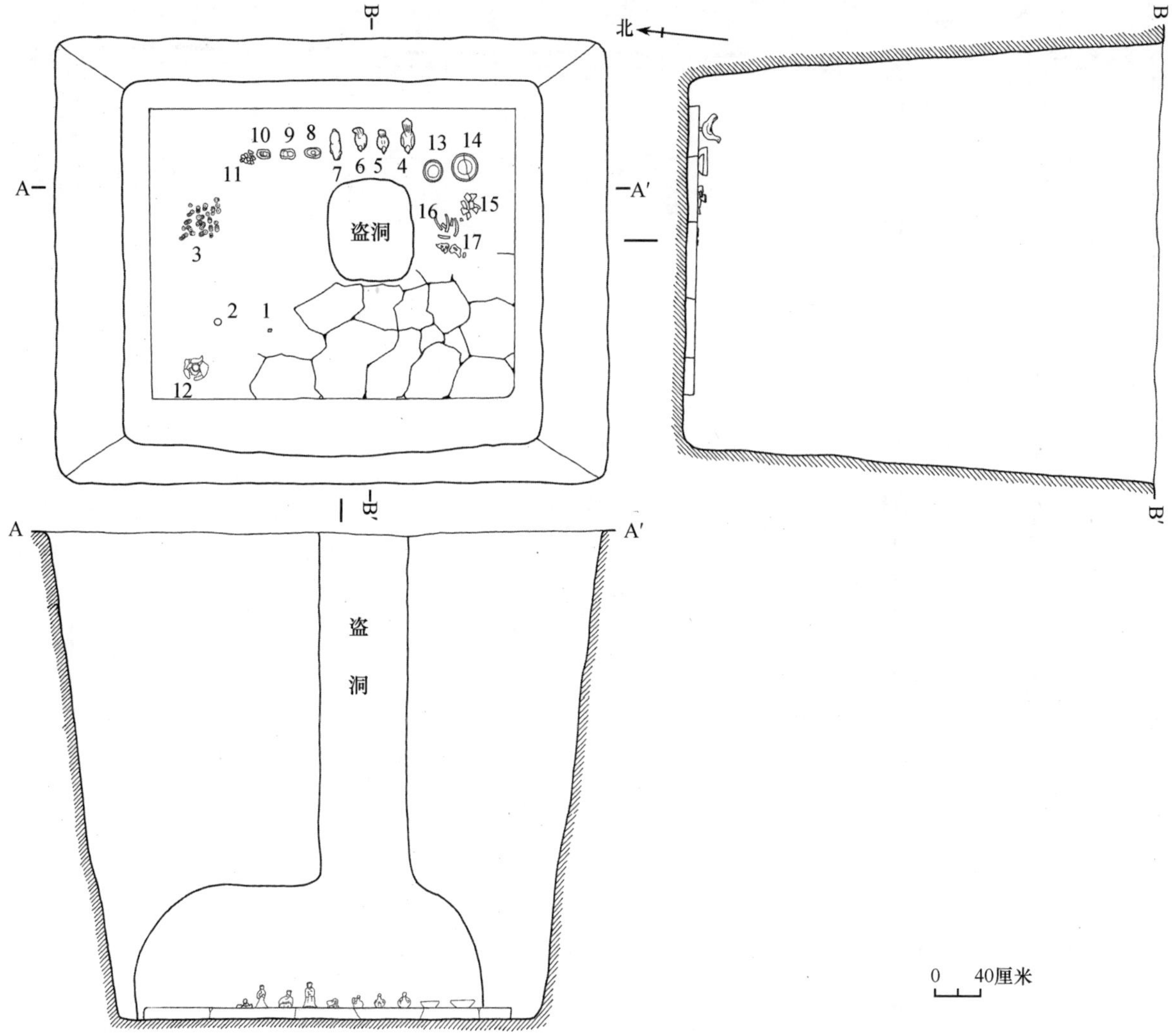

图一二 BM9平、剖面图

1. 铜印章 2. 铜盖 3. 铜钱 4～7. 陶俑 8. 陶猪 9. 陶鸭 10、11. 陶鸡 12～14. 陶钵 15. 铜车軎 16. 鎏金铜釦 17. 铜饰

直砌并存，前室铺地砖散失。子母口菱形纹砖长44、宽20、厚7厘米，子母口菱形纹带铭文砖长47、宽20、厚7.5厘米。两种砖上均饰有绳纹（图二四）。出土器物有陶器、铜器和铁器。前室出土有陶俑、陶罐、陶钵，中室北侧出土釉陶碗、陶狗、陶肖像俑、铜钱和陶灯，铜钱为292枚“五铢”，直径2.6厘米。南侧出土铜饰、铁环首刀和铁剑，后室无出土物。墓内葬具和尸骨无存（图二五）。

D型 墓葬平面呈刀把形。共3座，分别为AM4、BM4和BM7。

AM4 刀把形砖室墓。该墓位于A区T3的东北部。墓内填土为灰褐色，土质疏松。方向293°。墓葬总长4.96、宽2.5、深2.6米。前室长1.54、宽1.64、深1.64米；中室长3.42、宽2.5、深2.6米。后室后部残存部分券顶，墓砖为带绳纹菱形纹长方形砖，长44、宽20、厚7厘米（图二六）。墓墙为错缝叠砌，铺地砖与墙体呈45°，“人”字形斜砌。出土器物有铜钱、陶器和铁器。铜钱共6枚，出土于后室西南角，均为“五铢”，直径2.6厘米。前室和后室的南边出土有陶罐、陶盖、釉陶魁、陶俑和陶碗等器物，后室东侧出土有陶动物俑和陶屋等器物。墓内葬具

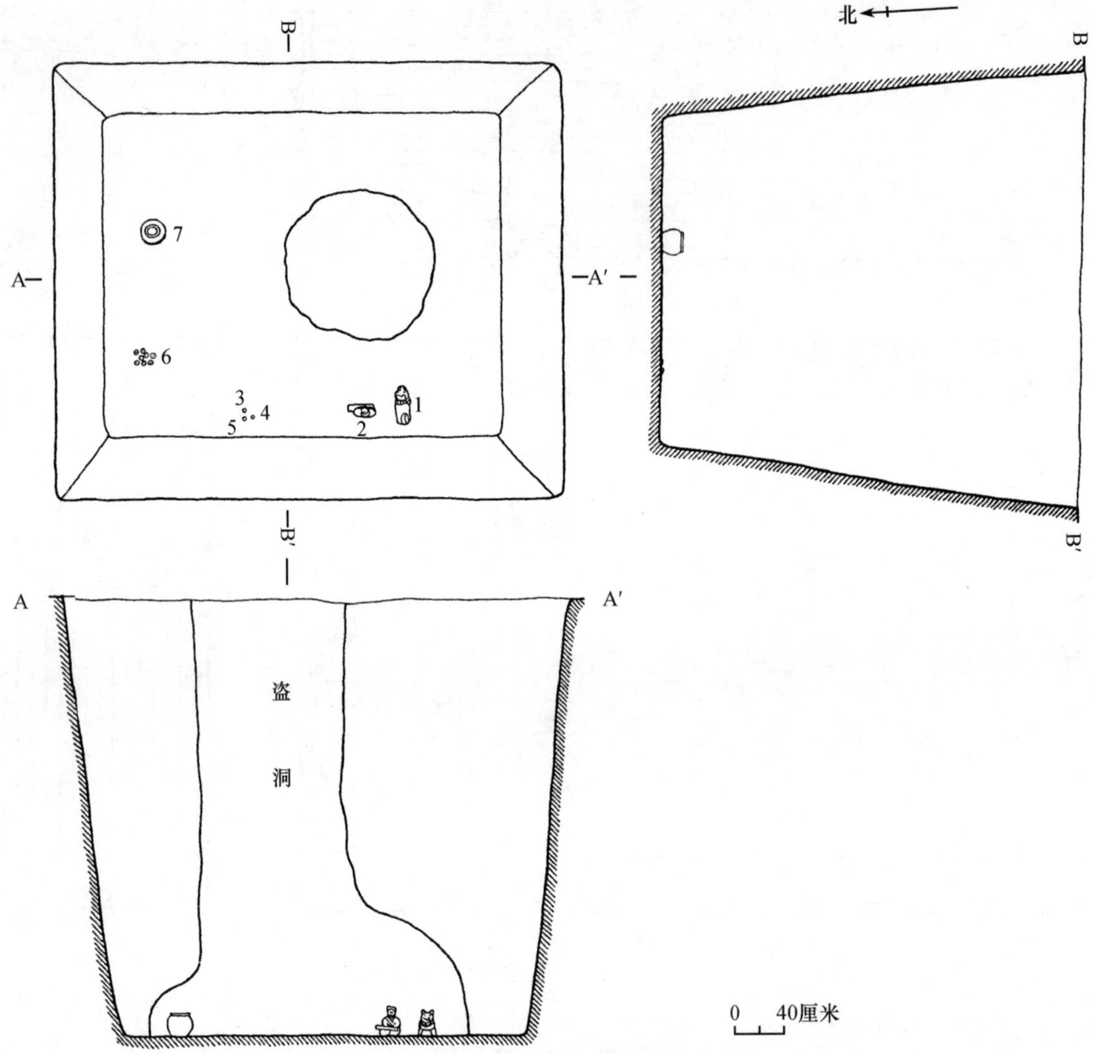

图一三 BM10平、剖面图

1. 陶狗 2. 陶俑 3. 鎏金铜泡钉 4、5. 铜泡钉 6. 铜钱（30枚“五铢”） 7. 陶罐

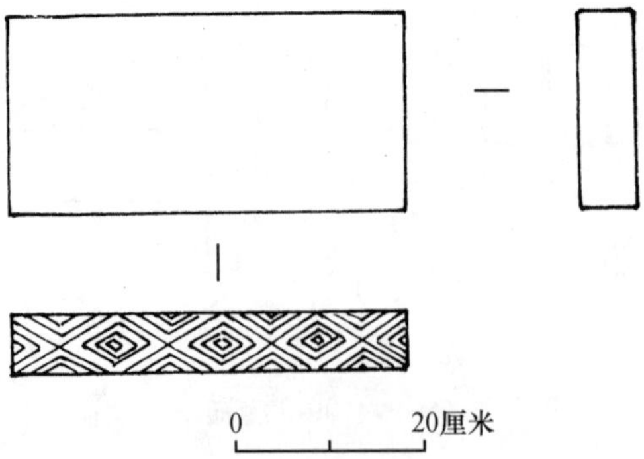

图一四 BM1墓砖

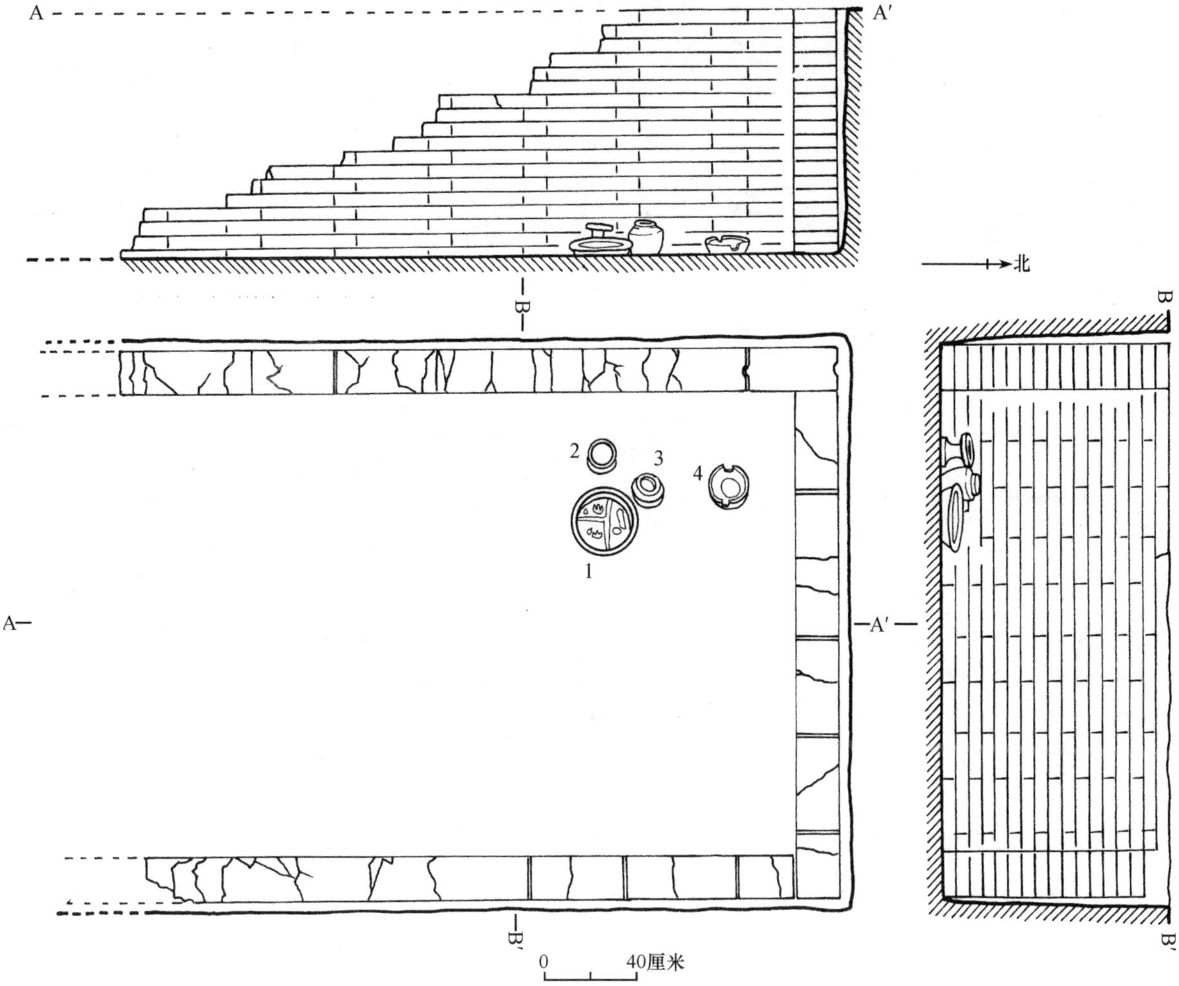

图一五　BM1平、剖面图
1. 陶塘　2. 陶灯　3. 陶罐　4. 青瓷碗

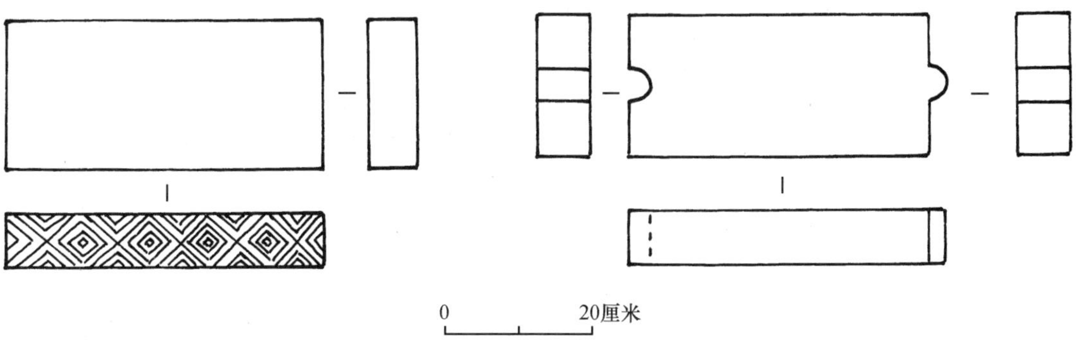

图一六　BM3墓砖

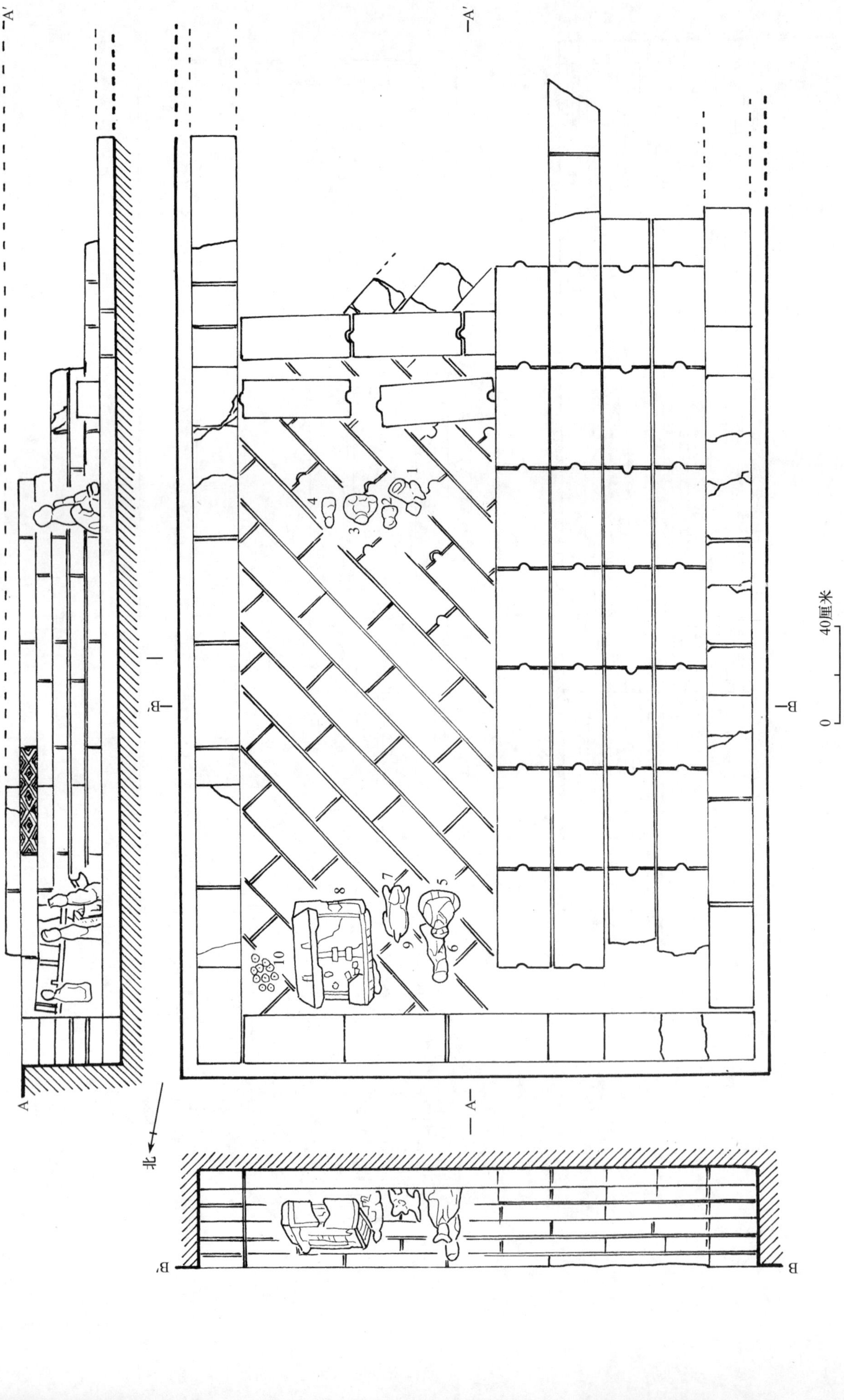

图一七 BM3平、剖面图

1、3～6、9. 陶俑 2. 陶镇墓兽 7. 陶狗 8. 陶屋 10. 铜钱

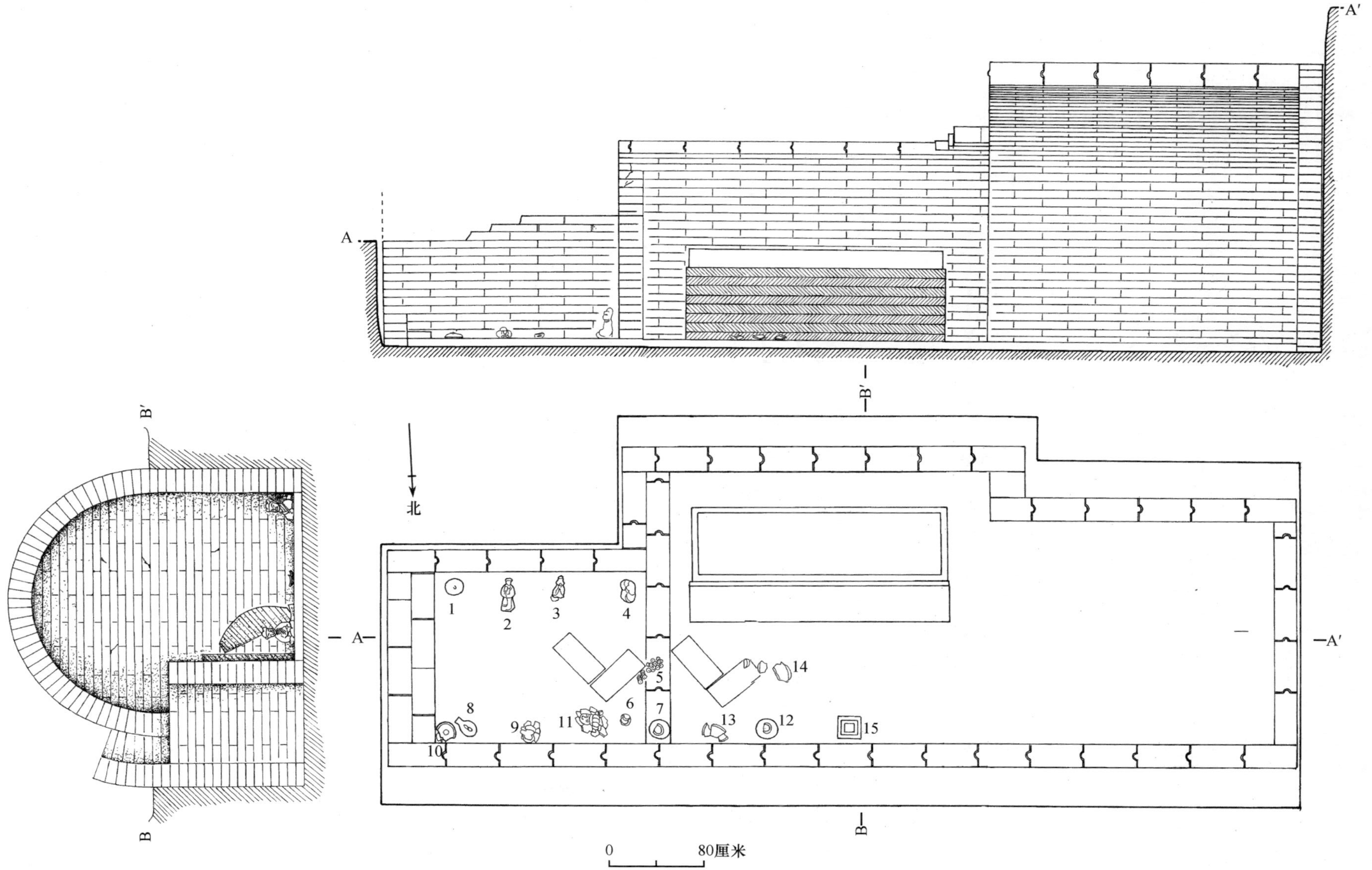

图一八 AM6平、剖面图

1. 陶器盖 2～4、10、11. 陶俑 5. 铜钱（15枚"五铢"） 6. 陶耳杯 7. 陶魁 8. 陶鸡 9. 陶镇墓兽 12、14. 陶罐 13. 陶盘 15. 陶座

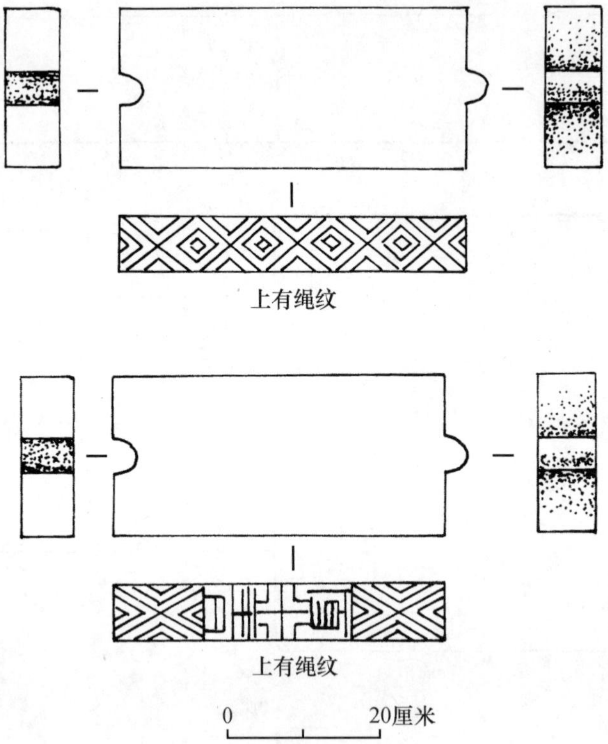

图一九　AM6墓砖

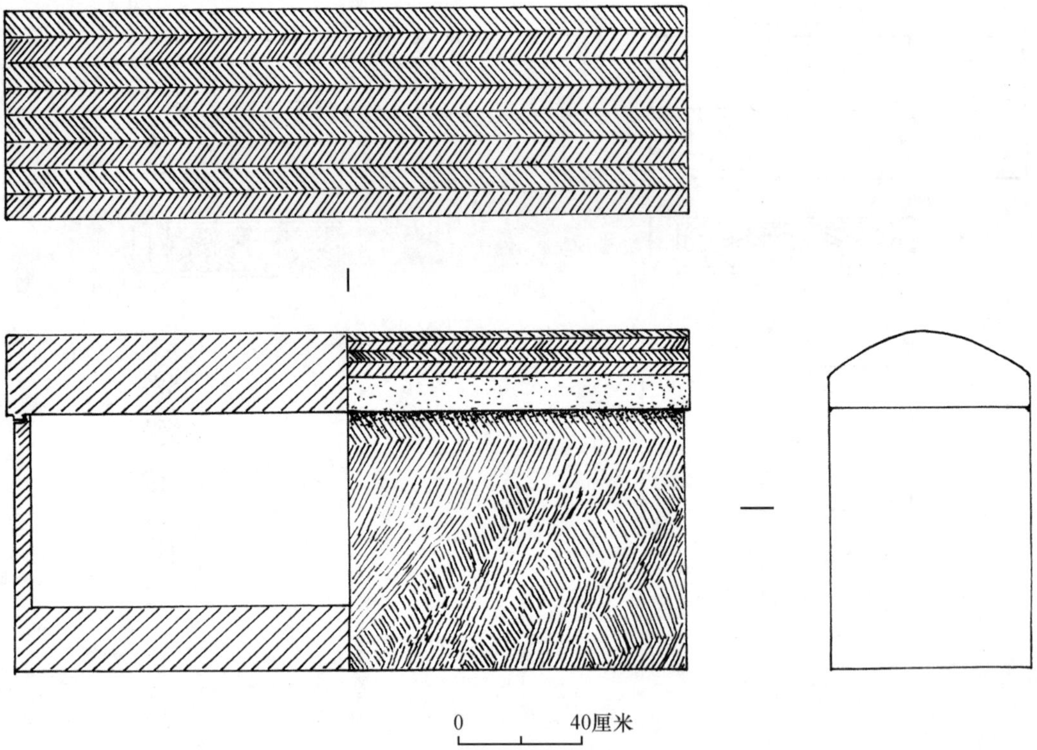

图二〇　AM6石棺

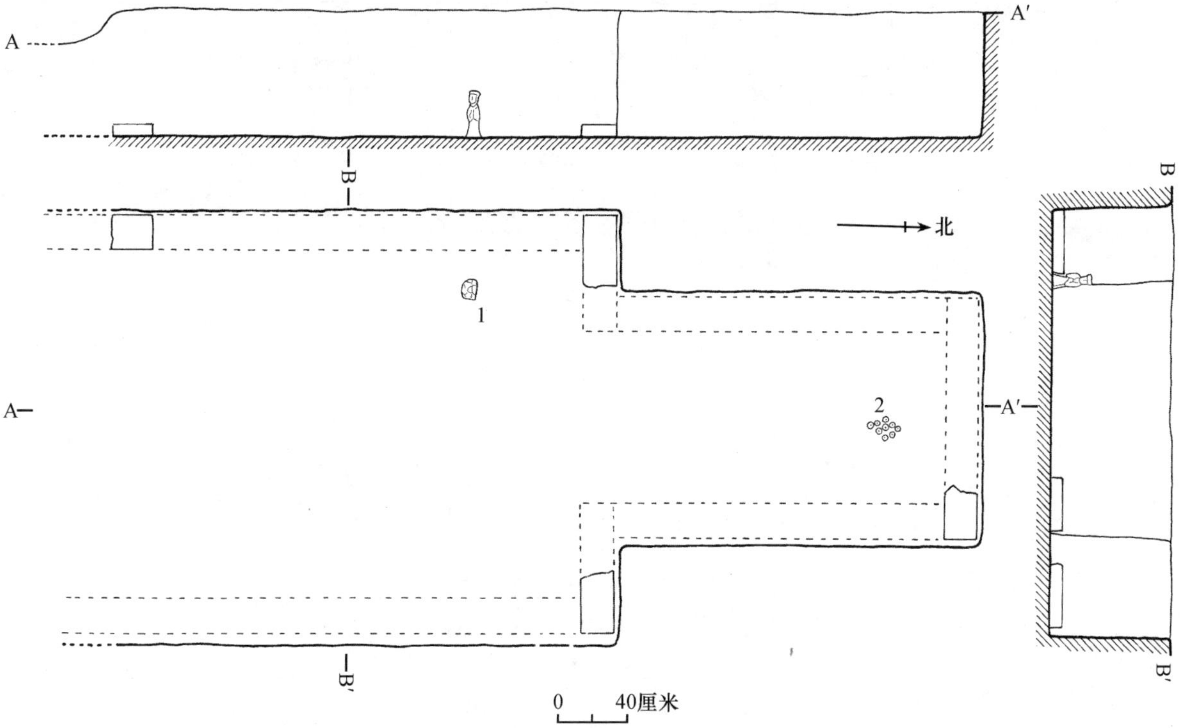

图二一　BM2平、剖面图

1. 陶俑　2. 铜钱（8枚“五铢”）

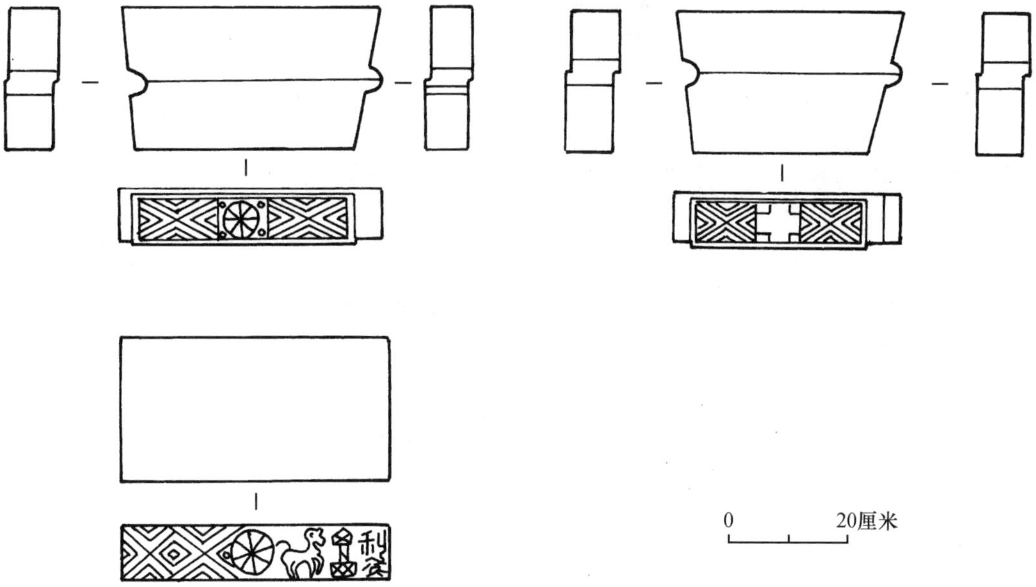

图二二　AM3墓砖

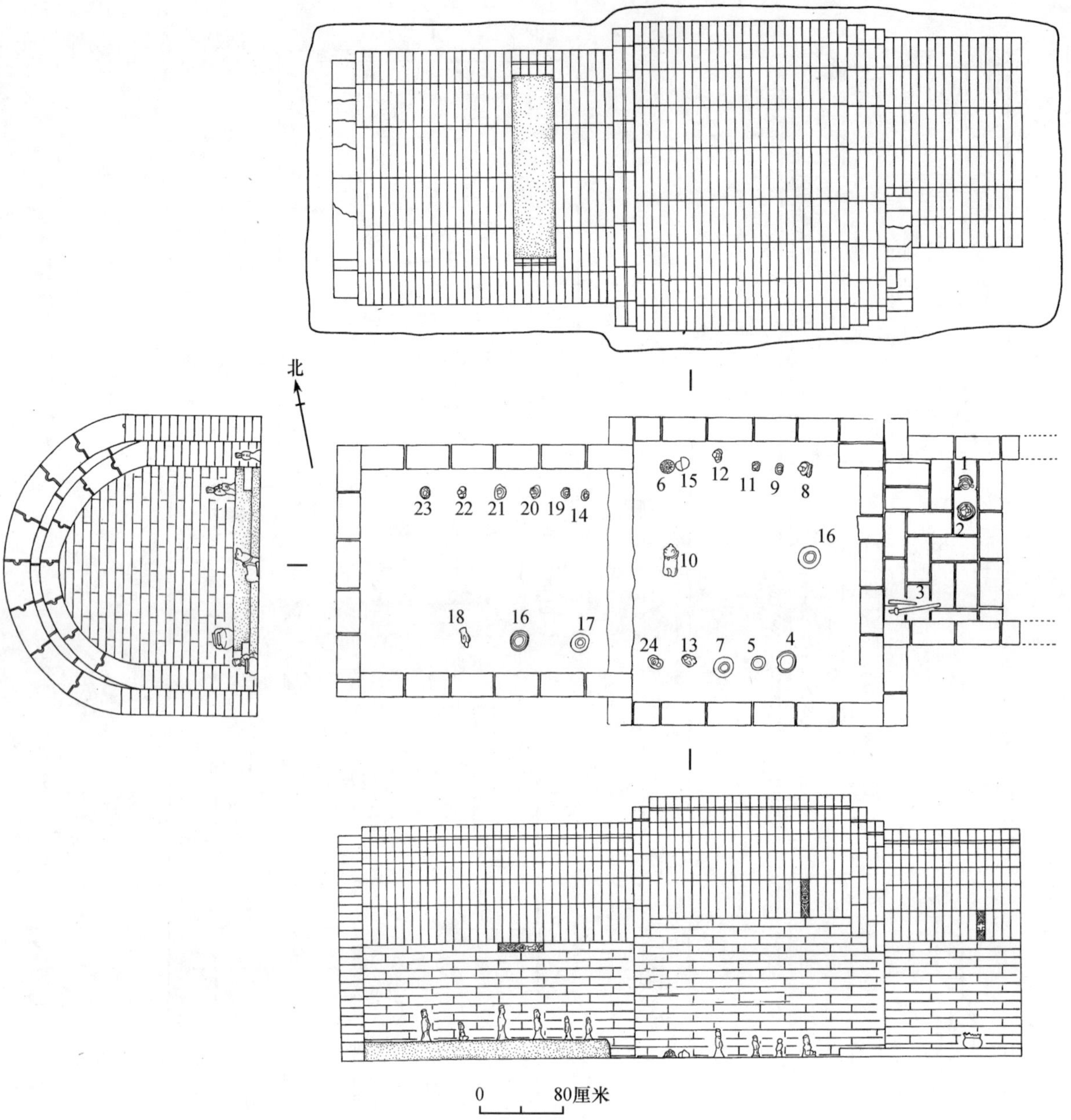

图二三　AM3平、剖面图

1、2. 陶釜　3. 铁剑　4、7、16、17. 陶罐　5. 陶碗　6. 陶灯　8、9、11～14、19～24. 陶俑　10. 陶狗　15. 陶盖　18. 陶鸡

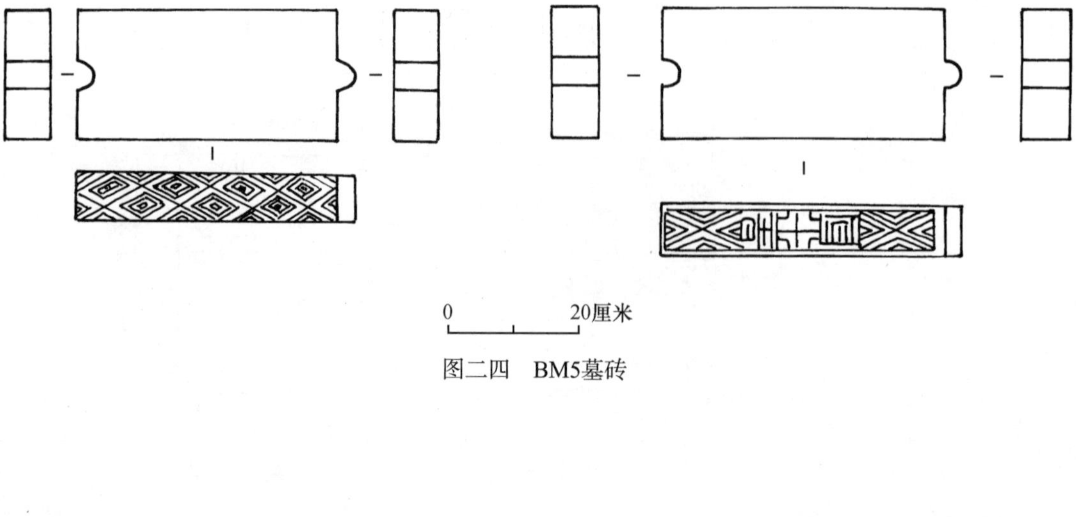

图二四　BM5墓砖

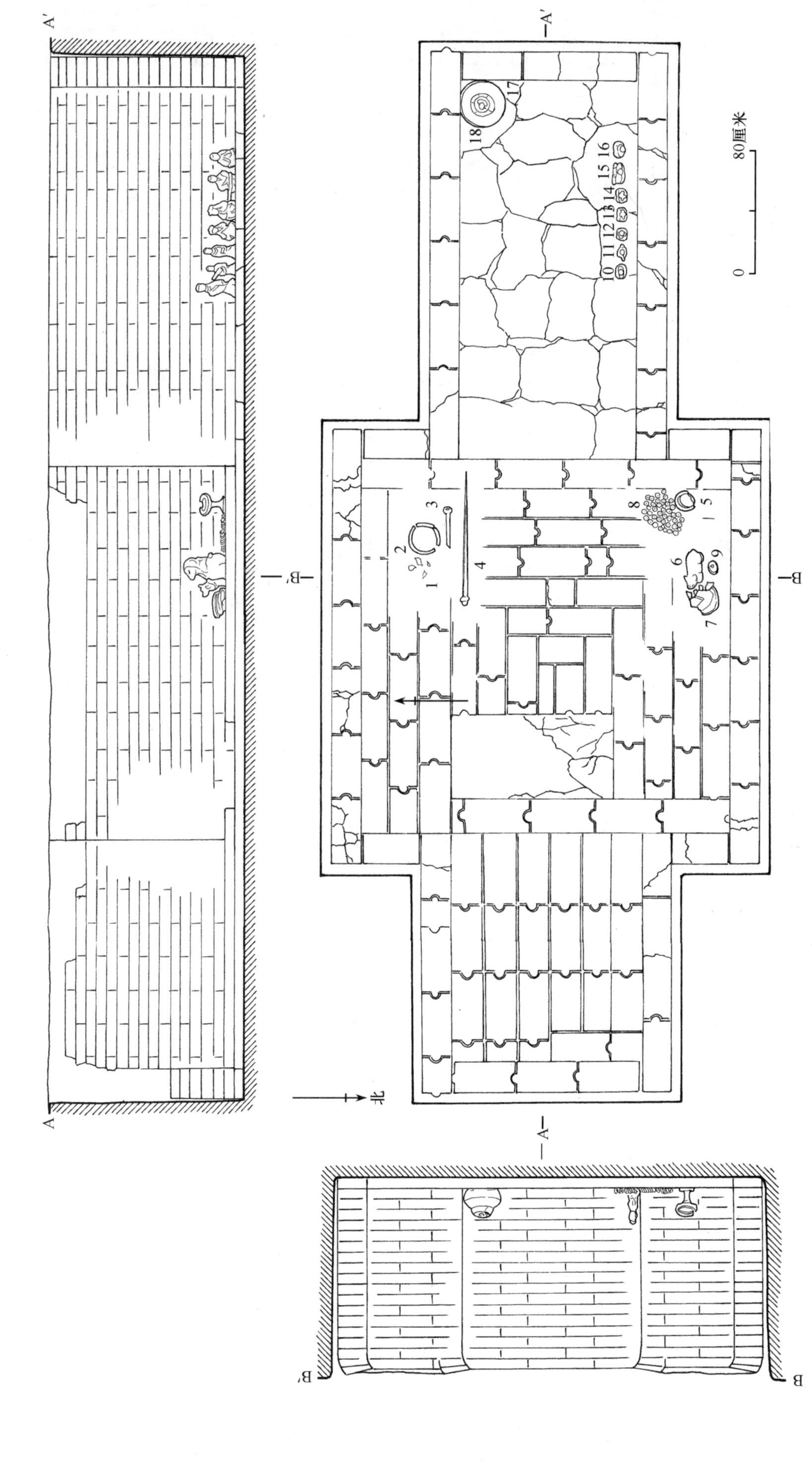

图二五 BM5平、剖面图

1. 铜饰 2. 鎏金铜釦 3. 铁环首刀 4. 铁剑 5. 釉陶碗 6. 陶狗 7. 陶肖像俑 8. 铜钱 9. 陶灯 10～16. 陶俑 17. 陶钵 18. 陶罐

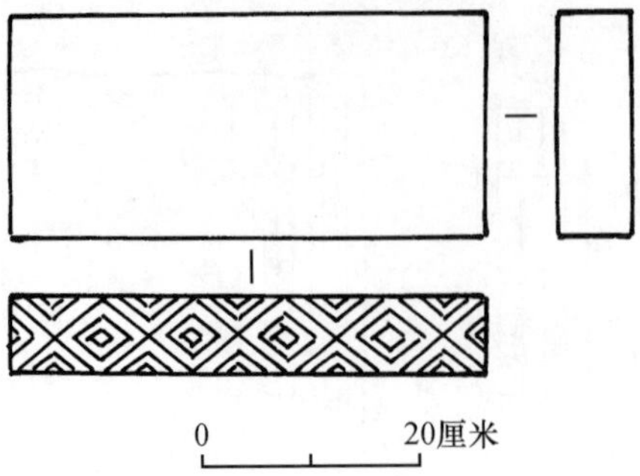

图二六　AM4墓砖

和尸骨无存（图二七）。

BM4　刀把形砖室墓。该墓位于B区T4的中部。墓内填土为灰褐色，土质疏松。墓葬总长5.88、宽2.7、深1.2米。前室长2.6、宽2、深1.2米；后室长3.28、宽2.7、深1.2米。券顶已不存，墓砖为带绳纹菱形纹砖，长44、宽20、厚7.5厘米（图二八）。墓墙为错缝叠砌，仅余后室南部4层，铺地砖与墙体呈45°，“人”字形斜砌，也仅余后室南部些许。出土器物为陶鸡、铜钱，出土于后室南部。铜钱共10枚，均为“五铢”，直径2.6厘米。墓内葬具和尸骨无存（图二九）。

BM7　刀把形砖室墓。该墓位于B区T5、T6相接处。墓内填土为灰褐色，土质疏松。方向355°。墓葬总长4.6、宽3.9、深1.98米。前室长2.1、宽1.7、深1.14米；后室长2.5、宽3.9、深1.98米。券顶已不存，墓砖与BM4出土墓砖相同，为带绳纹菱形纹砖，长44、宽20、厚7.5厘米（图二八）。墓壁为错缝叠砌，铺地砖已不存。出土器物有陶器、铜器、铁器和石板等。陶俑成列出土于墓室北部偏西位置，陶罐、陶井、陶壶、铜洗、铜盆、铁剑等出土于墓室北部中央，铜钱出土于墓室东部中央，有360余枚，均为“五铢”，直径2.6厘米。墓室的刀把形位置上还出土有陶碗、陶钵、陶罐等器物。墓内葬具和尸骨无存（图三〇）。

三、随葬器物

二仙堡墓群2003年度发掘出土经修复的各类随葬器物根据质地可分为陶器（包括釉陶器）、青瓷器、铜器、铁器及石器等，现将出土器物详细介绍如下。

1. 陶器

陶器主要有罐、壶、碗、钵、杯、釜、魁、耳杯、盘、器盖、器座、博山炉、灯、井、房、塘、俑等。

罐　22件。根据形制不同，可分为五型。

A型　可分为三亚型。

Aa型　可分为二式。

Ⅰ式：侈口，尖唇，束颈较长，溜肩，鼓腹，下腹较长，平底。素面。AM4：8，口径10.4、腹径14.4、通高12.4厘米（图三一，1）。

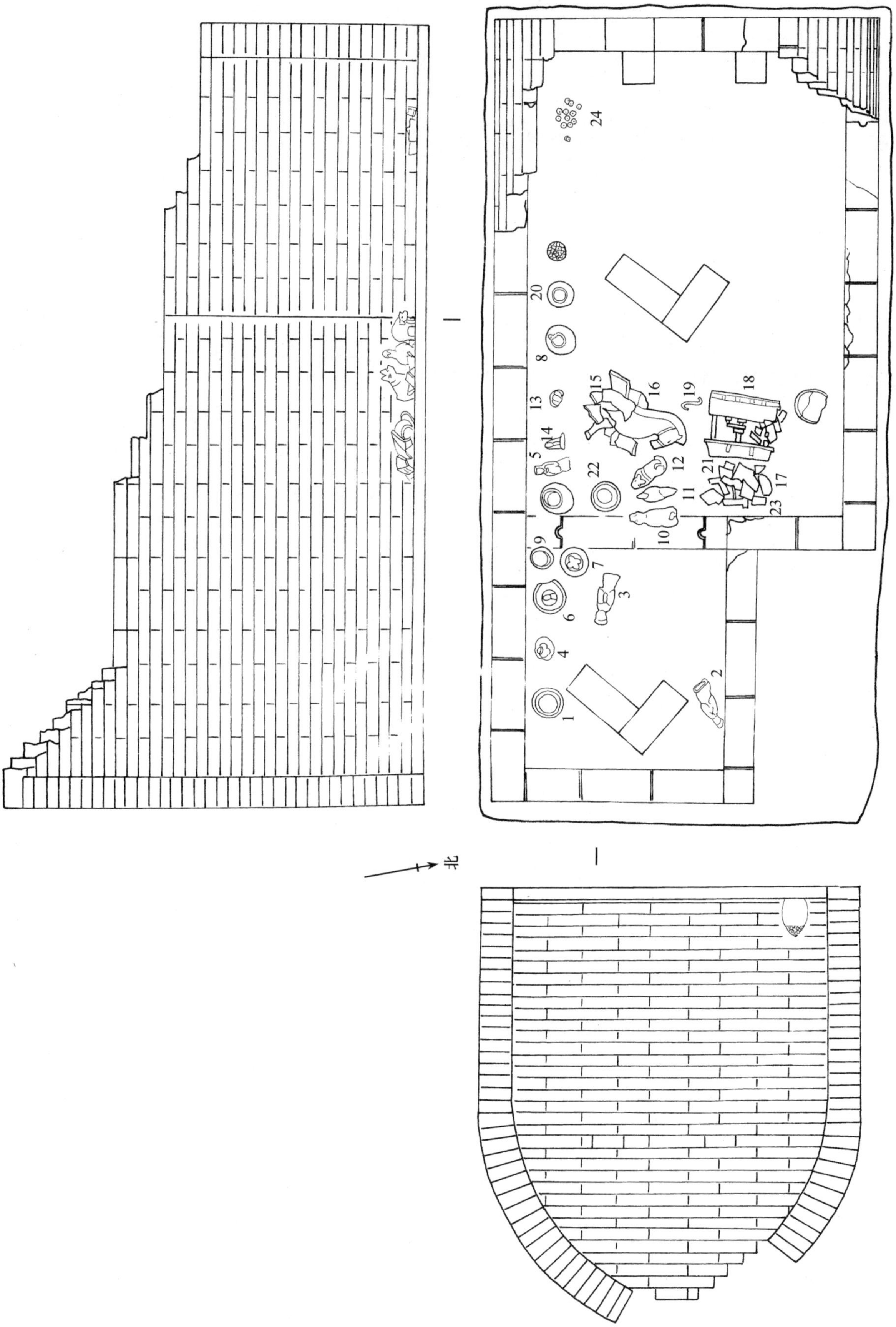

图二七 AM4平、剖面图

1. 陶钵 2、3、5、13～15. 陶俑 4. 釉陶魁 6. 陶灯 7、21、23. 陶盖 8、20、22. 陶罐 9. 陶碗 10. 陶猪 11. 陶鸡 12. 陶狗 16. 陶马 17. 陶井 18. 陶屋 19. 铁钩 24. 铜钱

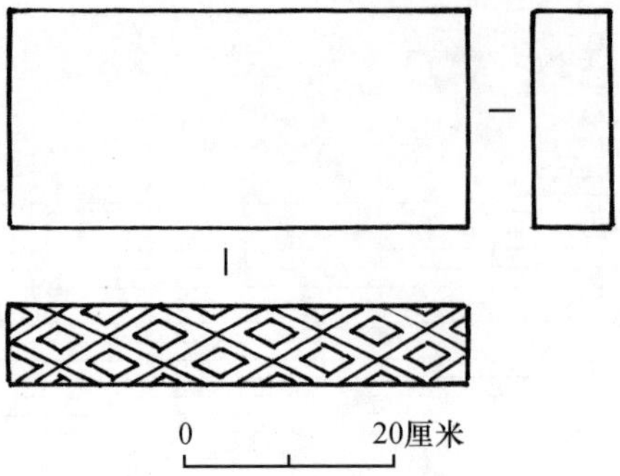

图二八　BM4、BM7出土墓砖

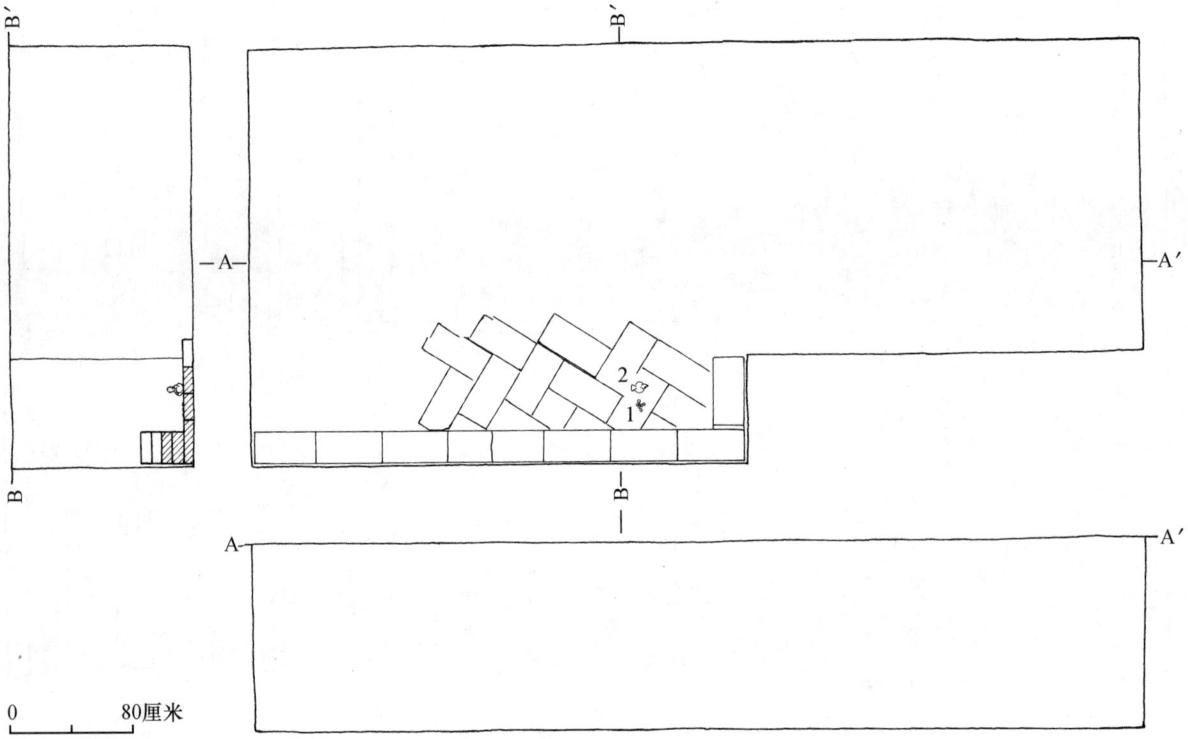

图二九　BM4平、剖面图

1. 铜钱（10枚“五铢”）　2. 陶鸡

Ⅱ式：侈口，尖唇，外翻沿，短颈，短斜肩，折腹，下腹内收，平底。素面。AM4∶22，口径10.8、腹径15.4、通高13.2厘米（图三一，2）。AM4∶20，口径11.2、腹径16、通高13.2厘米（图三一，3）。

Ab型　圆唇，侈口，短束颈，溜肩，鼓腹下收，平底。肩部饰有一道凹槽。其余素面。BM7∶39，口径11.2、腹径16.8、通高10.8厘米（图三一，4）。

Ac型　可分为二式。

Ⅰ式：圆唇，侈口，束颈，颈腹相交处饰一道凹弦纹，溜肩，鼓腹，小平底。AM3∶7，口径10.4、腹径16、通高11.2厘米（图三一，5）。BM7∶28，颈肩部饰一周戳印纹。口径11.2、腹径17.6、通高12厘米（图三一，6）。AM6∶12，颈部较短。口径11.6、腹径16.8、通高12.8厘米（图三一，7）。

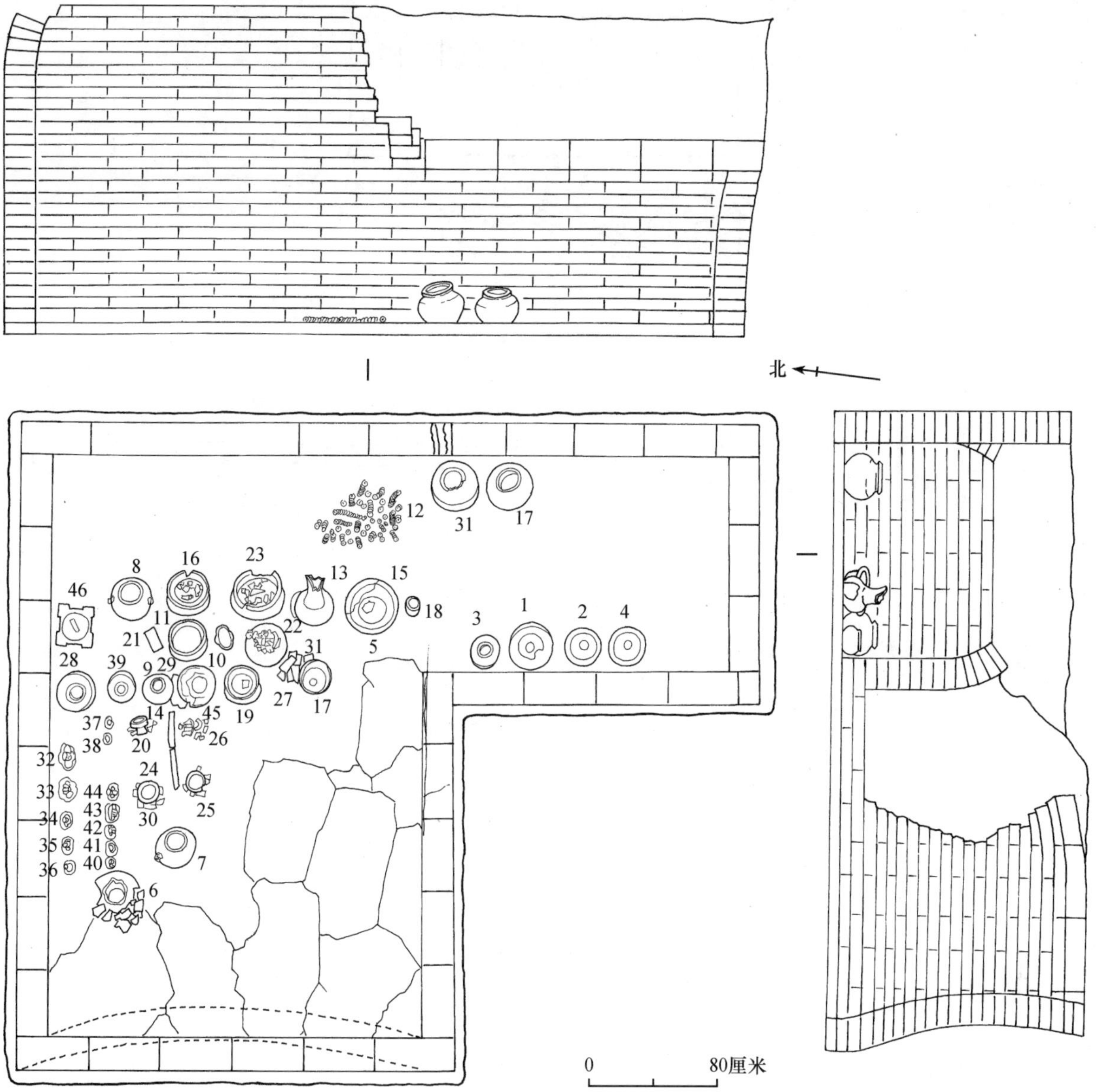

图三〇 BM7平、剖面图

1. 陶钵 2、4、6～9、28、39、45. 陶罐 3. 陶碗 5. 釉陶钵 10. 陶杯 11. 铜盆 12. 铜钱 13、31. 陶壶 14. 陶魁 15、17、23. 铜鍪 16、22. 铜洗 18. 陶耳杯 19、27. 陶灯 20、26. 陶博山炉 21. 铜盒 24. 铁剑 25、30. 铜圆壶 29. 青石板 32～38、40～44. 陶俑 46. 陶水井模型

Ⅱ式：圆唇外翻，侈口，短颈，折肩，鼓腹，小平底。素面。BM7：7，口径9.6、腹径16、通高10.8厘米（图三一，8）。

B型 可分为三亚型。

Ba型 敛口，方唇，短斜肩，鼓腹，底部内收较大，小平底。素面。AM3：17，口径10.4、腹径15.2、通高14.8厘米（图三一，9）。

Bb型 敛口，方唇，短斜肩，鼓腹，平底。素面。BM7：2，口径15.2、腹径21.6、通高18.8厘米（图三一，10）。

Bc型 斜直口，方唇，长颈，短斜肩，鼓腹较深，平底。肩部饰一圈刻戳纹，戳纹上部浅

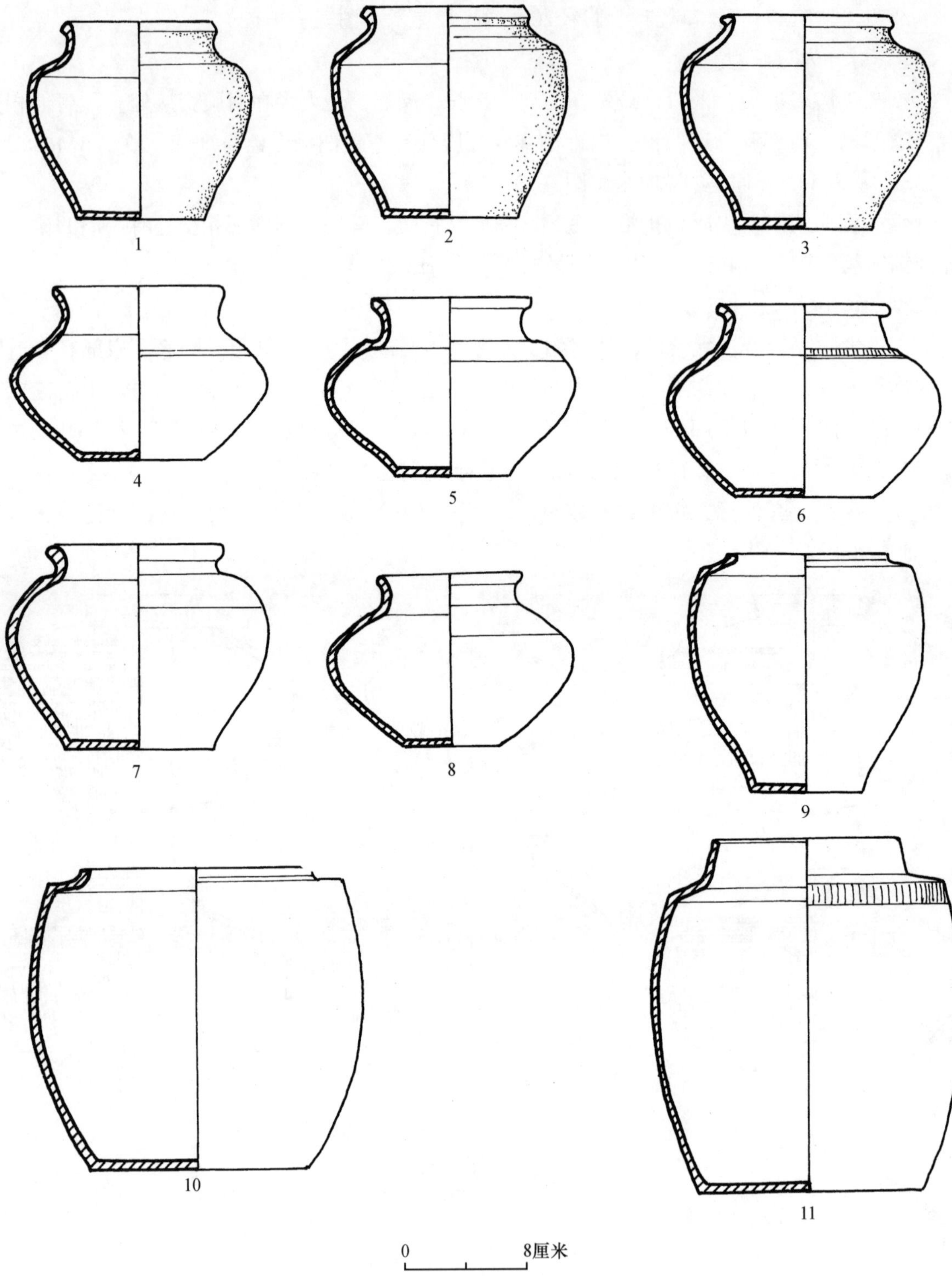

图三一　出土陶罐

1. Aa型Ⅰ式（AM4：8）　2、3. Aa型Ⅱ式（AM4：22、AM4：20）　4. Ab型（BM7：39）　5 ~ 7. Ac型Ⅰ式（AM3：7、BM7：28、AM6：12）　8. Ac型Ⅱ式（BM7：7）　9. Ba型（AM3：17）　10. Bb型（BM7：2）　11. Bc型（BM7：4）

细，下部粗深。BM7：4，口径12、腹径20、通高22厘米（图三一，11）。

C型　可分为三亚型。

Ca型　尖唇，折沿，平口，短颈，溜肩，折腹，圜底。最大径在肩腹交接处。颈肩部相交处有一道凹槽，肩部有三道凹槽，内饰细绳纹，腹部有一道凹槽。器身饰细绳纹。BM6：2，口径13.6、腹径34.8、通高21.2厘米（图三二，1）。

Cb型　泥质灰陶。尖唇，折沿，短颈，溜肩，折腹，圜底。颈肩部相交处有一周凹槽，下腹部饰细绳纹。BM7：45，口径12、腹径21.6、通高13.2厘米（图三二，2）。

Cc型　可分为二式。

Ⅰ式：尖唇，折沿，颈较长，颈肩相交处有一周凹槽，溜肩，鼓腹，圜底。肩部有三道凹槽，内饰细绳纹，下腹部饰细绳纹。BM7：9，口径12.8、腹径31.2、通高21.2厘米（图三二，3）。BM5：18，在肩下部饰有一周戳印纹。口径11.6、腹径32、通高19.6厘米（图三二，4）。AM5：2，口径16、腹径30.4、通高24.4厘米（图三二，5）。

Ⅱ式：小口，唇外翻，短束颈，鼓腹，圜底。肩腹部饰细绳纹。BM7：8，口径12、腹径30.4、通高20.8厘米（图三二，6）。

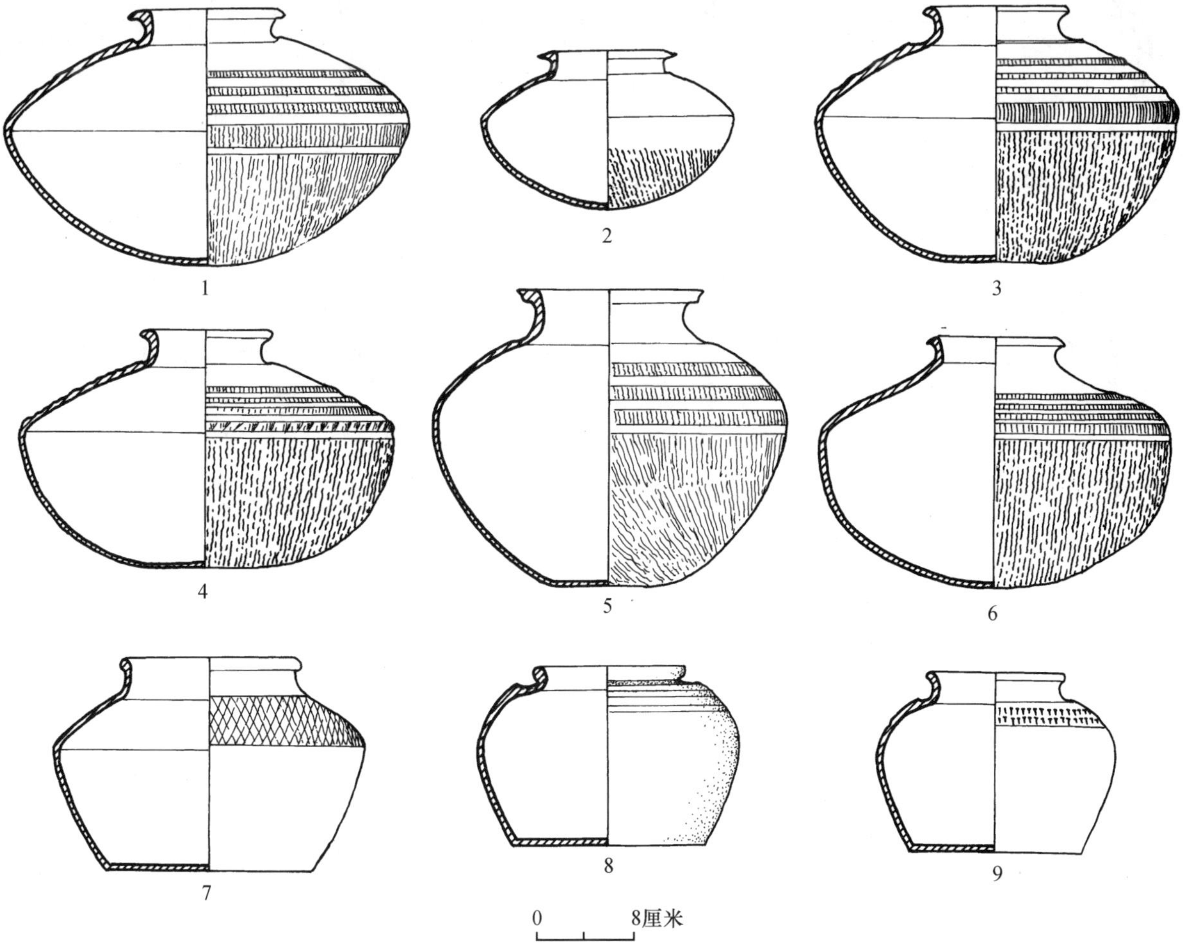

图三二　出土陶罐

1. Ca型（BM6：2）　2. Cb型（BM7：45）　3～5. Cc型Ⅰ式（BM7：9、BM5：18、AM5：2）　6. Cc型Ⅱ式（BM7：8）　7. D型（BM7：6）　8. Ea型（AM1：10）　9. Eb型（BM10：7）

D型　侈口，圆唇，矮领，斜肩，腹略鼓，平底。素面。BM7：6，口径15.6、腹径26.4、通高17.6厘米（图三二，7）。

E型　可分为二亚型。

Ea型　圆唇，侈口，短颈，圆鼓肩，弧腹内收，最大径在肩腹交接处，平底。肩部饰有四道凹槽。素面。AM1：10，口径12.8、腹径22.4、通高14.8厘米（图三二，8）。

Eb型　圆唇，侈口，颈较长，其余同于Ea型。肩部饰有一周戳印纹。BM10：7，口径12、腹径20.8、通高14.8厘米（图三二，9）。

壶　2件。釉陶，外施枣红釉。根据口部、盖顶纹饰及衔环的变化分为二型。

A型　素面壶。盖隆起，无子口。壶口微侈，束颈较短，鼓腹，高圈足外侈。最大腹径在中部。腹上部两侧有兽面，各有一对衔环，环较大。在颈上部、颈中部、颈腹相交处以及腹部各有多周凹弦纹。盖顶有一弦纹，内里装饰四叶纹，之间辅以蔓草纹。BM7：31，口径13.6、腹径25.2、圈足径15.2、足高5.6、通高38.2厘米（图三三，1）。

B型　素面壶。盖隆起，有子口，上有三个简化纽。壶口微侈，束颈较长，鼓腹略扁，高圈足微外侈，最大腹径在中部。腹上部两侧有兽面，各有一对衔环，环较小。在颈腹相交处有一周弦纹，圈足与腹底相交处有一周凸起。BM7：13，口径15.2、腹径25.2、圈足径13.6、足高3.6、通高33.2厘米（图三三，2）。

碗　4件。根据形制的不同，可分为三型。

A型　泥质红陶，外施釉。口微侈，圆唇，腹部下收，平底。根据腹部和底部的不同可分为二亚型。

Aa型　腹部下折，内收较大，小平底。外施枣红釉，不及底。AM3：5，口径16、底径6.4、通高7.2厘米（图三三，3）。

Ab型　腹部微下收，平底较大。外施浅黄釉，不及底。BM5：5，口径18.4、底径12.8、通高6.8厘米（图三三，4）。

B型　泥质灰陶。口部微敛，圆唇，鼓腹下收，底部有一矮圈足，圈足微外侈。碗内底有一圈凸起。AM4：9，口径12.8、底径5.4、通高5.2厘米（图三三，5）。

C型　泥质红陶，外施枣红釉。直口，方唇，腹部下折，内收较大，小平底。内底有两圈凹槽。BM7：3，口径16、底径6.4、通高6厘米（图三三，6）。

钵　4件。泥质灰陶。素面。侈口，尖唇，斜腹内收，下腹部内折，微内弧，小平底。BM7：1，泥质灰陶。口径18.4、底径6.4、通高6.4厘米（图三三，9）。AM2：5，口径17.6、底径5.6、通高6厘米（图三三，7）。BM9：12，口径12.8、底径4、通高4.4厘米（图三三，10）。BM7：5，口径18、底径5.6、通高6厘米（图三三，11）。

杯　1件。BM7：10，泥质红陶，外施枣红色釉，釉不及底。素面。方唇，直口，腹略鼓，平底，内底有两圈凹槽，底心凸起。口径8.8、底径8、通高8.4厘米（图三三，8）。

釜　2件。釉陶，外施枣红釉，不及底。根据形制可分为二型。

A型　侈口，圆唇，颈部内收，鼓腹，圜底。肩部有对称圆饼形贴饰，腹部有两圈凹槽。器身施红釉，不及底。AM3：2，口径12.8、腹径15.2、通高12.4厘米（图三四，1）。

B型　侈口，圆唇，鼓腹，最大径在肩腹相交处，平底。肩腹相交处饰有凹槽。器身施红

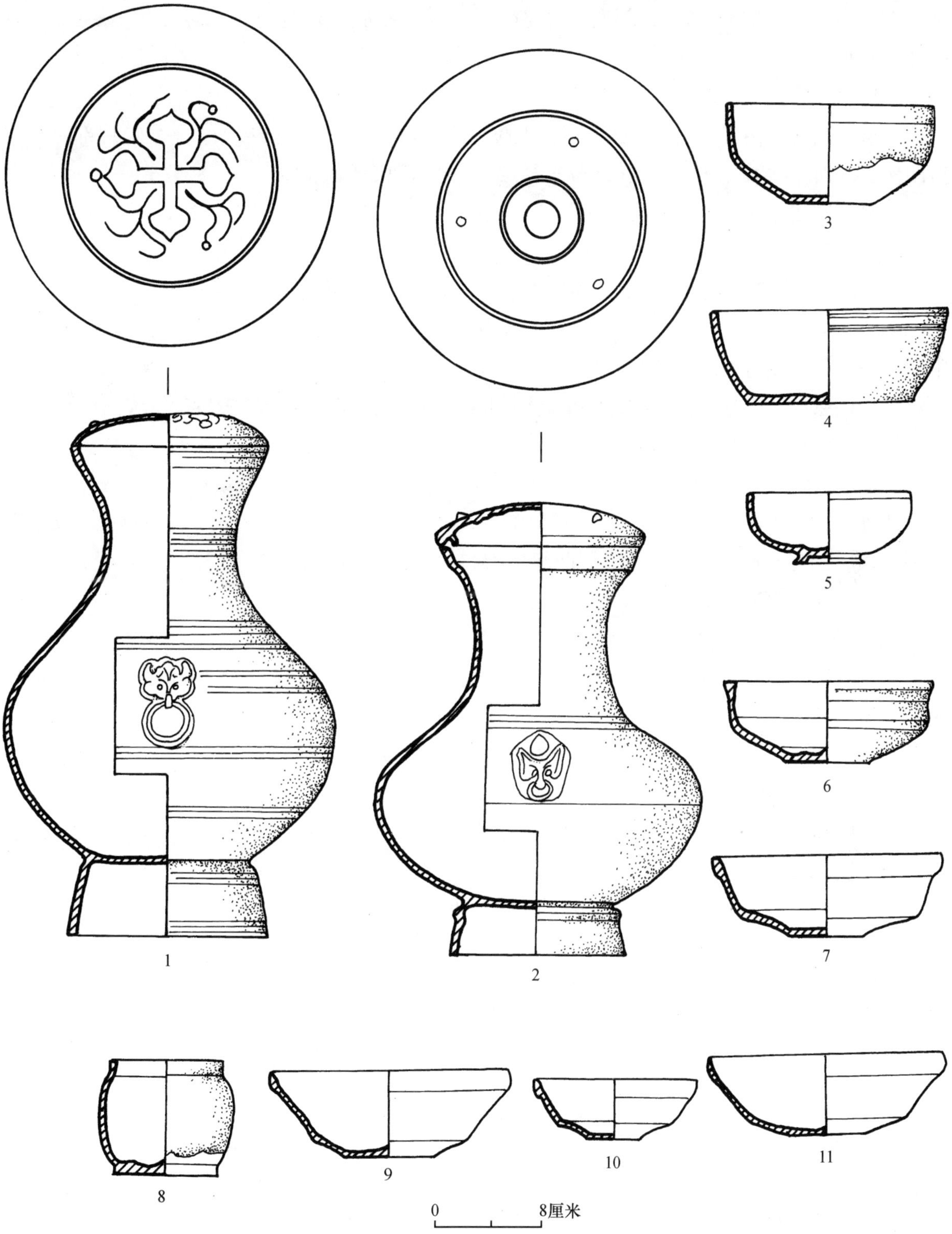

图三三　出土陶器

1. A型壶（BM7：31）　2. B型壶（BM7：13）　3. Aa型碗（AM3：5）　4. Ab型碗（BM5：5）　5. B型碗（AM4：9）　6. C型碗（BM7：3）　7、9～11. 钵（AM2：5、BM7：1、BM9：12、BM7：5）　8. 杯（BM7：10）

釉，不及底。AM3：1，口径14.4、腹径14.4、通高10.4厘米（图三四，2）。

魁　3件。泥质红陶，均施釉。根据形制可分为二型。

A型　侈口，圆唇，鼓腹下收，饼形底。颈部有一周弦纹。根据把手的位置不同又可分为二亚型。

Aa型　施枣红釉。龙头形把手位于颈部与腹部相交处。AM4：4，口径18.4、底11.2、把手长7.6、通高8.8厘米（图三四，3）。

Ab型　残。施酱黄色釉，较厚。把手位于下腹部相交处，残缺。AM6：7，口径17.6、底径8.8、通高8.4厘米（图三四，5）。

B型　施枣红釉。方唇，直口，折腹内收，小平底。把手位于下腹部相交处，残缺。BM7：14，口径16、底径6.4、通高6厘米（图三四，4）。

耳杯　2件。泥质灰陶。素面。平面呈椭圆形，两新月形耳位于两长边侧，平底。根据耳部及内底的不同可以分为二型。

A型　耳部较薄，与杯口在同一平面，内底平，也为椭圆形。BM7：18，长径12.8、短径9.6、通高3厘米（图三四，6）。

B型　耳部较厚，外侧微上斜，内部圜底。AM6：6，长径18、短径13.6、通高5.6厘米（图三四，9）。

盘　1件。AM6：13，泥质红陶。外施枣红釉，局部已脱落。素面。敞口，圆唇，平折沿，腹部内收，小饼形底。口径18.4、底径5.6、通高4厘米（图三四，7）。

器盖　6件。根据形制不同，可分为三型。

A型　1件。AM5：5，泥质灰陶。截面呈倒“冖”形，平顶，方唇。顶上中央有一中空柱状纽，纽中部有一圈凸起。口径22.4、通高5.2厘米（图三四，8）。

B型　4件。泥质红陶。外施枣红釉。敞口，圜顶。上部有细团花纹，呈向心分布。AM3：15，直径10、通高6厘米（图三四，10）。AM4：21，直径15.2、通高6.4厘米（图三四，12）。AM4：23，直径11.6、通高5.2厘米（图三四，13）。AM6：1，直径15.2、通高5.2厘米（图三四，14）。

C型　1件。AM4：7，泥质红陶。外施枣红釉。敞口，平顶。顶边沿侧饰一周“V”形草叶纹图案，顶部外圈饰圆圈纹，内圈是四叶纹，四叶的顶端各有一个圆圈相接。口径15、通高2.4厘米（图三四，11）。

器座　1件。AM6：15，为摇钱树底座，泥质灰陶。一角残缺。盝顶，平面为正方形，中部有一插槽，长4.8、宽3.6厘米。侧面装饰菱形纹，其中一侧为素面，上有铭文，似为“文巨”二字。边长18、高6厘米（图三四，15）。

博山炉　2件。根据形制不同可分为二型。

A型　1件。BM7：26，完整。泥质红陶。外施枣红釉。素面，轮制。有盖，方唇，圜顶，边沿处饰向心三角纹，周身饰细团花纹。浅盘，子母口，腹壁斜直，扁平喇叭口状圈足。底径9.6、通高16厘米（图三五，1）。

B型　1件。BM7：20，完整。泥质红陶。外施枣红釉。素面，轮制。有盖，方唇，圜顶，边沿处有两道弦纹，之间饰“V”形双叶纹。上部饰花瓣纹样。敛口，方唇，深弧腹，盘内

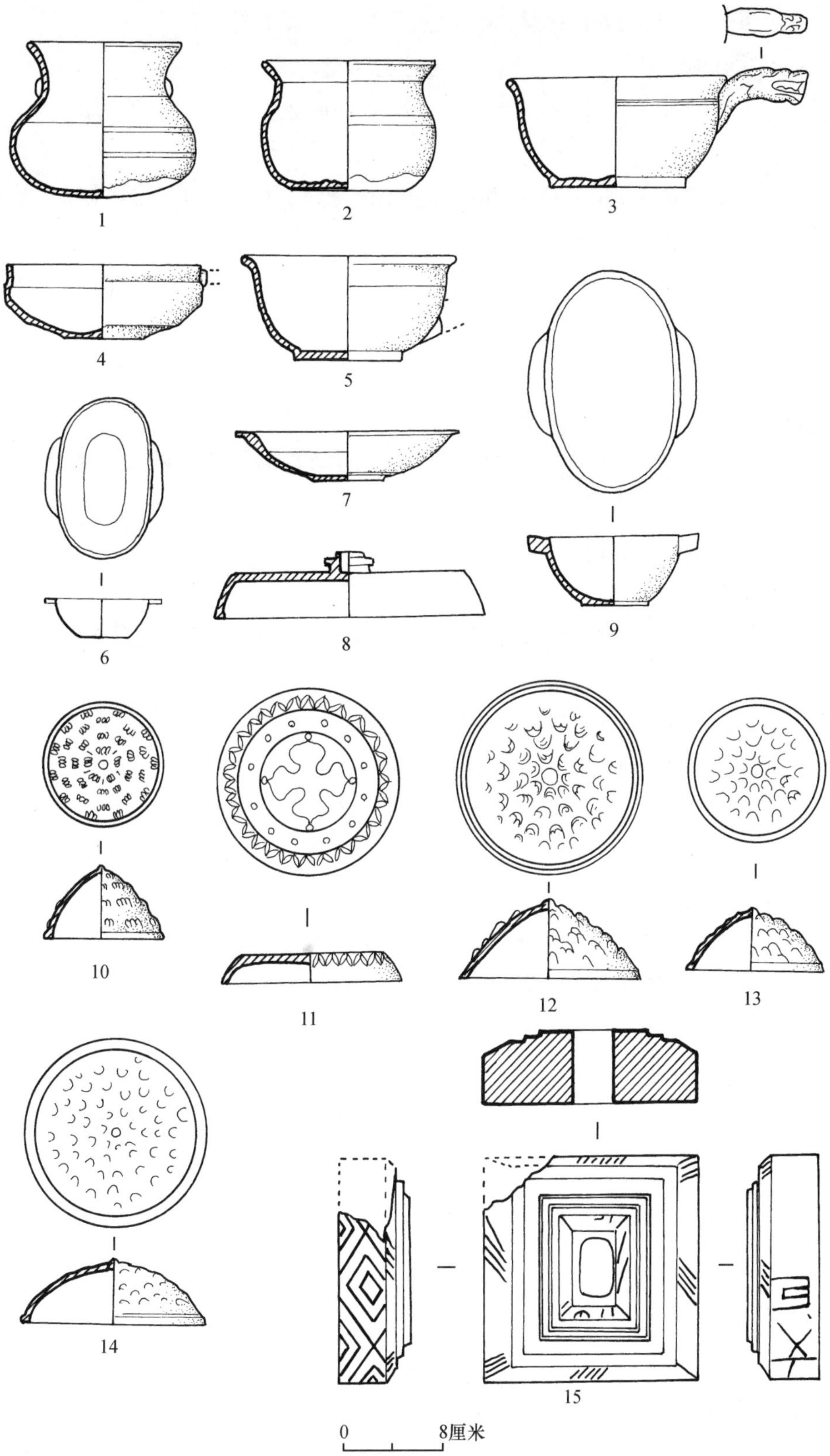

图三四　出土陶器

1. A型釜（AM3：2）　2. B型釜（AM3：1）　3. Aa型魁（AM4：4）　4. B型魁（BM7：14）　5. Ab型魁（AM6：7）　6. A型耳杯（BM7：18）　7. 盘（AM6：13）　8. A型器盖（AM5：5）　9. B型耳杯（AM6：6）　10、12～14. B型器盖（AM3：15、AM4：21、AM4：23、AM6：1）　11. C型器盖（AM4：7）　15. 器座（AM6：15）

图三五　出土陶器

1. A型博山炉（BM7：26）　2. B型博山炉（BM7：20）　3. A型灯（AM3：6）　4、5. B型灯（BM7：19、AM4：6）　6、7. Cb型灯（BM7：27、BM5：9）　8. Ca型灯（BM1：2）

底有三周凹槽，内心凸起，喇叭口状圈足，盘口沿外侧饰有一周弦纹。底径9.6、通高18厘米（图三五，2）。

灯　6件。根据口部形制不同可分为三型。

A型　1件。AM3：6，敛口。泥质红陶。外施枣红釉。素面。轮制。圆唇，盘较深，高束腰，喇叭口状圈足。底径8.8、通高12厘米（图三五，3）。

B型　2件。直口。泥质红陶。外施枣红釉。素面，轮制。喇叭口状圈足。AM4：6，底径8、通高12厘米（图三五，5）。BM7：19，底径9.2、通高14厘米（图三五，4）。

C型　3件。均缺盖。可分为二亚型。

Ca型　1件。BM1：2，泥质灰陶。素面，轮制。圆唇，敞口。盘较浅，大喇叭口状高圈足。盘口沿外侧有两周弦纹。底径10.4、通高9.2厘米（图三五，8）。

Cb型　2件。泥质红陶。外施枣红釉。素面，轮制。圆唇，口微敞。盘较深，扁平喇叭口状圈足。BM5：9，底径8.8、通高10.8厘米（图三五，7）。BM7：27，底径9.6、通高10.4厘米（图三五，6）。

水井模型　2件。根据形制不同可分为二型。

A型　1件。BM7：46，泥质灰陶。井台平面呈“井”字形，圆形井口，井台上设简易井架，井内底还置有一小罐。井台直径21.6、底径16、通高31.6厘米（图三六，1）。

B型　1件。AM4：17，泥质灰陶。施釉，内部为青绿色釉，外部为浅绿色釉，局部脱落。无井台，圆形井口，井口上设“H”形支架，支架横梁中部设有轱辘部件，上设简易两面坡顶，正脊两边上挑，无垂脊。井口直径20、底径16、通高32.4厘米（图三六，2）。

房屋模型　2件。AM4：18，泥质灰陶。为单层、单间、单进样式。简易硬山顶，中脊两边上挑，无垂脊，正面分布有五条瓦棱。两侧各有一立柱，坐斗在柱头上部。中间有一柱上承一斗三升斗拱。房屋正面外栏分为三部分，中间镂空，外侧两个镶嵌“X”形图案，两侧外栏为实心结构。底座为束腰式，两侧各有一个圆孔。面阔40、进深12.8、通高29.2厘米（图三六，4）。BM3：8，泥质红陶。为单层、单间、单进样式。简易硬山顶，中脊平直，无垂脊，正面分布有五条瓦棱。两侧各有一立柱，坐斗在柱头上部。中间有一柱上承一斗三升斗拱。房屋正面无外栏，两侧外栏镂空，镶嵌“X”形图案。底座为束腰式，两侧各有一个圆孔。面阔37.6、进深11.2、通高28.4厘米（图三六，5）。

水塘模型　1件。BM1：1，盆状。方唇，平折沿，平底。内部由“T”形格分为三部分，分别放置了荷叶、鱼、田螺等水生动植物模型。口径30、底径26.4、通高5.2厘米（图三六，3）。

陶俑　72件。根据形制可分为动物俑、肖像俑、镇墓兽和人物俑等。

动物俑　15件，根据形制可分为鸡、猪、狗、鸭、马等。分述如下。

鸡　6件。

BM4：2，母鸡俑。泥质灰陶。中空。保存完整。鸡头向前，尖嘴，圆眼，昂颈，尾部略上扬，双翅贴于两侧，做屈腿而卧状，腿部塑成一圆形底座，母鸡背上、双翅下及胸前各贴塑一只小鸡。造型生动，栩栩如生。长16.4、宽16.4、高11.6厘米（图三七，1）。BM9：10，母鸡俑。泥质灰陶。中空。保存完整。鸡头向前，尖嘴，圆眼，昂颈，尾部略上扬，双翅贴于两侧，做屈腿而卧状，腿部塑成一圆形底座，母鸡背上和双翅下各贴塑一只小鸡。造型生动，栩栩如生。长14.8、宽9.2、高11.6厘米（图三七，2）。AM6：8，母鸡俑。泥质红陶。中空。保存完整。鸡头向前，尖嘴，圆眼，昂颈，尾部略上扬，双翅贴于两侧，做屈腿而卧状，腿部浮雕于圆形底座上，底部较平，母鸡背上、双翅下及胸前各贴塑一只小鸡。造型生动，栩栩如生。长16.2、宽15.6、高13.2厘米（图三七，3）。AM3：18，母鸡俑。泥质灰陶。中空。保存完整。鸡头向前，尖嘴，圆眼，昂颈，尾部略上扬，双翅贴于两侧，做屈腿而卧状，腿部塑成一圆形底座，母鸡背上、双翅下及胸前各贴塑一只小鸡。造型生动，栩栩如生。长13.4、宽7.2、高10.8厘米（图三七，4）。BM9：11，公鸡俑。泥质红陶。中空。尾羽后端残缺。外施浅绿釉，大部分脱落。尖嘴，高冠，圆眼，昂首挺胸，双腿直立，尾羽上扬，双翅贴于两侧。造型生动，栩栩如生。长21.2、宽10、高22厘米（图三七，5）。AM4：11，母鸡俑。泥质红陶。中空。保存完整。外施浅绿釉，局部脱落。尖嘴，昂首挺胸，双腿直立于平底上，尾羽上扬，双翅贴于两侧，一只小鸡卧于母鸡胸前。造型生动，栩栩如生。长20.4、宽9.6、高21.6厘米（图三七，6）。

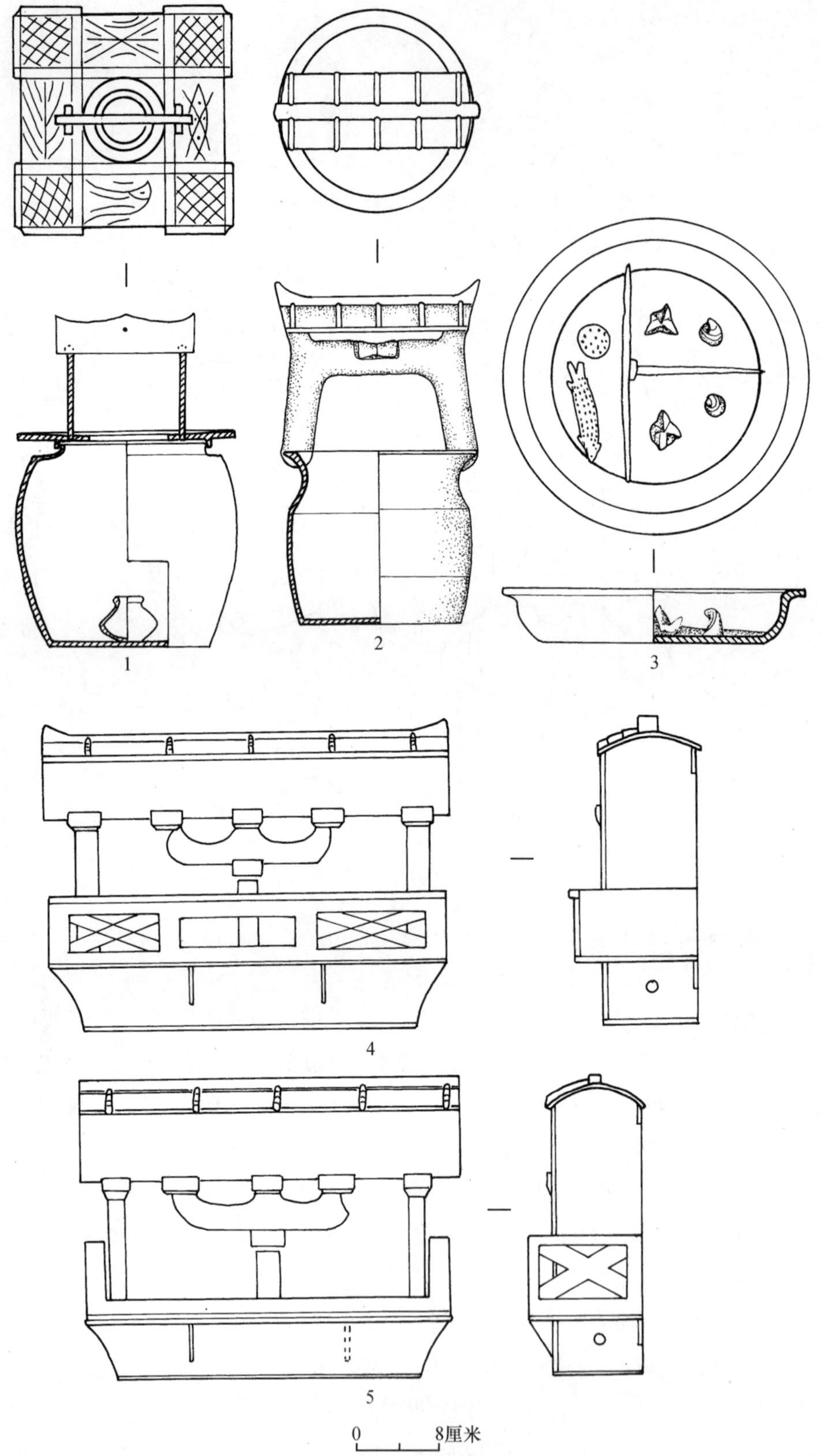

图三六　出土陶模型

1. A型水井模型（BM7：46）　2. B型水井模型（AM4：17）　3. 水塘模型（BM1：1）

4、5. 房屋模型（AM4：18、BM3：8）

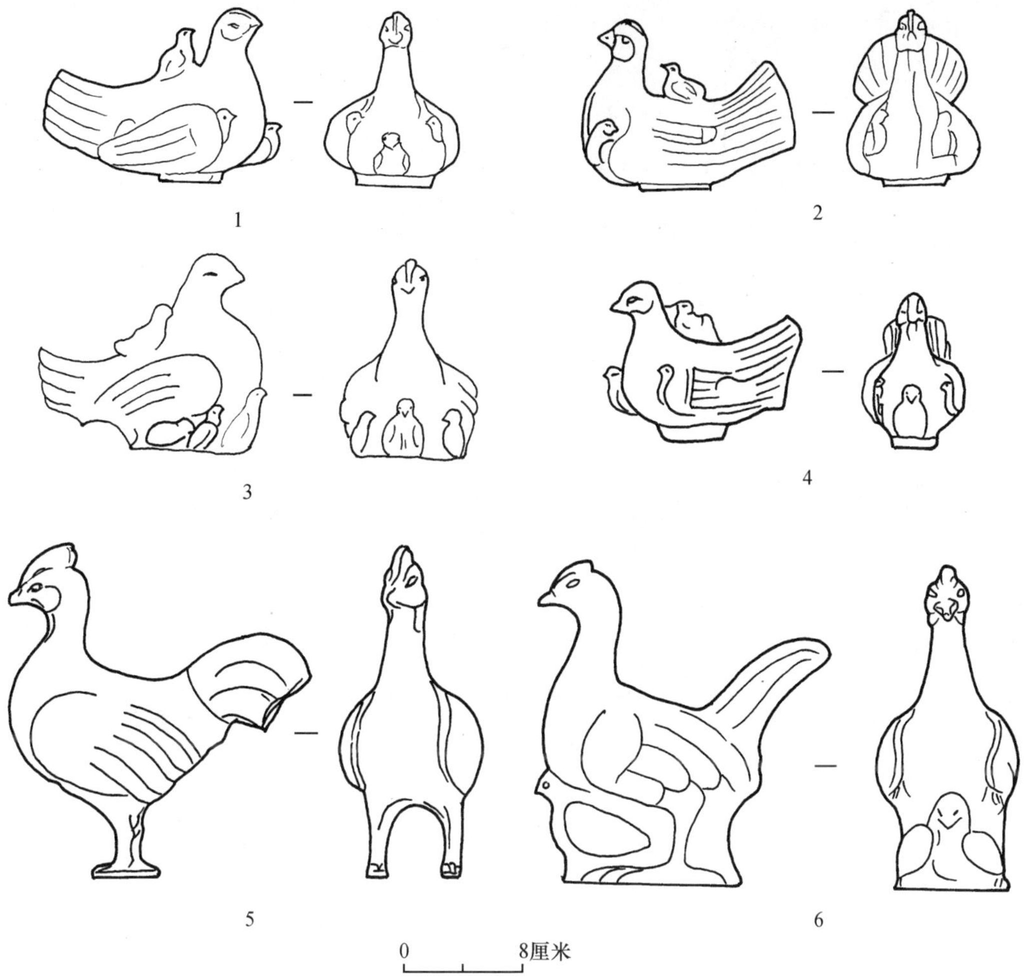

图三七　出土陶鸡

1. BM4：2　2. BM9：10　3. AM6：8　4. AM3：18　5. BM9：11　6. AM4：11

猪　2件。AM4：10，泥质红陶。中空。外施浅绿釉，局部脱落，猪头向前，张嘴龇牙，大眼奋耳，背鬃直立，猪身矮，腿粗短，做站立状，短尾贴于后背。长24.4、宽10.4、高12.8厘米（图三八，2）。BM9：8，泥质灰陶。中空。猪头向前，大嘴紧闭，圆眼奋耳，猪身矮，腿粗短，做站立状，短尾贴于腿部外侧。长18、宽8、高10.4厘米（图三八，1）。

狗　5件。AM4：12，泥质红陶。中空。外施浅绿釉，局部脱落。昂首向前，张嘴龇牙，双眼圆睁，两耳直立，做狂吠状，颈部及前腹部塑有系绳，腿粗壮，做直立状，短尾上卷，贴于背部。长22.8、宽10.4、高21.6厘米（图三九，1）。AM3：10，泥质红陶。中空。腿部残，昂首向前，张嘴龇牙，双眼圆睁，两耳直立，做狂吠状，颈部及前腹部塑有系绳，短尾上卷，贴于背部。长18.8、宽8、高15.6厘米（图三八，6）。BM5：6，泥质红陶。中空。昂首向前，张嘴龇牙，双眼圆睁，两耳直立，做狂吠状，颈部及前腹部塑有系绳，腿粗壮，做直立状，短尾上卷，贴于背部。长25.6、高23.6厘米（图三八，5）。BM3：7，泥质灰陶。中空。耳部残，昂首向前，双目圆睁，颈部及前腹部塑有系绳，腿粗壮，做直立状，短尾上翘。长21.2、高12.4厘米（图三八，4）。BM10：1，泥质红陶。中空。外施浅绿釉，大部脱落。昂首向前，张嘴龇牙，双眼圆睁，两耳直立，做狂吠状，颈部及前腹部塑有系绳，腿粗壮，后腿蹬

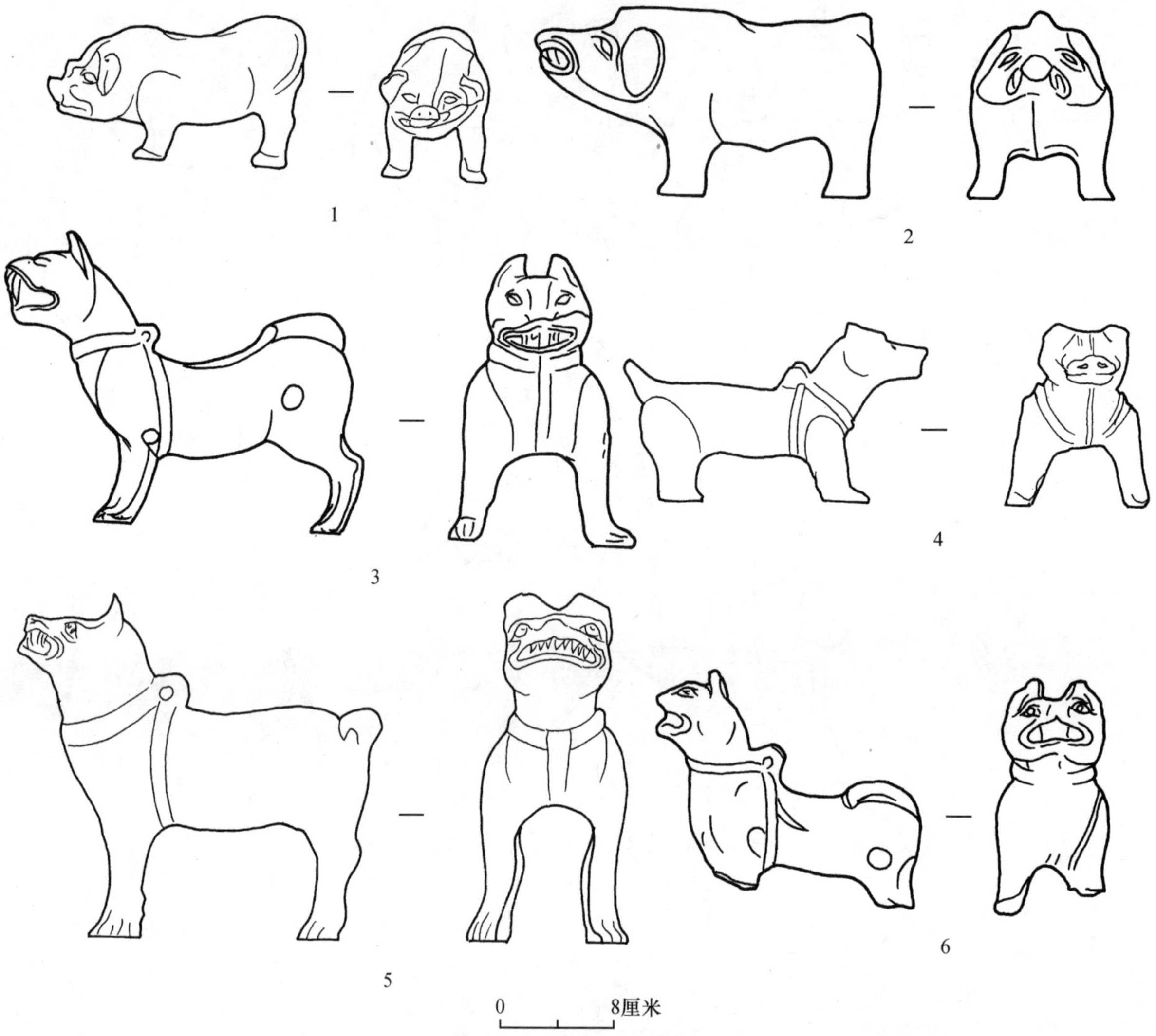

图三八　出土陶动物俑

1、2. 猪（BM9：8、AM4：10）　3～6. 狗（BM10：1、BM3：7、BM5：6、AM3：10）

地，做跃起状，尾贴于背部。长18、宽13.2、高19.6厘米（图三八，3）。

鸭　1件。BM9：9，泥质红陶。中空。外施浅绿釉，大部分脱落。头向前，尖嘴，圆眼，曲颈，身体肥硕，双翅贴于两侧，双腿直立，尾部略上扬。长12.8、宽7.2、高11.6厘米（图三九，2）。

马　1件。AM4：16，泥质红陶。除鞍部与腿下部未施釉外，其余部位均施枣红釉。双目圆睁，两耳竖立，嘴微张，昂首挺胸，四蹄健壮，尾巴上挑，做静立状。头部配辔头，无马衔，背部置马鞍，无马蹬。长46、宽15.2、通高45.6厘米（图三九，3）。

肖像俑　2件。BM5：7，泥质红陶。外施黄绿釉，局部脱落。头部有残缺。双目圆睁，嘴前凸，腹部圆鼓，直立坐于台座上，背后有一短尾。高17.2、宽10厘米（图三九，4）。AM4：14，泥质灰陶。颈部以上残缺。胸部向中心凸起略下垂，腹部圆鼓，直立坐于台座上，背部平直。高11.2、宽6.8厘米（图三九，5）。

镇墓兽　2件。AM6：9，泥质红陶。中空。头向前，圆眼，长舌下垂几乎拖地，前腿

图三九　出土陶器

1. 狗（AM4：12）　2. 鸭（BM9：9）　3. 马（AM4：16）　4、5. 肖像俑（BM5：7、AM4：14）

6、7. 镇墓兽（BM3：2、AM6：9）

直立，后腿弯曲，俯身踞坐。长18、宽15.2、高16.4厘米（图三九，7）。BM3：2，泥质灰陶。中空。头向前，圆眼，长舌下垂几乎拖地，前腿直立，后腿弯曲，俯身踞坐。长12.4、宽10.8、高11.6厘米（图三九，6）。

人物俑　53件。48件完整，5件残缺。按姿态可分为坐俑、立俑。

坐俑　18件。其中完整14件，残缺4件。可分为抚琴俑、击鼓俑、吹埙俑、庖厨俑、抚耳俑等。3件俑性质不明。

抚琴俑　4件。AM4：15，完整。泥质红陶。头戴冠，面露微笑，微抬首，身着交领长袍，跪坐于地，琴置于腿膝上，双手抚琴，做演奏状。通高17.6厘米（图四〇，1）。BM5：11，完整。泥质红陶。头戴冠，面露微笑，微抬首，身着交领长袍，跪坐于地，琴置于腿膝上，双手抚琴，做演奏状。通高20厘米（图四〇，2）。BM10：2，完整。泥质红陶。头上扎发髻，面露微笑，微抬首，身着交领长袍，跪坐于地，琴置于腿膝上，双手抚琴，做演奏状。通高18.4厘米（图四〇，3）。BM7：44，完整。泥质红陶。施浅绿色釉，大部分已脱落。头饰不明，面露微笑，微抬首，身着交领长袍，跪坐于地，琴置于腿膝上，双手抚琴，做演奏状。通高17.6厘米（图四〇，4）。

击鼓俑　2件。BM7：43，完整。泥质红陶。施浅绿色釉，大部分已脱落。头戴高冠，身着交领长袍，跪坐于地，手鼓置于怀内地上。左手拍打于鼓上，右手举起做拍打状。通高18厘米（图四〇，5）。AM3：9，残缺，双手、手鼓及膝部一下缺失。泥质红陶。头戴高冠，身着交领长袍，跪坐于地，右手举起做拍打状。通高18厘米（图四〇，6）。

吹埙俑　2件。BM5：16，完整。泥质红陶。头戴小尖顶帽，身着宽大长袍跪坐于地，身体略后仰。双手持埙凑于嘴前，鼓腮做吹奏状。通高17.2厘米（图四〇，7）。AM6：3，完整。泥质红陶。头戴小尖顶帽，身着宽大长袍跪坐于地，身体略后仰。双手持埙凑于嘴前，鼓腮做吹奏状。通高16.4厘米（图四二，1）。

庖厨俑　2件。BM3：6，残缺，背部下方缺失。泥质红陶。头发挽成发髻状，身着交领长袍，跪坐于地。面前置一几案。表情安详，双目注视几案，右手持一小刀，双手置于几案上做烹饪状。通高20厘米（图四一，1）。AM6：10，完整。泥质红陶。头发挽成发髻状，身着交领长袍，跪坐于地。面前置一几案。表情安详，双目注视几案，双手置于几案上做烹饪状。通高32厘米（图四一，3）。

抚耳俑　5件。AM6：4，完整。泥质红陶。梳高髻，身着交领长袍。右手放于右耳根部，左手置于左膝上，头微右侧，面带微笑，做恭听状。通高28厘米（图四一，6）。AM3：8，完整。泥质红陶。梳高髻，身着交领长袍。右手放于右耳根部，左手置于左膝上，头微右侧，面带微笑，做恭听状。通高18.8厘米（图四一，2）。BM3：14，完整。泥质红陶。梳高髻，身着交领长袍。右手放于右耳根部，左手置于左膝上，头微右侧，面带微笑，做恭听状。通高16.8厘米（图四一，5）。BM5：13，完整，泥质红陶。梳高髻，身着交领长袍。右手放于右耳根部，左手置于左膝上，头微右侧，面带微笑，做恭听状。通高17.2厘米（图四一，7）。BM3：5，完整。泥质红陶。梳高髻，身着交领长袍。左手放于左耳根部，右手置于右膝上，头微左侧，面带微笑，做恭听状。通高18厘米（图四〇，10）。

性质不明坐俑　3件。AM3：11，残缺，右手从大臂部缺失。泥质红陶。头戴高冠，身着

图四〇　出土陶人物俑

1～4. 抚琴俑（AM4：15、BM5：11、BM10：2、BM7：44）　5、6. 击鼓俑（BM7：43、AM3：9）
7. 吹埙俑（BM5：16）　8、9. 性质不明坐俑（AM3：23、BM9：6）　10. 抚耳俑（BM3：5）

交领长袍，跪坐于地。双目平视前方。右手不明，左手置于左膝上。通高14.4厘米（图四一，4）。AM3：23，完整。泥质红陶。头饰不明，身着交领长袍，跪坐于地。头部微抬，右手置于腹部，左手置于左膝上。通高13.6厘米（图四〇，8）。BM9：6，残缺，右手从肘关节部缺失，左手从大臂部缺失。泥质灰陶。头饰不明，身着交领长袍，跪坐于地。头部微抬，右手抬

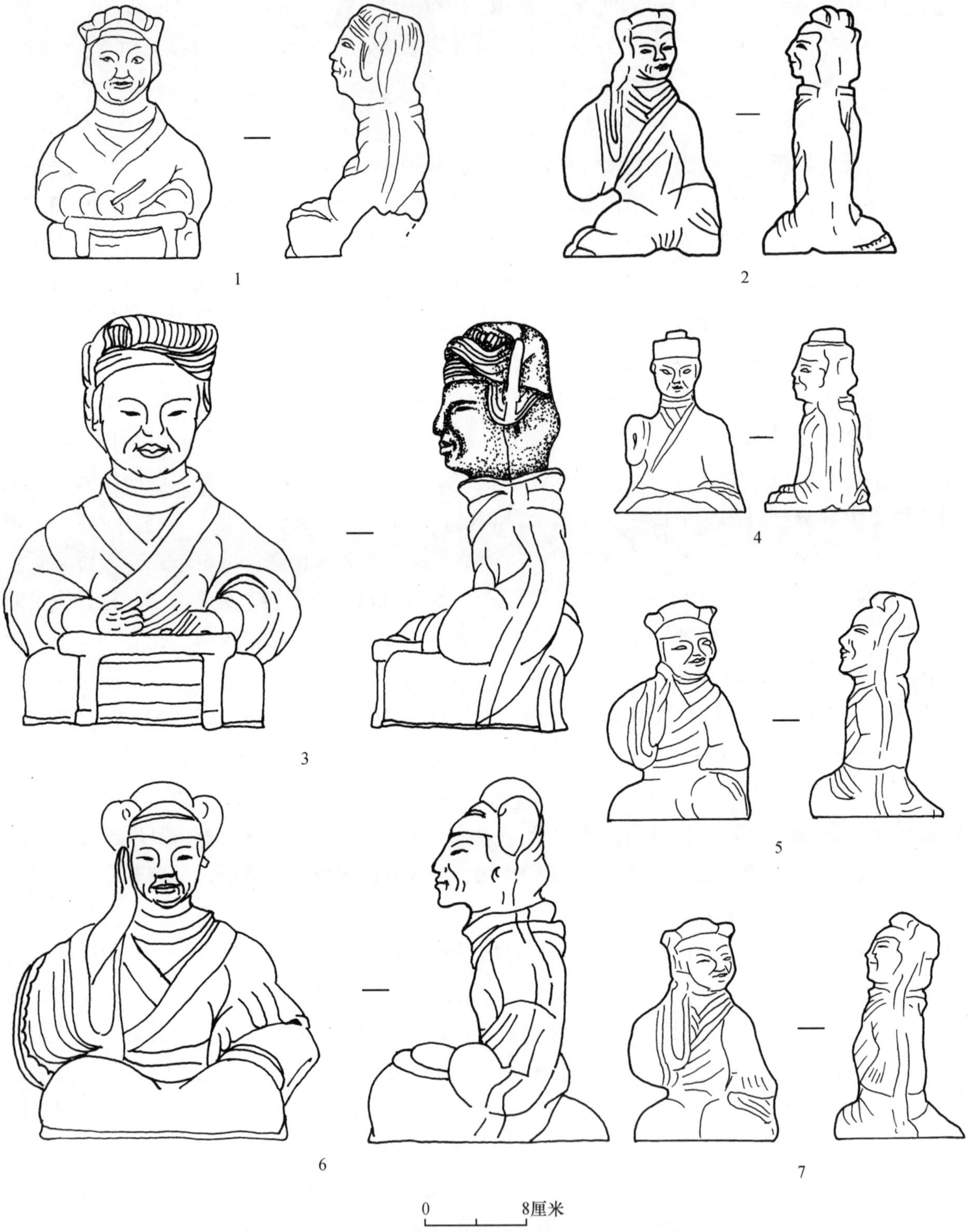

图四一　出土陶人物俑

1、3. 庖厨俑（BM3：6、AM6：10）　2、5～7. 抚耳俑（AM3：8、BM3：14、AM6：4、BM5：13）

4. 性质不明坐俑（AM3：11）

起与肩同高，左手不明。通高18.8厘米（图四〇，9）。

立俑　35件。其中完整34件，残缺1件。可分为立侍俑、佩剑俑、持扇提囊俑、持囊俑、舞俑等。

立侍俑　29件。BM7：38，完整。泥质红陶，施浅绿色釉，大部分已脱落。头饰不明，身着圆领长袍。双手置于胸前，做侍立状。通高13.6厘米（图四二，2）。AM3：12，完整。泥质红陶。头饰不明，身着圆领长袍。拱手站立，做侍立状。通高11.6厘米（图四二，3）。BM7：36，完整。泥质红陶。施浅绿色釉，大部分已脱落。梳高髻，身着交领长袍，拱手站立，做侍立状。通高15.2厘米（图四二，4）。AM3：19，完整。泥质红陶。梳高髻，身着交领长袍，拱手站立，做侍立状。通高12.8厘米（图四二，5）。BM7：35，完整。泥质红陶，施浅绿色釉，大部分已脱落。梳高髻，身着交领长袍，拱手站立，做侍立状。通高20.8厘米（图四二，6）。AM3：20，完整。泥质红陶。头饰不明，身着交领长袍，拱手站立，做侍立状。通高12.8厘米（图四二，7）。AM3：13，完整。泥质红陶。头饰不明，身着交领长袍，拱手站立，做侍立状。通高12.8厘米（图四二，8）。BM9：4，完整。泥质红陶，施浅绿色釉，大部分已脱落。梳高髻，身着交领长袍，拱手站立，做侍立状。通高20.4厘米（图四二，9）。BM9：5，完整。泥质红陶。头饰不明，身着交领长袍，拱手站立，做侍立状。通高13.6厘米（图四二，10）。AM3：24，完整。泥质红陶。梳高髻，身着交领长袍，拱手站立，做侍立状。通高18厘米（图四二，11）。AM4：13，完整。泥质红陶。梳高髻，身着交领长袍，拱手站立，做侍立状。通高22厘米（图四二，12）。AM3：14，完整，泥质红陶。头饰不明，身着交领长袍，拱手站立，做侍立状。通高19.6厘米（图四二，13）。BM9：7，完整。泥质红陶。施浅绿色釉，大部分已脱落。头戴冠，身着圆领长袍，系腰带。拱手站立，做侍立状。通高22.8厘米（图四三，1）。BM7：42，完整。泥质红陶。施浅绿色釉，大部分已脱落。头戴冠，身着交领长袍，系腰带。拱手站立，做侍立状。通高23.6厘米（图四三，2）。BM7：41，完整。泥质红陶。施浅绿色釉，大部分已脱落。头戴冠，身着圆领长袍，系腰带。拱手站立，做侍立状。通高22.8厘米（图四三，3）。BM5：12，完整。泥质红陶。头饰不明，身着交领长袍，拱手站立，做侍立状。通高21.2厘米（图四四，4）。BM7：40，完整。泥质红陶。施浅绿色釉，大部分已脱落。头戴冠，身着圆领长袍，系腰带。拱手站立，做侍立状。通高23.6厘米（图四三，5）。BM2：1，完整。泥质红陶。头戴冠，身着交领长袍，拱手站立，做侍立状。通高23.2厘米（图四三，6）。AM4：5，完整。泥质红陶。头戴冠，身着交领长袍，拱手站立，做侍立状。通高22厘米（图四三，7）。BM3：3，完整。泥质红陶。头戴冠，身着交领长袍，拱手站立，做侍立状。通高20.4厘米（图四三，8）。AM4：2，完整。泥质红陶。梳高髻，身着交领长袍，拱手站立，做侍立状。通高20厘米（图四三，9）。AM3：21，完整。泥质红陶。梳高髻，身着交领长袍，拱手站立，做侍立状。通高18.4厘米（图四四，1）。BM7：34，完整。泥质红陶。施浅绿色釉，大部分已脱落。头饰不明，身着圆领长袍，系腰带。拱手站立，做侍立状。通高21.6厘米（图四四，2）。BM7：33，完整。泥质红陶。施浅绿色釉，大部分已脱落。头戴冠，身着交领长袍，系腰带。拱手站立，做侍立状。通高21.2厘米（图四四，3）。AM3：22，完整。泥质红陶。头戴冠，身着交领长袍，拱手站立，做侍立状。通高22.8厘米（图四四，4）。AM6：11，完整。泥质红陶。头戴

图四二　出土陶人物俑

1. 吹埙俑（AM6：3）　2 ~ 13. 立侍俑（BM7：38、AM3：12、BM7：36、AM3：19、BM7：35、AM3：20、AM3：13、BM9：4、BM9：5、AM3：24、AM4：13、AM13：14）

图四三 出土陶立侍俑

1. BM9：7 2. BM7：42 3. BM7：41 4. BM5：12 5. BM7：40 6. BM2：1 7. AM4：5 8. BM3：3 9. AM4：2

冠，身着交领长袍，拱手站立，做侍立状。通高19.6厘米（图四四，5）。BM3：4，完整。泥质红陶。头饰不明，身着交领长袍，拱手站立，做侍立状。通高10厘米（图四四，6）。BM7：37，完整。泥质红陶。施浅绿色釉，大部分已脱落。头梳高髻，身着交领长袍，系腰带。拱手站立，做侍立状。通高21.2厘米（图四四，7）。BM3：9，完整。泥质红陶。头饰不

图四四　出土陶人物俑
1～8. 立侍俑（AM3：21、BM7：34、BM7：33、AM3：22、AM6：11、BM3：4、BM7：37、BM3：9）
9. 佩剑俑（AM4：3）

明，身着交领长袍，拱手站立，做侍立状。通高14.4厘米（图四四，8）。

佩剑俑　2件。AM4：3，完整。泥质红陶。头戴冠，身着交领长袍，系腰带，拱手站立。左肋下佩一长剑，剑柄露出至左胸。通高21.6厘米（图四四，9）。BM7：32，完整。泥质红陶。施浅绿色釉，大部分已脱落。头戴冠，身着交领长袍，系腰带，拱手站立。左肋下佩一短剑。通高21.6厘米（图四五，1）。

持扇提囊俑　1件。AM6：2，完整。泥质红陶。梳高髻，身着交领长袍，系腰带。表情安详。左手持囊，右手持扇，做侍立状。通高38.4厘米（图四五，2）。

图四五　出土陶人物俑

1. 佩剑俑（BM7：32）　2. 持扇提囊俑（AM6：2）　3、5. 舞俑（BM3：1、BM5：10）　4. 持囊俑（BM5：15）

持囊俑　1件。BM5：15，完整。泥质红陶。头戴冠，身着交领长袍，系腰带。表情安详，头微左倾，拱手站立，双手持一长条形囊袋，囊袋上部置于左肩上。通高20厘米（图四五，4）。

舞俑　2件。均残。BM3：1，泥质红陶。右手手掌、左臂及胸部以下皆残失。梳高髻，身着交领长袍，右臂上举与头同高，概做舞蹈状。残高15.6厘米（图四五，3）。BM5：10，泥质红陶。左手从大臂部残失。发式不明，身着交领长袍，右手捉长袍下摆提至膝部，做舞蹈

状。通高24厘米（图四五，5）。

2. 青瓷器

青瓷器仅有1件。

碗 1件。BM1：4，保存完整。素面。轮制。直口微敛，小平折沿，圆唇，口沿下有一圈凹弦纹，斜弧腹，平底。灰陶，外施有绿釉，釉不及底。口径16、底径11.2、高6厘米（图四六，1）。

3. 铜器

铜器主要器形有鍪、洗、圆壶、钫、盒、盆、杯耳等饮食容器具；鎏金铜釦、铜饰件、铜车軎、铜盖弓帽、铜泡钉等装饰器具等；另出土一件铜印章；铜钱共1000余枚，有“半两”、“五铢”和“货泉”等。铜器制作较规整，但胎质较薄，所以大多已腐蚀残缺不全。

鍪 3件。根据肩腹部特征，分为二型。

A型 鼓腹，肩部不明显。共2件。BM7：15，口部略残。侈口，尖唇，束颈，鼓腹，下腹弧收至平底。上腹部有一环耳。素面。口径18.4、最大腹径19.2、高13.2厘米（图四六，2）。BM7：23，下腹部略残。侈口，尖唇，束颈，鼓腹，下腹弧收至平底。上腹部有一双对称环耳，中腹部饰两道凸弦纹。口径16.8、最大腹径16、高14厘米（图四六，3）。

B型 折肩明显，1件。BM7：17，中腹以下残甚。侈口，尖唇，束颈，折肩，弧腹。肩部有对称环耳，腹部饰三道凸弦纹。口径21.6、最大腹径22、高18厘米（图四六，4）。

洗 4件。形制略同。AM2：13，保存完整。侈口，尖唇，束颈，弧腹内收，平底。中腹部饰三道凸弦纹，腹部有一对衔环铺首。口径25.4、底径14.8、高11.2厘米（图四六，5）。BM7：22，保存完整。侈口，尖唇，束颈，弧腹内收，平底，中腹部饰三道凸弦纹，腹部略残。有一对衔环铺首。口径21.6、最大腹径22、底径12.8、高9.6厘米（图四六，6）。AM2：3，保存完整。侈口，尖唇，束颈，弧腹内收，平底。中腹部饰三道凸弦纹，腹部有一对衔环铺首。口径20、底径10.4、高9.6厘米（图四六，7）。BM7：16，保存完整。侈口，尖唇，束颈，弧腹内收，平底。中腹部饰三道凸弦纹，腹部略残，有一对衔环铺首。口径25.6、最大腹径24.8、底径15.2、高12厘米（图四六，8）。

圆壶 2件。BM7：30，敞口，方唇，长颈略折，鼓腹，高圈足。上腹部饰三道凸弦纹，中腹部饰两道凸弦纹，上腹有一对衔环铺首。口径13.6、最大腹径24、底径16.8、高29.6厘米（图四六，9）。BM7：25，保存完整。敞口，方唇，长颈，颈部略折，鼓腹，高圈足。颈部饰一道凸弦纹，上腹部饰三道凸弦纹，中腹部饰三道凸弦纹，下腹部饰两道凸弦纹，圈足饰两道凸弦纹。上腹部有一对衔环铺首。口径12.8、腹径21.2、底径14.4、高24.8厘米（图四七，1）。

钫 2件。AM1：2，原定为“铜饰残件”，现更为“钫”，保存情况较差。覆斗形盝顶钫盖，周立4个变形鸟状立纽，口部残失，长颈，弧腹，圈足略高。上腹部有一对铺首衔环。经复原，口径10、最大腹径16.4、底径9.6、高32.8厘米（图四七，2）。AM5：4，较残，仅余腹

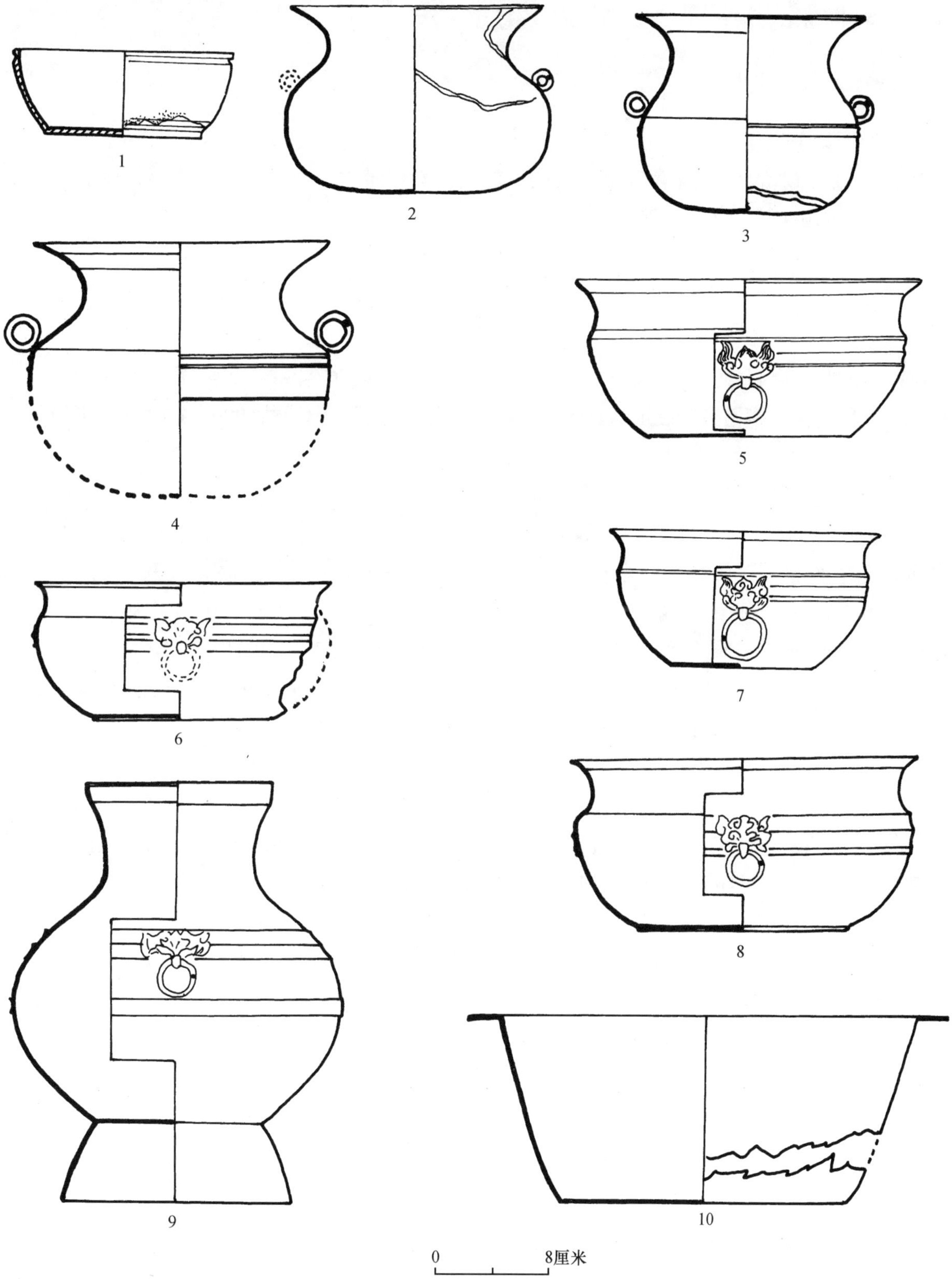

图四六　出土青瓷器和铜器

1. 青瓷碗（BM1：4）　2、3. A型铜鍪（BM7：15、BM7：23）　4. B型铜鍪（BM7：17）　5～8. 铜洗（AM2：13、BM7：22、AM2：3、BM7：16）　9. 铜圆壶（BM7：30）　10. 铜盆（BM7：11）

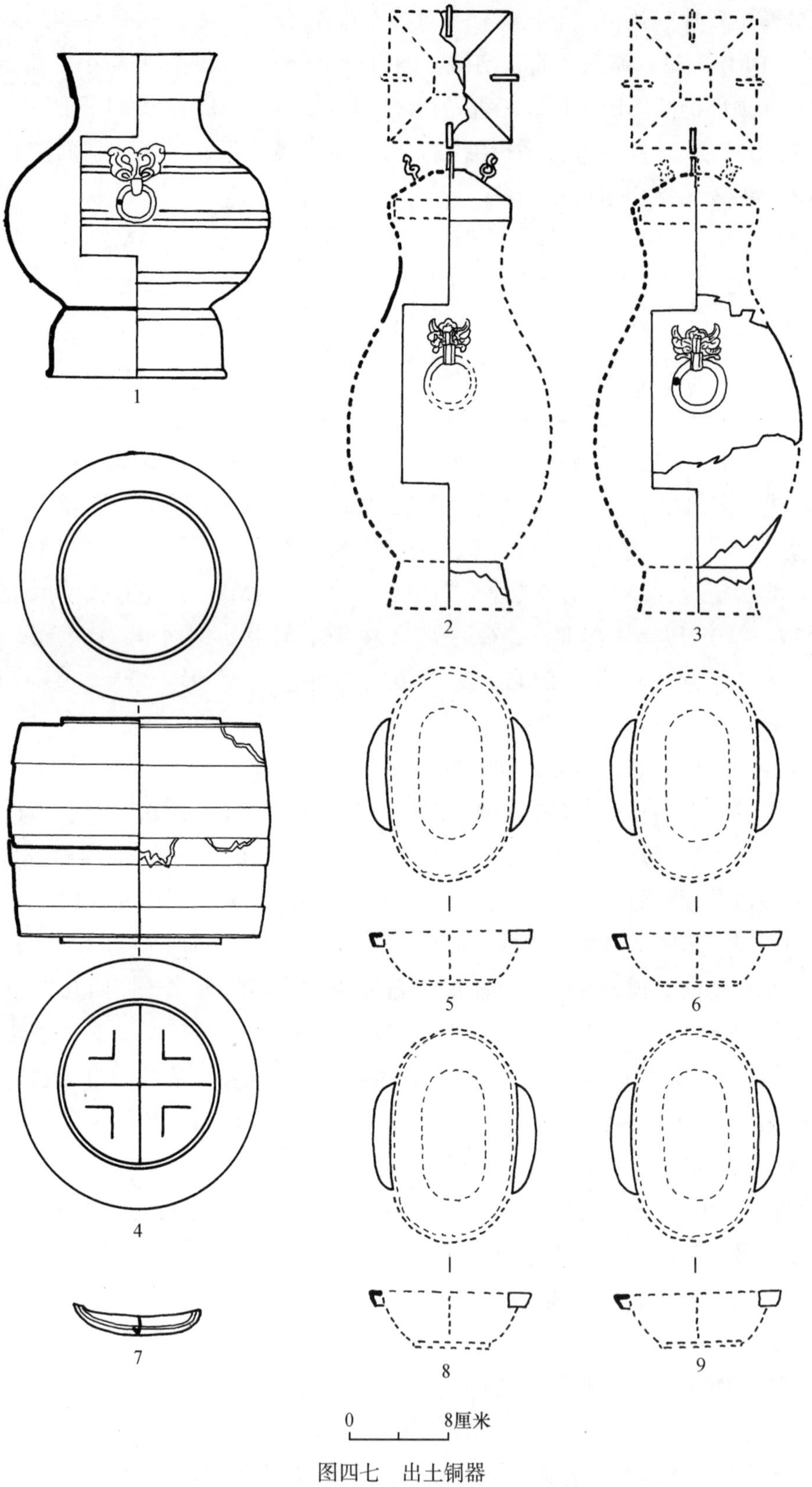

图四七　出土铜器

1. 圆壶（BM7：25）　2、3. 钫（AM1：2、AM5：4）　4. 盒（BM7：21）　5～9. 杯耳（AM2：4、AM2：15、AM2：6、AM2：10、AM2：14）

部残片及部分圈足残片。弧腹。上腹部有一对兽面铺首衔环。腹径16.4厘米（图四七，3）。

盒　1件。BM7：21，略残。直口略敞，斜直壁可分为三截，平底略小。盒盖与盒身形制略同，子母口，顶部饰圆形田字格纹。直径19.2、腹径20.8、高17.2厘米（图四七，4）。

盆　1件。BM7：11，敞口，平折沿，方唇，斜直腹略弧，平底。素面。底略残。口径30、底径20.8、高13厘米（图四六，10）。

杯耳　7件（套）。应为漆耳杯上的铜耳，均有约1厘米的鎏金。AM2：4，新月形。长9、宽1.6厘米（图四七，5）。AM2：15，新月形。长9、宽1.6厘米（图四七，6）。AM2：10，新月形。长9、宽1.6厘米（图四七，8）。AM2：14，新月形。长9、宽1.6厘米（图四七，9）。AM2：6，剩一边。新月形。长9、宽1.6厘米（图四七，7）。AM2：11，新月形。长9、宽1.6厘米（图四八，1）。AM2：8，新月形。长9、宽1.6厘米（图四八，2）。

鎏金铜釦　6件。原定为"铜盆"，现更为"鎏金铜釦"，应为圆形漆器口沿上的铜釦。AM2：2，环状，剖面呈"冖"形。鎏金。直径19.2、厚0.7厘米（图四八，3）。AM2：12，环状，剖面呈"冖"形。鎏金。直径27.6、厚0.7厘米（图四八，4）。AM2：16，环状，剖面呈"冖"形。鎏金。直径23.2、厚0.7厘米（图四八，5）。AM2：7，环状，剖面呈"冖"形。鎏金。直径27、厚0.7厘米（图四八，6）。BM9：16，环状，剖面呈"冖"形。鎏金。直径27.2、厚0.8厘米（图四八，7）。BM5：2，环状，剖面呈"冖"形。鎏金。直径24.8、厚0.4厘米（图四九，1）。

盖弓帽　28件。根据形制不同，可分为二型。

A型　24件。大多残损，仅2件完整。AM1：7，保存完整。圆饼状平盖顶，竹节状锥形管，共两节，两节管管径均上大下小，上节管为斜直壁，下节管先弧收，又略外放为曲壁，中部有一小锥钩向平盖顶弯曲。上口径1.4、盖顶径3.6、高8.3厘米（图四九，3）。

B型　4件。均完整。AM5：6，椎形管状，中空斜直壁，较细一侧封闭为盖顶，呈小平底状，中部有一小椎钩向盖顶弯曲。上口径1.2、盖顶径1.4、高6.5厘米（图四九，2）。

饰件　3件。BM9：17，铜饰。不规则镂空片状。长10.1、宽5.7、厚0.3厘米（图四九，7）。AM2：17，铜柿蒂状饰物。铜制鎏金。柿蒂状，中部镂空，应与泡钉配套使用。长5.7、厚0.1厘米（图四九，5）。BM5：1，鎏金铜饰。水滴形铜片，一端较尖，其余部分呈椭圆形。厚0.1、宽3.8、高3.9厘米（图四九，4）。

车軎　1件。BM9：15，铜饰。覆杯状，敞口，方唇，中腹部及顶部各有一道凸弦纹，顶部作两层叠收，最上为弧顶，外鎏金。顶径2.2、底径2.8、高3.2厘米（图四九，6）。

器盖　1件。BM9：2，残。圆盘状，中部有一柱状手柄，鎏金。直径18.4、高2.4厘米（图五〇，1）。

印章　1件。BM9：1，桥形纽，方印，印文为"□關左尉"。长2.4、宽2.4、厚0.8、通高1.8厘米（图五〇，2）。

博山炉　1件。AM2：9，铜制。炉盖做层峦叠嶂状，子母口，炉身为豆形，敛口，深弧腹，竹节状豆柄，喇叭口底座，上腹有一道凸弦纹，炉盖顶端与炉腹中部以链索相连。腹宽11.2、底径9.2、通高20.4厘米（图五〇，3）。

泡钉　5件。原定为"铜釦饰"，更正为"铜泡钉"。BM10：3，伞状，圆弧顶，平折

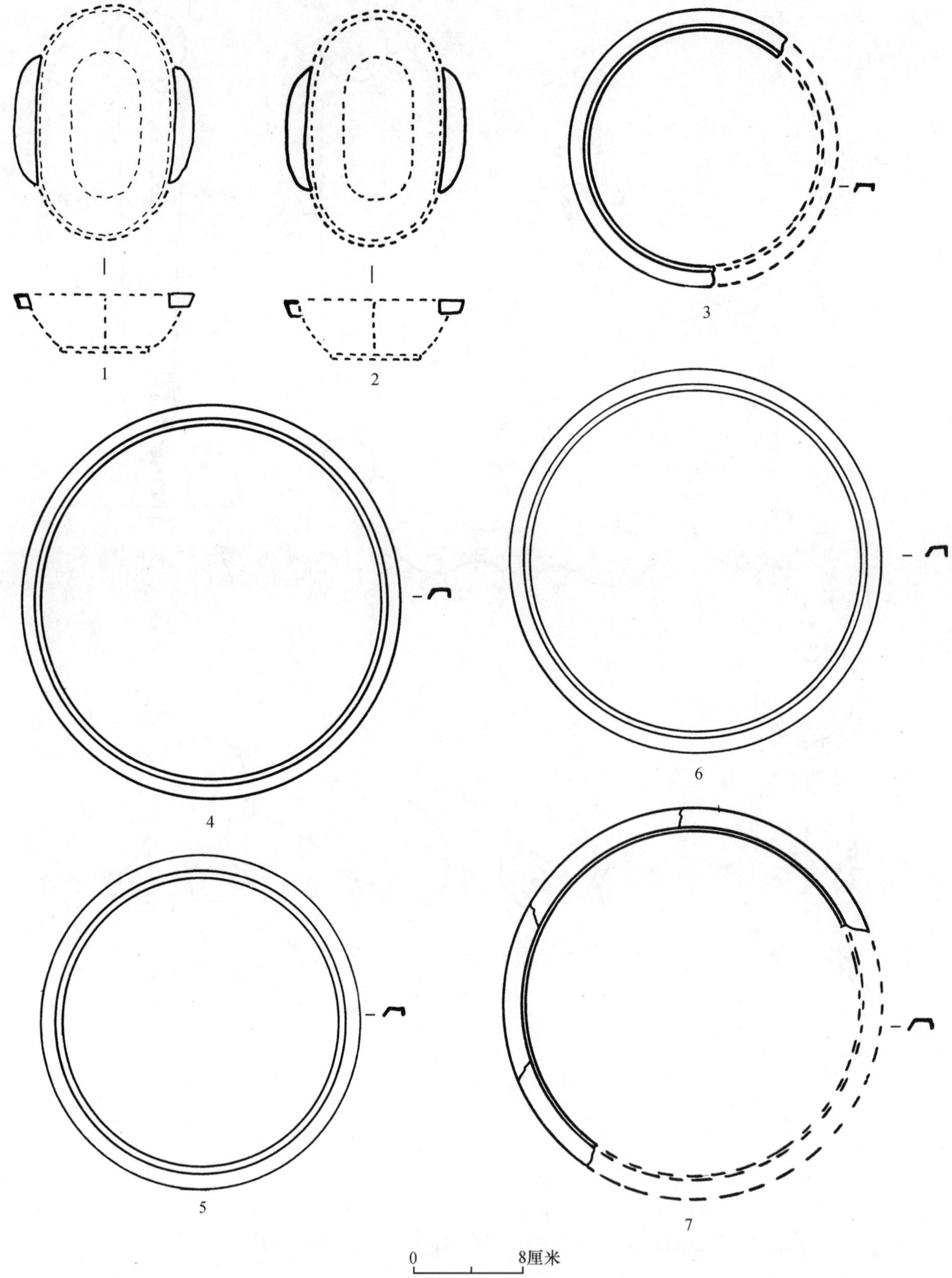

图四八　出土铜器

1、2. 杯耳（AM2：11、AM2：8）　3～7. 鎏金铜釦（AM2：2、AM2：12、AM2：16、AM2：7、BM9：16）

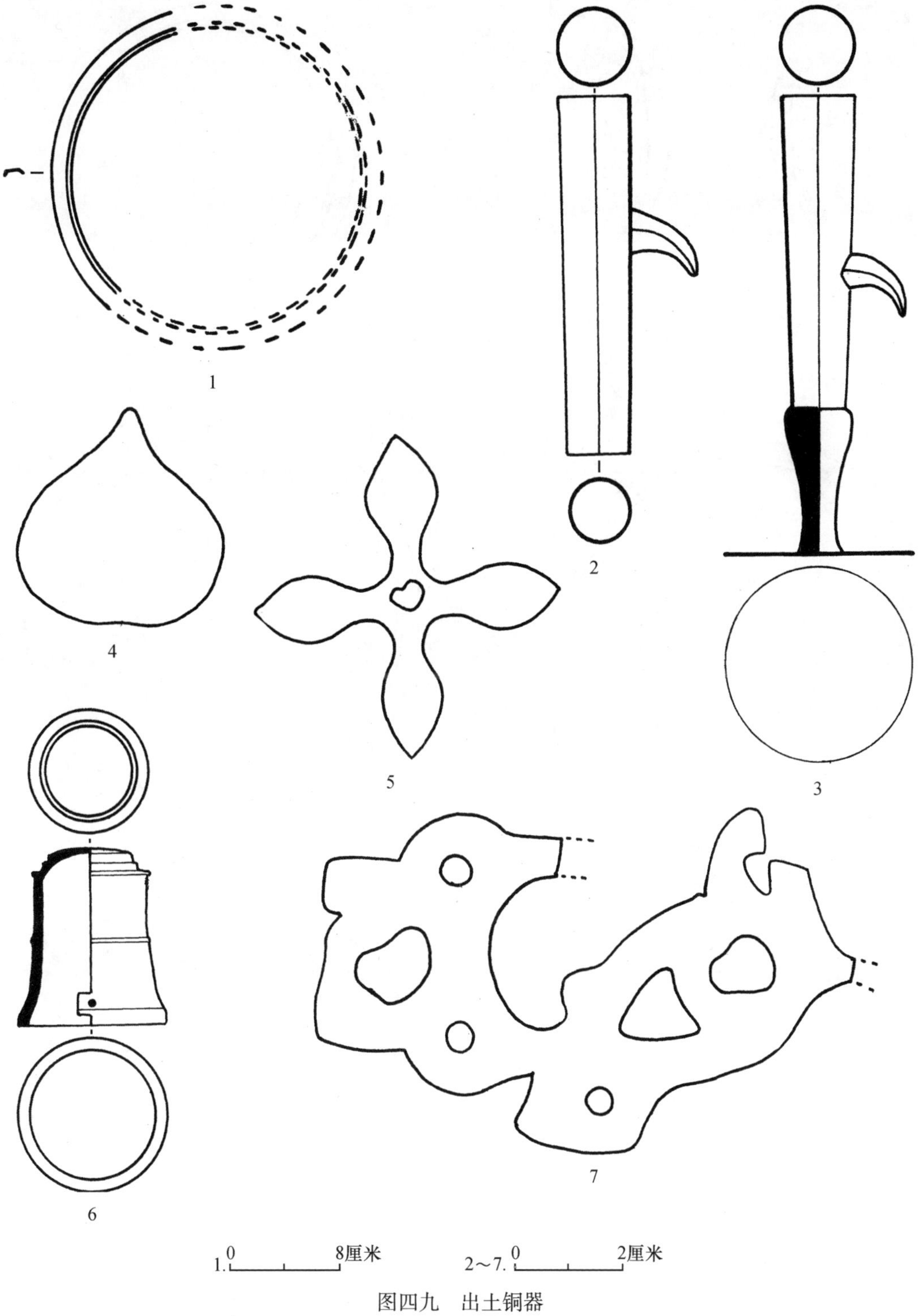

图四九 出土铜器

1. 鎏金铜釦（BM5：2） 2. B型盖弓帽（AM5：6） 3. A型盖弓帽（AM1：7）
4、5、7. 饰件（BM5：1、AM2：17、BM9：17） 6. 车軎（BM9：15）

沿，钉体残。宽2.1、残高0.9厘米（图五〇，4）。BM10：4，伞状，圆弧顶，平折沿，钉体残。宽2.1、残高0.9厘米（图五〇，5）。BM10：5，伞状，圆弧顶，平折沿，钉体残。宽1.55、残高0.5厘米（图五〇，6）。

图五〇 出土铜器

1. 器盖（BM9：2） 2. 印章（BM9：1） 3. 博山炉（AM2：9） 4～6. 泡钉（BM10：3、BM10：4、BM10：5）

铜钱 1000余枚。根据钱文不同，可分为“半两”、“五铢”和“货泉”三类。

“半两” 共出土16枚。分二型。

A型 共出土7枚。钱体较大。AM1：1-1，直径3厘米（图五一，3）。AM5：3，直径3厘米（图五一，4）。

B型　四铢半两。共出土9枚，均出自AM1。AM1：1-2，直径2.1厘米（图五一，16）。

“五铢”　共出土878枚。均为光武帝“五铢”。根据钱文可分为二型。

A型　共423枚。有周郭，穿背面有郭。“五”字相交两笔弯曲，字体较宽；“铢”字的金字头呈正三角形，四点较长，“朱”字头转折处呈圆折。AM4：24，直径2.6厘米（图五一，5）。AM6：5，直径2.6厘米（图五一，6）。BM2：2，直径2.6厘米（图五一，7）。BM3：10，直径2.6厘米（图五一，8）。BM7：12，直径2.6厘米（图五一，12）。BM8：1，直径2.6厘米（图五一，13）。BM10：6，直径2.6厘米（图五一，15）。

B型　共455枚。有周郭，穿背面有郭。“五”字相交两笔较弯曲，字体较窄；“铢”

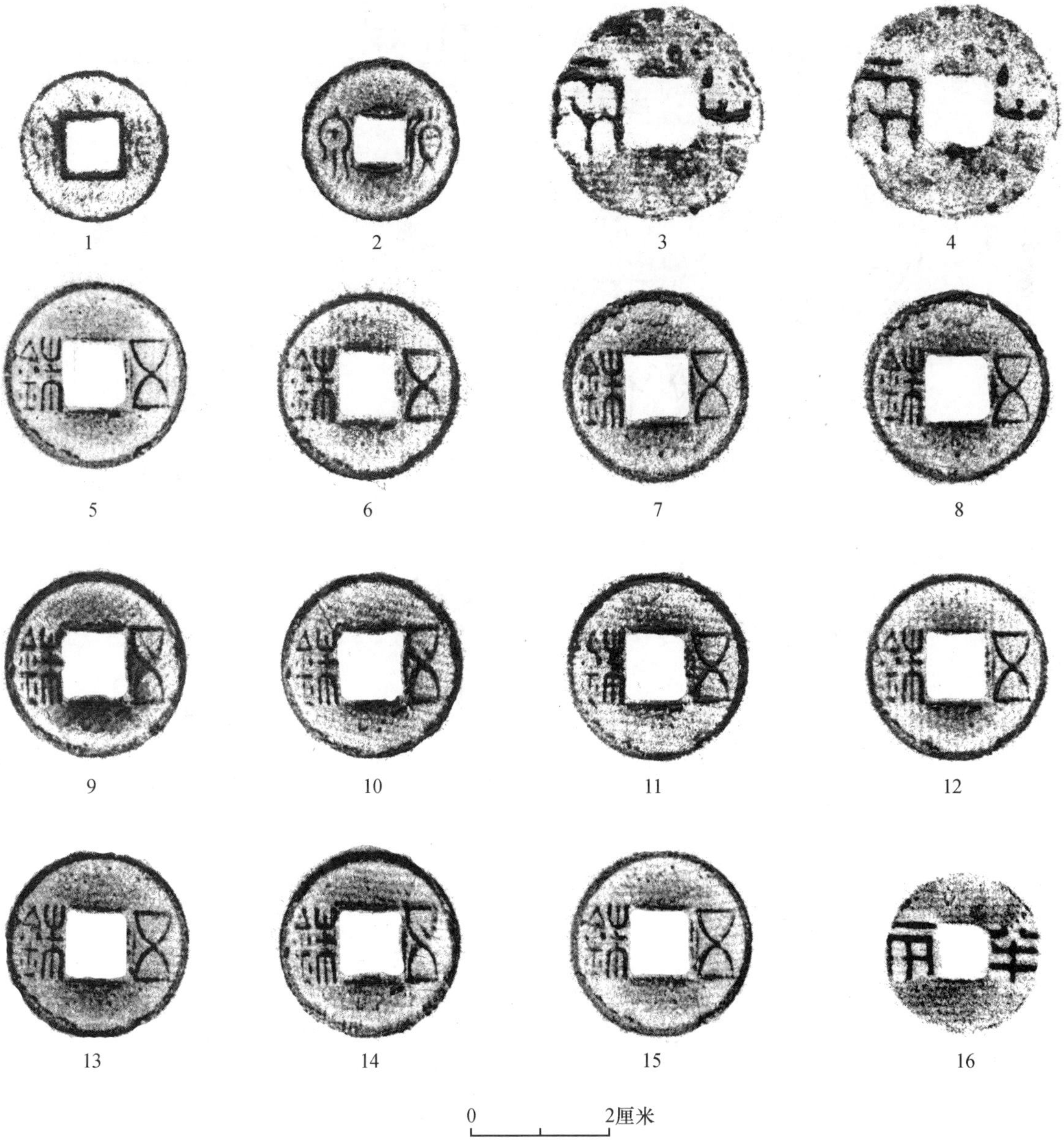

图五一　出土铜钱

1、2.“货泉”（BM9：3-2、AM2：1）　3、4. A型“半两”（AM1：1-1、AM5：3）　5～8、12、13、15. A型“五铢”（AM4：24、AM6：5、BM2：2、BM3：10、BM7：12、BM8：1、BM10：6）　9～11、14. B型“五铢”（BM4：1、BM5：8、BM6：1、BM9：3-1）　16. B型“半两”（AM1：1-2）

字的金字头略小且瘦长，四点较长，“朱”旁上横圆折，有的“朱”字之头高于“金”旁。BM4∶1，直径2.6厘米（图五一，9）。BM5∶8，直径2.6厘米（图五一，10）。BM6∶1，直径2.6厘米（图五一，11）。BM9∶3-1，直径2.6厘米（图五一，14）。

“货泉” 共出土182枚。有周郭，无内郭。制造工艺较粗略。字体较工整。BM9∶3-2，直径2.2厘米（图五一，1）。AM2∶1，直径2.2厘米（图五一，2）。

4. 铁器

铁器共11件，器形有剑、刀、钩、灯以及锄、臿、镢等。铁器出土时均锈迹斑斑，锈蚀严重，从形制看，大多制作粗糙，是以打制为主。

剑 4件。根据是否有无剑格，将其分为二型。

A型 有格。共2件。AM3∶3，该剑断为两截。剑柄残，横断面为长方形。剑格为“一”字格，镌有花纹，剑身细长，横断面呈菱形，两边开刃。剑通长79厘米，其中剑身最宽3.2、厚0.8厘米，剑柄宽1.6、厚0.8厘米（图五二，1）。AM1∶3，剑柄后端略残。剑格略为“一”字格，刃线斜收，与脊线集中于刃尖。中轴沿脊线略折，剑身细长，横断面呈菱形，两边开刃。剑通长90厘米，其中剑身最宽3.6、厚0.9厘米，剑柄宽1.6、厚1厘米。剑柄、剑身附着有朽木，疑为剑鞘，剑断为三截（图五二，5）。

B型 无格。共2件。BM7∶24，仅存剑身部分，且断为两截。横断面呈菱形，两边开刃。残长46、宽1.4、厚0.6厘米（图五二，2）。BM5∶4，剑身保存完整，剑柄残缺。无格，剑身细长，横断面呈菱形，两边开刃。剑通长81.6厘米，其中剑身最宽3.2、厚0.8厘米，剑柄宽3.2、厚1.4厘米（图五二，3）。

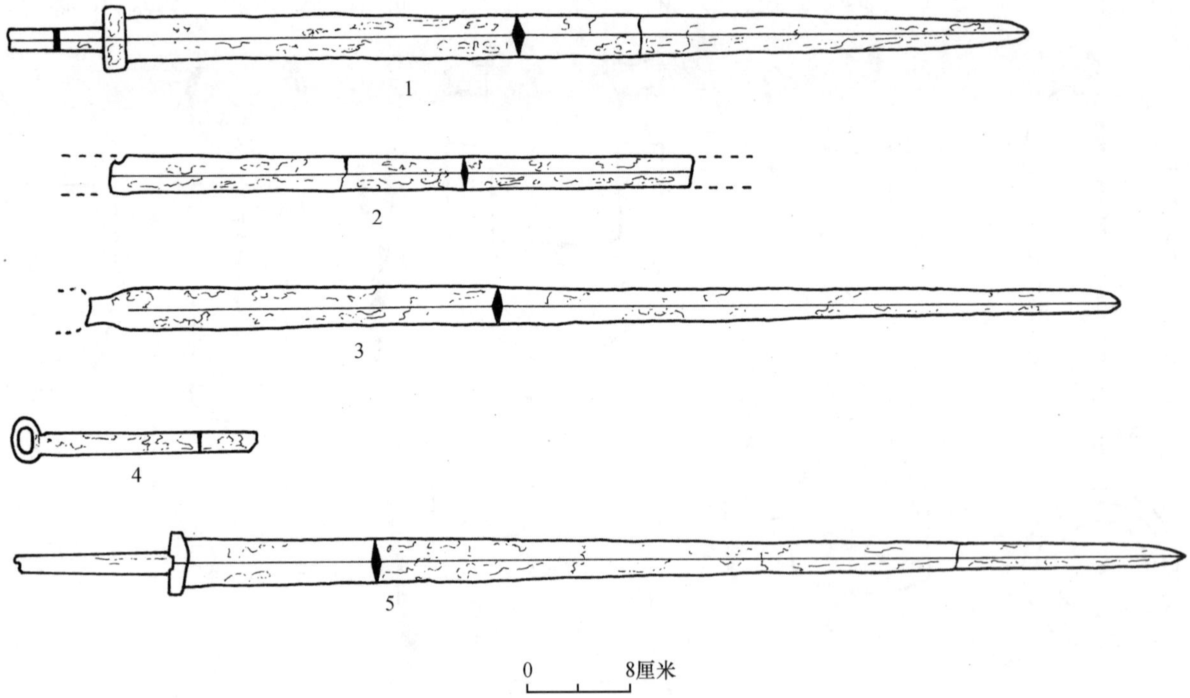

图五二 出土铁器

1、5. A型剑（AM3∶3、AM1∶3） 2、3. B型剑（BM7∶24、BM5∶4） 4. 环首刀（BM5∶3）

环首刀 1件。BM5：3，刀身中段至刀尖部残失。刀柄部呈环状，刀身一边开刃。残长18.8、宽1.6厘米。横断面呈三角形，背宽0.4厘米（图五二，4）。

钩 1件。AM4：19，扁平长条状，纵剖面呈“S”形。通长12、宽1.8厘米（图五三，2）。

灯 1件。AM2：18，保存较完整。灯台呈圆形盘状，斜直壁略外撇，平底，底下等距分布三足，呈鼎足之势。灯台上部等距分布三立耳，均穿以铁丝，呈抛物线形系于灯台上17.6厘米高处，上有二小环套连，似为提手之用。通高23.6、底径9.6厘米（图五三，1）。

锄 1件。AM1：5，锄身不存，銎部残失近半，横剖面略成椭圆形。残高15.2、宽6厘米（图五三，6）。

臿 1件。AM1：9，平面呈“凹”形，楔形銎，三角刃略弧，无肩，纵剖面呈“V”形。高13.2、宽14厘米（图五四，4）。

钁 2件。根据肩部特征分为二型。

A型 1件。AM1：8，保存完整。长方形銎，折肩较明显，弧刃。纵剖面呈“V”形。高9.2、宽8.8厘米（图五三，3）。

B型 1件。AM1：6，保存完整。长方形銎，溜肩，弧刃，纵剖面呈“V”形。高12、宽11.2厘米（图五三，5）。

5. 石器

石器共3件，为2件砺石和1件青石板。

砺石 2件。AM1：4-1，长方形。石质较细，灰色，有使用痕迹。长25.2、宽4、厚3.2厘米（图五四，3）。AM1：4-2，长方形。石质较粗，灰色，无使用痕迹。长28.8、宽6.4、厚5.6

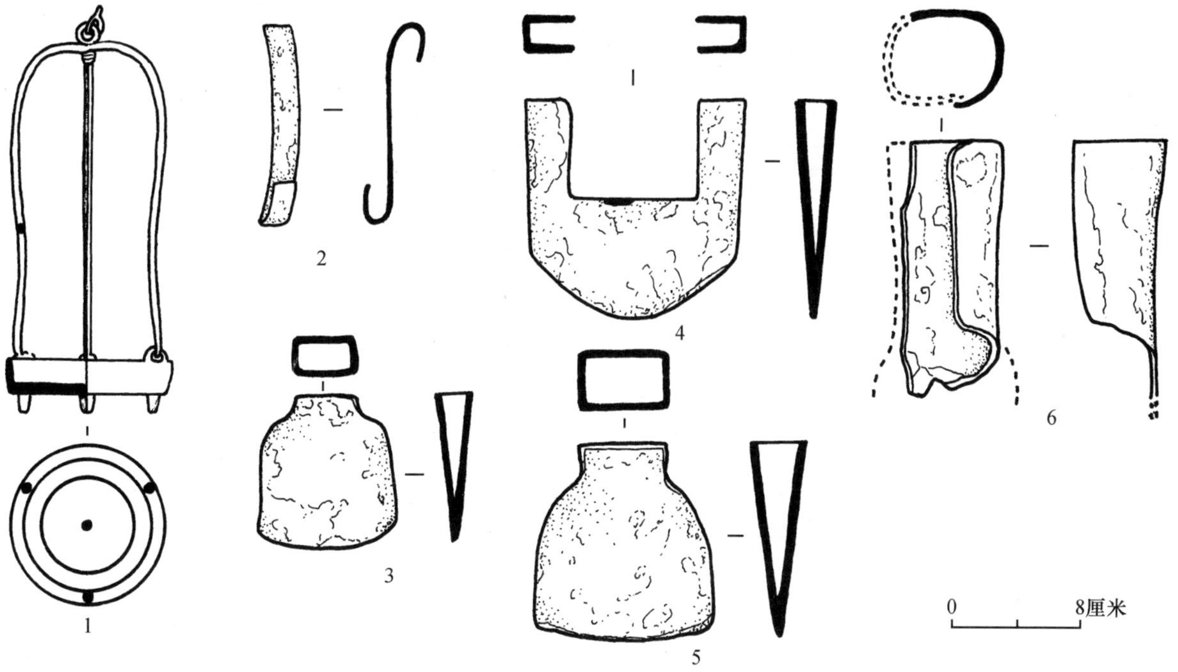

图五三 出土铁器

1. 灯（AM2：18） 2. 钩（AM4：19） 3. A型钁（AM1：8） 4. 臿（AM1：9） 5. B型钁（AM1：6） 6. 锄（AM1：5）

厘米（图五四，1）。

青石板　1件。BM7：29，长方形。石质较细，灰色，周身光滑。长40、宽20、厚2厘米（图五四，2）。

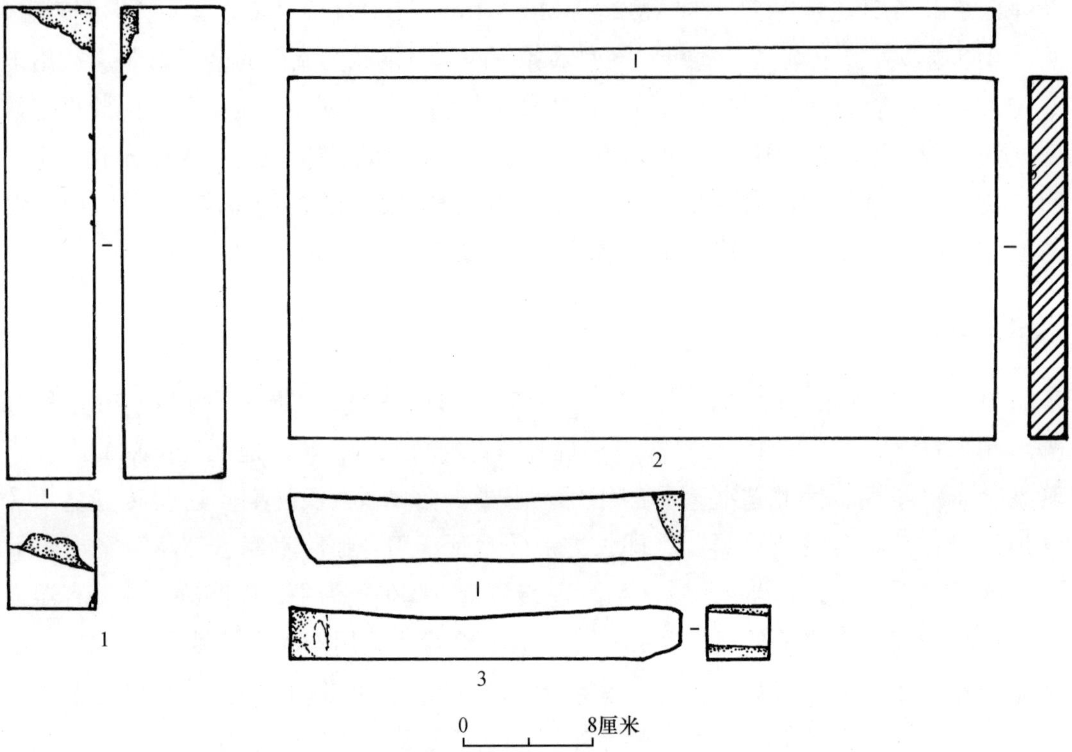

图五四　2003年二仙堡墓群出土石器

1、3. 砺石（AM1：4-2、AM1：4-1）　2. 青石板（BM7：29）

四、墓葬分期与年代

二仙堡墓群本次共发掘16座墓葬，没有出土有明确纪年的物品，相互之间也没有打破关系，只有从墓葬形制和出土器物等方面分析其相对年代，大致可分为三个时期。

1. 西汉早中期

西汉早中期墓葬共2座，即AM1和AM5。从墓葬形制来看，两座墓葬同属于A型狭长方形土坑墓，明显承袭了峡江地区战国时期的窄坑墓风格。从出土器物来看，两座墓葬均出土陶罐，其形制与1997年丰都汇南墓群中M7出土陶罐器形相近[①]，具有早期特征，应为同时期器物。AM5随葬铜钫，也是战国以来随葬铜器的遗风。最能反映这两座墓葬年代的是铜钱，两墓均只出土“半两”钱，而不见“五铢”钱，可见均在汉武帝“废半两，行五铢”之前，即元狩五年前。其中AM1出土大“半两”和四铢“半两”，而AM5则仅出大“半两”，似乎表明

① 四川省文物考古研究所、丰都县文管所：《丰都汇南墓群发掘简报》，《重庆库区考古报告集·1997卷》，科学出版社，2001年。

AM5时代较AM1稍早。

2. 新莽至东汉初期

新莽至东汉初期墓葬共5座，即AM2、BM6、BM8、BM9和BM10。从墓葬形制来看，5座墓葬均为B型宽长方形土坑竖穴墓葬，该型墓葬是两汉时期较为流行的墓葬形制。从出土器物来看，AM2未经盗扰，保存较好，且墓中出土钱币均为王莽时期的“货泉”，因此推定该墓为新莽时期的墓葬，可以作为这一时期墓葬的标准。另外，BM9既出土有东汉“光武五铢”，也出土有“货泉”，其年代也当距此不远，应在东汉初期。其余3座墓葬不出王莽钱币，仅出土东汉“五铢”钱。BM9、BM10均随葬有陶俑，因此推测其年代也应当在东汉初期。

3. 东汉中晚期墓葬

东汉中期墓葬共9座，即AM3、AM4、AM6、BM1、BM2、BM3、BM4、BM5和BM7。从墓葬形制来看，9座墓葬均为砖室墓。从现有考古资料来看，峡江地区砖室墓的出现一般在西汉晚期至东汉早期，因此这些墓葬的年代上限当不会早于西汉晚期。这些砖室墓几乎包括了峡江地区汉代砖室墓的所有形制，即长方形砖室墓、刀把形砖室墓、“凸”字形砖室墓、“中”字形砖室墓。从出土器物来看，A区3座砖室墓以陶俑类为主，以陶罐、钵等容器为辅，有狗、牛、马、鸡、人物等俑类以及钵、罐、碗、灯等生活用器和少量铁器等。B区6座墓葬除以上器物外，还出土有陶塘、井、房屋等模型及铜器。两区中共有7座墓葬出土铜钱，均为东汉五铢，所以这些墓葬的上限不会早于东汉光武帝建武十六年。在这些墓葬中，BM7保存最完整，出土有陶器、铜器、铁器和石板等。其中BM7出土的陶钵（BM7：1）类似于1998年丰都汇南墓群中的AaⅢ式陶钵（M16：6）[①]，BM7：5类似于1998年丰都汇南墓群中的BaⅠ式陶钵（M29：53）[②]，BM5中的陶杯（BM5：9）类似于1998年丰都汇南墓群中的A型陶杯（M16：15）[③]，其年代均在东汉中期以后。BM7中所出铜洗，形制类似于1998年丰都汇南墓群中的一件铜洗（M18：6）[④]，时间基本上定在新莽时期，但是此类器物在使用时间上可以有一定的延续性，延续至东汉中晚期是有可能的。其余砖室墓的绝对时间虽有差别，但大体时代应当是一致的，均是峡江地区较为普遍的东汉中晚期砖室墓。

① 四川省文物考古研究所、丰都县文管所：《丰都汇南墓群发掘简报》，《重庆库区考古报告集·1998卷》，科学出版社，2003年。

② 四川省文物考古研究所、丰都县文管所：《丰都汇南墓群发掘简报》，《重庆库区考古报告集·1998卷》，科学出版社，2003年。

③ 四川省文物考古研究所、丰都县文管所：《丰都汇南墓群发掘简报》，《重庆库区考古报告集·1998卷》，科学出版社，2003年。

④ 四川省文物考古研究所、丰都县文管所：《丰都汇南墓群发掘简报》，《重庆库区考古报告集·1998卷》，科学出版社，2003年。

五、结　语

二仙堡墓群本年度发掘的墓葬情况，是以东汉墓葬为主，以西汉和新莽墓葬为辅的。可以从墓葬形制、随葬用器、墓地格局三个方面来归纳出以下几点认识。

1. 墓葬形制

从墓葬形制而言，本次发掘的土坑竖穴墓葬分为A、B型，且A型主要流行于西汉早中期，B型集中出现在新莽至东汉初期，这与峡江地区土坑竖穴墓葬的演变规律是一致的，反映了土著的带有巴蜀文化遗风的狭长方形土坑墓逐渐向全国范围内的长方形、宽长方形土坑墓的趋同过渡。砖室墓出现于峡江地区则代表了已经形成的汉制在该地区的普及。二仙堡墓群的砖室墓主要集中于东汉中晚期，虽较整个峡江地区略显滞后，但也基本符合汉制向全国普及这一基本大潮流。

从构建方法看，西汉的土坑竖穴墓葬比较规整，而新莽及东汉的土坑墓则较为粗糙，东汉砖室墓的形制多样，基本涵盖了峡江地区砖室墓的所有结构。构建形式主要是用长方形花纹青砖砌墓墙，用长方形素面青砖或石块铺地，有的则无铺地砖，用带子母榫口的楔形青砖相套起券。砖的花纹多样，有菱形花纹砖、菱形夹车轮纹砖、菱形夹“富贵”铭文砖及菱形马纹“利后”铭文砖等。

2. 随葬用器

二仙堡墓群本次发掘的出土器物较为丰富，为研究当时这一地区社会物质生产和精神文化提供了诸多线索。根据以往的发掘情况，丰都地区西汉时期至东汉初期的随葬用器以泥质灰陶器为大宗，有少量铜兵器和铁器①。东汉中晚期墓葬则主要随葬有陶罐、陶钵、陶碗、陶杯等实用器，陶井、陶塘、陶屋等模型明器及陶俑。本次发掘进一步提供了丰富的实物材料。其中AM1在遭到盗扰的情况下，仍出土了一定数量的铁制兵器和农具，包括铁剑、铁锄、铁镬和铁臿等，这一现象反映了西汉中晚期铁制品在峡江地区的流行，铁农具的应用在某种程度上也标志着当时该地区的生产力发展水平。东汉砖室墓中随葬有大量陶俑、陶塘、陶屋和陶井等模型，反映了庄园经济在东汉得到了相当大的发展。在AM6的中室有一具保存完好的石棺，是用整块红砂岩雕刻而成，子母口盖，做工精细，峡江地区汉墓中罕见。

部分随葬用器还反映了墓主的相关情况。如AM2、BM5和BM9等墓葬中随葬的鎏金铜釦应当是镶嵌在漆器口沿上的，即所谓“釦器”。漆木已朽坏，仅余铜釦。这类“釦器”在当时非常珍贵，可见墓主具有相当的社会地位和经济实力。BM9中出土了一枚铜印，印文为“□闢左尉”。“左尉”为汉代县级属吏，这枚印章提供了墓主的职官名称，可以弥补史缺。

---

① 王立军：《丰都地区两汉—南朝墓葬的初步研究》，《重庆·2001三峡文物保护学术研讨会论文集》，科学出版社，2003年。

还需特别提出的是，AM2和BM7两座墓葬均未经盗扰，随葬品组合完整，是今后研究峡江地区汉代墓葬的标尺性资料。

3. 墓地格局

本年度发掘的16座墓葬分属于李文秀梁子上的A区和冉正丙梁子上的B区，均处于长江北岸的台地上。梁子顶上较平，四周为缓坡或断崖。其中台地中心主要分布土坑竖穴墓葬，时代最早，而台地边缘及半坡地带以时代较晚的砖室墓为主。A区李文秀梁子3座土坑墓位于梁子的顶部正中，其中AM1和AM5较深，大小和方向基本一致，AM2较浅，位于前两座墓的外侧。AM3、AM4、AM6都位于断坎的边缘，朝向长江。B区冉正丙梁子4座土坑墓几乎平行位于靠近梁子顶部的位置。其余6座砖室墓则均位于外侧，有的位于断坎处。各墓葬之间相互没有打破关系，这样的墓地格局，一方面反映了当时人们“择高敞之地而葬”的丧葬习俗。另一方面，或许也与汉代“聚族而葬”的家族葬风俗有关。正是在这两种社会习俗的影响下，才形成了先葬者占据高处，后葬者依次排列在其周围的墓地格局。

总之，二仙堡墓群的发掘，为研究峡江地区两汉时期的社会政治、经济及文化艺术等提供了新材料，对研究该地区这一时期的丧葬习俗也具有一定的意义。

附记：本年度发掘总领队是长沙市文物考古研究所宋少华，副领队何旭红、邱东联，执行领队黄朴华，先后参加发掘及整理人员有何佳、傅星生、曹德清、胡相国、李建伟、周劲、赵晓华、师磊、高铁等。绘图周劲、高铁。摄影黄朴华、何佳。

执笔：赵晓华　师　磊

丰都麻柳嘴遗址2003～2004年度发掘简报

河北省文物研究所
丰都县文物管理所

麻柳嘴遗址隶属丰都县龙孔乡楠竹村，位于长江右岸的一级台地上。中部有一条溪沟（张溪）将其分为南北两个台地，北部台地（麻柳嘴）地势东高西低，南部台地（中嘴）地势由西向东倾斜。遗址地表遍植小麦、油菜、土豆、红薯等农作物。中心地理坐标为东经107°51′38″，北纬30°04′11″，高程152米。

根据该遗址地形状况将南部台地中部编号为Ⅰ区、北部台地编号为Ⅱ区、南部台地偏南部分编号为Ⅲ区。2002年11～12月河北省文物研究所、丰都县文物管理所曾对Ⅰ、Ⅱ区进行了正式考古发掘，揭露面积2500平方米，发现有唐、明清时期遗存。本次发掘是我们对该遗址进行的第二次正式发掘（图一）。

本次发掘根据遗址具体情况，分别于Ⅱ、Ⅲ区布5米×5米探方20个，在Ⅰ区布5米×5米探方40个，共计发掘总面积2000平方米。平均发掘深度1.65、最浅0.4、最深2.9米（图二～图四；彩版一六六）。

地层堆积

该遗址Ⅰ、Ⅱ、Ⅲ区地层堆积不甚相同，Ⅰ区典型地层堆积共划分为10层，以T0107南壁为例详述如下（图五）。

第1层：厚0.1～0.2米。耕土层。深褐色，松软，遍布植物根茎。

第2层：厚0.2～0.36米。黄褐土层。土质较松软，含少量红烧土块及炭粒。处于Ⅰ区中部坎崖之下的探方缺此层。出土遗物有泥质灰陶板瓦片和青花瓷片，可辨器形有碗、盆。属明清时期。

第3层：厚0.3～0.45米。浅灰褐土层。土质较疏松，黏性较大。出土物仍以青花瓷片为主，可辨器形有碗口沿、窄圈足碗底。属明清时期。G7、G8开口于此层下。

第4层：厚0.1～0.25米。深灰褐色土层。土质较疏松，稍硬，内含少量红烧土粒。出土青花瓷碗残片。亦属明清时期。

第5层：厚0.1～0.15米。深黑色土层。土质较致密，黏性大，掺杂大量炭粒。出土零星青花瓷器残片，器形不明。仍属明清时期。

第6层：厚0.35～0.4米。红褐土层。砂性，土质较致密，黏性较大。未见出土物。参照邻方推断属唐代。

第7层：厚0.55～0.6米。灰黄土层。土质致密，黏性大，掺杂零星炭粒、红烧土粒。出土饼足底瓷碗残片。属唐代。

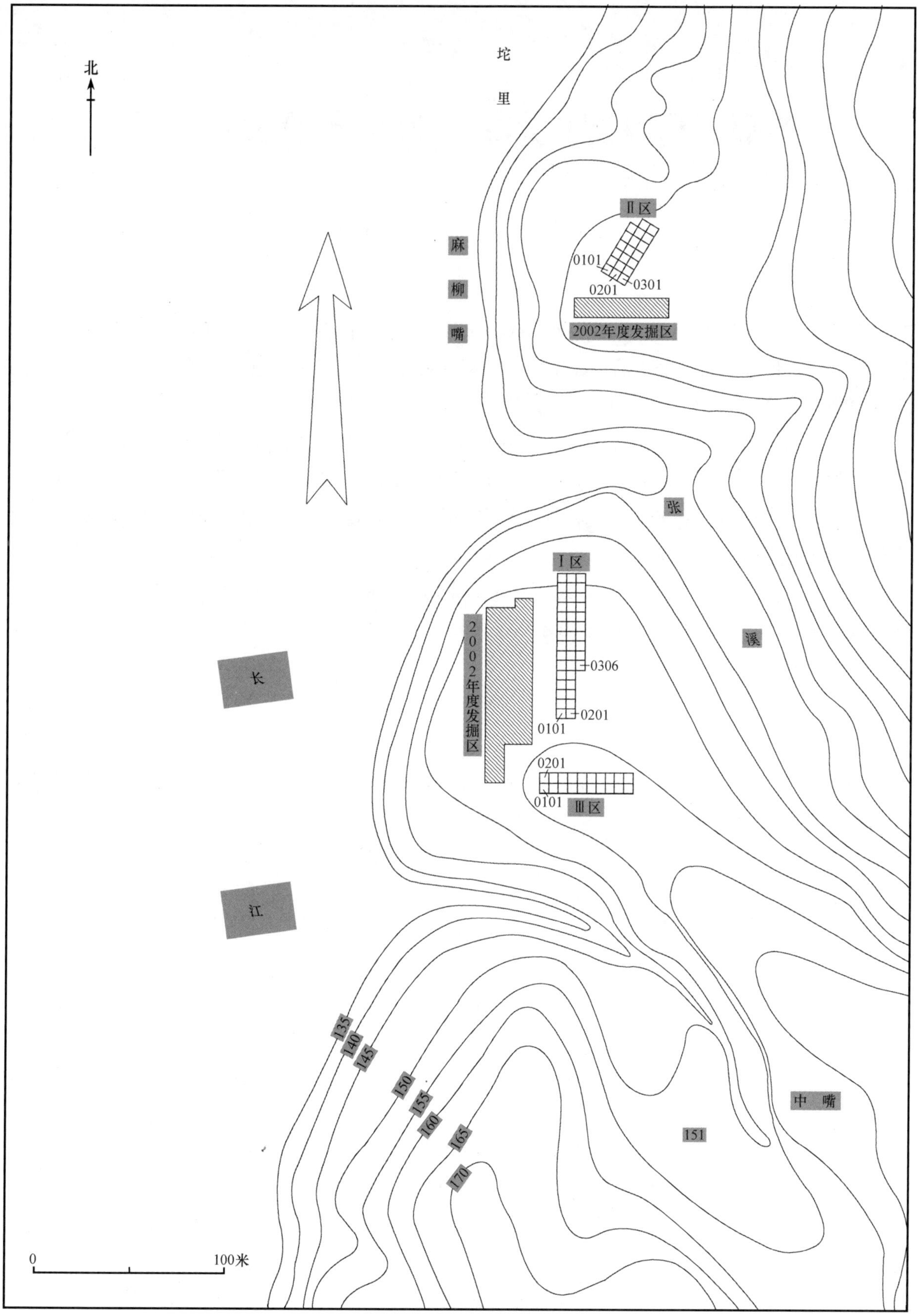

图一 麻柳嘴遗址总平面图

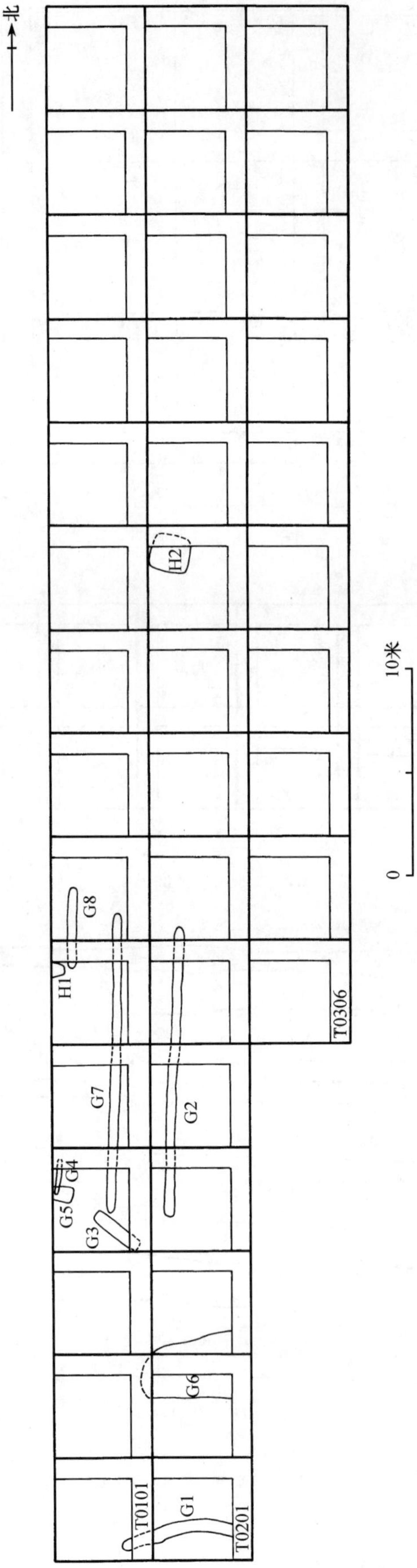

图二 Ⅰ区总平面图

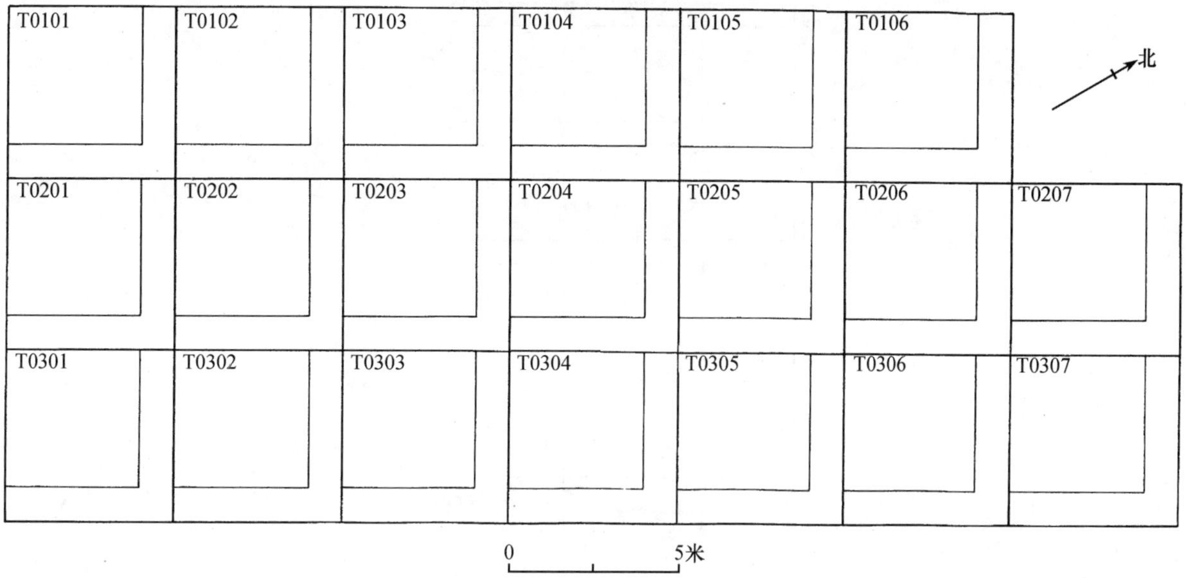

图三 Ⅱ区总平面图

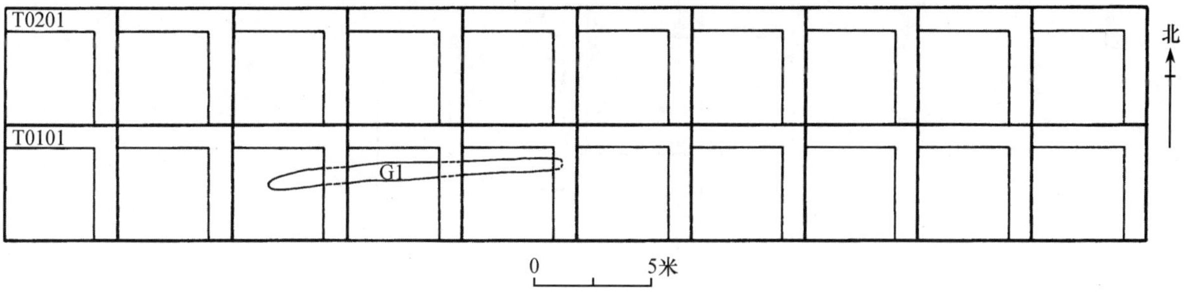

图四 Ⅲ区总平面图

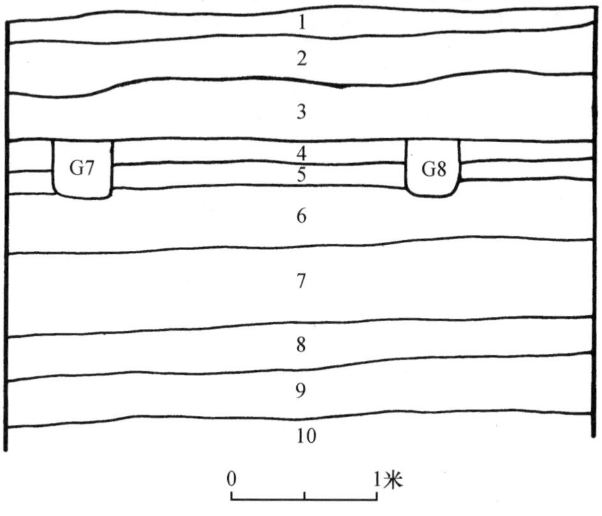

图五 Ⅰ区T0107南壁剖面图

第8层：厚0.22～0.3米。黑褐土层。土色深黑。土质较致密，黏性大。出土釉陶器、青瓷器残片等。属唐代。

第9层：灰绿土层。土质纯净，内含少量螺壳、贝壳等。属淤积层。

第10层：生土层。红褐色胶泥质土。

Ⅱ区地层堆积共划分为4层，因中部地处断崖，地层下陷倾斜。以T0101东壁为例说明如下（图六）。

第1层：厚0.1～0.15米。耕土层。松软，内含植物根茎，偶见近现代杂物。

第2层：厚0.16～0.25米。黑褐土层。土色灰黑。土质较硬较黏，内含少量红烧土及炭粒。出土泥质灰陶素面盆残片、板瓦、筒瓦片及青花瓷碗残片等。属明清时期。

第3层：厚0.3～0.4米。黄褐土层。土质致密坚硬，黏性较大，内含较多姜石。出土物与第2层相近。亦属明清时期。

第4层：生土层。黄胶土。致密坚硬，纯净。

Ⅲ区地层堆积共划分为6层，以T0104西壁为例说明如下（图七）。

第1层：厚0.1～0.2米。耕土层。松软，根须杂丛，掺杂现代残砖碎瓦。

第2层：厚0.1～0.3米。黄褐土层。土质松软，内含较多炭粒、红烧土及草木灰等。出土物有釉陶盆、罐、壶残片及青花瓷片等。属明清时期。G1开口于此层下。

第3层：厚0.1～0.2米。浅灰褐土层。土质较疏松，内含较多炭粒、红烧土粒，偶见姜石块。出土少量泥质灰陶、红陶、釉陶器物残片及青花瓷片。仍属明清时期。

第4层：厚0.25～0.35米。深灰褐色土层。土质致密坚硬，黏性大。出土遗物有青花瓷片、粗瓷片、泥质灰陶瓦片。明清时期。

第5层：厚0.5～0.6米。红褐土层。土质致密坚硬，出土零星青花瓷片。明清时期。

第6层：生土层。红褐色胶泥质土。

根据地层堆积及包含物，将遗存分为明清和唐代两个时期。

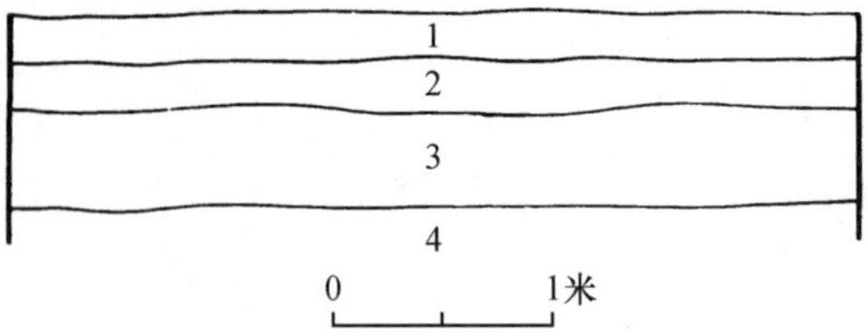

图六 Ⅱ区T0101东壁剖面图

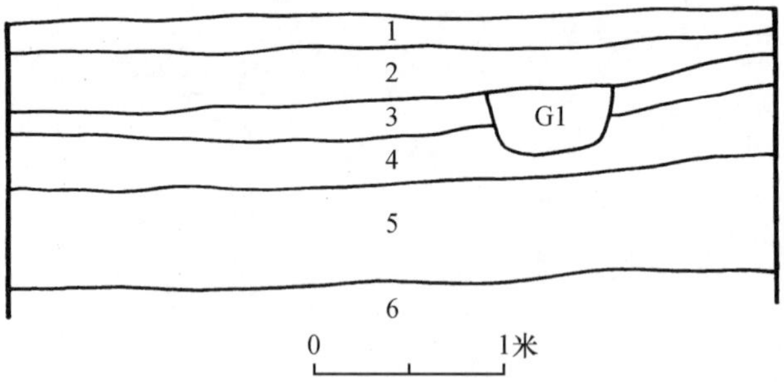

图七 Ⅲ区T0104西壁剖面图

一、明清时期遗存

包括Ⅰ区第2～5层、Ⅱ区第2、第3层、Ⅲ区第2～5层堆积。

1. 遗迹

Ⅰ区发现并清理浅沟8条（G1～G8），皆为自然沟。清理灰坑1个（H2）。Ⅲ区清理浅沟1条（G1）。Ⅱ区未发现遗迹现象。

G1　开口于第2层下。平面呈弯曲状东西走向。东端伸出探方壁未做清理。斜壁，底略平。填土为灰褐土，掺杂黄色土块，致密，内含少量炭粒。在探方内总长5.6、沟口宽0.4～0.6、沟底宽0.35、深0.35～0.6米。出土青花瓷片、黄釉陶片，可辨器形有碗、盘等（图八；彩版一六七，1）。

H2　开口于第6层下。平面呈圆角长方形，直壁，平底。填土为灰黑土，内含少量炭粒、红烧土粒。口长1.8、宽1.7、深1.1米。出土青花瓷碗残片及泥质灰陶板瓦片等（图九）。

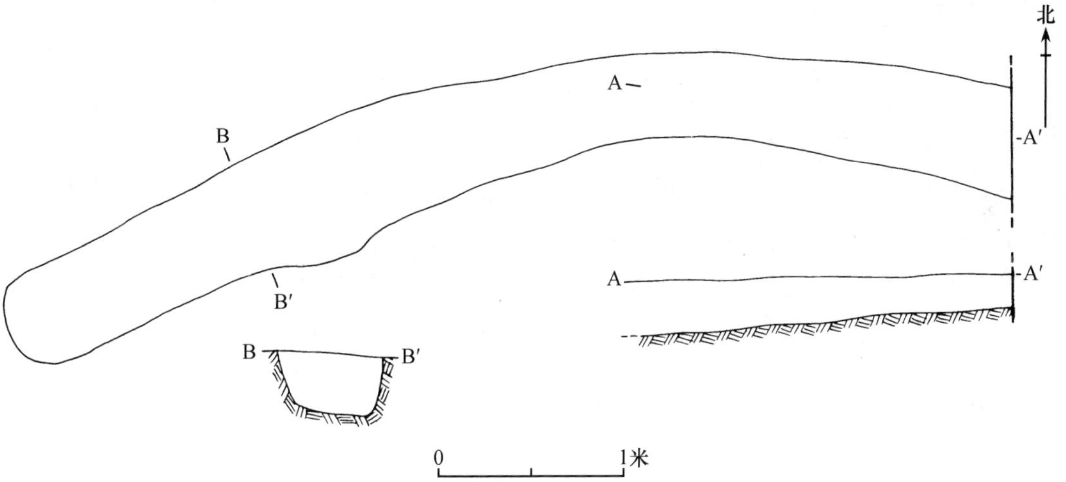

图八　G1平、剖面图

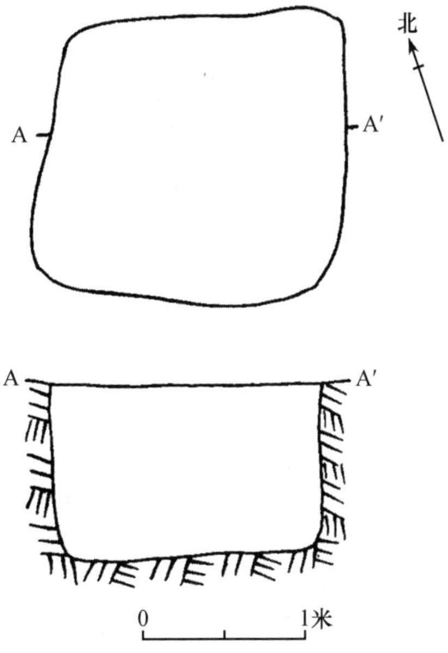

图九　H2平、剖面图

2. 遗物

出土器物残片1000余件，其中小件标本45件，完整和可复原器5件。以瓷器为主，釉陶、陶器次之，铜器发现1件。瓷器以青花瓷为大宗，有少量青瓷和粗瓷器，可辨器形有碗、碗口沿、碗底、盆、盆口沿、罐口沿、坛口沿及器口流等。釉陶器器形有碗口沿、盆、盆口沿、碗底、器耳、器口流等。陶器器形有擂钵、壶口流、滴水、筒瓦、网坠等。铜器为小铜泡。

（1）青花瓷器

碗口沿　ⅠT0103②：2，灰白胎，釉层有开片。敞口，方唇。外壁绘旋涡纹。残高4.2厘米（图一〇，3）。ⅠT0306③：1，侈口。纹样模糊不清。残高2.2厘米（图一〇，12）。

碗底　ⅠT0203②：1，矮圈足。底无釉。足边斜削，内底心绘交错细线、粗线纹。底径3.1、残高1厘米（图一二，11）。ⅠT0202②：2，矮圈足。残。外壁绘交叉短线纹，内底心绘双圈。残高3.2厘米（图一〇，4）。ⅠT0104G3：1，圈足。残。底无釉。底心墨书一“福”字，外加双圈。底径6、残高3.3厘米（图一二，1；彩版一六八，2）。

盘　完整器1件。ⅠT0201G1：2，青白釉，通体施釉，釉层有细碎开片。敞口，尖唇，弧腹，矮圈足底，底边略内敛。内底心绘蹲姿麒麟，环绕云朵及龟形纹，外加双圈。口径19.8、底径11.4、通高3.3厘米（图一二，6；彩版一六八，1）。

（2）青瓷器

碗　完整器1件。ⅠT0201③：2，灰色胎，青绿釉。尖唇略出沿，弧腹，圈足，足边斜削。内底有涩圈，外底心留有鸡心凸。口径15.6、腹径11.7、底径6、通高7.2厘米（图一一，4）。

碗口沿　ⅠT0205④：1，灰色胎，青绿釉，釉不及底。口微敛，圆唇，弧腹。残高4.8厘米（图一〇，8）。ⅠT0102④：1，灰色胎，青灰色釉，釉层有细碎开片。口微敛，圆唇，弧腹。素面。残高3.6厘米（图一一，7）。

碗底　ⅠT0106③：1，灰白胎，青釉，底无釉。残。圈足略外撇，底外缘斜削。底径3.9、残高2.9厘米（图一二，9）。ⅠT0107④：2，暗红色胎，灰白釉，釉多脱落。圈足外撇。底径7.1、残高1.8厘米（图一二，7）。ⅠT0107③：1，灰褐色胎，青釉多脱落。矮圈足底，足端内缘斜削。底径7.1、残高2.4厘米（图一二，8）。ⅠT0202②：3，灰色胎，釉皆脱落。圈足底残。外底心留有不明显的鸡心凸。底径5.4、残高2.4厘米（图一二，10）。

盆口沿　ⅡT0206②：1，暗红色细砂胎，釉皆脱落，余白色化妆土。口微敛，方唇。残高3.1厘米（图一〇，5）。

罐口沿　ⅡT0204②：1，酱黄釉，外壁无釉。子母口。颈以下有一周凸棱。残高3.3厘米（图一〇，9）。

坛口沿　ⅠT0205④：2，暗红色胎，青绿釉，外壁釉多脱落。口微敛，圆唇，束颈，内壁成一周凸棱。残高5.7厘米（图一〇，2）。

器口流　ⅠT0104③：3，青灰色釉，通体施釉，釉层有细密的开片。圆锥状。口端残。残长5.9、残宽2.8厘米（图一〇，15）。

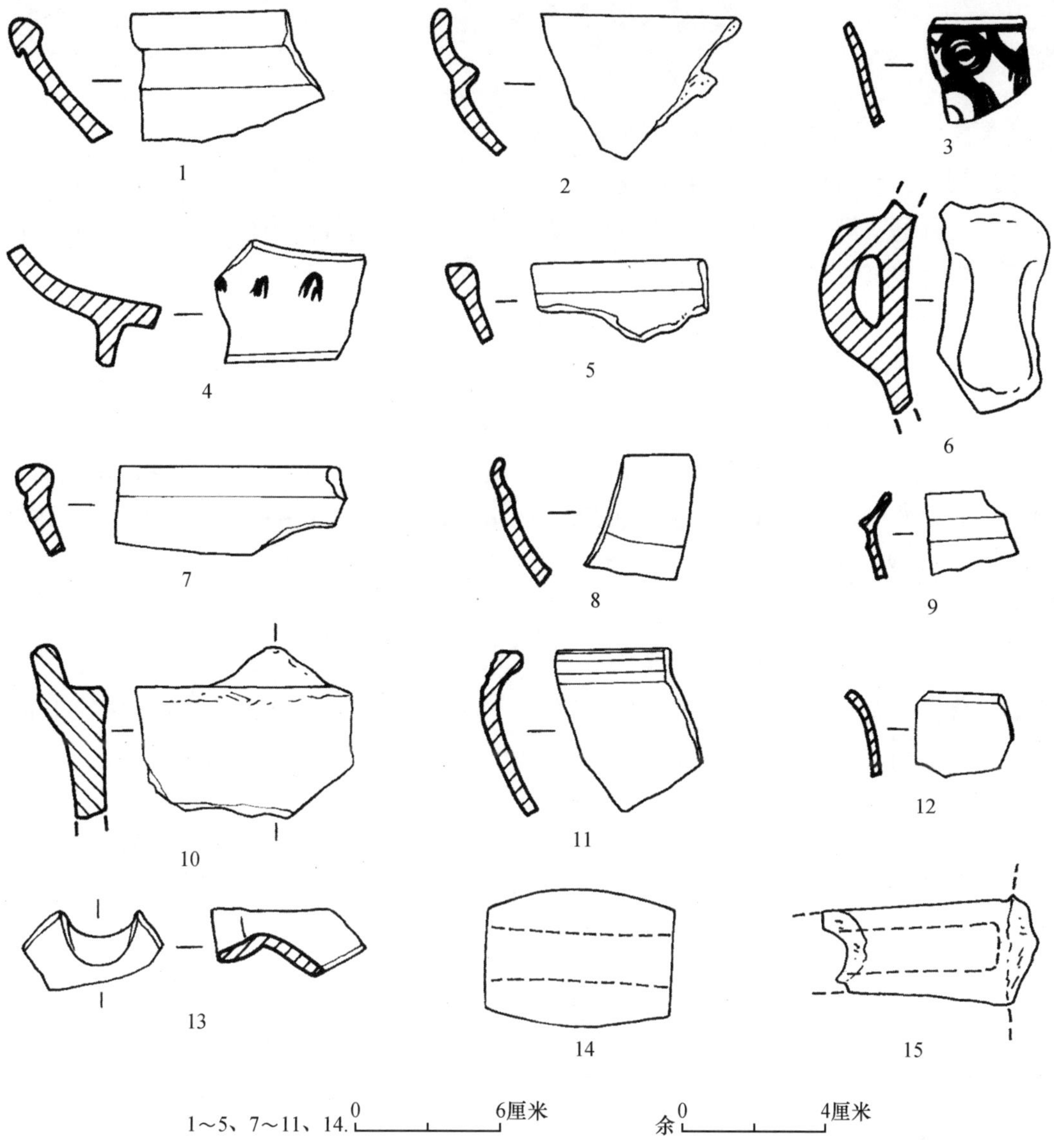

图一〇 明清时期遗物

1. 陶盆口沿（ⅠT0201②：1） 2. 青瓷坛口沿（ⅠT0205④：2） 3、12. 青花瓷碗口沿（ⅠT0103②：2、ⅠT0306③：1） 4. 青花瓷碗底（ⅠT0202②：2） 5. 青瓷盆口沿（ⅡT0206②：1） 6. 釉陶器耳（ⅠT0203⑤：1） 7. 釉陶盆口沿（ⅠT0206④：1） 8. 青瓷碗口沿（ⅠT0205④：1） 9. 青瓷罐口沿（ⅡT0204②：1） 10. 陶筒瓦残片（ⅡT0305②：1） 11. 釉陶碗口沿（ⅠT0205③：2） 13. 釉陶器口流（ⅠT0202②：4） 14. 陶网坠（ⅠT0205③：1） 15. 青瓷器口流（ⅠT0104③：3）

（3）粗瓷器

碗 完整器1件。ⅠT0101③：1，粗砂胎，釉皆脱落。圆唇，弧腹，圈足。口径15.6、腹径12.6、底径5.4、通高7.5厘米（图一一，6）。

碗口沿 ⅠT0105③：1，粗砂胎，釉皆脱落。敞口，圆唇，弧腹。口径15.6、残高4.8厘米（图一一，5）。ⅠT0201②：2，粗砂胎，青釉不及底。敞口，圆唇，弧腹。口径18.8、残高4.4厘米（图一一，3）。

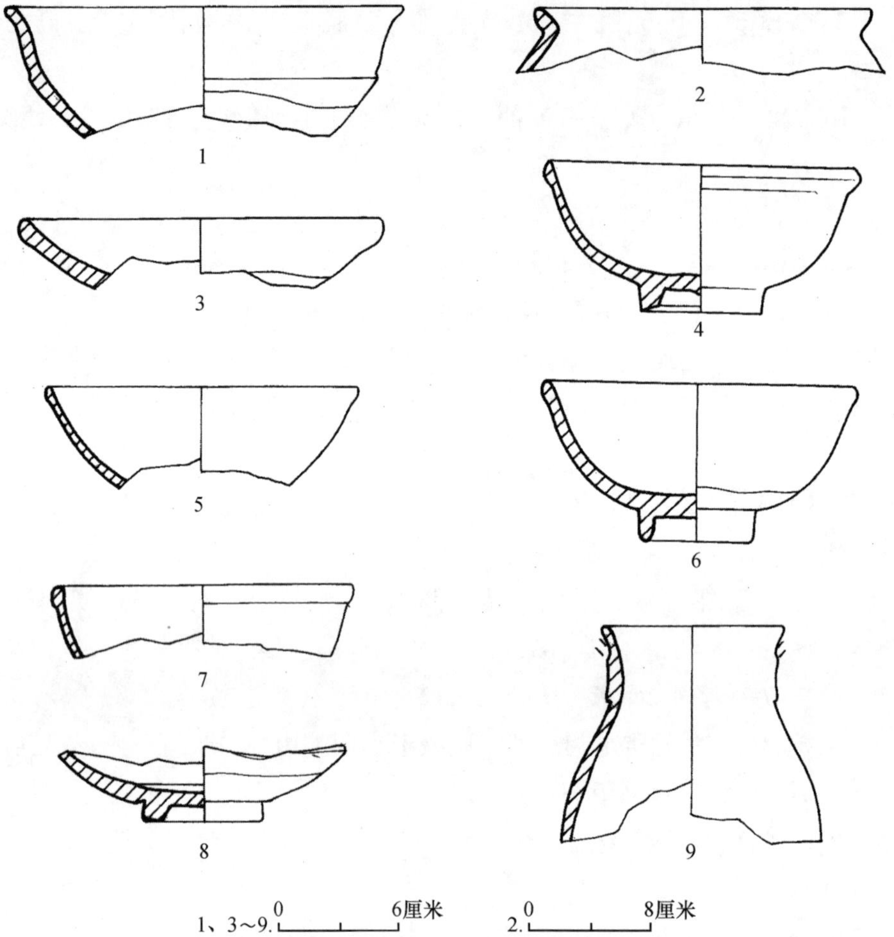

图一一　明清时期遗物

1. 釉陶盆（ⅠT0107④：3）　2. 釉陶盆口沿（ⅠT0203②：2）　3、5. 粗瓷碗口沿（ⅠT0201②：2、ⅠT0105③：1）　4. 青瓷碗（ⅠT0201③：2）　6. 粗瓷碗（ⅠT0101③：1）　7. 青瓷碗口沿（ⅠT0102④：1）　8. 釉陶碗底（ⅠT0104G3：2）　9. 釉陶罐口沿（ⅠT0201③：1）

（4）釉陶器

碗口沿　ⅠT0205③：2，红褐色胎，黄褐釉、釉多脱落。平口内敛，方唇，鼓肩，斜腹。颈部有二周凸棱。残高6.6厘米（图一〇，11）。

碗底　ⅠT0104G3：2，紫红色胎，内外壁皆施釉不及底。圈足底，内底下凹成凸棱，外足端内缘斜削。底径6、残高3.6厘米（图一一，8）。

盆　ⅠT0107④：3，底残。灰色胎，黄褐釉，施釉不及底，釉多脱落。侈口，圆唇，弧腹。上腹部有一周凸棱。口径19.8、残高6.3厘米（图一一，1）。

盆口沿　ⅠT0203②：2，灰褐色细砂胎，黑褐釉，釉大多脱落。敛口，窄折沿，尖圆唇。素面。口径22.1、残高4.4厘米（图一一，2）。ⅠT0206④：1，红褐色胎，釉皆脱落，内壁施一层化妆土。敛口，圆唇，窄沿，斜腹。颈部有一周凹槽。残高3.6厘米（图一〇，7）。

罐口沿　ⅠT0201③：1，残。灰色胎，黄褐釉，釉多脱落。侈口，圆唇，短颈，溜肩。颈部有贴塑的泥饼。口径9、残高10.5厘米（图一一，9；彩版一六八，3）。

器耳　Ⅰ T0203⑤：1，表面施黄褐釉，大多脱落。扁圆桥形。残高5.6厘米（图一〇，6）。

器口流　Ⅰ T0202②：4，外壁施黄釉，内壁无釉。半圆形口。残长4.2、残宽2厘米（图一〇，13）。

（5）陶器

盆口沿　Ⅰ T0201②：1，夹砂灰褐陶。口微敛，圆唇，略呈卷沿状。颈部有一周凸棱。外壁素面，内壁饰成组的平行竖向沟槽。残高5.1厘米（图一〇，1）。

擂钵　Ⅰ T0203④：1，泥质红陶。侈口，深弧腹，平底。口沿处有一小流。外壁有不明显的凸棱，内壁有平行的竖向沟槽。口径34.8、腹径24.4、底径11.6、通高20.4厘米（图一二，5；彩版一六八，4）。

壶口流　Ⅰ T0105③：2，泥质灰陶。柱状。口端及根部皆残。口径1.7、残长4.0厘米（图一二，2）。

滴水　Ⅰ T0101③：2，泥质灰陶。断面呈曲尺形。勾连处残。表面浅刻枝叶纹。残宽9.1、厚1.5厘米（图一二，4）。Ⅰ T0207③：1，泥质灰陶。残。体呈如意头状，勾连处残。表面浅刻枝叶纹。残宽7.8、厚1.2厘米（图一二，12；彩版一六九，1）。

网坠　Ⅰ T0205③：1，泥质灰陶。残。腰鼓形，两端磨平，中有一圆形穿孔。长5.1、直径2.8～3.6厘米（图一〇，14；彩版一六九，2）。

筒瓦　Ⅱ T0305②：1，泥质灰陶。瓦舌残。外表素面，内壁模印布纹。残长8.7、残宽6.9厘米（图一〇，10）。

铜泡　Ⅰ T0104④：1，圆形帽，表面鎏金，内连铸一弯曲形钉，钉头残。帽径1.35、通长2.1厘米（图一二，3）。

二、唐代遗存

只分布于Ⅰ区，包括第6、第7、第8层堆积。

1. 遗迹

发现1座灰坑。

H1　开口于第6层下。平面略呈椭圆形，因西部被覆压未清理。斜壁凹凸不平，底略呈锥状、起伏大。填土为松软的灰黑土，内含少量炭粒、红烧土粒。出土可复原的泥质红陶碗及器形不辨的黄褐釉陶片。残长0.73、残宽0.65、深2.1米（图一三；彩版一六七，2）。

2. 遗物

出土器物残片100余件，其中小件标本23件，完整和可复原器3件。以青瓷器、釉陶器、陶器为主，有少量铜器及铁器。可辨器形有碗、碗口沿、碗底、钵、盆口沿、四系罐、坛口沿、筒瓦、网坠及铜簪、条形残铁器等。

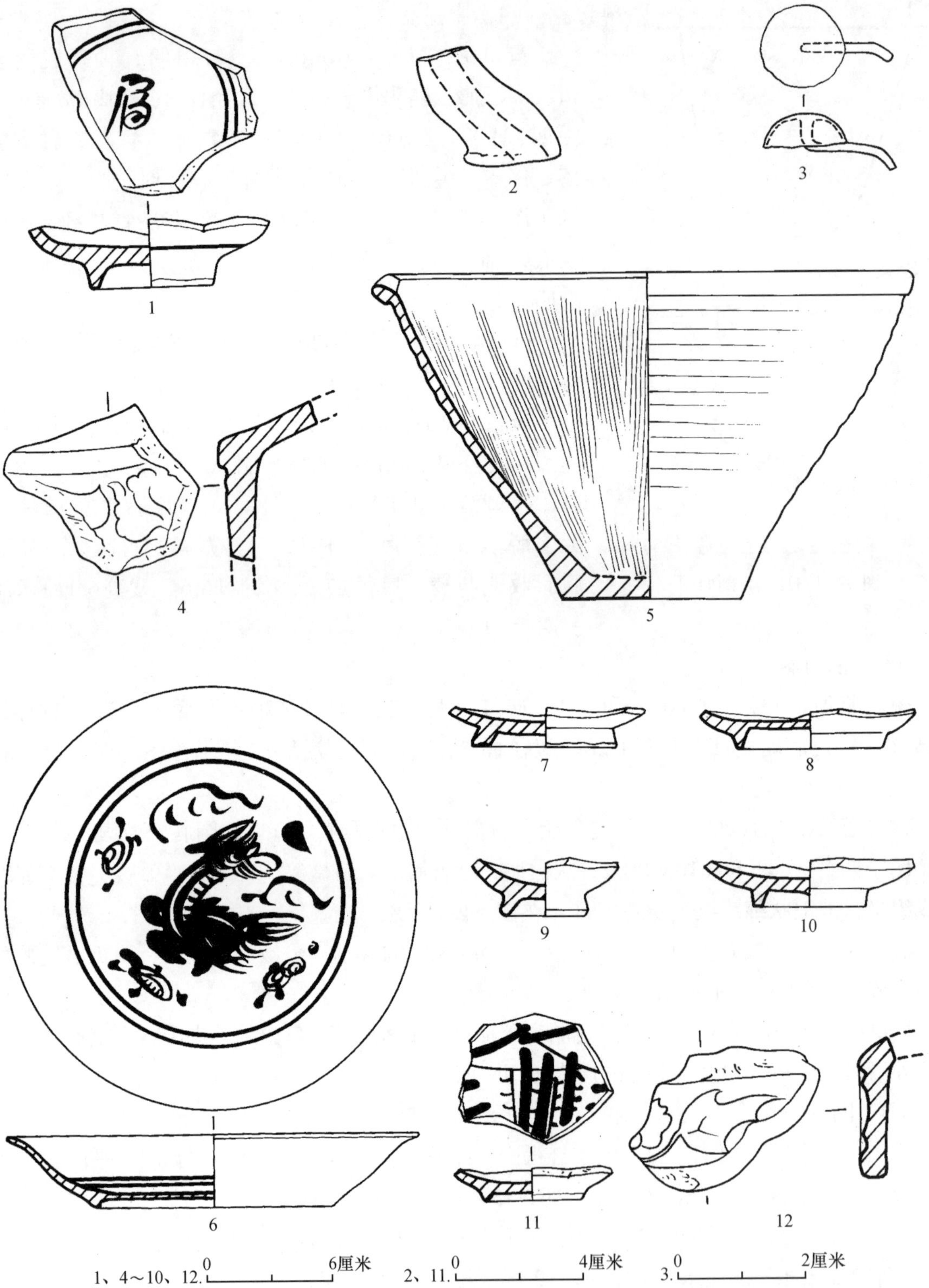

图一二　明清时期遗物

1、11. 青花瓷碗底（ⅠT0104G3：1、ⅠT0203②：1）　2. 陶壶口流（ⅠT0105③：2）　3. 铜泡（ⅠT0104④：1）　4、12. 陶滴水（ⅠT0101③：2、ⅠT0207③：1）　5. 陶擂钵（ⅠT0203④：1）　6. 青花瓷盘（ⅠT0201G1：2）　7～10. 青瓷碗底（ⅠT0107④：2、ⅠT0107③：1、ⅠT0106③：1、ⅠT0202②：3）

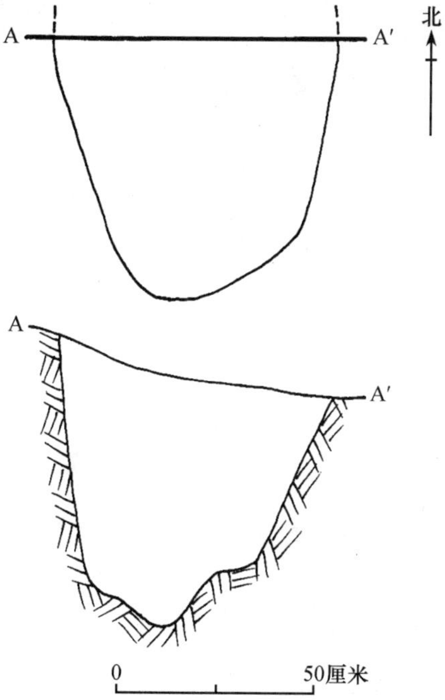

图一三　H1平、剖面图

（1）青瓷器

碗口沿　Ⅰ T0106⑧：2，灰白胎，釉皆脱落。敛口，尖圆唇，略出沿，弧腹。口径18.8、残高6.6厘米（图一四，1）。Ⅰ T0107⑧：2，灰白胎，青釉，釉大多脱落。侈口，尖圆唇，弧腹，口外沿有一周浅槽。残高4.9厘米（图一四，2）。Ⅰ T0206⑧：2，灰胎青灰釉，施釉不及底，釉多脱落。敞口，圆唇，鼓腹。残高3.6厘米（图一四，8）。

折腹碗口沿　Ⅰ T0206⑧：3，灰胎青灰釉，釉多脱落。侈口，圆唇。残高4.3厘米（图一四，5）。

碗底　Ⅰ T0106⑧：3，灰白胎，釉皆脱落。饼足底略内凹。底径6.9、通高4.8厘米（图一四，14）。

盆口沿　Ⅰ T0107⑧：1，红褐色胎，黄褐釉，釉大多脱落。壁较厚。口微敛，斜方唇，自腹以下残。曲腹斜收成凸棱。口径17.7、腹径16.5、残高6.1厘米（图一四，7）。

（2）釉陶器

碗　复原器1件。Ⅰ T0105⑧：1，砖红色胎，灰白釉，施釉不及底。侈口，圆唇，直腹微鼓，饼足底略内凹。口径12.6、腹径10.5、底径5.1、通高4.5厘米（图一四，11；彩版一六九，3）。

碗口沿　Ⅰ T0107⑧：3，红褐色胎，黄褐釉，釉不及底。直口，圆唇，鼓腹。残高3.9厘米（图一四，3）。Ⅰ T0105⑧：2，灰白胎，釉皆脱落。口微敛，尖圆唇，弧腹。自口部以下饰成组平行波浪状细线纹。残高4.2厘米（图一四，6）。

盆口沿　Ⅰ T0207⑦：1，红褐色胎，黄褐色釉，釉多脱落。敛口，尖唇，斜折沿，弧腹。素面。残高5.7厘米（图一四，9）。

坛口沿　Ⅰ T0206⑧：1，砖红色胎，黄褐釉，釉多脱落。口微敛，尖圆唇。重沿，内沿较高，外沿微折。口径13.8、残高4.2厘米（图一四，4）。

（3）陶器

碗　完整器1件。Ⅰ H1：1，泥质红褐陶。器壁较薄。敞口，尖圆唇，弧腹，平底。素面。口径17.7、底径6.9、通高6厘米（图一四，13；彩版一六九，4）。

钵　完整器1件。Ⅰ T0207⑧：1，泥质灰陶。敛口，圆唇，弧腹，小平底。素面。口径9.9、底径3.6、通高2.5厘米（图一四，10）。

四系罐　Ⅰ T0109⑥：1，紫红色胎。直口，方唇，溜肩，弧腹，下腹及底部残。肩部饰4个条形系耳，表面有手捏制的痕迹。口径9.9、腹径12.3、残高15厘米（图一五，1）。

网坠　Ⅰ T0307⑧：1，长圆鼓形，中有圆形穿孔，两端略残。体表有疤痕。最大径2、残高4.4厘米（图一四，12）。

筒瓦　Ⅰ T0106⑥：1，泥质灰陶。残。筒状，厚胎，瓦舌残。内外壁皆素面。残长8.7、

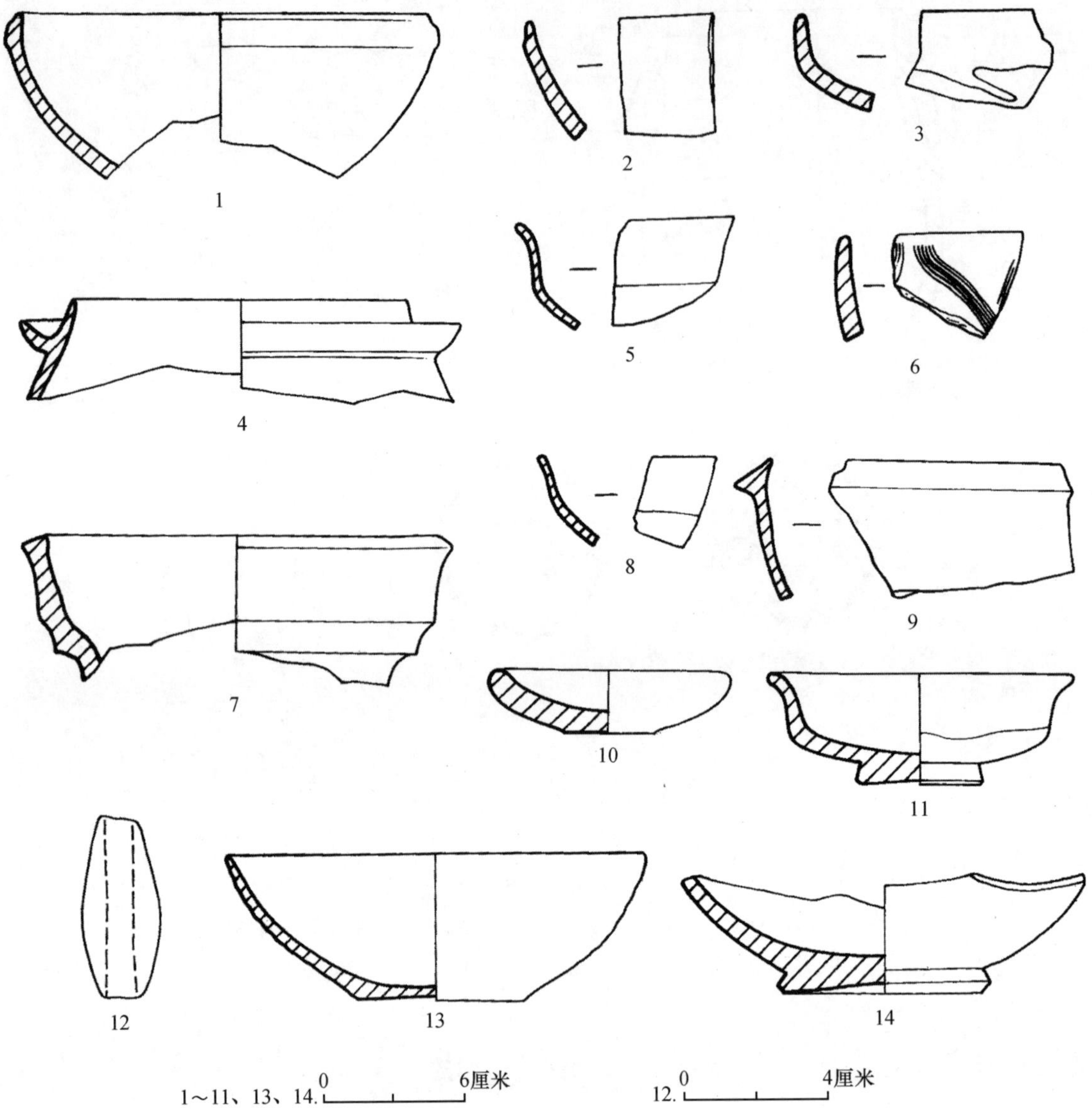

图一四　唐代遗物

1、2、5、8. 青瓷碗口沿（ⅠT0106⑧：2、ⅠT0107⑧：2、ⅠT0206⑧：3、ⅠT0206⑧：2）　3、6. 釉陶碗口沿（ⅠT0107⑧：3、ⅠT0105⑧：2）　4. 釉陶坛口沿（ⅠT0206⑧：1）　7. 青瓷盆口沿（ⅠT0107⑧：1）　9. 釉陶盆口沿（ⅠT0207⑦：1）　10. 陶钵（ⅠT0207⑧：1）　11. 釉陶碗（ⅠT0105⑧：1）　12. 陶网坠（ⅠT0307⑧：1）　13. 陶碗（ⅠH1：1）　14. 青瓷碗底（ⅠT0106⑧：3）

残宽5.7厘米（图一五，5）。

（4）铜器

簪　ⅠT0307⑧：2，残。细圆柱状，体略弯曲，一端扁平。表面锈蚀严重。残长9.6厘米（图一五，3）。

铜钱　1枚。ⅠT0208⑥：1，开元通宝。内外郭明显，钱文较清晰。内径0.5、外径2.4厘米（图一五，4）。

（5）铁器

条形器　1件。ⅠT0108⑧：1，残。窄条形，一端略宽，体扁平。表面严重锈蚀，器形不辨。残长14.3、残宽3.8厘米（图一五，2）。

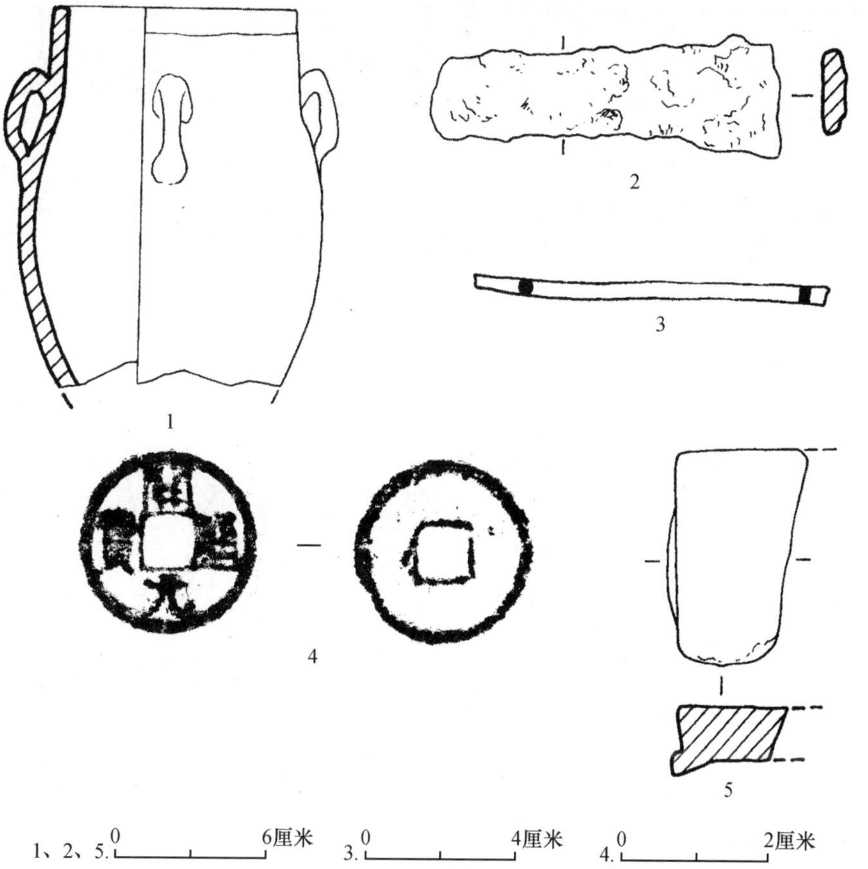

图一五　唐代遗物

1. 陶四系罐（ⅠT0109⑥：1）　2. 条形铁器（ⅠT0108⑧：1）　3. 铜簪（ⅠT0307⑧：2）
4. “开元通宝”钱（ⅠT0208⑥：1）　5. 陶筒瓦（ⅠT0106⑥：1）

三、结　语

麻柳嘴遗址包含明清和唐代两个时期遗存，以明清时期遗存为主。该时期遗存分布范围广，从Ⅰ区至Ⅱ区、Ⅲ区皆有分布，遗迹虽单一，但文化层堆积厚。唐代遗存主要集中分布于Ⅰ区中南部，内涵简单。该遗址所出遗物皆为民间习见生活用器，瓷器除个别胎质细腻、釉色莹润外，余均胎质粗糙、色调不匀，应属民窑系统；陶器占有一定比重，器类单一，制作亦较粗糙，与瓷器并用。

堆积深厚的明清时期遗存在峡江地区并不多见，多在早期遗存的揭露中，作为叠压其上的晚期遗存清理，堆积较薄，延续时间较短。而麻柳嘴遗址分布广泛的明清时期遗存，应是该地区晚期考古较重要的收获。

绘图：任　涛

执笔：徐海峰　雷建红　张晓峥
齐瑞普

奉节营盘包墓地2003年度发掘简报

南京大学历史系考古专业
奉 节 县 文 物 管 理 所

2003年，重庆库区三期淹没线以下文物保护和抢救工作全面展开。受重庆市文化局委托，南京大学历史系考古专业组队承担了奉节县永安镇营盘包墓地的发掘。田野发掘工作从10月下旬开始，到11月底完成，历时49天。发掘清理墓葬13座，其中战国墓1座、汉墓11座、宋墓1座，取得了一批有价值的文物（附表），为研究三峡地区古文化的面貌、传播和影响增添了新的资料。

一、墓地概况与地层堆积

营盘包墓地地处奉节永安镇（原幸福乡）白马村十社，位于长江北岸的坡地，海拔145～165米，西距奉节新县城约3千米，东距永安镇约1千米，墓地中心地理坐标为北纬31°02′29″，东经109°30′13″，海拔为150米左右（图一）。墓地于1992年发现，1993年复查并试掘。据当地老乡介绍，20世纪80年代修公路时，曾挖出一批青铜器和陶器。现在地表为橘树林和民居，白马

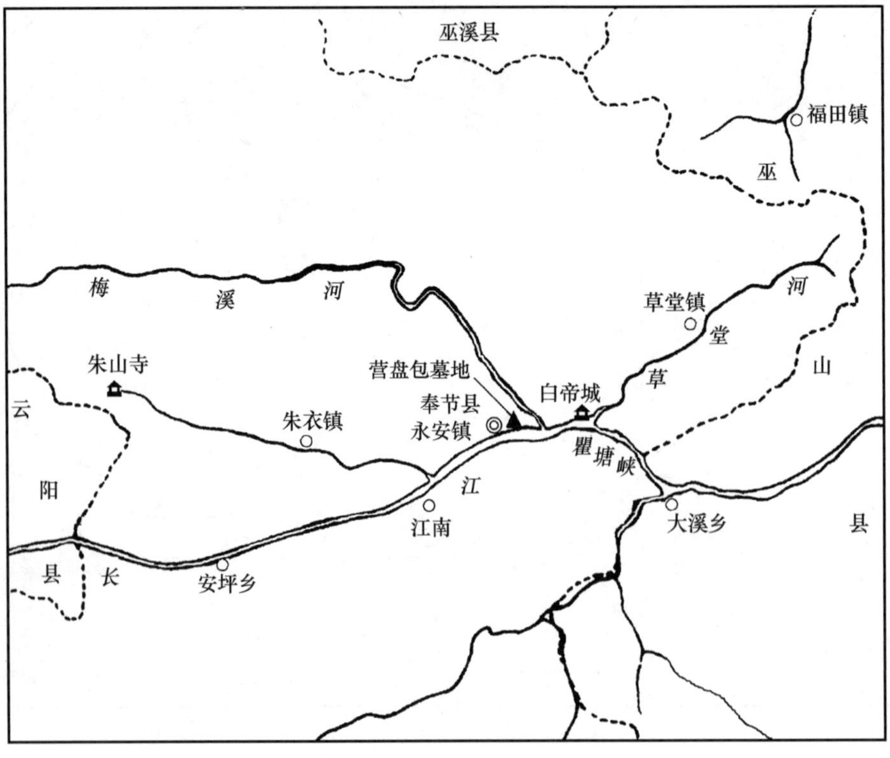

图一　营盘包墓地位置示意图

小学和白马水厂是最主要的建筑。一条由北向南通往江边的道路（北接奉朱公路）将墓地分为大、小营盘两部分。二期蓄水后这里形成伸入长江的半岛形状，居民大部搬迁，但住屋仍为外乡人租住。墓地以南部靠近江边的白马小学为中心，地面可见汉墓花纹砖，江边断崖上有券顶砖墓暴露，小学以南的江边坡地和东北部，盗洞较多，由于历年的私人盗掘，墓地保存状况较差，砖室墓大多被盗。我们的工作即以白马小学为中心展开，根据当地居民习惯，以白马水厂以东、白马小学以西通向江边的公路为界，将墓地分为东、西两区，即Ⅰ区（大营盘）、Ⅱ区（小营盘），墓地编号2003CFY。根据我们的勘探和调查，白马小学所在的Ⅰ区是墓地的中心

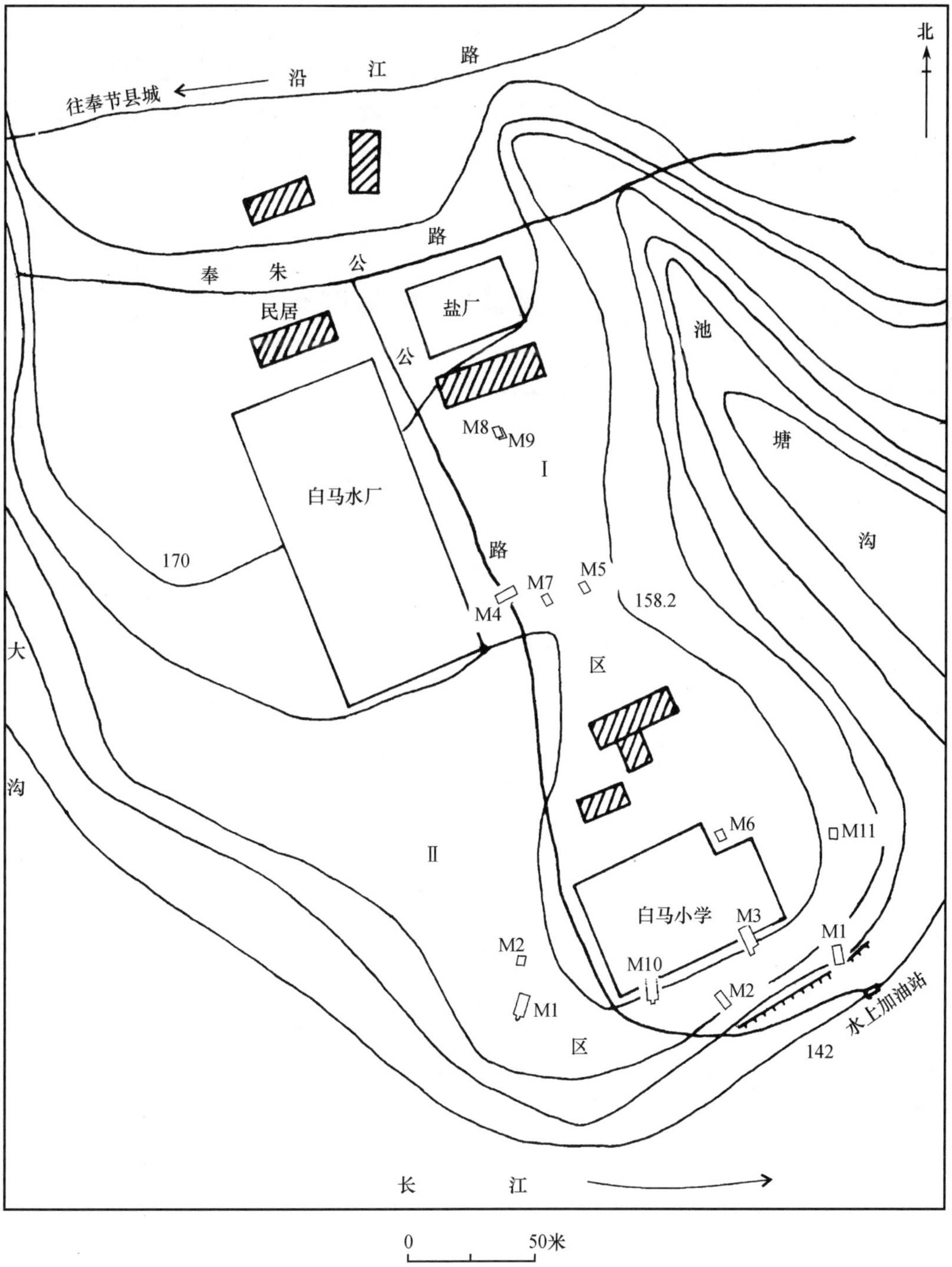

图二 营盘包墓地墓葬分布图

所在，本年度的发掘即围绕白马小学展开，已发掘的M6土坑墓在学校东山墙外50厘米，M3石室墓墓道在学校南墙外，主体在学校教室下，M10砖室墓在学校南墙外，仍有少部分压在教室下而未能得到全部揭露。发掘的这3座墓皆为大型墓。学校覆盖的地面未能调查（图二）。

通过钻探和考古发掘，我们弄清了白马村营盘包墓地的地层堆积和墓葬分布情况。墓地地层堆积简单，大部分地区表土层下为近世扰乱层，扰乱层的厚度不一，有的地方厚2米以上。扰乱层以下即为黄生土，土坑墓均开口于近世扰乱层下，打破生土层。发掘中墓圹坑壁脱落现象明显，墓圹完整者埋藏也较深，多在2米以上，小学山墙外的Ⅰ区M6，坑口以上的覆土厚2.4米，墓底距地表7.2米。地层情况以Ⅰ区T13西壁剖面为例（图三）。

第1层：表土。为灰黑色土。质地疏松。厚8～20厘米。地势自北向南倾斜。包含现代瓷片及砖块等。

第2层：黄灰色土。干硬，颗粒较细。厚52～80厘米。包含晚近陶片、瓦片及汉代花纹砖、陶纺轮等，该层为近代扰乱层。

第3层：生土。黄色。纯净，颗粒细。Ⅰ区南部地区、白马小学的南边、东边坡地上，生土中多夹杂白色料姜石，可以把料姜石当作生土出现的标志，有的地方就是凿破料姜石面挖墓坑的，所以坑口较易发现。个别地方（主要是坡地）在耕土层下即为黄色生土，地层单调，这种情况都是后世取土、冲刷等原因造成的。

二、战国墓葬

（一）墓葬形制

本次发掘清理战国土坑墓1座，编号2003CFYⅠM5（简写为ⅠM5，余同）。该墓位于ⅠT13内，为长方形竖穴土坑墓。方向325°。开口于第2层下（图三）。口大底小，墓口距地表0.7～0.9、墓口长3.2～3.7、宽2.55～2.65米，高1.2～1.7米，底长3.2、宽2.2～2.3米。墓底东、西两侧留有生土二层台，二层台宽约40、高约5厘米。墓坑填土黄褐，内含少量灰点，较紧密，湿度大。坑壁自然脱落明显。人骨严重腐朽，仅存部分骨痕，可辨葬式为仰身直肢葬，头北脚南。根据板灰痕迹，复原棺长约2.26、宽约0.65米。棺底南、北两端各有一条东西向枕木浅槽，长约1.5、宽约0.15米。墓主右侧随葬铜剑1件，同侧棺外有铜戈1件、铜矛3件，脚端棺外有铜器盖1件、陶罐1件、铁镈1件、铜器盖1件、柲1件（图四）。

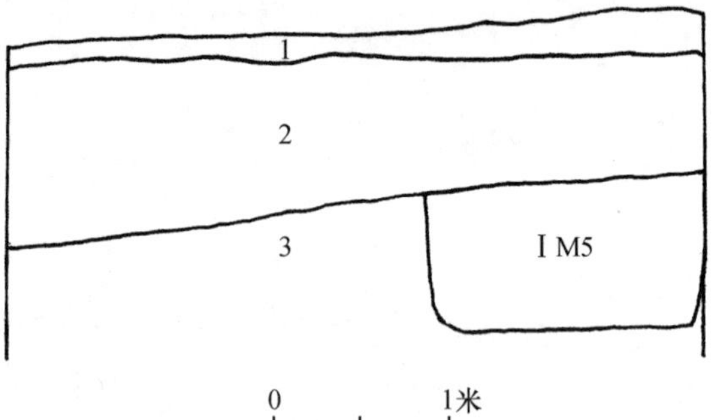

图三　ⅠT13西壁剖面图

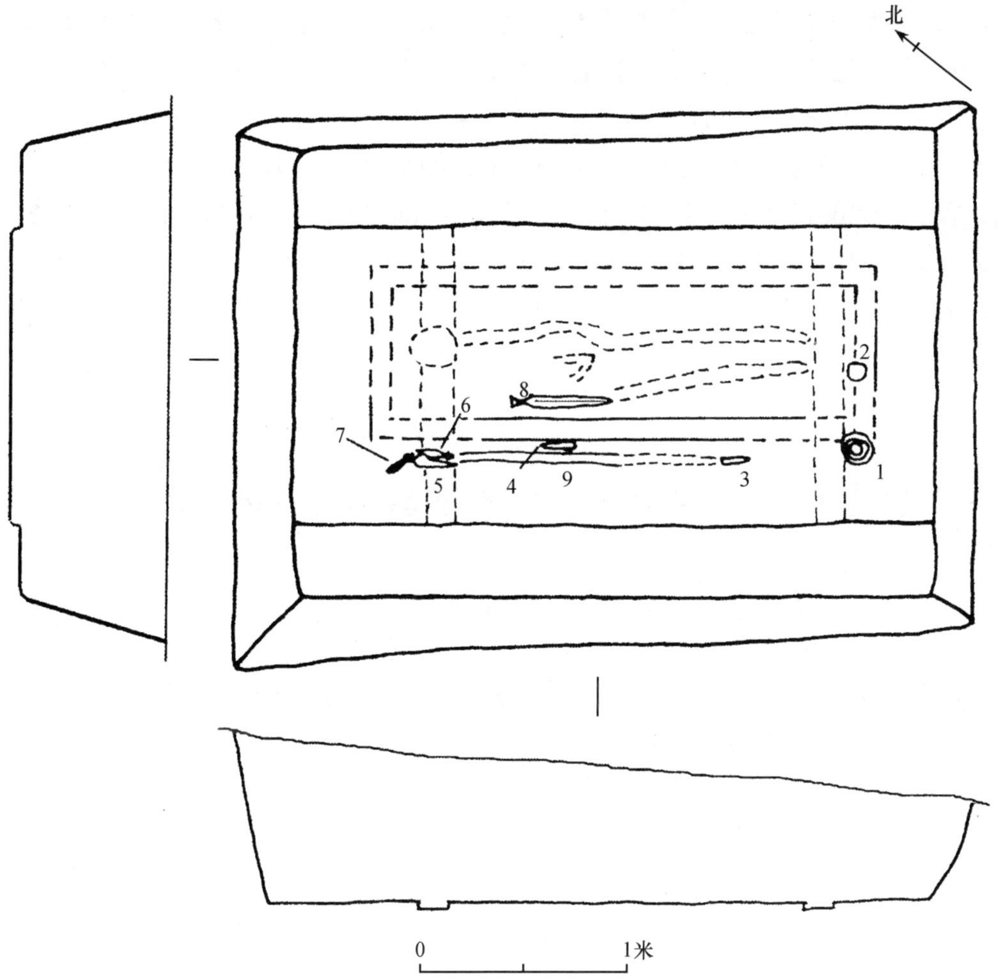

图四　ⅠM5平、剖面图
1. 陶罐　2. 铜器盖　3. 铁镈　4、6、7. 铜矛　5. 铜戈　8. 铜剑　9. 柲

（二）出土器物

陶器　仅1件。

陶罐　1件。ⅠM5：1，泥质黑皮陶，黑皮大部脱落，胎芯黄褐，烧造火候低。口外撇，高领，鼓腹，平底。口径21.28、底径16、高29厘米（图五，1）。

铜器　6件。其中兵器5件、器盖1件。

铜戈　1件。ⅠM5：5，整体“十”字形。直援，弧状脊，中胡三穿，长方形直内，内中后部一圆穿。援本及胡部有一侧面虎纹，浅浮雕，虎头正视，张口吐舌，舌长过足，圆眼，耳向后斜立，凸出于戈面之上，尾上卷。内尾端有波状和羽形符号，模糊不清，应为巴蜀符号。戈两面同一位置纹饰、符号同形。通长49.4、最大宽28.9厘米，内长13.7、宽7.6厘米（图五，2；图六）。

铜矛　3件，大小不一，但形状基本一样。矛身柳叶形，叶刃锋利。菱形脊近圆，短骹，圆銎，骹两侧对称弓形纽，骹部有阴钱纹饰，锈蚀不清。ⅠM5：6，通长42.6、宽7.6、銎端径6.1厘米（图五，4）。是矛中最大的一件，出土时有木或竹柲痕与之相联，柲长约1.32

米，上间有红色漆皮，柲端接一铁镈。ⅠM5：4，通长38、宽6、銎径4.6厘米（图五，5）。ⅠM5：7，锋稍残。残长26.6、宽4.2、銎径3.8厘米（图五，6）。

铜剑　1件。ⅠM5：8，剑身中起脊，自锋向后一段微内收，形成类似束腰的效果，断面呈菱形，浅从。菱形剑格，茎断面椭圆形，圆形剑首，内凹。较厚重。通长52.5、宽4.8、中脊厚1厘米（图五，7）。

铜器盖　1件。ⅠM5：2，直口，方唇，盖面隆起，盖顶正中有一桥形纽。出土时覆于棺的后端，初疑为铜镜。残破严重，修复。直径19、高5.3、壁厚0.2厘米（图五，3）。

铁器　1件。

铁镈　1件。ⅠM5：3，出土时位于矛柲一端。长条状，断面呈梯形。锈蚀严重，尾端残。残长19.2、宽2～4厘米（图五，8）。

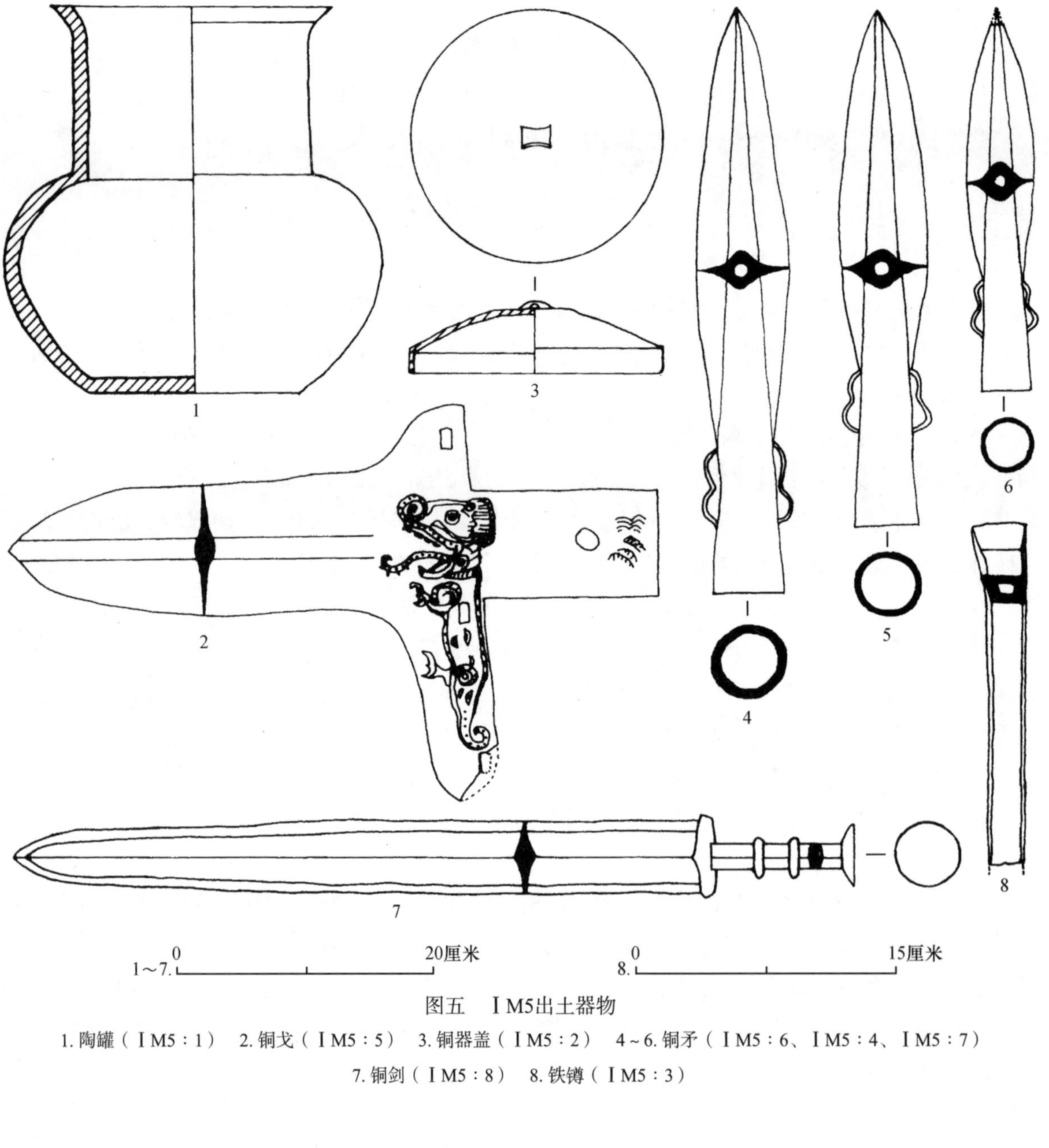

图五　ⅠM5出土器物

1. 陶罐（ⅠM5：1）　2. 铜戈（ⅠM5：5）　3. 铜器盖（ⅠM5：2）　4～6. 铜矛（ⅠM5：6、ⅠM5：4、ⅠM5：7）　7. 铜剑（ⅠM5：8）　8. 铁镈（ⅠM5：3）

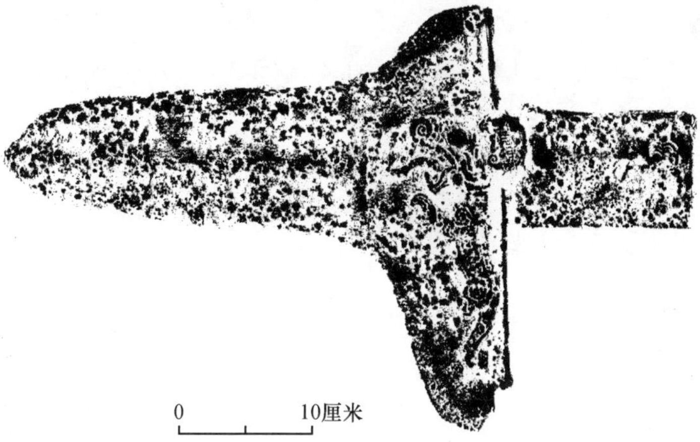

图六　ⅠM5出土铜戈拓片

三、汉代墓葬

共发掘汉代墓葬11座，其中土坑墓6座、砖室墓4座、石室墓1座。

（一）土坑墓

竖穴土坑墓6座，形制一般较小，有的有生土或熟土二层台。墓坑深浅不一，墓坑较浅者，其上部多为后世取土或冲刷所破坏，墓口接近地表。墓内葬品简单，有棺木朽痕，个别有木椁板灰痕迹。

ⅠM6　位于白马小学东山墙外侧，ⅠT20内，开口于第3层下，墓口距地表2.3米。墓向340°。墓口上地层叠压情况为：第1层，耕土层；第2层，灰褐土，较疏松，包含现代砖块、瓦片，为修建学校时填成，该层与其他地方不相连续；第3层，黄褐土，明显较二层硬，含近代砖瓦、瓷片等，相当于他处第2层。墓圹平面呈圆角长方形，口大底小，墓口长4.6、宽3.54米；底长3.3、宽2.5米；墓坑深5米。距地表4.8米开始出现熟土二层台，台宽0.2～0.24、高2.4米。二层台壁有木椁垮塌时留下的划痕，东、西壁各有两个凹槽，对称分布。槽宽0.3、槽底进深0.25、高1.4米，剖面呈直角三角形，可能为枕木或木椁凸出部分所形成。墓底多处有较厚的板灰，只于墓底西北部发现一处人骨痕，葬式等均无法判断。墓内填土黄褐色，干硬，有分层现象，说明填土经过夯实。ⅠM6是该墓地规模最大和埋藏最深的一座土坑墓（图七）。

随葬物品在棺木塌陷后破坏严重，出土器物18件，铜钱173枚。

陶器　8件。均素面无纹。

陶罐　3件。素面。ⅠM6：10，泥质灰陶。直口，方唇，鼓腹，小平底。腹部一圈凹弦纹，胎较厚。口径8.2、底径4.2、高8. 6厘米（图八，6）。ⅠM6：7，泥质褐陶。直口，方唇，扁腹，自腹部急内收至底，圜底。口径6.4、腹径11、高5.6厘米（图八，7）。ⅠM6：4，泥质黑灰陶。平沿，口微敞，直颈，扁腹，圜底。手制，从外底所留痕迹看，圜底明显是粘接上去的。器形小而显厚重。口径5.4、高6、腹径8.8厘米（图八，8）。

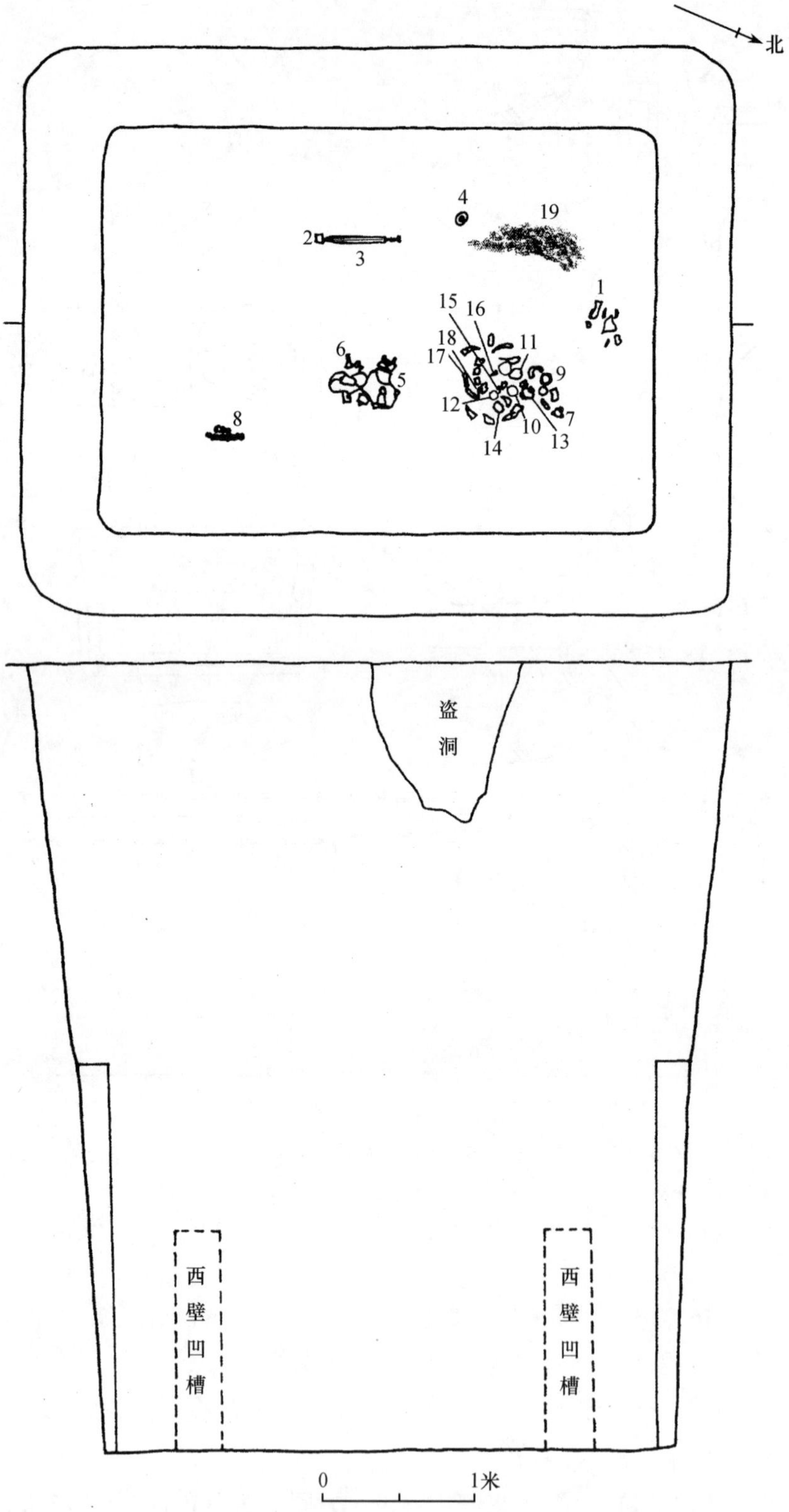

图七　Ⅰ M6平、剖面图

1. 玉璏　2. 玉珌　3. 铜剑　4、7、10. 陶罐　5. 铜钫　6. 铜鼎　8. 铜钱　9. 陶环　11. 陶钵　12. 陶器盖　13. 陶甑　14. 陶饰件　15. 铜耳　16、18. 铜纽　17. 铜足　19. 人骨痕迹

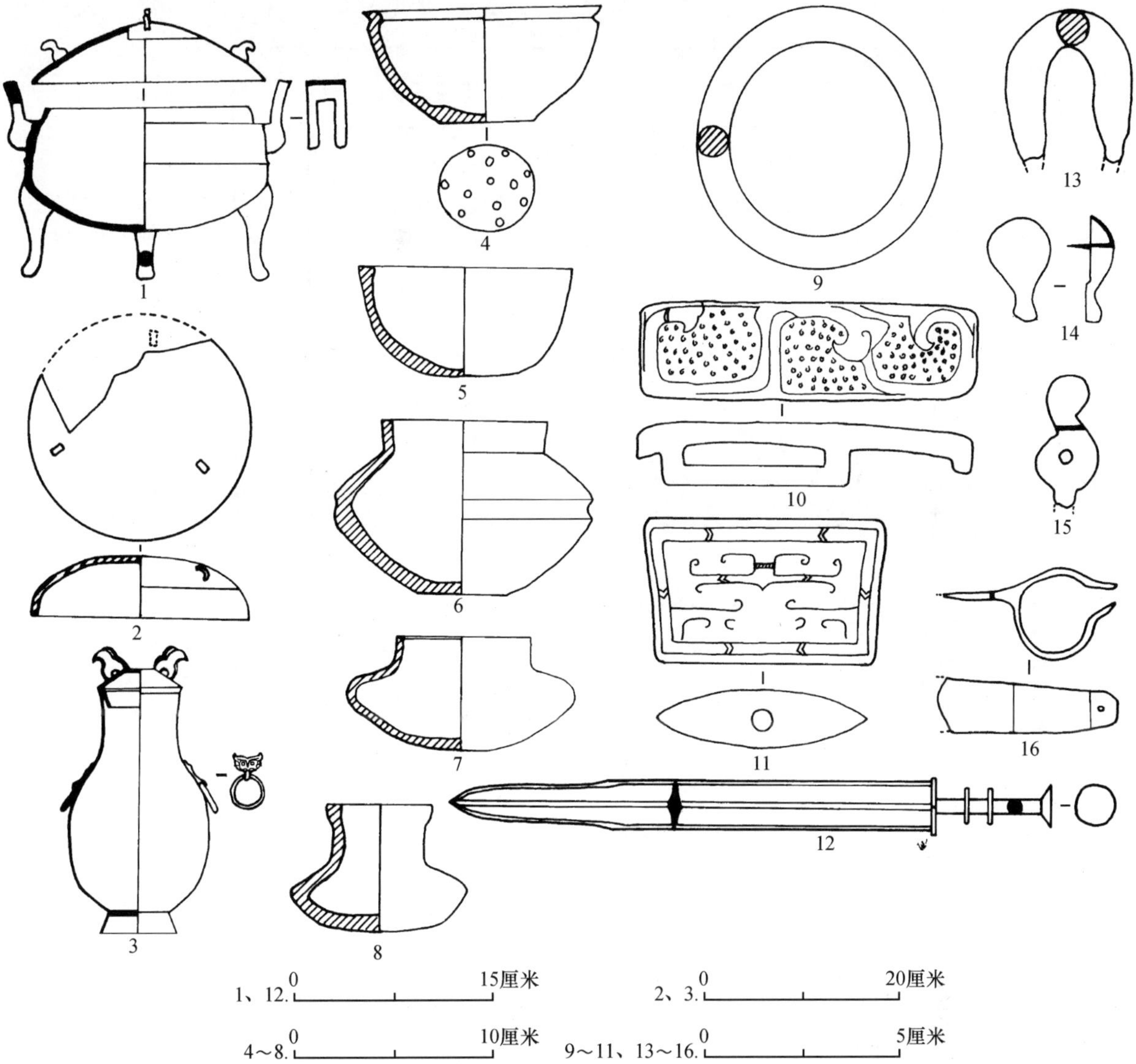

图八　Ⅰ M6出土器物

1. 铜鼎（Ⅰ M6：6）　2. 陶器盖（Ⅰ M6：12）　3. 铜钫（Ⅰ M6：5）　4. 陶甑（Ⅰ M6：13）　5. 陶钵（Ⅰ M6：11）　6～8. 陶罐（Ⅰ M6：10、Ⅰ M6：7、Ⅰ M6：4）　9. 陶环（Ⅰ M6：9）　10. 玉璏（Ⅰ M6：1）　11. 玉珌（Ⅰ M6：2）　12. 铜剑（Ⅰ M6：3）　13. 陶饰件（Ⅰ M6：14）　14. 铜足（Ⅰ M6：17）　15. 铜盖纽（Ⅰ M6：16）　16. 铜耳（Ⅰ M6：15）

陶甑　1件。Ⅰ M6：13，泥质褐陶。敞口，平沿，沿下一圈凹弦纹，类似束颈，弧腹，平底。底上圆孔12个。口径11.5、底径4.4、高5.2厘米（图八，4）。

陶钵　1件。Ⅰ M6：11，泥质灰陶。直口，平唇，上腹较直，慢收成圜底。器表有红色漆痕。口径10.4、高5.4厘米（图八，5）。

陶器盖　1件。Ⅰ M6：12，泥质灰陶。直口，方唇。盖顶布置3个桥形纽。盖内有较多的红色漆痕。口径21.7、高6厘米（图八，2）。

陶环　1件。Ⅰ M6：9，夹砂灰陶。环体粗细均匀。内径4.5、外径6.2厘米（图八，9）。

陶饰件　1件。Ⅰ M6：14，泥质灰陶。呈“U”形，开口处稍残。表面可见红彩。残长3.5、宽3.2厘米（图八，13）。

铜器　3件。为鼎、钫、剑各1件。

铜鼎　1件。ⅠM6：6，子母口，口沿外附耳，直口，下腹弧收成圜底，蹄足。有盖，盖弧顶，顶上3个鸟形纽。器壁极薄脆，出土时为碎片，复原。口径15.5、高13、两耳通宽22厘米，盖高5.9、口径18厘米（图八，1）。

铜钫　1件。ⅠM6：5，高颈，弧腹，圈足。器身一对铺首衔环，盖上4个鸟形纽对称布置。出土时破碎严重，修复。通高29、口径8、圈足径8.8厘米（图八，3）。

铜剑　1件。ⅠM6：3，剑身自锋以下11厘米处开始变宽，中脊凸起，断面呈菱形，剑格扁平，呈菱形，剑茎圆柱体，茎上有箍二道，剑首圆形内凹。通长45、脊宽0.8、首径3.3厘米（图八，12）。

漆器附件　5件。仅见漆铜器（樽）铜附件耳、足和盖纽等，4件均为1件漆樽上残余的附件。

铜耳　1件。ⅠM6：15，一端有相对的两个小孔用于固定于漆器之上，一端微残，残长4.9、宽1.1、环部直径1.9厘米（图八，16）。

铜足　2件。形制相同。蹄形。ⅠM6：17，高2.5厘米（图八，14）。

铜盖纽　2件。ⅠM6：16，略呈鸟形。有小圆孔1个。长3.2厘米（图八，15）。

铜钱　1组。编号ⅠM6：8，共173枚。均为半两钱，中夹有2枚铁钱。因锈结严重，无法分开。ⅠM6：8-1，钱文规整，“半”字头圆折，无内郭，外轮细。直径2.3厘米（图九，1）。ⅠM6：8-2，钱文稍宽，无内外郭。直径2.4厘米（图九，2）。ⅠM6：8-3，“半”字头方折，“两”字左、右两竖画缺失。直径2.2厘米（图九，3）。ⅠM6：8-4，周边、钱文不整，钱文大，笔画粗，无内外郭。直径2.6厘米（图九，4）。

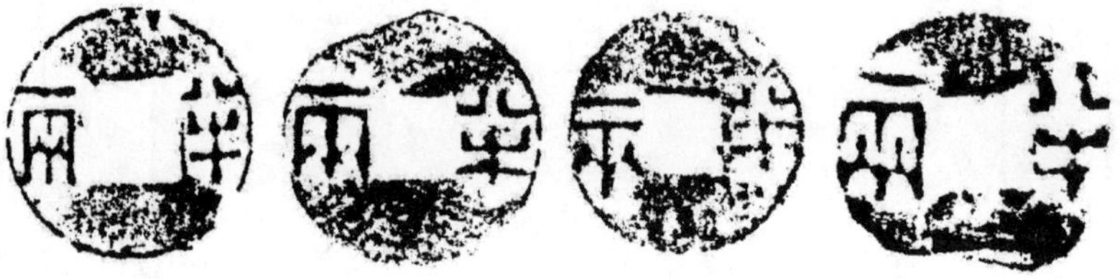

1　2　3　4

图九　ⅠM6出土半两钱

1. ⅠM6：8-1　2. ⅠM6：8-2　3. ⅠM6：8-3　4. ⅠM6：8-4

玉器　2件。均为剑饰。

玉璏　1件。ⅠM6：1，状似带间佩饰璲，剑鞘饰玉，用以悬剑。青色间白。质软。璏面卷曲纹框架填以谷纹。长8.4、宽2.1厘米（图八，10）。

玉珌　1件。ⅠM6：2，剑鞘一端饰玉，出土于剑上端。外观梯形，横断面呈枣核形。灰白色，中夹蓝色斑点。质软。窄端有孔。面饰左右对称阴刻兽面云纹，线条转折顺畅。高3.6、宽端宽6、窄端宽5.3、厚1.4、孔径0.9厘米（图八，11）。

ⅠM7　位于白马水厂以东，ⅠM5以西8米，ⅠT11内，开口于第2层下，打破生土。长方形竖穴土坑墓。方向325°。口底同大，长3、宽2.6、墓室高0.6～1.1米。南半部地势较低，墓室上半已遭破坏。有生土二层台，台宽0.24～0.34、高约0.1米。墓内填土灰褐色，较干硬。墓底

人骨2具，已朽，直肢葬，西侧人骨长1.74米。棺木情况不明，仅留少许板灰，无法复原。出土青铜剑2件，分位于墓主人身侧，陶器6件，主要在西侧墓主近脚处。墓坑西南角为现代盗坑所扰，并未殃及墓室及随葬物品（图一〇）。

ⅠM7出土器物虽少，但多完整，共9件，其中8件完整。

陶器　6件。皆素面，有陶罐2件、陶盆2件、陶甑1件、陶灶1件。

陶罐　2件。ⅠM7：4。泥质灰陶。口微敞，高颈，腹部扁圆，有一道不太清晰的凹弦纹，平底，器形整体宽扁。口径7.3、腹径11、底径5.6、高7厘米（图一一，2）。ⅠM7：2，泥质黑陶。直口，平唇，短颈，扁圆腹，最大腹径偏上。腹向下内收或小平底。上腹有一对圆形器耳及一周凹弦纹。口径7.8、腹径12、底径4.2、高6.4厘米（图一一，3）。

陶盆　2件。ⅠM7：5，泥质黑陶。平唇，弧腹，小平底。口沿下有凹弦纹一周。器内壁凹凸不平，留有轮制痕迹。口径10.2、底径3.6、高5.8厘米（图一一，4）。ⅠM7：6，泥质褐

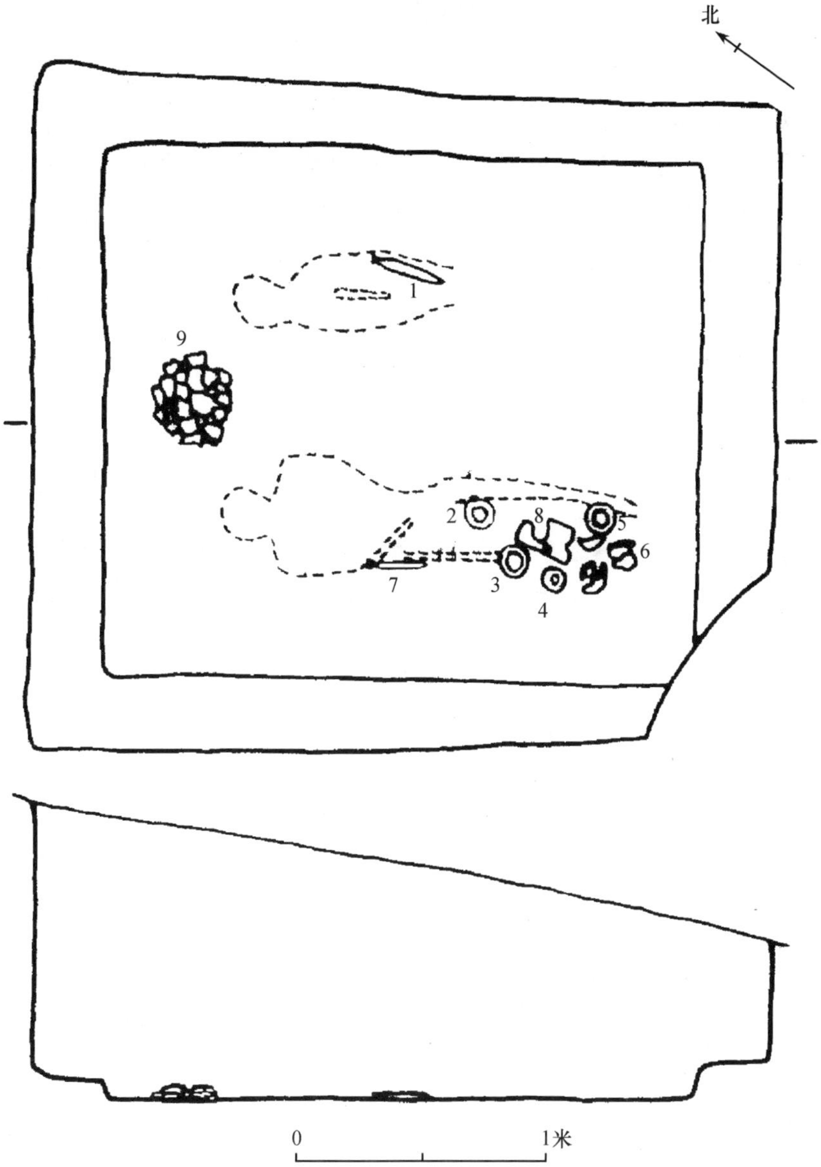

图一〇　ⅠM7平、剖面图

1、7. 铜剑　2、4. 陶罐　3. 陶甑　5、6. 陶盆　8. 陶灶　9. 陶片

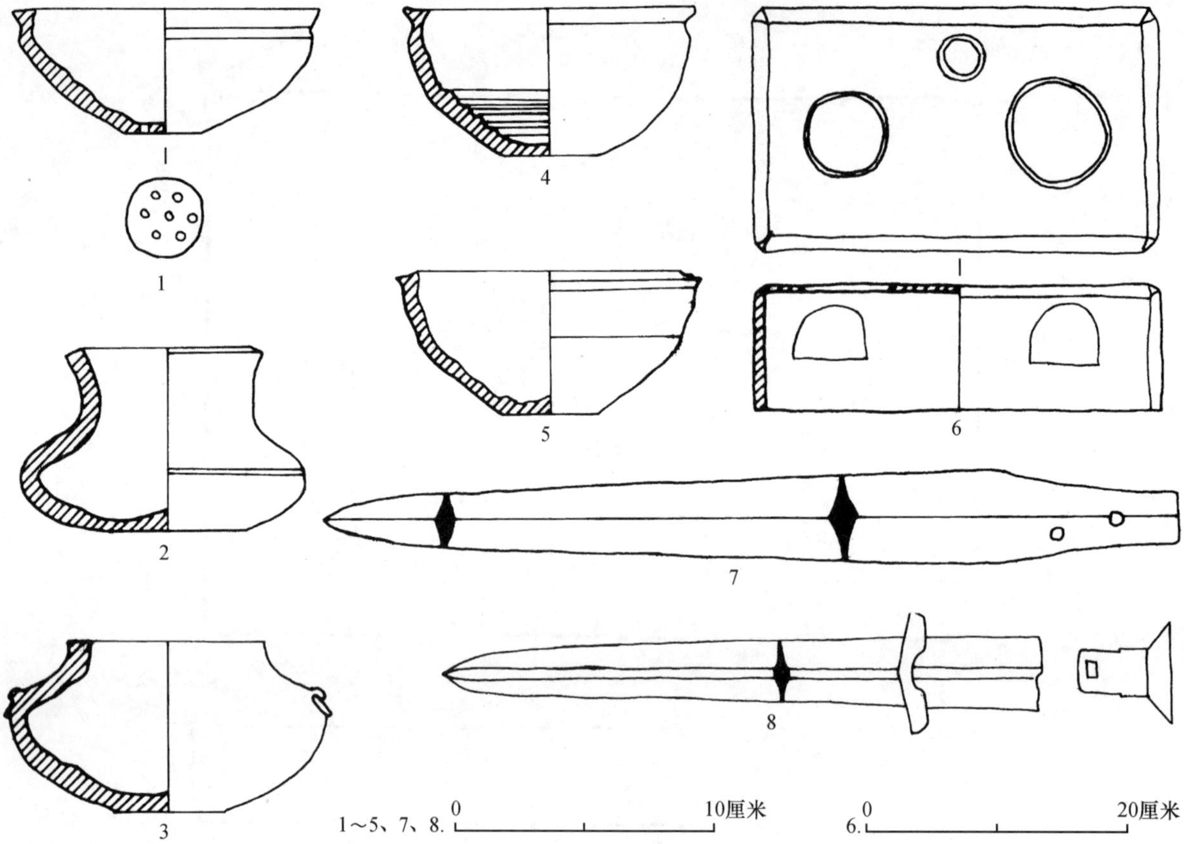

图一一 ⅠM7出土器物

1. 陶甑（ⅠM7：3） 2、3. 陶罐（ⅠM7：4、ⅠM7：2） 4、5. 陶盆（ⅠM7：5、ⅠM7：6） 6. 陶灶（ⅠM7：8）
7、8. 铜剑（ⅠM7：7、ⅠM7：1）

陶。直口，平唇，腹斜内收，小平底。上腹有弦纹一道。口径11.6、底径3.5、高5.8厘米（图一一，5）。

陶甑 1件。ⅠM7：3，泥质黑陶。平唇，小平底。口沿下一圈凹弦纹。底上有小孔7个。口径11.8、底径3、高4.7厘米（图一一，1）。

陶灶 1件。ⅠM7：8，泥质灰陶。长方形。3个灶眼，两大一小，小眼在台面一侧。侧面有半圆形灶门2个。长31、宽18.4、高9.6、胎厚0.8～1.2厘米（图一一，6）。

铜器 2件。为青铜剑。

铜剑 2件。ⅠM7：7，柳叶形，中起脊，断面呈菱形，剑茎扁平，有2个小孔。为典型的巴式剑。通长32.8、最宽3.8、脊厚1厘米（图一一，7）。ⅠM7：1，扁圆脊，格纵剖面呈菱形，从锋至茎渐变宽，剑茎扁，剑首在茎之下，一端圆形，一端有凹槽，有长方孔贯穿，便于与剑茎相接、固定。通长26、茎宽1.8、剑首长3.6、直径3.8厘米（图一一，8）。

ⅠM8 位于白马水厂东约15米，北距一酿酒作坊约6米，ⅠT17内，开口于第2层（近代扰乱层）下。墓室上半已被破坏，下半保存完整，墓坑仅0.4米深。长方形竖穴土坑。墓向125°。长3.2、宽2.18、墓口距地表0.55～0.75米。墓内填土黄褐色，较干硬。墓底一侧发现人头骨痕迹及散乱牙齿，东壁下发现朱红漆皮，可能为棺木痕迹（图一二）。

随葬器物有陶器7件，铜钱36枚，铁刀1件。

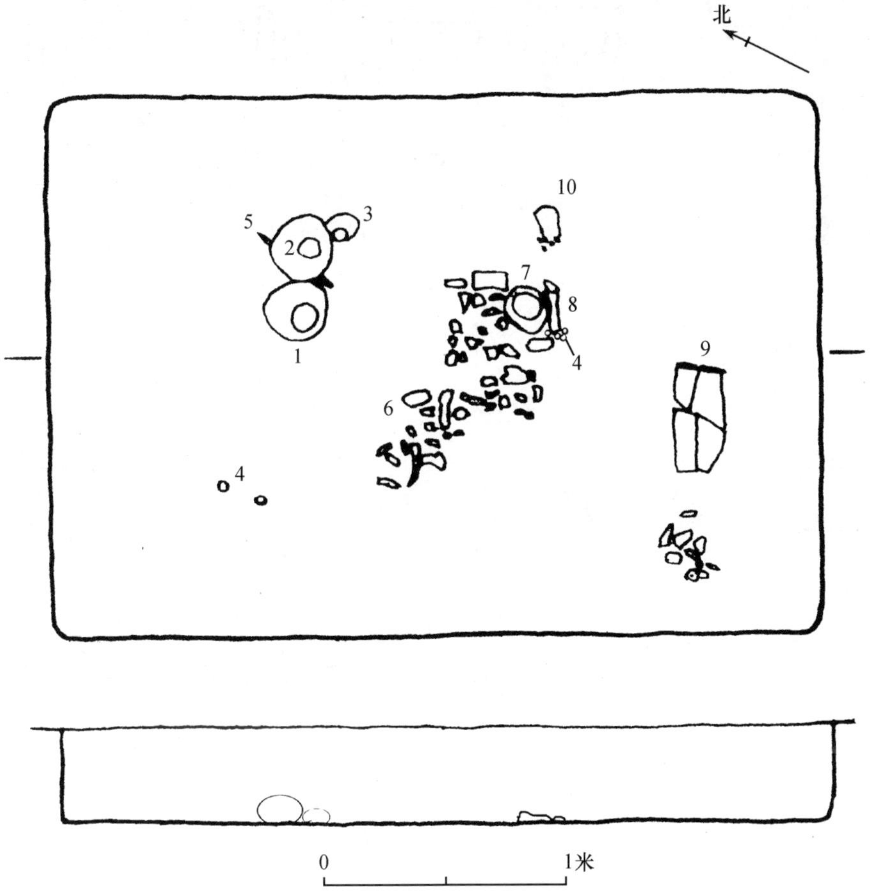

图一二　I M8平、剖面图

1. 陶釜　2. 陶壶　3、7. 陶罐　4. 铜钱　5. 铁刀　6. 陶盆　8. 陶灶　9. 筒瓦　10. 头骨痕迹及牙齿

陶罐　2件。I M8：7，泥质黑皮陶，胎黄褐。器形宽扁。大口，圆唇，扁圆腹，小平底。肩部两道凸弦纹。口径15、底径7、高9.4厘米（图一三，1）。I M8：3，泥质黑陶。直口，方唇，短颈，上腹鼓，下腹斜内收，平底。有两道凹弦纹。口径10、底径10.6、高14.4厘米（图一三，2）。

陶盆　1件。I M8：6，泥质黑灰陶。侈口，圆唇，沿下收束，腹内收成小平底。口径13.4、底径5.4、高5.2厘米（图一三，7）。

陶壶　1件。I M8：2，口部残失。泥质灰陶。细颈，鼓腹。肩部对称布置两个桥形纽。腹以上三周凹弦纹。圈足中段起棱。耳侧有对称小孔。残高24.5、底径15.4、腹径25.7厘米（图一三，4）。

陶釜　1件。I M8：1，泥质灰陶。细颈，小口，圆唇外翻，鼓腹，圜底。上腹平列三道细绳纹，下腹布满杂乱的绳纹。口径11.1、腹径27.6、高19.3厘米（图一三，3）。

陶灶　1件。I M8：8，泥质灰陶。长方形双眼灶。侧面对应有两个方形灶门。长28.8、宽16、高10.9、胎厚0.8～1.2厘米（图一三，8）。

筒瓦　1件。I M8：9，泥质灰陶。外饰绳纹，内有麻布纹。长42.7、宽14.7、头宽12.2厘米（图一三，6）。

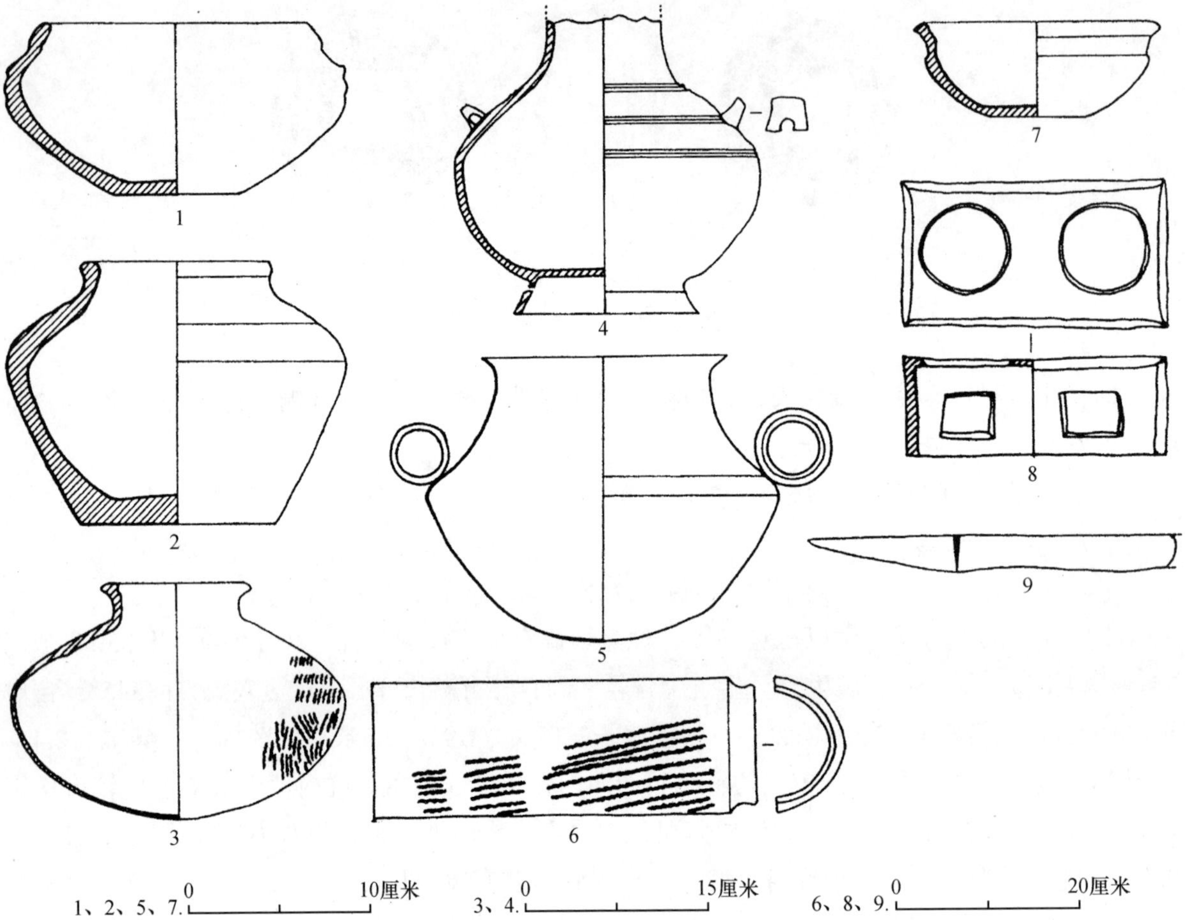

图一三　ⅠM8、ⅠM9出土器物

1、2. 陶罐（ⅠM8∶7、ⅠM8∶3）　3. 陶釜（ⅠM8∶1）　4. 陶壶（ⅠM8∶2）　5. 铜鍪(ⅠM9∶2）　6. 筒瓦（ⅠM8∶9）　7. 陶盆（ⅠM8∶6）　8. 陶灶（ⅠM8∶8）　9. 铁刀（ⅠM8∶5）

铜钱　五铢钱36枚，出土于墓室西北及陶灶下面。直径2.6、穿径0.95厘米。可分为二式。

Ⅰ式：ⅠM8∶4-1，穿上横郭，朱头方折，“五”字两笔曲交，与上下两笔相接处稍外放（图一四，2）。

Ⅱ式：ⅠM8∶4-2，无内郭，朱头圆折，“五”字两笔曲交，与上下两笔相接处稍内收（图一四，3）。

铁刀　1件。ⅠM8∶5，柄部残，刀背平直，自刀尖部向后渐变宽，至距刀尖约17厘米处又渐变窄，再至24厘米处变宽。残长40、最大宽3.6、刀背厚0.5厘米（图一三，9）。

ⅠM9　位于白马水厂东约15米，北距一酿酒作坊约6米，ⅠT17内。上部被ⅠM8打破。两墓墓圹基本重合，填土也基本一样，均为黄褐土，有可能ⅠM9利用了ⅠM8上部墓圹。ⅠT17内揭掉耕土层后曾发现有陶罐等在一株橘树下，由于树根的保护，陶器基本完整。估计这里原是一座汉墓，但周围未见墓圹痕迹，应为植树时破坏，由于植小树苗挖坑时并未触及这些陶器，使得它们得以保存下来。ⅠM9，长方形竖穴土坑。方向335°。口稍大于底，口长3.2、宽2.18米；底长3、宽2.12米；墓圹高2.6米。近底处有低矮的熟土二层台，高0.32米，墓坑东、西壁下宽0.32米，南、北壁下宽0.25米。墓内保存状况较差，仅见少许板灰。南、北两端各有一

图一四　ⅠM8、ⅠM9出土铜钱

1. ⅠM9∶1　2. ⅠM8∶4-1　3. ⅠM8∶4-2

东西向枕木浅槽。墓底北端有头、骨朽粉，中间肢骨一截，脚端发现铜鍪1个，鍪边有动物骨骼。另发现半两钱4枚（图一五）。

铜鍪　1件。ⅠM9∶2，侈口，束颈，折腹，圜底。环状双耳，一大一小。口径13.8、高15.6厘米（图一三，5）。

半两钱　4枚。钱文模糊不清。ⅠM9∶1，面无郭。直径2 .4厘米（图一四，1）。

ⅠM11　位于白马小学以东坡地上，地势西高东低，朝向长江，跨ⅠT49、ⅠT50两个探方。开口于耕土层下，打破生土，生土中含较多的料姜石。长方形土坑竖穴。方向345°。自口至底略有收分，墓口长3.8、宽2.7～3、墓底长3.35、宽1.95～2.5米。坑壁规整，墓坑高2.4～3.5米。东南角可能为了避开较多的料姜石而向内弧，形成圆角。坑内填土灰褐色，较疏松。包含较多的绳纹陶片，有的夹砂绳纹陶可能要早到商周时期。根据板灰痕迹复原棺长2.1、宽0.7米，内人骨一具，可辨为仰身直肢。棺内人骨右侧有铜矛1件，骨锥1个。棺外有器物南北向排列，有陶鼎、陶壶各2件，铜壶1件，铜鍪1件，鍪内铜勺1件，南端有一处类动物俑的堆积，黑皮，可惜泥胎已呈粉末状，无法提取，亦不能辨别属性（图一六）。

出土器物分为陶器、铜器和骨器。

陶器　4件。有陶鼎、陶壶。

陶鼎　2件。泥质灰陶。子母口。带盖，盖为直口，平唇，盖顶较平。饰两周凸弦纹。盖顶中心有一紧贴盖面的小半环纽。附耳外撇。深腹，圜底。盖及鼎身有带状红彩。ⅠM11∶1，口径22.8、高21.9厘米（图一七，1）。ⅠM11∶4，腹稍斜直。口径23.3、高23.3厘米（图一七，2）。

陶壶　2件。皆泥质灰陶。细长颈，口微敞，方唇。肩上实心錾耳。最大径偏上。带盖，盖子母口，盖上3个尖状纽，盖上一圈红色彩绘。器身有不明显红色彩绘4～5周。ⅠM11∶9，平底。口径8.8、底径8、通高25厘米（图一七，4）。ⅠM11∶8，圈足。口径8、底径8.5、通高24.8厘米（图一七，5）。

铜器　4件。有铜壶、铜鍪、铜矛、铜勺。

铜壶　1件。ⅠM11∶5，口微敞，平唇，高领，束颈，鼓腹。最大径偏上。肩腹处有一对铺首衔环，腹上两道凹弦纹。高圈足，壶底有一圆孔。带盖，盖顶3个鸟形纽。口径11、底径14、通高34.9厘米（图一七，7）。

铜鍪　1件。ⅠM11∶2，侈口，束颈，圆折肩，圜底。肩下一道凸弦纹。两个环状耳一大一小。口径13.6、高14.6厘米（图一七，3）。

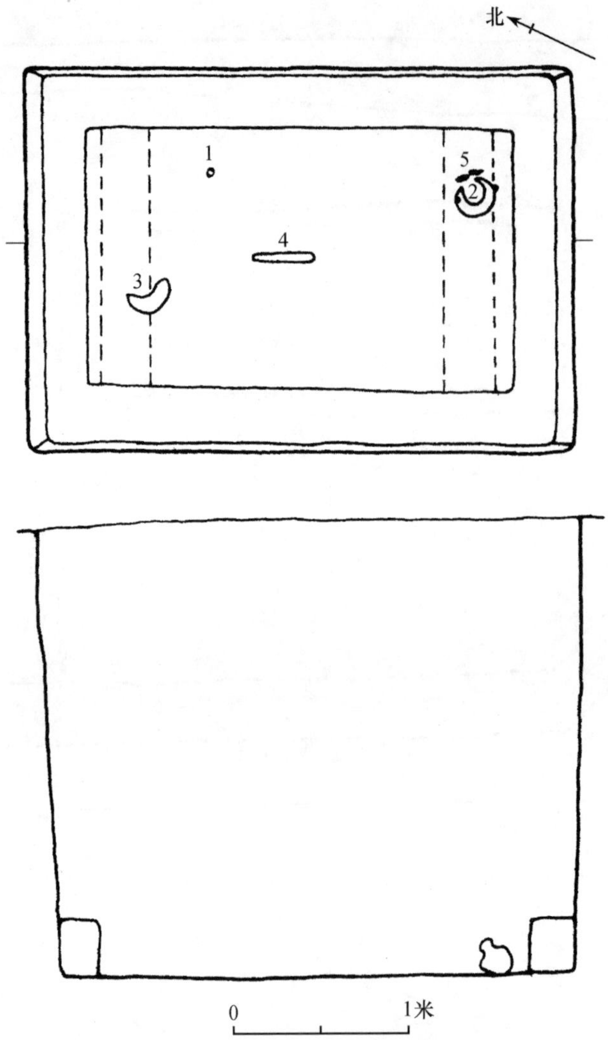

图一五　ⅠM9平、剖面图

1. 半两钱　2. 铜鍪　3. 头骨　4. 肢骨　5. 动物骨骼

铜矛　1件。ⅠM11：6，短骹，宽叶弧形脊，骹两侧有尖圆形乳钉状纽。长15.2、宽3.3、銎径2.2厘米（图一七，6）。

铜勺　1件。ⅠM11：3，勺头椭圆形，勺柄断面呈梯形。銎内残留腐朽木质。勺宽9.2、长7.2、深2.2、柄长8.5厘米（图一七，9）。

骨器　只有1件骨锥。ⅠM11：7，锥状。尖头稍残，粗端略呈钉头形。表面光滑。残长6.1、最大径0.6厘米（图一七，8）。

ⅡM2　位于Ⅱ区南部江边T01内，东与白马小学之间隔一条公路，相距约20米，开口于第3层下，打破生土。第1层耕土层，第2层为20世纪80年代修小学西侧公路时翻上来的覆盖土，第3层为近代扰乱层。近长方形竖土坑。方向10°。墓口距地表1.3米，长3.3、宽2.1～2.6米，墓圹高0.66米。直壁平底，坑壁规整，北宽南窄。墓内填土黄褐色，较疏松，含少量陶片。墓主仰身直肢，头北脚南，身长约1.6米。葬具不详。随葬器物均为铜器，腰腹位置铜刀1件，大泉五十3枚，人骨左边铜鍪1件，内有铜勺1件（图一八）。

图一六 ⅠM11平、剖面图

1、4. 陶鼎 2. 铜鍪 3. 铜勺 5. 铜壶 6. 铜矛 7. 骨锥 8、9. 陶壶 10. 陶俑 11. 人骨痕迹

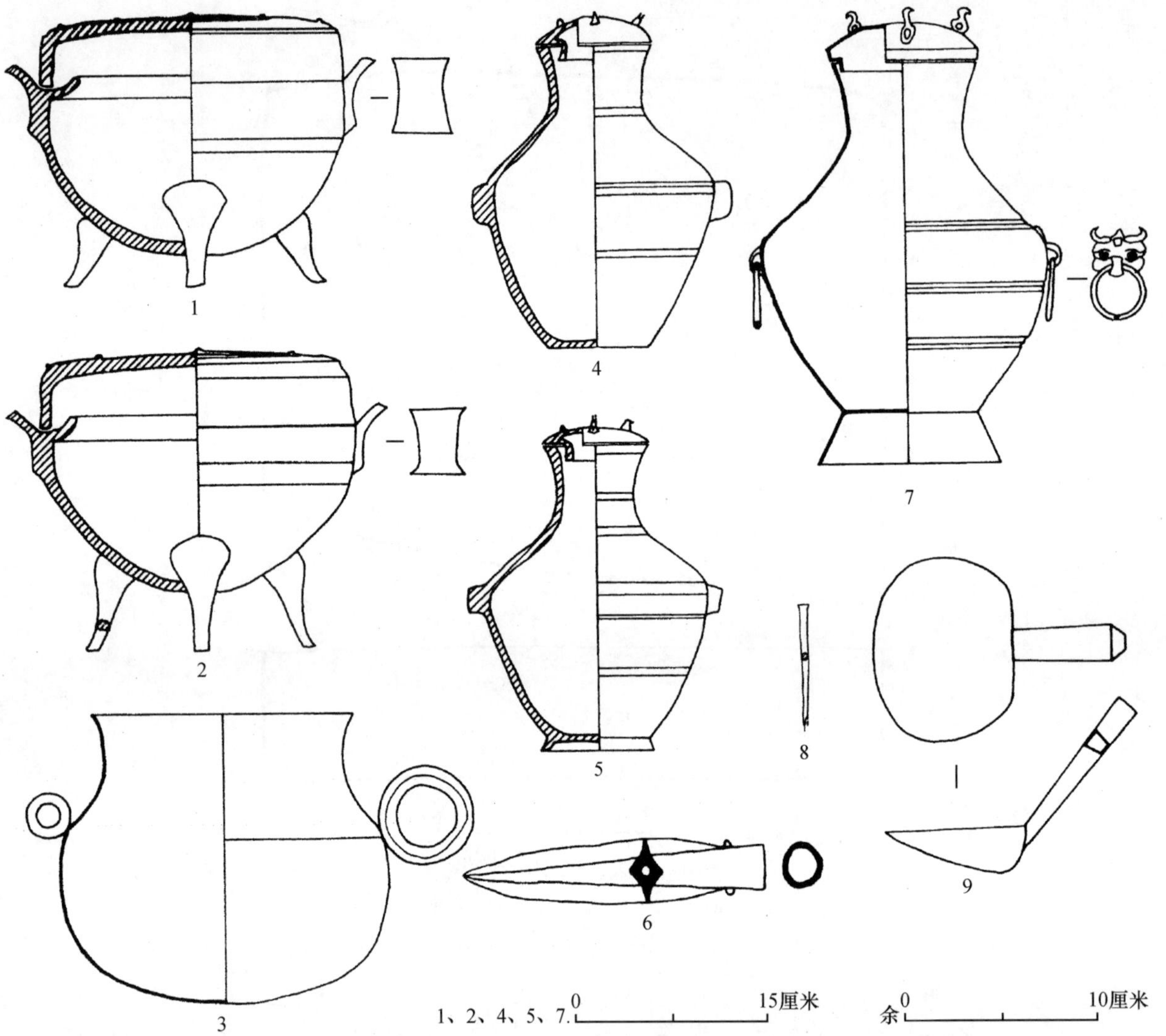

图一七　Ⅰ M11出土器物

1、2. 陶鼎（Ⅰ M11：1、Ⅰ M11：4）3. 铜鍪（Ⅰ M11：2）4、5. 陶壶（Ⅰ M11：9、Ⅰ M11：8）6. 铜矛（Ⅰ M11：6）7. 铜壶（Ⅰ M11：5）8. 骨锥（Ⅰ M11：7）9. 铜勺（Ⅰ M11：3）

铜鍪　1件。Ⅱ M2：3，侈口，束颈，鼓腹，圜底。双环耳，一大一小。肩上凸弦纹一道。口径12.4、高14.4厘米（图一九，1）。

铜勺　1件。Ⅱ M2：4，簸箕形，器柄圆筒状。銎内有木痕。柄端一方形缺口。较厚重。勺长8.4、口沿宽10.6、柄长13.6厘米（图一九，5）。

铜刀　1件。Ⅱ M2：1，首稍残。环首细柄。刀刃较锋利。残长17.6、宽3、背厚0.3厘米（图一九，4）。

大泉五十　3枚。直径2.7～2.9厘米，钱文风格一致。Ⅱ M2：2-1，“泉”字中竖断开，直径2.7厘米（图一九，2）。Ⅱ M2：2-2，直径2.8厘米（图一九，3）。

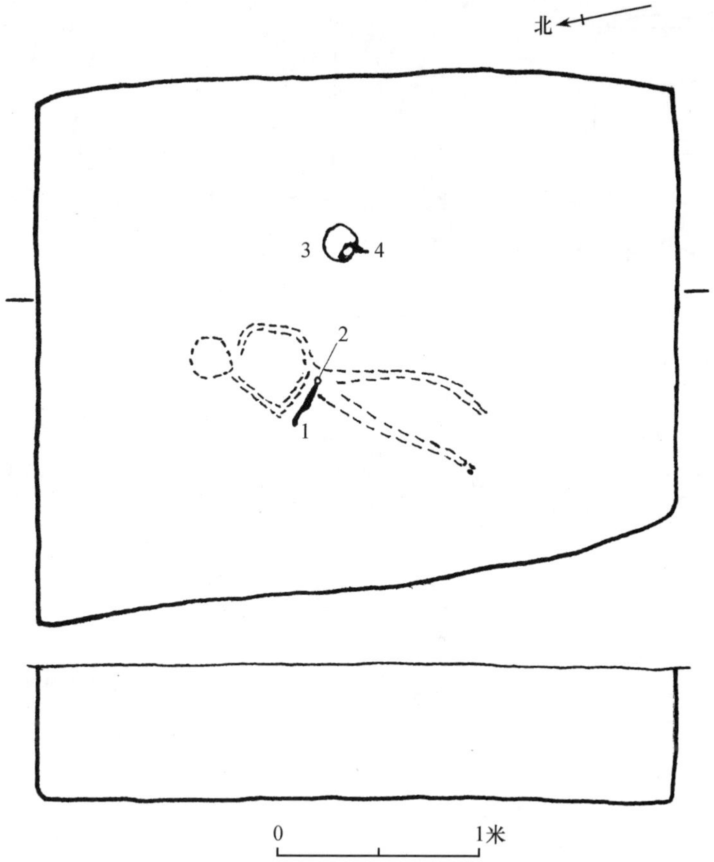

图一八 ⅡM2平、剖面图

1. 铜刀 2. 大泉五十 3. 铜鍪 4. 铜勺

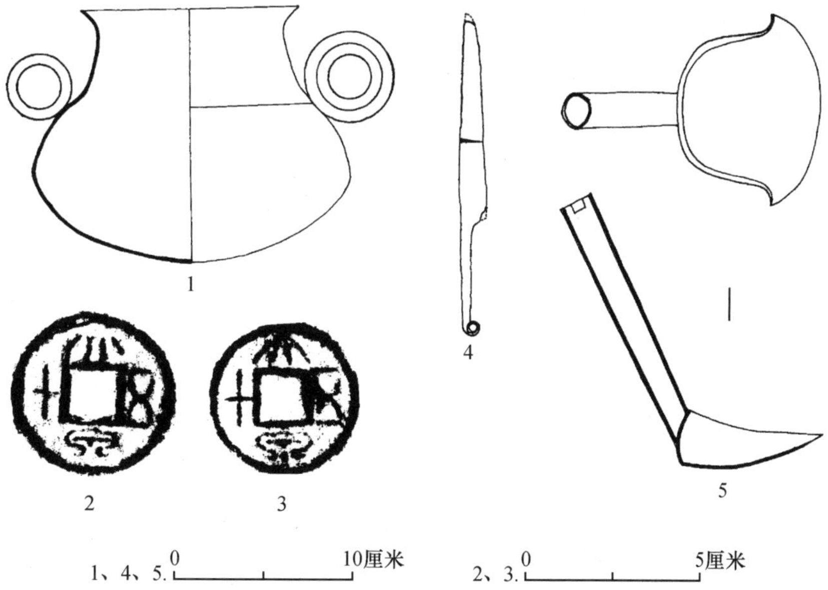

图一九 ⅡM2出土器物

1. 铜鍪（ⅡM2：3） 2、3. 大泉五十（ⅡM2：2-1、ⅡM2：2-2） 4. 铜刀（ⅡM2：1） 5. 铜勺（ⅡM2：4）

（二）砖室墓

汉代砖室墓5座。规模较土坑墓大。结构形制有长方形、“凸”字形。墓底多不铺地砖。墓砖以菱形花纹砖为主。由于地面情况变化，墓葬埋藏较浅，券顶无存，葬具情况不明，仅存少许人骨。虽经后世盗扰，但仍出土了大量有价值的文物。

ⅠM4　位于白马水厂东，ⅠT09内，东距ⅠM7约5米。发掘前在路边陡坎上有墓砖露头。该墓上半部被严重扰乱，墓顶及部分墓壁缺失。墓室填土灰褐疏松，夹大量草木灰、小砖块、动物骨骼、乾隆通宝、青花瓷片等杂物。大约墓葬塌陷后这里即被当作垃圾坑使用，但未扰及墓底。平面呈长方形。方向225°。墓室以小菱形纹砖错缝叠砌，墓底不铺砖，以平整的硬土面为底。墓室长5.97、宽2.7、残高1.62米。墓门在墓室西壁中段，宽1.27、残高0.48米。封门砖与墓壁砖一致，同为小菱形纹砖。南壁由下向上第15层砖可见起券迹象。墓砖杂有少量大菱形纹砖。葬具、葬式不详，仅见少量残骨（图二〇）。

出土陶鼎1件、陶罐14件、陶盆6件、陶钵7件、陶盂2件、陶杯1件、陶豆2件、陶甑6件、陶卮1件、陶小盏1件、陶灯5件、陶器盖5件、仓形罐3件、陶灶1件、陶楼3件、摇钱树座1件、陶鸡2件、陶狗1件、陶壶1件、铁釜1件、铁刀1件、铁构件1件，共66件。另有铜钱22枚。

陶器　共63件。包括容器、建筑模型、摇钱树座、动物偶俑等类。

陶罐　共14件。根据口沿及肩腹部特点分为三型。

A型　4件。直口，圆折腹，腹近扁圆，小平底，口径明显大于底径。可分为二式。

Ⅰ式：1件。高直口。ⅠM4：28，泥质陶，器表黑灰，胎红褐。方唇，折肩处一对实心小耳，其一残失，下腹急斜收成小平底。外底有“十”字形对称划纹。口径8.6、底径4.5、高9.3厘米（图二一，1）。

Ⅱ式：3件。直口较短，折腹较圆。ⅠM4：8，泥质褐陶。圆唇。带盖。盖顶柱头短纽。口径6.8、底径4.5、器高9、带盖高12.5厘米（图二一，2）。ⅠM4：19，泥质黑灰陶。方唇。带盖。盖顶扁方纽。口径7、底径4、高9厘米（图二一，3）。

B型　6件。圆唇，鼓腹，口、底对比不明显。ⅠM4：20，泥质灰褐陶。腹上两道凹弦纹。口径5.5、底径5、高8厘米（图二一，4）。ⅠM4：15，泥质灰陶。腹饰两道凹弦纹。口径6.6、底径4.5、高8.3厘米（图二一，5）。

C型　4件。束颈，圆唇，鼓腹。又可分为二式。

Ⅰ式：2件。肩腹圆折，下腹稍斜直，小平底。ⅠM4：35，泥质黑灰陶。肩饰两道凹弦纹。口径6、底径4.5、高7.6厘米（图二一，6）。ⅠM4：25，泥质黑灰陶。口径6.5、底径4.5、高9厘米（图二一，7）。

Ⅱ式：2件。圆鼓腹。ⅠM4：22，泥质褐陶。下腹弧收成小平底。口径6.8、底径4、高8.6厘米（图二一，8）。ⅠM4：16，泥质灰陶。口径7、底径4.8、高9.6厘米（图二一，9）。

陶盂　2件。泥质红陶，除下腹及外底外施黄绿釉，有剥落现象。侈口，直颈，扁腹，平底。ⅠM4：24，口径8.8、底径4、高7厘米（图二一，13）。ⅠM4：33，口径8.5、底径4.5、高6.2厘米（图二一，14）。

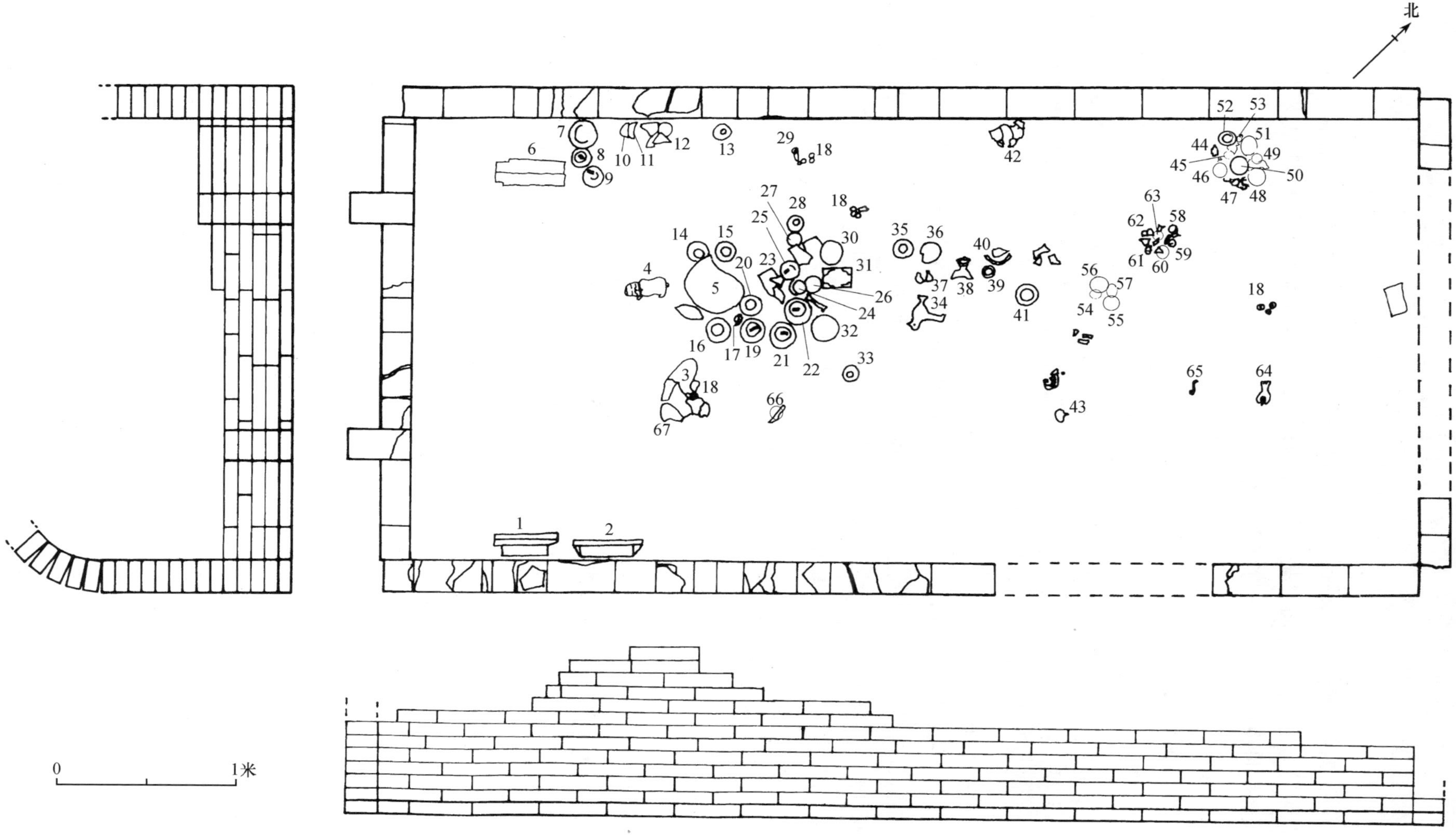

图二〇　Ⅰ M4平、剖面图

1、2、6. 陶楼　3. 陶摇钱树座　4. 陶狗　5. 铁釜　7、23、42. 陶仓形罐　8、9、12～16、19～22、25、28、35. 陶罐　10、17、27、32、41、45、62. 陶钵　11、30、47～49、67. 陶甑　18. 五铢钱　24、33. 陶盂　26、56、60、61、66. 陶器盖　29. 铁刀　31. 陶灶　34、64. 陶鸡　36、46、50、55、57、58. 陶盆　37、43、44、59、63. 陶灯　38、52. 陶豆　39. 陶小盏　40. 陶壶　51. 陶鼎　53. 陶卮　54. 陶杯　65. 铁构件

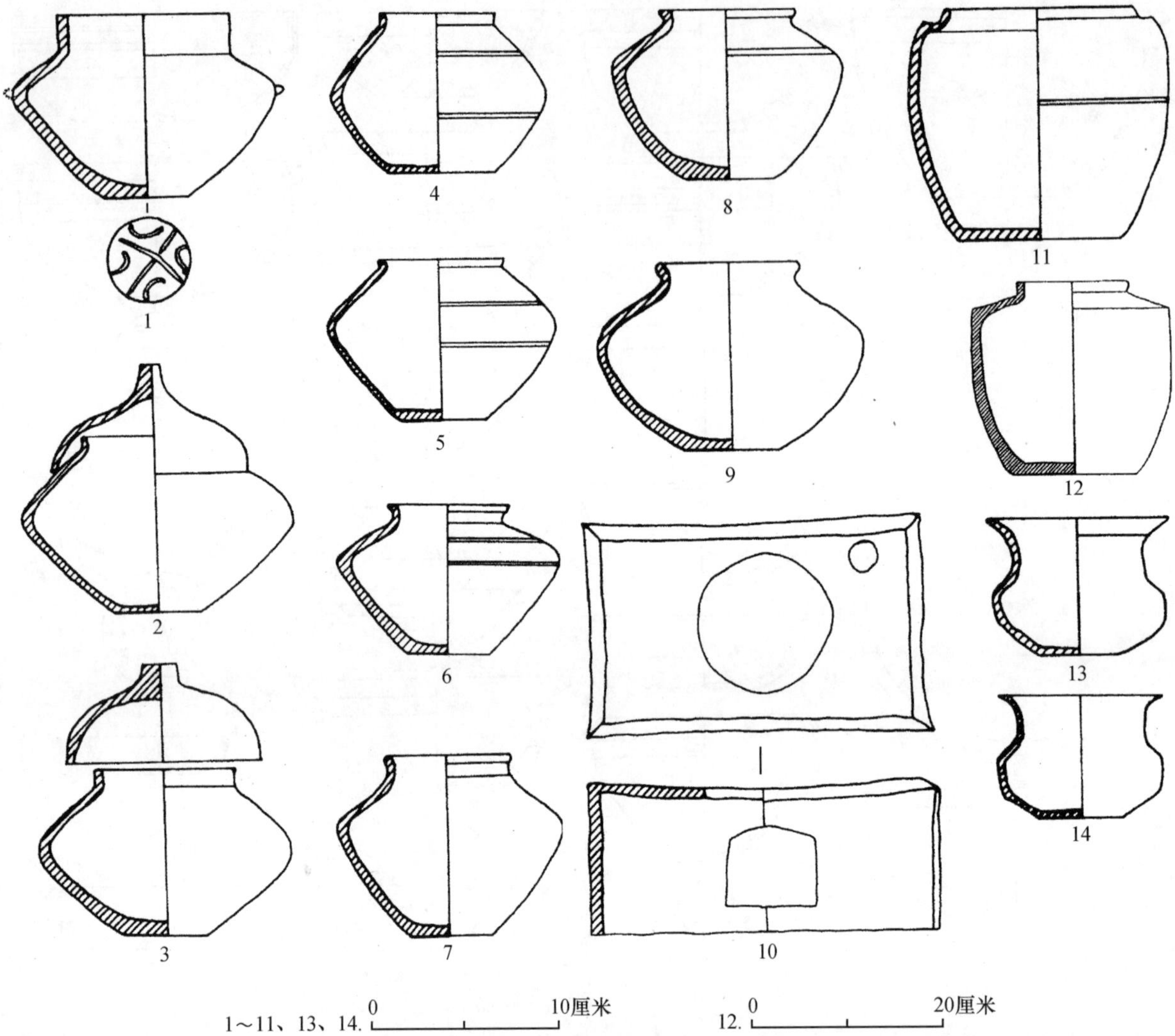

图二一 ⅠM4出土陶器

1. A型Ⅰ式罐（ⅠM4：28） 2、3. A型Ⅱ式罐（ⅠM4：8、ⅠM4：19） 4、5. B型罐（ⅠM4：20、ⅠM4：15） 6、7. C型Ⅰ式罐（ⅠM4：35、ⅠM4：25） 8、9. C型Ⅱ式罐（ⅠM4：22、ⅠM4：16） 10. 灶（ⅠM4：31） 11. A型仓形罐（ⅠM4：42） 12. B型仓形罐（ⅠM4：7） 13、14. 盂（ⅠM4：24、ⅠM4：33）

仓形罐 3件。泥质灰陶。自肩向下斜弧收成大平底。分段饰绳纹。根据口沿分为二型。

A型 1件。ⅠM4：42，圆唇，自唇至肩形成子母口。中腹部一道凹弦纹。口径9.6、底径8.5、高11.6厘米（图二一，11）。

B型 2件。直口，折肩，近筒形，口小底大。ⅠM4：7，口径11、底径12.8、高19.6厘米（图二一，12）。

陶盆 6件。根据腹部形态分为二型。

A型 5件。又可分为二式。

Ⅰ式：3件。圆腹，小平底。ⅠM4：55，泥质褐陶。口微敞，沿外卷，深腹。口径13.3、底径4、高6.5厘米（图二二，3）。ⅠM4：50，泥质黑灰陶。侈口，尖圆唇。上腹有三道凹弦纹，内壁轮制痕迹明显。口径17.5、底径4.8、高7.1厘米（图二二，4）。

Ⅱ式：2件。腹斜收。ⅠM4：57，泥质灰陶。敞口，圆唇。下腹及外底有轮制旋痕。口径

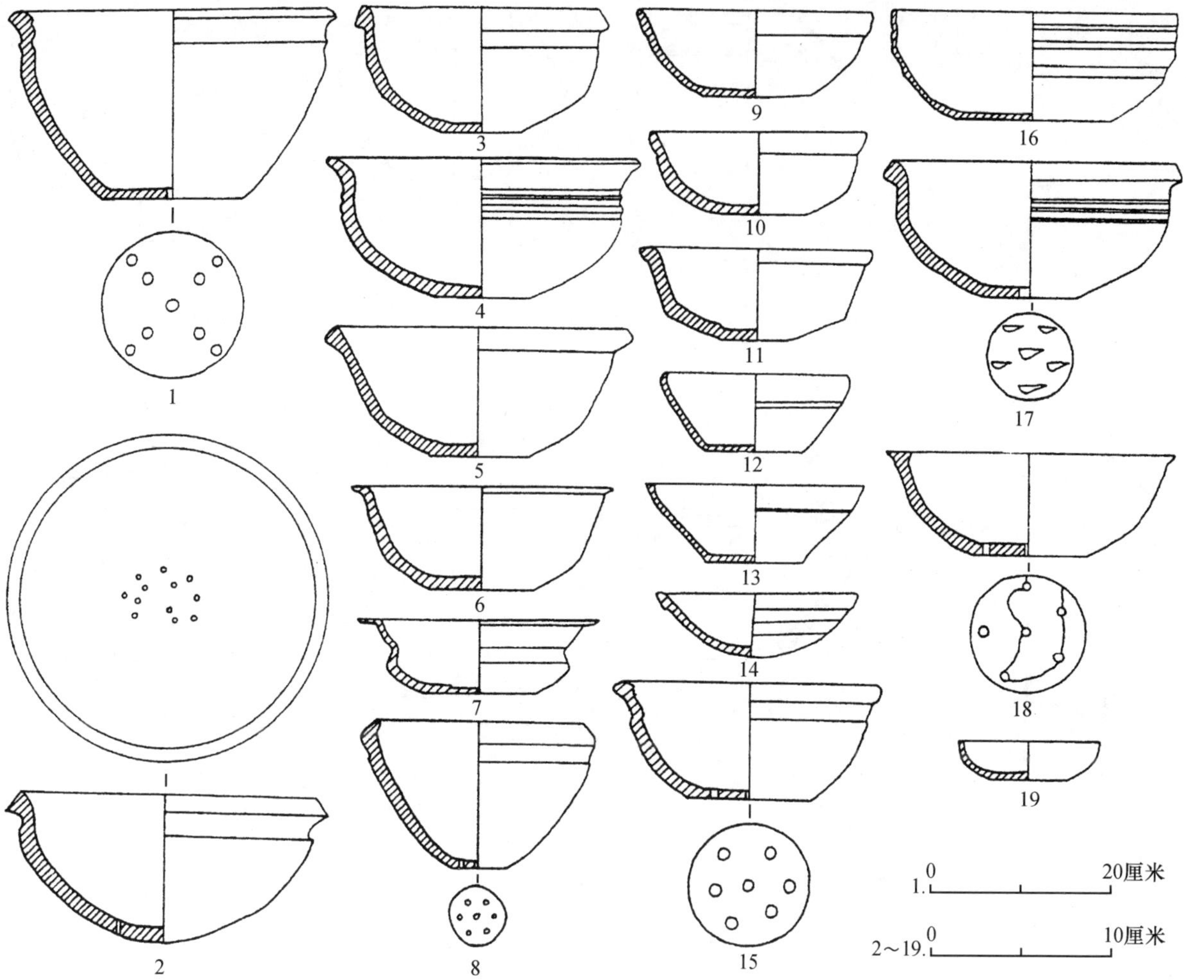

图二二　ⅠM4出土陶器

1、2、8、15、17、18. 甑（ⅠM4：67、ⅠM4：49、ⅠM4：47、ⅠM4：48、ⅠM4：11、ⅠM4：30）　3、4. A型Ⅰ式盆（ⅠM4：55、ⅠM4：50）　5、6. A型Ⅱ式盆（ⅠM4：57、ⅠM4：58）　7. B型盆（ⅠM4：46）　9、10、16. A型Ⅰ式钵（ⅠM4：32、ⅠM4：36、ⅠM4：45）　11. A型Ⅱ式钵（ⅠM4：27）　12. B型Ⅰ式钵（ⅠM4：41）　13. B型Ⅱ式钵（ⅠM4：17）　14. C型钵（ⅠM4：62）　19. 小盏（ⅠM4：39）

15.5、底径5、高6.6厘米（图二二，5）。ⅠM4：58，夹砂红陶。胎质粗松。内壁及沿面施红褐釉，釉层多脱落。敞口，平沿。口径13.3、底径5.2、高5.3厘米（图二二，6）。

B型　1件。ⅠM4：46，泥质灰陶。尖圆唇，大宽沿，束腹，底近圜。口径10.5、高3.7厘米（图二二，7）。

陶钵　7件。根据腹底特征分为三型。

A型　4件。分为二式。

Ⅰ式：3件。弧腹，平底。ⅠM4：32，泥质灰陶。敞口，尖圆唇。口径13.3、底径5.5、高4.5厘米（图二二，9）。ⅠM4：36，泥质浅褐色陶。敞口，尖圆唇。口径11.4、底径4.5、高4.2厘米（图二二，10）。ⅠM4：45，泥质红陶，内壁有釉。圆唇。腹部三道凹弦纹。口径15、底径8、高5.6厘米（图二二，16）。

Ⅱ式：1件。斜折腹。ⅠM4：27，泥质灰陶。敞口，唇外翻，小平底。口径12、底径3、

高4.7厘米（图二二，11）。

B型　2件。平底，斜腹。分为二式。

Ⅰ式：1件。ⅠM4：41，施釉。斜腹，敛口。腹上有一圈凹弦纹。口径9.8、底径5、高4厘米（图二二，12）。

Ⅱ式：1件。ⅠM4：17，泥质灰陶。斜腹，敞口。腹上有一圈弦纹。口径11.4、底径5、高4厘米（图二二，13）。

C型　1件。ⅠM4：62，泥质灰陶。圆唇，收腹成近圜底。腹上三道弦纹。口径10.4、高3.3厘米（图二二，14）。

陶小盏　1件。ⅠM4：39，泥质红陶，器表发黑。直口，平沿，浅腹，平底。外底有线割痕迹。器形小。口径7.2、底径3.8、高2厘米（图二二，19）。

陶甑　6件。器形各不相同。ⅠM4：67，泥质灰陶。敞口，圆唇，沿外翻，弧腹，平底。口沿下有凸弦纹一道，器内口沿下有凹弦纹刻槽一周。底有9个小孔，孔径1.2厘米。口径33.3、底径15、高19.2厘米（图二二，1）。ⅠM4：49，泥质灰陶。敞口，唇外翻，弧腹，圜底。底上不规则分布着12个小孔。口径16.6、高7.6厘米（图二二，2）。ⅠM4：11，泥质灰陶。敞口，卷沿，上腹微直，下腹急收成小平底。上腹三道凹弦纹。底上6个锥刺的小孔，孔形不规则。口径14.5、底径4.5、高7.1厘米（图二二，17）。ⅠM4：47，泥质灰陶。圆唇。大口小底。上腹饰凹弦纹。底上有规律分布7孔。口径10.6、底径3、高7.5厘米（图二二，8）。ⅠM4：48，黑红陶。敞口，圆唇外翻，口沿下收束或一道凹弦纹，大平底。底上7孔。口径13.2、底径6.6、高6厘米（图二二，15）。ⅠM4：30，泥质红陶。敞口，平唇，弧腹，小平底，底已残。可复原有5个小孔。口径15、底径5.5、高5.3厘米（图二二，18）。

陶鼎　1件。ⅠM4：51，泥质红陶，通体黄褐釉。侈口，束颈，弧腹，圜底近平。腹中间有凹弦纹一道。口沿上有耳的残迹，无法复原。口径11.8、腹径11.7、高7.9厘米（图二三，4）。

陶豆　2件。器形不同，应为灯具。ⅠM4：52，泥质红陶。子口母，短柄，喇叭形圈足。口径8.8、底径8.8、高8.8厘米（图二三，2）。ⅠM4：38，泥质红陶，施黄褐釉。豆盘浅而小，座高而宽。口径8、底径9.8、高8.6厘米（图二三，3）。

陶壶　1件。ⅠM4：40，泥质红陶。敞口，平沿，高束颈，鼓腹，圈足。腹上三道凹弦纹。腹部贴塑一对铺首衔环。盖顶环纽。口径12.8、腹径20、器高31.6、带盖高38.8厘米（图二三，1）。

陶卮　1件。ⅠM4：53，泥质红陶，施黄釉。平口，方唇，直腹，筒状，近底处内收。口径5.5、底径5.3、高7.3厘米（图二三，13）。

陶杯　1件。ⅠM4：54，泥质红陶。平口，曲腹，小底，假圈足。口径4.8、底径3.6、高5.5厘米（图二三，17）。

陶灯　5件。根据灯盘及柄的形态，分为二型。

A型　3件。浅盘，盘腹斜收，粗柄。ⅠM4：44，泥质红陶，黄绿釉。口径8.3、底径4.8、盘高3.2、通高6.6厘米（图二三，9）。ⅠM4：43，泥质红陶。平底，浅盘。口径7.4、底径4.5、通高6厘米（图二三，18）。

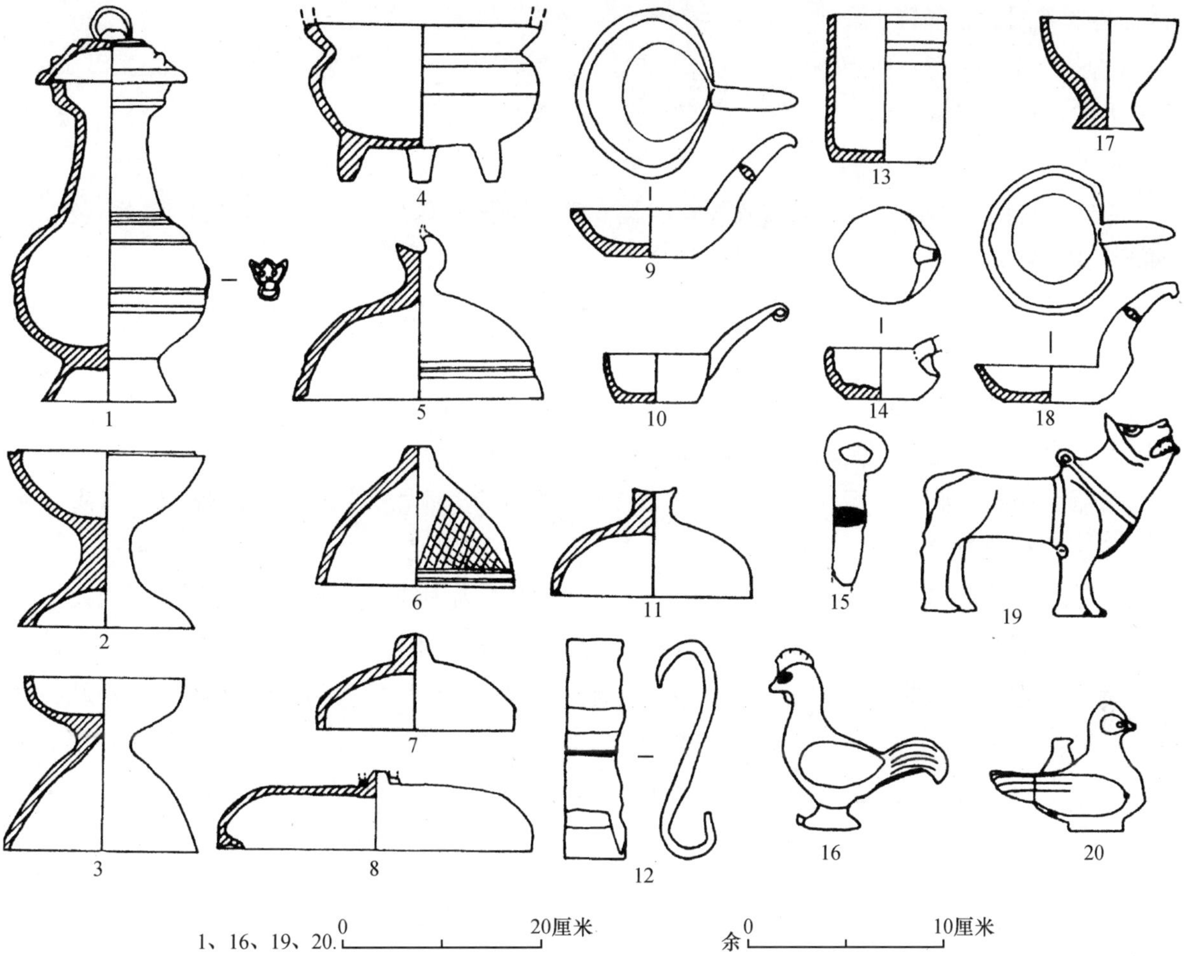

图二三　ⅠM4出土器物

1. 陶壶（ⅠM4：40）　2、3. 陶豆（ⅠM4：52、ⅠM4：38）　4. 陶鼎（ⅠM4：51）　5、7、11. 陶罐盖（ⅠM4：66、ⅠM4：26、ⅠM4：60）　6. 陶熏炉盖（ⅠM4：61）　8. 陶鼎盖（ⅠM4：56）　9、18. A型陶灯（ⅠM4：44、ⅠM4：43）　10、14. B型陶灯（ⅠM4：59、ⅠM4：63）　12. 铁构件（ⅠM4：65）　13. 陶卮（ⅠM4：53）　15. 铁刀（ⅠM4：29）　16、20. 陶鸡（ⅠM4：34、ⅠM4：64）　17. 陶杯（ⅠM4：54）　19. 陶狗（ⅠM4：4）

B型　2件。口、底直径相近，直腹，细长柄，柄端翻卷。ⅠM4：59，泥质红陶，施黄褐釉。口径5.2、底径4、盘高2.5、通高5厘米（图二三，10）。ⅠM4：63，泥质红陶，施薄釉。扁圆腹，柄残。口径5、底径3.5、残高3.1厘米（图二三，14）。

器盖　5件。分别属于三种器形。

罐盖　3件。ⅠM4：66，泥质黑陶。盖顶一鸟形纽。近口部饰二道凹弦纹。口径12.6、通高8厘米（图二三，5）。ⅠM4：26，泥质灰陶。直口，方唇。盖顶一扁纽。口径9.8、通高4.8厘米（图二三，7）。ⅠM4：60，泥质灰陶。直口，方唇。盖顶一近长方纽。口径10、通高5.4厘米（图二三，11）。

陶鼎盖　1件。ⅠM4：56，泥质红陶，施青褐釉。子母口。纽残。口径15.8、通高4.2厘米（图二三，8）。

陶熏炉盖　1件。ⅠM4：61，泥质红陶。大致呈圆锥状。直口，方唇。盖顶圆柱状纽，纽

下3个锥刺孔。盖面饰三块三角形分区的网状纹。口径10、高7厘米（图二三，6）。

陶灶　1件。ⅠM4：31，泥质红陶。单眼，灶台一角留烟孔一个，侧面弧顶灶门一个。长18、宽11、高7.6、胎厚0.6～0.8厘米（图二一，10）。

陶俑　3件。有鸡俑和狗俑。

陶狗　1件。ⅠM4：4，泥质灰陶。四肢直立，昂首，双耳竖起，狗尾上卷贴于臀部，做鸣吠状。项部缠有带状物或项圈。身体浑圆。长25. 8、高21、宽12厘米（图二三，19）。

陶鸡　2件。ⅠM4：34，泥质灰陶。鸡冠高耸，仰首前视，翘尾，做站立状。腹中空。通高17.8、长18.8厘米（图二三，16）。ⅠM4：64，泥质灰陶。子母鸡，双目圆瞪，背上、胸前及两侧翅膀各塑一小鸡。长15.6、通高12.9厘米（图二三，20）。

建筑模型　有陶楼3座，皆泥质红陶。ⅠM4：6，两面坡顶，前面房顶有筒瓦五列，最前端有圆瓦当。正面中间一斗二升，前有阳台，阳台前有刻花护栏。长37.5、宽12、高28.2厘米（图二四，1）。ⅠM4：1，房顶后部凸出长方形平台。前面房顶有5列筒瓦。房脊两端上翘，正面一斗三升。山墙一侧有半圆形洞。长39.7、宽13.8、高28.7厘米（图二四，2）。ⅠM4：2，整体呈箱形。有阳台（残），阳台延至两侧山墙。房脊两端起翘。两面坡顶，前面有筒瓦5列。正面一斗三升。两侧单栱。高27.6、面宽38.7、进深8厘米（图二四，5）。

陶摇钱树座　1件。ⅠM4：3，泥质红陶，表面可见淡绿色釉。上部狮形，狮了做半蹲状，狮背一带竹节圆柱状插座。下半为椭圆形中空底座，周围有五只羊形动物，做行走状，为浅浮雕，现已模糊不清。通高40.5、底宽35、厚22.8厘米（图二四，6）。

铜钱　22枚。皆为五铢钱。直径2.1～2.5厘米。面无内郭。“五”字两笔曲交，上横接郭；“朱”头及下半皆圆折。为东汉五铢特点。ⅠM4：18-1，“朱”旁中竖较高，高于金旁，下半部稍见圆方折笔画。直径2.5厘米（图二四，3）。ⅠM4：18-2，“朱”头与穿平齐，上、下圆折明显。直径2.5厘米（图二四，4）。

铁器　2件。另有铁釜1件，已成粉碎状，无法提取。

铁刀　1件。ⅠM4：29，前段残。环首。残长8厘米（图二三，15）。

铁构件　1件。ⅠM4：65，铁板片弯成“S”形。表面有零星红、白色。锈蚀严重。长11、厚0.5～1厘米（图二三，12）。

ⅠM10　位于白马小学围墙南侧，ⅠT34内。墓室平面呈长方形，前端正中带短甬道，整体呈“凸”字形。墓室后部伸入小学教室下，考虑到安全问题，小学墙外留出约2米，不再发掘，因此，该墓报告的是经过发掘的前半段的情况。方向145°。墓室宽2.8、发掘部分长3.4米；甬道长2、宽1.7米。墓底距地表1.6～3.2米，墓壁残高1.2米。墓壁以菱形纹砖错缝叠砌。不施铺地砖，墓底硬黄土。因残缺过甚，起券高度不详。墓坑经扰乱，墓内填土黄褐，夹有陶楼、陶俑残片及大量其他陶片，内有宋代瓦当、滴水等物，有陶柄形器被扰入墓底，除随葬器物外墓底仅见少量人骨碎片，葬式、葬具不详（图二五）。

残存器物有釉陶壶1件、陶盆4件、陶钵2件、耳杯2件、陶勺1件、陶碟3件、陶杯2件、陶灯1件、陶器盖1件、陶灶1件、陶俑8件、陶水塘模型1件、鎏金铜釦饰1件、陶镇墓兽1件、陶柄形器2件、铜钱19枚。

釉陶壶　1件。ⅠM10：5，泥质红陶，通体施黄褐釉。敞口，平唇，高颈，扁圆腹，圈

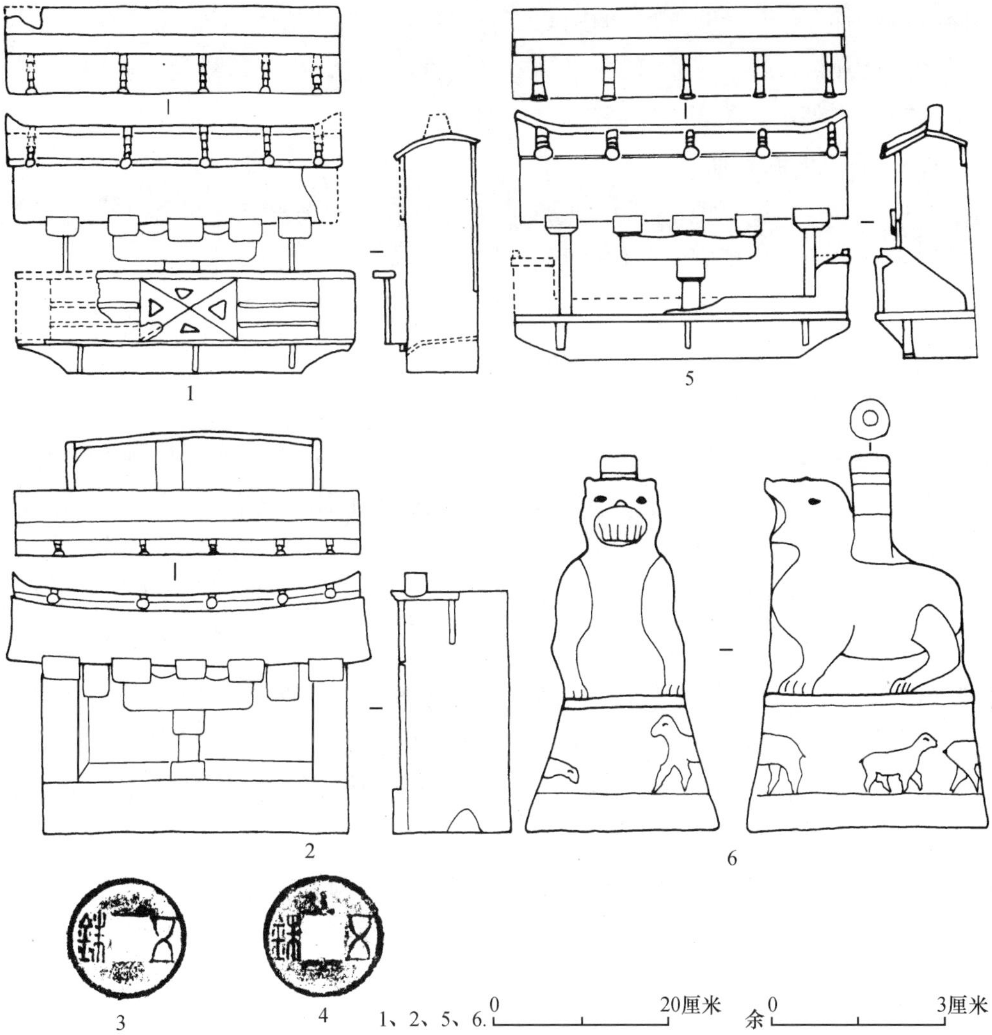

图二四 ⅠM4出土器物

1、2、5. 陶楼（ⅠM4：6、ⅠM4：1、ⅠM4：2） 3、4. 五铢钱（ⅠM4：18-1、ⅠM4：18-2） 6. 陶摇钱树座（ⅠM4：3）

足。肩腹部贴塑兽面铺首一对，铺首上饰凹弦纹。口径16.5、腹径24、底径16.2、高26.6厘米（图二六，1）。

陶盆 4件。根据腹底特征分为三型。

A型 1件。曲腹，圜底。ⅠM10：7，泥质黑灰陶。敞口，尖圆唇。沿下一周凹弦纹。口径15、高6.2厘米（图二六，2）。

B型 2件。深腹，平底。ⅠM10：6，泥质黑陶。侈口，圆唇，曲腹，小平底。口径15、底径6.2、高6.4厘米（图二六，3）。ⅠM10：8，泥质灰陶。敞口，尖圆唇，低饼足。口径16.4、底径7、高6.7厘米（图二六，4）。

C型 1件。盘状，浅腹。ⅠM10：18，泥质红陶。大宽沿，折腹，小平底。口径17.2、底径5、高4.4厘米（图二六，5）。

陶钵 2件。形制一样。泥质黑陶。敞口，圆唇，沿略外翻，折腹，小平底。ⅠM10：19，口径10、底径2.8、高4.2厘米（图二六，6）。

陶碟 3件。根据腹部特征分为二型。

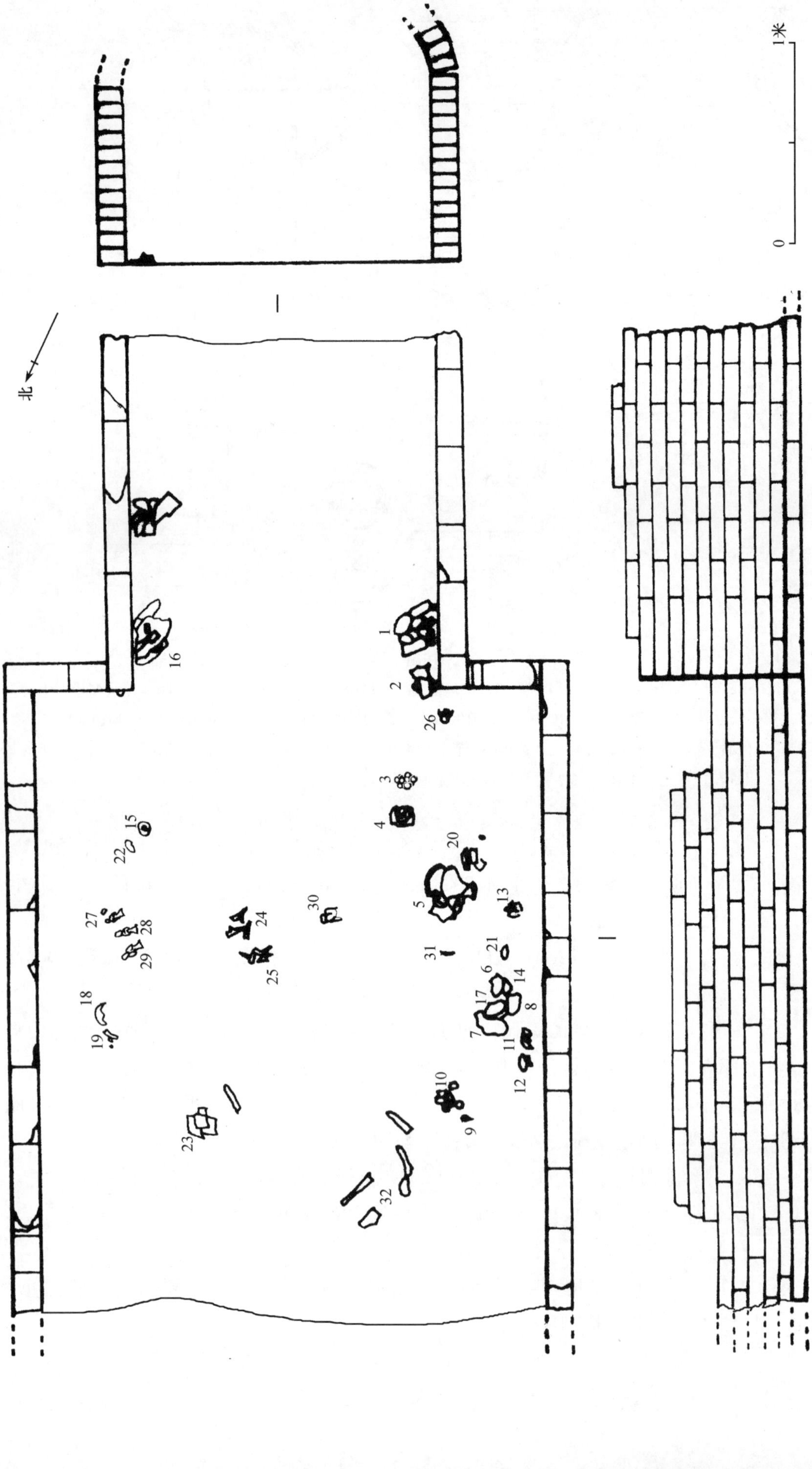

图二五 Ⅰ M10平、剖面图

1、30. 陶猪 2、26～29. 陶俑 3. 铜钱 4. 陶镇墓兽 5. 釉陶壶 6～8、18. 陶盆 9. 陶勺 10、13. 陶杯 11、12. 耳杯 14、21、22. 陶碟 15. 陶灯 16. 陶灶 17、19. 陶钵 20. 陶器盖 23. 陶水塘模型 24、25. 陶柄形器 31. 鎏金铜釦饰 32. 人骨

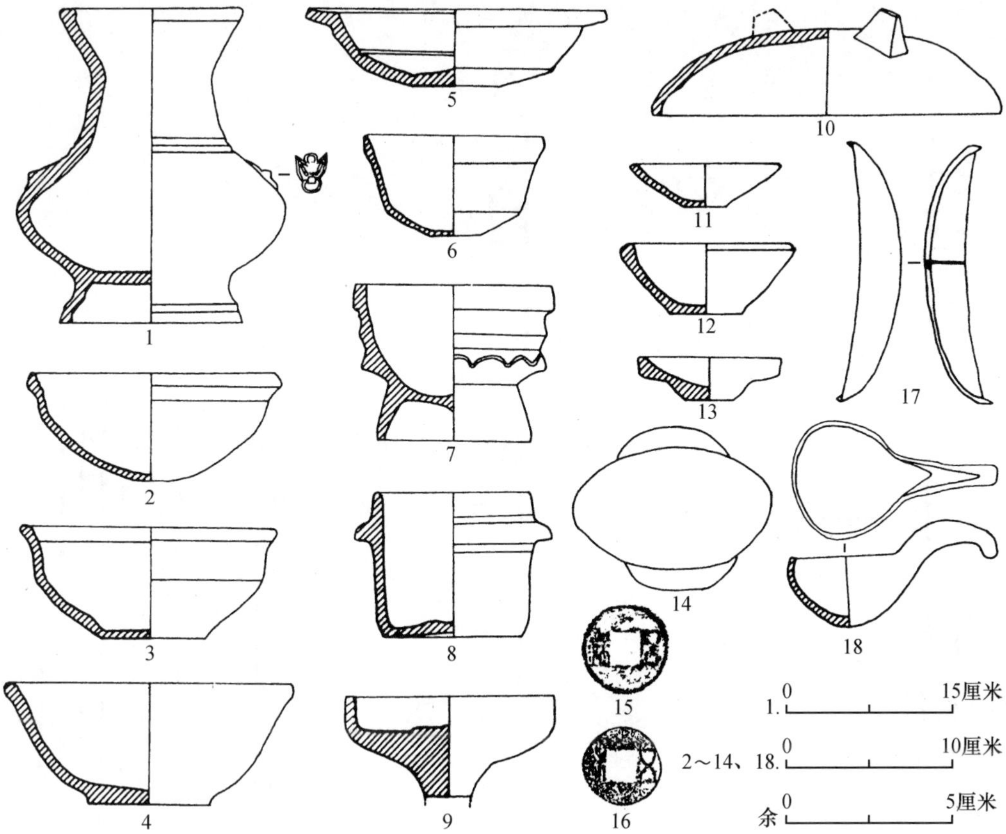

图二六 ⅠM10出土器物

1. 釉陶壶（ⅠM10：5） 2. A型陶盆（ⅠM10：7） 3、4. B型陶盆（ⅠM10：6、ⅠM10：8） 5. C型陶盆（ⅠM10：18） 6. 陶钵（ⅠM10：19） 7、8. 陶杯（ⅠM10：13、ⅠM10：10） 9. 陶灯（ⅠM10：15） 10. 陶器盖（ⅠM10：20） 11、12. A型陶碟（ⅠM10：21、ⅠM10：14） 13. B型陶碟（ⅠM10：22） 14. 陶耳杯（ⅠM10：11） 15、16. 五铢钱（ⅠM10：3-1、ⅠM10：3-2） 17. 鎏金铜釦饰（ⅠM10：31） 18. 陶勺（ⅠM10：9）

A型 2件。大口，小平底，腹斜直。ⅠM10：21，泥质黑陶。敞口，圆唇。口径8.7、底径2.6、高2.5厘米（图二六，11）。ⅠM10：14，泥质黑陶。敞口，圆唇。口径10.2、底径4.3、高2.9厘米（图二六，12）。

B型 1件。折腹，小平底。ⅠM10：22，泥质黑陶。圆唇，折腹。口径8.4、底径2.9、高2.5厘米（图二六，13）。

陶杯 2件。形态各异。ⅠM10：10，泥质红陶。直口，圆唇，直腹，平底，底部中央略内凹。器身上部有一对三角形鋬，鋬上、下各有一道凸弦纹，器表施釉，多已脱落。口径9.6、底径8、高8.4厘米（图二六，8）。ⅠM10：13，泥质灰陶。直口，平唇，深圆腹，高圈足。上腹凹弦纹，下腹上贴塑花瓣纹装饰。口径11.4、底径8.8、高6.4厘米（图二六，7）。

耳杯 2件。形制相同。泥质红陶。口部椭圆形，附耳一对，尖圆唇，平底。ⅠM10：11，口部长径11.7、短径7.4、带耳宽9.3、底部长径7、短径3.5、高3.2厘米（图二六，14）。

陶勺 1件。ⅠM10：9，泥质红陶。勺呈不规则圆形，底部尖圆形，柄部弯曲，略上翘。口径6.5、带柄长12.2、高4.6厘米（图二六，18）。

陶灯　1件。ⅠM10：15，豆形灯，仅存灯盘。泥质红陶，盘内施绿釉。直口，方唇，内底平坦，圆柱状柄残。口径12、残高5.8厘米（图二六，9）。

陶器盖　1件。ⅠM10：20，泥质灰陶。盖顶4个梯形纽。似为鼎盖。口径20.8、高5厘米（图二六，10）。

陶灶　1件。ⅠM10：16，泥质灰陶。两侧有长方形的挡板，一侧的挡板较直，朝外的一面有堆塑装饰，另一侧挡板向外倾斜，内侧有两行乳钉组成的花朵。灶台上二眼，一侧二个斜置的四边形火门。长51.4、通高29.5厘米，台高19.1、宽28.6厘米（图二七，9）。

陶水塘模型　1件。残。ⅠM10：23，泥质灰陶。不规则形平面，原物形状不明。上有田螺、青蛙、鱼、鸭、龟、莲蓬等动植形象。表面残留彩绘。残长30、最宽16.5厘米（图

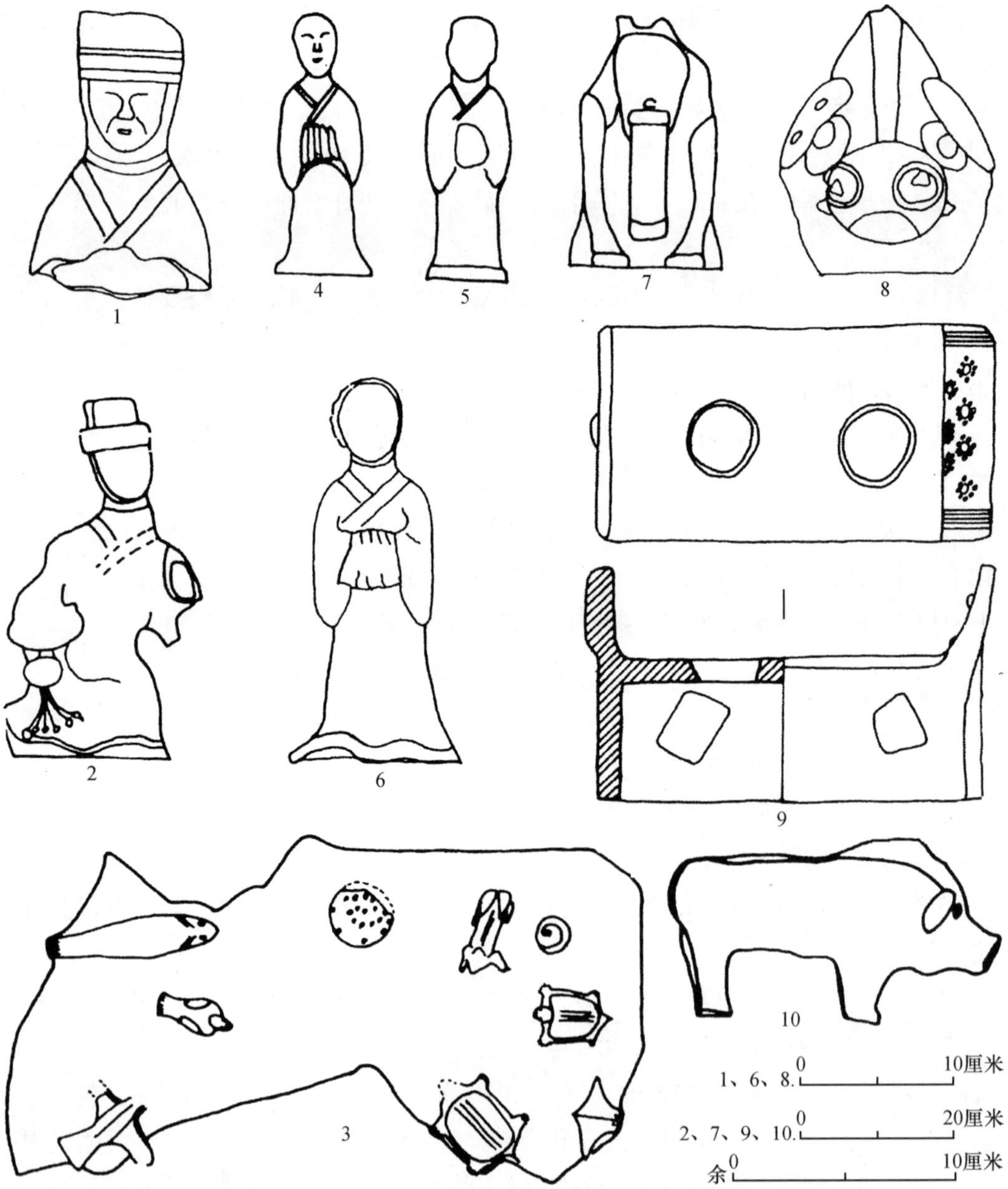

图二七　ⅠM10出土陶俑、模型明器

1、6. 女侍俑（ⅠM10：26、ⅠM10：29）　2. 舞俑（ⅠM10：2）　3. 水塘模型（ⅠM10：23）　4、5. 男童俑（ⅠM10：28、ⅠM10：27）　7. 镇墓兽（ⅠM10：4）　8、10. 猪（ⅠM10：30、ⅠM10：1）　9. 灶（ⅠM10：16）

二七，3）。

陶俑　有人俑、猪俑。共8件，2件残。

女侍俑　2件。ⅠM10：26，胸部以下残失。泥质红陶。体中空。着平顶冠，右衽宽袖，圆领，面带微笑。残高18.1厘米（图二七，1）。ⅠM10：29，泥质红陶。体中空。面目、冠髻不清，着及地长裙，两手拱于胸前。高24.3、底宽11.4厘米（图二七，6）。

男童俑　2件。ⅠM10：28，泥质红陶。中空。光头，右衽宽袖，两手拱于胸前，长袍及地。高12.5、底宽4.8厘米（图二七，4）。ⅠM10：27，泥质红陶。面目不清，着袍拱手而立。高12.6、底宽3.9厘米（图二七，5）。

舞俑　1件。ⅠM10：2，泥质红陶。中空。着高冠，着右衽及地长裙，面目不清，头微侧，右手按在胯侧，手持花形道具，左臂上举，手已残失，做舞蹈状。高46、底宽20厘米（图二七，2）。

陶猪　2件。其一残，仅剩猪头。ⅠM10：1，泥质红陶。中空。体态肥胖，站立，嘴前凸，背脊一排鬃毛竖起，腹部与鼻下各有一孔洞。长40、高22厘米（图二七，10）。ⅠM10：30，泥质红陶。仅余头部，鼻上翘，眼圆睁，两耳弯曲贴于头两侧。残高17.2厘米（图二七，8）。

陶镇墓兽　1件。ⅠM10：4，泥质红陶。中空。做蹲踞状，四肢及臀及地，头上竖两角，口吐长舌。高30、宽20厘米（图二七，7）。

铜器　为铜饰件和铜钱。

鎏金铜釦饰　1件。ⅠM10：31，形如新月。鎏金大部脱落。根据器形，应为漆器耳上饰件。长7.3、宽1.15厘米（图二六，17）。

铜钱　五铢钱，19枚。钱文模糊不清，“朱”头圆折。ⅠM10：3-1，直径2.5厘米（图二六，15）。ⅠM10：3-2，磨郭。直径2.3厘米（图二六，16）。

填土中出土器物有滴水、瓦当、陶柄形器等。

陶滴水　1件。ⅠM10：32，泥质灰陶。莲花纹。稍残。残宽16.1、残长11、高7.9厘米（图二八，1）。

陶瓦当　1件。ⅠM 10：33，泥质灰陶。圆形。瓦当后残存筒瓦一截。较厚重。莲花纹。直径10、残长5.6、胎厚1.5厘米（图二八，2）。

陶柄形器　6件。分二型。

A型　3件。均残。泥质灰陶。柱状，一端粗，一端细，粗端头上似接盘，近粗头分叉，形成另一枝，分枝稍细。ⅠM10：24，残长15.5、分叉残长7厘米（图二八，3）。

B型　3件。均残。有泥质灰陶、黑陶。圆柱状，上粗下细，粗端弯向一侧，原应接器物。ⅠM10：25，残长12.7厘米（图二八，4）。

ⅡM1　位于白马小学西约25米的Ⅱ区T02内，ⅡM2以南约10米，与白马小学中隔一条通向江边的公路。平面呈“凸”字形。长方形墓室。前（西）壁中间设短甬道，甬道正中又设短墓道。方向287°。墓室东西长6.6、南北宽2.7米；甬道长2、宽1.9米；墓道长0.8、宽1.1米。通长9.4米。墓壁残高1.6米，后部、甬道和墓道可见起券迹象。墓砖以菱形纹为主，少量有车轮纹，错缝叠砌，底不铺砖。花纹砖规格基本一致，长41、宽16.5、厚8～8.5厘米。墓内填土黄

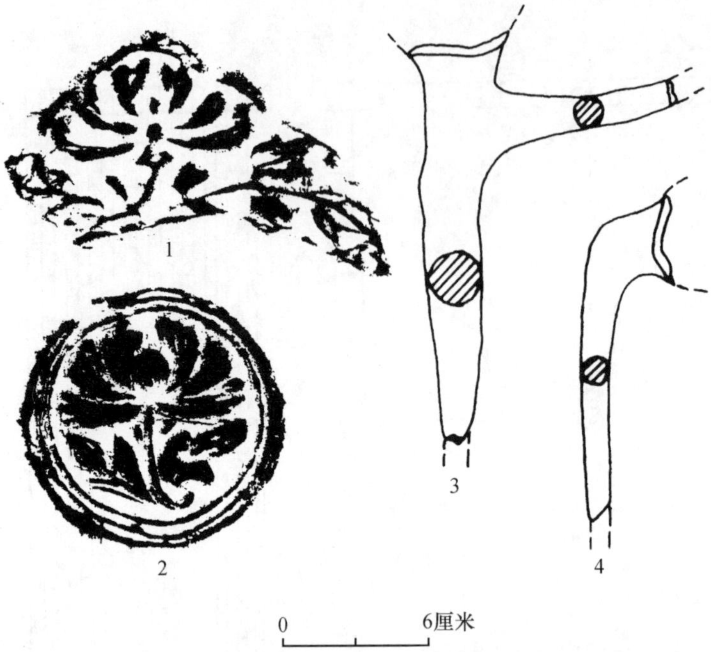

图二八　ⅠM10填土中出土陶器

1. 滴水（ⅠM10：32）　2. 瓦当（ⅠM10：33）　3. A型柄形器（ⅠM10：24）
4. B型柄形器（ⅠM10：25）

褐色，干硬，夹杂乱砖、陶片、瓷片等。墓室东部仅见一处头盖骨，人骨集中杂乱地散落于墓室西部、甬道和墓道内，甬道、墓道内人骨有的在填土上，高于墓底，墓道口外北侧也有人骨。器物与人骨杂处。根据头骨、盆骨及肢骨情况，该墓至少有6人合葬。墓室被盗时，盗墓者将尸骨拖至墓室前部，便于搜罗墓室器物。被盗时，尸体已腐朽或大部腐朽，致有如此零乱的人骨摆放（图二九）。

该墓虽然规模很大，但基本被盗空。出土器物有陶壶1件、陶罐3件、陶甑1件、陶盂1件、釉陶灯2件、陶勺1件、陶楼2件、陶仓1件、陶灶1件、陶俑8件、五铢钱43枚。

陶壶　1件。ⅡM1：11，泥质红陶，青黄釉。敞口，圆唇，细长颈，大圈足。腹饰凸弦纹。口径12、腹径19.4、底径16、高28.2厘米（图三〇，7）。

陶罐　3件。ⅡM1：15，泥质灰陶。直口，圆唇，圆鼓腹，小平底。下腹有比较明显的手制加工痕迹。口径7、底径5、高7.2厘米（图三〇，1）。ⅡM1：9，泥质黑灰陶。口微侈，卷圆唇，束颈，鼓腹，下腹斜内收，小平底。口径7.6、底径4.5、高8.3厘米（图三〇，2）。ⅡM1：16，泥质灰陶。直口圆唇，折圆腹，平底。口径7.5、底径5.5、高8厘米（图三〇，3）。

陶甑　1件。ⅡM1：8，泥质灰陶。卷沿，圆唇，腹较直，小平底。底上有小孔11个。口径14.6、底径4.2、高6.8厘米（图三〇，13）。

陶盂　1件。ⅡM1：14，泥质红陶，沿面及腹部施青褐色釉。侈口，束颈，垂腹，大平底。腹上一道凹弦纹。口径11.5、底径8、高9.5厘米（图三〇，9）。

陶勺　1件。ⅡM1：13，泥质红陶。直口，平唇，口部略呈圆形，尖圆底，柄平直。后段残。口径5.4、高2.6、残长8厘米（图三〇，11）。

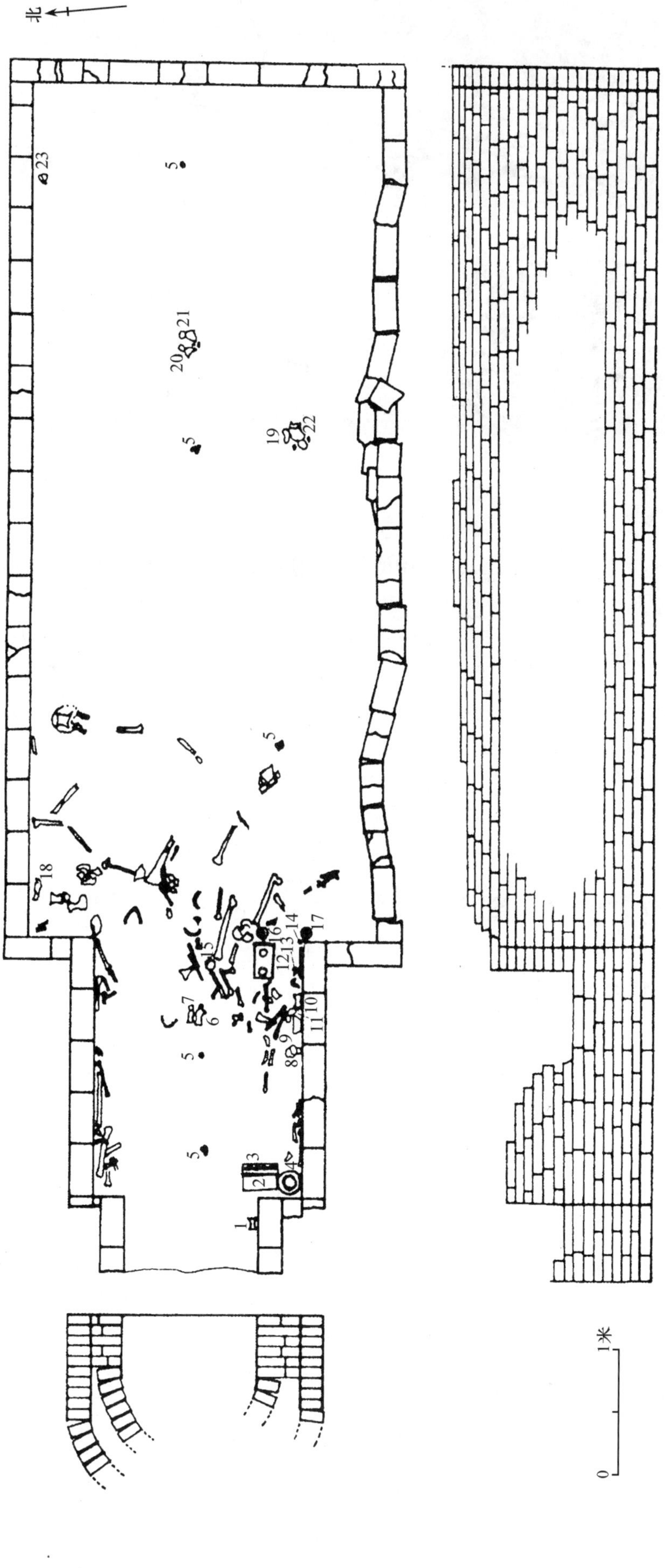

图二九 ⅡM1平、剖面图

1、10. 釉陶灯 2、3. 陶楼 4. 陶仓 5. 铜钱 6、7、17、20. 陶俑 8. 陶甑 9、15、16. 陶罐 11. 陶壶 12. 陶灶 13. 陶勺 14. 陶盂 18. 陶鸡 19. 陶舞俑 21. 陶坐俑 22. 陶猪 23. 头盖骨

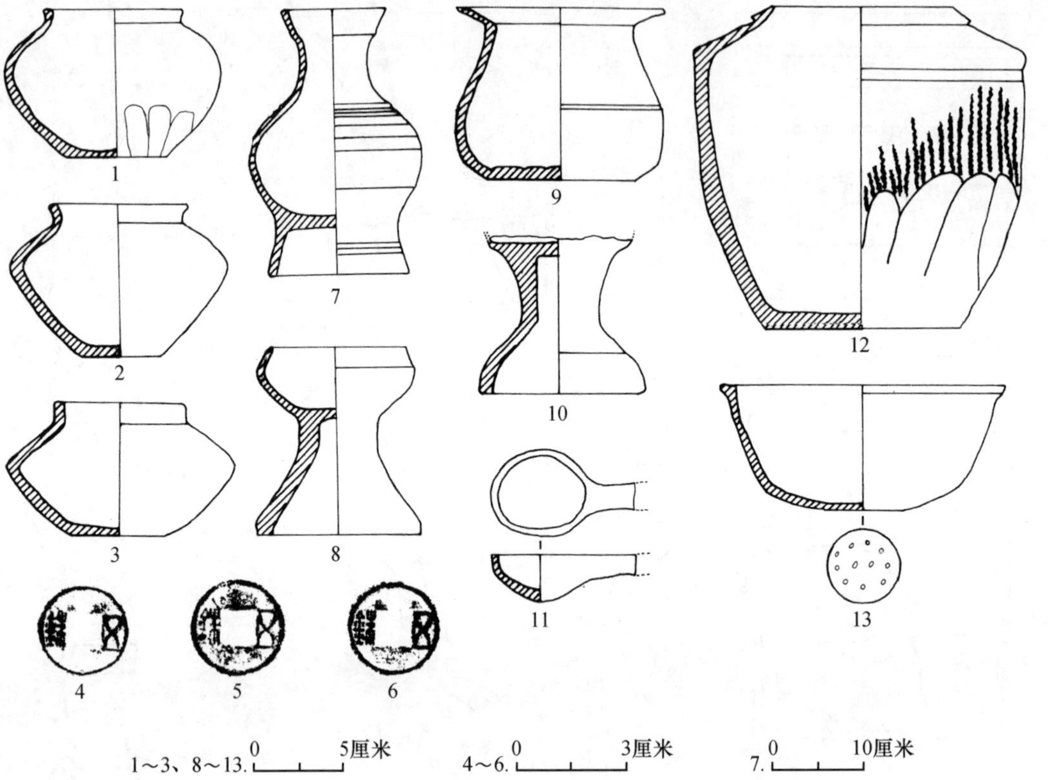

图三〇　ⅡM1出土器物

1～3. 陶罐（ⅡM1：15、ⅡM1：9、ⅡM1：16）　4～6. 铜钱（ⅡM1：5-1、ⅡM1：5-2、ⅡM1：5-3）　7. 陶壶（ⅡM1：11）　8、10. 釉陶灯（ⅡM1：1、ⅡM1：10）　9. 陶盂（ⅡM1：14）　11. 陶勺（ⅡM1：13）　12. 陶仓（ⅡM1：4）　13. 陶甑（ⅡM1：8）

釉陶灯　2件。泥质红陶。ⅡM1：1，施黄褐釉，柄部及盘内不施釉。灯盘鼓腹，敛口，喇叭形座。口径7.7、底径9、高10.2厘米（图三〇，8）。ⅡM1：10，灯盘残失，仅余豆柄及喇叭形圈足。残高8.5、底径8.5厘米（图三〇，10）。

陶仓　1件。ⅡM1：4，泥质褐陶。敛口，扁唇，直腹，大平底，近筒形。腹饰绳纹，下腹有加工时的刮痕。口径9.7、底径11、高17.4厘米（图三〇，12）。

陶灶　1件。ⅡM1：12，泥质灰陶。平面呈长方形，三眼，两个大灶眼之间前方为一小眼，周边有三个乳钉形支点，一侧有圆顶灶门两个。长28.1、宽15.6、高9.4厘米（图三一，6）。

陶楼　2件。ⅡM1：2，夹砂红陶。整体呈长方形。楼顶近平，顶与楼体可分合，下面顶上有筒瓦四列，楼前有两组斗拱，皆一斗三升，斗拱立柱间为门道。长29.5、宽9.5、高23厘米（图三一，2）。ⅡM1：3，泥质灰陶。屋顶两面坡，中间屋脊凸起，正面有四行筒瓦状堆贴，房正面中间斗拱一斗三升，有阳台、护栏，可见零星彩绘。长32、高26、宽10厘米（图三一，1）。

陶俑　8件。有人俑6件、陶猪1件、陶鸡1件。

侍立俑　2件。泥质红陶。体中空。体型短小。着袍，面目不清，拱手而立。ⅡM1：7，高14.4、底宽5.5厘米（图三一，5）。ⅡM1：20，高14、底宽5.4厘米（图三一，9）。

图三一　ⅡM1出土陶俑、模型明器

1、2. 楼（ⅡM1：3、ⅡM1：2）　3. 鸡（ⅡM1：18）　4、10. 人俑（ⅡM1：6、ⅡM1：17）　5、9. 侍立俑（ⅡM1：7、ⅡM1：20）　6. 灶（ⅡM1：12）　7. 猪（ⅡM1：22）　8. 舞俑（ⅡM1：19）　11. 坐俑（ⅡM1：21）

舞俑　1件。ⅡM1：19，泥质红陶。头着低冠或巾帻，长袍及地，头侧向一边，右臂举起，左手放于腰间，做舞蹈状，面部五官不清。高23.8、底宽10.5厘米（图三一，8）。

坐俑　1件。ⅡM1：21，泥质红陶。着高冠，右衽袍服，右手扬起，似为说唱俑。高17.8厘米（图三一，11）。

人俑　2件。泥质红陶。均残。ⅡM1：6，身部残失，五官不清。残高15厘米（图三一，4）。ⅡM1：17，下身稍残。拱手着袍，头束巾。残高17厘米（图三一，10）。

陶猪　1件。ⅡM1：22，泥质红陶。站立，鼻上翘，短吻。体态肥胖。体中空。长21.5、高12厘米（图三一，7）。

陶鸡　1件。ⅡM1：18，泥质红陶。鸡冠高耸，昂首而立，尾上翘，尾下有洞，双翅刻划不清。高19.8、长15.5厘米（图三一，3）。

铜钱　五铢钱43枚。大小形态基本一致。面无内郭，或穿上横郭。“五”字两笔相交微曲，“朱”头圆折，为东汉五铢特点。ⅡM1：5-1，外郭细，直径2.4厘米（图三〇，4）。ⅡM1：5-2，外郭较高，穿上横郭，钱文风格同上。直径2.5厘米（图三〇，5）。ⅡM1：5-3，钱文模糊，外轮稍宽。直径2.4厘米（图三〇，6）。

（三）汉花纹砖墓

清理的4座汉代砖室墓皆以具有时代特色的菱形纹砖为建材。菱形纹是汉墓花纹砖的主体花纹，分为大菱形和小菱形，又以大菱形最为常见，由平行线组成的多重菱形纹连续布置于砖侧。菱形纹内填以各种装饰符号，有“十”字、平行线、圆点、实心菱形、车轮等。小菱形纹仅见于ⅠM4，也是以大菱形纹为骨架布置的，大菱形统率小菱形。各墓所用花纹砖的大小规格和花纹细部风格皆不相同。ⅠM10有两种花纹砖。ⅠM10：35，平行线组成大菱形，中间两组大菱形中央填以“十”字纹、平行线。长42、宽15.5、厚8.2厘米（图三二，1）。ⅠM10：36，菱形纹中间填以实心小菱形。长42、宽15.5、厚7.5厘米（图三二，2）。ⅠM4亦有两种花纹砖。ⅠM4：68，中间一组菱形纹中央填“十”字，两侧各有一组填实心圆点。长40.8、宽19、厚8.5厘米（图三二，3）。ⅠM4：69，砖侧布满小菱形，小菱形中间为凸起的小圆点，大菱形分割砖侧，成为花纹的间架。长40、宽18.5、厚8厘米。该墓以这种小菱纹砖为主（图三二，4）。ⅠM1：1，完整的菱形纹只有中间的一组，正中填断开的实心小菱形。长40、宽17、厚7.5厘米（图三二，5）。ⅡM1有4种花纹砖。ⅡM1：23，大菱形中间无填饰。长43.5、宽17.5、厚7厘米。是该墓常见的一种（图三二，6）。ⅡM1：24，大菱形中间填一短线，较少见。长42、宽17、厚8厘米（图三二，7）。ⅡM1：25，正中大菱形包一车轮纹，较

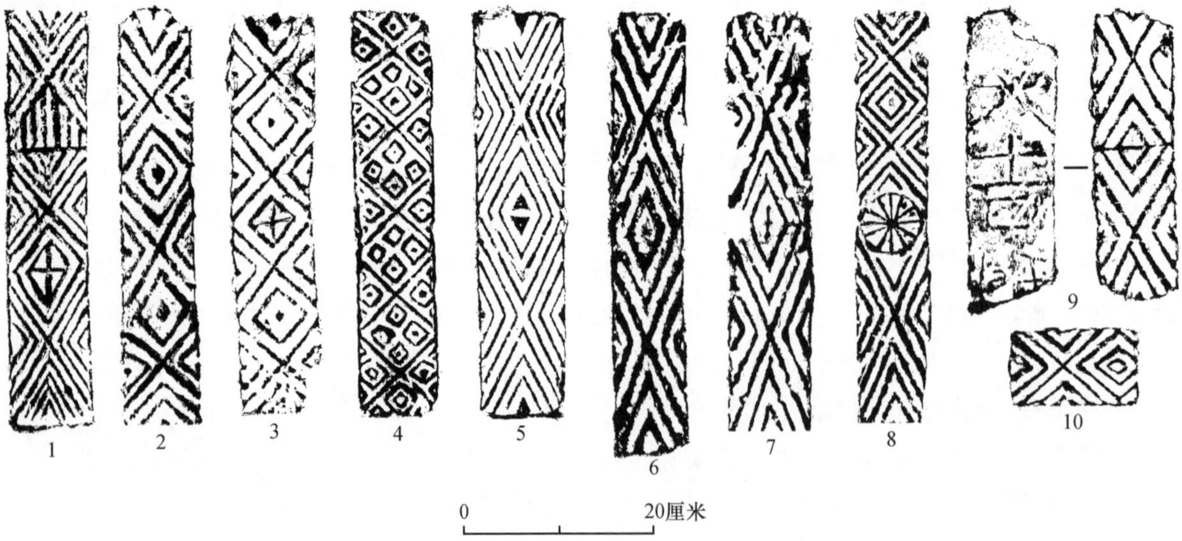

图三二　汉墓花纹砖

1. ⅠM10：35　2. ⅠM10：36　3. ⅠM4：68　4. ⅠM4：69　5. ⅠM1：1　6. ⅡM1：23　7. ⅡM1：24　8. ⅡM1：25　9. ⅡM1：26　10. ⅠM3：5

少见。长41、宽17.5、厚7.5厘米（图三二，8）。ⅡM1：26，“大吉”铭文砖，残，疑为“大吉利”或“大吉祥”。另侧为菱形。仅一件。发现于墓内填土中。残长30、宽16、厚8厘米（图三二，9）。ⅠM3为石室墓，但于墓门口乱土中发现一些菱形纹砖，墓门一侧石上发现短砖一块。ⅠM3：5，大菱形纹内为空心小菱形，见于砖的一端，此砖六面平整，显非残断，长17、宽12.5、厚7.5厘米，似有专门用途（图三二，10）。

（四）石室墓

只有1座，即ⅠM3。位于白马小学教室下，甬道口在教室墙外。长方形墓室。方向160°。甬道偏于墓室一侧（西侧）。平面呈刀把形。墓室、甬道皆券顶。全部以厚薄不一的石片叠砌。该墓被盗，墓内有0.4米厚的淤土，墓室西壁垮塌并向内倾斜。墓室长6.56、宽2.4、高2.55米；甬道长1.68、宽1.4、高1.7米（图三三）。

该墓虽然结构完整，但仅出土陶罐1件、陶器盖2件、铜钱62枚。

陶罐　1件。ⅠM3：1，泥质灰陶。敞口，圆唇，圆折腹，平底。口径7.2、底径4.8、高9.5厘米（图三四，2）。

陶器盖　2件。泥质灰陶。当为罐盖。ⅠM3：2，圆唇。盖顶圆形纽。口径10.5、高4.2厘米（图三四，1）。ⅠM3：3，直口，圆唇。盖顶鸟首形纽。口径11、高6厘米（图三四，3）。

铜钱　62枚。其中五铢钱61枚、货泉1枚。

五铢钱　61枚。大小形态一致。ⅠM3：4-1，面无内郭。“五”字两笔曲交，“朱”头方折。直径2.6厘米。为西汉五铢风格（图三四，4）。

货泉　1枚。ⅠM3：5，“货”字模糊不清，“泉”字中竖断开。直径2.3厘米（图三四，5）

四、宋代墓葬

宋代砖室墓1座，编号ⅠM2。该墓位于白马小学南的坡地，处于江边陡坎的边缘。墓葬被严重扰乱，上部墓圹范围不详，仅有墓底铺地砖，墓底作长方形，长2.66、宽1.54米。中间南北向四列方砖，西边、北边用二层长方砖单列纵向砌边，东边先横铺一列小砖，上面纵铺一两行。南端断于陡坎之下。小砖上有石灰层，表明其上不再有砖。该墓即为墓底施砖的长方形墓。方向325°。铺地方砖的规格为长27、宽27、厚4厘米，砌边小砖长34、宽16、厚8厘米。墓底一侧发现铜钱2枚，花边钱1枚（图三五）。

元丰通宝　1枚。ⅠM2：1，宽郭狭穿。钱文旋读。直径3、穿径0.7厘米（图三六，1）。

建炎通宝　1枚。ⅠM2：2，钱文直读。直径3、穿径0.7厘米（图三六，2）。

花边钱　1枚。ⅠM2：3，圆形花边，呈花瓣形。中心长方小孔。面光滑，微凸，无文。明钱类。直径3.5、孔长0.55、宽0.4厘米（图三六，3）。

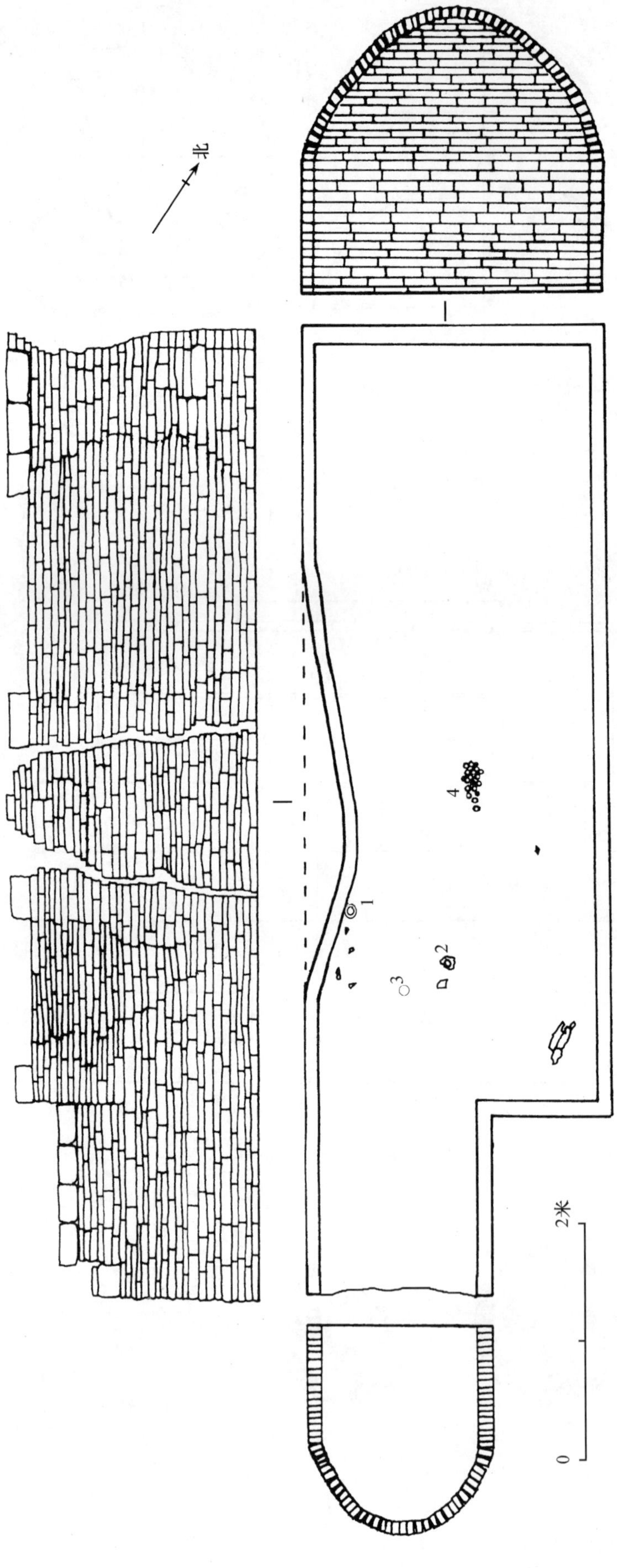

图三三 I M3平、剖面图
1. 陶罐 2、3. 陶器盖 4. 铜钱

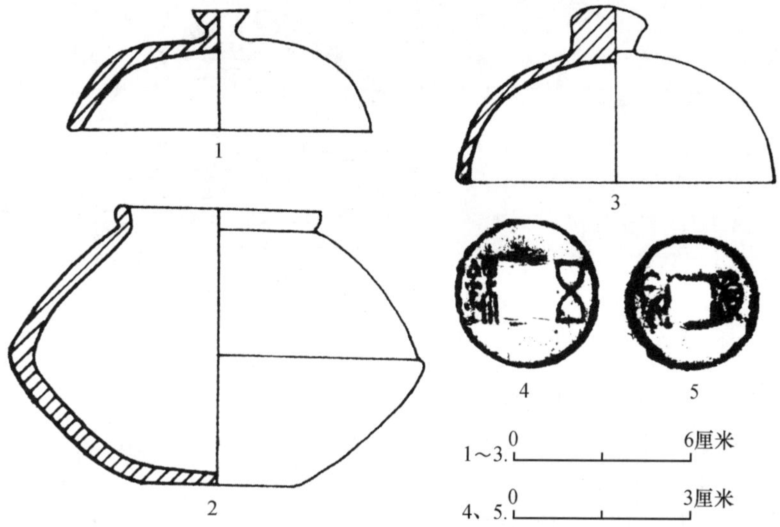

图三四 ⅠM3出土器物

1、3. 陶器盖（ⅠM3：2、ⅠM3：3） 2. 陶罐（ⅠM3：1） 4. 五铢钱（ⅠM3：4-1） 5. 货泉（ⅠM3：5）

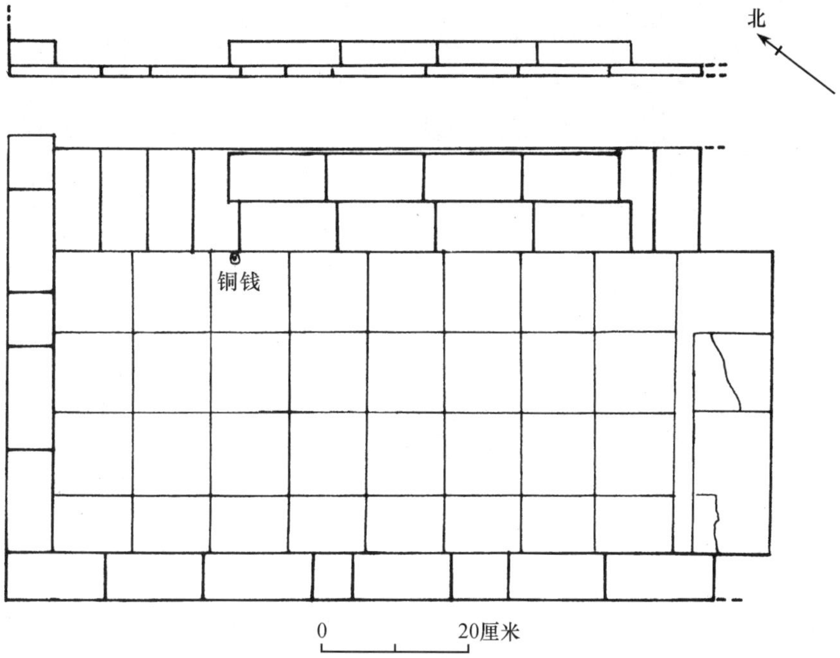

图三五 ⅠM2平、剖面图

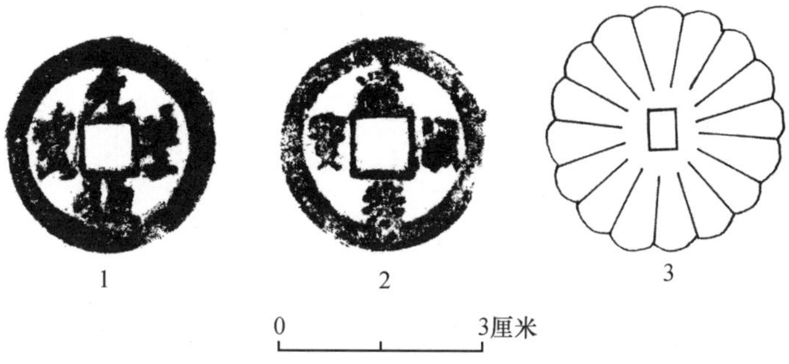

图三六 ⅠM2出土铜钱

1. 元丰通宝（ⅠM2：1） 2. 建炎通宝（ⅠM2：2） 3. 花边钱（ⅠM2：3）

五、地层中出土遗物

在探方发掘中，也出土了部分有价值的文物，其中有的可以肯定是墓葬中遗物，但由于墓坑早已破坏无存，这几件器物已经同树根长在了一起，周围的地层均被扰乱至器物所在高度以下，挖掉树后才从树根中取去修复。这种器物有陶罐3件、陶壶2件、陶鼎1件，其他地层出土物还有陶纺轮1件、青花碗2件、玉璧1件、玉笄1件、玉饰件1件、骨饰件1件、铜钱18枚。

陶罐　3件。ⅠT17②：2，泥质灰陶。直口平沿，上腹圆鼓，有凹弦纹两道，下腹斜收，平底。口径9.2、底径10、高13.2厘米（图三七，2）。ⅠT17②：3，泥质灰陶。直口，圆唇略外翻，短颈，上腹圆鼓，下腹斜收，平底。口径10、底径11、高14.9厘米（图三七，1）。ⅠT22②：1，泥质灰陶。敞口，束颈，扁圆腹。口径7.8、腹径10.9、高8.5厘米（图三七，14）。

陶壶　2件。ⅠT20②：1，泥质褐陶。敞口，高颈，腹微鼓，圈足。腹中部有凹弦纹三道，方形小錾耳一对。带盖，盖子母口，顶三纽已失。颈部有彩绘痕迹。口径10.4、底径12、高21.6厘米（图三七，5）。ⅠT17②：1，泥质黑陶。口沿、圈足残，细颈，鼓腹。肩部饰网纹。环耳向上贴于肩部，其一残失。残高25.2、腹径24.2厘米（图三七，3）。

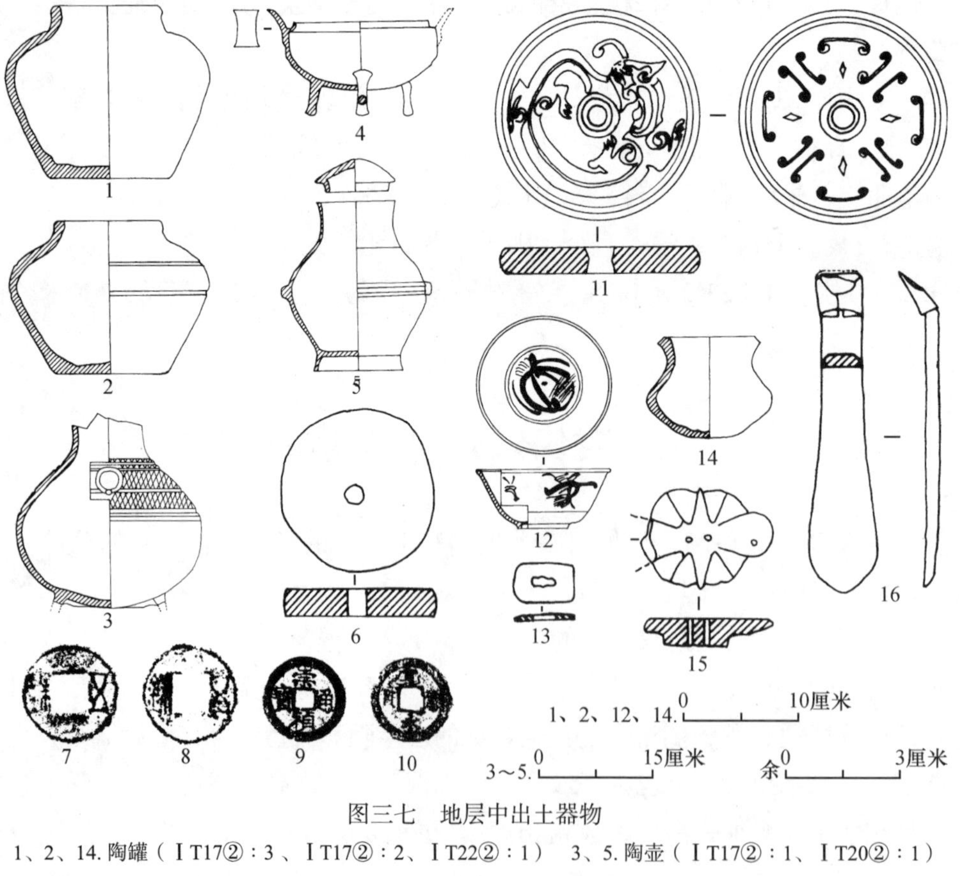

图三七　地层中出土器物

1、2、14. 陶罐（ⅠT17②：3、ⅠT17②：2、ⅠT22②：1）　3、5. 陶壶（ⅠT17②：1、ⅠT20②：1）　4. 陶鼎（ⅠT20②：2）　6. 陶纺轮（ⅠT13②：1）　7、8. 五铢钱（ⅠT22②：2、ⅠT17②：4）　9. 崇祯通宝（ⅠT12②：1）　10. 宽永通宝（ⅠT23②：1）　11. 玉璧（ⅠT25②：1）　12. 青花碗（ⅠT05②：1）　13. 骨饰件(ⅠT13②：2)　15. 玉饰件（ⅠT25②：3）　16. 玉笄（ⅠT25②：2）

陶鼎　1件。ⅠT20②：2，泥质灰陶。子母口，盖缺失。附耳，上腹较直，圜底。底有绳纹。柱状足。口径18、通高14.2厘米（图三七，4）。

陶纺轮　1件。ⅠT13②：1，泥质灰陶。扁圆形，中有圆孔，两面打磨光滑。直径4、孔径0.6、厚1厘米（图三七，6）。

青花碗　2件。形制、大小、花纹完全一致，出土时在靠在一起。ⅠT05②：1，灰白胎，圈足未施釉。侈口，圆唇，斜直腹，圈足。腹部、内底饰花草纹。口径12、底径4.4、5.1厘米（图三七，12）。

玉璧　1件。ⅠT25②：1，青白色，晶莹剔透。两面各有精美的花纹：一面是龙纹，一条龙卷曲身体绕玉璧好孔而设，首尾相接，形象生动；另一面为对称布局的卷云纹和菱形纹，细致工整。直径5.4、孔径0.7、厚0.65厘米（图三七，11）。

玉笄　1件。ⅠT25②：2，翡翠绿。表面光滑。一端宽一端窄，窄端套有铜箍，上连有饰物（已残失）。长8.4、宽1.15～1.85、厚约2.5厘米（图三七，16）。

玉饰件　1件。头饰。ⅠT25②：3，灰白色，磨制光滑，形如花朵，有三个小孔，共中两个在器物中央。一端残。当为笄的尾端。残长3.5、宽2.5、厚0.3～0.8厘米（图三七，15）。

骨饰件　1件。ⅠT13②：2，长方形，极薄，中有长孔，正面打磨光滑。长1.6、宽0.9、厚0.15厘米（图三七，13）。

铜钱　18枚，其中有五铢钱12枚、崇祯通宝1枚、宽永通宝1枚、乾隆通宝1枚、咸丰通宝1枚、钱文莫辨者2枚。

五铢钱　12枚，钱文多模糊难辨。ⅠT22②：2，细郭，穿上横郭，“五”字交斜直，“朱”头圆折。直径2.5、穿径1厘米（图三七，7）。ⅠT17②：4，面无内郭，外郭细，“五”字两笔曲交，朱头圆折。直径2.6厘米（图三七，8）。

崇祯通宝　1枚。ⅠT12②：1，直径2.2厘米（图三七，9）。

宽永通宝　1枚。ⅠT23②：1，钱文锈蚀不清，宽郭。直径2、穿径0.7厘米（图三七，10）。

六、时代分析与主要收获

本次发掘共清理墓葬13座，根据对墓葬形制和出土物的初步分析，它们分属于战国、西汉、东汉、宋代四个时期。土坑墓的时代较砖室墓早，一般为战国至西汉时期，最晚的为新莽时期。砖室墓、石室墓主要是东汉时期的。

属于战国时期的墓只有ⅠM5一座土坑墓。ⅠM5随葬器物中容器只有1件陶罐和1件铜容器盖，出土的青铜兵器戈、矛、剑组合是比较典型的巴墓随葬器物组合，重兵器组合也有战国巴文化的特点之一。该墓出土带有巴人虎纹徽识的青铜戈。所出高领罐与四川大学发掘的云阳李家坝巴人墓地出土的A型Ⅲ式高领罐风格相近[①]。更重要的是墓葬出土的剑是战国楚式剑，矛

① 四川大学历史文化学院考古系、云阳县文管所：《云阳李家坝巴人墓地发掘报告》，《重庆市库区考古报告集·1998卷》，科学出版社，2003年。

的銎部上的花纹，虽模糊不清，但可以判定为巴文化中常见的符号。

西汉墓有ⅠM7、ⅠM11、ⅠM6、ⅠM9、ⅡM2五座土坑墓和ⅠM3一座石室墓。

ⅠM7出土柳叶形巴式青铜剑，但也有带有汉式风格的高领扁腹小罐和陶灶，其时代应为西汉早期，有可能早到战国晚期。ⅠM11随葬鼎、壶组合，为楚式器。鼎盖平顶，圜底，附耳，鼎足不发达；陶壶最大腹径偏上。这些都具有战国时代的特征，但其他时代特点不显，有可能下延至西汉。因此，把该墓定在西汉前期，当无问题。

ⅠM6出土的铜钱均为半两钱，且带有文帝半两钱的特点，时代比较明确。

ⅠM9出土铜鍪1件和半两钱4枚，该墓被出土带有东汉五铢风格的ⅠM8所打破，可以大致推定ⅠM9为西汉时期。

ⅠM3几乎被盗一空，从所出铜钱分析，五铢钱皆西汉五铢，只有1枚货泉，可放在西汉晚期。ⅡM2出土品贫乏，只有大泉五十，无其他更晚的器物，可以认定为新莽时期。

东汉时期有ⅠM1、ⅠM8、ⅠM4、ⅠM10、ⅡM1。

ⅠM1无出土物，墓葬花纹砖的风格与该区东汉时期花纹一致，暂定为东汉时期。ⅠM8出东汉五铢及东汉墓葬中的常见器物。ⅠM4出土物较多，有东汉五铢，其中陶楼模型及摇钱树等一般不见于西汉墓。ⅠM10出土的双火门灶，两窄端有长方形的挡板，挡板内侧印有乳钉花纹，形制同巫山麦沱汉墓所出一样，该墓为东汉时期[①]。而釉陶壶、俑类，与万州松岭包东汉墓所出风格一致，特别是镇墓兽（报告称为熊俑），吐长舌，狰狞可怖[②]。出土五铢钱，钱文可辨者，朱头圆折，为东汉五铢特点。ⅡM1与ⅠM10同为“凸”字形墓，根据多年库区发掘资料，峡江地区的汉代砖（石）室墓（主要是东汉墓）以刀形为其特色，本年度发掘的4座汉代砖室，除1座（ⅠM1）因残失前段无法判明平面形状，另3座中2座为“凸”字形，1座（ⅠM4）无墓道，只在墓室前壁中段封门，平面呈长方形。而从墓葬结构的发展来看，“凸”字形墓一般晚于刀形墓，东汉时期的“凸”字形墓可以看作魏晋墓的先声。从形制结构、出土器物和五铢钱的特点，可认定这两座墓皆为东汉晚期。

宋代墓1座，出宋代钱币2枚，墓砖也是宋代小墓常见的小砖。

奉节营盘包是一处以汉墓为主的墓地，本年度的发掘丰富了我们对三峡地区古文化的认识。

土坑墓因未受盗扰，可以研究其随葬器物的组合情况。早期的墓葬有戈、矛、剑，几乎无容器出土，重兵器而轻容器。晚期墓少有兵器，即使有也是单件的戈或剑，而以陶、铜容器为主，这反映了该地在葬俗上变化。战国墓和西汉早期墓（ⅠM6）出典型的楚式剑，而战国墓中楚式剑与典型的巴式剑同出，反映了楚文化的西上和巴、楚文化的交流和融合的情况。

墓地没有发现原生地层，但发现有较早的遗物。ⅠM11墓坑内填土中包含较多的夹砂绳纹陶片，有鬲足等，有的可能早到商周时期。与营盘包一沟之隔的金家坪，据说当年调查时曾发现商周时期陶片等，2003年吉林大学考古队进行发掘时也未发现早期地层。汉代人使用的早期

---

① 湖南省文物考古研究所、巫山县文管所：《巫山麦沱汉墓群发掘报告》，《重庆市库区考古报告集·1997卷》，科学出版社，2001年。

② 青海省文物考古研究所三峡工作队、万州区文物管理所：《万州松岭包墓地发掘报告》，《重庆市库区考古报告集·1997卷》，科学出版社，2001年。

地层堆积在世事变迁中早已荡然无存了。

汉墓花纹砖仍以常见的菱形纹为主，有大菱形纹、小菱形纹、菱形间车轮纹等几种，菱形纹间的填充纹或符号还有数种，形成主体风格相似而小有区别的菱形纹，如填“十”字、平行线、乳钉等。一墓之中，同种纹饰的砖大小稍异，说明非一模所出。小菱形纹在峡江地区发现不如大菱纹多见。

出土的摇钱树座丰富了本区摇钱树的类型。

另外，本次发掘也发现了一些较特别和值得注意的现象。

战国墓葬（ⅠM5）随葬青铜器盖。该墓未被盗扰，铜器盖覆置于棺木脚端的横挡板灰上，应是自棺上落下后的位置。为什么只用器盖而不用整件器物？在楚墓中，有将器物打碎分置墓室两处的做法，也有随葬半截断剑的例子。我国史前期有碎物葬习俗。巴墓的器盖葬是否与这类葬俗有相似之处呢？这是值得研究的问题。另外，兵器中，柲末端的镈，自战国至东汉，一般为铜质，或有鎏金者，但不见铁质镈，ⅠM5出土的铁镈，形制也较特别，断面呈梯形，与多见的圆銎镈迥异。

西汉前期ⅠM6出土半两钱中夹有2枚铁钱，铁半两钱的出土虽有报道，但仍属少数。

ⅠM8打破ⅠM9，并且可能完全利用了ⅠM9的上部墓圹。本来还应有一座墓打破ⅠM8，但这座墓只被橘树保护出几件器物，墓圹等迹象荡然无存，根据树的位置，若有墓，也应是在下面两座墓之上的。三墓上下相叠，墓圹范围一致，是一个奇怪的现象。另外ⅠM8墓底出土筒瓦，筒瓦横放于墓南端偏西处，用意不明。

此处发现的汉代砖（石）室墓皆不施铺地砖，只以硬土面为墓底，这可能也是本地的葬俗。

我们从营盘包墓地的发掘中弄清了该地地层情况、墓葬的分布规律和早晚墓葬的分别，发现了一些较为特殊的文化现象，补充和丰富了重庆古巴地区的汉墓资料，为今后的深入研究打下基础，并且通过大型土坑墓的发掘丰富了我们的实践经验。

附记：参加本次发掘的有刘兴林（领队）、张之恒、夏晓伟、周俊、崔世平、王蒙、程绍栋、魏女、陈厚清，摄影由刘兴林负责，钻探、修复由钱常有、王海平、韩双林负责。周俊、刘建安参加了照相资料的整理和描图工作。

发掘工作得到当地政府、奉节县文管所和兄弟考古队的大力支持与帮助，在此一并致谢。

执笔：刘兴林

附表　营盘包墓地2003年度发掘墓葬登记表

时代	类型	墓号	形制	墓向（°）	规模/米		随葬品	说明
					长×宽	高		
战国	土坑墓	ⅠM5	长方形竖穴土坑，口大底小，长侧有低矮的生土二层台	325	口（3.2～3.7）×（2.55～2.65） 底3.2×（2.2～2.3）	1.2～1.7	陶罐1、铜戈1、铜矛3、铜剑1、铁镈1、铜器盖1、柲1	单人仰身直肢葬，有棺木痕
汉代	土坑墓	ⅠM6	长方形竖穴土坑，有生土二层台	340	口4.6×3.54 底3.3×2.5	5	铜鼎1、铜钫1、铜剑1、漆器铜附件4、玉剑饰2、陶罐3、陶钵1、陶甑1、陶环1、陶饰件1、陶器盖1、铜钱173枚	棺椁及人骨情况不明
		ⅠM7	长方形竖穴土坑，有生土二层台	325	3×2.6	0.6～1.1	陶罐2、陶盆2、陶甑1、陶灶1、铜剑2	二人合葬墓，各随葬青铜剑1件
		ⅠM8	长方形竖穴土坑	125	3.2×2.18	0.4	陶釜1、陶壶1、陶罐2、陶盆1、陶灶1、筒瓦1、铜钱36、铁刀1	上半部被破坏
		ⅠM9	长方形竖穴土坑，有熟土二层台	335	口3.2×2.18 底3×2.12	2.6	铜鍪1、半两钱4	ⅠM8打破ⅠM9
		ⅠM11	长方形竖穴土坑	345	口3.8×（2.7～3） 底3.35×（1.95～2.5）	2.4～3.5	陶鼎2、陶壶2、铜壶1、铜鍪1、铜矛1、铜勺1、骨锥1	单人仰身直肢葬。墓圹东南角向内弧成圆角
		ⅡM2	近长方形竖土坑	10	3.3×（2.1～2.6）	0.66	铜鍪1、铜刀1、铜勺1、大泉五十3	单人仰身直肢葬

续表

时代	类型	墓号	形制	墓向（°）	规模/米		随葬品	说明
					长×宽	高		
汉代	砖室墓	ⅠM1	仅存后部及部分券顶，平面形状不详	160	3（残）×2.9	3.25	无	前半失于陡坎下
汉代	砖室墓	ⅠM4	长方形券顶，墓门在墓室一端正中	225	5.97×2.7	1.62	陶鼎1、陶罐14、陶盆6、陶钵7、陶盂2、陶杯1、陶豆2、陶甑6、陶卮1、陶小盏1、陶灯5、陶器盖5、陶仓形罐3、陶灶1、陶楼3、陶摇钱树座1、陶鸡2、陶狗1、铁刀1、铁构件1、铜钱22、陶壶1、铁釜1	上部残
汉代	砖室墓	ⅠM10	长方形，前凸出短甬道	145	3.4（残）×2.8	1.2（残）	釉陶壶1、陶盆4、陶钵2、陶耳杯2、陶勺1、陶碟3、陶杯2、陶灯1、陶器盖1、陶灶1、陶俑8、陶水塘模型1、鎏金铜釦饰1、铜钱19、陶杯形器2	填土中出土柄形器及宋代瓦当、滴水
汉代	砖室墓	ⅡM1	平面呈“凸”字形，长方形墓室，前（西）壁中间设短甬道，甬道正中又设短墓道	287	墓室6.6×2.7 甬道2 ×1.9 墓道0.8×1.1	1.6（残）	陶俑6、陶灯2、陶盂1、陶壶1、陶楼2、陶仓1、陶甑1、陶罐3、陶鸡1、陶猪1、陶勺1、陶灶1、五铢钱43	6人合葬墓
汉代	石室墓	ⅠM3	甬道偏于墓室一侧，平面呈刀把形	160	墓室6.56×2.4 甬道1.68×1.4	墓室2.55 甬道1.7	陶罐1、陶器盖2、五铢钱61、货泉1	被盗
宋代	砖室墓	ⅠM2	长方形铺砖墓底，墓圹不明	325	2.66 ×1.54		元丰通宝1、建炎通宝1、花边钱1	被盗扰

奉节新油房墓群2003年度发掘简报

内蒙古自治区文物考古研究所
奉节县文物管理所

2003年11月，为配合三峡库区水利工程建设，受重庆市文化局三峡文物保护工作领导小组委托，内蒙古自治区文物考古研究所三峡考古队一行12人前往奉节朱衣镇仙女村，对新油房墓群进行了发掘和勘探。从2003年11月21日起，至12月15日结束，历时25天，总发掘面积1000余平方米，清理墓葬4座。现将此次发掘所获做如下简要报告。

一、墓地概况

新油房墓群位于长江北岸的山坡上，行政区划属朱衣镇仙女村6组，东距奉节县城约12千米，南与安坪乡（镇所在地）隔长江相望（图一）。墓群中心地理位置坐标为北纬30°58′08″，东经109°20′53″，海拔140～175米，面积约30 000平方米。

墓群在1992年以前被发现，1992～1993年复查并确认。墓地北依高山，南望长江，东西两侧为深沟大壑。墓地地表坡度较大，沟壑众多，下半部为小片梯田，植被有小麦、蔬菜及大量的橘林，间有少量民居。墓葬多沿山前扇形坡地零散分布，没有一定规律，地表散见少量碎砖。

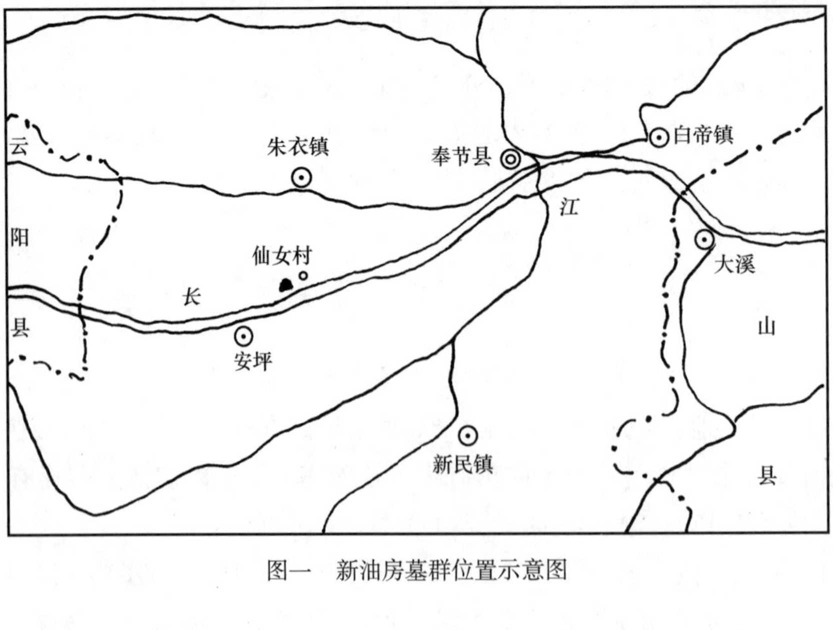

图一　新油房墓群位置示意图

二、地层及墓葬

本次发掘首先布置探方揭露表土，然后渐次清理墓葬。根据钻探结果以及地表暴露迹象共布置探方11个。鉴于地形、地势的不同，探方面积也有差异。布置10米×10米探方7个，编号分别为2003FZT1、2003FZT3、2003FZT4、2003FZT5、2003FZT8、2003FZT10、2003FZT11；10米×5米探方2个，编号分别是2003FZT2、2003FZT6；7米×6米探方1个，编号2003FZT7；12米×5米探方1个，编号2003FZT9。发掘总面积为902平方米。本发掘地层堆积仅见两层：第1层为耕土层，第2层为明清以后地层。2003FZM1、2003FZM2位于本发掘区域，于第1层下开口。

根据乡民提供线索，位于新油房以东大约1千米处的新屋附近年初发现被盗墓一座，遂前往清理，布置10米×10米探方1个，编号为2003FZT12，发掘100平方米。本地发掘仅见一层，2003FZM3开口于第1层下。

另据线索，位于新油房以西大约1千米处的老油房附近有岩洞暴露，遂派人前往勘察，确定为墓葬。该墓葬开口位于岩壁上，为典型崖墓，故未开探方，打开堆土，直接清理，编号为2003FZM4。

三、墓葬形制

发掘结果显示，该墓群墓葬形制有三类，即砖室墓、石崖墓和土崖墓。

1. 砖室墓

1座。

2003FZM1　位于2003FZT5南壁下，开口于2003FZT5第1层下，破坏相当严重，仅存一东角壁及小片铺地砖，砖为红色。2003FZM1方向10°，为长方形砖室墓，残长120、残宽210、立壁残高30厘米。墓内填土杂乱，难以辨认，未见其他遗迹（图二）。

2. 石崖墓

2座。

2003FZM2　被盗。位于2003FZT7中部，墓葬开口于第1层下，平面呈“凸”字形，为典型石崖墓，洞口上沿距地表40厘米，方向360°。墓室顶部有石刻文字，现已漫漶不清。墓室西壁浅刻纵横几何纹。未见骨骼，填土内出有少量残碎陶片，可以辨认的器形有圈足高领罐、灶、碗、小罐。墓室长120、宽118、高40～230厘米（图三）。

2003FZM4　被盗。位于老油房码头正北，海拔175米，为典型石崖墓，洞口上沿距地表40厘米，方向330°，墓内充满淤泥，泥内见少量人骨，洞口处出土有残坏的陶壶、陶盘、灶、器盖、绳纹直腹罐等。崖墓洞口出土大量灰色几何纹砖，两端均有榫卯，确定为封墓门砖。墓室长430、宽160、高68～200厘米。墓葬形制与2003FZM2相同。

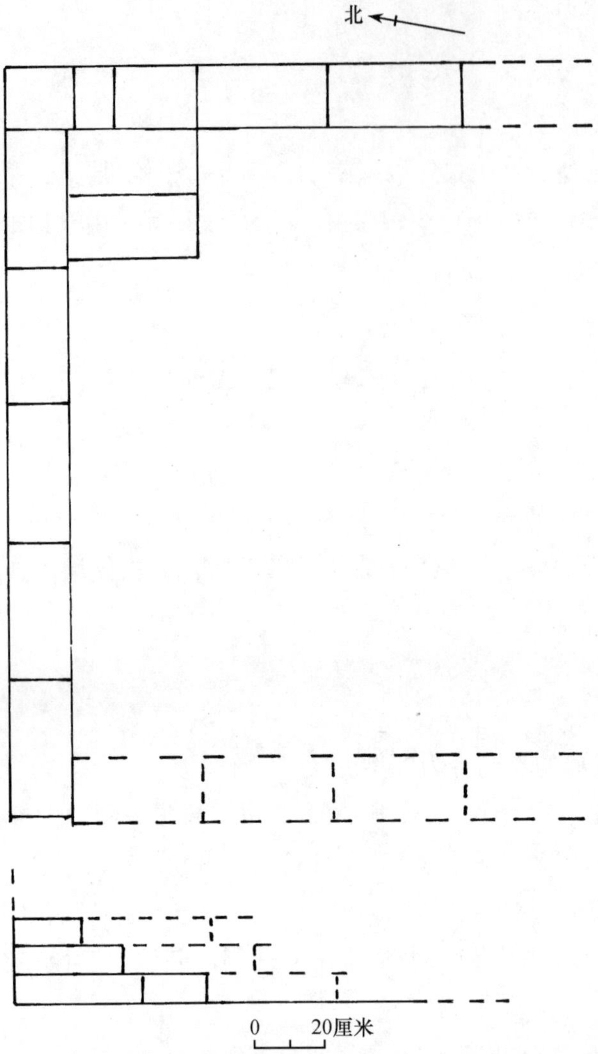

图二 2003FZM1平、剖面图

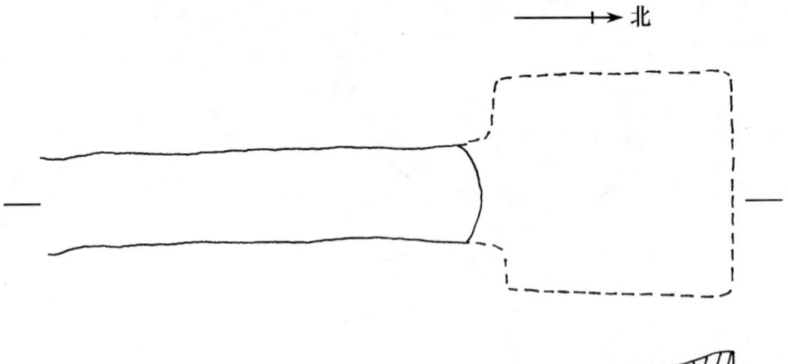

图三 2003FZM2平、剖面图

3. 土崖墓

1座。

2003FZM3　被盗。位于2003FZT12东南，墓葬开口于第1层下，平面略呈不规则椭圆形。洞口上沿距地表25厘米，方向340°，填土内有少量绳纹瓦片。由于顶部面临坍塌，又见多处被盗痕迹，因此未清理到底。

四、出土遗物

该墓群出土遗物全部为陶器，且只有灰陶一种，尤以泥质灰陶最多，少有夹砂灰陶。陶器以素面为主，纹饰有绳纹、弦纹两种。器形有壶、罐、盆等实用器和碗盘、器盖等小型明器，另有灶等模型器和绳纹瓦片等。一般为轮制，少量为模制，火候均较高。

1. 陶实用器

共计5件。

壶　2件。按颈、口部的不同分为二型。

A型　1件。2003FZM2：5，敛口，矮颈，溜肩，鼓腹，圈足微外撇。肩部贴塑两乳钉形耳，腹部有两道弦纹。口径8、底径13.4、高21厘米（图五，5）。

B型　1件。2003FZM4：4，喇叭口，颈部较长，溜肩，扁鼓腹，底足微外撇呈圈足，壶内底呈圜形。肩腹部贴塑两錾耳，颈部及肩下部有两周凹弦纹。口径13.2、底径13.6、高20.4厘米（图四，1）。

罐　1件。2003FZM2：2，侈口，短颈，溜肩，弧腹（图四，2）。

盆　2件。按形制不同分二型。

A型　1件。2003FZM2：3，敛口，沿微外卷，呈凸棱，弧腹。残高5.5厘米（图五，2）。

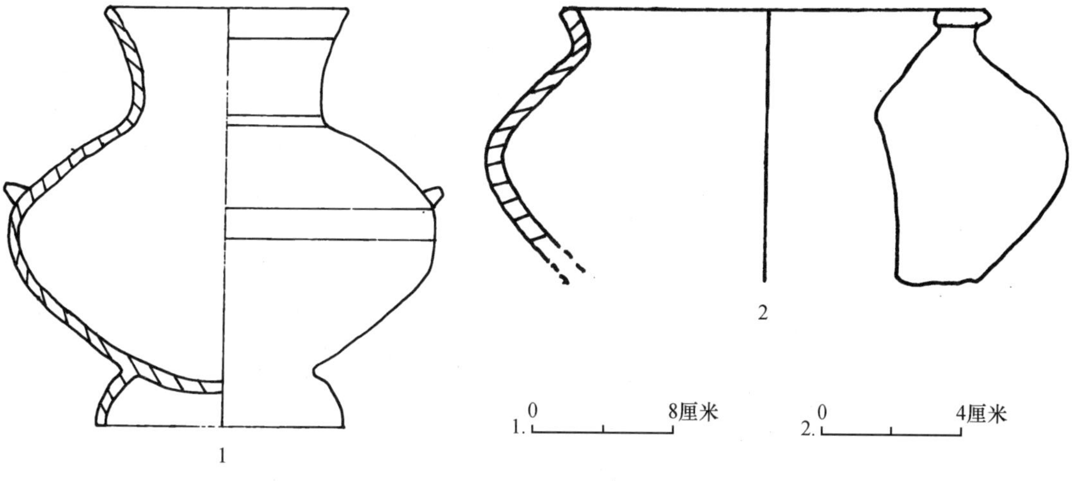

图四　出土陶器

1. 壶（2003FZM4：4）　2. 罐（2003FZM2：2）

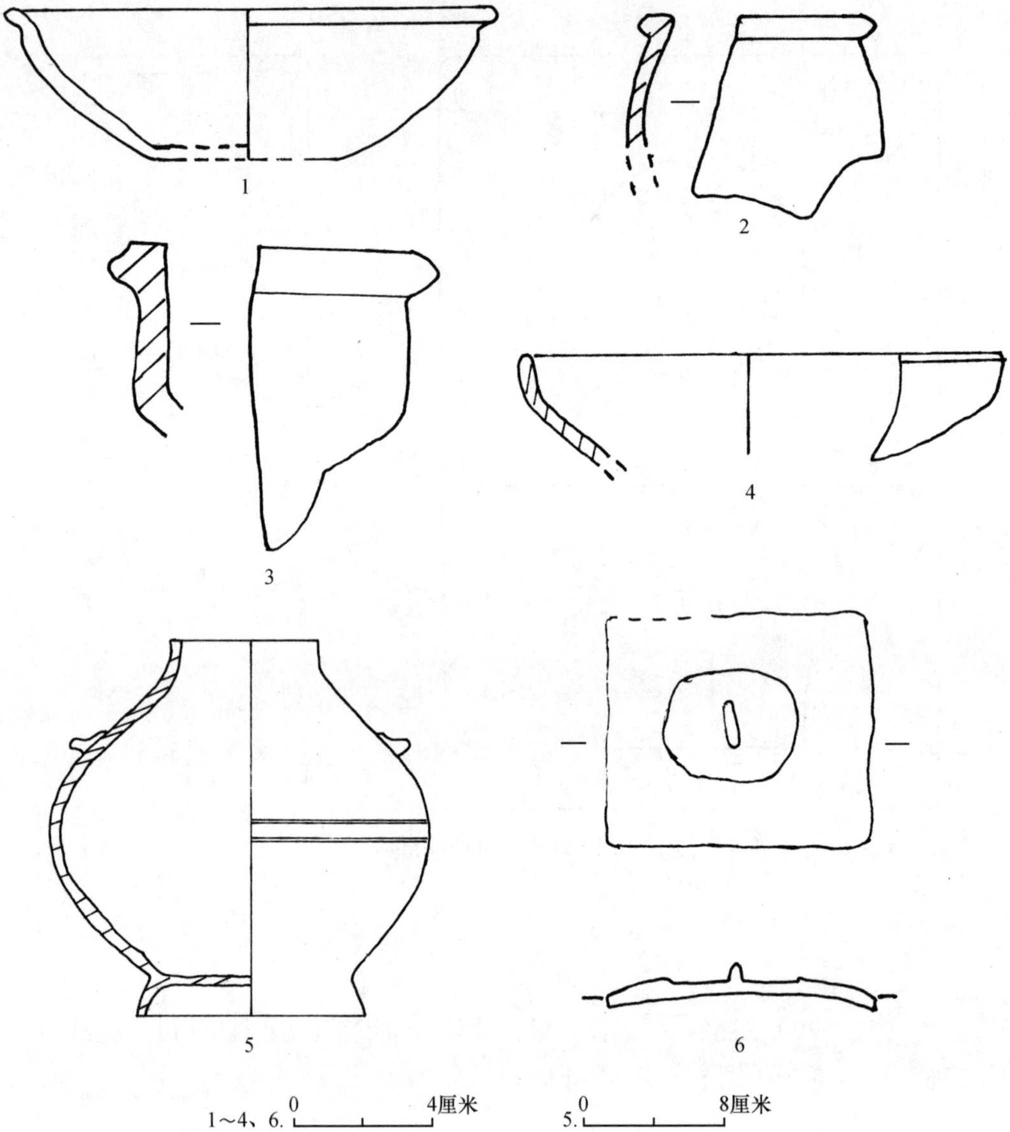

图五　出土陶器

1. 碗（2003FZM4：1）　2、3. 盆（2003FZM2：3、2003FZM2：4）　4. 盘（2003FZM2：1）　5. 双耳壶（2003FZM2：5）
6. 器盖（2003FZM4：2）

B型　1件。2003FZM2：4，直口，唇外凸，上腹直，下腹斜收。残高8.4厘米（图五，3）。

2. 陶模型器

陶灶　1件。2003FZM4：3，单灶眼，单火门，长方体。烟道位于灶面右上角，火门位于长侧边，灶面四角各有一乳钉。长19、宽16、高9厘米（图六）。

3. 陶明器

碗　1件。2003FZM4：1，侈口，沿微外卷，呈凸棱状，浅腹，腹壁斜弧，平底略残。口径13.2、高4厘米（图五，1）。

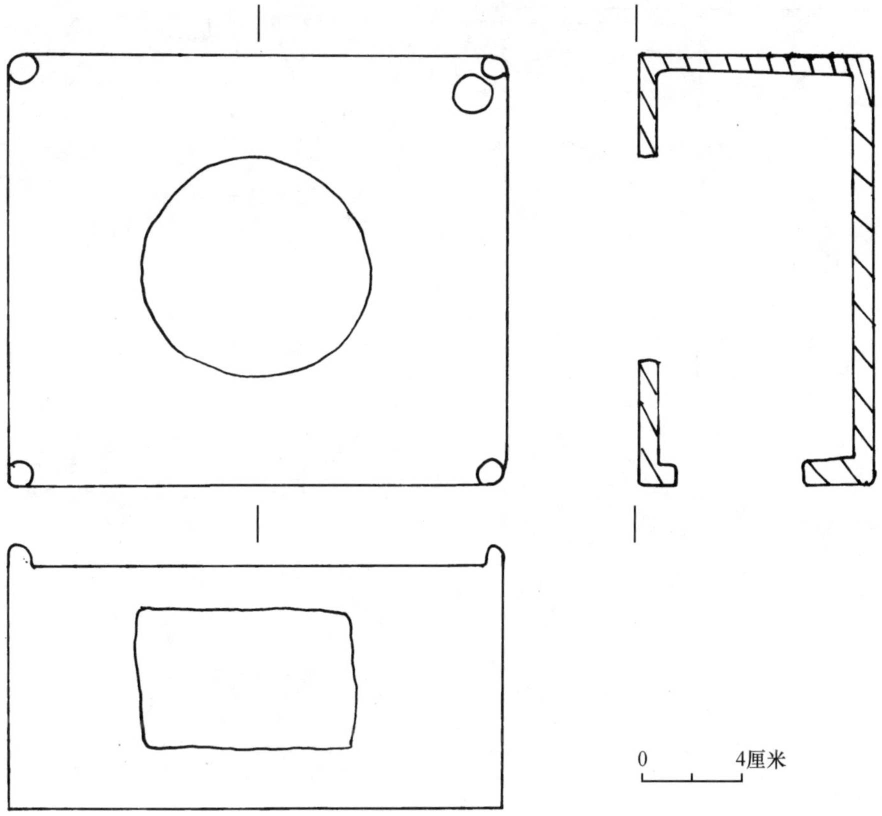

图六　出土陶灶（2003FZM4：3）

盘　1件。残，口剩口沿。2003FZM2：1，斜直口，深腹，腹壁斜直。口径13.7厘米（图五，4）。

器盖　1件。残。2003FZM4：2，长方形，片状，微拱，正顶下凹，出一板凸纽。周边有明显磨损痕迹。长7.6厘米（图五，6）。

4. 墓砖拓片

2003FZM4，长方形，为青灰色菱形几何纹砖（图七，1）。

5. 石壁刻纹

2003FZM2，短线凿刻，纵横交错，呈不规则几何纹（图七，2）。

6. 刻字

2003FZM2，浅刻阴文，字迹不清，无法辨认（图七，3）。

图七　墓砖、石壁刻纹和刻字
1. M4出土几何纹砖　2. M2石壁刻纹　3. M2墓顶刻字

五、结　　语

新油房墓群墓葬分布零散，在发掘区内只发现墓葬4座，且破坏严重，导致所获材料单薄，不得不择异地寻找墓葬进行清理，以丰富本次发掘材料。

这次发掘清理的4座墓葬可分为砖室墓、石崖墓和土崖墓三类。根据墓葬形制、墓砖和出土遗物，认定这批墓葬的时代为汉代。

附记：参加本次发掘工作的有吉平、王仁旺、岳够明、孙金松、党郁、杨志广、翁进有、李明清（内蒙古自治区文物考古研究所）、刘晓军（呼和浩特市文物事业管理处）、李占杰（通辽市博物馆）、张勇（奉节县文物管理所）。

绘图：王仁旺　孙金松　党　郁
照相：吉　平　岳够明
执笔：塔　拉　吉　平　岳够明

奉节宝塔坪遗址2003年度发掘简报

吉林大学边疆考古研究中心
奉 节 县 文 物 管 理 所

宝塔坪遗址位于奉节老县城东1千米的长江北岸。地理坐标为东经109°32′33″，北纬31°2′36″。遗址东端有一座古塔，名曰耀奎塔。塔所在的山坡称宝塔坪，山下沿江的平坦台地是鱼复浦遗址，二者以一条奉节老县城通往白帝城的公路相隔。三峡移民之前，宝塔坪的居民行政隶属于奉节县永安镇窑湾村。三峡移民之后，宝塔坪居民隶属于奉节县城鱼复开发区。

2003年对该遗址进行第3次发掘。本年度在遗址的第Ⅰ区和第Ⅱ区发掘。第Ⅰ区在第1、2、4、5、9小区发掘。分区、探方和遗迹编号接续第2次发掘的编号。共揭露墓葬17座、灰坑3座、灶1座。

一、战国秦墓

属于战国秦时期的土坑竖穴墓2座。

1. Ⅰ M1028

土坑竖穴墓，开口于第2层下，上部被H1004、H1005打破。平面为长方形，上宽下窄。其中北壁斜度较小，下部外凸，可能是向南滑坡所致。墓底西低东高。墓壁近底有一周二层台，台宽24～46、高50～60厘米（图一）。墓口长3.4、宽2.4米，墓底长2.2、宽1.1米，墓深3.1米。墓底没有被盗扰。

骨架1具，骨骼保存很差。仰身直肢葬，头向295°。成年，性别不明。

随葬品数量较少，以陶器为主。其中5件陶器分布在墓底西侧二层台之下。壶、敦、鼎各1件，一字排列。豆2件，上下扣合放置。在头骨前发现骨簪1件，骨质保存较差。腰部有小铜铃3件和铁带钩1件。

陶壶　ⅠM1028：1，泥质褐陶。火候较低，陶质较酥，做工粗糙，器形不规整。敞口，平沿，尖圆唇，高领，束颈，圆鼓腹，高圈足，足墙外撇。肩与颈之间饰有二周浅凹弦纹。在上腹部饰有同样的纹饰。器盖为圆形，子母口，盖面微鼓，器盖上有三个锥状竖纽。口径9.8、腹径18.4、通高30.4厘米（图二，3）。

陶敦　ⅠM1028：2，泥质黑皮陶。火候低，陶质疏松。器身下部有两道弦纹，器体中隐约可见有抹平绳纹的痕迹。S形板状足，平口，盖中部有两道弦纹，足、耳用榫卯结构连接。口径18、通高22.5厘米（图二，2）。

陶鼎　ⅠM1028：3，泥质灰陶。火候低。子母口，圆唇，内口较低，浅直腹，圜底，方

折耳，高蹄足，腹中部有一凸弦纹，下腹拍印竖绳纹。足、耳采用榫卯结构连接。钵形盖，盖顶有一桥形纽，纽贴在盖上，有两圈凸棱。内口径15、通高21.5厘米（图二，1）。

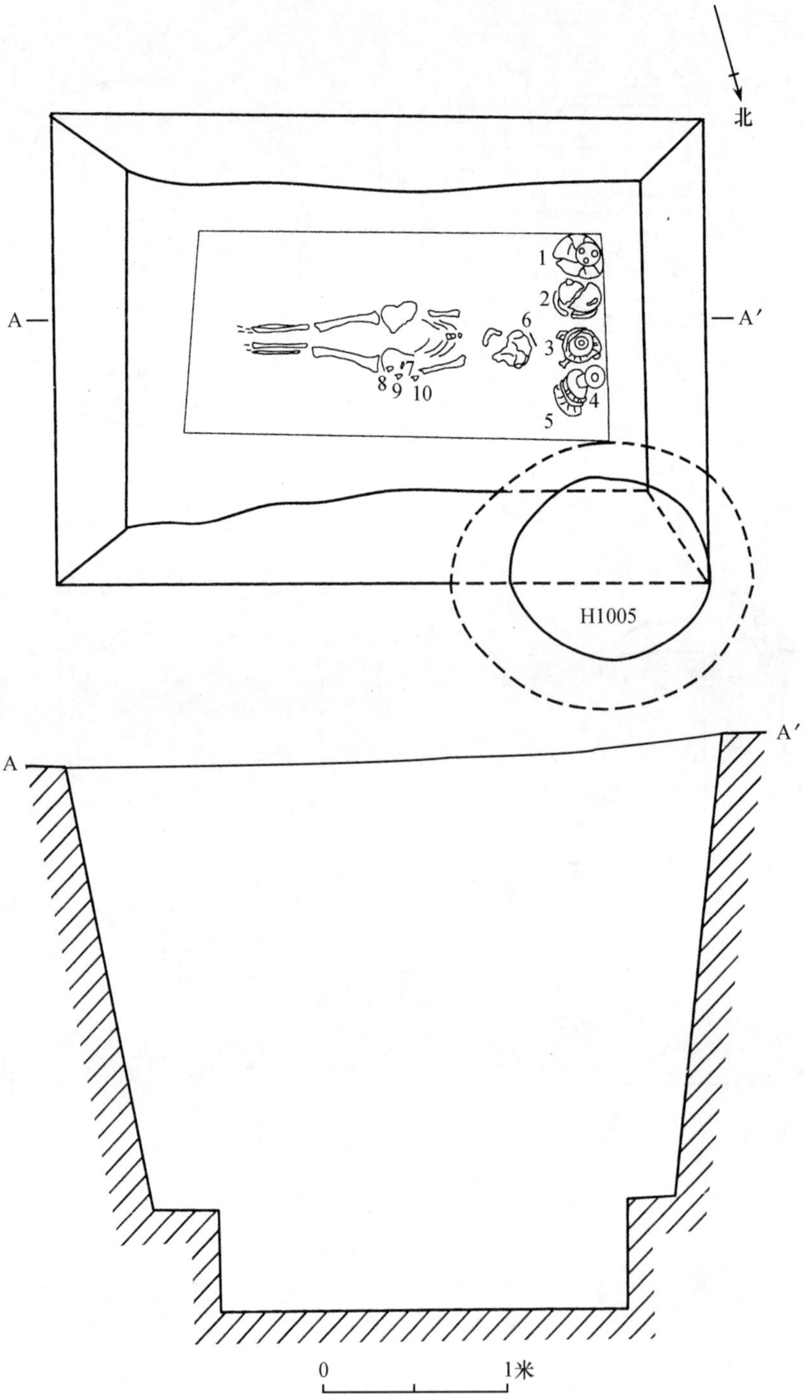

图一 ⅠM1028平、剖面图

1. 陶壶 2. 陶敦 3. 陶鼎 4、5. 陶豆 6. 骨簪 7. 铁带钩 8～10. 铜铃

折耳，高蹄足，腹中部有一凸弦纹，下腹拍印竖绳纹。足、耳采用榫卯结构连接。钵形盖，盖顶有一桥形纽，纽贴在盖上，有两圈凸棱。内口径15、通高21.5厘米（图二，1）。

陶豆 2件。泥质黑皮陶。火候低，陶质疏松。器表不平，豆盘圆唇，浅盘，空心柱状柄，喇叭形座。ⅠM1028：4，口径12.7、通高12.4厘米。ⅠM1028：5，口径11.8、通高11厘米（图二，4、5）。

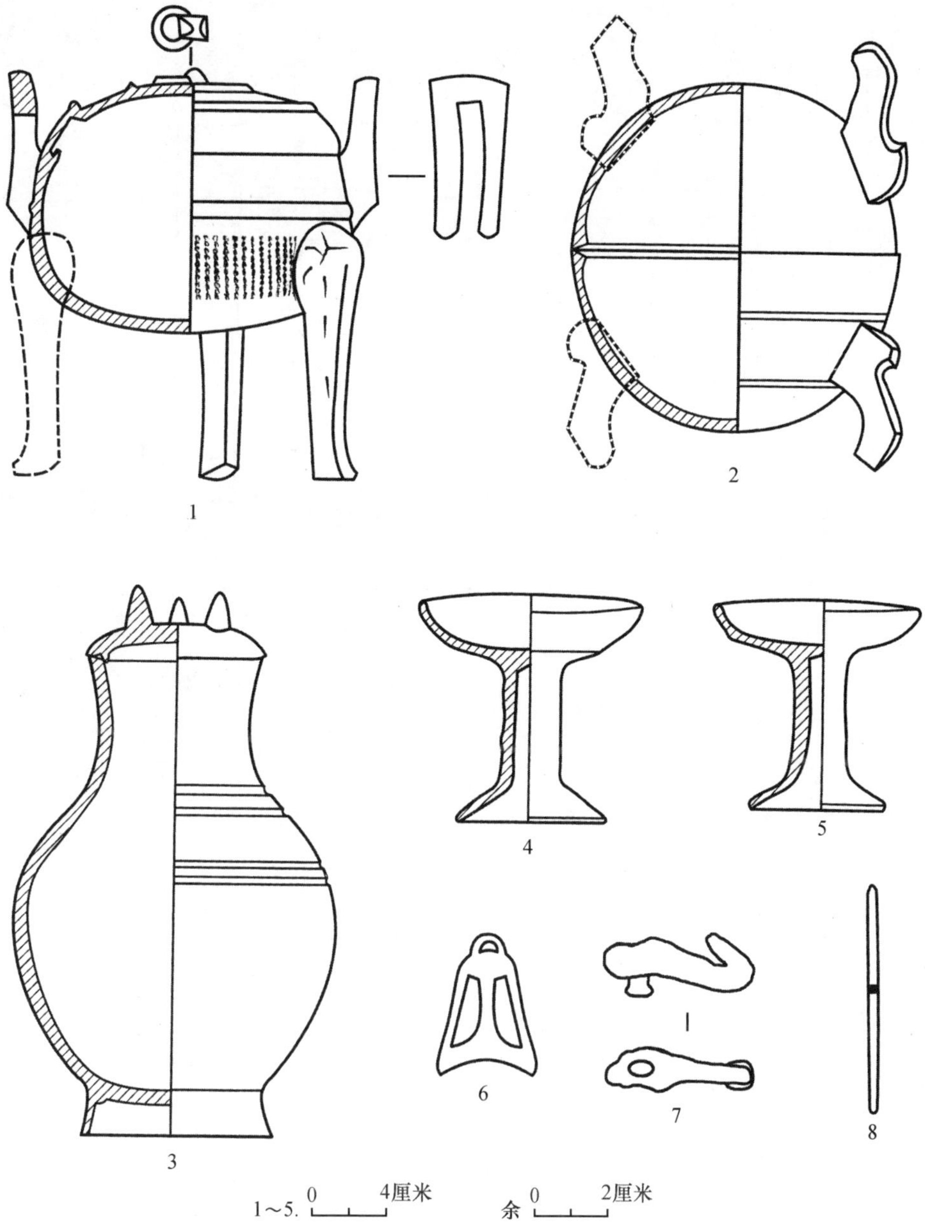

图二 ⅠM1028出土器物

1. 陶鼎（ⅠM1028：3） 2. 陶敦（ⅠM1028：2） 3. 陶壶（ⅠM1028：1） 4、5. 陶豆（ⅠM1028：4、ⅠM1028：5） 6. 铜铃（ⅠM1028：10） 7. 铁带钩（ⅠM1028：7） 8. 骨簪（ⅠM1028：6）

带钩 ⅠM1028：7，铁质，锈蚀严重。长4.2、宽1.3厘米（图二，7）。

铜铃 3件。钟形，桥形挂纽，铃身为前后左右四梁，其余部分镂空，铃下缘为圆弧形，留有尖锐钟角。完整1件。ⅠM1028：10，通高3.8厘米（图二，6）。

骨簪 ⅠM1028：6，扁体，扁尖。长6厘米（图二，8）。

2. ⅠM4016

土坑竖穴墓，开口于耕土层下，墓的上部和西部被毁掉，墓坑仅剩墓底东部残边（图三），最深处仅深35厘米。墓底平面为长方形，宽2.18、残长1.1～3.2米。墓东壁方向为7°。

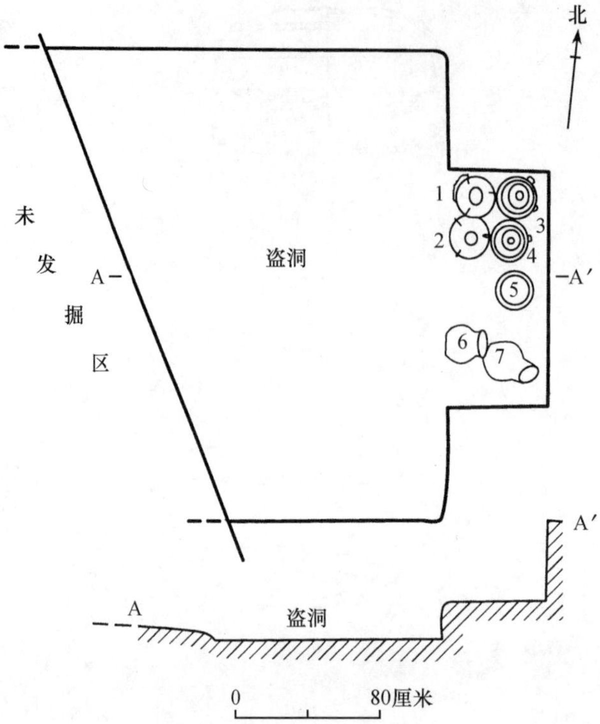

图三　ⅠM4016平、剖面图

1、2. 陶敦　3、4. 陶鼎　5. 陶盘　6、7. 陶壶

在墓的东壁下放置7件陶器，鼎、敦、壶各2件，盘1件。火候较低，陶质较酥软，破裂严重。每对器物，其陶质不一，一件稍好，一件很差。其中1壶因破损严重，不能复原。

陶鼎　2件。ⅠM4016：3，方唇，内口较高，方折已残缺，耳残，平底，足、耳为榫卯结构连接，腹身分上、下两部制作，扣合而成。中腹接合处附加泥条，下腹及底遍布横向绳纹，足根为简化兽面。器盖圆顶，盖面有两圈凸棱。口径17、通高19厘米（图四，2）。ⅠM4016：4，盖因残损，不能复原。泥质灰陶。火候低，陶质疏松。方唇，内口较高，方折耳，平底，高蹄足。中腹外鼓，腹中部有一凸棱，凸棱较细。下腹有横向绳纹，足根外为简化的兽面形。口径12、通高18厘米（图四，3）。

陶敦　2件。泥质灰陶。火候低，陶质疏松。由盖、身两部分扣合组成，盖和身大小、形制基本相同。足与身为榫卯结构连接。ⅠM4016：1，泥质黑皮陶。火候低，陶质疏松。盖身有两圈凹弦纹，较细，“S”形片状纽，纽面高低不平。口径18.5、器身高10.8厘米。ⅠM4016：2与ⅠM4016：1大小形态基本相同（图四，5、6）。

陶壶　2件，复原1件。ⅠM4016：6，泥质褐陶。火候很低，陶质酥软，做工粗糙，器形不规整。敞口，平沿，尖圆唇，高领，束颈，圆鼓腹，高圈足，足墙外撇。肩部对称饰两个兽面铺首，肩下饰一条浅凹弦纹，在腹最大径处饰一道浅凹弦纹。腹径20.4、通高29.6厘米（图四，4）。

陶盘　ⅠM4016：5，泥质灰陶。火候低，陶质疏松，形态不规整。平沿，尖唇，平底。口径18.5、通高3厘米（图四，1）。

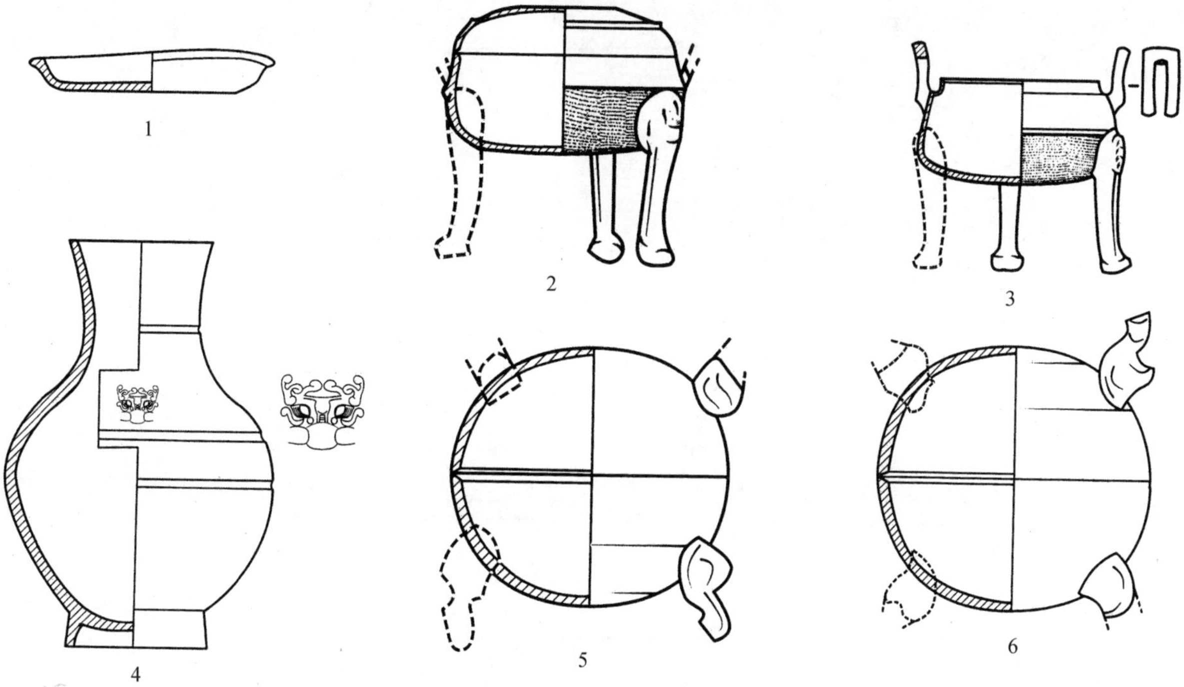

0 8厘米

图四 ⅠM4016出土陶器

1. 盘（ⅠM4016：5） 2、3. 鼎（ⅠM4016：3、ⅠM4016：4） 4. 壶（ⅠM4016：6）
5、6. 敦（ⅠM4016：1、ⅠM4016：2）

二、西 汉 墓

西汉墓葬发现2座，为土坑墓。

1. ⅠM2003

长方形土坑竖穴墓。墓方向为北偏东78°。墓底深1.1～1.2、长2.5、宽1.8米。东壁下有生土二层台（图五），宽20、高50厘米。墓葬全部被盗扰，墓底没有发现随葬品。在盗洞土里出有灰陶片，复原器物1件。

盆 ⅠM2003：1，泥质灰陶。敞口，卷沿，尖圆唇，斜直壁，平底，微内凹。内壁上部有一周凹弦纹，内底心凸起。口径12.4、通高8.4厘米（图六）。

2. ⅠM2004

“刀”形土坑墓，方向180°。墓室呈长方形，后壁因山体滑坡向前倾斜。墓室东西长3.2、南北宽2.9、深3.4米。墓室前部靠东侧有一墓道。墓道长2.7、宽1.6、深1.1～1.5米（图七）。该墓多次被盗，最后的盗洞被顺山坡滚落的石块填满。墓底只有铜印、铜钱、陶饰件残留下来。其中在墓室东壁下发现一排铜钱，计13枚，一枚压一枚，似为一串钱。墓室的西部有黄色和褐色斑痕，应为棺具朽烂的痕迹。在此处有两堆铜钱，每堆6个，钱为丝绸状朽灰包裹。陶

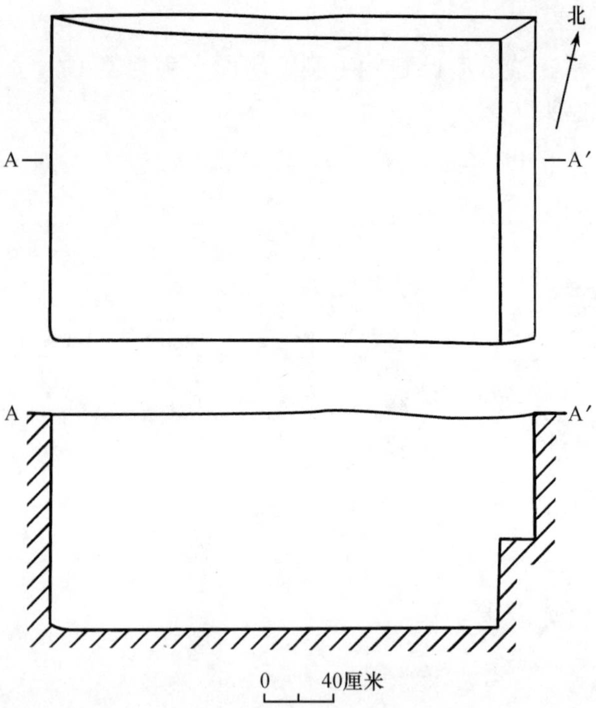

图五　Ⅰ M2003平、剖面图

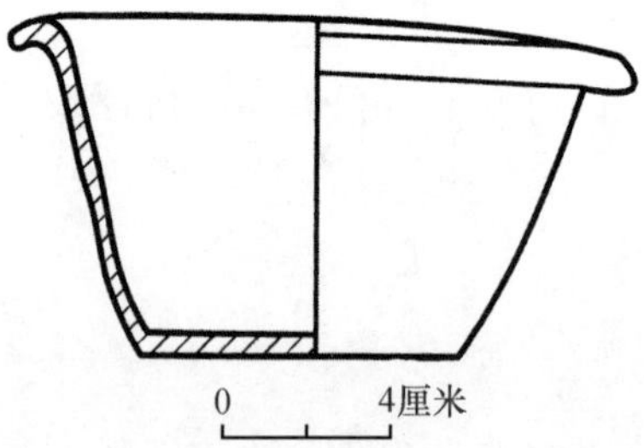

图六　Ⅰ M2003出土陶盆（Ⅰ M2003：1）

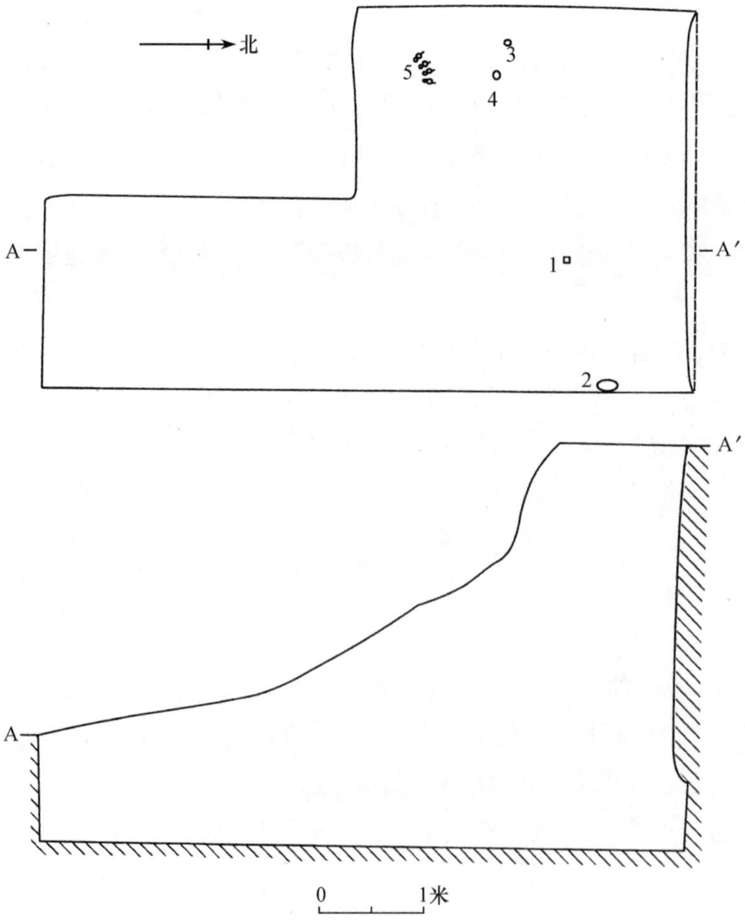

图七　Ⅰ M2004平、剖面图

1. 铜印　2～4. 铜钱　5. 陶饰件

饰件分布在墓底，可能是漆木器上的饰件。

铜印　ⅠM2004：1，方印，桥纽，印面不平，边缘有凸粒状毛刺。印面文字为篆书，字迹模糊。印面边长1.4厘米×1.4厘米，印通高1.6厘米（图八）。

陶饰件　4个。ⅠM2004：5，体呈“S”形，下出一尖锥，似为器盖上的附纽。

五铢钱　25枚，其中剪轮钱2枚。铸造较好，钱文清楚。直径2.4～2.5厘米（图九）。

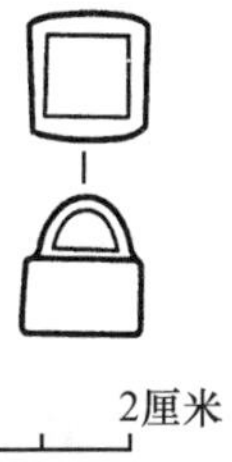

图八　ⅠM2004出土铜印（ⅠM2004：1）

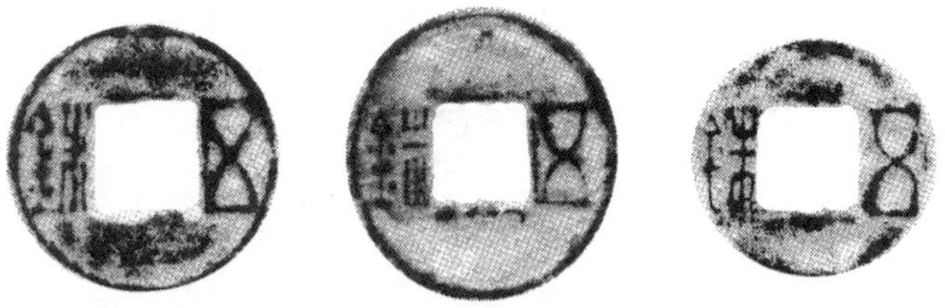

图九　ⅠM2004出土五铢钱

三、东　汉　墓

东汉墓葬发掘2座，石室墓、砖室墓各1座。

1. Ⅰ M9001

石室券顶墓。墓室平面形状为长方形。方向203°。墓室长6.45、宽2.55、高2.58米。墓室由修理较规整的石条砌成的。石条宽度在15厘米左右。石条最大者长40、厚15厘米。石条最小者为长15、厚5厘米。墓室东西壁用石条错缝顺砌12层，高1.15米，然后起券。后壁砌6层，然后左侧砌5层，右侧砌6层，中间缺失。后壁石条墙之上，有一巨型岩石外凸，为挖墓穴建墓室时所留（图一○）。墓顶前部被盗洞打破。盗洞长为2.1、宽1.7米。墓室前的墓道已经被破断崖破坏掉。

墓室内前部被盗洞土填实，墓室后部没有被流土填满，填土之上距离墓顶还有10～50厘米的空间。填土分2层。第1层出有三彩人俑、兽面瓦当、宋代瓷片、灰陶盆残片、灰陶盏残片、灯碗残片等遗物。遗物没有完整者，散乱分布于不同高度上，没有规律。

在墓底的后部随葬品分布较密集，出有陶器、釉陶器、铁器，没有被扰动，但被填土压碎。陶俑有鸡、羊、狗、猪。明器有陶仓、陶灶。釉陶器有杯、壶、碗、器盖、甑；实用陶器有罐。

（1）釉陶器

壶　ⅠM9001：9，釉陶，泥质红陶。陶质细腻，火候较低。外施黄釉。盘口，方唇，盘外壁有一凹弦纹，盘与颈部交接处呈锐折，长颈，扁腹，高足，肩部有一对称扶手，肩与颈交接处有两道凹弦纹，腹部有两道凹弦纹。壶盖为子母口，圆唇。盖顶中心有1桥纽，内穿圆环，环直立；外绕3个锥状纽。高32.3、口径13.5厘米；盖高6.6、盖内径11厘米（图一一，4）。

器盖　ⅠM9001：11，泥质红陶。陶质细腻，火候较低。外施青黄釉。盖为子母口，内口

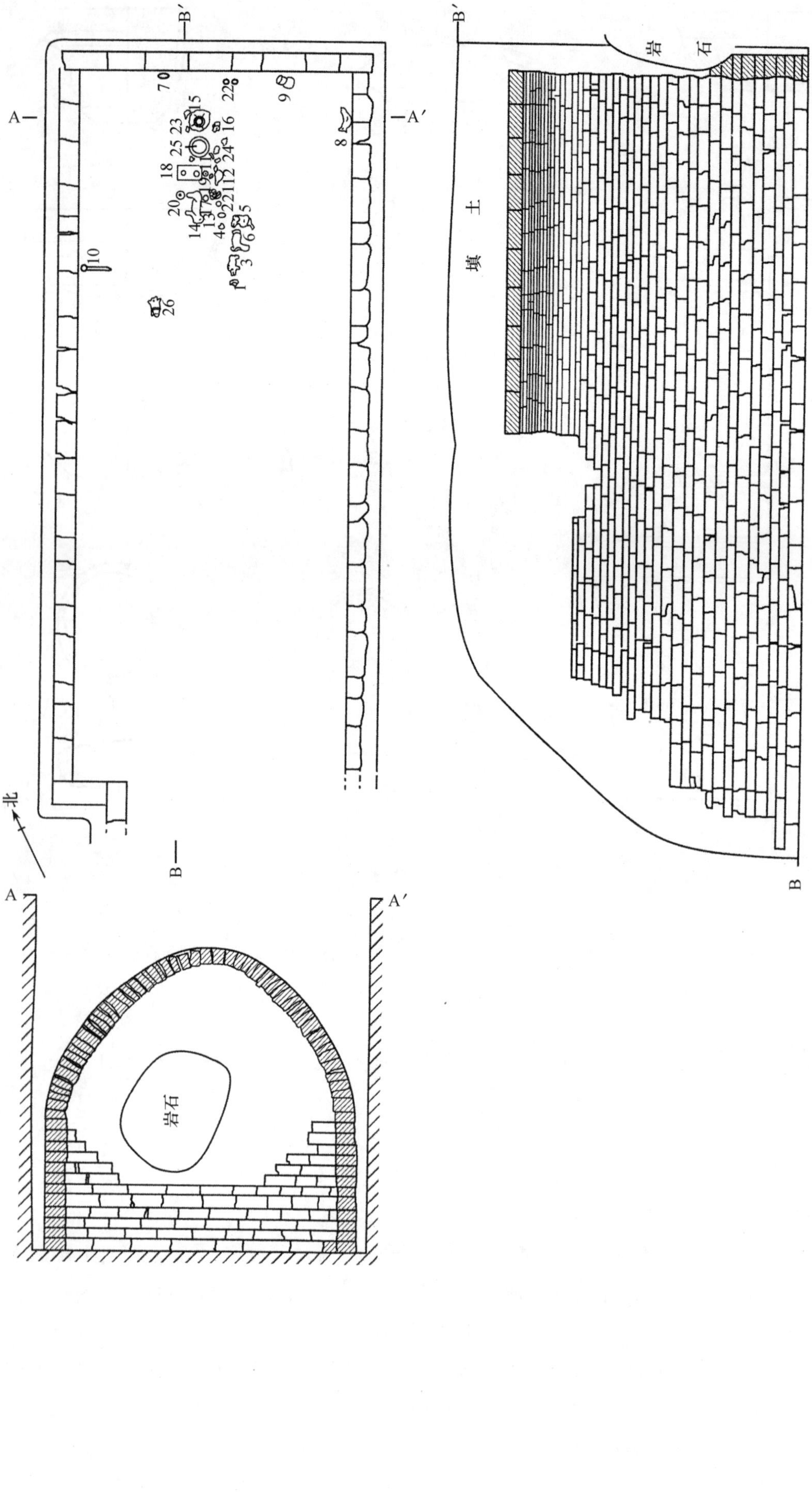

图一〇　IM9001平、剖面图

1. 陶鼎　2、7、21、23. 陶碗　3. 陶猪　4. 陶灯碗　5. 陶羊　6. 陶动物俑　8. 陶鸡　9. 陶壶　10. 铁刀　11. 陶器盖　12. 陶子母鸡　13. 陶勺　14. 陶狗　15. 陶圜底罐　16. 陶仓　17、20. 陶杯　18. 陶灶　19. 陶博山炉盖　22. 五铢钱　24. 陶罐　25. 陶甑　26. 陶狗头

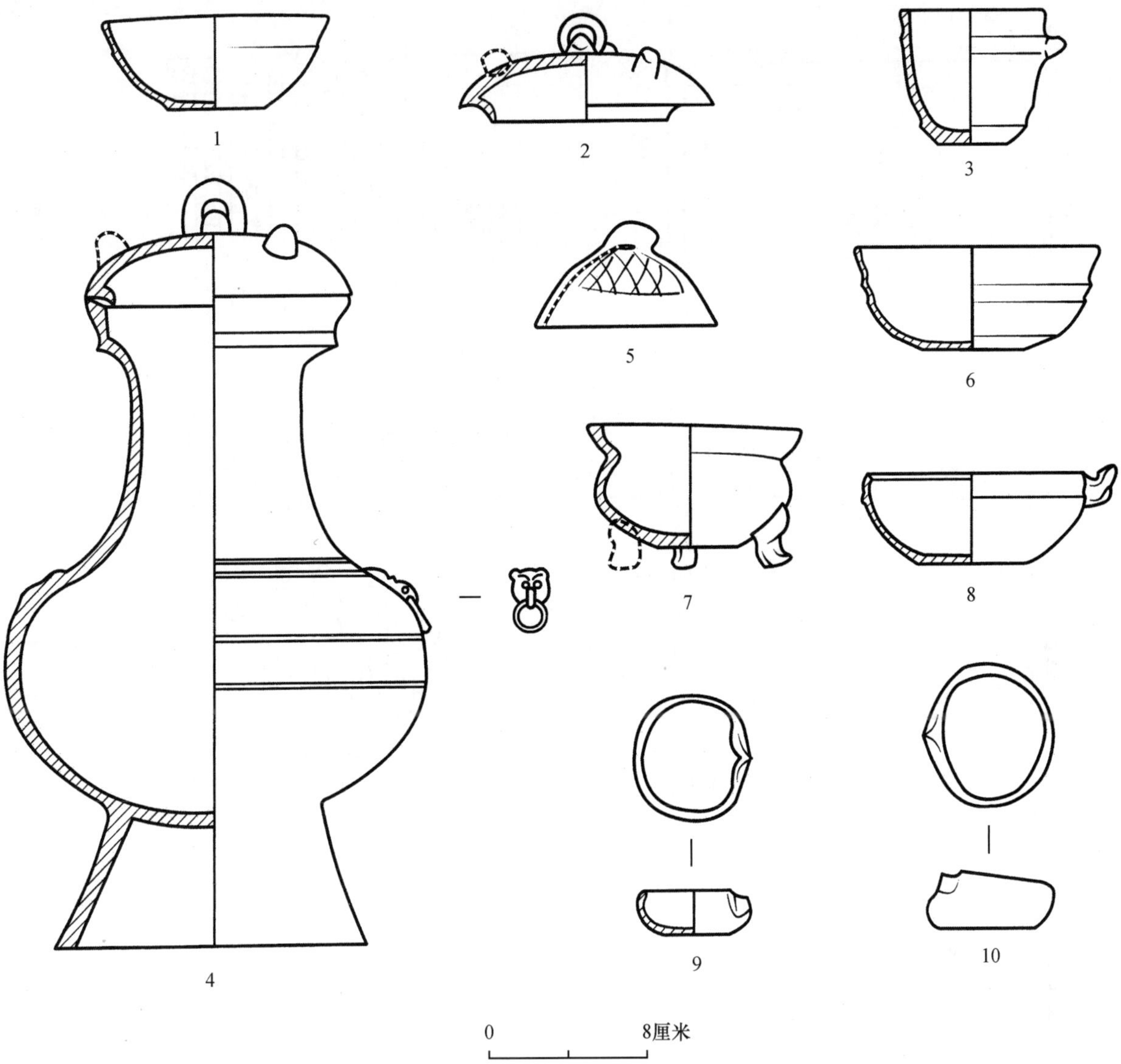

图一一 Ⅰ M9001出土釉陶器

1、6. 碗（Ⅰ M9001：21、Ⅰ M9001：7） 2. 器盖（Ⅰ M9001：11） 3. 杯（Ⅰ M9001：20） 4. 壶（Ⅰ M9001：9） 5. 博山炉盖（Ⅰ M9001：19） 7. 鼎（Ⅰ M9001：1） 8. 灯碗（Ⅰ M9001：4） 9、10. 勺［Ⅰ M9001：13、Ⅰ M9001（扰土）：5］

径11厘米，圆唇，盖顶中心有1桥纽，内穿圆环，环直立；外绕3个锥状纽。口内径9.1、外口径13.1、通高5.3厘米（图一一，2）。

博山炉盖 Ⅰ M9001：19，泥质红陶。陶质细腻，火候较低。外施青黄釉，釉面有脱落。方唇，盖顶中心有一鸟头形纽，纽两侧各有一长方形穿孔，盖体两侧刻划成鸟翅，刻痕深。口径9.5、通高6厘米（图一一，5）。

杯 Ⅰ M9001：20，泥质红陶。陶质细腻，火候较低。方唇，筒腹，平底。器身上部和下部各有一弦纹。口下有一鋬凸，外施青黄釉，釉面有脱落。口径7.5、通高6.5厘米（图一一，3）。Ⅰ M9001：17，形态与上件同。口径7.2、通高6厘米。

勺 Ⅰ M9001：13，泥质红陶。陶质细腻，火候较低。敛口，尖唇，平底，内壁施釉，外壁无釉，黄釉。口部用手捏成凸起。口径5.6、通高2.3厘米（图一一，9）。Ⅰ M9001（扰土）：5，

形态大致与上件相似。通高2.3厘米（图一一，10）。

鼎 ⅠM9001：1，泥质红陶。陶质细腻，火候较低。斜折沿，尖唇，竖颈，扁腹，小平底，三个小蹄状足。口沿内外壁施釉，其他部外部施黄釉。口径10、通高6.7厘米（图一一，7）。

碗 ⅠM9001：21，泥质红陶。陶质细腻，火候较低，碗内壁和口外部施黄釉。敛口，尖唇，浅腹，小平底。口下有一弦纹。口径12、通高4.3厘米（图一一，1）。ⅠM9001：23，泥质红陶。陶质细腻，火候较低。敛口，方唇，小平底，弧壁。口下有一弦纹。内壁和口部施釉，外壁无釉，黄釉。通高4.2厘米。ⅠM9001：7，泥质红陶。陶质细腻，火候较低。平口，内勾唇，小平底，直壁。内壁及口部施青黄釉，外壁无釉。腹壁由三段泥圈套接而成，接碴为底包天，外壁形成阶梯状凸棱。口径12.5、通高5厘米（图一一，6）。

灯碗 ⅠM9001：4，泥质红陶。陶质细腻，火候较低。敛口，方唇，平底。口外有一凹弦纹。内壁施釉，外壁无釉，黄釉。口径10、通高4.4厘米（图一一，8）。

（2）陶器

罐 ⅠM9001：24，泥质红陶。陶质细腻，火候较低。小口，圆唇，折肩，平底，扁腹。通高5厘米（图一二，3）。

碗 ⅠM9001：2，泥质红陶。陶质细腻，火候较低。轮制，窄沿，圆唇，腹壁较直，下腹折收，小平底。口径11、通高4.9厘米（图一二，2）。

甑 ⅠM9001：25，泥质红陶。陶质细腻，火候较低。圆唇，窄沿，下腹急收，小平底，底部有6个穿孔。口径12、通高5厘米（图一二，4）。

圜底罐 ⅠM9001：15，泥质灰陶。直口，厚唇，广肩，扁圆腹，圜底。肩到腹部饰有三周划弦纹，腹下及底饰竖向细绳纹。腹径31.5、33.2、通高19.2厘米（图一二，5）。

陶仓 ⅠM9001：16，泥质灰陶。陶质较粗。圆唇，子母口，直壁，下腹略鼓，平底，肩部有一凸棱。口径9.2、底径10、通高11.8厘米。

陶灶 ⅠM9001：18，泥质灰陶。陶质较粗。长22、高14.2、宽12.7厘米。灶体呈长方体形，前壁有灶门两个，灶门为方形，高3.5、宽2.4厘米。顶壁有圆形灶孔两个，直径5厘米。左壁上有一挡火墙，高6厘米。挡火墙面中间有凸线“之”字纹，“之”字纹之上有两排瓦当式连珠纹，“之”字纹之下有一排瓦当式连珠纹（图一二，1）。

（3）陶俑

雄鸡 ⅠM9001：8，泥质灰陶。高冠，低首站立状，垂尾。失一足。用拍印叶脉状纹饰表示翅膀上的羽毛，用交叉刻划线表示翅膀上的翎毛。长19.6、通高17.2厘米（图一三，2）。

子母鸡 ⅠM9001：12，泥质灰陶。母鸡做卧姿状，圆头，立颈，挟翅，翘尾。身饰拍印扇形或叶脉形羽毛图案，交叉刻划线表示翅膀上的翎毛。在鸡的前胸下、后背上、双翅内各卧有1只鸡雏。通高13厘米（图一三，4）。

猪 ⅠM9001：3，泥质灰陶。站立状。猪头低伸，阔嘴，隆鼻，獠牙外露，双耳下垂，猪鬃高耸，猪身肥圆，四肢短矮。高12.6、长24.4厘米（图一三，1）。

羊 ⅠM9001：5，泥质灰陶。站立状。昂首，直颈，翘尾，羊口微张，施有朱彩，圆睛，戳印鼻孔，双耳后附，羊角向前绕耳盘曲，四肢粗实。通高20.6、长24.6厘米（图

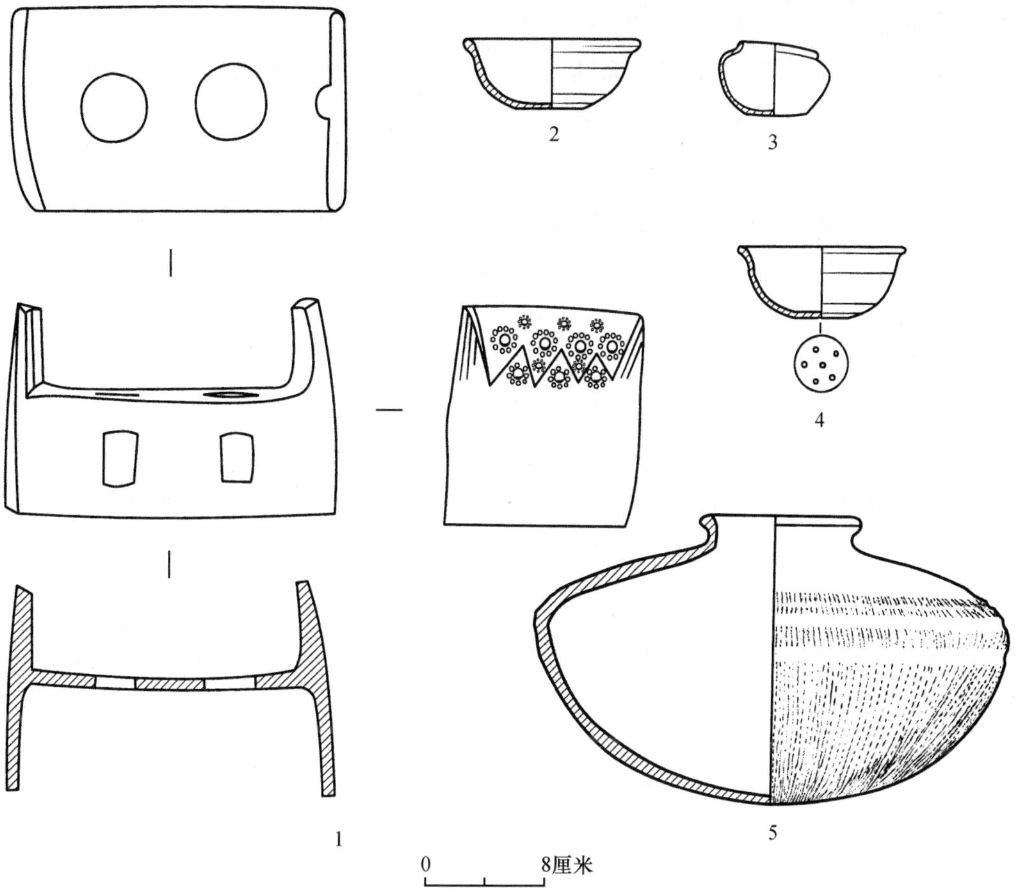

图一二　ⅠM9001出土陶器

1. 灶（ⅠM9001：18）　2. 碗（ⅠM9001：2）　3. 罐（ⅠM9001：24）　4. 甑（ⅠM9001：25）　5. 圜底罐（ⅠM9001：15）

一三，3）。

狗　ⅠM9001：14，泥质灰陶。昂首站立状。双耳竖起，前肢外撇，狗尾盘卷于左臀，狗颈及前腹部有两条饰带，狗背饰带上方雕有带环，通体做仰吠状。长25.4、高21.4厘米（图一三，5）。

（4）铁器

刀　ⅠM9001：10，环首，长身，薄刃，刀尖缺失，从断面观察，刀身中部为空心。长23.5、环宽3.5厘米（图一四）。

2. Ⅱ M1004

砖室墓，由墓道、甬道、墓室组成。墓的方向为225°。墓道基本被破坏掉，宽1.4米，残存长10厘米。甬道为长方形，长2、宽1.76米，两壁只保存30厘米高的砖墙。墓室平面形状为长方形。墓室长6、宽2.2、残存高1.5米（图一五）。墓室是在土坑内用青灰色的几何纹砖墓垒砌而成，墓砖花纹简单，为菱形纹（图一六）。砖长42、宽19、厚9厘米。单砖错缝顺砌，墓壁12层砖，高1.2米，然后起券。由于多次被盗和后期的破坏，墓室券顶基本被破坏，后壁之砖仅存1层。墓底平坦，没有铺砖。

图一三　ⅠM9001出土陶俑

1. 猪（ⅠM9001：3）　2. 雄鸡（ⅠM9001：8）　3. 羊（ⅠM9001：5）　4. 子母鸡（ⅠM9001：12）　5. 狗（ⅠM9001：14）

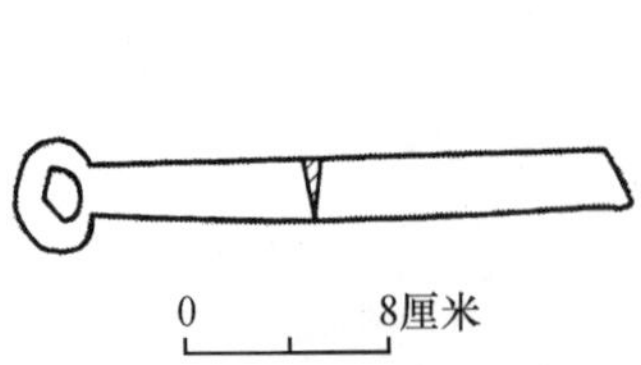

图一四　ⅠM9001出土铁刀（ⅠM9001：10）

在墓室后部东壁下发现5个红陶人俑，虽然倾倒、断裂，仍能看出下葬时是排成一列放置。有的俑已经不完整，头等被盗墓者破坏。另有几个红陶俑碎片，看不出形状。在墓室西部壁下有灰陶罐，在墓室中部偏前的墓底处，残存少量的棺具漆皮痕和一小块长骨，周围散乱分布铜钱9枚。在甬道前部有陶碗残片。

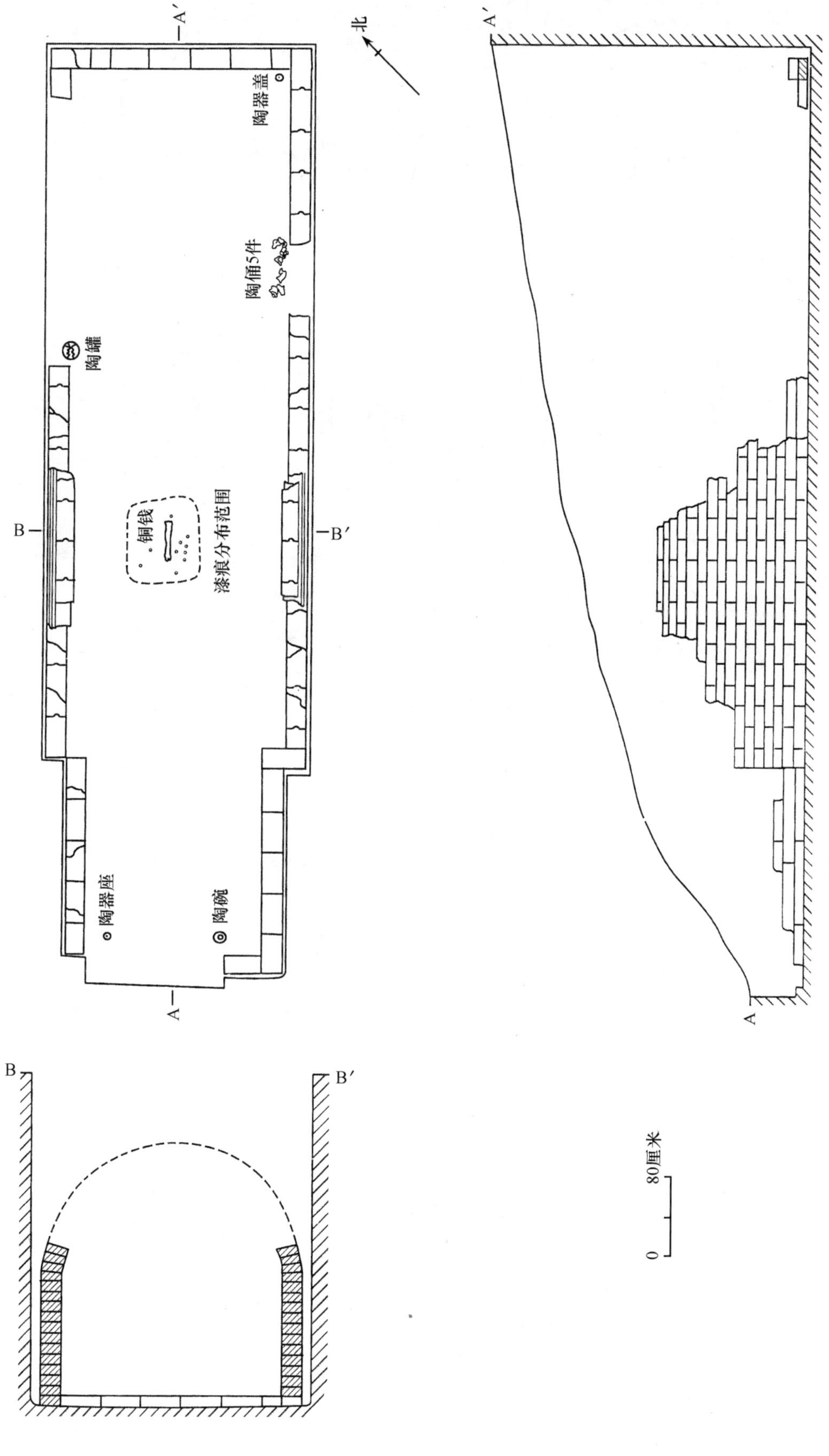

图一五 ⅡM1004平、剖面图

图一六　ⅡM2004墓砖花纹拓片

碗　ⅡM1004：9，釉陶，灰陶胎，外壁口沿部施青釉。敛口，尖圆唇，碗壁上部外弧，弧下斜收，近底斜削出棱，饼状底。口径13.7、通高6.3厘米（图一七，7）。

圜底罐　ⅡM1004：10，泥质灰陶。直口，圆唇，广肩，扁腹，圜底。肩部饰有凹弦纹和方格纹。腹下及底饰竖向篮纹。肩部划刻一“向”字。通高19、口径8.4厘米（图一七，6）。

男立俑　ⅡM1004：1，泥质红陶，夹细砂。火候低。空心圆雕，立姿。头戴平顶圆冠，窄脸高鼻，眉目不清。外饰长衫，右衽，手做揖拜状。通高19.4厘米（图一七，4）。

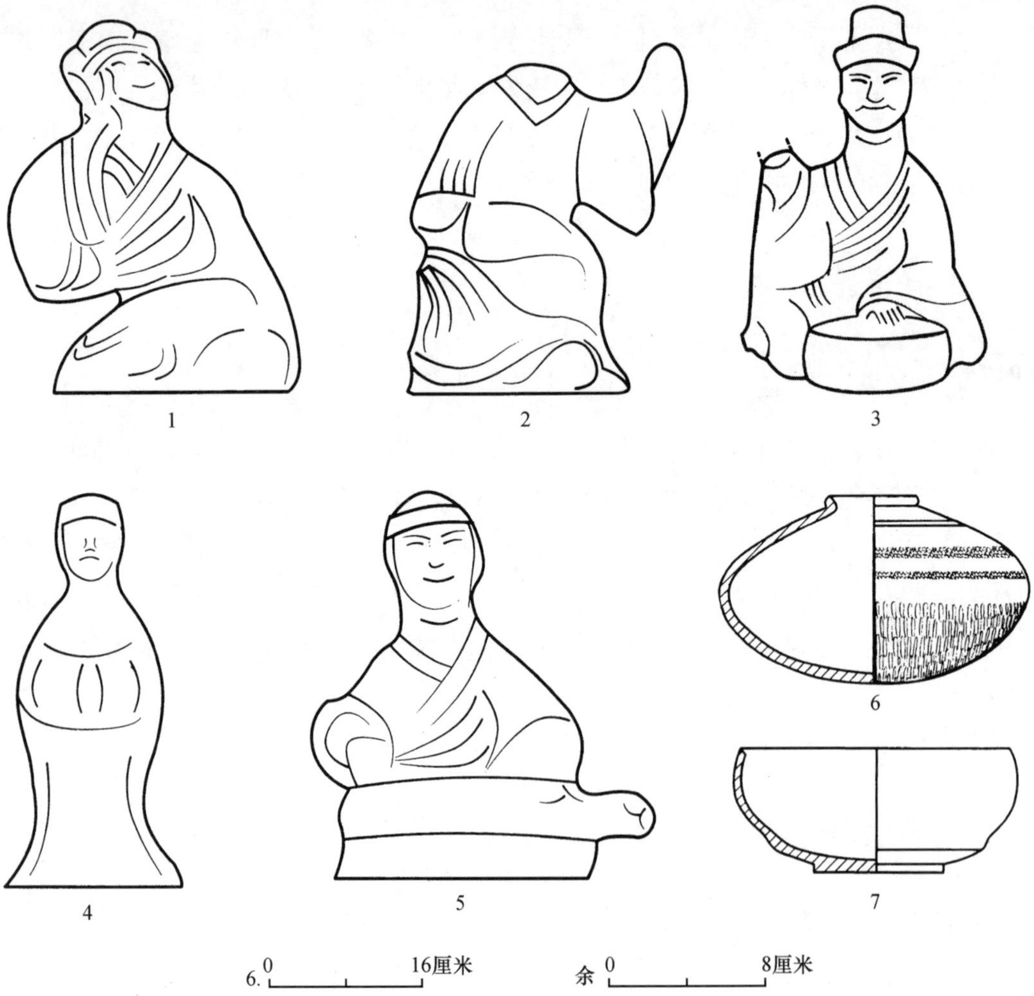

图一七　ⅡM1004出土陶器

1. 倾听俑（ⅡM1004：3）　2. 舞俑（ⅡM1004：5）　3. 击鼓俑（ⅡM1004：4）　4. 男立俑（ⅡM1004：1）　5. 抚琴俑（ⅡM1004：2）　6. 圜底罐（ⅡM1004：10）　7. 碗（ⅡM1004：9）

抚琴俑　ⅡM1004：2，泥质红陶，夹细沙。空心圆雕，坐姿，做抚琴状。右衽，腿部横置一琴。通高19.4厘米（图一七，5）。

击鼓俑　ⅡM1004：4，泥质红陶，夹细砂。坐姿，头戴圆顶高冠，隆鼻，身向左后微倾。右手抬起，左手拍鼓。着长衫，右衽，广袖。通高18.4厘米（图一七，3）。

舞俑　ⅡM1004：5，泥质红陶，夹细沙。立姿，无头，左手高扬，右手垂于腰际，左脚微抬，做踏步舞蹈状，身着长衫，右衽，短肥袖，袖口可见衣褶。通高17.4厘米（图一七，2）。

倾听俑　ⅡM1004：3，泥质红陶，夹细沙。坐姿，空心圆雕，头戴软帽，隆鼻，身向右后微倾，右手抚耳做倾听状，左手垂于腿部，着长衫，右衽，广袖。通高18.7厘米（图一七，1）。

铜钱　9枚。铸工较差，钱文模糊，个别钱隐约可辨识为五铢钱。

四、宋代遗存

宋代墓葬只发现于第Ⅰ区的第5区。墓葬皆被严重盗扰，墓葬所在地表有较密集的电线杆拉线坑，加重对墓葬破坏。地层较简单，没有发现文化层。墓葬开口于耕土层下，或开口于第2层下。第2层为红褐色，土质斑驳松软，出土完整的政和通宝银钱与铜钗各1件，没有其他遗物出土。此外在M9001的扰土内发现宋代遗物。

（一）石室墓

ⅠM5017

方向172°。由墓道和墓室组成，墓坑全长4.3米。墓道为斜坡式，长1.24、宽0.9、深0.36～1.1米。墓室形状为长方形，土坑长3.08、残深1.3米（图一八）。由规格不一的石板和石条构筑墓的两壁，后壁下部用2块大石条砌筑，石条上竖立石板砌成小龛。墓底平铺两排大石板。墓室前部的两侧石壁已经被盗掘无存。墓室内长2.6、内宽0.75米。墓壁上部和墓顶已被毁掉，石墙保留最高处为1.14米。在墓室与墓道连接处有两块长条石呈“一”字形横陈于墓底，可能是墓门的地栿。

该墓被盗扰严重，没有发现葬具、人骨，填土中只发现1件宋瓷碎片。

（二）土坑墓

土坑墓6座，形态不一。

1. ⅠM5018

土坑竖穴墓，方向215°。墓坑宽0.9、长2.4、深0.9～1.2米。北壁带1龛，龛东西长0.9、南

北宽0.3、高0.3米。龛底与墓底相通（图一九）。墓开口于第2层下。墓坑是在生土上挖掘而成。其上叠压发红色的土层。盗墓者从耕土向下挖掘。穿过第2层，把墓坑内土全部扰动。

墓前有一石碑，通高0.77、宽0.34、厚0.06米。石碑没有底座，直接栽于墓前。石碑是用颗粒较大的砂岩石板制作，尖首，两侧边缘较平齐，斜尖底，下边不规则。下部还有1个圆形穿孔。字迹潦草，大多漫漶不清。碑上可识字有：

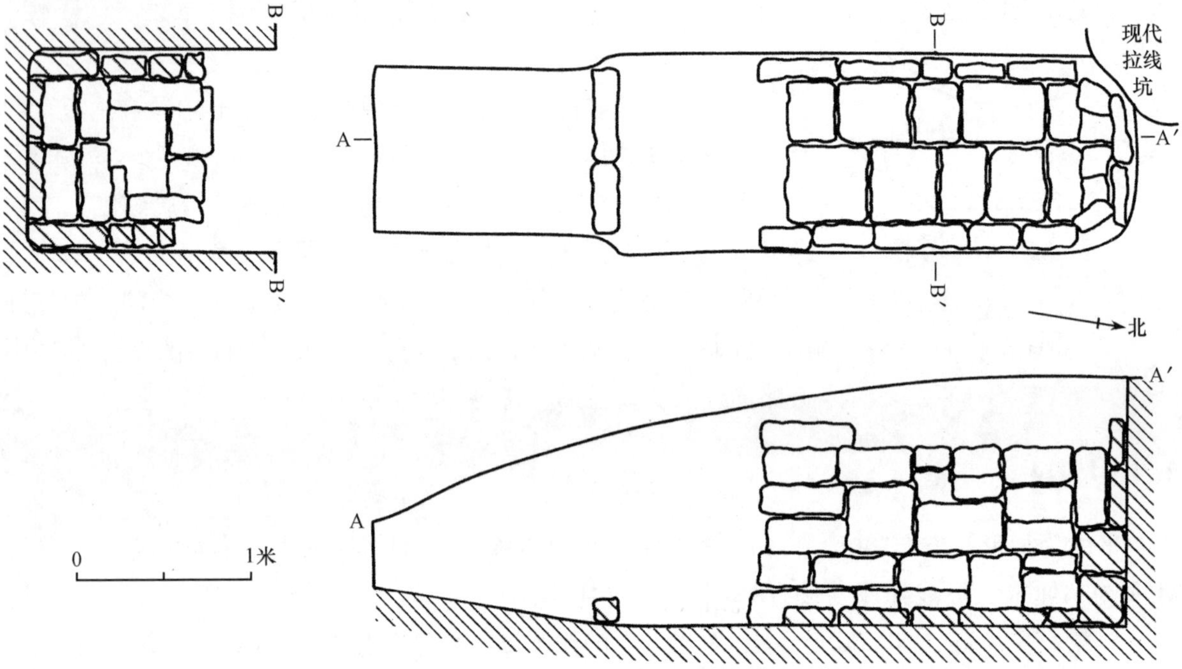

图一八 ⅠM5017平、剖面图

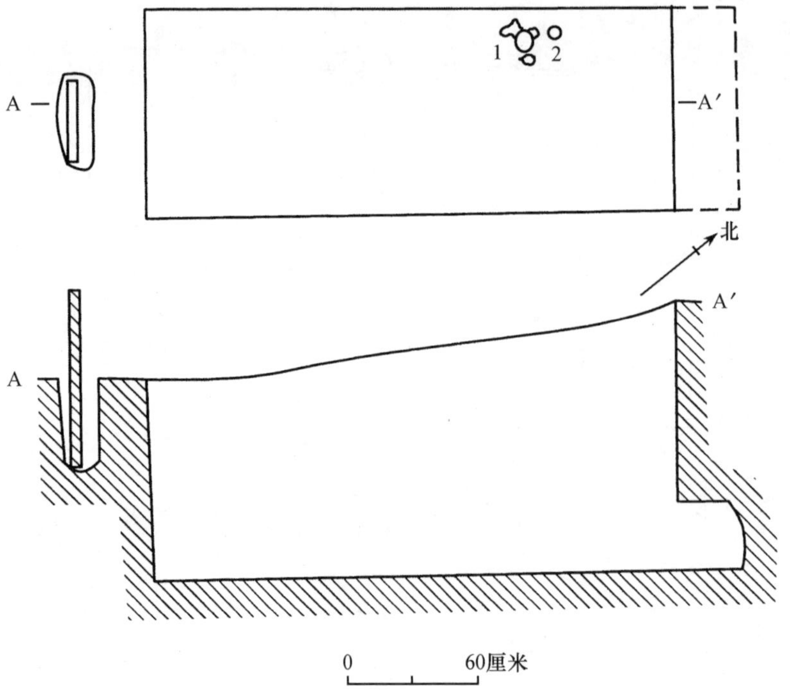

图一九 ⅠM5018平、剖面图
1. 瓷盘残片 2. 铜钱

××××墓记。

夫人××州人也。温×德……六亲×为，长……其忽患夔府……遂。今年十月二十日命××当月二十八……林木……郎子。……觅石×记夫……女×宽，小男×，女×，小娘子陈×。

淳化元年十二月三十日立记。

墓坑全部被盗扰，在墓底填土中出土开元通宝1枚和白瓷盘残片。没有发现葬具等。

瓷盘　ⅠM5018：1，白瓷，壁残。薄胎，胎质细腻，莹白色。灰白釉，略泛黄，可见细碎开片，器底及圈足无釉。敞口，尖圆唇，五瓣花口，外壁斜直，浅圈足，足墙外壁内斜，内壁外削。外底中心有小乳凸，内底与壁之间有一周浅刻纹饰，内底中心略向外凸，口径18、高4厘米（图二〇）。

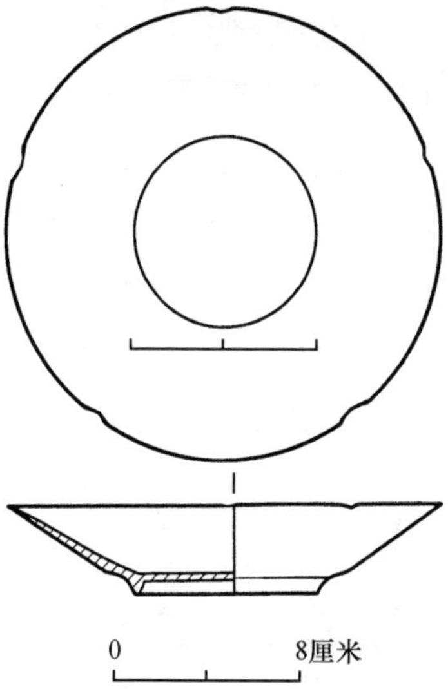

图二〇　ⅠM5018出土瓷盘
（ⅠM5018：1）

2. Ⅰ M5014

平面为梯形，方向330°。长2.8、东宽1、西宽0.8米。由于上部被破坏，仅残留墓底，最深处深约34厘米，最浅处深度仅有8厘米。左右墓壁有三对对称分布的竖槽，槽宽10、深约6厘米，竖槽直贯墓底，在墓底形成深5厘米左右的浅圆坑。墓底东低西高。墓底中部有一底坑，底坑为椭圆形，长径30、短径20、深10厘米（图二一）。墓葬被盗光。

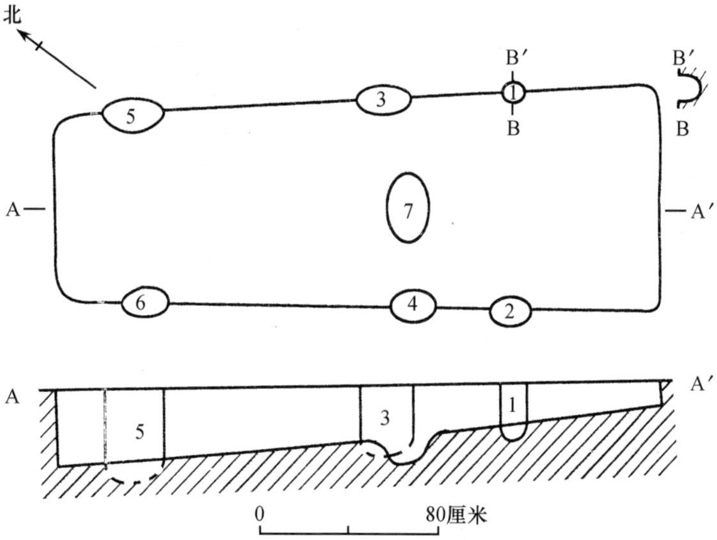

图二一　ⅠM5014平、剖面图
1～6. 竖槽　7. 底坑

3. Ⅰ M5015

平面为梯形，方向320°。墓坑长3.3、宽0.9～1.04、深1.5～1.8米。沿墓壁两侧有竖槽8个。

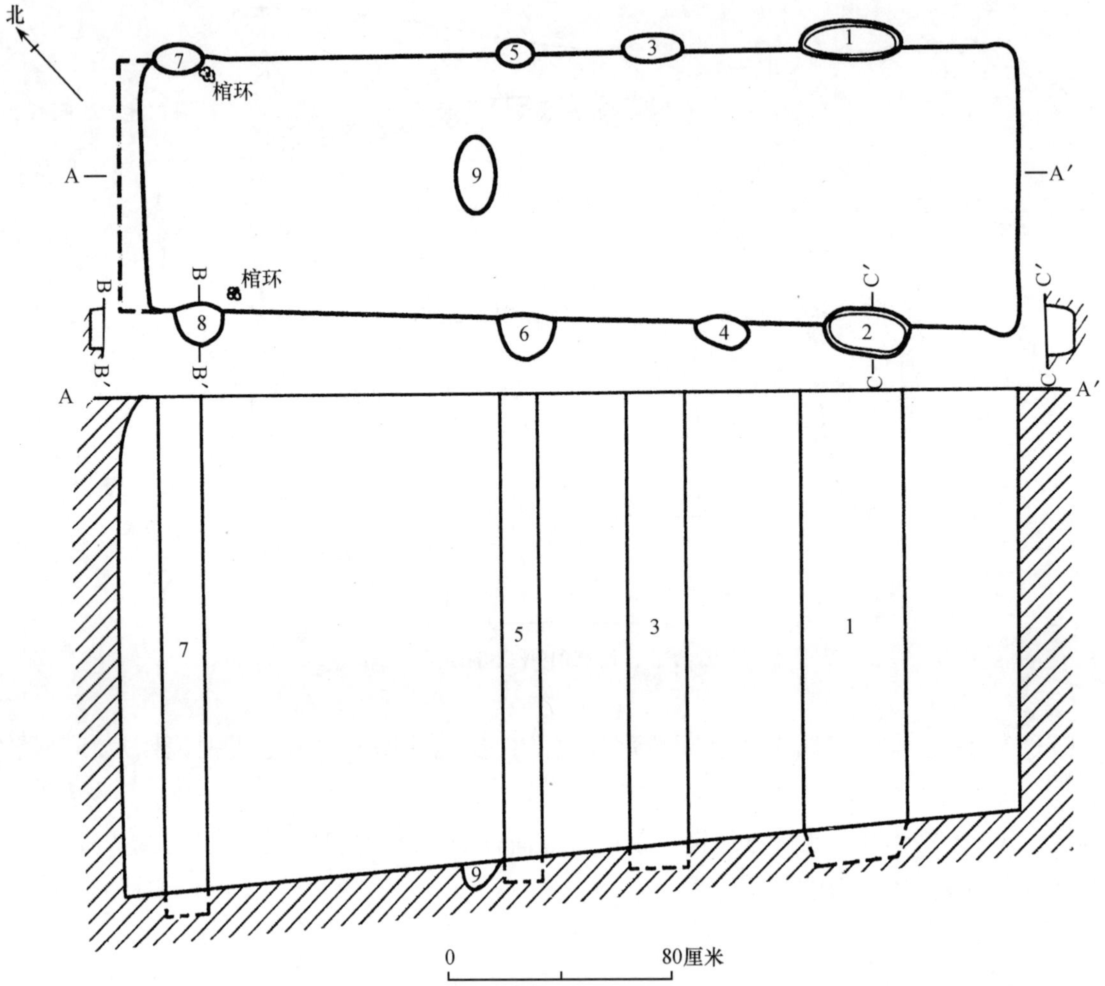

图二二　ⅠM5015平、剖面图

竖槽宽窄不一，直贯墓底，在墓底形成深6～10厘米的浅圆坑（图二二）。1号槽宽34、深约10厘米。2号槽宽30、深约10厘米。3号槽宽22、深约8厘米。4号槽宽20、深约8厘米。5号槽宽14、深约6厘米。6号槽宽22、深约14厘米。7号槽宽16、深约6厘米。8号槽宽18、深约12厘米。在墓底8号壁槽附近发现铁棺环1件。墓底略倾斜，墓底前部有一底坑，底坑为椭圆形，长径26、短径18、深10厘米。器物被盗空。

4. ⅠM5019

土坑竖穴墓，方向220°。墓的上部已经被破坏掉，墓圹南浅北深，北壁深0.6米。墓圹宽1米，南壁已经不存，东西壁残长2.6米（图二三）。一个现代电线杆的拉线坑（长方形直壁坑，坑内陈放一个大石条，石条上有拉线穿孔）横向打破墓的北部。墓底前部有一底坑，圆形，直径20、深14厘米。墓坑全部被盗扰，没有发现器物和骨骼。

5. ⅠM5020

土坑竖穴墓，墓方向180°。墓的上部和北端已经被破坏掉，墓圹南浅北深。宽1.2、长

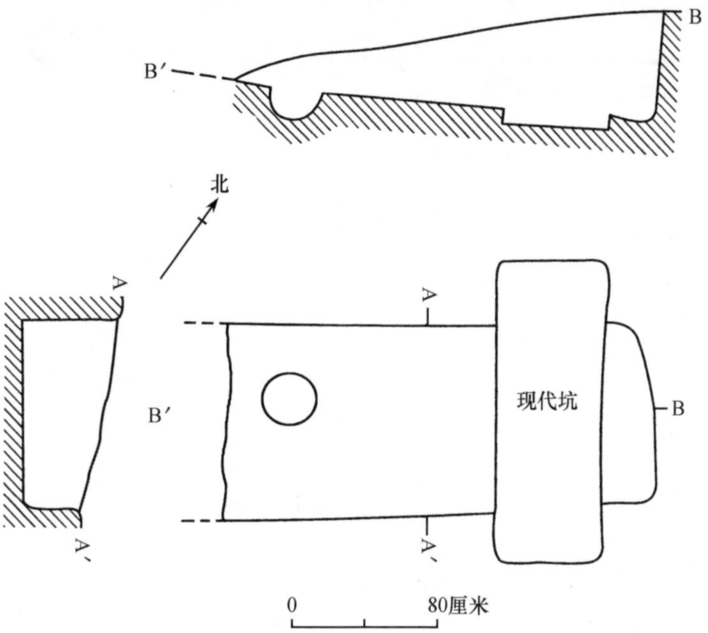

图二三　ⅠM5019平、剖面图

1.6、北壁深0.66米（图二四）。墓葬全部被扰乱，扰乱的填土中出土了铜镜残片和瓷器小碎片。

铜镜　ⅠM5020：1，五角方形镜，素面，缘面较平。断边处残留长方形铭文边框的一条直边。残碎，仅剩一角（图二五）。

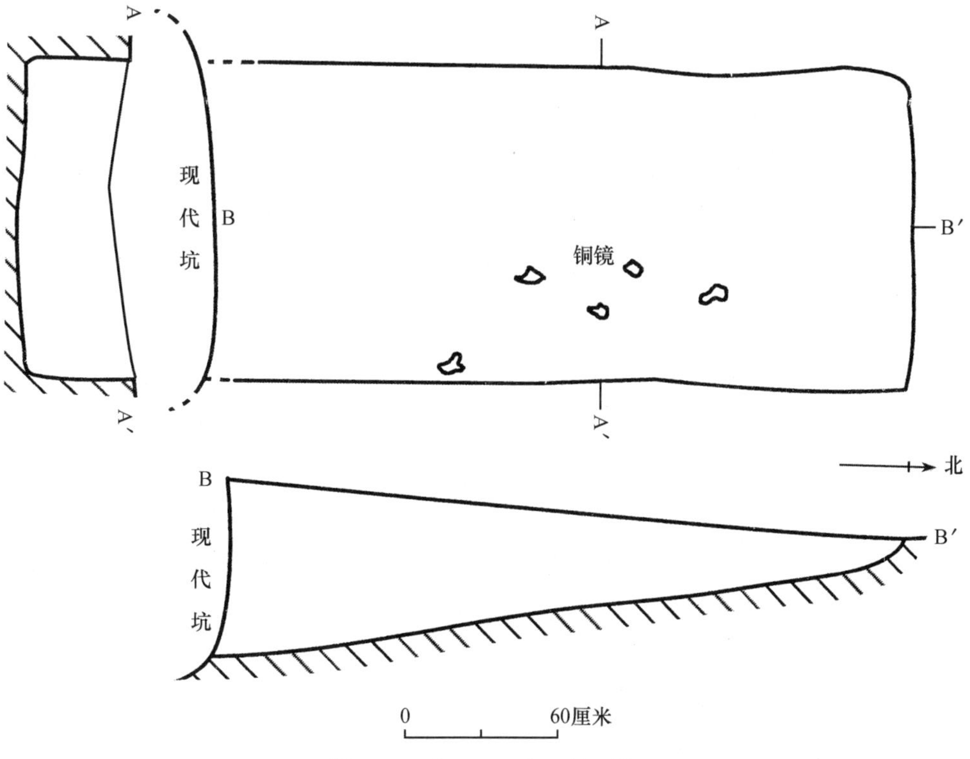

图二四　ⅠM5020平、剖面图

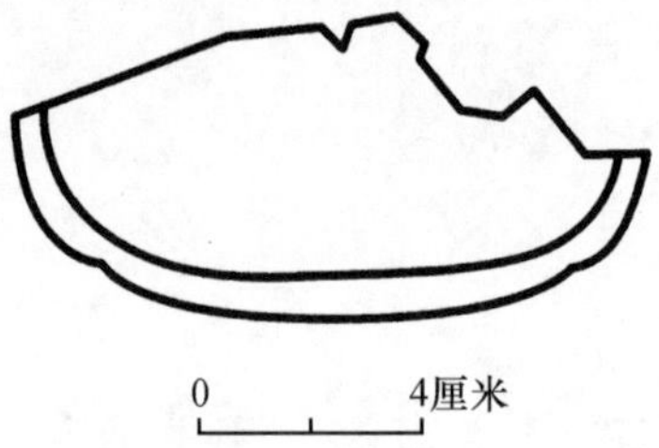

图二五　Ⅰ M5020出土铜镜（Ⅰ M5020：1）

6. Ⅰ M5022

土坑竖穴墓。方向180°。由墓道和墓室组成。墓道长1.7、宽0.38～0.5、深0.6米。墓室为不规则形，大体呈南宽北窄的梯形，东南角向内探出一方折角。西壁长2、北壁宽1.22、东壁长1.7、东折壁（短壁）长0.3、南壁宽（含门道宽）1.1、南折壁宽0.4米。墓室深0.6米（图二六）。墓葬全部盗扰，出土1件三足灰陶香炉和1件黑瓷碗残片。

陶香炉　Ⅰ M5022：1，泥质灰陶，筒形身，平底，三矮足。口径9、高6.9厘米（图二七，1）。

黑瓷碗　M5022：2，残片。胎质较粗，胎呈黄褐色。黑釉，外底未施釉。釉厚，黑亮，光泽强。釉表面有橘子皮样的孔眼和气泡。口唇釉薄呈姜黄色。底和器身残缺。口径12、残高4.8厘米（图二七，2）。

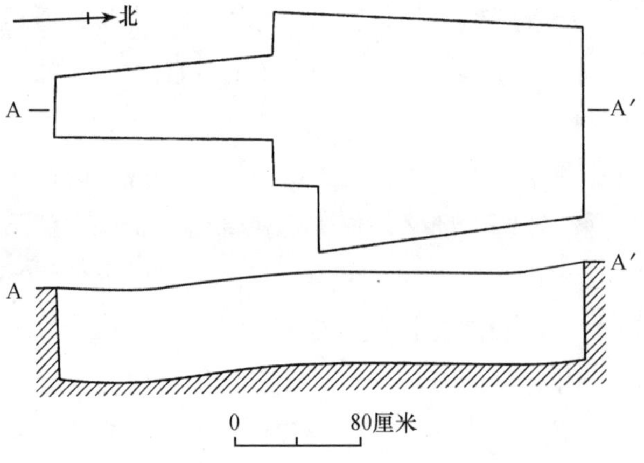

图二六　Ⅰ M5022平、剖面图

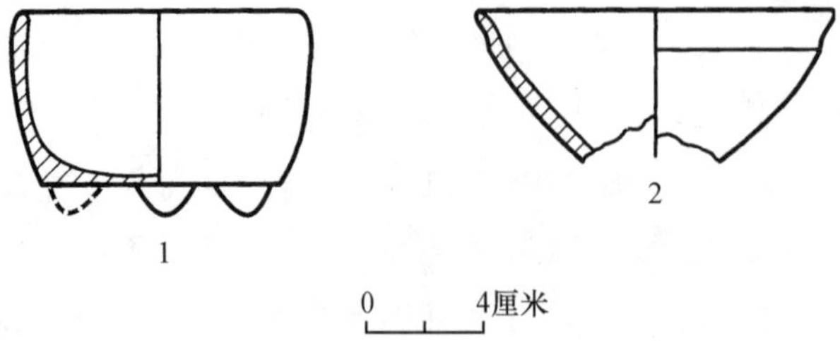

图二七　Ⅰ M5022出土器物

1. 陶香炉（Ⅰ M5022：1）　2. 黑瓷碗（Ⅰ M5022：2）

（三）出土遗物

1. 地层出土的银钱、铜钗

银钱　T5027②：1，出于T5027第2层。钱文“政和通宝”。

铜钗　T5027②：2，出于T5027第2层。双股，尖尾，钗头做连珠状。铜钗长13.4厘米（图二八）。

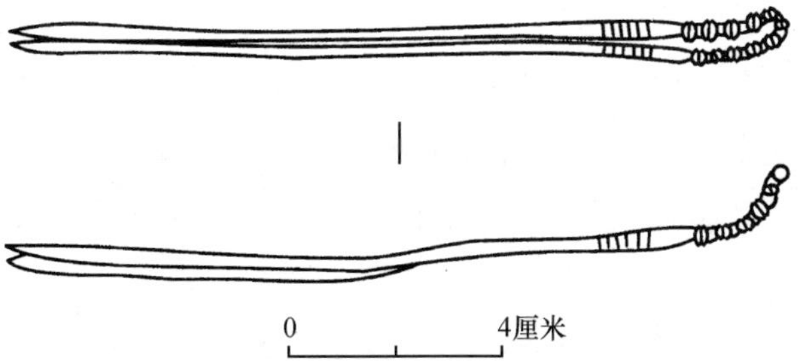

图二八　铜钗（T5027②：2）

2. Ⅰ M9001 扰土出土遗物

三彩俑　ⅠM9001（扰土）：2，立俑，首缺失。挺胸，鼓腹，双手拢于腹前，手内一竖孔，似原本握一圆杆状物。身着广袖长衫，帽带垂于两肩，下身穿着地长裙，足登云头鞋，腰系带。红泥厚胎，施三彩釉，衣施绿釉，领施浅黄釉，略泛绿，帽带、袖里及长裙施棕黄色釉。通高26厘米（图二九，1）。

瓷盘　ⅠM9001（扰土）：16，白瓷，已残。胎质较细，呈莹白色，胎壁较薄。灰白色釉，略泛蓝。敞口，尖圆唇，外壁上部略外侈。近足部有一折棱，棱下内收。圈足，足外壁直立，内壁外斜削。宽平底，外底无釉，可见旋痕。盘内壁呈弧形外侈，内底下凹。壁与底之间有一圈浅刻弦纹。口径14.4、通高3.6厘米（图二九，6）。

莲花口碗　ⅠM9001（扰土）：10，残片。影青，釉灰白色泛绿。灰色胎，胎质较粗，胎壁较厚。敞口，尖圆唇，莲花口，鼓腹。近足部有一周浅刻弦纹，圈足外壁略直，内壁外斜削。宽平底，外底无釉，可见旋痕，内底下凹，壁与底之间有一圈浅刻弦纹。

灯碗　ⅠM9001（扰土）：4，灰胎，施黑釉。敞口，厚圆唇，斜壁，略鼓腹，饼状足，足底可见漩涡状绳勒痕。口径10、通高2.4厘米（图二九，7）。

陶盆　4件。形制大致相同，尺寸有差别。泥质灰陶。敞口，平沿，厚圆唇，斜直壁，大平底，近底部有对称横錾耳。ⅠM9001（扰土）：8，直径21.2、通高7.4厘米（图二九，2）。ⅠM9001（扰土）：3，直径28、通高7.7厘米（图二九，3）。ⅠM9001（扰土）：13，直径23.2、通高7.7厘米（图二九，4）。ⅠM9001（扰土）：12，直径23.5、通高8.3厘米（图二九，5）。

瓦当　ⅠM9001（扰土）：6，泥质灰陶。当缘宽高，缘面饰一圈连珠纹，计29珠。当面

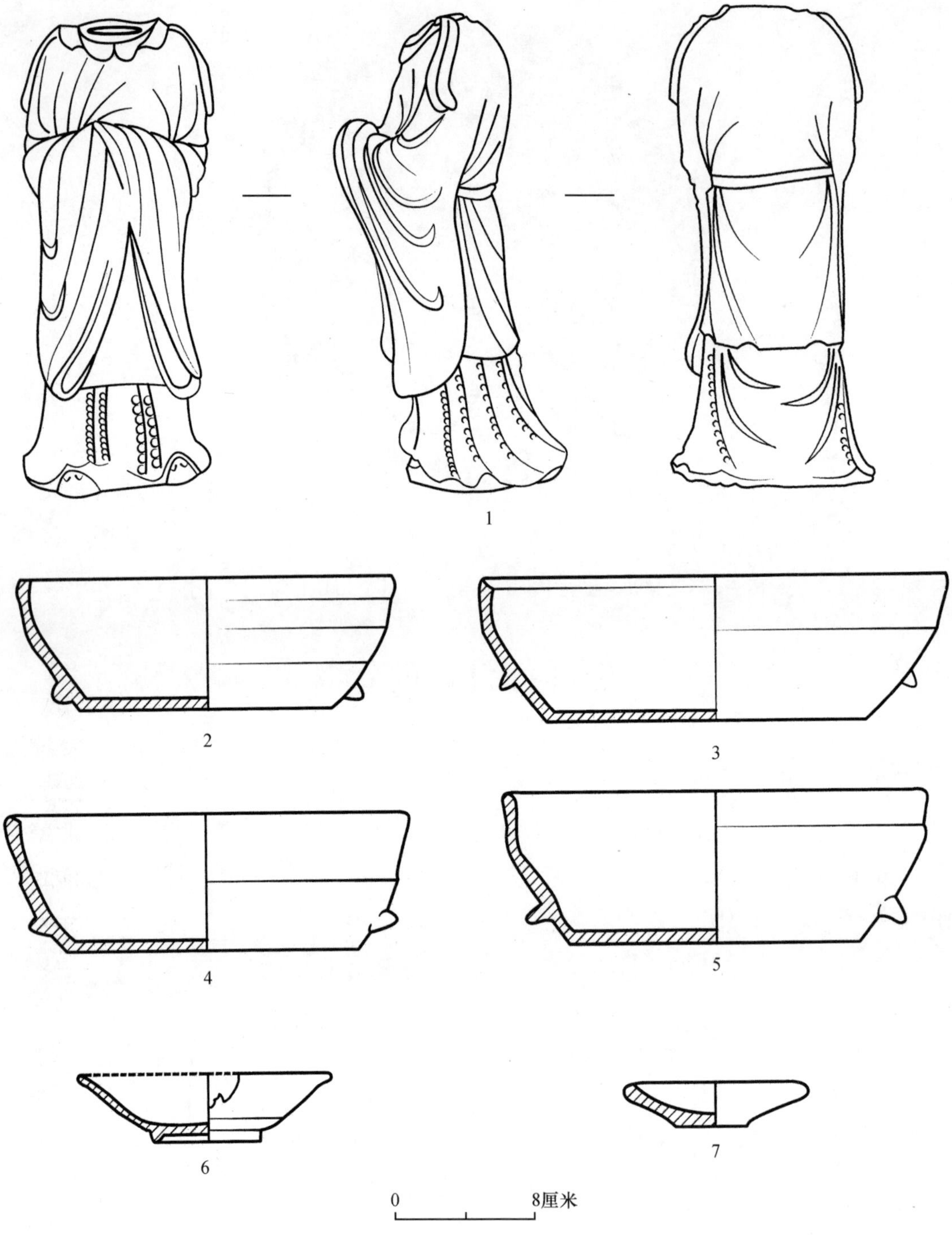

图二九 ⅠM9001扰土中出土器物

1. 釉陶三彩俑［ⅠM9001（扰土）：2］ 2～5. 陶盆［ⅠM9001（扰土）：8、ⅠM9001（扰土）：3、ⅠM9001（扰土）：13、ⅠM9001（扰土）：12］ 6. 瓷盘［ⅠM9001（扰土）：16］ 7. 釉陶灯碗［ⅠM9001（扰土）：4］

的纹饰为虎面纹，雕刻细致生动。枝眉竖立，怒目圆睁，小鼻阔口，獠牙尖锐。毛发须髯，浓密飘动。双耳后抿，隐约可见。虎额上有一“王”字。当面直径13.5、当身残长11厘米（图三〇）。

图三〇　ⅠM9001扰土中出土瓦当拓片［ⅠM9001（扰土）：6］

五、时代不明的墓葬

1. Ⅰ M5021

土坑竖穴墓，墓方向北偏东215°。墓的上部已经被破坏掉，墓圹南浅北深，北壁深0.37米。墓圹宽0.8、南壁深0.17、东西壁长2.32米。骨架1具，为成年女性。仰身直肢，下肢被盗洞切掉（图三一）。墓内没有发现遗物。

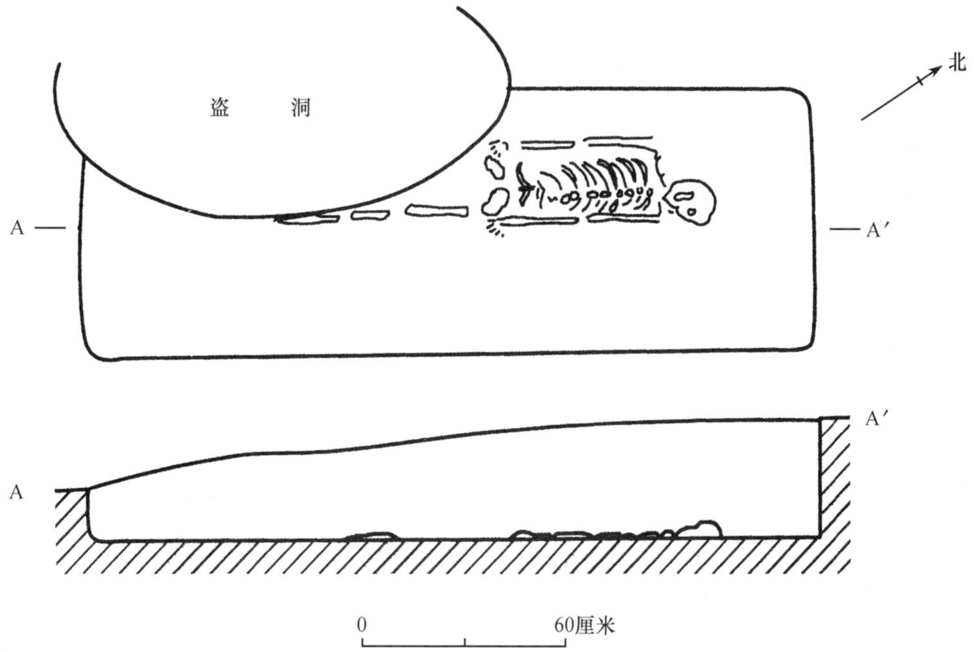

图三一　ⅠM5021平、剖面图

2. Ⅰ M5013

土坑竖穴墓。圆角长方形，残长1.5、宽8.8米（图三二）。仅残留墓底，最深0.08米。没有发现随葬品。

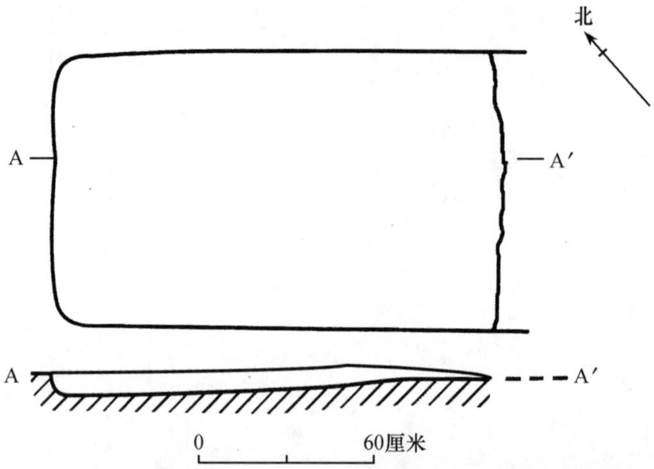

图三二　Ⅰ M5013平、剖面图

3. Ⅰ M5016

土坑竖穴墓，略呈梯形，长2、宽0.6～0.7、深0.16～0.3米。骨架一具，头颅被盗墓者破坏掉。根据骨架姿势，测量头向为25°（图三三）。墓葬被盗扰，没有发现随葬品。

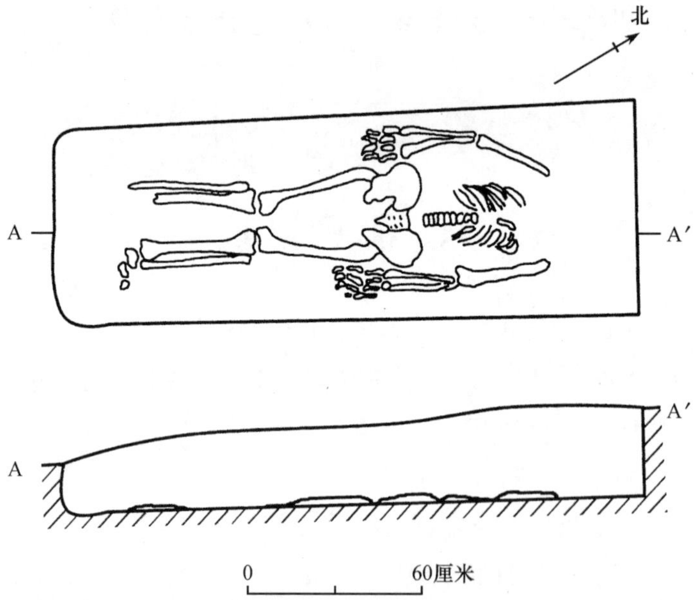

图三三　Ⅰ M5016平、剖面图

4. Ⅰ M1027

土坑竖穴墓。墓坑长方形，长2.8、宽1.8米。墓葬被破坏严重，仅残留大部分墓底。发现少量骨骼，保存不好，属于两个个体，性别、年龄不明（图三四）。没有发现随葬品。

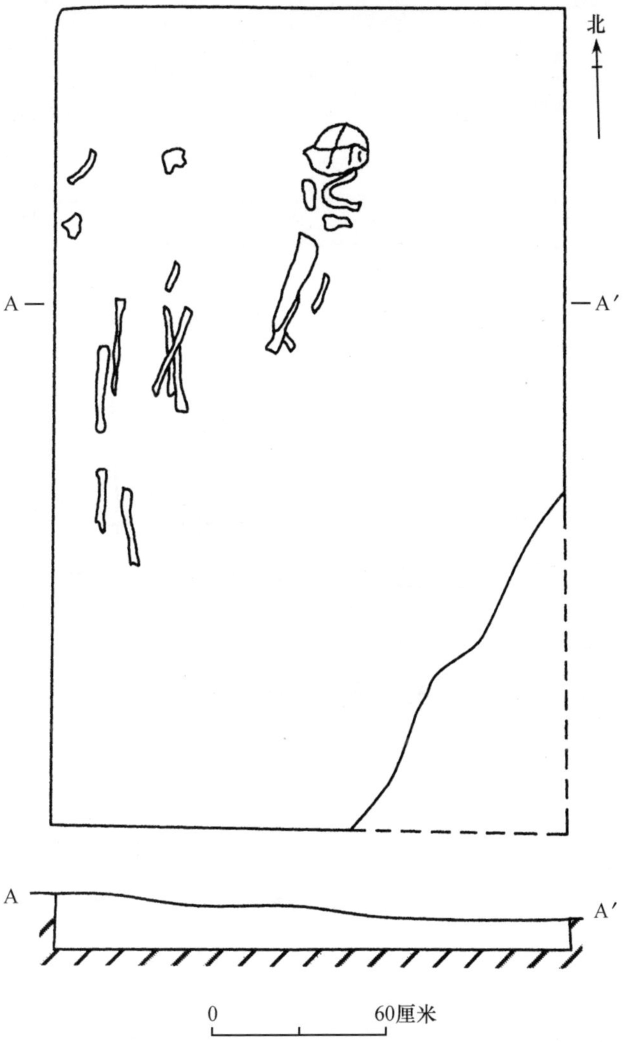

图三四 Ⅰ M1027平、剖面图

六、清代遗迹

在第Ⅰ区的第1小区还发现有灰坑、室外灶，年代在清代或更晚。

灰坑发现3个：Ⅰ H1003、Ⅰ H1004、Ⅰ H1005。Ⅰ H1004是浅的锅底形坑，深30厘米，只发掘了灰坑的一角。现把H1003、H1005报告于下。

Ⅰ H1003 开口于第1层下，打破生土。袋形坑。椭圆口、平底。坑口长径0.9、短径0.8、深0.8米（图三五）。填土灰黄色，内含石块、青花瓷片、炭粒等。

Ⅰ H1005 开口于第2层下，打破Ⅰ M1028。袋形坑。坑底经过抹泥处理，坑口长径1.1、短径1.05 、深0.6米。没有遗物出土（图三六）。

Ⅰ Z1003 开口于第1层下，打破生土。结构简单，土坑灶，在南壁由2个砖头（东）和2个小石块（西）贴壁，灶膛长径40、短径30、深30厘米。灶底有2 ~ 5 厘米红烧土和灰烬痕迹。灶口宽16厘米。

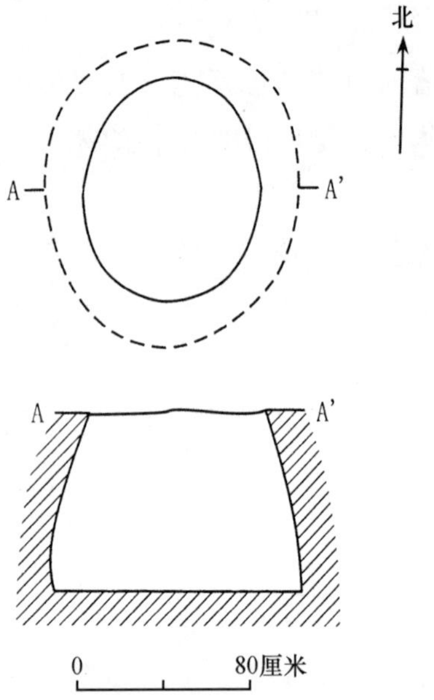

图三五　Ⅰ H1003平、剖面图

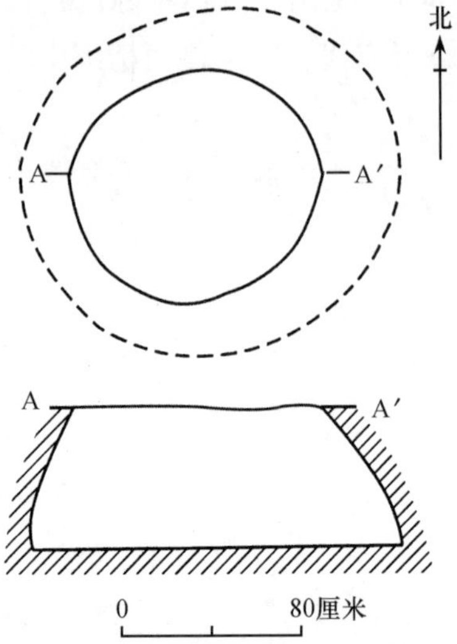

图三六　Ⅰ H1005平、剖面图

七、结　语

（1）Ⅰ M1028为深穴土坑墓，没有被盗扰，出土鼎、敦、壶、豆，没有铜礼器和兵器，年代大约在战国晚期到秦代。Ⅰ M4016组合不全，出土陶鼎、敦、壶与Ⅰ M1028相近，年代可能在战国到秦代。

Ⅰ M1028、Ⅰ M4016出土了3件仿铜绳纹鼎，这是三峡地区较少见的现象。前者墓葬出土1套鼎、敦、壶，配2件豆；后者出土2套鼎、敦、壶，配1件盘。二者差别明显。虽然随葬楚式陶器，却不见铜兵器，可能与楚控制势力减弱有关。

（2）Ⅰ M2004为土坑墓，出土的铜钱为西汉五铢，其年代可能在西汉时期。Ⅰ M2003近方形的土坑墓，与Ⅰ M1028相近，所出斜腹平底盆与忠县崖脚墓地新莽时期BM22出土的斜腹平底盆相似，该墓年代可定在西汉前后[①]。

（3）M9001出土的子母鸡花纹与云阳故陵东汉M11相同[②]。其他器物也为东汉墓葬常见，所以可以确定是东汉墓。

（4）本次的发掘基本找出唐宋墓地的南边和东边。本次揭露的唐宋墓地东北部的墓葬仍然很密集，由于被盗扰严重，发现遗物很少。但是，本次发掘也有重要发现，如Ⅰ M5014、Ⅰ M5015土坑墓有对称的壁槽，Ⅰ M5017用石板砌筑后龛。以前从未见过的新形制，丰富了三峡唐宋墓葬的内容。Ⅰ M5018前发现载立于土坑墓前的石碑，碑文剥蚀严重，但可知是北宋太宗淳化元年，即990年所立。该墓底出土的瓷盘是难得的有纪年的标准器。此外，在地层出土

① 北京大学考古文博院三峡考古队等：《忠县崖脚墓地发掘简报》，《重庆库区考古报告集·1998卷》，科学出版社，2003年，第175页，图三七第12图。

② 中国历史博物馆故陵考古队等：《云阳故陵楚墓发掘报告》，《重庆库区考古报告集·1998卷》，科学出版社，2003年，第406页，图二一第3图。

的政和通宝银钱也是少见之物。

在M9001扰土出土的器物除汉代陶片外，都是宋代瓷片和宋兽面瓦当，所以推测出土的三彩男俑也属于宋代。瓦当兽面精细生动，三彩男俑鲜艳华丽，是难得的北宋文物。

附记：参加发掘的人员有冯恩学、于卫东、魏东、杜赤、李斌、黄镇亚、邵海波、刘力、李树国。

执笔：冯恩学　于卫东　魏　东

奉节合同溪墓群2003年度发掘简报

内蒙古自治区文物考古研究所三峡考古队

2003年10月，为配合三峡库区水利工程，受重庆市文化局三峡文物保护工作领导小组委托，内蒙古自治区文物考古研究所三峡考古队承担了奉节合同溪墓群的发掘任务，10月15日前往奉节安平天鹅村，对合同溪墓群进行考古发掘。10月25日开始发掘，至11月17日结束，历时23天，发掘1000余平方米，清理墓葬6座。现将整个发掘收获简要报告如下。

一、墓群概况

合同溪墓群于1993年底发现并被确认，墓地所处坡地的西侧，为一较大沟谷，当地人称合同溪，该墓群由此得名。墓群东距奉节新县城约25千米，属安坪乡天鹅村4组（图一）。墓地中心地理位置坐标为北纬30°57′00″，东经109°12′45″，海拔140～170米。东西长150、南北宽约100米，总面积达15 000平方米。这里地处长江南岸的山坡中段，地表坡度大且突兀起伏，小片耕地之间多有裸露基岩，少量墓砖散落地表，偶见被盗墓葬，残碎陶、瓷片及少量骨骸弃置于地表坑穴当中。据称早年兴修梯田亦曾毁坏多座墓葬，近年又遭盗掘，因此墓地保存状况较差。

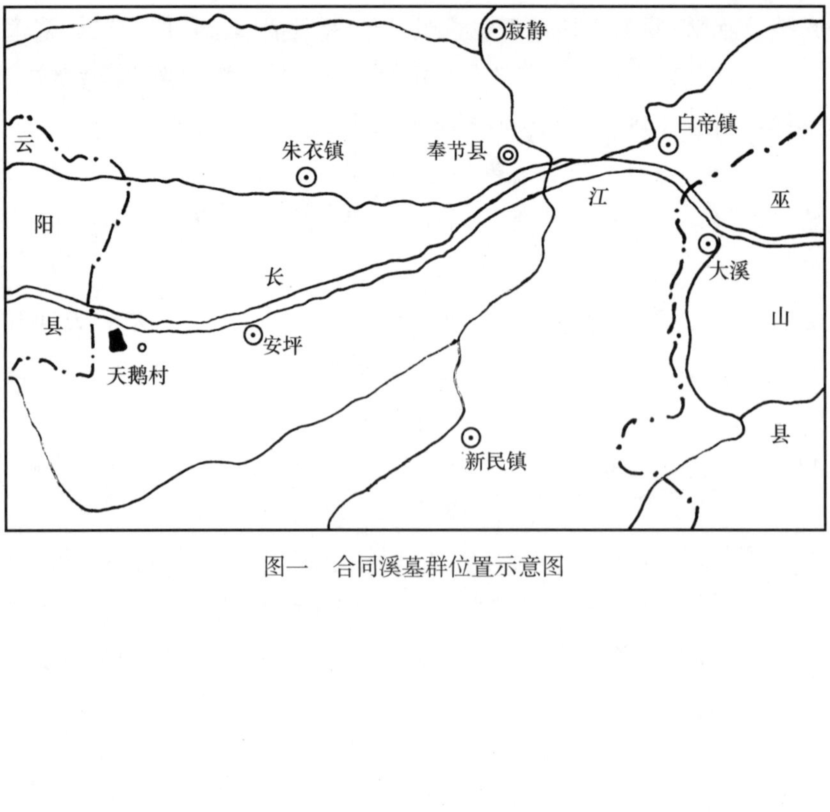

图一　合同溪墓群位置示意图

二、布方及墓葬分布

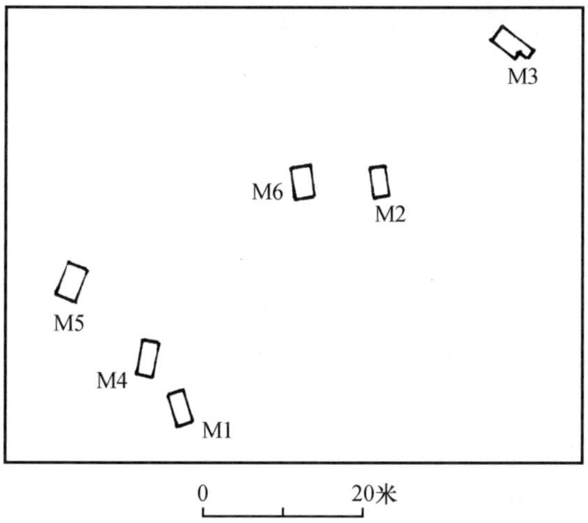

图二　合同溪墓群墓葬分布示意图

本次发掘采用布置探方进行，由于当地的地形、地势较特殊，为山坡地貌，多沟壑、多岩石且坡度大，因此无法统一布置探方，只在相对较开阔的地段，零散布置探方12个，而且面积亦不相同，其中10米×10米5个、11米×6米1个、9米×6米1个、12米×10米1个、10米×5米1个、10米×8米1个、11米×7米1个、10米×12米1个，总计发掘1007平方米，清理墓葬6座。6座墓葬方向大多在300°~350°，沿160~175米一线函坡地带分布，墓葬间距多在10~20米（图二）。探方编号为T1~T12，墓葬编号为M1~M6。

三、墓葬形制

清理6座残坏墓葬，均为砖室墓，除1座半面呈刀把形，余皆为长方形。其中M4墓室后壁正中砖砌“凸”出，内置小龛。6座墓葬顶部完全坍塌，但据墓内出大量楔形砖判断，墓顶当是船篷式券顶。墓室立壁由长方形青灰砖抹褐泥垒砌，多用三层平顺砌一层竖砌相叠筑成，只有M2特殊，仅靠底部有两层竖砌，余为平顺砌。6座墓的底部均见长方形青灰砖“人”字形平铺，十分齐整。除M3残留小段墓道，为侧出，呈刀把形，其他均未见墓道，分析认为遭破坏。所有6座墓葬向墓室一侧，都见有模印几何纹砖，纹样多见菱形凸浮纹，少见凸浮圈点或“米”字形纹样。M2、M5、M6个别砖侧面模印有凸浮文字，文字内容一种是祈福祥瑞，如“大吉羊宜子孙”，另一种具有碑志性质，如“本郡三禾匕命尹墓”（图三）。M5早期坍塌，部分随葬品得以保存，其他墓葬遭不同程度盗掘破坏，残存少量陶、瓷器皿碎片，M4、M6未见任何遗物。

M1　表土层下暴露，为青灰砖砌，早期破坏坍塌，甲面呈长方形，方向305°。墓室立壁用长方形砖砌筑，为三层平砌一层竖砌相叠垒成。墓底用长方砖“人”字形平铺。墓口距地表26厘米，墓长366、宽236、墓口距墓底145~150厘米。

墓内骨骸仅见残碎头骨及下肢骨，头向北。随葬品出有青瓷四系罐和青瓷洗，均残（图四）。

M2　表土层下暴露，长方形青砖砌筑，坍塌并遭破坏，平面为长方形，方向344°。墓室立壁取长方青砖砌筑，底部四平顺砌接一竖砌，三平顺砌接一竖砌，再上为平顺砌接墓项。墓底长方形砖“人”字形平铺。墓道及墓顶均不存，情况不明。向墓内一侧砖多有模印几何纹，纹样不尽相同，其中见有模印义字砖。墓口距地表25厘米，墓长330、墓宽170、墓底距墓口140厘米。

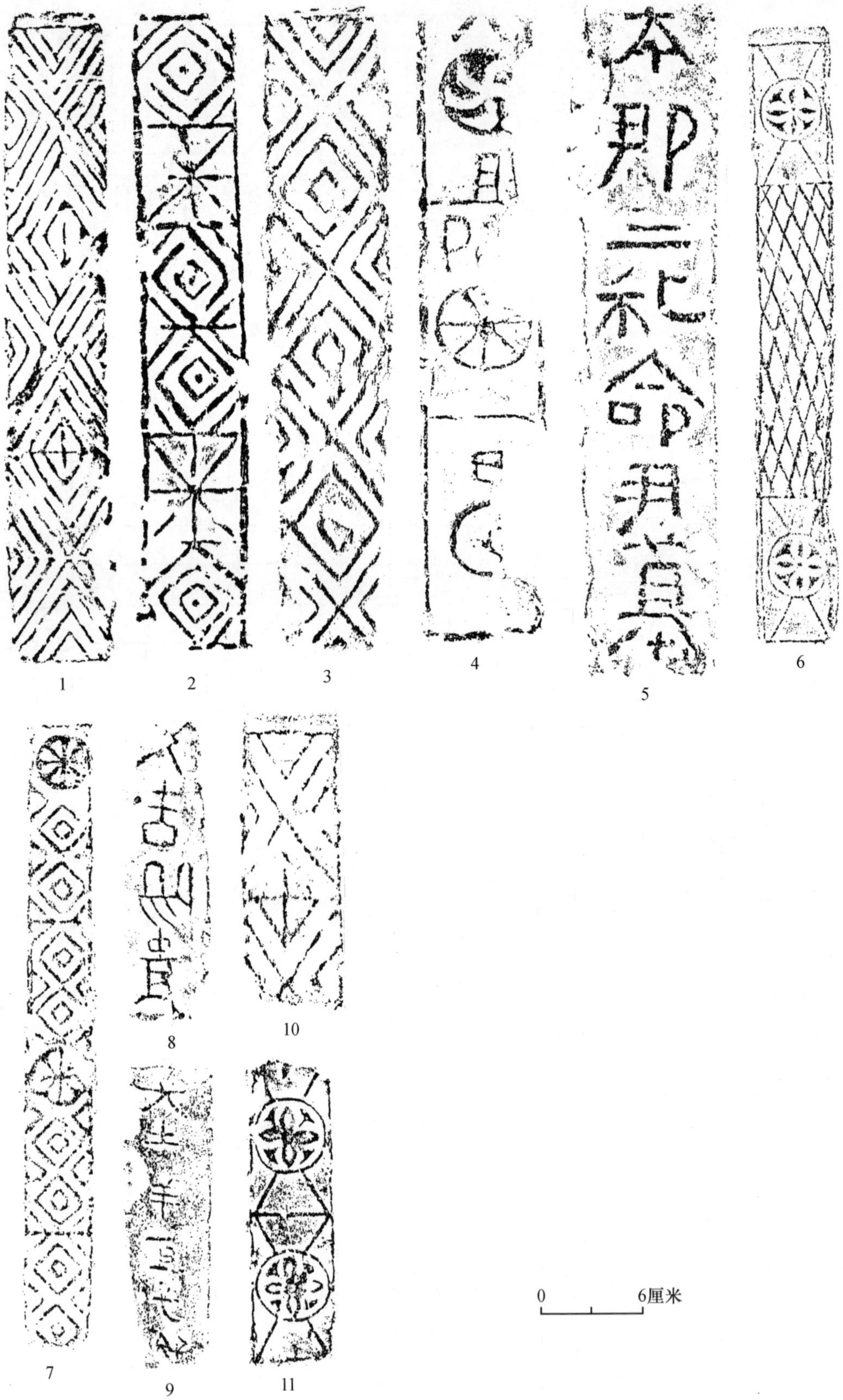

图三 墓砖纹饰拓片

1. M3 2、7、9. M5 3、6. M1 4、5. M6 8、10. M2 11. M4

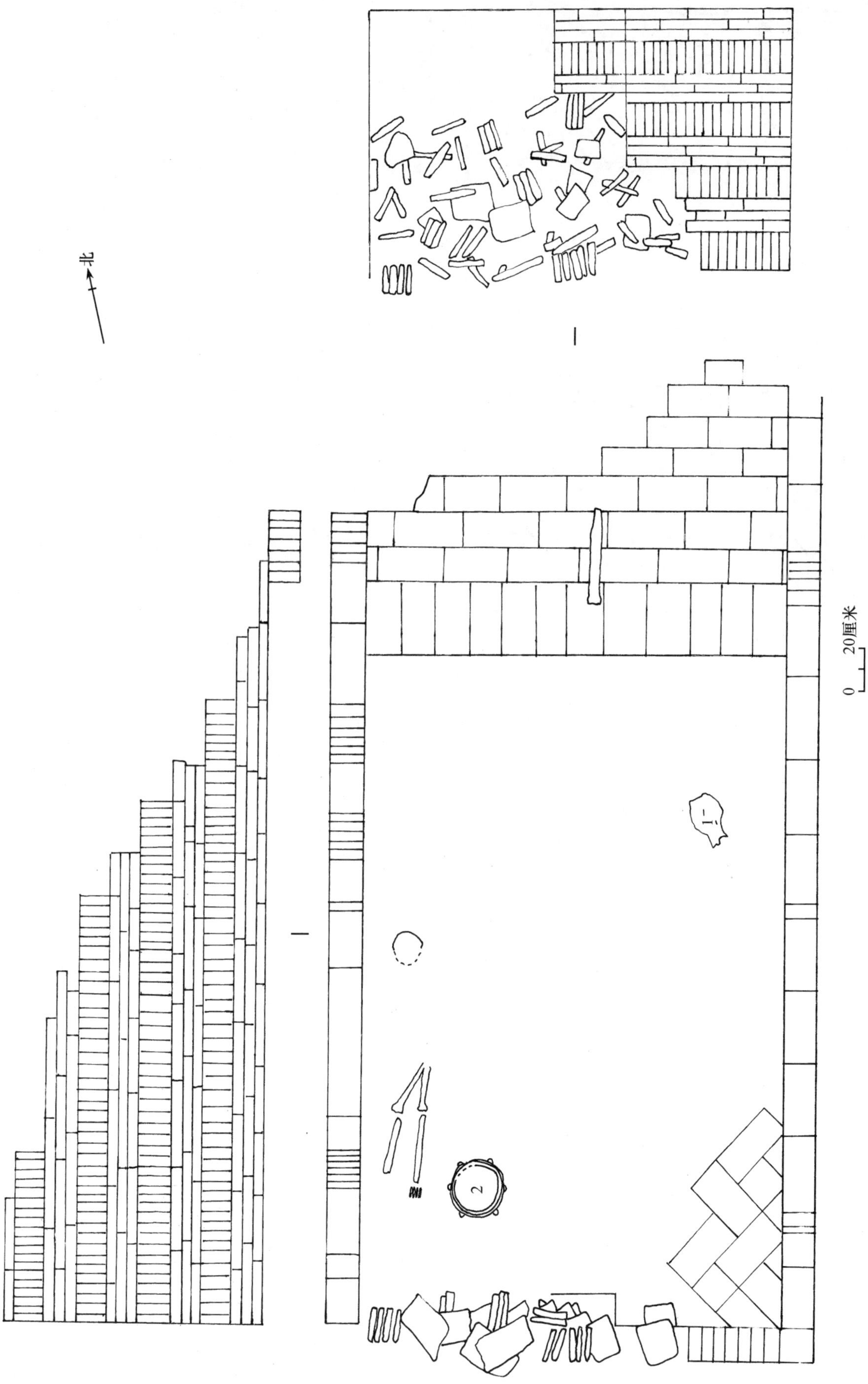

图四 M1平、剖面图
1. 瓷罐 2. 瓷洗

墓内骨骸仅见小段下肢骨。随葬器见有青瓷小碗、壶等，均残坏（图五）。

M3　开口于表土层下，青灰长方形砖砌成，破坏较严重，仅存80厘米立壁，平面呈刀把形，方向310°。墓壁为三平顺砌一竖砌相叠垒砌，墓底平铺长方砖呈“人”字形。墓口距地表28厘米，墓长356、墓宽178、墓底至墓口86厘米。墓道残长66、宽84厚米。墓顶形状结构不明。向墓室内一侧砖面有模印几何纹。

墓内2具残碎骨骸，头向东南。随葬品只有青瓷碗（图六）。

M4　开口于表土层下，近年遭盗掘。长方形青灰砖砌，墓室前部破坏不存，方向330°。开口距地表0～26厘米，墓残长246、墓宽166、墓底至墓口130厘米。立壁为长方砖三平顺砌一竖砌垒筑，墓室后壁正中砌出一宽27、长18厘米的凸出砖墩，墩上部内凹砌出一塔形小龛，龛高22、宽17、进深12厘米。铺地长方砖呈“人”字形齐整平铺。墓道、墓顶不存。向墓室一侧皆用模印花纹砖，纹样除几何菱形纹外尚有方格、圆点及草叶纹。

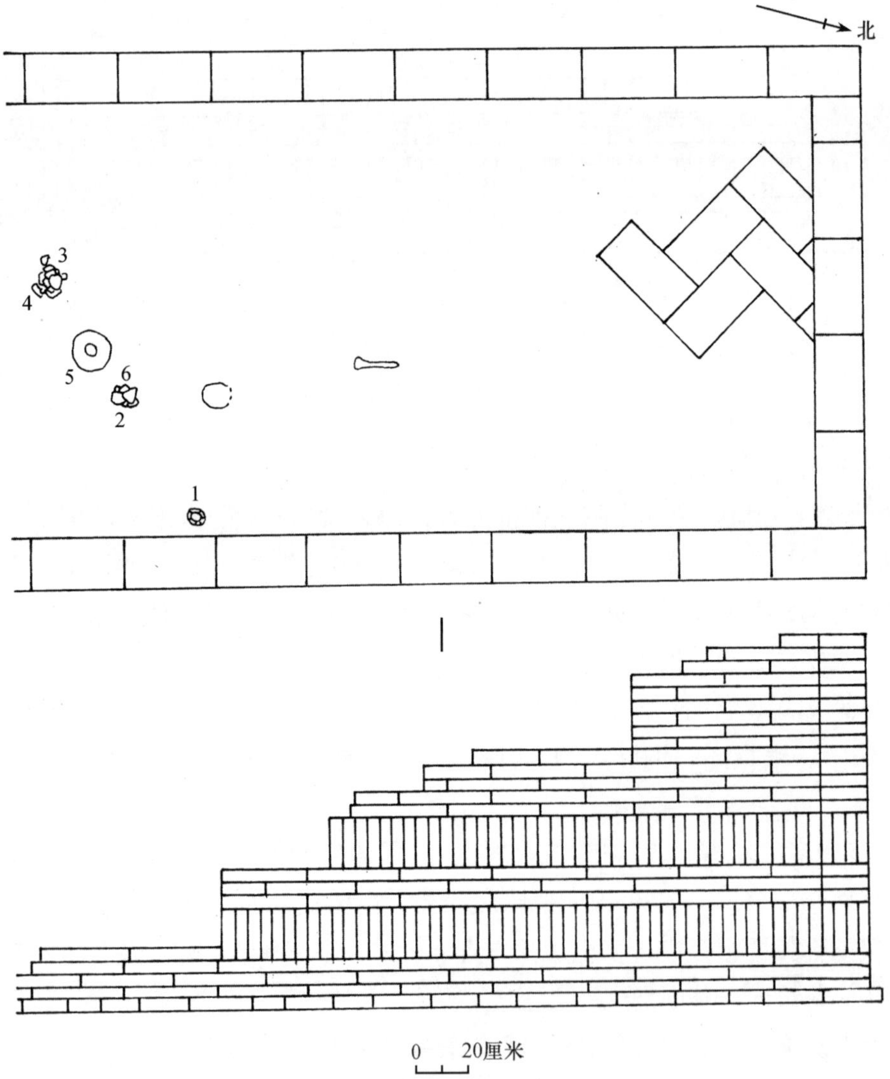

图五　M2平、剖面图

1～4. 青瓷碗　5. 青瓷壶　6. 青瓷罐

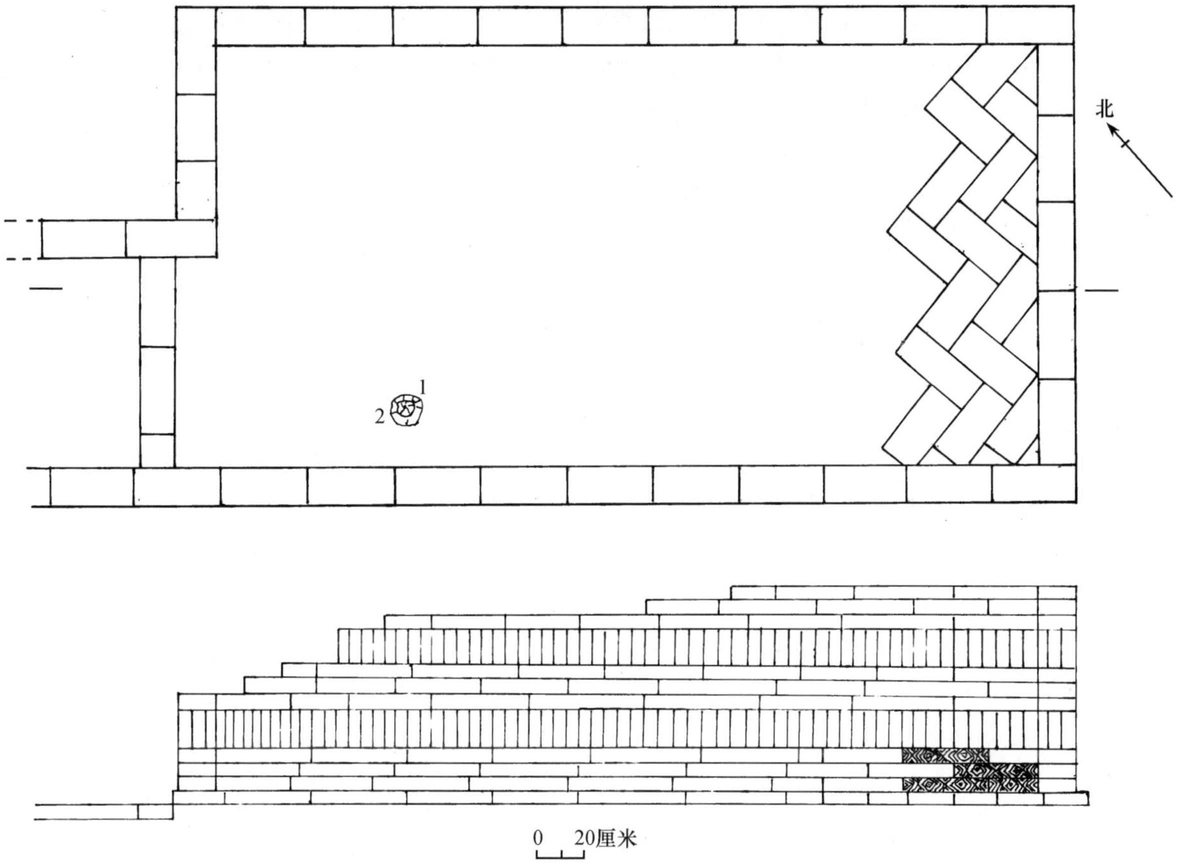

图六 M3平、剖面图
1、2. 青瓷碗

墓室内未见任何随葬品，骨骸亦不见（图七）。

M5 表土层下开口，顶部塌陷，前部冲毁，地表微凹，为长方形青砖砌筑，平面呈长方形，方向350°。墓口距地表21厘米，墓残长440、宽195、墓底至墓口220厘米。立壁为三平顺砌一竖砌相叠垒砌，墓底由长方砖“人”字形平铺。顶及墓道情况不明，墓室内侧多有模印几何纹砖，其中发现部分砖有模印文字。

墓葬因早期坍塌，部分随葬品得以保存。墓室后部及中部出有青瓷盘口鸡首壶、玛瑙珠串、绿松石珠串、银指环、铜针、铜饰件等。见有2具残碎骨骸，皆为侧身直肢，头向东南（图八）。

M6 墓砖大多已暴露地表，遭多次破坏，显露部分平面呈长方形，用青灰长方砖垒砌，整个墓室仅存后半部分。方向324°。墓葬残长250、宽168、墓底至墓口89厘米。立壁多为长方砖平顺砌，仅下部见两行竖砌，墓底用长方青砖“人”字形平铺。墓项及墓道不存。向墓室一侧多见模印几何花纹砖，其中发现一文字砖。

墓室填土内发现一枚铜钱，未见骨骸及随葬品（图九）。

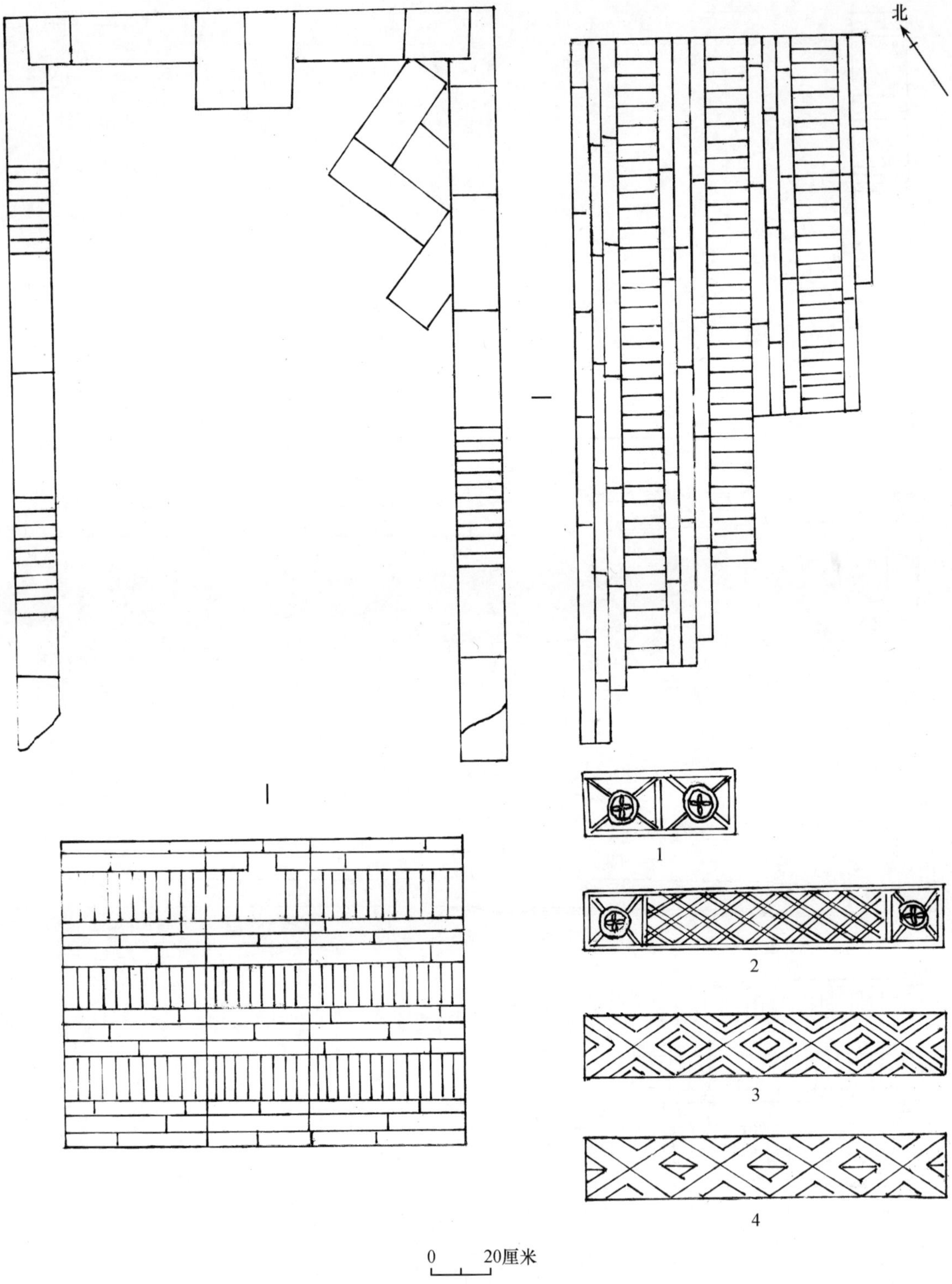

图七 M4平、剖面图

1～4. 模印花纹砖纹样

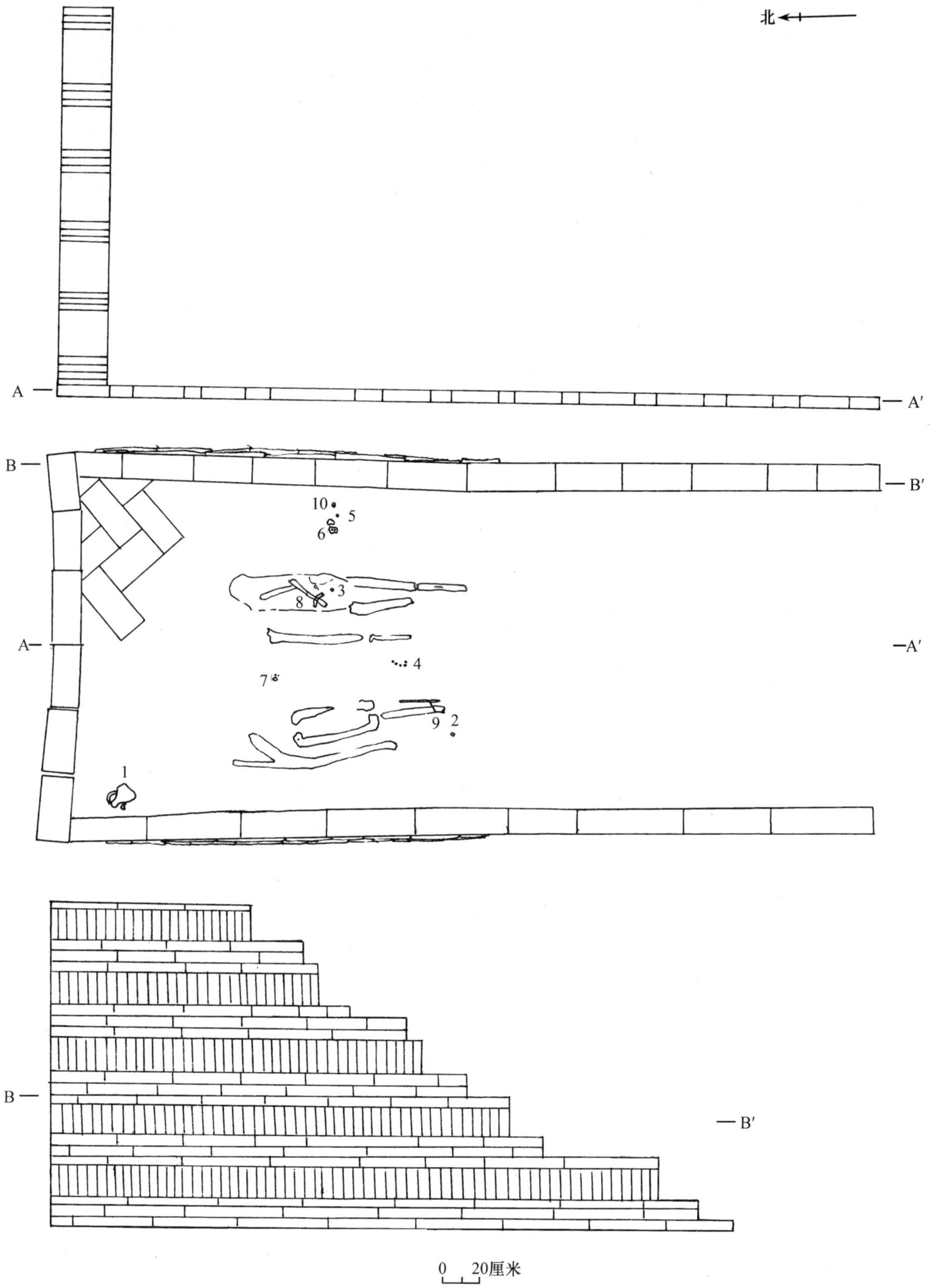

图八 M5平、剖面图

1. 青瓷盘口鸡首壶 2、3. 玛瑙珠 4. 玛瑙珠串 5. 银指环 6. 绿松石珠串 7. 珠串 8. 铜饰 9. 铜针 10. 五铢钱

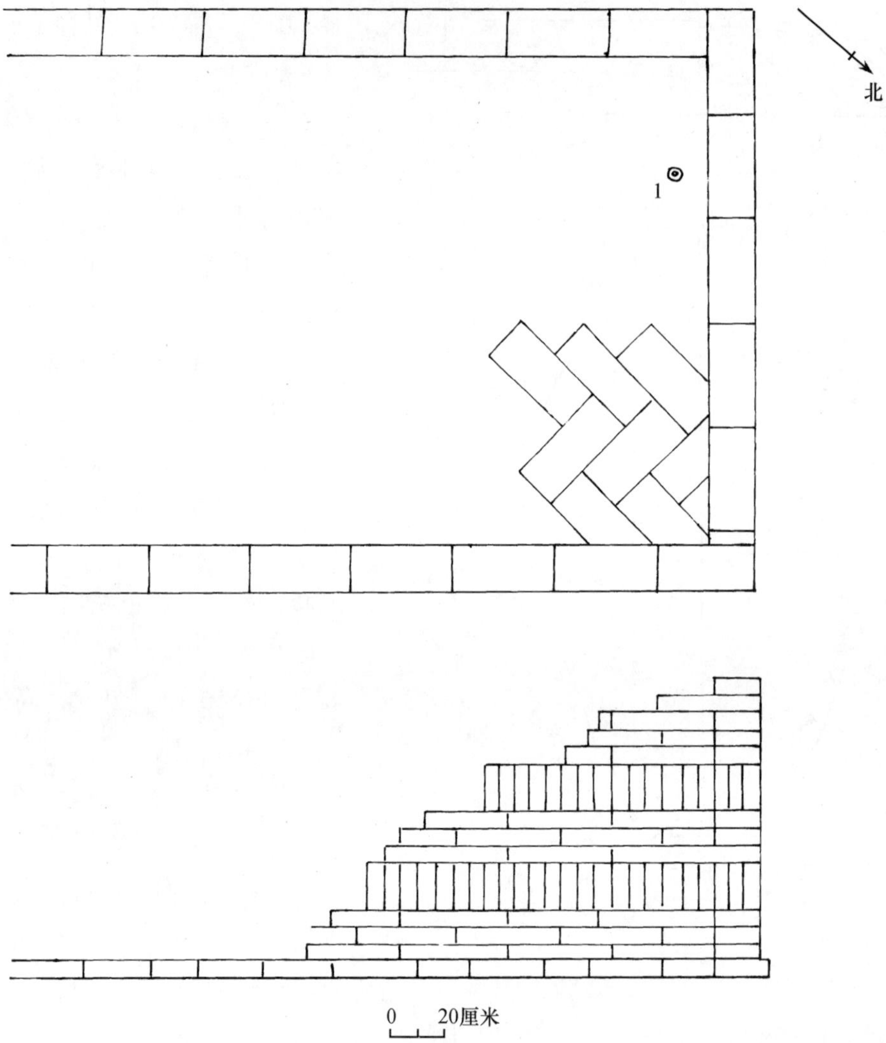

图九 M6平、剖面图
1. 铜钱

四、随 葬 品

M1 出土2件，均为青瓷。

洗（砚） 1件。残。M1：2，直口微内敛，圆唇，浅腹，盘形，六足。洗底部厚实，呈弧形拱起。通体施淡青色釉、釉面有开片纹。内底露胎，外底一周支钉疤痕。口径21、底径22、残高4厘米（图一〇，1）。

罐 1件，残。M1：1，敞口，束颈，溜肩，弧腹，平底，肩部帖塑对称4个桥形系。上部施淡青色釉，下腹部露胎，有流釉痕。胎色灰白，釉面多脱落。残高22、底径9厘米（图一〇，2）。

M2 出土6件，均为青瓷。

壶 1件。M2：5，敞口，尖圆唇，高领，束颈，溜肩，扁鼓腹下垂，大平底。施淡青釉，上部脱釉处呈浅灰色，下部及内里呈淡红色，胎质软。肩部饰两周弦纹。口径6.8、底

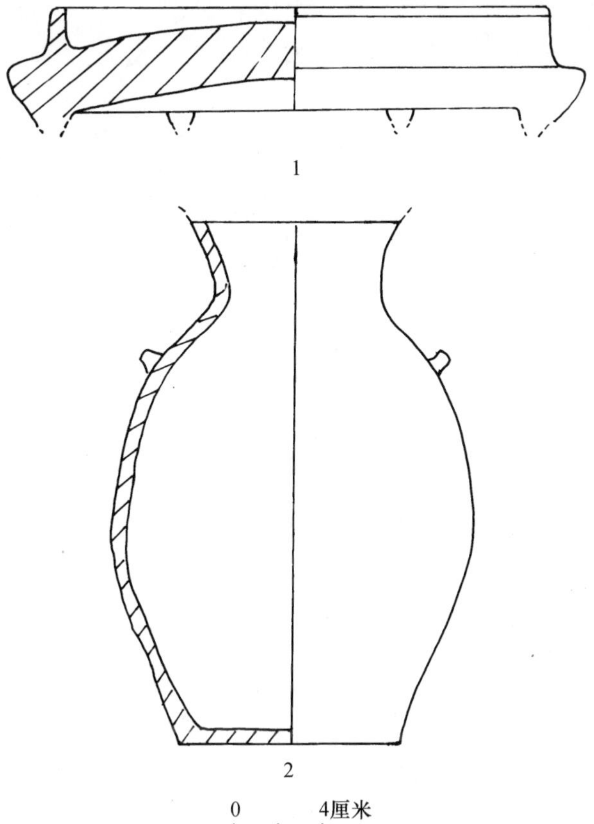

图一〇 M1出土青瓷器
1.洗（砚）（M1：2） 2.罐（M1：1）

径10.8、高10、腹径14.8厘米（图一一，1）。

罐 1件。M2：6，敛口，圆唇，矮领，弧腹，大平底。肩部贴塑4个对称桥形系。胎灰白色，腹上部曾施青釉，已脱落。口径10.4、底径10.2、腹径15.2、高17.8厘米（图一一，2）。

碗 4件。均施青釉。M2：3，敛口，圆唇，鼓肩，斜弧腹，假圈足。胎色灰白，质疏松。器表簿施淡青釉。口径16、底径11.2、高5.6厘米（图一一，3）。M2：4，敛口，尖唇，鼓肩，斜弧腹，平底。胎色灰白，质地松软。内外施青釉，内里釉色厚，底部见有支钉痕。口径16、底径9.2、高6.4厘米（图一一，4）。M2：1，敞口，尖圆唇，斜弧腹，假圈足。胎青灰色，质松软。上体施淡青釉，足露胎处泛红，釉面垒细开片纹。内底一周弦纹，中心可见支钉痕。口径8.4、底径4.4、高3.8厘米（图一一，5）。M2：2，敛口，圆唇，圆弧腹。胎色灰白，质疏松。施青釉，底露胎，釉多剥落，胎红色。口径8.8、底径5.2、高4厘米（图一一，6）。

M3 出土2件，均为青瓷碗。

碗 2件。M3：2，敛口，圆唇，鼓肩，弧腹，平底。胎灰白色。里及外上部施淡青色釉，脱落严重。口径17.6、底径10.8、高6.6厘米（图一二，1）。M3：1，敛口，圆唇，鼓肩，斜弧腹，假圈足。胎质疏松，器身施淡青釉，足露胎呈褐红色。口径9.2、底径4.8、高4.4厘米（图一二，2）。

M5 出土10件。

鸡首盘口壶 1件。M5：8，小盘口微敞，圆唇，长颈，溜肩，鼓腹，平底外撇。肩一侧装扁圆提梁至口部，似伸出手臂握口沿。肩部对称帖附桥形系4个。与提相对一侧装鸡首形假流。下腹部刻划覆莲形纹饰。表而施青釉不及底部。胎灰白色，质硬。口径5.2、底径7.2、高12.2、腹径9.6厘米（图一三，1）。

铜针 1件。残。M5：6，圆锥状。残长6、直径0.4厘米（图一三，2）。

玛瑙珠 5件。M5：9，暗红色。圆球形。表面磨光，中穿细孔。直径1.7厘米（图一三，3）。M5：10，暗红色。呈橄榄形。表面磨光，呈多棱柱状体，中穿细孔。长1.6、宽1、孔径0.2厘米（图一三，7）。

银指环 2件。M5：3，圆环形。表面挂锈，截面圆。直径2厘米（图一三，4）。

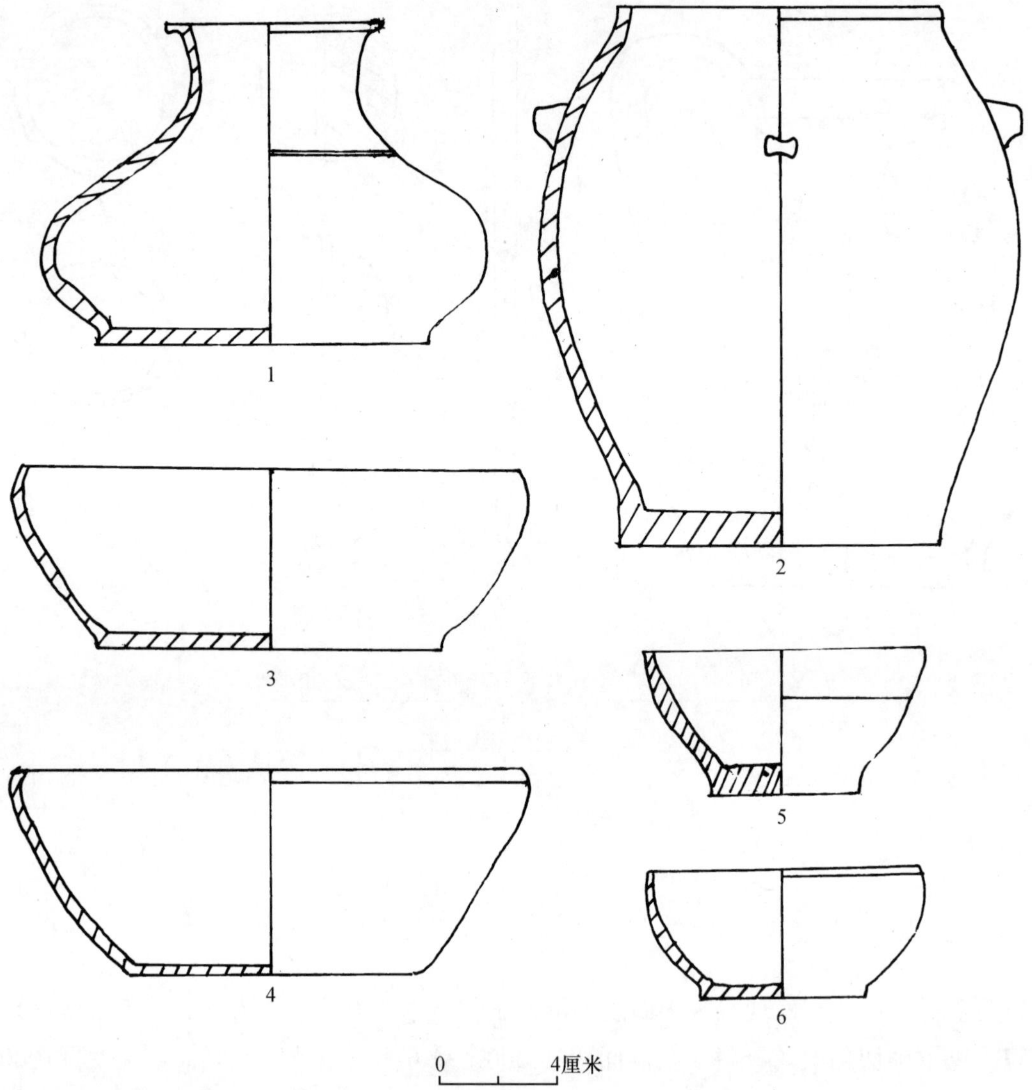

图一一　M2出土青瓷器

1. 壶（M2：5）　2. 罐（M2：6）　3～6. 碗（M2：3、M2：4、M2：1、M2：2）

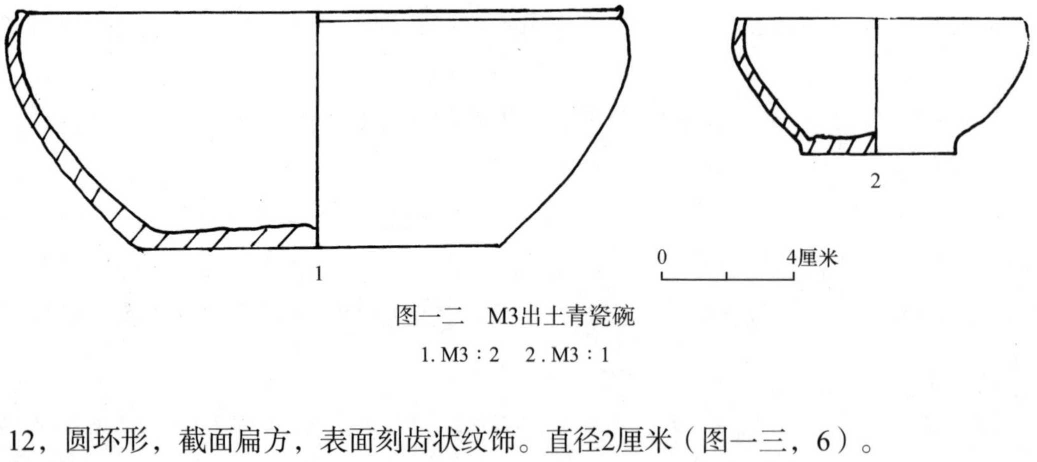

图一二　M3出土青瓷碗

1. M3：2　2. M3：1

M5：12，圆环形，截面扁方，表面刻齿状纹饰。直径2厘米（图一三，6）。

绿松石珠　1件。M5：11，扁圆，球状。表面磨光，中穿细孔。直径1.6、孔径0.1厘米（图一三，5）。

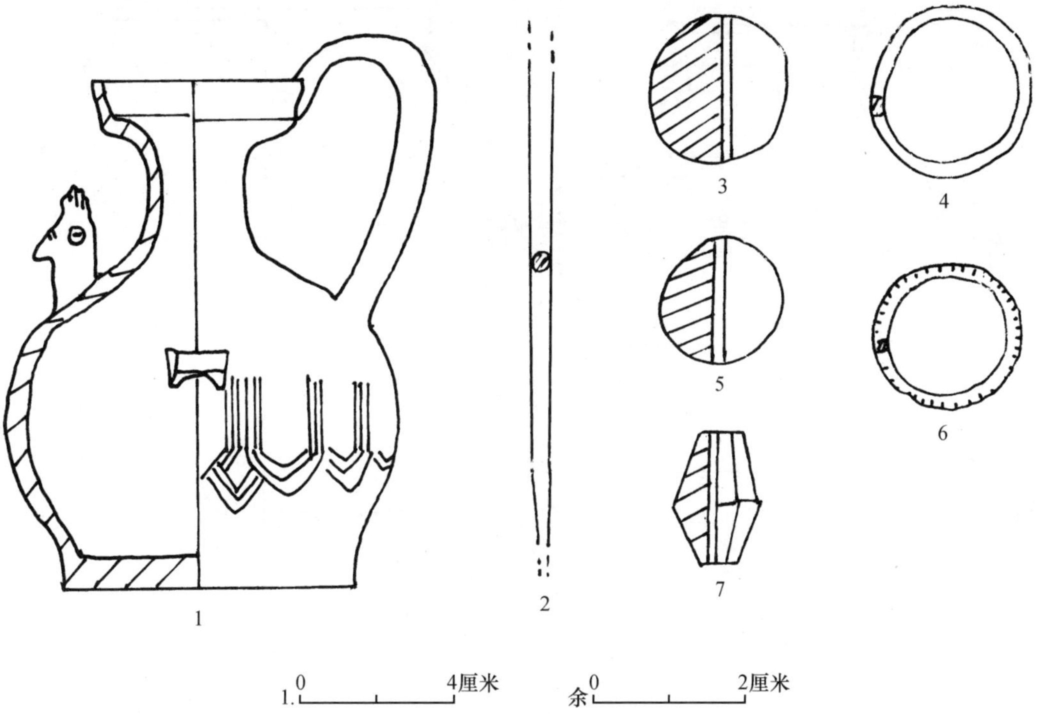

图一三　M5出土遗物

1. 鸡首盘口壶（M5：8）　2. 铜针（M5：6）　3、7. 玛瑙珠（M5：9、M5：10）　4、6. 银指环（M5：3、M5：12）　5. 绿松石珠（M5：11）

五、结　语

合同溪墓群自1993年发现以来未做发掘清理工作，本次发掘首次为人们认识了解该墓群的本来面貌提供了确切翔实的资料。墓群面积15 000余平方米，墓葬数十座，今次发掘1000余平方米，清理墓葬6座，还不能全面系统地反映整个墓群的本来面貌。主要发掘收获如下。

（1）基本弄清楚该墓群的大致分布范围及分布形态。东西向，从合同溪沟向东100～150米沿山腰坡地走；南北向，从140～175米高程，由北向南沿坡底向坡上约100米的范围内零散分布。方向基本一致，多在280°～350°。墓葬分布没有特别明显排列规律，区域范围内多散乱分布。

（2）墓葬形制比较单一，没有很大区别。随葬瓷器形态风格一致，器形变化小大，釉色相同，为淡青色釉，一般称为青瓷。

（3）整个墓群的时代跨度不大，与川渝地区南朝时期的同类墓葬基本相同。例如， M5出土的盘口壶与万州庙湾墓地[①]M2出土的盘口壶如出一辙。M1出土的洗（砚），与万州上河坝墓地[②]M2出土的同类器基本一致，均为青瓷厚内凸底。其他如青瓷四系罐、青瓷碗等亦与该地区

① 重庆市博物馆、万州区文物管理所：《万州庙湾墓地发掘报告》，《重庆库区考古报告集·1997卷》，科学出版社，2001年。

② 青海文物考古所、万州区文物管理所：《万州上河坝墓地发掘报告》，《重庆库区考古报告集·1997卷》，科学出版社，2001年。

同类墓葬出的器物相同。由此肯定合同溪墓群为南朝墓葬。

合同溪墓群的发掘，为认识、确定该墓地的文化面貌及时代具有重大意义，亦为川渝地区南朝时期社会经济面貌的研究提供了重要资料。

附记：参加本次发掘工作的有岳够明、孙金松、党郁、杨志广、翁进有、王仁旺、吉平、塔拉（内蒙古自治区文物考古研究所）、刘晓军（呼和浩特市博物馆）、李占杰（内蒙古科尔沁博物馆）、张勇（奉节县文物管理所）。

绘图：王仁旺　孙金松　党　郁

摄影：吉　平　岳够明

执笔：塔　拉　吉　平

奉节羊安渡遗址2003年度发掘简报

洛阳市第二文物工作队

羊安渡遗址位于长江南岸的一级台地上，北临长江，东西环水。遗址隶属重庆奉节永乐镇酒牛村1、2组，中心地理位置坐标为北纬31°01′47″，东经109°30′36″，面积约25 000平方米。遗址地处山地北麓，地势中部高，东西低，海拔140～155米，地表广布柑橘树、农田和废弃的房屋。

1999年12月至2000年3月，洛阳市第二文物工作队首次对遗址进行了全面勘探和发掘，发现了大批重要遗物与遗迹现象。2000年11～12月，中国科学院古脊椎动物与古人类研究所对遗址进行了再次发掘，发现了大量石制品。2001年4～5月，洛阳市第二文物工作队进行了第三次发掘。

2003年10～12月，我队组成以副队长乔栋为领队，张建文、王咸秋、贾小龙、赵书水、王云涛为队员的羊安渡遗址考古队，对该遗址进行了第四次发掘。此次发掘是在前三次发掘的基础上进行的，我们的目的非常明确：一是继续寻找以前发掘未曾见到的早期地层；二是了解移民搬迁后古代遗址的保存状况。为保持发掘的一致性，这次发掘我们仍以酒牛村2组王鸿友家的房屋（现已废弃）东北角为基点，并以此为界按东西向将遗址分为南北两区，南为Ⅰ区，北为Ⅱ区。由于遗址所处地形复杂，高低不平，布方时我们未采用正方向，而是根据地形地势尽可能保持探方的完整性，探方面积均为5米×10米的探沟，其中在Ⅰ区布方23个，方向330°；Ⅱ区布方19个，方向350°（图一）。共完成发掘面积2100平方米。下面对我们这次遗址发掘的情况予以简单叙述。

一、地层堆积

从整个遗址的状况看，堆积普遍较厚，但大多是晚期堆积，且堆积层次较少，最多只有第4层，一般第2层或第3层下即见生土，以ⅡT17北壁剖面为例说明如下（图二）。

第1层：垫土层。厚0.15～0.32米。

第2层：红褐色土层。土质较疏松。包含有炭灰、红烧土颗粒、姜石块等，出土遗物有青花瓷片、素面板瓦片、碎砖块等。厚0.55～0.9、深0.15～0.32米。

第3层：灰褐色土层。土质较硬。包含有红砂岩颗粒、炭灰等，出土遗物有素面板瓦残片等。厚0.3～0.55米。

第4层：浅黄色土层。包含有炭灰、姜石等，未见遗物。厚0.1～0.2、深1.25～1.4米。

第4层下即为生土。呈黄褐色，结构紧密。纯净，无任何遗物。

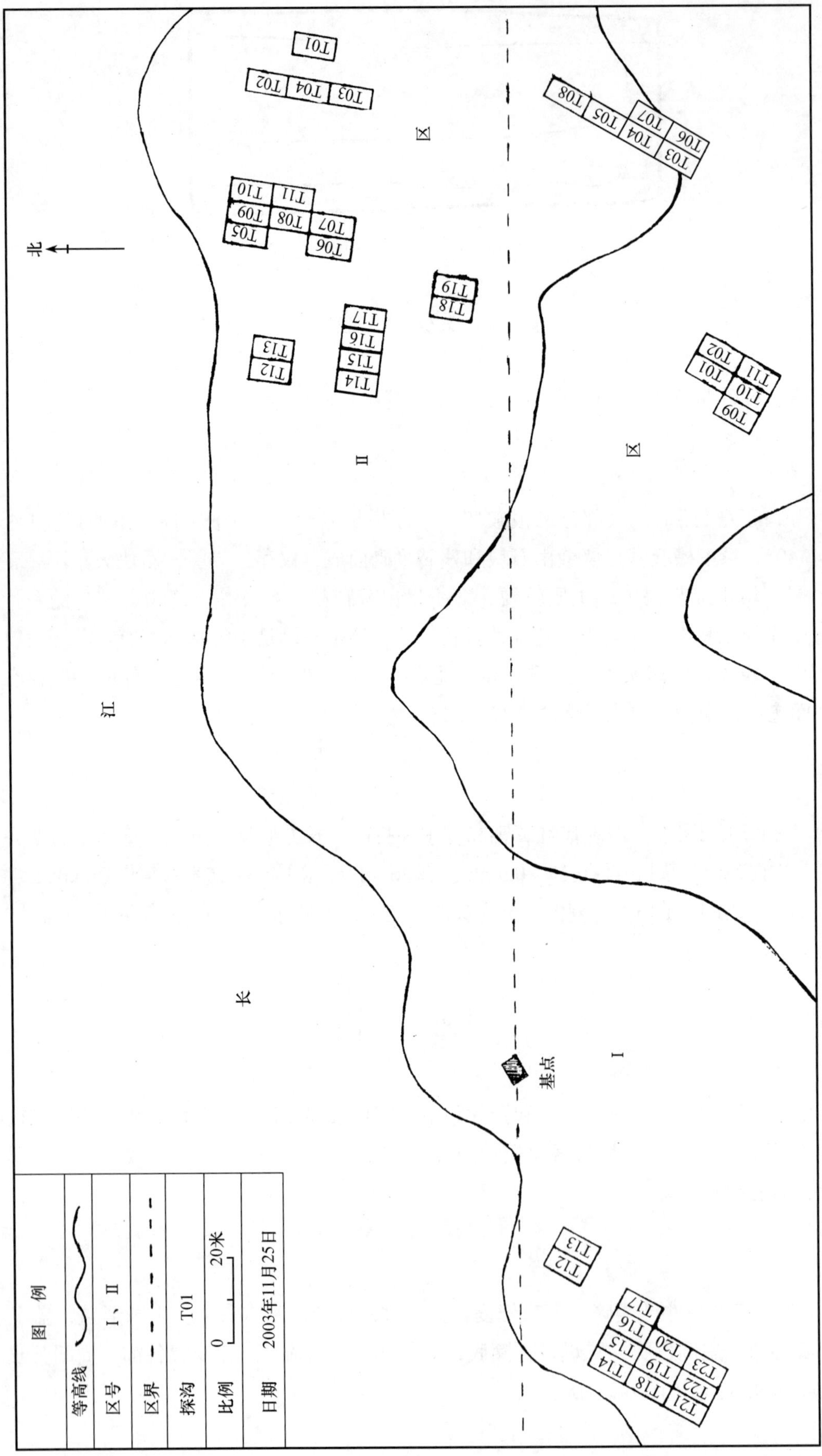

图一 羊安渡遗址布方平面图

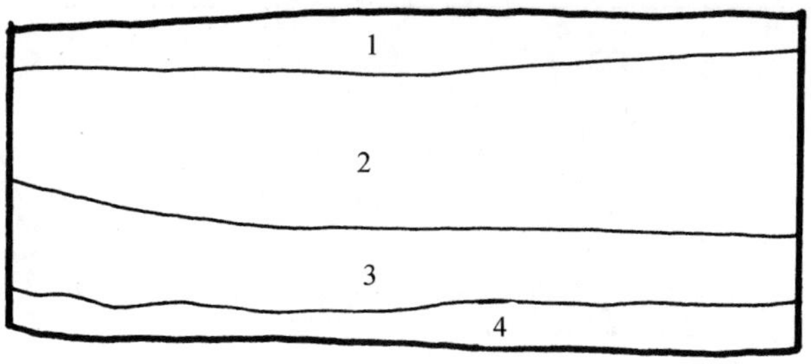

图二　ⅡT17北壁剖面图

二、遗　　迹

整个遗址被后期破坏极为严重，仅发现1处房基和1座土坑墓。

1. 房基

F1　开口于第2层下，大部分已被破坏。平面呈长方形。南北长4.18、东西残宽1.6～2.2米。方向340°。系挖槽起基。墙壁由石块和残砖平砌而成，仅存1～3层，石块大小不一，皆经过修整。屋内填土成灰褐色，土质较硬，含少量白灰颗粒、炭粒等。遗物有较少的瓷片、石块，大量瓦片等。其中瓷片均为青花瓷片及粗瓷片，器形有圈足碗等物，饰有花草图案；瓦片均为素面板瓦残片，泥质灰陶，火候较高，瓦宽0.18～0.19、长0.13米。屋外南端残存有少许红烧土硬面迹象，应为当时人类活动遗存（图三）。

2. 土坑墓

M1　开口于第2层下，被现代红薯窖和蓄水池打破。长方形竖穴土坑。壁面较为整齐，直壁、平底。方向280°。墓口残深0.25～0.3、残长1.26～1.7、宽1.1～1.15米；墓底残深0.35～0.4、残长1.26～1.7、宽1.1～1.15米。墓内填土为灰褐色花土，不见骨架。随葬品仅见2件陶鼎、2件陶敦（图四）。

三、遗　　物

目前出土的遗物主要以陶、瓦片和瓷片为主，陶片大部分为泥质灰陶，极少夹砂红褐陶，可辨器形有罐、壶等；瓦片都为素面板瓦残片，未见完整者。瓷片以青花数量较多，器形有碗、盘等，另有少量粗瓷。

1. 陶器

鼎　2件。其中一件已残碎，无法修复。另一件M1：2，泥质灰陶。半球形盖，盖上有对秤分布三实心纽，扁圆形腹，子母口，圜底，双附耳，三高蹄足。盖及腹各饰一周凹弦纹。腹径16.4、通高19.5厘米（图五，1）。

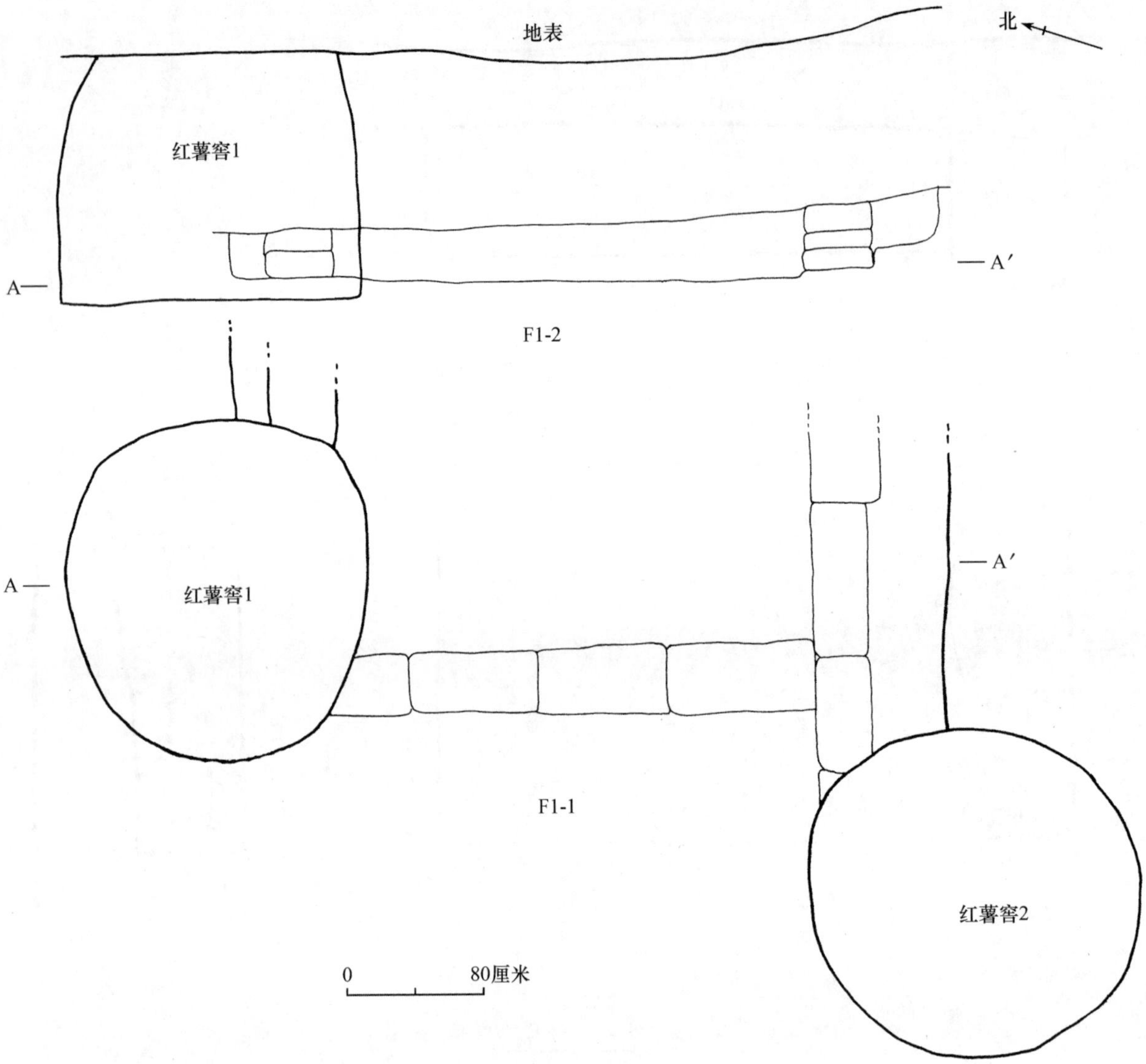

图三　F1平、剖面图

敦　2件。形制基本相同。皆为泥质灰陶。平沿，尖唇，鼓腹，鸟喙形足，圜底，腹下部饰一周凹弦纹。M1∶4，腹、盖上下两部分相同。口径16、通高17厘米（图五，2）。M1∶3，盖上对称分布三实心纽，残缺一足。口径16.8、通高18厘米（图五，3）。

2. 瓷器

青花瓷碗　2件。ⅡT04②∶3，敞口，尖圆唇，斜弧腹，圜底。近口沿处饰一周“Ⅲ”形图案。口径14.2、通高5.4厘米（图五，4）。ⅡT04②∶2，敞口，尖唇，斜弧腹、圜底，腹部是水草图案，口径9、通高5厘米（图五，5）。

酱釉粗瓷灯　1件。ⅡT04②∶1，盘形底座，空心柱形柄，一侧附一鋬。通体施酱釉。底径17.6、残高15.6厘米（图五，6）。

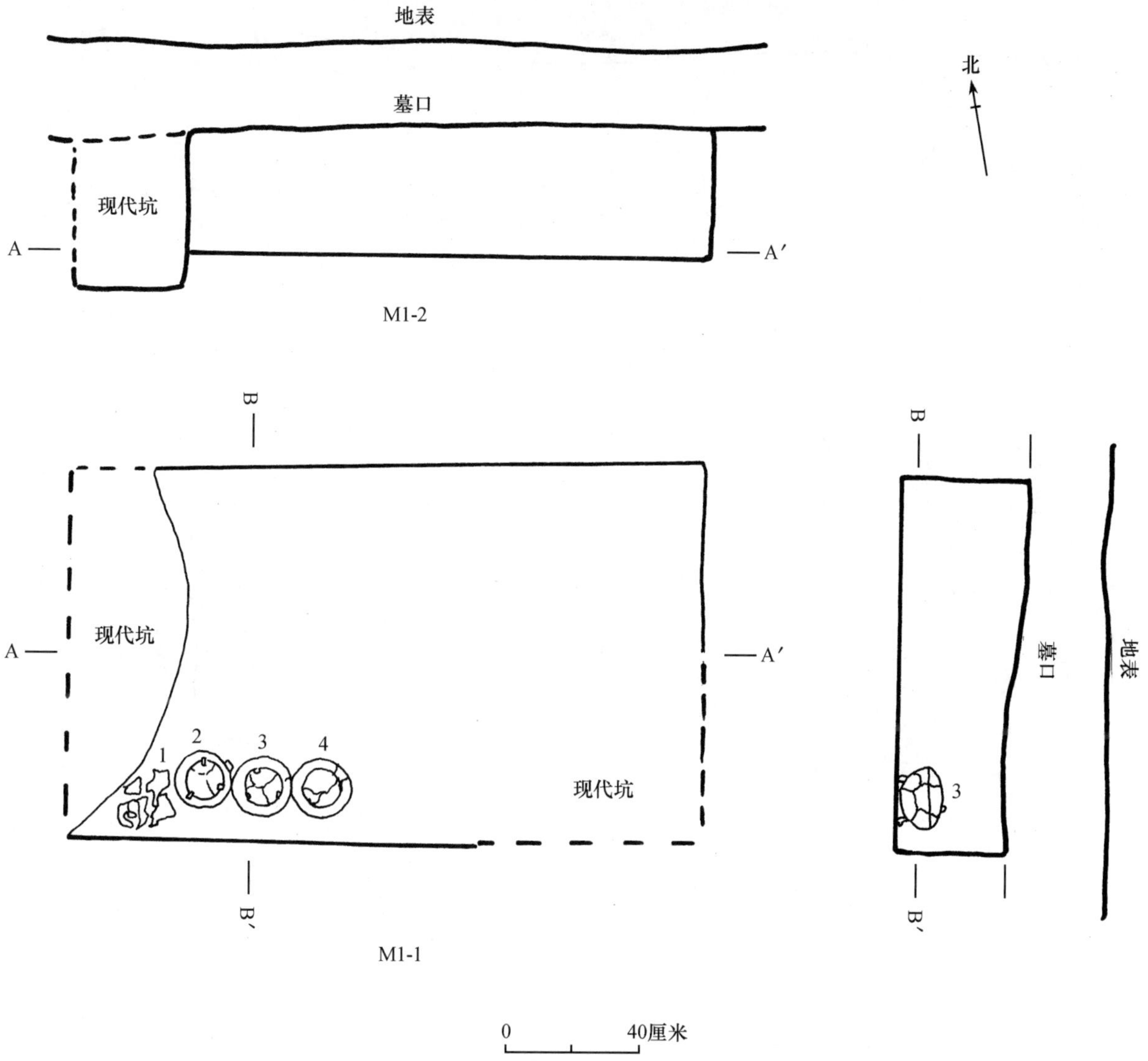

图四　M1平、剖面图

1、2. 陶鼎（残）　3、4. 陶敦（残）

四、结　　语

从目前发掘的情况，并结合前几次的发现，尽管有早期遗物的出土，如曾发现过石器，早期地层最早也只到汉代，一直未发现早于汉代的地层堆积和遗迹现象，所以我们推断可能是晚期破坏严重所致。这次发现的房基，其时代从其出土物推断当为明清时期；土坑墓，根据其鼎敦的组合，它的时代可能为战国晚期，但破坏严重，仅深0.3米，这种破坏的原因据我们分析，一是与遗址本身所处山地边缘且大多位于坡地的地形有关，这是峡江地区遗址地理位置的普遍特点；另一点则是后期因各种原因取土或平整土地破坏所致。

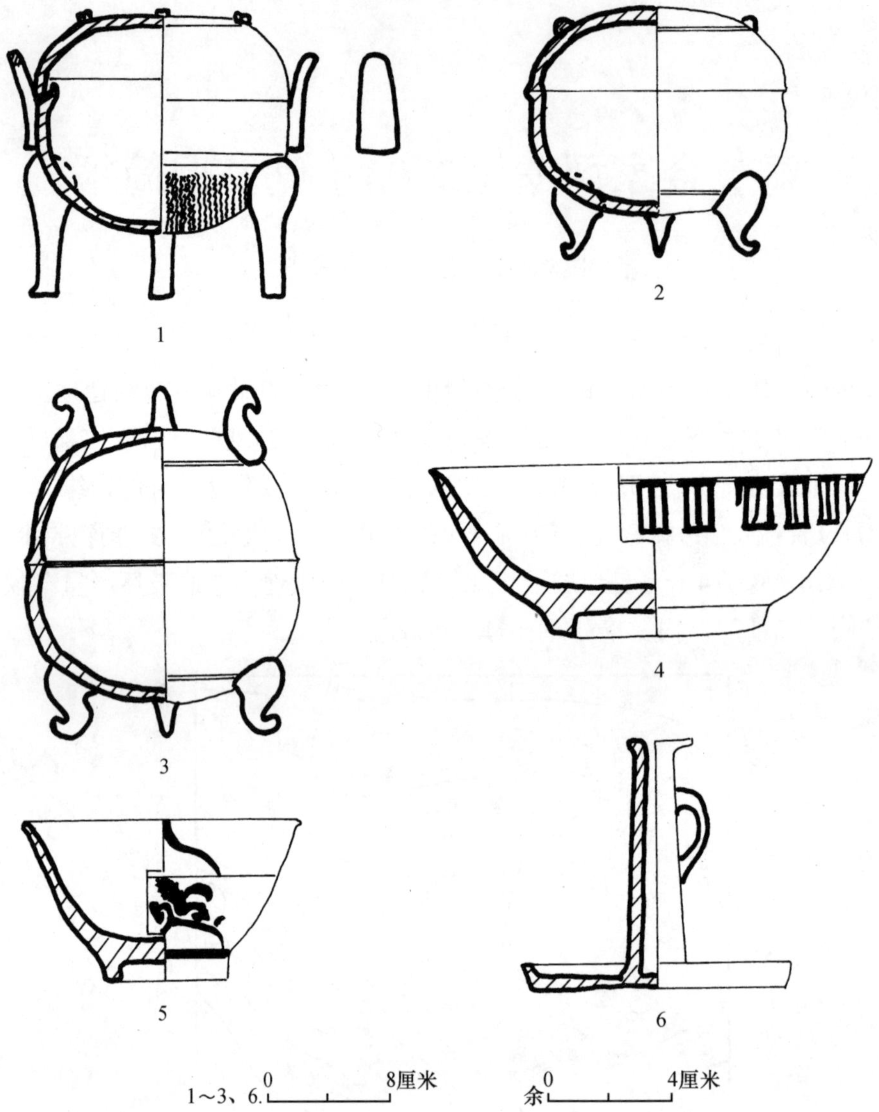

图五　出土遗物

1. 陶鼎（M1：2）　2、3. 陶敦（M1：4、M1：3）　4、5. 青花瓷碗（ⅡT04②：3、ⅡT04②：2）
6. 酱釉粗瓷灯（ⅡT04②：1）

领队：乔　栋

发掘：张建文　王咸秋　贾小龙

赵书水　王云涛

摄影：张建文

绘图：贾小龙　赵书水　王云涛

执笔：张建文

奉节金家坪遗址2003年度发掘简报

吉林大学边疆考古研究中心
奉 节 县 文 物 管 理 所

金家坪遗址位于重庆奉节永安镇白马村（图一），为长江北岸的二级台地。遗址中心的地理坐标为北纬31°02′23″，东经109°30′23″，海拔150米左右。遗址西与营盘包墓群相邻。面积大约3000平方米。地表大部分被房屋占据。三峡水库二期水位线到达遗址的边缘。

2003年12月，吉林大学边疆考古研究中心对该遗址进行了首次发掘。共布探方7个（10米×10米探方3个、5米×10米探方4个）。地层堆积比较简单。原生地层普遍破坏严重，仅在T5发现有包含商周时期陶片的地层。揭露墓葬3座，其中M3是近代墓。

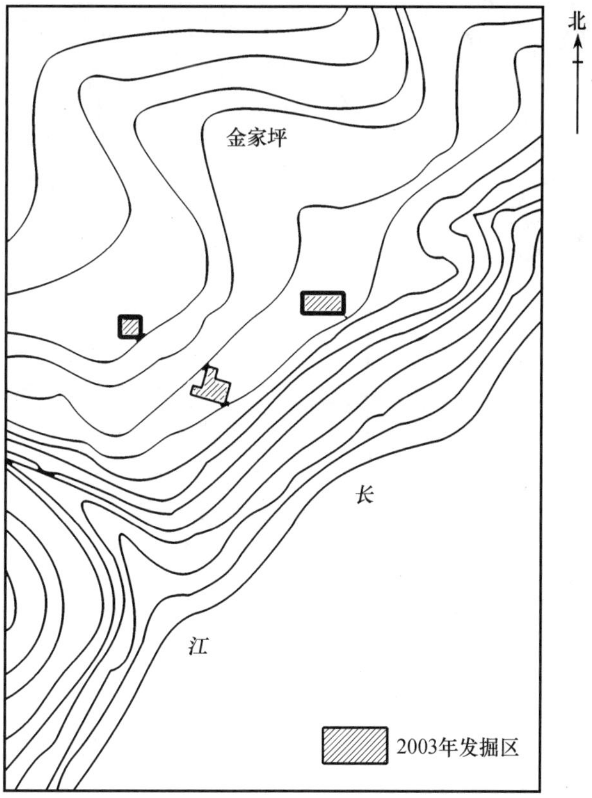

图一　金家坪遗址地形与发掘区位置示意图

一、文化层堆积

T5地层堆积（图二）。

第1层：耕土层。土质疏松，土色为黑褐色。土中包含有植物的根茎及大量现代垃圾，包含有一些细碎的瓷片，无出土遗物。厚20～30厘米。

第2层：灰黑土层。土质结构松软，土色为灰黑色。土中含有现代垃圾、植物的根茎，细碎的瓷片、陶片、石块。厚10～30厘米。

第3层：黄褐色红烧土层。土质较硬、黏性大。土色为黄褐色土内夹杂红烧土。出有大量的灰褐色、黄褐色夹砂、泥质陶片，陶片纹饰有绳纹、素面。厚20～40厘米。

第4层：黄褐色土层。土质较硬、紧密，黏性大。土色为黄褐色。土中出有少量灰褐色、黄褐色夹砂、泥质陶片及口沿。纹饰有绳纹，有的为素面。北高南低，坡形分布，北薄西厚，分布于探方中部靠西，被现代沟打破。厚20～40厘米。

第4层下为生土。

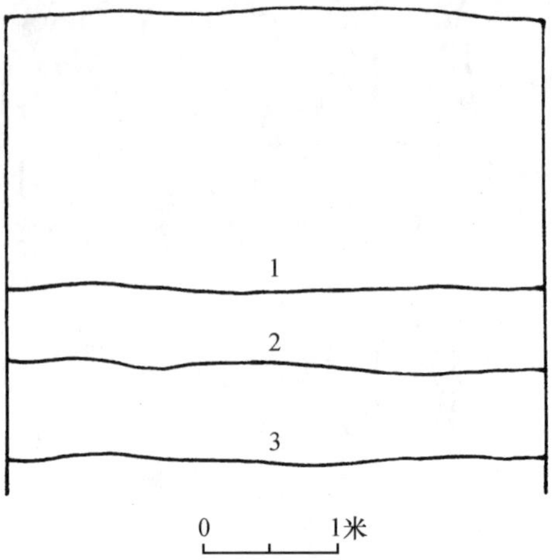

图二　T5北壁剖面图

二、地层出土遗物

地层出土遗物有陶片和1件石料。

陶片质地为泥质陶和夹砂陶，数量大体相等。两者都以褐陶为主，其中黄褐色多，黑褐色和红褐色少，有少量的灰色和红色陶片。绳纹占绝大多数，其中又以中绳纹为多，细绳纹次之，粗绳纹很少。有些绳纹是交叉滚印而成，形成菱形格。在第3层发现1件太阳纹灰陶片，其光芒是用绳子压出的线条表示。陶片制作普遍较规整。大器胎壁较厚，小器胎壁较薄。最薄的1件陶片壁厚仅2～3毫米。没有发现完整器，以平底器为主，圜底器很少。器类有罐、钵。少量罐口沿的沿面、唇上有戳压的浅坑纹饰。

高领罐口沿　T5③：1，泥质灰陶，火候较高。仅存口部和领部。高领，敞口，卷沿，圆尖唇。口径15、残高10厘米（图三，1）。T5③：2，泥质灰陶，火候较高。仅存口部和领部。方唇。高领，敞口，窄折沿。沿向下倾斜，沿面平。口径24、残高14厘米（图三，2）。T5③：3，泥质灰陶，火候较高。方唇。高领，敞口，窄沿外倾。沿向下倾斜，沿面略下凹。广肩，肩部饰交叉细绳纹组成的菱格纹。口径18、残高13厘米（图三，3）。T5③：10，泥质灰陶，火候较高。仅存口部和领部。高领，敞口，卷沿，圆尖唇，沿面向上弧凸。口径14、残高7厘米（图三，4）。T5④：9，泥质灰陶，火候较高。仅存口部和领部。圆尖唇，平沿，敞口，高领。口径14、残高8厘米（图三，5）。

大口罐口沿　T5④：8，夹砂褐陶，火候较高，胎质较硬。器壁较薄。圆唇，唇面压印竖条和坑窝。敞口斜沿，束颈，腹壁略外弧。唇以下饰交叉细绳纹组成的菱格纹。口径20、残高8厘米（图三，6）。

中口罐口沿　T5③：33，夹砂黄褐陶，火候较高，胎质较硬。器壁较薄。方唇，卷沿。唇面压印斜条，唇以下饰交叉细绳纹。残宽4、残高3厘米（图三，10）。T5③：31，夹砂褐陶，火候较高，胎质较硬。方唇，卷沿。唇面压印斜条纹，沟痕浅。沿内面戳压长条坑纹，沟痕较

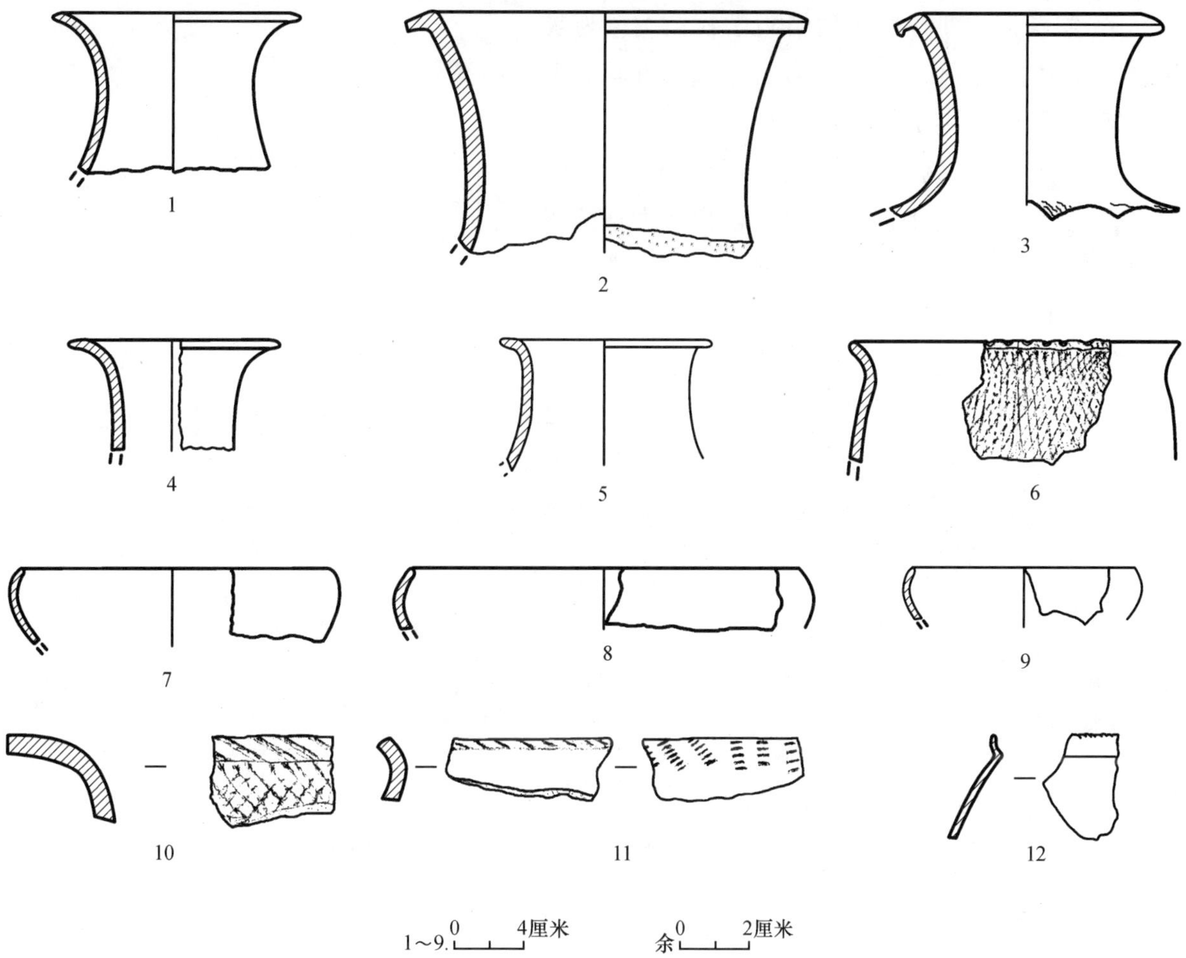

图三 T5地层中出土陶器

1～5. 高领罐口沿（T5③：1、T5③：2、T5③：3、T5③：10、T5④：9） 6. 大口罐口沿（T5④：8） 7～9. 钵口沿（T5③：6、T5③：7、T5④：17） 10、11. 中口罐口沿（T5③：33、T5③：31） 12. 小口罐口沿（T5④：21）

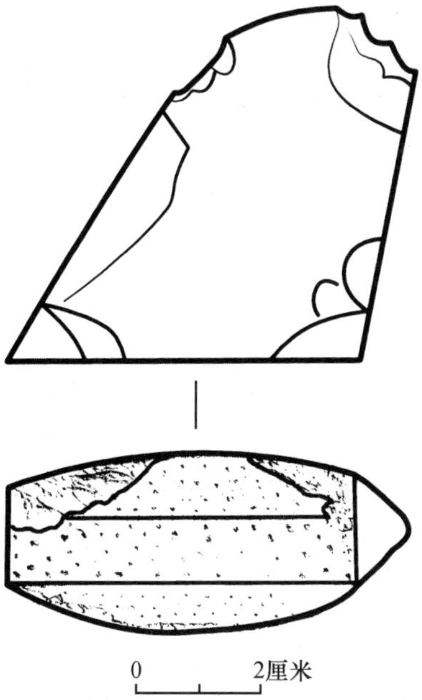

图四 T5地层中出土石料（T5③：4）

深。残宽5、残高2厘米（图三，11）。

小口罐口沿 T5④：21，泥质灰褐陶，胎土纯净，火候低，胎质较软。器壁很薄，壁厚度为2～3毫米。小口折沿，沿面内凹。圆唇，唇上由微小的压痕，痕迹已经不明显。口径约7.6、残高3.4厘米。（图三，12）。

钵口沿 T5③：6，泥质灰陶。器壁规整。敛口，圆唇。素面。口径19、残高5.6厘米（图三，7）。T5③：7，泥质灰陶。器壁规整。敛口，圆唇。素面。口径23、残高4厘米（图三，8）。T5④：17，泥质灰陶。器壁规整。敛口，圆唇。素面。口径13.8、残高3.2厘米（图三，9）。

石料 T5③：4，青灰色。砂岩，质地细腻，硬度高。长条状，两侧边磨平。截断面较齐整，中部有一个矩形的粗糙断碴面，似上下锯割后打断形成。石料表面有石疤痕。此器物可能是加工石器截下的边料。残高5.6厘米（图四）。

三、墓　葬

1. M1

砖室券顶墓，方向340°。墓葬开口于表土下，打破生土。单室，墓道和墓室东南部被现代房基叠压。墓底铺有青灰色砖。墓室长6.8、宽2.9、券顶高2.7米（图五）。由带花纹砖单砖顺砌而成。砖，青灰色，个别砖因为火候低而泛红。砖长40.5、宽16、厚7.5厘米，有几何菱形纹（图六）。

墓内的填土分为两层：上层为深褐色土，土中杂有许多现代垃圾及一些陶片、瓷片；下层为黄褐色土，较纯净。多次被盗。最新的盗洞有2个，从墓顶后部和中部分别挖洞深入墓底，并在墓底连成一片，横扫墓室底的中部和东部，仅墓室西墙根处没有被新盗洞破坏，器物也就出土于该处。新盗洞内出土蓝色衬衫、烟头等盗墓者抛弃物。

随葬品基本出在墓底西壁的南端，由于被盗扰严重，已离开原有位置，并已经破碎，有的部分缺失，出有陶俑、陶钵、陶甑等。

陶钵　M1∶1，泥质黑陶。直口微敞，平圆沿，尖唇，唇下刮抹一周，其下有凸棱，腹斜

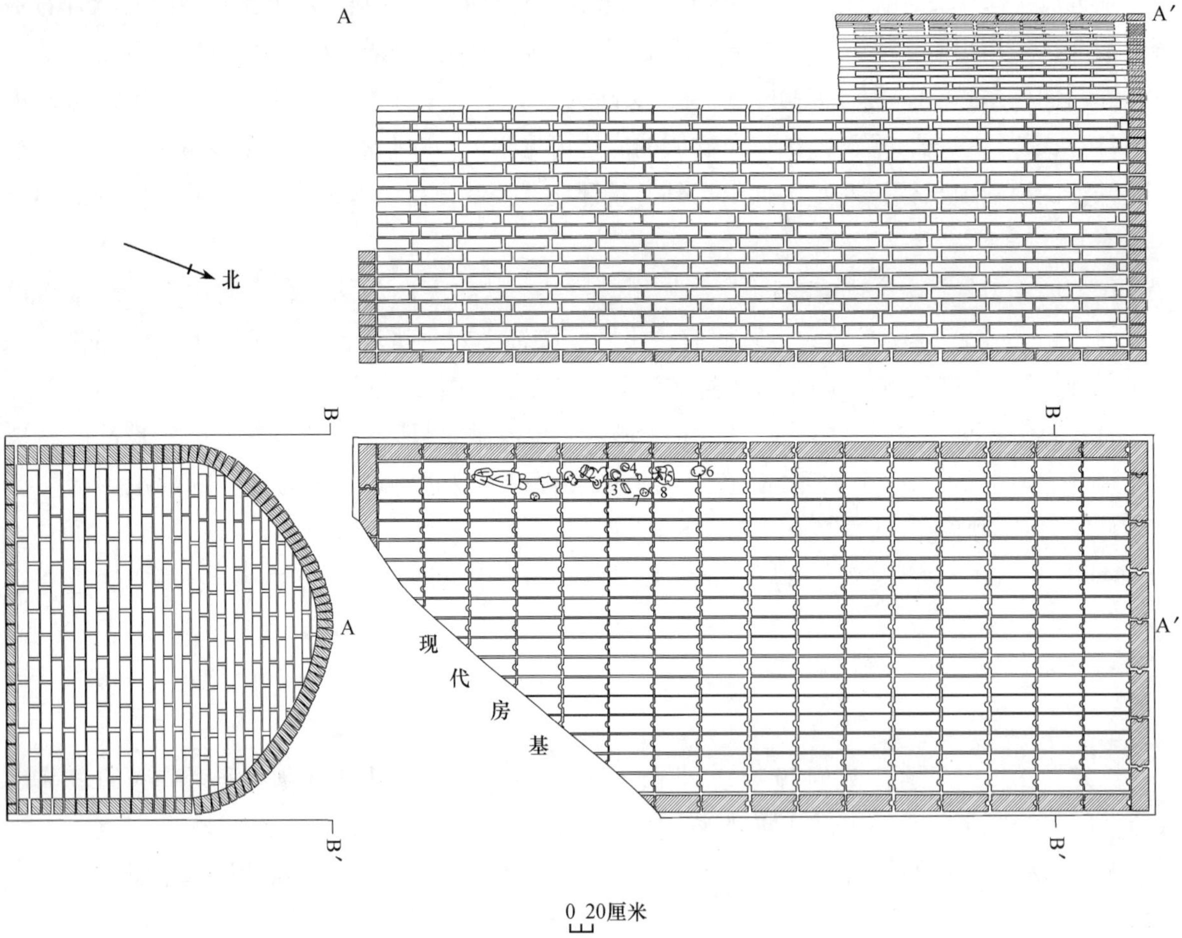

图五　M1平、剖面图

1. 陶武士俑　2. 陶狗　3. 陶盆　4. 陶甑　5. 陶倾听俑　6. 陶胡人俑头　7. 陶博山炉盖　8. 陶舞蹈俑

图六　M1墓砖花纹拓片

圆至底，小平底。碗内壁上部有一周凹弦纹，内外壁均见弦纹，外壁近底部可见明显的刮抹痕迹。做工粗糙，器形不规整。口径14.7、通高6.7厘米（图七，4）。

陶甑　M1：4，泥质黑陶。直口，平圆沿，尖唇，唇下刮抹一周，其下有不明显凸棱，腹斜圆至底，小平底。碗内壁上部有一周不明显的凹弦纹，内外壁均见弦纹，外壁近底部可见明显的刮抹痕迹。平底，可见7个小圆孔，做工粗糙，器形不规整。直径14.3、通高6.4厘米（图七，6）。

博山炉盖　M1：7，泥质红陶。陶质较粗，火候较低。无釉。盖上有堆塑纹，似圆顶群峰状，无气孔。方唇，盖的底部有一周涡状纹。口径10.4、通高5.2厘米（图七，5）。

倾听俑　M1：3，泥质灰陶。坐姿。头缺失，身体向左侧微倾。左手抚耳做倾听状，右手搭于膝部，手指出袖。着长衫，右衽，广袖，袖口可见衣褶。残高19.5厘米（图七，8）。

舞蹈俑　M1：8，泥质灰陶。立姿。头缺失，右手高举，左手掐腰，右腿微抬，做舞蹈状。身着长衫，右衽，短袖，袖口及衣服的底边可见镶边。衣服的领口划刻波折纹，衣服下摆处随舞姿做出数道长褶。左足尖伸出裙外，腰部扎有腰带，在身体的左侧可见垂饰。残高33厘米（图七，3）。

武士俑　M1：6，泥质红陶。空心圆雕。立姿，头与身断为两截，左脚缺失。头戴圆顶冠，面微笑。左臂挎长方形盾，盾面有“十”字纹饰，左手执环首刀，刀身下垂，环首挂垂饰。身着长衫，下摆及膝，腰系带，身体两侧垂有带饰。高59厘米（图七，1）。

胡人俑头　M1：5，泥质灰陶。秃顶，陡额，上眼眶呈弧墙状，表示深目，眼珠凸圆，鼻梁高耸，右耳肥大。鼻下及后部缺失，观察断裂面可见穿透的鼻孔及耳孔。面部采用刮抹手法，可见明显的痕迹。残高12.2厘米（图七，7）。

釉陶狗　M1：2，泥质红陶胎，施青釉。圆雕空心。做站立状。短尾略弯，卷于臀上，前肢仅存一爪（图七，2）。

2. M2

长方形土坑竖穴墓。方向70°。墓葬开口于表土下，打破生土。此墓仅残留墓底的东端，残留深度为26厘米。墓的中部和西部被现代墙基所打破。墓宽0.55、残长0.8米。

在墓底有灰陶壶1件、陶罐4件，排列整齐，未被扰动（图八），但器物被填土所压，已经碎裂。

陶壶　M2：1，泥质灰陶。口残，鼓腹，高圈足。肩有对称分布的2个竖桥耳，耳上饰有

图七　M1出土陶器

1. 武士俑（M1：6）　2. 釉陶狗（M1：2）　3. 舞蹈俑（M1：8）　4. 钵（M1：1）　5. 博山炉盖（M1：7）　6. 甑（M1：4）　7. 胡人俑头（M1：5）　8. 倾听俑（M1：3）

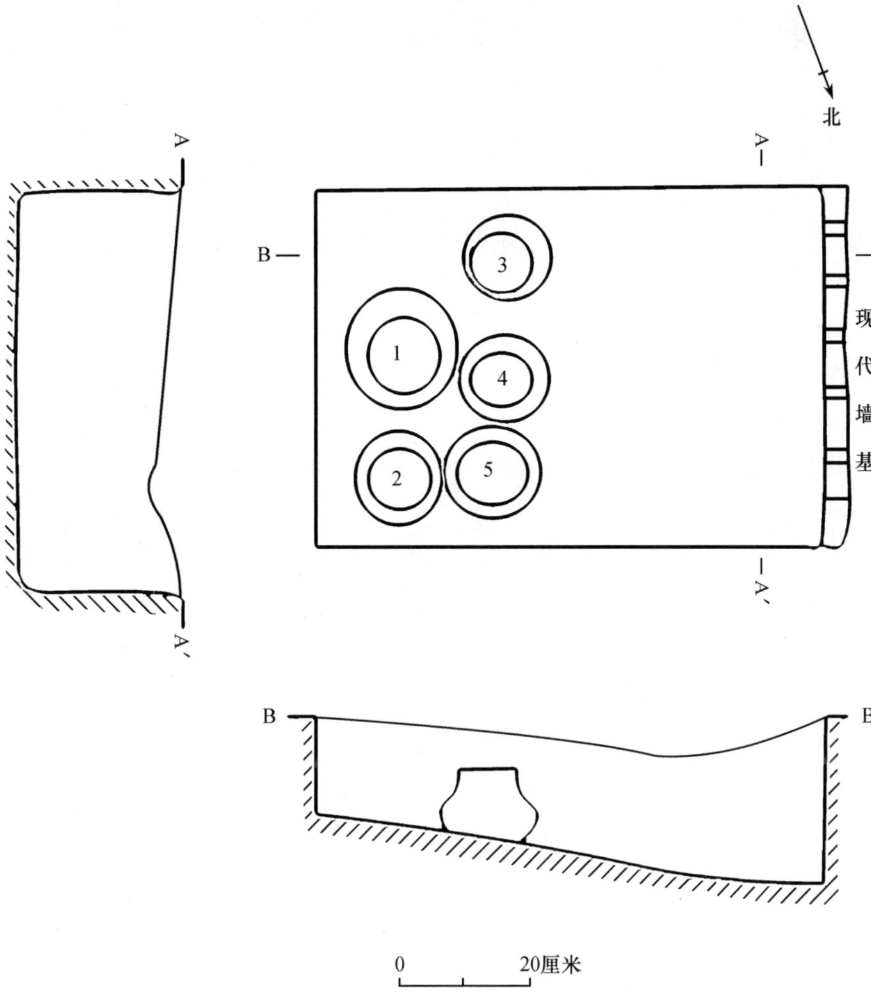

图八　M2平、剖面图
1. 陶壶　2～5. 陶罐

两道凹弦纹。颈与肩有三周凸弦纹，腹部饰有两周弦纹。口径8.5、通高20厘米（图九，1）。

罐　4件。形态大致相同。泥质灰陶。敞口，圆唇略卷，竖颈，垂腹，圜底。M2∶2，腹部有两周凹弦纹，腹及底饰篮纹。口径12.3、通高13.8厘米（图九，2）。M2∶3，腹部有两周凹弦纹，腹及底饰粗绳纹。口径12.5、通高15.4厘米（图九，3）。M2∶4，腹部有两周凹弦纹，腹及底饰粗绳纹。口径12.3、通高13.1厘米（图九，4）。M2∶5，腹部有两周凹弦纹，腹及底饰中粗绳纹。口径12、通高14.5厘米（图九，5）。

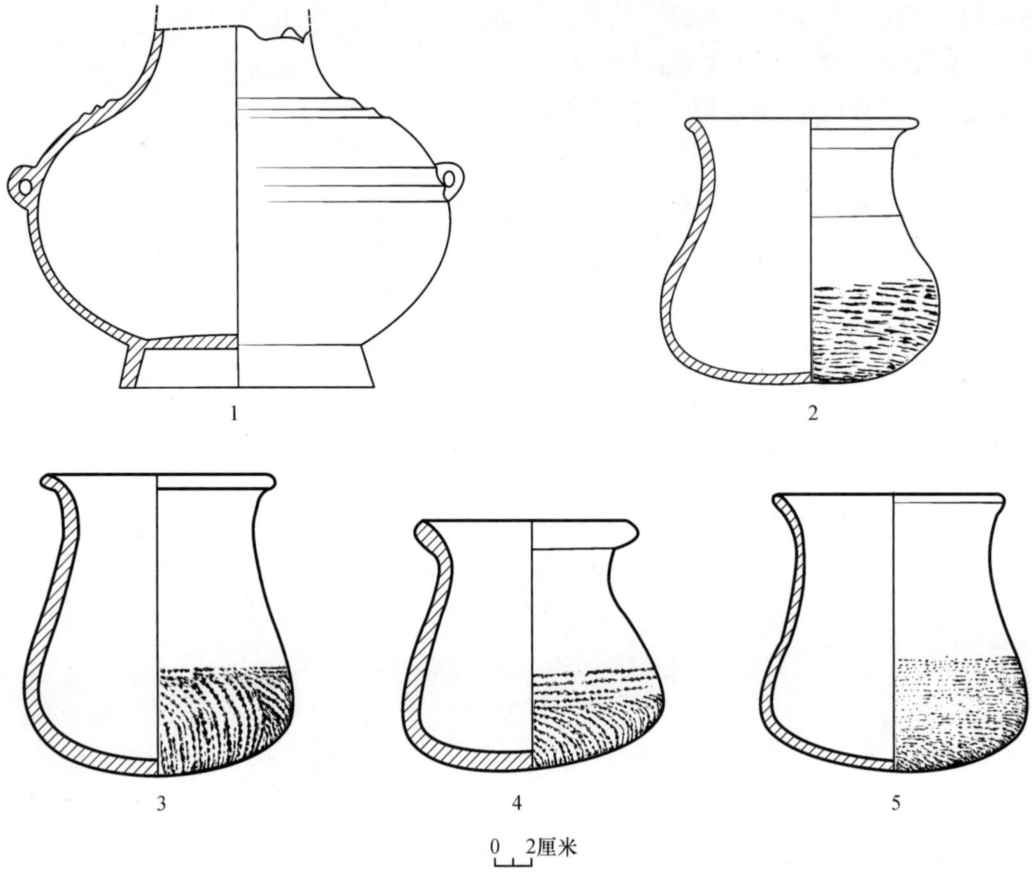

图九　M2随葬陶器

1. 壶（M2∶1）　2～5. 罐（M2∶2、M2∶3、M2∶4、M2∶5）

四、结　语

T5第3、4层虽然分布面积较小，但是，可以确定是没有扰动过的原生的文化层。出土陶片中的太阳纹见于湖北中堡岛遗址①、万州黄柏溪遗址②，口沿上饰纹饰的陶片也见于湖北巴东雷家坪③，其年代可能在商代时期。

M1出土的武士俑见于涪陵黄溪乡北岩寺东汉崖墓④，舞蹈俑和釉陶狗见于巫山麦沱东汉墓⑤，所以推断该墓为东汉墓。

M2出土的圜底绳纹或篮纹罐形态近似铜鍪，时代特点较鲜明。见于重庆市临江支路西汉

① 卢德佩：《鄂西发现的古文化遗存》，《三峡考古之发现》，湖北科学技术出版社，1998年。

② 重庆市博物馆：《万州黄柏溪遗址发掘报告》，《重庆库区考古报告集·1998卷》，科学出版社，2003年。

③ 吉林大学考古系：《湖北巴东雷家坪遗址发掘简报》，《考古》1999年第1期。

④ 四川省文物管理委员会：《四川涪陵东汉崖墓清理简报》，《三峡考古之发现》，湖北科学技术出版社，1998年。

⑤ 重庆市文化局等：《巫山麦沱古墓群第二次发掘报告》，《重庆库区考古报告集·1998卷》，科学出版社，2003年。

早期的M5[①]、巫山江东嘴西汉M18[②]，这些墓葬都是土坑墓，故可把M2的年代定在西汉时期。

通过本次发掘，对金家坪遗址的内涵有了初步了解。在商代就有人活动，形成了文化层。汉代变成墓地。后来由于地表下削，使墓葬深度变浅，文化层绝大部分被破坏掉。

附记：参加发掘的人员有魏东、于卫东、冯恩学、杜赤、李斌、黄镇亚、邵海波、刘力、李树国。

执笔：魏　东　于卫东　冯恩学

① 重庆市博物馆：《重庆市临江支路西汉墓》，《三峡考古之发现》，湖北科学技术出版社，1998年，第478页图4。

② 重庆市文化局等：《巫山江东嘴墓群发掘报告》，《重庆库区考古报告集·1998卷》，科学出版社，2003年。

石柱砖瓦溪遗址2003年度发掘简报

山西大学文博学院三峡考古工作队

一、遗址概况

砖瓦溪遗址位于重庆市石柱土家族自治县黎场乡黎场村砖瓦组（原为望江村下坝社，2002年12月改为现名），地处长江南岸。在长江南岸由西至东分布有四处台地，依次是马家庙、狮子岩、庙耳山和猪市包，砖瓦溪从狮子岩台地和庙耳山台地之间由西南向东北注入长江。除马家庙外，其余三处均发现有古代文化遗存，砖瓦溪遗址主要由这三处台地组成。地理坐标为东经108°07′502″～108°08′012″、北纬30°21′556″～30°21′810″，海拔158～170米。为配合三峡工程建设，曾对庙耳山进行过发掘。2003年12月，山西大学文博学院组成三峡考古工作队对该遗址进行了再次发掘。共开10米×10米探方15个（编号为T1～T15）。文化堆积简单，近现代耕土层下即为生土，耕土层内包含物很少，仅见数件清代青花瓷片和早期陶片、砖块。发现开口于耕土层下、打破生土的墓葬7座。

二、墓　　葬

墓葬共发现7座（编号M35～M41），按其结构有土坑竖穴墓和砖室墓两类。

（一）土坑竖穴墓

土坑竖穴墓共发现6座，庙耳山发掘区3座（M35～M37）、猪市包发掘区2座（M39、M40）、狮子岩发掘区1座（M41）。其中M35打破M36西侧。从地层关系和葬具、骨架保存较好的情况来看，M35是一座近代墓葬，不在本文讨论之列。

1. 墓葬形制

M36、M37、M39～M41这5座土坑竖穴墓，形制较为相似，均呈长方形，M39和M40墓室底部还有生土二层台，墓室面积在7～10平方米；墓穴走向多为东北—西南走向，M41为南北向；仅M37见有一具男性骨架，仰身直肢葬，头向东北、面向南方；均有木质葬具，多已朽烂成灰，M40和M41尚可见有部分红色漆皮。均出土有随葬品。

2. 随葬品

M36、M37、M39～M41都发现有随葬品，包括数量不等的陶器、铜器、铁器和铜钱。随葬品的放置位置多不一致，M36的陶器、铁器和铜器置于棺具南侧和东侧，铜钱在棺具西侧一角；M37的器物多置于人骨南侧和西侧（即人骨左端和脚端），铜钱置于人骨北侧；M39的随葬器物多集中于墓室东壁下，其他在中部和西南角也有部分器物，铜钱置于墓穴北侧和中部；M40的随葬品均分布在棺具西侧；M41随葬器物多置于棺具南侧。下面按照墓葬编号分别叙述。

M36　随葬品有陶器19件、铜器2件、铁器2件及铜五铢钱5枚。

陶器　19件。以泥质灰陶最多，占半数以上；其次是泥质黄陶和泥质黄褐色陶；泥质红褐色陶最少。器表除素面外，常见纹饰有弦纹、斜方格纹及绳纹。器形有鼎、壶、豆、罐、碗、甑，以罐居多。按器形分类叙述如下。

陶鼎　1件。M36：15，泥质黄陶。带盖，鼎身为子口、直腹、圜底，口沿下有两个箹形附耳，耳下侧有一周凸棱，三蹄形足（缺失一足），盖为覆盆形，有三柱状纽（缺失一纽）。口径16、通高18厘米（图一，1）。

陶壶　1件。M36：16，泥质灰陶。带盖，壶身为浅盘口，长领，溜肩，鼓腹，大圈足，肩部贴塑二兽面铺首，铺首上下和腹最大径处各饰凹弦纹两周，盖呈伞形，中部有一周6个圆形纽。口径15.6、底径19.6、通高37.8厘米（图一，2）。

陶豆　1件。M36：21，泥质黄陶。直口，折腹，高圈足，圈足上部有一圆柱形鋬。口径13.2、底径10.4、通高10.4厘米（图一，3）。

陶罐　10件。均为泥质灰陶。根据口部不同，可分为三型。

A型　8件。侈口罐。侈口，圆唇，束颈，圆肩，鼓腹，平底。常见纹饰组合为肩上部饰三周凹弦纹，间以压印的斜方格纹。腹部或为素面，或印绳纹，部分陶罐施红色陶衣或彩绘。M36：12，有伞形盖。口径14、底径22.8、通高27.6厘米（图一，4）。

B型　1件。子口罐。M36：25，子口，尖唇，束颈，折肩，腹壁斜直，平底。通体饰绳纹。口径11.2、底径16、通高16厘米。

C型　1件。敛口罐。M36：5，敛口，口肩间有凹槽，短折肩，筒腹，平底。口沿下有一对柱形纽，纽外壁饰四道凹弦纹，肩部、腹中部和下部各饰一周凹弦纹。口径21.8、底径24.6、通高24.2厘米。

陶碗　5件。泥质黄褐色陶3件、泥质黄陶2件。器形相似，均为敞口，折腹，平底。通体素面。M36：4，口径13.6、底径4.6、通高4.4厘米。

陶甑　1件。M36：3，泥质红褐色陶。敛口，宽平沿，斜腹，凹底，底部有眼33个。上腹部饰绳纹。口径40.8、底径14.1、通高26.6厘米（图一，5）。

铜器　2件。均为青铜，表面锈色青绿。

铜盆　1件。M36：22，宽沿，束颈，鼓腹，平底，肩部有一对环形耳。口径23、底径12.8、通高10.2厘米。

铜鍪　1件。M36：6，侈口，束颈，折肩，扁鼓腹，圜底，肩部有一对环形耳。口径14、

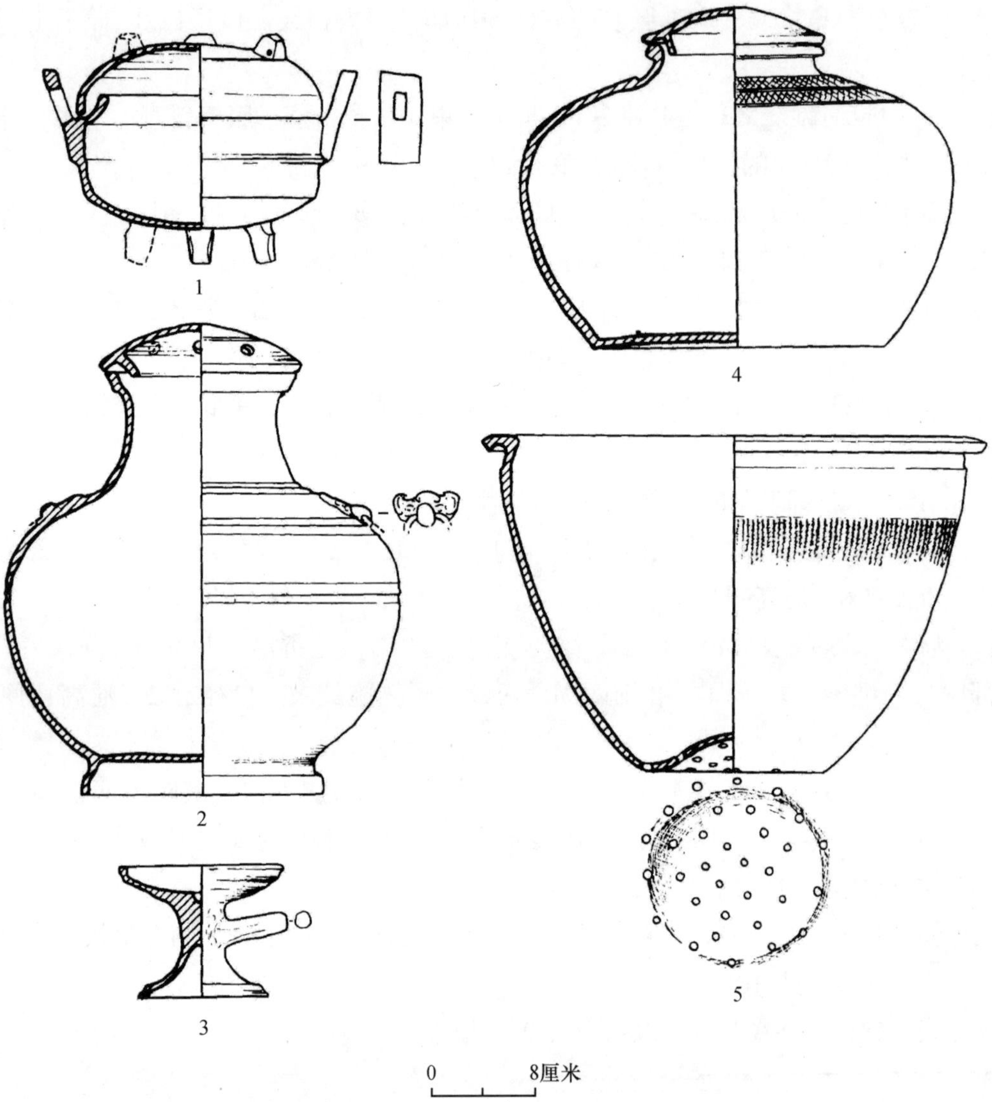

图一　M36出土陶器

1. 鼎（M36：15）　2. 壶（M36：16）　3. 豆（M36：21）　4. 罐（M36：12）　5. 甑（M36：3）

通高13.8厘米。

铁器　2件。其中M36：2已朽烂不堪，根据其腹部残块推测其为釜形器。

铁剑　1件。M36：1，锈色黄褐。直柄，剑身呈锥形，前端缺失。残长42厘米。

铜五铢钱　5枚。钱径2.5、穿径1厘米。

M37　随葬品有陶器19件，铜器1件，铁器2件和铜五铢钱58枚。铜器有盖弓帽1件。铁器有匕2件，均已残缺不全。

陶器　19件。泥质灰陶占半数以上；其次是泥质黄陶和夹砂红陶；泥质红褐色陶最少。器表除素面外，纹饰以弦纹、绳纹最多，有个别斜方格纹和附加堆纹，器形有罐、仓、碗、盆、釜、甑。

陶罐　5件。均为泥质灰陶。依肩部形制可分为二型。

A型　4件。圆肩罐。侈口，圆唇，束颈，圆肩，腹略鼓，平底。肩部和下腹部各饰三

周和数周凹弦纹。M37：6，肩部弦纹间有两周压印的斜方格纹。口径12.8、底径17.6、通高19.2厘米。

B型　1件。折肩罐。M37：4，侈口，折沿，束颈，宽折肩，腹壁斜直，平底。通体饰绳纹，绳纹以数周凹弦纹相隔。口径12.8、底径17.6、通高19.2厘米。

陶仓　2件。均为泥质灰陶。敛口，口肩间有凹槽，短折肩，筒腹，平底。肩部和腹中部各饰一周凹弦纹。M37：7，口径14、底径15.2、通高19.6厘米。

陶碗　6件。以泥质黄陶为主，计4件，还有泥质灰陶和红褐色陶各1件。形制相似，敞口，折腹，平底。M37：14，泥质黄陶。口径18、底径6.8、通高6.4厘米。

陶盆　1件。M37：8，泥质灰陶。敞口，平沿，斜弧腹较深，平底。通体饰细弦纹。口径33.6、底径16.2、通高20.5厘米。

陶釜　4件。依腹部形制的不同，可分为二型。

A型　3件。扁鼓腹釜。均为夹砂红陶。喇叭形侈口，束颈，扁鼓腹，圜底。腹部饰绳纹。M37：13，口径11.6、通高9厘米（图二，2）。

B型　1件。鼓腹釜。M37：12，泥质灰陶。敞口，宽折沿，束颈，折肩，鼓腹，圜底。肩部附一对绳索状环形耳，并饰两周凹弦纹。通体施红衣。口径21.2、通高18厘米（图二，3）。

陶甑　1件。M37：11，泥质灰陶。直口，宽平沿，弧腹下曲，底略内凹，底部有眼12个。口沿下有一周绳索状附加堆纹，腹部饰绳纹并间以凹弦纹。原施红衣或彩。口径34.1、底径16.2、通高20.5厘米（图二，1）。

铜盖弓帽　1件。M37：5，青铜，锈色青绿。呈圆柱形，中空，一侧有角状凸起，其前端缺失。器身直径1.5、通长10厘米。

铜五铢钱　58枚。钱径2.3～2.5、穿径0.9～1厘米。

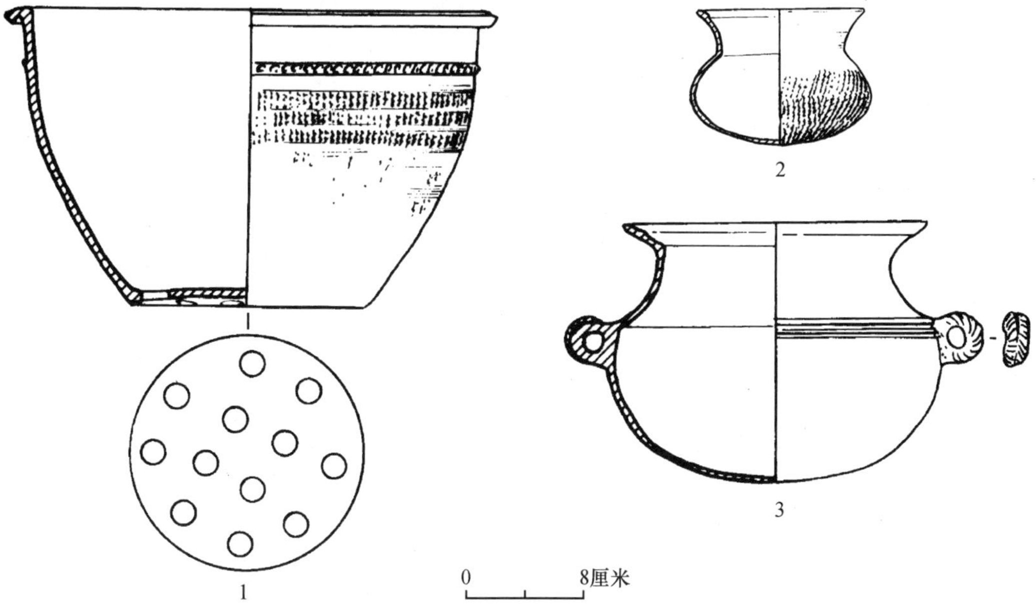

图二　M37出土陶器

1. 甑（M37：11）　2、3. 釜（M37：13、M37：12）

M39 本次所发掘墓葬中随葬品较为丰富的一座，有陶器31件、铜质器1件、铁器2件，以及181枚铜钱。铜器有鍪1件，残破严重。铁器有犁和铲各1件，保存较好。

陶器 31件。以泥质灰陶最多，占2/3，还有少量的夹砂红褐色陶和泥质黄陶、红褐色陶。几乎不见素面，纹饰中以弦纹和绳纹较多，还有个别压印的斜方格纹、菱格纹及刻划的斜线纹和附加堆纹等。器形有壶、罐、仓、碗、盆、釜、甑、井。

陶壶 1件。M39：21，泥质灰陶。带盖，壶身为敞口，长领，溜肩，腹鼓，圈足，肩部贴塑一对兽面铺首，铺首上下两侧各饰两周和一周凹弦纹，盖为覆钵形，上部有一周3个圆形纽。口径13.2、底径15.6、通高36.7厘米（图三，1）。

陶罐 9件。依肩部形态可分为二型。

A型 8件。圆肩罐。多为泥质灰陶，还有泥质黄陶1件。侈口，圆唇，束颈，圆肩，鼓腹，平底。纹饰以弦纹和绳纹为主。M39：3，泥质灰陶。肩部有两周凹弦纹，间以一周刻划的斜线纹，腹部饰绳纹。口径12.4、底径14、通高17.2厘米。M39：6，泥质黄陶。仅存口至肩上部。肩部三周凹弦纹，间以两周压印的斜方格纹。口径18.4厘米。

B型 1件。折肩罐。M39：35，夹砂红褐色陶。侈口，圆唇，束颈，折肩，腹部略鼓，平底。肩和上腹部饰绳纹，上腹绳纹之上并有压印的三线菱格纹，在菱格内有上下一对凸点纹，下腹部饰弦纹。通体施红衣。口径20.4、底径18.4、通高22.8厘米。

陶仓 2件。形制相似，均为敛口，口肩间有凹槽，短折肩，筒腹，平底。M39：13，泥质灰陶。口径12、底径11、通高11.2厘米（图三，5）。M39：15，泥质红褐色陶。腹部饰数周凹弦纹。口径13.4、底径13.9、通高18.2厘米。

陶碗 11件。多为泥质灰陶，有3件为夹砂红褐色陶。器形相似，敞口，折腹，平底。有2件陶碗出土时置于罐口，系罐盖。M39：9，泥质灰陶。口径13.2、底径4.8、通高4厘米。

陶盆 3件。敞口，平沿，弧腹，平底。依腹部深浅可分为二型。

A型 2件。浅腹盆。均为泥质红褐色陶。M39：28，口径25.6、底径12.8、通高8.8厘米。

B型 1件。深腹盆。M39：23，泥质灰陶。腹部遍饰凹弦纹。口径29.6、底径15.6、通高17.6厘米。

陶釜 3件。按腹部形制的不同可分为二型。

A型 2件。扁鼓腹釜。M39：18，保存较好，泥质黄陶。侈口，宽平沿，束颈，折肩，鼓腹略扁，圜底。腹部饰绳纹。口径13.8、通高15.2厘米（图三，3）。

B型 1件。鼓腹釜。M39：14，泥质灰陶。敞口，方唇，束颈，圆肩，鼓腹，圜底，肩附一对桥形环耳。肩和腹中部各饰两周和一周凹弦纹，并饰绳纹。口径11.2、通高16厘米（图三，4）。

陶甑 1件。M39：22，泥质灰陶。直口，宽平沿，弧腹下曲，平底，底部有眼12个。上腹部有一周绳索状附加堆纹。口径28、底径17.2、通高14厘米。

陶井 1件。M39：24，泥质灰陶。平面呈正方形，中置井口和井架，四对角处又饰压印的斜方格纹（网纹）。井面宽26.3、井口径8、通高12.8厘米（图三，2）。

铜钱 181枚。有五铢钱、大泉五十、大布黄千三种。

五铢钱 144枚。钱径2.5～2.6、穿径1～1.1厘米。

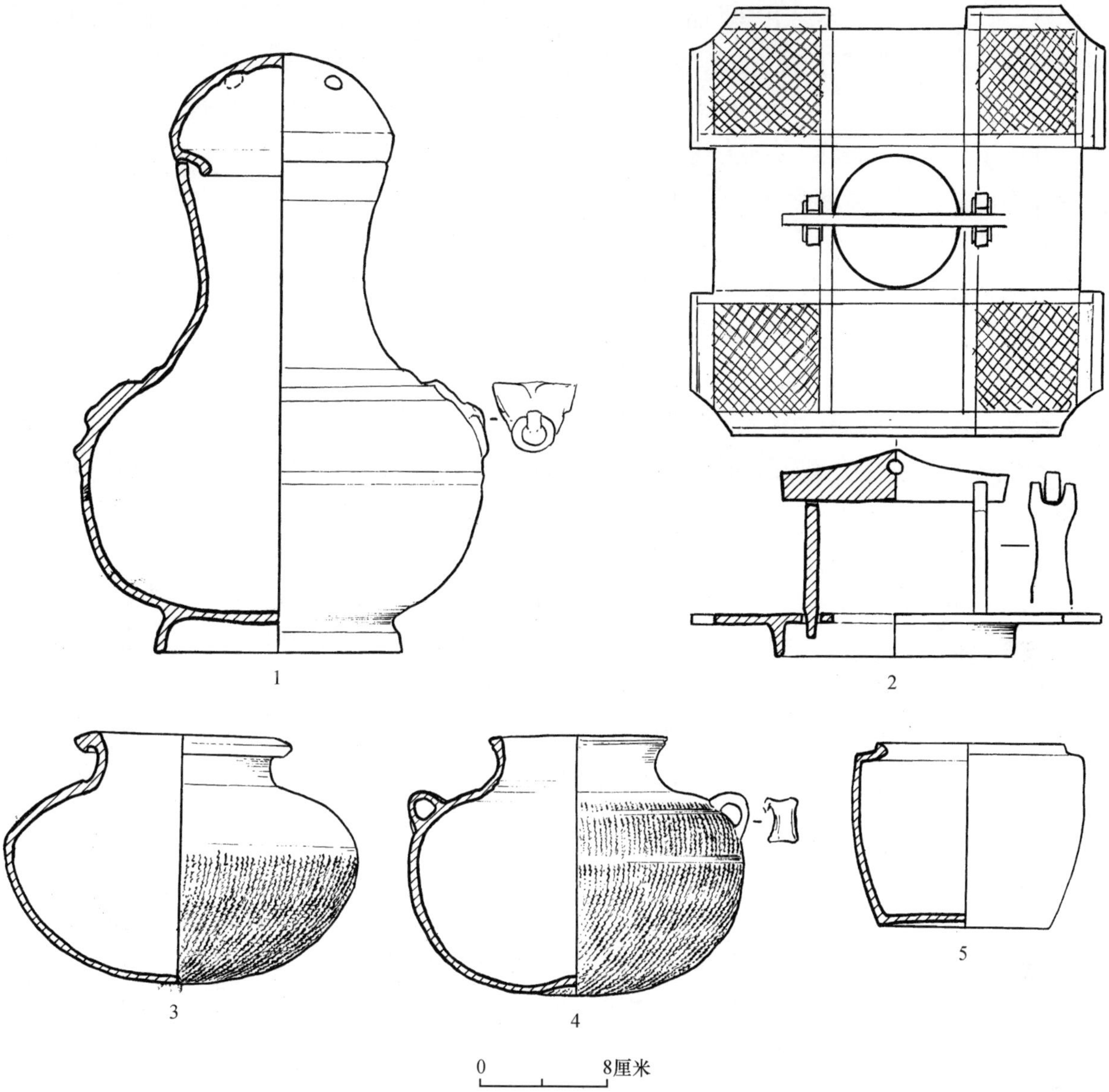

图三　M39出土陶器

1. 壶（M39：21）　2. 井（M39：24）　3、4. 釜（M39：18、M39：14）　5. 仓（M39：13）

大泉五十　35枚。钱径2.6~2.8、穿径0.7厘米。

大布黄千　2枚。长4、肩宽1.9厘米。

M40　随葬品较丰富，有陶器17件、铜器16件、铁器3件及铜半两钱185枚。铁器有釜1件、削2件，均残缺不全。

陶器　17件。有泥质黑皮陶和灰陶两种，黑皮陶系在烧成的泥质灰陶和红陶表面涂一层黑色陶衣，多已脱落或褪色。几何形纹饰主要是弦纹及个别绳纹。器形有鼎、壶、钫、豆、罐、盆及纺轮。

陶鼎　1件。M40：10，泥质灰胎黑皮陶。带盖，鼎身为子口，鼓腹，圜底，口沿下有一对笏形附耳，耳下侧有一周浅凸棱，三蹄形足，盖为覆盆形，有三柱表纽。原有髹漆，在凸棱处和足端尚遗留有红色漆皮。口径20、底径17.2厘米（图四，3）。

陶壶　1件。M40：6，泥质灰胎黑皮陶。带盖，壶身敞口，长领，溜肩，鼓腹，大圈足，肩部贴塑一对兽面铺首。铺首上下各饰一周凹弦纹。通体施红色彩绘。盖为伞形，有三圆纽（缺失一纽）。口径16、底径20.4、通高40.4厘米（图四，1）。

陶钫　1件。M40：5，泥质灰胎黑皮陶。带盖，除腹部外，均呈方形，敞口，束颈，斜肩，鼓腹偏下，圈足，肩部贴塑一对兽面铺首，腹、足部施红色彩绘，盖呈覆斗形，有三个圆形纽。口径11.6、底径12.4、通高46.4厘米（图四，2）。

陶豆　3件。2件为泥质灰胎黑皮陶，1件为泥质灰陶。器形相似，敛口，圆唇，浅腹，矮圈足，口沿下有一周凹槽。M40：11，泥质灰陶。口径14、底径5.6、高6.6厘米（图四，4）。

陶罐　8件。根据底部形态可分为二型。

A型　7件。平底罐。泥质灰胎黑皮陶和泥质灰陶，分别为4件和3件。侈口，圆唇，束颈，圆肩，鼓腹，平底，有3件陶罐肩部饰弦纹。M40：9，泥质灰胎黑皮陶。肩部饰两周凹弦纹。口径12.4、底径16.8、高16.3厘米。

B型　1件。圜底罐。M40：2，泥质灰陶。侈口，宽平沿，束颈，折肩，鼓腹，圜底。肩部饰三周凹弦纹，腹部饰绳纹。口径14、高17.2厘米（图四，5）。

陶盆　2件。依口部形制的不同，可分为二型。

A型　1件。敞口盆。M40：7，泥质红胎黑皮陶。敞口，宽平沿，曲腹，平底。口径26、底径11.8、高12厘米。

B型　1件。敛口盆。M40：3，仅存口部。泥质灰陶。敛口，平沿。口径32.8、残高5.6厘米。

陶纺轮　1件。M40：15，泥质灰陶。鼓形。侧面从上至下有数周弦纹。直径3.7、厚1.7厘米。

铜器　16件。均为青铜，锈色青绿。器形有镜、带钩、环、贝形器、泡及器足等。

铜镜　1件。M40：22，圆形，三弦纽，素宽卷边。主纹是简化的双线蟠螭纹，副纹是单线云纹。直径11、缘厚3.5厘米（图四，6）。

铜带钩　1件。M40：21，钩体短小，蛇头形钩首。尾端正面饰简化的兽面纹。背面有一圆形钩纽。通长3.1厘米。

铜镞　1件。M40：26，三棱锥形，尖锋，短铤。通长4.5厘米。

铜钱　185枚。均为半两钱。依钱径大小有大半两和小半两之分。大半两，5枚，钱径2.7～3.1、穿径0.5～0.8厘米；小半两（即西汉早期官铸的“五分钱”），180枚，钱径1.7、穿径0.4～0.6厘米。

M41　是本次发掘土坑竖穴墓（不包括M35）中随葬品最少的一座，计陶器9件、铜器4件、铁器1件及铜半两钱2枚。铁器有斧1件。另在墓坑填土中发现9枚铜五铢钱。

陶器　9件。均为泥质灰陶，个别器物有轮制所形成的弦纹。器形有豆、罐、碗，以碗居多，壶、豆、盆均残存局部。

陶豆　1件。M41：11，敛口，圆唇，浅腹，矮圈足。口径13.7、底径4.8、高6厘米。

陶罐　2件。M41：9，侈口，圆唇，束颈，圆肩，鼓腹，平底。肩和腹部分别饰一周和数周弦纹。口径10.4、底径10.6、高12.6厘米。

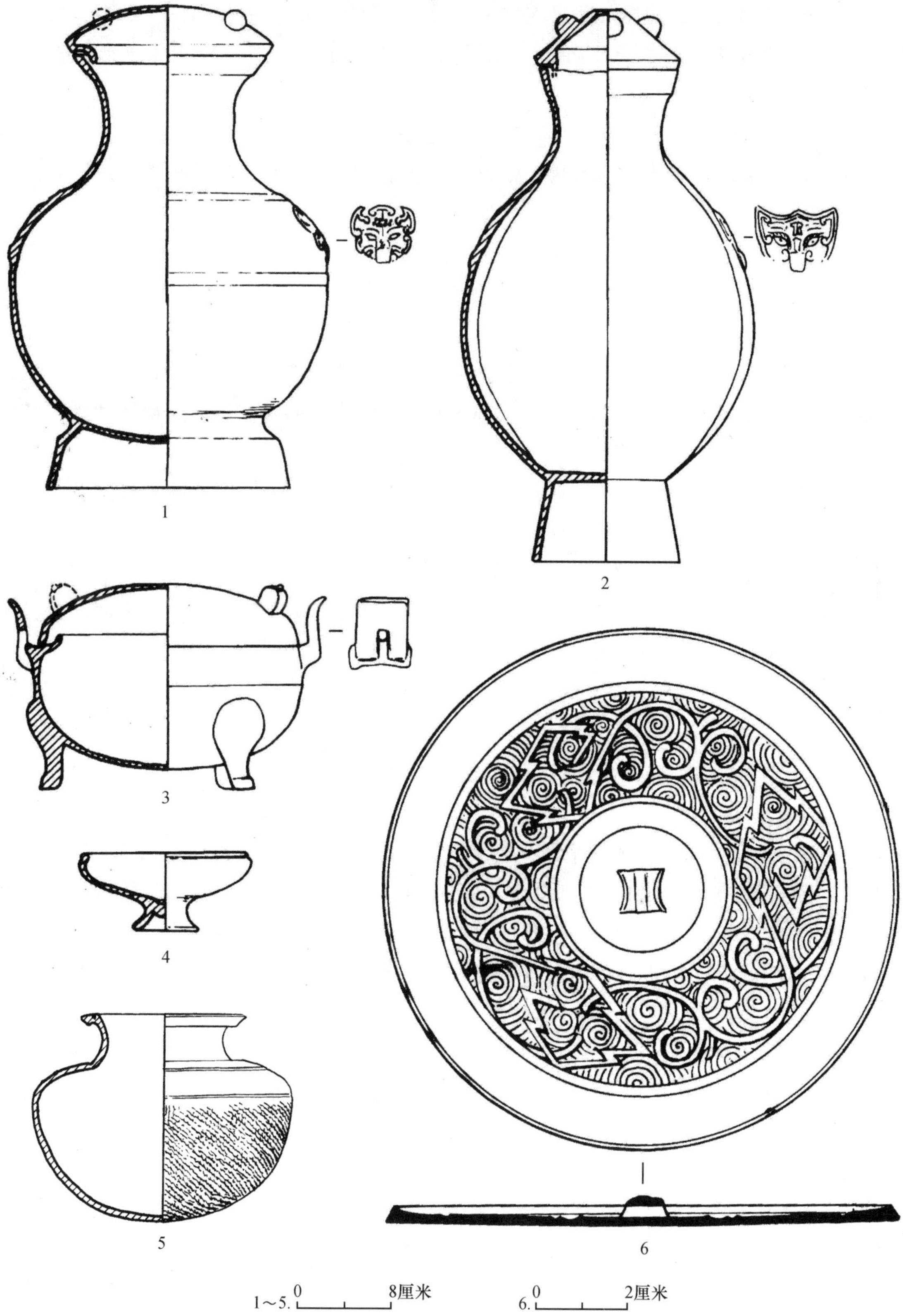

图四　M40出土器物

1. 陶壶（M40：6）　2. 陶钫（M40：5）　3. 陶鼎（M40：10）　4. 陶豆（M40：11）　5. 陶罐（M40：2）
6. 铜镜（M40：22）

陶碗　4件。敞口，圆唇，折腹，平底。M41：1，口径16.8、底径4.6、通高6.1厘米。

铜器　4件。均为青铜，锈色青绿。有盖弓帽和半圆形铜片各2件。

铜盖弓帽　2件，形制相似。M41：5，器身呈圆柱形，中空，一侧有角状凸起，底有圆形铜帽。器身直径1.5、铜帽直径4.5、通长6.2厘米。

铜半两钱　2枚。钱径2.5、穿径0.6厘米。

铜五铢钱　9枚。钱径2.3～2.4、穿径0.9～1厘米。

（二）砖室墓

在猪市包发掘区发现砖室墓1座（M38）。

1. 墓葬形制

M38仅存墓室南部，东壁有早期盗洞。未发现人骨及葬具。残存墓室为长方形，宽285厘米，东壁残长460、西壁残长300厘米，墓顶已坍塌，残高120厘米。墓室地面平铺长方形砖，四壁下部用长方形砖平砌、上部立砌而成，墓顶为子母口砖券成。砖均为青灰色，侧面有菱形纹、车轮纹，有的还有铭文“富贵”。发现有少量随葬品。

2. 随葬品

M38共发现随葬品13件，有青瓷器5件、陶器4件和陶俑4件。

青瓷器　5件。器形仅见碗一种。

青瓷碗　5件。器表内外均施青釉，釉色泛黄，施釉不到底。依底部的不同形制可分为二型。

A型　2件。假圈足碗。敛口，弧腹，假圈足。M38：3，口径8、底径4.4、高3.6厘米。

B型　3件。平底碗。敛口，弧腹，平底。有2件器物口沿下饰弦纹。M38：6，口沿下有一周弦纹。口径16、底径9.2、高5.6厘米。

陶器　4件。器形有罐、碗、甑三种。

陶罐　1件。M38：1，残存口至腹部一块。夹砂灰陶。侈口，宽折沿，束颈，鼓腹，上、下腹部各饰两周凹弦纹。口径23.2、残高16厘米。

陶碗　2件。均为泥质灰陶。按腹部形态可分为二型。

A型　1件。折腹碗。M38：8，敞口，圆唇，折腹，平底。口径15.6、底径4、高6厘米。

B型　1件。斜直腹碗。M38：9，直口，圆唇，斜直腹，平底。口沿下有两周凹弦纹。口径14、底径10.8、高5.2厘米。

陶甑　1件。M38：12，泥质红陶。敞口，筒腹，平底。底部有眼5个。口径15.6、底径9.7、高11.1厘米。

陶俑　4件。均为男侍俑。立姿，头戴红色小冠，身着右衽交领大袖衫，双手交抱套在袖内置于腹部。通体施红色陶衣。根据双手交抱姿势的不同，可分为二型。

A型　2件。双手向上隆起，左足前伸。M38：7，缺失头部。M38：11，保存较好，面部

五官清晰可见。肩宽7、通高25.2厘米（图五，1）。

B型　2件。双手交抱呈水平状，面部保存较差。M38：13，肩宽4.6、通高19.5厘米（图五，2）。

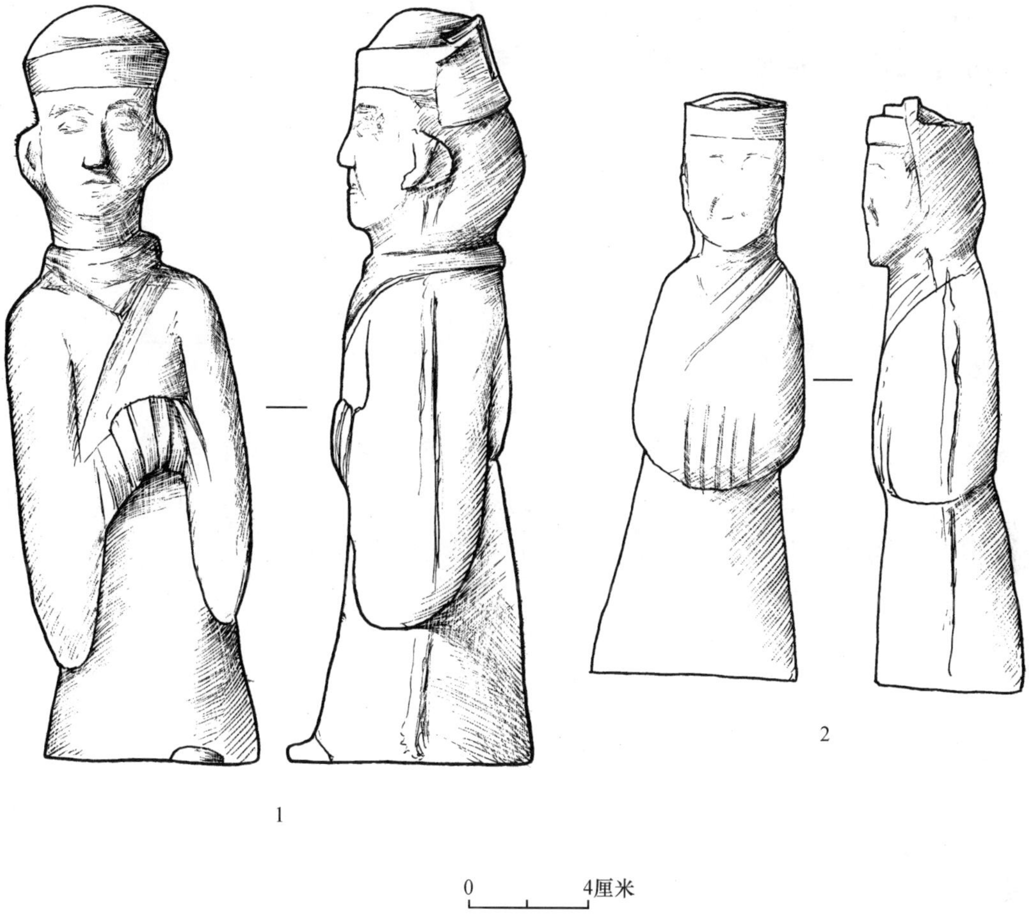

图五　M38出土陶俑

1. M38：11　2. M38：13

三、结　　语

本次所发掘的5座竖穴土坑墓（不包括M35），从随葬品来看，它们之间既有区别，也有联系。

M40的随葬品种类和数量是这几座墓中最丰富的。陶器的基本组合是鼎、豆、壶、钫、罐，盛行黑皮陶，并存在少量红色髹漆。青铜器种类较多，虽未见有容器，但是所发现的1件青铜镜为我们对该墓时代的判断提供了重要的依据。蟠螭纹镜是秦和西汉早期的流行器物。在宜昌前坪西汉墓的第一、二组（属西汉早期）发现了与这件铜镜相像的器物。另外在陶器组合和形制方面，也与宜昌前坪西汉墓的第二组，有某些一致之处[①]。矮圈足豆和平底罐、圜底罐等，与涪陵的2座西汉早期土坑墓的同类器很相似[②]。随葬的铜钱，除西汉早期的“五分钱”

① 湖北省博物馆：《宜昌前坪战国两汉墓》，《考古学报》1976年第2期。

② 四川省文物管理委员会、涪陵县文化馆：《四川涪陵西汉土坑墓发掘简报》，《考古》1984年第4期。

外，还发现有秦代半两钱。根据这些材料，可以推断M40是一座西汉早期墓葬。

M36随葬陶器的基本组合是鼎、豆、壶、罐。从器形来看，与M40基本相似，但也存在许多区别，如罐未见有圜底罐；陶壶是浅盘口，与M40的敞口不同；陶豆为高圈足带鋬，不同于M40的矮圈足。器表装饰方面，二墓虽都有部分红色的陶衣或彩绘，但M36不见黑皮陶和髹漆，同时几何形纹饰数量增多，并出现压印的斜方格纹。M36与宜昌前坪西汉墓的第三组（属西汉中期）的陶器组合、形制都很相似，尤其是陶壶。在青铜器方面，铜鍪和铜盆也能在前坪找到类似的器物，并且发现了汉代五铢钱，所以这应是一座西汉中期的墓葬。

M41随葬的陶器种类简单，完整器仅见罐、碗2种，其他可辨认出的还有壶、豆、盆。这些器物的形制与M40和M36均有一定的相似性，同时也有一定的差异，如豆与M40相似，碗与M36相似；未见黑皮陶和红色髹漆，但纹饰又仅见弦纹一种，没有M36的斜方格纹。相对来说，与M36的相似程度要大些。墓内发现两枚铜半两钱，但在填土中又出土几枚铜五铢钱。因此，M41的时代约与M36相当。

M37随葬品中陶器的基本组合是罐、仓、釜、甑，未见鼎、豆、壶。器表装饰与M36相似，相同器物中的主要区别是陶甑。M36的陶甑是敛口、斜腹、凹底较深，底部甑眼小而多，饰绳纹，而M37的甑则是直口、弧腹、凹底较浅，甑眼大而少，饰绳纹外，还有附加堆纹。该墓与宜昌前坪1978年发掘的西汉晚期墓葬①和宜昌三家沱汉代墓葬②的陶器相比，有一定的相似性。结合汉代铜五铢钱的发现，可以判断这是一座西汉晚期墓葬。

M39随葬陶器的种类是这几座墓中最多的，基本组合是壶、罐、仓、釜、井。该墓的陶器组合与形制和宜昌前坪东汉墓、万州安全墓地有相近之处，加之大泉五十和大布黄千等新莽钱币的发现，M39的时代当在东汉。

从墓葬形制来说，各墓基本相似，区别主要在于随葬品的摆放位置。这种位置上的差异可能是与其处于不同时代有关的。如前所述，M36和M41大约同时，二者随葬品的放置位置也大体相同，但M41的随葬器物数量要少于M36，这可能是贫富差距造成的。

M38是本次发现的唯一一座砖室墓。它的时代比较容易确定，因为不论是平底碗、假圈足碗，还是陶男侍俑，包括菱形纹或车轮纹的墓砖，都具有长江中下游地区南朝墓葬随葬品的特点，因此这是一座南朝时期的墓葬。

通过对5座土坑竖穴墓陶器和钱币等所做的分析，因为同类材料太少，它们之间的时代间隔尚不明晰，所得认识也不一定很准确，但大致仍可确定从西汉早期经中晚期到东汉这么一个时间脉络，各墓之间一些相似的器物表明它们有一定的承袭关系。因此，砖瓦溪遗址对于三峡地区汉墓，尤其是西汉时期墓葬发展变迁的研究有一定的借鉴意义。

执笔：赵　杰　赵瑞民

① 宜昌地区博物馆：《1978年宜昌前坪汉墓发掘简报》，《考古》1985年第5期。
② 三峡考古队：《宜昌三家沱遗址发掘报告》，《江汉考古》1994年第1期。

附表一　汉代土坑竖穴墓一览表

	墓向	墓室		骨架数量（具）	性别	葬式	头向	面向	葬具	随葬品
		结构	面积（平方米）							
M36	东北西南向	长方形	10	无					仅存部分木棺痕迹，长方形	陶器19件，有鼎、壶、豆、罐、碗、甑；铜器有盆和鍪各1件；铁器有釜形器1件、剑1件；铜五铢钱5枚
M37	东北西南向	长方形	8.16	1	男	仰身直肢葬	东北	南	仅存部分木棺痕迹，形制不辨	陶器19件，有罐、仓、碗、盆、釜、甑；铜器有盖弓帽1件；铁器有匕2件；铜五铢钱58枚
M39	东北西南向	长方形，东壁下有生土二层台	7	无					仅存部分木棺痕迹，形制不辨	陶器31件，有壶、罐、仓、碗、盆、釜、甑、井；铜鍪1件；铁器有犁和铲各1件；五铢钱144枚，大泉五十35枚，大布黄千2枚
M40	东北西南向	长方形，北、西、南壁下有生土二层台	8.58	无					仅存部分木棺痕迹和红色漆皮，长方形	陶器17件，有鼎、壶、钫、豆、罐、盆及纺轮；铜器16件，有镜、带钩、环、贝形器、泡及器足等；铁器有釜1件、削2件；半两钱185枚
M41	南北向	长方形	6.95	无					仅存部分木棺痕迹和红色漆皮，长方形	陶器9件，有豆、罐、碗、盆等；铜器有2件铜盖弓帽和2件半圆形铜片；铁斧1件；半两钱2枚；另在墓坑填土中发现9枚铜五铢钱

附表二　出土陶器统计表　（单位：件）

M36	泥质陶				合计	百分比/%
	灰陶	黄陶	黄褐色陶	红褐色陶		
鼎		1			1	5.3
壶	1				1	5.3
豆		1			1	5.3
罐	10				10	52.6
碗		2	3		5	26.2
甑				1	1	5.3
合计	11	4	3	1	19	100
百分比/%	57.9	21.1	15.7	5.3	100	

续表

M36	素面	弦纹	斜方格纹	绳纹	
鼎		1			
壶		1			
豆	1				
罐		9	7	4	
碗	5				
甑				1	
合计	6	11	7	5	29
百分比/%	23.2	34.7	25.9	16.2	100

M37	泥质陶			夹砂陶	合计	百分比/%
	灰陶	黄陶	红褐色陶	红陶		
罐	5				5	26.2
仓	2				2	10.5
碗	1	4	1		6	31.6
盆	1				1	5.3
釜	1			3	4	21.1
甑	1				1	5.3
合计	11	4	1	3	19	100
百分比/%	57.9	21.1	5.3	15.7	100	

M37	素面	弦纹	斜方格纹	绳纹	附加堆纹	
罐		5	1	1		
仓		2				
碗	6					
盆		1				
釜		1		3		
甑				1	1	
合计	6	9	1	5	1	22
百分比/%	25.7	35.8	8.5	25.2	4.8	100

M39	泥质陶			夹砂陶	合计	百分比/%
	灰陶	黄陶	红褐色陶	红褐色陶		
壶	1				1	3.2
罐	7	1		1	9	29
仓	1		1		2	6.5
碗	8			3	11	35.5
盆	1		2		3	9.7
釜	2	1			3	9.7
甑	1				1	3.2
井	1				1	3.2
合计	22	2	3	4	31	100
百分比/%	70.9	6.5	9.7	12.9	100	

续表

M39	素面	弦纹	斜方格纹	斜线纹	菱格凸点纹	绳纹	附加堆纹	
壶		1						
罐	9	8	1	1	1	7		
仓	1	1						
碗	11							
盆	2	1						
釜	1	1				2		
甑							1	
井			1					
合计	24	12	2	1	1	9	1	50
百分比/%	48	24	4	2	2	18	2	100

M40	泥质陶			合计	百分比/%
	灰陶	黑皮灰陶	黑皮红陶		
鼎		1		1	5.9
壶		1		1	5.9
钫		1		1	5.9
豆	1	2		3	17.6
罐	4	4		8	47.0
盆	1		1	2	11.8
纺轮	1			1	5.9
合计	7	9	1	17	100
百分比/%	41.2	52.9	5.9	100	

M40	素面	黑衣	弦纹	绳纹	
鼎		1	1		
壶		1	1		
钫		1			
豆	1	2			
罐		4	4	1	
盆		1			
纺轮			1		
合计	1	10	7	1	19
百分比/%	11.6	43.8	32.4	12.2	100

万州方庄嘴嘴墓群2003年度发掘简报

重庆市文化遗产研究院
沈阳市文物考古研究所
万州区文物管理所

方庄嘴嘴墓群位于重庆万州新田镇五溪村十二组，地处长江右岸（东岸）的二级台地上，地理坐标为北纬30°39′26.4″，东经108°22′0.7″。海拔150～175米（图一）。台地东靠依山而建的村落，西临长江，南、北为流水冲沟，现已开垦为梯田，其上广植柑橘树。

为配合长江三峡水利工程库区内文物的保护和发掘工作，沈阳市文物考古研究所三峡考古队于2003年10月23～28日对该墓群进行了调查及第一次发掘，共布10米×5米探方1个（编号为2003CWFT1，后简称为T1），发掘面积50平方米，发现六朝时期墓葬1座。现将本次发掘的主要收获报告如下。

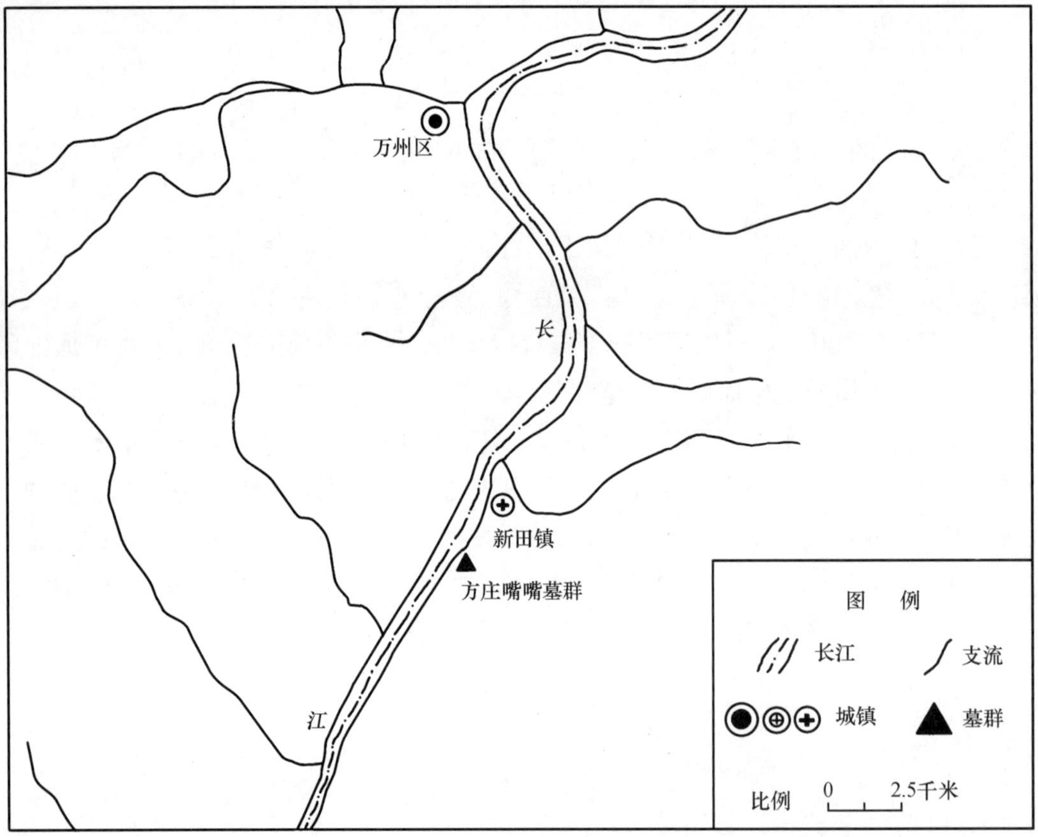

图一　方庄嘴嘴墓群地理位置示意图

一、地层堆积

本次发掘区域内地层堆积比较简单，自上而下可分为三层（图二）。其具体情况介绍如下。

第1层：现代耕土层。呈灰褐色，该层土质结构较疏松，包含物有现代砖瓦残片、青花瓷片、石头及植物根茎等物。厚20～30厘米。

第2层：红褐色黏土层。主要分布在探方东半部，呈斜坡状。该层土质结构较为紧密，内含青花瓷片、料姜石块等物。厚20～35厘米。

第2层之下为纯净的黄褐色粉砂质生土。

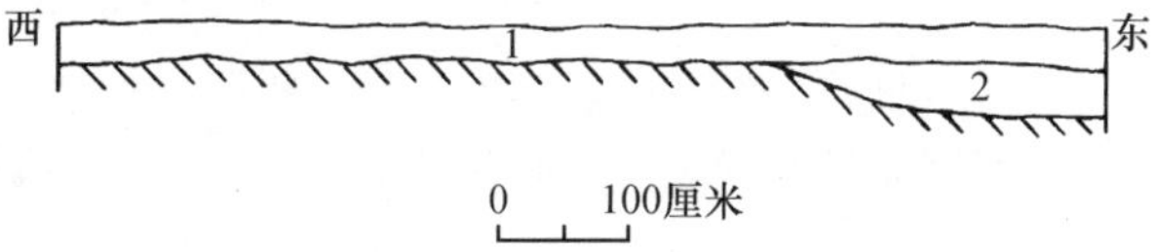

图二　T1北壁剖面图

二、六朝时期遗存

（一）遗迹

本次发掘确认的遗迹主要是1座墓葬，编号2003CWFM1（简称为M1），为刀把形土圹砖室墓（图三）。

M1　位于T1中部偏东，开口于第2层下，打破生土，墓向305°。长方形墓圹，残长506厘米。墓室长270、宽230厘米。甬道位于墓室西侧，其南壁与墓室北壁连成一线，残长210、宽160厘米。墓葬存深100厘米。依据残存部分可以分析，墓室顶部为券顶，是用楔形榫卯“富贵”砖（图四，1）横向立砌而成。甬道部分破坏严重，顶部形制已不可考。由于甬道前端已遭破坏，故而无法确定墓门及墓道部分的情况。墓底不见铺地砖，墓室和甬道皆是用带纹饰的青砖错缝叠压砌就。墓砖上有模印纹饰，朝向墓内的墓砖侧面饰阳纹。墓室用砖有3种，“富贵”纹饰砖长36～40、宽19、厚10.8～11.5厘米（图四，1）；车轮+铜钱+斜网格纹饰砖（背面有车轮+铜钱阴纹）长40～42、宽19～20、厚10～10.5厘米（图四，3）；车轮+斜网格纹饰砖长30、宽19.5、厚10厘米（图四，2）。人骨和葬具均已朽没，葬式不明。

（二）遗物

由于M1以前已遭破坏，随葬品多已不存，仅在墓室东北部发现一枚“四铢”铜钱（图四，4）。该钱圆形方孔，钱文“四铢”，篆书，直读，素背。此外，在清理过程中，曾于甬道与墓室连接处的底部填土中发现有青瓷片、瓷罐系部残片及红陶残片等，推测应是该墓以前被破坏时遗留的随葬品残片。

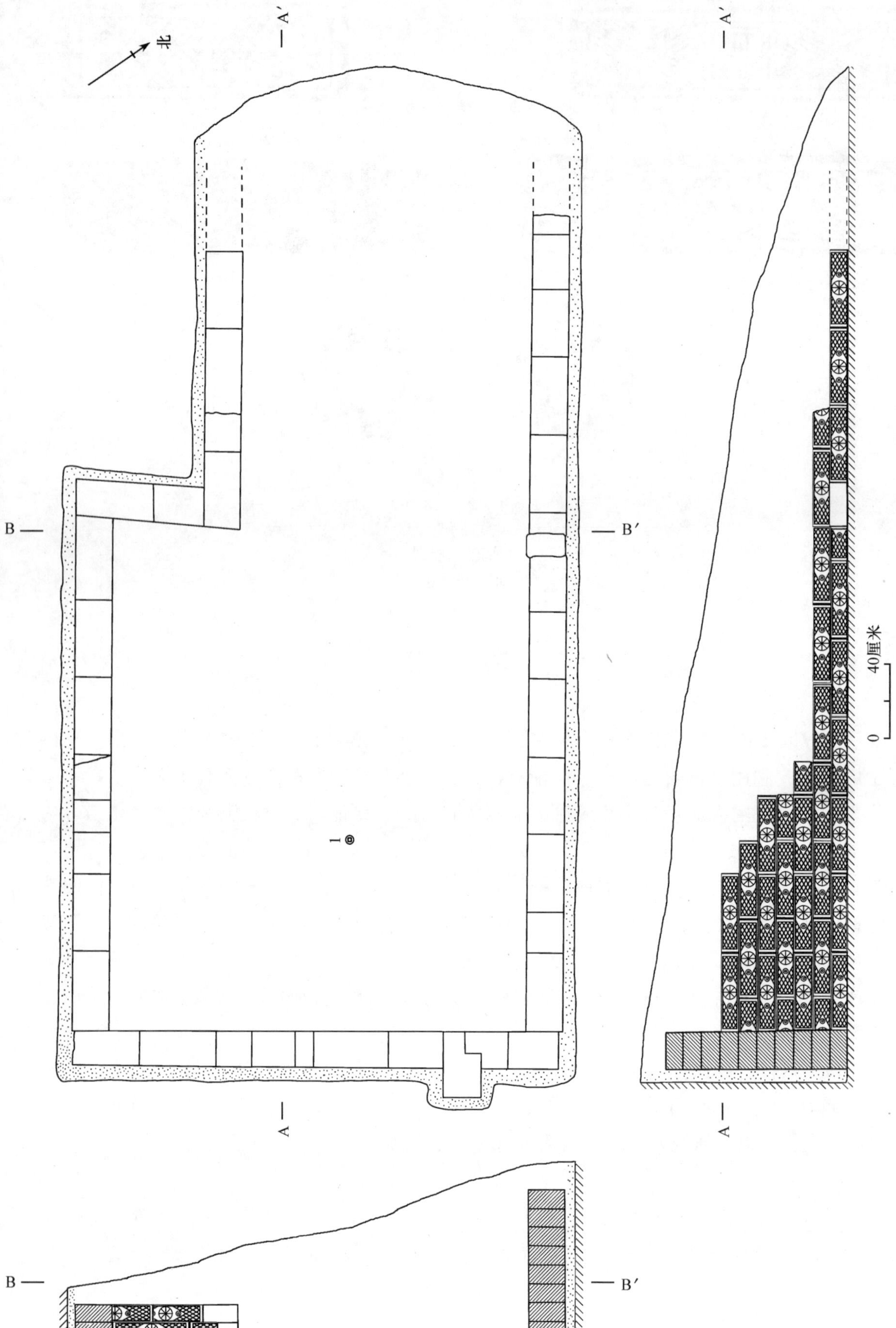

图三　M1平、剖面图
1. 铜钱

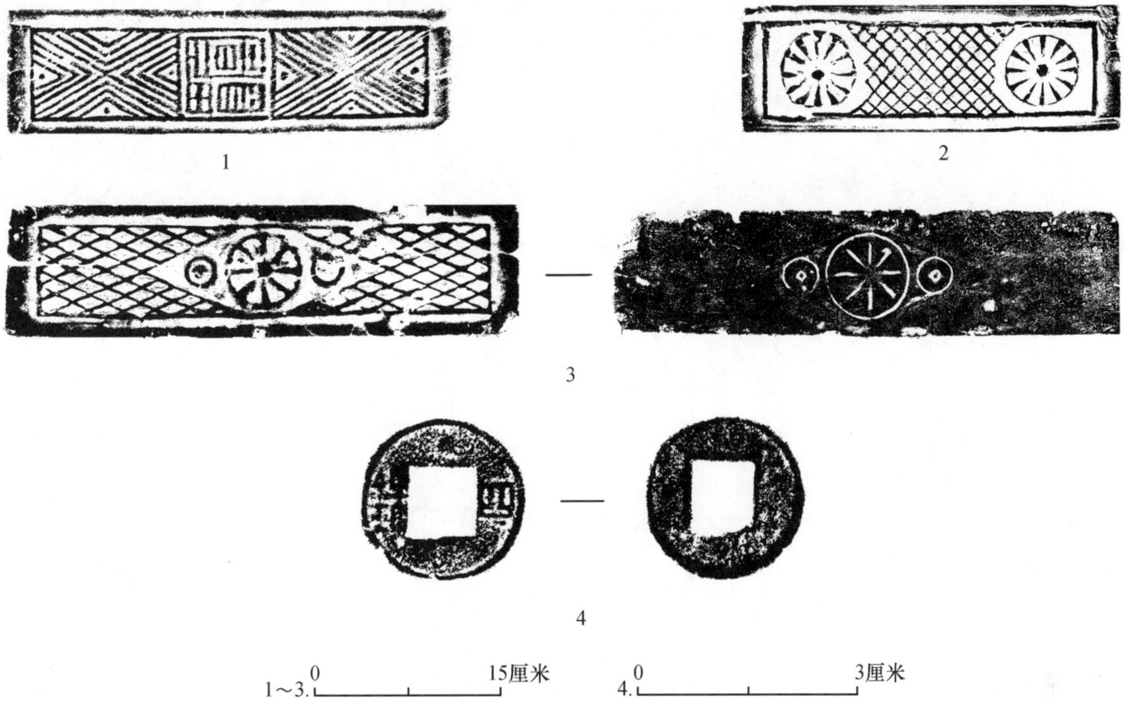

图四　M1墓砖、铜钱拓片

1～3. 墓砖拓片　4. 铜钱拓片

三、结　　语

该墓为刀把形砖室墓，依据残存情况推断该墓墓室顶部为券顶，所用砖形状为楔形。外侧面长于内侧面，利用楔形自然起券；两端有榫卯，增加其稳固性；内侧面有砖文“富贵”二字，代表人们美好的祝愿。墓室用砖绝大多数为长方形，纹饰以车轮、铜钱、网格相组合为主，少量车轮、网格组合纹饰，“富贵”砖极少量，纹饰亦寓意财源滚滚的美好心愿。

随葬遗物仅见一枚“四铢”铜钱。据《宋书·颜竣传》中载：“先是，元嘉中，铸四铢钱，轮郭形制，与五铢同，用费损，无利，故百姓不盗铸。及世祖即位，又铸孝建四铢。”又据《南史·宋本纪第二上》：“（文帝刘义隆元嘉）七年春二月壬戌，雪且雷……冬十月戊午，立钱署，铸四铢钱……（孝武帝）孝建元年春正月己亥朔，祀南郊，大赦，改元。壬戌，更铸（孝建）四铢钱。”

我们认为这枚“四铢”应为“元嘉四铢”，如是，则该墓葬年代上限不早于刘宋文帝元嘉七年即公元430年。综合“四铢”钱及墓葬形制特点，我们认为该墓年代定在六朝时期当无大错。该墓的发掘为以后研究万州地区六朝时期的墓葬形制等提供了重要的实物资料。

附记：本次发掘是在重庆市文物局和重庆市文物考古所（今重庆市文化遗产研究院）的领导下进行的，发掘过程中得到万州区博物馆、五桥文管所、新田镇政府及五溪村村民的大力配合和支持，谨在此一并表示感谢。

执笔：陈　山　付永平　苏鹏力

万州大湾墓群2003年度发掘简报

重庆市文化遗产研究院
沈阳市文物考古研究所
万 州 区 文 物 管 理 所

大湾墓群位于重庆万州溪口乡胜利村二组，地处长江右岸（南岸）的二级台地上，位于东经108°20′34.1″～108°20′37.9″，北纬30°37′45.8″～30°37′49.6″，海拔140～175米（图一）。2003年下半年我所接受重庆市三峡文物保护办公室委托，与重庆市文物考古所（今重庆市文化遗产研究院）共同对大湾墓群进行考古勘探、发掘工作。

因为大湾墓群所处地势湾多坡陡，梯田宽窄不一，我们坚持工地的统一有序，又力求突出重点的发掘。根据地形地势，大湾墓群2003年的工作区由东向西分为三个区，在各区内依地形

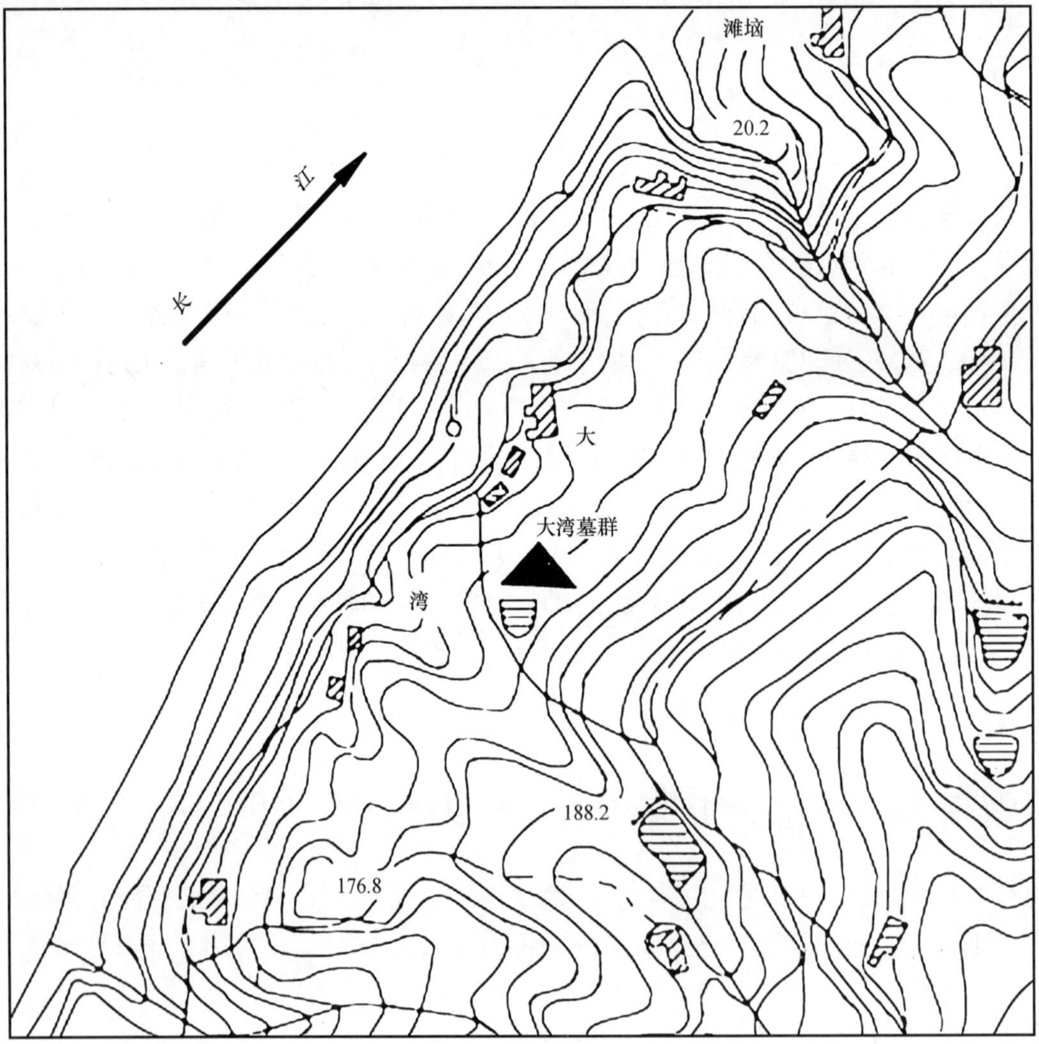

图一　大湾墓群位置示意图

布置5米×5米、10米×10米、5米×10米的探方总计37个。本次勘探、发掘的基点均设在大湾墓群的最东端、海拔175米的水位定点石处。本次共勘探发掘墓葬8座，其中汉代墓葬3座、六朝墓葬5座，实际发掘面积2075平方米。现将各墓葬详细情况报告如下。

一、汉　墓

发掘汉代墓葬3座，全部为砖室墓。

（一）一号墓

该墓位于大湾墓群Ⅰ区，编号为2003WDM1（简称M1）。墓葬在修整梯田时被毁坏，仅余墓室一角，墓葬形制、葬式、葬具不详。墓室东西残长98、南北残长40、残高25厘米。墓壁用青砖错缝平砌筑成。砖内侧有模印多重菱形纹和太阳纹的组合纹饰，砖长40、宽17、厚8厘米（图三，2）。因为破坏极为严重，没有发现随葬品。

（二）三号墓

1. 遗迹

该墓位于大湾墓群Ⅰ区，编号2003WDM3（简称M3）。是一座竖穴土圹砖室墓。方向300°（图二）。整个墓葬平面呈铲形（“凸”字形）。墓室长方形，东西长390、南北宽300、残高100～148厘米。墓壁用青砖错缝平砌筑成；墓砖内侧模印多重菱形花纹和太阳纹的组合纹，砖长40、宽17、厚8厘米（图三，2、3）。墓底用青砖横排错缝平铺。从残存的墓室后壁券顶及甬道内倒塌的券顶砖形状分析，墓室用榫卯砖依墓室东、西壁横向起券；而甬道则依甬道南、北壁纵向起券顶；两券顶方向垂直。券顶砖外侧较内侧厚，垒砌时自然起券；内侧有模印多重菱形纹（图三，4），砖面有绳纹；砖长39.5～40.5、宽18、厚7～8厘米。甬道长方形，位于墓室西侧正中，东西长190、南北宽180、残高100厘米。残存墓道位于甬道西，平面呈长方形，斜坡状，东西残长50～60 、南北宽180、残高20～30厘米。墓道、券顶均在平整土地时被毁坏。在墓室东北部发现腐朽人骨架，但葬式无法辨认，未发现葬具痕迹。

2. 遗物

该墓出土随葬品25件（铜钱按1件计）。其中陶器22件，石质砚1套，铁器1件，铜钱若干。

陶豆　1件。M3：4，泥质红陶，黄褐釉。豆盘为方唇，直口微敛，弧腹，平底；豆柄中空，喇叭口形底座，底座上有两道凸起的折棱。盘径10.8、底径10、通高10.8厘米（图四，9）。

陶钵　3件。分二型。

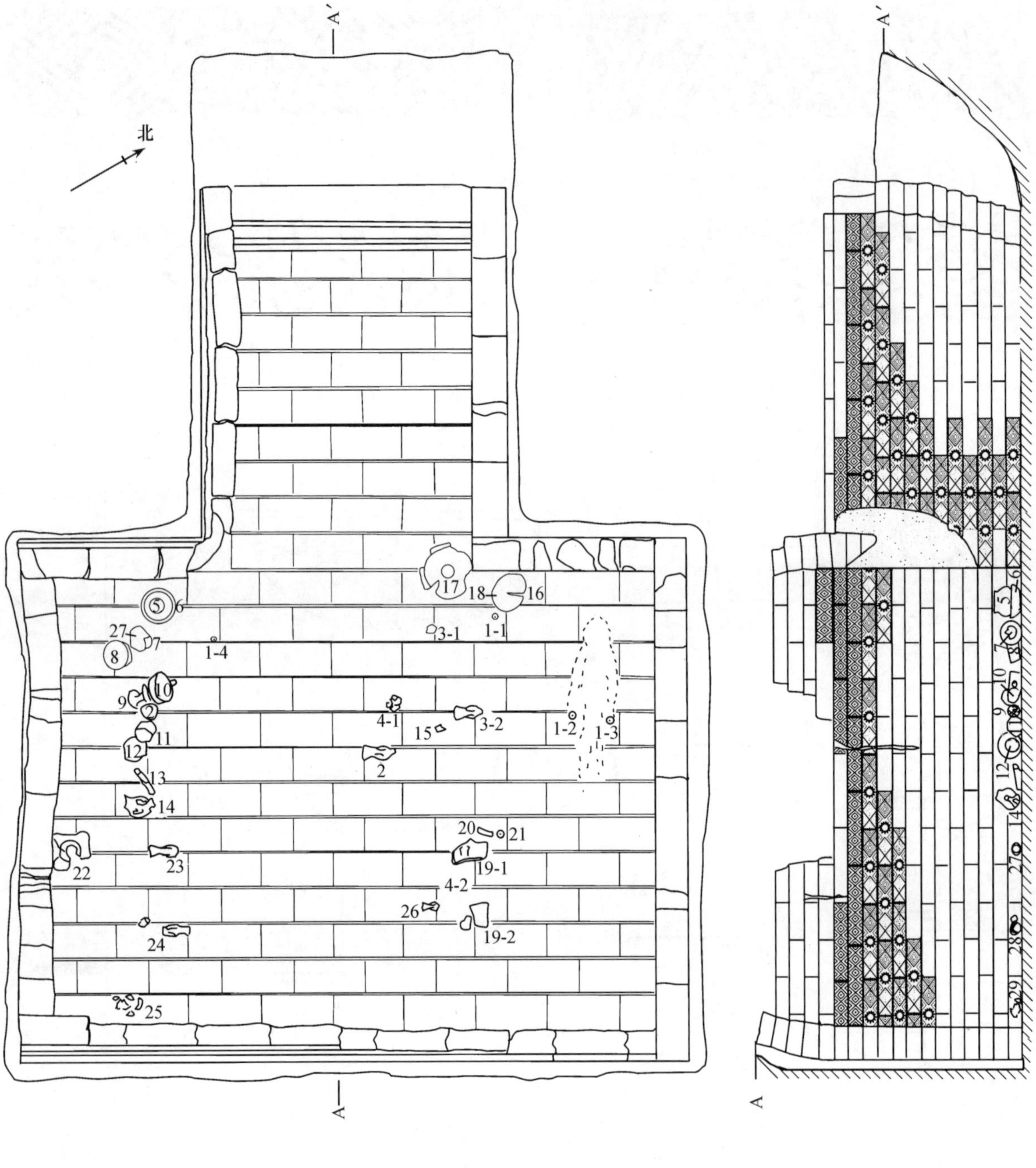

图二　M3平、剖视图

1. 五铢钱　2、3、13、15、23、24、26. 陶俑　4. 陶豆　5、7、11、12. 陶罐　6、8、16. 陶钵　9. 陶熏炉　10. 陶魁　14. 陶子母鸡　17. 陶盆　18. 铁器　19. 陶案　20. 石砚　21. 石砚杵　22. 陶井　25. 陶狗　27. 陶勺

A型　1件。M3：16，泥质灰陶。火候较高。圆唇，侈口，折腹，平底。上腹部弧凹，腹内壁锐折。口径17.8、底径5.2、高6.6厘米（图四，3；彩版一七一，6）。

B型　2件。方唇，直口，折腹，小平底。腹部有一道凹弦纹。M3：6，泥质红陶，黄褐釉。口部微残，釉面局部有脱落现象。口径18、底径6、高6.4厘米（图四，2）。M3：8，泥质

图三 汉代墓砖纹饰拓片

1. A型菱形纹（M6） 2. 太阳纹（M1、M3） 3. B型菱形纹（M3） 4. C型菱形纹（M3）

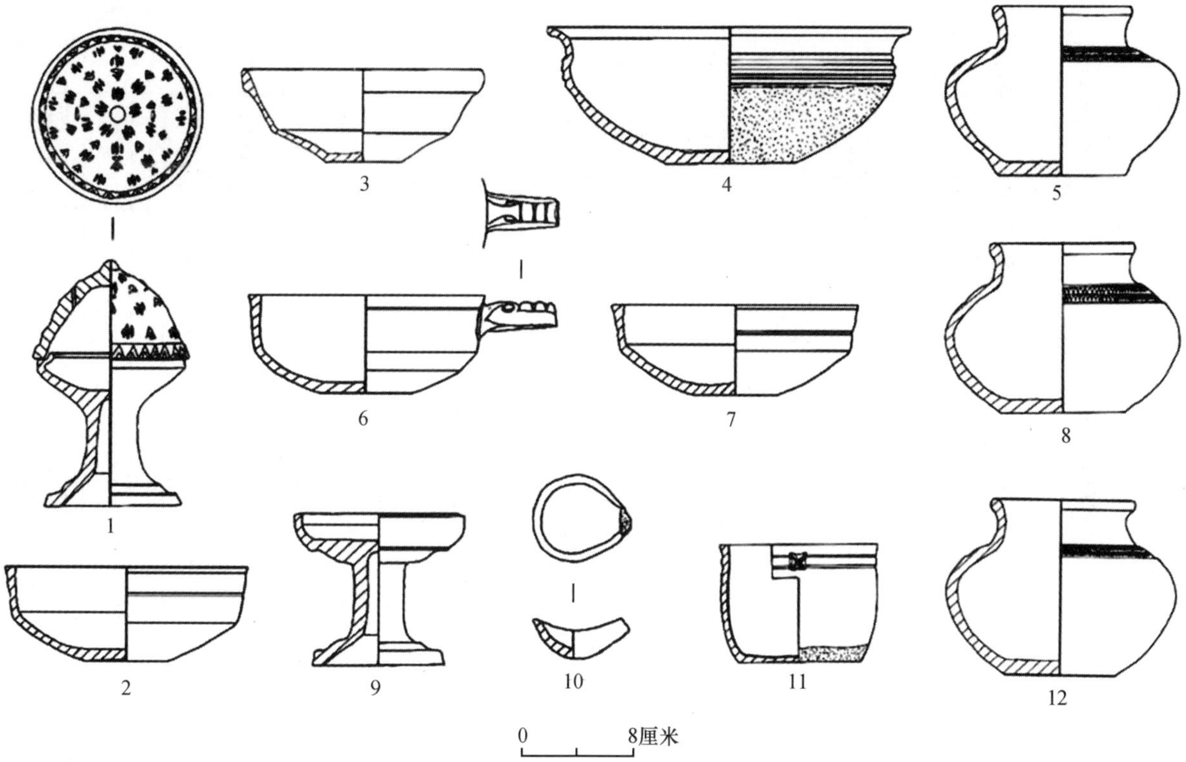

图四 M3出土陶器

1. 熏炉（M3：9） 2、7. B型钵（M3：6、M3：8） 3. A型钵（M3：16） 4. 盆（M3：17） 5、8、12. 鼓腹罐（M3：5、M3：7、M3：12） 6. 魁（M3：10） 9. 豆（M3：4） 10. 勺（M3：27） 11. 直腹罐（M3：11）

红陶，黄褐釉。口部微残，釉面局部有脱落现象。口径17.6、底径8、高6.7厘米（图四，7；彩版一七一，5）。

陶盆 1件。M3：17，泥质红陶，酱釉，内壁施全釉，外壁釉仅及上腹部。釉层较薄，釉面开细碎片。圆唇，敞口，口沿外展，束颈，弧腹，小平底。腹上部有四周凹弦纹。口径26.4、底径9.4、高9.6厘米（图四，4；彩版一七二，4）。

陶鼓腹罐 3件。圆唇，侈口，束颈，流肩，鼓腹，平底。肩部饰有两条凹弦纹，其间有

两条三角压印纹带。M3：5，泥质灰陶。口部在做胎时曾修补过，底部不甚平整。器表局部有轮削痕迹。口径10.6、底径8、通高12.4厘米（图四，5）。M3：7，泥质灰陶。底部不甚平整，器表局部有轮削痕迹。口径10、腹径18、底径9.2、高12厘米（图四，8）。M3：12，泥质灰陶。口径10、腹径16.4、底径9.8、高12厘米（图四，12；彩版一七一，3）。

陶直腹罐 1件。M3：11，泥质红陶。施酱釉，不及底，釉面开细碎片。方唇，直口，腹微鼓，平底中部微凸。口沿下部有两周凹弦纹，该处有一塔状疣耳。口径11.6、底径9.6、高8.4厘米（图四，11；彩版一七一，2）。

陶熏炉 1件。M3：9，泥质红陶。施酱釉，釉层较薄。盖为半球状，盖面中部对称四孔，盖面为半浮雕山形纹饰，边缘压印几何纹。座为豆形，子母口，圆唇，敛口，斜腹，平底，柄中空，喇叭形，底座上有两道凸起的折棱。通高17.4、最大径11.4厘米（图四，1；彩版一七二，2）。

陶魁 2件。M3：10，泥质红陶。酱釉，釉面开细碎片，釉多剥落。体呈浅钵状，方唇，直口，折腹，小平底，口沿下一周凹弦纹。柄横置，龙首状，龙首吻部较长。口径17、底径6.4、高7、通长22.4厘米（图四，6；彩版一七一，1）。

陶人俑 5件。

男俑 4件。文官俑。呈站立姿势。头戴幞头，系带，梳发髻，髻后垂。面部神态安详。身着高领系带的宽垂袖袍服，裙裾下摆如喇叭口状。身体微向后倾，双手和于袖中，双足微向前伸，托起裙裾。泥质灰陶。应为男俑，头部残损，内部中空。采用模制手法，工艺较细致。M3：2，通高24厘米（图五，2；彩版一七二，6）。M3：3，通高20.8厘米（图五，1）。M3：15，通高21.2厘米。M3：24，高21厘米（图五，4）。

女俑 1件。M3：13，站立状。面部漫漶不清，长发兜于脑后，宽袍大袖，右衽，前臂笼于胸前，背部可见腰饰横带。泥质灰陶。模制，两侧可见模缝，中空。高16.7厘米（图五，3）。

陶狗 1件。M3：25，泥质灰陶。残。仅余狗头残部及前腿。张口，竖耳，眼圆睁，做狂吠状。残长14厘米（图五，6）。

陶子母鸡 1件。M3：14，泥质灰陶。卧伏，头高昂，其胸前和背部各伏一只小鸡。母鸡面部和羽毛可辨，小鸡漫漶不清。高11厘米（图五，5；彩版一七一，4）。

陶案 1件。M3：19，泥质灰陶。残。长方形，边缘斜上折，案面平整。案下四角支撑残断。残长35.4、残宽19.6、高4.8厘米（图六，2）。

陶井 1组。M3：22，泥质灰陶。残。由井台及井架两部分组成，平面呈井字形，外方内圆，圆形井口沿高于方形台面。井口内有平沿，中间为井身。井身两侧有两个长方形孔，应为安放井架的榫卯结构部分。井架由支架和横梁两部分组成。支架为亚腰形，两端为榫卯结构。横梁为长条形，两端与支架相接，中间悬挂水桶。井台局部缺损，支架缺少一支。井台正面纹饰由鱼纹、菱形纹、斜线纹及几何纹饰组成。井架皆素面。长22、宽21.6、通高12.2厘米（图六，3）。

陶勺 1件。M3：27，残。泥质红陶。黄褐釉，釉面大部分已脱落。把残，半球形。残长7厘米（图四，10）。

图五 M3出土陶器

1、2、4. 男俑（M3∶3、M3∶2、M3∶15） 3. 女俑（M3∶13） 5. 子母鸡（M3∶14） 6. 狗（M3∶25）

石砚 1组。石质。M3∶20，砚板，长方形，素面，灰色。长12、宽6.5、厚0.7厘米（图六，4）。M3∶21，砚子（砚杵），上圆下方呈柱础状，素面，青灰色。长3.3、宽3.3、高1.5、面径1.5厘米（图六，1；彩版一七二，5）。

五铢钱 数目不详。圆形方孔。出土时锈蚀成块状，个别钱文可辨，篆书“五铢”。M3∶1，外径2.6、内径1、厚0.1厘米（图七，1）。

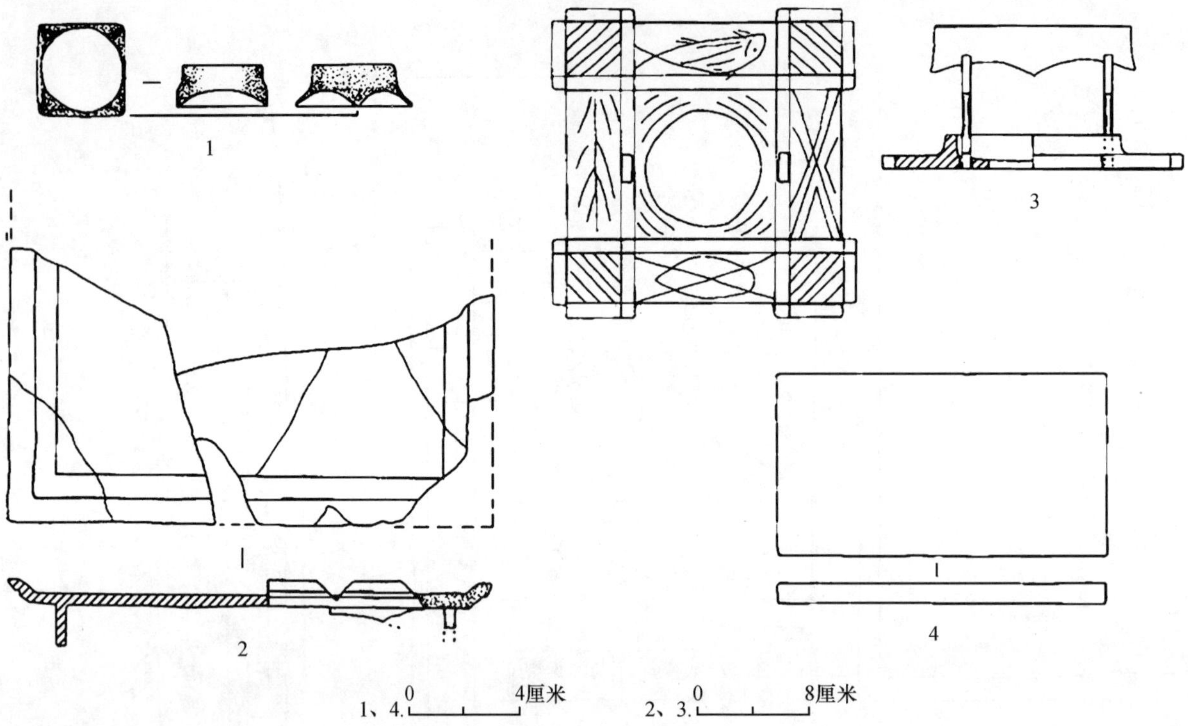

图六　M3出土器物

1. 石砚杵（M3：21）　2. 陶案（M3：19）　3. 陶井（M3：22）　4. 石砚板（M3：20）

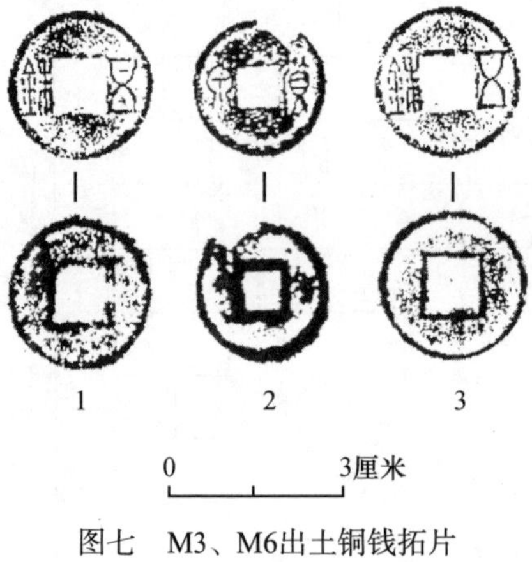

图七　M3、M6出土铜钱拓片

1、3. 五铢（M3：1、M6：57）　2. 货泉（M6：53）

（三）六号墓

1. 遗迹

该墓位于大湾墓群Ⅲ区，编号2003WDM6（简称M6）。M6为一座竖穴石圹砖室墓，墓道、券顶均在平整土地时被毁坏。平面呈刀把形，残留少量墓道，墓室和甬道。墓圹残长660厘米，方向300°（图八）。墓室为长方形，东西长365、南北宽280、残高40～60厘米。墓壁用长40、宽20、厚8厘米，内侧模印方格纹或菱形纹的长方形青灰砖（图三，1、3）错缝平砌而成。甬道位于墓室西部偏北，长方形，北边壁与墓室北壁成一直线，没有发现封门砖。甬道东

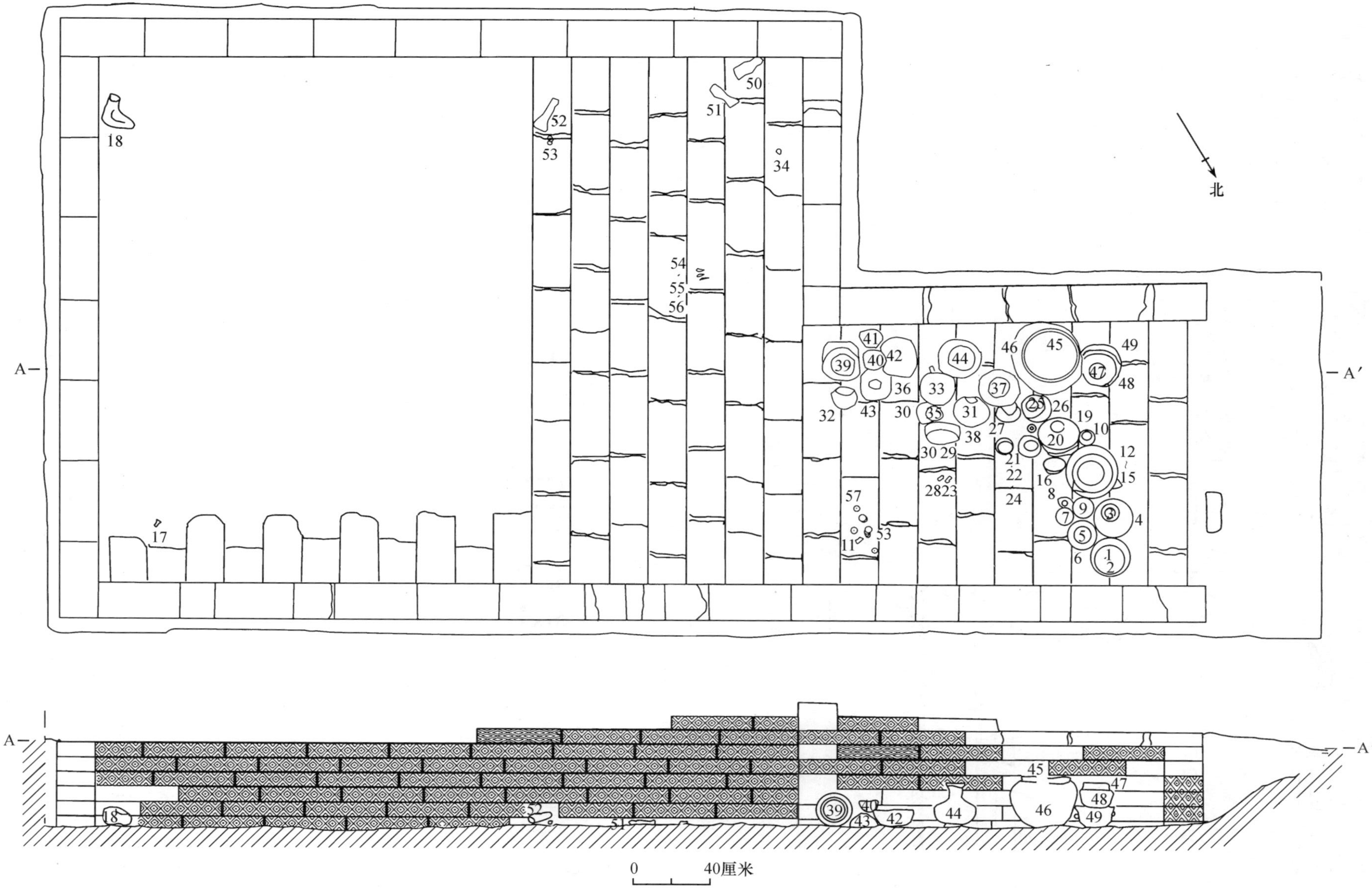

图八　M6平、剖视图

1、3、12、16、25、29、30、40、43. 陶钵　2、4、7、10、20、21、24、26、36、41、47. 陶罐　5. 陶熏炉　6. 陶釜　8、22. 陶豆　9、13、15、35、42. 陶盆　11、17、23、28. 玻璃耳瑱　14. 陶井　18. 陶鸡　19. 陶勺　27、31、38、39. 陶囷　32、33. 陶魁　34. 银指环　37、44. 陶壶　45. 陶甑　46. 铁釜　48. 铜洗　49. 铜鍪　50～52. 陶俑　53. 货泉　54、55、56. 兽牙　57. 五铢钱

西长210、南北宽140、残高60厘米。甬道及墓室底用榫卯砖横向错缝平铺，但不甚规整，墓室大部分铺地砖被破坏。甬道底部略高于墓室底部，可能是墓室遭破坏所致。墓道位于甬道西，平面呈长方形，呈斜坡状，东西残长60、南北宽190、残高0～40厘米。

在近墓底的填土中发现一件腐朽的人头骨，未见肢骨，未见葬具痕迹，葬式、葬具不明。

2. 遗物

该墓共出各类随葬品50余件，可分为两类，一类为生活用器，有铁釜，铜鍪、洗，陶壶、罐、豆、盆、钵等，主要摆放在甬道中。二类为俑及陶鸡，主要散乱摆放在墓室中。另有铜钱散落于墓室及甬道底部各处，大部分已锈蚀。另外，在淤土中发现3枚动物牙齿。以下分别叙述。

陶罐　9件。依腹部形态可分二型。

A型　鼓腹罐。8件。依据颈部形态及口底径比又可分为三式。

Ⅰ式：1件。M6：20，残。泥质灰陶。圆唇，侈口，沿外卷，矮领，溜肩，鼓腹，平底。口径大于底径，腹最大径在上腹部。素面。口径11、底径8.6、高13.4、腹径18.8厘米（图九，9）。

Ⅱ式：3件。圆唇，侈口，束颈，溜肩，鼓腹，平底。口径略大于底径，腹最大径近中部。M6：41，泥质灰陶。残损。颈肩之间饰两道凹弦纹，腹部有一道斜缝。口径9.6、底径8.8、高12.2、腹径15厘米（图九，7；彩版一七二，1）。M6：36，残。泥质灰陶，颈肩之间饰两道凹弦纹。口径15.6、底径14.8、高12.6、腹径20.8厘米（图九，11）。M6：24，泥质灰陶。素面。口径6.7、底径6.7、高6.7厘米（图九，10）。

Ⅲ式：4件。圆唇，侈口，束颈，流肩，鼓腹，平底。口径小于底径，腹最大径在中部。M6：26，完整。泥质灰陶。肩部及腹部各有一道压印纹带。口径11.8、底径13.2、高16.6、腹径20厘米（图九，16）。M6：2，泥质灰陶。肩部有一道凹弦纹。口径10.1、底径15.6、高15.4、腹径21.6厘米（图九，1）。M6：4，泥质灰陶。肩部有两道凹弦纹。口径8.7、底径13.3、高12、腹径18.7厘米（图九，2）。M6：47，泥质灰陶。口沿部微残。颈肩之间有两道压印纹带及一道凹弦纹。口径10.8、底径16、高13、腹径18.7厘米（图九，13）。

B型　斜腹罐。1件。M6：21，夹砂灰陶。素面。口微残。方唇，微侈口，束颈，折肩，斜弧腹，小平底。口径8、底径6、高8.7、腹径13.3厘米（图九，6）。

陶囷　4件。分二型。

A型　1件。M6：27，泥质灰陶。口、肩及底部微残。圆唇，直口，短颈，折肩，直腹，饼状底。腹部有一道凹弦纹。口径8.4、底径6、高10、腹径10厘米（图九，4）。

B型　3件。圆唇，敛口，折肩，鼓腹，平底。M6：31，泥质灰陶。素面。口径8.4、底径9.2、高13.4厘米（图九，5）。M6：39，口部及底部微残。泥质灰陶。素面。口径13.8、底径13.4、高16.4、腹径19.2厘米（图九，12）。M6：38，泥质灰陶。素面。口径12.2、底径14.6、高14.7、腹径16.7厘米（图九，8）。

陶钵　9件。依据腹部形态分三型。

A型　6件。圆唇，侈口，斜弧壁，平底。M6：1，残。泥质灰陶。素面。轮制。口径

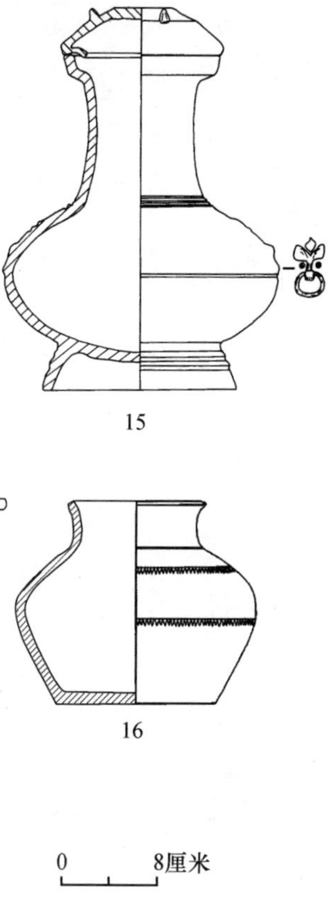

图九 M6出土陶器

1、2、13、16. A型Ⅲ式罐（M6：2、M6：4、M6：47、M6：26） 3、15. 盘口壶（M6：44、M6：37） 4. A型囷（M6：27） 5、8、12. B型囷（M6：31、M6：38、M6：39） 6. B型罐（M6：21） 7、10、11. A型Ⅱ式罐（M6：41、M6：24、M6：36） 9. A型Ⅰ式罐（M6：20） 14. 甑（M6：45）

17.2、底径5.6、高6.4厘米（图一○，20）。M6：3，泥质灰陶。素面。口径12、底径4.4、高4.8（图一○，10）。M6：16，泥质灰陶。素面。口径11.6、底径4.2、高4.7厘米（图一○，14）。M6：25，口、壁残损。泥质灰陶。素面。口径16、底径5.8、高6厘米（图一○，9）。M6：29，泥质灰陶。素面。口径12.3、底径4.8、高4.3厘米（图一○，12）。M6：40，残损。泥质灰陶。素面。口径12.4、底径4.6、高4.8厘米（图一○，13）。

B型 2件。尖唇，侈口，折腹，小平底。M6：30，残损。泥质灰陶。素面。口径17.8、底径5.4、高6.2厘米（图一○，15）。M6：43，泥质灰陶。素面。口径17.6、底径4.8、高6.4厘米（图一○，8）。

C型 1件。M6：12，残。泥质红陶。方唇，直口，折腹，小平底。口沿下有两道凹弦纹。口径17.2、底径6.6、高5.4厘米（图一○，19）。

陶盆 5件。依据腹部形态可分三型。

A型 1件。M6：9，泥质红陶。口沿、底部残。尖唇，平沿外展，直口，直腹，下腹内收，小平底。口径10.8、底径4.4、高4.2厘米（图一○，11）。

B型 3件。方唇，侈口，平沿斜展，束颈，弧腹，小平底。M6：42，泥质红陶，器表施黄釉。素面。口径22、底径7.8、高8.6厘米（图一○，16）。M6：35，泥质红陶，器表施黄

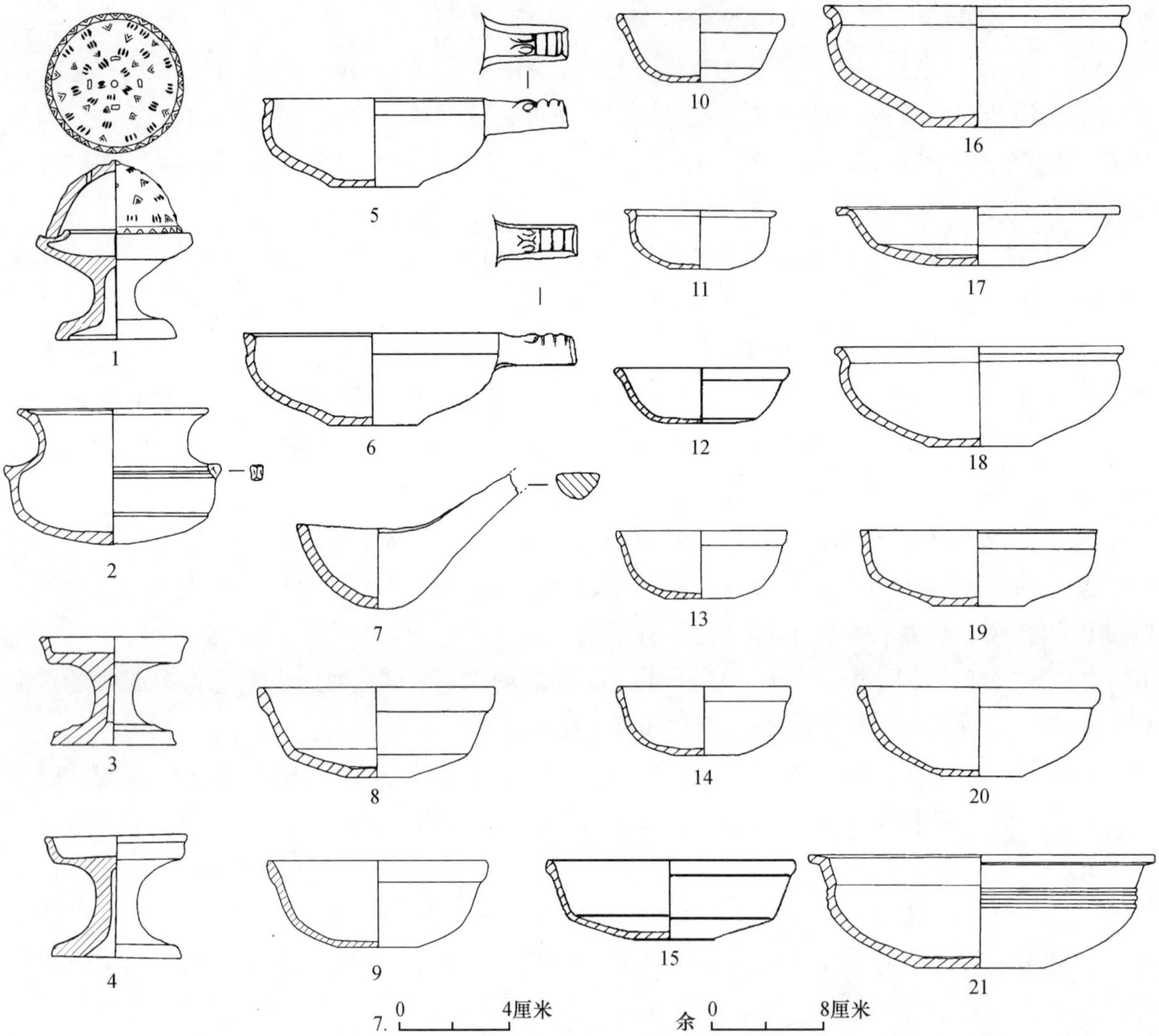

图一〇 M6出土陶器

1. 熏炉（M6∶5） 2. 釜（M6∶6） 3、4. 豆（M6∶8、M6∶22） 5、6. 魁（M6∶33、M6∶32） 7. 勺（M6∶19） 8、15. B型钵（M6∶43、M6∶30） 9、10、12～14、20. A型钵（M6∶25、M6∶3、M6∶29、M6∶40、M6∶16、M6∶1） 11. A型盆（M6∶9） 16、18、21. B型盆（M6∶42、M6∶35、M6∶15） 17. C型盆（M6∶13） 19. C型钵（M6∶12）

釉。素面。口径20.6、底径7.4、高7.6厘米（图一〇，18）。M6∶15，泥质红陶。釉脱落。肩部饰三道弦纹。口径25.6、底径9.2、高9.1厘米（图一〇，21）。

C型 1件。M6∶13，残。泥质红陶，施黄釉，釉面基本已脱落。方唇，平沿外展，敞口，折腹，腹较浅，小平底。口径20.4、底径6.6、高4.2厘米（图一〇，17）。

陶熏炉 1件。M6∶5，出土时盖座分离。泥质红陶，施黄釉，釉层较薄，釉面开细碎片。盖为半球状，盖面中部对称四孔，盖面为半浮雕山形纹饰，边缘压印几何纹。座，豆形，浅盘，子母扣，短柄中空，喇叭口状圈足。口沿及豆柄残。最大径11.2、通高13.9、足径8.6厘米（图一〇，1）。

陶釜 1件。M6∶6，泥质红陶，施酱黄釉，釉层较薄，大部分已脱落。颈部残损。方唇，平沿外展，敞口，束颈，折肩，弧腹，圜底。肩部饰两道凹弦纹，另对称饰有两个疣耳，

腹部饰有一道凹弦纹。口径13.6、高9.5、腹径14.6厘米（图一〇，2）。

陶豆 2件。形制相同。豆盘为方唇，侈口，斜腹，平底。豆柄中空，圈足成喇叭形，圈足上有两道凸起的折棱。M6：8，泥质红陶，通体施黄褐釉，釉层较薄，基本已脱落。口径10.6、底径9、高7.8厘米（图一〇，3）。M6：22，泥质灰陶。口径10.2、底径9.2、高9厘米（图一〇，4）。

陶勺 1件。M6：19，残。泥质红陶，通体施黄褐釉，釉层较薄，基本已脱落。勺头半球状，把上翘，截面实心半圆形。残长8厘米（图一〇，7）。

陶魁 2件。形制相同。方唇，直口，弧腹，平底。口沿下有一道凹弦纹。短直柄，柄为兽首。M6：32，残。泥质红陶，通体施黄褐釉，釉层较薄，基本已脱落。腹壁有残损。口径18.6、底径6.4、高6.6、通长24.2厘米（图一〇，6）。M6：33，泥质灰陶。口径16.2、底径6.2、高6.2、通长22厘米（图一〇，5）。

陶盘口壶 2件。形制相同。方唇，盘状口，长颈，扁圆形腹，圈足。泥质红陶，器表残留红色釉痕迹。M6：37，腹中部对称堆塑兽面纹铺首衔环，颈腹结合处、腹中部、圈足上饰多道凹弦纹。该器有一钵形盖，盖上有三纽，成三角形均匀分布。口径15.2、底径16、高30.7、腹径22厘米（图九，15）。M6：44，颈肩之间饰三道凹弦纹，并对称饰有四枚铺首衔环。口径13.3、底径10.7、高22、腹径18厘米（图九，3）。

陶甑 1件。M6：45，残。泥质灰陶，通体磨光。口微敛，平沿外展，方唇，深腹，腹壁斜内收，平底。底上残留6孔。口沿下有一周凸起的压印纹带。口径26、底径12.7、高14.7厘米（图九，14）。

陶井 1件。M6：14，泥质灰陶。平面呈“井”字形，方形，抹去四角，正中有圆形井口、井沿及长方形井架安装孔。正面对称分布四组三角形组合纹。长23、宽22、高2.4厘米（图一一，5）。

陶鸡 1件。M6：18，泥质红胎，残存少量黄釉。鸡身肥壮，鸡头不清晰，昂首挺胸，鸡尾高竖，内空。高21、长22厘米（图一一，4）。

陶俑 3件。形制相同。泥质红陶，黄釉脱落殆尽。面目不可辨，头饰不清。着交领宽袖长袍，两手相交抱于胸前站立。M6：50，高20.6厘米（图一一，3）。M6：51，高20.6厘米（图一一，1）。M6：52，高23.2厘米（图一一，2）。

耳瑱 4件。形制相同。天蓝色透明玻璃质。喇叭形，中间有细小穿孔。M6：11，径1～1.8、高1.8厘米（图一二，3）。M6：17，径0.8～1.4、高1.9厘米（图一二，4）。M6：23，已腐蚀。径1.1～1.6、高1.5厘米（图一二，5）。M6：28，径0.8～1.4、高1.9厘米（图一二，2）。

铜器 2件。铜洗、铜鍪各1件。

铜洗 1件。M6：48，残，器壁较薄，通体长满绿锈。敞口，斜沿，尖唇，斜直腹，平底，矮圈足。口沿部及底部残损，腹部饰两道凸弦纹，两侧对称饰有两枚铺首衔环。口径24.8、底径12厘米、高11厘米（图一三，2；彩版一七二，3）。

铜鍪 1件。M6：49，残。器壁较薄，通体长满绿锈。侈口呈喇叭状，方唇，颈较长，颈腹结合处对称有两环状耳，腹扁圆形，腹部饰两道凸弦纹，圜底。口径21.4、高16.8、腹径

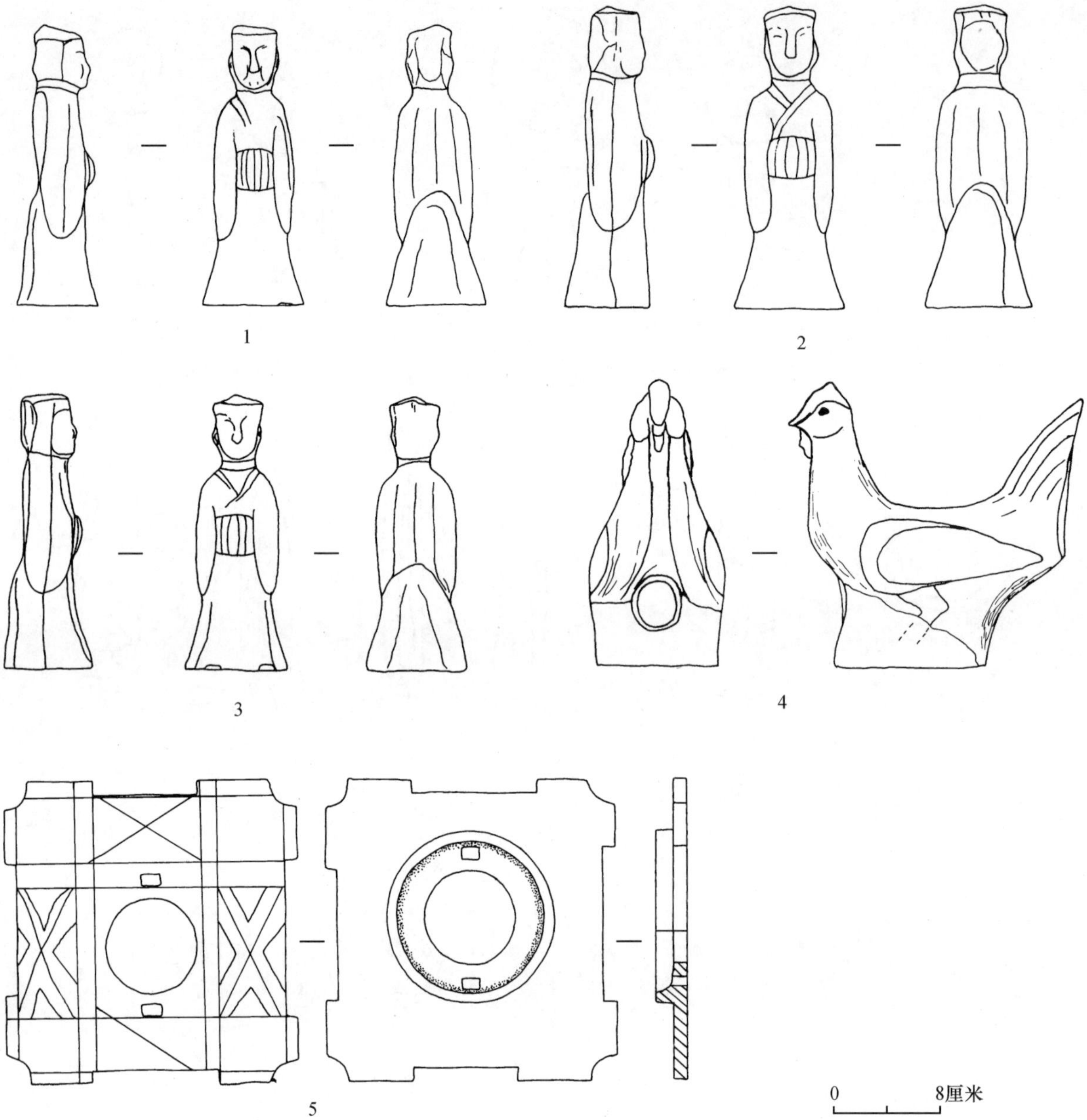

图一一　M6出土陶器

1～3. 俑（M6：51、M6：52、M6：50）　4. 鸡（M6：18）　5. 井（M6：14）

20.8厘米（图一三，3）。

铁釜　1件。M6：46，口残，深腹，圆肩，圜底。严重锈蚀。有无纹饰不详。口径（残）24、高（残）29.5、腹径36.5厘米（图一三，1）。

银指环　1件。M6：34，环状，锈蚀。直径1.7厘米（图一二，6）。

五铢钱　数目不详。出土时锈结在一起，个别钱面可辨，篆书“五铢”“货泉”两种。M6：57，五铢。外径2.6、内径1、厚0.1厘米（图七，3）。M6：53，货泉。外径2、内径0.8、厚0.1厘米（图七，2）。

兽牙　3枚。锥状。M6：54，长5.1、宽0.9厘米。M6：55，前端较钝。长4.3、宽0.7厘米。M6：56，前端较钝。长3.2、宽0.9厘米（图一二，7～9）。

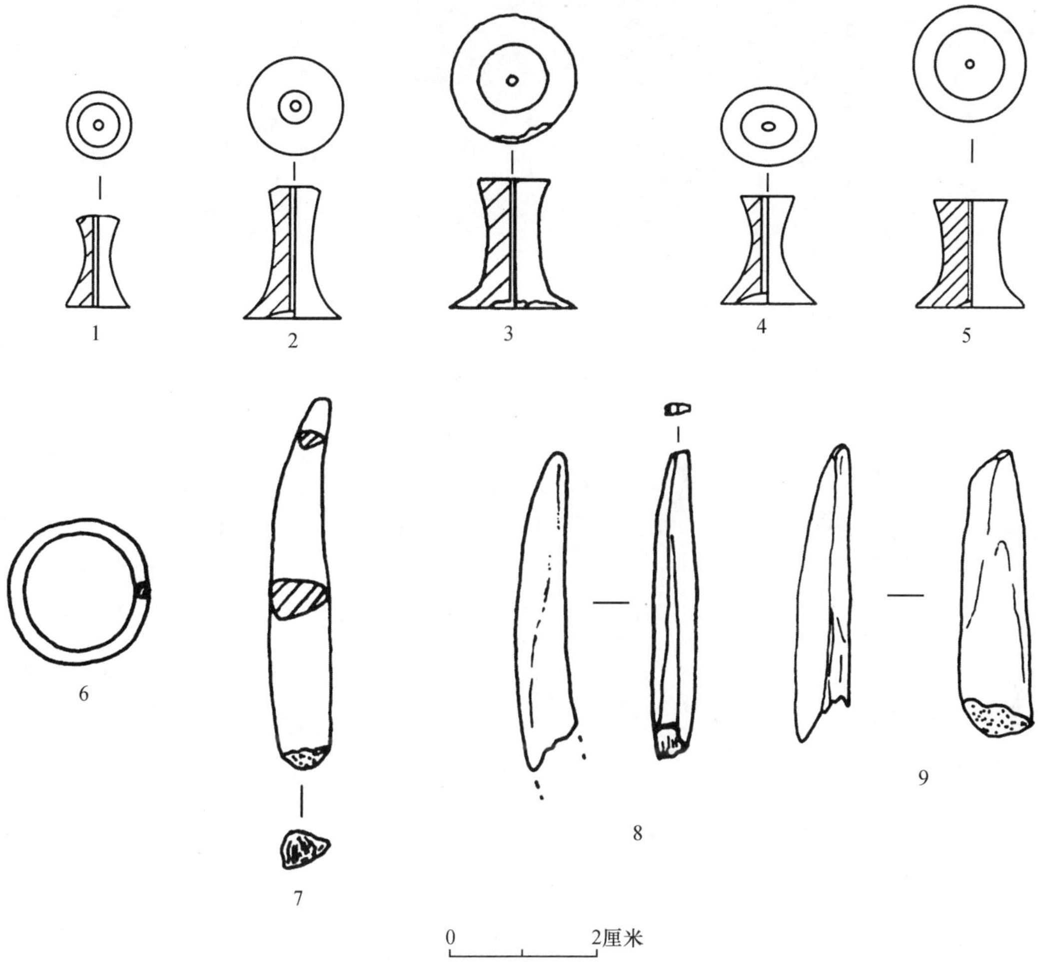

图一二　M5、M6出土器物

1～5. 玻璃耳瑱（M5：1、M6：28、M6：11、M6：17、M6：23）　6. 银指环（M6：34）

7～9. 兽牙（M6：54、M6：55、M6：57）

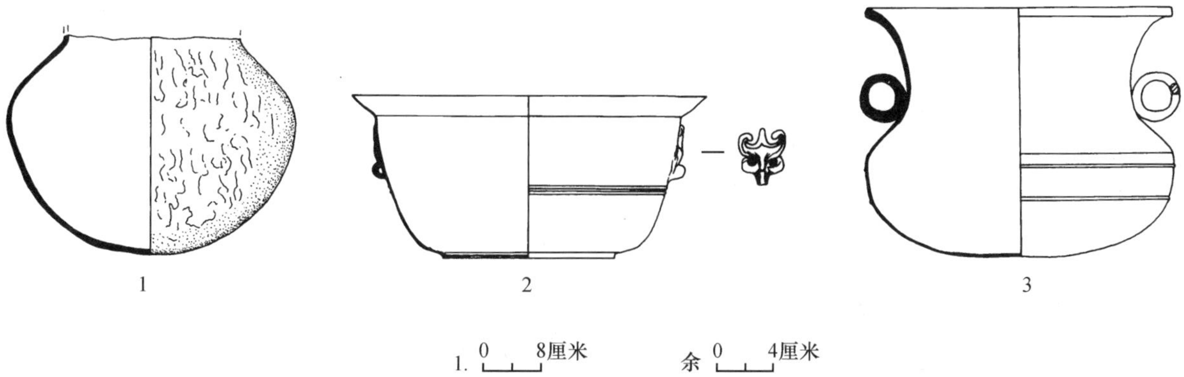

图一三　M6出土器物

1. 铁釜（M6：46）　2. 铜洗（M6：48）　3. 铜鍪（M6：49）

二、六朝墓葬

（一）二号墓

1. 遗迹

该墓位于大湾墓群Ⅰ区，编号2003WDM2（简称M2）。M2为一座竖穴土圹砖室墓。墓道、券顶均在平整土地时被毁坏。该墓平面呈刀把形，残留少量墓道。墓圹残长510厘米，方向305°。墓室为长方形，东西长270、南北宽240、残高80厘米。东壁因外力挤压，中间内鼓。墓壁用长方形青灰砖错逢平砌成，砖长43、宽18、厚8厘米，内侧模印菱形田字格纹或半田字格纹（图一五，3、8）。甬道位于墓室西部北侧，平面呈长方形，北壁与墓室北壁直线连通，甬道和墓道连接处残存四层封门砖，高42厘米。甬道东西长140、南北宽110、残高30～52厘米。墓道位于甬道西，平面呈长方形，呈斜坡状，东西残长40、南北长110、残高0～30厘米。甬道及墓室地面未见铺砖（图一四）。封门砖见一块一侧模印车轮、铜钱、网格组合纹砖，残长36、宽20、厚10厘米（图一五，5）。

在墓室清理过程中发现人头骨残片，人牙齿多枚，分属于三个不同个体，成年男女各一，1个为未成年个体，但葬式不明。没有发现葬具，但发现较多的棺钉，均锈蚀，其上附着木质锈痕，推测应有木质葬具。

2. 遗物

该墓出土随葬品共26件，分别摆放在甬道，墓室前端，墓室后部。其中瓷器19件，陶器2件，铁器1件，银指环1件，头钗1件，小串珠1件（若干）、漆器1件，仅见红色漆痕，细小金帛残片。以下详述。

瓷碗　4件。分三型。

A型　1件。M2∶15，稍残。灰白色胎，豆青色釉。施釉不及底，釉面不均匀，有流釉现象，且有细小开片，保存情况较好。器表施有化妆土。口部稍残，口沿下有一道凹槽，内底对称排列14个长条形支钉，器表局部有凸起，足部有修整痕迹。尖圆唇，微敛口，鼓腹，饼形底。口径19.2、底径12.3、通高6.9厘米（图一六，11；彩版一七三，2）。

B型　2件。尖圆唇，敛口，鼓腹，平底。M2∶11，微残。灰白色胎，青绿色釉，施釉不及底，有流釉现象，器表施有化妆土，呈土黄色。釉面颜色不均匀，且有细小开片，脱釉现象严重。口部有疤痕，内底对称排列12个长条形支钉，足部有修补痕迹。口径19.7、底径13.3、高6.4厘米（图一六，12）。M2∶6，稍残。灰白色胎，青绿色釉，施釉不及底，釉面颜色不均匀，且有细小开片。有流釉现象，未施釉处装饰有化妆土，呈浅黄色。釉面保存状况较差，有脱釉及破损现象。口沿及足部稍残。内底对称排列14个长条形支钉。口径17.1、底径9、高5.6厘米（图一六，13）。

C型　1件。M2∶7，稍残。灰白色胎，豆青色釉，施釉不及底。釉面不均匀，且有细小开

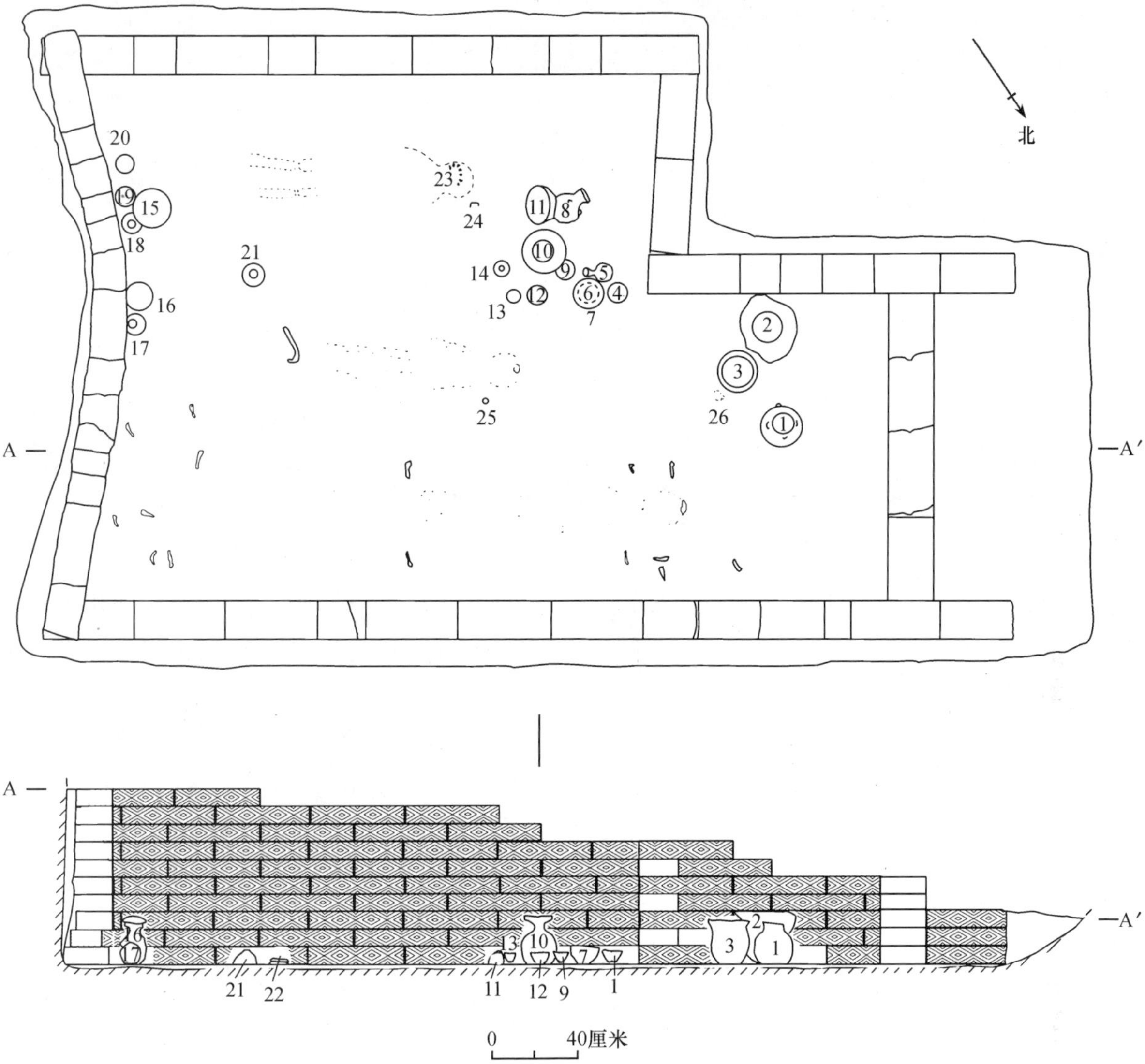

图一四　M2平、剖视图

1、5、8、17. 瓷四系盘口壶　2. 陶器　3. 陶釜　4、9、12～14、18～21. 瓷碟　6、7、11、15. 瓷碗　10. 瓷兽首壶　16. 瓷盘口壶　22. 铁削　23. 棺钉　24. 铜钗　25. 银耳环

片，保存情况较好。外壁阴刻八组莲花瓣纹。口部有细微缺损，器表有细小凸起，内底有三个椭圆形支钉，呈三角形，饼足上有砂钉。口径10.5、底径5.4、通高5.8厘米（图一六，5；彩版一七三，5）。

瓷碟　9件。依据口沿形态可分二型。

A型　5件。圆唇，口沿微外展，微鼓腹，饼形底。M2：13，稍残。灰白色胎，青绿色釉，施釉不及底，釉面不均匀，且有细小开片，保存情况较差，脱釉现象严重。器表施有化妆土，呈土黄色。口部稍残，足底不甚平整。口径8.2、底径5.2、通高3.3厘米（图一六，2）。M2：21，稍残。灰白色胎，青绿色釉。施釉不及底，釉面不均匀，且有细小开片，保存情况很差，脱釉现象严重。器表施有化妆土。口部稍残，口沿下有一道凹槽，内底有砂钉，器表局部有残损。口径8.1、底径5.4、通高3.5厘米（图一六，3；彩版一七四，4）。M2：20，稍残。灰白色胎，豆青色釉，施釉不及底。釉面不均匀，且有细小开片，保存情况一般，有流釉及脱

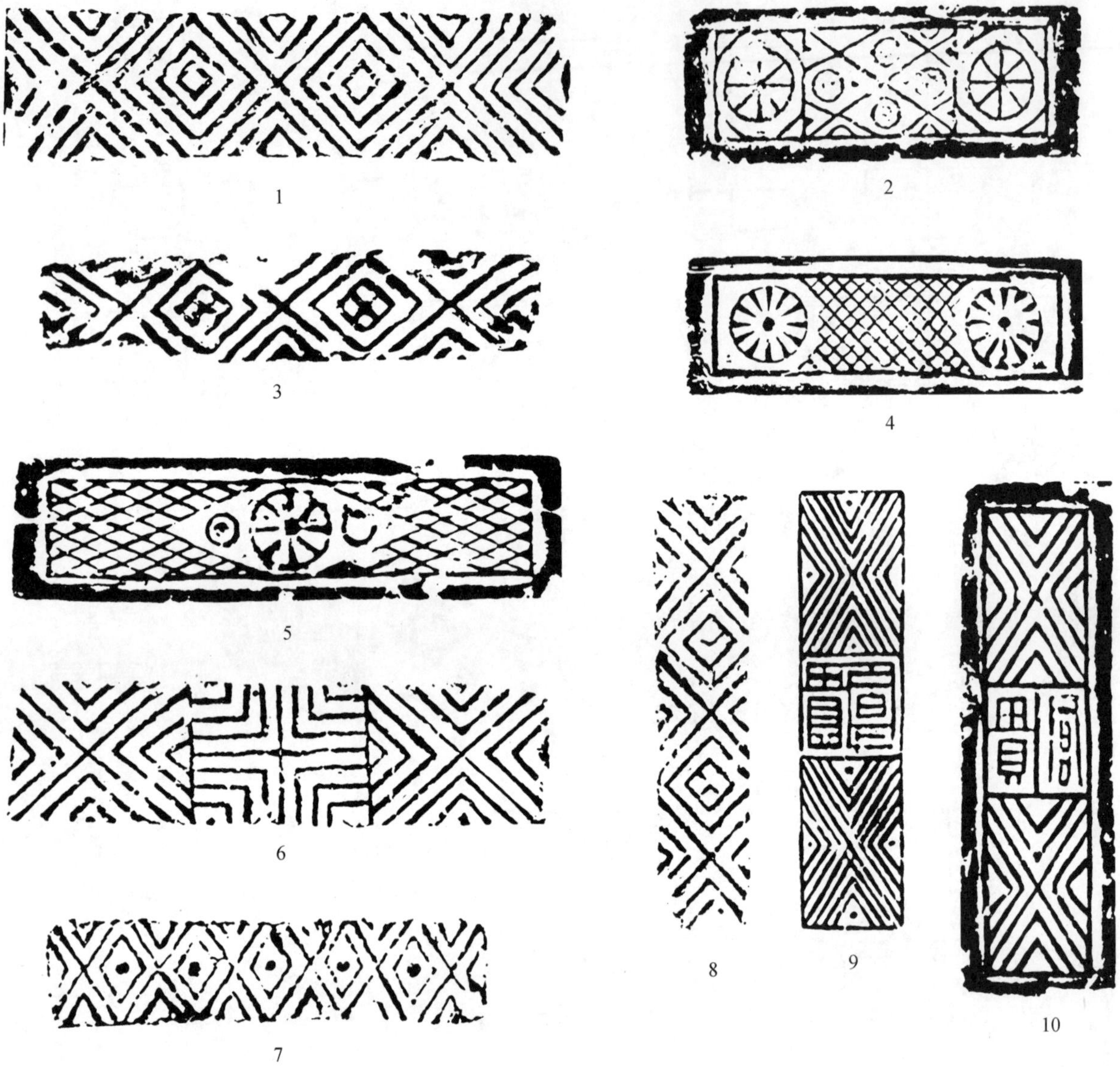

图一五 六朝墓砖纹饰拓片

1. 多重菱形纹砖（M8） 2. 双车轮四钱纹砖（M4、M7） 3. 菱形田字格纹砖（M2） 4. 双车轮斜网纹砖（M4、M7） 5. 单车轮双钱纹砖（M2、M4、M5） 6. “十”字纹砖（M7） 7. 菱形乳丁纹砖（M7） 8. 菱形半田字格纹砖（M2） 9. A型富贵文字砖（M4、M5） 10. B型富贵文字砖（M7）

釉现象。器表施有化妆土。口部稍残，口部下有一道凹槽，内底有砂钉，器表局部有残损。口径8.5、底径5、通高3.4厘米（图一六，7）。M2：9，稍残。灰白色胎，釉呈青绿色，通体施釉。釉面不均匀，且有细小开片，釉面脱落严重。器胎饰有化妆土。口部及饼足稍残，足底稍内凹。口径8.2、底径4.5、通高4.2厘米（图一六，9）。M2：19，稍残。灰白色胎，半釉，施釉不及底。青黄色釉，釉面不均匀，且有细小开片，保存情况一般，有流釉及脱釉现象。器表施有化妆土。口部稍残，口沿下有一道凹槽，内底有两个圆形支钉，器表局部有凸起，足部有修整痕迹。口径9.6、底径5.4、通高4厘米（图一六，10）。

B型 4件。尖圆唇，直口微敞，上腹壁直，下腹内收，饼底。M2：4，灰白色胎，青黄色釉，通体施满釉。呈色不均匀，釉面有细小开片，保存情况较好。口部有细微缺损，器表有细

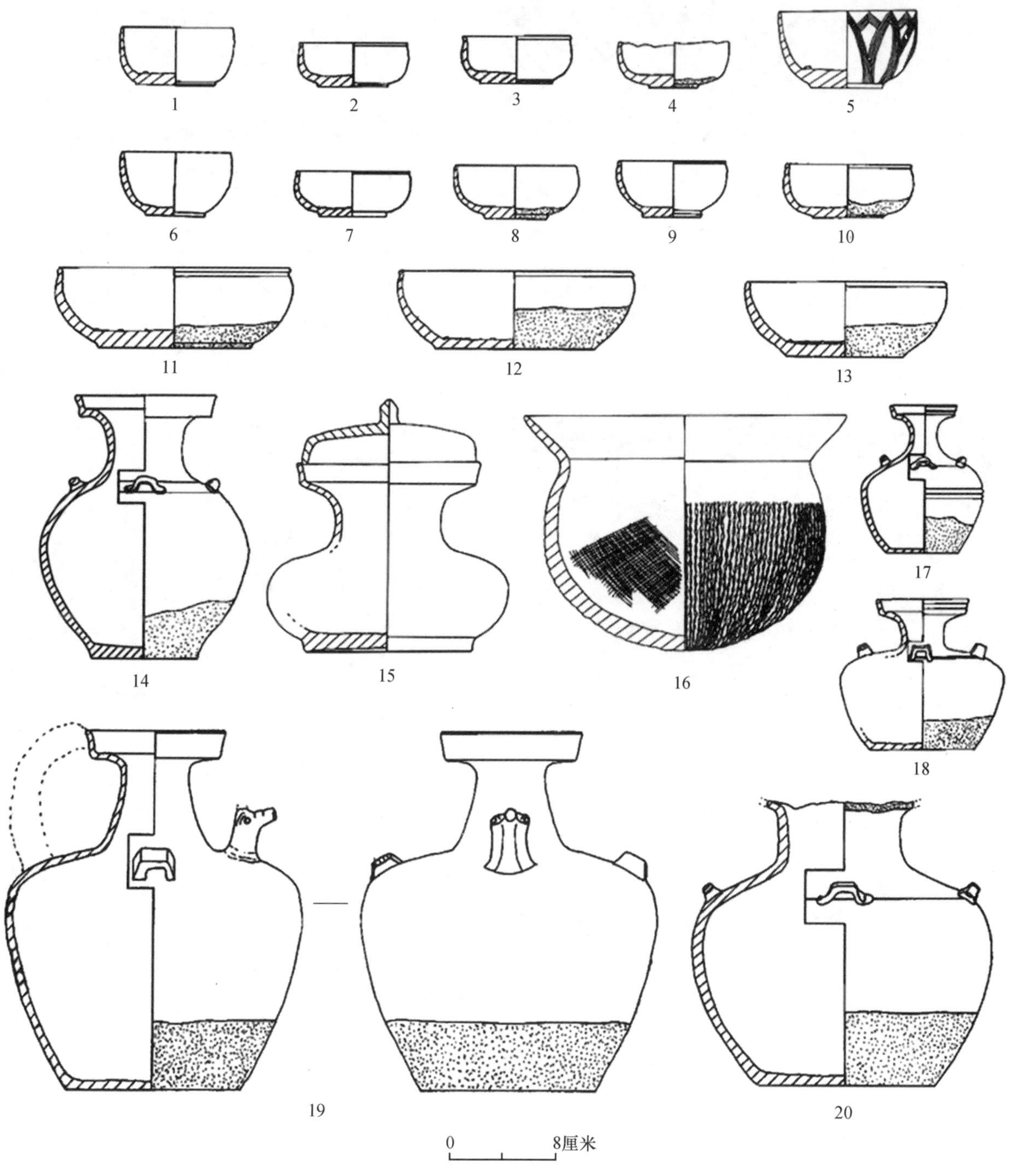

图一六　M2出土器物

1、4、6、8. B型瓷碟（M2：12、M2：18、M2：4、M2：14）　2、3、7、9、10. A型瓷碟（M2：13、M2：21、M2：20、M2：9、M2：19）　5. C型瓷碗（M2：7）　11. A型瓷碗（M2：15）　12、13. B型瓷碗（M2：11、M2：6）　14、17. A型瓷四系盘口壶（M2：8、M2：5）　15. 瓷盘口壶（M2：16）　16. 陶釜（M2：3）　18、20. B型瓷四系盘口壶（M2：17、M2：1）　19. 瓷兽首壶（M2：10）

小凸起，内底有三个椭圆形支钉，呈三角形分布，饼足上有砂钉。口径8.5、底径5、通高4.8厘米（图一六，6）。M2：12，稍残。灰白色胎，豆青色釉，施釉不及底。釉面不均匀，且有细小开片，有流釉及脱釉现象。器表施有化妆土，呈土黄色。口部稍残，内底有三个圆形支钉，

呈三角形分布，足底不甚平整。器胎做工较粗，局部有凸起。口径9.6、底径6、通高4.3厘米（图一六，1）。M2：14，稍残。灰白色胎，青绿色釉，施釉不及底，釉面不均匀，且有细小开片，保存情况较差，脱釉现象严重。器表施有化妆土，呈土黄色。口部稍残，内底有砂钉。口径9.2、底径4.6、通高4厘米（图一六，8）。M2：18，口部残损，灰白色胎，青黄色釉，施釉不及底。釉面不均匀，且有细小开片，保存情况较差，有流釉现象。内底有少量砂钉，足部有修整痕迹。底径3.8、残高3.4厘米（图一六，4）。

瓷四系盘口壶　4件。依据腹部形态可分二型。

A型　2件。尖圆唇，盘口微侈，束颈，流肩，鼓腹，平底。M2：8，灰白色胎，豆青色釉，半釉，施釉不及底，未施釉处装饰有化妆土，呈土黄色。釉面有细小开片，保存状况较差，有脱釉现象。口部稍残，颈部较粗，肩部装饰一道凹弦纹，并对称饰有四个横桥形系，底部不甚平整。口径10.5、底径8.8、高21.8厘米（图一六，14；彩版一七四，3）。M2：5，完整。灰白色胎，酱黄色釉，施釉不及底，未施釉处装饰有化妆土，呈土红色。釉面分布不均匀，且有细小开片。釉面保存状况较差，有脱釉现象。盘口，微侈，尖圆唇，束颈，溜肩，鼓腹，斜直壁，平底。最大径在腹部。颈部较细，肩部装饰一道凹弦纹，并对称饰有四个横桥形系。口径5.2、底径5.4、高12.3厘米（图一六，17；彩版一七三，4）。

B型　2件。尖圆唇，盘口微侈，束颈，端肩，弧腹，平底。M2：1，呈灰白色胎，青绿色釉，施半釉，未施釉处表面饰有化妆土，呈土红色。釉面有细小开片，保存状况较差，有脱釉现象。口沿残缺，束颈，端肩，斜弧腹，平底。肩部饰有一道凸弦纹，并对称饰有四个横桥形系（其中一个缺损）。底径14.4、残高23.6厘米（图一六，20）。M2：17，灰白色胎，豆青色釉，釉面有细小开片，保存状况较差，有脱釉现象。施釉不及底，未施釉处装饰有化妆土，呈土黄色。盘口，口沿稍外侈，尖圆唇，束颈，端肩，斜弧腹，平底。口部稍残，颈部较细，肩部装饰两道凹弦纹，并对称饰有四个横方桥形系，底部不甚平整。口径6.8、底径9.1、通高11.2厘米（图一六，18；彩版一七四，1）。

瓷兽首壶　1件。M2：10，稍残。灰白色胎，青绿色釉，施釉不及底，未施釉处装饰有化妆土，呈土黄色。釉面有细小开片，保存状况较差，脱釉现象严重。尖圆唇，盘口微侈，束颈，端肩，弧腹，平底。口部稍残，颈部呈倒置喇叭形，有圆柱状执手连接口部及肩部，与之相对的肩部有一兽首状流，另外两侧肩部对称施有横方形桥耳，底部器胎有修补痕迹。口径11.7、底径14.4、高29.8厘米（图一六，19）。

瓷盘口壶　1件。M2：16，灰白色胎，豆青色釉，施釉不及底，釉面不均匀，且有细小开片，有流釉及脱釉现象。圆唇，盘口微侈，束颈，扁球形腹，饼形足。口部稍残，颈部较粗，器表局部有凸起，饼足稍内凹。盖，稍残。宝顶形，直口，圆唇，顶部有尖圆状凸起的纽。盖顶饰有三组六道凹弦纹。口径15.5、底径13.9、通高21.3厘米（图一六，15；彩版一七三，1）。

陶釜　1件。M2：3，灰皮外表，红褐胎，泥质。圆唇，侈口，束颈，鼓腹，圜底。口沿部残损，颈部以下饰纵向粗绳纹，内壁饰布纹。口径26.7、腹径23.5、高19.7厘米（图一六，16）。

铁削　1件。M2：22，残。通体锈蚀。身截面呈楔形。柄部残损，横截面近长方形。残长14.2、宽1.2～1.7、背厚0.4～0.5厘米（图一七，1）。

棺钉　4件。形制相同。棱锥状，末端弯曲。M2：23，长34厘米（图一七，4）。

串珠　若干。透明。中间有小空，圆形，椭圆形，黄色、白色、红色等（彩版一七三，3）。

铜钗　1件。M2：24，残。铜质。“U”形。钗头顶部平面呈船形，钗身呈圆柱状。通体生绿锈。残长3.7、宽3.8厘米，顶部宽0.6、柱径0.15厘米（图一七，3）。

银耳环　1件。M2：25，残。银质，环形。断成两部分，且缺损。断面呈扁条状。通体生黑锈，制作工艺简单。环径1.5厘米（图一七，2）。

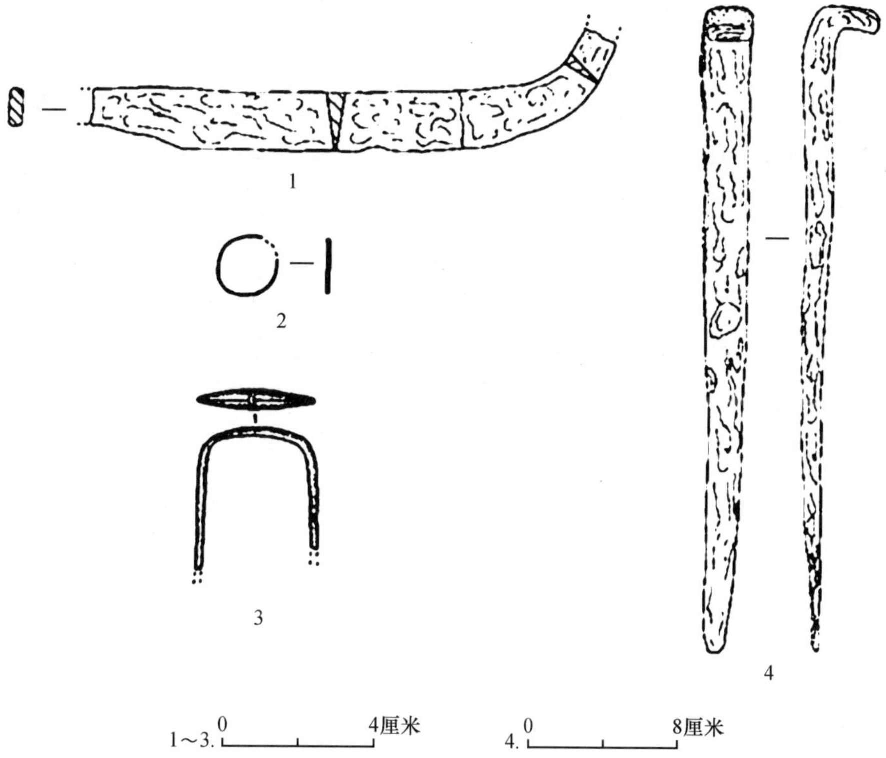

图一七　M2出土器物

1. 铁削（M2：22）　2. 银耳环（M2：25）　3. 铜钗（M2：24）　4. 棺钉（M2：23）

（二）四号墓

1. 遗迹

该墓位于大湾墓群Ⅲ区，编号2003WDM4（简称M4）。M4是一座石圹竖穴砖室墓，券顶在平整土地时被毁坏，无墓道。墓葬平面呈“凸”字形。墓圹通长587厘米，方向300°（图一八）。墓室砖墙破坏严重。墓室平面呈长方形，东西长344、南北宽294、残高70～85厘米。墓壁主要用长41、宽20、厚10厘米，内侧有模印斜网格纹、车轮、双钱纹的组合花纹砖（图一五，5）错缝平砌而成，有少量几何纹“富贵”砖（图一五，9）。甬道位于墓室西部正中，平面呈长方形，东西长240、南北宽226、残高70厘米。甬道口残余双车轮斜网格纹砖（图一五，2）。墓室及甬道地面不见铺地砖。从墓室内倒塌堆积中的榫卯砖推测，墓顶应为券顶，高度不详。未发现完整骨架及葬具痕迹。

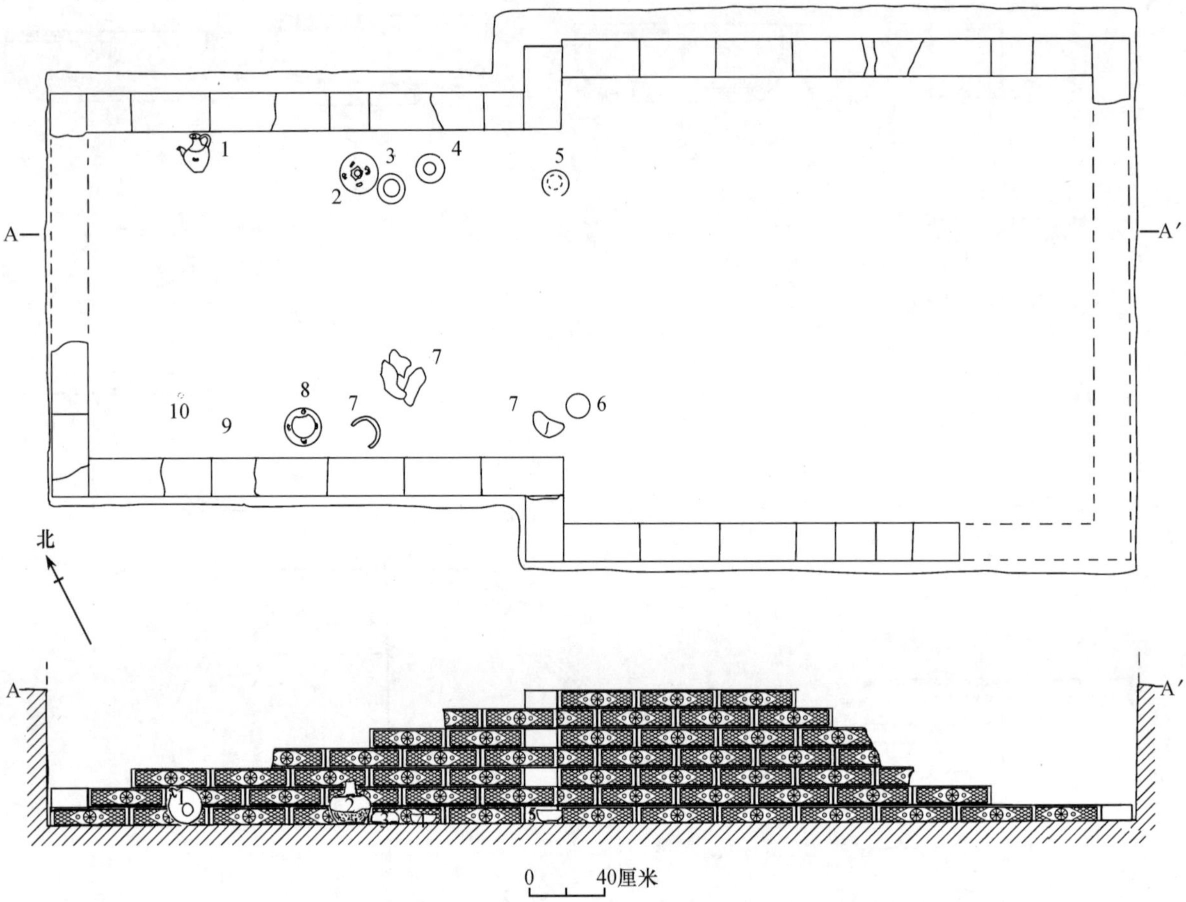

图一八　M4平、剖视图

1. 瓷鸡首壶　2. 瓷执手壶　3～6. 瓷碗　7. 陶罐　8. 瓷四系罐　9. 瓷双耳罐　10. 五铢钱

2. 遗物

出土随葬品共10件，主要集中在甬道和墓室前端，有陶罐、瓷鸡首壶、执手壶、四系罐、双耳罐各1件，青瓷碗4件，五铢钱1件。除铜钱外，其他器物均有不同程度残损。以下详述。

瓷鸡首壶　1件。M4：1，残。胎灰白色，施青绿色釉，釉不及底，未施釉处装饰有化妆土，呈土黄色。釉面有细小开片，保存状况较差，脱釉现象严重。器尖圆唇，盘口微侈，束颈，溜肩，鼓腹，平底。最大径在腹部。口部稍残，颈部较细，有圆柱状执连接口部及肩部，与之相对的肩部有一鸡首状流，肩部另外两侧对称施有横桥形系，且有一道凹弦纹，底部器胎有修补痕迹。口径9.1、底径11、高20.3、腹径19.2厘米（图一九，5；彩版一七四，2）。

瓷碗　4件。分三型。

A型　2件。圆唇，微侈口，弧腹，平底。M4：3，完整。灰白色胎。青绿色釉，施釉不及底。釉面不均匀，有细小开片，有流釉现象。保存情况一般，有脱釉现象。器表施有化妆土。口部下有一道凸棱，内底有砂钉，器表局部有凸起，底部有修补痕迹。口径15、底径10.4、高5.2厘米（图一九，2）。M4：4，完整。灰白色胎，青绿色釉，施釉不及底，釉面不均匀，且有细小开片，保存情况一般，有流釉及脱釉现象。器表施有化妆土。口部下有一道凸棱，内底有砂钉，器表局部有凸起，底部器胎有修补痕迹。口径14.6、底径9.6、高4.8厘米（图

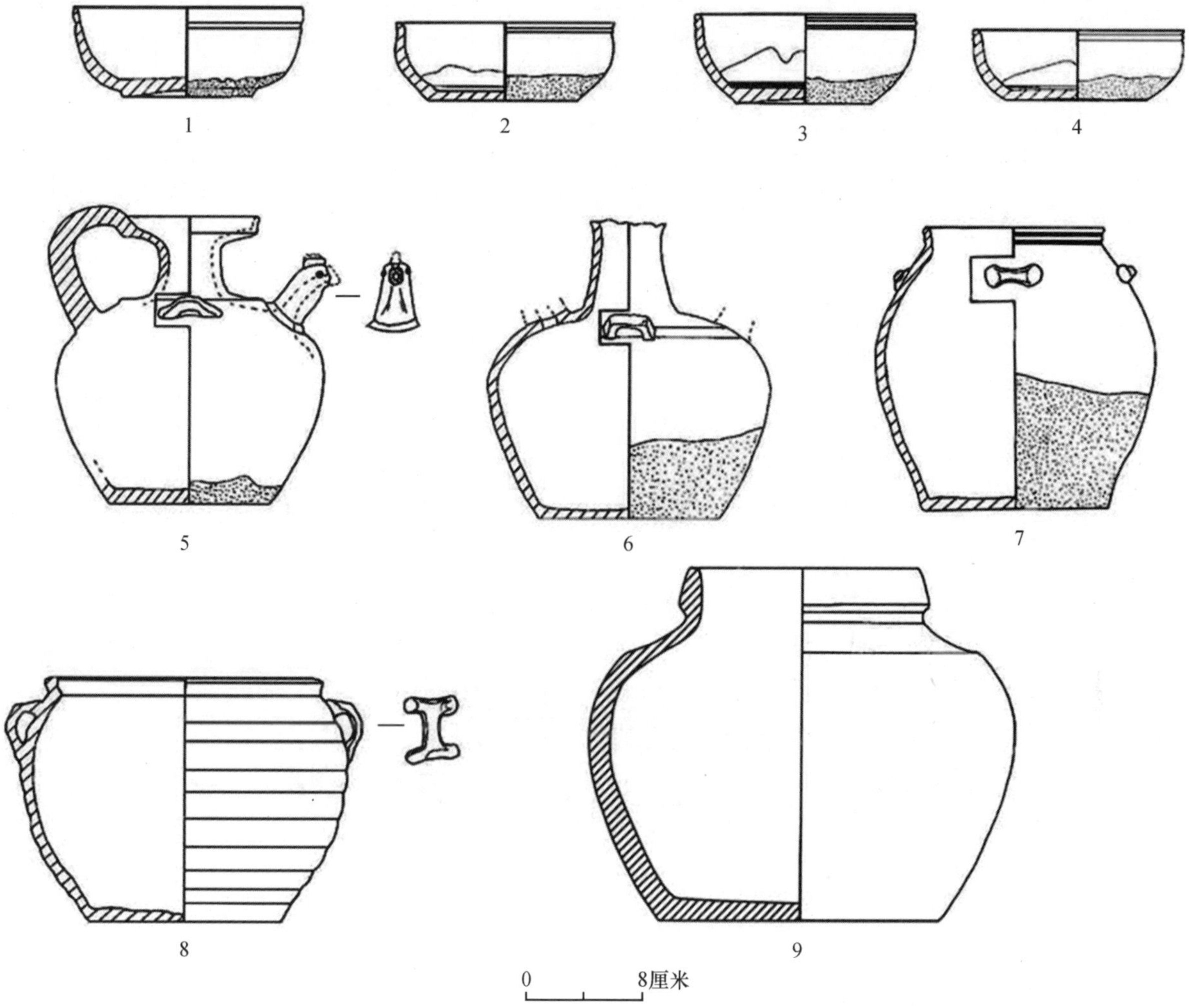

图一九　M4出土器物

1. C型瓷碗（M4：5）　2、4. A型瓷碗（M4：3、M4：4）　3. B型瓷碗（M4：6）　5. 瓷鸡首壶（M4：1）
6. 瓷执手壶（M4：2）　7. 瓷四系罐（M4：8）　8. 瓷双耳罐（M4：9）　9. 陶罐（M4：7）

一九，4）。

B型　1件。敛口，圆唇，斜弧腹，平底内凹。M4：6，微残。灰白色胎，豆青色釉，施釉不及底。釉面不均匀，有细小开片，保存情况较差，流釉及脱釉现象严重。器表施有化妆土，呈土红色。口部微残，其下有两道凹槽，内底有一道凹弦纹，器表局部有凸起，底部器胎有修补痕迹。口径15.4、底径9.4、高6厘米（图一九，3；彩版一七三，6）。

C型　1件。敛口，圆唇，斜弧腹，饼形足，内凹。M4：5，稍残。灰白色胎，豆青色釉，施釉不及底，釉面不均匀，有细小开片，保存情况一般，有流釉及脱釉现象。器表施有化妆土。口部及底部微残，其下有一道凹槽，内底对称排列8个长条形支钉，器表局部有凸起，底部稍内凹。口径16、底径9、高6厘米（图一九，1）。

瓷四系罐　1件。M4：8，微残。青灰色胎，青绿色釉，施釉不及底。釉面大部分已脱落，仅余化妆土，呈土红色。方唇，侈口，溜肩，鼓腹，平底。口部微残，其下有两道凹槽，肩部对称饰有四个横桥形系，其中一个残损，底部有修整痕迹。口径12.6、底径13、高19、腹

径19.5厘米（图一九，7）。

瓷双耳罐 1件。M4：9，残。灰白色胎，青黄色釉，施釉不及底。釉面有细小开片，有脱釉及流釉现象。器表施化妆土，呈土黄色。方唇，侈口，溜肩，鼓腹，平底。口部及肩部有残损，肩部对称饰有两个纵桥形系，其中一个残损。器表从上而下有12道瓦棱纹。口径19.6、底径13.6、腹径22.8厘米（图一九，8）。

陶罐 1件。M4：7，残。泥质灰陶。素面。厚圆唇，敛口，束颈，折肩，鼓腹，平底。口径16.5、底径20.3、高25.1、腹径30.9厘米（图一九，9）。

瓷执手壶 1件。口部、把手和流缺损，形状不明。灰白色胎，青黄色釉，施釉不及底，釉面有细小开片，脱釉现象严重。未施釉处有化妆土，呈土红色。M4：2，束颈，溜肩，鼓腹，平底。最大径在腹部。肩部局部残损，肩部另外两侧对称施有两个横方桥系，且有两道凹弦纹，器身局部有细小凸起，底部器胎有修补痕迹。底径12.6、残高20、腹径19.6厘米（图一九，6）。

铜钱 若干枚。出土时锈蚀成块状，具体数目不详，个别钱文可辨，篆书“五铢”。M4：10，外径2.6、内径1、厚0.1厘米（图二〇，1）。

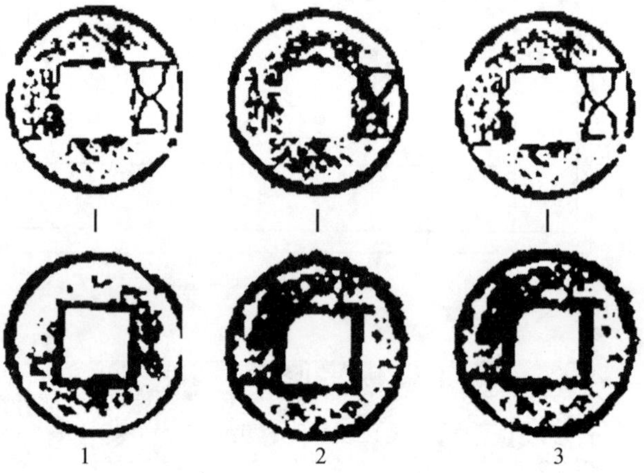

图二〇 M4、M5、M8铜五铢钱拓片

1. M4：10 2. M5：2 3. M8：1

（三）五号墓

1. 遗迹

该墓位于大湾墓群Ⅲ区，编号2003WDM5（简称M5）。M5是一座平面呈长方形的石圹砖室墓，墓室、墓道和券顶均在平整土地时被毁坏，无甬道。平面呈长方形。通长340、宽230厘米。方向300°（图二一）。该墓破坏严重，墓室残高10～25厘米，封门砖仅残存几块碎砖。墓壁主要用长41、宽20、厚10厘米、内侧有模印斜网格纹、车轮及双钱纹组合花纹砖错缝平砌而成（图一五，5）。在墓室中后部南北向摆放着两排几何纹“富贵”砖（图一五，9），每排三块，每两块砖之间榫卯相接，每排一端各与墓室一壁相连，另一端断开。墓底为凸凹不平的砂岩。从残存的榫卯砖来看，该墓应为券顶。两排榫卯砖可能是作垫棺防潮之用。在墓室中后部的两排砖上发现两具腐朽人骨，从摆放情况来看，应是仰身直肢葬，头向300°。在墓室里未发现葬具痕迹。

2. 遗物

在墓室底部发现五铢钱若干枚，耳瑱2件，其中1件残损严重。

耳瑱 2件。M5：1，玻璃质。天蓝色。喇叭状，中空。半透明。高1.2、径0.4～1厘米（图一二，1）。

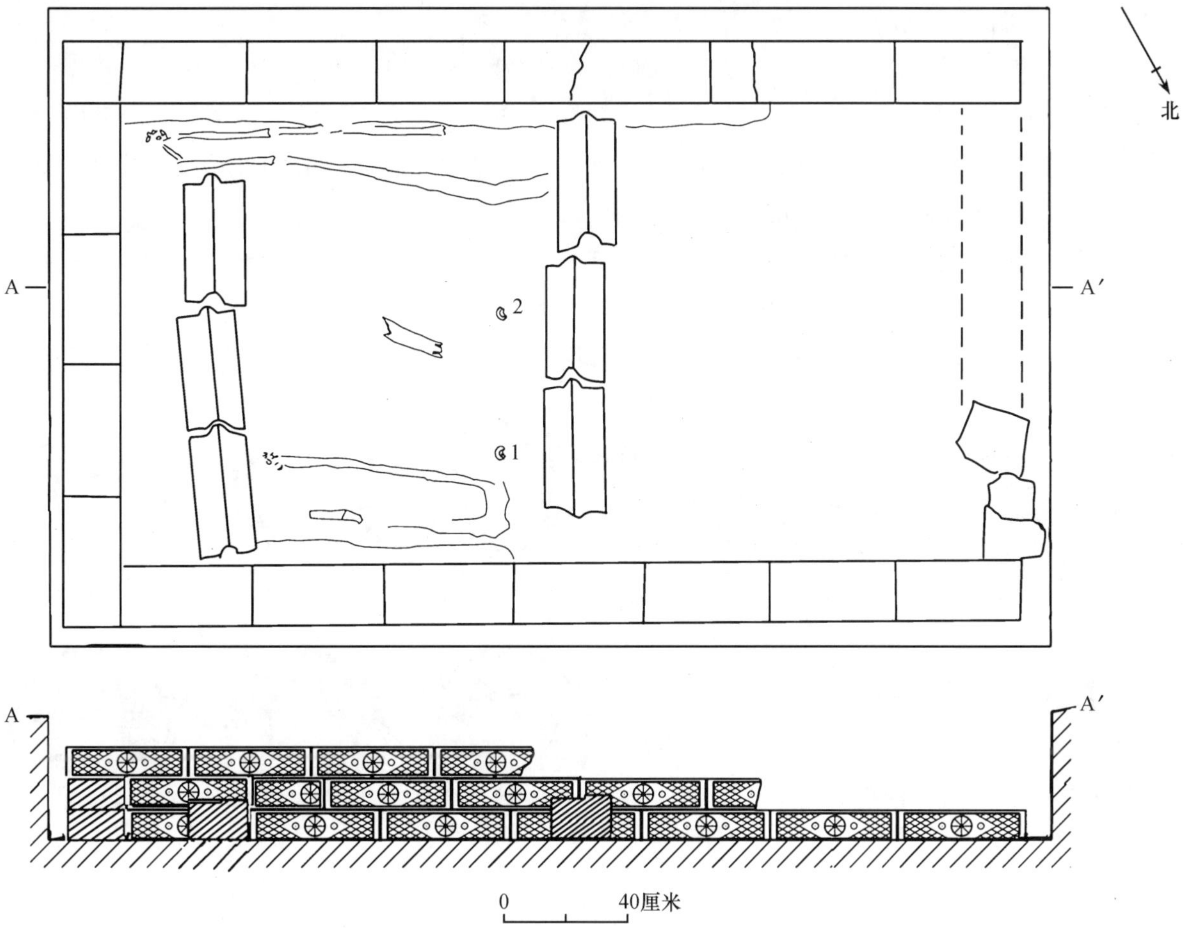

图二一 M5平、剖视图

1. 玻璃耳瑱 2. 五铢钱

五铢钱 若干。锈蚀严重，成块状，剥落粉碎。钱文直读，篆书“五铢”。M5：2，外径2.6、内径1、厚0.1厘米（图二〇，2）。

（四）七号墓

1. 遗迹

该墓位于大湾墓群Ⅲ区，编号2003WDM7（简称M7）。M7是一座竖穴土圹砖室墓，券顶在平整土地时被毁坏，墓道及甬道前端被民房破坏，残存墓室和部分甬道。M7平面呈“凸”字形。残长500厘米。方向320°（图二二）。墓室平面呈长方形，后部残存少量券顶，后壁受外力挤压向墓室倾斜。墓室南北长360、东西宽290、残高70～205厘米。墓壁均用内侧模印几何“十”字纹青灰砖（图一五，6）错逢平砌筑成，砖长42、宽20、厚10厘米。甬道平面呈长方形，位于墓室北正中，两壁砖墙残缺不全，南北残长35～190、东西宽245、残高20～105厘米。墓室及甬道地面用青灰榫卯砖榫卯连接，纵向齐逢铺地，砖内侧模印菱形乳丁纹（图一五，7），砖长38～34、厚10、宽21厘米（彩版一七〇）。

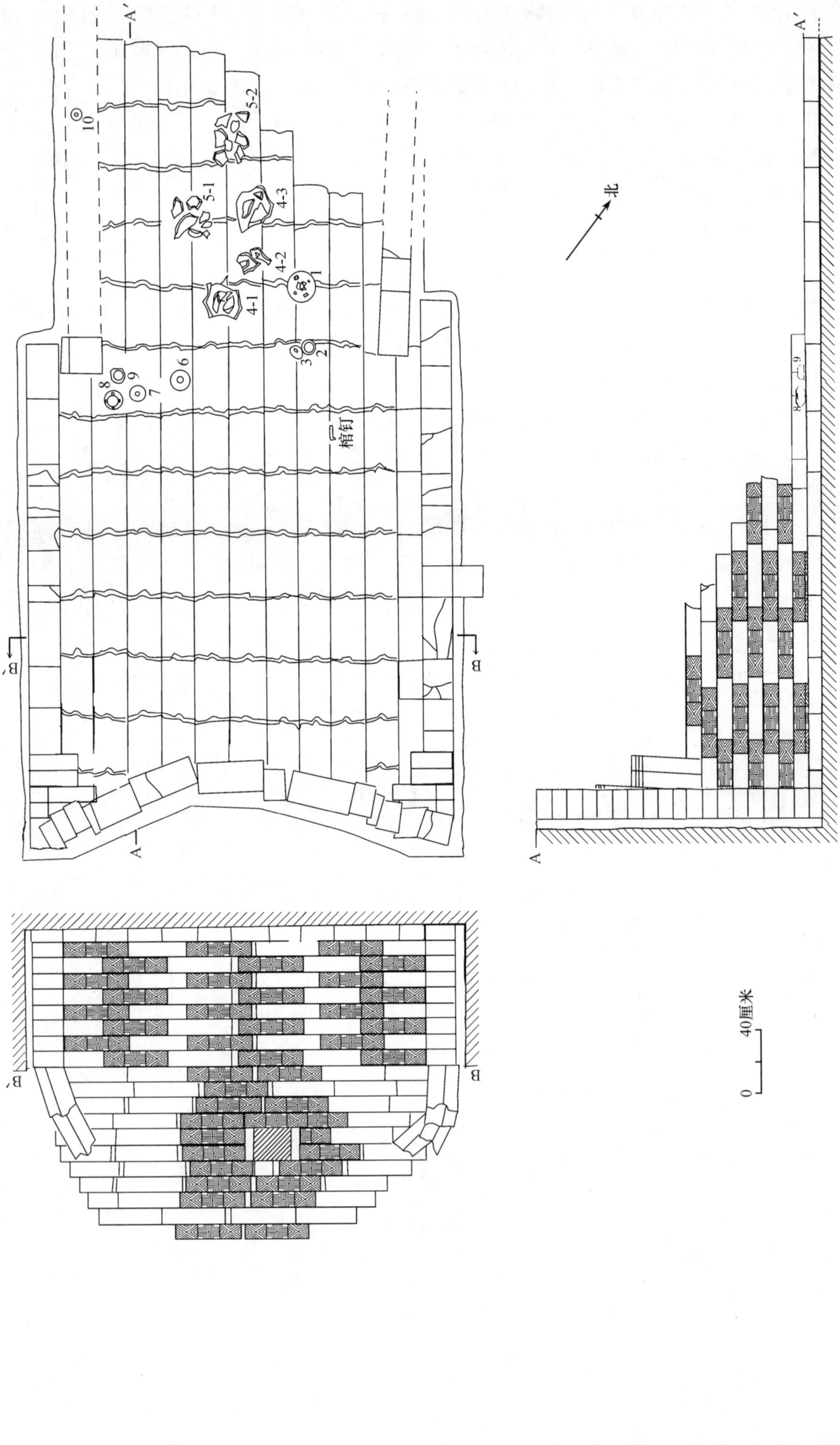

图二二　M7平、剖视图

1. 瓷壶　2、3、6、7、9、10. 瓷碟　4、8. 瓷罐　5. 陶侈口罐

该墓后部残存部分券顶，可见其券顶结构，在墓室东西两壁与后壁连接处砌成两层台阶状，正好竖立两块榫卯砖，第三层不再留台阶，再竖立榫卯砖。推测墓室与甬道连接处成台阶状的墓壁当是原样，也是起券顶之用。这样形成券顶两端错缝中间齐缝的结构，可起到加固券顶的作用。券顶用长38～42、宽22、厚11厘米的青灰榫卯砖，榫卯相连，横向起券，砖内侧有模印组合花纹，中间为汉隶“富贵” 两字，两端为几何纹，砖纹外有外廓（图一五，10）。

墓室未见人骨及葬具痕迹，葬式、葬具不明。

2. 遗物

随葬品主要分布在甬道中，共计10件，有不同程度残损，分别为青瓷壶1件，瓷碟6件，瓷四系罐2件，陶侈口罐1件。

瓷碟　6件。分二型。

A型　1件。圆唇，微侈口，沿外展，折腹，饼状足。M7：10，青灰色胎，胎质较粗，施酱色釉，内壁是全釉，外壁施半釉。釉有开片及脱落现象。口径7.8、底径3.6、高3.2厘米（图二三，1）。

B型　5件。尖圆唇，微侈口，弧腹，饼状足，底部有粒状支烧痕。M7：2，灰白色胎，质细腻，釉色青绿，施釉不及器底，薄厚不均，有开片现象。唇部残损。口径8.6、底径5.8、高3.4厘米（图二三，4）。M7：3，灰白色胎，质细腻。釉全部脱落，仅见残留的化妆土。唇部残损。口径8.6、底径5.6、高3.2厘米（图二三，2）。M7：6，灰白色胎，胎质细腻，釉

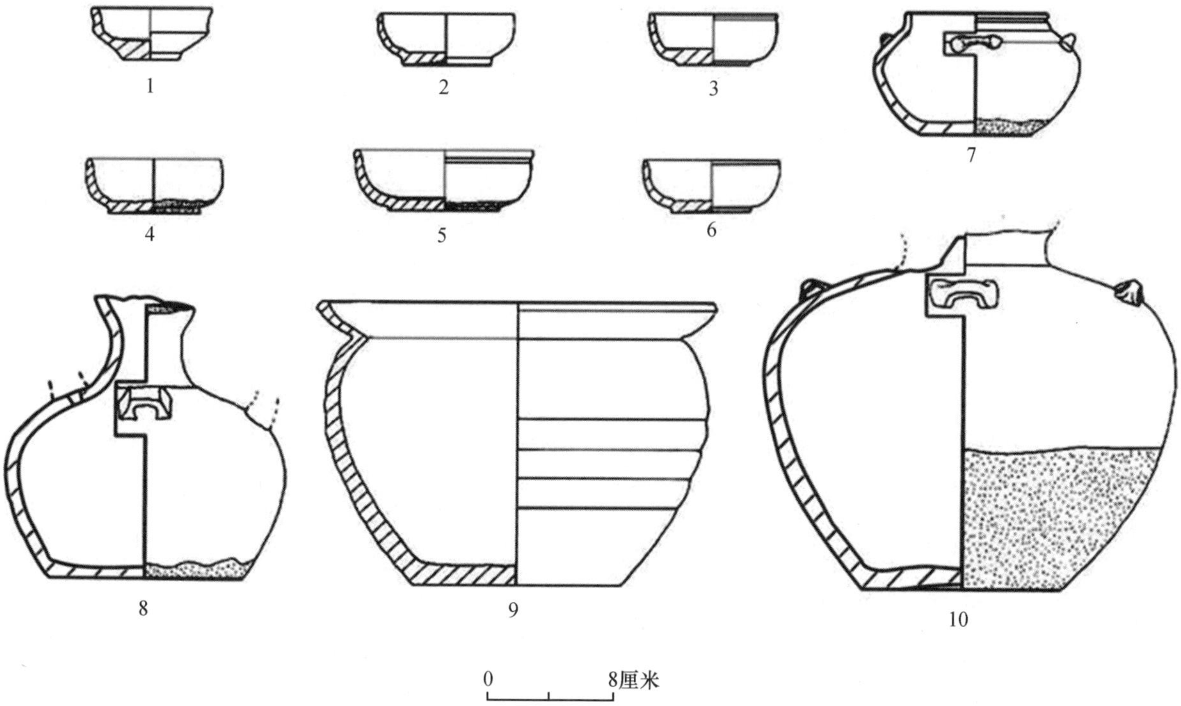

图二三　M7出土器物

1. A型瓷碟（M7：10）　2～6. B型瓷碟（M7：3、M7：9、M7：2、M7：6、M7：7）　7. A型瓷罐（M7：8）
8. 瓷壶（M7：1）　9. 陶侈口罐（M7：5）　10. B型瓷罐（M7：4）

色青绿，施釉不及器底，薄厚不均，有开片及脱落现象。唇部残损，唇外侧有一道凹弦纹。口径11.2、底径7.2、高3.8厘米（图二三，5）。M7：7，灰白色胎，胎质细腻。釉色青绿，通体施釉，薄厚不均，有开片及脱落现象。唇部残损，唇外侧有一道凹弦纹。口径8.8、底径5.2、高3.3厘米（图二三，6）。M7：9，灰白色胎，胎质细腻，釉色青绿，通体施釉，薄厚不均，有开片及脱落现象。唇部残损，唇外侧有一道凹弦纹。口径8.2、底径4.6、高3.2厘米（图二三，3）。

瓷四系罐　2件。分二型。

A型　1件。M7：8，方唇，直口微敛，溜肩，鼓腹，小平底。肩部饰两道凹弦纹，在弦纹上等距离贴塑横向桥状四系。灰白色胎，胎质细腻。青绿色釉，施釉不及器底，器表釉脱落殆尽。口径9.2、底径7.2、残高7.6、腹径13.4厘米（图二三，7）。

B型　1件。M7：4，该器残损严重，颈部以上残缺。鼓肩，弧腹，平底微凹。肩部等距离分布四个横向桥状系，近底部有一周凹弦纹，底部有压印环状纹。胎色灰白，胎质细腻。釉色青绿，施半釉，薄厚不均，有开片及少量脱釉现象。器表有细小砂粒。底径13.2、腹径26.4、残高22.4厘米（图二三，10）。

陶侈口罐　1件。M7：5，圆唇，敞口，束颈，弧腹，平底。肩部饰凹弦纹1周。青灰色胎，胎质较粗，无施釉痕迹。口径25.2、底径13.6、残高17.6、腹径24.8厘米（图二三，9）。

瓷壶　1件。M7：1，残。依据残存判断应为执手壶。盘口、壶柄、流均残，流的形状不详。颈细长，溜肩，鼓腹，平底。肩部对称有一对方形桥状横系。胎色灰白，胎质细腻，釉色青绿，施釉不及器底，薄厚不均，有开片和少量脱落。器底有青灰色环状支烧痕迹。底径12.3、残高17.6、腹径18厘米（图二三，8）。

（五）八号墓

1. 遗迹

该墓位于大湾墓群Ⅱ区，编号2003WDM8（简称M8）。M8由于盗扰严重，墓道、甬道及墓室前端均被毁。该墓为竖穴土圹砖室墓。平面成刀把形。残存墓圹通长500厘米。方向300°（图二四）。墓室平面呈长方形，东西长316、南北宽230、残高60厘米。甬道位于墓室西侧，现存西壁土圹，不见砖壁，残长138、残高10～20厘米，该壁和墓室左壁成一直线。墓壁用长42、宽20、厚10厘米的青砖错缝平砌筑成，砖内侧有模印菱形纹饰。墓底用砖错缝横向平铺，西部被破坏，用砖规格和墓壁用砖相同。由于破坏严重，葬式葬具不明。随葬品被盗，仅余1枚五铢钱和数枚棺钉。

2. 遗物

五铢钱　1枚。圆形方孔。锈蚀严重。篆书，直读。M8：1，外径2.6、内径1、厚0.1厘米（图二〇，3）。

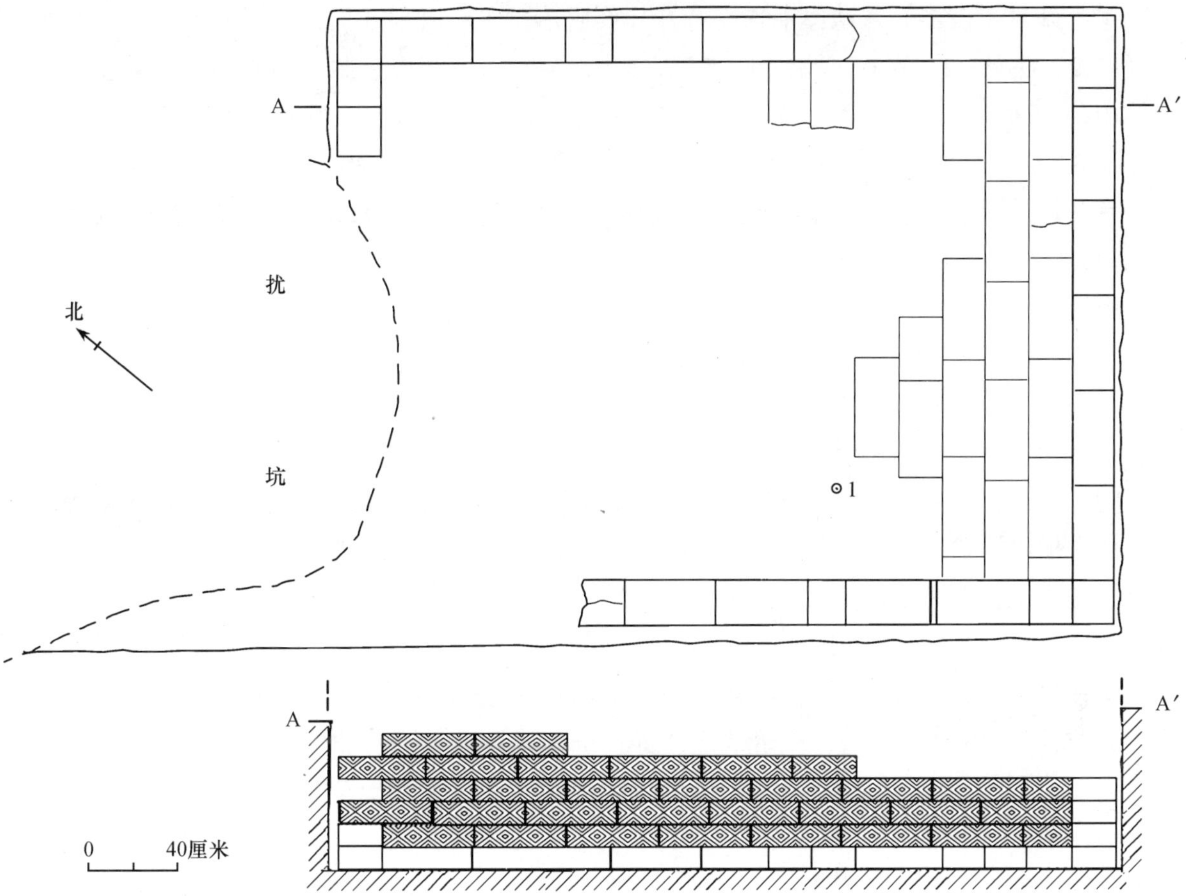

图二四　M8平、剖视图
1. 五铢钱

三、结　　语

此次大湾墓群的发掘共清理了8座墓葬。除M1被破坏的极为严重、其形制无法确定外，其余7座墓葬保存较为完整，对于研究万州地区的墓葬形式提供了一批新的资料。出土的随葬品亦较为丰富，为研究万州地区的历史提供了一批重要的实物资料。

大湾墓群依据现有的发掘资料，可以分为两个时期，其中M1、M3和M6应为东汉中晚期，M2、M4、M5、M7和M8为六朝时期。

汉代墓葬3座。M1被破坏殆尽，形制不详，无保留随葬品，但其墓壁用砖与M3相同，当与M3时代相同。M6刀把形，出土“货泉”1枚，说明M6上限不超过新莽时期。M3、M6两墓出土随葬品种类相同，都有钵、盆、井、魁、勺、豆、熏炉、罐、俑等。而且钵、盆、井、魁、熏炉、勺形制基本相同。说明M1、M3时代与M6相同。

其中，M3：16及M6：43、M6：30钵和巫山江东嘴墓群[①]M5：3及丰都汇南墓群[②]M18：41

① 重庆市文化局、中国文物研究所、吉林大学考古学系、巫山县文管所：《巫山江东嘴墓群发掘报告》，《重庆库区考古报告集·1998卷》，科学出版社，2003年。

② 四川省文物考古研究所、丰都县文管所：《丰都汇南墓群发掘报告》，《重庆库区考古报告集·1998卷》，科学出版社，2003年。

和M21：15所出陶钵相近；M6A型钵与丰都汇南墓群M16、M23、M29所出陶钵相似；M3和M6出土的陶井盖、壶、魁、盆、豆和勺与涪陵蔺市遗址[①]98FLM1砖室墓所出陶器相同；陶俑与丰都汇南墓群M21、M29所出遗物相似，M6所出铜鍪与万州松岭包墓地M4[②]、巫山麦沱汉墓群[③]M22所出铜鍪形制相似，但口径更大、腹更浅；M6所出铜洗与巫山麦沱汉墓群M29所出铜洗形制相近，只是不见了3足。综合峡江地区资料，我们认为这3座墓葬为东汉中晚期当无大错。

六朝墓葬5座。其中M2、M4、M7出土有青瓷随葬品，随葬品组合基本相同：青瓷碗、碟、盘口壶、兽首或鸡首壶、四系罐等六朝时期的典型器物。M5随葬品少，未出瓷器，但该墓用砖和M4相同，都是内侧有模印斜网格纹、车轮、双钱组合花纹砖和几何纹“富贵”砖。说明M5与M4时代相同。另外，M8被盗，墓室填土中发现有六朝青瓷残片，器形不明，据目击盗掘的老乡说出土物和M2、M4、M7相同。M8残留的棺钉与M2相同，两墓时代当相近或相同。

M2：5四系盘口壶与巫山江东嘴墓群M2：2所出盘口壶相近；M2：15碗与云阳县旧县坪遗址[④]AT05⑤：1B型大碗相同；M2、M4、M7所出土的执壶、碗和碟与丰都汇南墓群M20、M32、M34所出土的执壶、碗、碟相近；由此，我们推断这5座墓为六朝时期墓葬无疑。

M4是一座石圹墓，无墓道，所以甬道较一般的铲形墓长，甬道兼起墓道的作用。M5墓室后端排放两排榫卯砖，上留有人骨，可能是支棺材之用。M7墓道、甬道被破坏，但残留券顶结构，为其他墓葬的券顶的复原提供了重要参考资料。

附记：参加此次发掘的有陈山（领队）、苏鹏力、付永平、韩玉岩、贺军虎、姚本安、许文英、吕亚怀、吕积民。参加资料整理的人员有陈山、苏鹏力、付永平、朱寒冰、穆尚岩、韩玉岩；摄影由陈山、苏鹏力、付永平负责；修复由韩玉岩、姚本安、许文英、吕亚怀负责；绘图由韩玉岩负责。万州区五桥文管所的牟秀贵同志负责协调工作。此次发掘工作得到重庆市文物考古所、万州区博物馆等单位的支持和帮助，深表谢意。

执笔：陈　山　苏鹏力　付永平

① 重庆市文物考古所、涪陵区文物管理所：《涪陵蔺市遗址发掘报告》，《重庆库区考古报告集·1998卷》，科学出版社，2003年。

② 青海省文物考古研究所三峡工作队、万州区文物管理所：《万州松岭包墓地发掘报告》，《重庆库区考古报告集·1997卷》，科学出版社，2001年。

③ 湖南省文物考古研究所、巫山县文物管理所：《巫山麦沱汉墓群发掘报告》，《重庆库区考古报告集·1997卷》，科学出版社，2001年。

④ 黑龙江省文物考古研究所：《云阳县旧县坪遗址发掘报告》，《重庆库区考古报告集·1998卷》，科学出版社，2003年。

附表　大湾墓群墓葬登记表

墓号	方向/°	形制	墓葬尺寸 长×宽-深（厘米）		葬式	葬具	随葬器物	时代	备注
			墓室	甬道					
M1	315	不明	残	残	不明	不明	无	东汉中晚期	盗扰
M2	305	竖穴土圹砖室墓	270×240-80	140×110-（30~52）	不明	木棺	A型瓷碗1、B型瓷碗2、C型瓷碗1、A型瓷碟5、B型瓷碟4、A型瓷四系盘口壶2、B型瓷四系盘口壶2、瓷兽首壶1、陶釜1、瓷盘口壶1、铁削1、银耳环1、铜钗1、棺钉4、串珠若干	六朝	盗扰
M3	300	竖穴土圹砖室墓	390×300-（100~148）	190×180-100	不明	不明	陶熏炉1、陶豆1、A型陶钵1、B型陶钵2、陶魁2、陶盆1、陶勺1、陶鼓腹罐3、陶直腹罐1、陶俑5、陶子母鸡1、陶狗1、石砚杵1、陶案1、陶井1、石砚1、五铢钱数枚	东汉中晚期	盗扰
M4	300	竖穴石圹砖室墓	344×294-（70~85）	240×266-70	不明	不明	A型瓷碗2、B型瓷碗1、C型瓷碗1、瓷鸡首壶1、瓷执手壶 1、瓷四系罐1、瓷双耳罐1、陶罐1、五铢钱若干	六朝	盗扰
M5	300	长方形石圹砖室墓	340×230-40		不明	不明	五铢钱若干、玻璃耳瑱2	六朝	盗扰
M6	300	竖穴石圹砖室墓	365×280-（40~60）	210×140-60	不明	不明	A型Ⅰ式陶罐1、A型Ⅱ式陶罐3、A型Ⅲ式陶罐4、B型陶罐1、陶盘口壶2、A型陶囷1、B型陶囷3、A型陶钵6、B型陶钵2、C型陶钵1、A型陶盆1、B型陶盆3、C型陶盆1、陶甑1、陶熏炉1、陶釜1、陶豆2、陶魁2、陶勺1、玻璃耳瑱4、银指环1、兽牙3、陶俑3、陶鸡1、陶井1、铁釜1、铜洗1、铜鍪1、铜钱若干	东汉中晚期	盗扰
M7	320	竖穴土圹砖室墓	360×290-（70~205）	（35~190）×245-（20~105）	不明	不明	A型瓷碟1、B型瓷碟5、A型瓷四系罐1、B型瓷四系罐1、瓷侈口罐1、瓷壶1	六朝	盗扰
M8	300	刀把形土圹砖室墓	316×230-60	残	不明	木棺	五铢钱1	六朝	盗扰

万州石槽溪墓群2003年度发掘简报

南　京　市　博　物　馆
南京航空航天大学考古与艺术研究所
万　州　区　文　物　管　理　所

2003年12月至2004年元月，为配合三峡库区地下文物保护工作，受重庆市文化局三峡文物保护工作领导小组办公室委托，南京市博物馆与南京航空航天大学考古与艺术研究所组成联合考古队，在重庆市万州区文物管理所的协作下，对石槽溪墓群进行了考古发掘。

该墓群位于万州区新乡镇金福村六组，在长江南岸的台地上，东距万州区约26千米，地理坐标为东经108°13′21″，北纬30°25′28″，海拔150～175米。石槽溪墓群地势主体为山地，地表植被为大量的松树、灌木和杂草，林间有大量的裸露岩石。巨石的立面显露崖墓洞室，多数面向长江，地势较陡，上下落差在25米左右。

石槽溪墓群属B级考古发掘项目，第一期计划发掘面积2000平方米。考古队人员组成有车广锦（领队）、苏照秀、刘志标、阎启新、邓文山、邓文敬、曹留印、张景卫、李鹏、岳涌、张华、沈利华、龚巨平、许尔昂等。本期共完成发掘面积2000平方米，清理崖墓30座、石室墓1座（图一）。共出土陶器、瓷器、青铜器、铁器等各类器物40件，主要有陶、铜、瓷、铁器等。

现将此次考古发掘收获报告如下。

一、地层堆积

在M1、M2、M3～M8、M11、M12、M14～M16墓葬前和其下的各级台地上，分别布探方及探沟，进行考古发掘，目的是了解石槽溪墓群各墓葬的采石、加工、石料去向及墓前道路等问题，但探方及探沟内并未寻找到以上有关信息。从探方及探沟的考古发掘情况来看，石槽溪墓群的地层堆积仅有一层，为表土层，以T03为例进行介绍。

第1层：灰褐色砂性土。结构松散，颗粒细小。含大量植物根系、青花瓷片及青灰色砖瓦碎片，为表土层。厚0.25～0.45米。表土层下为山体岩石。从第1层内包含物分析，该地层堆积应为自然淤积所致，形成年代较迟。

二、崖墓形制及出土器物

石槽溪墓群考古发掘共清理崖墓30座，其中多数墓葬已被晚期严重扰乱，墓内空无一物，对确定墓葬相对年代造成了不便，仅在部分墓葬中清理出数量不等的器物。根据崖墓的平面结

图一　石槽溪墓群总平面图

构可将这些崖墓分为“凸”字形、刀形与长方形三种。这些崖墓在墓道、甬道与墓室各壁均有加工痕迹，壁与顶、底的结合处工具痕迹密集，凿痕清晰，所用工具为尖首，凿迹宽约1厘米，长度不一。

下文将选择在形制方面具有典型特点，并结合出土器物具有明确时代特征的墓葬分别进行介绍。

（一）"凸"字形崖墓

此类墓葬在石槽溪墓群中占多数，共计23座。根据顶部结构可分为盝顶、攒尖顶、券顶与平顶四种。

1. 盝顶崖墓

2座。分别为M2、M3，均位于石槽溪墓群北部，以M3为例进行介绍。

M3　位于T3内，东南为M2，西邻M4。全长4.82、宽3.84、通高2.2米。方向351°。所处岩面坡度近40°。墓葬由墓道、封门、甬道和墓室四部分构成（图二）。墓道平面呈梯形，前部较窄，后部较宽，长1.32、宽1.4、残高0.86米；封门石残存一块，近长条形，位于墓道与甬道相交处，长1.08、宽0.2、残高0.3米；甬道直壁、平顶，平面呈长方形，长1.4、宽0.92、残高1.36米，西壁设一单孔灶台案龛，另设一壁龛；墓室直壁、斜坡式盝顶、中部有三层长方形凹槽，长3.8、宽2.7、高1.86米。甬道内有近0.5米厚积土，呈坡状向墓室倾斜，为灰褐色砂性土，土质较松软，包含石屑、砖块、碎青花瓷片、布纹陶瓦片等。

甬道西侧清理出2件青瓷碗，均为瓷质灰白胎。

碗　2件。M3：1，青黄釉，内壁施满釉，外壁施不及底，有脱釉现象。敞口，尖圆唇，弧腹斜收，平底微内凹。口径13.4、底径4.5、高6.2厘米。M3：2，青黄釉，局部脱釉。上部残、弧腹斜收，平底微内凹。底径9.3、残高5.4厘米。

2. 攒尖顶崖墓

4座。分别为M5、M7、M9、M29，其中M5、M7与M9位于石槽溪墓群北部，M29位于墓群南部。以M29为例进行介绍。

M29　位于T5内，东邻M15、西邻M14。全长3.34、宽2.35、通高1.34米。方向202°，所处岩面坡度近50°。墓葬由墓道、甬道及墓室组成（图三）。墓道底部呈水平状，甬道及墓室底部略倾斜。墓道平面呈长方形，长0.5、宽0.86、高0.3～0.84米；甬道直壁、券顶，平面呈长方形，长0.68、宽0.66～0.84、高0.6～0.88米；墓室直壁、四角攒尖顶，平面呈方形，长2.36、宽2.1、高1.2米。墓门上方刻有一条弧形的刻槽。墓道、甬道及墓室内有积土，为黄褐色砂土，土质较松软，质地细腻。

墓室清理出1件陶灯座。

陶灯座　1件。M29：1，夹砂硬陶胎。柱状柄，盘状足，平底。柄上部有竹节形弦纹。底径15.4、残高8厘米。

3. 券顶崖墓

16座。分别为M1、M6、M8、M11、M12、M14、M15、M16、M18、M20～25、M27，其中M1、M6、M8、M11位于石槽溪墓群北部，其余墓葬均位于墓群南部。此类墓葬中，仅

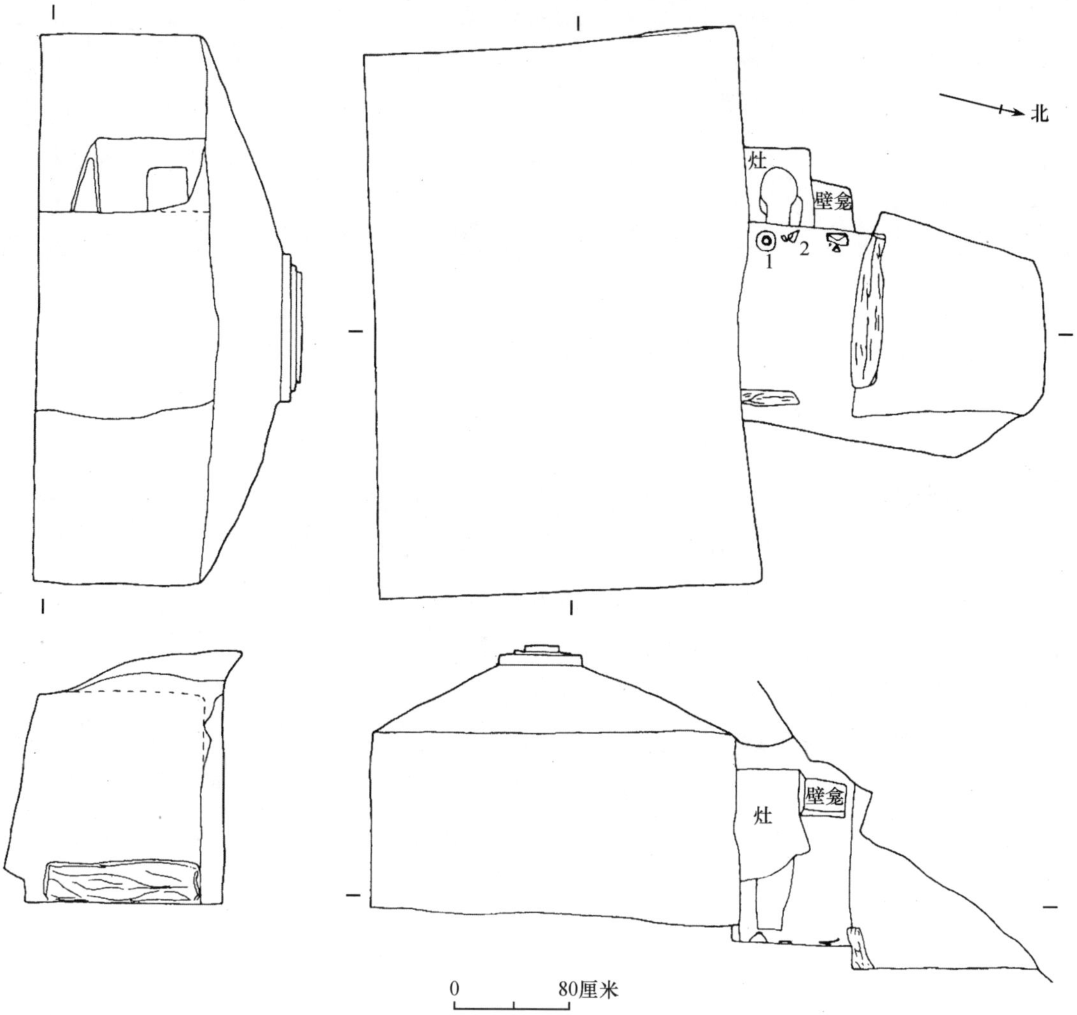

图二 M3平、剖面图
1、2. 瓷碗

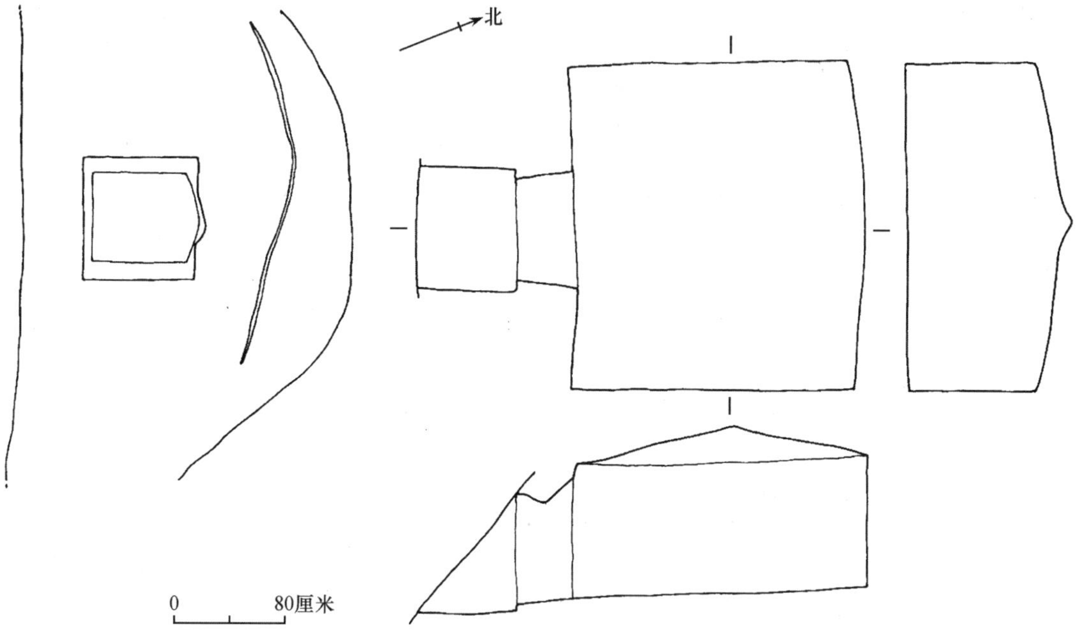

图三 M29平、剖面图

M6、M8、M14中出土器物较多，为判断墓葬相对年代提供了依据，下面以这三个墓葬为例进行介绍。

M6　位于T3内，东邻M5，西邻M7。全长4.4、宽3.28、高1.76米。方向338°，所处岩面坡度近45°。墓葬由墓道、甬道和墓室三部分构成（图四）。墓道底部呈水平状，甬道及墓室底部略倾斜。墓道分为内外两部分，外部较宽、内侧较窄，通长1.34、宽1.24~1.31、高1.18米；甬道为直壁、平顶，平面呈长方形，长0.9、宽0.7、高0.96米；墓室直壁、券顶，平面呈长方形，长3.35、宽2.5、高1.62米。墓室前壁东侧设双孔灶台案龛。墓室西壁前部有一洞口与M5相通，由于在M5内未发现随葬器物，无法确定二者之间的时代早晚及打破关系。甬道及墓室内有近0.4米厚积土，灰褐色砂性土，土质细腻，结构疏松，颗粒细小，内含少量泥质灰陶片、瓷片及现代碎瓦片等。

墓室西部出土3件青瓷碗，均为瓷质灰白胎。

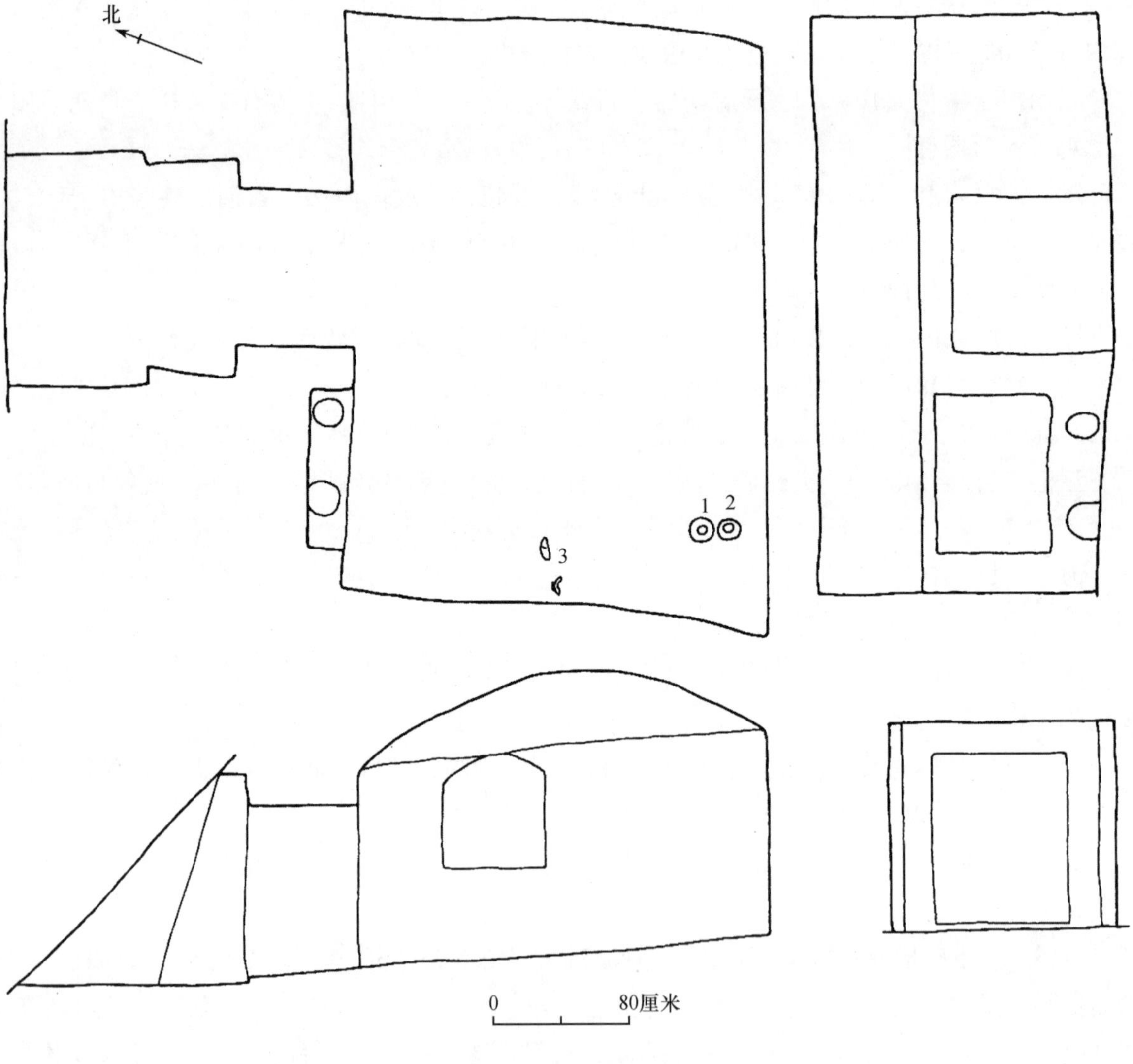

图四　M6平、剖面图

1~3. 青瓷碗

碗 3件。M6：1，青黄釉，内壁满釉，外壁施釉不及底，釉层局部脱落。近直口，尖圆唇，弧腹，下腹斜收，平底微内凹。内底有一周支烧痕迹，共计7个。口径17.4、底9.5、高6厘米。M6：2，青黄釉，外壁下部未施釉处呈褐色。敛口，尖唇，弧腹，下腹斜收，平底微内凹。内底有一周支烧痕迹，共8个。口径15.4、底径10.4、高5.6厘米（图一二，1）。M6：3，青黄釉，釉层局部脱落。敞口，尖圆唇，弧腹，下腹斜收，平底微内凹。内底有3个支烧痕迹。

M8 位于石槽溪墓群发掘区北部T3内，东邻M7。墓葬全长3.3、宽4.2、通高1.89米。方向340°，所处岩面近直壁。无墓道，墓葬仅由甬道、墓室两部分构成（图五）。甬道较短，平面呈长方形，券顶，器物多出于甬道内，长0.77、宽1.27、高1.25米；墓室平面近长方形，券顶，长4.2、宽2.54、高1.68米；墓室西部设长方形棺床，长2.48、宽0.66～0.96、高0.2～0.24米；西壁附一长方形耳室，长2.34、宽0.58、高0.94～1.08米；墓室北壁两侧各设一个方形壁龛，东侧下部凿有双孔灶台案龛。墓室底部呈斜坡状，里高外低，有一条“Y”字形水沟。墓葬内有近40厘米厚积土，呈灰褐色，砂质，结构疏松，颗粒细小。

墓内出土器物共10件，主要有陶器、石器等。其中陶器9件，主要有壶、罐、豆柄、屋、池、鸡等；石器1件。

罐 2件。M8：1，泥质灰陶胎。上部残，鼓腹，平底微内凹。素面。底径8、残高7.2厘米。M8：5，泥质灰陶胎。侈口，束颈，溜肩，鼓腹斜收，平底。肩部饰两道凹弦纹。口径10.5、底径7.6、高12厘米（图一四，2）。

屋 2件。M8：2、M8：8，泥质灰陶胎。整体呈长方形。器物残碎，无法复原。

壶 1件。M8：3，夹细砂红陶胎。口部残缺，长颈，斜肩，鼓腹，圜底，高圈足外撇。肩部饰对称的兽面铺首及两道凹弦纹，腹部饰一道凹弦纹。底径16、残高28.2厘米（图一四，1）。

豆柄 1件。M8：4，夹细砂红陶胎。上部残，筒状柄，喇叭形足，平底。底径11、残高8厘米。

池 1件。M8：6，泥质红陶胎。平面呈长方形，宽沿，中部有一处长条形凸起将池分为两部分。素面。长36、宽20.6、高4.2厘米。

俑 1件。M8：7，泥质灰陶胎。前身残缺，形象不明，臀部丰满圆润。残长21、宽7.4、高12.4厘米。

鸡 1件。M8：9，夹细砂灰陶胎。呈伏卧状，尖喙，圆目、仰首直颈、前胸圆鼓、后尾微翘。长13.2、高10.6厘米（图一四，3）。

石器 1件。M8：10，石质。长条状，青灰色。长13.5、宽6.7、厚2.7厘米（图一五，5）。

M14 位于石槽溪墓群南部T5内，东邻M29。全长3.76、宽2.9、通高1.4米，方向188°。所处岩面坡度近50°。墓葬由墓道、封门、甬道和墓室四部分构成（图六）。墓道、甬道与墓室底部略倾斜。墓道长0.96、宽1.04、高1.1米；封门砖砌于墓道内，每层用两块子母口砖平砌而成，砖侧模印菱格纹与几何纹，残存五层，长0.8、宽0.2、高0.58米；甬道为直壁，平顶，平面近长方形，长0.64、宽0.8、高0.92米；墓室直壁、券顶，平面近长方形，长2.16～2.38、宽2.84、高1.42米。墓室西部有不规则状洞与墓外相通。甬道与墓室内有0.6米厚积土，土色呈灰

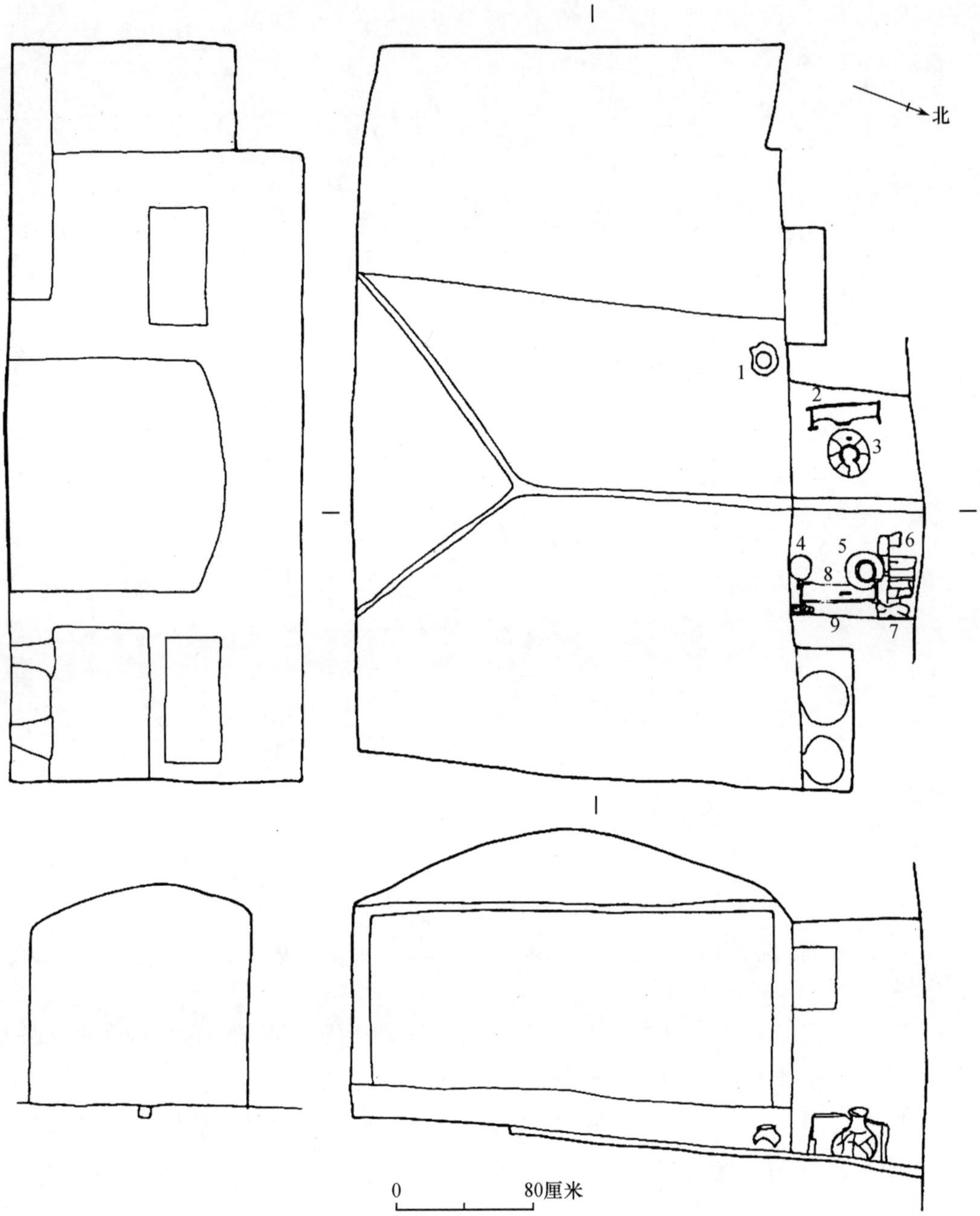

图五 M8平、剖面图

1、5. 陶罐 2、8. 陶屋 3. 陶壶 4. 陶豆柄 6. 陶池 7. 陶俑 9. 陶鸡

褐色，土质疏松。

墓室西部清理出23件（枚）器物，主要有青瓷碗、盘口壶，铁剪、镜，鎏金银簪及铜钱等。

青瓷碗 9件。M14：1，瓷质灰白胎，青黄色釉，脱落严重。敛口，尖圆唇，斜弧腹，平底微内凹。内底有一周8个支烧痕迹。口径16、底径9、高5.3厘米（图一二，2）。M14：2，瓷质灰白胎，青黄釉，内施满釉，外施半釉不及底。直口，尖圆唇，弧腹斜收，饼足，平底内凹。内底有11个支烧痕迹。口径15、底径8.6、高7厘米。M14：3，瓷质灰白胎，青黄釉。上部

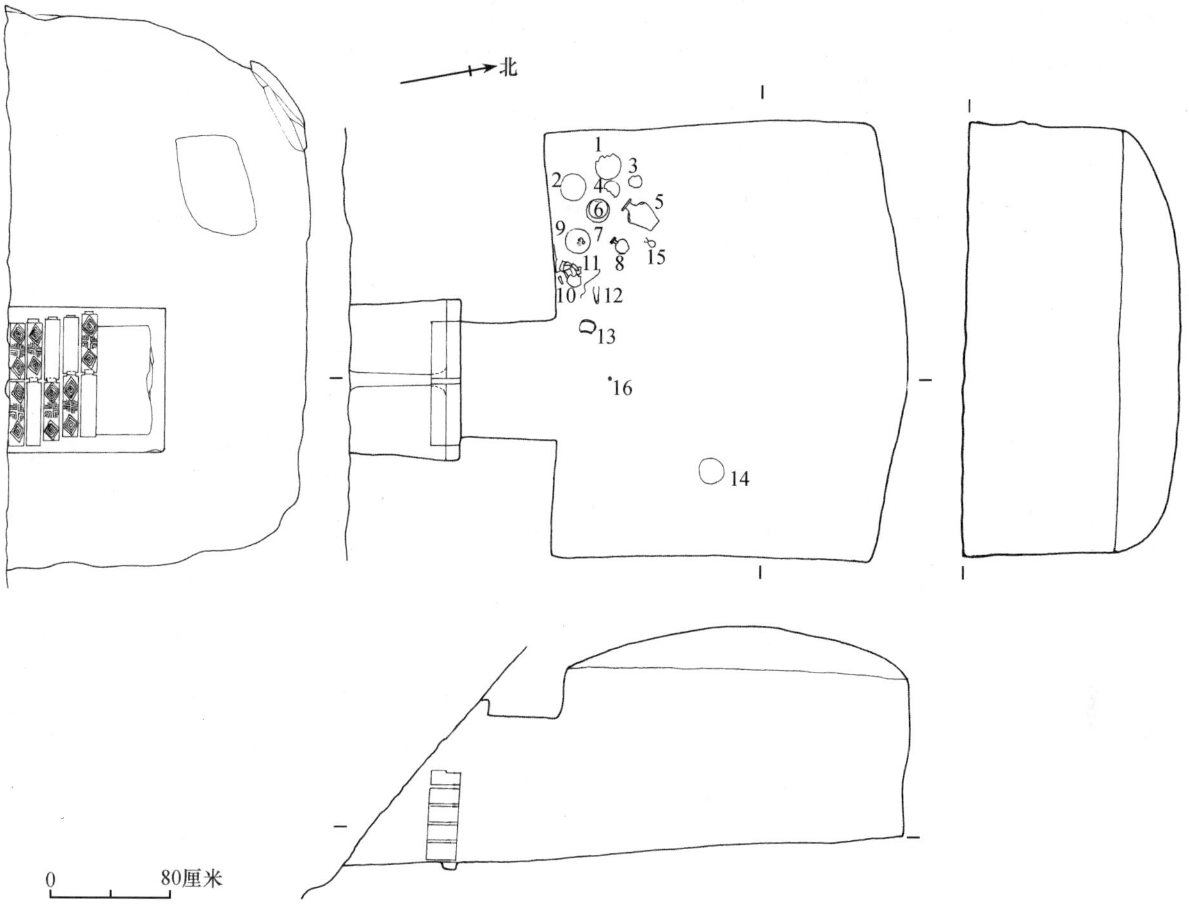

图六　M14平、剖面图

1～4、6、7、9、10、14. 青瓷碗　5、8. 青瓷盘口壶　11. 鎏金银丝　12. 鎏金银簪　13. 铁镜　15. 铁剪　16. 铜钱

残，鼓腹，平底。底径6、残高7.8厘米。M14：4，瓷质灰白胎，青黄色釉，内壁通体施釉，外壁施半釉。敛口，尖唇，斜弧腹，平底微内凹。内底有5个支烧痕迹。口径15.6、底径8.6、高5.9厘米（图一二，3）。M14：6，瓷质灰白胎，米黄色釉，内外通体施釉，局部釉层脱落。侈口，尖圆唇，斜弧腹，矮圈足。内底分布9个支烧痕迹。口径16、底径10、高7.5厘米（图一二，4）。M14：7，瓷质灰白胎，青黄色釉，内外壁均施半釉，外壁下部露胎呈褐色。侈口，尖圆唇，斜弧腹，平底微内凹。口径14.9、底径11、高5.6厘米（图一二，5）。M14：9，瓷质灰白胎，青黄釉，内施满釉，外施半釉。敞口，尖圆唇，弧腹斜收，饼足，平底微内凹。内底有14个支烧痕迹。口径16、底径9.8、高6.4厘米。M14：10，瓷质灰白胎，青黄釉，内壁通体施釉，外壁釉未及底。直口，尖唇，斜弧腹，平底。未施釉处有一道细凹弦纹。口径11.5、底径4.5、高5.6厘米（图一二，6）。M14：14，瓷质灰白胎，青黄釉，内壁通体施釉，外壁施半釉，局部有滴釉，釉层有脱落。敛口，尖唇，斜弧腹，平底微内凹。内底有一周支烧痕迹。口径15.6、底径9.3、高6.8厘米（图一三，1）。

青瓷盘口壶　2件。M14：5，瓷质灰白胎，青黄色釉，腹下部无釉露胎。浅盘口，尖圆唇，长束颈，上腹圆鼓，下腹斜收，平底微内凹。肩部贴塑四个对称的桥形纽。口径12.2、底

径9.2、高24.2厘米（图一三，4）。M14：8，瓷质灰白胎，青黄釉，下腹部无釉。浅盘口，尖圆唇，短束颈，溜肩，斜腹，平底。肩部贴塑四个对称的桥形纽。口径5.4、底径6.4、高12.9厘米（图一三，3）。

鎏金银丝　4件。M14：11，银质鎏金。整体细长，三件截面呈圆形，另一件截面呈“U”形。长4.4～8.4厘米（图一五，4）。

鎏金银簪　1件。M14：12，银质鎏金。上部呈圆头形，较窄；两股笄，笄首呈圆锥状，笄尖残。残长6、宽1.2厘米（图一五，2）。

铁镜　1件。M14：13，铁质。通体锈蚀严重，局部残缺。整体呈圆形，中部较厚，边缘较薄。直径9.5、厚0.3～0.4厘米（图一五，1）。

铁剪　1件。M14：15，铁质。锈蚀严重。剪首残，两柄交叉，器尾呈弧形，器柄截面呈菱形。残长7.5、厚0.4厘米（图一五，3）。

铜钱　4枚。M14：16，出土时位于青瓷碗（M14：9）下。4枚铜钱钱文均不相同，一一予以介绍：①大泉五十，钱形规整，两面均有内外郭，正面篆书阳文。直径2.5、孔径1.1厘米（图一六，1）。②五铢异品，钱形规整，但外郭多有流铜。正背两面均有外郭，无内郭。两面均铸有篆书阳文“五□”字样，背面与正面钱文垂直。直径2.4、孔径1.1厘米（图一六，2）。③无文钱，钱形规整，外郭局部有流铜。两面均有内外郭，一面弧线纹呈顺时针状，另一面弧线纹呈逆时针状。直径2.6、孔径1.2厘米（图一六，3）。④直一，钱形规整、体量较小，钱文清晰。正面有外郭，无内郭，篆书阳文；背面有内外郭。直径1.2厘米（图一六，4）。

4. 平顶崖墓

1座。为M17，位于石槽溪墓群南部。

M17　位于石槽溪崖墓群南部，东邻M31。全长3.8、宽1.86、通高1.86米。方向174°，所处岩面坡度近70°。墓葬由墓道、封门墙、甬道及墓室四部分构成（图七）。墓道、甬道及墓室底部略倾斜。墓道长1.07、宽1.22、高1.86米，墓门呈方形，设三层门框；甬道平面呈梯形，直壁、平顶，内窄外宽，长0.72、宽0.78～0.98、高1.06米；墓室平面呈长方形，直壁、平顶，长1.9～2、宽1.76～1.8、高1.1～1.06米。墓室内积土为灰褐色砂性土，包含少许现代碎砖瓦块等，未发现任何随葬物品。

（二）刀形崖墓

刀形墓在石槽溪墓群中仅1座。为M10。

M10　位于石槽溪墓群北部T1中部，西邻M11。全长3.58、宽1.47、高1.43米。方向322°，所处岩面坡度近60°。墓葬由墓道、甬道和墓室三部分构成（图八）。墓葬底部由墓室内向墓道处略倾斜。墓道底部有呈“丁”字形排水凹槽，排水槽截面呈方形，墓道长0.54、宽1.2、高1.06米；甬道直壁、平顶，截面近正方形，长0.62、宽1、高1.06米；墓室直壁、券顶，平面呈

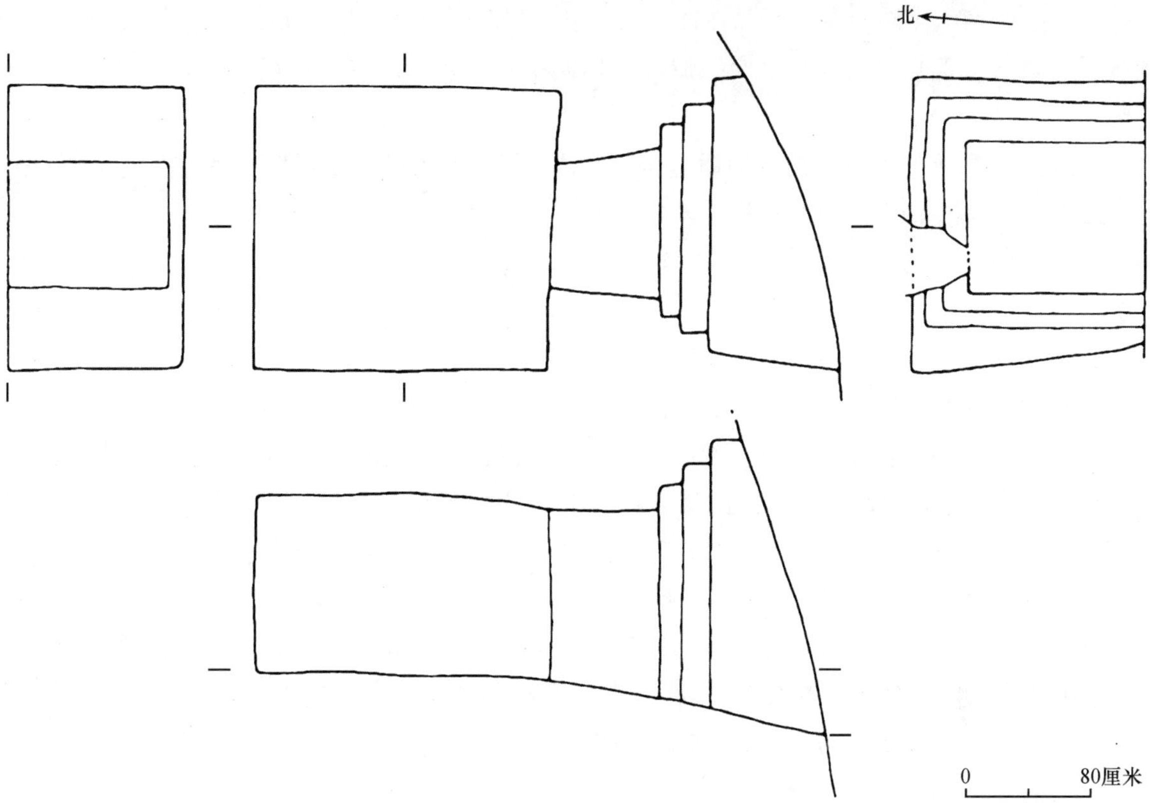

图七 M17平、剖面图

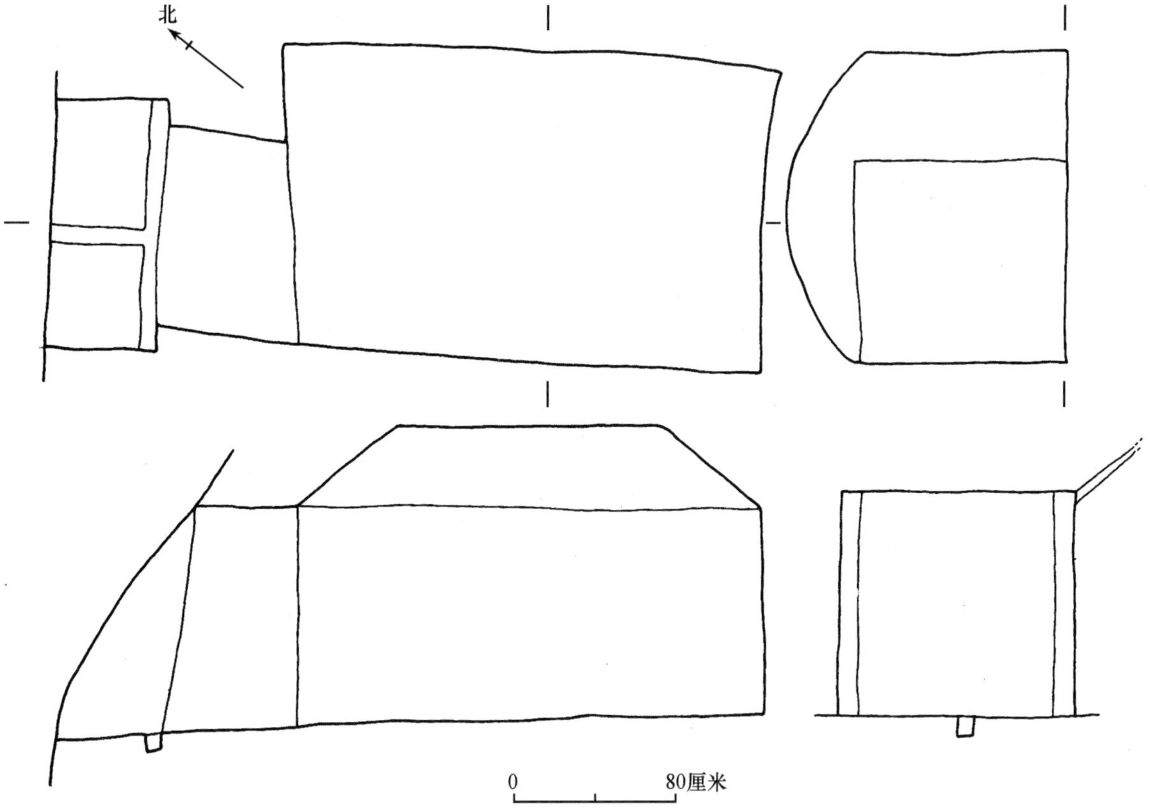

图八 M10平、剖面图

长方形，甬道偏于墓室西侧，长2.48、宽1.47、高1.43米。甬道与墓室内无积土，开凿于砂质岩内，四壁风化严重。墓内未发现器物。

（三）长方形崖墓

此类崖墓计4座，据墓顶结构可分为券顶与平顶两种。

1. 券顶崖墓

3座。分别为M4、M13、M26，其中M4位于石槽溪崖墓群北部，M13、M26位于墓群南部。以M4为例进行介绍。

M4　位于T3东南部，东邻M3，西为M5。全长3.4、宽1.03、通高1.26米。方向357°，所处岩面坡度近60°。墓葬由墓道、墓室两部分构成（图九）。墓道顶部坍塌，残长0.18、宽1.01、残高0.54米；墓室直壁、券顶，平面呈长方形，长2.84、宽0.72、高1.08米。墓室前部残存一块封门石，近长方体，风化严重，其下为碎石和土的混合物，封门石长0.52、宽0.2、高0.42米；东壁有两个方形壁龛，西壁下部有一半圆形孔洞。墓室内的近0.2米厚积土，积土呈坡状，灰褐色砂性土，土质较松软散，内含有青花瓷碗残片、青灰色布纹陶瓦片等。

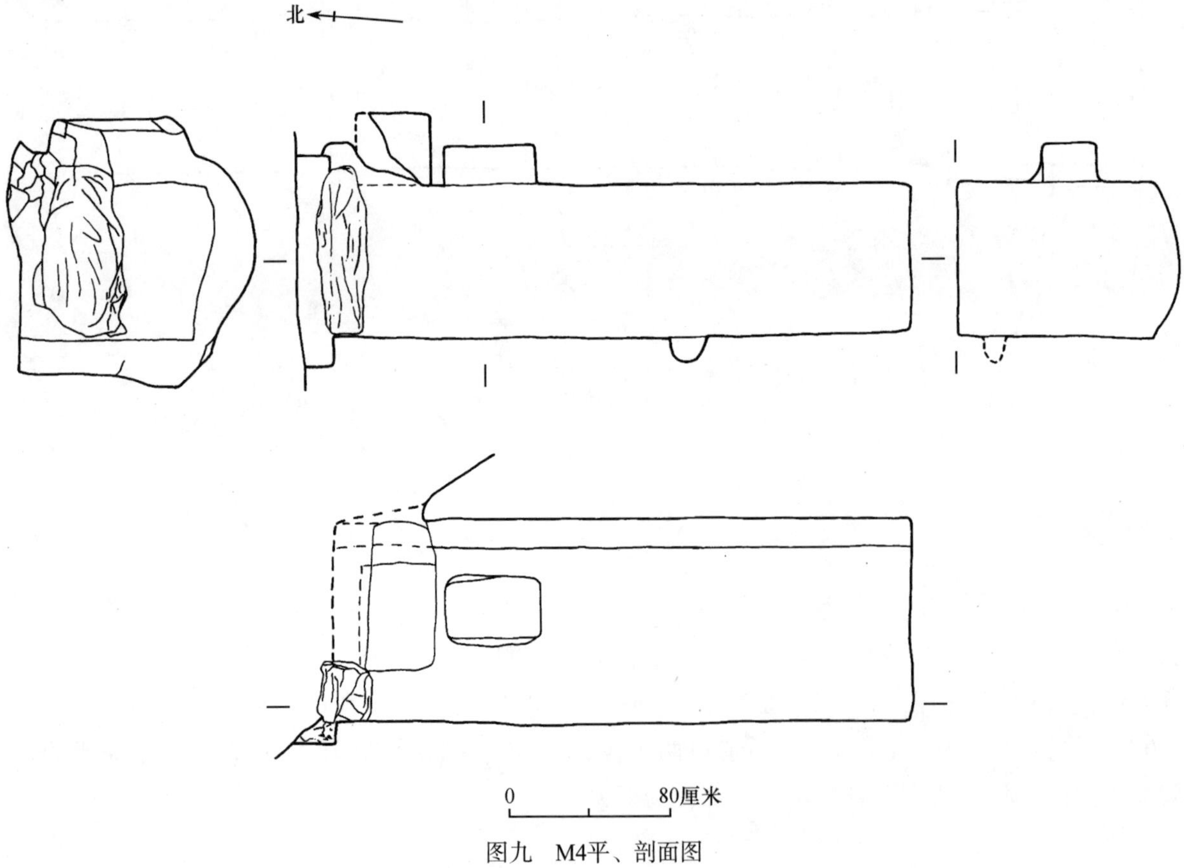

图九　M4平、剖面图

2. 平顶崖墓

2座。分别为M19、M28，均位于石槽溪崖墓群南部。以M28为例进行介绍。

M28　西邻M27。全长2.37、宽0.86、通高1.23米，方向6°。所处岩面近直壁，墓葬由墓道、甬道、墓室三部分构成（图一〇）。墓道较短，长0.15、宽0.86、高1.06米；墓室直壁、平顶，平面呈长方形，底部略倾斜，长2.24、宽0.7、高1米。墓室北壁设一方形壁龛，宽0.76、深0.36、高0.62～0.7米。墓道外的北侧岩面上有一道从M27延伸而来的斜向水槽。墓室内无积土，未出土器物。

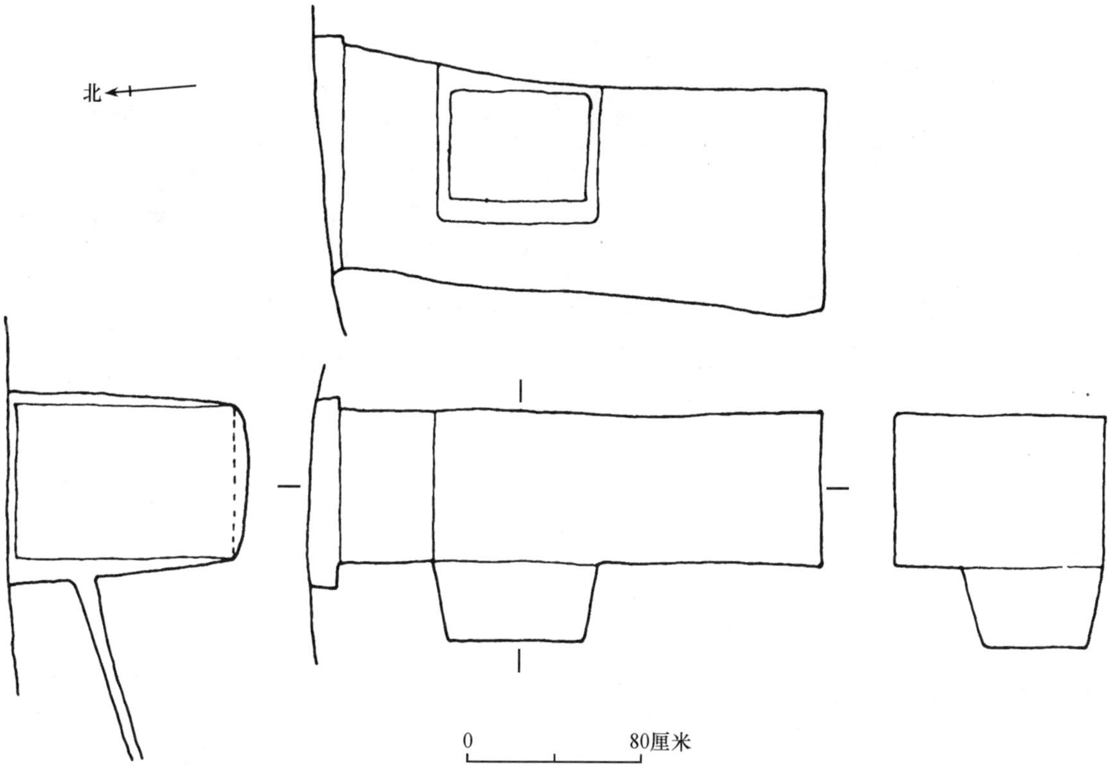

图一〇　M28平、剖面图

（四）残墓M31

M31　位于石槽溪崖墓群南部，西邻M17，东邻M18。方向172°，所处岩面近直壁。无墓道，墓葬只凿刻出墓门和局部的甬道（或为墓室）前部（图一一）。墓门呈方形，长1.48、宽0.34、高1.46米；甬道（或为墓室）前部已开凿部分截面呈三角形，由上至下逐渐加宽，长0.86、宽0.1～0.56、高1.1米。甬道口两边各有一道宽约0.2米的凹槽。该墓为一未完成的残墓，壁粗糙不平，留有工具痕迹，底部较为平整。

（五）其他崖墓出土器物

除以上各墓葬内所出器物外，仅有M15、M22清理出遗物。

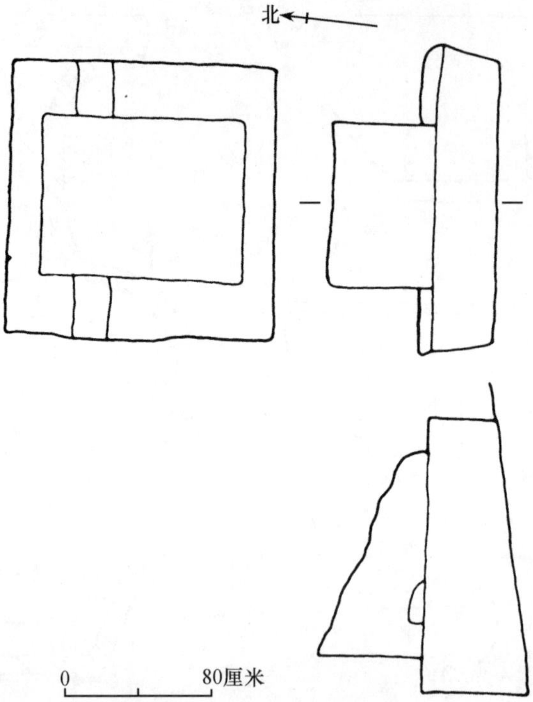

图一一　M31平、剖面图

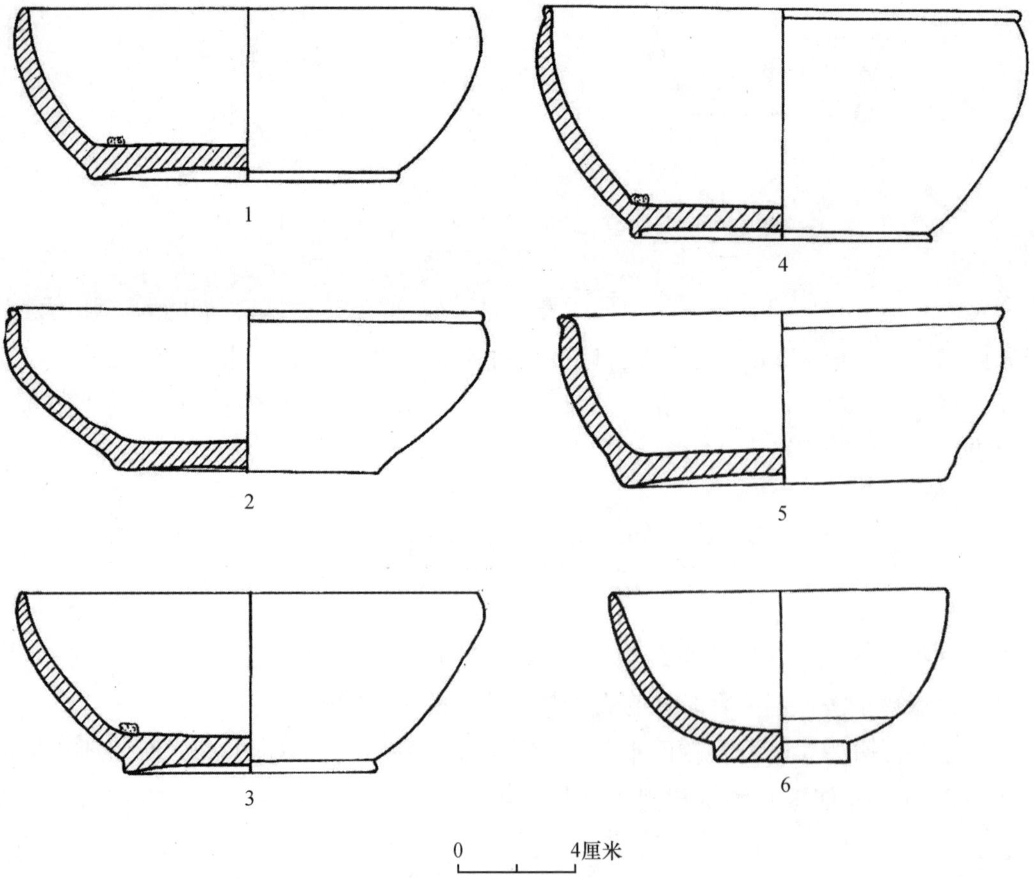

图一二　出土青瓷碗
1. M6：2　2. M14：1　3. M14：4　4. M14：6　5. M14：7　6. M14：10

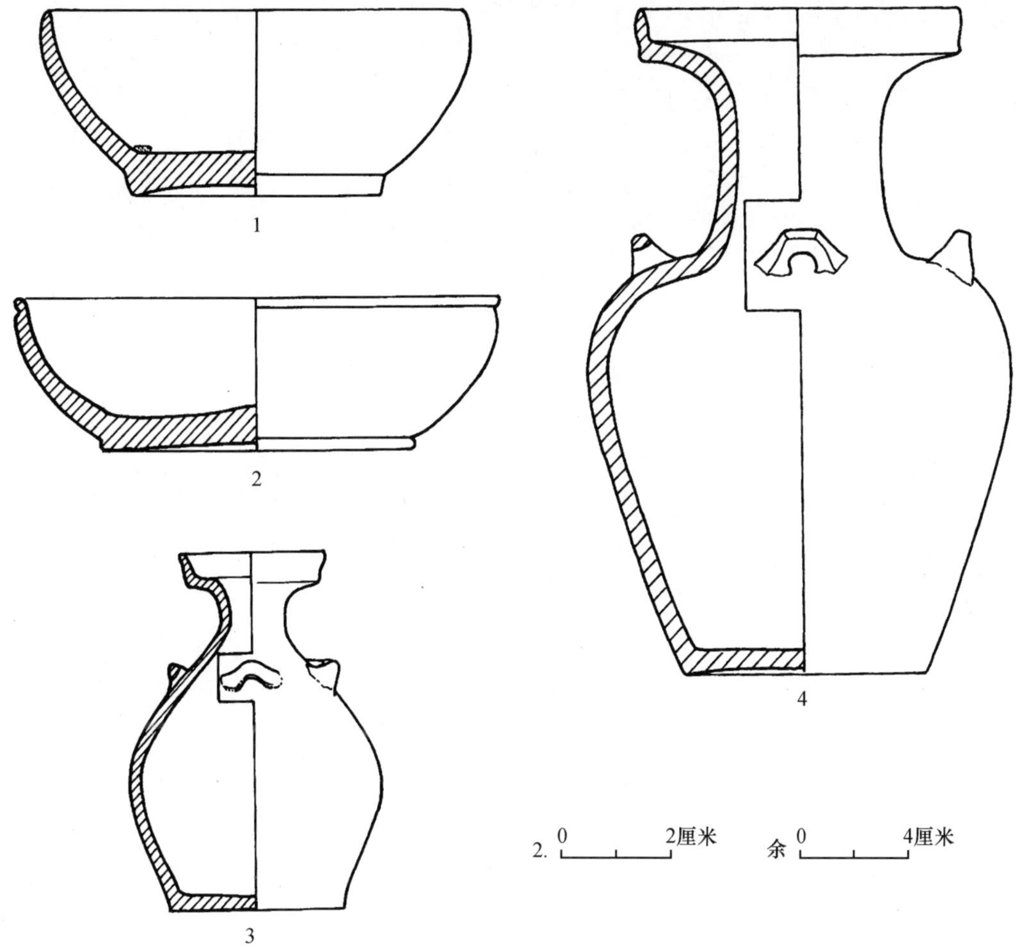

图一三　出土青瓷器

1、2. 碗（M14：14、M15：1）　3、4. 盘口壶（M14：8、M14：5）

青瓷碗　1件。M15：1，瓷质灰白胎，青黄釉，脱釉严重。敞口，尖圆唇，弧腹斜收，饼足，平底微内凹。内底有3个支烧痕迹。口径9、底径5.8、高2.8厘米（图一三，2）。

铜钱　1件。M22：1，圆形方孔。正背两面均有内外郭，外郭较宽。正面楷书阳文“宽永通宝”。直径2.3厘米（图一六，5）。

三、石　室　墓

石槽溪墓群一期还清理出1座石室墓（编号M30），墓葬在考古发掘前已被晚期严重扰乱，墓内出土器物不多，但墓葬结构与石刻具有典型的时代特征。

M30　位于石槽溪崖墓群发掘区中部，为长方形多室石墓。方向294°，所处地势较平坦。由方形条石砌筑，外部覆有圆锥形封土，为黄褐色黏性土。墓葬由封门、前室与双后室构成（图一七）。

封门外西侧残存一方形石刻，下部为浅浮雕几何形托台，中心图案为圆形，内饰高浮雕的祥云飞鸟纹，并间以钱纹；封门上部覆有两块条石，雕有棂状屋顶与三组斗拱，其下横梁正面

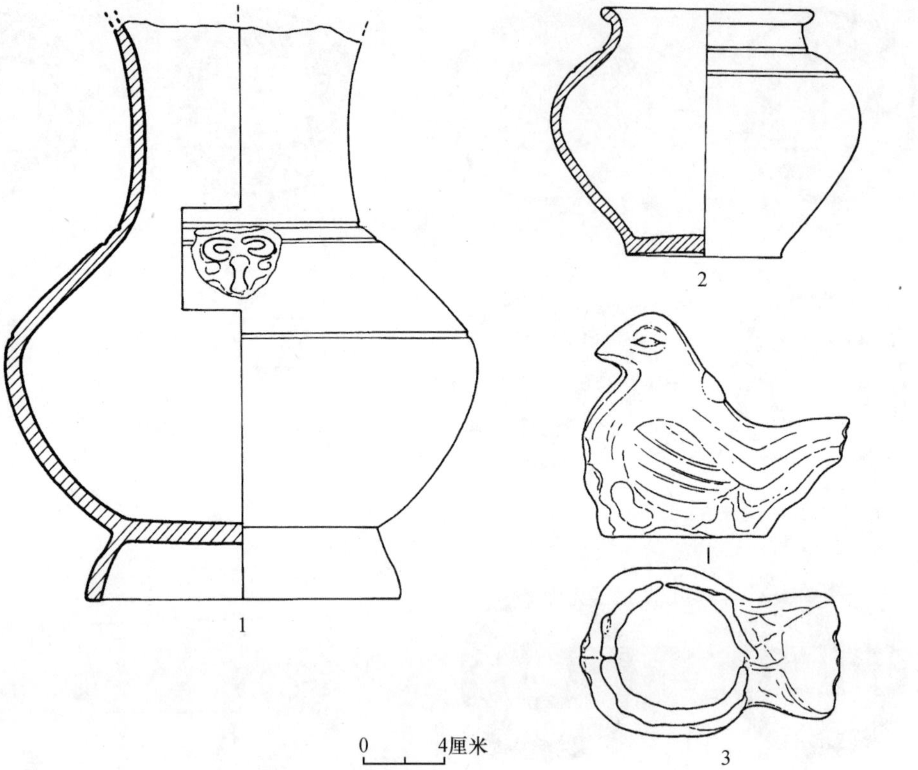

图一四 出土陶器

1. 壶（M8：3） 2. 罐（M8：5） 3. 鸡（M8：9）

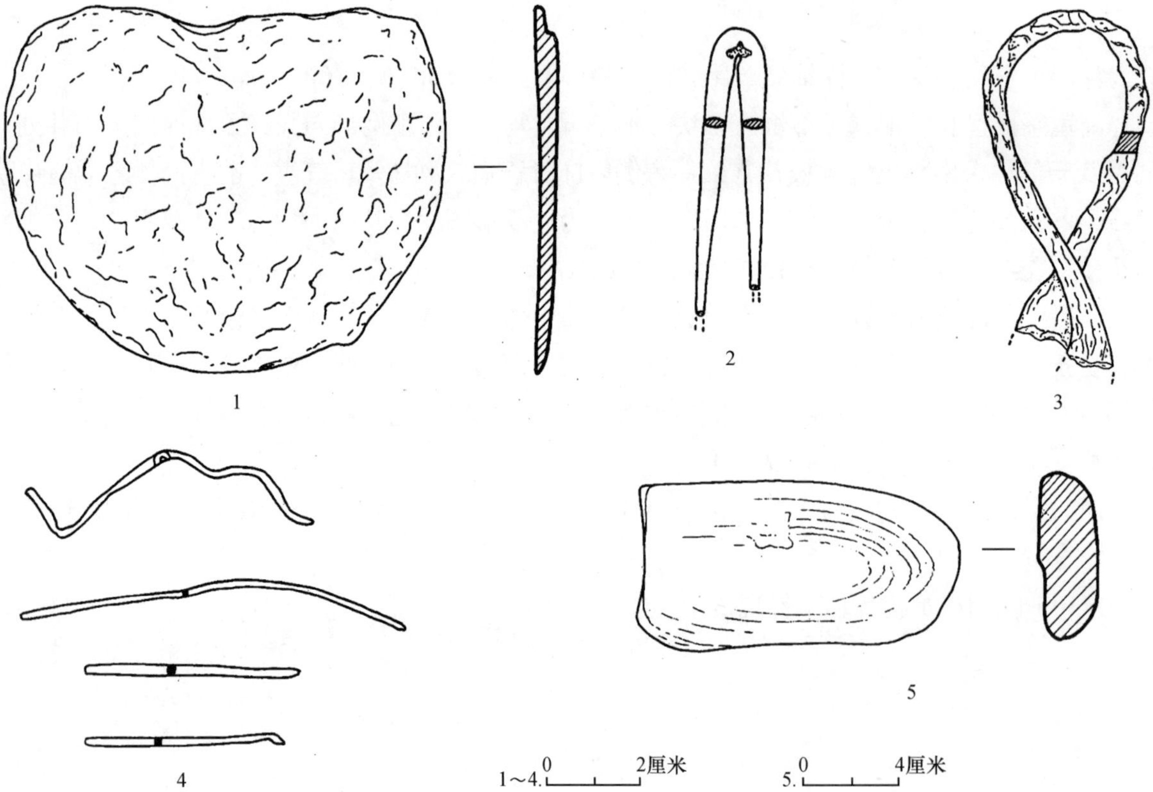

图一五 出土器物

1. 铁镜（M14：13） 2. 鎏金银簪（M14：12） 3. 铁剪（M14：15） 4. 鎏金银丝（M14：11） 5. 石器（M8：10）

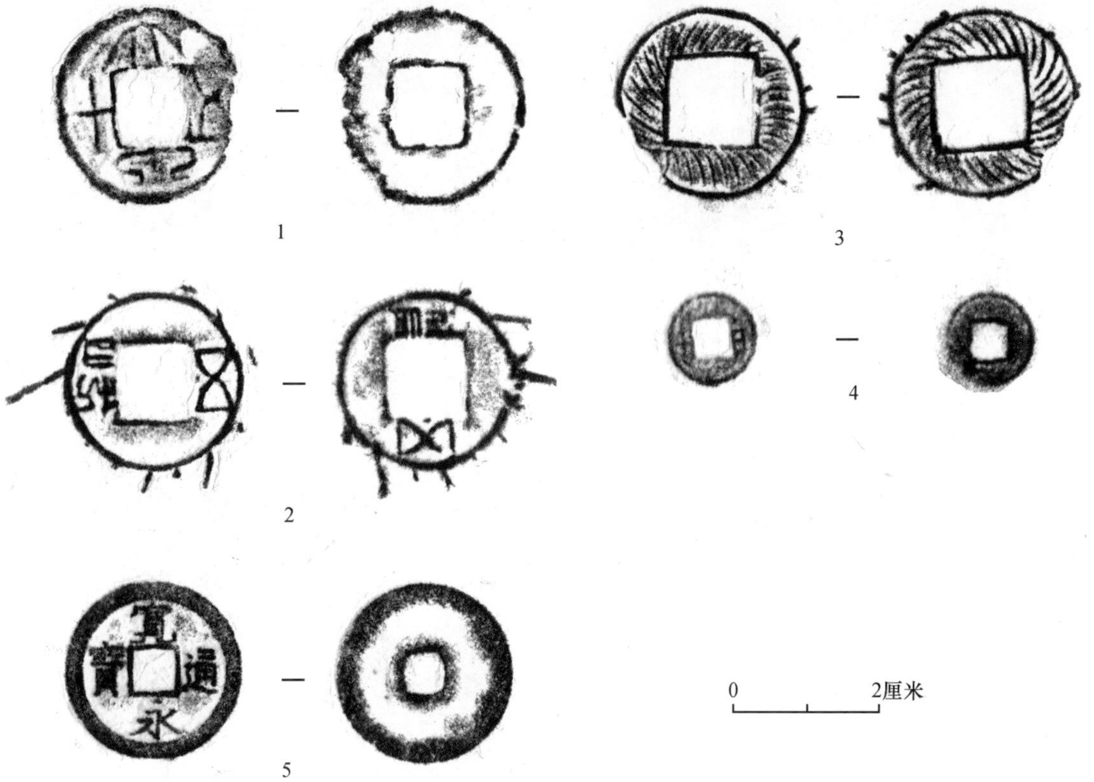

图一六　出土铜钱

1. 大泉五十（M14：16-1）　2. 五铢异品（M14：16-2）　3. 无文钱（M14：16-3）　4. 直一（M14：16-4）　5. 宽永通宝（M22：1）

有浅浮雕的三组菱形纹，内饰做奔跑状的动物形象。宽2.85、高1.76米。

前室平面呈长方形，顶部覆有三块方形条石，均有高浮雕圆形图案，顶部西侧内饰并列双瑞兽及云气纹，中部内饰缠枝花卉纹，东侧内饰对置式双凤鸟及云气纹；前室两侧各立有一块条石，其布局相同，上部为一圆形图案、下部为一菱形图案，其内饰均为缠枝花卉纹，仅细部如花枝、花瓣等有所差异。长1.96、宽1.3、高1.7米。

东后室顶部覆三块条石，其中两侧为素面，中部雕刻圆形图案，内饰缠枝花卉纹；东侧壁为三块条石，中部为素面，两侧雕有长方形框架，内部无纹饰；西侧壁结构与东侧壁相同，但中部条石雕刻圆形方孔四出纹，与铜钱类似；后壁上部饰简化的斗拱与卷云纹，下部设一火焰形壁龛。东后室长2.3、宽0.9、高1.4米。

西后室的结构、砌法与东后室相同，各种雕刻的纹饰与东后室相对应部位均相同。西后室长2.3、宽0.9、高1.4米。

M30被晚期严重扰乱，未发现棺木痕迹及随葬器物。

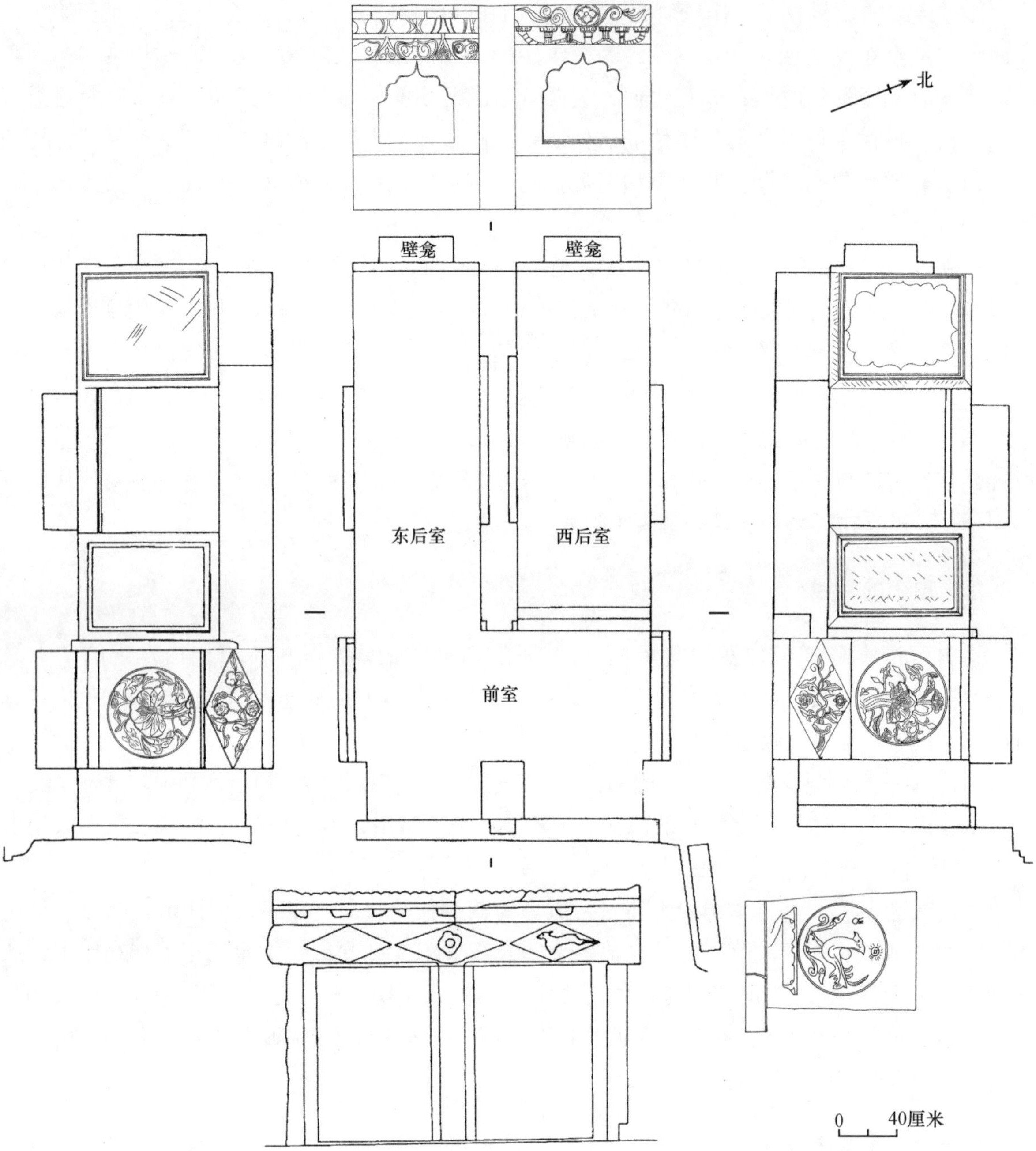

图一七　M30平、剖面图

四、结　　语

1. 崖墓的相对年代

崖墓是西南地区一种较具地方特点的墓葬形式，多开凿于江河两岸面水背山的峭壁与山坡上，石槽溪墓群中的崖墓也不例外。大量的古代文献中就有对这类墓葬形式的记载。近百年来，通过不断的考古调查与发掘，积累了丰富的崖墓资料，加之学者对其认真考证，崖墓的历史面貌已基本呈现。

通过详细的资料收集与比较研究，罗二虎将崖墓的发展演变分为五个时期[①]：①初始期，为西汉末期至东汉早期；②发展期，为东汉中期；③鼎盛期，为东汉晚期；④初衰期，为东汉末建安时期至蜀汉时期；⑤衰亡期，为西晋至南北朝前期。近40座纪年崖墓为判断这类墓葬的时代，提供了可靠的考古学依据。他所揭示的墓葬基本发展脉络是从简单到复杂、再到简单，随葬器物与同时期的其他类型墓葬器物具有可比性，既有时间上的统一，又有区域性的地方特色。

石槽溪墓群此次所清理的30座崖墓，均未发现有明确的纪年性材料，仅有7个墓中残存少数随葬器物，这为判断墓葬相对年代造成了不便，但通过与整个西南地区的纪年崖墓资料进行对比，石槽溪墓群崖墓的相对年代基本可以确定。墓群中大部分墓葬平面为“凸”字形单室墓，墓室为长方形或方形，这种类型的崖墓主要出现在东汉末期至南北朝前期；仅M10为刀形单室墓，这种类型主要出现在西晋至南朝早期；长方形单室墓则发现较少，但从墓群内所处的位置，其朝代应与邻近墓葬时代相当。据墓内附属设施及出土器物，各个墓葬的相对年代尚可再细分，详见石槽溪墓群崖墓分期表（附表）。

2. 崖墓内出土的铜钱

此次石槽溪墓群考古发掘共清理出5枚不同时期的铜钱，其中除M14内发现的“大泉五十”较常见外，其余钱币多不见记载。现结合已发现的同时期墓葬内铜钱及相关文献进行分析如下，其中不当之处敬请指正。

“直一”钱，钱形较小，为三国蜀钱。“五□”及无文钱，形制相同，其中“五”字交叉两笔呈弧形弯曲，边郭均有较长的流铜，应不属于流通货币，为民间私铸钱。这3枚铜钱均出土于M14的青瓷碗下，应为随葬器物。

“宽永通宝”，是日本历史上铸量最大、铸期最长、版别最多的一种钱币，同时也是流入我国数量最多的外国钱币之一。它始铸于日本第108代后水尾天皇宽永三年（1626年），从1636年开始大量铸造。当时日本各地的钱炉均有铸造，至明治初年还在使用，前后流通240余年，后因德川幕府灭亡而废止。宽永通宝钱在长期的中日贸易及交往中不断流入我国，由于制作精良，为当时我国民间所乐用。

3. M31反映的崖墓建筑方式

M31是石槽溪墓群中一座特殊的墓葬，此次考古工作将其作为一个重点进行了资料记录。从M31的墓门相看，崖墓在开始建筑时，先在岩面凿出方形墓门，并对墓门完成凿平加工后再继续开凿甬道（或墓室）；在开凿甬道（或墓室）时，先从下部向内凿进，呈现出近三角形的空间后，再由上至下，斜向下凿，对需保留的墓葬底部与侧壁，在凿进的同时即进行修整。我们在石槽溪墓群北部与西南部崖墓前及台地上，布众多探方与探沟是为了寻找开凿崖墓废弃的石料，但是通过对M31的资料整理可知，以上这种凿进方式较为费时，加工过程中产生的废弃物会呈粉碎状，而不是条石，这正是我们未能发现有加工痕迹石料的原因。

① 罗二虎：《四川崖墓的初步研究》，《考古学报》1988年第2期。

M31所体现的是石槽溪墓群崖墓整体的建筑方式，不仅具有典型性，也为研究本地区崖墓的建筑技术提供了一份重要的考古学资料。

4. 石室墓的相对年代

M30为一处用条石砌筑的多室墓，墓室后壁设火焰形壁龛；墓葬四壁及顶部多用高浮雕装饰，图案内案以鸟、兽、花卉为主，造型生动、线条流畅。其中火焰形壁龛与南京地区明代早中期砖室墓葬中的同类设施造型相同，图案内容繁复，亦具有典型的明代工艺特征。

石槽溪墓群二期考古发掘中，清理了一座条石所砌筑的M34，其整体风格与M30相类似，但墓室为三室，石刻内容较M30更为繁复，墓壁题刻“崇祯八年乙亥”，为明代晚期墓葬。M30的相对年代较M34为早，墓内虽未发现遗物，从墓葬设置的壁龛与石刻的雕刻手法来看，其相对年代应为明代中期。

石槽溪墓群清理的30座崖墓，是峡江地区东汉至南朝早期考古工作的一次重要发现，对研究西南地区崖墓情况、历史时期社会生活及长江中下游地区与西南地区的经济交流，提供了一批重要的考古学资料。

执笔：岳　涌　沈利华
张　华　龚巨平

附表　石槽溪墓群墓葬登记表

编号	类型	墓葬形制		附属设施					器物			时代
		形状	顶	耳室	壁龛	灶	门外凹槽	排水沟	陶器	青瓷器	其他	
M1	崖墓	“凸”字形	券顶（弧形）	2		1	弧形1道					东汉晚期至南朝早期
M2	崖墓	“凸”字形	盝顶									东汉晚期至南朝早期
M3	崖墓	“凸”字形	盝顶		1	1				碗2件		东汉晚期至东晋中期
M4	崖墓	长方形	券顶（弧形）		2							东汉晚期至南朝早期
M5	崖墓	“凸”字形	攒尖顶								长方形菱形花纹砖	东汉晚期至南朝早期
M6	崖墓	“凸”字形	券顶（弧形）		1	2				碗3件		东汉晚期至东晋中期
M7	崖墓	“凸”字形	攒尖顶									东汉晚期至南朝早期
M8	崖墓	“凸”字形	券顶（弧形）		2	2		“Y”形	罐、壶等9件		石器1件	东汉晚期
M9	崖墓	“凸”字形	攒尖顶					1				东汉晚期至南朝早期
M10	崖墓	“刀”形	券顶（弧形）				“丁”字形1道	1				东汉晚期至南朝早期
M11	崖墓	“凸”字形	券顶（弧形）	1	1	1	“人”字形2道	1				东汉晚期至南朝早期
M12	崖墓	“凸”字形	券顶（弧形）									东汉晚期至南朝早期
M13	崖墓	长方形	券顶（弧形）								长方形菱形花纹砖	东汉晚期至南朝早期
M14	崖墓	“凸”字形	券顶（弧形）							碗、盘口壶共11件	银丝、银簪、铁剪、铁镜、铜钱共11件（枚）	东晋晚期到南朝早期
M15	崖墓	“凸”字形	券顶（弧形）							碗1件		西晋至东晋中期
M16	崖墓	“凸”字形	券顶（弧形）									东汉晚期至南朝早期
M17	崖墓	“凸”字形	平顶									东汉晚期至南朝早期
M18	崖墓	“凸”字形	券顶（弧形）				“人”字形1道					东汉晚期至南朝早期
M19	崖墓	长方形	平顶									东汉晚期至南朝早期
M20	崖墓	“凸”字形	券顶（弧形）				“人”字形1道					东汉晚期至南朝早期
M21	崖墓	“凸”字形	券顶（弧形）									东汉晚期至南朝早期
M22	崖墓	“凸”字形	券顶（弧形）								铜钱1枚	东汉晚期至南朝早期
M23	崖墓	“凸”字形	券顶（弧形）		1	1	斜向1道	“Y”形				东汉晚期至南朝早期

续表

编号	类型	墓葬形制		附属设施					器物			时代
		形状	顶	耳室	壁龛	灶	门外凹槽	排水沟	陶器	青瓷器	其他	
M24	崖墓	“凸”字形	券顶（弧形）				斜向1道					东汉晚期至南朝早期
M25	崖墓	“凸”字形	券顶（弧形）		2			1				东汉晚期至南朝早期
M26	崖墓	长方形	券顶（弧形）	1								东汉晚期至南朝早期
M27	崖墓	“凸”字形	券顶（弧形）				2道呈“X”形					东汉晚期至南朝早期
M28	崖墓	长方形	平顶		1		斜向1道					东汉晚期至南朝早期
M29	崖墓	“凸”字形	攒尖顶				弧形1道		残灯座1件			东汉晚期至西晋
M30	石室墓	长方形多室	平顶									明代中期
M31	崖墓	残										东汉晚期至南朝早期

万州瓦子坪遗址2003年度发掘简报

山东省博物馆

一、地理位置

瓦子坪遗址位于重庆万州江南新区晒网村，西距万州市区约10千米。地处长江南岸，东经108°26′30″，北纬30°34′13″，海拔135～152米。整个遗址面积约250 000平方米。2001年、2002年山东省博物馆考古队进行了两次发掘，发掘面积4000平方米（图一；彩版一七五）。2003年11～12月，山东省博物馆考古队又在此进行了第三次发掘，发现六朝墓葬7座，按照发现顺序编为M1、M2、M4、M5、M6、M7、M8，出土陶器、瓷器等各类器物150余件（组）；清代墓葬1座，编号M3。另外还有近代墓葬8座，编号M9～M16（图二），发掘面积2000平方米（图三）。近代墓葬由于形制简单，而且没有发现随葬品，报告因此从略。下面仅就六朝墓和清代墓按墓葬的年代和形制报告如下。

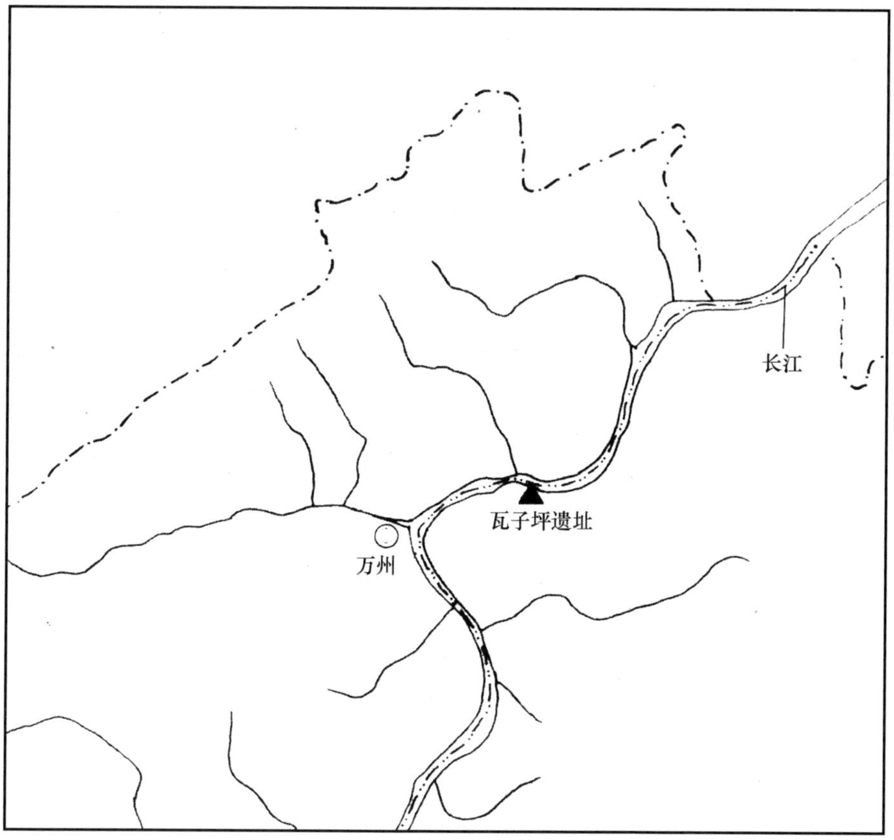

图一　瓦子坪遗址位置示意图

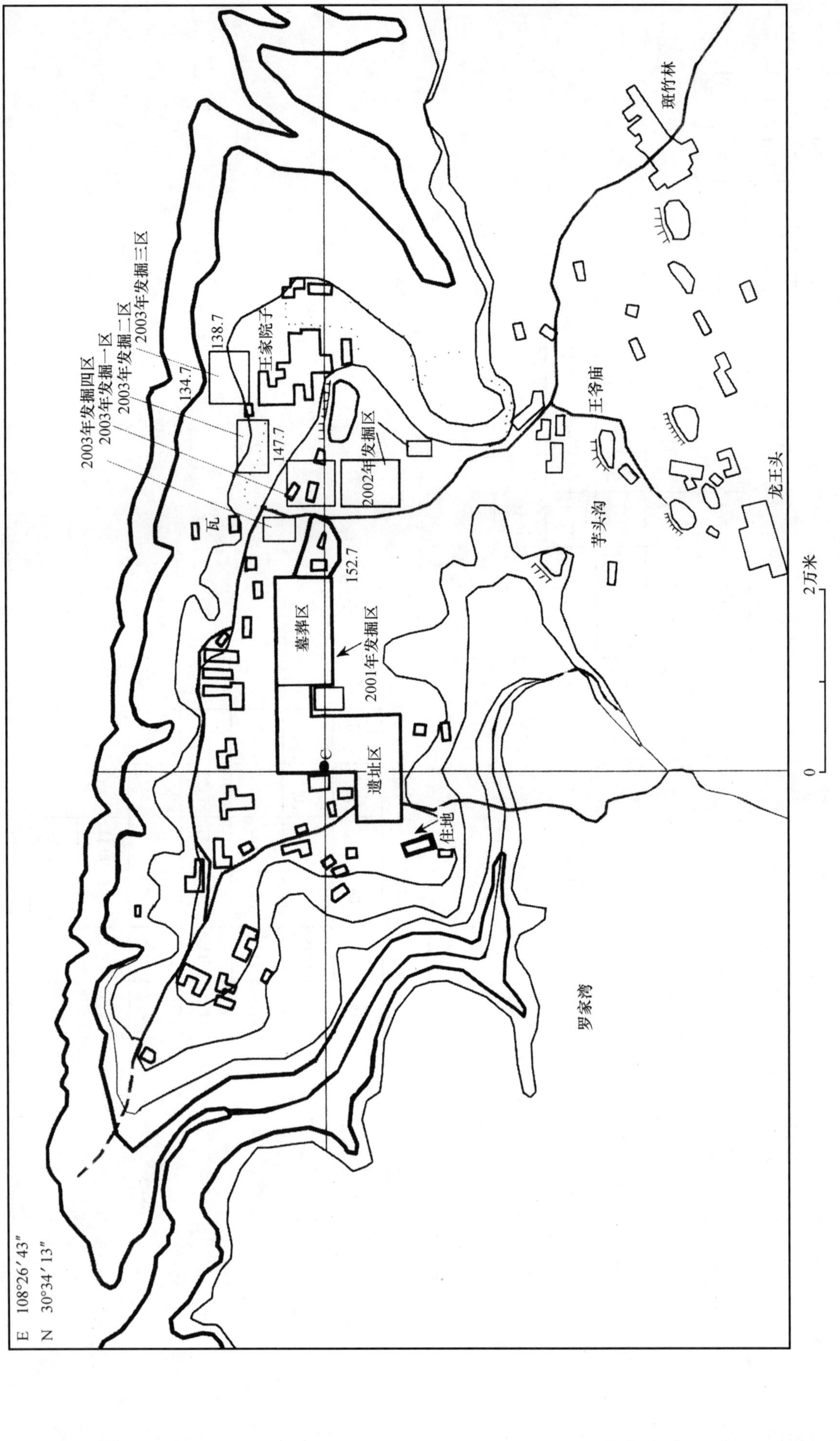

图二 瓦子坪遗址2003年发掘区位置图

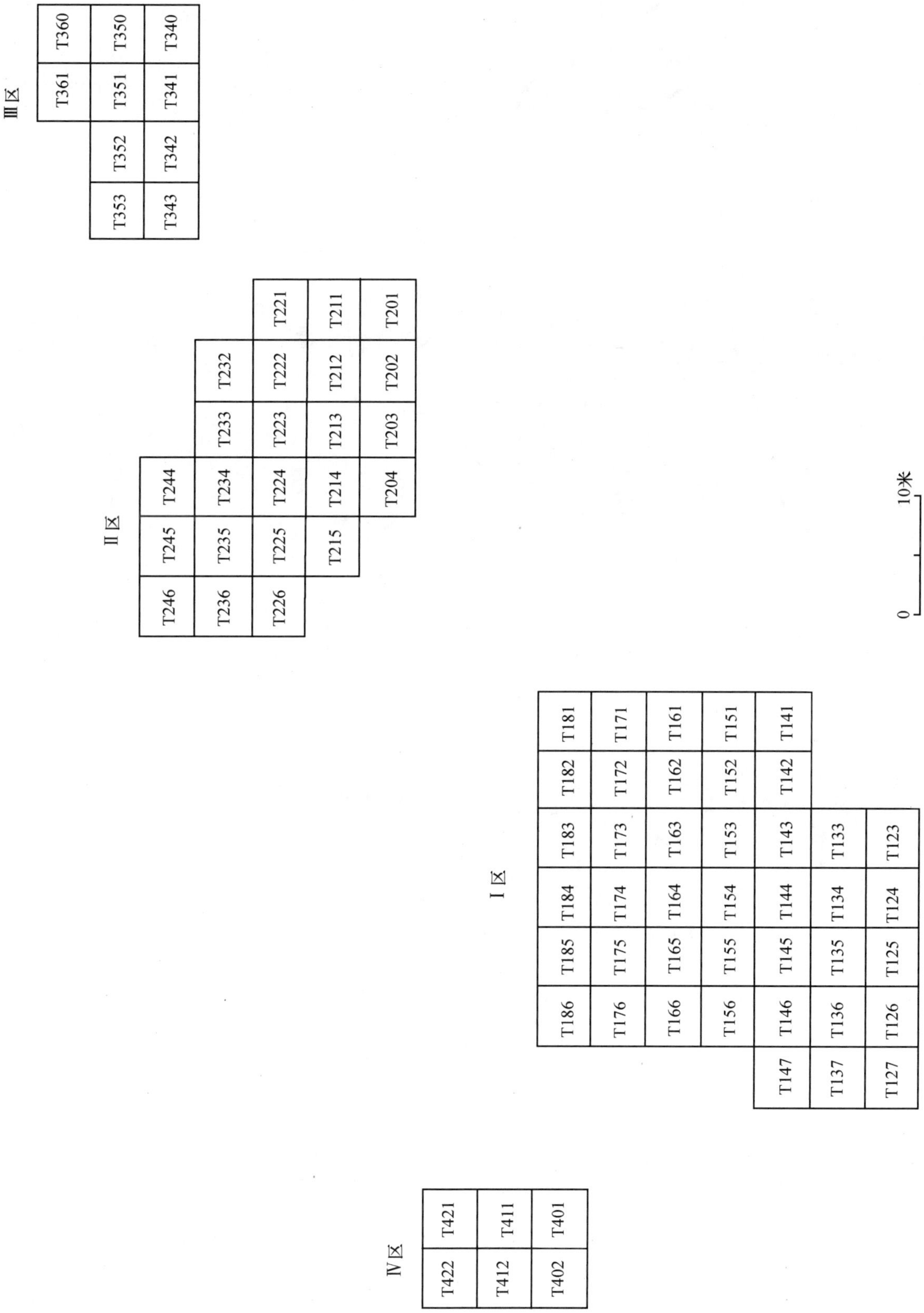

图三　瓦子坪遗址2003年布方平面图

二、六 朝 墓

（一）“凸”字形墓

2座。M6、M7。

1. M6

位于发掘区南部，方向102°（图四；彩版一七七，2）。

墓葬形制：砖石混合墓。墓葬券顶遭到破坏，券顶已经不存。残存墓壁以加工规整的石条垒砌，其上还残留2～3行砖。墓葬由甬道和墓室组成，铺地砖也没有被破坏。甬道长150、宽102、残高50厘米。墓室长412、宽156、残高56～70、墙厚16厘米。墓壁先用长条形石条垒砌，石条面向墓室的一面加工光滑，在石条的上面砌砖，然后以砖起券。用砖也是菱形花纹砖，错缝平砌。由于埋藏略浅，此墓遭到的破坏较为严重，尤其是形体较大的随葬品全部被打碎，完整器只有青瓷碗、盘等。

葬式葬具：墓内的尸骨凌乱，散见一些肢骨，葬式不明，没有发现葬具的痕迹。

随葬器物：出土五铢钱、砺石、陶器、瓷器等共16件（图五）。

青瓷器　12件。

碗　5件。M6：15，尖圆唇，口微敛，斜壁，平底。施半釉。形体较大。口径17.5、底径11.7、高6.1厘米（图五，2）。M6：6，深腹，饼形小底，底较薄。形体较小。口径7.2、底径4.8、高4.1厘米（图五，1；彩版一八三，2）。

罐　2件。M6：13，大口，方唇，宽肩，四系，收腹，平底。口径22.1、腹径27.3、底径14.2、高19厘米（图五，4；彩版一八〇，6）。M6：16，圆唇，鼓腹，平底。施半釉。口径9.7 、腹径14、底径10.2、高16.9厘米（图五，7）。

壶　1件。M6：14，盘口，长颈，圆腹，大平底。施半釉。口径16.2、 腹径25、 底径14.2、高34.1厘米（图五，8；彩版一八〇，2）。

盘　4件。M6：7，浅盘，平底。施全釉。口径15、底径14.2、高2.4厘米（图五，3；彩版一八三，5）。

陶器　2件。

釜　1件。M6：3，大敞口，折沿，鼓腹，圜底。口径25、腹径23.3、高17.8厘米（图五，6；彩版一八四，2）。

盆　1件。M6：4，敞口，平折沿，大平底。口径32.4、底径18.8、高8.8厘米（图五，5；彩版一八四，3）。

另外出土砺石1件，五铢钱2枚。其中五铢钱锈蚀严重，仅辨字形。

2. M7

位于发掘区中部，方向10°（图六；彩版一七七，3）。

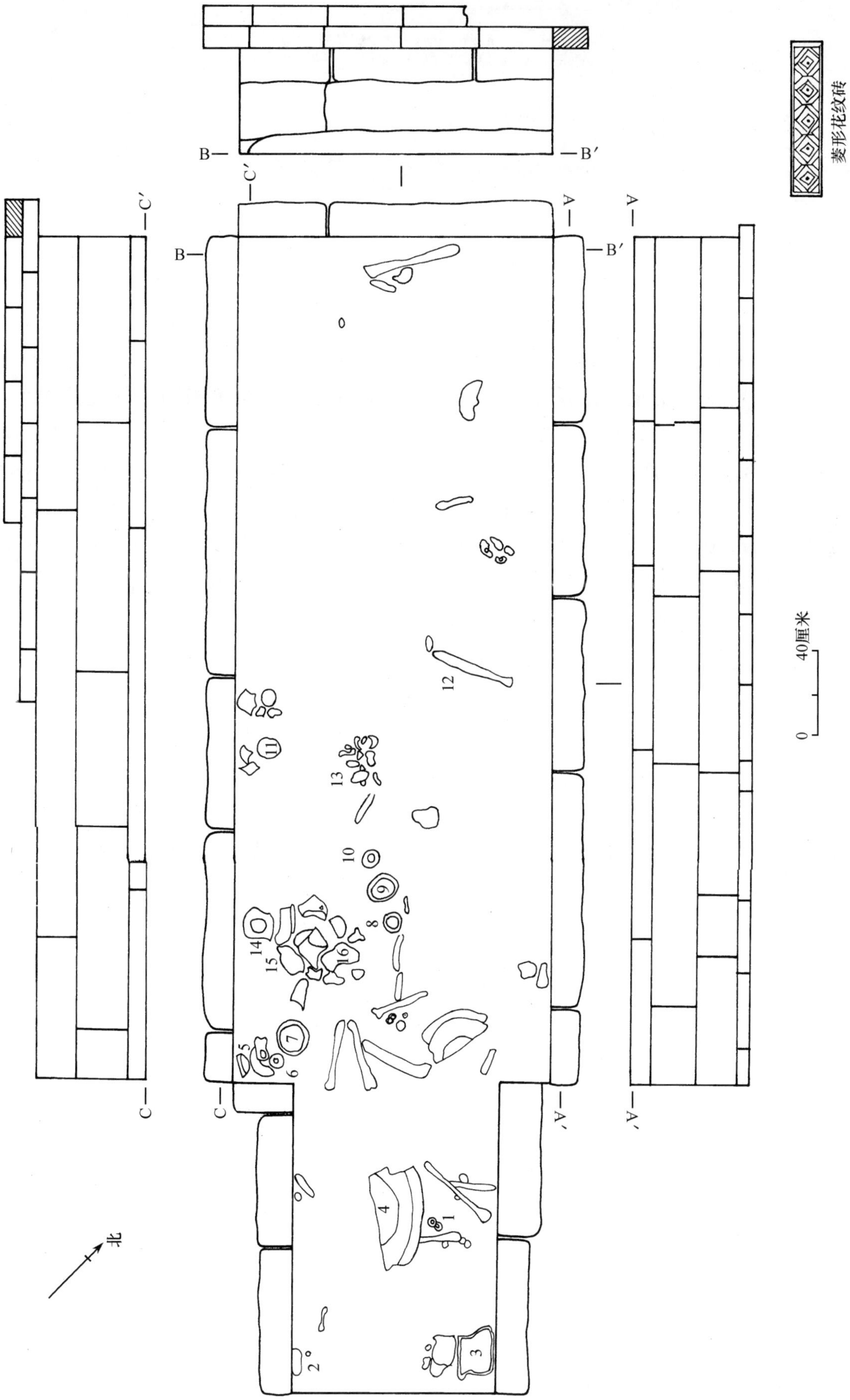

图四 M6平、剖面图

1. 五铢钱 2. 砺石 3. 陶釜 4. 陶盆 5、7、9、11. 瓷盘 6、8、10、12、15. 瓷碗 13、16. 瓷罐 14. 瓷壶

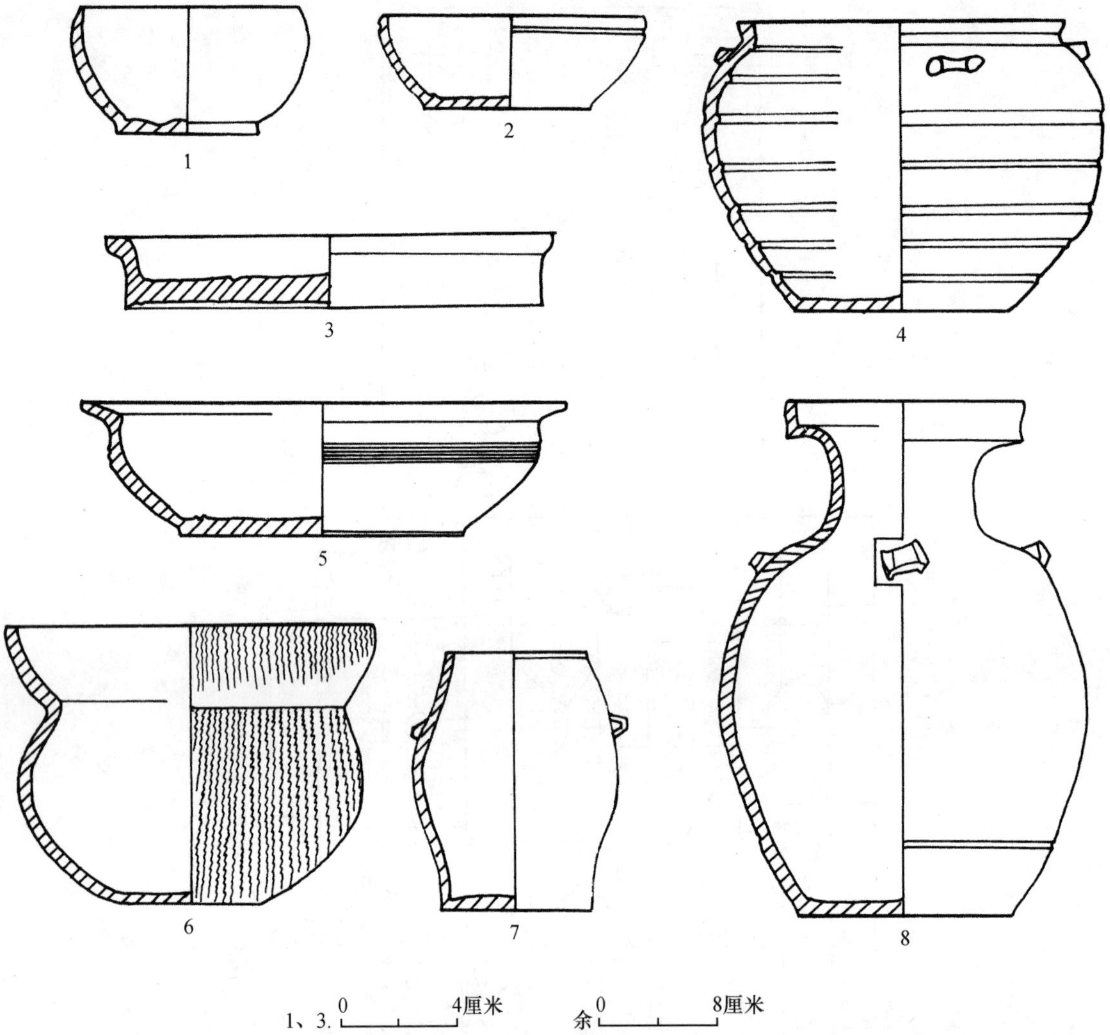

图五 M6出土器物

1、2. 瓷碗（M6：6、M6：15） 3. 瓷盘（M6：7） 4、7. 瓷罐（M6：13、M6：16） 5. 陶盆（M6：4） 6. 陶釜（M6：3） 8. 瓷盘口壶（M6：14）

墓葬形制：砖室墓。墓葬券顶遭到破坏。残存墓壁和墓底。墓葬由甬道和墓室组成，铺地砖也没有被破坏。甬道长160、宽102、残高50厘米。甬道口处还保留着封门石，残宽21、高48、厚4厘米。墓室长448、宽214、残高42～104、墙体厚16厘米。墓壁以菱形花纹砖错缝平砌。铺地以条砖错缝平铺，地面规整。随葬品保存较好。

葬式葬具：墓内的尸骨凌乱，散见一些肢骨，葬式不明，没有发现葬具的痕迹。骨架摆放在甬道和墓室，均靠近墓壁的位置。

随葬器物：有青瓷器、石器及铜钱。

青瓷器　18件。

碗　12件。分大、小二种。

大碗　1件。M7：21，沿下饰一道凹弦纹，大平底，上腹壁较直，口沿稍内敛。施半釉。口径16.8、底径10.8、高6.3厘米（图七，7）。

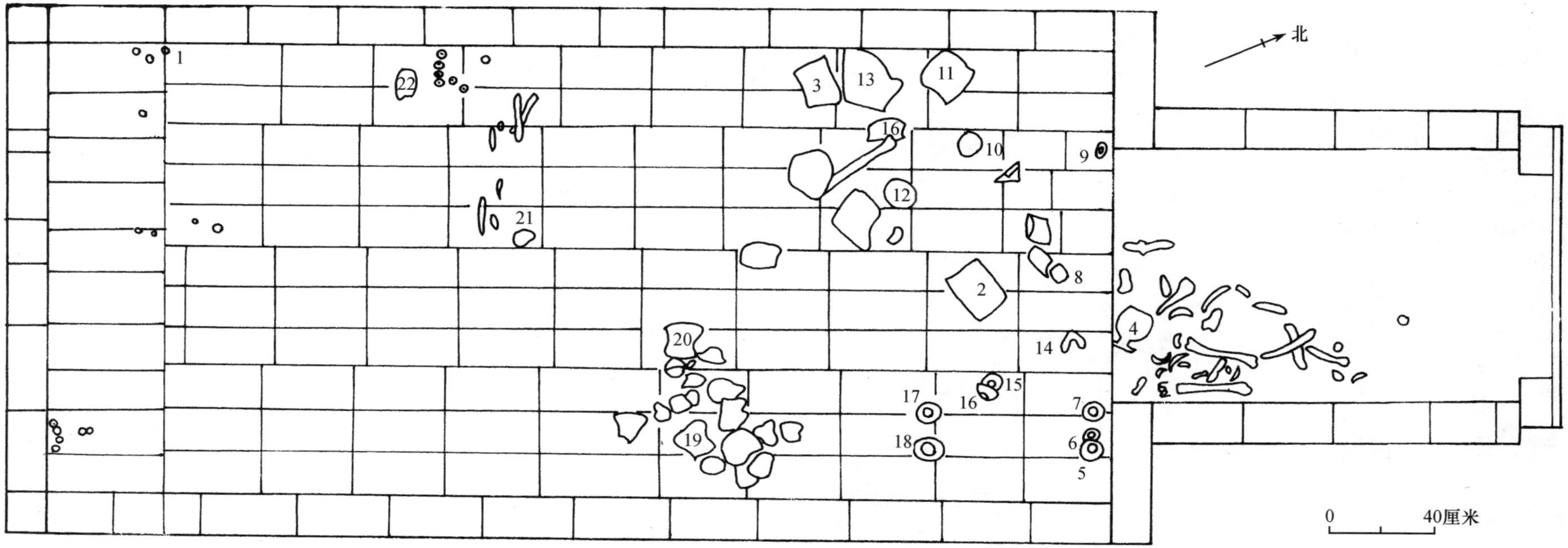

图六 M7平面图

1. 五铢钱 2、3. 石黛板 4. 瓷盘口壶 5～10、14～18、21. 瓷碗 11、13、19、20. 瓷罐 12. 瓷三足盘 22. 瓷器盖

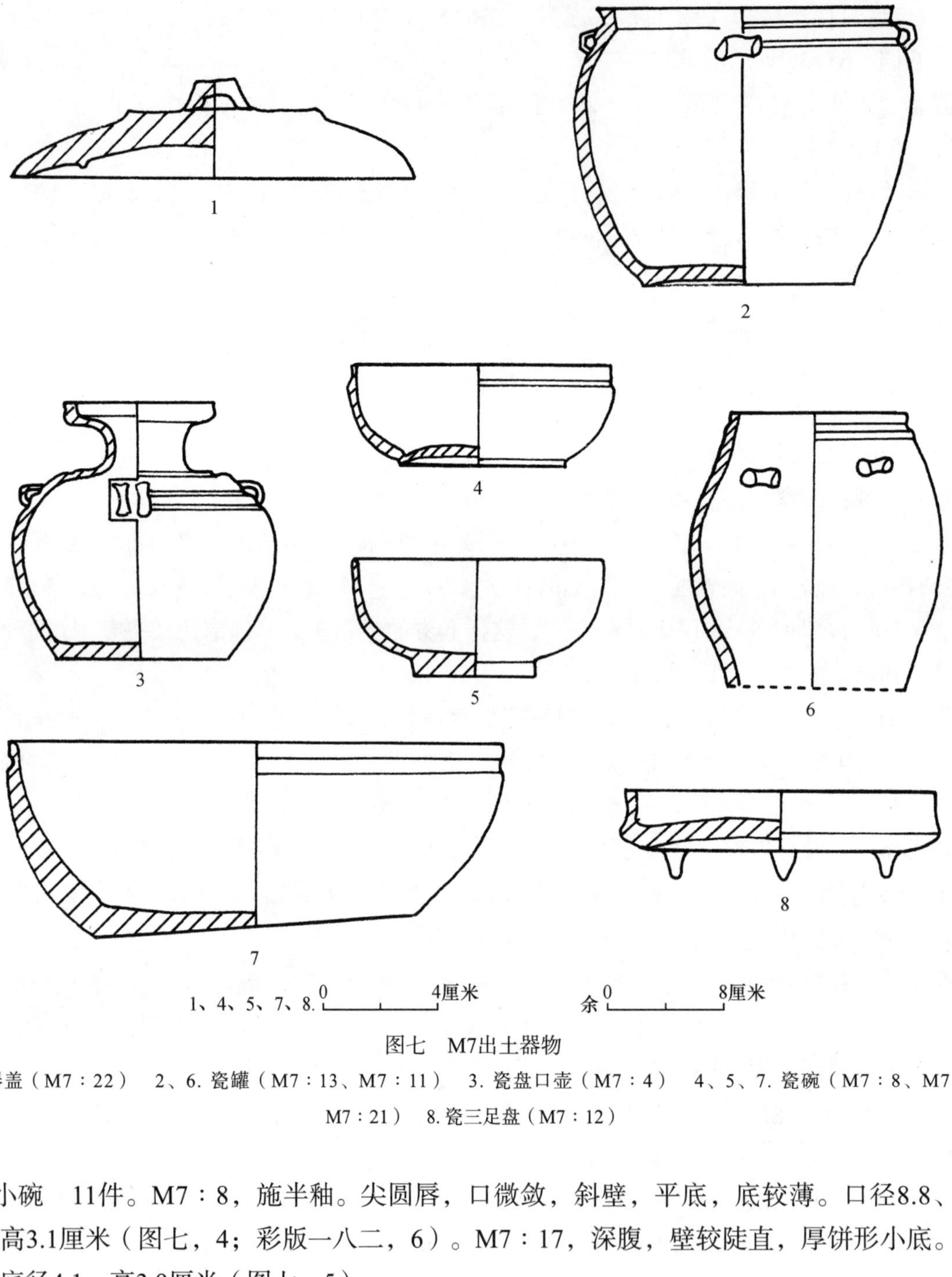

图七 M7出土器物

1. 瓷器盖（M7：22） 2、6. 瓷罐（M7：13、M7：11） 3. 瓷盘口壶（M7：4） 4、5、7. 瓷碗（M7：8、M7：17、M7：21） 8. 瓷三足盘（M7：12）

小碗 11件。M7：8，施半釉。尖圆唇，口微敛，斜壁，平底，底较薄。口径8.8、底径5.7、高3.1厘米（图七，4；彩版一八二，6）。M7：17，深腹，壁较陡直，厚饼形小底。口径8.5、底径4.1、高3.9厘米（图七，5）。

罐 4件。分为A、B二型。

A型 2件。M7：13，大口，四系，方唇，宽肩，收腹，最大径在肩部。口径20.3、腹径23、底径14.5、高18厘米（图七，2；彩版一八一，4）。

B型 2件。M7：11，小直口，鼓腹，无底。施半釉。口径12.1、腹径16.7、高18.1厘米（图七，6；彩版一八一，6）。

壶 1件。M7：4，盘口，长颈，宽肩，圆腹，大平底。口径10、腹径18.2、底径11.6、高17.2厘米（图七，3；彩版一八〇，3）。

三足盘　1件。M7：12，直口，浅盘，三足。口径10.5、底径8.8、高2.5厘米（图七，8；彩版一八四，5）。

器盖　1件。M7：22，平顶，方桥形纽。口径13.7、高3.2厘米（图七，1；彩版一八四，6）。

石器　2件。均为黛板。M7：2，长方形，中部有研磨痕迹。长19、宽10、厚5厘米。

五铢钱　多锈蚀，只起取4枚，仅辨字形。

（二）“刀”形墓

1座。

M8　位于发掘区南部偏西，方向32°（图八；彩版一七八）。

墓葬形制：砖室墓，由墓道、甬道、墓室组成。

墓道为半圆形斜坡状，长350、宽140、深0～30厘米。墓道与甬道之间有保存完好的封门砖，砖有9层，宽140、高72厘米。甬道的券顶保存完好，券砖采用菱形花纹装饰的梯形砖，砖长40、宽20、厚8厘米。采用纵式起券法，这样起券的券顶较低，顶部比较平整。甬道长40、宽140、高92厘米。

墓室的券顶和上部被民房破坏，但墓底保存尚好，平面呈长方形，长280、宽260、残高156、墙体厚20厘米。墓室和甬道均采用单层花纹砖错缝平砌，朝向墓室的一面模印菱形花纹。砖长40、宽20、厚8厘米，铺地砖使用平砖，十分整齐。

葬式葬具：没有发现尸骨，可能与腐朽严重，或者与该墓早期遭到盗扰有关系。

随葬器物：随葬器物集中分布在甬道和甬道与墓室的连接处，有青瓷器47件、银器2件、料珠1组、残耳珰1枚。

青瓷器　47件。

鸡首壶　2件。M8：8，施半釉。盘口，宽肩，收腹，平底，肩饰双贯耳，鋬残断，流尚存。口径9.2、腹径19、底径13、高18厘米（图九，5；彩版一七九，3）。M8：15，施釉及底。盘口，长颈，宽肩，圆腹，平底，肩饰双贯耳，把手、流均残断。口径10.2、腹径22.8、底径12、高23.6厘米（图九，4；彩版一七九，1）。

盘口壶　2件。M8：9，釉到腹下。盘口，长颈，宽肩，肩上四系，收腹，平底。口径14.6、腹径30、底径14.2、高27.3厘米（图九，7；彩版一七九，4）。

罐　6件。M8：11，施半釉。方唇，斜肩，深腹微鼓，肩饰四贯耳，大平底。口径9.2、腹径12.8、底径9.9、高13.8厘米（图九，2；彩版一八一，2）。M8：35，施半釉。斜肩，深腹微鼓，肩饰四贯耳。口径10.2、腹径15.2、底径10.2、高13.8厘米（图九，1；彩版一八一，1）。

盖罐　4件。M8：12，不施釉。斜肩，鼓腹，平底，肩饰四耳，有盖。口径14.2、腹径21.8、底径11.8、高19.8厘米（图九，6；彩版一八二，2）。M8：36，施半釉。敛口，斜宽肩，收腹，小平底，肩饰四贯耳，有盖。口径10.2、腹径13.1、底径10.2、高13.8厘米（图九，3；彩版一八〇，5）。

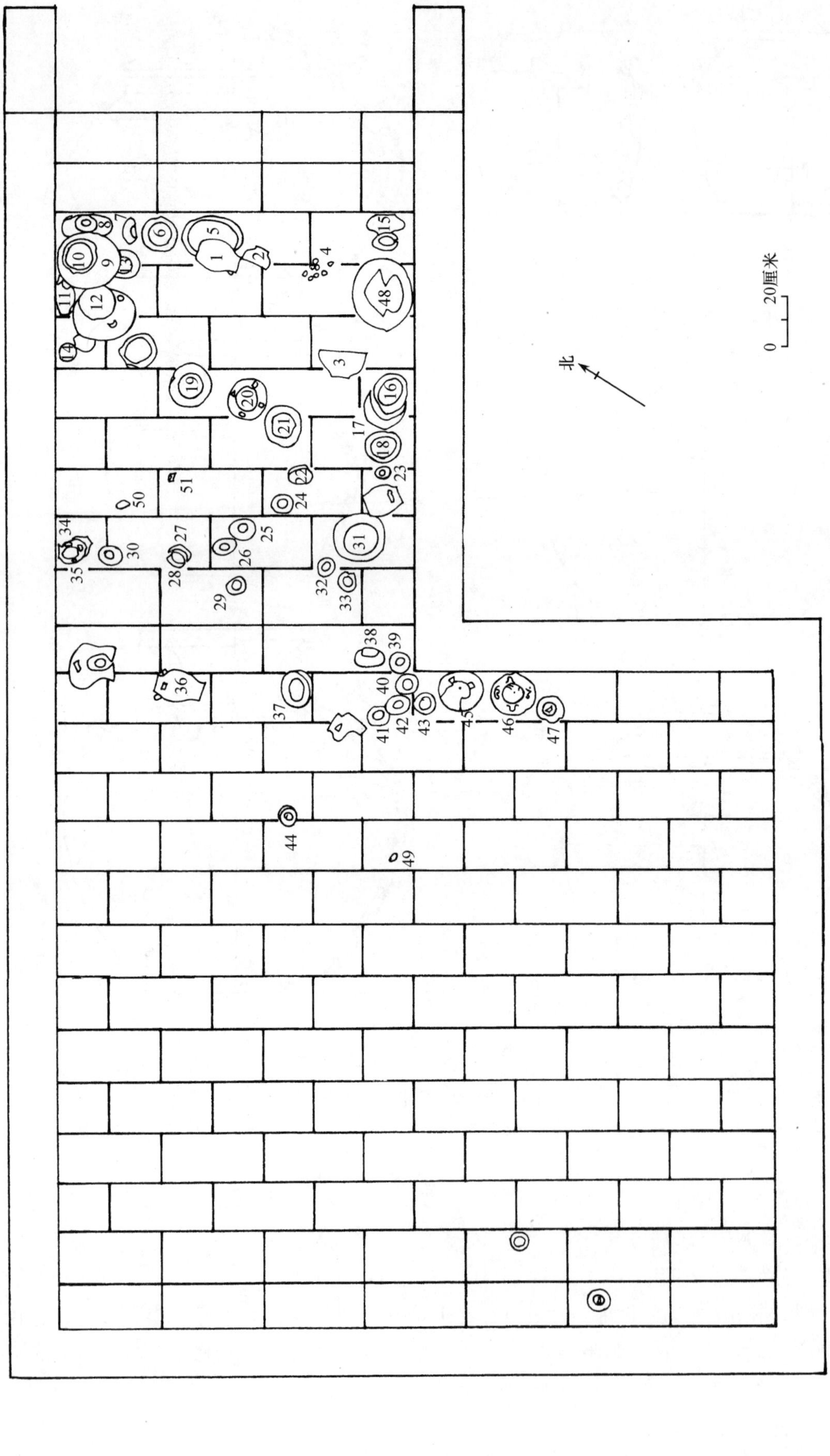

图八 M8平面图

1、11～13、20、34～36、46. 瓷罐 2、3、6、7、10、14、16～19、21～33、37～45、47. 瓷碗 4. 料珠 5. 瓷盆 8、15. 瓷鸡首壶 9、48. 瓷盘口壶 49. 银戒指
50. 银手镯 51. 琉璃耳珰

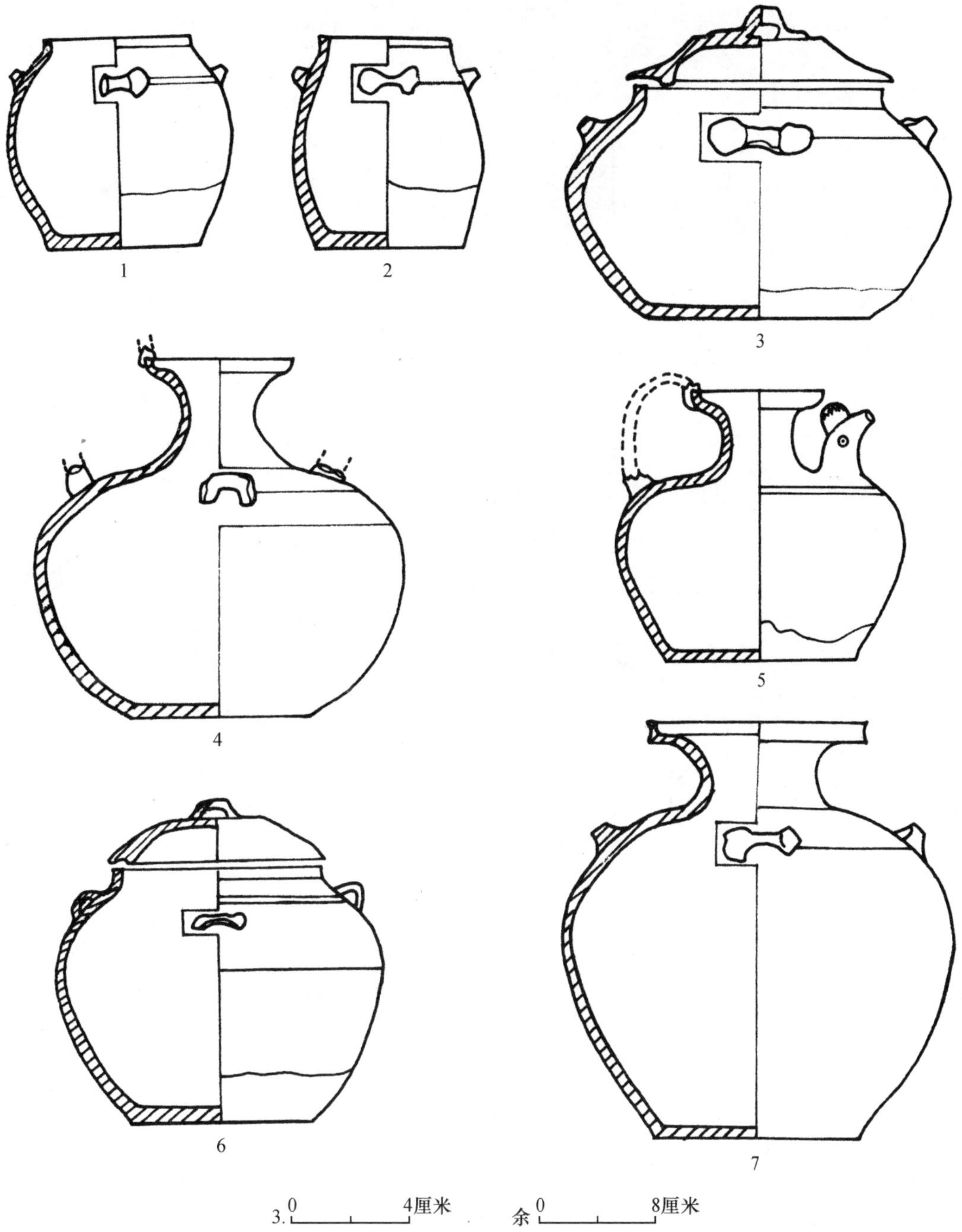

图九 M8出土瓷器

1、2. 罐（M8：35、M8：11） 3、6. 盖罐（M8：36、M8：12） 4、5. 鸡首壶（M8：15、M8：8） 7. 盘口壶（M8：9）

盆 1件。M8：5，施半釉。大敞口，折沿，斜壁，大平底。口径23.8、底径13.5、高7.4厘米（图一〇，3；彩版一八四，4）。

碗 33件。分为大、小碗。

大碗 11件。M8：3，施半釉。大敞口，沿下饰一道凹弦纹，大平底。口径18.5、底径10.2、高5.9厘米（图一〇，10；彩版一八二，5）。M8：45，施半釉。口微敛，壁较直，大平底。口径15.2、底径10.2、高5.7厘米（图一〇，7）。

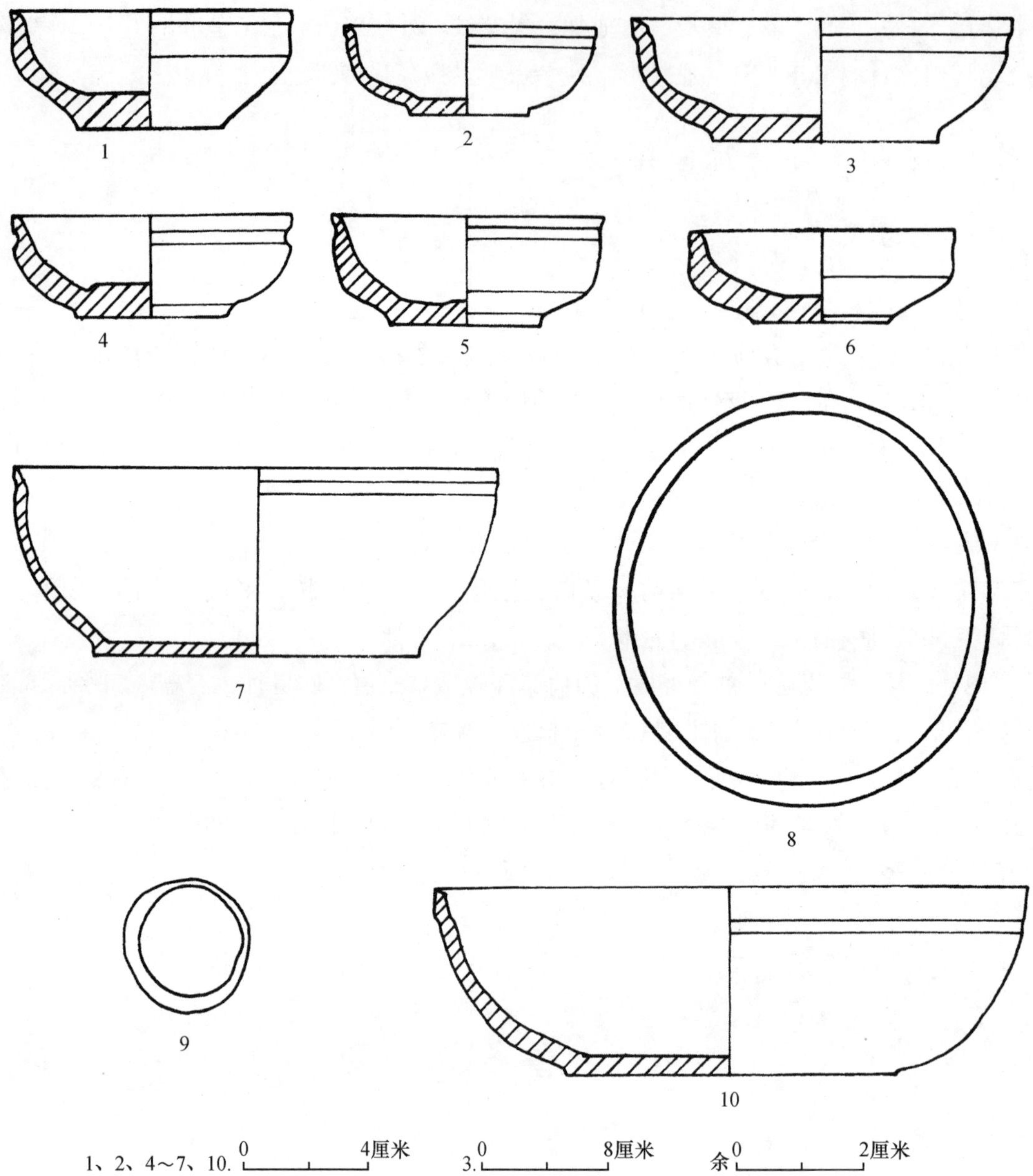

图一○　M8出土器物

1、2、4～7、10. 瓷碗（M8：27、M8：23、M8：25、M8：10、M8：41、M8：45、M8：3）　3. 瓷盆（M8：5）　8. 银镯（M8：50）　9. 银戒指（M8：49）

小碗　22件。按照形制不同分为二式。

Ⅰ式：6件。斜壁，底较大。M8：10，施半釉。口径8.8、底径4.8、高3.4厘米（图一○，5）。M8：25，沿下饰一道凹弦纹。口径8.4、底径4.8、高3.2厘米（图一○，4）。

Ⅱ式：16件。直口，折腹，小平底。M8：23，施半釉。饼形底。口径7.9、底径3.7、高2.7厘米（图一○，2）。M8：27，施半釉。口微敛。口径8.8、底径4.6、高3.6厘米（图一○，1）。M8：41，施半釉。口较直。口径8.4、底径4.4、高2.8厘米（图一○，6）。

装饰品　包括银镯、银戒指、料珠和耳珰等。

银镯　1件。M8：50，圆形，其外侧镂刻花纹。外径5.9、内径5.4厘米（图一○，8）。

银戒指 1件。M8：49，圆形，有戒面，无花纹。外径2、内径1.6厘米（图一〇，9）。

琉璃耳珰 1件。M8：51，亚腰形，残余一半。残高1.4厘米。

（三）长方形墓

1座。

M4 位于发掘区南部偏西。方向94°（图一一；彩版一七七，1）。

墓葬形制：砖室墓，券顶已经被破坏，但残留部分券砖。墓壁、铺地砖和封门砖保存完好。墓室长400、宽146、高116、墙体厚17厘米。使用菱形花纹砖垒砌，砖长36、宽17、厚8厘米。

葬式葬具：墓内骨架腐朽严重，尚可分辨骨架1具，仰身直肢，头向东，在墓室接近墓门处，没有发现葬具的痕迹。

随葬器物：发现青瓷器9件。

盘口壶 1件。M4：3，施半釉。盘口，束颈，圆肩，鼓腹，平底，肩饰四贯耳。口径12.2、腹径24.4、底径14.2、高25.4厘米（图一二，3；彩版一七九，2）。

罐 2件。M4：1，施半釉。方唇，斜肩，深腹微鼓，肩饰四贯耳，有盖。口径11.5、腹径17.2、底径11.4、高17.5厘米（图一二，4；彩版一八二，1）。

碗 6件。M4：4，施半釉。尖圆唇，口微敛，斜壁，小平底。高3.7、口径8.4、底径4厘米（图一二，1）。M4：9，釉脱落。尖圆唇，口微敛，沿下饰一道凹弦纹，壁微凸，小平底。口径7、底径4、高5厘米（图一二，2；彩版一八三，1）。

（四）形制不明的墓

3座。

1. M5

位于发掘区的北端，方向82°（图一三；彩版一七六）。

墓葬形制：砖室墓，券顶已经被破坏，残留墓壁的直壁部分。墓壁、铺地砖保存尚好。甬道部分已经不存，前端被居民生活建筑所打破，无法判断墓葬的形制。墓室残长432、宽162、高72、墙体厚18厘米。使用菱形花纹砖垒砌，砖长36、宽18、厚8厘米。铺地砖和随葬品保存较好。

葬具葬式：墓内尸骨腐朽严重，散见一些肢骨，葬式不明，也没有发现葬具的痕迹。在墓室的后部，发现有一段粗壮的腿骨遗留，应为牛等大型动物的骨骼。

随葬器物：集中摆放在墓室前端，主要是青瓷器，种类繁多，制作精美，包括鸡首壶、盘口壶、龙首碗、熏炉、罐、碗等。陶器只出土一件形体巨大的甑。

瓷器 37件。其中鸡首壶1件，盘口壶5件，熏炉1件，碗盏1件，龙首碗1件，三足盘1件，罐6件，盘3件，碗18件。

鸡首壶 1件。M5：27，施釉及底。盘口，束颈，宽肩，肩上塑鸡首形流，后有圆

0 20厘米

图一一 M4平面图

1. 瓷盖罐 2. 瓷罐 3. 瓷盘口壶 4～9. 瓷碗

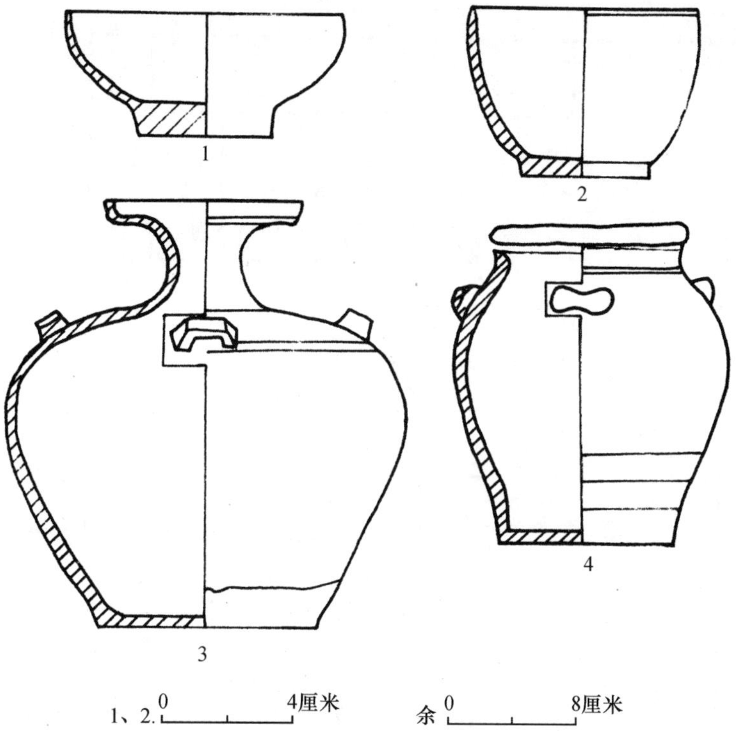

图一二　M4出土瓷器

1、2. 碗（M4：4、M4：9）　3. 盘口壶（M4：3）　4. 盖罐（M4：1）

柱形鋬，大平底，肩饰二贯耳。口径8.7、腹径18、底径10、高18厘米（图一四，1；彩版一八〇，1）。

盘口壶　5件。M5：5，大盘口，短颈，溜肩，鼓腹。口径14、腹径20、底径14、高14.2厘米（图一四，2；彩版一八〇，4）。M5：11，施釉及腹。小盘口，短颈，溜肩，肩饰四贯耳，圆腹，小平底。口径14.4、腹径26.6、底径13.2、高27.7厘米（图一四，4；彩版一七九，6）。M5：24，大盘口，长颈，宽肩，肩上四贯耳，圆腹，小平底。施釉及腹下。口径17.2、腹径28.2、底径14.5、高36.8厘米（图一四，3；彩版一七九，5）。

熏炉　1件。M5：38，小口，椭圆形炉体，在肩上雕刻对称的三角形镂孔，下面有托盘和圆柱状底座。口径8.5、腹径14.8、底径10.5、高14.4厘米（图一六，3；彩版一八四，1）。

碗盏　1件。M5：14，似为盘与碗结合而成的器物，在碗中还有一只小鸟，具体为何用途，尚不明晰。口径8.5、盘口径14.9、底径12.5、高6厘米（图一六，1；彩版一八四，7）。

龙首碗　1件。M5：8，在碗的一侧加上了龙首形鋬，形制比较特别，十分罕见。口径18.1、底径11.8、高10.5厘米（图一六，2；彩版一八二，3）。

三足盘　1件。M5：4，形制类似盘，在底部加了短兽蹄形的三足。口径13、底径12、高3.6厘米（图一五，7；彩版一八三，7）。

罐　6件。分二式。

Ⅰ式：形体较大，大口，宽肩，小平底。M5：9，施釉及腹。方唇直口，肩上饰四贯耳。口径23、腹径30、底径15、高22.5厘米（图一五，6；彩版一八一，3）。

Ⅱ式：形体略小，口小，斜肩，圆腹，平底。M5：2，施釉及腹。方唇，口微敛，肩饰四

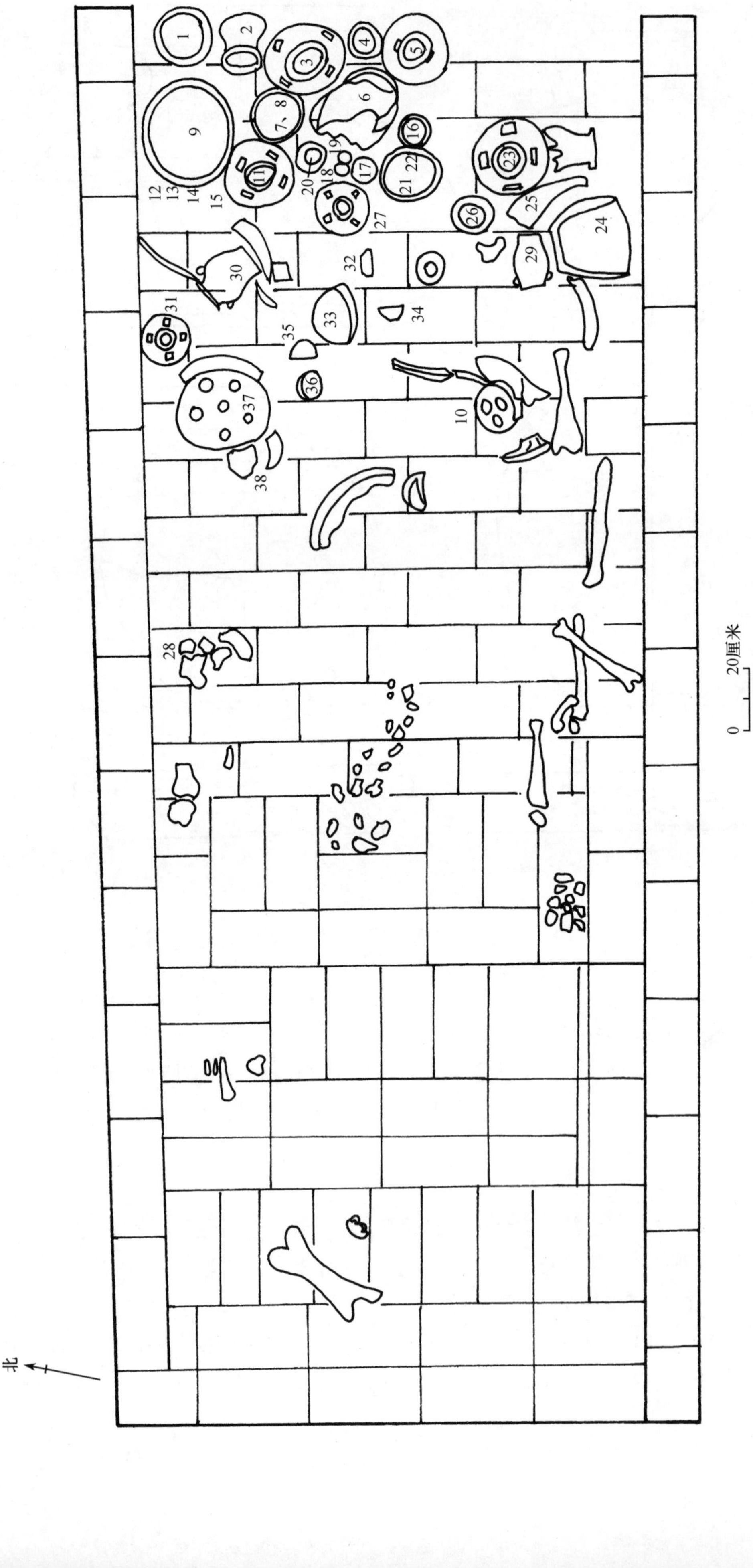

图一三 M5平面图

1、7、10、13、16～22、25、28、32～36. 瓷碗 2、3、6、9、29、30. 瓷罐 4. 瓷三足盘 5、11、23、24、31. 瓷盘口壶 8. 瓷龙首碗 12、15、26. 瓷盘 14. 瓷碗盏 27. 瓷鸡首壶 37. 陶甑 38. 瓷熏炉

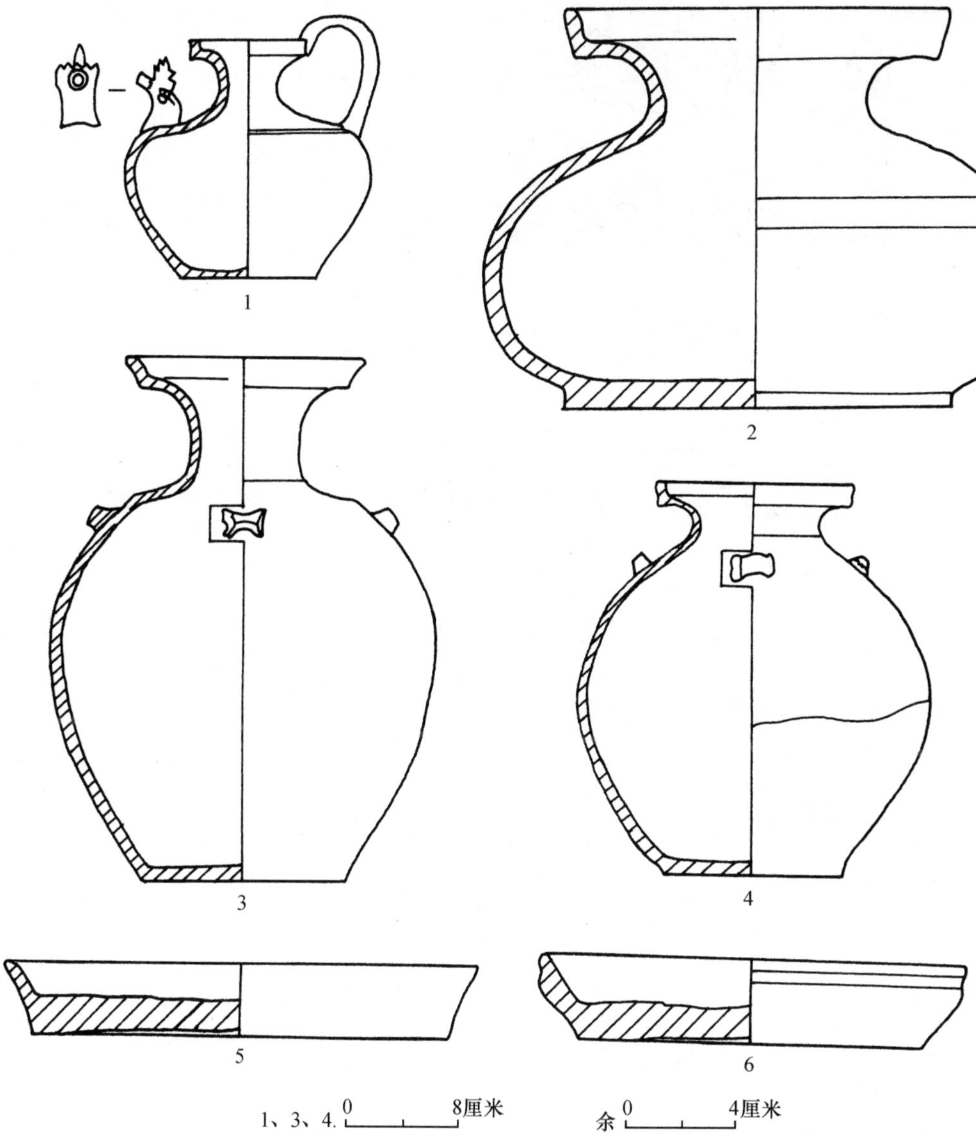

图一四 M5出土瓷器

1. 鸡首壶（M5：27） 2～4. 盘口壶（M5：5、M5：24、M5：11） 5、6. 盘（M5：12、M5：15）

贯耳。口径12.4、腹径17.6、底径12.4、高19.6厘米（图一五，5；彩版一八五，5）。

盘　3件。M5：12，斜壁，浅腹，大平底。口径17、底径15、高2.7厘米（图一四，5）。M5：15，斜壁，大平底，壁外饰一圈圆柱状凸起。口径15.6、底径12.6、高3厘米（图一四，6；彩版一八三，6）。

碗　18件。分为大、小碗。

大碗　5件。M5：22，施全釉。大敞口，口较直，沿下饰一道凹弦纹，饼形底。口径16、底径10.8、高6厘米（图一五，4；彩版一八二，4）。M5：33，施半釉。口微敛，斜壁，大平底。口径17.9、底径10.7、高6.5厘米（图一五，3）。

小碗　13件。M5：13，釉脱离。敛口，斜壁，饼形底。口径8.7、底径2.8、高3.6厘米（图一五，1）。M5：32，施全釉。直口，深腹，饼形底。口径8.7、底径5.1、高4.1厘米（图

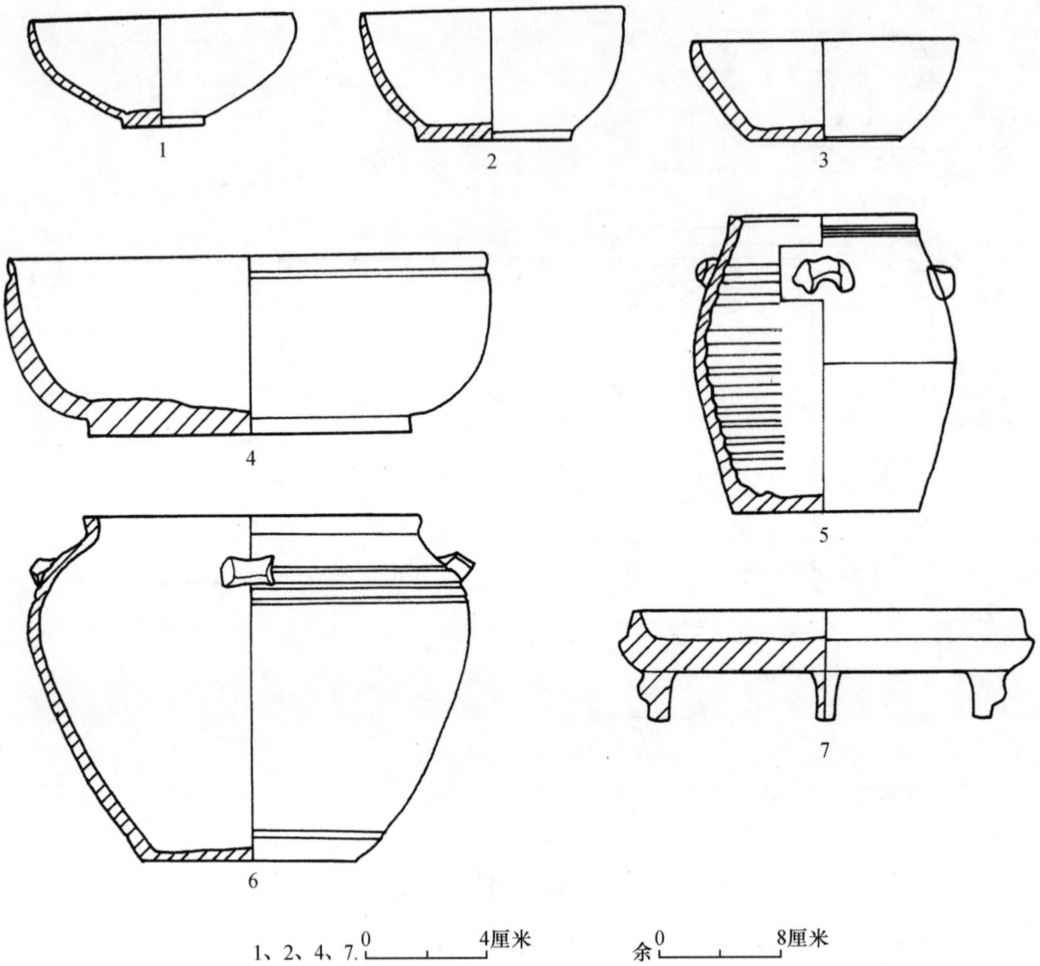

图一五　M5出土瓷器

1～4. 碗（M5：13、M5：32、M5：33、M5：22）　5、6. 罐（M5：2、M5：9）　7. 三足盘（M5：4）

一五，2；彩版一八三，3）。

陶器　1件，为甑。

甑　M5：37，大宽折沿，深腹，斜壁，大平底，底有圆形孔。口径39.3、底径19.5、高22.4厘米（图一六，4；彩版一八三，4）。

2. M1

位于发掘区南部。由于距地表较浅，墓葬破坏严重。只残存墓底的铺地砖，残长146、宽45～80厘米。墓葬形制不明，也没有发现随葬品。

3. M2

位于发掘区南部。情况同M1相似，残存墓底略呈方形，边长118厘米。墓葬形制不明，也没有发现随葬品。

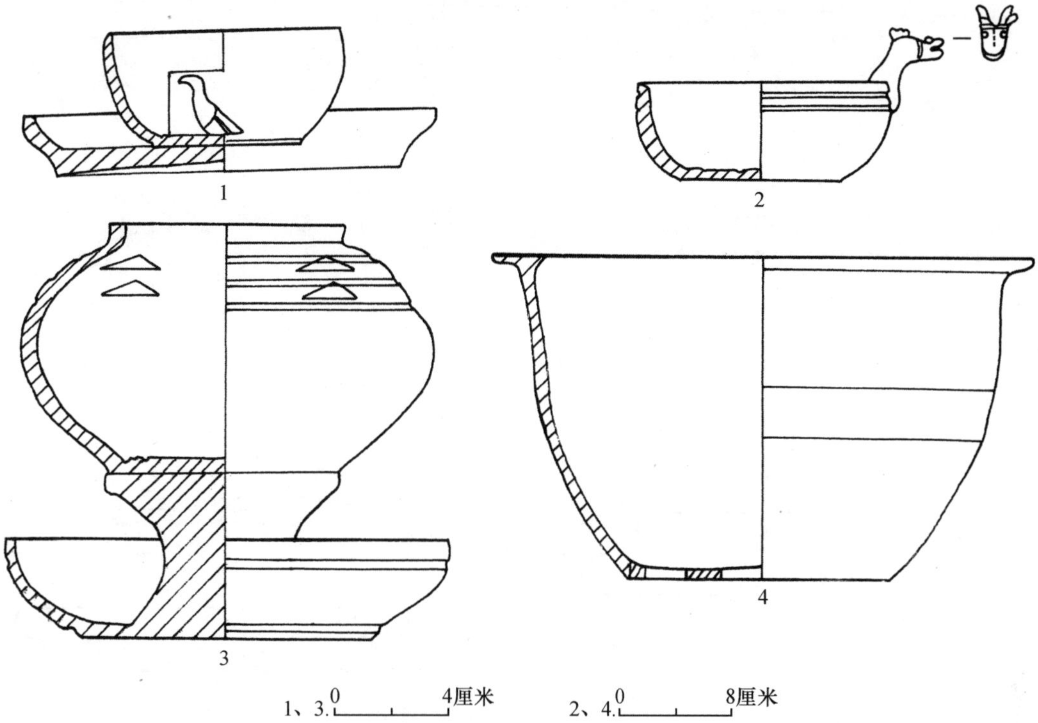

图一六　M5出土器物

1. 瓷碗盏（M5：14）　2. 瓷龙首碗（M5：8）　3. 瓷熏炉（M5：38）　4. 陶甑（M5：37）

三、清　代　墓

石室墓　1座，M3。

墓室以加工好的石条垒筑而成，朝向墓室的一面浮雕有精美的花纹装饰。由于墓葬在早期即遭到破坏，没有发现随葬品。依据石雕的题材判断年代为清代。

墓室的四壁以长方形石条垒筑，发现时残留3层，最下面的一层虽然加工平整，但没有雕刻花纹，在西壁的北角上雕刻一桃形孔，可能与灵魂的通道这种民间信仰有关。中间层以石条为单位，分别雕刻花纹。在石条上又采用分格的形式，多为两格，有的也不分格。按东南西北的顺序，东壁为花卉，南壁为鹿、鱼龙、花卉和菱形花纹；西壁为花卉和花瓶；北壁为龙、鹿、鱼龙和花卉。上面的一层石条水平摆放，也遭到破坏，形制不明（图一七；彩版一八五）。

四、结　　语

2003年瓦子坪遗址发掘出重要的六朝墓葬7座，除遗址北部的近江台地和西部的一处小台地外，其他地方已经基本覆盖在发掘区内，证明这里是一处比较集中的汉代至六朝乃至清代的墓地。遗址正处于江边坝地的中心部分，地势较高，受历年来取土的影响，墓葬的上部券顶部分普遍遭到破坏，但墓室中的随葬品保存尚好，出土各类随葬品140件，大大丰富了重庆地区汉代至六朝时期的墓葬资料。

1

2

0 10厘米

图一七 M3墓壁花纹

1. 东壁 2. 西壁

1. 关于墓葬形制

砖室墓的形制比较统一，都是单室墓，没有发现多室和带耳室的墓。墓葬的建筑方式为花纹砖单砖起砌，然后在一定高度上起券。墓葬形制有刀形、凸字形和长方形，还有一些墓葬因为破坏导致形制不明。这三种墓葬形制在渝东地区都比较常见，见于丰都汇南①、冉家路口②，

① 四川省文物考古研究所：《丰都县汇南两汉—六朝墓发掘简报》，《四川考古研究论文集》，文物出版社，1996年。

② 四川省文物考古研究所：《丰都县三峡工程淹没区调查报告》，《四川考古报告集》，文物出版社，1998年。

万州大周[①]、安全[②]、赤溪[③]等地墓群。

2. 关于随葬器物组合和墓葬的年代

这批墓葬中出土的器物主要是陶、瓷器，此外有装饰品和五铢钱。出土的青瓷器数量较多，组合也比较固定。四系盘口壶、罐、碗成为六朝时期常见的随葬品组合，鸡首壶只出土于规模较大的墓葬。另外在M5中出土了之前从未发现的青瓷龙首碗、熏炉、三足盘等，显示出的是时代早晚的区别还是贫富的差别，还有待于整座墓地资料的完整揭示。瓷器的使用标志着社会生产力的进步，简单的器物组合又揭示出六朝时期崇尚简约的生活习俗。

由于出土物中没有发现可以判断年代的证据，只能依据出土的器物来判断。出土的青瓷器中，鸡首壶、盘口壶与重庆丰都汇南墓群M20[④]中出土的器物形制近似，汇南M20年代为晋代，应该与其大体相当。罐、碗与重庆丰都汇南、万州松岭包墓地[⑤]出土的器物形制近似，年代约为六朝时期，因此，判断瓦子坪墓地的墓葬也大约属于六朝时期。

重庆万州瓦子坪遗址汉墓及六朝墓葬的第三次发掘，为研究重庆三峡地区六朝时期的社会状况提供了新的资料。

附记：参加发掘人员有李大营、杨波、于秋伟、禚柏红、惠夕平及菏泽市博物馆的邓文山、张景卫等同志。

绘图：于秋伟　禚柏红　惠夕平
朱　华
摄影：于秋伟
拓片：杨　波
执笔：于秋伟　李大营　杨　波
禚柏红　惠夕平

① 山东省博物馆：《重庆万州大周钟嘴墓地发掘报告》，待刊。

② 陕西省考古研究所：《万州安全墓地发掘报告》，《重庆库区考古报告集·1997卷》，科学出版社，2001年。

③ 四川省文物考古研究所：《丰都县三峡工程淹没区调查报告》，《四川考古报告集》，文物出版社，1998年。

④ 四川省文物考古研究所：《丰都汇南墓群发掘简报》，《重庆库区考古报告集·1998卷》，科学出版社，2003年。

⑤ 青海省文物考古研究所三峡工作队：《万州松岭包墓地发掘报告》，《重庆库区考古报告集·1997卷》，科学出版社，2001年。

万州大坪墓群2003年度第二次发掘简报

重庆市文化遗产研究院
益阳市文物管理处
万州区文物管理所

万州大坪墓群位于重庆万州瀼渡镇石山村大坪社，为东周至汉晋墓地。

2001年、2002年及2003年上半年，对该墓地先后进行过三次发掘。三次共发掘墓葬119座，其中东周墓47座、汉代—六朝墓72座。2003年10～12月，对该墓地进行了第四次发掘，发掘东周巴人墓13座、汉晋墓12座，出土了一批较为重要的文化遗物（彩版一八六、彩版一八七）。

现将此次发掘的情况简报如下。

一、东 周 墓

（一）墓葬形制与类型

此次共发掘东周墓13座，均开口于第2层明清扰乱层下，且分布相对集中，大部分分布在T83、T84两个探方内（图一）。除一座（M144）为空墓外，其余均保存较好，有的出土器物还十分丰富（如M136），部分墓葬保存有人骨架，葬式均为仰身直肢。所有墓葬均没有发现葬具，但有个别的墓葬发现有棺椁痕迹。有单棺和一棺一椁两种，有两座墓葬（M127、M138）在墓底均发现有两条枕木沟。

这批墓葬的形制均为长方形竖穴土坑，且墓口均大于墓底，可分为宽坑和窄坑两类。

1. 宽坑墓

墓宽一般在1.8～2.4米，宽长比约为2∶3，共5座，即M126、M127、M128、M136、M138（彩版一八八，1）。

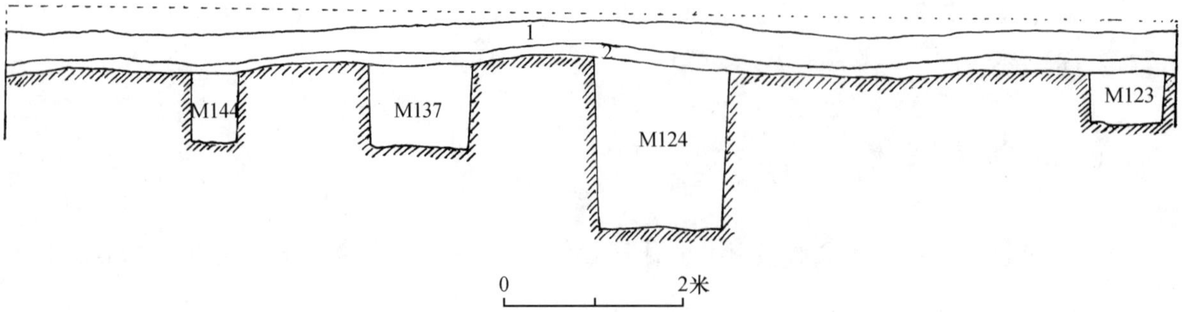

图一　T83西壁剖面图

M136　位于T83，方向172°。墓口长3.5、宽2.25、墓底长3.2、宽1.95、深1.9米，出土器物丰富且较完整，保存有较完整的人骨架，葬式为仰身直肢（图二）。

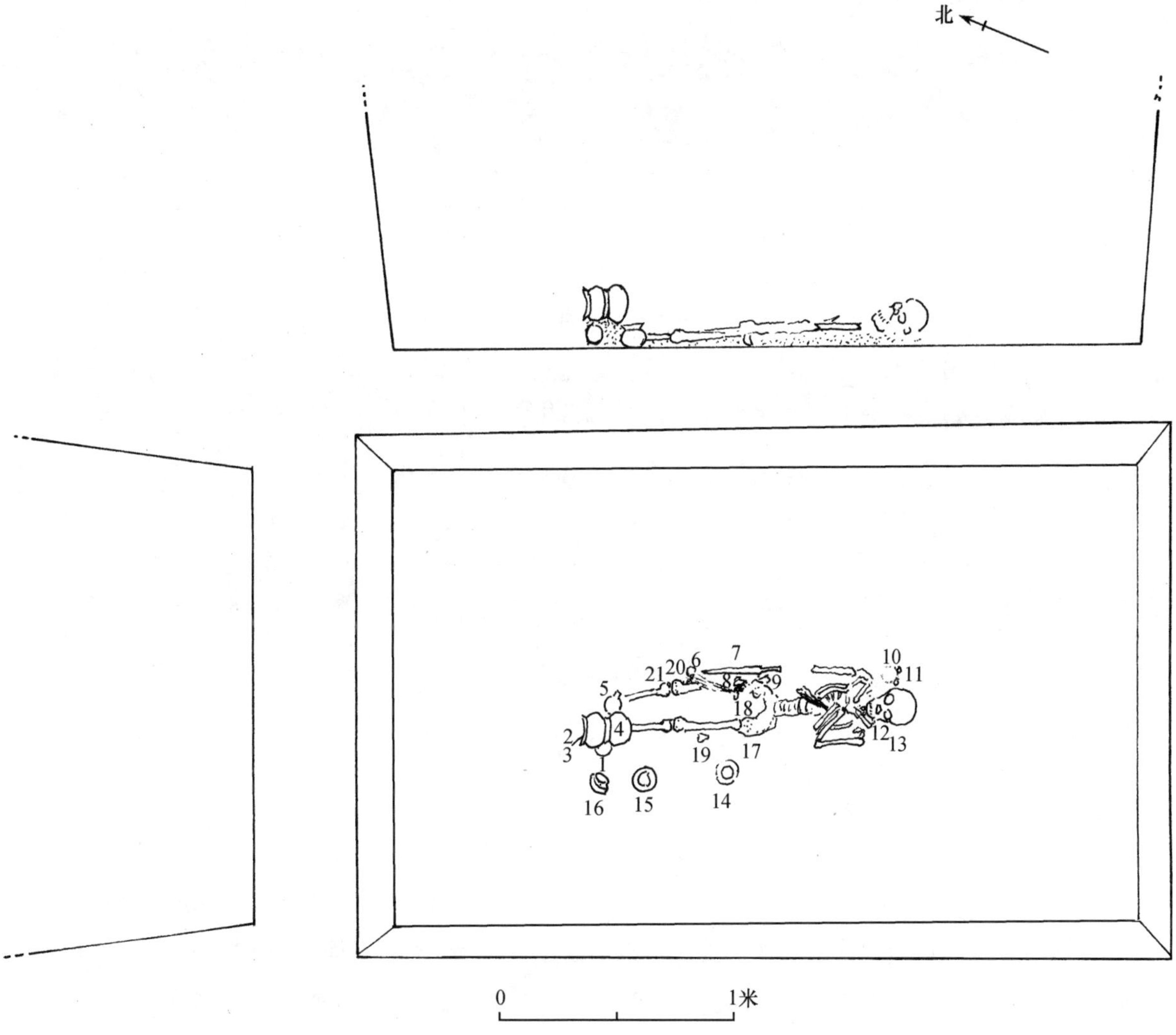

图二　M136平、剖面图

1、2. 铜鍪　3. 铜勺　4. 铜釜甑　5. 铜匜　6. 铜小刀　7. 铜剑　8. 铜钺　9、17. 铜桥形饰件　10、11、13. 玉玦　12、20. 料珠　14、15. 陶罐　16. 陶豆　18. 铜链条带钩挂饰件　19、21. 铜铃

2. 窄坑墓

墓宽一般在0.8～1.2米，宽长比约为1∶3，共8座，以M124为例说明。

M124　位于T83，方向345°。墓口长2.9、头宽1.4、足宽1.3、墓底长2.8、头宽1.3、足宽1.2、残深1.7米（图三；彩版一八八，2）。

（二）随葬器物

除M144为空墓外，其余墓葬均出土有数量不等的器物，以陶器和铜器为主，另有少量玉器和料器。

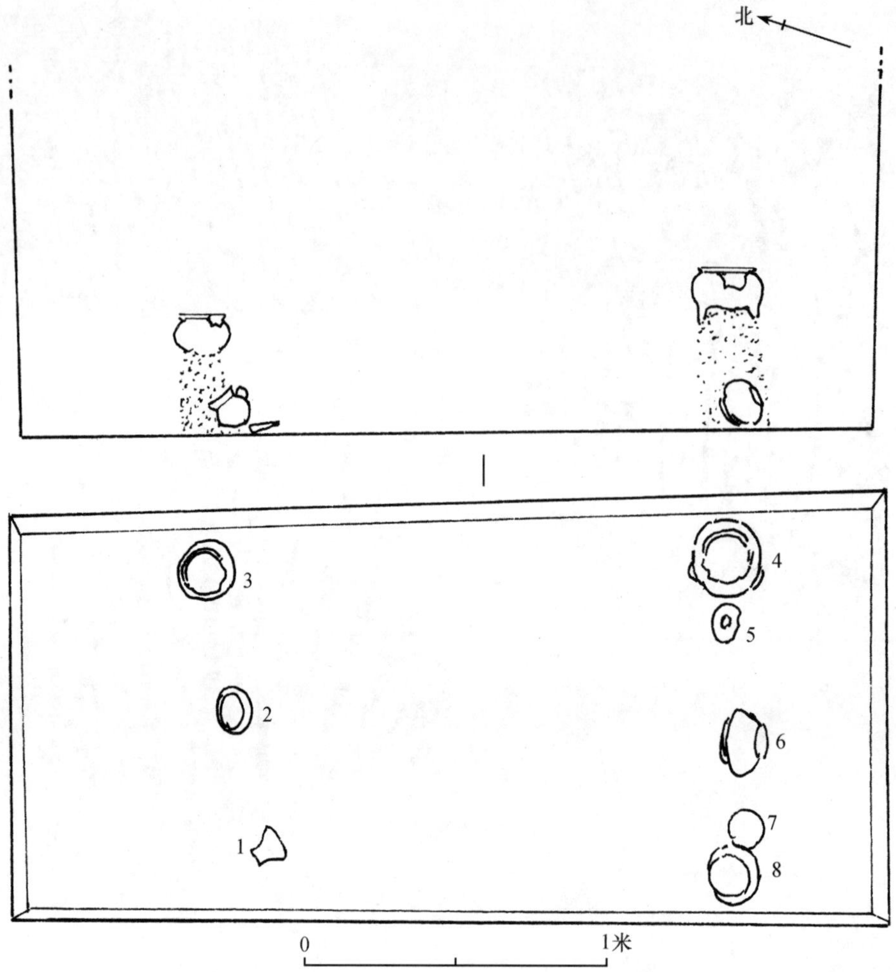

图三　M124平、剖面图

1. 铜钺　2. 铜鍪　3、6、8. 陶罐　4. 陶鬲　5、7. 陶豆

1. 陶器

以泥质红陶和夹砂灰陶为主，另有少量泥质灰陶、夹砂褐陶等。纹饰以绳纹为主（图四），器形有罐、鬲、豆等。

罐　依底之不同分三型。

A型　圜底罐。分二式。

Ⅰ式：M126∶10，泥质红陶。侈口，尖唇，束颈，球形腹，圜底。肩以下饰细绳纹。口径15.2、最大腹径23.2、高20厘米（图五，1）。

Ⅱ式：M133∶7，夹砂灰陶。侈口，圆唇，沿部为手捏的花边，颈较短，垂腹，大圜底。颈以下饰细绳纹。口径20.8、最大腹径26.8、高20厘米（图五，2）。

B型　凹底罐。分六式。

Ⅰ式：M127∶5，泥质红陶。直口，矮领，斜肩，鼓腹斜收，平底微内凹。素面。口径9、腹径17.5、底径9、高13.5厘米（图五，3）。

Ⅱ式：M129∶9，夹砂灰陶。侈口，平宽沿微外卷，颈较长，折肩，腹微鼓，底内凹。肩

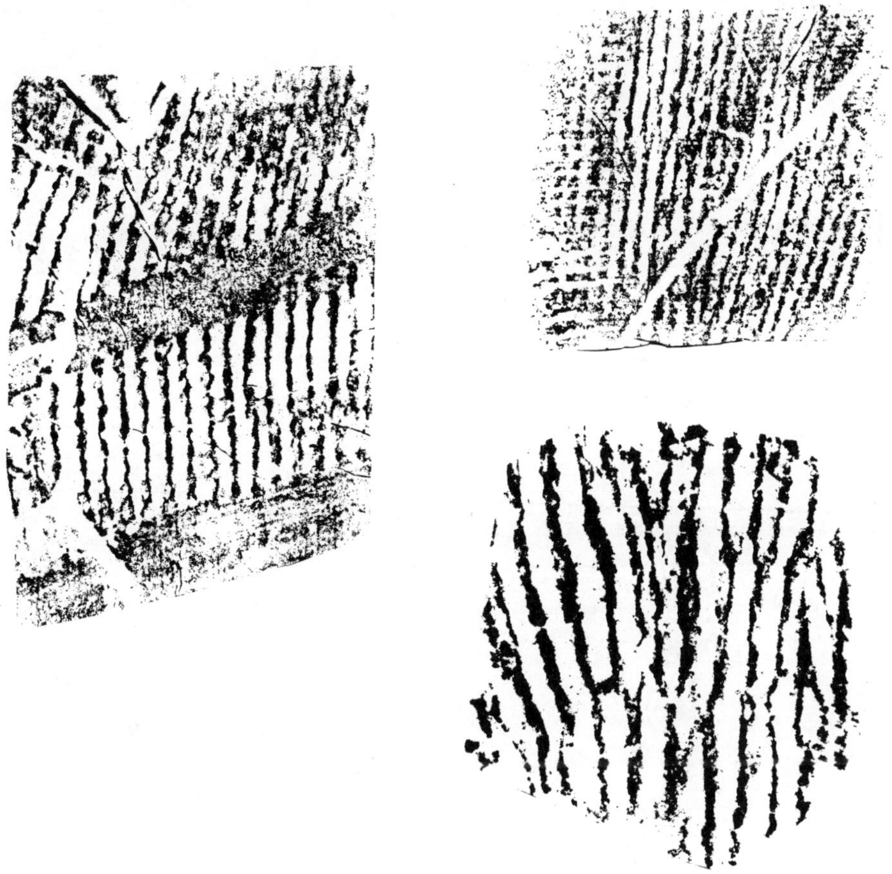

图四　东周墓出土陶器纹饰拓片

部饰弦纹，腹部饰乱绳纹。口径14.8、腹径18、底径8、高18.4厘米（图五，4）。

Ⅲ式：M137：1，夹砂褐陶。敞口，圆唇，领较高，斜折肩，腹微鼓，平底内凹。肩以下饰细绳纹。口径10.5、腹径14.5、底径7.8、高15厘米（图五，5）。

Ⅳ式：M123：4，泥质红陶。侈口，尖唇，颈较直较长，折肩，腹微鼓，平底内凹。口径13.5、腹径14.1、底径7.2、高14.8厘米（图五，6；彩版一八九，1）。

Ⅴ式：M128：2，泥质红陶。平宽沿，方唇，束颈且极短，斜折肩，鼓腹，平底微内凹。肩以下饰细绳纹。口径13.6、腹径20.4、底径9、高16厘米（图六，1；彩版一八九，2）。

Ⅵ式：M129：6，夹砂灰陶。平宽沿微外卷，侈口，颈较长，斜肩，微鼓腹，平底微内凹。肩部饰弦纹，肩以下饰乱绳纹。口径15、腹径18、底径8.2、高18厘米（图六，2；彩版一八九，3）。

C型　平底罐。M126：9，泥质褐陶。敞口，圆唇，高领，溜肩，鼓腹斜收成平底。肩部饰一道凹弦纹。口径11.5、腹径16.5、底径8、高14.5厘米（图六，3）。

鬲　仅出土1件。M124：4，泥质红陶。侈口，平宽沿，束颈且极短，腹较深，腹壁较直，裆较浅，三柱状足均残。腹部间饰弦纹和绳纹。口径18、腹径23、残高16.5厘米（图六，4；彩版一八九，5）。

豆　M136：16，泥质红陶。浅盘，柄较粗，喇叭座较矮。口径13.5、底径8.5、高10.5厘米（图六，5；彩版一八九，4）。

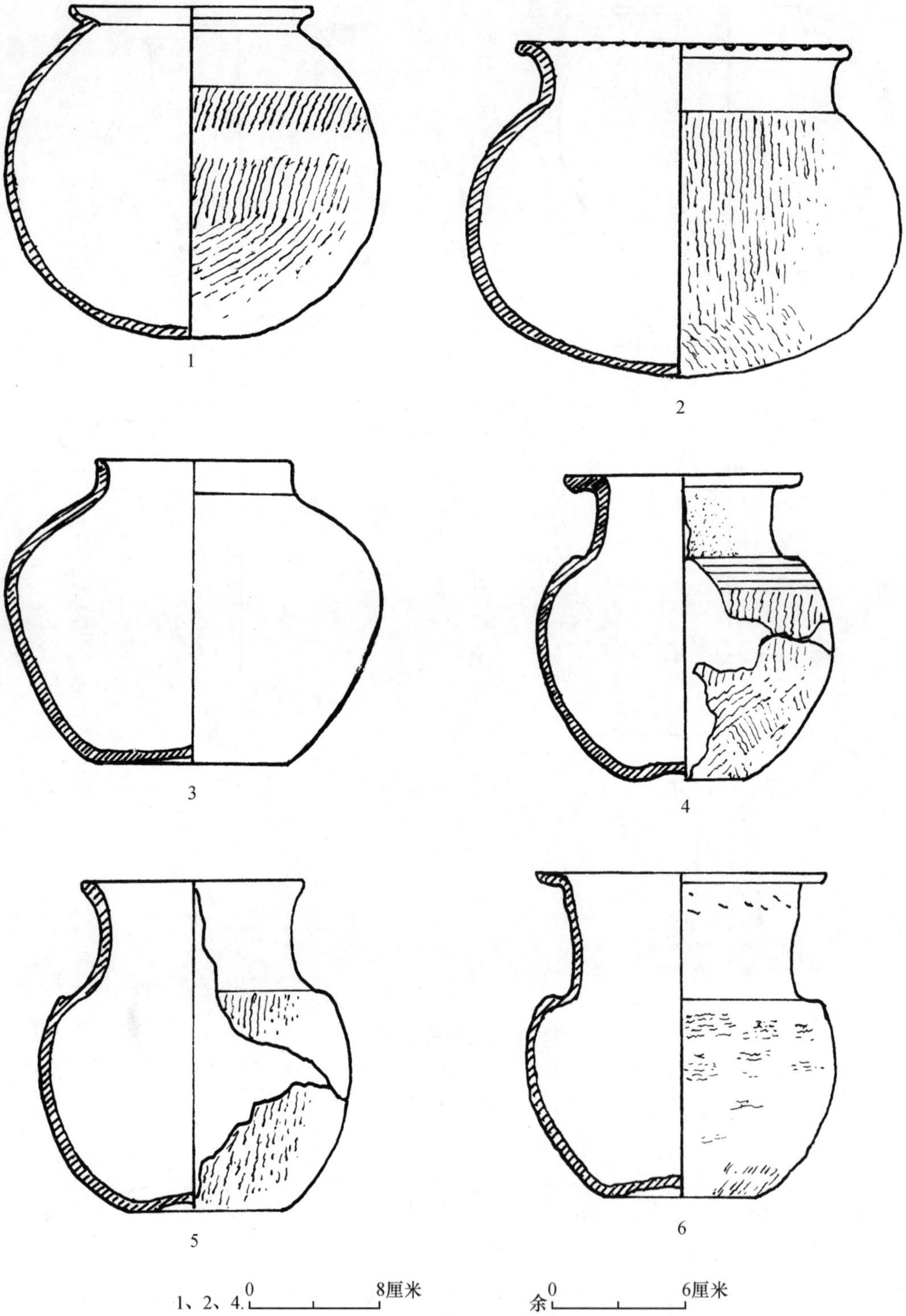

图五　东周墓出土陶罐

1. A型Ⅰ式（M126：10）　2. A型Ⅱ式（M133：7）　3. B型Ⅰ式（M127：5）　4. B型Ⅱ式（M129：9）
5. B型Ⅲ式（M137：1）　6. B型Ⅳ式（M123：4）

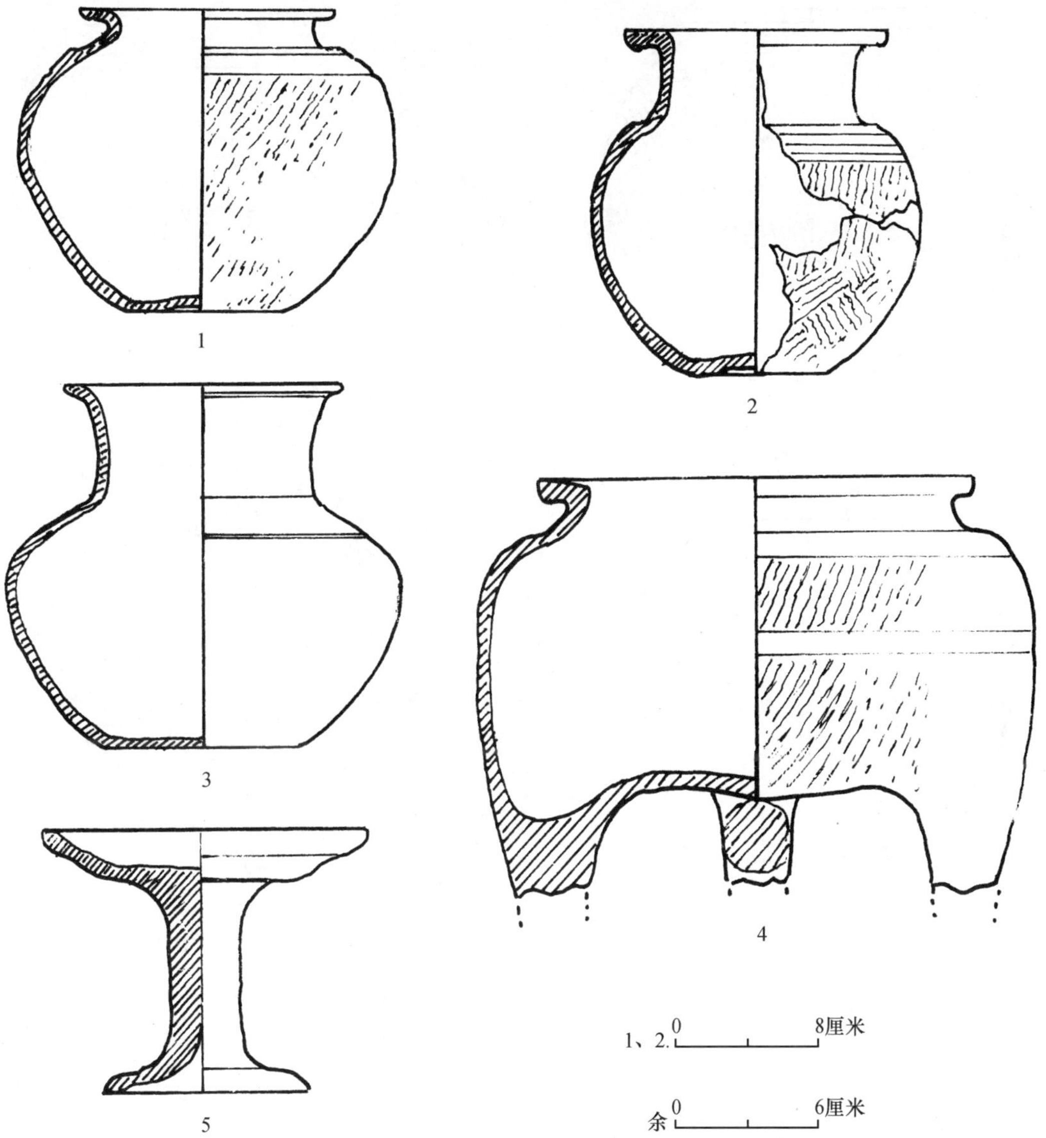

图六　东周墓出土陶器

1. B型Ⅴ式罐（M128：2）　2. B型Ⅵ式罐（M129：6）　3. C型罐（M126：9）　4. 鬲（M124：4）　5. 豆（M136：16）

2. 铜器

出土较多，且保存较完整，器形有釜甑、提梁壶、鍪、剑、钺、矛、斤、环首刀、匜、勺、铃等。

釜甑　1件。M136：4，上甑下釜，甑为敞口，束颈，微鼓腹，圜底，底部有20多个箅孔，肩部有辫索状环形双耳（其中一耳残）。口径18、腹径19.2厘米。釜为直口，矮领，溜肩鼓腹，大圜底。口径10.8、腹径20.4、整件器物通高22.8厘米（图七，1；彩版一九〇，1）。

提梁壶　1件。M126：6，弧形盖，顶近平，两侧各有一环形纽，壶身直口，长颈，斜肩，微鼓腹，圈足，颈肩接合处两侧各有一含环铺首，有链形提梁，提梁为弧形，提梁两端各有一环分别与盖顶两侧的环形纽相连。通体素面。口径7.2、腹径17.3、底径10.5、通高30厘米（图七，2；彩版一九〇，2）。

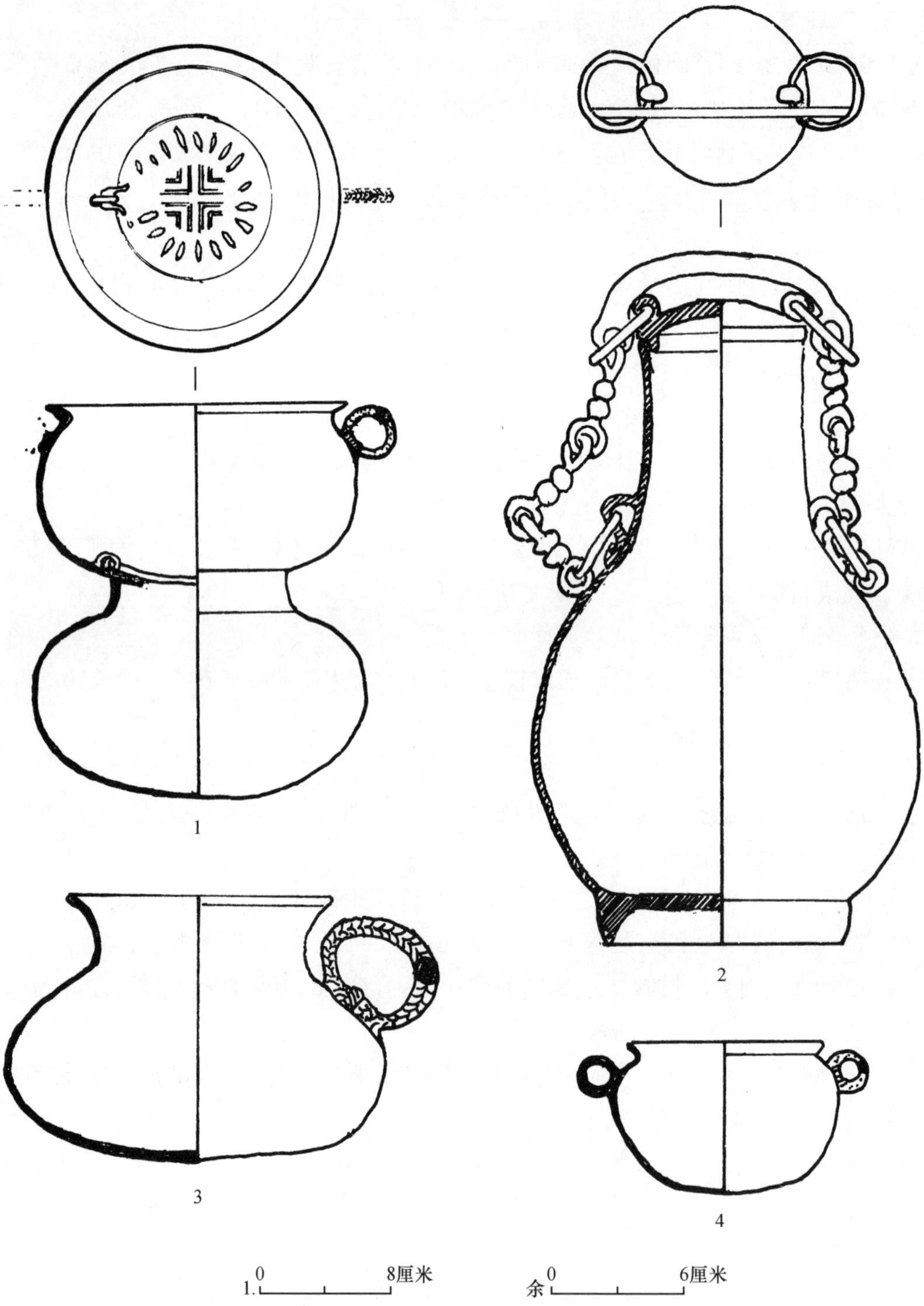

图七　东周墓出土铜器

1. 釜甑（M136：4）　2. 提梁壶（M126：6）　3、4. 鍪（M125：1、M136：1）

鍪　分二型。

A型　M125：1，侈口，束颈，领较高，溜肩，垂腹，大圜底近平，肩部有单辫索状环形竖耳。口径12、腹径17.4、高11.7厘米（图七，3；图一〇，4）。

B型　M136：1，侈口，束颈，溜肩，鼓腹，圜底略平。肩部有双辫索状环形竖耳。口径9、腹径10.2、高6.4厘米（图七，4；彩版一九〇，4）。

剑　分三型。

A型　M136：7，圆首圆格，剑身窄而长，中有窄脊呈直线状隆起，剑身断面为菱形，末端收杀成锋，腊首部有“ㄱ”纹饰，通长39.6厘米（图八，1；彩版一九一，1）。

B型　M126：4，柳叶形，扁茎较宽，茎有双孔，剑身薄而较宽较长，中有宽脊，剑身横断面呈菱形。腊首部有纹饰，但不甚清晰。通长39.2厘米（图八，2；图一〇，2；彩版一九一，2）。

C型　M129：3，柳叶形，扁茎较窄，茎有双孔，剑身薄而狭长，中有宽脊，剑身断面呈菱形。通长36厘米（图八，3；图一〇，3）。

钺　分二型。

A型　有肩钺。又分二式。

Ⅰ式：M136：8，銎孔近似椭圆，平折肩，且肩部较高，腰微束，弧刃。通长7.6，刃宽4.2厘米（图九，1；彩版一九一，4）。

Ⅱ式：M129：5，銎孔近似椭圆，两侧斜肩下弧出，一侧弧出较长，一侧弧出较短，刃两端上下不齐而成斜弧刃。通长7.4、刃残宽7厘米（图九，2）。

B型　无肩钺。又可分三式。

Ⅰ式：M124：1，銎孔近方形，通体较宽，弧刃，且刃两端不甚齐平。通长10、刃宽9.2厘米（图九，3）。

Ⅱ式：M120：1，銎孔近圆形，腰微束，弧刃略平直。通长6.8、刃宽5厘米（图九，4）。

Ⅲ式：M127：1，銎孔近圆形，腰身微束且较长，弧刃，刃两端微上卷。通长9.8、刃宽8厘米（图九，5；彩版一九一，5）。

斤　1件。M126：5，銎孔为方形，腰身细长，弧刃较宽，刃两端微上卷。銎孔下有“ㄱ”形纹饰。通长17.4、刃宽7.8厘米（图九，6；图一〇，5；彩版一九一，6）。

矛　M126：1，圆銎，长骹，弓形双耳（其中一耳残）。骹两侧有虎纹，矛叶为柳叶形，尖锋。通长22.5、骹长12厘米（图八，4；图一〇，1；彩版一九一，3）。

勺　1件。M136：3，勺头平面为椭圆形，勺体较浅，勺柄扁平而细长，柄端卷曲。通长19厘米（图八，6；彩版一九〇，8）。

环首刀　1件。M126：3，环形首，刀身细而长，刃微弧。通长25.5厘米（图八，5；彩版一九〇，7）。

箭镞　共7件（彩版一九〇，6）。分二式。

Ⅰ式：M127：2，双冀形，镞身较窄长，后锋双冀稍不齐，短圆关，圆铤较长。通长9、铤长4.4厘米（图一一，1）。

Ⅱ式：M127：3，双冀形，镞身较扁平，后锋双冀稍不齐，短圆关，圆铤较短。通长6.6、铤长2.8厘米（图一一，2）。

小刀　1件。M136：6，球形镂空首，刀身较宽，弧刃，刃前端上翘。通长8厘米（图一一，3；彩版一九〇，3）。

匜　1件。M136：5，匜体为圆形，侈口，腹较浅，平底，一侧有凹槽形短柄与匜体相连。口径14.7、底径7.5、柄长3厘米（图一一，4）。

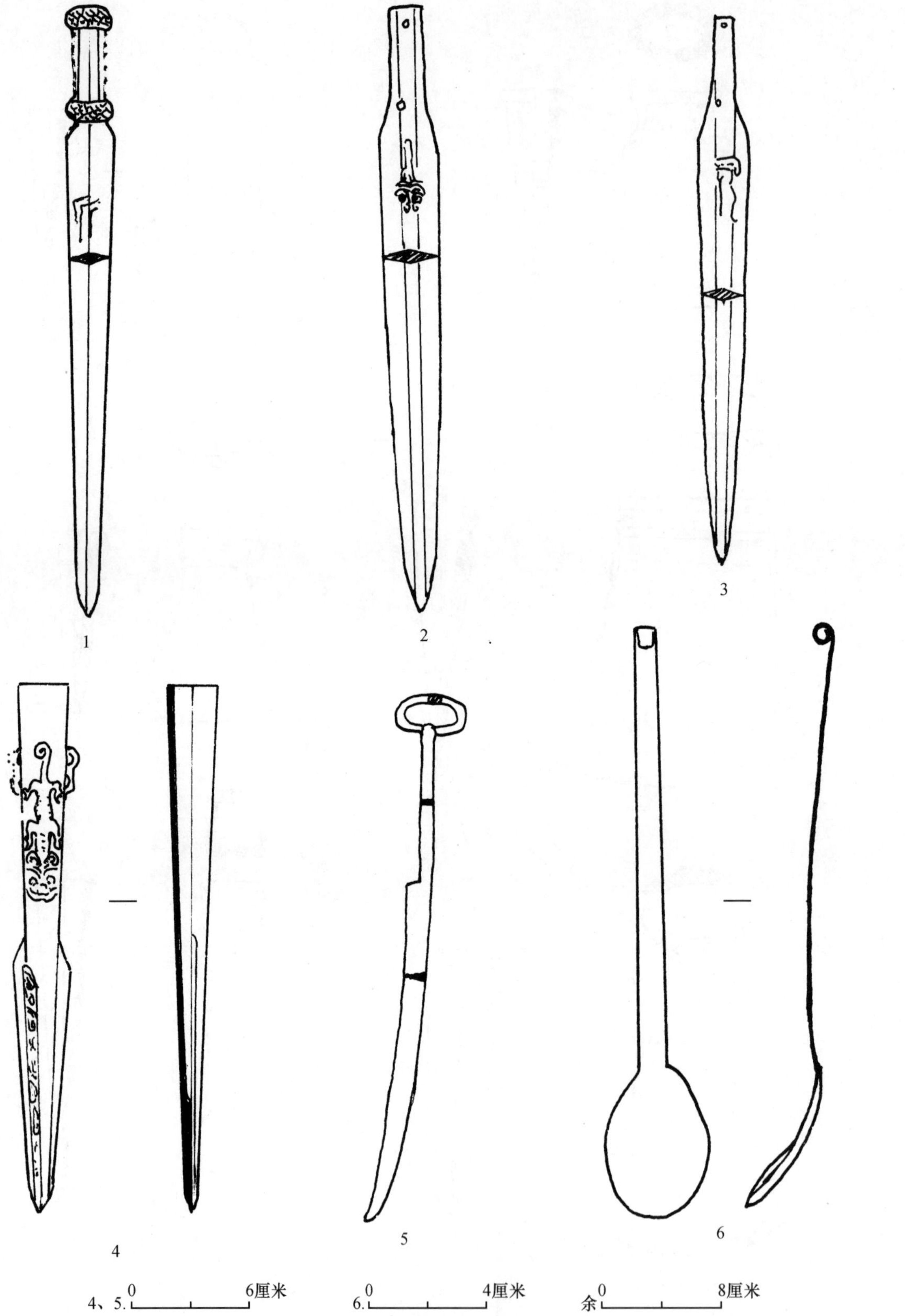

图八　东周墓出土铜器

1. A型剑（M136：7）　2. B型剑（M126：4）　3. C型剑（M129：3）　4. 矛（M126：1）　5. 环首刀（M126：3）　6. 勺（M136：3）

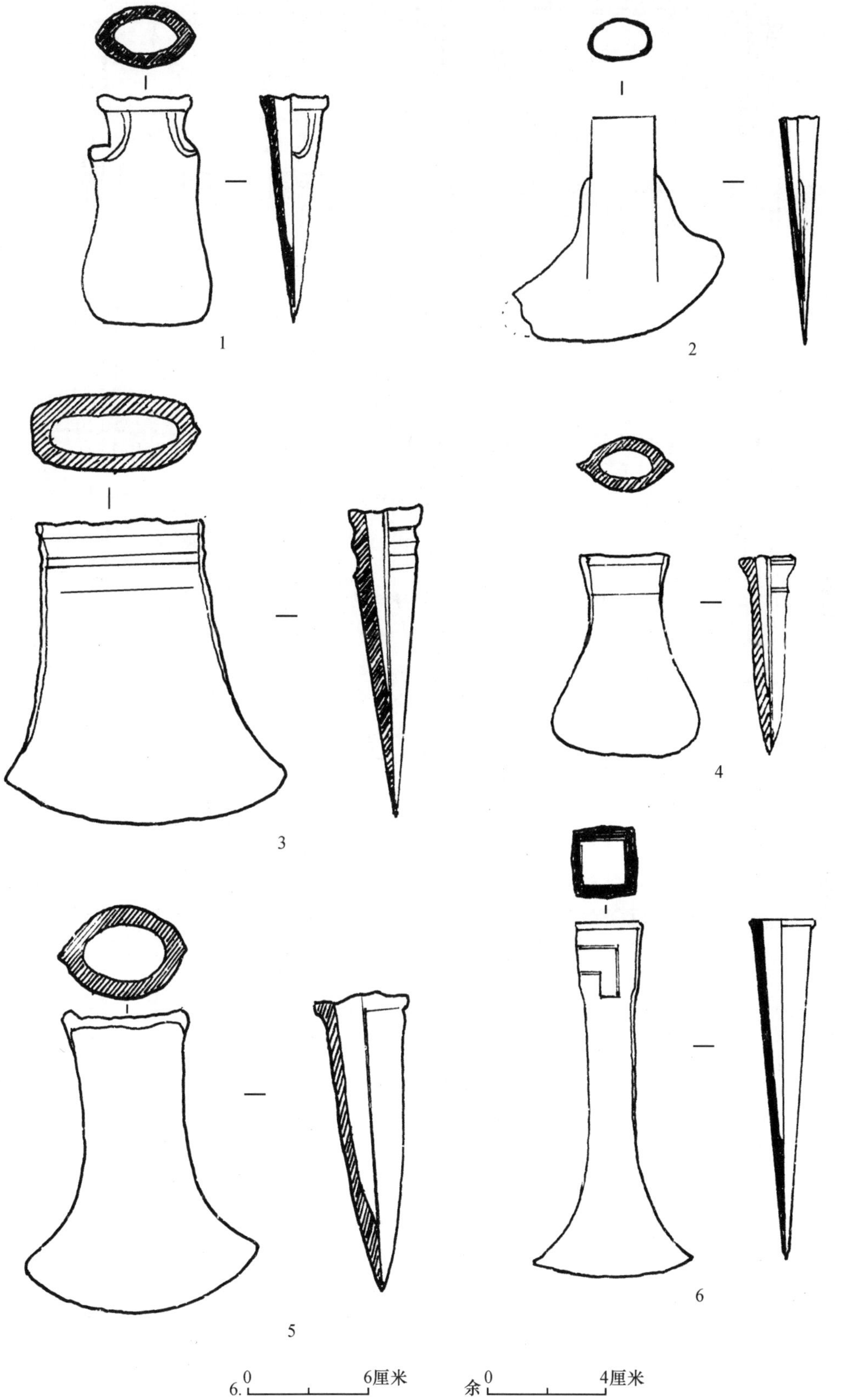

图九　东周墓出土铜器

1. A型Ⅰ式钺（M136：8）　2. A型Ⅱ式钺（M129：5）　3. B型Ⅰ式钺（M124：1）　4. B型Ⅱ式钺（M120：1）
5. B型Ⅲ式钺（M127：1）　6. 斤（M126：5）

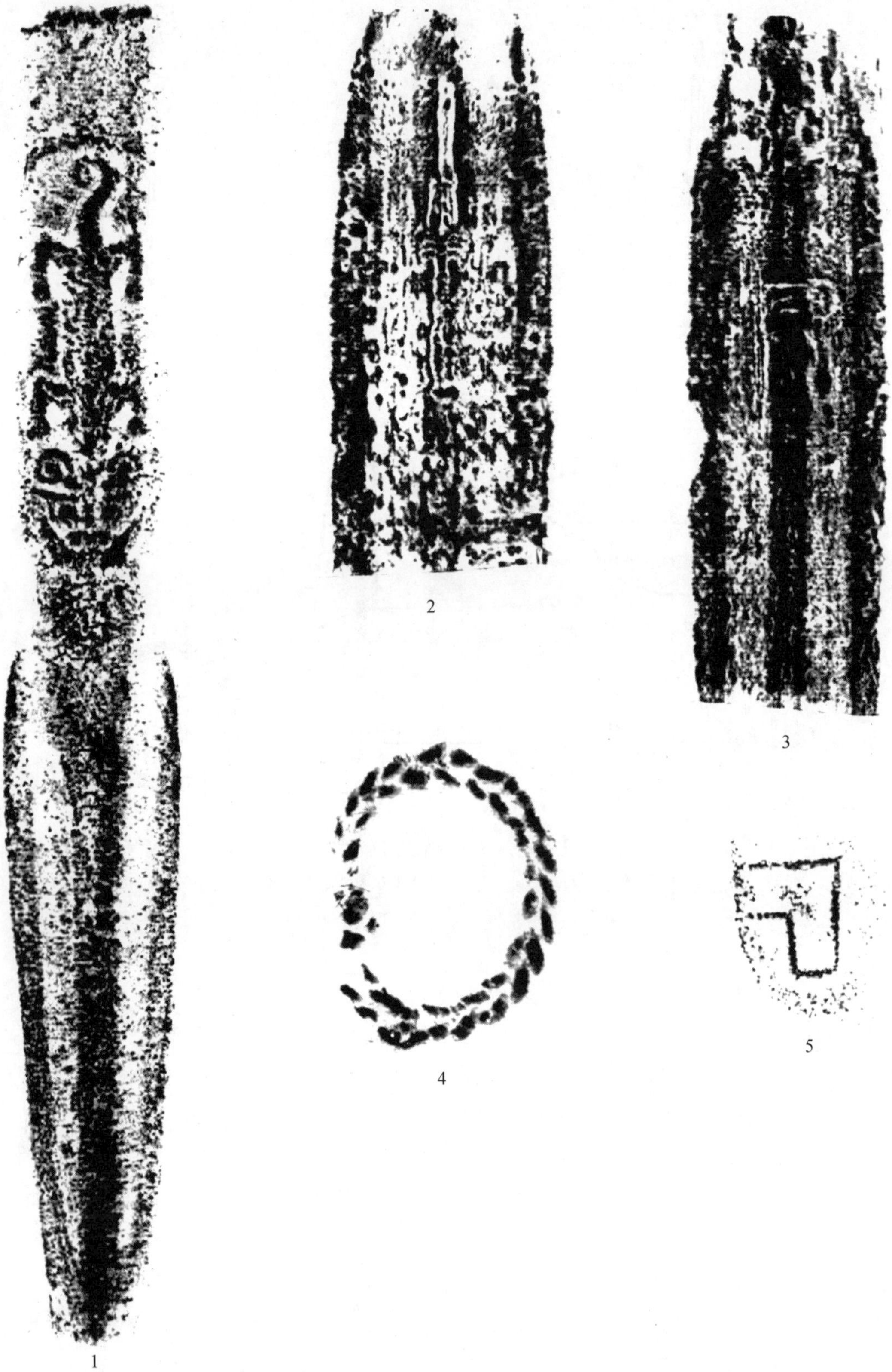

图一〇　东周墓出土铜器纹饰拓片

1. 矛（M126：1）　2、3. 剑（M126：4、M129：3）　4. 鍪（M125：1）　5. 斤（M126：5）

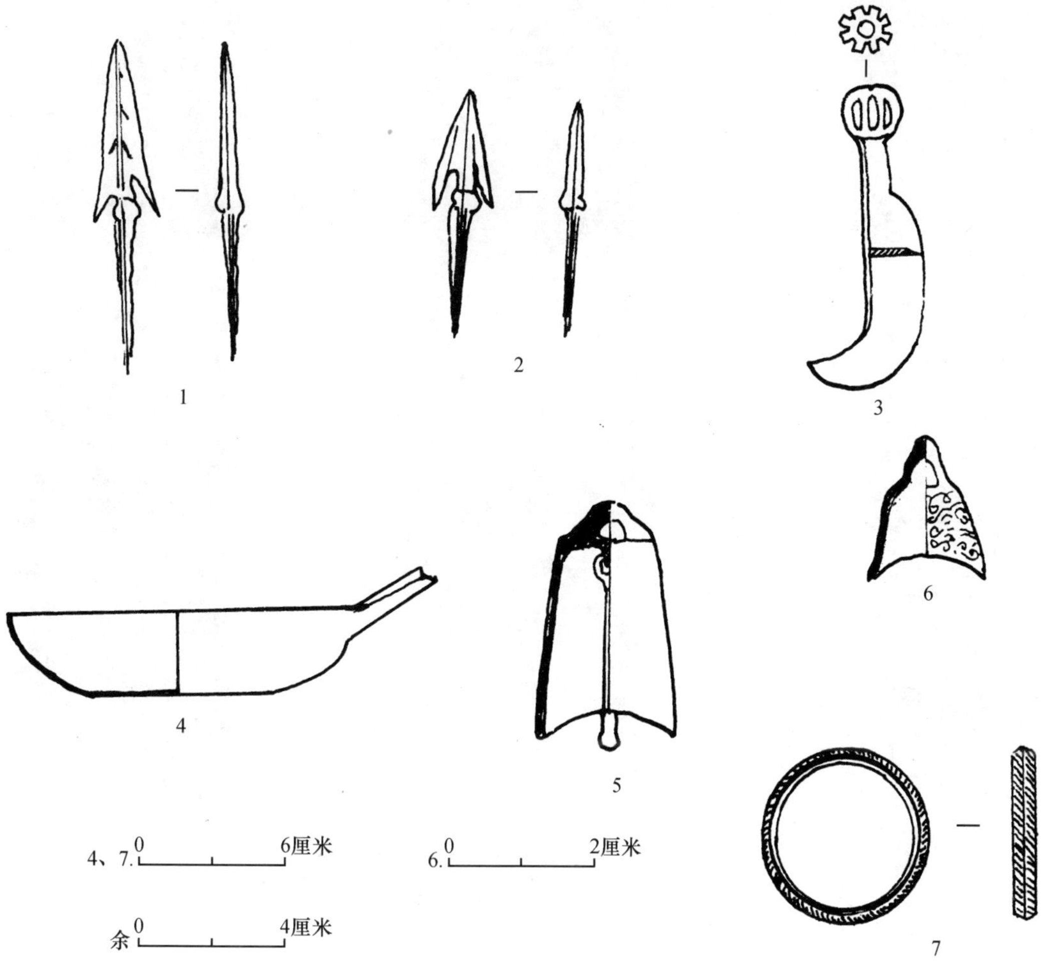

图一一　东周墓出土铜器

1. Ⅰ式箭镞（M127：2）　2. Ⅱ式箭镞（M127：3）　3. 小刀（M136：6）　4. 匜（M136：5）　5. A型铃（M136：19）　6. B型铃（M136：21）　7. 镯（M128：3）

铃　2件。分二型。

A型　M136：19，半环形纽，顶较平，弧形底，身呈梯形，截面为椭圆形，铃内悬有圆柱形细棒。高6.4、底径3.8厘米（图一一，5；彩版一九〇，5）。

B型　M136：21，半环形纽，顶凸出，弧形底，身呈梯形，截面为椭圆形。铃身饰云纹。高2、底径1.6厘米（图一一，6）。

镯　1件。M128：3，圆形，内侧平，外侧弧形。外侧饰线条纹。内径6、外径6.6厘米（图一一，7；彩版一九一，7）。

铜链条带钩挂饰件　1件。M136：18，带钩为鸭头形钩首，钩尾有7个矮圆锥形纽分上下两层，下层四纽分系四根链条，每根链条中部以下又分系两根链条，右边六根链条末端又分系一桥形饰件，左边两根链条已残，但据出土情形，末端原应同系一圆形饰件。通长44厘米（图一二；彩版一九一，10）。

图一二　铜链条带钩挂饰件（M136：18）

3. 料、玉器

玉玦　分二型。

A型　M136：13，墨绿色，近似圆形，光平。直径2.8、好径1、缺口0.15厘米（图一三，1；彩版一九一，8）。

B型　两件同式。M136：10，淡绿色，圆形，光平。直径5.4、好径3.2、缺口0.2厘米（图一三，2；彩版一九一，9）。

料珠　2件。M136：12，白色，通体透明，多棱形，中有孔。长1.6、高1.2、孔径0.2厘米（图一三，3）。M136：20，白色，通体透明，圆柱形，中有孔。长1.5、高0.8、孔径0.15厘米（图一三，4）。

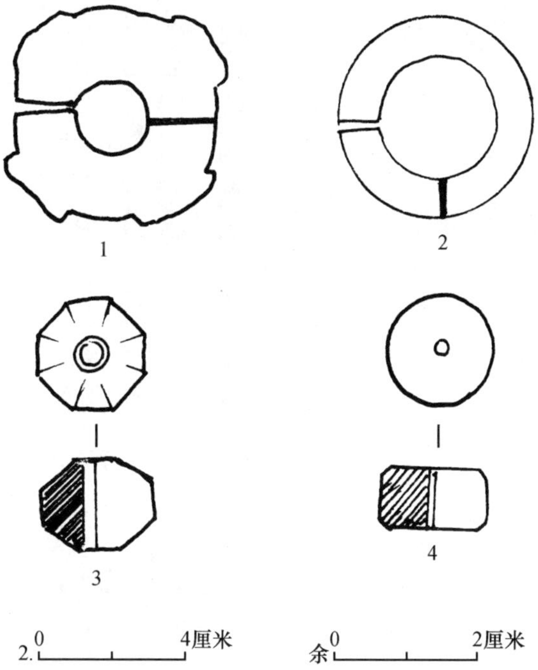

图一三　东周墓出土料、玉器

1、2. 玉玦（M136：13、M136：10）　3、4. 料珠（M136：12、M136：20）

二、汉　墓

（一）墓葬形制与类型

此次共发掘汉墓11座。依构筑材料之不同可分为二型。

A型　砖室墓。依平面形状不同又可分二亚型。

Aa型　长方形砖室墓。共5座。即M122、M131、M139、M141、M142。

Ab型　“刀”形砖室墓。共5座，即M121、M130、M134、M140、M143。

M134　位于T83，方向345°。墓全长4.4、墓室长2.9、宽1.8、甬室长1.5、宽0.9、残深1.2米。出土器物大都集中于墓室一侧（图一四）。

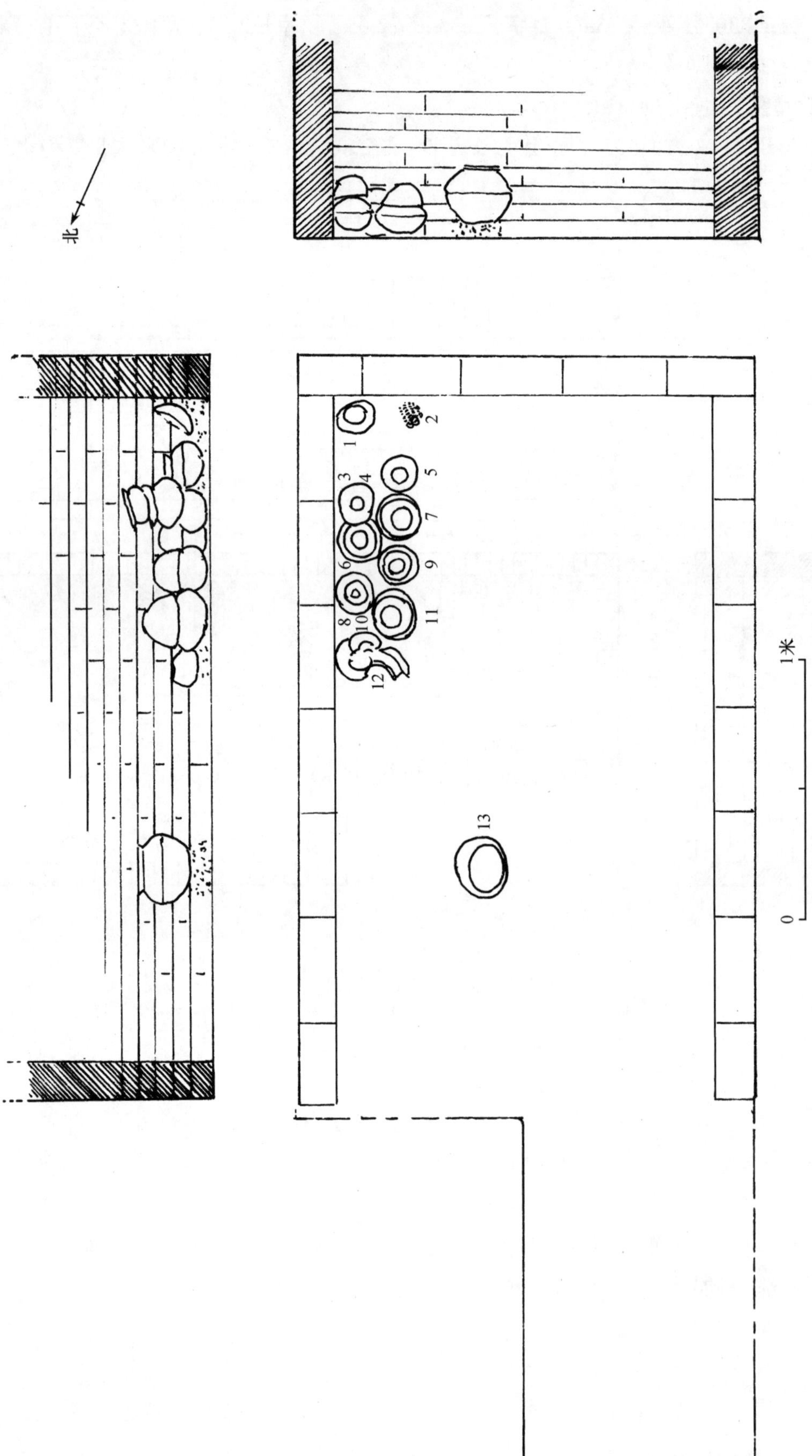

图一四　M134平、剖面图

1、3、10. 陶钵　2. 铜钱　4～9. 陶罐　11、12. 陶盆　13. 铜釜

M143　方向330°。墓全长5.6、墓室长3.35、宽2.65、甬室长2.25、宽1.8、残深1.85米（图一五）。

B型　石室墓。1座，即M135。

M135　位于T84，方向335°，形状为长方形。长2.8、宽1.1、残深0.7米。此墓为空墓（图一六）。

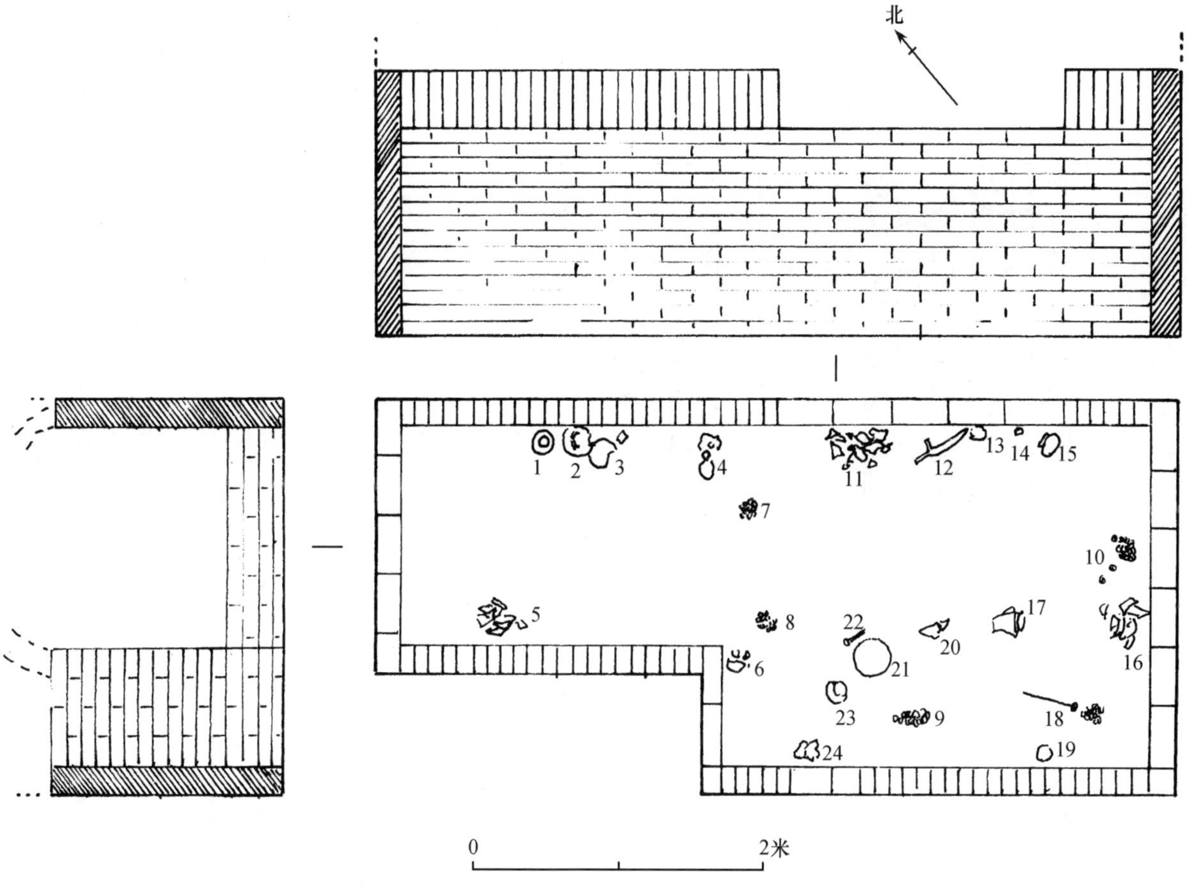

图一五　M143平、剖面图

1～3、5、11、15～17、23. 陶罐　4、13. 陶釜　6、24. 陶珠　7～10. 铜五铢钱　12. 铁戟　14. 残铜器　18、22. 铁环首刀　19. 陶尊　20. 残铁器　21. 铜环

（二）随葬器物

这批汉墓破坏较为严重，只有少量几座（如M134、M143、M130）出土器物较多，有陶器、铜器、铁器、料器等。

1. 陶器

罐　M134共出土7件，同式。M134：6，泥质灰陶。侈口，圆唇，领较矮，溜肩，鼓腹斜直收，平底肩。腹部饰弦纹。有盖，盖为钵形。侈口，斜折腹，平底，出土时罐和钵形盖结合紧实，罐内尚存有蛋壳、鱼骨等物。罐口径10.5、腹径18.3、底径10、高13.2厘米，盖钵口径

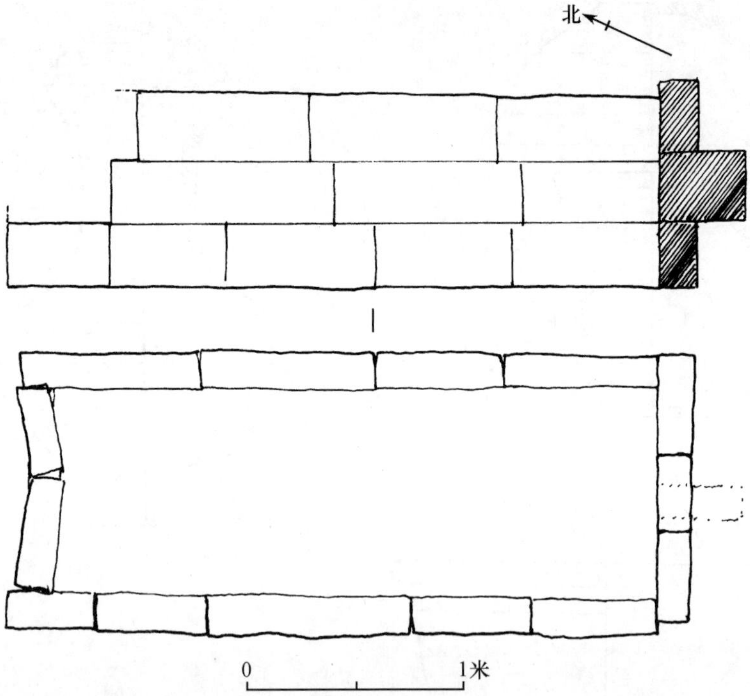

图一六　M135平、剖面图

16.8、底径5.6、高7.5厘米（图一七，1；彩版一九二，1）。

壶　M139：1，通体施黄绿釉，剥落较甚。盘口，长颈较细，斜肩，鼓腹较扁，高喇叭形圈足，肩部两侧各有一含环铺首。肩部饰数道弦纹。有盖，盖顶平，顶有一环形立纽，顶旁另有三乳突状立纽。口径11.4、腹径16.8、底径12、通高28.8厘米（图一七，2；彩版一九二，5）。

甑　M130：3，侈口，平宽沿，腹微弧，凹底，底部有十数个箅孔。腹上部饰两道弦纹。口径32、底径14.5、高13.5厘米（图一七，3），该甑出土时置于铜鍪（M130：2）之上（彩版一九二，4）。

灯　M121：23，盏已残，圆形托柱，兽形灯座。残高20.5厘米（图一七，4）。

2. 铜器

鍪　M130：2，敞口，束颈，垂腹，大圜底近平，肩部有环形双耳，出土时置于铁三足支架（M130：1）上，且口部置一陶甑（M130：3）。口径26、最大腹径27.8、高23.2厘米（图一七，3）。

带钩　M121：4，鸟头形钩首，圆形纽。无纹饰。残长5.4厘米（图一八，5；彩版一九二，6）。

3. 铁器

釜　M134：13，直口，领极矮，球形腹，小平底。腹中上部有一圈凸棱。口径20、腹径34、底径8.5、高24厘米（图一八，1）。

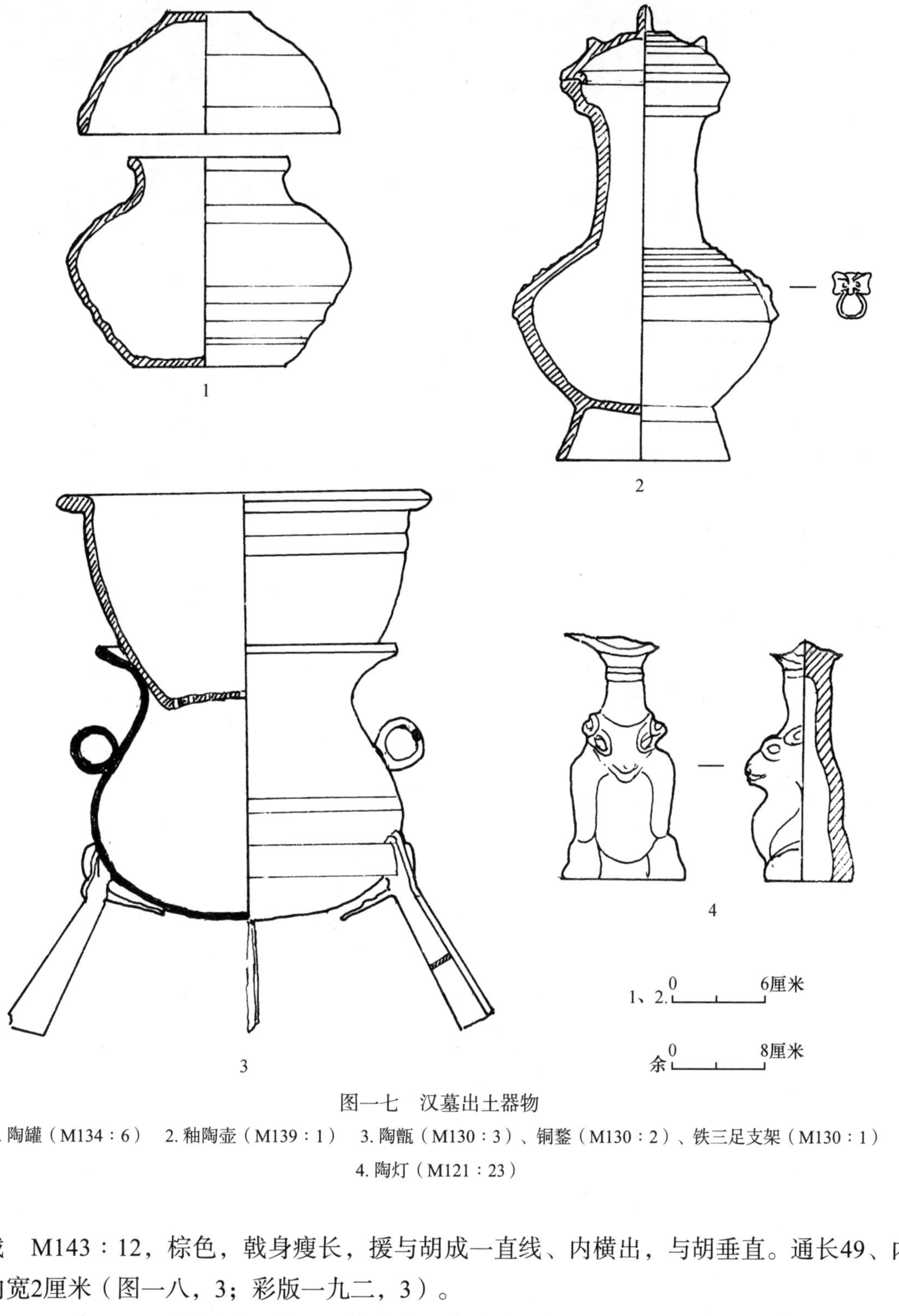

图一七　汉墓出土器物

1. 陶罐（M134：6）　2. 釉陶壶（M139：1）　3. 陶甑（M130：3）、铜鍪（M130：2）、铁三足支架（M130：1）

4. 陶灯（M121：23）

戟　M143：12，棕色，戟身瘦长，援与胡成一直线、内横出，与胡垂直。通长49、内长16、内宽2厘米（图一八，3；彩版一九二，3）。

剪　M121：2，近椭圆形环首，刀体较窄，直背直刃。通长22厘米（图一八，2）。

三足支架　M130：1，环形架座，扁条形三足，三足上部与环形架座连接处各有一扁条向内伸。直径26.5、通高20厘米（图一七，3）。

环首刀　M143：18，环首，刀体窄长，直刃，断成两截。残长50、刃宽2厘米（图一八，4；彩版一九二，2）。

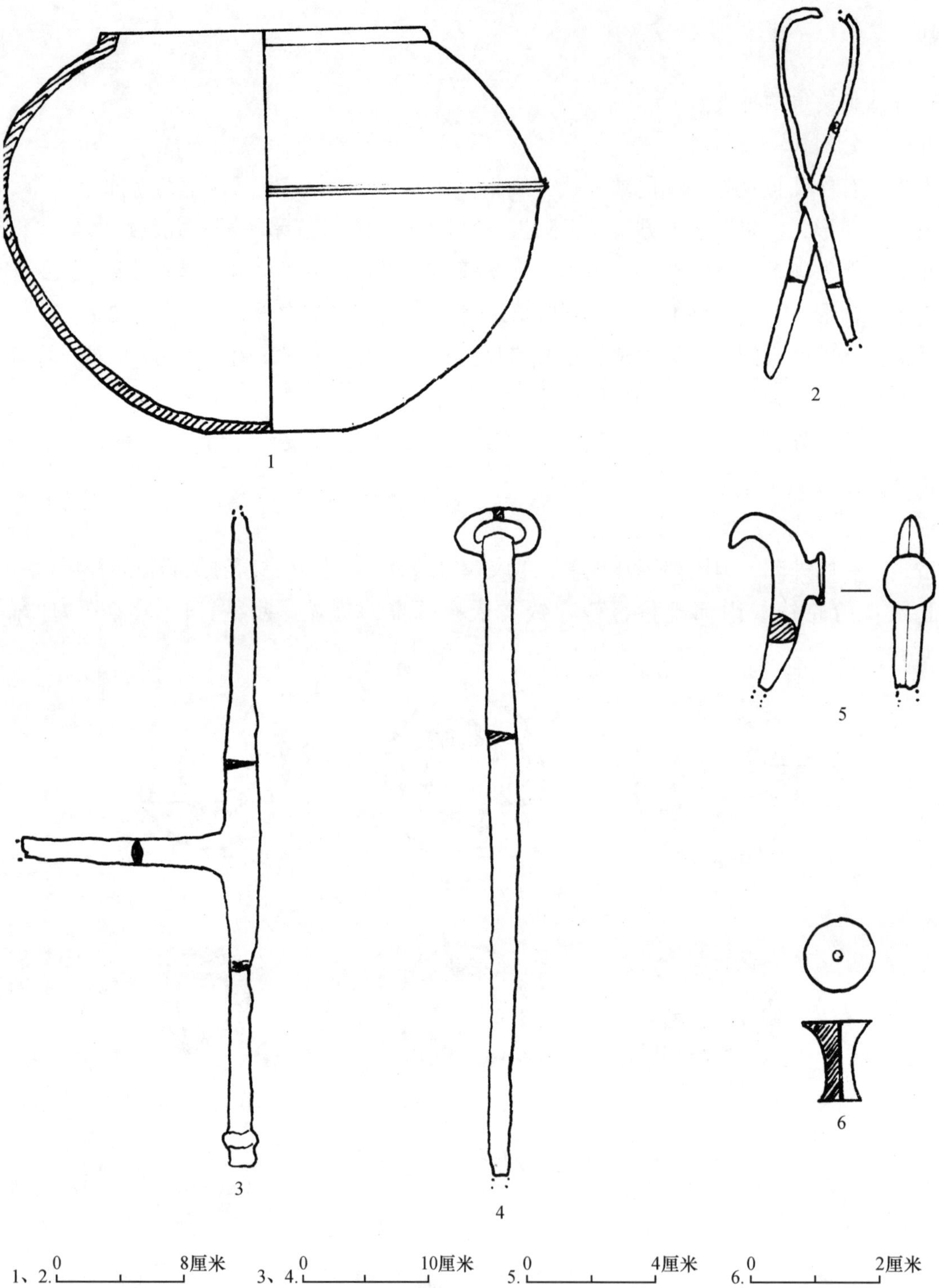

图一八　汉墓出土器物

1. 铁釜（M134：13）　2. 铁剪（M121：2）　3. 铁戟（M143：12）　4. 铁环首刀（M143：18）　5. 铜带钩（M121：4）　6. 料鼻塞（M140：6）

4. 料器

料鼻塞　M140：6，琉璃质。乳白色，圆形，束腰，两头大，中间小、中有穿孔。口径0.6～1.1、长1.2厘米（图一八，6）。

5. 铜钱

有五铢和货泉两种。

五铢　分四式。

Ⅰ式：有外郭且规整，无内郭，钱文规整，清晰，“五”字交叉两笔微弯曲，“铢”的金字头为锐三角形，“朱”字上方折、下圆折。直径2.6、穿径1厘米（图一九，1）。

Ⅱ式：有外郭且不甚规整，无内郭，钱文清晰，“五”字交叉两笔弯曲较甚，“铢”字金字头为锐三角形，“朱”字上方折、下圆折。直径2.5、穿径0.9厘米（图一九，2）。

Ⅲ式：有外郭且规整，无内郭，钱文略显狭长，“五”字交叉两笔微曲，“铢”字金字头为矢状“◇”。直径2.3、穿径1厘米（图一九，3）。

Ⅳ式：无内外郭，“五”字交叉两笔较直，“铢”字金字头为三角形，“朱”字上下均圆折。直径2.2、穿径1厘米（图一九，4）。

货泉　分二式。

Ⅰ式：有内外郭，但内郭不甚规整，钱文不甚清晰。直径2、穿径0.8厘米（图一九，5）。

Ⅱ式：剪轮钱，内郭规整，残存钱文依稀可辨为货泉。残径1.4、穿径0.7厘米（图一九，6）。

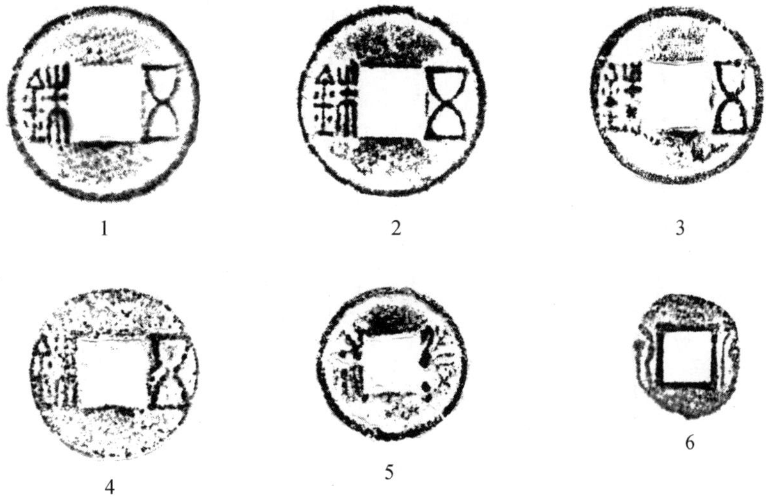

图一九　汉墓出土钱币拓片

1、4. 五铢（M130、M140）　2、3. 五铢（M143）　5、6. 货泉（M140、M121）

三、六　朝　墓

仅发现1座，即M132，形制为“刀”形券顶砖室墓，位于T92，方向320°，全长5.5、墓室长3.3、宽2.6、甬室长2.2、宽1.2、残深1.1米，墓底残存有少量铺地砖，器物大部分出土于甬室（图二〇）。

随葬器物以陶器、青瓷器为主，另有少量五铢钱、料珠等，选取较完整且有特点者介绍如下。

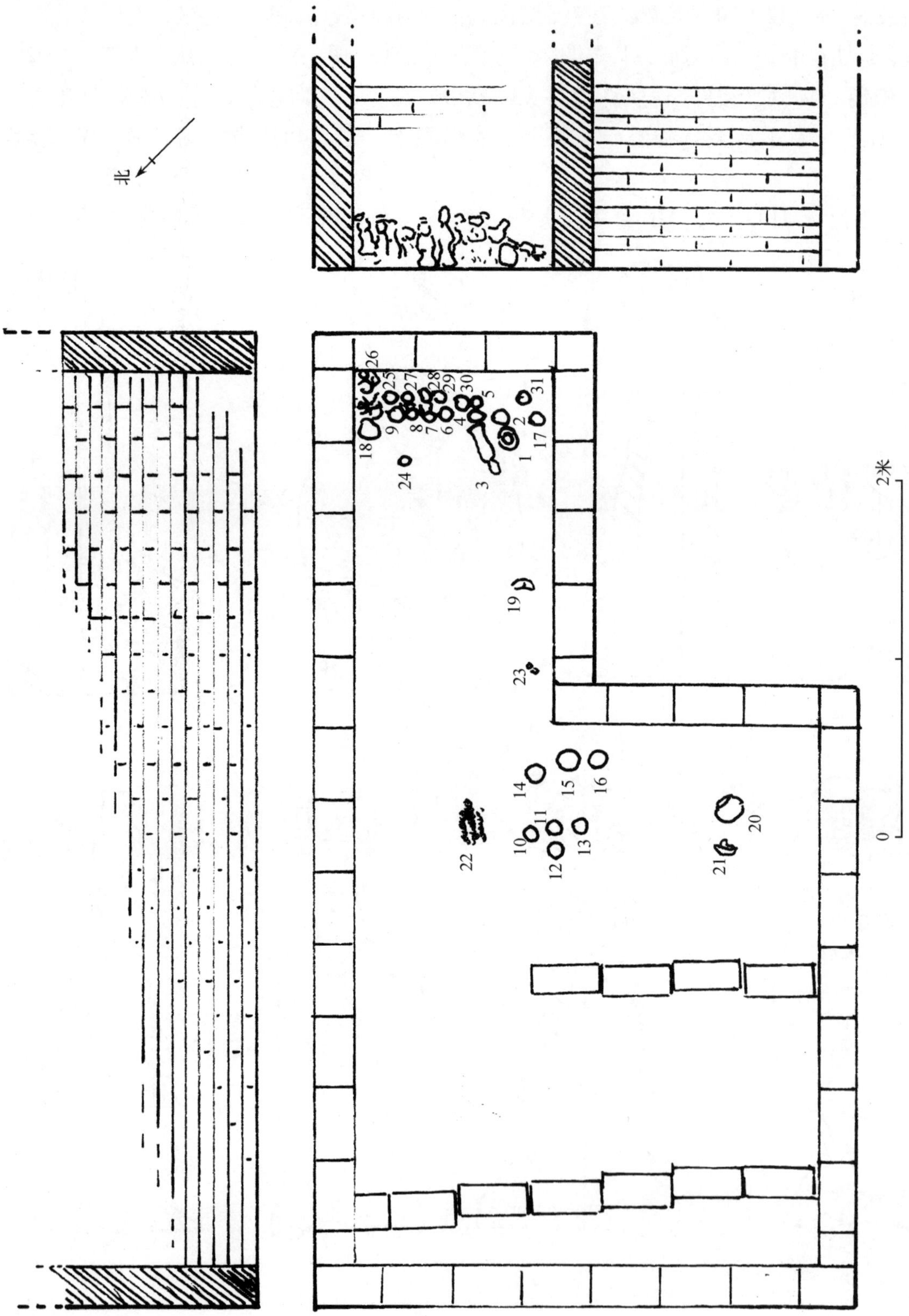

图二〇　M132平、剖面图

1. 陶罐　2、15. 青瓷碗　3、5～9、25～30. 陶俑　4. 陶镇墓兽　10～13. 青瓷盅　14、16. 陶博山炉　17、18、20、21. 青瓷碗　19. 铜器盖　22. 五铢钱　23. 料珠　24. 陶纺轮　31. 陶池塘

陶吹箫俑　M132：29，泥质红陶。头戴圆冠，着圆领窄袖长袍，跪坐，双手持箫，做吹箫状。通高40厘米（图二一，1；彩版一九三，1）。

陶击鼓俑　M132：30，泥质红陶。头戴圆冠，着圆领长袍，绾袖，跪坐，左手扶鼓边，右手持槌，做击鼓状，头微后仰，脸露微笑。通高41.5厘米（图二一，2；彩版一九三，2）。

陶跪坐俑　M132：28，泥质红陶。头戴峨巾，跪坐，头向左倾，左手抬起，几至左耳，做倾听状，右手持袋状物置于右膝上，表情凝重。通高44厘米（图二一，3；彩版一九三，3）。

陶持物立俑　M132：6，泥质红陶。头戴方巾，着交领长袍及地、脚尖微露，左手持棍垂

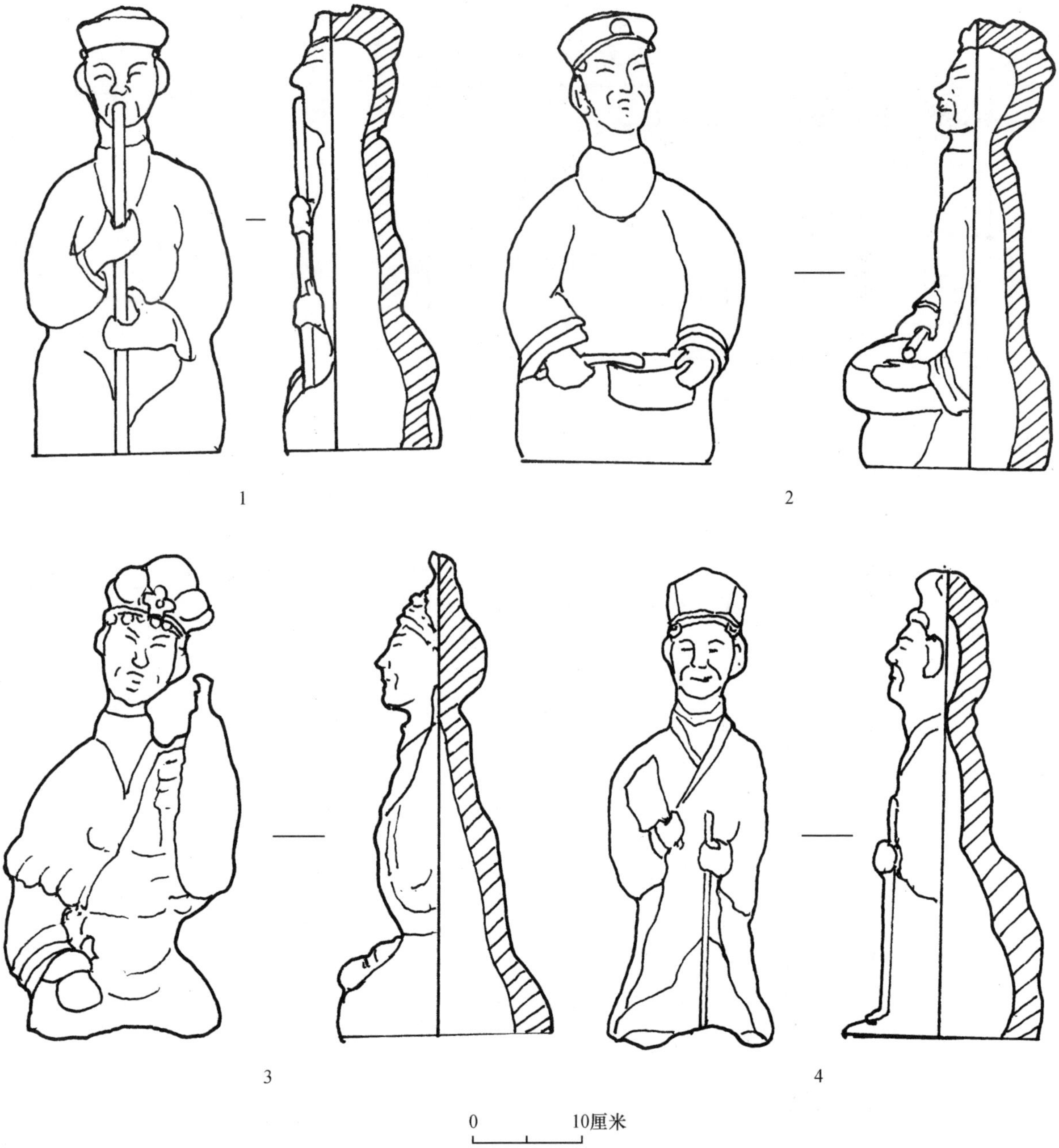

图二一　六朝墓出土陶俑

1. 吹箫俑（M132：29）　2. 击鼓俑（M132：30）　3. 跪坐俑（M132：28）　4. 持物立俑（M132：6）

直于地，右手持物于胸前，脸露微笑，面目慈祥。通高42.5厘米（图二一，4）。

陶镇墓兽　M132：4，泥质红陶。头上圆双角，阔面鼓目，宽嘴长舌及地。通高23.2厘米（图二二，1）。

陶纺轮　M132：24，泥质灰陶。圆形，中有小孔。直径3.8、孔径0.2厘米（图二二，2）。

青瓷盅　M132：13，敞口，尖唇，斜腹，浅饼底，施绿釉。口径8.3、底径3、高3.2厘米（图二二，3）。

青瓷碗　M132：2，侈口，圆唇，口沿下微收，弧腹，圆饼底，通体施绿釉。口径15.5、底径10.2、高6厘米（图二二，5）。M132：15，侈口，圆唇，上腹较直，下腹弧收，浅饼底，通体施绿釉。口径12.6、底径5.4、高4.5厘米（图二二，4）。

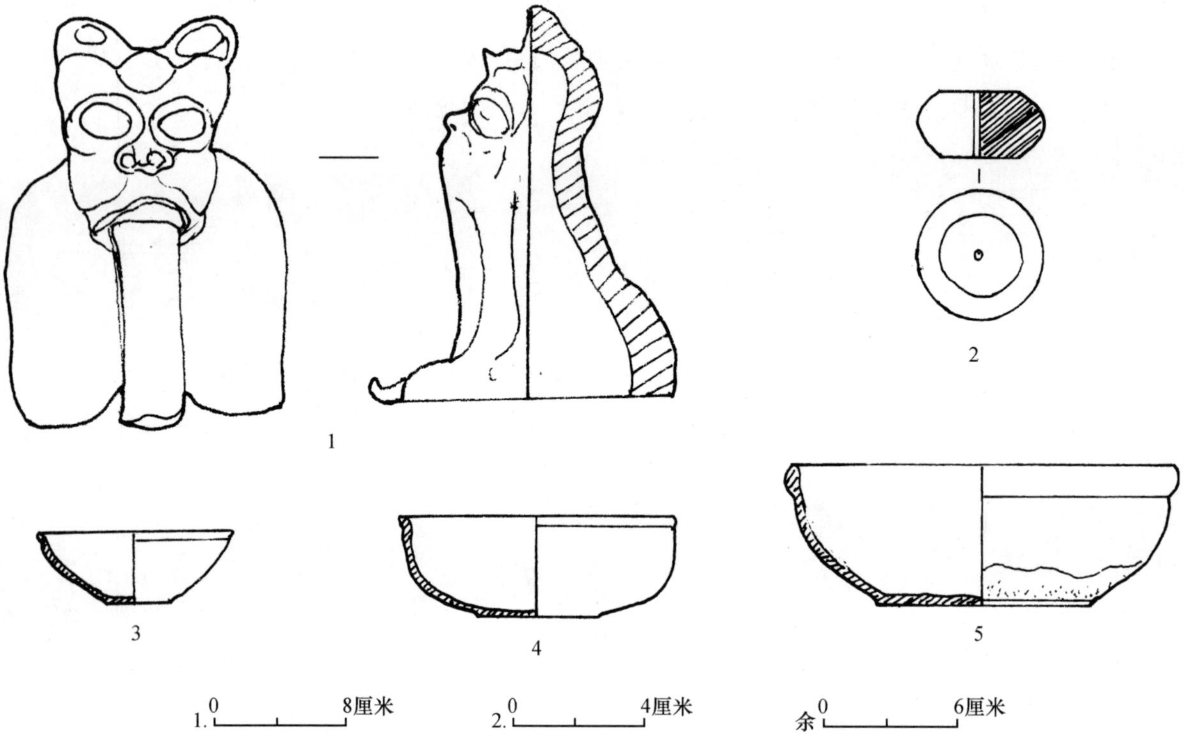

图二二　六朝墓出土器物

1. 陶镇墓兽（M132：4）　2. 陶纺轮（M132：24）　3. 青瓷盅（M132：13）　4、5. 青瓷碗（M132：15、M132：2）

四、结　　语

此次发掘的13座巴人墓，大都集中在T83、T84两个探方内，前三次发掘的大多数巴人墓也集中分布在这两个探方周围，且四次发掘发现的巴人墓已达60座。由此可见，该地应是一处规模较大的巴族公共墓地。

此次发掘的东周巴人墓，出土器物较丰，主流仍是巴式兵器剑、矛、钺的组合，但和前三次发掘不同的是，铜容器（如釜甑、提梁壶、鍪等）数量明显增加，陶器中也新发现有楚式陶鬲，加上出土的几件楚式风格的陶罐，说明这批以巴文化因素为主的墓葬，也曾受到外来的楚

文化因素的影响。其年代大致在春秋末至战国早、中期。

值得一提的是M136，该墓不仅形制较大，且出土器物丰富、保存完整，是此次也包括前三次发掘中绝无仅有的，尤其是出土了一件铜链条带钩挂饰件，结构复杂、制作精美，在目前已发表的考古资料中亦不见。它的发现应与墓主人的身份有关，与其他巴人墓相比，该墓主人的身份明显要高。

此次发掘的12座汉墓，破坏较严重，保存较差，出土器物相对较少，且大都集中在几座墓中。根据出土器物、钱币以及墓葬形制的类比来推断，这批汉墓时代应在新莽至东汉末。

M132出土有大量的陶俑，不仅形态生动、逼真，且形体高大，一般高在40～60厘米，为前三次发掘所不见，是陶俑中难得的精品。该墓还出土有青瓷碗、青瓷盅，从器形特点及施釉方法上来看，应为青瓷的早期形态。M132的年代大致在晋初。

附记：参加此次发掘的有益阳市文物管理处盛定国（领队）、丁国荣、谈国鸣、周创华、舒文明等同志。在发掘过程中，曾得到万州区文物管理所的大力协助。

摄影：盛定国
绘图：舒文明
执笔：周创华

万州大丘坪墓群2003年度发掘简报

重庆市文化遗产研究院
万　州　区　博　物　馆

大丘坪墓群位于重庆万州武陵镇下中村七组，地处长江北岸一级台地上，西距武陵镇约700米，海拔150～160.5米，中心地理坐标为北纬30°30′33″，东经108°15′33″。地理位置三面环水，一面靠山，随三峡工程水位上涨，几成孤岛。墓群周围遗址、墓葬密集，东临长江，西靠尖山，北接柑子梁墓群及大浪口河沟，南隔小浪口河沟与武陵墓群、下中村遗址相望。总面积约60 000平方米。大丘坪因两块相连面积达15亩①的大田而得名，大田南部较低矮处另有一块较小平地，西部较高处有一块条形小丘陵与柑子梁墓群相接，三者共同构成大丘坪墓群主体部分。据老乡介绍大田及小块平地系20世纪五六十年代改土造田时削峰填谷所致，其原始地貌为两处山丘，改土时最高处被削去2米以上（图一）。

大丘坪墓群是长江三峡水库淹没区内一处重要古墓群。1986年四川省文物普查时首次发现；为配合三峡工程建设，1994年春季，厦门大学考古队对墓群进行了复查、钻探，并试掘了两座已露头的砖室墓②；2002年，承担临近柑子梁墓群发掘工作的洛阳市第二文物工作队经重庆市三峡办批准在大丘坪墓群清理了6座被盗掘的砖室墓③。2003年，重庆市文物考古所（今重庆市文化遗产研究院）及万州区博物馆联合组成考古队对墓群进行首次大规模正式发掘。发掘前进行了钻探工作，并根据地理环境和钻探情况对墓群进行分区：墓群南部临近小浪口冲沟的小块平地被定为Ⅰ区，北部15亩大田所在地被定为Ⅱ区，把西部较高处的条形丘陵定为Ⅲ区。本年度发掘集中在Ⅰ区进行，采用布探方发掘法进行工作，共布10米×10米探方30个。探方编号分别为2003WWDT101～2003WWDT130（WWD分别是万州、武陵、大丘坪拼音第一字母，以下简称2003WWD），田野工作时间从2003年11月25日起，至2004年3月4日止，共计131天，其间因雨及春节休息39天。共完成发掘面积3000平方米，发掘墓葬13座（图二）。

13座墓葬中，土坑墓有8座，编号分别为M2、M3、M4、M5、M7、M9、M12、M13，砖室墓有5座，编号分别为M1、M6、M8、M10、M11。个别墓葬被盗，被扰严重，兹将较典型墓葬重点进行介绍。

---

① 1亩≈666.7平方米。

② 厦门大学历史系考古教研室：《万县龙宝区三峡工程库区古墓葬的调查与发掘》，《东南考古研究（三峡考古）》（第二辑），厦门大学出版社，1999年。

③ 见洛阳市第二文物工作队2002年柑子梁墓群发掘材料。

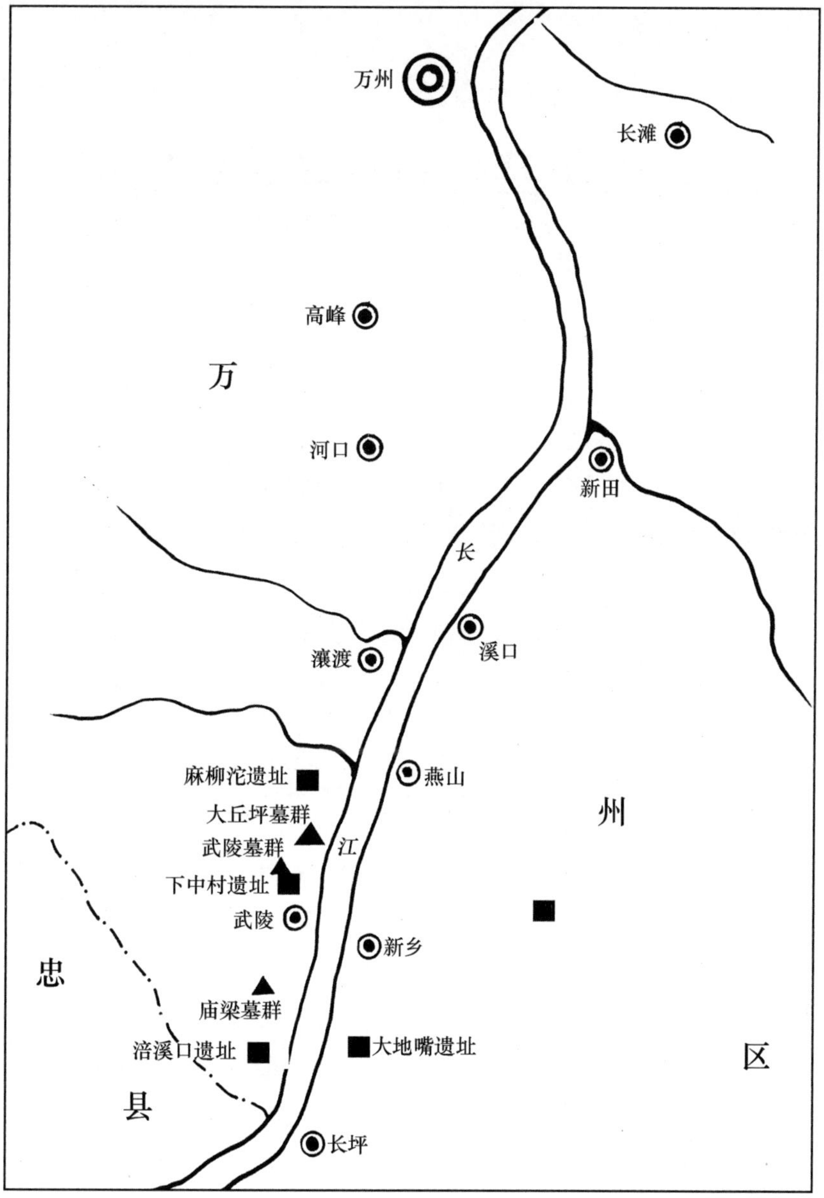

图一 大丘坪墓群位置示意图

一、战国时期墓葬

本年度共发掘3座，均为竖穴土坑墓，编号M2、M7、M12。

（一）墓葬形制

M2 位于T101、T102、T105、T106探方内，部分墓道通过T106东隔梁向外延伸。现存墓口距地表深约0.2米。墓葬开口于第1层下，打破生土。同时又被两个现代盗洞（D1、D2）、一座汉代土坑墓（M3）、一个古代盗洞（D3）打破，遗迹间关系为：D1→D2→①→M3→D3→M2→生土。

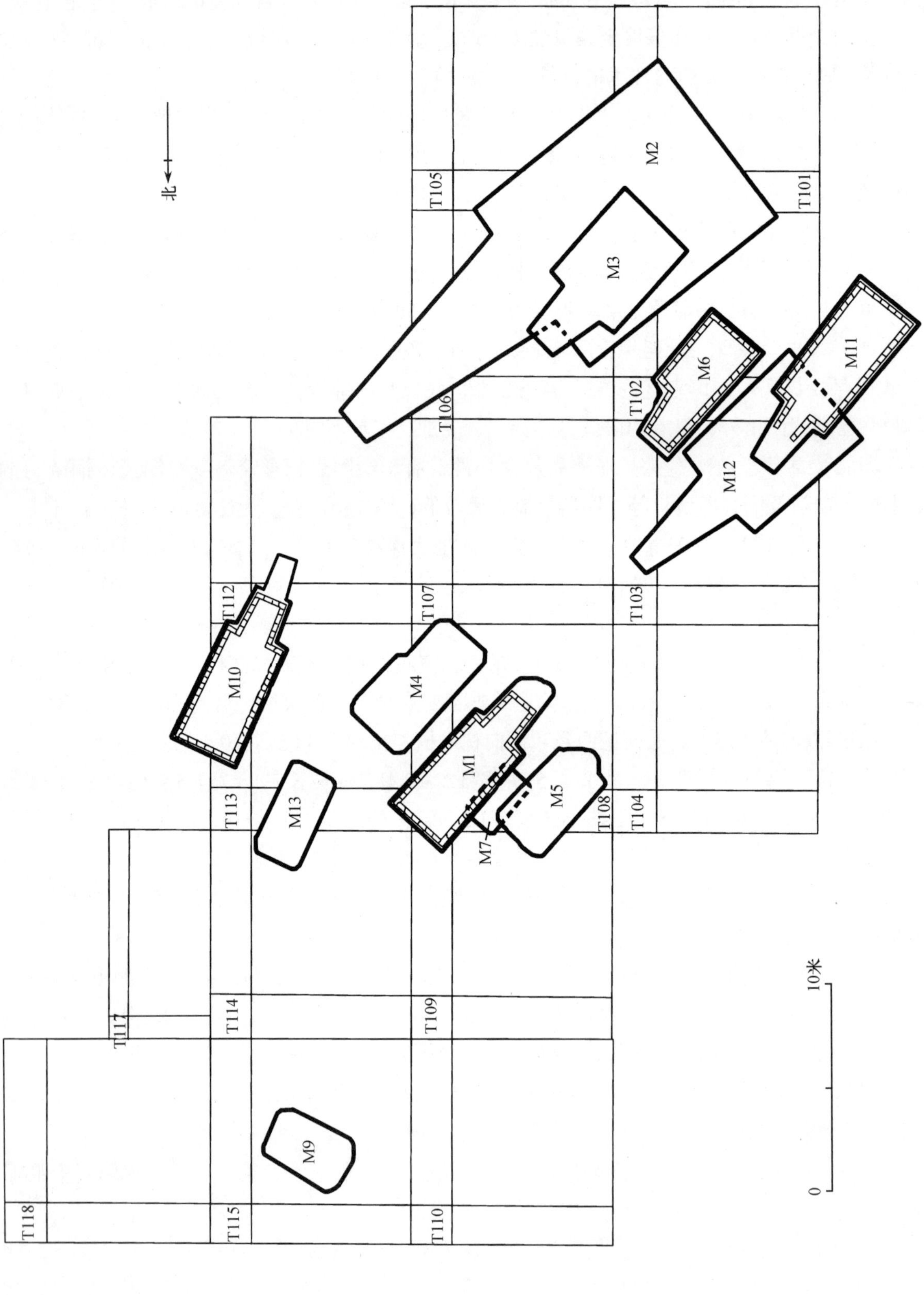
北
M2
M3
M6
M11
M12
M10
M4
M1
M5
M7
M13
M9
T101
T102
T103
T104
T105
T106
T107
T108
T109
T110
T112
T113
T114
T115
T117
T118
0
10米

图二 Ⅰ区墓葬分布图

墓葬为双层台阶式竖穴土坑墓，带梯形斜坡墓道。方向55°。

墓室 墓圹口大底小。墓室口长11.2、宽9.4、底长6.4、宽4.5米。现存墓口下50～70厘米处四壁上立平台，台面宽0.42米，平台以下1.3米处起第二台阶，台面宽0.32米。墓坑上壁斜直，下壁则接近垂直，现存墓口至底深度为9.5米。墓底筑熟土二层台，土色黄褐，台高1.28、宽0.86米。底面挖两条东西向枕木槽，长3.7、宽0.4、深0.2米。

墓道 斜坡墓道位于墓坑北壁正中。上口残长10.66、宽2.16～4.12米，坡底长13、宽2～2.12米。坡度32°。坡底入口处距墓口7.6、距熟土二层台0.42米。墓道斜直，有不规则脚梯。墓坑四壁及墓道两壁经修整加工，平整而光滑。

填土 墓穴开凿在紫红色生土之上，下葬后，原土回填。填土经分层夯打，土质坚硬，夯层厚0.2～0.3米。夯窝排列密集，形状为圆形，直径0.06～0.08米。为防止泥土黏夯，每层夯打前均撒草木灰，填土中明显可见草木灰层和紫红土层间杂的情况。

葬具、葬式 葬具、骨架保存状况较差，加上盗扰严重，已知葬具为棺椁结构，数目不详。从现存板灰观察，椁室残高0.8、宽0.25米，底板竖向铺置，共有10块。棺木置于墓室东部。尸骨已被扰出棺外，仅剩两段肢骨，葬式、性别、年龄不明。

随葬品 墓葬经数次盗扰，随葬品仅存16件，有彩绘陶壶、彩绘陶簠、铜镜、铜镞、铜镈、铜镦、铜削及铜容器残片等。陶器烧制火候较低，陶质极疏松，无法复原（图三）。

M12 位于T102、T103探方内。现存墓口距地表深约30厘米，墓葬开口于第1层下，打破生土，同时又被一座砖室墓（M11）打破。形制为长方形竖穴土坑墓，带阶梯式墓道。方向55°。

墓室 墓圹口大底小。墓室口长6、宽5米，墓室底长4.7、宽3～3.3米，墓坑上壁斜直，下壁则接近垂直，墓口至底部深6.35米。墓底筑熟土二层台，土色灰黄，台高0.65、南北宽0.3～0.35、东西宽0.65～0.75米。底面挖两条东西向枕木槽，长2.9～3.05、宽0.4、深0.15米。

墓道 位于墓坑北壁正中，上口长5.7、宽1.5～2米，底坡长7.8、宽1.5～1.6米，坡度约35°。坡底入口处距墓口4.75、距熟土二层台1.3米。墓道上设27级阶梯，级宽0.12～0.3、高0.05～0.2米。

填土 五花土。土色较杂乱，土质坚硬，似经夯打。夯窝、夯层不明显，墓内较潮湿，填土湿度较大。

葬具、葬式 葬具已朽，仅见灰痕，为一棺一椁结构，椁长4、宽1.9～1.95、侧板厚0.08、残高0.65米。底板南北向铺置，共有8块，每块宽0.2、厚0.05米，底板下垫枕木2根。从残存痕迹观察，盖板为东西向铺设。棺长2、宽0.65、底板厚0.04米，棺底板上涂朱砂。棺四角各用一枚“U”形铅把具紧扣，棺内埋葬骨架一具，已朽，仅可看出部分骨粉及牙齿珐琅质空壳。墓主为仰身直肢葬，头向52°。

随葬品 共计29件。有彩绘陶鼎、簠、壶，铜洗、镜、铃、磬，玉环、圭，琉璃蜻蜓眼等（图四）。

M7 位于T108北部并延伸至北隔梁。现存墓口距地表深0.25米，墓葬开口于第1层下，打破生土，同时被一座砖室墓（M1）、一座土坑墓（M5）打破。形制为长方形竖穴土坑墓，无墓道。方向45°。墓圹口大底小，墓口长3.18、宽1.98米，墓底长2.82、宽1.56米，现存墓圹深

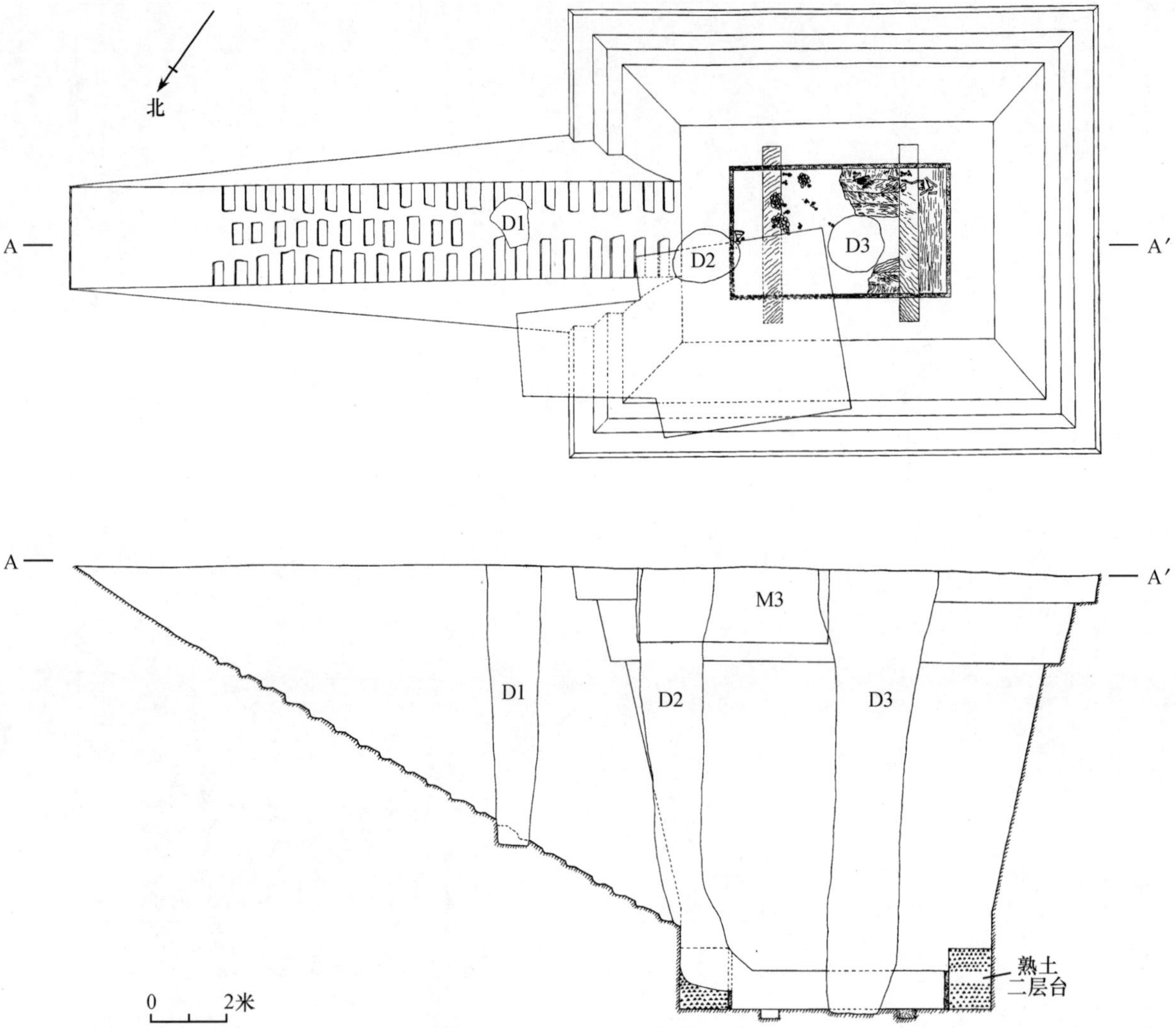

图三　M2平、剖面图

2.05米。填土为黄褐色五花土。葬具为单棺无椁，现仅存部分灰白色板灰，棺底板长2.4、宽1米，挡板残高0.54、厚0.05～0.08米。骨架保存较差，仅见几枚牙齿珐琅质空壳和部分头骨朽痕，葬式不详。

随葬品　共2件，均置于棺内。死者头部上方置一灰陶长颈罐，腰部放1件青铜剑（图五）。

（二）随葬器物

共清理68件。分陶、铜、玉、银、铅、铁、琉璃、漆木等种类。

1. 陶器

13件。器形有鼎、簠、壶、长颈罐等。

鼎　4件。仿铜礼器，形制相同。M12：28，泥质红陶，施赭红色陶衣。子母口，高附

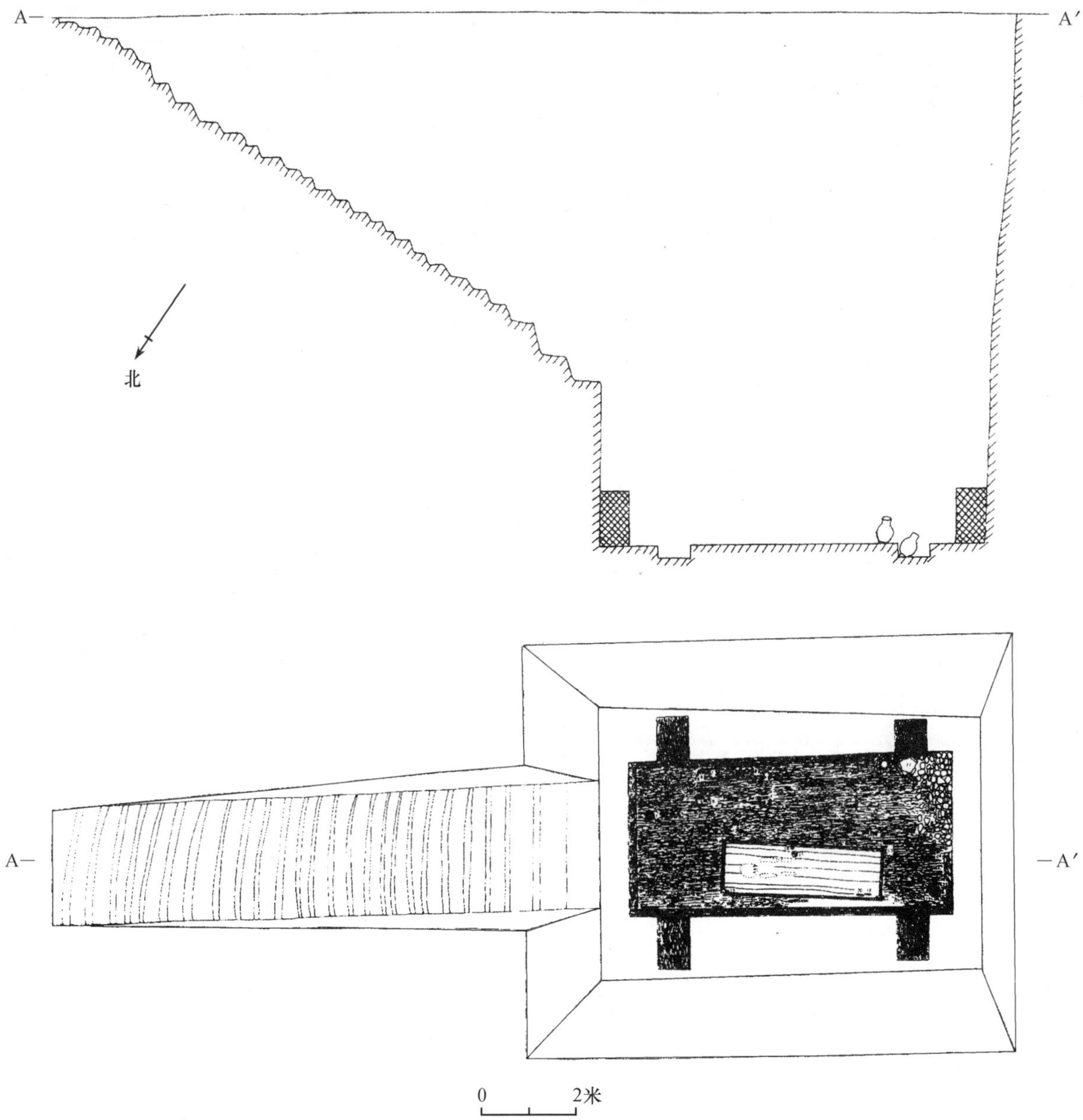

图四 M12平、剖面图

耳，深弧腹，圜底近平，鸟头形高蹄足略内斜。烧制火候较低，胎质较差，器盖残碎无法修复。器身彩绘纹饰大部脱落，模糊不清，腹部一道凸弦纹。口径22.2、腹径23.4、高23.4厘米（图六，1）。

簠 4件。仿铜礼器，均破碎无法复原。形状均为直口、方唇。根据腹部形态可分二型。

A型 2件。折腹。M2：16，泥质灰陶，器表施黑色陶衣。方形，腹内折下收，圈足，盖及圈足下部残失，器形规整。器表上、下腹以彩绘白色边框分隔，上腹绘重菱格纹，外涂紫红色，内涂鲜红色，下腹红彩绘卷云纹。口径36.4、残高16.4厘米（图六，2）。

B型 2件。弧腹。M12：12，泥质红陶，施赭红色陶衣。斜弧腹，底部为四扁平足。盖残碎，不可修。胎质疏软。器身彩绘纹饰，大部脱落，模糊不清，依稀可辨白彩边框，框内用红彩勾红线。残高13.8厘米（图六，3）。

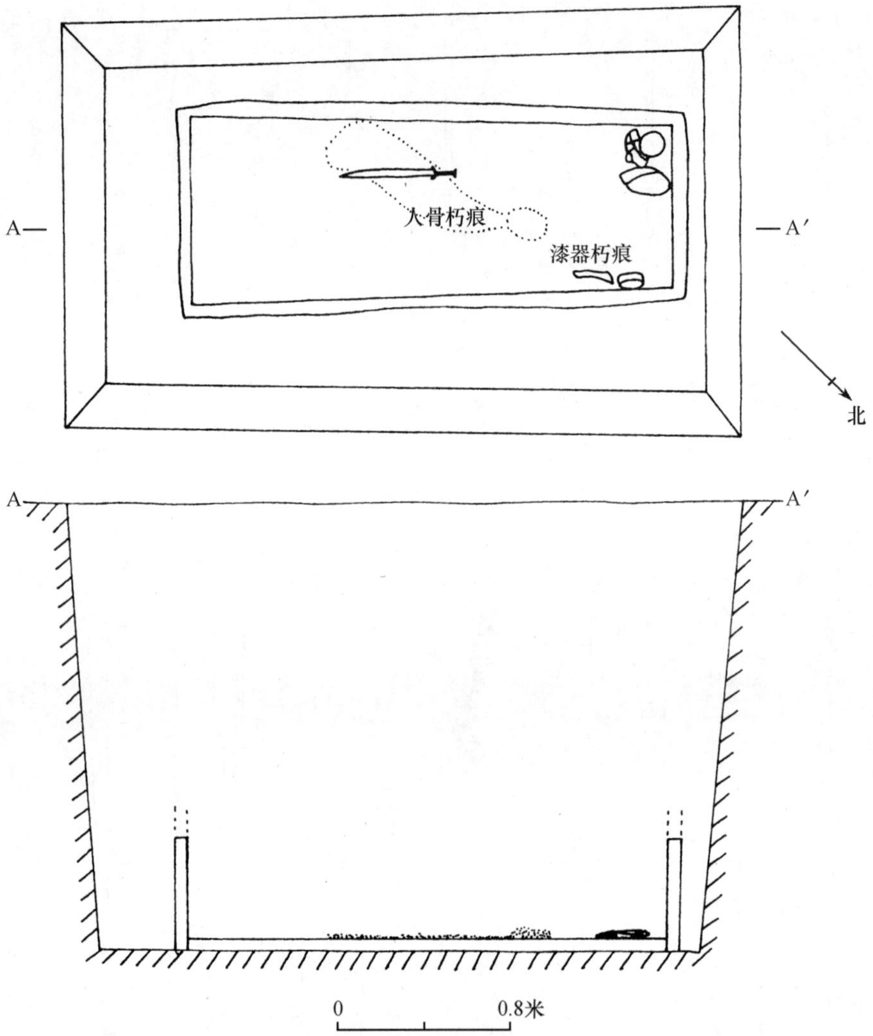

图五 M7平、剖面图

壶 4件。均为仿铜礼器，根据口部形状分二型。

A型 2件。方壶。M2：15，泥质黑皮陶。直口，方唇，直颈，溜肩，下部残失，器形规整。器身以白彩分区，区内用红彩绘卷云纹。口径9、残高18.9厘米（图六，6）。

B型 2件。圆壶。M12：26，泥质红陶，赭红色陶衣。子母口，长颈，溜肩，弧腹，圈足略外撇。盖残碎，不可修，胎较疏松。器身以白彩分区，区内纹饰大部脱落，仅颈部可见白彩绘卷云纹。口径13.2、底径13.5、高34.6厘米（图六，5）。

长颈罐 1件。M7：2，泥质灰褐陶。敞口，方唇，长颈，溜肩，腹略鼓，平底。素面。口径11、底径10.4、高17.3厘米（图六，4）。

2. 铜器

42件。

剑 1件。楚式剑。M7：1，尖锋，长腊，薄格，空心圆茎，无箍，环首。通长54.1厘米（图六，19）。

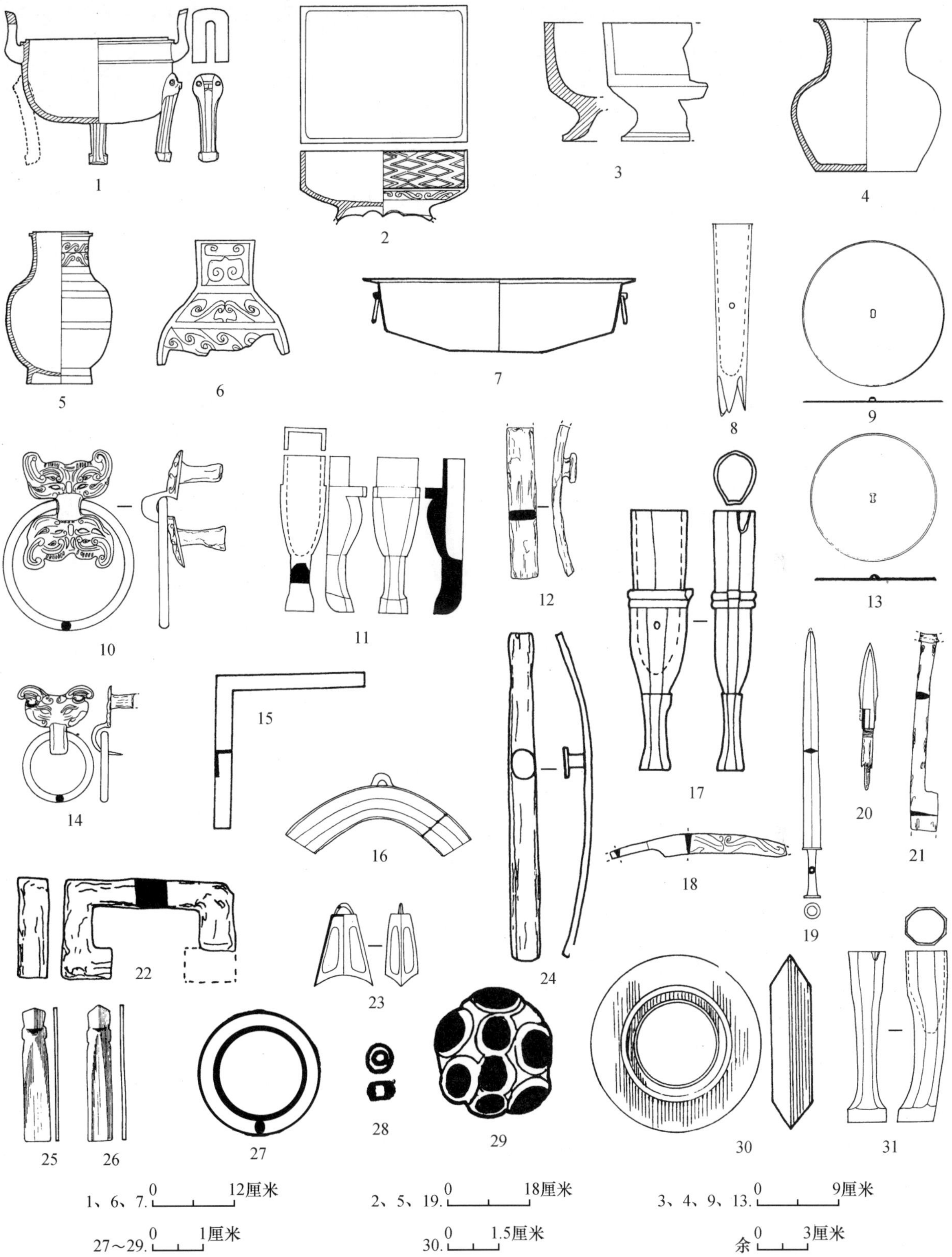

图六 战国时期器物

1. 陶鼎（M12：28） 2. A型陶簠（M2：16） 3. B型陶簠（M12：12） 4. 陶长颈罐（M7：2） 5. B型陶壶（M12：26） 6. A型陶壶（M2：15） 7. 铜盆（M12：24） 8. A型铜镈（M2：1） 9. A型铜镜（M2：3） 10. B型铜铺首衔环（M12：3） 11. A型铜器足（M2：11） 12、24. 铁带钩（M2：4、M2：10） 13. B型铜镜（M12：1） 14. A型铜铺首衔环（M2：12） 15. 铜包角（M12：6） 16. 小铜磬（M12：23） 17. B型铜镈（M2：6） 18、21. 铜削（M2：8、M2：9） 19. 铜剑（M7：1） 20. 铜镞（M2：5） 22. 铅把具（M12：13） 23. 小铜铃（M12：3） 25、26. 玉圭（M12：19、M12：20） 27. 银指环（M12：29） 28. 石串珠（M12：25） 29. 琉璃蜻蜓眼（M12：18） 30. 玉环（M12：21） 31. B型铜器足（M12：7）

镞　1束，共18支。横截面均为三角形芒星，三条薄而锐利的狭刃附于脊上，铁铤，外裹木片，表面用麻线缠绕。髹黑漆。M2：5，残长9厘米（图六，20）。

镈　2件。根据形状分二型。

A型　1件。圆筒形。M2：1，平口，底端有三尖刺，中腹有一圆卯孔。口径2.2、长11.3厘米（图六，8）。

B型　1件。马蹄形。M2：6，口部扁圆，上粗下细，中腹有棱两道，下附一方形卯孔。口最大径3.8、长16.1厘米（图六，17）。

削　2件，均残。M2：8，体型较小。厚背，锐刃，细柄，身略弧，两面错金刻卷云纹。残长11.3厘米（图六，18）。M2：9，体型较大。直柄，直身，素面，仅存中段。残长12.4厘米（图六，21）。

盆　1件。M12：24，侈口，宽折沿，尖唇，折腹，平底。上腹有对称衔环圆纽。器胎较薄。出土时器表附竹篾朽痕，可能为盆的包裹物。口径41.5、底径14.3、高11厘米（图六，7）。

镜　2件。均为圆形，光素背，无外缘，背中部有一细小半圆纽。根据体型大小分二型。

A型　1件。体型较大。M2：3，镜体较薄，表面锈蚀严重，正面铜锈上黏附竹篾朽痕。直径15、厚0.2厘米（图六，9）。

B型　1件。体型较小。M12：1，正面光洁，镜面附一层绢帛痕，出土时置于木箱内，木箱已朽，镜体呈黑漆古。直径12.4、厚0.2厘米（图六，13）。

铺首衔环　4件。漆器上构件。根据体型特征分二型。

A型　1件。单铺首衔环。M2：12，兽头形铺首，内接粗大铆钉，铺首下挂一圆环。通长6.9、环径3.5厘米（图六，14）。

B型　3件。双铺首衔环。M12：3，上、下对称两兽头形铺首，内接两粗大铆钉，双兽头间挂一圆环。通长11.3、环径6.7厘米（图六，10）。

器足　5件。均为兽蹄形，漆器构件。根据插口特征分二型。

A型　1件。外套式。M2：11，空心，凹銎，可由外向内套合漆木器边角。口下方有一扉棱。长7.9、宽2.4厘米（图六，11）。

B型　4件。内插式。M12：7，口部横截面呈八棱形，形制规整，体型轻薄，出土时内心塞满木屑朽渣。长8.7、口径2厘米（图六，31）。

包角　4件。漆器四角釦件。形状呈曲尺形，胎体较薄，从出土位置看与铜铺首、铜器足配套，为同一漆器上构件。M12：6，长8、宽7.7、厚1.4厘米（图六，15）。

小铜铃　12枚。车马饰器。M12：3，形似纽钟，腔体镂空。胎薄，制作较精。高5.1、底宽3厘米（图六，23）。

小铜磬　8枚。车马饰器。M12：23，璜形有纽。体小胎薄，器表有凸弦纹两道。长9.6、宽1.8厘米（图六，16）。

3. 其他

13件。

铁带钩　2件。均为圆弧形铁钩，圆饼形铜钉柱，一端残失。M2：4，残长9.4、宽1.4厘米（图六，12）。M2：10，残长20.6、宽1.5厘米（图六，24）。

玉圭　2件。均为长条薄片形，圭首较短，通体打磨光滑。通长8.3、宽1.3、厚0.2厘米。M12：19，体呈乳白色（图六，25）。M12：20，体呈青绿色（图六，26）。

玉环　1件。M12：21，横截面呈算珠形，通体磨制精细。乳白色。外径5.4、内径2.4厘米（图六，30）。

铅把具　4件。体呈“U”形，棺木四角釦件。铅中含杂质较多，易碎。M12：13，灰白色。长10.5、宽6、厚1.4厘米（图六，22）。

蜻蜓眼　2件。琉璃质。为死者身佩饰件，一件残碎，另一件保存较好。M12：18，圆球形，上有数个凸起的球状体。体内圈涂蓝色，中区为赭红色，外圈饰白彩。直径2.5厘米（图六，29）。

银指环　1件。M12：29，直径2.15厘米（图六，27）。

串珠　1串。石质。椭圆体，中有穿孔，M12：25，直径0.5厘米（图六，28）。

（三）时代判断

三座墓葬均被后期的土坑墓或砖室墓打破，为大丘坪墓群已发掘区域时代最早的遗迹。墓向基本一致，结合墓地周围环境观察，不论墓向还是头向均与江水流向一致。

墓葬形制方面，墓圹长宽之比均不足1：1.5，具有战国楚墓宽坑墓的特征，墓壁台阶和棺椁设置也与楚风吻合。

随葬品方面，M2多次被盗，清理出的器物中未见最能反映墓主人身份的铜礼器。与之相邻的M12未葬铜礼器，随葬陶礼器的基本组合为鼎、簠、壶各两套，为战国时期楚墓的基本组合器物。陶器器表装饰红白彩，绘菱格纹、卷云纹等纹饰，符合楚系墓葬器物的装饰风格。随葬品中未见战国晚期流行的陶盒，M12出土陶鼎形制与湖北望山一号墓陶鼎相似[①]，B型簠样式亦与江陵雨台山M183同类器物完全相同[②]，M2出土的铜镞、铁带钩在湖北黄冈芦冲M1中能够找到可以比对的资料[③]。上述两处湖北地区墓葬的发掘者将墓葬时代判定为战国中期，由于三峡与江汉平原一度同属楚文化圈，我们同意发掘者的见解，并将大丘坪墓群M2、M12时代归入这一时期。M7随葬品仅2件，铜剑为三峡地区常见战国楚式剑，长颈罐与忠县崖脚墓地M5陶罐完全相同[④]，因此虽无法判定该墓准确时代，但归于战国楚墓范畴是毫无问题的。

---

① 湖北省文化局文物工作队：《湖北江陵三座楚墓出土大批重要文物》，《文物》1966年第5期。

② 荆州博物馆：《江陵雨台山楚墓发掘简报》，《考古》1980年第5期。

③ 黄冈市博物馆、黄州区博物馆：《湖北黄冈两座中型楚墓》，《考古学报》2000年第2期。

④ 北京大学三峡考古队：《忠县崖脚墓地发掘报告》，《重庆库区考古报告集·1998卷》，科学出版社，2003年。

二、新莽—东汉初期墓葬

本年度共发掘5座，编号分别为M3、M4、M5、M9、M13。这5座墓均为长方形竖穴土坑墓，分带斜坡墓道（M3、M5、M13）、竖井式墓道（M4）、无墓道（M13）三类。墓葬深度因埋葬地点、墓口被破坏程度而不同，根据残存墓边情况，推测其原始深度应在4米以上。墓内随葬品比较丰富，一般墓葬出土陶器数十件，多者上百件。

（一）墓葬形制

M3　位于T102、T106内，墓口距地表0.2米。墓葬开口于第1层下，被一现代盗洞（D2）打穿（墓室未被扰），M3同时打破一早期盗洞（D3）及M2。

墓葬为长方形竖穴土坑墓，带斜坡墓道，方向46°。墓室长4.5、宽4、现存深度1.75米。墓道位于墓室北壁正中，长2.85、宽1.8～2.2米。坡度15°。墓内填土为灰黑色土。墓道填土中葬一灰陶钵，墓道底部有一截纵向圆木朽痕，应为下葬棺木的滑轨。葬具为一椁四棺，椁内室长3.7、宽3.4、现存高度0.6米。椁底板纵向铺置，棺痕已不清，可见四具人骨朽痕，每具人骨上肢和下肢处各置铜钱一堆。人骨头向东南，葬式为直肢葬。

随葬品多置于头部上方，数量较多，棺椁垮塌后大部分被压碎重叠在一起，给清理、编号工作带来一定困难，整理后获器物106件（铜钱按堆数放号，以下同）。器形有陶釜、罐、钵、壶、盆、甑、盘、勺、井，铜壶、盆、鍪，铁釜、剑、匕、钱币，石黛板、研子，银耳环等（图七）。

M4　位于T108、T113内，墓口距地表0.25米。墓葬开口于第1层下，被一现代盗洞打穿。墓葬为长方形竖穴土坑墓，带竖井式墓道，形制不规整。方向220°。墓室长3.4、宽3、深2.5米，墓道长2.84、宽2.6、深1.8～2米。墓道、墓室四壁较直，有工具修整痕。填土较松软，为黄褐色花土。填土中葬骨架一具，随葬器物有陶罐（2件）、陶钵、铜釜、铜钱“货泉”（5枚）。

葬具为一棺一椁，均已朽烂。椁室长2.9、宽2.3米，棺位于椁室中部，长2.4、宽0.9米。棺内葬人骨一具，内架腐朽仅存骨痕，依稀可辨葬式为仰身直肢葬。

椁室内随葬器物39件。陶器有鼎、盒、壶、罐、盆、杯、案、盘、勺、钵，铜器有洗、钱币，铁器有刀、削等（图八）。

M5　位于T108、T109内，墓口距地表深0.18～0.21米。墓葬开口于第1层下，打破M7。形制为长方形竖穴土坑墓，带斜坡墓道，方向224°。墓室长3.9～4.3、宽3.1～3.4、现存深度1米，底部北、东、南三面设熟土二层台，北面二层台高0.66、宽0.34～0.42米，南面高0.3、宽0.3米，东面高0.4～0.6、宽0.36米。墓道位于墓室南壁正中，现存形状呈半圆形，长0.82、最大宽度2.28米，坡度为29°。填土为浅灰色土。墓道填土中葬一灰陶钵，墓道底部铺一根滑木。葬具为一椁一棺，木质腐烂，仅存板灰。椁内室长3.1、宽2.7米，椁底板纵向铺置。棺木位于椁室左侧，棺长2.08、宽0.8米，棺下有四根垫棺的横木。棺内葬人骨一具。

图七 M3平、剖面图

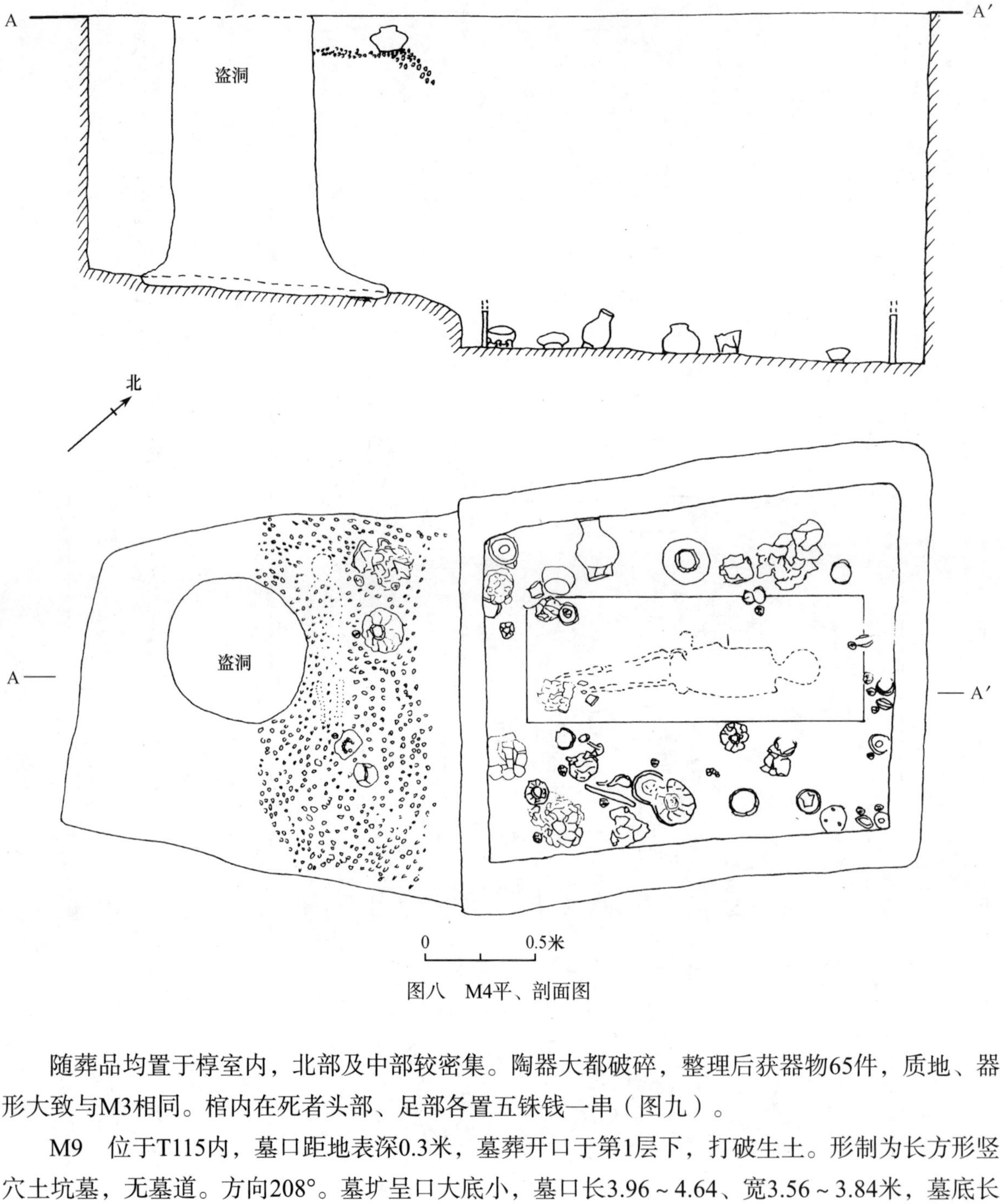

图八　M4平、剖面图

随葬品均置于椁室内，北部及中部较密集。陶器大都破碎，整理后获器物65件，质地、器形大致与M3相同。棺内在死者头部、足部各置五铢钱一串（图九）。

M9　位于T115内，墓口距地表深0.3米，墓葬开口于第1层下，打破生土。形制为长方形竖穴土坑墓，无墓道。方向208°。墓圹呈口大底小，墓口长3.96～4.64、宽3.56～3.84米，墓底长3.84～4.06、宽3.2～3.38米，墓坑现存深度4.2米。填土为五花土，以黄褐色为主，经夯打，极坚硬。

葬具为一椁一棺，木质棺椁均已腐朽，仅存灰痕。椁内室长3.7、宽2.94米，椁盖板横置，上铺一层青膏泥，厚约0.15米，现存立板高约0.2、厚0.1米，墓底未见椁底板灰痕，仅铺一层纯净黄沙，厚度约10厘米。棺木横置于墓室西部，骨架朽烂严重，只存部分头骨朽痕。头向208°。葬式及性别、年龄不详。

棺内在死者头部及足部各置铜钱一串，钱文为“五铢”及“货泉”。其他器物均置于椁

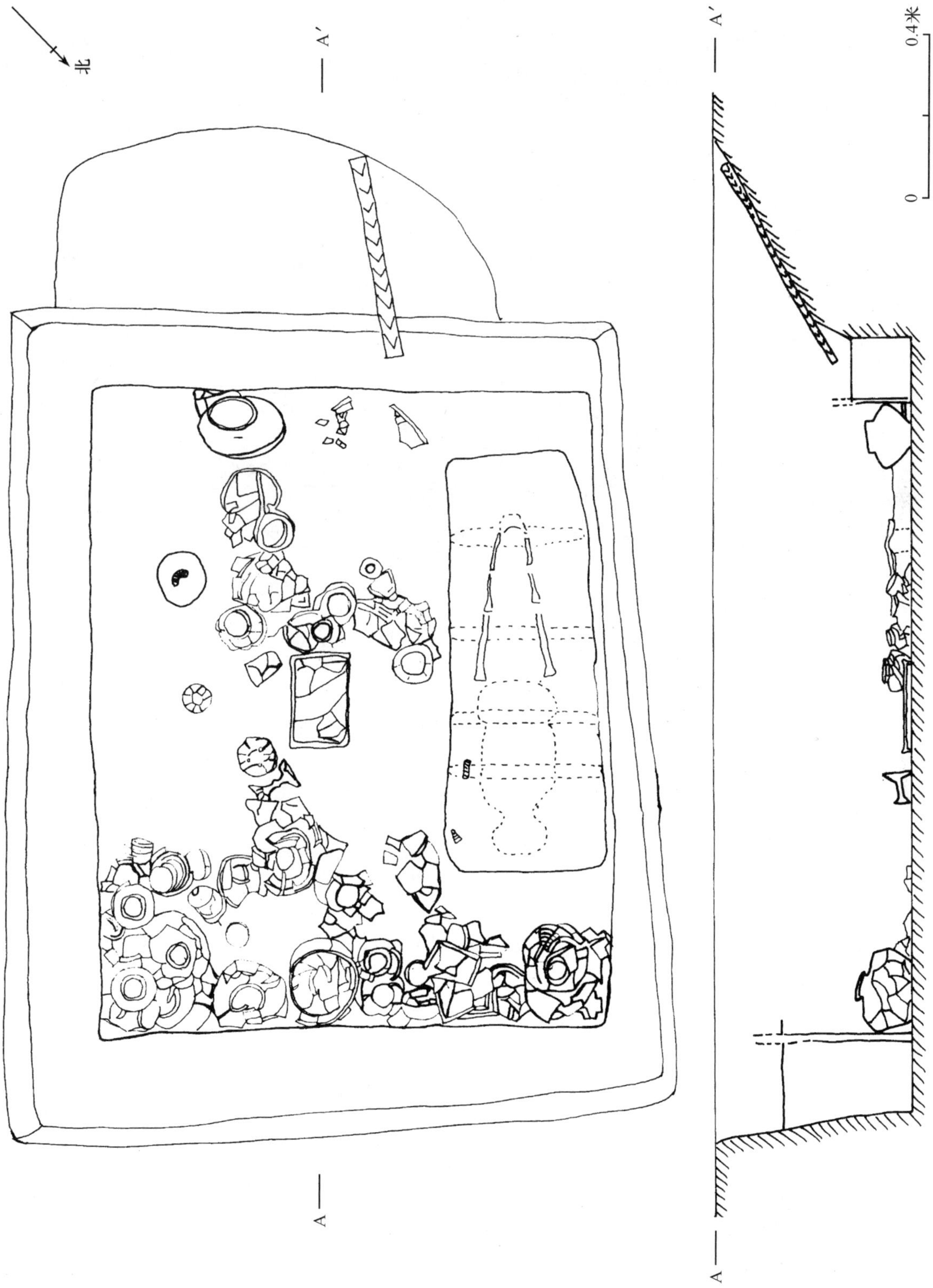

图九 M5平、剖面图

室内，集中在北部，共清理25件，器形有釉陶壶、灰陶罐、甑、盆、钵，铁釜、削等（图一〇）。

（二）随葬器物

共清理338件。分陶、铜、铁、银、石等类（钱币另计）。

1. 陶器

309件。器形有鼎、盒、壶、罐、盆、洗、釜、甑、瓮、魁、豆、钵、杯、案、盘、勺、灯、熏炉、井等。

鼎　8件。形状均为扁弧盖，弧腹，圜底，双附耳，三兽蹄足，盖上对称分布三实心纽。根据腹、耳部形态可分二式。

Ⅰ式：7件。扁圆腹，双耳斜折。M4：28，泥质红褐胎酱黄釉。口径17.2、腹径20、高15厘米（图一一，1）。

Ⅱ式：1件。椭圆腹，双耳外撇较甚。M3：18，泥质黄褐胎绿釉，腹饰一道凹弦纹。口径13.2、腹径17.1、通高16.2厘米（图一一，2）。

盒　6件。形状为子母口，圆唇，弧腹，圈足，盖与器身相似、稍浅。器身与盖各饰两道凹弦纹。根据盖的形状分二式。

Ⅰ式：5件。圈足盖。M4：12，泥质红陶胎，薄施酱黄釉。口径16.8、底径10.8、高16.8厘米（图一一，6）。

Ⅱ式：1件。假圈足盖。M3：91，泥质红陶胎，绿釉。口径12.8、底径10.6、高15.4厘米（图一一，7）。

壶　9件。根据盖的情况分二型。

A型　2件。泥质灰陶。无盖。侈口，方唇，束颈，溜肩，鼓腹，圈足。肩部饰凹弦纹及浅细菱格纹。M3：106，口径15.6、底径20.4、高29.8厘米（图一一，4）。

B型　7件。带盖。子母口，长束颈，溜肩，圆弧腹，高圈足，弧形盖，盖上三对称实心纽。M3：47，泥质红陶胎，器表施酱黄釉。肩部附对称铺首衔环，肩、腹部各饰两道凹弦纹。口径13.2、底径18.8、高40厘米（图一一，5）。

圜底罐　38件。根据肩部形态分四型。

A型　6件。泥质灰陶。鼓肩。形状为小口，平折沿，尖唇，直领，扁弧腹。肩及上腹饰横断绳纹，下腹至底饰竖向细绳纹。M3：92，肩部刻划一“黄”字。口径13.2、腹径32、高20.6厘米（图一一，17）。M9：5，口径12.8、腹径33.2、高18.2厘米（图一一，16）。

B型　10件。溜肩。小口，平折沿，尖唇，斜领，圆弧腹。M13：30，夹砂黄褐陶。肩部饰横断绳纹，腹至底饰竖向绳纹。口径12.8、腹径31.6、高23.5厘米（图一一，15）。M5：62，泥质灰黄陶。肩部饰浅细菱格纹，上腹为横断绳纹，下腹至底饰竖向绳纹。口径16.8、腹径33.6、高29.7厘米（图一一，13）。

C型　14件。折肩。形制为敛口，尖唇，束颈，斜弧腹。M9：16，泥质灰陶。腹至底饰斜

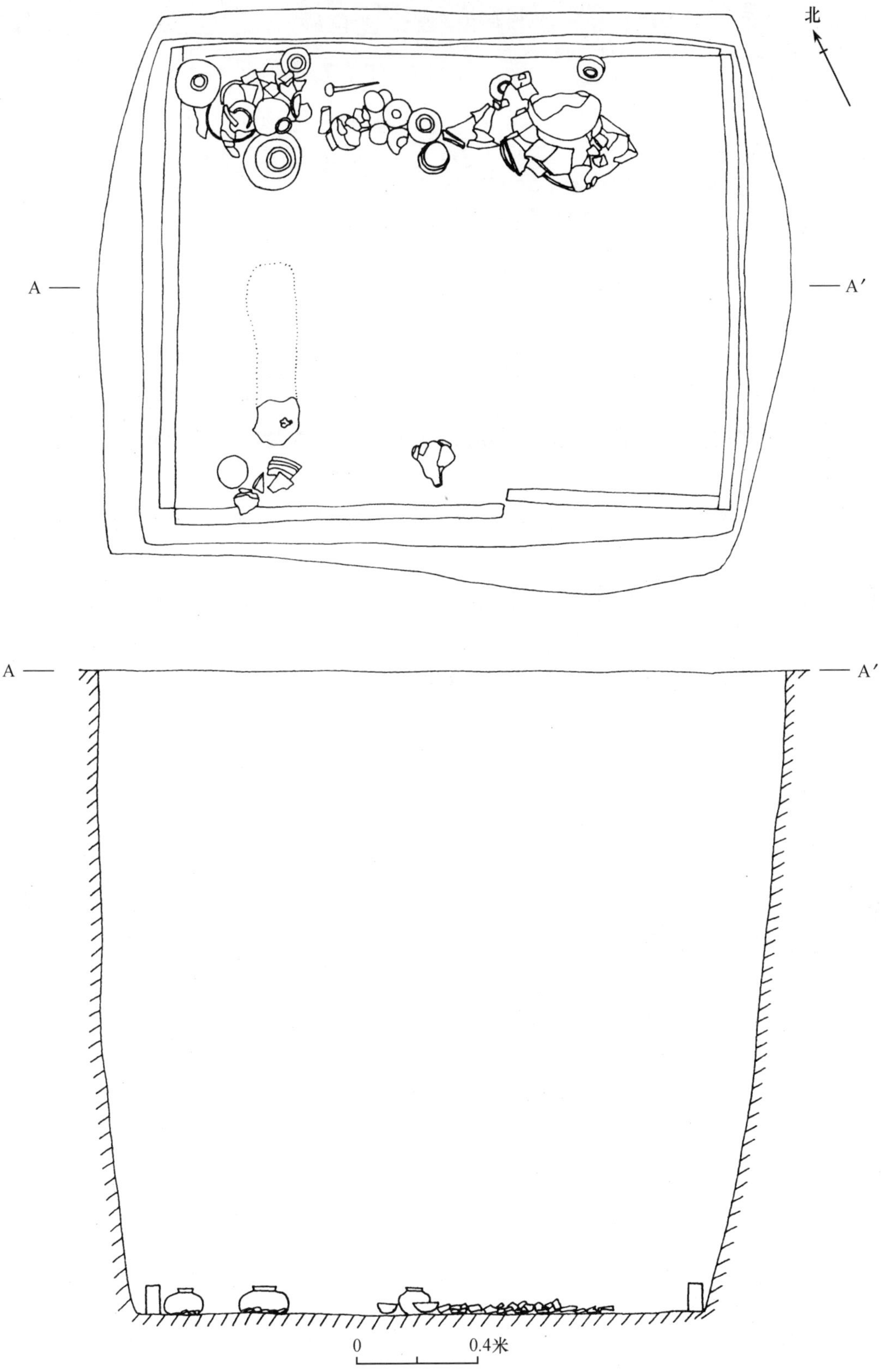

图一〇 M9平、剖面图

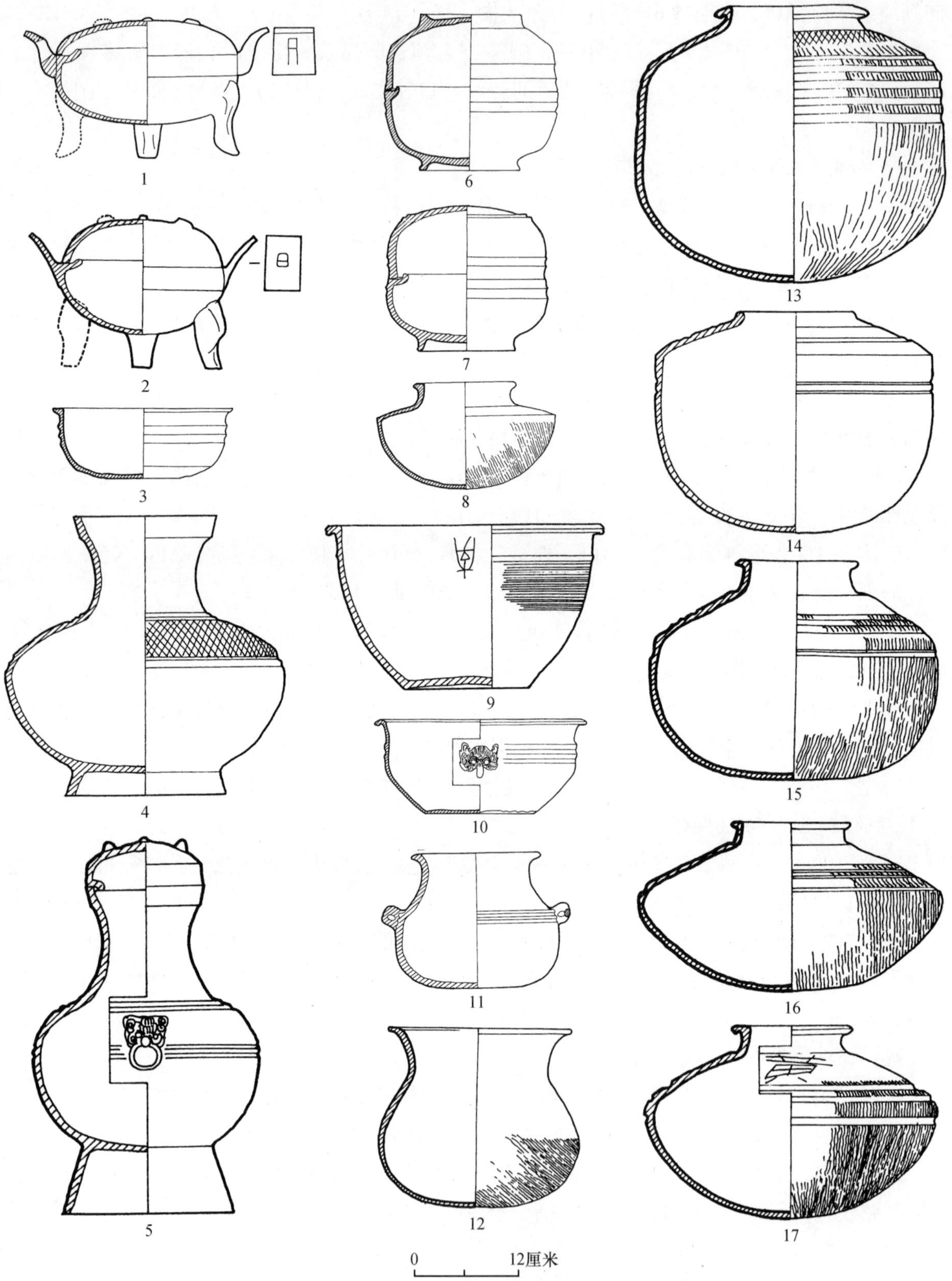

图一一　新莽—东汉初期出土陶器

1. Ⅰ式鼎（M4：28）　2. Ⅱ式鼎（M3：18）　3. B型洗（M9：2）　4. A型壶（M3：106）　5. B型壶（M3：47）　6. Ⅰ式盒（M4：12）　7. Ⅱ式盒（M3：91）　8. C型圜底罐（M9：16）　9. 盆（M3：86）　10. A型洗（M4：32）　11. A型釜（M3：98）　12. B型釜（M9：7）　13、15. B型圜底罐（M5：62、M13：30）　14. D型圜底罐（M3：36）　16、17. A型圜底罐（M9：5、M3：92）

向细绳纹。口径11、腹径19.6、高11.3厘米（图一一，8）。

D型　8件。斜折肩。形状为小口，圆唇，无领，圆弧腹，出土时，器口大多覆一钵。M3：36，泥质灰陶。肩、腹部各饰两道凹弦纹。口径13.2、腹径30、高23.5厘米（图一一，14）。

平底罐　83件。依据肩部形态分五型。

A型　28件。形制为鼓肩，短领，平底。依据口部特征、体型大小分三亚型。

Aa型　1件。敛口，斜方唇，个体较大。M5：64，泥质灰褐陶。腹饰“十”字菱格纹及竖向短绳纹。口径18.2、底径17、高21.5厘米（图一二，1）。

Ab型　17件。敛口，圆唇，唇部一道凹槽，个体较小。M3：82，泥质灰黑陶。肩、腹部饰横断绳纹。口径10、底径11、高13.2厘米（图一二，2）。

Ac型　10件。侈口，卷沿，束颈，个体较大。M3：61，泥质灰陶。肩部饰浅细菱格纹及一周附加堆纹。肩部刻划一“李”字。口径16、底径17.5、高20.1厘米（图一二，5）。

B型　9件。溜肩。侈口，圆唇，束颈，鼓腹，平底。M9：23，泥质灰陶。肩饰压印锯齿纹及凹弦纹。口径11.2、底径8.6、高11.8厘米（图一二，3）。

C型　13件。形制为圆肩，小口，卷沿，尖唇，短颈，圆肩，大平底。M3：90，泥质灰陶。肩部饰两道凹弦纹。口径12.6、底径21.2、高20.2厘米（图一二，4）。

D型　3件。折肩。敛口，圆唇，短领，折肩，弧腹，平底。胎质粗疏，陶衣脱落。M13：21，泥质红褐陶。素面。口径12.3、底径8、高10厘米（图一二，9）。

E型　30件。平肩（筒形）罐。形状为敛口，方唇，无领，平肩，筒形腹，平底。从出土时情况看，该类罐可兼具仓、井等功用。根据腹部特征分二亚型。

Ea型　19件。斜弧腹。M3：29，泥质灰陶。折肩处饰锯齿纹，上腹饰三道凹弦纹。口径13.4、底径13.3、高17.8厘米（图一二，7）。

Eb型　11件。圆弧腹略下垂。M9：28，泥质灰陶。腹部饰四道凹弦纹。口径11.6、底径14.8、高19.1厘米（图一二，8）。

盆　7件。敞口，折沿，尖圆唇，斜弧腹，平底略凹。M3：86，泥质灰陶。盆内刻划一“李”字，上腹轮制旋痕明显。腹部饰一道凸弦纹。口径30.8、底径13.5、高17.5厘米（图一一，9）。

洗　16件。根据口部特征分二型。

A型　14件。侈口卷沿。M4：32，泥质红陶。内外壁均施酱黄釉。弧腹略折，平底。上腹饰二道凹弦纹及一对铺首。口径23.4、底径12、高10厘米（图一一，10）。

B型　2件。直口折沿。M9：2，泥质红陶。胎质粗疏，器表无釉。圆弧腹，平底。上腹饰三道凸弦纹。口径19.6、底径8、高7.6厘米（图一一，3）。

釜　2件。根据肩部附耳特征分二型。

A型　1件。肩部附两泥条圆耳。侈口，卷沿，圆唇，束颈，垂腹，圜底。M3：98，泥质灰陶。肩部饰两道凹弦纹。口径14.5、腹径17.8、高14.4厘米（图一一，11）。

B型　1件。无耳。敞口，尖圆唇，束颈，垂腹，圜底。M9：7，泥质灰黄陶。口沿内侧饰一道凹弦纹，腹至底饰斜向绳纹。口径20.2、腹径22.4、高19.2厘米（图一一，12）。

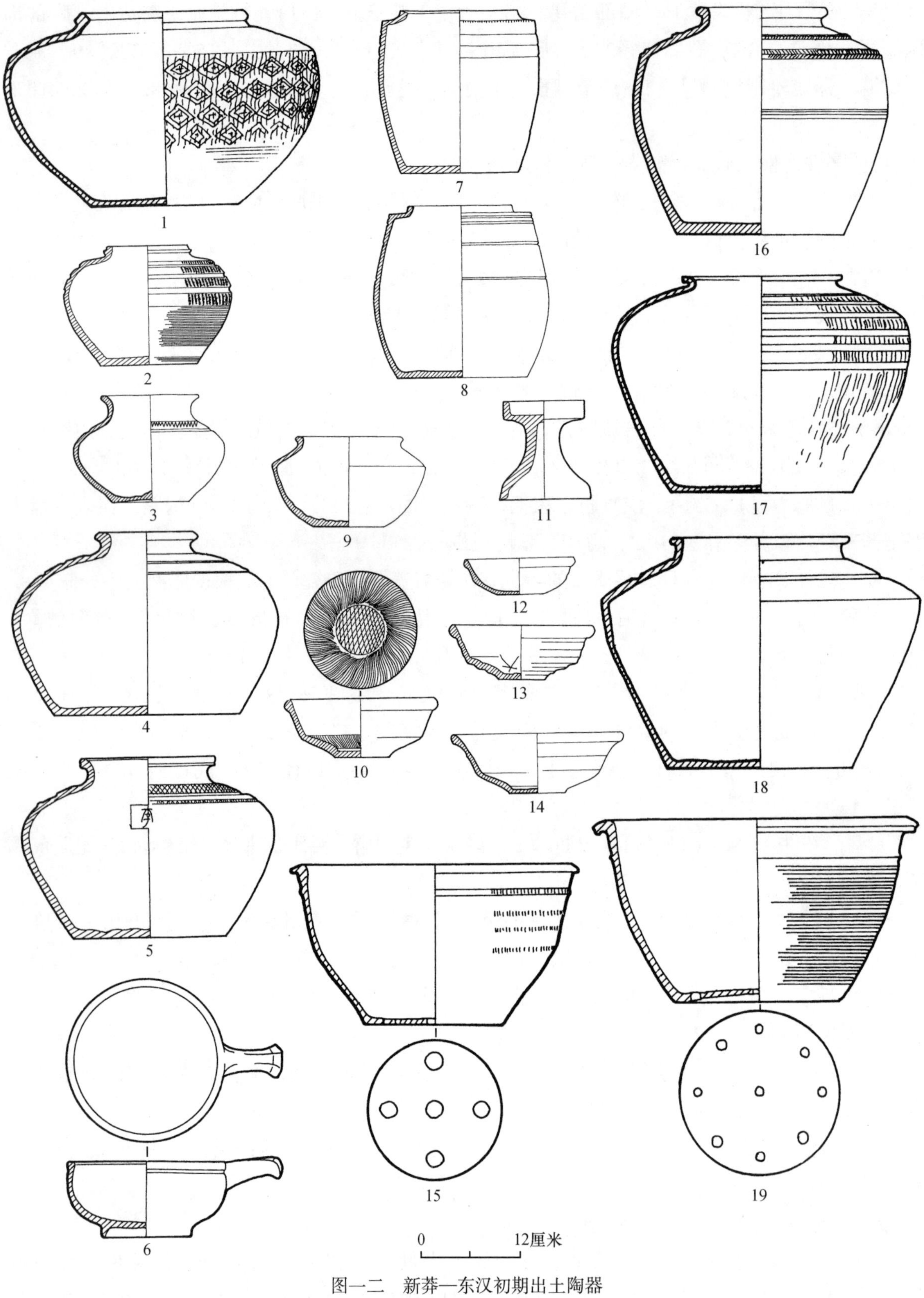

图一二　新莽—东汉初期出土陶器

1. Aa型平底罐（M5：64）　2. Ab型平底罐（M3：82）　3. B型平底罐（M9：23）　4. C型平底罐（M3：90）　5. Ac型平底罐（M3：61）　6. 魁（M3：93）　7. Ea型平底罐（M3：29）　8. Eb型平底罐（M9：28）　9. D型平底罐（M13：21）　10、13. B型钵（M3：20、M3：107）　11. 豆（M3：30）　12. C型钵（M5：45）　14. A型钵（M5：3）　15、19. 甑（M13：31、M3：89）　16. A型瓮（M3：17）　17. B型瓮（M5：61）　18. C型瓮（M9：27）

甑　7件。形状为盆形，底部钻孔。出土时置于铁釜上。M13：31，泥质灰黄陶。腹部饰四组附加堆纹。底有5孔。口径32.8、底径15.8、高17.8厘米（图一二，15）。M3：89，泥质灰黑陶。器表轮制痕明显。底有9个箅孔，上腹饰一道凸弦纹。口径37、底径18.5、高20.4厘米（图一二，19）。

瓮　6件，根据肩部特征分三型。

A型　1件。溜肩。侈口，卷沿，圆唇，短领，斜弧腹，平底。M3：17，泥质灰黑陶。肩部饰两道附加堆纹。口径14.8、底径19、高25.2厘米（图一二，16）。

B型　3件。圆肩。侈口，卷沿，斜方唇，斜直腹，平底。M5：61，泥质灰褐陶。肩饰横断绳纹，腹饰竖向细绳纹。口径18、底径20.4、高24厘米（图一二，17）。

C型　2件。折肩。直口，折沿，尖唇，斜直腹，平底。M9：27，泥质灰黄陶。肩部饰一道凹弦纹。口径20.4、底径21、高25.6厘米（图一二，18）。

魁　8件。敛口，斜方唇，弧腹，圈足，柱状柄。M3：93，泥质红褐胎。器表、内壁均施酱黄釉。上腹饰一道凹弦纹。口径18、底径10.8、高8.3、柄长6.6厘米（图一二，6）。

豆　1件。直口，方唇，浅直腹，粗柄，喇叭状圈足。M3：30，泥质红褐胎。器表及盘内壁施酱黄釉。口径9、底径10.2、高10.8厘米（图一二，11）。

钵　72件。有作为食具成摞摆放的，也有作为器盖倒覆于罐口的。根据体型大小分三型。

A型　9件。大钵（口径在18厘米以上）。敞口，圆唇，斜折腹，饼足，唇部加厚。M5：3，泥质黑皮陶。素面。口径19、底径6.2、高6.6厘米（图一二，14）。

B型　38件。中钵（口径15～17厘米）。敞口，尖圆唇，折腹，平底，唇部加厚。M3：20，泥质黑皮陶。内壁饰涡纹。内底为暗菱格纹。口径16.2、底径6、高6.5厘米（图一二，10）。M3：107，泥质灰陶。内壁刻划一“大”字。口径15.6、底径5、高6厘米（图一二，13）。

C型　25件。小钵（口径11～13厘米）。敞口，尖圆唇，弧腹，平底。M5：45，泥质灰褐陶。素面。口径12.6、底径5、高4厘米（图一二，12）。

杯　6件。直口，方唇，平弧盖，直腹，平底，下承三乳钉状足，上腹附一圆鋬。M5：6，泥质红褐陶。盖上两道凹弦纹。口径11.4、底径10.4、高11.6厘米（图一三，1）。

案　2件。长方形案面，四边上折外翻，四足呈曲尺形。M5：12，泥质灰褐陶。案面涂红彩。案面长45.9、宽32.7、通高11.3厘米（图一三，3）。

盘　10件。敞口，平折沿，尖唇，折弧腹，平底。M4：16，泥质红陶。内外壁施酱红釉。口径22.5、底径12.4、高6.3厘米（图一三，4）。

勺　6件。椭圆斗，扁宽柄。M4：17，泥质黄褐陶。内外壁施酱黄釉。斗深3、通长19厘米（图一三，7）。

灯　7件。根据体型大小分二型。

A型　6件。大灯。直口，方唇，浅盘，竹节状柄，覆钵形圈足，灯盘内底心有一小孔。胎较薄。M5：13，泥质黄褐陶。盘底一道凹弦纹。口径12.6、底径11、高19.5厘米（图一三，2）。

B型　1件。小灯。敞口，方唇，浅盘，竹节状粗柄，圈足。厚胎。M3：35，泥质灰黑

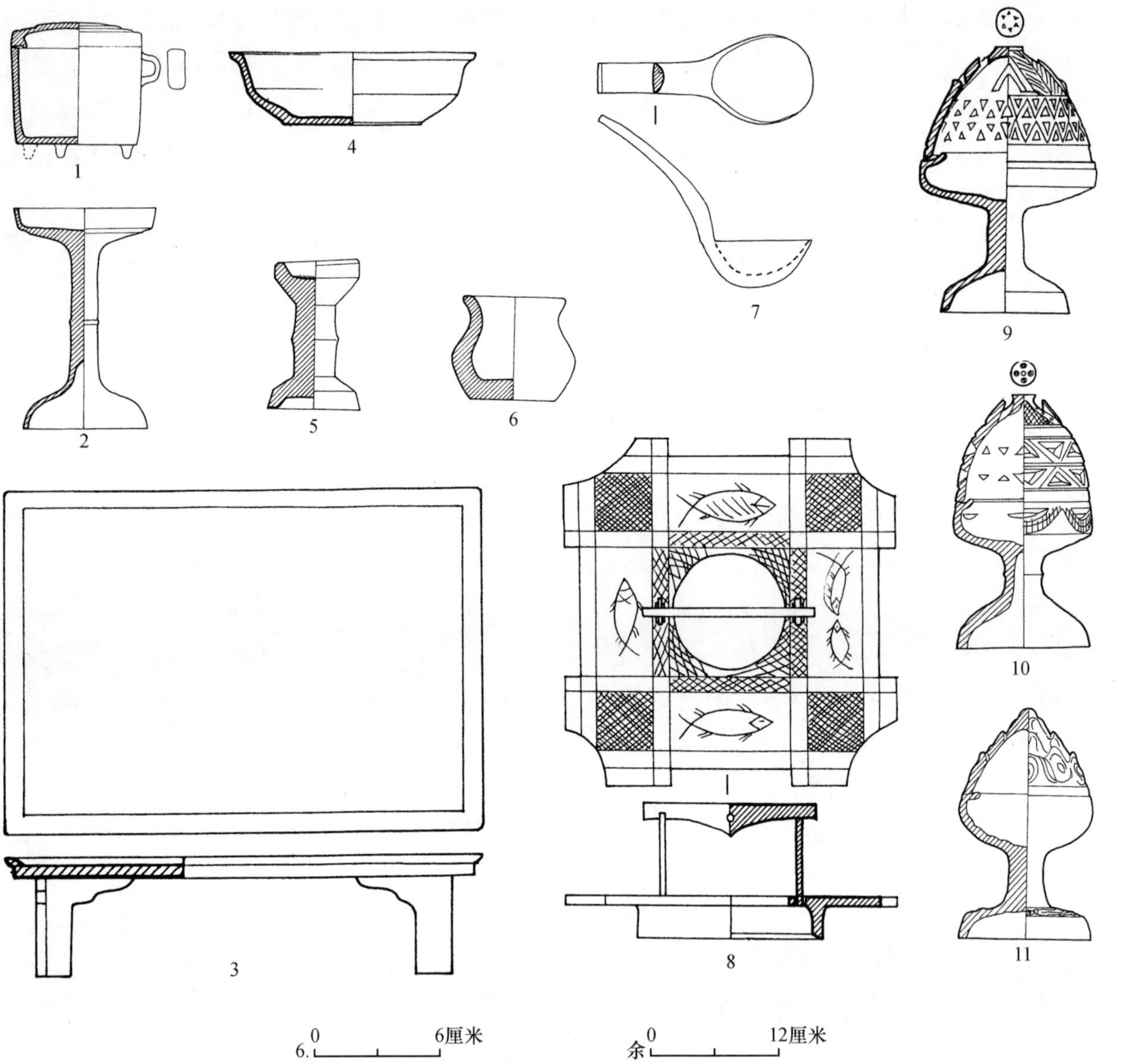

图一三 新莽—东汉初期出土陶器

1. 杯（M5∶6） 2. A型灯（M5∶13） 3. 案（M5∶12） 4. 盘（M4∶16） 5. B型灯（M3∶35） 6. 汲水罐（M13∶32） 7. 勺（M4∶17） 8. 井圈、井架（M3∶24） 9、10. A型熏炉（M4∶21、M3∶48） 11. B型熏炉（M3∶94）

陶。口径7、底径8.4、高13厘米（图一三，5）。

熏炉 6件。形状均为豆形炉，镂孔山形盖。根据盖顶附纽情况分二型。

A型 4件。圆纽盖。M4∶21，泥质红陶胎。器表施酱黄釉。盖上半部刻划叶脉纹及大三角形镂孔。下半部为连续小三角形镂孔。口径15、底径11.6、高23.5厘米（图一三，9）。M3∶48，泥质红褐陶。器表施酱黄釉。炉体腹部为月牙形镂孔及眉毛状划纹，盖上半部为三角菱格纹及圆圈纹，下半部为三角形镂孔。口径9.6、底径12、高24厘米（图一三，10）。

B型 2件。盖顶无纽。M3∶94，泥质红褐陶。器表施酱红釉。圈足上饰浅浮雕龙纹，盖上浮雕连续山峦，山峦间有镂孔。口径11.4、底径11.8、高20.3厘米（图一三，11）。

井 8件。由井圈、井架、汲水罐、井桶四部分组成一套完整模型井。出土时均已失原

位，无法配套，特别是井桶部分，各墓均出土数量较多筒形罐，无法把它们按功能区分出来。

井圈、井架　井圈呈“井”形，中有一圆孔作井口，两边有矩形孔以插井架，井架上搁置横梁，梁上一小孔套绳索，井圈底部有圈足。M3：24，泥质灰陶。井圈四角及井口周围刻划菱格纹，四边刻五条鱼纹。井圈长30、宽30、高4.8、井口径10.2、井架高7.8、横梁长15.6厘米（图一三，8）。

汲水罐　1件。侈口，圆唇，弧腹，平底，厚胎，体型较小。M13：32，泥质灰褐陶。素面。口径4.6、底径3.8、高4.5厘米（图一三，6）。

2. 铜器

12件。容器类胎体普遍较薄，部分器物破碎严重，暂无法复原。保存较完整器物有釜、洗、带钩、环、鋬。

釜　2件。敞口，斜方唇，束颈，溜肩，弧腹，圜底，肩部有一对称环形耳。胎较薄。腹部两道凸弦纹。M13：11，口径20.7、腹径22.7、高24厘米（图一四，6）。

洗　2件。M13：1，敞口，斜折沿，弧腹，假圈足，上腹附一对铺首衔环。口径25.2、底径12、高10.5厘米（图一四，13）。M3：49，侈口，卷沿，尖唇，斜弧腹，平底，上腹附一对称圆环耳。盆内底有阳文篆字，暂无法释读。口径36.6、底径16、高12厘米（图一四，12）。

带钩　3件。根据形状不同分二型。

A型　1件。蛇形。圆钉柱，曲首钩，体型较大。M3：2，长8.8、宽1.1厘米（图一四，9）

B型　2件。鸭形。圆钉柱，一端曲首作钩，体型较小。M3：67，长4、宽1.6厘米（图一四，11）。M3：108，长2.9、宽1.3厘米（图一四，10）。

环　3件。圆环形，为铜容器附件。M3：6，外径3、内径2.4厘米（图一四，8）。

鋬　2件。漆器鋬手。圆环形，扁细柄，插条前端有两卯孔与器身固定。M3：4，器表鎏金。柄饰兽面纹。长4.5、宽2厘米（图一四，14）。

3. 铁器

16件。器形有釜、支架、剑、刀、削。

釜　3件。直口，方唇，直领，鼓腹，圜底。M3：62，口径30.4、腹径43.3、高32厘米（图一四，1）。

支架　2件。与釜配套使用。圆环圈，弯刀形三支足，架圈上套三曲尺形活动撑架，撑架顶端带弯钩。M3：19，圈径27.2、高19.2厘米（图一四，2）。

铜格铁剑　5件。大都锈蚀残碎。M3：57，细长身，菱形格，扁圆茎，无首，出土时鞘附于剑身上。鞘为木质，外裹丝麻类织物，器表髹黑漆。通长93.3、格宽5.4厘米（图一四，5）。

刀　2件。均锈蚀残碎。M4：19，厚背，锐刃，尖锋，扁平柄，首残。残长49.5厘米（图一四，4）。

削　4件。锈蚀残碎。M3：7，扁直柄，环首，刃部残失，木鞘附于柄上。鞘上髹黑漆。残长13.6、宽1.6厘米（图一四，3）。

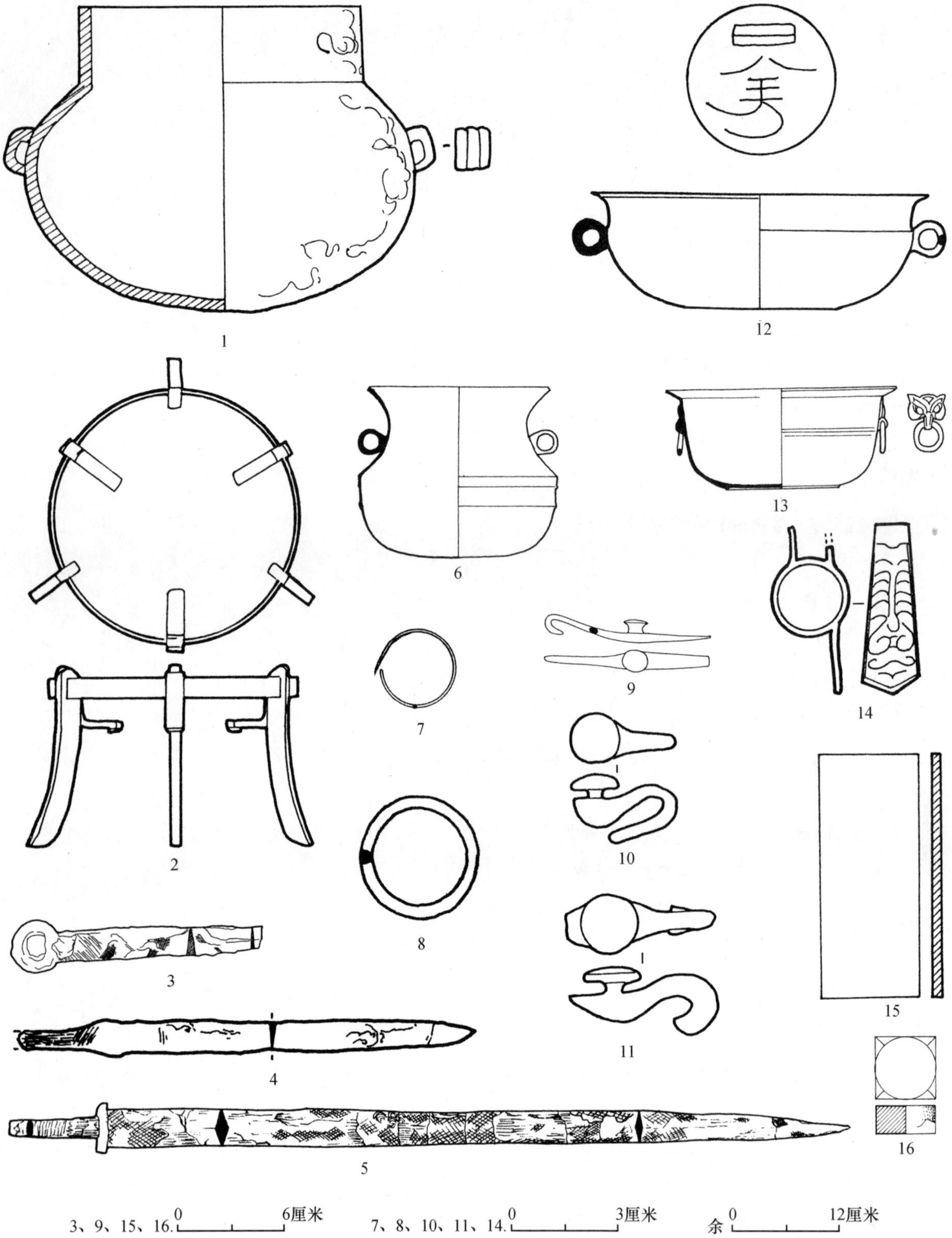

图一四　新莽—东汉初期出土器物

1. 铁釜（M3：62）　2. 铁支架（M3：19）　3. 铁削（M3：7）　4. 铁刀（M4：19）　5. 铜格铁剑（M3：57）　6. 铜釜（M13：11）　7. 银耳环（M3：3）　8. 铜环（M3：6）　9. A型铜带钩（M3：2）　10、11. B型铜带钩（M3：108、M3：67）　12、13. 铜洗（M3：49、M13：1）　14. 铜鐎（M3：4）　15. 石黛板（M3：65）　16. 石研子（M3：6）

4. 银器

1件。

耳环　圆形、较细小。M3：3，直径2厘米（图一四，7）。

5. 石器

6件。器形为黛板和研子。二者配套使用，为研磨墨或粉黛类用具。

黛板　3件。均为长方形薄板，磨制加工精细。M3：65，长12.8、宽5.4、厚0.6厘米（图一四，15）。

研子　3件。形状为圆纽方座。形制规整，石质细腻。M3：6，底座边长3.2、高1.5厘米（图一四，16）。

6. 钱币

共2225枚。部分残破严重者未统计。钱文分别有五铢、大泉五十、货泉、大布黄千、货布、无文钱等。

五铢　2027枚。分三式。

Ⅰ式：41枚。“五”字交笔较直，“铢”字、“金”字头较小，为镞形或三角形，“朱”字头方折，多数“金”较“朱”位置稍低，钱径2.5～2.6、穿宽0.9～1厘米（图一五，1）。

Ⅱ式：6枚。五字交笔渐曲，字形瘦长，上、下横接近于外郭。“铢”字、“朱”头方折，“金”旁呈三角形，明显低于“朱”字，有穿上一横记号。钱径2.5、穿宽1.1厘米（图一五，2、3）。

Ⅲ式：1980枚。“五”字交笔弯曲，“铢”字、“金”字头较大，为三角形，四点较长，“朱”字头方折。钱径2.5～2.6、穿宽1厘米（图一五，4～8）。

大泉五十　121枚。有郭，钱文对读。钱径2.6～2.8、穿宽0.7～0.8厘米（图一五，9～12）。

货泉　65枚。有大、小两种，大者钱径2.3、穿宽0.7厘米，小者钱径1.6、穿宽0.7厘米（图一五，13～18）。

大布黄千　9枚。铲形，毛边，头部有圆孔。通长5.8、首长1.5、肩宽2.2厘米（图一五，21～24）。

货布　1枚。铲形，毛边，头部有圆孔，钱文书体为悬针篆。通长5.8、首长1.9、肩宽2.4厘米（图一五，25）。

无文钱　2枚。钱径2.4、穿宽1厘米（图一五，19、20）。

（三）时代判断

上述五座墓葬中，M4、M5、M9墓向在208°～224°，而M3为46°，M13为39°，呈现一种逆向的态势，结合长江流向考察，其埋葬方向与江水流向平行，可见风水观念仍在人们丧葬习俗

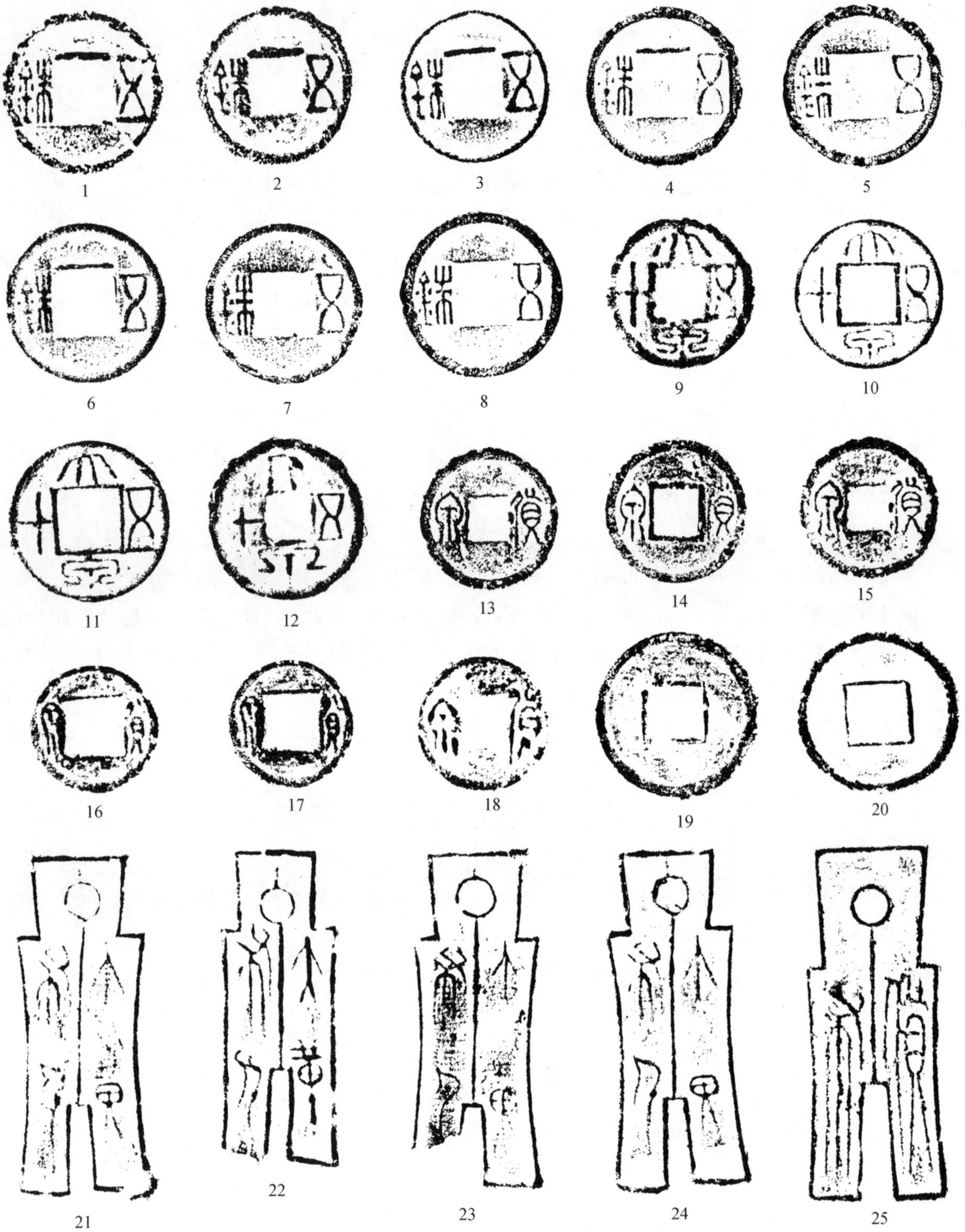

图一五 新莽—东汉初期出土钱币

1. Ⅰ式五铢 2、3. Ⅱ式五铢 4～8. Ⅲ式五铢 9～12. 大泉五十 13～18. 货泉 19、20. 无文钱 21～24. 大布黄干 25. 货布

中占有重要地位。

此期墓葬形制仍流行竖穴土坑墓，还保留着“棺周于身，土周于椁”的旧制，但墓圹普遍较小。普遍存在多具尸体共埋一墓的现象（如M3），这种情况在邻近的武陵墓群[①]、忠县崖脚墓地[②]都有发现，可能与当时社会动荡、死亡频繁有一定关系。

随葬品数量普遍较多，其中既有战国后期以来在四川盆地墓葬中常见的鼎、盒、壶组合，也有东汉时期墓葬中广为盛行的仓、炉、井等模型明器，尤其重要的是，在中原地区王莽时期为适应墓内祭奠需要而出现的一套杯、案、盘、勺祭器[③]在大丘坪此期墓葬中也开始出现，而峡江地区此时盛行土坑墓，并无可能进行墓内祭奠，在陪葬用品方面显然是接受外来文化因素的影响，在埋葬方式上却保留了自己固有的传统。这种独特葬俗的形成“除却传统观念难以一时彻底改变外，经济方面局限性也应是其中原因之一”[④]。

五座墓葬中出土钱币较多，也为断代提供了重要依据。M3随葬钱币有五铢、大泉五十、大布黄千、货布，M4钱币为五铢、货泉，M5出五铢，M9出货泉，M13出大泉五十、货泉。在1615枚钱币中，以“五铢”为大宗，Ⅰ式五铢为武帝上林三官五铢，Ⅱ式五铢为昭帝五铢，Ⅲ式五铢为宣帝—平帝时期铸币[⑤]。考虑到五铢钱在中国货币史上的地位和影响，其流通时间较长，流通量较大应不足为奇。大泉五十、大布黄千、货布、货泉则为典型新莽铸币。

由于中原地区杯、案、盘、勺这一套墓内祭奠用器新莽时期才开始流行，深处峡江腹地的大丘坪墓群这批墓葬的时代上限自然不会超过中原，甚至可适当后推，另外在M4、M9、M13中都出土有小货泉，此类货币流通年代在王莽末期至东汉初年[⑥]。综上因素，我们把这批墓葬时代定在王莽至东汉初期，其下限不会超过东汉建武十六年（40年）[⑦⑧]。

三、东汉晚期至蜀汉时期墓葬

共发掘5座，编号为M1、M6、M8、M10、M11，形制均为“凸”字形砖室墓。20世纪改土造田活动对砖室墓破坏特别严重，墓葬券顶破坏殆尽，一般仅存4~5层壁砖，部分墓底铺地砖已被起取他用，墓内人骨多受扰动（图一六）。大多数墓葬随葬品所剩无几，下面将保存较好的M1进行重点介绍。

---

① 重庆市文化遗产研究院2002年武陵墓群发掘材料。

② 北京大学三峡考古队：《忠县崖脚墓地发掘报告》，《重庆库区考古报告集·1998卷》，科学出版社，2003年。

③ 中国科学院考古研究所：《洛阳烧沟汉墓》，科学出版社，1959年。

④ 彭学斌：《大丘坪墓群发掘与初步研究》，《重庆历史与文化》2004年第2期。

⑤ 唐石父：《中国古钱币》，上海古籍出版社，2001年。

⑥ 唐石父：《中国古钱币》，上海古籍出版社，2001年。

⑦ 《后汉书·光武帝纪》（卷一）：“初，王莽乱后，货币杂用布、帛、金、粟。是岁（建武十六年）始行五铢钱。”

⑧ 四川大学考古系：《云阳李家坝37号岩坑墓发掘报告》，《重庆库区考古报告集·1997卷》，科学出版社，2001年。

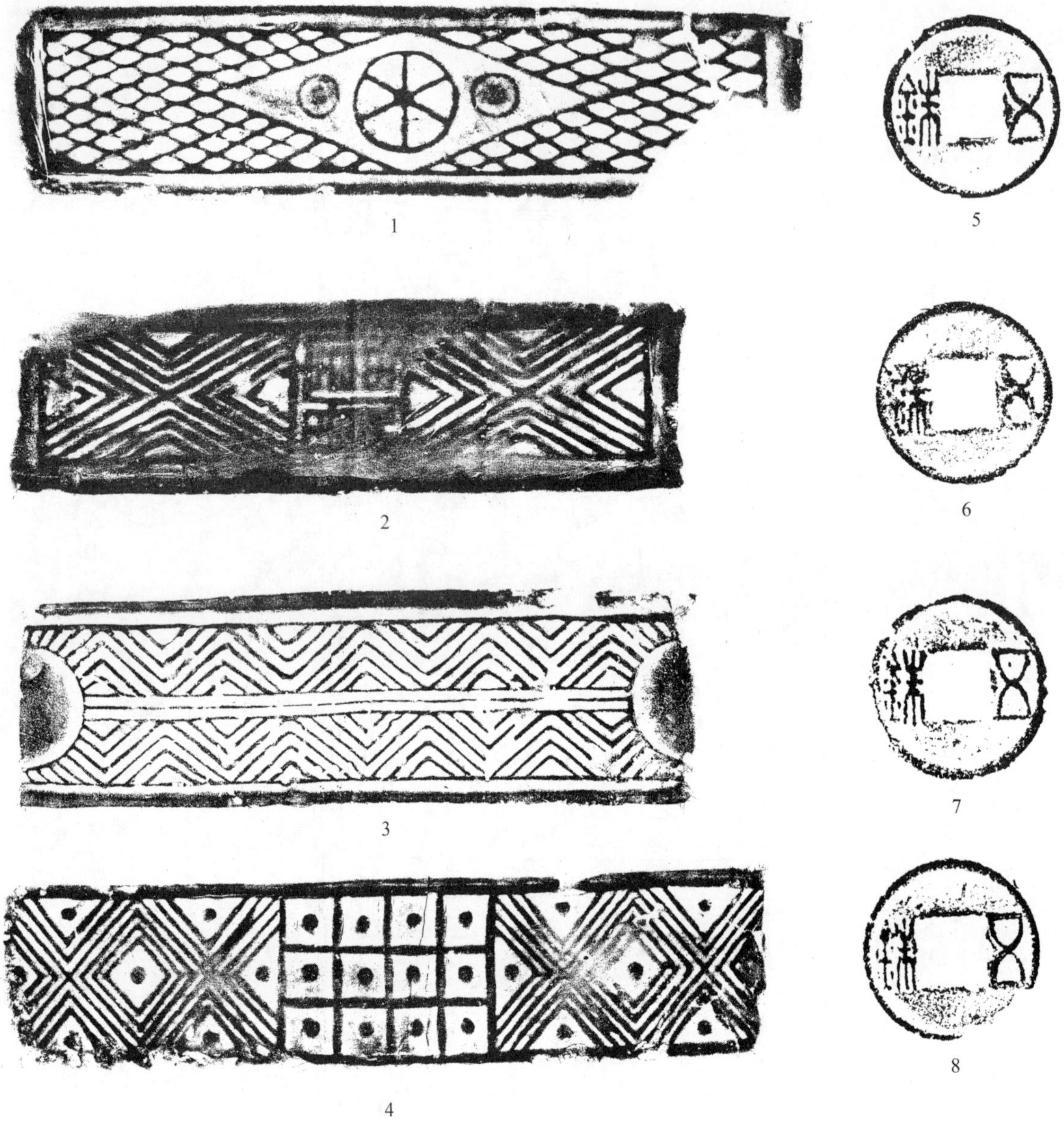

图一六　墓砖、钱币纹样拓本

1、2. M1墓砖　3、4. M10墓砖　5～8. M1出土五铢

（一）墓葬形制

M1　位于T108、T109、T113内，开口于第1层下，打破M7，墓葬为“凸”字形砖室墓，带短斜坡墓道，方向225°。墓室长5.18、宽2.44、现存深度0.84米，甬道位于墓室南壁正中，长2.04、宽1.4米，墓道长1.1、宽1.9米，坡度35°。墓壁以车轮、钱文砖错缝平铺，券顶以楔形“富贵”砖起券，墓底横排平铺素面地砖，封门用零乱残碎垒砌。墓室两壁整体向西倾斜，系M7棺椁垮塌，土层下陷所致，葬具和骨均腐朽无存。从残存铁棺钉判断，使用了木质葬具（图一七）。

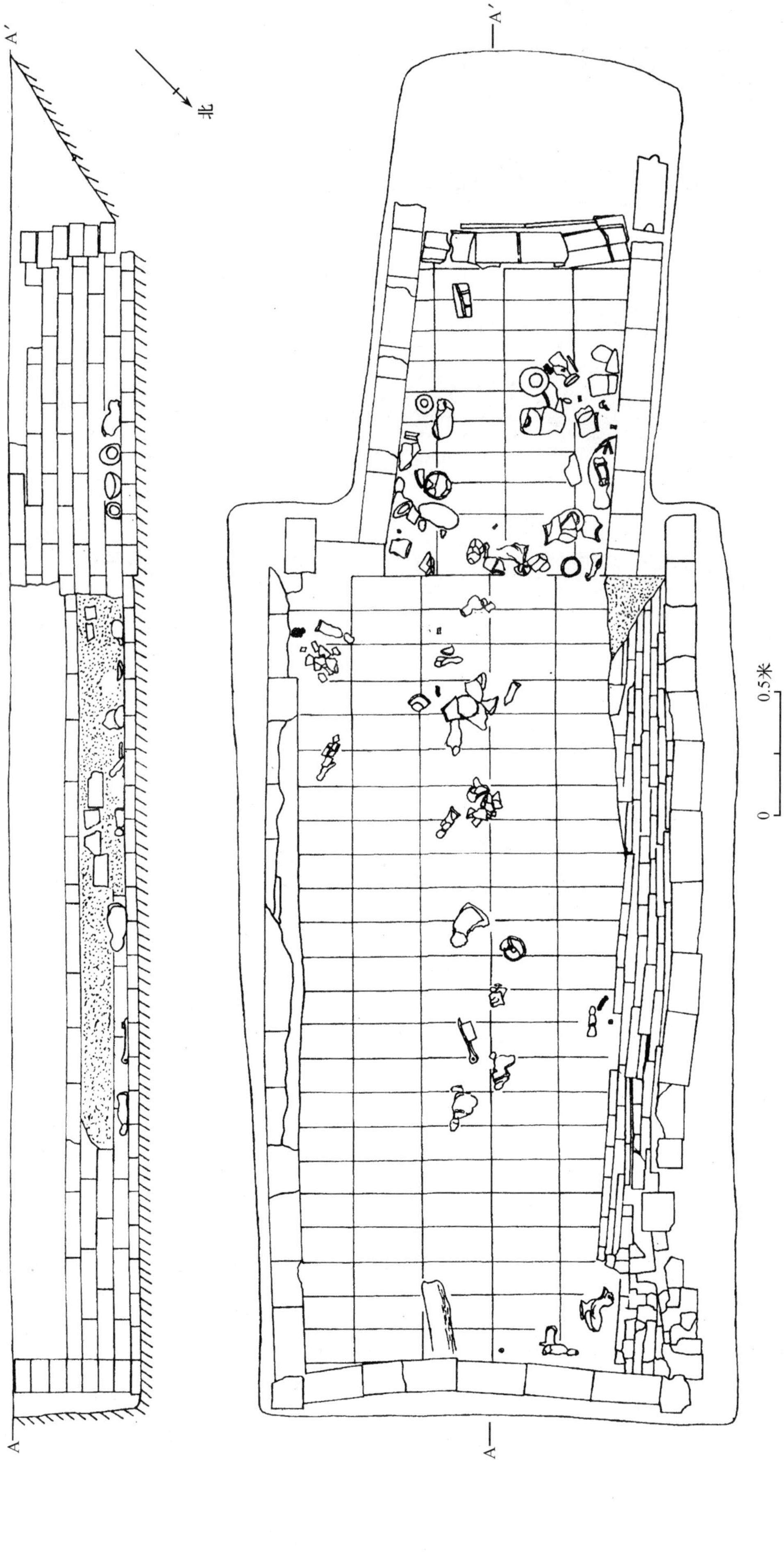

图一七　M1平、剖面图

（二）随葬器物

随葬品共47件（钱币另计）。质地有陶、瓷、铜、铁、铅、石、琉璃等类。

1. 陶器

40件。形制有罐、壶、盆、釜、魁、钵、勺、灯、井、虎子、人物俑、动物俑。

罐 5件。根据腹部特征分三型。

A型 1件。鼓腹。敛口，圆唇，短领，溜肩，鼓腹，平底。M1：31，泥质灰褐陶。器表施黄釉。唇部有一道凹槽，肩部饰两道凹弦纹。口径11、底径8.4、高13厘米（图一八，1）。

B型 2件。弧腹。敛口，尖唇，斜肩，弧腹，平底，施釉至中腹。M1：60，泥质红陶胎酱黄釉。素面。口径16、底径13.4、高15.8厘米（图一八，3）。

C型 2件。筒形腹。直口，圆唇，斜肩，筒腹，平底。M1：17，泥质灰黄陶。腹部饰一道粗弦纹。口径 13.8、底径14.6、高 21厘米（图一八，2）。

壶 4件。根据颈、腹部形态分二型。

A型 2件。长颈，圈足。盘口，方唇，束颈，扁鼓腹，高圈足外撇。器表施釉较厚，但不均匀，脱釉较多。M1：34，泥质红陶胎。绿釉。肩、腹、圈足各饰数道凹弦纹。肩部附对称铺首衔环。口径15、底径 18、高 30.5厘米（图一八，19）。

B型 2件。短颈，平底。盘口，圆唇，束颈，溜肩，弧腹，平底，肩部附对称圆耳。M1：11，泥质黑褐陶。体型瘦高。肩、腹部饰短划纹。口径11.8、底径10、高19.5厘米（图一八，14）。M1：40，泥质黑褐陶。体型矮胖。肩腹部饰横断划纹。口径13.2、底径10、高17厘米（图一八，6）。

盆 2件。敛口，折沿，尖唇，斜弧腹，平底。M1：58、泥质灰褐陶。腹部饰凹弦纹。口径37.4、底径20、高20厘米（图一八，4）。

釜 1件。敛口，折沿，斜方唇，束颈，广折肩，弧腹，圜底。体小胎薄。M1：33，泥质灰褐陶。腹部饰三道凹弦纹。口径10.8、腹径15.9、高9厘米（图一八，17）。

魁 1件。M1：41，泥质红陶。酱黄釉。器表及内壁均施半釉。侈口，圆唇，弧腹，平底。柄残。腹部饰两道凹弦纹。口径20.4、底径11.6、高9.3厘米（图一八，8）。

钵 10件。根据腹部深浅分二型。

A型 4件。深腹。敞口，尖圆唇，弧腹较深，平底，口部加厚。M1：30，夹砂灰褐陶。素面。口径16、底径4.5、高6.3厘米（图一八，15）。

B型 6件。浅腹。敞口，圆唇，折弧腹较浅，平底，唇部加厚，下腹至底部胎较薄。M1：16，泥质黑褐陶。素面。口径15.4、底径4.6、高5.2厘米（图一八，7）。

勺 2件。斗形勺，短粗弯柄。M1：47，泥质红陶。素面。通长13.8厘米（图一八，16）。

灯 1件。M1：43，泥质红陶。底座为裸体力士，头顶灯柄及灯盘。灯柄有两道竹节纹。灯盘外壁饰一道凹弦纹。盘口径12、通高21.5厘米（图一八，20）。

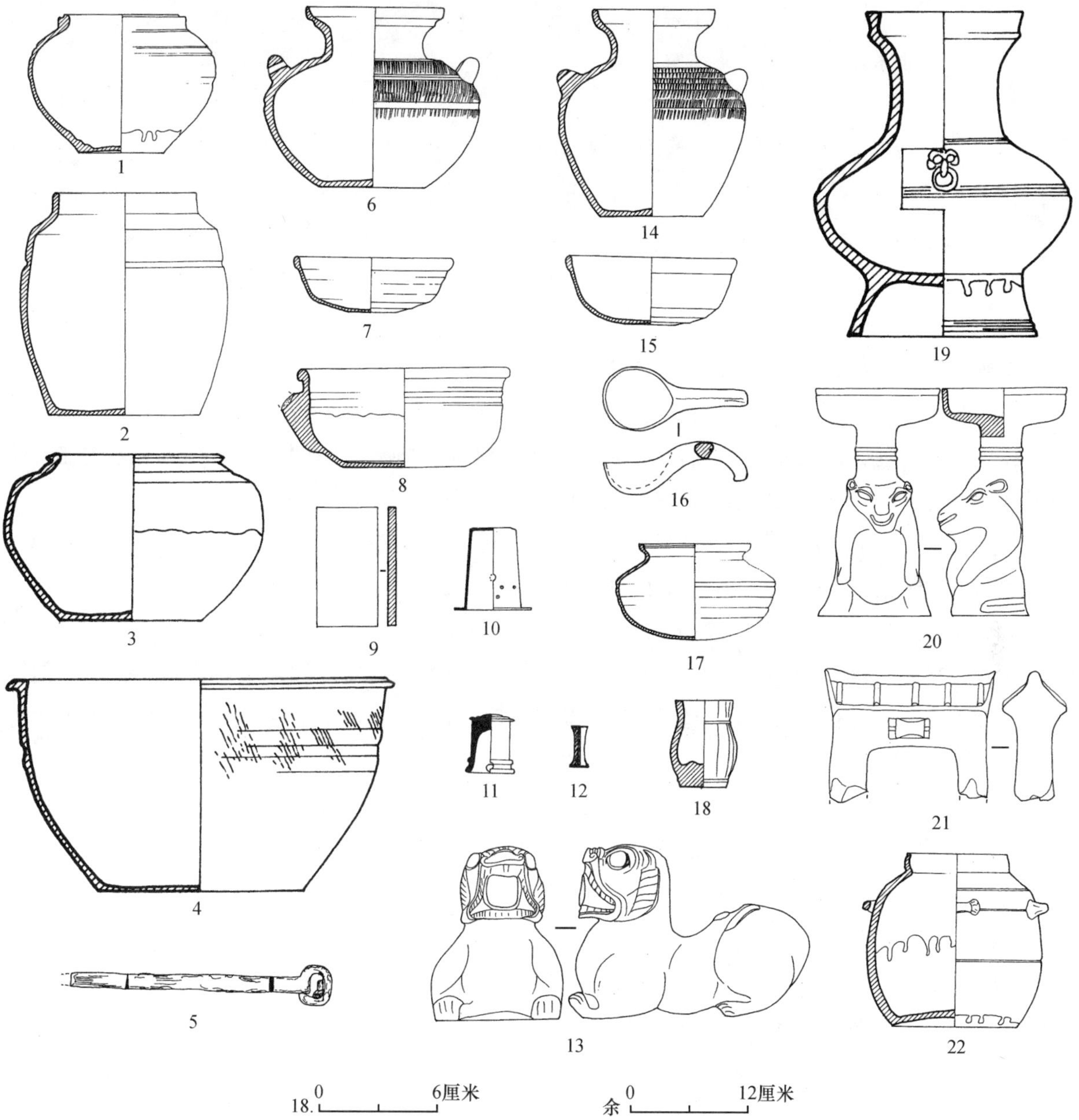

图一八　东汉晚期—蜀汉时期墓葬出土器物

1. A型陶罐（M1：31）　2. C型陶罐（M1：17）　3. B型陶罐（M1：60）　4. 陶盆（M1：58）　5. 铁削（M1：5）
6、14. B型陶壶（M1：40、M1：11）　7. B型陶钵（M1：16）　8. 陶魁（M1：41）　9. 石黛板（M1：6）
10. 铜軎（M1：27）　11. 铅軎（M1：49）　12. 琉璃耳珰（M1：24）　13. 陶虎子（M1：29）　15. A型陶钵（M1：30）
16. 陶勺（M1：47）　17. 陶釜（M1：33）　18. 陶汲水罐（M1：54）　19. A型陶壶（M1：34）　20. 陶灯（M1：43）
21. 陶井架（M1：53）　22. 青瓷四系罐（M1：13）

模型井　1套。仅存井架、汲水罐。

井架　M1：53，泥质红陶。两柱悬山式两面坡顶，顶正中横列一脊，前后两坡各施筒瓦五组，檐下正中挂一轱辘。残高12、宽16.4厘米（图一八，21）。

汲水罐　M1：54，泥质红陶。体型较小。侈口，方唇，弧腹，饼足。厚胎。口径2.8、底径2.3、高4.1厘米（图一八，18）。

虎子　1件。M1：29，泥质红陶。柄残。虎形，卧伏。昂首，双目怒睁，口部大张，腹中空，较肥硕，四足短小。长23.3、高16.3厘米（图一八，13）。

侍从俑　8件。M1：1，泥质红陶。圆顶冠，头微上仰，广袖长袍及地，面目模糊，双手拢于胸前较突出。男性。高20.5厘米（图一九，2）。M1：12，泥质红陶。圆顶冠，圆领及地长袍，面目及服饰较模糊，双手拢于胸前。男性。高20厘米（图一九，1）。M1：14，泥质红陶。圆顶冠，右衽广袖长袍及地，脑后帽内微露双鬓，面目较模糊，双手拢于胸前。女性。高19.9厘米（图一九，3）。

童俑　1件。M1：32，泥质红陶。体型较小。光头，广袖长袍及地，面目模糊，双手拢于胸前。高16.8厘米（图一九，4）。

庖厨俑　1件。M1：21，泥质红陶。体型较小，跪坐，头戴方帽，身着右衽广袖长袍，案置膝上，双手抚案。高17.6厘米（图一九，7）。

击鼓俑　1件。M1：59，泥质红陶。跪坐，头戴方帽，身着右衽广袖长袍，鼓置腿侧，左手抚鼓面，右手执槌做敲击状。高26.2厘米（图一九，5）。

吹箫俑　2件。M1：4，泥质红陶。局部施绿釉，胡人形象。跪坐，头戴帷帽，头发卷曲外露一周，高鼻，深目，高颧骨，络腮胡，交领广袖长袍，双手执箫于胸前，口微张。高25.5厘米（图一九，8）。M1：18，泥质红陶。跪坐，头戴帷帽，广袖长袍，双手执箫于胸前，口微张。高19.5厘米（图一九，6）。

女俑　1件。残，仅存头部。M1：8，泥质红陶。头梳双髻，额上缠发带一条，发带于额前打结。残高8.7厘米（图一九，9）。

猪　1件。M1：38，泥质红陶。长吻，短鬃，卷尾，长腿，躯体浑圆。身长24.8厘米（图一九，11）。

鸡　2件。M1：30，泥质红陶。母鸡。头微垂，高冠，站立。高16.8厘米（图一九，12）。M1：35，泥质红陶。公鸡。头微垂，高冠，站立。高18厘米（图一九，13）。

镇墓兽　1件。M1：9，泥质红陶。屈蹲，臀着地，眼球凸出，张口吐长舌近地，面目狰狞。高17厘米（图一九，10）。

2. 瓷器

1件。

四系罐　M1：13，直口，尖唇，溜肩，弧腹，平底。上腹有四个对称横系。内外壁施青绿釉较厚，垂釉较重。灰白胎。胎上拍印细密布纹，肩、腹部各饰一道凹弦纹。器形精致。口径9.2、底径12、高16.3厘米（图一八，22）。

3. 铁器

1件。

铁削　M1：5，直柄，直刃，无格，环首，锋残。残长25、宽1.7厘米（图一八，5）。

图一九　东汉时期—蜀汉时期出土陶器

1～3. 侍从俑（M1：12、M1：1、M1：14）　4. 童俑（M1：32）　5. 击鼓俑（M1：59）　6、8. 吹箫俑（M1：18、M1：4）　7. 庖厨俑（M1：21）　9. 女俑（M1：8）　10. 镇墓兽（M1：9）　11. 猪（M1：38）　12、13. 鸡（M1：30、M1：35）

4. 铜器

1件。

铜軎　M1：27，车马器。帽形。薄胎。器表有一卯孔。饰圆点纹。口径3.7、高3.9厘米（图一八，10）。

5. 铅器

2件。

铅軎　2件。器形相同。M1：49，灰白色。筒形。厚胎。口外侧有两卯孔，器表饰一道凸棱。口径2.8、高2.3厘米（图一八，11）。

6. 琉璃器

1件。

琉璃耳珰　M1：24，蓝色透明质。亚腰型。中有穿。高2、穿径0.1厘米（图一八，12）。

7. 石器

1件。

石黛板　M1：6，长方形。磨制规整、石质细腻。正面有红色印痕，石质深灰色。素面。长11.2、宽7.8、厚0.8厘米（图一八，9）。

8. 钱币

24枚。均为东汉五铢。直径2.4、穿宽1厘米（图一六，5～8）。

（三）时代判断

M1位于大丘坪墓群Ⅰ区中部，其墓葬形制及墓砖纹样都具有三峡地区东汉晚期砖石墓常见特征。墓内大多数随葬品在本地此期墓葬中也屡见不鲜。唯B型盘口壶、青瓷器系罐在东汉时期三峡地区墓葬中较少见。结合周边地区材料比对，腹部饰细麻布纹的青瓷四系罐在湖北、湖南地区的东汉—吴越时期墓葬中常见[①]，B型灰陶盘口壶在江西出土两晋时期青瓷器中可找到同类器形[②]。考虑到一般情况下瓷器为陶器踵继之作，M1墓葬时代应早于两晋。另M1出土钱币均为东汉五铢，未见蜀汉以后货币，所以我们初步判定M1时代为东汉晚期—蜀汉早期。

本年度发掘其他几座墓葬时代均为东汉晚期，墓葬结构破坏严重，随葬品所剩无几。

四、主要收获

大丘坪墓群所处地理位置依山傍水，两侧河汊纵横，台地下江水平缓，江面辽阔，江中鱼虾丰美，适合人类栖息。江对面崇山峻岭，为典型峡谷山地。从本年度发掘材料可以看出，各时期的墓葬排列均大致与江水平行，这种情况应该反映了古人丧葬观念中的风水意识，也体现长江在人们心目中的重要地位。

① 冯先铭：《中国陶瓷》，上海古籍出版社，2001年。

② 冯先铭：《中国陶瓷》，上海古籍出版社，2001年。

战国时期三座土坑墓均为楚文化风格墓葬。特别是M2为重庆库区迄今为止发现的形制最大的战国楚墓，虽然该墓遭到多次盗掘，但仍然为研究三峡地区高等级墓葬提供了许多宝贵资料。而保存较好的M12与M2相距仅4米，墓葬形制大体相同，墓向完全一致，M12墓内随葬器物生活化气息浓郁，无戈、镞等兵器，因此初步推测该墓墓主为女性，两墓很可能为战国楚墓中常见的夫妇异穴合葬墓。

大丘坪墓群临近忠县。部分学者认为"关于楚文化的西进，大致从西周中期开始，到战国晚期，范围逐渐扩大，地域从巫山推进到了忠县……其西进战略倚重于军事、经济的需要"[①]。大丘坪墓群的发掘表明，最晚至战国中期，楚的势力范围已达忠县一带，这对研究楚的西疆及巴楚关系，进一步明确其时空范畴有积极的推动作用。

王莽时期墓葬在三峡地区两汉时期墓葬中起着承上启下的作用，具有划时代意义。从墓葬形制上看，该期为土坑墓最后兴盛阶段[②]，普遍以中小型墓葬为主，分带斜坡墓道、竖井式墓道和无墓道三类，斜坡墓道上常铺设滑木，回填土时并不取走。此后才开始过渡为土坑墓局部用砖，乃至完全形态砖室墓[③]。在随葬器物上，既有鼎、盒、壶等传统仿铜礼器，又有仓、井、炉等模型明器，还有杯、案、盘、勺等祭奠用器及罐、甑、盆、钵等实用器。礼器、祭器器表均施红釉或绿釉，实用器上刻划姓氏记号等特征为前期所不见，体现出旧葬俗向新葬俗转化的特征。另外，多具尸体合葬的现象在本期墓葬中较为常见，M3埋葬的四具尸体中，从左至右，前两具尸骨旁葬置钱币均为两汉五铢，第三具骨架旁置西汉五铢、大泉五十，第四具尸骨旁置大泉五十、大布黄千、货布，随葬钱币年代的不同可能暗示了死亡时间的早晚。

东汉晚期至蜀汉时期墓葬以M1最具代表性，墓中出土的青瓷四系罐造型精美，胎质细腻，施釉工艺成熟，是早期青瓷器中的精品，为三峡地区早期瓷器的断代和分期提供了一个新的标尺。绿釉胡人吹箫俑的出土也给我们提供了中西文化交流的实物资料。

整理：彭学斌　李应东　郑　燮
绘图：李应东
执笔：彭学斌　肖　娟

① 郭伟民：《湘、鄂、豫、皖、楚文化研究会第九次年会纪要》，《中国文物报》2005年11月11日。

② 近年来巫山发现了较多王莽时期砖室墓，故土坑墓盛行范围仅指瞿塘峡以西的重庆库区腹地。

③ 罗二虎：《四川崖墓的初步研究》，《考古学报》1988年第2期。

万州屠户湾墓群2003年度发掘简报

重庆市文化遗产研究院
万　州　区　博　物　馆

屠户湾墓群位于重庆市万州区瀼渡镇河溪村十组，东临长江，南接河溪口，西南与麻柳沱遗址为邻，墓地即分布在长江与河溪口交汇处地势高亢的山坡上，海拔150～175米（图一）。地表植被为柑橘林，间布小块红苕地。20世纪60～70年代的坡地改造以及近期村民的耕种对墓群破坏较大，现地表及附近村民的猪圈上均能见到较多的古代墓砖，有的残墓则直接见于地表。

屠户湾墓群是1994年厦门大学调查时发现的，当时采集到陶俑等，并将其时代定为东汉至六朝时期。

2003年10月，为配合三峡工程建设，重庆市文物考古所（今重庆市文化遗产研究院）与万州区博物馆联合组成考古队对墓群进行全面勘探、发掘，完成勘探面积15 000平方米、发掘面积447平方米，在墓地内共发现东汉至六朝时期残砖室墓5座（图二），并全部进行了清理，墓葬编号为2003CWTM1～2003CWTM5（C、W、T分别代表重庆、万州、屠户湾三个地名）。

一、东汉墓葬

东汉墓仅1座，即M4。平面呈“刀”形，方向86°，由甬道和墓室两部分组成（图三）。墓室券顶垮塌，甬道券顶保存基本完好，墓内填土为黄褐色五花土，土质坚硬，夹杂较多姜石颗粒和墓上垮塌下来的残砖。墓室呈横长方形，内长378、内宽222、残高8～144厘米；甬道位于墓室前端靠右侧，呈竖长方形，残长263、内宽192、内高160厘米，甬道口封门不存。墓壁为长方形单砖顺长错缝平砌，墓顶为楔形砖顺向起券（砖长与墓室和甬道的长边平行），壁砖和券顶砖的两个宽面都饰有粗绳纹，向墓内一侧饰菱形纹（图四，4、5）。墓底用子母榫和长方形两种素面砖平铺，由于受扰乱、破坏严重，部分铺地砖不存。墓室内发现有人骨和棺木漆皮的痕迹。残存随葬品为陶壶和铜泡钉各1件，五铢钱24枚。

陶壶　1件。M4：1，泥质红陶。带盖。盖面圆弧，顶中部塑一扁平纽，盖面等距塑三个乳钉状小纽，下沿内收成子口与壶口相扣合；壶为方唇，细长颈，扁鼓腹，圜底，高圈足微外撇。器表施酱黄釉，肩塑一对对称的铺首衔环，颈饰凸棱一道。肩、腹饰弦纹。口径14.4、足径13.8、通高33厘米（图五，1）。

铜泡钉　1件。M4：3，盔形，拱弧面，边缘外折，钉残。泡面径1.58、高0.7厘米（图五，2）。

五铢钱　24枚。均锈蚀严重，部分残碎。依钱文、钱质可分为二式。

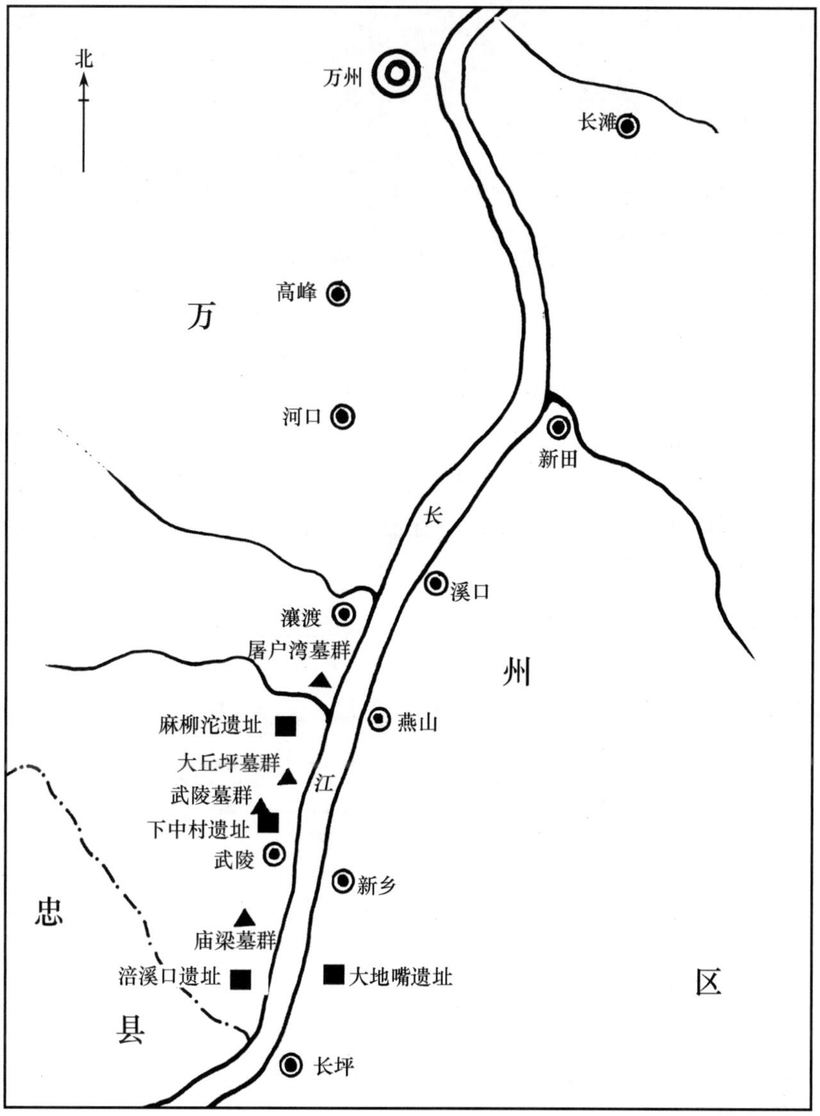

图一 屠户湾墓群位置示意图

Ⅰ式：9枚。钱文较粗，但较规范，“五”字交叉两笔弯曲，“铢”字“金”字头较大，为三角形，“朱”字头有方折亦有圆折，四点较长。钱径2.5～2.6厘米（图五，3、4）。

Ⅱ式：15枚。钱文特点与Ⅰ式同，但钱质较差，字迹漫漶。钱径2.5～2.6厘米（图五，5、6）。

二、六朝墓葬

此次共清理六朝时期墓葬4座，即M1、M2、M3、M5。这4座墓均为券顶砖室墓，用长方形单砖平砌四壁、子母榫砖横向券顶（砖长与墓壁长垂直），除M5墓底铺砖外，其余均无铺地砖，直接在浅黄色生土上铺薄薄一层青灰色河沙作底。M5受扰乱、破坏极为严重，仅存墓室部分，形制不明，墓内空无一物，仅在填土中出土1件铜铃和部分青瓷、灰陶碎片。现就保存相对较好的M1、M2、M3分别进行介绍。

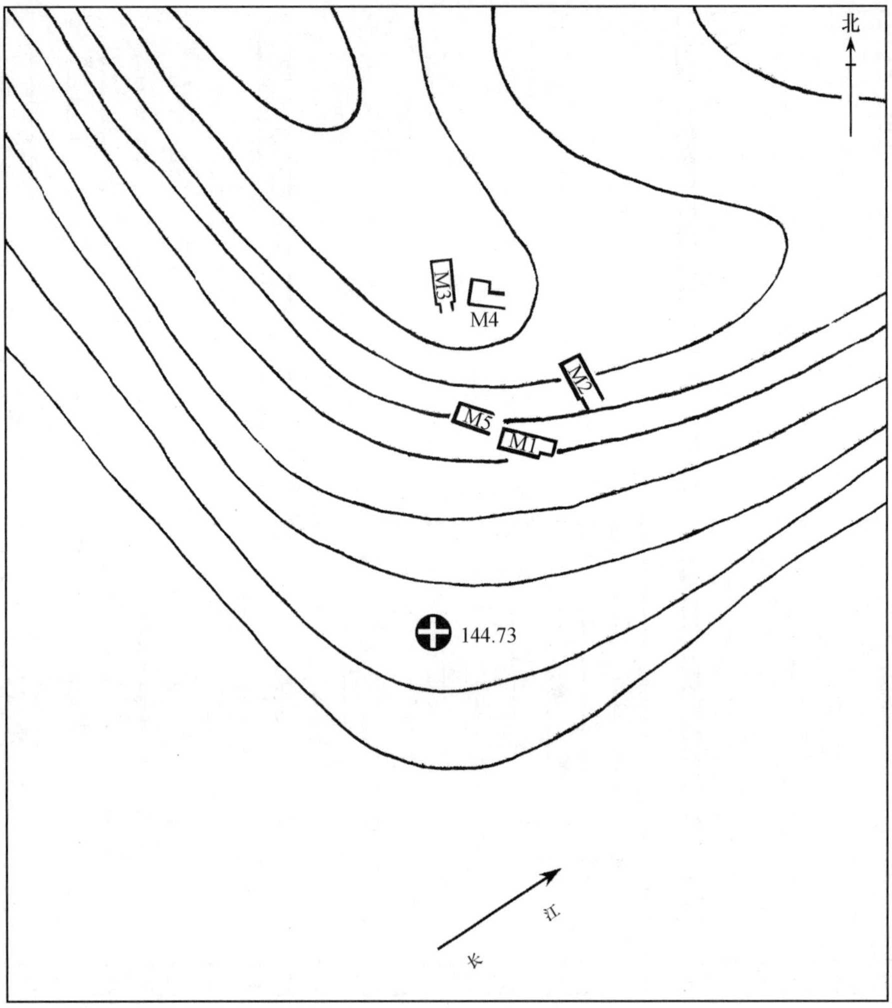

图二　屠户湾墓群墓葬分布示意图

M1　平面呈“刀”形，方向100°，由甬道和墓室两部分构成（图六）。券顶大部垮塌，唯墓室尾部券顶保存完好。墓内填土为灰褐色花土，土质坚硬，夹杂较多残砖。甬道位于墓室前端靠左侧，其东南角被现代坑H1破坏，甬道口有略呈弧形的封门。甬道内长230～260、内宽185、残高11～110厘米，封门残高11～88、宽185厘米，墓室内长487、内宽237、残高120～236厘米。墓室后壁中上部有一人为将壁砖撬掉而形成的“壁龛”，清理时“龛”内无任何器物。墓室砖壁与墓圹之间塞砖，砖有完整，也有残缺。所有壁砖向内一侧饰菱形、钱币、车轮纹，券顶砖向内一侧饰菱形、仙鹤、车轮纹（图四，1、6）。墓内发现有人骨朽痕，已成黄色粉末，未发现葬具痕。随葬品主要置于墓室与甬道相交处及甬道内（甬道东南角部分器物已被H1破坏），分青瓷器、陶器、铁器和钱币，以青瓷器为主，有盘口壶、鸡首壶、唾壶、罐、碗等。

M2　平面呈“刀”形，墓向153°，由甬道和墓室两部分构成（图七）。券顶不存，左侧墓壁上残存部分起券砖。墓内填土分上、下两层，上层呈灰褐色，土质疏松；下层为灰黑色，土质紧密，夹杂较多券顶及墓壁上垮塌下来的残砖。墓室砖壁和墓圹之间塞砖。甬道位于墓室前端靠左侧，残长246、内宽187、残高44～88厘米，甬道口封门不存，墓室内长485、内宽

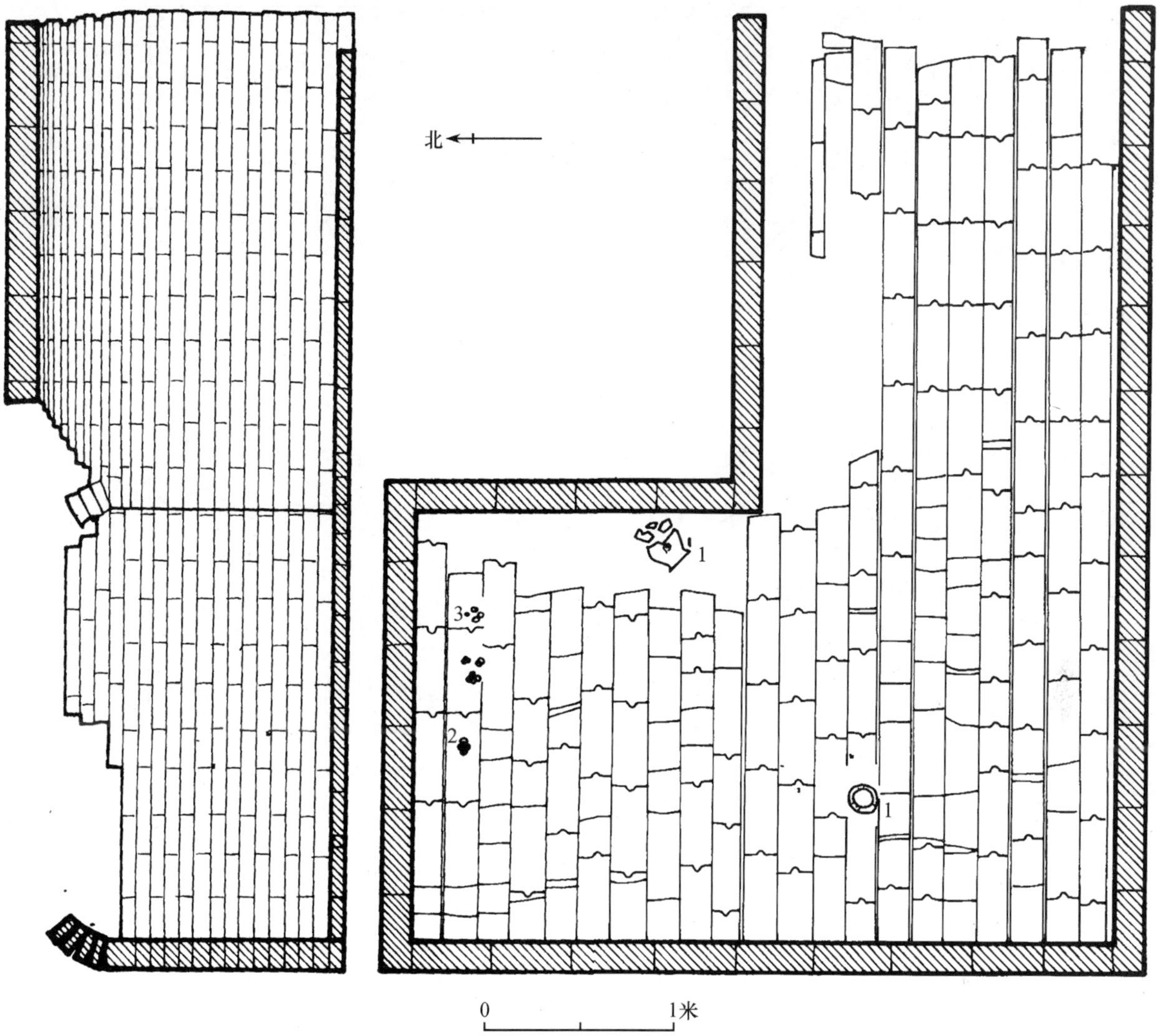

图三 M4平、剖面图
1. 陶壶 2. 五铢钱 3. 铜泡钉

260、残高88～210厘米。所有墓砖均为青灰色，一侧模印菱形、车轮纹（图四，7），有的纹饰向内，亦有的向外。M2遭盗扰严重，盗洞位于墓室左侧，墓内人骨架及随葬品十分散乱，根据残存情况分析，墓内至少应有两具尸骨，同时在墓室前部还发现有猪、狗等动物的牙齿和头骨。葬具已腐朽无存，仅发现有漆皮痕。随葬品有青瓷钵、碟，铁剪刀、撬刀、棺钉，陶釜、房及钱币等。

M3 平面呈“凸”字形，方向168°，券顶垮塌，两侧墓壁上尚存部分起券砖（图八）。墓内填土为灰褐色花土，土质坚硬，夹杂较多残砖及姜石颗粒。甬道位于墓室前端正中，一现代坟堆压其上，故只清理了部分，甬道口封门及墓道情况不详。甬道清理部分长188～226、内宽143 、残高95～150厘米，墓室内长496、内宽236、残高182～218厘米。壁砖向内一侧模印菱形、乳钉纹，券顶砖向内一侧模印几何纹（图四，3、2）。所有墓砖砖体本身均呈现两种颜色，向墓内部分呈红褐色，其余部分呈青灰色。墓内未发现人骨和葬具朽痕，随葬品很凌乱，有青瓷盘口壶、碗、碟，玛瑙料珠，铁棺钉等，所出钱币为剪轮五铢和四铢。

1 2 3 4 5 6 7

图四 墓砖纹饰拓片

1、6. M1 2、3. M3 4、5. M4 7. M2

4座墓共出土器物56件，其中瓷器24件、陶器12件、铁器13件、铜器1件、玛瑙料珠1件、钱币5枚。现分类介绍如下。

1. 瓷器

24件。均为生活用具，有盘口壶、鸡首壶、唾壶、罐、碗、碟、钵等类，皆为青瓷器。釉

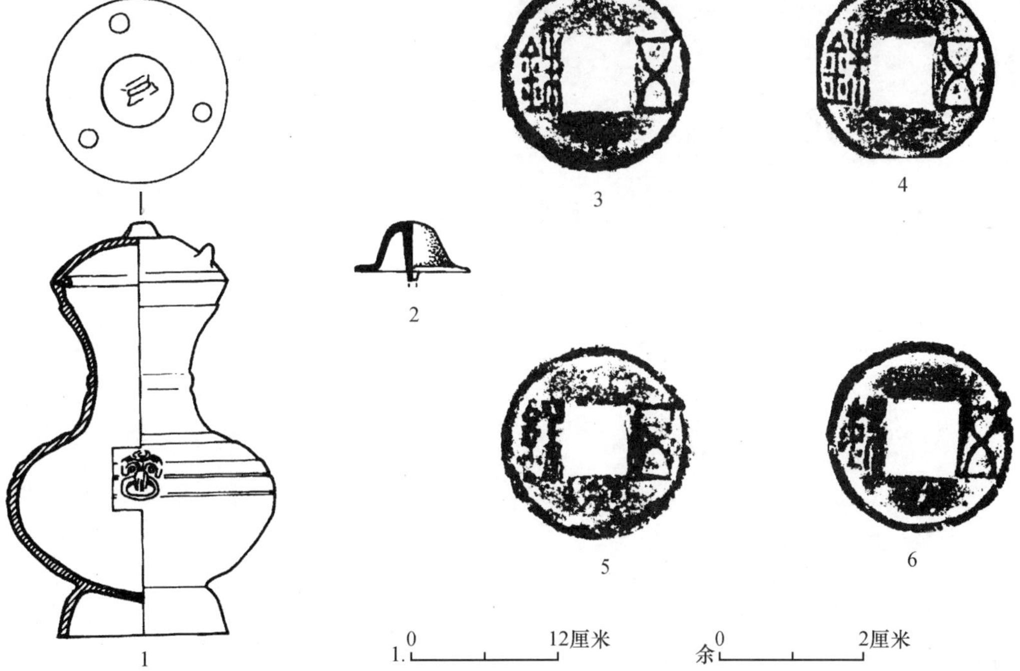

图五 东汉墓出土器物

1. 陶壶（M4：1） 2. 铜泡钉（M4：3） 3、4. Ⅰ式五铢钱（M4：2-1、M4：2-2） 5、6. Ⅱ式五铢钱（M4：2-3、M4：2-4）

色分青绿、青黄、青褐色，胎有灰白、红褐色之分。器表施釉多不及底，内壁则多施至口沿下，碗、钵内壁施满釉。施釉不均，有滴痕，釉面有冰裂纹，局部釉脱落。以素面为主，纹饰多为凹弦纹，饰于外口沿及肩、腹部，个别罐器表饰布纹，有的碗、壶口部饰褐色点彩。器身均为轮制，系等为手制后粘接。

盘口壶　4件。均为青绿釉施及下腹部，釉面有冰裂纹，玻璃质感较强，局部釉剥落。依口、肩、腹部变化分三式。

Ⅰ式：2件。盘口径略小于底径，溜肩，腹近圆形，最大腹径在中腹部，平底。M1：22，肩附6个横向桥形系。红褐色胎。素面。口径16.8、底径17.6、高38.8厘米（图九，1）。M1：14，肩附4个横向桥形系。灰白色胎。素面。口径13.8、底径15.6、高29.7厘米（图九，2）。

Ⅱ式：1件。盘口径略大于底径，肩部平圆，鼓腹偏上。M1：7，肩附4个横向桥形系。灰白色胎。口内壁饰褐色点彩。口径13.2、底径11.7、高23厘米（图九，3）。

Ⅲ式：1件。盘口径大于底径，肩部溜圆，椭圆形腹，腹最大径上移，器形略显瘦高。M3：1，肩附4个横向桥形系。灰白色胎。素面。口径15、底径13.2、高29.1厘米（图九，4）。

鸡首壶　1件。M1：6，盘口外倾，颈部较细长，圆肩，鼓腹，平底，肩附一对对称的横向桥形系，首、鋬均残。青绿釉施及下腹部。灰白色胎。素面。口径10.4、底径11.6、高22.4厘米（图九，6）。

唾壶　1件。M1：21，敞口，圆唇，沿上折，束颈，横椭圆形腹，圈足外撇，足外壁中部起折棱。青褐色釉施及下腹部。灰白色胎。素面。口径7.2、足径9.4、高11.1厘米（图

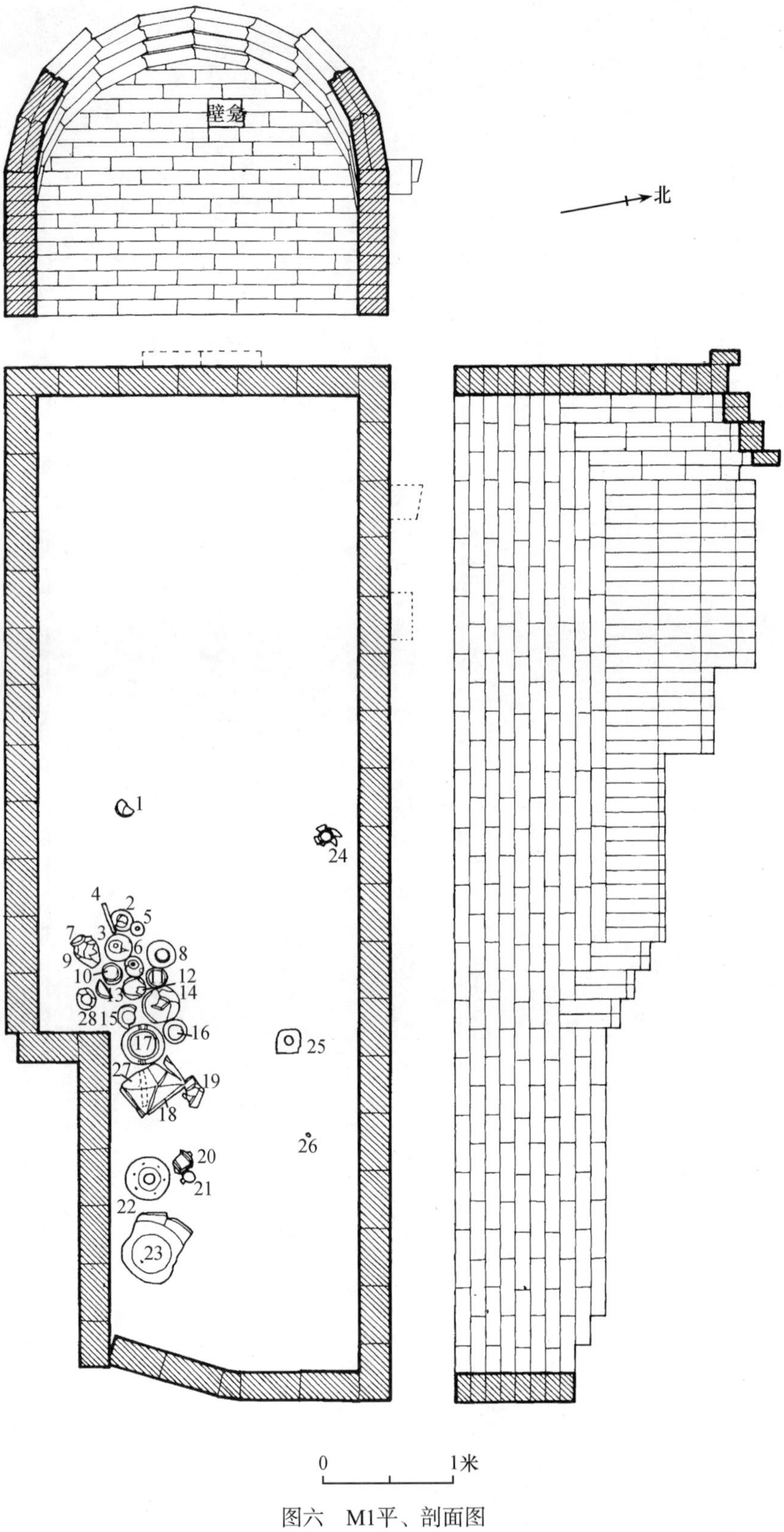

图六　M1平、剖面图

1. 陶豆　2、5、13. 青瓷碗　3、10、24、28. 陶罐　4. 铁刀　6. 青瓷鸡首壶　7、14、22. 青瓷盘口壶　8、9、12、16、17. 青瓷罐　11、25. 陶井　15. 青瓷钵　18～20. 陶房　21. 青瓷唾壶　23. 陶缸　26. 钱币　27. 铁剑

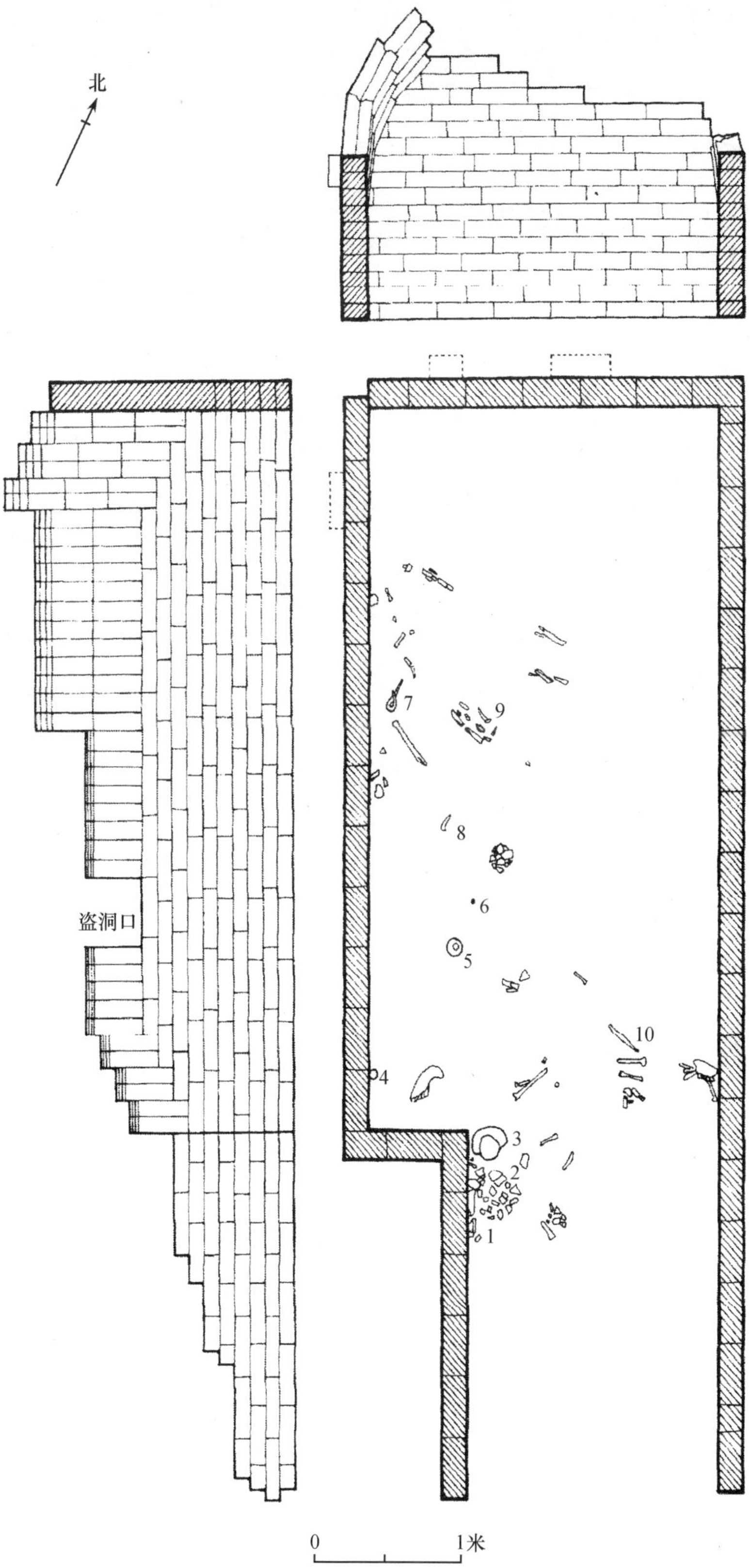

图七　M2平、剖面图

1. 陶房　2. 陶釜　3. 青瓷钵　4. 青瓷碗　5. 青瓷碟　6. 钱币　7. 铁剪刀　8、9. 铁棺钉　10. 铁撬刀　11. 陶壶（填土）

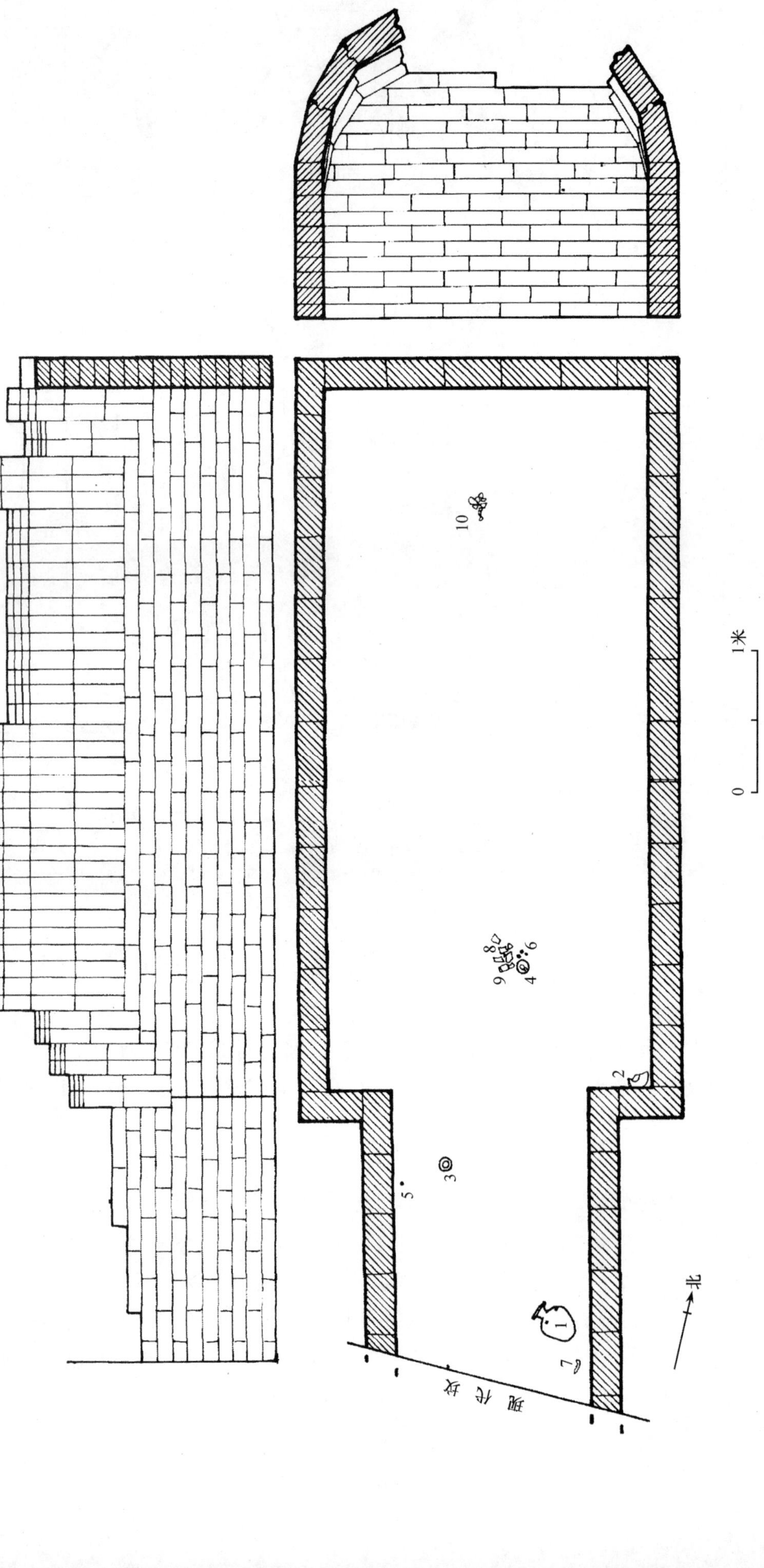

图八　M3平、剖面图

1. 青瓷盘口壶　2、4. 青瓷碗　3、8～10. 青瓷碟　5. 玛瑙料珠　6. 钱币　7. 铁棺钉

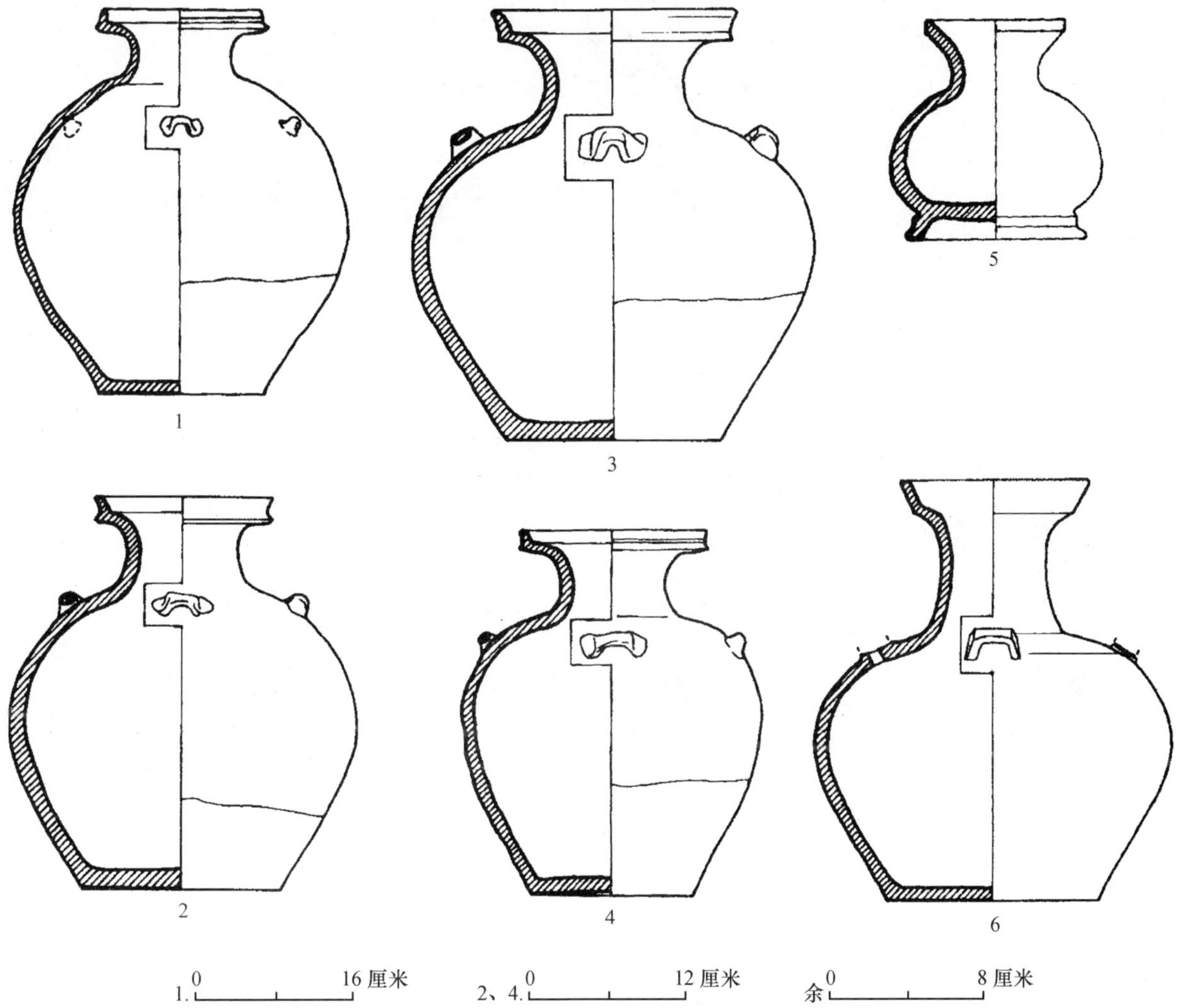

图九　六朝墓出土青瓷器

1、2. Ⅰ式盘口壶（M1：22、M1：14）　3. Ⅱ式盘口壶（M1：7）　4. Ⅲ式盘口壶（M3：1）　5. 唾壶（M1：21）　6. 鸡首壶（M1：6）

九，5）。

罐　5件。依整体形态分三型。

A型　1件。M1：17，大口外敞，斜方唇，圆肩，鼓腹，下腹斜收，平底，肩附一对对称复系。青绿釉施及下腹部。灰白色胎。肩饰凹弦纹一道。内壁轮制痕迹明显。口径23.4、底径14.4、高21.4厘米（图一○，1）。

B型　1件。M1：8，直口，方唇，短颈，颈内壁内凹，圆肩，扁圆腹，大平底微内凹，肩附对称四桥形系。青褐色釉施及下腹部。灰白色胎。肩饰叶脉纹一周，腹满饰布纹，肩腹相交处及下腹部各饰凹、凸弦纹一道。口径10、底径14.4、高20.2厘米（图一○，2）。

C型　3件。均为红褐色胎，青黄釉施及下腹部，脱釉严重。依腹部变化分二式。

Ⅰ式：2件。直口，圆唇，鼓肩，腹最大径在中腹偏上，下腹斜收，平底。M1：16，素面。口径12.8、底径15.5、高17.6厘米（图一○，3）。M1：12，素面。器身轮制痕迹明显。口径10.4、底径11.6、高15.4厘米（图一○，5）。

Ⅱ式：1件。敛口，方唇，斜肩，腹最大径在中腹部，下腹略弧内收，平底。M1：9，肩

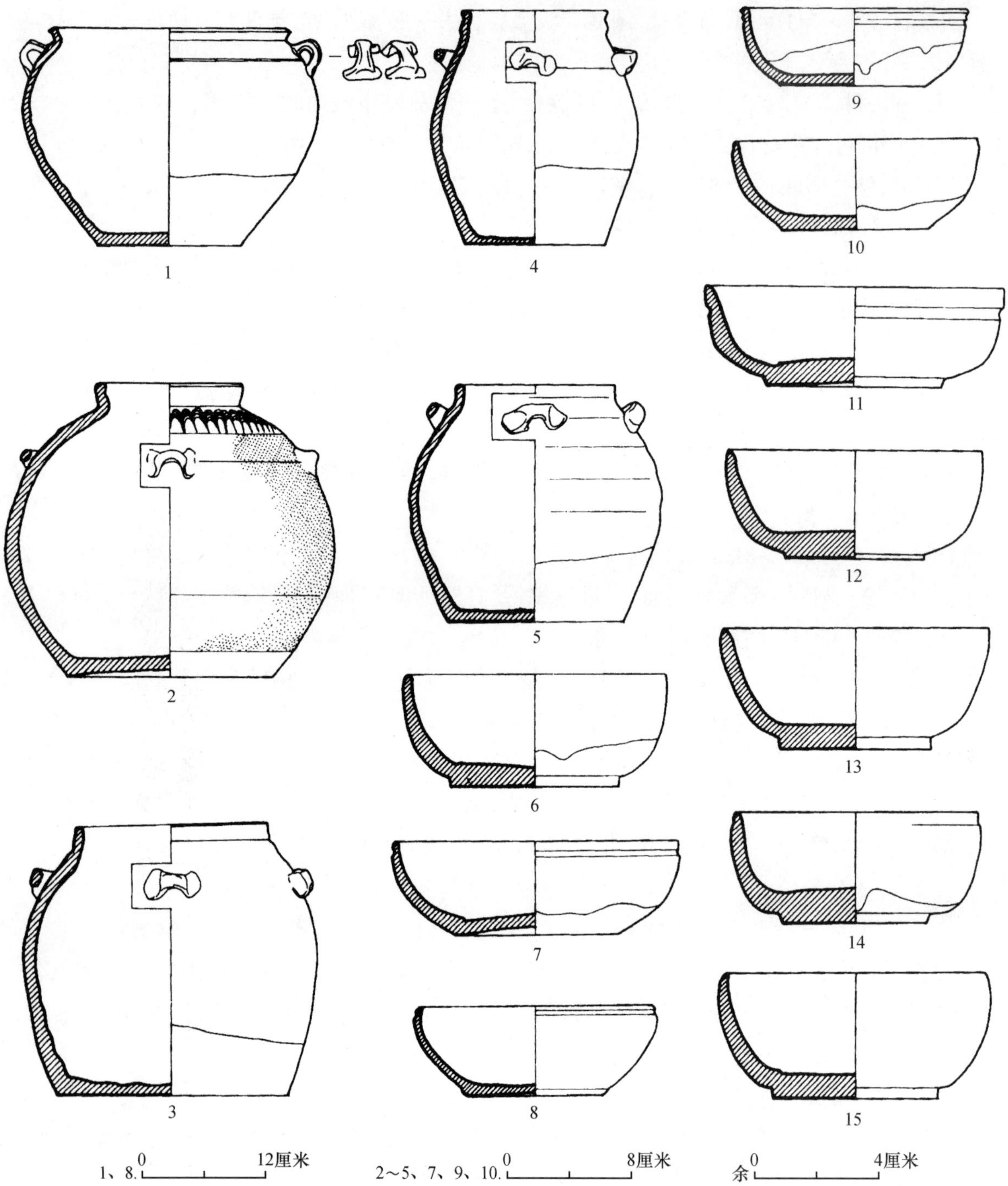

图一〇　六朝墓出土青瓷器

1. A型罐（M1：17）　2. B型罐（M1：8）　3、5. C型Ⅰ式罐（M1：16、M1：12）　4. C型Ⅱ式罐（M1：9）　6、15. C型碟（M3：3、M3：8）　7. Ⅰ式钵（M1：15）　8. Ⅱ式钵（M2：3）　9. A型Ⅰ式碗（M1：13）　10. A型Ⅱ式碗（M3：2）　11. B型碗（M1：5）　12、13. A型碟（M3：9、M3：10）　14. B型碟（M2：5）

饰凹弦纹一道。口径9.6、底径9.2、高15.4厘米（图一〇，4）。

碗　6件。口径在10～17厘米，灰白色胎，内外壁均施青绿釉，个别器物外下壁及底无釉。仅3件能分型式，依底部特征分二型。

A型　2件。平底。依腹部变化分二式。

Ⅰ式：1件。M1：13，直口，圆唇，浅弧腹，大平底。外口沿饰凹弦纹两周。口径15.4、底径10、高5.3厘米（图一〇，9）。

Ⅱ式：1件。M3：2，口微敛，尖圆唇，上腹微故，下腹内收，平底，内底有11个支钉痕。唇部饰褐色点彩。口径 16.6、底径9.8、高6.2厘米（图一〇，10）。

B型 1件。假圈足。M1：5，敞口，尖圆唇，上腹直，下腹内收，假圈足。外口沿饰凹弦纹一道。口径10.2、足径6、高3.4厘米（图一〇，11）。

碟 5件。大小相若，口径均在10厘米以下，假圈足，灰白色胎，内外壁施青绿釉，部分器物外下壁及足无釉。依口部特征分三型。

A型 2件。敞口。M3：10，尖圆唇，斜弧腹。素面。口径8.8、足径5、高4厘米（图一〇，13）。M3：9，尖圆唇，弧腹微鼓。素面。口径8.4、足径4.6、高3.5厘米（图一〇，12）。

B型 1件。直口。M2：5，尖圆唇，弧腹微鼓。外口沿饰凹弦纹一道。口径8.1、足径4.8、高3.6厘米（图一〇，14）。

C型 2件。敛口。M3：8，尖圆唇，弧腹。素面。口径8.6、足径5.5、高4.1厘米（图一〇，15）。M3：3，圆唇，弧腹。素面。口径8.6、足径5.6、高3.7厘米（图一〇，6）。

钵 2件。依腹、底部变化分二式。

Ⅰ式：1件。M1：15，直口，圆唇，弧腹内收，大平底内凹。内壁及外上壁施青绿釉。其余无釉露灰白色胎。内底有10个支钉痕。沿外饰凹弦纹一周。口径19.6、底径11.2、高6.4厘米（图一〇，7）。

Ⅱ式：1件。M2：3，敛口，斜弧腹，假圈足。内外壁均施青褐色釉。足无釉露灰白色胎。沿外饰凹弦纹一道。口径23.6、足径13.2、高8.7厘米（图一〇，8）。

2. 陶器

12件。有罐、缸、釜、壶、井、豆、房等。陶质分泥质和夹砂，以泥质陶为主。陶色有青灰、灰黑、灰褐、红褐之分，以青灰色居多。素面为主，有少量弦纹和绳纹，另陶房上有涂朱现象，陶壶表面施釉。

罐 4件。依腹部形态分二型。

A型 1件。深腹微鼓。M1：10，青灰色泥质陶。大直口，平折沿，尖唇，矮领，深腹微鼓，平底。素面。口径14.2、底径9.05、高11.7厘米（图一一，3）。

B型 3件。扁圆腹。M1：24，青灰色泥质陶。直口，圆唇外卷，矮直领，鼓肩，下腹缓收，平底。肩饰凹弦纹一道。口径8.8、底径9.2、高10.2厘米（图一一，4）。M1：3，青灰色泥质陶。敛口，圆唇，无领，鼓肩，下腹斜收，大平底。素面。口径10.4、底径11.1、高9厘米（图一一，5）。

缸 1件。M1：23，青灰色泥质陶。个体较大，敛口，外卷唇，深弧腹，平底内凹。素面。口径43、底径31、高51厘米（图一一，2）。

釜 1件。M2：2，灰黑色夹粗砂陶。敞口，斜方唇，宽斜折沿，束颈，弧腹内收，下腹及底残。器表饰中粗绳纹。口径25.2、残高15厘米（图一一，7）。

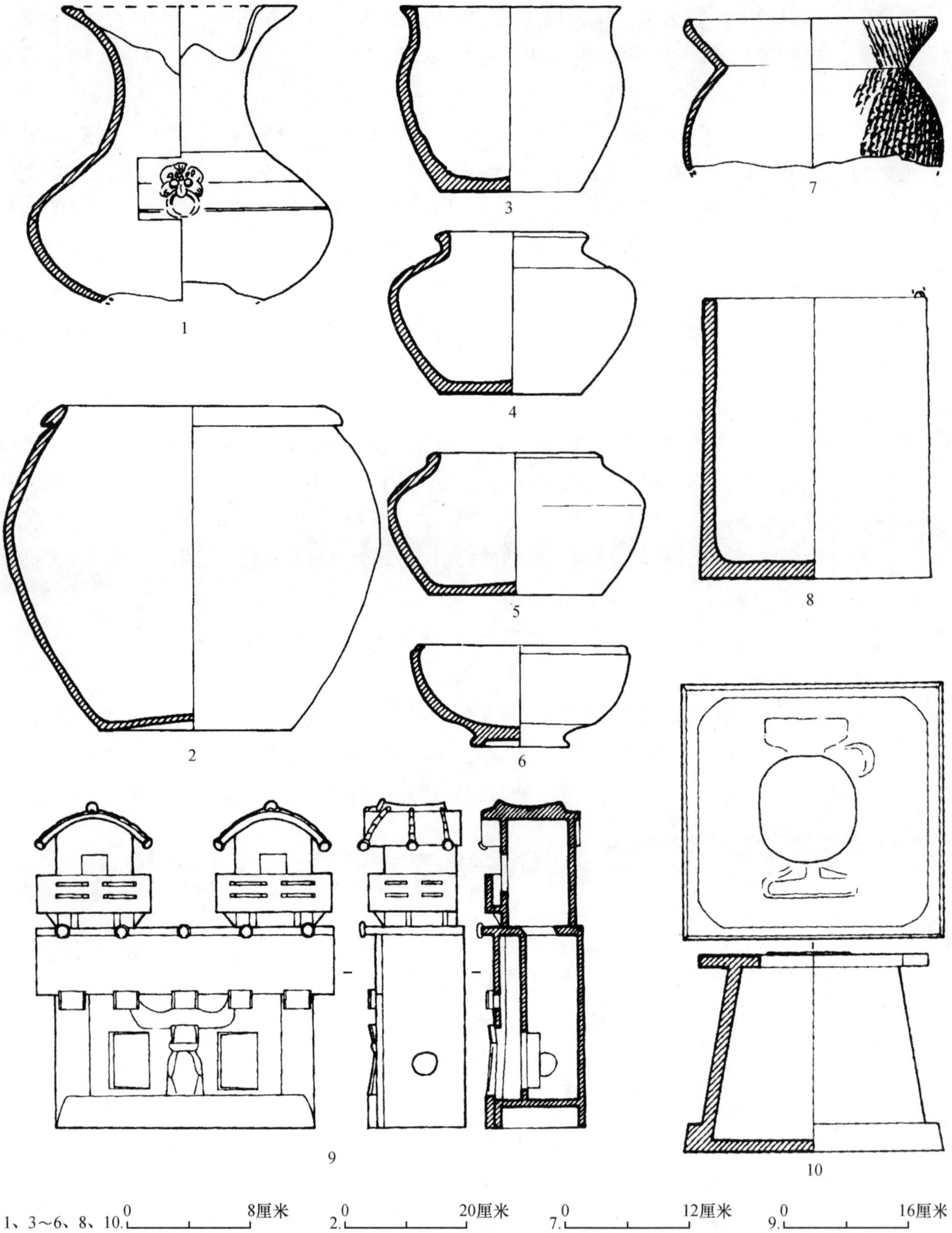

图一一　六朝墓出土陶器

1. 壶（M2∶11）　2. 缸（M1∶23）　3. A型罐（M1∶10）　4、5. B型罐（M1∶24、M1∶3）　6. 豆（M1∶1）　7. 釜（M2∶2）　8、10. 井（M1∶11、M1∶25）　9. 房（M1∶20）

壶　1件。M2：11，为填土中所出。泥质红褐陶。喇叭口，长弧颈，广斜肩，扁鼓腹，足残。器表施酱黄色釉。肩附一对对称的铺首衔环，颈肩之间饰三道凹弦纹。口径15.3、残高18.5厘米（图一一，1）。

井　2件。均为青灰色泥质陶。M1：11，仅存井身部分，井身呈深腹圆筒形，井架已残。素面。口径13.4、底径14.8、残高17.6厘米（图一一，8）。M1：25，由井盖、井身、井底组成，方形井盖上线刻圆角方形井台，井盖正中是一圆形井圈，其两侧井架已残，井身呈长方体形，由下往上渐内收，井底呈方形台状。素面。盖边长15.6、底边长17.6、高13.2厘米（图一一，10）。

豆　1件。M1：1，灰褐色夹砂陶。敛口，圆唇，深弧壁，矮柄，喇叭状圈足。素面。口径13.6、足径6.6、高6.7厘米（图一一，6）。

房　2件。M1、M2各出土1件，仅复原1件。M1：20（由M1：18、M1：19、M1：20合号而成）。灰褐色夹砂陶。由上、下两层组成。下层为一斗三升结构，三柱双开间，门半开，外有通道，屋顶为平台，顶面左右各开一圆洞，以便上下两层房屋相通；上层为两个两面坡式单间小房，置于下层顶面的两孔上，屋顶饰方形檩，两面各有三道瓦垄，前、左、右三面有回廊相通。整座陶房有涂朱现象，上层两小房的外墙上有红色勾画的“房屋”图案。通高43.6厘米（图一一，9）。

3. 铁器

13件。有刀、剑、剪刀、撬刀、棺钉等，均锈蚀严重。

刀　1件。M1：4，刃薄背厚，背平直，柄、尖均残。残长28.5厘米（图一二，2）。

剑　1件。M1：27，剑身扁平，脊不明显，扁茎，锋尖锐。长44.5厘米（图一二，1）。

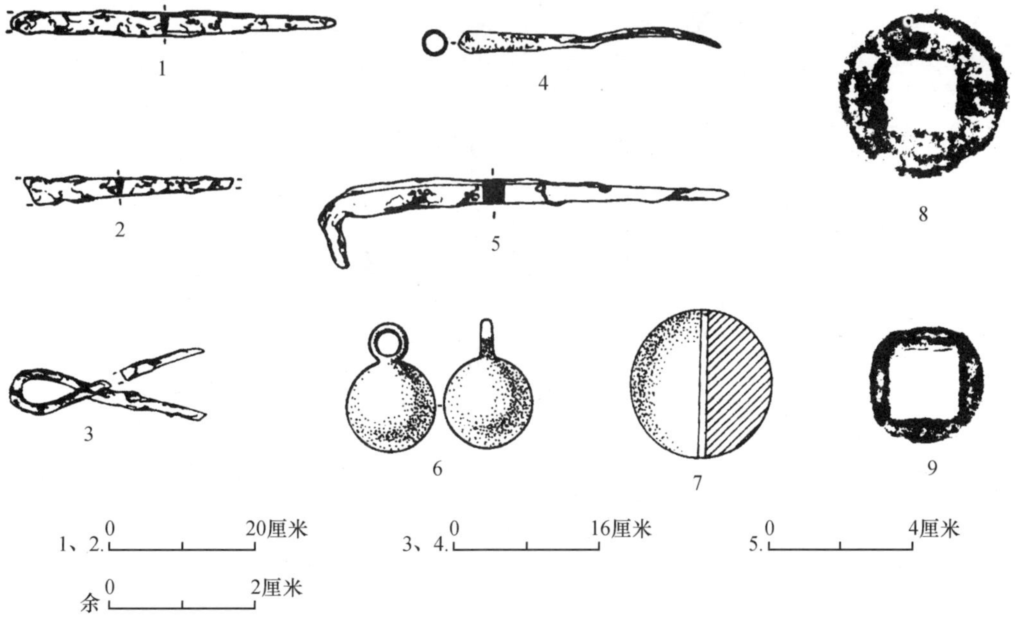

图一二　六朝墓出土器物

1. 铁剑（M1：27）　2.铁刀（M1：4）　3. 铁剪刀（M2：7）　4. 铁撬刀（M2：10）　5. 铁棺钉（M2：8）　6. 铜铃（M5：1）　7. 玛瑙料珠（M3：5）　8, 四铢（M3：6-1）　9. 剪轮五铢（M3：6-2）

剪刀　1件。M2：7，连柄交股式，二刀直背直刃，前端成尖锋，刀后双股交叉，尾部弯曲成环状。长21.6厘米（图一二，3）。

撬刀　1件。M2：10，由柄、身两部分构成。柄为圆筒形，带銎，柄端呈“V”形，身为扁条形，呈弯曲状，尖部残。残长28.4厘米（图一二，4）。该器物可能是编织篾具等的用具。

棺钉　9件。其中M2出土2件，M3出土7件。形制一样，只是长短有别，呈曲尺形，钉身呈扁平锥体，下窄上宽。M2：8，长11.1厘米（图一二，5）。

4. 铜器

铜铃　1件。M5：1，为填土中所出。球形腹内空，上端一环纽，器形小巧。高1.65、腹径1.15厘米（图一二，6）。

5. 其他

玛瑙料珠　1件。M3：5，深红色。中心一穿孔。直径1.92、穿径0.2厘米（图一二，7）。

钱币　5枚。M1、M2各出土钱币1枚，由于锈蚀严重且很残碎而无法辨认，M3出土剪轮五铢2枚和四铢1枚。

剪轮五铢　2枚。钱薄，质差。M3：6-2，钱径1.6厘米（图一二，9）。

四铢　1枚。M3：6-1，面无内郭，背平素，有外郭，钱文不甚清楚。直径2.1厘米（图一二，8）。

三、结　　语

通过本次钻探、发掘，我们对屠户湾墓群有如下认识。

1. 关于这几座墓的时代

这几座墓均遭受不同程度的盗扰、破坏，所出器物已不能完全反映随葬品的全貌，但我们仍能根据现存器物的组合特点对墓葬的时代做些推测。

M4所出的釉陶壶具有明显的渝东地区东汉晚期器物的特征，同类器物在万州上河坝[①]等地均有出土；所出的五铢钱，亦为东汉中晚期五铢，与《洛阳烧沟汉墓》的Ⅲ、Ⅳ型五铢接近，因此M4应是东汉晚期墓葬。

M1、M2、M3出土的瓷质日用器皿，造型规整，釉色清亮，器物的造型具有明显的东晋中晚期到南朝早期器物的特征。所出盘口壶、鸡首壶盘口较小，颈较短，口径远远小于腹径，造型浑圆，器物的轮廓线条流畅，既没有早期扁圆、肥胖的特点，又没有达到南朝中晚期修长、瘦高的状态。器物装饰方面，尽管M1：8仍保留有早期装饰繁杂的孑遗，但总体来说，装饰简

① 青海省文物考古研究所三峡工作队、万州区文物管理所：《万州上河坝墓地发掘简报》，《重庆库区考古报告集·1997卷》，科学出版社，2001年。

单，以素面为主，间或有弦纹和褐色点彩装饰，与东晋早期以弦纹为主和南朝中晚期以莲花瓣为中心的装饰风格迥然有别①。这三座墓中，M1、M2时代稍早，出土的盘口壶、四系罐等为南京地区东晋中晚期墓中所习见，如M1：22、M1：14与南京郊区吕家山东晋墓②，M1：17与南京郊区娘娘山东晋墓③等出土的同类器物相似，因此，M1、M2可能为东晋中晚期墓葬。M3具有较晚的因素：Ⅲ式盘口壶M3：1较Ⅰ、Ⅱ式盘口壶的盘口变大，颈变高，腹部呈椭圆形，最大腹径上移，下腹变长，底变小，器形略显瘦高，与万州上河坝墓地南朝初年墓葬M2出土的同类器M2：7④及忠县崖脚墓地南朝刘宋时期墓葬DM2出土的同类器DM2：21⑤均非常相似，加之墓内出土了1枚四铢钱，因此可以判断M3是南朝刘宋时期的墓葬。M5墓内空无一物，其填土中出土的铜铃与丰都汇南墓群两晋时期墓葬M14出土的同类器M14：5⑥相似，所出瓷片的胎、釉等与M1、M2、M3的同类出土物近似，且墓砖纹饰与M3完全一样，估计M5的时代与这三座墓大体相当，约为东晋中晚期至南朝早期。

2. 屠户湾墓群在墓葬构筑及丧葬习俗等方面表现出的特点

本次清理的5座墓葬，除M3由于上面堆压一现代坟，甬道未清理完毕，M5受扰乱、破坏严重，有无墓道不清外，其余3座墓均未发现墓道。这有两种可能：一是墓地分布在海拔150～175米的沿江坡地上，坡度较大，墓圹皆顺坡势开凿，墓门的位置往往低于墓室，本身就不需要墓道，这种情况在沿江处于坡地的墓群中是普遍存在的；二是可能由于后期的自然或人为的因素将墓道破坏掉了，比如20世纪60～70年代的坡地改造等。钻探和发掘表明，屠户湾墓群所处位置海拔150～160米生土为砂土，而海拔160～180米生土黏性重且含姜石颗粒，使得处于海拔150～160米的M1、M2在墓室砖壁与墓圹之间塞砖，这应是砌筑墓壁时防止墓圹坍塌所采取的一种防范措施。M3所有墓砖砖体本身呈两种颜色，向墓外部分呈青灰色，向墓内部分均呈红褐色，这绝非偶然，应是有意所为，到底是出于装饰还是有其他目的，有待进一步研究。

总之，这批墓葬的发掘和资料的整理，无疑为我们研究东汉晚期到六朝时期的政治、经济、文化、社会风俗及丧葬习俗等提供了又一批宝贵的资料。

整理：彭学斌　李应东　郑　燮
岳宗英
绘图：李应东
执笔：向渠奎　岳宗英　谭建华

① 魏正瑾、易家胜：《南京出土六朝青瓷分期探讨》，《考古》1983年第4期。

② 南京市博物馆考古组：《南京郊区三座东晋墓》，《考古》1983年第4期。

③ 南京市博物馆考古组：《南京郊区三座东晋墓》，《考古》1983年第4期。

④ 青海省文物考古研究所三峡工作队、万州区文物管理所：《万州上河坝墓地发掘简报》，《重庆库区考古报告集·1997卷》，科学出版社，2001年。

⑤ 北京大学考古文博学院三峡考古队、重庆市忠县文物管理所：《忠县崖脚墓地发掘报告》，《重庆库区考古报告集·1998卷》，科学出版社，2003年。

⑥ 四川省文物考古研究所、丰都县文管所：《丰都汇南墓群发掘报告》，《重庆库区考古报告集·1998卷》，科学出版社，2003年。

附表　屠户湾墓群墓葬登记表

墓号	方向（°）	墓葬结构	墓道	人骨	葬具	随葬器物					时代	备注
						陶器	瓷器	铁器	钱币	其他		
M1	100	“刀”形券顶砖室墓	无	朽痕		豆1、A型罐1、B型罐3、缸1、房1、井2	Ⅰ式盘口壶2、Ⅱ式盘口壶1、鸡首壶1、唾壶1、A型罐1、B型罐1、C型Ⅰ式罐2、C型Ⅱ式罐1、A型Ⅰ碗1、B型碗1、碗1、Ⅰ式钵1	刀1、剑1	1（钱文不清）		东晋中晚期	被扰
M2	153	“刀”形券顶砖室墓	无	2具	棺钉、漆皮痕，木棺?	釜1、壶1、房1	碗1、B型碟1、Ⅱ式钵1	棺钉2、剪刀1、撬刀1	1（钱文不清）		东晋中晚期	被盗扰
M3	168	“凸”字形券顶砖室墓	不详		棺钉，木棺?		Ⅲ式盘口壶1、A型Ⅱ式碗1、碗1、A型碟2、C型碟1	棺钉7	四铢1、剪轮五铢2	玛瑙料珠1	南朝刘宋时期	被扰
M4	86	“刀”形券顶砖室墓	无	朽痕	木棺朽痕	壶1			Ⅰ式五铢9、Ⅱ式五铢15	铜泡钉1	东汉晚期	被扰
M5	110	券顶砖室墓，甬道被破坏，结构不清	不详	朽痕							东晋中晚期至南朝早期	被扰乱破坏严重，填土中出铜铃1件

万州武陵墓群2003年度第二次发掘简报

重庆市文化遗产研究院
万 州 区 博 物 馆

武陵墓群，原名罗仁发墓群，后因墓地上发现一汉代石阙，被专家命名为“武陵阙”，墓群因此改名。墓地位于重庆市万州区武陵镇下中村十一、十二组，东临长江，西靠尖山，北隔小浪口与大丘坪墓群相望，南依原武陵旧场镇，现存面积约45 000平方米，海拔135～175米，中心地理坐标为东经108°15′42″、北纬30°30′25″（图一）。

武陵墓群是1985年文物普查时发现的，1994年厦门大学考古队对墓群进行了调查、试掘，清理汉至六朝时期墓葬4座。2002年和2003年的春天，重庆市文物考古所（今重庆市文化遗产研究院）与万州区博物馆两次联合组队对墓群进行正式发掘，共完成发掘面积5000平方米，清理秦汉至明代墓葬30座，两次发掘情况表明武陵墓群墓葬大多分布在临江台地和台地上面的坡地上，也有部分墓葬分布在山梁的顶部。2003年11月，重庆市文物考古所与万州区博物馆第三次联合组队对墓群进行发掘，完成发掘面积520平方米，清理墓葬4座，墓葬编号为M31～M34（墓葬编号续前），4座墓葬均分布在山梁的顶部（图二）。

一、墓葬形制

此次清理的4座墓葬，其墓葬形制分为两类，即土坑墓和砖室墓。

1. 土坑墓

1座。

M33　长方形竖穴土坑墓，无墓道，墓向330°（图三）。墓口长380、宽290厘米，墓底长290、宽220厘米。墓口距地表深30、距墓底深420厘米。墓口大于墓底，墓壁自上而下斜直内收，坑壁光滑，有明显的抹泥修整痕迹。墓内填土为黄褐色五花土，夹杂少量商周时期的粗绳纹陶片。土质上紧下松，为原坑土回填。墓底西部略高于东部，呈斜坡状，四周有熟土二层台，二层台土色与填土相同，土质紧密，宽24～40、高46～60厘米。墓口东北角发现早期和近期盗洞各1个：早期盗洞平面呈椭圆形，横跨北壁，并将北壁上部破坏，现存墓外部分直径70～90、深90厘米，墓内部分被近期盗洞打破；近期盗洞平面呈长方形，长100、宽70厘米，深及墓底，并向墓底四周扩散。墓室北壁上残留有盗墓贼上下用的不规则脚窝2个，盗洞内遗留有撮箕、电池、香烟等。墓内随葬品已被盗一空，未发现尸骨痕迹，可见棺、椁朽痕。从朽痕观察，椁室长240、宽132厘米，椁板厚6厘米，棺长194、宽100厘米，棺、椁高度不清。

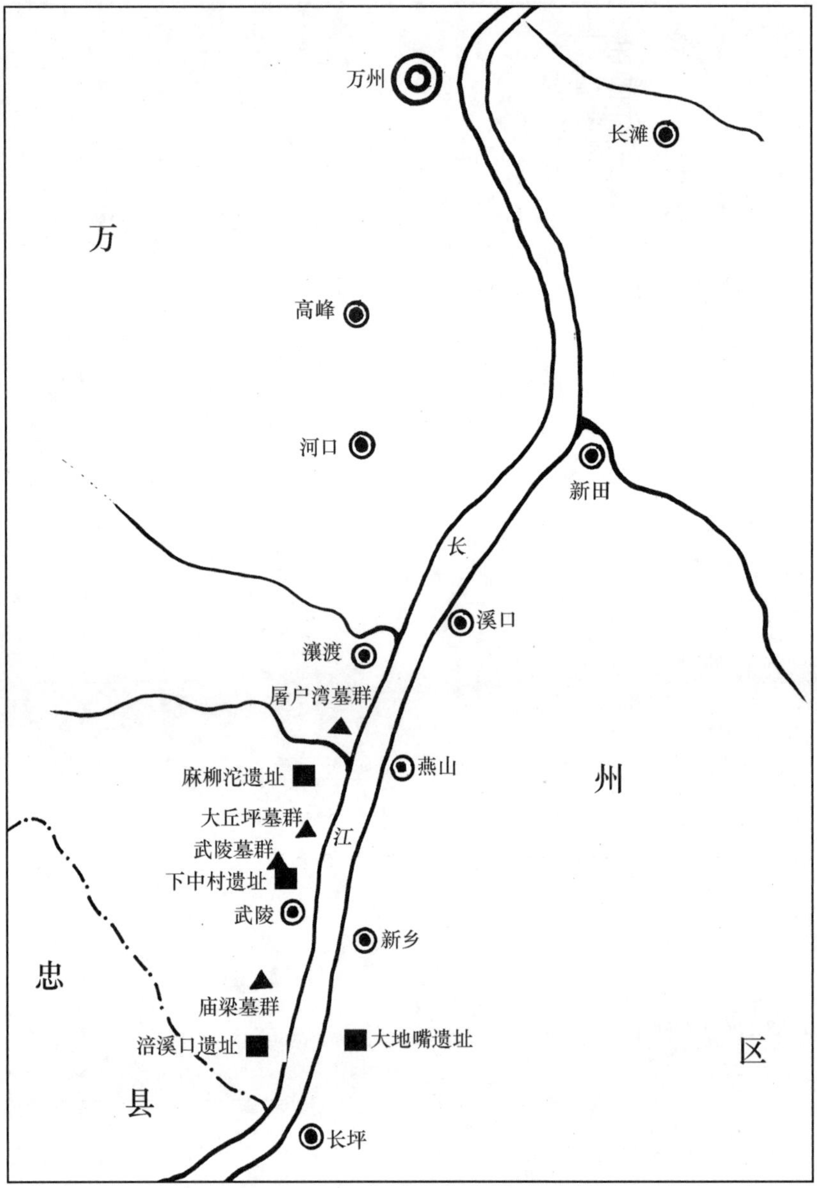

图一 武陵墓群位置示意图

2. 砖室墓

共3座。M31、M32、M34，均为券顶砖室墓，墓葬形制分刀形和“凸”字形两种。墓向基本上与长江的流向一致，均开口于耕土层下，直接打破生土，距地表深20～60厘米，受盗扰、破坏严重，券顶普遍垮塌。墓葬的构筑为先挖竖穴土墓圹，先砌壁后铺地，墓圹坑壁较直，未经加工，与砖壁之间有一定间距。墓墙用长方形单砖顺长错缝平砌，墓顶用楔形砖或榫卯砖纵向或横向起券，墓底用砖平铺。通常墙砖和顶砖比较完整，而铺地砖和封门砖比较残碎，有的甚至与其他墓砖的规格、纹饰不同，可能是用墓葬砌筑剩下的残砖或因缺砖而从其他地方找来砖砌上的。

M31 平面呈刀形，方向60°，由墓道、墓室、甬道和“祭坑”几部分构成（图四）。长方形斜坡墓道，长470、宽140厘米，坡度30°，坡长540厘米。墓室券顶垮塌，甬道券顶保存基

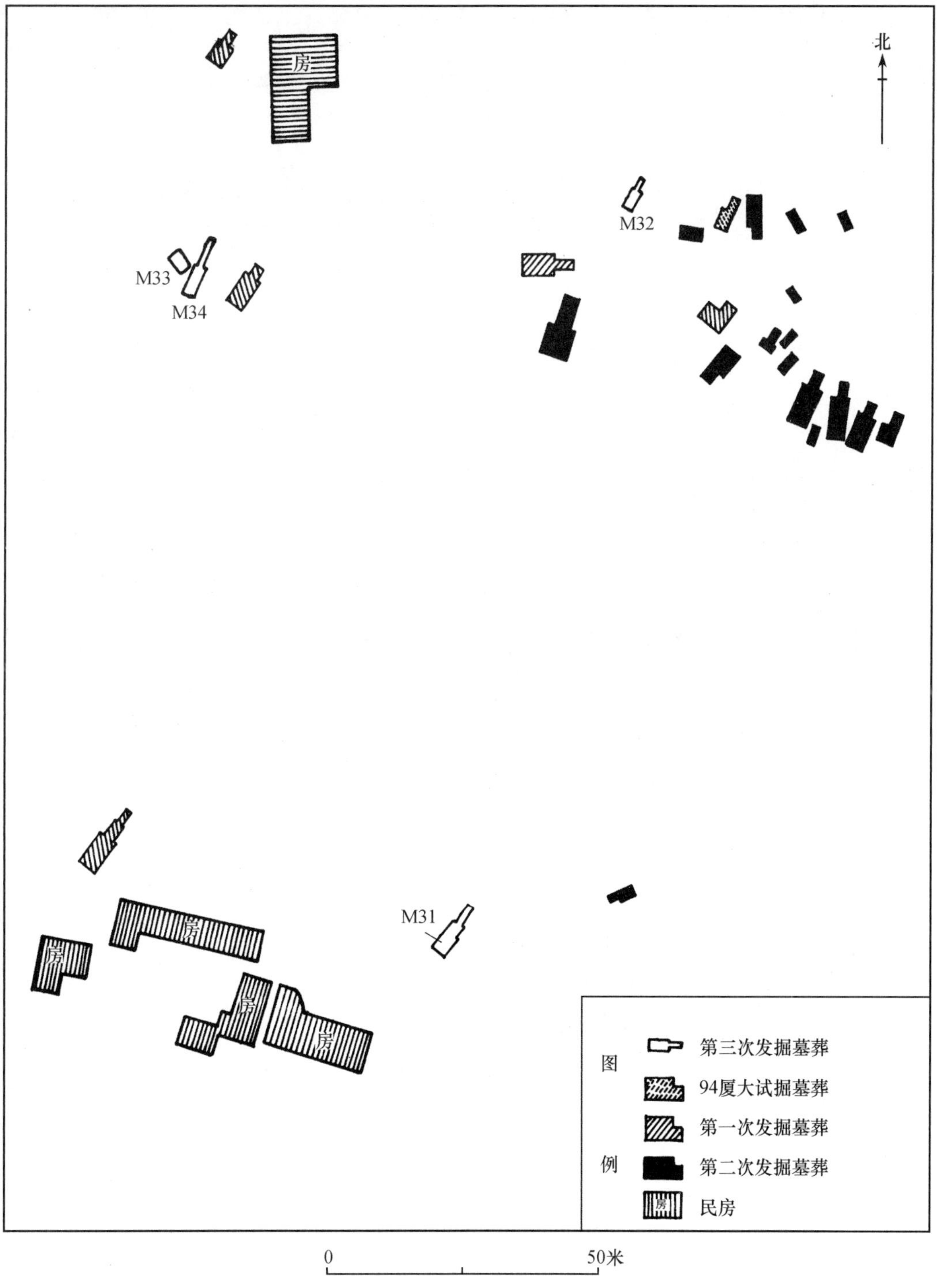

图二 武陵墓群墓葬分布图

本完好，墓室后壁及甬道口封门受挤压变形。墓室内长500、内宽240、残高104厘米；甬道位于墓室前端靠左侧，内长260、内宽190、高180厘米；甬道口封门宽220、高180厘米；在甬道口封门与墓道相接处、墓道填土上方与甬道券顶几乎同一高度的位置出现一方形“祭坑”，该“坑”用4块残砖以砖的宽度作为高度围砌成方形（其中有2块残砖能合为1块整砖），底未铺砖，顶平盖1件残砖，“坑”内平放1件灰陶罐，上倒扣1件灰陶钵。墓壁及封门为长方形单砖

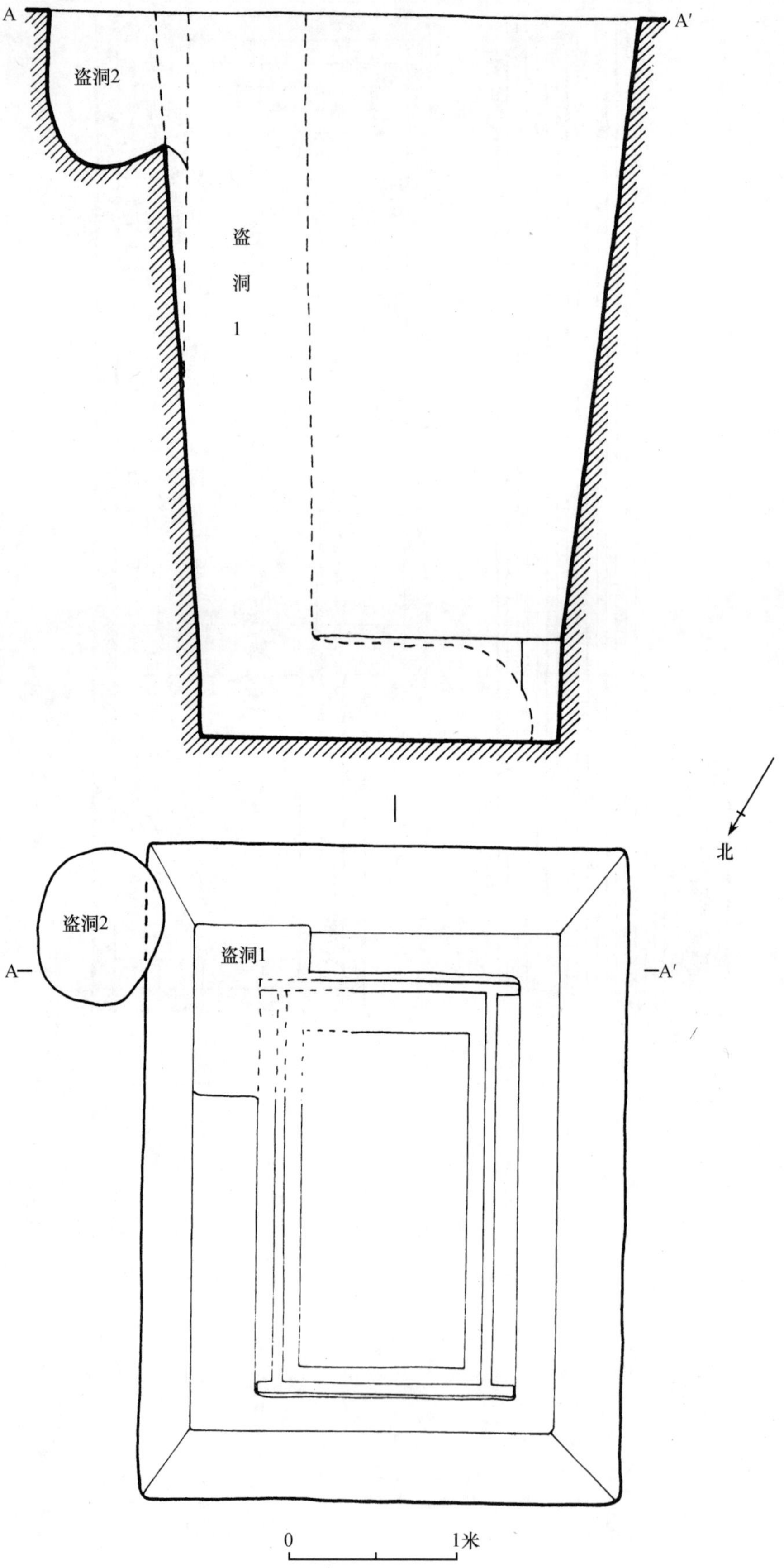

图三　M33平、剖面图

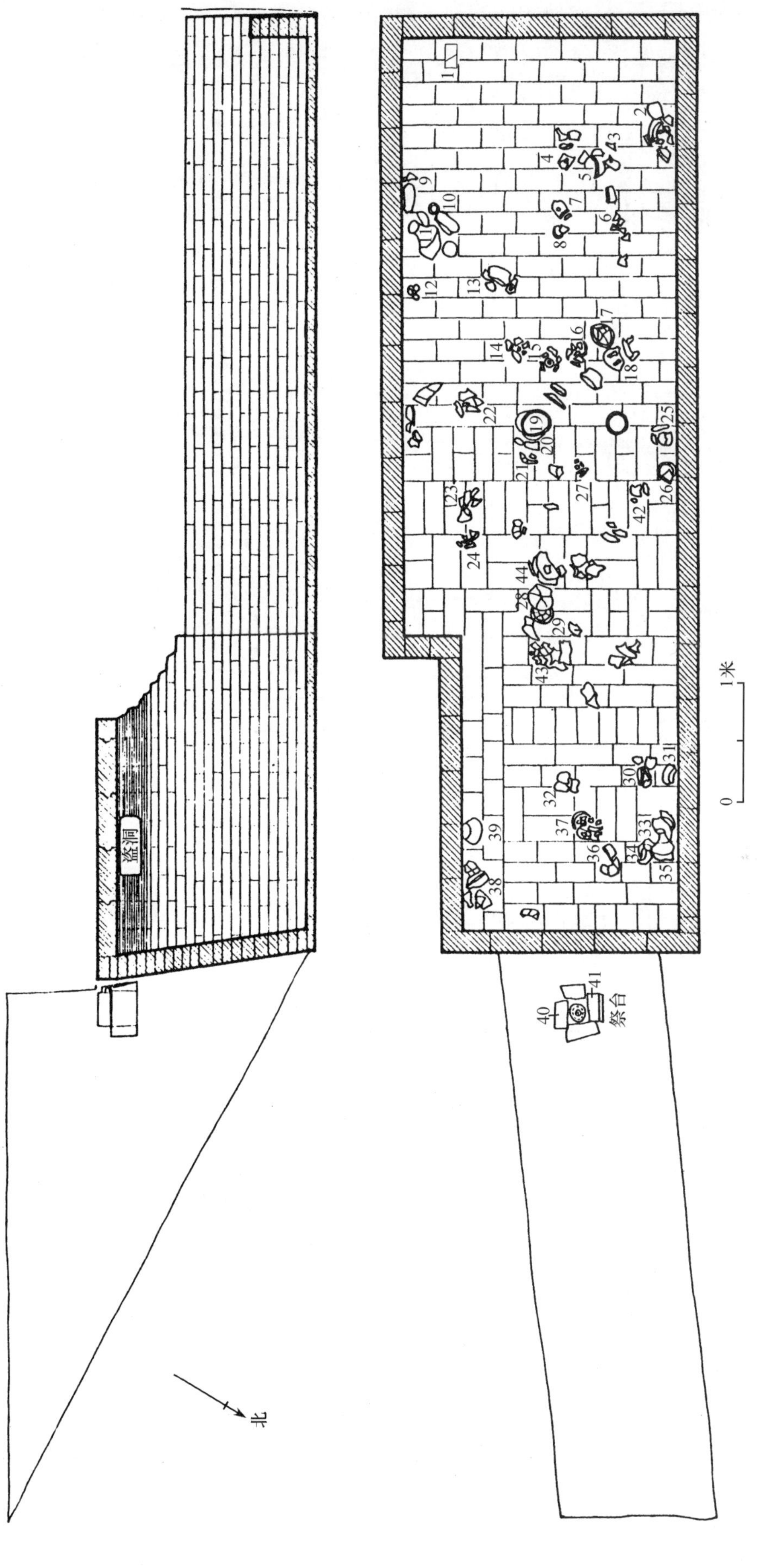

图四　M31平、剖面图

1. 石黛板　2、5、8、9、14、16、18、19、21～23、28～30、33～34、39、41. 陶罐　3. 陶猪　4、20. 陶俑　6、17、24～26、31、32、36、38、40. 陶钵　7. 钱币　10. 陶豆　11. 陶壶　12、42、43. 陶饼　13、37. 陶片　15. 陶灯　27. 铜器残片　35. 陶壶　44. 铁刀

顺长错缝平砌，墓顶用长方形楔形砖顺向起券（即砖长与墓室和甬道的长边平行），墓底用砖平铺，墓室尾部为横向平铺，其余为纵横交错平铺。除封门顶部两层用砖和“祭坑”用砖侧面饰菱形、车轮、钱币纹、部分铺地砖为素面外，其余墓砖均为两个宽面饰粗绳纹、一侧饰菱形纹（图五，1）。该墓遭近期盗扰，盗洞位于甬道券顶中部。墓底有较厚一层积炭，并发现有漆皮痕，推测原葬具可能是木棺，未发现尸骨朽痕。随葬品非常散碎零乱，分陶器、铁器、石器、铜器、钱币等，以陶器为大宗，且多为碎片。

M32　平面呈“凸”字形，方向28°，由甬道和墓室两部分组成（图六）。该墓横跨一断坎，遭扰乱、破坏严重，且近期被盗，盗洞位于墓室尾部。甬道残长250、内宽146、残高0～66厘米；甬道口封门不存，墓道情况不详；墓室内长518、内宽250、残高66～234厘米。墓壁为长方形单砖顺长错缝平砌，砖向墓内一侧饰菱形、车轮、钱币纹（图五，2）。墓室后壁中部有一人为将壁砖撬掉而形成的“壁龛”，“龛”内无器物出土；墓顶为榫卯结构的长方形砖横向起券（砖长与墓壁长垂直），砖向内一侧饰菱形、富贵纹（图五，4）。墓底为长方形素

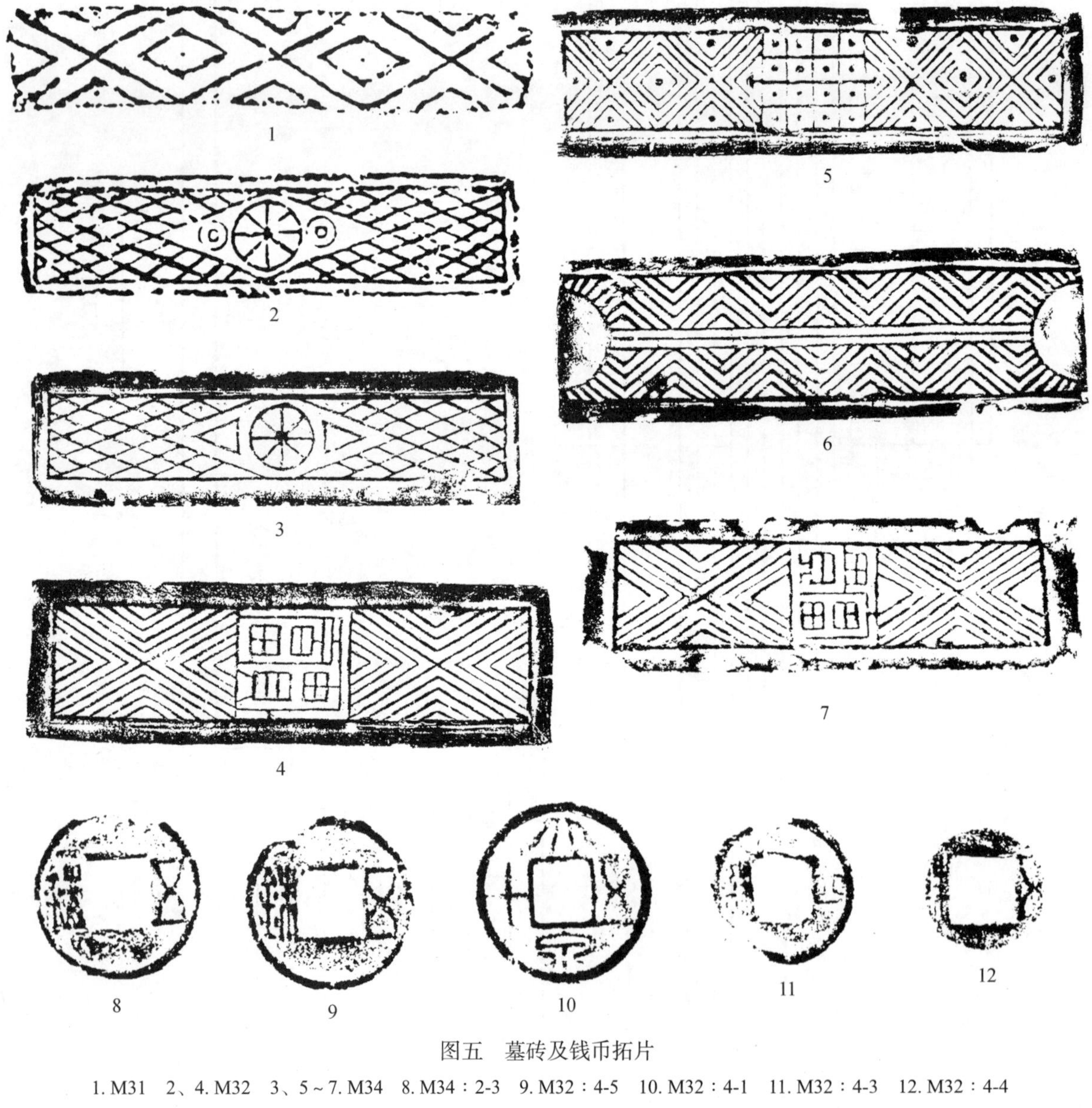

图五　墓砖及钱币拓片

1. M31　2、4. M32　3、5～7. M34　8. M34：2-3　9. M32：4-5　10. M32：4-1　11. M32：4-3　12. M32：4-4

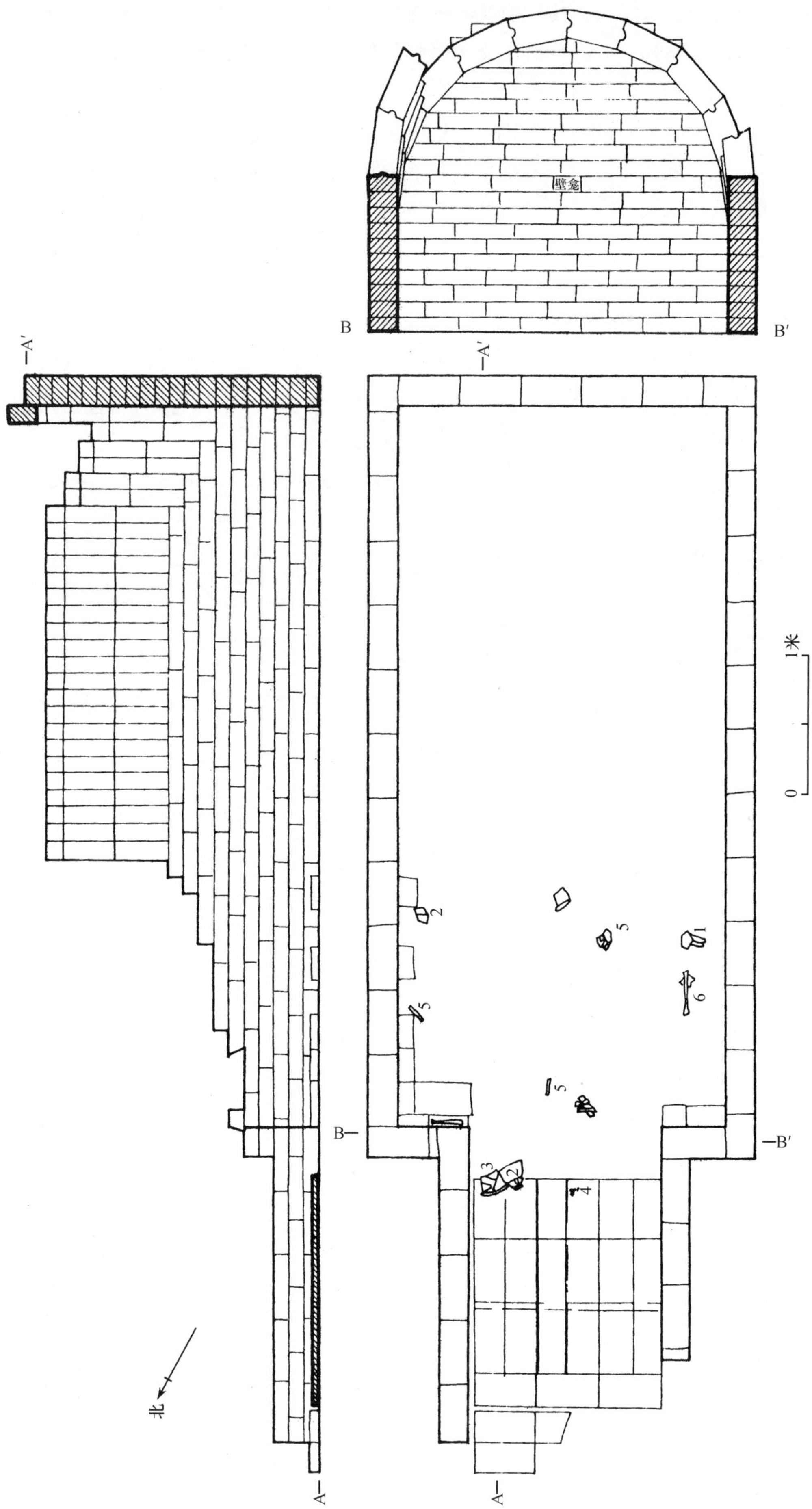

图六 M32平、剖面图

1. 陶罐 2. 陶釜 3、5. 陶甑 4. 钱币 6. 人骨

砖平铺，由于扰乱、破坏，墓室大部分铺地砖不存。残存随葬品散碎零乱，共出土陶器4件、钱币21枚，另发现有摇钱树的残碎叶片。未发现葬具痕，残留有肢骨和牙齿，估计是原墓主遗骨。

M34 平面呈“凸”字形，方向22°，由墓道、墓室和甬道几部分构成（图七）。长方形斜坡墓道，长482、宽180厘米，坡度27°，坡长510厘米。墓室、甬道均呈长方形，券顶垮塌，两侧墓壁上残存部分起券砖。墓室内长460、内宽200、残高176厘米，甬道内长220、内宽190、残高94厘米。甬道口两侧先用一侧模印菱形、车轮纹的长方形砖以砖的宽度作为高度砌出门框，门框左侧尚存3块砖，右侧尚存4块砖，残存高度分别是66、88厘米，再紧贴门框用残砖封门，封门宽210、高150厘米。墓壁用一侧饰菱形、车轮纹和菱形、乳钉纹的两种长方形单砖顺长错缝平砌（图五，3、5），墓顶用一侧饰菱形、富贵纹和几何纹的两种榫卯结构的砖横向起券（砖长与墓壁长垂直）（图五，6、7），甬道口封门则用上述四种结构的残砖平砌。墓底呈阶梯状，墓室尾部比墓室前部高12厘米、墓室前部又比甬道高18厘米。墓室底部从左至右铺六排砖，除第一排为纵向平铺外，其余五排为横向整齐平铺。在墓室中部靠左侧墓壁处有一长方形“小坑”，长20、宽12、深4厘米，坑底铺砖，清理时“坑”内无器物出土。甬道底部为横向交错平铺。铺地砖纹饰与左右侧壁砖同。墓内由于进水，器物大多移位，多堆积在甬道处（部分陶俑已成泥状，铁釜等已严重锈蚀，因而均无法起取），有陶器、铜器、铁器、骨器和钱币等。清理时发现有红色漆皮和棺木的朽痕，并发现有人的牙齿。

二、出土遗物

出土器物按质地分陶、石、骨、铁、铜及钱币等类，以陶器为主，金属器多锈蚀严重。

1. 陶器

保存较差，完整者少，部分器物因残损严重而不能修复，尤其是俑类，因烧制火候低，保存更差，许多陶俑起取时已成泥状。4座墓共出土完整和可修复的陶器82件，有罐、钵、甑、壶、釜、作坊、楼房、熏炉盖、饼、灯、俑等。制法分轮制、模制和手制几种，其中生活用具多轮制，俑为分范合模制作。陶质以泥质陶为主，有少量夹砂陶。陶色有灰、红、红褐、灰褐、黑灰等，以灰色和红色为主。以素面为主，纹饰有绳纹、弦纹、戳点纹和刻划等。部分器物器表施釉。

罐 12件。依整体形态分五型。

A型 4件。无领，肩部圆鼓，腹部斜直内收，平底。依个体大小分二亚型。

Aa型 3件。个体较大。几件器物陶质及器形基本一样，只是个体大小略有差别。M31：8，泥质灰陶。敛口，圆唇，腹部内收较缓，大平底。肩及上腹部饰带状竖向短绳纹。口径13.5、底径14.4、高18厘米（图八，1）。

Ab型 1件。个体较小。M34：40，泥质红陶。敛口，圆唇，腹部向内急收，小平底。肩饰凹弦纹一道。器表施酱黄釉。口径8、底径5.2、高8.8厘米（图八，2）。

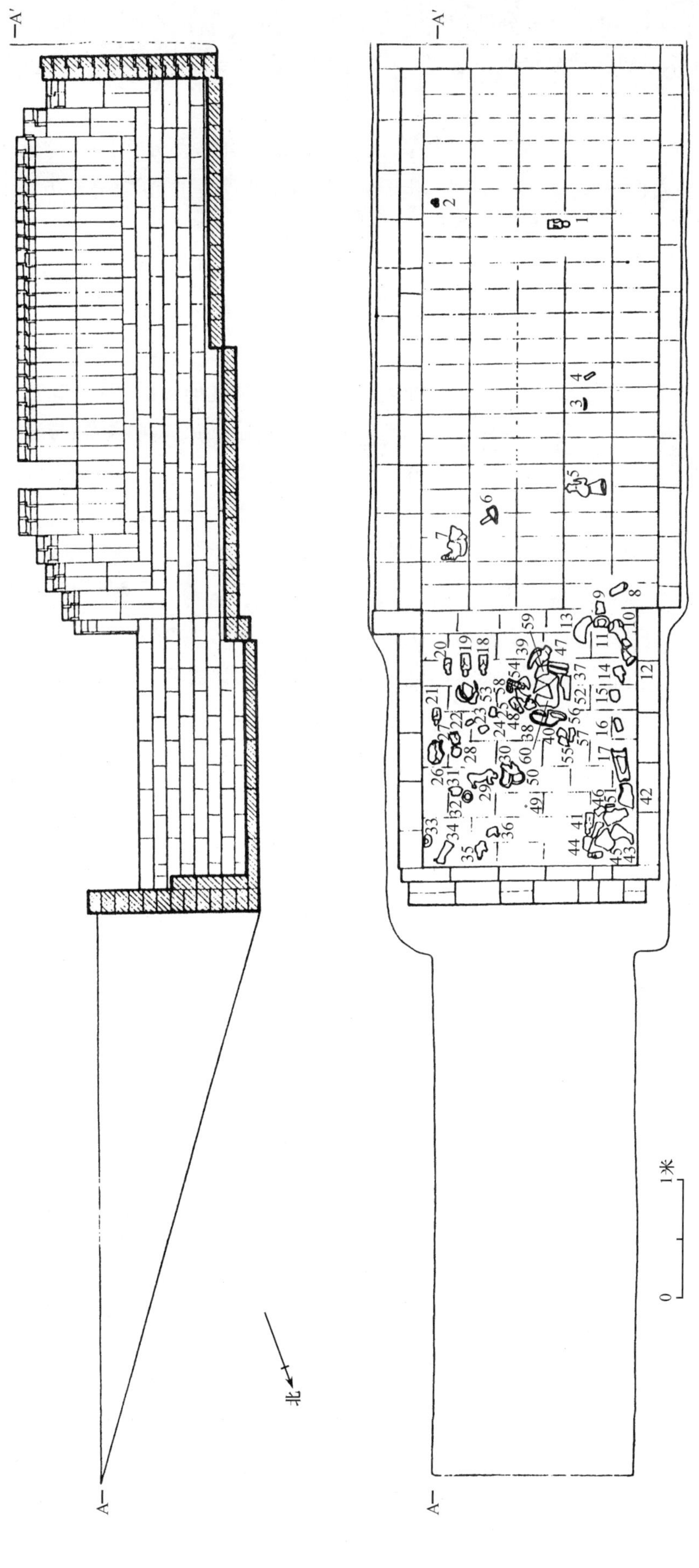

图七 M34平、剖面图

1、5~9、11、12、14~16、18~24、27、34、35、39、41、45~48. 陶俑 2. 钱币 3、52. 铜杯耳 4. 陶壶 10、13、43. 陶狗 17. 陶作坊 25、26、28、40、56、57. 陶罐 29、30、36. 陶猪 31、33、38、55、58~60. 陶钵 32. 陶熏炉盖 37、54. 陶楼房 42. 陶甑 44. 铁釜 49. 骨串珠 50. 铜铃 51. 铁剑 53. 铜饰件

B型　2件。无领，斜折肩，垂腹，圜底。2件器物陶质、器形及个体大小基本一样。M34：26，泥质灰陶。敛口，圆唇外卷，上腹有一折棱。肩饰数道凹弦纹。口径10.9、高22.2厘米（图八，3）。

C型　3件。矮领，平折肩，筒形腹，平底。根据口部特征分二亚型。

Ca型　2件。敛口。均为泥质灰陶。圆唇，矮直领，器表上腹有刻划符号。M34：25，器表上腹刻划一“州”字。口径12、底径12、高15厘米（图八，14）。M34：57，器表上腹横向刻划一“王”字。口径13.6、底径13.8、高15.5厘米（图八，12）。

Cb型　1件。侈口。M31：5，泥质灰陶。圆唇外卷，矮领微束。肩腹相交处饰三角形戳点纹一周。口径9、底径11.2、高17.5厘米（图八，16）。

D型　2件。高领，溜肩，扁鼓腹，平底。M34：28，泥质灰陶。侈口，外卷唇，高领，下腹斜内收。肩饰凹弦纹两道。口径10.8、底径7.5、高9.8厘米（图八，18）。M31：41，夹砂灰陶。侈口，圆唇，高领微束，下腹弧内收。肩饰凹弦纹两道。口径9.1、底径5.8、高9.2厘米（图八，5）。

E型　1件。双耳罐。M32：1，泥质灰陶。敛口，外卷唇，深弧腹，平底，肩附一对对称的扁曲耳。口径19.8、底径14.4、高21.6厘米（图八，4）。

钵　26件。依腹部差别分二型。

A型　25件，折腹。均为敞口，无沿，厚圆唇，小平底。依个体大小分二亚型。

Aa型　21件。个体较大。依腹部变化分三式。

Ⅰ式：14件。上腹斜立，下腹向内急收。M31：26，灰褐色泥质陶。素面。口径18.6、底径8、高5.6厘米（图八，13）。

Ⅱ式：4件。上腹较斜，下腹向内斜收。M31：36，泥质灰陶。素面。口径15.2、底径4.8、高6.2厘米（图八，10）。

Ⅲ式：3件。折腹不明显，腹近弧形。M31：32，泥质灰陶。素面。口径16.8、底径5.5、高5.3厘米（图八，15）。

Ab型　4件。个体较小。依腹部变化分二式。

Ⅰ式：1件。上腹斜立，下腹向内急收。M34：59，灰黑色泥质陶。上腹部横向刻划一“王”字。口径11.2、底径4、高5.2厘米（图八，11）。

Ⅱ式：3件。折腹不明显，腹近弧形。M34：33，泥质灰陶。素面。口径14.4、底径5.2、高6.2厘米（图八，8）。

B型　1件。弧腹。M34：58，泥质红陶。侈口，圆唇，深弧腹，平底内凹。内壁施酱黄釉。器表饰两道凹弦纹。口径12.8、底径5.6、高5.6厘米（图八，9）。

甑　3件。依形态不同分二型。

A型　2件。泥质灰陶。敛口，弧腹。M34：42，外翻沿，圆唇，上腹近直，下腹内收，平底带圆形箅孔。上腹饰带状竖向短绳纹，腹中部有一周铁锈痕（原可能置放在铁釜上）。口径32.4、底径14.4、高21.6厘米（图八，19）。M32：3，圆唇，上腹微鼓，下腹弧内收，底残。素面。口径15.6、底径9.6、高12.2厘米（图八，17）。

B型　1件。敞口，斜直腹。M32：5，黄褐色夹粗砂陶。方唇，平底带圆形箅孔，器表有

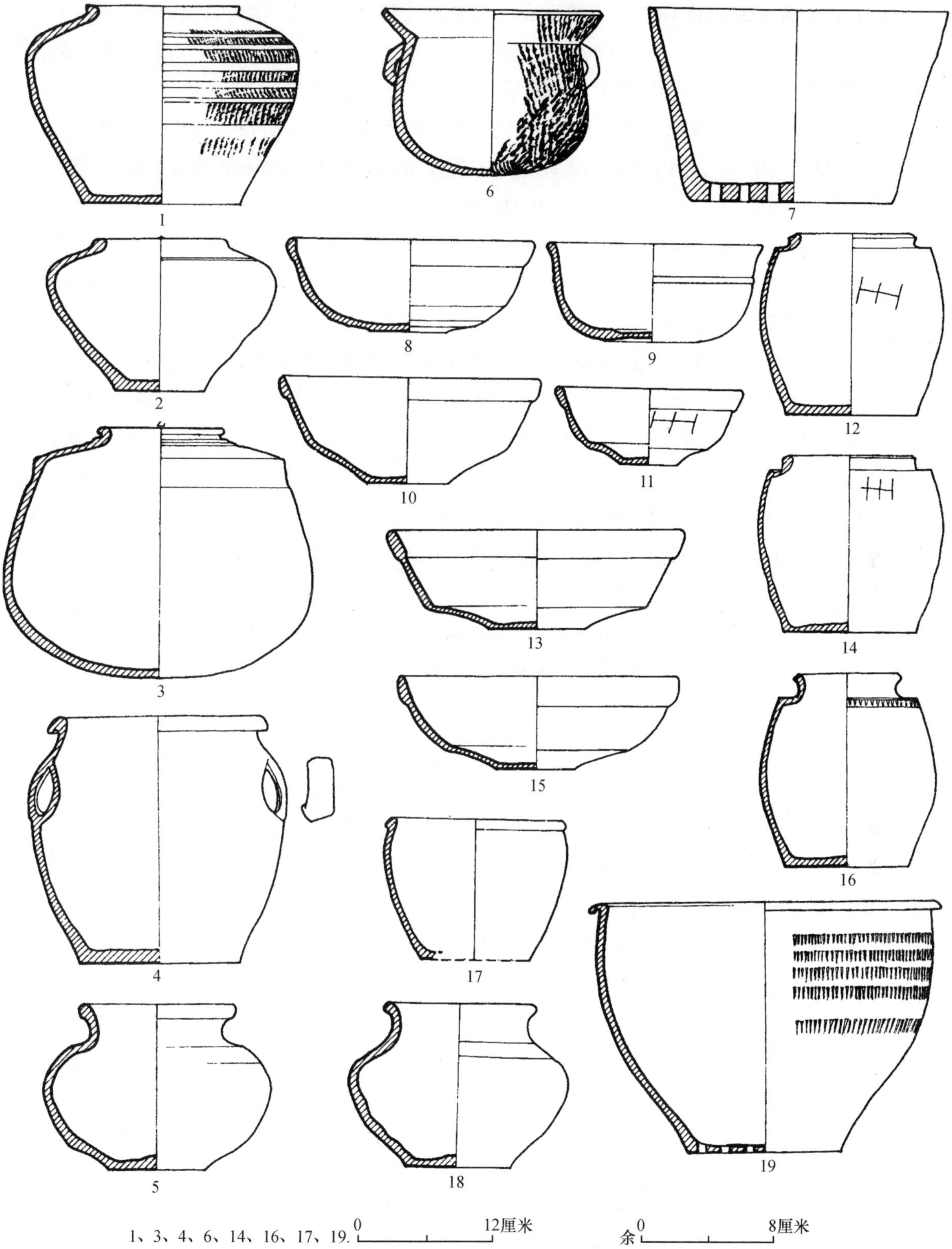

图八 出土陶器

1. Aa型罐（M31∶8） 2. Ab型罐（M34∶40） 3. B型罐（M34∶26） 4. E型罐（M32∶1） 5、18. D型罐（M31∶41、M34∶28） 6. 釜（M32∶2） 7. B型甑（M32∶5） 8. Ab型Ⅱ式钵（M34∶33） 9. B型钵（M34∶58） 10. Aa型Ⅱ式钵（M31∶36） 11. Ab型Ⅰ式钵（M34∶59） 12、14. Ca型罐（M34∶57、M34∶25） 13. Aa型Ⅰ式钵（M31∶26） 15. Aa型Ⅲ式钵（M31∶32） 16. Cb型罐（M31∶5） 17、19. A型甑（M32∶3、M34∶42）

烟炱痕迹。口径18、底径12.4、高11.2厘米（图八，7）。

壶 2件。泥质红陶。盘口，长颈，鼓腹。肩饰数道凹弦纹并附一对对称的铺首衔环。器表施酱黄色釉。M34：4，溜肩，鼓腹，高圈足外撇。口径11.6、足径13.6、高24.8厘米（图九，1）。M31：35，带盖，圆弧形盖面上等距塑三个乳钉状小纽，下沿内收成子口与壶口相扣合，壶身为斜肩，扁鼓腹，圈足。口径12、足径11.2、高24.8厘米（图九，2）。

釜 1件。M32：2，夹粗砂陶，内含白石英和云母颗粒，黑色胎心，黄褐色器表。敞口，宽斜折沿上仰，斜方唇，束颈，垂腹，圜底，上腹有一对对称的双环耳。器表饰绳纹。口径19.2、高14.4厘米（图八，6）。

作坊 1件。M34：17，泥质灰陶。顶板和底板为长方形平板结构，顶板下部为两块长方形檐板，顶板和底板之间由四根浮雕兔形空心立柱承托构成其间的框架，立柱立于底板四角并紧贴檐板，底板中部有长方形小台面一个，一侧的两柱之间竖立一板，板中部为凹形缺口，在凹形缺口与小台面之间斜放一碓。顶板、底板、檐板、小台面和立板均为手制，立柱为模制，然后再粘接。高12、面宽25.8、进深10.2厘米（图九，17）。

楼房 2件。均为泥质灰陶。M34：54，为上下两层结构。上层为带顶带阳台式楼房，弧形房顶上长条状中脊两瓴翘起，中脊前侧等距设瓦垄五道，瓦垄上用弧线表示筒瓦的形状，屋顶下为长方形檐板，檐下为两侧各一根边柱和中间一根一斗三升的单柱相承，房屋下部为阳台结构，阳台侧面护栏为封闭式，正面护栏分割成横长方格，阳台下部斜收；下层房体呈长方形，左右两侧及后部均呈板状结构，前面是斗拱檐架结构，为一斗三升的两根单柱上承屋檐，两柱和房屋两侧之间砌矮墙相连，中间形成大的门洞，房体中部横立一大隔板将房屋分成前后两部分，隔板中下部有一方形门洞。上层房体高20.4、面阔32、进深8.4，下层房体高16.4、面阔26.4、进深8.2厘米（图九，16）。M34：37，为空心箱形，左右两侧及后部均为板状结构，前面是斗拱檐架结构，由中间一根一斗三升的斗拱和两侧各一根边柱共同承檐，檐拱、檐柱结合部贴五块长方形小板，屋顶平，上等距饰五道瓦垄，顶中部起弧形脊，顶后部残。高22.4、面阔28.8、进深9.6厘米（图九，8）。

熏炉盖 2件。泥质红陶。头盔形，敞口，方唇，盖面隆起呈山峦起伏状，盖顶为一小凸。M34：32-1，盖面施酱黄色釉。口径8.4、高3.6厘米（图九，4）。M34：32-2，盖面有3个长方形小孔。施青褐色釉。口径8、高3.8厘米（图九，5）。

饼 5件。均出自M31，用绳纹瓦块或素面陶片四周打制成扁平圆形，有的加以磨制，有的未经磨制。M31：12，泥质灰陶。素面。直径2.8、厚0.75厘米（图九，12）。M31：43，红褐色泥质陶。面饰竖向粗绳纹。直径2.5、厚0.75厘米（图九，11）。

灯 1件。M31：15，泥质灰陶。灯盘呈“碗”形，敞口，圆唇，弧腹，长粗柄为实心，喇叭状座，座沿略内收。手制痕迹明显。高21.6厘米（图九，7）。

俑 保存较差，很大一部分因残损而不能修复，完整和能修复的仅27件，其中人物俑24件、动物俑3件。人物俑包括吹箫俑、听琴俑、击鼓俑、舞俑、抚琴俑、侍俑、抱囊俑、庖厨俑，动物俑有猪、狗等。

吹箫俑 1件。M34：12，泥质红陶。做跪坐状，头带圆形高顶帽，身穿交领服，衣袖卷起，双手上下握箫至嘴部，脸部肌肉隆起，做吹奏状。高16.2厘米（图一〇，6）。

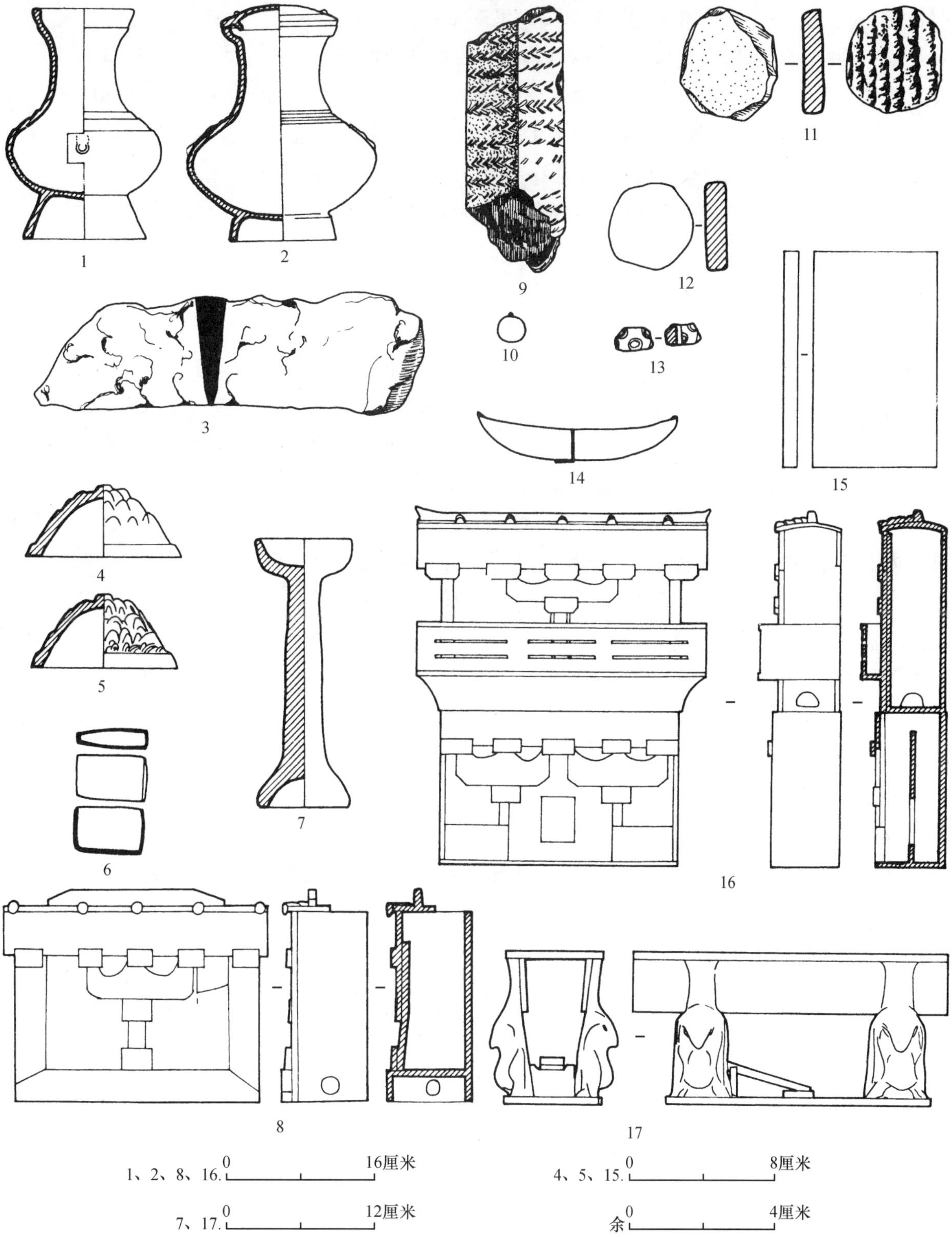

图九 出土器物

1、2. 陶壶（M34：4、M31：35） 3. 铁刀（M31：44） 4、5. 熏炉盖（M34：32-1、M34：32-2） 6. 铜饰件（M34：53） 7. 陶灯（M31：15） 8、16. 陶楼房（M34：37、M34：54） 9. 铁剑（M34：51） 10. 铜铃（M34：50） 11、12. 陶饼（M31：43、M31：12） 13. 骨串珠（M34：49） 14. 铜杯耳（M34：3） 15. 石黛板（M31：1） 17. 陶作坊（M34：17）

图一〇 出土陶俑

1. 庖厨俑（M34：39） 2. 抱囊俑（M34：34） 3. 抚琴俑（M34：15） 4. 侍俑（M34：45） 5. 舞俑（M34：5） 6. 吹箫俑（M34：12）

听琴俑 1件。M34：22，泥质红陶。跽坐，头着髻，身着右衽长服，细眉高鼻梁，圆脸，眯眼抿嘴，右手残，左手上举紧贴左耳，似做凝神聆听状。高23.5厘米（图一一，2）。

击鼓俑 2件。M34：14，泥质红陶。头带方冠，身着交领服，双腿盘坐，鼓置腿前，右手上举，左手覆按鼓面。高16.6厘米（图一一，1）。

图一一　出土陶俑

1. 击鼓俑（M34：14）　2. 听琴俑（M34：22）　3. 侍俑（M31：4）　4. 狗（M34：10）　5. 猪（M34：29）

舞俑　2件。M34：5，泥质红陶。头着髻，身着右衽及地长裙，裙下摆起折，腰间束带，右手上举握拳，左手叉腰。高20厘米（图一〇，5）。

抚琴俑　1件。M34：15，泥质红陶。头带圆形平顶冠，身着右衽宽袖服，双腿盘坐，琴置腿上，左手置琴上，右手残。高14.6厘米（图一〇，3）。

侍俑　15件。其中坐姿1件，立姿14件，皆泥质红陶，双手拱于腹前。M31：4，头带圆形

平顶冠，面部清楚，着右衽宽袖服，跪坐。高17.1厘米（图一一，3）。M34：45，头带冠，面部模糊，身着右衽宽袖及地长服，拱手站立。高16厘米（图一〇，4）。

抱囊俑 1件。M34：34，泥质红陶。头带圆形平顶冠，身着右衽长服，腰间束带，两足尖外露，双手于胸前合抱一长囊状物，囊状物斜靠在左肩上，做站立姿。高20厘米（图一〇，2）。

庖厨俑 1件。M34：39，泥质灰陶。头着巾，面部清楚，身着右衽长服，盘腿席坐，案置腿前，左手覆按案上物，右手执匕。高25.8厘米（图一〇，1）。

猪 2件。M34：29，泥质红陶。俯首，鼓眼，凸嘴，四肢粗短，尾卷于臀部一侧，造型肥硕，站立。长24、高10.6厘米（图一一，5）。

狗 1件。M34：10，泥质红陶。昂首，颈戴项圈，竖耳瞪目，卷尾，四肢站立，注视前方。长21、高18.4厘米（图一一，4）。

2. 石器

黛板 1件。M31：1，呈长条形平板状，表面光滑。长12.2、宽6.8、厚1厘米（图九，15）。

3. 骨器

串珠 1件。M34：49，中有细小穿孔。长径1.1、短径0.7厘米（图九，13）。

4. 铁器

釜 1件。M34：44，锈蚀严重，无法复原。

刀 1件。M31：44，仅为刀身一部分，刃薄背厚。残长10.6厘米（图九，3）。

剑 1件。M34：51，隆脊，外套木质剑鞘，鞘身绕以金属丝。残长7.1厘米（图九，9）。

5. 铜器

杯耳 2件。月牙形。M34：3，长5.4、宽0.8厘米（图九，14）。

铃 1件。M34：50，圆球形，空心，纽残断。直径0.85厘米（图九，10）。

饰件 1件。M34：53，呈扁平盒盖状，内空。鎏金。宽2.4、高1.3厘米（图九，6）。

6. 钱币

共35枚，绝大部分残损严重，完整者少。其中M31出土1枚，钱文不清；M32出土21枚，均为五铢；M34出土13枚，品种有大泉五十、四铢、五铢、剪轮五铢等。

大泉五十 1枚。M32：4-1，正、背面均有内外郭。直径2.8厘米（图五，10）。

四铢 1枚。M32：4-3，面无内郭，有外郭，背平素。直径2.2厘米（图五，11）。

五铢 27枚。均为东汉五铢。“五”字交叉两笔弯曲，“铢”字“金”字头为三角形，“朱”字头有方折亦有圆折。质地较差，笔画较粗，字迹漫漶。钱径2.4～2.6厘米。M34：2-

3，直径2.5厘米（图五，8）。M32：4-5，直径2.5厘米（图五，9）。

剪轮五铢　6枚。均出自M32，直径1.6～2厘米。M32：4-4，直径1.8厘米（图五，12）。

三、结　　语

本次清理的4座墓葬中，M33为土坑墓，先后两次遭盗掘，墓内器物已被盗一空，其时代难以判断。

在川渝地区，土坑墓与砖室墓的交替转变是在王莽时期，而“砖室墓在王莽时期主要分布在秦汉以来中原移民比较集中的川西地区，以后分布的区域才逐步扩大，数量也逐渐增多，至东汉晚期达到最盛”[①]。M31、M34两墓内出土的陶罐、陶钵形制基本相同，其埋藏时代应大体相当。两墓内出土物为渝东地区东汉中晚期墓所习见，如釉陶壶M31：35与巫山双堰塘遗址同类出土物M707：16相似[②]，陶楼房M34：54与巫山双堰塘遗址M707：3-1、M707：3-5组成的复原器物近似[③]，吹箫俑M34：12也与达县曹家梁东汉墓同类出土物相似[④]。M34墓内出土钱币均为东汉中晚期五铢，因此将M31、M34的时代定为东汉中晚期。

M32遭盗扰严重，墓内出土物已难窥其全貌，只能根据残存器物特征对墓葬时代进行推测。M32墓内出土的钱币有大泉五十、五铢、剪轮五铢和四铢，其中时代最晚的为四铢，据《宋书》记载为南朝刘宋元嘉七年（430年）所铸。墓内出土的陶甑M32：3与万州庙湾墓地同类出土物M2：19[⑤]接近。因此将M32的时代定为南朝刘宋时期。

本次尽管只清理了4座墓葬，但M31墓道上方“祭坑”的清理、M34墓底呈阶梯状的结构以及M32墓后壁中部出现的“壁龛”等无疑是对前两次发掘资料的进一步丰富和补充，为人们研究这一时期的丧葬习俗、墓葬结构等提供了新的宝贵资料。M34陶钵、陶罐上的刻划文字明显是器物烧制后再刻上去的，是否就是一个“王”字（有的罐、钵上刻划的“王”字中间一竖出头，会不会是“王”字的误刻）？如果是，那会不会与墓主人或是与工匠的姓氏有关，目前难以判断。

整理：彭学斌　李应东　郑　燮
岳宗英
绘图：李应东
执笔：岳宗英

① 罗二虎：《四川汉代砖室墓的初步研究》，《考古学报》2001年第4期。

② 中国社会科学院考古研究所长江三峡工作队、巫山县文物管理所：《巫山双堰塘遗址发掘报告》，《重庆库区考古报告集·1998卷》，科学出版社，2003年。

③ 中国社会科学院考古研究所长江三峡工作队、巫山县文物管理所：《巫山双堰塘遗址发掘报告》，《重庆库区考古报告集·1998卷》，科学出版社，2003年。

④ 四川达县地区文化局：《四川达县市曹家梁东汉墓》，《考古》1995年第1期。

⑤ 重庆市博物馆、万州区文物管理所：《万州庙湾墓地发掘报告》，《重庆库区考古报告集·1997卷》，科学出版社，2001年。

万州梁上墓群2004年度发掘简报

重庆市文化遗产研究院
开封市文物工作队
万州区文物管理所

为配合三峡水利工程建设，受重庆市文化局委托，在万州区文物管理所的配合下，河南省开封市文物工作队于2004年11～12月对三峡库区重庆市万州区武陵镇梁上墓群进行了考古发掘工作。现将工作情况报告如下。

一、墓地及工作情况

梁上墓群位于重庆市万州区西南约40千米处的长江北岸的一舌状台地上，行政区划属于万州区武陵镇凤安村九组（图一）。

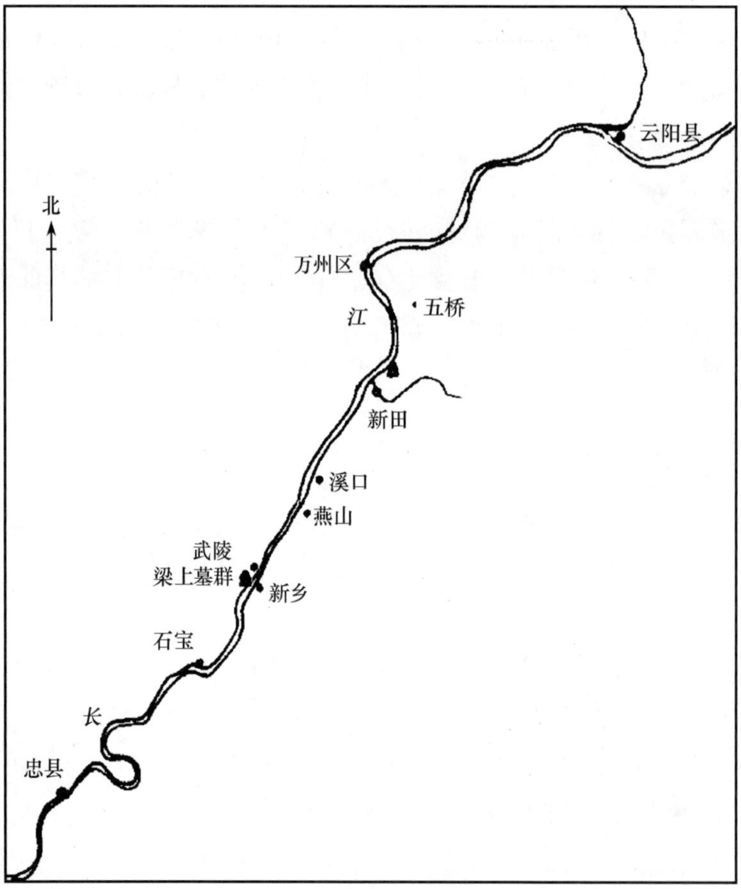

图一　梁上墓群位置示意图

凤安村背倚高山，面临长江。村民散居在一平面呈半圆形的缓坡状台地上。一条名叫外坝沟的小溪从台地中部穿过。台地土层较厚，地理位置较优越，所以仅一个凤安村就分布有瓦屋、庙梁、观音岩、松岭包、古坟包、梁上、包汉等数个墓群，另有中嘴、黄陵嘴等遗址亦分布在这一范围内。

梁上墓群西距武陵镇仅有约1千米的距离，南面长江。梁上墓群主要分布在一紧临长江的一个二级台地上。台地呈阶梯状，墓群就分布在三个上下相接的梯面上。台地中心坐标为东经108°14′58″，北纬30°3′20″，海拔165米。

此次发掘之前，在梁上墓群的周围已先后有7支考古队在该区域工作过，并发现清理了大批的古墓葬，出土了大量的文物。2004年11月10日，河南省开封市文物工作队开始对梁上墓群进行考古发掘和钻探，发掘面积900平方米，共发掘墓葬8座，出土各类器物62件。

二、墓葬形制

此次发掘的8座墓葬可分为石室墓和竖穴土坑墓两种形制。现分述如下。

1. 石室墓

此次发掘中只发现1座石室墓，编号为2004CWWFM4（简称M4）。M4为一平面呈“凸”字形的石室墓，方向120°。墓口距地表0.3米，东西长4.8、南北宽2.5米；墓底距地表1.9米，墓深1.6米。M4由甬道和墓室两部分构成，墓底铺有不规则的石板块；墓顶为拱形券顶，券石条略成楔形；墓壁由条形石块砌成。

甬道长2.3、宽1.5、高1.6米，门被蓝色饰有轮纹的长方形砖平砌封堵，砖的规格为0.44米×0.18米×0.12米。甬道券顶保存较好，微有变形，但并未坍塌。墓室长4.8、宽2.5、高1.9米，墓顶券石已坍塌，墓室内填满淤土及乱石。M4内没有发现任何葬具的痕迹，只在墓室中部发现几小片零星骨状粉末。墓内随葬品有瓷器12件和铜碗1件，瓷器有碗、罐、盘3类。随葬品多分布于甬道后部和墓室的前部（图二）。

2. 竖穴土坑墓

竖穴土坑墓共7座，其中有2座编号分别为2004CWWFM6、2004CWWFM7（简称M6、M7）的近代土坑墓已被一现代灰坑严重扰乱，墓深仅余0.2米，且无任何随葬品，故在此不再叙述。

此次发掘的其他5座长方形竖穴土坑墓，墓向均在50°左右，且分布较有规律，基本上在东北—西南向的一直线上。现分述如下。

M1　此次发掘中编号2004CWWFM1，为长方形竖穴土坑墓，墓向50°。墓口距地表0.5米，南北长4.8、东西宽3.2米；墓底距地表4.1米，南北长3.4、东西宽3.2米，墓深3.6米。墓圹略呈口大底小状，墓壁光滑，平底。墓底南北两端均留有宽0.4米的生土二层台，台高1米。墓内填土为浅灰褐色稍松软的花土。葬具为双椁单棺，皆腐朽仅存灰痕。外椁位于墓室中部，平面近正方形，长3.2、宽3、残高1米，内椁长3.2、宽2.4米，椁板厚约0.1米。棺位于内椁中部，

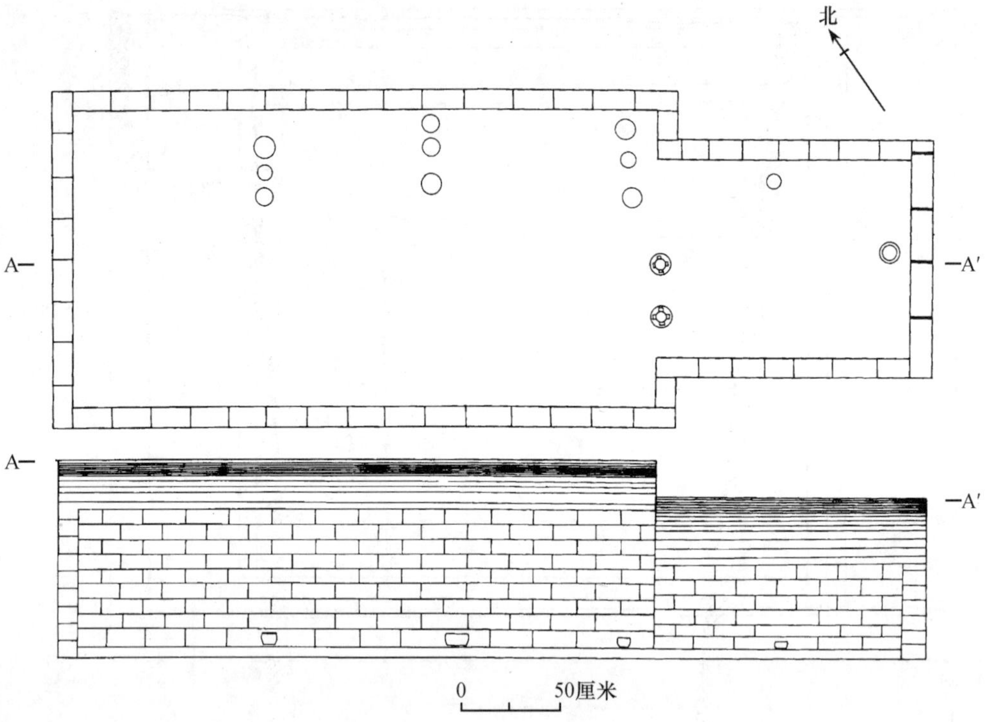

图二　M4平、剖面图

长2、宽1、残高0.4米。椁底板下有两道东西向的沟槽，沟槽长3、宽0.2、深约0.05米，沟槽内用于放置枕木，以承托棺椁。因墓底渗水，骨架仅存粉状痕迹，已无法提取，故葬式不详。墓内随葬品大多分布于棺的两端，且均在内椁里边，其中有铁犁1件、铜盆1件、陶盆1件、陶碗2件、陶罐5件、陶黛板1件和陶砚子1件；另有数量不等的五铢、大泉五十、货泉钱币放置于棺的两侧（图三）。

M2　此次发掘中编号2004CWWFM2，为长方形竖穴土坑墓，墓向42°。墓口距地表0.3米，墓口长3.8、宽1.8米，墓壁陡直平滑，墓深2米。墓内填土为灰褐色松软的花土，呈颗粒状，包含有姜石块等。墓具为单棺，腐朽仅存灰痕。棺位于墓室中部，平面呈长方形，长2.1、宽0.8、残高0.2米，棺板厚0.1米，棺东端外有一头箱，箱平面呈正方形，边长1.2、残高0.6米。棺内骨架已严重朽蚀，仅余残痕，无法提取。墓内随葬品均分布在头箱内，其中有陶矮柄豆2件、陶罐1件、铜环4枚，共计4件（组）（图四）。

M3　此次发掘中编号2004CWWFM3，为长方形竖穴土坑墓，墓向60°。墓口距地表0.4米，墓口长3.8、宽2米，墓壁陡直平滑，墓深2米。墓底两端均留有宽0.3米的生土二层台，台高0.8米。葬具为单棺，腐朽仅存灰痕。棺位于墓室中部，平面呈长方形，长2、宽1、残高0.7米。棺东端外有一头箱，箱平面呈长方形，长1.4、宽0.85、残高0.6米。棺内骨架已朽蚀严重，无法清理。墓内随葬品均存放于头箱内，其中矮柄豆4件、陶釜1件、陶罐1件、半两钱币1组，共计7件（组）（图五）。

M5　此次发掘中编号2004CWWFM5，为长方形竖穴土坑墓，墓向60°。墓口距地表0.4米，墓口3.8、宽2米；墓底距地表2.6米，长3.4、宽1.4米，墓葬深2.2米。墓壁平滑规整，底平。墓深东南角有上下排列的三个脚窝，脚窝平面呈半圆形，窝径0.12、进深0.16米。墓底四

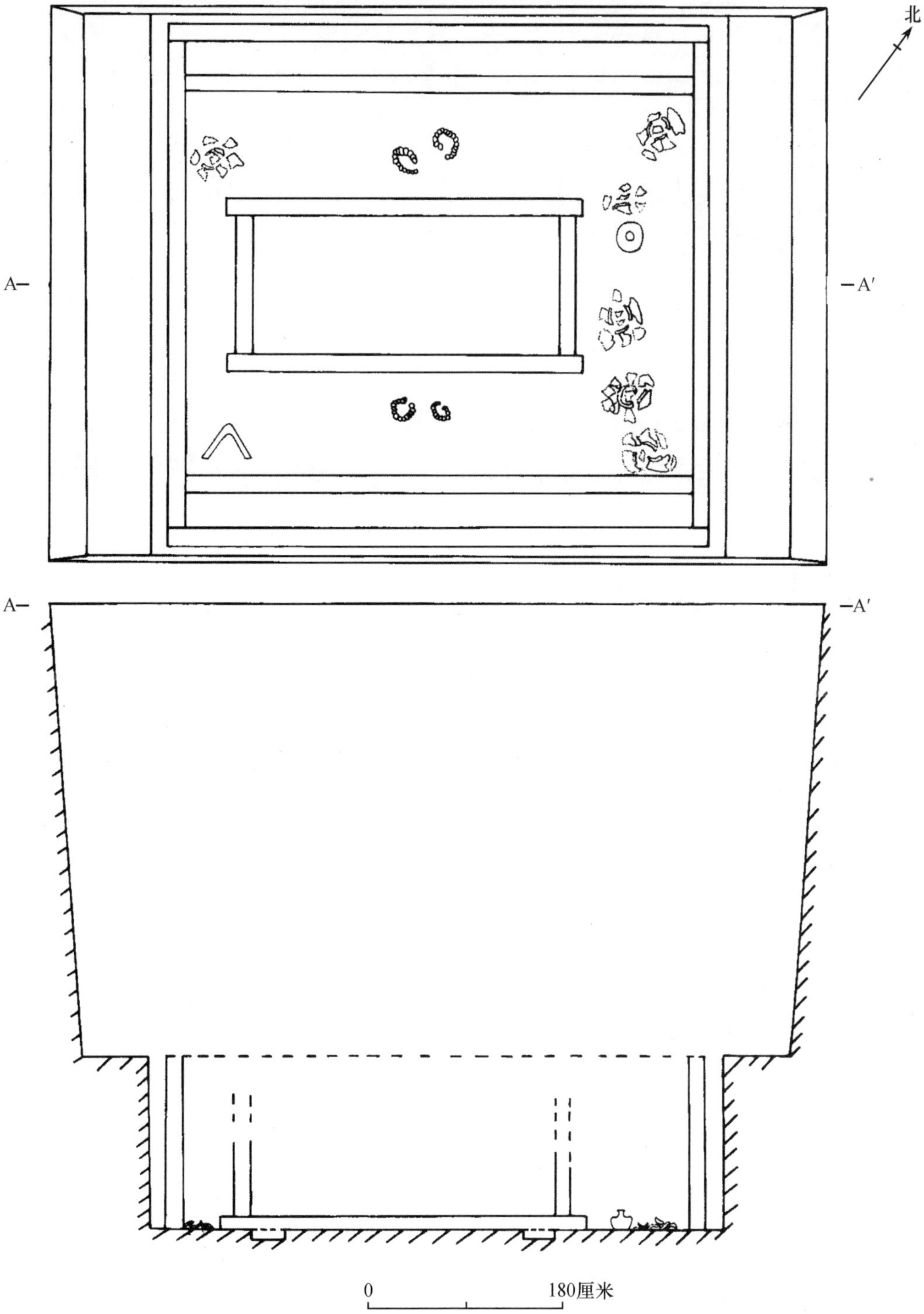

图三　M1平、剖面图

周均分布有生土二层台，两侧台宽0.2米，两端台宽0.2米，台高0.8米。墓内填土为浅灰褐色松软的花土。葬具为单棺。棺位于墓室中部，已腐朽成灰褐色粉末状，平面呈长方形，长1.8、宽0.8、残高0.3米。棺东端外侧有一头箱，箱平面呈长方形，长1.4、宽1、残高0.6米。棺内人骨架已严重朽毁，不可辨，亦无法清理。墓内随葬品均存放于头箱内，南北依次排列为铜矛、铁锸、并列3件陶矮柄豆、陶罐、铜鍪、铜勺共计8件，其中铜勺位于铜鍪内（图六）。

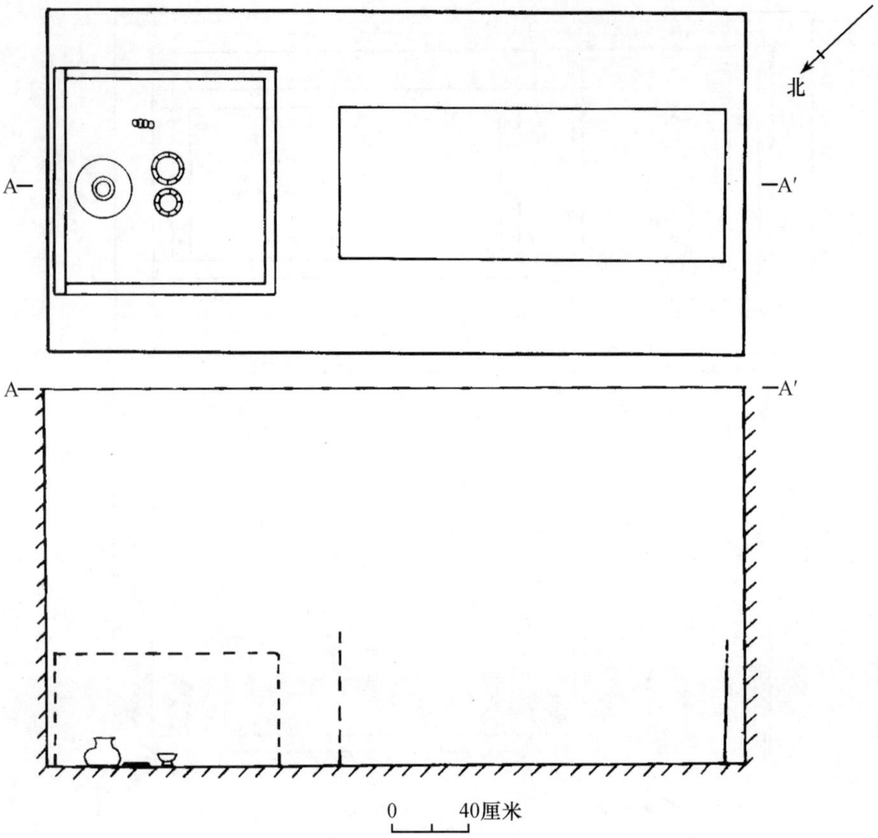

图四 M2平、剖面图

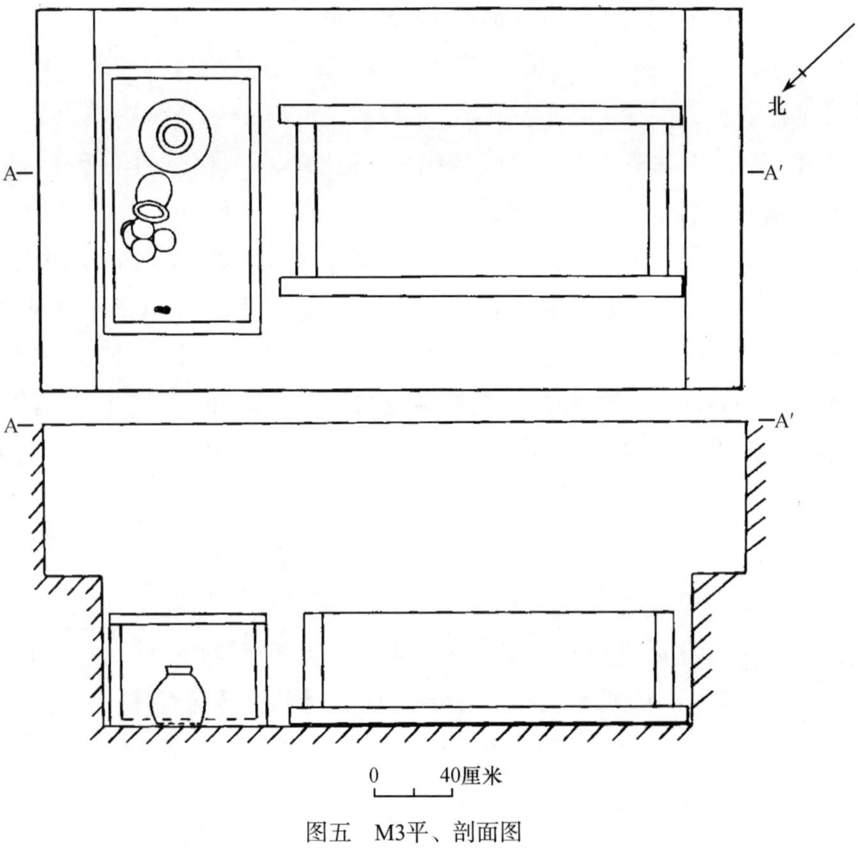

图五 M3平、剖面图

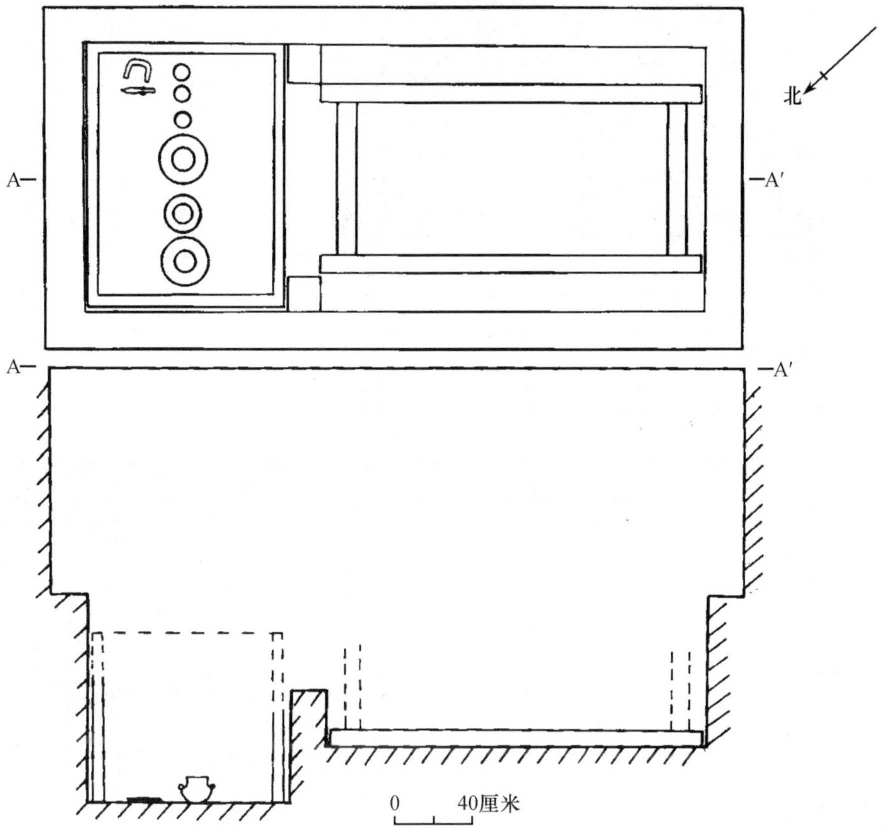

图六 M5平、剖面图

M8 此次发掘中编号2004CWWFM8，为长方形竖穴土坑墓，墓向58°。墓口距地表0.4米，墓口长4.4、宽2.6米。墓底距地表2.1米，长4、宽2.2米，墓深1.7米。墓壁平滑规整，底平。墓底四周均有生土二层台，四面台宽均为0.2米，台高0.8米，墓内填土为浅灰褐色松软花土。葬具为单棺。棺位于墓室中部，已腐朽成灰褐色粉末状。棺平面呈长方形，长2、宽1.2、残高0.5米。棺东端外侧有一头箱，箱平面呈长方形，长1.9、宽0.9、残高0.7米；棺西端外侧有一脚箱，箱平面呈长方形，长1.2、宽0.5、残高0.5米；棺的南北两侧外部正中亦分布有两对称的边箱，两边箱形状大小一致。边箱平面呈正方形，边长0.5、残高0.5米，但南侧边箱已被扰乱过。棺内人骨架已无存，故葬式亦不详。墓内随葬品大多存放于头箱内，脚箱、边箱内只有少量小件器物和一些碎陶片。随葬品有陶矮柄豆4件，铜鍪2件，铜鍪内各有铜勺3件、铜戈1件、残损严重的铜甗1件、铜盖弓帽1组、半两钱币1组，共计13件（组）（图七）。

三、随葬器物

此次发掘的8座墓葬中除两座近代墓葬因严重被扰无随葬器物出土外，其他6座墓葬均有文物出土，共计62件（组）。依质地不同，可分为陶器、铜器、瓷器和铁器四类。

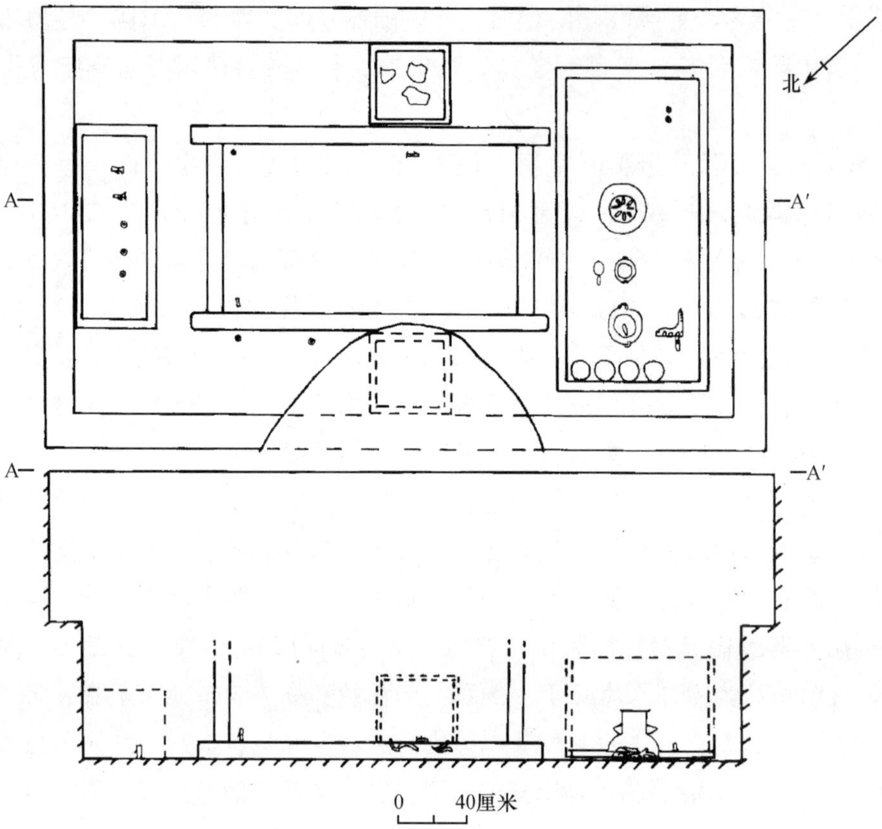

图七 M8平、剖面图

1. 陶器

28件。可分为泥质灰陶和红陶两种，器形有矮柄豆、罐、碗、釜、盆、黛板、研子。

（1）矮柄豆

13件。口均为榫状子母口，盘心下凹，无柄，喇叭口状圈足，圈足内底一般由乳钉状凸起。可分为三式。

Ⅰ式：5件。圆唇，直口，弧腹。M2：3，夹砂灰褐陶。素面。口径11.6、圈足径4、通高4.8厘米（图八，1）。M3：1，夹砂灰褐陶。素面。口径11.2、圈足径4、通高4.8厘米。M3：2，夹砂灰褐陶。素面。口径10.8、圈足径3.6、通高4.6厘米（图八，2）。M3：3，夹砂灰褐陶，素面。口径10.8、圈足径3.6、通高4.2厘米（图八，3）。M3：4，夹砂灰褐陶。素面。口径11、圈足径4、通高4厘米（图八，4）。

Ⅱ式：3件。敛口。弧腹，盘腹壁斜直。M8：1，夹砂黄褐陶。素面。口径11.6、圈足径3.4、通高4.4厘米（图八，5）。M8：2，夹砂黄褐陶。素面。口径12、圈足径3.6、通高3.8厘米（图八，6）。M8：3，夹砂灰褐陶。素面。口径10.6、圈足径3.6、通高4.2厘米（图八，7）。

Ⅲ式：5件。圆唇，敛口，浅折腹，下腹急内收。M5：3，夹砂灰褐陶。素面。口径12、圈足径5、通高4.8厘米（图八，8）。M5：4，夹砂灰褐陶。素面。口径12.4、圈足径5.2、通高4.8厘米（图八，9）。M5：5，夹砂灰褐陶。素面。口径12.6、圈足径4.8、通高5.3厘米（图

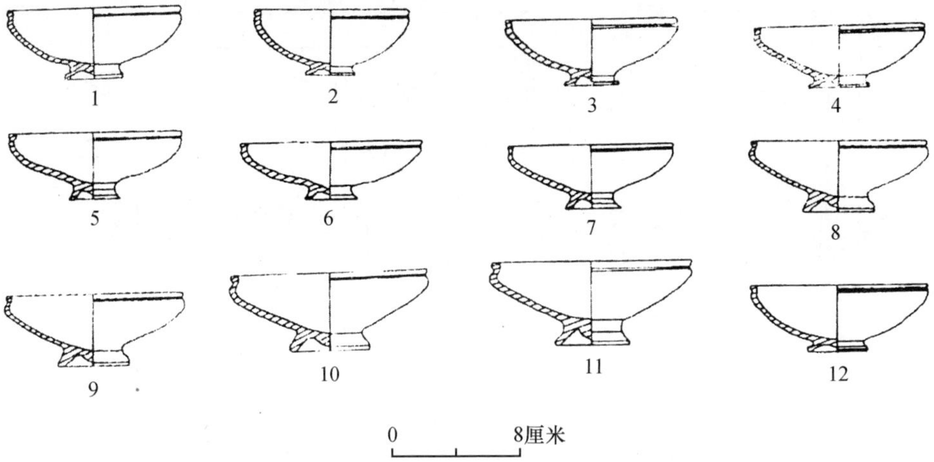

图八 出土陶矮柄豆

1. M2∶3 2. M3∶2 3. M3∶3 4. M3∶4 5. M8∶1 6. M8∶2 7. M8∶3 8. M5∶3 9. M5∶4 10. M5∶5 11. M8∶7 12. M2∶1

八，10）。M8∶7，夹砂灰黑陶。素面。口径10.6、圈足径3.8、通高4.4厘米（图八，11）。M2∶1，夹砂灰褐陶。素面。口径11.4、圈足径4、通高4.2厘米（图八，12）。

（2）罐

9件。依口、肩、腹部的差别可分四式。

Ⅰ式：2件。泥质灰陶。素面。敛口，方唇，无领，折肩，筒形腹，向下略收，平底。轮制。M1∶4，口径13.6、底径14、高16厘米（图九，1）。M1∶5，口径13、底径13、高15.5厘米（图九，2）。

Ⅱ式：4件。泥质灰陶。素面。侈口，短束颈，鼓腹，平底。轮制。M1∶7，圆唇。肩部饰一道凹弦纹。口径10.8、底径11.5、高12.5厘米（图九，3）。M1∶8，圆唇。肩部饰一道凹弦纹。口径11.2、底径11.3、高14.5厘米（图九，4）。M5∶6，方唇。肩部饰一道凹弦纹。口径11.3、底径10.5、高16.5厘米（图九，5）。M5∶8，斜方唇。肩部饰两道凹弦纹。口径11、底径10、高16.5厘米（图九，6）。

Ⅲ式：1件。泥质灰陶，素面。侈口，圆唇，短束颈，鼓腹，下收成圜底，最大腹宽在上部。M1∶6，口径8.5、高15厘米（图九，7）。

Ⅳ式：2件。泥质灰陶。素面。侈口，圆唇，平折沿，圆鼓肩，短束颈，鼓腹弧壁，凹底。M2∶2，口径12.5、底径10、高15.2厘米（图九，8）。M3∶6，口径9.5、底径7.3、高15.5厘米（图九，9）。

（3）碗

2件。泥质灰陶。敞口，圆唇，弧腹下收成平底。M1∶2，口径11.6、底径4.8、高4.8厘米（图一〇，6）。M1∶3，口径12.8、底径4.8、高4.8厘米（图一〇，7）。

（4）釜

1件。泥质红陶。方唇，折沿，束颈，鼓腹下收成圜底。肩部以下饰满粗绳纹。M3∶5，口径9.6、高10厘米（图一〇，13）。

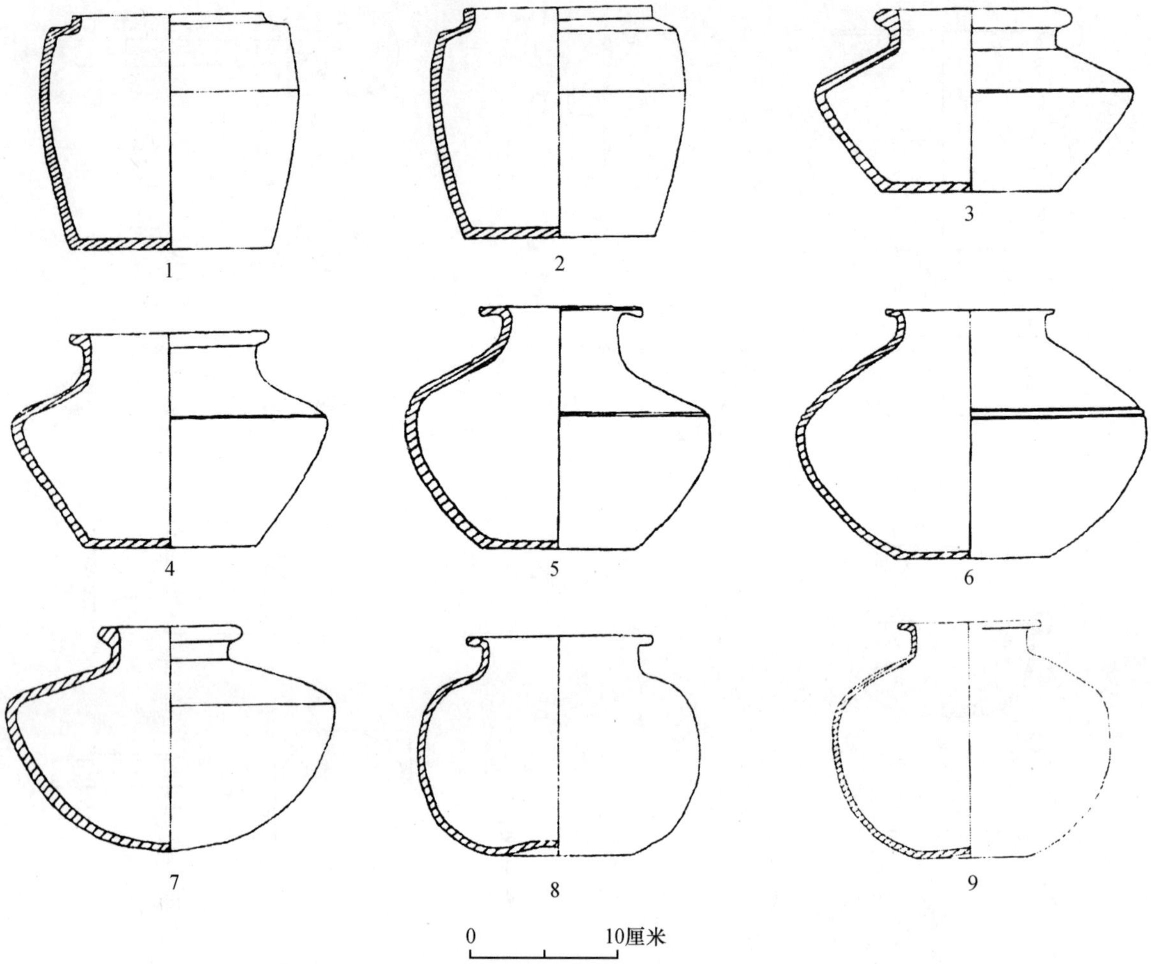

图九 出土陶罐

1. M1：4 2. M1：5 3. M1：7 4. M1：8 5. M5：6 6. M5：8 7. M1：6 8. M2：2 9. M3：6

（5）盆

1件。泥质灰陶。敞口，圆唇，弧腹中部略有折痕，假圈足，平底。M1：1，口径17.6、底径6.2、高6.4厘米（图一〇，15）。

（6）黛板

1件。泥质灰陶，长方形，正面正中有一“田”字。M1：10，长12.4、宽6、厚0.6厘米（图一〇，11）。

（7）砚子

1件。泥质灰陶。纽形，上圆下方，上圆外径内接方形，圆柱弧顶。M1：9，长方形。长3.1、通高1.2厘米（图一〇，12）。

2. 铜器

出土铜器共20件（组）。其中有1件因严重残损而无法绘图、摄像，其他可基本复原。

此次所出土的铜容器均因器壁太薄而残。其制法以范制为主，多数器物能看出范制的痕迹。出土器类有鍪、勺、甗、盆、碗、戈、矛、指环、盖弓帽、钱币等。其中勺均位于鍪腹

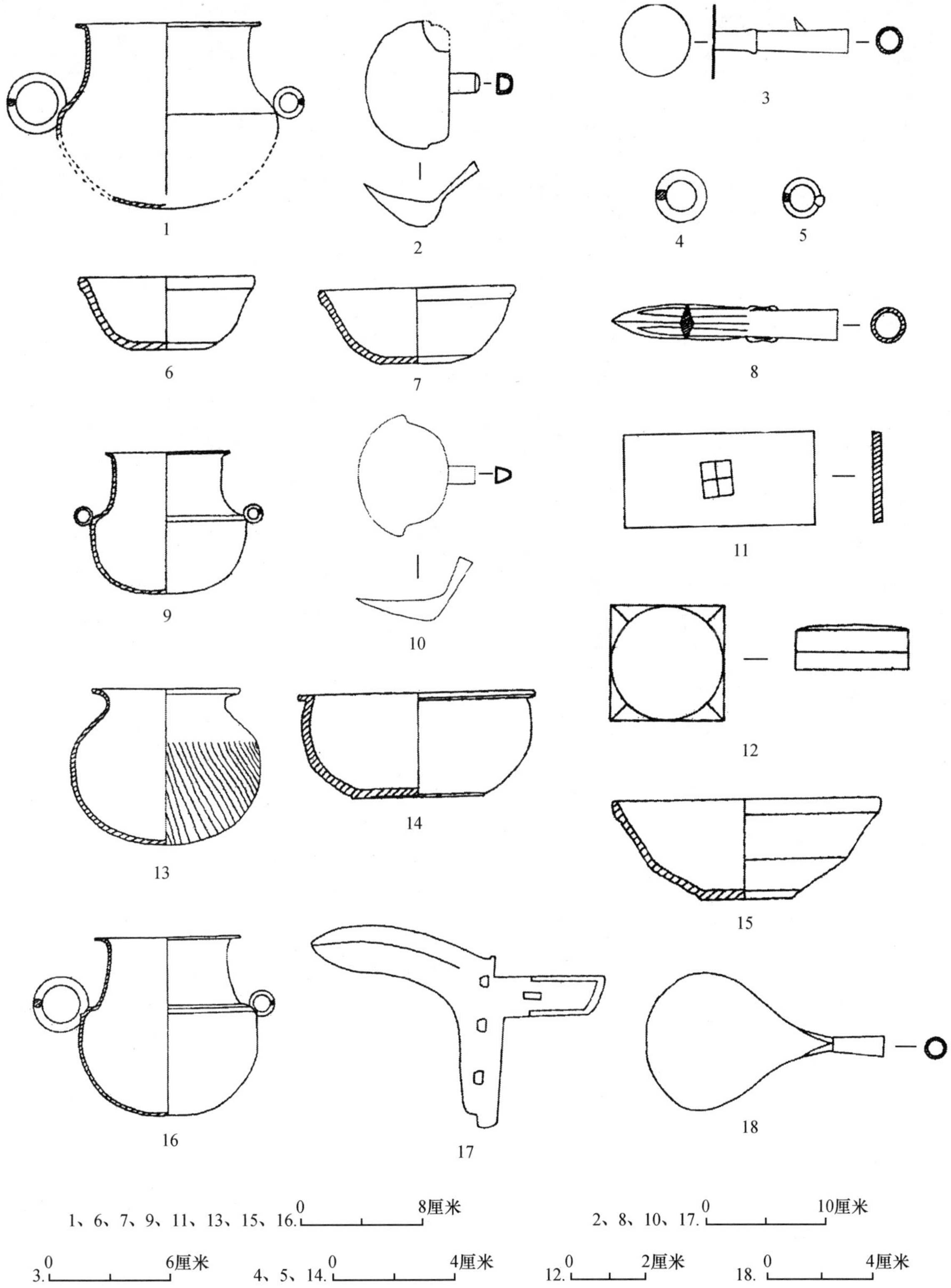

图一〇　出土器物

1、9、16. 铜鍪（M5：7、M8：4、M8：5）　2、10、18. 铜勺（M8：11、M8：9、M8：6）　3. 铜盖弓帽（M8：12）　4、5. 铜指环　6、7. 陶碗（M1：2、M1：3）　8. 铜矛（M5：1）　11. 陶黛板（M1：10）　12. 陶砚子（M1：9）　13. 陶釜（M3：5）　14. 铜碗（M4：5）　15. 陶盆（M1：1）　17. 铜戈（M8：8）

内，成套出现。

（1）鍪

3件。依口、肩及环饰的不同可分为二式。

Ⅰ式：1件。方唇，敞口，束颈，折肩，弧腹下收成圜底。肩部饰两大小相同且对称的环耳。M8：4，口径8、高9厘米（图一○，9）。

Ⅱ式：2件。敞口，方唇，折沿，束颈，折肩，弧腹下收成圜底。肩部饰一大一小两环耳。M8：5，口径12.8、高15厘米（图一○，16）。M5：7，口径13.2、推测残高为13厘米（图一○，1）。

（2）勺

3件。依腹部及把部特征可分为二式。但出土时均位于不同的鍪腹内。

Ⅰ式：1件。柄呈圆筒状，勺作圆弧形，较薄。浅腹，柄与身之间高差不大。M8：6，勺身最宽5.4、通长9.5厘米（图一○，18）。

Ⅱ式：2件。青铜质。柄呈圆筒状，勺作箕形，口沿前半部宽于后半部，较薄。M8：9，勺身最宽9.5、勺斗深1.8、通长9.5厘米（图一○，10）。M8：11，勺身最宽10、勺斗深2、通长10.3厘米（图一○，2）。

（3）甂

1件。青铜质。残损严重，只余部分口沿、底部及两环耳。

（4）盆

1件。青铜质。残损严重，只余部分口沿及底部。

（5）碗

1件。青铜质。方唇，折沿，口微敛，鼓腹下收成平底，小圈足。M4：5，口径8、底径4.4、高3.5厘米（图一○，14）。

（6）戈

1件。青铜质。方形内，微上翘，方胡，栏侧3穿，内1穿，弧形锋，两侧有刃。M8：8，内宽3、通长23厘米（图一○，17）。

（7）矛

1件。青铜质。端部平面呈环形，较短，銎圆形中空，两侧有弓形耳，矛身呈叶状，圆脊中空。M5：1，端径2.4、通常18厘米（图一○，8）。

（8）指环

4件。依据戒面的有无可分为二式。

Ⅰ式：2件。青铜质。圆环状，断面呈近圆形。径1.6、厚0.5厘米（图一○，4）。

Ⅱ式：2件。青铜质。圆环状，断面呈近圆形，一侧有一圆形戒面。径1.3、厚0.3厘米（图一○，5）。

（9）盖弓帽

1组。青铜质。有4件较完整，其余多已残损。但大小、形状无差异。剖面呈“T”形，端部圆环状，銎部中空，身呈柱状，中下部有一周凸棱，中部有一刺斜伸出，底部有一圆柄形座。M8：12，端径1.2、底径3.8、高7厘米（图一○，3）。

（10）钱币。

品相保存状况不一，经辨认有以下4种钱。

货泉　3枚。保存品相一般，锈蚀的较多，圆形方案，有外郭。钱面铭篆体“货泉”字样。外径2.2、内方穿边长0.6厘米（图一一，1）。

大泉五十　80枚。保存品相较好，数量也最多。边郭清楚，圆形方穿，有外郭。钱面铭篆体“大泉五十”字样。外径2.7、内方穿边长0.9厘米（图一一，2）。

五铢　20枚。保存品相较差，只有少数保存较完整，圆形方穿，有外郭。钱面铭篆体“五铢”字样。外径2.5、内方穿边长0.9厘米（图一一，3），另有较多的剪轮五铢。

半两　20枚。保存最差，只有1枚较完整，圆形方穿，无外郭，钱面铭篆体“半两”字样。外径2.7、内方穿边长0.8厘米（图一一，4）。随同出土的多为榆荚钱。

3. 瓷器

共12件。器形有罐、盘、碗等。

（1）罐

3件。依器形的不同又可分为三式。

Ⅰ式：1件。直口，圆唇，长颈，鼓腹下收，平地微内凹。肩部饰一周凸弦纹。青釉，底部素胎。M4：1，口径8、底径8.4、高15.6厘米（图一一，5）。

Ⅱ式：1件，侈口，圆唇，上鼓腹下收成平底，肩部一周饰对称的4个桥形模系。青釉，底部素胎。M4：3，口径8.3、底径9、高15厘米（图一一，6）。

Ⅲ式：1件。直领，盘口，圆肩。鼓腹，斜壁内收，平底。肩部对称四桥形模系。系间一道弦纹。全身青绿釉。M4：4，口径9.5、底径8.5、高16.5厘米（图一一，7）。

（2）盘

1件。圆唇，直口，微侈，浅盘，斜直壁，平底，略呈口大底小状。全身施青釉。M4：6，口径14.8、底径14、高2厘米（图一一，8）。

（3）碗

8件。依据底部不同可分为二式。

Ⅰ式：2件。敞口，圆唇，壁微弧，平底，灰白胎，施青绿釉，脱釉严重。M4：10，口径8.2、高3.2厘米（图一一，9）。M4：11，口径14.2、高4.8厘米（图一一，10）。

Ⅱ式：6件。敞口，圆唇，壁微弧，短假圈足，施青绿釉。M4：2，口径14.6、高6.8厘米（图一一，11）。M4：7，口径9、高4.2厘米（图一一，12）。M4：8，口径7.8、高3.6厘米（图一一，13）。M4：9，口径7.8、高3.6厘米（图一一，14）。M4：12，口径8.4、高4.2厘米（图一一，15）。M4：13，口径9、高3.8厘米（图一一，16）。

4. 铁器

2件。均锈蚀严重，器形有犁、锸等。

（1）犁

1件。通身布满铁锈，平面呈“V”字形，外部有刃。M1：11，端宽30、通长19.8厘米

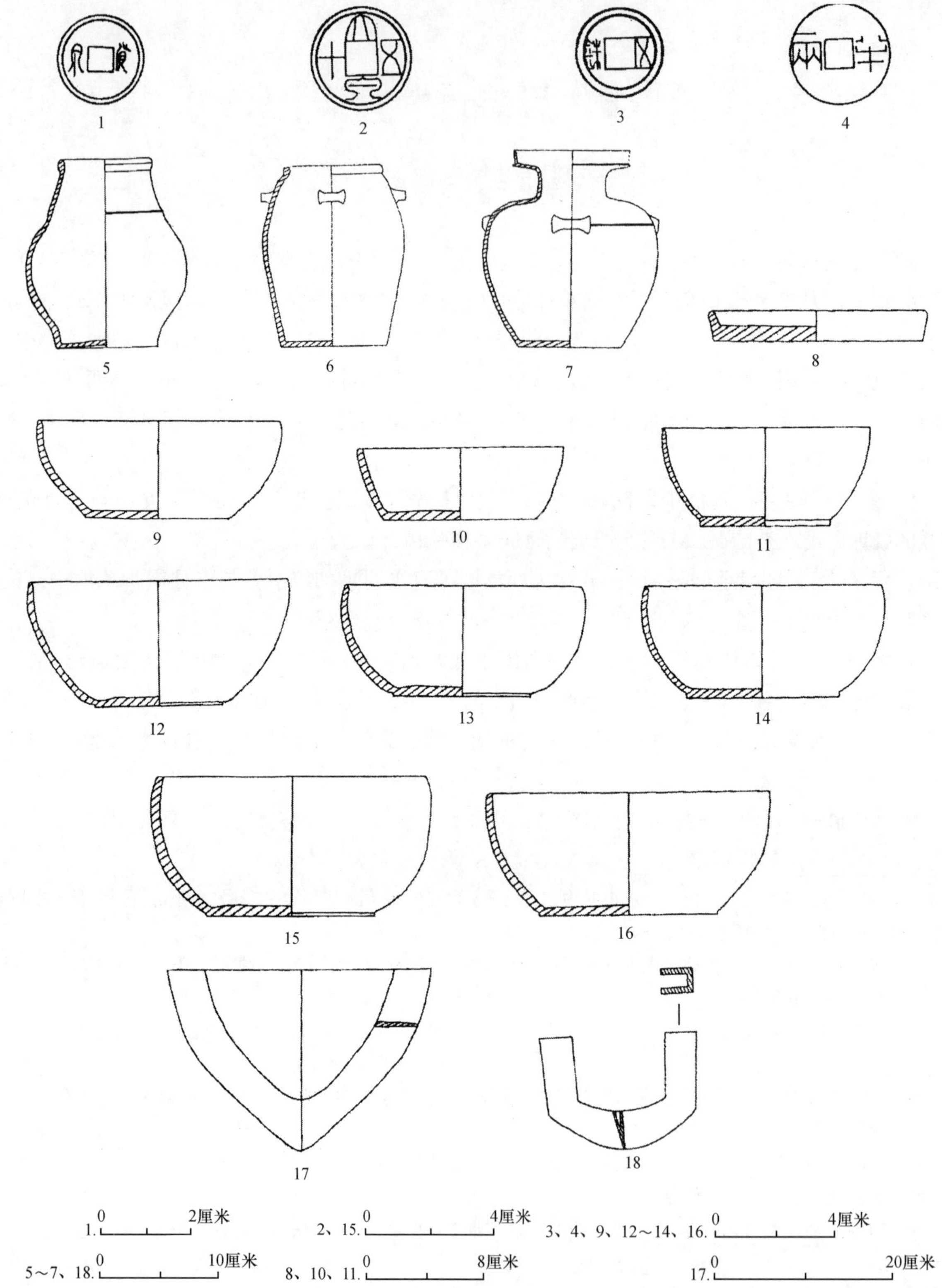

图一一 出土器物

1. 货泉 2. 大泉五十 3. 五铢 4. 半两 5～7. 瓷罐（M4：1、M4：3、M4：4） 8. 瓷盘（M4：6） 9～16. 瓷碗（M4：10、M4：11、M4：2、M4：7、M4：8、M4：9、M4：12、M4：13） 17. 铁犁（M1：11） 18. 铁锸（M5：2）

（图一一，17）。

（2）锸

1件。器身銎宽刃窄，弧形单面刃。M5：2，器身最宽12.8、长9厘米（图一一，18）。

四、结 语

梁上墓群墓葬分布相对较为集中，除2座近代土坑墓和1座石室墓外基本上是从两汉早期到新莽时期的。从随葬器物特征看，M2、M3、M5、M8中出土的陶罐与巫山瓦岗槽墓地中的陶罐极为相似与相同①；出土的矮柄豆为西汉早期典型的器形，与万州中坝子遗址中期墓葬中出土的陶豆②、涪陵镇遗址三期墓葬中出土的陶豆③相近或相同；M3、M5中出土的半两钱多为秦半两，另有汉初发行的小半两，所以M2、M3、M5、M8其相对年代应在西汉初年。绝对年代应在汉文帝以前。

M1中不见陶豆，陶器中以陶罐居多，其中Ⅰ式筒腹罐已与东汉的仓接近，与丰都汇南墓群的C型Ⅱ式罐类同④。M1中还出土了100多枚钱币，以大泉五十、货泉、五铢为主，大泉五十、货泉为新莽时期典型铸币；五铢为西汉晚期宣平时期的铸币，与忠县崖脚墓地中M3、M22等出土的钱币一致⑤。据此判断该墓为新莽时期或可晚至东汉初年。

M4中出土瓷器以碗和罐为主，其中假圈足底青釉碗为六朝时期墓葬中常见之器形，与云阳旧县坪遗址六朝墓⑥及忠县崖脚墓地⑦中出土的碗一致。青釉罐与万州安金墓地M28中出土的瓷罐类同⑧，四系罐与忠县崖脚墓地中出土的四系罐一致⑨。据此可以断定M4为一座六朝时期的石室墓。

梁上墓群中的M1、M2、M3、M5、M8的墓葬坑位排列比较整齐有序，墓向均较一致，基

---

① 南京博物院考古研究所、重庆市博物馆、巫山县文保所：《巫山瓦岗槽墓地发掘报告》，《重庆库区考古报告集·1998卷》，科学出版社，2003年。

② 西北大学考古队、万州区文物管理所：《万州中坝子遗址东周时期墓葬发掘报告》，《重庆库区考古报告集·1998卷》，科学出版社，2003年。

③ 北京市文物研究所、重庆市涪陵区博物馆：《涪陵镇安遗址发掘报告》，《重庆库区考古报告集·1999卷》，科学出版社，2006年。

④ 四川省文物考古研究所、丰都县文管所：《丰都汇南墓群发掘报告》，《重庆库区考古报告集·1998卷》，科学出版社，2003年。

⑤ 北京大学考古文博学院三峡考古队、重庆市忠县文物管理所：《忠县崖脚墓地发掘报告》，《重庆库区考古报告集·1998卷》，科学出版社，2003年。

⑥ 黑龙江省文物考古研究所：《云阳县旧县坪遗址发掘报告》，《重庆库区考古报告集·1998卷》，科学出版社，2003年。

⑦ 北京大学考古文博学院三峡考古队、重庆市忠县文物管理所：《忠县崖脚墓地发掘报告》，《重庆库区考古报告集·1998卷》，科学出版社，2003年。

⑧ 重庆市文化局、陕西省考古研究所：《万州安全墓地发掘报告》，《重庆库区考古报告集·1997卷》，科学出版社，2001年。

⑨ 北京大学考古文博学院三峡考古队、重庆市忠县文物管理所：《忠县崖脚墓地发掘报告》，《重庆库区考古报告集·1998卷》，科学出版社，2003年。

本上在50°左右，且随葬陶器多以豆为主。另外从墓葬的形制结构、年代分期及随葬品组合特征及器物组合特征等方面来看，此次发掘的应为一家族墓地。最为难得的是在M1中还出土一件陶黛板上书“田”字铭文，因为同时出土的还有一件与黛板合用的砚子，据此推测，这套研磨墨用具上的字应与墓主人的姓氏有关。

本次发掘的这批墓葬，规模都不大，随葬品质料也较一般，随葬品配套组合不全，表明这些墓主人的身份不高，多为一般中下层平民。

附记：本次发掘工作得到重庆市文物考古所、万州区文管会的大力支持，在此谨表谢忱！参加此次发掘的有刘春迎、葛奇峰、李健、马克、马乐、马胜利、刘善杰。参加整理的有葛奇峰、李健。绘图葛奇峰。摄影葛奇峰。

执笔：刘春迎　葛奇峰

万州砖包丘墓群2003年度发掘简报

重庆市文化遗产研究院
开 封 市 文 物 工 作 队
万 州 区 文 物 管 理 所

为配合三峡水利工程建设，受重庆市文化局委托，在万州区文物管理所的配合下，河南省开封市文物工作队于2003年11～12月对三峡工程库区重庆市万州区砖包丘墓群进行了考古发掘工作。现将工作情况报告如下。

一、墓地及工作情况

砖包丘墓地位于重庆市万州区西南约14千米处的长江南岸东、西两个台地上，行政区划属万州新田镇窑嘴村一、二组（图一）。“砖包丘”这个地名实际上是不存在的，因早年考古调查时在西台地上发现有较多的古墓墓砖而得名，并一直沿用至今。

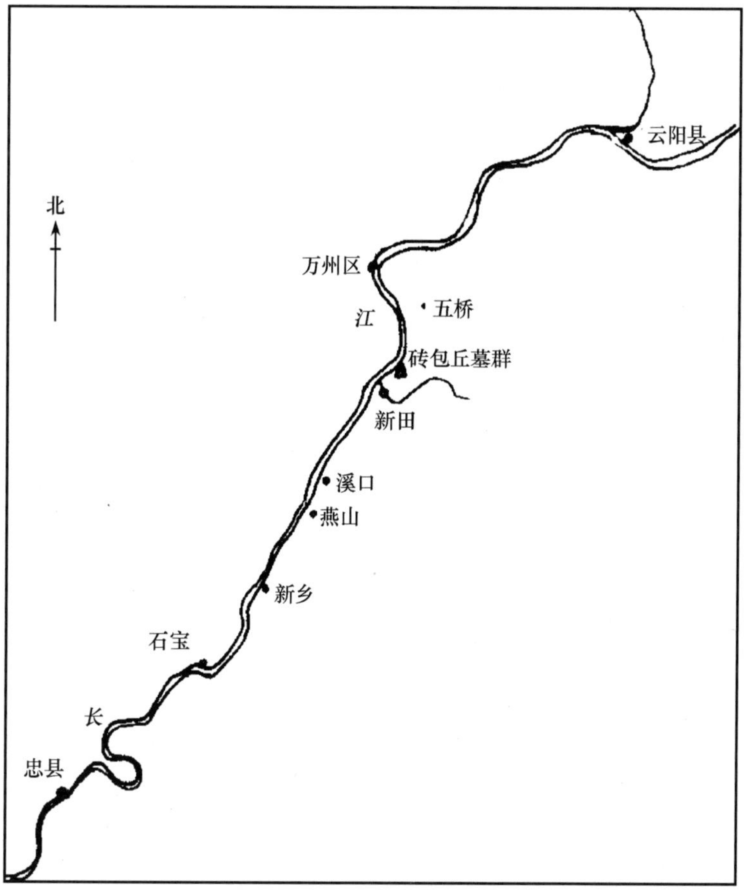

图一　砖包丘墓群位置示意图

砖包丘墓地坐落在窑嘴村西北部长江南岸的山前缓坡状台地上。墓地西南至东北长约300、西北至东南宽约200米，总面积约6000平方米。其中心地理坐标为东经108°24′08″，北纬30°41′26″，海拔160～170米。墓地原始地貌为西南高东北低的山前缓坡状堆积，土层较厚，分辟为梯田或梯地。整个台地因自然冲沟而形成两个伸向长江一侧的嘴状凸出部。

2003年11月5日，河南省开封市文物工作队开始对砖包丘墓地进行考古钻探和发掘，发掘面积1000平方米，钻探约15 000平方米，共发掘墓葬8座，出土各类器物13件。从目前已发掘情况看，墓葬均零星地分布在墓地东、西两个嘴状凸出部的台地上，且均未被盗掘。

二、墓葬形制

此次发掘的8座墓葬均为长方形竖穴土坑墓，墓向有的为东西向，有的为南北向或近南北向。墓内随葬品较少，多为两三件或无随葬品。现分述如下。

M1　为长方形竖穴土坑墓，墓向193°。墓口距地表0.25米，南北长3.6、东西宽2.2～2.25米；墓底距地表2.8米，南北长3.56、东西宽1.9～2米，墓葬深2.55米。墓圹略呈口大底小状，墓壁陡直光滑，平底。墓底四周有熟土二层台，东侧宽0.27、西侧宽0.23、北侧宽0.22、南侧宽0.2、台高0.45米。墓内填土为浅灰褐色花土。葬具为单棺单椁，皆腐朽仅存灰痕。椁位于墓室中部，平面呈“Ⅱ”形，长3.16、宽1.39～1.48、残高0.46、板厚0.07米。椁底板下有两道东西向的沟槽，沟槽长1.76～1.86、宽0.32、深0.16米，沟槽内用于放置枕木，以承托棺椁；棺置于椁室内西侧，平面略成长方形，长2.12、宽0.64～0.7、板厚0.05、残高0.34米。棺内人骨架腐朽严重，下肢残缺，单人仰身直肢葬，头向南。墓内随葬品有陶壶1件、陶盆1件，均放置在棺椁之间的东南部（图二）。

M2　为长方形竖穴土坑墓，墓向35°。墓口距地表0.25米，南北长3.4、宽1.1米；墓底距地表1.85米，长3.2、宽0.96米，墓葬深1.6米。墓圹略呈口大底小状，墓壁较平滑，平底。墓内填土为浅灰褐色花土。墓室底部发现有棺木痕迹，棺木为长方形，长2.25、宽0.67～0.7、板厚0.06、高0.6米。棺底板下有两道南北向的沟槽，沟槽长0.93、宽0.16～0.23、深0.07米，沟槽内放置枕木，以承托木棺。墓内未发现有人骨架和随葬品，可能为迁葬墓（图三）。

M3　为长方形竖穴土坑墓，墓向200°。墓口距地表0.3米，长3.4、宽2.5米；墓底距地表3.2米，长3.2、宽2.3米，墓葬深2.9米。墓圹略呈口大底小状，墓壁较规整，平底。在墓南壁中部距墓口1.6米处设一长方形壁龛，宽0.5、高0.26、进深0.2米。墓内填土为灰褐色花土。墓底四周有熟土二层台，东侧宽0.2、西侧宽0.26、北侧宽0.35、南侧宽0.3、台高0.5米。葬具为单棺单椁，皆腐朽仅存灰痕。椁位于墓室中部，平面呈长方形，长2.5、宽1.2、残高0.5米。椁底板下有两道东西向的浅沟槽，沟槽长1.88～2.04、宽0.24、深0.06米，沟槽内用于放置枕木，以承托棺椁；棺位于椁室内中部，平面近长方形，长2.15、宽0.7、残高0.2米。棺内人骨架保存较差，为单人仰身直肢葬，头向南。墓内随葬品有陶罐1件、陶盆1件、铁斧1件。其中陶罐、陶盆放置于西壁龛内，铁斧放置于墓底西部（图四）。

M4　为长方形竖穴土坑墓，墓向170°。墓口距地表0.25米，南北长3.06、东西宽2.08米；墓底距地表2.15米，南北长3.2、东西宽2.22米，墓葬深1.9米。墓壁平滑规整，向下略外张，

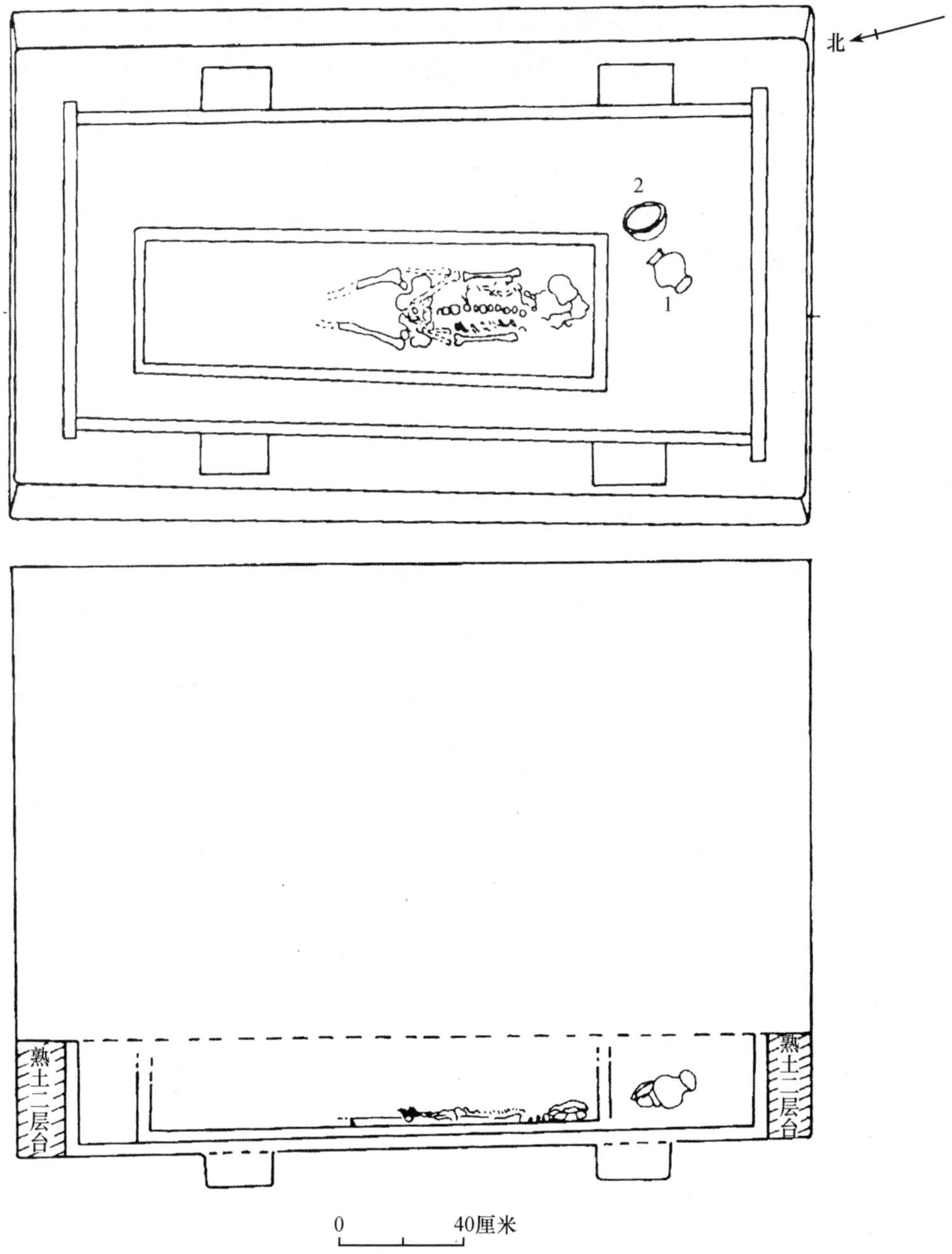

图二　M1平、剖面图
1. 陶壶　2. 陶盆

呈口小底大状，平底。墓内填土为灰褐色花土。墓底四周有熟土二层台，东侧宽0.46、西侧宽0.62、北侧宽0.36、南侧宽0.28、台高0.5米。葬具为单棺单椁，皆腐朽仅存灰痕。椁位于墓室中部，平面呈“Ⅱ”形，长2.56、宽1.02、板厚0.08～0.1、高0.5米。椁底板下有两道东西向的浅沟槽，沟槽长2.02、宽0.24、深0.1米，沟槽内用于放置枕木，以承托棺椁；棺位于椁室内中部，平面呈长方形，长1.9、宽0.6、残高0.1米。棺内人骨架已完全腐朽，从腐痕上可判断为单人仰身直肢葬，头向南。墓内随葬品为2件铁锛，均放置于墓内东北部熟土二层台上（图五）。

M5　为长方形竖穴土坑墓，墓向255°。墓口距地表0.2米，东西长3.9、南北宽3米；墓底

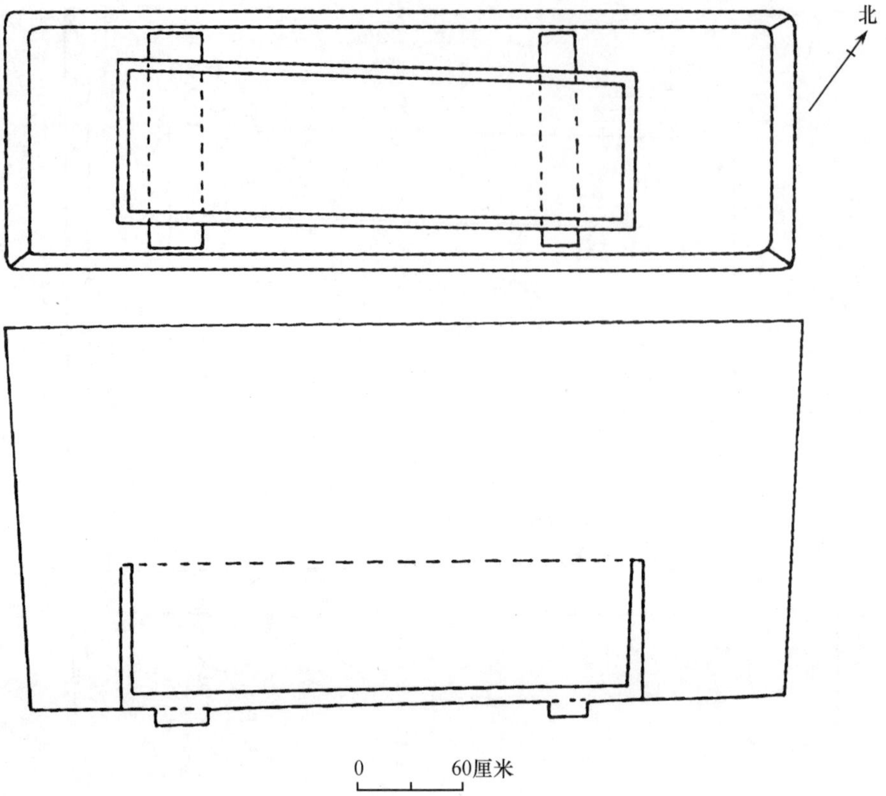

图三　M2平、剖面图

距地表3.65米，东西长3.44、南北宽2.3～2.5米，墓葬深3.45米。墓圹呈口大底小状，墓壁较规整，平底。在墓壁东北角自上而下分布4个三角形脚窝，最上边的脚窝距墓口1.1米，最下边的脚窝距墓底0.7米，相邻的两脚窝间距为0.25～0.4米。脚窝口宽0.15～0.2、高0.15～0.18、进深0.1米。墓底四周有熟土二层台，东侧宽0.43、西侧宽0.43、北侧宽0.47～0.57、南侧宽0.62～0.72、台高0.6米。墓内填土为灰褐色花土。葬具为单棺单椁，皆腐朽仅存灰痕。椁位于墓室中部，平面呈“Ⅱ”形，长2.57、宽1.18～1.23、板厚0.08、高0.6米。在椁底板下有两道南北向的浅沟槽，沟槽长1.56～1.68、宽0.18～0.24、深0.05米，沟槽内用于放置枕木，以承托棺椁；棺位于椁室北侧，平面呈长方形，长2.08、宽0.72、板厚0.06、残高0.3米。棺内人骨架已腐朽成黄褐色粉末状，保存很差，但仍能看出其葬式为单人仰身直肢，头向南。墓内无随葬品（图六）。

M6　为长方形竖穴土坑墓，墓向245°。该墓中部被一椭圆形扰坑打破，直至墓底。墓口距地表0.3米，东西长4、南北宽2.36～2.45米；墓底距地表2.7米，东西长3.35、南北宽1.8～2米，墓葬深2.4米。墓圹呈口大底小状，墓壁较规整，底部较平。墓内填土为灰褐色花土。墓底四周有熟土二层台，东侧宽0.22、西侧宽0.3、北侧宽0.37、南侧宽0.41、台高0.7米。葬具为单棺单椁，皆腐朽仅存灰痕。椁位于墓室中部，平面呈“Ⅱ”形，长2.84、宽1.17、板厚0.08、高0.7米。棺位于椁室内中部，平面呈长方形，残长0.58、宽0.87、板厚0.06、残高0.27米。该墓由于被扰土坑破坏严重，墓内未发现有人骨架。墓内随葬品有陶罐1件、陶盆1件，均放置于墓内西部熟土二层台上（图七）。

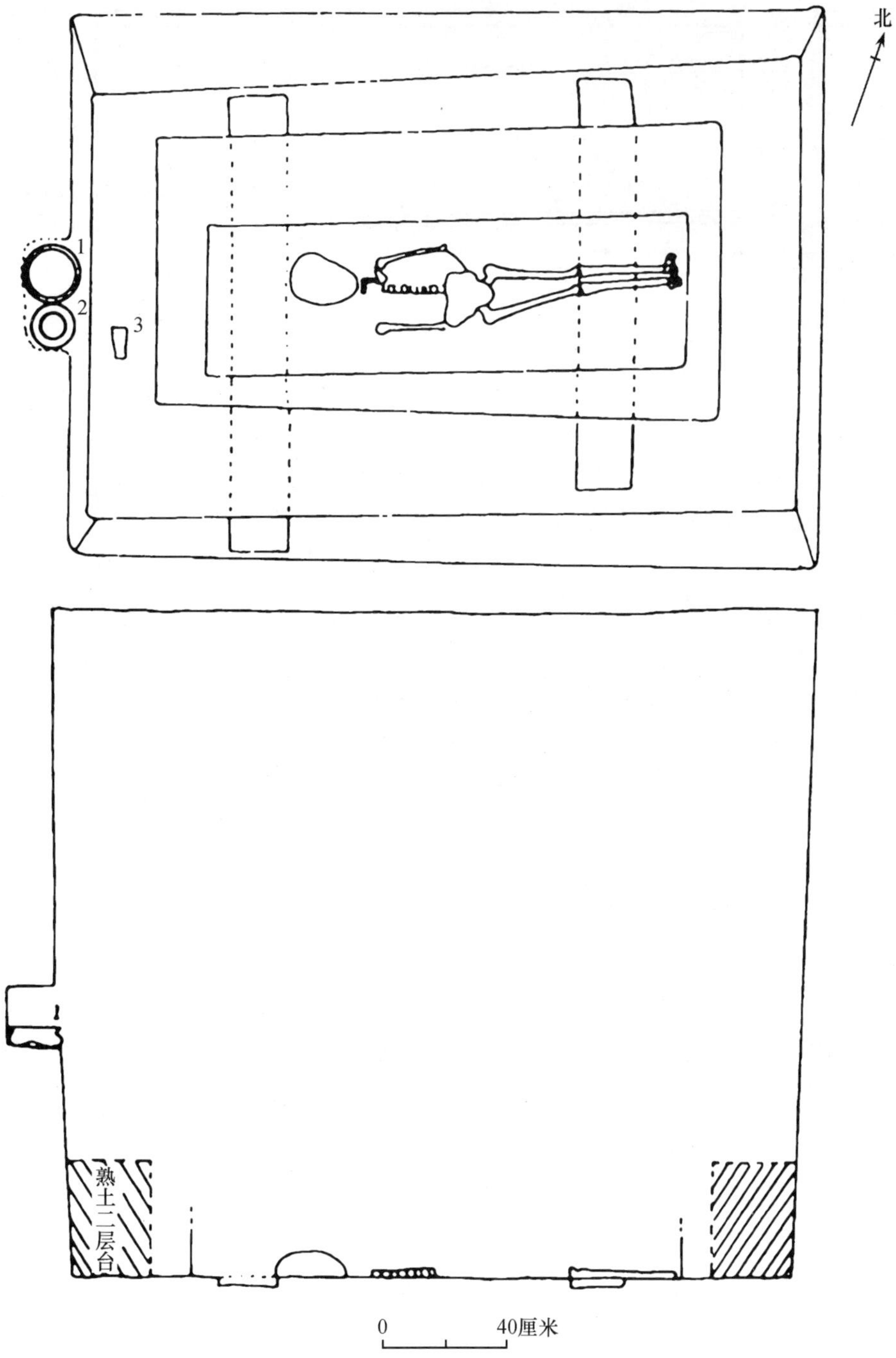

图四　M3平、剖面图

1. 陶盆　2. 陶罐　3. 铁斧

M7　为长方形竖穴土坑墓，墓向85°。墓口距地表0.25米，东西长2.2、南北宽0.58米；墓底距地表0.75米，东西长2、南北宽0.58米，墓葬深0.5米。墓壁平直光滑，平底。墓内填土为灰褐色花土。该墓的葬具为单棺，已腐朽成灰白色的灰痕，棺长1.86、宽0.46、残高0.3米。墓内人骨架保存完好，头向西，为仰身直肢葬。经鉴定为一中年男性。墓内无随葬品（图八）。

M8　为长方形竖穴土坑墓，墓向250°。墓口距地表0.3米，东西长3.2、南北宽2米；墓底

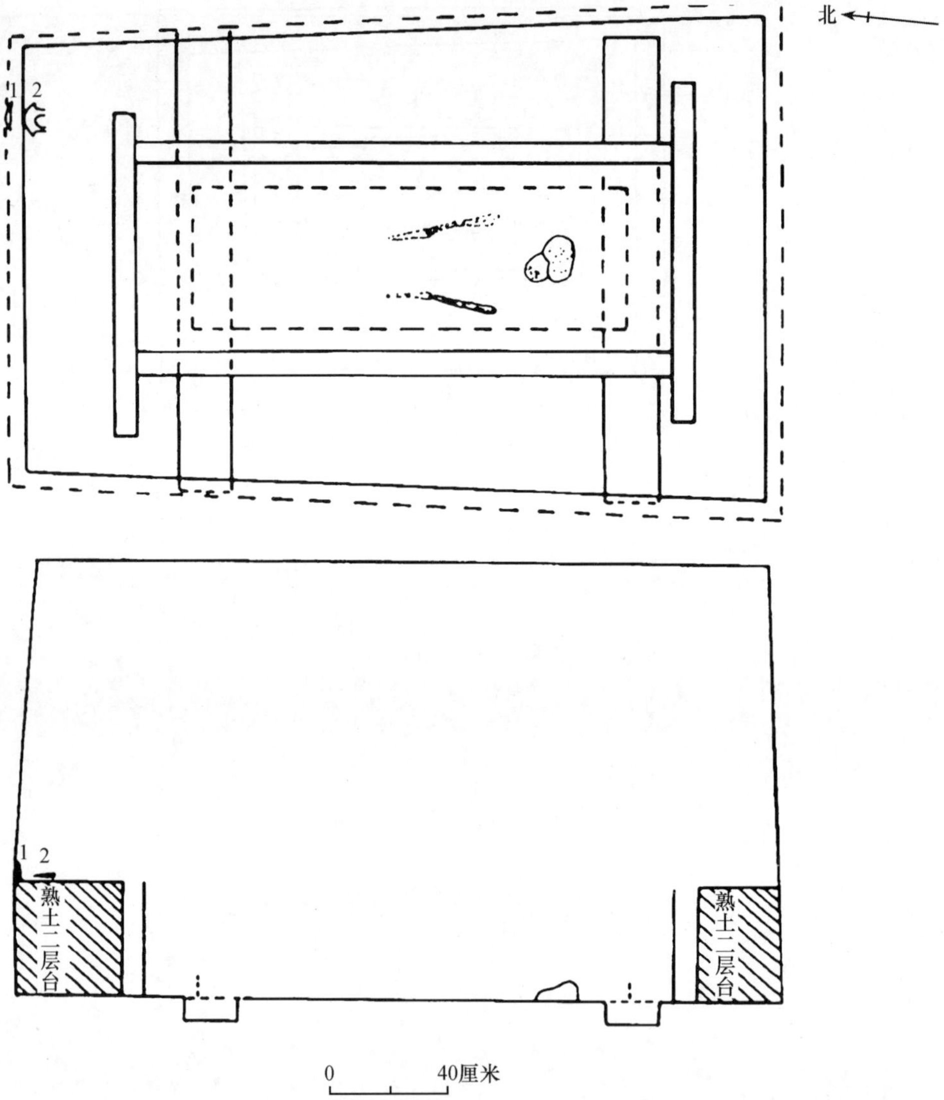

图五　M4平、剖面图

距地表2.1米，东西长3.2、南北宽2米，墓葬深1.8米。墓壁垂直、光滑，平底。墓内填土为灰褐色花土。该墓的葬具为单棺，已腐朽仅存灰痕，棺长2.36、宽0.98、板厚0.06、残高0.3米。在棺西端有一长方形头箱，南北长0.82、东西宽0.34、残高0.3米。墓内人骨架保存较差，头向西，为单人仰身直肢葬。墓内随葬品有陶豆2件、陶罐1件、陶盆1件，均放置在头箱内（图九）。

三、随葬器物

此次发掘的8座墓葬出土随葬器物共计13件。依质地不同，可分为陶器和铁器两类。

1. 陶器

10件。有陶罐、陶盆、陶壶、陶豆等。

图六　M5平、剖面图

（1）陶罐

3件。可分为凹底罐和平底罐两种。

凹底罐　1件。M6：1，泥质红褐胎灰褐陶。侈口，束颈，鼓腹，凹底。肩以下饰细绳纹。口径15.2、腹径19.6、底径8、高16.8厘米（图一〇，4）。

平底罐　2件。M3：2，泥质灰陶。侈口，窄平折沿，高颈，鼓腹，平底。素面。口径11.2、腹径19.1、底径10.6、高19.5厘米（图一〇，5）。M8：4，夹细砂灰陶。圆唇，侈口，窄平折沿，短束颈，鼓腹，平底。素面。口径19.6、腹径23.2、底径12.6、高14.2厘米（图一〇，6）。

（2）陶盆

4件。可分为凹底盆和平底盆两种。

凹底盆　3件。M3：1，夹细砂灰陶。敛口，平沿，折肩，弧腹下内收，凹底。肩以下饰细绳纹。口径28.4、底径8、高14.2厘米（图一〇，7）。M6：2，夹细砂灰陶。敛口，平折沿，圆肩，腹下内收，凹底。素面。口径28、底径12、高14厘米（图一〇，8）。M8：3，泥质灰黑陶。敛口，平折沿，鼓肩，腹下内收，凹底。肩部饰竖绳纹，腹部和底部饰细绳纹。口

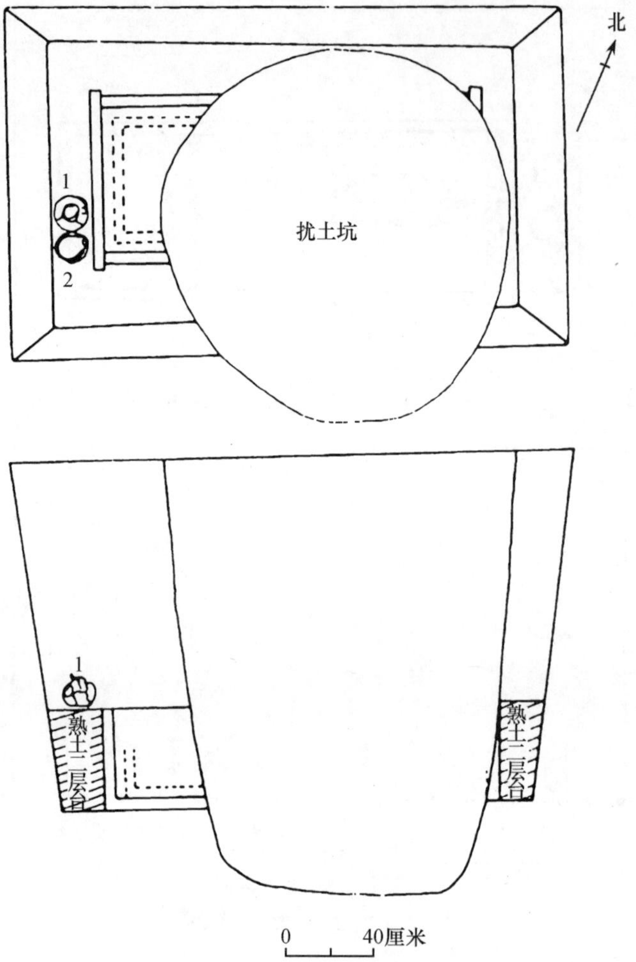

图七　M6平、剖面图

1. 陶罐　2. 陶盆

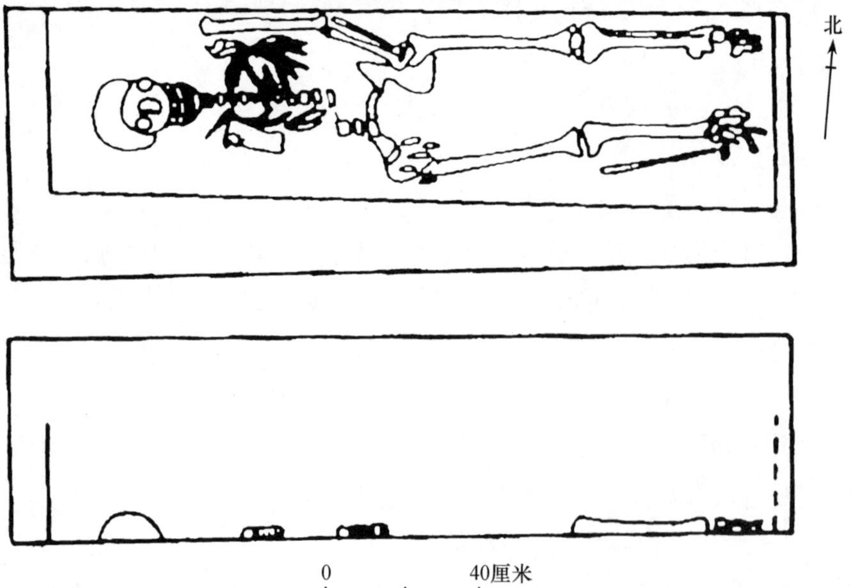

图八　M7平、剖面图

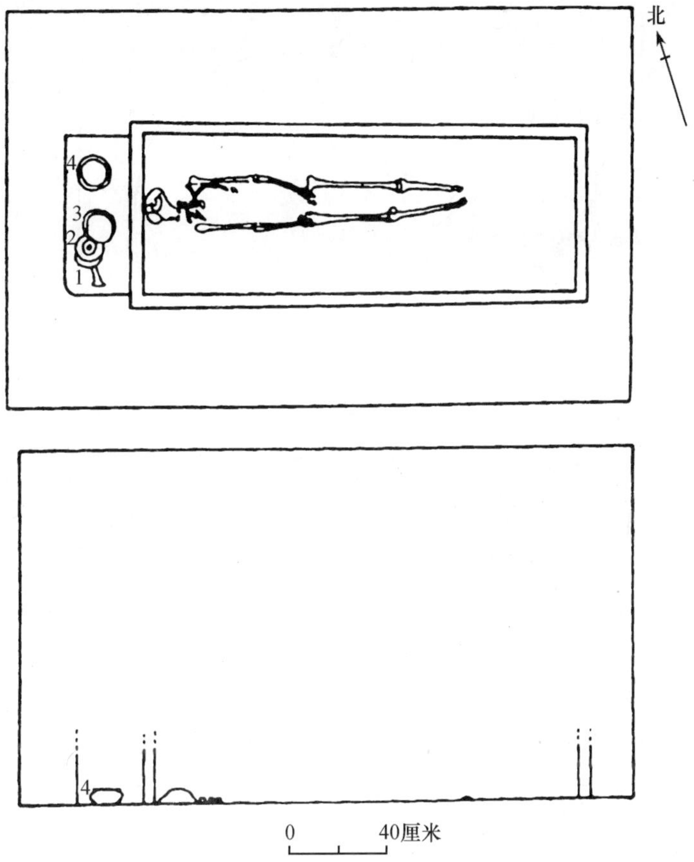

图九 M8平、剖面图
1、2. 陶豆 3. 陶盆 4. 陶罐

径28.4、底径10.7、高12.2厘米（图一〇，9）。

平底盆 1件。M1：2，泥质灰黑陶。圆唇，敛口，平折沿，圆肩，腹下内收，平底。素面。口径28、底径13.2、高13.4厘米（图一〇，10）。

（3）陶壶

1件。M1：1，夹细砂灰陶。直口，直颈，鼓腹，喇叭形圈足。素面。口径8.6、腹径15.4，底径8.9、高18.9厘米（图一〇，3）。

（4）陶豆

2件。M8：1，泥质灰褐陶。敞口，浅盘，细高柄，柄中空，小喇叭形圈足。素面。口径20、柄径6，底径12.2、高18.2厘米（图一〇，2）。M8：2，夹细砂灰陶。敞口，浅盘，细高柄，柄中空，圈足残缺。素面。口径18.2、柄径4.6、残高16.2厘米（图一〇，1）。

2. 铁器

3件。有铁斧、铁锛等。

（1）铁斧

1件。M3：3，长方形銎口，器身较宽，近似长方形，刃部略弧。宽11.3、通长24.3厘米（图一〇，12）。

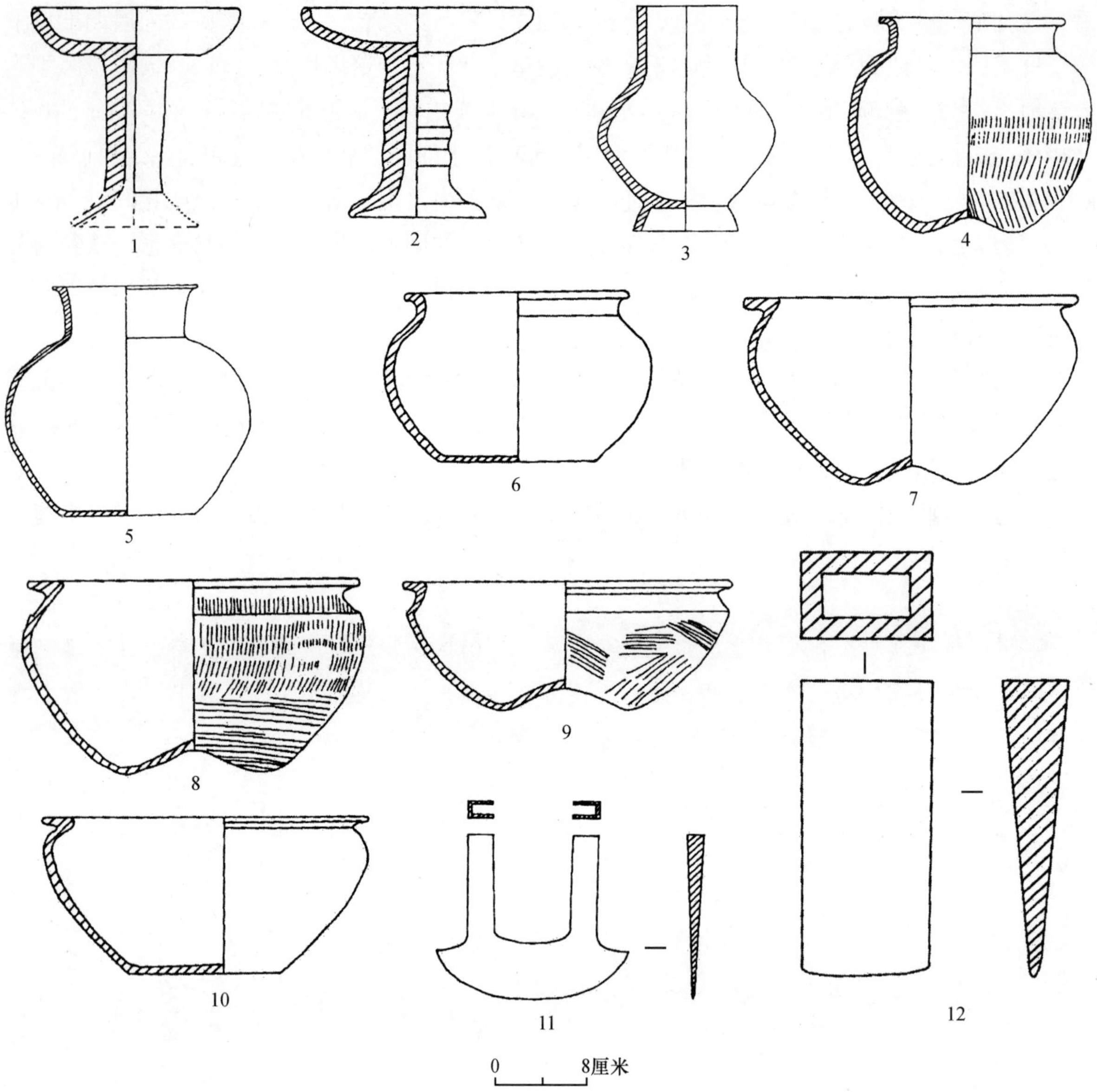

图一〇　出土器物

1、2. 陶豆（M8：2、M8：1）　3. 陶壶（M1：1）　4. 陶凹底罐（M6：1）　5、6. 陶平底罐（M3：2、M8：4）　7～9. 陶凹底盆（M3：1、M6：2、M8：3）　10. 陶平底盆（M1：2）　11. 铁锛（M4：1）　12. 铁斧（M3：3）

（2）铁锛

2件。M4：1和M4：2，形制、大小完全相同。“U ”形銎，直腰，宽弧刃。M4：1，通长16.6厘米（图一〇，11）。

四、结　语

砖包丘墓群的墓葬分布零散，且数量较少。此次发掘的这批墓葬均为竖穴土坑墓，形制大体一致。随葬品中以陶罐、陶盆较为常见，少数有斧、锛等铁器出土。从墓葬形制和葬具来

看，这批墓葬皆为长方形竖穴土坑墓，有的墓四周设熟土二层台，有的在墓底部前后两端挖槽放置枕木；葬具或为单棺单椁或为单棺，椁一般呈“Ⅱ”形，棺呈长方形。这和云阳李家坝巴人墓地[①]、忠县崖脚墓地[②]等地楚墓的形制和葬具相似或相同；从随葬器物特征看，M3、M6、M8中出土的陶罐与万州中坝子遗址战国晚期墓葬中出土的同类器物相似或相同[③]；M1、M3、M6、M8中出土的陶盆与万州中坝子遗址战国晚期墓葬中出土的同类器物相似或相同[④]；M8中出土的陶高柄豆与万州中坝子遗址战国晚期墓M19出土的同类器物相同[⑤]；M3出土的铁斧与云阳李家坝遗址东周时期编号为T0701㉓B：52的铁斧相同[⑥]。以上这些表明，这批墓葬的埋葬年代应在战国晚期。

这批墓葬规模都不很大，随葬品质料一般，随葬品数量较少，且配套组合不全，个别墓葬不见随葬品，表明这些幕主人的身份都不高，多为一般中、下层平民。同时也表明这一时期这一地区和其他地方不同，盛行的是薄葬之风。

总之，这些战国墓的发掘，为进一步研究长江三峡地区这一时期的丧葬制度提供了丰富的资料。

附记：本次发掘工作得到重庆市文物考古所、万州区文物管理所的大力支持，在此谨表谢忱！参加此次发掘的有刘春迎、蒲永福、葛奇峰、李健、杨海清、赵小光、马利强。参加整理的有杨海清、葛奇峰、李健。绘图葛奇峰。摄影葛奇峰。

执笔：刘春迎　葛奇峰　杨海清

① 四川大学历史文化学院考古系、云阳县文物管理所：《云阳李家坝巴人墓地发掘报告》，《重庆库区考古报告集·1998卷》，科学出版社，2003年。

② 北京大学考古文博学院三峡考古队、重庆市忠县文物管理所：《忠县崖脚墓地发掘报告》，《重庆库区考古报告集·1998卷》，科学出版社，2003年。

③ 西北大学考古队、万州区文物管理所：《万州中坝子遗址东周时期墓葬发掘报告》，《重庆库区考古报告集·1998卷》，科学出版社，2003年。

④ 西北大学考古队、万州区文物管理所：《万州中坝子遗址发掘报告》，《重庆库区考古报告集·1997卷》，科学出版社，2001年。

⑤ 西北大学考古队、万州区文物管理所：《万州中坝子遗址东周时期墓葬发掘报告》，《重庆库区考古报告集·1998卷》，科学出版社，2003年。

⑥ 四川大学历史文化学院考古系、云阳县文物管理所：《云阳李家坝发掘报告》，《重庆库区考古报告集·1997卷》，科学出版社，2001年。

万州陈家嘴墓地2003年度发掘简报

荆 州 博 物 馆
万州区文物管理所

一、地理位置与环境

陈家嘴墓地位于重庆市万州区黄柏乡巴阳村七组，西距万州城区31千米，北距云阳县10千米，地理位置坐标为东经108°35′30″，北纬30°65′26″（图一）。墓地位于长江南岸一级阶地上，北邻长江，与云阳县巴阳镇蛇家嘴墓地隔江相望，东北面有一圆形土丘，名为狮子包，东、西二侧各有一条大的冲沟，南靠大山——何家坪。墓地现存面积约12 000平方米，地势北低南高，呈阶梯状向长江延伸，间或有面积不等的台地，这些台地多为水稻田和耕地，现种植有蔬菜、小麦、红薯等农作物和柑橘等经济树木，这些台地多为近代平整土地、改造农田时形成的人工堆积。墓地最高点为一平台，海拔175米，现有村民住宅多栋及大量的柑橘树。

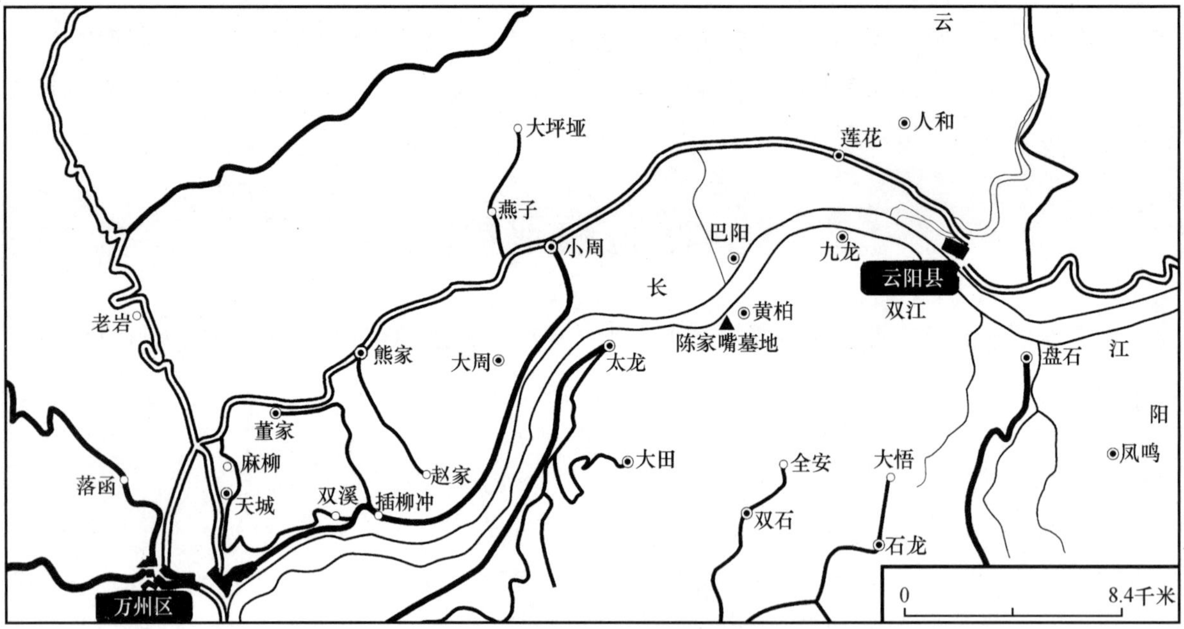

图一　陈家嘴墓地位置示意图

二、发掘经过

为配合三峡工程建设，抢救长江淹没线以下的珍贵历史文化遗产，荆州博物馆受重庆市三峡文物保护工作领导小组办公室的委托，于2003年10月21日～11月21日对陈家嘴墓地进行了第一次考古勘探和发掘，历时32天。本次考古发掘的工地领队为王明钦，参加发掘的工作人员有邓启江、赵晓斌、田勇、彭军，工地具体由邓启江负责，另有肖玉军负责测绘墓地地形图，刘冬梅负责修复器物。

三、布方情况及墓葬分布

在考古发掘开始以前，先期对陈家嘴墓地进行了大量的调查和钻探工作，共计布设钻探探方2个，发现墓葬5座，钻探面积6000平方米。根据勘探和现场踏勘的结果，充分利用墓地最高点的有限空间布设了7个探方，即2003CWCT1～2003CWCT7（以下简称T1～T7），其中T1～T4为10米×10米，T5为5米×5米，T6、T7为5米×10米。在临江的一块台地上布设了6个发掘探方，即2003CWCT8～2003CWCT13（以下简称T8～T13），其中T8～T11为10米×10米，T12为5米×5米，T13为5米×10米。所布探方均为正南北向，加上T3的扩方，本次考古发掘面积达1010平方米（图二）。

此次发掘共计清理墓葬5座，分别编号为2003CWCM1～2003CWCM5（以下简称M1～M5）。其中M1位于T2的东北部，M2位于T3的西北部，M3、M4皆跨T4和T5两个探方，M5位于T3的东部，有一部分在探方外（图三）。

四、地层堆积

陈家嘴墓地的地层堆积比较简单，多分为二层，以下以T3、T4、T5的东壁为例具体说明（图四）。

1. T3

T3东壁的地层堆积自上而下分为二层。

第1层：耕土层。该层在全方皆有分布。厚度均匀，约为30厘米。土色为灰色，土质疏松，包含有较多的现代砖瓦和瓷片。

第2层：扰乱层。该层在探方内大部分位置皆有分布，仅在东南角不见。厚度不均，西南部较厚，东北部较浅，东北部厚约20厘米，东南部不见。土色为灰黄色，土质疏松，包含有较多的现代砖瓦和瓷片。该层下叠压有M5和M2。

第2层下为黄色生土。

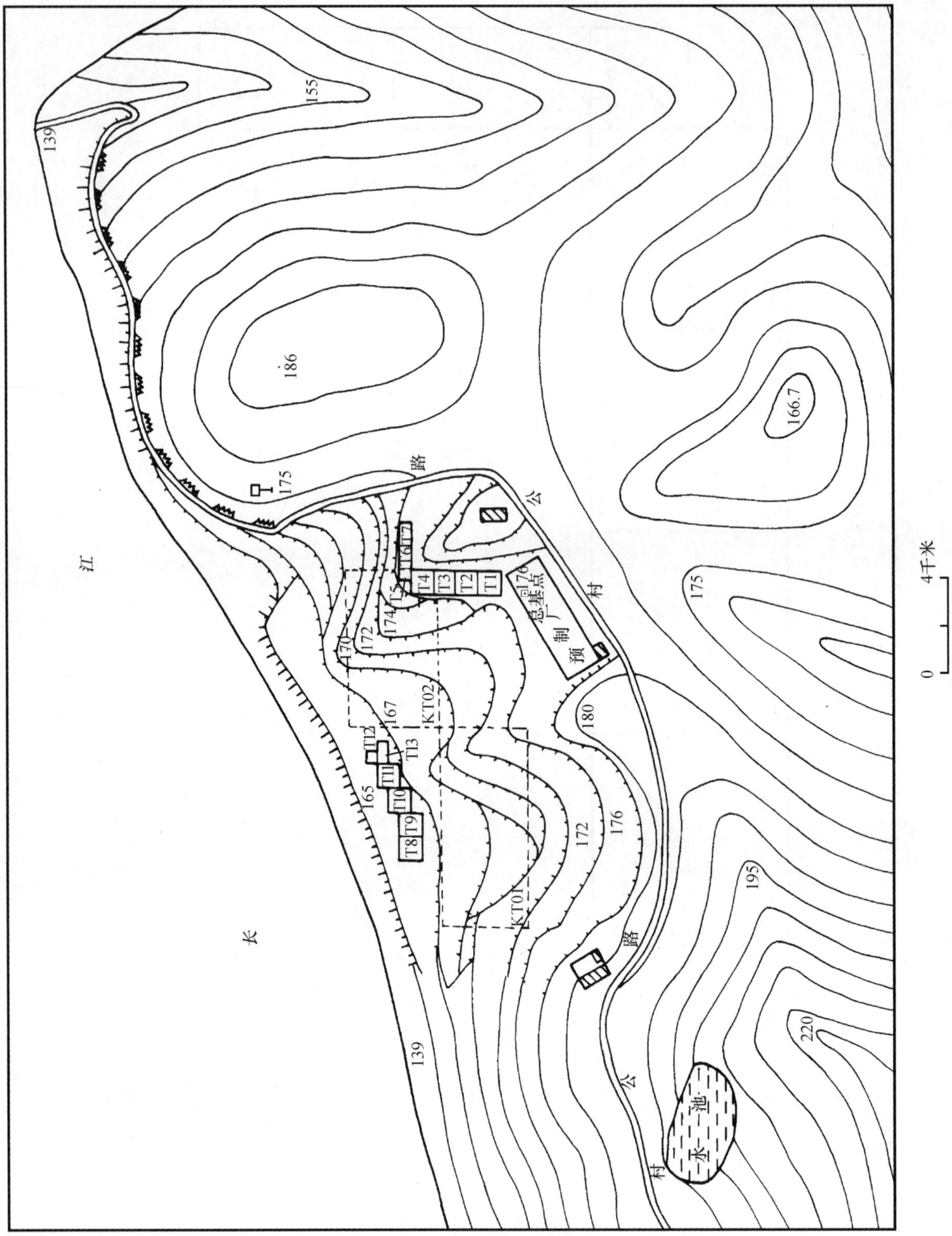

图二　陈家嘴墓地地形及探方分布图

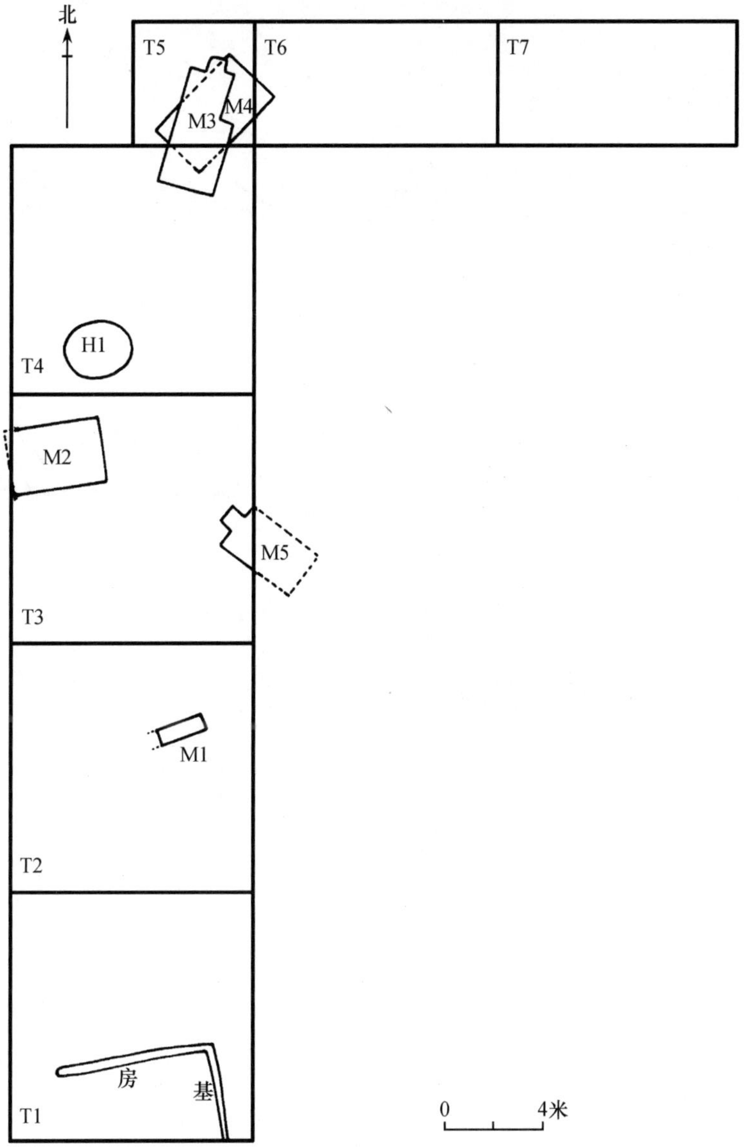

图三　陈家嘴墓地墓葬分布图

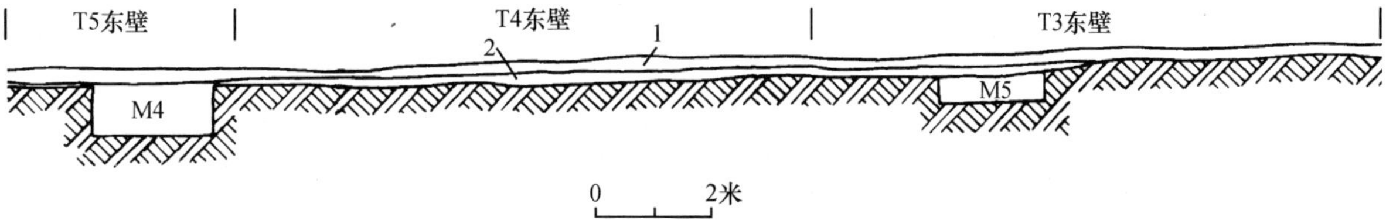

图四　陈家嘴墓地地层剖面图

2. T4

T4东壁的地层堆积自上而下分为二层。

第1层：耕土层。该层在全方皆有分布。厚度均匀，约为30厘米。土色为灰色，土质疏松，包含有较多的现代砖瓦和瓷片。

第2层：扰乱层。该层在探方内大部分位置皆有分布。厚度均匀，厚约20厘米，东南部不见。土色为灰黄色，土质疏松，包含有较多的现代砖瓦和瓷片。该层下叠压有M3、M4和清代H1。

第2层下为黄色生土。

3. T5

T5东壁的地层堆积自上而下分为二层。

第1层：耕土层。该层在全方皆有分布。厚度均匀，约为30厘米。土色为灰色，土质疏松，包含有较多的现代砖瓦和瓷片。

第2层：扰乱层。该层在探方内大部分位置皆有分布。东部较浅，厚约10厘米，西部较深，厚约30厘米。土色为灰黄色，土质疏松，包含有较多的现代砖瓦和瓷片。该层下叠压有M3和M4。

第2层下为黄色生土。

五、西 汉 墓

西汉墓有2座，M1、M4。其中M1为西汉早期墓葬，M4为西汉中期墓葬。

（一）M1

1. 墓葬形制

M1被严重破坏。为长方形竖穴土坑墓，方向280°。墓口距地表深0.35、长2.2、宽0.7 米，墓底距地表深0.49、长2.2、宽0.7米。填土为灰黑偏黄土，较疏松。人骨无存，葬具不明。随葬品仅见石器4件：锛2件、手斧1件、砍砸器1件（图五）。

2. 随葬器物

石锛　2件。M1：1，砾石质。灰褐色。磨制。一端有单面刃，刃部残缺。长7.6、宽3.3、厚1厘米（图六，1）。M1：2，砾石质。灰黑色。磨制。器表光滑，扁平，一端有单面刃，刃部有使用痕迹。长9.5、宽5、厚0.8厘米（图六，2）。

石手斧　1件。M1：3，砾石质。灰黄色。略加磨制。肾形，一端有刃。长23.5、厚5.2厘米（图六，3）。

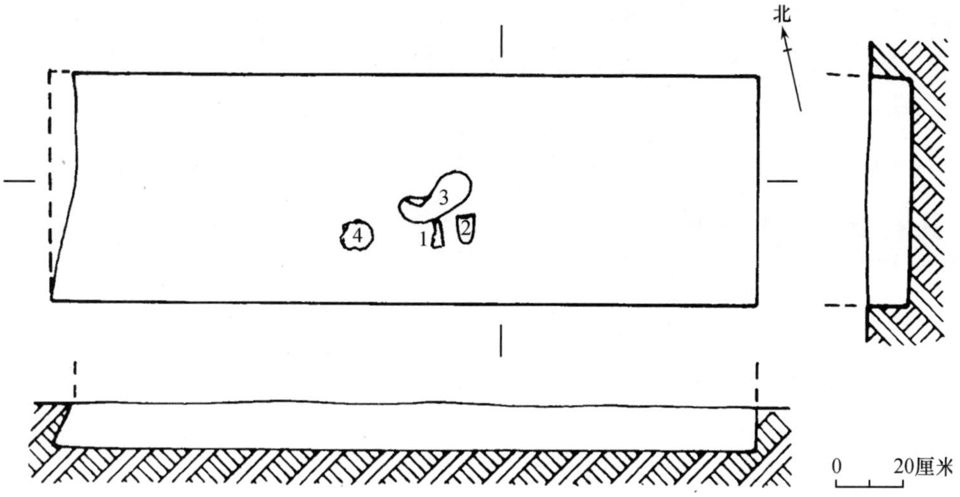

图五 M1平、剖面图

1、2. 石锛 3. 石手斧 4. 石砍砸器

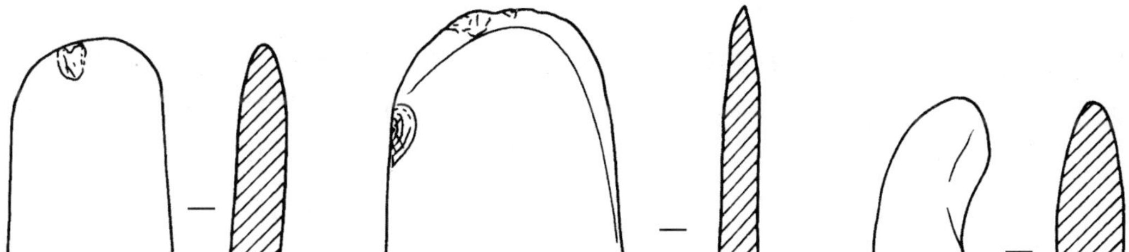

图六 M1随葬器物

1、2. 石锛（M1：1、M1：2） 3. 石手斧（M1：3） 4. 石砍砸器（M1：4）

石砍砸器　1件。M1：4，砾石质。褐色。打制。盘状，破裂面可见单向打击的片疤及修理痕迹，刃部有使用痕迹。高7.5、宽8.4、厚2厘米（图六，4）。

（二）M4

1. 墓葬形制

M4为土坑竖穴墓，平面形状略呈长方形，不规则，坑壁粗糙，底部较平。方向54°。M4被M3打破。墓口距地表深0.25、长4.26、宽2.9～3.2米，墓底距地表深1.15、长3.85、宽2.5～2.82米。墓坑内填灰黄色夹灰绿色的五花土，土质疏松。人骨无保存，葬具不明（图七）。

随葬品均置于墓坑底部，计有陶器35件：陶鼎1件、陶釜2件、陶甑1件、陶豆2件、陶钵6件、陶盂4件、陶盆1件、陶壶3件、陶罐9件、陶仓6件；铜五铢钱21枚。同类器物的摆放位置相对集中。

2. 随葬器物

（1）陶器

M4随葬陶器的质地均为泥质陶，陶色有青灰、灰褐之分。器身均为轮制。大多饰有纹饰，少量为素面，纹饰有弦纹、网格纹、线纹、绳纹、索纹，部分器物肩部贴塑铺首衔环。器类按其功用可分为炊器（鼎、釜、甑）、食器（豆、钵、盂、盆）、酒器（壶）和储藏器（罐、仓）。按其性质可分为日用器与礼器（鼎、豆、壶）。

陶鼎　1件。M4：18，泥质灰褐陶，轮制，耳贴附。子母口略敛，尖唇，方耳外撇，球腹，圜底，三足均缺失。有盖，盖顶饰三个扁圆形纽。耳下部饰一周凸弦纹。口径17.5、腹径22、残高16.8厘米（图八，1）。

陶釜　2件。分二型。

A型　1件。M4：24，泥质灰陶，轮制。敞口，尖唇，高领，溜肩，鼓腹，底略凹。器身饰一周凹弦纹和两个对称的铺首衔环，铺首极为简化。口径14.8、腹径22.5、底径14.6、通高15.4厘米（图八，2）。

B型　1件。M4：27，泥质灰陶，轮制。敞口，卷沿，圆唇，高领，鼓腹，圜底。器身饰一周凹弦纹和两个对称的环形耳，下腹部饰绳纹。口径14.2、腹径17.7、通高14.7厘米（图八，3）。

陶甑　1件。M4：25，泥质灰褐陶，轮制。大口略敛，斜折沿，圆唇，矮领，领下略凸起一脊，斜弧腹，平底。底上均匀地分布有25个圆形箅孔，皆为从外底向内戳成。器身上部饰有一周索纹。口径22.9、底径10、通高12.4厘米（图八，4）。

陶豆　2件。泥质灰褐陶，轮制。豆盘敞口，尖唇，斜弧腹，豆柄呈圆柱状，中空，豆座外撇。素面。M4：23，口径18.2、底径12.5、通高11.8 厘米（图八，5）。M4：30，口径18.8、底径12.2、通高13厘米。

陶钵　6件。分二型。

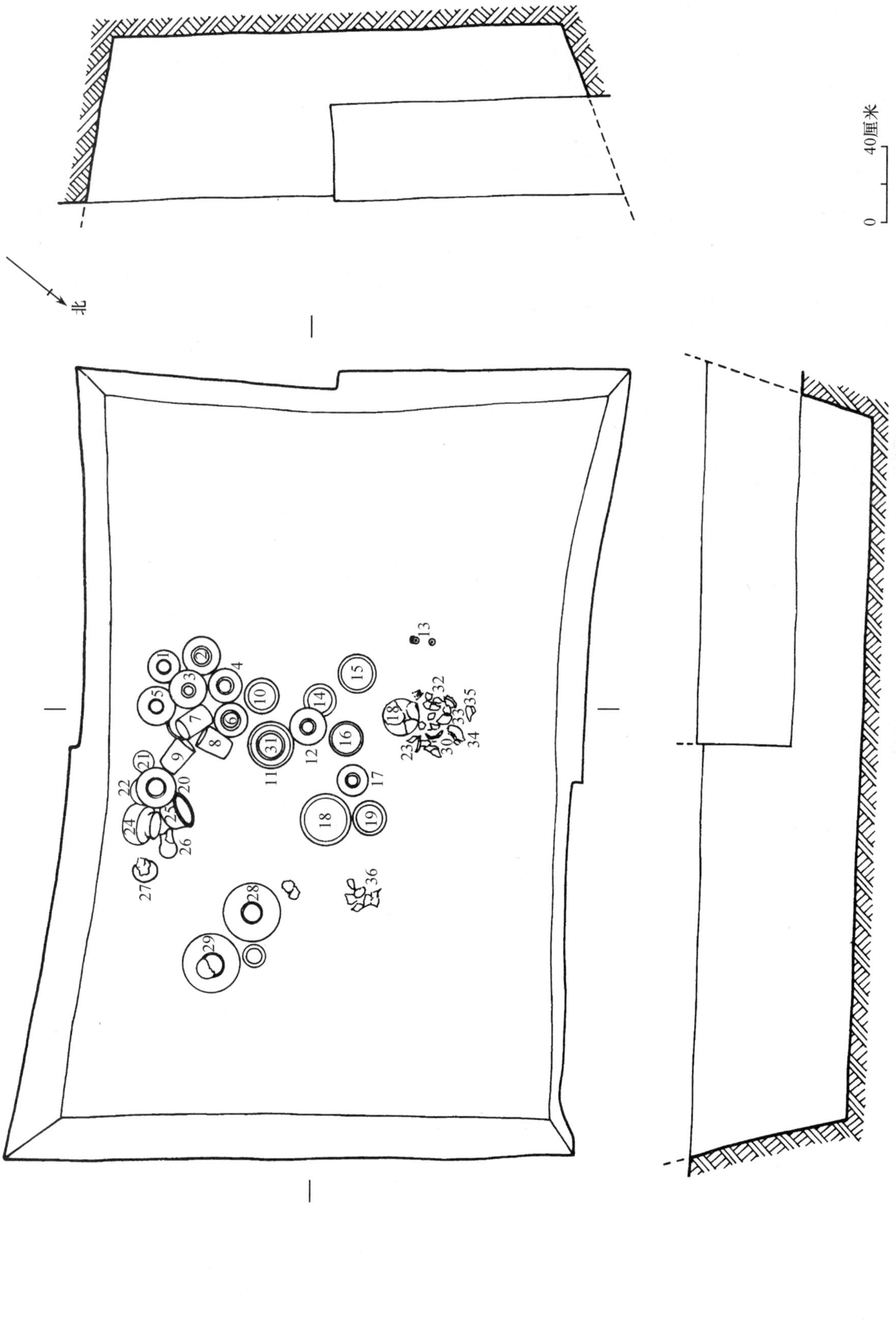

图七 M4平、剖面图

1～6、12、17、26. 陶罐 7～9、20～22. 陶仓 10、15、16、31. 陶盂 11. 陶盆 13. 铜五铢钱（21枚） 14、19、32～35. 陶钵 18. 陶鼎 23、30. 陶豆 24、27. 陶釜 25. 陶甑 28、29、36. 陶壶

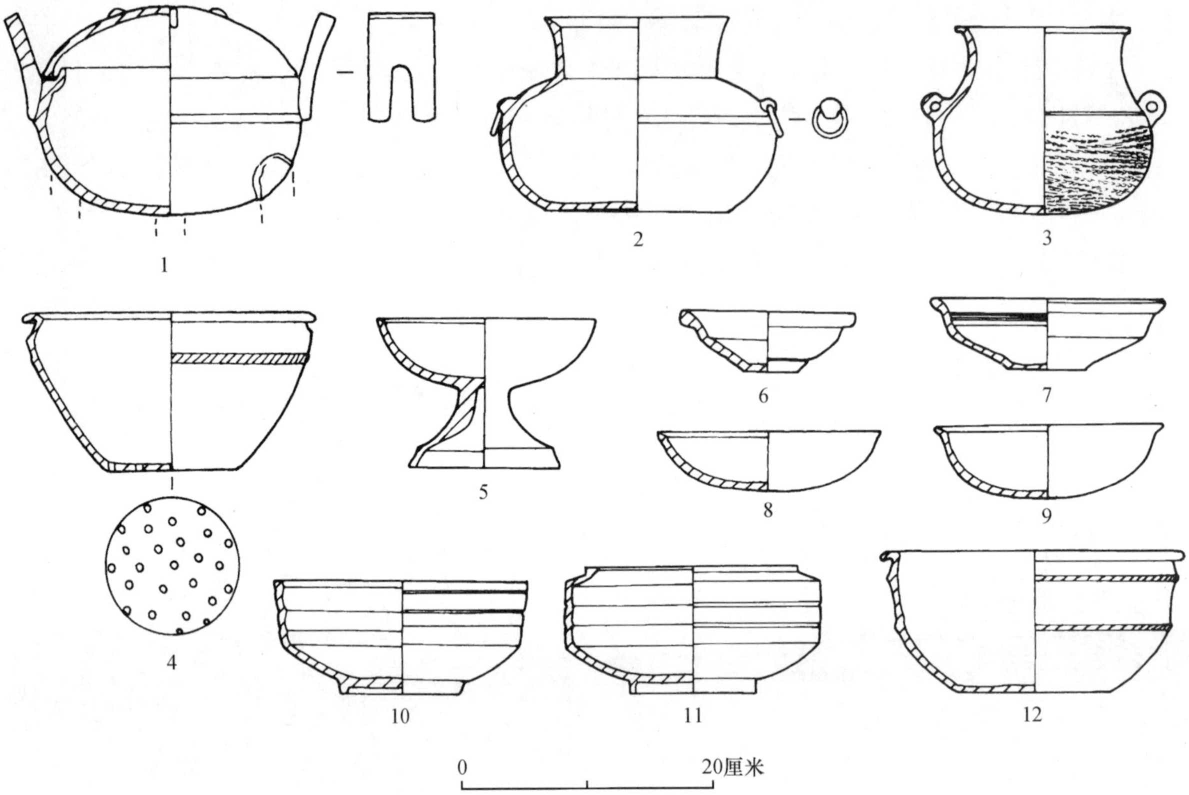

图八 M4随葬器物

1. 陶鼎（M4：18） 2. A型陶釜（M4：24） 3. B型陶釜（M4：27） 4. 陶甑（M4：25） 5. 陶豆（M4：23） 6、7. A型陶钵（M4：14、M4：19） 8、9. B型陶钵（M4：33、M4：32） 10. A型陶盂（M4：10） 11. B型陶盂（M4：15） 12. 陶盆（M4：11）

A型 4件。泥质灰褐陶，轮制。敞口，卷沿，尖唇，折腹，小平底。素面。M4：14，口径14、底径4.5、通高4.8 厘米（图八，6）。M4：19，口径19.3、底径6.2、通高5.8厘米（图八，7）。M4：34，口径14.5、底径5.2、通高4.8 厘米。M4：35，口径14.6、底径5.4、通高4.8厘米。

B型 2件。泥质灰褐陶，轮制。敞口，仰折沿，尖唇，弧腹，圜底。素面。M4：32，口径18.6、通高5.9厘米（图八，9）。M4：33，口径18.2、通高4.8厘米（图八，8）。

陶盂 4件。分二型。此二型陶盂可扣合为2件陶盒。

A型 2件。泥质灰陶，轮制，内壁可见轮制拉坯的痕迹。直口略敞，尖唇，上腹部较直，下腹部折腹，矮圈足。器身饰二周凹弦纹。M4：10，口径20.4、底径9.9、通高9厘米（图八，10）。M4：31，口径19.7、底径9.7、通高8.5厘米。

B型 2件。泥质灰陶，轮制，内壁可见轮制拉坯的痕迹。子口略敛，尖唇，上腹部较直，下腹部折腹，矮圈足。器身饰二周凹弦纹。M4：15，口径17、腹径20.4、底径9.9、通高10.2厘米（图八，11）。M4：16，口径17.6、底径9.6、通高9.6厘米。

陶盆 1件。M4：11，泥质灰褐陶，轮制。大口略敛，平折沿，尖唇，折腹，平底。器身饰二道凸起的索纹。口径24.6、底径12、通高11.2厘米（图八，12）。

陶壶　3件。分二型。

A型　2件。泥质灰陶，轮制，器物内壁留有轮制拉坯的痕迹。盘口，尖唇，长颈，溜肩，鼓腹，矮圈足。器身饰六周凹弦纹，肩部对称地饰有两个兽面铺首衔环。M4：28，失盖。口径15.2、腹径30.8、底径19.2、通高28.8厘米（图九，1）。M4：29，有盖，盖顶饰四个“S”形纽。口径14.8、腹径30.8、底径19.6、通高40厘米（图九，2）。

B型　1件。M4：36，泥质灰陶，轮制。盘口外侈，尖唇，高领，溜肩，斜弧腹，平底，

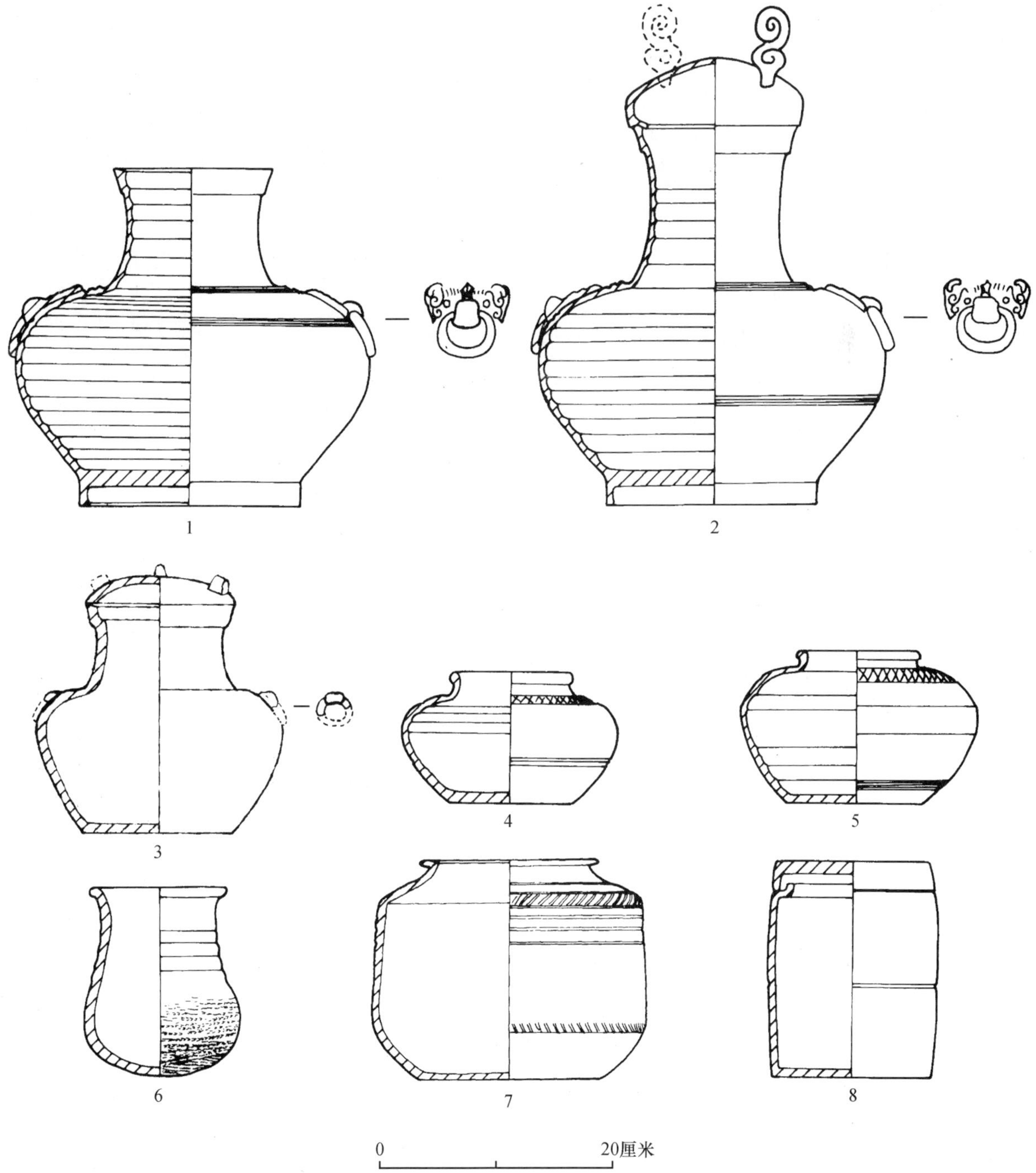

图九　M4随葬器物

1、2. A型陶壶（M4：28、M4：29）　3. B型陶壶（M4：36）　4、5. A型陶罐（M4：1、M4：2）　6. B型陶罐（M4：26）　7. B型陶仓（M4：20）　8. A型陶仓（M4：7）

肩部饰对称的两个铺首衔环，铺首极为简化。有盖，盖顶饰三个方形纽。口径12.5、腹径21.6、底径12.5、通高22.8厘米（图九，3）。

陶罐　9件。分二型。

A型　8件。泥质灰褐陶或灰陶，轮制，器物内壁留有轮制拉坯的痕迹。小口，卷沿，圆唇，溜肩，圆鼓腹，平底。肩部饰两周凹弦纹和网格纹，下腹部近底处饰有若干线纹。M4：1，口径9.8、腹径18.8、底径10.4、通高11.2厘米（图九，4）。M4：2，口径11.2、腹径20.5、底径11.8、通高13.1厘米（图九，5）。M4：3，口径9.8、腹径18.8、底径11.4、通高11.6厘米。M4：4，口径9.4、腹径19.6、底径11.8、通高12.2厘米。M4：5，口径10.6、腹径19.3、底径12、通高12.2厘米。M4：6，口径9.2、腹径18.8、底径11.2、通高11.6厘米。M4：12，口径10.8、腹径19.4、底径11、通高13.5厘米。M4：17，口径10.3、腹径20、底径9.2、通高12.2厘米。

B型　1件。M4：26，泥质灰陶，轮制。卷沿，圆唇，敞口，长颈，球形腹，圜底。颈部饰五周凸弦纹，底部饰绳纹。口径12.2、腹径13.2、通高16.2厘米（图九，6）。

陶仓　6件。分二型。

A型　5件。泥质灰褐陶，轮制。子母口略敛，圆唇，圆柱状仓身，饰两周凹弦纹，平底。盖呈浅盘状，平顶，圆唇。M4：7，口径11.3、腹径14.7、底径13.8、通高18.4厘米（图九，8）。M4：8，口径12.1、腹径14.9、底径12.6、通高18.5厘米。M4：9，口径13、腹径15.5、底径12.8、通高18厘米。M4：21，口径12.3、腹径14.8、底径12.5、通高18.7厘米。M4：22，口径12.3、腹径15.2、底径12.8、通高18.8厘米。

B型　1件。M4：20，泥质灰陶，轮制。大口略敛，斜折沿，尖唇，溜肩，上腹部较直，下腹部折腹，平底。器身饰有六周凹弦纹及两周索纹。口径15、腹径24、底径15.6、通高18.8厘米（图九，7）。

（2）铜钱

五铢钱　共21枚。形制及钱文风格相同，出土时皆锈蚀呈绿色。圆形方孔，正面有外郭，无内郭，背面有内郭、外郭。钱文“五”字交笔曲度较小，“金”字头呈三角形，四点较均匀，“朱”字头方折，下垂笔圆折。M4：13，直径2.5、厚0.1厘米（图一〇，1）。

六、东　汉　墓

东汉墓有3座，M2、M3、M5。

（一）墓葬形制

M2　土坑竖穴墓，墓坑略呈长方形，不甚规则。方向258°。墓口距地表深0.5、长4.1、宽2.6米，墓底距地表深1.8、长4.1、宽2.6米。早期被人为有意破坏，填土为回填五花土，紧密，包含少量菱形纹砖块、瓦砾、砾石以及大量有凿痕的条形砂石。疑原有砖室，较完整的残

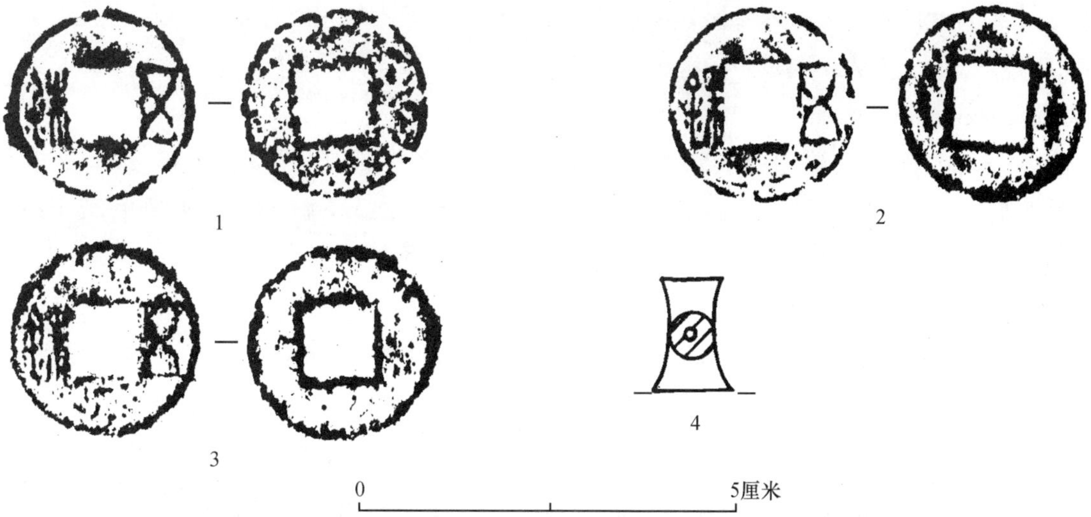

图一〇　铜五铢钱和玻璃耳珰

1～3. 铜五铢钱（M4：13、M3：7、M5：4）　4. 玻璃耳珰（M3：28）

砖一块，长35、宽18、厚10厘米，两端有榫卯，一侧模印几何花纹（图一一，1）。随葬品残存铜五铢钱1枚，陶灯1件、泥质红陶器1件（粉碎，似为小罐），还有少量红色漆皮痕迹（图一二）。

M3　土圹内砖砌刀把形墓室。方向22°。墓口距地表深0.15、长4.92、宽2.35米，墓底距地表深0.78、长4.92、宽2.35米。墓圹北端带一条长方形斜坡状墓道，上口距地表深0.45、长0.62、宽0.82～0.9米，底坡长0.58米，下端距地表深0.78、宽0.9米。填土为五花土。填土中有大量墓砖碎块以及若干食草类动物下颌骨、肩胛骨、肢骨，属一个个体，似为马类。砖室券顶塌毁，结构不明。东、南、西三壁墙砖错缝平铺，残存5～6层，壁面内弧。墙砖长40、宽20、厚10厘米，一面模印菱形花纹（图一一，2），花纹面向墓室内侧。无封门砖，无铺地砖。人骨无保存，葬具不明。

随葬品有陶甑1件、铜釜1件、铁支架1件、釉陶壶1件、陶瓮1件、陶罐4件、陶盂7件、陶杯1件、陶斗2件、陶灯2件、铜五铢钱60枚、玻璃耳珰1件，还有少量红色漆皮痕迹（图一三）。

M5　土圹内砖砌长方形墓室，墓室后端被一现代坟打破。方向308°。墓口距地表深0.4、长3.22、宽1.95米，墓底距地表深0.8、长3.22、宽1.95米。墓圹西端带一条长方形斜坡状墓道，上口距地表深0.4、长0.6、宽1米，底坡长0.84米，下端距地表深0.8、宽1米。填土为五花土，疏松。砖室已被严重破坏，残存少量南、北壁墙砖，两层错缝平铺。墙砖长40、宽20、厚10厘米，一面模印菱形花纹，花纹面向墓室内侧。无铺地砖痕迹。人骨仅残存少量散乱的头骨、肢骨碎片，性别、葬式不明。葬具不明。

随葬品多被破坏，残存器物有釉陶壶1件、陶罐1件、陶仓1件、陶甑口沿1片、陶案残片1件、铜五铢钱7枚、铁釜口沿1片、铁刀1件和玻璃耳珰1件（图一四）。

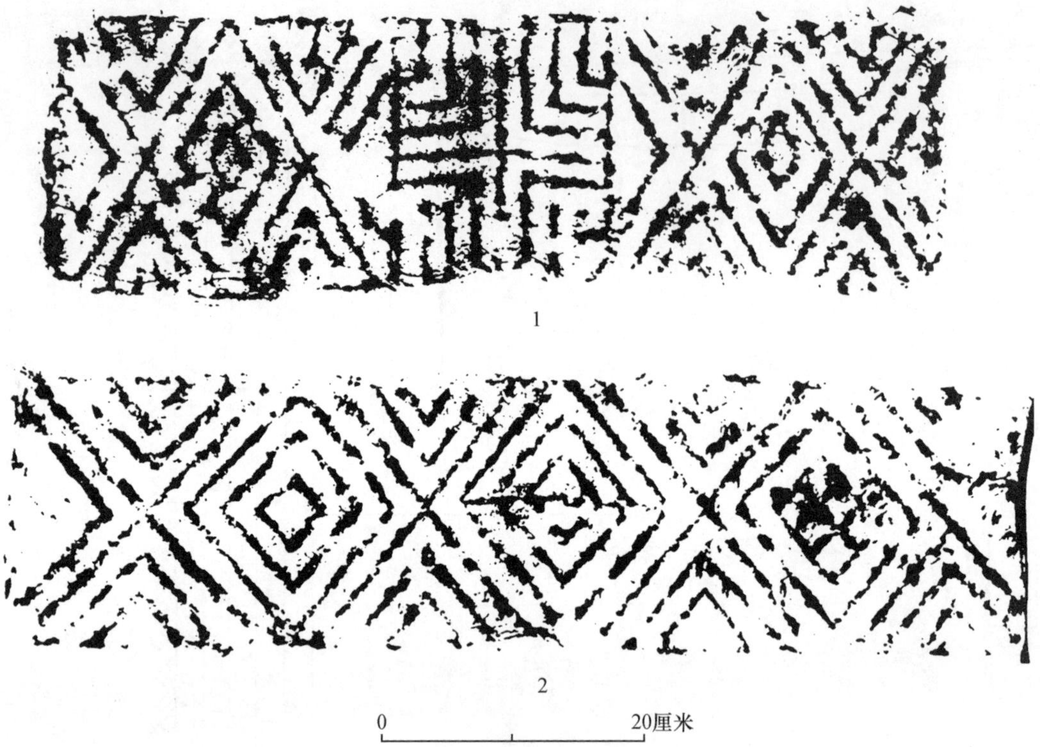

图一一　东汉墓砖花纹拓片

1. M2　2. M3

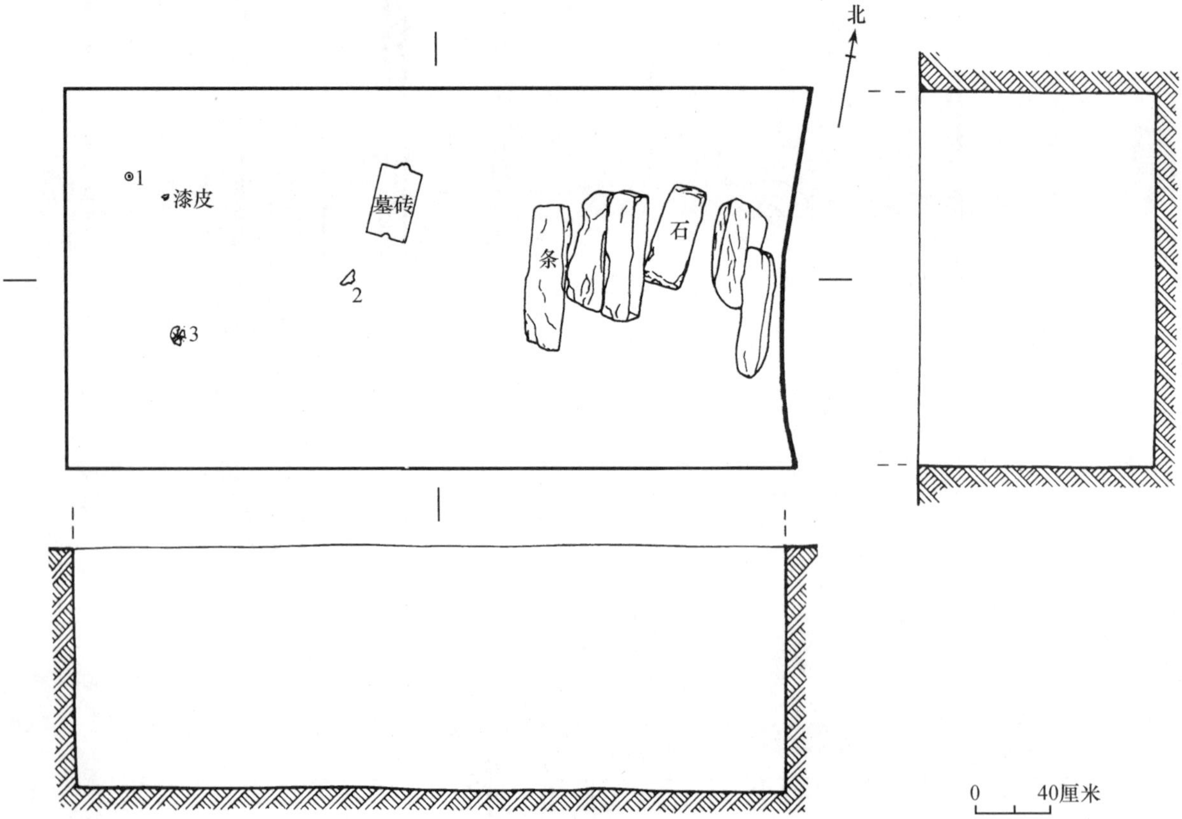

图一二　M2平、剖面图

1. 铜五铢钱（1枚）　2. 陶灯　3. 陶罐

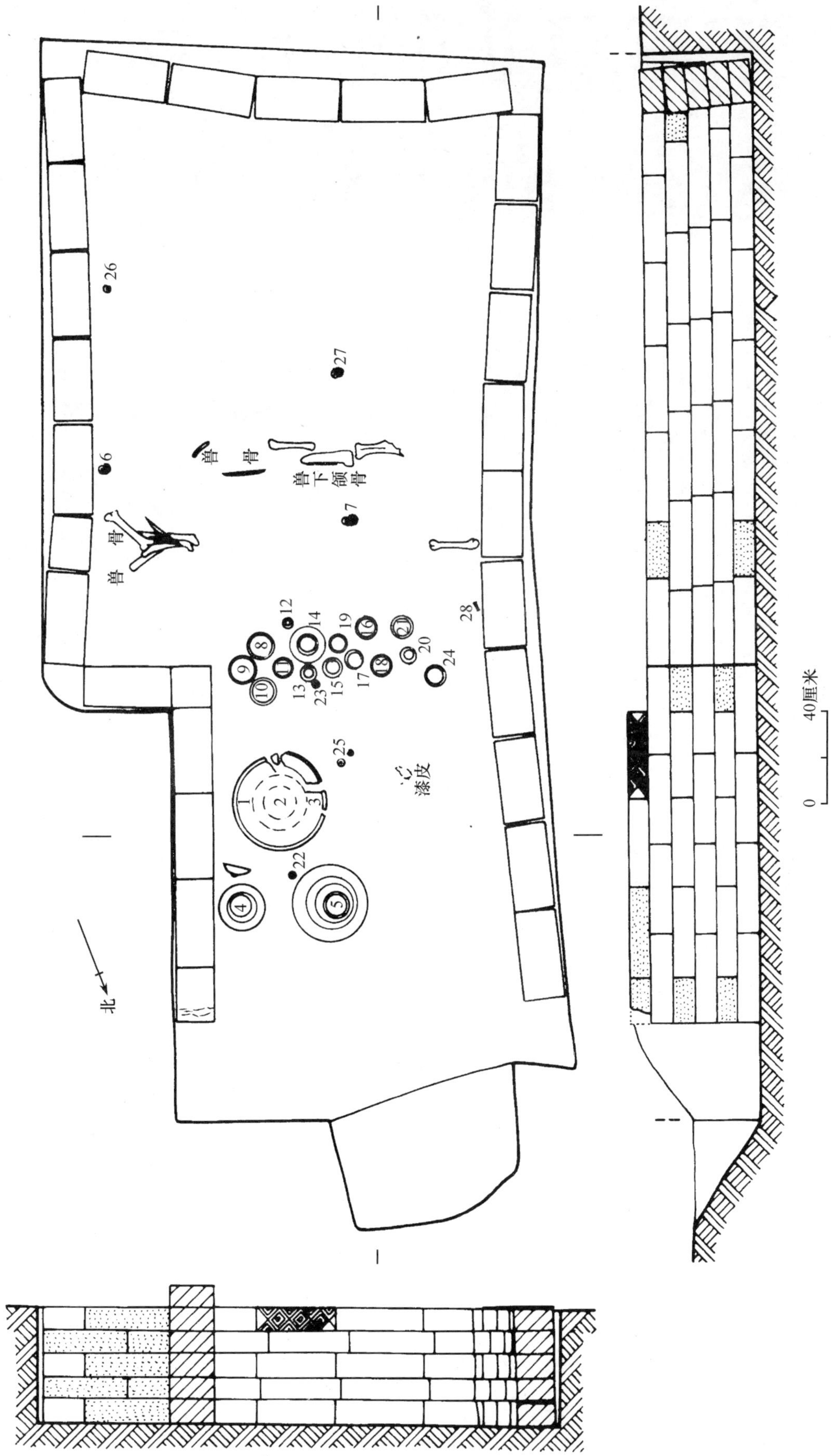

图一三　M3平、剖面图

1. 陶甑　2. 铜釜　3. 铁支架　4. 釉陶壶　5. 陶瓮　6、7、22、25～27. 铜五铢钱（3枚、34枚、1枚、2枚、1枚、19枚）　8～10、15、18、21、24. 陶盂　11、14、17、20. 陶罐　12、23. 陶斗　13、16. 陶灯　19. 陶杯　28. 玻璃耳珰

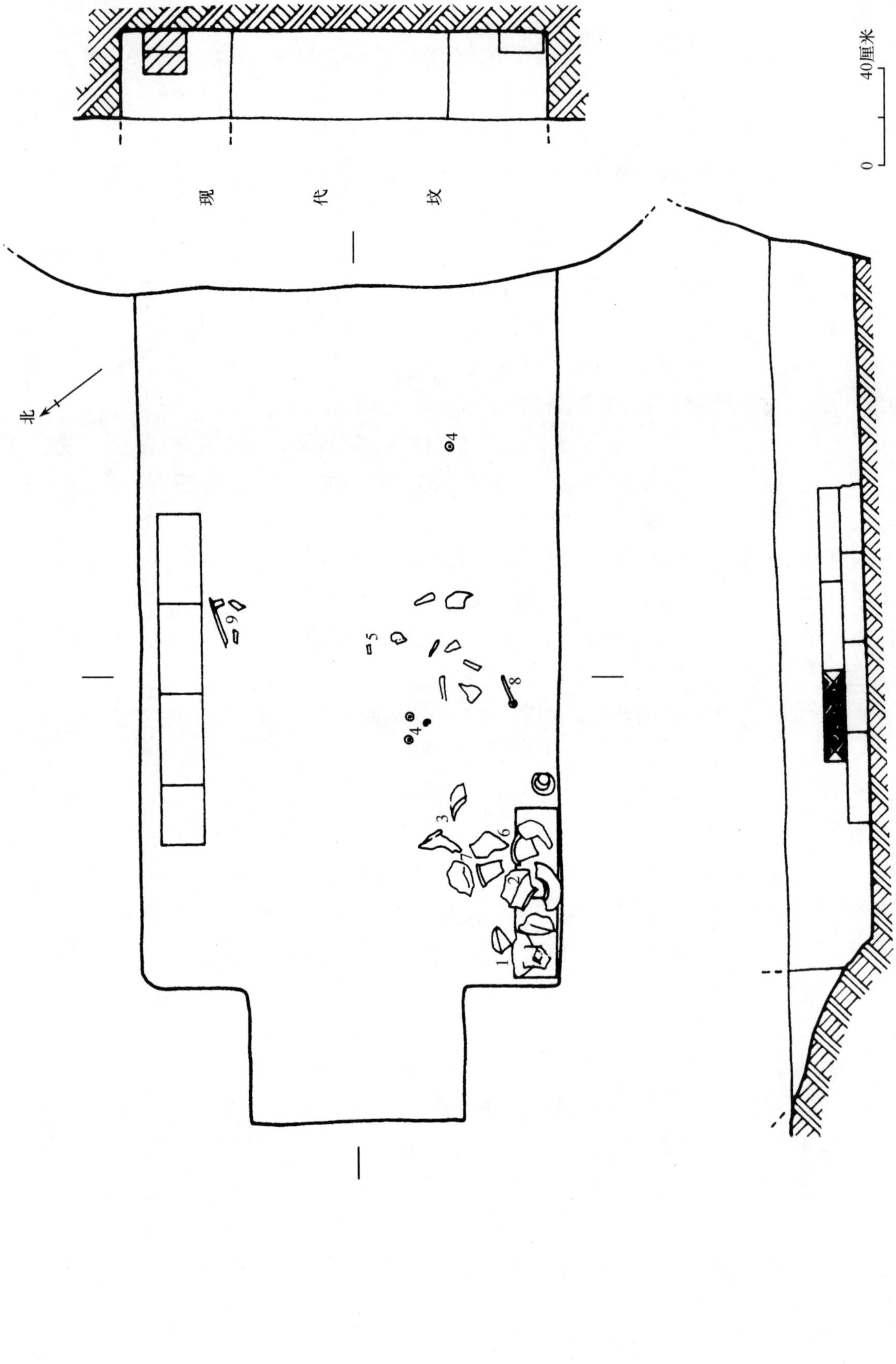

图一四　M5平、剖面图

1. 釉陶壶　2. 陶罐　3. 陶仓　4. 铜五铢钱（7枚）　5. 玻璃耳珰　6. 陶甑口沿　7. 铁釜口沿　8. 铁刀　9. 陶案残片

（二）随葬器物

1. 陶器

这3座东汉墓共随葬陶器26件，质地多为泥质陶，个别夹细砂，陶色有青灰、灰褐、灰黑、红褐之分。红陶火候低，胎质较疏松。器身多为轮制，个别小件器物为捏制。大多饰有纹饰，少量为素面，纹饰有弦纹、绳纹、网格纹，个别器物（壶）外表施釉且肩部压印铺首衔环。器类按其功用可分为实用的炊器（甑）、饮食器（盂、杯、斗）、酒器（壶、瓮）、储藏器（罐、仓），模型明器（案）和灯。

陶甑 2件。M3：1，泥质灰褐陶，轮制。大口略敛，平折沿，尖唇，斜弧腹，凹圜底。底部均匀分布有38个圆形箅孔，口沿下饰两道凸弦纹。口径36.5、底径16.4、通高18.8 厘米（图一五，1）。M5：6，夹砂灰黑陶，轮制。仅存部分口沿，大口，卷沿，尖唇，斜弧腹。口沿下饰有四周凹弦纹。口径36.2厘米（图一五，2）。

陶盂 7件。均为泥质红陶，火候较低，胎质疏松。分二型。

A型 2件。轮制。圆折腹，小平底。M3：8，敞口，圆唇，卷沿。器身饰一周凹弦纹。口径11.5、底径5.4、通高4.5厘米（图一五，4）。M3：9，敞口，圆唇，平折沿。素面。口径10.7、底径4.9、通高3厘米（图一五，3）。

B型 5件。轮制。斜弧腹，小平底。M3：10，敞口，平唇。素面。口径10.5、底径5.2、通高3.5 厘米。M3：15，口略敛，圆唇。器身饰一周凹弦纹，捏塑一耳。口径11.3、底径5.6、通高4厘米（图一五，6）。M3：18，敞口，平唇。素面。口径11.3、底径5.4、通高3.5 厘米。M3：21，敞口，卷沿，圆唇。器身饰一周凹弦纹。口径11.6、底径5.2、通高4.2厘米（图一五，5）。M3：24，敛口，内卷沿，圆唇。器身饰一周凹弦纹。口径11.6、底径5.2、通高4.2厘米。

陶杯 1件。M3：19，泥质红陶，火候较低，胎质疏松，轮制。上部残，斜腹，小平底。素面。底径4.9、残高3.1厘米（图一五，7）。

陶斗 2件。泥质红陶，捏制。直口，尖唇，斜弧腹，平底，假圈足，口部有一鸟状流。素面。M3：12，底径3.7、通高3.1厘米（图一五，8）。M3：23，底径3.4、通高3厘米。

釉陶壶 2件。泥质红陶，轮制，器表施橙红色釉。盘口，长颈，溜肩，鼓腹，高圈足。器身饰四周凹弦纹及两个对称的兽形铺首衔环。M3：4，火候较低，局部釉层已脱落。有盖，盖顶捏塑一环形纽。口径14.6、腹径19.6、底径14.7、通高（带盖）35.6 厘米（图一六，1）。M5：1，釉层均匀，釉面光滑。口、底残。腹径22.8、残高21.6厘米（图一六，2）。

陶瓮 1件。M3：5，泥质灰陶，轮制。小口略敞，折沿，圆唇，溜肩，鼓腹，大圜底。器身饰两周凹弦纹，在弦纹之间饰网格纹，下腹部近底处饰细绳纹。口径9.8、腹径29.6、通高18.8厘米（图一六，3）。

陶罐 6件。分三型。

A型 1件。M3：14，泥质灰褐陶，轮制。卷沿，圆唇，折肩，斜弧腹，平底。素面。整

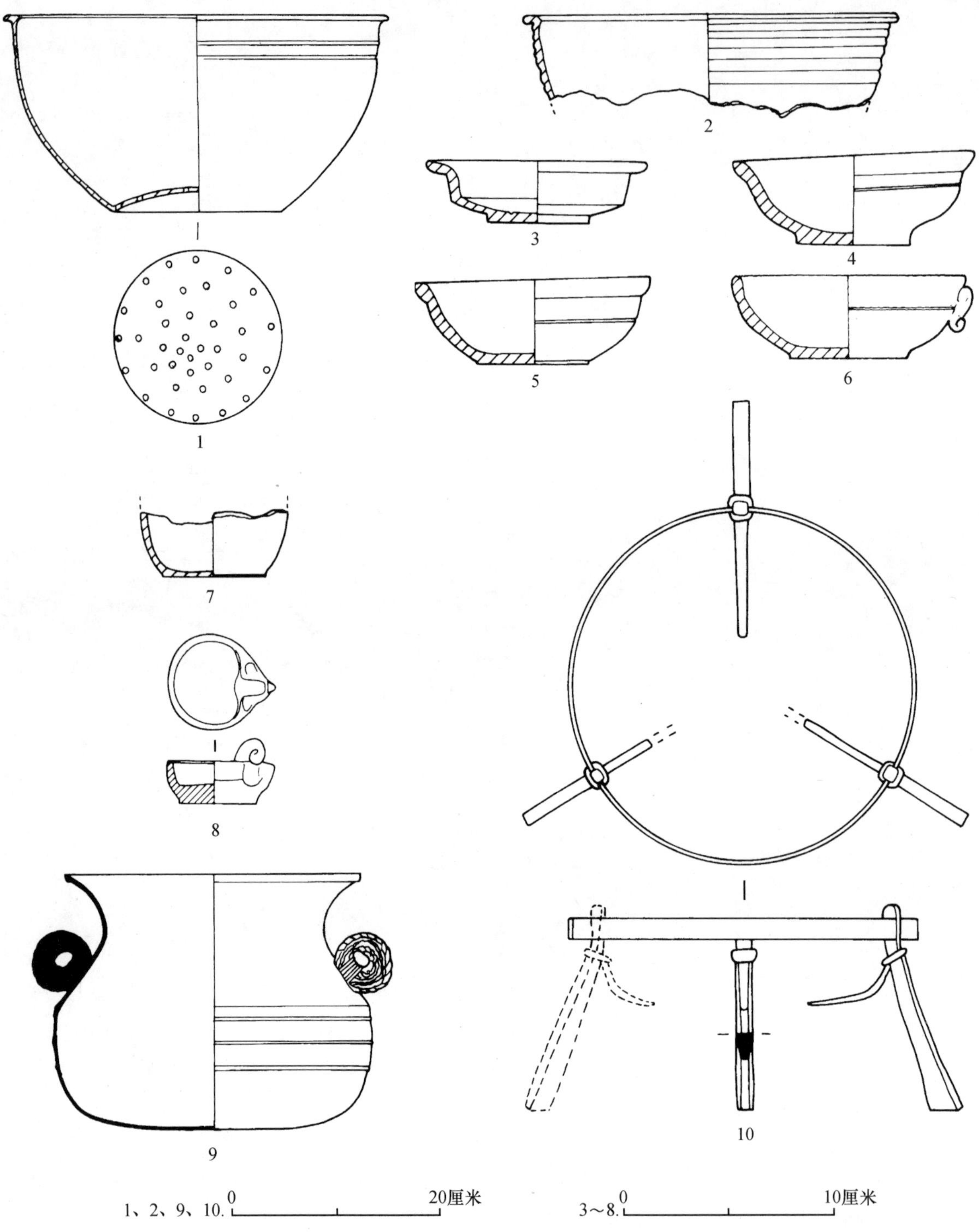

图一五　东汉墓随葬器物

1、2. 陶甑（M3：1、M5：6）　3、4. A型陶盂（M3：9、M3：8）　5、6. B型陶盂（M3：21、M3：15）　7. 陶杯（M3：19）　8. 陶斗（M3：12）　9. 铜釜（M3：2）　10. 铁支架（M3：3）

个器物略不规整，器身高低不平。口径9.8、腹径15.8、底径5.4、通高7.6厘米（图一六，4）。

B型　1件。M5：2，泥质灰黑陶，轮制。小口略敞，卷沿，尖唇，折肩，斜腹，平底。肩部饰一周凹弦纹。口径10、腹径13.5、通高10.2厘米（图一六，5）。

C型　3件。泥质红陶。火候较低，胎质疏松，轮制。侈口，高领，尖唇，折腹，小平底。

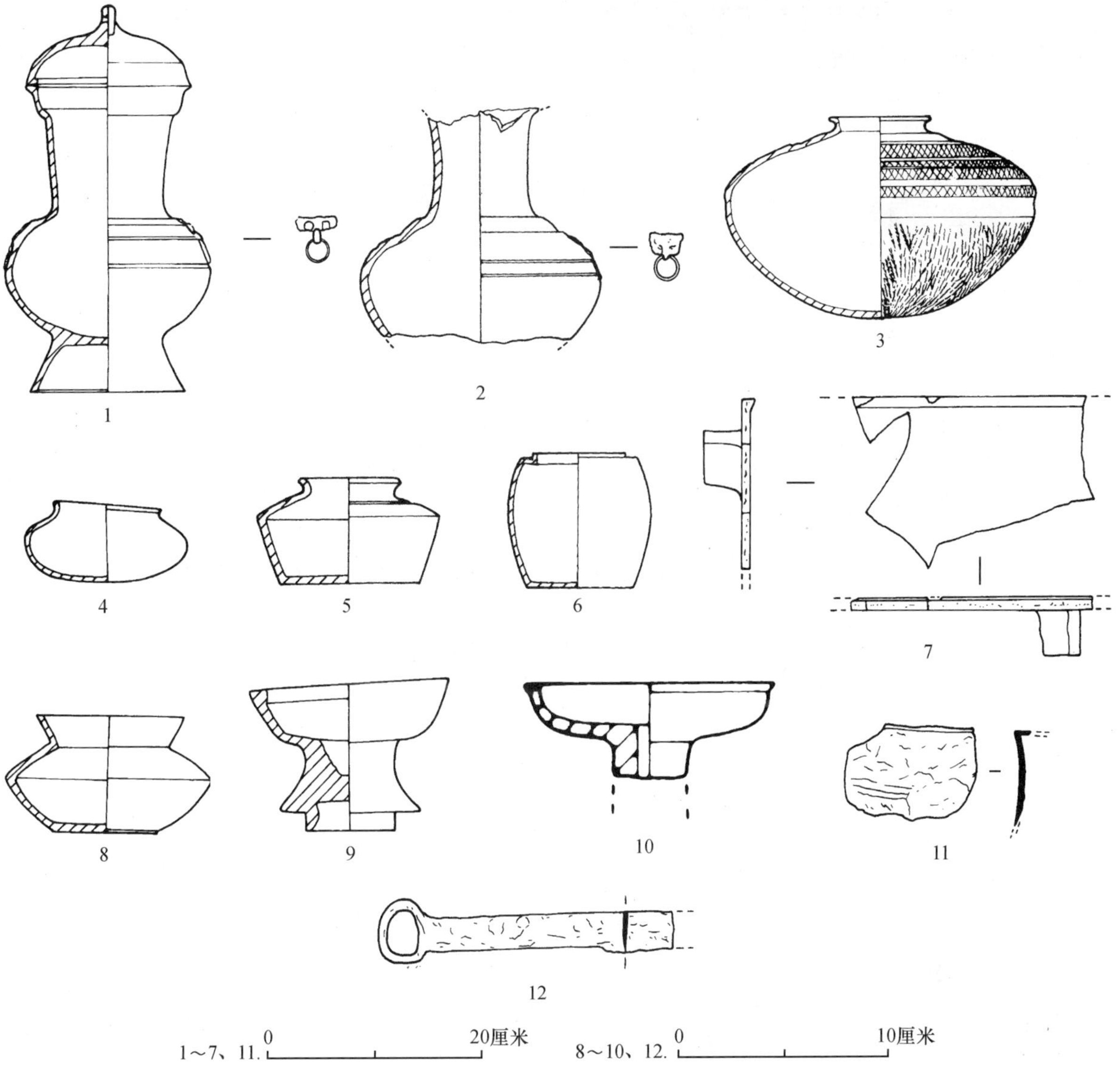

图一六 东汉墓随葬器物

1、2. 釉陶壶（M3：4、M5：1） 3. 陶瓮（M3：5） 4. A型陶罐（M3：14） 5. B型陶罐（M5：2） 6. 陶仓（M5：3） 7. 陶案（M5：9） 8. C型陶罐（M3：20） 9. A型陶灯（M3：13） 10. B型陶灯（M2：2） 11. 铁釜（M5：7） 12. 铁刀（M5：8）

素面。M3：11，口颈部残。腹径8.8、底径5.1、通高5厘米。M3：17，口颈部残。腹径10.1、底径5.8、通高4.7厘米。M3：20，口径7、腹径9.8、底径5.1、通高5.4厘米（图一六，8）。

另有一件陶罐（M2：3），泥质红陶。粉碎，形制不明。

陶仓 1件。M5：3，泥质灰黑陶，轮制。子母口，圆唇，仓身圆鼓，平底。素面。口径8.8、腹径13.7、底径10.2、通高12.4厘米（图一六，6）。

陶灯 3件。分二型。

A型 2件。泥质红陶，火候较低，胎质疏松。M3：13，轮制。敞口，平唇，折腹，灯盘中间下凹，灯柄下有一小圈足。素面。口径9.4、底径4.2、通高7厘米（图一六，9）。M3：16，破碎无法复原，仅能辨出器形，敛口，圆唇。尺寸不详。

B型　1件。M2：2，泥质灰褐陶，轮制。直口，尖唇，浅盘，灯柄中空与灯盘相通，灯柄下部残。素面。口径11.8、残高4.4厘米（图一六，10）。

陶案　1件。M5：9，泥质灰褐陶。平面呈长方形，尖唇，浅斜壁，底下有曲尺形陶足。素面。残长21.2、高5.6厘米（图一六，7）。

2. 铜器

铜釜　1件。M3：2，侈口，方唇，束颈，溜肩，圆腹、圜底。肩部有对称的两环形耳，耳扁平，穿孔较小，耳上饰有呈同心圆分布的绳纹。腹部饰三周凸弦纹。器身可见合范铸造的痕迹。口径28.8、腹径31.2、底径12.8、通高24厘米（图一五，9）。

铜五铢钱　共68枚。其中1枚出自M2，60枚出自M3，7枚出自M5，形制及钱文风格相近，出土时皆锈蚀呈绿色。圆形方孔，正面有外郭，无内郭，背面有内郭、外郭。钱文较细长，“五”字交股弯曲呈马蹬状，“金”字头呈三角形，四点均匀，“朱” 字头与下垂笔皆圆折，上部较下部小。M2：1，直径2.5、厚0.1厘米。M3：7，直径2.5、厚0.15厘米（图一〇，2）。M5：4，直径2.5、厚0.1厘米（图一〇，3）。

3. 铁器

铁支架　1件。M3：3，圆形圈，三长方形足外撇，每一足的上部各向内伸出一弧形托条。托条、足与铁圈焊成一体。锈蚀严重。圈径34、通高19.2厘米（图一五，10）。出土时，陶甑（M3：1）置于铜釜（M3：2）上，铜釜又置于此铁支架上，为一套组合炊具。

铁釜　1件。M5：7，仅存部分口沿，平折沿。腹部有两周凸弦纹。锈蚀严重。厚0.4、残高8.5厘米（图一六，11）。

铁刀　1件。M5：8，圆形环首，刀身细长，前端残。锈蚀严重。残长14厘米（图一六，12）。

4. 玻璃器

耳珰　2件。管状，束腰，中空。钙化、腐蚀严重。M3：28，外表呈白色。通高1.5厘米（图一〇，4）。M5：5，外表呈白色，内为浅蓝色。通高1.5厘米。

七、结　　语

此次对陈家嘴墓地的发掘共清理墓葬5座，其中土坑墓2座、砖室墓3座。

土坑墓中M1为东西向，墓坑东端被后期破坏。葬具及尸骨无存，随葬品仅出土4件石器，没有伴出陶器，这给其年代的判定带来了一定的难度，根据本墓地其他墓葬的特点和地层中石器与西汉早期陶片伴出的情况（虽然经过扰乱）推测此墓的时代为西汉早期。

M4呈东西向，葬具及尸骨无存。随葬品出土有陶器35件、铜五铢钱21枚，陶器器类有鼎、釜、甑、豆、钵、盂、盆、壶、罐、仓等，以日常生活用品为主，但也有带有礼器功用的

器物如鼎、壶等。其中陶鼎和陶壶的形状与荆州高台西汉早中期墓葬M1、M18[①]及云阳李家坝M37[②]中出土的同类器物形状相近，均为峡江地区西汉中期比较流行的器形。此墓出土的陶仓器身为圆柱状，粗细一致，有别于东汉时期陶仓圆筒状的器身，与云阳李家坝M37出土的陶仓的形状相近。本墓出土的4件陶盂可扣合成2件陶盒，其形状与荆州高台西汉墓M18出土的陶盒相近，并可与鼎、壶相组合，构成一套礼器组合。铜五铢钱的钱文与西汉武帝年间铸造的郡国五铢相同[③]。综上所述，M4的时代应为西汉中期。

砖室墓有M2、M3、M5，这3座墓中出土的器物种类有陶甑、陶瓮、陶罐、陶盂、陶杯、陶斗、陶灯、陶仓、陶案、釉陶壶、铜釜、铜五铢钱、铁支架、铁刀及玻璃耳珰等，其形状都与峡江地区东汉中期墓葬（如万州安全墓地等[④]）中出土的同类器物的形状相同，墓砖的纹饰及形状也一致，因此可以断定这3座砖室墓的时代为东汉中期。但这次清理的3座砖室墓均有一个相同的特点，即墓室皆没有用铺地砖（M2墓底残留的一块墓砖一端有榫头、一端有卯口，推测为券顶砖），墙砖直接砌在生土上，这应与该地生土的特点（生土为黄色砂土，滤水功能极好）有关。M3的墓室填土中发现一具马的骨骼，比较完整，估计原应放置在墓室券顶之上，应是一种独特的葬俗。

执笔：邓启江　赵晓斌　田　勇

① 荆州博物馆：《荆州高台秦汉墓》，科学出版社，1999年。

② 重庆市文物局、重庆市移民局：《重庆库区考古报告集·1997卷》，科学出版社，2001年。

③ 唐石父：《中国古钱币》，上海古籍出版社，2001年。

④ 重庆市文物局、重庆市移民局：《重庆库区考古报告集·1997卷》，科学出版社，2001年。

巫山胡家包墓地2003年度发掘简报

武汉市文物考古研究所
巫 山 县 文 物 管 理 所

胡家包墓地位于巫山县巫峡镇秀峰村辖区内，东邻大宁河，南距长江约2千米，二期蓄水后，墓地紧临湖边的丘陵南坡，东经109°52′30″，北纬30°05′00″。地势北高南低，海拔140～220米。发掘前地表为农作物及拆迁后残留的房屋基础（图一）。

为配合三峡库区、移民迁建区的文物保护工作，武汉市文物考古研究所受重庆三峡办的委托，对胡家包墓地进行了抢救性发掘。由于墓地在大宁河西部狭长的坡地，我们将其划分为三个发掘区。Ⅰ区位于三个发掘区中间，巫山县公安局老拘留所岗地下端，当地居民俗称“王家坝”；Ⅱ区位于Ⅰ区北部偏东的大块子；Ⅲ区位于Ⅰ区南部偏西。自2003年9月中旬开始发掘至2003年11月下旬田野工作结束，共计发掘面积3717平方米，发掘东周、两汉及宋明墓葬44座，出土文物362件。现将发掘所获报告如下。

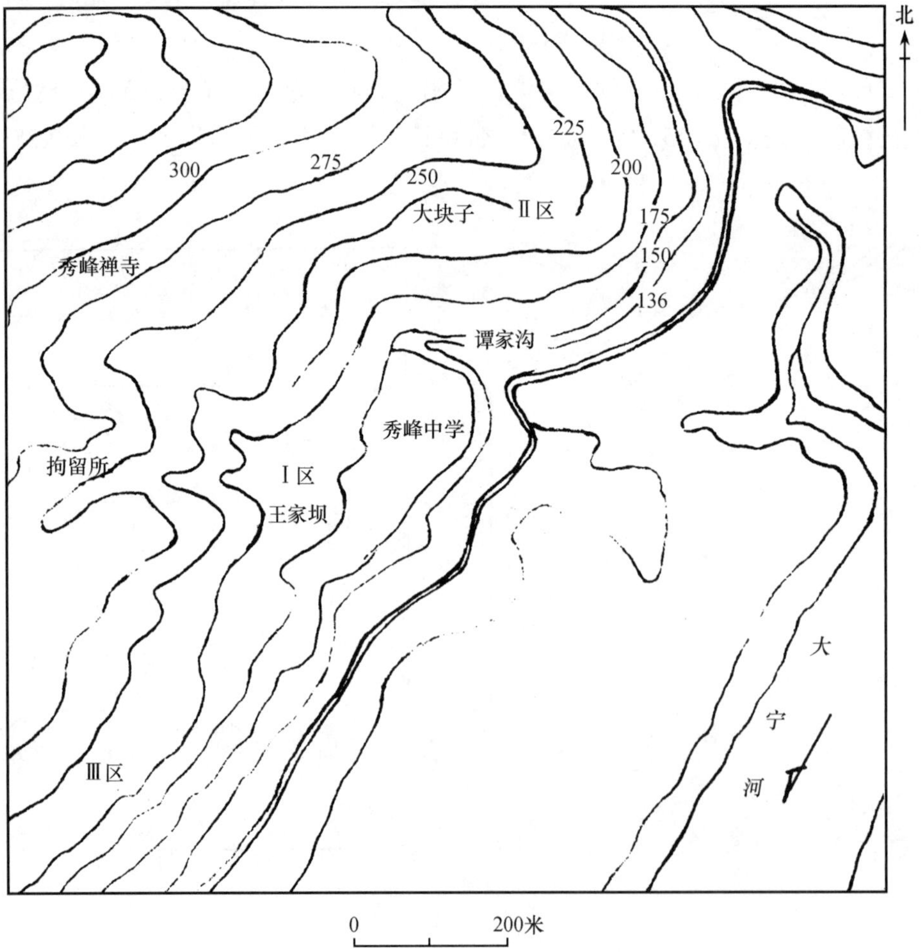

图一　胡家包墓地地形图

一、东周两汉墓葬

（一）墓葬形制

本次发掘的东周、两汉墓共计34座，大体可分成竖穴土坑墓、砖室墓和土洞墓三大类。

第一类：土坑墓。共计16座。均为竖穴土坑。墓内填五花土。无墓道。有的在墓壁一侧有二层台。

A型　坑口平面呈宽长方形。7座。ⅠM6，方向170°。口大底小，口长5、宽4.6米，底长2.7、宽1.6米，深4.8米。墓底两条横向枕沟（图二）。ⅠM9，方向155°。口大底小。口长4.7、宽3.9米，底长3.7、宽1.7米；东壁有一宽0.2、高1.4米的二层台。墓底两条横向枕沟（图三）。

B型　坑口平面呈窄长方形，墓略显狭长。9座。ⅠM7，方向210°。口大底小，口长4、宽2.7米，底长3.3、宽1.9米。墓底敷设白膏泥。ⅠM7棺木保存较完整，墓底两条横向枕沟（图四）。ⅡM20，方向80°。口长3.35、宽2.35米，底长2.8、宽1.9米（图五）。ⅠM13，方向65°。口大底小，口长4、宽2.5米，底长3.2、宽1.7米。墓底两条横向枕沟（图六）。

第二类：砖室墓。4座。均为刀把形甬道、墓道。根据建筑材料及铺地砖的不同可分为三型。

A型　采用空心砖（盒子砖）砌筑边墙，利用空心砖切削加工成楔形砖砌筑券顶，采用模印长方形薄花纹砖铺地。ⅠM5，方向155°。带一刀把形墓道，无甬道。采用长0.28、宽0.16、

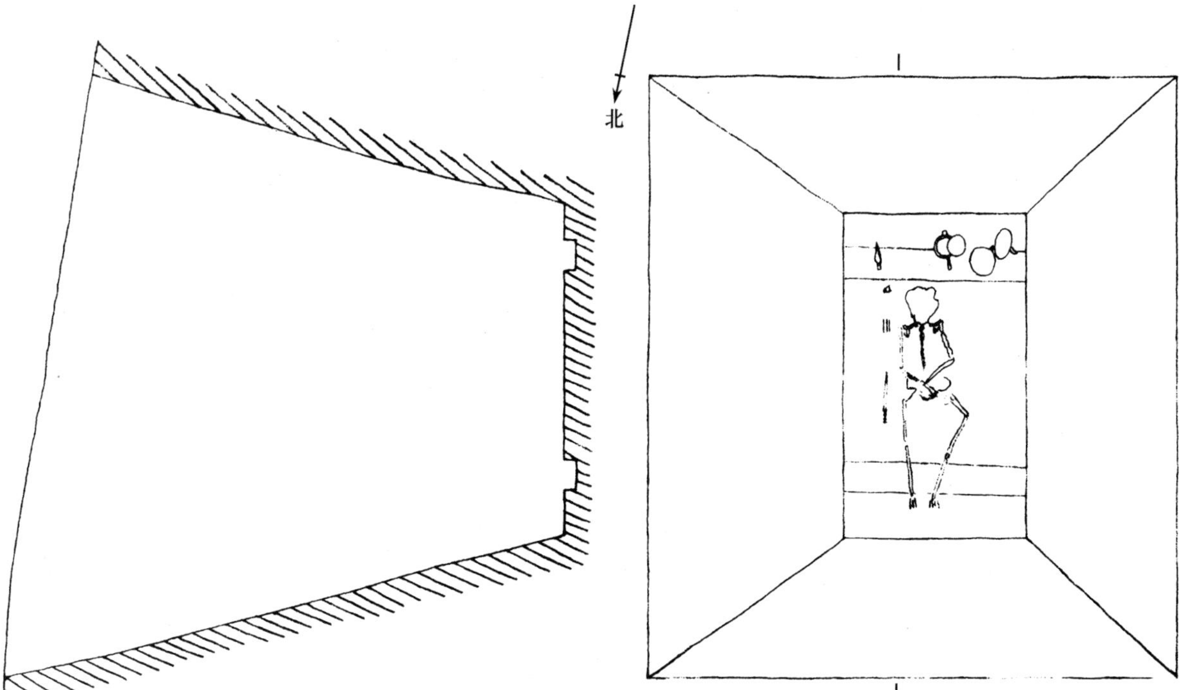

图二　ⅠM6平、剖面图

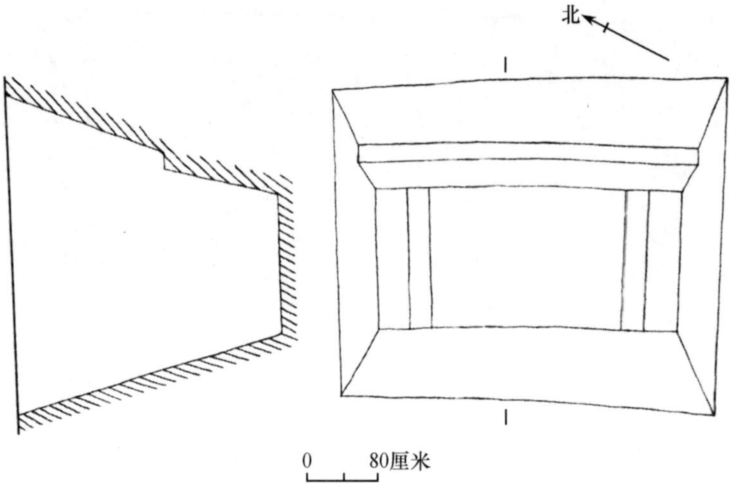

图三　ⅠM9平、剖面图

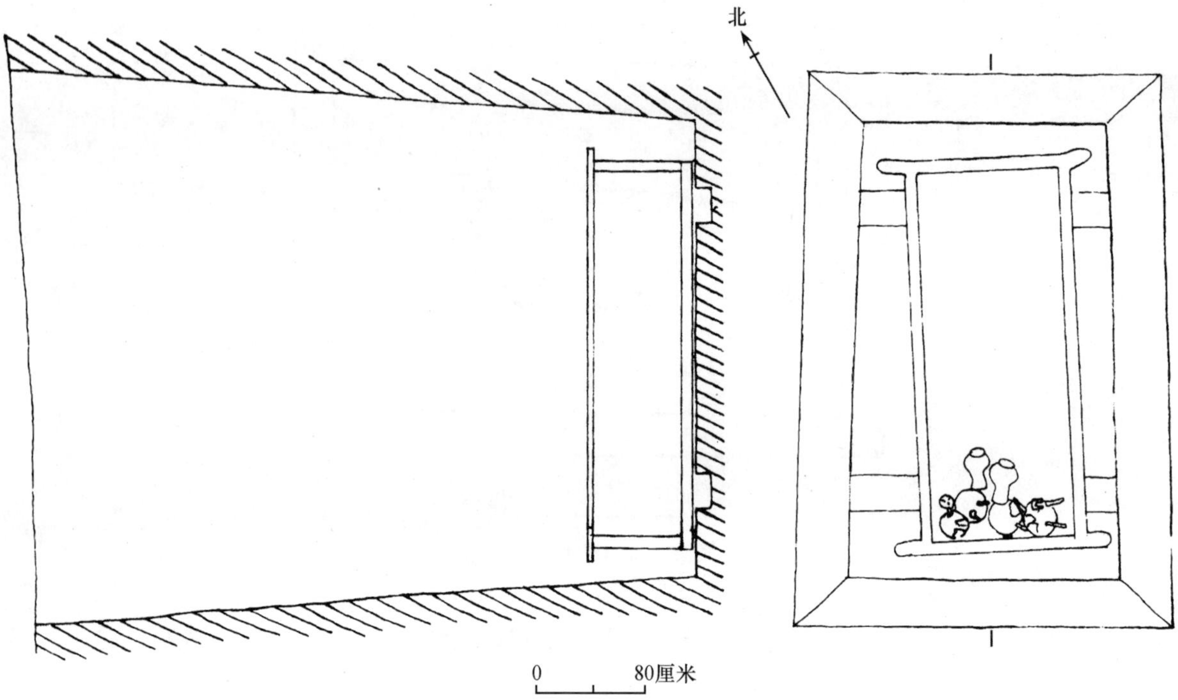

图四　ⅠM7平、剖面图

厚0.08米的一侧模印几何纹的空心砖（图七，1）砌筑四壁边墙，并把该空心砖砍打磨制加工后砌筑券顶；而用长0.4、宽0.24、厚0.03米的模印几何纹薄砖铺地（图七，2）。墓室长3.7、宽2.1、高1.7米（图八）。

B型　采用普通砖砌筑边墙及券顶，采用模印长方形薄形花纹砖铺地。ⅢM3，方向140°。多采用长0.32、宽0.12、厚0.08米的一侧模印几何花纹的普通砖砌筑四壁边墙及券顶（图七，3），少量砖侧面模印龙纹（图七，4）；用长0.38、宽0.24、厚0.03米的表面模印花纹的薄形长方形砖铺地（图一二，5）。墓室长3.72、宽1.9米；甬道长1.7、宽1.15米（图九）。

C型　墓室四壁、边墙、券顶及铺地全部采用普通砖砌筑。ⅡM4，方向155°。墓室全部采

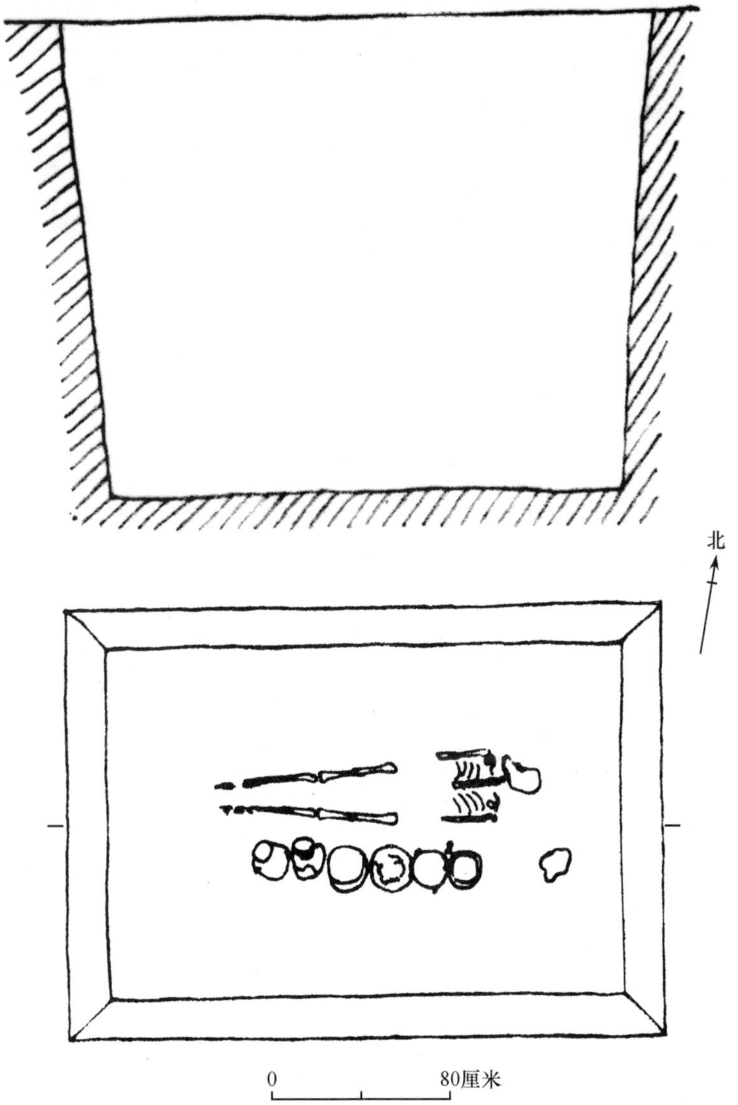

图五　ⅡM20平、剖面图

用一侧模印几何纹的长30.5、宽15.5、厚4.5厘米的普通砖砌筑。墓室长3.86、宽2、高2米；甬道长1.24、宽1.25、高1.9米（图一〇）。

第三类：土洞墓。共计14座。有墓室、墓道、甬道。可分为三型。

A型　6座。先挖掘土洞，后整个墓室采用一侧模印花纹的普通砖砌筑（图七，5）。ⅡM16，方向190°（图一一）。ⅡM12，为纪年砖墓，砖上有“永元十一年造”字样（图七，6）。

B型　6座。部分先挖掘土洞，采用一侧模印花纹的普通砖仅砌筑边墙，无券顶，有些无铺地（图一三）。ⅡM17、ⅡM18除模印花纹砖外，还夹杂有刻“万口建初六年造”的纪年砖（图二〇，1），另有部分铭文砖铭文未能释读（图二〇，2）。ⅡM19，加铺地（图一四）。ⅡM11，仅用砖砌筑甬道口部分（图一五）。

C型　不使用砖砌筑的纯土洞墓。2座。ⅡM8，方向160°。外有墓道，墓室内葬6人。墓室长6.35、宽1.85米，后端稍窄，高2.1米；甬道长1.85、宽1.05、高1.55米（图一六）。

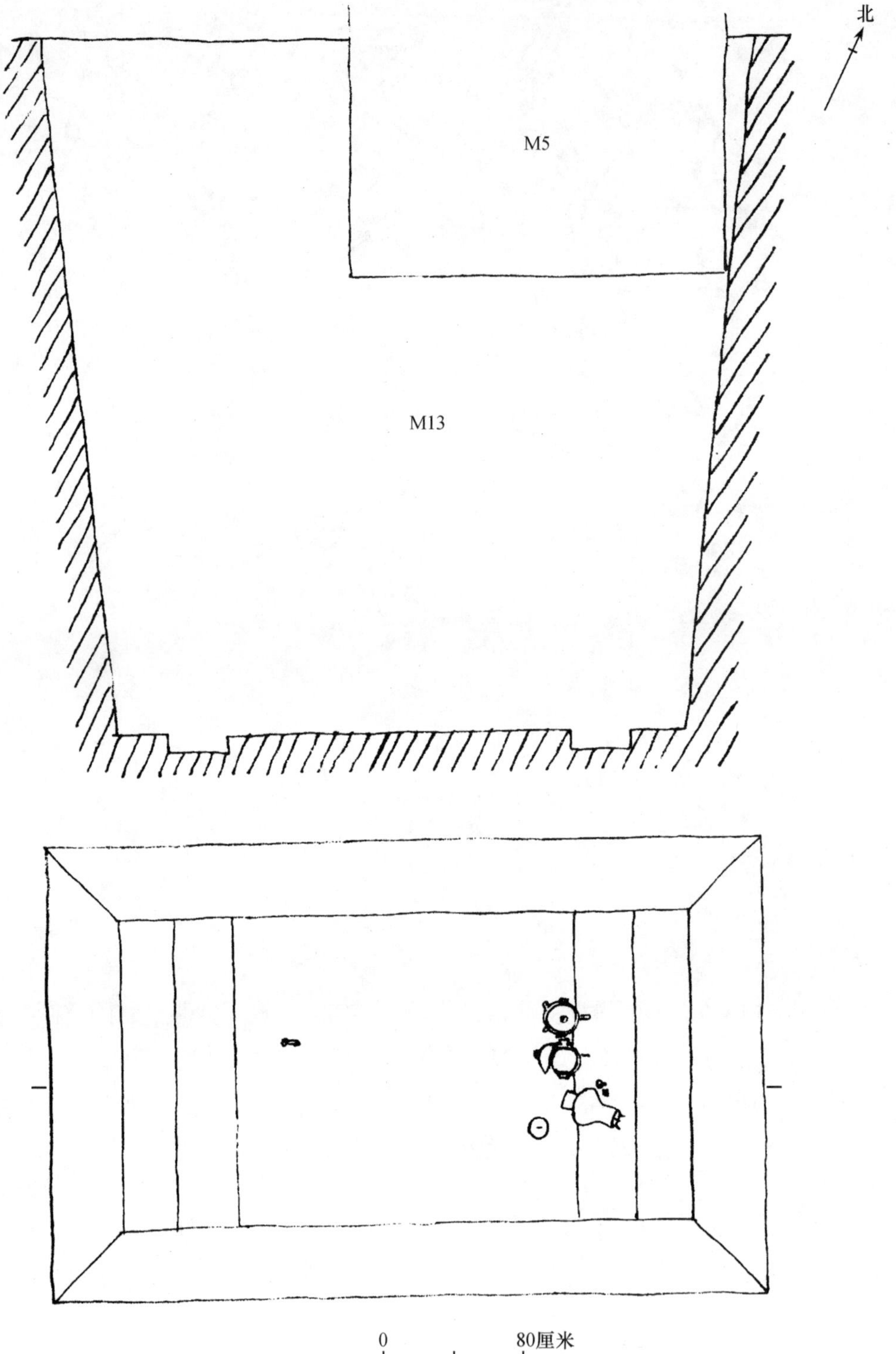

图六 ⅠM13平、剖面图

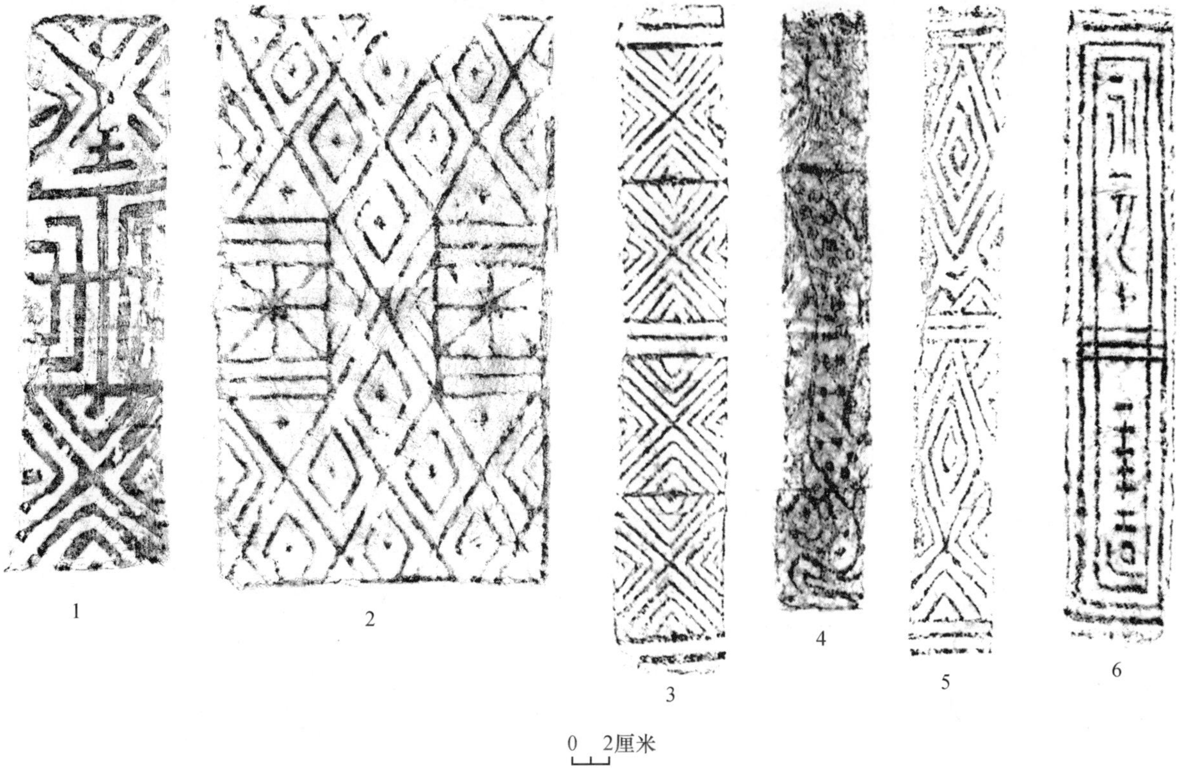

图七 墓砖拓片

1、2. ⅠM5 3、4. ⅢM3 5、6. ⅡM12

（二）随葬器物

1. 铜器

剑 2件。ⅠM14：3，短腊斜宽从薄格式，两从均匀，腊较短，薄格，圆首圆茎无箍。长43厘米（图一七，1）。ⅠM6：6，狭前锷，从较宽，有脊，前锷狭收，甚锐利，格呈倒凹字形，圆首圆茎上有两箍。长43.7厘米（图一七，2）。

矛 2件。ⅠM14：1，宽骹狭刃，前锋锐厚，刃两侧有血槽，血槽处有暗花纹，骹正面一小系。长25.2厘米（图一七，3）。ⅠM6：3，尖锋，薄刃，长骹，两翼上有血槽，血槽曳后处有镂孔。长23.6厘米（图一七，4）。

镞 3件。ⅠM6：5，尖锋，薄刃，三角翼，圆本，圆关，三角形铤较长。长10.2厘米（图一七，5）。

铎 1件。ⅠM6：4，形体短阔，足部呈凹弧形，顶部为长方形銎，原应装木柄，已朽烂不存。铎内舌已不存。长6、宽5、高6.6厘米（图一七，6）。

镜 2件。分二型。

A型 1件。ⅠM13：14，凸缘弦纽，圆纽。羽地纹。以凹弧的曲折状菱形纹将镜背分割成九小区，小区内饰四瓣花，主纹为菱形花叶纹。镜面基本水平。径11.6厘米（图一七，7；图二二，1）。

B型 1件。ⅡM10：1，仅存部分。从复原情况看，应为百乳镜。连弧缘，连峰式纽。四

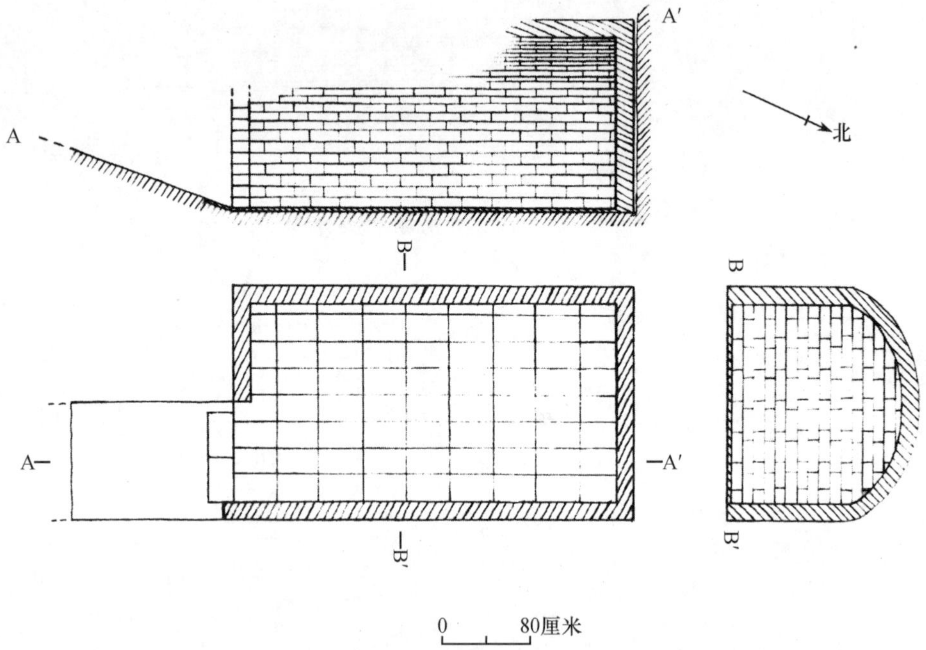

图八　Ⅰ M5平、剖面图

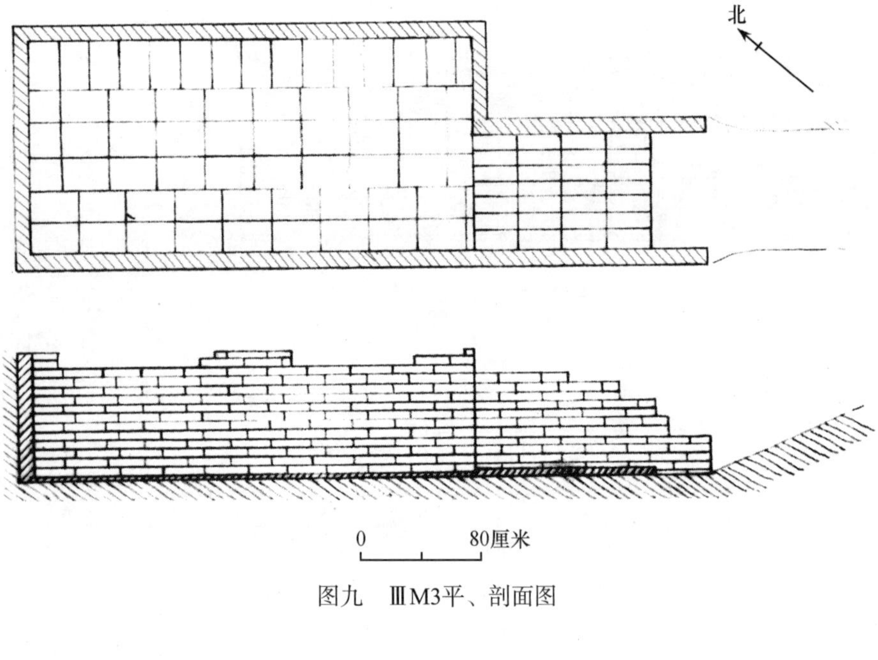

图九　ⅢM3平、剖面图

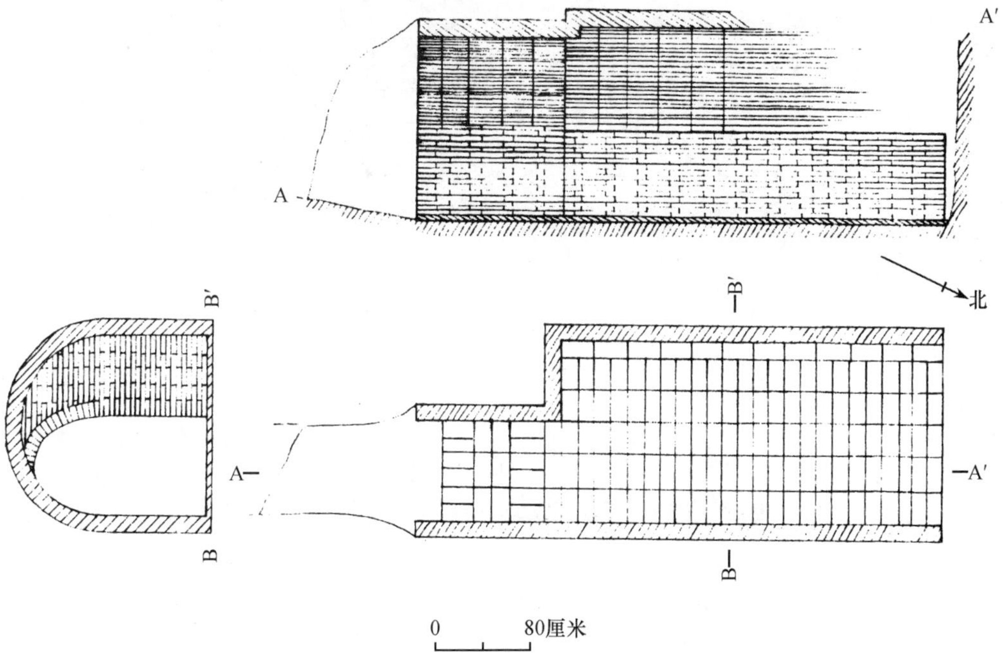

图一〇 ⅡM4平、剖面图

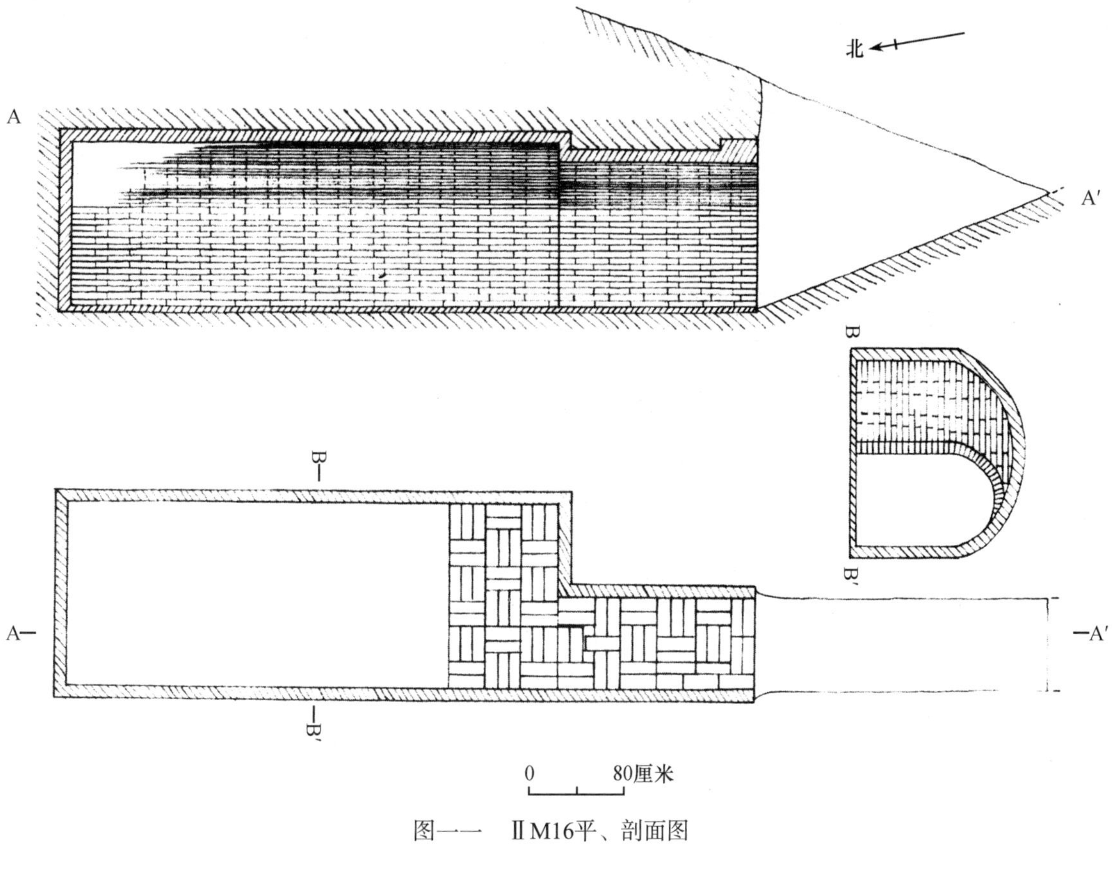

图一一 ⅡM16平、剖面图

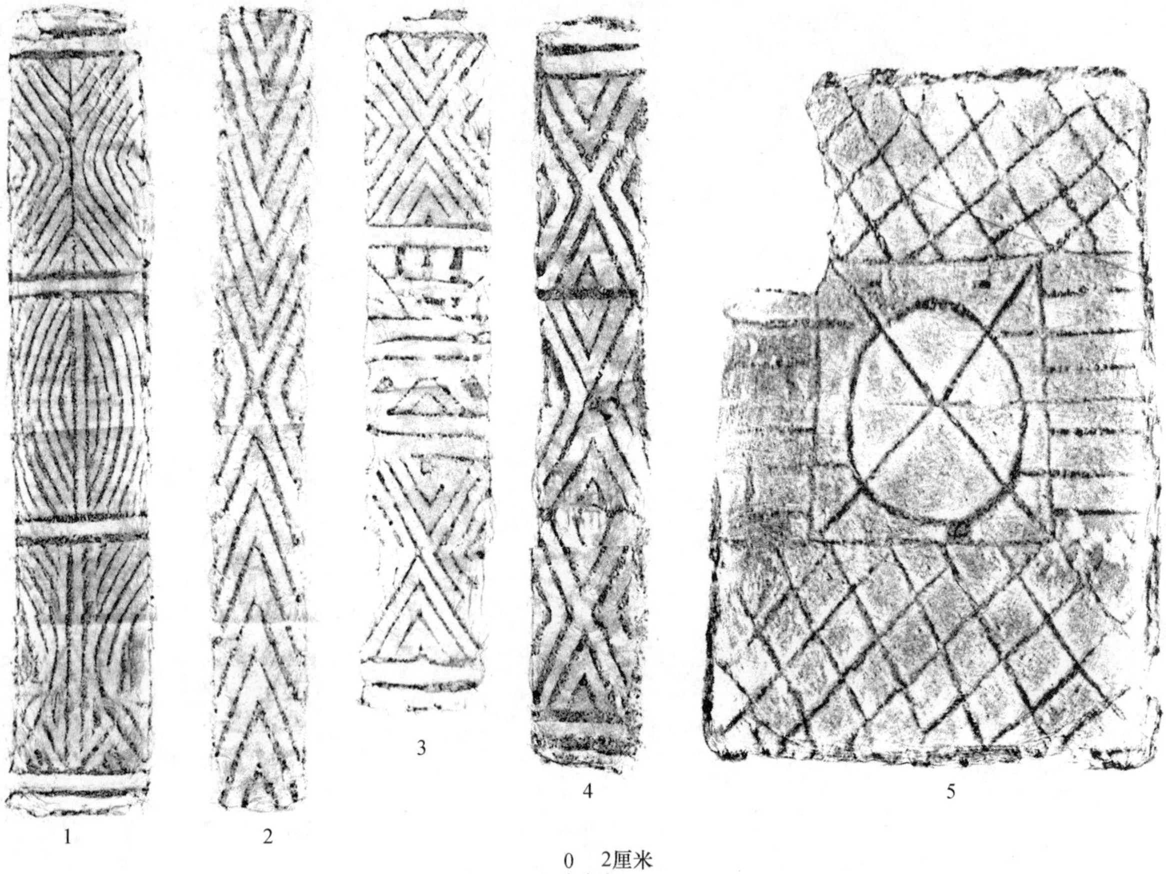

图一二　ⅡM22、ⅡM13、ⅡM14、ⅢM3墓砖拓片

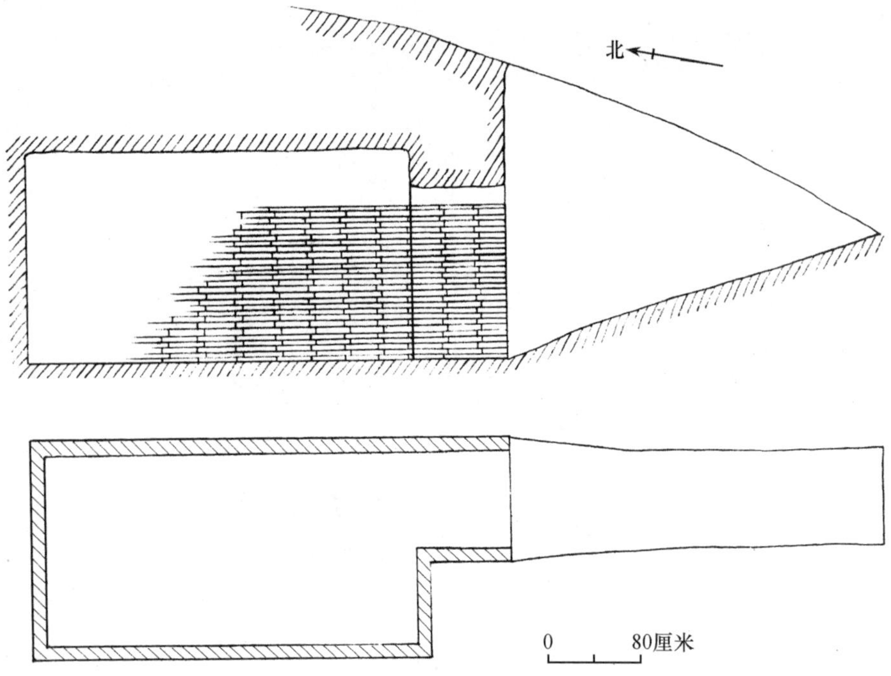

图一三　ⅡM18平、剖面图

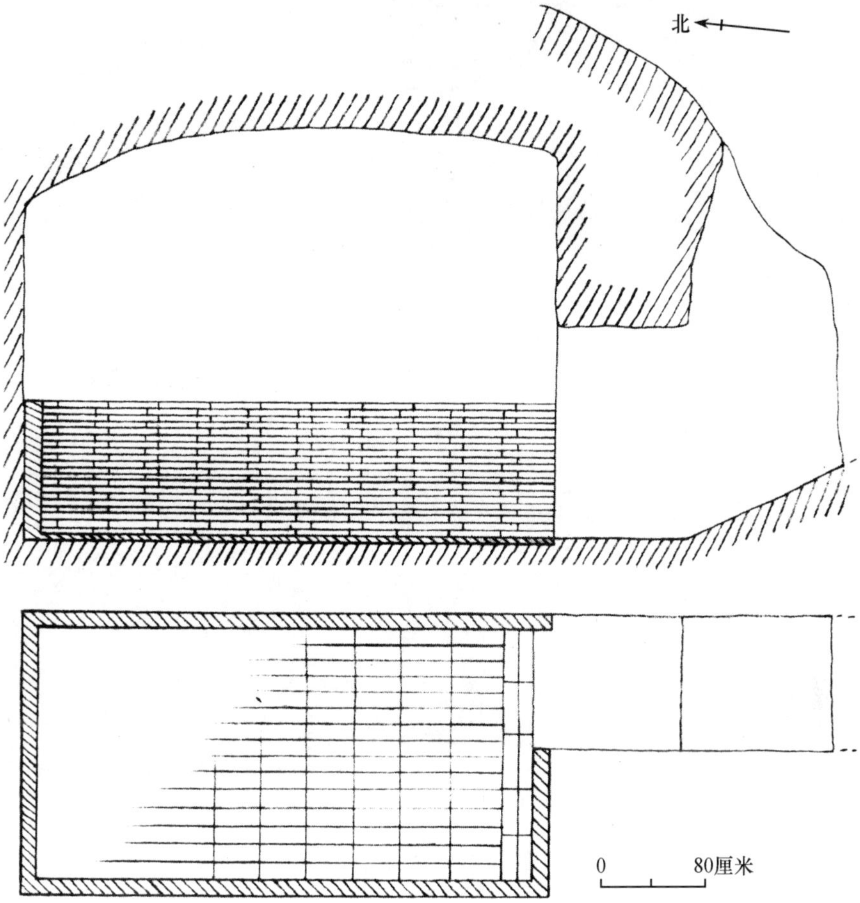

图一四 ⅡM19平、剖面图

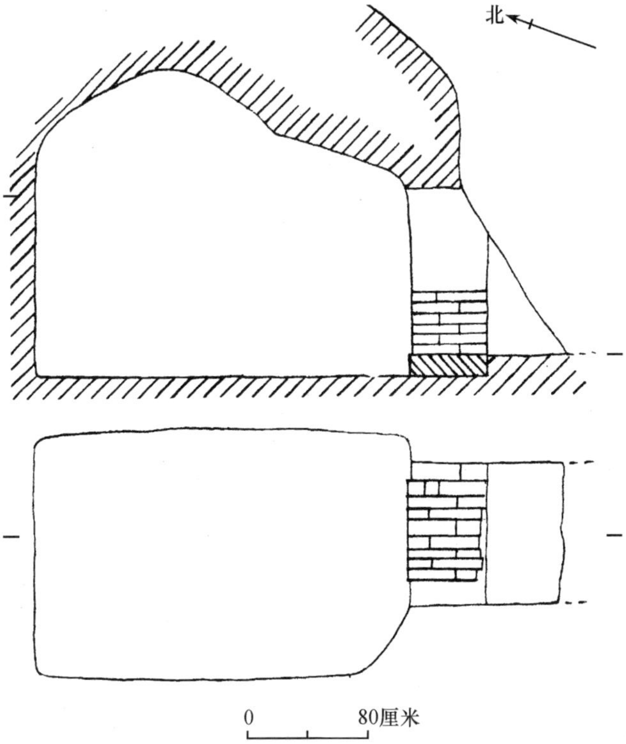

图一五 ⅡM11平、剖面图

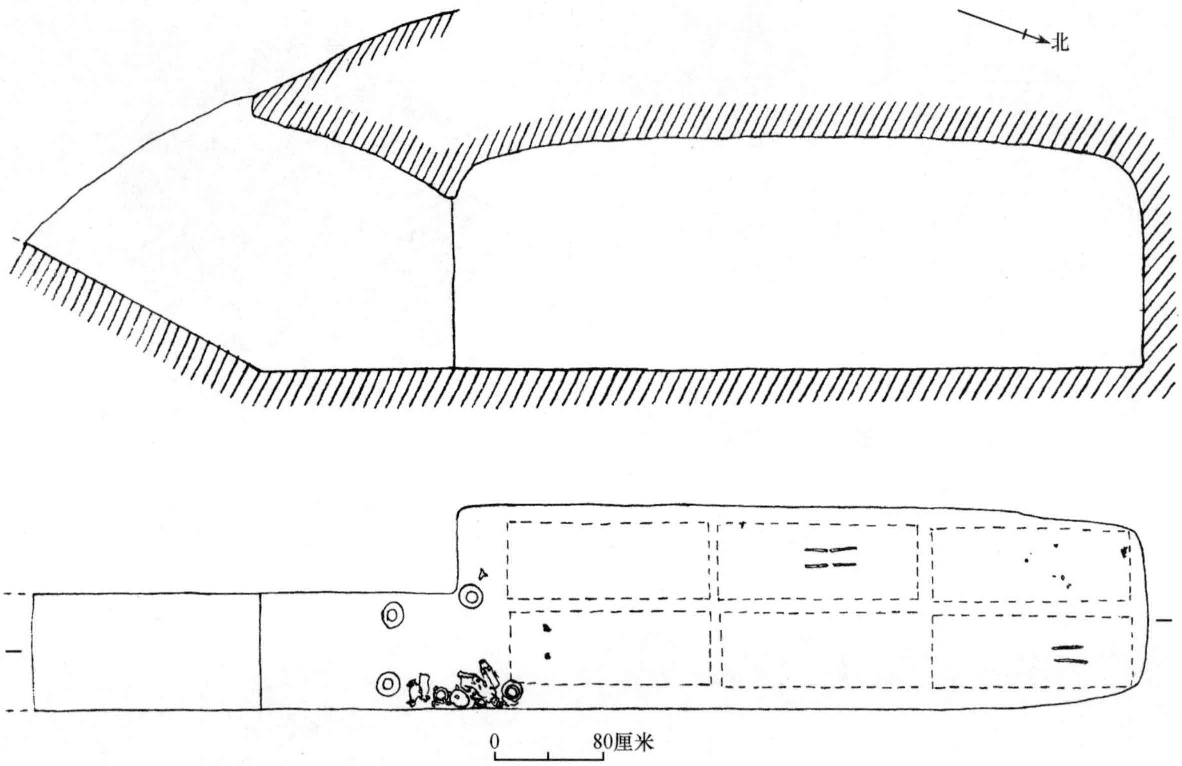

图一六 ⅡM8平、剖面图

花瓣芯。内连弧纽座。镜主纹饰的四座圆乳峰将连乳峰分成四区，每小区饰五小乳。镜面微凸。径11厘米（图一七，8）。

印章 1枚。ⅠM13：2，方印，桥纽。印面阳刻篆书“瞿奋”二字。有边郭。径1.6、高1.25厘米（图一七，9；图二〇，5）。

带钩 3件。按其形制分二型。

A型 1件。钩身呈圆牌形。ⅠM13：3，钩身呈圆牌。钩上饰兽面纹。钩尖断失。长7.6厘米（图一七，10）。

B型 2件。钩身呈长条形。ⅡM9：10，钩身呈长条状，侧视呈“S”形。长5.2厘米（图一八，1）。ⅡM20：8，钩身呈长条状，侧视呈“S”形。长6.5厘米（图一八，2）。

铜盖铁鼎 2件。ⅠM13：5，铜盖铁身。敛口，方唇，鼓腹，圜底。两附耳，三蹄足饰兽首。腹上一凸弦纹。口上覆一隆顶盖，盖顶一桥纽，纽中穿一圆环，另缀三个卧牛形纽。盖上两道凸弦纹。腹径17.8、高18.5厘米（图一八，3）。

壶 1件。ⅠM13：1，侈口，方唇，束颈，溜肩，鼓腹，平底，圈足。肩腹部各有三道凸弦纹。肩腹部置两铺首衔环。圈足处有篆书阴刻铭文“瞿奋”两字。口上覆一隆顶盖，三爪形纽。口径8.2、腹径16.2、足径10.6、高27厘米（图一八，4；图二〇，4）。

鍪 2件。ⅡM16：14，敞口，尖唇，束颈，斜折肩，弧腹下收，圜底。肩部对称置两竖耳。底部有烟熏使用痕迹。口径19.6、腹径21.2、高16.8厘米（图一八，5）。

盆 1件。ⅡM16：15，敛口，折沿，深鼓腹，平底，圈足。腹部五道弦纹。腹部对称置两铺首衔环。口径26、腹径24.2、足径16、高15.3厘米（图一八，6）。

图一七　出土铜器

1、2. 剑（ⅠM14：3、ⅠM6：6）　3、4. 矛（ⅠM14：1、ⅠM6：3）　5. 镞（ⅠM6：5）　6. 铎（ⅠM6：4）　7. A型镜（ⅠM13：14）　8. B型镜（ⅡM10：1）　9. 印章（ⅠM13：2）　10. A型带钩（ⅠM13：3）

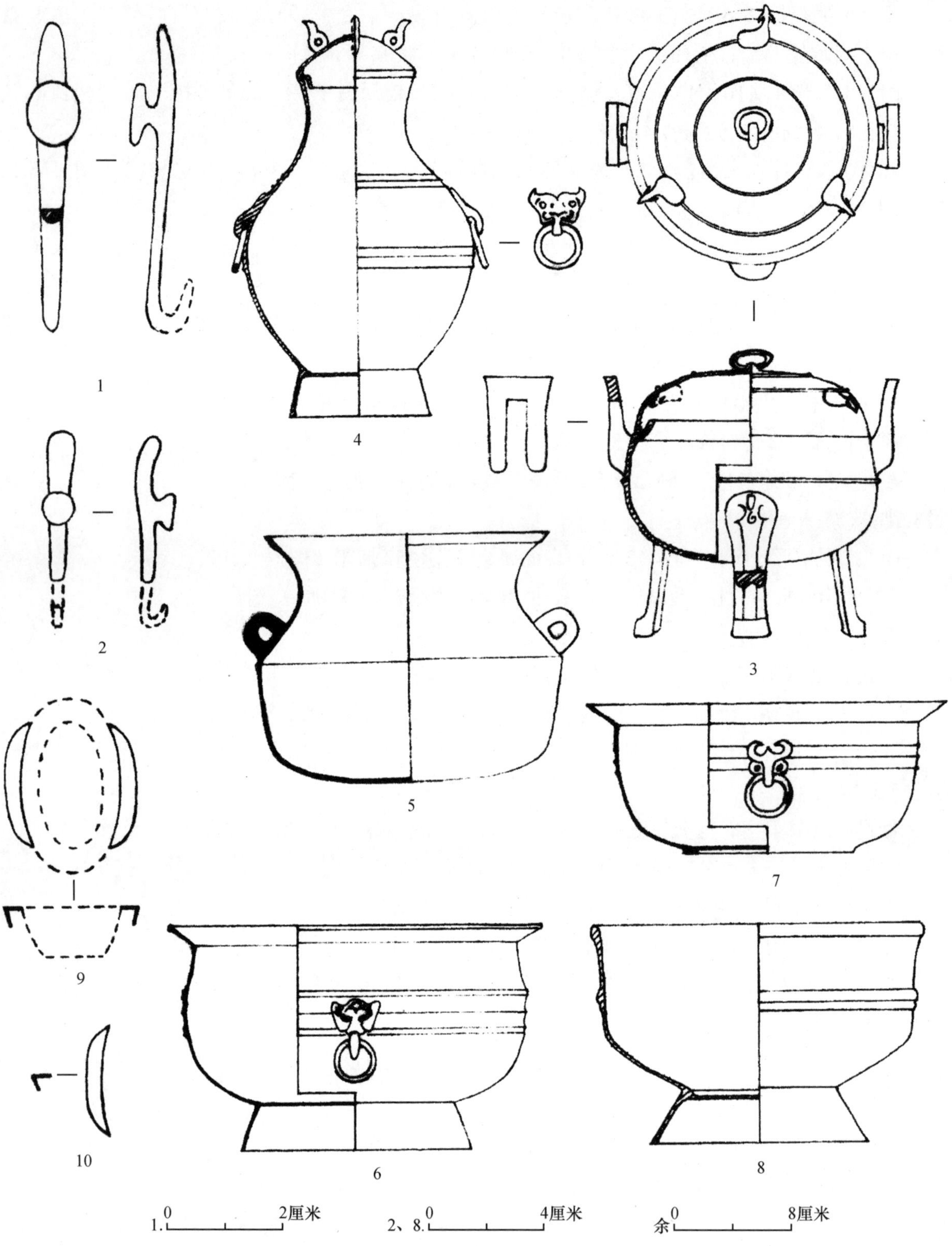

图一八　出土铜器

1、2. B型带钩（ⅡM9：10、ⅡM20：8）　3. 铜盖铁鼎（ⅠM13：5）　4. 壶（ⅠM13：1）　5. 鍪（ⅡM16：14）　6. 盆（ⅡM16：15）　7. 洗（ⅡM16：16）　8. 碗（ⅡM16：17）　9、10. 耳杯釦（ⅡM24：2、ⅡM18：1）

洗　1件。ⅡM16：16，侈口，折沿，弧腹下收，平底，矮圈足较宽。腹部饰三道凸弦纹，腹上对称置两铺首衔环。口径24.8、底径11.6、高10.2厘米（图一八，7）。

碗　1件。ⅡM16：17，直口微侈，圆唇，弧腹较深，平底，圈足外撇。腹上两道凸弦纹。口径11.4、底径7.5、高7.4厘米（图一八，8）。

耳杯釦　3件。ⅡM24：2。表面鎏金。断面呈“L”形。长8.4、宽1.2厘米（图一八，9）。ⅡM18：1，表面鎏金。长7.4、宽1.2厘米（图一八，10）。

碗口釦　1件。ⅡM22：14，表面鎏金。断面呈“L”形。直径12、宽0.8厘米（图一九，1）。

环　2件。ⅡM8：25，断面呈椭圆形。直径5.1厘米（图一九，2）。ⅡM21：5，断面呈圆形。直径2厘米（图一九，3）。

串珠　2枚。ⅡM11：7，中间有小孔，可穿绳。直径0.45厘米（图一九，4）。

鎏金棺饰　多为钉饰。分三型。

A型　圆牌形。7件。ⅡM22：16，表面鎏金。直径5.6厘米（图一九，5）。ⅡM13：7，直径3.5厘米（图一九，6）。

B型　圆帽形。1件。ⅡM13：8，表面鎏金。直径5.8厘米（图一九，7）。

C型　椭圆形。1件。ⅡM13：5，表面鎏金。直径7.7、宽4厘米（图一九，8）。

五铢　分三式。

Ⅰ式：隶书阳文。“五”字交笔较弯曲；“朱”字头上笔方折；“金”与“朱”等齐，“金”字头呈镞形，较小。字迹清晰，有边郭。直径2.5厘米（图二二，2、3）。

Ⅱ式：隶书阳文。“五”字交笔弯曲；“金”字头较大；“朱”字头上笔圆折。有边郭。直径2.5厘米（图二二，4、5）。

Ⅲ式：隶书阳文。为剪轮五铢，2枚。边郭被磨或剪掉。直径2.3厘米（图二二，6）。

大泉五十　按大小分二式。

Ⅰ式：篆体阳文。方穿。有边郭。直径2.8厘米（图二二，7）。

Ⅱ式：篆体阳文。方穿。有边郭。直径2.5厘米（图二二，8）。

货泉　篆体阳文。方穿。有边郭，有的边郭较窄，有的稍宽。直径2.3厘米（图二二，9）。

2. 铁器

削刀　2件。ⅡM17：1，半环首。扁形柄。残长16、宽1.3厘米（图一九，9）。

臿　1件。ⅠM13：8，方口凹銎，宽体。长9.6、残宽8.7、厚2.2厘米（图一九，10）。

3. 陶器

鼎　6件。根据鼎足可分二型。

A型　5件。高蹄足。依据高矮分二式。

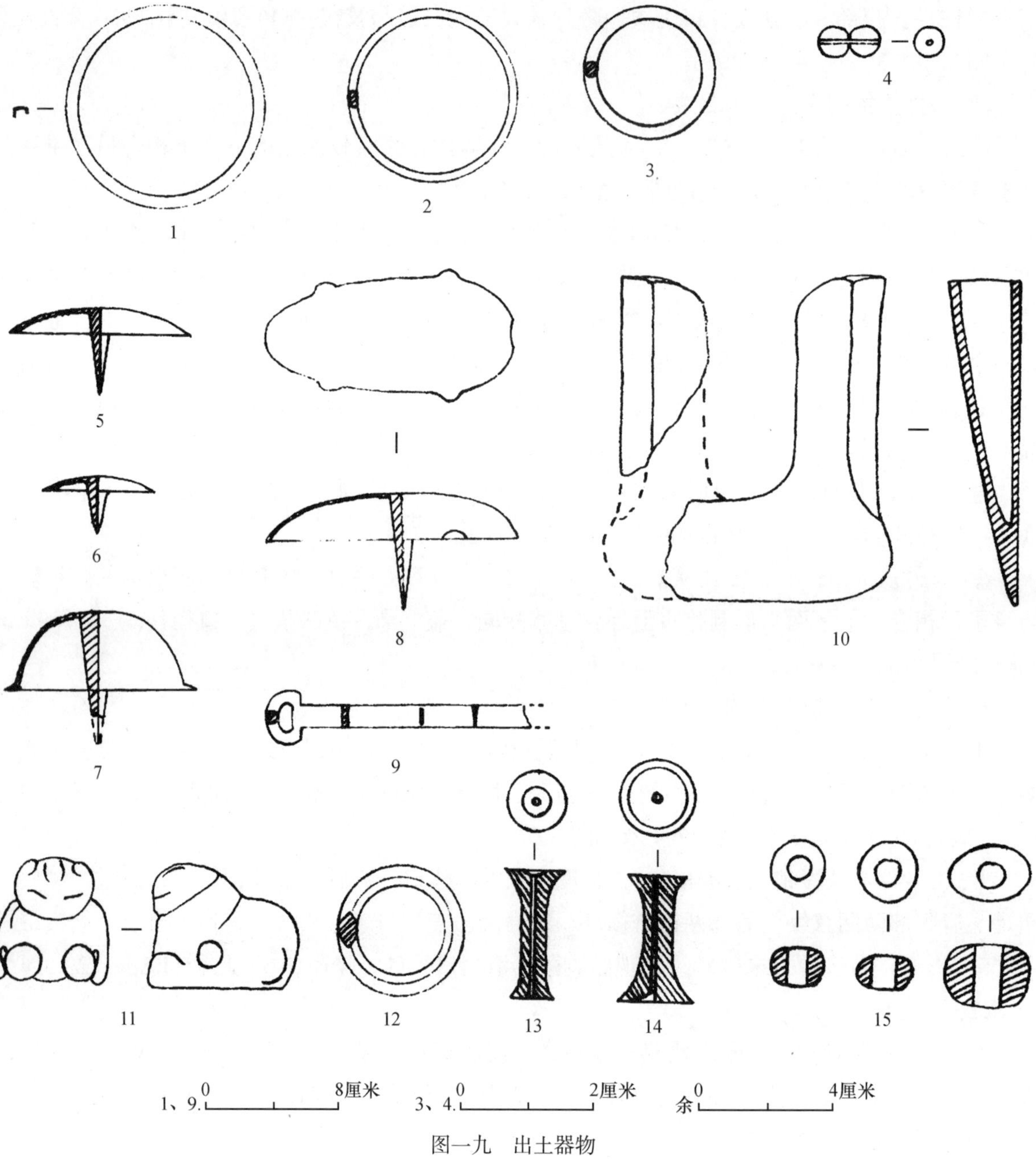

图一九　出土器物

1. 铜碗口釦（ⅡM22：14）　2、3. 铜环（ⅡM8：25、ⅡM21：5）　4. 铜串珠（ⅡM11：7）　5、6. A型鎏金铜棺饰（ⅡM22：16、ⅡM13：7）　7. B型鎏金铜棺饰（ⅡM13：8）　8. C型鎏金铜棺饰（ⅡM13：5）　9. 铁削刀（ⅡM17：1）　10. 铁臿（ⅠM13：8）　11. 炭精虎饰（ⅡM8：22）　12. 琉璃环（ⅠM14：2）　13、14. 琉璃瑱（ⅡM8：21、ⅡM21：7）　15. 骨串珠（ⅡM8：23）

Ⅰ式：3件。蹄足较高。ⅠM6：2，仅存蹄足，未能复原。蹄足高12.4厘米（图二一，1）。ⅠM7：5，仅存蹄足，未能复原。蹄足高12.2厘米（图二一，4）。

Ⅱ式：2件。蹄足稍矮。ⅡM20：2，泥质灰陶。敛口，方唇，鼓腹，圜底。两附耳，三蹄足。盖微隆，与身子母相合，上一桥纽，孔中穿一圆环。盖上三道凹弦纹。盖及器原有朱砂彩绘，已剥落不清。口径14.8、腹径19.4、高16.2厘米（图二一，2）。

B型　1件。柱足。ⅠM15：1，泥质灰陶。敛口，方唇，子母口，鼓腹，圜底。两附耳，

三方形柱足。腹部一凸弦纹。口上覆一隆顶盖，盖上三道凸弦纹。口径20、腹径24、高26.4厘米（图二一，3）。

敦　5件。依据腹部分为二式。

Ⅰ式：2件。深腹。ⅠM7：1，泥质灰陶。口微敛，弧腹较深。上下两半相合呈鹅蛋形。上下各缀三纽。口径19、高22.8厘米（图二一，6）。

Ⅱ式：3件。腹部稍浅。ⅡM20：5，泥质灰陶。方唇。上下相合呈扁球形。上下各饰两道凹弦纹。各辍三个“S”形纽。敦上原有朱砂彩绘，但已剥落不清。口径19.2、高24厘米（图二一，7）。ⅠM6：1，泥质灰陶。方唇，顶部略显尖隆。上下两半相合呈圆角菱形。上下各缀三个爪形纽。口径18.8、高20.5厘米（图二一，10）。

豆　2件。ⅠM15：3，泥质红褐陶，外施灰衣。敞口，圆唇，浅盘，柱形柄，喇叭底。素面。口径13.6、柄径2.8、底径8.4、高15.6厘米（图二一，5）。

鍪　1件。ⅢM1：2，泥质灰陶。敛口，较宽，鼓腹，圜底。腹上部缀一耳（鋬）。素面。口径13.4、腹径15.8、高12.2厘米（图二一，8）。

盒　1件。ⅡM5：1，泥质灰陶。敛口，方唇，折腹，平底，矮圈足。腹上两凹弦纹。盖与身子母相合。上下两半形制除口沿外，基本相同。盖上饰一道凹弦纹。口径16.6、足径9.6、高15.2厘米（图二一，9）。

长颈壶　5件。依据形制分为二式。

Ⅰ式：3件。圆腹较深。ⅠM7：3，泥质灰陶。侈口，方唇，束颈，溜肩，鼓腹，凹底，圈足。盖微隆。子口。盖上三尖状纽。壶身颈、腹部各饰两道凹弦纹。肩部装饰两衔环。口径11.6、腹径15.2、足径8.5、高27.6厘米（图二三，1）。

Ⅱ式：2件。鼓腹稍浅。ⅡM20：3，泥质灰陶。侈口，方唇，束颈，溜肩，鼓腹，圜底，圈足。肩腹部两凹弦纹。肩部两铺首衔环。盖微隆。盖与身子母相合。盖顶一桥纽，周边缀三个“S”形纽。器表原有朱砂彩绘，现已剥落不清。口径11、腹径19.5、足径11.8、高29.5厘米（图二三，2）。

壶　1件。ⅡM9：1，颈部残缺，高不详。泥质灰陶。侈口，方唇，斜沿，束颈，溜肩，鼓腹，平底，圈足。腹上9道凸棱。肩腹部对称置两羊角系。口径12.6、腹径23.8、足径15.4厘米（图二三，3）。

广肩壶　7件。依据形制分三式。

Ⅰ式：1件。侈口，腹较深。ⅠM5：6，泥质灰陶。侈口，尖唇，斜沿，束颈，广斜肩，弧腹下收，凹底。最大径在肩腹部。肩部一周压印纹，下腹至底饰粗绳纹。口径15.8、腹径31、底径9.6、高29厘米（图二三，6）。

Ⅱ式：4件。敞口，腹稍浅。ⅡM9：14，泥质灰陶。敞口，斜沿，束颈，广斜肩，弧腹下收，凹底。肩部饰三圈网格纹，下腹至底饰粗绳纹。高28.2、口径18.5、腹径30、底径10厘米（图二三，5）。

Ⅲ式：2件。敞口外翻，腹较浅。ⅡM22：1，泥质灰陶。敞口外翻，方唇，斜沿，束颈，广斜肩，弧腹下收，凹底。肩部饰两圈网格纹，腹底部饰粗绳纹。口径15.2、腹径22.8、底径9.6、高23.8厘米（图二三，4）。

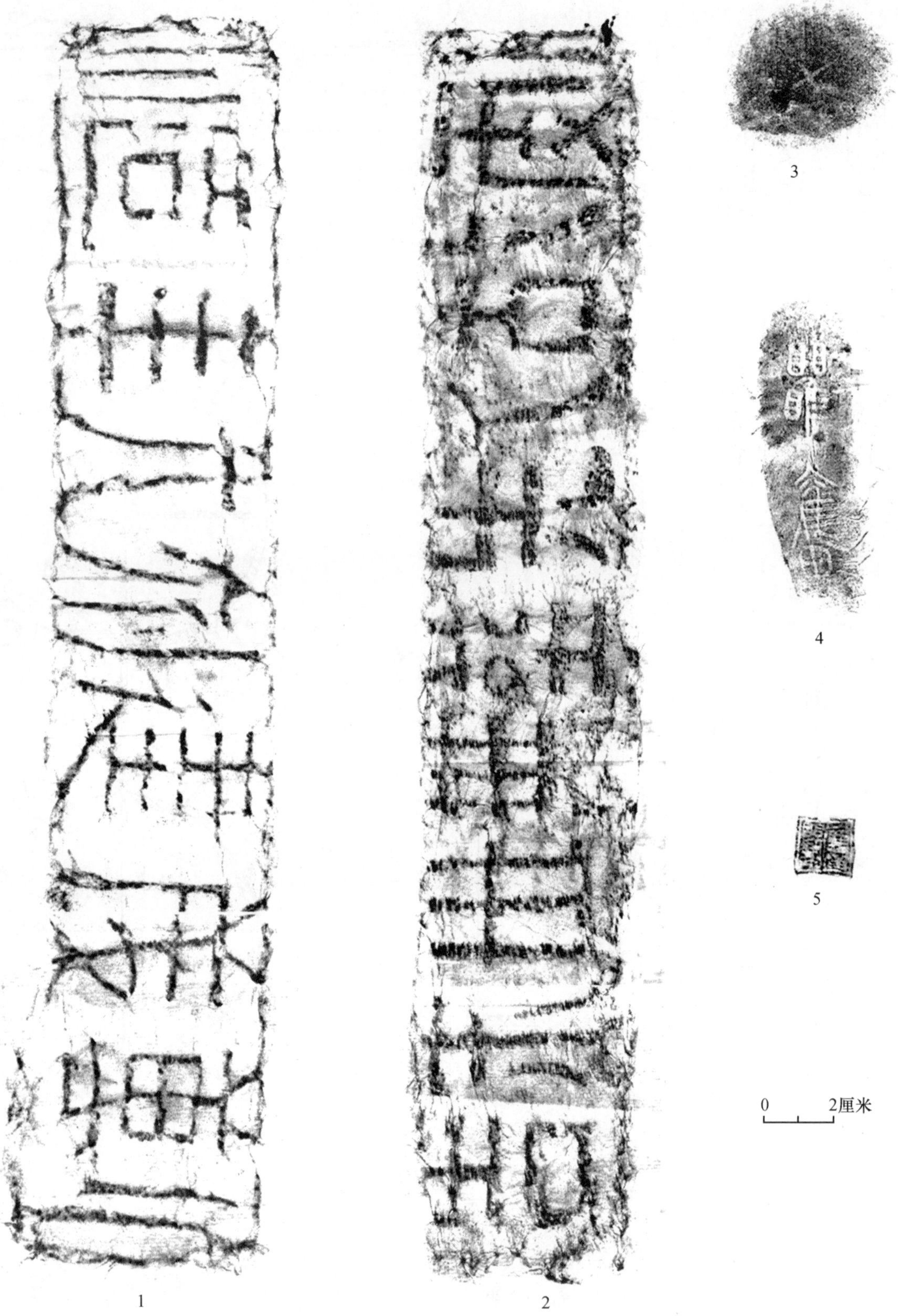

图二〇　拓片

1、2. ⅡM18墓砖　3. 陶钵（ⅡM3：4）　4. 铜壶（ⅠM13：1）　5. 铜印章（ⅠM13：2）

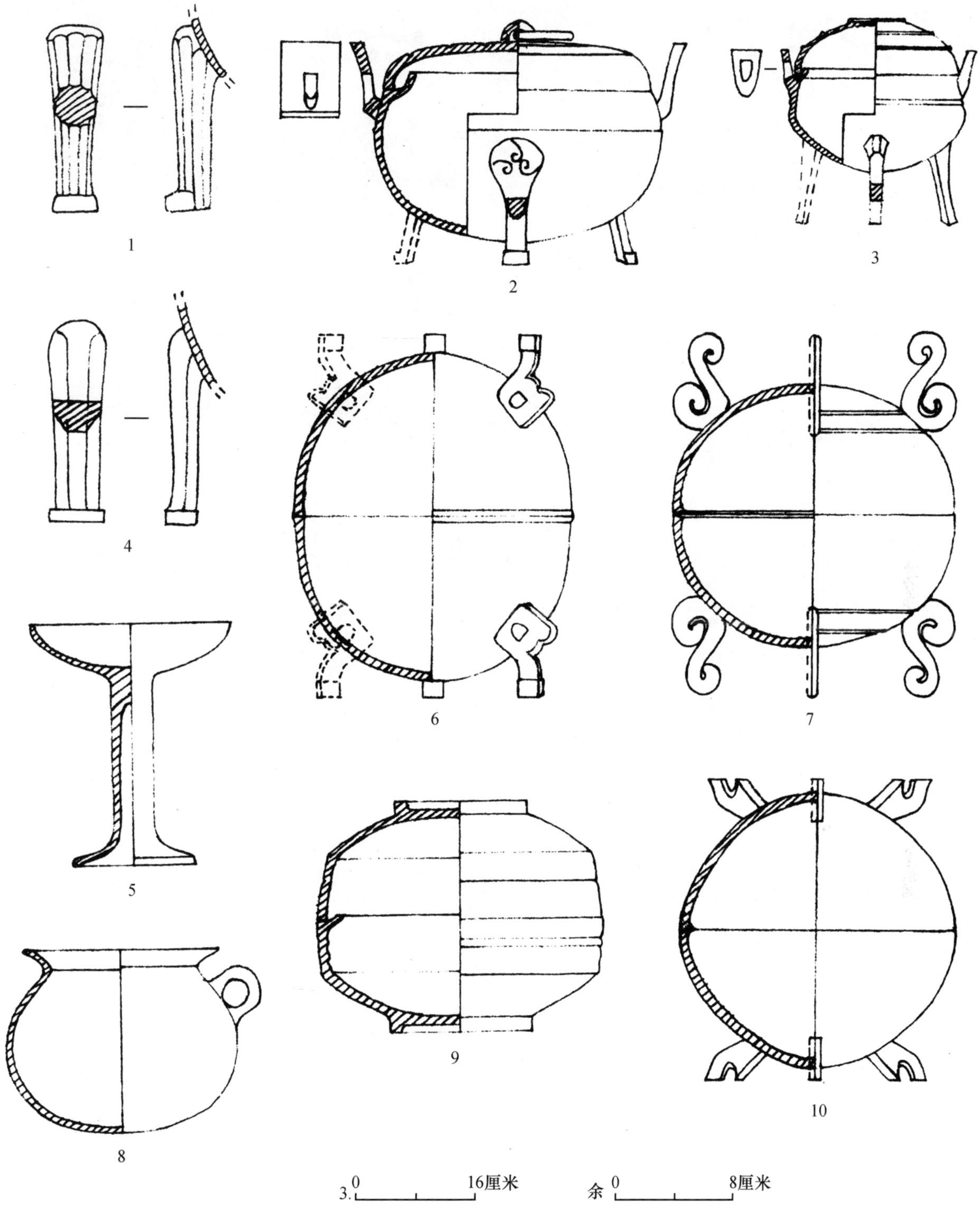

图二一　出土陶器

1、4. A型Ⅰ式鼎（ⅠM6：2、ⅠM7：5）　2. A型Ⅱ式鼎（ⅡM20：2）　3. B型鼎（ⅠM15：1）　5. 豆（ⅠM15：3）　6. Ⅰ式敦（ⅠM7：1）　7、10. Ⅱ式敦（ⅡM20：5、ⅠM6：1）　8. 鍪（ⅢM1：2）　9. 盒（ⅡM5：1）

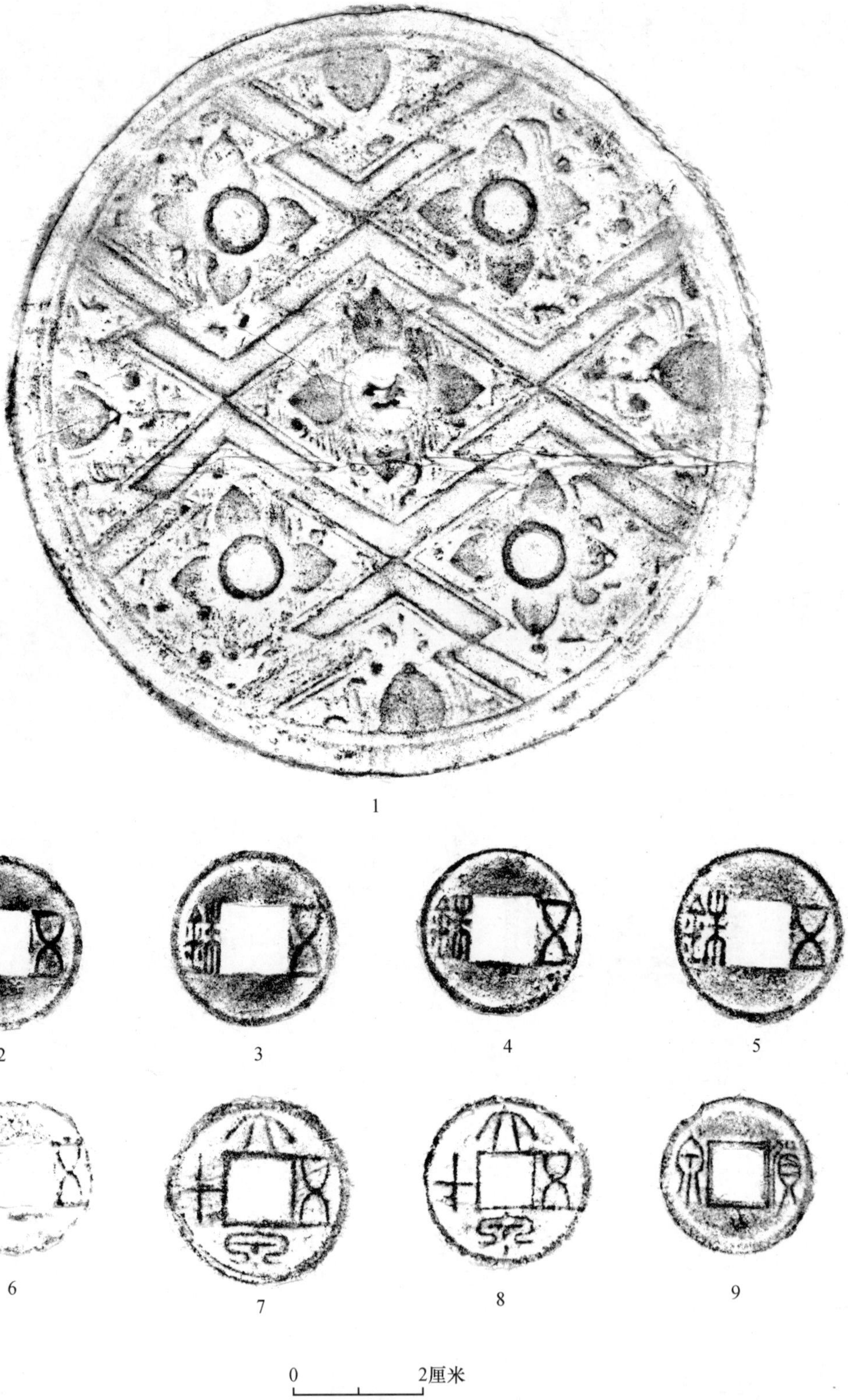

图二二　铜镜、铜钱币拓片

1. A型铜镜（ⅠM13：14）　2、3. Ⅰ式五铢　4、5. Ⅱ式五铢　6. Ⅲ式五铢　7. Ⅰ式大泉五十　8. Ⅱ式大泉五十　9. 货泉

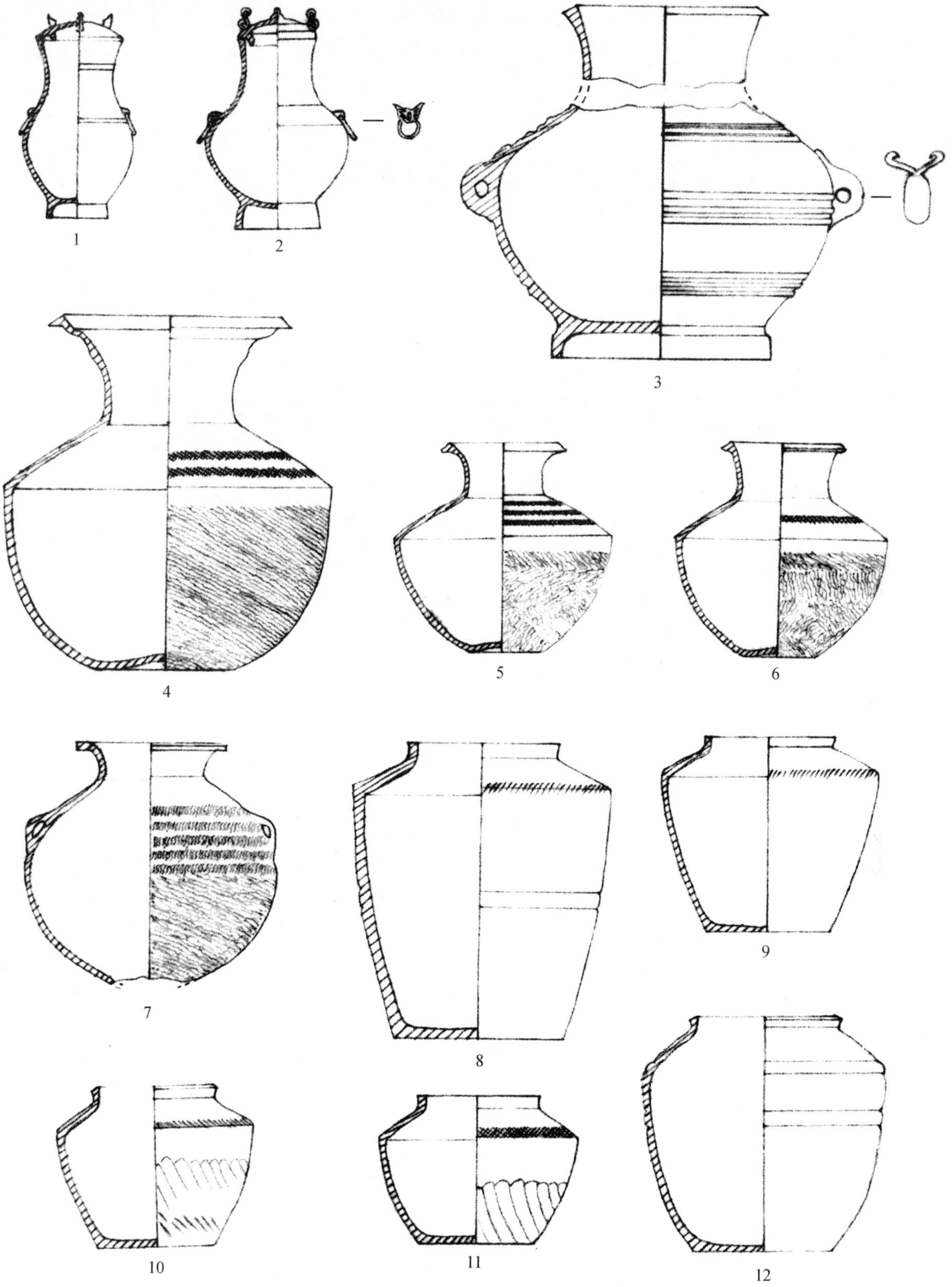

1、2、5~7. 0 16厘米 余0 8厘米

图二三 出土陶器

1. Ⅰ式长颈壶（ⅠM7：3） 2. Ⅱ式长颈壶（ⅡM20：3） 3. 壶（ⅡM9：1） 4. Ⅲ式广肩壶（ⅡM22：1） 5. Ⅱ式广肩壶（ⅡM9：14） 6. Ⅰ式广肩壶（ⅠM5：6） 7. 双耳圜底罐（ⅡM17：25） 8. Ⅰ式广肩罐（ⅠM5：1） 9、12. Ⅱ式广肩罐（ⅠM5：3、ⅠM5：38） 10、11. Ⅲ式广肩罐（ⅢM3：2、ⅡM17：9）

双耳圜底罐　1件。ⅡM17：25，泥质灰陶。敞口，方唇，平沿，束颈，溜肩，鼓腹，底不详。肩部饰两扁形耳，上腹饰间断绳纹，下腹至底饰绳纹。口径21.4、腹径35、残高33厘米（图二三，7）。

广肩罐　17件。矮领，肩较宽，折肩处多有压印纹或弦纹。依据形制可分三式。

Ⅰ式：3件。深腹略瘦。ⅠM5：1，泥质灰陶。直口，方唇，斜折肩，深弧腹下收，平底。肩部一圈压印纹，腹部两道凹弦纹。口径10.5、肩径17.8、底径11.6、高20厘米（图二三，8）。

Ⅱ式：8件。腹部略粗浅。ⅠM5：3，泥质灰陶。直口，方唇，广肩，弧腹略粗浅下收，平底。肩部饰一周压印纹。口径9.2、腹径15.2、底径8.8、高13.3厘米（图二三，9）。ⅠM5：38，泥质灰陶。侈口，方唇，斜肩，弧腹略粗浅下收，平底。最大径在肩腹部。肩部饰四道凹弦纹。口径11、腹径17.2、底径9.8、高15.8厘米（图二三，12）。

Ⅲ式：6件。浅腹较粗。ⅢM3：2，泥质灰陶。敛口，斜折肩，弧腹较粗，平底。肩部一圈压印纹，下腹多刮削痕。口径7.5、腹径13.6、底径8.2、高10.8厘米（图二三，10）。ⅡM17：9，泥质灰陶。直口，方唇，广斜肩，粗鼓腹下收，平底。最大径在肩腹部。肩部饰一周网格纹，下腹多刮削痕。口径8.5、腹径13.8、底径8.2、高10厘米（图二三，11）。

弇口广肩罐　15件。可分二型。

A型　6件。窄沿。依据肩部分二式。

Ⅰ式：3件。宽肩。ⅡM3：2，泥质灰陶。敛口，圆唇，溜肩较宽，弧腹下收，平底。下腹多刮削痕。口径7.2、腹径12.5、底径8.5、高8.2厘米（图二四，1）。

Ⅱ式：3件。肩稍窄。ⅡM8：5，泥质灰陶。敛口，方唇，斜肩稍窄，弧腹下收，平底。口径9.2、腹径13、底径7.4、高9厘米（图二四，2）。

B型　9件。口沿较宽。ⅠM5：27，泥质灰陶。敛口，圆唇，斜沿较宽，广溜肩，弧鼓腹下收，平底。肩部一圈压印纹。口径8.5、腹径16.8、底径9.2、高12.4厘米（图二四，3）。ⅠM5：34，泥质黄陶。敛口，圆唇，广斜肩下折，弧腹下收，平底。肩部一圈压印纹。口径8、腹径17.2、底径9.6、高12.8厘米（图二四，4）。

窄肩罐　矮领折肩。17件。依据形制分三式。

Ⅰ式：2件。筒腹较深。ⅡM16：3，泥质灰陶。敛口，尖唇，弧腹较深，平底。腹上一道凹弦纹。口径8.6、腹径11.4、底径7.6、高12.4厘米（图二四，5）。

Ⅱ式：9件。腹稍浅，下腹内收。ⅡM16：19，泥质灰陶。敛口，方唇，筒腹稍浅，鼓腹下收，平底。腹上一凸棱，下腹多刮削痕。口径8.6、腹径11、底径7.2、高11.6厘米（图二四，6）。ⅡM22：4，泥质灰陶。敛口，方唇，筒腹略鼓，平底。腹上一道凹弦纹。口径7.7、腹径10.5、底径5.6、高11.2厘米（图二四，7）。

Ⅲ式：6件。大口浅腹。ⅡM16：5，泥质灰陶。大口内敛，折肩，浅腹下收，平底，腹上一道凹弦纹。口径9.4、腹径11.4、底径7.8、高8.4厘米（图二四，12）。ⅡM23：1，泥质灰陶。大口内敛，方唇，浅弧腹下收，平底。腹上一道凹弦纹。口径10.8、腹径12.7、底径6.6、高11.2厘米（图二四，8）。

矮领鼓腹罐　1件。ⅡM23：2，泥质灰黑陶。直口，方唇，溜肩，鼓腹，底微凹。素面。

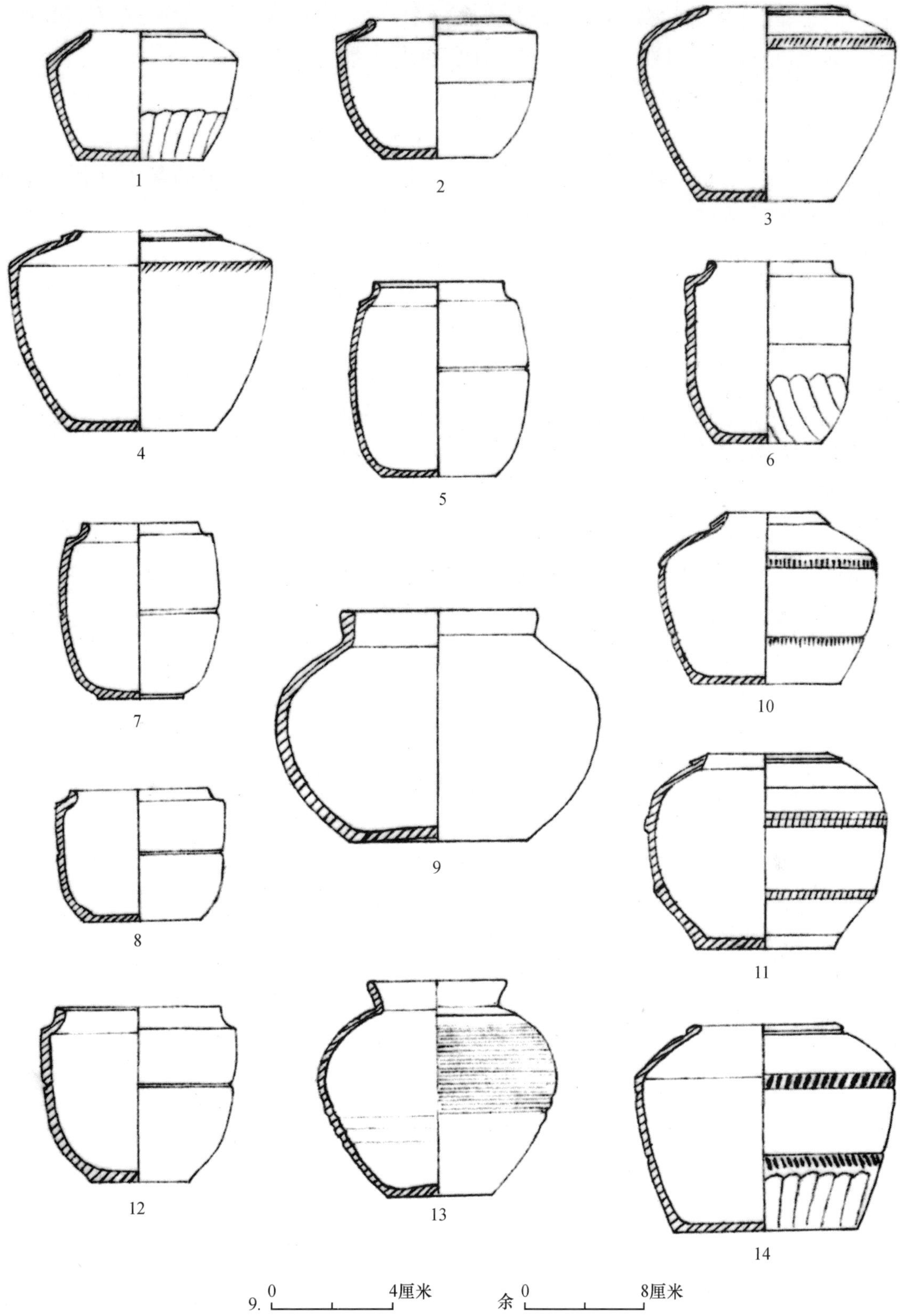

图二四　出土陶器

1. A型Ⅰ式弇口广肩罐（ⅡM3：2）　2. A型Ⅱ式弇口广肩罐（ⅡM8：5）　3、4. B型弇口广肩罐（ⅠM5：27、ⅠM5：34）　5. Ⅰ式窄肩罐（ⅡM16：3）　6、7. Ⅱ式窄肩罐（ⅡM16：19、ⅡM22：4）　8、12. Ⅲ式窄肩罐（ⅡM23：1、ⅡM16：5）　9. 矮领鼓腹罐（ⅡM23：2）　10. Ⅰ式弇口仓（ⅢM1：1）　11. Ⅱ式弇口仓（ⅡM9：5）　13. 束颈鼓腹罐（ⅡM21：1）　14. Ⅲ式弇口仓（ⅡM12：2）

口径12.8、腹径21.2、底径11.6、高14.8厘米（图二四，9）。

束颈鼓腹罐　1件。ⅡM21：1，泥质灰陶。敞口，圆唇，圆肩，鼓腹，平底。肩部一道凹弦纹，上腹多弦纹，腹壁内外多弦痕。口径10、腹径15.8、底径7、高13.8厘米（图二四，13）。

弇口仓　7件。弇口，筒腹。腹部饰两周压印纹。依据形制分三式。

Ⅰ式：1件。腹较浅。ⅢM1：1，泥质灰陶。弇口，斜沿，斜肩微折，浅弧腹略鼓，平底。腹部饰两圈压印纹。口径7、腹径14.6、底径11、高11厘米（图二四，10）。

Ⅱ式：3件。腹稍浅。ⅡM9：5，泥质灰陶。弇口，尖唇，广斜肩微折，弧腹下收，平底。腹上饰两圈压印纹。口径8、腹径15.8、底径9、高12.5厘米（图二四，11）。

Ⅲ式：3件。腹稍深。ⅡM12：2，泥质灰陶。弇口，圆唇，折斜肩，弧腹稍深，平底。腹上饰两周压印纹和凹弦纹，下腹多刮削痕。口径11.2、腹径17、底径13、高13.2厘米（图二四，14）。

矮领仓　1件。ⅠM5：26，泥质灰陶。直口，圆方唇，广斜肩下收，深腹略鼓，平底。折肩处一圈压印纹，腹部两道凹弦纹，上腹饰绳纹。口径9.8、腹径17.8、底径12.5、高23.6厘米（图二五，1）。

长颈壶形器　8件。依据口部形制分三式。

Ⅰ式：2件。侈口，鼓腹略深。ⅡM9：9，侈口，尖唇，斜沿，溜肩鼓腹略深，平底。下腹多刮削痕。口径3.2、腹径7.6、底径2.5、高6厘米（图二五，4）。

Ⅱ式：3件。敞口，瘪腹略浅。ⅠM5：13，泥质灰陶。敞口，尖唇，斜沿，束颈，瘪鼓腹较浅，平底。下腹多刮削痕。口径5.2、腹径8.7、底径2.5、高7.2厘米（图二五，5）。

Ⅲ式：3件。敞口外翻，瘪腹较浅。ⅡM17：6，泥质灰陶。敞口，尖唇，斜沿，束颈，瘪鼓腹较浅，平底。下腹多刮削痕。口径7.2、腹径9.2、底径5.2、高7.8厘米（图二五，6）。

单眼灶　4件。一火门，一灶眼。依据平面形制分二式。

Ⅰ式：3件。平面呈长方形。ⅡM9：3，泥质灰陶。平面大致呈长方形，四面抹角。立面上小下大呈梯形。平面一灶眼；立面前端一拱形灶门，门下有栏，四围下饰粗绳纹。灶上多小孔，系下葬前损坏后穿绳修补遗留。长20.8、宽14.2、高6.8厘米（图二五，2）。ⅡM17：5，泥质灰陶。平面呈长方形。灶面一灶眼，侧后角一排烟孔；立面一拱形火门，门下有栏。长16、宽12.2、高7厘米（图二五，3）。

Ⅱ式：1件。平面呈圆角长方形。ⅡM17：21，泥质灰陶。平面大致呈椭圆形。面上一灶眼，侧后一排烟孔；立面前端一拱形灶门，门下有栏，四周饰少许绳纹。长18.4、宽12.5、高7.7厘米（图二五，7）。

双眼灶　8件。二火门，二灶眼。依据形制分二型。

A型　3件。无挡火墙。分二式。

Ⅰ式：1件。拱形灶门，无下栏。ⅡM9：4，泥质灰陶。平面呈长方形，灶面两灶眼，两灶眼后部中间一排烟孔，立面前端两拱形灶门，门下无栏。长22、宽13、高6.7厘米（图二五，8）。

Ⅱ式：2件。拱形灶门，门下有栏。ⅠM5：36，泥质灰陶。灶面大致呈长方形。两灶眼一

图二五　出土陶器

1. 矮领仓（ⅠM5：26）　2、3. Ⅰ式单眼灶（ⅡM9：3、ⅡM17：5）　4. Ⅰ式长颈壶形器（ⅡM9：9）　5. Ⅱ式长颈壶形器（ⅠM5：13）　6. Ⅲ式长颈壶形器（ⅡM17：6）　7. Ⅱ式单眼灶（ⅡM17：21）　8. A型Ⅰ式双眼灶（ⅡM9：4）　9、10. A型Ⅱ式双眼灶（ⅠM5：36、ⅠM5：18）

大一小，灶面后端中间一排烟孔；立面前端两拱形灶门，门下有栏。长26.5、宽18.2、高8.2厘米（图二五，9）。ⅠM5：18，泥质黄陶。灶面大致呈长方形。灶面两灶眼，后部中间一排烟孔；立面前端两拱形灶门，门下有栏。长25.5、宽15.8、高6.8厘米（图二五，10）。

B型　5件。两端各有一挡火墙，方形灶门。依据烟道设置分三式。

Ⅰ式：2件。无烟道。ⅡM22：7，泥质灰陶。平面呈长方形。灶面两侧有挡火墙，两灶眼；立面前端两长方形火门，门下有栏。长27.3、宽11.5、高12.5厘米（图二六，1）。

Ⅱ式：2件。烟道设置在一端挡火墙上。ⅡM22：2，泥质灰陶。平面呈长方形。灶面两灶眼，两侧有挡火墙，一排烟孔（烟囱）紧靠一侧挡火墙上，灶面一头稍高，一头略低；立面前端两长方形灶门，门下有栏。长25.8、宽12.8、高13厘米（图二六，2）。

Ⅲ式：1件。两烟道各设置在灶眼后部。ⅡM8：10，泥质灰陶。平面呈长方形。两侧有挡火墙。灶面与挡火墙一边稍高一边略低。灶面两灶眼，灶眼后部对应各有一排烟孔；立面前端两长方形灶门，门下有栏。长27、宽13.8、高11厘米（图二六，3）。

甑　11件。根据口部特征分三式。

Ⅰ式：1件。侈口，方唇。ⅡM9：6，泥质灰黄陶。敛口，方唇，弧腹，圜底。底部10个小孔。口径12.1、高6.5厘米（图二六，4）。

Ⅱ式：5件。折沿，沿面外斜。ⅡM9：7，泥质灰陶。敛口，尖唇，斜折沿，沿下束颈，弧腹下收，平底。腹上一凹弦纹，下腹多刮削痕。底部6小孔。口径8.8、底径3.4、高7.6厘米（图二六，5）。ⅠM5：25，泥质灰陶。侈口，尖唇，斜沿，沿下稍束，鼓腹微折收，平底。底部7小孔。口径10.4、底径3.2、高7.6厘米（图二六，6）。

Ⅲ式：5件。折沿，沿面较平。ⅡM17：18，泥质灰陶。敞口，圆唇，沿面较平，直腹下折收，平底。下腹多刮削痕。底部9小孔。口径11.8、底径4.4、高4.8厘米（图二六，7）。ⅡM4：1，泥质灰陶。敞口，圆唇，折沿较平，弧腹下收，平底。底部一孔较大。下腹多刮削痕。口径10.5、底径3.4、高4.2厘米（图二六，8）。

碗　8件。根据形制分二式。

Ⅰ式：5件。折沿，沿面略外斜。ⅡM9：8，泥质灰陶。直口，尖唇，斜沿，弧腹下收，平底。腹上凹弦纹，下腹多刮削痕。口径9、底径3.5、高5.3厘米（图二六，9）。ⅠM5：19，泥质灰陶。侈口，尖唇，斜沿，沿下稍束，鼓腹下收，平底。素面。口径11.2、底径4.4、高5.2厘米（图二六，10）。

Ⅱ式：3件。折沿，沿面较平。ⅡM17：16，泥质灰陶。敞口，平折沿，弧腹下收，平底。沿上一凹弦纹，下腹多刮削痕。口径12.2、底径5、高4.6厘米（图二六，11）。

盘　2件。依据腹、底可分二型。

A型　1件。侈口，斜沿，腹稍深。ⅠM5：30，泥质灰陶。侈口，方唇，斜折沿，折腹下收，平底。下腹多刮削痕。口径9.6、底径4.8、高3.2厘米（图二七，1）。

B型　1件。大敞口，圈足，腹稍浅。ⅡM9：11，泥质灰陶。大敞口，方唇，腹稍浅，弧腹下收，平底，矮圈足。口径18、足径10.8、高3.5厘米（图二七，2）。

釜　9件。依据其形制分二式。

Ⅰ式：7件。腹较浅。ⅠM5：28，泥质灰陶。敛口，圆唇，溜肩，浅鼓腹下收，平底。下

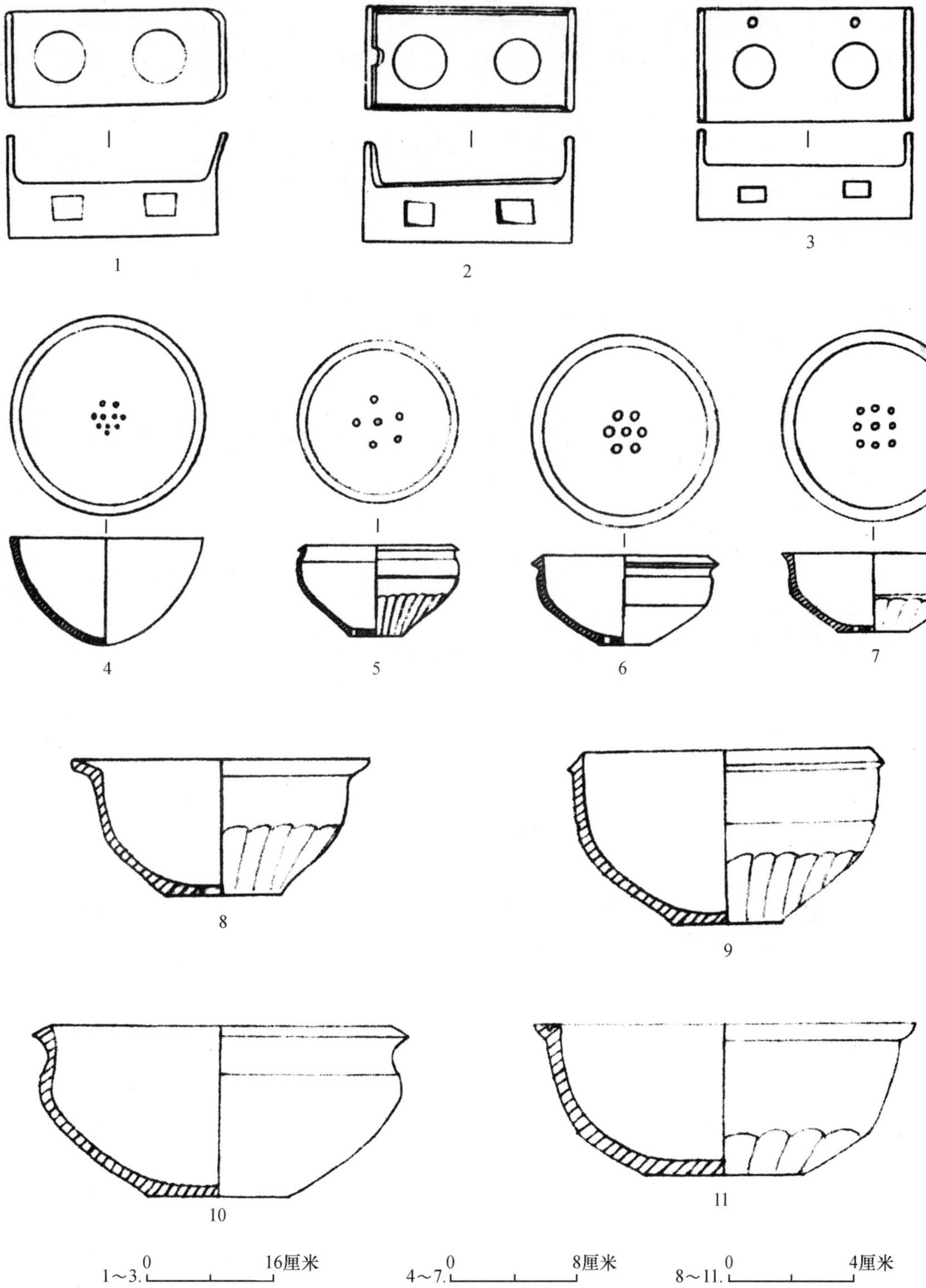

图二六　出土陶器

1. B型Ⅰ式双眼灶（ⅡM22：7）　2. B型Ⅱ式双眼灶（ⅡM22：2）　3. B型Ⅲ式双眼灶（ⅡM8：10）
4. Ⅰ式甑（ⅡM9：6）　5、6. Ⅱ式甑（ⅡM9：7、ⅠM5：25）　7、8. Ⅲ式甑（ⅡM17：18、ⅡM4：1）
9、10. Ⅰ式碗（ⅡM9：8、ⅠM5：19）　11. Ⅱ式碗（ⅡM17：16）

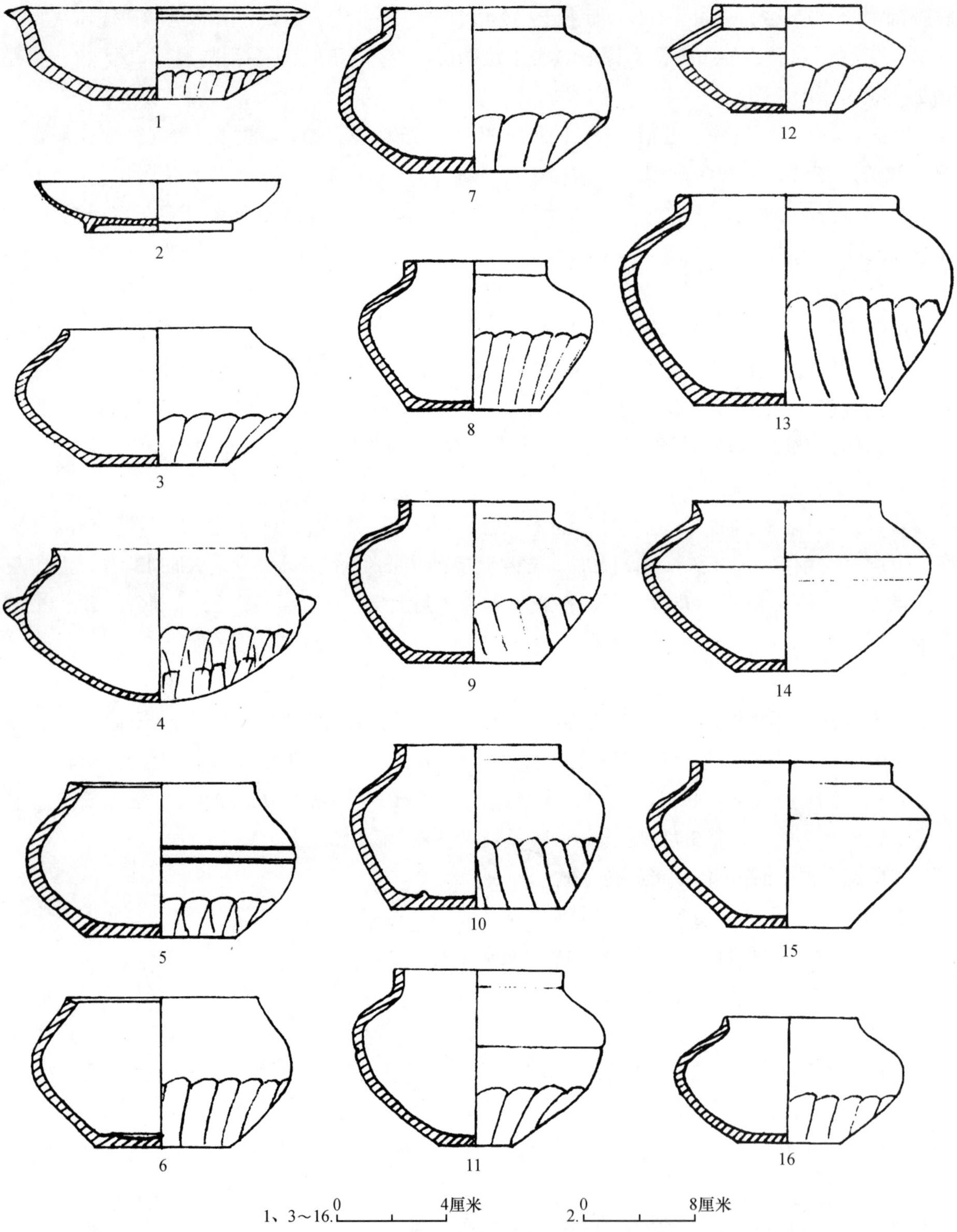

图二七　出土陶器

1. A型盘（ⅠM5：30）　2. B型盘（ⅡM9：11）　3、4. Ⅰ式釜（ⅠM5：28、ⅠM5：37）　5、6. Ⅱ式釜（ⅡM17：8、ⅢM3：6）　7、8. A型Ⅰ式矮颈壶形器（ⅠM5：9、ⅡM17：7）　9、10. A型Ⅱ式矮颈壶形器（ⅡM17：13、ⅢM3：3）　11. B型Ⅰ式矮颈壶形器（ⅠM5：54）　12. B型Ⅱ式矮颈壶形器（ⅡM17：11）　13. Ⅰ式大口罐形器（ⅡM9：2）　14、15. Ⅱ式大口罐形器（ⅠM5：51、ⅠM5：29）　16. 盂形器（ⅠM5：50）

腹多刮削痕。口径6.8、腹径10.2、底径5、高4.8厘米（图二七，3）。ⅠM5：37，泥质灰陶。侈口，尖唇，溜肩，鼓腹较深，圜底。腹上缀两乳状鋬。下腹至底多刮削痕。口径7.8、腹径10.2、高5.4厘米（图二七，4）。

Ⅱ式：2件。腹稍深。ⅡM17：8，泥质灰陶。敛口，圆方唇，溜肩，鼓腹稍深，平底。腹上两道凹弦纹，下腹多刮削痕。口径6.8、腹径9.8、底径5.4、高5.4厘米（图二七，5）。ⅢM3：6，泥质灰陶。敛口，圆方唇，溜肩，鼓腹稍深，平底。下腹多刮削痕。口径7、腹径9.4、底径5、高5.2厘米（图二七，6）。

矮颈壶形器　14件。可分二型。

A型　9件。圆肩鼓腹。据形制分二式。

Ⅰ式：5件。腹部稍浅。ⅠM5：9，泥质灰陶。直口，圆方唇，溜肩，鼓腹稍浅，平底。下腹多刮削痕。口径6.6、腹径9.8、底径5、高5.8厘米（图二七，7）。ⅡM17：7，泥质灰陶。直口，方唇，溜肩，鼓腹稍浅，平底。下腹多刮削痕。口径5.4、腹径8.5、底径4.8、高5.2厘米（图二七，8）。

Ⅱ式：4件。腹部稍深。ⅡM17：13，泥质灰陶。口微敛，方唇，圆肩，鼓腹稍深，平底。下腹多刮削痕。口径5.6、腹径9、底径4.8、高5.7厘米（图二七，9）。ⅢM3：3，泥质灰陶。敛口，方唇，溜肩，鼓腹稍深，平底。下腹多刮削痕。口径6、腹径9.2、底径6.4、高5.7厘米（图二七，10）。

B型　5件。折肩。据形制分二式。

Ⅰ式：2件。深腹。ⅠM5：54，泥质灰陶。直口，方唇，溜肩微下折，深鼓腹，平底。腹部一道凹弦纹，下腹多刮削痕。口径6.3、腹径9.2、底径2.8、高6.2厘米（图二七，11）。

Ⅱ式：3件。浅腹。ⅡM17：11，泥质灰陶。直口，圆唇，斜肩，折腹，腹部较浅，平底。下腹多刮削痕。口径5.4、腹径8.6、底径4、高3.8厘米（图二七，12）。

大口罐形器　8件。依据形制分二式。

Ⅰ式：2件。深腹。ⅡM9：2，泥质灰陶。直口，圆唇，圆肩，鼓腹较深，平底。下腹多刮削痕。口径8、腹径11.8、底径6.8、高7.4厘米（图二七，13）。

Ⅱ式：6件。腹稍浅。ⅠM5：51，泥质灰陶。侈口，尖唇，斜肩微折，鼓腹稍浅，平底。腹部一凸弦纹。口径6.8、腹径10.5、底径3.6、高6厘米（图二七，14）。ⅠM5：29，泥质灰陶。直口，方唇，溜肩，鼓腹稍浅，平底。口径7.1、腹径10.2、底径5、高5.8厘米（图二七，15）。

盂形器　4件。ⅠM5：50，敛口，尖唇，溜肩，鼓腹下收，平底。下腹多刮削痕。口径5.5、腹径8.3、底径3.8、高4.4厘米（图二七，16）。

钵　1件。ⅡM3：4，泥质灰陶。敞口，圆唇，弧壁下收，平底。壁有旋痕。外底有刻划“十”符号。高6.5、口径16.6、底径5.6厘米（图二〇，3；图二八，1）。

女坐俑　3件。ⅠM5：8，泥质灰陶。裸体坐姿。头顶一爪形饰。高鼻，大眼，眼球凸出，大嘴，厚唇，吻部前凸，两耳外侈。左手抚左膝，右手托右乳。双乳坚挺高耸。两脚稍内屈。女阴逼真。高29.5厘米（图二八，2）。ⅡM13：9，泥质红陶。盘髻。面部清瘦，端庄。双臂下垂相合。似跪坐姿。高12.3厘米（图二八，3）。ⅡM4：2，泥质灰陶。面部自然。整体

图二八　出土陶器

1. 钵（ⅡM3：4）　2～4. 女坐俑（ⅠM5：8、ⅡM13：9、ⅡM4：2）　5. 男庖厨俑（ⅡM8：11）　6. 男抚琴俑（ⅡM8：18）

似在梳头状。高6.3厘米（图二八，4）。

男抚琴俑　2件。ⅡM8：18，泥质红陶。头戴一冠。右衣左衽。面带微笑。身前一琴，双手抚于琴上，似正全神贯注弹奏乐曲，沉醉于音乐声中。高23厘米（图二八，6）。

男庖厨俑　1件。ⅡM8：11，泥质灰黑陶。头戴一冠，冠顶尖凸。右衣左衽。身前放置一俎，俎上置一条鱼，似正欲宰杀烹煮。高16.2厘米（图二八，5）。

女立俑　2件。ⅡM8：4，泥质灰陶。头戴一冠。高鼻梁，颧骨较凸。双手合抱于胸前，宽袖下垂，裙裾曳地较长，后有衣褶。高19.4厘米（图二九，1）。ⅡM8：13，泥质红陶。面部神情安详。双手合抱于胸前，袍袖宽大下垂。身着裙袍，裙裾曳地。高23.2厘米（图二九，2）。

农夫俑　1件。ⅡM8：14，泥质灰陶。头戴一帽。面部宽阔，颧骨较高，后脑勺凸起。右衣左衽。左手执耜于胸前，右手提一水壶。双脚蹬靴，似欲到田间耕作。高26.5厘米（图二九，3）。

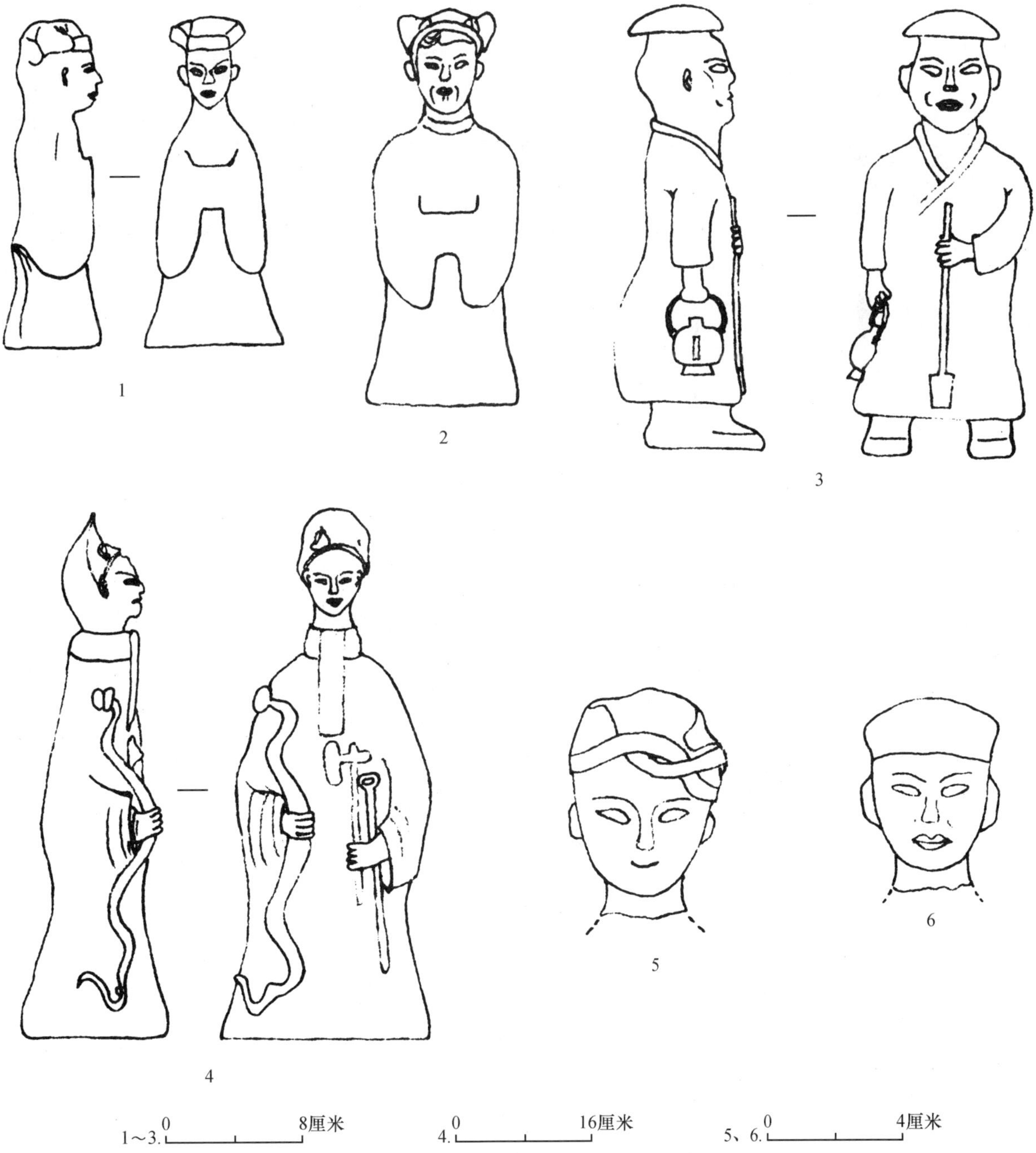

图二九　出土陶器

1、2. 女立俑（ⅡM8：4、ⅡM8：13）　3. 农夫俑（ⅡM8：14）　4. 男立俑（ⅡM14：4）　5. 女俑头（ⅡM13：11）　6. 男俑头（ⅡM13：10）

男立俑　2件。ⅡM14：4，泥质红陶。头戴冠帽，冠上有装饰。身着长袍，胸巾下垂。左腰身佩环首刀。左手执斧（钺）；右手执蟒蛇，蛇口大张。高62.5厘米（图二九，4）。

女俑头　2件。ⅡM13：11，泥质红陶。女性。身体残缺。头扎一头巾。神态安详（图二九，5）。

男俑头　ⅡM13：10，泥质红陶。男性。身体残缺。头戴一冠。大嘴，厚唇（图二九，6）。

镇墓兽　1件。ⅡM8：12，泥质灰陶。前爪匍地，后脚跪坐。头上两角，大耳，睁目，咧嘴，长舌垂腹。高17.4厘米（图三〇，1）。

狗俑　4件。ⅡM14：3，泥质红陶。竖耳较尖，嘴较窄。颈部一狗圈，圈上一环扣。尾巴翻卷。高22.2、长23.5厘米（图三〇，2）。ⅡM14：5，泥质褐陶，施灰黑衣。宽竖耳，嘴部宽阔。颈部一狗圈，圈上一环扣。尾巴翻卷，四足断失（图三〇，4）。

雄鸡俑　1件。ⅡM8：3，泥质灰陶。立姿。羽翼清晰。姿态逼真。高17.8厘米（图三〇，5）。

子母鸡俑　1件。ⅡM8：7，泥质灰陶。伏姿。母鸡胸脯下一小雏鸡，两翅下各露一小雏鸡头。形态逼真，栩栩如生。高13.4厘米（图三〇，3）。

猪俑　1件。ⅡM8：15，泥质红陶。长吻。背脊鬃毛较长。形似野猪。高10、长24.6厘米（图三〇，6）。

器盖　2件。ⅡM2：2，泥质灰陶。隆顶，方唇。顶上一扁形半圆纽。高4.9、径11.6厘米（图三〇，7）。ⅡM2：1，泥质灰陶。隆顶，子母口。顶部一条形斜尖纽。高3.7、径5.5厘米（图三〇，8）。

4. 釉陶器

多红胎，火候较高，表面施釉，脱釉现象严重。

壶　6件。按其形制可分三式。

Ⅰ式：1件。鼓腹较深，圈足稍矮稍直。ⅡM11：1，泥质红陶，外施橙色釉。口沿残缺，束颈，溜肩，鼓腹较深，平底，圈足稍矮稍直。颈肩部三道凹弦纹，腹部一凹弦纹，腹上对称置两铺首衔环。腹径23.8、底径14.5、残高21.7厘米（图三一，1）。

Ⅱ式：3件。多为盘口，腹稍瘪稍浅，圈足稍外撇。ⅡM23：8，泥质黄褐陶，外施橙色釉。小盘口，方唇，束颈较直，溜肩，瘪鼓腹稍浅，圜底，圈足外撇。口覆一隆顶盖。盖上三乳钉，盖顶一纽，纽上缀半圆环已断失。壶腹部三道凹弦纹，腹上两铺首衔环。口径17、底径15.6、高34.4厘米（图三一，2）。

Ⅲ式：2件。盘口斜敞，瘪腹较浅，高圈足外撇。ⅡM8：16，泥质红陶，外施橙色釉。盘口微侈，束颈较长，溜肩，瘪鼓腹较浅，圜底，高圈足外撇。口覆隆顶盖。盖顶缀半圆环纽，腹上饰5道弦纹。口径14.8、腹径21.2、底径16.2、高31.8厘米（图三一，3）。

豆　1件。ⅡM21：9，泥质灰陶，上半截施青黄釉，有流釉现象。侈口，方唇，圆柱柄，喇叭底。盘外一道凹弦纹。口径11.6、底径12、高16厘米（图三一，4）。

灯　10件。浅盘，大圈足。依据形制分三式。

图三〇　出土陶器

1. 镇墓兽（ⅡM8：12）　2、4. 狗俑（ⅡM14：3、ⅡM14：5）　3. 子母鸡俑（ⅡM8：7）　5. 雄鸡俑（ⅡM8：3）
6. 猪俑（ⅡM8：15）　7、8. 器盖（ⅡM2：2、ⅡM2：1）

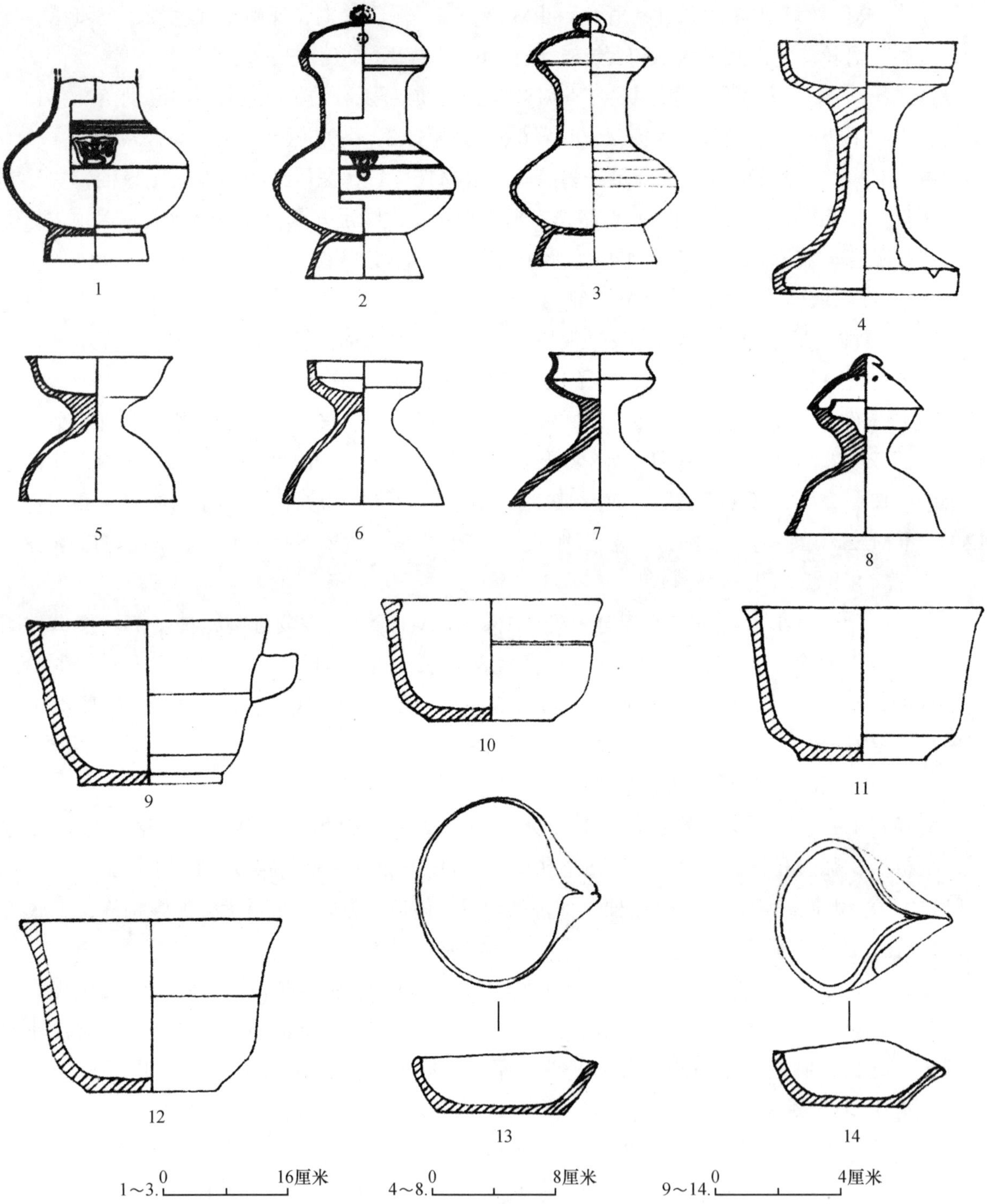

图三一　出土釉陶器

1. Ⅰ式壶（ⅡM11：1）　2. Ⅱ式壶（ⅡM23：8）　3. Ⅲ式壶（ⅡM8：16）　4. 豆（ⅡM21：9）　5. Ⅰ式灯（ⅡM16：9）　6. Ⅱ式灯（ⅡM22：15）　7. Ⅲ式灯（ⅡM8：9）　8. 熏（ⅡM16：11）　9. A型杯（ⅡM8：28）　10～12. B型杯（ⅡM16：6、ⅡM22：12、ⅡM11：6）　13、14. 小捏口盘（ⅡM22：13、ⅡM13：3）

Ⅰ式：1件。灯盘盘壁内斜，圈足稍小。ⅡM16：9，泥质红陶，外施青绿釉，釉大部已剥落。侈口，弧壁，盘稍浅，亚腰柄，圈足稍小。口径9.5、底径10.2、高9.1厘米（图三一，5）。

Ⅱ式：8件。灯盘较直，圈足稍大。ⅡM22：15，泥质红陶，外施橙红色釉，已剥落。直口，方唇，盘较浅，圈足稍大。口径7.5、底径10.6、高9厘米（图三一，6）。

Ⅲ式：1件。灯盘束腰，大圈足。ⅡM8：9，泥质红陶，外施橙色釉，釉已剥落。侈口，尖唇，束腰下折收，柄稍长，大圈足。口径6.6、底径11.8、高9.6厘米（图三一，7）。

熏　3件。浅盘子母口，大圈足，多有盖。ⅡM16：11，泥质红陶，外施青绿釉，釉已剥落。子母口，圆唇，盘心内凹，斜壁略弧，柄部较短，大圈足外撇。口覆隆顶盖。盖顶尖纽侧倒，略显随意。盖上8小孔。口径4.4、底径10.4、高11.4厘米（图三一，8）。

杯　4件。依据其有鋬、无鋬分二型。

A型　1件。带短鋬。ⅡM8：28，泥质红陶，外施橙色釉。侈口，敛沿内卷，直壁下收，平底。腰上置一鋬较短。口径7.8、底径4.6、高5.1厘米（图三一，9）。

B型　3件。无鋬。ⅡM16：6，泥质红陶，外釉已剥落。侈口，圆唇，弧壁下收，平底。腹上一凹弦纹。口径7.2、底径4、高3.8厘米（图三一，10）。ⅡM11：6，泥质红陶，外釉已剥落。侈口，方唇，弧壁下收，平底。腹上一弦纹。口径8.4、底径4.3、高5.4厘米（图三一，12）。ⅡM22：12，泥质红陶，外釉已剥落。侈口，方唇，直壁下收，平底。素面。口径7.8、底径4、高4.8厘米（图三一，11）。

小捏口盘　将小盘盘口有意捏合一处。2件。ⅡM13：3，泥质红陶，釉剥落。侈口，圆唇，口部一端捏合，弧壁，平底。长5.8、宽4.8、高2.1厘米（图三一，14）。ⅡM22：13，泥质红陶，釉已剥落。侈口，圆唇，盘口一端捏合，弧壁，平底。长6、宽6、高2厘米（图三一，13）。

甑　8件。依据形制分二式。

Ⅰ式：4件。腹较深。ⅡM22：11，泥质红陶，外施橙色釉，釉多已剥落。侈口，方唇，平折沿，弧腹稍深，平底。底部5小孔。口径11.5、底径5.4、高4.6厘米（图三二，1）。ⅡM22：10，泥质红陶，外施橙色釉，釉多已剥落。侈口，方唇，平折沿，弧腹稍深，平底。底部5小孔。腹上一弦纹。口径11.8、底径5、高4.5厘米（图三二，2）。

Ⅱ式：4件。腹稍浅。ⅡM16：18，泥质红陶，外施橙色釉。敞口，方唇，弧腹稍浅，平底。底部5小孔。口径10.5、底径5、高3.4厘米（图三二，3）。ⅡM14：10，泥质红陶，外釉已剥落。敞口，圆唇，平折沿，弧腹稍浅，平底。底上3小孔。腹上一弦纹。口径11、底径5.4、高4.2厘米（图三二，4）。

碗　7件。依据口部形态分二型。

A型　4件。侈口，圆唇。ⅡM22：5，泥质红陶，外釉已剥落。侈口，圆唇，弧壁，平底。口径9.8、底径5、高4.6厘米（图三二，5）。ⅡM16：10，泥质红陶，外釉已剥落。敞口，圆唇，弧腹下收，平底。腹上一凹弦纹。口径10.4、底径4.8、高4.1厘米（图三二，6）。

B型　3件。窄平沿。ⅡM16：20，泥质红陶，外釉已剥落。侈口，斜折沿，方唇，弧腹下收，平底。腹部一弦纹。口径11.6、底径5.2、高4.4厘米（图三二，7）。ⅡM13：2，泥质红陶，外釉已剥落。敞口，圆唇，折沿，弧腹下收，平底。腹部一弦纹。口径11、底径5、高4厘米（图三二，8）。

碟　4件。ⅡM22：9，泥质红陶，外施橙色釉，釉多已剥落。敞口，方唇，平折沿，折

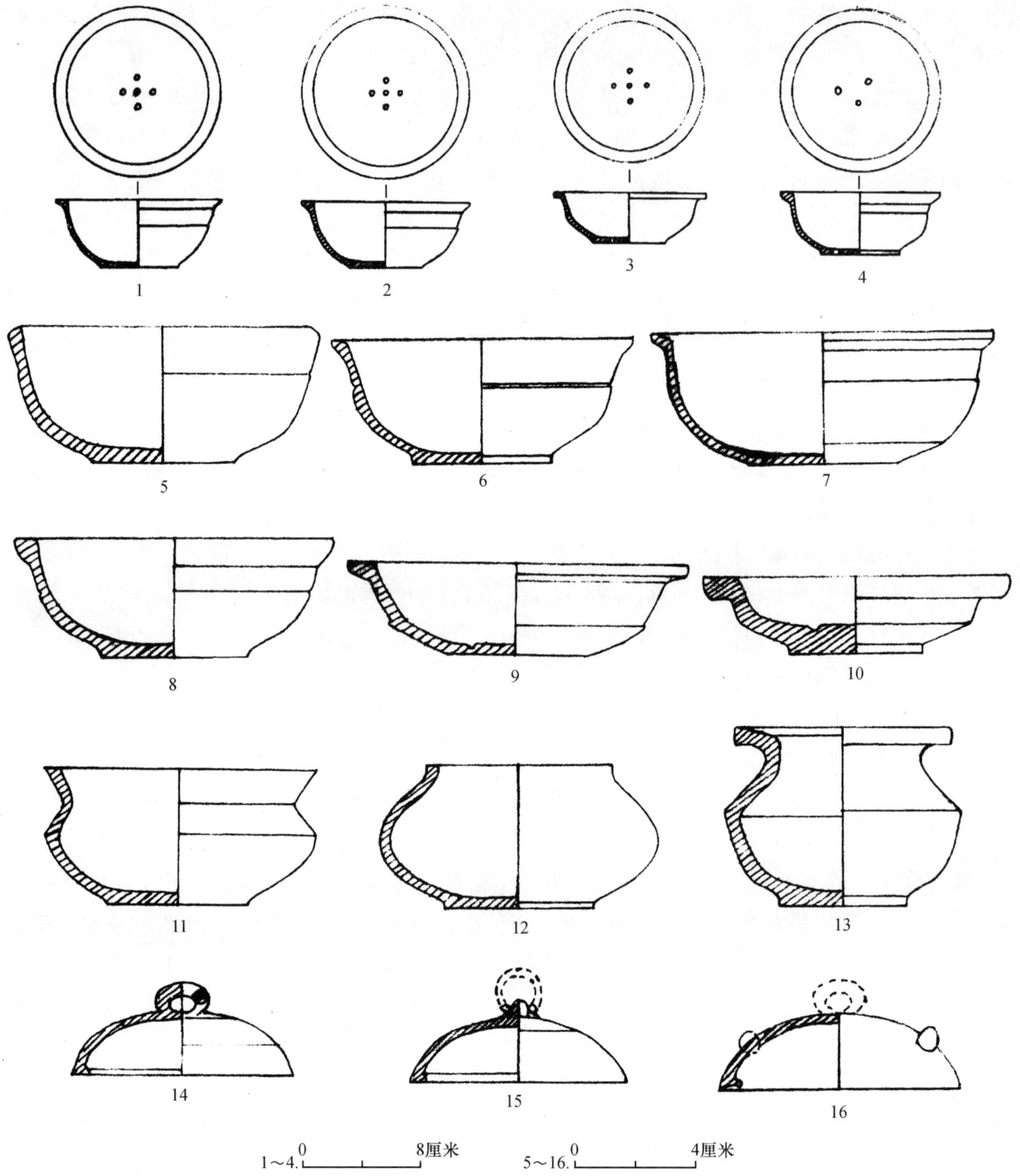

图三二　出土釉陶器

1、2. Ⅰ式甑（ⅡM22：11、ⅡM22：10）　3、4. Ⅱ式甑（ⅡM16：18、ⅡM14：10）　5、6. A型碗（ⅡM22：5、ⅡM16：10）　7、8. B型碗（ⅡM16：20、ⅡM13：2）　9、10. 碟（ⅡM22：9、ⅡM14：8）　11. A型盂形器（ⅡM16：8）　12. B型盂形器（ⅡM16：7）　13. 壶形器（ⅡM23：6）　14、15. Ⅰ式壶盖（ⅡM16：25、ⅡM13：1）　16. Ⅱ式壶盖（ⅡM16：24）

腹，平底。口径11.8、底径4.8、高3.1厘米（图三二，9）。ⅡM14：8，泥质红陶，外施橙色釉。敞口，圆唇，平折沿，折腹，平底。口径10.5、底径4.5、高2.6厘米（图三二，10）。

盂形器　3件。依据形制分二型。

A型 1件。敞口，束颈。ⅡM16：8，泥质灰陶，外施橙色釉。敛口，方唇，束颈，折腹下收，平底。口径9.4、底径4.9、高4.6厘米（图三二，11）。

B型 2件。矮领。ⅡM16：7，泥质红陶，外釉已剥落。敛口，圆唇，矮领，鼓腹，平底。口径6.5、腹径9.6、底径5.2、高4.8厘米（图三二，12）。

壶形器 1件。ⅡM23：6，泥质红陶，外釉已剥落。敞口，方唇，斜折沿，束颈，溜肩，折腹，平底。素面。口径7.5、腹径8.1、底径4.4、高6厘米（图三二，13）。

壶盖 3件。原釉陶壶盖，因盗墓严重，部分壶不能复原，仅余壶盖。分二式。

Ⅰ式：2件。无子母口。ⅡM16：25，泥质红陶，外施橙红色釉。盖顶半圆环纽。盖上几道弦痕。口径15.2、高6.4厘米（图三二，14）。ⅡM13：1，泥质红陶，外施橙色釉。盖顶一纽，纽中穿一圆环，环已断失。口径14.9、残高5.7厘米（图三二，15）。

Ⅱ式：1件。子母口。ⅡM16：24，泥质红陶，外施青绿釉。隆顶。顶中一环形纽，已断失。周围三个乳钉。径16.6、残高7.8厘米（图三二，16）。

熏盖 4件。依据器纽分二式。

Ⅰ式：3件。盖顶置实心小纽。ⅡM16：13，泥质红陶，外施绿釉。隆顶。顶端一侧倒尖状实心小纽。盖上两组菱形网格纹。径8.4、高4厘米（图三三，1）。

Ⅱ式：1件。无纽。ⅢM19：3，泥质红陶，釉已剥落。隆顶。顶上多大小不同的圆凸，类似博山。径11、高4.8厘米（图三三，2）。

案 1件。ⅡM19：1，泥质灰褐陶，外釉已剥落。平面四周有凸起的边部。底部四柱足。长43.5、宽26、高6.2厘米（图三三，3）。

5. 青瓷器

青瓷罐 2件。ⅡM8：2，瓷质。上半部施酱釉。杯口，束颈，溜肩，鼓腹，底微凹。颈部一凸棱。杯口外三道凹弦纹，颈肩部七道波纹，肩腹各饰一凹弦纹。肩部四横系，其下又置四竖系，共8系。器身大部饰布纹或网格纹。口径13.5、腹径27.4、底径17.6、高23.4厘米（图三三，4）。ⅡM8：1，尺寸大小相同，不同点是对称两横系下少两竖系，共6系（图三三，5）。

6. 其他

炭精虎饰 1件。ⅡM8：22，黑色炭精制作。头部和前肢雕刻细腻生动。身上穿一孔，可吊挂。长4.6、高3.6厘米（图一九，11）。

琉璃环 1件。ⅠM14：2，环共有六个面。断面呈钻石形。直径4厘米（图一九，12）。

琉璃瑱 3件。ⅡM8：21，长3.8、径1.8厘米（图一九，13）。ⅡM21：7，蓝绿色琉璃。喇叭状。中有小孔可穿绳。长3.7、径2.2厘米（图一九，14）。

骨串珠 5粒。ⅡM8：23，骨质。大小共5粒，有圆形和椭圆形两种，形似算珠。最大的直径2.6、最小的直径1.6厘米（图一九，15）。

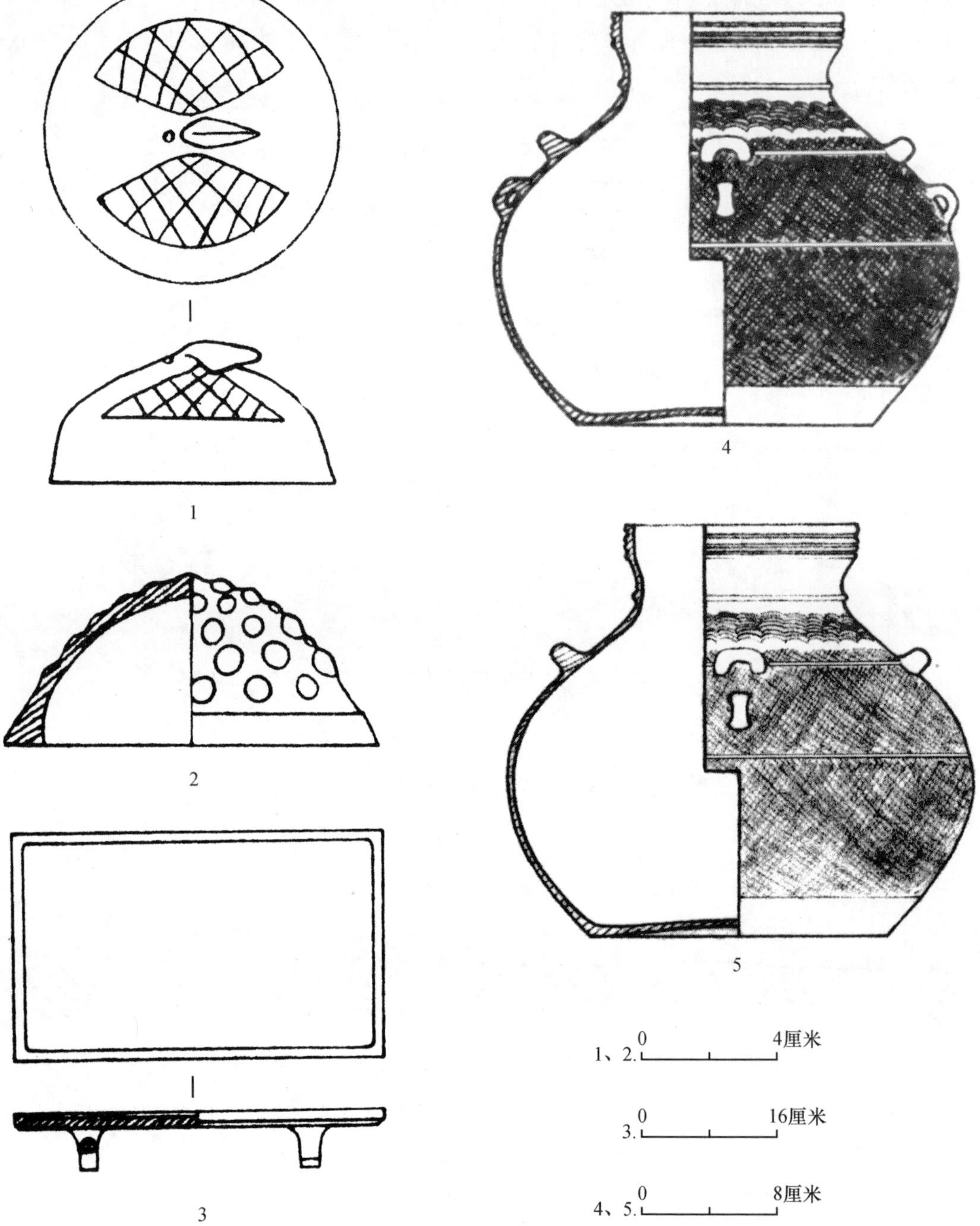

图三三　出土器物

1. Ⅰ式釉陶熏盖（ⅡM16：13）　2. Ⅱ式釉陶熏盖（ⅡM19：3）　3. 釉陶案（ⅡM19：1）　4、5. 青瓷罐（ⅡM8：2、ⅡM8：1）

二、宋代墓葬

（一）墓葬形制

9座墓均为窄长方形竖穴土坑墓。

ⅠM4，方向320°。内置一单棺，已朽烂，痕迹可辩。尸骨犹存。随葬品置于棺外部。长

2.45、宽1、足宽0.9、残深0.5米（图三四）。ⅢM4，方向320°。墓内原有一棺，已朽烂。棺内葬一人，尸骨保存较好。墓主头下垫枕几块板瓦。随葬品放置于棺外头部。长2.3、宽0.6、残深0.5米（图三五）。

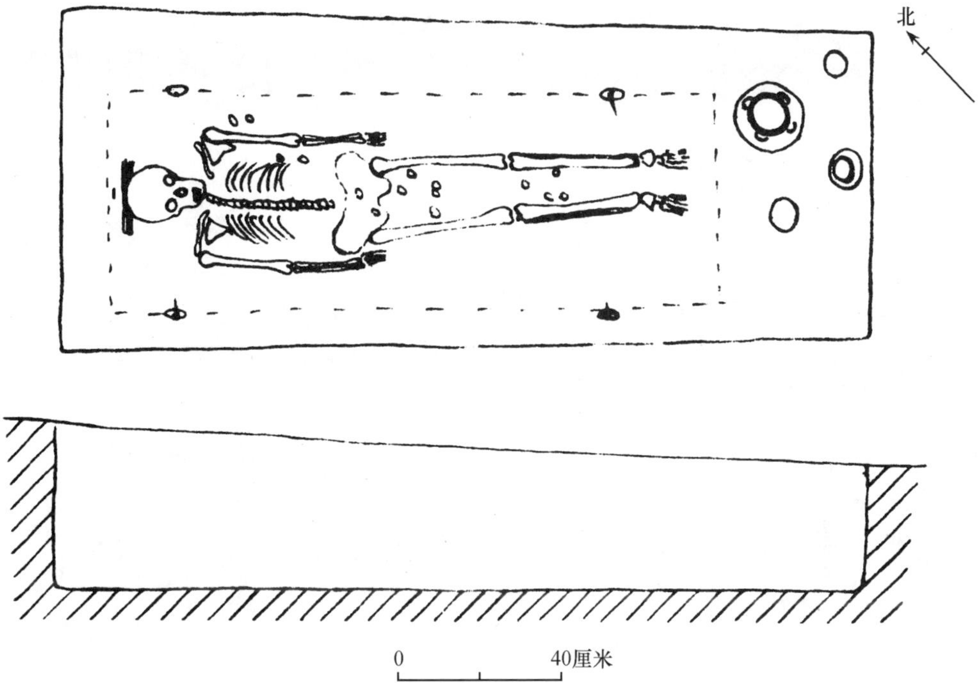

图三四 ⅠM4平、剖面图

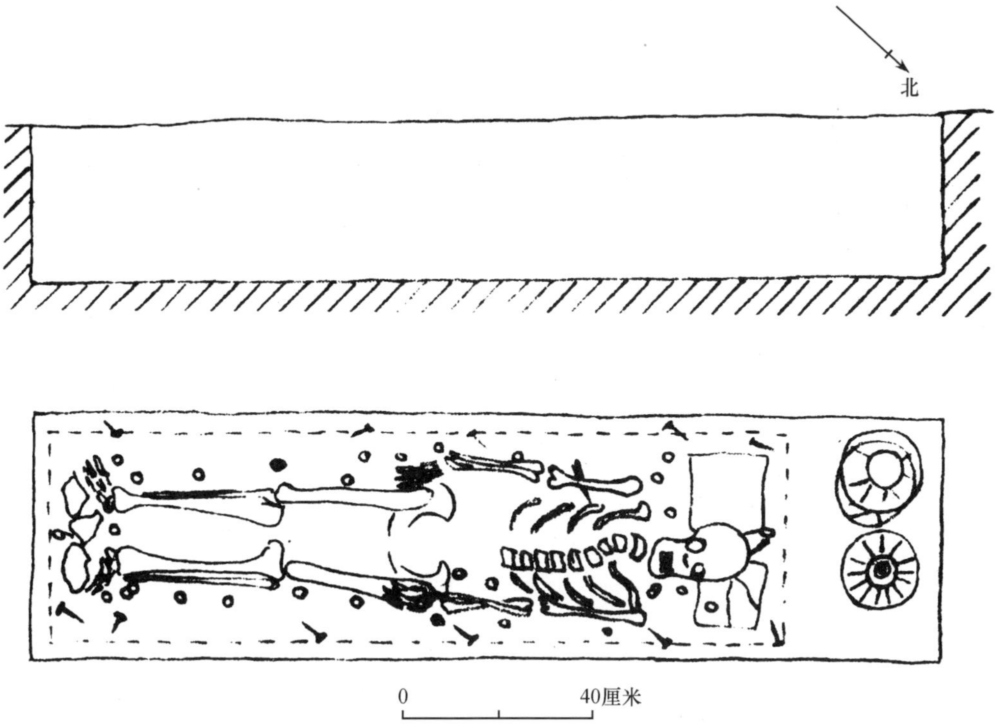

图三五 ⅢM4平、剖面图

（二）随葬品

1. 铜器

簪　2件。ⅠM4：1，呈“U”字形。长24厘米（图三七，10）。

钱币　ⅢM4：7，开元通宝、熙宁重宝、元丰通宝、咸平元宝、皇宋通宝、五铢、货泉。另有铁钱，其文已锈蚀不明。

2. 陶瓷器

彩陶四系罐　1件。ⅠM4：5，泥质灰褐陶。子母口，圆唇，球鼓腹，平底。口沿下置四横系。腹上部饰黑色彩绘。口径10.6、腹径21.4、底径10、高19.8厘米（图三六，1）。

陶碗　1件。ⅠM8：2，泥质灰陶。敞口，平折沿，弧腹，圜底，圈足略外撇。圈足与碗身连接处上部为一圈荷叶边。口径12、底径7.5、高8.2厘米（图三六，2）。

陶碟　1件。ⅠM12：1，泥质灰陶。敞口，方唇，斜沿斜直腹下折，实心矮圈足微内凹，腹外壁饰一圈云雷纹。口径11.2、底径7.4、高2厘米（图三六，3）。

黑瓷碗　1件。ⅠM3：2，敞口，圆唇，弧壁下收，圈足，平底。除底外，余部施黑釉，釉上多黄色斑点。应是四川邛窑产品。口径10.8、底径2.8、高5.5厘米（图三六，5）。

酱釉钵　1件。ⅠM8：3，瓷质，施酱釉。敞口外撇，尖唇，沿下稍束，弧壁下收，平底，圈足。内壁满釉，外半釉。口径12、底径4、高4.8厘米（图三六，9）。

青瓷葵口刻花碗　1件。ⅠM2：2，瓷质，除底外，通体施白釉。敞口外撇，弧壁，平底，圈足。素面。葵口五瓣。口径12.4、底径4.6、高4.2厘米（图三六，6）。

瓷葵口刻花碗　1件。ⅠM2：3，残存口沿，葵口外撇，腹壁略弧。内壁刻划花草（图三六，7）。

白瓷划花斗笠碗　1件。ⅠM1：3，瓷质，外施白釉。敞口，尖唇，斜壁较直，平底。呈斗笠状。内壁划花。口径13.6、底径3.4、高5.2厘米（图三六，11）。

青白瓷葵口碗　1件。ⅠM3：1，敞口，尖唇，斜壁较直，实心圈足，平底。内壁六道白色出筋，对应六葵口。口径13、底径3、高5.6厘米（图三六，4）。

青白瓷碗　1件。ⅠM4：4，敞口外撇，尖唇，斜壁较直，平底，圈足。素面。口径11.4、底径3.4、高3.2厘米（图三六，8）。

青花瓷碗　1件。ⅢM4：1，敞口外撇，圆唇，弧鼓腹，平底，圈足。内壁三圈弦纹，内底画一青花字符，外壁饰花草纹。口径13.2、底径5.5、高5.2厘米（图三六，10）。

白瓷碟　1件。ⅠM4：2，白瓷。敞口，圆唇，弧壁，平底，矮圈足。口径8、底径3.8、高2.1厘米（图三七，1）。

白瓷盘　1件。ⅠM1：2，敞口微外撇，圆唇，弧壁较直，下部内折，平底，矮圈足。上半截施白釉，下部露胎。盘内壁六条白色出筋。口径16.5、底径6.8、高4厘米（图三七，2）。

青瓷杯　1件。ⅠM2：1，施青釉。口微敛，尖唇，斜沿，斜直壁略弧，底微凹，矮圈

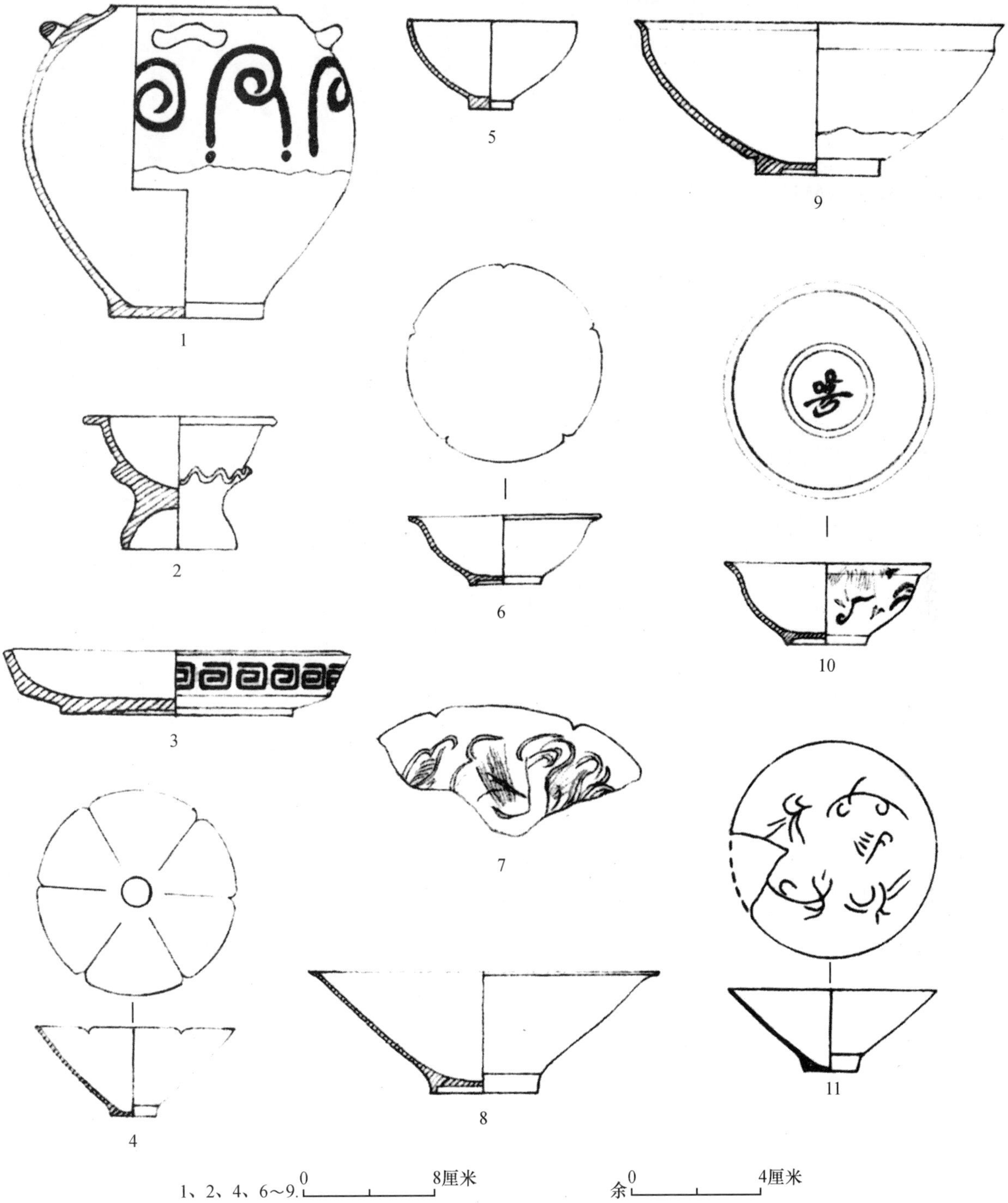

图三六　出土陶瓷器

1. 彩陶四系罐（ⅠM4：5）　2. 陶碗（ⅠM8：2）　3. 陶碟（ⅠM12：1）　4. 青白瓷葵口碗（ⅠM3：1）　5. 黑瓷碗（ⅠM3：2）　6. 青瓷葵口刻花碗（ⅠM2：2）　7. 瓷葵口刻花碗（ⅠM2：3）　8. 青白瓷碗（ⅠM4：4）　9. 酱釉钵（ⅠM8：3）　10. 青花瓷碗（ⅢM4：1）　11. 白瓷划花斗笠碗（ⅠM1：3）

足。外壁下部饰一圈云纹。口径8.4、底径6、高5.4厘米（图三七，5）。

酱釉盏　1件。ⅠM4：3，瓷质，外上半截施酱釉。口微敛，平折沿较宽，折腹，平底，圈足外撇，足部露胎。口径8.3、沿径12.8、足径6.4、高5.2厘米（图三七，6）。

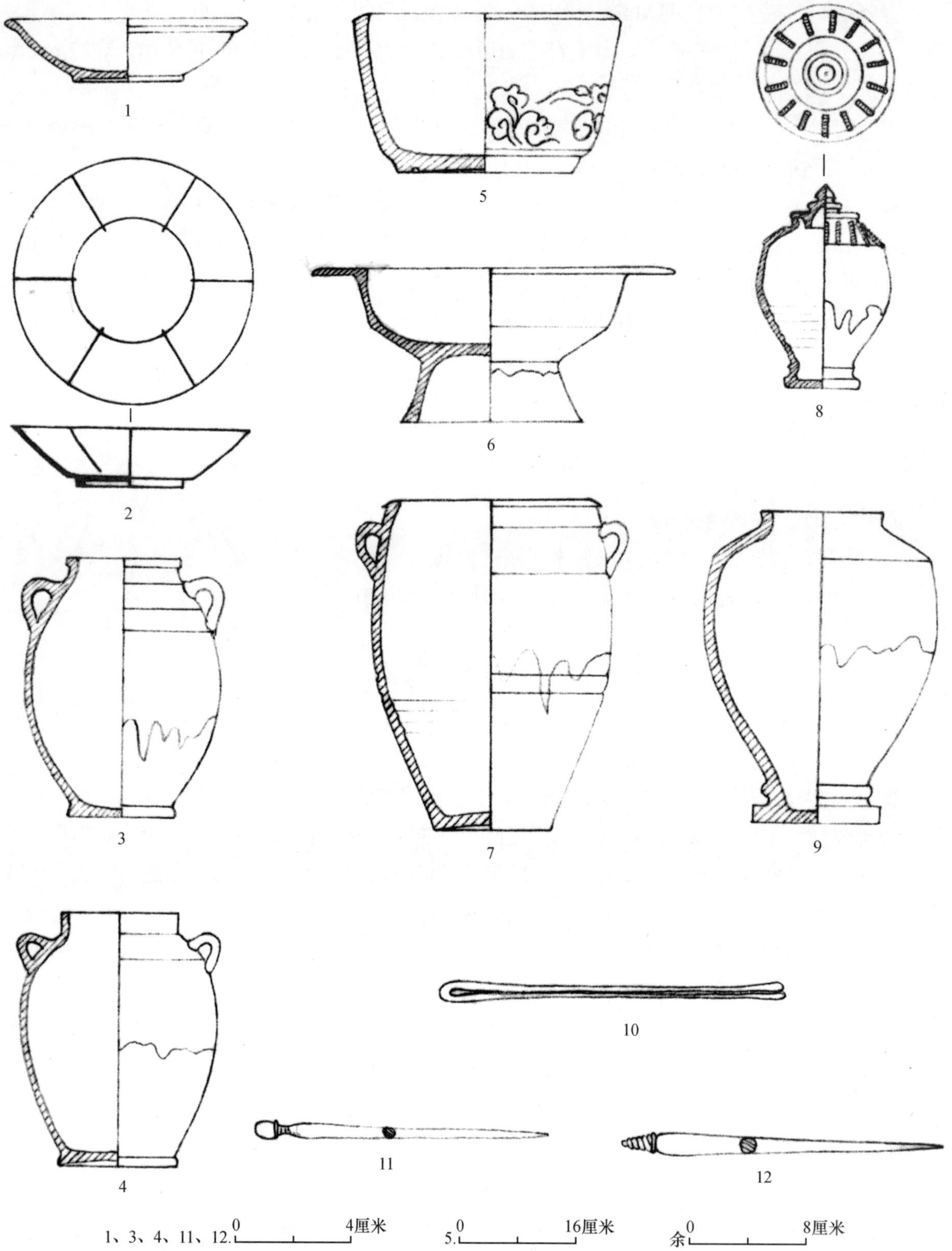

图三七　出土器物

1. 白瓷碟（ⅠM4：2）　2. 白瓷盘（ⅠM1：2）　3、4、7. 青瓷双系罐（ⅠM1：1、ⅠM8：1、ⅠM11：1）　5. 青瓷杯（ⅠM2：1）　6. 酱釉盏（ⅠM4：3）　8. 青瓷塔式盖罐（ⅢM4：3）　9. 青瓷罐（ⅢM4：2）　10. 铜簪（ⅠM4：1）　11. A型骨簪（ⅢM4：5）　12. B型骨簪（ⅢM4：4）

青瓷塔式盖罐　1件。ⅢM4：3，半釉，有流釉现象。塔式盖，子母口，身圆唇，矮领，折肩，弧鼓腹下收，平饼形底。肩上有十四道堆纹。口径9、腹径18.4、底径10、高27.6厘米（图三七，8）。

青瓷罐　1件。ⅢM4：2，上半部施青黄釉，有流釉现象。侈口，圆唇，矮领，斜折肩，鼓腹下收，平饼形底座（图三七，9）。

青瓷双系罐　3件。ⅠM11：1，瓷质，上半截施酱釉，有流釉现象。敛口，尖唇，斜沿，鼓腹略呈橄榄形，平凹底。外口下对称置两竖系。肩腹部饰四道弦纹。口径13.2、腹径16.6、底径8、高22.5厘米（图三七，7）。ⅠM1：1，青瓷，半釉，有流釉现象。直口，方唇，溜肩，鼓腹，平底。肩部对称置两竖系。肩部三弦纹。口径8、腹径13.6、底径7.5、高17.6厘米（图三七，3）。ⅠM8：1，瓷质，上半截施青釉。直口，方唇，矮领，溜肩微折，鼓腹下收，底微凹。肩部置两竖系。口径8.1、腹径13.8、底径8.2、高17.2厘米（图三七，4）。

3. 骨器

骨簪　2件。按其柄端分二型。

A型　圆首。ⅢM4：5，长10.3厘米（图三七，11）。

B型　尖首，呈螺丝状。ⅢM4：4，长11.2厘米（图三七，12）。

三、明代墓葬

仅1座。

ⅢM2　为并穴砖室夫妻合葬墓。方向120°。砌筑方法为先挖掘一长方形坑，坑底用砂和石灰混合铺地。未用砖铺地，后砌边墙。三面为单砖，错缝顺砌。两室连接墙用双砖起券。后墙中部各设有长宽各30厘米方形龛。双砖墙靠后外留一长宽各16厘米方形孔连通两室。室内两面距底60厘米处有凸起的两条腰线，线以上起券。券顶上横向砌数道条砖以加固券顶。室内除封门外全部用白灰粉刷。封门采用一顺一丁的砌法，封门砖外垒堆一些大石块。墓室内未见随葬品（图三八）。

四、结　　语

（一）东周两汉墓葬

34座墓可分四期10段。一、二期均为竖穴土坑墓，三、四期为砖室墓或土洞砖室墓和土洞墓。墓主的身份地位都不太高，生前可能为中下层官吏或为一般富裕者。

一期，随葬品以礼器和仿铜礼器为主。

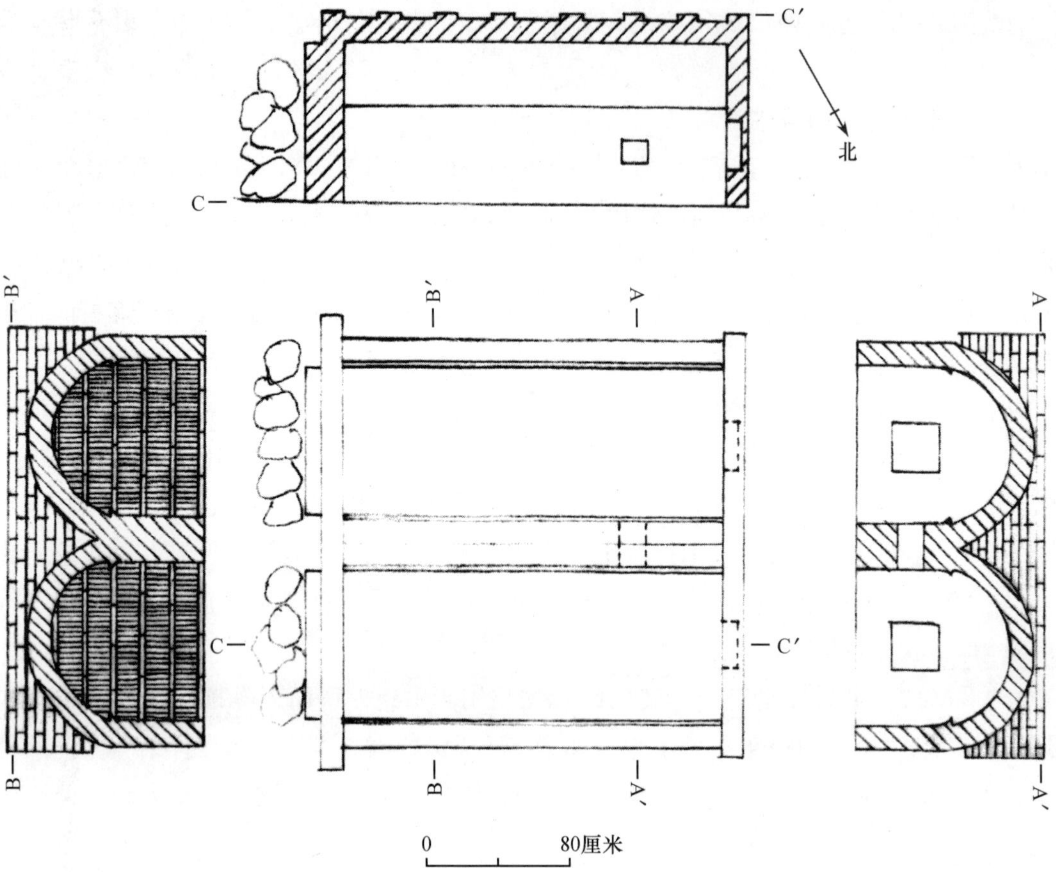

图三八　ⅢM2平、剖面图

1段，随葬铜兵器和少量仿铜礼器。ⅠM6、ⅠM14、ⅠM7出土铜矛具有明显的巴式风格，其中，ⅠM6所出铜矛与庙坪M36、M34出土同类器相近似[①]；ⅠM14出土铜矛与庙坪M22、M49出土的矛相近似[②]，年代亦应相当。ⅠM7出土陶敦与赵家湖出土Ⅵ、Ⅴ式敦相近似，壶与赵家湖JM168、JM202出土的壶型相近[③]，年代应大体相同。故该段年代当在战国中期。

2段，以鼎、敦、壶、豆等仿铜礼器为主，不见铜兵器。鼎、敦、壶的组合是楚墓的特点，尤以ⅠM20、ⅠM15表现明显。ⅡM20出土的鼎，蹄足较矮，鼎、敦、壶表面都有彩绘，除了具有楚文化特征外，还融入了其他一些文化因素，陶器明显晚于1段。综合来看，其年代应在秦代前后。

3段，ⅢM1出土的单鋬陶鍪，在战国、西汉时期巴文化区域内多见。ⅠM13出土菱形花叶纹镜，同长沙唐湾M38出土铜镜相类似[④]，与《中国古代铜镜》第10号镜相近似[⑤]。铭文铜壶与望山出土B型壶相似。铜盖铁鼎，盖较平，盖上缀3个卧牛形纽饰与沙冢SM1出土的BⅣ式陶鼎

① 湖北省文物事业管理局、湖北省三峡工程移民局：《秭归庙坪》，科学出版社，2003年。

② 湖北省文物事业管理局、湖北省三峡工程移民局：《秭归庙坪》，科学出版社，2003年。

③ 湖北省宜昌博物馆、北京大学考古系：《当阳赵家湖楚墓》，文物出版社，1992年。

④ 《中国青铜器全集》编辑委员会：《中国青铜器全集》（16），文物出版社，1998年。

⑤ 赵力光、李文英：《中国古代铜镜》，陕西人民出版社，1997年。

相似[①]。铁臿、铁削也是西汉时期该地区常用工具。因此，综合各方面因素，其年代应为西汉早期。

二期，随葬品以日用陶器为主。

4段，ⅡM5出土陶盒与宜昌前坪M35同类器相近似[②]。ⅡM10出土的百乳镜、连峰纽镜在麦沱古墓群也曾出土[③]，百乳镜与河南洛阳[④]、湖北黄冈出土的百乳镜相同或相近[⑤]，其年代亦大体相同。当在西汉中期。

5段，出土日用陶器广肩壶、盘、碗和模型明器陶灶等，ⅡM9出土陶壶与宜昌前坪出土Ⅱ陶壶相近[⑥]，与麦沱古墓群出土Ⅲ式圈足壶相似[⑦]，年代也应与之相同，在西汉晚期。

三期，除日用陶器外，开始出现陶俑。

6段，ⅠM5除了陶壶、广肩壶、广肩罐、仓、灶等日用陶器外，还出土了一件女裸坐俑。ⅠM5建筑材料为空心砖，以往见到的空心砖墓仅砌筑四壁边墙，而这次发掘的ⅠM5采用空心砖砌筑券顶，这在以往的资料中未见有报道，当是砖室墓从平顶向券顶过渡并逐步趋于成熟的标志。薄花纹方砖铺地是该地区王莽时期砖室墓的特点。同出有“大泉五十”“货泉”等新莽时期的货币。表明该墓年代应在王莽时期。

7段，ⅡM17、ⅡM18是有纪年砖的墓。均只用砖砌筑四壁而无券顶。砖铭文“万口建初六年造”，其绝对年代为81年。另还有一种铭文砖无法释读，可能是“吉祥语”。这两种铭文砖在巫山瓦岗槽墓地也曾发现[⑧]，其铭文内容和字体具有很强的一致性，应为同一处窑场或作坊制造。其年代在东汉早期偏晚。

四期，除一般陶器外，釉陶器增多。

8段，ⅡM12甬道部分砌筑部分纪年砖，砖铭文“永元十一年造”，绝对年代为99年或稍后。釉陶器有壶、豆、灯、熏等，同时还有一些建筑模型。ⅡM16出土的铜鍪、盆、洗与宜昌前坪M109出土同类器相近似[⑨]，Ⅰ式釉陶壶与庙坪M103出土壶相近[⑩]，铜碗与鳜鱼咀M7同类器相同[⑪]。年代当在东汉中期。

9段，釉陶数量增多。人物俑、动物俑与陕西老道寺汉墓出土同类器相近似[⑫]，釉陶盖、

① 湖北省文物考古研究所：《江陵望山沙冢楚墓》，文物出版社，1996年。

② 湖北省博物馆：《宜昌前坪战国两汉墓》，《考古学报》1976年第2期。

③ 重庆市文化局、湖南省文物考古研究所、巫山县文物管理所：《巫山麦沱古墓群第二次发掘报告》，《重庆库区考古报告集·1998卷》，科学出版社，2003年。

④ 洛阳博物馆：《洛阳出土铜镜》，文物出版社，1988年。

⑤ 黄冈市博物馆、湖北省文物考古研究所：《罗州城与汉墓》，科学出版社，2000年。

⑥ 湖北省博物馆：《宜昌前坪战国两汉墓》，《考古学报》1976年第2期。

⑦ 重庆市文化局、湖南省文物考古研究所、巫山县文物管理所：《重庆巫山麦沱汉墓群发掘报告》，《考古学报》1999年第2期。

⑧ 南京博物院考古研究所、重庆市博物馆、巫山县文管所：《巫山瓦岗槽墓地发掘报告》，《重庆三峡库区考古报告集·1998卷》，科学出版社，2003年。

⑨ 宜昌地区博物馆：《1978年宜昌前坪汉墓发掘简报》，《考古》1985年第5期。

⑩ 湖北省文物事业管理局、湖北省三峡工程移民局：《秭归庙坪》，科学出版社，2003年。

⑪ 黄冈市博物馆、湖北省文物考古研究所：《罗州城与汉墓》，科学出版社，2000年。

⑫ 郭清华：《陕西勉县老道寺东汉墓》，《考古》1985年第5期。

灯、碗、盘及陶抚琴俑与秭归蟒蛇寨出土同类器近似[①]。年代在东汉晚期。

10段，釉陶占据主导地位，一般普通陶器数量减少，开始出现青瓷器。ⅡM8出土一件带鋬杯，与庙坪M77鋬杯相近似[②]；镇墓兽与丰都槽房沟M2出土长舌镇墓兽相似，年代亦相同。ⅡM8内葬有6人，在峡江地区东汉时期这种一墓室埋葬多人的家族墓葬普遍存在[③]。ⅡM8出土两件青瓷罐，置于甬道口，应是葬入最后一个人时所置。该墓葬年代跨度稍大，最后使用的年代当在东汉末期。

ⅠM13出土的铜壶，铸造精美，保存完好，圈足上铸有阴刻篆书“瞿奋”两字。该墓同时还出土一枚铜印章，印面1.6厘米见方，有边郭，印面阳刻篆书“瞿奋”两字，为反书。这枚私印印文与铜壶铭文完全一致，充分说明该墓葬墓主为“瞿奋”。ⅠM5出土女裸俑，凸眼、高鼻、大嘴、厚唇，头顶一爪饰，面容略显怪异，体态丰腴，双乳挺耸，女阴明显，是否代表当时的一个地方族属，这种族属的女性地位抑或较高，可能还包容了宗教信仰等其他方面的重要信息，这些都有待今后进一步的深入研究。ⅡM8出土两件青瓷罐，釉质淳厚，胎质坚硬，杯口，束颈，鼓腹略下垂。该墓年代下限我们定在东汉末，它当为早期的青瓷，为研究青瓷盘口壶等青瓷器的产生、发展、演变提供了宝贵的实物资料。

（二）宋明时期墓葬

1. 宋墓

9座。

ⅠM1：1、ⅠM8：1两件青瓷双系罐与中堡岛宋墓出土的A型罐相近或相似；青白瓷碗（ⅠM4：4）与中堡岛A型碗相近似，年代应与之相当[④]；青白瓷葵口碗（ⅠM3：1）与望江B型Ⅱ式碗相似；白瓷划花斗笠碗（ⅠM1：3）与望江B型Ⅰ式碗相同或相似[⑤]；黑瓷碗（ⅠM3：2）与四川邛窑生产的同类器相同，当是该窑的产品。ⅢM4出土的青瓷塔式罐（魂瓶）在宋代常见；ⅢM4、ⅢM5墓主头部下垫枕板瓦的葬式在武昌放鹰台宋墓中多见[⑥]，这几座墓均为北宋。ⅢM4出土的青花瓷碗，在内底及外壁，用寥寥数笔，画出写意草叶图案，青花蓝中略泛灰黑，与浙江温州北宋太平兴国二年塔基出土青花瓷碗釉色相近似。在清理ⅢM4时，发现青花瓷碗反扣在下面的青瓷罐口部，应该是ⅢM4内的随葬品。同出的青瓷塔式罐、板瓦，有明显是宋代风格。另有五铢、货泉、开元通宝、熙宁重宝、咸平元宝、元丰通宝、皇宋通宝等钱币若干，从钱文所见年代最晚的也在北宋，据此推断该墓年代应不晚于北宋。北宋

① 广东省文物考古研究所、湖北秭归县博物馆：《秭归蟒蛇寨汉晋墓群发掘报告》，《湖北库区考古报告集》（第一卷），科学出版社，2003年。

② 湖北省文物事业管理局、湖北省三峡工程移民局：《秭归庙坪》，科学出版社，2003年。

③ 李大营、肖贵田：《重庆地区东汉六朝时期合葬墓中的有关问题》，《重庆·2001三峡文物保护学术研讨会论文集》，科学出版社，2003年。

④ 国家文物局三峡考古队：《朝天嘴与中堡岛》，文物出版社，2010年。

⑤ 宜昌博物馆：《秭归望江墓群发掘简报》，《湖北库区考古报告集》（第一卷），科学出版社，2003年。

⑥ 武汉市博物馆、《武昌放鹰台遗址1997年发掘报告》，《江汉考古》1998年第3期。

的青瓷器在墓中出土，尚为少见，具有相对重要的意义。

2. 明代墓葬

1座。

ⅢM2未见随葬品。从墓葬结构形制看为夫妻并穴砖室合葬墓。建筑材料为普通砖。后墙有龛。隔墙上有连接孔。墓砖的黏合材料为石灰。这与明代墓葬风格相合，形制结构与巴东地主坪M1相近似，与秭归狮子包明墓也近似，封门外堆砌石块的做法与庙坪M46相同[①]。表明该墓年代为明代。隔墙上的连接孔表明，古人认为，夫妻即使在阴间，其灵魂也还能相互交流沟通。

本次发掘领队：魏航空
参加发掘人员：雷兴军　雷　霆　王继全
陈　艳　杜春华　王金梅
罗宏斌
绘图：罗宏斌
摄影：许志斌
执笔：罗宏斌　王继全　杜春华

① 湖北省文物事业管理局、湖北省三峡工程移民局：《秭归庙坪》，科学出版社，2003年。

巫山水泥厂古墓群2003年度发掘简报

湖南省文物考古研究所
怀 化 市 文 物 处
巫 山 县 文 物 管 理 所

为了配合三峡建设工程，抢救库区地下文物，湖南省文物考古研究所承担了巫山县2003～2004年度部分考古发掘项目，并将其中巫山水泥厂古墓群的发掘任务交由怀化市文物处组队实施。2003年11～12月，怀化市文物处对水泥厂古墓群进行考古发掘，历时40天，完成发掘面积1000平方米。现将工作情况报告如下。

一、墓地及工作概况

水泥厂古墓群位于重庆市巫山县巫峡镇秀峰村二组，长江支流大宁河右岸，最高海拔180米，属三峡工程淹没区及迁建范围。东濒临大宁河，西1千米为新县城，南距长江2千米，北依移民小区，再往上为陡峭高山。

墓地为秀峰二组村民的宅地、责任田以及县水泥厂范围，大部分已被二期水淹和被治理滑坡工程土石方覆盖。

该墓群的抢救发掘工作始于1999年，由成都市考古所组队发掘。这次发掘是第二次发掘。发掘面积1000平方米，发掘清理墓葬19座，其中战国墓4座、西汉墓4座、东汉墓6座、西晋墓2座、宋墓2座、明墓1座（图一）。现按时代顺序报告如下。

二、战国墓葬

4座（M15、M16、M17、M19）。均为长方形竖穴土坑墓，随葬品简单。M15为宽坑，已被盗掘，器物被扰乱，组合不全。M16、M17、M19均为窄坑墓，做工规整，墓壁垂直、光滑。M17和M19骨架保存较好，M16骨架不存。

M17所在地已被垦为旱土，是否有封土已不可知，墓四壁垂直、光滑，填土为原土回填，土质紧密。葬具腐烂，结构不明。骨架为仰身直肢，身高1.46米。墓口长2.6、宽1.1、深0.9米。方向315°。随葬品置于头端（图二）。

4座墓共出土器物6件，均为陶器。

罐　3件。M16、M17、M19各出1件。M16：1，直口，沿外斜，矮粗颈，最大径在肩部，肩以下内收，小平底稍内凹。肩部饰凹弦纹，肩以下饰绳纹。口径12、底径5.6、高17.2厘米（图三，1）。M17：1，口微侈，沿外斜，矮粗颈微束，溜肩，腹扁鼓，平底微凹。下腹部饰

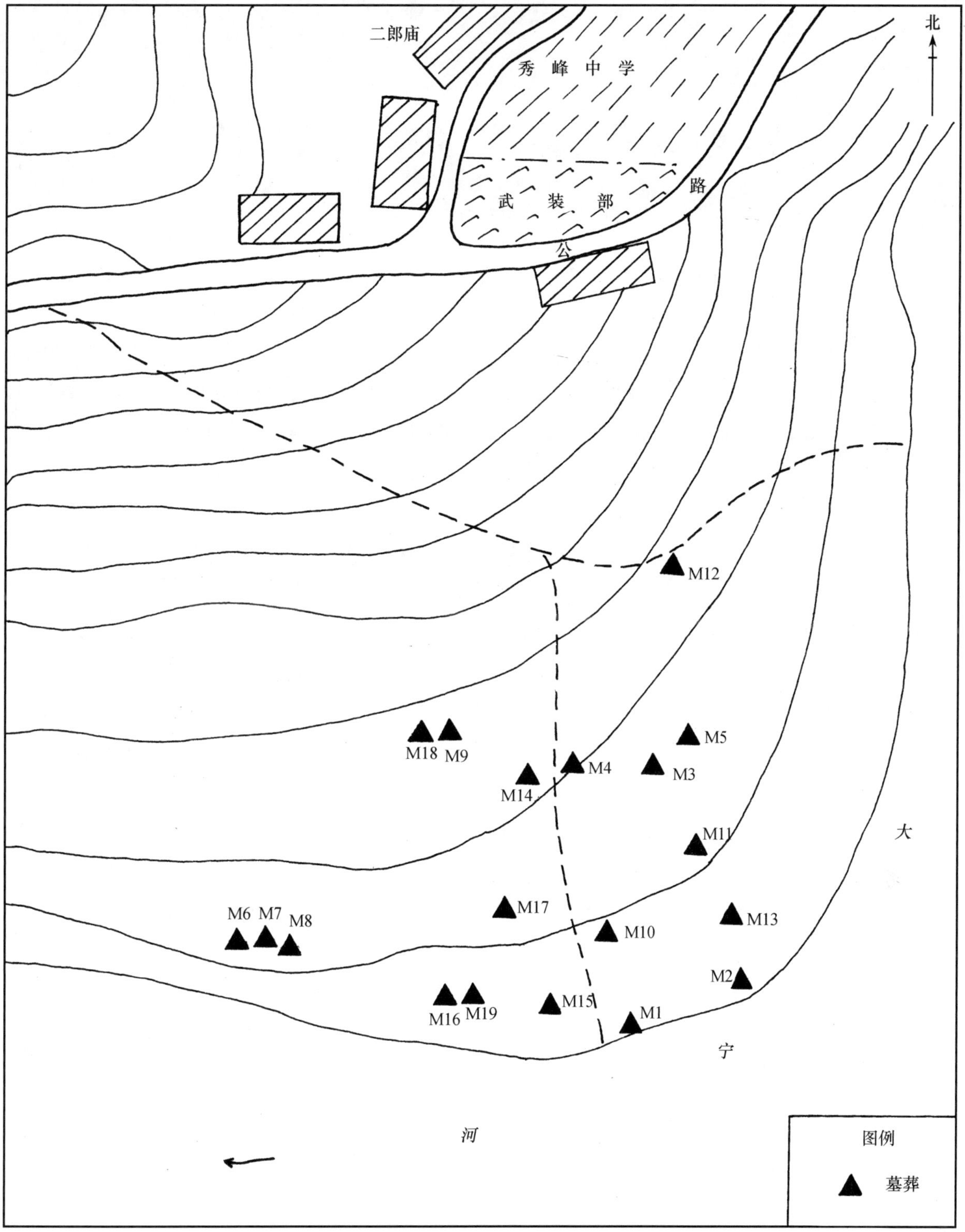

图一 水泥厂古墓群墓葬分布示意图

绳纹。口径12、底径5.6、高17.2厘米（图三，2）。

鼎 1件。M15：1，已残。器体较大。子母口，深腹，底及足残。盖面平，上饰乳钉状纽。口径20厘米（图三，3）。

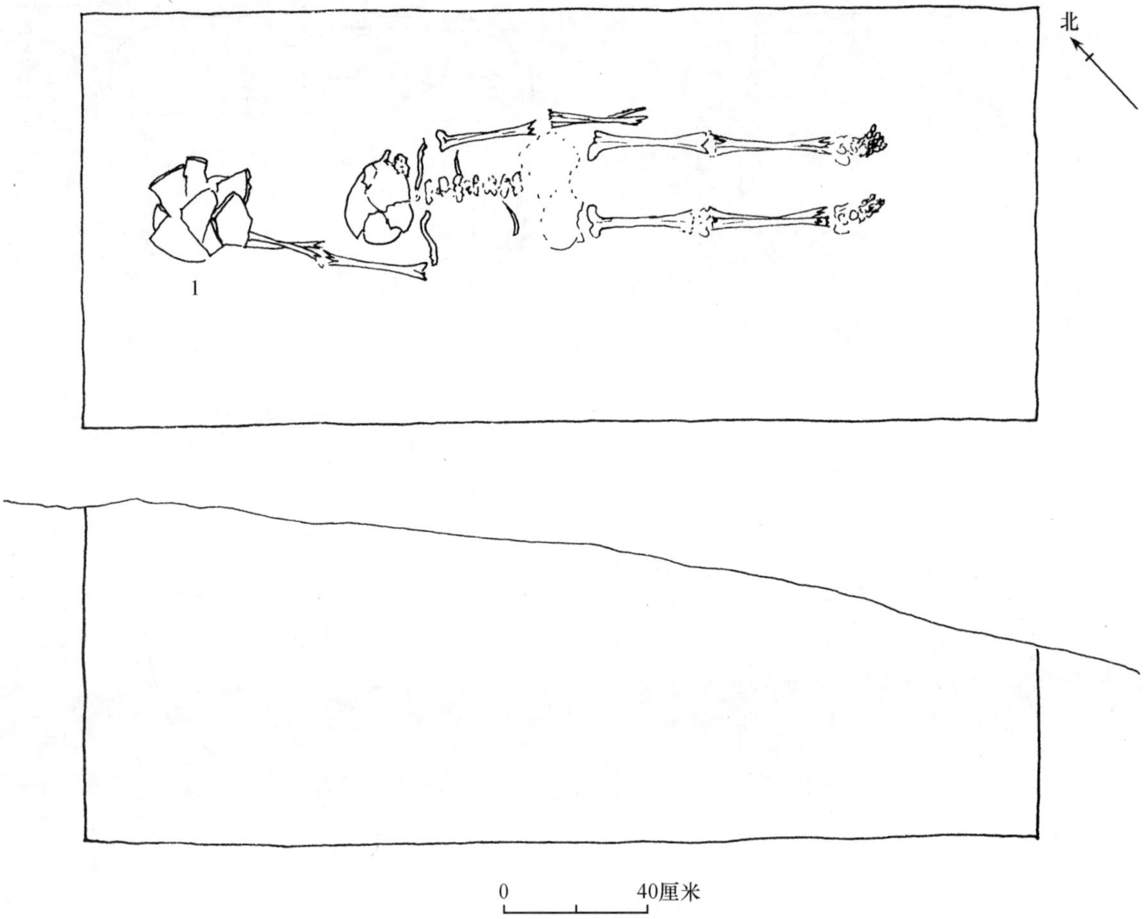

图二　M17平、剖面图

1. 陶罐

敦　2件。均残。M15：2，由器盖、器身承合而成呈球状。上下各有三矮纽。口径20、通高21.6厘米（图三，4）。M15：3，由两个形制相同的钵扣合而成，纽已不存。口径17.8、通高14.4厘米。

M17为窄坑墓，未被盗。出土器物仅陶罐1件，置于头端。此类窄坑墓见于万州中坝子遗址东周墓之窄坑墓，罐的形制也与万州中州坝遗址M17：5凹底罐的形制类似①（报告编写者将该墓的年代定为战国早期）。故该墓的年代也应与之相当，即战国早期。M16、M19虽被盗扰，但随葬器物尚存。无论是墓葬的形制还是器物的特点均与M17同，其年代也应属战国早期。

M15被盗，随葬品组合不全。但就出土陶器看，鼎、敦组合为战国楚墓典型组合，出土的敦与巫山瓦岗槽M11战国晚期出土的敦相一致②，故把此墓的年代定为战国晚期是没有多大问题的。

① 西北大学考古队、万州区文物管理所：《万州中坝子遗址东周时期墓葬发掘报告》，《重庆库区考古报告集·1998卷》，科学出版社，2003年。

② 南京博物院考古研究所等：《巫山瓦岗槽墓地发掘报告》，《重庆库区考古报告集·1998卷》，科学出版社，2003年。

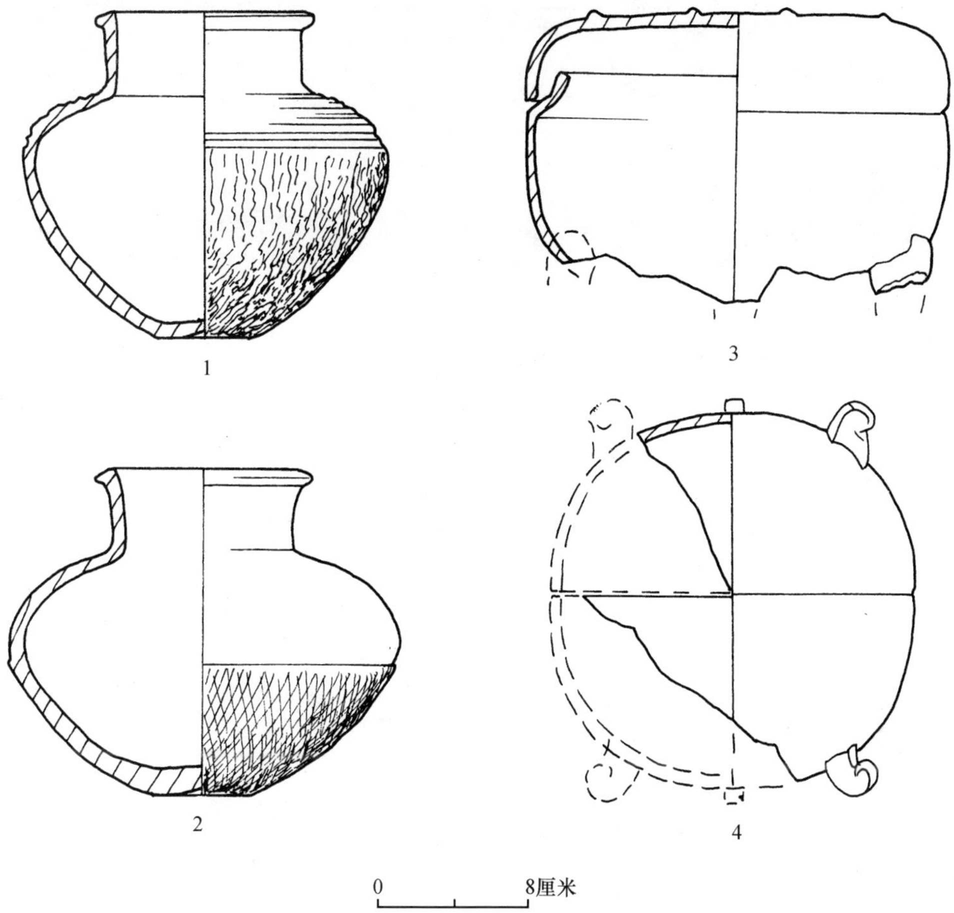

图三　战国墓出土陶器
1、2. 罐（M16：1、M17：1）　3. 鼎（M15：1）　4. 敦（M15：2）

三、西汉墓葬

4座（M9、M10、M14、M18），均为长方形竖穴土坑墓，无封土堆，四壁垂直规整，因受自然滑坡的挤压，有的壁已向内倾斜。葬具腐烂，尸骨不存。随葬品被盗，组合不全。M18底部用不规则的石板铺地，显得很平整。长2.9、宽1.8、深2.2米。该墓被盗，由于头部未受盗扰，仍出土器物29件，铜钱43枚（图四）。M9的底部虽未铺石板，但与M18并列以及规模相等等情况分析，墓主之间似有亲属关系。

4座墓出土器物49件，其中陶器39件、铜器4件、铁器4件、玉器1件、石器1件、铜钱44枚。

陶器　39件。均为泥质灰陶。器形有鼎、壶、罐、钵、碗、盆、灶、釜、甑、仓。

鼎　2件。M14：5，器身子母口，深腹，圜底，三蹄足较矮，方形附耳，盖微隆。口径14、通高14厘米（图五，1）。M9：8，底已残。子母口，深腹，足外撇。腹部饰一周凸棱纹。盖微隆，上有二道凹弦纹。口径15.1、通高13.6厘米（图五，2）。

壶　3件。均残。M14：6，盘口，粗长颈，肩以下残。口径11.2厘米（图五，3）。M9：7，高圈足，器身残。M18：12，器身破损严重不能复原。有盖，子口，盖隆，上立有三

图四 M18平面图

1、3、20、23、25. 陶釜 2、4、6、7、19、22、26、30. 陶罐 5、29. 陶钵 8. 铁饰件 9. 铁棺钉 10. 铜盆 11. 铜钱 12. 陶壶 13. 石板 14. 铁削 15. 铜带钩 16. 玉饰件 17. 铜饰件 18. 铜印章 21. 陶碗 24. 陶灶 27、28. 陶甑

对称鸟形纽。盖口径14、通高15.6厘米（图五，4）。

罐 13件。有圜底罐、无领罐、粗颈小罐、长颈凹底罐、矮领罐、矮领小罐等。

圜底罐 1件。M18：4，直口，宽沿内斜，圆唇，矮领，广肩，扁鼓腹，圜底。腹上部、肩下部饰宽凹弦纹，间饰以三周戳印条文，下腹部饰细绳纹。肩上部抹光，刻写“楊”字。口径15、高25.6厘米（图五，5）。

无领罐 2件。M18：22，弇口，圆肩，斜腹，平底。肩部刻划纹一周，腹下部有削棱。口径11.2、底径10.6、高15厘米（图五，6）。M18：30，弇口，斜肩，斜腹，平底。下腹部有削棱。口径11.2、底径9.8、高11.2厘米（图五，7）。

粗颈小罐 3件。M18：2，侈口，粗颈微束，扁鼓腹、平底。肩部饰戳印纹一周，腹下部有削棱。口径10、底径5.6、高9.2厘米（图五，8）。M18：6，腹较M18：2扁鼓更甚。口径9.6、底径6.4、高9.1厘米（图五，9）。M18：26，侈口，凹沿，粗颈，扁鼓腹，圜底。口径9.4、高9厘米（图五，10）。

长颈凹底罐 1件。M14：1，喇叭口，宽凹沿，粗长颈，圆折肩，鼓腹，凹底。肩部三组戳印纹，排列有序，肩以下饰绳纹。口径18.2、高24.8厘米（图五，11）。

矮领罐 3件。M18：19，口微侈，矮领，溜肩，深腹，平底。肩部有戳印纹一周。口径12.8、底径11.6、高21.8厘米（图五，12）。M9：3，体较矮，直口，无领，肩平折，斜腹，平底。肩、腹及近底部各有一周戳印纹。口径8.8、底径10.8、高12.4厘米（图五，13）。M18：7，口微侈，有沿较宽，肩平折，斜腹，平底。肩以下饰绳纹。口径12.4、底径10.7、高11.8厘米（图五，14）。

矮领小罐 3件。M14：9，直口，矮领，圆肩，最大径偏上，腹下斜收较甚，平底。腹部刀削痕明显。口径5.2、底径5.6、高7.2厘米（图五，15）。M14：4，口微侈，矮领，肩缓平，鼓腹，平底。下腹部有削棱。口径5.2、底径5.2、高7.6厘米（图五，16）。M14：8，口残。颈变高，扁鼓腹，平底。残高8厘米（图五，17）。

钵 3件。M18：29，侈口，斜肩，斜壁，小平底。下腹有削棱。口径12、底径4、高5.2厘米（图五，18）。M18：5，形制大小大体与M18：29同。M14：3，直口，平沿，腹下内收，平底。近底部有削棱。口径13、底径4.8、高5.2厘米（图五，19）。

碗 1件。M18：21，敞口，外壁有曲，平底稍内凹。口径12.4、底径4.2、高4.8厘米（图五，20）。

盆 1件。M9：6，直口，宽平沿，浅腹。底残。

灶 3件。出土于3座墓。M9：1，形制较为特别，灶平面呈刀形，内空。灶面有三个置釜的火眼，一前二后排列，灶面后端有一高出灶面的挡火墙，灶前面各开有一个不通地拱形火门。灶面后端两个火眼处刻长方形方格纹至挡火墙，挡火墙下部也横刻有长方形方格纹。长29.5、宽21.2、通高20厘米（图六，1）。M18：24，灶面有大小不一的火眼三个，并留有烟孔一个。灶身前面各开有一个通地拱形火门。长20.4、宽22、高6.4厘米（图六，2）。M14：7，已残，形制不明。

釜 8件。依整体的造型，分三型。

A型 3件。腹部有纽鋬。可分二式。

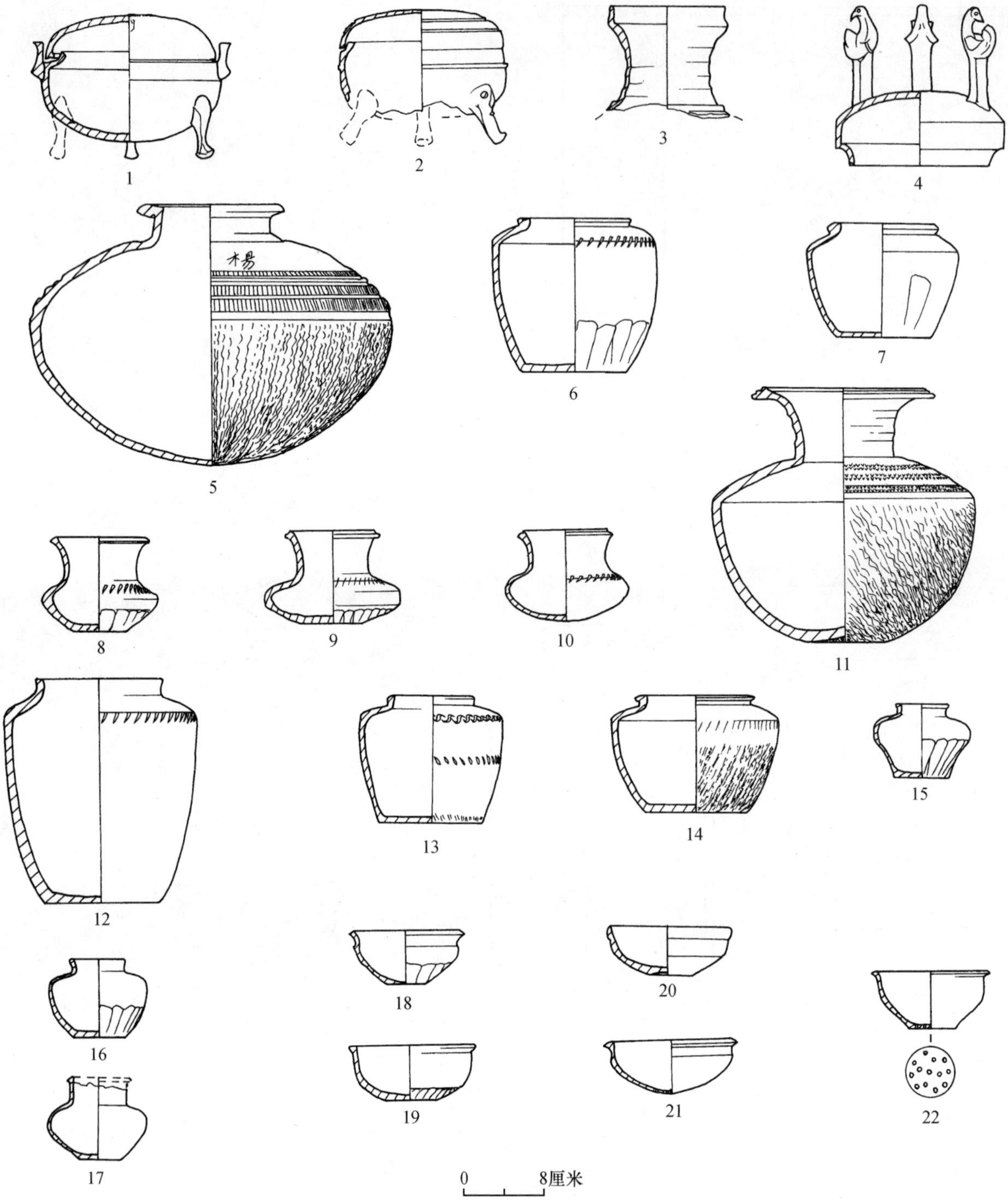

图五　西汉墓出土陶器

1、2. 鼎（M14∶5、M9∶8）　3、4. 壶（M14∶6、M18∶12）　5. 圜底罐（M18∶4）　6、7. 无领罐（M18∶22、M18∶30）　8～10. 粗颈小罐（M18∶2、M18∶6、M18∶26）　11. 长颈凹底罐（M14∶1）　12～14. 矮领罐（M18∶19、M9∶3、M18∶7）　15～17. 矮领小罐（M14∶9、M14∶4、M14∶8）　18、19. 钵（M18∶29、M14∶3）　20. 碗（M18∶21）　21、22. 甑（M18∶27、M14∶2）

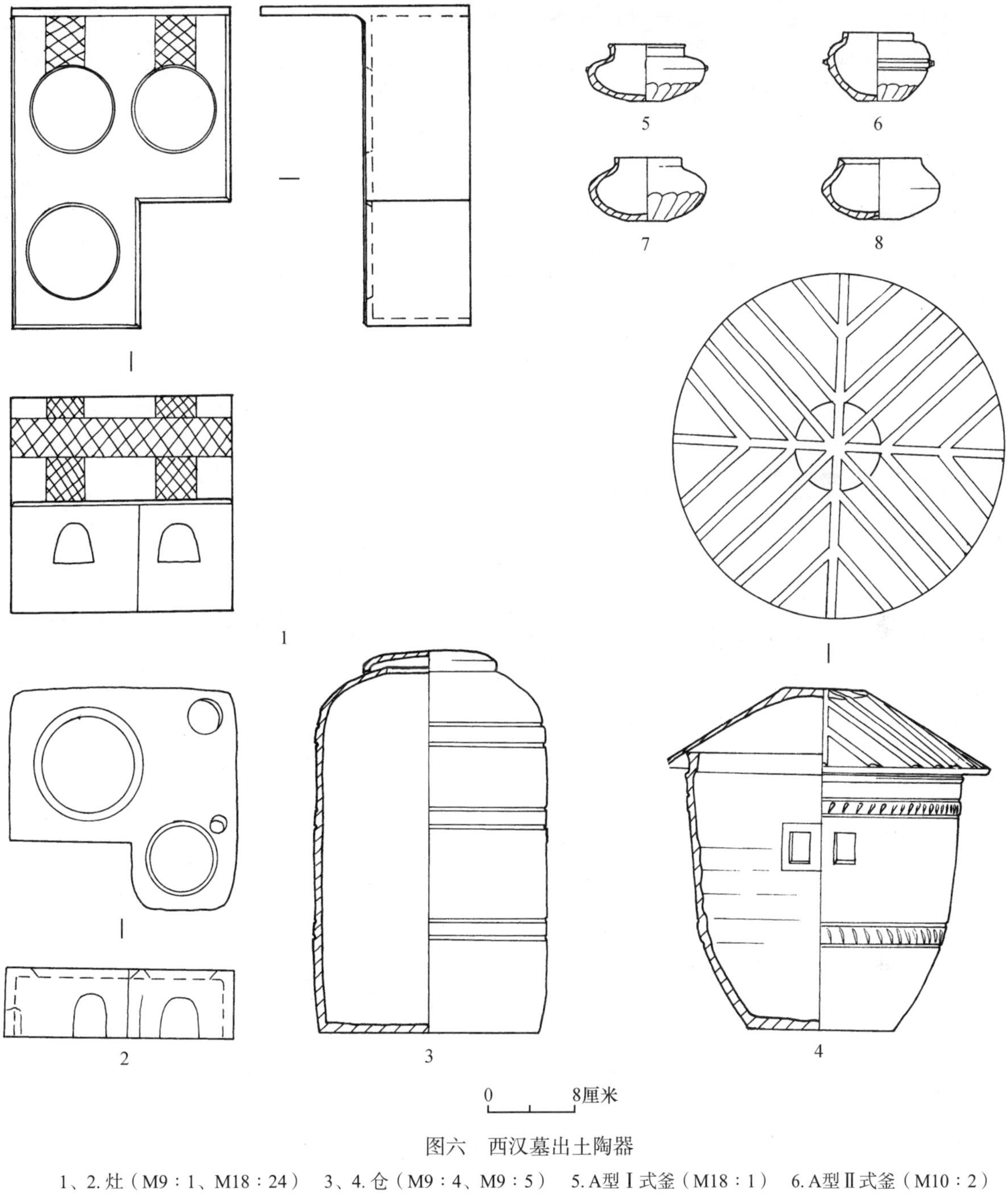

图六　西汉墓出土陶器

1、2. 灶（M9：1、M18：24）　3、4. 仓（M9：4、M9：5）　5. A型Ⅰ式釜（M18：1）　6. A型Ⅱ式釜（M10：2）　7. B型釜（M18：20）　8. C型釜（M9：2）

Ⅰ式：1件。M18：1，直口，矮领，扁鼓腹，小平底。腹下有削棱。口径7.2、底径3.2、高5.2厘米（图六，5）。

Ⅱ式：2件。均出土于M10，形制相同。M10：2，腹由Ⅰ式的扁鼓腹变为鼓腹。口径7、底径4、高6.8厘米（图六，6）。

B型　4件。腹部无纽鋬。M18：20，直口，矮领，扁鼓腹，平底。下腹有削棱。口径6.6、底径4、高5.9厘米（图六，7）。

C型　1件。M9：2，敛口，沿内斜，腹扁鼓，平底稍内凹。口径8、底径4、高5.6厘米

（图六，8）。

甑　3件。出自M18和M14。M18：27，敞口，斜沿，口沿下略束，腹下斜内收，圜底。底中央有5个箅孔。口径13.6、高5.2厘米（图五，21）。M18：28，形制、大小同M18：27。M14：2，体呈钵形。侈口，腹外壁微鼓，腹下内收，平底。底上有13个箅孔。口径11.6、底径4.3、高5.2厘米（图五，22）。

仓　2件。M9出土。M9：4，器体高大。弇口，弧肩，筒腹，平底。盖面缓平。腹部三组凹弦纹，间隔有序。口径8、底径20.8、高35.2厘米（图六，3）。M9：5，器体硕大。器身似现在的花钵，口大，底小，直口，沿下外壁略束，直腹，近底部内收，平底。腹部开有2扇方形门。腹上下部各有二组凹弦纹间以戳印纹。有盖似斗笠状，上有垄。器身口径26.4、底径14.4、通高31.6厘米（图六，4）。

铜器　4件。均M18出土。包括盆、带钩、印章、饰件。

盆　1件。M18：10，斜折沿，弧腹，腹以下残。口径18厘米（图七，1）。

带钩　1件。M18：15，保存较好，素面。钩头呈鹅头形，背面正中有圆形扣。长10.5厘米（图七，4）。

印章　1件。M18：18，保存完好。器身为正方形，上有拱形纽，下面篆刻“路方私印”四字。宽1.7、通高1.6厘米（图七，3、10）。

饰件　1件。M18：17，已残。体呈长条圆形。残长5.9厘米（图七，2）。

铁器　4件。器形有削、饰件、棺钉。

削　1件。M18：14，锈蚀。首已残。残长17.6厘米。（图七，8）。

饰件　1件。M18：8，锈蚀。已残。残长4厘米（图七，5）。

棺钉　2件。锈蚀。M18：9，已残，扁形。残长12.4厘米（图七，7）。M14：10，锥形。长13. 4厘米（图七，6）。

玉饰件　1件。M18：16，青玉。保存好。出土时与铜带钩在同一位置，故推测应是系在铜带钩上的饰件。整体似珌状，上窄下略宽，上端面中凿有0.7厘米深的圆形孔，其两边凿有二小孔均与正中圆孔相通，以便系绳。正面与背面阴刻仿春秋时期的变形窃曲纹。上径5.2、下径6.2、高4.35厘米。

石压板　1件。M18：13，扁体长方形。四边倒棱，未加工不光滑。长15.1、宽6、厚0.4厘米（图七，9）。

另外，出土铜五铢钱44枚。M14仅出土1枚，M18出土43枚。直径2.5～2.2、穿径1厘米。钱文篆书大体有三类。第一类：“五”字上下两横不出头，交股直微曲；“铢”字“金”字头呈矢状，不清晰，“朱”字上下圆折。M18：11-1，直径2.5厘米（图七，11）。第二类：钱文清晰规范；“五”字上下两横出头，交股曲；“铢”字“金”字头呈等腰三角形，“朱”字上方折下圆折；“五”字紧贴边郭。M18：11-2，直径2.2厘米（图七，12）。第三类：钱文清晰规范；“五”字上下两横不出头，交股直；“铢”字“金”字头呈等腰三角形，“朱”字上圆折下方折。M18：11-3，直径2.3厘米（图七，13）。

M18虽被盗掘，但随葬陶器基本上未被扰乱，器物组合齐全，出土的圜底罐与麦沱出土的

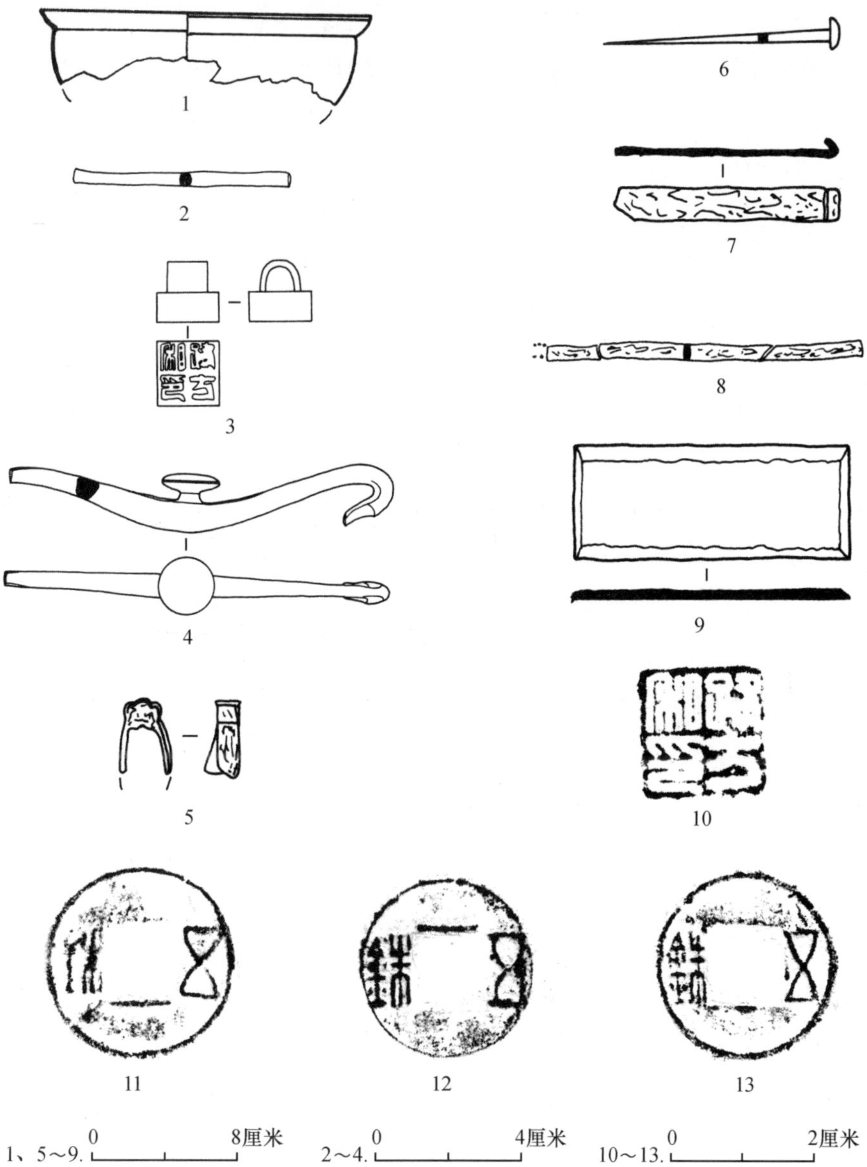

图七 西汉墓出土器物

1. 铜盆（M18：10） 2. 铜饰件（M18：17） 3、10. 铜印章（M18：18） 4. 铜带钩（M18：15） 5. 铁饰件（M18：8） 6、7. 铁棺钉（M14：10、M18：9） 8. 铁削（M18：14） 9. 石压板（M18：13） 11～13. 铜五铢钱（M18：11-1、M18：11-2、M18：11-3）

罐M39：7（原报告把此罐称瓮）相同[①]，麦沱M39的年代为西汉晚期；出土的无领罐、圈足壶（盖饰鸟形纽饰）也可在麦沱同属西汉晚期M40找到类似的材料[②]；出土的五铢钱也是西汉中晚期的，如第二类（M18：1-2）与洛阳烧沟M125所出五铢钱相似（洛阳烧沟M125为西汉中期）。鉴于以上，我们把该墓的年代定在西汉晚期。

M9因被盗掘，器物组合不全。但出土的矮领罐与M18出土的同类器物相似；出土的仓为西汉中晚时期常见。与M18并列埋葬，其规模以及墓葬的方向都接近。因此，其年代应与之相

① 重庆市文化局等：《重庆巫山麦沱墓群发掘报告》，《考古学报》1999年第2期。

② 重庆市文化局等：《重庆巫山麦沱墓群发掘报告》，《考古学报》1999年第2期。

若，当为西汉晚期。

M10、M14为竖穴土坑墓，出土的釜、甑、钵器物应是西汉时期的。参照有关资料，将该二墓的年代定在西汉晚期应无大误。

四、东汉墓葬

6座（M2、M4、M6、M7、M8、M11），均被盗扰。M2为刀把形砖室券顶墓，甬道为土坑未砌砖，墓道已被破坏。M4、M11为带甬道的砖室券顶墓（是否有土坑墓道，因受破坏已不清）。M8为长方形竖穴土坑墓，墓底满铺石块。M6为带墓道、甬道的刀把形砖室券顶墓。墓室长4、宽1.6、高1.6米；甬道长2.2、宽1、高1.3米；墓道为土坑未砌砖，斜长1.4米，坡度32°。M7形制同M6。墓室长4.2、宽1.4、高1.14米；甬道长1.5、宽0.8、高0.74米；墓道长1.4、宽0.8米，坡度31.5°。墓室前部有盗洞，将甬道内及墓室门前的随葬器物扰乱，有的器物部分丢弃于地表，墓室大部未盗扰，未被盗扰的4件陶罐一字排列。人骨已被扰乱，头骨已被挪动到甬道中（图八）。

墓砖主要有长方形、楔形两种。其平面饰绳纹，侧面为各种式样的花纹图案。有的砖刻写有纪年铭文、“□□墓”文字。

M2的墓砖有两种。一为砌墓壁的长方体砖。M2砖：1，平面为绳纹，侧面以三组横杠间隔成两区：下区菱形几何纹，上区为“永元十三年”铭文。砖长36.5、宽17、厚6厘米（图九，1；图一〇，1）。另一种为楔形砖，为砌墓顶的坡边砖。M2砖：2，砖长37、宽16、厚上6下5厘米。

M4的墓砖有两种。砌墓壁的砖为长方体。M4砖：1，侧面为一菱形图案居中，二组叶脉纹相向排列。砖长36.5、宽15、厚5.4厘米（图九，3；图一〇，2）。另一种为楔形砖。M4砖：2，侧面饰四组菱形纹图案，端面有“□□墓”三字。砖长38.5、宽15.5、上厚6、下厚3.6厘米（图九，2；图一〇，3）。

M6的墓砖也有长方体砖和楔形砖两种。其中长方体砖砌墓壁，楔形砖砌券拱。M6砖：1，长方体，平面为绳纹，侧面两头为三横杠、二横杠不等，满饰菱形几何纹图案。砖长34、宽11.5、厚5.6厘米（图九，4；图一一，1）。

M7砌墓壁砖（M7砖：1）侧面花纹为两端各三横杠，中间有三横和二横杠相隔，内饰三组菱形几何纹图案。砖长35.5、宽13、厚7.4厘米（图九，5；图一一，2）。砌券顶的墓砖（M7砖：2）侧面花纹为两端中部三横杠，又各间一横杠相隔，饰四组几何纹图案。砖长35、宽13、上厚6.5、下厚5.5厘米（图九，6；图一一，3）。

6座墓出土随葬品有陶器61件（包括釉陶17件）、铜器11件、铁器1件，另外出土铜钱129枚。

陶器（不包括釉陶器）　44件。器形有罐、壶、钵、灯、灶、釜、甑等。

罐　26件。有无领罐、矮领罐、矮领直腹罐、圜底罐、高领凹底罐、双系罐，另有5件罐残，形制不明。

无领罐　9件。均为泥质灰陶。根据肩部的变化可分五式。

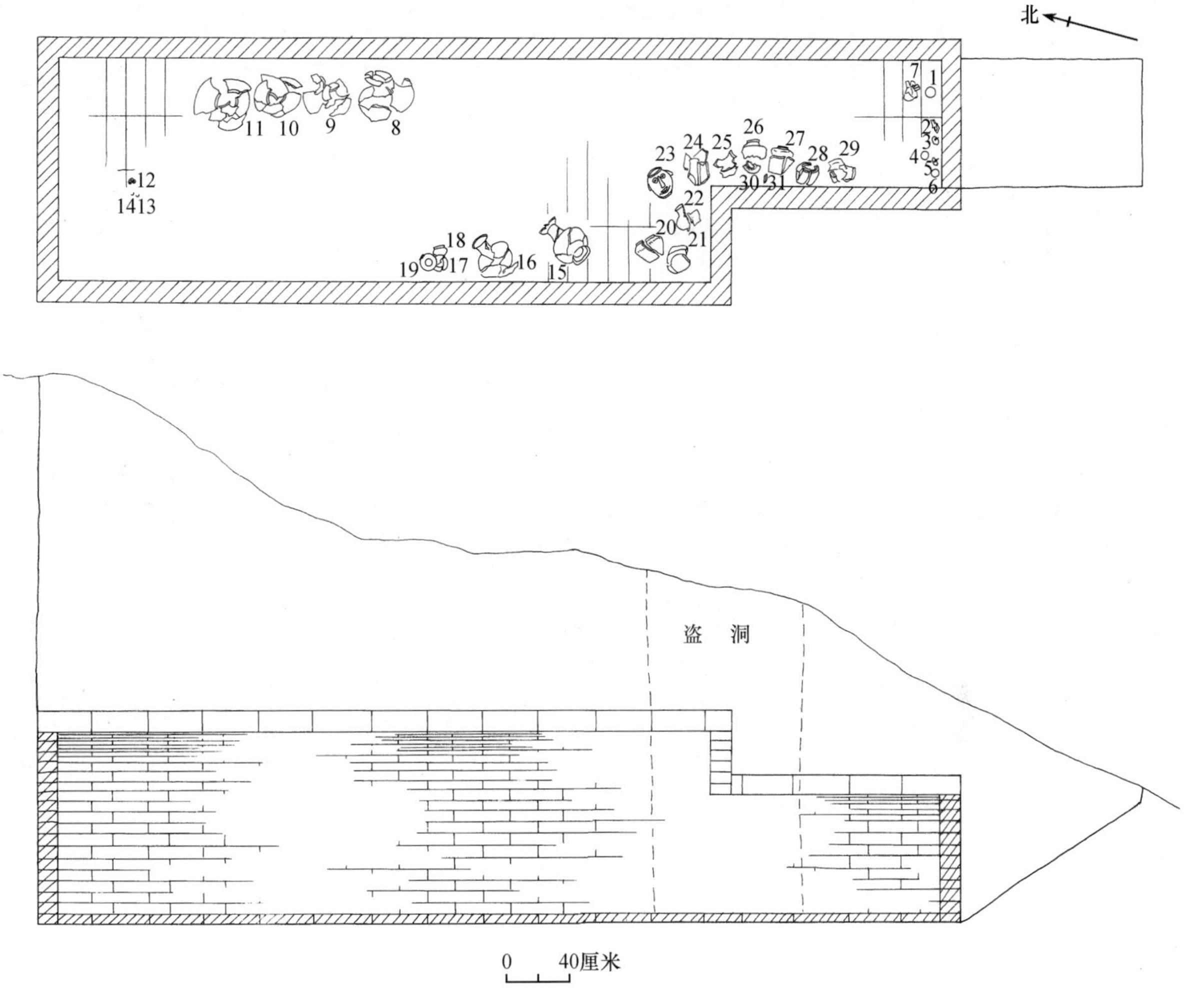

图八 M7平、剖面图

1～6. 铜泡钉 7. 铜壶（残） 8～11、20、21、25～29. 陶罐 12. 铜钱 13、14. 铜环 15、16. 釉陶壶 17～19. 陶釜 22、30. 陶壶 23、24. 陶俑 31. 铜饰件

Ⅰ式：1件。M7：20，体扁矮，折肩。口微敛，最大径在肩部，肩部以下斜收，平底。肩部戳印纹一周。口径8.8、底径8、高8.8厘米（图一二，4）。

Ⅱ式：1件。M11：14，体较Ⅰ式高，折肩。口微敛，腹折收明显，平底。肩部戳印纹二周，下腹有削棱。口径8.5、底径7.6、高12厘米（图一二，1）。

Ⅲ式：1件。M2：3，敛口，弧肩，平底。肩部下方和下腹部各一周戳印纹。口径9.2、底径8.8、高10.8厘米（图一二，2）。

Ⅳ式：5件。器体比前三式大。M11：16，肩微耸，肩以下弧收，平底。上腹部戳印纹一周，下腹有削棱。口径10.4、底径9.6、高15厘米（图一二，3）。

Ⅴ式：1件。M7：28，溜肩，大平底。肩部、下腹部各一周戳印纹。口径9.6、底径12.8、高12.8厘米（图一二，5）。

矮领罐 3件。M11：21，口微敛，矮领，溜肩，肩部以下内收，平底。肩部一周戳印纹，下腹有削棱。口径12、底径10、高12厘米（图一二，6）。M11：5，直口，矮领，折肩，肩下内收，平底。肩部一周戳印纹，下腹有削棱。口径11、底径10、高14.2厘米（图一二，

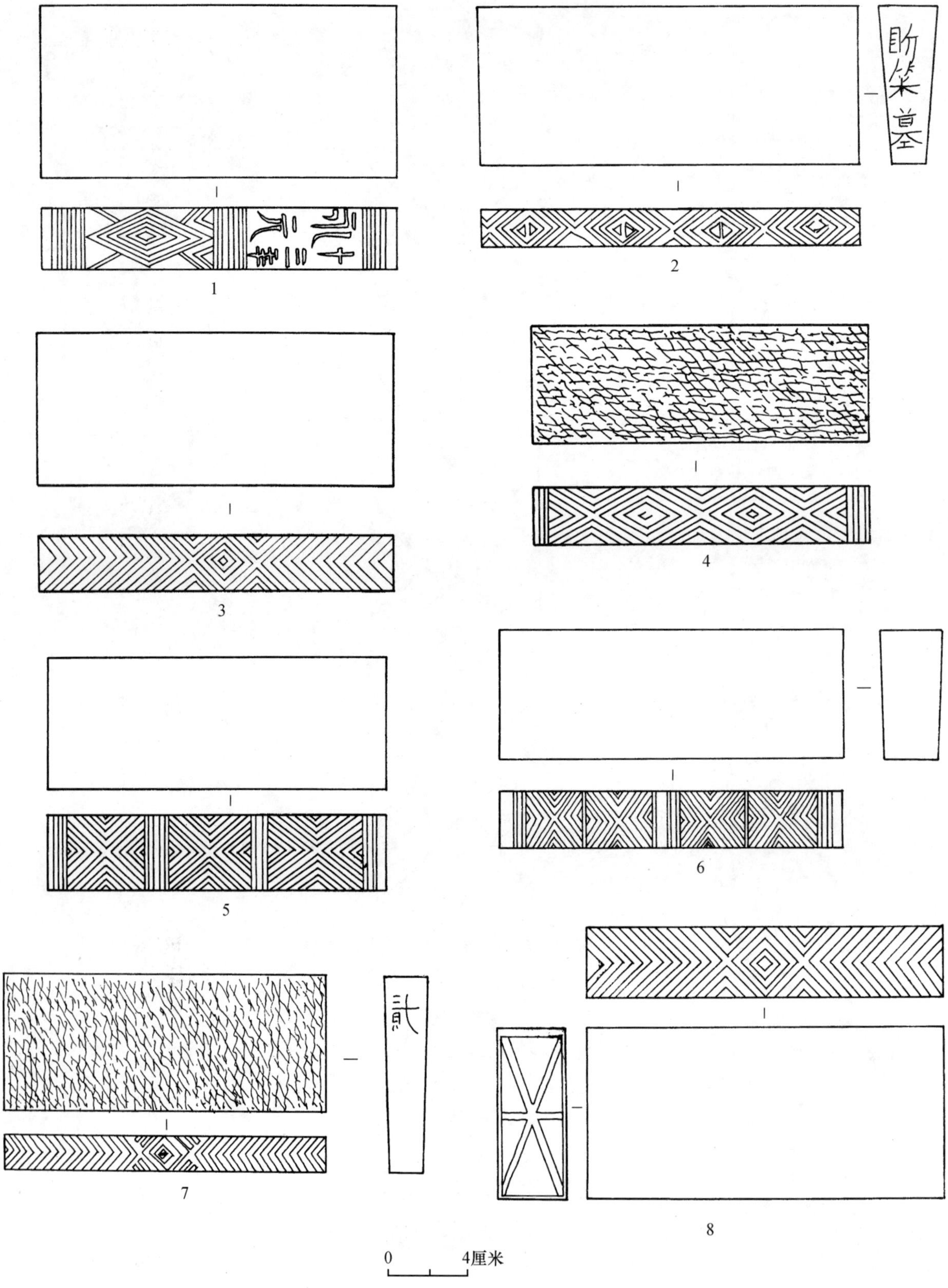

图九　东汉墓砖

1、2. 铭文砖（M2砖：1、M4砖：2）　3～8. 花纹砖（M4砖：1、M6砖：1、M7砖：1、M7砖：2、M1砖：1、M3砖：1）

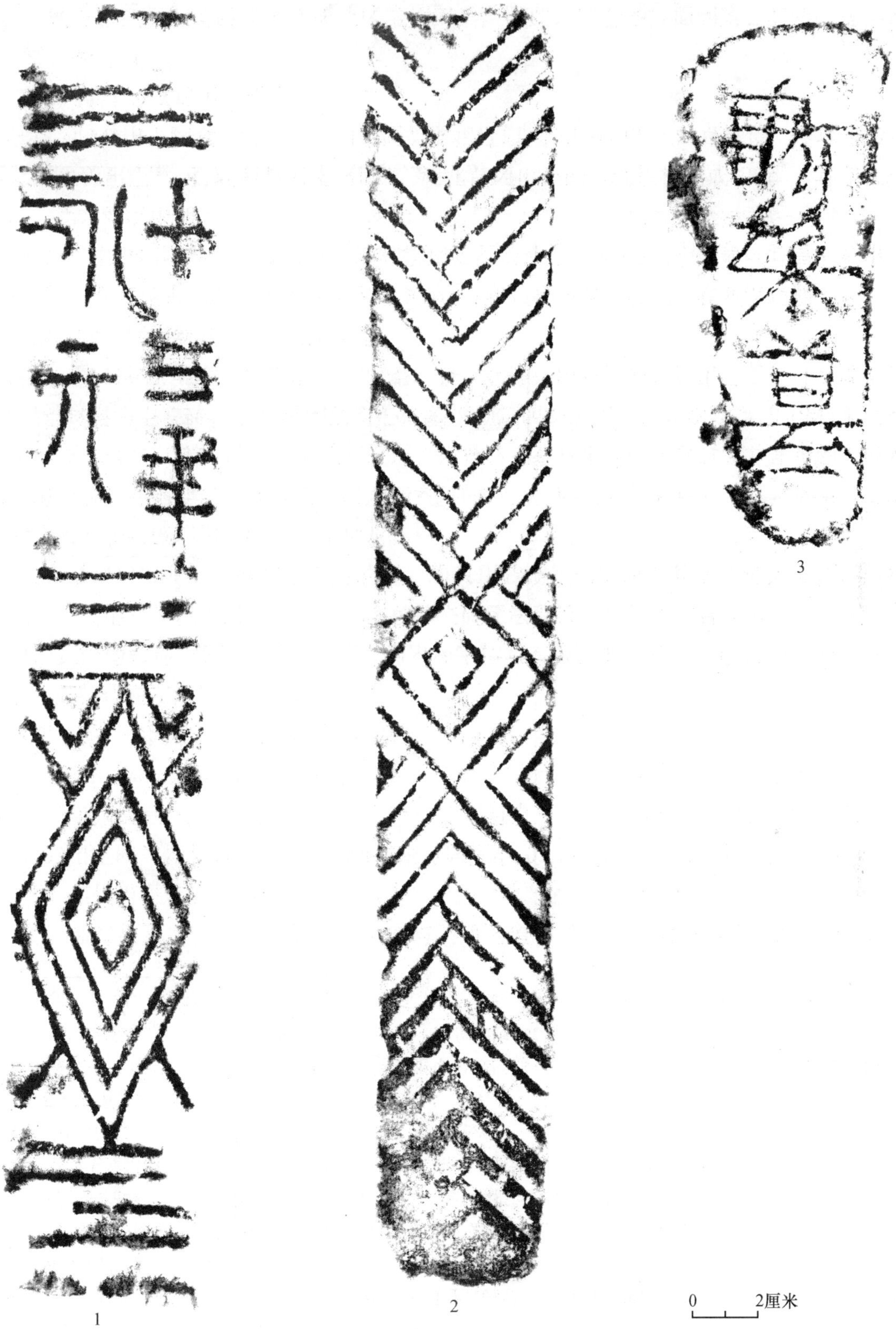

图一〇 东汉墓砖铭文、花纹拓片

1、3. 铭文砖（M2砖：1、M4砖：2） 2. 花纹砖（M4砖：1）

图一一 东汉墓砖花纹拓片

1～3. 花纹砖（M6砖：1、M7砖：1、M7砖：2）

7）。M7：26，已残。形制与M11：5大体相同。

矮领直腹罐　3件。M4：2，直口，矮领，肩缓平，直腹，平底。肩下戳印纹一周，腹部饰三周凹弦纹，下腹削棱明显。口径11、底径13.6、高24.6厘米（图一二，8）。M11：4，器体较小，形制与M4：2同。腹部饰凹弦纹两周。口径8、底径8.8、高12厘米（图一二，9）。M6：7，已残。形制与M11：4同。

圜底罐　2件。均出于M7。器体大，制作规范。M7：8，小口微侈，圆唇，矮颈，溜肩，扁鼓腹，圜底。腹上部至肩部饰四道宽凹弦纹并间以细绳纹，下腹部饰乱绳纹，肩上部磨光。口径12、高20.8厘米（图一二，20）。M7：9，形制同M7：8，纹饰也大体一致，仅肩上部刻划有网纹相异。口径12、高20厘米（图一二，18）。

高领凹底罐　3件。M4：1，侈口，宽凹沿，高领，折肩，肩下弧收，凹底。肩部有戳印纹两周，肩部以下饰绳纹。口径18.8、高28厘米（图一二，12）。M7：10，侈口，宽凹沿，高领，弧折肩，肩部以下弧收，凹底。肩部饰三周网格纹，腹部以下绳纹。口径17.6、高26.4厘米（图一二，19）。M7：11，形制及纹饰同M7：10。

双系罐　1件。M6：10，已残。肩部有对称拱形系，肩、腹有戳印条纹四组。

壶　2件。出于M7，均残。M7：22，口残，颈粗，扁鼓腹，矮圈足，肩部有对称拱形纽。肩部、腹部有五道凹弦纹。残高15.6厘米（图一二，15）。M7：30，残甚。

钵　2件。M11：11，侈口，圆唇，折弧，饼足。口径20、底径7.3、高7.2厘米（图一二，16）。M6：6，直口，底残。口径12厘米。

灯　1件。M6：12，灯盘残，矮粗柄，直壁矮座。残高8.8厘米（图一二，10）。

灶　3件。M2：2，长方体，内空。灶面有两个圆形火眼，两端立有高出灶面的挡火墙，一挡火墙顶部呈弧形另一侧呈方形，一假烟囱附在呈弧形挡火墙内侧，正面开两个不通地的长方形火门。长24、宽12.8、通高12厘米（图一三，7）。M11：1，长方形体较高，高出灶面的挡火墙略向外撇呈斜立状，其顶部呈弧形，灶面有两个圆形火眼，正面开两个不通地的方形火门。长26、宽11.2、通高13.6厘米（图一三，8）。M11：2，形制同M11：1，体略小一些。长20.8、宽12、通高12.4厘米。

釜　4件。M7：17，直口，矮领，扁鼓腹，圜底，腹部饰对称二系。口径8、高4厘米（图一二，11）。M7：18，直口，矮领，扁鼓腹，圜底。口径5.6、高4.4厘米（图一二，13）。M7：19，直口，矮领，扁鼓腹更甚，平底。口径6.4、高4厘米（图一二，14）。M6：4，已残。

甑　3件。出土于M6与M11。其中M6出土的2件已残。M11：7，体似钵形，平底上有7个箅孔。口径12.7、高7.6厘米（图一二，17）。

器座　1件。M2：7，上部已残。座内空。残高4厘米（图一三，6）。

俑　2件。出土于M7。M7：23，仅存头部，身已残。双眼圆瞪，张口露齿，鼻长，宽耳，下嘴唇伸出，略显怪异。头顶平切无发，其上凿有穿孔系绳之用。残高16.8厘米（图一三，4）。M7：24，已残，面目不清。

釉陶器　17件。包括壶、罐、盆、盘、杯、魁等。

壶　6件。器体大，均施深红色釉。形制大体相同。盘口，粗长颈，鼓腹或扁鼓腹，高圈

图一二 东汉墓出土陶器

1. Ⅱ式无领罐（M11：14） 2. Ⅲ式无领罐（M2：3） 3. Ⅳ式无领罐（M11：16） 4. Ⅰ式无领罐（M7：20） 5. Ⅴ式无领罐（M7：28） 6、7. 矮领罐（M11：21、M11：5） 8、9. 矮领直腹罐（M4：2、M11：4） 10. 灯（M6：12） 11、13、14. 釜（M7：17、M7：18、M7：19） 12、19. 高领凹底罐（M4：1、M7：10） 15. 壶（M7：22） 16. 钵（M11：11） 17. 甑（M11：7） 18、20. 圜底罐（M7：9、M7：8）

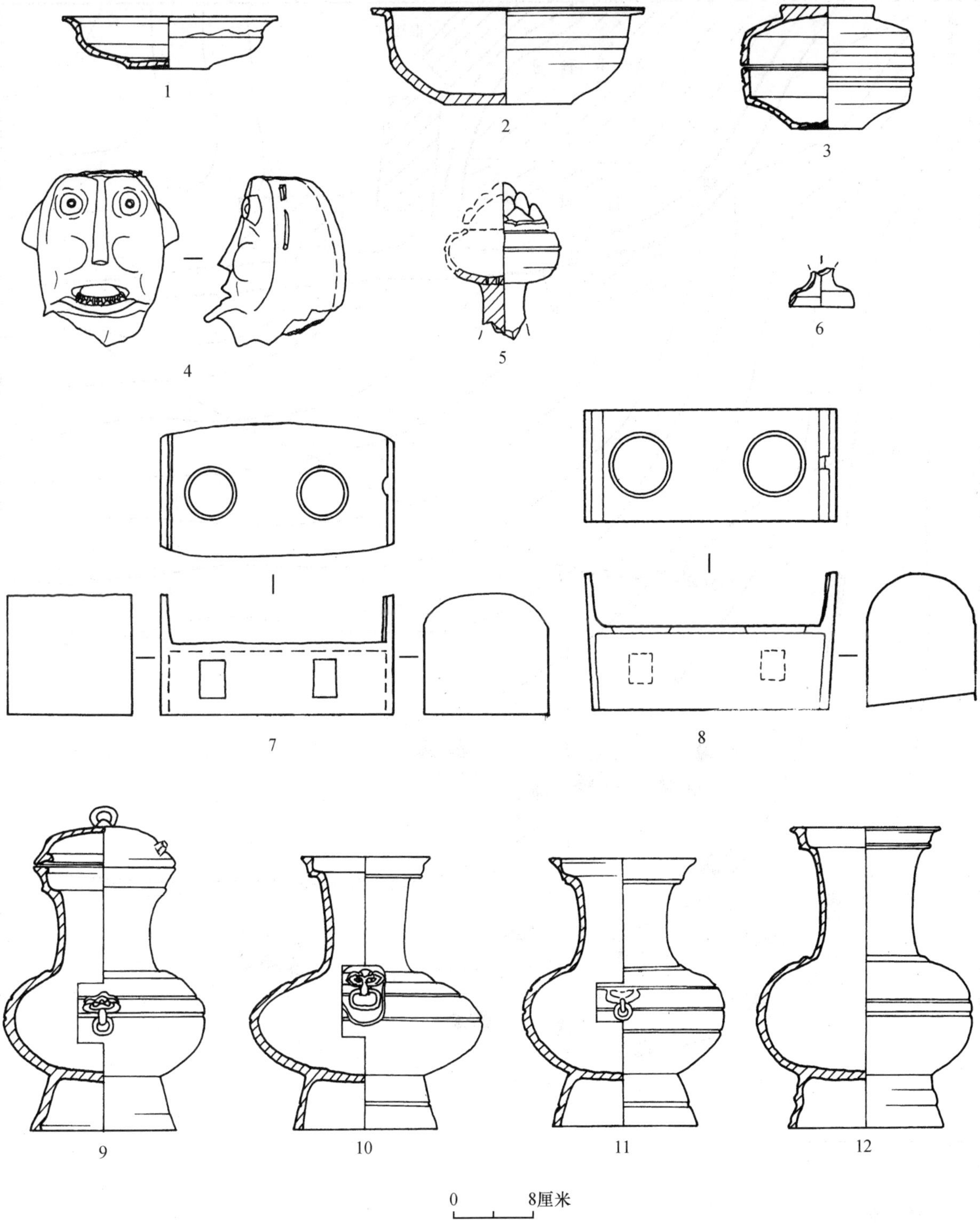

图一三　东汉墓出土器物

1. 釉陶盘（M11：5）　2. 釉陶盆（M11：19）　3. 釉陶盒（M11：8）　4. 陶俑（M7：23）　5. 釉陶博山炉（M11：6）　6. 陶器座（M2：7）　7、8. 陶灶（M2：2、M11：1）　9～12. 釉陶壶（M11：13、M2：5、M11：12、M7：16）

足，腹部饰对称铺首衔环及两周或三周凹弦纹，有盖，但多数已不存。M11：13，有盖，盖面微隆，顶中有一环状纽，盖边等列三乳头状纽。口径14.4、圈足径15、通高32.4厘米（图一三，9）。M2：5，颈细长，腹扁鼓甚。圈足饰凹弦纹一周。口径12.8、圈足径14.8、高

27.2厘米（图一三，10）。M11：12，圈足饰凹弦纹一周。口径15、圈足径15、高27厘米（图一三，11）。M7：16，圈足有旋棱。口径15.6、圈足径16、高30厘米（图一三，12）。

双系罐 1件。M6：11，盘口，矮领，弧肩，鼓腹偏上，腹下内收，平底。肩部有对称二桥形纽。口径9、底径11.3、高22.8厘米（图一四，1）。

盒 1件。M11：8，器身为一平底钵，盖为圈足钵，承合而成。盖面有多道旋棱，器身有一周凹弦纹。口径18、通高12.4厘米（图一三，3）。

盆 1件。M11：19，口微侈，宽平沿，腹微鼓，平底。腹部有旋棱。口径28、底径13.4、高10厘米（图一三，2）。

盘 2件。M11：5，盘较深，平底稍凹。口径22.4、底径8.8、高5.2厘米（图一三，1）。M11：10，浅盘，平底。口径19.4、底径8、高4厘米（图一四，2）。

杯 1件。M11：17，已残。直口，直腹，平底。腹部有旋棱。口径11.3厘米（图一四，3）。

魁 1件。M11：20，整体瓢形。口微敛，弧腹，平底，腹部一侧有一龙头形柄。口径20、柄长6.4、高7.2厘米（图一四，5）。

釜 1件。M11：18，口微侈，圆唇，矮领，弧肩，肩部以下内收，平底。口径5.2、底径4.2、高4厘米（图一四，10）。

博山炉 1件。M11：6，炉身子母口，深盘，粗柄，座已残。盖呈山峰状，上戳有烟孔。口径8、残高16厘米（图一三，5）。

器盖 1件。M11：9，子母口，盖面缓平。盖上外区饰乳钉纹二圈，错落有致，内区外圈饰一组蟹状图案，四桃形图案居中。盖径16厘米（图一四，4）。

鸡 1件。M6：1，残存足部。残高12.4厘米（图一四，6）。

铜器 11件。器形有壶、泡钉、环、杯耳等。

壶 2件。M7和M11各出土1件。残甚。形制不明。

环 2件。出土于M7，形制大小相同。M7：13，圆形。直径4.8厘米（图一四，8）。

泡钉 6件。出土于M7，形制同。M7：4，伞形。直径6、高4厘米（图一四，7）。

杯耳 1件。M7：31，已残。月牙形。残长6.1、宽1.2厘米（图一四，11）。

铁削 1件。M2：6，环首。身已残。残长4.7厘米（图一四，9）。

铜钱 129枚。均为五铢钱。M8出土的五铢锈蚀严重，黏在一起。出土时可见用绳系在一起的残痕，置于墓底一侧。直径2.4～2.6、穿径1厘米。大体可分两类。第一类：“五”字交股曲，“铢”字“金”字头呈等腰三角形，“朱”字上下圆折，外郭较宽。M2：1-1，直径2.6厘米（图一四，12）。第二类：钱文清晰规范，“五”字交股直，“铢”字“金”字头呈矢状，“朱”字上下方折，外郭窄。M7：12-1，直径2.4厘米（图一四，13）。

M2、M4、M6、M7、M11五墓为东汉时期典型的带甬道刀把形砖室墓，而且所出矮领、无领陶罐、釉陶壶等类器物在巫山诸多东汉墓葬中同出一辙。M7出土的圜底罐是由M18出土的圜底罐演变而来，出土的长颈凹底罐与麦沱B型Ⅳ式罐酷似[①]（B型Ⅳ式罐如M33：10，该墓

① 重庆市文化局等：《重庆巫山麦沱墓群发掘报告》，《考古学报》1999年第2期。

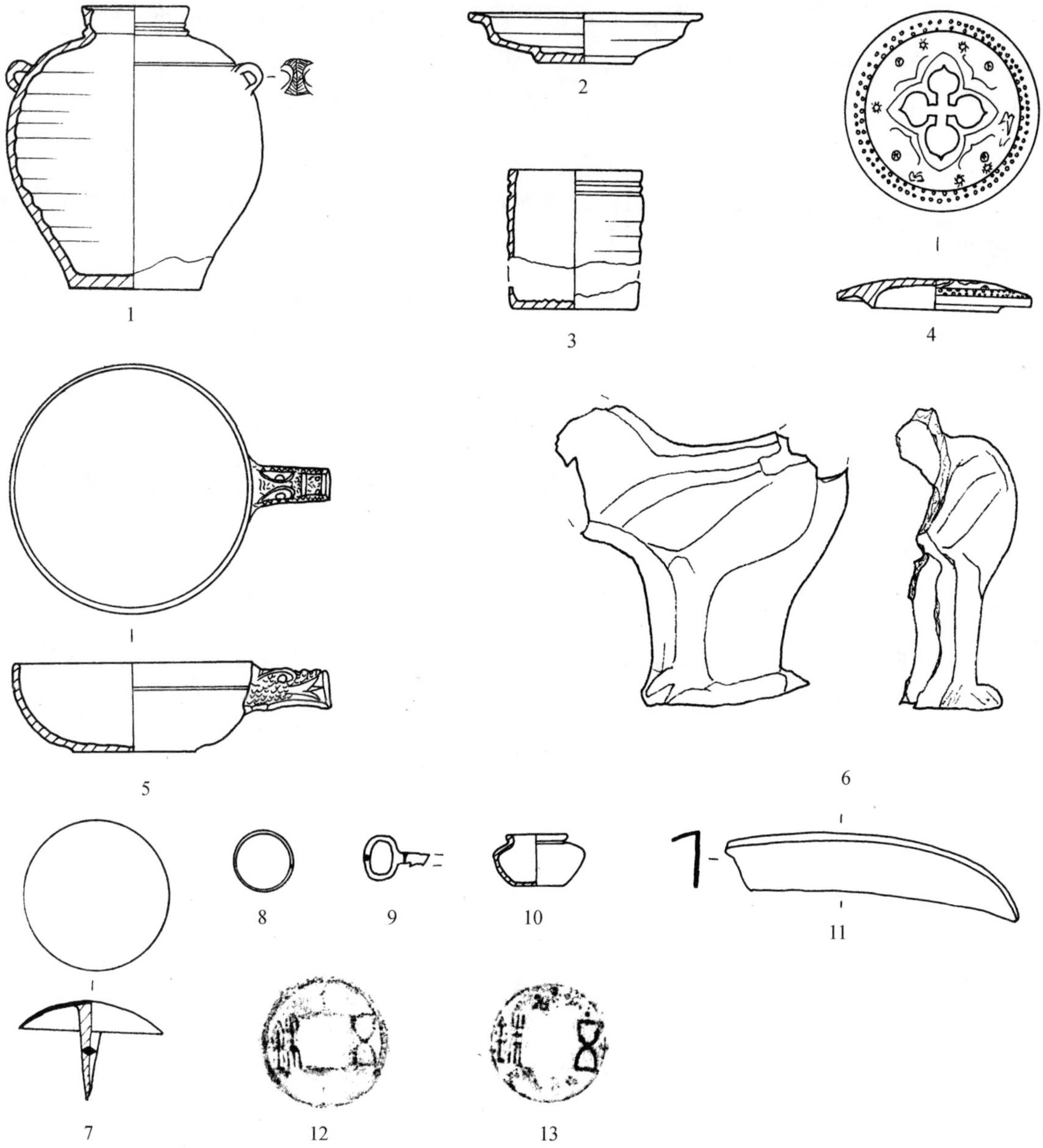

图一四　东汉墓出土器物

1. 釉陶双系罐（M6：11）　2. 釉陶盘（M11：10）　3. 釉陶杯（M11：17）　4. 釉陶器盖（M11：9）
5. 釉陶魁（M11：20）　6. 釉陶鸡（M6：1）　7. 铜泡钉（M7：4）　8. 铜环（M7：13）　9. 铁削（M2：6）
10. 釉陶釜（M11：18）　11. 铜杯耳（M7：31）　12、13. 五铢钱拓片（M2：1-1、M7：12-1）

时代为东汉）。出土的五铢钱为桓灵时期的五铢。故把该墓的年代定在东汉中期。M11出土的釉陶魁与丰都汇南墓群出土的Ⅱ式魁一致[①]（Ⅱ式魁如M23：39，该墓时代为东汉中晚期）。故M11的时代应与之相若。M2墓砖上有纪年铭文“永元十三年”为我们推断年代提供了直接的实物依据。“永元十三年”即102年，为该墓的绝对年代。同时出土的五铢也是和帝时期

① 四川省文物考古研究所等：《丰都汇南墓群发掘报告》，《重庆库区考古报告集·1998卷》，科学出版社，2003年。

的五铢，与墓砖铭文吻合。M4、M6和M8的年代参照上述有关资料，推测其年代也应为东汉时期。

五、西晋墓葬及宋代、明代墓葬

西晋墓 2座（M3、M1）。

M3 带甬道的砖室券顶墓。券顶已垮塌，墓室内填满破砖杂土。墓葬平面呈凸字形。墓壁用长方形砖平砌，墓底错缝平铺。甬道较短，与墓室交接处一边砌砖宽，一边砌砖缩短，显得不规范。由于被盗，仅出土青瓷壶1件。墓室长3.85、宽1.4、残高0.9米；甬道长1、宽1米（图一五）。

墓砖也有起券顶的楔形砖和砌墓壁的长方形砖，其中长方形砖（M3砖：1）较厚实，侧面花纹以菱形图案居中，两边为叶脉纹相向排列。一端的图案为上下边各有二横杠，中间一横杠，再间一把叉。长36、宽17、厚7厘米（图九，8；图一六，2）。

M1的位置已处在138米水位线上，在发掘时关闸水位已至139米。我们用土筑壁才将墓室

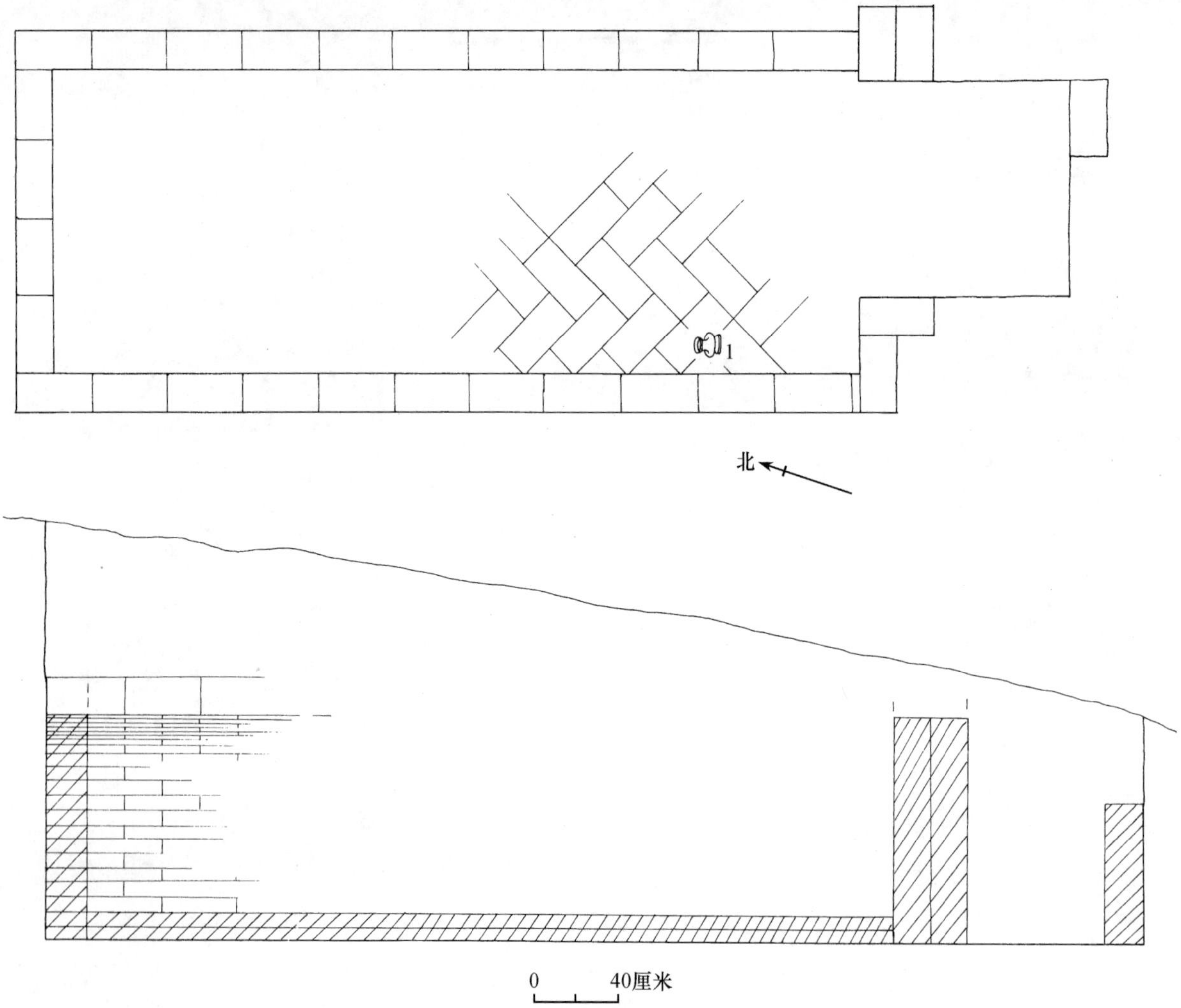

图一五 M3平、剖面图

1. 青瓷壶

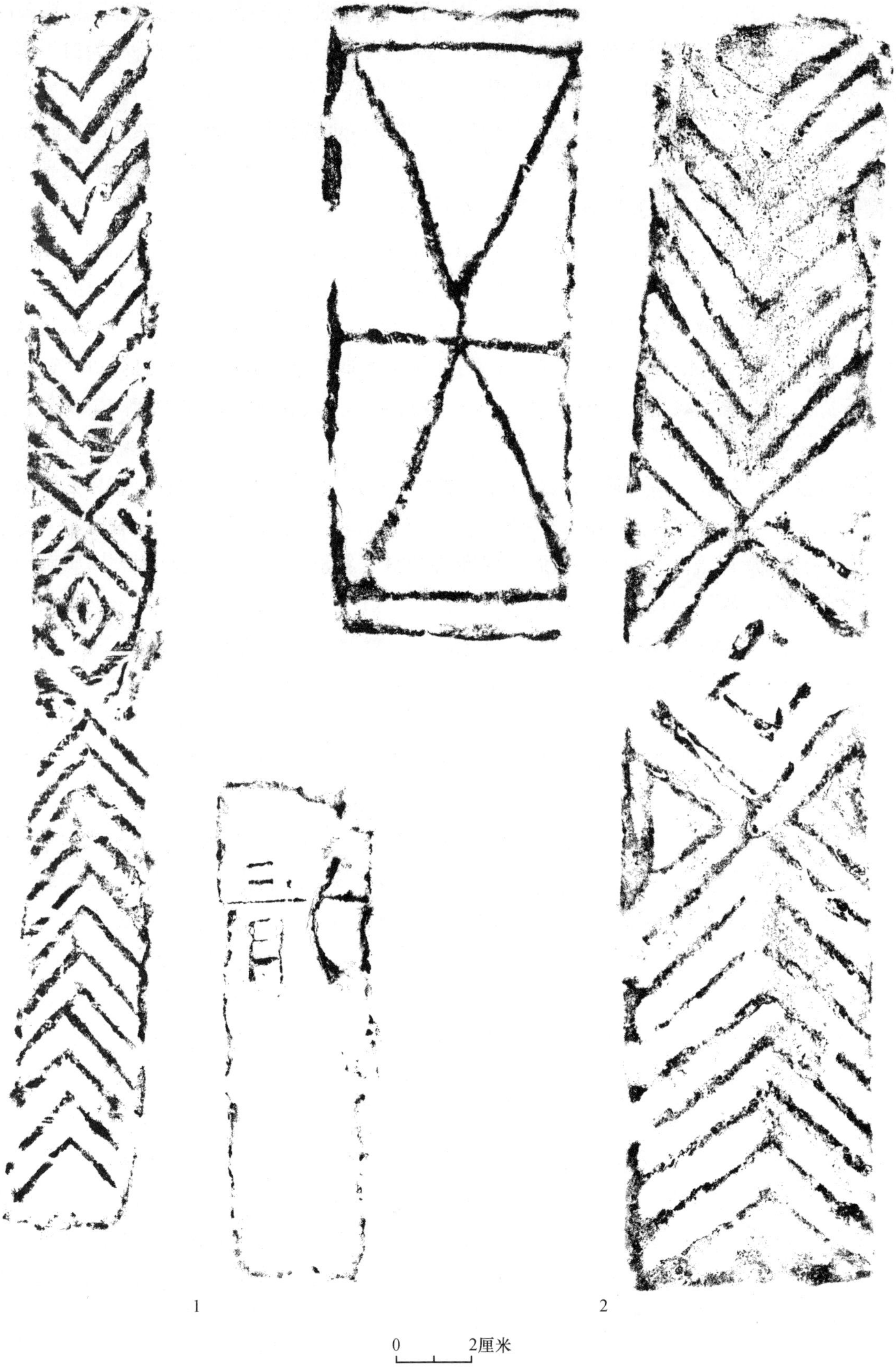

图一六　西晋墓花纹砖拓片

1. M1砖：1　2. M3砖：1

清毕。该墓甬道、墓道早已遭毁，墓室壁砖暴露在外，券顶已垮，墓室内填满坍塌的碎砖及杂土，但未被扰动，随葬器物置于墓室中部。墓室狭长形，残长5.5、宽1.6、高1.7米。墓壁砌砖为错缝平砌，至23块砖开始起券。墓砖为土红色砖，火候高。墓砖形制有两种：一为砌墓壁的长方体砖。砖长34、宽15、厚5厘米。另一种为砌券顶的楔形砖。M1砖：1，平面饰绳纹，侧面（较窄的一侧）纹饰以一菱形图案居中，两边为叶脉纹相向排列，一端有“贰 ”字铭文。砖长33、宽13.5、上厚4.5、下厚3.4厘米（图九，7；图一六，1）。

2座墓出土器物15件。器形有青瓷壶、青瓷四系罐、青瓷双系罐、银钗、铁棺钉、铜镜等。

青瓷壶　1件。M3：1，整体扁矮，做工规整，通体施豆青色釉略泛黄。盘口，束颈，溜肩，扁鼓腹，大圈足。肩上部两周凹弦纹，肩部釉下绘有花蕊纹（圆圈纹）一周。口径8.5、圈足径10、高10厘米（图一七，1）。

青瓷四系罐　1件。M1：1，器内及腹部以上施豆青色釉，腹下部露胎至底。直口，矮领，最大径在肩部，平底，肩部有四对称拱形系纽，沿下有两周凹弦纹，肩部釉下绘有花蕊纹（圆圈纹）一周。有盖面平，上饰桥形纽。口径8.6、底径6.3、高7.6厘米（图一七，2）。

青瓷双系罐　1件。M1：2，器内外满施酱黄色釉，器体小。直口，矮领，肩缓平，腹微鼓，平底稍内凹，肩部二系耸立。口径2.8、底径3.4、高4.3厘米（图一七，4）。

银钗　2件。形制同。灰白色，素面。M1：4，长13.8厘米（图一七，9）。

铁棺钉　9件。已锈蚀。M1：6，方体，锥形。长15.2、宽0.9厘米（图一七，7）。

铜镜　1件。M1：3，圆形，胎厚，边缘较宽，保存好。镜面光亮可照容，背面桥形纽，圆形纽座。座外方框，方框内四角饰有四乳钉、凸弦纹两圈，小乳钉纹一圈。方框四边向外伸出一T形符号，间以不规则地纹。中区为间隔有序的凸弦纹各两圈，内分别饰有三角锯齿纹、条纹。外区饰三角锯齿纹。直径10.8厘米（图一七，3、14）。

M1的甬道（包括墓道）被破坏，形制不明，墓室为券顶砖室墓，残存长5.5、宽1.6米，呈狭长形。显然与本次同一地点发掘的东汉砖室墓有别。出土的器物除银钗、铜镜外，余为青瓷器。其中出土的带盖青瓷四系罐器形小巧，做工规整，施釉均匀，堪称青瓷器类精品。据巫山县文管所裴健同志介绍，此类形制的器物在巫山县境内至今没有出土过，但与奉节县白帝城陈列展览的两晋时期的一件青瓷四系罐相似（笔者于2003年12月15日参观所见），是魏晋时期常见器物。故把该墓的年代定在西晋时期。

M3的形制较为特别，平面呈“凸”字形，与此次同一地点发掘的东汉时期砖室墓也不一样。出土的青瓷壶，比例协调，造型优美，做工精细，施釉均匀，也是一件难得的青瓷精品。据介绍该类器物在巫山县境内属首次出土，其形制与三国时期的唾壶几乎没有什么区别[①]，同时考虑到施釉、釉下纹饰图案等情况，我们认为该墓的年代与M1大体相当，为西晋时期。

宋墓　2座（M5、M13），均为有券砖室墓。M5券顶已垮，墓壁用长方形砖错缝平砌。墓室长1.85、宽1、残高0.3米。无随葬品，仅出土铁棺钉9件。M13券顶坍塌不存，四壁用长方形砖砌，墓底铺有长21、宽19厘米的青板瓦。墓室长2.64、宽1.12、残高0.9米。墓壁砌砖长

① 中国硅酸盐学会：《中国陶瓷史》，文物出版社，1982年，第158页图四八。

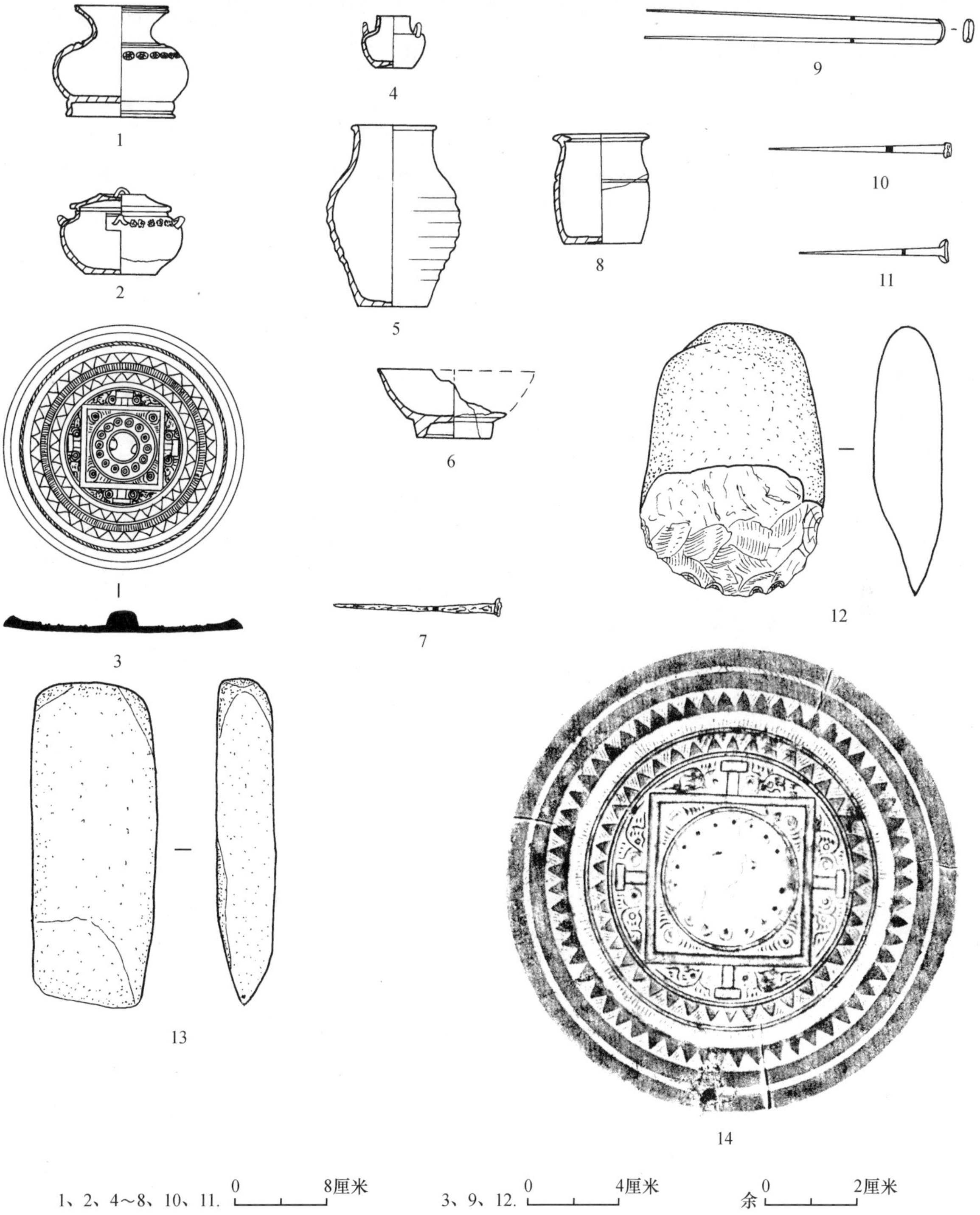

图一七　晋墓、宋墓、明墓出土器物（含采集品）

1. 青瓷壶（M3∶1）　2. 青瓷四系罐（M1∶1）　3. 铜镜（M1∶3）　4. 青瓷双系罐（M1∶2）　5. 陶罐（M13∶1）　6. 青瓷碗（M13∶2）　7、10、11. 铁棺钉（M1∶6、M13∶3-1、M5∶1）　8. 釉陶罐（M12∶1）　9. 银钗（M1∶4）　12. 石砍斫器（巫水采∶2）　13. 石斧（巫水采∶1）　14. 铜镜拓片（M1∶3）

28.5、宽12、厚5.5厘米。

2座墓出土器物15件。有陶罐、青瓷碗及铁棺钉等。

陶罐　1件。M13∶1，侈口，圆唇，粗长颈，溜肩，长鼓腹，平底。腹部以下有旋棱。口

径8、底径6.4、高16厘米（图一七，5）。

青瓷碗　1件。M13：2，已残。腹部以上施豆青色釉，腹下部露胎。敞口，腹外壁斜收，圈足。口径14.6、圈足径7、高6厘米（图一七，6）。

铁棺钉　13件。M5：1，方形体，锥形。长13.6厘米（图一七，11）。M13：3-1，体长，锥形。长16.8厘米（图一七，10）。

根据M13的形制与随葬品分析，该墓的时代为宋代。M5无随葬品，墓葬规模较小，根据墓葬形制，该墓也当为宋代。

明墓　1座（M12）。为竖穴土坑墓。墓室残长2、宽0.9、深1.4米。随葬品仅釉陶罐1件。

釉陶罐　1件。M12：1，腹上部施豆青釉，腹下部无釉。敛口，圆唇，直腹微鼓，平底。腹部饰凹弦纹一周。口径8.8、底径7.2、高9.7厘米（图一七，8）。

另外，在发掘墓葬填土中，采集2件石器，其中石斧1件、砍斫器1件。

石斧　1件。巫水采：1，器体小，磨制精细，拱形顶。断面呈扁椭圆形，不对称双刃。长7.2厘米（图一七，13）。

砍斫器　1件。巫水采：2，以河砾石为原料，以较小的一端作把握，另一端经层层剥片，形成单面刃，刃口有使用崩痕。长12厘米（图一七，12）。

六、结　语

（1）此次对巫山水泥厂墓群的发掘是继1999年成都市文物考古研究所发掘后的第二次发掘。由于该墓地的上方受治理地质灾害挖出的土石方的影响，下方又被关闸水位淹至139米，使得能够进行发掘的空间不大。但我们在这有限的空间里，仍发掘清理各个时期的墓葬19座，其时代跨度从战国、西汉、晋至宋明时期，可见其延续时间是比较长的。在各个时期的墓葬中，战国、西汉墓各4座，东汉墓6座，西晋墓2座，余为宋明墓葬。从发掘的情况看，各时期的墓葬虽混杂分布，但基本上是各有墓域，互不相扰，无叠压、打破现象。

（2）在该墓地发掘清理的墓葬中，绝大多数遭盗掘，使得随葬品组合不全，缺乏完整的实物资料。但仍出土了难得的文物精品。例如，M18为西汉晚期的墓葬，不仅出土了1组陶器、铜器、玉器等，还出土了一枚铜印章，其印文为“路方私印”，使我们获得该墓主的真实姓名。而该墓出土的圜底罐，肩部上刻有“楊”字，则应是制作该器工匠的姓氏。M9出土的陶仓和陶灶，器体大，造型别致；M7出土的陶俑，面目怪异；M1出土的青瓷四系罐、M3出土的青瓷壶，造型优美，做工精细，施釉均称，这类器物均为巫山县境首次出土，堪称文物精品。

附记：本次发掘工作的领队尹检顺，执行领队向开旺，参加发掘的工作人员有田云国、杨志勇、张首辉、张涛，器物修复向树青，绘图张涛，拓片田云国，电脑打字杨志勇。

执笔：向开旺

附表　水泥厂古墓群墓葬登记表

时代	墓号	方向	主要尺寸（长×宽-深）/厘米		形制结构	随葬器物		备注
			墓室（底部）	甬道		陶器（含青瓷器）	其他	
战国	M15	305°	410×220−240		竖穴土坑	鼎、敦2		被盗
	M16	137°	230×90−230		竖穴土坑	罐		被盗
	M17	315°	260×110−90		竖穴土坑	罐		
	M19	110°	220×120−220		竖穴土坑	罐		被盗
西汉	M9	10°	290×180−180		竖穴土坑	鼎、壶、矮领罐、盆、灶、釜C、仓2		被盗
	M10	5°	480×260−470		竖穴土坑	釜AⅡ2		被盗
	M14	38°	422×220−410		竖穴土坑	鼎、壶、长颈凹底罐、矮领小罐3、钵、灶、甑	铁棺钉、铜钱	被盗
	M18	205°	290×180−220		竖穴土坑，底铺石板	壶、圜底罐、无领罐2、粗颈小罐3、矮领罐2、钵2、碗、灶、釜AⅠ、B4、甑2	铜盆、铜带钩、铜印章、铜饰件、铁削、铁棺钉、铁饰件、玉饰件、石压板、铜钱43	被盗
东汉	M2	160°	残400×140−160	被破坏	刀把形砖室券顶	罐、无领罐Ⅲ、釉陶壶2、灶、器座	铜钱120、铁削	被盗
	M4	140°	残300×100−150	被破坏	刀把形砖室券顶	高领凹底罐、矮领直腹罐		被盗
	M6	220°	400×160−160	220×100−130	带墓道、甬道的刀把形砖室券顶	罐3、双系罐、无领罐Ⅳ、矮领直腹罐、釉陶双系罐、钵、釜、甑2、灯、釉陶鸡		被盗
	M7	192°	420×140−114	150×80−74	带墓道、甬道刀把形砖室券顶	壶2、罐、高领凹底罐2、圜底罐2、无领罐Ⅰ、Ⅳ4、Ⅴ、矮领罐、釉陶壶2、釜3、俑2	铜壶、铜环2、铜泡钉6、铜钱3	被盗
	M8	205°	360×240−140		竖穴土坑，底铺石板		铜钱6	被盗
	M11	5°	420×180−140	180×100−100	带甬道刀把形砖室券顶	矮领罐2、无领罐Ⅱ、矮领直腹罐、钵、灶2、甑、釉陶壶2、釉陶盒、釉陶盘2、釉陶盆、釉陶杯、釉陶釜、釉陶魁、釉陶博山炉、釉陶器盖	铜壶	被盗

续表

时代	墓号	方向	主要尺寸（长×宽-深）/厘米		形制结构	随葬器物		备注
			墓室（底部）	甬道		陶器（含青瓷器）	其他	
西晋	M1	343°	残550×160-170	不明	墓室为砖室券顶	青瓷四系罐、青瓷双系罐	银钗2、铜镜、铁棺钉9	
	M3	343°	385×140-残90	100×100-?	带甬道砖室券顶	青瓷壶		被盗
宋	M5	0°	185×100-残30		砖室券顶		铁棺钉9	
	M13	315°	264×112-残90		砖室券顶	罐、青瓷碗	铁棺钉4	
明	M12	85°	200×90-140		竖穴土坑	釉陶罐		

注：未注明件数者为1件

巫山龙门口墓群2003年度发掘简报

南京博物院考古研究所
巫 山 县 文 物 管 理 所

2003年11月2日～12月20日，按照三峡库区文物抢救发掘计划，南京博物院考古研究所承担巫山龙门口墓群的抢救发掘任务。按原计划所定的龙门口墓群已被大部分淹没，发掘地点变更为巫山旧县城原县医院住院部和原秀峰区医院所在地，总体上仍称为龙门口墓群。根据工作需要，分别将两地编为Ⅰ、Ⅱ两个发掘区，原秀峰区医院所在地为Ⅰ区，原县医院住院部为Ⅱ区，两区相距300余米。

Ⅰ、Ⅱ两区共发掘2035.5平方米，其中Ⅰ区发掘1523平方米，Ⅱ区发掘512.5平方米。共发掘墓葬38座，其中Ⅰ区24座、Ⅱ区14座。现将发掘情况简报如下。

一、墓群概况

该墓群位于长江北岸，分布于从大宁河与长江的交汇口开始的沿大宁河西岸长约500米的狭长地带（图一）。

Ⅰ区位于巫山旧县城东北侧，原有建筑秀峰医院已拆迁，地表成为两块高低落差约2米的较为平坦的台地，其南为冲沟，距1997年发掘的瓦岗槽墓地[①]约400米，东临大宁河，背依山坡，海拔约156米，墓地四周为沿断崖堆砌而成的较高的石坎，地表覆盖较厚的建筑垃圾。

Ⅱ区位于巫山旧县城东侧，原有建筑县医院住院部已拆迁，地表为一高出四周地面的土包台地，其正西方向距瓦岗槽墓地约150米，正东方向为长江与大宁河的交汇口，台地下即为巫山县第九码头，西南50米为巫山旧城墙之北门坡遗址[②]，墓地东北40米下方为三线水位标156.3米，海拔162米。

墓葬处于迁建区，以前建筑基础挖掘较深，致使埋葬较浅的墓葬均遭到严重的盗掘或损毁，而完整保留下来已为数不多，虽然如此，保留下来的墓葬仍为我们提供了重要的研究资料（图二）。

此次发掘的墓葬，时代包括东周、汉、唐、宋、清诸时代，下面就以时代顺序分别介绍。

---

① 南京博物院考古研究所等：《巫山瓦岗槽汉代墓地发掘报告》，《重庆库区考古报告集·1997卷》，科学出版社，2001年。

② 中国社会科学院考古研究所长江三峡工作队等：《巫山古城遗址的勘探与发掘》，《重庆库区考古报告集·1997卷》，科学出版社，2001年。

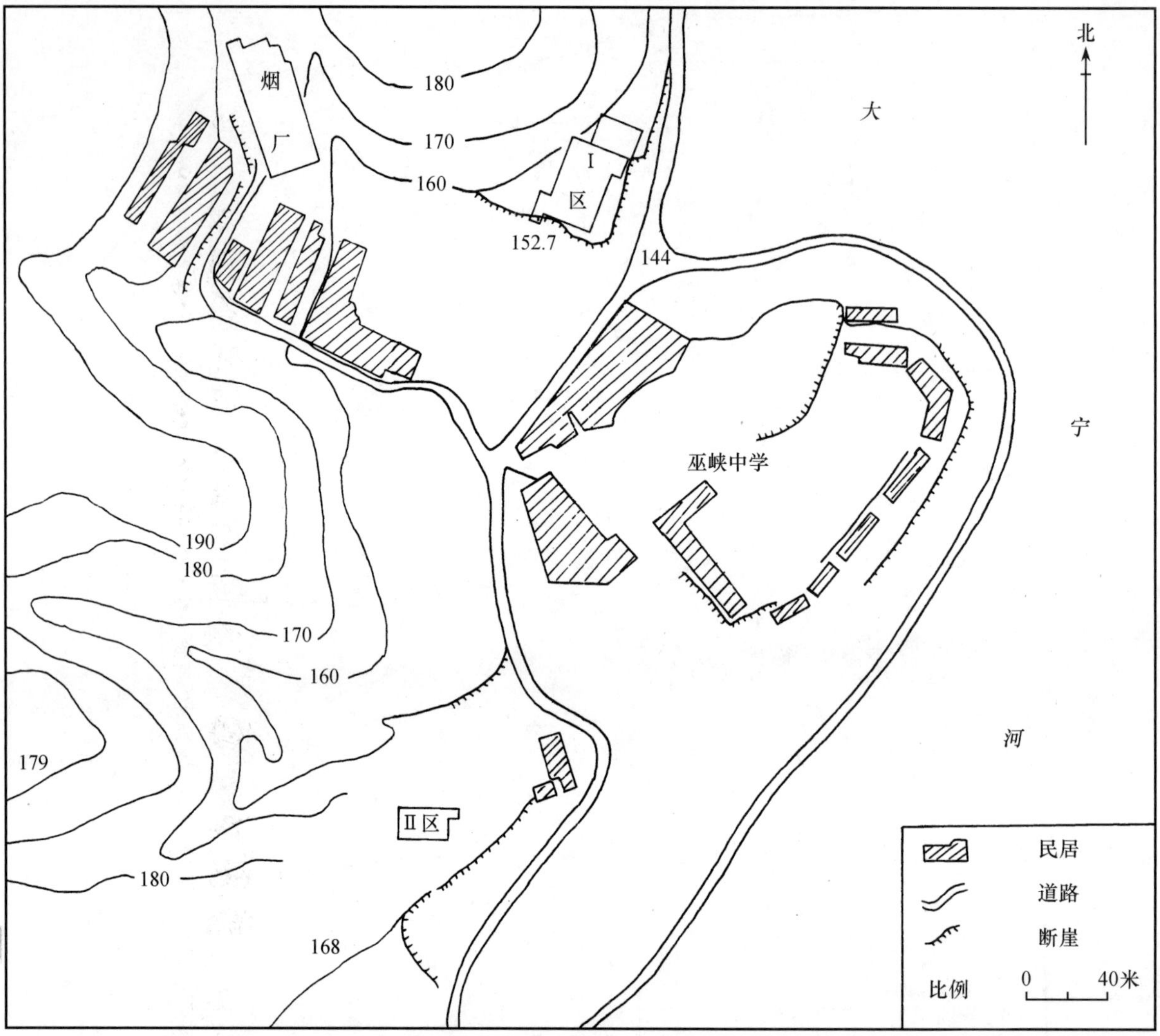

图一　龙门口墓群2003年度发掘区地形图

二、东周墓葬

（一）墓葬形制

本次发掘的东周时代墓葬均位于Ⅰ发掘区。包括M8、M10、M11、M17、M20共5座，均为竖穴土坑墓。其中M10墓室较深，斜壁规整，墓底有两道枕木槽，墓室西南角有一大型盗洞，墓室内已无随葬品；M20被后期地层扰乱近底，墓室深仅存20厘米，只保留部分骨架。根据墓葬形制，我们判断两墓亦为东周时代墓葬。

ⅠM8（“Ⅰ”为Ⅰ区，下同）　该墓被现代建筑基础严重破坏，仅存两壁部分，随葬品有所保留。墓残长1.3、残宽0.7、深0.4米。红褐色填土，土质较硬。无人骨架。依据残留长边及随葬品的摆放位置，判断头向为223°。随葬品放置于头顶角落内，有鬲、盂、罐3件陶器（图三）。

ⅠM11　该墓保存较好。红褐色夹黄色土块填土，土质硬。头上部及右侧有生土二层

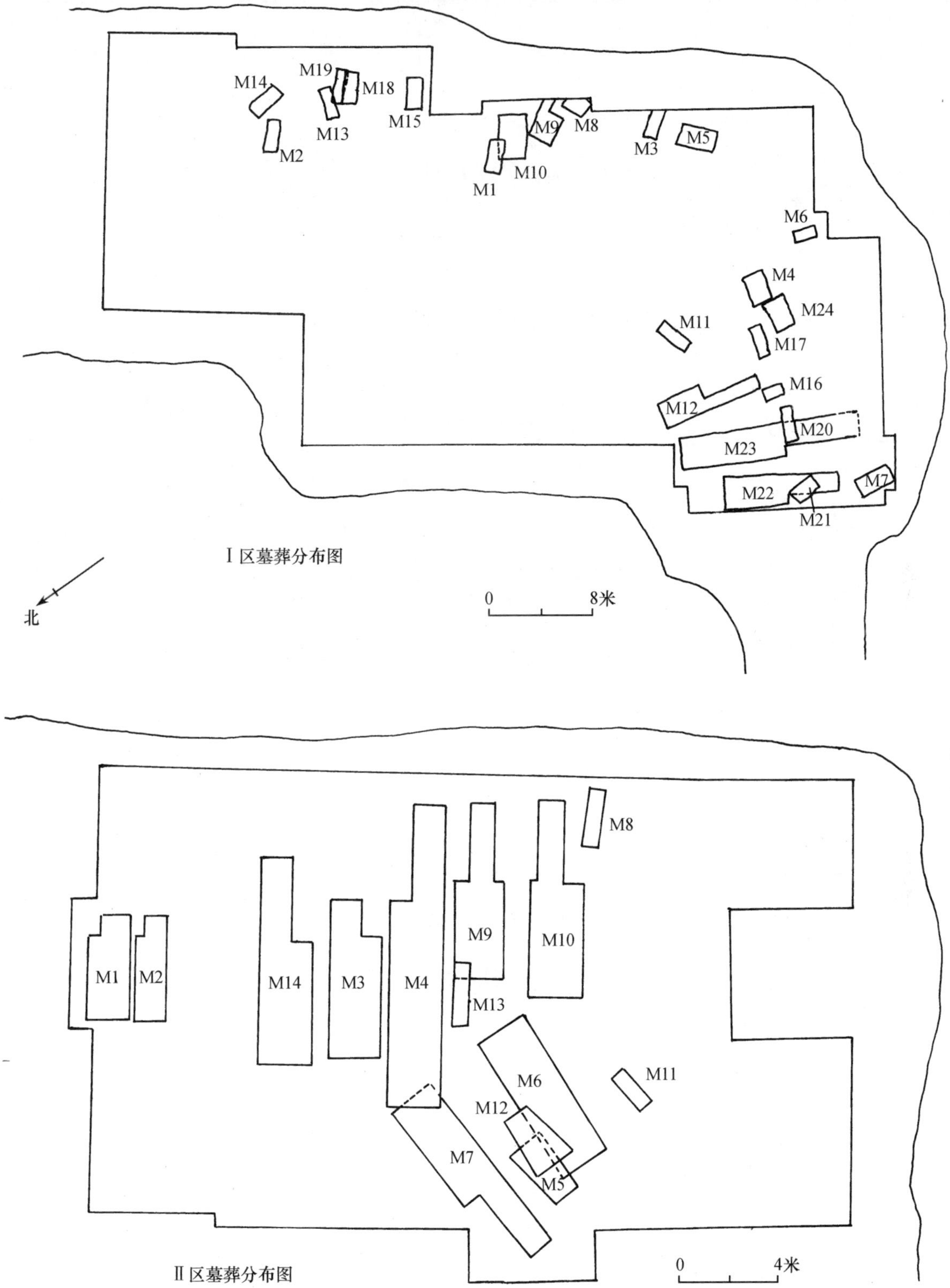

图二　龙门口墓群2003年度发掘墓葬分布示意图

台，直壁规整。墓口长2.65、宽0.8米，墓底长2.15、宽0.65米，深0.4米。骨架保存完整，仰身直肢，头向60°。随葬品集中放置于头上部二层台上，为1件绳纹高领圜底陶罐和1件陶盂（图四）。

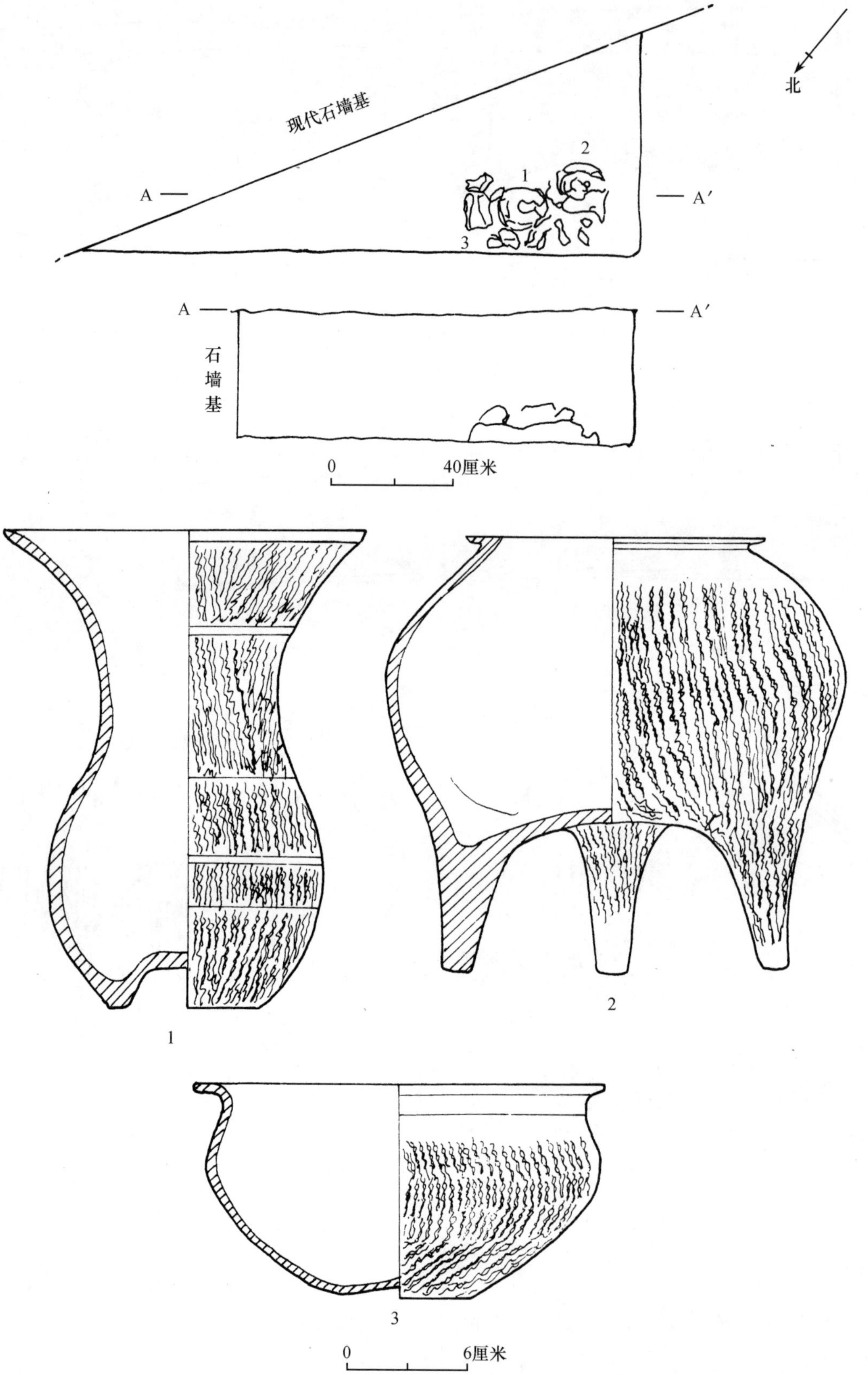

图三　ⅠM8平、剖面图与随葬品组合图（上：平、剖面图　下：随葬品组合图）

1. A型陶罐　2. A型陶鬲　3. A型陶盂

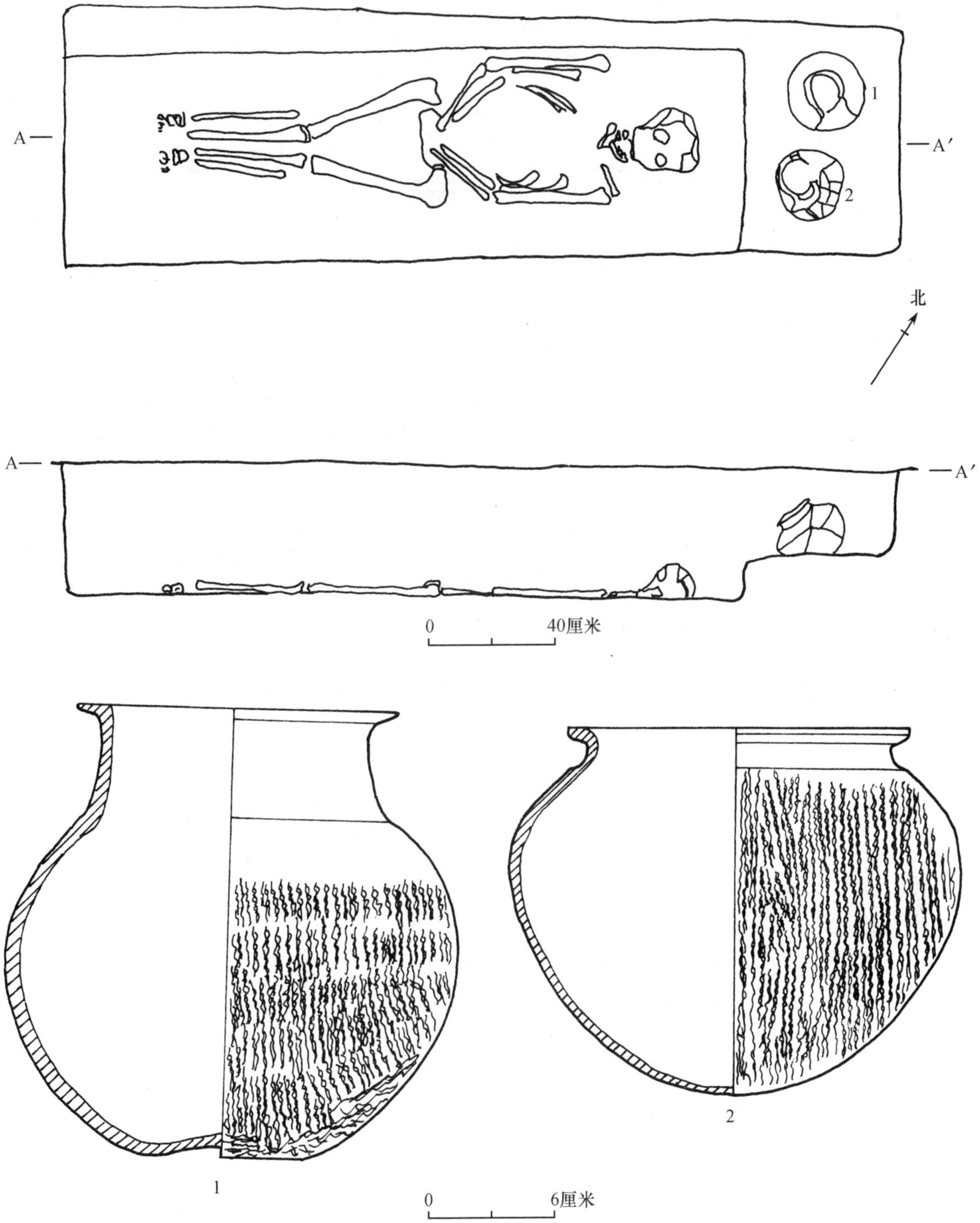

图四　Ⅰ M11平、剖面图与随葬品组合图（上：平、剖面图　下：随葬品组合图）

1. C型陶罐　2. C型陶盂

Ⅰ M17　该墓保存较完整。填土为红褐色夹黄褐色花土，土质稍硬。长方形土坑规整，头部近上口有壁龛，墓底有两道放置木棺的枕木槽。墓长2.5、宽1.1、深1.8、壁龛深入头部墓壁0.3米。骨架保存很差。随葬品放于壁龛内，均为陶器，有鬲、盂、罐3件，陶鬲内存有兽类肩胛骨（图五）。

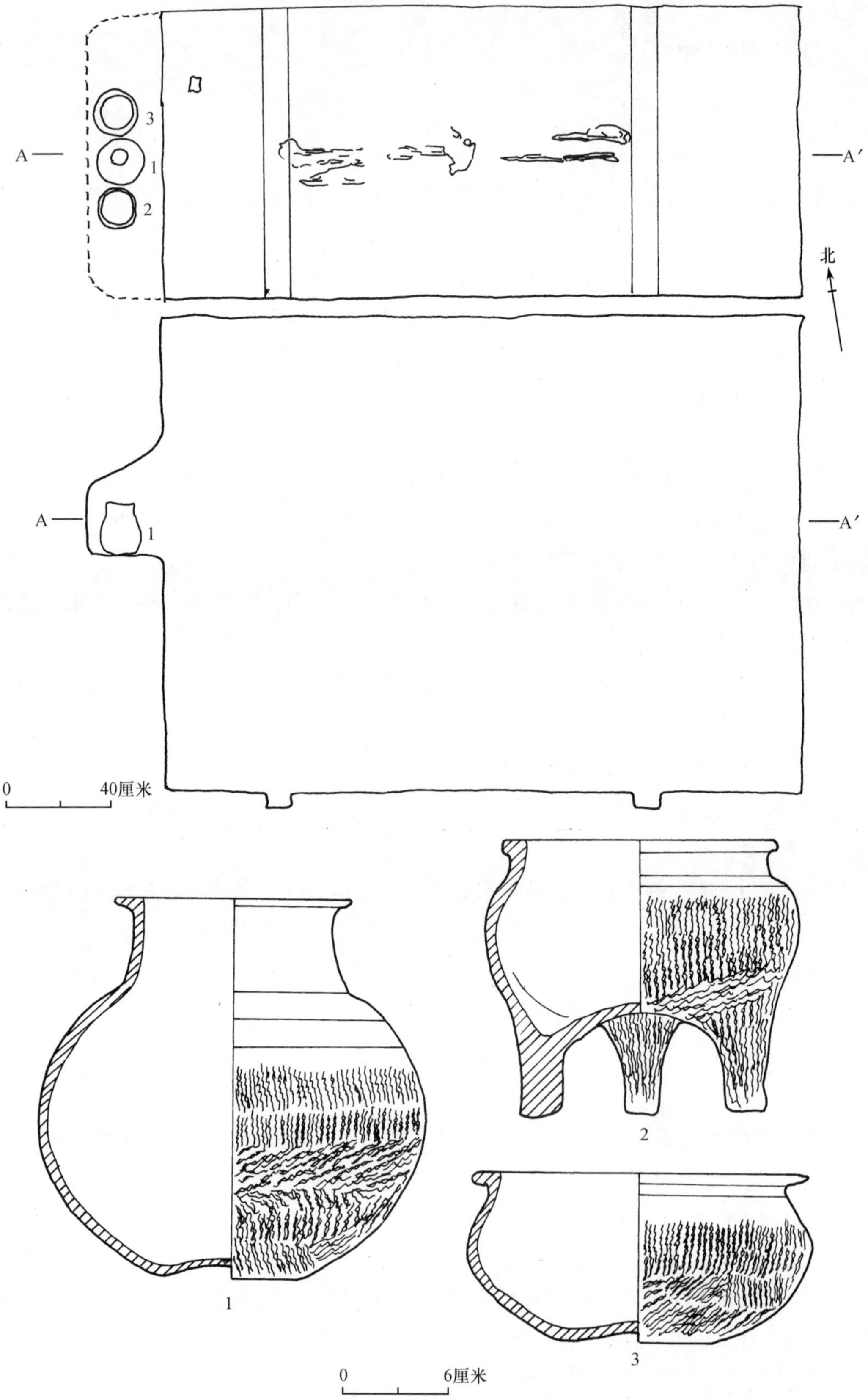

图五　ⅠM17平、剖面图与随葬品组合图（上：平、剖面图　下：随葬品组合图）

1. B型陶罐　2. B型陶鬲　3. B型陶盂

（二）出土遗物及年代

1. 出土遗物

本次发掘的5座东周墓葬，除去2座无随葬品之外，共出土遗物8件，包括鬲2件、盂3件、罐3件。

鬲　均器身模制，足手制。根据形制的不同，可分为二型。

A型　1件。ⅠM8：2，宽平沿，尖唇，束颈，鼓腹，平裆，实柱平足。器表饰绳纹。口径14.6、高20.7厘米（图三，2）。

B型　1件。ⅠM17：2，宽平沿，圆唇，短颈，弧腹，平裆，柱状实平足。腹足饰绳纹。器内盛兽骨。口径15.7、高15.5厘米（图五，2）。

盂　均为模制。根据口沿、腹部、底部形制的不同，可分为三型。

A型　1件。ⅠM8：3，侈口，圆唇，短颈，圆折腹斜收，平底内凹。下腹饰绳纹。口径20、高10、底径7厘米（图三，3）。

B型　1件。ⅠM17：3，宽平沿圆唇，沿面微鼓，束颈，圆折腹，平底内凹。下腹饰绳纹。内盛兽骨。口径18.7、高9.5、底径9厘米（图五，3）。

C型　1件。ⅠM11：1，卷折沿，方唇，短束颈，颈腹交接外有折棱，圆腹，最大径于中腹，圜底。腹饰绳纹。口径16.5、腹径21.7、高16.8厘米（图四，2）。

罐　均为模制。根据口、腹形制的不同，可分三型。

A型　1件。ⅠM8：1，喇叭口，长颈，弧腹，平底内凹。下腹饰绳纹。口径17.5、高22.6、底径7.6厘米（图三，1）。

B型　1件。ⅠM17：1，直口，宽平沿，高颈，圆腹，平底微内凹。中腹以下饰绳纹。口径13.4、高21.5、底径7.8厘米（图五，1）。

C型　1件。ⅠM11：2，折沿，尖圆唇，高颈，颈、腹分界明显，圆腹，平底内凹。腹饰绳纹。口径15.3、高21.6厘米（图四，1）。

2. 年代

根据《江陵雨台山楚墓》①《当阳赵家湖楚墓》②二书和《当阳赵家湖楚墓的分类与分期》③一文中对楚国范围内陶器的分期，对龙门口墓群中东周墓葬的时代我们形成了如下的认识。第一，仿铜陶礼器没有出现（在赵家湖乙B类墓中，仿铜陶礼器出现在战国早期，而此前全为日用陶器）。第二，鬲、盂、罐的组合从西周晚期一直延续到春秋晚期，但不会晚到战国早期。第三，在赵家湖乙B类三期（相当于春秋中期）墓中，鬲的形制大多器大腹深，最富此特征的是腹径均大于口径而成所谓“鼓腹鬲”，而龙门口墓群ⅠM8中的鬲正具有这种特征；

① 荆州地区博物馆：《江陵雨台山楚墓》，文物出版社，1984年。

② 湖北省宜昌地区博物馆、北京大学考古系：《当阳赵家湖楚墓》，文物出版社，1992年。

③ 高应勤、王光镐：《当阳赵家湖楚墓的分类与分期》，《中国考古学会第二次年会论文集》，文物出版社，1982年。

在赵家湖乙B类四期墓（相当于春秋晚期）中，鬲的腹径大约等于口径，短折沿短颈，腹壁较直，龙门口墓群ⅠM17中的鬲正具有这种特征。第四，龙门口墓群ⅠM8中的盂口径21厘米，器大腹深，凹圜底内凹较甚，这与雨台山楚墓中的Ⅱ式陶盂（相当于春秋中期）造型一致。雨台山楚墓中的Ⅲ式陶盂（相当于春秋晚期）分为两种，正好与龙门口墓群ⅠM11和ⅠM17中的陶盂相同。第五，龙门口墓群ⅠM11和ⅠM17中的高领罐腹部过渡较圆滑，同于雨台山Ⅰ式和赵家湖乙B类三期高领罐，时代相当于春秋晚期。第六，龙门口墓群ⅠM8中长颈壶造型纹饰同于雨台山Ⅰ式绳纹长颈壶，时代为春秋晚期。

综合上述分析可知，龙门口墓群ⅠM8、ⅠM11和ⅠM17三座墓的时代都应为春秋晚期，其中ⅠM8稍早，大致处于春秋中、晚期之交，而ⅠM11和ⅠM17则均在春秋晚期。

三、汉代墓葬

（一）墓葬形制与类型

此次发掘的汉代墓葬共17座，形制可分三型，即土坑墓（A型）、砖室墓（B型）和石室墓（C型）。

A型　4座（Ⅰ区：M4、M5、M24；Ⅱ区：M13）。长方形竖穴土坑。由于受建筑基础的破坏，只有埋葬较深的少数墓葬保存较好，但规格均较小，随葬品也不多。以Ⅰ区M4、M24为例进行介绍。

ⅠM4　壁稍斜，剖面略成梯形。红褐色填土，土质纯，结构细密，稍硬。墓口长2.55、宽1.66米，墓底长2.5、宽1.6米，墓深0.4米。该墓上口被现代建筑基础所破坏，仅存极浅墓底。墓内保存人骨一具，保存较为完整，头向105°，面向195°。随葬品放于骨架右侧，共15件，包括陶器、铁器和铜钱，陶器有壶、罐、釜、盆、仓、甑、灶、灯等13件，铁器为釜，铜钱为磨郭五铢（图六）。

ⅠM24　该墓被现代建筑墙基严重破坏，仅存残三壁，填土为纯净的红褐色，稍硬。残长1.7、宽1.5、深0.4米。人骨保存很差，仅存两段肢骨。随葬品放置于人骨的一侧，包括陶壶1件，似釜无法起取的红陶残陶器2件及半两钱文的铜钱若干。

B型　12座（Ⅰ区：M9、M12、M22、M23；Ⅱ区：M1、M3、M4、M6、M7、M9、M10、M14）。砖室墓。同土坑墓一样，大多数砖室墓同样遭到了建筑基础的破坏。Ⅰ区所发掘的4座砖室墓中，只有M23完整地保存了下来；而Ⅱ区情况较好，发掘的8座砖室墓中，M4、M9、M10均得到完整的保留，M3虽然券顶已无，但随葬品仍然完整。如果对砖室墓进行细分，可以分为有券砖室（ⅠM9、ⅠM12、ⅠM22、ⅠM23、ⅡM1、ⅡM4、ⅡM14）、无券砖室（ⅡM9、ⅡM10）、甬道有铺地砖及砖墙和起券而主室无（ⅡM3）、只有铺地砖而无砖墙及券（ⅡM6、ⅡM7）等四种形式。大多数砖室墓均有斜坡墓道和甬道，总体形状呈刀把形、“凸”字形或长方形。以Ⅰ区M23，Ⅱ区M3、M4、M9、M10为例分别介绍。

ⅠM23　该墓未被扰乱和盗掘。甬道和砖室砖结构紧密，至今仍坚固如初。总体呈刀把形，墓道前端被断崖破坏，墓道一端从地面开始，一端一直下挖2.9米成斜坡，然后掏洞砌砖

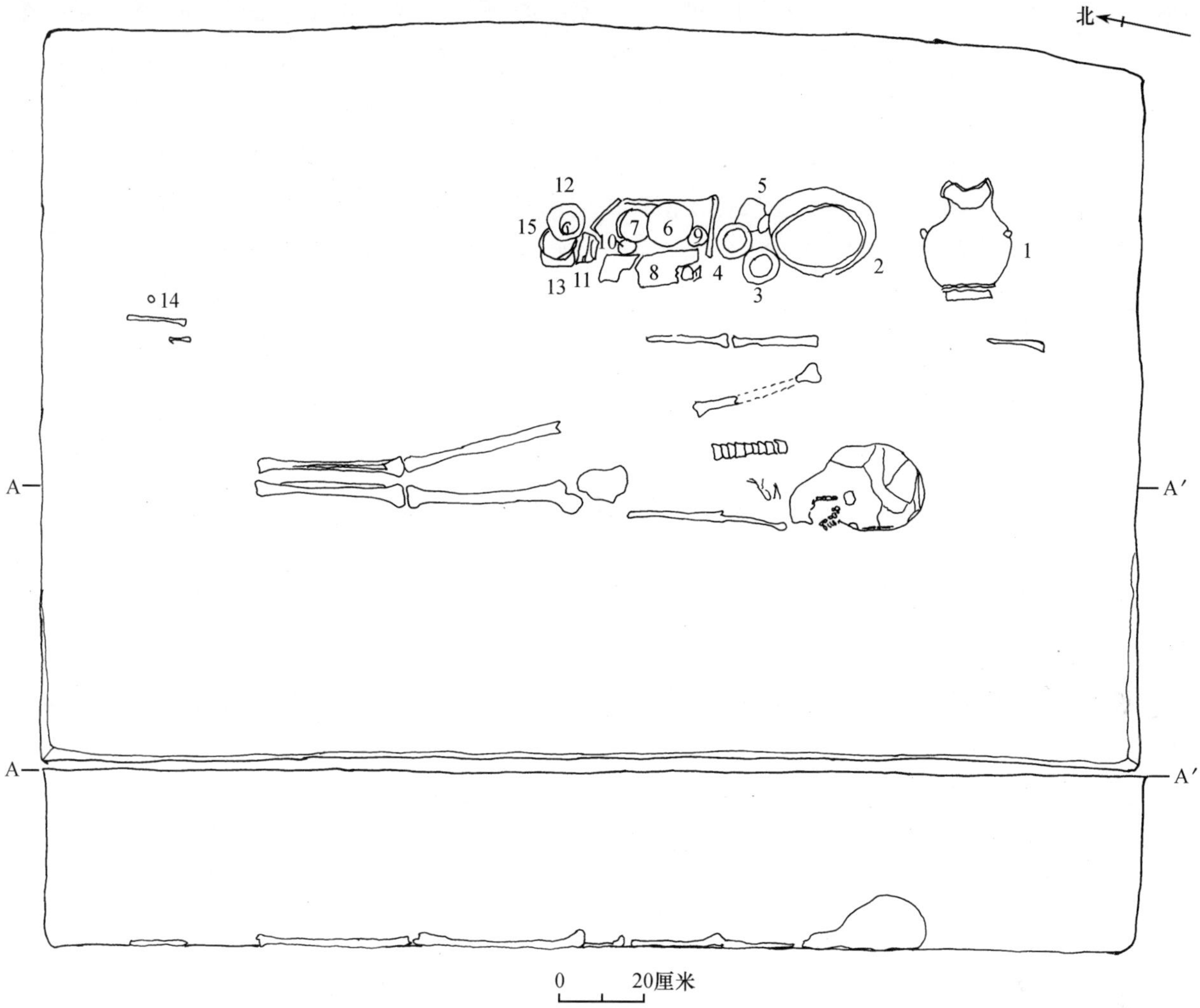

图六 ⅠM4平、剖面图

1. 陶壶 2. 铁釜 3、9、13. 陶釜 4、10. 陶罐 5. 陶仓 6、7. 陶甑 8. 陶灶 11、12. 陶盆 14. 铜钱 15. 陶灯

起券而成甬道和墓室。墓道的上口发现有成排铺设平整的筒瓦和板瓦。总长11、总宽2.52米。其中墓道残长2.65、宽1.1米，甬道长2、宽1.34米。用砖全部经过装饰，大部分为纪年砖，少数为花纹砖，纪年砖的短边侧面模印阳文“吉”字。甬道口券顶为两层丁砖叠压，墓室的后墙略向内倾斜。墓室的地面较为平整，前部用整砖铺设，后部多用碎砖铺设，墓室内有厚约4厘米的淤泥。墓室方向196°。人骨架和葬具保存很差，人骨已移至甬道内，原因不明。葬具仅残留有大量铜泡钉、铜牌饰、木质器物朽痕、漆皮等。随葬品较多，但规格不高。大都摆放于“刀身”后部角落内，质地可分为银、铜、铁、石、陶等，陶器有仓、钵、灯、匜、盏、甑、灶、罐、俑等，另外还有铜棺牌饰、铜泡钉、铜带钩、铜钱（“五铢”）和银手镯等（图七-1、图七-2）。

ⅡM3　该墓为甬道有铺地砖及砖墙和起券而主室不用砖的形制。该墓未挖墓坑，为平地起建，堆土而成的刀把形结构。甬道残长2.9、宽1.2米，墓室残长3.7、宽2米。墓室后高前低，高差0.4米，上面有两条南北向漆皮痕迹，一直延伸到墓尾，应为木质葬具，惜人骨无存，头向应为正北。因此墓距地表较浅，填土部分破坏严重，仅在甬道内及“刀身”后部残

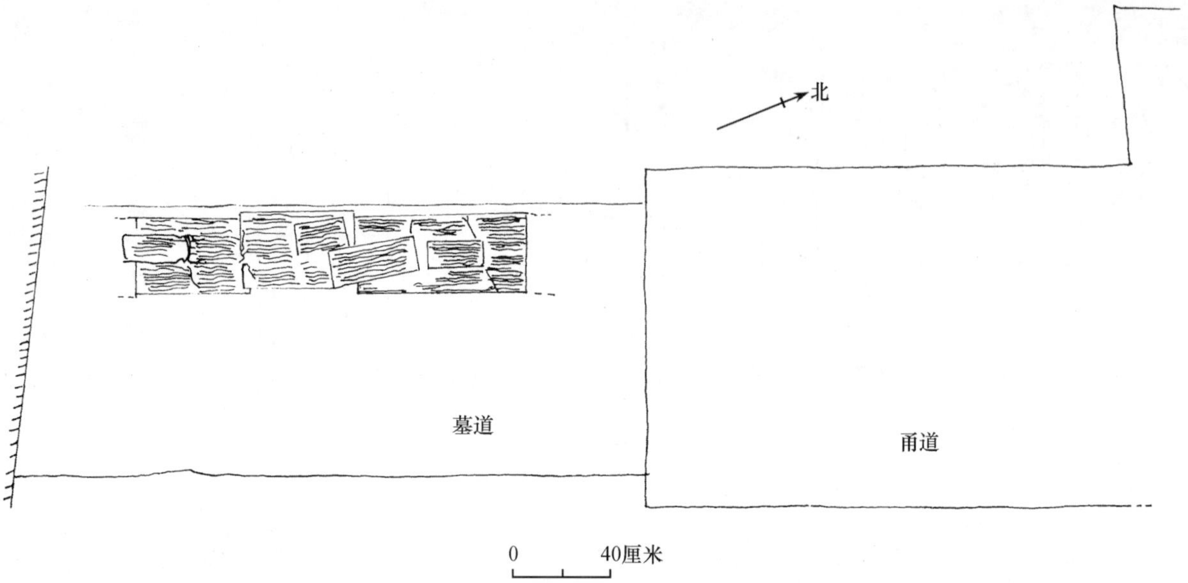

图七-2 ⅠM23墓道口铺瓦情况

留随葬品，铜器有鍪、铜钱（“五铢”）等；陶器有罐、杯、灯、仓、盆、碗、钟等共22件（图八）。

ⅡM4　该墓为券顶砖室墓。刀把形结构，有斜坡墓道。墓道长2米，坡度35°。甬道长1.24、宽1.2米，墓室长8.26、宽2.1米。甬道券顶保存较好，拱券顶部使用楔形砖。整个甬道及墓室内地面用砖平铺，前低后高，高差0.16米。墓室壁面涂朱，壁砖错缝平砌。墓向正北，骨架及葬具保存均极差。从墓室倒塌砖块之下无淤泥的情况来看，墓室应为早年倒塌，故后墙虽有盗洞未对墓室形成破坏。在甬道内及“刀身”后部角落内有较多随葬品，铜器计有釦饰、鍪、簋、指环和铜钱（“五铢”“货泉”）等；陶器计有罐、盆、钟、灶、魁、甑、器盖、盘、钵、仓、杯等共37件（组）。铜钱主要位于墓室中后部，铜釜、铜簋位于甬道内。

ⅡM9　该墓为“凸”字形无券砖室墓。“凸”字左边稍长。斜坡墓道，坡度32°。墓道长2.9、宽0.8、深0～2米，墓室长3.75、宽1.9、深2.1米。在墓道进入墓室部分，放置有筒瓦和板瓦。墓室以“工”字形砖砌矮墙，高1.3米，长方形扁砖铺地。人骨架保存较好，共发现两具，但分布较凌乱，其中偏东一具排列较整齐，但也似重新摆放过，从头骨和肢骨判断，应为女性，另一具无法判断。葬具为木质，残留有木质朽痕。墓向正北。此墓之上有M13打破填土，且在填土中也发现兽骨架。此墓未被盗掘，随葬品较丰。除铜钱（“货泉”）外，余均为陶器，计有俑、罐、仓、灶、盆、甑、鼎、器盖等共35件（图九）。

ⅡM10　该墓为“凸”字形无券顶砖室墓。“凸”字右边稍长。斜坡墓道，坡度32°。墓道长3.2、宽1.05、深0～2米，墓室长4.25、宽2.2、深2米，在墓道进入墓室部分，放置有筒瓦和板瓦。墓室以“工”字形砖砌矮墙，高1.3米，长方形扁砖铺地。在墓室内偏东一侧亦有一小墓坑，四壁及地面均以长方形扁砖围护，上部是整个墓室的铺地砖，惜出土时已塌陷，从塌陷角度、残存壁面上双层扁砖以及小墓坑内器物的存放位置和角度，可以判断出小墓坑是位于铺地砖之下的。小墓室长2.46、宽0.7、深0.64米。墓室内共发现骨架两具，一具位于小墓坑内，骨架保存完好，从骨骼粗壮程度看，应为男性；另一具放于小墓坑南侧的大墓室内，朽

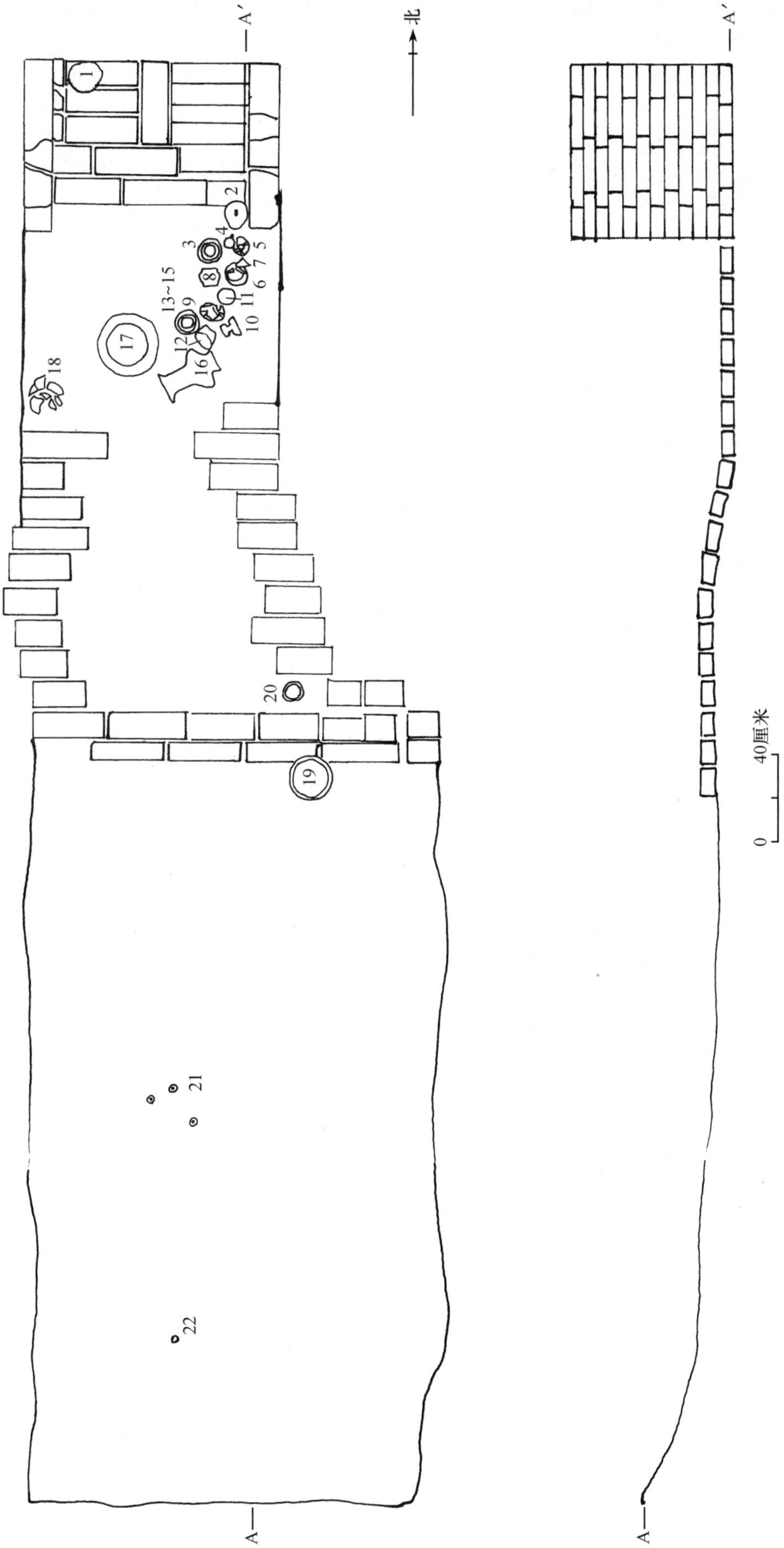

图八 ⅡM3平、剖面图

1. 铜鍪 2、11. 陶器盖 3. 陶釜 4. 陶魁 5、10. 陶灯 6、8、15. 陶仓 7. 陶盆 9. 陶灶 12、13. 碗 14、16、17、19. 陶壶 18. 陶灯盖 20. 陶罐 21. 铜钱 22. 铜耳环

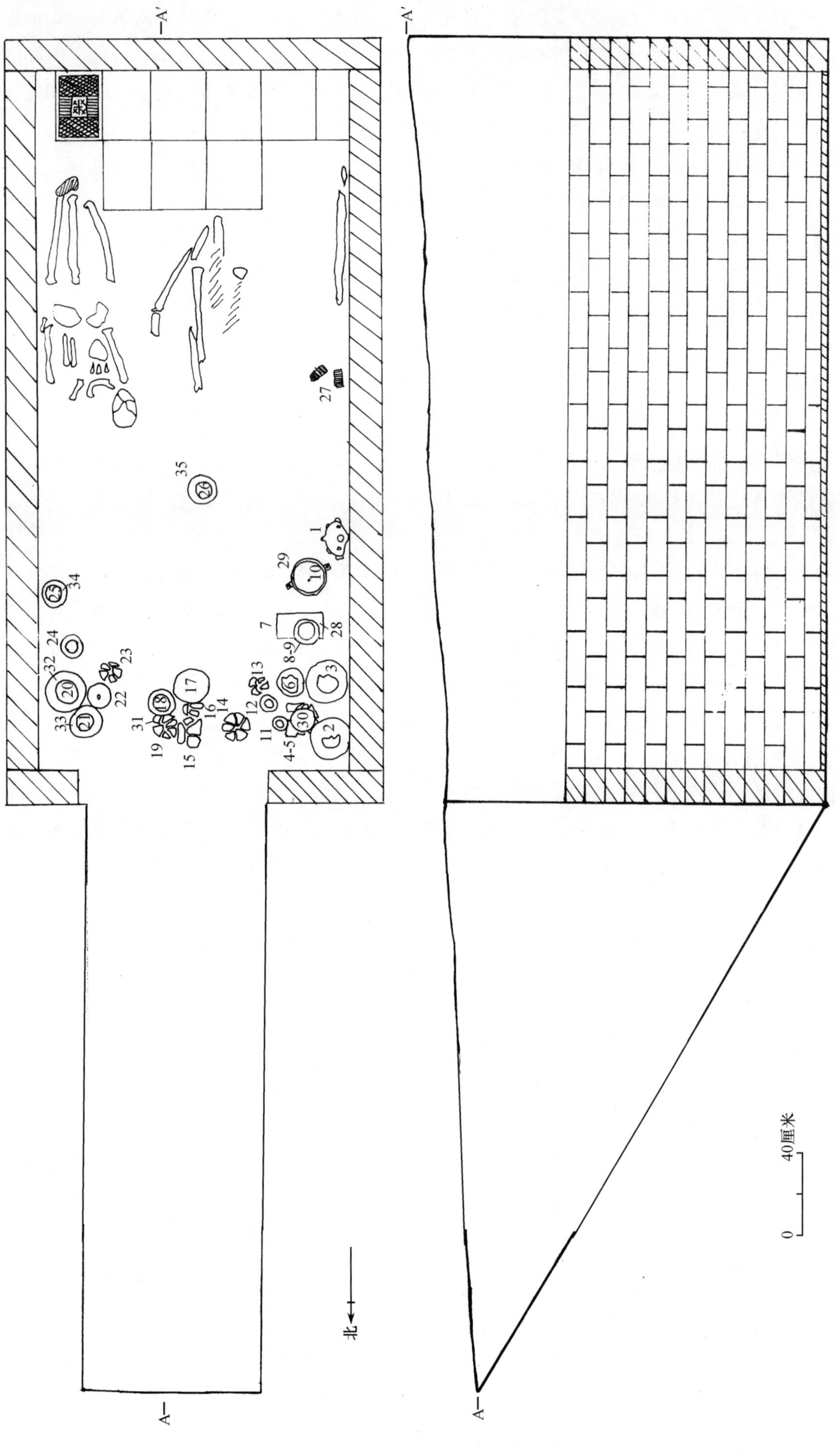

图九 ⅡM9平、剖面图

1. 陶俑 2、3. 陶壶 4、5、18～21、25、26. 陶仓 6、11～13、23、24. 陶罐 7. 陶灶 8. 陶盆 9. 陶甑 10. 陶鼎 14、16、22、29～35. 陶器盖 15、28. 陶釜 17. 陶碗 27. 铜钱

烂严重，仅具人形，从残存磨损严重的牙齿和残存头骨判断，应为老年男性。两者头向均为正北。在小墓坑外正北和西北部有两堆小型禽类骨骼。随葬品散见于墓室内，小墓坑之上的随葬品掉落于小墓坑内。随葬品分铜器、陶器和铁器三种，铜器有鍪和铜钱（大泉五十），陶器有罐、甑、盆、仓、盖、壶、鼎、盒、灶、俑等，铁器有斧和剑（图一〇）。

C型　1座（Ⅱ区：M2）。石室墓。

ⅡM2　该墓为石砌券顶刀把形结构，券顶已遭破坏。无墓道。甬道长0.8、宽1.3米，墓室长3.3、宽2米。石砌墙内面平齐，外面突兀，石块（片）铺地较平整。葬具及骨架均已不存。墓向正北。随葬品较丰富，包括铜器、陶器和琉璃器三类，铜器计有碗、鍪、釦饰等；陶器有壶、盆、罐、灶、甑；琉璃器仅耳珰1件（图一一）。

（二）墓砖

形式多样。立体结构有长方、楔形、“工”字形等。平面纹饰有绳纹和素面两种，侧面装饰有铭文砖和各式花纹砖。现以Ⅰ区M22、M23和Ⅱ区M4、M10及其他墓内少数标本为例予以说明。

Ⅰ区M22的墓砖为长方体砖，装饰有三类三种。一类为纪年铭文砖，铭文“万岁建初元年造”，两端有三道横杠装饰。一类为吉祥语铭文砖，铭文“用做先葬庶出禾吉”，两端有两道横杠装饰。另一类为几何纹砖，为套菱纹，两端亦有三道横杠装饰，中间以两道横杠把纹饰等分为三部分。第一和第三类砖均长36、宽14、厚8厘米；第二类砖稍长，为38厘米。ⅠM23的墓砖亦为长方体砖。装饰有两类两种。一类为纪年铭文带吉祥语砖，长边侧面为“永和五年七月造”，短边侧面为“吉”。另一类为几何纹砖，为套菱纹。长边侧面两端均有三道横杠装饰。几何纹砖的中心亦有三道横杠将纹饰等分为两部分。两类砖规格一致，均长39、宽13、厚6厘米。Ⅱ区M4的墓砖为长方体。装饰有二类四种。一类为几何纹，包括套菱纹、套菱加一字纹和折线纹；一类为花草纹。ⅡM10装饰有一类四种，均为几何纹。其中有一种铺地砖，中间稍凸，正面纹饰分为三部分，两侧部分稍大，为菱格纹，中间部分两侧各有两个瘦长“山”字纹，中间为“一”字四角各划一“×”（图一二）。

（三）出土遗物

本次发掘的17座汉墓，除Ⅱ区M1因盗扰严重或者贫穷无随葬品之外，其他16座均有或多或少的随葬品。其中Ⅰ区M4、M23，Ⅱ区M2、M4、M9、M10共6座墓基本没有被盗。

此次发掘的汉墓共出土可复原遗物336件。包括生活用品、模型器、工具、货币和装饰品等。其中，陶器228件，铜器85件，瓷器1件，铁器4件，金器1件，银器3件，琉璃器1件，石器1件，铜钱币12件（每座墓同一质料钱币均按一件计算）。

1. 陶器

共228件。

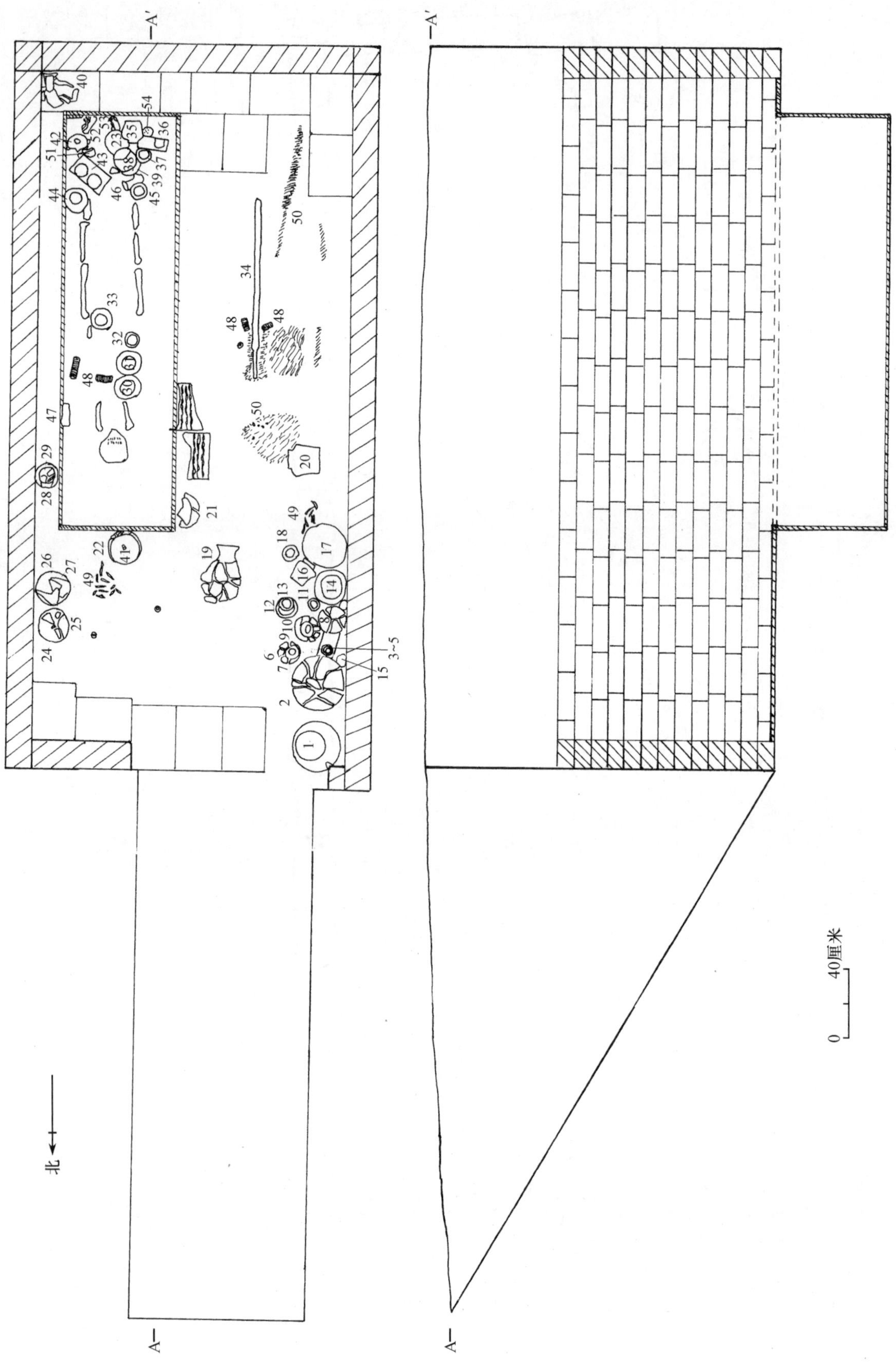

图一〇　ⅡM10平、剖面图

1、2、19. 陶壶　3、51、54. 陶甑　4、17、21、23、28. 陶盆　5、6、9、11、12、18、31、37、44、53. 陶罐　7、8、10、16、20、29、30、32、33、35、40. 陶仓　13、45、46. 陶釜　14. 铜鍪　15、25、27、38、39、41. 陶器盖　22. 陶鼎　24、26. 陶盒　34. 铁剑　36、43、52. 陶灶　42. 陶俑　47. 铁斧　48. 铜钱　49. 兽骨　50. 人骨

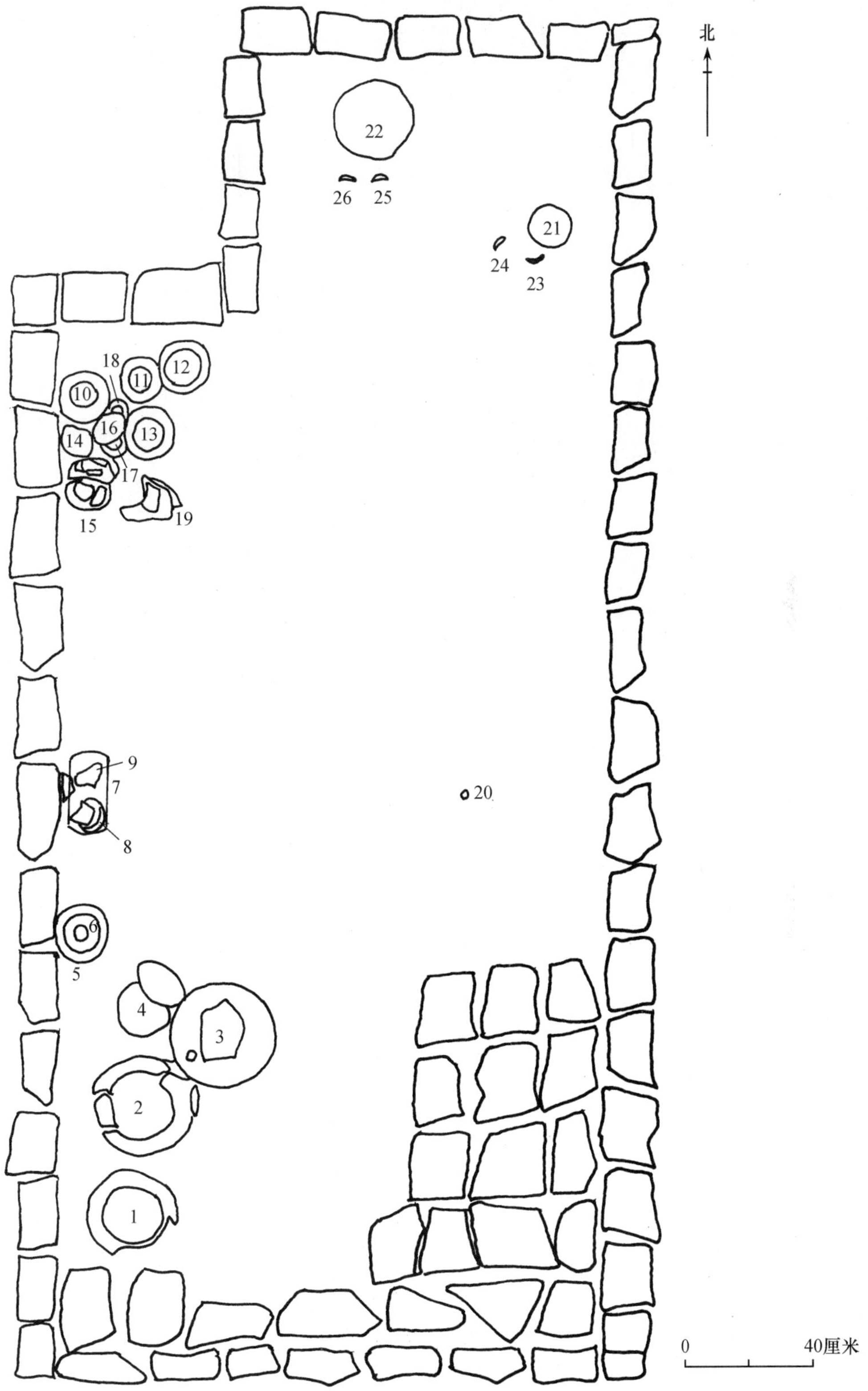

图一一　ⅡM2平面图

1~3、16. 陶壶　4. 铜鍪　5. 陶盆　6、8、10~15、17~19. 陶罐　7. 陶灶　9. 陶甑　20. 琉璃耳珰　21. 铜碗　22. 铜洗　23~26. 铜釦饰

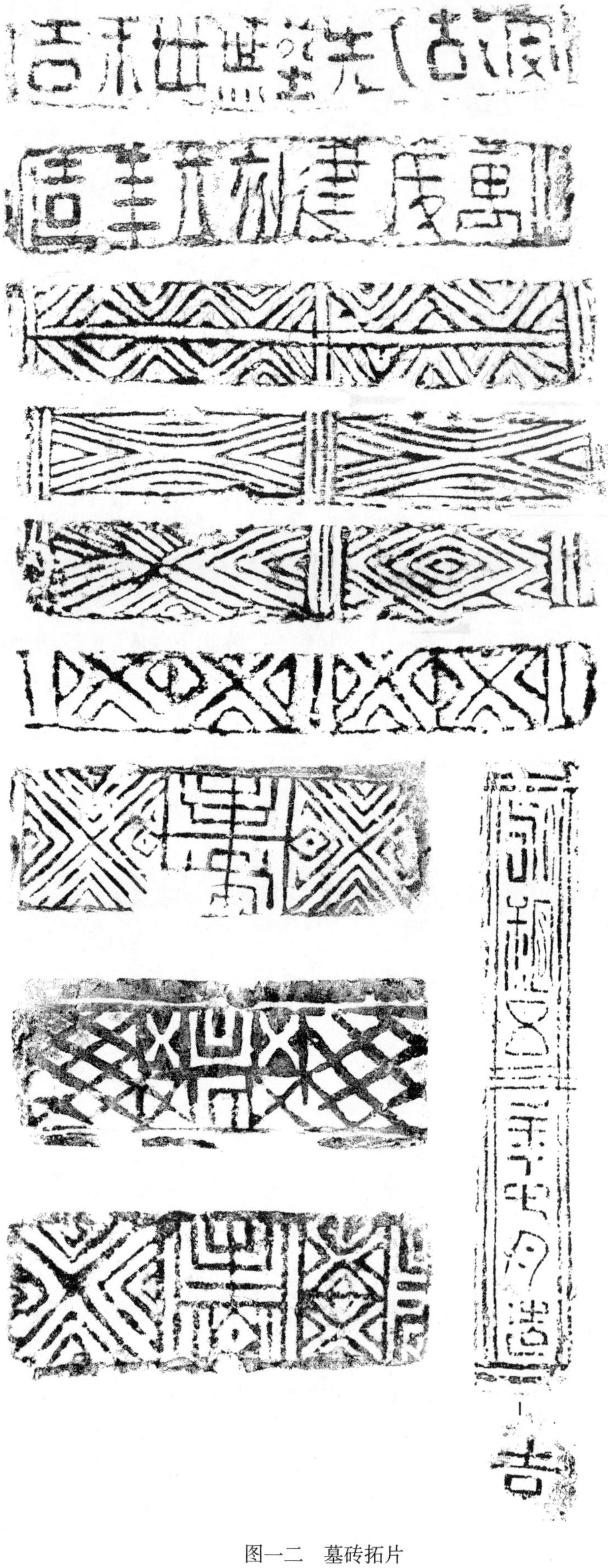

图一二　墓砖拓片

釜 13件。依形制分二型。

A型 11件。平底。可分四式。

Ⅰ式：1件。ⅠM4：3，稍直口，高领，溜肩，扁鼓腹，平底。口径5.6、通高6.8、底径3.6厘米（图一三，2）。

Ⅱ式：5件。侈口，卷沿，尖唇，束颈，溜肩，扁鼓腹。ⅡM10：46，垂腹，大平底。腹上部饰一周粗绳纹，腹部削棱。口径9.6、通高7.5、底径7厘米（图一三，12）。ⅡM9：15，小平底。腹上部饰两周斜线纹。口径10、通高9.5、底径5厘米（图一三，1）。

Ⅲ式：3件。侈口，卷沿，方唇，矮领，束颈，平底。ⅠM22：12，削肩，浅弧腹。口径7.4、通高5.8、底径5厘米（图一三，3）。ⅡM4：15，溜肩，圆鼓腹。口径8.8、通高5.8、底径5.4厘米（图一三，5）。

Ⅳ式：2件。侈口，斜直领，折肩，弧腹，平底。ⅡM3：3，口径7.2、通高5.8、底径4.2厘米（图一三，11）。

B型 2件。圜底。可分二式。

Ⅰ式：1件。ⅠM4：13，直口，矮领，溜肩，扁鼓腹下收成圜底。肩腹间饰一周斜线纹。口径6.2、通高6厘米（图一三，4）。

Ⅱ式：1件。ⅡM9：28，侈口，折沿，尖唇，圆鼓腹下收成圜底。下腹部削棱。口径2.8、通高2.7厘米（图一三，8）。

灯 13件。根据器形及高矮可分三型。

A型 8件。灯盘为盘形，器座为喇叭形。可分三式。

Ⅰ式：1件。ⅠM4：15，敞口，折沿，三角尖唇，灯座中空。器高大于周径。口径8、通高8.5、底径8.2厘米（图一四，1）。

Ⅱ式：1件。ⅠM23：34，敞口，三角尖唇，圈足。器高大于周径。口径7.4、通高9.4、底径9.5厘米（图一四，3）。

Ⅲ式：6件。稍敛口，圈足。器高等于或小于周径。ⅡM3：10，喇叭形灯座稍成盘口。口径7.4、通高7.2、底径9.6厘米（图一四，2）。

B型 4件。灯盘为带子母口盂形，器座为喇叭形圈足。可分二式。

Ⅰ式：2件。器高大于或基本等于周径。ⅠM23：12，口径3.4、通高10、底径10.8厘米（图一四，4）。

Ⅱ式：2件。器高小于周径。ⅠM23：20，口径4.3、通高7、底径9.5厘米（图一四，5）。

C型 1件。灯盘为盘形，器座为假圈足。ⅡM6：4，敞口，圆唇。口径8.4、通高4、底径4厘米（图一三，9）。

灶 10件。根据器形及灶眼的多少，可分二型。

A型 6件。双釜眼，双火门。可分三式。

Ⅰ式：1件。ⅠM4：8，长方形。圆角方形火门悬置于一长侧与釜眼相对，另一长侧上部正中有一圆形出烟孔。灶身长19.8、宽16.2、高6.2厘米（图一五，1）。

Ⅱ式：3件。火门为圆角三角形，两釜眼正中后部有一出烟孔。ⅡM10：43，灶长27.5、宽15.8、高7.8厘米（图一五，4）。

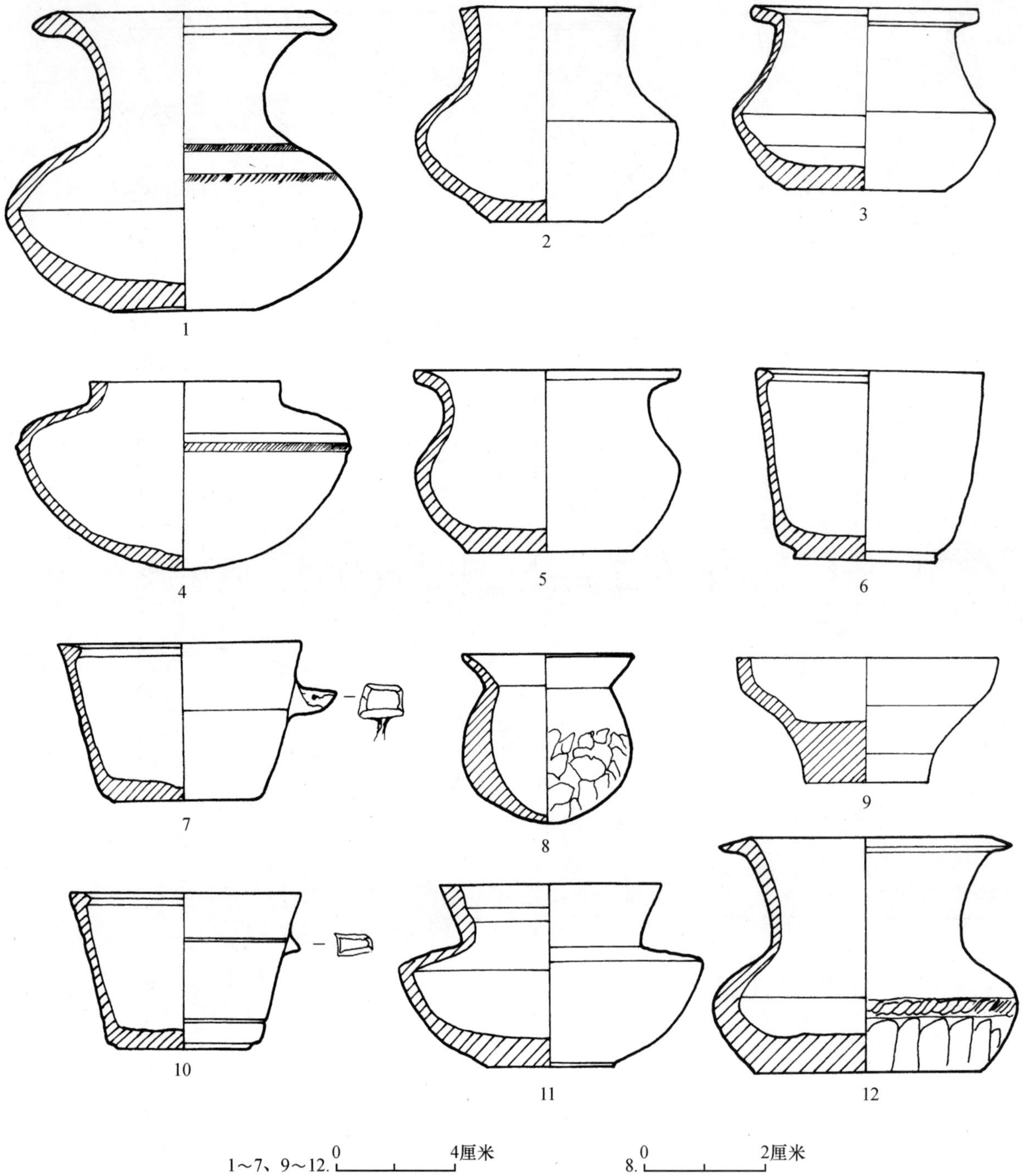

图一三 出土陶器

1、12. A型Ⅱ式釜（ⅡM9：15、ⅡM10：46） 2. A型Ⅰ式釜（ⅠM4：3） 3、5. A型Ⅲ式釜（ⅠM22：12、ⅡM4：15） 4. B型Ⅰ式釜（ⅠM4：13） 6. 杯（ⅠM22：13） 7. Ⅱ式魁（ⅠM23：11） 8. B型Ⅱ式釜（ⅡM9：28） 9. C型灯（ⅡM6：4） 10. Ⅰ式魁（ⅡM4：20） 11. A型Ⅳ式釜（ⅡM3：3）

Ⅲ式：2件。双火门为方形，两窄端有长方形挡板。ⅠM23：39，灶长20.8、宽9.2、高12.4厘米（图一五，2）。

B型 4件。单釜眼，单火门。可分二式。

Ⅰ式：3件。灶身左上角或右下角带一个出烟孔。火门为圆角三角形，悬置于灶身长端

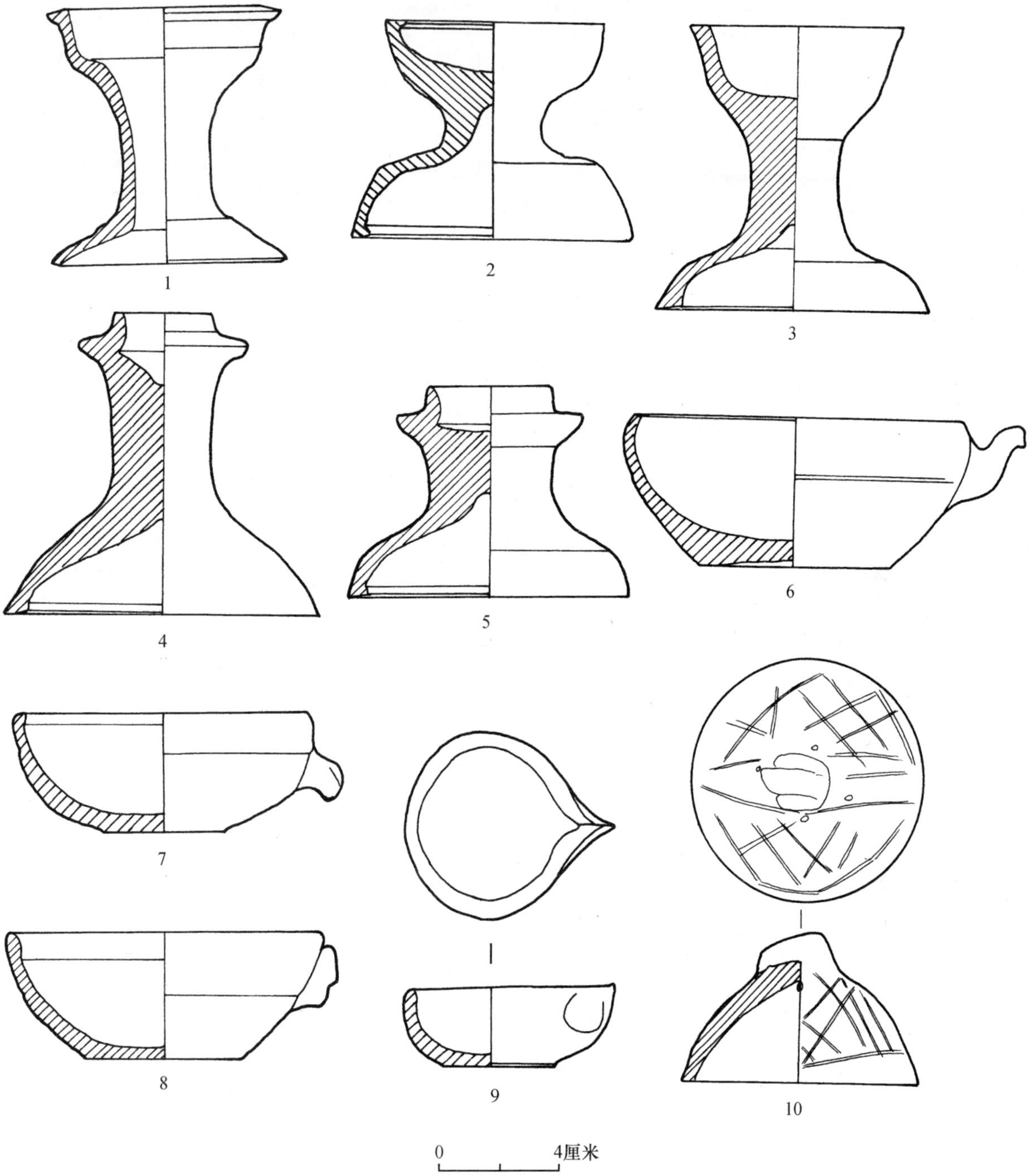

图一四　出土陶器

1. A型Ⅰ式灯（ⅠM4：15）　2. A型Ⅲ式灯（ⅡM3：10）　3. A型Ⅱ式灯（ⅠM23：34）　4. B型Ⅰ式灯（ⅠM23：12）　5. B型Ⅱ式灯（ⅠM23：20）　6. Ⅰ式鋗（ⅡM4：25）　7. Ⅱ式鋗（ⅠM22：2）　8. Ⅲ式鋗（ⅠM23：31）　9. Ⅰ式匜（ⅡM4：37）　10. Ⅱ式器盖（ⅡM14：3）

一侧正对釜眼。ⅡM9：7，出烟孔两侧有乳头状凸起。灶长23.5、宽14.6、高8.9厘米（图一五，3）。

Ⅱ式：1件。ⅡM2：7，短体。无出烟孔，火门为半圆形。灶长21.3、宽12.8、高7.5厘米（图一六，1）。

图一五　出土陶器

1. A型Ⅰ式灶（ⅠM4：8）　2. A型Ⅲ式灶（ⅠM23：39）　3. B型Ⅰ式灶（ⅡM9：7）　4. A型Ⅱ式灶（ⅡM10：43）

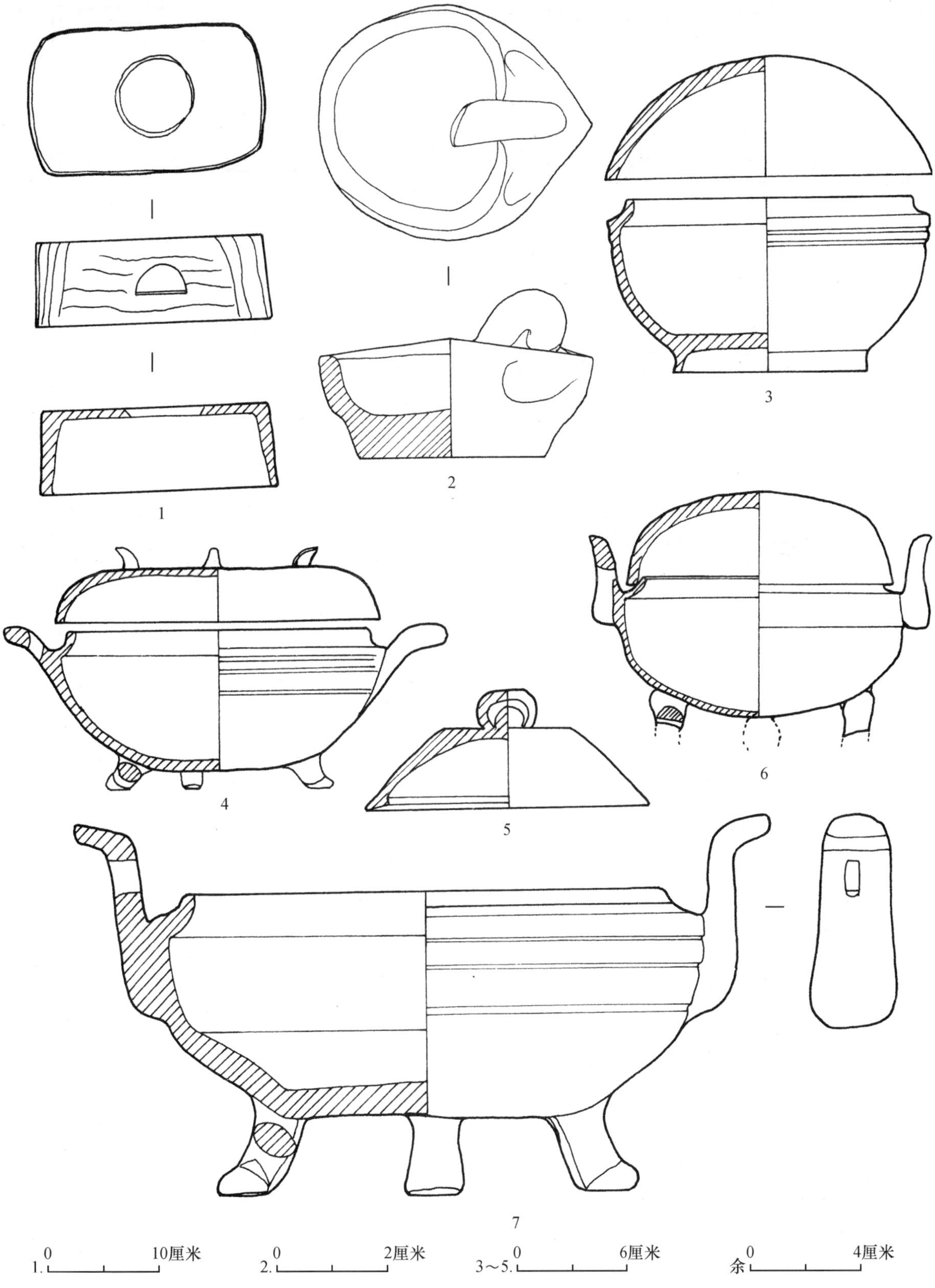

图一六 出土陶器

1. B型Ⅱ式灶（ⅡM2：7） 2. Ⅱ式匜（ⅠM23：28） 3. 盒（ⅡM10：24） 4. Ⅲ式鼎（ⅡM9：10） 5. Ⅰ式器盖（ⅠM22：11） 6. Ⅰ式鼎（ⅠM5：2） 7. Ⅱ式鼎（ⅡM10：22）

甑　12件。根据口沿及腹部的变化，可分为二型。

A型　9件。盆形。可分四式。

Ⅰ式：1件。ⅠM4：6，泥质红陶。直口，尖唇，卷沿，沿下内凹一周，深弧腹内收成小平底。底有11个箅孔。口径11.5、通高5.8、底径3.5厘米（图一七，9）。

Ⅱ式：3件。敞口，卷沿，尖唇，直腹或折腹，小平底。ⅡM9：9，直腹。底有7个箅孔。口径12.8、通高5.4、底径4.6厘米（图一七，4）。ⅡM10：3，折腹。底有9个箅孔。口径12.8、通高5.6、底径5.2厘米（图一七，3）。

Ⅲ式：3件。侈口，卷沿，圆唇，直腹稍弧，平底变大。ⅡM4：13，底有6个箅孔。口径12.4、通高5.5、底径5.6厘米（图一七，1）。

Ⅳ式：2件。卷沿较窄，方唇，曲腹变浅，小平底，底有4个箅孔。ⅠM23：38，口径11.4、通高4、底径5.2厘米（图一七，6）。

B型　3件。钵形。可分三式。

Ⅰ式：1件。ⅠM4：7，口微敛，弧腹深。底有16个箅孔。口径8.5、通高4.8、底径2.6厘米（图一七，2）。

Ⅱ式：1件。ⅡM10：54，敛口，弧曲腹浅。削棱。底有6个箅孔。口径11.4、通高3.9、底径3.4厘米（图一七，5）。

Ⅲ式：1件。ⅡM2：9，敛口，折腹浅。削棱。底有7个箅孔。口径13.6、通高5.5、底径5.4厘米（图一七，7）。

壶　22件。根据器形的变化，可分为三型。

A型　13件。盘口，高颈，圈足。可分五式。

Ⅰ式：1件。ⅠM24：1，圆鼓腹，子母口稍盘，带盖，盖面置三等距扁纽。口径10.4、通高20.9、底径11.5厘米（图一八，1）。

Ⅱ式：1件。ⅠM4：1，盘口，圆鼓腹。口径12.2、通高27.6、底径14厘米（图一八，4）。

Ⅲ式：3件。圆鼓腹稍扁。ⅡM9：2，带盖，盖纽为羊头形。口径14.2、通高31.6、底径16.5厘米（图一八，7）。

Ⅳ式：5件。椭圆形腹，高直颈。ⅡM4：8，带盖，盖纽为环形。下部置三等距乳突。口径16、通高33、底径18厘米（图一八，5）。

Ⅴ式：3件。扁腹，高弧颈。ⅡM3：16，腹部设兽首衔环形铺首。带盖，盖纽为环形。口径15.7、通高27、底径15.9厘米（图一八，2）。

B型　8件。翻口，矮束颈，凹底。可分三式。

Ⅰ式：5件。尖唇，折肩，无耳。ⅡM10：1，腹和底部遍饰绳纹。口径17.2、通高25.6、底径10厘米（图一八，6）。

Ⅱ式：2件。方唇，圆肩，肩部有环耳，球形腹。腹上部饰五道篦形纹，腹下部和底部遍饰绳纹。ⅡM4：32，口径18.6、通高28.5、底径10.4厘米（图一八，3）。

Ⅲ式：1件。ⅡM3：17，方唇，圆肩，扁球形腹。腹上部有桥形耳。腹上部饰4道篦形纹，腹下部和底部遍饰绳纹。口径20、通高27.1、底径9.5厘米（图一八，8）。

C型　1件。ⅡM6：1，盘口，矮束颈，折肩，椭圆形垂腹。腹上部置对称环纽。上腹饰两

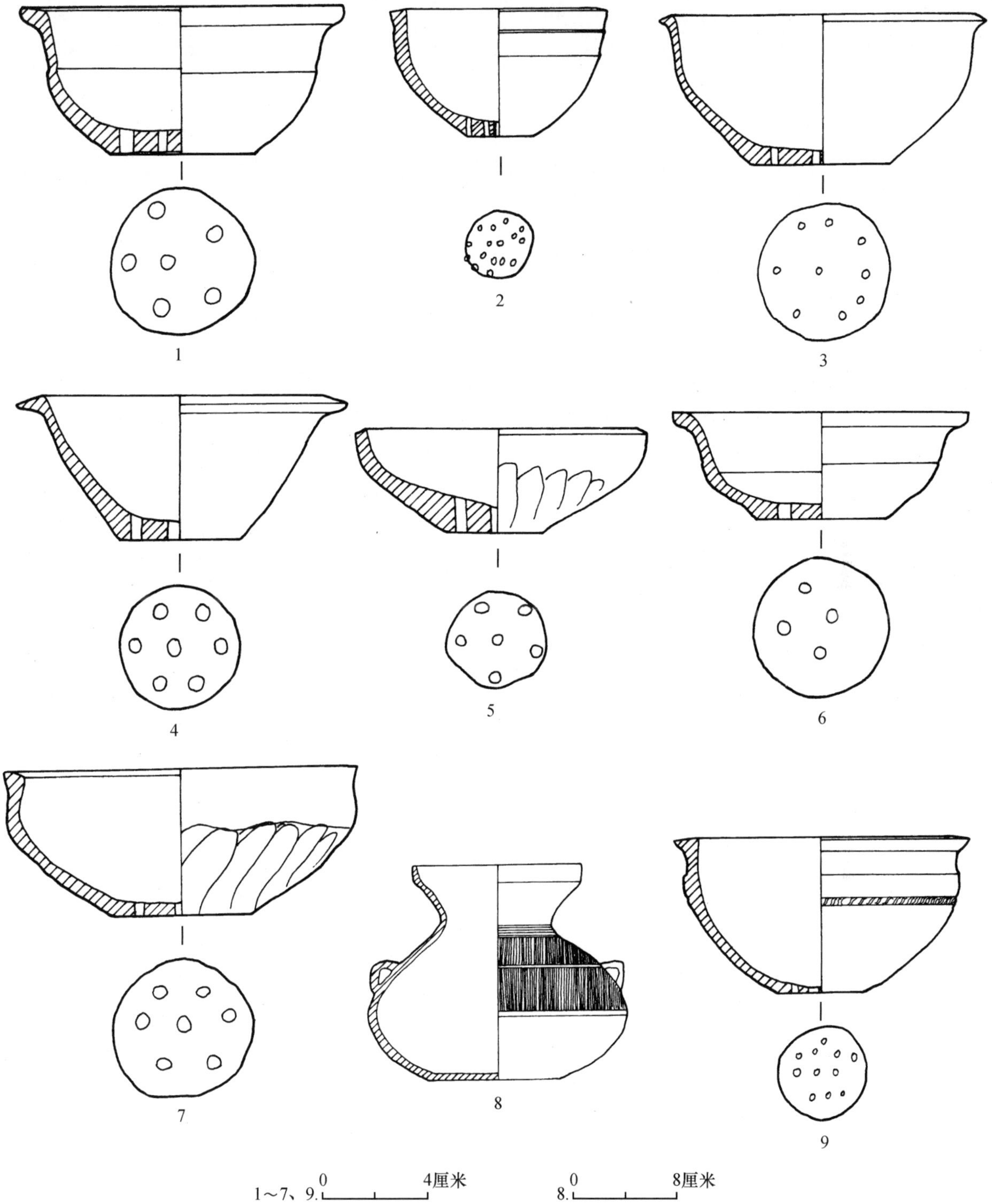

图一七　出土陶器

1. A型Ⅲ式甑（ⅡM4：13）　2. B型Ⅰ式甑（ⅠM4：7）　3、4. A型Ⅱ式甑（ⅡM10：3、ⅡM9：9）　5. B型Ⅱ式甑（ⅡM10：54）　6. A型Ⅳ式甑（ⅠM23：38）　7. B型Ⅲ式甑（ⅡM2：9）　8. C型壶（ⅡM6：1）　9. A型Ⅰ式甑（ⅠM4：6）

组篦纹。口径13、通高15.6、底径9.4厘米（图一七，8）。

仓　38件。带子母口，根据器形长方的变化，可分为二型。

A型　28件。方体。可分三式。

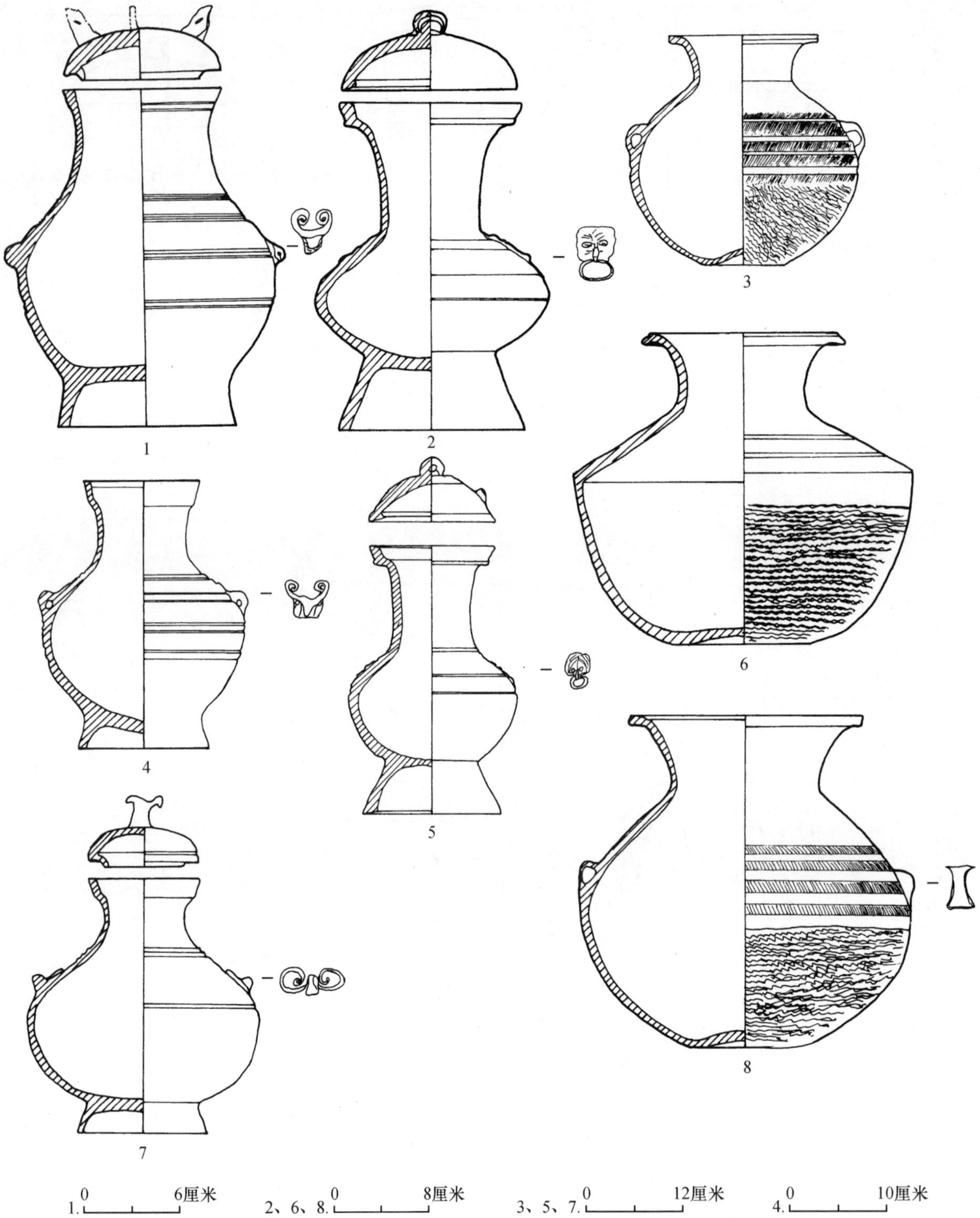

图一八　出土陶器

1. A型Ⅰ式壶（ⅠM24∶1）　2. A型Ⅴ式壶（ⅡM3∶16）　3. B型Ⅱ式壶（ⅡM4∶32）　4. A型Ⅱ式壶（ⅠM4∶1）　5. A型Ⅳ式壶（ⅡM4∶8）　6. B型Ⅰ式壶（ⅡM10∶1）　7. A型Ⅲ式壶（ⅡM9∶2）　8. B型Ⅲ式壶（ⅡM3∶17）

Ⅰ式：1件。ⅠM4∶5，方体稍扁。小口，圆肩，直腹，平底近圜。口径8、通高7.5厘米（图一九，1）。

Ⅱ式：16件。小口，长折肩，直腹，平底。ⅡM9∶19，肩腹间饰一周斜线纹。盖纽为鸱

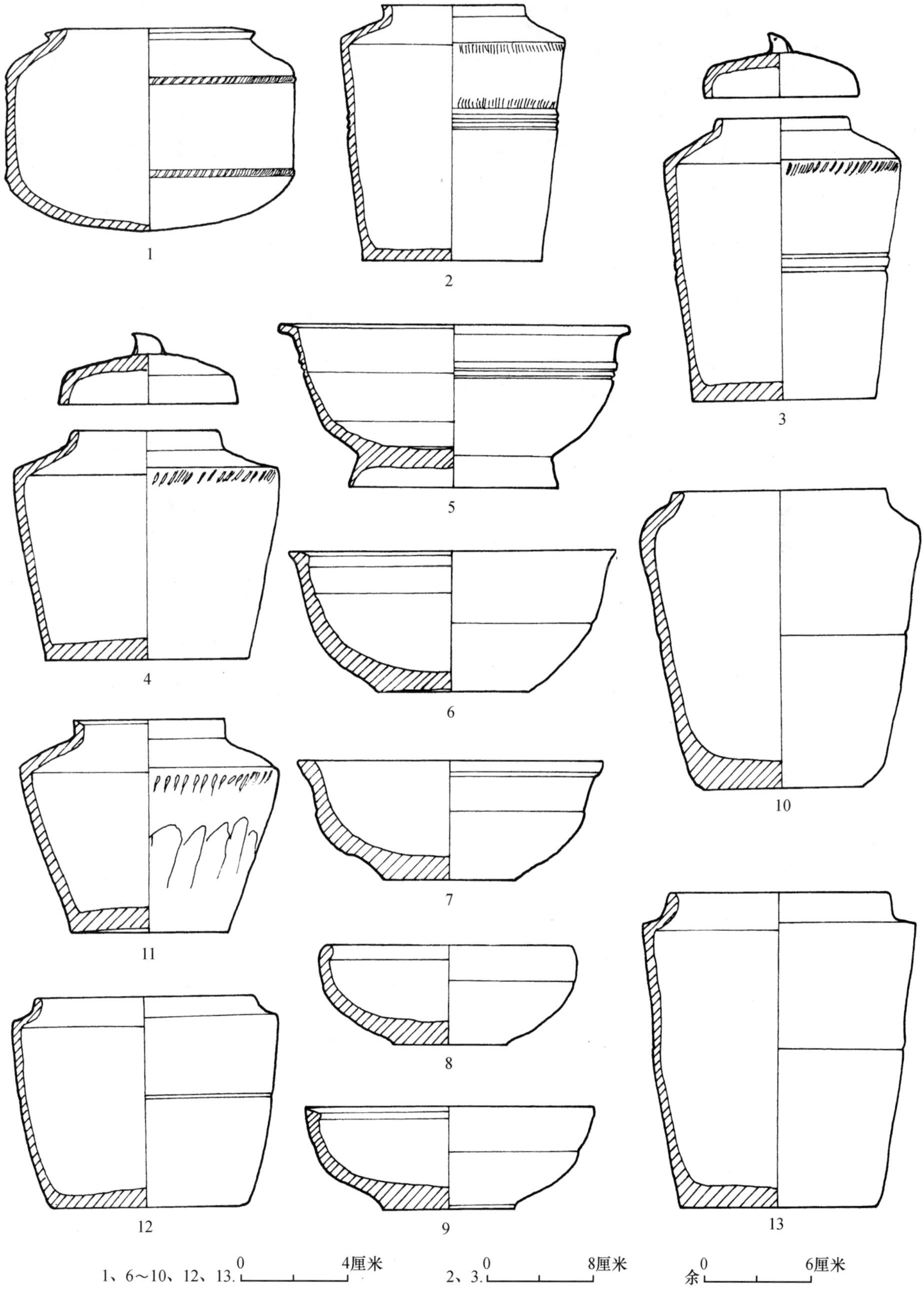

图一九　出土陶器

1. A型Ⅰ式仓（ⅠM4：5）　2、3. B型Ⅰ式仓（ⅡM10：40、ⅡM9：20）　4、11. A型Ⅱ式仓（ⅡM9：19、ⅡM10：7）　5. A型Ⅰ式碗（ⅡM9：17）　6. A型Ⅱ式碗（ⅡM4：22）　7. A型Ⅲ式碗（ⅠM23：22）　8. B型Ⅰ式碗（ⅠM22：8）　9. B型Ⅱ式碗（ⅠM23：21）　10、13. B型Ⅱ式仓（ⅠM22：1、ⅡM4：29）　12. A型Ⅲ式仓（ⅡM3：8）

尾形。口径8.5、通高12.7、底径11.8厘米（图一九，4）。ⅡM10：7，肩腹间饰一周竖线纹，下腹部削棱。口径8.7、通高11.7、底径9厘米（图一九，11）。

Ⅲ式：11件。大口，短折或圆肩，直或弧腹，平底。ⅡM3：8，腹中部饰一周凹弦纹。口径8.4、通高7.8、底径7.2厘米（图一九，12）。

B型 10件。长体。可分二式。

Ⅰ式：3件。小口，长折肩，直腹，平底。ⅡM9：20，肩腹间饰一周斜线纹，腹中部饰两道凹弦纹。盖纽为鸱尾形。口径10.2、通高20.8、底径14.3厘米（图一九，3）。ⅡM10：40，肩腹间和腹中部各饰一周竖线纹，腹中部饰三道凹弦纹。口径10.9、通高19、底径13.8厘米（图一九，2）。

Ⅱ式：7件。大口，短折或圆肩，直或弧腹，平底。ⅠM22：1，短圆肩，弧腹。口径8.2、通高11、底径6厘米（图一九，10）。ⅡM4：29，短折肩，直腹。口径8.4、通高11.6、底径7.8厘米（图一九，13）。

盆 30件。根据口沿和腹部的变化，可分为三型。

A型 11件。敞口或敛口，尖唇。根据腹部的变化，可分三式。

Ⅰ式：2件。稍敛口，尖唇，鼓腹。ⅠM4：12，圜底。口径11.5、通高5.4厘米（图二〇，1）。

Ⅱ式：6件。折腹，腹部变浅。ⅡM2：5，下腹削棱。口径13、通高4.8、底径5.5厘米（图二〇，7）。ⅡM10：28，下腹削棱。口径11.1、通高4.4、底径4厘米（图二〇，4）。

Ⅲ式：3件。浅弧腹。ⅠM23：16，口径9.4、通高3、底径4.8厘米（图二〇，10）。

B型 13件。侈口，方唇。根据腹部的变化，可分三式。

Ⅰ式：2件。折腹。ⅡM10：17，器表上腹和器内下腹及底部饰网格纹。口径25.8、通高6.5、底径13厘米（图二〇，2）。

Ⅱ式：5件。曲腹。ⅡM4：23，口径12.5、通高4.8、底径5.4厘米（图二〇，15）。

Ⅲ式：6件。浅直腹。ⅠM23：26，口径10、通高1.7、底径4.6厘米（图二〇，18）。

C型 6件。敛口。根据敛口程度，可分三式。

Ⅰ式：1件。ⅡM10：23，敞口稍敛，稍弧腹。下腹削棱。口径12.8、通高4、底径5.2厘米（图二〇，5）。

Ⅱ式：4件。敛口，弧腹。ⅠM23：17，口径10.9、通高3.6、底径5.6厘米（图二〇，8）。

Ⅲ式：1件。ⅠM23：18，敛口，曲腹。口径9.8、通高5.4、底径5.2厘米（图二〇，3）。

罐 39件。根据口沿、肩部和腹部的变化，可分为三型。

A型 12件。无肩，直口或侈口。根据腹部的变化，可分二式。

Ⅰ式：4件。扁鼓腹，腹两侧带长方形錾。ⅠM4：10，口径5.6、通高5.2、底径2.8厘米（图二〇，13）。ⅡM9：13，口径8.8、通高6.6、底径5.6厘米（图二〇，21）。

Ⅱ式：8件。曲腹。ⅠM23：14，下腹削棱。口径7.6、通高5.8、底径5.8厘米（图二〇，16）。ⅡM2：17，下腹削棱。口径7.2、通高6、底径5.6厘米（图二〇，14）。ⅡM10：12，口径6、通高5、底径5.4厘米（图二〇，11）。

B型 5件。敛口。可分二式。

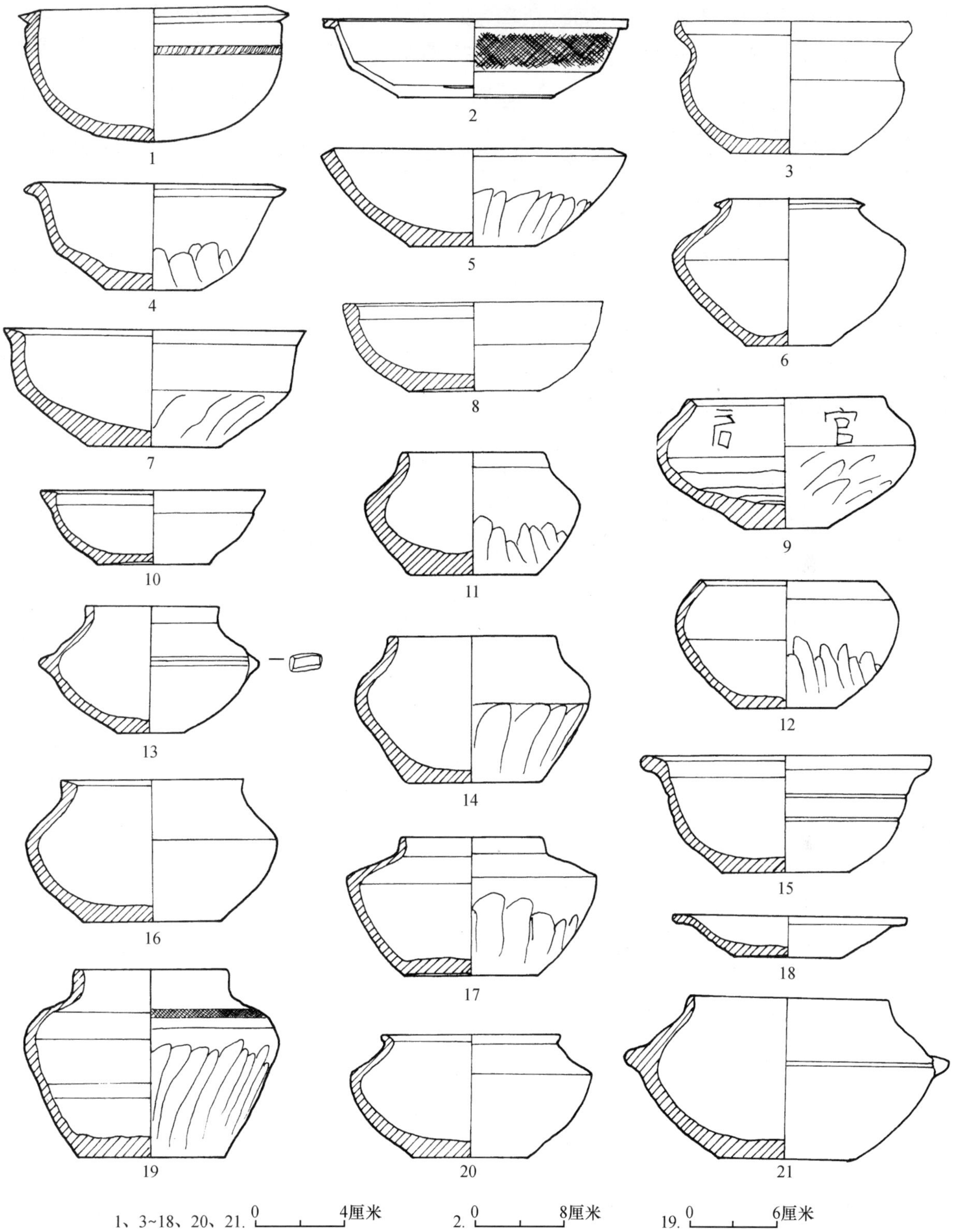

图二〇　出土陶器

1. A型Ⅰ式盆（ⅠM4：12）　2. B型Ⅰ式盆（ⅡM10：17）　3. C型Ⅲ式盆（ⅠM23：18）　4、7. A型Ⅱ式盆（ⅡM10：28、ⅡM2：5）　5. C型Ⅰ式盆（ⅡM10：23）　6. B型Ⅰ式罐（ⅠM4：4）　8. C型Ⅱ式盆（ⅠM23：17）　9、12. B型Ⅱ式罐（ⅡM2：8、ⅡM10：31）　10. A型Ⅲ式盆（ⅠM23：16）　11、14、16. A型Ⅱ式罐（ⅡM10：12、ⅡM2：17、ⅠM23：14）　13、21. A型Ⅰ式罐（ⅠM4：10、ⅡM9：13）　15. B型Ⅱ式盆（ⅡM4：23）　17. C型Ⅰ式罐（ⅡM10：11）　18. B型Ⅲ式盆（ⅠM23：26）　19. C型Ⅱ式罐（ⅡM2：19）　20. C型Ⅲ式罐（ⅠM23：10）

Ⅰ式：2件。折腹。ⅠM4：4，尖唇。口径6.4、通高6、底径3.6厘米（图二〇，6）。

Ⅱ式：3件。弧腹。ⅡM2：8，下腹削棱。肩部刻字。口径8.5、通高5.4、底径3.5厘米（图二〇，9）。ⅡM10：31，下腹削棱。口径7.6、通高5.2、底径4.4厘米（图二〇，12）。

C型　22件。直口或侈口，长肩。可分三式。

Ⅰ式：11件。折腹。ⅡM10：11，下腹削棱。口径6.1、通高5.7、底径5.8厘米（图二〇，17）。

Ⅱ式：8件。弧腹。ⅡM2：19，肩部饰带状网格纹。腹部削棱。口径9.8、通高11.6、底径9.4厘米（图二〇，19）。

Ⅲ式：3件。耸肩，小平底，侈口。ⅠM23：10，口径7.4、通高5、底径4.8厘米（图二〇，20）。

碗　10件。根据口部的变化，可分为二型。

A型　7件。敞口或侈口。根据腹部的变化，可分为三式。

Ⅰ式：1件。ⅡM9：17，泥质褐黄釉陶。侈口，卷沿，弧腹稍直，大圈足。器内涂满朱红。口径20、通高9、底径12厘米（图一九，5）。

Ⅱ式：3件。稍侈口，弧腹。ⅡM4：22，尖唇。口径12.5、通高5.2、底径5.6厘米（图一九，6）。

Ⅲ式：3件。稍侈口，曲腹。ⅠM23：22，尖唇。口径11.1、通高4.4、底径5厘米（图一九，7）。

B型　3件。敛口，根据敛口程度和腹部的变化，可分二式。

Ⅰ式：1件。ⅠM22：8，敛口较甚，弧腹外凸。口径9.4、通高3.7、底径4.3厘米（图一九，8）。

Ⅱ式：2件。稍敛口，弧腹。ⅠM23：21，小饼形底。口径11、通高3.8、底径5厘米（图一九，9）。

杯　2件。敞口，筒形腹，饼形平底。腹上部饰一周凹弦纹。ⅠM22：13，口径7.4、通高6、底径4.7厘米（图一三，6）。

魁　3件。分二式。

Ⅰ式：2件。敞口，筒形腹，平底。上腹和下腹各饰一周凹弦纹，上腹饰一角状鋬。ⅡM4：20，口径7.5、通高5、底径4.5厘米（图一三，10）。

Ⅱ式：1件。ⅠM23：11，敞口，筒形腹，平底。腹中部饰一周凹弦纹，上腹饰一蛇头形鋬。口径8、通高5、底径4.8厘米（图一三，7）。

铏　4件。均敛口，浅腹，平底。分三式。

Ⅰ式：1件。ⅡM4：25，腹中部饰一周凹弦纹，口下饰流形把手。口径11.6、通高5、底径6.7厘米（图一四，6）。

Ⅱ式：2件。口下饰条形把手。ⅠM22：2，腹中上部饰一周凹弦纹。口径10、通高4、底径4.2厘米（图一四，7）。

Ⅲ式：1件。ⅠM23：31，腹上部饰一周凹弦纹，口下饰三角形扁平把手。口径10.6、通高4.2、底径5.4厘米（图一四，8）。

鼎　3件。均泥质灰陶，带子母口。根据耳和足的变化可分三式。

Ⅰ式：1件。ⅠM5：2，盖呈覆钵形，口下两侧各置一竖长方稍外撇附耳，腹微鼓，圜底。腹中部饰一周凸棱。足残。口径9、残高9厘米（图一六，6）。

Ⅱ式：1件。ⅡM10：22，口下两侧各置一竖长方附耳，耳尖端外折，曲腹，平底，蹄形足，腹部饰三周凹弦纹。缺盖。口径17.6、通高13.4厘米（图一六，7）。

Ⅲ式：1件。ⅡM9：10，盖呈覆钵形，盖顶等距分布三个角状纽，口下两侧各置一横附耳，平底稍圜，矮蹄形足。腹上部饰三道凹弦纹。口径16.6、通高8.6厘米（图一六，4）。

盒　2件。泥质灰陶。带子母口，造型完全一致。ⅡM10：24，覆钵形器盖，稍鼓腹，圈足。腹上部饰一周凹弦纹。口径16、盒高9.4、底径10.8厘米（图一六，3）。

器盖　5件。外表均施褐黄色釉。根据器形，可分二式。

Ⅰ式：2件。覆盆形。带环形纽。饰多道弦纹。ⅠM22：11，口径15.7、通高6.4厘米（图一六，5）。

Ⅱ式：3件。覆钵形。钮呈条状凸起。外表饰划纹。ⅡM14：3，口径8、通高5厘米（图一四，10）。

匜　5件。根据器形，可分二式。

Ⅰ式：3件。圆唇，浅腹，平底。口部一侧手捏成尖状把手，把手不高于口沿。ⅡM4：37，口径7、通高2.8、底径3.8厘米（图一四，9）。

Ⅱ式：2件。圆唇，浅腹，假圈足。口部一侧手捏成条状把手，把手高于口沿。ⅠM23：28，口径4、通高3、底径3.4厘米（图一六，2）。

俑　17件。可分二型。

A型　人物俑，14件。ⅠM23：53，男侍俑。头戴圆顶冠，着长袍、长袖，双手相握交于胸前袖内，下身残缺（图二一，2）。ⅡM9：1，彩绘裸体男俑。脸部特大，浓眉，凸目，高鼻，宽耳，嘴微张，下颌外翻，脸庞下部尖削。手细短，右手贴于膝盖，左手抚胸。胸部发达，肚皮微鼓，生殖器明显。蹲坐，微露足，平座。头顶两侧各长有一尖锥形角，头顶和底部中央各有圆孔一个，耳洞明显。全身满饰乳白色釉。该俑造型夸张，形象奇特。通高42.4厘米（图二二，1）。ⅡM10：42，彩绘裸体女俑。大头脸，秃顶，凸目，高鼻，宽耳，阔嘴微张，脸微鼓，下部尖削。双手细短，左手贴于膝盖，右手抚乳。双乳高耸，肚皮微鼓，生殖器明显。蹲坐，露足，底内空。头顶横排三个圆孔。俑身满饰乳白色釉，嘴唇和眼圈涂朱。该俑造型夸张，形象奇特。通高37.3厘米（图二二，2）。ⅠM23：61，吹箫俑。头戴帷帽，穿交领长袍，双手置于胸前。跪坐，双手持箫，右手在上，左手在下。通高22.8厘米（图二二，3）。

B型　动物俑，3件。ⅠM23：32，猪俑。大眼，阔鼻上翘，竖耳，合嘴。颈项发达，肥硕长身，尾上卷。通高9.3、通长19.2厘米（图二一，1）。ⅠM22：20，鸡俑。昂首站立，直视前方。羽翼丰满，双足叉开，翘尾。为公鸡。通高17.6、最长16.2、最宽7.2厘米（图二一，3）。ⅠM23：42，鸡俑。喙部残。头稍向右斜，翘尾，羽翼丰满，平底足。残高17厘米（图二一，4）。

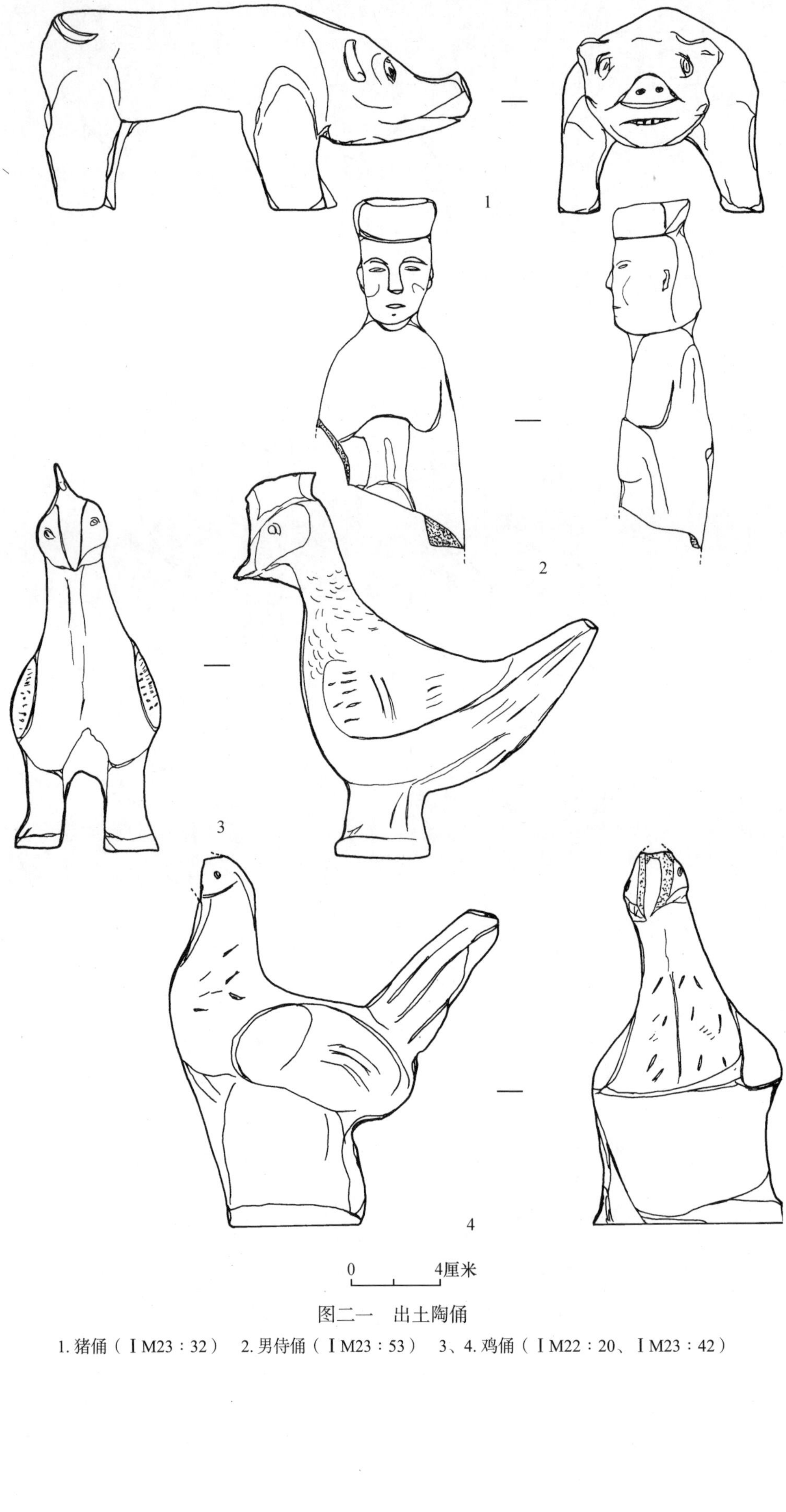

图二一　出土陶俑

1. 猪俑（ⅠM23：32）　2. 男侍俑（ⅠM23：53）　3、4. 鸡俑（ⅠM22：20、ⅠM23：42）

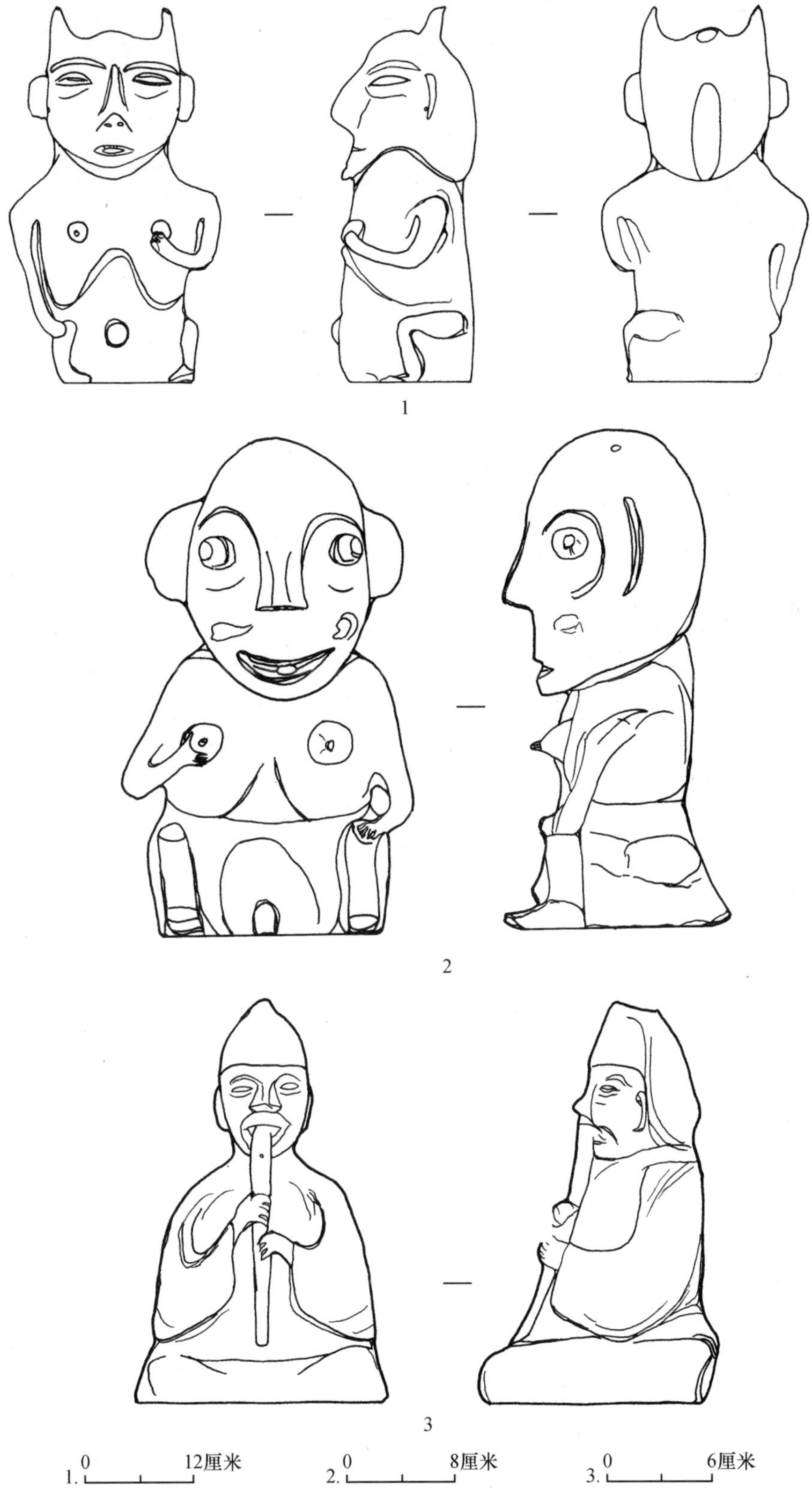

图二二　出土陶俑

1. 彩绘裸体男俑（ⅡM9：1）　2. 彩绘裸体女俑（ⅡM10：42）　3. 吹箫俑（ⅠM23：61）

2. 铜器

共85件。

鍪　4件。敞口，弧颈，折肩处饰对称环耳。分二式。

Ⅰ式：1件。ⅡM10：14，垂腹，双耳位于肩下部，大平底。上腹饰二道凸棱。表、底有范线和烟炱痕，内有香草料和骨肉痕迹。口径17.5、通高15、底径17厘米（图二三，1）。

Ⅱ式：3件。腹微鼓，双耳位于肩中部。ⅡM4：33，腹部饰二道凸棱。底有范线和烟炱痕。底稍凹。口径21.6、通高18.4、底径16.4厘米（图二三，2）。

簋　1件。ⅡM4：34，宽斜折沿，方唇，深腹弧收，高圈足略外侈。腹饰弦纹和对称铺首。口径26.2、通高16.5、底径16厘米（图二三，4）。

洗　1件。ⅡM2：22，侈口，宽沿外折，方唇，腹略斜收，下腹圆收，平底。中腹饰一箍，内饰弦纹一周，上饰对称铺首衔环一对，铺首仅勾勒象征性线条。口径25.8、通高10、底径12.4厘米（图二三，3）。

碗　1件。ⅡM2：21，直口，直壁圆收，平底。器表饰三组弦纹。口径14.6、通高6.7、底径7厘米（图二三，6）。

带钩　1件。ⅠM23：8，钩作张口奔跑螭虎形。圆扣，卷尾成钩。形象生动。长12.2厘米（图二三，7）。

棺牌饰　4件。鎏金。ⅠM23：76，门吏形牌饰。中间穿孔作钉钉用。长12、厚0.05厘米（图二四，4）。ⅠM23：72，玉兔形牌饰。中间穿孔处留有铆钉。长10、厚0.1厘米（图二四，1）。ⅠM23：80，朱雀形牌饰。已残。ⅡM7：8，双头龙形牌饰，长40.7、厚0.05厘米（图二五）。

泡钉　58件。鎏金，分三型。

A型　8件，头盔形。ⅠM23：116，帽径5.3厘米（图二三，9）。

B型　27件，伞形。ⅠM23：77，帽径4.6厘米（图二三，10）。

C型　23件，蝉形。ⅠM23：108，帽径7.9厘米（图二三，11）。

釦饰　12件。其中杯釦7件，盘釦5件。ⅡM2：23，杯釦。长6.6（图二四，3）。ⅡM4：18，盘釦。内径10.8、外径12.2厘米（图二六，6）。

环　2件。形体较小，椭圆形茎。ⅡM3：22，内径1.43、外径1.7厘米（图二三，5）。

帽饰　1件。ⅠM23：62，外方形，内圆形凸起。圆面上饰有虎头形图案。边长3、高1.6厘米（图二三，8）。

3. 铁器及其他

铁剑　1件。ⅡM10：34，扁茎，凹字形铜格，剑身狭长，菱形脊。木质漆鞘，施红漆。长100厘米（图二六，1）。

铁削　1件。ⅠM23：7，环形首。残长30.8厘米（图二六，2）。

铁斧　1件。ⅡM10：47，长方銎，束腰。銎内留有部分木柄。长11.5厘米（图二六，4）。

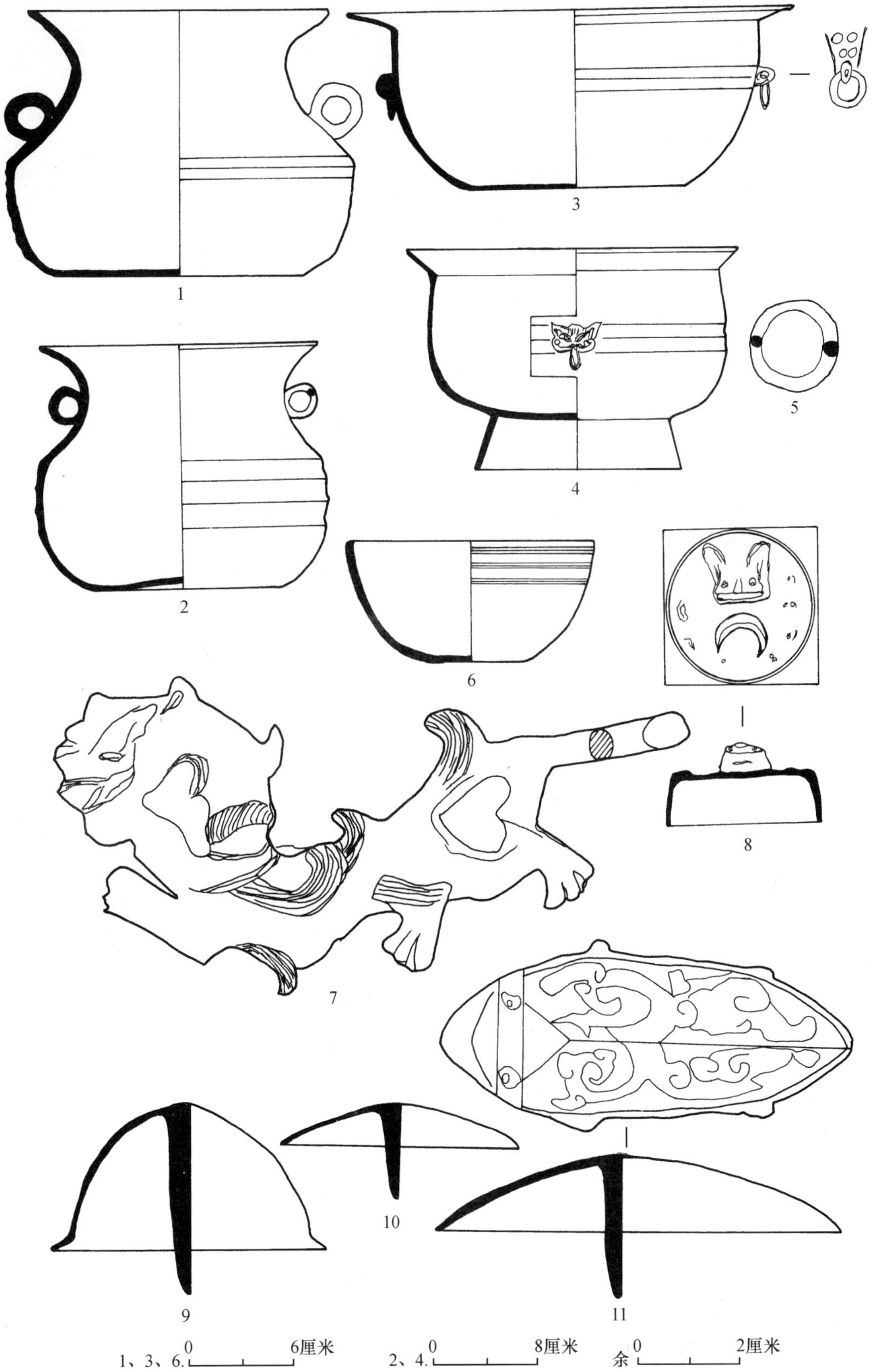

图二三　出土铜器

1. Ⅰ式鍪（ⅡM10：14）　2. Ⅱ式鍪（ⅡM4：33）　3. 洗（ⅡM2：22）　4. 簋（ⅡM4：34）　5. 环（ⅡM3：22）　6. 碗（ⅡM2：21）　7. 带钩（ⅠM23：8）　8. 帽饰（ⅠM23：62）　9. A型泡钉（ⅠM23：116）　10. B型泡钉（ⅠM23：77）　11. C型泡钉（ⅠM23：108）

图二四 出土器物

1、4. 铜棺牌饰（ⅠM23：72、ⅠM23：76） 2. 金指环（ⅡM13：1） 3. 铜釦饰（ⅡM2：23） 5. 琉璃耳珰（ⅡM2：20）
6. 黛板（ⅠM23：63）

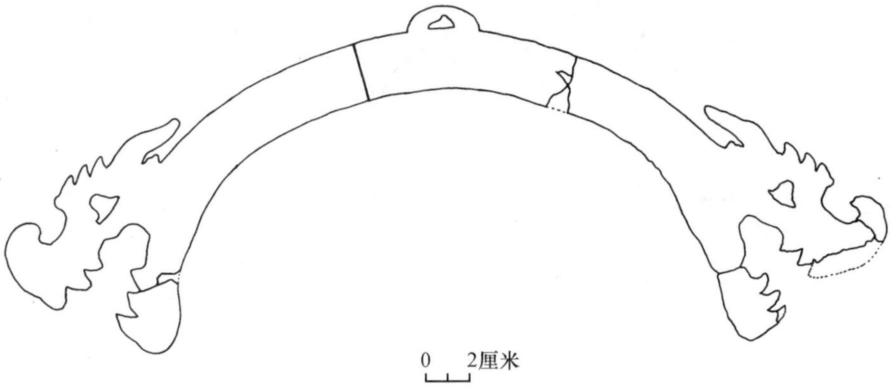

图二五　铜棺牌饰（ⅡM7：8）

铁釜　1件。ⅠM4：2，侈口，折沿，尖唇，鼓腹，圜底。口径21.6、通高17厘米（图二六，5）。

金指环　1件。ⅡM13：1，体小。圆茎。制作规整。内径1.65、外径1.95厘米（图二四，2）。

银手镯　2件。ⅠM23：1，体大。菱形茎。内径5.65、外径6.35厘米（图二六，7）。

银指环　1件。ⅠM12：1，体小。圆茎。制作规整。内径1.6、外径1.9厘米。

琉璃耳珰　1件。ⅡM2：20，上下喇叭口，中间对穿一孔，上端面稍凸，下端面稍凹。高1.4、孔径0.2厘米（图二四，5）。

黛板　1件。ⅠM23：63，长方形。上面刮磨光滑，下面中间厚，四周薄。长16.6厘米（图二四，6）。

青瓷罐　1件。ⅡM6：2，子母口，溜肩，平底。肩部贴四个等距桥形系。上腹施青釉，饰麻布纹，下腹无釉。口径12.7、通高26.5、底径13.8厘米（图二六，3）。

4. 铜钱

钱币共出土12件（一墓一种为一件）。有“半两”“五铢”“大泉五十”“货泉”等数种。

“半两”钱　1件4枚。均出自ⅠM24。有郭。篆体阳文。一般钱径2.3厘米（图二七，1）。

“五铢”钱　8件。一般钱径2.3～2.5厘米。ⅠM4、ⅡM4、ⅡM6还见磨郭小五铢。可分二式。

Ⅰ式：6件。五字交叉两笔微曲，上下两横略出头；“铢”字“金”字头为翼状镞形，“朱”字头圆折（图二七，2、3）。

Ⅱ式：2件。钱文丰满。“五”字交叉两笔弯曲较甚；“铢”字“金”字头为三角形，“朱”字头方折（图二七，4）。

“大泉五十”钱　1件。出自ⅡM10。有郭。篆体阳文。钱径2.6～2.8厘米（图二七，5）。

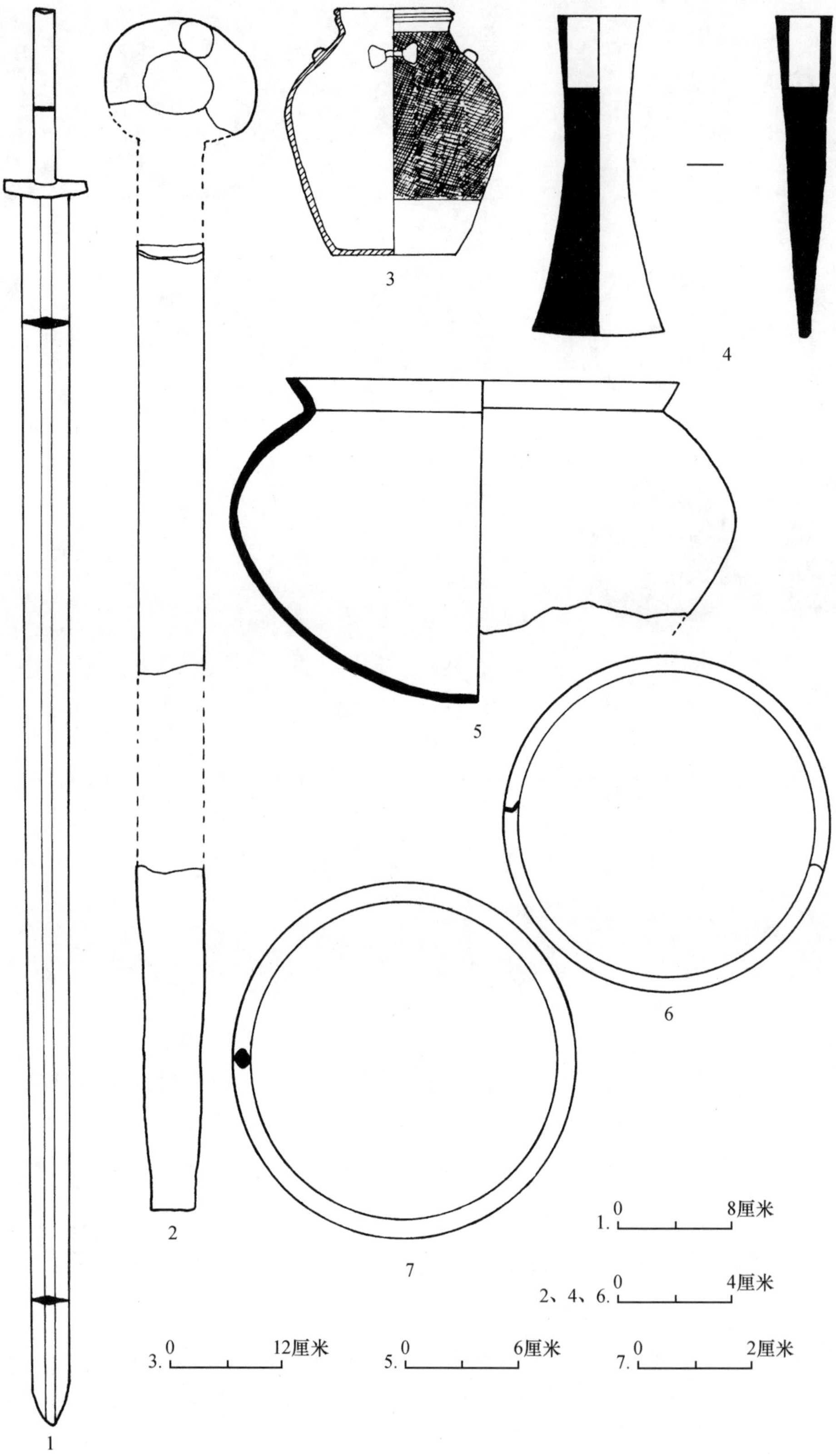

图二六 出土器物

1. 铁剑（ⅡM10：34） 2. 铁削（ⅠM23：7） 3. 青瓷罐（ⅡM6：2） 4. 铁斧（ⅡM10：47） 5. 铁釜（ⅠM4：2） 6. 铜釦饰（ⅡM4：18） 7. 银手镯（ⅠM23：1）

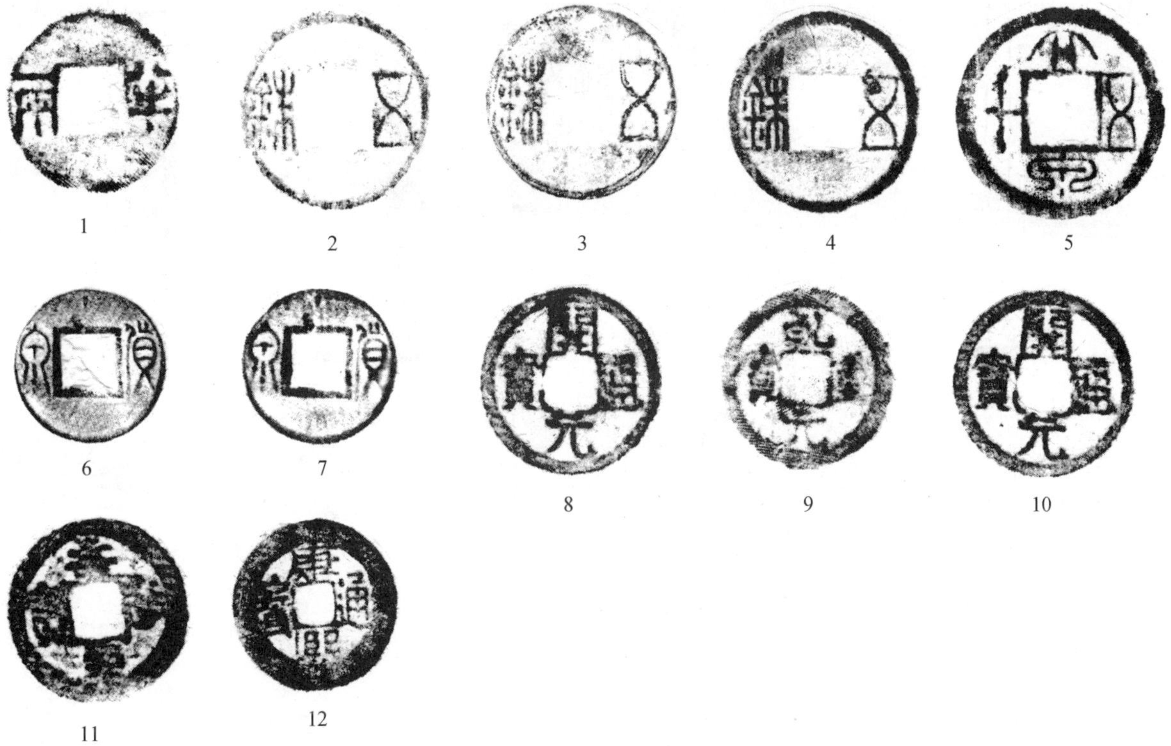

图二七　出土铜钱

1. 半两（ⅠM24）　2、3. Ⅰ式五铢（ⅠM9、ⅡM13）　4. Ⅱ式五铢（ⅡM3）　5. 大泉五十（ⅡM10）　6、7. 货泉（ⅡM4、ⅡM9）　8、10. 开元通宝（ⅠM21、ⅡM12）　9. 乾元通宝（ⅡM5）　11. 天圣元宝（ⅡM8）　12. 康熙通宝（ⅠM1）

“货泉”钱　2件。出自ⅡM4和ⅡM9。无郭。篆体阳文。钱径一般为2.1～2.3厘米（图二七，6、7）。

（四）分期及年代

根据墓葬形制、器物形态、型式组合及货币的共存关系，该墓地中的汉代墓葬可划分为五期。

1. 西汉中期

属西汉中期的墓葬只有1座（ⅠM24）。为竖穴土坑。出“半两”钱，不出“五铢”及新莽钱币。时代当早于武帝元狩五年（前118年）铸行“五铢”之时。“半两”钱有外郭，背面平素，钱文已属于汉隶，故应为武帝建元五年（前136年）所铸行之类。因此该墓的年代当在公元前136年到公元前117年，值西汉早、中期之交。该墓出陶壶也具有较其他墓为早的风格。

2. 西汉晚期

属西汉晚期的墓葬有2座（ⅠM4、ⅠM5）。均为竖穴土坑墓，斜壁规整。ⅠM4中出有磨郭五铢，磨郭五铢又称磨边五铢，以西汉“五铢”为多见。M5中没有钱币出土。器物多宽扁

形作风，有少量弦纹和铺首装饰。从器物组合及型式的变化可以看出ⅠM4、ⅠM5属于西汉晚期。

3. 新莽时期

属新莽时期的墓葬有2座（ⅡM9、ⅡM10）。均为“凸”字形结构砖室墓。首先，ⅡM9出土钱币均为“货泉”，ⅡM10出土钱币均为“大泉五十”。“货泉”于天凤元年（14年）始铸，“大泉五十”于居摄二年（7年）始铸；其次，两者都存在陪葬（或殉葬）的现象，这与新莽时代提倡复古葬不无关系；再者，两墓墓室均以“工”字形砖砌矮墙，方花纹砖铺地，没有券顶，反映出由西汉土坑墓向东汉砖室（石室）墓的转变过程，而“工”字形砖的形制也可以看作是新莽时期及东汉初期的一种独特形式。由此，ⅡM9、ⅡM10两座墓的年代定为新莽时代当无疑问。

这一期陶质以细泥质为主，有少量细砂质陶。陶色仍以灰陶为主，纹饰以素面为主，灰陶器下腹普遍削棱，刻划纹、弦纹较多，动物铺首纹增多，器类组合丰富。

4. 东汉早期

属东汉早期的墓葬有4座，包括ⅡM2、ⅡM7、ⅡM4、ⅠM22。

ⅡM2为刀把形竖穴石室券顶墓。从灶、甑、罐的形态分析，应属东汉早期。

ⅡM7为刀把形洞穴券顶墓，墓底以盒子砖错缝平铺。“五铢”钱文“五”字略弯曲，具有东汉初年的风格。陶俑写实性强，形象生动，已脱离西汉晚期勾勒造型的阶段。

ⅡM4为刀把形竖穴砖室券顶墓。“五铢”钱文同上，与“五铢”并出的钱币还有“货泉”，当离新莽时代不远。从釜、壶、仓的器形变化可明显看出属于东汉早期的作风。

ⅠM22为刀把形竖穴砖室券顶墓。有纪年砖“万岁建初元年造”，建初元年为76年，属东汉早期。

5. 东汉中晚期

属东汉中晚期的墓葬有4座，包括ⅡM14、ⅡM6、ⅠM23、ⅡM3。

ⅡM14为刀把形砖室券顶墓。该墓被盗严重，仅出土5件小型陶器。从陶器的形体演化规律看应属于本期。

ⅡM6为长方形竖穴土坑铺地砖墓。有纪年砖“永和五年七月造”，永元五年为140年，属东汉中晚期。

ⅠM23为刀把形洞穴砖室双券顶墓。该墓保存完好。“五铢”钱文宽放丰满，“五”字弯曲较甚，器物组合丰富。有纪年砖“永和五年七月造”。当与ⅡM6大致处于同一时期。

ⅡM3为刀把形砖室券顶墓，但砖室只表现在甬道和墓室前部，后部无砖。器物形态均表现出由上期演变来的趋势。属本期无疑。

这一期陶器以泥质红陶和黄褐釉陶为主，灰陶退居次要地位。以素面为主，仅少数弦纹、绳纹等。壶耳有虎首或牛头状铺首。

上述五期陶器组合列表见表一。

表一　汉墓陶器组合关系分期表

器类/时代	罐	壶	仓	釜	灶	甑	灯	盆	货币	备注
西汉中期		AⅠ							半两	
西汉晚期	AⅠ BⅠ	AⅡ	AⅠ	AⅠ BⅠ	AⅠ	AⅠ BⅠ	AⅠ	AⅠ	磨郭五铢	
新莽时期	AⅠ AⅡ BⅡ CⅠ	AⅢ BⅠ	AⅡ BⅠ	AⅡ BⅡ	AⅡ BⅠ	AⅡ BⅡ		AⅡ BⅠ CⅠ	大泉五十、货泉	
东汉早期	AⅡ BⅠ BⅡ CⅡ CⅢ	AⅢ AⅣ BⅠ BⅡ	AⅢ BⅡ	AⅡ AⅢ	AⅡ BⅡ	AⅢ BⅢ	AⅢ	AⅡ BⅡ	五铢Ⅰ	万岁建初元年造纪年墓砖
东汉中晚期	AⅡ CⅢ	AⅣ AⅤ BⅢ C	AⅢ	AⅣ	AⅢ	AⅣ	AⅡ AⅢ BⅠ BⅡ C	AⅡ AⅢ BⅢ CⅡ CⅢ	五铢Ⅱ	永和五年七月造纪年墓砖

四、唐代墓葬

（一）墓葬概况

本次发掘共清理唐代墓葬4座，除ⅠM21利用汉代砖室墓墓道的底和墙以外，其余均为土坑竖穴墓。

ⅠM16　该墓保存一般。填土为黄褐色夹红褐色花土，结构紧密。长方形土坑规整。墓长2.6、宽0.88、深0.54米。墓内保存完整骨架一具，头向180°，面向270°。残存棺钉，应有木棺。随葬品放置于墓主头上部，计有青瓷盘口壶、陶碗、铜护颌等3件。

ⅠM21　该墓打破M22的墓道和甬道，同时打破M22之盗洞。填土为黄色夹红褐色花土，内夹有料姜石块。长方形竖穴土坑，直壁，条形砖斜向“人”字纹铺设墓底，前高后低。墓长2.7、宽1、深1.6米。人骨保存较差，头骨不存。从棺钉看应有木棺。随葬品包括青瓷盘口壶、铜指环、钱文为“开元通宝”的钱币等。

ⅡM5　该墓被M12打破，同时打破M6。方向145°。墓坑近似长方形，前部残留有石块和砖块砌的矮墙，后部破坏严重。残长2.76、宽1.37、深0.2米。无人骨及葬具。在后部角落残留1件

完整的青瓷盘口壶，前部角落发现“乾元重宝”1枚。

ⅡM11　长方形土坑规整。方向130°。该墓破坏严重，仅保留极浅墓室。残长1.7、残宽0.71、残深0.14米。出土物仅有1件残铜镜和“开元通宝”铜钱。

（二）出土遗物

这些唐墓破坏均较严重，出土遗物不多。共出土随葬品10件，其中瓷器4件、铜器6件。

1. 瓷器

4件。

盘口壶　3件。可分二式。

Ⅰ式：2件。直口，束颈，溜肩，圆鼓腹。ⅠM21：1，肩部置四个等距的环形系。腹上部饰淡黄釉，下部无釉。口径17.6、通高29.6、底径13.6厘米（图二八，2）。

Ⅱ式：1件。ⅡM5：1，敞口，束颈，折肩。肩部置等距的四系。腹上饰淡褐色釉，下部无釉。口径21、通高34、底径13.5厘米（图二八，5）。

碗　1件。ⅠM16：2，敞口，圆唇，璧形底。内外均施青釉，外底部无釉。口径14.4、通高4.5、底径5.8厘米（图二八，3）。

2. 铜器

6件。

镜　1件。ⅡM11：1，残留四分之一面。边缘呈葵花状，窄缘。

护颌　1件。颌部勺状，两端以末端带钩的铜片相连。已破碎。

环　1件。茎为椭圆形，锈蚀严重。残外径1.8厘米。

钱币　3件（一墓为一件）。开元通宝（图二七，8）、乾元通宝（图二七，9）。

（三）年代

ⅠM21和ⅠM16总体处于唐代早期。乾元重宝铸行于唐代宗时，即758年，因此ⅡM5大致处于唐代中期。从铜镜边缘为葵花状判断，ⅡM11时代应处于唐代晚期。

五、宋至清代墓葬

（一）墓葬概况

本次发掘共清理宋—清代墓葬12座，其中ⅠM3、ⅠM6、ⅠM7、ⅡM8等4座墓为宋代，其他8座为清代。

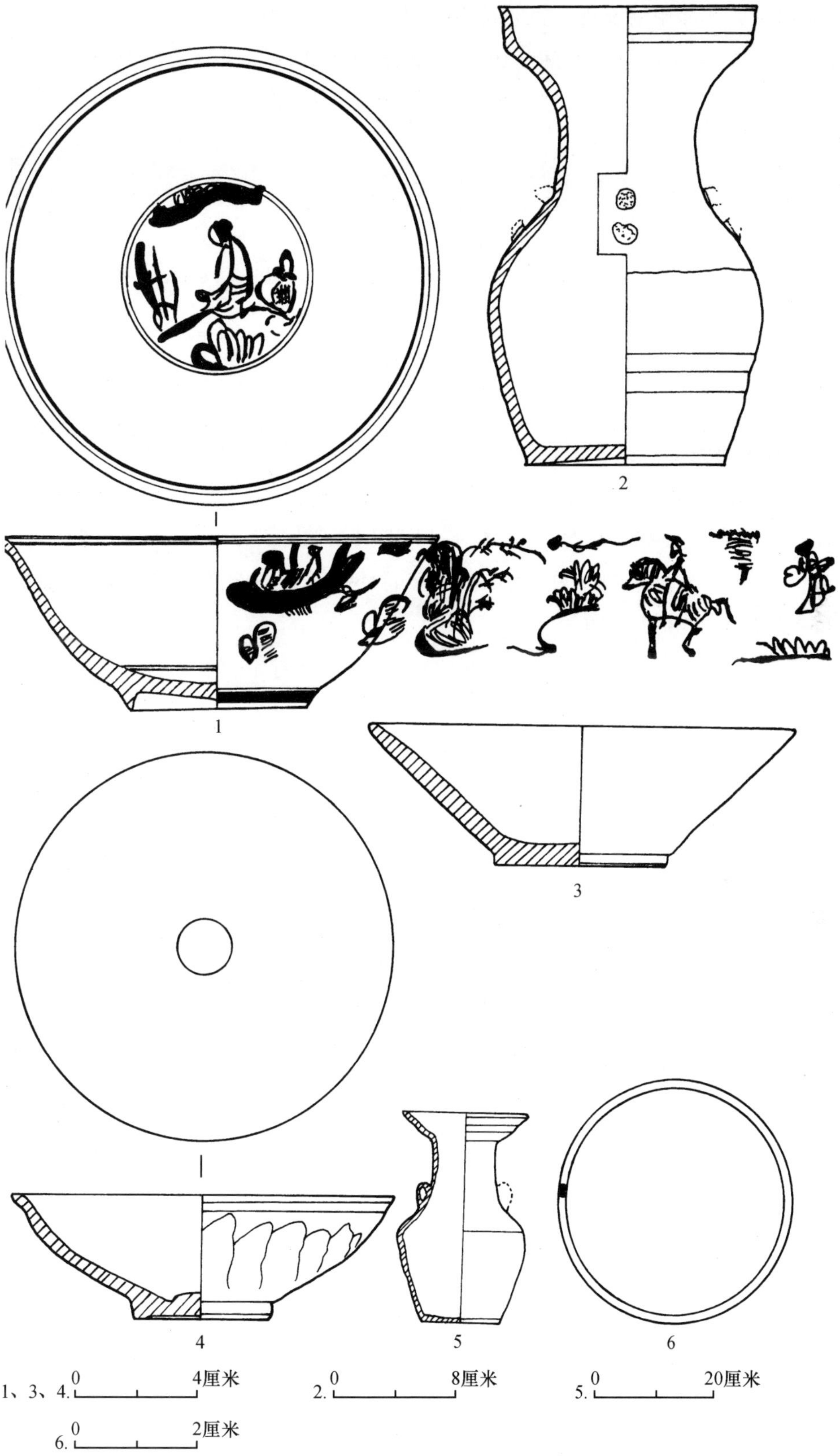

图二八　出土器物

1、3. 瓷碗（ⅠM1：4、ⅠM16：2）　2. Ⅰ式瓷盘口壶（ⅠM21：1）　4. 瓷盏（ⅠM7：6）　5. Ⅱ式瓷盘口壶（ⅡM5：1）　6. 银手镯（ⅠM6：1）

Ⅰ M3　长方形砖室墓。素面砖错缝平砌墓墙，无铺地砖。方向320°。该墓后期破坏严重。残长1.5、残宽1、残深0.5米。除在填土中发现若干影青瓷片外，无其他随葬品。

Ⅰ M6　长方形土坑砖室墓。杂乱的汉代花纹砖错缝平砌墓墙，长短不一的扁砖不规则的铺砌墓底。方向190°。长1.88、宽1.4、残深0.42米。人骨残留有部分肢骨，应为仰身直肢葬，葬具无存。随葬品包括套于墓主手臂上的4件银手镯。

Ⅰ M7　该墓被扰乱严重，从残留来看，应为只有铺地砖而无砖墙及券的形式。填土为黄褐色五花土，土质稍硬。墓长2.7、宽1.2米，前深后浅，残深0.2～0.34米。人架上部用大方砖铺设，足下用条形砖，墓底头部高，足部低。人架保存较好，头向180°。从棺钉判断应有木棺。该墓随葬品共有6件（组），头部上侧放置石砚，瓷盏、残铁器、铁钱、铜钱散置于骨架边上；其下颌部有铜护颌，托住下颌，向上扣于头骨上侧。

Ⅱ M8　该墓被破坏严重，从残留铺地砖看，应为砖室墓。残长2.24、残宽0.8、深0.6米。方向5°。骨架仅存一根大腿骨。铺地砖之上有大量棺钉和铺首，应有木棺。出土遗物包括锡勺和“天圣元宝”各1件。

Ⅰ M1　长方形竖穴土坑墓，保存完整。长2.1、宽1、深0.4米。方向320°。骨架基本完好，仰身直肢。存少量棺木。出土物有陶罐2件，青花瓷碗2件，铜耳挖1件，“康熙通宝”1件。

Ⅰ M2　长方形竖穴土坑墓，破坏较甚。残长2、残宽0.68、残深0.2米。方向300°。骨架基本完好，仰身直肢。存少量棺木。出土物有铜簪2件。

Ⅰ M13　长方形竖穴土坑墓，轻微破坏。残长2米，残宽0.7、深0.2米。方向270°。骨架保存较好，仰身直肢。存少量棺木。墓主头下枕板瓦3片，无其他随葬品。

Ⅰ M14　长方形竖穴土坑墓，保存较好。残长2.3、残宽0.9、残深0.2米。方向330°。骨架基本完好，仰身直肢。有少量棺木。墓主头骨下枕有板瓦6片，无其他随葬品。

Ⅰ M15　长方形竖穴土坑墓，保存较好。残长1.84、残宽0.7、残深0.2米。方向305°。骨架完好，仰身直肢。有少量棺木。墓主头骨一侧有1件银耳坠，无其他随葬品。

Ⅰ M18　长方形竖穴土坑墓，保存较好。残长1.75、残宽0.73、残深0.3米。方向280°。骨架保存一般，仰身直肢。有少量棺木。墓主头骨下枕瓦4片，头上部有铜簪1件。

Ⅰ M19　长方形竖穴土坑墓。被M13和M18打破。残长0.83、残宽0.6、残深0.25米。方向300°。骨架仅存上肢骨。有少量棺木。墓主头部随葬带流罐1件，铜耳环2件。

Ⅱ M12　梯形土坑竖穴墓，保存完好。残长2.5、前残宽1.72、后残宽1.08、残深0.48米。方向150°。骨架保存完好，为夫妻合葬墓，男左女右，男面向上，女面向男方。身体下铺垫草木灰，无其他葬具。男墓主头部放置铜耳挖1件，墓坑前部放置瓦罐1件，墓坑内遍布“开元通宝”。

（二）出土遗物

宋至清代墓葬共出土文物27件。其中银器5件（图二八，6），铜器12件（图二七，10～12），瓷器3件（图二八，1、4），陶器4件，铁器2件，石器1件。

（三）年代

ⅡM8出土“天圣元宝”一枚，此钱铸行于北宋仁宗之时，当北宋早期。ⅠM1出康熙通宝，当不早于清代早期，其他绝对年代均不可考。

六、结　语

巫山龙门口墓群2003年度的发掘，是在抢救保护库区文物的基础上进行的。除了在资料上又增添了许多可贵的文物考古标本外，在学术上，对进一步探索研究巫山人类历史文化、建立巫山考古学文化序列也增加了新的认识。

龙门口墓群分为两个发掘区，2个发掘区沿大宁河南北相距仅400米，在生产、生活方式和丧葬习俗上共性，但由于具体地理位置的不同，又存在着一些相异的方面。

不同点主要有以下几方面。第一，Ⅰ区面积较大，出土墓葬多且集中，时代从春秋晚期延续到明清，表明此区一直是当时的墓葬区。而Ⅱ区面积较小，出土墓葬也比较密集，但是时代主要集中在新莽和东汉时期，未发现更早的墓葬，说明Ⅱ区至早是自新莽时期才开始作为墓地使用的。从两区共有的汉代墓葬来看，Ⅰ区缺少新莽时期的墓葬，而Ⅱ区的墓葬刚好是自新莽时期开始，这说明了由于某种原因促成了墓葬区的转变，以至于后来东汉墓葬的埋葬习俗发生分歧。第二，Ⅰ区东周墓葬的发现及对比研究说明了至迟在春秋中晚期，此地已纳入了楚文化圈的范围。第三，尤其应该指出的是ⅡM9和ⅡM10两座新莽时期的墓葬，形制特殊，随葬陶俑造型奇特，为峡江地区所罕见，为本地区新莽时期墓葬文化的研究提供了新资料。第四，Ⅱ区10座汉代墓葬排列整齐，相隔时间短，相互间没有发生打破关系，这说明了这些墓葬极有可能是属于一个家族墓地。

相同点主要有以下几个方面。第一，墓葬形制上。如果把两发掘区的墓葬结合起来看，就具有了从东周开始的墓葬形式演变的一般规律，即由东周和西汉早期的土坑墓演变到西汉晚期和新莽时期的矮墙砖室墓再到东汉的砖室起券墓。第二，丧葬习俗上。两区均位于面向大宁河的台地上，两面为冲沟，台地边缘为断崖，大部分的墓葬均开口于断崖，有的上面已有墓葬，就在下面掏洞筑造墓室。在两区新莽和东汉时期的墓葬中，还普遍存在在墓道进入墓室的地方放置成排的板瓦及筒瓦，通过深入观察，我们认为，这应该象征着一种“登堂入室”的观念，即以屋瓦来表示进入了“房屋”。两区东汉时期的墓葬都以刀把形砖室券顶墓为主。第三，随葬品上。两区汉墓中出土的300余件随葬品中，绝大部分都可在三峡重庆库区同时期的墓葬中找到类例，是三峡重庆库区常见的汉代墓葬遗物。

总之，龙门口墓群所发现的新材料，提出的新问题必将进一步推动峡江东部地区东周以后墓葬文化的深入研究。

发掘人员：邹厚本（领队）　吴　炜　赵东升
张浩林　易　军　周贵龙
花纯强　钱松浦
执笔：赵东升

附表一　汉代墓葬形制与类型

墓号	方向/（°）	主要尺寸（长×宽–深）/米			形制与结构	类型	备注
		墓室（底部）	甬道	墓道			
ⅠM4	105	2.5×1.6–0.4			长方形竖穴土坑	A	被毁
ⅠM5	46	2.8×1.5–0.4			同上	A	被盗
ⅠM24	90	残1.7×1.5–0.4			同上	A	被毁
ⅡM13	3	2.45×0.5–0.23			同上	A	被毁
ⅠM9	140	2.6×2–1.85	残0.4×0.9–1.4		刀把形砖室券顶	B	墓道和甬道被破坏
ⅠM12	190	4.16×2.0–1.44	1.7×0.92–1.28	2×0.92–1.4	同上	B	斜坡墓道，坡度30°
ⅠM22	200	6.9×2–1.6	2.1×1.08–1.9	2.1×1.04–1.6	同上	B	斜坡墓道，坡度30°
ⅠM23	196	8.08×2.04–2.9	2×1.08–2.7	残2.6×1.08–2.9	同上	B	完整
ⅡM1	360	4×1.24–1.7			同上	B	被毁、被盗
ⅡM3	360	残3.7×2–0.9	残2.9×1.2–0.9		同上	B	被毁严重
ⅡM4	360	8.26×2.1–1.7	1.24×1.2–1.6	2×1.2–1.06	同上	B	斜坡墓道，坡度35°，下部完整
ⅡM6	325	5.8×1.95–0.6			砖铺地长方形竖穴土坑	B	被毁
ⅡM7	325	5.2×1.8–1.6	0.6×1–1.4	2.5×1–3.4	砖铺地刀把形洞穴券顶	B	斜坡墓道，坡度22°，被盗
ⅡM9	360	3.75×1.9–2.1		2.9×0.8–2	“凸”字形“工”字形砖砌矮墙	B	斜坡墓道，坡度32°，地面铺方砖完整
ⅡM10	360	4.25×2.2–2		3.2×1.05–2	同上	B	同上，墓室内设小墓坑
ⅡM14	360	4.6×2.1–1.4	1.6×1.2–残0.6	1.6×1–1	刀把形砖室券顶	B	斜坡墓道，坡度22°，破坏严重
ⅡM2	360	3.2×2–1.2	0.8×1.3–残1		刀把形石室券顶	C	墓道、甬道和墓室上部被毁

附表二　汉墓器物组合与分期

墓号	陶器（除陶俑）	铜器	钱币	铁器	其他	统计	分期
ⅠM24	壶AⅠ1		半两1			2	一
ⅠM4	釜（AⅠ1、BⅠ1）、灯AⅠ1、灶AⅠ1、甑（AⅠ1、BⅠ1）、壶AⅡ1、仓AⅠ1、盆AⅠ2、罐（AⅠ2、BⅠ1）		五铢Ⅰ1	釜1		15	二
ⅠM5	鼎Ⅰ1、罐AⅠ1					2	二
ⅡM9	釜（AⅡ1、BⅡ1）、鼎Ⅲ1、灶BⅠ1、甑AⅡ1、壶（AⅢ1、BⅠ1）、仓（AⅡ6、BⅠ2）、碗AⅠ1、盆AⅡ1、罐（AⅠ1、CⅠ5）		货泉1		人物俑1	25	三

续表

墓号	陶器（除陶俑）	铜器	钱币	铁器	其他	统计	分期
ⅡM10	釜AⅡ3、鼎Ⅱ1、盒2、灶（AⅡ1、BⅠ2）、甑（AⅡ2、BⅡ1）、壶（AⅢ1、BⅠ2）、仓（AⅡ10、BⅠ1）、盆（AⅡ2、BⅠ2、CⅠ1）、罐（AⅡ2、BⅡ2、CⅠ6）	鍪Ⅰ1	大泉五十1	剑1、斧1	人物俑1	47	三
ⅡM13			五铢Ⅰ1		金指环1	2	四
ⅡM2	釜AⅡ1、灶BⅡ1、甑BⅢ1、壶（AⅢ1、BⅠ2）、盆AⅡ1、罐（AⅡ1、BⅡ1、CⅡ8）	鍪Ⅱ1、洗1、釦饰4、碗1			琉璃耳珰1	25	四
ⅠM9			五铢Ⅰ1			1	四
ⅡM7	器盖Ⅰ1	棺牌饰1、棺钉（A3、B6C3）、釦饰3	五铢Ⅰ1		人物俑10	27	四
ⅡM4	釜AⅢ2、魁Ⅰ2、钵（Ⅰ1、Ⅱ1）、匜Ⅰ1、灶AⅡ1、甑AⅢ2、壶（AⅣ3、BⅡ1）、仓BⅡ5、碗AⅡ1、盆BⅡ5、罐（AⅡ1、BⅠ1、CⅢ2）	鍪Ⅱ1、篡1、釦饰3、环1	五铢Ⅰ1、货泉1			37	四
ⅠM22	釜AⅢ1、杯2、灯AⅢ1、鉌Ⅱ1、器盖Ⅰ1、匜Ⅰ2、灶AⅡ1、甑AⅢ1、壶（AⅣ1、BⅡ1）、仓（AⅢ1、BⅡ2）、碗（AⅡ2、BⅠ1）、盆AⅡ1、罐AⅡ2				动物俑1	22	四
ⅡM14	釜AⅣ1、器盖Ⅱ1、盆（AⅡ1、CⅡ2）					5	五
ⅡM6	灯C1、壶C1		五铢Ⅰ1		青瓷罐1	4	五
ⅠM23	魁Ⅱ1、灯（AⅡ1、AⅢ4、BⅠ2、BⅡ2）、钵Ⅲ1、匜Ⅱ1、灶AⅢ2、甑AⅣ2、壶（AⅣ1、AⅤ1）、仓AⅢ6、碗（AⅢ2、BⅡ1）、盆（AⅢ3、BⅢ6、CⅡ1、CⅢ1）、罐（AⅡ2、CⅢ1）	带钩1、棺牌饰3、帽饰1、棺钉（A5、B21、C20）、釦饰2	五铢Ⅱ1	削1	黛板1、银手镯2、动物俑2、人物俑2	103	五
ⅡM3	釜AⅣ1、灯AⅢ1、器盖Ⅱ2、匜Ⅱ1、壶（AⅤ2、BⅢ1）、仓AⅢ4、碗（AⅢ1、BⅡ1）、盆CⅡ1	鍪Ⅱ1、环1	五铢Ⅱ1			18	五
ⅠM12					银指环1	1	不明
ⅡM1						0	不明
合计	211	85	12	4	24	336	

巫山孝子溪遗址2003年度试掘简报

湖南省文物考古研究所
津市市文物保护管理所
巫 山 县 文 物 管 理 所

孝子溪遗址位于巫山县大昌镇大兴村三社范围，坐落于长江一级支流——大宁河左岸一级阶地。东南直线距巫山县城约33千米，西临巫溪县界。坐标东经109°41′15″，北纬31°17′30″（图一）。

孝子溪遗址文化堆积主要分布于孝子溪东侧。长约100、宽约30米，海拔160～180米。2003年度计划试掘面积为100平方米。经初步勘探确定布方试掘位置，布5米×5米探方4个，编号为2003WXT1～2003WXT4（以下简称T1～T4）（图二；彩版一九四，1）。

发掘工作自2003年11月27日开始，至2003年12月3日结束，历时7天，完成100平方米计划试掘面积。

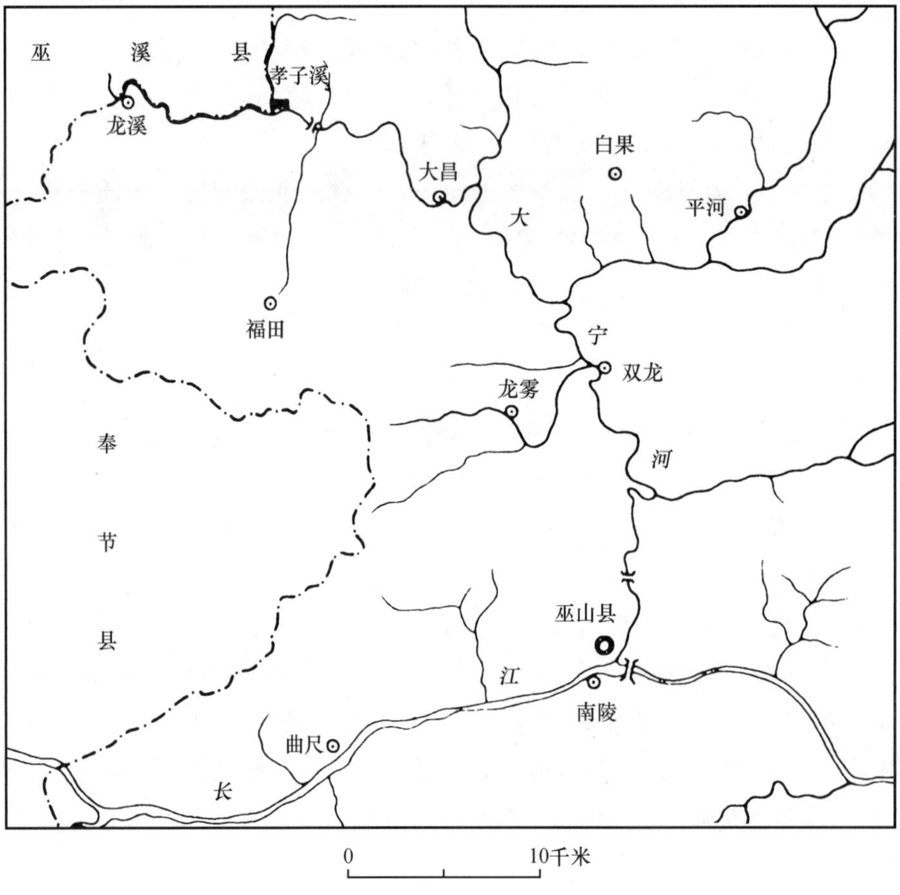

图一　孝子溪遗址位置示意图

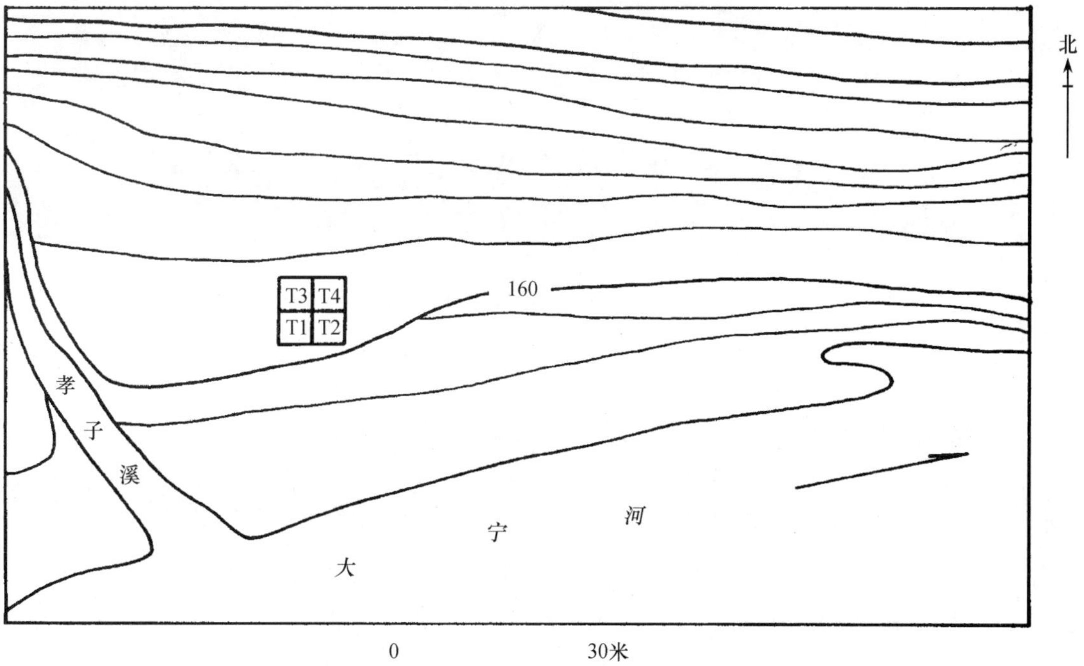

图二　孝子溪遗址2003年度试掘探方分布平面图

各方地层均较简单，生土层以上均为三层堆积。堆积北薄南厚，除T3局部第2层较深外，余分布较均匀。以下以T1、T3西壁为例说明之（图三）。

第1层：现代耕作层。土质疏松，内含大量植物根茎。厚10～20厘米。

第2层：黄褐色黏土。内夹较多碎石和少量红烧土颗粒、青花瓷片及陶片，为晚期扰乱所致。地层北薄南厚呈坡状，T3中段坑状下凹。厚5～45厘米。

第3层：浅褐色土。为早期文化堆积。地层较薄，探区北面消失。土质松软，夹少许红烧土颗粒。包含物不甚丰富，出土物有夹砂和泥质的红、灰陶片、黑衣陶片，打制的砾石砍砸器、刮削器、石核，磨制的斧、锛等。厚0～10厘米。

第3层下为次生黄土层。土色纯净，无包含物。

出土遗物不多，主要为陶器残片和少量石制品。

陶器残片共53片。陶系多为泥质灰陶，约占总数的79%；次为泥质红陶；少量夹砂黑皮陶和夹砂红陶。多素面陶。纹饰陶片还不到总数的10%，有绳纹、方格纹和弦纹。可辨认出器形的陶片仅有2片：一片为鼎（釜）类陶器口沿，为夹砂黑皮陶；另一片为缸类口沿，直口，方唇，泥质灰陶（表一）。

在T2～T4的第3层中出土小件7件，均为打制和磨制的石制品。

砾石砍砸器　2件。阶地角砾单面打制而成，保留大面积自然砾面。T3③：1，红色砂岩。单面剥片，片疤重叠，一侧形成宽平刃缘。刃缘有使用崩缺。宽14.1、高7.8、厚5.4厘米，刃角80°（图四，1）。T3③：2，青色石英砂岩。单面剥片，片疤较大，一侧形成较窄的刃缘。平面呈扇形。刃缘有锯齿状使用崩缺。宽14.1、高10、厚5.1厘米，刃角32°（图四，2；彩版一九四，2）。

石核刮削器　1件。T4③：2，红色石英砂岩。通体剥片，平面呈三角形。一面三块片疤相

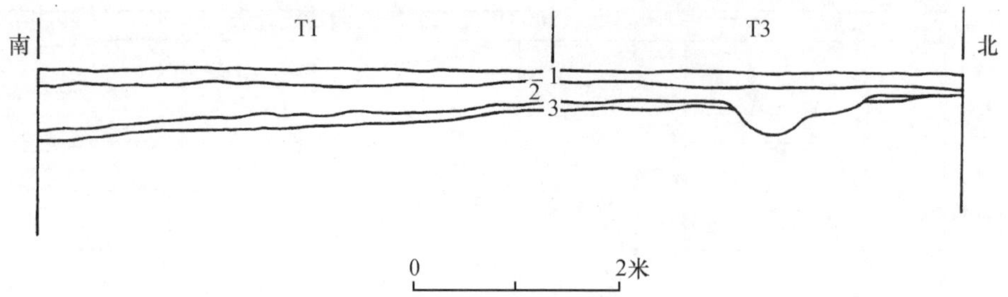

图三　T1、T3西壁剖面图

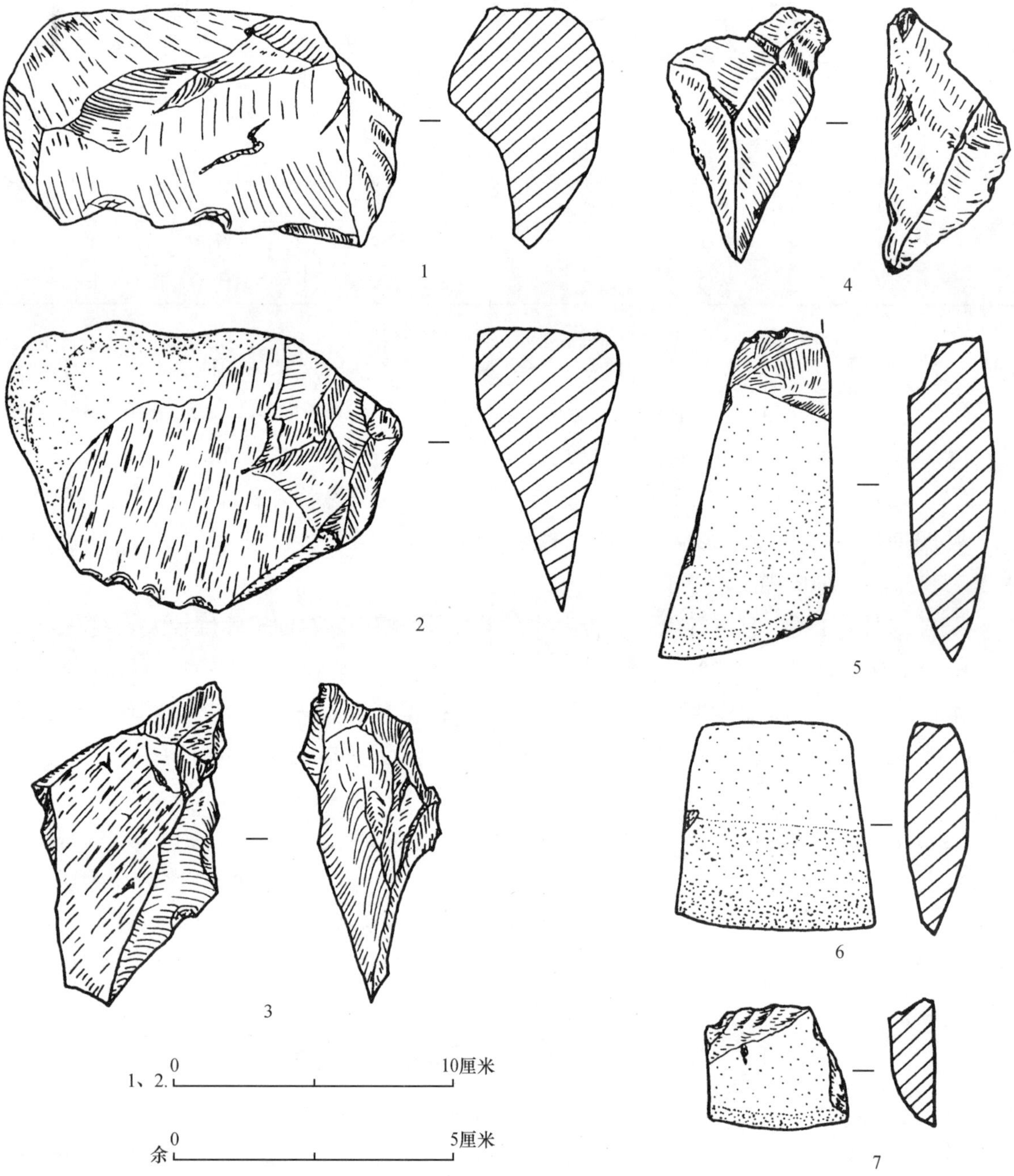

图四　出土石器

1、2. 砾石砍砸器（T3③：1、T3③：2）　3. 石核（T3③：3）　4. 石核刮削器（T4③：2）　5. 石斧（T2③：1）
6、7. 石锛（T4③：1、T3③：4）

表一　孝子溪遗址2003年度试掘出土器物统计表　　（陶片单位：片）

类别＼单位		T1③	T2③	T3③	T4③	合计
陶系	夹砂红陶				2	2
	泥质红陶	2		2	2	6
	泥质灰陶	10	9	12	11	42
	夹砂黑皮陶	1	1		1	3
纹饰	绳纹			1		1
	方格纹				1	1
	弦纹	2		1		3
	素面	11	10	12	15	48
器形	鼎（釜）口沿				1	1
	缸口沿	1				1
小件			石斧1	砾石砍砸器2、石核1、石锛1	石锛1、石核刮削器1	7

交成“丫”形脊。两长侧缘上有使用痕迹。长4.6、宽2.3、厚2.2厘米（图四，4）。

石核　1件。T3③：3，红色石英砂岩。通体剥片，不规则多面体。高5.5、宽3.3厘米（图四，3）。

石锛　2件。T4③：1，细砂质板岩。通体精磨。平面呈梯形。单面刃较钝。刃宽3.6、高3.6、厚1.1厘米（图四，6；彩版一九四，3）。T3③：4，形制大致与前者同。顶及右侧残。残宽2.6、残高2.2、厚0.9厘米（图四，7）。

石斧　1件。T2③：1，青色石英岩。残存半边，顶略残。双面刃弧度较大。残高5.8、刃残宽3、厚1.5厘米（图四，5）。

由于地层中出土陶片极少且零碎，可资断代的依据甚少。陶器纹饰有方格纹、绳纹和弦纹，打制石器和磨制石器并存，故初步判断该遗址早期遗存的时代为商周时期。

参加发掘及资料整理：彭　佳　张　涛　易继顺　张首辉

照相：张首辉　易继顺

绘图：张　涛

电脑：彭　芳

执笔：易继顺

巫山大滂遗址2003年度发掘简报

湖南省文物考古研究所
巫 山 县 文 物 管 理 所

大滂遗址位于重庆市巫山县大昌镇大兴村，东距巫山县城约80千米，西距巫溪县城50余千米。遗址属于大宁河上游北岸的临河台地，呈东西向分布，海拔160～163米，总面积约15 000平方米，部分被当地居民取土做砖破坏，其余部分被房屋叠压及被开垦成菜地。

该遗址于1993年由四川省文物考古研究所调查时发现。1994年，中国社会科学院考古研究所进行了确认。本次发掘属该遗址的第一次发掘。由于雄煌沟在遗址中部穿过，将遗址自然分成东、西两个区，因此，本次发掘亦根据自然地理状况及勘探工作所获得的相关资料，将发掘分成两个区进行：A区（西区）和B区（东区）。其中A区布探方8个，面积200平方米；B区布探方12个，面积300平方米。共计500平方米（图一）。

通过对两个区的发掘资料进行初步分析，它们的时代虽然都属春秋时期，但早晚略有差别，即B区略早，属于春秋中期；A区略晚，属于春秋晚期。现分别予以介绍。

一、春秋中期遗存

（一）地层堆积

根据土质、土色及包含物的不同，本次B区发掘的文化堆积分为6层。现以BT2西壁剖面为例予以介绍（图二）。

第1层：现代耕土层。厚25厘米。深灰黑色土，质疏松。夹杂有大量的草根、菜根、现代砖瓦片及瓷片、陶片等。

第2层：近现代扰乱层。厚15～20厘米。浅灰色土，质较紧。夹杂有较多的煤炭颗粒、石头和少量的瓦片、青花瓷片等。

第3层：清代文化层。灰黄色土，质较紧。根据土色的区别，又细分3 A层、3 B层。

3A层：厚20厘米。灰黄色土，质较松。夹杂有瓦片、青砖块、石块等，少量田螺壳。包含物主要有青花瓷片、青瓷残片及少量的夹砂红陶、夹砂灰陶和泥质红陶、灰陶。青花瓷可辨器形有碗。

3B层：厚10～15厘米。浅灰黄色土，土质较紧，呈块状结构，水浸痕明显。夹杂有少量的石块。包含物很少，主要是青花瓷片、绳纹瓦片等。

第4层：清代文化层。灰色砂性土，质松软。根据其土色的区别，又细分为4A层、4B层、4C层。

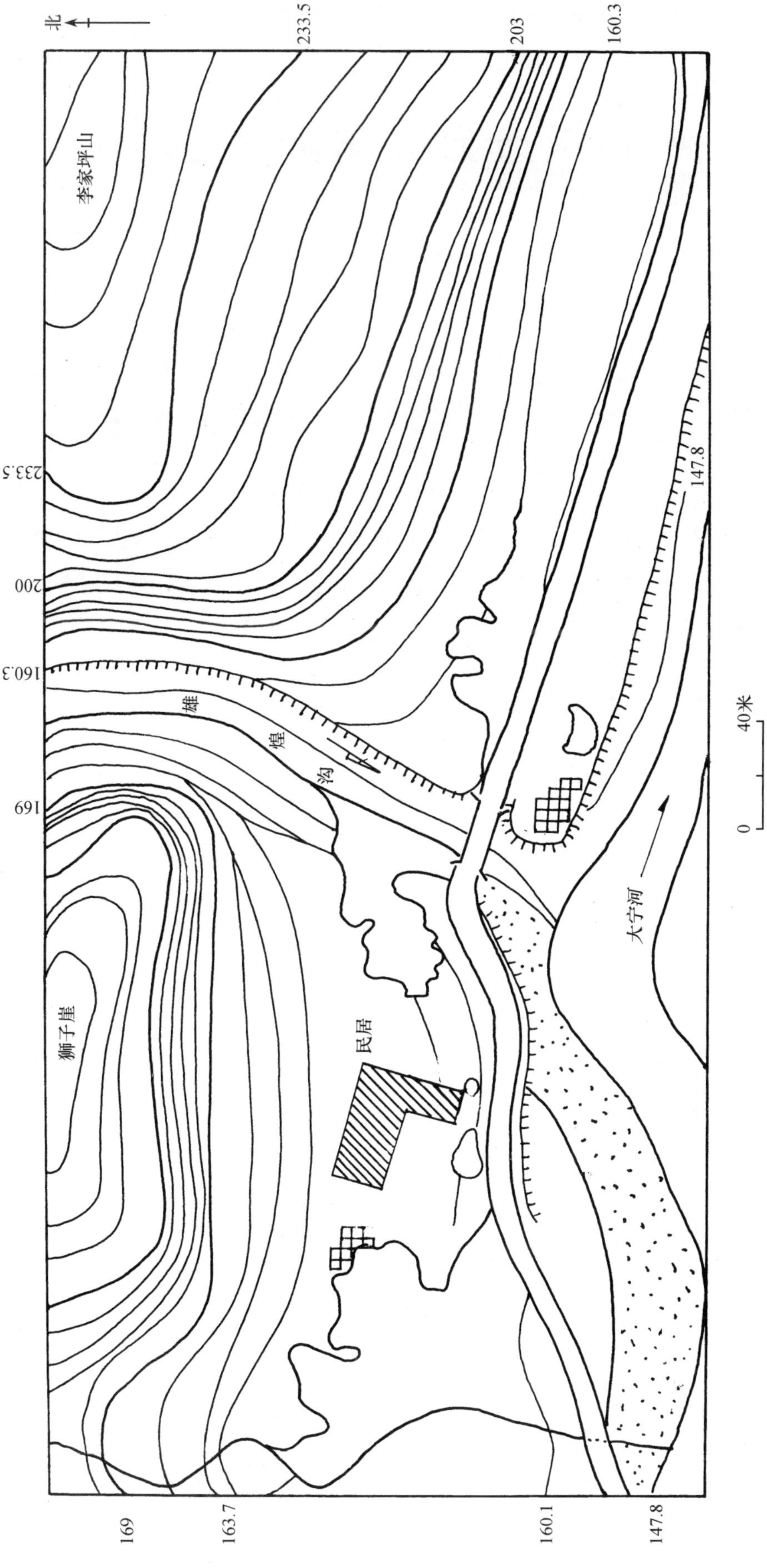

图一 大涝遗址地形图及探方分布示意图

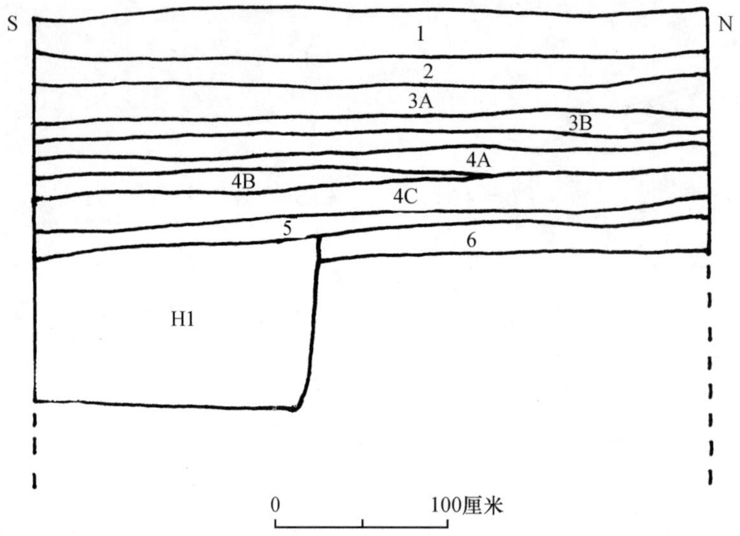

图二　BT2西壁剖面图

4A层：厚10厘米。浅灰色砂性土，土质松软。夹杂少量的料姜石、田螺壳及红烧土颗粒。包含物很少，主要为青花瓷片。

4B层：厚0～15厘米。灰色砂性土，质较松，略带黏性。夹杂少量的料姜石及青花瓷片。

4C层：厚0～15厘米。深灰色砂性土，土质松软。夹杂较多的料姜石及少量的青花瓷片等。

第5层：淤积层。厚0～10厘米。浅灰黑色土，质较紧，黏性较重。未发现文化遗物。开口于该层下的有H1。

第6层：春秋中期文化层。厚15厘米。黄褐色土，土质较紧，带黏性。夹杂有少量的石片、烧土颗粒。包含物较多，主要为夹砂红陶，其次为泥质灰陶。纹饰以素面为主，主要纹饰有方格纹、绳纹、刻划纹、弦纹等。器物可辨花边口沿罐（釜）。

第6层以下即为次生黄砂土层。

（二）文化遗迹

这次在B区的发掘中，发现的文化遗迹现象主要有灰坑及墓葬两种。其中墓葬共发现5座，时代分属春秋、战国、东汉及清代。墓葬资料在后文中单独分出一节予以介绍。

灰坑　2个。以坑口平面形状分为长方形和圆形两种。

BH1　位于BT2的西南部，开口于第5层下，打破第6层及次生黄砂土。坑口平面呈长方形，斜壁内收，平底，加工较为规整。坑口长144、宽130厘米；底长140、宽120、深90厘米。坑内填土为黄褐色砂性土，质松软，夹杂有少量的石块、料姜石及烧土颗粒。出土陶片不多，以夹砂红褐陶为主，另有泥质红陶和泥质灰陶。可辨器形有花边口沿罐（釜）、罐及尖底杯等（图三）。

BH2　位于BT4东北部和BT9的东南部，开口于第6层下，打破次生黄砂土。坑口平面略呈圆形，斜壁，平底，加工非常规整。坑口直径100、坑底直径90、深38厘米。坑内填土为灰黄色砂性土，质松软。坑内堆积着较多的大小不一、形状不一的砂石和鹅卵石。出土陶片不多，以泥质红陶为主，另有夹砂红褐陶（图四）。

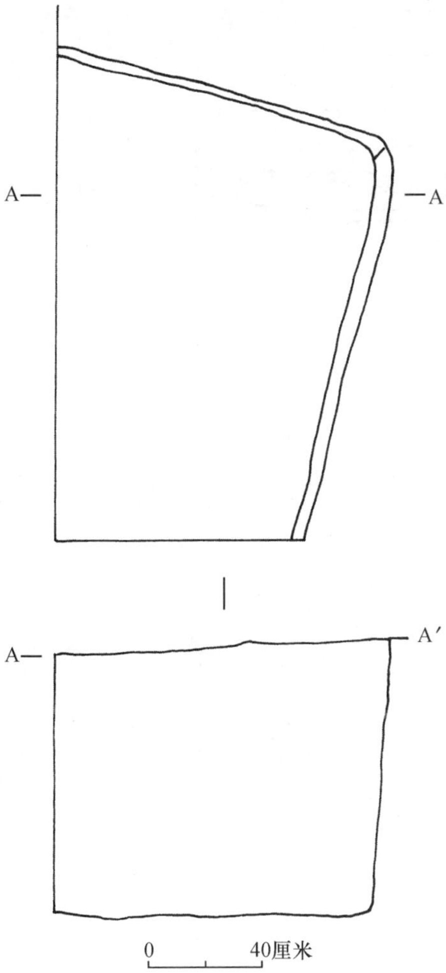

图三 BH1平、剖面图

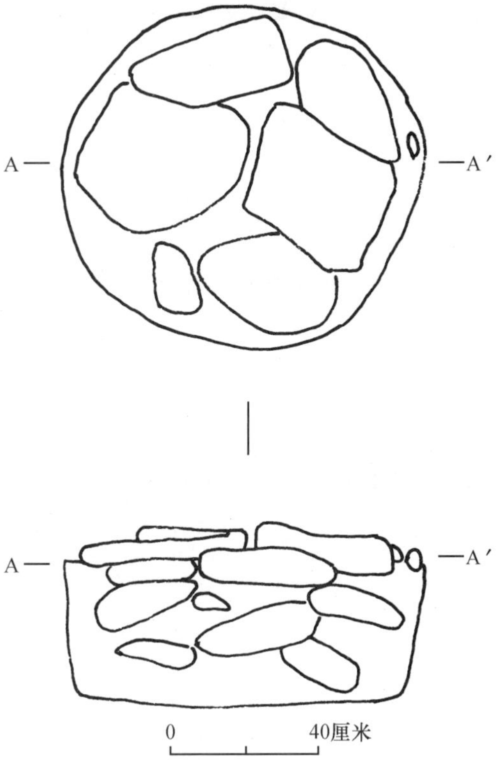

图四 BH2平、剖面图

（三）文化遗物

1. 陶器

出土陶器不多，主要分为夹砂陶和泥质陶两大类，以夹砂陶居多，约占出土陶片总数的72%。夹砂陶既有夹砂粒的粗细之分，又有红陶、红褐陶、灰陶及黑褐陶之别；泥质陶大致分为泥质红陶、泥质灰陶、泥质红褐陶和泥质黑皮陶。泥质陶中以灰陶为最多，约占泥质陶总数的71%。陶片纹饰种类不丰富，主要有绳纹、方格纹、弦纹、弦纹与绳纹的组合纹等（图五）。陶器器形可辨有花边罐（釜）、罐、鬲、尖底杯、豆盘、器盖、平底器等。

花边罐 或称花边釜。标本1件。BH1：1，夹砂红褐陶。圆唇，大宽沿外折。唇面模印出波浪状花边。残长9.6、残宽4.5厘米（图七，4）。

罐 标本8件。分三式。

Ⅰ式：6件。侈口，圆唇，束颈，斜肩。BT2⑥：1，夹砂红陶。饰方格纹。口沿径16、残高4.4厘米（图六，7）。BT2⑥：2，夹砂红陶。饰绳纹。残宽8.2、残高5厘米（图六，9）。BT3⑥：1，夹砂红褐陶。饰戳印纹。残宽7.2、残高4厘米（图六，10）。BT4⑥：6，夹砂红

图五　大滂遗址出土春秋中期陶器纹饰拓片

褐陶。素面。残宽5.6、残高3.1厘米（图六，11）。BT4⑥：7，夹砂黑褐陶。饰绳纹。口沿径10、残高3.4厘米（图六，13）。BH1：2，夹砂红陶。饰刻划纹。残宽4.5、残高5.9厘米（图七，5）。

Ⅱ式：1件。BT5⑥：1，夹砂红陶。敛口，尖唇，高领。素面。残宽5、残高5.1厘米（图六，8）。

Ⅲ式：1件。BT1⑥：1，夹砂灰陶。敛口，宽沿内凹，尖圆唇，束颈，圆肩。肩部饰三道

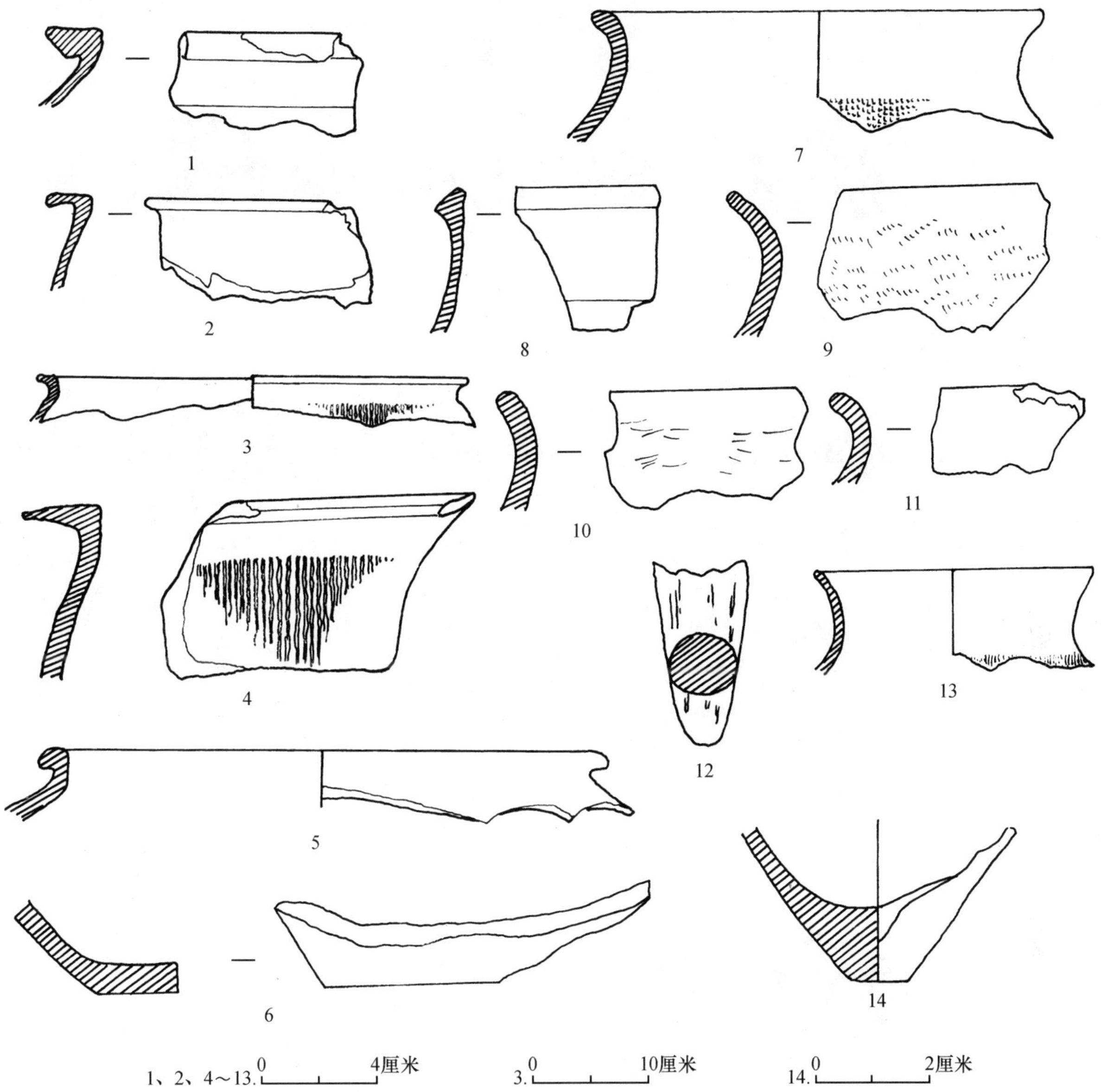

图六　大滂遗址出土陶器

1. A区Ⅷ式罐（AT6⑤：8）　2、4. A区Ⅳ式鬲（AT6⑤：9、AT2⑤：7）　3. A区Ⅰ式罐（AT2⑤：6）　5. A区Ⅴ式罐（AT2⑤：8）　6. B区平底器（BT1⑥：2）　7、9、10、11、13. B区Ⅰ式罐（BT2⑥：1、BT2⑥：2、BT3⑥：1、BT4⑥：6、BT4⑥：7）　8. B区Ⅱ式罐（BT5⑥：1）　12. A区Ⅱ式鼎足（AG5：5）　14. B区尖底杯（BH1：3）

凹弦纹。残宽8.7、残高2.8厘米（图八，1）。

鬲　标本2件。分二式。

Ⅰ式：1件。BT4⑥：3，夹砂灰陶。口微侈，宽沿外折，圆唇，溜肩。饰绳纹。残宽7.4、残高5.1厘米（图七，6）。

Ⅱ式：1件。BT3⑥：2，夹砂红褐陶。敛口，宽沿上折，短颈，斜肩。饰戳印纹。残宽10.7、残高5.8厘米（图七，7）。

尖底杯　标本1件。BH1：3，泥质红陶。略肥袋足形，口沿及尖底残缺，斜壁。素面。残高2.7、残腹上径4.8厘米（图六，14）。

1、3～6. 0 4厘米　余 0 6厘米

图七　大滂遗址出土陶器

1. A区平底器（AG2：3）　2. A区Ⅲ式鬲（AG2：2）　3. A区Ⅱ式饼（AT15：20）　4. B区花边罐（釜）（BH1：1）
5. B区Ⅰ式罐（BH1：2）　6. B区Ⅰ式鬲（BT4⑥：3）　7. B区Ⅱ式鬲（BT3⑥：2）　8. A区Ⅰ式高领罐（AH1：2）

豆盘　标本1件。BT4⑥：5，泥质黑皮陶。浅盘式，圆唇。素面。口沿径19.3、残高3.5厘米（图八，3）。

器盖　标本1件。BT2⑥：3，泥质红陶。圆环形捉手。素面。残高3.4厘米（图八，2）。

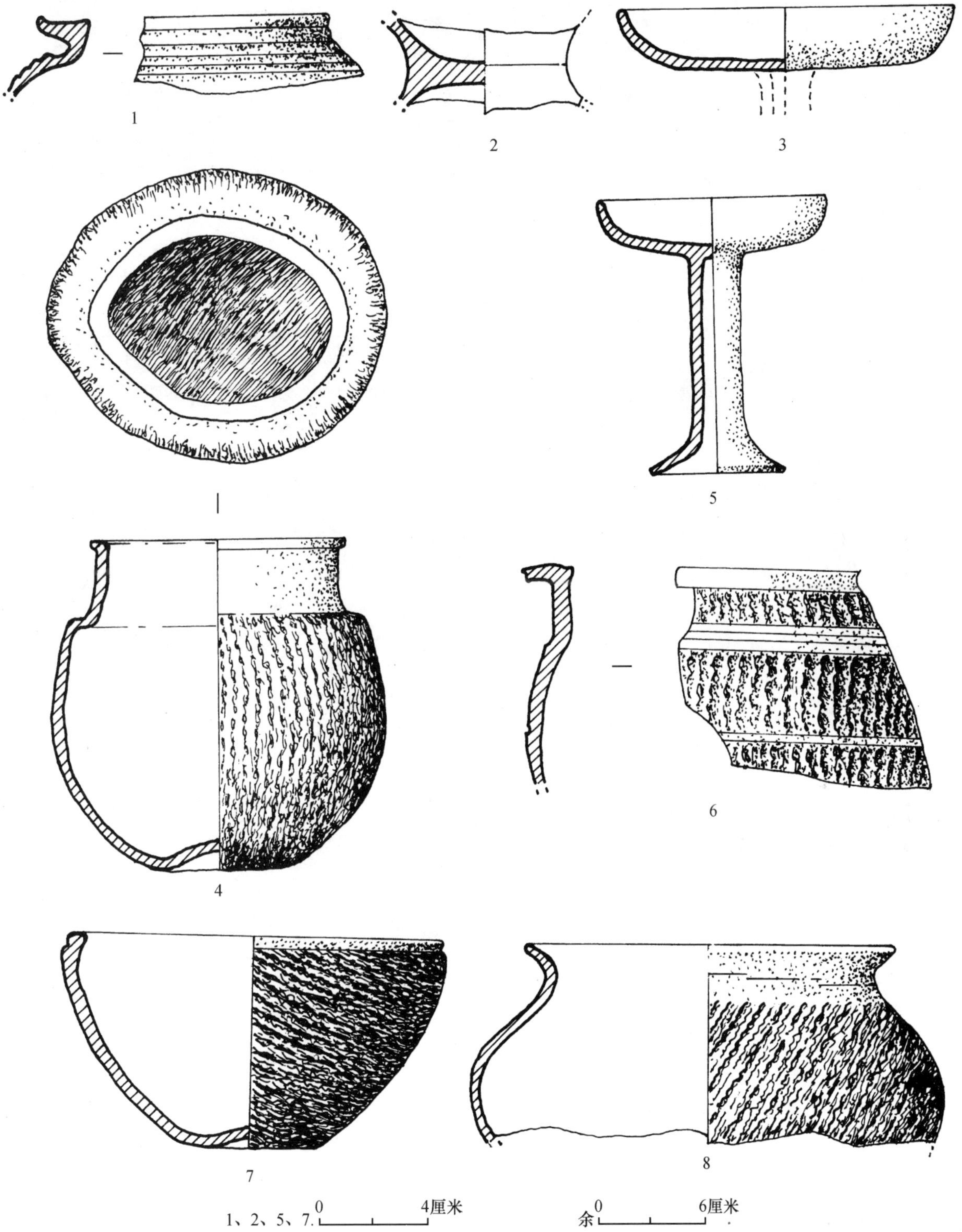

图八　大滂遗址出土陶器

1. B区Ⅲ式罐（BT1⑥：1）　2. B区器盖（BT2⑥：3）　3. B区豆盘（BT4⑥：5）　4. B区墓葬Ⅰ式罐（BM5：4）　5. A区Ⅰ式豆（AT1⑤：1）　6. A区Ⅱ式高领罐（AG1：4）　7. B区墓葬钵（BM5：3）　8. B区墓葬Ⅱ式罐（BM5：5）

平底器　标本1件。BT1⑥：2，泥质红褐陶。平底，下腹斜收。素面。残高3.7厘米（图六，6）。

石黏陶片　标本1件。BT4⑥：8，陶片烧结在石片上。陶片为夹砂红褐陶。残长4.8、残宽4.1厘米。石片略呈椭圆形，砂石质，火烧痕明显。长径8.2、短径4.6厘米（图九，6）。

2. 石器

仅见石锛一种。

石锛　标本2件。BT4：3，仅存刃部，刃部略弧。残高2、残宽3.2、最厚处1.3厘米（图九，7）。BT4：4，顶部及左侧部分残缺，正面略凸，背面平，刃部略弧。残高4.6、残宽2.2、厚0.5厘米（图九，5）。

二、春秋晚期遗存

（一）文化堆积

根据土质、土色及包含物的不同，A区的文化堆积分为5层。现以AT7东壁剖面为例予以介绍（图一〇）。

第1层：现代耕土层。厚约30厘米。深灰色土，质松软，黏性较重。夹杂有现代砖瓦片、少量的瓷片及陶片。

第2层：近现代扰乱层。厚0～30厘米。灰黄色土，土质紧密，呈块状。夹杂有近现代砖瓦片、少量的青花瓷片和陶片。

第3层：清代文化层。厚15～40厘米。浅褐色土，质紧密。夹杂有少量的碎石、烧土颗粒和炭屑等。包含物主要为青花瓷片、少量的青瓷片及陶片。

第4层：唐宋文化层。厚18～38厘米。灰褐色土，质细密，较紧，黏性较重。其包含物主要为青瓷片，另见少量的陶片。开口该层下有J1（基槽）和G5。

第5层：春秋晚期文化层。厚10～20厘米。深黄褐色土，质紧密。夹杂有较多的石块、烧土颗粒和炭屑。其包含物主要以泥质灰陶陶片为主，其次为夹砂红褐陶陶片。纹饰多见绳纹。可辨器形有鬲、豆等。

第5层以下即为次生黄土层。

（二）文化遗迹

A区发现的春秋晚期文化遗迹有灰坑3个，灰沟6条，基槽2条。

1. 灰坑

3个。以坑口平面形状分为不规则长方形、瓢形及不规则形三种。

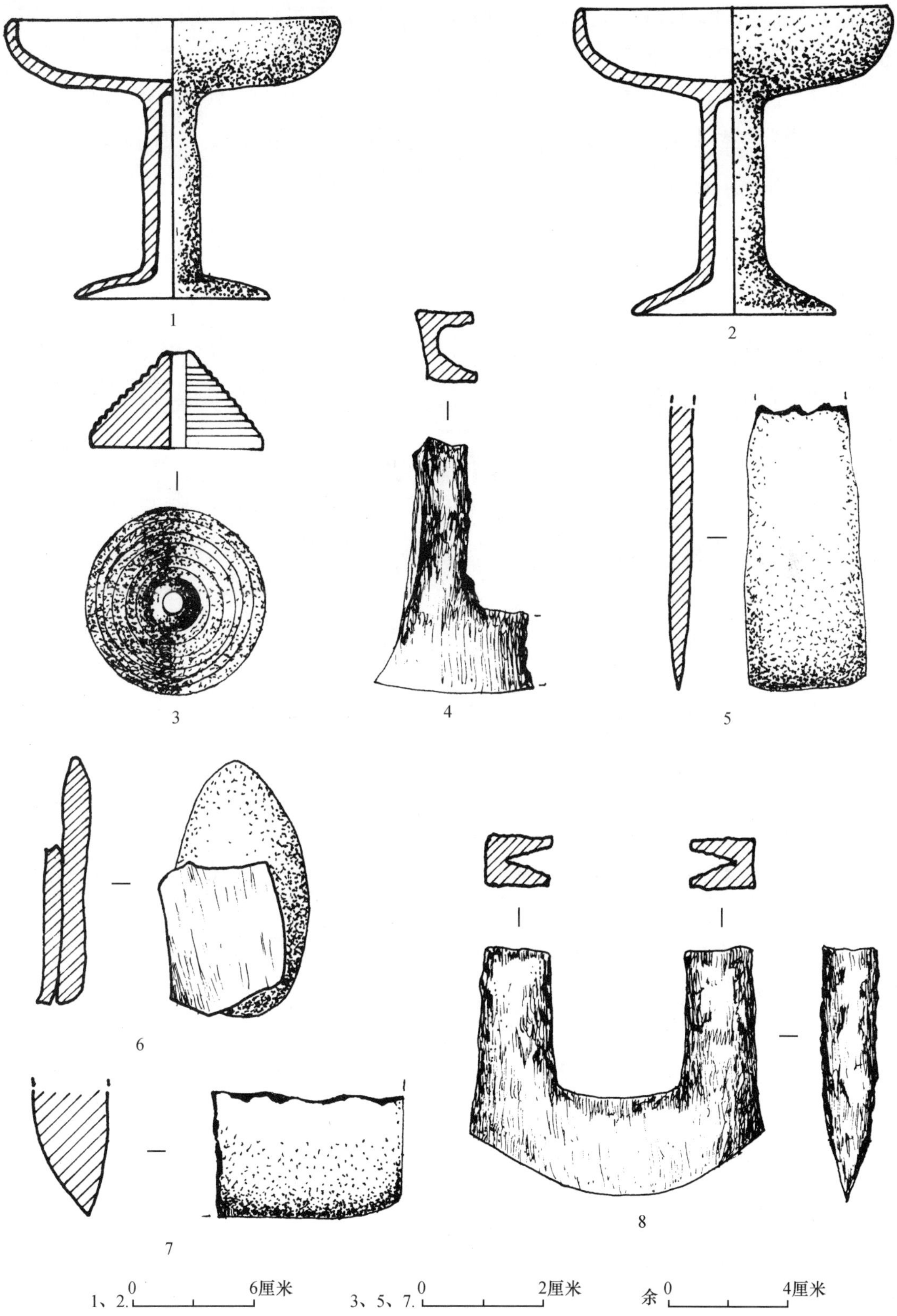

图九　大滂遗址出土器物

1. B区墓葬Ⅰ式陶豆（BM5：1）　2. B区墓葬Ⅱ式陶豆（BM5：2）　3. A区陶纺轮（AG2：1）　4、8. A区铁锸（AT1：2、AT2：1）　5、7. B区石锛（BT4：4、BT4：3）　6. B区石黏陶片（BT4⑥：8）

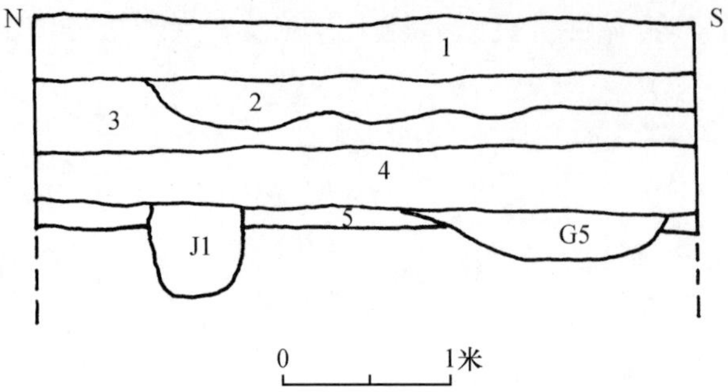

图一〇　AT7东壁剖面图

AH1　位于AT4中部偏北处，开口于第4层下，打破第5层和次生黄土层。此坑被晚期柱洞打破。坑口平面略呈不规则长方形，弧壁，底不平。坑口长320、宽111～198、深30厘米。坑内填土为灰褐色土，质松软，带黏性。夹杂有较多的烧土颗粒及烧土块等。坑口散乱堆积着形状不一的砾石。出土陶片较多，以夹砂红褐陶为主。多饰绳纹。可辨器形有鬲、豆、罐及鼎足等（图一一）。

AH2　位于AT1西北部，开口于第5层下，打破次生黄土层。坑口平面略呈瓢形，弧壁，圜底。加工规整。勺径107、柄长49、深40厘米。坑内填土为黄褐色土，质松软，带黏性。夹杂有较多的烧土颗粒、木炭颗粒等。出土陶片很少，以泥质灰陶为主，多饰绳纹（图一二）。

AH3　位于AT3南面靠中部处，该坑的东南部被近现代扰乱坑打破。开口于第3层下，打破第5层和次生黄土层。坑口平面呈不规则形，弧壁，底不平。坑深30厘米。坑内填土为深灰黄

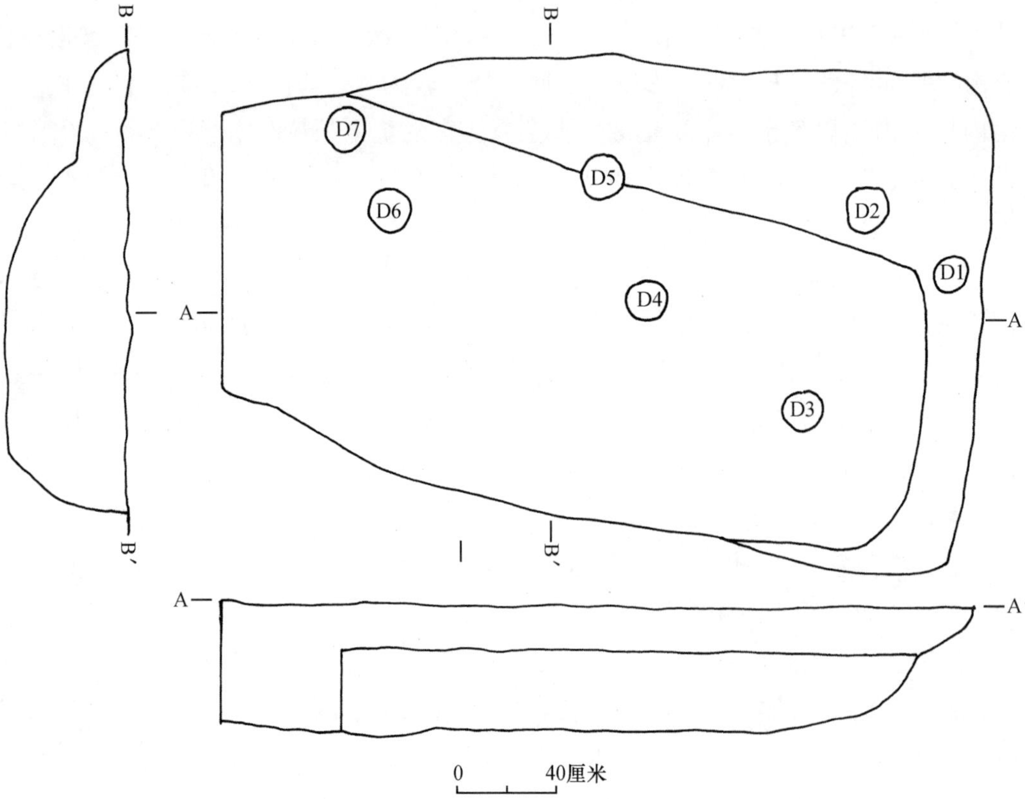

图一一　AH1平、剖面图

色土，土质细密，较松散，带黏性。夹杂有烧土颗粒及木炭颗粒等。出土陶片较少，以泥质灰陶为主。多饰绳纹（图一三）。

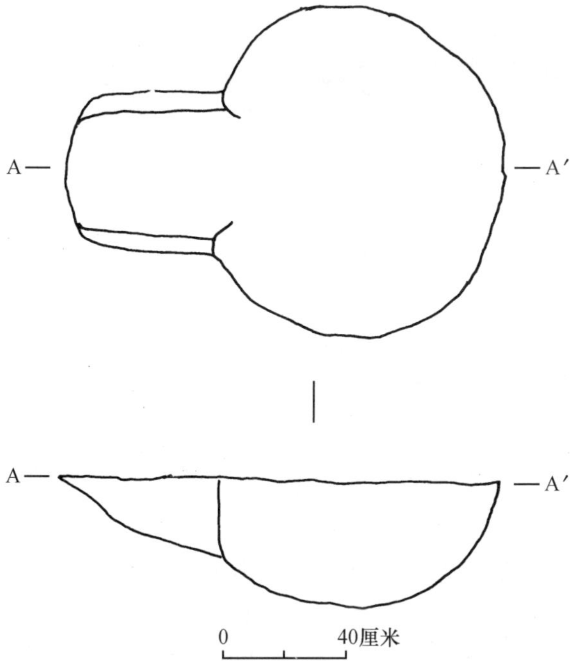

图一二　AH2平、剖面图

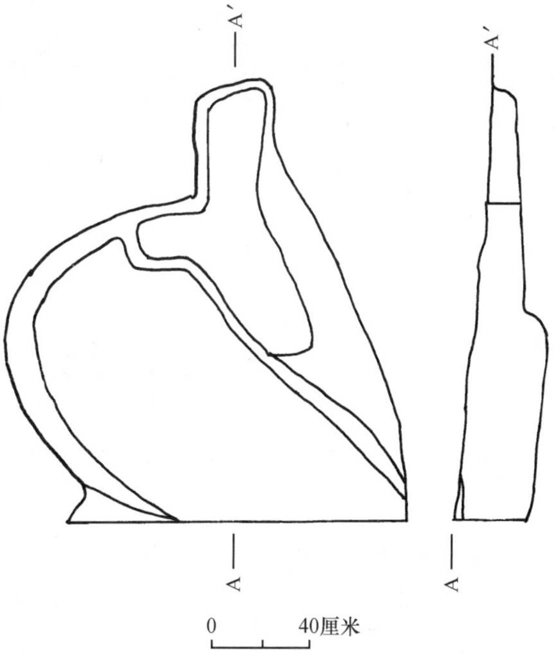

图一三　AH3平、剖面图

2. 灰沟

AG1　位于AT2中部，开口于第3层下，打破第5层及次生黄土层。该沟中部被近现代扰乱坑打破。沟口平面略呈“L”形，弧壁，圜底。加工较为规整。沟口长532、沟口宽53、深35厘米。沟内填土为浅褐色土，土质松散。夹杂有较多的烧土颗粒及木炭颗粒等。出土陶片以夹砂红褐陶为主，另有夹砂灰陶和泥质灰陶等。多饰绳纹。可辨器形有罐、鬲及鼎足等（图一四）。

AG2　位于AT4的东面及AT1的东北角，开口于第4层下，打破第5层及次生黄土层。沟口平面略呈长条形，弧壁，圜底。加工较为规整。沟口长540、宽52、深30厘米。沟内填土为灰黄褐色土，土质松散，带黏性。夹杂有较多的烧土颗粒及木炭颗粒等。出土陶片以砂夹红褐陶为主，另有夹砂灰陶和泥质灰陶等。多饰绳纹。可辨器形有鬲、平底器、纺轮等（图一五）。

AG3　位于AT5的西南面，开口于第4层下，打破第5层和次生黄土层。沟口平面略呈长条形，弧壁，圜底。加工较为规整。沟口长276、宽100、深20厘米。沟内填土为黄褐色土，土质松散，带黏性。夹杂有烧土颗粒及木炭颗粒等。出土陶片多为夹砂红褐陶，另有夹砂黑褐陶和泥质灰陶。多饰绳纹（图一六）。

AG4　位于AT1的东南角及AT8的东北角，开口于第5层下，打破次生黄土层。沟口平面略呈圆弧形，弧壁，圜底。加工不甚规整。长465、最宽处70、深21厘米。沟内填土为深黄褐色土，土质较紧密，带黏性，呈块状。夹杂有烧土颗粒及木炭颗粒等。出土陶片较多，以夹砂红褐陶为主，另有夹砂灰陶、泥质红陶、泥质灰陶及泥质黑皮陶等。纹饰以绳纹多见。可辨器形有罐、鬲等（图一七）。

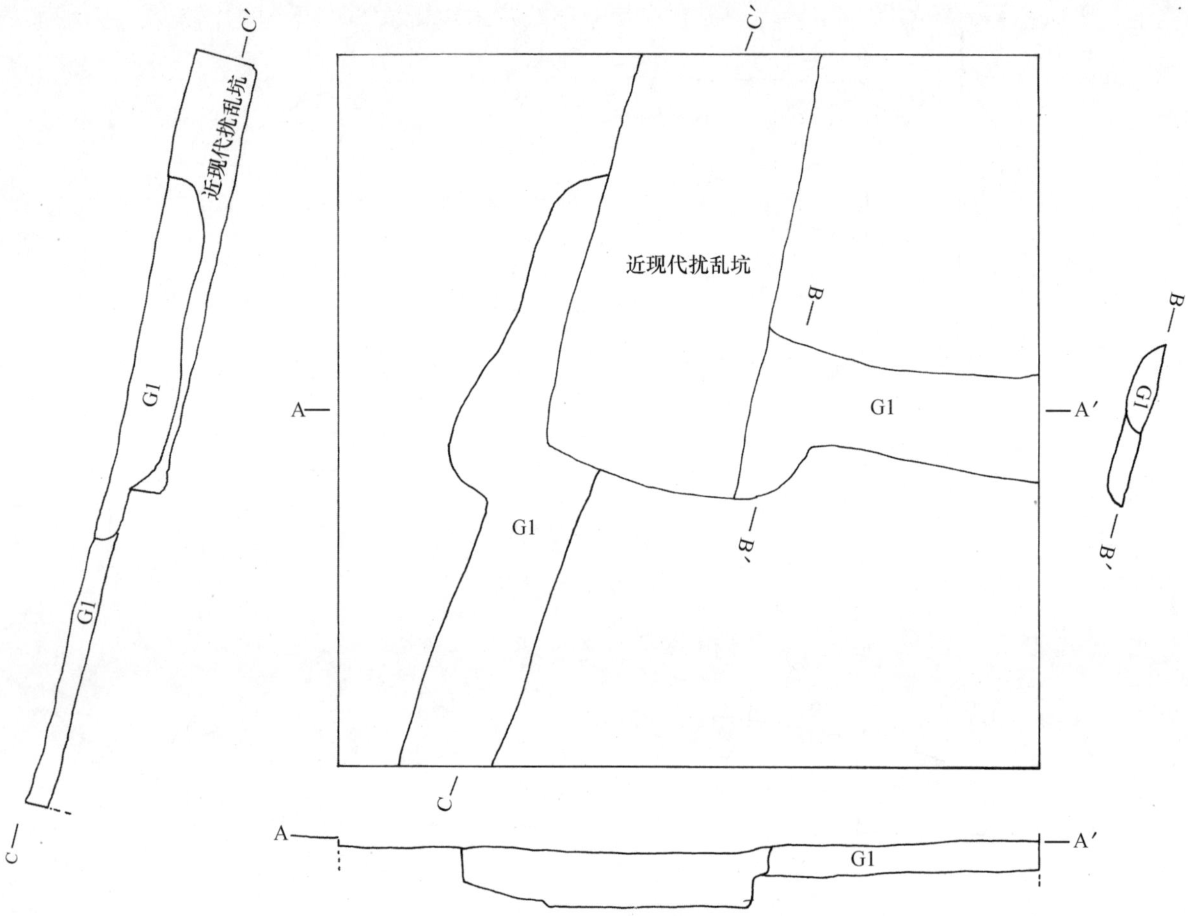

图一四　AG1平、剖面图

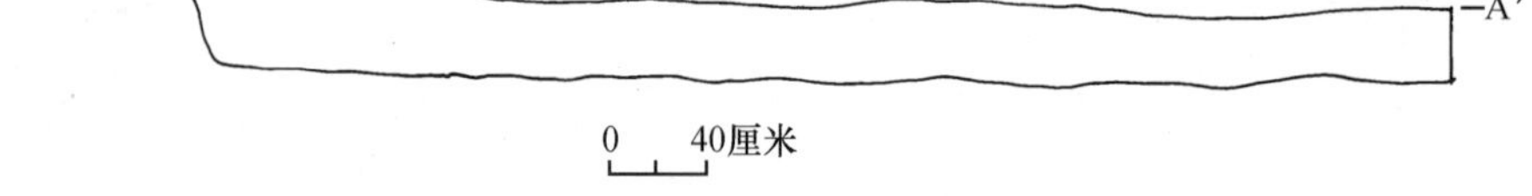

图一五　AG2平、剖面图

AG5　位于AT6、AT7的南部，开口于第4层下，打破第5层和次生黄土层。沟口平面略呈长条形，斜壁内收，底不平，由西向东倾斜。加工较为规整。沟口长900、宽140～150、深18～64厘米。沟内填土为深黄褐色土，土质较紧密，带黏性。夹杂有大量的烧土颗粒及木炭颗粒等。出土陶片较多，以夹砂红褐陶为主，另有泥质红陶、泥质灰陶、夹砂灰陶及泥质黑皮陶等。纹饰以绳纹多见。可辨器形有罐、鬲、缸、器盖等（图一八）。

AG6　位于AT6的东北面及AT7的西面，其东面被AG5打破。开口于第5层下，打破次生

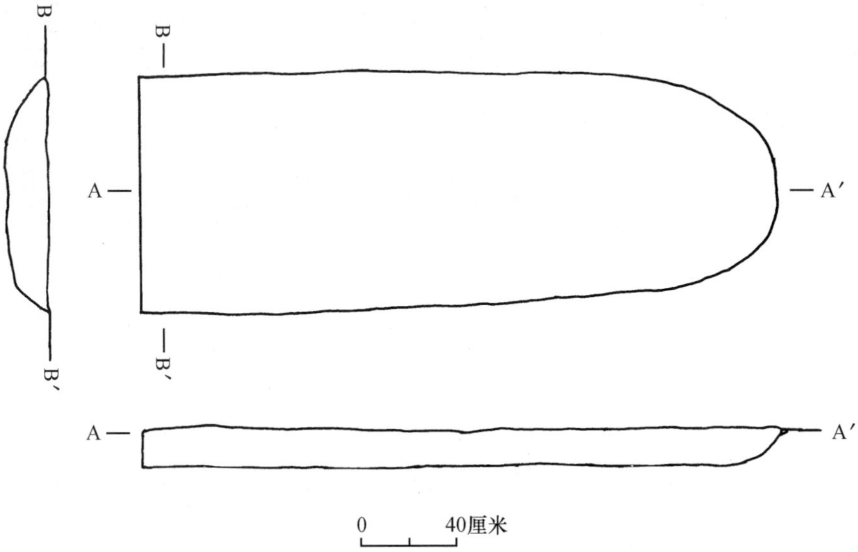

图一六　AG3平、剖面图

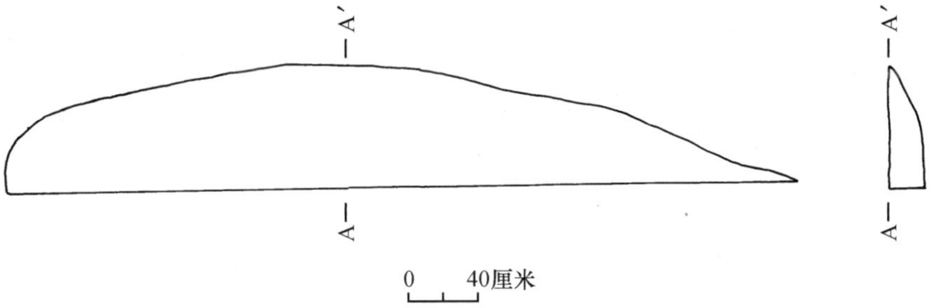

图一七　AG4平、剖面图

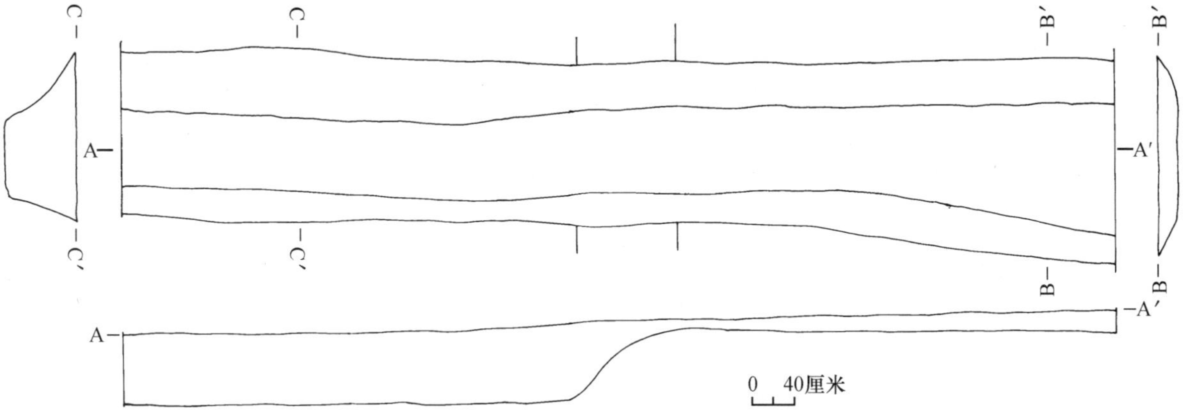

图一八　AG5平、剖面图

黄土层。沟口平面略呈“L”形，斜壁，底由西向东倾斜。沟口长452、宽51、深32厘米。沟内填土为深黄褐色土，土质较紧密，带黏性。夹杂有大量的烧土颗粒及木炭颗粒等。出土陶片极少，多见夹砂灰陶，另有少量的泥质红褐陶、泥质灰陶、泥质红陶和泥质黑皮陶等（图一九）。

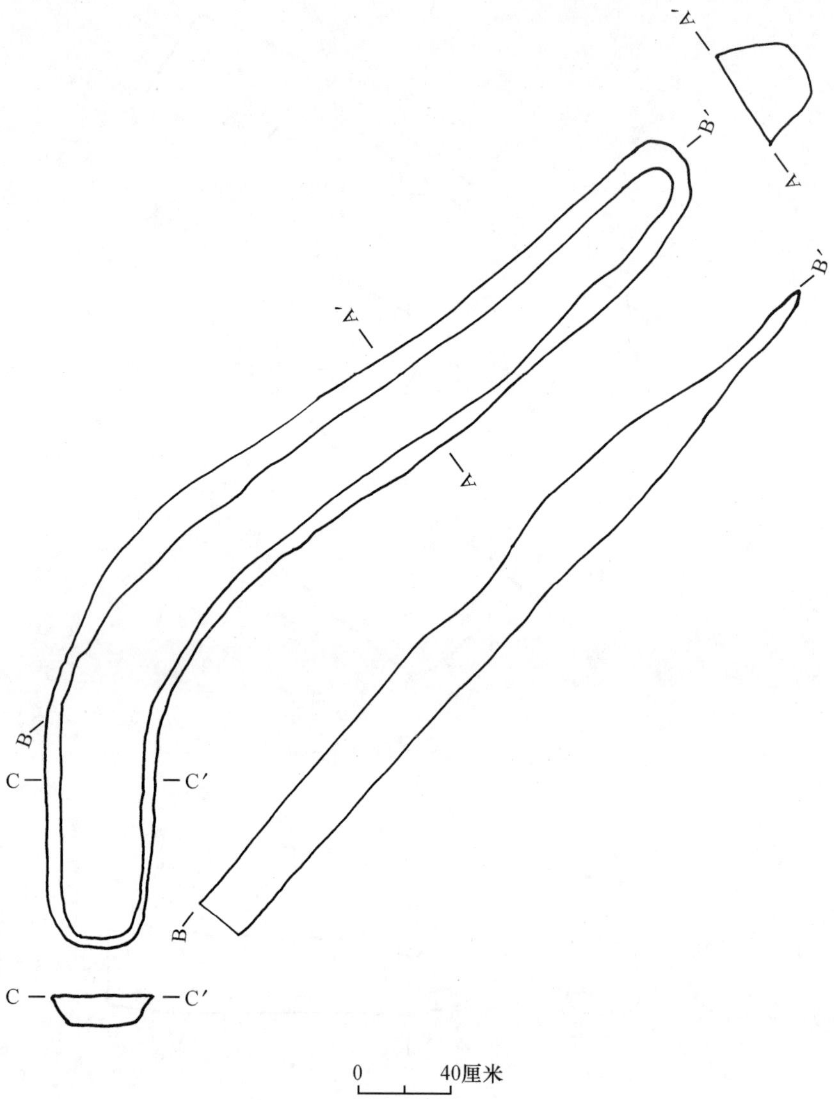

图一九　AG6平、剖面图

3. 基槽

AJ1　位于AT7的东北部，开口于第4层下，打破第5层和次生黄土层。该基槽平面略呈圆角长方形，斜壁内收，平底。加工非常规整。基槽长100、宽42、深38厘米。基槽内填土为深褐色土，土质较细较松，带黏性。夹杂有烧土颗粒及木炭颗粒等。出土陶片极少，以泥质灰陶为主（图二〇）。

AJ2　位于AT7北面中部，开口于第4层下，打破第5层和次生黄土层。该基槽平面略呈长方形，直壁，平底。加工非常规整。基槽中部分布有两个柱洞，将基槽一分为二。一个柱洞平面呈圆形，一个呈方形，其中部存有木柱糟朽后留下的圆形柱洞。基槽长190、宽20、深15厘米。基槽内填土为黄褐色土，土质细密，较松，带黏性。夹杂有烧土颗粒及木炭颗粒等。出土陶片极少，以泥质灰陶为主（图二一）。

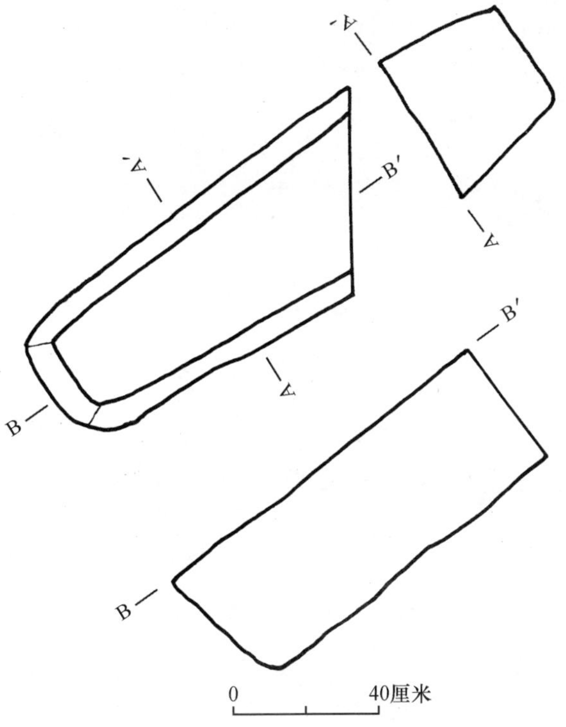

图二〇　AJ1平、剖面图

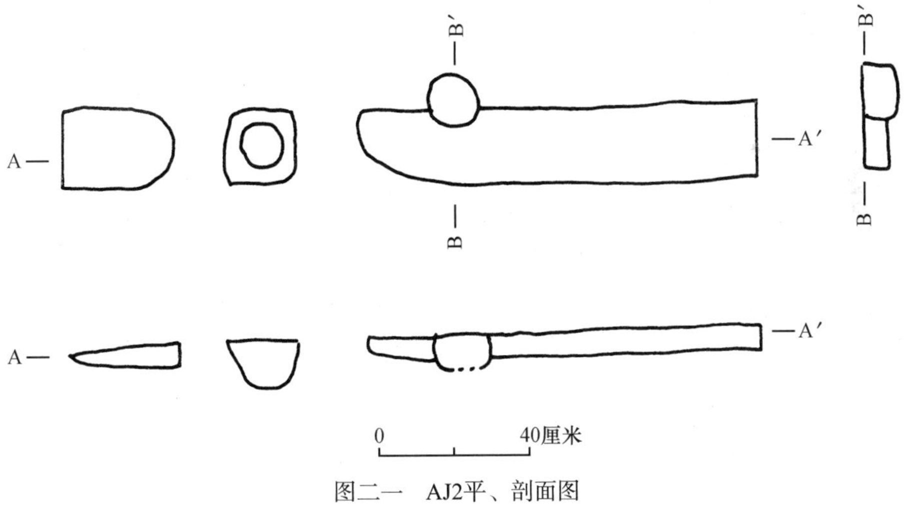

图二一　AJ2平、剖面图

（三）文化遗物

1. 陶器

出土陶器丰富。主要分为夹砂陶和泥质陶两大类，以夹砂陶居多，约占出土陶片总数的80%。夹砂陶既有夹砂粒的粗细之分，又有红褐陶、灰陶、红陶及黑褐陶之别；泥质陶大致分为泥质红陶、泥质灰陶、泥质红褐陶和泥质黑皮陶。泥质陶中以灰陶为主，约占泥质陶总数的35%，其次分别为泥质红陶、泥质红褐陶和泥质黑皮陶。陶片纹饰总类较为丰富，主要有绳

纹、方格纹、弦纹、同心圆纹、附加堆纹、划纹、弦纹与绳纹的组合纹、方格纹与绳纹和弦纹的组合纹等（图二二；图二六，10）。陶器器形可辨有罐、鬲、钵、缸、瓮、豆、鼎足、平底器、器盖、甑箅、饼、纺轮等。

罐　标本17件。分十式。

Ⅰ式：4件。侈口，宽平沿，方唇或圆唇，束颈，圆肩。AG4：5，夹砂灰陶。方唇。沿

图二二　大滂遗址出土春秋晚期陶器纹饰拓片

上饰一道凹弦纹，肩部饰两道凹弦纹，器表饰绳纹。口沿径20.8、残高8.4厘米（图二三，4）。AT1⑤：2，夹砂灰陶。圆唇。肩部饰绳纹。口沿径17、残高4.5厘米（图二三，8）。AT1⑤：4，泥质灰陶。圆唇。饰绳纹。残宽7.8、残高4.9厘米（图二三，10）。AT2⑤：6，夹砂红陶。圆唇。沿面微凹。饰绳纹。口沿径38、残高3.8厘米（图六，3）。

Ⅱ式：3件。口微侈，宽平沿内凹，圆唇或方尖唇，短颈，圆肩。AG4：1，泥质灰陶。圆

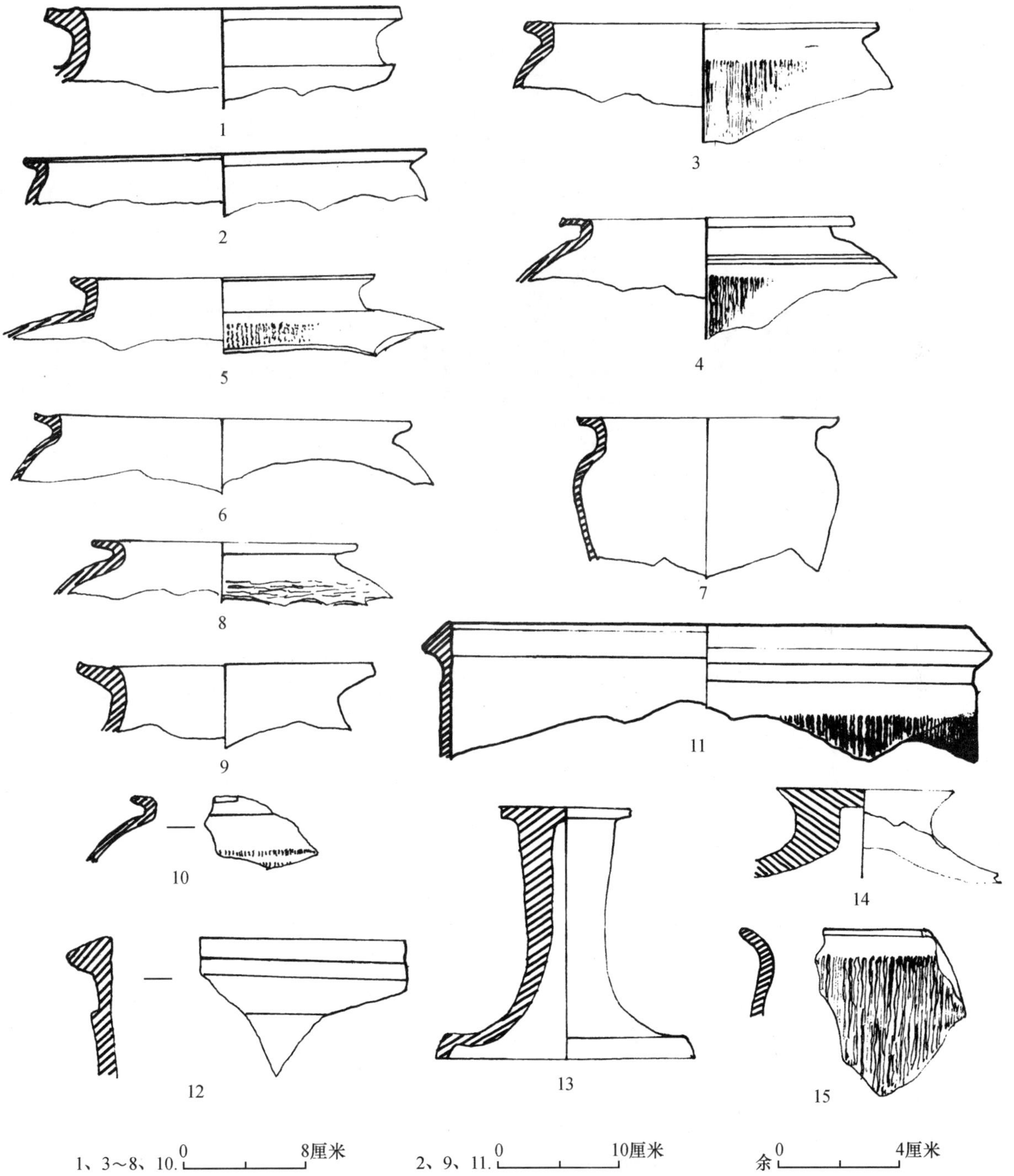

图二三　大滂遗址出土陶器

1、9. A区Ⅳ式罐（AG4：4、AT1⑤：3）　2、3、6. A区Ⅱ式罐（AG4：1、AG4：7、AG4：2）　4、8、10. A区Ⅰ式罐（AG4：5、AT1⑤：2、AT1⑤：4）　5. A区Ⅲ式罐（AG4：3）　7. A区Ⅰ式鬲（AH1：1）　11. A区Ⅰ式缸（AG5：2）　12. A区Ⅱ式缸（AG5：3）　13. A区豆柄（AT6⑤：1）　14. A区器盖（AG5：4）　15. A区Ⅵ式罐（AT1⑤：10）

唇。口沿径34.5、残高5.1厘米（图二三，2）。AG4：7，夹砂灰陶。宽平沿，圆唇。口沿径24.4、残高8厘米（图二三，3）。AG4：2，夹砂灰陶。方尖唇。口沿径24.8、残高4.9厘米（图二三，6）。

Ⅲ式：1件。AG4：3，夹砂灰陶。口微侈，沿面微内凹，圆唇，短颈，广肩。肩部饰绳纹。口沿径20.6、残高5.5厘米（图二三，5）。

Ⅳ式：2件。侈口，宽平沿内凹，方唇，长颈。AG4：4，泥质灰陶。口沿径24.6、残高6.2厘米（图二三，1）。AT1⑤：3，夹砂灰陶。素面。口沿径25.5、残高7.3厘米（图二三，9）。

Ⅴ式：1件。AT2⑤：8，夹砂黑褐陶。直口，外卷沿，圆唇，束颈，斜肩。口沿径20、残高2.5厘米（图六，5）。

Ⅵ式：2件。侈口，圆唇，束颈，溜肩。AT6⑤：3，夹砂红褐陶。残宽6.3、残高4.5厘米（图二五，2）。AT1⑤：10，夹砂黑褐陶。饰绳纹。残宽5.2、残高5.5厘米（图二三，15）。

Ⅶ式：1件。AT1⑤：21，夹砂灰陶。直口，外卷沿，圆唇，束颈，平肩。残宽7.6、残高2.6厘米（图二七，10）。

Ⅷ式：1件。AT6⑤：8，夹砂红褐陶。直口，宽平沿，尖圆唇，束颈，斜肩。残宽6.7、残高2.8厘米（图六，1）。

Ⅸ式：1件。AG1：1，夹砂红褐陶。侈口，外卷沿，方唇。素面。残宽7.1、残高5.1厘米（图二六，1）。

Ⅹ式：1件。AT2⑤：1，夹砂红褐陶。侈口，尖圆唇，束颈，溜肩。素面。残宽8.2、残高3.8厘米（图二六，9）。

高领罐　标本13件。分六式。

Ⅰ式：1件。AH1：2，泥质灰陶。口微侈，宽沿外折，方唇，斜肩。颈部饰数道凹弦纹，肩部饰绳纹。口沿径19.2、残高9.7厘米（图七，8）。

Ⅱ式：5件。直口，宽沿外折，方尖唇，溜肩。AG1：4，泥质灰陶。方唇，沿面微凸。肩、颈间饰三道凹弦纹，上腹部饰一道凹弦纹，余饰绳纹。残宽9.7、残高7.9厘米（图八，6）。AT1⑤：16，夹砂红褐陶。圆唇，沿面内凹。残宽6.1、残高3.9厘米（图二四，9）。AT1⑤：7，泥质灰陶。尖唇，沿面微凸。素面。残宽6.3、残高5.1厘米（图二五，6）。AT1⑤：8，泥质灰陶。尖唇。残宽6.2、残高6厘米（图二五，7）。AT5⑤：2，夹砂灰陶。沿面饰两道凹弦纹。素面。残宽8.2、残高5.5厘米（图二七，2）。

Ⅲ式：2件。侈口，宽沿外折，方唇，溜肩。AT5⑤：3，夹砂红褐陶。沿面饰两道凹弦纹。其余素面。残宽8.1、残高6.6厘米（图二七，8）。AT4⑤：4，泥质灰陶。宽平沿。素面。残宽12.5、残高4厘米（图二七，7）。

Ⅳ式：2件。侈口，外卷沿，方唇，溜肩。AT1⑤：17，夹砂黑褐陶。残宽6.7、残高3厘米（图二四，6）。AG5：6，夹砂红陶。饰绳纹。残宽11.8、残高5.8厘米（图二四，8）。

Ⅴ式：1件。侈口，宽平沿，方唇，溜肩。AG5：8，夹砂灰陶。饰绳纹。残宽7.9、残高5.4厘米（图二七，6）。

Ⅵ式：2件。侈口，方尖唇。AT2⑤：4，夹砂灰陶。方唇。饰绳纹。残宽6.5、残高4厘米（图二四，1）。AH1：6，泥质红陶。素面。残宽5.7、残高5厘米（图二六，7）。

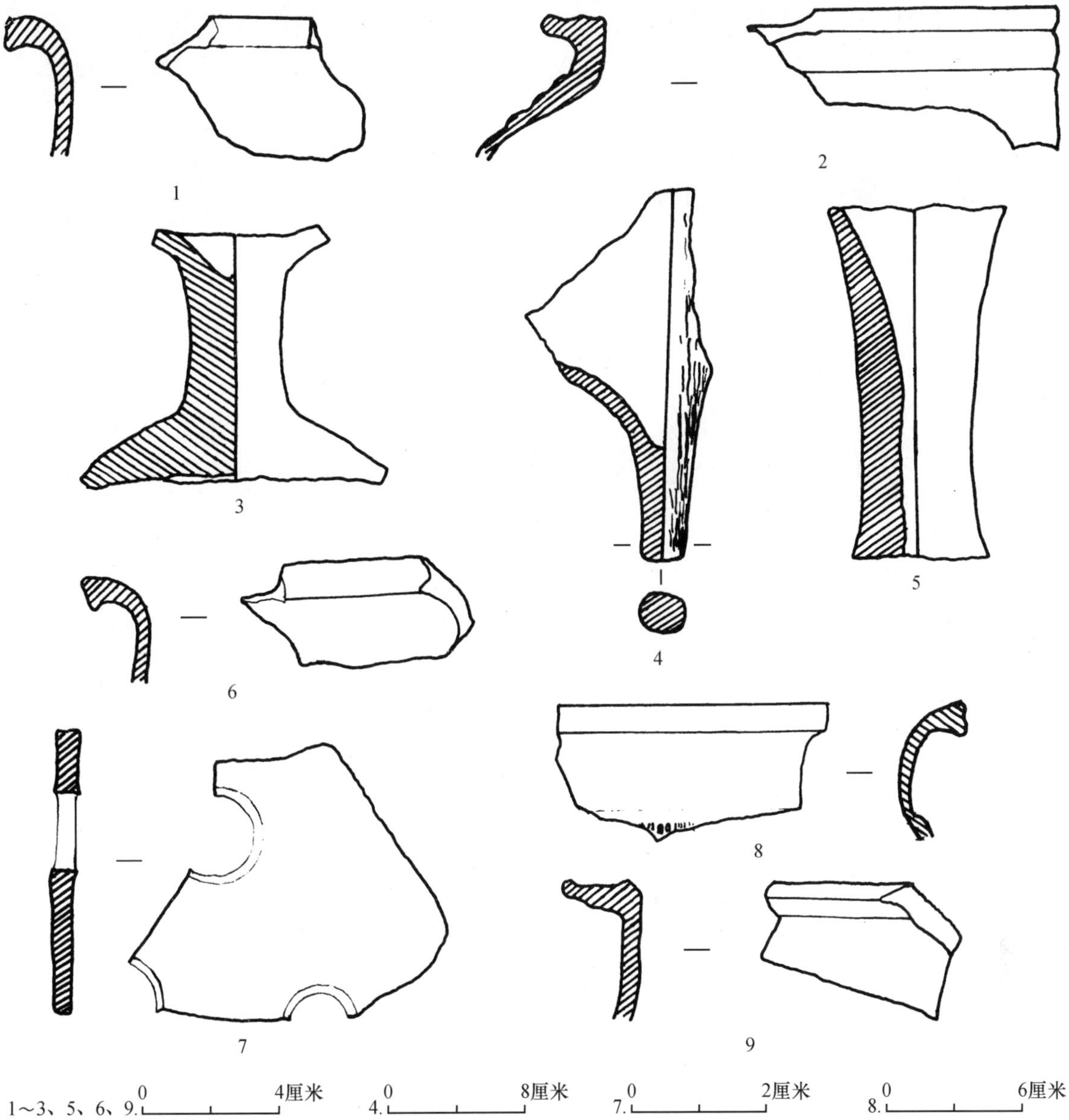

1～3、5、6、9. 0 4厘米 4. 0 8厘米 7. 0 2厘米 8. 0 6厘米

图二四 大滂遗址出土陶器

1. A区Ⅵ式高领罐（AT2⑤：4） 2. A区Ⅱ式鬲（AT1⑤：13） 3. A区Ⅱ式豆（AG5：1） 4. A区Ⅰ式鬲足（AT8⑤：1） 5. 豆柄（AT1⑤：18） 6、8. A区Ⅳ式高领罐（AT1⑤：17、AG5：6） 7. 甑箅（AT1⑤：15） 9. A区Ⅱ式高领罐（AT1⑤：16）

鬲 标本15件。分五式。

Ⅰ式：1件。AH1：1，夹砂灰陶。侈口，宽平沿，尖唇，短颈，鼓肩，下腹斜收。素面。口沿径18、残高10.8厘米（图二三，7）。

Ⅱ式：5件。直口，沿面内凹，尖圆唇，短颈，溜肩。AT1⑤：13，夹砂红褐陶。沿面饰两道凹弦纹，肩部饰数道凹弦纹。残宽9.2、残高4.1厘米（图二四，2）。AT5⑤：1，夹砂灰陶。饰绳纹。残宽7.3、残高5.2厘米（图二七，1）。AT1⑤：23，夹砂灰陶。肩部饰四道凹弦纹。残宽9.1、残高5.5厘米（图二七，3）。AT1⑤：22，夹砂灰陶。饰绳纹。残宽10.5、残高5.7厘米（图二七，4）。AG5：7，夹砂灰陶。方尖唇。颈部饰短线纹，肩部饰一道凹弦纹。残宽9.8、残高4.3厘米（图二七，5）。

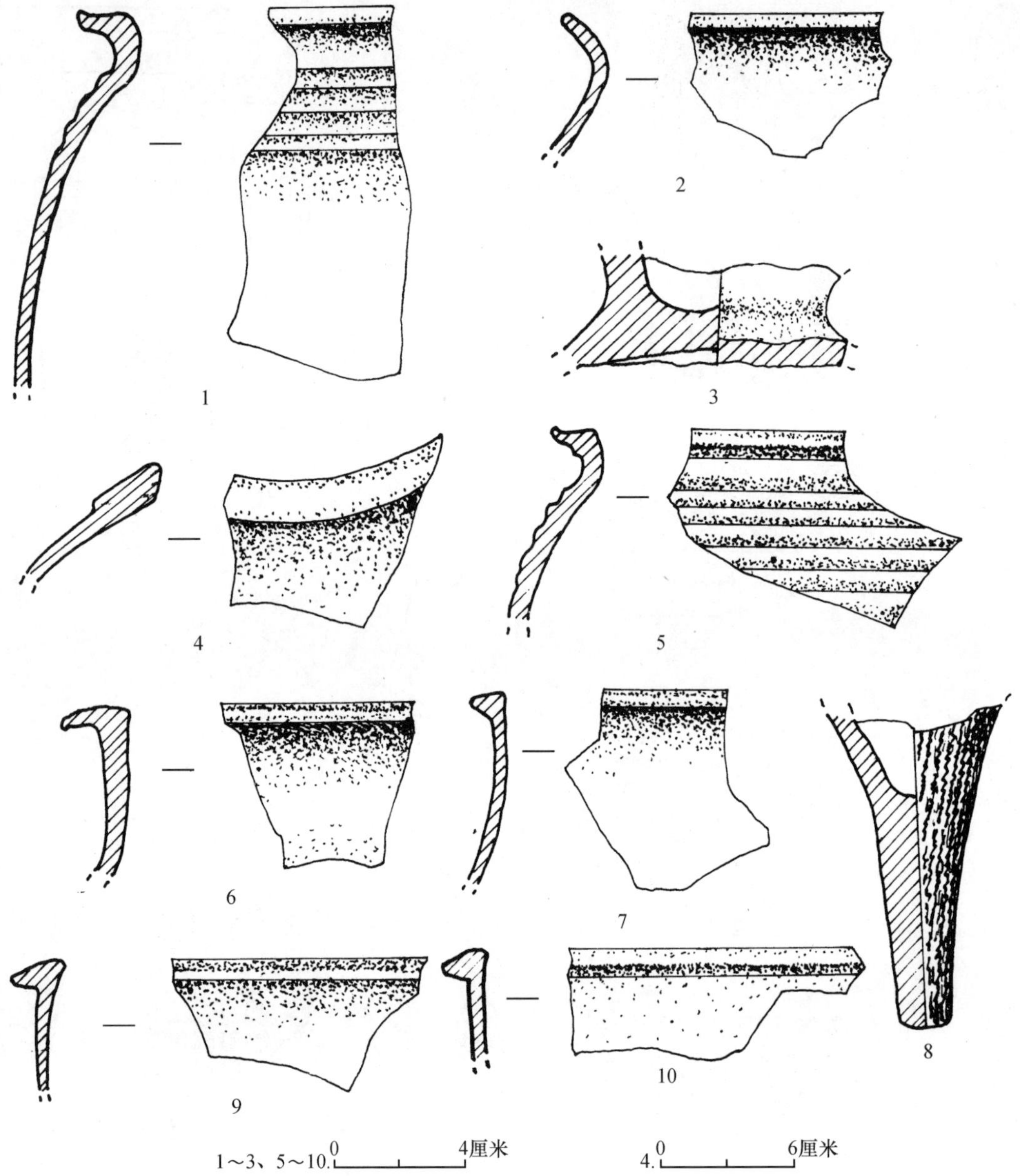

图二五　大滂遗址出土陶器

1、5. A区Ⅴ式鬲（AT7⑤：1、AT1⑤：9）　2. A区Ⅵ式罐（AT6⑤：3）　3. A区器盖（AT6⑤：2）
4. A区瓮（AT7⑤：2）　6、7. A区Ⅱ式高领罐（AT1⑤：7、AT1⑤：8）　8. A区Ⅰ式鬲足（AT1⑤：11）
9. A区钵（AT1⑤：5）　10. A区Ⅰ式缸（AT2⑤：5）

Ⅲ式：1件。AG2：2，夹砂灰陶。侈口，方唇，短颈，溜肩。饰绳纹。残宽11.4、残高6.9厘米（图七，2）。

Ⅳ式：2件。直口，宽平沿，方尖唇，束颈，溜肩。AT6⑤：9，夹砂红褐陶。方唇。素面。残宽6.9、残高3.4厘米（图六，2）。AT2⑤：7，泥质灰陶。尖唇。饰绳纹。残宽11.2、残高6.1厘米（图六，4）。

Ⅴ式：6件。侈口，宽沿，方唇或尖圆唇，短颈，溜肩。AT7⑤：1，夹砂灰陶。尖圆唇。沿面饰两道凹弦纹，肩部饰三道凹弦纹。残宽5.8、残高11.3厘米（图二五，1）。AT1⑤：9，泥质灰陶。尖圆唇，沿面内凹。肩部饰四道凹弦纹。残宽9.1、残高5.8厘米（图二五，5）。

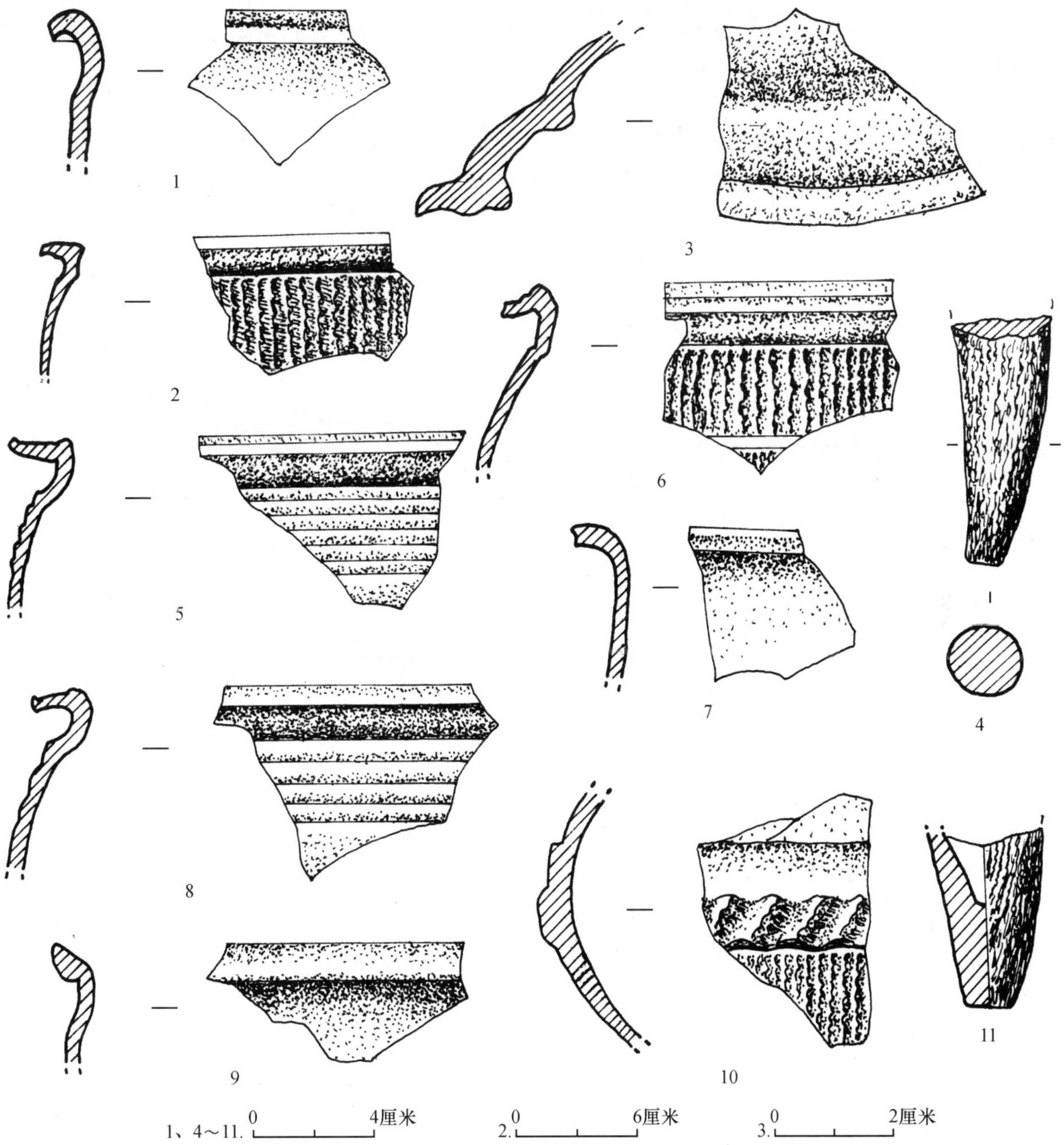

图二六　大滂遗址出土陶器

1. A区Ⅸ式罐（AG1：1）　2、5、6、8. A区Ⅴ式鬲（AG1：5、AH1：4、AH1：5、AG4：8）　3. A区器盖（AT1⑤：6）　4. A区Ⅰ式鼎足（AG1：3）　7. A区Ⅵ式高领罐（AH1：6）　9. A区Ⅹ式罐（AT2⑤：1）　10. A区附加堆纹陶片（AT2：2）　11. A区Ⅱ式鬲足（AT2⑤：3）

AG1：5，夹砂黑褐陶。尖圆唇。沿面微上凸。饰绳纹。残宽11.1、残高6.8厘米（图二六，2）。AH1：4，夹砂灰陶。方唇。沿面内凹。肩部饰数道凹弦纹。残宽9、残高5.7厘米（图二六，5）。AH1：5，夹砂灰陶。方唇。沿面上凸。饰绳纹。残宽8.1、残高6.1厘米（图二六，6）。AG4：8，夹砂红褐陶。方唇。沿面饰两道凹弦纹，肩部饰三道凹弦纹。残宽9.9、残高6.4厘米（图二六，8）。

鬲足　标本4件。分二式。

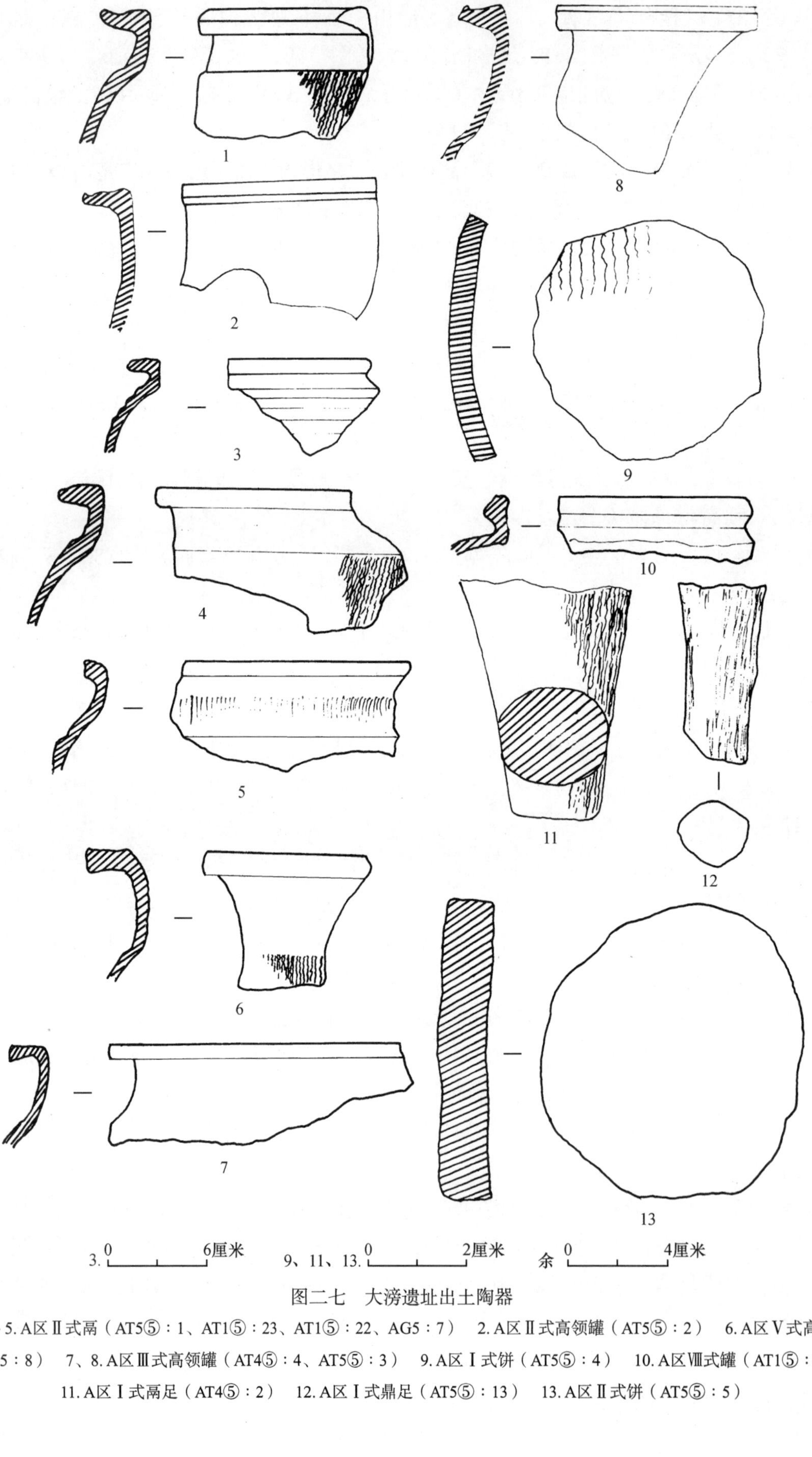

图二七 大滂遗址出土陶器

1、3～5. A区Ⅱ式鬲（AT5⑤：1、AT1⑤：23、AT1⑤：22、AG5：7） 2. A区Ⅱ式高领罐（AT5⑤：2） 6. A区Ⅴ式高领罐（AG5：8） 7、8. A区Ⅲ式高领罐（AT4⑤：4、AT5⑤：3） 9. A区Ⅰ式饼（AT5⑤：4） 10. A区Ⅷ式罐（AT1⑤：21） 11. A区Ⅰ式鬲足（AT4⑤：2） 12. A区Ⅰ式鼎足（AT5⑤：13） 13. A区Ⅱ式饼（AT5⑤：5）

Ⅰ式：3件。柱状高实足，高裆，足形由上而下略弧内收，浅宽袋窝，足根平。AT8⑤：1，夹砂灰陶。残高21.2、足根径2.8厘米（图二四，4）。AT1⑤：11，夹砂灰陶。器表饰纵向绳纹。残高9.5、足根径1.5厘米（图二五，8）。AT4⑤：2，夹砂红陶。器表饰纵向绳纹。残高4.6、足根径1.8厘米（图二七，11）。

Ⅱ式：1件。AT2⑤：3，夹砂红陶。高柱状足，足形由上而下斜内收，足内袋窝深阔，足根稍矮，足根平。器表饰纵向绳纹。残高5.8、足根径1.7厘米（图二六，11）。

瓮　标本1件。AT7⑤：2，泥质灰陶。外折沿，束颈，广肩。素面。残宽9.7、残高9.1厘米（图二五，4）。

缸　标本3件。分二式。

Ⅰ式：2件。直口，尖唇，束颈，直腹。AG5：2，泥质灰陶。饰绳纹。口沿径46.8、残高11.3厘米（图二三，11）。AT2⑤：5，夹砂红褐陶。素面。残宽9.3、残高3.3厘米（图二五，10）。

Ⅱ式：1件。AG5：3，夹砂红陶。直口，尖唇，短颈，腹部下收。颈下饰一周凸棱。素面。残宽7、残高4.6厘米（图二三，12）。

钵　标本1件。AT1⑤：5，泥质灰陶。敛口，宽折沿，尖唇。素面。残宽8.2、残高3.8厘米（图二五，9）。

平底器　标本1件。AG2：3，夹砂灰陶。平底。素面。残宽9.4、残高8.2厘米（图七，1）。

鼎足　标本3件。分二式。

Ⅰ式：2件。高柱状，足形由上而下弧内收，足根平。器表饰纵向绳纹。AG1：3，夹砂红褐陶。残高8.2、足根径1.4厘米（图二六，4）。AT5⑤：13，夹砂红陶。残高7.2厘米（图二七，12）。

Ⅱ式：1件。AG5：5，夹砂红褐陶。圆锥状。器表饰绳纹。残高6.4厘米（图六，12）。

豆　标本2件。分二式。

Ⅰ式：1件。AT1⑤：1，泥质灰陶。浅盘，圆唇，高柄，喇叭形圈足。口沿径12.9、足径7.8、高15厘米（图八，5）。

Ⅱ式：1件。AG5：1，泥质黑皮陶。浅盘，短粗柄。残高7.4厘米（图二四，3）。

豆柄　标本2件。AT6⑤：1，夹砂灰陶。高柄，浅盘式圈足。残高8.4、足径8.8厘米（图二三，13）。AT1⑤：18，泥质灰陶。柄高而粗。残高10.2厘米（图二四，5）。

甑箅　标本1件。AT1⑤：15，泥质黑皮陶。残存有三个圆形箅眼。残长4.7、残宽4.1厘米（图二四，7）。

器盖　标本3件。AG5：4，夹砂灰陶。圆形捉手。素面。残高3.1、捉手径5.2厘米（图二三，14）。AT6⑤：2，泥质红褐陶。圆环形捉手。素面。残高3.6厘米（图二五，3）。AT1⑤：6，泥质灰陶。盖边缘饰一道凸弦纹，盖内沿饰三道凸弦纹。残长4.5、残宽3.4厘米（图二六，3）。

纺轮　标本1件。AG2：1，夹砂红褐陶。圆锥状。外饰数道凹弦纹。上径0.3、下径3.1、孔径0.2、高1.6厘米（图九，3）。

饼　均用废弃的陶片稍作加工而成。标本3件。分二式。

Ⅰ式：1件。AT5⑤：4，泥质红陶。平面略呈圆形。立面呈弧状。一面饰绳纹，一面素面。直径4.8、厚0.4厘米（图二七，9）。

Ⅱ式：2件。平面略呈圆形，立面平直。AT1⑤：20，夹砂红褐陶。一面饰交叉绳纹，一面饰刻划纹。直径6.1、厚1.4厘米（图七，3）。AT5⑤：5，泥质灰陶。素面。直径5.2、厚0.9厘米（图二七，13）。

2. 铁器

仅见铁锸一种。

铁锸　标本2件。平面呈“凹”字形，弧刃，内侧有凹槽。AT2：1，通长8.3、刃宽10厘米（图九，8）。AT1：2，仅残存一半。通长8.4、残刃宽5.3厘米（图九，4）。

三、墓　葬

本次共发掘出5座墓葬，均分布在B区。其时代分属春秋、战国、东汉及清代。下面以时代早晚为序予以介绍。

（一）春秋时期墓葬

1. BM5

位于BT7的东南部和BT8的西南部，开口于第3B层下，打破第6层和次生黄砂土。方向280°。长方形竖穴土坑墓，直壁，平底。墓底铺垫一层砂石。填土为灰黄色土，质较紧。墓口长220、宽110厘米，墓底长207、宽90、深170厘米。头龛设头部正中，头龛底与墓底平。头龛高15、宽70厘米。头龛被BM3打破。随葬器物放置于头龛，多呈碎片。器物碎片均一层层叠压，已修复。在墓底中部发现股骨两根（图二八）。

陶豆　2件。分二式。

Ⅰ式：1件。BM5：1，泥质红陶。浅盘式，圆唇，高柄，上部内凹，喇叭形圈足。素面。口沿径16.8、足径9.6、高14厘米（图九，1）。

Ⅱ式：1件。BM5：2，泥质灰陶。浅盘式，尖圆唇，高柄，喇叭形圈足。素面。口沿径15.9、足径10.2、高15厘米（图九，2）。

钵　1件。BM5：3，泥质灰陶。敛口，平沿，斜腹，平底内凹。器表饰绳纹。口沿径21.2、底径7.3、高10.8厘米（图八，7）。

陶罐　2件。分二式。

Ⅰ式：1件。BM5：4，泥质灰陶。口部变形。直口，尖唇，高领，斜肩，鼓腹，平底内凹。器表饰绳纹。口沿径10.8～14.5、底径8.2、高18.1厘米（图八，4）。

Ⅱ式：1件。BM5：5，夹砂红陶。侈口，圆唇，束颈，溜肩，鼓腹。器表饰绳纹。口沿径

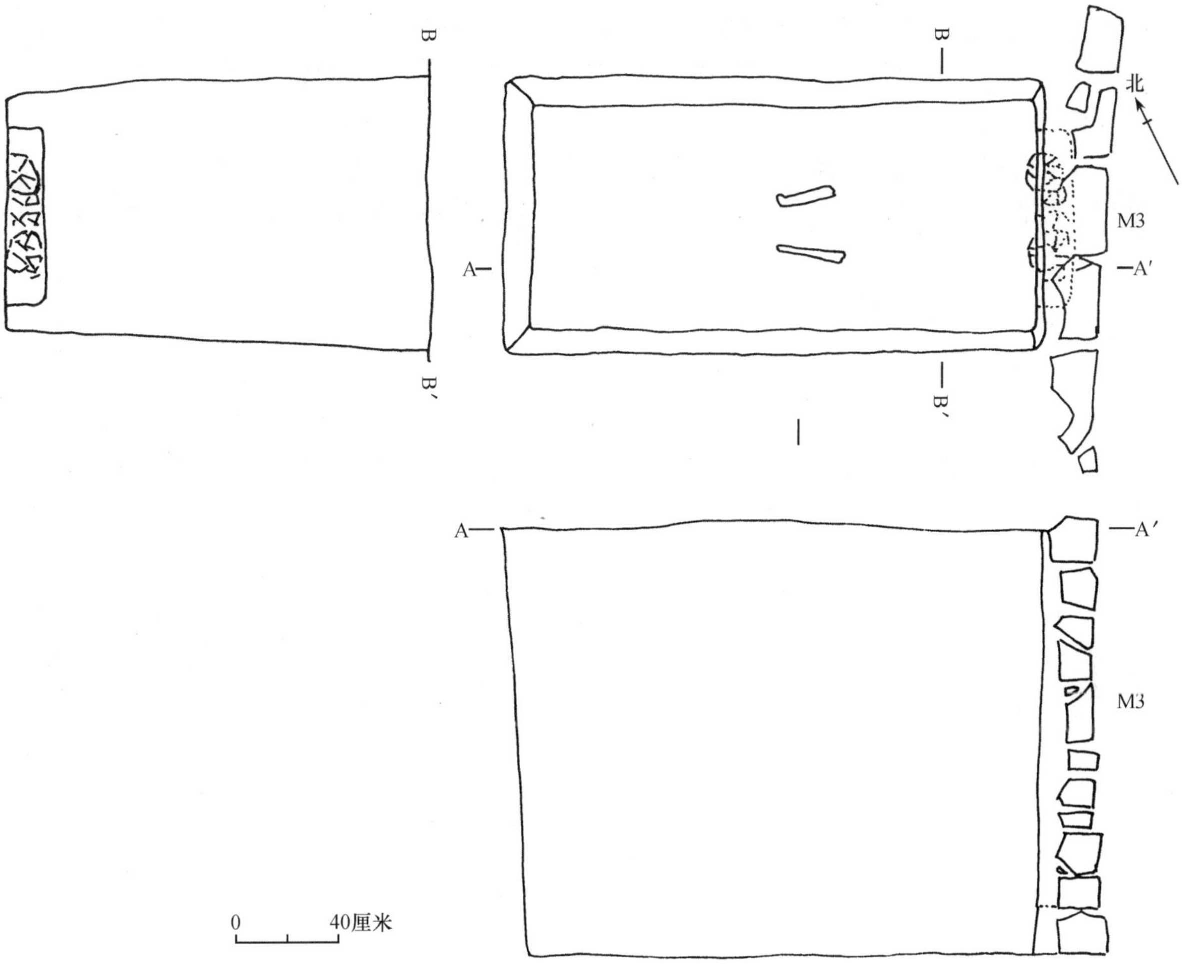

图二八　BM5平、剖面图

21.3、残高10.7厘米（图八，8）。

2. BM4

位于BT4中部，开口于第6层下，打破次生黄砂土。方向283°。长方形竖穴土坑墓，直壁略内收。墓底平整，并铺垫一层河沙。填土为暗灰黄色砂泥土，质松散，夹有较多的石块、砾石和陶片。墓口长224、头宽104、脚宽100厘米，墓底长198、宽80、深106厘米。墓底发现人骨架一具，仰身直肢，头向朝东，面向朝南，保存较为完好。未发现随葬品（图二九）。

（二）战国墓葬

1座。

BM2　位于BT7东北角和BT8的西北部，开口于第3B层下，打破次生黄砂土。方向250°。长方形竖穴土坑墓，墓口大于墓底，四壁内收，不甚规整。墓底较平整，铺垫一层细鹅卵石。墓口长350、宽170厘米，墓底长300、宽100、深190厘米。该墓早期被盗，在东端（即头部）各有一个直径约80厘米的盗洞。尸骨无存，未发现随葬品（图三〇）。

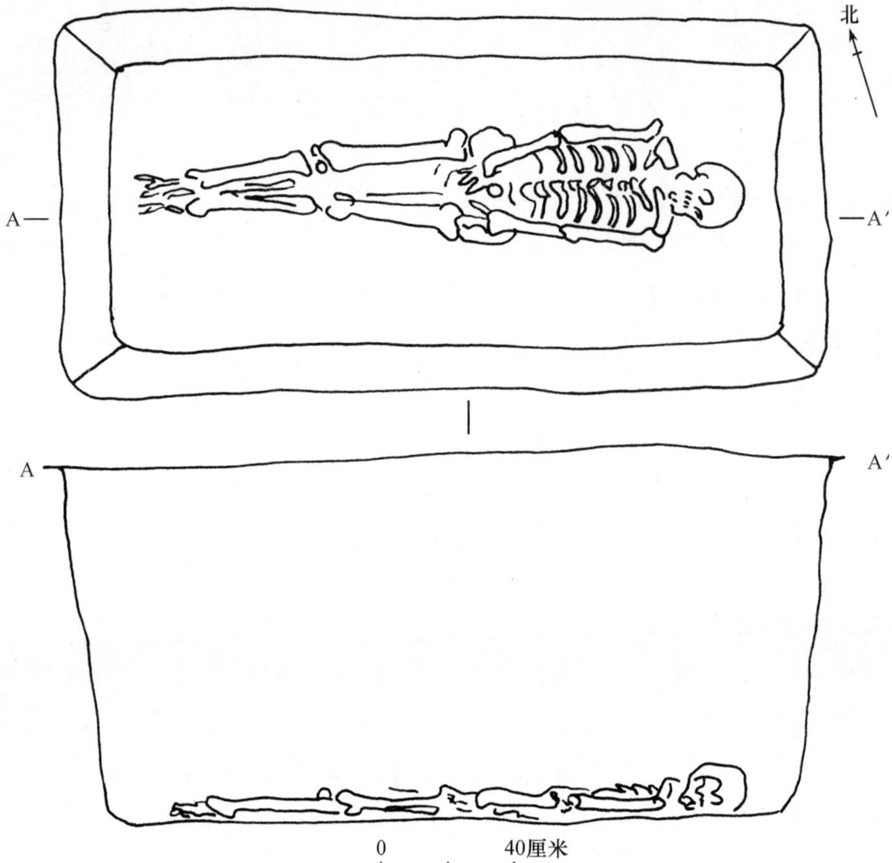

图二九　BM4平、剖面图

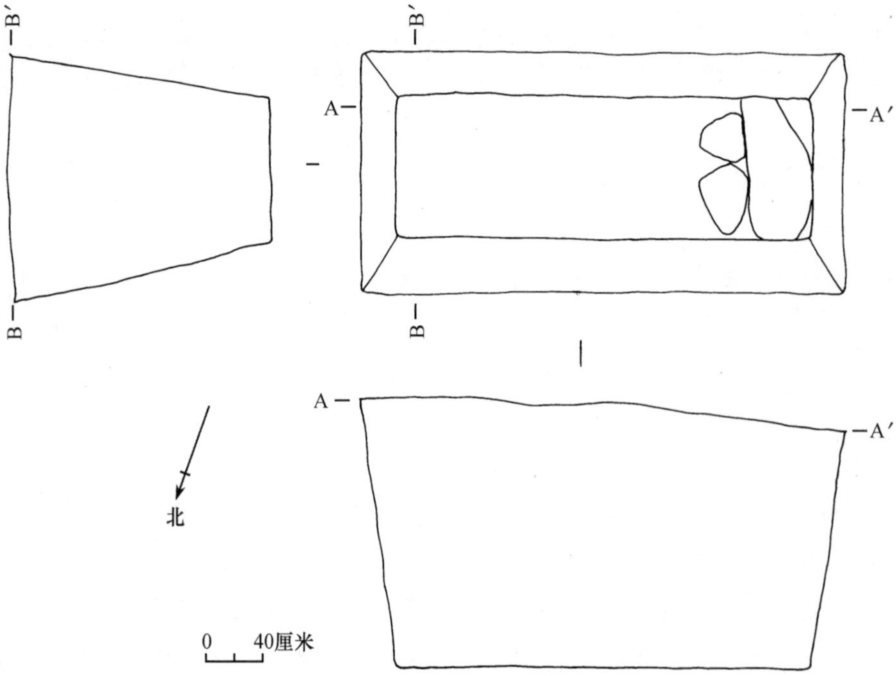

图三〇　BM2平、剖面图

（三）东汉墓葬

1座。

BM3　位于BT3、BT8中部，开口于第4C层下，打破第6层和次生黄砂土。刀形石砌单室墓，券顶。墓室坐北，甬道朝南，方向198°。全墓土圹长630厘米，其中墓室长410、甬道长220、宽190厘米。墓室和甬道四壁均用经简单加工的天然岩石错缝铺砌而成。墓底铺垫一厚约10厘米的细鹅卵石。墓室自墓底90厘米处开始起券，甬道自墓底110厘米处开始起券。券顶因早期被盗（两侧各有一个直径约80厘米的盗洞）而坍塌。墓室残高190、甬道残高130厘米。墓室后壁及甬道封门墙均已倒塌。墓内发现头骨两具，均已扰乱。头向朝南，葬式不明。其中一具头骨置于墓室的西墙边，女性；一具置于墓室中部，男性。根据头骨分析，此墓应为夫妻合葬墓。墓内未发现葬具及随葬器物（图三一）。

（四）清代墓葬

1座。

BM1　位于BT9西北部，开口于第3B层下，打破次生黄砂土。方向180°。长方形竖穴土坑墓，墓口略大于墓底。四壁略内收，加工较规整。墓底铺垫一层细鹅卵石，较平整。墓口长228、宽120厘米，墓底长212、宽103、深115厘米。填土分为两层，上层为灰黄色土夹碎石，下层为灰黄色土偏暗。墓底发现人骨架一具，仰身直肢，头向朝南，面向偏西，保存较为完好。未发现随葬品（图三二）。

四、结　　语

本年度属大滂遗址的第一次发掘，尽管发掘面积不大（仅500平方米），但对该遗址的文化性质已有了初步的认识和了解，其中主要收获有两点。

（1）大滂遗址的主要文化遗存属春秋时期，从春秋中期到春秋晚期。春秋中期的文化遗存堆积较薄，分布范围较窄，仅分布于紧靠大宁河一线宽12～13米的狭长形地带。从出土的陶片分析，具有明显的楚文化特色。同时，具有巴文化特色的花边口沿器（罐、釜等）、尖底杯等亦有出土。这是否说明，尽管春秋中期楚文化在该处已占主导地位，但并未完全取代巴文化。春秋晚期的文化遗存堆积较厚，分布范围大，从勘探和发掘的情况来看，遍及整个A区（西区）。出土的陶片具有典型的楚文化特色，未见巴文化特色的器物。这是否从另一个侧面说明，此时楚文化已在该处占有绝对的主导地位，完全取代了巴文化。

（2）大滂遗址由于自然地理条件等原因，划分为两个地理单元：东区（B区）和西区（A区）。从发掘的情况来看，这两个区在功能上有所区别，A区主要为生活区，B区主要为墓葬区。本次在A区的发掘面积仅200平方米，但发现了较多的生产生活遗迹现象，共发现灰坑3个、灰沟6条、基槽2条。这些遗迹分布比较密集，且大多数遗迹均向发掘区以外延伸。B区发

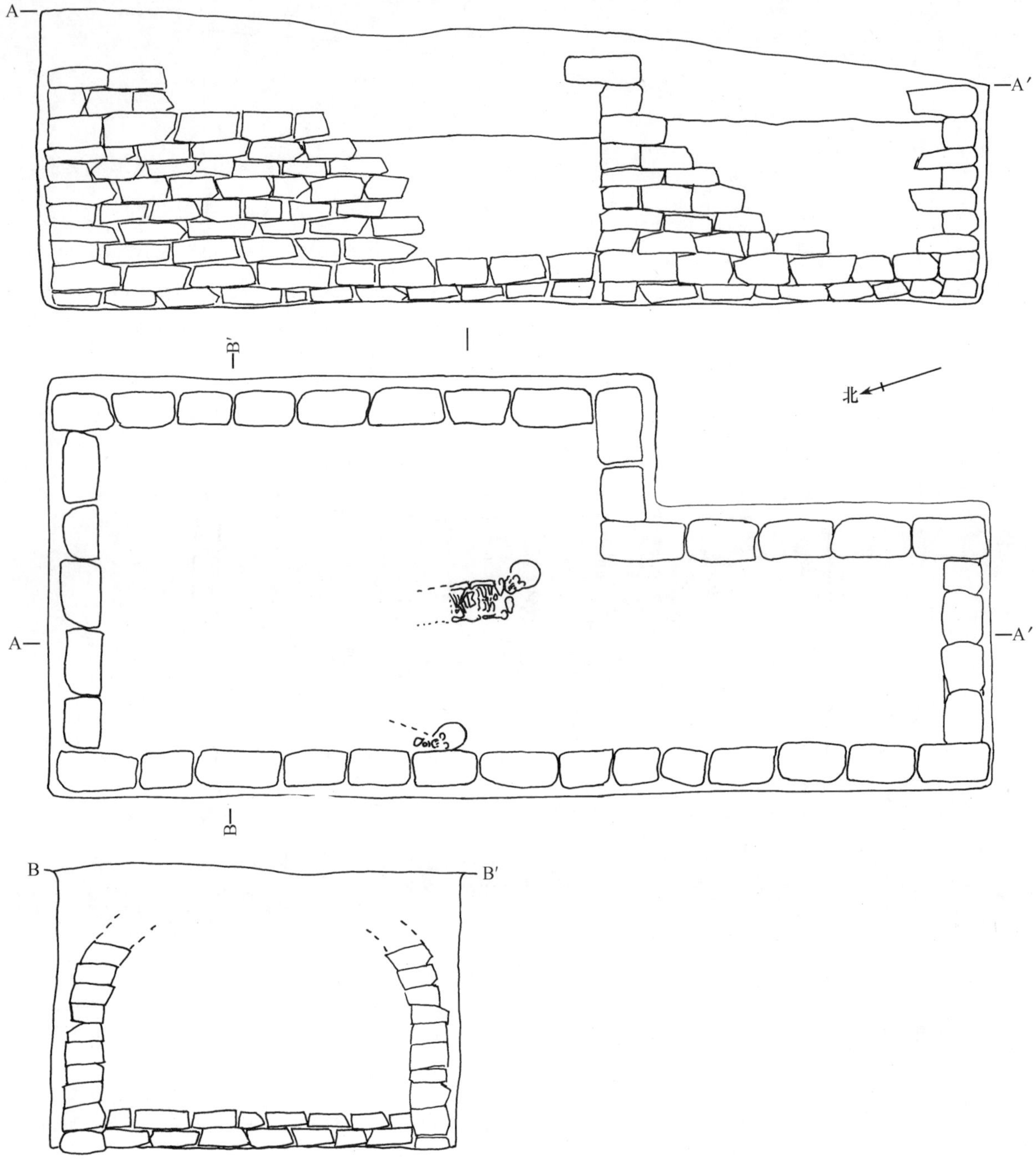

图三一　BM3平、剖面图

掘的5座墓葬，分布在100余平方米的范围内。另据当地做砖的民工介绍，前几年他们在取土做砖时，在B区本年度发掘区的北面发现了数座砖室墓。

对发掘出土的5座墓葬资料进行分析，春秋与战国时期墓葬的埋葬方向基本一致，均顺着大宁河而葬，即与大宁河平行；而东汉与清朝时期墓葬的埋葬方向均对着大宁河，即与大宁河垂直。从葬式来看，均为仰身直肢葬；头向有一定的规律性，春秋战国时期头向朝东，东汉和清朝时期头向朝南。另一个特点就是，从战国或战国以后，该地开始出现盗墓现象，且盗墓风

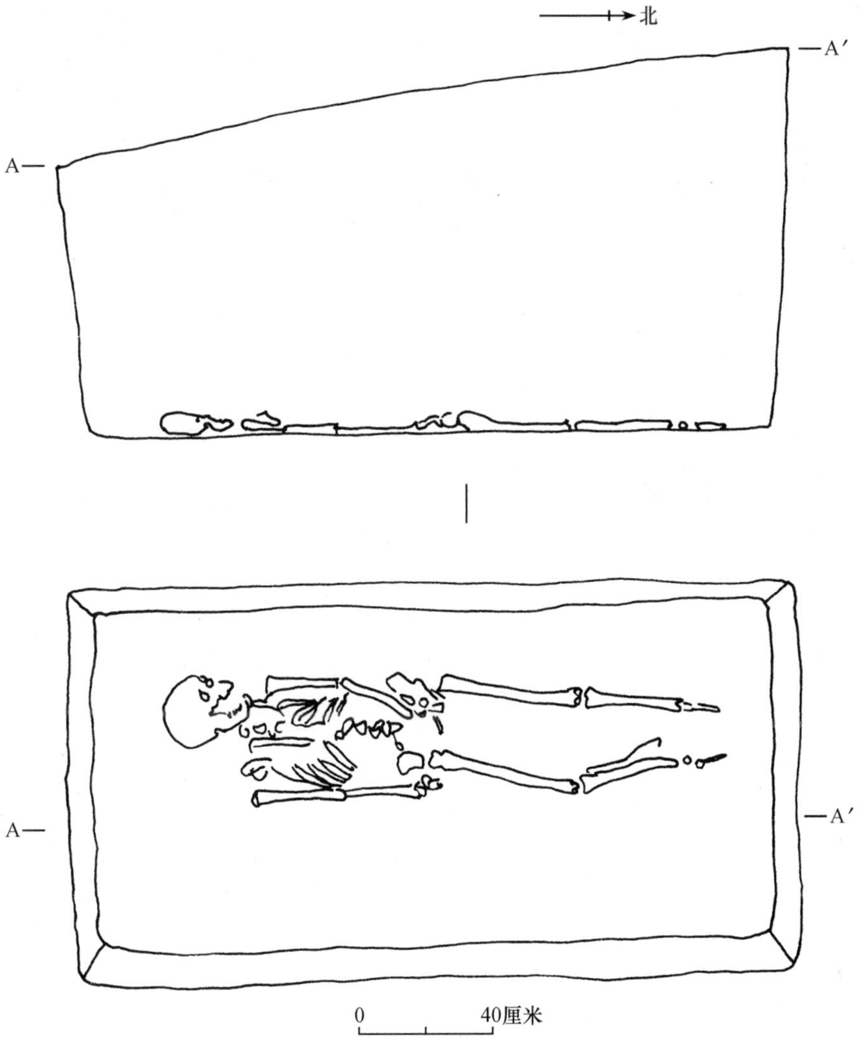

图三二　BM1平、剖面图

气较为严重。在战国墓葬的头部和东汉墓葬的甬道两侧，各发现有一个盗洞，墓内随葬品被洗劫一空。

大滂遗址的发掘，对于研究大宁河上游春秋时期的政治、经济、文化等方面提供了重要的实物资料，是一处重要的春秋时期的遗址。

附记：本次发掘与整理的主要人员有尹检顺（领队）、陈默（执行领队）、唐先华、曹支邻、秦光正、向树青等。绘图秦光正，照相曹支邻，拓片唐先华，器物修复向树青。本次发掘得到了当地政府和巫山县文管所的大力支持。在此一并致谢。

执笔：陈　默

巫山东坝遗址、洋溪河遗址2003年度发掘简报

中山大学人类学系
巫山县文物管理所

巫山县东坝遗址位于大昌盆地东缘，大宁河左岸的一级台地上。因地处大昌镇东面而故名。从大昌古城至大宁河支流洋溪河口是遗址范围。其平面大至为长方形，东西长2000、南北宽100～800米，东西走向，在其中部折向东北走向。遗址隶属于巫山县大昌镇兴盛村和兴隆村。两村以一条小冲沟龙王庙沟为界，兴盛村位于遗址东部，地势较低，海拔138～146米；兴隆村位于遗址西部，地势略高，海拔147～156米。这次发掘地点选择在遗址东部，当地老百姓称为八角丘的地方。遗址地理坐标为东经109°42′54″，北纬31°38′53″，海拔143.2～146.1米，隶属于兴盛村一、二组（图一；彩版一九五）。

巫山县洋溪河遗址位于巫山县大昌镇东坝以东约0.5千米的三角台地上，东临洋溪河大桥，西抵大冲沟，南面有低矮的丘陵，北靠洋溪河，西南与东坝遗址相距约400米，其地理坐标为东经 109°39′67″，北纬31°39′24″，海拔143.7～152.2米，隶属于巫山县大昌镇兴盛村三组。

在巫山县早年开展的调查中，东坝遗址和洋溪河遗址均有记录。东坝遗址："大昌镇兴胜村东200米，南距洋溪河80米，遗址地处两河交汇三角二级台地，东西长50、南北宽50米，文化层厚0.2～0.6米，离地表0.5～1米。采集有夹砂红陶、夹砂灰陶片，以绳纹为主。文化层被取土烧窑，破坏严重。"洋溪河遗址："地处洋溪河与史家河交汇三角台地，文化层长200、东西宽40、厚1.5米，距地表层0.2～1米。采集商周绳纹、弦纹夹砂陶片，器形有鬲足、豆柄、罐口沿和石斧等16件。"[①]1985年11～12月，四川省文物管理委员会等单位对巫山境内的古遗址进行调查，东坝遗址位列其中，属商周遗址一类[②]。1987年春季，为进一步了解川东地区史前文化遗存的分布及其特征，中国社会科学院考古研究所四川工作队又对大宁河流域和长江沿岸的部分遗存进行了调查，亦可见到东坝遗址[③]。以上调查均限于地面采集，对东坝遗址的认识不深。随着三峡工程的开展，1994年以来，多家单位在东坝遗址中的蓝家寨进行了多次发掘[④]。

为做好三峡库区文物保护和抢救发掘工作，受重庆市文物局委托，中山大学人类学系于2003年11月3日至12月在遗址东部进行了全面勘探工作。根据勘探提供的情况，并于2003年11月13日～12月30日对遗址东部地区开展了科学发掘工作。老乡称当地为八角丘，是大昌镇客货

① 四川省巫山县志编纂委员会：《巫山县志》，四川人民出版社，1991年，第548页。

② 四川省文物管理委员会等：《巫山境内长江、大宁河流域古遗址调查简报》，《四川考古报告集》，文物出版社，1998年。

③ 中国社会科学院考古研究所四川工作队：《四川万县地区考古调查》，《考古》1990年第4期。

④ 重庆市博物馆、湖南益阳市文物工作队、重庆巫山县文物管理所：《巫山蓝家寨遗址发掘报告》，《重庆库区考古报告集·1998卷》，科学出版社，2003年。

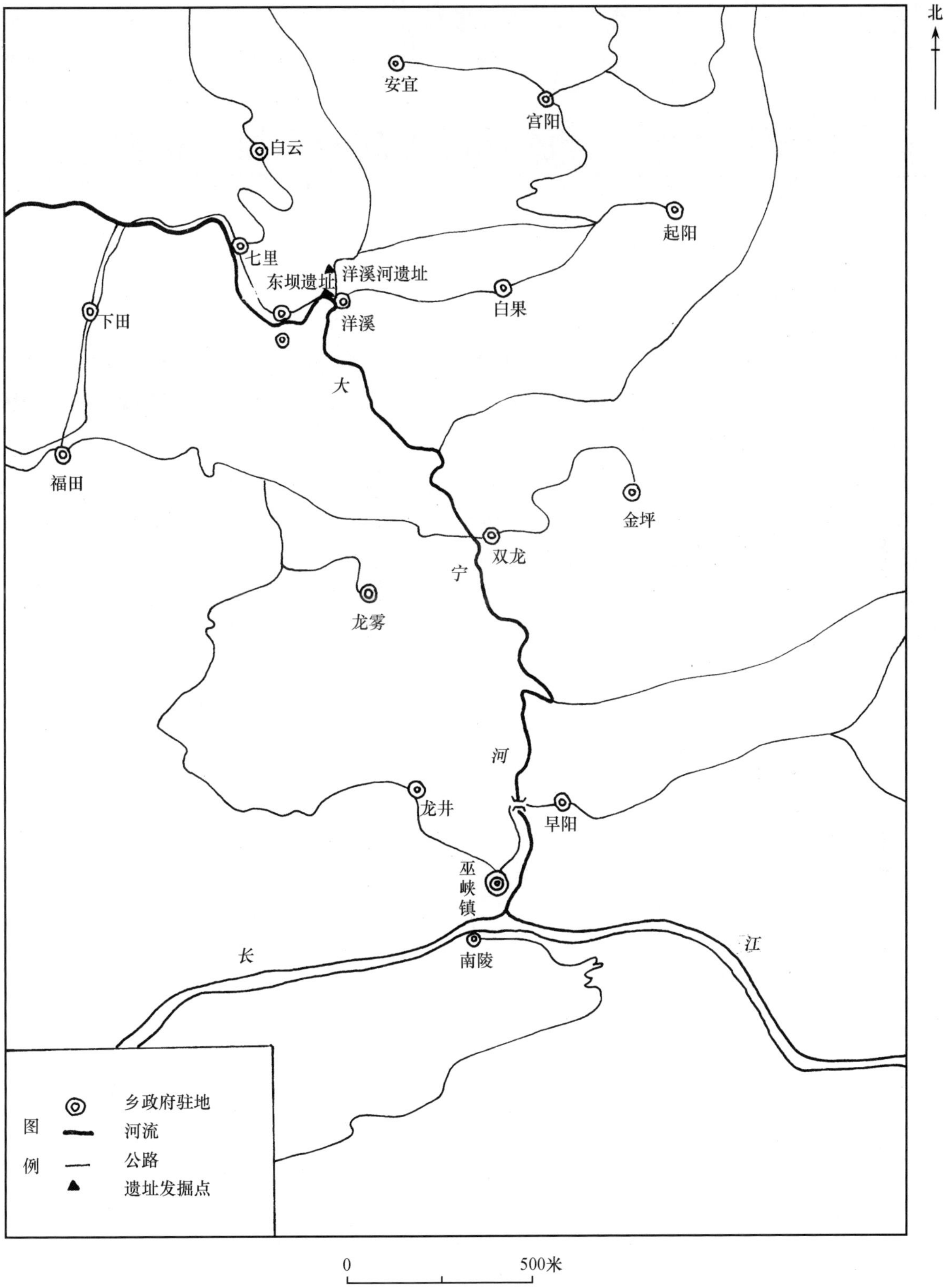

图一　东坝遗址、洋溪河遗址位置示意图

码头所在地。一条大昌至官阳的乡村公路呈东西走横贯遗址，并在遗址中部折向东北方向，将遗址分为东、西两个部分，公路以西的部分编为Ⅰ区，开5米×5米探方32个，发掘面积800平方米（图二）；公路以东的部分编为Ⅱ区，开5米×5米探方8个，发掘面积200平方米。两区合计发掘面积1000平方米。发掘之前，地面上均种植油菜。

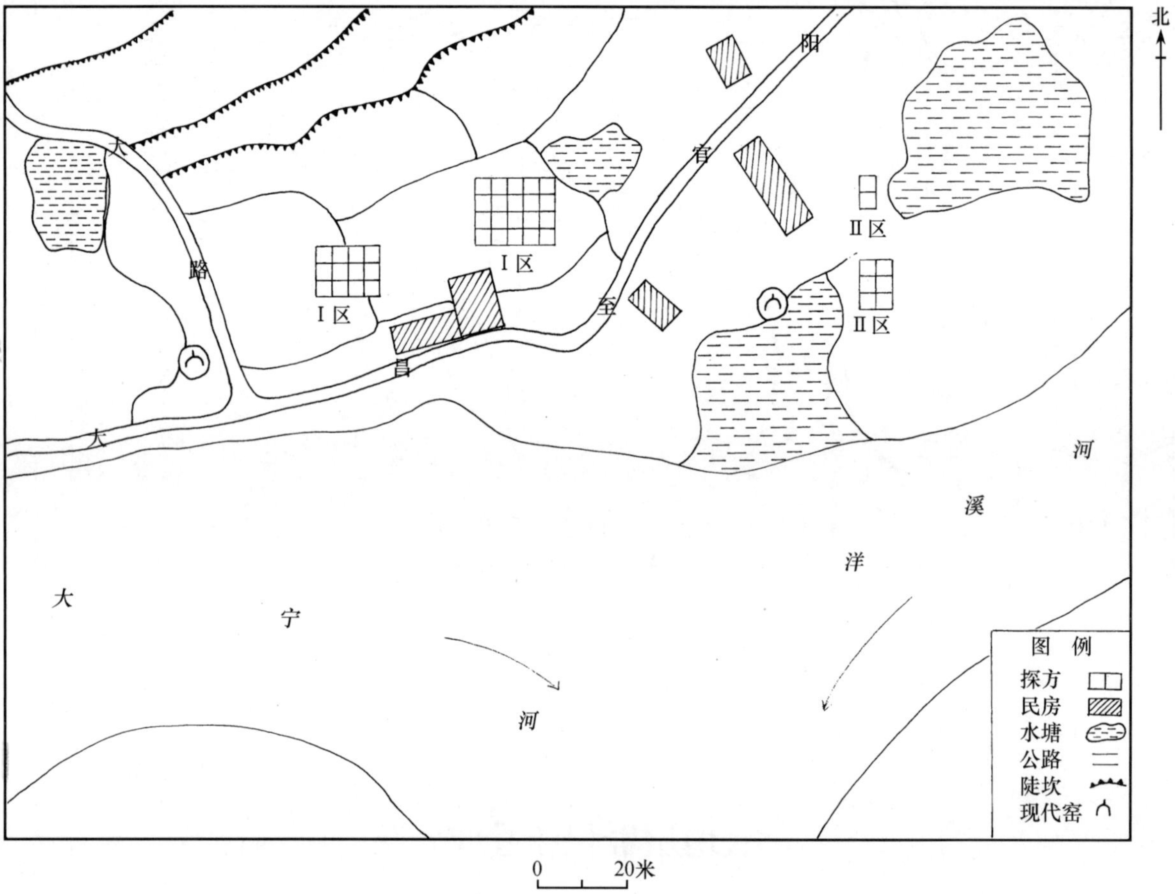

图二　东坝遗址Ⅰ区、Ⅱ区探方位置分布图

长时间以来，由于现代砖窑取土，对洋溪河遗址造成了严重的破坏。在2003年11月3日～12月10日的全面勘探中，已确知没有完好的文化地层堆积。根据勘探资料提供的情况，自2003年12月10日～12月16日在遗址的北部选择一块种植油菜的农田进行试掘工作，开5米×5米探方4个，发掘面积100平方米（图三）。

参加东坝遗址、洋溪河遗址勘探、发掘工作的有中山大学人类学系王宏、2002级研究生姚春、湖北省随州市曾都区考古队陈晓琨，技术工作人员刘明怀、王家正、刘中标、王仁浩等。

现将东坝遗址、洋溪河遗址的发掘情况报告如下。

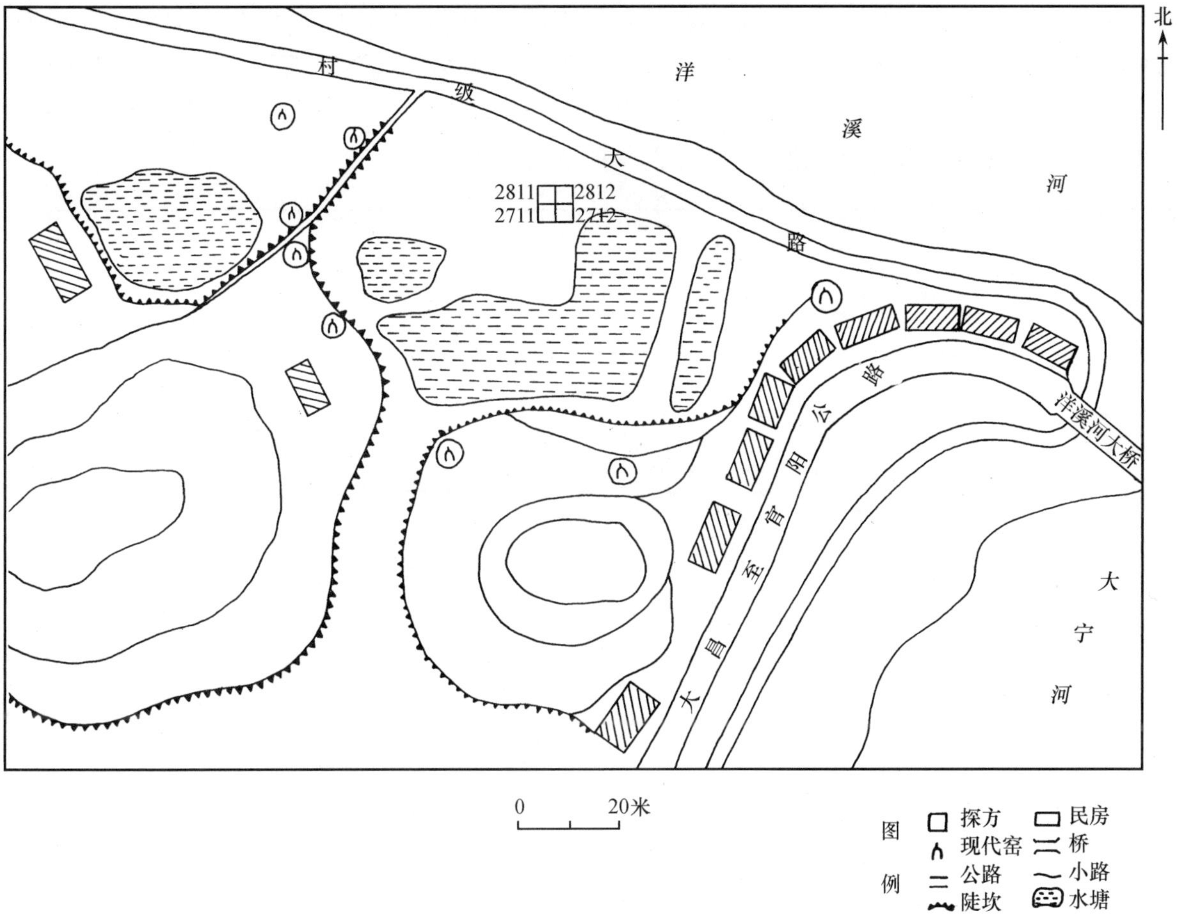

图三　洋溪河遗址探方分布图

一、地层堆积和遗址分期

东坝遗址Ⅰ、Ⅱ两区的地层堆积不尽相同。Ⅰ区计有东、西两个发掘地点，两地点仅距30米，其地层堆积基本相同。地层堆积层次最多的为6层，其中的1～5层均广泛分布于Ⅰ区内的两个发掘点，第6层在东部发掘点分布面积较大，除ⅠT3142～ⅠT3442、ⅠT3346、ⅠT3345无分布外，其余探方均有分布。第6层在西部的发掘点除在ⅠT2932～ⅠT2935有分布外，其余均无分布。Ⅱ区有地层堆积层次最多只有5层，最少的只有2层，除ⅡT1741只有2层外，其余7个探方均有1～3层，第4层只在ⅡT1115、ⅡT1814有分布，第5层仅在ⅡT1814的中北部有分布。

东坝遗址Ⅰ区的地层堆积现以ⅠT3242～ⅠT3246北壁地层剖面为例加以说明（图四）。

第1层：耕土层。灰色亚黏土。厚15～20厘米。土质松软。各方均有分布。内含有少量近现代砖瓦碎片和陶瓷残片。

第2层：黄褐色黏土。深15～20、厚15～25厘米。土质较硬。各方均有分布。内含有近代砖瓦碎片、零星红烧土、草木灰等，出有少量泥质灰色、红色陶片，出土铁斧1件。

第3层：红褐色黏土。深30～40、厚5～20厘米。土质较紧结。各方均有分布。出有少量泥质绳纹灰陶、红陶陶片外，还有酱釉陶片、白瓷片及青花瓷片出土，并出土石斧、铁环各1

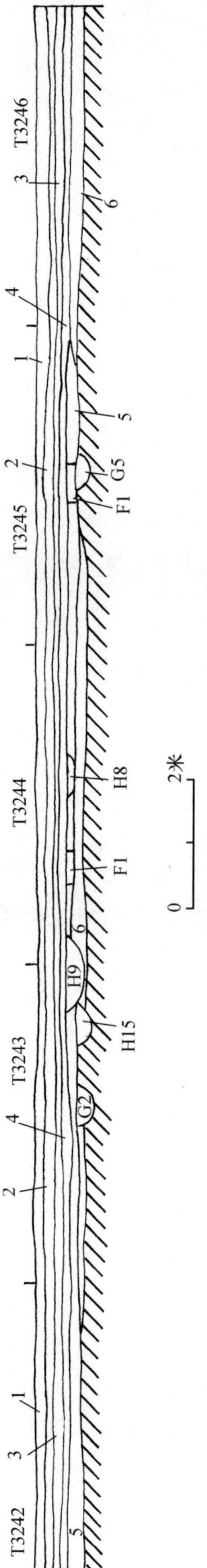

图四　东坝遗址Ⅰ区T3242～T3246北壁地层剖面图

件。本层下压ⅠG1等。

第4层：灰黑色黏土。深35～50、厚5～15厘米。土质松软。各方均有分布。内含有木炭灰、红烧土块。出有泥质灰陶、红褐陶、橙黄陶陶片。绳纹为主要纹饰。主要器形有鬲、盂、罐、盆等，同时还有黑釉瓷碗、影青瓷碗、铁削刀、铁凿等。本层下压ⅠF1、ⅠW1、ⅠH2、ⅠH5等。

第5层：灰褐色黏土。深50～65、厚10～50厘米。土质较松软。除ⅠT3242无分布外，其余各方均有分布。内含有少量木炭灰、红烧土颗粒、小鹅卵石。本层出土的陶片以泥质为主，也有少量夹砂陶，陶色以灰陶、橙黄陶、红陶、褐陶、黑衣陶等。除绳纹外，还有弦纹、附加堆纹等，素面陶片占有较大的比例。主要器形有鼎、釜、豆、盂、罐、盆、瓮等。出有石斧、石凿、铜镞、铜矿石、铁斧、铁锸等。本层下压ⅠH4、ⅠH15、ⅠG2、ⅠG5等。

第6层：黄褐夹灰斑黏土。深45～75、厚5～30厘米。土质坚硬。除ⅠT3242无分布外，其余探方均有分布。内夹有零星的红烧土、草木灰和炭屑，出有泥质陶和夹砂陶，以泥质陶为大多数。陶色有灰陶、黑衣陶、褐陶、橙黄陶、红陶等。除绳纹外，还有弦纹、附加堆纹、镂孔等，素面陶占有一定的比例。主要器形有鬲、斧、甑、豆、盂、罐、盆、瓮等，此外还出有铜镞。本层下压ⅠH18等。

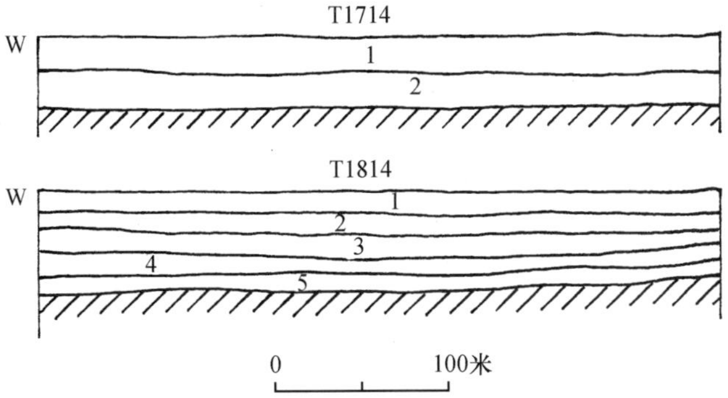

图五 东坝遗址Ⅱ区T1714、T1814北壁地层剖面图

第6层以下为黄色生土。

东坝遗址Ⅱ区的地层堆积现以ⅡT1714、ⅡT1814北壁地层剖面为例加以说明（图五）。

第1层：耕土层。灰色亚黏土。厚15～20厘米。土质疏松。各方均有分布。含有现代砖瓦碎片和近现代瓷片。

第2层：黄褐色黏土。深15～20、厚10～25厘米。土质较硬结。各方均有分布。出有极少的近代瓷片。本层下压ⅡH1。

第3层：红褐色黏土。深20～30、厚0～10厘米。土质较结。此层仅分布在ⅡT1814的西部和北部。含有少量的粗砂颗粒。出有零星的明代青花瓷片。

第4层：灰黑色黏土。深30～35、厚0～10厘米。土质松软。仅在ⅡT1814的西北角堆积稍厚一些。出有少量的泥质灰陶盆、罐残片和青瓷片、白瓷片。

第5层：灰褐色黏土。深40～50、厚0～10厘米。仅分布在ⅡT1814的西部和北部。出有泥质灰陶盆、橙黄陶罐残片。

第5层以下为黄色生土。

从上述情况可知，东坝遗址Ⅰ、Ⅱ区第1～5层地层堆积是完全相同的，只有Ⅱ区没有发现第6层堆积，可能是早期扰乱所致。关于各个地层的年代，现根据各层出土的文化遗物做如下推断。

第1层：为现代耕土层。

第2层：虽然出有泥质灰陶片等早期遗物，但也出有清代青花瓷片，因此推断其为清代文

化遗存。

第3层：出有泥质绳纹灰陶片等早期遗物，但主要是出有明代灰白瓷片、乳白瓷片、青花瓷片，而没有发现清代的文化遗物，因此推断其为明代文化堆积。

第4层：虽然出有泥质灰陶、褐陶等早期遗物，但也有宋代的黑釉陶碗、影青瓷葵口碗等宋代陶瓷器出土，因此推断其为宋代文化堆积。

第5层：出有圆柱形平底鬲足、细柄豆等战国时期的遗物，但更多的是鼎、豆、盂、罐、盆、瓮等西汉时期的遗物，因此推断其为西汉时期的文化堆积。

第6层：地层堆积较薄，出土的遗物不多，但其形制、特征有明显战国时期的特点，并未发现西汉时期的文化遗物，据此推断其为战国时期的文化堆积。

在这里值得注意的是，限于遗址的客观地理条件及遗址所受到的扰乱程度，我们发现晚期地层及一些晚期遗迹单位存在少量被扰乱上来的早期遗物，因此，这些单位中发现的个别鬲足、铜镞等遗物，我们在下文中将其归回在早期遗存中一并叙述。

洋溪河遗址的地层堆积，因揭示的面积狭小，地层堆积比较简单，只有4个层次堆积，现以T2711、T2811东壁地层剖面为例加以说明。

第1层：耕土层。深灰色亚砂土。厚20～30厘米。土质疏松呈颗粒态。各方均有分布。内含少量现代砖瓦碎片。出有极少的现近代陶、瓷片。

第2层：红褐色亚砂土。深20～30、厚4～45厘米。土质较松散。各方均有分布。内含有零星红烧土颗粒、炭渣。仅出有数片明清时期青花瓷片。

第3层：灰褐色黏土。深70～80、厚45～70厘米。土质较硬。各方均有分布。内含有零星红烧土颗粒、炭渣、鹅卵石块。出有极少的明代青花瓷片。

第4层：黑褐色黏土。深130～150、厚30～45厘米。土质板结。各方均有分布。内含有小鹅卵石块。出有少量的泥质素面灰陶及零星宋代白瓷片、黑釉陶片等。

第4层以下为黄色生土。

洋溪河遗址因其地面砖窑烧砖用土，已将遗址中的区域破坏殆尽。在不到10000平方米的遗址分布范围，竟然还残存现代砖窑8个，足以说明多年来砖窑烧砖用土量之大。这次试掘的4个探方各地层下均未发现遗迹现象。各地层出土的遗物也很少，而且都不能复原，故而未能提取进行叙述。这也从一个侧面告知我们，试掘的地点可能是在遗址的边缘地带，想要获得该遗址文化内涵更多更准确的信息似乎是没有可能了。

东坝遗址Ⅰ、Ⅱ两区发现的遗迹总数32个，其种类有房基、瓮棺、灰坑、灰沟。Ⅰ区发现有房基1座、瓮棺1座、灰坑19座、灰沟4条（图六）。Ⅱ区发现有灰坑6个、灰沟1条（图七）。各个遗迹的层位关系如下。

开口于探方第2层下的有ⅡH1、ⅡH2、ⅡH4；

开口于探方第3层下的有ⅠH1、ⅠG1、ⅡH3、ⅡH5、ⅡH6、ⅡG1；

开口于探方第4层下的有ⅠF1、ⅠW1、ⅠH2、ⅠH3、ⅠH5、ⅠH8、ⅠH9、ⅠH16；

开口于探方第5层下的有ⅠH4、ⅠH6、ⅠH7、ⅠH10、ⅠH11、ⅠH12、ⅠH13、ⅠH14、ⅠH15、ⅠH17、ⅠG2、ⅠG4、ⅠG5；

开口于探方第6层下的有ⅠH18、ⅠH19。

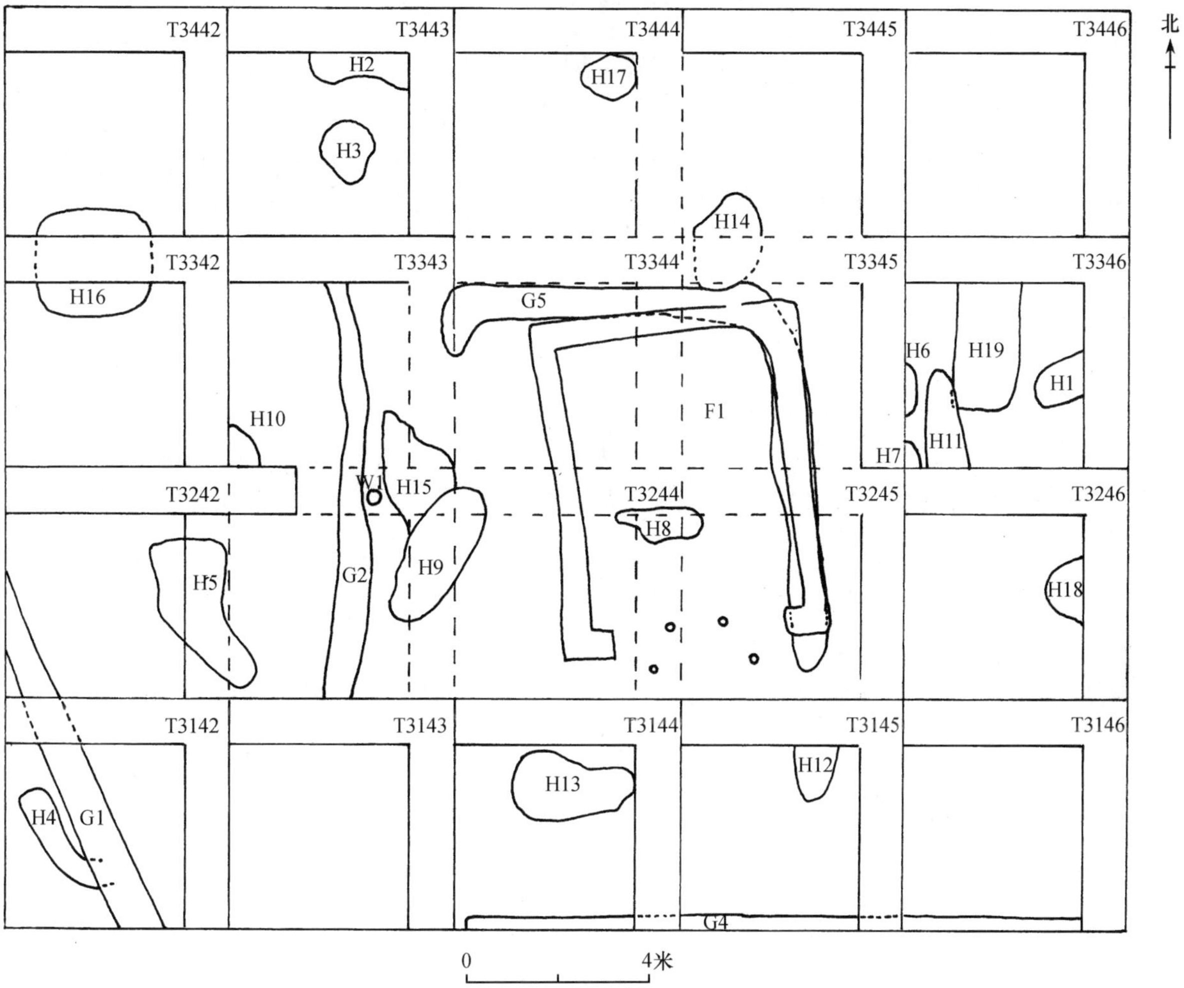

图六　东坝遗址Ⅰ区发掘探方遗迹平面图

关于上述遗迹的年代，现根据各个遗迹的层位关系和出土遗物的形制特征，做如下初步推断。

开口于探方第2层下的ⅡH1、ⅡH2均打破生土层。其中ⅡH1只出有泥质灰陶盆等西汉早期遗物，因此推断其年代可能为西汉早期；而ⅡH2不仅出有泥质灰陶罐等，同时还出有清代青花瓷碗，因此推断其年代应为清代。开口于探方第2层下的ⅡH4打破第3层，其填土中出有清代青花瓷杯等，因而它的年代也应为清代。

开口于探方第3层下的ⅠH1、ⅠG1、ⅡH5、ⅡH6、ⅡG1均打破第4层。开口于探方第3层下的ⅡH3，打破生土层。ⅠH1、ⅠG1虽然填土中出有泥质灰陶器残片等西汉早期的遗物，但同时与ⅡH3、ⅡH5、ⅡH6、ⅡG1一样均出有青花瓷碗等明代遗物，因此初步推断它们的年代应为明代。

开口于探方第4层下的ⅠF1、ⅠW1、ⅠH2、ⅠH3、ⅠH5、ⅠH8、ⅠH9、ⅠH16均打破第5层。ⅠF1被ⅠH8打破，同时又打破ⅠG5，其房内的填土中也含有西汉陶器残片；ⅠW1使用的是一件具有西汉早期特征的泥质绳纹灰陶圜底高领瓮（其盖为素面陶盂）；ⅠH2及ⅠH8、ⅠH9、ⅠH16的填土中均出有泥质灰陶罐等西汉早期遗物；ⅠH3虽然未出泥质灰陶器残片，但其填土的土质、土色及包含物与同时期的其他灰坑相同。因此ⅠF1、ⅠW1、ⅠH2、ⅠH3、

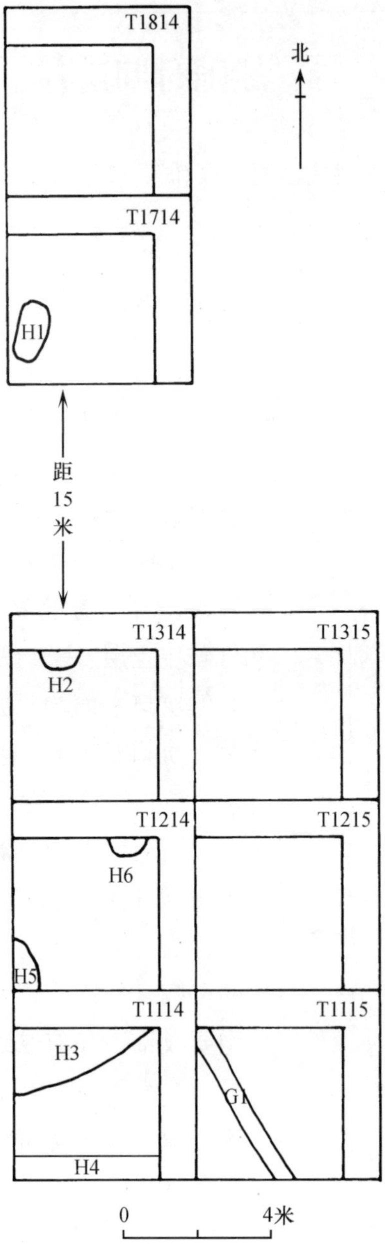

图七　东坝遗址Ⅱ区发掘探方遗迹平面图

ⅠH8、ⅠH9、ⅠH16的年代应为西汉早期。ⅠH5的填土中除出有泥质灰陶罐等西汉早期遗物外，还出有酱色瓷罐、乳白瓷碗等宋代遗物，因此初步推断它的年代应为宋代。

开口于探方第5层下的ⅠH6、ⅠH10、ⅠH11、ⅠH12、ⅠH13、ⅠH14、ⅠH15、ⅠH17、ⅠG2、ⅠG4、ⅠG5均打破第6层；开口于探方第5层下的ⅠH4、ⅠH7均打破生土层。这批灰坑及沟填土中出土的遗物除极少为战国早期外，绝大部分均为西汉早期的遗物。因之初步推断它们的年代应为西汉早期。

开口于探方第6层下的ⅠH18、ⅠH19，打破生土层。填土中出土的陶器残片全部为战国晚期。因此初步推断它们的年代应为战国晚期。

下面我们将分期进行叙述。

二、战国时期遗存

战国时期遗存主要包括Ⅰ区探方第6层地层堆积和开口于此层下的ⅠH18、ⅠH19，以及各单位出土的战国时期的遗物。

（一）文化遗迹

只发现灰坑2个，编号为ⅠH18、ⅠH19，无其他遗迹发现。从揭示的坑口形状来看有半圆形和长方形的，现以ⅠH19为例叙述如下。

ⅠH19　位于ⅠT3346的中部和北部，部分坑口被压在探方北隔梁下，其开口在探方第6层下，打破生土层。坑口距地表深70～75厘米。已揭示出来的坑口平面为长方形，坑壁较陡直，坑底比较平整。坑口长274、宽135厘米，坑底长266、宽95厘米，坑口至坑底深50～70厘米（图八）。

图八　ⅠH19平、剖面图

坑内填土为黄褐色黏土。土质较疏松。内夹有大量草木灰、红烧土颗粒。出土的陶片多为泥质陶，夹砂陶很少；陶色以灰陶最多，此外还有少量的褐陶、红陶、橙黄陶、黑衣陶；绳纹为陶片中的主要纹饰，还有弦纹、弦断绳纹、交错绳纹比较多见，素面陶占有一定的比例；主要器形有豆、盂、罐、瓮。从此坑的形制推测当时可能作为窖藏使用，废弃后为生活垃圾坑。

（二）文化遗物

遗物按质地分有陶器、铜器。现将各类遗物分述如下。

1. 陶器

陶器多为碎片，没有完整的容器。

陶片有泥质和夹砂两种，泥质陶占有大多数；陶色以灰陶为主，还有黑衣陶、橙黄陶、褐陶和红陶等；纹饰以绳纹居多，除一般绳纹外，还有弦断绳纹、交错绳纹，此外还有弦纹、附加堆纹、镂孔，素面陶占有较大的比重。现以东坝遗址ⅠT3146第6层为例将陶片统计列表如下（表一）。

表一　I T3146第6层陶系统计表　（单位：片）

陶质	泥质					夹砂				合计	百分比/%
纹饰＼陶色	灰陶	黑衣陶	橙黄陶	褐陶	红陶	灰陶	黑衣陶	橙黄陶	褐陶		
绳纹	66	8	3	2	2	4	4	2		91	50.56
交错绳纹	16							2	2	20	11.11
弦断绳纹	5	3			1	2				11	6.11
弦纹	5									5	2.78
附加堆纹	3					1				4	2.22
镂孔	2									2	1.11
素面	29	6	4	5		3				47	26.11
合计	126	17	7	7	3	10	4	4	2	180	
百分比/%	70.00	9.44	3.89	3.89	1.67	5.56	2.22	2.22	1.11		100

属于这一时期的陶器器类有鬲、釜、甑、豆、壶、盂、罐、盆、瓮、纺轮等，其中主要是生活用品。现以东坝遗址ⅠT3146第6层为例将出土的陶器器形统计列表如下（表二）。

表二　I T3146第6层陶器器形统计表　（单位：件）

陶质陶色＼器形		甑	盂	罐	盆	合计	百分比/%
泥质	灰陶	2	3	2	1	8	72.72
	褐陶		1	1		2	18.18
	黑衣陶			1		1	9.10
合计		2	4	4	1	11	
百分比/%		18.18	36.36	36.36	9.10		100

在陶器的制法上，大部分为轮制，在部分陶器的肩部和底部还可见到旋痕。个别部件为模制和手制。有的陶器是轮、手或模制结合使用。现将陶器按鬲、釜、豆、盆、盂、罐、瓮、纺轮分述如下。

鬲　有口沿和足，无复原器。

鬲口沿　1件。ⅠT3346⑥：3，泥质褐胎黑衣陶。小口，宽折沿，圆唇，沿面微凹，斜颈，圆肩，肩下残。沿面饰凹弦纹数周，颈部饰竖行绳纹。口径24、残高5.4厘米（图九，1）。

鬲足　3件。按高矮形制分为二式。

Ⅰ式：1件。锥柱状。ⅠT3144⑤：2，夹砂红陶。足较粗矮。其上部内窝较深，足表面有刀削痕。残高4.5厘米（图九，2）。

Ⅱ式：2件。圆柱状。ⅠT3144⑤：4，夹砂红褐陶。足圆柱形较高，足底平。足表面饰竖行绳纹。残高10、足底径2.8厘米（图九，3）。ⅠT3146⑥：5，夹砂褐陶饰黑衣。残存下半部

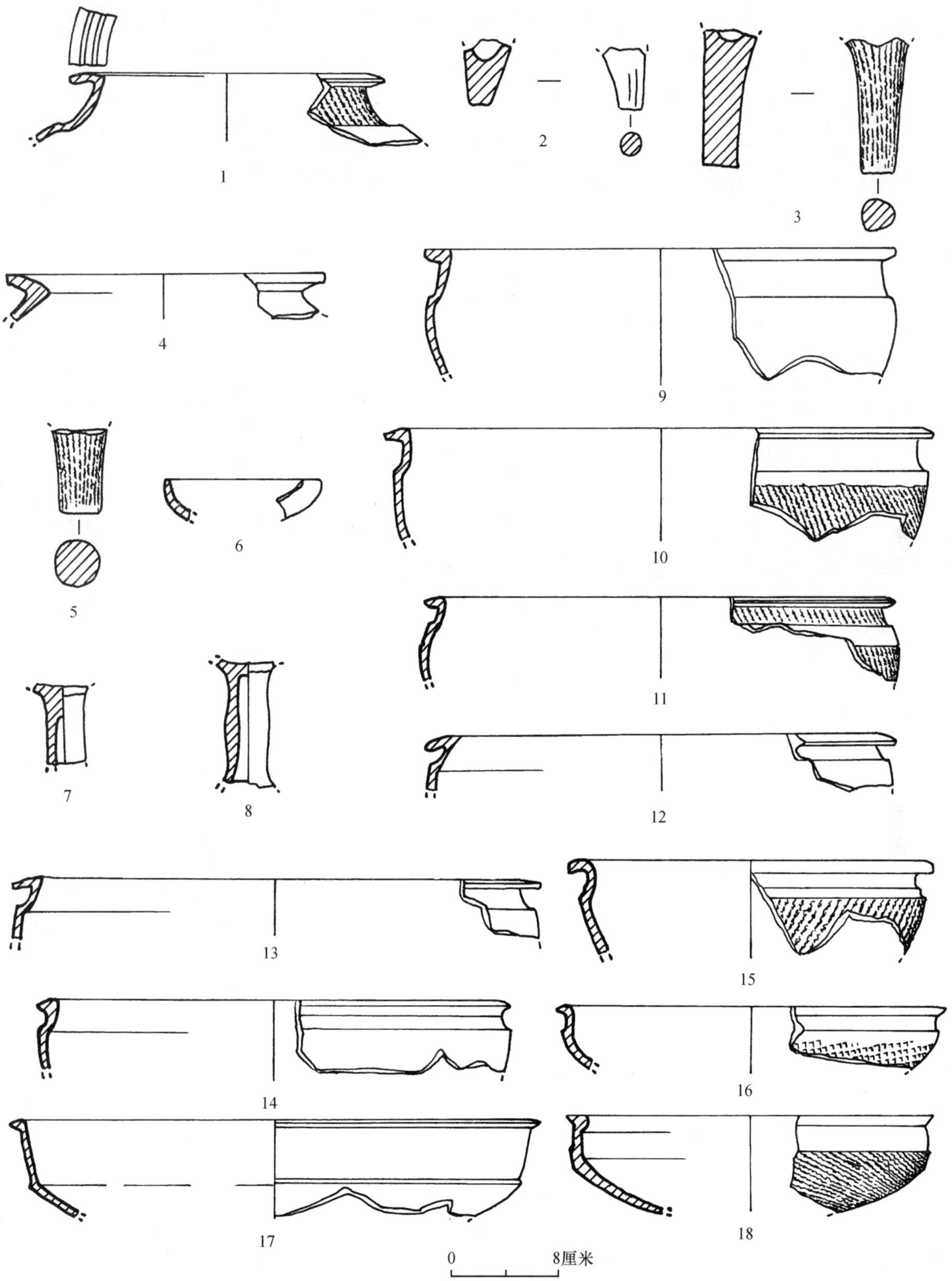

图九　战国时期陶器

1. 鬲口沿（ⅠT3346⑥：3）　2. Ⅰ式鬲足（ⅠT3144⑤：2）　3、5. Ⅱ式鬲足（ⅠT3144⑤：4、ⅠT3146⑥：5）　4. 釜（ⅠT3443⑥：6）　6. 豆盘（ⅠT3143⑤：4）　7. Ⅰ式豆柄（ⅠT3243⑥：1）　8. Ⅱ式豆柄（ⅠT3234⑥：2）　9. A型Ⅰ式盆（ⅠT3444⑥：1）　10. A型Ⅱ式盆（ⅠT3443⑥：2）　11. B型Ⅰ式盆（ⅠH19：3）　12、13. B型Ⅱ式盆（ⅠT3146⑥：3、ⅠT3146⑥：6）　14. B型Ⅲ式盆（ⅠT3346⑥：2）　15. C型Ⅰ式盆（ⅠT3444⑥：2）　16、18. C型Ⅱ式盆（ⅠT3144⑥：1、ⅠT3346⑥：1）　17. D型盆（ⅠT3443⑥：1）

分，足底平。足表面饰竖行绳纹。残高6、足底径3.2厘米（图九，5）。

釜　仅发现1件。ⅠT3443⑥：6，仅存口沿残片。夹砂褐陶。卷沿，沿面上仰，方唇，斜肩，肩下残。口径24、残高3.6厘米（图九，4）。

豆　有豆盘和豆柄。

豆盘　1件。ⅠT3143⑤：4，仅残存盘口沿。泥质灰胎黑衣陶。圆弧形盘口，口小盘深，盘底部残。口径12、残高2.8厘米（图九，6）。

豆柄　2件。可分二式。

Ⅰ式：1件。柄腰细直。ⅠT3243⑥：1，泥质灰陶。盘心微凹，圆柱形柄中空，柄下部残。柄径2.8、残高5.6厘米（图九，7）。

Ⅱ式：1件。柄腰外鼓。ⅠT3234⑥：2，泥质灰陶。盘心微凹，圆柱形柄中空，柄下部残。柄径3.6、残高9.2厘米（图九，8）。

盆　出土数量较多。按其形制可分四型。

A型　2件。深腹，高领。可分二式。

Ⅰ式：1件。平折沿。ⅠT3444⑥：1，泥质灰陶。圆唇，颈斜直，弧腹微鼓，腹下残。口径36、残高10.5厘米（图九，9）。

Ⅱ式：1件。窄折沿，沿面外斜。ⅠT3443⑥：2，泥质灰陶。颈竖直，弧腹，腹部残。腹饰绳纹。口径40.9、残高8.4厘米（图九，10）。

B型　4件。深腹。矮颈。可分三式。

Ⅰ式：1件。窄折沿。ⅠH19：3，泥质灰陶。折沿，沿面稍斜，尖唇，圆腹，腹下部残。口径36、残高6厘米（图九，11）。

Ⅱ式：2件。宽折沿。ⅠT3146⑥：3，泥质灰陶施黑陶衣。沿面圆凸并下倾，圆唇，束颈，折肩，中腹以下残。素面。口径36、残高4厘米（图九，12）。ⅠT3146⑥：6，平沿下倾，方唇，束颈，折肩，中腹以下残。素面。口径40、残高4.4厘米（图九，13）。

Ⅲ式：1件。卷沿、尖唇。ⅠT3346⑥：2，泥质灰陶。尖唇，较厚实，沿面外斜，弧腹，腹部残。口径36、残高5.2厘米（图九，14）。

C型　3件。浅腹。可分二式。

Ⅰ式：1件。方唇。ⅠT3444⑥：2，泥质灰陶。平折沿，束颈，腹斜弧内收，腹下残。腹饰斜行绳纹。口径28、残高6.8厘米（图九，15）。

Ⅱ式：2件。尖唇。ⅠT3144⑥：1，泥质灰陶。卷沿，矮颈，腹斜弧内收，腹下部残。腹饰方格纹。口径30、残高5厘米（图九，16）。ⅠT3346⑥：1，泥质灰陶。平沿，束颈上腹微弧，下腹内收。下腹饰绳纹。口径28、残高7.2厘米（图九，18）。

D型　1件。折腹。ⅠT3443⑥：1，泥质灰陶。敞口，折沿，尖唇，腹斜直折收，腹下部残。折腹处饰有凸棱一周。口径40、残高7.1厘米（图九，17）。

盂　4件。可分二型。

A型　2件。有颈，浅腹。ⅠT3146⑥：2，泥质灰陶。敛口，平折沿，圆唇，矮颈，直腹下收，腹下部残。腹下部饰交错绳纹。口径24、残高5.2厘米（图一〇，1）。

B型　2件。无颈，深腹。可分二式。

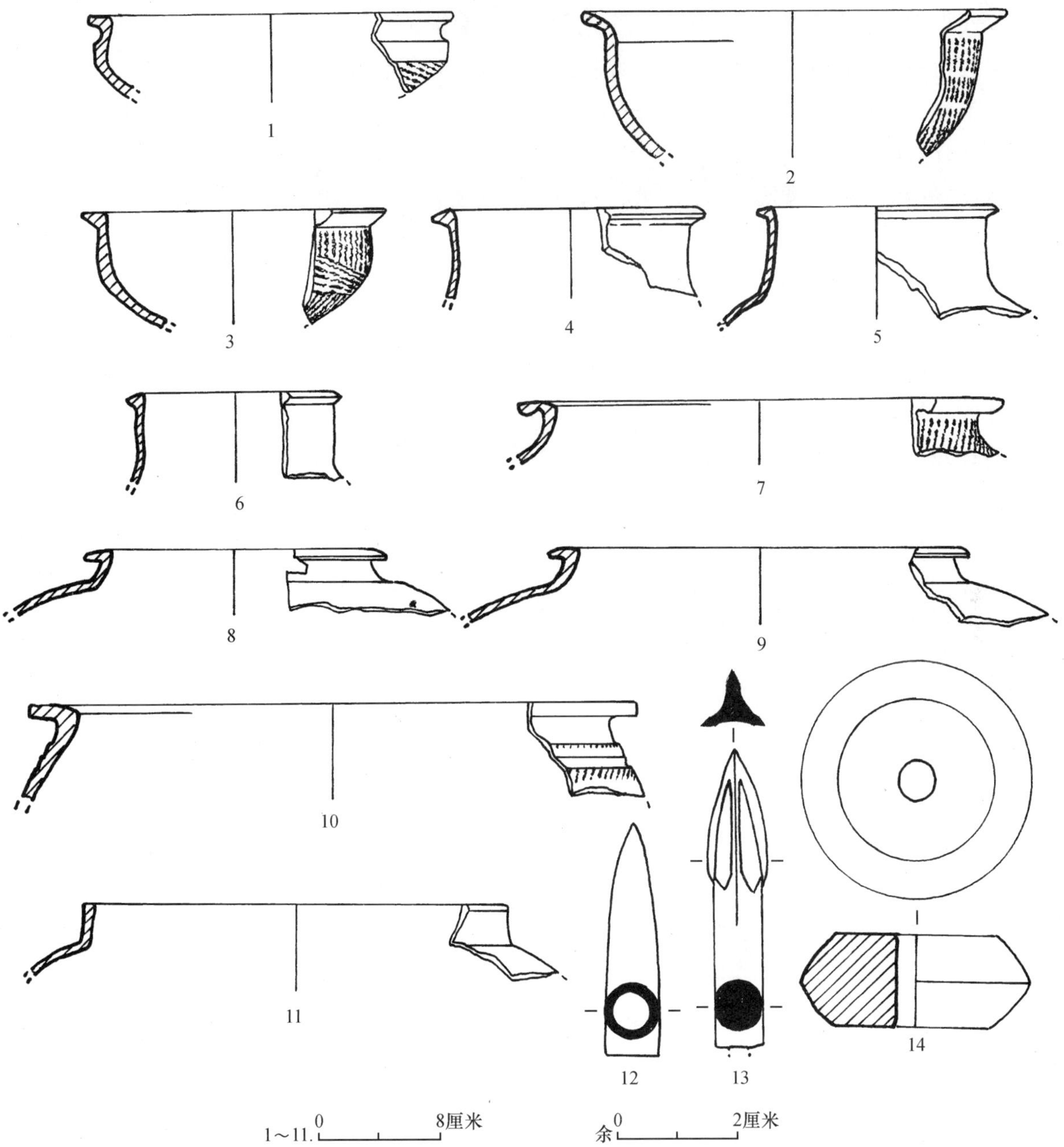

图一〇　战国时期陶器、铜器

1. A型陶盂（ⅠT3146⑥：2）　2. B型Ⅰ式陶盂（ⅠT3146⑥：4）　3. B型Ⅱ式陶盂（ⅠT3246⑥：4）　4. A型Ⅰ式陶罐（ⅠH19：2）　5、6. A型Ⅱ式陶罐（ⅠT3246⑥：2、ⅠT3146⑥：2）　7. B型Ⅰ式陶罐（ⅠT3246⑥：5）　8. B型Ⅱ式陶罐（ⅠT3443⑥：5）　9. A型陶瓮（ⅠT3443⑥：3）　10. B型陶瓮（ⅠT3246⑥：3）　11. C型陶瓮（ⅠT3243⑥：3）　12. B型铜镞（ⅠT3246⑥：6）　13. A型铜镞（ⅠT3246⑥：1）　14. 陶纺轮（ⅠT3443③：1）

Ⅰ式：1件。敞口。ⅠT3146⑥：4，夹砂红陶胎黑衣陶。卷沿，厚圆唇，弧腹，腹下部残。腹饰弦断绳纹。口径28、残高9.6厘米（图一〇，2）。

Ⅱ式：1件。直口。ⅠT3246⑥：4，泥质灰陶。折沿，直腹，腹直内收，近底部残。腹饰交错绳纹。口径20、残高7.2厘米（图一〇，3）。

罐　7件。可分二型。

A型　4件。高领。可分二式。

Ⅰ式：1件。束颈。ⅠH19：2，泥质灰陶。口微敞，卷沿，尖圆唇，高领微内束，颈下残。口径18、残高5.6厘米（图一〇，4）。

Ⅱ式：3件。直颈。ⅠT3246⑥：2，泥质灰陶。直口，卷沿，尖圆唇，颈下残。口径16、残高7.2厘米（图一〇，5）。ⅠT3146⑥：2，泥质灰陶施黑衣。卷沿，尖圆唇，颈下部残。口径14、残高5.6厘米（图一〇，6）。

B型　3件。矮领。可分二式。

Ⅰ式：1件。宽沿。ⅠT3246⑥：5，泥质灰胎黑衣陶。敛口，圆唇，斜颈，颈下残。颈饰绳纹抹平。口径32、残高3.8厘米（图一〇，7）。

Ⅱ式：2件。窄沿。ⅠT3443⑥：5，泥质灰陶。敛口，折沿，圆唇，斜颈，圆肩，肩下残。口径20、残高4厘米（图一〇，8）。

瓮　5件。可分三型。

A型　3件。有颈。ⅠT3443⑥：3，泥质灰陶。敛口，卷沿，尖圆唇，沿面微凹，斜颈较矮，圆肩，肩下残。口径28、残高4.8厘米（图一〇，9）。

B型　1件。无颈。ⅠT3246⑥：3，泥质红褐陶。敛口，折沿，方唇，沿面微凹，斜直腹，腹部残。腹饰弦断绳纹。口径40、残高6厘米（图一〇，10）。

C型　1件。直领。ⅠT3243⑥：3，泥质灰陶。直口微敛，厚圆唇，圆肩，肩下残。口径28、残高4.8厘米（图一〇，11）。

纺轮　1件。ⅠT3443③：1，泥质灰陶。算珠形体。轮边有凹棱一周。其中心有一圆形穿孔。孔径0.6、轮径3.8、高1.5厘米（图一〇，14；彩版一九八，4右）。

2. 铜器

仅有镞2件。可分二型。

A型　1件。三棱形。ⅠT3246⑥：1，镞尖锋利，三棱形翼，圆柱状镞身，铤残。残长4.8、翼宽1、镞身直径0.8厘米（图一〇，13）。

B型　1件。圆柱形。ⅠT3246⑥：6，镞头尖圆，镞身呈圆锥形，中空。全长3.7、直径0.8厘米（图一〇，12；彩版一九七，2）。

三、西汉时期遗存

西汉时期遗存主要包括Ⅰ、Ⅱ两区探方第5层地层堆积和开口于第5层下的ⅠH4、ⅠH6、ⅠH7、ⅠH10、ⅠH11、ⅠH12、ⅠH13、ⅠH14、ⅠH15、ⅠH17、ⅠG2、ⅠG4、ⅠG5以及ⅠF1、ⅠW1、ⅠH2、ⅠH3、ⅠH8、ⅠH9、ⅡH1和各个单位出土的西汉时期的文化遗物。它是东坝遗址中最为丰富的文化堆积。

（一）文化遗迹

西汉时期的文化遗迹有房基1座、瓮棺1座、灰坑16个、灰沟3条。下面我们将这次发现的重要遗迹予以分类叙述。

1. 房基

ⅠF1　位于ⅠT3244、ⅠT3245、ⅠT3344、ⅠT3345内，开口于探方第4层下，打破第5层，距地表深50～60厘米。其平面为长方形地面式建筑，四边有长条形房基基槽。基槽宽50～60、深12～15厘米。基槽内有残存的墙基基石，有的墙基基石高出基槽20厘米。原墙基堆砌的形式已不清楚。在南面基槽中间一段没有基槽，即为门道，门道宽120厘米。并在门道内侧发现门旁的柱洞2个，两洞相距130厘米，应为木门的柱洞。同时在门外也发现柱洞2个，两洞相距3米。另外在基槽内发现柱洞4个，房内发现柱洞3个，房外发现柱洞3个，共计14个。柱洞规格有大小两种，均为圆形洞口，直壁平底，口底直径相同。大柱洞口径30厘米，洞口至底深20厘米。小柱洞口径30厘米，洞口至洞底深10厘米。门道的内外两侧的4个柱洞均为小柱洞。柱洞内的填土均为灰褐色，无包含物。房基南北长720、东西宽550、残高20厘米（图一一；彩版一九六，1）。

房内的居住面被探方第4层所扰乱。其土色为灰褐色。内夹有泥沙，土质松软。含有少量的木炭灰及红烧土颗粒。出有少量的汉代陶器物片。

2. 瓮棺

ⅠW1　位于ⅠT3243的北隔梁中，其开口在探方第4层下，打破第5层，距地深50厘米。瓮棺墓为圆形土坑墓，圆形坑口，弧形坑壁，圜形坑底，坑口直径56厘米，坑口至坑底深30厘米（图一二）。

葬具为一陶瓮，上有盂形陶盖倒扣其上。陶瓮为泥质灰陶，高领，圆腹，圜底。腹上饰有绳纹。腹径40、残高35厘米。盂形陶盖也已残破，均不能复原。瓮内为黄褐色土。土质板结，呈块状，内夹有草木灰。墓坑内及瓮棺之中均为未发现骨骼和随葬品。

3. 灰坑

该时期的灰坑中大多数灰坑坑口未能完全揭示出来，就是已完全揭示出来的灰坑形状各异，深浅也不一致。就坑口的形状来说，有大体上为椭圆形（含半椭圆形），如ⅠH6、ⅠH9、ⅠH11、ⅠH12、ⅠH17、ⅡH1；坑口大体呈圆形的（含半圆形的）有ⅠH3、ⅠH16；坑口呈扇形的有ⅠH7、ⅠH10，其余均为不规则形。灰坑内的堆积较为简单，均只有一层。现以ⅠH9、ⅠH16为例叙述如下。

ⅠH9　位于ⅠT3243的东部和ⅠT3244的西北部，开口于第4层下，打破第5、6层和ⅠH15，距地表深50厘米。坑口平面为椭圆形，弧形坑壁较光滑，坑底微圜，坑口长320、宽135、坑口至坑底深50厘米（图一三）。

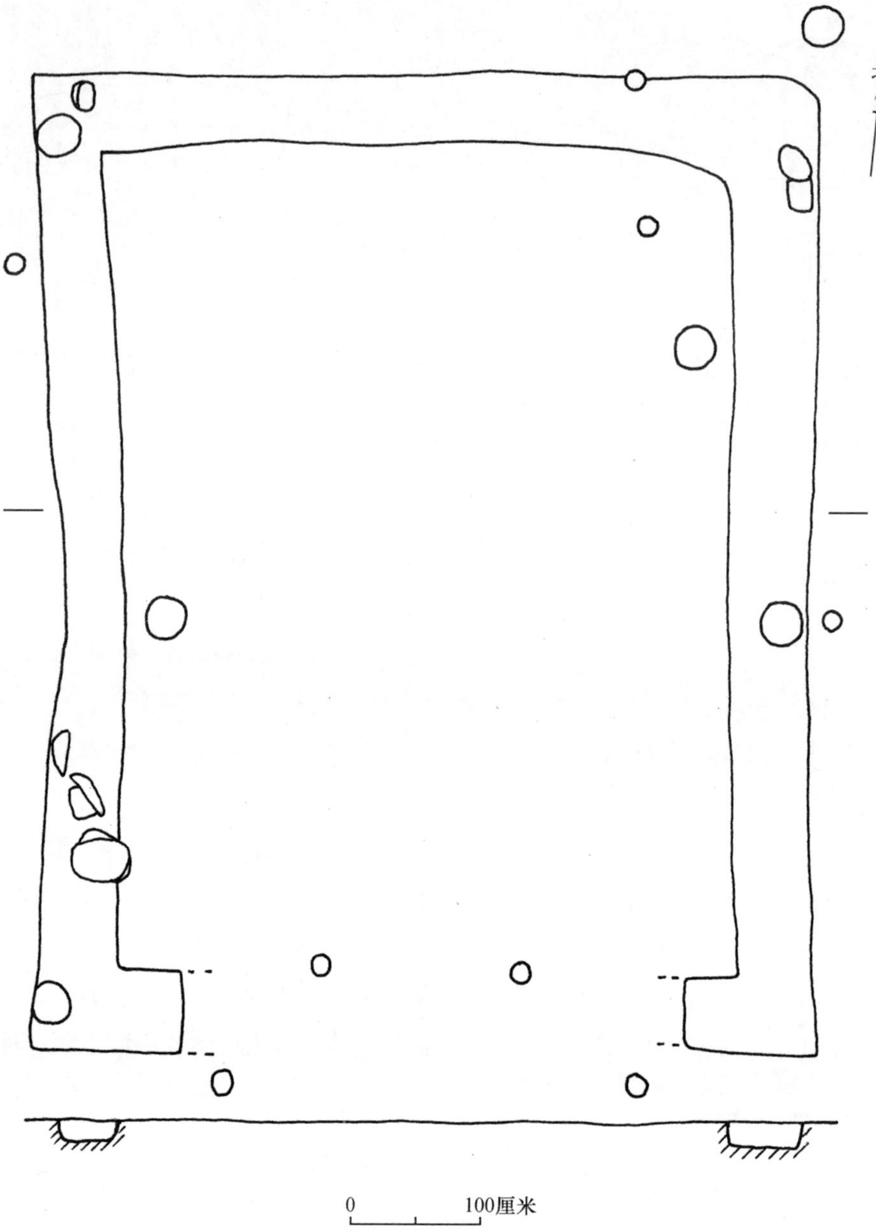

图一一 ⅠF1平、剖面图

坑内填土为深灰色黏土。土质比较松散。内含有较多的草木灰、炭屑。出土的陶片全部为泥质陶；陶色以灰陶为主，还有红陶、黑衣陶；纹饰主要为绳纹，此外还有弦断绳纹、附加堆纹，素面陶约占1/3；主要器形有甑、盂、罐等。从坑口形制和堆积可以看出该坑为一生活废弃物垃圾坑。

ⅠH16 位于ⅠT3442的南部、ⅠT3342的北部，其中部为ⅠT3342北隔梁所压，开口于探方第4层下，打破第5层和生土层，距地表深60厘米。坑口呈不规则的圆形，坑壁较斜直，平底。口径240～244、底径130～180、坑口至坑底深68厘米（图一四）。

坑内填土为灰色。土质结构松软。内含少量草木灰、红烧土颗粒。出有少量陶片，均为泥质陶；其陶色有灰陶、橙黄陶；绳纹为其主要纹饰，素面陶占有相当大的比重；主要器形有甑、罐、盆等。这是一个生活废弃物垃圾坑。

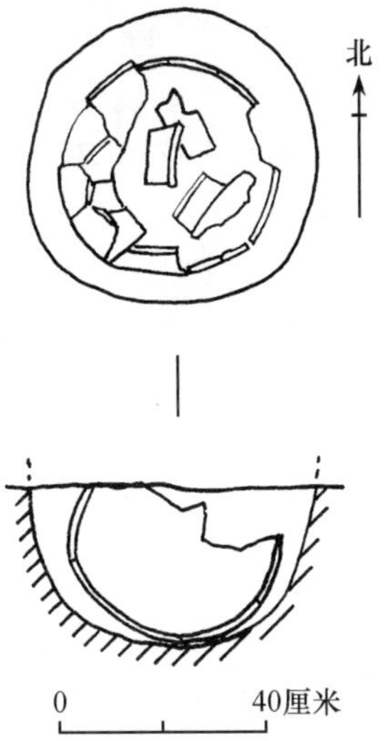

图一二　ⅠW1平、剖面图

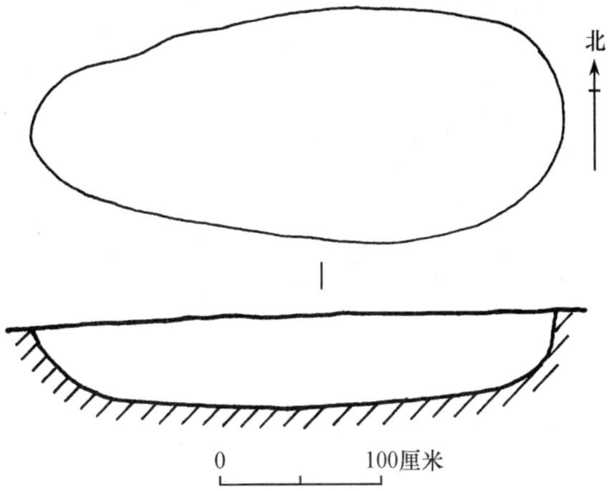

图一三　ⅠH9平、剖面图

4. 灰沟

3个灰沟均开口于探方第5层下，打破第6层。沟口的形状有长条形的ⅠG2、ⅠG4和曲尺形的ⅠG5。均为在地面开挖沟槽而成，未采用其他建筑材料。沟内堆积均为一层。现以ⅠG5为例叙述如下。

ⅠG5位于ⅠT3245、ⅠT3345、ⅠT3344和ⅠT3343的东隔梁下，开口于探方第5层，打破第6层，距地表深75厘米。沟口平面大致呈曲尺形，沟壁呈弧形，沟底为凹槽形。沟口全长1435、宽80、沟底长1355、沟口至沟底深60厘米（图一五）。

沟内填土为深灰色黏土。土质较松软。内含较少的草木灰。出土的陶片以泥质陶为主，夹砂陶很少；主要为橙黄陶和灰陶，红陶、黑衣陶较少；纹饰有绳纹和弦纹，素面陶仍占有

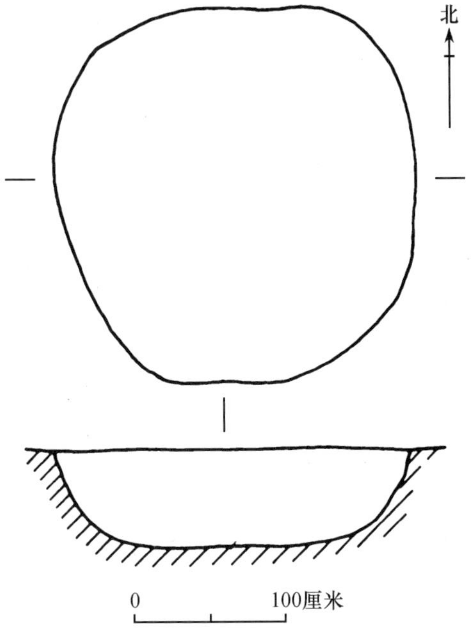

图一四　ⅠH16平、剖面图

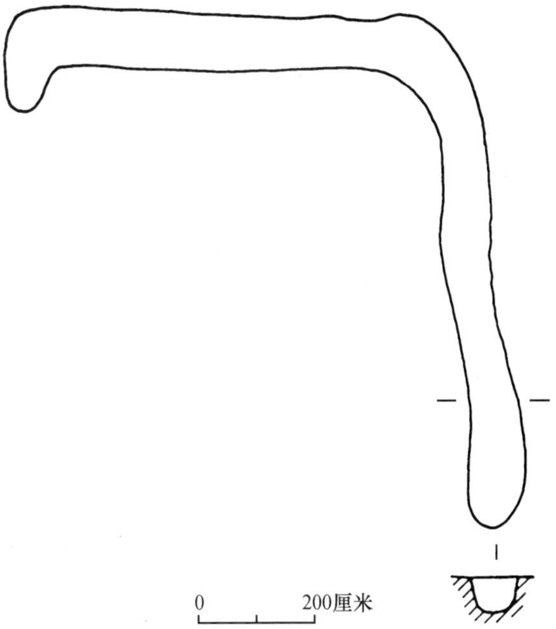

图一五　ⅠG5平、剖面图

一定的比例；主要器形有盂、壶、罐、盆等。沟底是南高北低，可说明当年沟水是由南向北再折向西排出。

（二）文化遗物

本期遗物是这次发掘东坝遗址中出土遗物数量最多、种类最为丰富的一期。遗物按质地分类有陶器、石器、铜器、铁器，现按类分述如下。

1. 陶器

陶器多为口沿残片，无完整器。有泥质陶和夹砂陶两种，泥质陶占绝大多数；陶色以灰陶和橙黄陶为主，还有少量红陶、褐陶等；以绳纹为主，其次为弦纹，附加堆纹极少，素面陶片占有较大的比重；主要器形有甑、盂、豆、壶、瓮、缸等，均为生活用器。陶器的制法主要为轮制，但也有手制，如甑的箅孔等均用手制。现将ⅠT3145第5层陶系统计列表如下（表三）。

表三　ⅠT3145第5层陶系统计表　（单位：片）

陶质	泥质				夹砂			合计	百分比/%
陶色 / 纹饰	灰陶	橙黄陶	红陶	褐陶	灰陶	橙黄陶	褐陶		
绳纹	131	92	27	15	3	3	2	273	46.75
交错绳纹	29	18	12	8	1			68	11.64
间断绳纹	21	10	6	4	1			42	7.19
弦纹	13	8						21	3.60
附加堆纹	3							3	0.51
素面	89	50	23	15				177	30.31
合计	286	178	68	42	5	3	2	584	
百分比/%	48.97	30.48	11.64	7.19	0.86	0.51	0.34		100

陶器器形现以ⅠT3145第5层陶器器形统计列表如下（表四）。

表四　ⅠT3145第5层陶器器形统计表　（单位：件）

陶质陶色 \ 器形		盂	壶	罐	盆	瓮	缸	合计	百分比/%
泥质	灰陶	3		4	1	3		11	37.93
	橙黄陶			4	1	2		7	24.14
	褐陶	2		1		1		4	13.79
	红陶	1	1					2	6.90

续表

陶质陶色＼器形		盂	壶	罐	盆	瓮	缸	合计	百分比/%
夹砂	灰陶	1		1				2	6.90
	橙黄陶				1		1	2	6.90
	褐陶	1						1	3.45
合计		8	1	10	3	6	1	29	
百分比/%		27.59	3.45	34.48	10.34	20.69	3.45		100

下面按釜、豆、盆、盂、壶、罐、瓮等器类加以叙述。

釜　2件。可分二型。

A型　1件。大口，厚圆唇。ⅠT3143④：3，泥质灰胎黑衣陶。卷沿，沿面微仰，腹上部略竖直，腹部残。口径18、残高3.2厘米（图一六，1）。

B型　1件。小口，尖圆唇。ⅠH17：1，夹砂灰陶。卷沿，沿面上仰，腹上部斜直，腹部残。口径14、残高5.6厘米（图一六，2）。

豆　2件。可分二式。

Ⅰ式：1件。柄腰较直。ⅠT3246④：1，泥质灰陶。盘口较大且深，圆柱形直柄中空，柄壁较薄，喇叭形座残。口径14.4、残高12.4厘米（图一六，3）。

Ⅱ式：1件。柄腰内束。ⅠT3345④：1，泥质红陶。盘口已残，盘心微凹，圆柱形中空，柄壁较厚，喇叭形座残，盘底残。柄径2.6、残高6.4厘米（图一六，4）。

盆　47件。可分五型。

A型　7件。深腹，高领。可分二式。

Ⅰ式：3件。沿面微凸，斜颈。ⅠH10：1，泥质灰陶。折沿，尖圆唇，弧腹，腹部残。口径40、残高6厘米（图一六，5）。ⅠT3345⑤，1，泥质灰陶。折沿，尖圆唇，弧腹，下腹残。口径30、残高9.5厘米（图一六，6）。

Ⅱ式：4件。沿面外斜，直颈。ⅠH13：2，泥质灰陶。折沿，尖唇，上腹近直，下腹部残。腹下部饰竖行绳纹。口径38.4、残高7.2厘米（图一六，7）。ⅠT3244⑤：1，泥质灰陶。折沿，尖唇，弧腹，腹部残。腹下部饰竖行绳纹。口径36、残高7.2厘米（图一六，8）。

B型　13件。深腹，矮颈。可分三式。

Ⅰ式：5件。平折沿，方唇。ⅠH16：1，泥质灰陶。沿面略倾，方唇，束颈，收腹，下腹残。中腹以下饰绳纹。口径32、残高8厘米（图一六，9）。ⅠH13：3，泥质灰陶。侈口，圆腹，腹下残。腹饰凹弦纹一周和竖行绳纹。口径32、残高7.6厘米（图一六，10）。

Ⅱ式：2件。折沿，沿面略外斜，尖唇。ⅠT3143⑤：1，形体较大。泥质灰陶。敛口，圆腹，腹下部残。腹饰附加堆纹和间断绳纹。口径48、残高13.4厘米（图一六，11）。

Ⅲ式：6件。折沿，沿面上凸，圆唇。ⅠH9：1，泥质灰陶。敛口，圆腹，腹部残。腹饰零散的竖行绳纹。口径38、残高7.2厘米（图一六，12）。

C型　9件。浅腹，敛口。可分二式。

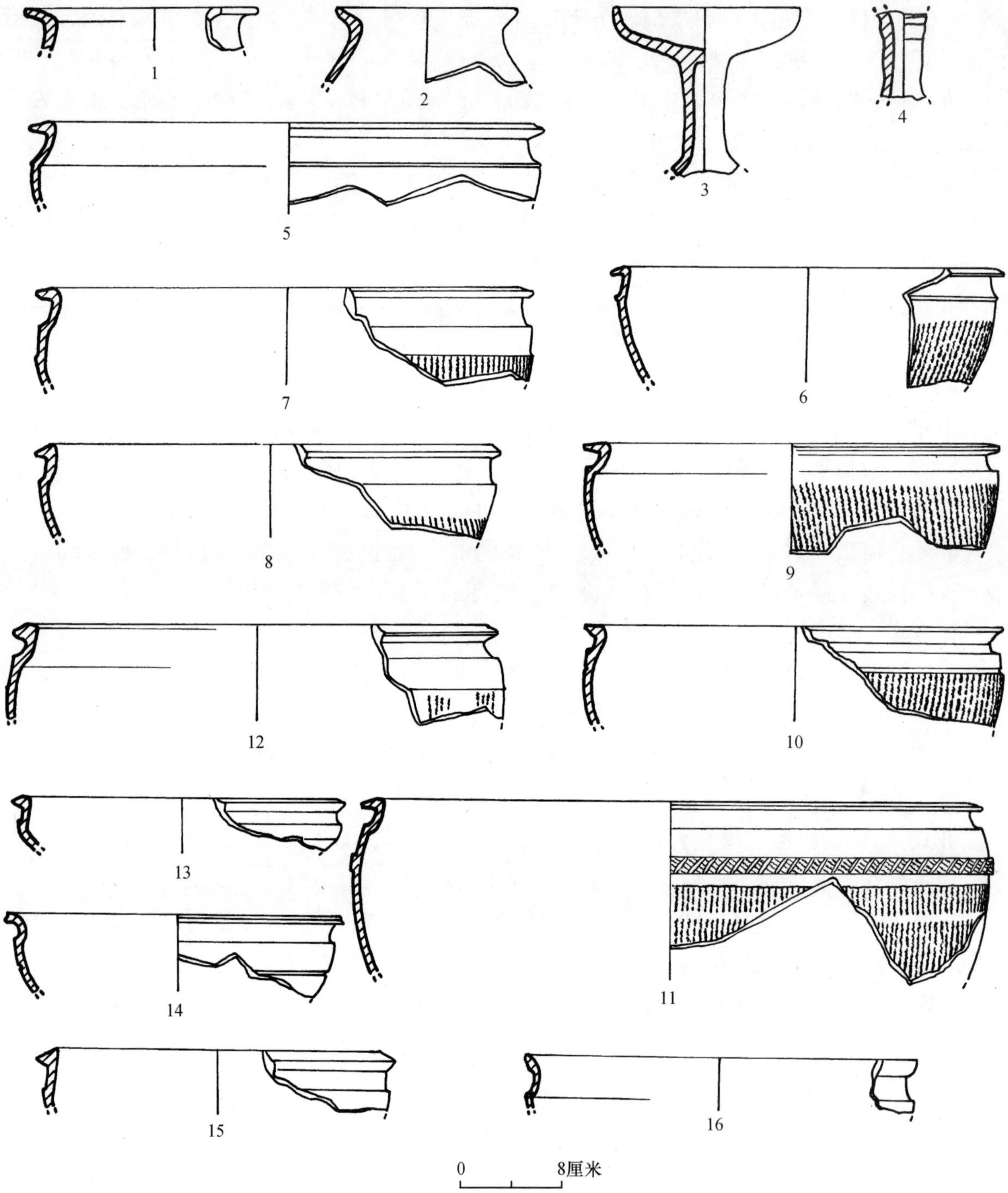

图一六　西汉时期陶器

1. A型釜（ⅠT3143④：3）　2. B型釜（ⅠH17：1）　3. Ⅰ式豆（ⅠT3246④：1）　4. Ⅱ式豆（ⅠT3345④：1）　5、6. A型Ⅰ式盆（ⅠH10：1、ⅠT3345⑤：1）　7、8. A型Ⅱ式盆（ⅠH13：2、ⅠT3244⑤：1）　9、10. B型Ⅰ式盆（ⅠH16：1、ⅠH13：3）　11. B型Ⅱ式盆（ⅠT3143⑤：1）　12. B型Ⅲ式盆（ⅠH9：1）　13. C型Ⅰ式盆（ⅠH13：4）　14. D型Ⅰ式盆（ⅠG5：1）　15. C型Ⅱ式盆（ⅠT3442⑤：1）　16. D型Ⅱ式盆（ⅠT3243④：3）

Ⅰ式：4件。卷沿，沿面微凸。ⅠH13：4，泥质灰陶。尖唇，颈内束，弧腹急收，腹下残。口径26、残高4厘米（图一六，13）。

Ⅱ式：5件。折沿，沿面外斜。ⅠT3442⑤：1，泥质灰陶。尖唇，直颈，弧腹，腹部残。口径28、残高4.6厘米（图一六，15）。

D型　4件。浅腹，侈口。可分二式。

Ⅰ式：2件。束颈，卷沿。ⅠG5：1，泥质灰陶。方唇。唇上面有凹弦纹一周。口径26、残高6厘米（图一六，14）。

Ⅱ式：2件。直颈，折沿。ⅠT3243④：3，泥质灰陶。圆唇。沿外侧有凸棱一周。弧腹已残。口径30、残高4厘米（图一六，16）。

E型　14件。折腹。可分二式。

Ⅰ式：6件。直口。ⅠH12：1，夹砂灰陶。折沿，尖唇，腹部折收，腹下部残。腹下部所饰斜行绳纹抹平。口径28、残高9.6厘米（图一七，1）。ⅠH4：2，泥质灰陶。沿下倾，尖唇，上腹直，下腹折收，底残。素面。口径31、残高7.6厘米（图一七，2）。

Ⅱ式：8件。敛口。ⅠT3143④：2，泥质褐陶，表施黑衣。卷沿，尖圆唇，腹部圆折内收，腹下部残。腹部饰凹弦纹一周。口径26、残高6.4厘米（图一七，3）。

盂　4件。可分三型。

A型　2件。短颈。可分二式。

Ⅰ式：1件。卷沿，腹最大径在其上部。ⅠH17：2，泥质灰陶。沿面略外斜，圆唇，鼓腹，腹下部残。颈饰绳纹抹平，腹上部饰竖行绳纹，腹下部饰交错绳纹。口径20、残高9.6厘米（图一七，4）。

Ⅱ式：1件。折沿，腹最大径在中部。ⅠT3245⑤：6，泥质灰陶。圆唇，沿面微凸，圆腹，腹下部残。腹部饰斜行绳纹。口径20、残高8厘米（图一七，5）。

B型　1件。高领。ⅠT3142⑤：1，泥质橙黄陶。侈口，方唇，圆折肩，腹部残。口径20、残高6厘米（图一七，6）。

C型　1件。无领。ⅠT3345⑤：3，泥质褐陶。口微敛，卷沿，尖唇，弧腹，腹下部残。腹饰瓦棱纹数周。口径26、残高5.2厘米（图一七，7）。

壶　有口沿和圈足底。

口沿　1件。ⅠH13：1，泥质灰陶。子母口，沿面外斜，下凹，圆唇，长颈，颈下残。颈饰绳纹抹平。口径30、残高8厘米（图一七，8）。

圈足底　2件。ⅠT3144⑤：3，泥质褐陶。腹下部内收，平底，圈足外撇，圈足根残。底径14、残高4.9厘米（图一七，9）。

罐　22件。可分三型。

A型　15件。高领。可分三式。

Ⅰ式：10件。直颈。ⅠG5：2，泥质灰陶。直口，折沿，尖圆唇，沿面外斜，颈下残。口径14、残高5.2厘米（图一七，10）。

Ⅱ式：3件。束颈。ⅠH12：3，泥质灰陶。口微敞，平折沿，尖唇，圆肩，圆鼓腹，腹下部残。腹中下部饰斜行绳纹，腹中部抹光。口径13.6、残高16.8厘米（图一七，12）。

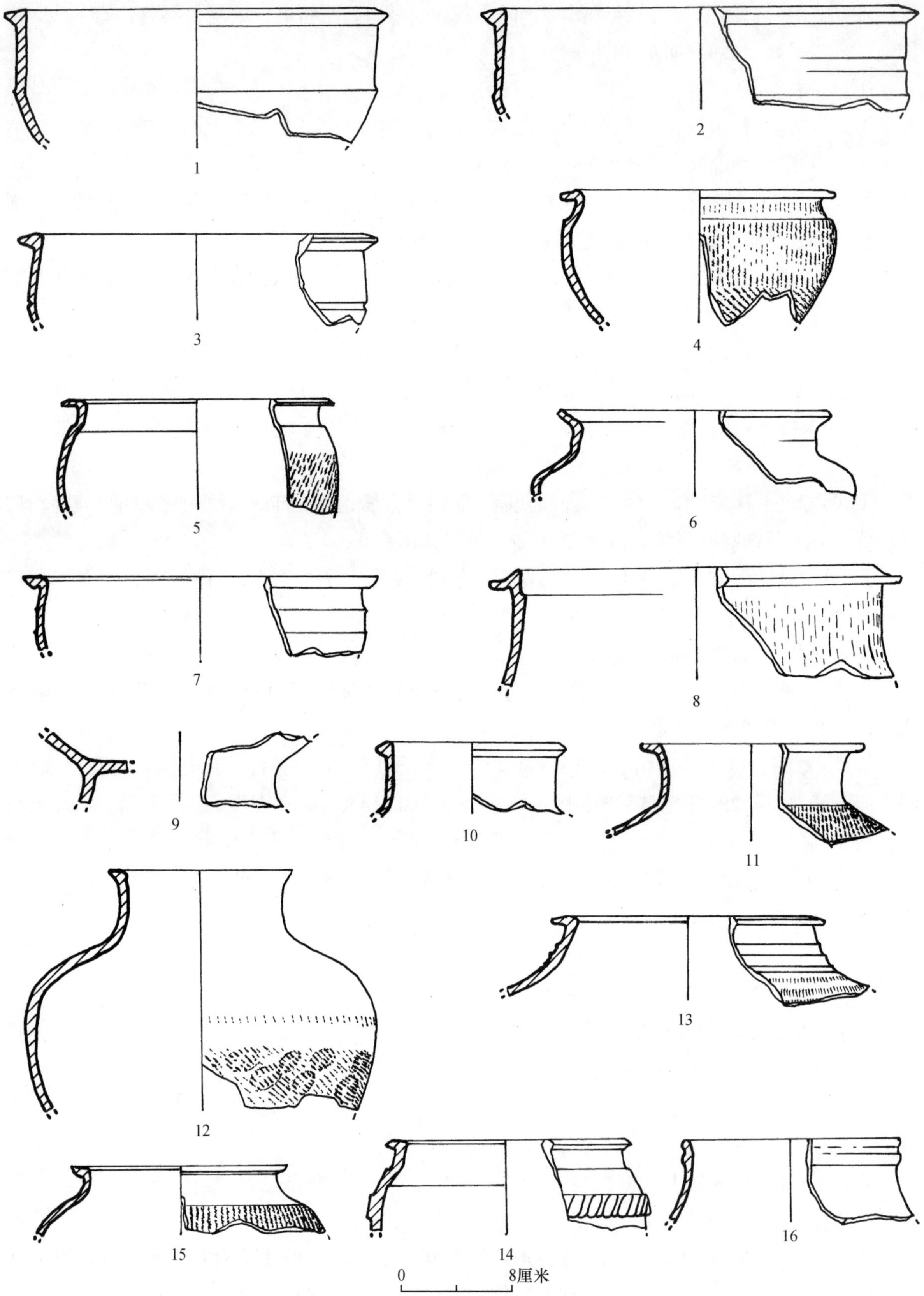

图一七　西汉时期陶器

1、2. E型Ⅰ式盆（ⅠH12：1、ⅠH4：2）　3. E型Ⅱ式盆（ⅠT3143④：2）　4. A型Ⅰ式盂（ⅠH17：2）　5. A型Ⅱ式盂（ⅠT3245⑤：6）　6. B型盂（ⅠT3142⑤：1）　7. C型盂（ⅠT3345⑤：3）　8. 壶口沿（ⅠH13：1）　9. 壶圈足底（ⅠT3144⑤：3）　10. A型Ⅰ式罐（ⅠG5：2）　11. A型Ⅲ式罐（ⅠT3245⑤：1）　12. A型Ⅱ式罐（ⅠH12：3）　13. B型Ⅰ式罐（ⅠH4：1）　14. B型Ⅱ式罐（ⅠT3345⑤：5）　15. B型Ⅲ式罐（ⅠH9：6）　16. C型罐（ⅠT3443④：1）

Ⅲ式：2件。斜颈。ⅠT3245⑤：1，泥质灰陶。敞口，平折沿，圆唇，斜肩，肩下残。肩饰绳纹。口径16、残高6厘米（图一七，11）。

B型 6件。矮颈。可分三式。

Ⅰ式：3件。斜颈较高。ⅠH4：1，泥质灰褐陶。敛口，折沿，沿面上凸，圆唇，斜肩，肩下部残。口径20、残高6.2厘米（图一七，13）。

Ⅱ式：1件。斜颈较矮。ⅠT3345⑤：5，泥质灰陶。敛口，折沿，圆唇，沿面微凸，弧腹，腹下部残。腹中部饰附加堆纹一周。口径18、残高6.4厘米（图一七，14）。

Ⅲ式：2件。无颈。ⅠH9：6，泥质灰陶。敛口，折沿，沿面微仰，尖唇，斜肩，圆腹，腹部残。口径16、残高4.8厘米（图一七，15）。

C型 1件。直领。ⅠT3443④：1，泥质褐陶，表施黑衣。直口，圆唇，斜肩，肩下部残。口沿外侧有凸棱二周。口径16、残高5.6厘米（图一七，16）。

瓮 10件。可分三型。

A型 5件。无颈。可分二式。

Ⅰ式：2件。侈口。ⅠG4：1，泥质灰陶。折沿，方唇，唇面饰凹弦纹一周，斜肩瘦高，肩下部残。肩下部饰竖行绳纹。口径22、残高8厘米（图一八，1）。

Ⅱ式：3件。敛口。ⅠH4：1，泥质灰陶。卷沿，圆唇，斜肩宽大，肩下部残。口径24、残高5.6厘米（图一八，2）。

B型 4件。有颈。可分二式。

Ⅰ式：2件。口小，颈稍高。ⅠH15：3。泥质灰陶。卷沿，沿面外斜，尖唇，圆肩，肩下残。口径20、残高5厘米（图一八，3）。

Ⅱ式：2件。口大，矮颈。ⅠT3146⑤：1，泥质橙黄陶。折沿，沿面上凸，圆唇，肩鼓圆，肩下残。口径28、残高4厘米（图一八，4）。ⅠT3145⑤：6，泥质灰陶。折沿，沿面上凸并起棱，圆唇，广圆肩，肩下残。素面。口径28、残高2.8厘米（图一八，5）。

C型 1件。直颈。ⅠT3145⑤：1，泥质橙黄陶。宽平唇，弧形肩，肩下部残。口径50、残高10厘米（图一八，6）。

2. 石器

出土数量少，品种也不多，仅有斧和凿。

斧 2件。均为磨制。可分二式。

Ⅰ式：1件。形体较小。ⅠT3144⑤：1，平面为梯形。平顶，弧形刃，刃锋利。长4.1、顶宽2.5、刃宽3.2、厚0.9厘米（图一九，1；彩版一九八，4左）。

Ⅱ式：1件。形体较大。ⅠT3146③：7，平面为长方形。顶部已残，斜形刃。残长7.8、上宽5、刃宽5.6、厚2.4厘米（图一九，2；彩版一九八，2）。

凿 1件。ⅠT3345⑤：7，以长方形卵石磨制加工而成。横截面为方柱形。凿口为单面刃，有使用痕迹。全长5.6、宽1.4、厚1.2厘米（图一九，3；彩版一九八，1）。

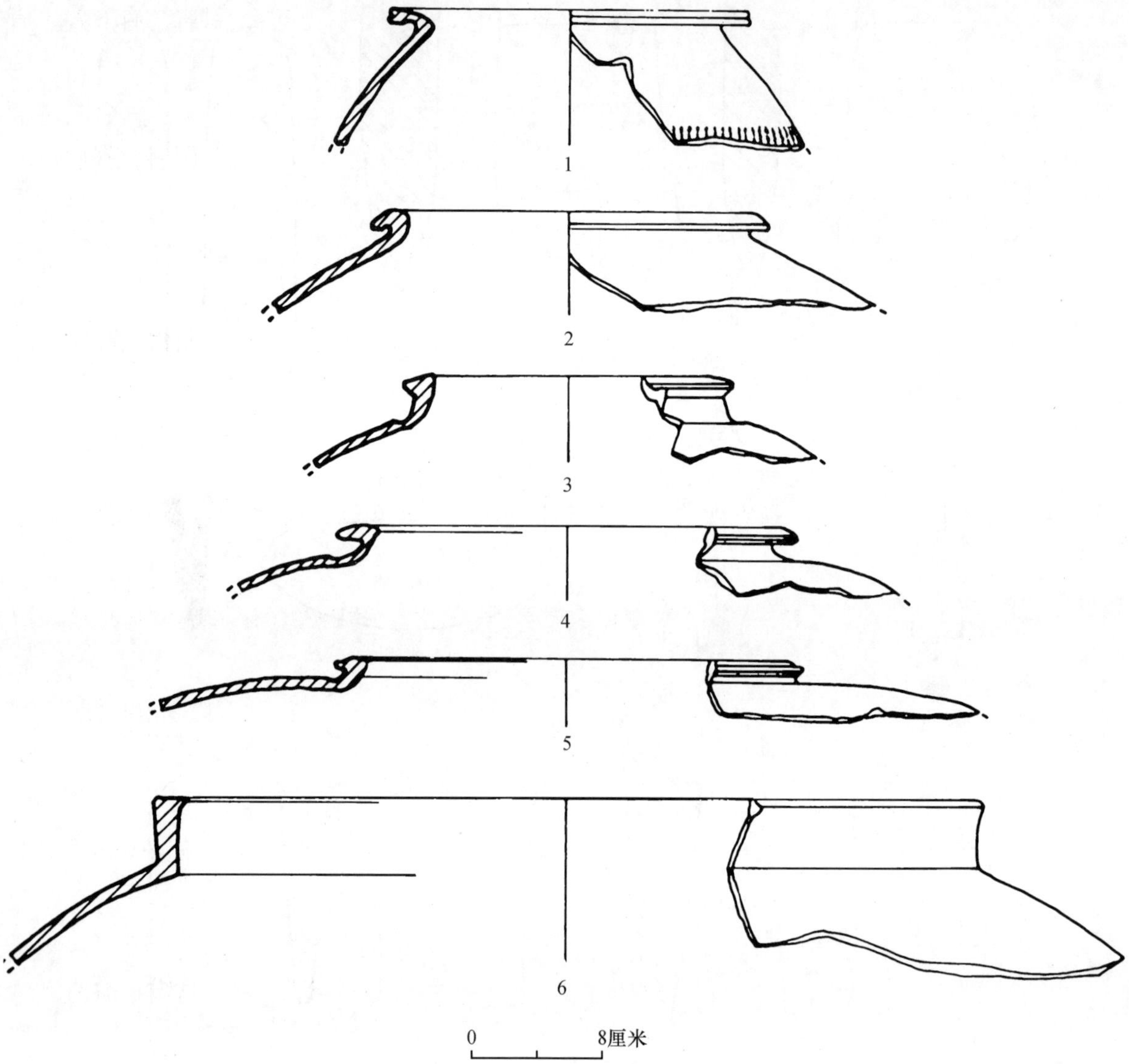

图一八 西汉时期陶器

1. A型Ⅰ式瓮（ⅠG4：1） 2. A型Ⅱ式瓮（ⅠH4：1） 3. B型Ⅰ式瓮（ⅠH15：3）
4、5. B型Ⅱ式瓮（ⅠT3146⑤：1、ⅠT3145⑤：6） 6. C型瓮（ⅠT3145⑤：1）

3. 铜器

仅发现铜镞2枚，均为三棱形。可分二式。

Ⅰ式：1枚。棱上有血槽。ⅠT3234⑤：1，镞尖锋利，三翼有边刃，圆柱形镞身，铤残断。全长3.3、翼宽1、铤径0.5厘米（图一九，4；彩版一九七，1）。

Ⅱ式：1枚。棱上无血槽。ⅠT3344⑤：1，镞尖及三翼锋利，镞身残断，残长2.4、翼宽0.9厘米（图一九，5；彩版一九七，3）。

4. 铁器

仅发现锸、斧、削刀，均锈蚀严重。

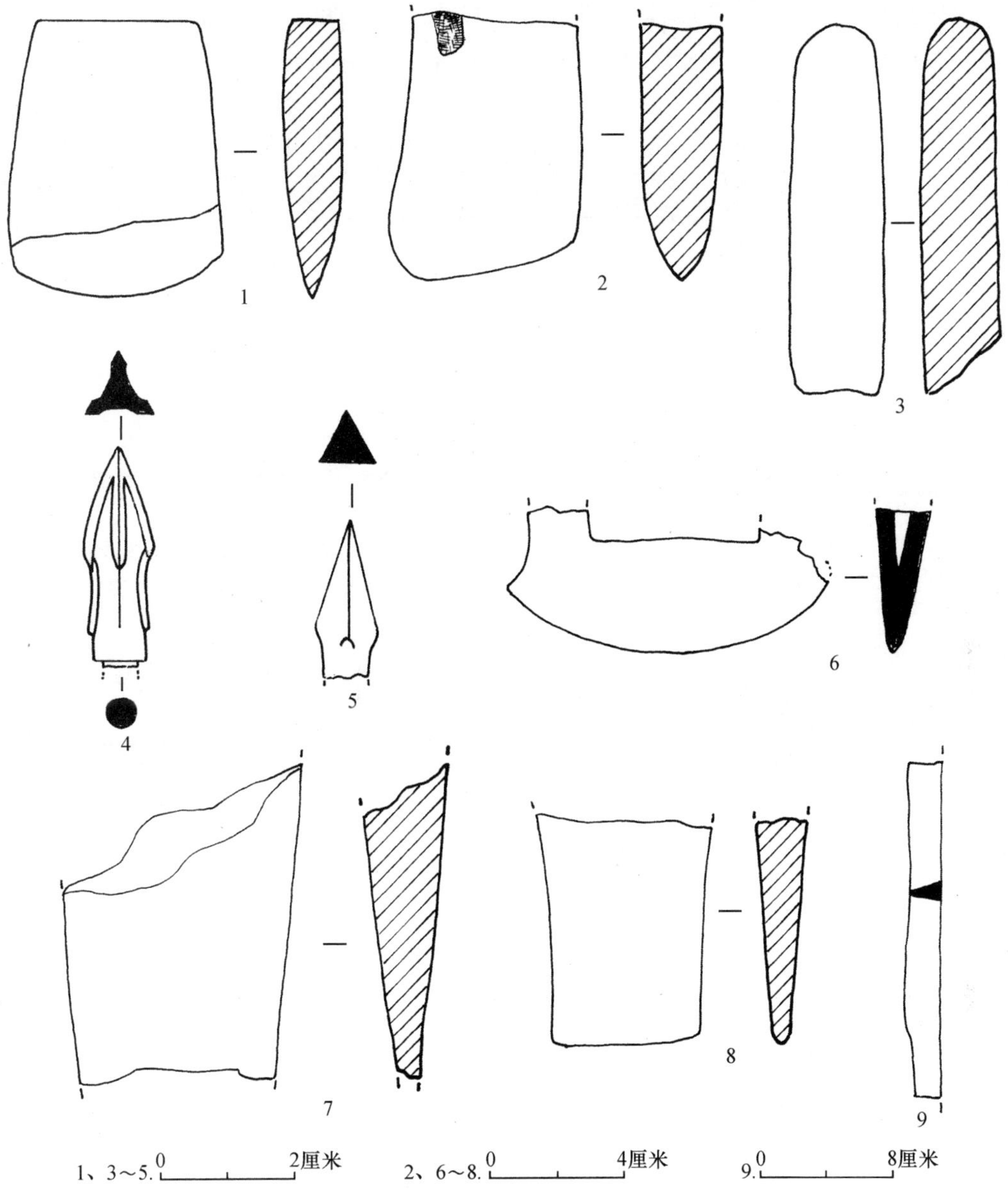

图一九　西汉时期石器、铜器、铁器

1. Ⅰ式石斧（ⅠT3144⑤：1）　2. Ⅱ式石斧（ⅠT3146③：7）　3. 石凿（ⅠT3345⑤：7）　4. Ⅰ式铜镞（ⅠT3234⑤：1）　5. Ⅱ式铜镞（ⅠT3344⑤：1）　6. 铁锸（ⅠT3444⑤：2）　7. Ⅰ式铁斧（ⅠT3245⑤：2）　8. Ⅱ式铁斧（ⅠT3345⑤：9）　9. 铁削刀（ⅠT3445⑤：1）

锸　1件。ⅠT3444⑤：2，呈“凹”字形，上部已残缺。两侧内收，两刃角略外展，刃部为凸弧形。残长4.2、刃宽10、残厚1.6厘米（图一九，6；彩版一九七，6）。

斧　2件。可分二式。

Ⅰ式：1件。形体宽大厚实。ⅠT3245⑤：2，平面呈梯形。上下残断，上宽下窄。残长9.6、残宽7.4、残厚1.6厘米（图一九，7）。

Ⅱ式：1件。形体稍轻薄。ⅠT3345⑤：9，平面略显梯形。上下残断，上宽下窄。残长6.8、残厚1.6厘米（图一九，8；彩版一九七，7）。

削刀　1件。ⅠT3445⑤：1，刀尖和柄均已残断。刀面为长条形，刀背较厚，刀面横截面呈三角形。残长20、残宽2.2、刀背厚1.4厘米（图一九，9；彩版一九七，4）。

四、宋代遗存

这次发现的宋代遗迹、遗物都很少。其遗存包括遗址探方第4层堆积及叠压于探方第4层下的ⅠH5，以及相关单位出土的宋代遗物。

（一）文化遗迹

仅发现灰坑1个，编号ⅠH5，现将ⅠH5叙述如下。

ⅠH5　位于ⅠT3242的东部和ⅠT3243的西南角，开口于探方第4层下，打破第5层，距地表深50厘米。坑口平面为不规则形，坑底斜直，平底。坑口南北长300、东西宽180厘米，坑底南北长270、东西宽80厘米，坑口至坑底深30厘米（图二〇；彩版一九六，2）。

坑内填土只有一层，为灰黑色土。土质松散，内含少许木炭灰。出有泥质灰陶、橙黄陶等陶片；陶片中素面为大多数，主要纹饰为绳纹；器形有罐、盆等西汉时期遗物。同时还出有乳白瓷碗、酱色釉陶罐等宋代遗物。由此可见，此坑是一个堆积生活废弃物的垃圾坑。

（二）文化遗物

宋代遗物出土不多，且多为碎片，能够分辨器形或者修复了的只有几件，其类别有陶器、瓷器和铁器。

1. 陶器

黑釉陶碗　1件。ⅠT3243④：2，残存碗底。红胎黑釉陶。碗心内凹，矮圈足。圈足径5.6、残高1.6厘米（图二一，1）。

2. 瓷器

影青瓷碗　1件。ⅠT3446④：1，影青瓷。葵形口外侈，薄唇，弧形壁，小圈足较矮。碗内壁饰羽毛暗纹。口径11.5、足径3.5、高4.2厘米（图二一，2；彩版一九八，3）。

3. 铁器

仅发现凿和削刀。

凿　1件。ⅠT3346④：1，宽扁形上端呈套筒状，平顶中空，下部尖圆。全长19.6、宽2.8、厚1.6厘米（图二一，3）。

削刀　1件。ⅠT3245④：1，锈蚀严重。刀尖及柄均残断。刀面为长条形，刃部已凸凹不

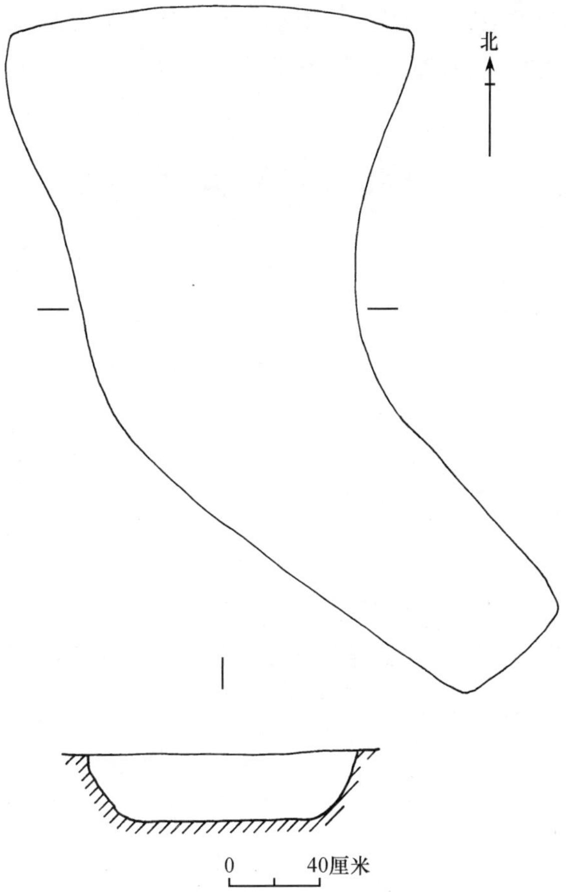

图二〇　ⅠH5平、剖面图

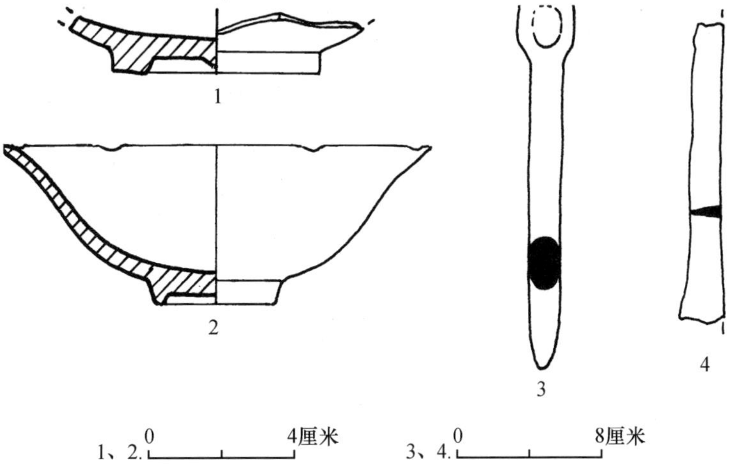

图二一　宋代陶器、瓷器、铁器

1. 黑釉陶碗（ⅠT3243④：2）　2. 影青瓷碗（ⅠT3446④：1）　3. 铁凿（ⅠT3346④：1）　4. 铁削刀（ⅠT3245④：1）

齐，刀背较厚。残长15.6、残宽2.2、背厚0.8厘米（图二一，4）。

五、明清时期遗存

明清时期遗存在遗址分布比较广泛。明代遗存包括探方第3层及其下压的ⅠH1、ⅠG1、ⅡH3、ⅡH5、ⅡH6、ⅡG1和各相关单位出土的明代遗物。清代遗存包括探方第2层及开口于探方第2层下的ⅡH2、ⅡH4和它们所出土的清代遗物。下面我们进行分别叙述。

（一）明代遗存

1. 文化遗迹

文化遗迹仅有灰坑和灰沟，现以ⅡH5、ⅠG1为例叙述如下。

ⅡH5　位于ⅡT1214的西南角，开口于探方第3层下，打破第4层，坑口距地表深65厘米。坑口从已揭示出来的部分为扇形，大部分被ⅡT1214的西、南二壁所压。弧形坑壁，圜底下凹，坑口南北长135、东西宽70厘米，坑口至坑底深35厘米（图二二）。

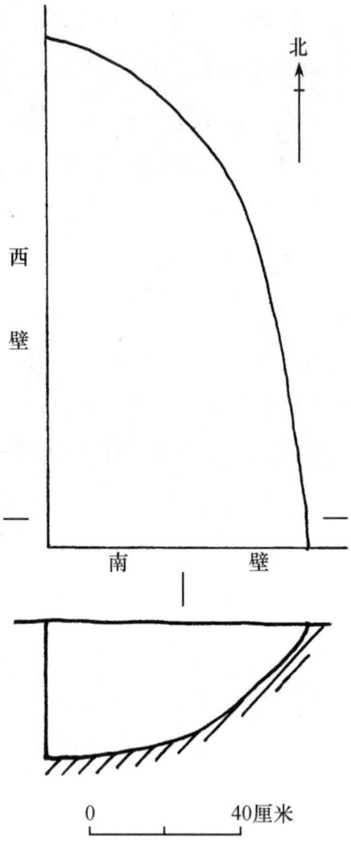

图二二　ⅡH5平、剖面图

坑内填土为灰褐色土，内夹大量草木灰，零星红烧土颗粒，出有釉陶片、青花瓷片。器形有碗、杯，同时还有铜环出土。此坑为一生活废弃物垃圾坑。

ⅠG1　位于ⅠT3142和ⅠT3242的西南部，开口于探方第3层下，打破第4、5层和生土层，沟口距地表深50厘米。从发掘所揭示的部分可知沟口呈西北—东南方向。长条形，沟壁斜直，平底。沟口长825、宽85厘米，沟底长同沟口，宽40厘米，沟口至沟底深45厘米（彩版一九六，3）。

沟内填土只有一层，为灰色土。湿度大。内含有少量草木灰。出有泥质灰陶罐、筒瓦等早期遗存，同时还出有乳白瓷碗、灰白瓷碗、青花瓷碗等明代遗物。沟底西北一端高出东南一端30厘米，可见沟水当年是由西北一端向东南一端排出。该沟的排水功能废弃后，仅为生活废弃物堆积。

2. 文化遗物

出土的明代遗物有瓷器、铜器和铁器。

（1）瓷器

灰白瓷碗　2件。可分二型。

A型　1件。形体肥大。ⅠG1：2，敞口，圆唇，弧腹，腹下部鼓圆，底心下凹，圈足厚

实。口径16.4、圈足径6、高6.4厘米（图二三，2；彩版一九九，1）。

B型　1件。形体瘦小。ⅠG1：1，敞口，圆唇，斜弧腹，底凹，实圈足内凹。口径10、足径3.4、高4.2厘米（图二三，1；彩版一九八，6）。

乳白瓷杯　3件。形制基本相同。ⅡT1214③：3，乳白瓷。侈口，圆唇，弧腹，平底，圈足。口径7.1、圈足径3.1、高3.8厘米（图二三，3；彩版一九九，3）。

青花瓷器有碗、杯。

碗　7件。可分二型。

A型　6件。敞口。可分二式。

Ⅰ式：5件。腹壁微弧，近底处折收。ⅡH5：3，圆唇，底微凹，圈足稍矮。沿口内外侧、腹内外壁用下部各饰有青花平行线二周或一周，腹外壁用青花饰莲纹。口径11.2、足径6、高6.2厘米（图二三，4；彩版一九九，5）。

Ⅱ式：1件。腹壁斜直，近底处圆弧内收。ⅡH6：1，方唇，腹下部宽坦，平底。口沿内外侧、腹内外壁下部各饰青花莲纹。口径11、足径5.8、高6厘米（图二三，5；彩版一九九，6）。

B型　1件。侈口。ⅡT1215③：1，圆唇，斜弧腹，底微凹，楔形圈足根。口沿内外侧、腹内壁、圈足外侧各用青花饰平行线二周，腹外壁用青花饰夔纹，碗内底心用青花折枝花纹。口径9.8、足径4厘米（图二三，6；彩版一九九，2）。

杯　2件。可分二型。

A型　1件。敞口。ⅡT1214③：1，圆唇，斜直腹，底微凹，楔形圈足根。腹外壁以青花饰草叶纹。口径6.8、足径3.2、高3.4厘米（图二三，7）。

B型　1件。侈口。ⅡT1315③：1，尖唇，斜弧腹，底微凹，楔形圈足根。口沿内外侧、腹口壁下部各用青花饰平行线二周或一周，腹外壁和内底中心饰梵文。口径6.5、足径3.2、高3.2厘米（图二三，10；彩版一九九，4）。

（2）铜器

环　1件。ⅡH5：4，圆形，环内侧扁平，外侧弧圆。直径2、环宽0.4厘米（图二三，11；彩版一九七，5）。

（3）铁器

环　1件。ⅠT3444③：1，平面为圆形，宽带形，壁较厚。直径6.4、环宽1.6、厚0.5厘米（图二三，9）。

（二）清代遗存

清代文化遗迹仅有2个灰坑（ⅡH2、ⅡH4）。清代文化遗物出土的也不多，复原的也很少，仅有3件青花瓷器，现叙述如下。

青花瓷碗　1件。ⅡH2：3，侈口，圆唇，斜弧腹，平底，楔形圈足根。口沿内外侧、腹内壁下部、圈足外侧上部用青花饰平行线一周或二周，腹外壁用青花饰草叶纹。口径11.6、足径5、高5.8厘米（图二三，12）。

图二三　明清时期瓷器、铜器、铁器

1. B型灰白瓷碗（ⅠG1：1）　2. A型灰白瓷碗（ⅠG1：2）　3. 乳白瓷杯（ⅡT1214③：3）　4. A型Ⅰ式青花瓷碗（ⅡH5：3）　5. A型Ⅱ式青花瓷碗（ⅡH6：1）　6. B型青花瓷碗（ⅡT1215③：1）　7. A型青花瓷杯（ⅡT1214③：1）　8. 青花瓷杯（ⅡH4：1）　9. 铁环（ⅠT3444③：1）　10. B型青花瓷杯（ⅡT1315③：1）　11. 铜环（ⅡH5：4）　12. 青花瓷碗（ⅡH2：3）

青花瓷杯　2件。形制基本相同。ⅡH4：1，敞口，斜直壁，平底，圈足。腹外壁用青花饰点画纹。口径6.4、足径3、高4厘米（图二三，8；彩版一九八，5）。

六、结　　语

这次对东坝遗址、洋溪河遗址的首次发掘，均是在对遗址实行全面勘探的基础上选点布方进行的。洋溪河遗址是早年已发现的大宁河流域的一处商周时期文化遗址，从发掘情况来看，该遗址未发现商周时期文化堆积，其晚期的文化遗存也只有零星遗物发现，且不够丰富。这可以说明，该遗址的文化堆积在长期的烧砖取土中破坏殆尽。东坝遗址的发掘表明，该遗址存在着战国时期、西汉时期、宋代及明清时期四个阶段的文化遗存。

（一）战国时期遗存

东坝遗址2003年发掘出的东周时期遗存，以鬲、盆、豆、罐为陶器的基本组合，与地处大昌盆地周边地区的蓝家寨①、涂家坝②、林家码头③等遗址的文化内涵有着极其相似之处。遗址第6层所出的鬲（小口，宽折沿，斜颈，圆肩，足底平，足表面饰竖行绳纹），以及细豆柄、折腹盆、三棱形铜镞等，均表明此遗存与鄂西地区同时期的楚文化遗址有着相同或相似的遗物④，说明东坝遗址具有明显的楚文化特征。遗址第6层出土的深腹盆（窄口沿，沿面外斜，尖唇）及直领瓮的出现，与上述遗存战国中期以前遗存常见的宽沿、圆唇的特征明显有别，而接近于西汉时期的风格，因此，我们推断，这一时期的文化遗存应为战国晚期的遗存。大昌盆地战国晚期的遗存应该还属首次发现和确认，这对于建立大昌盆地及周边地区两周时期和秦汉时期完整的年代标尺，探讨巴、楚、秦、汉的文化演变有不可忽视的意义。

遗址第5层出土的Ⅰ式鬲足（ⅠT3144⑤：2），锥柱状较粗矮，足上部内窝较深，足表面有刮削痕，具有早到西周之际甚至西周晚期的时代特征。这告诉我们，在这个遗址中，曾有过这一时期文化堆积存在。

（二）西汉时期遗存

东坝遗址的西汉时期的文化堆积比较丰厚。从陶器的泥质陶增多；灰陶、橙黄陶比例增大；绳纹样式趋向简单，素面陶比例增加；以及B型陶釜、深腹豆、直领罐、直领大瓮的出

---

① 重庆市博物馆、湖南益阳市文物工作队、重庆巫山县文物管理所：《巫山蓝家寨遗址发掘报告》，《重庆库区考古报告集·1998卷》，科学出版社，2003年。

② 中山大学人类学系、重庆市文化局、巫山县文物管理所：《重庆市巫山县涂家坝遗址2000年发掘报告》，待刊。

③ 中山大学人类学系、重庆市文化局、巫山县文物管理所：《2001年重庆市巫山县林家码头遗址发掘简报》，待刊。

④ 湖北省文物考古研究所：《纪南城新桥遗址》，《考古学报》1995年第4期。

现，均显示出西汉作风。同时高领罐、折腹盆、无领瓮、三棱形铜镞、凹形铁锸的形制演绎变化，表现出前后两个时期（战国、西汉）具有一定延续性。因此我们推断这一时期的文化堆积年代应为西汉早期。

（三）宋代遗存

虽然这次发掘发现的宋代遗迹、遗物并不多，但仍表明东坝遗址在宋代也曾是人们生息、从事活动的地域。

（四）明清时期遗存

东坝遗址是一处与大昌明清商贸古镇相毗邻的文化遗址。虽然遗址出土的灰白瓷、乳白瓷、青花瓷器的数量和品种都十分有限，但这都是遗址若干年来烧砖取土所致。作为明清时期繁荣昌盛的大昌古镇对其周边村落遗址包括东坝遗址所产生的辐射影响是不言而喻的。可以推测，明清时期的东坝遗址也是处于它的昌盛时期。

总之，东坝遗址的科学发掘，对于我们进一步揭示峡江地区的文化发展序列提供了新的实物史料。

器物摄影：金　陵　刘明怀
线图：刘明怀
执笔：王　宏　姚　春　彭锦华

附表　东坝遗址遗迹登记表　　（单位：厘米）

编号	位置	层位关系	形状特征	规格			现象及包含物	年代
				长	宽	高或深		
ⅠF1	ⅠT3244、ⅠT3245、ⅠT3344、ⅠT3345内	叠压于探方第4层下，打破第5层	平面为长方形地面式建筑，四面为长条形房基基槽。大体上坐北朝南，方向170°	720	550	20	房门位于南墙中段。发现柱洞14个，填土为灰褐色黏土。出有少量陶器残片	西汉
ⅠW1	ⅠT3243北隔梁下	开口于探方第4层下，打破第5层	圆形竖穴土坑瓮棺墓。圆形坑口，弧形坑壁，圜底。瓮棺置于坑中，上有盂形陶盖	口径56		30	葬具为一陶瓮，一陶盂，均已破损。瓮棺内有黄褐色黏土，没有发现骨骼。无随葬品。其葬式和头向不清楚	西汉
ⅠH1	ⅠT3346东部	开口于探方第3层下，打破第4层	已揭示的坑口平面呈不规则椭圆形，弧形坑壁，圜底	150	110	15～20	填土为黄褐色。出有泥质绳纹陶片、白瓷片、青花瓷片等	明代
ⅠH2	ⅠT3443东北部	开口于探方第4层下，打破第5、6层	已揭示的坑口平面为不规则形，弧壁坑壁，圜底	220	86	42	填土为黄褐色。出有少量的陶器碎片	西汉
ⅠH3	ⅠT3443中部	开口于探方第4层下，打破第5、6层	坑口为不规则的圆形，弧形壁，圜底	127	122	23	填土为黄褐色黏土。除含有少量木炭灰、炭屑外，无其他包含物	西汉
ⅠH4	ⅠT3142西南部	开口于探方第5层下，打破第6层	坑口为不规则的长方形，陡直坑壁，平底	口250、底228	口90、底48	44	填土为灰黑色黏土。出有少量陶片，器形有罐、盆、瓮	西汉
ⅠH5	ⅠT3242东部、ⅠT3243西南角	开口于探方第4层下，打破第5层	坑口平面为不规则形，斜直坑壁，平底	口300、底270	口180、底80	30	填土为灰黑色土。出有少量陶片，器形有罐、盆，同时还有乳白瓷碗、酱釉陶罐出土	宋代
ⅠH6	ⅠT3346西部	开口于探方第5层下，打破第6层	已揭示的坑口平面为半椭圆形，弧形坑壁，平底	口113、底100	口20、底15	25	填土为灰褐色黏土。仅出有数块陶片和一铁矿石	西汉
ⅠH7	ⅠT3346西南角	开口于探第5层下，打破生土层	已揭示的坑口为扇形，弧形壁，平底	口60、底56	口31、底26	20	填土为灰褐色黏土，出有少量陶片，器形有盂等	西汉

续表

编号	位置	层位关系	形状特征	规格			现象及包含物	年代
				长	宽	高或深		
Ⅰ H8	Ⅰ T3244东北部、Ⅰ T3245西北角	开口于探方第4层下，打破第5层	坑口平面为不规则形，弧形坑壁，圜底	200	98	35	填土为深灰色黏土。出有少量陶片，器形有罐、盆等	西汉
Ⅰ H9	Ⅰ T3243东部、Ⅰ T3244西北角	开口于探方第4层下，打破第5、6层	坑口平面为椭圆形，弧形壁，底微圜	320	135	50	填土为深灰色黏土。出有少量陶片，器形有甑、盂、罐	西汉
Ⅰ H10	Ⅰ T3343西南角	开口于探方第5层下，打破第6层和生土层	已揭示的坑口平面为扇形，弧形壁，圜底	90	70	42	填土为黄褐色黏土。出有少量陶片，器形有盆等	西汉
Ⅰ H11	Ⅰ T3346西南部	开口于探方第5层下，打破第6层	已揭示的坑口平面为椭圆形，斜直坑壁，圜底	210	84	35	填土为灰褐色黏土。出土陶片较多，器形有甑、盂、罐、盆等	西汉
Ⅰ H12	Ⅰ T3145东北部	开口于探方第5层下，打破第6层	已揭示的坑口平面为半椭圆形，斜直坑壁，平底	口120、底100	口90、底44	70	填土为灰黑色黏土。出土少量陶片，器形有豆、盂、罐、盆	西汉
Ⅰ H13	Ⅰ T3144北部	开口于探方第5层下，打破第6层和生土层	坑口平面为不规则形，弧形坑壁，底微圜	286	142	55	填土为深灰色黏土。出地少量陶片，器形有盂、壶、罐等	西汉
Ⅰ H14	Ⅰ T3445西南部	开口于探方第5层下，打破第6层	已揭示的坑口平面为不规则形，弧形坑壁，平底	口90、底80	口90、底60	30	填土为黄褐色黏土。出有少量陶片，可辨器形有罐	西汉
Ⅰ H15	Ⅰ T3243东北角、Ⅰ T3343东南角	开口于探方第5层下，打破第6层和生土层	坑口平面为不规则形，弧形坑壁，平底	口250、底230	口180、底135	40	填土为灰色夹黄斑黏土。出有少量陶片，器形有盂、罐等	西汉
Ⅰ H16	Ⅰ T3342北部、Ⅰ T3442南部	开口于探方第4层下，打破第5层和生土层	坑口平面为不规则圆形，坑壁斜直，平底	口244、底180	口240、底130	68	填土为灰色。出土少量陶片，器形有甑、罐、盆	西汉
Ⅰ H17	Ⅰ T3444东北角	开口于探方第5层，打破第6层	坑口平面为不规则的椭圆形，坑壁较斜直，平底	口134、底96	口104、底60	22	填土为深灰色黏土。出有少量陶片，器形有盂、罐、盆	西汉

续表

编号	位置	层位关系	形状特征	规格			现象及包含物	年代
				长	宽	高或深		
Ⅰ H18	Ⅰ T3246东部	开口于探方第6层下，打破生土层	已揭示的坑口平面为半圆形，坑壁较斜直，平底	口150、底120	口80、底60	70	填土为黄褐色黏土。出土陶片较多，器形有甑、盂、罐、盆、瓮	战国
Ⅰ H19	Ⅰ T3346北部和中部	开口于探方第6层下，打破生土层	已揭示坑口平面为长方形，坑壁斜直，底较平	口274、底266	口135、底95	50～70	填土为黄褐色黏土。出有陶片，器形有豆、盂、罐、瓮	战国
Ⅱ H1	Ⅱ T1714西南部	开口于探方第2层下，打破生土层	坑口平面呈不规则的椭圆形，坑壁斜直微弧，平底	口144、底130	口78、底58	30	填土为灰黑色黏土。出有少量陶片，器形有罐、盆	西汉
Ⅱ H2	Ⅱ T1314北部偏西	开口于探方第2层下，打破生土层	已揭示的坑口平面为半圆形，坑壁斜直微弧，底微圜	口100、底65	口50、底28	35	填土为灰色亚黏土。出有泥质灰陶罐、青花瓷碗、杯、锈铁钉	清代
Ⅱ H3	Ⅱ T1114 西北部	开口于探方第3层下，打破生土层	已揭示的坑口平面大致为三角形，斜直坑壁，平底	口395、底380	口175、底135	35	填土为灰褐色。内含砖瓦碎片，出有青花瓷碗、杯等	明代
Ⅱ H4	Ⅱ T1114南部	开口于探方第2层下，打破第3层	已揭示的坑口平面为长方形，斜直坑壁，底较平	口400、底400	口70、底50	20～30	填土为灰褐色黏土。内含布瓦碎片，出有青花瓷碗、杯等	清代
Ⅱ H5	Ⅱ T1214西南角	开口于探方第3层下，打破第4层	已揭示的坑口平面为扇形，弧形坑壁，圜底	135	70	35	填土为灰褐色土。出有青花瓷碗、杯、铜环等	明代
Ⅱ H6	Ⅱ T1214东北部	开口于探方第3层下，打破第4层	已揭示的坑口平面为半圆形，弧形坑壁，圜底	110	40	26	填土为灰褐色黏土。内含布瓦碎片，出有青花瓷碗等	明代
Ⅰ G1	Ⅰ T3142和Ⅰ T3242西南部	开口于探方第3层下，打破第4、5层和生土层	已揭示的沟口平面为西北—东南方向的长条形，沟壁斜直，平底	口825、底825	口85、底40	45	沟底西北一端高，东南一端低，沟水由西北向东南方向排出。填土为灰色土。除出土泥质灰陶罐、铜瓦残片外，还有乳白瓷碗、灰白瓷碗、青花瓷碗残片等	明代

续表

编号	位置	层位关系	形状特征	规格			现象及包含物	年代
				长	宽	高或深		
Ⅰ G2	Ⅰ T3243、Ⅰ T3343	开口于探方第5层下，打破第6层和生土层	已揭示的沟口平面为南北走向的长条形，弧形沟壁，凹槽沟底	900	40 ~ 70	40	沟底北高南低，沟水由北向南排出。填土为灰褐色黏土。出有少量陶片，器形有盂、罐等	西汉
Ⅰ G4	Ⅰ T3144、Ⅰ T3145、Ⅰ T3146南部	开口于探方第5层下，打破第6层	已揭示的沟口平面呈东西方向的长条形，斜直沟壁，凹槽沟底	1380	35 ~ 75	30 ~ 60	沟底东高西低，沟水由东向西排出。填土为深灰色黏土。内含少量石块，出有少量陶片，器形有盂、罐	西汉
Ⅰ G5	Ⅰ T3245、Ⅰ T3345、Ⅰ T3344和Ⅰ T3343的东隔梁下	开口于探方第5层下，打破第6层	沟口平面为曲尺形，弧形沟壁，凹槽沟底	口1435、底1355	80	60	沟底南高北低，沟水由南向北，再折向西排出。沟内填土为深灰色黏土。出有少量陶片，器形有盂、壶、罐、盆等	西汉
Ⅱ G1	Ⅱ T1115内	开口于探方第3层下，打破第4层	已揭示的沟口平面呈西北—东南方向的长条形，斜直沟壁，平底	口470、底470	口50、底28	50 ~ 60	沟底为西北一端高，东南一端低，沟水是由西北向东南方向排出。沟内填土为灰黄色黏土。内含石灰颗粒、布瓦碎片，出有少量青花瓷片	明代

云阳小凼子墓地2003年度发掘简报

成都文物考古研究院
绵　阳　博　物　馆
云阳县文物管理所

为配合三峡水利工程的建设，成都文物考古研究所（今成都文物考古研究院）和绵阳博物馆受重庆市文化局委托，承担了2003年度云阳小凼子墓地考古发掘工作。小凼子墓地位于云阳县双江镇兴隆村二社，是一处东西长约120、南北宽约100米的山坡。东边为黄岭溪沟，西侧为南河湾，第二期水位以上叫汪家大田，坡下即是长江。

小凼子墓地在1992年由四川省文物考古研究所（今四川省文物考古研究院）调查发现，1994年四川大学考古系复查确认。成都文物考古研究所和绵阳博物馆组成的三峡考古队于2003年2月26日又进行了调查，发现在第二、三期水位范围内散布着大量几何纹或素面砖块和绳纹陶片，采集了2块车马纹砖。小凼子墓地（遗址）的发掘级别为D级，计划发掘面积100平方米。3月2～23日对小凼子墓地选点进行了发掘，实际发掘面积100平方米，发掘了汉魏时期的地层，清理了一座灰坑和一段石砌堡坎（图一）。现分别报告如下。

一、地层堆积和遗迹

（一）地层堆积

小凼子墓地地层堆积比较简单，尤以T2北壁较具代表性，可以分为5层。

第1层：褐色。土质松软，含大量植物根茎。厚0.13～0.35米。现代耕土层。

第2层：红褐色。土质较硬，板结。无包含物。深0.13～0.35、厚0.25～0.28米。近现代堆积。

第3层：灰褐色。土质较硬，包含有较多的绳纹陶瓦碎片、碎砖块和零星的炭灰。特别是T2近东南部和东隔梁南段堆积有一层约0.08米厚的瓦砾。深0.35～0.65、厚0.15～0.2米。汉魏时期的堆积。

第4层：黑褐色。包含有较碎的绳纹陶瓦、砖块和零星的炭灰。仅分布在堡坎石的北侧。深0.58～0.75、厚0.17～0.25米。汉魏时期的堆积。

第5层：紫红色。生土层。

堡坎石的南侧（即T2南侧）、T3除西北角的大部分、T1的整个探方都只有第1、2、3层，没有第4层。堡坎石北侧的第4层比较板结，包含物细碎。因此，我们认为第4层是砌堡坎时的回填土。

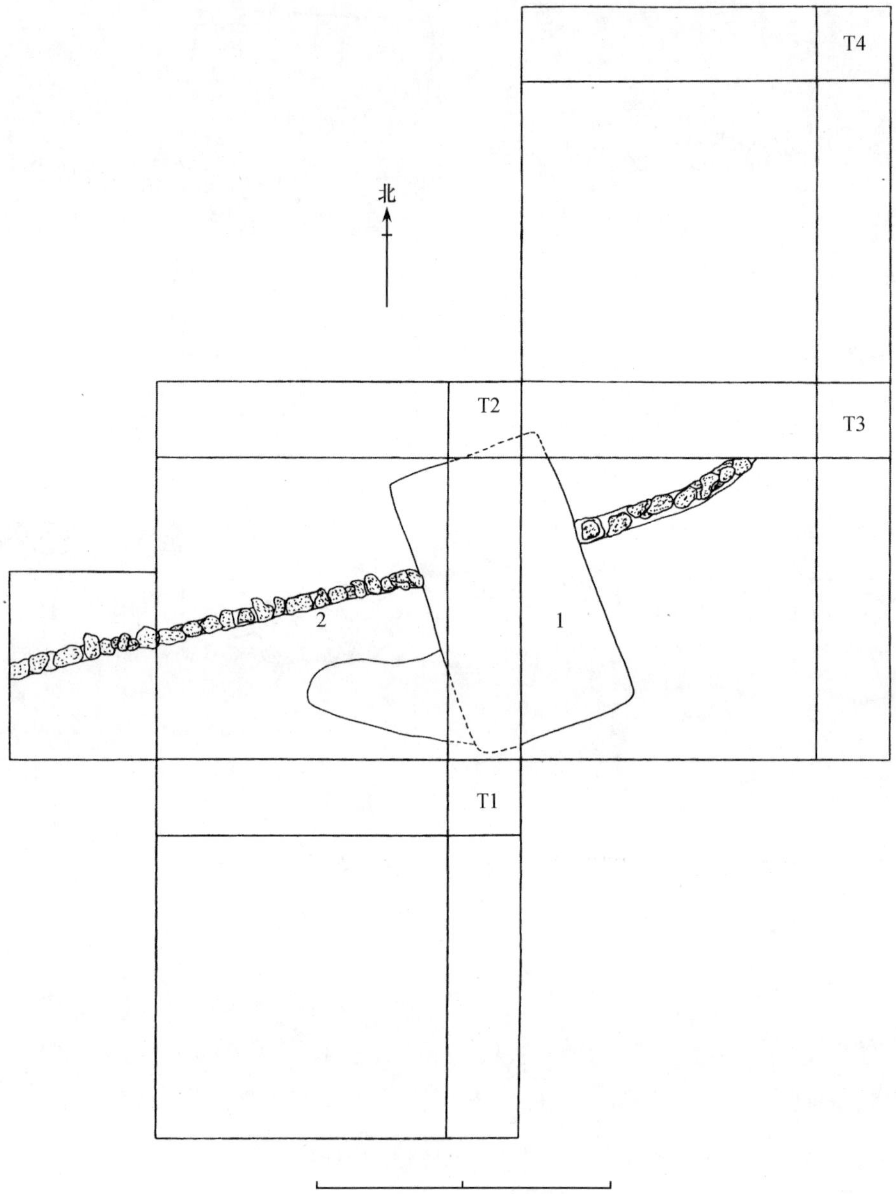

图一　小凼子墓地遗迹分布图
1. 灰坑（H1）　2. 堡坎石

（二）遗迹

小凼子墓地的遗迹主要有1座灰坑和1段堡坎石。

1. 堡坎石

石块为灰色砂石，呈不规则形状，大小不一，长、宽、厚为0.06～0.34米不等。

堡坎石叠压在第3层下，也可以说叠压在回填土第4层下，近东西向，略偏东北。主要分布在T2的中部，T3西北角有一段，全长9.9米（图二）。在T2东隔梁下，堡坎石因叠压在灰坑上而塌陷。从塌陷的情况看，堡坎石原来的高度在0.7米左右。没有塌陷的地方，现在最多只保

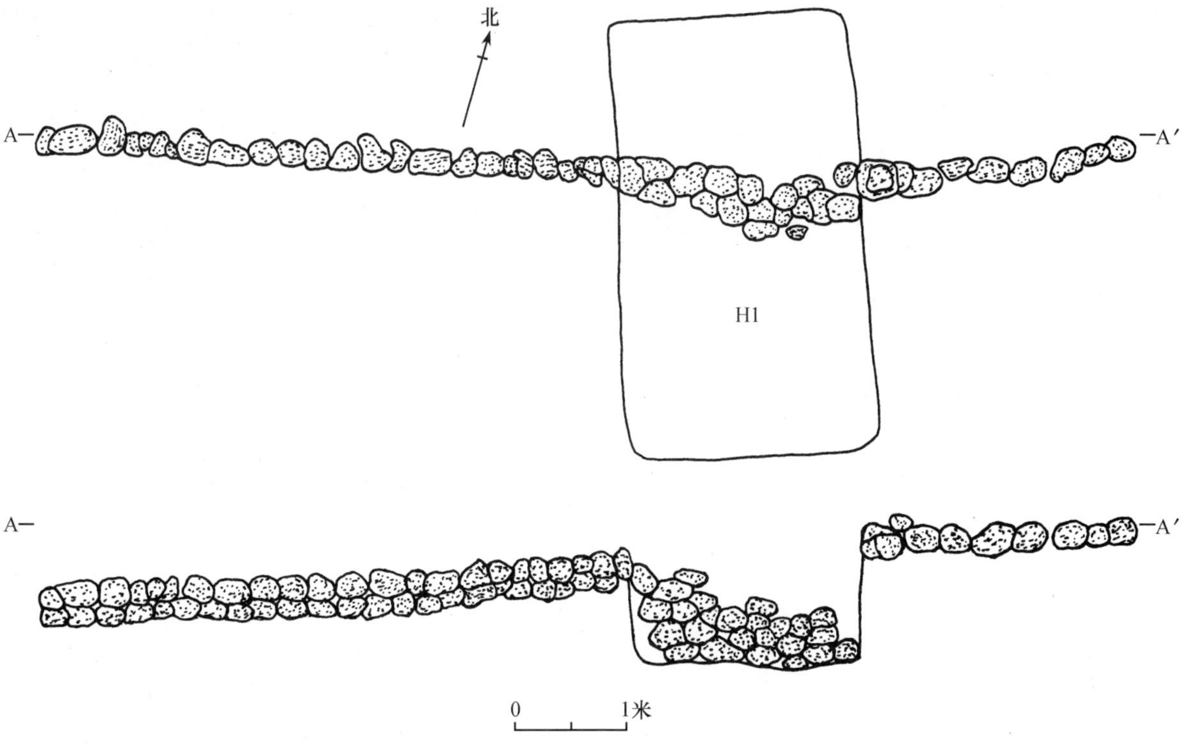

图二 堡坎石平、剖面图

存有两块石头的高度。

2. 灰坑

1座（H1），南段开口于第3层下；北段开口于第4层和堡坎石下。H1呈比较规整的长方形，长3.8、宽2.3、深0.86米（图三）。从灰坑南部出土有青灰色的，长36、宽16、厚7厘米的素面砖块观察，H1原来可能是一座砖室墓。灰坑南段出土有大量的绳纹陶瓦和少量瓦当、素面砖块与陶钵残片等。中段是垮塌的堡坎石，呈斜坡状堆积。北段的利用当早于南段，是砌堡坎时的回填土，内含较碎的绳纹陶瓦、砖块和零星的炭灰。

从第3层有大量的瓦砾堆积看，堡坎石是房屋建筑前面的堡坎，修建房屋时利用了H1的北段，南段的绳纹陶瓦和瓦当等是房屋废弃后的堆积。

二、出土遗物

小凼子墓地的遗物有采集品和发掘出土品。采集的主要是有纹饰的砖块，发掘出土品主要有大量的绳纹陶瓦和少量瓦当、素面砖块与陶钵等。

1. 砖块

4块，灰陶，全部为采集。

采：1，长方形。灰色。一侧饰对称的几何纹。长41、宽19、厚11厘米（图四，1）。

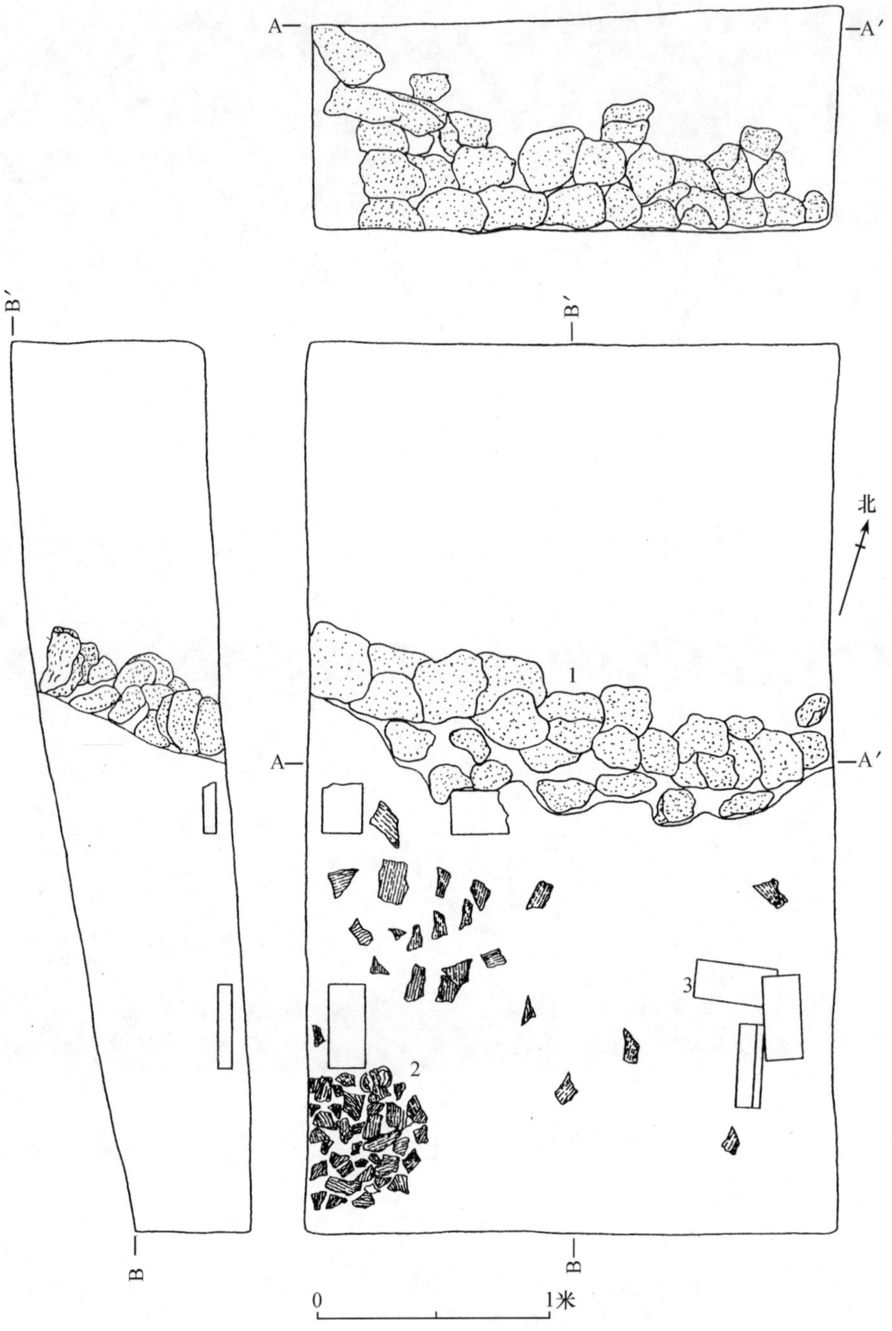

图三 H1平、剖面图

1. 堡坎石 2. 瓦砾 3. 素面砖

采：2，子母砖，子口已残。灰褐色。一侧饰几何纹。残长35、宽19.4、厚8.8厘米（图四，2）。

采：3，子母砖，子口与母口均残。灰色。一侧中间饰车轮纹，车轮两侧饰对称的几何纹。残长34、宽21、厚10.6米（图四，3）。

采：4，长方形。灰褐色。一侧饰车轮、马和几何纹。长40.8、宽19、厚9.8厘米（图四，4）。

图四　纹饰砖拓片

1. 采：1　2. 采：2　3. 采：3　4. 采：4

2. 陶钵

2件。均仅残存口沿。

H1：4，灰褐陶。口微侈，圆唇，腹下略折收，以下残。口径17、残高3.8厘米（图五，4）。

H1：3，黑褐陶。口微侈，圆唇，腹部以下残。口径18、残高5.2厘米（图五，1）。

3. 陶瓦

主要出在灰坑南段和第3层，数量很多，但没有可以复原者。可分为筒瓦和板瓦，板瓦数量最多。另外，还有3件瓦当。

板瓦　基本上为灰陶，夹少许白色的细砂。一般瓦面饰斜绳纹，里面饰粗布纹，布纹很多已剥落。瓦面绳纹一般被一至二道宽带纹一分为二，或二分为三。板瓦厚薄差别较大，最厚的有2.1厘米，薄的仅有1.1厘米。T2③：7，直瓦唇，瓦面颈部饰几周不甚明显的细凹弦纹，颈下满饰斜绳纹。残长31.8、宽15.7、厚1.4厘米（图五，5）。T2③：11，直瓦唇，瓦面颈部饰一周宽凹弦纹，颈下满饰斜绳纹。残长12.5、宽15.6、厚1.1厘米（图五，7）。T2③：4，残块，瓦面饰绳纹，里有规整的布纹。厚2.1厘米。T2③：10，直瓦唇，瓦面颈部饰两周细而浅的弦纹，颈下满饰斜绳纹。残长18.4、宽15.2、厚1.4厘米。

筒瓦　灰陶，夹有少许白色的细砂。一般瓦头小于瓦身，瓦头与瓦身以溜肩相连。瓦身上端略大于下端，厚薄几无差别。瓦面也饰斜绳纹，里面饰粗布纹，布纹大多也已剥落。与板瓦相比，筒瓦较小、薄、弧度大。T2③：2，子口微侈，圆唇，颈较直，溜肩，肩下满饰斜绳纹，里饰布纹。残长14、瓦身上部宽10.5、厚0.8～1.1厘米（图五，2）。T2③：1，残存下半部分，瓦面满饰绳纹，被中间一周宽带纹一分为二，里面饰纹已全部剥落。残长14.2、下端宽8.2、厚0.8厘米（图五，6）。T2③：9，子口微敞，圆唇，颈较直，斜肩，肩下满饰斜绳纹，里饰布纹。残长9.5、宽8.2、厚0.8厘米（图五，8）。T2③：3，残存中部。瓦面饰绳纹，里饰布纹。残长17.2、宽9、厚0.9厘米（图五，3）。

瓦当　3件。都仅存当面。均为灰陶，夹有少许白色细砂。T2③：8，灰陶外施一层褐色陶衣，大部分也已脱落。当面中间有一圆形乳突，乳突外侧以双线四等分，饰卷云纹。当里饰绳纹。当径14.4、沿宽0.9～1.1、厚2厘米（图六，2）。另两件的形制与当面纹饰基本一样。H1：5，内面为灰黑色，有两条交错呈弧状的划纹。当径15、沿宽1、厚1.6厘米（图六，3）。H1：2，内面中间饰交错绳纹。当径14.3、沿宽1～1.2、厚2.2厘米（图六，1）。

三、结　语

1. 灰坑（H1）、堡坎石及与地层的关系

H1呈长方形，非常规整，原来可能是1座墓葬。作为墓葬，在遗迹中应该是最早的。作为灰坑，又分为南北两部分。堡坎石和第4层叠压在北段上，H1北段的利用当早于堡坎石和第4层。堡坎石是房屋建筑前面的堡坎，第4层是砌堡坎时的回填土。这三者的关系当是先砌堡坎后回填，堡坎早于第4层；房屋建筑与堡坎孰早孰晚较难定夺，从小凼子缓坡状的地势看，可

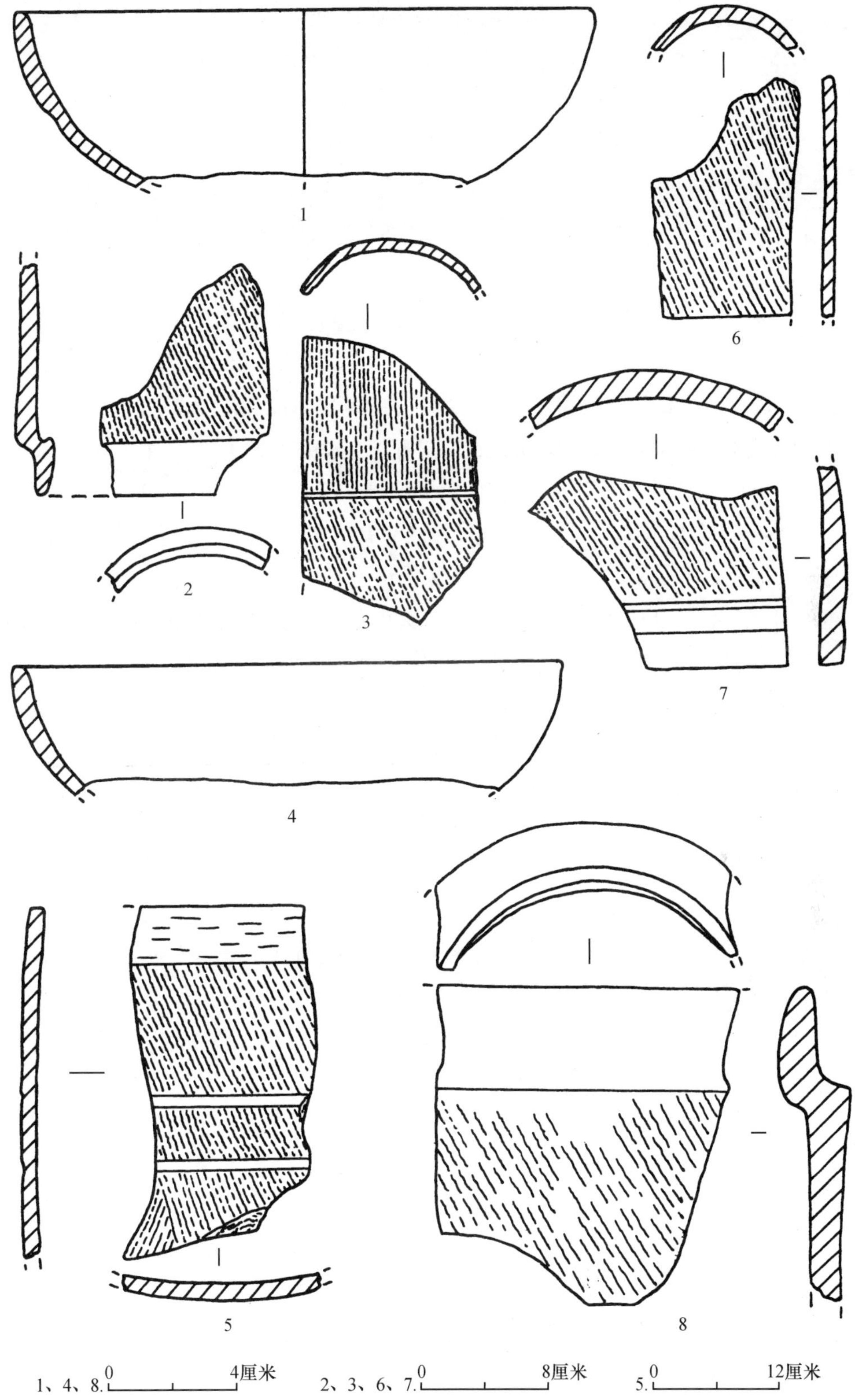

图五　灰坑和地层出土陶器

1、4. 钵（H1：3、H1：4）　2、3、6、8. 筒瓦（T2③：2、T2③：3、T2③：1、T2③：9）

5、7. 板瓦（T2③：7、T2③：11）

1

2

3

0 8厘米

图六 瓦当拓片

1. H1∶2 2. T2③∶8 3. H1∶5

能是先砌堡坎后建房屋。T2东南部和东隔梁南段第3层与灰坑南段出土有大量的绳纹陶瓦和少量瓦当、素面砖块及陶钵残片等大量的房屋废弃后的瓦砾堆积，因此，H1南段当晚于房屋建筑与堡坎石。这样，我们认为灰坑（H1）、堡坎石及与地层的叠压关系是：

第3层→H1南段→第4层→堡坎石（及房屋建筑）→H1北段→第5层（生土层）

2. 墓地时代

小凼子墓地的地层比较简单，包含物也比较单一。从最晚的第3层到最早的H1（北段），包含物基本一样，均为大量的绳纹陶瓦和少量瓦当、砖块等残片；通过调查，我们发现在第

二、三期水位范围内散布着大量的、砌墓用的几何纹或素面砖块。这些绳纹陶瓦、瓦当和各种纹饰的砖块都是典型的汉代遗物，因此，小凼子墓地应是汉代遗存；从有纹饰的砖块考察，其下限有可能要到魏晋南北朝时期。

3. 主要收获

通过详细调查、简单钻探和目前的发掘工作，可初步确定小凼子墓地（遗址）不仅是一处汉至魏晋南北朝时期的墓葬区，而且大量陶瓦和堡坎石的发现，说明墓地（遗址）范围内可能还有较大的同时期的建筑基址存在，为进一步寻找这个时期的建筑遗存提供了线索。同时，这些工作也为研究当时的丧葬习俗、汉至魏晋南北朝时期的建筑与人们的生活状况提供了新的实物资料。

附记：这次发掘工作是在重庆市文化局和重庆市文物考古所领导下进行的，在具体发掘工作中，得到云阳县文管所的领导和业务干部、双江镇兴隆村和二社的干部与村民大力支持、配合。在此谨表谢意！

领队：王　毅
执行领队：唐光孝
发掘者：唐光孝　许　蓉　夏良明
照相：文星明
绘图：夏良明
修复拓片：巩　三
执笔：唐光孝　许　蓉

『十三五』国家重点出版物出版规划项目

长江三峡工程文物保护项目报告

甲种第十三号

重庆库区考古报告集

2003卷（五）

重庆市文物局　重庆市水利局　编

科学出版社

内 容 简 介

本书共收录三峡工程重庆库区田野考古发掘简报134篇。长江三峡地区不仅山水雄奇，而且是一座瑰丽的文化宝库。考古发掘表明，自古以来，这里就是中华民族长江文明的重要舞台和文化交流的通道，保存着从旧石器、新石器时代经历夏商周直到宋元明清的各代文物古迹。

本书作为三峡工程重庆库区第七部科学发掘成果的正式报告集，相信对于三峡地区古代历史文化的研究，会起到积极的推动作用。

本书可供考古学、历史学等学科研究者，以及高等院校相关专业师生和广大文物考古爱好者阅读、参考。

图书在版编目（CIP）数据

重庆库区考古报告集. 2003卷：全5册 / 重庆市文物局，重庆市水利局编. —北京：科学出版社，2019.11

（长江三峡工程文物保护项目报告. 甲种第十三号）

"十三五"国家重点出版物出版规划项目

ISBN 978-7-03-063317-0

Ⅰ. ①重…　Ⅱ. ①重…②重…　Ⅲ. ①考古发掘-发掘报告-重庆-2003　Ⅳ. ①K872.719.5

中国版本图书馆CIP数据核字（2019）第252485号

责任编辑：王光明 / 责任校对：邹慧卿

责任印制：肖　兴 / 封面设计：陈　敬

科 学 出 版 社 出版

北京东黄城根北街16号

邮政编码：100717

http://www.sciencep.com

中国科学院印刷厂 印刷

科学出版社发行　各地新华书店经销

*

2019年11月第 一 版　开本：A4（880×1230）

2019年11月第一次印刷　印张：214　插页：115

字数：6 577 000

定价：2860.00元（全五册）

"13th Five-Year Plan" National Key Publications Publishing and Planning Project

Reports on the Cultural Relics Conservation
in the Three Gorges Dam Project
A(annual report) Vol.13

TGCR

Collections of Reports on the Archaeological Excavation in the Three Gorges Dam, Chongqing

in 2003 · V

Cultural Relics and Heritage Bureau of Chongqing
&
Chongqing Water Resources Bureau

Science Press

长江三峡工程文物保护项目报告

长江三峡工程文物保护项目报告

《重庆库区考古报告集·2003卷》

编 委 会

目　录

云阳云安盐场遗址2003年度发掘简报

中国国家博物馆
福州市文物考古工作队
云阳县文物管理所

重庆市云阳县云安盐场遗址是长江三峡水库淹没区内一处重要的古文化遗址（图一）。遗址于1987年发现，1994年由四川大学历史系考古学专业在编制该地区三峡文物保护规划时进一步落实。调查结果认为：该遗址位于云安镇云安盐厂内及其周围的汤溪河两岸台地上，高出汤溪河面10～30米，中心地理位置坐标东经108°50′52″，北纬31°3′41″，海拔150～170米。遗址面积15万平方米，南北长500、东西宽300米，为一汉代盐场遗址，延续使用至明清。1987年发现，遗址文化层厚4～6米，主要为卤渣堆积，遗址内曾出土过铁锅等煮盐工具，现存云安盐厂。遗址主要部分被云安盐厂厂房和云安镇民居所覆盖，云（阳）巫（溪）公路从遗址中部穿过。云安盐场历史悠久，早在《晋书》《水经注》等古文献中就有记载，从汉至清代连续开采使用，在中国盐业发展史上有重要地位，尤其是盐场中有川东诸井之祖井的白兔井，由盐场的发掘必能进一步弄清白兔井的开采历史和早期盐业开采的方法、规模与管理方式等。据此，该遗址需结合移民进度进行B级发掘。

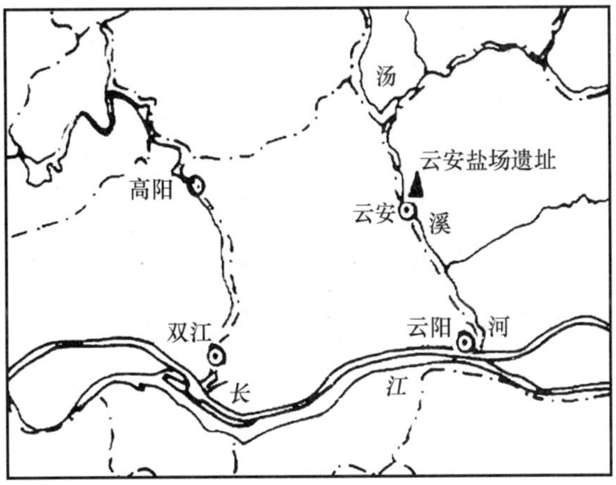

图一　云安盐场遗址位置图

云安盐场遗址的考古发掘工作从2001年正式开始，发掘工作由中国国家博物馆和福州市文物考古工作队共同承担。当年度发掘面积1000平方米，勘探面积100 000平方米。2002年10～12月，对遗址进行了第二次发掘，发掘面积2000平方米。

2003年10～12月，配合三峡工程蓄水进度，对遗址开展了第三次发掘，发掘面积2000平方米。现将2003年度的发掘情况报告如下。

一、发掘区概况

云安盐场遗址广泛分布于今云安盐厂及其周围汤溪河两岸的台地上，面积很大。为此，通过这几年的发掘实践，我们逐步确立了对遗址进行分区发掘的原则。结合云安盐场遗址的总体规划，我们初定将云安盐场遗址分为中心区、东大井区、菜园坝区、马岭湾区。同时，为了顾及2001年度的发掘分区，将东大井区又分为发掘A区、发掘B区、发掘D区三个小区。本年度由于受移民进度的制约，无法在中心区开展工作。因此选择东大井区（发掘B区及发掘D区）、菜园坝区、马岭湾区三个区共四个地点开展了发掘工作（图二）。

东大井区　位于汤溪河北岸，牛头山在南侧、东侧将其环抱，西侧为东井沟。为一狭长形北高南低的缓坡地。发掘前为蔬菜地及民居。该地块隶属于云安镇东大井街道，因此2001年度发掘时将此处命名为“东大井区”。在2001年度对本区内的发掘A区和发掘B区进行了总共1000平方米的考古发掘；2002年度对位于本区内的发掘B区进行了2000平方米的考古发掘。本年度在区内设置了两个发掘点，其一位于发掘B区，布方9个。探方方向北偏东42°。按照布方范围发掘了750平方米，此外还以扩方的形式发掘了100平方米。发掘面积共计850平方米。最深发掘深度约8米，平均发掘深度3米。另一处则为今年新开展发掘的发掘D区，布方7个。受地形限制，为最大限度开展发掘，探方方向不很一致。除在布方范围内开展了发掘外，根据出土遗迹的情况还对部分区域进行了扩方发掘。发掘面积共600平方米。平均发掘深度1.5米。

菜园坝区　位于宝珠山南侧，西侧及南侧为汤溪河所环绕，东侧为民居。为一宽阔的平坦台地。发掘前地表遍种蔬菜。当地人称此处为“菜园坝”，因此本次发掘以地名将此处命名为“菜园坝区”。布10米×10米探方5个。探方方向北偏东50°。因客观条件限制，T5在发掘近2米后，暂停发掘。其余4个探方（400平方米）则在地下水涌出后停止发掘，平均发掘深度4米。

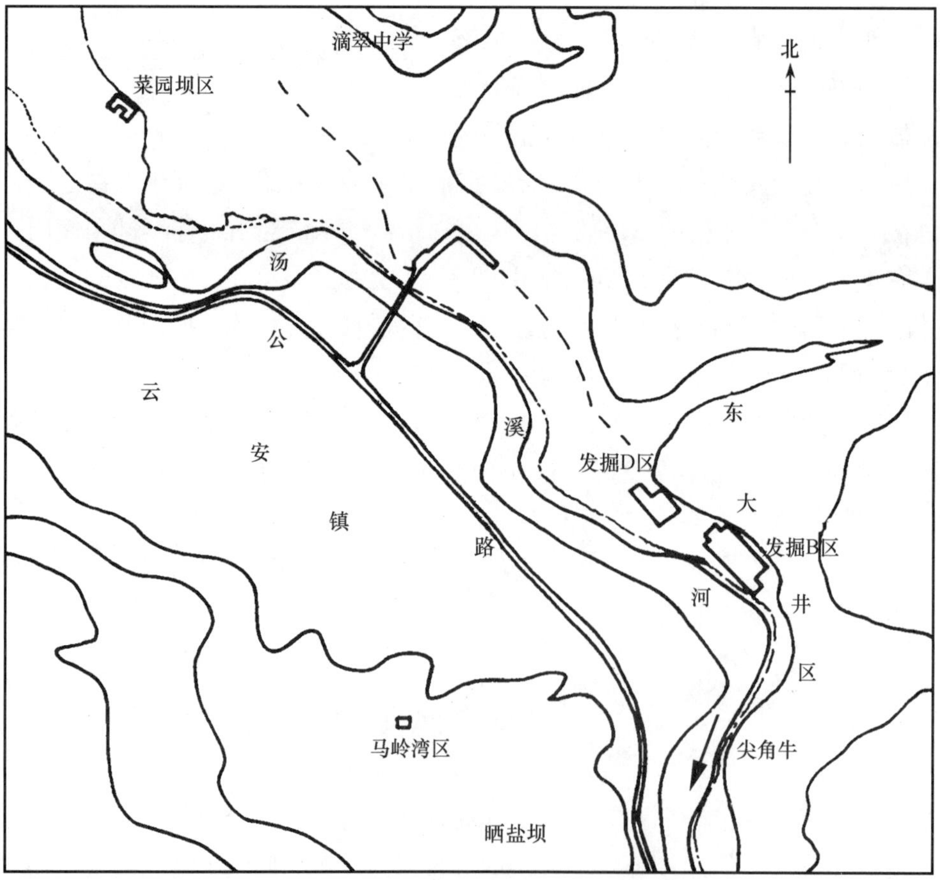

图二　2003年度云安盐场遗址发掘区示意图

马岭湾区　位于云安镇南岸的一处山坡上，地势南高北低。当地人称此处为“马岭湾”。山坡北望汤溪河，南距新修的渝巴路约20米。因地质部门在地质探测中发现了一座古代墓葬，因此对此处进行抢救性发掘。将发掘区以地名命名为“马岭湾区”。布10米×10米探方1个。探方方向正南北向。布方面积100平方米，实际发掘面积100平方米。发现M1并完成清理工作后，田野工作即告结束，未发掘至生土。平均发掘深度2.5米。

二、地层堆积与文化遗存分期

本年度发掘分4个发掘地点。由于遗址面积大、地层堆积丰富，各区地层堆积性质和土质、土色不尽相同。而且在同一区内的各探方间土质、土色也不尽相同。因此，本次发掘将地层按发掘地点分别进行统一。

遗迹编号的原则是以区为单位分别统一编号。具体到本次发掘：东大井区内的发掘B区及发掘D区内的遗迹以东大井区为单位统一编号，本年度编号顺接2002年度遗迹编号；菜园坝区内遗迹统一编号；马岭湾区内遗迹统一编号。

由于马岭湾区发掘面积仅100平方米，而且地层过于简单，本报告对该区地层不予介绍。以下分别介绍本年度东大井区及菜园坝区各发掘点的地层堆积情况。

（一）东大井区

1. 发掘B区

本区地层共十个大层。现以03B区T2912北壁剖面为例，并结合发掘区实际情况加以说明（图三）。

第1层：表土。为现代堆积层。

第2B层：厚0～170厘米。为清代堆积层。本层下发现的遗迹基本为井盐生产设施，包括灶、水池等。

第3A层：厚0～270厘米。红砂泥土。较纯，夹少量碎石沉积土，土质较硬，带黏性。出土少许青花瓷片。推测应为明代堆积层。本层下出露一层黑色硬地面、水池等遗迹。

第3B层：厚60～145厘米。红砂泥土。含较多石块，土较少。含少许青花瓷片。推测为明代堆积层。本层下发现的遗迹有沟、水池等。

第4A层：厚25～100厘米。灰褐色土。含大量森林柴灰烬和木炭渣，土质结构松散，出土有白瓷、青白瓷、黑釉瓷、黄釉瓷、酱釉瓷。陶片、瓦当、锈铁块、铜残片等。推测为南宋至元堆积层。本层下发现的遗迹基本为水池及水沟。

第4B层：厚0～25厘米。土色较杂，部分区域土色呈灰黑色，部分区域土色为灰黑色但其中夹杂较多灰白土。土质松散，包含物以木炭粒为主。出土少量青白瓷片、黑釉瓷片、黄釉瓷片、酱釉瓷片、锈铁块、瓦片、瓦当等。本层下出露遗迹有水池和沟。

第5层：本方内未见此层。土色呈黄灰色。土质较松散，内含木炭粒和少量青白瓷片、酱

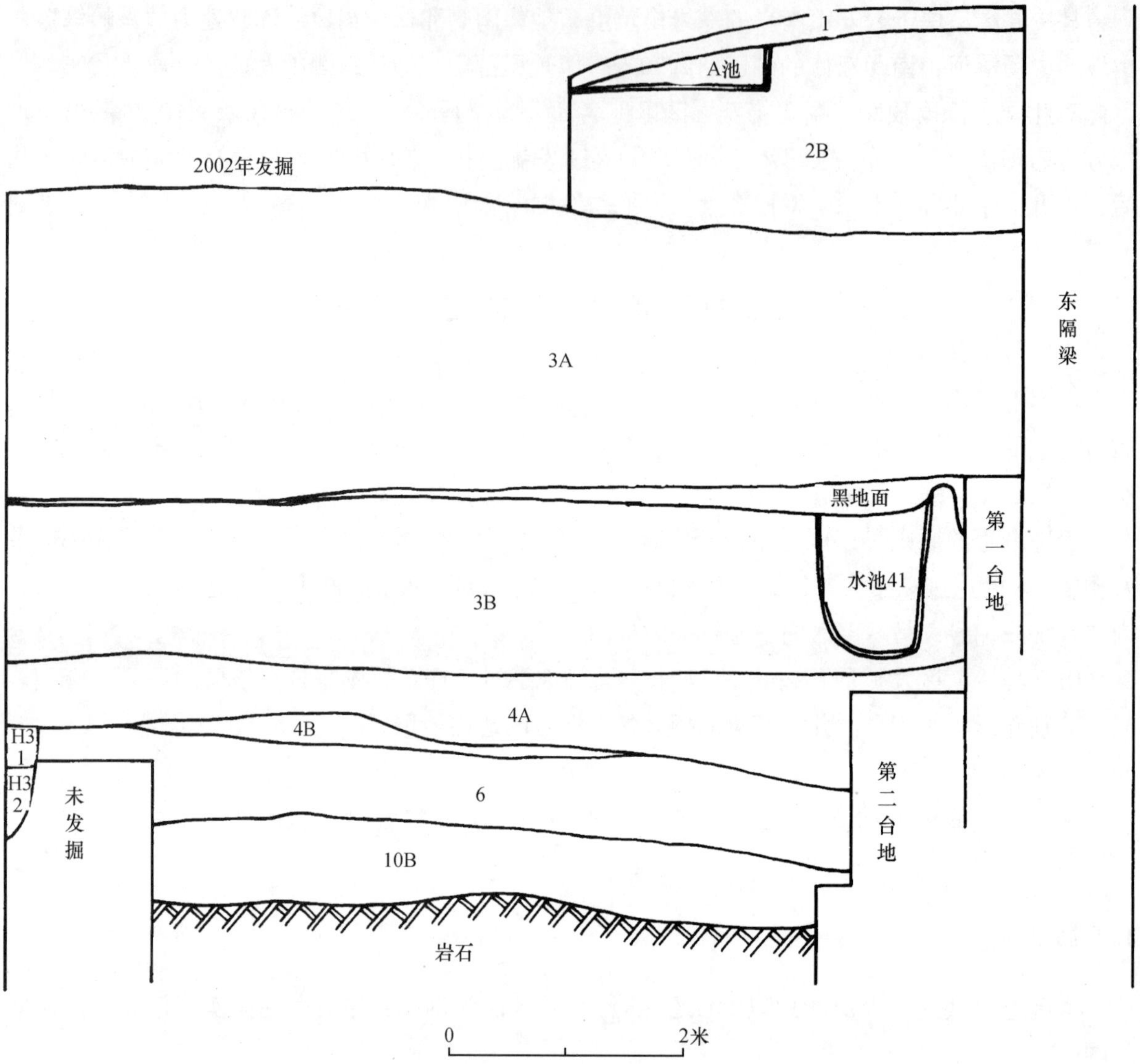

图三　2003年度东大井B区T2912北壁剖面图

釉瓷片。实际即台基一上的建筑倒塌后形成的堆积，本层保存状况不好，不少地方已因晚期破坏而缺失。推测年代为宋代。本层下出露遗迹有台基1、台基2等。

第6层：厚30～175厘米。土质土色较杂。从总体上看为红色砂土。实际即台基二填土。

第7层：本方内未见此层。由于发掘区域所限，目前仅在台基3与台基1之间的狭小区域内清理了此层。厚度0～115厘米。红褐色砂土，夹灰黄土。土质疏松。出土物丰富，有绿釉双耳罐、青白釉斗笠碗、黑釉碗、白釉黑花瓶、黄釉盆、石斧等。时代为宋代。

第8A层：本方内未见此层。由于发掘区域所限，目前仅在台基3与台基1之间的狭小区域内清理了此层。厚度0～95厘米。红褐色黏土。夹石，土质坚硬质密。出土物极少。

第8B层：本方内未见此层。由于发掘区域所限，目前仅在台基3与台基1之间的狭小区域内清理了此层。厚度0～100厘米。灰黑土。夹木炭，土质细。南部上有一层河沙层，并入本层。出土物丰富，有青白釉盖、黑釉碗、绿釉盖、黄釉四系罐、坩杯、野猪牙等。时代为宋代。

第9A层：本方内未见此层。由于发掘区域所限，目前仅在台基3与台基1之间的狭小区域内清理了此层。厚0～125厘米。河沙夹红褐砂土。土质细而松，上层多是沙，下层多是红褐砂土。出土物较少，多为残片，有黄釉壶嘴、酱釉盆片、缸片等。时代为宋代。

第9B层：本方内未见此层。由于发掘区域所限，仅在台基3与台基1之间的狭小区域内发现此层。河沙夹红褐砂土。土质细而松。由于空间太小，仅出露本层，未发掘。推测时代为宋代。

第10A层：本方内未见此层。灰褐土。较硬，夹有木炭。仅在台基三中部的解剖沟中出露。厚60～75厘米。出土物极少，出有一小片青白釉碗片。推测时代为宋代。

第10B层：厚45～240厘米。黄色土，局部含炭粒，无出土物。推测时代为宋代。

本层下即为山体岩石。

2. 发掘D区

本区因未发掘至生土，无法确知完整地层，从已发掘的地层看可分两大层。现以03D区T1010东壁为例（图四）。

第1层：为现代耕土层。土质疏松。分布全方。厚度15～40厘米。

第2层可分为A、B两层。

第2A层：为红褐或黄褐细土，夹少量炉渣，土质疏松。分布全方。深度15～40、厚度10～75厘米。极少包含物。

第2B层：为灰黑炉渣层，疏松。分布全方。深度25～105厘米。由于保留遗迹，本层没有清理完。基本没有出土物。

此外，在D区T1210内第2B层下选择了部分地区向下解剖，未发现有遗物、遗迹。本区发掘结束。

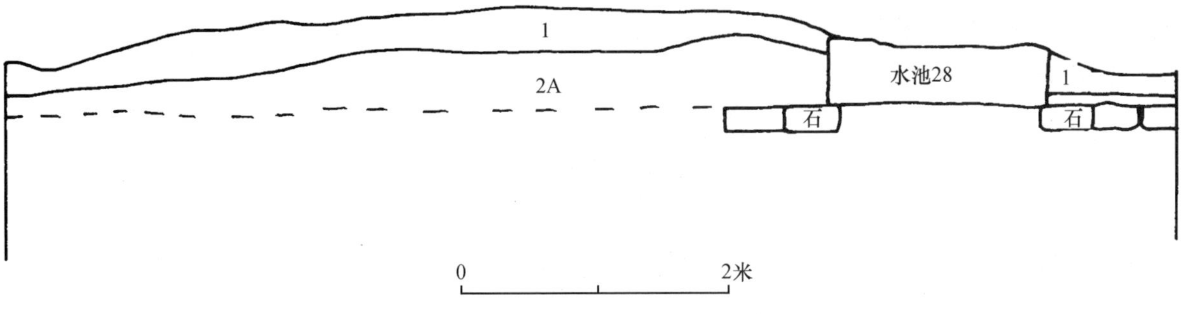

图四　2003年度东大井D区T1010东壁剖面图

（二）菜园坝区

因发掘深度超过地下水位，本发掘区未发掘到生土即告结束。从已发掘的情况看，地层可分为四个大层。现以菜园坝区T1北壁为例说明（图五）。

第1层：表土。厚15～20厘米。灰黑土，含植物根茎，土质较松散。现代堆积层。

第2层：厚130～140厘米。红褐色，土质松散，含大量细沙及零星碎瓦砾、青花瓷残片等。

第2A层：厚60～70厘米。黄色砂土。河沙堆积，纯净，无出土物。

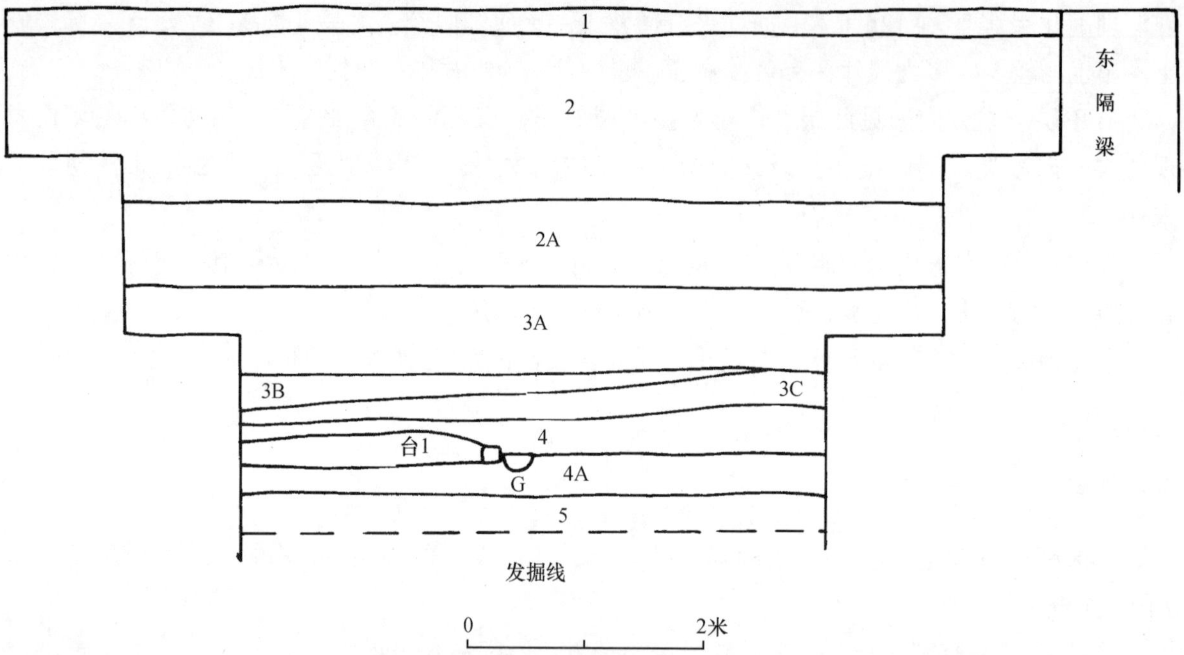

图五　2003年度菜园坝区T1北壁剖面图

第3A层：厚70～80厘米。黄褐色土。瓦砾堆积层，土质较松，带黏性。含大量的瓦片和少量石块、红烧土粒、炭粒等。出土青花瓷残片。

第3B层：厚0～30厘米。灰褐色土。土质较松，带黏性，含少量的碎瓦砾和零星的炭粒、红烧土粒等。只分布于探方的北半部。

第3C层：厚0～35厘米。纯红黏土。土质致密，黏性强，无杂物。

第4层：厚0～40厘米。黑褐色土。土质紧密，较硬，含大量的炭粒、红烧土粒及零星的碎瓦砾、石块等，出土多为青白瓷。本层下遗迹有台子1。

第4A层：厚0～35厘米。黄土，偏红色。土质紧密，较黏，含大量的瓦砾（有红、灰两种）和零星的炭粒、烧土粒等。本层下遗迹有台子2。

第5层：灰土，土质较松，含大量的砂粒、小鹅卵石、绳纹瓦砾（有红、灰两种），出土黄绿釉的釉陶。由于本层深度已低于水面。探方内积水不断，本层未清理到底。发掘停止。

根据各单位的出土遗物，可将本次发掘的遗存分为唐五代时期、宋元时期、明至清中叶时期、清晚期至民国时期四个时期（表一）。

鉴于本次发掘发现的唐五代时期的遗存颇为单薄，且尚未发掘清理完，因此本年度发掘报告中对此一时期的情况不拟介绍，留待下一次发掘取得较完整的本时期资料后再进行详细介绍及说明。

以下分别介绍本年度发掘宋元时期、明至清中叶时期、清晚期至民国时期三个时期的情况。

表一　地层、遗迹分期表

	东大井B区	东大井D区	菜园坝区	马岭湾区
唐五代			⑤	
宋元	⑩B、⑩A、⑨、⑧、⑦、⑥、⑤、④B、④A；水池40、41、42、43、44、46、47、48、49、51、52、53、54、55、56、57、58、59、60、61；水槽13、14；台基1、2、3、4、5、6、7；G4、G5、G10；L1、H3、H4；护基19、20、21、22		④、④A；台子1、2	M1
明至清中叶	③A、③B；护基14、16、18；水池38、45、50、G8、G9；H1、H2、H5		③A、③B；菜园坝水池1；G1	
清晚期至民国	②A、②B	②A、②B；水池29、30、31、32、35、36；护基11、12；灶16；水槽12；F5、F6；G7	②、②A	

三、宋元时期遗存

（一）遗迹

2003年度云安盐场遗址发掘中发现的宋元时期遗迹大致可分为三大类：一类是建筑遗迹，一类是井盐生产设施遗迹，一类是墓葬。

1. 建筑遗迹

目前已发现多个台基、台阶以及其他建筑遗迹（图六）。

台基以台基1、台基5为例介绍。

台基1　基本形状为长方形。基本建造方法为依地势起建。使用面接近水平。建造时，利用了原有的台基5。北壁基本利用了山体岩石。仅在北壁东段将地表松土清除，砌上石墙以使台基各壁基本处于同一水平面上。东壁自北向南台基石墙高度渐渐增高，建造时也是先将地表松土清除，出露较结实的地面。由于地势的原因，东部北段直接建在了山体岩石上，往南则建于各期地层上。南壁未清理至底，且西段已被破坏。推测建造方法相同。而西壁破坏较为严重，仅存留中部一小段。

台基1将台基5包含在内。推测应是当时认为台基5规模太小，将台基规模扩大，且台基方向也有了改变。在台基5以外的范围，填入大量石块、松土等，将整个台基使用面抬高。

北面东侧南北长21.2米，北面折而往西揭露宽2.25米，南面，东西向宽7.05米，西侧断续连成一直线长11.7米。东壁石墙高度为0.75～3.3米。

在台基1上发现了一组较大规模的建筑。包括天井1～3以及F4、台阶1等（图七）。

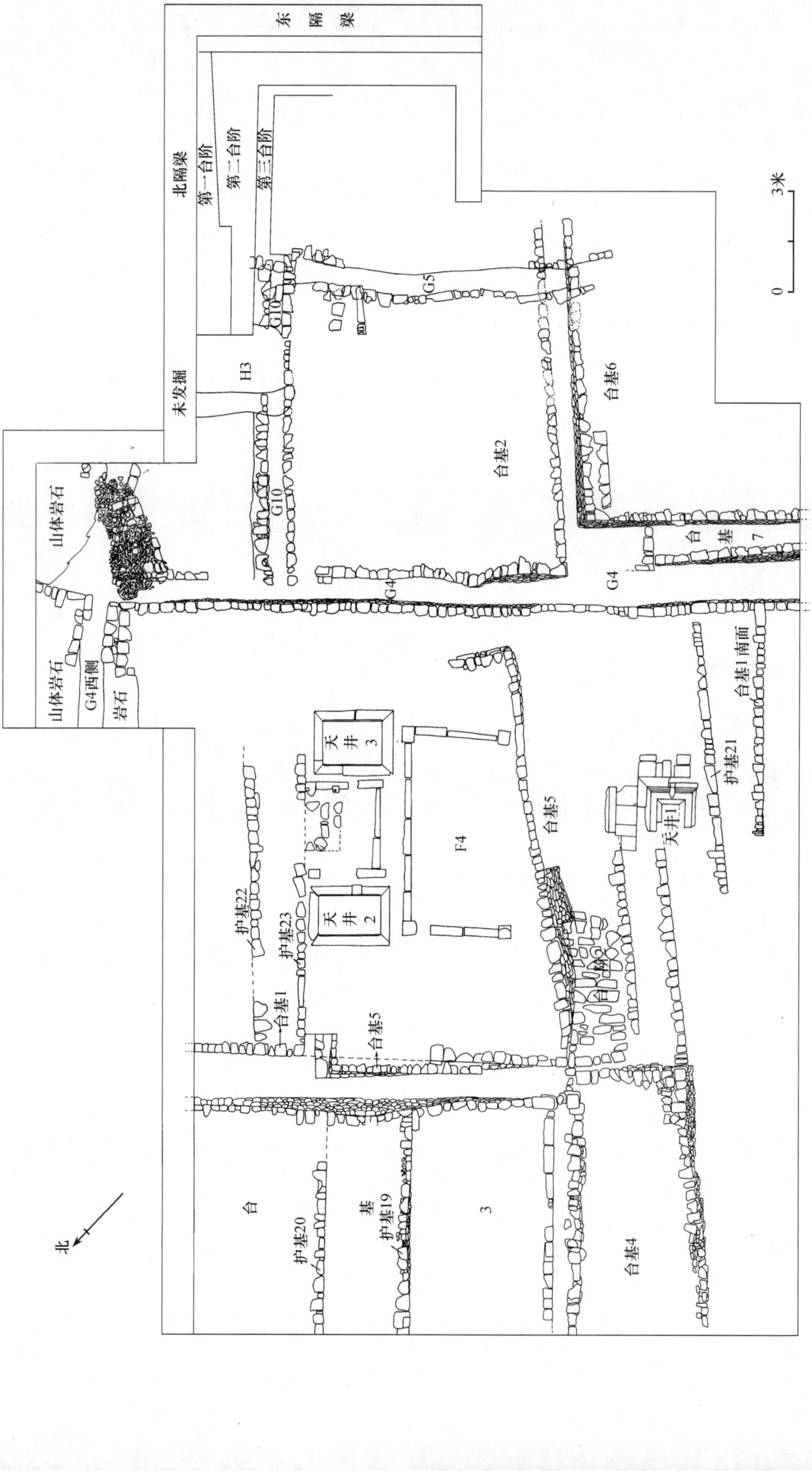

图六　2003年度东大井B区建筑遗迹总平面图

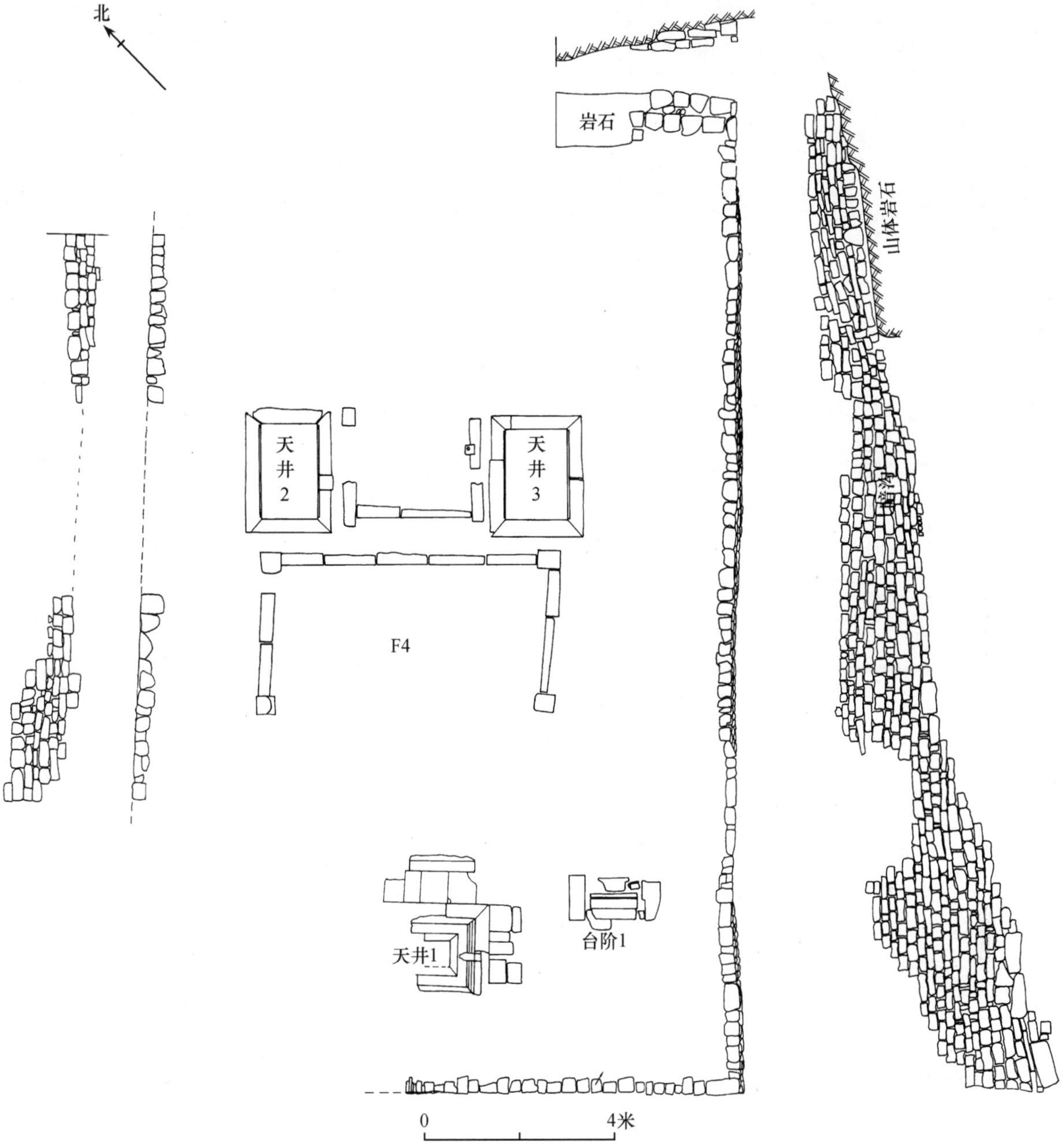

图七　2003年度东大井B区台基1平、剖面图

台基5　应为长方形。但只发现台基的东壁一段、南壁、西壁、北壁一段及东南、西北转角。台基5被台基1叠压。台基内的填土为红褐色砂土，较松。红褐砂土出土物极少。东壁残长2米，北部残缺，残高0.75米。南壁长13.1米，局部清到底，残高2.5米，壁较斜，壁顶至底平面相距0.65米。西壁残长4.75、残高0.8米。西壁的底部由北向南逐渐倾斜下降。北壁残长1.3米，东段伸入T2312的东隔梁，未清理，残高0.65～1.25米，壁较直。从目前情况看，台基5是个东西长、南北窄的长方形，东西长约13.1、南北宽约7.5米。台基所用石料大小不一，一般长0.5、宽0.3、厚0.2米（图八）。

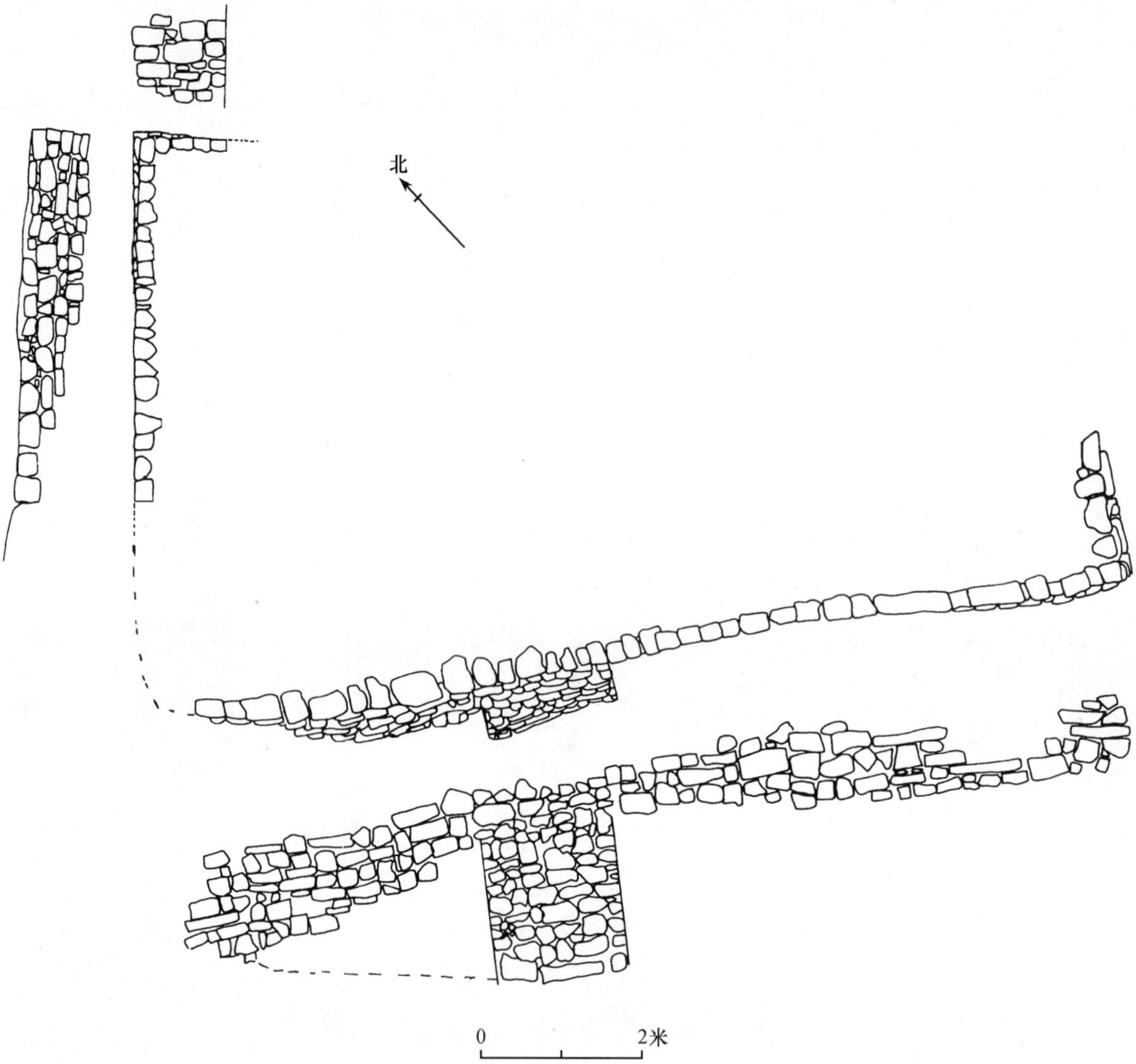

图八 2003年度东大井B区台基5平、剖面图

2. 井盐生产设施遗迹

基本为水池及输送管道（图九）。

水池 水池的作用是用来存放及过滤卤水。按照建造水池的材料区分，可分为石质水池和三合土质两种。以下以水池56、水池53、54一组、水池52（51）、58一组为例介绍。

水池56 平面形状略长方形，南壁长3.55、北壁长3.75、东壁长3.2、西壁长3.3米。直壁深2.2米。平底（图一〇）。

制法：水池56先平地挖坑，用较规整的长条形石板铺地，四壁亦用长条石板侧立错缝砌成。石板间用三合土粘接，砌成后在池壁及坑壁间用黄膏泥填实。并在池内壁及底部抹一层三合土。池内北壁中部有两个脚窝，分别距池底0.9、1.65米；南壁内也有类似的脚窝，仅一个距池底1米。在池北壁有一块石板上有自右向左书写的繁体铭文“陈宅置”，南壁一块石板上有铭文“西下二”。

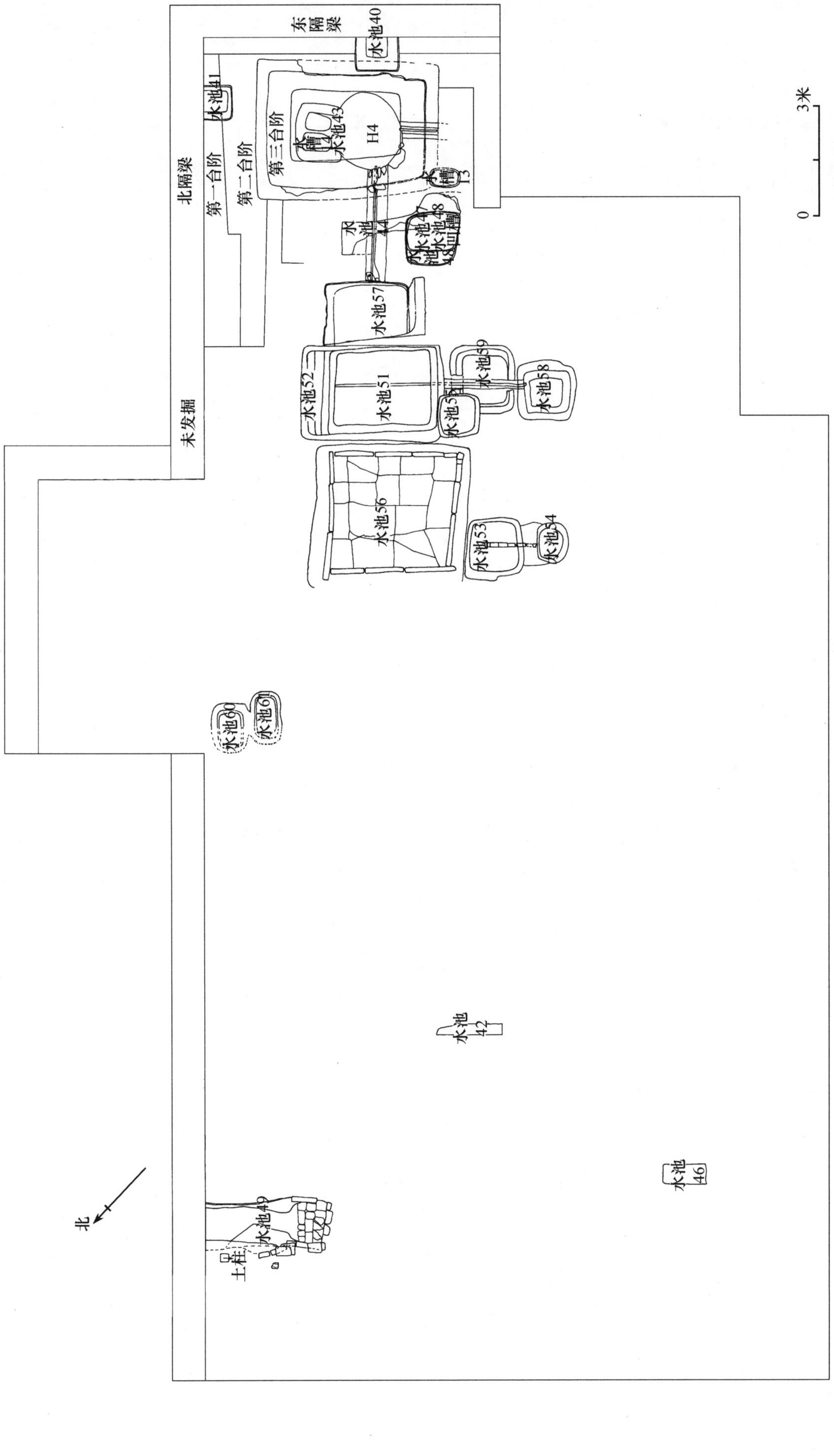

图九 2003年度东大井B区井盐生产设施遗迹总平面图

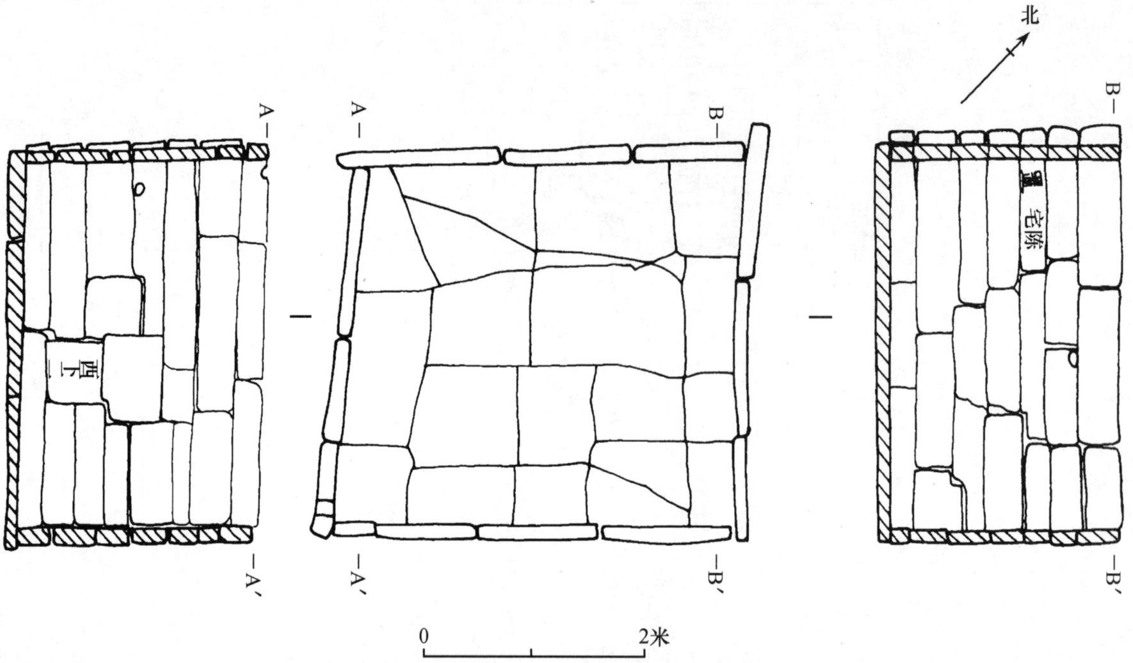

图一〇　2003年度东大井B区水池56平、剖面图

水池53、54一组。

水池53　开口于第4B层下，距地表深2米。上部残，平面呈弧角长方形。水池现存上部南壁长1.55、北壁长1.7、东壁长1.65、西壁长1.8米。近直壁略内收，残深0.5米。底部南壁长1.35、北壁长1.45、东壁长1.3、西壁1.45米。底部由北向南略有坡度，落差0.1米。 位于池底中部南北筑一沟槽，宽0.09、深0.05米，其上盖有筒瓦，筒瓦的东侧镶入沟槽内，西侧置在沟槽边上，每个筒瓦相接制成的管道通向水池54内，管道与池壁交接处用黄膏泥黏合。

水池54　开口于第4B层下，距地表深1.5米，上口部部分被破坏，平面略呈椭圆形。南、北壁0.95米，东、西壁1.2米，近直壁略内收。现存深度0.4～0.55米。底近平，东、西壁长0.9米，南、北壁长0.7米。

制法：水池53和水池54同为一组。两个水池同时建造，平地先挖出两个高低不同的坑，两底及四壁抹上三合土。然后在水池53底部筑一沟槽，通过两个水池之间的区域，直通到水池54的北壁。沟槽上盖有筒瓦。以使水池53中的卤水能流入水池54（图一一）。

水池52（51）、58一组。

水池52　开口于第4B层下，距地表深2.4～2.9米。上口部部分被破坏，形状呈弧角长方形。南北0.38、东西2.5、深0.75～1.35米。近直壁略内收，底部南北0.35、东西2.1～2.2、由北向南略呈坡状通长落差0.2米。

水池51　开口于第4B层下，是水池52使用了一段时间后，有所损坏，于是便向水池52的北壁向南移，重新修建了北壁而形成的一个水池。距地表深2.4～2.9米。上口部仅北壁完好其他均被破坏，形状呈弧角长方形。南北长3.3、东西2.5米。近直壁略内收。深0.75～1.3米。底部南北2.9、东西宽2.1米，由北向南略呈坡度，通长落差0.18米。在池底中部呈南北向筑一沟槽，直通南壁之外至水池58内，宽0.05、深0.04米。

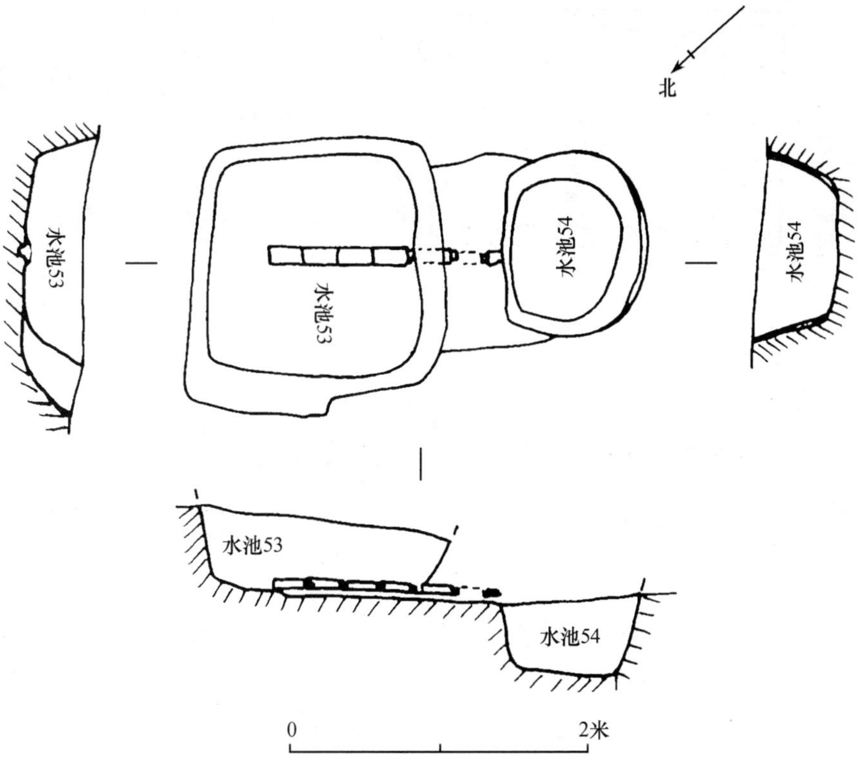

图一一　2003年度东大井B区水池53、54平、剖面图

水池58　开口于第4B层下，距地表深1.9米。上口部部分被破坏，呈弧角长方形。南北宽1.25、东西长1.35米。近直壁略内收。深1.2～1.4米，底部微内凹，南北长0.95、东西宽0.9米。

制法：水池52～58一组的建造方法是先挖两个不在一个水平面的土坑，在水池52坑底及四周用黄褐色土加筑一墙，厚0.2～0.3米，土质较紧（即夯过或拍打过），然后在内壁抹一层三合土，同时在池底中部筑一南北向沟槽，直通南壁之外，通向南侧水池58内，水池58地势较低形成落差。在水池52和水池58之间，筑一道暗沟，宽19～22、深15厘米（暗沟正好打破了水池59）。沟挖好后，在沟的中部平行放置一圆形棍或竹竿之类的圆状物体，直径7～9厘米，其周围用黄膏泥填实，筑成后，圆状物体从水池58抽出，即形成了暗沟，为了防止漏水又在暗沟上铺厚5～9厘米的黄膏泥。

水池52（51）、58一组，则是将水池52的北壁向南移，重新修建北池壁而形成新的水池51，继续与水池58配套使用（图一二）。

3. 墓葬遗迹

M1　位于马岭湾区T1内。开口于第2层下，距地表2.2米。方向350°（图一三）。

M1为石室双室墓，可分为墓室和墓道两部分。墓室顶均由石条券砌成，呈拱形。墓道，位于墓室北部，墓道内填土为红褐色黏土，土质稍硬，内含石块、砂石等。墓室内填土因积水，底部有一层淤泥，厚0.4米，内含砂石、石块、汉砖、人骨残块等。

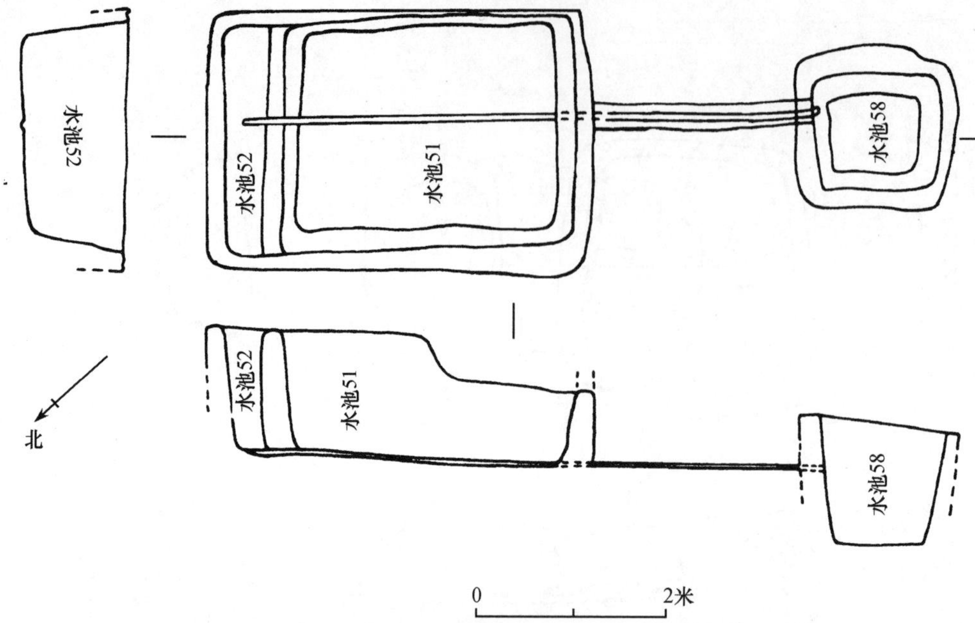

图一二　2003年度东大井区B区水池52（51）、58平、剖面图

M1由左右两室组成。两室建筑方法、材料、尺寸、形制均一样，现将M1左室详介如下。

左室宽1.6、内宽1.2、长3.5、高2米。由左石墙、右石墙、后挡石墙、石条券顶、拱顶、封门组成。

左右石墙长3.5米，砌法、高度均一样，由六层石条砌成，由泥垫缝。第一层石条伸出石墙8厘米，且较薄，厚8厘米，长约1米不等。第二层至第五层，高12.5厘米，每层厚25厘米。石条长0.8～1.1米不等，宽0.2米。第五层靠近封门处凿有一个小槽。东西石墙对称两个。槽内放置一个拱顶，呈双半弧形，宽1.2、高0.4、两边伸出0.2米放入小槽内。作用为放置上部券顶石条，同时可以作为封门内挡石。第六层石条开始起券，券顶用石条砌成，用泥垫缝，呈弧形。券内部高0.66米，单个石条长0.4～2.2、厚0.2、宽0.25米。总长3.5米。由九层石条砌券成。

后挡石墙高2、宽1.2米，由五层石条砌成，泥垫缝。石条长1.2、高0.3～0.5、厚0.2米。上部呈弧形，为放置上部券顶。

墓室底部未全用石板铺地，而是利用三块石板均匀放置在第一层石条上，石板长1.12、宽0.3、厚0.1米，应为放置棺材。

封门由三块石板组成，高1.9、宽0.3～0.4、厚0.06米。

M1葬式不详，只出有几块残骨。从墓底部放有排列均匀的三个石板，推测葬具应为木棺。

M1出土有3件陶器。四系罐1、瓶1，另一件无法辨认器形（因此墓在正式清理前，已被现代人扰动。后从老百姓家追回一些据称是从墓中取出的陶片。经修复，两件可复原，另有一件只剩一块腹片）。

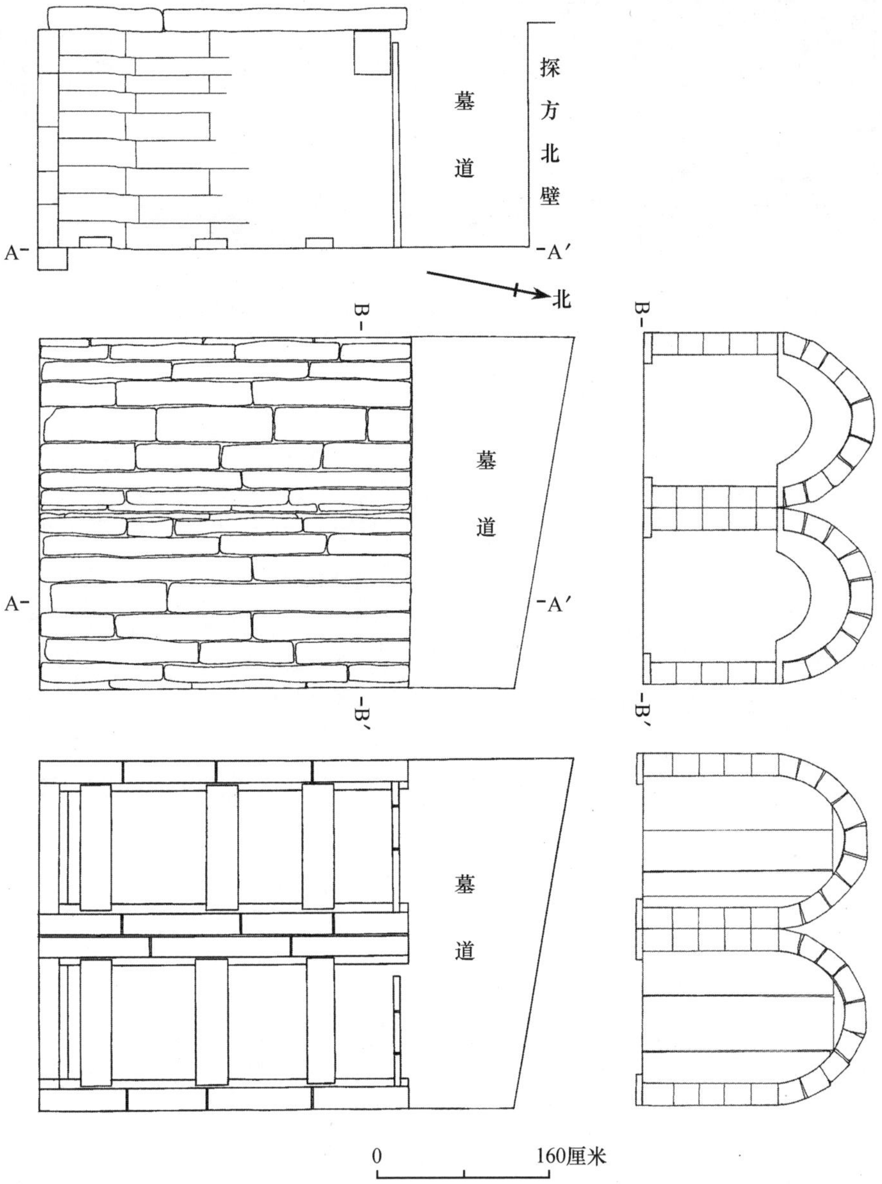

图一三　2003年度马岭湾区M1平、剖面图

（二）遗物

1. 瓷器

斗笠碗　敞口。4件。03BG4②：17，斗笠碗。敞口，尖唇，斜直腹，饼足小。内外施青釉，底涂红色化妆土。胎体较薄。 口径12.8、底径2.8、高4.7厘米（图一四，4）。

碗　可分三型。

A型　6件。03BT2712④：2，敞口，弧腹，圈足。满釉，里外施青绿釉，外底足无釉，露灰胎。内底心微鼓，外腹有莲瓣图案。口径16.8、底径5.8、高6厘米（图一四，1）。

B型　3件。03B水池43：3，敞口，口沿处微外撇，弧腹，饼足内凹。碗底凸起一小纽。

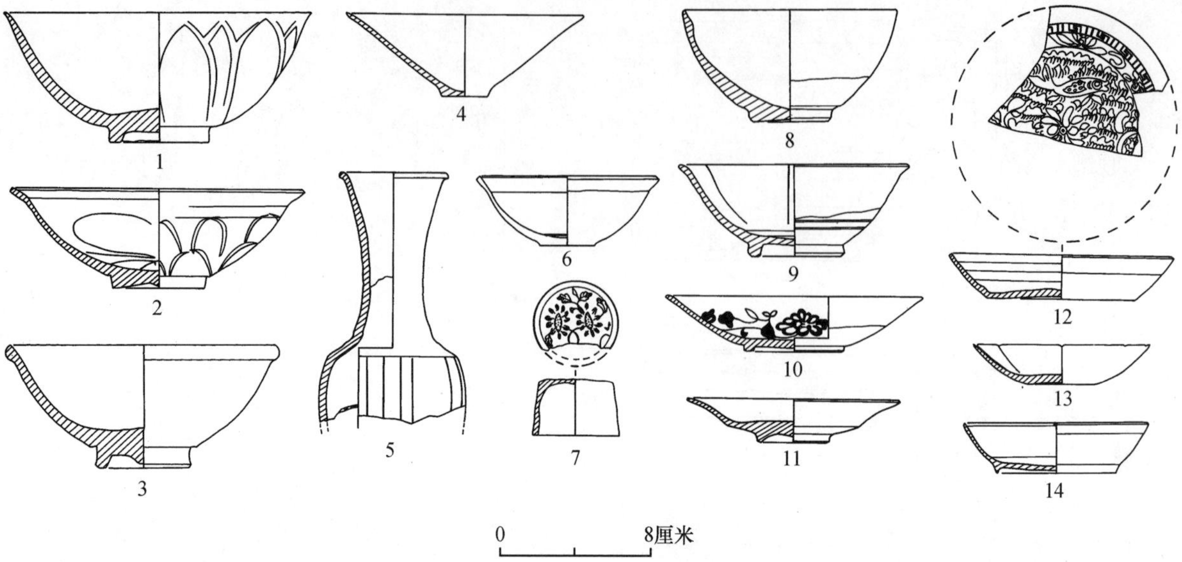

图一四　2003年度宋元时期瓷器

1～3. 碗（03BT2712④：2、03B水池43：3、03BT2912④：6）　4. 斗笠碗（03BG4②：17）　5. 瓶（03B水池43：2）　6. 小碗（03BT2312④A：7）　7. 盖（03BG4⑤：2）　8、9. 黑釉盏（03B水池56：1、03BT2312⑧B：1）　10、11. 盘（03B水池43：4、03B水池43：5）　12、13. 碟（03BT2912④：2、03B台基3：4）　14. 洗（03BG4②：13）

施青灰釉，外腹饰双重莲瓣纹，内腹饰卷草纹。外底无釉处露灰白胎。口径16、底径5.4、高5.8厘米（图一四，2）。

C型　4件。03BT2912④：6，敞口，厚唇，弧腹，圈足外撇，足底厚重，修足明显。施青黄釉，碗心及足底无釉，露灰胎。口径14.8、底径5.6、高7.1厘米（图一四，3）。

小碗　1件。03BT2312④A：7，口沿外撇，方唇，弧腹，平底。里外施青白釉，口沿处去釉，胎灰白。内口沿下有凸棱一道，碗内近底处有凹弦纹一道。口径10.8、底径3.2、高4厘米（图一四，6）。

黑釉盏　可分二型。

A型　敞口，饼足。3件。03B水池56：1，残。敞口，圆唇，弧腹，饼足微内凹。里外施黑釉，不及底，外底露褐色胎。口径12.6、底径4.4、高6.4厘米（图一四，8）。

B型　撇口，涩圈，出筋。4件。03BT2312⑧B：1，黑釉盏。撇口，圆唇，弧腹，圈足底。碗心有涩圈。内外施黑釉，外施釉不及底，底露灰胎。外下腹有轮旋痕，内壁有开片。口径12.4、底径5.4、高5.3厘米（图一四，9）。

碟　可分二型。

A型　敞口，平底。2件。03BT2912④：2，碟。敞口，尖唇，斜直腹，平底微内凹。施青灰釉，口沿刮削去釉，并涂化妆土。碟内印花，水波纹鱼纹图案。碟内腹有三道凹弦纹。胎灰白。口径12、底径8.8、高2.5厘米（图一四，12）。

B型　敞口，平底。1件。03B台基3：4，碟。敞口，口沿刻削成葵口，尖唇，弧腹，平底内凹。碟内壁有六道出筋。里外施青灰釉，釉层开片，底露白胎。口径10.4、底径4、高2.3厘米（图一四，13）。

盘　可分二型。

A型　1件。03B水池43：4，盘。大敞口，圆唇，弧腹近直，矮圈足，内外底平。施青白釉，外腹半釉。盘内腹印花缠枝花卉。灰胎。口径15、底径5.8、高3.2厘米（图一四，10）。

B型　3件。03B水池43：5，盘。大敞口，尖唇，折腹，圈足底，挖足较深，盘内平坦。口沿，足底刮削明显。施青灰釉，釉层开片。灰胎。口径12.6、底径4.2、高2.5厘米（图一四，11）。

洗　1件。03BG4②：13，残。敞口，尖唇，斜腹，圈足底。里外施青釉，芒口，口部上红色化妆土。口径11、底径7.2、高2.9厘米（图一四，14）。

盖　1件。03BG4⑤：2，平口，直壁，平顶。盖面施青灰釉。盖顶印花菊纹。白胎。口径5、高2.3厘米（图一四，7）。

瓶　1件。03B水池43：2，口微敞，长细颈，溜肩，弧腹细长，腹以下残。内口沿及器表施黑色釉，有光泽；瓶内颈以下施酱釉，胎灰。口径6.5、腹径8.8、残高14.3厘米（图一四，5）。

2. 陶器

（1）釉陶器

碟　2件。03BT2710⑤：2，敞口，厚唇，斜直腹，平底。碟内及外口沿处施酱釉，无釉处露胎，胎土红褐色。口径10.8、底径4、高2.9厘米（图一五，8）。

盖　可分二型。

A型　1件。03BT2714⑤：1，子口微内敛，宽沿，平顶。外壁施酱釉至沿处，沿下及内壁露胎，胎灰夹细砂。口径12.4、沿径16.8、高3.5厘米（图一五，2）。

B型　带钮。1件。03BT2312⑧B：3，口稍外撇，折腹，饼状纽。肩部有一桥形纽。外壁施酱釉。红褐色胎。口径11.2、顶径4、高3.8厘米（图一五，9）。

双耳罐　2件。03B水池43：1，侈口，圆唇，束颈，溜肩，弧腹，平底微内凹，肩附双耳。里外施酱釉，底露赭色胎，粗胎，夹砂。口径4、底径5.5、高11厘米（图一五，4）。

大口罐　1件。03BT2712④A：5，侈口，宽沿，弧腹，平底。外施酱绿釉，腹有流釉，里外露红褐色胎。口径13.8、底径7、高10.7厘米（图一五，5）。

小口罐　1件。03M1：1，直口，束颈，弧腹，平底内凹。里外施黄釉，施釉不及底，下腹露灰褐色胎，近底部有上红色化妆土，有脱釉现象。口径5.4、腹径19.4、底径9、高30.1厘米（图一五，13）。

四系罐　1件。03M1：2，敛口，平沿，腹部微鼓，平底内凹。上腹部饰四耳。内底有气泡。外壁施酱釉至下腹，有流釉现象，胎质红褐色，夹砂。口径16.5、底径11.8、高24.8厘米（图一五，6）。

药罐　1件。03BT2714⑤：4，侈口，平沿，束颈，腹部微鼓，外口沿下有一短流，腹部有一管状短柄，平底内凹。口沿及上腹部施酱釉，有流釉现象，灰胎夹细砂。口径11.2、底径7.6、高14.5厘米（图一五，1）。

壶　1件。03BT2310④：1，盘口较深，束颈，溜肩，圆弧腹，平底。内口沿及外上腹施

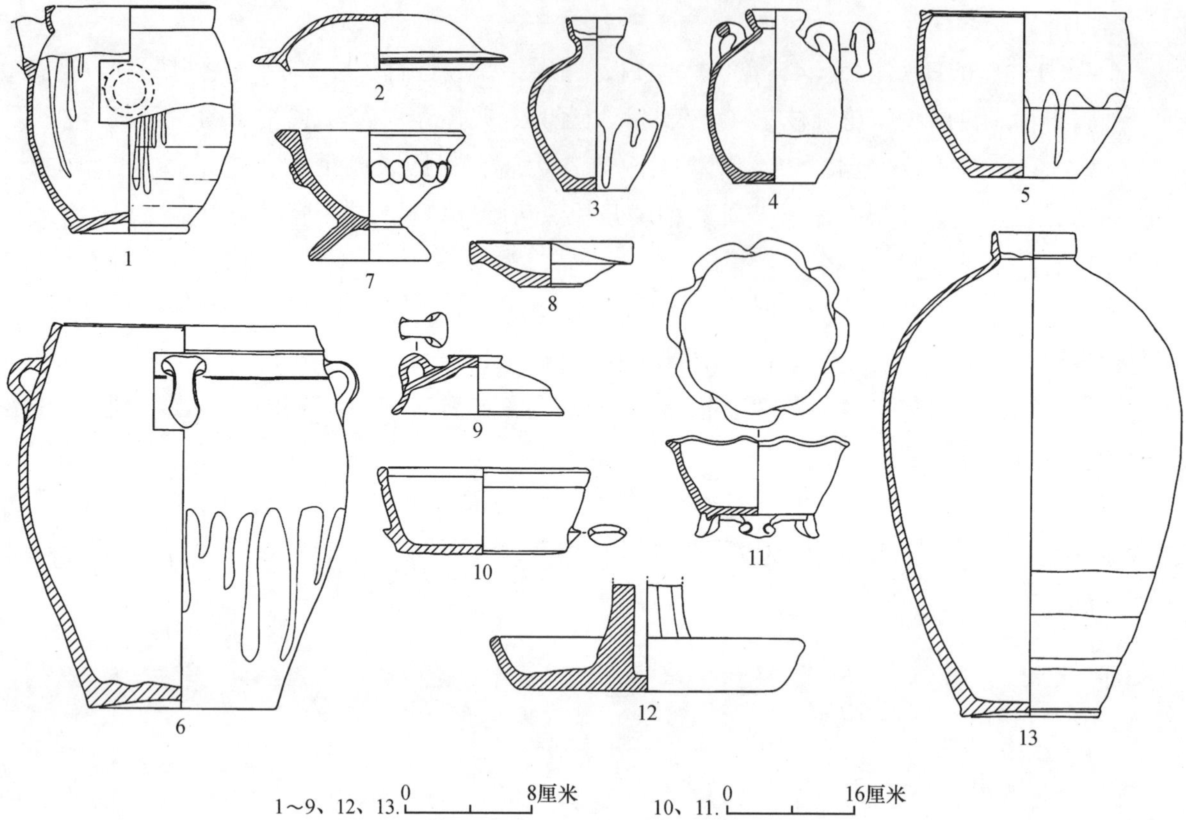

图一五　2003年度宋元时期陶器

1. 药罐（03BT2714⑤：4）　2、9. 盖（03BT2714⑤：1、03BT2312⑧B：3）　3. 壶（03BT2310④：1）　4. 双耳罐（03B水池43：1）　5. 大口罐（03BT2712④A：5）　6. 四系罐（03M1：2）　7. 豆（03BT2710⑤：1）　8. 碟（03BT2710⑤：2）　10. 盆（03菜园坝T2④：2）　11. 三足盆（03BT2714⑤：2）　12. 灯（03BT2714⑤：5）　13. 小口罐（03M1：1）

酱釉，有流釉现象，无釉处露赭色胎。器表不平，底稍有变形。口径4、底径4.3、高11厘米（图一五，3）。

（2）无釉陶器

盆　2件。03菜园坝T2④：2，敞口，圆唇，斜直腹，平底。外口沿下有凹弦纹一道，下腹近底处有泥塑双系。泥质黑陶。口径28.2、底径22.8、高11厘米（图一五，10）。

三足盆　1件。03BT2714⑤：2，海棠口，斜直腹，平底，下接三兽足。泥质灰陶。口径24.5、底径13.2、高12.8厘米（图一五，11）。

豆　2件。03BT2710⑤：1，敞口，平沿，弧腹内收，喇叭形圈足。外腹有一周捏塑的堆纹。泥质灰陶。壁厚。口径12.8、底径8.2、高8.3厘米（图一五，7）。

灯　1件。03BT2714⑤：5，仅存灯盘。为敞口平底浅盘，中立一灯柱，中有镂孔。泥质灰陶。盘口径20.4、底径17、残高6.9厘米（图一五，12）。

（3）建筑材料

本年度发掘中发现的宋元时期的建筑材料包括滴水、瓦当、板瓦、筒瓦等。

滴水　分两种，一种莲瓣，一种菊瓣。03BT2712④B：20，带仰面板瓦，滴水当面形如弧边三角形。当面图案为菊瓣。泥质黑皮灰陶。长21、高8.8厘米（图一六，6）。

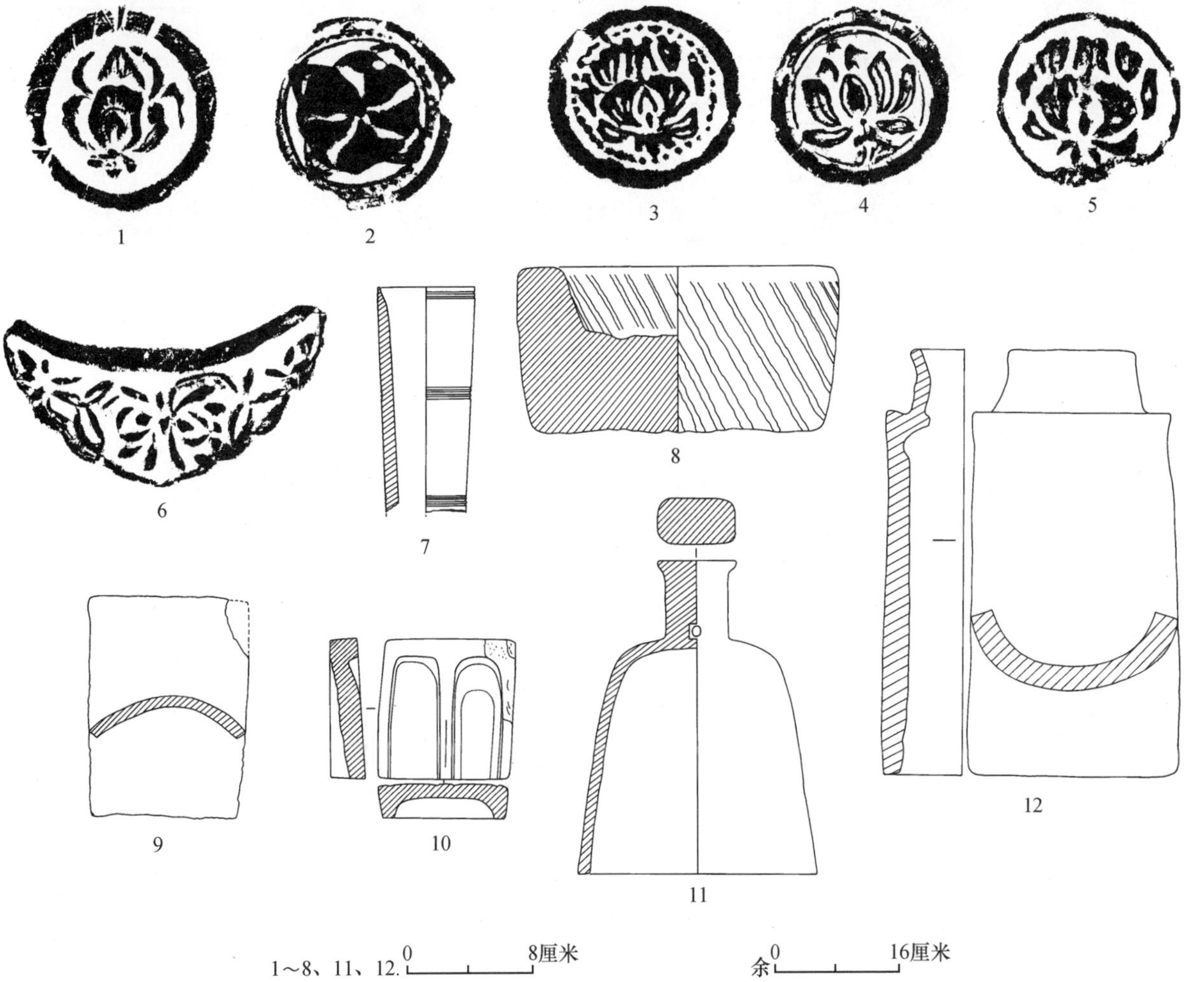

图一六　2003年度宋元时期器物

1～5. 陶瓦当（03BT2712④B：15、03BT2312④A：6、03BT2312④A：1、03BG4④：15、03BG4②：16）
6. 陶滴水（03BT2712④B：20）　7. 石笔筒（03BT2712④A：3）　8. 石碾（03BT2714⑤：10）　9. 陶板瓦（03BG4②：6）
10. 石砚（03BT2512④A：1）　11. 铁钟（03B水池56：4）　12. 陶筒瓦（03BT2712④：18）

瓦当　依图案可分五大类（图一六，1～5）。

板瓦　2件。03BG4②：6，瓦面上大下小，微弧。泥质灰陶。内侧有细网纹。长27.5、宽20.7、厚1.5厘米（图一六，9）。

筒瓦　7件。03BT2712④：18，断面半圆形，一端带子扣式瓦唇。夹砂灰黑陶。长27.2、径13.7厘米（图一六，12）。

3. 铁器

铁钟　1件。03B水池56：4，敞口，平顶，顶上接一短柄，断面扁圆形，并有一小孔。口径15.5、通高20、柄长5厘米（图一六，11）。

4. 石器

石碾　1件。03BT2714⑤：10，平口，直壁，平底。里外及底部均有凿子刻的斜条纹。径约20、高10.5、深4.5厘米（图一六，8）。

笔筒 1件。03BT2712④A：3，直口，直壁，底残。口沿、中腹、底部有一至二道凸棱。口径6.3、底部径5.2、残高14.2厘米（图一六，7）。

砚 1件。03BT2512④A：1，青石，砚体正方形。两个砚面，较光滑，抄手砚形制。底部内凹，留有刀凿痕。大小约17、高3.4～4.4厘米（图一六，10）。

四、明至清中叶时期

（一）遗迹

包括水池、水沟和灰坑。

水池38、45、50一组（图一七）。

水池38 位于发掘B区T2312的东北角。开口于第3A层下，打破第3B层及第4层。保存情况较好，平面呈长方形，北半部伸入探方西壁，未清理。内宽2、残长1.5、东边宽0.95、西壁宽0.25、残深0.85～1.15厘米。池壁有凹凸，较斜直，池壁用三合土糊成，为黄褐色，硬度不高，底部较平，硬度亦不高。池内壁的西南角有一个圆孔，直径3～6厘米，底面用三合土，直通至水池50。

从现状看，水池的西壁利用原来的一道墙基糊上三合土而成，西壁厚达0.5米，东、南壁，则是先挖坑，东壁下部利用原来的一段石基，再用三合土层层涂抹，东壁厚0.5～0.6米。底部也是非常厚，达0.85米，先整平地面，然后填上一层石渣，夯实，厚约5厘米，最后糊三合土。0.8米厚的底部至少可分四个硬面。池底的南部有一团灰褐土，范围0.7米×0.8米，异常坚硬，应与水池的防水渗透有关。

填土可分二层，上层是红褐色细砂土，夹一层红色胶泥，厚0.6米；下层是灰黑细土，夹大量草木灰，厚0.2米。出了一青花碗片和酱釉盆片。

水池50 位于发掘B区T2312的东北部，水池38的南部。开口于第3A层下，打破台基3。保存情况较好，可分为二期。第一期较大，平面为长方形；第二期稍小，平面内为椭圆形，外为长方形。第一期，南北内长0.7、东西内宽1.1米。壁较直，西壁稍斜。残深1、壁厚3～5、只有西壁较厚，达10厘米。池底稍小，发黑，为0.5米×0.75米。池四面都有石头，从北壁看，外头是石基，高约1.1米，建在红褐砂土上，比池底稍低。石头边有一层石渣层，厚1～3厘米，坚硬质密，防水，有个面，再涂1～2厘米厚的三合土，成为池内壁。第二期，内宽0.7米×0.35米、外宽1.15米×0.8米、残深0.8米。池壁直，池壁用三合土糊成，白色，坚硬。南壁厚0.1～0.18、东壁厚0.12、西壁厚0.3、北壁厚0.3米，底部较平，不硬，厚2～3厘米。其下是一层灰褐色三合土，较软。池东壁的外侧有一排小石头，宽约0.1米。北壁也有一排石头，宽约0.25米。

从现状看，水池的建筑方法是，先挖坑，打破了台基3的东壁，除了利用原台基3的东壁外，在坑的东部砌石块，在石头外做一层厚1～3厘米的石渣层，非常坚硬，用以防水，再糊三合土。

填土为黄灰土，较松，局部有结块现象，较硬。北部有大块的结晶物，类似石头，非常

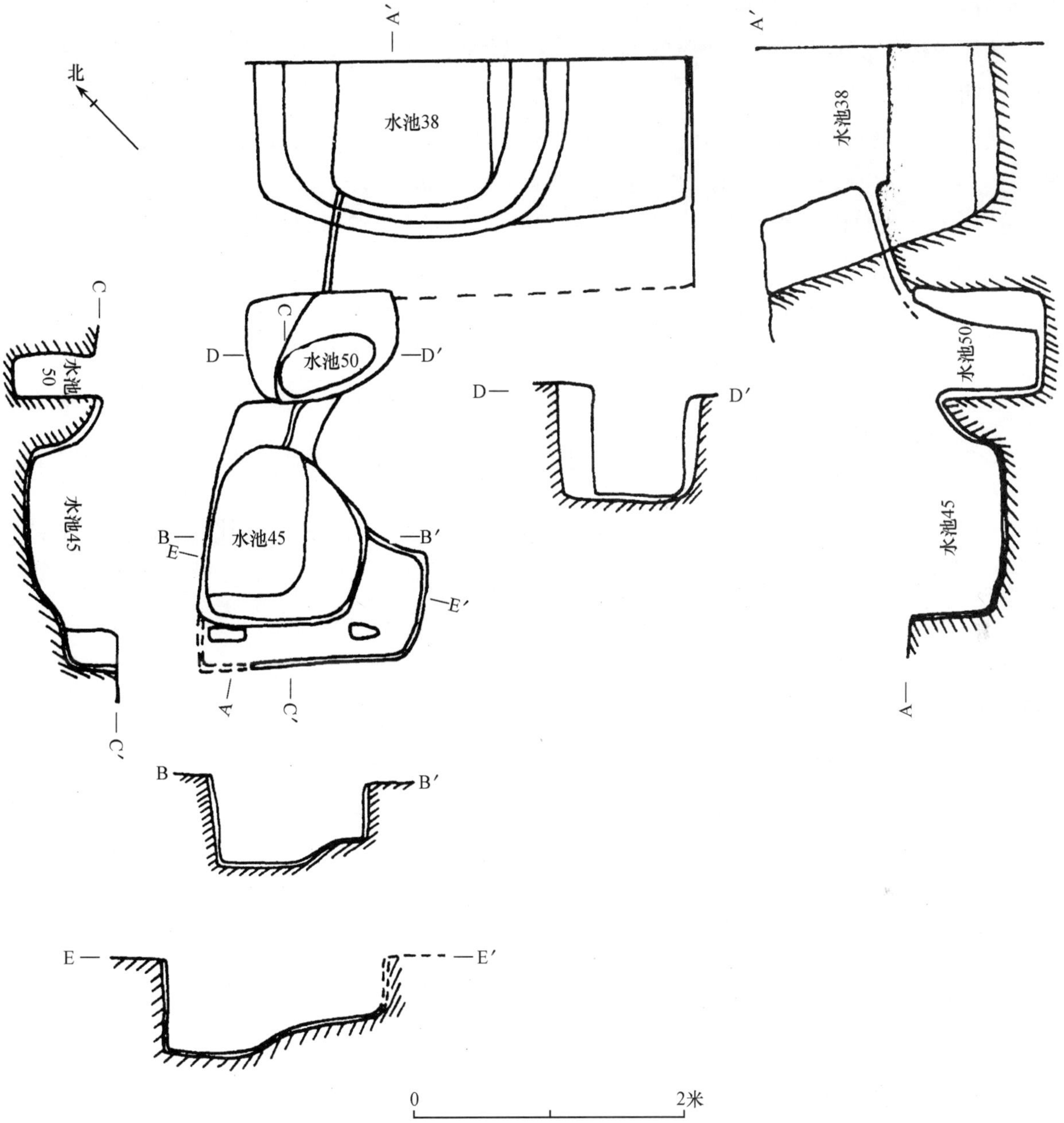

图一七 2003年度东大井B区水池38、45、50平、剖面图

硬，凝结成块，其中夹有木炭，应是卤水历年沉积而成，只不过它凝结成块构成了现在的池内北壁。

水池45 位于发掘B区T2312的中部。开口于第3A层下，打破第3B层。保存情况较好，实际上分二期，两次使用。第一期稍大，平面为不规则长方形，北部有流，与水池50相通。南北长1.9、东西宽1.6、残深0.1～0.7米。底部较平，但东西有二层台，自东向西倾斜。北部的流厚2～3厘米，较斜，较硬。其他壁较直，厚2～6厘米，并不均等，壁相当硬，可整块敲下。底较薄，厚0.5厘米，是建在红褐砂土上，有平整过。流下的三合土厚10厘米，是建在红褐砂土上。东壁破坏较严重。第二期在第一期的基础上缩小，东壁向西缩进约0.5米，填充三合土，壁较软。南壁向北缩进0.3米，填充三合土，并在池壁的东南角和西南角各竖立一根石条，起加固作用。

从现状看，水池是建成在红褐色砂土上，是先挖坑，再整平，然后糊三合土，只不过三合土较薄而已。

填土可分二层，上层是黄褐土夹红褐色砂土，夹大量木炭，土质较软，厚0.6米；下层是沉积黄褐细土，土质坚硬质密，厚约0.1米。出了几片青花碗片。

这一组水池的相互关系大致如下：水池38的卤水通过西南角的小孔流到水池50，然后沉淀，与水池45的流相连，再流入水池45。水池打破台基3的东壁。水池38利用原来的墙基为水池西壁，近池底西南角有一条小孔与水池50相通，再与水池45相通，为同一期使用的建筑。

G9　开口于第3B层下。为石构。略呈西北往东南走向，呈长条形。方向北偏东11°。沟的南端延入发掘区外，未发掘，北端被晚期破坏。现揭露残长7.48和沟内宽37～45厘米，南宽北窄，外宽约0.9、沟深0.3～0.4米。沟底为土底。略斜平依地势由北向南倾斜，表明了流水方向。 两侧均用大小不一的毛石块单层平铺而成，局部残留二层（规格为长0.3～0.7、宽0.15～0.4米）。光面均朝内侧。西面砌法比较整齐，而东面靠北半段砌的相对比较零乱。但在同一直线上。沟内填土为灰褐色土，土质较松，沟底为灰黄色黏质土。出土物有青花瓷碗、青瓷浅盘，以碗为主（图一八）。

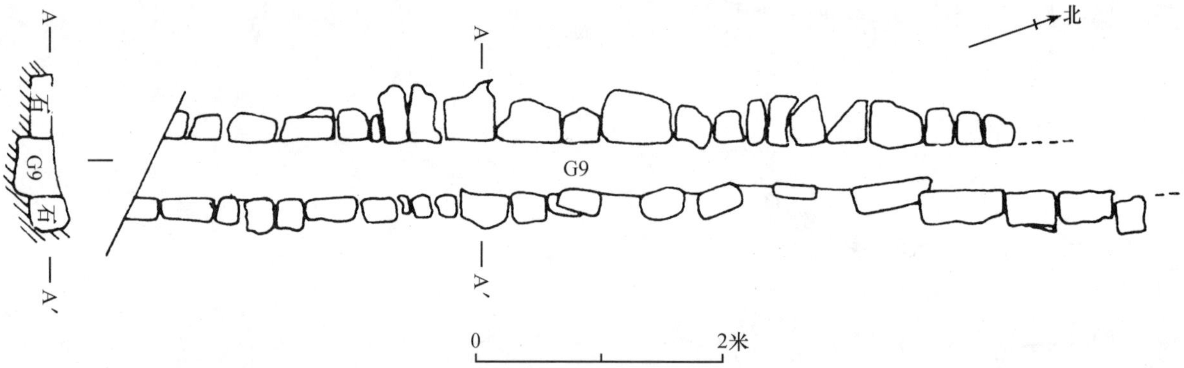

图一八　2003年度东大井B区G9平、剖面图

（二）遗物

明至清中叶时期的遗物，包括有瓷器、陶器等。器型有碗、碟、盘等。

1. 瓷器

青花碗　分二型。

A型　共22件。可分二亚型。

Aa型　20件。普通青花。03BT2312③A：5，撇口，宽沿，弧腹，圈足。施青灰釉，外底露灰白胎。碗内外饰青花。碗内为水草，外腹为四朵单体花卉图案。口径14、底径5.4、高6厘米（图一九，1）。

Ab型　2件。外施蓝、青釉，内壁施青花。03菜园坝T1③A：1，撇口，圆唇，弧腹，圈足底，足墙高。外壁釉色呈蓝色，有光泽，里施青釉。碗心青花“福”字。外足处露灰白胎，黏

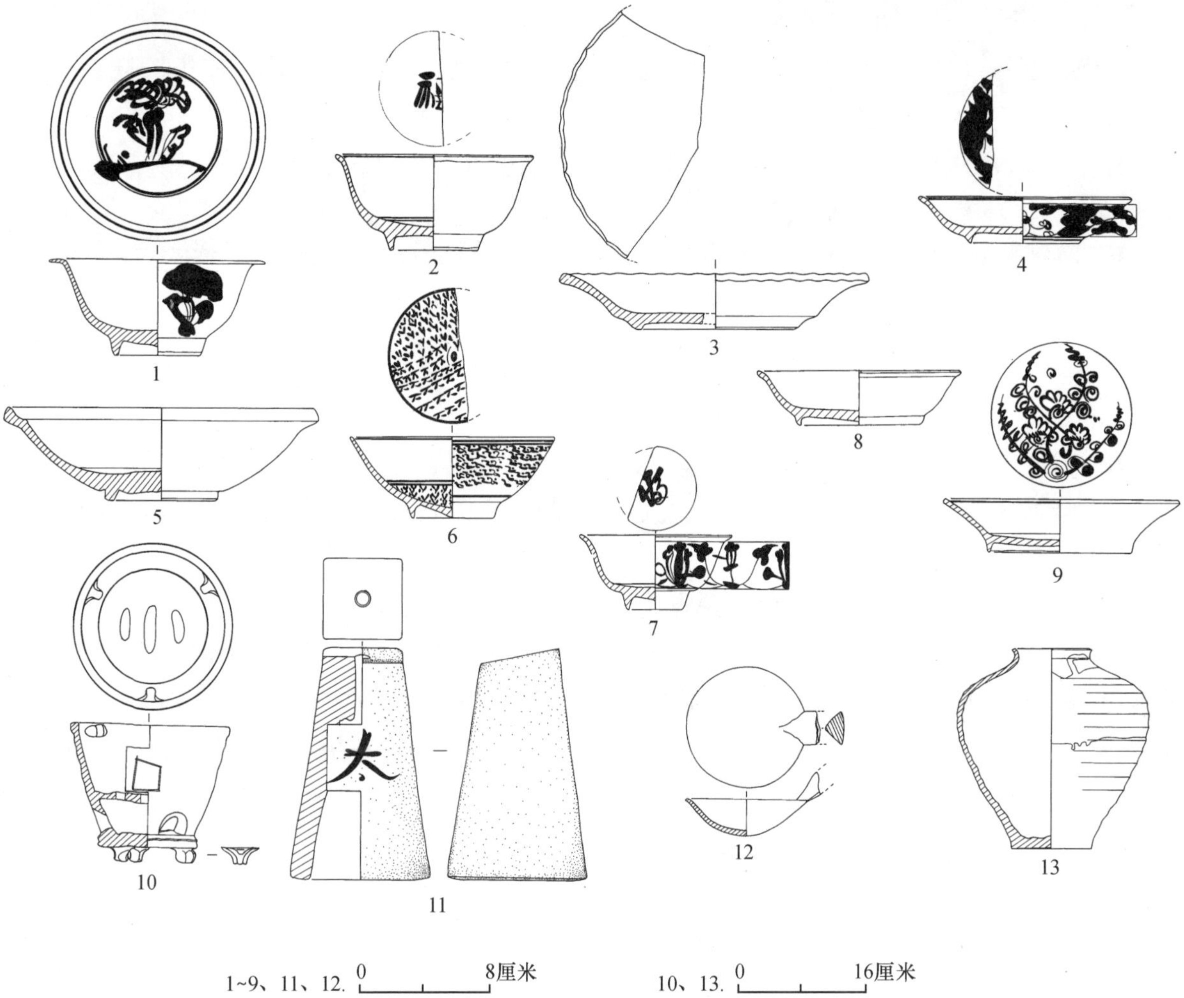

图一九　明至清中叶时期器物

1、2、6. 青花瓷碗（03BT2312③A：5、03菜园坝T1③A：1、03菜园坝T4③A：1）　3、5. 瓷盘（03BG9：2、03BT2912③B：3）　4、9. 瓷碟（03菜园坝T2③A：2、03BH1：3）　7. 瓷小碗（03菜园坝T2③A：4）　8. 瓷洗（03菜园坝T2③A：3）　10. 陶熏炉（03BH1：2）　11. 陶烛台（03BT2714③B：1）　12. 铁勺（03BT2912③A：2）　13. 陶罐（03BT2912③B：5）

有沙砾。口径12.6、底径5.4、高5.9厘米（图一九，2）。

B型　7件。03菜园坝T4③A：1，敞口，圆唇，弧腹，圈足。足心外凸。里外施青釉，饰青花。胎质灰白。口径13、底径5、高4.6厘米（图一九，6）。

碟　分二型。

A型　2件。03菜园坝T2③A：2，敞口，圆唇，弧腹，圈足。内外底平坦。施青釉，里外饰青花缠枝花卉。足底露灰胎。口径13.6、底径7、高2.9厘米（图一九，4）。

B型　1件。03BH1：3，撇口，方唇，斜直腹，圈足底。碟心平坦。里外施青绿釉，底露灰胎。碟内为青花写意花卉。口径15.2、底径9、高3.3厘米（图一九，9）。

小碗　1件。03菜园坝T2③A：4，口沿外撇，圆唇，圆弧腹，圈足较高。施青绿釉。外腹饰青花缠枝花卉图案，碗心饰“福”字。灰胎。胎体由口至底渐厚。口径9.6、底径3.4、高4.6厘米（图一九，7）。

盘　按腹部形状，可分二型。

A型　2件。03BT2912③B：3，敞口，方唇，沿面弧，弧腹，圈足底刮削明显，盘心微凸。里外施青绿釉，外底足无釉露灰胎。口径20、底径7.2、高5.8厘米（图一九，5）。

B型　1件。03BG9：2，敞口，口沿呈花口，下折腹，矮圈足。内外底平。施青绿釉，有冰裂纹，内壁釉下有暗花。胎灰，胎较厚。口径19.6、底径9.8、高3.5厘米（图一九，3）。

洗　1件。03菜园坝T2③A：3，撇口，圆唇，斜腹，圈足底。施青白釉，釉面有气泡，外底露白胎。口径12.9、底径7.6、高3.4厘米（图一九，8）。

2. 陶器

罐　2件。03BT2912③B：5，口微，束颈，溜肩，鼓腹，下腹急收成小平底。外腹施黄釉，釉面较粗，粗胎，暗褐色。外底有轮制的切割痕，器表有盘筑痕。口径10、底径10、高24.7厘米（图一九，13）。

熏炉　2件。03BH1：2，直口，深腹，平底，下接三短蹄足。炉中部用箅子分上下两层。内口沿下有三个凸棱，可安锅灶。中间箅孔三个，狭长条形。下部开有两个投柴口。夹砂红陶。壁厚。口径20.6、底径12.8、高16.8厘米（图一九，10）。

烛台　1件。03BT2714③B：1，正四棱台，上小下大，顶部正中有一圆形小孔，中部空。外表刻有一“太”字。泥质灰陶。上边5、下边8.8、高14.3厘米（图一九，11）。

3. 铁器

勺　1件。03BT2912③A：2，圆锅状，带柄。直径7.6、高2.3厘米（图一九，12）。

五、清晚期至民国时期遗存

本年度发现的云安盐场遗址中属清晚期至民国时期的遗存包括遗迹和遗物两方面。遗迹方面，包括水池、水槽、灶、护基、房屋等（图二〇）。其中最重要的是发现了与前两年发掘的水池及灶形制不同的同类遗迹。遗物出土极少，仅有一两件青花碗，形制相当普通。因此，本报告对本期遗物不做介绍。

（一）水池

本年度发现的水池按照形制不同，可分三型。其中有两种类型为云安盐场遗址遗迹中首度发现。

1. 普通型水池

此类水池，在2001、2002年度清中晚期至民国时期的地层中大量发现。为清中晚期至民国时期制盐卤水池的主要形式。

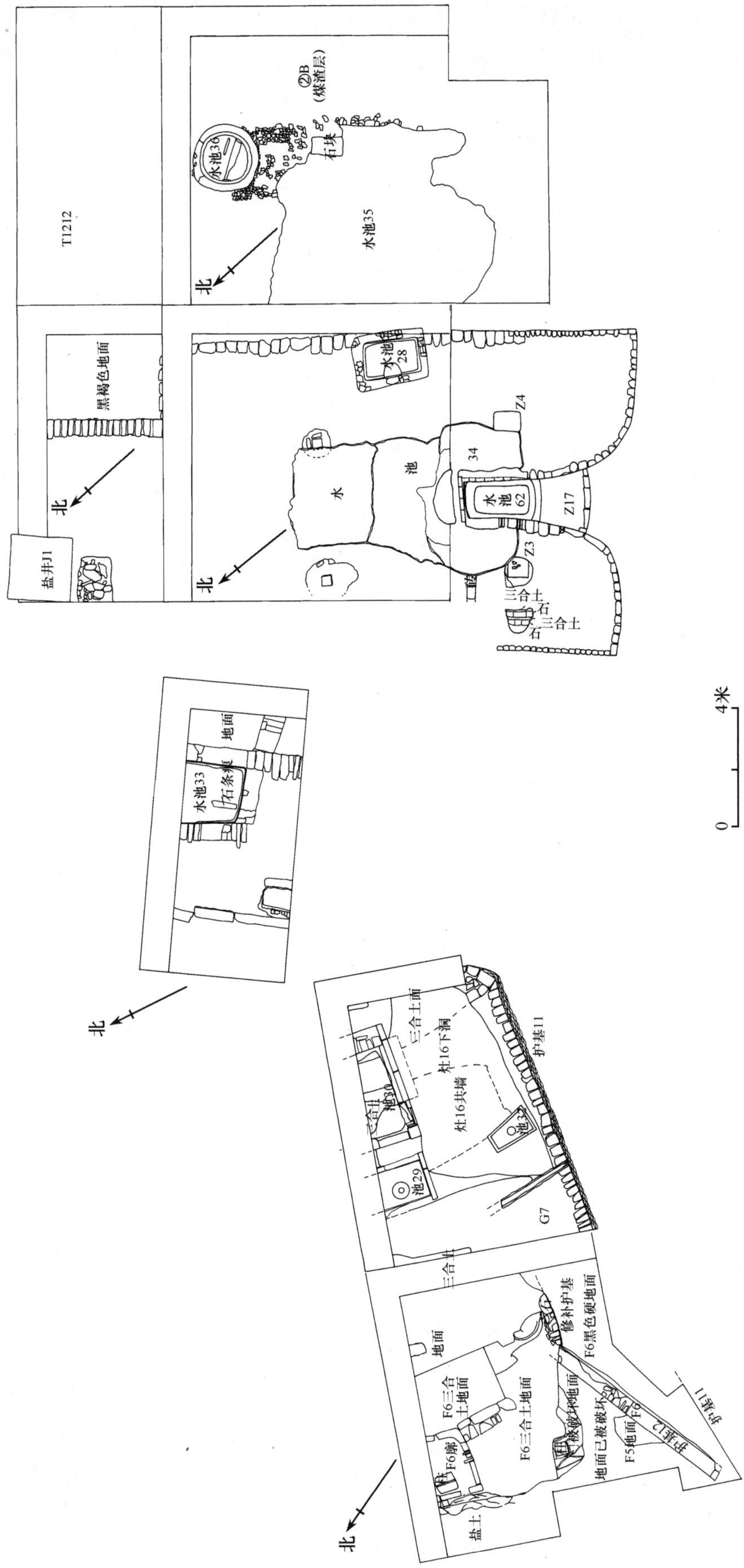

图二〇 2003年度东大井D区清晚期至民国时期遗迹总平面图

水池32　位于东大井发掘D区T02探方中部。池口部已被破坏。平面呈梯形，南北长145、宽（南85、北50厘米），池壁以厚约5厘米的半砖竖砌。直壁，内壁以三合土抹平，厚5～10、池深35厘米。底部中心部位有一圆形小坑，直径30、深10厘米。东壁沿用原灶16下洞的石壁。池中填土为灰褐色煤渣土，土质松散，含少量石块，没有出土物（图二一）。

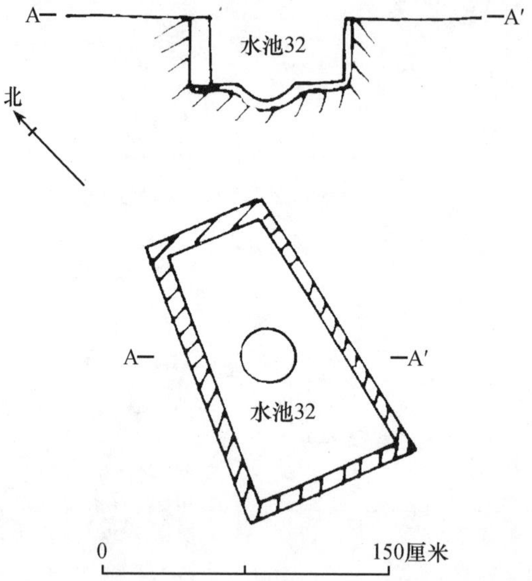

图二一　2003年度东大井发掘D区水池32平、剖面图

2. 大水池

普通型水池的面积一般在2平方米以下。而本年度新发现的一种大水池，面积超过10平方米。共发现两个。分别标为水池34、水池35。以下以水池34为例介绍。

水池34　位于东大井发掘D区T1010的中南部和T1010南扩方的北部。开口于2A层下，打破2B层。保存情况较差，只保留大部分池底和局部的池壁。池底较平，由北向南倾斜。池底及壁用三合土糊成，厚5～8厘米。残存平面大致呈长方形。东西宽3.3～5.1、南北长8.1米。本水池可分为三期，第一期为最南的一块，东西宽5.1、南北长2.75米，池底中部残缺，东西池壁呈弧形。第二期为中间一块，它的南部叠压在最南的一块上，东西宽3.3～4.3、南北长2.75米，底较平，池壁基本残缺。第三期为北部的一块，它的南部压在中部一块的北部。东西宽3.3、南北长2.9米，底较平，池壁基本残缺。填土为灰黑细土，土较细，渣较少，南部是红褐色细渣土。无出土物（图二二）。

3. 圆形水池

本年度新发现的另一种类型的水池为圆形水池。仅发现一个。

水池36　位于D区T1210北部。平面呈圆形，口部被破坏，平底。距地表深1.1～1.5、直径1.75米，近直壁略内收，深0.9～1.18、底径1.55米。水池的内壁上部及中部有两圈凹痕（凹弦纹），间距0.3米，在水池的底部平面上有两个凹槽。槽1位于底中部，东西向，呈长条形，长0.61、宽0.06、深0.04米，在清理过程中发现内填很多木屑，初步分析为一木棍平放置于内。槽2位于底南半部，与槽1平行，此槽较为规整呈“◇”形状，长1.4、宽0.12～0.26、深0.035

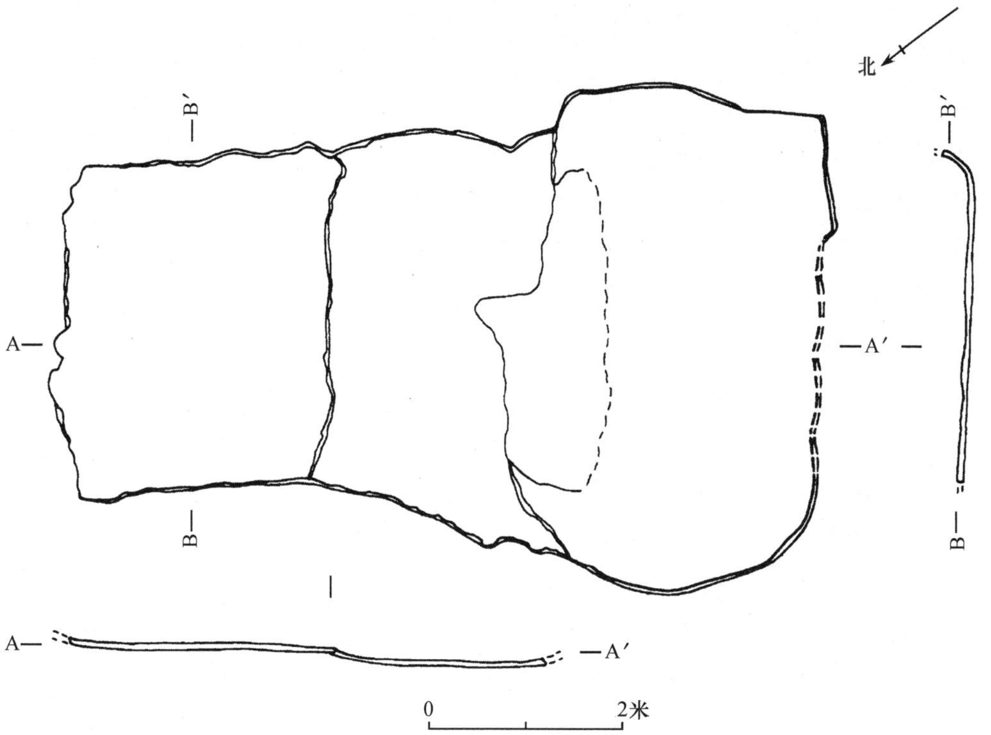

图二二　2003年度东大井发掘D区水池34平、剖面图

米，内填有灰绿色砂土，无出土遗物（图二三）。

水池36内填土共分二层：第一层厚0.6～1.16米，土色呈黄褐色砂土，土质结构松散，内含遗物极少，仅出土两块青花瓷碗残片。第二层厚0.02～0.05米，土色呈灰绿色砂性土，土质结构松散，无发现遗物（分析此层为盐池废弃后，留下部分盐渣腐蚀形成的灰绿色）。

水池36的制法为先在2B层（即煤渣层）上挖一圆形坑，因煤渣层易脱落，故在坑的周围用毛石砌成圆形后再抹一层三合土。

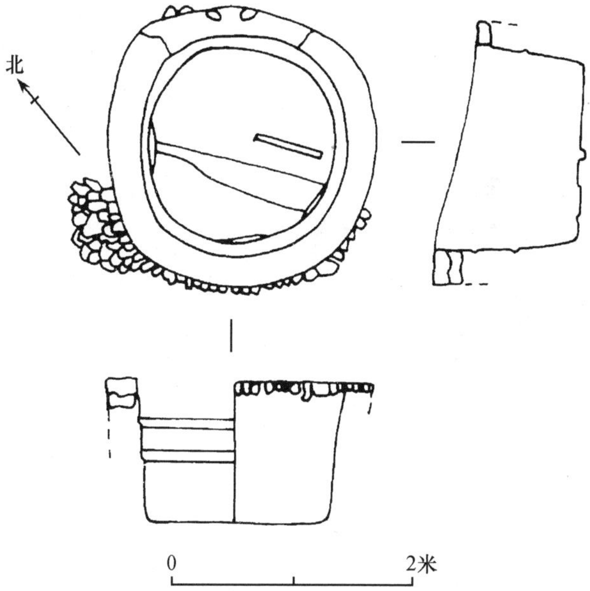

图二三　2003年度东大井发掘D区水池36平、剖面图

水池36形状呈圆形，到目前为止整个发掘区首次发现，假设它和其他水池一样蓄存卤水，然后入锅熬盐，其水池较深，又呈圆筒状，似乎使用起来有诸多不便。池壁饰两道凹弦纹，推测应是放置竹制篾箅，用以过滤卤水。而池底槽1、槽2的用途，目前尚未能做出合理解释。

（二）灶

灶16　位于东大井发掘D区T022B层下，现揭露的部分为东西两个下洞和中间的共墙。灶16往北延伸的火膛部分由于被叠压于当地居民农耕的主要通道下，无法揭露。灶16制造方法先挖一土圹，然后垒上石块，三合土浇缝，后壁以原土回填。

灶16顺山势建造，石构，北偏东33°。现揭露的部分为东、西两个下洞，保存较完好，下洞平面呈喇叭状，底为硬地面，下洞内的地面稍往下凹。下洞内宽1、喇叭状外口宽2.1米，西侧下洞的西壁已倒塌，残存高为0.2～2.8米，1～12层。共墙和东侧下洞石壁保存高度为3米，13层，石壁用长0.5～0.8米、宽、厚均为0.2～0.25米的经过加工的石条错缝垒砌，丁头朝外，三合土黏缝。

灶洞堆土可分为5层。第1层，黑色炉灰。松散，无出土物。距地表1.4、厚0.2米。第2层，炭渣土。红褐色松散，有少量倒塌石块，无出土物。深1.6、厚0.7米。第3层，黄色淤沙。细砂粒，无杂物，属积水沉淀堆积。深2.3、厚0.2米。第4层，红褐色炭渣土。土质紧密，有少量倒塌石块，无出土物。深2.5、厚0.5米。第5层，灰褐色土。土质松细，有少量倒塌的石块，无出土物。深3、厚0.5米（图二四）。

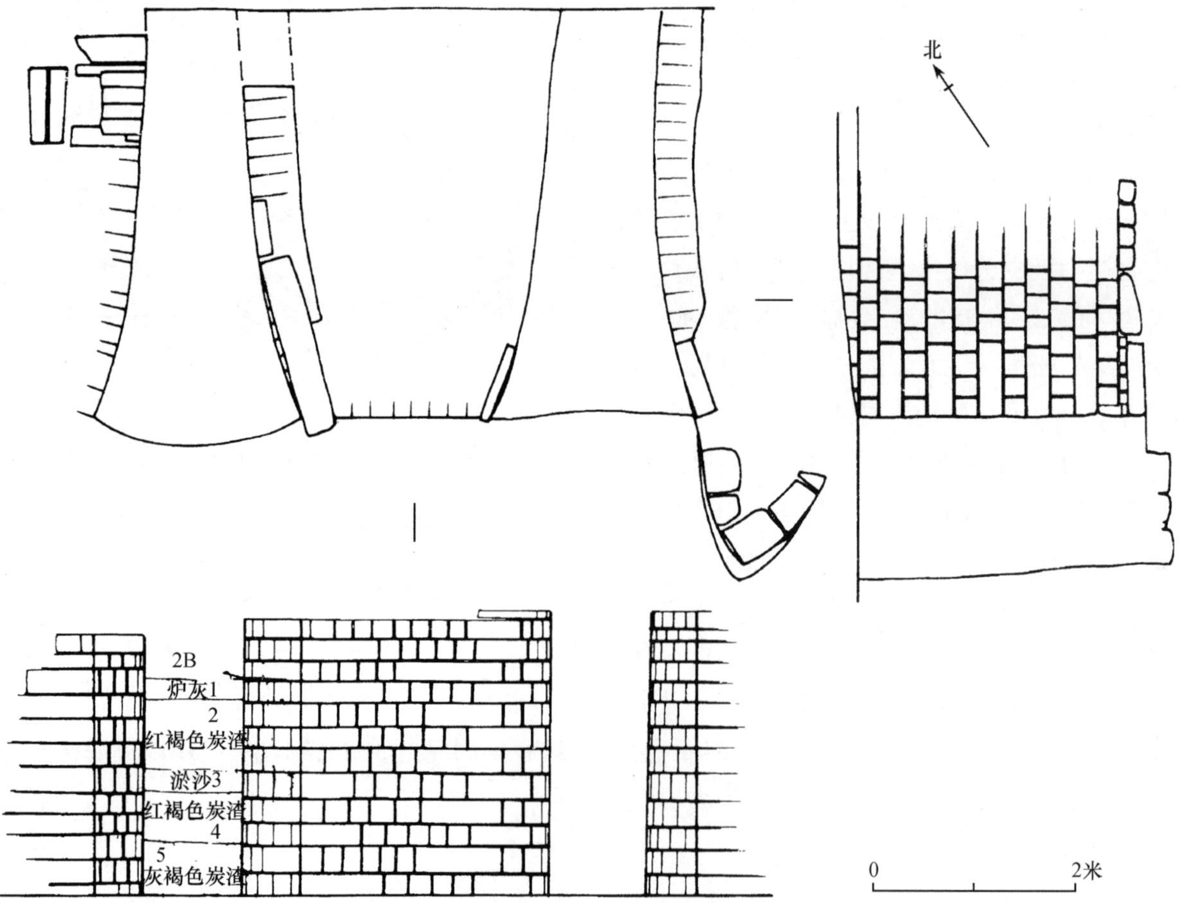

图二四　2003年度东大井发掘D区灶16平、剖面图

六、初步认识

1. 东大井区

自云安盐场遗址2001年度开始发掘，至今年已发掘了3700平方米。应该说，对东大井区的发掘已经结束。对于东大井区我们有以下一些认识。

（1）通过对发掘B区的发掘，从地层来看，本年度发掘的地层共有10层。最早的地层为宋代地层，其下即为生土或是山体岩石，再无出土物。据此，我们认为，东大井区从宋代开始才有人类较大规模的活动。

（2）在人们刚开始在这一区域活动时，主要是在该区域内一片较开阔的缓坡上（即现发掘B区）建造房屋。为高台建筑。而且台基之间有多次叠压打破及重复利用。台基之间的叠压打破关系较为复杂。目前可大致分辨出的台基之间的分期如下（早期台基均被后期继续利用）：

第一期：台基3

第二期：台基3、台基5、台阶2

第三期：台基3、台基4、台基5、台基7

第四期：台基1、台基2、台基3、台基4、台基5、台基6、台基7、台基8

（3）在最后一期宋代建筑荒废后，此处开始成为井盐生产区。井盐生产从宋元至明代至清代直至民国延续不断。

（4）井盐生产设施中保存下来最多的是澄滤用的水池。因此，对这种遗迹从宋代到民国的演变过程也有了一个较为清楚的认识。

第一期：东大井区4B层下。基本为三合土壁，但在本次发掘中也发现一口石砌的水池。三合土壁的水池间有输送管道。多以两个水池为一组。池底水平面较高的那个水池底部有一条凹槽，从池底通出，至水平面较低的水池。从水池53、水池54一组来看，凹槽上还覆有筒瓦。建造方式：一组水池同时建造，先挖两个坑，并使两个坑有一定高差，并把两个土坑间的地面下挖至比底部较高的那个土坑（A池）略低，先将这一段的输水管道做好用黄色胶泥或三合土垫高至与A池坑口线平，然后用火烤两个坑的底面及四壁，抹上一层三合土。三合土较薄。时代为宋。

第二期：东大井区4A层下。三合土制。池底平坦，无凹槽。输送卤水方式：在两个一组的水池间用上下相扣的筒瓦带做卤水管，水管的起点处建有一石板砌成的小函。卤水输送推测需经人力。建造方式：挖坑，抹很厚的三合土。三合土硬度较差。时代为宋元间。

第三期：东大井区3A层下。三合土制。本次发现为至少三个水池一组。最主要的水池（A池）池底平坦，近池底西南角有一条小孔与另一水池（B池）相通，卤水进入此池内沉淀，而在B池的一侧有一流，水将满时，溢出的水从流注入另一地势更低的水池（C池）。建造方法：先选择地势有起伏的区域（自然地势或人为起伏），A池修建时先向下挖坑，在坑底部人为造出一个三合土壁的孔道通向B池，其后将坑底及壁烤硬，在坑的四个角各竖有一根石条或石柱，用来加固水池，其后抹上厚厚的三合土。部分水池在水池的三合土壁中还夹有一个三合土圆柱，三合土圆柱所用的三合土硬度比做池壁的三合土高。时代为明代至清早期。

第四期：东大井区2A、2B层下。三合土制。结合史料可知，卤水从盐井中通过竹管送至水池，水池为单个使用。同时，值得注意的是，水池的形制相对于以前有了相当大的变化。除了可以清楚地看出形制源流的一种圆角长方形水池外，还新出现了两种形状的水池：一种是与普通水池相比，面积超大的圆角长方形水池；一种是圆形水池。

普通形的圆角长方形水池，相比与前几个时期相比，底不再是平底，而是在池底中部有一凹坑，起澄滤作用。建造方法：先平地挖坑，烤池底及壁，然后用小毛石垒在池壁边，最后用三合土抹底及壁。三合土硬度相比前几个时期要高得多，而且三合土面较光滑。

面积超大的圆角长方形水池，建在煤渣层上，为了防止塌方，在四壁先用小石块砌好，然后抹上三合土。三合土较粗糙。

圆形水池，在煤渣层上挖一圆形坑，因煤渣层易脱落，故在坑的周围用毛石砌成圆形后再抹一层三合土。环池内壁大约每高30厘米有一圈凹槽，推测原为放置篾制箅子，以澄滤卤水。时代为清晚期至民国。

（5）清中晚期至民国时期的灶基本形状都是呈封口的“八”字形，但修建的精粗程度各不相同。稍早时期为单体灶；其后为多个单体灶并排；最后为连体灶（如本年度发掘的灶16）。当然，各种形式的灶并非后起的灶的类型出现后，以前的灶的类型便消失。在后起的灶的类型出现后，推测由于经济条件等限制，前期的相对较简陋的灶的类型仍继续存在。

2. 菜园坝区

（1）至少是从宋至今，菜园坝区一直都有人类活动。但这些活动与井盐生产并无直接关系。菜园坝区应是一处生活区。

（2）宋代时，菜园坝区的地势较现在低近4米，当时的汤溪水位应该也比现在低很多。从表土下的厚1米多的砂层淤积可看出，近代以来，汤溪河的河床有大幅抬高，且河水很容易泛滥至地表。

3. 马岭湾区墓葬

马岭湾区墓葬为双室墓，根据M1正式形制、结构、材料分析，推测为宋代墓葬。同时可以作为M1年代判断依据的是墓内出土的四系罐在东大井区发掘B区宋代时期的G6中也有出土。

七、存在的问题

（1）水池的发展序列中，宋元时期的水池与宋代的水池相比，在水池的修建技术上似乎出现了一次倒退（详见上节关于水池的描述）。而造成这种情形的原因目前尚无从而知。

（2）在本发掘报告中，我们把清代中晚期至民国时期发现的水池分成了三种类型。但是，其中的大水池及圆形水池的性质，其实还存有一些疑问。水池36形状呈圆形，假设它和其他水池一样蓄存卤水，然后入锅熬盐，其水池较深，又呈圆筒状，使用起来似有诸多不便，加之池壁饰两道凹弦纹及池底槽1、槽2究竟有何用处，让人费解。水池34、水池35残存面积即超过10平方米，可是三合土壁不太厚，且很粗糙，如何能容纳这么多立方的卤水，也是一个问题。也就是说，这两种所谓的“水池”是不是有其他的用途？

（3）至目前为止，清代以前的灶尚未发现。

绘图：赵容娣　赵秀玉

执笔：高健斌　张　勇

云阳三坝溪墓群（遗址）2003年度第二次发掘简报

成都文物考古研究院
绵阳博物馆
云阳县文物管理所

三坝溪墓群（遗址）1992年由四川省文物考古研究所和云阳县文管所调查发现，1993年四川大学又对该遗址进行了复查。三坝溪墓群（遗址）位于云阳县双江镇三坝村一社长江北岸二级台地上，是一处面积约20 000平方米的临江台地（图一）。遗址北侧为老云双公路，西为倒马溪（小潘家沟），南临长江，东为石板沟。遗址北高南低，向长江缓慢倾斜，海拔145～175米。地理坐标为东经108°45′，北纬30°56′（图二）。

2003年2月28日至3月26日，成都文物考古研究院和绵阳博物馆对该遗址进行了第一次发掘。第一次发掘了159平方米，清理2座墓葬，同时发现了商周时期的文化遗存[①]。

受重庆市文化局三峡办委托，2003年10月6日至11月16日，我们对三坝溪墓群（遗址）又

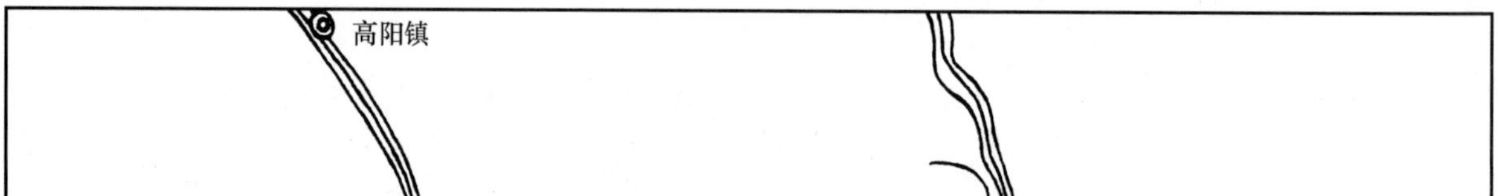

图一　三坝溪墓群（遗址）位置示意图

① 成都文物考古研究院、绵阳博物馆、云阳县文物管理所：《云阳三坝溪墓群（遗址）2003年度发掘简报》，见本书。

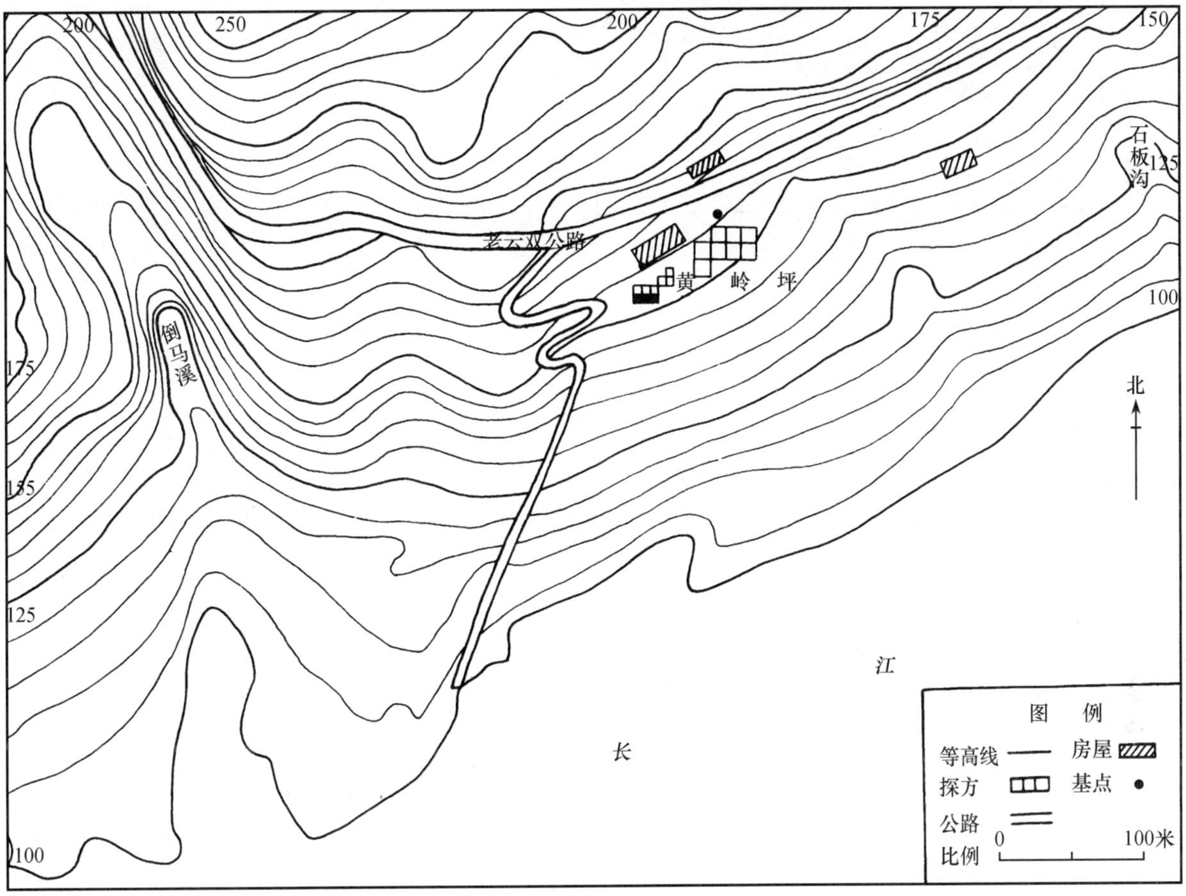

图二　三坝溪墓群（遗址）地形及第二次发掘布方图

进行了第二次发掘。这次发掘布5米×5米探方6个、10米×10米探方8个，扩方53平方米，共计发掘面积1003平方米。其中，清理了18座墓葬，发掘了近200平方米的商周至唐宋时期的地层堆积（图三）。下面，我们将这次发掘工作情况报告如下。

一、地层堆积

发掘区内的文化层堆积很不均匀，有的探方内很薄，第2层之下即为生土，如T19。有的探方内堆积最厚处可达3米以上，如T6和T14等。为便于工作，整个发掘区分东、西两区，东区地层为8层，西区地层为5层。现以东区T14的南壁和西区T6北壁为例简述地层堆积情况。

1. T14南壁（图四）

第1层：褐色土。土质疏松，呈颗粒状。包含大量植物根茎，呈坡状堆积，分布于全方。厚0.1～0.25米。

第2层：红褐色土。土质疏松。内含较多碎石。呈坡状堆积。距地表0.1～0.25、厚0～0.35米。

第3层：灰褐色黏土。质密、板结。包含大量唐宋时期缸胎残片及瓦片。呈坡状堆积。距地表0.1～0.25、厚0～0.5米。主要器形有缸胎碗、罐、壶等。

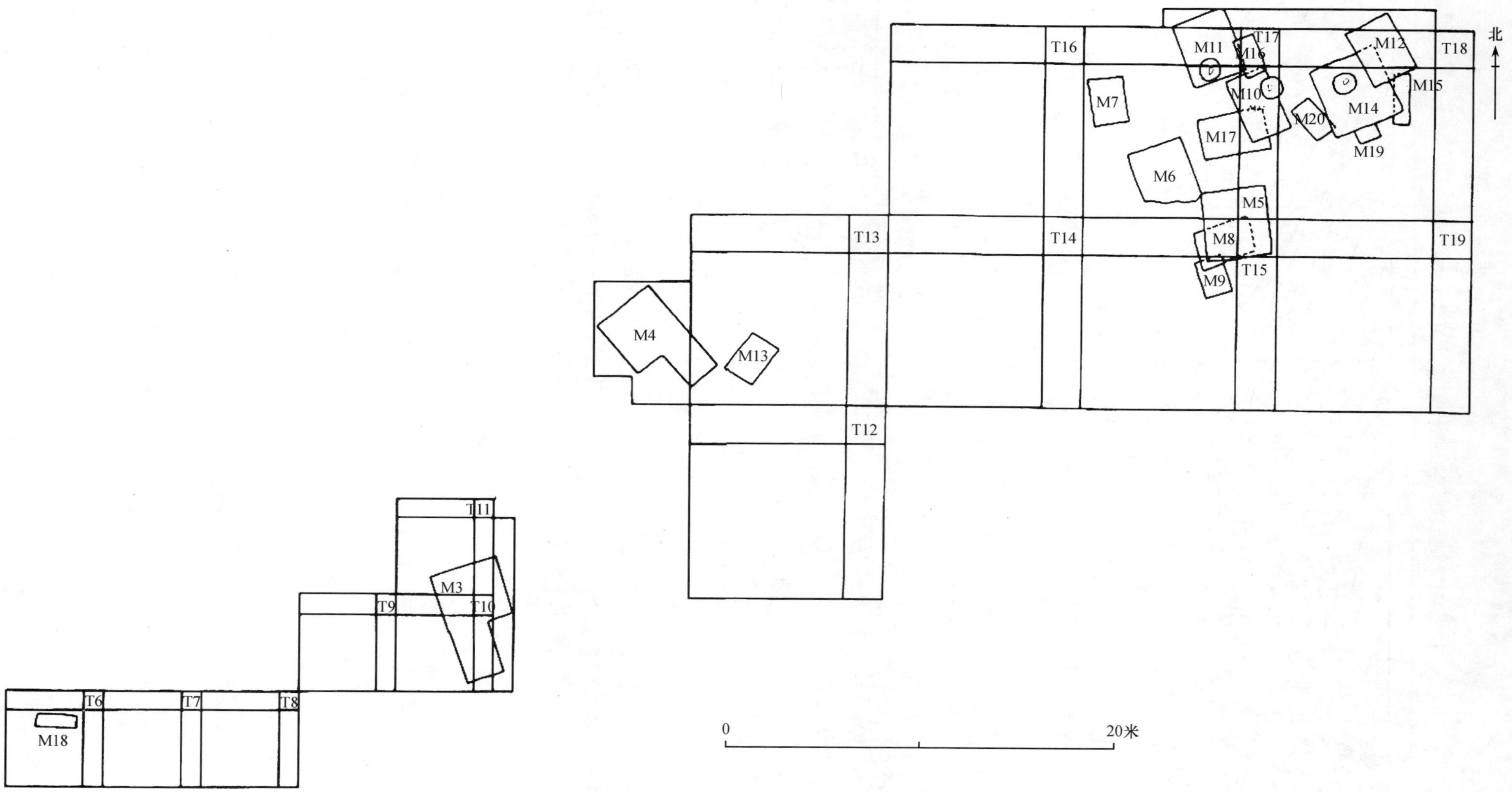

图三　三坝溪墓群（遗址）第二次发掘布方及遗迹分布图

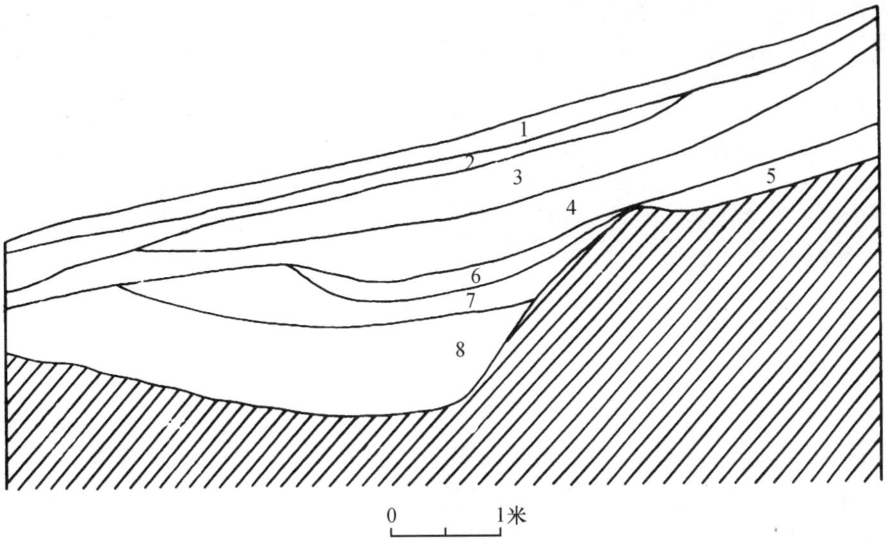

图四 T14南壁剖面图

第4层：土黄色黏土。土质细密。含大量汉代瓦当及板瓦、筒瓦残片，分布于整个探方。距地表0.3～0.7、厚0～0.7米。主要器形有盆、罐、瓮等。

第5层：红褐色黏土。土质细密，含较多姜黄石。出土少量汉代瓦块，分布于探方东南部。距地表1～1.05、厚0～0.3米。

第6层：青黄色粉砂土。土质细密、质疏松。无包含物。在探方内南部堆积。距地表0.55～1.15、厚0～0.2米。

第7层：褐色黏土。土质细密、质硬。含较多红烧土块。出土少量东周时期陶片。分布于探方中南部。主要器物有鬲、花边罐、豆等。距地表0.55～1.3、厚0～0.5米。

第8层：青灰色砂黏土。土质细密、松软。含大量商代陶片。分布于探方中西侧。主要器物有小平底罐、高柄豆、鬶等器类。距地表0.6～1.65、厚0～0.8米。

其下为紫红色生土。

2. T6 北壁（图五）

第1层：褐色土。质疏松，呈颗粒状。包含大量植物根茎。呈坡状堆积，分布于全方。厚0.1～0.25米。

第2层：红褐色。土质疏松。内含较多碎石和少量近现代瓦块。呈坡状堆积，分布于全方。距地表0.1～0.25、厚0.15～0.35米。

第3层：灰褐色黏土。质密、板结。包含物有绳纹瓦片、瓦当、筒瓦、板瓦等。呈坡状堆积，分布于整个探方。距地表0.4～0.5、厚0.22～0.4米。

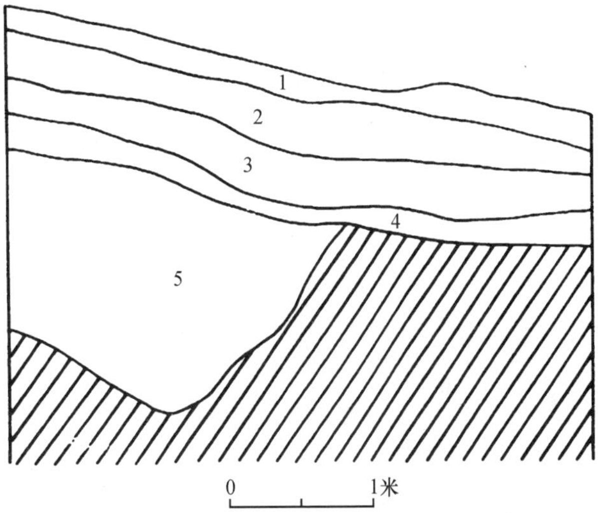

图五 T6北壁剖面图

第4层：红褐色黏土。土质细密。含少量鬲、豆残片。分布于探方北部。距地表0.4～0.8、厚0.1～0.25米。为战国地层。

第5层：灰褐色沙黏土。土质细密、质软，含少量红烧土块和炭灰。包含物丰富，出土大量商代陶片。主要器物有小平底罐、高柄豆、鬶等器类。分布于探方中西部，探方东北缺此层。距地表0.9～0.95、厚0～1.6米。

其下为紫红色生土或基岩。

东区第4、7层和第8层分别相当于西区第3、4和第5层。根据地层堆积所包含的遗物特征，可以把本遗址分为四个文化时期。

商周时期文化遗存：以东区第8层和西区第5层为代表。

东周时期文化遗存：以东区第7层和西区第4层为代表。

汉晋时期文化遗存：以东区第4层和西区第3层为代表。

唐宋时期文化遗存：以东区第3层为代表。

二、商周至唐宋时期遗物

（一）商周时期遗物

本次发掘未见下层遗迹。出自地层堆积当中的遗物有陶器、石器及少量动物骨骼。

1. 陶器

除个别修复外，绝大部分为破碎陶片。制作方法绝大多数为泥条盘筑成型，口沿内外和器腹上部加以轮修，其余部分均手工修整，个别器物为手工捏制。

陶质分为夹砂和泥质两大类，以夹砂陶为主，泥质陶较少。夹砂陶又有夹粗砂和夹细砂两种，以夹细砂为主，夹粗砂较少。夹细砂陶陶土中加有极细的砂粒和贝壳粉末，部分陶土经过淘洗，陶质细腻；夹粗砂陶陶土中掺有细小砂粒和石粒，也杂有少量石英。整个遗址中，陶器以夹砂细陶为主，夹粗砂陶和泥质陶较少。

由于烧制的火候不均，陶色多不纯正，还出现夹胎现象。陶色可分为红、褐、灰、黑、橙黄几种。以黑、灰、褐陶为主，橙黄陶较少，还有少量白陶和黑皮陶，黑皮陶多经磨光。另有部分夹砂陶器内外表焦黑，应为使用过程中造成的。烧制陶器的火候普遍较低。

陶器中多素面陶，饰纹者较少。纹饰以组状绳纹、方格纹常见，凸凹弦纹、附加堆纹次之，划纹、涡旋纹、花边少见（图六）。装饰手法有拍印、压印、戳印、堆饰、刻划等；拍印纹饰大多浅而模糊，其他则较清晰、深刻。

由于陶片破碎，因而多不辨器形。依口沿、底足残片观察，器形以平底为主，三足器和圜底器、圈足器较少，不见尖底器。经拼对修复，可辨认、分类的器形有缸、壶、鬶、尊、罐、豆形器、豆、盆、钵、杯等。

缸　均为口部残片。选择标本4件。根据口部变化可分为三式。

Ⅰ式：1件。口微敛。T16⑧：21，夹粗砂橙黄陶。口部残片。圆唇，深腹。上腹饰一道规

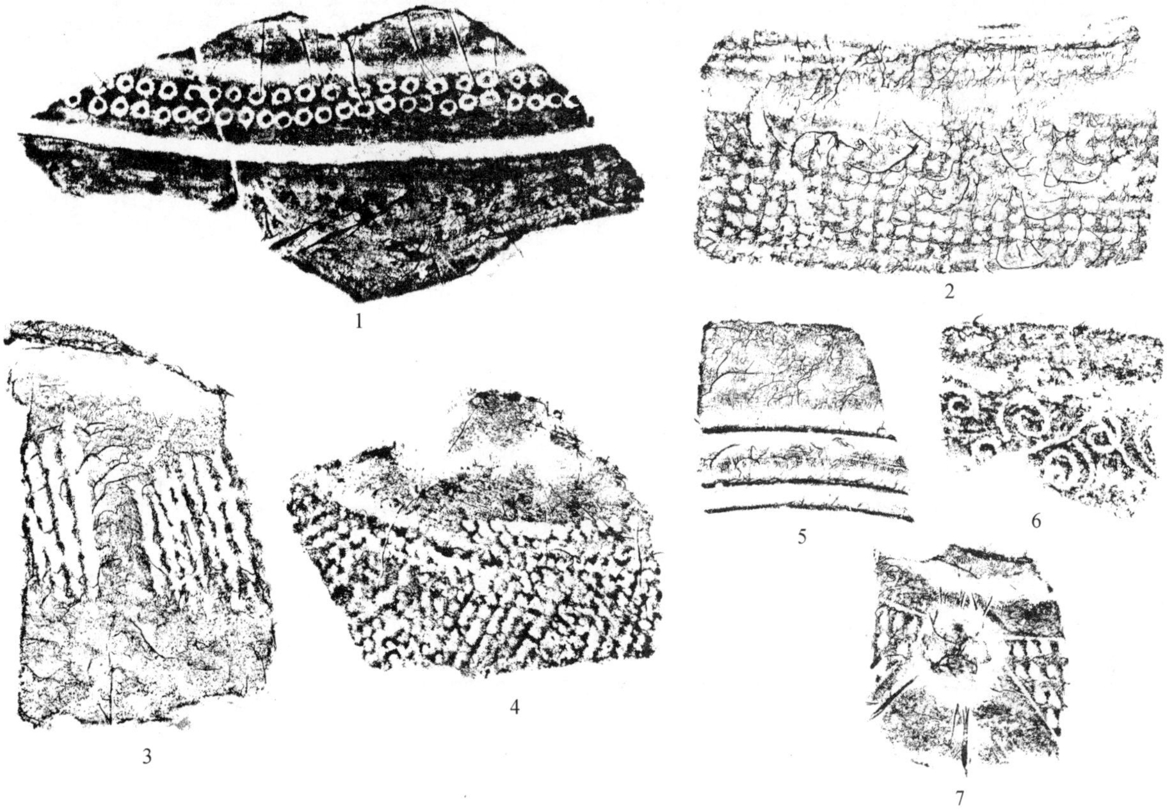

图六　陶器纹饰拓片

1. T6⑤：17　2. T6⑤：21　3. T6⑤：30　4. T14⑧：18　5. T14⑧：28　6. T14⑧：60　7. T14⑧：21

整的附加堆纹，其下饰方格纹。残宽8.8、残高16厘米（图七，1）。

Ⅱ式：2件。口近直。T6⑤：21，夹粗砂红陶。口部残片。圆方唇，深弧腹，上腹部饰一道附加堆纹，其下饰方格纹。口径39、残高16.8厘米（图七，2）。T16⑧：32，夹粗砂红陶。口部残片。方唇，通体饰方格纹，颈部有一道凹弦纹。口径42、残高5.7厘米（图七，3）

Ⅲ式：1件。敞口。T16⑧：20，夹粗砂灰黄陶，内掺少量石英颗粒。口部残片。圆方唇，敞口，深腹。通体饰方格纹，上腹饰一道附加堆纹。口径34.4、残高15.4厘米（图七，4）。

壶　无完整器。选择标本5件。因颈部形态变化，可分为三式。

Ⅰ式：2件。从颈中部圆束较甚。T14⑧：30，泥质灰胎红皮陶。口部残片。圆唇，敞口，束颈。素面。口径18、残高8厘米（图七，5）。T14⑧：14，泥质灰陶。口部残片。圆唇，敞口，束颈，领较高。素面。口径19.6、残高11.6厘米（图七，6）。

Ⅱ式：2件。从颈中部圆束，程度略轻。T6⑤：22，夹细砂红褐陶。口部残片。圆唇，敞口，束颈。素面。口径17.6、残高10.4厘米（图七，11）。T14⑧：20，泥质黄褐陶。口部残片。圆唇，敞口，束颈。颈部饰一道弦纹。口径17、残高8.4厘米（图七，12）。

Ⅲ式：1件。从颈上部束颈，沿外翻较甚。T14⑧：22，泥质灰陶。口部残片。尖圆唇，敞口，束颈。颈部饰二道凹弦纹。口径16、残高12厘米（图七，13）。

尊　3件。T14⑧：5，泥质灰陶。圆唇，喇叭口，沿外翻，长颈，从颈下部束颈，圆肩，鼓腹圆曲。颈部饰三道凹弦纹。底残。口径22.4、腹径25.2、残高37.8厘米（图七，8）。

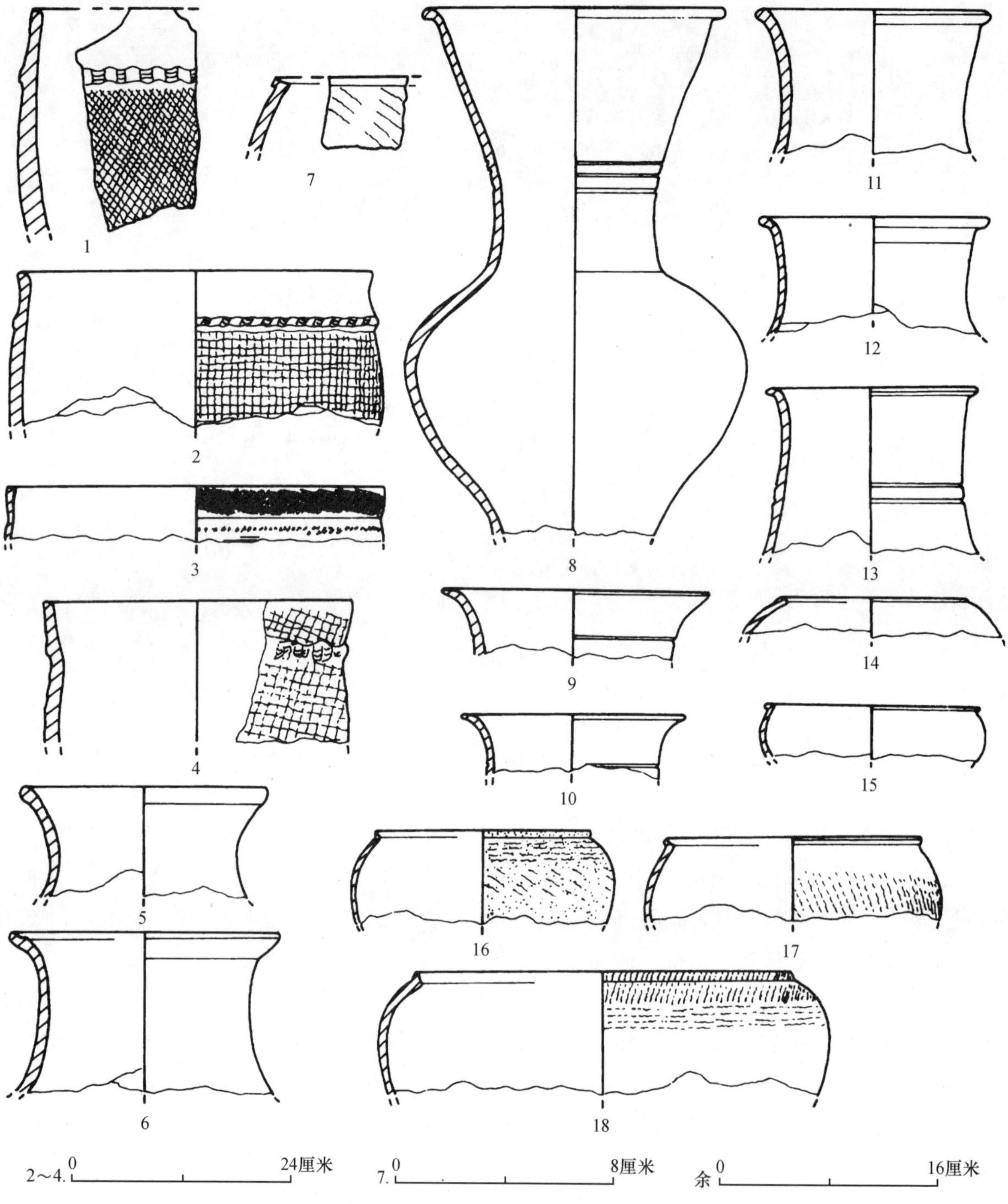

图七　地层出土陶器

1. Ⅰ式缸（T16⑧：21）　2、3. Ⅱ式缸（T6⑤：21、T16⑧：32）　4. Ⅲ式缸（T16⑧：20）　5、6. Ⅰ式壶（T14⑧：30、T14⑧：14）　7. B型Ⅲ式瓮（T16⑧：13）　8～10. 尊（T14⑧：5、T6⑤：15、T6⑤：14）　11、12. Ⅱ式壶（T6⑤：22、T14⑧：20）　13. Ⅲ式壶（T14⑧：22）　14. B型Ⅰ式瓮（T14⑧：63）　15. B型Ⅱ式瓮（T16⑧：17）　16. B型Ⅳ式瓮（T16⑧：18）　17. B型Ⅴ式瓮（T6⑤：31）　18. A型瓮（T6⑤：16）

T6⑤：15，泥质灰陶。口部残片。尖唇，敞口，束颈。颈部饰一道凹弦纹。口径20、残高4.8厘米（图七，9）。T6⑤：14，泥质灰陶。口部残片。尖圆唇，敞口，束颈。颈部饰一道凹弦纹。口径16.8、残高4.6厘米（图七，10）。

瓮　选择标本6件。根据形体，可分二型。

A型　1件。夹粗砂，形体较大。T6⑤：16，夹粗砂灰陶。口部残片。尖唇，敛口，圆肩，弧腹。肩部饰斜向绳纹至口，肩腹交接处饰横绳纹。口径28、残高9厘米（图七，18）。

B型　5件。夹细砂，形体较小。根据口沿变化，可分为五式。

Ⅰ式：1件。圆唇，沿略外凸。T14⑧：63，夹细砂灰黄陶。口部残片。敛口，圆肩。肩部饰绳纹。口径14、残高2.8厘米（图七，14）。

Ⅱ式：1件。圆唇，沿外凸明显。T16⑧：17，夹细砂红陶。口部残片。敛口，圆肩。素面。口径16、残高3.8厘米（图七，15）。

Ⅲ式：1件。方唇，沿外凸较甚。T16⑧：13，夹细砂褐陶。口部残片。沿面微凹，敛口，圆肩。肩部饰斜向绳纹。残宽2.8、残高2.6厘米（图七，7）。

Ⅳ式：1件。尖唇，折沿。T16⑧：18，夹细砂内黑外褐陶。口部残片。敛口，圆肩，弧腹。肩部饰横向组状划纹，腹部饰斜向组状划纹。口径16、残高6.8厘米（图七，16）。

Ⅴ式：1件。T6⑤：31，夹细砂灰陶。口部残片。方唇，折沿沿面稍宽，内凹较甚，敛口，圆肩，弧腹。肩部饰竖向绳纹。口径18.8、残高6厘米（图七，17）。

小平底罐　数量较多，共19个不同个体，修复3件。敛口，肩较宽。形体较小。多为夹细砂陶。轮制。根据沿面的变化，可分为二型。

A型　卷沿。根据唇沿的变化和陶质的不同，可分为三亚型。

Aa型　11件。夹细砂，尖圆唇。根据肩部变化，可分五式。

Ⅰ式：3件。侈口，圆肩。T14⑧：52，夹细砂褐陶。圆唇，弧腹，素面。口径14、腹径17.6、残高5.7厘米（图八，1）。T14⑧：43，夹细砂灰陶。口部残片。圆唇，弧腹。素面。口径14、腹径16.8、残高5.4厘米（图八，2）。T14⑧：38，夹细砂灰陶。口部残片。尖唇，卷沿，弧腹。素面。口径12.8、残高5.2厘米（图八，3）。

Ⅱ式：2件。侈口，肩圆折。T16⑧：16，夹细砂褐陶。口部残片。尖圆唇，卷沿，下腹斜收。素面。口径16、残高4.4厘米（图八，4）。T14⑧：50，夹细砂灰陶。口部残片。圆唇，素面。口径16、残高4.5厘米（图八，5）。

Ⅲ式：4件。肩圆折甚，肩较耸，肩部有刮抹痕迹。T14⑧：4，夹细砂黑褐陶。口及肩部为黑色，腹及底部为褐色。圆唇，卷沿，敛口，折肩，下腹斜收，底较小。素面。口径13.6、腹径15.2、底径3、通高10厘米（图八，6）。T6⑤：7，夹细砂褐陶。圆唇，卷沿，敛口，耸肩，下腹斜直，底稍大。素面。口径12.8、腹径16、底径3.6、通高10.4厘米（图八，7）。T6⑤：39，夹细砂黑陶。口部残片，尖圆唇，卷沿，敛口，耸肩，下腹斜直。素面。口径14、腹径16.8、残高8厘米（图八，8）。T6⑤：38，夹细砂褐陶。尖圆唇，卷沿，敛口，耸肩，下腹斜收。素面。口径16、腹径18.4、底径5、通高10.8厘米（图八，9）。

Ⅳ式：1件。耸肩。T6⑤：10，夹细砂灰陶。圆唇，卷沿，敛口，耸肩，下腹斜收，底较小。素面。口径14.4、腹径16.7、底径3.2、通高8.6厘米（图八，10）。

Ⅴ式：1件。侈口，折肩，肩部有折痕。T6⑤：41，夹细砂灰陶。口部残片。圆唇。素面。口径14、残高4.6厘米（图八，11）。

Ab型　4件。夹细砂，方唇。根据肩部变化可分为三式。

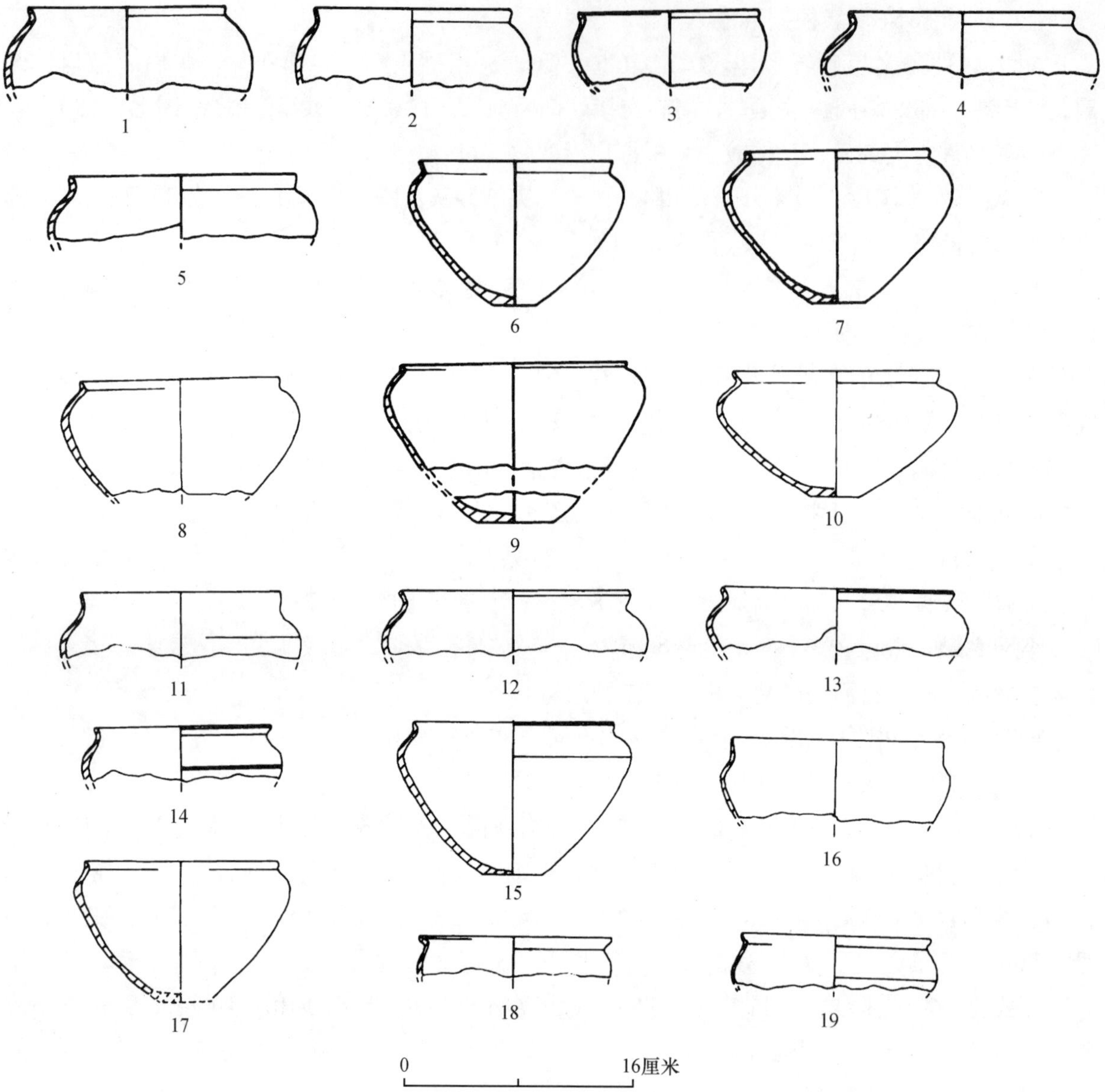

图八　地层出土陶器

1～3. Aa型Ⅰ式小平底罐（T14⑧：52、T14⑧：43、T14⑧：38）　4、5. Aa型Ⅱ式小平底罐（T16⑧：16、T14⑧：50）　6～9. Aa型Ⅲ式小平底罐（T14⑧：4、T6⑤：7、T6⑤：39、T6⑤：38）　10. Aa型Ⅳ式小平底罐（T6⑤：10）　11. Aa型Ⅴ式小平底罐（T6⑤：41）　12. Ab型Ⅰ式小平底罐（T14⑧：46）　13、14. Ab型Ⅱ式小平底罐（T14⑧：48、T6⑤：40）　15. Ab型Ⅲ式小平底罐（T6⑤：11）　16. Ac型Ⅰ式小平底罐（T14⑧：37）　17. Ac型Ⅱ式小平底罐（T6⑤：37）　18. B型Ⅰ式小平底罐（T14⑧：57）　19. B型Ⅱ式小平底罐（T6⑤：42）

Ⅰ式：1件。T14⑧：46，夹细砂灰陶。口部残片。方唇，卷沿，敛口，圆肩。素面。口径16、腹径18.4、残高4.4厘米（图八，12）。

Ⅱ式：2件。T14⑧：48，夹细砂黑陶。口部残片。方唇，卷沿，敛口，肩圆折。素面。口径16、残高4.4厘米（图八，13）。T6⑤：40，夹细砂黑褐陶。口部残片。方唇，卷沿，敛口，肩圆折。素面。口径12.4、腹径14、残高3.8厘米（图八，14）。

Ⅲ式：1件。T6⑤：11，夹细砂灰陶。方唇，卷沿，敛口，肩弧曲圆鼓，下腹斜收。素面。口径14、腹径16.6、底径4、通高10.4厘米（图八，15）。

Ac型　2件。泥质陶。根据肩部变化可分为二式。

Ⅰ式：1件。T14⑧：37，泥质灰陶。口部残片。尖唇，敞口，圆肩。素面。口径15.6、腹径16、残高5.6厘米（图八，16）。

Ⅱ式：1件。T6⑤：37，泥质灰陶。口部残片。侈口，尖唇，耸肩，下腹斜收。素面。口径13.6、腹径15.2、残高9厘米（图八，17）。

B型　折沿。根据肩部变化可分为二式。

Ⅰ式：1件。T14⑧：57，夹细砂灰黄陶。口部残片。尖圆唇，折沿，沿面微凹，敛口，圆肩。素面。口径13.6、残高2.8厘米（图八，18）。

Ⅱ式：1件。T6⑤：42，夹细砂黑陶。口部残片。尖圆唇，折沿，敛口，肩圆折，下腹斜收。素面。口径13.2、残高3.6厘米（图八，19）。

矮领卷沿罐　数量不多，共12个不同个体。均为口沿残片，残存部分肩腹。以夹细砂陶为主，也有少量的夹粗砂。大多为素面。根据陶质和制作方法的不同，可分为二型。

A型　9件。夹细砂。轮制。根据肩腹部变化，可分为三式。

Ⅰ式：3件。斜领，圆肩，鼓腹。T6⑤：18，夹细砂灰陶。口部残片。圆唇，侈口。肩部饰组状绳纹。口径12.4、残高7.6厘米（图九，1）。T6⑤：24，夹细砂红陶。口部残片。圆唇，侈口。素面，器表经磨光。口径14.2、残高6.4厘米（图九，7）。T6⑤：17，夹细砂灰陶。陶土经淘洗。口部残片。侈口，扁鼓腹。肩部饰一道凹弦纹及两周戳印圆圈纹。口径16、腹径19.2、残高5.8厘米（图九，2）。

Ⅱ式：4件。圆肩，弧腹。T14⑧：58，夹砂黑褐陶。口部残片。圆唇，侈口，溜肩，弧腹。肩腹部饰多道竖向划纹。口径12、残高3.7厘米（图九，4）。T14⑧：40，夹细砂褐陶。口部残片。圆唇，侈口，圆肩。素面，颈部有按窝。口径10、残高3.8厘米（图九，3）。T14⑧：32，夹砂红褐陶。口部残片。尖圆唇，侈口，圆肩，弧腹。素面。口径13、残高6.8厘米（图九，5）。T14⑧：61，夹砂灰陶。口部残片。圆唇，侈口，圆肩，弧腹。素面。口径12、残高3.6厘米（图九，6）。

Ⅲ式：2件。T16⑧：15，夹砂黑褐陶。口部残片。圆唇，侈口，溜肩，弧腹。素面。口径12、残高6厘米（图九，8）。T6⑤：32，夹砂灰陶。口部残片。厚圆唇，侈口，溜肩，弧腹。素面。形体较大。口径18、残高8.8厘米（图九，9）。

B型　3件。卷沿，侈口。均为夹粗砂陶。手工捏制。根据肩部变化，可分为三式。

Ⅰ式：1件。T14⑧：59，夹粗砂灰褐陶。口部残片。尖圆唇，敛口，广肩。素面，领底有按窝痕迹。口径18、残高3.2厘米（图九，10）。

Ⅱ式：1件。T14⑧：17，夹粗砂红陶。口部残片。圆唇，侈口，圆肩，弧腹。口径20、残高9.6厘米（图九，11）。

Ⅲ式：1件。T6⑤：23，夹粗砂灰陶。口部残片。尖唇，侈口，溜肩，弧腹。素面。口径16、残高8.3厘米（图九，12）。

高领束颈罐　12件。根据沿部不同，可分为四式。

Ⅰ式：1件。T14⑧：60，夹细砂橙黄陶。口部残片。斜方唇，直口，领较直微束。领部饰

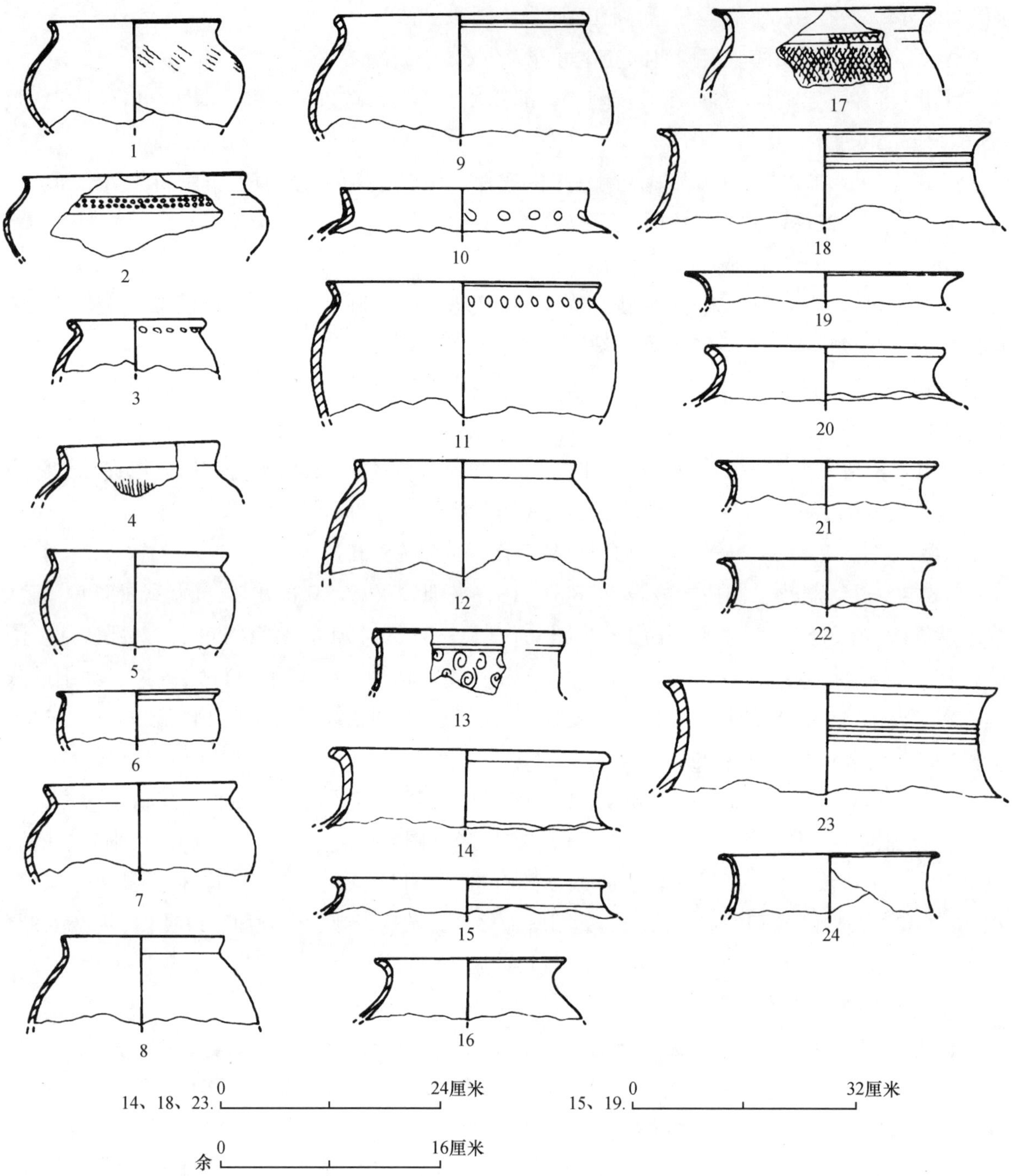

图九 地层出土陶器

1、2、7. A型Ⅰ式矮领卷沿罐（T6⑤：18、T6⑤：17、T6⑤：24） 3～6. A型Ⅱ式矮领卷沿罐（T14⑧：40、T14⑧：58、T14⑧：32、T14⑧：61） 8、9. A型Ⅲ式矮领卷沿罐（T16⑧：15、T6⑤：32） 10. B型Ⅰ式矮领卷沿罐（T14⑧：59） 11. B型Ⅱ式矮领卷沿罐（T14⑧：17） 12. B型Ⅲ式矮领卷沿罐（T6⑤：23） 13. Ⅰ式高领束颈罐（T14⑧：60） 14～17. Ⅱ式高领束颈罐（T14⑧：8、T14⑧：26、T14⑧：62、T14⑧：18） 18～22、24. Ⅲ式高领束颈罐（T14⑧：68、T14⑧：53、T14⑧：47、T14⑧：55、T14⑧：54、T14⑧：51） 23. Ⅳ式高领束颈罐（T14⑧：67）

漩纹。口径14、残高4.4厘米（图九，13）。

Ⅱ式：T14⑧：8，夹细砂灰褐陶。口部残片。侈口，圆唇，卷沿，束颈。素面。口径31、残高8.4厘米（图九，14）。T14⑧：26，夹砂红褐陶。口部残片。圆唇，卷沿，口较直，广肩。素面。口径40、残高5厘米（图九，15）。T14⑧：18，夹细砂灰陶。口部残片。尖圆唇，卷沿，侈口，束颈。颈部饰戳印纹，腹部饰交错绳纹。口径16、残高5.8厘米（图九，17）。T14⑧：62，夹细砂红陶。口部残片。圆唇，卷沿，侈口，束颈。素面。口径14、残高4.2厘米（图九，16）。

Ⅲ式：T14⑧：68，夹细砂褐胎黑皮陶。口部残片。侈口，尖圆唇，沿外翻，颈甚束。颈部饰两道凹弦纹。口径36、残高9.8厘米（图九，18）。T14⑧：53，夹粗砂红褐陶。口部残片。侈口，方唇，沿外翻，颈甚束。素面。口径40、残高4.8厘米（图九，19）。T14⑧：51，泥质灰陶。口部残片。侈口，尖唇，沿外翻，颈甚束。素面。口径16、残高4.2厘米（图九，24）。T14⑧：47，夹细砂灰陶。口部残片。侈口，圆唇，沿外翻，颈甚束。素面。口径17.2、残高3.9厘米（图九，20）。T14⑧：55，泥质灰陶。口部残片。侈口，圆方唇，沿外翻，颈甚束。素面。口径16、残高3.2厘米（图九，21）。T14⑧：54，泥质灰胎红皮陶。口部残片。侈口，尖圆唇，沿外翻，颈甚束。素面。口径16、残高3.5厘米（图九，22）。

Ⅳ式：T14⑧：67，夹细砂灰陶。口部残片。尖唇，平折沿，敞口。颈部饰三道凹弦纹。口径36、残高11.6厘米（图九，23）。

折沿罐　2件。泥质陶。器形较小。制作精细。根据沿面变化，可分为二式。

Ⅰ式：1件。T14⑧：29，泥质灰胎黑皮磨光陶。口部残片。尖唇，斜折沿，沿面向内倾斜，侈口，溜肩。素面。口径12、残高3.2厘米（图一〇，1）。

Ⅱ式：1件。T14⑧：21，泥质灰陶。口部残片。圆唇，侈口，沿较窄，折腹。腹部附一小耳。腹部饰戳印纹。口径10、残高5.2厘米（图一〇，2）。

敞口罐　2件。T6⑤：26，夹细砂黄褐陶。圆唇，卷沿，斜直腹。素面。口径24、残高3.6厘米（图一〇，4）。T14⑧：54，泥质灰胎褐皮陶。口部残片。尖圆唇，敞口，束颈。颈部饰一道凹弦纹。口径14、残高4.2厘米（图一〇，3）。

侈口罐　3件。根据沿面变化可分为三式。

Ⅰ式：1件。T14⑧：49，夹细砂褐陶。口部残片。侈口，方唇，沿面较平，颈微束，溜肩，弧腹。肩部饰一道弦纹。口径18、残高3.6厘米（图一〇，5）。

Ⅱ式：1件。T6⑤：25，夹细砂灰陶。口部残片。侈口，方唇，沿面略凹，颈微束，溜肩，素面。口径20.4、残高4.8厘米（图一〇，6）。

Ⅲ式：1件。T16⑧：12，夹细砂黑褐陶。口部残片。侈口，方唇，沿面内凹较甚，颈微束，溜肩。颈部饰一道凸弦纹。口径20、残高4.4厘米（图一〇，7）。

直领罐　3件。根据陶质和制作方法的不同，可分为二型。

A型　2件。夹细砂。陶质较细，陶土经过淘洗。手制。T6⑤：29，夹细砂红陶。口部残片。圆唇，口微敞，圆肩。素面。口径16、残高6.3厘米（图一〇，9）。T6⑤：27，夹细砂红褐陶。口部残片。直口，圆唇，圆肩，弧腹。素面。口径12.8、残高6.4厘米（图一〇，10）。

B型　1件。T14⑧：24，夹砂灰陶，陶质较粗。轮制。口部残片。直口，圆唇，直领，广

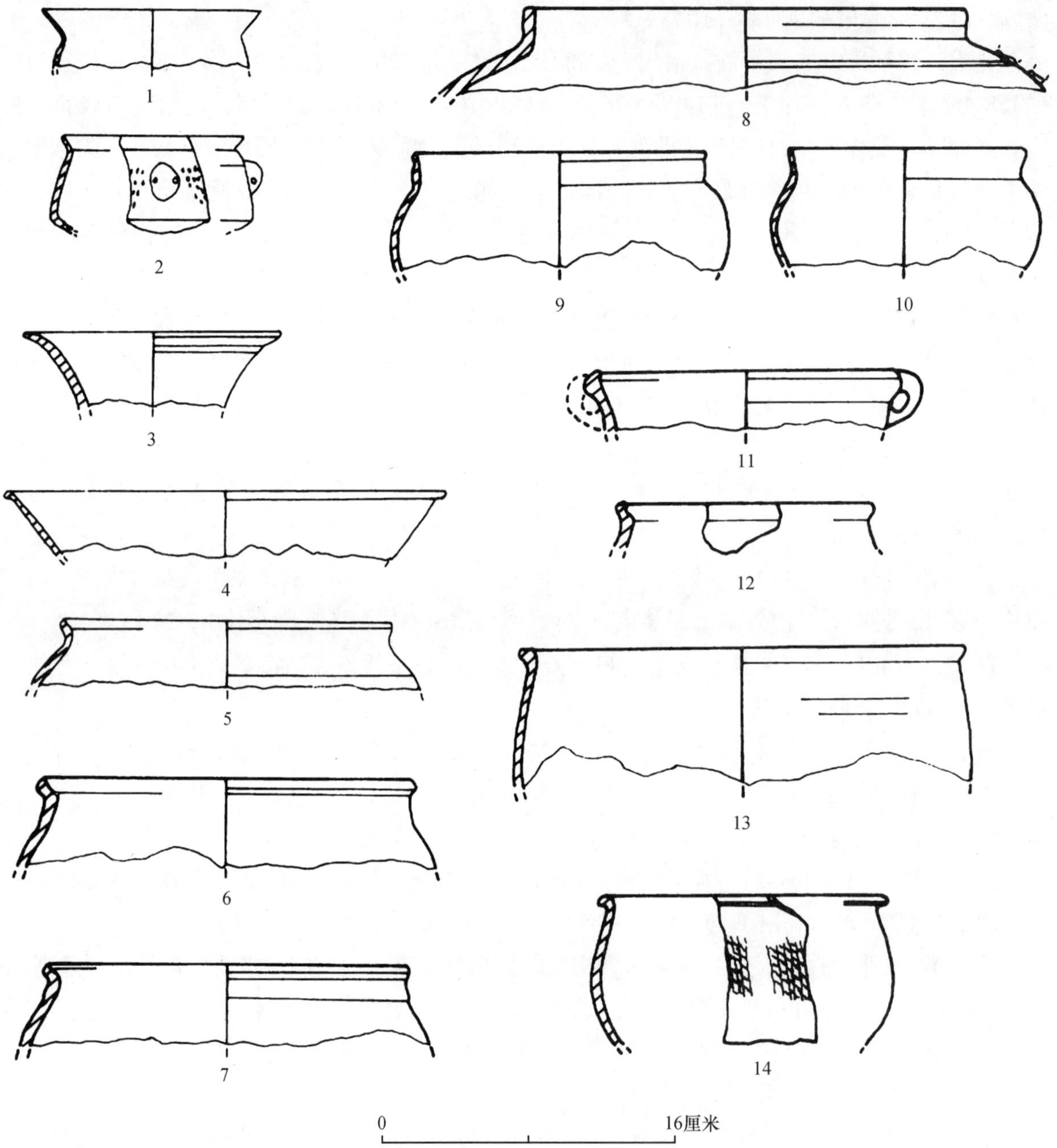

图一〇 地层出土陶器

1. Ⅰ式折沿罐（T14⑧：29） 2. Ⅱ式折沿罐（T14⑧：21） 3、4. 敞口罐（T14⑧：54、T6⑤：26） 5. Ⅰ式侈口罐（T14⑧：49） 6. Ⅱ式侈口罐（T6⑤：25） 7. Ⅲ式侈口罐（T16⑧：12） 8. B型直领罐（T14⑧：24） 9、10. A型直领罐（T6⑤：29、T6⑤：27） 11. 附耳罐（T6⑤：35） 12. 花边罐（T6⑤：44） 13、14. 盆（T14⑧：36、T6⑤：30）

肩。肩部饰一道凹弦纹，肩部有耳。口径24、残高4.7厘米（图一〇，8）。

花边罐 1件。T6⑤：44，夹砂黑褐陶。口部残片。侈口，圆唇。唇部用物戳压成浅花边。口径14、残高2.4厘米（图一〇，12）。

附耳罐 1件。T6⑤：35，夹细砂灰陶。口部残片。口微敛，尖唇，沿贴附，高领。沿领之间贴附双耳。素面。口径16、残高3.2厘米（图一〇，11）。

盆 2件。T14⑧：36，夹砂橙黄陶。口部残片。口微敛，圆唇，平折沿，弧腹。素面。口径24、残高7.4厘米（图一〇，13）。T6⑤：30，夹砂褐陶。口部残片。口微敛，尖圆唇，折沿，弧腹。腹部饰竖绳纹。口径16、残高8厘米（图一〇，14）。

豆形器　2件。形似豆而盘有孔与柄相通，故名豆形器。T14⑧：6，夹细砂褐陶。敞口，方唇，沿略外翻，腹壁斜曲，似杯形，下残。口径12.6、残高10厘米（图一一，1）。T6⑤：33，夹细砂灰陶。盘部残片，呈杯形，底部有孔通向柄部。残高4.5厘米（图一一，2）。

豆盘　1件。T14⑧：25，夹细砂灰陶。盘底残片，圆唇，浅盘。素面。柄残。残高2.5厘米（图一一，3）。

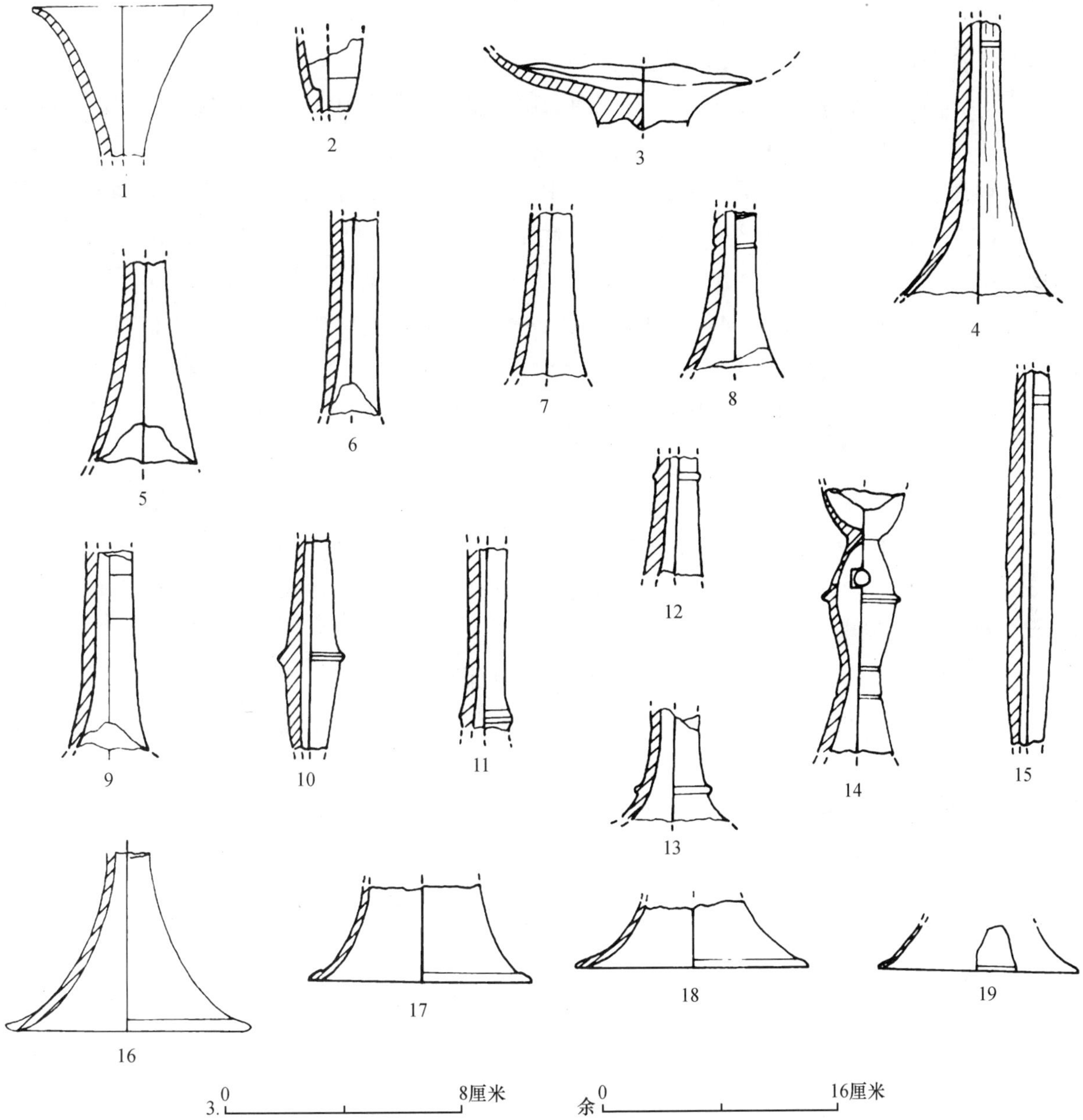

图一一　地层出土陶器

1、2. 豆形器（T14⑧：6、T6⑤：33）　3. 豆盘（T14⑧：25）　4～9. A型豆柄（T6⑤：5、T14⑧：35、T6⑤：6、T14⑧：64、T6⑤：20、T16⑧：8）　10～13. C型豆柄（T16⑧：6、T14⑧：65、T14⑧：66、T14⑧：42）　14. D型豆柄（T6⑤：4）　15. B型豆柄（T6⑤：9）　16～19. 豆底座（T6⑤：2、T6⑤：13、T14⑧：45、T16⑧：10）

豆柄　12件。可分为四型。

A型　6件。柱状柄。T6⑤：5，夹细砂褐陶。柄部残段。中部饰一道凹弦纹。下部呈喇叭状，中空。残高18.4厘米（图一一，4）。T14⑧：35，夹细砂黑陶。柄部残段。高柄柱状，下呈喇叭形，中空。素面。残高13.6厘米（图一一，5）。T6⑤：20，夹细砂黑陶。柄部残段。柱状中空，下呈喇叭形。饰二道凹弦纹。残高10.8厘米（图一一，8）。T6⑤：6，泥质褐胎黑皮陶。柄部残段。中空。素面。残高13厘米（图一一，6）。T14⑧：64，夹细砂灰陶。柄部残段。柱状中空。饰三道凹弦纹。残高11厘米（图一一，7）。T16⑧：8，夹细砂灰褐陶。柄部残段。柱状中空。饰两道凹弦纹。残高13.2厘米（图一一，9）。

B型　1件。上下细中间粗的纺锤形。T6⑤：9，泥质褐胎黑皮陶。柄部残段。柱状中空。顶端饰两条细弦纹。残高24.8厘米（图一一，15）。

C型　4件。竹节状柄。T16⑧：6，泥质灰陶。柄部残段。中部饰一凸棱。中空。残高14厘米（图一一，10）。T14⑧：65，夹细砂灰陶。盘柄残段。中空。残高12厘米（图一一，11）。T14⑧：42，夹细砂灰陶。柄部残段。中空，凸棱靠下，下为喇叭形。残高7.4厘米（图一一，13）。T14⑧：66，夹细砂灰陶。柄部残段。柱状中空，下为喇叭形。残高7.9厘米（图一一，12）。

D形　1件。镂空。T6⑤：4，夹细砂灰胎黑皮陶。柄盘残段，盘似杯形，中柄，中部有一凸棱。凸棱上方饰5个圆形镂孔，下饰两道凹弦纹。残高17.6厘米（图一一，14）。

豆底座　4件。均为喇叭形圈足。T6⑤：2，夹细砂灰陶。底部残片。喇叭形圈足，足外撇，底部饰一道凹弦纹。底径16.8、残高11.8厘米（图一一，16）。T6⑤：13，夹细砂灰褐陶。底部残片。喇叭形圈足，足外撇。素面。底径15.2、残高6.4厘米（图一一，17）。T14⑧：45，夹细砂褐陶。底部残片。喇叭形圈足，足外撇。素面。底径16、残高4.4厘米（图一一，18）。T16⑧：10，泥质灰陶。底部残片。喇叭形圈足，足外撇。素面。底径14、残高3厘米（图一一，19）。

钵　2件。轮制。T14⑧：31，夹细砂褐陶。口部残片。敞口，圆唇，弧腹较曲。素面。口径14、残高2.6厘米（图一二，1）。T14⑧：75，泥质橙黄陶。口部残片。直口，圆唇。素面。口径16、残高3.2厘米（图一二，2）。

杯　5件。根据制作方法的不同，可分为三型。

A型　2件。轮制。薄胎。T14⑧：28，泥质灰胎黑皮陶。口部残片。敞口，尖唇，上腹斜直，下腹弧收。腹部饰三道凸棱，一、二道凸棱间饰竖向短线划纹。口径16、残高9厘米（图一二，6）。T14⑧：27，泥质灰胎黑皮陶。直口，尖唇，腹较直。腹部饰三道凸棱，一、二道凸棱之间饰划纹。口径12、残高5.6厘米（图一二，4）。

B型　1件。轮制。厚胎。T16⑧：19，夹细砂橙黄陶。口部残片。口微敛，方唇，直腹。沿下有一镂孔及一道凹弦纹。口径11.2、残高5.8厘米（图一二，3）。

C型　2件。捏制。圜底。T6⑤：1，夹细砂红褐陶。口微敛，尖唇，腹较直，素面。口径7.6、高6厘米（图一二，5）。T14⑧：15，夹细砂红陶。底部残片。底腹饰绳纹。腹径6.8、残高5厘米（图一二，8）。

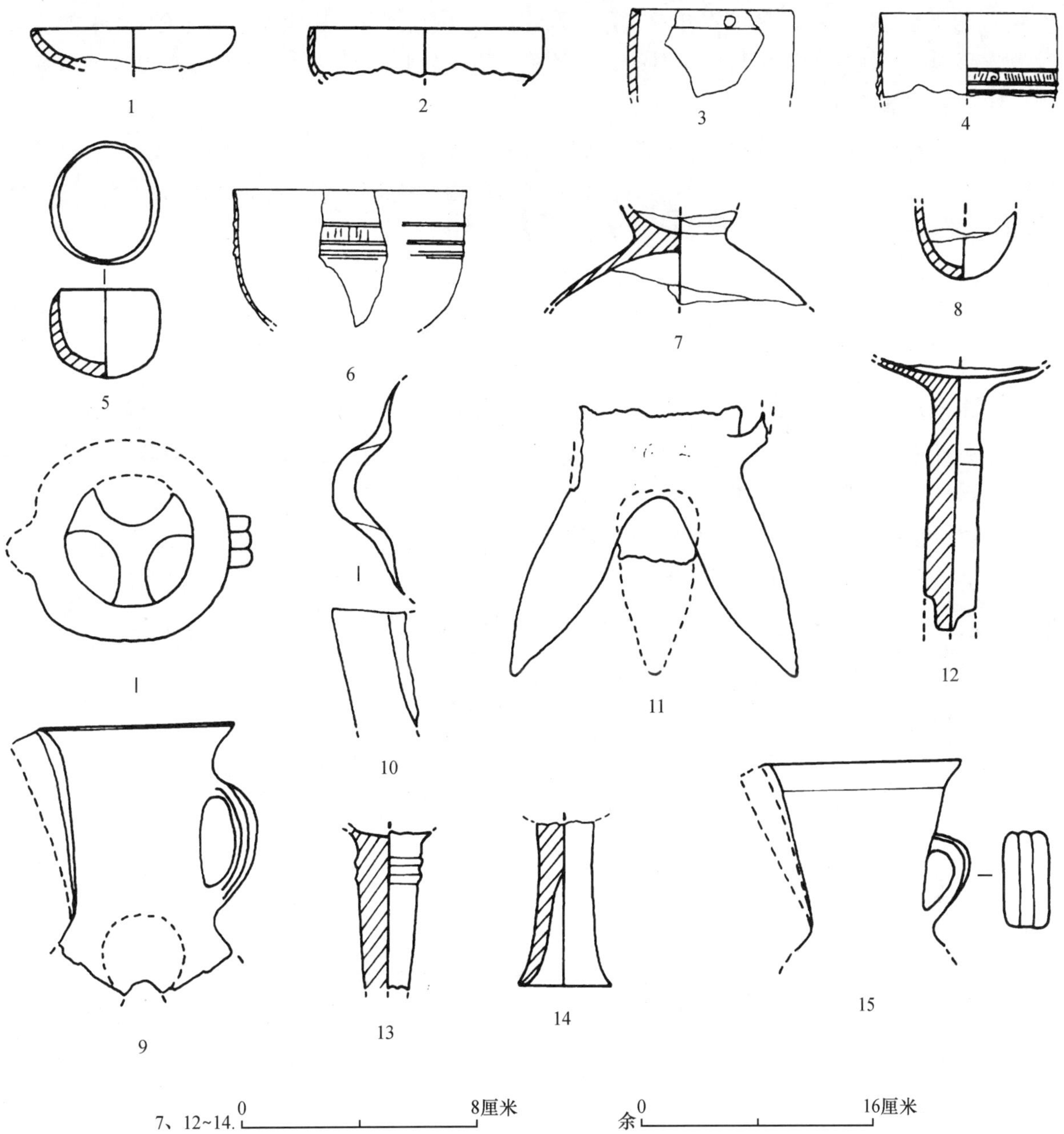

图一二　地层出土陶器

1、2. 钵（T14⑧：31、T14⑧：75）　3. B型杯（T16⑧：19）　4、6. A型杯（T14⑧：27、T14⑧：28）
5、8. C型杯（T6⑤：1、T14⑧：15）　7. 器盖（T14⑧：39）　9～11、15. 鬶（T6⑤：8、T6⑤：47、T16⑧：2、T6⑤：46）
12～14. 盖柄（T16⑧：7、T6⑤：34、T6⑤：43）

器盖　1件。T14⑧：39，夹细砂红陶。圈顶握手。弧腹。素面。残高3.2厘米（图一二，7）。

盖柄　3件。T6⑤：34，夹细砂灰陶。盖柄较高，呈小喇叭状。素面。柄径2、残长5.5厘米（图一二，13）。T16⑧：7，夹细砂灰陶。柄较高，柱状中空。柄下部饰一道凸棱。柄径1.9、残高8.9厘米（图一二，12）。T6⑤：43，泥质灰陶。实心柱状柄。下部饰两道凸弦纹。残高5.3厘米（图一二，14）。

鬶　4件。T6⑤：8，夹细砂红陶。口部残片。素面。侈口，尖圆唇，腹壁较直，束腰，口及上腹部捏出一较宽的流，与流相对的另一侧附一宽大的竖耳，三足，足与器身系分制后粘接为一体的。裆部可见加固的泥条。口径13.2、残高17.8厘米（图一二，9）。T6⑤：46，夹细砂红陶。口部残片。素面。侈口，尖圆唇，腹壁较直，束腰，腹部附一宽大的竖耳。口径13.2、残高12.6厘米（图一二，15）。T6⑤：47，夹细砂红陶。流部残片。素面。侈口，尖圆唇，腹壁较直，口及上腹部捏出一较宽的流。残宽13.6、残高8厘米（图一二，10）。T16⑧：2，夹细砂红陶。裆足残片。素面。腹壁较直，腹部附一竖耳。三足，足与器身系分制后粘接为一体的，裆部可见加固的泥条，足较细高，根部有乳突，两足在前，一足在后。残高18厘米（图一二，11）。

器耳　3件。器耳较长、较宽，弧形耳，为鬶、盉类器耳。T6⑤：49，夹细砂红陶。耳部残片。器耳饰二道竖弦纹。长12、宽3.2厘米（图一三，1）。T14⑧：19，夹细砂红陶。耳部残片，器耳饰二道竖弦纹。长12、宽3.4厘米（图一三，2）。T16⑧：9，夹细砂红陶。耳部残片。耳较短，较拱。器耳饰二道竖弦纹。长7.8、宽3.2厘米（图一三，3）。

器足　2件。为鬶、盉类三足器之足。T6⑤：50，夹细砂红陶。足部残段。呈圆锥状。素面。残高11.6厘米（图一三，4）。T6⑤：48，夹砂红陶。呈圆锥状。素面。足根径5、残高9.6厘米（图一三，5）。

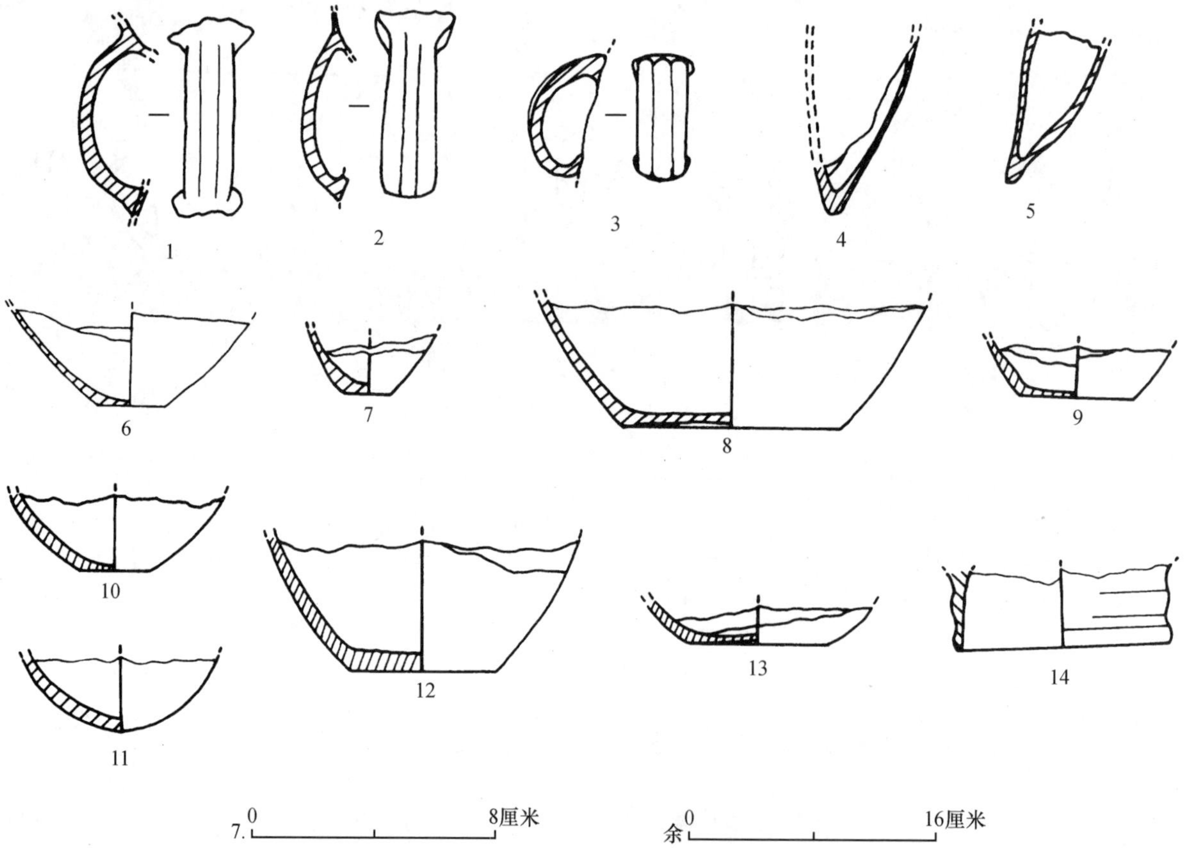

图一三　地层出土陶器

1～3. 器耳（T6⑤：49、T14⑧：19、T16⑧：9）　4、5. 器足（T6⑤：50、T6⑤：48）　6、7、10. Aa型器底（T14⑧：7、T14⑧：73、T14⑧：78）　8、9、12、13. Ab型器底（T14⑧：74、T14⑧：76、T6⑤：45、T14⑧：77）　11. C型器底（T14⑧：16）　14. B型器底（T14⑧：33）

器底　均残余器物底部和部分腹片，均为夹砂陶。根据底部形态，可分为三型。

A型　平底。根据底部特征，可分为二亚型。

Aa型　小平底。T14⑧：7，夹细砂橙黄陶。底腹残片。斜腹，底稍大。素面。底径4.2、残高6厘米（图一三，6）。T14⑧：73，夹细砂黑陶。底部残片。下腹斜收。素面。底径1.5、残高2厘米（图一三，7）。T14⑧：78，夹粗砂红褐陶。底部残片。斜弧腹。素面。底径4.4、残高4.8厘米（图一三，10）。

Ab型　底较大。T14⑧：74，夹细砂灰陶。底部残片。下腹斜弧，平底。素面。底径14、残高8厘米（图一三，8）。T6⑤：45，夹细砂褐陶。底部残片。弧腹，平底，内底有手抹痕迹。素面。底径9.8、残高8.4厘米（图一三，12）。T14⑧：77，夹细砂红褐陶。底部残片。底径9.2、残高2.4厘米（图一三，13）。T14⑧：76，夹细砂灰陶。底部残片。下腹斜收。素面。底径7.6、残高3.2厘米（图一三，9）。

B型　圈足。T14⑧：33，夹细砂灰陶。底部残片。略外撇。饰凹弦纹。底径14、残高5厘米（图一三，14）。

C型　1件。圜底。T14⑧：16，夹细砂褐陶。底部残片。素面。残高4.9厘米（图一三，11）。

2. 石器

共15件。可分为打制和磨制两类。

（1）打制石器

12件。

均以来自河滩的砾石为原料加工制造，一般在背面保留砾石的自然面，正面打制加工，侧缘和刃部予以简单修理，也有少数两面打制。以生产工具为主，有有肩石斧、砍砸器、刮削器等。

有肩石斧　1件。T14⑧：2 ，褐色花岗岩石片打制。背面为崩裂面，有打裂痕迹，正面为自然砾石面，上端琢修出肩部。长15、宽8.2、厚2.2厘米（图一四，2）。

手斧　1件。T14⑧：3，青灰色花岗岩砾石。平面近长方形。保留自然砾石面，两侧经砸击加工，下端有使用痕迹。长13.6、宽8.2、厚3.6厘米（图一四，10）。

盘状器　3件。器体厚重。石质坚硬。平面近圆形。T16⑧：5，紫红色砾石。平面近圆形。打片后周边经砸击加工，劈裂面有明显打击疤痕，另一面保留自然砾石面。直径约10.6、厚2.1厘米（图一四，3）。T14⑧：10，灰黄色花岗岩砾石。平面近圆形，打片后周边经砸击加工，劈裂面有明显打击疤痕，另一面保留自然砾石面。直径约11.2、厚2.5厘米（图一四，1）。T14⑧：13，灰黑色砾石。平面近圆形。打片后周边经砸击加工，劈裂面有明显打击疤痕，另一面保留自然砾石面。直径约7.2、厚1.8厘米（图一四，6）。

砍砸器　2件。T6⑤：36，褐色花岗岩砾石加工。正面边缘修出刃缘（崩裂面），背面保留自然砾石面。长11、宽7.8、厚3厘米（图一四，7）。T14⑧：11，紫红色花岗岩砾石。两面保留砾石面，周边加工出刃缘。长10.4、宽7、厚3.1厘米（图一四，9）。

刮削器　4件。T14⑧：12，灰褐色花岗岩。劈裂面加工出刃缘，背面保留自然砾石面。长

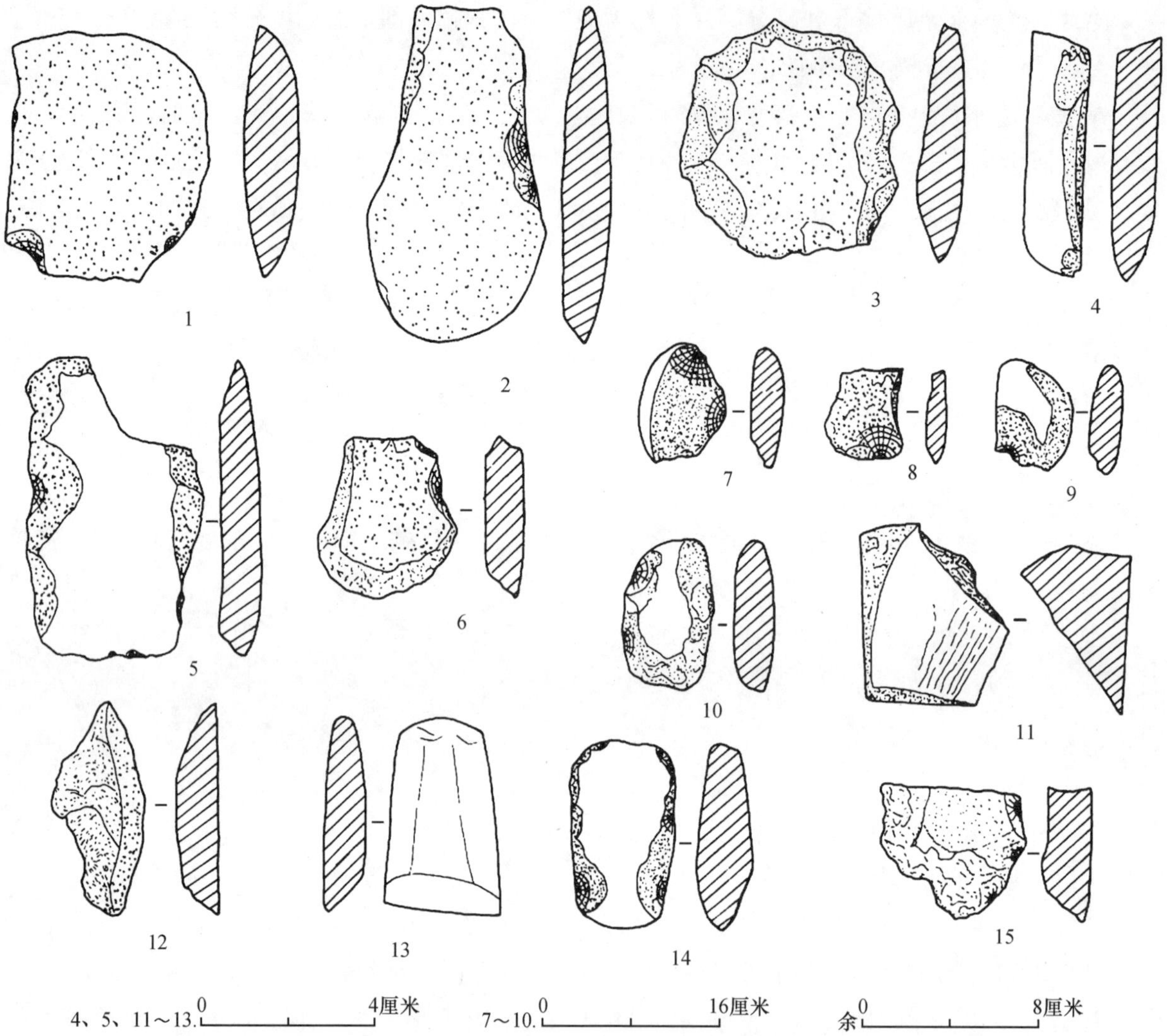

图一四　地层出土石器

1、3、6. 盘状器（T14⑧：10、T16⑧：5、T14⑧：13）　2. 有肩石斧（T14⑧：2）　4. 凿（T16⑧：1）
5、8、11、15. 刮削器（T6⑤：12、T14⑧：12、T6⑤：37、T16⑧：4）　7、9. 砍砸器（T6⑤：36、T14⑧：11）
10. 手斧（T14⑧：3）　12. 镞（T16⑧：3）　13. 锛（T14⑧：1）　14. 斧（T14⑧：9）

8.8、宽7.2、厚1.8厘米（图一四，8）。T6⑤：37，青绿色花岗岩石质（石片）。长4、宽3.4、厚2.5厘米（图一四，11）。T6⑤：12，灰褐色砾石。平面近长方形，打片后周边经砸击加工出刃缘，劈裂面有明显打击疤点，另一面保留自然砾石面。长6.6、宽4.1、厚1厘米（图一四，5）。T16⑧：4，灰绿色砾石。平面不规则，打片后周边经砸击加工。长6、宽6.6、厚2.1厘米（图一四，15）。

镞　1件。T16⑧：3，青黄色砾石。制作精细，劈裂面可见打击疤痕和脊。长4.8、宽2.5、厚1厘米（图一四，12）。

（2）磨制石器

3件。

为斧、锛、凿等小型生产工具。通体磨光。

斧　1件。T14⑧：9，绿色花岗岩砾石。平面呈长方形。通体磨光。弧刃中锋，两侧已崩裂。长8.5、宽4.8、厚2.5厘米（图一四，14）。

锛 1件。T14⑧：1，灰白色玉石。平面略成梯形。通体磨光。平刃偏锋，弧顶。长4.5、宽2.7、厚0.9厘米（图一四，13）。

凿 1件。T16⑧：1，淡绿色花岗岩质。圭形。通体磨光。上端残，弧刃，中锋，棱角分明。残长5.5、宽1.3、厚1厘米（图一四，4）。

此外，还在地层中出有不少动物骨骼，比较零碎，以鱼骨为主，还有少量其他动物肢骨、肋骨、牙齿等。

（二）东周时期遗物

未见遗迹现象，出土遗物只发现陶器。

陶器多为轮制，也有部分手制，器形较为规整。以泥质陶居多，夹砂陶也占相当比例。陶色以灰陶为主，红、褐陶较少，黑陶极少。纹饰以绳纹为主，也有一定数量素面，其他纹饰少见。器形有鬲、豆、罐、盏、杯、壶、釜、盆等。其中以鬲、豆居多。

鬲 选择标本9件。分口沿和足根，其中口沿3件、足根6件。

口沿 3件。根据肩部变化可分为三式。

Ⅰ式：1件。T14⑦：2，夹细砂红褐陶。口部残片。圆方唇，平折沿，直口，矮束颈，广肩。肩部以下饰竖绳纹。口径19.2、残高7.2厘米（图一五，1）。

Ⅱ式：1件。T14⑦：1，夹细砂灰陶。口部残片。圆唇，折沿，沿较宽，沿面较鼓，敛口，束颈，圆肩，弧腹。肩以下饰竖向间断绳纹。口径20、残高9.4厘米（图一五，2）。

Ⅲ式：1件。T6④：1，夹细砂灰褐陶。口部残片。尖圆唇，平折沿，沿面微凸，敛口，束颈，溜肩，弧腹。肩以下饰竖向绳纹，纹饰较浅。口径36、残高8.6厘米（图一五，3）。

足根 6件。均为夹粗砂陶。根据形状不同可分为二型。

A型 3件。柱状足，断面为圆形。T14⑦：8，夹粗砂灰陶。肥柱状高实足根，袋窝狭陡。通体饰竖向绳纹。残高9.2厘米（图一五，4）。T14⑦：4，夹粗砂红陶。肥柱状高实足根，袋窝狭陡。通体饰竖向绳纹。残高10厘米（图一五，5）。T14⑦：5，夹粗砂红陶。柱状实足根。通体饰竖向绳纹。残高6.6厘米（图一五，6）。

B型 3件。上粗下细的锥状足。T14⑦：9，夹粗砂灰陶。瘦锥状高实足根，袋窝平缓，平根底，足根内侧较平。通体饰竖向绳纹。残高9.2厘米（图一五，7）。T14⑦：19，夹粗砂灰陶。瘦锥状实足根，足根内侧较平。素面。残高5.3厘米（图一五，8）。T16⑦：1，夹粗砂红褐陶。锥状高实足根。通体饰竖向绳纹。残高10厘米（图一五，9）。

尖底盏 1件。T14⑦：14，夹细砂灰陶。底部残片。内底有轮制痕迹。素面。残高2厘米（图一五，10）。

尖底杯 1件。T16⑦：2，夹细砂灰褐陶。底部残片。内壁有手抹痕迹。素面。残宽2.6、残高5.5厘米（图一五，11）。

豆 选择标本4件。分豆柄和豆盘，其中豆柄3件、豆盘1件。

豆柄 3件。均为柄盘残段。根据柄部变化，可分为三式。

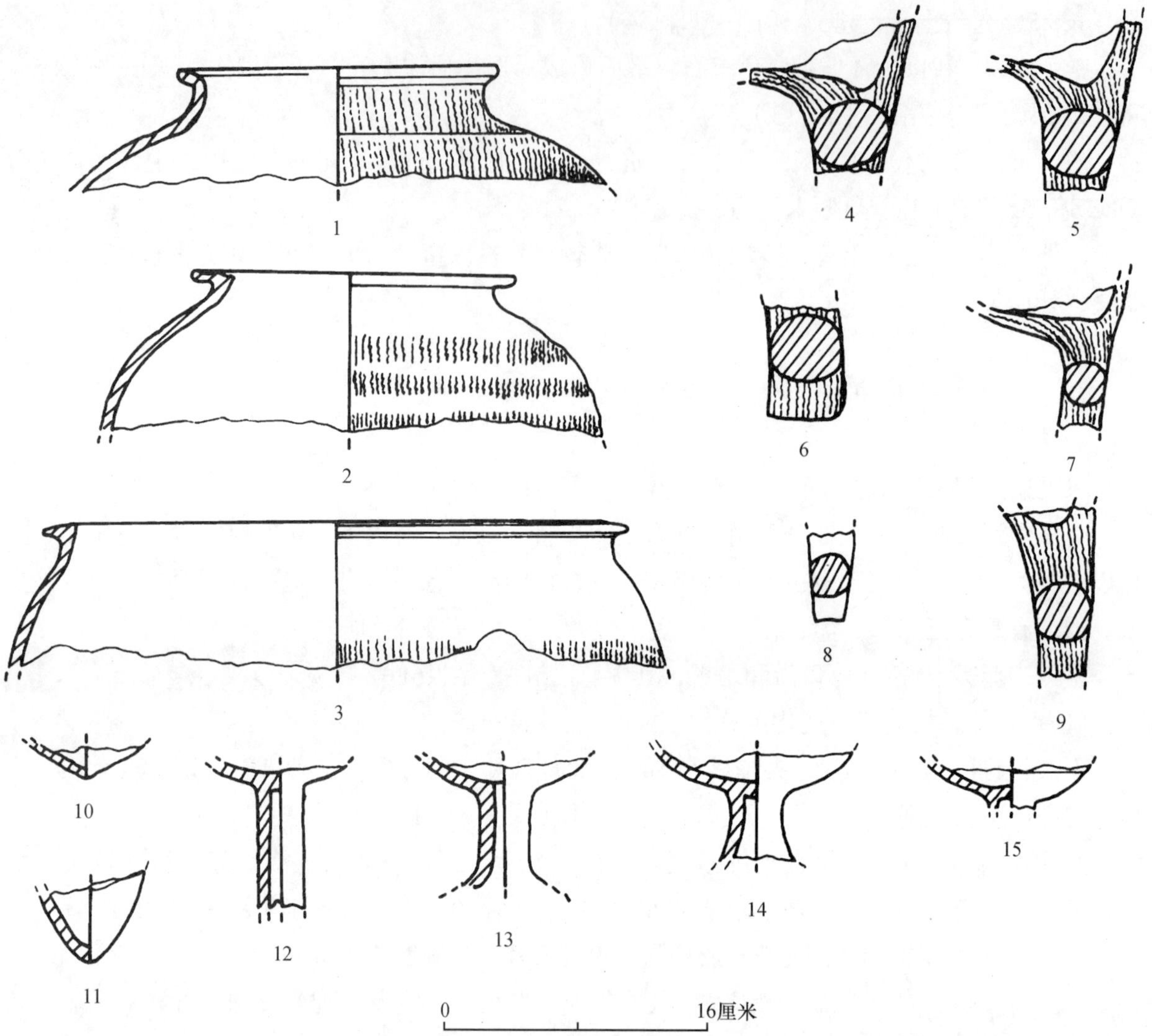

图一五　地层出土陶器

1. Ⅰ式鬲口沿（T14⑦：2）　2. Ⅱ式鬲口沿（T14⑦：1）　3. Ⅲ式鬲口沿（T6④：1）　4～6. A型足根（T14⑦：8、T14⑦：4、T14⑦：5）　7～9. B型足根（T14⑦：9、T14⑦：19、T16⑦：1）　10. 尖底盏（T14⑦：14）　11. 尖底杯（T16⑦：2）　12. Ⅲ式豆柄（T14⑦：10）　13. Ⅱ式豆柄（T14⑦：7）　14. Ⅰ式豆柄（T14⑦：6）　15. 豆盘（T6④：2）

Ⅰ式：1件。矮柄。T14⑦：6，夹细砂灰陶。浅盘，柱状柄，中空，足残。素面。残高6.6厘米（图一五，14）。

Ⅱ式：1件。中柄。T14⑦：7，泥质灰胎红皮陶。盘柄残段。柱状柄，中空，柄稍长，足残。素面。残高7.6厘米（图一五，13）。

Ⅲ式：1件。高柄。T14⑦：10，泥质褐胎灰皮陶。盘柄残段，柱状柄，中空。素面。残高8.8厘米（图一五，12）。

豆盘　1件。T6④：2，泥质褐胎黑皮陶。浅盘，内底较凸，柄残。素面。残高2.8厘米（图一五，15）。

卷沿罐　1件。T16⑦：3，泥质红褐陶。口部残片。方唇，卷沿，敛口，矮领束颈，广肩。肩部以下饰绳纹。口径16.4、残高5.4厘米（图一六，1）。

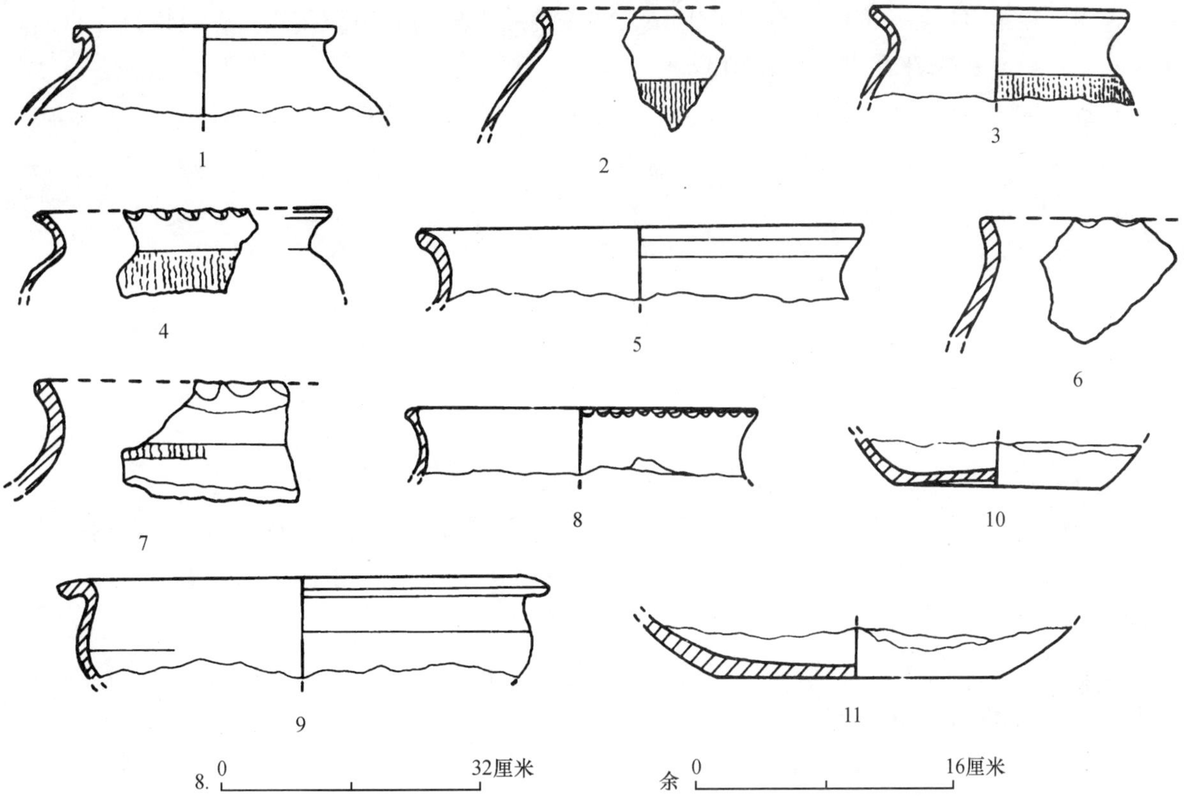

图一六　地层出土陶器

1. 卷沿罐（T16⑦：3）　2. 侈口罐（T14⑦：12）　3. 直领罐（T14⑦：13）　4. 花边罐（T14⑦：15）　5. 壶（T16⑦：5）　6～8. 花边釜（T14⑦：18、T14⑦：11、T14⑦：3）　9. 盆（T16⑦：4）　10. A型器底（T16⑦：6）　11. B型器底（T14⑦：17）

侈口罐　1件。T14⑦：12，夹细砂黑胎褐皮陶。口部残片。圆唇，侈口，束颈，溜肩。肩部以下饰竖向绳纹。残宽5.8、残高7.6厘米（图一六，2）。

直领罐　1件。T14⑦：13，夹细砂内黑外褐陶。口部残片。尖圆唇，直口，直领，广肩。肩部以下饰竖向绳纹。口径16、残高5.4厘米（图一六，3）。

花边罐　1件。T14⑦：15，夹细砂黑陶。口部残片。圆唇，侈口，束颈，圆肩。肩部以下饰竖向粗绳纹。口径18、残高5.5厘米（图一六，4）。

壶　1件。T16⑦：5，夹细砂灰陶。口部残片。圆唇，侈口，束颈。素面。口径28、残高4.6厘米（图一六，5）。

花边釜　3件。T14⑦：3，夹细砂褐陶。口部残片。圆唇，侈口，束颈。口部用器物滚压成波浪形花边。口径44、残高8厘米（图一六，8）。T14⑦：11，夹细砂褐陶。口部残片。圆唇，侈口，束颈。口部用器物滚压成波浪形花边，颈部饰一周戳印竖向短线。口径10.8、残高7.2厘米（图一六，7）。T14⑦：18，夹细砂褐陶。口部残片。圆唇，侈口，束颈。口部用器物滚压成波浪形花边。素面。残宽8、残高7.6厘米（图一六，6）。

盆　1件。T16⑦：4，泥质灰陶。口部残片。斜方唇，平折沿，沿面较鼓，敛口，弧腹。上腹饰一道凹弦纹。口径30、残高6.2厘米（图一六，9）。

器底　选择标本2件。均为平底。根据底腹夹角的变化可分为二型。

A型　1件。底腹夹角稍小。T16⑦：6，泥质褐胎黑皮陶。底腹残片。下腹较直。素面。底径13.2、残高2.7厘米（图一六，10）。

B型　1件。底腹夹角较大。T14⑦：17，夹细砂褐陶。底部残片。下腹较坦。素面。底径18、残高3.2厘米（图一六，11）。

（三）汉晋时期遗物

1. 陶器

盆　4件。根据口部变化可分为二型。

A型　3件。折沿。根据沿部变化可分为二亚型。

Aa型　1件。斜折沿。T14④：6，夹细砂灰陶。口部残片。圆唇，宽沿，沿面向内斜折，敛口，弧腹。腹部饰两道凹弦纹。口径24.4、残高5厘米（图一七，1）。

Ab型　2件。平折沿。可分为二式。

Ⅰ式：1件。沿面较平。T14④：8，泥质灰陶。口部残片。厚圆唇，敛口，弧腹。素面。口径32、残高4厘米（图一七，3）。

Ⅱ式：1件。沿面微垂。T14④：2，泥质灰陶。口部残片。尖圆唇，敛口，弧腹。素面。口径44、残高8厘米（图一七，2）。

B型　1件。卷沿。T14④：5，泥质灰陶。口部残片。尖圆唇，窄沿，沿面较鼓，敛口，弧腹。上腹饰戳印纹。口径28、残高7.2厘米（图一七，7）。

甑　1件。T14④：15，泥质橙黄陶。底部残片。凹圜底，底孔为圆形。素面。底径18、残高3.2厘米（图一七，8）。

豆　2件。均为柄部残段。T14④：11，泥质褐陶。柱状柄，中空。素面。残高5.8厘米（图一七，9）。T14④：12，泥质褐陶。残高3.2厘米（图一七，10）。

折沿罐　2件。根据口部变化可分为二式。

Ⅰ式：1件。侈口。T10③：1，泥质灰陶。口部残片。圆方唇，折沿，侈口，高领，束颈。素面。口径18、残高7.4厘米（图一七，5）。

Ⅱ式：1件。直口。T11③：1，泥质灰陶。口部残片。方唇，宽折沿，直口，束颈，广肩。肩部饰二道凹弦纹。口径13.2、残高5厘米（图一七，4）。

矮领罐　1件。T14④：9，泥质灰褐陶。口部残片。圆唇，口微敛，矮领较直，广肩。素面。口径20、残高4厘米（图一七，6）。

大口罐　1件。T14④：10，泥质灰陶。口部残片。尖圆唇，侈口，束颈。素面。口径36、残高5.2厘米（图一七，11）。

瓮　1件。T14④：3，泥质灰陶。口部残片。圆唇，敛口，广肩。素面。口径28、残高5.2厘米（图一七，12）。

2. 瓷器

罐　1件。T14④：13，青瓷。腹部残片。圆肩，弧腹。肩部有一道弦纹，通体饰布纹。残

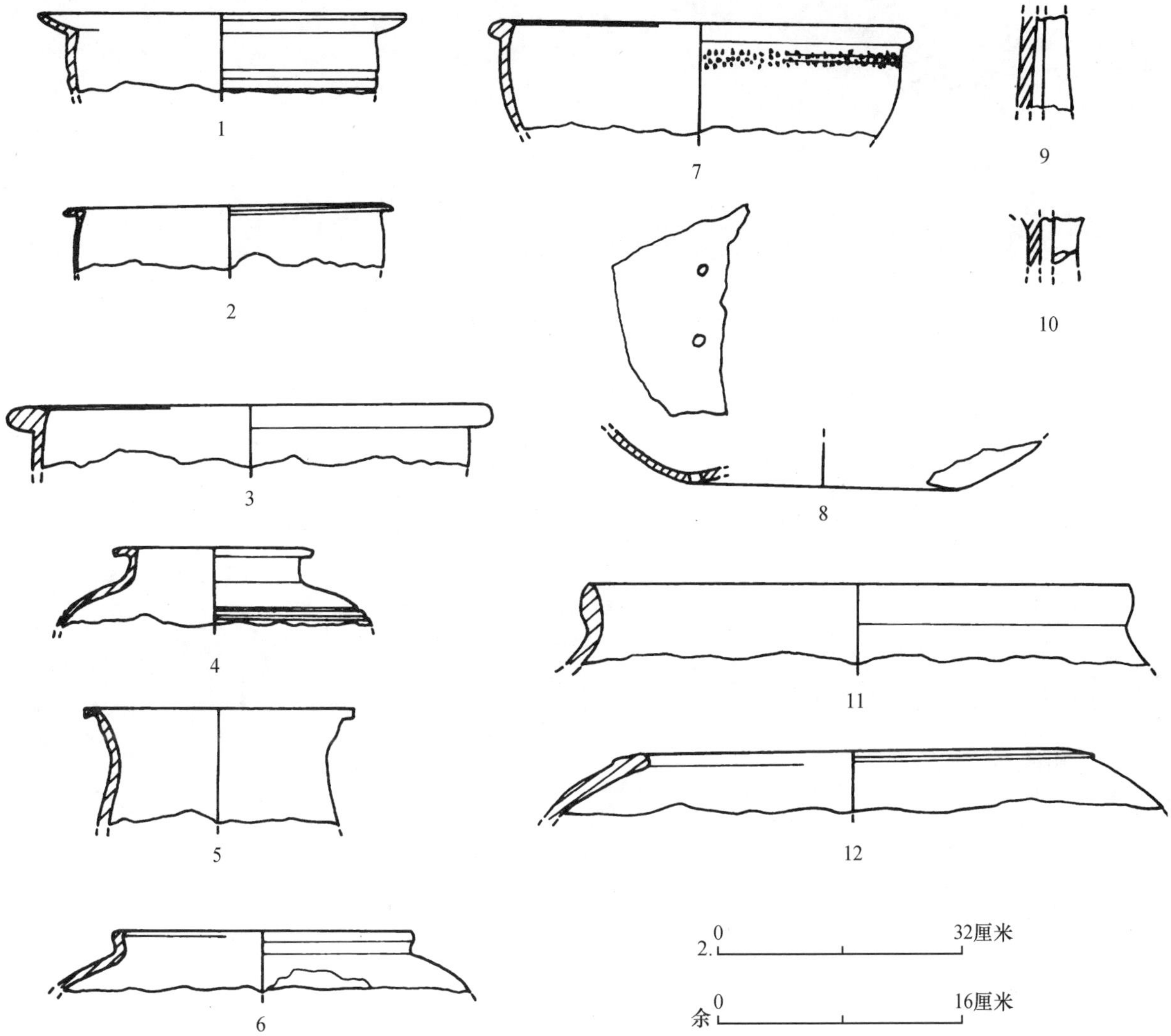

图一七　地层出土陶器

1. Aa型盆（T14④：6）　2. Ab型Ⅱ式盆（T14④：2）　3. Ab型Ⅰ式盆（T14④：8）　4. Ⅱ式折沿罐（T11③：1）　5. Ⅰ式折沿罐（T10③：1）　6. 矮领罐（T14④：9）　7. B型盆（T14④：5）　8. 甑（T14④：15）　9、10. 豆（T14④：11、T14④：12）　11. 大口罐（T14④：10）　12. 瓮（T14④：3）

宽8.8、残高5.2厘米（图一八，2）。

器底　1件。T14④：14，白胎青瓷。底部残片。平底，弧腹。腹部饰布纹。底径14、残高8厘米（图一八，1）。

3. 铁器

1件。

铁锸　1件。T14④：1，平面呈三角形。锈蚀严重。残长17.5、宽3.6、厚0.6厘米（图一八，7）。

4. 建筑材料

本时期出土大量建筑材料，大多为板瓦、筒瓦残片，还有相当数量的瓦当。

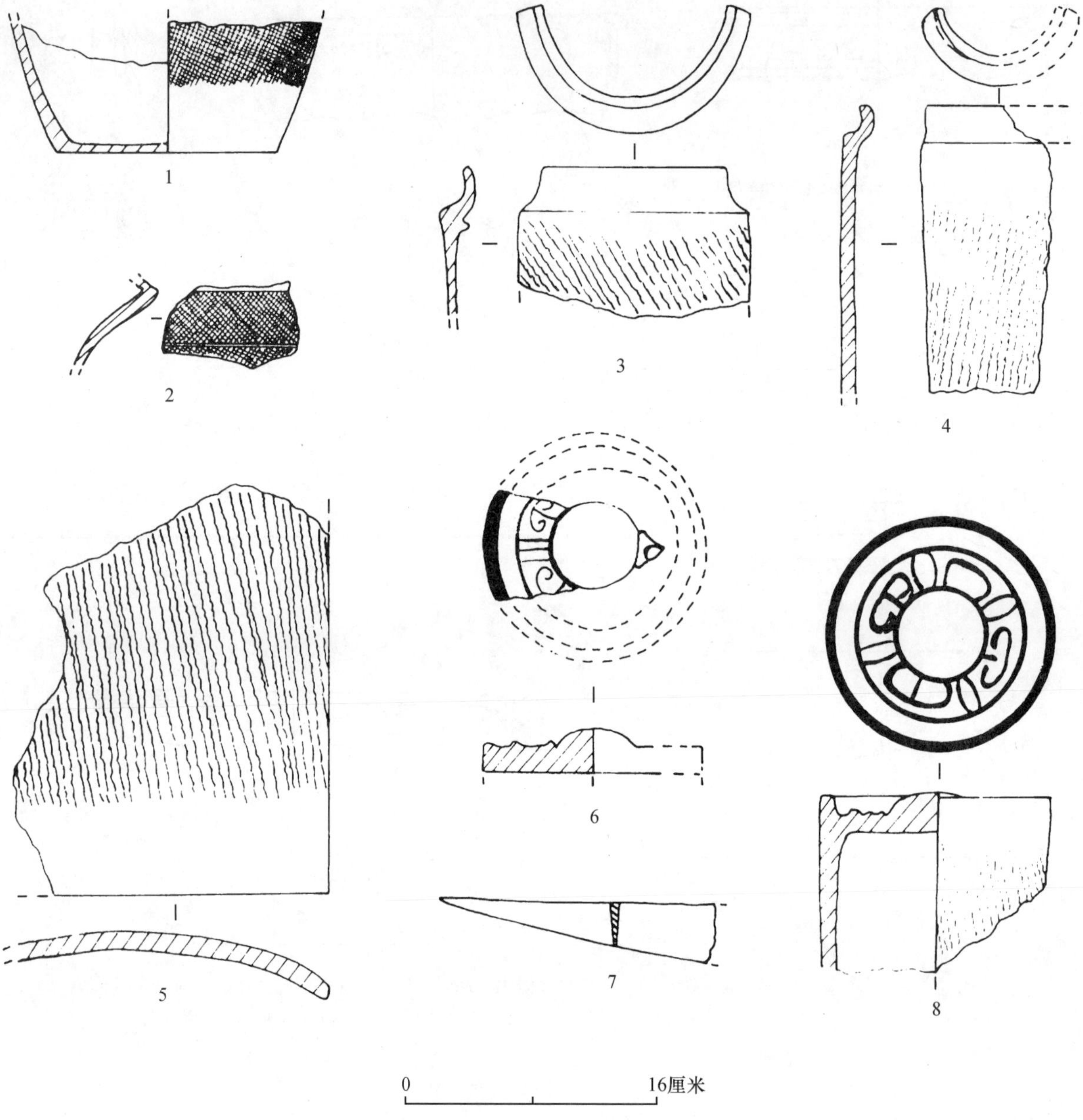

图一八　地层出土器物

1. 瓷器底（T14④：14）　2. 瓷罐（T14④：13）　3. Ⅱ式筒瓦（T14④：20）　4. Ⅰ式筒瓦（T14④：21）
5. 板瓦（T14④：25）　6. Ⅱ式瓦当（T6③：1）　7. 铁锸（T14④：1）　8. Ⅰ式瓦当（T14④：16）

板瓦　T14④：25，泥质灰陶。外饰竖向粗绳纹，内素面。残长25、宽20、厚1.2～1.5厘米（图一八，5）。

筒瓦　呈半环形。外饰竖向绳纹。根据内壁饰纹的变化，可分为二式。

Ⅰ式：内饰绳纹。T14④：21，泥质灰褐陶。瓦头翻卷。内外饰粗绳纹，外竖内横。残长18、残宽9、厚0.5厘米（图一八，4）。

Ⅱ式：内素面。T14④：20，泥质青灰陶。瓦头微卷。外饰斜向绳纹。残长9、残宽14、厚0.9厘米（图一八，3）。

瓦当　均饰卷云纹，当面以双线或三线四等分。可分为二式。

Ⅰ式：当面以双线四等分。T14④：16，泥质灰陶。饰卷云纹。当径13.4厘米。T6③：2，泥质灰陶。饰卷云纹。当径13.6厘米（图一八，8）。

Ⅱ式：当面以三线四等分。T6③：1，泥质灰陶。饰卷云纹。当径15厘米（图一八，6）。

（四）唐宋时期遗物

未发现该时期其他遗迹，出土遗物以缸胎陶为主，也有不少瓷器和少量陶器。

1. 瓷器

碗　均为口部或底部残片，无完整器。

口部　3件。可分为三式。

Ⅰ式：1件。侈口，弧腹。T14③：39，青瓷。口部残片。圆唇，沿微折。口径14、残高3厘米（图一九，1）。

Ⅱ式：1件。口微侈，弧腹。T14③：45，青瓷。口部残片。圆唇，卷沿。口径14、残高3.1厘米（图一九，2）。

Ⅲ式：1件。敞口，弧腹。T14③：38，口部残片。圆唇。施绿釉。口径14、残高3.2厘米（图一九，3）。

碗底　根据底部形态的不同可分为三式。

Ⅰ式：1件。饼足。T14③：12，底部残片。外壁施青釉不及底，内满施黑釉。底径4.2、残高2.4厘米（图一九，4）。

Ⅱ式：2件。璧足。T14③：9，底部残片。弧腹。外壁及内壁均半施青釉。底径6、残高4厘米（图一九，5）。T14③：13，底部残片。内施青黄釉，内底有釉下绿彩。底径5.3、残高1.4厘米。

Ⅲ式：2件。圈足。T14③：14，底部残片。圈足外撇。内满施青白釉，有冰裂纹。底径4.5、残高3厘米（图一九，6）。T14③：26，青瓷。底部残片。矮圈足。内外壁均满施青釉。口径5、残高1.8厘米（图一九，7）。

卷沿罐　2件。T14③：47，口部残片。尖圆唇，敛口，卷沿，矮领束颈，圆肩。外壁及内沿施酱釉。口径14、残高2.8厘米（图一九，8）。T14③：43，口部残片。圆唇，敛口，卷沿，束颈，溜肩。釉已脱落。口径16、残高4厘米（图一九，9）。

敛口罐　1件。T14③：21，青瓷。口部残片。方唇，平沿，敛口，卷沿，直弧腹，腹较深。口径24、残高7.2厘米（图一九，11）。

折沿罐　1件。T14③：42，青瓷。口部残片。尖圆唇，敛口，折沿，直弧腹。口径16、残高2.8厘米（图一九，10）。

盘口罐　1件。T14③：32，青瓷。口部残片。方唇，盘口。口径7.8、残高2.4厘米（图一九，12）。

罐腹片　T14③：20，白胎。外壁施酱黄釉。腹部有堆塑纹饰。残宽 7.6、残高8厘米（图一九，18）。

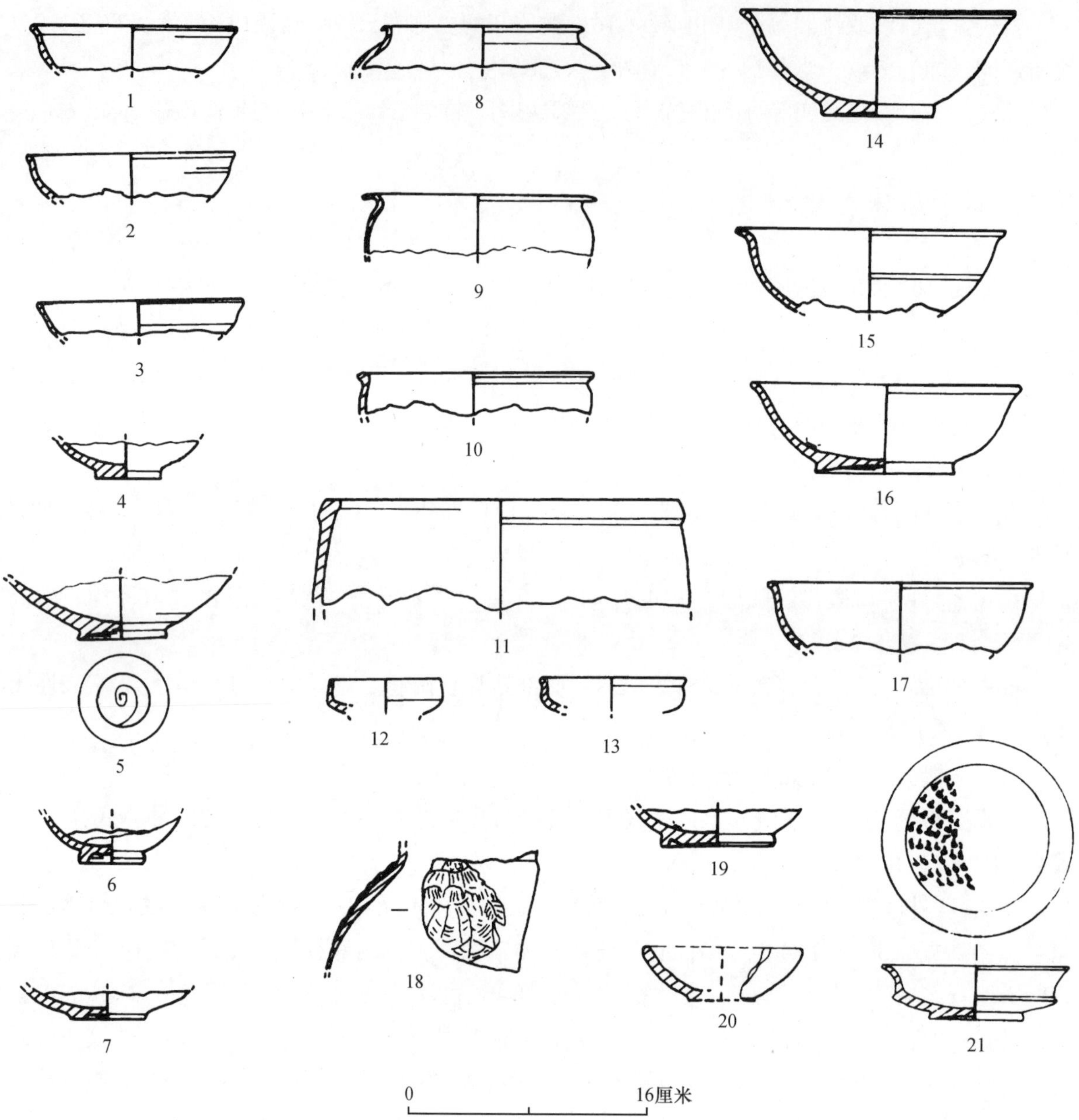

图一九 地层出土器物

1. Ⅰ式瓷碗口沿（T14③：39） 2. Ⅱ式瓷碗口沿（T14③：45） 3. Ⅲ式瓷碗口沿（T14③：38） 4. Ⅰ式瓷碗底（T14③：12） 5. Ⅱ式瓷碗底（T14③：9） 6、7. Ⅲ式瓷碗底（T14③：14、T14③：26） 8、9. 瓷卷沿罐（T14③：47、T14③：43） 10. 瓷折沿罐（T14③：42） 11. 瓷敛口罐（T14③：21） 12. 瓷盘口罐（T14③：32） 13. 瓷杯（T14③：48） 14、15. Ⅰ式缸胎碗 （T14③：2、T14③：24） 16、17、19. Ⅱ式缸胎碗（T14③：1、T14③：25、T14③：10） 18. 瓷罐腹片（T14③：20） 20. 缸胎盏（T14③：3） 21. 缸胎研磨器（T14③：19）

杯 1件。T14③：48，青瓷。口部残片。圆唇，直口，腹圆折。口径10、残高2.4厘米（图一九，13）。

2. 缸胎器

碗 根据腹部变化可分为二式。

Ⅰ式：侈口。T14③：2，铁灰胎。圆唇，侈口，沿微折，弧腹，饼足。施青釉，内满釉，外半釉，内底有5个支钉支烧痕迹。口径18.8、底径7.7、高7厘米（图一九，14）。T14③：24，铁褐胎。口部残片。圆唇，侈口，沿微折，弧腹。施青釉，内满釉，外半釉。口径18、残高5.4厘米（图一九，15）。

Ⅱ式：敞口。T14③：1，紫胎。圆唇，敞口，沿微卷，弧腹，假圈足。施青釉，内满釉，外半釉，内底有8个支钉支烧痕迹。口径18.4、底径9.2、高6厘米（图一九，16）。T14③：25，紫褐胎。口部残片。圆唇，敞口，沿微卷，弧腹。施青釉，内满釉，外半釉。口径18、残高4.6厘米（图一九，17）。T14③：10，灰白胎。底部残片。圈足。无釉，内底有5个支钉痕迹。底径7.4、高2.4厘米（图一九，19）。

盏　1件。T14③：3，紫胎。圆唇，敞口，斜弧腹，平底。内壁满施酱釉，外半釉。口径11、底径4.6、残高3.6厘米（图一九，20）。

研磨器　1件。T14③：19，紫胎。尖圆唇，敞口，沿外翻，浅盘，折腹，饼足。内外壁均半施米黄色化妆土。口径12.8、底径6.4、高3.6厘米（图一九，21）。

盆　1件。T14③：35，灰胎。口部残片。方唇，敛口，直腹，无釉。口径34、残高4.6厘米（图二〇，1）。

擂钵　1件。T14③：18，紫胎。口部残片。圆方唇，敛口，直腹。无釉。口径32、残高5.2厘米（图二〇，2）。

盘口壶　2件。均为腹部残片。T14③：4，紫胎。颈腹残片。肩部有一桥形耳，颈部饰数道凹弦纹。外施黄釉，内无釉。残宽14.4、残高8.2厘米（图二〇，3）。T14③：5，紫胎。颈腹残片，高领，束颈，广肩。颈部饰数道凹弦纹。外施黄釉，内无釉。盘口底径15.6、颈径12.8、残高10.8厘米（图二〇，4）。

罐　根据口颈的变化，可分为三型。

A型　高领，领较直。T14③：6，紫胎。口部残片。尖唇，斜平沿，敛口，领向外斜直，圆肩。外壁施酱黄釉。口径15.1、残高7厘米（图二〇，6）。T14③：8，紫胎。口部残片。尖唇，斜平沿，敛口，领向外斜直。外壁施黄釉。口径10、残高4.4厘米（图二〇，5）。T14③：7，紫胎。口部残片。尖唇，平沿，沿面内凹，敛口，领向外斜弧。无釉，着褐色陶衣。口径20、残高6.4厘米（图二〇，9）。

B型　矮领，卷沿。T14③：41，红胎。口部残片。圆唇，卷沿，侈口，束颈。外壁及内沿施米黄色化妆土。口径16、残高2.2厘米（图二〇，7）。T14③：44，紫胎。口部残片。尖唇，卷沿，敛口，圆肩。外施酱黄釉。口径16、残高3.4厘米（图二〇，8）。

C型　无领，敛口。T14③：29，紫胎。口部残片。方唇，敛口，圆肩，弧腹。外壁及内沿施酱黄釉。口径16、残高6厘米（图二〇，10）。T14③：33，紫胎。口部残片。圆唇，敛口，溜肩，弧腹。外壁及内沿施酱黄釉。口径11.8、残高11.3厘米（图二〇，11）。

器系　2件。均为弧形系，为罐系。T14③：22，紫胎。罐腹部残片。腹部有一竖向弧形系。外壁施酱黄釉。残宽10.8、残高6厘米（图二〇，12）。T14③：23，紫胎。罐腹部残片。腹部有系。外壁施酱黄釉。残宽5、残高6厘米（图二〇，13）。

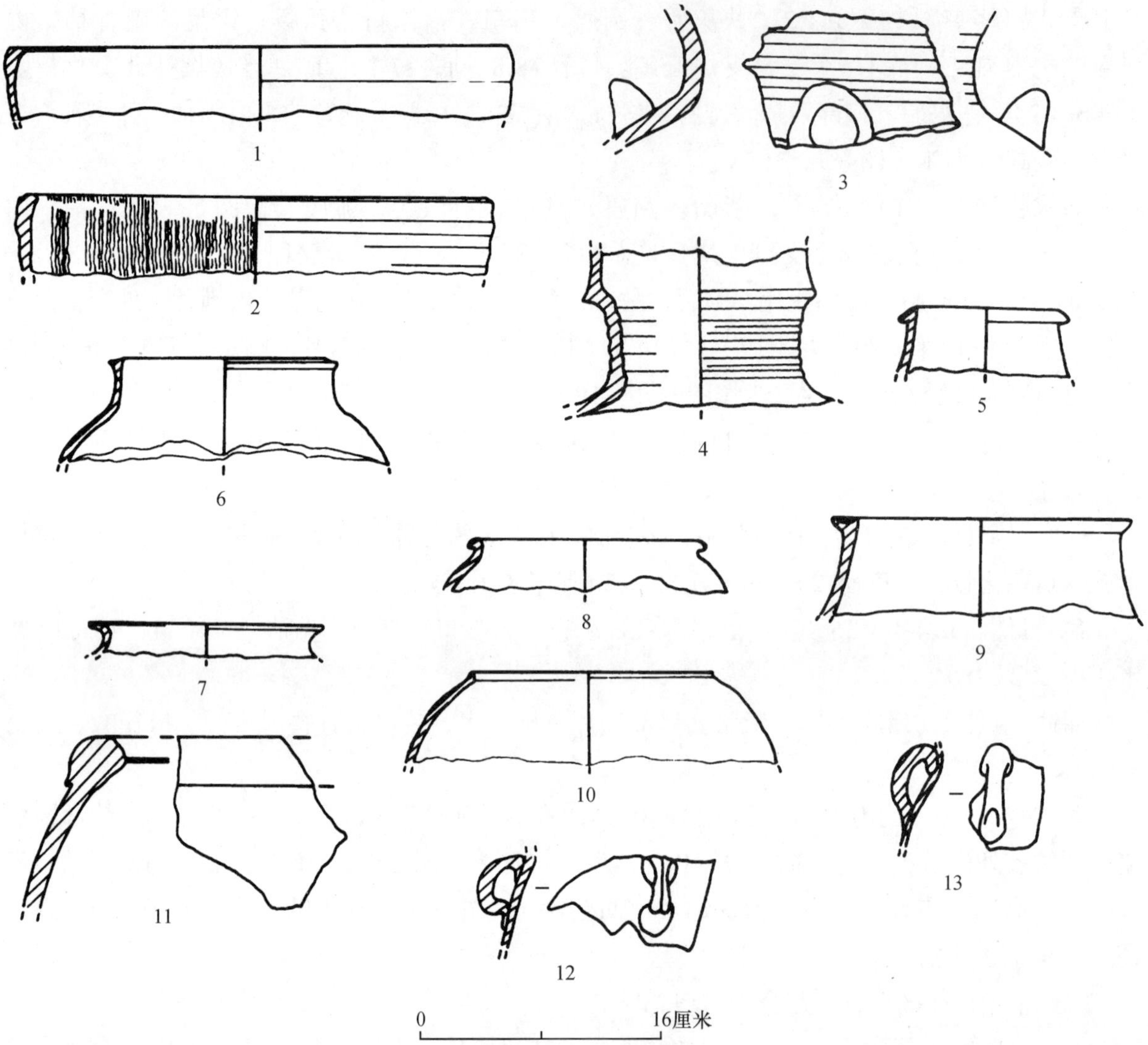

图二〇　地层出土缸胎器

1. 盆（T14③：35）　2. 擂钵（T14③：18）　3、4. 盘口壶（T14③：4、T14③：5）　5、6、9. 罐A型（T14③：8、T14③：6、T14③：7）　7、8. B型罐（T14③：41、T14③：44）　10、11. C型罐（T14③：29、T14③：33）　12、13. 器系（T14③：22、T14③：23）

三、墓葬结构及出土遗物

（一）墓葬关系和结构

1. 墓葬层位和关系

在2003年下半年度的发掘工作中，共计清理18座墓葬。其中，竖穴土坑墓12座，砖室墓6座，它们的层位关系不尽相同，打破叠压关系也比较复杂。在墓葬的南侧，即高程约145米以下近长江边没有发现商周时期，或唐宋时期的地层堆积。砖室墓的开口均在第2层下；由于地层缺失，土坑墓的开口有的在第2层下，如T17中的M11，有的在第4层下，如T13中的M13，有的在早于第4层的地层下，如T6中的M18。

三坝溪墓群（遗址）墓葬叠压、打破关系比较多。如T17东南部和T15东北角的4座墓葬，M5打破砖室墓M6，砖室墓M5叠压在土坑墓M8之上，M8打破土坑墓M9。T17东部和东北部砖室墓M16叠压并打破土坑墓M11，叠压在土坑墓M10之上；M10又打破土坑墓M17。T18中的土坑墓M14被砖室墓M12叠压并打破，M14又打破土坑墓M15、M19和M20（图三）。

本次发掘的土坑墓和砖室墓打破的地层基本上都是生土层，但土坑墓的墓葬填土里一般都有商周时期的陶片，有壶、釜、缸、器盖、器足、豆和各种罐类等器形，以及多样的绳纹陶片。这些器形的特征和特点与该遗址商周时期的地层堆积出土的同类器形完全一致。在墓葬的南侧，即高程约145米以下近长江边没有发现商周时期和唐宋时期的地层堆积。因此，墓葬破坏的商周时期地层堆积海拔应该较高，可能在海拔155米左右。

2. 土坑墓

土坑墓12座。

M7　主体在T17北隔梁和北侧扩方中，开口于第4层下。墓葬填土在1.3米深度以上的部分比较复杂，炭灰、红烧土和灰黑土较多；这个深度以下就比较少，更多的是夹白色小石块的黄褐色黏土。填土里发现少量商周时期的陶片。此墓近长方形，口大、底略小，上口长2.2、宽1.74米，底部长2.1、宽1.66米，现存高度1.52～1.9米。墓葬方向172°（图二一）。

墓内没有出土随葬器物，也没有发现棺椁痕迹。在墓室后部中间发现一个头盖骨，已碎；在前部偏左，发现一截腿骨。头盖骨较厚，腿骨比较粗大，葬者可能是男性。

M8　主体在T15北隔梁东部，被砖室墓M5叠压，又打破土坑墓M9。墓葬填土为五花土，包含有少量商周时期的陶片。墓底垫有一层薄薄的黄砂，四壁下部也抹有一层薄薄的黄砂。墓室平面近长方形，墓底南侧有一熟土二层台，宽0.5、高0.6米。墓葬口大、底略小，上口长3.2、宽2.06米，底部长2.98、宽1.9米，现存高度1.18～1.5米。墓底东端比西端略高5厘米左右，据此推测此墓为西向，方向253°（图二二）。

墓室内没有发现随葬器物；由于盗扰，也没有发现棺椁痕迹。在盗洞和其旁边的浮土内清理出了陶、铜、铁等类文物10余件，可能有一部分是M8所有。

M9　主体在T15东北部，被土坑墓M8打破。填土为五花土，稍偏黑。M9开口距地表较浅，约30厘米。北端有一生土二层台，宽0.4、高0.38米。墓近长方形，长2、宽1.6米，现存高度0.05～0.53米。墓葬方向170°（图二三）。

墓内基本上未被盗扰，但随葬品不多。随葬器物主要集中在墓室中部略偏左，均为陶器，火候较低，大多已成碎片。器形有鼎、敦、壶、璧等，共计7件。

M10　主体在T17东隔梁中部第2层下，被砖室墓M16叠压并打破。墓葬填土为五花土，夹拌较多的紫红色黏土和灰黑土，黏性较大，比较板结。包含有少量商周时期的陶片。墓葬呈长方形，口大、底略小，上口长3.38、宽2.14米，底部长3.06、宽1.82米，现存高度2.18～2.98米。方向155°（图二四）。

在右后角发现一小块木质朽痕，这可能是棺椁痕迹。墓室内没有发现随葬器物。

M11　主体在T17北隔梁东段和其扩方中，开口于第3层下，被砖室墓M16叠压并打破。墓

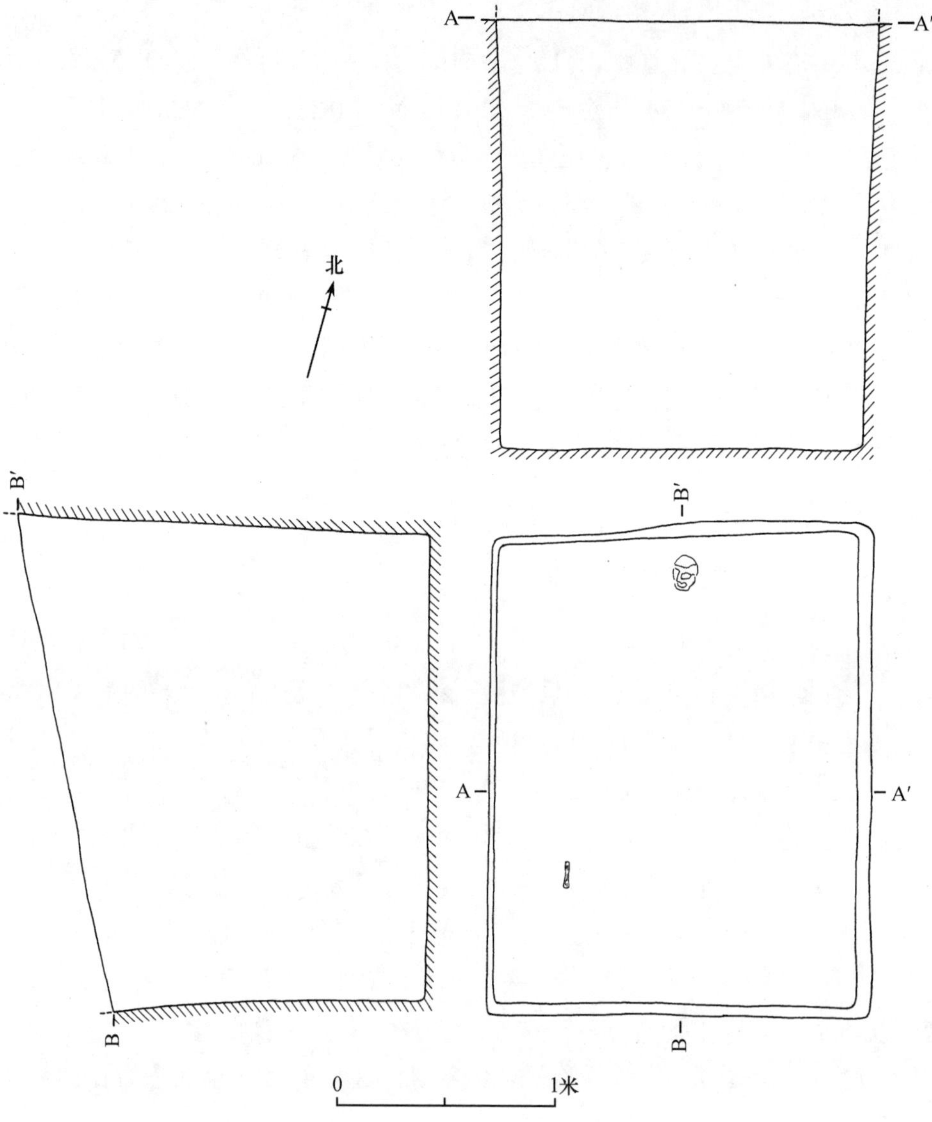

图二一　M7平、剖面图

葬填土同于M10，为五花土，夹拌较多的紫红色黏土和灰黑土，黏性较大，比较板结，包含有少量商周时期的陶片。在墓室后壁左右两角夹有原生的大石块，墓底垫有一层薄薄的黄砂。墓室东西两侧各有一生土二层台，东侧宽0.28、高1.82米；西侧宽0.28、高1.28米。墓口大底小，口呈喇叭形，西边长3.34、东边长2.84、北边宽2.98、南边宽3.4米。底近长方形，最长2.86、宽2.18米，现存高度2.2～2.96米。墓葬方向168°（图二五）。

由于盗扰，也没有发现棺椁痕迹。在盗洞和墓底扰土内发现有陶鼎、敦、豆和壶等随葬器物的碎片。

M13　在T13中，开口于第4层下。墓葬填土为五花土，包含有少量商周时期的陶片。墓葬口大、底略小，上口长2.46、宽1.8米，底部长2.38、宽1.76米，现存高度1.16～1.85米；方向25°（图二六）。

由于盗扰，没有发现棺椁痕迹，残存有少量的人体遗骸，但已无法判别性别。在盗洞和墓底扰土内发现有陶鼎、豆、壶、匏勺和勺等随葬器物，大多是残片。

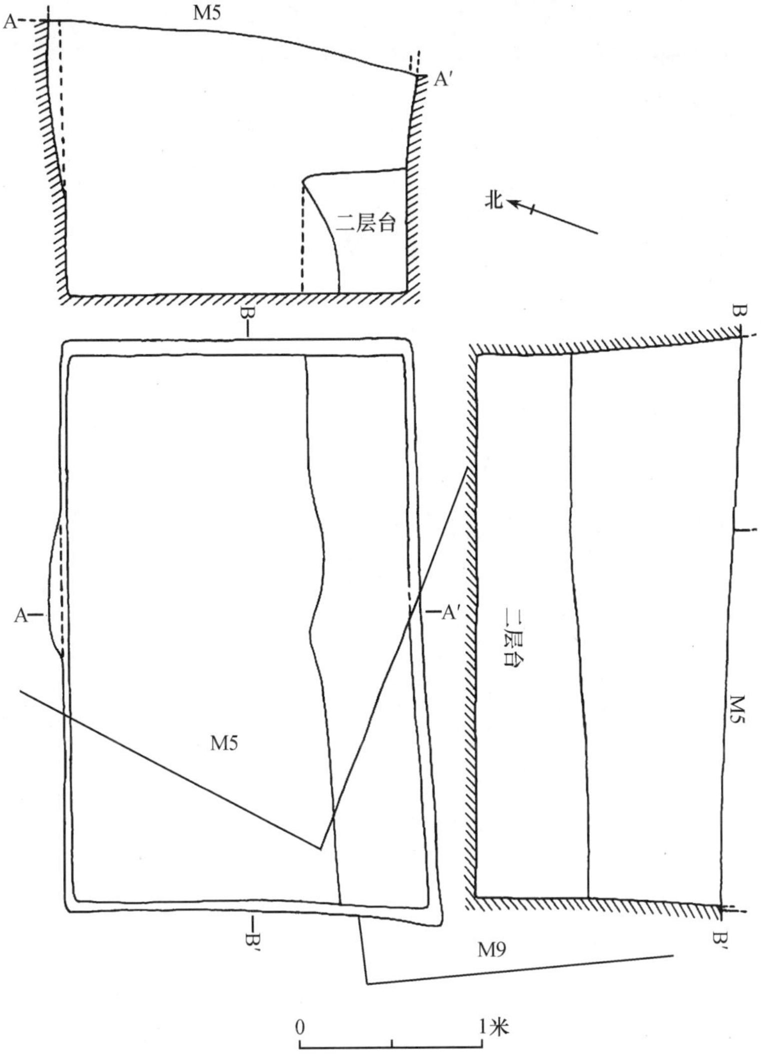

图二二　M8平、剖面图

M14　主体在T18北侧及北隔梁下，开口在第2层下，被M12叠压并打破，同时又打破土坑墓M15、M19和M20。墓葬填土呈灰色，略带砂性，但很紧密，板结，包含有少量商周时期的陶片。坑底四周均有熟土二层台，二层台东、南、西、北分别宽0.32、0.59、0.5、0.27米，高0.28米。墓葬几近正方形，口、底基本同大，长3.9、宽3.62米，现存高度1.24～1.84米。墓葬方向165°（图二七）。

在墓室东侧还残存部分未被盗扰的随葬器物，主要有陶鼎、豆、壶、匏勺、盒、勺和铜泡钉等随葬器物近20件。

M15　主体在T18东北部，开口于第2层下，被M14打破。墓葬填土包含大量的红烧土块和炭灰。墓葬呈长方形，长2.4、宽0.92、深 0.04～0.1米。墓葬方向185°（图二八）。

墓内人体遗骸尚存上半身，骨骼比较粗大，结合随葬器物推测，墓主似为男性。没有发现棺椁痕迹。腰侧葬一件铜剑，尖部向下，还残存剑鞘痕。

M17　主体在T17东侧中部，开口于第2层下，被M10打破。墓葬填土上部呈灰黑色，疏松，较纯，距开口1米左右变得比较花杂，夹有一些炭灰和红烧土，略显黏性，比较板结，有

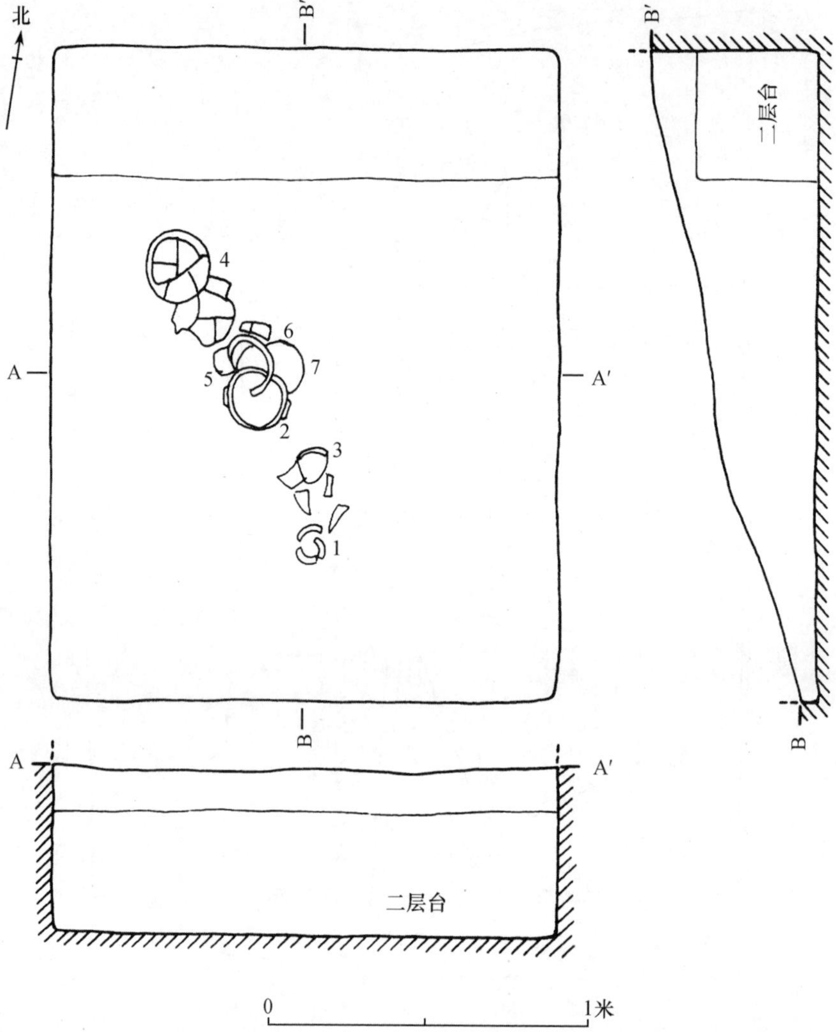

图二三　M9平、剖面图

1. 陶璧　2、7. 陶鼎　3、4. 陶壶　5. 陶敦纽　6. 陶壶盖

少量商周时期的陶片。墓葬呈长方形，口大、底略小，上口长3、宽1.92米，底部长2.94、宽1.78米，现存高度1.8～2.02米。墓底西端比东端约高20厘米，据此推测此墓为东向，方向70°（图二九）。

墓底部是纯净的黄黏土，包含较多的灰白色小石块，凹凸不平，没有做任何处理。同时，墓底没有发现一块陶片，也无尸骨和棺椁痕迹，似乎此墓未曾使用过。

M18　在T6北部，开口于第4层下。墓葬填土为五花土，包含有少量商周时期的陶片。墓葬呈长方形，口大、底略小，上口长2.1、宽0.7米，底部长2.02、宽0.64米，现存高度0.8～0.9米。方向95°（图三〇）。

人骨位于墓坑中部，保存状况较好，但没有发现棺椁痕迹。单人仰身，面朝上，下肢直，上肢曲交于左胸。从不到1.6米的身高和宽大的盆骨推测，墓主似为女性。没有随葬器物。

M19　在T18北侧，开口于第2层下，被M14打破，仅存一小部分。墓葬填土包含大量的红烧土块和炭灰。残存墓室有一定的坡度，长0.8、宽1.08米，深度很浅，仅有0.06～0.08米。墓葬方向170°（图三一）。

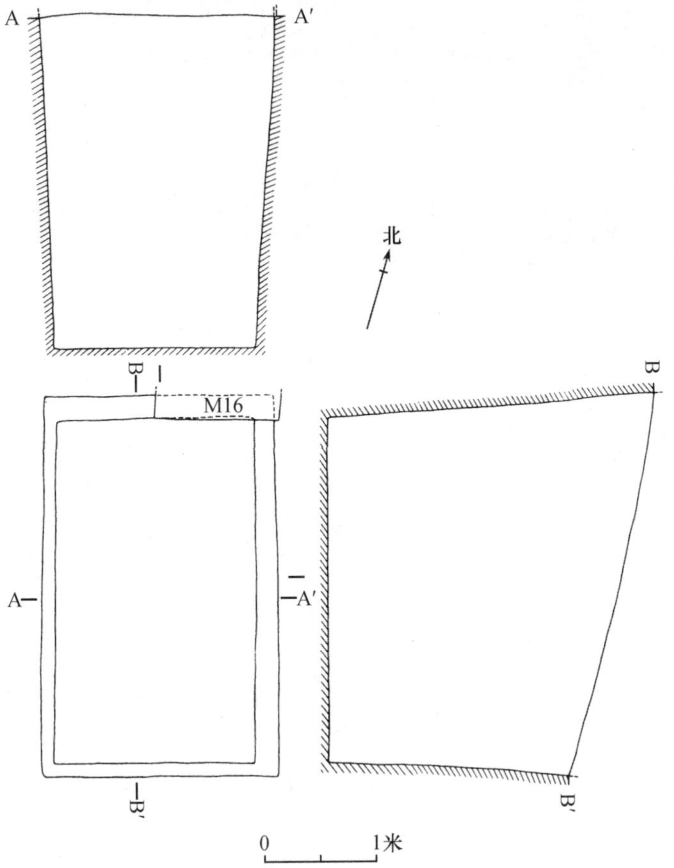

图二四　M10平、剖面图

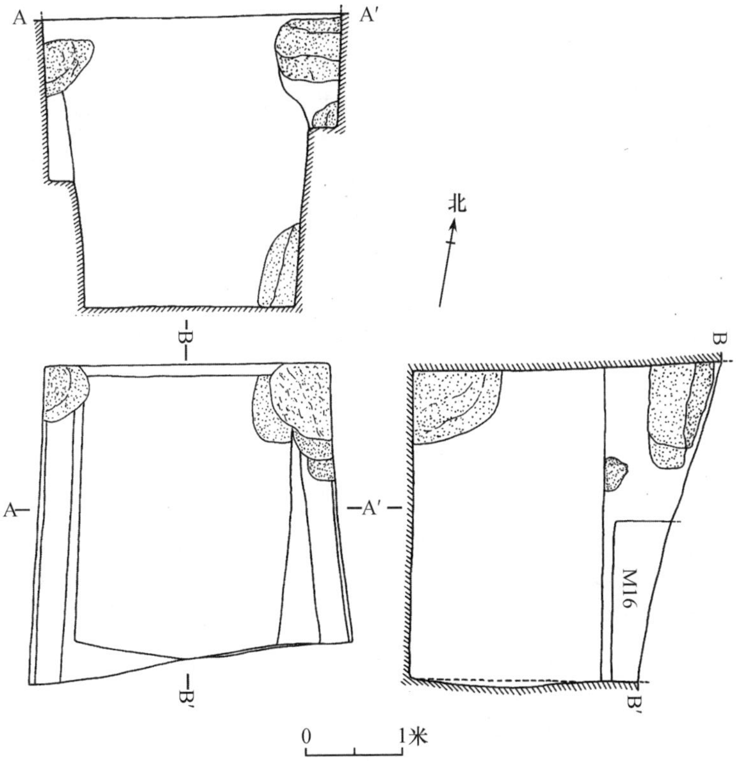

图二五　M11平、剖面图

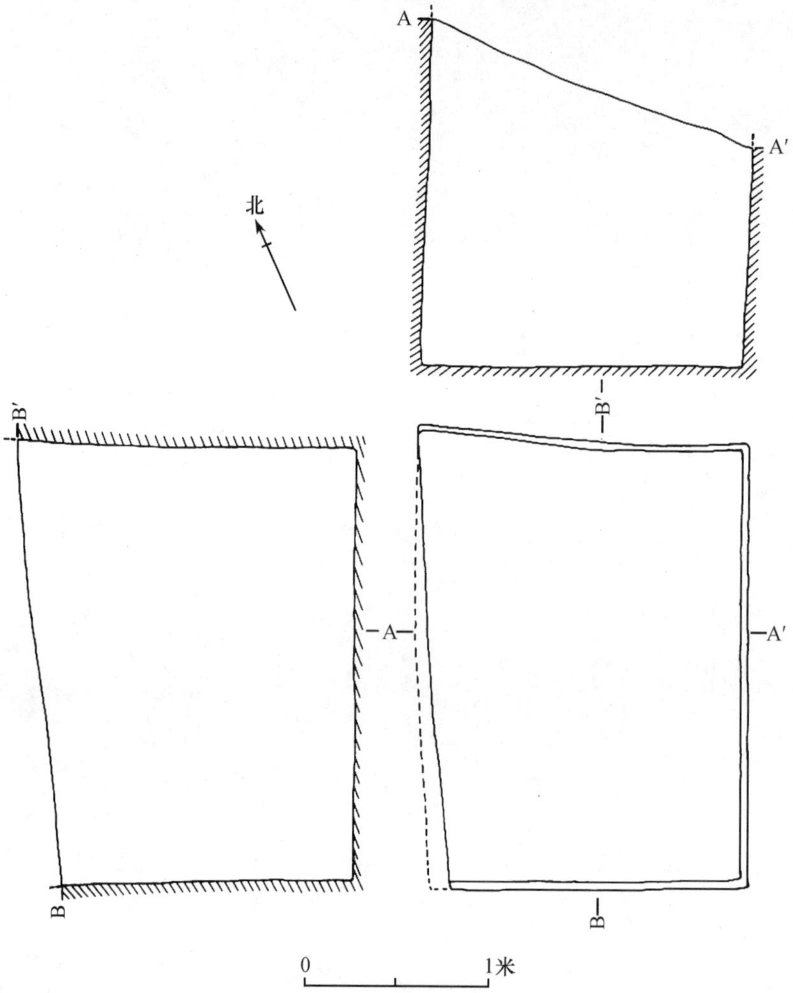

图二六　M13平、剖面图

残存部分零碎的人体遗骸，没有随葬器物。

M20　在T18西部偏北，开口于第3层下，被M14打破。墓葬填土包含大量的红烧土块、炭灰和少量商周时期的陶片。墓室几近长方形，有一定的坡度，长2.16、宽0.92米；现存深度很浅，仅有0.16米。墓葬方向140°（图三二）。

人体遗骸残存部分盆骨和下肢骨，而且被扰动过。没有发现随葬器物。

3. 砖室墓

砖室墓6座，结构基本完整的只有2座。

M3　主体在T10和T11，及其东侧扩方中，开口于第2层下。墓葬填土为杂花土，略偏紫红。由甬道和墓室两部分组成，略呈“凸”字形，全长5.96米。其中，甬道长3.04、宽2.32～2.36、残高1.64米。墓室长2.92、宽3.47米。甬道和墓室铺地砖为长方形，大多长42、宽22、厚10厘米左右，素面无纹。铺砌方法一般是横两块，再竖两块平行铺砌。墓壁是用饰几何纹的长方形砖错缝铺砌，基本上都是长42、宽20、厚10厘米左右。从现存墓底看，3号墓是先砌壁砖，再铺地砖的。墓葬是顺坡而建，由于山体挤压，墓室左右两壁和后壁都仅存一层墙砖，而

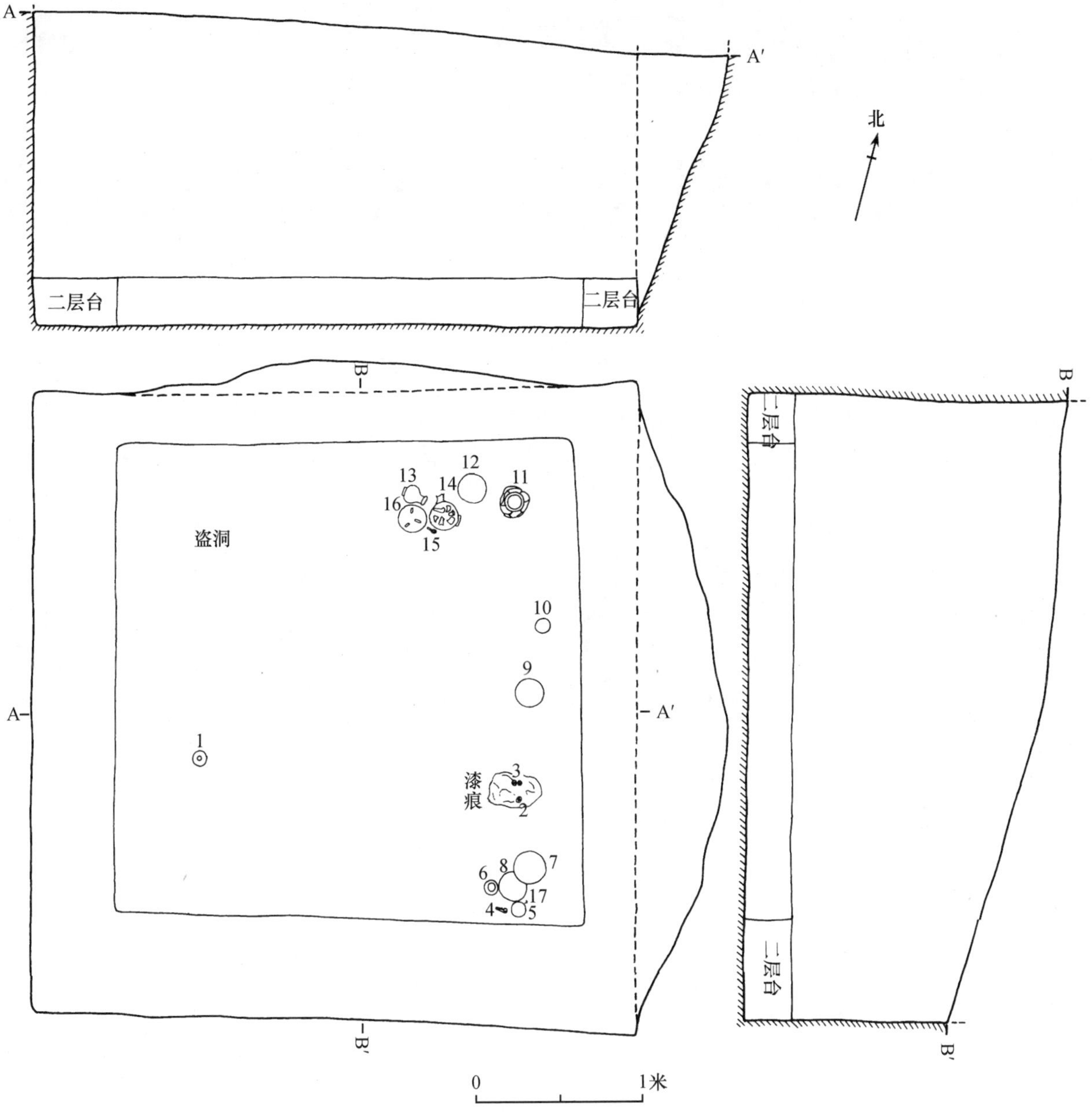

图二七　M14平、剖面图

1、5. 陶豆　2. 铜泡钉　3. 陶鼎足　4、15. 陶匏勺　6、8、10. 陶器盖　7、16. 陶鼎　9、11、12. 陶盒　13、14. 陶壶　17. 陶勺

甬道后部保存尚好，还有部分券顶。券顶在第九层壁砖上起砌，券顶方法是左壁子口向上，右壁母口向上，短边向内，此侧面饰几何纹。券顶砖均为子母口，平面呈梯形，一般上长34.5、下长39、宽20、厚10厘米。墓葬方向160°（图三三）。

此墓基本上未被盗扰，随葬品比较丰富。随葬器物主要集中在甬道和墓室右侧，在其他位置也有一些，共计出土有陶、铜、铁等文物80余件，钱币60余枚。

M4　主体在T13西侧扩方中，开口于第1层下。墓葬填土为杂花土，略偏紫红。由甬道和墓室两部分组成，呈刀把形，全长5.62、残高1.79米。其中，甬道长2.56、宽1.84～1.87米。墓室长3.06、宽3.2米。甬道没有铺地砖，前端右侧有一块子母砖，侧面纹饰向墓内，当为封门

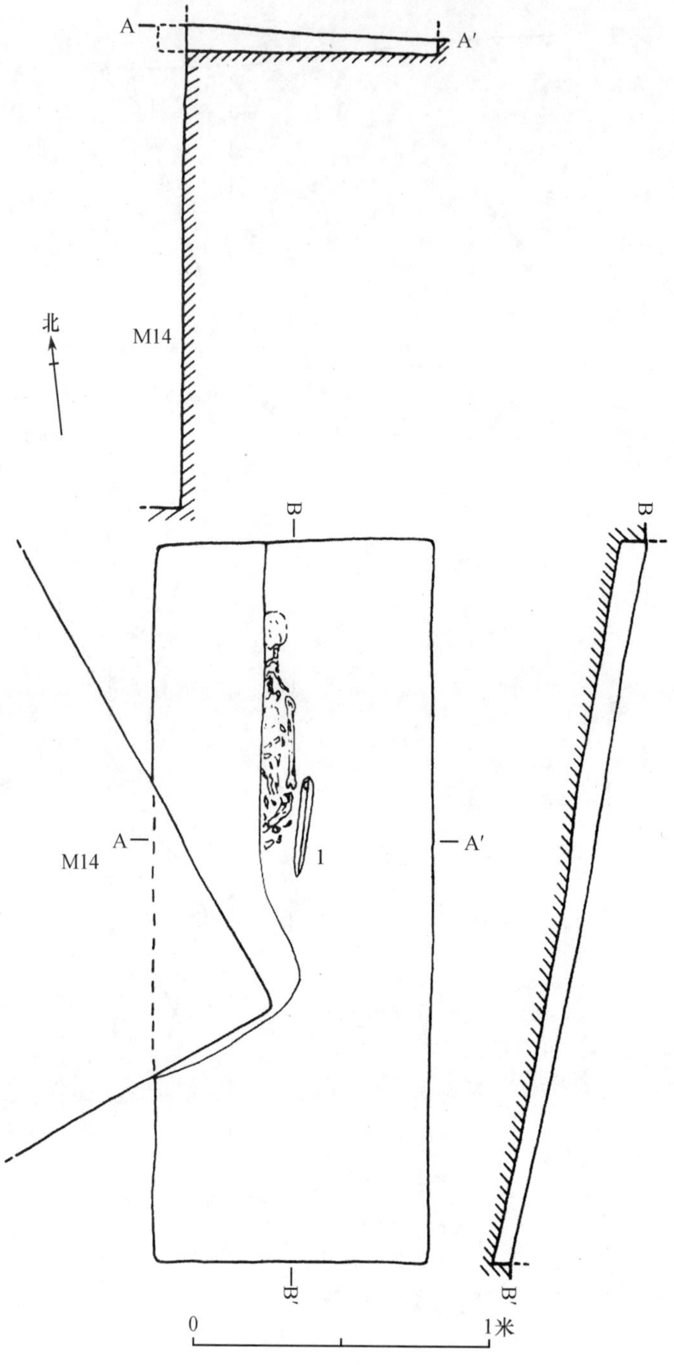

图二八　M15平、剖面图

砖。墓室铺地砖是横向一块或两块平行铺砌，部分平行纵向铺砌。墓壁是用饰几何纹的长方形砖错缝铺砌，基本上都是长42、宽21、厚8厘米左右。从现存墓底看，M4是先砌壁砖，再铺地砖的，墓底先铺有一层厚约4厘米左右的细土后再铺地砖的。墓葬是顺坡而建，由于山体挤压，墓室后壁中部略为前倾，而上部略有后坐，且还有最后一排券顶砖保存；墓室右壁上还有一层券顶砖，由于挤压，略向前倾。券顶砖均为子母口，平面呈梯形，一般上长35、厚8.4、下长40.5、厚近9、宽21厘米。墓室券顶在第十层壁砖上起砌，券顶方法同于M3，也是左壁子

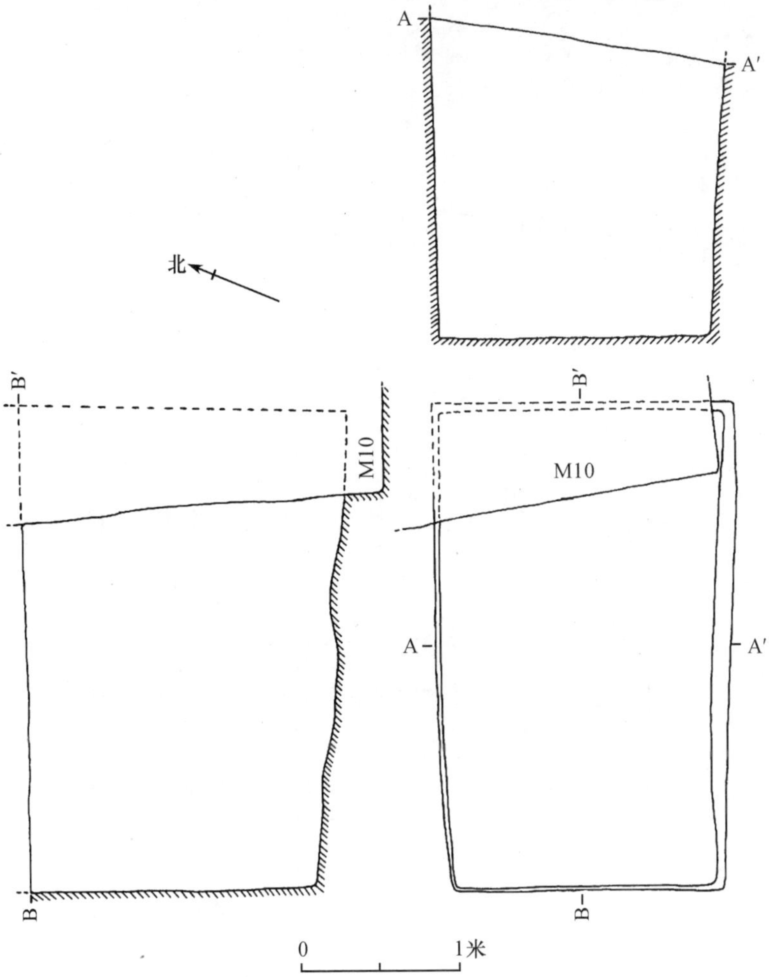

图二九　M17平、剖面图

口向上，右壁母口向上，短边向内，此侧面饰几何纹。墓葬方向312°（图三四）。

此墓早年略有盗扰，但随葬品还比较丰富。随葬器物主要集中在甬道和墓室左侧，共计出土有陶、铜、铁等文物60余件，钱币100余枚。

M5　主体在T17东南部，开口于第2层下，打破M6，叠压在土坑墓M8之上。墓葬填土为杂花土，略偏紫红。M5仅存墓室后面部分。墓室铺地砖大多数为长方形，基本上都是长42、宽21、厚5厘米左右，素面无纹；铺地砖仅发现一块子母砖。铺地方法基本上都是平行纵向铺砌，也仅发现一块是横向铺砌。墓壁是用饰几何纹的长方形砖错缝铺砌，基本上都是长42、宽21、厚8厘米左右。M5墓底也是先砌壁砖，再铺地砖的。由于墓室后壁受到山体挤压而前倾，上部甚至已经垮塌到墓室。墓室左右两壁后部还各残存数排第一层券顶砖，券顶在第十一层壁砖上起砌，券顶方法与M3、M4略有不同。第十一层壁砖外侧被垫高了3～4厘米而向墓室内倾斜，左侧券顶砖子口向下，但第一层砖的子口已被敲掉；右侧券顶砖子口向上。都是短边向内，此侧面饰几何纹。M5残长3.5、宽3.28、残高1.38米。墓葬方向170°（图三五）。

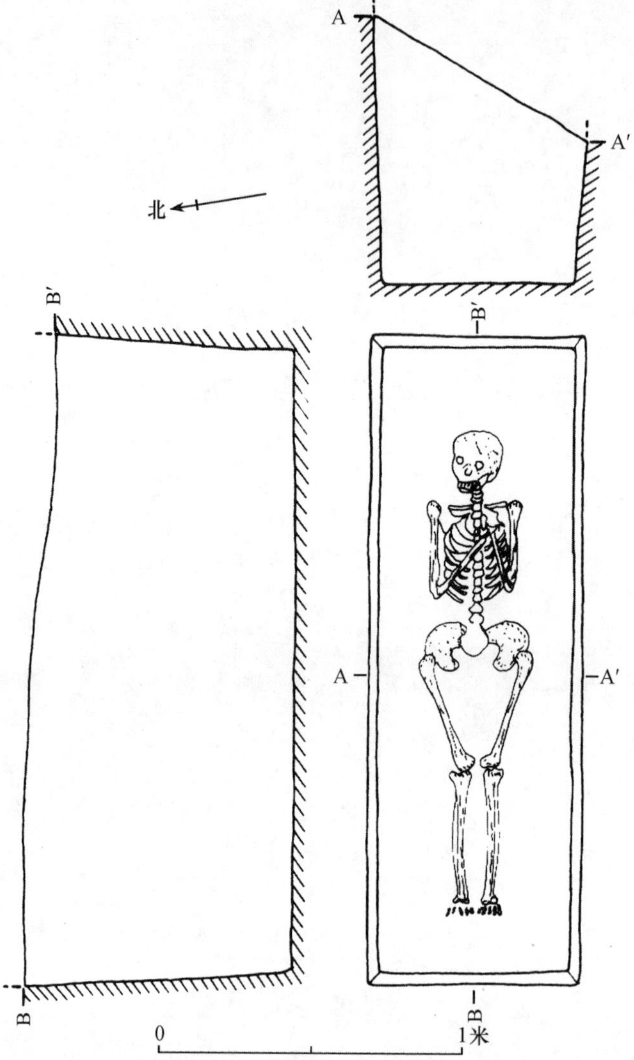

图三〇　M18平、剖面图

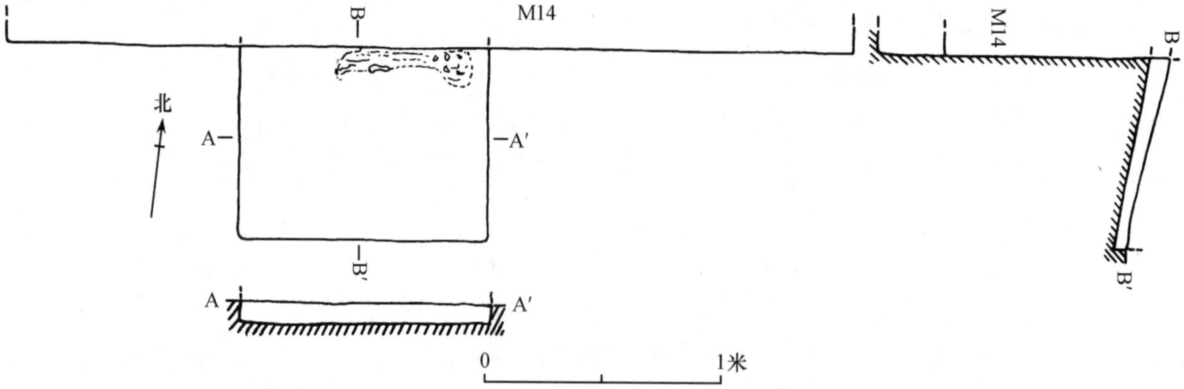

图三一　M19平、剖面图

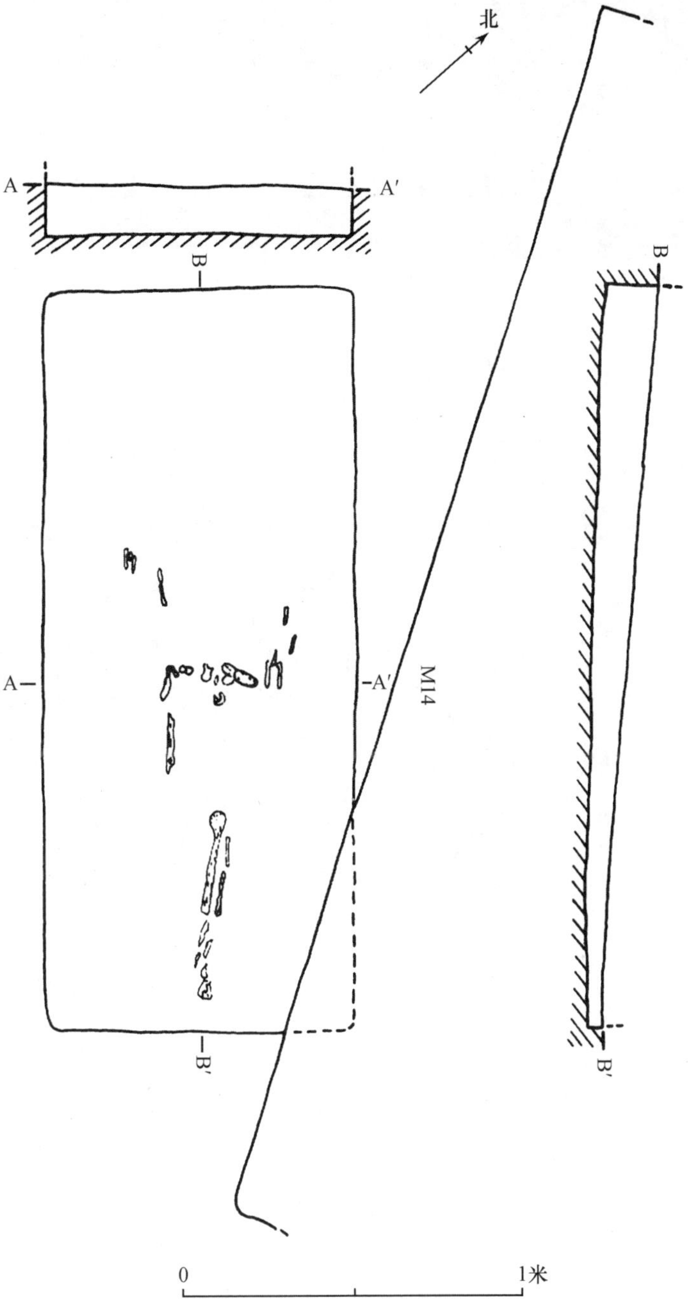

图三二　M20平、剖面图

在盗洞和其旁边的浮土内清理出了陶、铜、铁等类文物10余件，可能两座墓葬都各有一部分。5号墓墓室右侧尚存有陶、铜、铁等10余件文物和20余枚钱币未被盗扰。

M6　主体在T17南侧，开口于第2层下，被M5打破。墓葬填土为杂花土。M6也仅存墓室后面部分。墓室底部无铺地砖。墓壁是用饰几何纹的长方形砖错缝铺砌，基本上都是长42、宽20、厚10厘米左右，几乎没有一块完整的。由于受到挤压，残存后壁略有前倾。墓葬残长3.47、宽2.84、残高1.13米。方向168°（图三六）。墓内几乎被盗扰一空，仅出土有1件残断的铁抓钉和1件陶俑碎片。

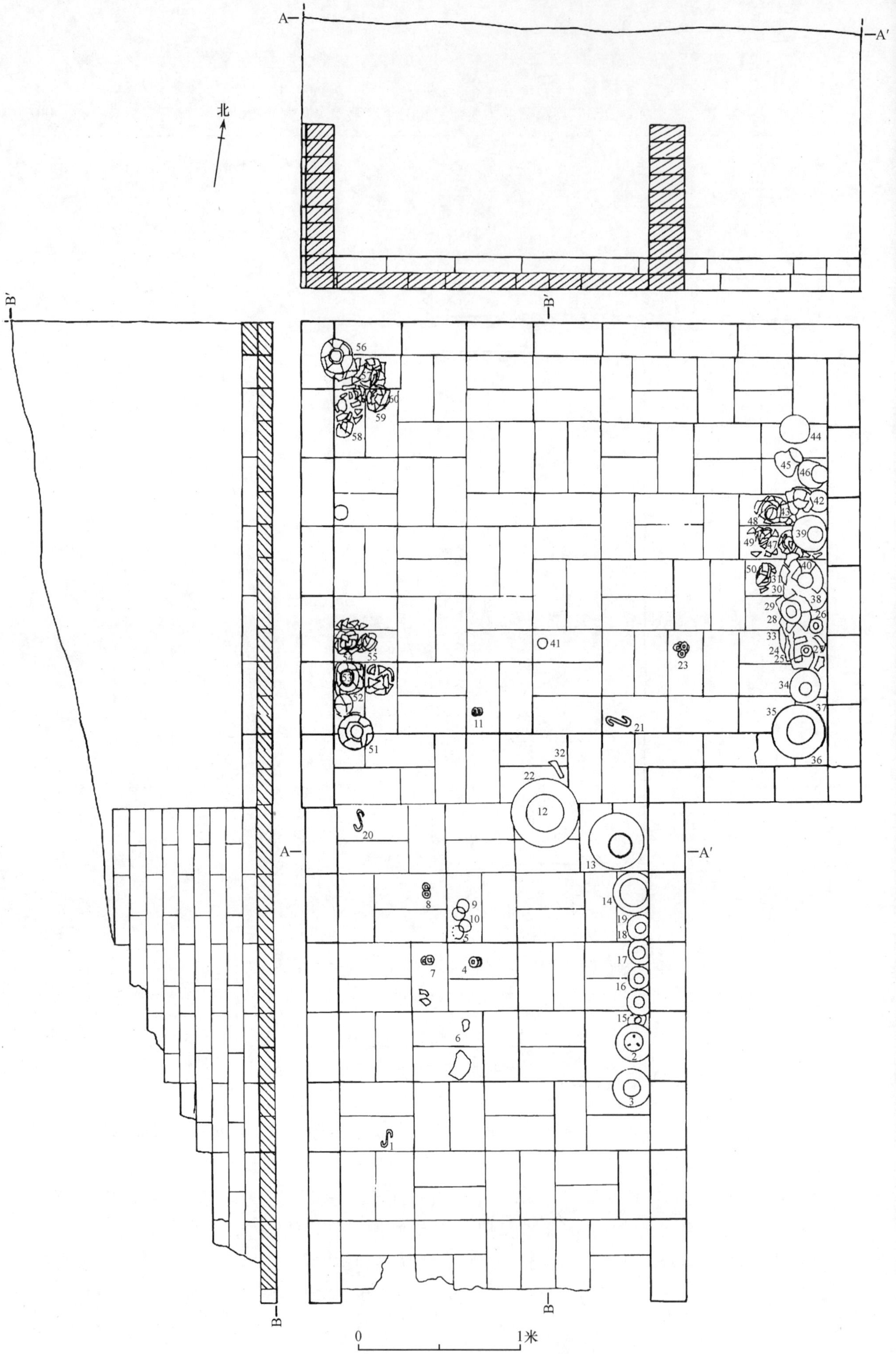

图三三　M3平、剖面图

1、20、21、24、25、33. 铁钩　2、35、57、58. 陶壶　3、13、14、40、44、45、51、53、56. 陶罐　4、7、8、11、23、26、27、31. 钱币　5. 铜钵　6. 陶豆　9. 铜戒指　10. 石料珠　12. 铁釜　15～19、34、39、46～50、54、55. 陶囷　22. 不明金属器　28、29、42、52. 陶囷盖　30. 陶钵　32. 陶勺　36. 陶釜　37. 陶杯　38. 陶盘　41、59、60. 铜箍边　43. 铁罐

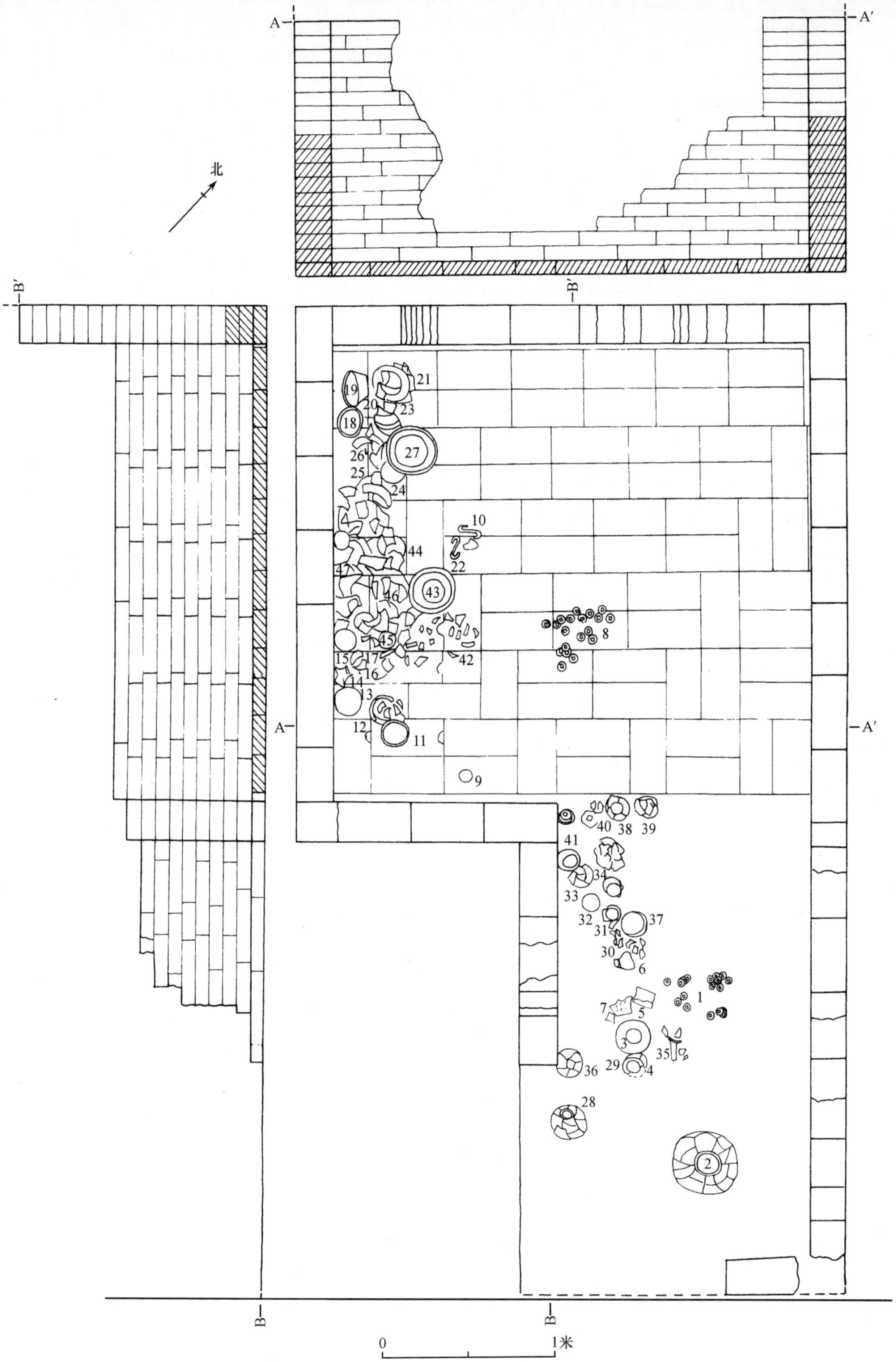

图三四　M4平、剖面图

1、8. 铁币　2、36. 陶罐　3、16、17. 陶壶　4、38、39、43、44. 陶釜　5、6、37. 陶囷　7、9、26、40. 铜泡钉
10、22. 铁钩　11、25. 陶灯　12、21、33. 陶豆　13、24、29. 陶壶盖　14. 陶博山炉盖　15、27. 陶盆　18、19. 铜盆
20、30. 陶勺　23. 陶盘　28. 铁釜　31. 陶钵　32、41. 陶杯　34. 陶魁　35. 陶鼎　42. 陶盒盖　45. 陶囷盖　46. 陶鸡　47. 陶熏炉座

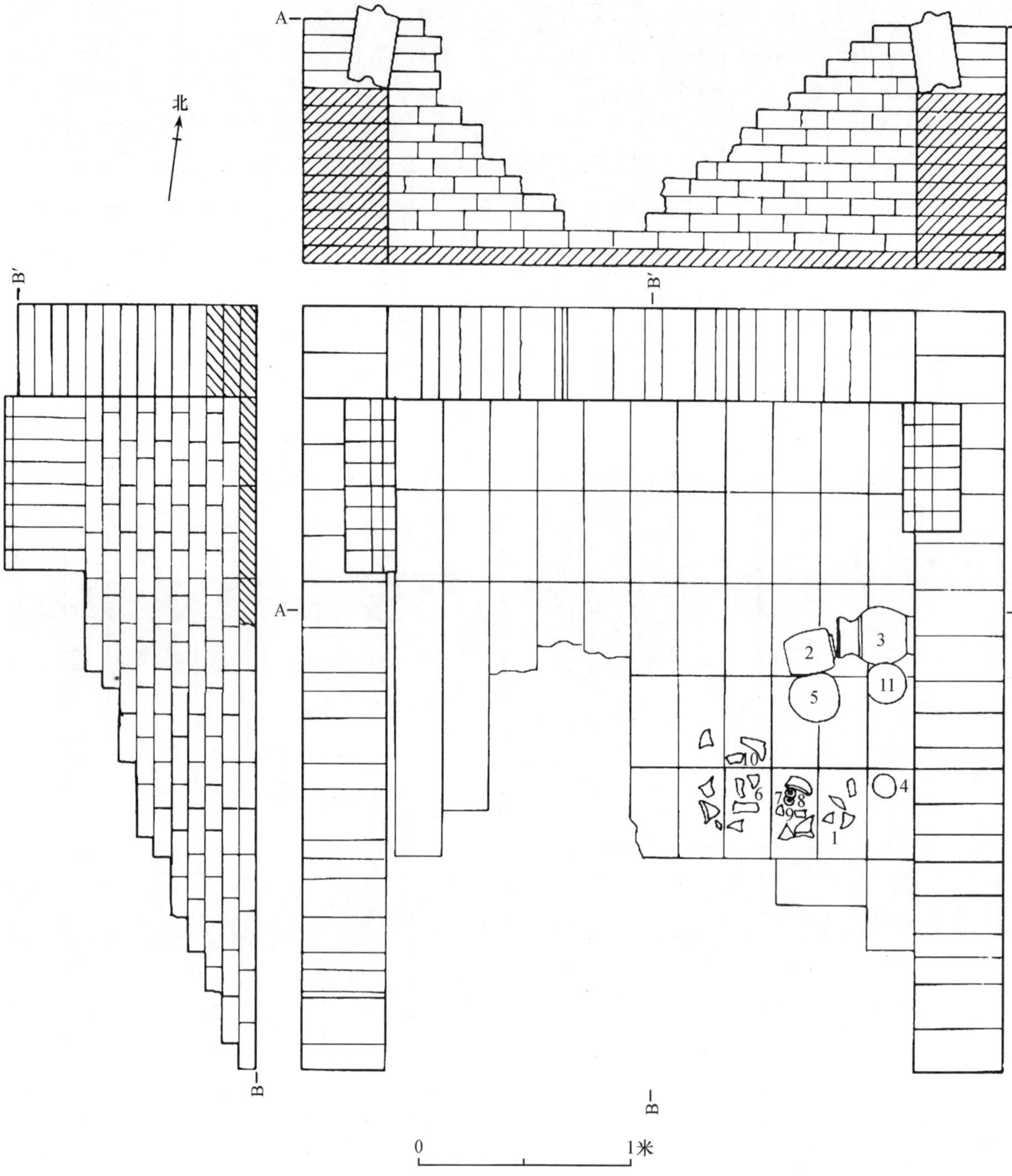

图三五　M5平、剖面图

1. 铜泡钉　2. 陶囷　3. 陶壶　4. 陶器盖　5. 陶盆　6、8、10. 铁钩　7、9. 钱币　11. 陶釜

M12　主体在T18北隔梁中部偏东，开口于第2层下，叠压并打破土坑墓M14。墓葬填土中杂花土不多，大多为黄褐色黏土，应是后来扰乱进来的。此墓仅残存墓室后面一部分。从现存部分看，墓底近后壁和左壁各有两排侧立子母砖，其上再平铺长方形砖。这样，前面墓底就与后排铺地砖同高。从现在残存墓底铺地砖和墓壁观察，墓底是用长方形几何纹砖纵向或横向平缝铺砌；墓左壁是用同样的长方形几何纹砖和车马纹砖纵向两块或横向一块错缝铺砌，后壁是纵向一块或横向两块错缝铺砌。子母砖平面呈梯形，一般上长30、下长34、厚10.3、宽17.2

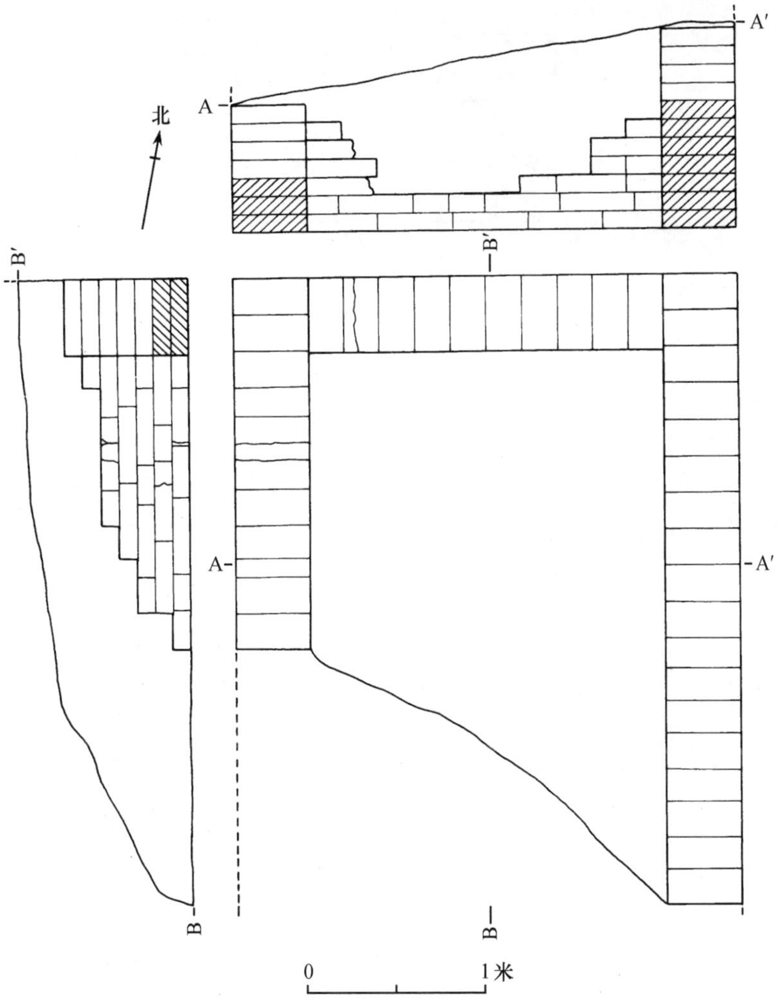

图三六　M6平、剖面图

厘米，上边侧面饰几何纹。长方形几何纹砖基本上都是长35、宽18、厚8.8厘米左右；车马纹砖仅有5块，都是长36.5、宽20、厚8.5厘米。墓葬残长3.1、宽1.84、高0.57米。方向158°（图三七）。

墓内也是几乎被盗扰一空，仅在墓室左后部出土有陶俑、罐等器物的碎片和铁钩残片，共计5件遗物。

M16　主体在T17东、北隔梁交接处，开口于第2层下，叠压并打破土坑墓M11，也叠压在土坑墓M10之上。该墓也是被严重扰乱，从扰土中发现的人骨观察，可能是小孩墓葬。墓葬仅残存墓室后面一部分。墓底是用几何纹子母砖纵向铺砌，墓壁用子母砖和长方形几何纹砖错缝平铺。子母砖一般上长37、厚8.4厘米；下长40、厚近9厘米；宽20厘米；长方形砖都是长43、宽20、厚10厘米左右。墓葬残长1.83、宽1.12、高0.82米；方向158°（图三八）。墓内几乎被扰乱一空，仅清理出土铁钩和铁条形器各1件，残钱币6枚。

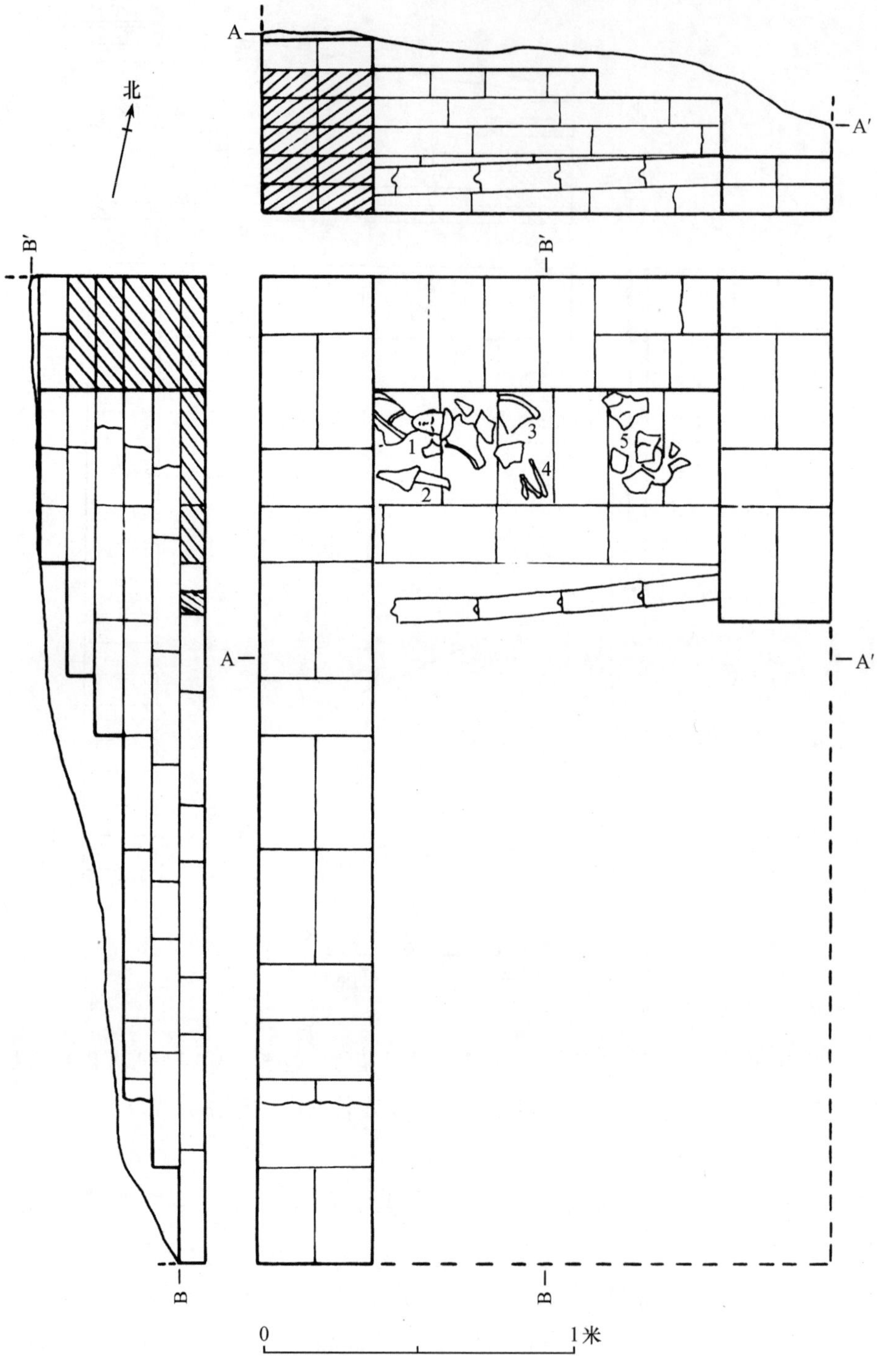

图三七 M12平、剖面图

1. 陶俑 2. 陶俑腿 3. 陶盆 4. 铁钩 5. 陶俑碎片

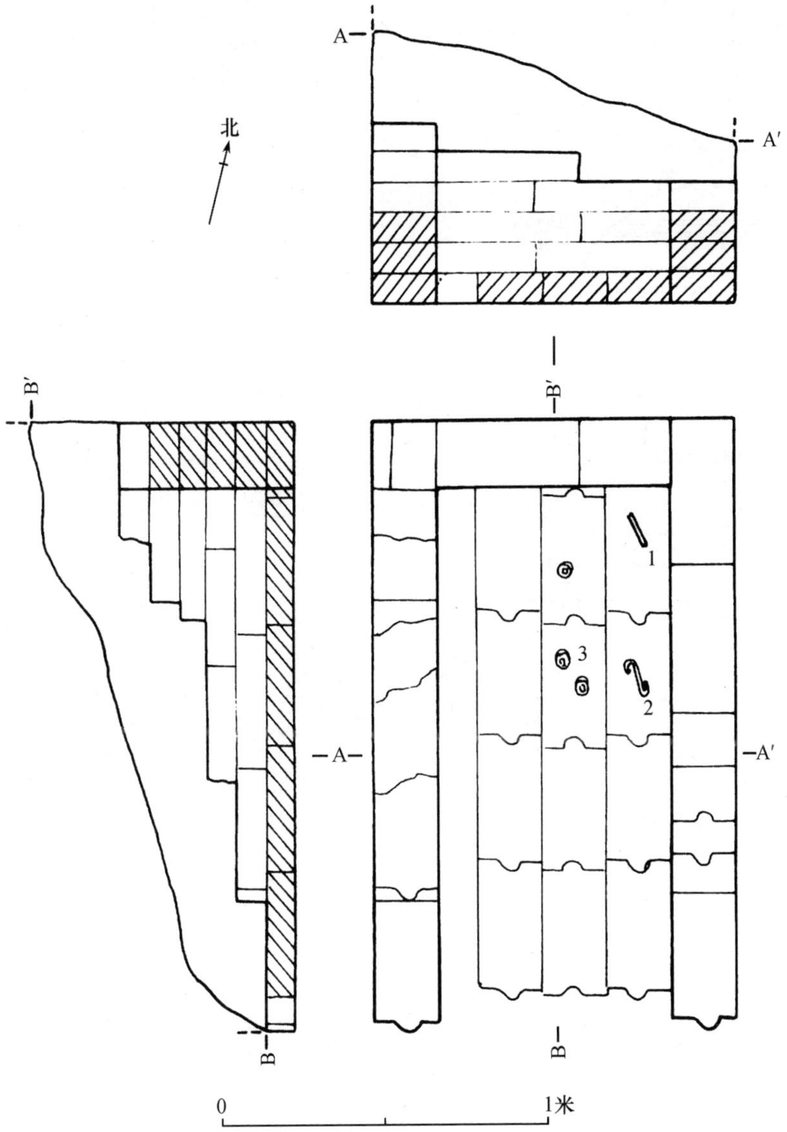

图三八　M16平、剖面图
1. 铁条形器　2. 铁钩　3. 钱币

（二）墓葬遗物

1. 土坑墓

12座，但只有5座墓葬出土随葬品。

M9　有陶鼎、敦、壶、璧等器形，计8件，大多已成碎片。均为褐陶，夹少量白色细砂。

鼎　2件，修复1件。无盖。褐陶，黑皮，施灰白色陶衣，但大部分都已剥落。M9：2，子口内敛，平唇，弧腹，底近平，菱形蹄足较高，内侧有一凹槽。沿下附一对倒“U”耳，耳壁略内弧，上部略外撇。耳下有一周凸棱，底部饰绳纹，足上端饰一兽面。口径15.2、高22.8厘米（图三九，6）。

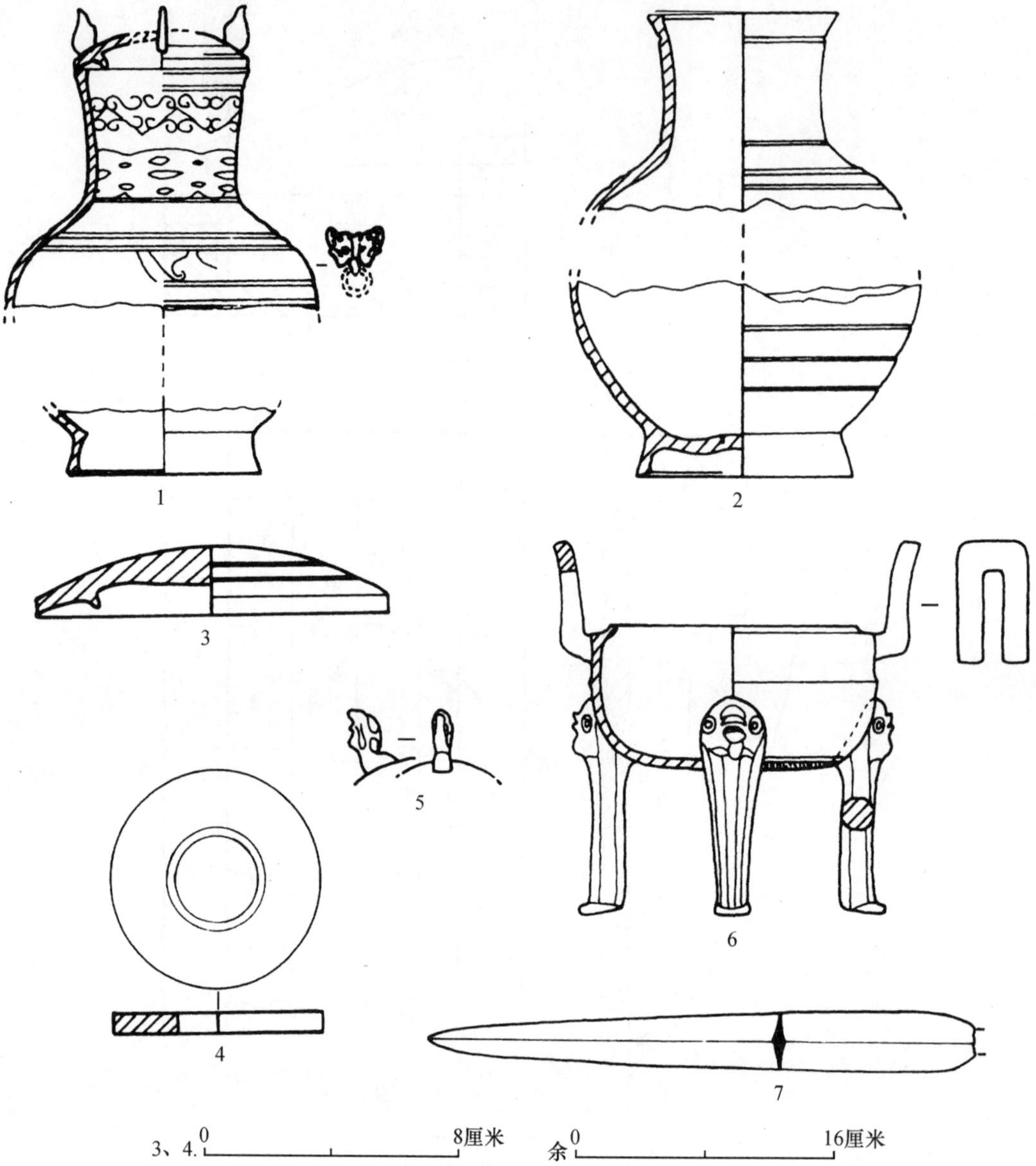

图三九　M9、M15器物

1、2. 陶壶（M9：4、M9：3）　3. 陶壶盖（M9：6）　4. 陶璧（M9：1-1）　5. 陶（敦）纽（M9：5）　6. 陶鼎（M9：2）　7. 铜剑（M15：1）

壶　2件，均残。M9：3，口略敛、平唇、颈略内弧，球形腹，上腹残，圈足较矮。颈部和腹部有朱绘痕迹。沿下、颈部、肩部和腹部各饰数周凹弦纹。口径11.8、底径13、通高约28厘米（图三九，2）。M9：4，带盖。盖面已残，子口内敛、圆唇，弧面，四附纽。附纽呈倒逗号形，光滑细腻，似经过打磨。面有两周凹弦纹，内圈弦纹内有朱绘痕迹。口径10.8、高3.8厘米。壶身敛口，平唇，长颈略内弧，球形腹，下腹残，圈足较矮。颈部朱绘云纹、菱形纹和波浪纹，腹部亦有朱绘痕迹。肩部和腹部各饰两周凹弦纹，腹两侧各饰一兽面衔环铺首。口径10.8、腹径19.6、底径12、通高约27.8厘米（图三九，1）。

壶盖　1件。M9：6，子口内敛，圆唇，弧面。四附纽已不存。面有两周凹弦纹，内圈弦纹内有朱绘痕迹。口径11、残高2厘米（图三九，3）。

（敦）纽　1件。M9：5，高3.6厘米（图三九，5）。

璧　2件。残。褐陶，黑皮，形制完全相同。圆形圆穿孔，近穿孔处有一周细凹弦纹。M9：1-1，直径6.6、穿孔径2.6、厚0.6厘米（图三九，4）。

M11　有陶鼎、敦、豆和壶等近10件随葬器物的碎片，都出土于盗洞和墓底扰土内。均夹少量白色细砂。

敦　2件。修复1件。黑褐陶。M11：1-1，器盖和身扣合成球形，沿下两侧各有一对附耳，附耳、三纽和三足形制和大小完全相同。口径19.6、通高24.4厘米（图四〇，1）。

鼎　1件。M11：4，残，无盖。黑褐陶。口近直，平唇内斜，直腹，八菱形柱状高足。上腹和底部饰有数组绳纹，腹部有一周凸棱。口径约18、残高约18.2厘米（图四〇，2）。

壶　2件。均残。黑褐陶。M11：3-1，敛口，平唇，长颈。沿下和颈部饰有数组绳纹，颈部有两周凹弦纹。口径11、残高9.4厘米（图四〇，3）。M11：3-2，敛口，平唇，长颈，腹状如球形，圈足残。沿下和颈部饰有数组绳纹，颈部和肩部各有两周凹弦纹，肩两侧各饰一兽面

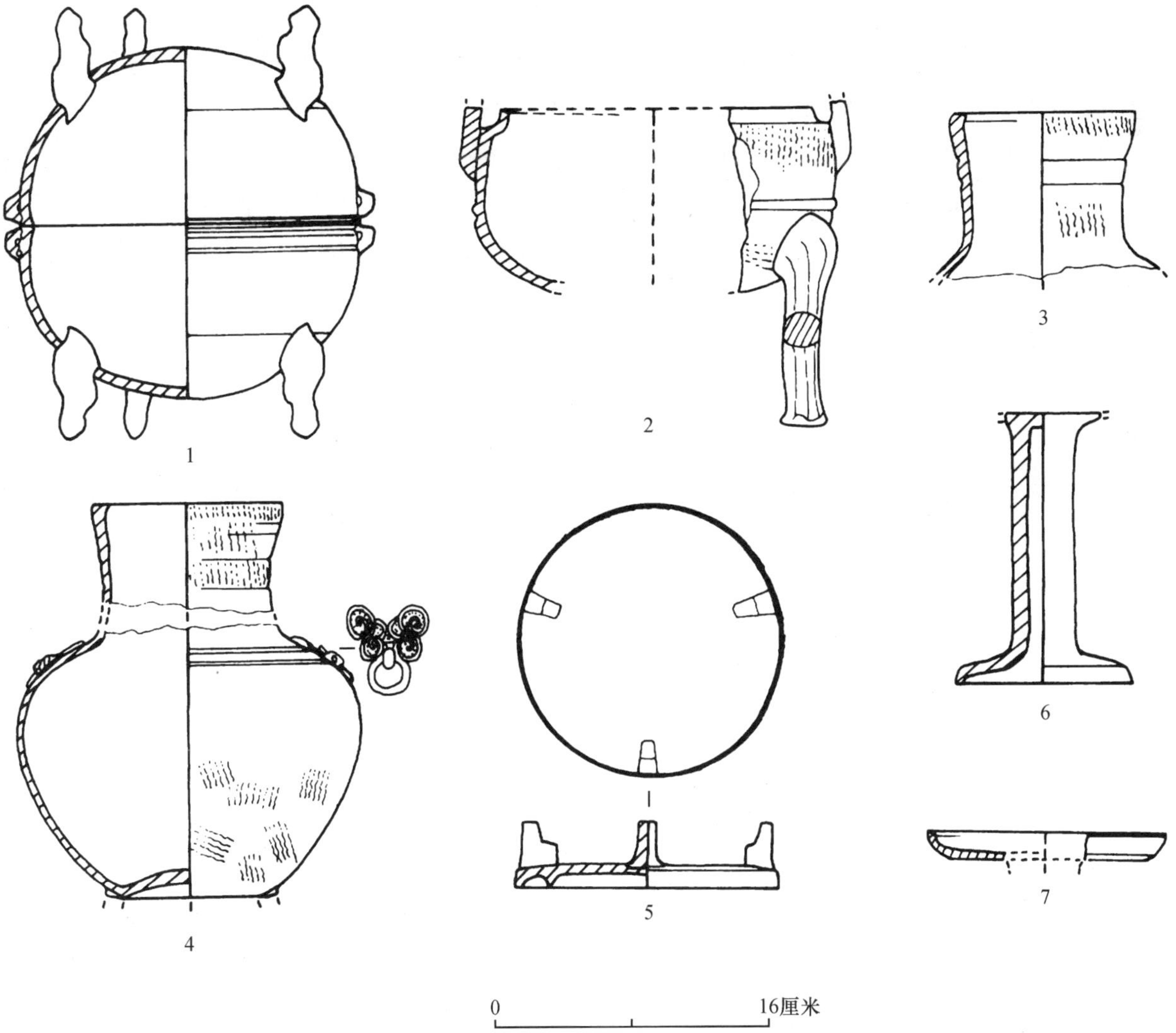

图四〇　M11陶器

1. 敦（M11：1-1）　2. 鼎（M11：4）　3、4. 壶（M11：3-1、M11：3-2）　5. 壶盖（M11：6-2）　6. 豆（M11：2）　7. 豆盘（M11：5）

衔环铺首。口径11.2、腹径20、残高22.4厘米（图四〇，4）。

壶盖　2件。形制完全相同。均残。灰褐陶。盖内有一凹槽可与器口扣合，盖面附三个椅形纽。M11：6-2，口径15.6、高3.8厘米（图四〇，5）。

豆　1件。M11：2，残。灰褐陶。柄较高，下部呈盘状。底径10.4、残高15.4厘米（图四〇，6）。

豆盘　1件。M11：5，残。灰陶。呈盘状，侈口，唇略凹且内斜。口径14、残高1.6厘米（图四〇，7）。

M13　有陶鼎、豆、壶、匏勺和勺等随葬器物23件，因都在盗洞和墓底扰土出土，大多是残片，基本上都无法修复。都为灰陶或灰褐陶，夹少量白色细砂。

鼎　2件。无盖。灰陶。均残。M13：1，子口较短，口微敛、圆唇，腹略内收。口径10、残高4.6厘米（图四一，1）。M13：9，子口稍长，口微敛、圆唇，腹略内收，蹄足。口径10、高8.6厘米（图四一，2）。

壶　1件。M13：4，仅存圈足。灰陶。圈足径7.9、残高4.1厘米（图四一，3）。

器盖　3件。可能都是壶盖。M13：6，1件。灰陶。子口内敛，面呈圆弧状。口径7.9、高4.2厘米（图四一，4）。M13：3（M13：3-1、M13：3-2），2件，形制完全相同。灰陶。直口、平唇外折，面近平，饰三纽。M13：3-2，口径13.2、高3.6厘米（图四一，5）。

盒盖　2件，形制完全相同。敛口、平唇内斜、弧壁、圈纽。外壁饰数周凹弦纹。M13：2-1，灰陶。口径13.2、圈纽径6、高4厘米（图四一，6）。M13：2-2，灰褐陶。口径13、圈纽径6.4、高3.6厘米（图四一，7）。

勺　2件。均残。M13：5-2，灰陶。宽6.3、残高3厘米（图四一，10）。M13：5-1，灰褐陶。宽5.8、残高5.8厘米（图四一，8）。

匏勺　1件。M13：7，灰陶。残。形如烟斗。残长6.6厘米（图四一，11）。

豆　4件。均残。灰陶。柄较高，下部呈盘状。M13：12，底径5.8、残高7厘米（图四一，9）。M13：10，底径6、残高5.2厘米（图四一，12）。M13：8，底径5.8、残高4.4厘米（图四一，13）。M13：11，底径6.1、残高5.5厘米（图四一，14）。

豆盖　4件。均残。灰陶。M13：17，口略侈，平唇，外壁略内收，弧面。口径9.4、高2.3厘米（图四一，15）。M13：18，口近直，平唇，外壁略内收，弧面。口径9.4、残高1.8厘米（图四一，16）。M13：19，口略侈，圆唇，外壁略内收，弧面。口径10.6、残高2.5厘米（图四一，18）。M13：20，口略侈，平唇，外壁略内收，弧面。口径9.4、残高1.8厘米（图四一，17）。

豆盘　4件。均残。灰陶。3件。M13：13、M13：15、M13：16，口略侈，平唇略内斜，外壁略内收。口径均为9.4、残高分别为2.2、2、2.1厘米（图四一，21、20、19）。M13：14，口略侈，平唇略内斜，外壁近直。口径14、残高2.5厘米（图四一，22）。

M14　墓室东侧未被盗扰，出土有陶鼎、豆、壶、匏勺、盒、勺和铜泡钉等随葬器物23件。

陶器　19件。灰陶或灰褐陶，以及红陶，夹少量白色细砂。

鼎　从鼎足看，陶鼎至少有5件。其中，灰陶3件，红陶2件，各修复1件。M14：7，红

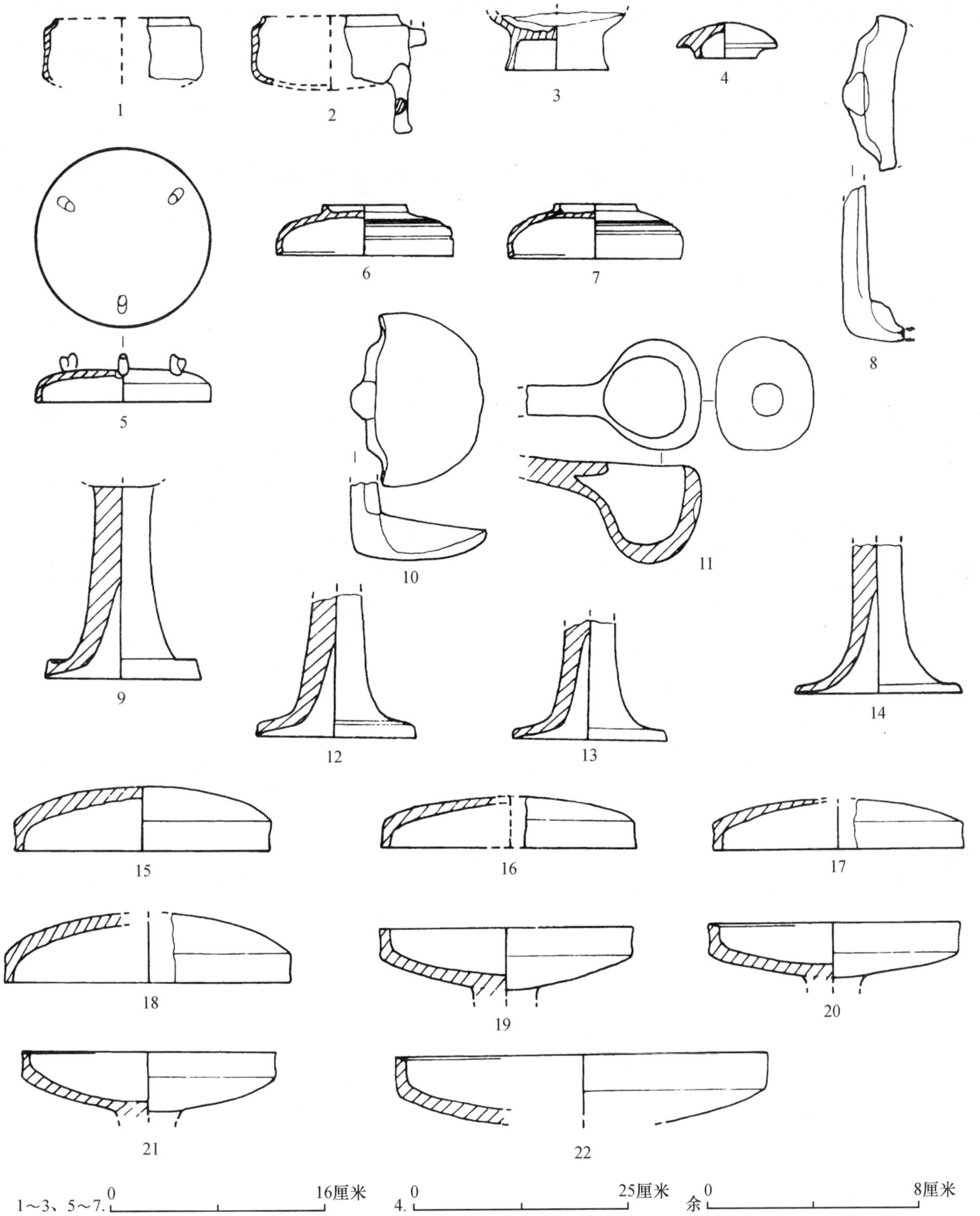

图四一　M13陶器

1、2. 鼎（M13：1、M13：9）　3. 壶（M13：4）　4、5. 壶盖（M13：6、M13：3-2）　6、7. 盒盖（M13：2-1、M13：2-2）　8、10. 勺（M13：5-1、M13：5-2）　9、12～14. 豆（M13：12、M13：10、M13：8、M13：11）　11. 匏勺（M13：7）　15～18. 豆盖（M13：17、M13：18、M13：20、M13：19）　19～22. 豆盘（M13：16、M13：15、M13：13、M13：14）

陶。残存黄褐色陶衣痕。盖敛口，平唇，弧面，面附三纽。口径16.8、高5.4厘米。身子口内敛，弧腹，圜底，蹄足较矮。双直附耳。口径14.8、高15.4厘米（图四二，1）。M14：16，灰陶。盖敛口，平唇，弧面，面附三半圆形纽。口径16、高5.4厘米。身子口内敛，浅弧腹，圜底，蹄足较矮。双直附耳。口径16、高14厘米（图四二，2）。

鼎足　6件。其中，红陶1件。M14：19-1，灰陶。状如蹄足。高6厘米（图四二，3）。

豆　至少有2件。均残。灰褐陶。施黄褐色陶衣，但大部分都已剥落。M14：1，下部残。口略侈，平唇，外壁略内弧，短柄。口径9.9、残高6厘米（图四二，4）。M14：5，仅存豆盘。口略侈，平唇内斜，外壁略内弧。口径10、残高1.8厘米（图四二，5）。

盒　4件。施黄褐色陶衣，但大部分都已剥落。M14：9-2、M14：9-1，灰陶。均仅存盒盖。敛口，平唇内斜，弧壁，圈足纽。沿下和外壁各饰一周凹弦纹。M14：9-2，口径17.9、圈纽径6.4、高6.6厘米（图四二，7）。M14：12，口径18、圈纽径6.4、高5.8厘米（图四二，8）。M14：9-1，红褐陶。均仅存盒盖口沿。敛口，平唇内斜，沿外饰两周凹弦纹。口径15.2、残高2.8厘米（图四二，6）。M14：11，灰陶。仅存盒身。子口内敛，唇近平，弧腹，圈足。腹部饰三周凹弦纹。口径15.2、底径8.8、高6.9厘米（图四二，9）。

壶　3件，修复2件。M14：20，仅存圈足。灰褐陶。底径9.6、残高3.8厘米（图四二，10）。M14：14，灰褐陶。黑皮，施灰白色陶衣，但大部分都已剥落，外有朱绘痕迹。盘状侈口，平唇，短颈，鼓腹、矮圈足。肩、腹各饰一周凹弦纹，肩部和上腹饰绳纹，腹两侧各饰一指环形铺首。口径8.6、腹径15.2、底径9.6、高15厘米（图四二，11）。M14：13，灰陶。施灰白色陶衣，但大部分都已剥落。盘状口近直、平唇，沿下略内弧，颈稍长，鼓腹，矮圈足。肩饰一周凹弦纹，肩，腹饰绳纹，腹两侧各饰一指环形铺首。口径9.9、腹径16.9、底径10.7、高18.4厘米（图四二，12）。

器盖　3件。M14：10，褐陶。残。口略敛，平唇内斜，面近弧。口径9.95、高1.6厘米（图四二，13）。M14：6、M14：8，形制完全相同。似为壶盖。灰褐陶。子口内敛，圆唇，弧面，面附三梯形纽。M14：6，残存黄褐色陶衣痕和朱绘痕迹。口径8.8、高3厘米（图四二，14）。M14：8，纽已不存。口径8.8、残高2.4厘米（图四二，15）。

匏勺　2件。灰陶。施灰白色陶衣，部分已剥落。形如烟斗。M14：4，长7厘米（图四二，16）。M14：15，长7.2厘米（图四二，17）。

勺　1件。M14：17，灰陶。施灰白色陶衣，但大部分都已剥落。勺体呈半圆形，圆柱形直柄。高6.2厘米（图四二，18）。

铜器　4件。

泡钉　4件，形制完全相同。形如盔帽，中间带钉。M14：2，直径1.6、高2厘米（图四二，19）。

M15　出土铜剑1件。

剑　1件。M15：1，柄残。剑身中脊凸出，身较长，形如柳叶，近刃部左侧有一孔。残长33.7、最宽3.8、厚0.7厘米（图三九，7）。

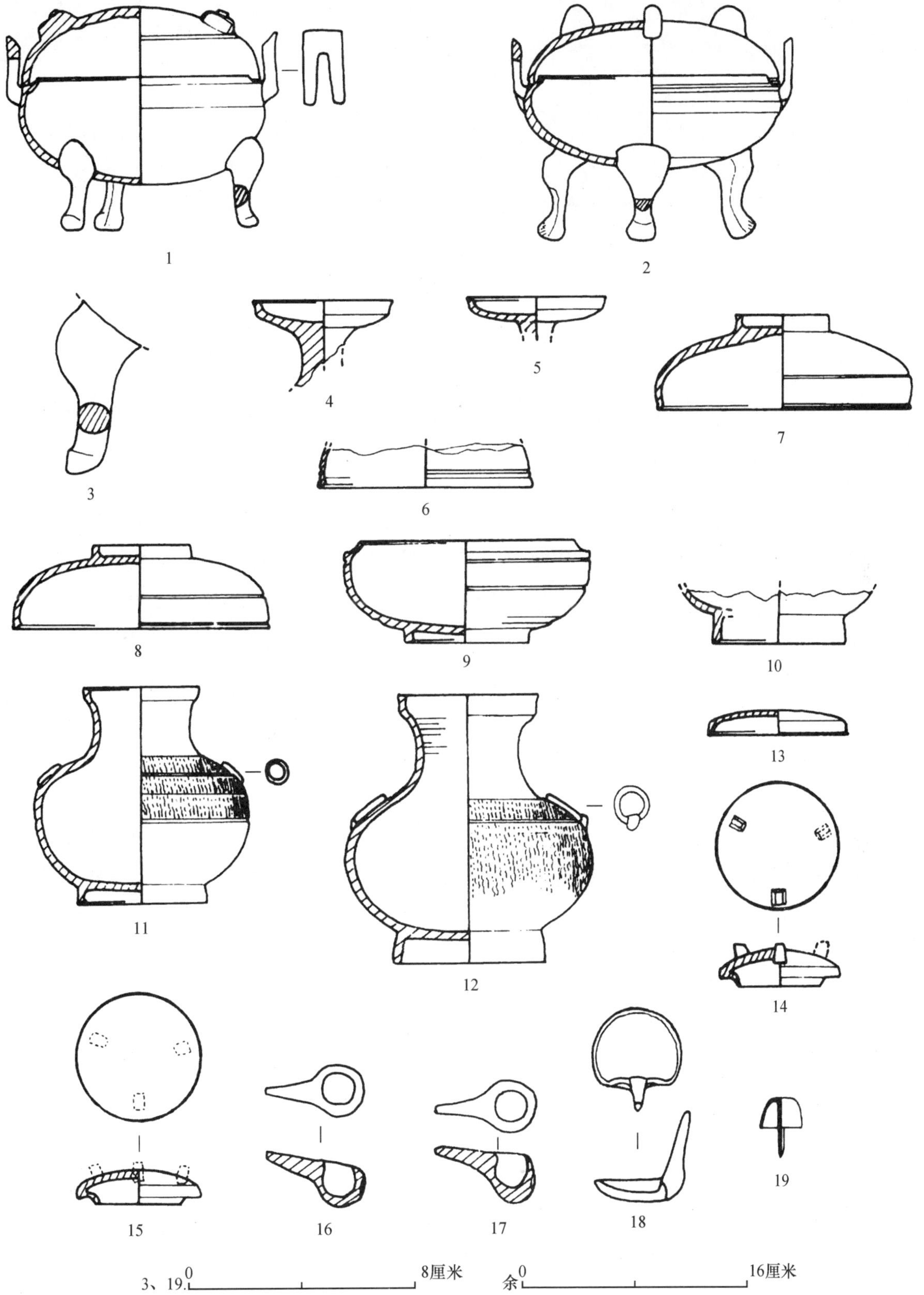

图四二 M14器物

1、2. 陶鼎（M14：7、M14：16） 3. 陶鼎足（M14：19-1） 4、5. 陶豆（M14：1、M14：5） 6～8. 陶盒盖（M14：9-1、M14：9-2、M14：12） 9. 陶盒（M14：11） 10～12. 陶壶（M14：20、M14：14、M14：13） 13～15. 陶器盖（M14：10、M14：6、M14：8） 16、17. 陶匏勺（M14：4、M14：15） 18. 陶勺（M14：17） 19. 铜泡钉（M14：2）

2. 砖室墓

6座。都有随葬品。

M3 出土随葬品比较丰富，有陶器、石器、银器、铜器和铁器等近80件，钱币数十枚。

陶器和釉陶器 52件。

囷 16件，部分带盖，施黄褐色陶衣，但大部分都已剥落。囷基本上都是灰陶，或灰褐陶，夹较多的白色细砂。均为短颈、折肩，颈肩弧状相连，大多上腹近直，下腹略弧，平底。囷一般腹部饰一周或两周凹弦纹，施黄褐色陶衣，但大部分都已剥落。口沿大多有细微的差别。囷盖一般黑褐陶，或灰褐陶，夹有白色细砂。基本上都是侈口，圆唇，弧腹，面平；颈部饰有一周凹弦纹，并略内收，腹部及近面有两周或三周凸棱。M3：16，带盖。囷，灰陶。敛口，平唇内斜，肩部内侧略弧。下腹有削痕。口径8.9、底径9.2、高12.8厘米。盖，灰褐陶。近面两周凸棱明显。口径11.6、面径4.8、高4.4厘米（图四三，3）。M3：18，带盖。囷，灰陶。敛口，唇近圆，内斜，平肩。口径8、底径9.2、高12.8厘米。盖，灰褐陶。内沿下略凹。口径12、面径4.8、高4.4厘米（图四三，2）。M3：15，带盖。囷，灰陶。口略侈，圆唇近尖，平肩。口径7.9、底径9.2、高12.8厘米。盖，黑褐陶。内沿下略凹。口径11.6、面径4.4、高4.4厘米（图四三，4）。M3：17，带盖。囷，灰陶。口近直，外唇圆折，肩部内侧略弧。口径8、底径8.4、高12.7厘米。盖，灰褐陶。口径12.1、面径5.6、高4.4厘米（图四三，5）。M3：49，灰陶。敛口，唇近圆，内斜，肩近平。口径10、底径12.4、高13.8厘米。盖，灰褐陶。近面两周凸棱不明显。口径12.8、面径4.8、高4.4厘米。M3：49，囷，灰陶。敛口，平唇内斜，肩部内侧略弧。下腹有削痕。口径8.8、底径10.4、高13厘米（图四三，1）。M3：55，灰陶。敛口，平唇内斜，凹肩，腹部近弧状。肩下和上腹各饰两周凹纹。口径14.8、底径14.4、高19.6厘米（图四三，6）。M3：19，灰陶。口略侈，圆唇，平肩。口径8、底径9.6、高14.2厘米（图四三，10）。M3：48，灰陶。敛口，平唇内斜，肩部内侧略凹。腹部近弧状，上腹部饰一周宽带纹，下腹有削痕。口径9.6、底径10.2、高14厘米（图四四，8）。M3：47，灰陶。敛口，平唇内斜，唇中间略凹，肩部内侧略凹。腹部近弧状，底内凹。上腹部饰一周宽带纹，下腹有削痕。口径9.4、底径8.4、高13.2厘米（图四四，9）。M3：39，灰陶。敛口，平唇内斜，肩部内侧略凹。口径8.4、底径9.8、高13厘米（图四六，9）。M3：54，灰陶。敛口，平唇内斜，肩部内侧略凹。上腹部饰一周凹纹，下腹有削痕。口径9.2、底径9.4、高14.2厘米。M3：34，灰黑陶。敛口，平唇内斜，肩部内侧略凹。口径9.6、底径9.8、高13.8厘米。M3：50，黄褐陶。口微敛，唇近平、肩略向外斜。腹部近弧状，下腹有削痕。口径10.8、底径12、高14.8厘米。M3：67，灰陶。敛口，圆唇内斜，肩近平，腹弧状，底略凹。肩下三道浅凹纹。口径10.4、底径11.8、高12.8厘米。M3：66，灰陶。口残，肩平。底径9.4、残高12.4厘米。

囷盖 13件，其中6件扣于囷口，另外7件单列。基本上都施黄褐色陶衣，但大部分都已剥落。褐陶。大多数侈口，圆唇，弧腹，面平。颈部饰有一周凹弦纹，并略内收，近面两周凸棱。M3：29，灰褐陶。侈口，唇近平。口径12、面径4.8、高4.7厘米（图四三，7）。M3：52，黄褐陶。口径11.8、面径5.2、高4.4厘米（图四三，8）。M3：63，灰褐陶。口径

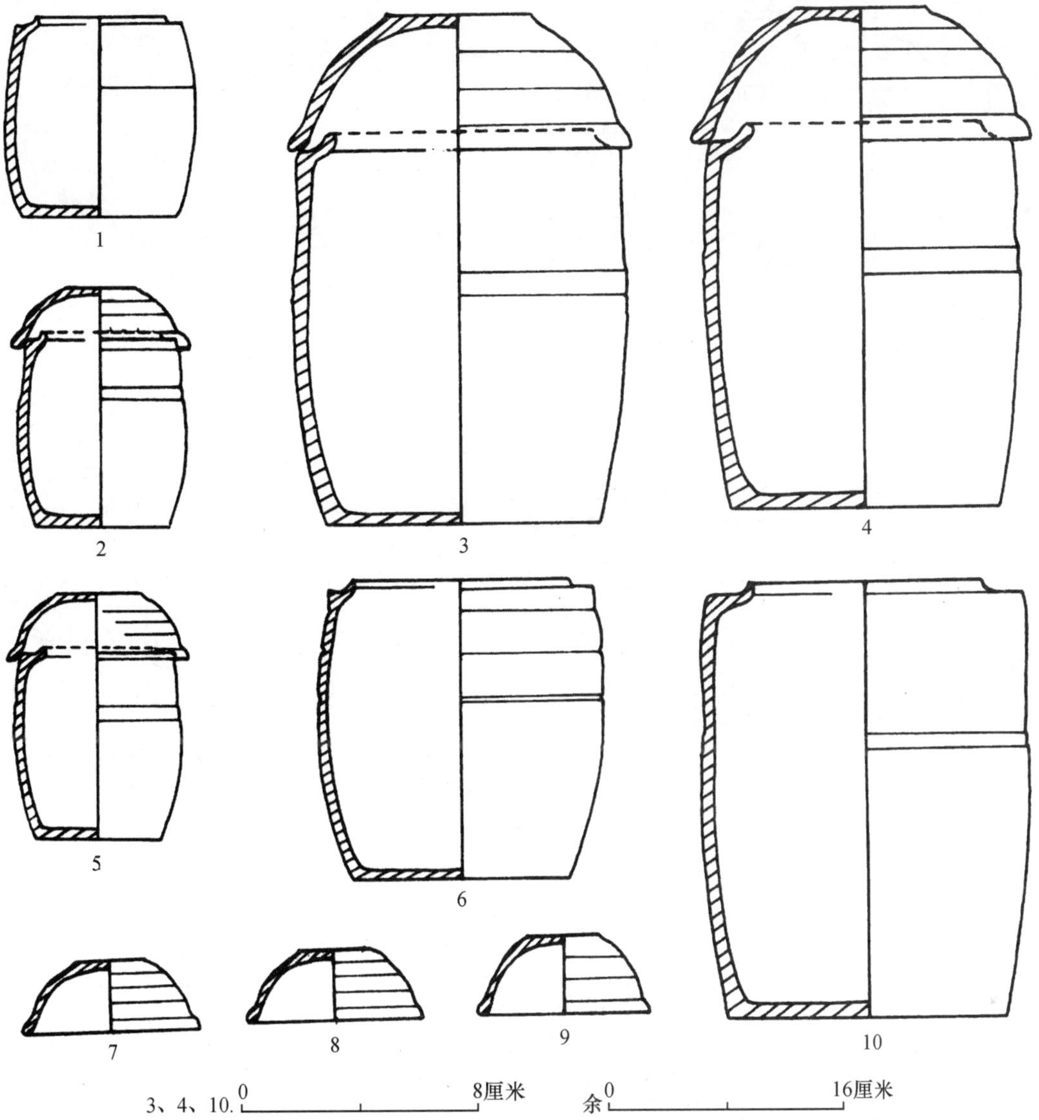

图四三　M3陶器

1～6、10. 囷（M3：49、M3：18、M3：16、M3：15、M3：17、M3：55、M3：19）　7～9. 囷盖（M3：29、M3：52、M3：63）

11.6、面径4.8、高5.2厘米（图四三，9）。M3：28，灰褐陶。口径12、面径5.2、高4.4厘米。M3：42，灰褐陶。口径11.6、面径5.2、高4.2厘米。M3：62，灰褐陶。口径18.2、面径6.4、高6.8厘米。M3：69，黄褐陶，口沿为黑色。口径11.8、面径4.4、高4.5厘米。

扁鼓腹罐　6件，修复5件。均为灰陶，基本上都施黄褐色陶衣，但大部分都已剥落。基本上都是短束颈，斜肩，鼓腹，鼓腹较扁，下腹斜收呈圜底，只是口沿略有差别。外肩至底饰绳纹，上部绳纹间以三周或四周宽带浅凹纹。M3：40，口微敛，内唇近平，外唇圆折。口径11.6、腹径31.2、高18.2厘米（图四四，1）。M3：3，口近直，圆唇外折，外沿呈尖状。口径10.2、腹径25.6、高14.4厘米（图四四，2）。M3：53，口近直，圆唇外折，外沿呈尖状。肩部有一印章形印痕，竖长3、宽1.2厘米，似为篆字，字迹不清。口径12.8、腹径35、高21.4厘米（图四四，3）。M3：44，口近直，圆唇外折，外沿呈尖状。肩部有一印章形印痕，竖长2.2、宽1厘米，似为篆字，字迹不清。口径12.7、腹径34.2、高20.6厘米（图四四，4）。M3：13，

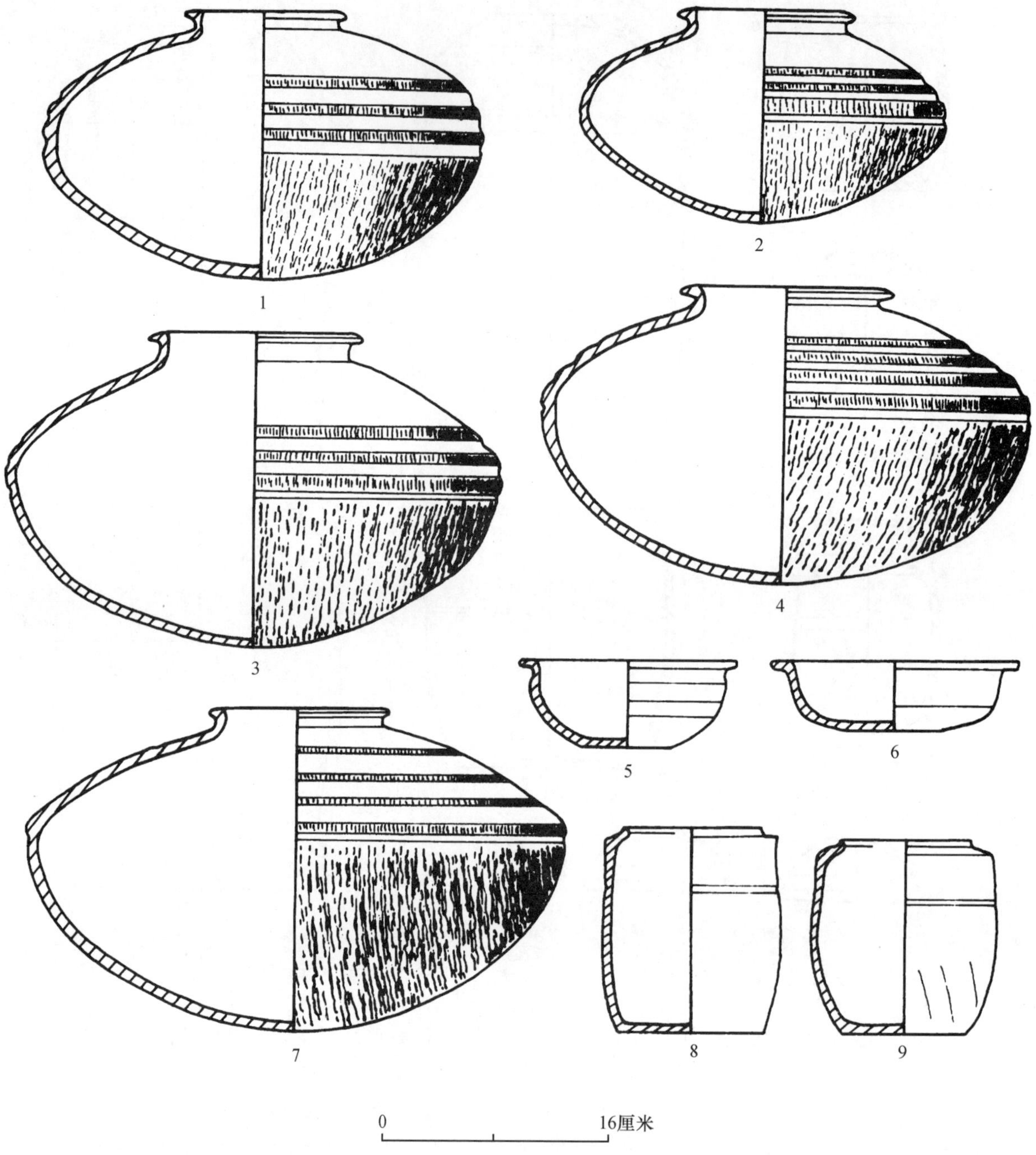

图四四　M3陶器

1～4、7. 罐（M3：40、M3：3、M3：53、M3：44、M3：13）　5. 钵（M3：30）　6. 盘（M3：38）
8、9. 囷（M3：48、M3：47）

口略侈，圆唇外折。口径13、腹径38.2、高21. 8厘米（图四四，7）。

束肩罐　1件。M3：14，黄褐陶，黑皮。口微敛，圆唇略外折，短颈、斜肩，肩下部分直壁，略内束，腹部至底呈球状，圜底。肩部饰三周凹纹，腹至底饰零星绳纹。口径11.6、腹径22.4、高17. 4厘米（图四五，2）。

红陶罐　1件。M3：45，红陶，夹少量细砂。口近直，圆唇，无颈，斜肩，腹略鼓，下腹弧状，平底。外有黄褐色陶衣痕。口径8、底径6、高6.8厘米（图四五，3）。

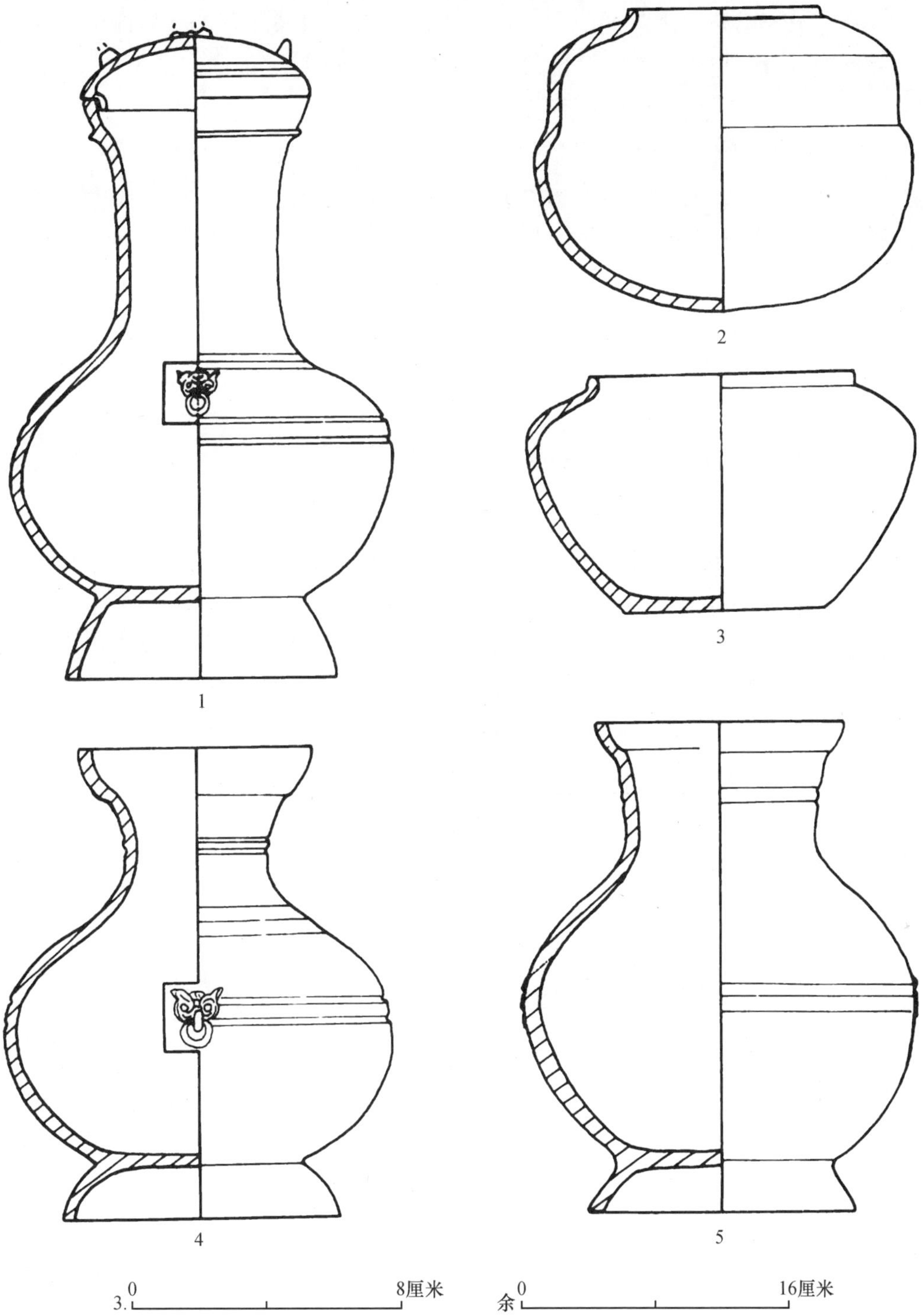

图四五　M3陶器

1、4、5. 壶（M3：2、M3：58、M3：57）　2. 束肩罐（M3：14）　3. 红陶罐（M3：45）

折肩罐　1件。M3：56，残。黄褐陶，黑皮。口微敛、圆唇外折，肩略斜，肩下略直，圜底。肩部和肩下分别饰三周、一周凹纹。口径16.4、腹径33.6、高约28. 4厘米。

壶　4件，修复3件。均为红陶，夹少量细砂。基本上都施黄褐釉，釉色略泛青。M3：2，盖为子口，敛口，圆唇内斜，圆折肩，弧面。面有三周细凸棱，中间附有纽，已残，形状不明，周饰三个乳状纽。口径13.4、高4.4厘米。身为盘状直口，唇近平，略内斜，细长颈，鼓腹，圈足较高，呈喇叭状。下颈和腹部各饰两周凹弦纹，腹两侧各饰一兽面衔环铺首。通体施黄褐釉，黄中带青。口径13.2、腹径22.4、底径16、高33.5、通高37厘米（图四五，1）。M3：58，盘状侈口，唇近平，盘壁近直，颈较短，鼓腹、矮圈足呈喇叭状。颈、肩、腹各饰两周凹弦纹，腹两侧各饰一兽面衔环铺首，圈足中部饰一周凹弦纹。施黄褐釉，大部分都已剥落。口径14.1、腹径23.6、底径16.6、高27厘米（图四五，4）。M3：57，盘状侈口，圆唇，盘壁外弧，颈较短，鼓腹、矮圈足呈喇叭状。颈、肩、腹各饰两周凹弦纹，腹两侧各饰一兽面衔环铺首，圈足中部饰一周凹弦纹。施黄褐釉，大部分都已剥落。口径14.6、腹径23、底径16、高28.2厘米（图四五，5）。M3：35，残。盘状侈口，平唇略内斜，长颈，鼓腹，圈足较矮，呈喇叭状。肩和腹部各饰两周凹弦纹，腹两侧各饰一兽面衔环铺首。通体施黄褐釉，黄中带青。口径16.4、腹径22.4、底径14.4厘米。

钵　2件。红陶，夹少量细砂。M3：30，侈口，平唇，弧腹，平底。上腹饰一周宽凸弦纹，下腹有两周凸棱。口径15.2、底径6.2、高6厘米（图四四，5）。M3：70，残。敛口，平唇，弧腹、平底。上腹饰两周凹弦纹。口径16、底径6.2、高约6厘米（图四七，1）。

盘　1件。M3：38，红褐陶，夹细砂。敞口，平唇，弧腹，平底。盘内壁有两周细弦纹，底有一周凹弦纹；外壁饰一周宽凸弦纹。唇部和盘内有黄釉痕迹，盘外有黑色陶衣痕。口径17.2、底径6.8、高4.8厘米（图四四，6）。

釜　1件。M3：36，红褐陶，夹细砂。口略侈，平唇内斜，外沿圆折，颈内收呈弧状，斜肩，弧腹，平底。肩部以上施黄褐釉，釉色泛青，以下有黄褐色陶衣痕。口径8.4、底径4、高6.2厘米（图四六，4）。

甑　1件。M3：68，残。灰褐陶，夹细砂。口近直，圆唇，弧腹，平底略凹。底有27个径约0.8厘米的穿孔。腹壁饰绳纹。施黄褐色陶衣，部分已剥落。口径34.4、底径15.2、高约30.4厘米。

杯　1件。M3：37，红褐陶，夹细砂。直口，平唇，身呈筒状，矮假圈足。沿下有一乳状附耳，耳上部和近底各有一周凹弦纹。施黄褐釉，釉色略泛青，部分剥落。口径8.4、底径5.2、高6.4厘米（图四六，5）。

灯　1件。M3：65，红褐陶，夹细砂。灯盘近盘状，口略侈，唇近平。短柄。灯座呈覆钵形，口略敛，平唇，弧腹。灯盘内部和器身均施黄褐釉，釉色略泛青，部分剥落。口径9.2、底径10.8、高10.2厘米（图四六，10）。

熏炉座　1件。M3：64，红褐陶，夹细砂。呈豆状。上部子口，直口，圆唇，短柄。下部呈覆钵形，口略侈，平唇，弧腹。器身施黄褐釉，釉色略泛青，部分剥落。口径8、底径8、高9.4厘米（图四六，8）。

豆　1件。M3：6，残。灰陶，夹少量白色细砂。上部呈盘状，侈口，圆唇，弧腹，柄较高。有黄褐色陶衣痕。口径12、残高9.6厘米（图四七，2）。

勺　1件。M3：32，红褐陶，夹细砂。口略敛。圆唇，弧腹，底略内凹。勺把断面呈圆形。勺内和器身施黄褐釉，少部分剥落。口径9.2、底径4.4、高4.4厘米（图四七，4）。

石器　1件。

料珠　1件。M3：10，浅绿色。平面近椭圆形，中间有一直径0.1厘米的穿孔。长径0.6、

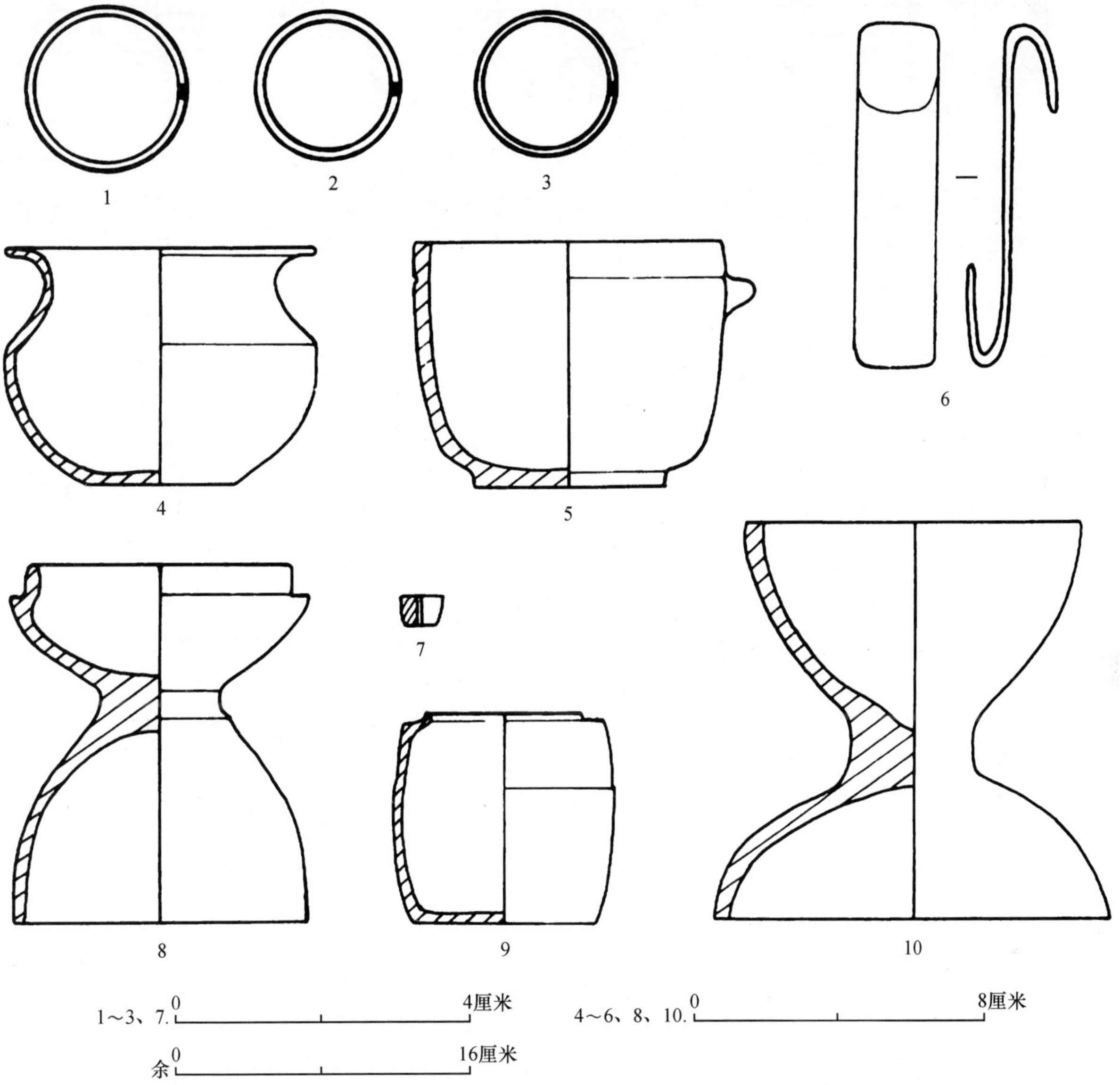

图四六　M3器物

1～3. 银戒指（M3：9-1、M3：9-2、M3：9-3）　4. 陶釜（M3：36）　5. 陶杯（M3：37）　6. 铁钩（M3：1）　7. 石料珠（M3：10）　8. 陶熏炉座（M3：64）　9. 陶囷（M3：39）　10. 陶灯（M3：65）

短径0.4、高0.4厘米（图四六，7）。

金属器　19件。其中，银器3件，铜器5件，铁器8件，不明金属器残件3件。

银器　3件，完整。

戒指　圆形。M3：9-1，直径2.1、断面径0.15厘米（图四六，1）。M3：9-2，直径1.95、断面径0.1厘米（图四六，2）。M3：9-3，直径1.85、断面径近0.1厘米（图四六，3）。

铜器　5件。

戒指　1件。残。圆形。M3：9-4，直径1.6、断面径0.1厘米（图四七，5）。

钵　1件。M3：64，锈蚀、残，内有朱痕。敛口、平唇，斜直腹。下部残。口径约20、残高9.5厘米（图四七，8）。

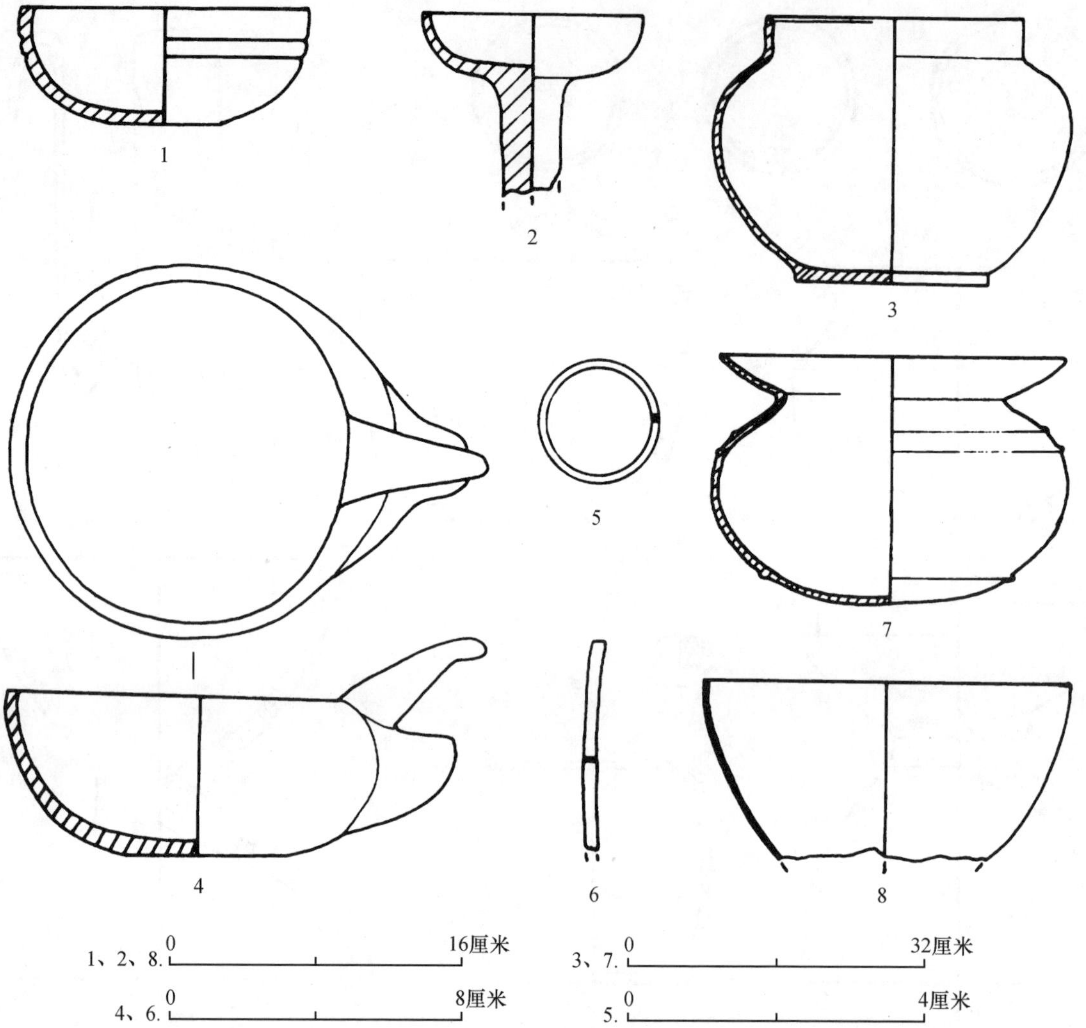

图四七　M3器物

1. 陶钵（M3：70）　2. 陶豆（M3：6）　3. 铁罐（M3：43）　4. 陶勺（M3：32）　5. 铜戒指（M3：9-4）
6. 不明金属器（M3：22-1）　7. 铁釜（M3：12）　8. 铜钵（M3：64）

箍边　3件。残。出土时箍之凹槽向下，内有漆皮和木痕，疑为漆木器包边之铜箍。均为圆形。M3：41，凹槽断面呈弧状。直径20、高0.45厘米。M3：60，凹槽断面呈弧状。直径16、高0.45厘米。M3：59，凹槽断面呈梯形。直径22、高0.5厘米。

铁器　8件。

钩　6件。锈蚀。3件完整。均呈“S”形，其上残存木痕，可能是木棺附件。M3：1，长9、宽2.2、厚0.45厘米（图四六，6）。

釜　1件。M3：12，锈蚀，残。敞口，尖唇，弧腹，圜底。上腹两周凸棱，近底一周凸棱。口径38、腹径38.8、高26厘米（图四七，7）。

罐　1件。M3：43，锈蚀，残，碎。口微敛，平唇内斜，直颈，斜肩，上腹略鼓，下腹弧状，矮饼足。口径约28、腹径约38.8、底径10、高约28厘米（图四七，3）。

不明金属器　3件。残。灰白色，似为某种合金。均呈长条形，略带弧状。M3：22-1，残长5.6、宽0.4、厚0.1厘米（图四七，6）。M3：22-2，残长3.6、宽0.4、厚0.15厘米。M3：22-

3，残长4.6、宽0.3、厚0.1厘米。

钱币　锈蚀严重，几乎无完整者。可见“五铢”二字者，“五”字相交两笔较弯曲；“铢”字之“金”字头呈三角形，“朱”字上下两笔转圆折。M3：26-1，直径2.5、穿径1厘米。

M4　出土随葬品也比较丰富，有陶器、铜器和铁器等74件，钱币上百枚，但粘连锈蚀严重。

陶器和釉陶器　57件。

囷　3件。夹较多的白色细砂，施黄褐色陶衣，但绝大部分都已剥落。M4：37，灰陶。口微敛，平唇，短颈略弧，肩部略凹，弧腹，平底。近底一侧似有一印章，模印不清。竖长1.8、宽0.8厘米。口径13.8、底径14.8、高17.2厘米（图四八，1）。M4：5，灰黑陶。敛口，平唇内斜，平肩，弧腹，平底。上腹部饰两周弦纹，中腹饰一周宽带凹纹，下腹有削痕。口径7.2、底径8.5、高12.2厘米（图四八，2）。M4：6，灰黑陶。口微敛，平唇内斜，肩部略凹，弧腹，平底。上腹饰一周凹纹，下腹有削痕。口径7.5、底径7.6、高12.8厘米（图四八，3）。

囷盖　3件。M4：61，灰褐陶，夹有白色细砂。敞口、圆唇，下腹弧状，上腹斜直，面平。颈部饰有一周凹纹，并略内收。口径18、面径5.6、高6.8厘米（图四八，4）。M4：45，灰陶，夹有少量白色细砂。侈口，圆唇，弧腹，面平。颈部饰有一周凹纹，并略内收。口径12、面径4.4、高5厘米（图四八，5）。M4：49，灰陶，夹有少量白色细砂。口近敞，圆唇，弧腹，面平。颈部饰有一周凹纹，并略内收。口径12.5、面径4、高5厘米（图四八，6）。

扁鼓腹罐　1件。M4：2，灰黑陶。口近直，短束颈，斜肩，鼓腹，鼓腹较扁，下腹斜收呈圜底。外肩至底饰细绳纹，上部绳纹间以四周宽带凹纹。口径11.7、腹径31.6、高18.4厘米（图四八，7）。

直颈罐　1件。M4：36，灰陶，夹有白色细砂。口近直、唇近平，略内斜，直颈，斜肩，上腹略圆鼓，下腹斜直，平底略凹。肩饰两周凹弦纹。口径12.8、腹径24.6、底径13.4、高19.2厘米（图四八，8）。

甑　1件。M4：54，灰陶，夹有白色细砂。施黄褐色陶衣，但大部分都已剥落。侈口，圆唇外卷，上腹弧状，下腹斜直，平底略凹。上腹饰三组戳印纹，底有11个穿孔，一般直径1厘米。口径32.8、底径15.2、高17厘米（图四八，9）。

壶　3件。均为红陶，夹少量细砂。施釉，部分已剥落。M4：16，盘状侈口，唇近平，略内斜，颈较短，球腹，圈足呈喇叭状。盘口下部和圈足中部各饰一周凹弦纹，肩部和腹部各饰两周凹弦纹，上腹两侧各饰一兽面衔环铺首。通体施黄褐釉，略泛青。口径16、腹径25.4、底径17.2、高35.4厘米（图四九，9）。M4：17，盘状直口，唇近平，略内斜，颈较长，鼓腹，圈足呈喇叭状。盘口下部饰一周凹弦纹，肩部和腹部各饰两周凹弦纹，上腹两侧各饰一兽面衔环铺首。通体施黄褐釉，略泛青。口径15.8、腹径25.2、底径16.4、高34.6厘米（图四九，10）。M4：3，盘状侈口，平唇，长颈上部略小于下部，鼓腹，圈足呈喇叭状。肩部饰两周凸棱，腹部饰两周凹弦纹，两侧各饰一兽面衔环铺首。通体施青黄釉。口径11.2、腹径20.5、底径14.2、高28.4厘米（图四九，1）。

壶盖　3件。均为红陶，夹少量细砂。施釉，部分已剥落。M4：29，1件。子口内敛，圆唇内斜，圆折肩，弧面。面有三周细凸棱，中间附有纽，已残，形状不明，周饰三个乳状纽。

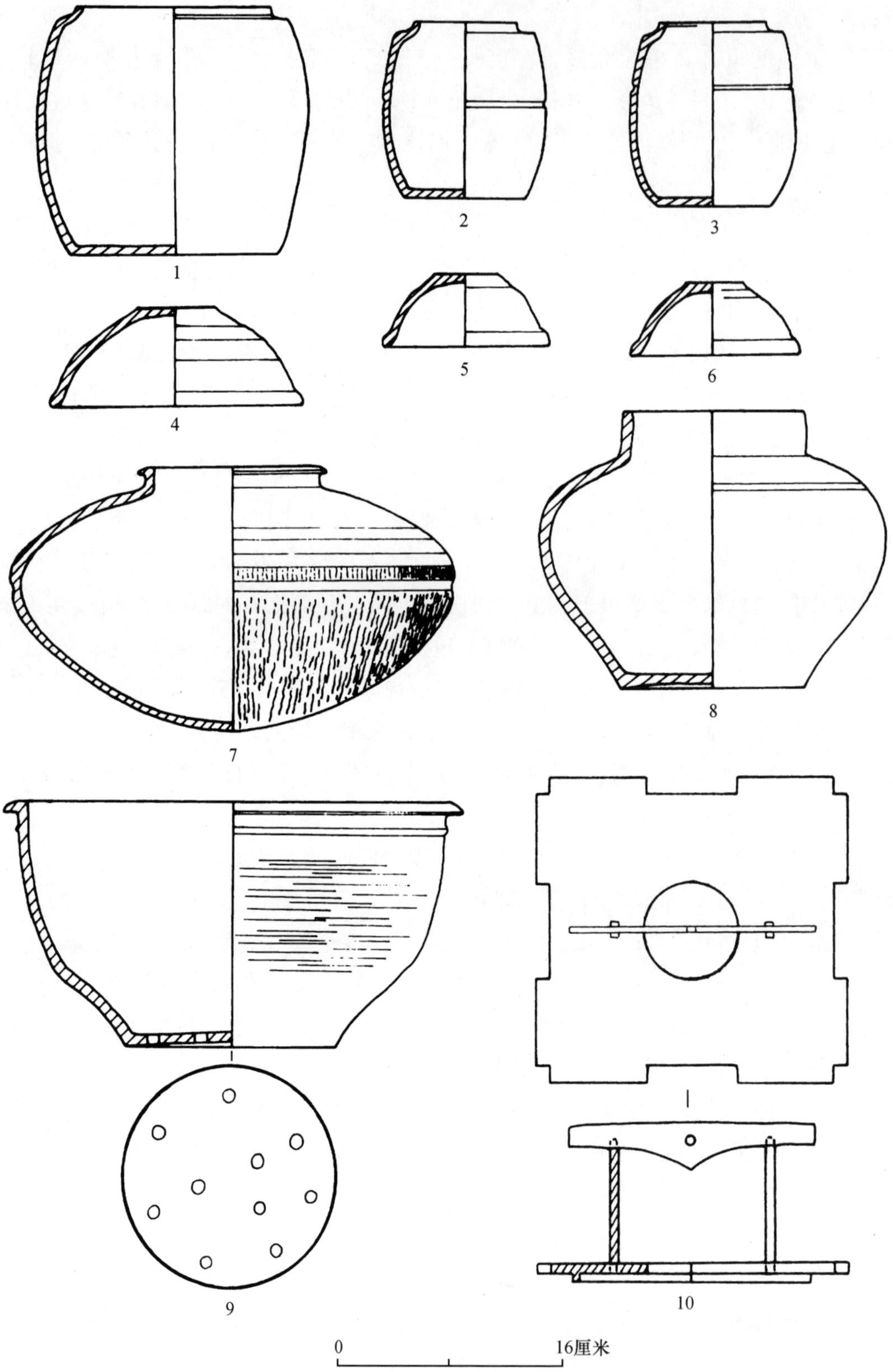

图四八　M4陶器

1～3. 囷（M4：37、M4：5、M4：6）　4～6. 囷盖（M4：61、M4：45、M4：49）　7、8. 罐（M4：2、M4：36）　9. 甑（M4：54）　10. 井架（M4：60）

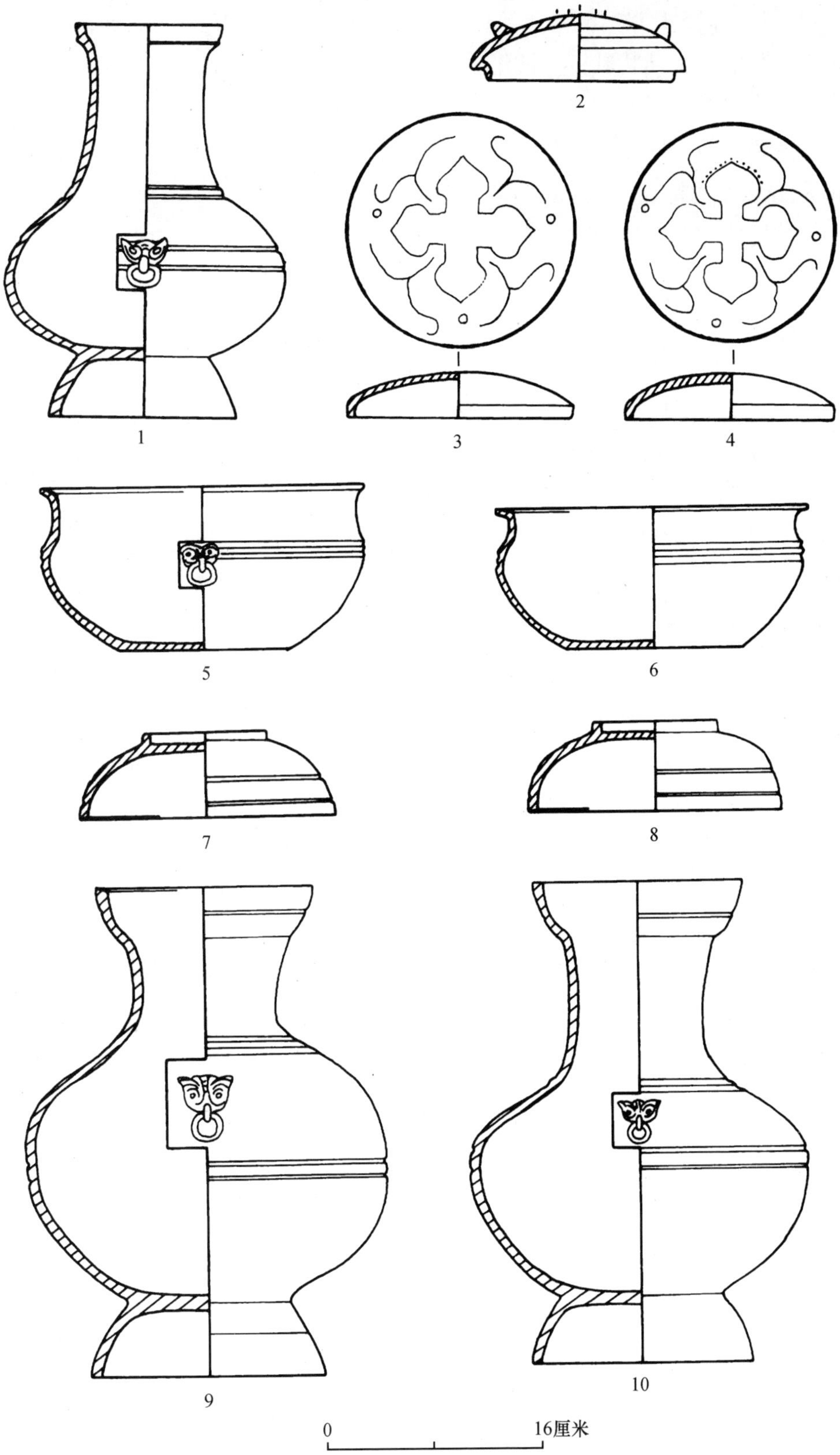

图四九　M4陶器

1、9、10. 壶（M4：3、M4：16、M4：17）　2～4. 壶盖（M4：29、M4：13、M4：24）　5、6. 盆（M4：15、M4：27）
7、8. 盒盖（M4：52、M4：42）

施青黄釉。口径14、高5.4厘米。可能是M4：3之盖（图四九，2）。M4：24，盖面呈弧状，饰浮雕状四蒂纹，间以三个凸状乳钉和四组蔓草纹。其中一蒂外侧饰以连续的13个凸状小乳钉。盖面施黄褐釉，内里有黄褐色陶衣痕。直径15.8、高3.4厘米（图四九，4）。M4：13，盖面呈弧状，饰浮雕状四蒂纹，间以三个凸状乳钉和四组蔓草纹。盖面施黄褐釉，内里有黄褐色陶衣痕。直径16.8、高3.4厘米（图四九，3）。

盆　2件。均为红褐陶，夹少量细砂。除下腹和底部，内外均施黄褐釉，略泛青。M4：15，侈口，平唇内斜外折，颈略内收，弧腹，平底。内底有一周凸棱。颈下饰三周凹弦纹，两侧颈腹间各饰一兽面衔环铺首。口径24、底径12、高11.8厘米（图四九，5）。M4：27，侈口，平唇内斜外折，颈略内收，弧腹，平底。颈下饰两周凹弦纹。口径23.2、底径13.4、高10.2厘米（图四九，6）。

盒盖　2件。均为红褐陶，夹少量细砂。盖面和外腹残存黄褐色釉痕。M4：42，敛口，平唇略内斜，弧腹，盖面圈足纽。下腹两周凹弦纹。口径19.2、纽径9.5、高6.4厘米（图四九，8）。M4：52，敛口，平唇略内斜，弧腹，盖面圈足纽。下腹两周凹弦纹。口径19.2、纽径9.2、高6.2厘米（图四九，7）。

杯　3件。均为红褐陶，夹少量细砂。施釉，部分已剥落。M4：41，敛口，平唇略内斜，身近筒状，平底。外沿下有两周凹弦纹。施黄褐釉，略泛青。口径11.6、底径10、高6.8厘米（图五〇，1）。M4：53，直口，平唇，身呈筒状，平底。沿下有一近半圆形捏塑附耳，耳上下各有一周凹弦纹。外壁施青黄釉。口径12.6、底径8.6、高8.8厘米（图五〇，2）。M4：32，口微敛，平唇，身近筒状，平底。沿下有一近半圆形捏塑附耳，耳上下各有一周凹弦纹。外壁施青黄釉。口径11.8、底径9.8、高8.4厘米（图五〇，3）。

灯　3件。均为红褐陶，夹少量细砂。施黄褐釉，略泛青，部分已剥落。M4：25，仅存下部灯盘。盘口为敞口，平唇内斜，弧腹，底部为直径5.6厘米的孔。盘中残存灯柄下部，呈喇叭状。盘内及口沿施釉。口径18.8、残高4.6厘米（图五〇，6）。M4：11，仅存下部灯盘。盘口为敞口，平唇内斜，沿下有颈，略内收，弧腹，底部为直径6.4厘米的孔。盘中残存灯柄下部，呈喇叭状。盘内及口沿施釉。口径17.4、盘高4.3厘米（图五〇，7）。M4：63，仅存上部灯盘。侈口，平唇、弧腹，其下残。盘内施黄褐釉，大部分已剥落。口径8.2、残高6.3厘米。

熏炉座　1件。M4：47，仅存炉座上半部分，呈杯状。敛口、平唇内斜，弧壁，底中部有圆形中空柄，已残。壁上部有两周凹弦纹。壁与口沿施黄褐釉，略泛青。口径9.6、残高8.2厘米（图五〇，8）。

博山炉盖　2件。形制完全相同。红褐陶，夹细砂。五层山峰相连，最下一层山峰间各有一圆形穿孔，圈部饰有水波纹和凸点纹。施黄褐色釉。M4：14-1，底径9.2、高7厘米（图五〇，9）。

豆　3件。均为红褐陶，夹白色细砂。施黄褐釉，略泛青，部分已剥落。M4：33，上部呈盘状，直口，平唇，壁较弧。柄较高，有数周凸棱。下部呈覆钵状，壁较弧。口径10.5、底径12.6、高16.8厘米（图五〇，10）。M4：21，上部呈盘状，敛口，平唇，壁较弧。柄较高，有数周凸棱。下部呈覆钵状，有一周凹弦纹。口径12、底径11.2、高17.6厘米（图五〇，11）。M4：12，上部已残。短柄，下部呈覆钵状。底径10、残高6.5厘米。

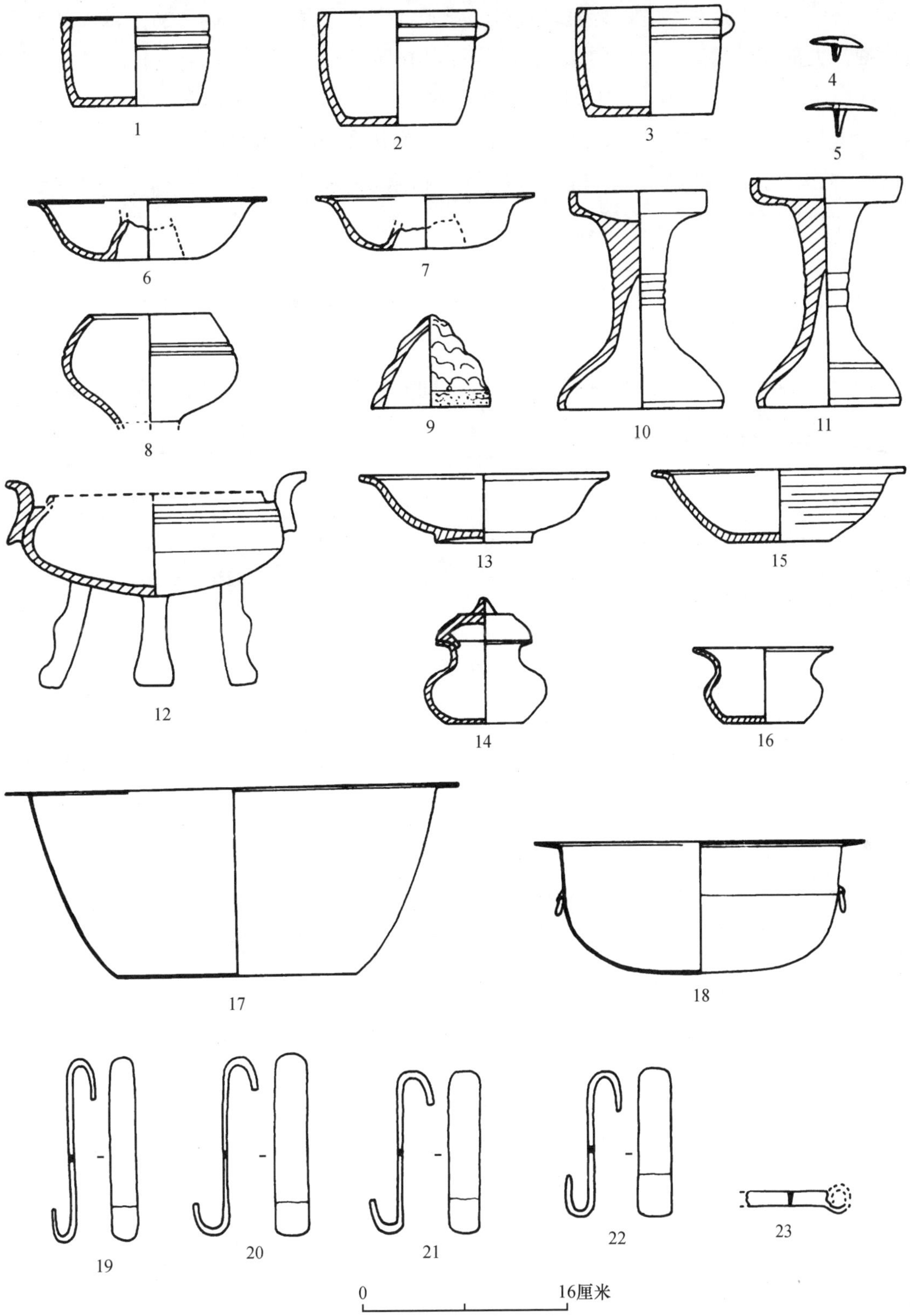

图五〇　M4器物

1～3. 陶杯（M4：41、M4：53、M4：32）　4、5. 铜泡钉（M4：9、M4：40-1）　6、7. 陶灯（M4：25、M4：11）　8. 陶熏炉座（M4：47）　9. 陶博山炉盖（M4：14-1）　10、11. 陶豆（M4：33、M4：21）　12. 陶鼎（M4：35）　13、15. 陶盘（M4：23、M4：62）　14、16. 陶釜（M4：4、M4：56）　17、18. 铜盆（M4：19、M4：18）　19～22. 铁钩（M4：10-3、M4：22-2、M4：10-1、M4：22-1）　23. 铁环首刀（M4：59）

鼎　1件。M4：35，红陶。无盖。敛口，弧腹，圜底，蹄足。双附耳，上部向外弧折。施青黄色釉，大部分已剥落。口径16.5、底径8.4、高16厘米（图五〇，12）。

耳杯　6件。均残。灰陶，或灰褐陶，夹细砂。椭圆形，侈口，圆唇，弧腹，饼足，外侧附两月牙形耳。M4：58-1，口长径11.2、短径6.6、底长径6.4、短径4厘米（图五一，1）。

盘　2件。均为红褐陶，夹白色细砂。盘内和口沿施黄褐釉，略泛青，部分已剥落。M4：23，敞口，平唇内斜，上腹斜直，下腹圆折，略弧，饼足略凹。内底有一周凸棱，外壁有黑色陶衣痕。口径19.5、底径7.6、高5.2厘米（图五〇，13）。M4：62，敞口，平唇内斜，上腹近直，下腹圆折，饼足略凹。内底中部稍凹，外壁有黑色陶衣痕。口径20.4、底径8、高5.6厘米（图五〇，15）。

釜　7件，修复2件。均为红褐陶，夹白色细砂。施釉，大部分已剥落。M4：4，釜身

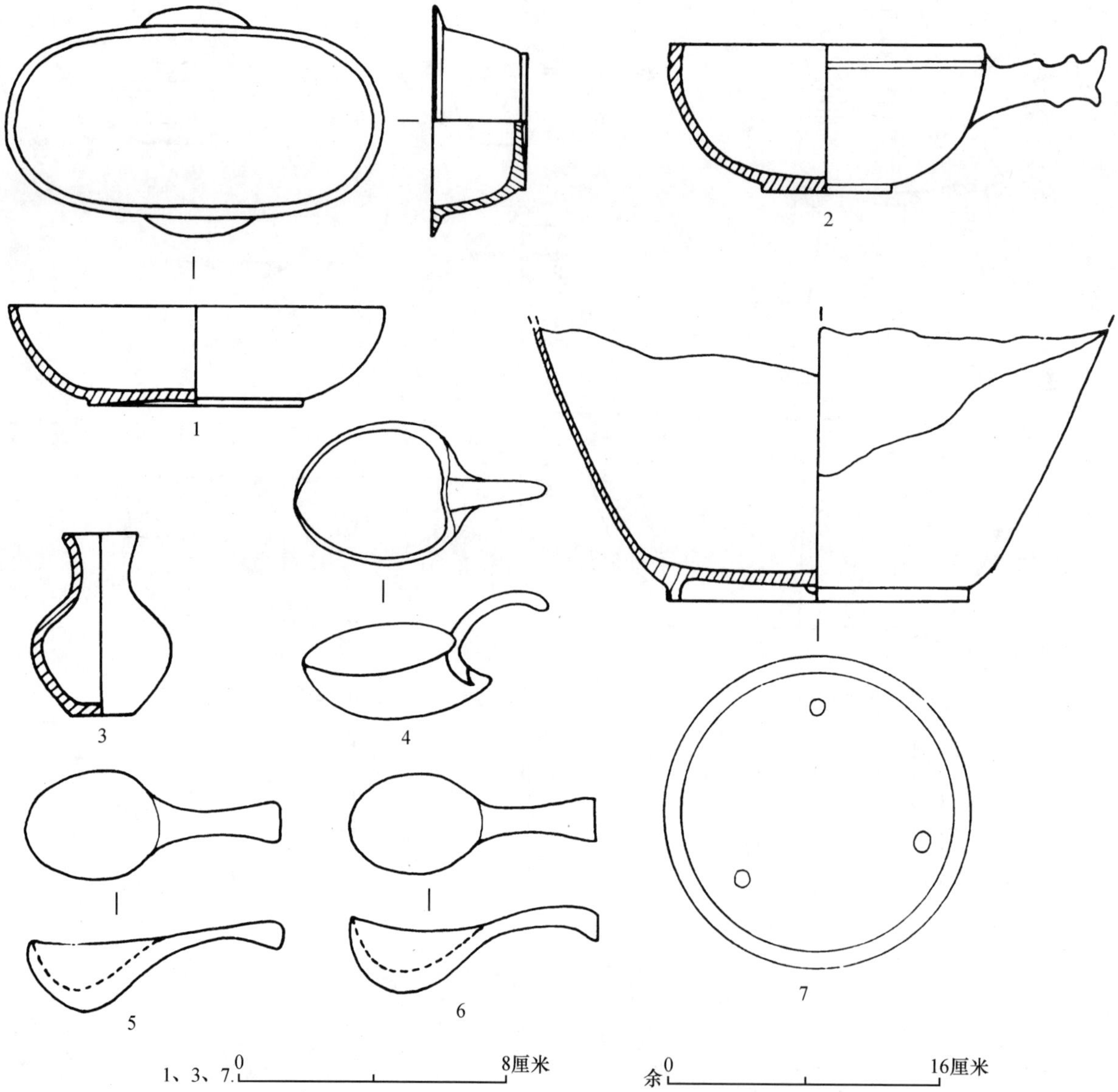

图五一　M4器物

1. 陶耳杯（M4：58-1）　2. 陶魁（M4：34）　3. 陶汲水罐（M4：63）　4～6. 陶勺（M4：30、M4：51、M4：20）

7. 铁罐（M4：28）

（M4：4-1），侈口，平唇内斜，外沿圆折，颈内收呈弧状，斜肩，弧腹，平底。肩部以上施青黄釉，以下有黄褐色陶衣痕。口径7.8、底径6.2、高6.4厘米。盖（M4：4-2），出土时倒扣于M4：4-1之上。子口内敛，唇近平，圆折肩，壁较直，面平。面中间附有一个乳状纽。面施青黄釉。口径6.2、面径4.4、高4.3厘米（图五〇，14）。M4：56，直口近盘状，唇近平，外沿圆折，短束颈，弧腹，平底。内施黄褐釉。口径11.2、底径7、高5.8厘米（图五〇，16）。M4：39，残。侈口，尖唇，沿外折，颈内收呈弧状，弧腹，平底。肩部有两周凹弦纹。口径16、底径11.6、高11.2厘米。M4：38，残。侈口，圆唇，颈内收呈弧状，弧腹，平底略内凹。肩部有三周凹弦纹。口径17.6、底径约13.2、高约14厘米。M4：44，残。侈口，尖唇，沿外折，颈内收呈弧状，斜肩，弧腹，平底。肩部有三周凹弦纹。肩部两侧各一个捏塑附耳。口径18、底径约14.4、高12厘米。

魁　2件。形制完全相同。均为红褐陶，夹白色细砂。腹部以上及内部施黄褐釉，部分已剥落。敛口，平唇，弧腹，饼足。沿下有一周凹弦纹，一侧有一龙头把手。长7.4厘米。M4：34，口径18.4、底径7.4、通高8.4厘米（图五一，2）。

钵　2件。均为红褐陶，夹白色细砂。M4：57，侈口，平唇，外沿圆折，弧腹、平底。腹饰两周凸棱，内底中部稍凹。口径15.2、底径5、高4.3厘米。M4：31，侈口，平唇，外沿圆折，弧腹，底残。上腹有一周凹弦纹。口径13.3、残高4.7厘米。

勺　3件。均为红褐陶，夹白色细砂。M4：30，口略侈，圆唇，弧腹，几近平底。勺把断面近椭圆。高7.2厘米（图五一，4）。M4：51，勺体为侈口，平唇，圜底。勺柄断面呈半圆形。柄面和勺内施黄褐釉，略泛青，部分已剥落。长15厘米（图五一，5）。M4：20，形制同于M4：51。长14.6厘米（图五一，6）。

井架　1件。M4：60，灰陶，夹细砂。井台近方形，中央有一径6.4厘米的井孔，台面阴线刻印网纹和鱼纹，台底面有一径16.8厘米的圈足。台面近井孔两侧各有一长方形穿孔，以插呈倒人字形井架，架上横置架杆，架杆中部设一径1厘米的圆孔，以系吊绳。长21.8、宽21.2、高11厘米（图四八，10）。

汲水罐　1件。M4：63，灰陶，夹细砂。侈口，圆唇，颈较长，弧腹，平底。口径2.2、底径1.8、高5.2厘米（图五一，3）。

鸡　1件。M4：46，尾和爪均残。灰陶，夹细砂。高19.8厘米。

另外，还发现有灰褐陶狗碎片，因火候很低，无法修复。

金属器　17件。其中，铜器9件、铁器8件。

铜器　9件。

盆　2件。略残。M4：18，侈口，平唇内斜，弧腹，圜底。上腹有三周凸纹，两侧各饰一简化（可能是锈蚀）兽面衔环铺首，近底有一周凸棱。口径26、高10.2厘米（图五〇，18）。M4：19，侈口，平唇内斜，腹略弧，平底。口径35.4、底径19、高14.4厘米（图五〇，17）。

泡钉　7件，仅1件完整。分大小两种，均呈伞状，鎏金。M4：40-1，直径6.2、高2.2厘米（图五〇，5）。M4：9，直径4.4、高1.8厘米（图五〇，4）。

铁器　8件。

钩　6件。均有锈蚀，仅2件完整。呈“S”形，钩上残存木痕，可能是木棺附件。有大小之分，长短之别。M4：10-3，长14、宽2、厚0.4厘米（图五〇，19）。M4：22-2，长13.7、宽2.7、厚0.4厘米（图五〇，20）。M4：10-1、M4：10-2，长12.4、宽2.4、厚0.4厘米（图五〇，21）。M4：22-1，长11.2、宽2.6、厚0.4厘米（图五〇，22）。

环首刀　1件。M4：59，刀尖和环首已残。残长7.4、厚0.2厘米（图五〇，23）。

罐　1件。M4：28，残、碎，仅存底部。下腹斜直，矮圈足，附三个乳状钉，钉面黑亮，似为黑漆钴。底径9、残高7.8厘米（图五一，7）。

钱币　大泉五十1枚，其余都是五铢钱。五铢钱字迹可辨者可分二式。

Ⅰ式："五"字显得较窄，上下两横笔出头，相交两笔较弯曲。"铢"字的"金"字头呈箭镞状；"朱"字上笔转直角，下笔略转圆折。M4：8-2，直径2.5、穿径1厘米。

Ⅱ式："五"字相交两笔较弯曲。"铢"字的"金"字头呈箭镞状；"朱"字上下两笔转圆折。M4：8-5，直径2.5、穿径0.9厘米。

大泉五十，1枚。残损。直径2.5、穿径1厘米。

M5　出土随葬品有陶器、铜器和铁器等11件，钱币32枚，大部分残损锈蚀。

陶器　5件。

困　1件。M5：2，灰陶，夹少量的白色细砂。敛口，平唇内斜，肩部略凹，颈肩弧状相连，弧腹，平底。腹部饰一周凹弦纹，施黄褐色陶衣，但绝大部分都已剥落。口径12.8、底径12、高14.8厘米（图五二，1）。

壶　1件。M5：3，红陶，夹白色细砂。盘状直口，唇平，盘壁略弧，颈较短，球腹，圈足呈喇叭状。肩部和腹部各饰两周凹弦纹，上腹两侧各饰一兽面衔环铺首，圈足中部饰一周凸弦纹。有施釉痕。口径14.4、腹径24.6、底径17.6、高30.4厘米（图五二，4）。

盆　1件。M5：5，红褐陶，夹少量细砂。侈口，平唇内斜外折，颈略内收，弧腹，平底。口径16.8、底径8、高7厘米（图五二，5）。

釜　1件。M5：11，红褐陶，夹少量细砂。侈口，平唇，外沿圆折，颈内收呈弧状，弧腹，小平底。颈部两侧捏塑一对附耳。口径12、底径4.4、高9.6厘米（图五二，6）。

器盖　1件。M5：4，灰褐陶，夹少量的白色细砂。敛口，平唇内斜，弧面。口径15.6、高3.5厘米（图五二，2）。

铜器　2件。

泡钉　2件。1件完整。分大小两种，均呈伞状，鎏金。M5：1-1，直径4.1、残高2.8厘米（图五二，8）。M5：1-2，直径5、高2.7厘米（图五二，7）。

铁器　4件。

钩　4件。均锈蚀、残。呈"S"形，钩上残存木痕，可能是木棺附件。M5：8，略残。长11、宽2.3、厚0.4厘米（图五二，10）。

钱币　均为五铢钱。锈蚀严重，字迹模糊。"五铢"二字可辨者，"五"字相交两笔较弯曲，"铢"字的"金"字头呈三角形；"朱"字上下两笔转圆折。M5：9-2，直径2.55、穿径0.95厘米。

M6　仅出土陶俑碎片和铁抓钉各1件。

陶器　1件。

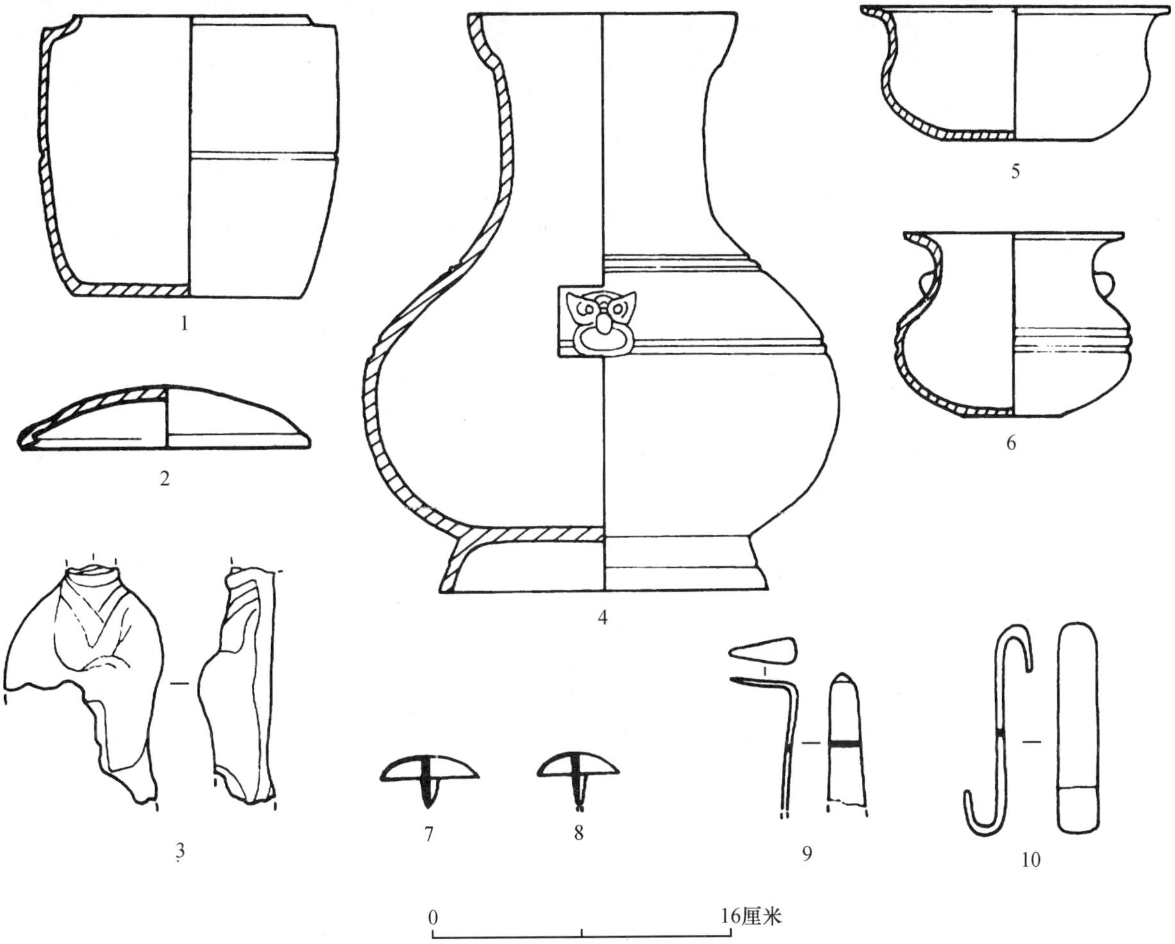

图五二　M5、M6器物

1. 陶囷（M5：2）　2. 陶器盖（M5：4）　3. 陶俑（M6：2）　4. 陶壶（M5：3）　5. 陶盆（M5：5）　6. 陶釜（M5：11）　7、8. 铜泡钉（M5：1-2、M5：1-1）　9. 铁抓钉（M6：1）　10. 铁钩（M5：8）

俑　1件。仅存中间部分。M6：2，灰陶，夹少量的白色细砂。着衽衣，袖手于上腹。残高12.8厘米（图五二，3）。

铁器　1件。

抓钉　1件。M6：1，残。残长7.2厘米（图五二，9）。

M12　有随葬品陶俑、罐等器物的碎片和铁钩残片，共计5件遗物。

陶器　4件。

俑　1件。M12：1，腿残。红褐陶，夹少量细砂。头缠巾，戴圆形弧顶帽，似为农夫戴的斗篷。面瘦长，大鼻，长颈，着衽衣，宽袖，右手执锄，把向下。残高34.8厘米（图五三，4）。

俑片　1件。M12：5，仅存裙部。长裙着地。红褐陶，夹少量细砂。残高21厘米。

俑腿　1件。M12：2，残。灰陶，夹少量细砂。腿部粗大，俑体应该高大。残高24厘米。

盆　1件。M12：3，残。灰陶，夹少量细砂。敛口，圆唇，弧腹，平底。颈下饰两组菱形网格纹。口径约42、底径约24、高约25.6厘米（图五三，1）。

图五三 M12、M16器物

1. 陶盆（M12：3） 2、5. 铁钩（M12：4、M6：12） 3. 铁条形器（M16：1） 4. 陶俑（M12：1）

铁器 1件。

钩 1件。M12：4，锈蚀、残。呈“S”形，钩上残存木痕，可能是木棺附件。长8.4、宽2.4、厚0.4厘米（图五三，2）。

M16 出土随葬品铁钩和钉各1件，残钱币5枚。

铁器 2件。

钩 1件。M16：2，锈蚀、残。钩上残存木痕，可能是木棺附件。残长8.8、宽2、厚0.4厘米（图五三，5）。

条形器 1件。M16：1，锈蚀、残。呈条形，可能是铁錾残件。残长9.8、宽0.9、厚0.7厘米（图五三，3）。

钱币 5枚。均残。全部为五铢钱。

四、结　　语

通过2003年上年度的第一次发掘工作，我们认识到云阳三坝溪墓群（遗址）是峡江地区一处重要的古文化遗存。这次发掘使我们对三坝溪墓群（遗址）的文化内涵又有了进一步的了解，取得了新的收获，现分别归纳如下。

（一）商周至唐宋时期的地层堆积和出土遗物

继第一次发掘之后，三坝溪墓群（遗址）又发现相当于商周时期的文化遗存，是本次发掘的最大收获。T1第6层和第7层出土陶器以小平底罐、高柄豆、豆形器、小平底瓮、缸和鬶等为基本器物组合；以夹细砂陶为主，泥质陶较少；以素面为主，施纹者较少。纹饰主要有组状绳纹、方格纹、凹凸弦纹和附加堆纹等。组状绳纹主要饰瓮类肩腹部，方格纹主要饰于陶缸，一般通体施纹，颈部饰一周附加堆纹，凹凸弦纹主要饰于高柄豆和豆形器。其总体文化面貌与成都平原三星堆遗址[①]和十二桥遗址[②]有很大相似性，相当于三星堆文化三期和十二桥文化一期，其年代大致在商代晚期[③]。陶缸与湖北宜昌中堡岛遗址商代地层所出同类器物相近[④]。小平底罐、高柄豆、豆形器、小平底瓮等器物在峡江地区还出现于湖北宜昌中堡岛[⑤]、荆州荆南寺[⑥]、秭归朝天嘴[⑦]、云阳李家坝[⑧]、万州中坝子[⑨]、万州塘房坪[⑩]、忠县哨棚嘴[⑪]、忠县中坝[⑫]、涪陵镇安[⑬]、涪陵蔺市[⑭]等诸遗址中。与此同时，代表当地土著文化（巴文化）的花边形器却很少出现。三坝溪遗址商代地层的发现，为解读当时峡江地区人们的社会生活和精神生活提供了新的

① 四川省文物管理委员会、四川省博物馆、广汉县文化馆：《广汉三星堆遗址》，《考古学报》1987年第2期。

② 四川省文物管理委员会、四川省文物考古研究所、成都市博物馆：《成都十二桥商代建筑遗址第一期发掘简报》，《文物》1987年第12期。

③ 孙华：《四川盆地的青铜时代》，科学出版社，2000年；江章华、王毅、张擎：《成都平原先秦文化初论》，《考古学报》2002年第1期；江章华、李明斌：《古国寻踪》，巴蜀书社，2002年。

④ 湖北省宜昌地区博物馆、四川大学历史系：《宜昌中堡岛新石器时代遗址》，《考古学报》1987年第1期。

⑤ 湖北省宜昌地区博物馆、四川大学历史系：《宜昌中堡岛新石器时代遗址》，《考古学报》1987年第1期。

⑥ 荆州地区博物馆、北京大学考古系：《湖北荆南寺遗址第一、二次发掘》，《考古》1989年第8期。

⑦ 国家文物局三峡考古队：《湖北秭归朝天嘴遗址发掘简报》，《文物》1989年第2期。

⑧ 四川大学历史文化学院考古系、云阳县文物管理所：《云阳李家坝遗址发掘报告》，《重庆库区考古报告集·1997卷》，科学出版社，2001年。

⑨ 西北大学考古队、万州区文物管理所：《万州中坝子遗址发掘报告》，《重庆库区考古报告集·1997卷》，科学出版社，2001年。

⑩ 陕西省考古研究所、万州区文物管理所：《万州塘房坪遗址发掘报告》，《重庆库区考古报告集·1997卷》，科学出版社，2001年。

⑪ 北京大学考古文博学院三峡考古队、重庆市三峡库区田野考古培训班、忠县文物管理所：《忠县㽏井沟遗址群哨棚嘴遗址发掘简报》，《重庆库区考古报告集·1997卷》，科学出版社，2001年。

⑫ 笔者参与该遗址1997～1999年度发掘。

⑬ 涪陵博物馆黄海同志向笔者提供有关资料。

⑭ 涪陵博物馆黄海同志向笔者提供有关资料。

实物资料，也为研究早期巴蜀文化交流提供了重要的实物资料，具有较高的研究价值。

东周时期遗存的发现，也是本次发掘的重要收获之一。陶器以鬲、豆、罐为基本器物组合。楚式鬲及楚式风格中柄豆的出土，说明此地在战国时期深受楚文化的影响，蜀式风格的尖底盏与巴文化的花边罐、釜伴出，也反映出巴蜀文化的交流。

汉代地层出土较多建筑用材，有板瓦、筒瓦、瓦当等，说明汉代就有人在此居住，大量使用建筑材料，也说明此地不是一般的村寨，这为研究旧县坪遗址的起源提供了新的线索。

唐宋地层出土较多生活用具，以缸胎器为主，说明唐宋时期此地是一般居住区。

（二）墓葬的分期

三坝溪墓群（遗址）在这次发掘工作中，共计清理了18座墓葬，其中，竖穴土坑墓12座、砖室墓6座。根据墓葬的结构特征和出土器物的组合关系，再参照墓葬之间的叠压打破关系，这批墓葬可以分为三期。

1. 第一期：战国中晚期至西汉早期

有M7～M11、M13、M15、M17～M20号等11座，全部为竖穴土坑墓，但只有4座墓葬出土有随葬品。

从墓葬形制来看可分两类，一是长方形墓葬，有M7～M11、M17。M11呈不规则形，但显然是为避让原生大石块所致，也应是长方形墓葬。M9、M11均有生土二层台，只是M9的一端有二层台，M11墓室东西两侧各有一二层台。二是长条形墓葬，有M15、M18～M20，这种墓葬形制一般被认为是战国巴人的墓葬。

呈长条形的4座墓葬只有M15出土了1件铜剑。铜剑形如柳叶，是战国时期巴人比较典型的铜兵器，与云阳李家坝1997年底发掘的、战国中晚期墓葬出土的铜剑相近①。M18虽然没有出土随葬品，但其葬式与云阳李家坝1997年底发掘的、战国中期偏晚的M23基本一样②。M19、M20的墓向与M15大致一样，墓葬填土均包含大量的红烧土块和炭灰，时代应该基本相同。据此，这4座墓葬的时代都应是战国中晚期的巴人墓葬。

M9出土器物的组合是陶鼎、敦、壶，另外还有陶璧；M11出土器物的组合与M9基本一样。我们知道，陶鼎、敦、壶的组合关系是战国楚墓的典型器，同时，M9和M11的鼎、壶均具有战国晚期特征，与云阳李家坝1997年底至1999年初发掘的、战国晚期的墓葬和地层出土的同类器物相近③。这两座墓葬的时代应是战国晚期。

① 四川大学历史文化学院考古系、云阳县文物管理所：《云阳李家坝东周墓地发掘报告》，《重庆库区考古报告集·1997卷》，科学出版社，2001年。

② 四川大学历史文化学院考古系、云阳县文物管理所：《云阳李家坝东周墓地发掘报告》，《重庆库区考古报告集·1997卷》，科学出版社，2001年。

③ 四川大学历史文化学院考古系、云阳县文物管理所：《云阳李家坝东周墓地发掘报告》和《云阳李家坝遗址发掘报告》，《重庆库区考古报告集·1997卷》和《重庆库区考古报告集·1998卷》，科学出版社，2001年、2003年。

M13出土器物的组合是陶鼎、盒、壶、豆，豆基本同于云阳李家坝Ⅱ区D型豆（M20：2），该墓为战国中期晚段至战国晚期，即秦举巴蜀以后。鼎、盒盖基本同于云阳李家坝Ⅱ区M1：1的鼎和M1：3的盒盖，该墓为秦至西汉早期。我们结合云阳李家坝战国中期晚段至战国晚期的陶器组合为罐、鍪、壶、豆，秦至西汉早期的陶器组合为鼎、盒、壶、罐等情况分析[①]，M13的陶器组合的特点似乎介于二者之间，时代可能在战国晚期至西汉早期。

M7、M8、M10、M17四座墓葬都没有出土随葬品，其时代较难判断。M8打破M9，时代当晚于战国晚期；M17被M10打破，二者之间的相对年代显然M17早于M10；我们从这四座墓葬的关系、墓葬形制和该墓群（遗址）土坑墓的时代来看，它们的年代都应在战国晚期或秦至西汉早中期之间。

2. 第二期：西汉中期前后，这期只有 M14

该墓大部分墓室被盗扰，仅在东侧还残存部分随葬器物，主要有陶鼎、豆、壶、盒、匏勺、勺和铜泡钉等随葬器物20余件。从残存的这部分随葬器物的鼎、豆、壶和盒等陶器组合来看，其组合特点显然不同于西汉晚期到东汉时期的以陶壶、鼎、盒、釜、钵、罐、灯、井、俑和大量的囷等为主的组合形式，而基本同于战国晚期至西汉早期的组合风格，下限当早于西汉晚期。从两件陶壶的器型特征来看，其盘状口沿而更近于西汉晚期和东汉早期的盘口壶，与战国晚期至西汉早期的、呈喇叭口的陶壶迥然有异，似乎是二者之间的过渡形式，上限当晚于西汉早期。因此，M14的时代定在西汉中期前后较为适宜。

3. 第三期：东汉时期，可以分为前后两段

（1）前段墓葬有M3、M4，时代为东汉早中期。

M3的随葬器物主要为陶器和釉陶器，组合形式以囷、罐、壶、钵等为主，辅以釜、盘、杯、甑、熏炉、灯和豆等，不见东汉中后期常见的陶俑模型。陶囷同于忠县崖脚墓地的BM22：24“井桶”，囷盖同于BM22：68、BM22：69所谓的“折腹钵”，扁鼓腹罐同于BM22：107折肩釜；鼓肩罐近于AM3：8的陶釜，这两座墓葬均为新莽时期，下限不过东汉初年[②]。M3：35陶壶近于万州安全墓地的M26：59（Ⅱ式）壶，M3：2陶壶近于M27：44（Ⅲ式）壶；M3：36陶釜同于M26：50釉陶罐；M3：64熏炉座近同于M26：49陶灯，安全墓地的M26和M27也为新莽时期，下限不过东汉初年[③]。M3的陶壶与巫山琵琶洲遗址M4：12壶相近，而M4是有明确纪年的东汉前期墓葬[④]，这座墓葬出土了较多的陶俑模型，三坝溪M3不见陶俑模型，其时代有可能还要稍早。从钱币来看，也与巫山琵琶洲遗址M4基本相同。因此，三坝

① 四川大学历史文化学院考古系、云阳县文物管理所：《云阳李家坝巴人墓地发掘报告》，《重庆库区考古报告集·1998卷》，科学出版社，2003年。

② 北京大学考古文博学院三峡考古队等：《忠县崖脚墓地发掘报告》，《重庆库区考古报告集·1998卷》，科学出版社，2003年。

③ 重庆市文化局等：《万州安全墓地发掘报告》，《重庆库区考古报告集·1998卷》，科学出版社，2003年。

④ 中国社会科学院考古研究所三峡工作队：《巫山琵琶洲遗址发掘报告》，《重庆库区考古报告集·1998卷》，科学出版社，2003年。

溪M3的时代上限可到新莽时期，下限不过东汉初年。

M4的随葬器物也是主要为陶器和釉陶器，组合形式以囷、罐、壶、釜、耳杯、钵等为主，辅以盘、杯、甑、熏炉、灯、豆、勺和井等，陶俑模型有鸡和狗等。M4的囷、囷盖、扁鼓腹罐和M3的特征基本相同。壶与巫山琵琶洲遗址M4：12壶相近，而M4是有明确纪年的东汉前期墓葬[①]，也近同于巫山瓦岗槽M12：9、M21：1的陶壶，而瓦岗槽M12出土了东汉章帝“建初六年”纪年砖，两座墓葬均为东汉早中期[②]。井架（盖）的器形和纹饰与忠县崖脚墓地的BM22：34相近，汲水罐也基本相同[③]。M4：9陶釜同于万州安全墓地的M26：50釉陶罐[④]。因此，M4的时代应为东汉早中期。从钱币来看，该墓有少量西汉和新莽钱币，大部分是东汉偏早的，因此，M4的时代应为东汉早中期。

（2）后段墓葬有M5、M6、M12，时代为东汉中晚期。

M5由于被盗扰，部分随葬器物与M8相混，但仍然可以看出其组合是以囷、壶、釜、盆等为主，其组合形式和器型特征与M3、M4基本一致，但钱币反映的是东汉中期或略晚一些的特点，因而，M5应为东汉中期略偏晚。

M6的随葬器物仅存1件残断的铁抓钉和陶俑碎片，无法进行器物比较，但从被M5打破来看，M6可能是东汉中期前后的墓葬。

M12的随葬器物仅存陶俑、罐等器物的碎片和铁钩残片等共计5件遗物，看不出其组合形式，但从残存的陶俑上半身高达35厘米观察，这样高大的陶俑一般出现在东汉中后期，该墓有可能就是这个时期的墓葬。

（3）M16没有出土可资断代的器物，但从三坝溪墓群（遗址）砖室墓均为东汉时期来看，M16也应是东汉时期的墓葬。

（三）墓葬和商周时期地层的关系

砖室墓的开口均于第2层下。土坑墓的开口也大多在第2层下。由于地层缺失，少数土坑墓的开口有的在第4层下，如T13中的M13。而这次发掘的土坑墓和砖室墓主要分布在高程约150米左右，打破的地层基本上都是生土层；但土坑墓的墓葬填土里一般都有商周时期的陶片，有壶、釜、缸、器盖、器足、豆和各种罐类等器形，以及多样的绳纹陶片；这些器形的特征和特点与该遗址商周时期的地层堆积出土的同类器形完全一致。在墓葬的南侧，即高程约145米以下近长江边没有发现商周时期，以及唐宋时期的地层堆积。结合2003年上半年度和这次发掘的商周至唐宋时期的地层堆积分布在高程145～150米的、地势相对比较低洼的冲沟里的情况分

① 中国社会科学院考古研究所三峡工作队：《巫山琵琶洲遗址发掘报告》，《重庆库区考古报告集·1998卷》，科学出版社，2003年。

② 南京博物院考古研究所：《巫山瓦岗槽墓地发掘报告》，《重庆库区考古报告集·1998卷》，科学出版社，2003年。

③ 北京大学考古文博学院三峡考古队等：《忠县崖脚墓地发掘报告》，《重庆库区考古报告集·1998卷》，科学出版社，2003年。

④ 重庆市文化局等：《万州安全墓地发掘报告》，《重庆库区考古报告集·1998卷》，科学出版社，2003年。

析，当时的人类活动，特别是生活方面的活动地势较高，可能在高程约155米，即近现代人类的主要居住活动区域。在这个区域，有可能还有商周至唐宋时期的地层堆积和各种遗迹现象，因此，我们认为还有进一步钻探和发掘的必要。

附记：这次发掘工作是在重庆市文化局和考古所领导下进行的，在发掘的具体工作中，得到云阳县文物管理所的领导和业务干部，以及双江镇三坝村干部与村民大力支持、配合。在此谨表谢意！

领队：王　毅

执行领队：唐光孝

发掘者：唐光孝　宋建民　许　蓉
夏良明　杨　伟　巩　三
文星明

绘图：夏良明

修复拓片：巩　三

照相：文星明　杨　伟

执笔：唐光孝　宋建民　许　蓉

云阳走马岭墓地2003年度发掘简报

四川大学考古系
云阳县文物管理所

走马岭墓地位于云阳县高阳镇境内，原属走马岭村，2003年并入明冲村第4组，地理坐标为东经108°40′，北纬31°5′（图一）。云阳县位于重庆市东部，三峡工程库区腹心地带。东邻奉节县，南连湖北省利川市，西界重庆市万州区，北接开州区、巫溪县。

走马岭墓地处于澎溪河上游南侧的走马岭坡地上。据多次调查，澎溪河流域是先民最重要的聚集地之一，发现文物、遗址多处，时代从商周至明清，以高阳为中心，向四周呈散射分布，走马岭墓地就是其中重要的一处。

走马岭是一条大体呈东西走向的山梁，东西长约1200、南北宽约520米。走马岭由数个高起的丘峰与缓坡连为一体，当地称这些高起的丘峰为“包（堡）”，由西向东分布有刘家包（海拔231米）、胡子包（海拔224.1米）、蛮子包（海拔209.54米）、狮子包（海拔157.2米）等，其高度由西向东呈递降趋势，在最东面有一片地势最为低平的河岸阶地——四季坪。在走

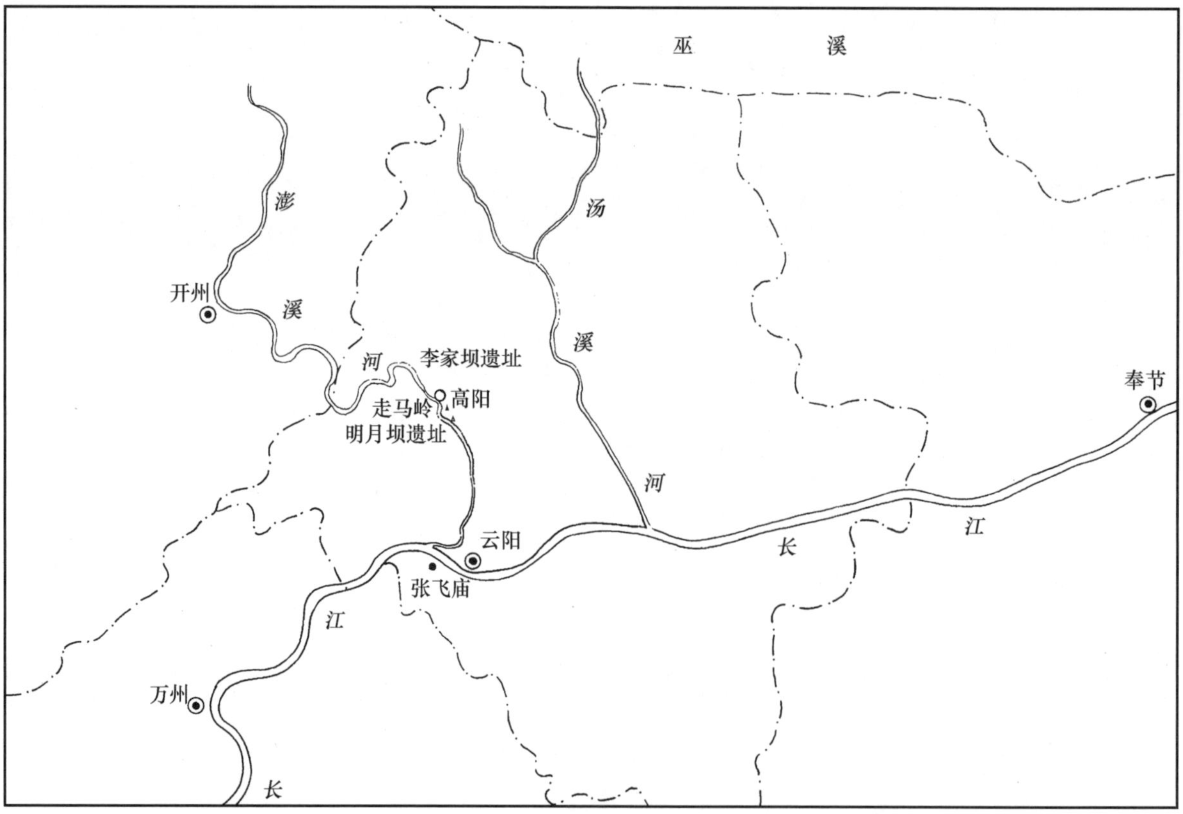

图一　走马岭墓地位置示意图

马岭与南面，过去曾与一处平缓的山湾相连接，现因三峡大坝蓄水后水位升高，被淹没而成为河湾（图二）。走马岭山梁的基岩为该地区常见的红砂岩，山脊处土层较薄，地表上多生长着荒草，而在缓坡及山脊的南、北两侧靠近河滩部位，多开垦为农田。居民点主要分布于四季坪和蛮子包下南侧。

根据勘探和发掘，我们对走马岭的地层堆积有了比较详细的了解，走马岭大部分地区地层非常简单，仅有一层表土，表土下即为砂岩。地层经过扰乱，包含物有明清时期的瓷片、砖瓦、铜块等，也有唐宋时期的瓦当、瓷器和汉代的残砖和陶片。

墓地北面与李家坝遗址隔河相望，东面与明月坝遗址为邻（图三）。

早在20世纪60年代，走马岭墓葬曾遭盗掘，出土了大量汉砖、陶器残片等遗物，从而引起人们关注。1994年，在制定三峡库区文物抢救保护规划工作中，由四川大学考古专业和云阳县文物管理所组成的先期调查队对这处古代墓地进行调查并予以初步确认。其后，在1997年、1998年又由四川大学考古专业三峡考古队进行过小规模的考古试掘工作，以期对墓地分布范围、年代等线索有进一步的认识，并为制定三峡库区文物保护规划方案提供相应资料[①]。走马岭墓地正式的大规模考古发掘工作始于2003年。是年，四川大学考古系派员组成考古队对走马岭墓地开展考古勘探和发掘。田野工作时间从2003年10月18日～2003年12月20日，在云阳县文物管理所的大力协助与支持下，对这一墓地进行了全面的考古钻探和试掘工作。其具体的工作方法是首先确定1997年、1998年度试掘和勘探范围（1997年度和1998年度的试掘主要集中于蛮子包和胡子包也称为刘家包）一带，然后大面积钻探以确定墓葬地点，勘探面积25 000平方米，基本弄清楚了走马岭墓葬的分布情况，同时为该年和2004年的发掘工作作了良好的铺垫。2003年度发掘面积2510平方米，布方29个，探沟3条，共发现了23座墓葬，编号为03YGZM1～03YGZM23，出土了500多件器物。由于墓地面积较大、墓葬分布较为分散，我们将走马岭墓地分为三个发掘区（图四）：第Ⅰ区为蛮子包与胡子包之间的马鞍形阶地上；第Ⅱ发掘区在蛮子包东北的坡地上，包括鹅项颈附近；走马岭东端北侧的四季坪为第Ⅲ发掘区。下面将该年度发掘情况汇报如下。

一、墓葬形制介绍

墓葬大体上可以分为三型：岩坑墓、部分用砖（石）的竖穴岩坑墓、砖（石）室墓。

A型　岩坑墓。

岩坑墓共计12座。多为直下式的竖穴墓室，直接开凿于砂岩中，墓坑较深。其开凿方式是先除去表土暴露出岩石表面，然后在岩石面上凿出大致的墓圹线条，再沿着这些边框线条垂直向下深凿，形成基本垂直的四壁，而后对壁面略加修整使之平直。在第Ⅱ发掘区内的砂石岩面上，清理出4座仅开凿出墓圹轮廓线条，但未进一步向下开凿的痕迹，推测应系当时初步选定的凿墓地点，并加以试凿所遗留下来的遗迹。

① 有关这两次小规模考古试掘的资料正在整理中，并将以考古简报的形式另行刊布，本报告主要是对2003年度考古发掘工作所获资料的整理与研究。

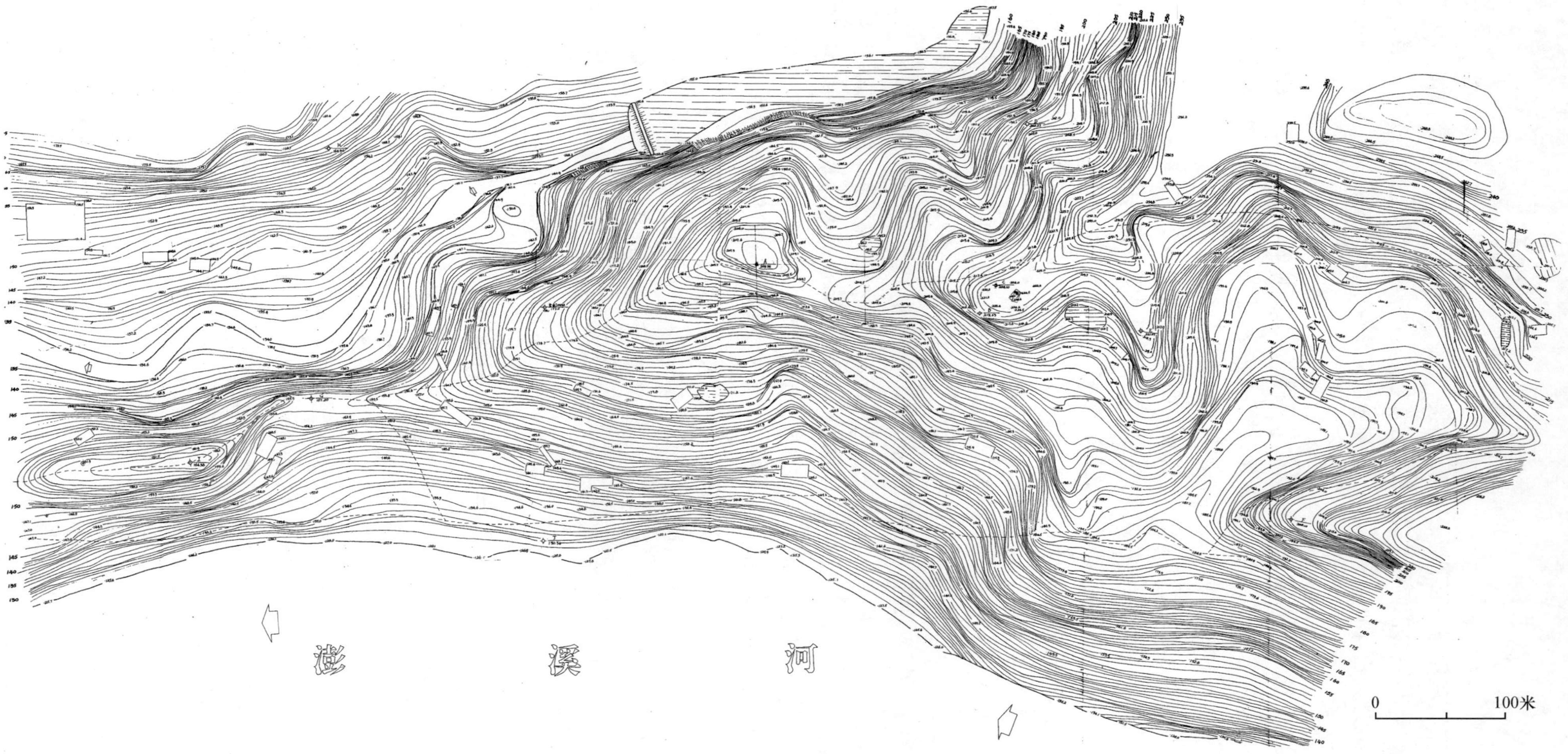

图二 走马岭墓地地形图

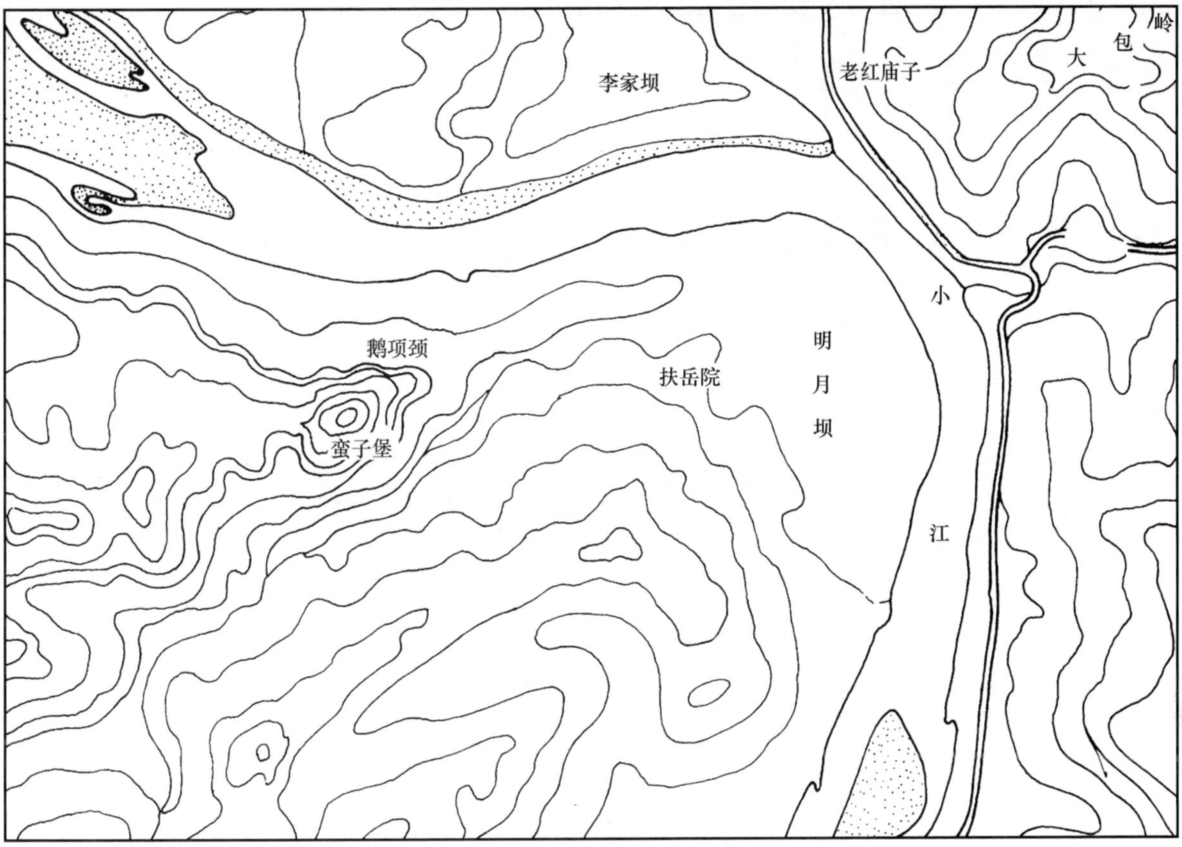

图三　走马岭墓地相对位置图

其形制可分为三亚型。

Aa型　无墓道，平面形制呈长方形。共5座。分别为03YGZM5、03YGZM7、03YGZM9、03YGZM13、03YGZM20。

03YGZM5　位于第Ⅰ发掘区T6中部（蛮子包顶西侧），开口于耕土层下，凿于黄砂岩之中。墓葬方向295°。平面呈长方形，口略大于底，四壁不规整，底部垫有黄砂岩碎块。墓内填黄褐色土，夹杂有红色砂岩颗粒。在墓葬北壁和东壁下有两处盗洞。墓口距现地表深0.2、长4.04、宽2.7米；墓底长3.8～3.84、宽2.58～2.6、墓深3～3.5米。墓内有椁，位置偏北。残长3.2、宽2.06、高0.3米，板灰厚0.08米。椁下东、西各有一条南北向的凹槽，长约2.4、宽0.3、深0.08米。槽底呈弧形，应为放置椁下枕木而开。椁内有木棺一具，棺北部已经腐朽无存，残长2.3、宽0.3～0.7米。棺内有人骨一具，仰身直肢，胳膊屈于腹上。除头部和肢骨保存较完整外，其他部位均已成粉状。头部有一片为深红色，似有意为之。由于墓葬盗扰严重，出土器物不多，有陶罐、陶盒、铜洗等。填土中还发现残银箔残片（图五）。

Ab型　有墓道，平面形制呈“凸”字形。仅见03YGZM15。

03YGZM15　位于第Ⅱ发掘区T11东北部（蛮子包东北），开口于耕土层下，开凿于黄砂岩中，被M12和M13打破。墓葬方向17°。平面呈“凸”字形，口小底大，墓壁不规整。墓内填灰褐色土，土质较硬，夹杂黄砂岩颗粒，深2.8米处见有较大的石块。墓葬由墓室、墓道两部分组成。墓室位于墓葬的南部，平面近方形，墓口现距地表0.2～0.3米，长3.6、宽3.5米；墓底长3.8、宽3.9、墓深3～3.25米。墓底有熟土二层台，台高0.65、宽0.25～0.3米。墓底不平，

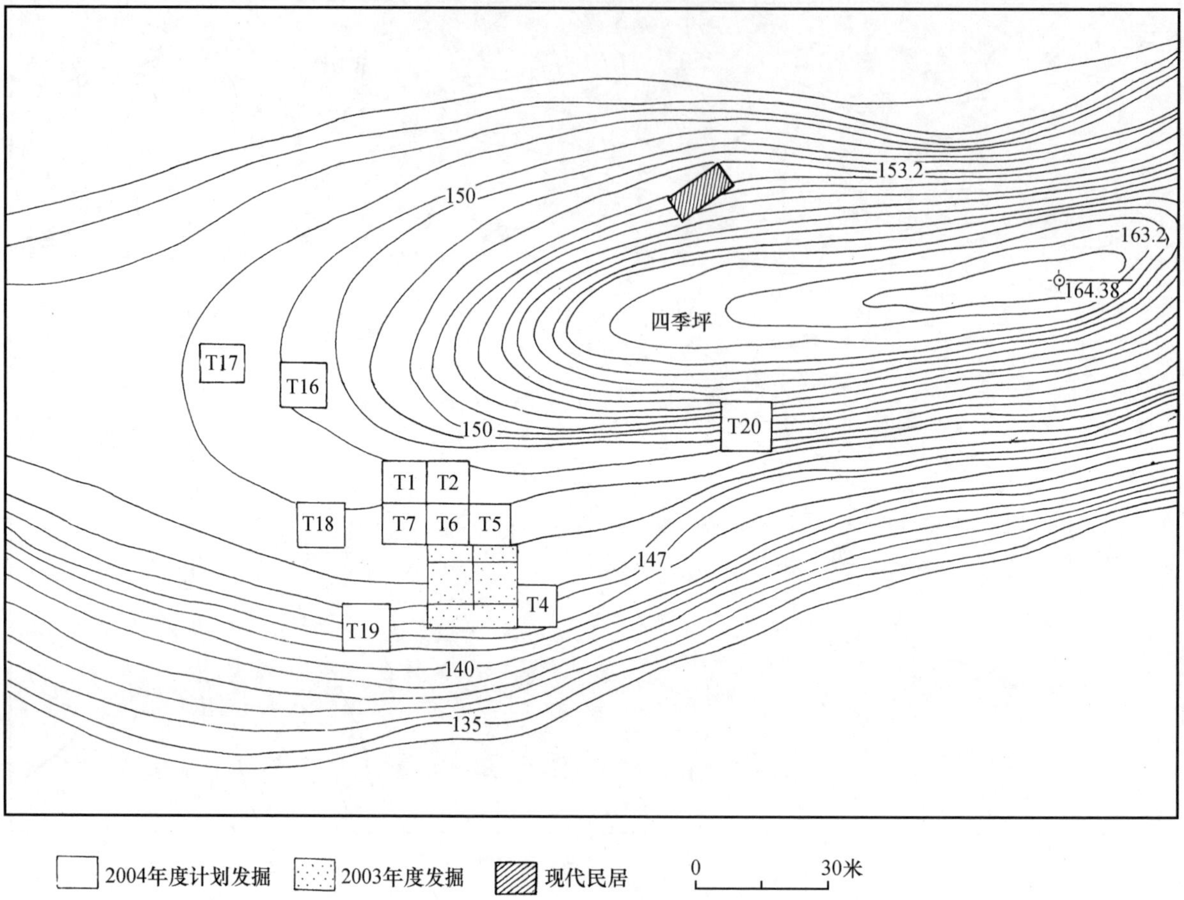

图四A　走马岭墓地探方分布图

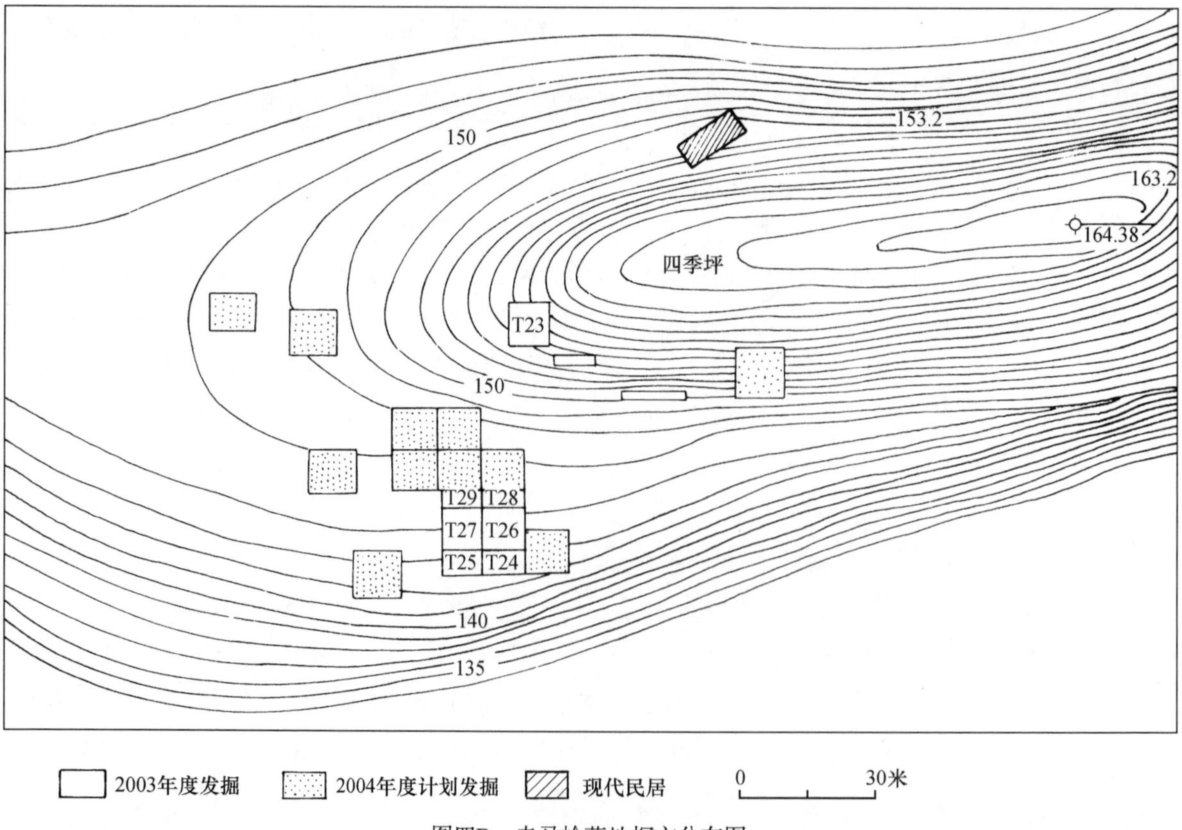

图四B　走马岭墓地探方分布图

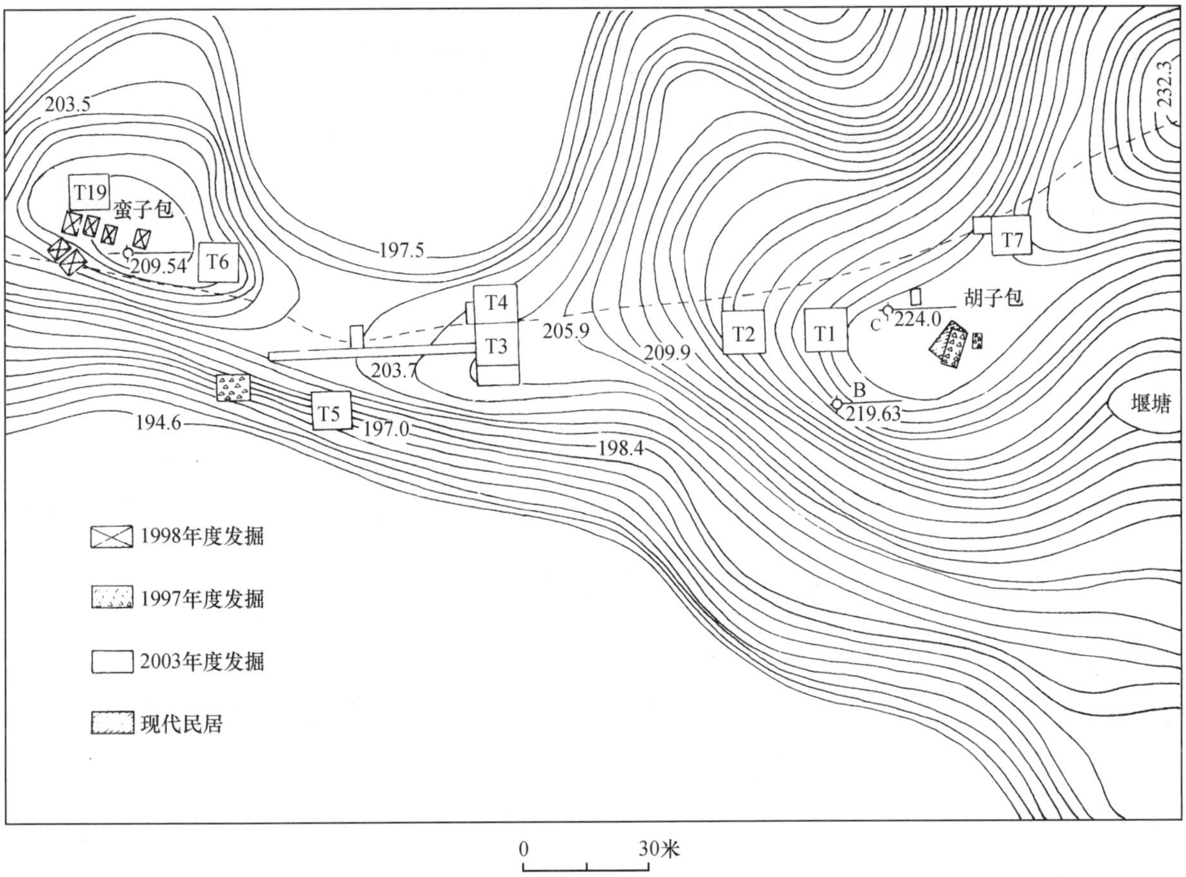

图四C　走马岭墓地2003年第Ⅲ发掘区布方示意图

用黄砂岩小块垫平。墓室内中部并列南、北向两棺，东棺残长1.88、宽0.5～0.54米，西棺残长1.8、宽0.48米，棺底铺垫一层红色朱砂。东棺内人骨痕迹比较明显，仰身直肢，头南向。棺外有椁。随葬品主要置于东棺的东侧，西棺西部也有少量的随葬品。随葬品处有两道南北向凹槽，长3.1、宽0.25～0.3、深0.1～0.15米，应为垫置棺椁而设。

墓道位于墓室北端，平面近似长方形，略呈斜坡状，口大底小，上端长4、宽1.6～1.8米；下端长3.9、宽1.6～1.8、深2.2～2.6米。墓道底端高于墓室底部0.28米。墓道南部有木棺痕迹，周围发现泡钉，棺内尸骨腐朽，仅见几颗牙齿。随葬品主要堆置于墓道的西南角。

墓室和墓道之间有一道隔墙（或者有可能是墓室的封门），隔墙为人工夯筑，上部距墓口1米为黄砂岩堆积，下部为灰褐色土夹杂黄砂岩垒筑。

墓葬应为二次葬，先葬墓室中的两位墓主。或许是不愿扰动先人，或是等级差别的原因，第三位墓主被葬于墓道，墓道原为斜坡，后被挖成墓坑（图六）。

墓室出土器物有陶鼎、陶罐、陶壶、陶盒、陶鼎、铜壶、铜洗、铜镜、铜钫、铜鍪、铜泡钉、铜鼎、铜带钩等；墓道中出土有陶罐、陶豆、陶勺、陶鼎、陶壶、铜带钩、铜钉等。

Ac型　有墓道，平面形制呈刀把形，共6座。分别为03YGZM1、03YGZM3、03YGZM11、03YGZM17、03YGZM22、03YGZM23。

03YGZM3　位于第Ⅰ发掘区T3西北部（胡子包和蛮子包之间）。开口于耕土层下，凿于砂岩之中，被03YGZM6打破。

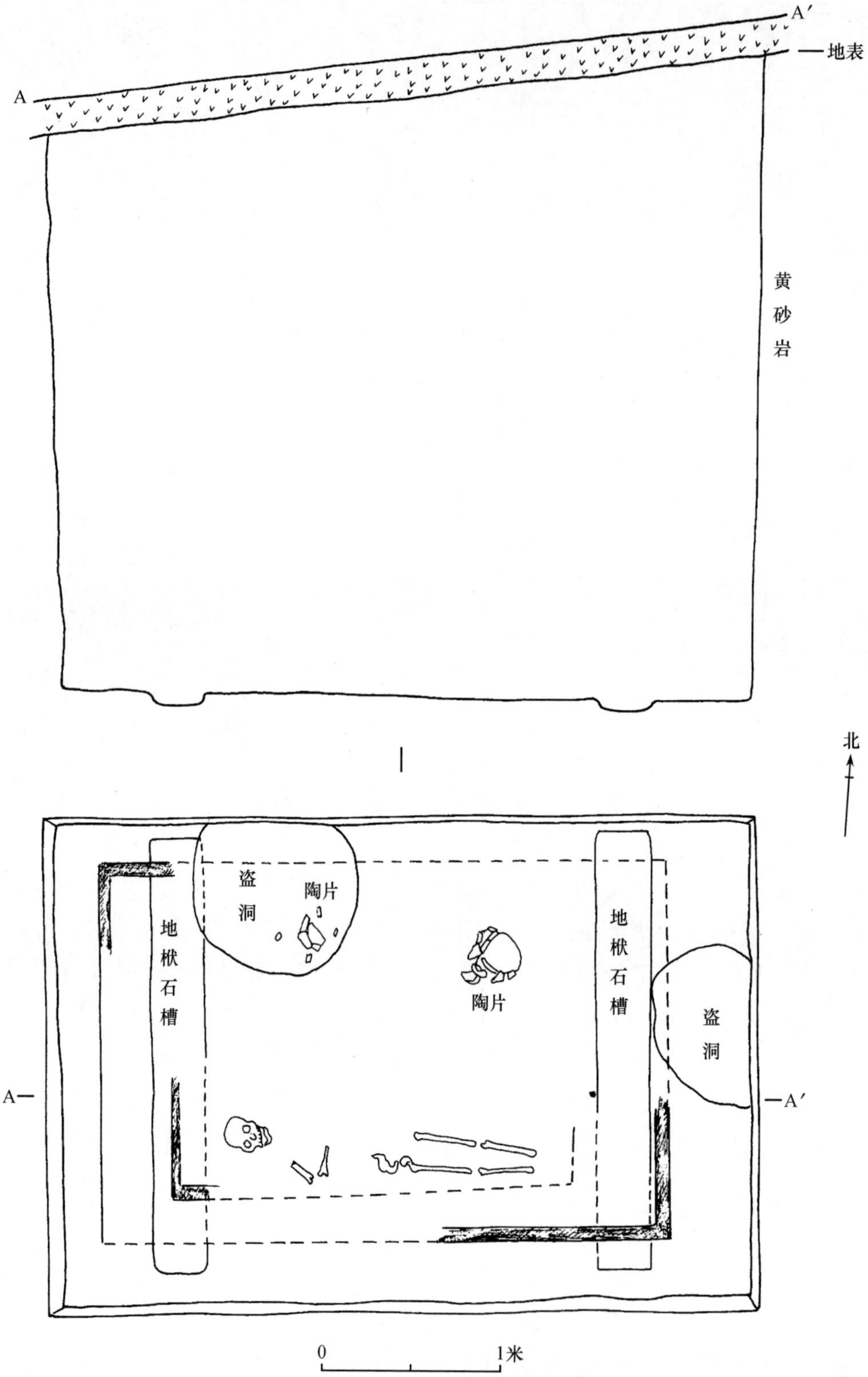

图五 03YGZM5平、剖面图

墓葬分墓道和墓室两部分，总平面呈刀把形，方向277°。墓口距地表0.60～1.20、墓深2.3～3.2、墓口总长6.2、总宽3.6～5.26、墓底总长6.2、总宽3.66～5.42米。

墓内填土分三种，墓道西端填有宽约0.5米的黄褐色土，夹杂少量的黄砂岩块，较疏松；

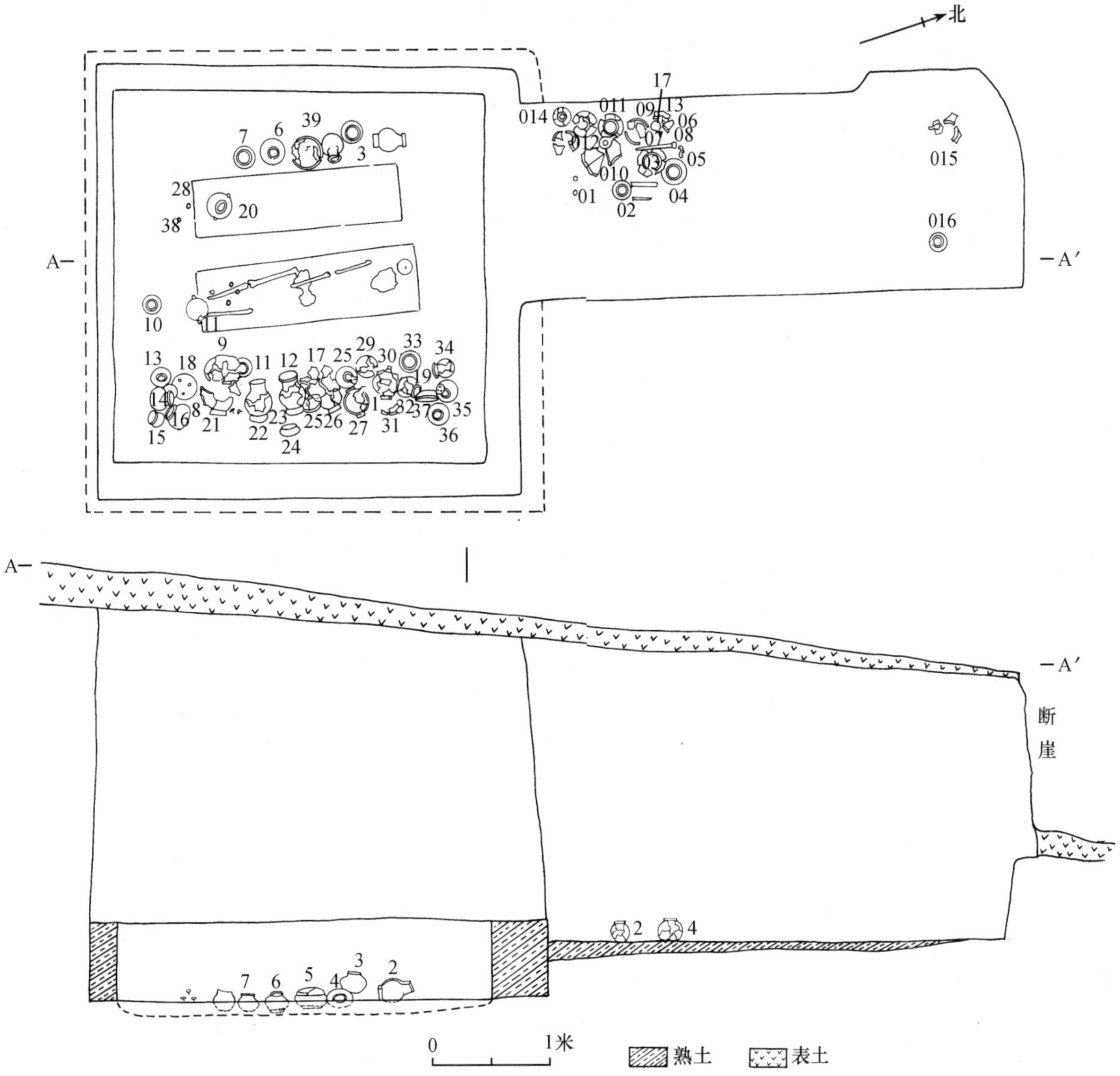

图六　03YGZM15平、剖面图

墓室随葬品

1. 铜镜　2. 铜钫　3、23、31、35. 陶壶　4. 铜釜　5. 铜洗　6、20、25. 陶盒　7、13、16、17、28、29、32、33、34. 陶罐　8、11. 铜鍪　9. 铜泡钉2枚　10、36. 陶盂　12. 铜泡钉4枚　14、15、24. 陶釜　18、22. 陶鼎盖　19. 铜洗　21、26. 陶钫　27、37. 陶鼎　30. 铜鼎　37. 陶甑　38. 铜带钩　39. 铜泡钉2枚

墓道随葬品

01. 铜泡钉　02～04、06、012、014. 陶罐　05. 铜带钩　07、015. 陶勺　08. 环首铁刀　09. 陶盒　010. 陶匏勺　011. 陶壶　013. 陶钵　016. 铜鼎　017. 陶甑

墓室中部有宽约2.8米黄褐色土夹杂大量的黄砂岩颗粒，非常坚硬；墓室东端有宽约3米的红褐色土夹杂红褐色砂岩颗粒填土，较硬。墓东西壁较直，南北壁略收，壁上凹凸不平，可见宽约0.05米的开凿痕迹。

墓室（编号03YGZM3-2）和墓道（编号03YGZM3-1）中各葬一人，均有随葬品，中间用隔墙（即两墓室共享的二层台）分开，隔墙高0.82、宽0.36～0.41米，上部为黄砂岩构成的堆积，中部为红褐土，下部为灰褐色土。

墓道（03YGZM3-1），位于墓室的西部，平面呈长方形。口长3.44、宽2.4米；底长3.6、宽2.4米；墓深2.26～3米。墓室四周有熟土二层台，二层台由黄砂岩颗粒和灰褐色土构成，直壁，宽约0.3、高约0.2米。二层台东部（即两墓室隔墙）面上发现南北向圆木灰一道，宽约0.2、长3.08米。墓内残存黑色板灰和红色漆皮，原应有椁，椁内有棺，据木灰和漆皮范围推测，棺长约2.6、宽1.1～1.3米。墓室偏北有人骨一具，保存相对完整，仰身直肢，左臂屈于腹上，头向7°。随葬品置于墓主西侧，有陶鼎3件、陶带盖豆3件、陶盒2件、陶壶3件、陶匏勺3件、陶罐2件、铜鼎2件、铜棺饰1件、铜钫1件、铜勺1件、铜蒜头壶1件、铜洗1件。

墓室（03YGZM3-2），位于墓葬的东部，平面呈长方形，墓口长4.8～5.26、宽3.5～3.7米；墓底长4.8～5.38、宽3.4～3.7米；墓深2.26～3.7米。四周留有熟土二层台，在西北角有一缺口，高0.8～0.9、宽0.6～0.94米，二层台上部为黄砂岩颗粒堆积，下部为红砂岩颗粒堆积。东二层台上有南北向木灰一道，宽约0.2米，其上覆盖东西向的木灰5处，宽约0.2米，其间间隔约0.25厘米，再联系隔墙（西二层台）上的木灰痕迹，可能是椁的痕迹。填土中发现少量的竹席灰迹，根据残留的板灰和红漆皮来看，墓内原有棺1具，长约3、宽1.1～1.3米。墓室东部偏北发现人骨一具，大部已朽，头向正北。随葬品置于人骨西部偏北，有陶盒2件、陶勺3件、陶鼎2件、陶壶2件、陶带盖豆2件、铜鼎2件、铜棺饰1件、铜钫2件、铜洗1件及铜器残片。

根据填土部分遗迹现象以及随葬品来推断，此墓为二次双人合葬墓，第一次葬时先凿一竖穴岩坑以及斜坡墓道，墓主葬于墓室（03YGZM3-2）之中，第二次葬时，将斜坡墓道挖成墓室（图七）。

03YGZM23 位于第Ⅲ发掘区T26、T27、T28、T29相交处，北侧不远处有03YGZM1、03YGZM18、03YGZM21、03YGZM22四座墓葬。开口于耕土层下，在黄砂岩中凿一墓圹，墓圹平面呈“刀把”形，长8.5、宽4.5米，墓内填灰褐色土，夹杂有黄色砂岩颗粒、石块。墓葬方向101°。

墓葬由墓室和墓道两部分组成。墓室位于墓葬的西部，平面呈方形，现距地表0.25～0.3米。长4.5、宽4.5米；口大底小，底部长4、宽3.8米；墓深2.1～2.2米。四壁不甚规整。墓内有椁，大部已朽，近正方形，边长约3.5、高约0.76米。椁周围填红褐色土形成二层台。椁内西南部有木棺两具，棺木已朽，仅残留一些木炭。每个棺内各葬一人，头东向，骨已朽成粉末。随葬品主要置于木棺的北侧。

墓室的东部偏南有斜坡墓道。平面呈梯形，向西渐宽，两壁内收。现距地表0.25～0.9米。上端口长4、宽1～1.5米；坡长4.5、宽1米；深0～2.08米。在墓道西端与墓室相接处填有许多大块的黄砂石，可能是充作封门之用，但是垒筑并无规律，杂于填土之中。

墓葬未被盗扰，出土器物较多，有陶鼎、陶仓、陶盆、陶盘、陶豆、陶壶、陶盒、陶勺、串珠、铁环首刀、铜鍪、铜镜、铜带钩、鎏金铜棺饰、五铢钱等（图八）。

B型 部分用砖（石）的竖穴岩坑墓。

仅有03YGZM19一座，此类墓葬和竖穴岩坑墓形制基本相同，只是在墓室局部使用砖石，

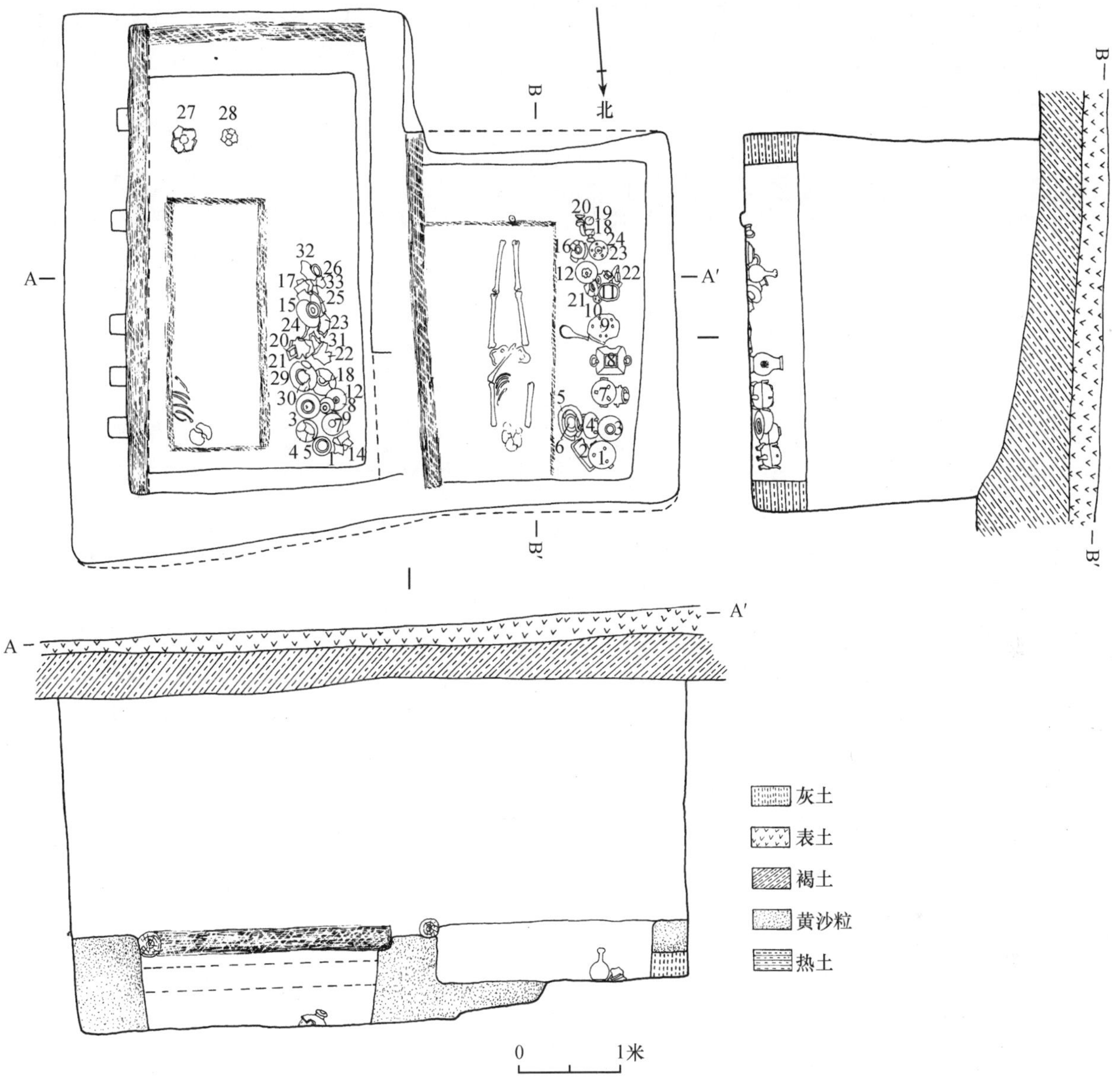

图七　03YGZM3平、剖面图

03YGZM3-1随葬品

1、7. 铜鼎　2. 铜洗　3. 铜壶　4、15、35. 陶壶　5. 铜盒　6、14. 陶罐　8. 铜钫　9. 铜勺　10、11、13. 陶器盖　12. 铜蒜头壶　16、32. 陶盒　17～20. 陶豆　21、29、30. 陶匏勺　22、25、26、28、34. 陶鼎　23. 铜棺饰　24. 铜器座　27. 铜鐎斗　31、33. 陶盒盖

03YGZM3-2随葬品

1、2. 陶鼎　3、29. 陶勺　4. 铜棺饰　5. 铜洗　6、13、19、27. 铜器　7、12. 陶壶　8、16. 陶壶盖　9、15. 陶豆　10、30. 陶豆盖　11、17. 陶盒　14. 陶匏勺　18、22. 铜鼎　20、25. 铜钫　21、26. 陶罐　23. 铜甑　24. 铜釜　28. 铜勺　31. 陶鼎盖　32、33. 陶盒盖

如04YGZM9墓室四壁、墓门、墓道用砖，墓底铺石，但是墓室又无券顶，所以只是用砖做出一个墓圹，仍属于竖穴墓。此型墓时代大致为王莽时期或稍晚，表现出岩坑墓向砖室墓过渡的情况，对研究峡江地区的砖室墓的出现时间以及背景有重要的价值。

03YGZM19　位于第Ⅲ发掘区T23中部，开口于耕土层下，凿于岩石中，盗扰严重。墓内

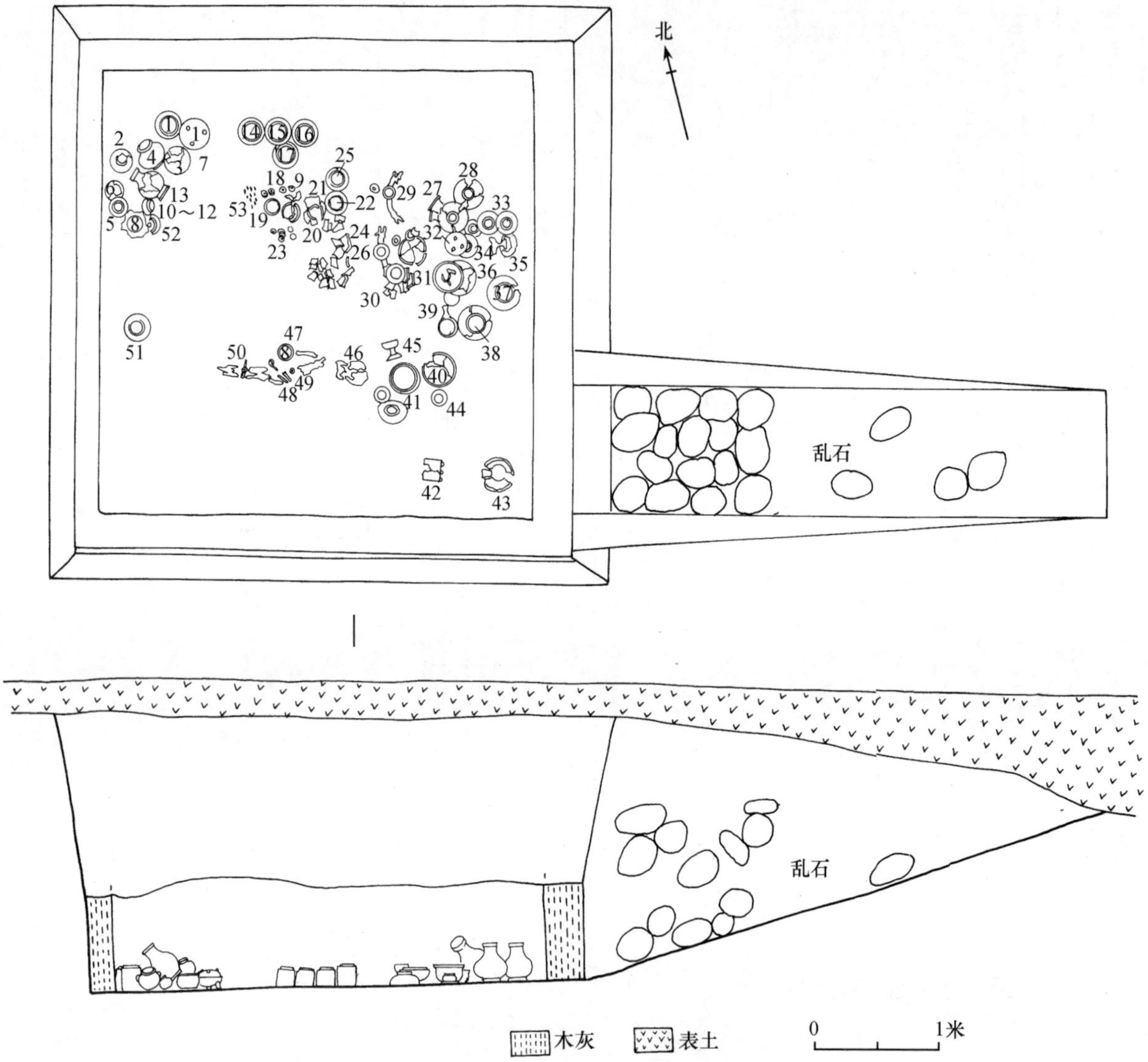

图八　03YGZM23平、剖面图

1、36～38. 釉陶壶　2、8、51. 铜鍪　3、27. 陶甑　4、52、67. 陶罐　5～7、14、16、17、19～22. 陶仓　9、47. 铜镜　10～12、30、64～66、68～72. 陶钵　13、29. 陶壶　15、26. 陶球形管　18. 铜钱7枚　23. 铜钱14枚　24. 陶盆　25、34. 釉陶熏炉　28、73. 陶鼎　29、36～38. 釉陶壶　31. 釉陶洗　32. 釉陶鼎　33、41、54. 釉陶盒　35、60. 陶豆　39. 釉陶魁　40. 釉陶洗　42、43. 釉陶盘　44、45. 釉陶仓　46. 铜棺饰1套　48. 环首铁刀　49. 铜钱1枚　50. 铜带钩　53. 陶串珠20颗　56、61. 釉陶勺　57. 釉陶灯　62. 釉陶卮

填灰褐色土，夹杂有较多的黄砂岩块。墓葬方向178°。平面呈梯形，口大底小，依山势墓口南高北低，现距地表0.2～0.94米。长3.3、宽2.2～2.8米；墓底长3、宽2～2.54米；墓深2.1～3.6米。四壁较直，底部内收。填土中发现长方形砖和子母砖两种，应是铺地砖所留。

出土铁棺钉，推测原应有木葬具。填土中现头骨残块及下肢骨残块，人数不详（图九）。

C型　砖（石）室墓[①]。

砖（石）室墓共发现10座，砖室墓的建筑方式是先在地表除去表土层后，于岩石上凿出浅

① 砖室墓和石室墓结构基本相同，出现的时间接近，峡江地区多石，因此一些墓葬以石代砖，性质基本相同，所以本文将两种墓葬合为一类论述。

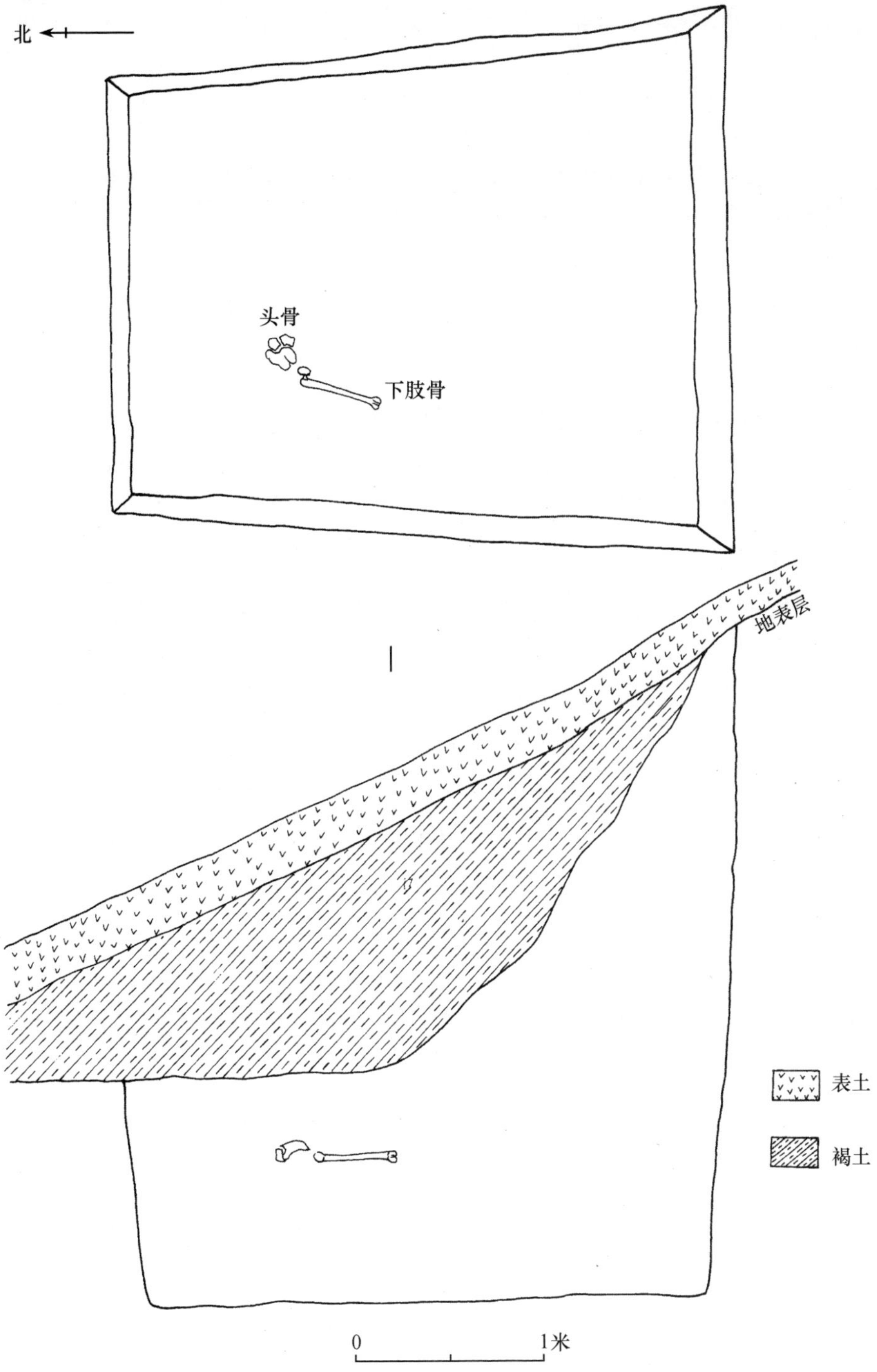

图九　03YGZM19平、剖面图

坑，然后在坑内采用一侧带有几何形纹饰的花纹砖垒砌墓壁，达到一定的高度后起券，由于毁坏严重，券顶大多不存。有些墓葬残存素面的铺地砖。砖（石）墓虽然也凿于岩坑中，但是岩坑一般较浅，然后通过砖石向上拓展，成为横穴墓，有的甚至直接利用早期岩坑墓略加修整后铺砌墓砖构建而成，叠压在早期的岩坑墓之上（如03YGZM16）。

从平面形制上来看，砖室墓可划为分为二型，Ca型和Cb型。

Ca型　无墓道或甬道，平面为长方形或近似长方形，共5座，分别为03YGZM2、03YGZM6、03YGZM8、03YGZM12、03YGZM14。

03YGZM2　竖穴岩坑小砖券顶砖室墓。位于第Ⅰ发掘区T3东北部（胡子包和蛮子包之间）。地表原应有封土堆。开口于耕土层下，墓室的西北角叠压于M3墓室垫土之上，墓内填灰褐色土，夹杂有黄色砂岩和红色砂岩颗粒。墓葬方向92°（依墓葬的长边）。先在砂岩中凿一竖穴墓圹，然后再砌以砖室。墓室破坏严重，仅残存墓室的西部，北部下陷约1米。墓底东西向平铺长方形素面灰砖，然后再紧靠墓圹砌砖室四壁，砖墙现存12层，从北壁来看，墓壁是用长方形砖错缝平砌七层之后再用榫卯砖起券。墓葬开口距地表现深0.24～0.7米。残长4.6、宽度3.56米；墓葬残存高度0.18～1米。

葬具不存，墓室西北角下陷处的填土中发现零星的红色漆皮、木炭灰及铜泡钉，推测原有棺。人骨数目不详，仅在西北角填土中发现少许已朽肢骨。

随葬品有陶罐、壶、碗的残片，琉璃耳珰、铜饰件、铜泡钉、铜手镯、铜耳环、银首饰、五铢钱、大泉五十钱币等（图一〇）。

Cb型　在长方形墓室前有甬道或墓道，所以平面呈刀把形，共5座。分别为03YGZM4、03YGZM10、03YGZM16、03YGZM18、03YGZM21。

03YGZM4　位于第Ⅰ发掘区T3和T4南北相接之处（胡子包和蛮子包之间）。开口于耕土层下，曾被盗扰，墓内填灰褐色土，夹杂有黄色砂岩颗粒。先在砂岩中凿一竖穴墓圹，岩坑长7.83、宽1（墓道部分）～3.57米，然后再紧贴岩壁砌以砖室。墓葬平面呈刀把形。方向97°。

墓葬由斜坡墓道、封门、甬道、墓室四部分组成。由于受到多次扰乱，墓葬破坏严重，上部已不存，墓壁残高20～95厘米。

墓道位于墓葬东端，平面呈梯形，距地表0.15米，长1.9、宽1～1.2米，坡度30°，深0～1.25米。

甬道位于墓室的东侧、墓道的西侧。长方形。长2.5、宽1.9米。甬道两壁用子母砖错缝平砌。无铺地砖。

墓道和甬道衔接处有封门，封门用子母砖错缝平砌，砖缝隙间以石块填塞，使之坚固，破坏严重，仅残存11层，宽1.9、厚0.21、残高1.2米。

墓室位于墓葬的西部，平面近方形。墓口距地表0.15～0.3米。长3.08、宽2.85、墓深0.8～2.18米。墓壁用长方形错缝平砌。铺地砖有长方形砖和子母砖两种，多呈东西走向，紧靠西壁的两排铺地砖为南北走向，北壁下已被破坏。当有券顶，但已被破坏，形制不清。

葬具不详。人骨已经腐朽，仅见两枚牙齿和一些朽骨碎片。

随葬品有陶钵、陶罐、犬俑残片及带刻划符号的陶片、铜器盖纽、铜饰、五铢钱、铜泡钉、环首铁刀、方形石器等（图一一）。

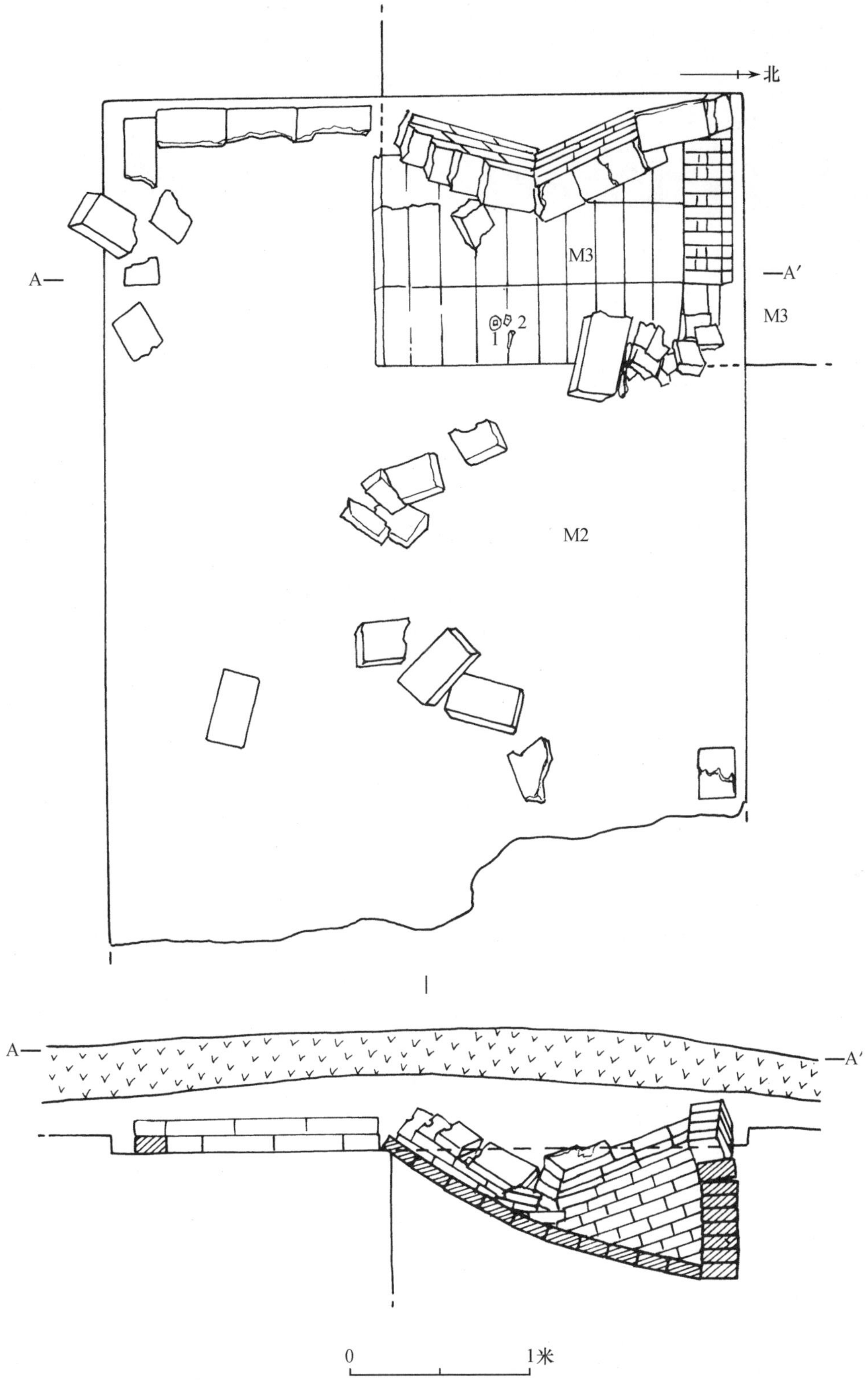

图一〇 03YGZM2平、剖面图

1、2. 铜泡钉

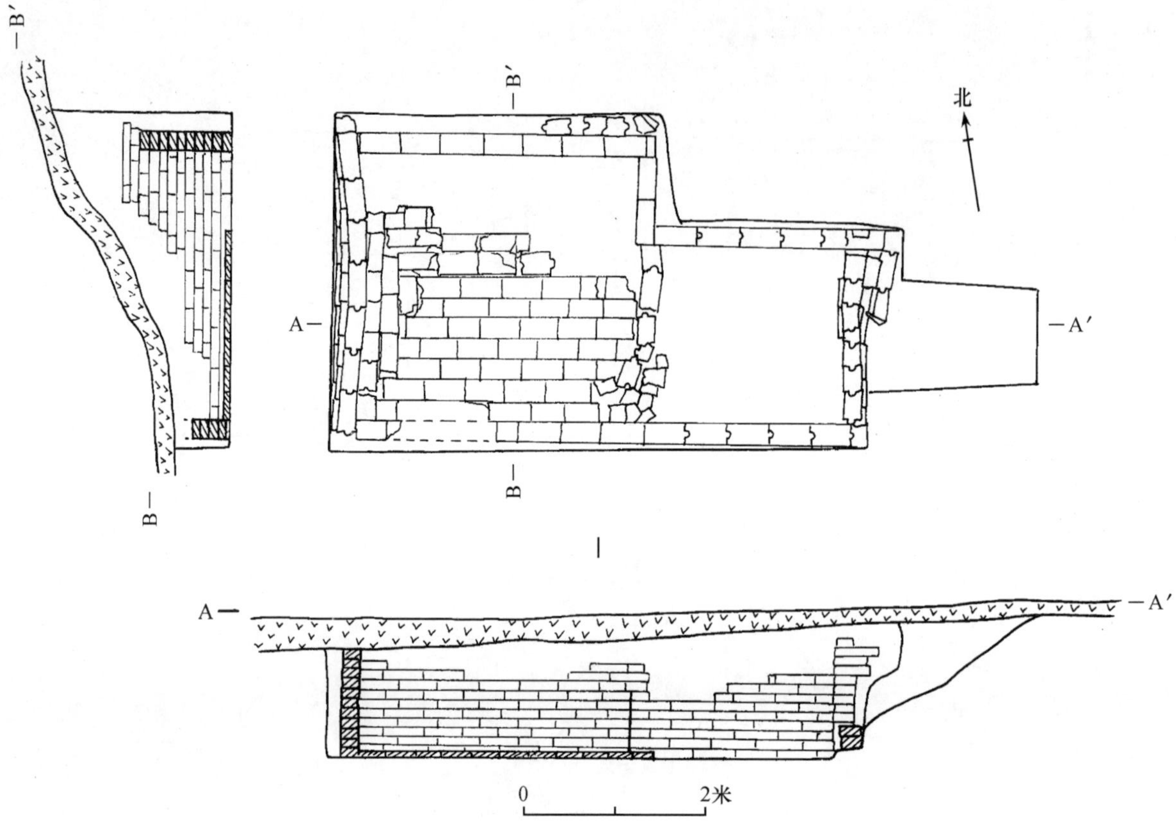

图一一　03YGZM4平、剖面图

二、出土器物

共出土500多件器物，以陶器居多，铜器次之，另有少量铁、琉璃、银、石器等。

1. 陶器

陶器以泥质为主，少见夹砂；有施釉和不施釉两种，其中以未施釉陶器数量居多；未施釉的陶器以灰陶为主，还有少量的红陶、黄褐陶、黑皮陶；施釉陶器的胎以灰色为主，另有少量黄褐色胎。陶器种类有仓、罐、壶、鼎、豆、盒、钫、瓮、盆、釜、熏炉、盘、碟、卮、魁、耳杯、灯、勺、匏勺、灶、钵、器盖、串珠、网坠等。其中以仓的数量最多，罐次之。

（1）罐

按照底的不同可以分成两类。

甲类　平底罐。分四型。

A型　器形较小，圆唇，肩部圆滑，下腹内收。口小底大。共4件[①]（03YGZM15：32、03YGZM15：28、03YGZM15：13、03YGZM15：34）。03YGZM15：13，泥质灰陶。轮制。圆唇，侈口，丰肩，圆鼓腹，平底。肩、腹处各有一道弦纹。通高11.8、口径10、腹径17.5、底径11.5厘米（图一二，1）。

① 此处所列的数目，仅指已经修复的器物。

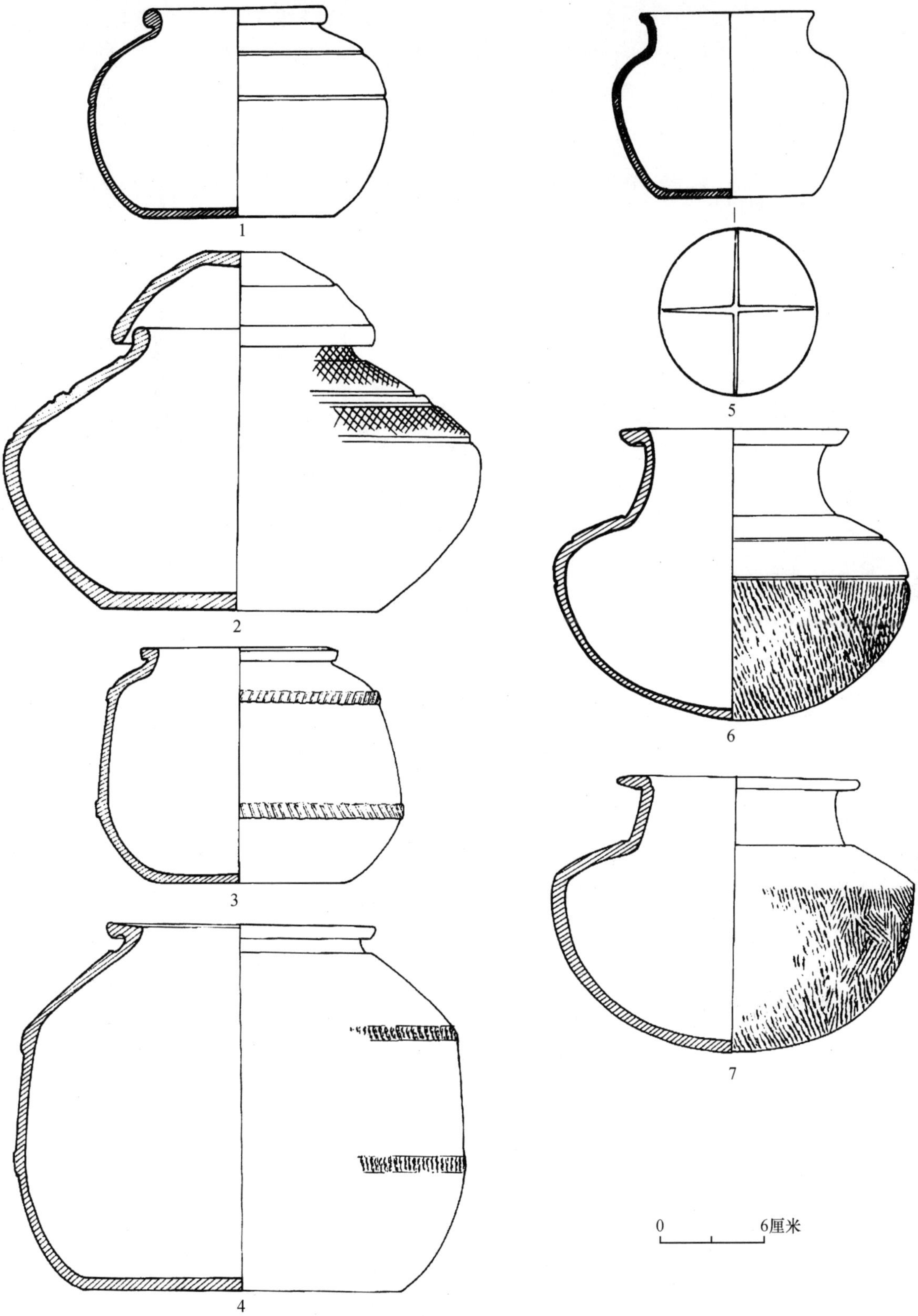

图一二　陶罐

1. 甲类A型（03YGZM15：13）　2. 甲类B型（03YGZM1：71）　3. 甲类C型Ⅰ式（03YGZM15：3）　4. 甲类C型Ⅱ式（03YGZM22：11）　5. 甲类D型（03YGZM2：14）　6. 乙类Aa型Ⅰ式（03YGZM3-1：6）　7. 乙类Aa型Ⅱ式（03YGZM22：5）

B型　有器盖，圆唇，折肩，下腹内收，肩上有网格纹。2件（03YGZM1：94，03YGZM1：71）。03YGZM1：71，泥质灰陶。轮制。盖平顶，倒立呈钵形。罐身圆唇，敛口，折肩，弧腹，平底。肩部有三道凹弦纹，且肩上印有网格纹，肩腹交接处有两道弦纹。通高20、盖口径14.8、罐口径12、腹径27、底径15.6厘米（图一二，2）。

C型　有些带盖，平沿，敛口，折肩，折腹，部分器物下部有刀削痕，器形基本一致。根据大小可以分为二式。

Ⅰ式：器形较小，高度在9～13厘米。共6件（03YGZM15：16、03YGZM15：06、03YGZM15：02、03YGZM15：04、03YGZM15：3、03YGZM15：17）。03YGZM15：3，泥质灰陶。轮制。方唇，平沿，敛口，折肩，折腹，腹上、腹下各饰一道凸棱，凸棱表面饰斜粗绳纹，平底。通高13.3、口径11.7、腹径17.8、底径10.8厘米（图一二，3）。

Ⅱ式：器形稍大，高度在14～21厘米。共8件（03YGZM13：6、03YGZM13：8、03YGZM22：35、03YGZM22：11、03YGZM22：81、03YGZM5：34、03YGZM23：4、03YGZM1：37）。03YGZM22：11，泥质灰陶。轮制。宽沿，敛口，折肩，折腹，肩腹交接处以及腹部转折处各有一周短且细的绳纹组成的带状纹饰，平底。通高20.4、沿宽2、肩宽25.6、底径18.4厘米（图一二，4）。

D型　器形较小。侈口，束颈，丰肩。仅见1件。03YGZM2：14，泥质灰陶。轮制。侈口，束颈，丰肩，鼓腹，平底。素面，器底有“一”字刻划符号。口径10.4、腹径14、底径9.5、高10.4厘米（图一二，5）。

乙类　圜底罐。分二型。

A型　平沿，直口，折肩。器形变化不大，根据器物大小的不同，分二亚型。

Aa型　器形较大，高度在15厘米左右。分二式。

Ⅰ式：器形稍高，肩部较窄，折肩处比较圆滑。整体显得瘦高。共6件（03YGZM15：012、03YGZM5：8、03YGZM3-2：26、03YGZM3-1：6、03YGZM3-2：21、03YGZM3-1：14）。03YGZM3-1：6，泥质灰陶。轮制。平沿，敞口，束颈，颈下有一周凹弦纹，折肩，鼓腹，肩、腹部各有一圈弦纹，圜底。腹部弦纹以下装饰绳纹。通高16.5、口径13.4、腹径20.2厘米（图一二，6）。

Ⅱ式：器形稍矮，肩部变宽，折肩处折棱明显。整体矮胖。共5件（03YGZM22：5、03YGZM1：106、03YGZM1：104、03YGZM13：20、03YGZM13：105）。03YGZM22：5，泥质灰陶。轮制。宽沿，敛口，束颈，颈下有一道弦纹，折肩，折腹，圜底，底部饰有绳纹。通高15.2、口径14.1、沿宽1.8、腹径21厘米（图一二，7）。

Ab型　器形较小，高度在10厘米以下，分二式。

Ⅰ式：器形稍大，弧腹，圜底，底部较丰满。共4件（03YGZM22：15、03YGZM22：10、03YGZM22：60、03YGZM22：14）。03YGZM22：14，泥质灰陶。轮制。宽沿，沿内近口处有一周凹弦纹，敛口，束颈，颈下有一道弦纹，折肩，折腹，圜底，底部饰有绳纹。通高9.2、口径10、沿宽1.2、腹径16.2厘米（图一三，1）。

Ⅱ式：器形稍小，扁腹。共4件（03YGZM1：60、03YGZM23：67、03YGZM22：68、03YGZM22：9）。03YGZM1：60，泥质灰陶。轮制。平沿，口稍敛，束颈，折肩，扁腹，

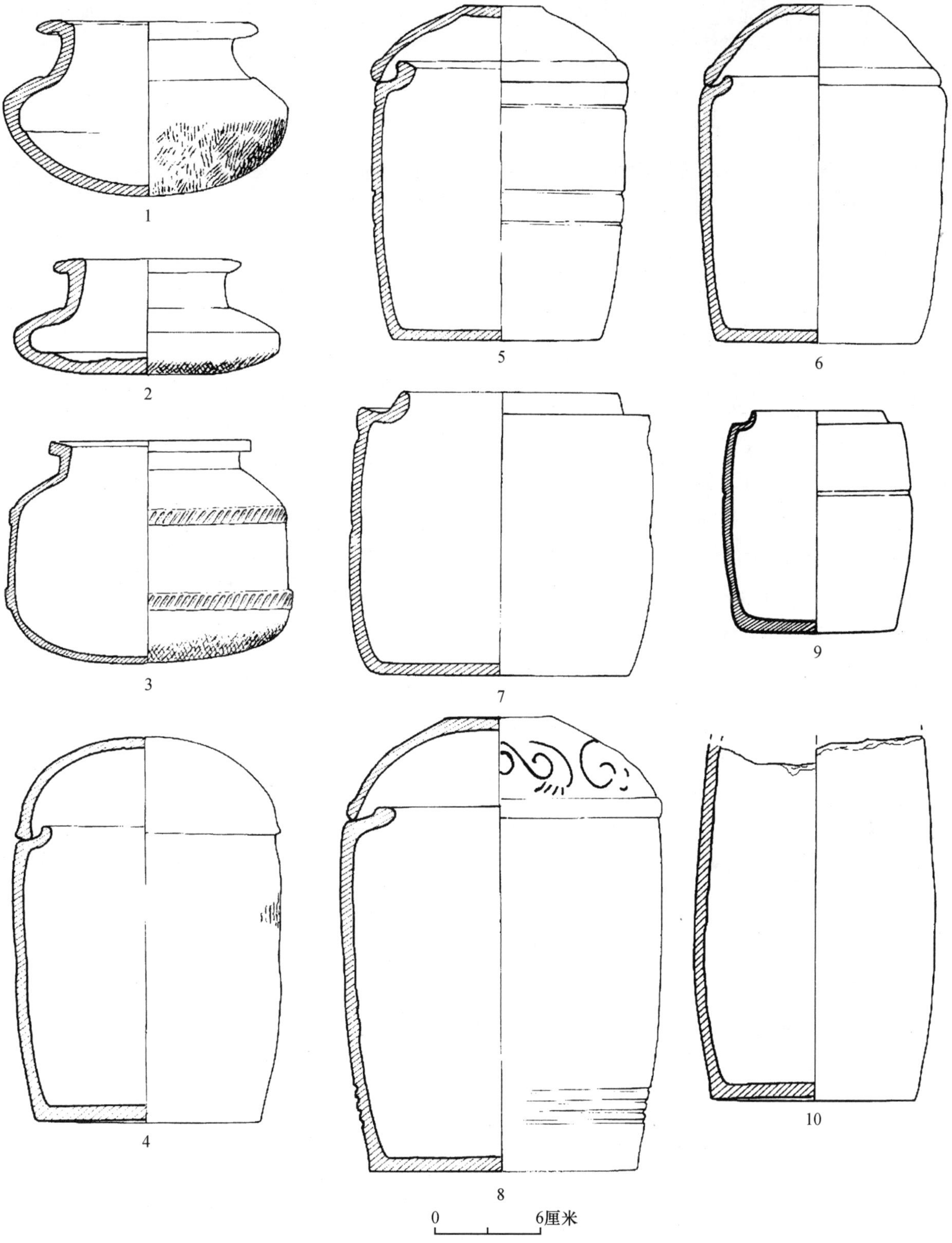

图一三　陶器

1. 乙类Ab型Ⅰ式罐（03YGZM22：14）　2. 乙类Ab型Ⅱ式罐（03YGZM1：60）　3. 乙类B型罐（03YGZM15：33）　4. 甲类A型仓（03YGZM23：21）　5. 甲类B型Ⅰ式仓（03YGZM22：61）　6. 甲类B型Ⅱ式仓（03YGZM1：42）　7. 甲类C型仓（03YGZM22：66）　8. 甲类D型仓（03YGZM1：76）　9. 甲类E型仓（03YGZM14：6）　10. 甲类F型仓（03YGZM10：1）

圜底。底部装饰有绳纹，罐内底凸凹不平。通高6.3、口径10.6、沿宽1.9、腹径15.2厘米（图一三，2）。

B型　器物上部和甲类C型罐相似，折肩，直腹，但是为圜底。共4件（03YGZM15：33、03YGZM15：29、03YGZM15：014、03YGZM15：7）。03YGZM15：33，泥质灰陶。轮制。方唇，近平沿，沿面有一道弦纹，敛口，短颈，折肩，折腹，腹上、腹下各饰一道凸棱，凸棱表面饰斜粗绳纹，圜底，底部饰有绳纹。通高12.2、口径11.8、腹径16、沿宽1.2厘米（图一三，3）。

（2）仓

《说文·仓部》："圜曰囷，方曰仓。"即体为圆者称之为囷，方体者才真正称为仓[①]。走马岭发现的仓体均为圆形，实际上也就是《说文·仓部》称的"囷"。但是一般报告和研究文章对囷与仓多未区别，为避免不必要的混乱，此处从之。

出土陶仓数量较多，但多不能看出演变趋势，难以划分式别。

根据盖的不同可以分成二类。

甲类　弧形盖或如倒立的钵，由于墓葬受到扰乱，部分仓盖未能修复或缺失。

A型　器体高在17厘米左右，近直腹，有些稍鼓，腹下近器底处制作规整，多有刀削痕。多带弧形盖，子母口[②]，平底。共10件（03YGZM23：6、03YGZM23：7、03YGZM23：16、03YGZM23：21、03YGZM23：19、03YGZM23：45、03YGZM23：5、03YGZM23：14、03YGZM23：17、03YGZM23：22）。03YGZM23：21，泥质灰陶。轮制，子母接口。带盖，弧形顶，盖整体呈半球状。仓身尖唇，敛口，筒形腹，腹壁略直，腹部制作不甚规整，装饰少许绳纹，平底。通高21.2、盖口径14.9、仓口径11.2、腹径15.2、底径12.8厘米（图一三，4）。

B型　高在15厘米左右，多带盖。为二式。

Ⅰ式：直腹或近直腹，腹下近底处多用刀削，有的削完后，再用转轮修整，所以下腹部稍内收。1件。03YGZM22：61，泥质灰陶。轮制。子母接口。盖如倒立的钵。仓身敛口，筒形腹，腹部有两道阴弦纹，平底。通高18.4、器盖顶径4.4、口径14.4厘米；器身口径11.2、腹径14、底径11.8厘米（图一三，5）。

Ⅱ式：腹部略鼓。共4件（03YGZM1：42、03YGZM1：41、03YGZM23：20、03YGZM23：44）。03YGZM1：42，泥质灰陶。轮制。子母接口。盖平顶，盖呈倒立钵形。仓身敛口，筒形腹，腹部制作的不甚规整，平底。通高18.6、盖口径13.4、仓口径11.6、腹径14、底径11.4厘米（图一三，6）。

演变趋势：腹部由直变鼓，重心下移。

C型　形体矮胖，下腹部内收。共11件（03YGZM1：99、03YGZM1：36、03YGZM1：38、03YGZM1：48、03YGZM22：79、03YGZM22：67、03YGZM22：57、03YGZM22：54、03YGZM22：42、03YGZM22：63、03YGZM22：66）。03YGZM22：66，泥质黑皮陶。轮制。敛口，筒形腹，腹中部有一道阴弦纹，腹径较大，平底。下腹有刀削痕迹，制作不甚规整。通高

① 孙机：《汉代物质文化资料图说》，文物出版社，1990年。

② 有的文章也称为折肩，仓的用途是为储粮，所以需加盖防雨和鼠、虫盗扰，所以这种"折肩"就是为了方便加仓盖，很多仓特意在"肩部"下凹，实际上就形成了子母口，因此本文将折肩统称为子母口。

15.6、口径12、腹径17.2、底径14.2厘米（图一三，7）。

D型　形体较大，器身高度在19厘米左右，鼓腹，下腹内收，多带钵形盖，有些器身上装饰彩绘。共5件（03YGZM1：111、03YGZM1：76、03YGZM1：78、03YGZM1：79、03YGZM23：55）。03YGZM1：76，泥质灰陶。轮制。子母接口。带盖，盖平顶，盖倒立呈钵状，盖中部有一道折棱。仓身方唇，敛口，筒形腹，腹径较大，腹部装饰三周宽弦纹，平底。器外涂有白衣，白衣上绘有朱、黑色相间的图案。腹上的图案已不清晰，仓盖上隐约可以看到一些“S”纹和卷云纹。通高25.2、盖口径17.4、仓口径14.4、腹径18、底径15厘米（图一三，8）。

E型　形体较小，鼓腹。器形更小，高度约12厘米。共3件（03YGZM4：21、03YGZM14：6、03YGZM14：01）。03YGZM14：6，泥质灰陶。轮制。敛口，筒形腹，腹部有一道弦纹，平底。通高11.8、口径8、底径10厘米（图一三，9）。

F型　仅见03YGZM10：1，器形瘦高，腹部略鼓，上部残缺。泥质灰陶。筒形腹，底略上凹。内壁有轮制痕迹。残高19.6、腹径13.8、底径11.8厘米（图一三，10）。

乙类　平顶仓。根据有无器耳可分为二型。

A型　平顶盖，盖顶径较大，腹中部略鼓，下腹内收，平底。8件（03YGZM1：52、03YGZM1：53、03YGZM1：51、03YGZM1：61、03YGZM22：75、03YGZM22：71、03YGZM22：64、03YGZM22：12）。03YGZM1：61，泥质灰陶。轮制。子母接口。盖大平顶，盖近口处有一道凹弦纹。仓身敛口，筒形腹，平底。通高16.4、盖口径13.2、仓口径10、腹径13.2、底径12.8厘米（图一四，1）。

B型　器形与A型相似，只是在腹上部有对称双耳。共6件（03YGZM22：62、03YGZM22：2、03YGZM22：4、03YGZM22：7、03YGZM22：8、03YGZM22：3）。03YGZM22：62，泥质灰陶。轮制。子母接口。盖大平顶。器身敛口，筒形腹，腹下部饰有一周弦纹，平底。腹上部有对称的双耳，耳为桥形，耳孔较小，耳外饰有阴弦纹。通高16.8、器盖口径12.4、器身口径9.6、腹径13.2、底径11.6厘米（图一四，2）。

另有部分残碎，无法归类。

这些仓时代相近，虽然不能体现时代上的演变规律，但是却可以反映仓在走马岭及其附近的空间分布特点。不同类型的仓来源于不同的作坊（当然不排除一个作坊会制作几种类型的仓，但所有的仓来源一个作坊可能性不大）。一方面说明仓这种明器作为一种普遍的随葬品，已经形成商业化的生产、流通；另一方面也可以与其他遗址、墓地出土仓的材料进行比较以揭示此地域的文化交流情况，部分体现此地古代居民的商贸及生活情况。

（3）瓮

形制、大小基本一致。共3件（03YGZM1：43、03YGZM1：72、03YGZM1：68）。03YGZM1：43，泥质灰陶。轮制。圆唇，口沿下有一周宽弦纹，折肩，肩中部有两周凹弦纹，弧腹，肩腹交接处有两道凹弦纹，腹上部亦有两道凹弦纹，在这两道凹弦纹之上、口以下印有网格纹，圜底。通高22、口径12、腹径28厘米（图一七，7）。

（4）壶

根据器足的情况可分成二型。

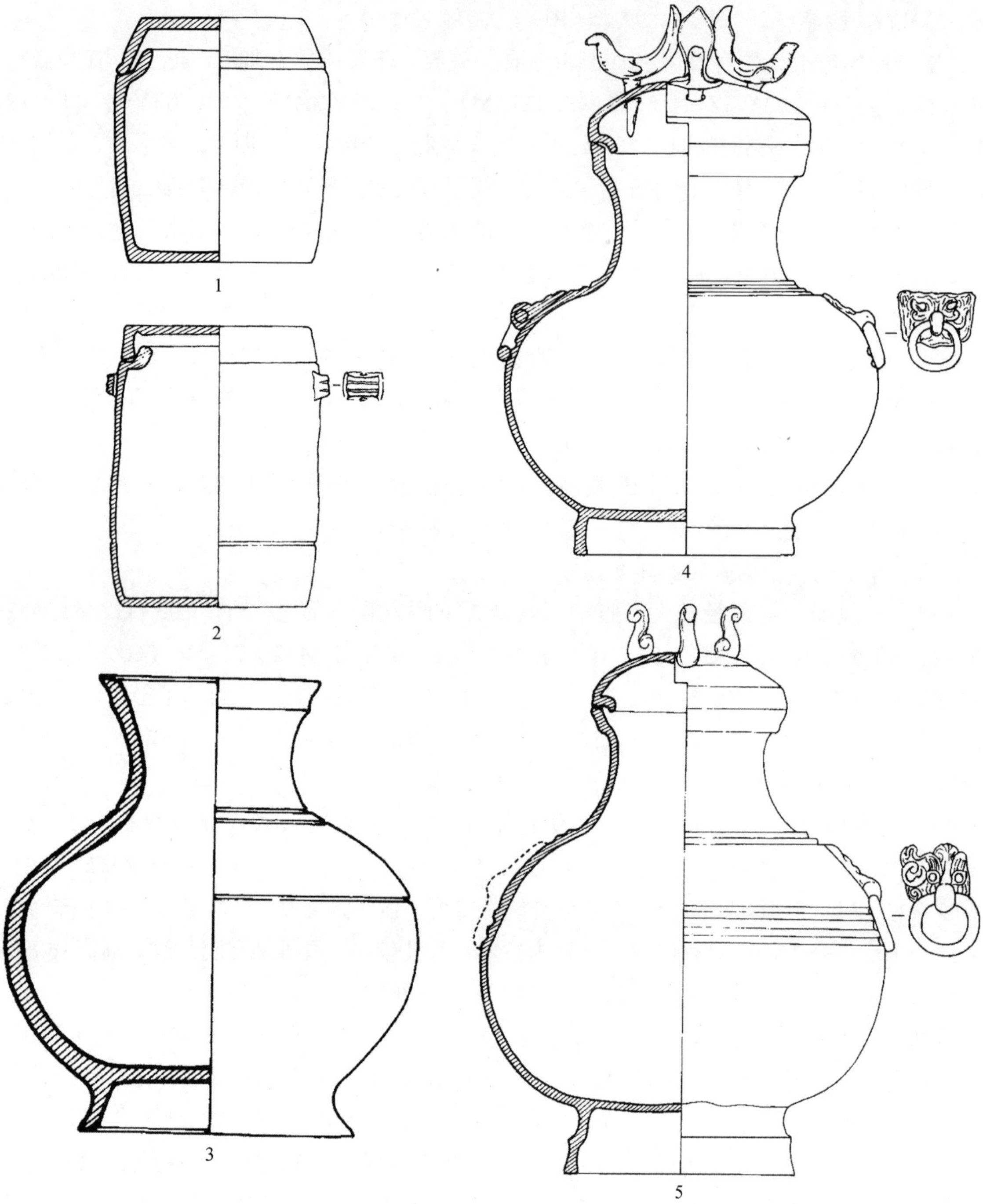

1、2. 0 6厘米　3. 0 4厘米　4、5. 0 7厘米

图一四　陶器

1. 乙类A型仓（03YGZM1：61）　2. 乙类B型仓（03YGZM22：62）　3. A型Ⅰ式壶（03YGZM3-1：15）

4. A型Ⅱ式壶（03YGZM22：36）　5. A型Ⅲ式壶（03YGZM22：39）

A型　圈足壶。分五式。

Ⅰ式：泥质灰陶。器形较小，高度在18厘米左右。侈口，束颈，近圆腹，矮圈足，足稍外撇。5件（03YGZM3-2：7、03YGZM3-1：15、03YGZM3-2：12、03YGZM3-1：4、03YGZM3-1：35）。03YGZM3-1：15，泥质灰陶。轮制。敞口，高颈，圆肩，圆鼓腹，圈足

外撇。口下有一周凸弦纹，肩部有三道凹弦纹。器外饰有白衣，大部已经脱落。通高17.6、口径8.8、腹径16.3厘米（图一四，3）。

Ⅱ式：泥质灰陶。器形变大，高度在28厘米以上。带盖，盖上有饰物。侈口，有向盘口演变的趋势，束颈，球形腹，腹上有对称铺首，矮圈足，足上有凸棱，稍外撇。4件（03YGZM22：37、03YGZM22：36、03YGZM13：15、03YGZM17：20）。03YGZM22：36，泥质灰陶。轮制。子母接口。盖弧形顶，顶上有三个圆孔，孔中插有三展翅飞翔的小鸟。壶身盘口，高束颈，丰肩，肩上下各有两道凹弦纹，弦纹中间有一双对称的铺首衔环，环紧贴于壁上，不可以活动，扁圆腹，矮圈足，足上部有一道凸棱。器外涂黄色陶衣，但大部分已经脱落。通高38.8、口径15.6、腹径27、足径15.6厘米（图一四，4）。

Ⅲ式：泥质灰陶。器形较大。带盖，盖上有饰物。浅盘口，束颈，球形腹，腹上有对称铺首，高圈足外撇，足上有凸棱。2件（03YGZM22：39、03YGZM22：38）。03YGZM22：39，泥质灰陶。轮制。子母接口。盖弧形顶，上附三个“S”形装饰。壶身盘口，高束颈，溜肩，肩上下各有三道凹弦纹，弦纹中间粘接一双对称的铺首衔环，环紧贴于壁上，不可以活动，圆腹，圈足，外撇，足上部有一道折棱。铺首上涂白色陶衣。通高41.8、口径14.8、腹径31、足径17.6厘米（图一四，5）。

Ⅳ式：泥质红褐色釉陶。带盖，盖上多装饰三乳钉。深盘口，束颈，球形腹，腹上有对称铺首，高圈足外撇，足上有凸棱，足部变高。1件。03YGZM23：36，泥质红褐陶。外施浅黄色釉，但大部已经脱落。子母接口。带盖，盖弧形顶，顶上均匀附有3个乳钉。盘口，高束颈，溜肩，肩上饰三周凸弦纹，扁圆腹，腹上部有一双对称铺首，铺首实鼻，鼻上方凸起对称的眼睛，两耳向外斜出（图一五，1）。

Ⅴ式：泥质红褐色釉陶。带盖，盖上装饰三乳钉。深盘口，束颈，扁圆腹，腹上有对称铺首，高圈足，外撇，足上有棱。3件（03YGZM23：38、03YGZM23：1、03YGZM1：66）。03YGZM23：1，泥质红褐陶。外施浅黄色釉，但大部已经脱落。子母接口。带盖，盖弧形顶，顶上均匀附有3个乳钉。盘口，高束颈，溜肩，肩上有三周凹弦纹，扁圆腹，腹上部有一双对称铺首，铺首实鼻，鼻上方凸起对称的眼睛，眼睛两侧又有两个凸起，两耳向外斜出，腹中部有三道凹弦纹，圜底，圈足，足外撇，足上有一折棱，足中部、下部各有一道凹弦纹。通高36.4、口径14.8、腹径25、足径17.4厘米（图一五，2）。

演变趋势：陶质由灰陶变为红褐色釉陶，器形由小变大，口部由侈口变成浅盘口，再变成深盘口，腹部由球形变成扁圆形，足部变高，渐外撇。

B型　平底壶。分二亚型。

Ba型　近直口，口径较大，颈部粗矮，腹部较矮，器形总体矮胖。分四式。

Ⅰ式：器形较小，高度在9.5厘米左右。侈口，颈部较短，折肩，但转折处较为圆滑，弧腹，平底。1件。03YGZM15：31，泥质灰陶。轮制。敛口，溜肩，圆鼓腹，腹部上方有两个对称的假系耳，系耳呈椭圆状，紧贴于外壁，平底。通高9、口径10、腹径15.6、底径9厘米（图一五，3）。

Ⅱ式：器形变大，高度在12厘米左右。侈口，颈部变高，折肩，但转折处较为圆滑，弧腹，平底。3件（03YGZM22：77、03YGZM22：20、03YGZM15：3）。03YGZM22：77，泥

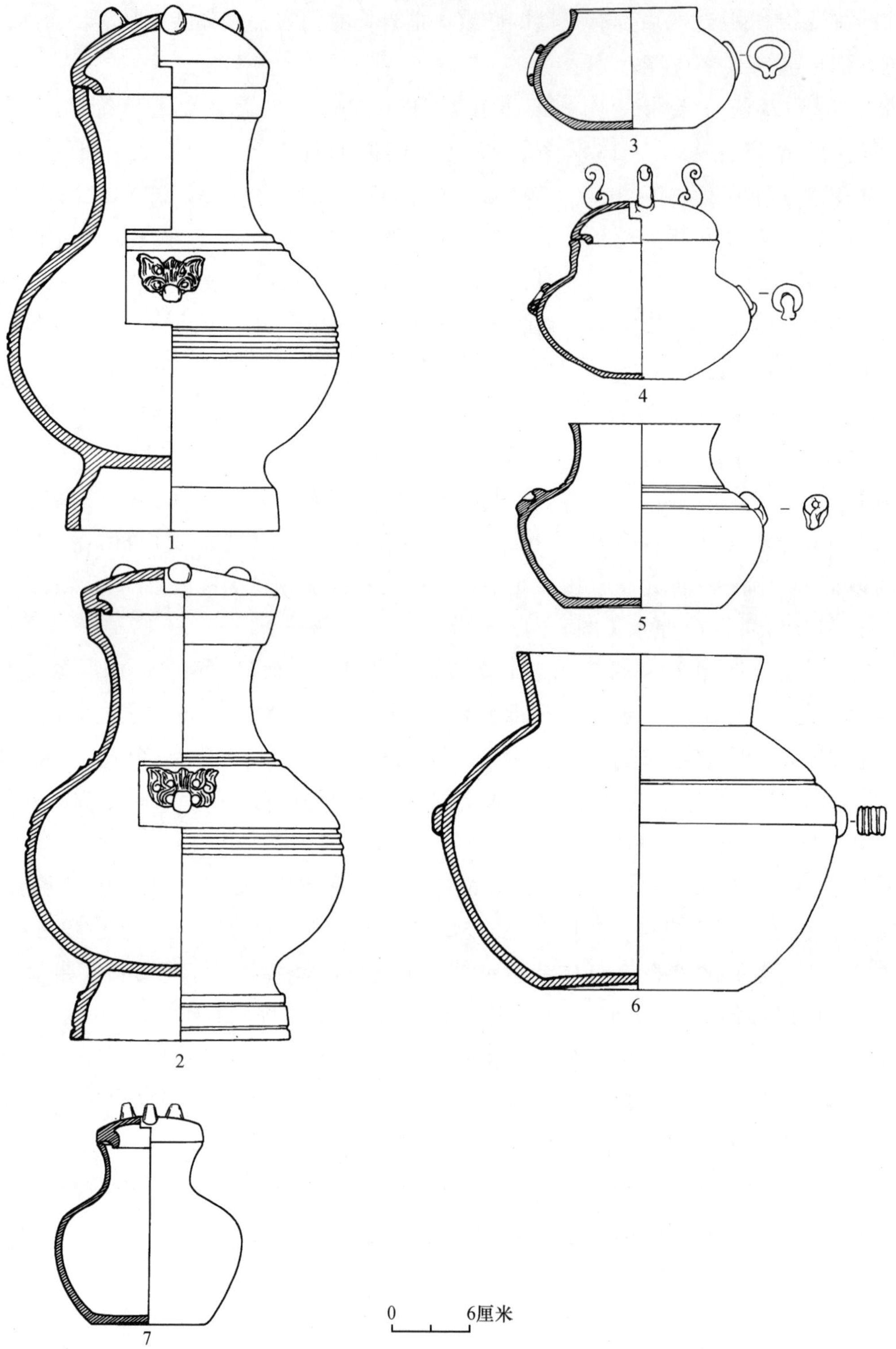

图一五 陶壶

1. A型Ⅳ式（03YGZM23：36） 2. A型Ⅴ式（03YGZM23：1） 3. Ba型Ⅰ式（03YGZM15：31） 4. Ba型Ⅱ式（03YGZM22：77） 5. Ba型Ⅲ式（03YGZM13：19） 6. Ba型Ⅳ式（03YGZM1：93） 7. Bb型Ⅰ式（03YGZM15：35）

质灰陶。轮制。子母接口。带盖，盖弧形顶，顶上有三个“S”装饰。壶身近直口，丰肩，弧腹，肩下粘接对称环形耳，环紧贴于壶壁上，不可以活动，平底。底部有切制痕迹，不太平整。通高17、口径11.8、腹径17、底径6.2厘米（图一五，4）。

Ⅲ式：器形进一步变大，高度在16厘米左右。侈口，折肩，转折处生硬，弧腹，平底。器形变得肥胖。7件（03YGZM22：73、03YGZM22：1、03YGZM1：34、03YGZM23：13、03YGZM23：29、03YGZM13：7、03YGZM13：19）。03YGZM13：19，泥质灰陶。轮制。侈口，高颈，丰肩，弧腹，底略内凹。肩部有几道弦纹，腹部有一周带状绳纹，肩上接有对称的假系耳，耳中粘接一环，紧贴于壁上，不可以活动，而且系耳制作粗劣，很不规整。通高14.8、口径12、底径12.4、腹径19.2厘米（图一五，5）。

Ⅳ式：器形最大，高度在26厘米。侈口，折肩，弧腹，平底。1件。03YGZM1：93，泥质黑皮陶。轮制。侈口，方唇，丰肩，肩下部有两道凹弦纹，弦纹中有对称的双耳，耳上有刻划纹，弧腹，底上凹。通高25.8、口径19.4、腹径31、底径15.4厘米（图一五，6）。

演变趋势：器形由小变大，口径变大，颈部加高，肩部转折处由圆滑变得比较生硬。

Bb型　多为盘口，口径较小，颈瘦高，形体相对苗条。分四式。

Ⅰ式：器形较小，器身高约14厘米。侈口，颈部较短，折肩，弧腹，平底。1件。03YGZM15：35，泥质灰陶。轮制。素面。子母接口。带盖，弧形顶，盖顶有三个方形纽。壶身侈口，束颈，丰肩，鼓腹，底略内凹。通高16.8、口径8.4、腹径15、底径9.4厘米（图一五，7）。

Ⅱ式：器形变大，器身高约18厘米。浅盘口，颈部加高，折肩，弧腹，平底。2件（03YGZM13：16、03YGZM15：011）。03YGZM13：16，泥质灰陶。轮制。侈口，高颈，颈下有一圈折棱，丰肩，肩上装饰有两道弦纹，弧腹，平底。通高18.2、口径11.7、腹径20.4、底径12.2厘米（图一六，1）。

Ⅲ式：器身高约18厘米。盘口，口径加大，颈部加高、加粗，折肩，弧腹，平底。4件（03YGZM22：43、03YGZM22：78、03YGZM22：44、03YGZM13：14）。03YGZM22：78，泥质灰陶。轮制。子母接口。带盖，弧形顶，盖上原有三个装饰，但已经残脱，具体形制不清。壶身盘口，束颈，颈处隐约可见一些细绳纹，颈下有一道凹弦纹，折肩，扁圆腹，肩腹交接处有对称双耳，双耳带环，环紧贴于壶壁上，不可以活动，平底。通高18.3、口径10.4、腹径18.8、底径12厘米（图一六，2）。

Ⅳ式：器身继续变大。器身高在20厘米以上。其他与Ⅲ式相同。1件。03YGZM1：15，泥质灰红陶。轮制。方唇，近盘口，束颈，颈下有两道弦纹，溜肩，肩下有三道凹弦纹，弧腹，底略上凹。通高22.6、口径14.6、腹径21.4、底径14.4厘米（图一六，3）。

演变趋势：器形由小变大，由侈口变为盘口，口径变大，颈部加高、变粗。

（5）鼎

可以分成二型。

A型　器底扁平，器形总体成扁方状。分三式。

Ⅰ式：泥质灰陶。器形较小，器身高约9厘米（无盖），器耳外撇，腹部较浅。5件（03YGZM3-2：2、03YGZM3-2：1、03YGZM3-1：34、03YGZM3-1：28、03YGZM3-

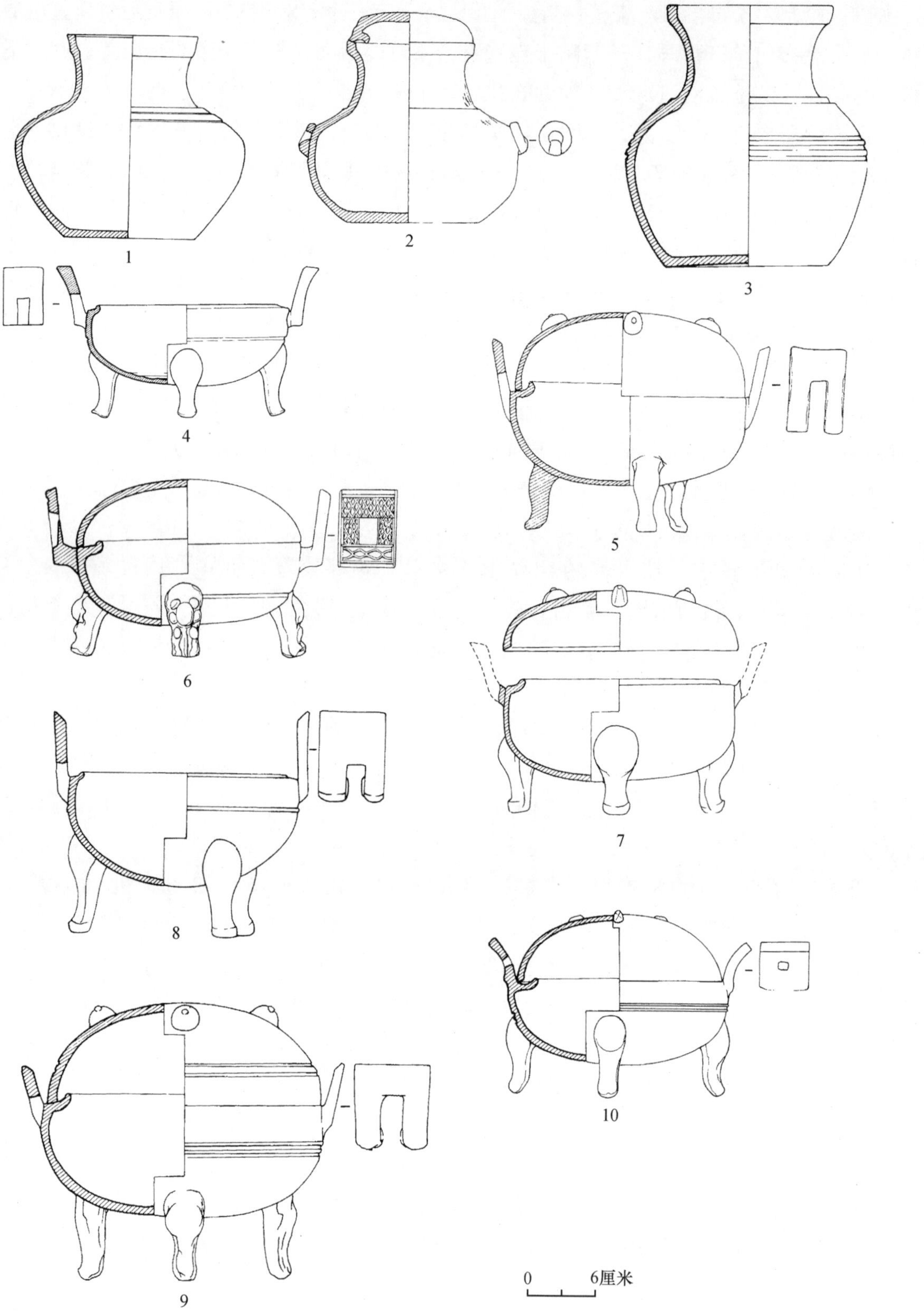

图一六 陶鼎、壶

1. Bb型Ⅱ式壶（03YGZM13∶16） 2. Bb型Ⅲ式壶（03YGZM22∶78） 3. Bb型Ⅳ式壶（03YGZM1∶15） 4. A型Ⅰ式鼎（03YGZM3-2∶1） 5. A型Ⅱ式鼎（03YGZM22∶49） 6. A型Ⅲ式鼎（03YGZM1∶16） 7. B型Ⅰ式鼎（03YGZM15∶27） 8. B型Ⅱ式鼎（03YGZM17∶9） 9. B型Ⅲ式鼎（03YGZM23∶28） 10. B型Ⅳ式鼎（03YGZM1∶95）

1：22）。03YGZM3-2：1，泥质灰陶。圆唇，浅弧腹，腹部上方有对称双耳，耳为方形，中间有一方孔，圜形底，下接三个马蹄形矮足。器身为轮制，耳和足为后来粘接上去。通高13.6、口径16.4、足高6、耳高5.1厘米（图一六，4）。

Ⅱ式：泥质灰陶。器形变大。弧形盖，器耳稍稍外撇，器腹加深。1件。03YGZM22：49，泥质灰陶。子母接口。盖弧形顶，顶上均匀分布三个半圆形纽。鼎身敛口，尖唇，口下有对称方形双耳，耳中部有一长方形孔，弧腹，圜底，下接模制马蹄形足，足较细小。器身、器盖为轮制，耳和足为后来粘接上去。器外涂有黄色陶衣，大部脱落。通高19.2、盖口径20.6、鼎身口径18、足高6.6厘米（图一六，5）。

Ⅲ式：泥质红褐色釉陶。器耳外斜，器身变浅，器底扁平，器盖由弧形变成扁方形，器形总体扁方。4件（03YGZM23：32、03YGZM1：25、03YGZM1：67、03YGZM1：16）。03YGZM1：16，泥质红褐陶，外表施浅黄釉。弧形盖顶，子母接口。鼎身圆唇、敛口，口下有对称方形双耳，中有方孔，耳外侧装饰方格纹、菱形纹，弧腹，圜底，下接模制兽足，足外侧有凸起装饰。器身、器盖为轮制，耳和足为后来粘接上去。通高15、盖口径19.6、口径15、腹径19.6、足高6厘米（图一六，6）。

演变趋势：由小变大，器形由扁圆变为扁方。

B型　半圆形盖，圜底，器形整体近球形。分四式。

Ⅰ式：泥质灰陶。器形较小，器身高约17厘米，器形相对较扁。1件。03YGZM15：27，泥质灰陶。轮制。子母接口。带盖，弧形盖顶，盖顶均匀分布三个半球形纽。口沿下方有两周弦纹，弧形腹，腹部上方原有对称的双耳，已经残断，圜底，底部均匀粘接有三个马蹄形足。通高19、口径18、足高7厘米（图一六，7）。

Ⅱ式：泥质灰陶，器形变大，器身高约23厘米。器形整体呈圆球形，器耳较直，稍稍外撇。4件（03YGZM22：45、03YGZM22：72、03YGZM17：9、03YGZM17：16）。03YGZM17：9，泥质灰陶。盖轮制，圜顶，顶部均匀附有三个半球形纽，纽上各有一小凸起。整个鼎盖近半球形。高7.2、口径20、纽高1.8厘米。敛口，口沿下方有一周凸弦纹，弧形腹，腹部上方原有对称双耳，耳为方形，耳中有一方孔，圜底，底下均匀粘接有三个马蹄形足。器身为轮制，近半球形，耳和足为后来粘接上去。高19.6、口径19、足高8.6、耳高8.2厘米（图一六，8）。

Ⅲ式：泥质灰陶。除了器形比Ⅱ式稍大外，其他特征相似，器身高约24.5厘米。2件（03YGZM23：28、03YGZM23：73）。03YGZM23：28，泥质灰陶。轮制。圆弧形盖顶，盖顶均匀分布三乳钉，盖下部有两周凹弦纹，子母接口。圆唇，敛口，口下有一对称双耳，耳为方形，中有方孔，耳下有两道凹弦纹，弧腹，圜底，马蹄形足。鼎盖连接鼎身近似一个球体。器身、器盖为轮制，耳和足为后来粘接上去。通高23.6、口径20.4、腹径25.8、足高7.4厘米（图一六，9）。

Ⅳ式：泥质红褐色釉陶。器形变小，器耳外斜，器形又有变扁趋势。1件。03YGZM1：95，泥质红褐陶，外表施浅黄色釉。圆弧形盖顶，盖顶均匀分布三个三角形纽，子母接口。鼎身圆唇，敛口，口外有对称方形耳，耳外撇，耳中部有一小方形孔，耳下有一道凸弦纹，弧腹，腹部有两道凹弦纹，圜底，下接马蹄形足。器身、器盖为轮制，耳和足为模制，后粘接上去。通高16.2、盖口径19、口径14、腹径19.6、足高6.6厘米（图一六，10）。

演变趋势：器形由小变大、由近圆形变成球形，最后有向扁圆演变的趋势。

（6）盒

可以分为二类。

甲类 近平底，底无圈足，盖无器纽。1件。03YGZM15：09，泥质黑皮陶，红褐胎。轮制。子母接口。带盖，弧形顶。器身敛口，弧腹，圜底。器外涂有白衣，大部已经脱落。通高13.8、口径20.2厘米（图一七，1）。

乙类 圜底，底接圈足，盖有器纽。分二型。

A型 器形整体较方。分四式。

Ⅰ式：泥质灰陶。器形较小。盒肩、腹转折处比较圆滑，所以整体呈椭圆状略方。5件（03YGZM3-1：32、03YGZM3-1：16、03YGZM3-2：11、03YGZM3-1：33、03YGZM5：2）。03YGZM3-1：16，泥质灰陶。轮制。敛口，圆唇，弧形腹，圜底，圈足，足稍向外撇。腹部上方有两周凹弦纹，器底亦有一周弦纹和拇指旋转的痕迹。通高7.8、口径15.2、足径11.4厘米（图一七，2）。

Ⅱ式：泥质灰陶。器形变大，器足变高。盒肩、腹转折处略显生硬。3件（03YGZM15：25、03YGZM15：20、03YGZM15：6）。03YGZM15：6，泥质灰陶。轮制。子母接口。盖呈倒立碗状，圈足状纽。盒身敛口，折腹，圜底，圈足，稍稍外撇。通高15.2、口径17.6、底径7.8、盒身高7.4厘米（图一七，3）。

Ⅲ式：以泥质红褐色釉陶为主。盒盖、身变高。除转折处略显圆滑外，器形整体显方。6件（03YGZM18：3、03YGZM23：63、03YGZM23：33、03YGZM23：41、03YGZM23：54、03YGZM1：64）。03YGZM23：54，泥质红褐陶，器外施釉。轮制。带盖，弧形顶，顶上有圈足纽，折肩，肩部有两道凸弦纹，近口处亦有两道凸弦纹，子母接口。盒身尖唇，敛口，折腹，腹上部有两道凸弦纹，平底，圈足，足稍外撇。通高17.6、盒盖口径19、盖纽径9.4、盒身口径15.6、足径12.8厘米（图一七，4）。

Ⅳ式：以泥质红褐色釉陶为主。盒身直径增大，盒盖变小、变矮，器物重心下移。盒肩、盒腹转折处生硬，折棱明显，器形整体呈扁方状。2件（03YGZM1：46、03YGZM16：5）。03YGZM1：46，泥质红褐陶，器外施青黄色釉。轮制。子母接口。带盖，弧形顶，顶上有圈足纽，折肩，弧形腹，腹部有四道凹弦纹。盒身圆唇，敛口，弧形腹，腹上部有两道阴弦纹，圜底，圈足，足稍外撇。通高14.6、盒盖口径19.2、盒身口径16.4、足径8厘米（图一七，5）。

演变趋势：器形由小变大，由椭圆略方向方形演变。

B型 盒肩、盒腹呈弧形，器形整体较圆。6件（03YGZM22：55、03YGZM22：69、03YGZM22：46、03YGZM22：56、03YGZM17：12、03YGZM13：5）。03YGZM13：5，泥质黄褐陶。子母接口。盖整体呈倒立碗状，顶部附圈足纽。盒身敛口，弧腹，腹上有一圈凹弦纹，矮圈足，稍向外撇。通高17.2、盒盖高8.6、盒身高8.8、口径11、足径10.2、足高1.2厘米（图一七，6）。

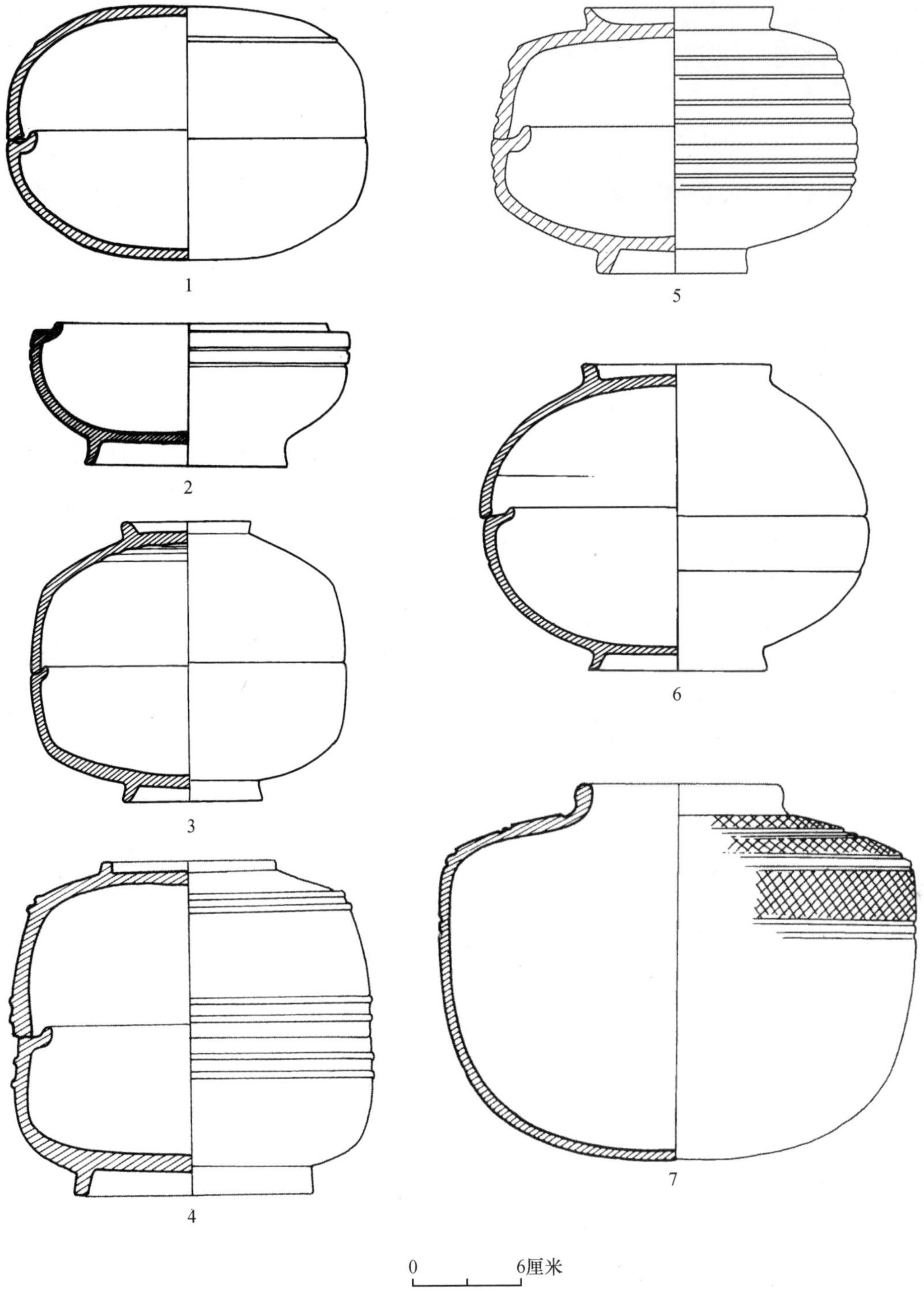

图一七　陶盒、瓮

1. 甲类盒（03YGZM15：09）　2. 乙类A型Ⅰ式盒（03YGZM3-1：16）　3. 乙类A型Ⅱ式盒（03YGZM15：6）　4. 乙类A型Ⅲ式盒（03YGZM23：54）　5. 乙类A型Ⅳ式（03YGZM1：46）　6. 乙类B型（03YGZM13：5）　7. 瓮（03YGZM1：43）

（7）釜

根据口部的不同，可以分二型（走马岭釜出土较少，此处的型式划分主要是参考峡区的釜的演变）。

A型 敞口。分二亚型。

Aa型 器形矮胖，无颈或者颈部很短。分四式。

Ⅰ式：敞口，口部较大，无颈。1件。03YGZM15：14，泥质红陶。轮制。敞口，束颈，鼓腹，圜形底。腹下部饰绳纹。通高8.8、口径15、腹径15厘米（图一八，1）。

Ⅱ式：敞口，短颈，溜肩。2件（03YGZM15：24、03YGZM15：15）。03YGZM15：15，泥质灰陶。轮制。圆唇，敞口，束颈，丰肩，扁圆腹，腹部刻划有隶书“先墓中”三字，圜底。通高8.2、口径12、腹径14.2厘米（图一八，2）。

Ⅲ式：敞口，颈部稍稍加长，折肩。1件。03YGZM2：12，泥质灰陶。虽是轮制，但器面凸凹不平，制作较为粗劣。沿稍外斜，侈口，丰肩，圜底（可能由于制作坯胎时未干而放置于地上，底部中央略平），在肩部和腹部上方分别刻划有一周弦纹。口径11.2、肩径14、高9厘米（图一八，3）。

Ⅳ式：敞口，束颈，折肩，折腹，腹部渐扁。1件。03YGZM6：4，夹砂灰陶。轮制。尖唇，敞口，束颈，折肩，折腹，圜底。腹部有两周弦纹。通高8.2、口径11、腹径12.3厘米（图一八，4）。

演变趋势：器物由无颈变束颈，无肩变溜肩、折肩，腹部逐渐扁平。

Ab型 颈部较高，器形相对较高。分二式。

Ⅰ式：侈口，高束颈，肩部不太明显。1件。03YGZM7：4，泥质黑皮红褐陶。轮制。侈口，口下饰少许绳纹，高颈，腹部略鼓，圜底。腹部以下制作不甚规整，均匀装饰绳纹。通高17.3、口径13.2、腹径15.6厘米（图一八，5）。

Ⅱ式：敞口，束颈，颈部变短，折肩，器形变矮。2件（03YGZM1：28、03YGZM1：29）。03YGZM1：29，泥质红褐陶，器外、器内口部均施青黄色釉。轮制。尖唇，敞口，束颈，颈部有对称双耳，耳为环形，圆弧腹，圜底。腹部有两道凹弦纹。通高15、口径16、腹径17.2厘米（图一八，6）。

演变趋势：器物由高颈变短颈，肩部转折逐渐明显，器形由高瘦变矮胖。

B型 直口，折肩，圜底。1件。03YGZM17：5，泥质灰陶。轮制。直口，折肩，肩上附有对称的双耳，鼓腹，圜底。腹部以下饰有绳纹。通高13.8、口径12、腹径18、底径5.8厘米（图一八，7）。

（8）盆

分三型。

A型 平折沿，浅腹。3件（03YGZM22：70、03YGZM22：84、03YGZM6：28）。03YGZM22：70，泥质黑皮陶。轮制。敞口，折沿，折腹，平底。腹折处有一周阴弦纹。通高7.4、沿宽1.8、口径23.2、底径14.8厘米（图一八，8）。

B型 沿部稍卷，弧腹，腹部较深。1件。03YGZM23：24，泥质灰陶。轮制。方唇，近平沿，敞口，弧腹，平底，器底制作不甚规整，凸凹不平。腹上部有一道凸弦纹。通高9.8、口径22.4、沿宽1.2、底径9.8厘米（图一八，9）。

C型 折腹，腹下部内收，小底。6件（03YGZM1：120、03YGZM1：47、03YGZM22：85、03YGZM22：150、03YGZM22：83、03YGZM17：8）。03YGZM1：120，泥质灰陶。轮制。素

1～10、12～14. 0 6厘米　11. 0 12厘米

图一八　陶器

1. Aa型Ⅰ式釜（03YGZM15：14）　2. Aa型Ⅱ式釜（03YGZM15：15）　3. Aa型Ⅲ式釜（03YGZM2：12）　4. Aa型Ⅳ式釜（03YGZM6：4）　5. Ab型Ⅰ式釜（03YGZM7：4）　6. Aa型Ⅱ式釜（03YGZM1：29）　7. B型釜（03YGZM17：5）　8. A型盆（03YGZM22：70）　9. B型盆（03YGZM23：24）　10. C型盆（03YGZM1：120）　11. A型洗（03YGZM23：40）　12. B型洗（03YGZM1：17）　13. 盘（03YGZM1：23）　14. A型勺（03YGZM1：83）

面。方唇，斜沿，敞口，弧腹，平底。通高7.4、口径18、底径6厘米（图一八，10）。

（9）洗

均是釉陶。分二型。

A型　器形稍大，腹部有对称环形双耳。3件（03YGZM23：40、03YGZM23：31、03YGZM1：98）。03YGZM23：40，泥质红褐陶。器内外施釉，但大部已经脱落。轮制。尖唇，弧形沿，敛口，弧形腹，腹中部粘接对称环形双耳，平底。通高10.1、口径22.4、沿宽1.3、底径13、环径3.6厘米（图一八，11）。

B型　器形稍小，腹部有一双对称铺首。1件。03YGZM1：17，泥质红褐陶，除底外，其他部位施青黄色釉。轮制。平沿，侈口，弧形腹，腹中部粘接对称的铺首，铺首实鼻，鼻上衔环，鼻上方有对称双眼，眼睛旁边有卷须，小耳斜向上，平底。通高8.4、口径20、底径13、沿宽1.4厘米（图一八，12）。

（10）盘

4件（03YGZM1：75、03YGZM1：23、03YGZM23：43、03YGZM23：42）。形制基本一致。03YGZM1：23，泥质红褐陶，器内施青黄釉。轮制。方唇，沿向外斜折，敞口，近平底，底略上凹。通高5.1、口径21、底径8.2厘米（图一八，13）。

（11）勺

分二型。

A型　制作工整，红褐色釉陶，勺首平面呈椭圆形，后接带状曲柄。4件（03YGZM1：108、03YGZM1：83、03YGZM1：89、03YGZM23：61）。03YGZM1：83，泥质红褐陶，器外施青黄釉。勺首平面近椭圆形，圜底，后接曲柄。通高17、勺首长径7.6、短径7、柄高13.4、宽2.4厘米（图一八，14）。

B型　制作草率，多为灰陶，无釉。勺首轮制而成，然后在一侧捏起一凸起，上接泥条制作的柄。根据柄的不同分二式。

Ⅰ式：柄呈锥状，竖直。2件（03YGZM3-2：3、03YGZM15：015）。03YGZM3-2：3，泥质灰陶。尖唇，浅弧腹，圜形底。通高12.4、口径15厘米（图一九，1）。

Ⅱ式：柄尾部卷曲。5件（03YGZM16：4、03YGZM22：22、03YGZM22：88、03YGZM22：23、03YGZM23：56）。03YGZM22：22，泥质灰陶。素面。勺柄尾部卷曲。勺首平面近圆形，尖唇，敞口，圜底，底部有刀削痕迹。勺首的制作方法是先轮制一小浅钵，然后在钵的边部捏一凸起，凸起上接勺柄。通高10.4、勺首口径约11.2、勺柄长6.5厘米（图一九，2）。

演变趋势：器物尾部由竖直变弯曲。

（12）匏勺

8件（03YGZM3-2：14，03YGZM3-1：21，03YGZM3-1：29，03YGZM3-1：30、03YGZM9：5、03YGZM9：2、03YGZM15：010、03YGZM20：2）。03YGZM3-1：21，泥质灰陶，器柄呈锥体状，勺首呈半球形，口向内凹。通长8.6、柄长4.3、球径3.4厘米（图一九，3）。

（13）灯

形制单一。3件（03YGZM1：49、03YGZM1：116、03YGZM23：57）。03YGZM1：1，泥质红褐陶，除底外，器物施青黄色釉，轮制。圈足灯座，足外撇，上接空心柱以承灯身，柱中间有一道凸弦纹，灯身敞口，平底。通高12.6、口径8.6、底径10.8厘米。

（14）卮[1]

根据有无器足分二型。

① 很多文章命名为杯、奁或者樽，实际上应称为卮，汉代杯专指耳杯，奁和樽也是指其他器物。参见孙机：《汉代物质文化资料图说》，文物出版社，1990年，第310～312页；王振铎：《论汉代饮食器中的卮和魁》，《文物》1964年第2期。

图一九 陶器

1. B型Ⅰ式勺（03YGZM3-2：3） 2. B型Ⅱ式勺（03YGZM22：22） 3. 匏勺（03YGZM3-1：21）
4. A型卮（03YGZM1：118） 5. B型卮（03YGZM23：62） 6. Ⅰ式豆（03YGZM3-1：17） 7. Ⅱ式豆（03YGZM23：60）
8. Ⅲ式豆（03YGZM1：24） 9. 量（03YGZM1：3） 10. 熏炉（03YGZM23：34）

A型 无器足2件（03YGZM1：118、03YGZM4：20）。03YGZM1：118，泥质红陶，外施浅黄色釉。器盖、身轮制。弧形盖顶，顶上饰有一周凹弦纹。器身直口，直腹，腹部有两道凹弦纹，腹部上方有一半圆形耳，平底。通高10.2、盖径8.3、口径8.3、底径8.4厘米（图一九，4）。

B型　器底有三足，足蹄状或乳钉状。3件（03YGZM23：62、03YGZM1：18、03YGZM1：119）。03YGZM23：62，泥质红陶。外施浅黄色釉。盖、身为轮制。盖顶呈阶梯状，阶梯有四阶，子母接口。器身直口，直腹，腹部上方有一桥形耳，平底，底下有三乳钉形足。通高13.8、口径11、底径11厘米（图一九，5）。

（15）豆

分三式。

Ⅰ式：灰陶，器形较小，带盖，豆盖和豆盘方折。6件（03YGZM3-1：17、03YGZM15：40、03YGZM3-2：15、03YGZM3-2：9、03YGZM3-1：19、03YGZM5：5）。03YGZM3-1：17，泥质灰陶。轮制，带盖。器盖弧顶，折肩。器身敞口、折腹、圜底，喇叭状器足。通高9.6、口径9.8、底径7、器盖高2.4厘米（图一九，6）。

Ⅱ式：灰陶。器形较大，弧形盖，豆盘圜底，无方折。6件（03YGZM22：58、03YGZM22：87、03YGZM22：86、03YGZM23：35、03YGZM23：60、03YGZM17：21）。03YGZM23：60，泥质灰陶。素面。豆盖弧形顶，盖整体呈半球状。豆盘方唇，敞口，圜形底，下接柱形豆柄，柄下为圈足形豆座，座为圈足，内壁留有轮制痕迹。豆盘和豆座为轮制，然后接以手制的豆柄。通高20.4、口径16.8、足径12厘米（图一九，7）。

Ⅲ式：红褐色釉陶。器形变小，豆盘加深，器形整体似受到同时代灯的影响。1件。03YGZM1：24，泥质红褐陶。除底外，器物施青黄色釉。轮制。敞口，圜底，下接豆柄，柄下为圈足，足外撇。豆盘、豆座为轮制，豆柄为捏制。通高12.4、口径13.8、底径10.5厘米（图一九，8）。

（16）量（？）

1件。03YGZM1：3，泥质灰陶。轮制。圆唇，口稍敛，近直腹，腹中部略鼓，腹中部有一小圆孔，平底。腹部上下各有两道凹弦纹。器物大部残缺，器耳情况不详。通高9.4、口径8.8、腹径9、底径9.1厘米（图一九，9）。

（17）熏炉

6件（03YGZM1：115、03YGZM1：27、03YGZM1：96、03YGZM1：2、03YGZM23：34、03YGZM23：25）。03YGZM23：34，泥质红褐陶，器外施浅黄色釉。轮制圈足座，座上接空心柱，柱上有一道凸弦纹，柱承炉身，炉身均匀分布八个半圆形镂孔，镂孔下方有两道半圆形划线，划线上又刻划斜线。炉身上有盖，盖中部有两层三角形镂孔，每层各有20个。在盖顶部装饰有四花瓣承一圆形花心。四花瓣上装饰有菱形纹，花心上装饰圆圈纹。通高22.4、足径13、口径13.2厘米（图一九，10）。

（18）甑

形制基本相同。据底部以及大小不同可分二型。

A型　器形较大，底部上凹。2件（03YGZM15：017、03YGZM1：86），03YGZM1：86，泥质灰陶。轮制。尖唇，宽沿，敛口，口沿下有一周凹弦纹，弧腹，底上凹，器底均匀分布有几十个小孔。通高16.8、口径32、沿宽0.8、底径13.8、孔径0.6厘米（图二〇，1）。

B型　器形较小，平底。10件（03YGZM1：114、03YGZM17：6、03YGZM17：13、

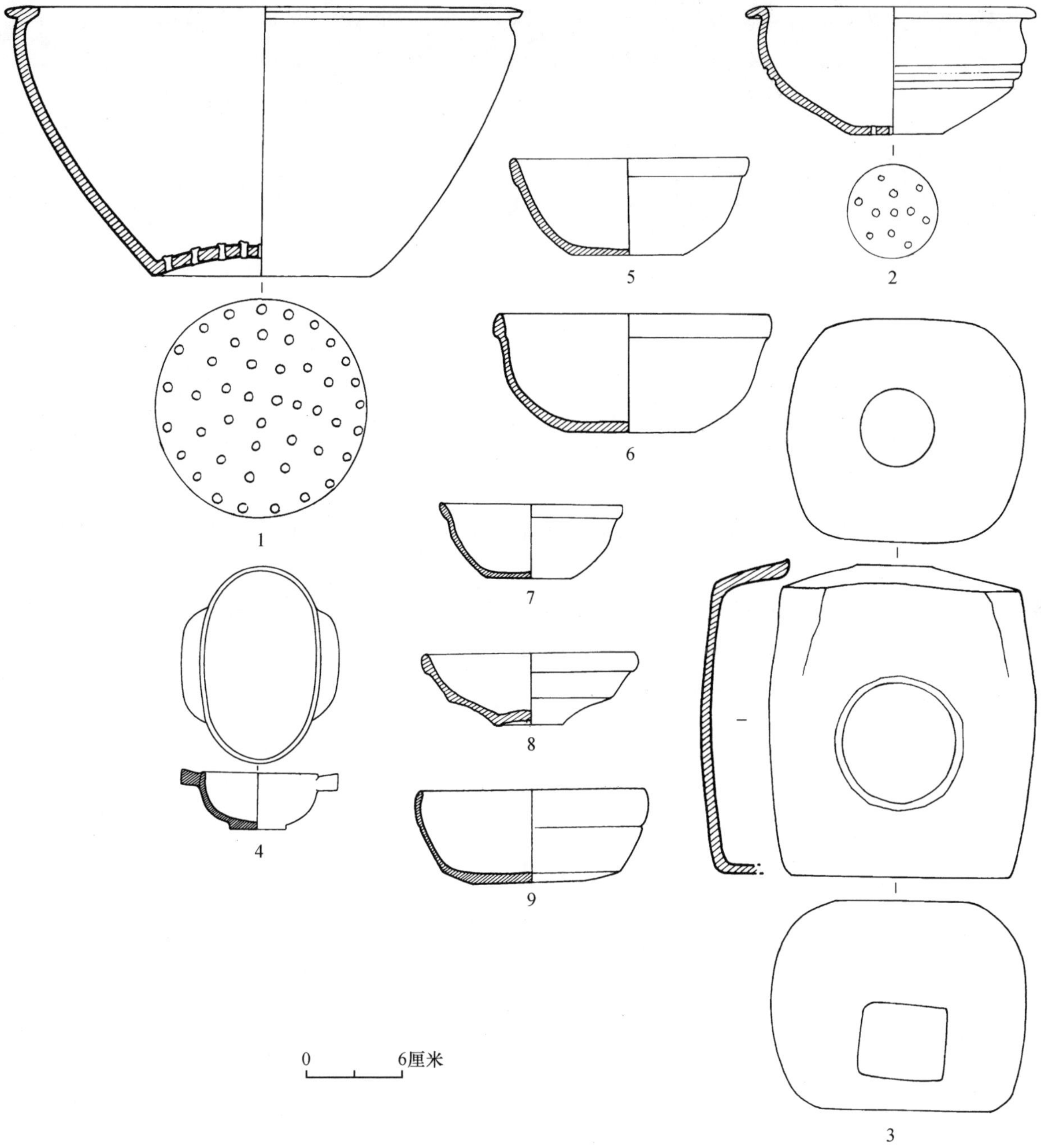

图二〇 陶器

1. A型甑（03YGZM1：86） 2. B型甑（03YGZM17：3） 3. 灶（03YGZM1：69） 4. 耳杯（03YGZM1：19） 5. A型Ⅰ式钵（03YGZM13：13） 6. A型Ⅱ式钵（03YGZM13：4） 7. A型Ⅲ式钵（03YGZM4：26） 8. A型Ⅳ式钵（03YGZM23：64） 9. B型钵（03YGZM4：23）

03YGZM15：37、03YGZM13：25、03YGZM22：76、03YGZM22：74、03YGZM22：21、03YGZM23：3、03YGZM23：27）。03YGZM17：3，泥质灰陶。轮制。敞口，翻沿，鼓腹，腹部有两道弦纹，平底。底部均匀分布有11个小孔。通高8、口径19、腹径17.4、底径5.8厘米（图二〇，2）。

（19）灶

1件。03YGZM1：69，泥质灰陶。整器近长方体。灶门方形，灶面、灶底不甚平整，均有一定的弧度，灶面上有一圆形火眼，与灶门相对有一圆形烟囱。灶的制作过程是粘接长方形箱体，然后在不同的箱壁上分别开以灶门、火眼、烟囱，而且削去箱体的棱角，使箱壁连接处比较圆滑。通高13、灶面长17.6、灶面宽16.4、火眼直径8.6、灶门长5.5、宽4.9、烟囱直径4.6厘米（图二〇，3）。

（20）耳杯

5件（03YGZM1：6、03YGZM1：5、03YGZM1：4、03YGZM1：7、03YGZM1：19）。03YGZM1：19，泥质红褐陶，外施青黄色釉。器形仿漆器，模制。杯身椭圆形，平底，两侧有月状耳，微微上翘。通高3.5、口长径12.2、口短径7.6、底长径6.8、底短径3.5、耳宽1.2厘米（图二〇，4）。

（21）钵

分成二型。

A型　敞口钵，根据腹部的不同分四式[①]。

Ⅰ式：弧腹钵。1件。03YGZM13：13，泥质黄褐陶。轮制。敞口，腹略鼓，平底。通高6.4、口径14.8、底径7厘米（图二〇，5）。

Ⅱ式：已有折腹的趋势，但转折处不明显。2件（03YGZM13：26、03YGZM13：4）。03YGZM13：4，泥质灰陶。素面。尖唇，敞口，弧腹，平底。通高7.3、口径17.6、底径8.4厘米（图二〇，6）。

Ⅲ式：折腹，但转折处位于腹部偏上。1件。03YGZM4：26，泥质灰陶。轮制。敞口，折腹，平底。素面。通高4.6、口径11.7、腹径10、底径5.4厘米（图二〇，7）。

Ⅳ式：折腹，但转折处已经下移到腹中部。12件（03YGZM23：66、03YGZM23：12、03YGZM23：10、03YGZM23：11、03YGZM23：71、03YGZM23：69、03YGZM23：70、03YGZM23：68、03YGZM23：30、03YGZM23：65、03YGZM23：72、03YGZM23：64）。03YGZM23：64，泥质灰陶。轮制。素面。圆唇，敞口，折腹，底向上凹。钵内外涂有黄褐色陶衣。通高4.4、口径13.2、底径4.4厘米（图二〇，8）。

B型　敛口钵。

2件（03YGZM15：013、03YGZM4：23）。03YGZM4：23，泥质红陶。轮制。敛口，浅腹，腹中部有一道折纹，下腹一道折棱，平底，器内施黄褐色釉。通高5.6、口径14.6、底径6.4厘米（图二〇，9）。

（22）魁

3件（03YGZM1：91、03YGZM1：26、03YGZM23：39）。03YGZM23：39，泥质红褐陶，器内外施浅黄色釉。器身轮制。圆唇，侈口，近口处有一周凹弦纹，平底，圈足。斗身近碗形。后接柄，柄上有刀削痕迹，柄尾部向下弯曲。通高7、口径15、足径9.7、柄长8.7厘米（图二一，1）。

（23）钫

2件（03YGZM15：26、03YGZM15：21）。03YGZM15：21，夹砂灰陶。模制。子母接

---

① 很多实际上都是仓盖。

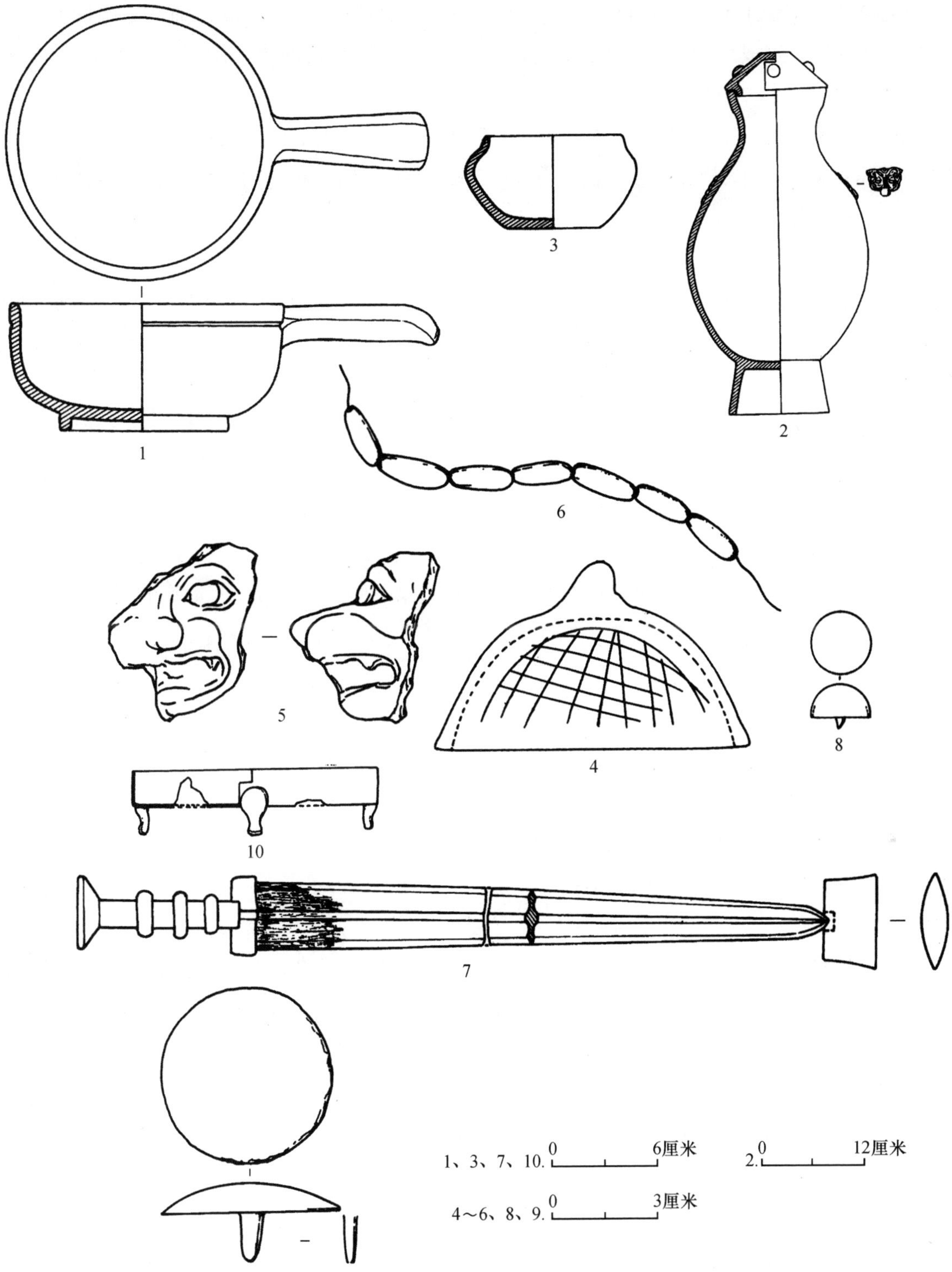

图二一　陶、铜器

1. 陶魁（03YGZM23：39）　2. 陶钫（03YGZM15：21）　3. 陶盂（03YGZM4：22）　4. 陶器盖（03YGZM4：16）
5. 陶犬模型（03YGZM4：19）　6. 陶串珠（03YGZM1：37）　7. 铜剑（03YGZM9：1）　8. A型铜泡钉（03YGZM1：103）
9. B型铜泡钉（03YGZM1：77）　10. 铜器座（03YGZM3-1：24）

口。盖呈覆斗形，盖上有四个乳钉。方口外敞，束颈，溜肩，肩上有对称铺首，四棱弧腹，高方足，足略外撇。通高约41、口边长12、腹边长21.6、足边长12厘米（图二一，2）。

（24）盂

3件（03YGZM4：12、03YGZM4：22、03YGZM6：6）。03YGZM4：22，泥质红陶。轮制。素面。敛口，溜肩，弧腹，器底稍向上凹，在腹部下方、底部留有轮制的痕迹。通高5.4、口径7.6、腹径9.8、底径5.3厘米（图二一，3）。

（25）器盖

1件。03YGZM4：16，泥质红陶。除盖纽是另外粘接，其他部分为轮制。盖弧形顶，盖顶有一乳丁状纽。腹部有两处相对应的格子划纹。口径9.1、纽高1.3、通高5.2厘米（图二一，4）。

（26）犬模型

1件。03YGZM4：19，残损严重。泥质红陶。仅残留有一只眼睛和半个鼻子（图二一，5）。

（27）串珠

1件。03YGZM1：37，仅残剩7粒。泥质灰陶。似网坠形状。长约2、腹径约0.5厘米（图二一，6）。

2. 铜器

（1）剑

1件。03YGZM9：1，已断。柳叶形剑身，中间隆起成脊，剑脊两侧各有一道血槽，在剑尖处有一骨白色的石器（镖?），石器一侧内凹套住剑尖，有格，剑柄带箍。剑全长40厘米，剑尖的石器近梯形，长2.7、宽4.1～4.8、尖身长30.2、柄长9.4厘米（图二一，7）。

（2）蒜头壶

2件（03YGZM7：1、03YGZM3-1：12）。03YGZM3-1：12，近直口，口部外有六瓣蒜形装饰，高颈，颈部较细，颈中部有凸棱两周，圆鼓腹，平底，高圈足，底下中部有一辫索状系耳。通高30、口径2.6、腹径22.7、底径13.1、足高2.8厘米（图二二，1）。

（3）钫

4件（03YGZM3-1：8、03YGZM3-2：20、03YGZM3-2：25、03YGZM15：2）。03YGZM15：2，方形口，口下有一折棱，束颈，溜肩，四棱弧腹，腹部上方两侧有相对称的铺首衔环，方圈足，足略外撇。通高27.8、口径9.9、腹径17、足长10.6、足高4.6厘米（图二二，2）。

（4）釜甑

5套，但多残。03YGZM3-2：23，宽翻沿，敞口，弧腹，腹部有一道凸弦纹，腹的两侧中上部有对称的环形耳，耳径5厘米。底部有“一”字形的镂孔，圈足。通高12.7、口径37、底径12.8、足高2.7厘米。和03YGZM3-2：24有可能为一套器物，组成釜甑。03YGZM3-2：24，敞口，高颈，圆肩，肩部有相对应的双耳，耳环状，直径为4.7厘米。扁圆腹，圜底，底部有对称的四足。通高30、口径16.8、腹径27.6、足高3.6厘米（图二二，3）。

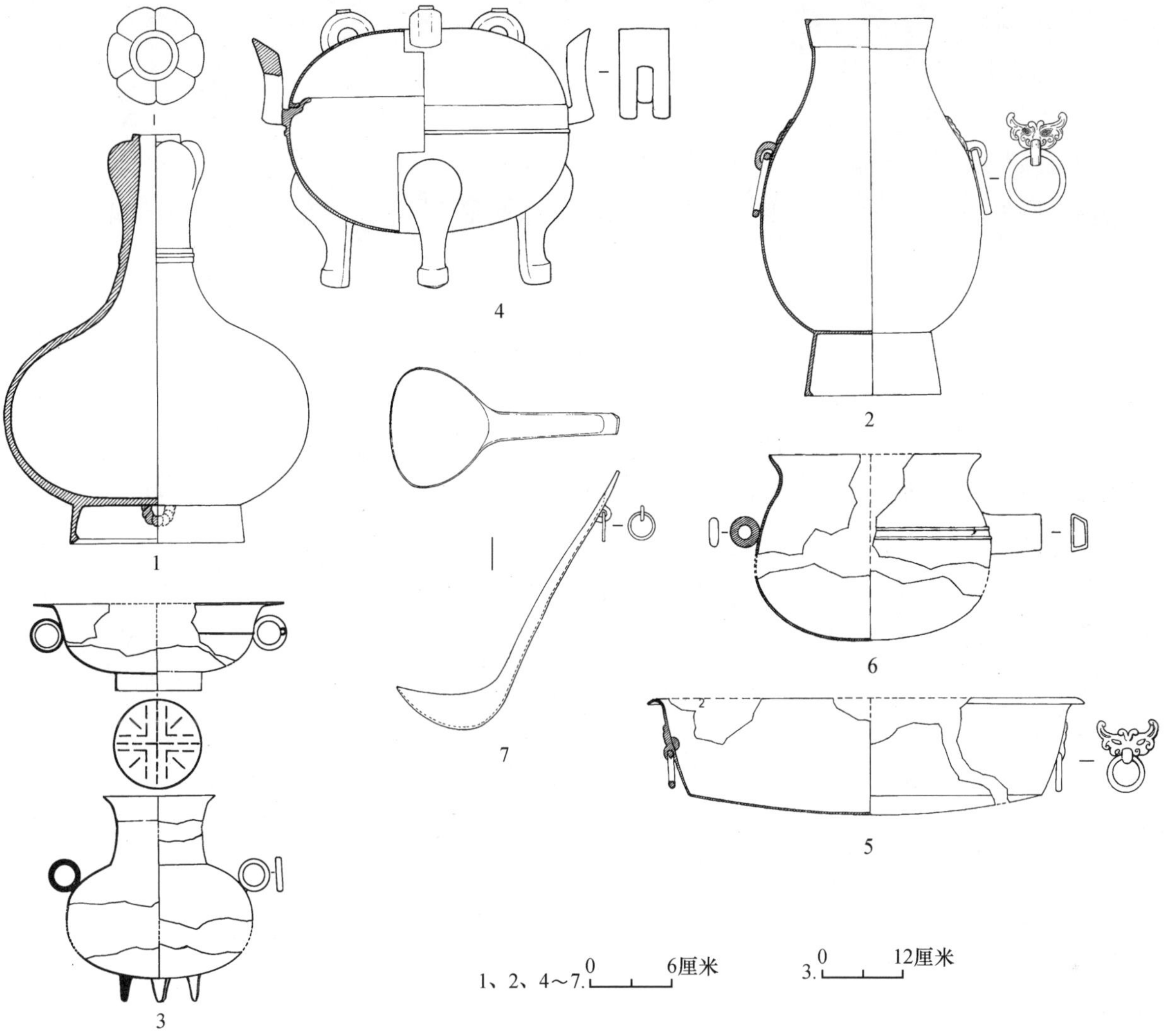

图二二　铜器

1. 蒜头壶（03YGZM3-1：12）　2. 钫（03YGZM15：2）　3. 釜甑（03YGZM3-2：24）　4. 鼎（03YGZM3-1：1）
5. 洗（03YGZM3-1：2）　6. 镳斗（03YGZM3-1：27）　7. 勺（03YGZM7：3）

（5）鼎

5件（03YGZM3-2：18、03YGZM3-2：22、03YGZM3-1：7、03YGZM15：30、03YGZM3-1：1）。03YGZM3-1：1，弧形盖顶，盖面均匀分布三组环耳，耳顶上有圆形小凸起。子母接口，口下有对应的双耳，耳为方形，中间有一方孔，耳下、腹上部有一周凸起，圜形底，下接三组马蹄形矮足。通高20.8、腹径20.8、足高9.8厘米。此鼎的形制、大小与M3-1：7完全相同（图二二，4）。

（6）洗

5件（03YGZM3-2：5、03YGZM5：9、03YGZM15：19、03YGZM22：41、03YGZM3-1：2）。03YGZM3-1：2，翻沿，侈口，斜壁，圜底，腹的中上部两侧有对应的铺首衔环，铺首两耳上翘，在其尾部卷曲，额上有两须叉开，两目呈椭圆形，两颊处有须向内卷曲，鼻侧亦有两须卷曲，鼻上衔环，环可以活动，环径2.8厘米。通高8.8、沿宽1、口径30.8、底径27.8厘米（图二二，5）。

（7）镳斗

2件（03YGZM22：65、03YGZM3-1：27）。03YGZM3-1：27，敞口，束颈，圆弧腹，腹部有两道凸弦纹，腹中部一侧有一小环形耳，对应的一侧为空心柄，柄的剖面呈梯形，圜底。通高14、口径16.4、腹径18.4、耳径为2.4、柄长为4.6厘米（图二二，6）。

（8）鍪

鍪和釜的界限并不是非常的明显，《说文解字》："鍪，鍑属，从金敄声。"《广雅·释器》："鍪，釜也"。《急就篇》"鍪"字下颜师古注曰："鍪，似釜而反唇，一曰釜，小釜类，即今所谓锅也。"所以鍪实际上属于釜下的一个类别，这也是导致今人对鍪和釜的界定不清的主要原因。已经有不少研究者对铜鍪做了研究[①]，但对于鍪和釜的形态差别论述不尽相同，多认为鍪附环形耳。为了不至于引起混乱，本文将侈口、束颈、带耳的统归为鍪。走马岭的铜鍪可以分为以下三式。

Ⅰ式：侈口，口部相对较小，束颈，折肩，肩腹相接处附对称环形双耳，双耳大小一致，腹部较扁，圜底。9件（03YGZM15：8、03YGZM15：11、03YGZM13：3、03YGZM13：31、03YGZM13：28、03YGZM22：47、03YGZM22：18、03YGZM22：91、03YGZM23：8）。03YGZM13：3，敞口，束颈，折肩，深弧腹，圜底。肩部上方饰有对称的双耳，耳外装饰有绳纹。通高19.2、口径17、腹径23、耳径为3.2厘米（图二三，1）。

Ⅱ式：口部变大，侈口外敞，束颈，折肩，肩腹相接处仍有对称环形双耳，腹部增高、变圆，圜底。1件。03YGZM23：51，已残。敞口，弧领，折肩，肩上有对称环形双耳，耳处有两道凸弦纹，圆腹，圜底。器壁较薄。通高约15、口径12.8、腹径14.8厘米（图二三，2）。

Ⅲ式：相对于器身，口颈继续变大。外敞，束颈，折肩，双耳简化，环形耳变成桥形耳，且位置上移，底部近平。3件（03YGZM14：2、03YGZM14：3、03YGZM14：4）。03YGZM14：3，敞口，束颈，折肩，深腹，圜底。肩部上方有对称的半环形双耳。腹部上方有两道凸棱。通高11.9、口径13.3、腹径14.2厘米（图二三，3）。

演变趋势：口径逐渐变大，侈口变为敞口，环耳变成桥形耳，且位置上移，扁腹增高，圜底向平底演变。

（9）勺

2件（03YGZM3-2：28、03YGZM7：3）。03YGZM7：3，勺首平面近椭圆形，半球形底，后接宽柄，在柄的上部有一桥形系耳，耳上系一环，可以活动。通长23.2、柄长、环径为2.1厘米（图二二，7）。

（10）壶

1件。03YGZM1：97，方唇，敛口，高颈，圆肩，肩上有对称铺首衔环，扁圆腹，圜底，圈足。腹中部以上共有五道弦纹。器壁较薄。通高23.6、腹径18.4、足径10.6厘米（图二三，4）。

① 陈文领博：《铜鍪研究》，《考古与文物》1994年第1期；吴小平：《汉代铜鍪研究》，《东南文化》，2003年第11期；刘弘：《巴蜀铜鍪与巴蜀之师》，《四川文物》1994年第6期。

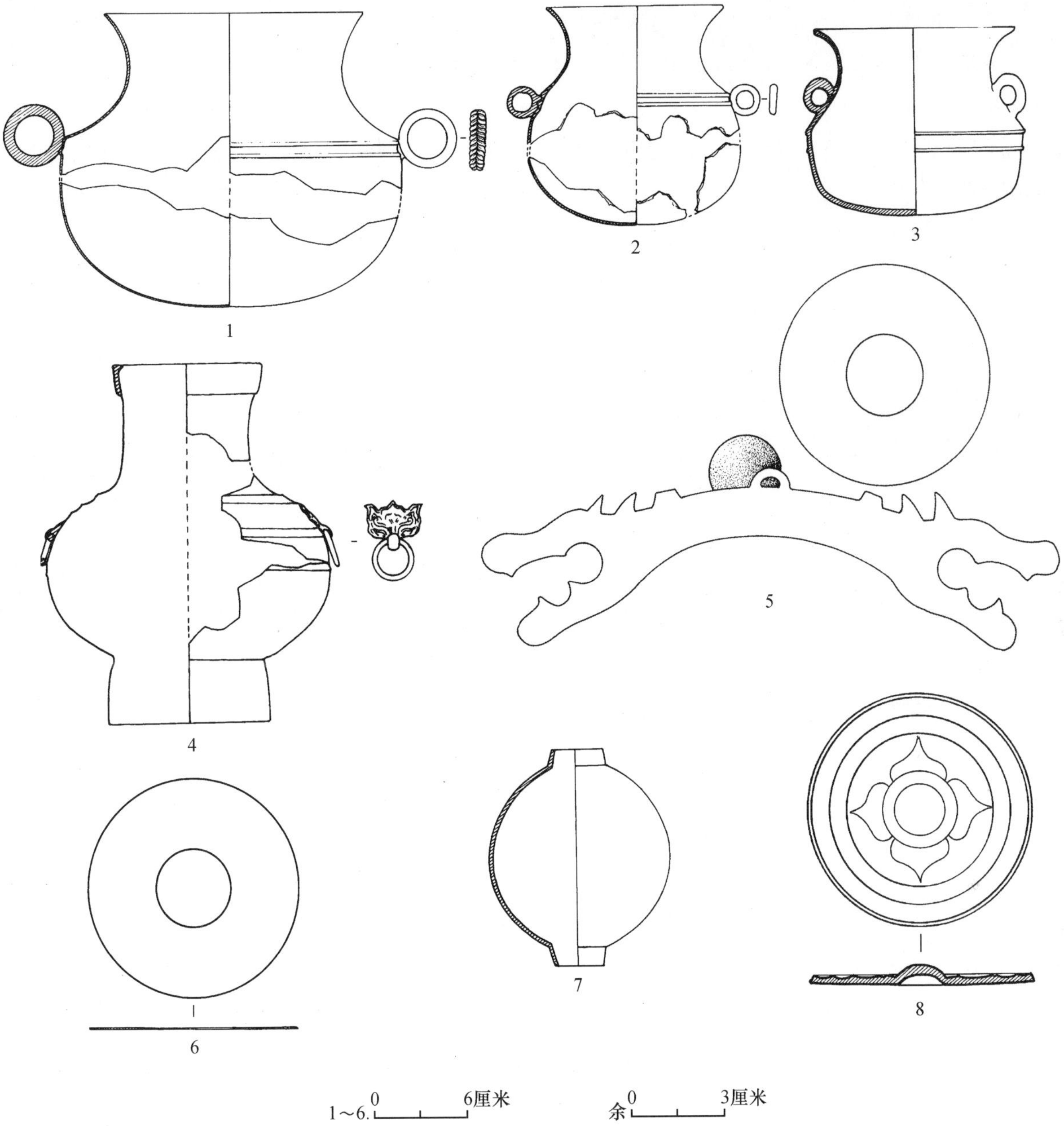

图二三 铜器

1. Ⅰ式鍪（03YGZM13：3） 2. Ⅱ式鍪（03YGZM23：51） 3. Ⅲ式鍪（03YGZM14：3） 4. 壶（03YGZM1：97） 5. 棺饰组合（03YGZM13：10） 6. 璧（03YGZM13：10-2） 7. 球形管（03YGZM13：10-3） 8. 柿蒂纹棺饰（03YGZM3-1：26）

（11）器座

器座1件。03YGZM3-1：24，近砚台状，座下均匀分布三马蹄形足。通高3.6、口径14.2、足高2.6厘米（图二一，10）。

（12）泡钉

属于棺饰，走马岭发现较多。可以分二型。

A型 器形较小，钉帽呈半球形。在走马岭出现最早，西汉早期墓中已有发现。如03YGZM7：8、03YGZM1：103、03YGZM13：30等。03YGZM1：103，共4枚，形制、大小一样。半球形帽，下接锥状钉，整体呈伞状。模制。高1.3、帽径1.8厘米（图二一，8）。

B型　器形大小不等，可能是装饰于棺的不同部位，一般比A型大，钉帽呈弧形球面，出现较晚。共4件（03YGZM1∶77、03YGZM1∶9、03YGZM1∶21、03YGZM1∶55）。03YGZM1∶77，其中2枚较大，帽为球面，下接锥状钉，整体呈伞状，模制。高2、帽径5.2厘米（图二一，9）。

（13）棺饰

出土位置多在木棺附近。

鎏金双头龙铜簧，由璧、璜、球形管三件构成，多出土于棺木挡板位置。03YGZM1、03YGZM13、03YGZM22、03YGZM23等墓均有出土。03YGZM13∶10，由璜、璧、球形管组成（图二三，5）。璜两侧有对称的龙头，嘴张开，可见上下牙齿，龙身连在一起，身上方有一桥形系耳，整体呈簧形。器表鎏金。通长36.6、厚0.1厘米。鎏金铜璧，铜璧直径为14、内径为5厘米（图二三，6）。球形管，中部为球形，上下有两个凸起，中间有圆形孔，器表鎏金。长6.8、球径5.9厘米（图二三，7）。

柿蒂纹铜棺饰，4件（03YGZM7∶2、03YGZM3-2∶4、03YGZM3-1∶23、03YGZM3-1∶26）。03YGZM3-1∶26，圆形，中间一微凸的圆纽，周围为四叶柿蒂花，正面不甚平整。直径7.3、厚0.2厘米（图二三，8）。

（14）漆盒口沿

1件。03YGZM2∶6，已残，整体呈月牙状，在器物底部有一道弧形凸起。残长5、厚0.5～1厘米。

（15）耳环

1件。03YGZM2∶7，原为一铜丝弯曲成圆形，两端呈尖状，中部较粗，铜丝最大径为0.29厘米。耳环的直径1.8厘米（图二四，1）。

（16）指环

2件（03YGZM7∶6、03YGZM6∶3）。03YGZM6∶3，为粗细均匀的铜丝制成，铜丝的直径为0.25厘米，指环的直径为2.03厘米（图二四，2）。

（17）漆樽构件

2件。03YGZM7∶7、03YGZM8∶2，类似扳指，构件中部近圆形，下部凸起的铜片上有两孔，以与其他部分相接。长分别为4、3.8厘米（图二四，3）。03YGZM9∶3、03YGZM1∶113，为某一器物的残部，用途不明。残长4.7厘米（图二四，4）。

（18）手镯

1件。03YGZM2∶8，铜镯的直径为6.1厘米，制作铜镯的铜丝较细，直径仅有0.15厘米（图二四，5）。

（19）带钩

1件。03YGZM15∶05，钩处已残，整体似螳螂，尾部凸起圆钉以系衣。残长5.4厘米（图二四，6）。

（20）镜

2件。03YGZM15∶1，草叶纹镜桥形纽，方形纽座，纽座上饰有双龙，双龙头对称刻于纽

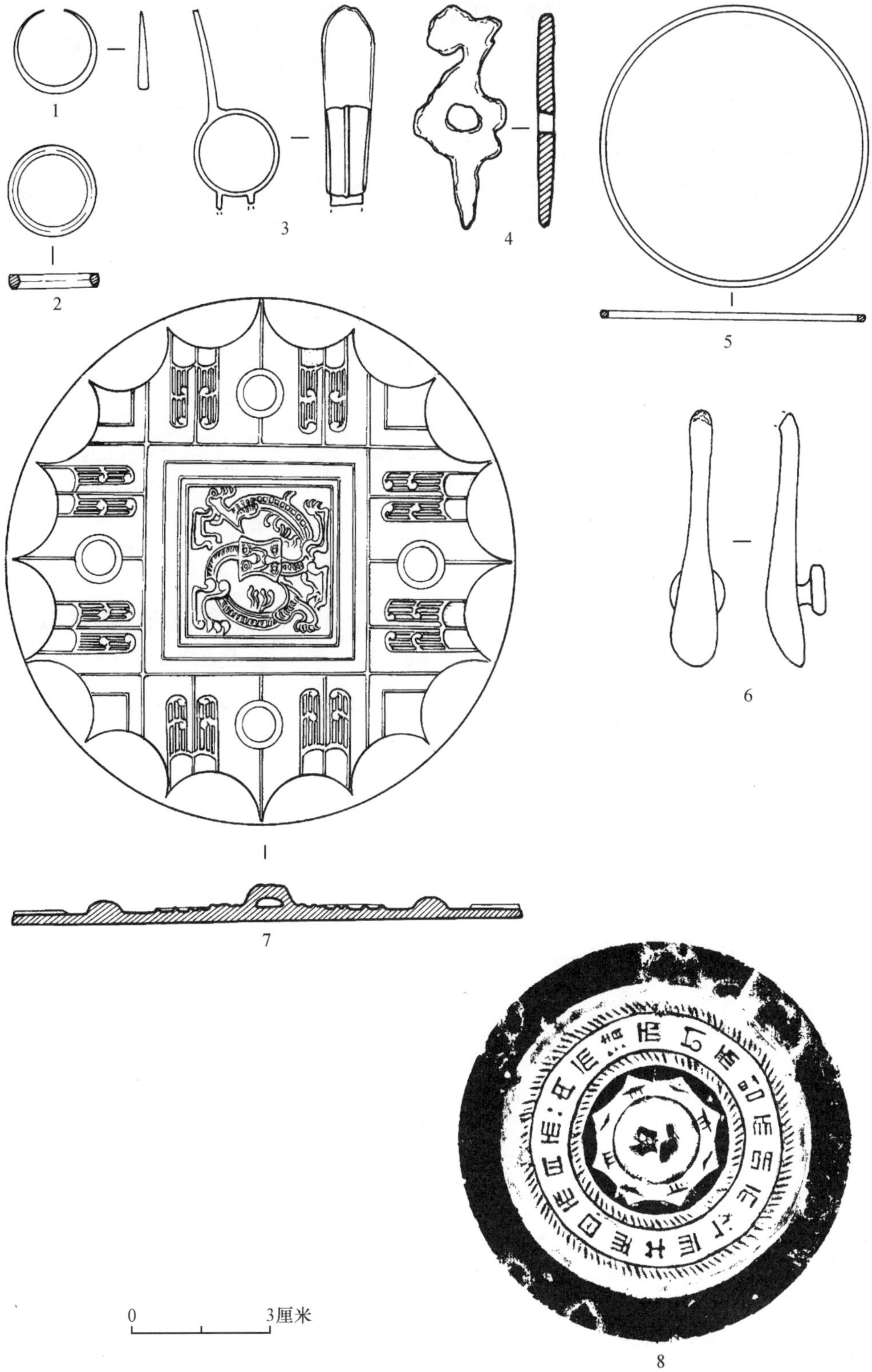

图二四　铜器

1、2. 耳环（03YGZM2：7、03YGZM6：3）　3、4. 漆樽构件（03YGZM8：2、03YGZM1：113）　5. 镯（03YGZM2：8）
6. 带钩（03YGZM15：05）　7、8. 镜（03YGZM15：1、03YGZM23：47）

上，纽座外有一方栏，栏外有四乳，四乳间有八个变形草叶纹，镜缘边有连弧纹。直径11.2、厚0.2～0.3厘米（图二四，7）。草叶纹镜是西汉前中期比较常见的镜型。但此镜在方座中有一对称双龙，两龙头于纽上相对，这种造型较为少见。03YGZM23：47，汉方字昭明连弧纹镜，桥形纽，纽座亦为圆形，圆形纽座外有一周连弧纹，内装饰四个对称、相同的符号，向外两周斜线间有一周铭文，铭文为“内而清而以而昭而明而光而夫而日而月而”，平缘。纽座径1.7、镜径8.5厘米（图二四，8）。昭明镜出现于西汉中期晚段，流行于西汉晚期及王莽时期，东汉早期以后消失，此镜的时代大致不出此范畴，《中国古代铜镜》[①]中有一枚形制与此完全相同。

3. 铁器

（1）釜

1件。03YGZM19：3，已残，侈口，丰肩，鼓腹，平底。肩部有双耳。高约15.8、口径16.4、腹径20、底径9.4厘米（图二五，1）。

（2）环首铁刀

2件（03YGZM1：87、03YGZM15：08）。03YGZM15：08，刀背直，刃部亦直，仅在刀末一段形成弧形，刀的横剖面成三角形。刀柄部成一环，环近圆形。刀总长29.3、刀身宽1.4、环径约4.8厘米（图二五，2）。此类刀与烧沟汉墓所出的第一型刀很相似。

（3）构件

2件（03YGZM4：7、03YGZM14：5）。03YGZM14：5，整体呈“S”形，由一长方形的铁片做成，用途不明。铁片长8.5、宽2.1、厚0.5厘米（图二五，3）。

（4）斧

1件。03YGZM20：1，平面近长方形，剖面呈三角形，弧刃，长方孔，斧上方两侧各有两道凸棱。长12.3、宽8、厚3厘米（图二五，4）。

4. 银器

耳饰　1件。03YGZM1：31，由银质耳环和琉璃珠组成。

5. 琉璃器

耳珰　2件（03YGZM6：2、03YGZM2：5）。03YGZM2：5，蓝色，器物横平面呈圆形，上端小。直径0.9厘米；下端大，直径1.45厘米；腰稍细，0.7厘米；高1.8厘米。中间穿一孔（图二五，5）。

6. 石器

石条　1件。03YGZM9：4，平面呈梯形，用途不明。长5.6、宽0.8～1.1、厚0.6厘米（图二五，6）。

---

① 孔祥星、刘一曼：《中国古代铜镜》，文物出版社，1984年。

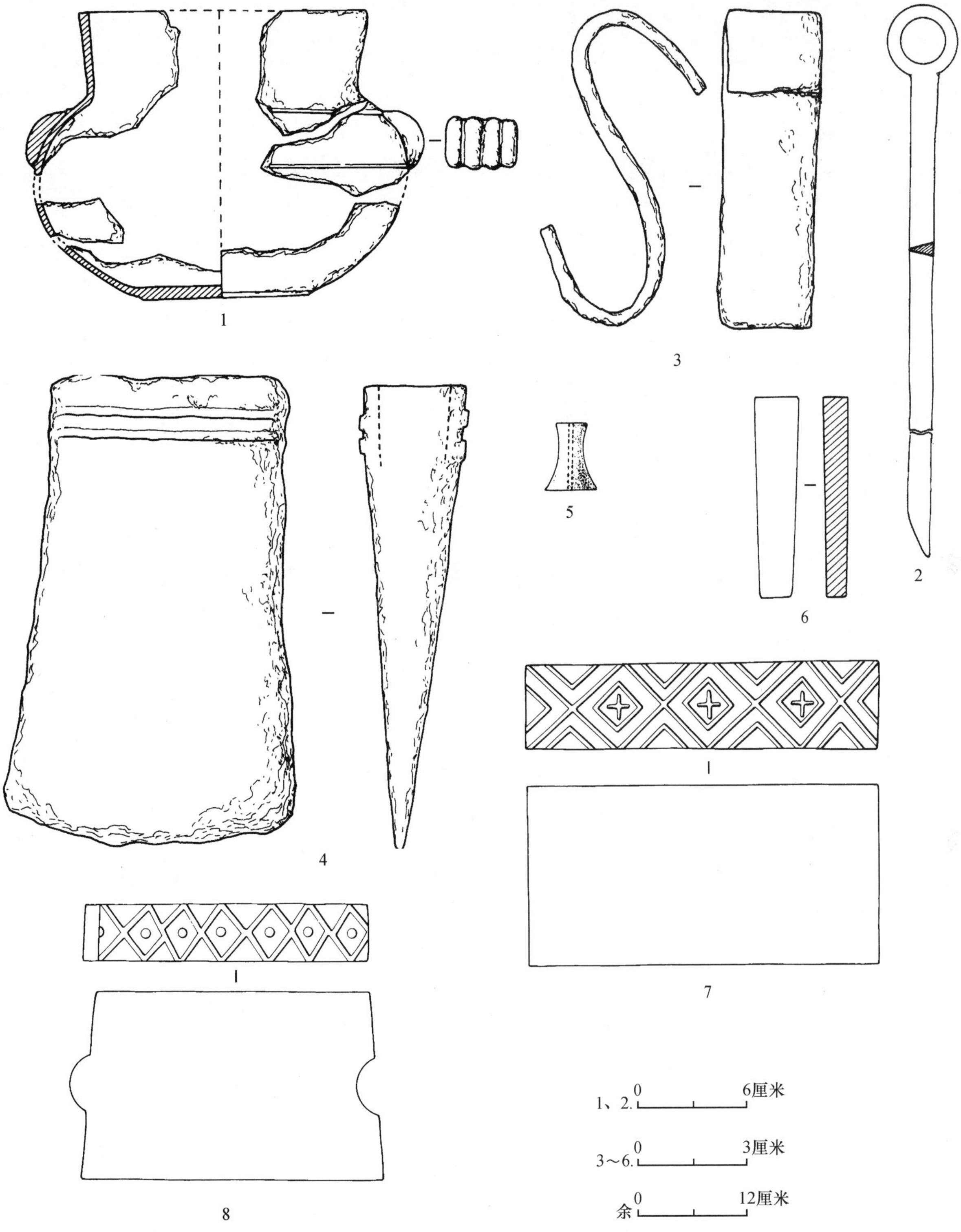

图二五　铁、琉璃、陶器

1. 铁釜（03YGZM19：3）　2. 环首铁刀（03YGZM15：08）　3. 铁构件（03YGZM14：5）　4. 铁斧（03YGZM20：1）
5. 琉璃耳珰（03YGZM2：5）　6. 石条（03YGZM9：4）　7. A型墓砖（03YGZM2）　8. B型墓砖（03YGZM4）

7. 墓砖

墓砖均出土于B、C型墓葬中，规格不统一，一般为素面或在侧面装饰简单的几何纹图案。可以分成二型。

A型　方形砖。长度一般在35～40、宽度20厘米左右，厚4～10厘米，多为素面，有些在侧面装饰有几何纹图案。用于墓室铺地、砌墙、封门等部位。如03YGZM2中出土的一块长方形砖，长40.6、宽18.4、厚9厘米。砖正面为素面，一侧饰有四组菱形纹，中间三组菱形纹之中饰有“◈”符号（图二五，7）。

B型　母砖，规格不均。如03YGZM4出土的一块。长31～34、宽21、厚6.4厘米。一侧有菱形纹，每一组菱形纹中有一乳钉（图二五，8）。

8. 钱币

（1）半两

1枚。03YGZM16：1，边缘无郭，正方形穿，穿正、反亦无郭，穿两侧有篆文“半两”，“两”字上横较长，“半”字下横也较长。钱直径2.4、肉厚0.1、穿长0.85厘米（图二六，1）。应是03YGZM20中的钱币扰乱至03YGZM16。

（2）五铢

分五型[①]。

A型　“五”字中间两笔较直，整个“五”字呈对等三角形；“铢”字偏旁“朱”头是方折，“铢”字“金”字头为翼状镞形。03YGZM1、03YGZM17、03YGZM22、03YGZM23皆有出土。03YGZM22：31中有16枚，钱的边缘有郭，有些可能是铸造的问题，出现双郭，正方形穿，钱的正面、穿之左右有篆文“五铢”二字，字体粗浅，有的字迹模糊。“五”字中间两笔较直，整个“五”字呈对等三角形，“朱”头是方折。钱径2.3、肉厚0.1、郭径2.5、郭宽0.1、厚0.15、穿长0.9厘米（图二六，2）。

B型　除五字特征稍有区别外，其他和A型五铢相近。“五”字中间两笔稍稍弯曲，和上下两笔相连。03YGZM1、03YGZM4、03YGZM17、03YGZM22、03YGZM23有出土。03YGZM23：23中有5枚，钱的边缘有郭，正方形穿，钱的正面、穿的左右有篆文“五铢”二字。“五”字中间两笔稍微弯曲，和上下两笔相连，但有些“五”字两横较长，出头；“朱”头是方折，“金”字头呈翼状镞形。钱径2.3～2.35、肉厚0.1、郭径2.5～2.55、郭宽0.1、厚0.15、穿长0.9厘米（图二六，3）。

C型　字迹清晰，字体疏朗，笔画较细，平滑。“五”字中间两笔弯曲度加大，有些五字两横较长，出头。“朱”头方折变得生硬。03YGZM1、03YGZM2、03YGZM22、03YGZM13、03YGZM23有出土。03YGZM1：80，4枚。边缘有郭，正方形穿，钱背面穿有郭，钱的正面有篆文“五铢”二字，字迹清晰，字体疏朗，笔画较细，平滑。“五”字中间两笔弯曲。“铢”字偏旁“朱”头方折变得生硬。钱径2.4、肉厚0.1、郭径2.6、郭宽0.1、厚

① 本文对五铢钱型式的划分主要参考宋治民：《战国秦汉考古》，四川大学出版社，1996年。

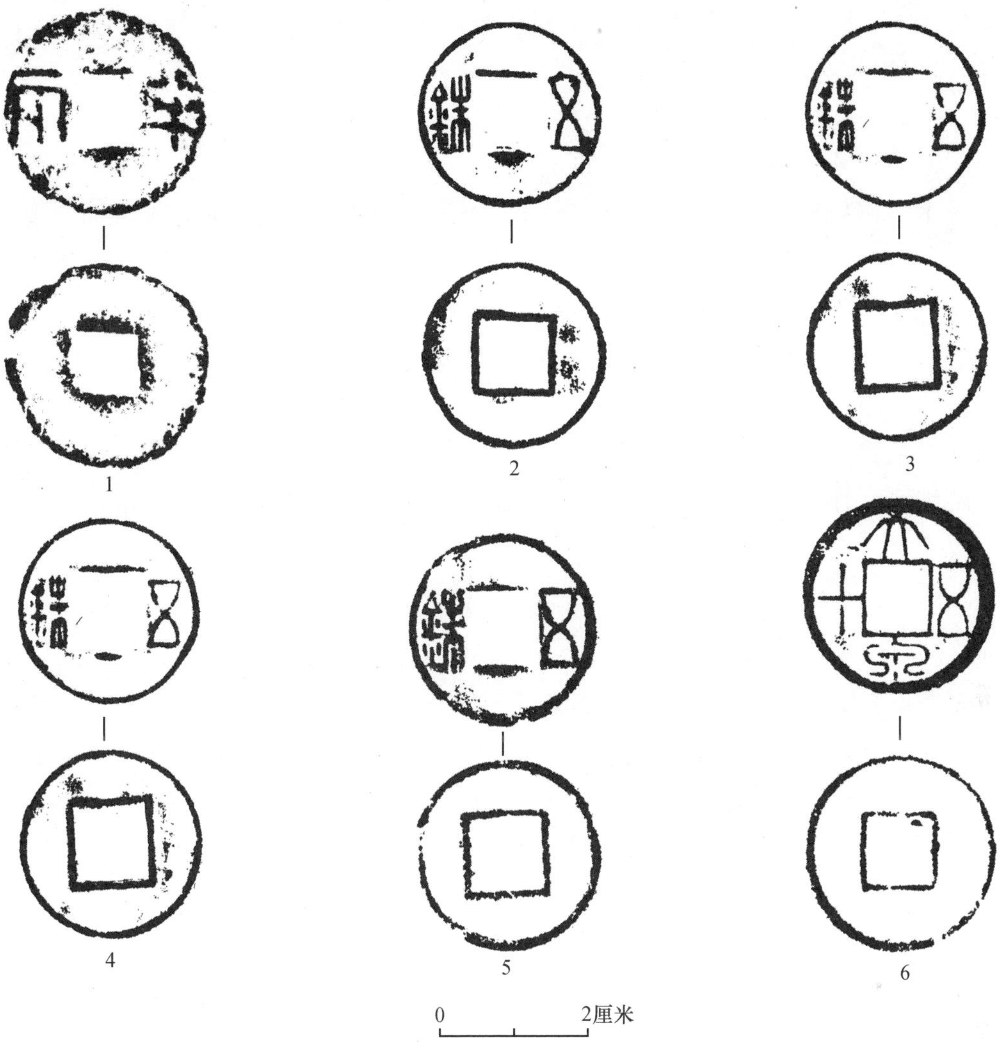

图二六　钱币拓片

1. 半两（03YGZM16：1）　2. A型五铢（03YGZM22：31）　3. B型五铢（03YGZM23：23）　4. C型五铢（03YGZM1：80）　5. D型五铢（03YGZM2：10）　6. 大泉五十（03YGZM1：37）

0.15、穿长0.9厘米（图二六，4）。

D型　字迹清晰。“五”字交叉两笔弯曲圆转；“铢”字偏旁“金”字头为三角形，“朱”头变为圆折。03YGZM2、03YGZM4有出土。03YGZM2：10，9枚。有郭，正方形穿，钱背面穿有郭，钱的正面、穿的左右有篆文“五铢”二字，字迹清晰，笔画较细，平滑。“五”字中间两笔弯曲，与上下两笔相连；“铢”字中“朱”头是圆折，有些向外撇，“金”字头为较大的三角形。钱径2.3、肉厚0.1、郭径2.5、郭宽0.1、厚0.12、穿长0.9厘米。另有7枚字迹不清晰（图二六，5）。

E型　剪轮五铢，肉薄质劣，边郭被磨去，钱径较小，字迹多模糊不全。“五”字中间两笔弯曲，铢字多模糊不清。03YGZM4：11枚，剪轮五铢，无郭，正方形穿，穿的背面有郭，正面左右有“五铢”两字，笔画较粗，不甚清晰，“五”字中间两笔弯曲；“铢”字模糊不清。钱径1.9、肉厚0.07、郭径2.1、郭宽0.1、厚0.9、穿长0.9厘米。其余残碎。

A型五铢流行于武帝时期，B型五铢流行于昭帝时期，C型流行于宣帝时期，D型流行于光武帝时期，E型流行于两汉末。

（3）大泉五十

出土于03YGZM1、03YGZM2。03YGZM1：37，5枚。钱的边缘有郭，正方形穿，穿的两面都有郭，上下为篆文“大泉”，左右“五十”，字迹清晰，铜质较好，钱文的书法工整，铸造精致。大部分的钱径为2.35、肉厚0.1、郭径2.65、郭厚0.15、郭宽0.15、穿长0.9厘米。有些钱币的大小、厚度稍有不同，规格并不完全统一（图二六，6）。

（4）货泉

03YGZM2：11，2枚，锈甚。边缘有郭，正方形穿，穿的一面有郭，正面左右篆文“货泉”二字，字迹已不甚清晰。钱径1.9、肉厚0.07、郭径2.1、郭宽0.1、厚0.1、穿长0.7厘米。

以上两种钱币为王莽时期铸造。

三、墓葬年代与分期

这批墓葬以岩坑墓为主，岩坑墓主要流行于西汉及以前；砖（石）室墓较少，出现于两汉之际，流行于东汉以后；从峡江地区乃至整个四川地区来看，东汉中晚期墓葬中非常流行随葬陶俑或者模型器，而这批墓葬仅出土一件残的犬模型，未见其他陶俑，所以这批墓葬时代不会晚于东汉早期。

走马岭墓地未出土纪年器物，所以墓葬年代判定主要根据器物的组合和具有时代特征的墓葬形制与器物，其中钱币、铜镜是重要的依据，再参考峡江、四川等地区相关墓葬情况。

由于铜器不是主要的随葬品，且盗扰、腐朽严重，难以看到原来的确切组合。所以随葬品组合主要依照陶器来划分，可以分为三组。

甲组：鼎、盒、豆、壶、钫、罐。

乙组：仓、灶、钵。

丙组：卮、杯、魁、熏炉、盘。

这三类组合都是受中原地区影响而产生的，根据这三组在中原地区的演变情况，大致可以确定其时代早晚关系：甲组最早，是受战国影响；乙组是出现于西汉，流行于两汉；丙组流行于王莽及以后。

根据以上的器物组合，可以将出可以分三大段：

第一段：流行A型墓，甲组器物流行，不见乙组器物组合。有些墓葬器物组合数目有一定的规则，如03YGZM3-2中陶鼎、豆、壶、盒、罐都是2件；03YGZM3-1中的陶鼎、豆、壶为3件，盒2件。属于这一时段的墓葬有03YGZM3、03YGZM5、03YGZM15。

第二段：流行A型墓，甲组组合仍在，但是有些墓葬中的组合不再完整，器物数目不那么严格，出现并流行乙组器物。属于这一时段的墓葬有03YGZM17、03YGZM22。

第三段：分成早晚两段。早段A型墓仍较常见，但出现B型墓，流行丙组器物，出现釉陶，仓突然增多，属于该段的墓葬有03YGZM1、03YGZM23、03YGZM19等；晚段，流行C型墓，甲组组合瓦解，鼎已不见，属于这一时段的墓葬有03YGZM2、03YGZM4、03YGZM6、

03YGZM14、03YGZM16等。

以上根据器物的组合大致分成了几个阶段，下面根据相关器物特征和结合钱币、铜镜等判定各期段时代。

第一段为一期，时代为西汉前期（汉武帝铸行五铢以前），上限可能早到秦。流行竖穴岩坑墓，甲组器物流行，不见乙组器物。陶器流行甲类C型Ⅰ式罐、乙类Aa型Ⅰ式罐、A型Ⅰ式壶、Ba型Ⅰ式壶、Ba型Ⅱ式壶、Bb型Ⅰ式壶、A型Ⅰ式鼎、B型Ⅰ式鼎、乙类A型Ⅰ式和A型Ⅱ式盒、Aa型Ⅰ式釜、Ab型Ⅰ式釜、Aa型Ⅱ式釜、B型Ⅰ式勺、Ⅰ式豆、匏勺，出现C型Ⅱ式罐；铜器流行Ⅰ式鍪，出现A型泡钉，未见五铢钱。云阳李家坝M10出土的豆、匏勺[①]与走马岭的Ⅰ式豆和匏勺几乎相同；前坪M35出土的铜剑[②]与03YGZM9相似。云阳李家坝M10时代为秦到西汉初年，前坪M35为西汉前期，所以该段墓葬不晚于西汉前期。其中以03YGZM3最早，时代可能在西汉初年，上限可能达到秦。03YGZM15中出土一枚草叶纹镜，此镜流行于西汉早中期，进一步印证此段墓葬的时代。匏勺是此段比较有时代特征的器物，从目前的峡江地区资料来看，出土陶匏勺的墓葬不会晚于西汉中期，所以可以将03YGZM9、03YGZM20归入本期段，且03YGZM20被03YGZM16打破，而03YGZM16为东汉，这也为推断03YGZM20时代提供了证据。03YGZM7出土的Ab型Ⅰ式陶釜形制与巫山江东嘴M18：31[③]非常相似，03YGZM18被推测为西汉晚期，但是03YGZM7还出土了柿蒂纹圆棺饰，此棺饰与03YGZM3出土的形制一致，而且还有蒜头壶等早期器物，未见五铢钱，考虑这些因素，也将03YGZM7归入此段。

第二段为二期，时代为西汉中晚期，约从汉武帝铸行五铢至成帝时。皆为竖穴岩坑墓，甲组组合仍在，但是不再完整，器物数目已不严格，出现并流行乙组器物。陶器流行甲类C型Ⅱ式罐、乙类Aa型Ⅱ式罐、乙类Ab型Ⅰ式罐、A型Ⅰ式壶、Ba型Ⅱ式和Ba型Ⅲ式壶、Bb型Ⅱ式和Bb型Ⅲ式壶、乙类B型盒、B型Ⅱ式勺、Ⅱ式豆，出现A型Ⅱ式壶、甲类B型Ⅰ式仓、B型Ⅱ式鼎；铜器仍流行Ⅰ式鍪、A型泡钉，出现并流行A、B、C型五铢。乙类B型盒、Ⅲ式豆、Ba型Ⅲ式壶与马粪沱[④]Ⅰ式盒（M74：42）、Ⅱ式豆（M81：10）、Ⅲ式壶（M72：28）相近，甲类C型Ⅱ式罐与云阳晒经石M15：10/5[⑤]相似，Ba型Ⅲ式壶也与晒经石M15：4接近。马粪沱M74、M72均属西汉中晚期；发掘者将晒经石M15定为西汉末期，但从其描述的钱币和其他器物来看，均表现出早期特征，笔者以为定为西汉晚期为妥。因此以该组墓葬时代不会晚于西汉晚期，再结合出土的钱币，可将该组墓葬时代定在西汉中晚期。M13虽然未发现仓、灶，但是也没有丙组器物，其器物组合与特征与晒经石M15很接近，也应属于此期。

第三段早段为三期，时代为西汉末期至东汉初，约从哀、平至光武帝。该时段的墓葬和器物具有很强的过渡性质。仍比较流行竖穴岩坑墓，但是出现部分用砖（石）墓。甲组组合不再

---

① 四川大学历史文化学院考古系、云阳县文物管理所：《云阳李家坝10号岩坑墓发掘报告》，《重庆库区考古报告集·1997卷》，科学出版社，2001年。

② 湖北省博物馆：《宜昌前坪战国两汉墓》，《三峡考古发现》，湖北科学技术出版社，1998年。

③ 重庆市文化局等：《巫山江东嘴墓群发掘报告》，《重庆库区考古报告集·1998卷》，科学出版社，2003年。

④ 郑州市文物考古研究所：《重庆云阳马粪沱墓地2002年发掘简报》，《文物》2004年第11期。

⑤ 重庆市文物局、重庆市移民局：《云阳晒经》，科学出版社，2008年。

完整，乙组器物中的仓突增，流行丙组器物，出现并流行釉陶。汉代釉陶虽然在武帝时期已经出现，但是至宣帝时期才开始逐渐增多，东汉全国普遍盛行。峡江地区出现釉陶的时间还有待确定，但是流行不会早于西汉晚期。考虑传播的时间差，此段的上限应该在西汉末期。流行乙组器物，甲类C型Ⅱ式罐、乙类Aa型Ⅱ式罐仍常见，流行乙类Ab型Ⅱ式罐、甲类B型Ⅰ式和B型Ⅱ式仓、A型Ⅱ式壶、A型Ⅲ式壶、A型Ⅳ式壶、A型Ⅴ式壶、Ba型Ⅲ式壶、Bb型Ⅳ式壶、A型Ⅲ式、A型Ⅳ式鼎、B型Ⅲ式鼎、乙类B型Ⅲ式和B型Ⅳ式盒、Ab型Ⅱ式和Ab型Ⅲ式釜，出现B型Ⅲ式仓、Ba型Ⅳ式壶、Ba型Ⅳ式鼎、Aa型Ⅲ式釜、Aa型Ⅳ式釜，仍有B型Ⅱ式豆，出现B型Ⅲ式豆。铜器出现Ⅱ式鍪，流行B型泡钉。钱币流行A、B、C、D型五铢，有少量的E型五铢。M23出土一枚昭明镜，此类镜的流行于西汉晚期至王莽，此墓葬还出土了五铢A、B、C型和大泉五十和大量的釉陶，不见东汉五铢，器物特征偏早，应属于该段。M1与M23从墓葬分布、形制、随葬品规模都是比较相似，估计是为一组相关的墓葬，时代接近。且M1出五铢A、B、C三型，还有大泉五十，不见东汉五铢，所以M1也应该属于此期，但从器物形制特征来看，可能要稍晚于M23。M19属于B型墓，形制和汇南M18相似，M28也是只在墓底铺砖[①]，发掘者将该墓定为王莽时期。所以可判定M19为该段。

第四段晚段为四期，时代为东汉早期。此期流行砖（石）室墓；此期盗扰严重，出土器物较少，乙组、丙组器物仍常见，甲组组合瓦解，鼎已经不见，出现Aa型Ⅲ式、Aa型Ⅳ式釜，仍见乙类A型Ⅳ式盒；铜器流行Ⅲ式鍪；钱币有A、B、C、D、E型五铢，大泉五十，货泉，其中D、E型五铢最为流行。前坪M109[②]出土的鍪（M109：3）与Ⅲ式鍪接近，万州大坪Ac型Ⅱ式罐（M37：41）[③]与Aa型Ⅳ式釜相近。M37时代为东汉前期。发掘者对于前坪M109时代判定明显偏晚，无论是墓葬出土的钱币还是器物时代特征都不会晚于东汉早期。综上，可判定此段墓葬为东汉早期。

另外还有几座墓葬未出器物或出土器物很少，只有通过和其他墓葬的打破关系、分布情况来确定其大致年代。03YGZM18、03YGZM21几乎没有出土器物，都属于砖（石）室墓，再参考这几座墓与其他墓群的关系，判定为东汉时期墓葬。03YGZM11、03YGZM10均为竖穴岩坑墓，应为汉墓。03YGZM12打破03YGZM15，03YGZM15为西汉前期墓，所以03YGZM12应该晚于西汉前期，03YGZM12又被03YGZM11打破，所以03YGZM11时代应更晚些，但是由于出土器物很少，具体时代难以推测。03YGZM8为砖室墓，又打破03YGZM7，时代大致为东汉时期。

四、走马岭墓地族属

一般来说，除了一些特殊的原因，墓葬区和生活区不会相隔太远，走马岭墓地周围应有一个遗址与其对应。目前在走马岭墓地周围仅发现两个遗址——李家坝、明月坝遗址。

① 四川省文物考古研究所、丰都文管所：《丰都汇南墓群发掘报告》，《重庆库区考古报告集·1998卷》，科学出版社，2003年。

② 宜昌地区博物馆：《1978年宜昌前坪汉墓发掘》，《三峡考古发现》，湖北科学技术出版社，1998年。

③ 重庆市文物局、重庆市移民局：《万州大坪墓地》，科学出版社，2006年。

明月坝遗址经过多次发掘，并未发现汉代遗存[①]，所以走马岭墓葬与明月坝遗址关系不大。经过多次发掘，基本了解了李家坝遗址的文化面貌[②]，遗址延续时间较长，从商周至明清基本上都有人类活动，中间少有空缺，其中东周、汉、六朝是最繁荣的时期。特别是到了汉代，发掘者根据遗址的地理位置和遗迹分布情况以及出土的封泥文字，认为该遗址可能为汉代“朐忍县”某级行政机构所在地。所以走马岭墓地可能是李家坝汉代居民的遗留。实际上1997年的发掘报告已经认识到这个问题，李家坝遗址主体部分分为Ⅰ、Ⅱ区，在商和西周时期其居住区主要分布在Ⅱ区，Ⅰ区有较薄的文化堆积和零星墓葬。东周至汉初居住区迁至Ⅰ区并形成大规模的聚落，Ⅱ区则成为墓地。两汉时期Ⅰ区仍然有较大而且繁荣的聚落，“但墓地已不在Ⅱ区，分布在北面山麓青树村高家湾、石板梁一带以及南面隔河相望的走马村走马岭，这些墓地与李家坝遗址Ⅰ区共同构成布局完整的汉代聚落”[③]。

李家坝遗址的墓葬的时代主要是东周、东汉后期以及部分六朝墓葬，缺少西汉至东汉早期时期一环，而走马岭墓葬时代主要为西汉至东汉早期，弥补了李家坝墓葬时空上的空缺，并再次证明走马岭已经成为李家坝聚落一个重要组成部分。

综上所述，我们初步认为走马岭墓地属于李家坝汉代遗存的重要组成部分，其墓主应当主要为李家坝的汉代居民。

执笔：索德浩　冷文娜

① 四川大学历史系考古专业：《云阳明月坝遗址试掘简报》，《四川考古报告集》，文物出版社，1998年；四川大学历史文化学院考古系、重庆市云阳县文物管理所：《重庆市云阳县明月坝唐宋寺庙遗址发掘简报》，《文物》2006年第1期。

② 四川联合大学历史系考古专业：《1994—1995四川云阳李家坝遗址的发掘》，《四川大学考古专业创建三十五周年纪念文集》，四川大学出版社，1998年；四川大学历史文化学院考古系、云阳县文物管理所：《云阳李家坝遗址发掘报告》，《重庆库区考古报告集·1997卷》，科学出版社，2001年；四川大学历史文化学院考古系、云阳县文物管理所：《云阳李家坝东周墓地发掘报告》，《重庆库区考古报告集·1997卷》，科学出版社，2001年；四川大学历史文化学院考古系、云阳县文物管理所：《云阳李家坝10号岩坑墓发掘报告》，《重庆库区考古报告集·1997卷》，科学出版社，2001年；四川大学历史文化学院考古系、云阳县文物管理所：《云阳李家坝37号岩坑墓发掘报告》，《重庆库区考古报告集·1997卷》，科学出版社，2001年；四川大学历史文化学院考古学系、云阳文物管理所：《云阳李家坝水田遗址发掘报告》，《重庆库区考古报告集·1997卷》，科学出版社，2001年；四川大学历史文化学院考古系、云阳县文物管理所：《云阳李家坝遗址发掘报告》，《重庆库区考古报告集·1998卷》，科学出版社，2003年；四川大学历史文化学院考古系、云阳县文物管理所：《云阳李家坝巴人墓地发掘报告》，《重庆库区考古报告集·1998卷》，科学出版社，2003年。1998年以后的报告还未发表。

③ 四川大学历史文化学院考古系、云阳县文物管理所：《云阳李家坝遗址发掘报告》，《重庆库区考古报告集·1998卷》，科学出版社，2003年。

云阳石家包墓群2003年度发掘简报

镇 江 博 物 馆
云阳县文物管理所

石家包墓群位于重庆市云阳县双江镇兴隆村一组，西距新县城双江镇约4千米，北为兴隆场镇所在地。墓群坐落于长江北岸的临江坡地上，地势比较陡峭，总面积约为50 000平方米，海拔150米左右。汉、六朝时期墓葬分布较多，但由于生产建设中的平整田地并经现代盗掘，墓群被破坏得较为严重。

2002年9月28日至12月22日，江苏省镇江博物馆三峡考古队对石家包墓群进行了勘探和发掘，勘探面积21 000平方米，发掘面积1100平方米，勘探中发现墓葬40余座，清理20座（编号2002YSM1～2002YSM20）[①]。

2003年，镇江博物馆再次受重庆市文化局三峡文物保护办公室的委托，对该墓群进行第二次发掘，协议发掘面积为1000平方米。2003年11月28日至2004年1月22日，镇江博物馆三峡考古队一行8人，对石家包墓群进行了1100平方米的发掘，共清理墓葬23座（编号M21～M43），墓葬时代为汉—六朝时期（图一）。现将此次考古发掘情况报告如下。

一、墓葬形制

第二次发掘的23座墓葬形制分土坑墓、石室墓与砖室墓三种。其中土坑墓5座、石室墓2座、砖室墓15座。另外一座M40墓坑被破坏，形制不明，仅剩余随葬品。现按形制介绍。

（一）土坑墓

5座。都遭到严重破坏，分别为M26、M36、M37、M39、M42。均无墓道。M36、M37为中型墓。M26、M39、M42为大型深坑墓，M39底部平铺青砖，M42底部有两道横向平行沟槽。M39残存肢骨数段，其他墓葬尸骨均已腐化而未见。

M36　墓口平面形状为长方形，竖穴。墓向275°。墓口距地表0.5、长3.15、宽1.75、深1.3米。坑壁较直，底平。在墓室西北角有一大石头存在，在建造墓室时未将其去掉或凿平而保留。近期被盗，中部留有一圆形盗洞。随葬器物仅余一灰陶豆，放置于墓室东侧。墓中填黄色砂土，质疏松。

M37　墓口平面形状为梯形，竖穴。墓向55°。墓口距地表0.4、长3.25～3.6、宽1.95、

① 重庆市文物考古所、镇江博物馆、云阳县文物管理所：《云阳石家包10号、11号岩坑墓发掘报告》，《重庆库区考古报告集·2002卷》，科学出版社，2010年。

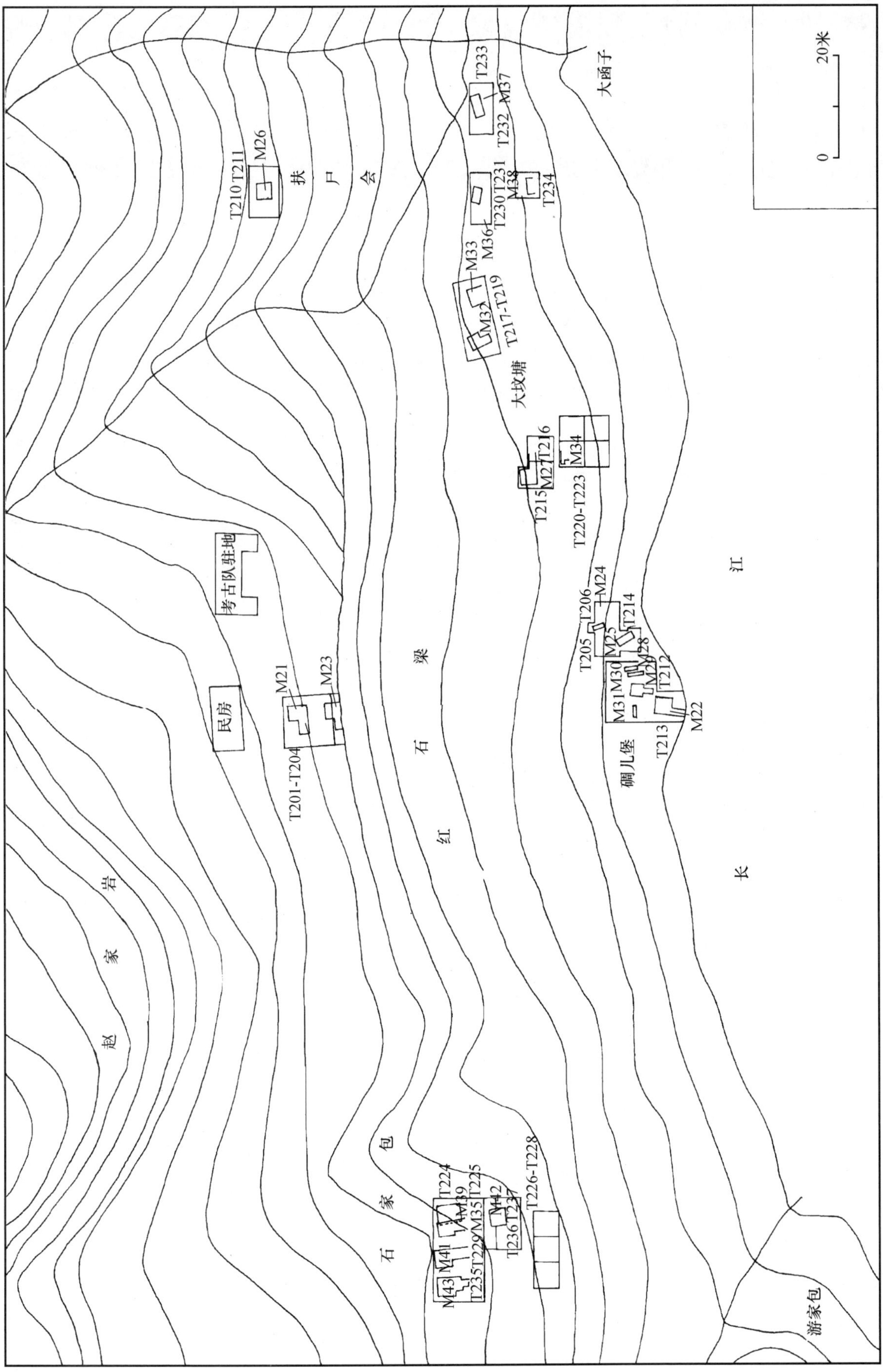

图一　石家包墓群第二次发掘总平面图

深1.2米。坑壁较直，底平。随葬器物被盗，残存少量灰陶碎片。墓中填灰黄色粗砂土，质疏松。

M26 墓口平面形状近正方形，竖穴。墓向267°。墓口距地表0.4、长3.24、宽3.2、深3.2米。坑壁较直，两壁交角为直角，底平。由于被盗，随葬器物在墓底仅余一灰陶鼎。盗洞位于墓坑中部，在盗洞的填土中发现了灰陶勺、鼎、豆、壶等。墓中填土为灰色五花土，含较多植物腐痕，质疏松。

M39 墓口平面形状近长方形，墓口略大于墓底，呈覆斗状。墓向330°。墓口距地表深0.7～1.8、墓口长4、宽3.6、墓底长3.82、宽3.3、深3米。坑壁较直，墓底有一处用青砖铺设的平台，上面摆放有人骨和随葬品。该墓被M35打破，近年又被盗掘，破坏严重。现存器物主要见于尸骨东侧，有铜釜1；釉陶盆1、盘1、钵1、器盖1、壶1、勺1；灰陶钵2、罐2、盆1、红陶碗2；铁环1、不明铁器1以及铜钱若干。墓中填灰褐色土，含较多石块（图二）。

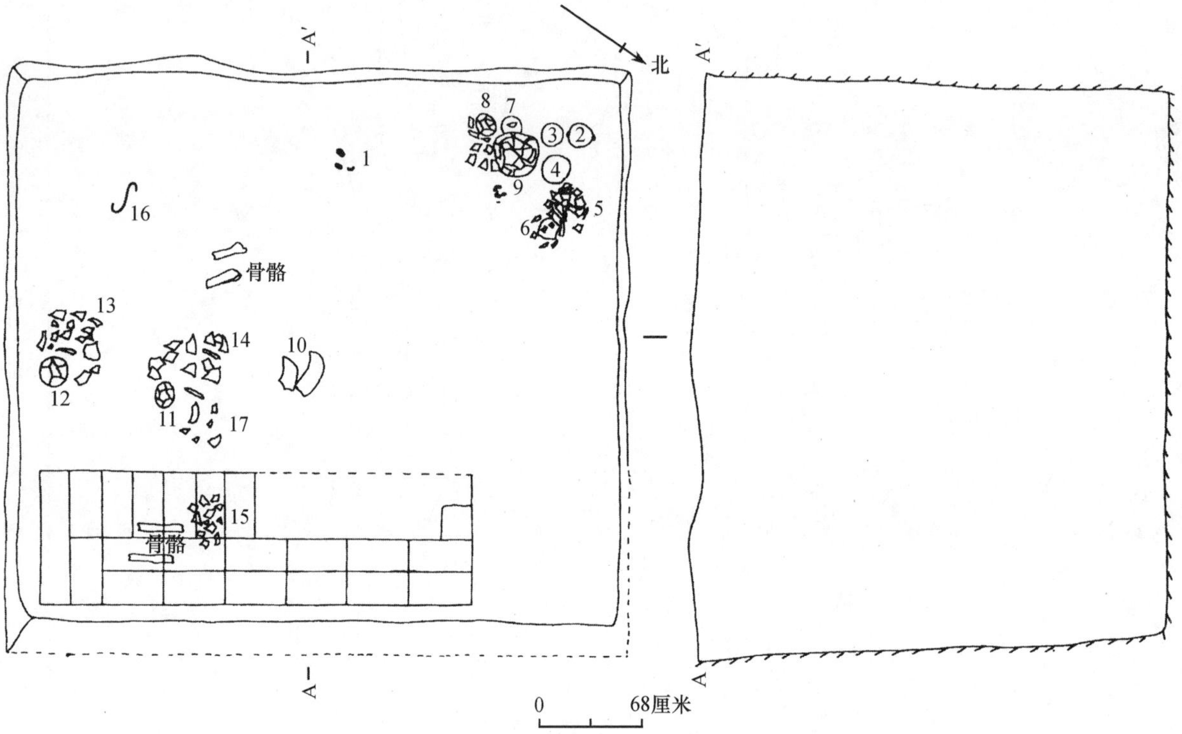

图二 M39平、剖面图

1. 铜“货泉”钱 2. 铜釜 3、12. 灰陶钵 4. 釉陶盘 5. 釉陶器盖 6. 釉陶钵 7. 灰陶盆 8、11. 红陶碗 9. 釉陶盆 10. 铁器残片 13、14. 灰陶罐 15. 釉陶壶 16. 铁环 17. 釉陶勺

M42 墓口平面形状近长方形，墓口大于墓底，呈漏斗状。墓向263°。墓口距地表深0.4～0.6、墓口长3.4、宽2.95、墓底长3、宽2.6、深2～3.2米。坑壁较直，交角大致为90°，底平。墓底两端各有一横向的沟槽，当为置垫棺枕木所设。槽宽0.15、深约0.1米。墓葬在早年因百姓建房，上部已被破坏，形成北高南低的土坎。近期又遭盗掘，盗洞在墓葬中部，尚未掩埋。随葬器物仅余碎铜片和少量泥质灰陶片，可辨器形有陶罐、壶、铜盆等。填土黄色，质硬，含少量砂石块（图三）。

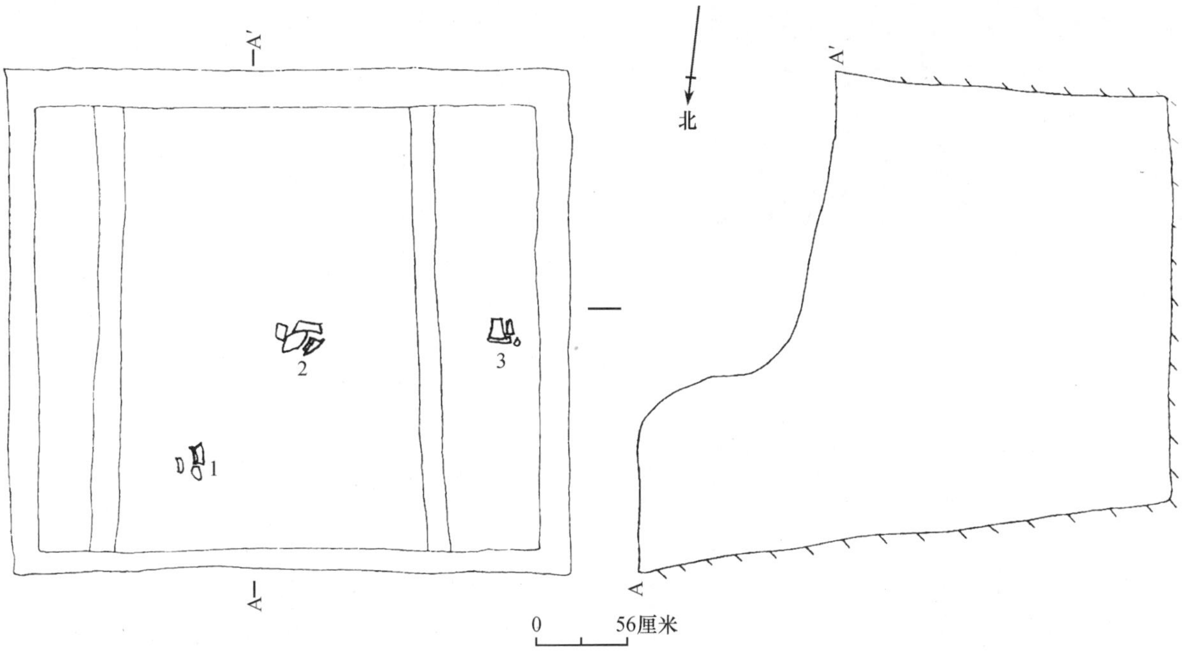

图三　M42平、剖面图

1. 铜盆　2. 陶罐　3. 陶壶

（二）石室墓

2座。为M30和M29。

M30　“凸”字形券顶墓。墓向190°。甬道长方形；墓室近方形。墓底距地表深约1.1米。甬道长2.4、宽1.5米，墓室长2.6、宽2.53、高1.7米。除墓室后壁用青砖平砌外，券顶和其他墓壁用稍微加工平整的石块错缝平砌。甬道用青砖横向平铺作底；墓室底部用不规则石板平铺。封门墙尚余下部，采用青砖错缝平砌。随葬品集中于墓室前端，有釉陶壶1、陶盆1、陶俑2、陶鸡1和大量铜钱等。残存肢骨位于墓室中部，头朝南，仰面。从墓内情况看，墓主在2人以上，为多人合葬墓。墓葬曾遭扰乱，墓室券顶仅存小部分。墓中填土为黄砂土，质地松软（图四；彩版二〇一，1）。

M29　长方形单室石板墓。墓向330°。顶部距地表1.4、长2.9、宽0.5、高0.5米。墓壁用石板竖砌；底用不规则石板平铺；顶部盖数块石板。随葬品有陶俑4、陶鸡1，放置在墓室北部；铜钱2串放于墓室南端。人骨架残存一段肢骨和下颌骨。墓中填黄砂土，质松软（图五）。

（三）砖室墓

15座。为M21～M25、M27、M28（彩版二〇二，2、3）、M31～M35（彩版二〇二，1）、M38、M41、M43。其中M25（彩版二〇〇，2）、M33、M34、M38残甚，无法辨别其平面形状。另外11座砖室墓可分为长方形和刀形两种。墓砖大小相似，一般为长40～44、宽18～22、厚8～12厘米。

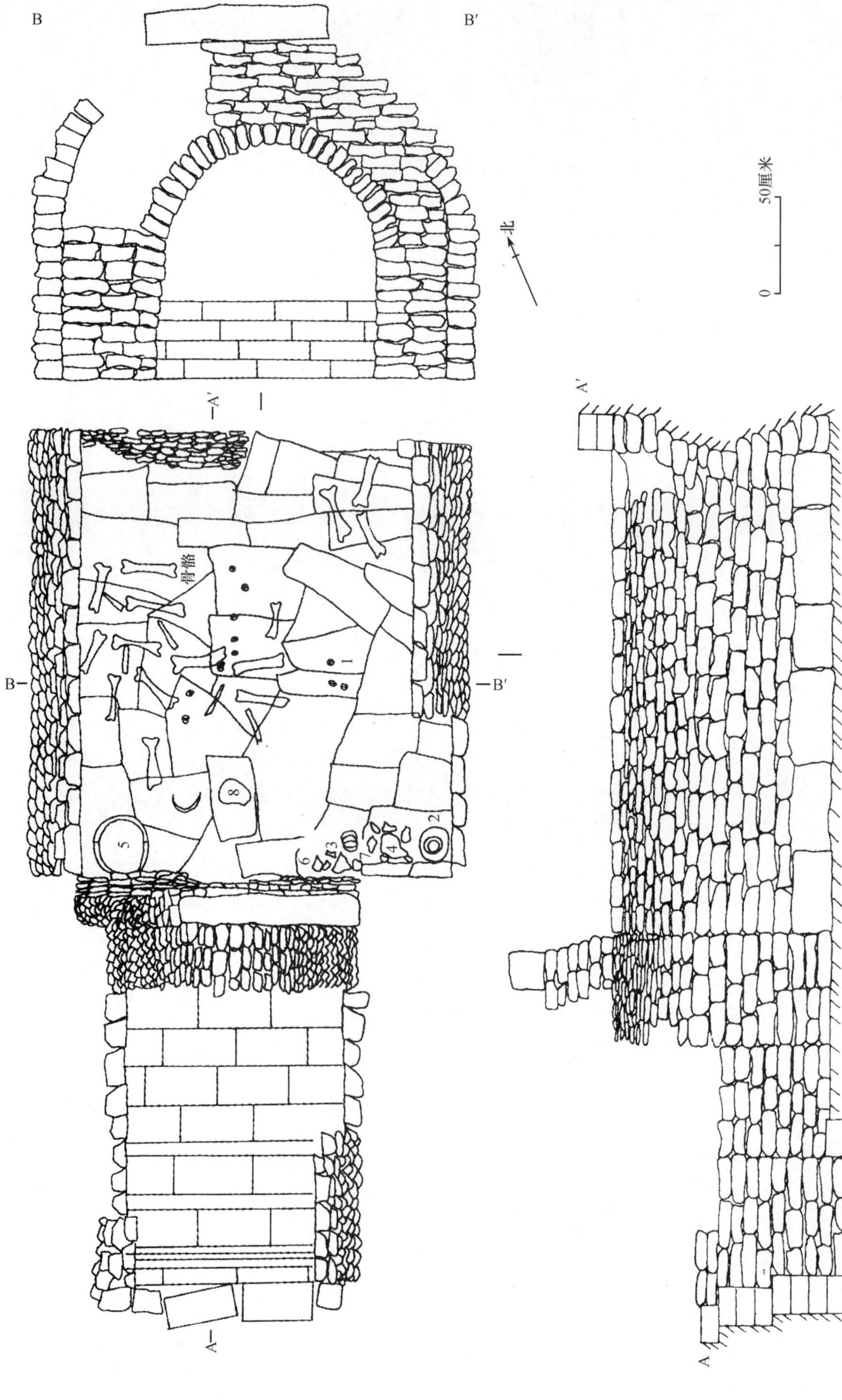

图四 M30平、剖面图

1. 铜“五铢”钱 2. 釉陶壶 3、6. 陶俑 4. 陶鸡 5. 陶甑 7. 青瓷碗 8. 陶片

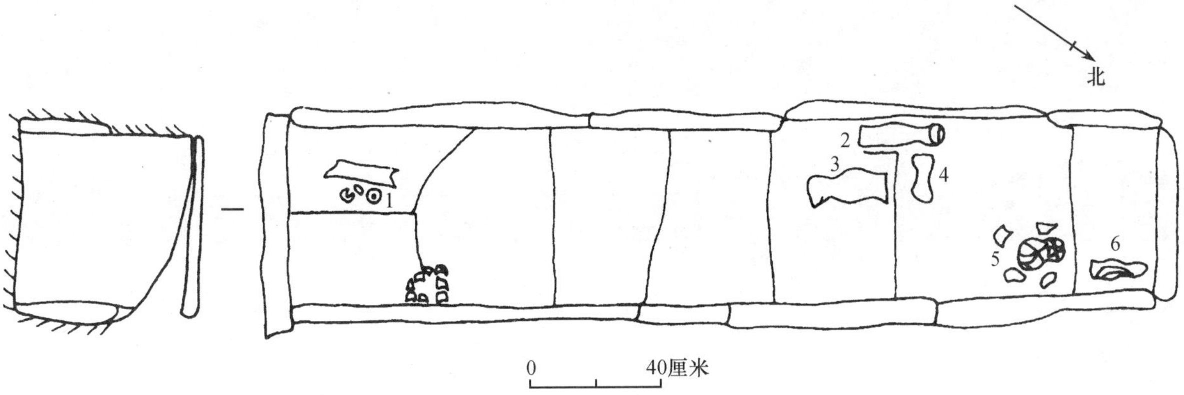

图五　M29平、剖面图

1. 铜“五铢”钱　2、5、6. 陶俑　3. 陶鸡　4. 陶俑腿

1. 长方形墓

3座。为M24（彩版二〇〇，1）、M28和M31。均为小型单室墓，特别是M24、M31底部仅用一块青砖横铺，形制相似。现介绍M28和M31。

M28　墓向330°。距地表深1.4、长2.4、宽0.6、高0.6米。墓壁用饰套菱形纹的青砖横向竖砌；墓底用带榫卯结构的砖平铺；顶部被破坏。随葬品有陶仓2、罐2放于墓室前端。人骨架仅留肢骨两段，较多铜钱散落人骨附近，推测头向朝南。墓中填黄砂土，质疏松（图六）。

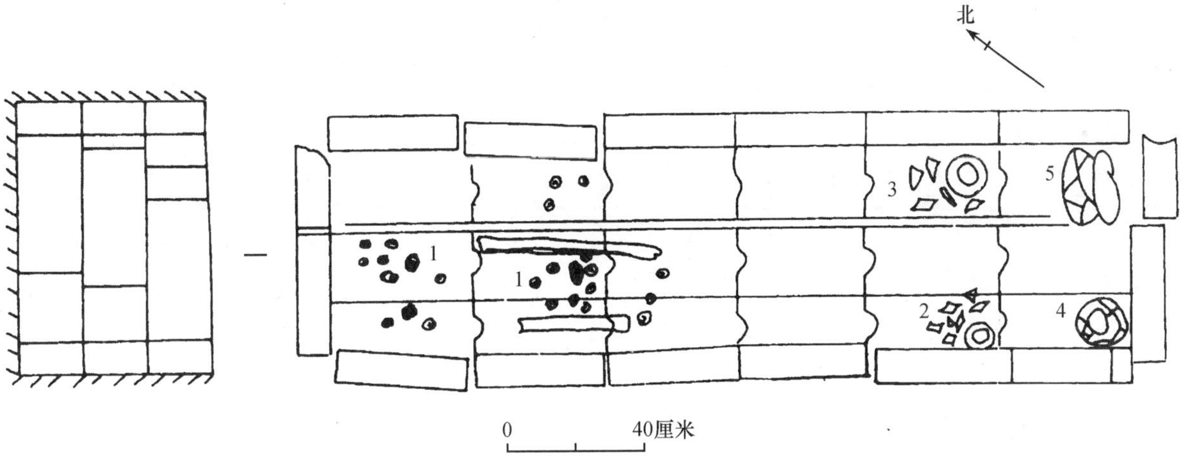

图六　M28平、剖面图

1. 铜“五铢”钱　2、3. 陶仓　4、5. 陶罐

M31　东西向。距地表深0.8、长1.86、宽0.48、高0.4米。墓室长方盒形。墓顶和底均是用9块花纹砖平铺，四壁用一层青砖竖砌。现有头骨和肢骨数段，头向朝东，仰身直肢葬，尸骨周围散放铜钱若干。在墓室的东部放置有陶罐3、盂1、碗1，由于地方狭小，其中一碗和两罐叠放。在墓室的东边还有罐1、碗1。墓中填土为黄砂土，质疏松（图七；彩版二〇一，2）。

2. 刀形墓

8座。为M21～M23、M27、M32、M35、M41、M43。平面形状为刀形。均被扰乱。现以

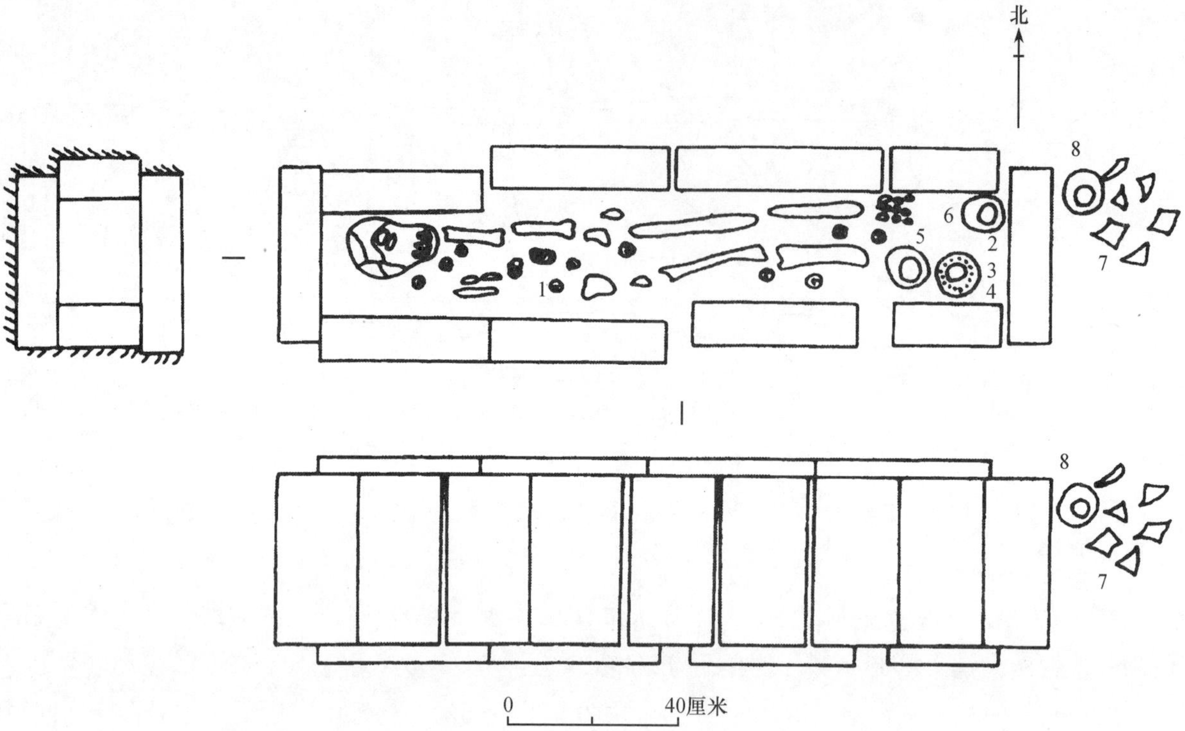

图七 M31平、剖面图

1.铜“五铢”钱 2、7.陶碗 3、5、6、8.陶罐 4.陶盂

M35、M32、M43为例说明。

M35 距地表深0.4～0.9、墓室长3.1、宽3、甬道长2.4、宽1.9、残高0.2～1.2米。大部分券顶和墓壁遭到破坏。墓壁采用套菱纹墓砖错缝平砌；券顶用带榫卯结构的砖横向起券；墓底用砖一字形平铺；甬道前端有封门墙。人骨已腐烂。随葬器物以红陶明器为主。铜釜1、铁釜1、灰陶罐1、灰陶仓3位于甬道前部；一副琉璃耳珰位于甬道中部；大部分器物位于墓室前端与甬道交接处，有釉陶壶2、红陶碗3、杯1、灯2、盂2、甑1、魁2、钵1、俑4以及灰陶仓2、器盖1等。墓中填土为黄色黏土，质硬。该墓叠压于M39之上（图八）。

M32 墓向200°。距地表深0.2～1、墓室长3.7、宽3.3、残高2.08、甬道残长1.9、宽2.3、残高0.42米。被扰乱。墓壁用饰套菱纹的墓砖错缝平砌；券顶用饰“一”字套菱纹的楔形榫卯砖横向起券；墓底用长方形及榫卯砖横竖平铺一层；甬道前部中间下方有两块砖平行砌成的下水道。这也是这次发掘中仅见的一座附设有下水道的墓葬。随葬品多为陶器，均残碎，其中仓1、盆1、红陶俑2、釉陶盘1、壶1、“五铢”钱若干在甬道中部；灰陶房1位于墓室西北角。尸骨已不存，只有铁棺钉4根散落墓室中部。墓中填黄土，质硬，含较多碎砖块、陶片（图九）。

M43 墓向170°。距地表深0.3～1、墓室长3.8、宽3.4、甬道长3.47、前端宽1.9、后端宽2.5、残高1.03～2.5米。顶部和墓壁上部被破坏。墓室为长方形，甬道为“凸”字形。墓壁用套菱纹墓砖错缝平砌；墓底用带榫卯的楔形砖竖向平铺一层。甬道前端用青砖错缝平砌封门。人骨架已腐朽不存。在墓室中部发现“U”形铜钗1件和铜钱若干；在甬道两侧发现青瓷盏2、钵2、罐2、壶1。墓中填黄土，质硬，含较多碎砖块和陶瓷残片（图一〇）。

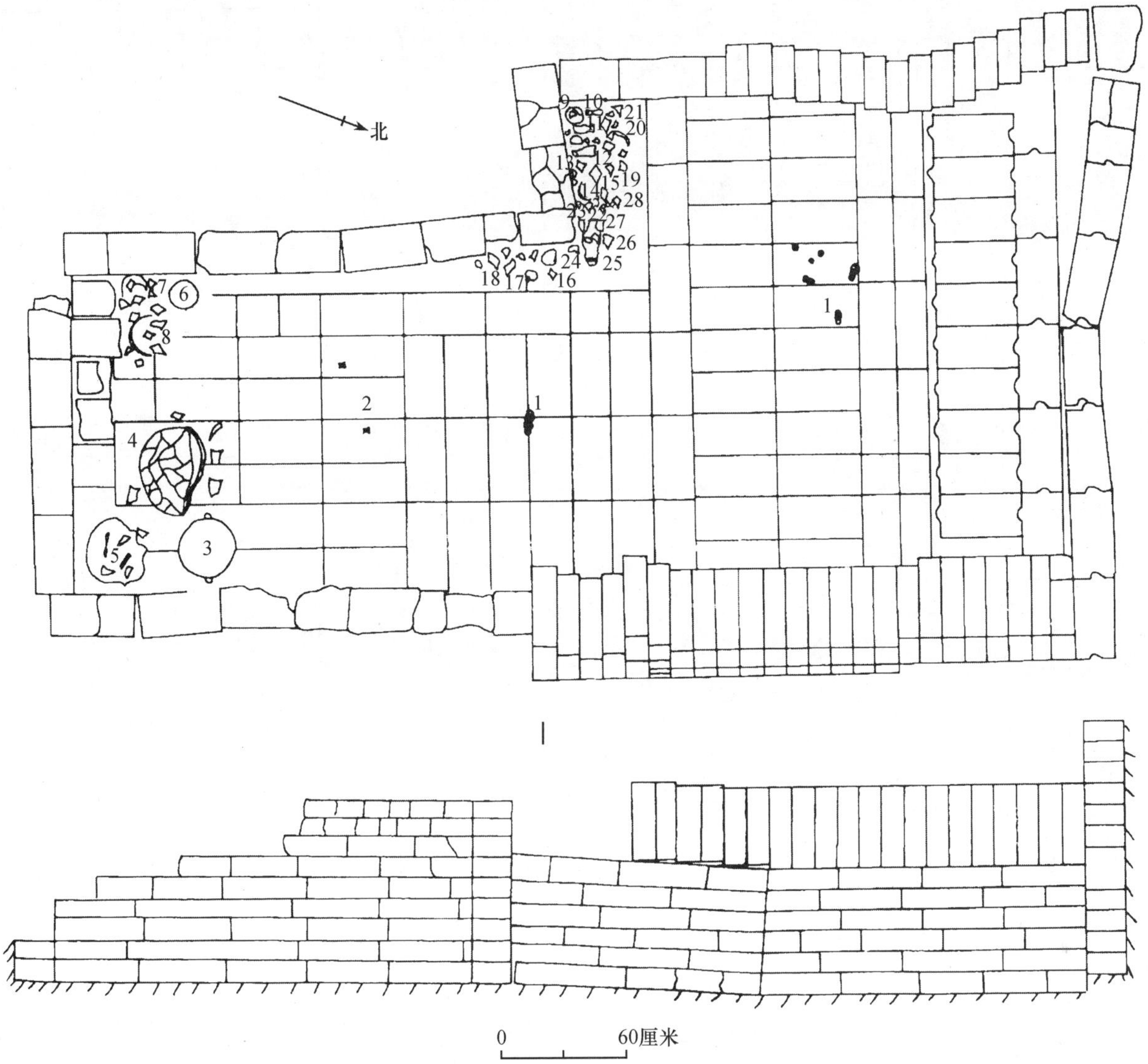

图八　M35平、剖面图

1. 铜“五铢”钱　2. 耳珰　3. 铜釜　4. 陶罐　5. 铁釜　6～8、25、27. 陶仓　9、29. 釉陶壶　10～12、15. 陶俑　13、19、24. 陶碗　14、18. 陶魁　16. 陶杯　17、21. 陶灯　20. 陶钵　22、23. 陶盂　26. 陶甑　28. 陶器盖

二、随　葬　品

第二次发掘清理的23座墓葬出土随葬器物中完整和修复器较少，按质地分为陶器、青瓷器、铜器、铁器、金银器、琉璃器和钱币等。

1. 陶器

壶　5件。分二型。

A型　4件。釉陶器。平沿，侈口，长颈，扁圆鼓腹，高圈足，腹中部饰兽形铺首衔环。M35：9，尖圆唇。器外通施橘红釉。腹中部饰凹弦纹三道。口径17、腹径22、底径14、高25厘米（图一一，1）。M25：11，尖唇。器外表通施橘红釉。腹中部饰凹弦纹三道。口径

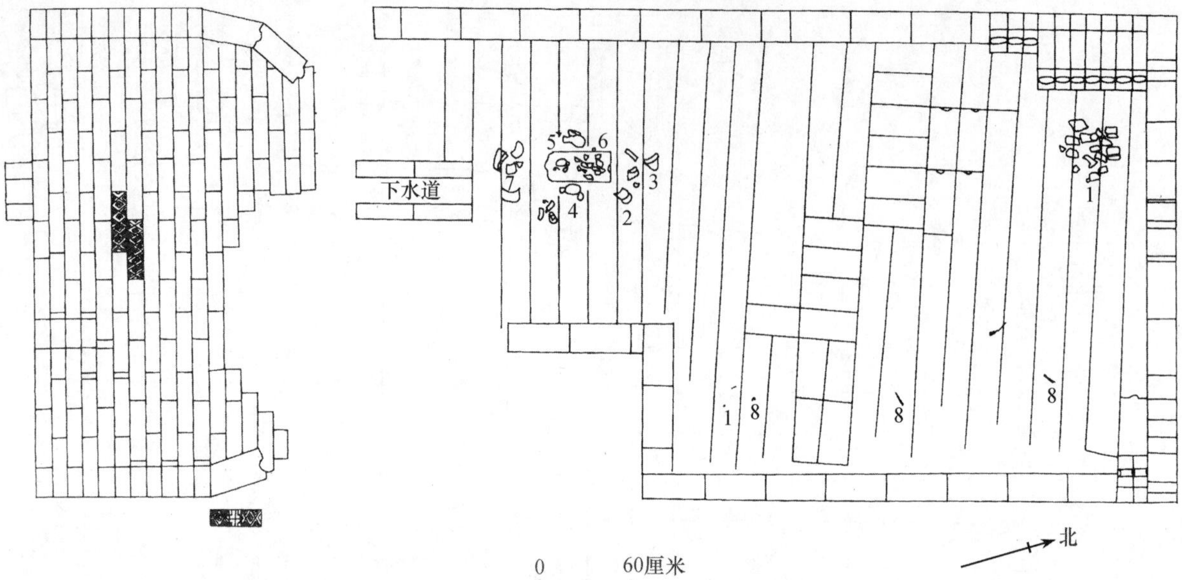

图九 M32平、剖面图

1. 陶房 2. 陶仓 3. 陶盆 4、5. 陶俑 6. 釉陶盘 7. 釉陶壶 8. 铁棺钉

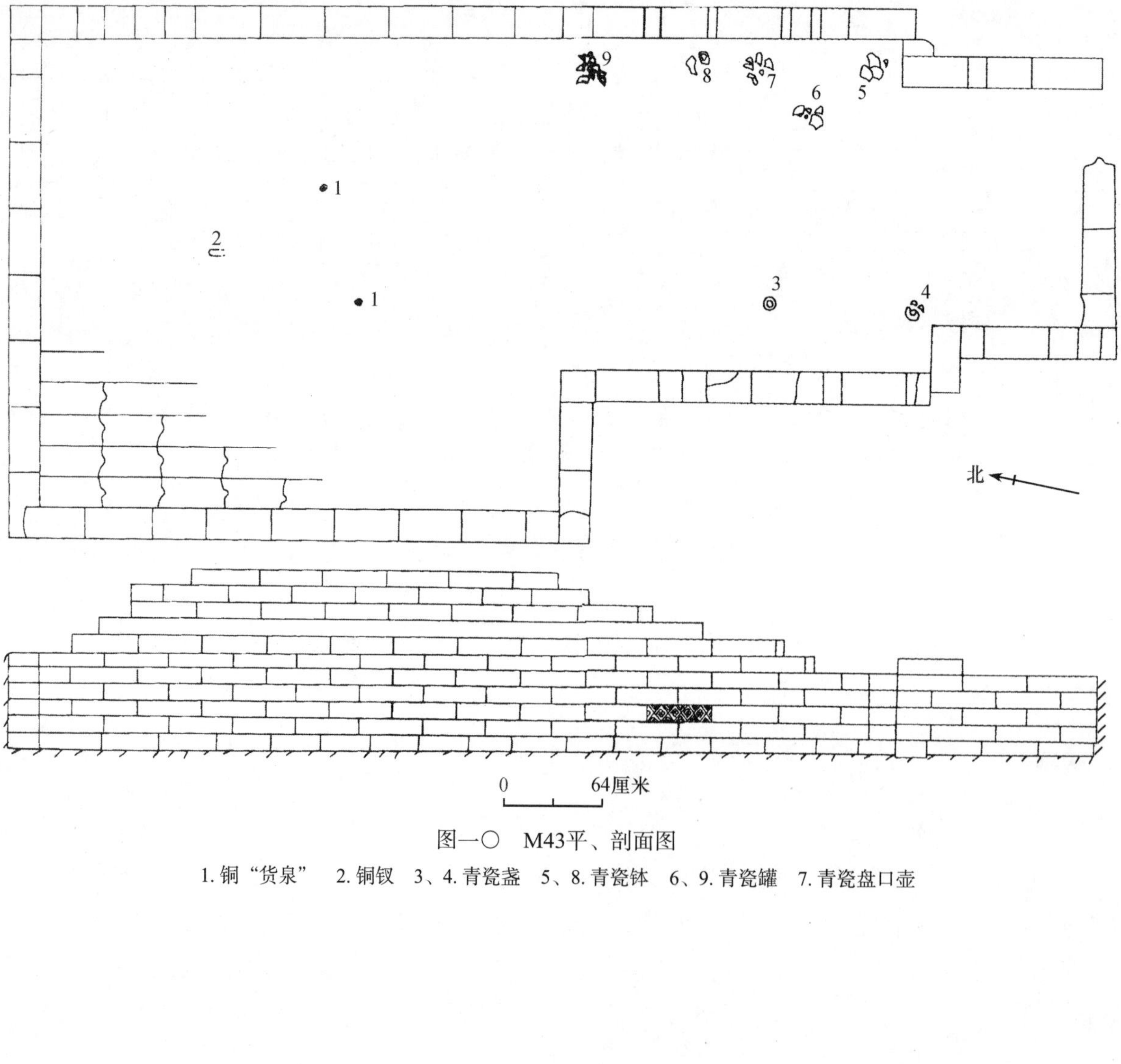

图一〇 M43平、剖面图

1. 铜“货泉” 2. 铜钗 3、4. 青瓷盏 5、8. 青瓷钵 6、9. 青瓷罐 7. 青瓷盘口壶

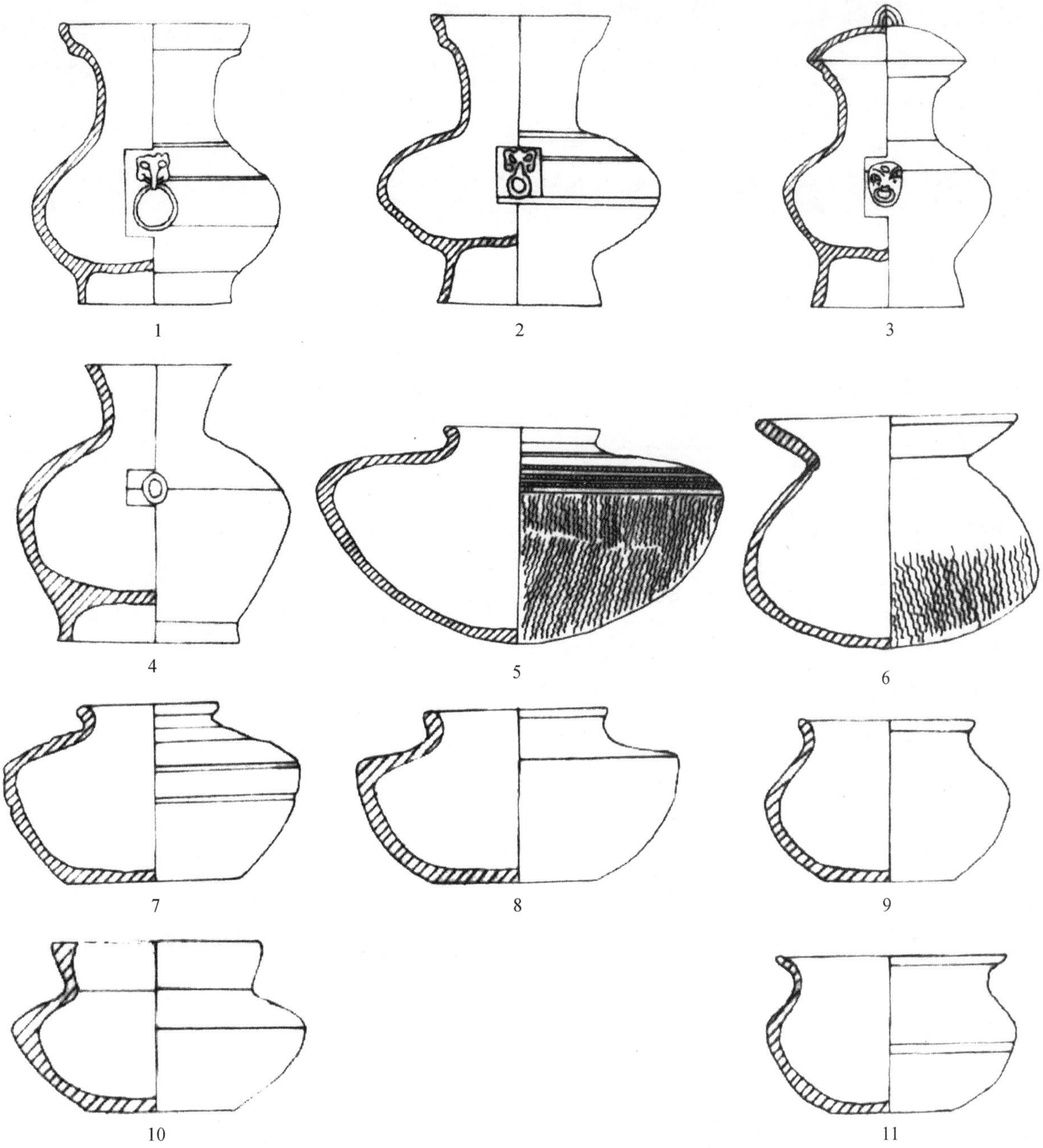

图一一　出土陶器

1～3. A型壶（M35：9、M25：11、M30：2）　4. B型壶（M26：C2）　5. A型罐（M35：4）　6. B型罐（M28：4）　7. Ca型罐（M28：5）　8. Cb型罐（M40：1）　9. D型罐（M40：2）　10、11. 盂（M25：9、M31：4）

16、腹径25、底径15、高25.5厘米（图一一，2；彩版二〇三，4）。M25：10与之基本相同。M30：2，尖唇。外壁通施酱黄釉。腹上部饰凹弦纹两道。壶上有盖，盖弧形顶部附加圆环状纽。口径16、腹径21、底径15.5、高30.5厘米（图一一，3）。

B型　1件。M26：C2，泥质灰陶。侈口，束颈，圆鼓腹，圈足。腹上部饰环状铺首和凹弦纹一道。口径8.5、腹径16、底径13、高16厘米（图一一，4；彩版二〇三，2）。

罐　10件。分四型。

A型　1件。M35：4，泥质灰陶。圆唇，侈口，束颈，扁圆腹，圜底。肩部饰带状绳纹三道，腹、底部饰细绳纹。口径12、腹径30.4、高16厘米（图一一，5）。

B型　1件。M28：4，泥质灰陶。鱼篓状。圆唇，敞口，束颈，深鼓腹，圜底。下腹及底部饰细绳纹。口径20、腹径23、高17.5厘米（图一一，6；彩版二〇三，1）。

C型　3件。泥质灰陶。圆唇，侈口，束颈，折肩，弧腹，平底。分二亚型。

Ca型　2件。弧肩。M28：5，肩、腹和折肩处各饰一道凹弦纹。口径10、腹径22、底径13、高13厘米（图一一，7）。M25：14，泥质红陶。素面。口径7、底径5.2、高6厘米。

Cb型　1件。M40：1，弧肩下凹。口径8.8、腹径16、底径8、高8.4厘米（图一一，8；彩版二〇三，3）。

D型　5件。泥质灰陶。侈口，束颈，折肩接近器物中部，弧腹内收，小平底。M40：2，口径8.4、腹径13、底径6、高8厘米（图一一，9）。M31：5，口径12、底径6、高8厘米。M31：3、M31：6、M31：8大小与之接近。

盂　4件。束颈，折肩，弧腹，平底。M31：4为泥质灰陶，余皆泥质红陶。M25：9，尖唇，敞口。口径6.8、底径4.5、高5.4厘米（图一一，10）。M31：4，尖圆唇，口微敞。腹部饰凹弦纹两道。口径12、底径6、高8厘米（图一一，11）。M35：22，尖圆唇，侈口。口径6、底径6.3、高4.8厘米（图一二，1）。M35：23，尖圆唇，敞口，长颈，浅腹。口径7.8、底径5、高5厘米（图一二，2）。

仓　6件。泥质灰陶。按整体造型分二型。

A型　1件。M35：25，肩部与底部宽相近，整体近长方形。斜方唇，平沿，子母口内敛，折肩，深腹，平底。口径8、底径5.8、高12.5厘米（图一二，3）。

B型　5件。肩部宽于底部，整体近倒梯形。子母口内敛，折肩，深腹略直近底部内收，小平底。M25：6，腹中上部饰凹弦纹一周。口径8.6、底径4.8、高9.5厘米（图一二，4）。M28：2，腹中部饰凹弦纹一周。口径8.2、底径6.5、高8.6厘米（图一二，5）。

碗　8件。M40：3和M41：2为泥质灰陶，余皆泥质红陶。M40：3，圆唇，口微敛，鼓腹，圈足。沿下饰凹弦纹一道。口径12、底径6、高6.4厘米（图一二，6）。M41：2，尖唇，平沿，敛口，弧腹中部略折近底部内收，小平底。口径13.8、底径4.6、高4厘米（图一二，7）。M35：13，方圆唇，卷沿，侈口，折腹，平底。口径13.2、底径5.4、高3.9厘米（图一二，8）。M35：24，尖圆唇，敛口，折腹，平底。口径12、底径5.6、高4.5厘米（图一二，9）。M35：19，尖圆唇，口微敞，束颈，弧腹，平底。口径12、底径7.5、高6厘米（图一二，10）。M25：15，尖圆唇，平沿，侈口，弧腹，小平底。口径12、底径4.5、高4.5厘米（图一二，11）。M31：2，圆唇，口微敛，弧腹，平底。口径11.2、底径6、高4.8厘米（图一二，12）。

钵　4件。分二型。

A型　1件。M39：6，泥质红陶胎，器表施酱黄釉，大部脱落。斜方唇，口微侈，弧腹，平底。腹上部饰凹弦纹两周。口径18、底径7.8、高6厘米（图一二，13）。

B型　3件。均泥质灰陶。圆唇，侈口，曲腹，下腹近底部内收，小平底。M39：12，腹中部饰凹弦纹一道。口径16.8、底径6、高6厘米（图一二，14）。

盆　4件。M39：9，泥质红陶胎，外施酱黄釉。方唇，卷沿，侈口，束颈，腹微鼓，平

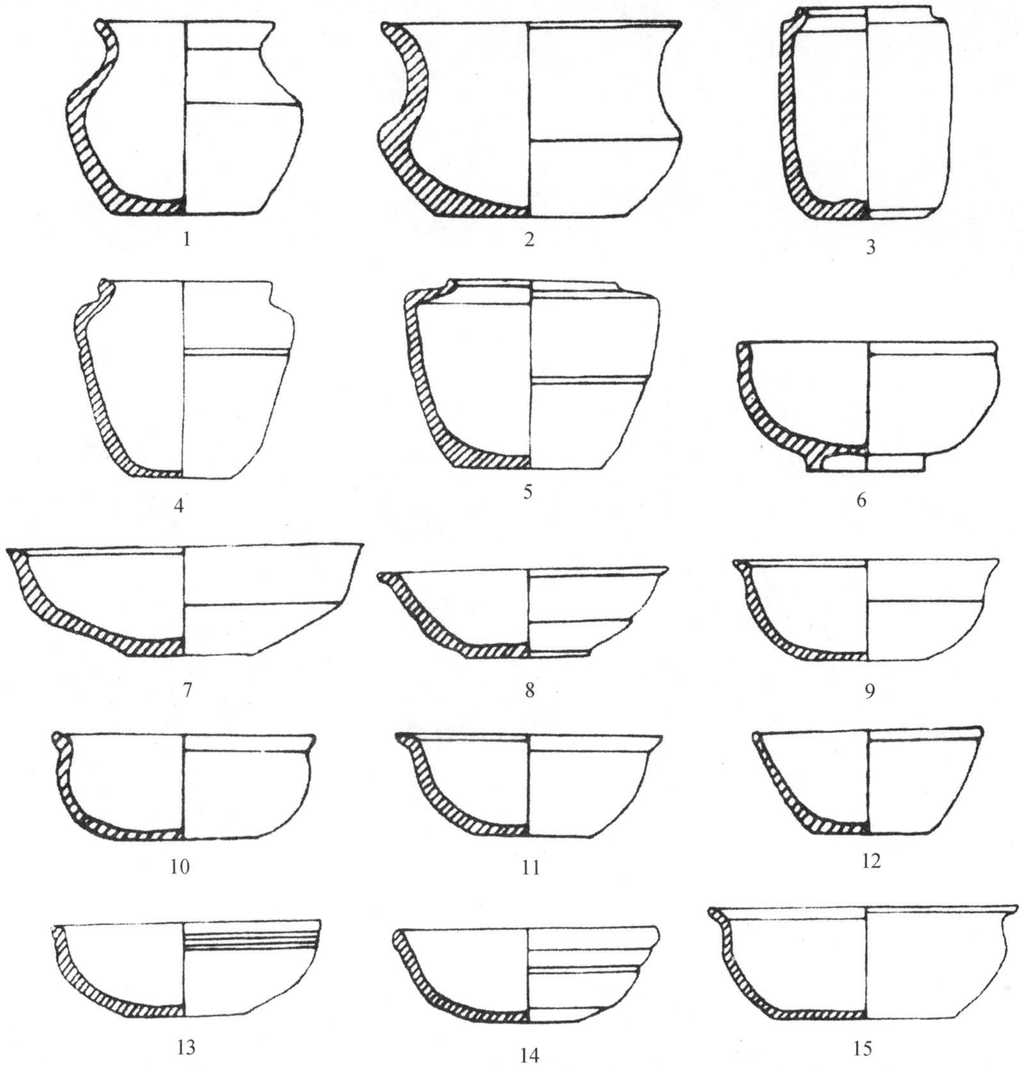

图一二 出土陶器

1、2. 盂（M35：22、M35：23） 3. A型仓（M35：25） 4、5. B型仓（M25：6、M28：2） 6～12. 碗（M40：3、M41：2、M35：13、M35：24、M35：19、M25：15、M31：2） 13. A型钵（M39：6） 14. B型钵（M39：12） 15. 盆（M39：9）

底。口径25、底径14.5、高9厘米（图一二，15）。M39：7，泥质灰陶。尖圆唇，口微敛，斜腹略直，平底。口径17.5、底径8、高8厘米（图一三，1）。M26：C18与M26：C19形制相似，泥质黑皮陶。尖唇，平沿，直口，束颈，圜底。下腹部饰凹弦纹一周；腹中部斜刻三道弦纹。M26：C18，口径18、高6.5厘米（图一三，2）。M26：C19，口径14、高4.5厘米。

盘 3件。均为泥质红陶胎，外施酱黄釉。方唇，敞口，弧腹，平底。M32：6，平沿。口径15.8、底径7.8、高4.4厘米（图一三，3）。M37：8，口径19.4、底径9、高5厘米（图一三，4）。M39：4，口径21.5、底径8.5、高5.5厘米（图一三，5）。

豆 3件。泥质灰陶。浅盘，圆柱状柄，折圈足座。M36：1，斜方唇，侈口，柄细长，折圈足座。口径11、底径7.4、高11.6厘米（图一三，6）。M26：C1，尖唇，侈口。座上饰两周凹弦纹。口径10.7、底径9.1、高9厘米（图一三，7）。M26：C4，斜方唇，敞口，矮柄。座上饰两周凹弦纹。口径9.6、底径8.1、高6.3厘米（图一三，8）。

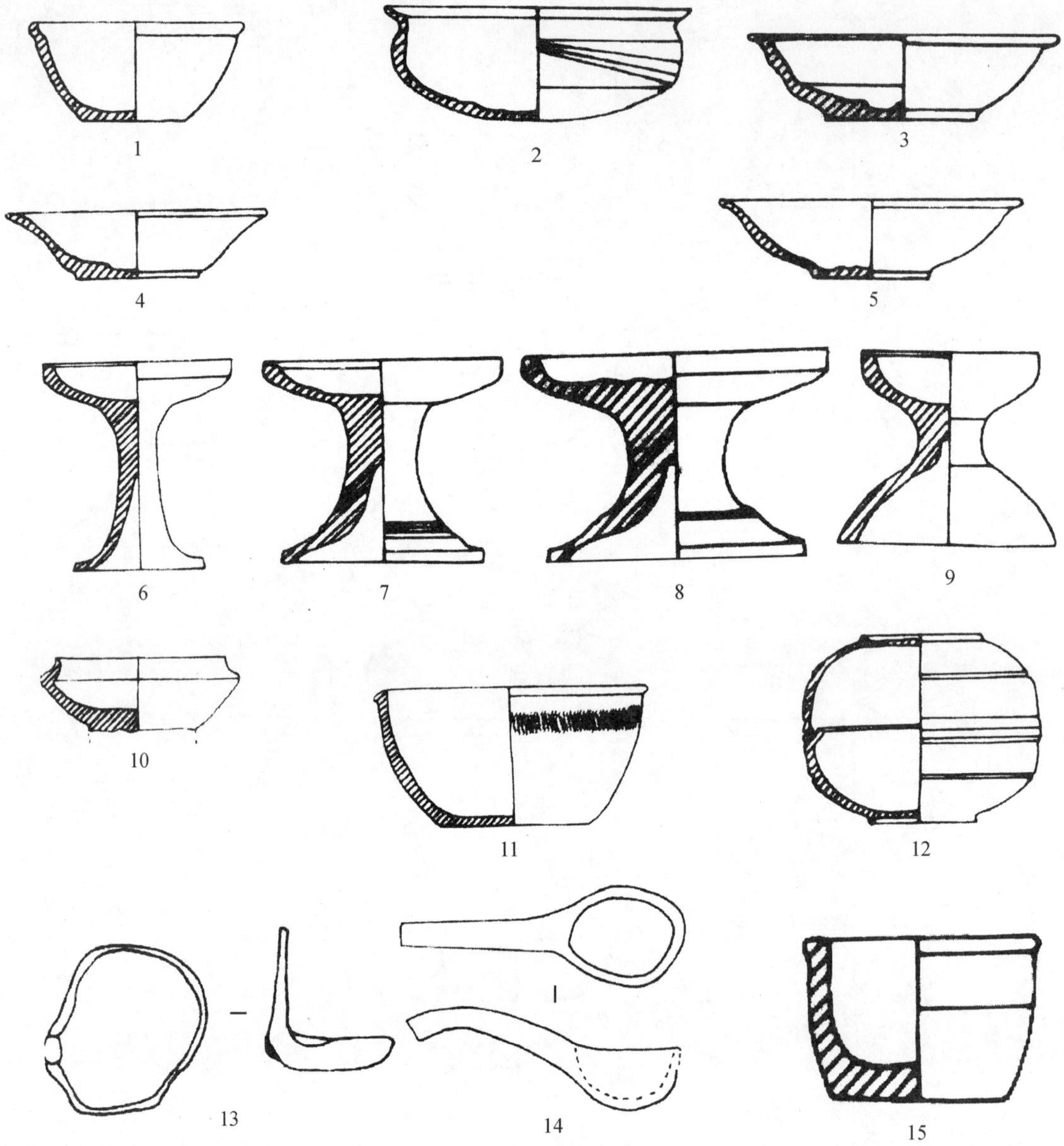

图一三　出土陶器

1、2. 盆（M39：7、M26：C18）　3～5. 盘（M32：6、M37：8、M39：4）　6～8. 豆（M36：1、M26：C1、M26：C4）　9、10. 灯（M25：12、M25：26）　11. 甑（M30：5）　12. 盒（M26：C7）　13. A型勺（M26：C3）　14. B型勺（M39：19）　15. 杯（M35：16）

灯　4件。完整的有1件，另外1件灯盘和2件灯座。泥质红陶。座均为喇叭形，把圆柱状。盘有2种。M25：12，灯盘平沿，侈口。口径7.6、底径9.3、高8.2厘米（图一三，9）。M25：26，灯盘折沿，子母口内敛。口径6.8、残高2.8厘米（图一三，10）。

甑　1件。M30：5，泥质灰陶。尖圆唇，折沿，口微敛，深弧腹，平底。腹上部饰细绳纹。口径28、底径16、高14.5厘米（图一三，11）。

盒　1件。M26：C7，泥质灰陶。覆钵形盖，圈形捉手；身为钵形，子母口内敛，弧腹，圈足。顶径8.8、身口径14.4、底径7.8、通高13.6厘米（图一三，12）。

勺　5件。分二型。

A型　3件。曲柱状柄位于口上部，平底。M26：C3，泥质灰陶。通高4.8厘米（图一三，13）。

B型　2件。长柄斜伸，椭圆形底。M39：19，泥质红陶胎，施酱黄釉。口部平面椭圆形，柄弯曲。通长16.5厘米（图一三，14）。

杯　2件。泥质红陶。M35：16，平沿，直口，弧壁略直，平底。壁中部饰凸弦纹一道。口径5.1、底径3.6、高3.6厘米（图一三，15）。M25：13，尖唇，平沿，敛口，壁略弯曲，近底部内收，平底略内凹。壁中部饰凹弦纹一周。口径7、底径4.2、高4.4厘米（图一四，1）。

魁　2件。M35：14与M35：18大小、形制接近。泥质红陶。尖圆唇，敛口，弧腹，小平底，鸟头状柄位于一侧。腹中部饰一周凹弦纹。口径10.6、底径5.6、高4.8厘米（图一四，2）。

器盖　7件。分二型。

A型　3件。都出土于M26，形制相仿，尺寸接近。泥质灰陶。弧顶，顶上有3乳突状纽。M26：C9，顶径8.8、底径4.8、高2.6厘米（图一四，3）。

B型　4件。均出土于M26，形制、尺寸接近。泥质灰陶。覆盘状，弧顶。素面。M26：C8，底径10.4、高2.2厘米（图一四，4）。

鸡　1件。M29：3，泥质红陶。高冠，尖嘴，双眼外凸，曲颈，身肥，腿细，站立。羽翼刻划清晰，身前还装饰有斑点，栩栩如生。高21.5厘米（图一四，5；彩版二〇三，5）。

立俑　5件。M35：15为泥质灰陶，其他皆泥质红陶。M29：5，头戴冠，身着长袍至地，袖手。高23厘米（图一四，6）。M29：2，戴帽，着衣，袖宽大，拱手，袍及地。高15.5厘米（图一四，7）。M30：3，戴冠，着衣及地，袖大。拱手于胸前，右脚露出袍外。高23厘米（图一四，12）。M32：4，戴冠，着和领长袍至地，拱手。高19厘米（图一四，8）。M35：15，戴冠，长衣及地，袖宽，左手高，右手略低，拱手。高21.5厘米（图一四，9）。

坐俑　2件。泥质灰陶。M35：10，女俑。着和领衣，拢身。高21.5厘米（图一四，10）。M35：11，歪头，拱手。高11.4厘米（图一四，11）。

2. 青瓷器

钵　1件。M43：5，灰白胎。除器底外部均施青釉。尖圆唇，口微敛，弧腹近底内收，平底。沿下饰凹弦纹一周。器外底部可见有支钉痕迹。口径15.4、底径10.8、高6.4厘米（图一四，13）。

盏　2件。M43：3与M43：4大小、形制相似。灰白胎，施青釉不及外底。尖圆唇，口微敛，弧腹，平底。口径8.4、底径4.5、高4.3厘米（图一四，14）。

3. 铜器

釜　2件。敞口，方唇，束颈，肩微折，圆筒形腹，圜底。肩部焊接对称双环形耳。M39：2，腹部饰凸弦纹两周。口径18、腹径18、高15.6厘米（图一四，16；彩版二〇三，6）。M35：3，口径28、腹径30、高23厘米（图一四，17）。

镊　1件。M25：3，两侧对称，器身有箍两道。长5.4厘米（图一四，18）。

图一四　出土器物

1. 陶杯（M25：13）　2. 陶魁（M35：14）　3. A型陶器盖（M26：C9）　4. B型陶器盖（M26：C8）　5. 陶鸡（M29：3）　6～9、12. 陶立俑（M29：5、M29：2、M32：4、M35：15、M30：3）　10、11. 陶坐俑（M35：10、M35：11）　13. 青瓷钵（M43：5）　14. 青瓷盏（M43：4）　15. 琉璃耳珰（M35：2）　16、17. 铜釜（M39：2、M35：3）　18. 铜镊（M25：3）　19. 铜钗（M43：2）

钗 1件。M43：2，整体呈“U”形，一端外撇，一端内折成小圆环，顶面菱形。通长14厘米（图一四，19）。

4. 铁器

见有棺钉和挂钩等。棺钉一般上部方柱状，下部尖。挂钩多用长方形铁条弯曲成“S”形。

5. 金、银指环

金指环 1套2件。出土于M27，环形，截面圆形。外径2、截面直径0.2厘米。

银指环 1件。M38：7，圆环形，截面椭圆形。外径2、内径1.6、厚0.1厘米。

6. 琉璃耳珰

1副2件。M35：2，蓝色，亚腰觚形，纵穿孔。高1.5、上端外径1、小端外径1.5、孔径0.1厘米（图一四，15）。

7. 炭棒

1件。M25：2，可能是女性化妆用品。长条形，截面呈长方形。长16、宽0.8、厚0.4厘米。

8. 铜钱

“五铢”239枚、“货泉”7枚。

三、结　语

云阳石家包墓地的两次发掘，共清理墓葬43座。墓葬分布密集，时代从西汉中晚期延续至东晋时期，说明这一带一直是当时居民的墓葬区。综合两次发掘情况，我们可以发现，在大坟塘一带的墓葬形制较大、用砖考究、装饰精美、随葬品数量多且质量较高，如M5、M10、M11都出土了大量器物，还包括成组的铜器、陶俑和建筑模型等，说明埋在此处的墓主人均具有一定的身份地位；而在雕儿堡片区发现的墓葬虽然排列有序，如M28～M31，但都形制小、用料节省、造工差、墓葬少修饰、随葬品数量少而多为制作简单的明器，推测这是一处平民的族葬墓地。这些都反映了当时按照身份地位的高低、财富的多寡划分了不同的埋葬区域，位于同一区域埋葬的死者，其社会地位和经济水平大体相仿。

在形制方面，第二次发掘的23座墓葬分为砖室、石室、土坑墓和一座因破坏严重不明形制的墓葬。17座砖、石室墓平面有刀形、长方形、“凸”字形，其中有一座（M43）比较特殊，平面作“”形，墓顶全都遭破坏，从残存情况看，多为券顶，起券用专门烧制的榫卯楔形砖砌成。5座土坑墓为长方形和方形竖穴。砖室、石室墓均为东汉至六朝，土坑墓为西汉中后期至王莽时期。

此次发现的文物标本以陶器为主。其中，灰陶器占大宗，另外还有一些釉陶器、红陶器和黑皮陶器。灰陶器和黑皮陶器大多为实用器和极少量个体较大的俑。釉陶器为王莽时期以来所具有的实用器。红陶器具以小型的明器为主。这些特征也反映了三峡地区自西汉延续至东汉以来的陪葬习俗，即西汉时期多随葬墓主生前实用的物品，而至东汉时期变成了部分以小型红陶明器代替，同时也埋藏少量实用器。除陶器以外，还发现了铜器、铁器等，铜釜等底部还有烟火熏烤的痕迹，说明其曾被使用。发现的金指环等首饰也是墓主随身佩戴之物。发掘的M43随葬一件青瓷碗的口沿上有褐釉点彩色，其墓葬的年代当在东晋时期。随葬器物较多，说明了汉、六朝时期该地区流行厚葬之风。

附记：本次考古工作得到重庆市文化局、文物考古所、博物馆以及云阳县文体局、文管所等单位的支持与协助，报告的编写得到肖梦龙研究员、王书敏副研究员悉心指导，在此谨致谢忱！参加发掘和资料整理的主要人员有肖梦龙（领队）、李永军、何汉生等。

摄影：李永军

执笔、绘图：何汉生　李永军

附表　其他砖室墓情况表

墓号	墓向（°）	形制	尺寸（米）	概说	保存情况
M24	35	长方形砖室墓	残长2.4、宽0.58、高0.4	用套菱纹砖错缝平砌；三块青砖并排竖向铺地	墓室北部被扰乱；随葬品被扰
M21	280	刀形券顶砖室墓	墓室长3.16、宽3.64，甬道长2..4、宽1.86，残高2.12	四壁用套菱纹砖错缝平砌；有封门墙；与M23并排	券顶被破坏；墓室填土和随葬品被扰乱
M22	350	刀形券顶砖室墓	墓室长3.2、宽3.4，甬道长2.8、宽1.3，残高1.8	四壁用套菱纹砖错缝平砌；横向铺地	券顶仅在墓室后部有一层；大部墓壁被破坏；随葬品被扰
M23	292	刀形券顶砖室墓	墓室长3.28、宽约3.65，甬道长2.52、宽1.18，残高0.9	四壁用套菱纹砖错缝平砌；有封门墙；与M21并排	券顶及墓室上部倒塌；北壁被破坏，现不存；随葬品被扰
M27	20	刀形砖室墓	墓室长2.9、宽3.34，甬道长2.7、宽1.8，残高1	四壁用套菱纹砖错缝平砌；用楔形和长方形竖向砖铺地	墓顶及墓室被破坏；甬道右侧残缺大部；随葬品被扰
M41	155	刀形券顶砖室墓	墓室长3.58、宽3.3，甬道长2.96、宽2.1，残高0.93	四壁用套菱纹砖错缝平砌；顶用楔形花纹砖竖向起券；长方形素面砖横竖铺地；有封门墙；与M43基本平行并列	顶残存西壁后部第一层5块；其他券顶以及墓壁上部被破坏；随葬品被扰
M25	40	砖室墓	残长3.5、宽1.4、高0.8	壁用套菱纹砖错缝平砌；底用榫卯砖平铺	顶倒塌；墓室南部被破坏不存
M33	157	砖室墓	残长2.92、宽3.28、残高0.55	壁用套菱纹砖错缝平砌；墓底用楔形榫卯砖横竖规则平铺	残损严重，现存墓室后侧部分，被扰乱
M34	不明	砖室墓	残长2.5、宽0.9、残高0.3	用断、残砖建造	残损严重，现仅存两道墙体
M38	145	砖室墓	残长1.85、宽2.8、残高0.66	壁用套菱纹砖错缝平砌；横竖平铺一层地砖	残损严重，现存墓室后侧部分

云阳佘家嘴遗址2003年度秋季发掘简报

厦门大学三峡考古队
云阳县文物管理所

佘家嘴遗址位于重庆市云阳县巴阳镇巴阳村的长江北岸缓坡中部，距离云阳县城42千米。2000年秋至2003年春，厦门大学历史系考古专业先后四次承担了佘家嘴遗址的钻探和8000平方米的发掘任务。受重庆市文化局的委托，2003年秋季我队再次承担了该遗址的第五次2000平方米的发掘任务。现将本次发掘情况报告如下。

一、概　　况

佘家嘴遗址是由长江北岸的一、二级台（坡）地构成，地理坐标为东经108°35′16″，北纬30°55′53″，海拔120～175米。佘家嘴遗址以往的发掘资料显示，2000年的北区（本次仍为北区）和2001年的第四区（本次为南区）文化层最厚，遗迹和遗物最为丰富，因此本次发掘的探方均在上述地区。

首先在北区按直角坐标法布5米×5米探方41个（T0104～T0105、T0203～T0206、T0303～T0310、T0403～T0406、T0503～T0505、T0601～T0613、T0701～T0715、T0801～T0816、T0902～T0916及T1017），2米×5米扩方2个；由于文化层十分丰富，在其东南面布方7个（T1207～T1210、T1308～T1310）；在其西侧再次布探方5米×5米8个（T5001～T5008），实际发掘7个；故北区布方56个，实际发掘探方55个，并抢救性发掘1座土坑墓。在南区布5米×5米探方25个（T5040～T5064），1.5米×2米扩方1个。此次实际发掘面积为2023平方米。为了与以往所发掘的探方连接并有所区别，本次探方编号分两组，一组为直角坐标法，一组为序号法，后者探方后面第一位数字代表本次发掘次数（图一）。

二、地层堆积及分期

（一）发掘分区

北区位于佘家嘴遗址北部，长江北岸二级台地的后缘，标高140～160米。这里西北部曾经是汉六朝时期墓葬区，东南部为唐宋及以后的居住聚落区。此次发现东周时期窑1座，西汉竖穴土坑墓1座，六朝—唐砖室墓2座，唐宋房、路基各1处，并有丰富的唐宋时期文化堆积。南区位于佘家嘴遗址的南部，长江北岸一级台地，标高130～150米，原为柑橘园，以前是遗址的中心地域，为历代人文最主要的活动区，由于水位抬升作用，遗址保存状况欠佳，唐宋以后堆

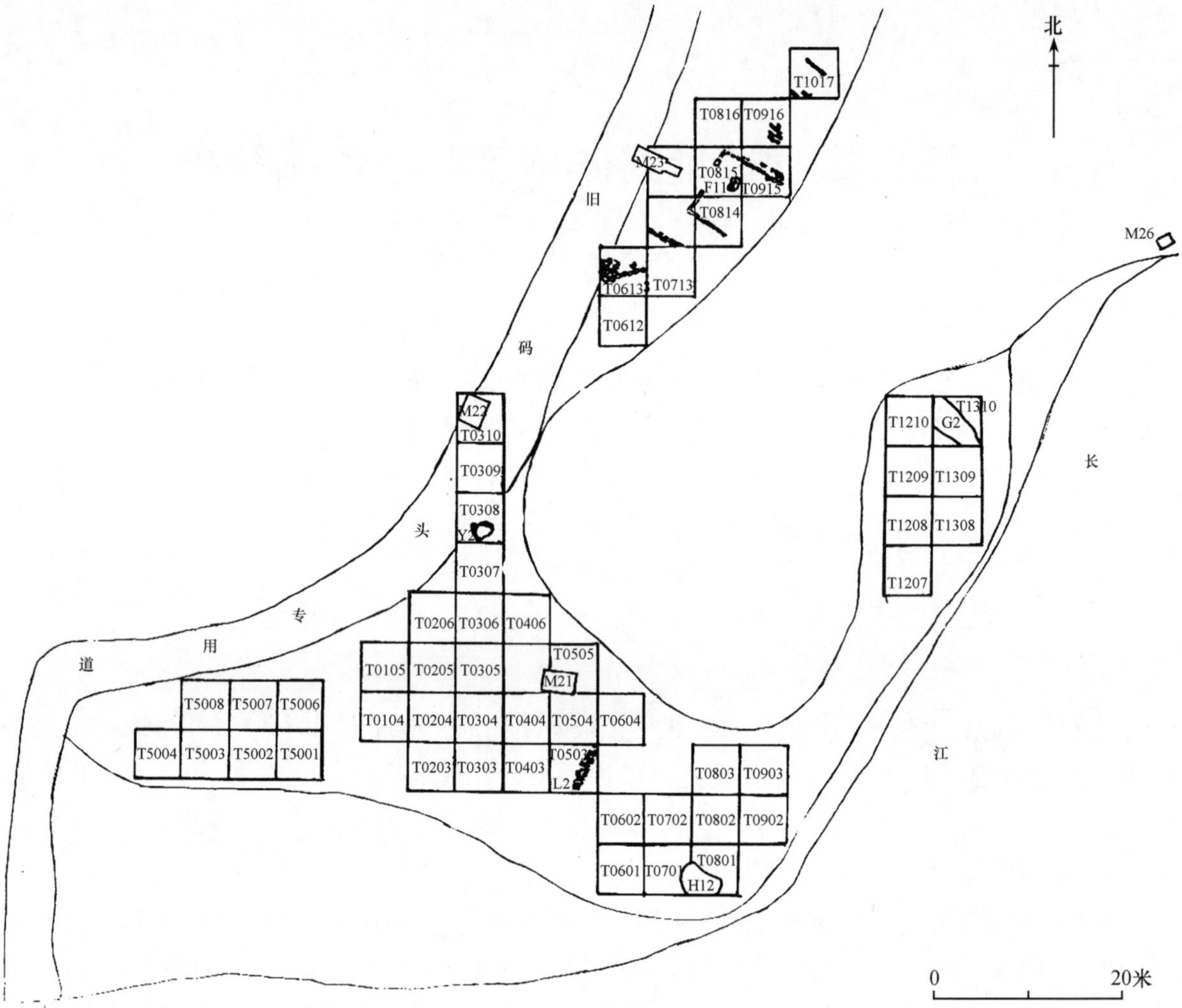

图一A　佘家嘴遗址2003年秋北区探方及遗迹分布图

积均遭破坏，但仍保留汉唐时期的大量遗迹和遗物，发现了墓葬3座、沟2条、马蹄形窑2座和大面积的汉代瓦片堆积。

（二）地层堆积

佘家嘴遗址不同区域的地层堆积情况不完全相同。

1. 北区

北区的地层堆积主要以唐宋及以后堆积为主，其地层也可按南、北、西三片区分。

（1）南片

根据土色、土质和包含物的差异，南片的文化堆积可分5大层。现以T0604南壁为例进行介绍（图二）。

第1层：灰褐土层。土色灰褐，质疏松，含大量植物根系，为近现代耕作层。厚30厘米左右。

第2层：黄褐土层。土色黄褐，质致密。出土大量灰瓦片和少量青花瓷片。厚25～42厘米。

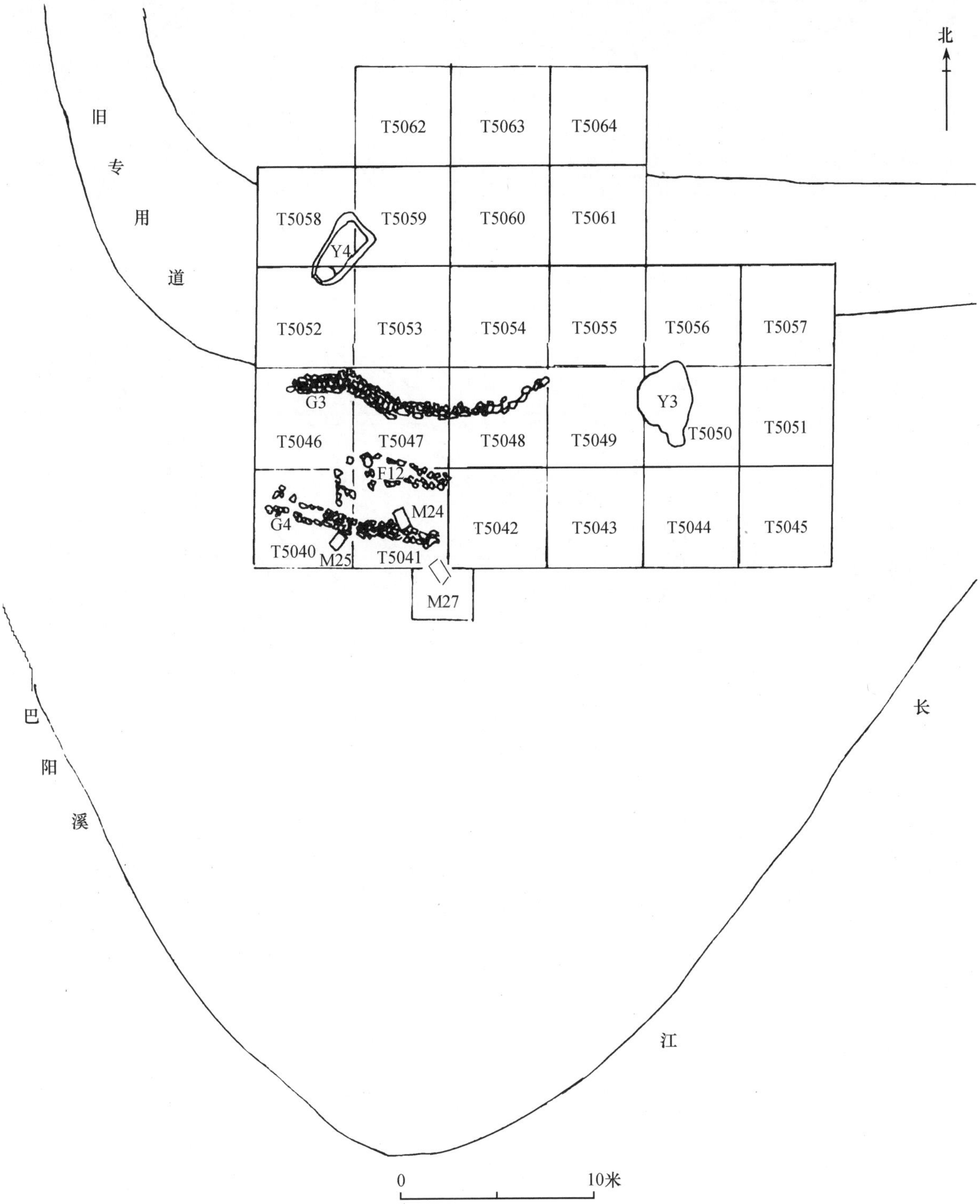

图一B 佘家嘴遗址2003年秋南区探方及遗迹分布图

第3层：淤沙层。土色红，质疏松，无包含物。厚5～15厘米。

第4层：青灰土层。土色青灰，质致密，含大量红烧土颗粒、炭粒。厚27～40厘米。出土有青花瓷片和青瓷片。可辨器形有盏、执壶、碗等。该层下开口的遗迹有L2。

第5A层：灰黄土层。土色灰黄，质硬。厚12～26厘米。出土大量的瓦片和青瓷、白瓷、酱釉瓷和黑瓷片，器形多碟、盘、盏、罐等。

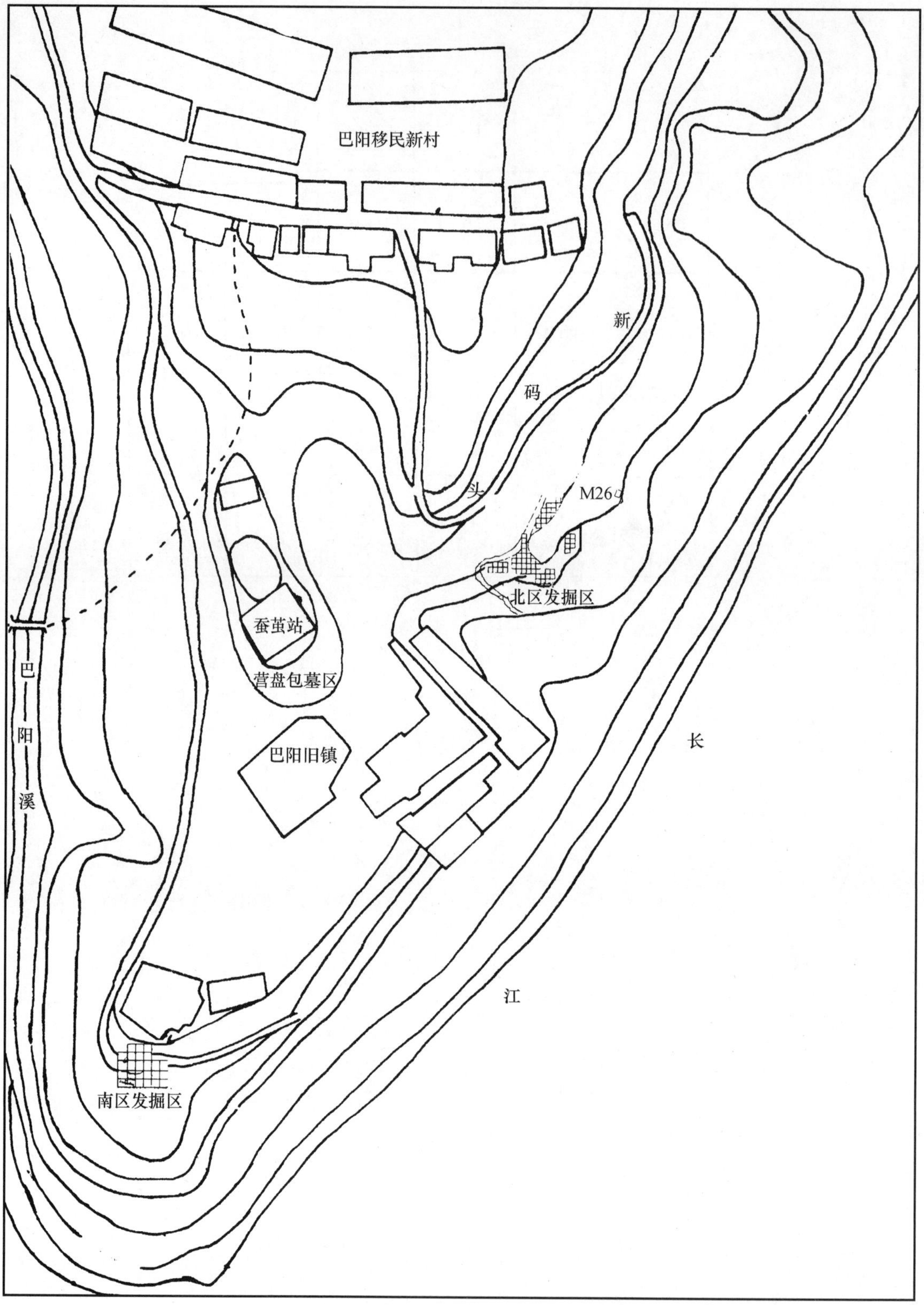

图一C 佘家嘴遗址2003年秋发掘区分布图

第5B层：灰黑土层。土色灰黑，质疏松。厚8～17厘米。出土大量的青瓷、白瓷和酱釉瓷片。

第5C层：灰褐土层。土色灰褐，质地疏松。厚23～45厘米。也出土大量的青瓷、白瓷和酱釉瓷片。

其下为生土。

（2）北片

北片的文化堆积可分7大层。现以T0916东壁和T0715西壁为例进行介绍。

1）T0916东壁（图三）

第1层：灰黑土层。土色灰黑，质疏松。厚26～40厘米。为近现代耕作层。

第2A层：黄褐土层。土色偏红，土质致密。厚64～70厘米。出土青花瓷片和灰瓦片。

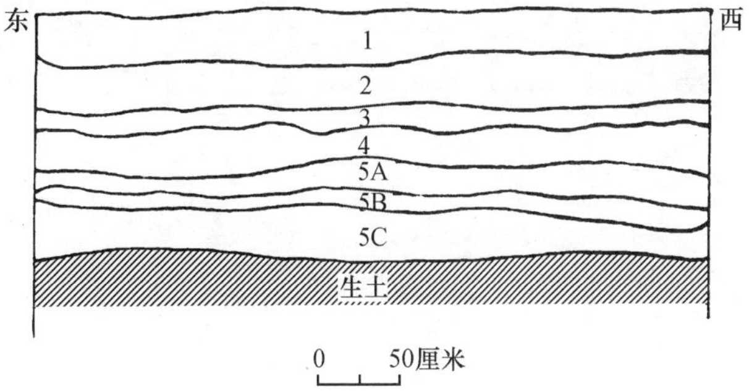

图二 T0604南壁剖面

第2C层：红褐土层。土色红褐，含少量小石子。厚43～69厘米。出土少量青花瓷片、青瓷片，器形多碗类。

第3A层：黄褐色土层。土色黄褐，质密，含大量小石子。厚38～71厘米。出土少量瓦片和青花瓷片。

第4层：青灰土层。土色青灰，质疏松。厚0～15厘米。有少量青花瓷片出土，青瓷、酱釉瓷出现，器形有碗、盏碟类。

第5A层：黄褐色土层。质密，含少量小石子。厚15～37厘米。出土较多的青瓷、白瓷、酱釉瓷和黑瓷片，器形多碟、盘、盏、罐等。

第5B层：黄褐色土层。土质纯净。厚24～40厘米。出土有青瓷、白瓷、酱釉瓷和黑瓷片，足有玉璧、饼形及圈足，器形多碟、盘、盏、罐等。

第5C层：淤沙土层。土色红褐，疏松。厚25～38厘米。有少量青瓷、白瓷片出土。

第6A层：灰褐色土层。土色灰褐，较纯净，夹杂少量红烧土颗粒。厚12～20厘米。出土大量青瓷、白瓷、酱釉瓷和黑瓷片，器形多碟、盘等。

第6B层：灰黑土层。土色灰黑，含大量炭粒，质疏松。F11打破此层。厚21～46厘米。出土大量青瓷、黑瓷、酱釉瓷和白瓷片，器形有碗、盏碟、罐、盆类。

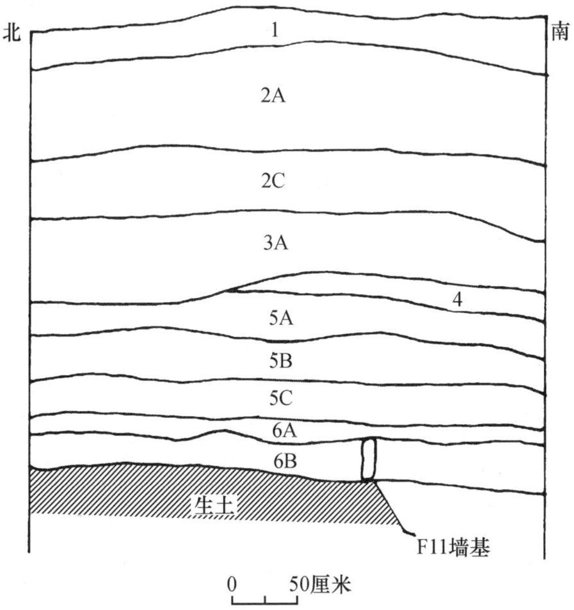

图三 T0916东壁剖面

其下为生土。

2）T0715西壁（图四）

第1层：灰黑土层。土色灰黑，土质疏松。厚30～87厘米。为近现代耕土层。

第2A层：黄褐色土层。土色偏红，土质致密。厚40～90厘米。出土少量青花瓷片、灰瓦片。

第3A层：黄褐色土层。土色黄褐，质密，含大量小石子。厚0～30厘米。出土少量瓦片、陶片和青花瓷碗残片。

第3B层：黄褐色土层。土色偏青，土硬，含少量小石子。厚0～35厘米。出土有少量青

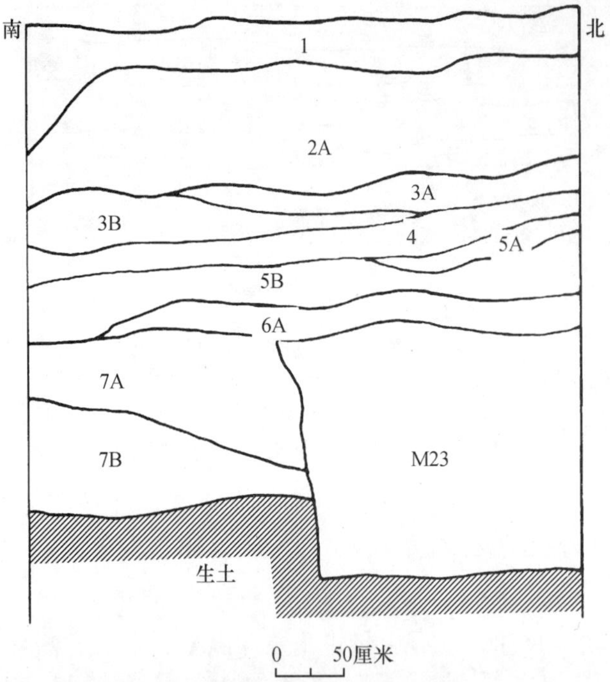

图四　T0715西壁剖面

瓷、青花瓷片，器形有碗、盏等。

第4层：青灰土层。土色青灰，质疏松。厚15～30厘米。出土少量青花、青瓷和酱釉瓷片。器形有罐、盏、碗等。

第5A层：黄褐色土层。质密，含少量小石子。厚10～15厘米。出土较多的青瓷、白瓷、酱釉瓷和黑瓷片，器形多碟、盘、盏、罐等。

第5B层：黄褐色土层。土质纯净。厚10～40厘米。出土有青瓷、白瓷、酱釉瓷和黑瓷片，足有玉璧、饼形及圈足，器形多碟、盘、盏、罐等。

第6A层：灰褐色土层。土色灰褐，较纯净，夹杂少量红烧土颗粒。厚0～25厘米。出土大量青瓷、白瓷、酱釉瓷和黑瓷片，器形多碟、盘等。

第7A层：黄褐色土层。土色偏红，纯净，质密。厚0～75厘米。北边被M23打破。有零星破碎的夹砂陶片出土。

第7B层：青灰色土层。土色青灰，含少量炭粒，质密。厚0～72厘米。北边被M23打破。出土少量夹砂灰陶和汉晋时期的泥质绳纹灰陶片。

其下为生土。

（3）西片

西片探方以T5003南壁剖面为典型，分10层（图五）。

第1层：灰褐土层。土色灰褐，质较疏松。厚15～30厘米。为现代耕作层。

第2层：灰褐土层。土色灰褐，含少量小石子。厚40厘米左右，出土近现代瓦片和瓷片。

第3层：淤沙层。土色红褐，疏松，无遗物。厚42厘米左右。

第4层：浅青灰层。土色青灰偏浅，质密。厚15～20厘米，出土少量青花瓷片。

第5层：淤沙层。土色红褐，疏松，无遗物。厚7厘米左右。

第6层：青灰土层。土色青灰，质密。厚50厘米左右。出土物有青花瓷片、青瓷片，器形多碗类。

第7层：淤沙层。土色红褐，疏松，无遗物。厚4～7厘米。

第8层：黄褐土层。土色黄褐，含大量小石子和瓦片，出土少量青花瓷片和唐宋时期的酱釉及黑瓷片。厚9～24厘米。

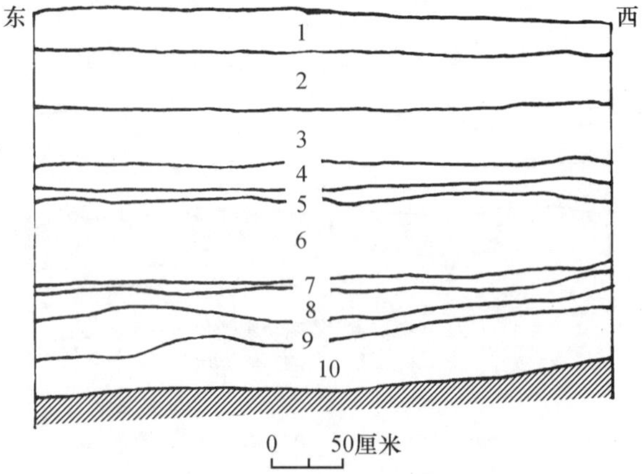

图五　T5003南壁剖面

第9层；浅黄褐土层。土色黄褐偏浅，出土酱釉盏、碟器类。厚7～39厘米。

第10层：黄褐土层。土色黄褐偏灰，为黏土，出土器有青瓷碗片、酱釉瓷碟等。

以下为生土。

2. 南区

南区探方地层以汉唐时期堆积为主，依据土色、土质和包含物的差异，分4层。以T5046、T5052东壁为例介绍（图六）。

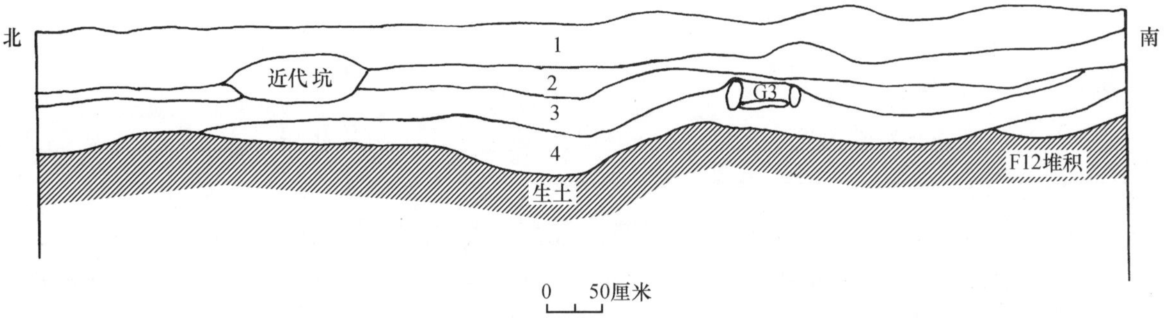

图六 T5046、5052东壁剖面

第1层：灰褐土层。土色灰褐，质疏松。厚18～40厘米。为现代活动层。

第2层：红褐色土层。土色红褐，含淤沙，质疏松。厚8～27厘米。出土少量青花瓷片及扰乱的唐宋青瓷碗残片。

第3层：灰黑土层。土色灰黑，含较多红烧土颗粒及炭粒，质较疏松。厚0～43厘米。出土大量的青瓷、黑瓷、白瓷、酱釉瓷片，器形有碗、盏、罐、壶等。其层下有G3遗迹。

第4层：青灰土层。土色青灰，为黏土，质密，含少量绳纹瓦片和灰陶片。厚0～37厘米。其层下有F12及其倒塌堆积。

以下为生土。

（三）时代与分期

上述地层关系表明，佘家嘴遗址文化层堆积十分丰富，其地下埋藏可大致分为四个时期，分别是先秦、汉六朝、唐宋和元明清时期。其中各遗迹依据地层关系、形态结构和随葬品判断，分别纳入上述时期（表一）。

表一 佘家嘴遗址地下埋藏时期

地层单位	先秦	汉六朝	唐宋	元明清	近现代
北区南片 T0104～T0903	Y2	M22 M21	⑤A⑤B⑤C L2 H12	③④ G2	①②
北区北片 T0612～T1310		⑦A⑦B	⑤A⑤B⑤C⑥A⑥B M23 F11 M26	③A③B④	①②A②B②C
北区西片 T5001～T5008			⑨⑩	③④⑤⑥⑦⑧	①②

续表

地层单位	先秦	汉六朝	唐宋	元明清	近现代
南区 T5040～T5064		④ F12 G4 Y3 Y4	③ G3 M24 M25 M27	②	①

三、先秦时期遗存

（一）遗迹

陶窑1座，编号为Y2，位于北区T0308，开口于表土层下，打破生土，方向150°。窑室前、中和顶部被破坏，从残存的形状来看，可能为圆窑。窑室后段残长2.45、最宽处为2.03、残高0.4米，后壁有一宽0.1米的吸火孔。窑壁厚度有0.06～0.08米。窑内填土中发现较多陶片，陶片多为泥质，饰有绳纹，器形不明，此外还发现一素面夹砂陶罐口沿。其年代可能为东周时期，用途尚不明确（图七）。

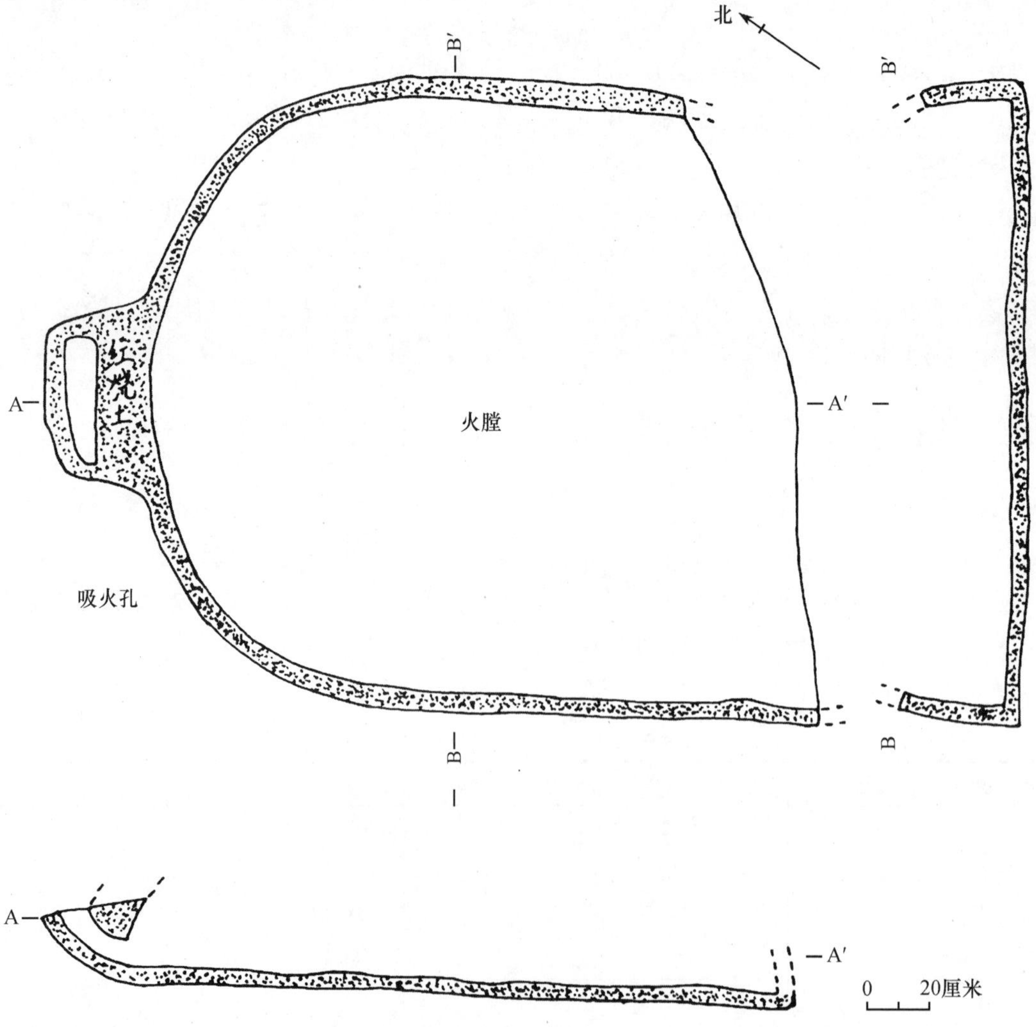

图七 Y2平、剖面图

（二）遗物

1. 石器

共10件，器类有石斧、石锛、穿孔石器等。

石斧　8件。磨制，弧刃。分二型。

A型　5件。单面磨制，另一面保留砾石自然面或打制。T0604⑤A：1，平面近长方形，刃部有使用痕迹，略残。长8、宽4.2～6、最厚2厘米（图八，1）。

B型　3件。通体磨制。T0816⑥A：1，平面近梯形。长7.8、宽4.3～5.2、厚2厘米（图八，2）。采集：4，长10.4、宽4～6.4、厚3.2厘米（图八，3）。

石锛　1件。采集：7，梯形状，通体磨制，顶略残，两面弧刃。长3.4、宽3.4、厚0.8厘米（图八，4）。

穿孔石器　1件。采集：6，残，仅留一穿孔断片，不见刃部，通体磨制，孔为对穿。残长6.3、宽5.6、厚1.3厘米（图八，5）。

2. 陶器

这一时期的陶器以泥质为主，夹砂陶次之。陶色以灰陶为大宗，褐陶次之。纹饰有绳纹、间断绳纹、方格纹等（图九）。可辨器形有罐、豆、鼎等，均为残片。

罐　2件。Y2：1，口沿残片，夹砂褐陶。侈口，圆唇。素面。口径10、残高 3.5厘米（图一○，1）。T0306②：1，泥质灰陶。平沿，方唇，束颈，圆腹。饰浅绳纹。口径18、残高5.2厘米（图一○，2）。

豆　1件。T1309③：2，仅见豆盘和柄。为泥质灰陶。盘为直口，方唇。口径17、深3.8厘米。柄内中空，残长5.3厘米（图一○，3）。

鼎足　1件。T0307②：1，兽蹄足。泥质灰陶。残高6.7厘米（图一○，4）。

3. 铜器

箭镞　1件。F12：1，三翼刃，铤残，横截面为圆形。长4.2厘米（图一○，5）。

四、汉六朝时期遗存

（一）遗迹

主要有房基、墓葬、陶窑和沟。

房基　1座，编号为F12，位于T5040、T5041、T5042、T5046、T5047第4层下，长方形房基残迹，方向183°，被G3和G4叠压，打破生土层。保留纵横各三排部分墙基，大石块垒砌。现残存面阔6.1、进深2.6米。从西边一列来看，墙基宽度为0.27、残存高度0.49米。房内均为大

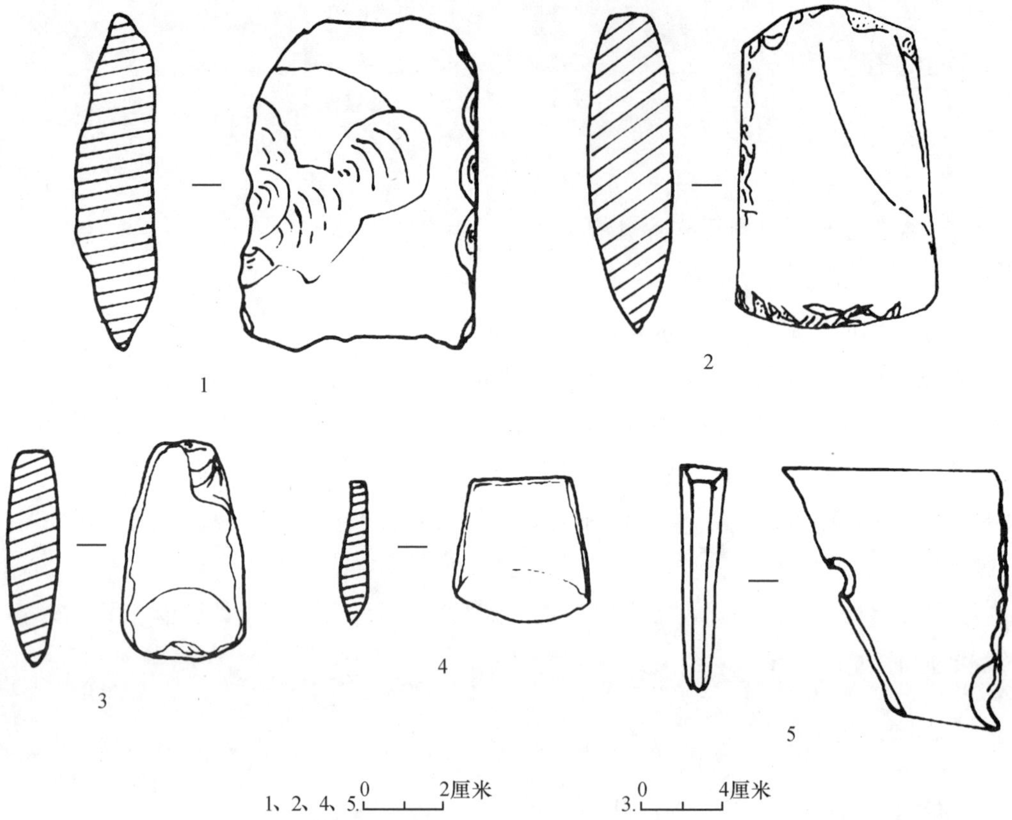

图八 先秦时期石器

1. A型斧（T0604⑤A：1） 2、3. B型斧（T0816⑥A：1、采集：4） 4. 锛（采集：7） 5. 穿孔石器（采集：6）

量的绳纹筒、板瓦片和红烧土堆积，出土有五铢、铜箭镞、灰陶瓮、陶钵、陶缸、陶盆和少量饰有网格纹的青瓷片，居住面不详。其年代为东汉末期或稍后（图一一）。

土坑墓 1座，编号为M22，为长方形竖穴土坑墓，位于北区T0310中北部，开口于第2层下，打破生土层。方向30°，长3.2、宽2.2、深1.1米。墓内填黄褐色五花土。发现散乱的人骨，葬具也腐朽，留有一些漆皮，疑为棺木所致。出土鼎、盒、壶等陶器17件，铜器有蒜头壶、鍪、镜、钫4件和一些五铢钱币，其年代大致在汉武帝时期（图一二）。

砖室墓 1座，编号为M21，位于北区T0404、T0504、T0505第3层下，打破生土，方向290°，长方形砖券小墓，券顶已塌，用复线菱形纹或复线菱形加车轮纹砖砌墓壁，墓底未见铺地砖。墓室前部被破坏，残长2.08、宽 1.36米。发现散乱的人骨和棺钉，残存青瓷盘口壶、碗、盅器物或碎片及五铢钱币，其年代在南朝时期（图一三）。

陶窑 2座。Y3位于南区T5050、T5056西部，开口于第3层下，打破第4层和生土，方向145°。窑室顶部已破坏，窑室平面近马蹄形，长4.62、宽2.2、残高0.76米。火门在中部，为斜坡状，残长0.16、宽0.68米。火膛近梯形，长1.28、宽1.65、深0.52米。火膛后面残存一段挡火墙，残高0.64、宽0.2、厚0.08米。窑后壁残存一长方形烟囱，高0.52、长0.24、宽0.1米，下为吸火孔与窑床相连。窑床和窑壁为青灰色烧土，厚0.14米。窑内填土为黄褐色黏土，在窑床和填土中出土大量的绳纹筒瓦和板瓦，火膛位置出土一残破灰陶钵。其年代为汉晋时期，可能为瓦窑（图一四）。

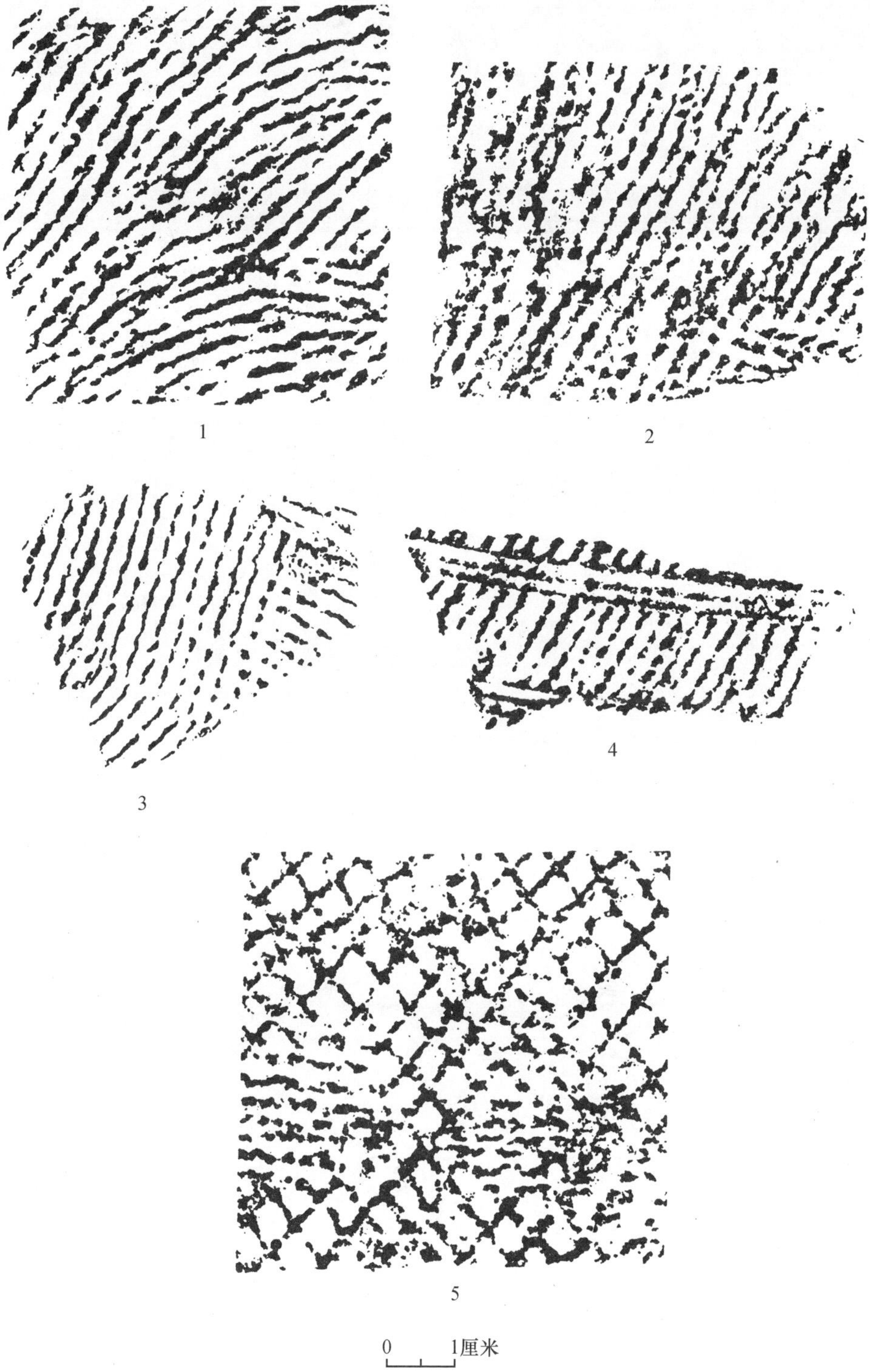

图九　先秦时期陶器纹饰

1～4. 绳纹（Y2出土）　5. 方格纹（T1309③）

Y4　位于南区T5058、T5059南部，开口于第3层下，打破生土。方向220°。窑室顶部塌陷，其平面类似马蹄形，长4.25、宽2.35、残高1.5米。火门在西南角，火膛为椭圆形，长1、宽0.7、深0.45米。窑尾有三个方形烟囱，其宽度为0.15、残高0.85米，各用两块长0.35、宽0.16、厚0.065厘米的青砖竖立与窑室隔开，底部与窑床相通形成吸火孔。窑壁为青灰色烧

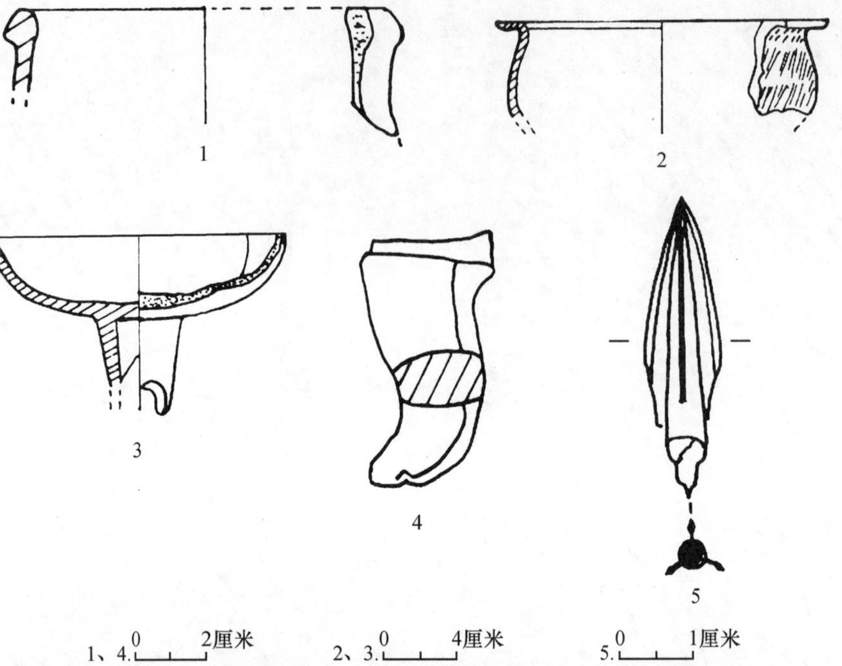

图一〇 先秦时期陶、铜器

1、2. 陶罐（Y2：1、T0306②：1） 3. 陶豆（T1309③：2） 4. 陶鼎足（T0307②：1）
5. 铜箭镞（F12：1）

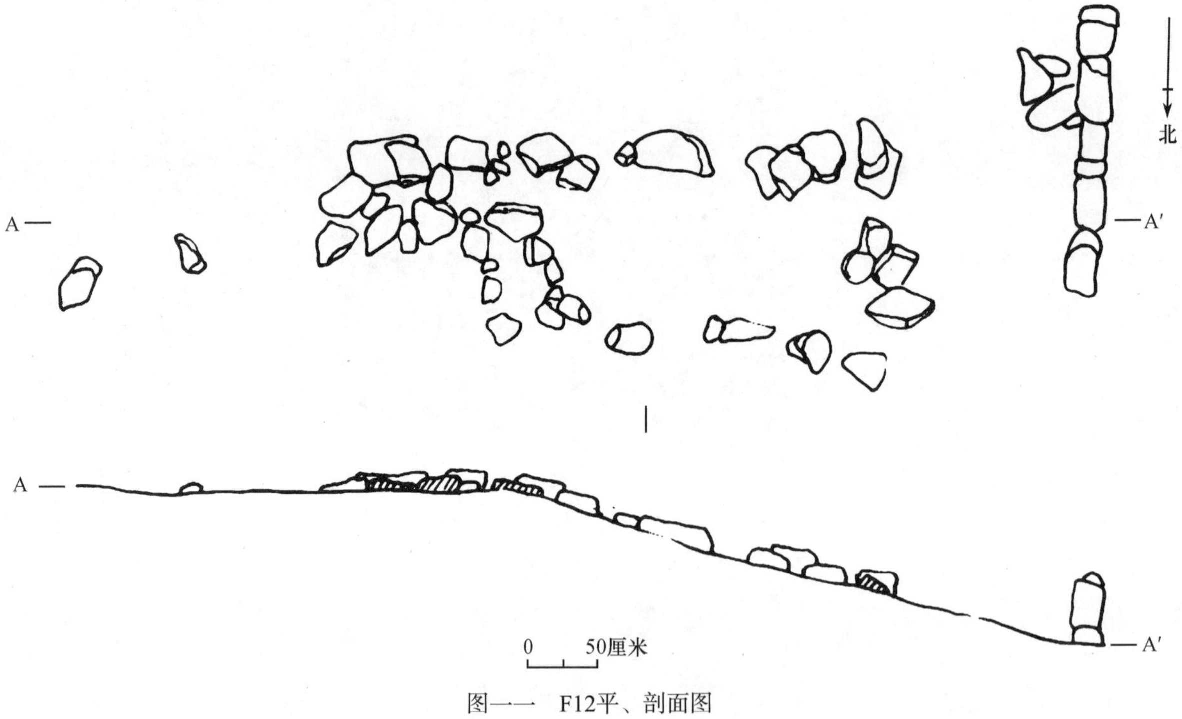

图一一 F12平、剖面图

土，厚0.05厘米左右。窑室填土中出土绳纹瓦片和青瓷片，窑床平铺两层青砖，上模印“大吉昌”、车轮和菱形纹，大小、纹饰与烟囱所用一致，说明其作窑具之用。其年代为汉晋之间，也可能为瓦窑（图一五）。

沟　1条，编号为G4，位于南区T5040、T5041内，开口于第4层下，打破F12和生土，沟底和壁为大石条叠砌而成，沟面用大石板封盖为路面。方向349°，残长8、宽1.16、深0.75米。沟内为大量的绳纹瓦片堆积，出土有铁锄、卷云纹瓦当和少量的灰陶片。其用途推测为居住建筑旁的排水暗沟，年代在汉晋时期（图一六）。

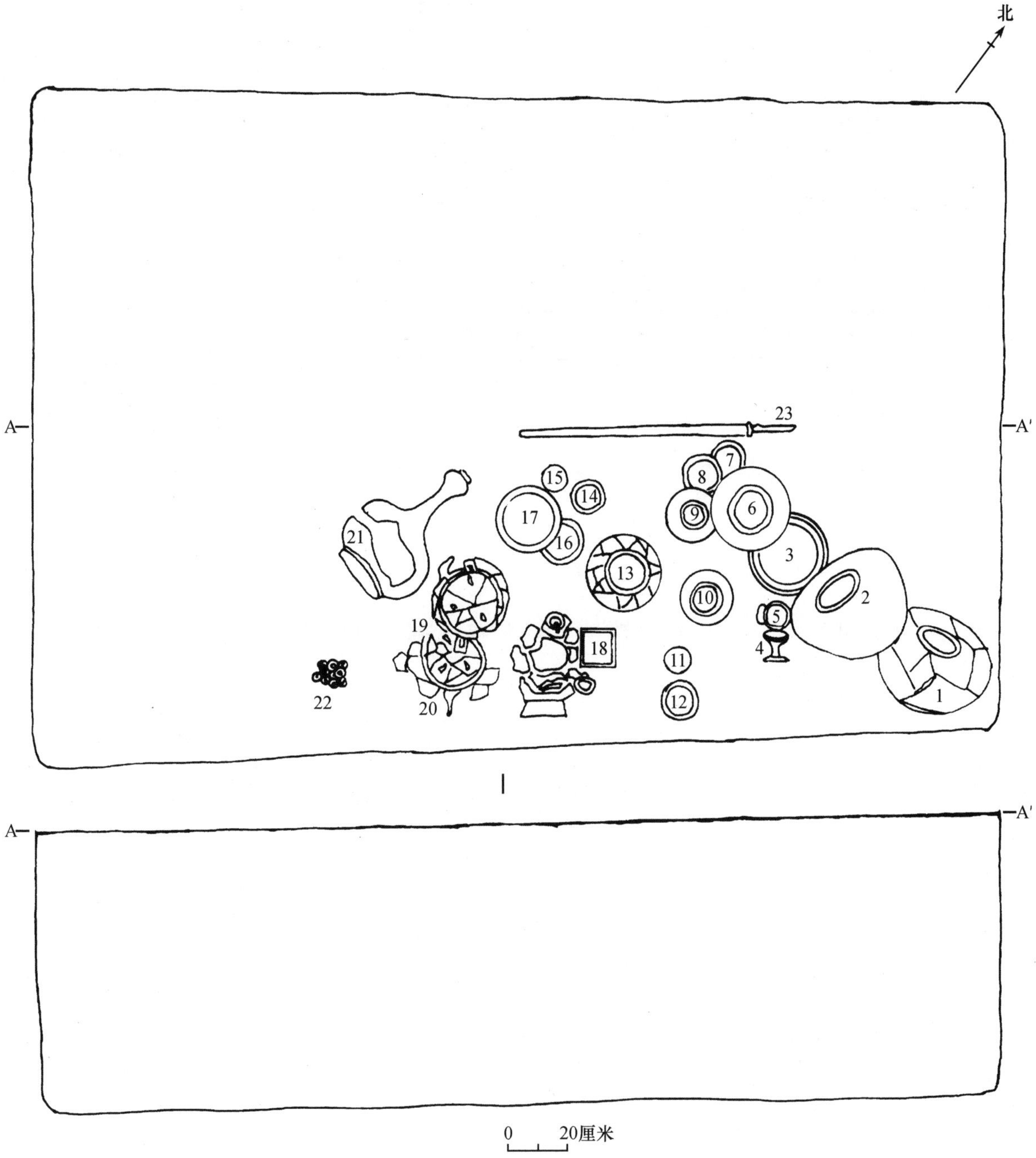

图一二　M22平、剖面图

1、2. 圜底扁腹陶罐　3. 铜鍪　4、5. 陶豆　6、13. 带盖陶壶　7、8. 陶盂　9、10. 折肩陶罐　11. 铜镜　12、17. 陶盒　14. 陶高领罐　15. 陶器盖　16. 陶熏炉盖　18. 铜钫　19、20. 陶鼎　21. 铜蒜头壶　22. 五铢钱　23. 铁剑

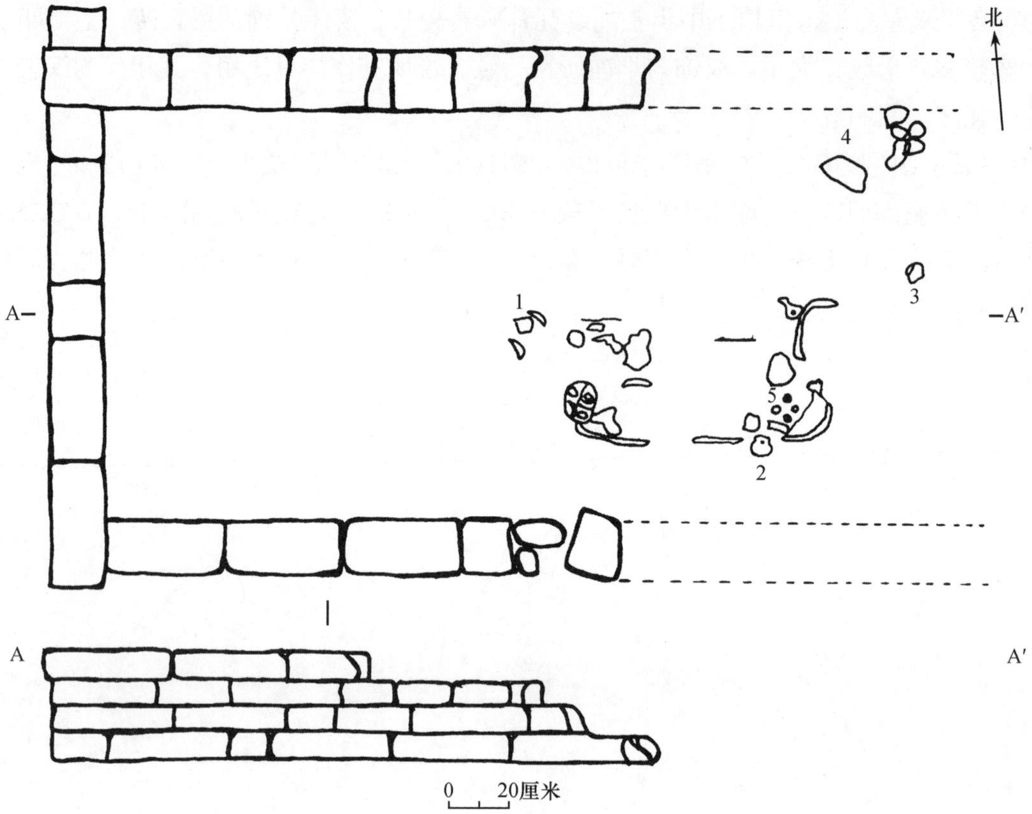

图一三 M21平、剖面图

1. 青瓷碗底 2. 青瓷四系盘口壶 3. 青瓷盅 4. 青瓷辟邪 5. 铜钱

（二）遗物

主要有陶器和瓷器，另外有少量铜器、铁器以及筒瓦、板瓦、瓦当、砖等建筑构件。

1. 陶器

汉六朝时期陶器以泥质灰陶为主，红褐陶次之，另有少量泥质灰黑陶，轮制，器形规整，多素面，有少量饰绳纹、间断绳纹、附加堆纹和钱纹。器形有鼎、盒、壶、盂、豆灯、罐、熏炉盖、瓮、钵、陶拍。

鼎 2件。泥质灰陶。素面。敛口，深弧腹，圜底，三高兽蹄足，二方形耳，拱弧形器盖上饰三环纽。M22：19，口径27.6、通高26.7厘米（图一七，1）。

盒 2件，泥质灰陶。素面。不见器盖。敛口，深直腹后弧内收，矮圈足。M22：12，口径19.2、高8.4厘米（图一七，2）。

壶 2件。泥质灰陶。素面。侈口，方唇，束颈，广肩，弧腹斜内收，平底。上有一浅弧形盖。M22：6，口径11.2、腹径19.5、通高14.4厘米（图一七，3）。

盂 2件。泥质灰陶。素面。平沿，侈口，浅直腹后内收为圜底。M22：7，口径14、高5.2厘米（图一七，4）。

圜底罐 2件。泥质灰陶。通体饰绳纹。宽平沿，粗短颈，深鼓腹，圜底。M22：1，口径

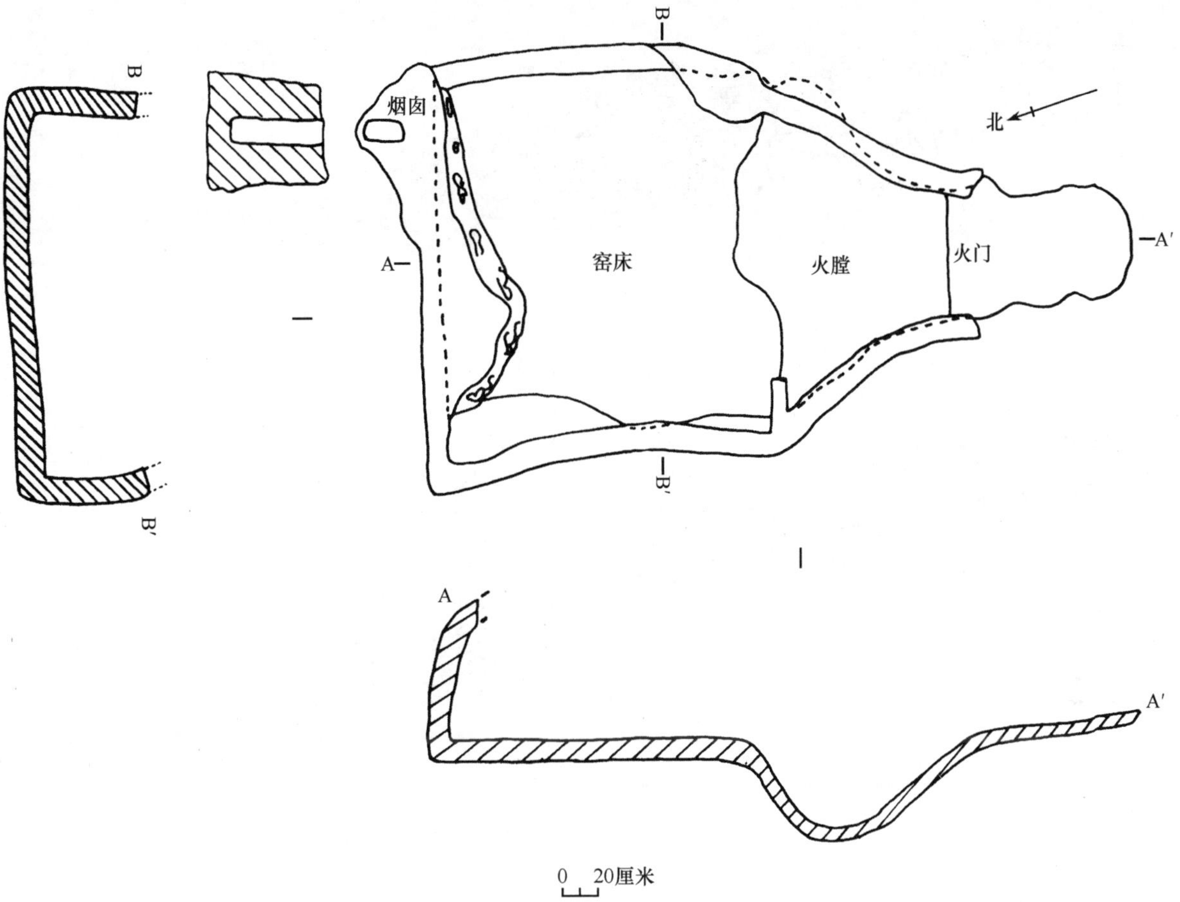

图一四 Y3平、剖面图

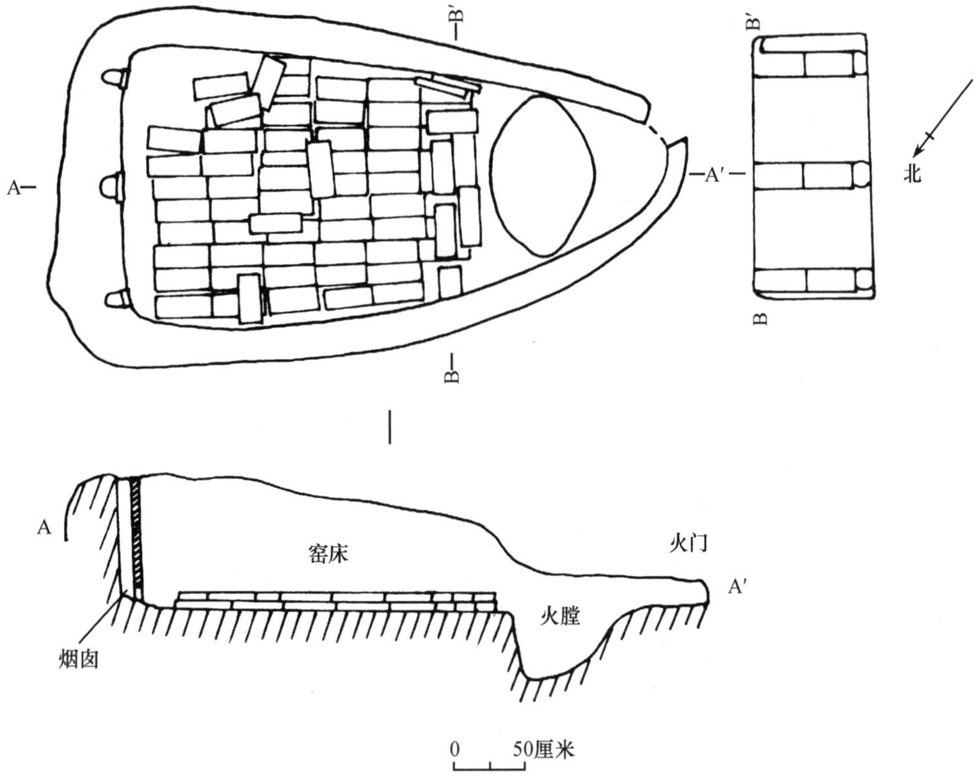

图一五 Y4平、剖面图

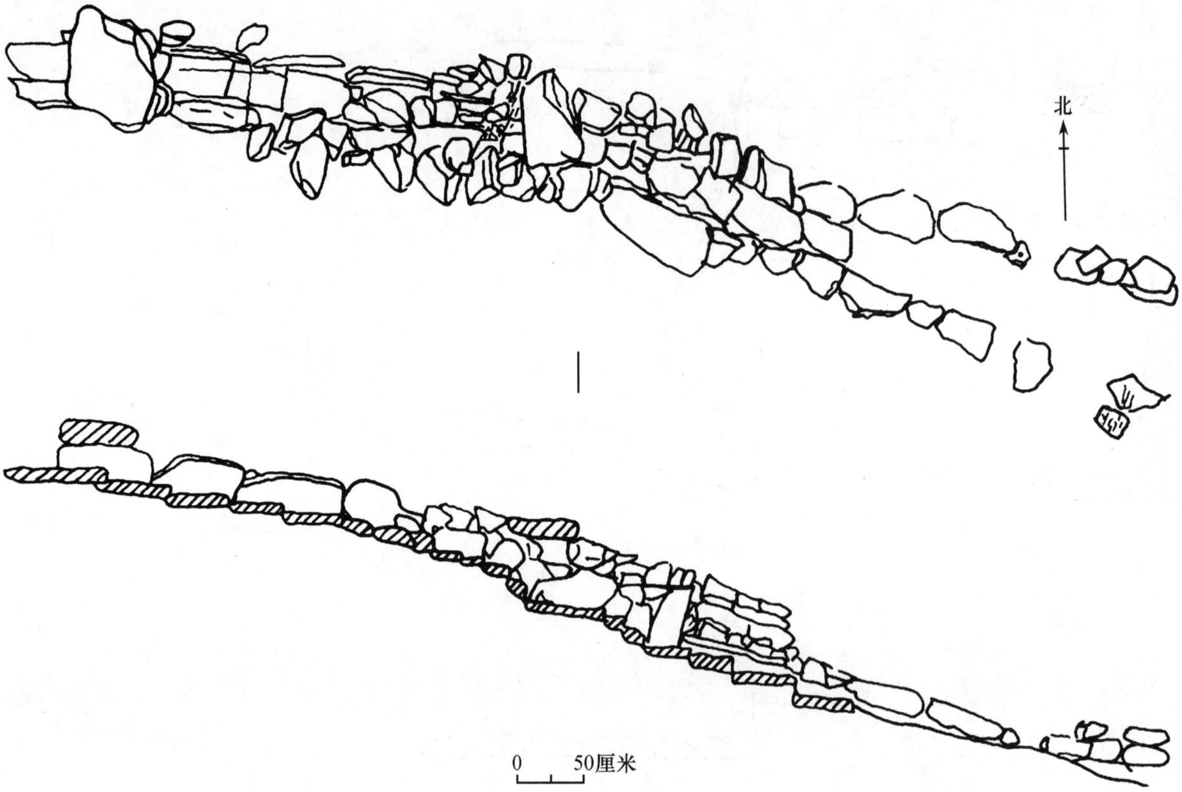

图一六 G4平、剖面图

18、高27厘米（图一七，5）。

折肩罐 2件。泥质灰陶。素面。圆唇，束颈，斜肩，直腹微弧后内收为平底。M22：10，口径12、高11厘米（图一七，6）。

豆灯 2件。泥质灰陶。素面。方唇，浅直腹，粗短实柄，喇叭状圈足。M22：5，口径11.6、高7.5厘米（图一七，7）。

熏炉盖 1件。M22：16，泥质灰陶。素面。半球形，上有5个小孔。高6.8厘米（图一七，8）。

高领罐 1件。M22：14，泥质灰陶。素面。方唇，鼓腹，平底。口径10、高9.8厘米（图一七，9）。

钵 2件。均为泥质灰陶。素面。F12：4，敛口，圆唇，弧腹，平底。口径8.4、高3.8、底径6.4厘米（图一七，10）。Y3：2，方唇，浅弧腹，平底。口径15.2、底径10.4、高3.4厘米（图一七，11）。

陶拍 1件。采集：09，泥质灰陶。圆形，长条束腰形捉手。直径9厘米（图一七，12）。

缸 1件。F12：6，残。泥质红陶。饰绳纹及方格纹。方唇，束颈。口径32、残高14.4厘米（图一七，13）。

瓮 3件。仅剩口沿。F12：11，泥质灰黑陶。饰绳纹。宽沿，折肩。口径35.2厘米（图一七，14）。F12：17，素面。尖唇，平沿，束颈，弧腹。口径64厘米（图一七，15）。

盆 7件。为口沿残片。灰黑陶。泥质。圆唇外翻，口微侈，饰绳纹。F12：16，口径48厘米（图一七，16）。

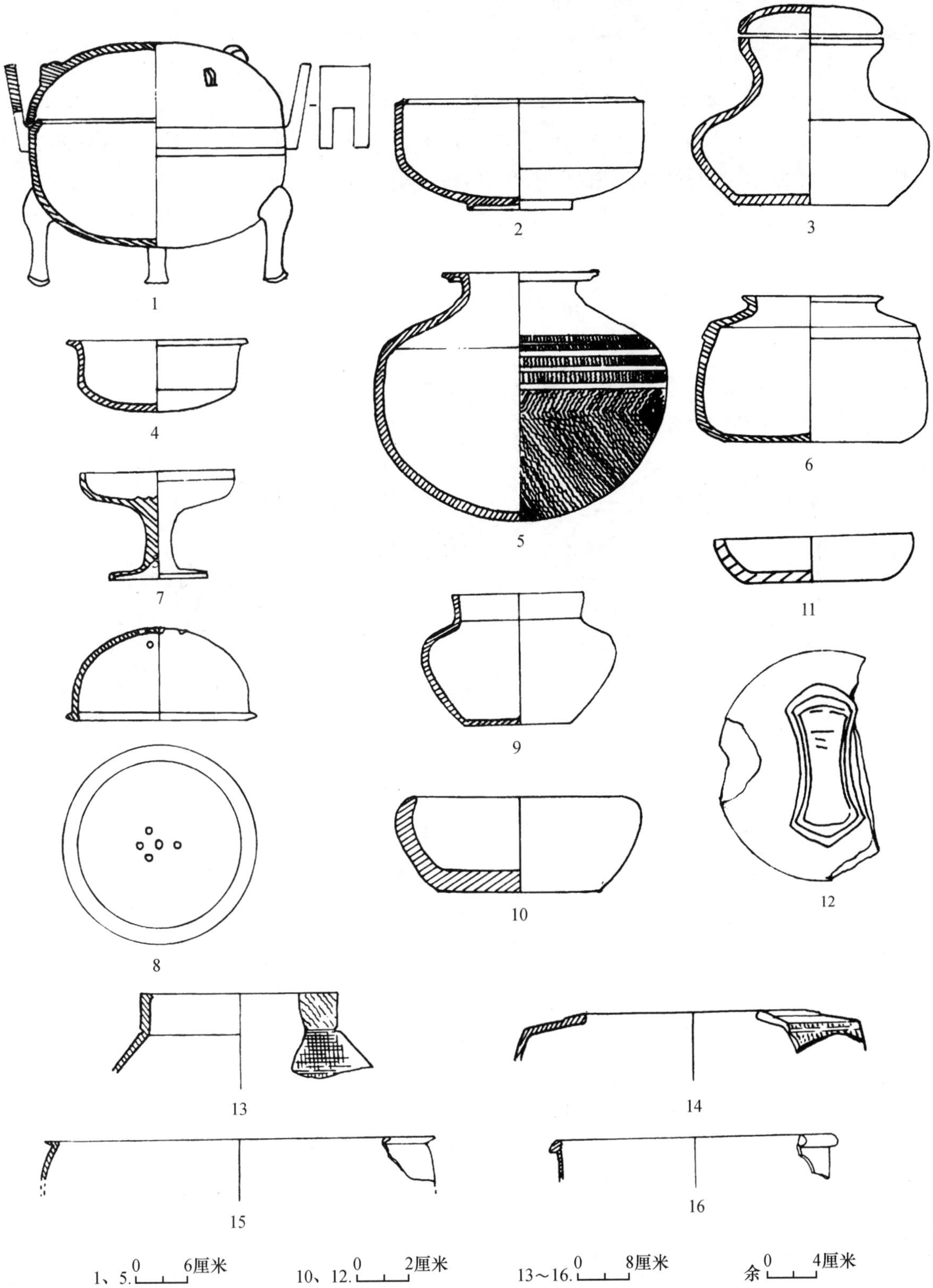

图一七　汉六朝时期陶器

1. 鼎（M22：19）　2. 盒（M22：12）　3. 带盖壶（M22：6）　4. 盂（M22：7）　5. 圜底罐（M22：1）　6. 折肩罐（M22：10）　7. 豆灯（M22：5）　8. 熏炉盖（M22：10）　9. 高领罐（M22：14）　10、11. 钵（F12：4、Y3：2）　12. 陶拍（采集：9）　13. 缸（F12：6）　14、15. 瓮（F12：11、F12：7）　16. 盆（F12：16）

2. 瓷器

汉六朝时期瓷器发现不多，全都出土于M21，为青瓷，器形有盘口壶、盅、碗及辟邪。

盘口壶　1件。M21：2，口沿残，束颈，鼓肩，弧腹内收为平底。肩上有4对称半环形系，腹下半部不施釉。腹径8.6、残高9.5厘米（图一八，1）。

盅　1件。M21：1，敛口，尖唇，弧腹内收，矮饼形足。口径8.3、底径3.8、高3.7厘米（图一八，2）。

碗　1件。M21：6，仅剩碗底，矮圈足，碗底有8颗支钉。底径10.4、残高3厘米（图一八，3）。

辟邪　1件。M21：4，残高3.8厘米（图一八，4）。

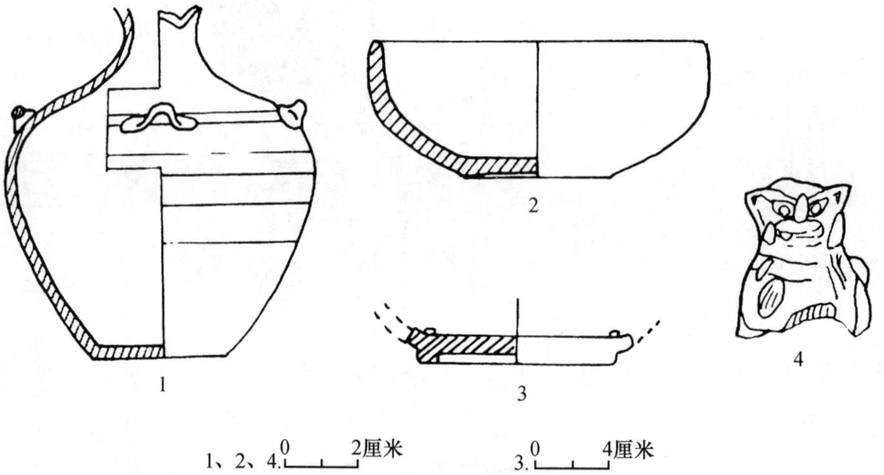

图一八　汉六朝时期瓷器

1. 盘口壶（M21：2）　2. 盅（M21：3）　3. 碗（M21：1）　4. 辟邪（M21：4）

3. 铜器

器形有鍪、蒜头壶、钫、镜及钱币。

鍪　1件。M22：3，侈口，弧颈，折肩，弧腹，平底，肩上附两耳。口径14、高14.8厘米（图一九，1）。

蒜头壶　1件。M22：21，方唇，口呈6瓣蒜头状，粗短颈，鼓腹，高圈足。口径4、高35.5厘米（图一九，2）。

钫　1件。M22：18，残，侈口，方唇，弧腹，高圈足，腹两侧有对称铺首。口径12、底径14.4厘米（图一九，3）。

镜　1件。M22：11，圆形，连峰纽，两周栉齿纹将铜镜分为内外两区，内区为一周内向连弧纹，外区则规则分布4个大乳钉及16枚小乳钉，小乳钉间以变形虬纹，宽缘为16内向连弧纹。直径11.3厘米（图一九，4）。

五铢钱　39枚。M22：22，“五”交叉稍弯曲，直径2.7厘米（图一九，5）。F12：3，“五”交叉弯曲，直径2.4厘米（图一九，6）。

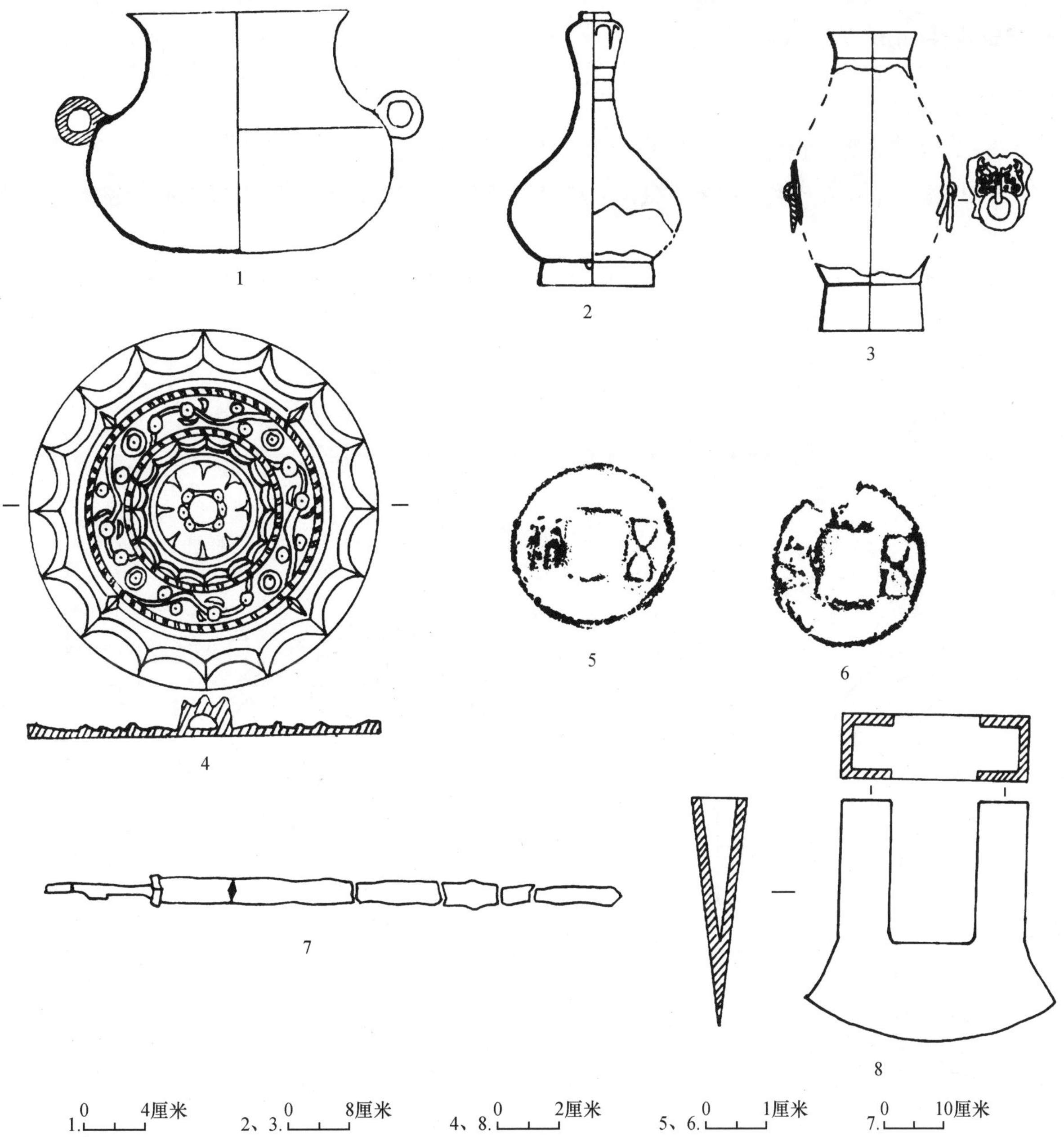

图一九　汉六朝时期铜、铁器

1. 铜鍪（M22：3）　2. 铜蒜头壶（M22：21）　3. 铜钫（M22：18）　4. 铜镜（M22：11）
5、6. 五铢（M22：22、F12：3）　7. 铁剑（M22：23）　8. 铁锄（G4：2）

4. 铁器

有铁剑和铁锄。

铁剑　1件。M22：23，扁茎，凹形格，菱形脊，断为5节。长91.4厘米（图一九，7）。

铁锄　1件。G4：2，梯形，弧刃，凹形銎。长7.3、刃宽7.6厘米，銎长4.1、宽6.2、厚4.1厘米（图一九，8）。

5. 建筑构件

有瓦、瓦当、滴水及砖。

瓦当　6件，均为卷云纹。根据卷云与纽的差异，可分三型。

A型　1件。采集：10，素面圆纽，双直线将当面分为4区，内各饰1写实状蘑菇卷云。直径15.6厘米（图二〇，1）。

B型　4件。圆纽上饰兽面，蘑菇卷云纹为写意性，粗壮。T5049④：2，直径11.6厘米（图二〇，2）。

C型　1件。圆纽饰人脸，蘑菇卷云纹为写意性，偏瘦。G4：1，直径13.6厘米（图二〇，3）。

滴水　1件。残，T5049④：1，饰菊花纹。残长6.2厘米（图二〇，4）。

砖　三种，一种饰复线菱形纹，一种饰回形加车轮纹，还有饰车轮加“大吉昌”。

筒瓦　均为残片，通体饰绳纹。Y3：1，长26.8厘米。

板瓦　残片，通体饰绳纹。

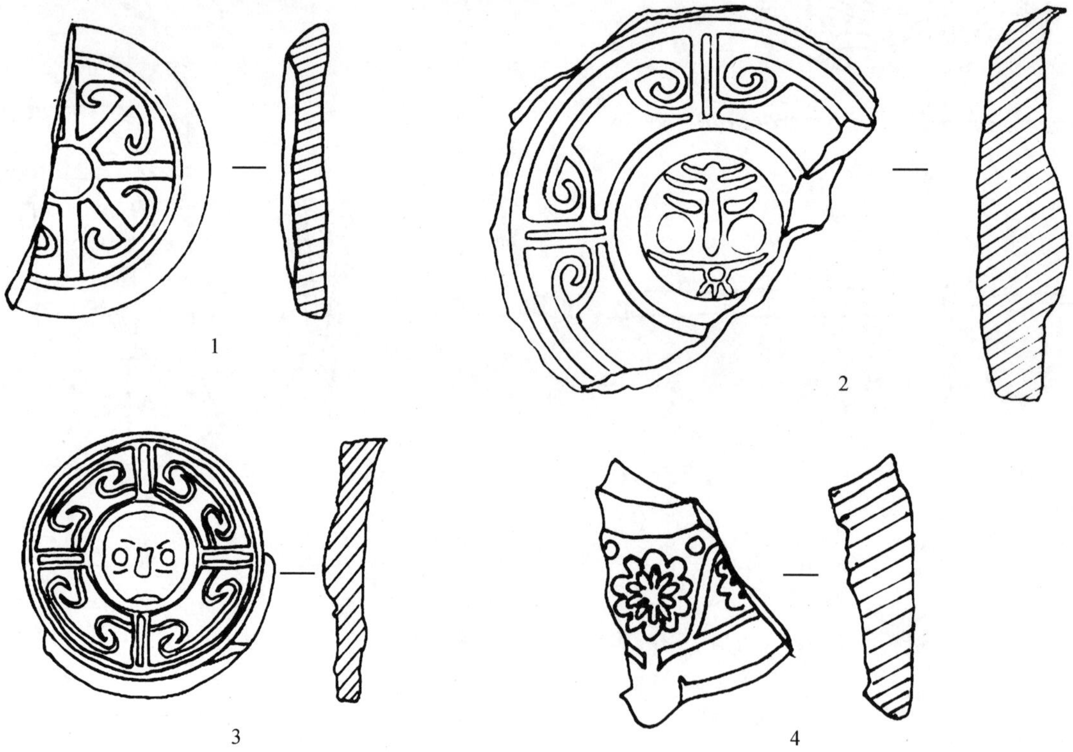

1、3. 0 4厘米　　2、4. 0 2厘米

图二〇　汉六朝时期瓦当与滴水

1. A型瓦当（采集：10）　2. B型瓦当（T5049④：2）　3. C型瓦当（G4：1）　4. 滴水（T5049④：1）

五、唐宋时期遗存

（一）遗迹

主要有墓葬、路、房基、灰坑和沟。

砖室墓　1座，编号为M23，位于北区T0715中北部，开口于第6A层下，打破第7A、7B和生土，为凸字形券顶单室砖墓，方向120°。此墓早期被盗，墓室前部券顶和甬道后部券顶塌陷。墓室长3.7、宽1.72、高2.02米，甬道长1.68、宽1.12、高1.2米。墓壁为单层砖错缝平铺而成，砖长0.4、宽0.175、厚0.08米，在靠墓室内侧饰模印复线菱形加车轮纹，墓底也平铺一层砖。墓内积满淤泥，其中出土一件刻花青瓷碗。墓室发现有3具人骨架，但均散乱破碎，器物出土于墓室前部和甬道内，有银饰件和青瓷盘口壶、四系罐、砚台、酱釉四系罐、灰陶罐、五铢钱等共10件，其年代大致在隋—唐初。

土坑墓　4座。

M24　位于南区T5041内，开口于第2层下，打破第4层，由于多次遭受江水冲刷，未能发现墓坑壁和葬具，残存人骨骨盆及以下部位，为仰身直肢，墓向323°。骨架残长1.26米。出土器物有葵口白瓷碗和青瓷碗残片。年代为宋代（图二一）。

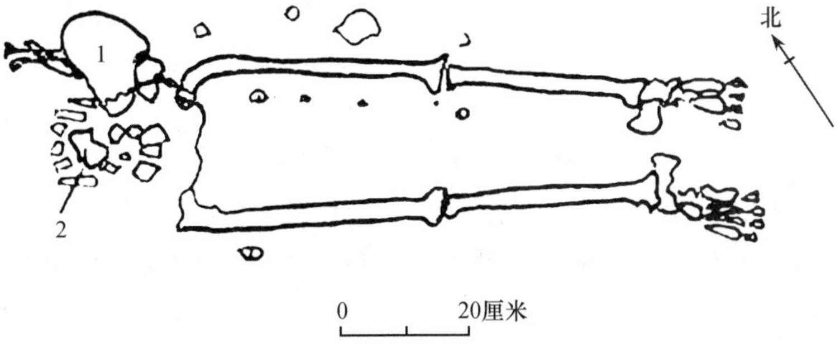

图二一　M24人骨架与器物平面图

1. 葵口白瓷碗　2. 青瓷碗残片

M25　位于南区T5040内，开口于第2层下，打破第4层，距离M24 1.3米左右。未发现葬具和墓壁，人骨残存下肢，残长0.96米，头向325°。无随葬品。其层位与M24一致，位置也相邻，年代也应为宋代。

M26　位于2002年T28的东南角，为竖穴土坑墓，临近长江2米，东半部为江水冲刷殆尽，西半部尚在隔梁中，残长1.2、宽1.3、深0.2米。方向115°。不见人骨和葬具，残存器物有酱釉执壶、双耳罐和白瓷碗残片。据隔梁地层，其开口于第5C层下，打破生土，年代大致在北宋时期（图二二）。

M27　位于南区T5041东南角，开口于第2层下，打破第4层，未发现坑壁，残存一人骨架，长1.7米，为仰身直肢，头向312°，出土数枚棺钉和2枚铜发卡。年代同M24、M25相当，为宋代。

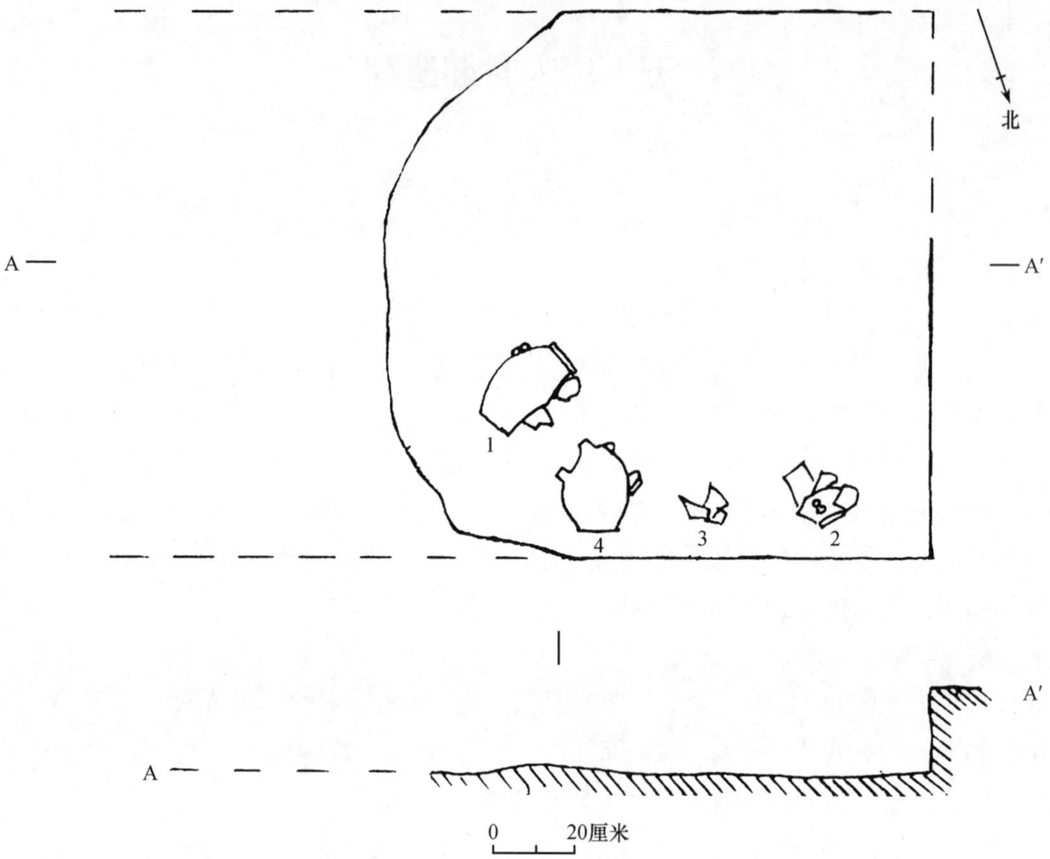

图二二　M26平、剖面图

1、2. 双耳罐　3. 白瓷碗残片　4. 执壶

路　1条，编号为L2，位于北区T0503的东北部和T0604的西南角，开口于第4层下，打破第5A层，系大石块铺砌而成，方向243°。残长 3.96、宽0.86米（图二三）。

房基　1座，编号为F11，长方形房基残迹，横贯T1017、T0916、T0915、T0815、T0814、T0714、T0613七个探方。残面阔30、进深13.5米，方向130°。残存的5列东北—西南走向石条

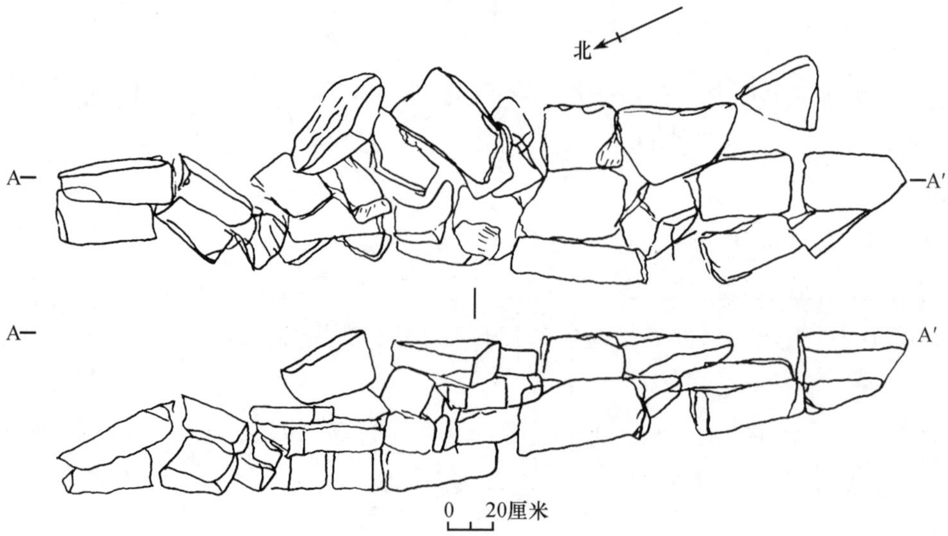

图二三　L2平、剖面图

和1列西北—东南走向石条将整座建筑分为四开间、一进深，西南尚发现1条同向的石砌排水沟，大石板铺垫沟底，两侧沟壁为长0.4、宽0.21、厚0.1米的饰有复线菱形加一字形的汉代榫卯砖，上为大石条封盖。沟的西侧发现石板铺砌的地面，由此共同构成一组建筑群落。其中西侧的开间最大，达7米，进深7.5米，内发现大片的炭粒及面积达10平方米坚硬的活动面，上面残存3个口径13～18、深11～14厘米的炉口，出土有坩埚和大量铜渣，推测应为炼铜之类的作坊。从房基的其他地方出土大量的青瓷、黑瓷及酱釉瓷片来看，房基的年代应为唐宋时期，其中沟和西侧的石板地面年代稍早，沟东侧年代稍晚，说明该组建筑经过2次以上的建造或重建。

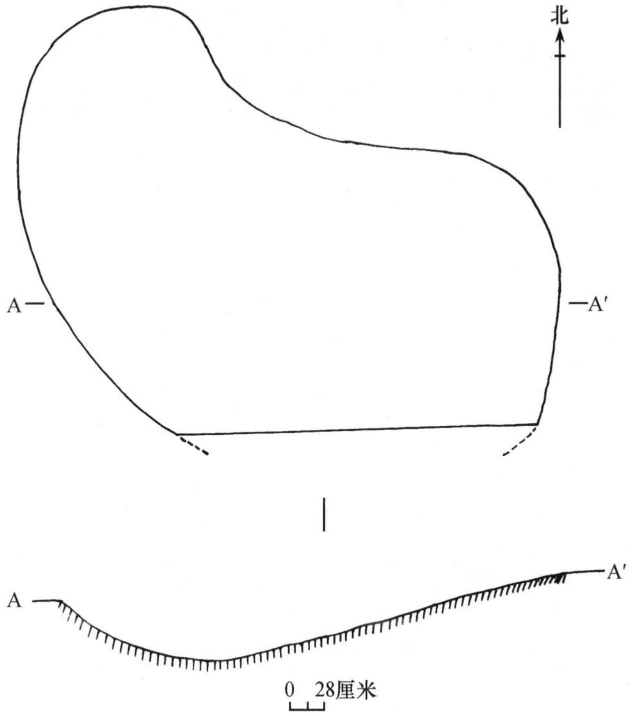

图二四　H12平、剖面图

灰坑　1处，编号为H12，位于北区T0701和T0801的中部，开口于第2层下，打破生土。坑口为不规则椭圆形，最长边4.16、深0.48米，坑内土色黄褐，夹杂炭粒和石块，出土瓷片有青瓷、白瓷和酱釉瓷，可辨器形有碗、四系罐、罐、盏碟等，年代为唐宋时期（图二四）。

沟　1条，编号为G3，位于南区T5046、T5047、T5048、T5049，开口于第3层下，打破第4层和F12。形状为S形，东西走向，沟底和壁为大石条叠砌而成，沟面不明，残长17.8、宽0.8、深0.45米。沟内出土大量的青瓷、白瓷、酱釉等瓷片，可辨器形有四系罐、盆、碗、盏。其用途推测为居住建筑旁的排水沟，年代为唐宋时期（图二五）。

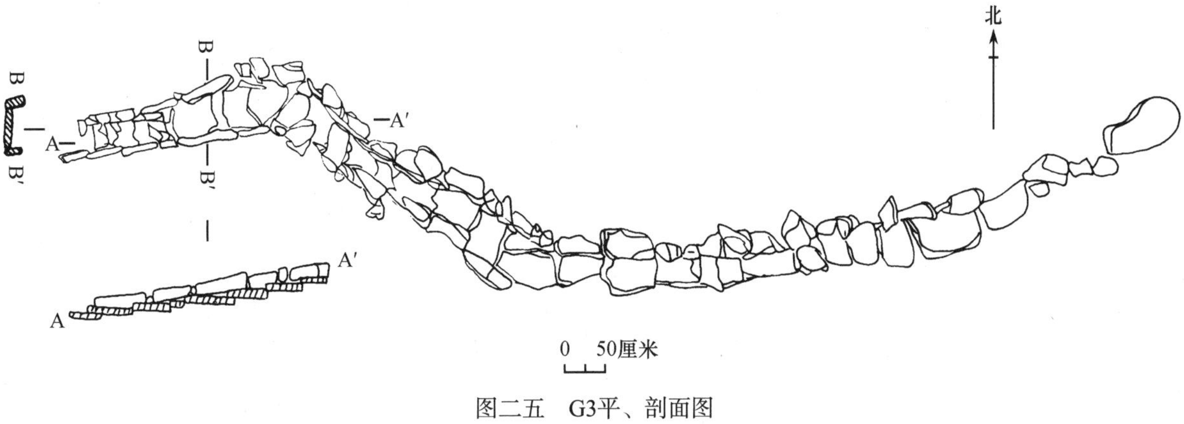

图二五　G3平、剖面图

（二）遗物

主要为瓷器，有少量陶器、铜钱及银器。

1. 瓷器

这时期的瓷器十分丰富，釉色有青釉、白釉、酱釉、黑釉；可辨器形有碗、盏、罐、砚台、盘、盆、盅、壶、执壶等；底的类型也十分丰富，有平底、饼形、玉璧、圈足等。

碗　37件。根据腹的差异，大致分四型。

A型　16件。深弧腹。H12：2，青釉。圆唇，敞口，饼形足。口径24、底径9.6、高8.8厘米（图二六，1）。T0816⑤C：1，碗底残片。青釉。玉璧底。底径6厘米（图二六，2）。

B型　17件。浅弧腹。H12：5，施酱釉。圆唇，敞口，饼形足，内底有支钉痕迹。口径

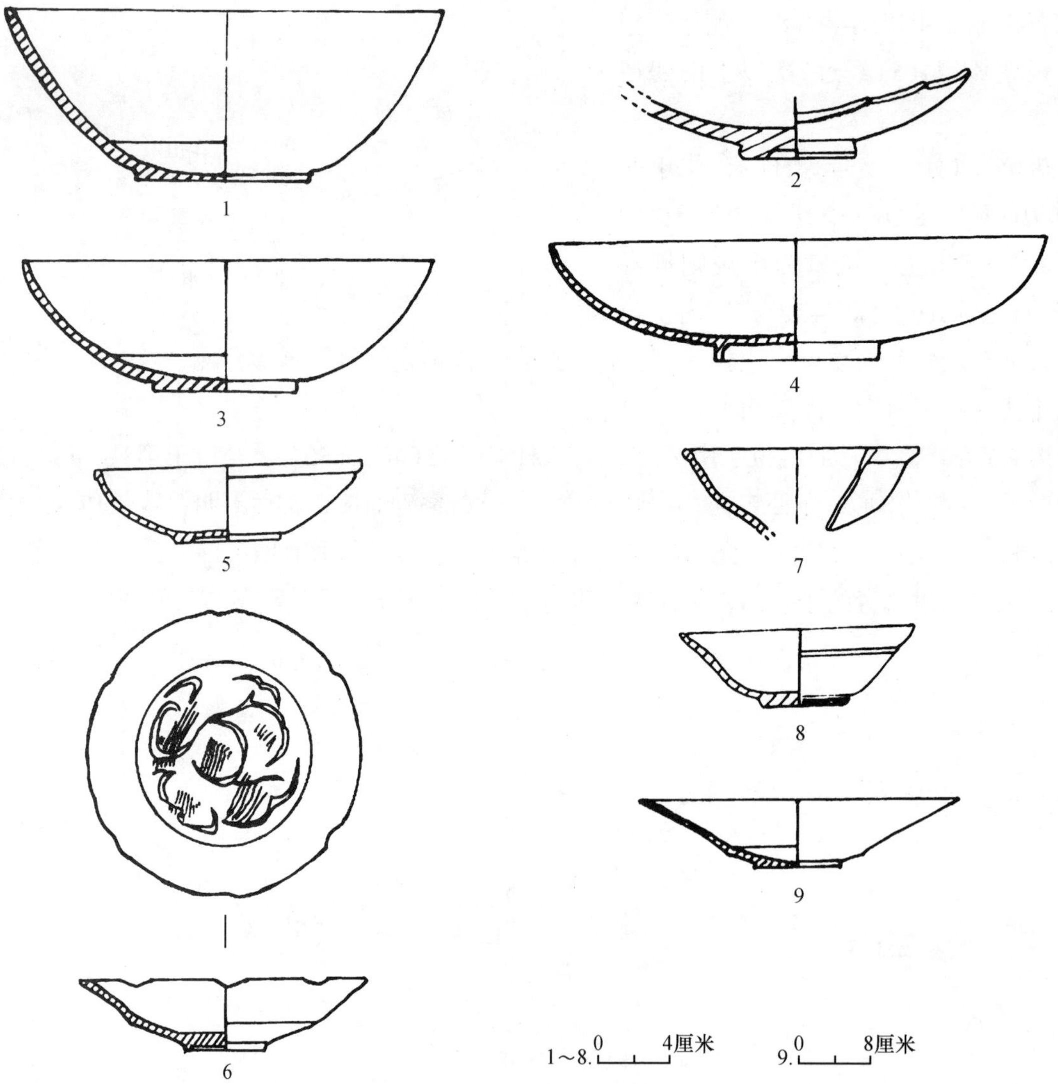

图二六　唐宋时期瓷器

1、2. A型碗（H12：2、T0816⑤C：1）　3～5. B型碗（H12：5、H12：4、T5058③：1）
6～8. C型碗（M24：1、T0816⑤A：1、T1017⑥A：1）　9. D型碗（H12：3）

22.4、底径8、高6.8厘米（图二六，3）。H12：4，圈足。口径27.2、底径8.8、高6.4厘米（图二六，4）。T5058③：1，施白釉。玉璧足。口径15.2、底径6.5、高4厘米（图二六，5）。

C型　3件。曲腹。M24：1，白瓷。葵口，矮圈足。口径14.7、底径4.5、高4厘米（图二六，6）。T0816⑤A：1，青瓷。圆唇，敞口，深折腹，下残。口径12.8厘米（图二六，7）。T1017⑥A：1，青瓷。圆唇，敞口，饼形足。口径12.8、底径4.8、高4厘米（图二六，8）。

D型　1件。斜腹。H12：3，青瓷。敞口，饼形足。口径34.4、底径9.6、高7.2厘米（图二六，9）。

盅　1件。青瓷。T5047③：3，圆唇，敛口，深弧腹，饼形足。口径7.3、底径4.4、高3.6厘米。

盆　1件。青瓷。采集：12，圆唇，敛口，束颈，浅弧腹，平底。口径28、底径18.4、高9.6厘米。

盘　1件。白瓷。T5053③：1，尖唇，敞口，斜腹，圈足。口径15.2、底径8、高7.6厘米。

盏碟　9件。均施酱釉。T0613⑤B：1，圆唇，敞口，浅弧腹，厚饼形足。口径9、底径4、高2.5厘米。T0604④：1，厚圆唇，浅弧腹，饼形足。口径7.6、高3厘米。采集：8，厚圆唇，敞口，浅弧腹，饼形足。口径10.4、底径3.6、高3厘米。

盘口壶　2件。青釉。M23：3，浅盘口，颈较粗，鼓肩，深弧腹，平底，肩上附四桥形系。口径10.8、腹径16.4、底径10.8、高18.8厘米。F11：6，仅有口和部分颈，深盘口。口径15.2厘米。

执壶　2件。酱釉。M26：4，口沿、流及柄均残，圆流，深鼓腹，平底。腹径14、底径7.6、残高16.8厘米。T5053③：2，仅有口沿，侈口，圆唇外翻，长颈，有一残系。口径7.4厘米。

砚台　1件。M23：1，青釉。侈口，圆唇，浅腹，平底内凹，器内底布12枚支钉痕迹。

四系罐　4件。分二型。

A型　2件。大口。青釉。M23：7，直口，方唇，鼓肩，深弧腹内收，平底，肩对称分布四半环形系。口径20.4、腹径24.8、底径14、高16.8厘米。

B型　2件。小口。酱釉。M23：4，直口，方唇，溜肩，深弧腹，平底。口径10.8、腹径15.6、底径10.8、高16.4厘米（图二七，1）。

双耳罐　6件。根据口、颈等差异，分四型。

A型　1件。小侈口，束颈。M26：2，酱釉。溜肩，深弧腹，平底。口径10.4、腹径15.2、底径7.2、高23.2厘米（图二七，2）。

B型　1件。敛口。T0604⑤A：2，仅见口沿。酱釉。平沿，方唇，粗短颈，鼓肩。口径23.2厘米（图二七，3）。

C型　1件。直口。M26：1，酱釉。方唇，鼓肩，深弧腹内收，平底。口径12.8、腹径19.2、底径9.6、高20.8厘米（图二七，4）。

D型　3件。侈口，圆唇，粗短颈，青釉。T0612⑤B：1，鼓肩，弧腹，平底。口径12、底径11.2、高16厘米（图二七，5）。G3：2，溜肩。口径13.6、残高8厘米（图二七，6）。

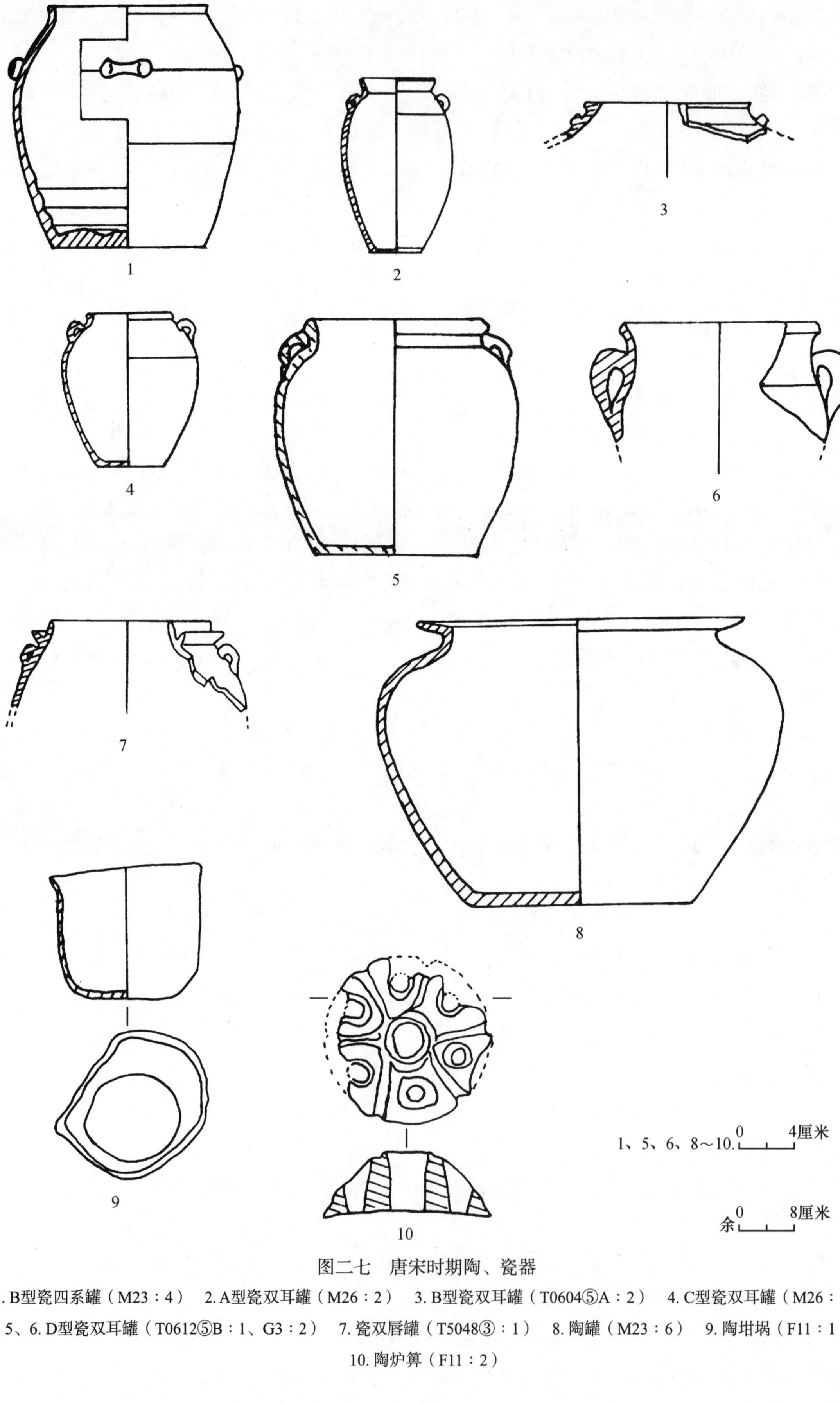

图二七 唐宋时期陶、瓷器

1. B型瓷四系罐（M23：4） 2. A型瓷双耳罐（M26：2） 3. B型瓷双耳罐（T0604⑤A：2） 4. C型瓷双耳罐（M26：1） 5、6. D型瓷双耳罐（T0612⑤B：1、G3：2） 7. 瓷双唇罐（T5048③：1） 8. 陶罐（M23：6） 9. 陶坩埚（F11：1） 10. 陶炉箅（F11：2）

双唇罐 1件。青釉。T5048③：1，仅有口沿及上腹，口微侈，溜肩，弧腹，腹侧对称双环形系。口径20.8厘米（图二七，7）。

2. 陶器

有罐、坩埚、炉箅。

罐 1件。泥质灰陶。M23：6，侈口，宽折沿，束颈，鼓肩，深弧腹内收，平底。口径22.8、腹径28、底径15.6、高19.2厘米（图二七，8）。

坩埚 1件。F11：1，夹砂褐陶。直口，一侧有短流，方唇，直腹，平底。内壁附许多铜渣。口径9.9、底径6.3、高8.6厘米（图二七，9）。

炉箅 2件。泥质。红色，平面近圆形，中间最厚，有7孔。F11：2，直径11.4厘米（图二七，10）。

3. 银器饰件

镂空银器 1件。M23：9，长2.9厘米（图二八，1）。

银丝 1件。M23：10，出土时成梯形，一端有钩。长24厘米（图二八，2）。

4. 铜带钩

1件。T0715⑤A：2，蛇首形，纽为圆形。长5.1厘米（图二八，3）。

5. 石俑

1件。T0916⑤C：1，文官俑，红色砂岩雕刻，头残，身着长袍，手持笏板。残高34.4厘米（图二八，4）。

6. 建筑构件

有瓦当及砖。

瓦当 3件。T0604⑤C：1，圆形，饰兽面。直径5.6厘米（图二八，5）。采集：11，圆形，饰草叶纹。直径11.2厘米（图二八，6）。

砖 纹饰4种，有复线菱形纹、回纹加车轮纹、回纹加花瓣纹、回纹，均出土于M23（图二九）。

六、元明清时期遗存

（一）遗迹

沟 1条。编号为G2，位于北区T1310和T1210的东部，开口于第2层下，打破第3层和生土。近长条形，残长6.5、宽3.5、最深1.2米，方向295°。沟内土色红褐，为淤沙性黏土，出土

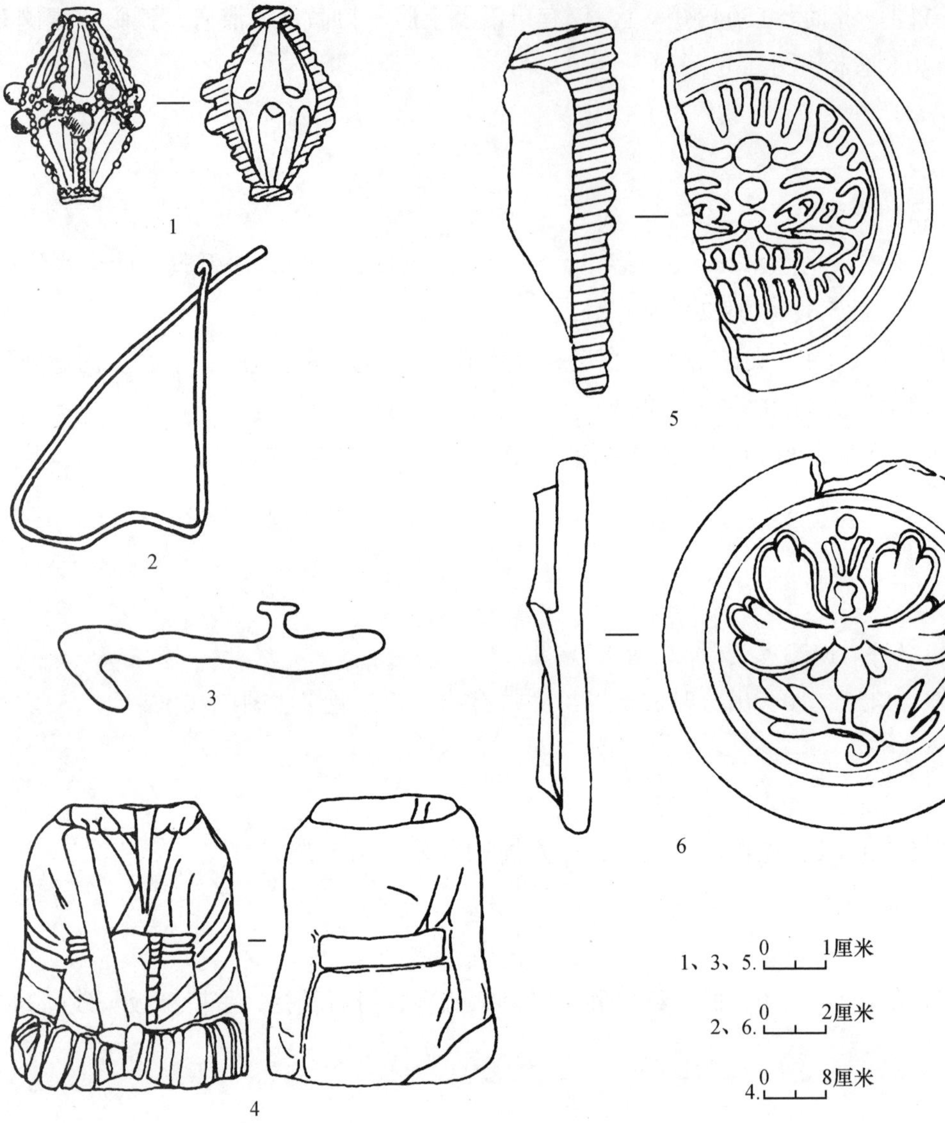

图二八 唐宋时期银、铜器、石俑及瓦当

1. 镂空银器（M23：9） 2. 银丝（M23：10） 3. 铜带钩（T0715⑤A：2） 4. 石俑（T0916⑤C：1）
5、6. 瓦当（T0604⑤C：1、采集：11）

石条、石槽、兽面纹瓦当和大量的青花瓷片、青瓷片，可辨器形有碗、罐类。年代大致在明代（图三〇）。

（二）遗物

这一时期的遗物数量较少，且均残破。种类有瓷器和铜钱两种。

1. 瓷器

主要为青花瓷，少量青瓷，器形有碗、罐等。

青瓷碗 1件。T0713③A：1，敛口，尖唇，深弧腹，圈足。通体施青釉。口径10.8、底径

图二九　M23出土砖纹饰

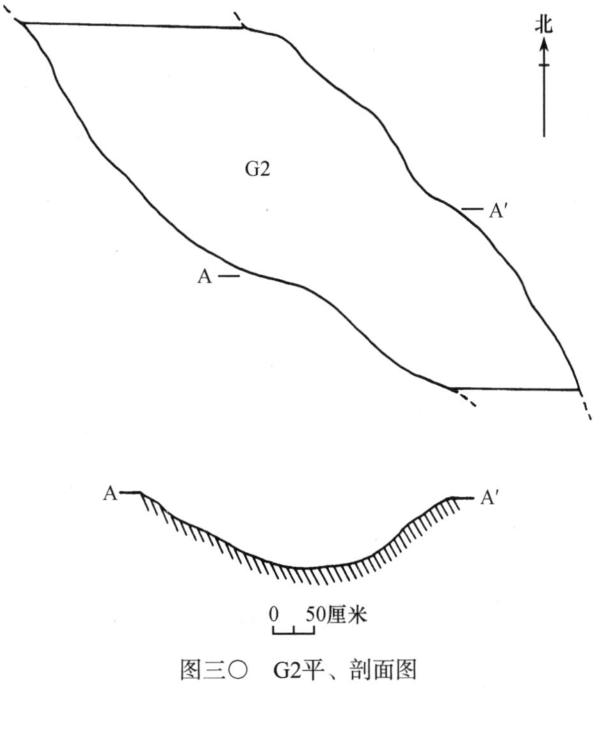

图三〇　G2平、剖面图

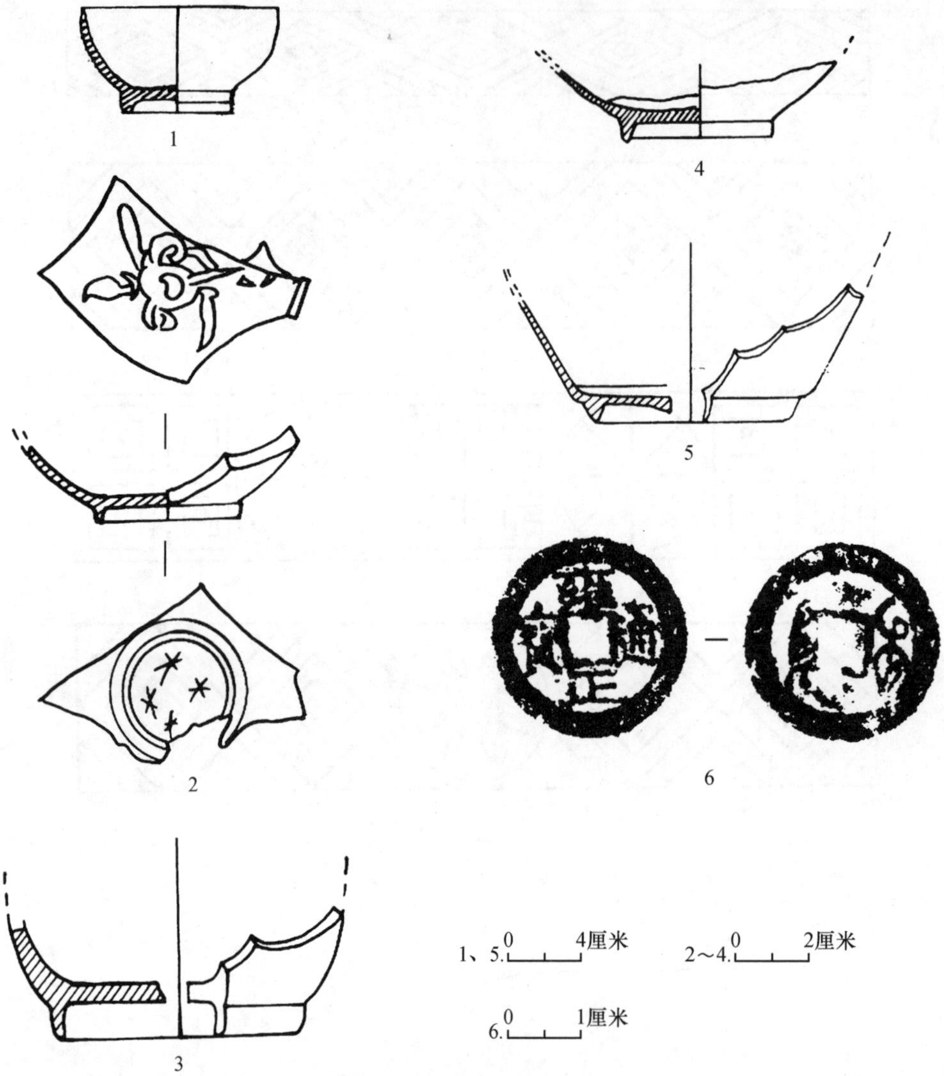

图三一　元明清时期瓷器、铜钱

1. 青瓷碗（T0713③A：1）　2～4. 青花瓷碗（T0105④：1、G2：2、T0613③A：1）　5. 青花瓷罐（G2：1）
6. 雍正通宝（T0504④：3）

6.5、高5.6厘米（图三一，1）。

青花瓷碗　8件。均为底部残片。T0105④：1，内底饰草叶纹，外底饰小草。残高2、底径4厘米（图三一，2）。G2：2，残高3.2、底径7厘米（图三一，3）。T0613③A：1，残高2、底径4厘米（图三一，4）。

青花瓷罐　1件。G2：1，斜直腹，矮圈足。残高7.2、底径10.8厘米（图三一，5）。

2. 铜钱

雍正通宝　1枚。T0504④：3，直径2.6厘米。面文对读，背文为满文（图三一，6）。

崇祯通宝　1枚。T1017③A：1，直径2.3厘米。

七、结　　语

佘家嘴遗址经过前后五次的发掘，本次发掘再次从地层上确立了佘家嘴遗址地下遗存完整的埋藏序列，即存在先秦、汉六朝、唐宋、元明清四个时期的文化堆积，此四期文化遗存及其面貌的变化，深刻反映了峡江地区土著文化向汉文化转变、汉文化不断发展的历史事实。东周陶器和大型汉代建筑居址的首次发现，为峡江地区考古学文化研究提供了丰富的资料，因此该遗址本次发掘的文化面貌在峡江地区考古发现中具有代表性。

先秦时期的文化遗存，此次有重要发现，如Y2单火孔的圆窑即为峡江地区首次发现，其内出土的夹砂褐陶罐口沿及绳纹与长江中游楚文化所出一致。同样，土著的巴文化遗存也有发现，如F12内出土的三翼刃铜箭镞便与云阳李家坝巴文化面貌一致。因此结合2002年M5出土鼎、敦、壶等典型楚器及巴式兵器来看，楚和巴文化在该遗址的早期遗存中有普遍性，反映了先秦时期峡江东部地区楚、巴民族文化交流与融合的历史。

汉六朝时期是峡江地区土著文化向统一的汉文化不断变迁融合及汉文化不断扩张的重要历史时期。佘家嘴遗址的汉六朝文化遗存对研究峡江地区汉文化早期发展过程提供了重要证据。M22出土了大量的汉式器物如鼎、盒、钫、镜，出土了蒜头壶、盂等秦器，鍪类巴器，三种文化因素深刻反映了汉文化早期形成状况。以前的几次发掘，均未找到原生的汉代地层，F12和G4的发现弥补了此处空白，大面积的绳纹瓦片堆积结合Y3和Y4两座马蹄形窑的发现，为寻找汉晋时期建筑用材的来源提供了重要线索。同样，这些重要遗迹的发现，也反映了东汉及以后时期汉人成为这一地区文化主体的事实。据《汉书·地理志》《后汉书·郡国志》《晋书·地理志》等记载，西汉时期巴郡故地（即三峡地区）设11县，东汉时期扩为14县，西晋时增为43县，就是在汉晋时期汉人大规模扩张、移入与人口膨胀的背景下出现的。多年来，各地考古工作者在三峡地区中发现的大量的汉六朝人文遗迹也是这段历史的实证。结合历年所发掘的情况来看，佘家嘴南区多次发现汉晋时期房基、路、窑等生活遗迹说明此区应为人类重要的生活聚落区，而在西北区发现大批汉六朝墓葬说明此区应为墓葬区域。

唐宋时期遗存也是佘家嘴遗址文化面貌的重要内容。F11残面阔30、宽13.5米，各列墙基排列整齐，大石板铺地，显示其不同于一般的民居建筑，而其中发现的炼铜作坊更为峡江地区首次发现。G3与2001年L1有关联，沟内出土大量的废弃唐宋瓷片反映了当时码头附近店铺林立的情景，出土的瓷器种类繁杂，釉色有白瓷、黑瓷、酱釉、青瓷、影青；纹饰有刻花、印花、点褐彩；器形有碗、盏、罐、盆、钵、执壶；底有饼形、玉璧、矮圈足、高圈足等。据《云阳县志》载，巴阳峡河段地理上处于长江三峡腹心地段，其为峡江地区水陆交通上的要冲地位日显，唐宋时代巴阳即为云、万水道上的一个最重要驿站和货物中转点。由此来看，很可能此地为各种货品包括瓷器的集散地。从聚落布局来看，唐宋时期聚落规模远远超过汉六朝时期，不仅南区继续成为当时重要的生活聚集区，北区也成为人类的居住场所，但其间零星发现的墓葬表明其聚集区缺乏统一规划，深刻反映了唐宋时期人口的急剧膨胀导致了严重的人地紧张关系，F11内用汉代墓砖铺砌排水沟也可反映此情况。

执笔：吴小平　钟礼强

云阳塘坊墓地2004年度发掘简报

镇 江 博 物 馆
云阳县文物管理所

塘坊墓地位于重庆市云阳县双江镇塘坊四队（原塘坊码头），北为云阳县滨江花园，南临长江，西靠云阳大桥，东边是污水处理厂。墓地坐落在长江北岸的临江坡地上，地势平缓，适合居住和生产。

2004年3~5月，镇江博物馆三峡考古队对塘坊墓地进行了考古勘探和发掘工作。勘探范围包括整个墓地，面积约20 000平方米，发现墓葬30多座。发掘面积610平方米，清理墓葬14座（编号M1~M14），其中西汉时期墓葬1座、东汉时期10座、东晋南朝时期2座、近现代墓1座（图一；彩版二〇四，1）。

现将本次发掘情况报告如下。

一、西汉时期墓葬

西汉墓1座（M1）。近方形土坑竖穴墓，墓口北侧部分被破坏。位于塘坊四组，方向北偏西85°，开口于第2层黄土下，距地表深0.4~0.8米。墓口长4.4、宽4.2、墓底长3.8、宽3.7、墓底距墓口深2.7~3.7米。墓壁加工比较光滑，自上而下内收。填土为黄、灰褐色的五花土，上部较紧，下部松软。墓底抹有一层较薄的青膏泥，膏泥上面见有凌乱的红色漆皮，应是棺椁的痕迹，膏泥下面即为纯净的黄土。该墓曾遭严重盗掘，在墓口中部有一直径约1米的盗洞，盗洞的范围越向下越大，最后几乎涉及整个墓底，不仅随葬品被扫一空，而且破坏了墓葬结构，无法判断葬式和葬具的情况。在墓底边缘发现2件铜泡钉和1件灰陶罐的残片（图二）。

二、东汉时期墓葬

东汉墓共10座（M5~M14）。有土坑墓、砖室墓两种。

（一）墓葬形制

1. 土坑墓

仅M8一座。位于塘坊九队蛮子包的坡地上。方形竖穴土坑墓。被M7打破（彩版二〇五，1）。开口于第2层下，距地表0.1~0.7米。方向南偏西35°。墓壁垂直，墓底平整。填土为黄、

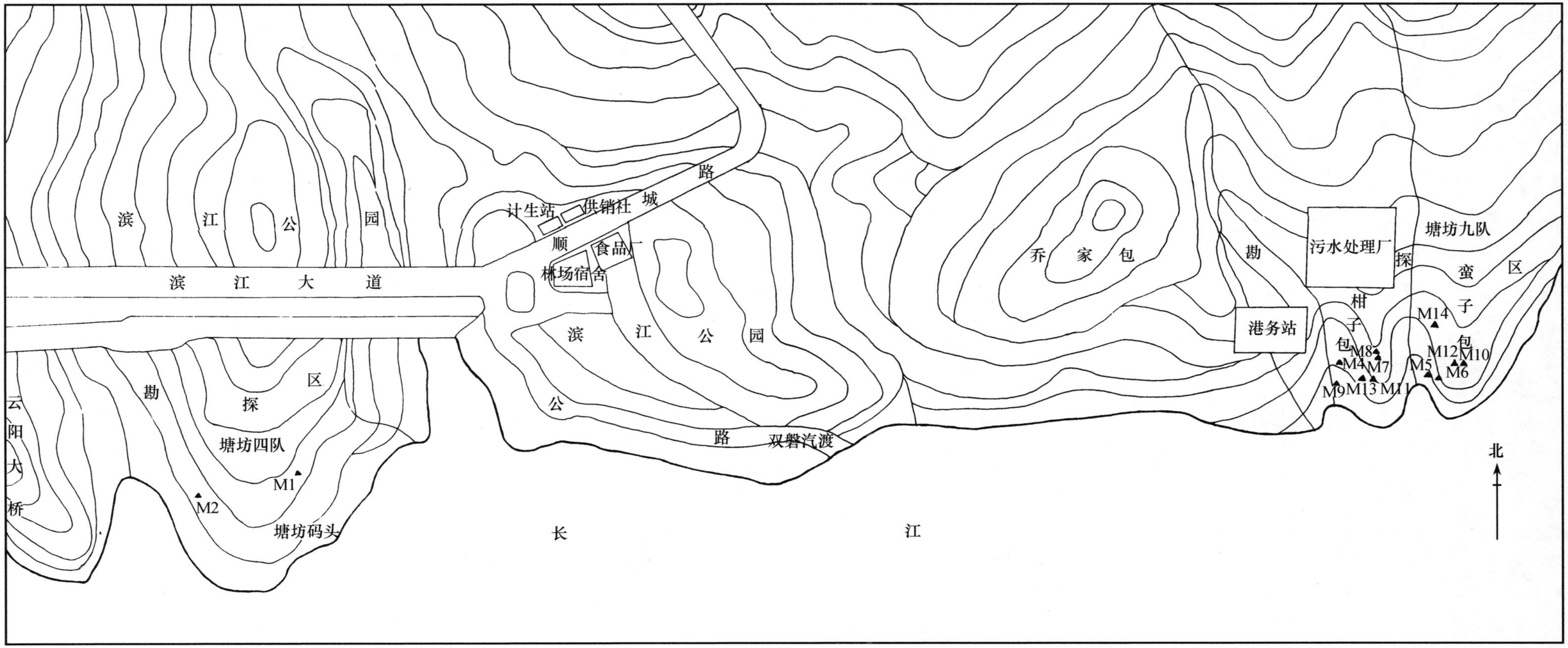

0 20米

图一 塘坊墓地勘探与发掘墓葬位置示意图

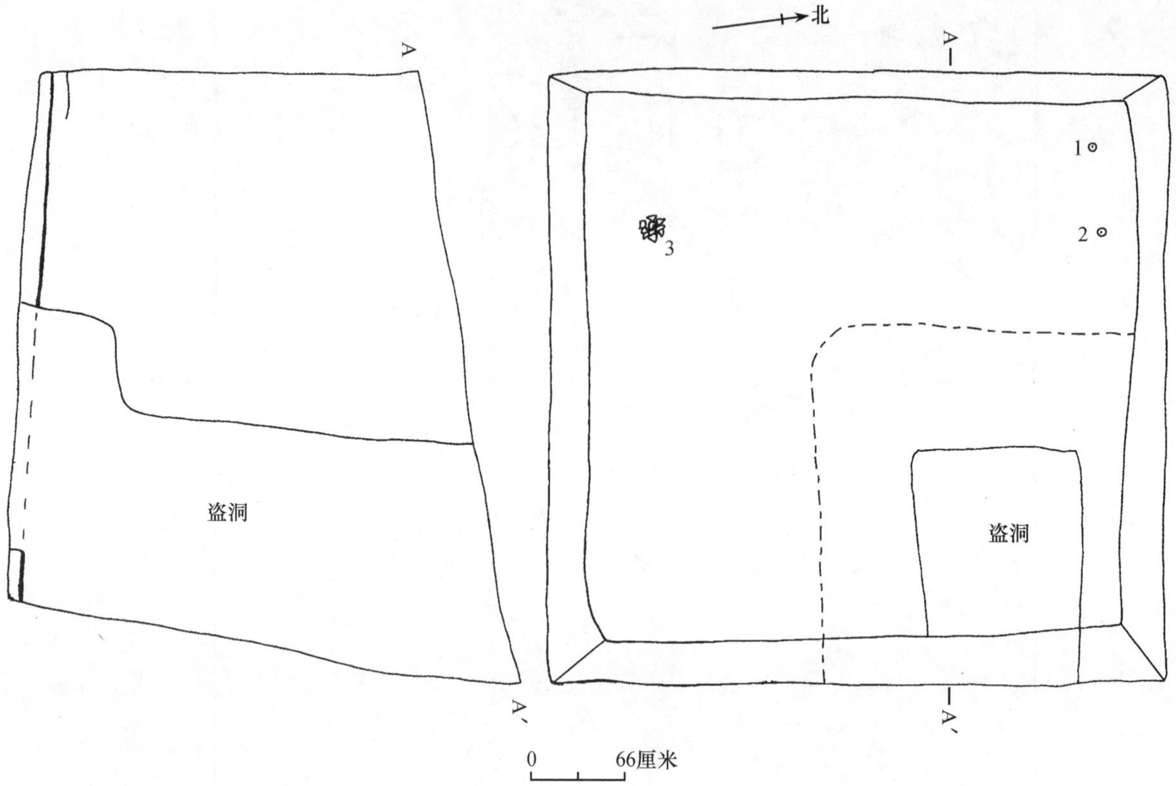

图二 M1平、剖面图

1、2. 铜泡钉 3. 陶罐

灰褐色五花土，土质较黏，含大量姜岩石块，填土与墓壁自然脱落。尸骨和葬具均朽烂无存。墓室长4.3、宽4.2、墓底距墓口最高处3.6米。该墓近期遭严重盗掘，在墓室西北角和墓室北侧发现两个盗洞，几乎涉及整个墓底。随葬品被扰乱打碎，器物碎片多出土于盗洞中，有罐、壶、鼎、仓、碗、盆、三足钵、案、釜等陶器和五铢钱（图三）。

2. 砖室墓

9座。均位于塘坊九队的蛮子包和柑子包坡地上。根据墓葬形制，这批墓葬可分为单室墓和多室墓两种类型。

单室墓 8座（M5、M6、M7、M9～M13）。根据墓室的平面结构，可以把这8座墓葬分为二型。

A型 2座（M5、M7）。平面形状为长方形。

M7 方向南偏西35°，开口于第2层下，墓口距地表深0.4～0.8米。填土为黄色黏土，含大量姜岩石。平面形状为长方形，不见甬道。墓壁用套菱纹墓砖错缝平砌。封门墙和券顶已倒塌，部分墓壁因叠压在M8上而有下陷的现象。墓底不见铺地砖。葬具和尸骨已朽烂。墓室长2.8、宽1.8、残高0.7米。该墓遭严重扰乱，随葬品被洗劫一空（图四）。

B型 6座（M6、M9～M13）。平面形状为刀形。

M9 方向北偏东50°，开口于第2层下，墓口距地表深0.6米。长方形单墓室。有甬道，甬道前方有长方形斜坡墓道，甬道和墓室顶部是弧壁券顶结构，甬道上部券顶保存完整，墓室

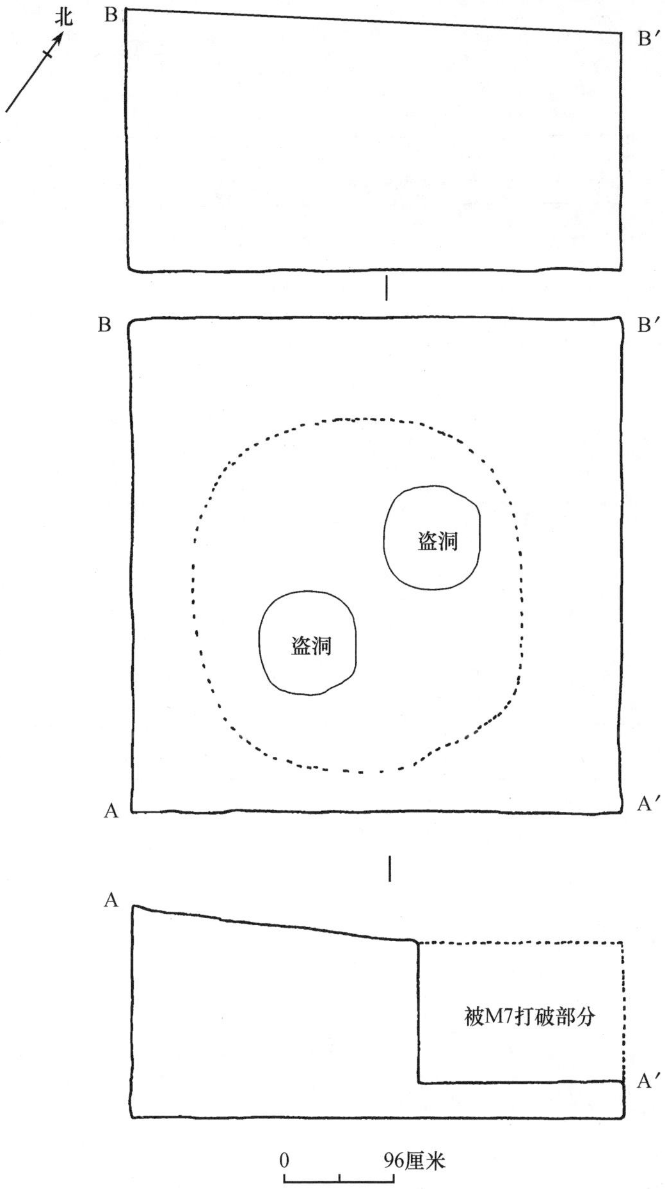

图三　M8平、剖面图

券顶已塌陷。墓壁用套菱纹墓砖错缝平砌，券顶以榫卯结构砖竖砌，墓室和甬道底部不见铺地砖。墓道长1.6、宽1.1米，坡度约10°；甬道位于墓室一侧，平面形状为长方形，长0.86、宽1.8、券顶高1.5米；墓室长3.1、宽2.7、残高1米。在墓道中部有一盗洞，盗墓者打开封门墙进入墓室。随葬品残余19件，多位于墓室和甬道连接处和墓室后部，有罐、壶、仓、釜、鼎、器盖、碗、灯等陶器和铜钱、铁挂钩、铜泡钉（图五）。

M10　方向南偏西32°。开口于第2层下，墓口距地表深0.4米。长方形单墓室。有甬道，封门墙位于甬道前端，仅余很少一部分，不见有墓道。墓室顶部是弧壁券顶结构，但大部已坍塌。墓壁用套菱纹墓砖错缝平砌，券顶以榫卯结构砖竖砌，墓底用长方形墓砖平铺。甬道位于墓室一侧，平面呈长方形，长2.4、宽1.9、残高0.8米；墓室长3.5、宽3.2、残高1.6米。随葬品集中位于墓室前端和甬道内，有壶、盆、俑、灶、甑、釜、楼、钵等陶器和铜钱、铜盆、铜耳

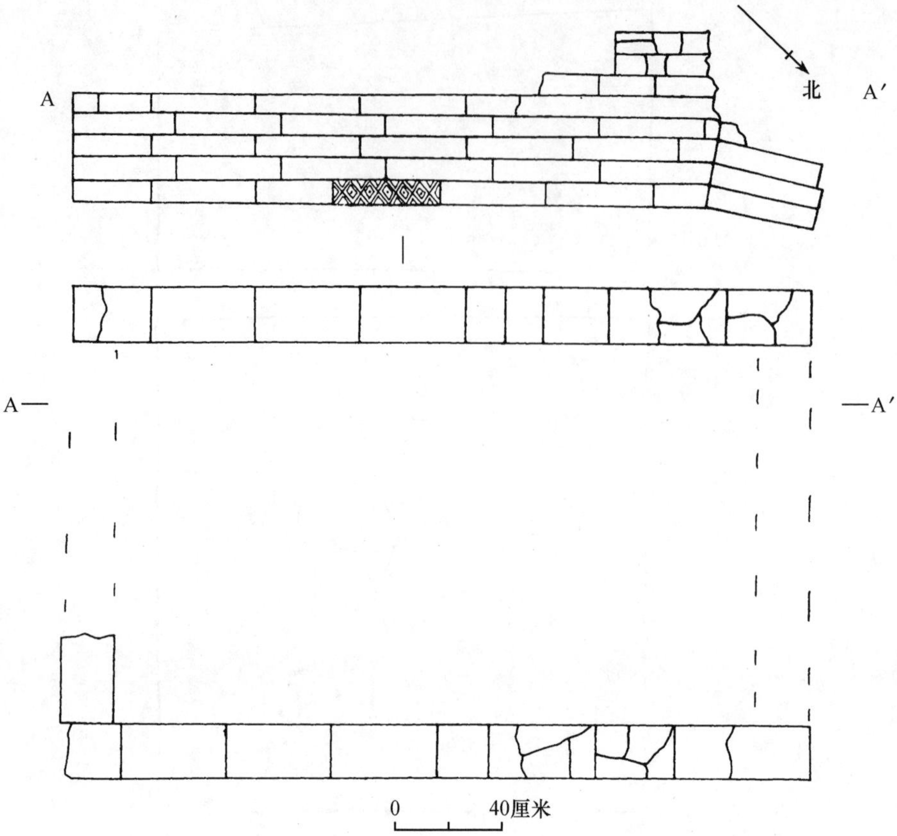

图四　M7平、剖面图

杯、铜勺、铜镯、铁剑、铁削、铁挂钩（图六）。

M12　和M10并排而立，M12甬道长2.7、宽2.2、残高1.4米；墓室长3.5、宽3.2、残高0.4米。随葬品有碗、釜、灯、钵、壶、魁、甑、罐、俑等陶器和铜钱、铜带钩、铜指环、铁剑、铁削、铁挂钩、铁釜、银指环、银镯、石黛板、炭棒、耳珰（图七）。

多室墓　1座（M14）。

M14　南北向。该墓早期受到严重扰乱，墓葬结构破坏较大，墓壁大部分缺失，铺地砖仅见于后室和前室、回廊的后半部，地砖下铺一层灰褐色细河沙。墓圹范围清楚，墓圹壁垂直、光滑。墓葬结构清晰，由甬道、前室、后室和回廊四部分组成。甬道呈长方形，位于前室前端，残长2.6、宽2.5米；前室为长方形，长6.1、宽4.1米；后室为长方形，和前室相连接，长2、宽2.64米；回廊平面形状为“凹”形，位于前室西侧，中间凹陷部分为原始山体，长6.1、宽3.7米（图八；彩版二〇五，2）。随葬品主要位于后室和回廊，有罐、房、鼎、俑等陶器，多数无法修复。

（二）随葬品

1. 陶器

可修复的共63件。

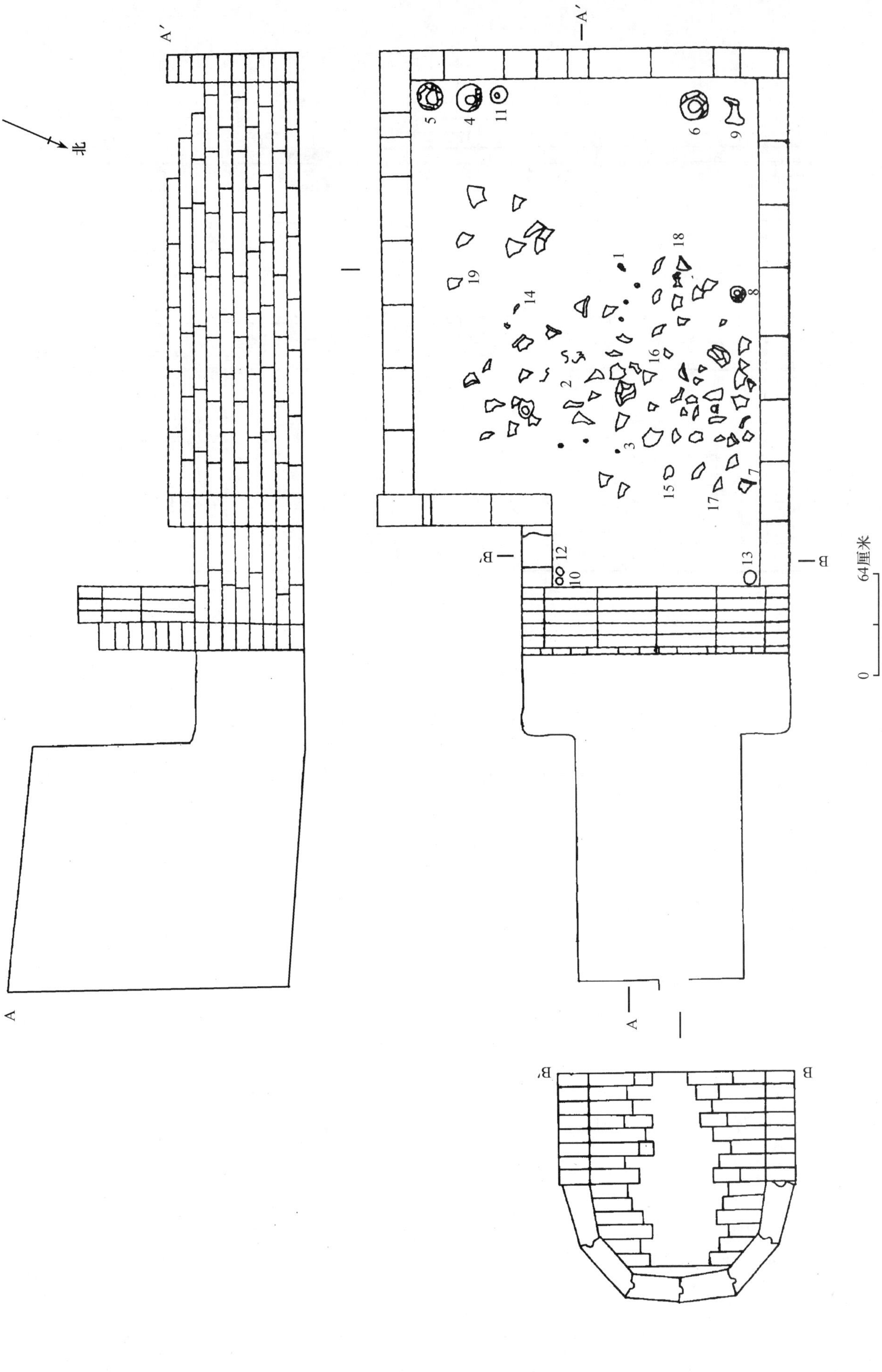

图五　M9平、剖面图

1. 铜钱　2. 铁挂钩　3. 鎏金铜泡钉　4. 陶罐　5、8、16、17. 陶仓　6、7、18. 釉陶壶　9. 陶鼎　10. 陶三足炉　11、12. 釉陶釜　13. 陶器盖　14. 陶碗　15、19. 陶灯

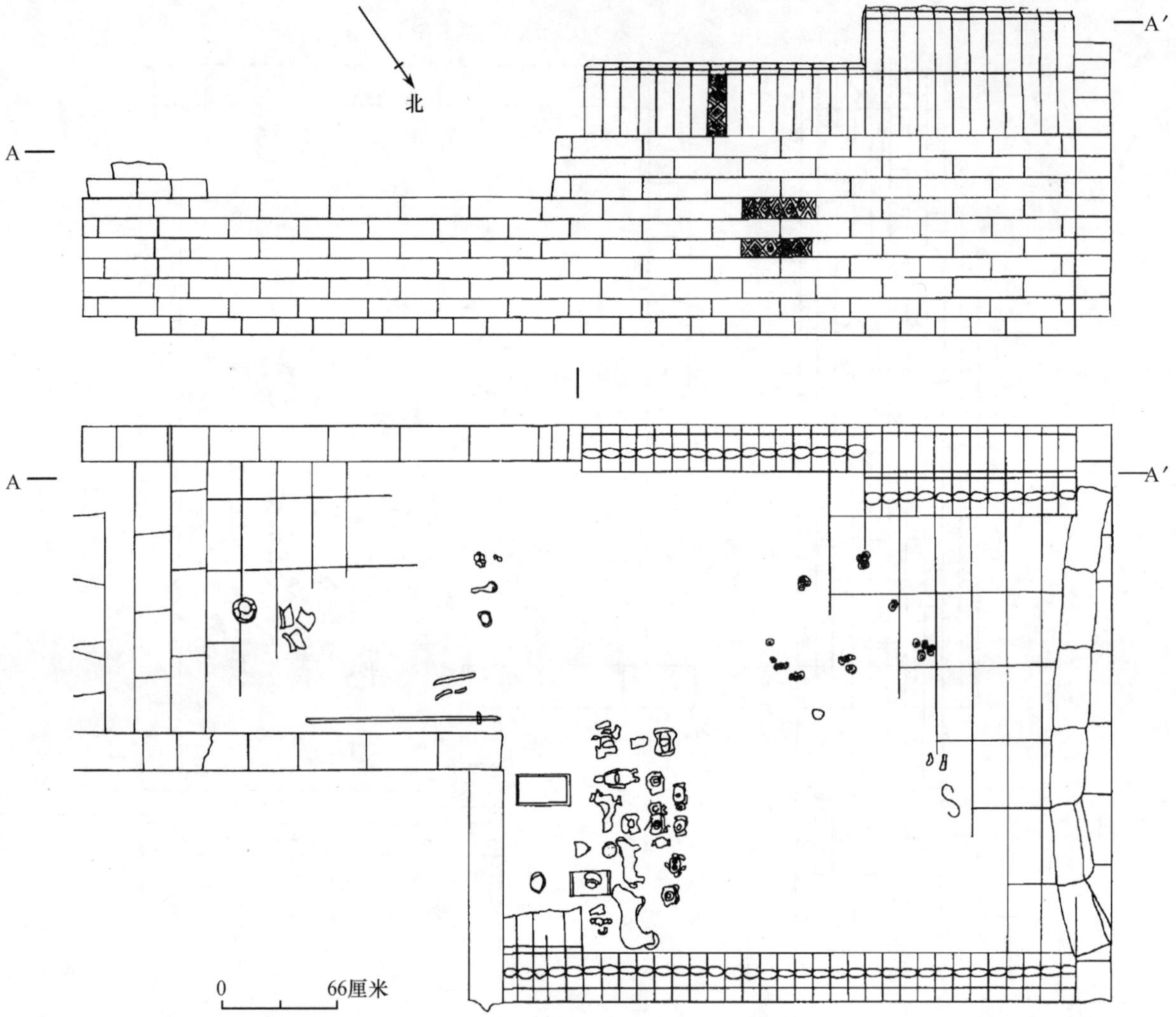

图六　M10平、剖面图

罐　8件。依整体特征分五型。

A型　3件。矮颈，圜底。M9∶4，泥质灰陶。直口，尖圆唇，方折沿，广折肩，鼓腹下收。肩部饰带状间断绳纹四道，腹部及底饰细绳纹。口径12、高22、最大腹径33厘米（图九，1）。M12∶35，泥质灰陶。肩上部饰网格纹，肩部饰带状间断绳纹，腹部及底饰细绳纹。口径12.8、高22、最大腹径33.6厘米（图九，2）。

B型　2件。无领，平底。M8∶11，泥质灰陶。侈口，尖唇，折沿，斜折肩，弧腹。口径12.2、底径11.5、高14厘米（图九，3）。

C型　1件。无领，圜底。M8∶13，泥质灰陶。敛口，圆唇，沿微折，斜广肩，直腹近底急收。沿下和肩部各饰弦纹一道，腹上部饰弦纹两道。口径15、高25、最大腹径33厘米（图九，4）。

D型　1件。高领，平底。M8∶4，泥质红陶。直口，尖唇，折肩，圆鼓腹。折肩处饰两对称纽耳和两道凹弦纹。口径13、底径12、高14.5厘米（图九，5）。

E型　1件。鼓肩。M14∶4，泥质红陶。口外侈，方唇，束颈，斜弧腹微鼓，小平底。口

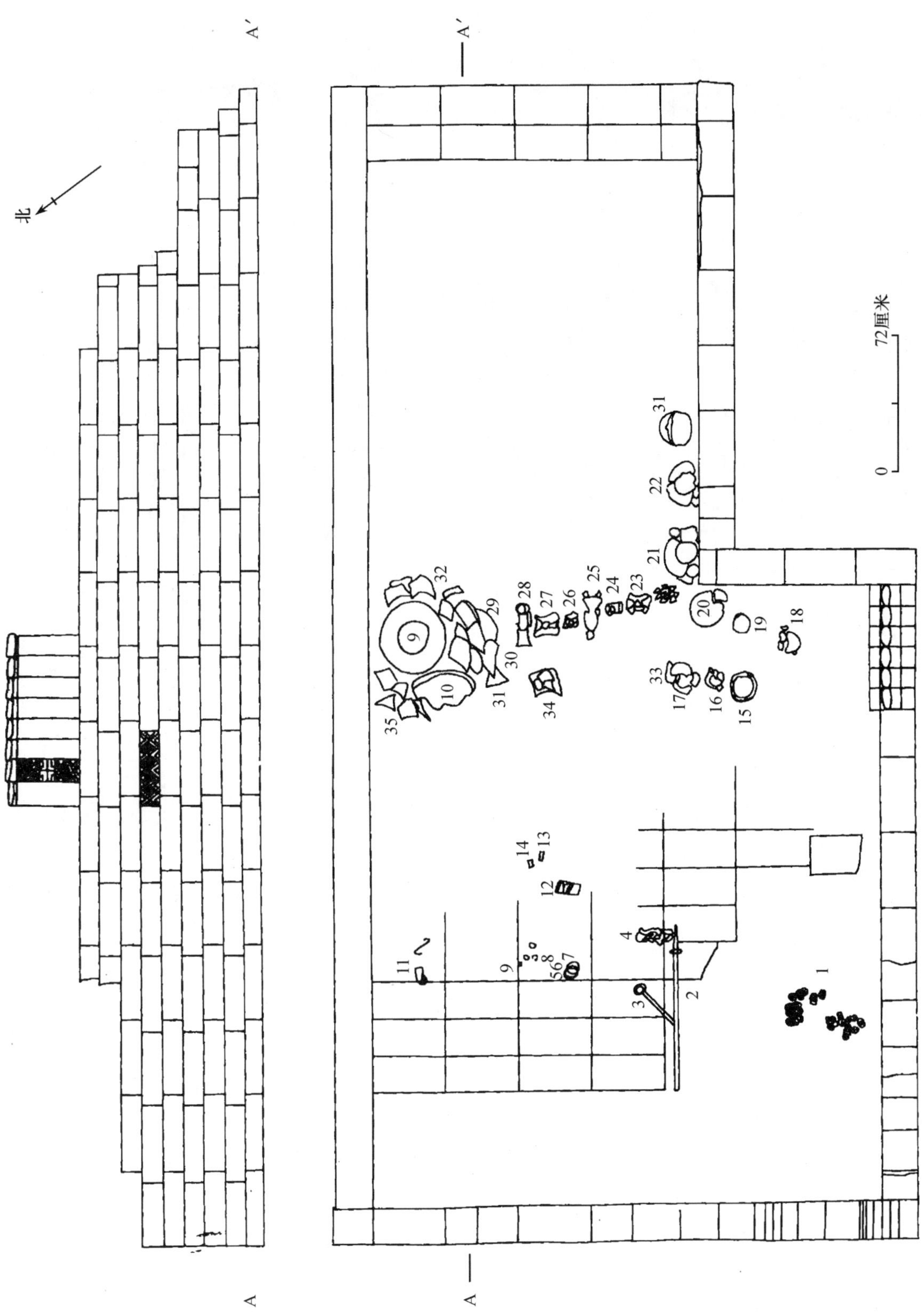

图七 M12平、剖面图

1. 铜钱 2. 铁剑 3. 铁削 4. 铜带钩 5～7. 银镯 8. 银指环 9. 银戒指 10. 铜指环 11. 铁挂钩 12. 石黛板 13、14. 耳珰 15、16. 陶碗 17、33. 陶釜 18. 陶匜 19、32. 陶灯 20、31、34. 陶钵 21、22. 釉陶壶 23、27. 陶跪坐俑 24～26. 陶立俑 28. 陶扶帽俑 29. 铁釜 30. 陶甑 35. 陶罐

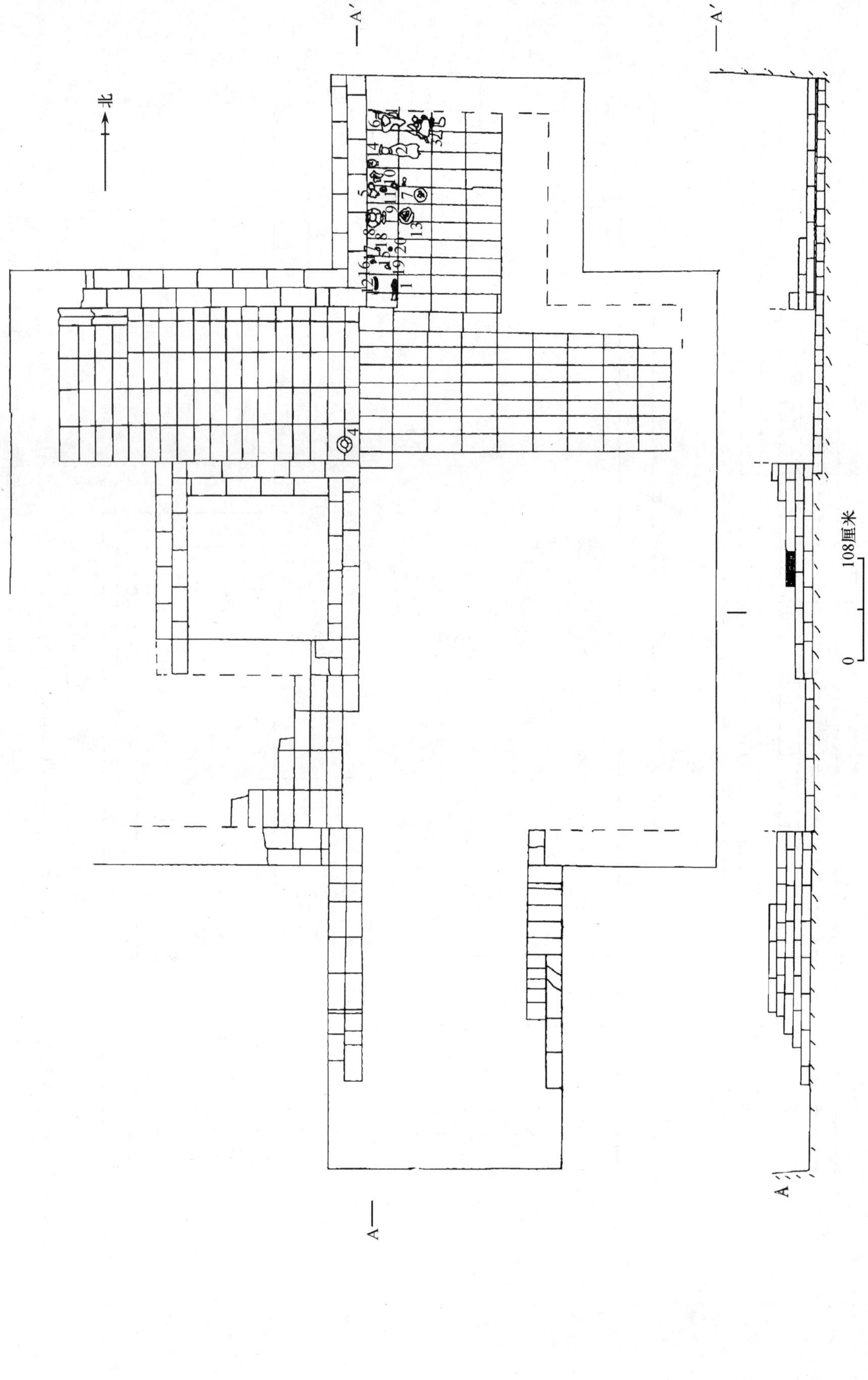

图八 M14平、剖面图

1、9. 陶立俑 2. 陶舞女俑 3. 陶扶案俑 4. 陶罐 5. 陶熏 6. 陶子母鸡 7、10、11、14. 陶俑 8. 陶坛 12. 陶房 13. 釉陶钵 15、16. 陶俑头 17、18. 陶鱼 19. 陶龟 20. 陶螺丝

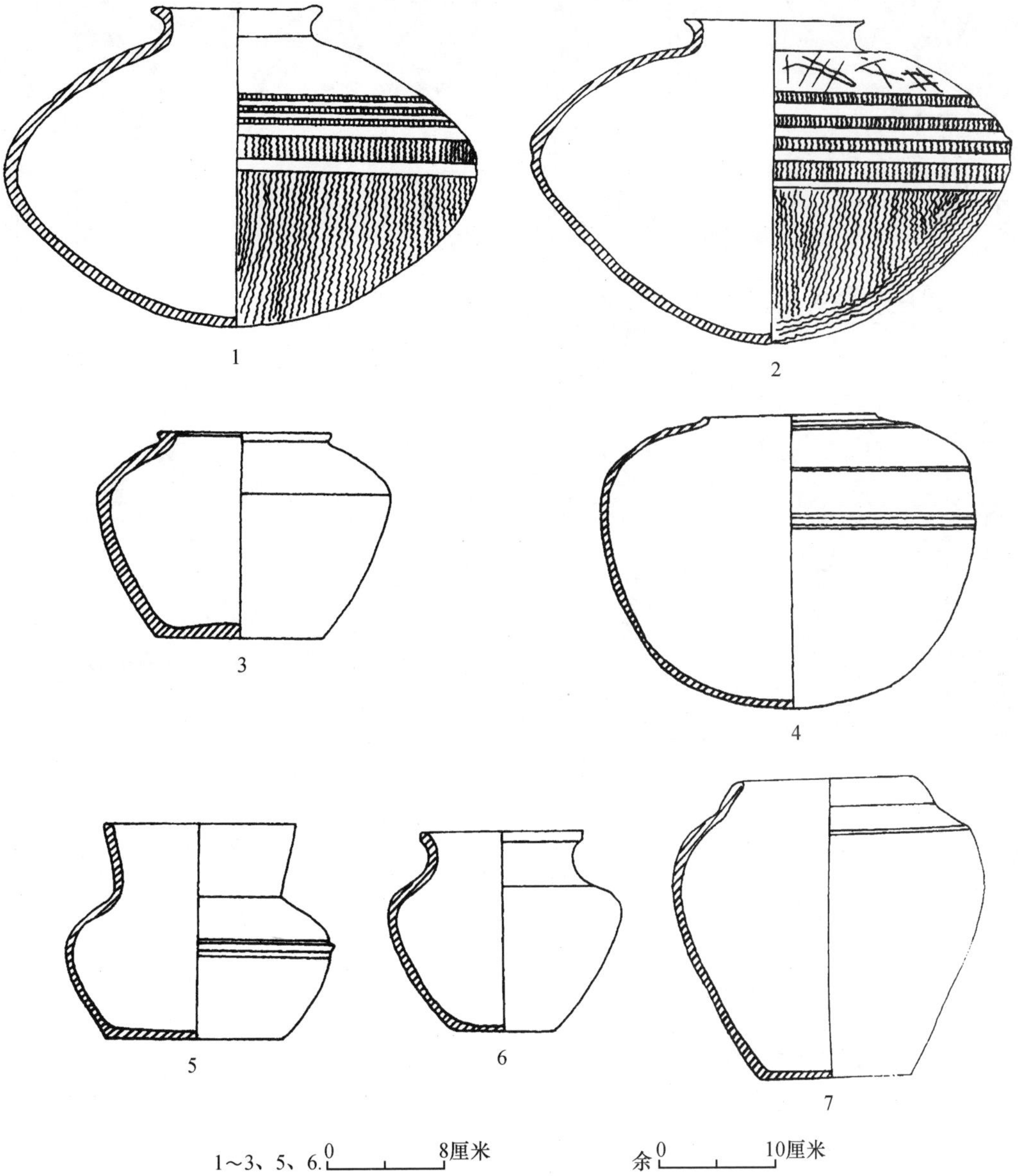

图九　出土陶器

1、2. A型罐（M9：4、M12：35）　3. B型罐（M8：11）　4. C型罐（M8：13）　5. D型罐（M8：4）　6. E型罐（M14：4）　7. 坛（M14：8）

径11.2、底径6.4、高13.6厘米（图九，6）。

坛　1件。M14：8，泥质灰陶。敛口，圆唇，折肩，深腹，腹上部微鼓，下部斜收，平底。肩部饰凹弦纹一道。口径14.7、底径13、高25.5厘米（图九，7）。

釉陶壶　3件。盘口，鼓腹，圈足。依肩腹变化分二式。

Ⅰ式：1件。宽肩，圆鼓腹。M9：6，泥质红陶。釉已脱落。侈口，斜方唇，圈足外撇。器体较矮。器体饰多周弦纹，肩腹处饰两对称兽形衔环铺首。口径13.8、底径15.6、高27、最大腹径26.2厘米（图一〇，1）。

Ⅱ式：2件。圆肩，扁鼓腹。M12：21，泥质红陶。通身施暗红釉。侈口，厚方唇，高领较直，高圈足外撇。肩腹部饰凹弦纹和两对称兽形衔环铺首。口径14.4、底径19.2、高34.8、

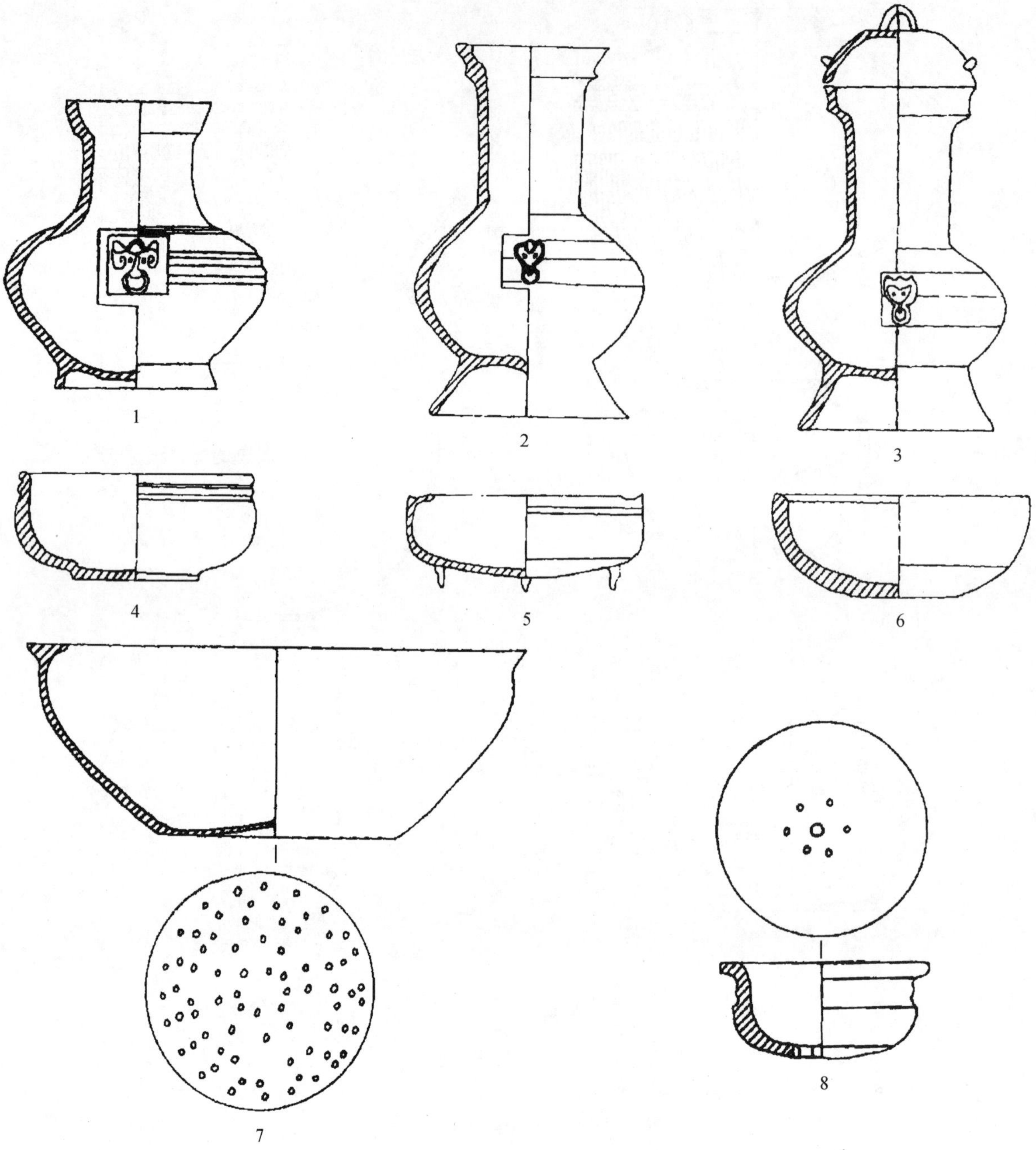

图一〇 出土陶器

1. Ⅰ式釉陶壶（M9：6） 2、3. Ⅱ式釉陶壶（M12：21、M12：22） 4. B型钵（M12：34） 5. C型钵（M8：14） 6. A型钵（M10：33） 7. A型甑（M12：30） 8. B型甑（M10：17）

最大腹径21.6厘米（图一〇，2；彩版二〇六，1）。M12：22，泥质红陶。通身施红釉。带盖，盖顶附半圆形环纽，盖身饰三个乳突状纽。口径14.4、底径19.2、高42、最大腹径21.6厘米（图一〇，3）。

钵 4件。依整体特征分三型。

A型 2件。敛口，小平底。M10：33，泥质灰陶。圆唇，弧腹近底部内收。腹中部饰弦纹一道。口径16.6、底径6、高6.4厘米（图一〇，6）。

B型　1件。敛口，假圈足。M12：34，泥质黑皮陶。直口微敛，圆唇，直腹微弧，近底部内收平底。沿下饰凹弦纹两道。口径18.5、底径10.5、高8.2厘米（图一〇，4）。

C型　1件。圜底，三足。M8：14，泥质黑皮陶。子母口，尖圆唇，直腹下收至圜底，圜底置三个乳突状足。腹部饰凹弦纹三周。口径12、高8.2厘米（图一〇，5）。

甑　2件。分二型。

A型　1件。M12：30，泥质灰陶。侈口，宽折沿，尖圆唇，斜弧腹，平底内凹。底上布满箅孔。口径40、底径18、高15厘米（图一〇，7）。

B型　1件。M10：17，泥质红陶。敞口，卷沿，方圆唇，弧腹近底斜收，小平底。底上有7个箅孔。口径10.2、底3.6、高4.4厘米（图一〇，8）。

釜　5件。依整体特征分三型。

A型　2件。M9：12，泥质红陶。通身施红釉。敞口，尖唇，卷沿，束颈，折肩，直腹近底斜收，平底。腹部饰弦纹数道，肩部饰两对称纽耳。口径11.4、底径6.3、高9厘米（图一一，1）。M8：9，泥质灰陶。口径12、底径6.4、高11厘米（图一一，2）。

B型　2件。依肩腹变化分二式。

Ⅰ式：1件。M12：17，泥质红陶。口微侈，平沿，高领较直，折肩，折腹近底斜收，平底。口径9.2、底径6、高5.8厘米（图一一，3）。

Ⅱ式：1件。M8：12，泥质灰陶。直口，平沿，高领较直，折肩，弧腹下收，平底。肩腹部饰弦纹数道。口径11、底径6.5、高9.2厘米（图一一，4）。

C型　1件。M12：33，泥质红陶。侈口，斜折沿，束颈，鼓腹下收，平底。口上饰两对称半环形耳，内填花卉纹饰。口径10.5、底径6.3、高7.2厘米（图一一，5）。

仓　2件。M10：10，泥质灰陶。子口，方唇，深直腹近底急收，平底。上腹部饰凹弦纹一周。口径8.3、底径8.2、高13.2厘米（图一一，7）。M9：5，泥质灰陶。直腹略弧，下部较粗，平底。沿下饰凹弦纹二周，腹中饰凹弦纹一周。口径10.5、底径12、高16.8厘米（图一一，8）。

熏　1件。M14：5，泥质灰陶。熏盘敛口，斜方唇，折肩，弧腹，矮柄，喇叭形座。在熏盘腹部镂有8个孔，座上饰凹弦纹两周。口径10、底径11.6、高14厘米（图一一，9）。

碗　1件。M12：15，泥质红陶。敛口，尖唇，折沿，腹中部有一折棱，下腹近底内收，小平底。口径12.6、底径6、高4.5厘米（图一一，6）。

灶　1套。M10：12、M10：13、M10：14，由灶、釜、甑3件组成。灶，泥质黑皮陶。长方形。双方形火膛口，双灶眼，无通风口。两侧有挡火板，左侧板外刻划几何花纹。灶长24.5、宽9.5、通高8.4厘米。釜，泥质红陶。敞口，斜方唇，束颈，折肩，弧腹，平底。口径7.2、底径6、高5.5厘米。甑，泥质红陶。敛口，弧腹，下收至底。底部有5个镂孔。口径9、高7厘米（图一二，7）。

炉　1件。M9：10，泥质红陶。敛口，圆唇，束颈，鼓腹，圜底。底附三足，均残断。唇部饰两对称半环形耳。腹中部刻划两周凹弦纹。口径14.5、残高11.5厘米（图一一，10）。

杯　1件。M6：5，泥质红陶。直口，平沿，方唇，直腹，平底。口径6、底径4.5、高4.5厘米（图一一，11）。

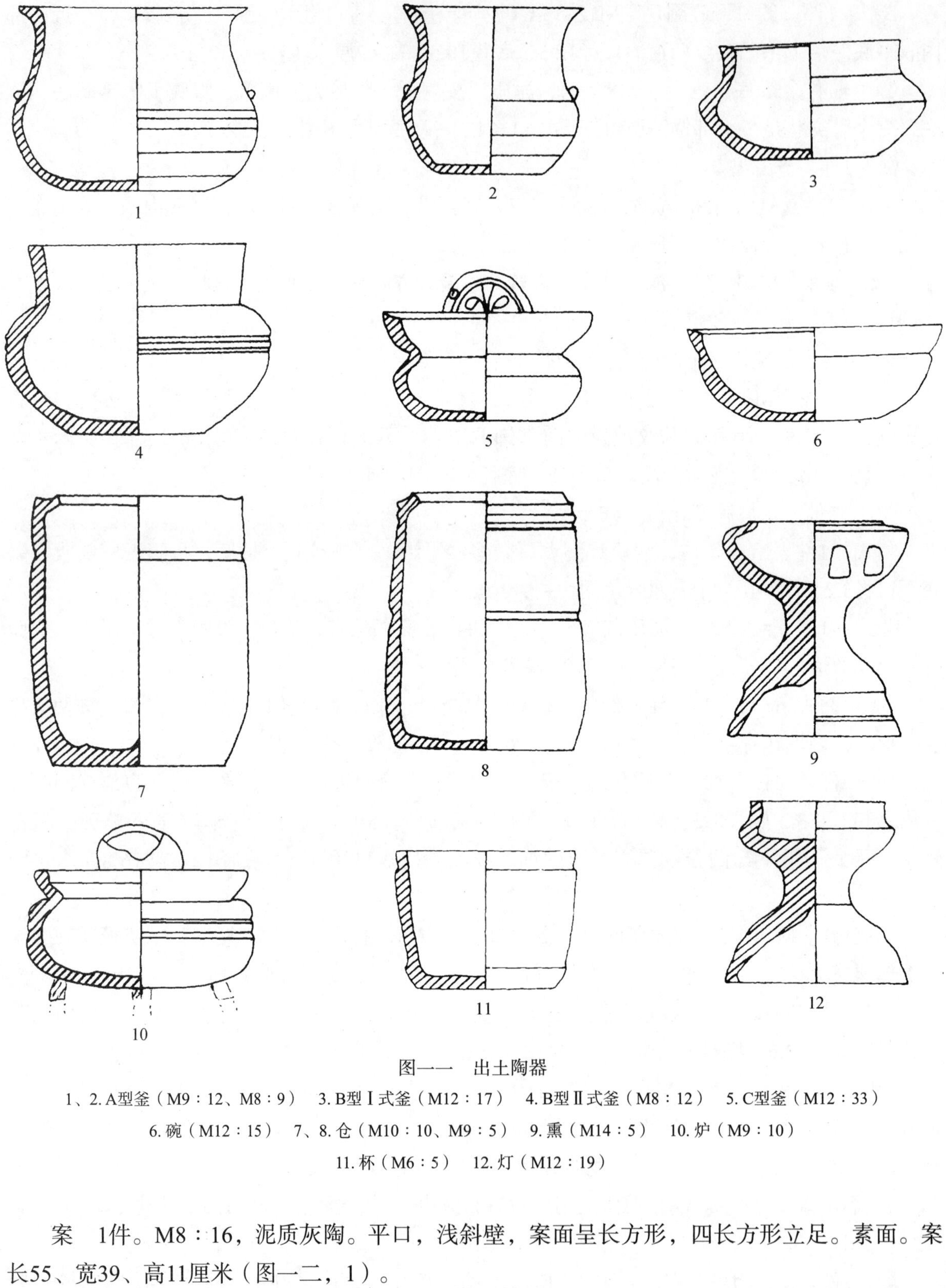

图一一　出土陶器

1、2. A型釜（M9：12、M8：9）　3. B型Ⅰ式釜（M12：17）　4. B型Ⅱ式釜（M8：12）　5. C型釜（M12：33）
6. 碗（M12：15）　7、8. 仓（M10：10、M9：5）　9. 熏（M14：5）　10. 炉（M9：10）
11. 杯（M6：5）　12. 灯（M12：19）

案　1件。M8：16，泥质灰陶。平口，浅斜壁，案面呈长方形，四长方形立足。素面。案长55、宽39、高11厘米（图一二，1）。

耳杯　1件。M8：7，泥质黑皮陶。椭圆形。平底，两对称长弧耳，敞口，耳略斜，假圈足。口长径10.8、短径7.2、高3.3厘米（图一二，3）。

灯　1件。M12：19，泥质红陶。灯盘子母口，矮柄，喇叭状圈足。口径7.5、底径9.2、高

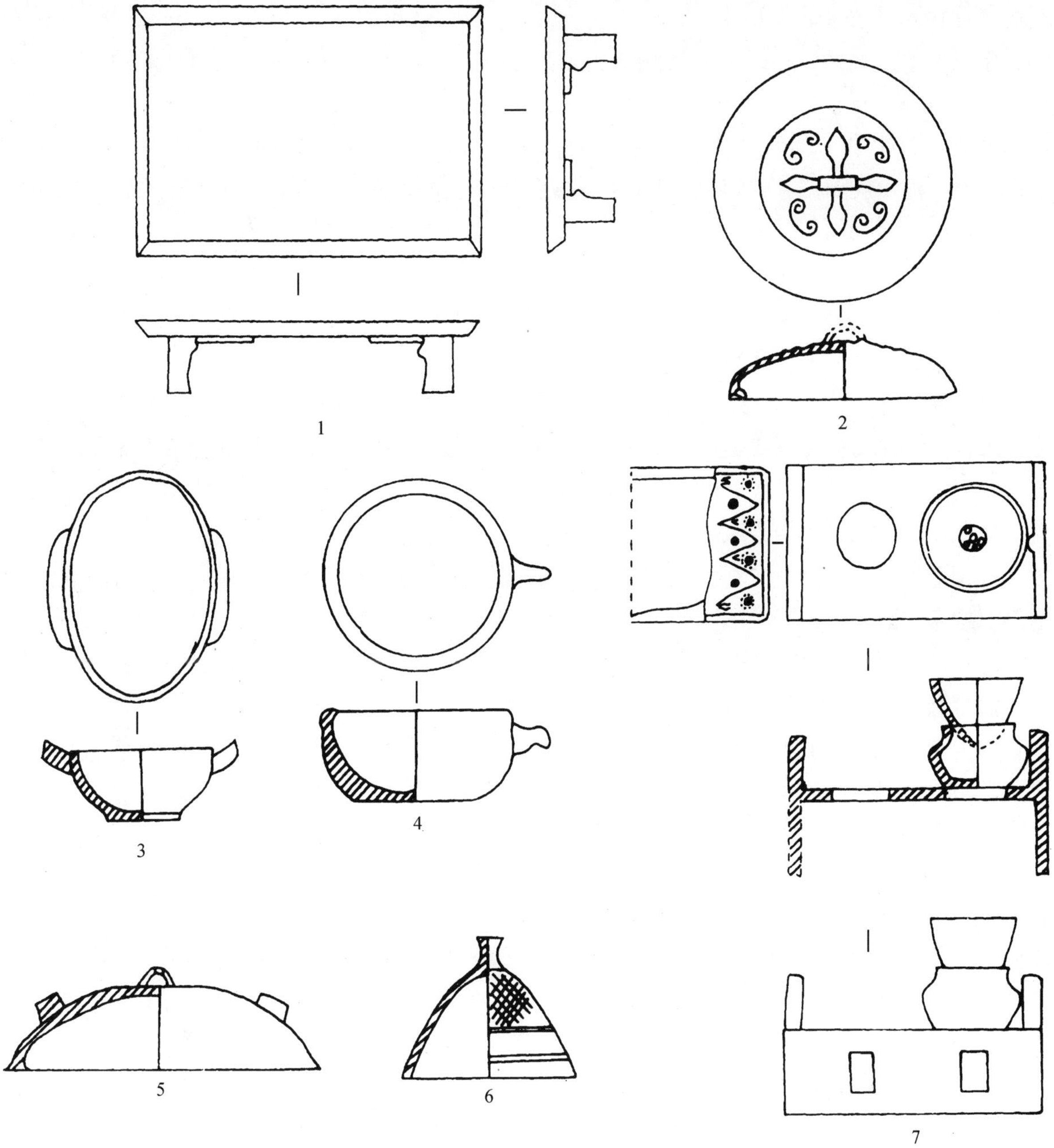

图一二　出土陶器

1. 案（M8：16）　2、5、6. 器盖（M9：13、M8：8、M8：14）　3. 耳杯（M8：7）　4. 匜（M12：18）
7. 灶（M10：12、M10：13、M10：14）

9厘米（图一一，12）。

匜　1件。M12：18，泥质红陶。敛口，浅弧腹，小平底，一侧有一鸟首形把手。口径11、底径5.6、高4厘米（图一二，4）。

器盖　4件。M8：14，泥质灰陶。覆碗形，方唇，弧壁，柱状盖纽。器身饰两周凸弦纹和连续网格纹。口径10.8、高8.8厘米（图一二，6）。M9：13，泥质红陶。亮红釉部分脱落。子母口，尖圆唇，弧顶微平，盖顶有一圆形纽已残断。顶部饰两组对称柿蒂纹和卷云如意纹。口径12.8、高4厘米（图一二，2）。M8：8，泥质灰陶。敛口，平沿，弧形顶。顶部饰三个梯形纽。底径19.6、高6.4厘米（图一二，5）。

立俑　9件。M6：14，泥质红陶。头戴高冠，身着长衣，双手拱于胸前，双袖下垂。面目模糊，胡须下撇。通高15.4厘米（图一三，1）。M14：9，泥质灰陶。头戴冠帽，着圆领长衫及地，袖手拱于胸前，脚尖外露。面部含笑。通高55、最宽处19厘米（图一三，2）。M12：25，泥质灰陶。着“V”字领宽衣，双手拱于胸前。光头，面部表情严肃。通高13厘米（图一三，3）。M10：23，泥质灰陶。头戴冠巾，身着“V”字领宽衣，双袖下垂。双手拢于袖中置于左肋间，身体微向左倾。浓眉，蓄胡，面带笑容。通高24.5厘米（图一三，5）。M10：11，泥质灰陶。头戴冠巾，“V”字领长衣及地，腰间系一束带，双手拱于腹间，长袖下垂。神情平静自然。通高20厘米（图一三，6）。

跪坐俑　5件。M12：23，泥质灰陶。头戴冠巾，“V”形领长袍拖地，双手拱于腰间，跪坐。通高19厘米（图一三，4）。M12：27，泥质灰陶。头戴冠帽，着圆领宽衣及地，拱手，跪坐。目视前方，嘴唇微张。通高18.4厘米（图一三，7）。M10：19，泥质灰陶。头戴冠帽，着“V”形领宽衣及地，拱手，跪坐。神态安详自然。通高20.4厘米（图一三，8）。

扶帽俑　1件。M12：28，泥质灰陶。头戴圆帽，身着宽衣，右手下垂，左手做扶帽状。通高21厘米（图一四，2）。

持物俑　1件。M10：20，泥质灰陶。头戴冠帽，身着圆领宽衣，双手作持物状。目视前方，面带微笑。通高27厘米（图一四，4）。

佩刀武士俑　1件。M10：24，泥质灰陶。头戴方冠，身着尖领长衫，额缠束带，双手拱于腹间，十指交叉，双腿分开，左肋夹佩一环首带缨长刀。神情威武。通高22厘米（图一四，1）。

舞女俑　1件。M14：2，泥质灰陶。头戴冠花，着长裙，右手外扬，左手提裙，左脚前跨，做舞蹈状。裙袖及下摆有褶皱花边。神情妩媚，曲线优美。通高44.4厘米（图一四，5）。

扶案俑　1件。M14：3，泥质灰陶。残余上部。戴冠帽，着宽衣。阔鼻大耳。残高30厘米（图一四，8）。

子母鸡　2件。M14：6，泥质红陶。圆形底座，由小鸡和母鸡组合而成。母鸡站立，尖喙，矮冠，圆眼，翘尾，胸部及尾翼刻羽毛纹饰。背部驮一小鸡。通长17.2、通高14.5厘米（图一四，3）。M10：21，泥质灰陶。圆形底座，由母鸡和小鸡组合而成。母鸡匍匐状，尖喙，矮冠，圆眼，前胸圆鼓，翅膀刻划羽毛。后尾弧撑。背部驮一小鸡，胸前翅膀下隐一小鸡。通长17、通高13厘米（图一四，7）。

公鸡　1件。M10：18，泥质灰陶。高冠，圆眼，尖喙，翘尾，昂首站立。翅膀刻划羽毛，翅膀前部刻划圆圈纹。残长17、通高15.5厘米（图一四，6）。

镇墓兽　1件。M10：26，泥质灰陶。跪坐，双臂垂地，头顶有两锥形尖角，阔嘴，长舌微卷伸至下腹间。通高22厘米（图一四，9；彩版二〇六，4）。

狗　1件。M10：15，泥质灰陶。头上昂做吠状，牙齿外露，眼球凸出，双耳竖起，尾巴卷于臀部，四肢站立，颈部带一项圈。整个形象显得面目狰狞，生动逼真。通长25、高26厘米（图一五，2）。

图一三　出土陶俑

1～3、5、6. 立俑（M6：14、M14：9、M12：25、M10：23、M10：11）　4、7、8. 跪坐俑（M12：23、M12：27、M10：19）

图一四　出土陶器

1. 佩刀武士俑（M10：24）　2. 扶帽俑（M12：28）　3、7. 子母鸡（M14：6、M10：21）　4. 持物俑（M10：20）
5. 舞女俑（M14：2）　6. 公鸡（M10：18）　8. 扶案俑（M14：3）　9. 镇墓兽（M10：26）

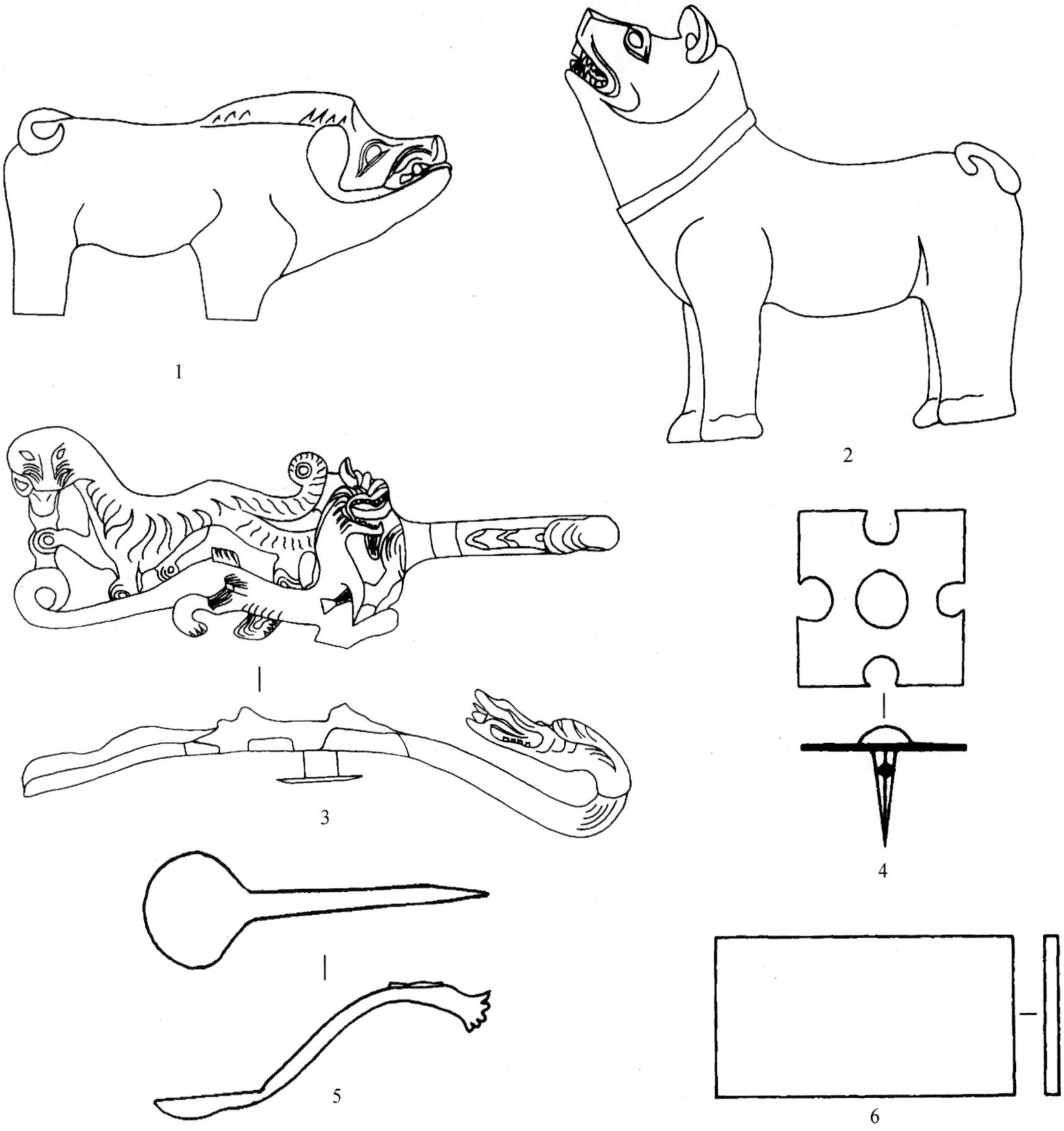

图一五　出土器物

1. 陶猪（M10：16）　2. 陶狗（M10：15）　3. 鎏金铜带钩（M12：4）　4. 鎏金铜钉（M13：2）　5. 铜勺（M10：7）　6. 石黛板（M12：12）

猪　1件。M10：16，泥质灰陶。头部上抬，獠牙外露，眼球凸出，鬃毛上竖，尾巴卷于臀部。体态肥硕。通长23.2、高12.8厘米（图一五，1）。

2. 铁器

釜　1件。M12：29，敛口，方唇，平沿，广折肩，弧腹下收，小平底。肩腹处饰凸弦纹一周。制作方式为铸造。口径22、底径10、最大腹径39、高25厘米（图一六，1）。

剑　2件。双面刃，剑身细长，截面为菱形，前端残断，锋利。剑格铜制，剑柄细长。剑身可见麻布和木制剑鞘痕迹。M10：3，残长120厘米（图一六，6）。M12：2，残长82厘米（图一六，7）。

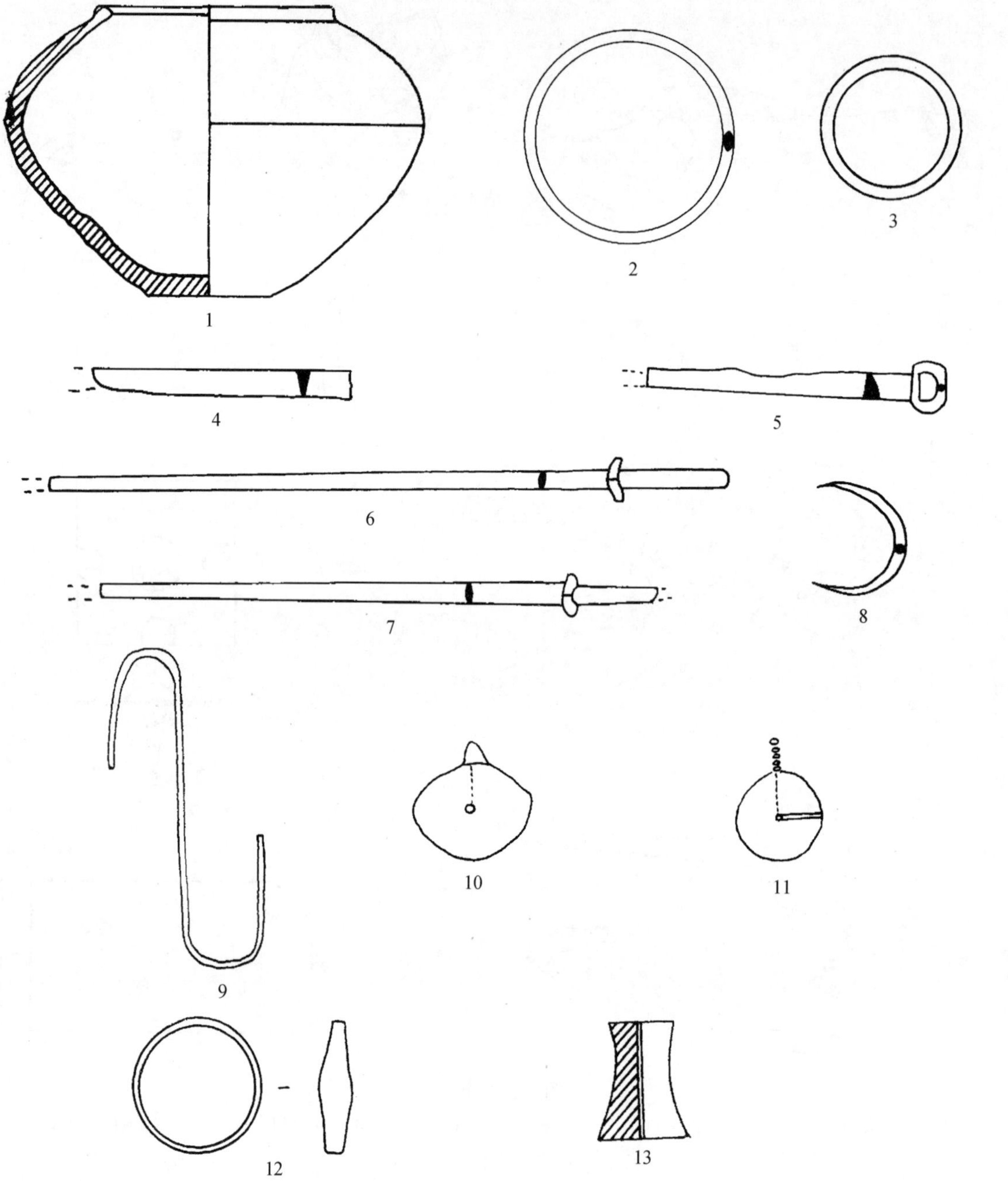

图一六　出土器物

1. 铁釜（M12：29）　2. 铜镯（M10：32）　3. 银指环（M12：8）　4、5. 铁削（M10：4、M12：3）　6、7. 铁剑（M10：3、M12：2）　8. 银耳针（M6：3）　9. 铁挂钩（M10：30）　10、11. 银铃铛（M4：23、M4：24）　12. 银戒指（M12：9）　13. 耳珰（M12：13）

削　2件。长条形，截面呈三角形，单刃，铸造。M10：4，仅存部分刃部。残长24、宽约1.6厘米（图一六，4）。M12：3，环首，刃部残断。残长18、宽约2.1厘米（图一六，5）。

挂钩　3件。S形，截面呈长方形。M10：30，通长30、宽3、厚0.3厘米（图一六，9）。

3. 铜器

带钩　1件。M12：4，通体鎏金。中间镂空。带钩面部饰一龙一虎，带钩头部为一夔龙，龙、虎张口卷尾，形象生动。整个带钩制作精美，形体较大。铸造。通长17.2厘米（图一五3；彩版二〇六，2）。

勺　1件。M10：7，勺头较浅近平，曲柄扁形，勺把为凤尾形。铸造。通长19.6厘米（图一五，5）。

镯　1件。M10：32，圆形，截面呈椭圆形。外径6.3、内径5.7、厚3.5厘米（图一六，2）。

钉　24件。由钉和方形饰片组合而成，饰片四边各镂半圆，中部镂一圆孔，钉由中孔穿出。M13：2，长2.4、高1.65厘米（图一五，4）。

铜钱　383枚。多数为五铢钱，少量的货泉和剪轮五铢。

4. 银器

镯　3件。圆环状，截面为圆形。外径5.6、内径5.2、截面径0.2厘米。

戒指　1件。M12：9，平面呈圆形，侧面为扁形，中部较宽。直径2、厚0.1厘米（图一六，12）。

指环　3件。圆环形，截面呈方圆形。M12：8，外径2、内径1.6、厚0.2厘米（图一六，3）。

耳针　2件。半圆形，两端打磨锋利，截面呈椭圆形。M6：3，长1.1、宽1.3厘米（图一六，8）。

5. 料器

耳珰　2件。亚腰觚形，中间穿孔。M12：13，长1.7、上端径1、下端径1.4、孔径0.1厘米（图一六，13）。

6. 其他

黛板　1件。M12：12，石制。中间磨光。长8.6、宽4.4、厚0.4厘米（图一五，6）。

三、东晋南朝时期墓葬

东晋南朝墓共2座（M2、M4）。

（一）墓葬形制

M2　位于塘坊四队。平面形状为刀形的单砖室券顶墓。方向南偏西35°，开口于第2层下，距地表深1.4米。该墓早年被扰乱，券顶和墓壁部分倒塌。墓壁以套菱纹墓砖错缝平砌，后壁保存较完整，券顶用榫卯结构砖竖砌，墓底有一层铺地砖，封门墙部分保留。甬道位于墓室前侧，平面形状为长方形，长2.64、宽2.1、残高0.6米。墓室近方形，长3.4、宽3.2、残高1.2米。随葬品主要有罐、盏、钵、鸡首壶、坛、铜钱等。集中位于甬道内和墓室前侧（图一七；

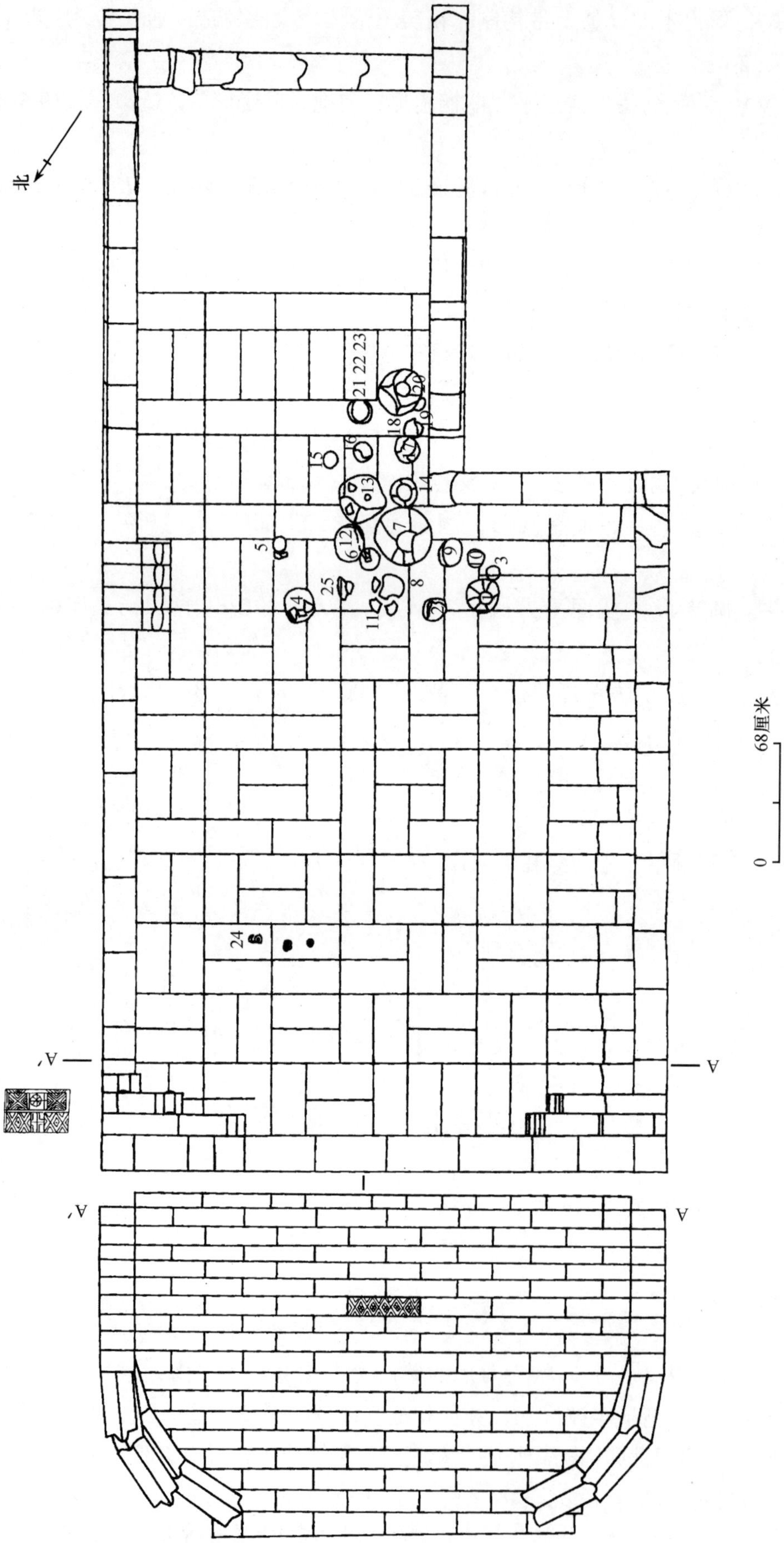

图一七 M2平、剖面图

1、2、7、16、17. 青瓷四系罐 3、4、6、9～12. 青瓷钵 5、15、18、19. 青瓷盏 8. 铁釜 13. 青瓷鸡首壶 14. 青瓷坛 20. 陶罐 21～23、25. 陶钵 24. 铜钱

彩版二〇四，2）。

M4　位于塘坊九队柑子包坡地上，平面形状为“凸”形的单砖室券顶墓。方向北偏东50°，开口于第2层下，距地表深0.7～1米。该墓曾遭严重扰乱和盗掘，券顶和墓壁部分倒塌。墓壁以套菱纹墓砖错缝平砌，券顶用榫卯结构砖竖砌，墓底有一层铺地砖，封门墙缺失。甬道位于墓室前侧，平面呈长方形，长2.52、宽2.36、残高1米。墓室为长方形，长5.36、宽2.7、残高1.4米。墓室和甬道之间有长方形供台，长1.7、宽2.7 米。随葬品主要有罐、盘口壶、盏、钵、器盖、铜钱、银铃铛、铁削等。随葬品被扰乱严重，器物残片不规则分布于整个墓室和甬道内，多数无法修复（图一八）。

（二）随葬品

1. 瓷器

可修复的共 24件。

鸡首壶　1件。M2：13，灰白胎，施青釉不及底。盘口，细颈，丰肩，鼓腹，平底。肩部饰一鸡首流，柄残缺，并饰对称两桥形系。肩部饰凸弦纹一周，凹弦纹两周。口径10.8、底径18.5、最大腹径27、高31.2厘米（图一九，1；彩版二〇六，5）。

盘口壶　1件。M4：11，灰胎，施青釉不及底。盘口，细颈，斜直腹，平底。肩部饰有桥形系。口径14.8、底径12.6、高约22.2厘米（图一九，2）。

四系罐　5件。灰白胎，施青釉不及底。直口微侈，尖圆唇，深鼓腹，平底。最大腹径位于上腹部。腹上部饰对称桥形系四个，凹弦纹两周。M4：2，口径12、底径10.8、最大腹径16、高约15.6厘米（图一九，4）。

四系坛　1件。M2：14，灰白胎，施青黄釉至腹中部。盘状子口，内口直，外口敞，束颈，上腹部微鼓，下腹斜直，平底。内外口均饰凹弦纹一周，肩部饰对称四拱形系。内口径9.6、外口径13.2、底径9.5、高18厘米（图一九，5）。

钵　7件。依腹、底变化分二型。

A型　4件。灰白胎，通身施青釉。底部有支钉痕迹。直口微敛，尖圆唇，鼓腹，平底，假圈足。口下饰凹弦纹一周。M2：12，口径16.8、底径124、高7.5厘米（图一九，6）。M4：10，口径16、底径11.5、高5.8厘米（图一九，12）。

B型　3件。灰白胎，器内施青釉及底，器外施釉至腹上部。敛口，尖圆唇，弧腹下收，平底。口下及内底饰凹弦纹一周。M2：4，口径17.5、底径10、高6厘米（图一九，7）。

盏　8件。灰白胎，器内施满釉，器外施青釉不及底，器底有支烧痕迹。敛口，尖圆唇，弧鼓腹，平底，假圈足。M2：19，器内饰凸弦纹一周，器表有脱釉现象。口径7.7、底径4.8、高3.5厘米（图一九，8）。M2：10，上腹部饰两周不相连半圆纹，半圆用指甲戳印。口径8.8、底径4.8、高5.8厘米（图一九，9）。

器盖　1件。M4：25，灰白胎，器外施青釉。弧顶，子母口。顶部有一桥形系状纽。盖径12.5、顶径9.3、高2.1厘米（图一九，10）。

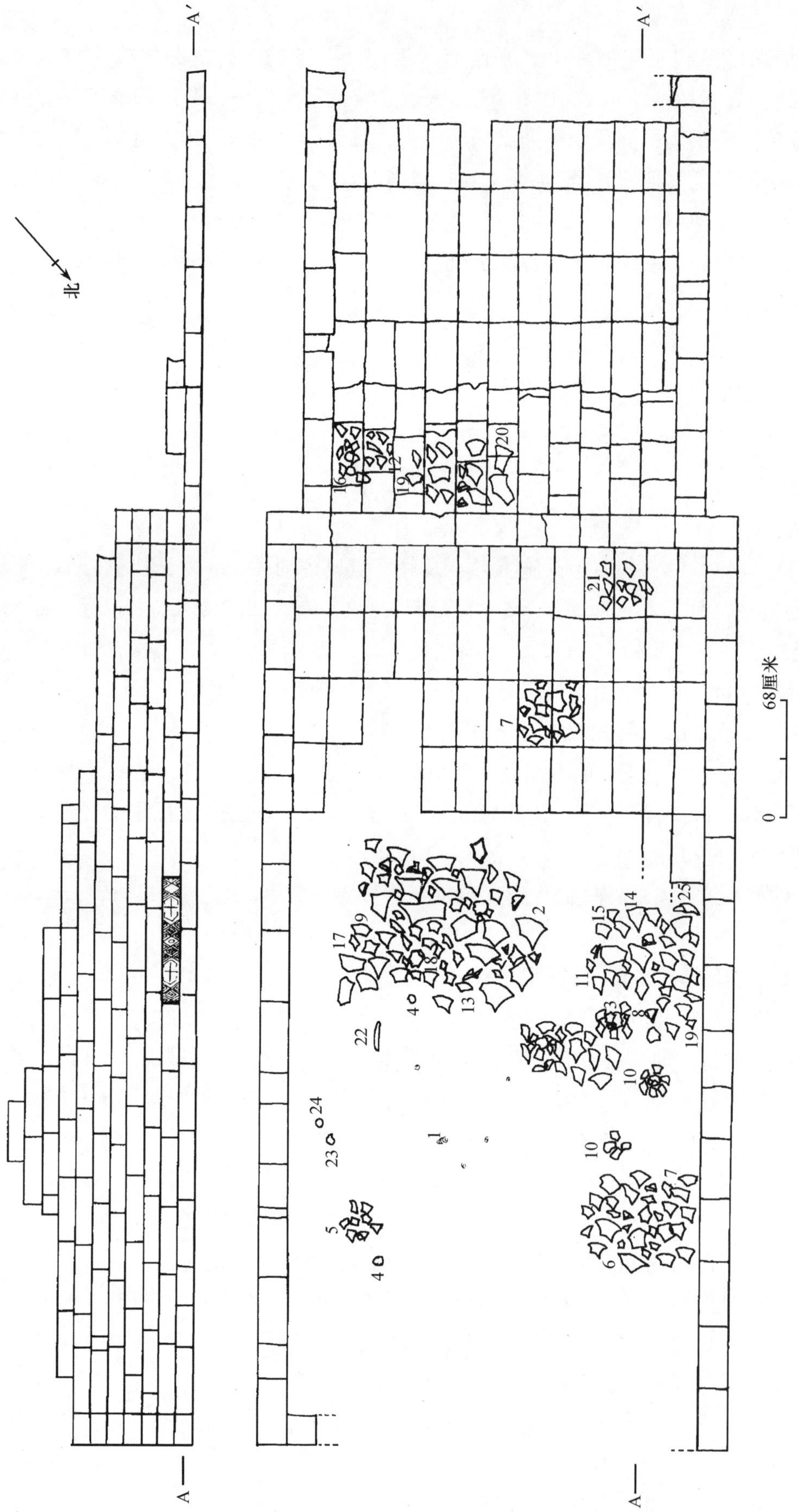

图一八 M4平、剖面图

1、19. 铜钱 2. 青瓷四系罐 3、10、15. 青瓷钵 4、5、14. 青瓷盏 6、7、11、13、16. 青瓷盘口壶 8、12、21. 陶罐 9. 青瓷罐 17、18、20. 青瓷带系罐 22. 铁削
23、24. 银铃铛 25. 青瓷器盖

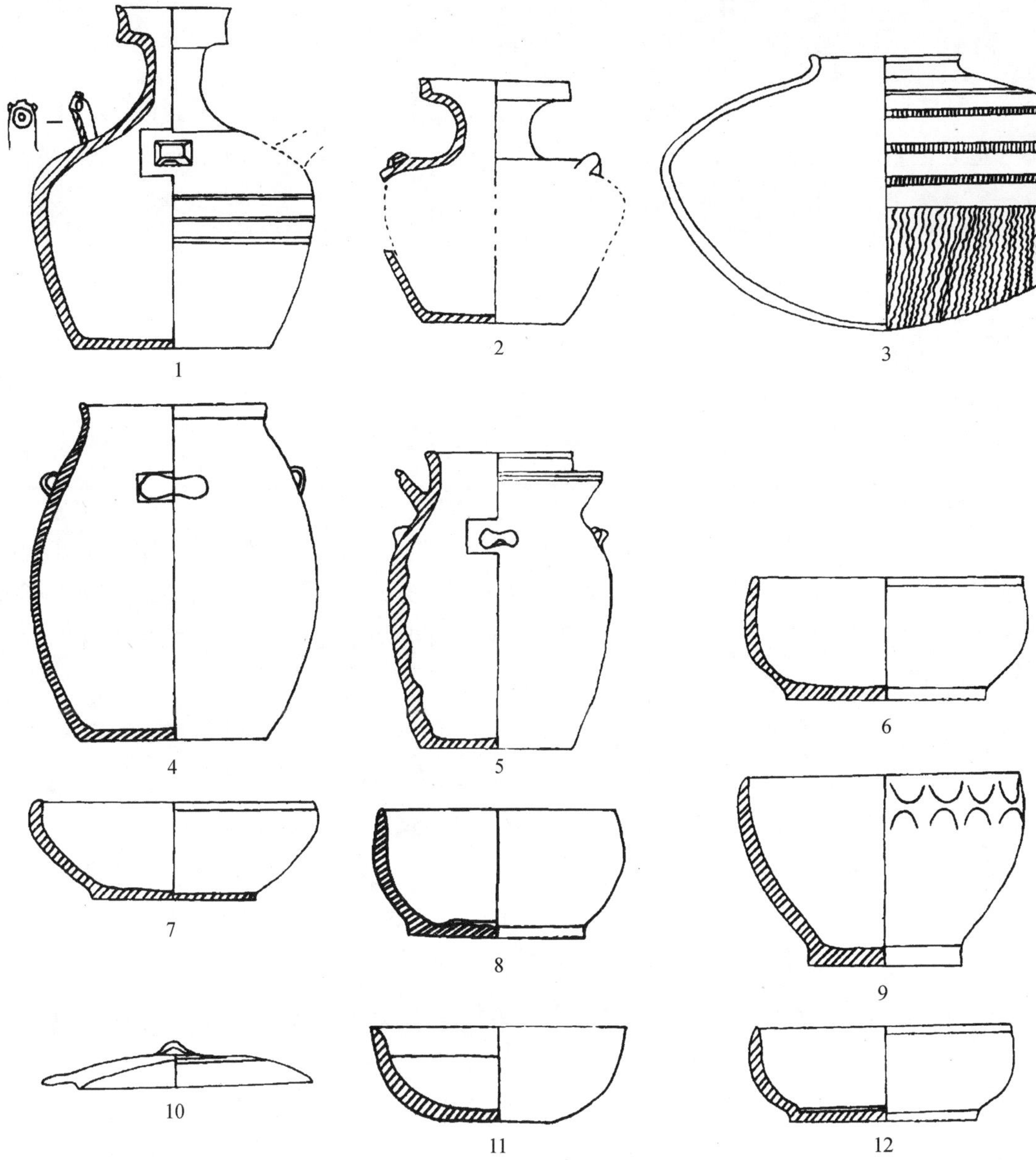

图一九　出土器物

1. 青瓷鸡首壶（M2∶13）　2. 青瓷盘口壶（M4∶11）　3. 陶罐（M2∶20）　4. 青瓷四系罐（M4∶2）　5. 青瓷四系坛（M2∶14）　6、12. A型青瓷钵（M2∶12、M4∶10）　7. B型青瓷钵（M2∶4）　8、9. 青瓷盏（M2∶19、M2∶10）　10. 青瓷器盖（M4∶25）　11. 陶钵（M2∶21）

2. 陶器

修复5件。

罐　1件。M2∶20，泥质灰陶。侈口，圆唇，矮束颈，斜弧肩，鼓腹，腹下斜收，圜底。肩部饰间断绳纹两周，腹部饰间断绳纹一周，下腹及底饰细绳纹。口径9.2、通高16.8、最大腹径28厘米（图一九，3；彩版二〇六，3）。

钵　4件。泥质灰陶。敞口，尖唇，弧腹近底内收，小平底。器内饰凹弦纹一周。M2∶21，口径16、底径5.8、高5.8厘米（图一九，11）。

3. 银器

银铃铛　2件。M4：24，球形，圆顶，顶上有绞丝挂纽，纽下缀银叶，铃身圆鼓，中空，中间有箍一道。宽3、高4厘米（图一六，11）。M4：23，球形，弧顶，顶上有弧形纽，铃身扁鼓，中空。宽2、高2厘米（图一六，10）。

4. 铜钱

5枚。其中半两钱1枚，五铢钱4枚。

四、结　　语

此次发掘墓葬14座，其中土坑墓2座，其余为砖室墓。M1的随葬器物极少，但从墓葬的形制上看，该墓和丰都汇南M7[①]有相似之处，都是近方形的土坑墓。这符合峡江地区西汉土坑墓的特征，属于“没有墓道近方形的西汉土坑墓”[②]。残留的随葬品也是西汉土坑墓中常见的器物，因此M1的时代应该为西汉中晚期。

M2的随葬器物中既有典型的东汉时期的泥质灰陶绳纹罐，又有东晋的盘口壶、鸡首壶等青瓷器。封门墙砌得不够整齐，高度也没有达到墓室，墓砖的规格和墓室中的也有所不同。这些现象表明M2有可能作为墓室从东汉一直被沿用到东晋时期，为人们多次使用。

M4的墓葬形制有典型的南朝墓葬特征，平面呈“凸”字形、狭长的墓室、甬道和墓室之间有供台，都和长江下游地区南朝墓相同。因此M4的时代应该是东晋晚期到南朝。

其他墓葬的年代依据墓葬形制和随葬品可以定为东汉时期。

在这些墓葬中，有打破叠压关系的一组，M7打破M8，并列关系的两组，M10和M12、M11和M13。

M7的后壁叠压在M8上，二者叠压部分仅为0.4米，但M7的后部有明显下陷的现象，两个墓葬的底部不在一个平面上，M7墓底比M8高0.2米。这些情况说明二者并不是一个墓葬，而是一组有打破关系的两个墓葬。这一特殊现象说明了当时人们对死者的尊重，也有可能是有意这样做以达到某种目的。

M10和M12并行排列，相距仅40厘米，无论是从墓室的构筑形式，还是从随葬品的种类来看，二者都几乎相同。M10的随葬品表现出明显的男性特征，M12则表现出女性特征，由此可以判断这两个墓葬是一组夫妻异穴合葬墓。M11和M13也是并行排列，二者相距1米多，方向一致。虽然墓葬形制和随葬品有所不同，但也不排除合葬墓的可能。并行排列、成对出现的墓葬在三峡地区还是比较多的，如万州钟嘴东汉墓地的M1和M2[③]，万州塘坊墓地、瓦子坪遗址

---

① 四川省文物考古研究所：《丰都汇南墓群发掘简报》，《重庆库区考古报告集·1997卷》，科学出版社，2001年。

② 郑君雷：《峡江地区西汉墓葬研究的若干线索》，《重庆2001三峡文物保护学术研讨会论文集》，科学出版社，2003年。

③ 山东省博物馆等：《重庆万州钟嘴东汉墓群发掘简报》，待刊。

的M1与M6、M2与M12、M4与M5、M9与M10、M13与M14[①]等。这说明在峡江地区广泛存在着合葬现象，“整个墓地中的墓葬则形成了族葬的形式”[②]。

另外还有已经探明没有发掘的20余座，加上我队在石家包发掘的近50座墓葬，表明云阳在西汉晚期至六朝已经成为十分繁荣的人口聚居地，物质和精神文化已相当发达。从而说明了蜀汉统治下的西南地区经济已经有了长足的发展，由此奠定了三国鼎立的物质基础。

附记：本次考古工作得到重庆市文化局、文物考古所、博物馆以及云阳县文体局、文管所等单位的支持与协助，谨致谢忱！参加发掘和资料整理的主要人员有肖梦龙（领队）、李永军、何汉生等。

执笔：李永军　何汉生

① 山东省博物馆发掘资料。

② 罗二虎：《四川汉代砖石室墓的初步研究》，《考古学报》2001年第4期。

云阳大地坪遗址2003年度第二次发掘简报

株 洲 市 博 物 馆
湖南省文物考古研究所
云 阳 县 文 物 管 理 所

株洲市博物馆考古队从2003年10月开始，对重庆市云阳县大地坪遗址进行第三次考古抢救发掘。发掘面积1534平方米，布探方17个，发现墓葬、房址、灰坑、窑址等遗迹19个，出土了大量自新石器时代晚期以来的各类质地的文物标本。本文为第三次发掘成果的报道。

大地坪遗址位于重庆市云阳县盘石镇龙安村一组，东经108°42′45.63″，北纬30°54′36″，海拔130～175米（图一）。该遗址原定为旧石器点，株洲市博物馆2002年进行了第一次发掘，发掘面积500平方米，分为A、B、C三区。2003年上半年增加发掘面积1000平方米，为第二次发掘，编为C区、D区。两次发掘发现了新石器时代晚期和商周时期文化遗存，未发现旧石器时代地层，由此确定了大地坪遗址为一处以新石器时代至商周时期遗存为主体的大型遗址。第二次发掘还发现了库区当时最早的史前栽培水稻遗存，荣获当年“三峡考古十大发现”奖。2003年下半年进行第三次发掘，增加发掘面积1500平方米，编为E区，发掘时间为2003年10月18日～2004年1月9日，实际发掘面积1534平方米。

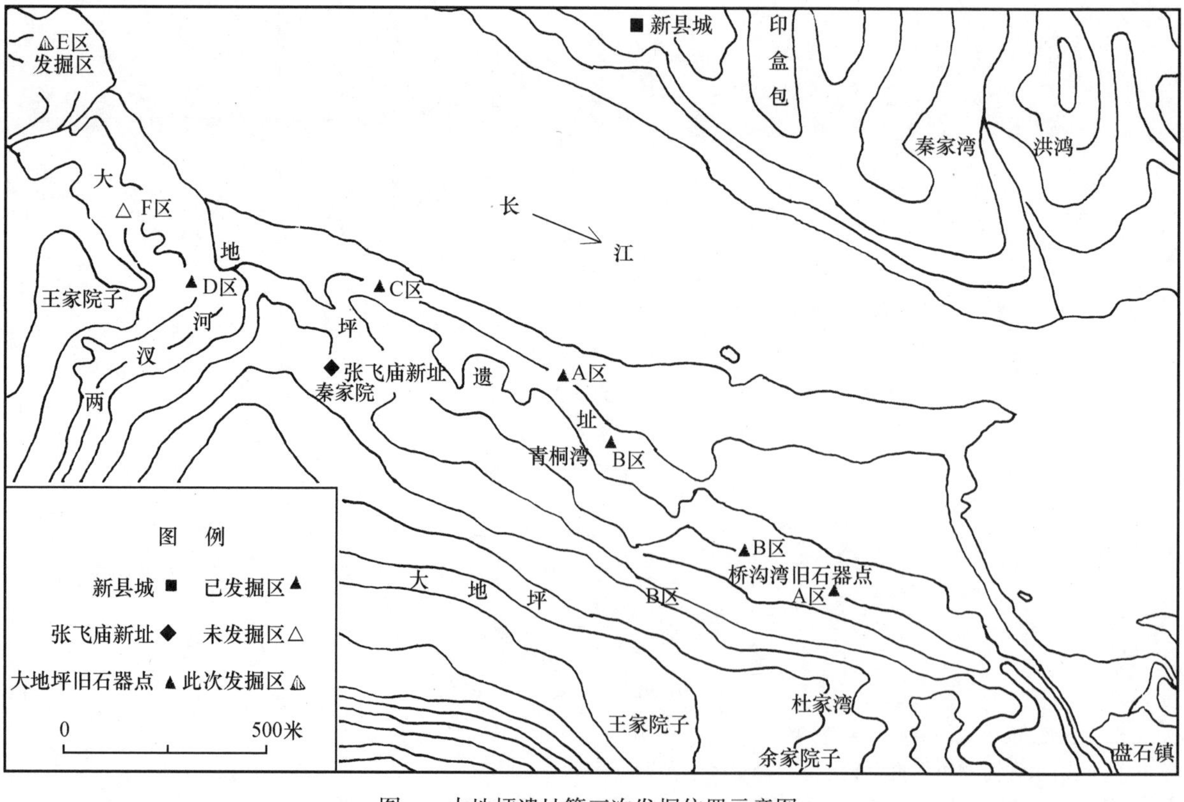

图一　大地坪遗址第三次发掘位置示意图

一、地理环境和地层分期

大地坪遗址居峡江中段，西去为川东平行岭谷区，往东则为峡江深谷区。和峡江其他遗址一样，大地坪遗址具有沿江点状分布特点，分布在双汉河入长江处的坡间阶地上。交汇地段呈宽谷地貌，下有冲积扇。遗址被双汉河一分为二，第三次发掘的E区就在双汉河之西的斑竹岭山腿间，有条山泉冲沟在E区穿行入江（图二）。

大地坪遗址地层堆积呈沿江坡积形态，由于人为历代层层相叠的阶梯营造和一些坡间土石拦挡，形成绕坡的内积带状平台。遗址内因斑竹岭、乌龟包、夜壶包等土丘阻隔泥沙，在坡湾形成王家院子、土深地饶的菜园、水田、土围子，而临江坡坎则遍布土肥泥沃、水旱轮作的梯田坡地。大地坪遗址第三次发掘共17个探方（图三），根据勘探情况和地形分布，探方没有按正南北向布方，规格分10米×10米、9米×9米、6米×6米三种。一般文化层堆积上坡薄，仅30～50厘米，3或4个层次；下坡厚1～3米堆积，5～8个层次不等，其中T3厚达3.75米，有18层之多。由于整个遗址各探方地层延续性不强，文化层的对应关系多从各层的包含物来确定。

现以T3和T9为例介绍地层堆积如下。

1. T3

第1层：灰黑色淤砂层。厚5～10厘米。土质软湿而纯净。现代层。

第2层：灰黄色耕土层。厚5～25厘米。包含物为植物根须、绳纹泥质灰陶片、红陶片、青花瓷片、石片、红砖残块等。现代层。

第3层：黄褐色黏土层。厚5～95厘米。土质较疏松。包含物有红烧土、炭渣、铁条、绳纹泥质灰陶片 、红陶片、石片、砍砸器、筒瓦、青花瓷片。明清文化层。

第4层：橙褐色黏土层。厚0～38厘米。成坡状堆积。土质较板结，结构紧密。包含物为少量绳纹泥质灰陶片、夹砂红陶片、灰陶片等。明清文化层。

第5层：灰黑色黏土层。厚0～75厘米。成坡状堆积。土质较板结，结构紧密。包含物有绳纹泥质陶片、白瓷片、筒瓦、砾石、罐、石片、砍砸器、刮削器、板瓦、青釉瓷碗等。唐宋文化层。

第6层：灰黄色黏土层。厚0～36.5厘米。土质较板结，结构紧密。含少量红烧土、炭渣，无陶片等包含物。唐宋文化层。

第7层：灰色黏土层。厚0～15厘米。土质较板结，结构紧密、夹杂少量红烧土和炭渣，包含物有素面灰陶片、筒瓦、瓷片、石网坠、板瓦、罐、盆、缸等。唐宋文化层。

第8层：浅灰黄色黏土层。厚0～25厘米。土质板结，结构紧密。包含物有瓷碗、杯、板瓦、红烧土、炭渣等。汉晋文化层。

第9层：黑灰色黏土层。厚0～60厘米。成坡状堆积。土质较疏松。含大量炭屑，包含物有豆柄、兽骨、铁斧、铁锄、绳纹灰陶片、夹砂红陶片、豆、鬲足、瓦当、刮削器、筒瓦、板瓦、五铢钱等。汉晋文化层。

第10层：灰色黏土层。厚0～45厘米。成坡状堆积，南高北低。土质板结，结构紧密。夹

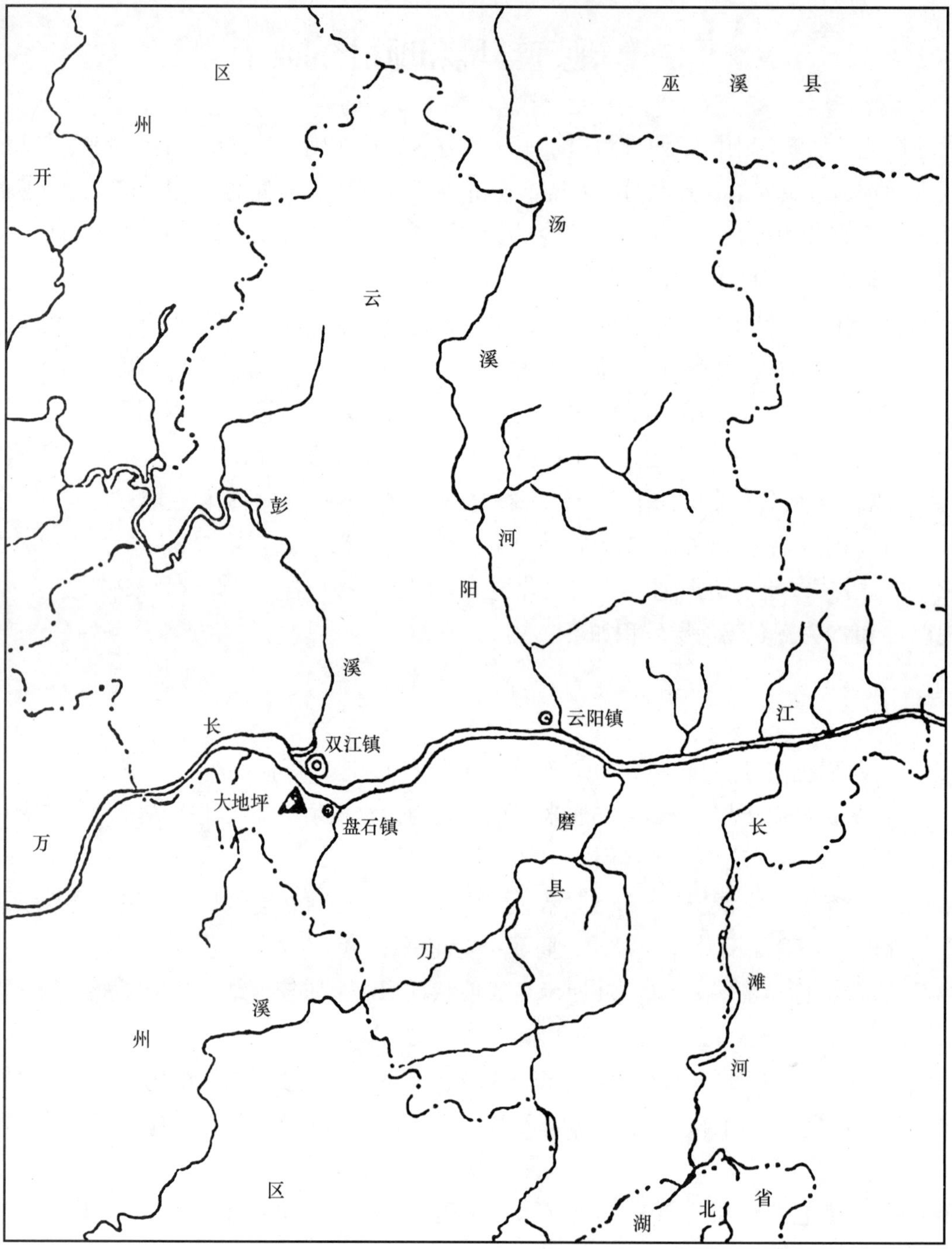

图二　大地坪遗址位置示意图

杂少量红烧土，包含物有豆柄、鬲足和少量打制石器。东周文化层。

第11层：黑褐色黏土层。厚0～65厘米。成坡状堆积，南高北低。土质疏松。含大量炭屑、红烧土，包含物有豆、鬲足、盆、缸、绳纹灰陶片、兽骨、刮削器等。东周文化层。

第12层：分三个亚层，均东周文化层。

第12A层：灰黄色黏土层。厚0～50厘米。坡状堆积，南高北低。土质板结，结构紧密。夹杂红烧土颗粒，包含物为豆柄、豆、磨制石斧、刮削器等。本层下出F1，打破第13层。

第12B层：褐黄色黏土层。厚0～75.5厘米。土质板结，结构紧密。夹杂红烧土块，包含物

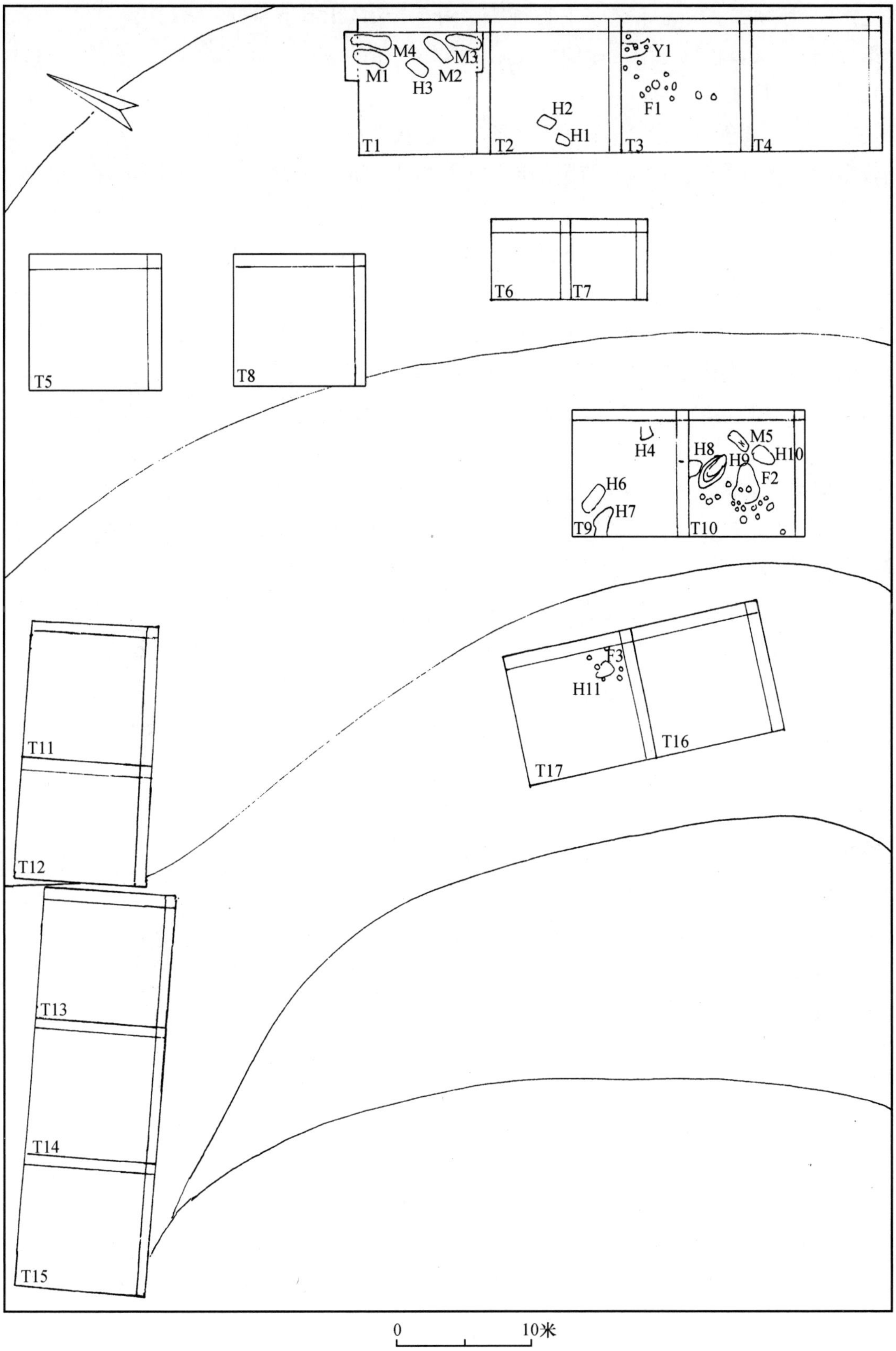
M4
M3
M1
H3
M2
Y1
F1
H2
H1
T1
T2
T3
T4
T6
T7
T5
T8
H4
M5
H8
H9
H10
F2
H6
H7
T9
T10
F3
H11
T16
T17
T11
T12
T13
T14
T15
0
10米

图三 探方、遗迹分布图

有少量素面灰陶片、豆、豆柄等。有遗迹Y1，开口于第12B层下，打破第13层。

第12C层：浅黄色黏土层。厚约15厘米。含极少量的豆柄、素面灰陶片。有遗迹F1，开口于第12C层下，打破第13层。

第13层：棕黄色黏土层。厚0～65厘米。成坡状堆积，南高北低。土质板结，结构紧密。夹杂较多的红烧土颗粒，包含物有附加堆纹大口缸、圈足碗、高柄豆、刮削器、豆、尖底器、黑陶小罐等，泥质绳纹灰陶片、方格纹缸、壶、盘、盆等残片。出Y1。商代晚期文化层。

第14层：黑灰色黏土。厚0～45厘米。坡状堆积。夹杂较多炭渣，包含物有砍砸器、黑陶喇叭口长炳豆、黑陶小罐、高领罐、夹砂红陶片、钵、敛口罐、大口缸等。商代晚期文化层。

第15层：黑灰色黏土。厚0～50厘米。土质较硬，结构紧密。夹杂大量红烧土，包含物有豆、喇叭豆柄、红陶鬶、黑陶小罐、盉、小平底罐、敛口小平底钵等残件。商代早期文化层。

第16层：黄褐色黏土。厚0～75厘米。土质板结，结构紧密，土质较纯净，包含物为少量的泥质绳纹灰陶片、夹砂红陶片及黑陶小罐等。商代早期文化层。

第17层：灰褐色黏土。厚0～75厘米。土质板结，结构紧密。包含物有夹砂素面灰陶片、豆柄、豆盘、方格纹大口缸、小平底罐、器盖、红陶片、附加堆纹、方格纹缸等。商代早期文化层。

第18层：黄色黏土。土质板结，结构紧密。土色纯净。生土层（图四）。

2. T9

第1层：黑褐色夹砂黏土。厚5～10厘米。含刮削、砍砸器，红衣黑陶罐等陶片和植物根须。现代层。

第2层：灰黄色黏土。厚0～25厘米。含青白瓷片、瓦片、竹节豆柄。现代层。

第3层：浅黄色黏土。厚0～60厘米。含青瓦、瓷片、砾石、铜铁残条、小平底罐、矮圈纽器盖、长柄豆、打制石器。明清文化层。

第4层：灰黄色黏土。厚0～40厘米。含商代豆柄、罐和汉瓦。汉晋文化层。

第5层：浅褐色夹砂黏土。厚0～60厘米。含大量陶片、石器、石片。陶片质地以泥夹砂质陶为主；陶色以灰陶为主，红陶次之；纹饰以刻划纹为主，绳纹次之。可辨器形有罐、碗、缸、豆柄、红陶鬶沿、磨石小斧。开口于第4层下、打破第5层的H5因遗物仅板瓦片，归为地层。有遗迹H4、H7，开口于第5层下，打破第6和第7层。另有H6开口于第6层下。均为商代遗迹。商代晚期文化层。

第6层：黑灰色夹砂黏土。厚0～80厘米。出土大量商代残陶器、陶片、打制石器。器类有鬶、长柄豆、灯形器、小平底罐、器盖和红烧土、动物骨头等。文化层叠压东北角。有遗迹H6，开口于第6层下，打破第7层。有遗迹H7，开口于第6层下，打破第7和第8层。商代早期文化层。

第7层：黄褐色夹砂黏土。厚0～50厘米。叠压在西北角。与第6层比，土色偏黄较板结。含炭渣、红烧土和动物骨骼，陶片以泥夹砂灰陶为主，红陶很少。器形有罐、杯、豆柄等，不出鬶。第6层下打破第7层的有H6，还有H7打破第7层达第8层。新石器时代末期文化层。

第8层：褐红色黏土。厚0～150厘米。出土侈口小罐、大罐、直腹罐、侈口盆、敛口钵、

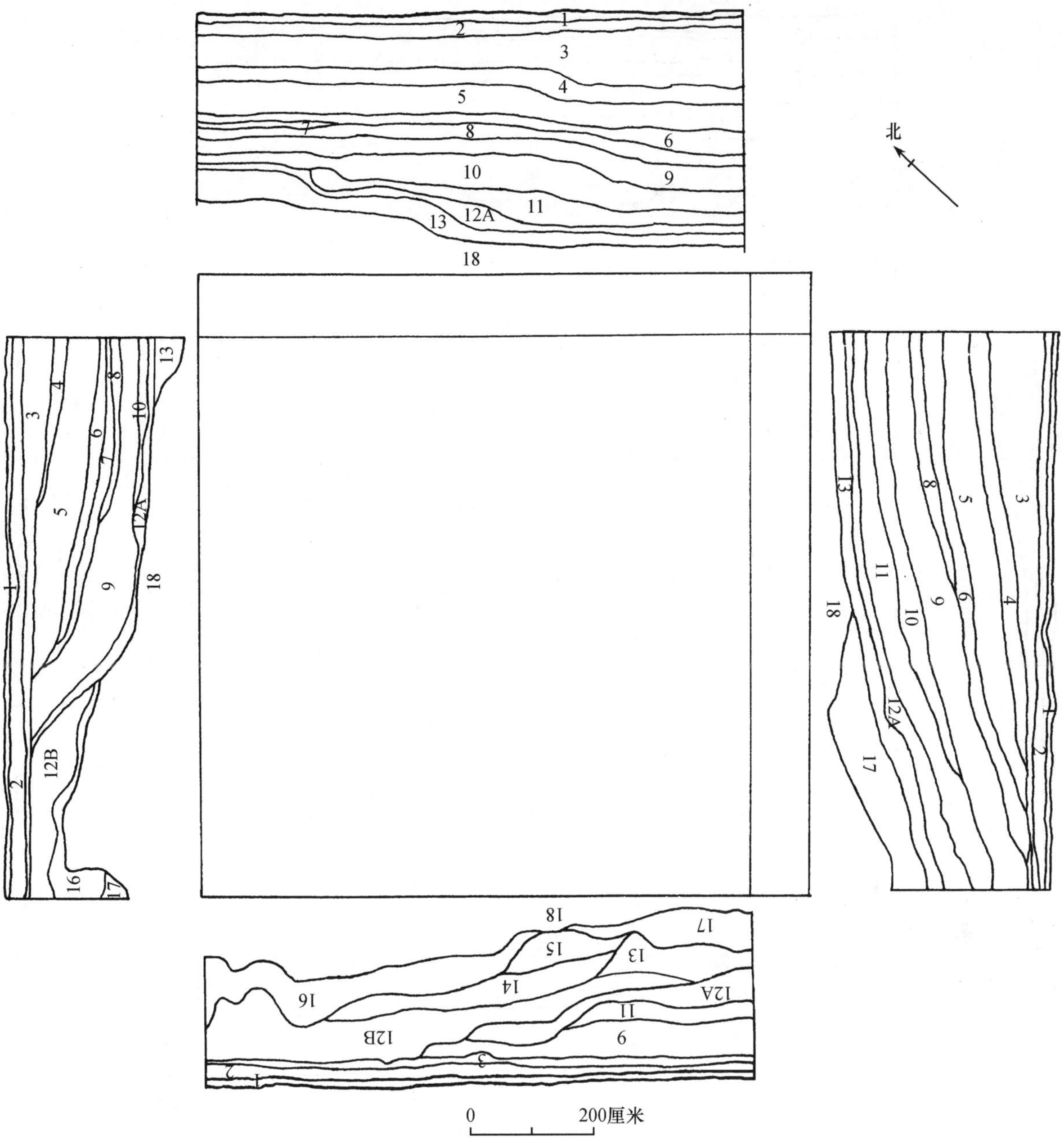

图四　T3平、剖面图

太阳纹陶片等残件。根据南、北壁剖面图，第8层应为南北向土台残迹，在南壁露头。新石器时代晚期文化层（图五）。

二、遗　　迹

第三次发掘的遗迹分布在6个探方，分别为T1、T2、T3、T9、T10和T17，共有19个遗迹。这些遗迹为墓葬、灰坑、房址、窑址。其中，新石器时代末期有灰坑1个（T10H10）。商代早期有墓葬4座（T1M1、T1M2、T1M3、T1M4），灰坑4个（T9H4、T9H6、T9H7、

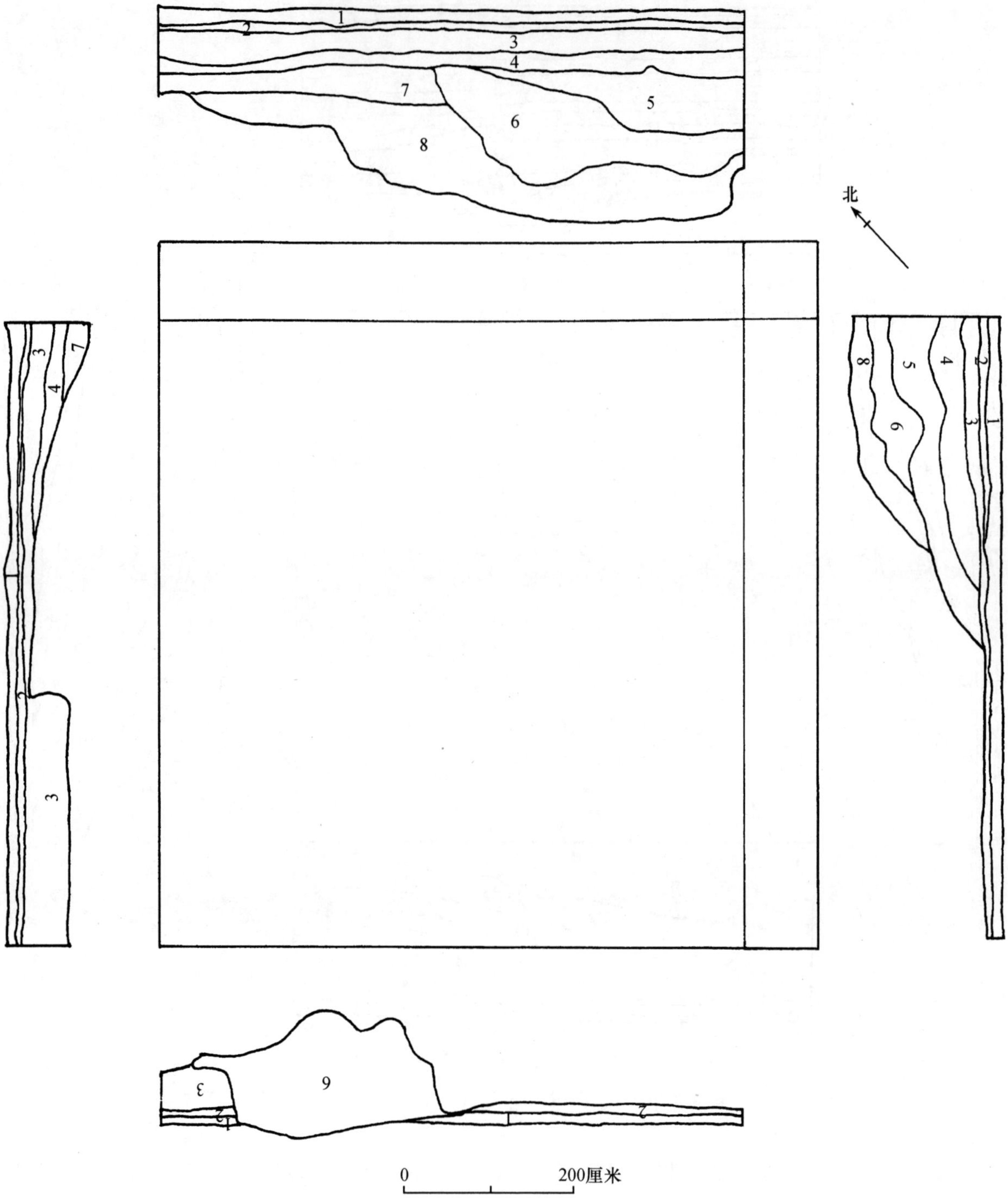

图五　T9平、剖面图

T17H11）。商代晚期有窑址1个（T3Y1）。东周时期有灰坑2个（T1H3、T10H9），房址2座（T3F1、T10F2）。汉晋时期有灰坑3个（T2H1、T2H2、T10H8）。唐宋时期有墓葬、房址各1座（T10M5、T17F3）。

（一）新石器时代末期

T10H10　开口于T10第6层下，打破第7层，达第8层。椭圆形。长164、宽104、深29厘米。方向350°。填土为灰褐色夹砂土。包含遗物有灰、黑陶豆柄、小平底罐、长颈壶、器盖等（图六、图七）。

（二）商代早期

T1M1　开口于第7层下，打破第8层。形状为长方形。长230、宽84、残深10厘米。方向20°。填土为灰褐色粉砂黏土。包含遗物有砾石、陶片、尖底器1件（图八；图九，1）。

T1M2　开口于第7层下，打破第8层。形状为长方形。长205、宽90、深18厘米。方向200°。填土为灰褐色粉砂黏土。包含遗物有豆柄2件、陶片4件、石片1件、骨痕（图九，2）。

T1M3　开口于第7层下，打破第8层。形状为长方形。方向168°。长285、宽100、深106厘米。填土为灰褐色粉砂黏土。包含遗物有大量陶片、残豆柄3件、石器、少量动物骨头（图

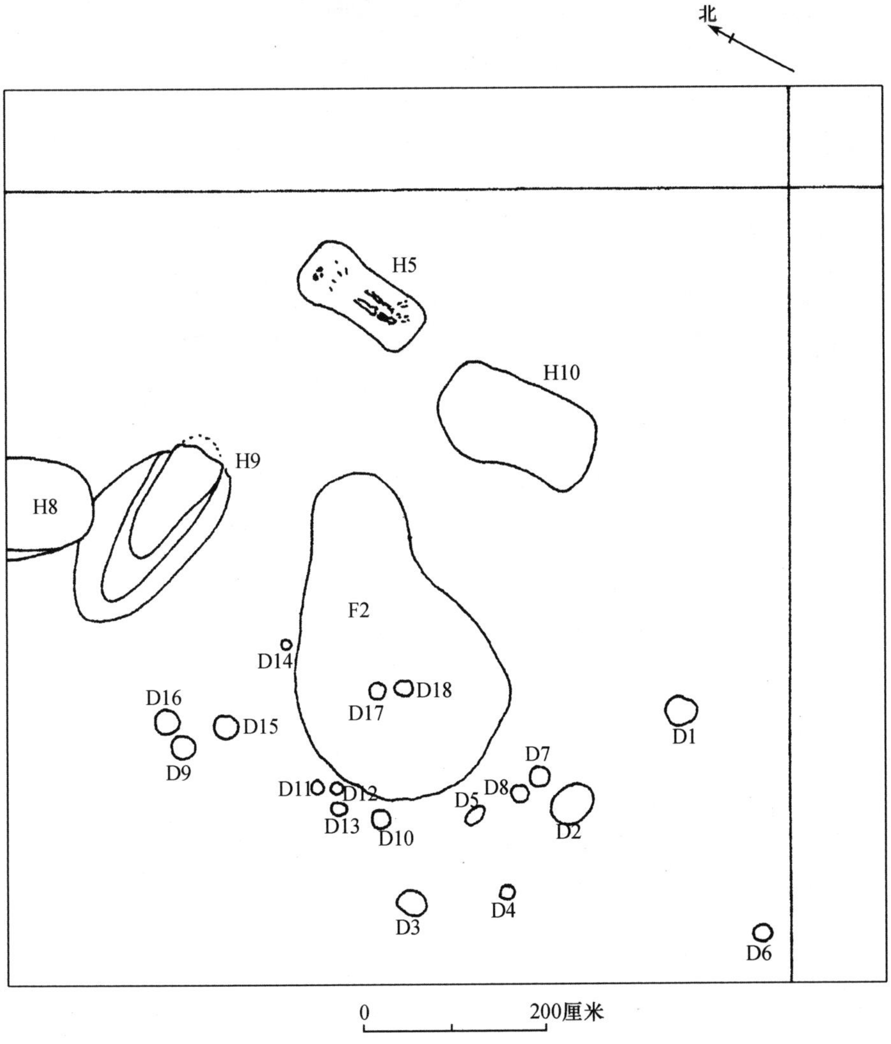

图六　T10H5、F2、H8、H9、H10位置图

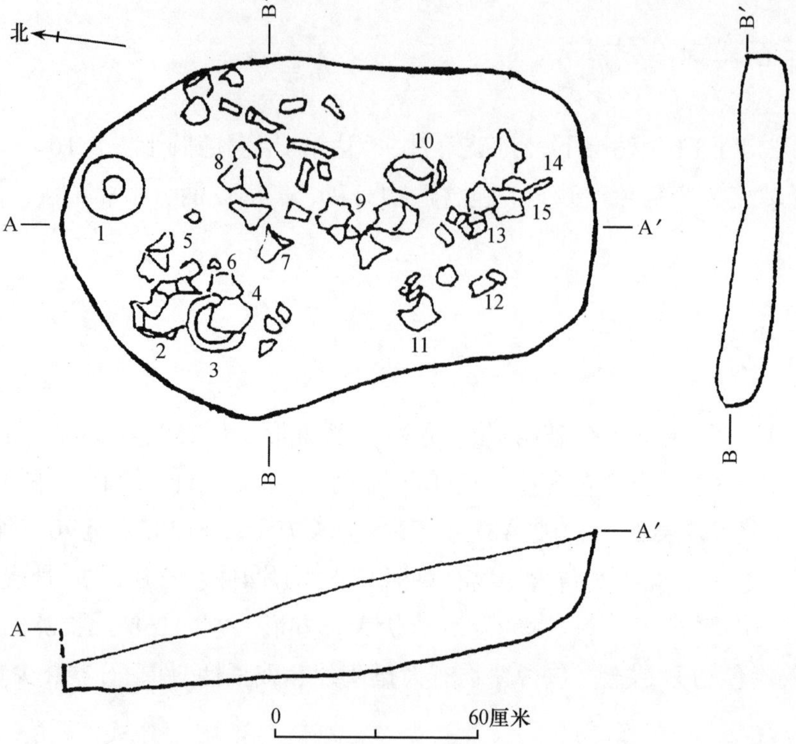

图七　T10H10平、剖面图

1. 灰陶豆柄　2. 陶罐　3. 黑陶小平底罐　4. 砍砸器　5. 黑陶豆柄　6. 红陶罐　7. 红陶器底　8. 黑陶罐　9. 黑陶长颈壶　10. 黑陶小罐　11. 红陶小圈足碗　12. 灰陶器盖纽　13. 灰陶小罐　14. 灰陶矮纽器盖　15. 灰陶长纽器盖

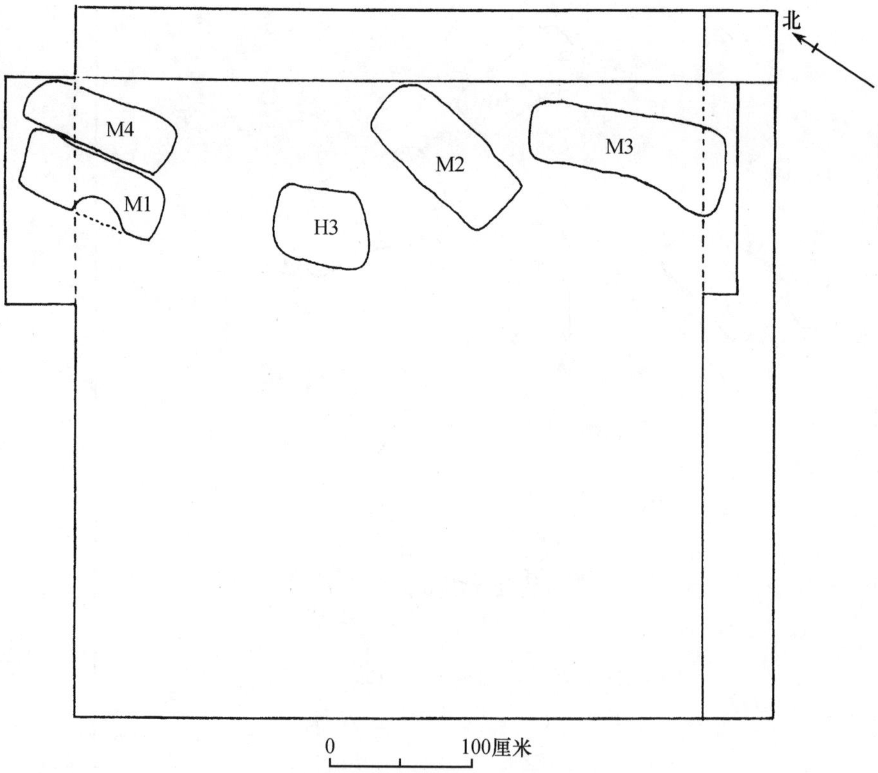

图八　T1遗迹平面分布图

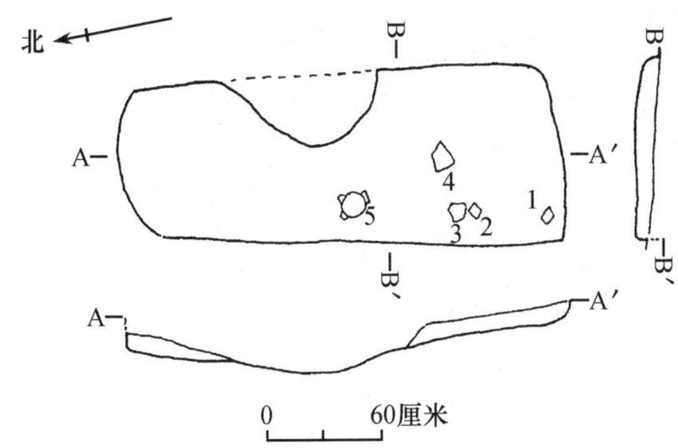

1 T1M1平、剖面图
1、2. 砾石 3、4. 陶片 5. 尖底杯

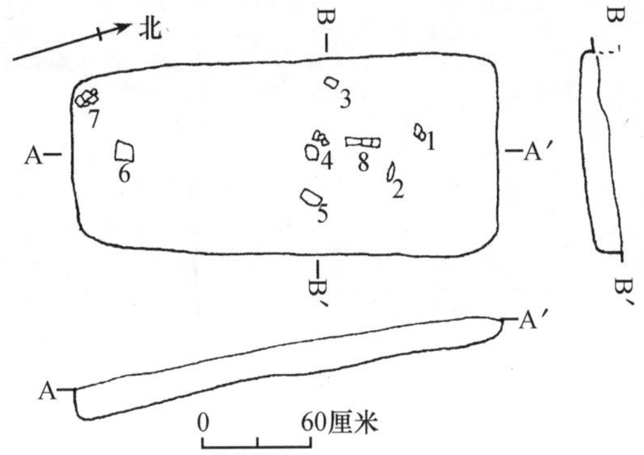

2 T1M2平、剖面图
1、2. 豆柄 3. 石片 4～7. 陶片 8. 骨痕

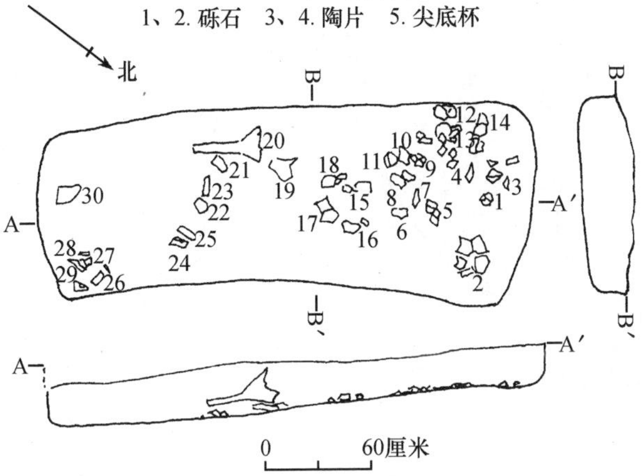

3 T1M3平、剖面图
1～3、5、8、12～14、18、19、21、27、30. 陶片
4、6、9～11、25、29. 石片 7、15. 人骨
16. 砺石 17、23、26. 豆柄 20. 陶豆
22、24. 砾石 28. 陶罐

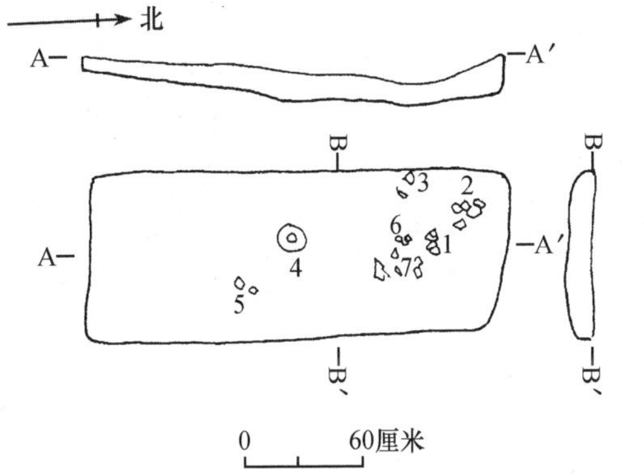

4 T1M4平、剖面图
1～3. 陶片 4. 小口罐（残） 5. 石片 6. 人骨痕
7. 人牙

图九 T1M1、T1M2、T1M3、T1M4平、剖面图

九，3）。

T1M4 开口于第7层下，打破第8层。形状为长方形。长205、宽82、残深18厘米。方向3°。填土为灰褐色粉砂黏土。包含遗物有动物胸椎2节、小口罐残片、陶片数块、石片1件（图九，4）。

T9H4 开口于第5层下，打破第6层和第7层。形状为长方斧形。方向40°。长112、宽64、深21厘米。填土为黑褐色夹砂黏土。包含遗物有红陶鬶、豆盘、豆柄、钵、石片等。多鱼鳃骨（图一〇）。

T9H6 开口于第6层下，打破第7层。形状为长方斧形。方向92°。长192、宽92、深40厘米。填土为灰褐色粉砂黏土。包含遗物有陶鬶、高领罐、盘口罐、钵、豆柄、豆4件、陶片、砾石（图一一）。

T9H7 开口于第6层下，打破第7层和第8层。形状为靴形。长186、宽100、深100厘米。填土为灰黄色粉砂黏土。包含遗物有陶片、石片、红烧土。陶片多以夹砂灰陶为主，红陶、磨光黑陶少（图一二）。

T17H11 开口于第4层下，打破第7层。形状不规则。长190、宽80～128、深68～78厘

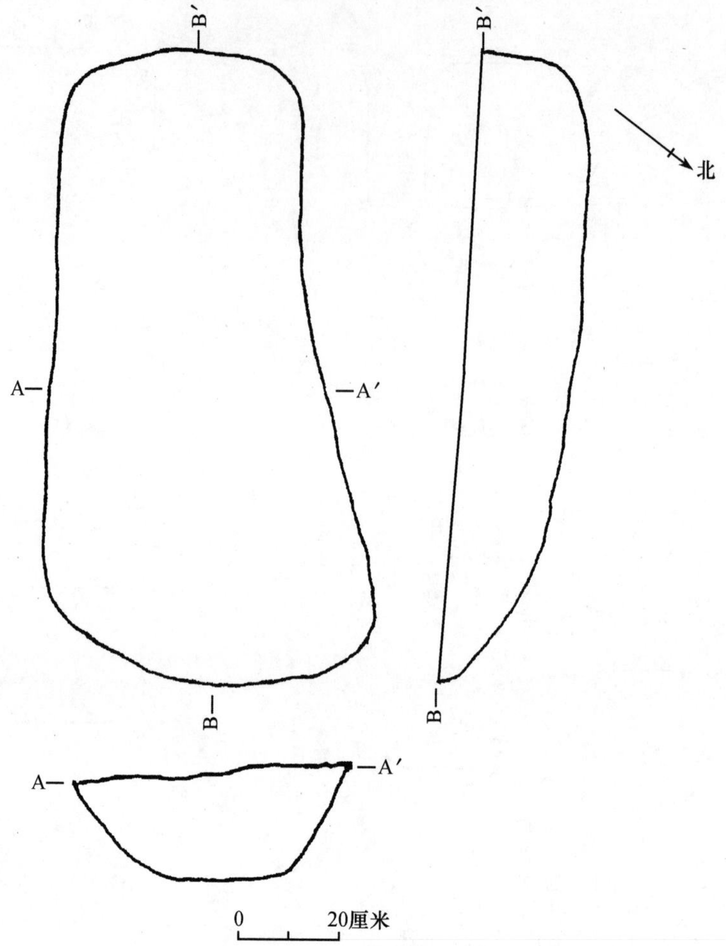

图一〇 T9H4平、剖面图

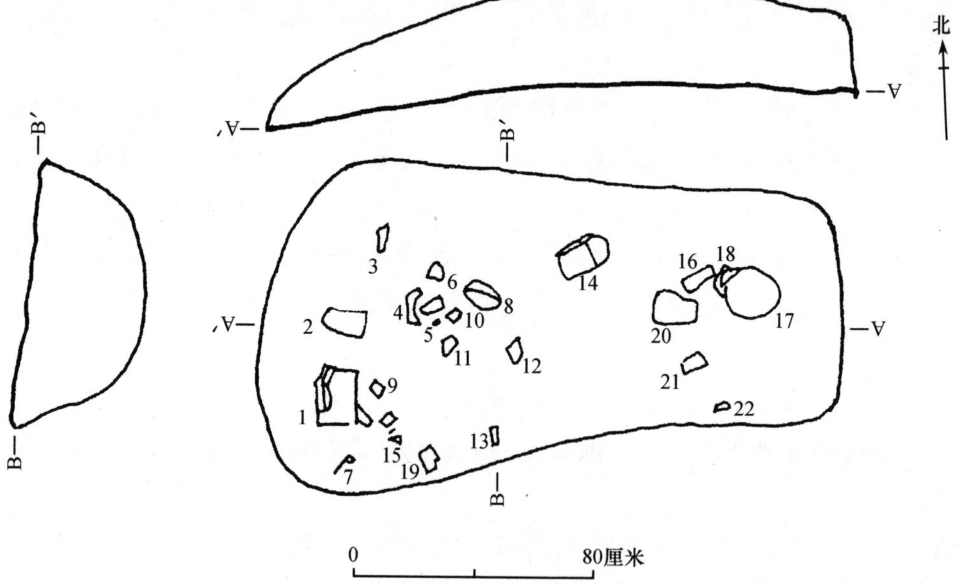

图一一 T9H6平、剖面图

1. 鬶 2. 高领罐口沿 3. 盆口沿 4. 小罐 5、6、12. 卵石 7、9、10、14～16、18、20. 陶片 8. 陶钵 11. 石片 13. 豆柄 17、19、21、22. 陶豆

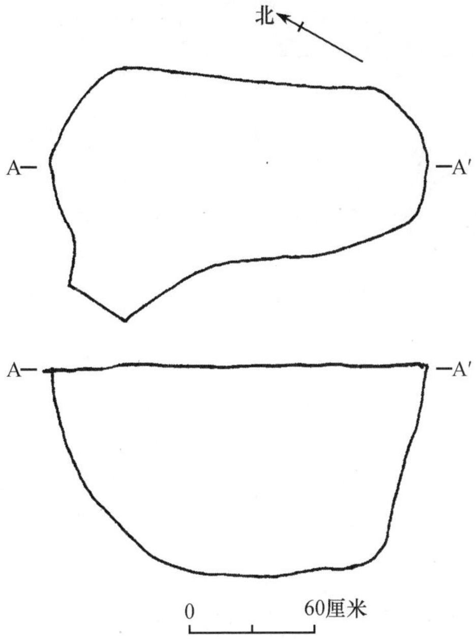

图一二　T9H7平、剖面图

米。方向60°（图一三，2）。填土为灰褐色夹砂黏土。包含较多的陶片、石器、炭渣、烧土粒。

（三）商代晚期

T3Y1　开口于第12层下。形状靴形。方向约65°。长110、宽60、深40厘米。填土为黑色粉砂黏土。包含遗物有素面灰陶、夹砂红陶片。仅见残烧壁，火门、烟道和窑膛不清。残烧壁块约10厘米厚，窑形制不成形（图一四，1）。

（四）东周时期

T1H3　开口于第6层下，打破第7层。形状为圆角梯形。方向82°。长135、宽95、深12～45厘米。填土为灰色粉砂黏土。包含遗物有铜镞1件、残豆柄1件、陶片3件（图一五）。

T10H9　开口于第5层下，打破第6层。形状为椭圆形。方向95°。长230、宽110、深25～60厘米。填土为深灰色砂黏土（图一六）。包含遗物有陶片，器形多素面小平底耸肩罐。

T10F2　开口于第5层下，打破第6层。形状为葫芦形。方向30°。柱洞分布长320～620、宽262～520厘米范围内。填土为深灰色夹砂黏土。陶片以夹砂灰黑陶为多，可见器形有鬲4件、大花沿罐4件（图一七）。

T3F1　开口于第12层下，打破第13层。仅见柱洞。分布长700、宽550厘米范围内。柱洞16个。柱洞填土为灰褐色砂黏土。柱洞内出土泥质灰色、红色陶片、砾石、红烧土、鱼骨等（图一四，2；图一八）。

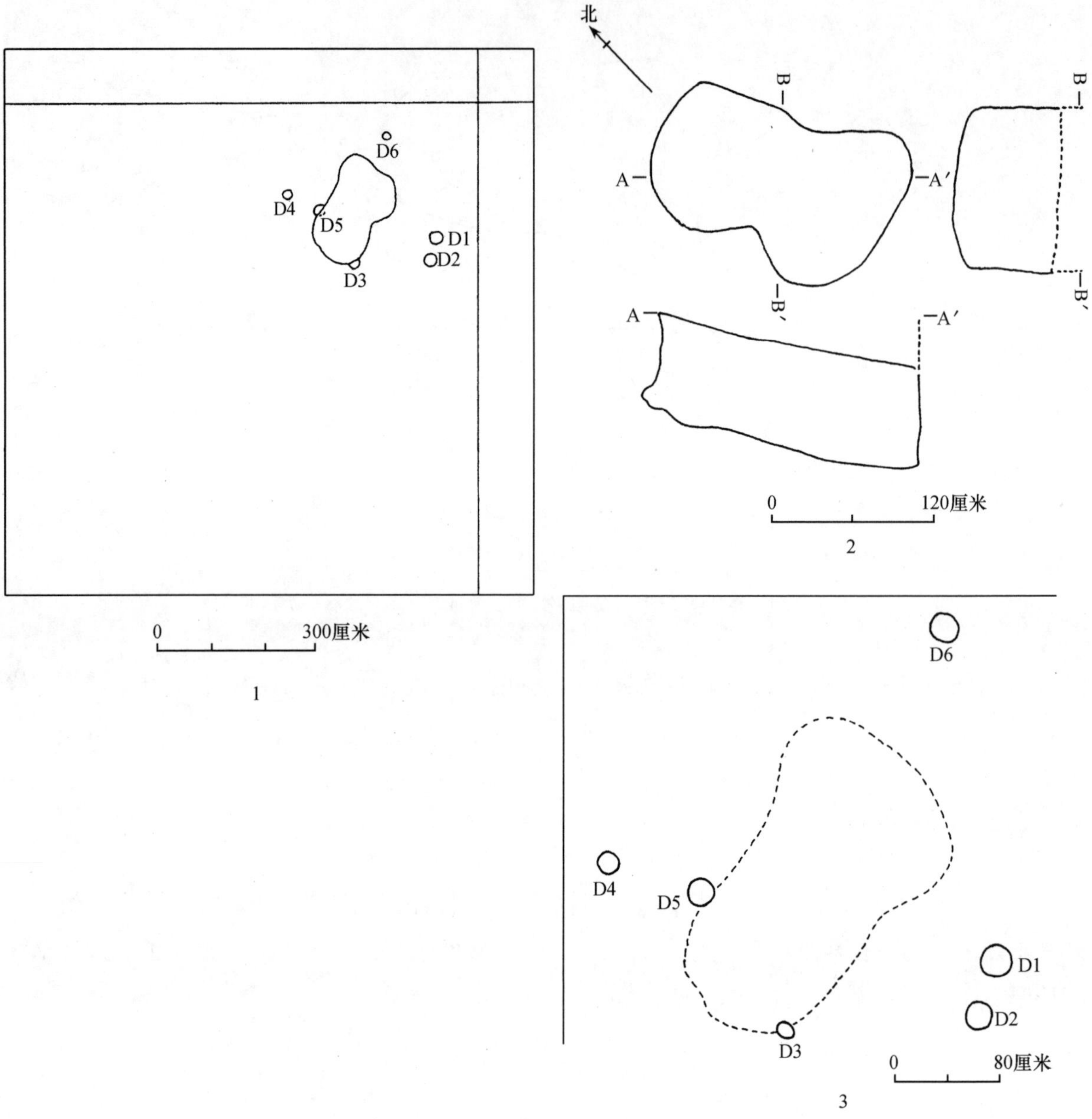

图一三　T17F3、T17H11平、剖面图

1、3. T17F3　2. T17H11

（五）汉晋时期

T10H8　开口于第4层下，打破第5层。形状为圆角方形。方向325°。长223、宽100、深54厘米。填土为灰黑砂黏土。包含遗物有汉瓦、周代鬲足、豆柄、五铢钱（图一九）。

T2H1　开口于第3层下，打破至第13层。形状近方形。方向253°。长100、宽92、深20厘米。填土为灰色粉砂黏土。包含遗物有较多炭渣（图二〇，2）。

T2H2　开口于第5层下，打破第13层。形状近方形。方向257°。长100、宽100、深20厘米。填土为灰色粉砂黏土。包含遗物多炭渣，有少量鱼骨、2块碎陶片、3件石片，底部铺石板（图二〇，1）。

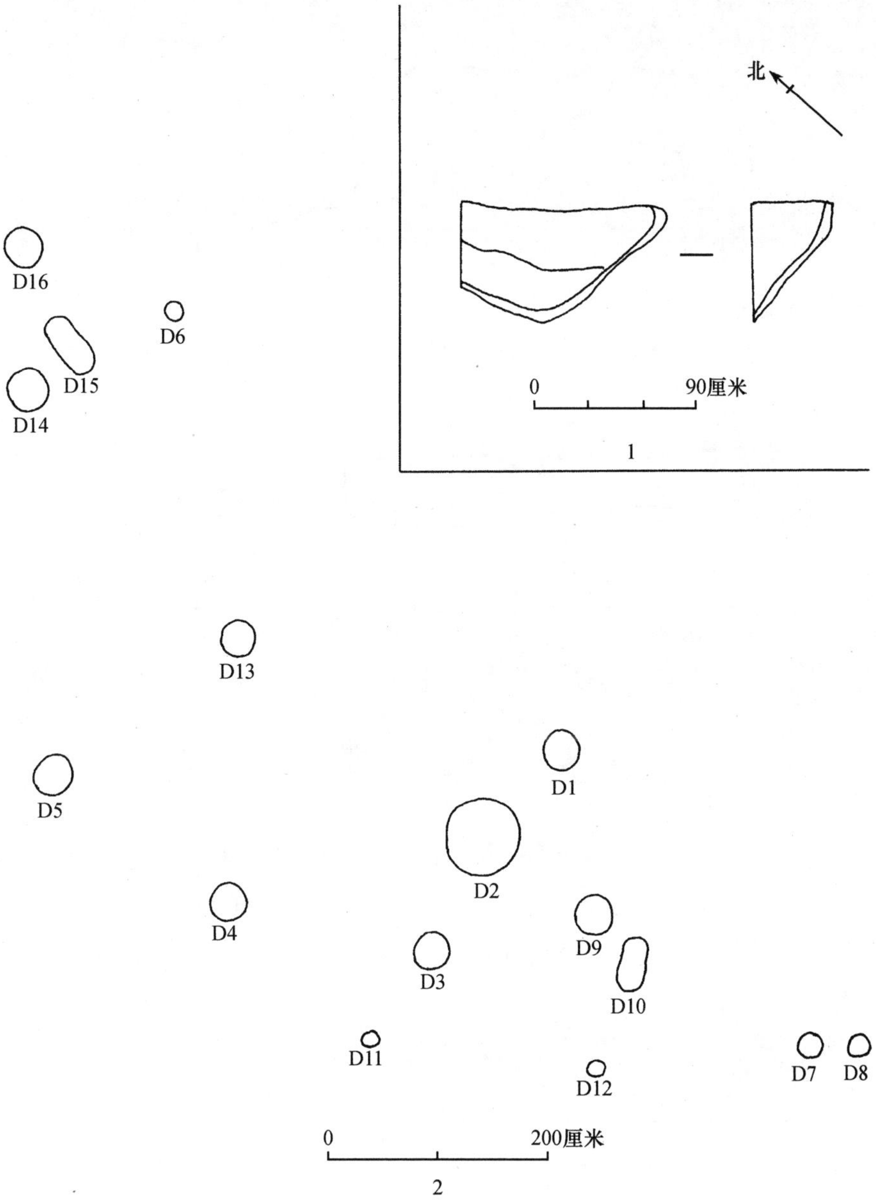

图一四　T3Y1、T3F1平、剖面图

1. T3Y1　2. T3F1

（六）唐宋时期

T10M5　开口于第3层下，打破第4层。形状为亚腰长方形。方向125°。长275、宽110、残深12厘米。填土为黑褐色砂黏土。包含遗物有人下肢骨（图一六，1）。

T17F3　开口于第3、4、6层下，打破H11及生土层。仅发现柱洞，未见门道。分布在长310、宽200厘米范围内。柱洞D1～D3、D6开口于第4层下，D4、D5开口于第3B层下，D3、D6打破H11（图一三，1、3）。

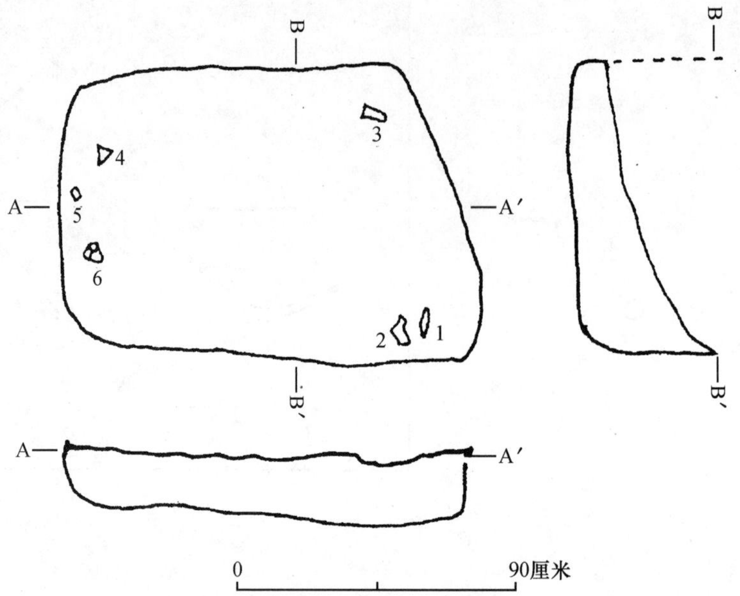

图一五 T1H3平、剖面图
1. 铜镞 2、4. 陶片 3. 豆柄 5. 红烧土 6. 石片

三、遗 物

大地坪遗址第三次发掘出土陶器可辨器形数千件，可修复和复原整体的200多件，基本完整的近百件，有石、陶、骨、铜、铁、瓷等质地，时间上涵盖了新石器时代晚期、新石器时代末期、商代早期、商代晚期、东周、汉晋时期、唐宋时期。其中，商代遗存最为丰富，地层颇为复杂，可以分为早、晚两期。

（一）新石器时代晚期

1. 石器

砍砸器 2件。分二型。

A型 1件。T9⑧：25，先用石片修整成长方形，再以锐棱砸击法制成。刃略薄。周边有修整使用痕。长11.1、宽7.5、厚2.1厘米（图二一，1）。

B型 1件。T9⑧：22，以锐棱砸击法制成。弧形刃现使用痕。长13.7、宽12.5、厚3.8厘米（图二一，2）。

刮削器 3件。分三型。

A型 1件。T16⑥：4，锐棱砸击法成。圆形盘状。锤击法缘边修整。圆形环刃，刃现修整使用痕。长8.3、厚2.7厘米（图二一，3）。

B型 1件。T17⑦：4，锤击法制成片状坯与直脊弧刃。刃现修整使用痕。右端尖，亦可作尖状器用。长6.7、宽12.4厘米（图二一，4）。

C型 1件。T16⑥：6，锐棱砸击法制成。眼球状，有台阶。变质砂页岩质。弧刃现使用

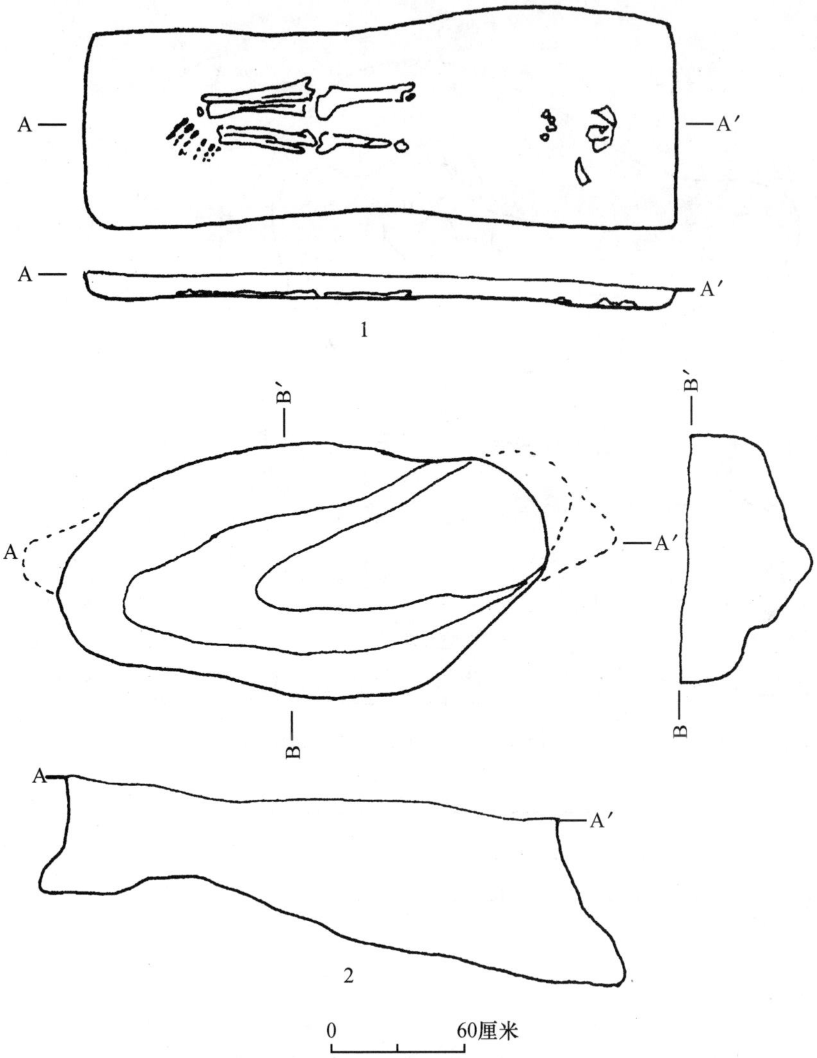

图一六 T10M5、T10H9平、剖面图

1. T10M5 2. T10H9

痕。长6.8、宽11厘米（图二一，5）。

尖状器 3件。可分为二型。

A型 2件。分二式。

Ⅰ式：1件。T17⑦：3，锤击法制成。三棱形，两翼多次修整而成。长9.5、宽5.9厘米（图二一，6）。

Ⅱ式：1件。T9⑧：23，锤击法打片，修整成三角状。尖残。长15.9、宽12.2厘米（图二一，7）。

B型 1件。T9⑧：24，锤击法成龟状。现砾背。周边修整，尖部有使用痕。长11.2、宽7.4、厚1.6厘米（图二一，8）。

锛 2件。二型。

A型 1件。T16⑦：1，磨制现砾面。呈梯形。长7.1、宽5.7厘米（图二一，9）。

B型 1件。T16⑦：2，磨制刃部，身短现砾面。长5.5、宽5.8厘米（图二一，10）。

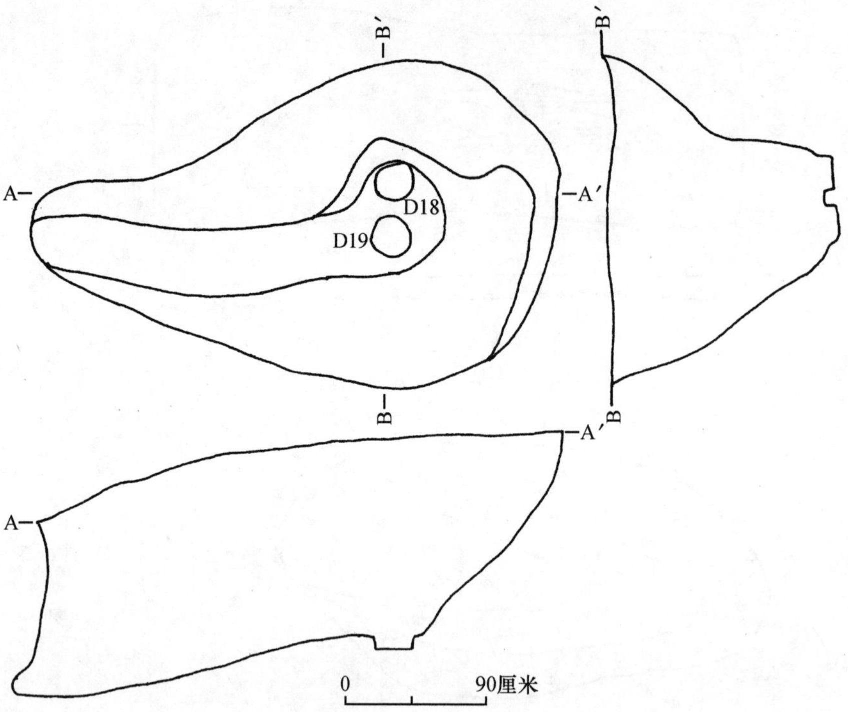

图一七 T10F2平、剖面图

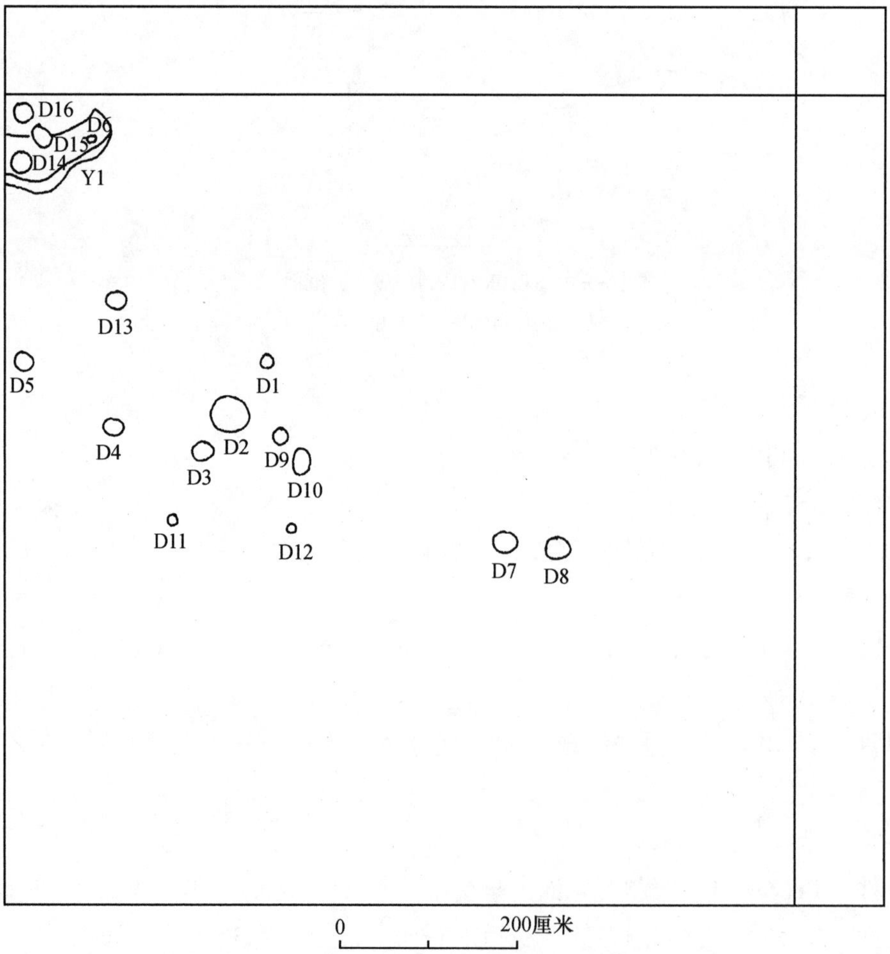

图一八 T3F1位置图

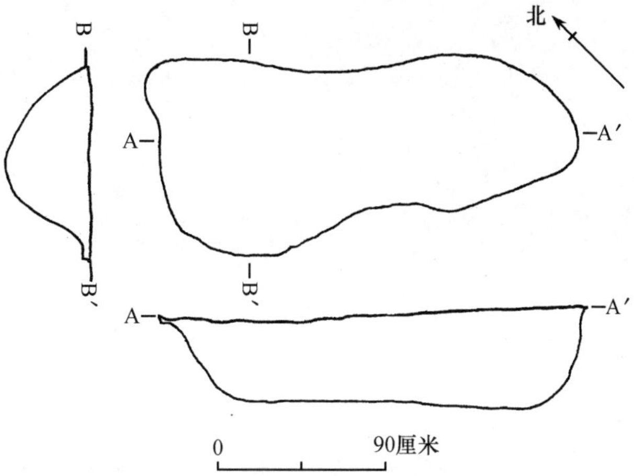

图一九　T10H8平、剖面图

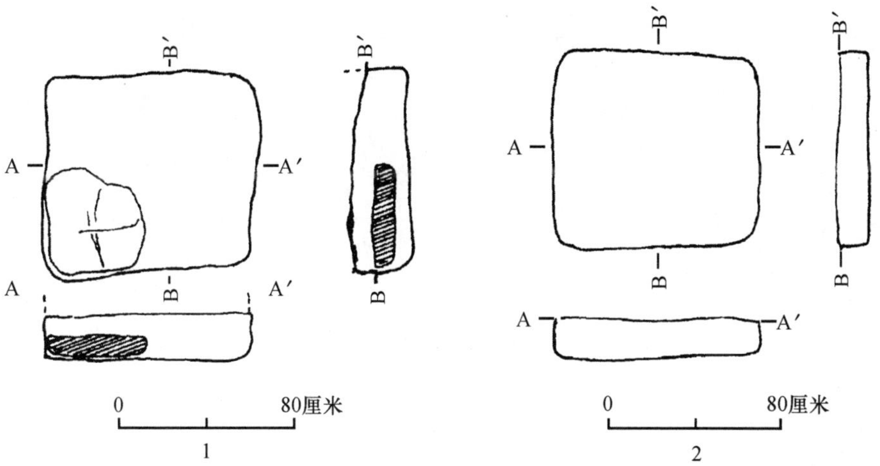

图二〇　T2H1、T2H2平、剖面图
1. T2H2　2. T2H1

镰　1件。T16⑥：7，锤击法成半圆形。弧部多次修整成直刃。弓背现砾面。长6.8、宽12.7厘米（图二一，11）。

网坠　1件。T16⑥：5，扁椭圆形砾石锤击成亚腰形。长6.4、宽5厘米（图二一，12）。

2. 陶器

罐　19件。分六型。

A型　折沿罐。4件。分四式。

Ⅰ式：1件。T9⑧：5，夹细砂，红褐色。轮制。侈口，折沿，束颈，圆弧腹下垂。似为深腹罐残片。存褐色烟垢。颈下饰斜绳纹。下残无。口径13、残高9厘米（图二二，2）。

Ⅱ式：1件。T9⑧：7，夹砂，红褐色。轮制。口沿残片。侈口，束颈，圆弧腹。素面，存褐色烟垢。下残无。口径11、残高6厘米（图二二，1）。

Ⅲ式：1件。T9⑧：10，夹砂，褐色。轮制。侈口，束颈，顺肩。颈下戳印三圈方格纹，

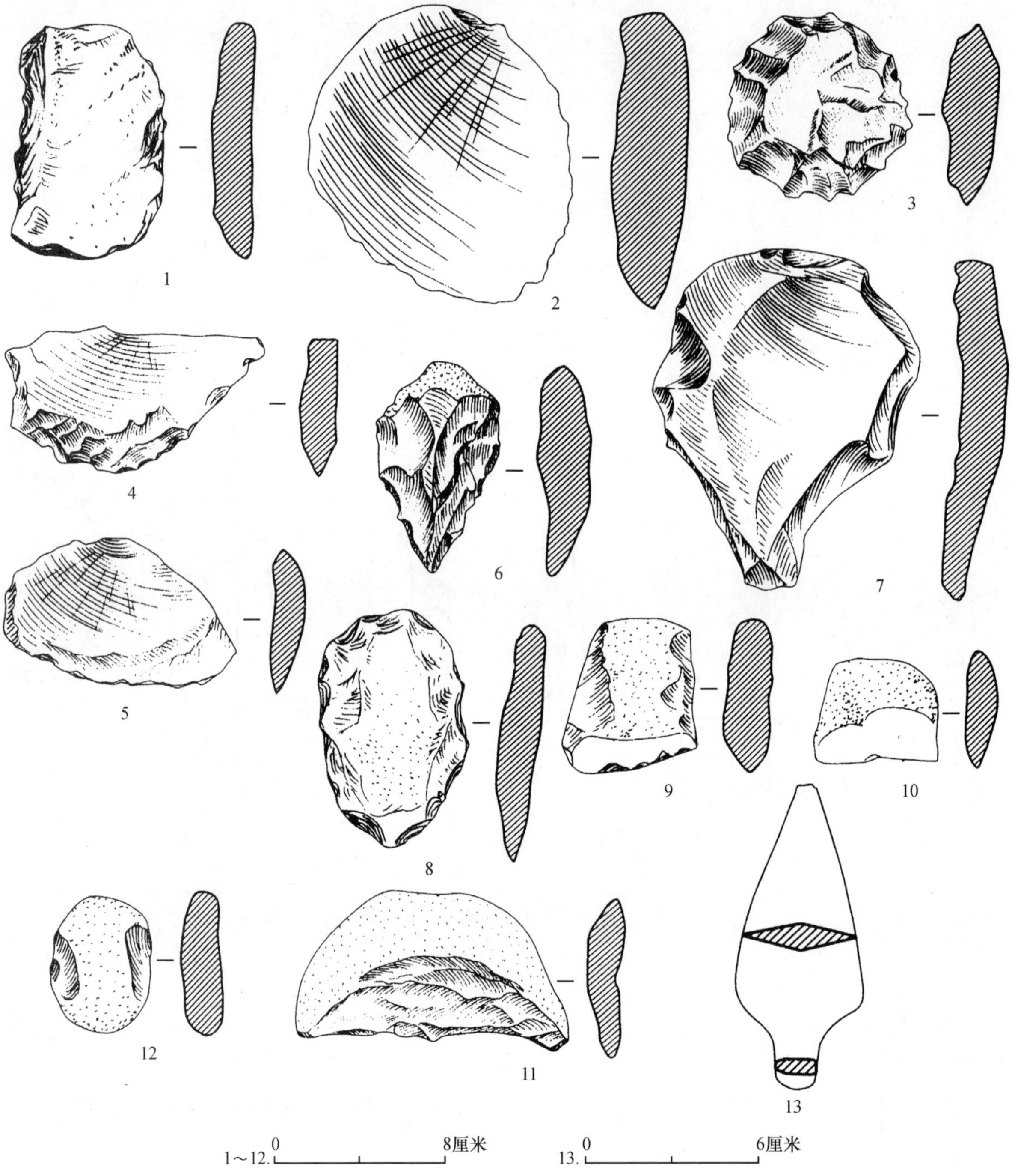

图二一 新石器时代晚期石器、骨器

1. A型石砍砸器（T9⑧：25） 2. B型石砍砸器（T9⑧：22） 3. A型石刮削器（T16⑥：4） 4. B型石刮削器（T17⑦：4）
5. C型石刮削器（T16⑥：6） 6. A型Ⅰ式石尖状器（T17⑦：3） 7. A型Ⅱ式石尖状器（T9⑧：23）
8. B型石尖状器（T9⑧：24） 9. A型石锛（T16⑦：1） 10. B型石锛（T16⑦：2） 11. 石镰（T16⑥：7）
12. 石网坠（T16⑥：5） 13. 骨镞（T16⑥：8）

下有三条凹弦纹，切断稀疏的绳纹。下残无。口径20、残高6.4厘米（图二二，3）。

Ⅳ式：1件。T9⑧：14，夹砂红褐陶。轮制。侈口，束颈，弧腹下收。颈下饰横粗绳纹。下残无。口径27、残高10厘米（图二二，4）。

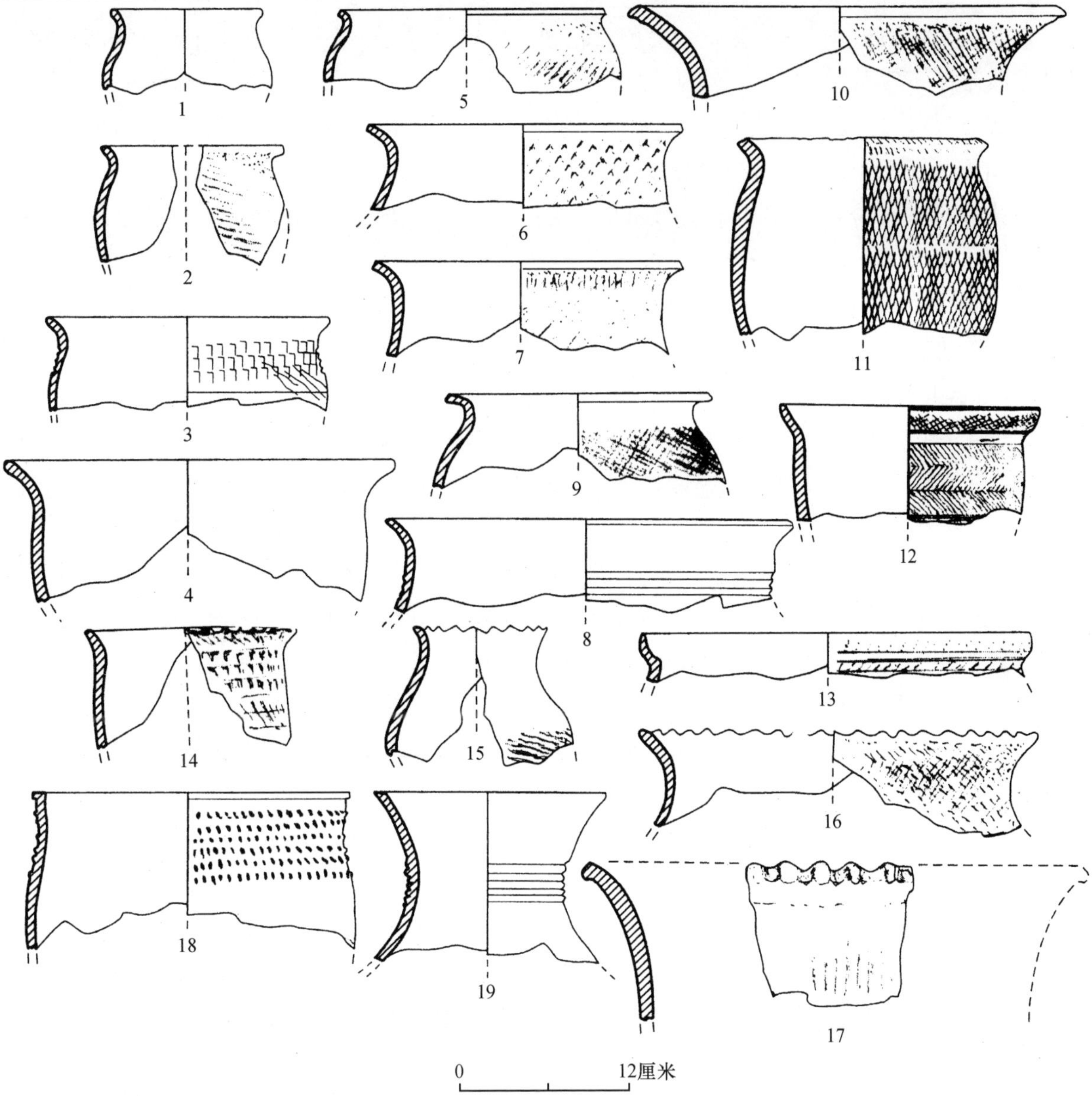

图二二　新石器时代晚期陶器

1. A型Ⅱ式罐（T9⑧：7） 2. A型Ⅰ式罐（T9⑧：5） 3. A型Ⅲ式罐（T9⑧：10） 4. A型Ⅳ式罐（T9⑧：14） 5. B型Ⅰ式罐（T9⑧：9） 6. B型Ⅱ式罐（T16⑥：2） 7. B型Ⅲ式罐（T9⑧：11） 8. B型Ⅳ式罐（T9⑧：21） 9. B型Ⅴ式罐（T9⑧：4） 10. B型Ⅵ式罐（T17⑥：4） 11. B型Ⅶ式罐（T17⑦：1） 12. C型Ⅰ式罐（T9⑧：12） 13. C型Ⅱ式罐（T17⑥：5） 14. D型Ⅰ式罐（T9⑧：16） 15. D型Ⅱ式罐（T9⑧：6） 16. D型Ⅲ式罐（T17⑥：1） 17. D型Ⅳ式罐（T9⑧：13） 18. E型罐（T17⑥：3） 19. F型罐（T17⑥：2）

B型　卷沿罐。7件。分七式。

Ⅰ式：1件。T9⑧：9，泥质，褐色。轮制。卷沿，矮颈，方唇，溜肩。颈下斜绳纹，间红色。下残无。口径18、高6厘米（图二二，5）。

Ⅱ式：1件。T16⑥：2，夹砂，红褐色。轮制。斜沿外卷，斜直颈。饰长方泥条堆贴纹。下残无。口径24、高6厘米（图二二，6）。

Ⅲ式：1件。T9⑧：11，夹砂，红褐色。轮制。侈口，卷沿，方唇，直颈微凹。口下饰稀疏竖绳纹，领下饰稀浅斜绳纹。下残无。口径23、高7厘米（图二二，7）。

Ⅳ式：1件。T9⑧：21，泥质，褐色。轮制。侈口，卷沿，方唇，束颈。颈下饰四道相挨的凹弦纹带。下残无。口径28、高6.3厘米（图二二，8）。

Ⅴ式：1件。T9⑧：4，夹砂，红褐色。轮制。侈口，卷沿，圆唇，束颈。颈下饰密集交错绳纹，间黑色烟垢。下残无。口径18.5、高6.6厘米（图二二，9）。

Ⅵ式：1件。T17⑥：4，夹砂。喇叭口，方唇。颈饰交错绳纹。下残无。口径32、残高6.4厘米（图二二，10）。

Ⅶ式：1件。T17⑦：1，夹砂，红褐色。泥条盘筑。侈口，方唇，束颈，弧腹。唇面有浅绳切纹，腹饰交错绳纹。下残无。口径18、残高14厘米（图二二，11）。

C型 盘口罐。2件。分二式。

Ⅰ式：1件。T9⑧：12，夹砂，灰褐色。轮制。侈口，圆唇成盘状，沿下压印小花边。盘口外饰交错细绳纹，束颈成宽凹弦带。颈下刻划“人”字纹带。腹微弧下收，其下残无。口径18、残高7厘米（图二二，12）。

Ⅱ式：1件。T17⑥：5，夹砂，红褐色。轮制。敛口，尖唇，折颈。沿外侧有压印纹，颈有一道凹弦纹，其下一道附加箍带，带上压印米粒状窝纹。下残无。口径29、残高3.5厘米（图二二，13）。

D型 花沿罐。4件。分四式。

Ⅰ式：1件。T9⑧：16，夹砂，红色。轮制。侈口，花口沿，斜直深腹。颈饰压印窝纹，腹饰篮纹。下残无。口径16、残高8.2厘米（图二二，14）。

Ⅱ式：1件。T9⑧：6，夹粗砂，红褐色。轮制。侈口，花口沿，撇沿，束颈，深腹下垂。下腹饰斜向篮纹，上部熏黑。下残无。口径10、残高9.5厘米（图二二，15）。

Ⅲ式：1件。T17⑥：1，夹砂，红色。轮制。花口沿中粗，侈口，曲颈，斜弧腹。颈下饰细密交错绳纹。下残无。口径29、残高7.2厘米（图二二，16）。

Ⅳ式：1件。T9⑧：13，夹砂，暗红色。轮制。中粗花口沿，侈口，束颈。颈饰交错绳纹。仅存口沿残片。口径36、残高8.6厘米（图二二，17）。

E型 直沿深腹罐。1件。T17⑥：3，夹砂，红褐色。轮制。方唇，直口，腹深微弧。颈腹饰6道堆点纹。下残无。口径23、残高11.2厘米（图二二，18）。

F型 高领罐。1件。T17⑥：2，夹砂，灰色。轮制。敞口，厚方唇外侈，高领，凹颈，斜肩。颈上有6道凹弦纹。下残无。口径17、残高12.5厘米（图二二，19）。

钵 4件。分四型。

A型 直口折腹钵。1件。T17⑥：6，泥质，灰色。直口，圆唇，下腹折斜收。上腹饰8道凹弦纹。下残无。口径30.5、高6.8厘米（图二三，1）。

B型 敛口弧腹钵。1件。T17⑦：2，泥质，灰色。轮制。敛口，圆唇，弧腹斜收。素面。下残无。口径18、残高7.8厘米（图二三，2）。

C型 敞口直腹钵。1件。T9⑧：18，夹砂，红褐色。轮制。侈直口，圆唇，斜直腹下弧收，底残无。腹饰2道凹弦纹，下为斜绳纹。口径20、残高8厘米（图二三，3）。

D型 大口斜壁钵。1件。T9⑧：3，泥质，橘红色。轮制。残已修复。敞口，斜直腹收成小平底。外壁上部饰斜绳纹，后经打磨整形，绳痕仍现。口径24、底径10.6、高14厘米（图

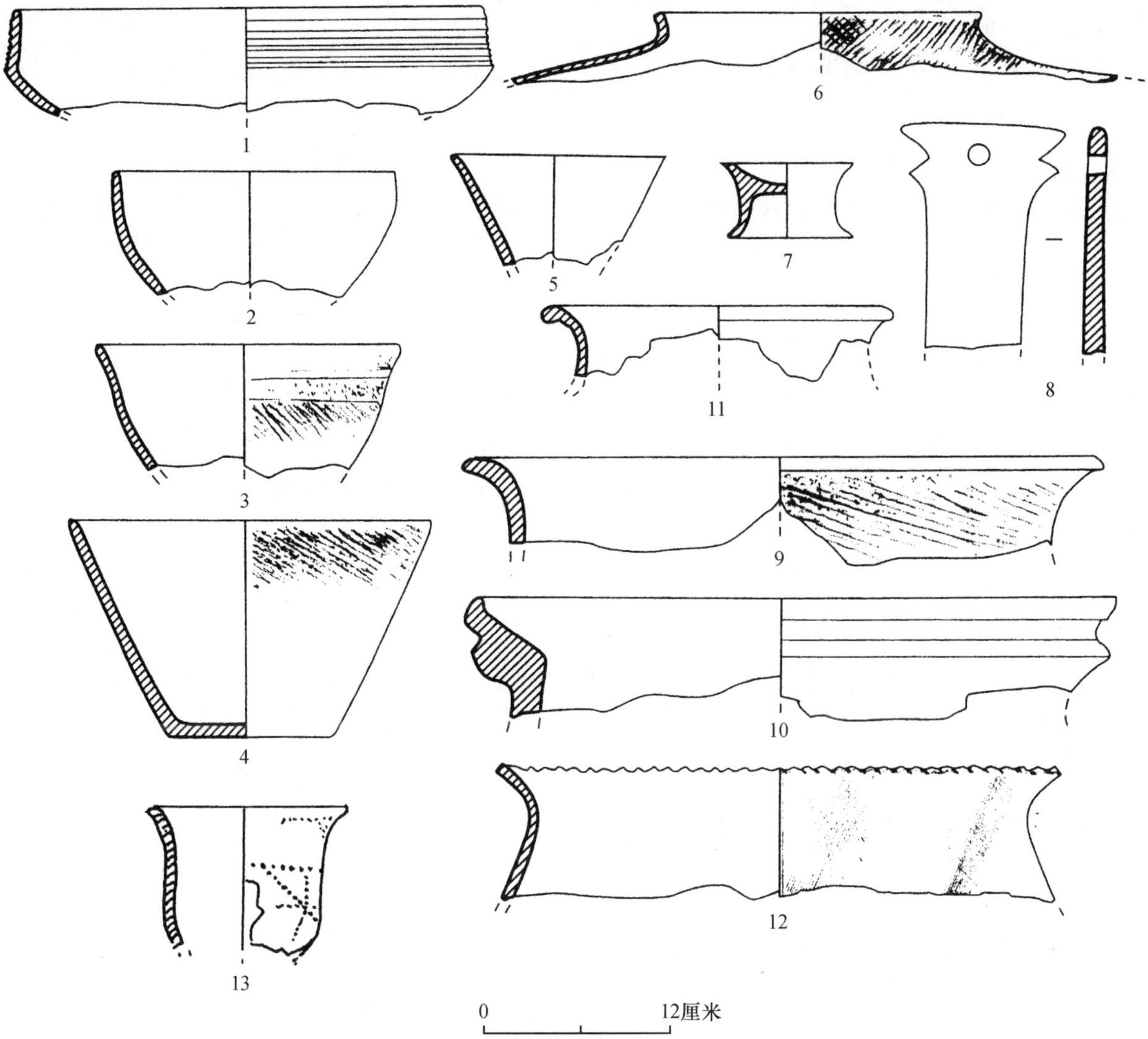

图二三　新石器时代晚期陶器

1. A型钵（T17⑥：6）　2. B型钵（T17⑦：2）　3. C型钵（T9⑧：18）　4. D型钵（T9⑧：3）　5. 杯（T9⑧：17）
6. 瓮（T9⑧：8）　7. 圈足（T9⑧：1）　8. 异形器（T9⑧：26）　9. A型缸（T9⑧：19）　10. B型缸（T9⑧：20）
11. 瓶（T17⑥：7）　12. 盆（T17⑥：8）　13. 堆点纹罐（T16⑥：1）

二三，4）。

杯　1件。T9⑧：17，泥质，黄褐色。轮制。敞口，斜直腹，下收。壁外饰刻划纹。下残无。口径14、残高8厘米（图二三，5）。

瓮　1件。T9⑧：8，泥质，红色有褐斑。轮制。侈口，平沿，方唇，矮领，广肩，其下残。颈下饰交错绳纹。口径21、残高4厘米（图二三，6）。

圈足　1件。T9⑧：1，泥质，灰色。轮制。残碗足。下腹斜收，平底外凸八字。足根平折起棱。足为素面。上残无。残高3.6、底径8厘米（图二三，7）。

异形器　1件。T9⑧：26，泥质，青灰色。手制。残断。平顶，两侧鱼尾状，中有小圆孔，孔径0.8厘米。两侧弧收。条片下残断无。似为宗教礼仪器。长14、宽10厘米（图二三，8）。

缸　2件。分二型。

A型　1件。T9⑧：19，泥质，灰色。轮制。侈口，方唇，颈外撇。素面。下残无。口径42、残高6.2厘米（图二三，9）。

B型　1件。T9⑧：20，泥质，红褐色。轮制。侈口，圆唇，唇下起折，颈外加厚成凸棱。素面。下残无。口径41、残高8厘米（图二三，10）。

瓶　1件。T17⑥：7，泥质，红褐色。轮制。喇叭口，卷沿，尖圆唇，束颈下撇。素面。下残无。口径22.6、残高6厘米（图二三，11）。

盆　1件。T17⑥：8，轮制。夹砂褐陶。绳切小花口沿，束颈，上腹外撇，下残无。口径32、残高9厘米（图二三，12）。

堆点纹罐　1件。T16⑥：1，夹砂，红褐色。轮制。侈口，圆唇，平沿，深直腹下收，底残无。腹中下部有泥点堆塑三角六出对顶形纹饰。似为礼仪器的璎珞纹。口径14、残高9厘米（图二三，13）。

3. 骨器

骨镞　1件。T16⑥：8，黄白色。磨制成柳叶形。锋略残。扁箭头菱形剖面。扁铤。长10.6、宽4.4厘米（图二一，13）。

（二）新石器时代末期

1. 石器

锛　5件。分五式。

Ⅰ式：T10⑥：5，打制。长条状砾石锤击法制成。顶及两侧多处修整，刃部略磨。正面现砾面。长16.3、宽6.3、厚3.6厘米（图二四，1）。

Ⅱ式：T7⑦：9，打制后局部磨制。用长条状青灰色砾石打成。顶及两侧现修整痕，刃部用残。长9.4、宽4.7厘米（图二四，2）。

Ⅲ式：T10H9：1，磨制。顶、刃残。单面刃，磨制精细。长5.8、宽4.1、厚1.4厘米（图二四，3）。

Ⅳ式：T10⑤：4，打、磨结合制成。近梯形，弧顶。长7、宽4厘米（图二四，4）。

Ⅴ式：T10⑤：3，打磨结合。刃部残。长5.7、宽3.8、厚1.2厘米（图二四，5）。

砍砸器　3件。分三式。

Ⅰ式：T10⑥：6，打制。近方形。顶平，两侧多次修整。刃残。长8、宽9.8、厚2.8厘米（图二四，6）。

Ⅱ式：T10⑥：8，打制。锤击法制成刃部，顶及两侧存砾面。长12.4、宽11.4、高2厘米（图二四，7）。

Ⅲ式：T10⑥：7，锐棱砸击法成甲盖状石片，弧刃有使用痕。背存砾面。长15.6、宽11.3、厚3.6厘米（图二四，8）。

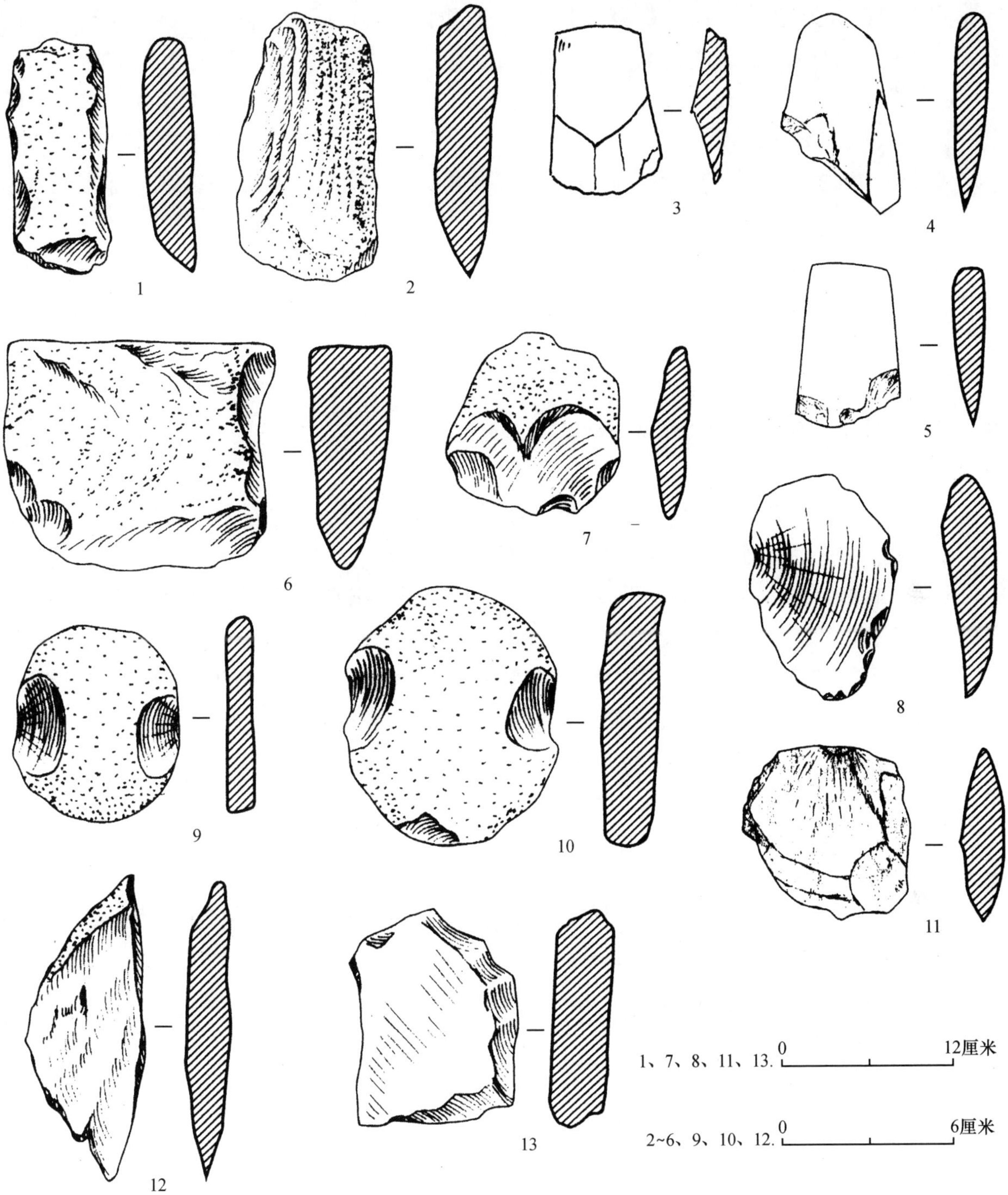

图二四　新石器时代末期石器

1. Ⅰ式锛（T10⑥：5）　2. Ⅱ式锛（T7⑦：9）　3. Ⅲ式锛（T10H9：1）　4. Ⅳ式锛（T10⑤：4）　5. Ⅴ式锛（T10⑤：3）　6. Ⅰ式砍砸器（T10⑥：6）　7. Ⅱ式砍砸器（T10⑥：8）　8. Ⅲ式砍砸器（T10⑥：7）　9. Ⅰ式网坠（T10⑥：11）　10. Ⅱ式网坠（T10⑥：9）　11. 刮削器（T10H10：4）　12. 尖状器（T10⑥：10）　13. 砺石（T10⑥：15）

网坠　2件。分二式。

Ⅰ式：T10⑥：11，打制。椭圆状扁平砾石两侧打出缺口。长6.9、宽5.9、厚1厘米（图二四，9）。

Ⅱ式：T10⑥：9，打制。椭圆状扁平砾石两侧打出缺口而成。砾面粗糙，有细孔。长8.9、宽7.6、厚2厘米（图二四，10）。

刮削器 1件。T10H10：4，打制。锤击法打片。呈椭圆状。两侧及刃口多次修整。刃锐利。长12.1、宽12.8、厚3厘米（图二四，11）。

尖状器 1件。T10⑥：10，打制出叶状石片修整而成。两端出尖，均有使用痕。长10.3、宽5、厚1.6厘米（图二四，12）。

砺石 1件。T10⑥：15，打制。五边形石片加工而成。各边有修整痕。长14.2、宽11.2、厚4厘米（图二四，13）。

2. 陶器

罐 17件。六型。

A型 广肩罐。9件。分九式。

Ⅰ式：1件。T7⑦：2，泥质，灰褐色。轮制。侈口，圆唇，束颈，顺肩，鼓折腹，下腹收，小平底。肩腹饰斜绳纹。口径11.2、高6.4厘米（图二五，1）。

Ⅱ式：1件。T7⑦：1，夹砂，灰褐色。轮制。矮折沿，圆唇，领内折，鼓肩，斜收腹，小平底。素面。口径11、高7.2厘米（图二五，5）。

Ⅲ式：1件。T10H10：10，夹砂，红褐色。轮制。侈口，尖唇，束折颈，鼓肩，弧腹下收，小平底。口径12、底径5.2、高8厘米（图二五，8）。

Ⅳ式：1件。T9⑦：1，夹砂，红褐色。轮制。侈口，尖唇，束折颈，圆肩，圆腹下收，小平底。肩腹饰斜绳纹。口径9.2、高8.4厘米（图二五，11）。

Ⅴ式：1件。T10H10：3，夹砂，黑褐色。轮制。大口，矮颈。广肩，圆腹下收，小底。素面。口径20、底径7、高11厘米（图二五，19）。

Ⅵ式：1件。T10H10：8，夹砂，红褐色。轮制。广口，圆唇，矮领，广肩，弧腹下收，底残无。素面。口径20、残高14.4厘米（图二五，18）。

Ⅶ式：1件。T10H10：17，夹砂，红褐色。手制。侈口，圆唇，圆腹。下残无。素面。口径12、残高7厘米（图二五，6）。

Ⅷ式：1件。T10H10：18，夹砂，黑褐色。轮制。侈口，方唇，矮领，圆腹，下残无。素面。口、下腹残。口径9.2、残高3.4厘米（图二五，3）。

Ⅸ式：1件。T10H10：13，夹砂，红褐色。轮制。圆唇，平卷沿，圆肩，弧腹下收，其下残无。素面。口径7.4、残高5.6厘米（图二五，14）。

B型 花沿罐。2件。分二式。

Ⅰ式：1件。T7⑦：7，夹砂，黑灰色。轮制。侈口，方唇，唇上绳切小花沿，束颈，溜肩，弧腹。腹饰斜绳纹。下残无。口径14、残高8.4厘米（图二五，4）。

Ⅱ式：1件。T7⑦：6，夹砂，灰色。轮制。小花边口沿，矮领，束颈，广肩。肩饰斜绳纹。下残无。口径17.2、残高2.3厘米（图二五，7）。

C型 堆点罐。2件。分二式。

Ⅰ式：1件。T10H10：2，夹砂，红褐色。泥条盘筑。侈口，圆唇，矮领，折沿，溜肩，

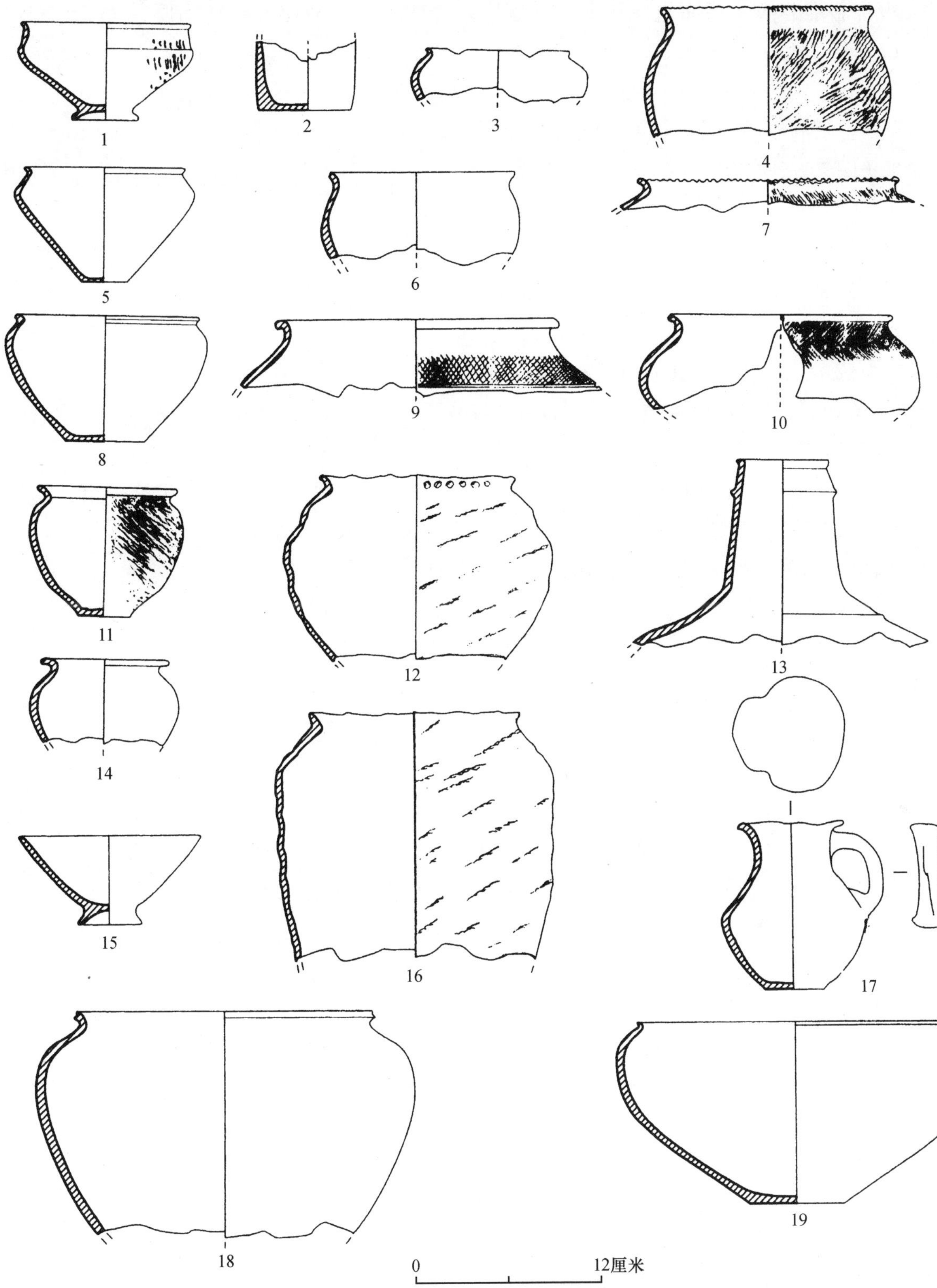

图二五　新石器时代末期陶器

1. A型Ⅰ式罐（T7⑦：2）　2. 杯（T10H10：7）　3. A型Ⅷ式罐（T10H10：18）　4. B型Ⅰ式罐（T7⑦：7）　5. A型Ⅱ式罐（T7⑦：1）　6. A型Ⅶ式罐（T10H10：17）　7. B型Ⅱ式罐（T7⑦：6）　8. A型Ⅲ式罐（T10H10：10）　9. D型Ⅰ式罐（T7⑦：5）　10. D型Ⅱ式罐（T10⑦：2）　11. A型Ⅳ式罐（T9⑦：1）　12. C型Ⅱ式罐（T10H10：6）　13. E型罐（T10H10：9）　14. A型Ⅸ式罐（T10H10：13）　15. 碗（T10H10：11）　16. C型Ⅰ式罐（T10H10：2）　17. F型罐（T10H10：16）　18. A型Ⅵ式罐（T10H10：8）　19. A型Ⅴ式罐（T10H10：3）

深腹，腹饰斜堆点纹。罐面粗糙不平。有烟垢。底残无。口径13、残高15厘米（图二五，16）。

Ⅱ式：1件。T10H10：6，夹砂，红褐色。泥条盘筑。侈口，沿边不平整，矮领，折沿，溜肩，圆腹。肩腹饰斜堆点纹，领饰小圆涡纹。罐面粗糙不平，有烟垢。底残无。口径12、残高11厘米（图二五，12）。

D型 卷沿罐。2件。分二式。

Ⅰ式：1件。T7⑦：5，夹砂，黄褐色。轮制。侈口，圆唇外卷，束颈，顺肩。肩饰弦断方格绳纹。下残无。口径18、残高6厘米（图二五，9）。

Ⅱ式：1件。T10⑦：2，夹砂，黑灰色。轮制。侈口，圆唇，沿略卷，束颈，溜肩。肩饰折绳纹。下残无。口径15、残高6.4厘米（图二五，10）。

E型 长颈罐。1件。T10H10：9，泥质，黑褐色。轮制。敛口，翻沿，叠唇。口沿下有一道凸弦纹。广肩饰一道凹弦纹，肩下残无。口径6、残高12、肩径19厘米（图二五，13）。

F型 单耳罐。1件。T10H10：16，夹砂，红色。手制。圆唇，侈口，带流，束颈，鼓腹，平底。颈腹间有一道片状鋬。素面。口径7、残高10.8厘米（图二五，17）。

杯 1件。T10H10：7，唇残。筒腹，平底。素面。夹砂，红色。手制。残高4.4、底径6厘米（图二五，2）。

碗 1件。T10H10：11，夹砂，红色。手制。尖圆唇，广口，坦腹，小底，外八字小圈足。素面。口径12、高6厘米（图二五，15）。

灯形器 因残未分型式。共7件。T9⑦：2，泥质，黑色。轮制。柄残。存底座复碗状。柄根残，灯形器座。素面。底径12、残高7.5厘米（图二六，1）。T7⑦：3，泥质，灰褐色。轮制。圆唇，斜直壁，广口。灯形器盘，素面。下残无。口径12、残高4.4厘米（图二六，2）。T7⑦：4，泥质，灰色。轮制。柄残。座残不及底。灯形器座上截。上、下两道凸弦纹，前有两圆孔在两凸弦间，后有一大圆孔。为灯形器座中豪华者。底径7.2、残高10厘米（图二六，3）。T10⑦：1，泥质，灰色。轮制。灯形器柄下段及座上部。盘残无。柄孔径2.4厘米。座残不及根。残高16厘米（图二六，10）。T10H10：5，泥质，红胎黑皮。轮制。灯形器座，喇叭口状，足根外撇起棱。素面。柄以上均残。残高9、底径13厘米（图二六，8）。T10H10：1，泥质，红胎黑皮。轮制。灯形器座，柄残。座根外撇起棱，剖面如足状。素面。底径14、残高12.8厘米（图二六，9）。T10H10：15，泥质黑褐色。轮制。灯形器座及柄下段。座为小喇叭口状，足根平。柄近座处两道凹弦纹。柄上残无。底径4、残高7.2厘米（图二六，4）。

器盖 3件。分三式。

Ⅰ式：1件。T10⑥：3，夹砂，灰色。轮制。弧面顶，小喇叭纽。盖沿两道弦纹。边沿圆微撇。座径9、残高5厘米（图二六，5）。

Ⅱ式：1件。T10⑤：2，泥质，黑灰色。轮制。面略弧，蘑菇纽，纽边圆。盖沿圆略撇。素面。底径13、高4.8厘米（图二六，6）。

Ⅲ式：1件。T10H10：14，泥质，红胎黑皮。轮制。覆笠状，小喇叭纽。纽栏两道凹弦纹。沿圆略撇成足状。底径14、高4.6厘米（图二六，7）。

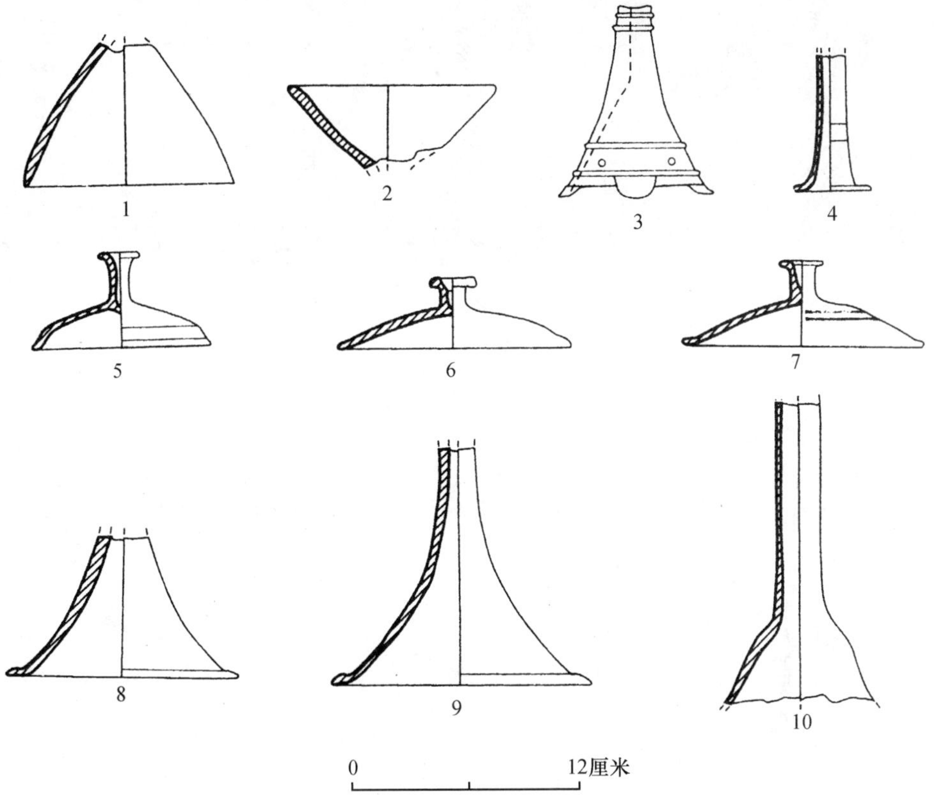

图二六　新石器时代末期陶器

1～4、8～10. 灯形器（T9⑦：2、T7⑦：3、T7⑦：4、T10H10：15、T10H10：5、T10H10：1、T10⑦：1）

5. Ⅰ式器盖（T10⑥：3）　6. Ⅱ式器盖（T10⑤：2）　7. Ⅲ式器盖（T10H10：14）

（三）商代早期

1. 石器

刮削器　2件。T17⑤：8，打制。锐棱砸击法石片。椭圆形。顶端砸击点有射线和波状痕迹，弧刃以锤击法多点修整。刃残。长10.1、高9.8厘米（图二七，1）。T17⑤：7，三角形边弧，顶平。锤击法打制并修整。刃尖锐。长7、宽8厘米（图二七，2）。

铲　1件。T17⑤：6，打制成长方形片状。有修琢点，似准备磨制。功用一说石镰，一说符瑞。长15.2、宽5.6厘米（图二七，4）。

锛　3件。T17⑤：9，打制。顶、右侧有打击点射线波纹。刃部有磨痕使用痕。残刃。长10、宽9厘米（图二八，1）。T7⑥：43，磨制。砂页岩砾石锤击法打制，刃部加磨。两侧现打击锥点及放射纹。背和顶现砾面。完整。长6、宽4厘米（图二八，8）。T7⑥：42，青石质，磨制。平面梯形，弧顶，两边及两面磨制规整，弧刃磨制双面。刃有缺口。可能为锛，或称石楔。高6、宽5厘米（图二八，9）。

锄　1件。T17⑤：5，青灰褐色。打制。脚板形，趾部为刃，锋利有使用磨痕。长11、宽5.4厘米（图二八，4）。

砺石　1件。T17⑤：1，细砂页岩砾石，打磨出平面。周边现砾面，平面现砺痕。长14、

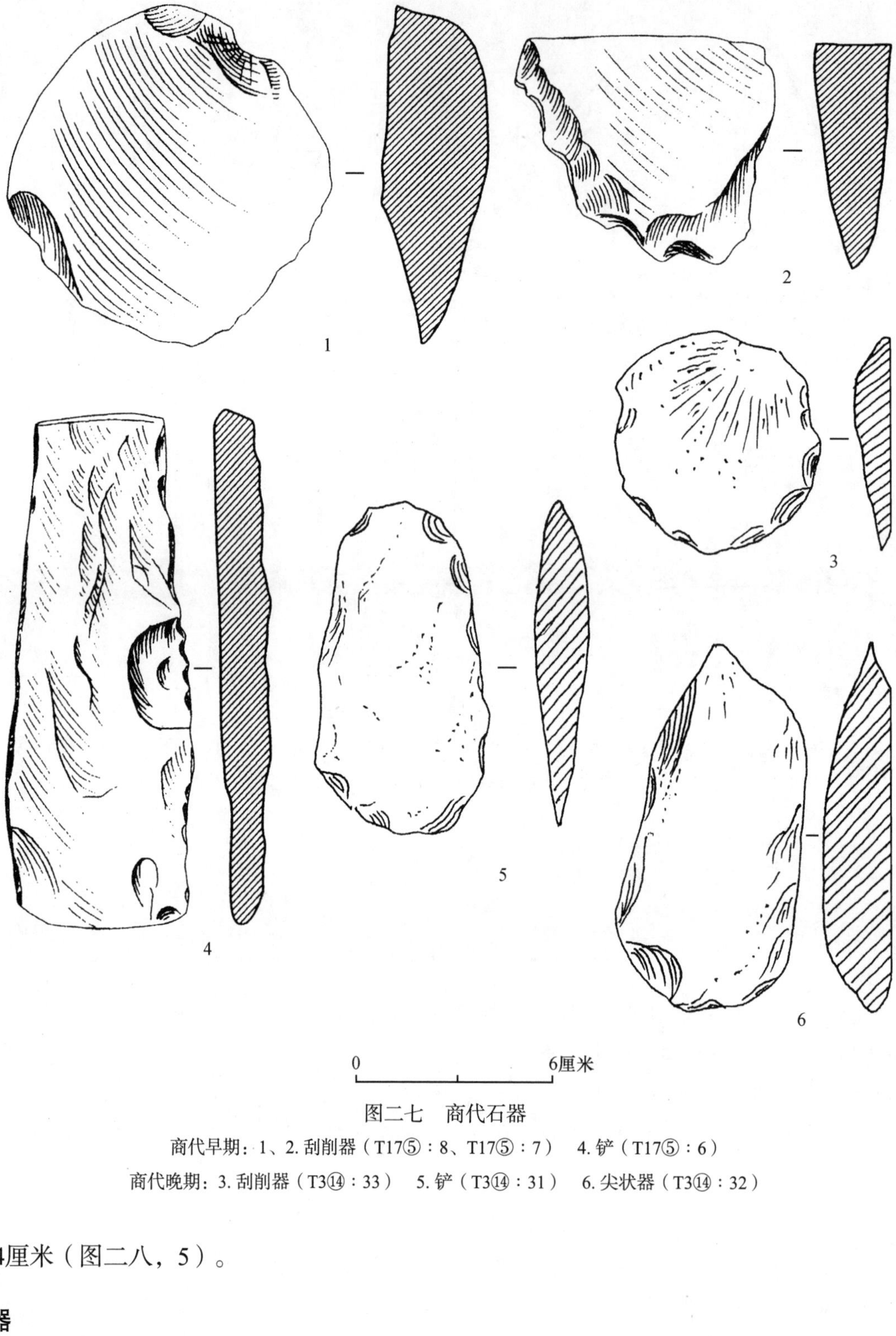

图二七　商代石器

商代早期：1、2. 刮削器（T17⑤：8、T17⑤：7）　4. 铲（T17⑤：6）

商代晚期：3. 刮削器（T3⑭：33）　5. 铲（T3⑭：31）　6. 尖状器（T3⑭：32）

宽11.4厘米（图二八，5）。

2. 陶器

鬶　7件。分三型。

A型　1件。T7⑥：9，轮修手制拼接。泥质夹砂红陶。侈口，圆唇，高领，折腹，分裆，下安三尖状分裆袋足，腰安波边超短裙状箍带。上侧及领部饰曲折锥点纹带，器形如芭蕾舞女。口径6、高20厘米（图二九，1）。

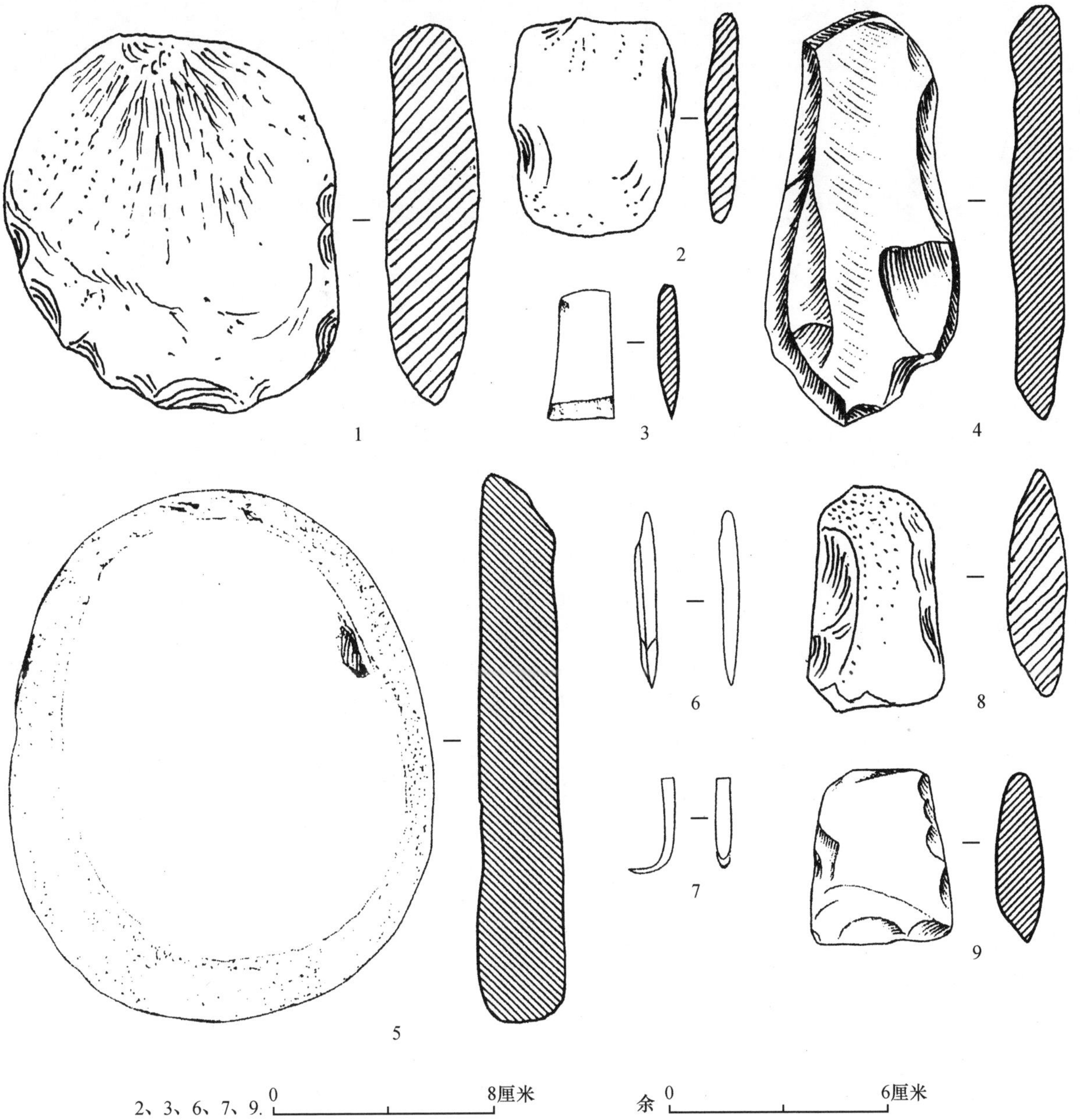

图二八　商代石器、骨器、牙器

商代早期：1、8、9. 石锛（T17⑤：9、T7⑥：43、T7⑥：42）　4. 石锄（T17⑤：5）　5. 砺石（T17⑤：1）

商代晚期：2、3. 石锛（T3⑭：30、T3⑬：7）　6. 骨锥（T3⑭：7）　7. 牙钩（T3⑭：8）

B型　1件。T9⑥：5，泥质红陶。手制轮修拼合。侈口，有流，束领，圆腹，分裆，三尖袋足。腹圆处贴蜈蚣纹状泥条。颈、腹安带状鋬，鋬面刻二条凹槽。口径10、高19厘米（图二九，2）。

C型　5件。分五式。

Ⅰ式：1件。T3⑮：6，手制。泥质红陶。口残。敞口，有流，三尖状空袋撇足，分裆。腰安弧形带状鋬。素面。口径13.2、高19厘米（图三〇，1）。

Ⅱ式：1件。T7⑥：12，轮修拼接。泥夹细砂红陶。扁圆口，有流，斜腹下收，接三空心袋足。腹安弧形带状鋬，鋬面刻7个小点。口径10、高9厘米（图三〇，2）。

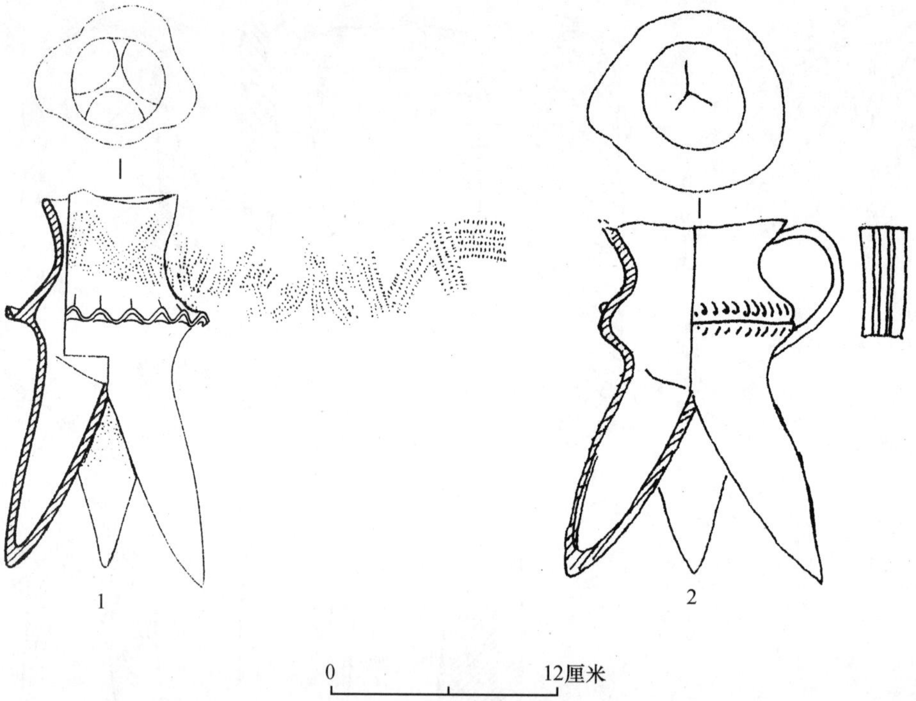

图二九　商代早期陶鬶

1. A型（T7⑥：9）　2. B型（T9⑥：5）

Ⅲ式：1件。T7⑥：7，轮制拼接。泥夹细砂红陶，扁圆口，圆唇出流，斜壁束腰，三袋足微撇，腰安带形弧鋬。带面三棱。口径12、高18厘米（图三〇，3）。

Ⅳ式：1件。T3⑮：7，泥质红陶。口残。广口微斜，无流，腰微束。口下至腰装带状弧形鋬，带面印绞索纹。分裆，安三袋足。残口径10、高16厘米（图三〇，4）。

Ⅴ式：1件。T7⑥：24，泥夹砂红褐陶。残沿椭圆，有流，束腰成喇叭形，分裆，三袋足外撇。腰安弧形带状鋬，鋬面饰绞索纹。口径12、高18厘米（图三〇，5）。

盉　3件。分三型。

A型　1件。T3⑯：1，泥质红陶。广口，尖圆唇，束颈，圆柱流，腹微鼓，下有外撇三尖袋足，分裆。肩及足根安绞索带弧形鋬。素面。口径12、高22.8厘米（图三一，1）。

B型　1件。T3⑯：3，泥夹细砂黑陶。侈口，残存封口，腹下收，长腰分裆。腹根饰一道绞索带纹。三肥袋足对撇略收。肩及腿跟安大弧鋬带。造型奔张有力而奇特，如束带武士。残高34厘米（图三一，2）。

C型　1件。T3⑯：2，夹砂灰陶。手制。腹直下收，足、裆残无。圆口封顶尚存半圆形孔。柱状流。肩近底安倒梯形鋬，鋬上根饰戳点纹带，鋬内腹部有二道凹弦纹。袋足残无。残高16厘米（图三一，3）。

盉残件　2件。T3⑯：11，夹砂黑陶。手制。盉封口顶残片。残存蘑菇状柱头和柱状流。残高6.4厘米（图三一，5）。T3⑮：10，夹砂黑陶。仅存封口盉纽柱，蘑菇纽。口残径11、残高6.4厘米（图三一，4）。

鸟头勺（人面）　2件。分二型。

A型　1件。T17⑤：10，黄灰色泥质陶。手制雕刻。仅存鸟头状，刻眼、嘴纹。顶面观如

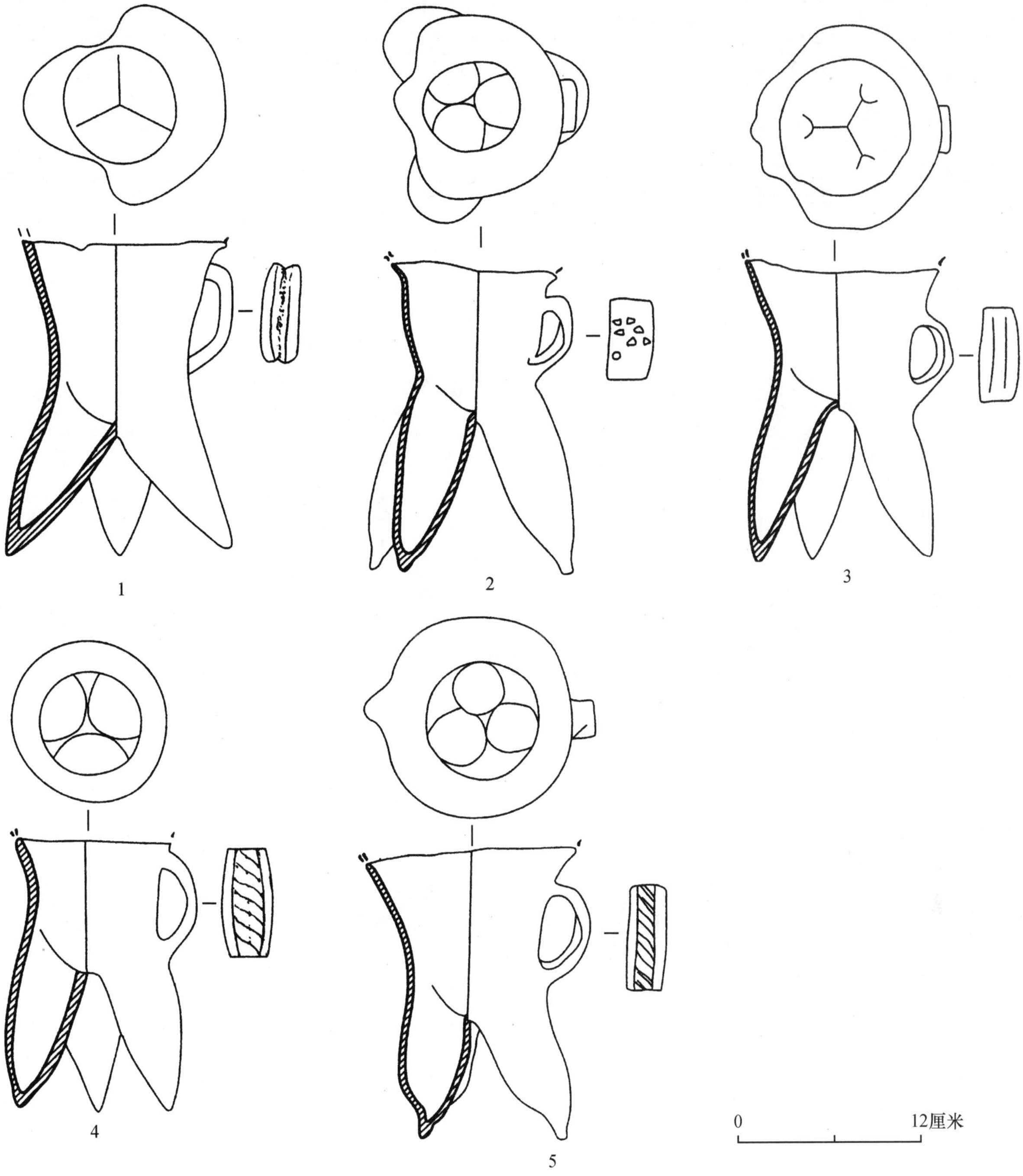

图三〇　商代早期陶鬶

1. C型Ⅰ式（T3⑮：6）　2. C型Ⅱ式（T7⑥：12）　3. C型Ⅲ式（T7⑥：7）　4. C型Ⅳ式（T3⑮：7）

5. C型Ⅴ式（T7⑥：24）

人面，故名。残长9.9厘米（图三二，7）。

B型　1件。T9⑥：13，红色夹砂陶。手制。雕刻。仅存鸟头状，刻鸟的眼嘴纹。顶面观如人面，故名。残长6.8厘米（图三二，1）。

单耳罐　2件。分二型。

A型　1件。T7⑥：1，可复原。泥夹细砂红褐陶。六出瓣口，各方为流，鼓腹，圜底。束

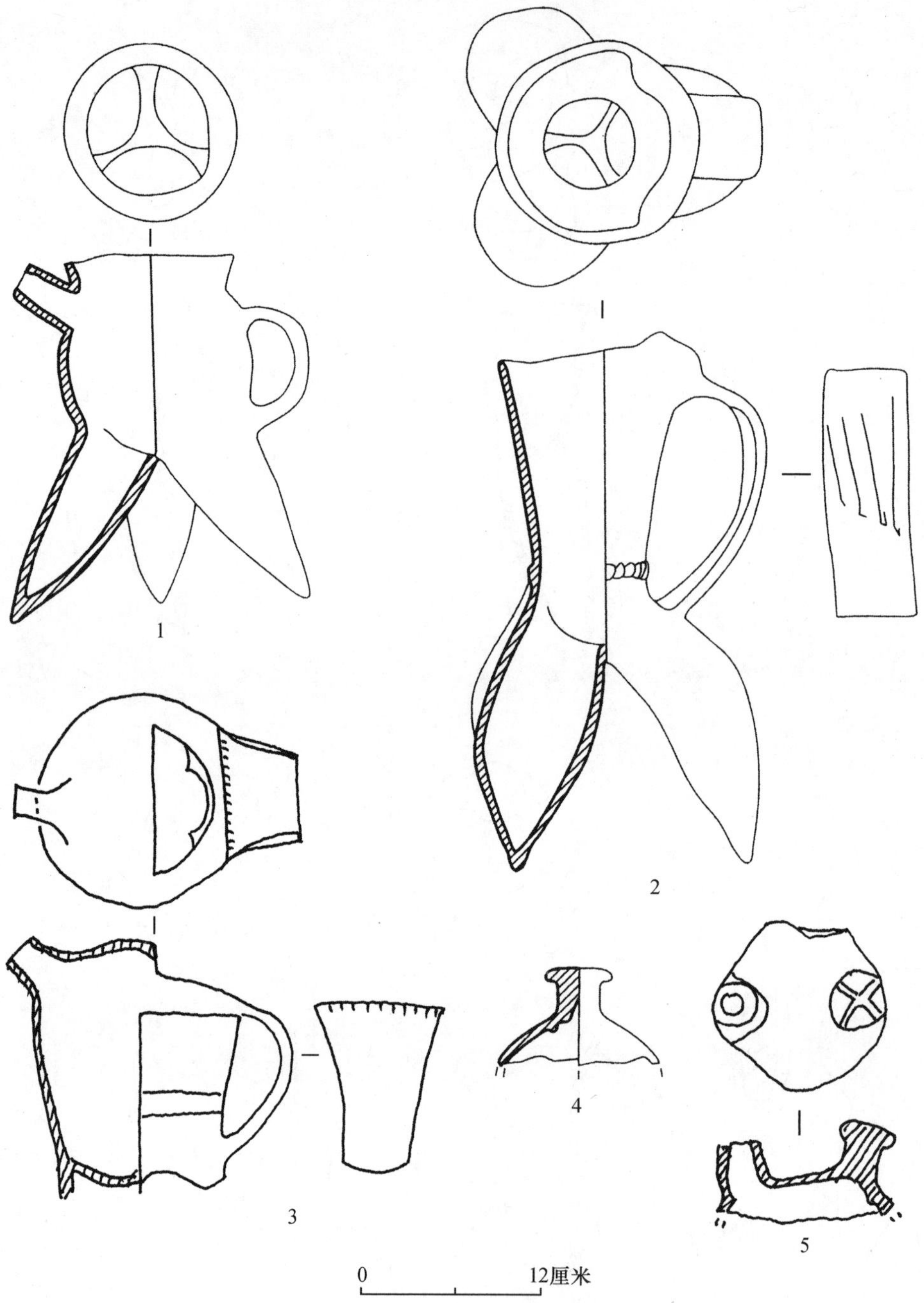

图三一　商代早期陶盉

1. A型（T3⑯：1）　2. B型（T3⑯：3）　3. C型（T3⑯：2）　4、5. 残件（T3⑮：10、T3⑯：11）

颈及腹鼓处安带状弧形鋬。鋬面饰一条直线。口径11、高14.6厘米（图三二，2）。

B型　1件。T3⑯：14，残，可复原。泥质红褐陶。侈口扁圆有流，束颈，垂腹，平底。长颈部安带状鋬。鋬面刻二道相向弧竖线。余素面。口径11.5、高16.5厘米（图三二，3）。

釜　3件。分三型。

A型　T3⑯：5，可复原。泥质黑褐陶。圆唇，侈口，矮颈，顺肩，微鼓腹，圜底。腹饰斜绳纹于上下部，中部饰堆点橘皮纹。口径14、高11厘米（图三二，4）。

B型　T7⑥：60，残。泥夹砂褐陶。折沿，侈口，圆唇，束颈，无肩，筒腹下收，其下

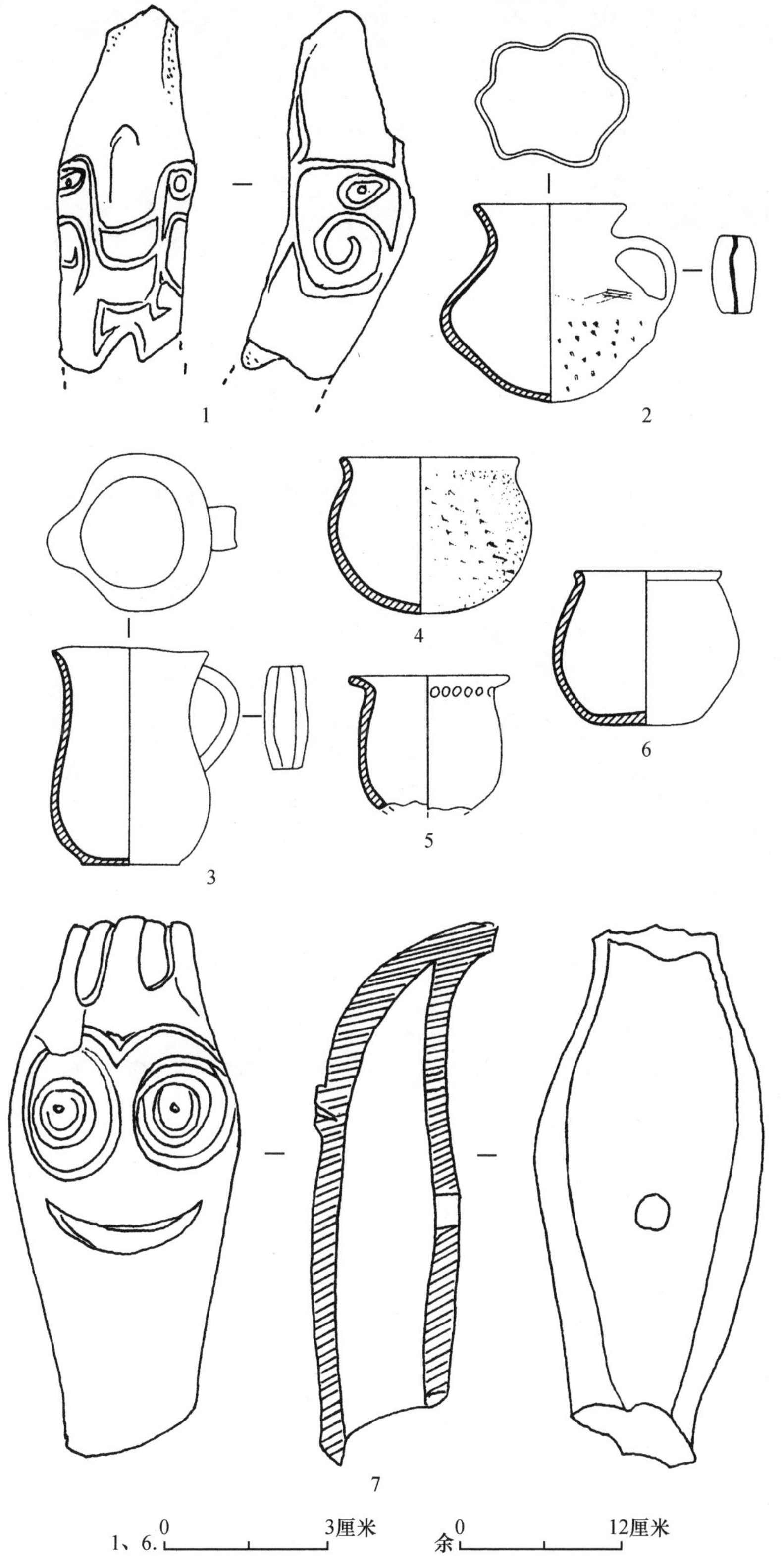

图三二　商代早期陶器

1. B型鸟头勺（人面）（T9⑥：13）　2. A型单耳罐（T7⑥：1）　3. B型单耳罐（T3⑯：14）　4. A型釜（T3⑯：5）
5. B型釜（T7⑥：60）　6. C型釜（T9⑥：4）　7. C型鸟头勺（人面）（T17⑤：10）

残无。颈与沿间按印圆窝一周，既装饰又加固口沿。底残无。口径11.6、残高9.6厘米（图三二，5）。

C型 T9⑥：4，夹砂灰陶。可修复。折沿，圆唇，束颈，圆鼓腹，平底。素面粗糙。有如橘皮、麦粒、鳞片纹样。口径11、高11.2厘米（图三二，6）。

饰纹罐 17件。分五型。

A型 矮领罐。3件。分三式。

Ⅰ式：1件。T3⑮：12，残。夹砂红褐陶。矮领，侈口，圆唇，顺肩，腹微弧。下残。饰粗乱绳纹。口径25、残高15厘米（图三三，1）。

Ⅱ式：1件。T3⑮：19，残。夹砂黑褐陶。矮领，尖圆唇，顺肩，鼓腹，平底。肩及上腹拍印细绳纹块。下残无。口径20、残高10厘米（图三三，2）。

Ⅲ式：1件。T3⑮：13，残。夹砂褐陶。矮领，圆唇，鼓肩，弧腹，微收。腹饰交错绳纹。下残无。口径19.4、残高9.1厘米（图三三，3）。

B型 折沿罐。3件。分三式。

Ⅰ式：1件。T7⑥：57，残。夹砂黑褐陶。圆唇，矮折沿，束颈，丰肩，圆腹下残无。沿下均饰绳纹。口径19.5、残高17厘米（图三三，4）。

Ⅱ式：1件。T3⑮：1，轮制。可复原。夹砂褐陶。广口，侈折沿，双唇，束颈，圆肩，鼓腹。肩饰斜绳纹，腹饰绳纹。下腹斜收，小平底。下腹绳纹淡抹。口径20.8、高23.2厘米（图三三，6）。

Ⅲ式：1件。T7⑥：59，残。泥夹砂细褐陶。侈口，折沿，圆唇，束颈，溜肩，球腹，下残无。颈饰浅压印纹，肩腹饰细斜绳纹。唇上压印浅斜线成小花口沿。口径14厘米（图三三，5）。

C型 橘皮纹罐。2件。分二式。

Ⅰ式：1件。T7⑥：5，可复原。泥夹砂黑陶。卷沿，束颈，顺肩，球腹，圜底。颈以下饰堆点橘皮纹。口径16.6、高11.2厘米（图三三，7）。

Ⅱ式：1件。T7⑥：26，残。夹砂红褐陶。侈口，圆唇，束领，顺肩，弧腹下收，小平底近圜。颈下饰堆点橘皮纹。口径17.2、高19厘米（图三三，8）。

D型 高领瓦棱纹罐。1件。T17⑤：2，夹砂灰陶。泥条盘筑。残。侈口，平折沿，尖圆唇，斜腹外撇。领现6道瓦棱纹。下残无。口径24、残高10.2厘米（图三三，9）。

E型 绳纹罐。8件。分八式。

Ⅰ式：1件。花口沿绳纹罐。T17H11：3，夹砂红陶。轮制。侈口，方唇，折沿，唇面有印齿状花口沿。束颈，斜弧腹下垂。颈以下饰交错弦断绳纹。下残无。口径24、高16.7厘米（图三四，1）。

Ⅱ式：1件。花口沿网格纹罐。T7⑥：8，夹砂褐陶。轮制。残。翻沿，方尖唇，束颈，筒腹下收，其下残无。饰网格绳纹。下残无。口径25.6、残高12.2厘米（图三四，2）。

Ⅲ式：1件。小花沿交错绳纹罐。T3⑯：9，泥夹细砂红褐陶。侈口，圆唇，小花口沿，矮领，弧腹，下残无。肩腹饰交错绳纹。口径20、残高9.5厘米（图三四，3）。

Ⅳ式：1件。花口沿平沿罐。T17⑤：3，夹砂红陶。轮制。齿状花口平沿。深腹微弧，腹

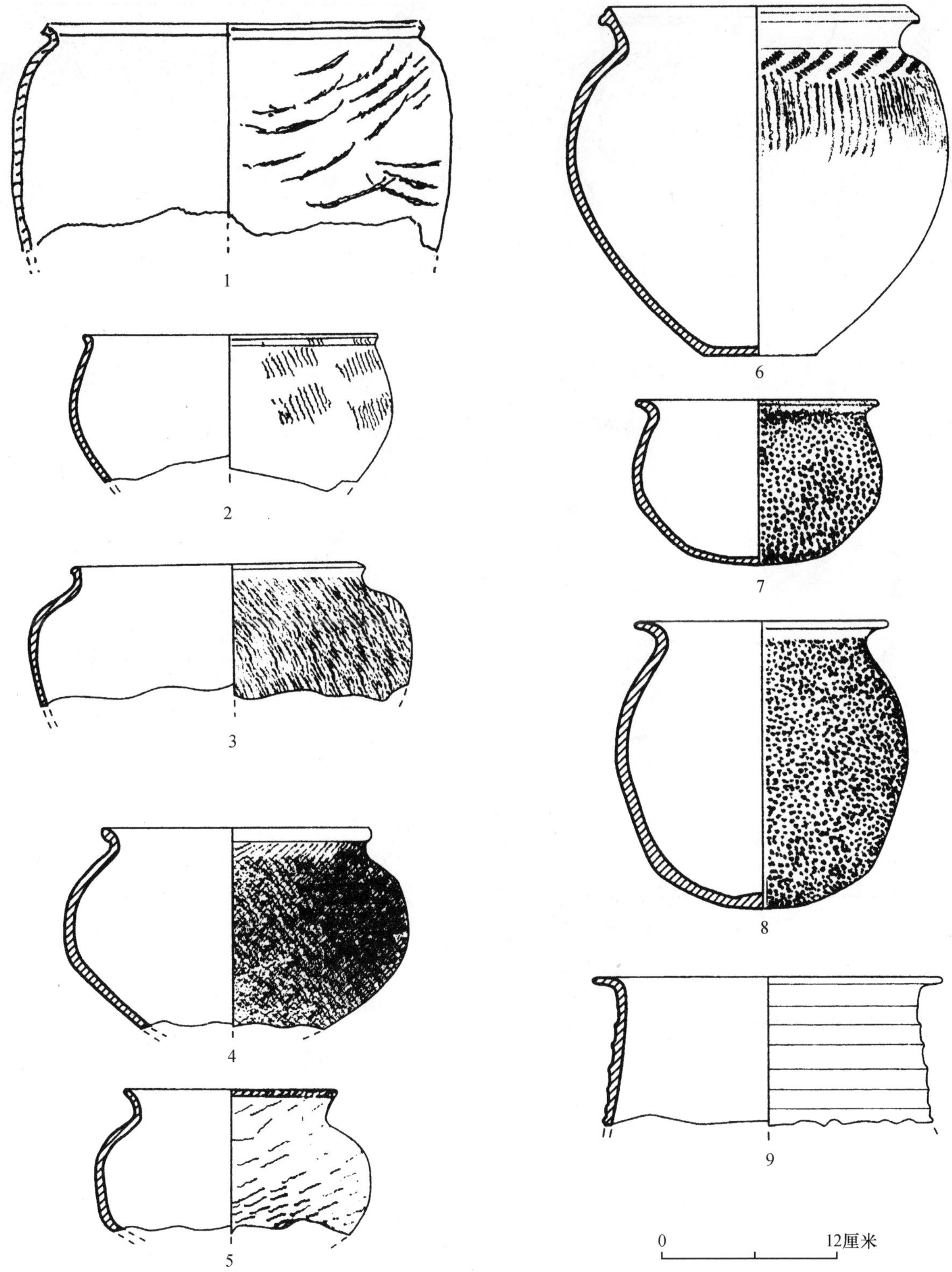

图三三　商代早期陶器

1. A型Ⅰ式饰纹罐（T3⑮：12）　2. A型Ⅱ式饰纹罐（T3⑮：19）　3. A型Ⅲ式饰纹罐（T3⑮：13）
4. B型Ⅰ式饰纹罐（T7⑥：57）　5. B型Ⅲ式饰纹罐（T7⑥：59）　6. B型Ⅱ式饰纹罐（T3⑮：1）
7. C型Ⅰ式饰纹罐（T7⑥：5）　8. C型Ⅱ式饰纹罐（T7⑥：26）　9. D型饰纹罐（T17⑤：2）

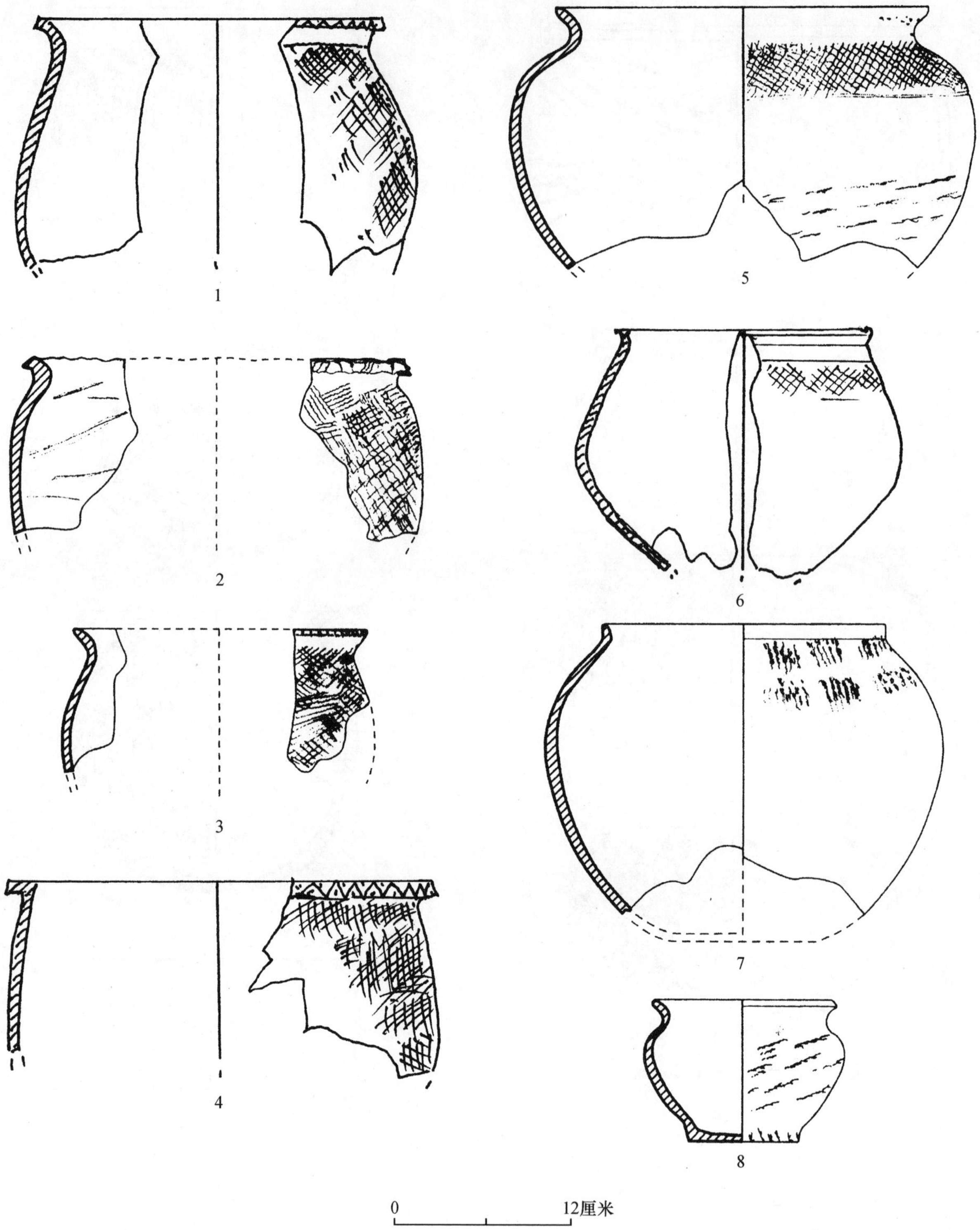

图三四　商代早期陶器

1. E型Ⅰ式饰纹罐（T17H11：3）　2. E型Ⅱ式饰纹罐（T7⑥：8）　3. E型Ⅲ式饰纹罐（T3⑯：9）
4. E型Ⅳ式饰纹罐（T17⑤：3）　5. E型Ⅴ式饰纹罐（T2⑫：1）　6. E型Ⅵ式饰纹罐（T3⑮：14）
7. E型Ⅷ式饰纹罐（T3⑮：21）　8. E型Ⅶ式饰纹罐（T7⑥：16）

下收残无。腹饰斜绳纹。口径29.6、残高12.8厘米（图三四，4）。

Ⅴ式：1件。卷沿方格绳纹罐。T2⑫：1，残。夹砂褐陶。侈口，方沿，尖唇，矮领，束颈，圆肩，腹微鼓。肩饰方格纹带。口径25.6、残高17.7厘米（图三四，5）。

Ⅵ式：1件。鼓腹方格绳纹带罐。T3⑮：14，残。轮制。侈口，折沿，斜方唇，矮领，溜肩，鼓腹，鼓下斜收残无。肩及上腹饰交错中粗绳纹、菱形纹一圈，底纹为细划纹。下腹亦现细划纹。小底残无。口径17.6、残高16.6厘米（图三四，6）。

Ⅶ式：1件。广口斜绳纹小罐。T7⑥：16，可复原。夹细砂黑褐陶。广口，束颈，鼓肩，收腹，平底。腹饰斜而稀疏斜绳纹。口径12.4、高9.3厘米（图三四，8）。

Ⅷ式：1件。广口球腹罐。T3⑮：21，夹砂黑褐陶。贴塑轮修。尖圆唇，矮领，球腹。肩饰分块斜绳纹。小平底残无。口径19.6、残高21.1厘米（图三四，7）。

高领罐　1件。T9⑥：11，泥质灰褐陶。轮制。残。直领，小敛口，圆唇。口沿起棱。领饰三道凹弦纹。广平肩下残无。口径8、高20厘米（图三五，1）。

广肩罐　16件。分二型。

A型　4件。分四式。

Ⅰ式：1件。T7⑥：31，夹砂褐陶。侈口，尖唇，矮领，广肩，腹下收，其下残无。肩部有“X”形划纹。口径13、残高5厘米（图三六，1）。

Ⅱ式：1件。T7⑥：32，残。泥质黑褐陶。广口，斜直领，圆唇，顺肩，弧腹。颈根饰按窝纹。上腹饰“X”形划纹。下残无。口径8、残高4厘米（图三六，6）。

Ⅲ式：1件。T7⑥：30，残。泥质黑褐陶。广口，圆唇，束颈，广肩，腹残无。肩饰“X”形划纹。口径9.7、残高3.2厘米（图三六，11）。

Ⅳ式：1件。T7⑥：56，残。夹砂黑褐陶。圆唇，侈口，折沿，束颈，矮领，广肩，球腹。颈饰按窝纹。下残无。口径11、残高10.5厘米（图三六，2）。

B型　12件。分十二式。

Ⅰ式：1件。T17H11：5，夹砂灰陶。喇叭口，圆唇。颈有一道凹弦纹。广肩下残无。口径16、残高6.4厘米（图三六，3）。

Ⅱ式：1件。T7⑥：47，夹砂褐陶，侈口，折沿略高，方唇，广肩，微弧腹下收，其下残无。口径13、残高10厘米（图三六，4）。

Ⅲ式：1件。T3⑮：11，夹砂红陶，侈口，矮折沿，方唇，广肩，微鼓腹下收，其下残无。口径17、残高10厘米（图三六，5）。

Ⅳ式：1件。T3⑮：2，夹砂褐陶。广口，矮折沿，圆唇，广肩，鼓腹下收，小平底。素面。口径18.9、高15厘米（图三六，7）。

Ⅴ式：1件。T3⑮：4，夹砂灰陶。轮制。侈口，斜方唇，矮领，鼓肩，斜收腹，小平底。肩饰一道凹弦纹。口径11、高7厘米（图三六，8）。

Ⅵ式：1件。T7⑥：4，可复原。夹细砂黑褐陶。矮折沿，圆唇，广肩，圆腹斜收，小平底。素面。口径10、高7厘米（图三六，9）。

Ⅶ式：1件。T3⑮：5，残。夹砂黑褐陶。侈口，矮领，鼓肩，腹斜收，小平底。素面。口径10、高6厘米（图三六，10）。

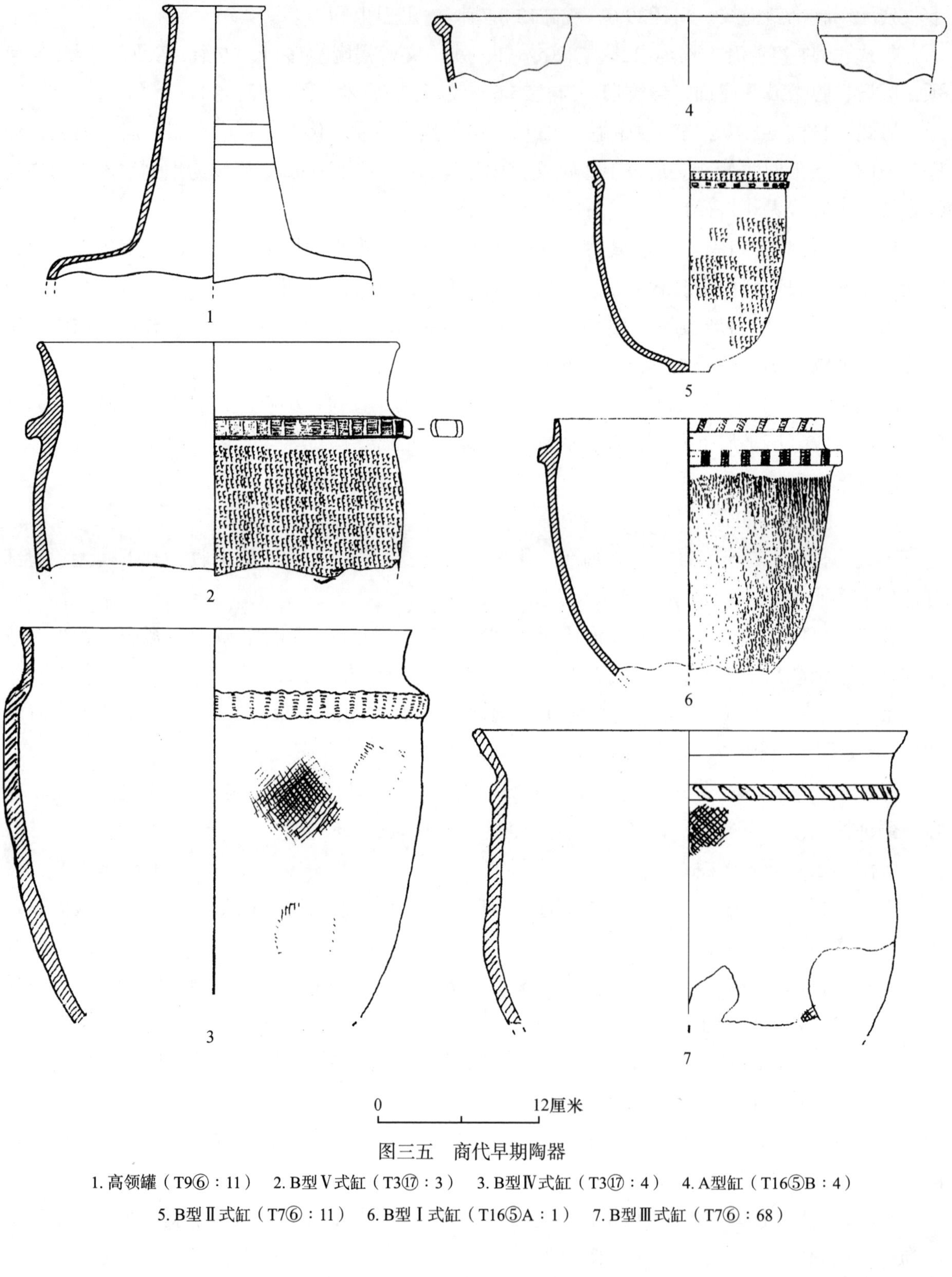

图三五　商代早期陶器

1. 高领罐（T9⑥：11）　2. B型Ⅴ式缸（T3⑰：3）　3. B型Ⅳ式缸（T3⑰：4）　4. A型缸（T16⑤B：4）　5. B型Ⅱ式缸（T7⑥：11）　6. B型Ⅰ式缸（T16⑤A：1）　7. B型Ⅲ式缸（T7⑥：68）

Ⅷ式：1件。T10⑤：1，夹砂黑灰陶。轮制。完整。侈口，尖圆唇，束颈，圆鼓肩，腹斜收，小平底近尖。素面。口径10、高7厘米（图三六，18）。

Ⅸ式：1件。T7⑥：25，残。夹细砂褐陶，侈口，圆唇，顺肩，鼓腹，小平底。素面。口径12、高7厘米（图三六，13）。

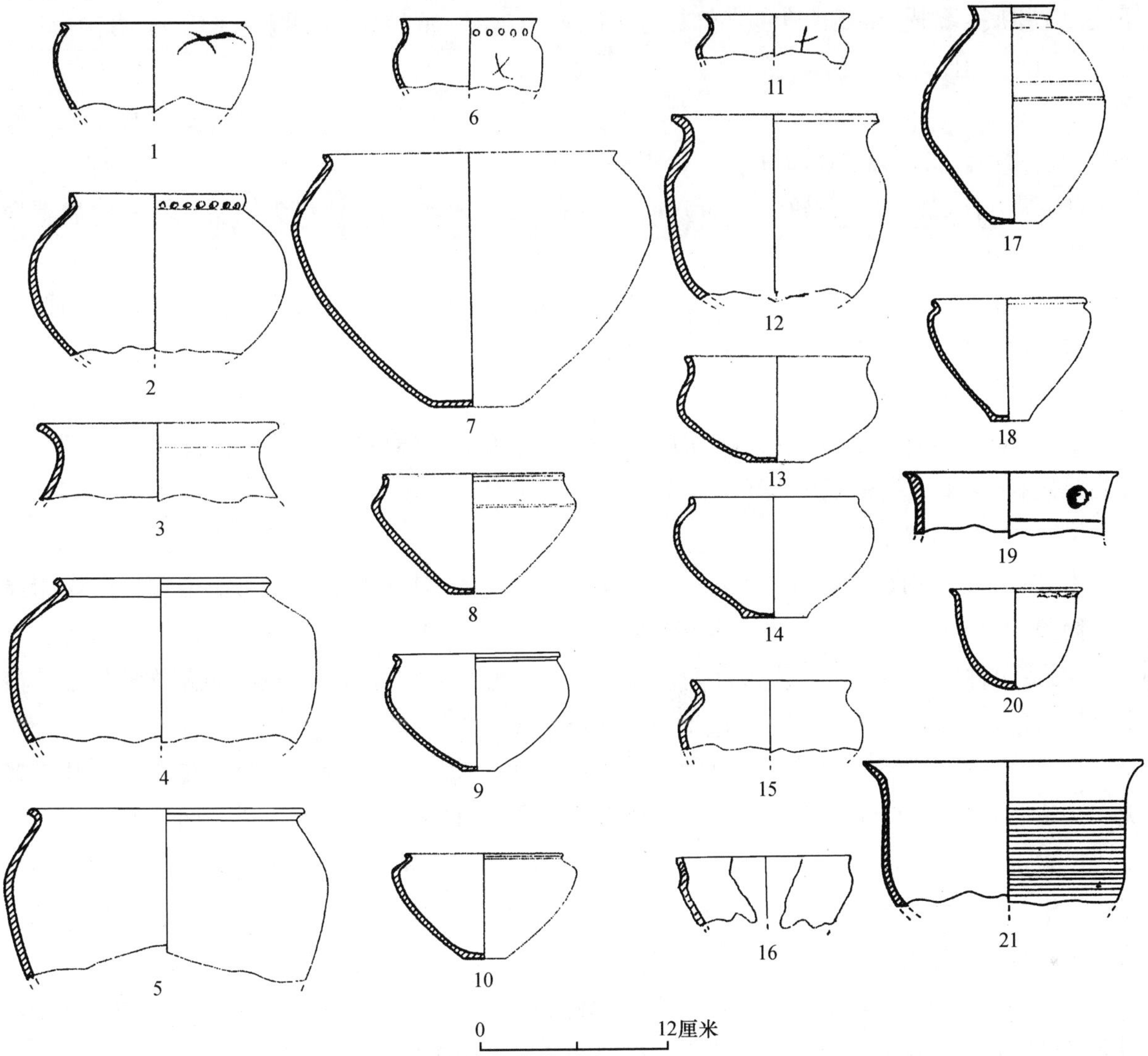

图三六　商代早期陶器

1. A型Ⅰ式广肩罐（T7⑥：31）　2. A型Ⅳ式广肩罐（T7⑥：56）　3. B型Ⅰ式广肩罐（T17H11：5）　4. B型Ⅱ式广肩罐（T7⑥：47）　5. B型Ⅲ式广肩罐（T3⑮：11）　6. A型Ⅱ式广肩罐（T7⑥：32）　7. B型Ⅳ式广肩罐（T3⑮：2）　8. B型Ⅴ式广肩罐（T3⑮：4）　9. B型Ⅵ式广肩罐（T7⑥：4）　10. B型Ⅶ式广肩罐（T3⑮：5）　11. A型Ⅲ式广肩罐（T7⑥：30）　12. Ⅰ式广口罐（T7⑥：58）　13. B型Ⅸ式广肩罐（T7⑥：25）　14. B型Ⅹ式广肩罐（T7⑥：3）　15. B型Ⅺ式广肩罐（T3⑯：10）　16. B型Ⅻ式广肩罐（T3⑮：23）　17. 溜肩罐（T10⑥：2）　18. B型Ⅷ式广肩罐（T10⑤：1）　19. Ⅲ式广口罐（T9⑦：3）　20. 钵（T10⑥：4）　21. Ⅱ式广口罐（T16⑤B：1）

Ⅹ式：1件。T7⑥：3，可复原。直口，圆唇，矮领，顺肩，上鼓腹下收，小平底。素面。口径11、高7厘米（图三六，14）。

Ⅺ式：1件。T3⑯：10，夹细砂红陶。圆唇，侈口，矮领，鼓肩，下残无。素面。口径10、残高4厘米（图三六，15）。

Ⅻ式：1件。T3⑮：23，夹细砂褐陶。广口，矮领，尖圆唇，折沿，鼓肩，下腹残。素面。口径11、残高4厘米（图三六，16）。

溜肩罐　1件。T10⑥：2，夹细砂灰褐陶。轮制。已修复。敞口，高领，束颈，溜肩，弧腹，下收，小平底，橄榄形。颈和上腹各饰二道凹弦纹。口径6、底径3、高3厘米（图三六，17）。

广口罐　3件。分三式。

Ⅰ式：1件。T7⑥：58，夹细砂红褐陶。方唇，翻沿，侈口，束颈，溜肩，筒腹下收，其下残无。素面。口径13、残高11厘米（图三六，12）。

Ⅱ式：1件。广口，弦纹。T16⑤B：1，泥质灰陶。轮制。侈口尖圆唇，直腹无肩下残无。饰密凹弦纹。口径18、残高9厘米（图三六，21）。

Ⅲ式：1件。领镂孔。T9⑦：3，泥质灰陶。敞口，尖圆唇，束领，下残无。领饰一道凹弦纹。有一圆镂孔。口径14、高4厘米（图三六，19）。

缸　6件。分二型。

A型　1件。T16⑤B：4，夹砂红褐陶。残。泥条盘筑。厚圆唇，折沿内凹。腹饰篮纹。口径38、残高6.4厘米（图三五，4）。

B型　5件。分五式。

Ⅰ式：1件。T16⑤A：1，夹砂红陶。轮制。直口，口下饰箍带纹，箍带和口沿辊印绳纹。筒腹下收，底残无。口径20、残高18厘米（图三五，6）。

Ⅱ式：1件。T7⑥：11，夹砂红陶。盘筑。残，可复原。折沿，方唇。束颈饰箍带纹，箍带上压印锥点。腹饰方格绳纹。筒腹下急收成小平底。口径15、高14厘米（图三五，5）。

Ⅲ式：1件。T7⑥：68，残。泥夹砂红陶。广口，撇沿，束颈，筒腹微弧下收，其下残无。颈饰凹弦纹，颈下饰绳索箍带纹，腹饰方格绳纹。口径32、残高20厘米（图三五，7）。

Ⅳ式：1件。T3⑰：4，夹砂黄陶。广口，微侈，方唇，折肩，下饰箍带，带上压印竖条细绳纹。沿箍带及子口旋削压光。腹饰纵向细绳纹地加方格纹块。腹下残。贴塑轮修。口径28、残高28厘米（图三五，3）。

Ⅴ式：1件。T3⑰：3，夹砂红陶。贴塑轮修。广口，圆唇，束颈，腹微弧。肩饰锥点竖索条箍带纹，带下残存斜绳纹。下腹残无。口径26、残高16厘米（图三五，2）。

钵　1件。T10⑥：4，夹砂红褐陶。残。侈口，圆唇，腹斜收，圜底。口径8、高6厘米（图三六，20）。

圈足　1件。T3⑯：6，残。夹砂灰陶。覆斗状。上残无。上饰二道凹弦纹。足根外撇，圆沿。底径10、残高11厘米（图三七，1）。

器底　2件。分二型。

A型　1件。T7⑥：18，残。泥质灰陶。残口如喇叭状，收束为筒，平底。素面。底径5、残高16厘米（图三七，2）。

B型　1件。T7⑥：55，残。夹砂灰陶。上腹残无。仅存坦下腹，小平底。素面。底径6、残高8厘米（图三七，3）。

纺轮　4件。分二型。

A型　3件。分三式。

Ⅰ式：1件。T7⑥：29，完整。轮制。夹砂黑陶。覆盆状。中有孔。素面。直径3.3、高1.5厘米（图三七，4）。

Ⅱ式：1件。T10⑤：6，完整。手制。夹砂褐陶。截椎状。中有孔略小。素面。底径3.4、

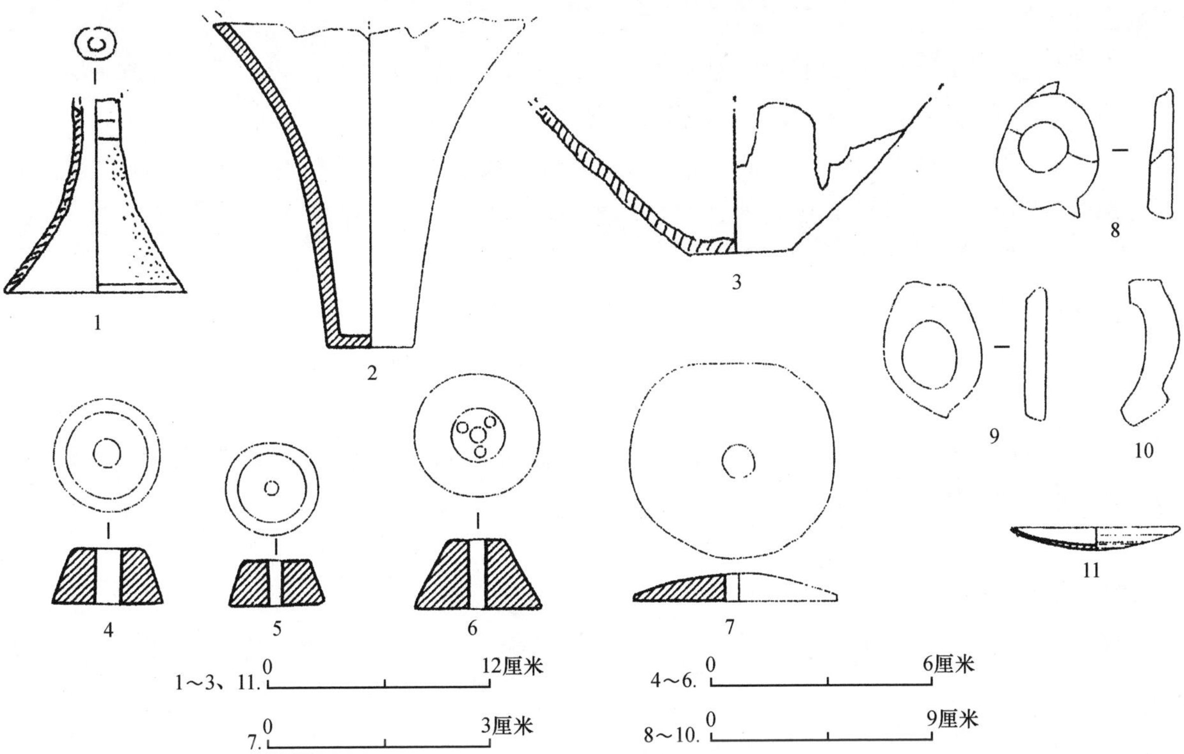

图三七　商代早期陶器

1. 圈足（T3⑯：6）　2. A型器底（T7⑥：18）　3. B型器底（T7⑥：55）　4. A型Ⅰ式纺轮（T7⑥：29）
5. A型Ⅲ式纺轮（T10⑥：29）　6. A型Ⅱ式纺轮（T10⑤：6）　7. B型纺轮（T10⑤：7）　8. Ⅰ式圈（火照）（T10⑥：12）
9. Ⅱ式圈（火照）（T10⑥：13）　10. Ⅲ式圈（火照）（T10⑥：14）　11. 浅腹碟（T10⑤：5）

顶径1.6、高1.8厘米（图三七，6）。

Ⅲ式：1件。T10⑥：29，完整。夹砂褐陶。覆盆状。中有孔。顶孔周有三个小圆点。高1.2、径3.4厘米（图三七，5）。

B型　1件。T10⑤：7，泥质红陶。手制。饼状。平底弧面。中有孔。素面。高0.4、径3厘米（图三七，7）。

圈（火照）　3件。分三式。

Ⅰ式：1件。T10⑥：12，夹砂黑褐陶。手制加磨。两端伸角状。应为火照。长径4.8、宽径3.9、厚0.9厘米（图三七，8）。

Ⅱ式：1件。T10⑥：13，夹砂灰褐陶。椭圆。手制打磨陶圈。应为火照。长径4.9、宽径3.7、厚0.7厘米（图三七，9）。

Ⅲ式：1件。T10⑥：14，夹砂黄褐陶。手制打磨陶圈残片。应为火照。长5.4、宽1.4、厚0.7厘米（图三七，10）。

浅腹碟　1件。T10⑤：5，夹砂黑灰陶。轮制。残。可修复。敞口，坦腹，圜底。素面。口径9.2、高1.2厘米（图三七，11）。

豆　14件。分十四式。

Ⅰ式：1件。T7⑥：15，轮制。残。可复原。泥质黑陶。上如盘，下如喇叭口，中空。竹节柄有三道凹弦纹。足沿一道粗凹弦纹。柄贯通非豆，细长难稳，似导流管。漏斗。口径16、高48厘米（图三八，1）。

Ⅱ式：1件。T7⑥：14，轮制。残。可复原。泥质黑陶。喇叭口形盘、足，竹节高柄。但整器贯通。因豆盘无底，又称灯形器、座。口径13、残高33厘米（图三八，2）。

Ⅲ式：1件。T3⑮：18，轮制。残。泥质黑陶。弧底座，盘上残。柱状柄，腰三道凹弦纹。座饰三道凹弦纹。口径10.2、残高12.6厘米（图三八，3）。

Ⅳ式：1件。T7⑥：45，泥质灰陶。轮制。盘残无，座残无沿足。直空心柄，柄近座际饰三道凹弦纹。残高35.4厘米（图三八，4）。

Ⅴ式：1件。T3⑮：20，泥质黑陶。轮制。竹筒状。两端束而微喇。残，无盘。足。上一、下二道凸弦纹。残高37.8厘米（图三八，8）。

Ⅵ式：1件。T7⑥：37，泥质灰陶。轮制。残存棒槌状空心柄。鼓腹处饰三道凸弦纹。残长16.4厘米（图三八，5）。

Ⅶ式：1件。T7⑥：39，泥制黑皮红陶。轮制。残。仅存竹节柄。饰七道凸弦纹。残长16.4厘米（图三八，6）。

Ⅷ式：1件。T7⑥：41，泥质灰陶。轮制。盘残无口沿，足残无。柄饰三道凹弦纹。残长10.8厘米（图三八，7）。

Ⅸ式：1件。T17H11：2，仅存柄一小段。腰鼓形，中空。鼓腹上二道凸弦纹，其间见二圆孔。残高10.4厘米（图三八，9）。

Ⅹ式：1件。T16⑤B：3，足径8厘米。泥质黑灰陶。轮制。喇叭状足外撇，现4个圆孔。足、柄间有二道凹弦纹。盘残无。残长16厘米（图三八，10）。

Ⅺ式：1件。T7⑥：38，泥质黑灰陶。轮制。残柄棒槌状。上饰五道凹弦纹。残长12厘米（图三八，11）。

Ⅻ式：1件。T3⑮：24，泥质黑灰陶。轮制。藕节状中空。盘足残无。中饰四道凹弦纹。残高25.4厘米（图三九，1）。

XⅢ式：1件。T7⑥：46，泥质黑陶。轮制。残存竹节柄小段，下有四弦纹四道。残高16.4厘米（图三九，2）。

XⅣ式：1件。T7⑥：40，泥质灰陶。轮制。残存管状空心柄小段，管壁有圆角长方小孔1个。残长14厘米（图三九，3）。

豆盘　5件。分五型。

A型　1件。T7⑥：34，夹细砂黑陶。轮制。广口，方唇，斜坦腹，柄残无。腹饰细凹弦纹。口径15、残高5厘米（图三九，4）。

B型　1件。T7⑥：33，泥制红陶。轮制。平沿，方唇，折腹，斜坦收，柄残无。折处一道凸弦纹。底径16、残高5厘米（图三九，5）。

C型　1件。T7⑥：35，轮制。夹砂灰陶。喇叭口盘，圆唇，斜弧，收壁。柄残无。素面。口径13.6、残高9.6厘米（图三九，6）。

D型　1件。T7⑥：36，夹砂灰陶。轮制。柄残无。钟状器座，翻足。饰凹弦纹一道，座中有圆镂孔。口径11.4、高10.4厘米（图三九，7）。

E型　1件。T7⑥：17，泥质黑陶。轮制。柄及足残。敞口，圆唇，斜直腹缓折，平底略

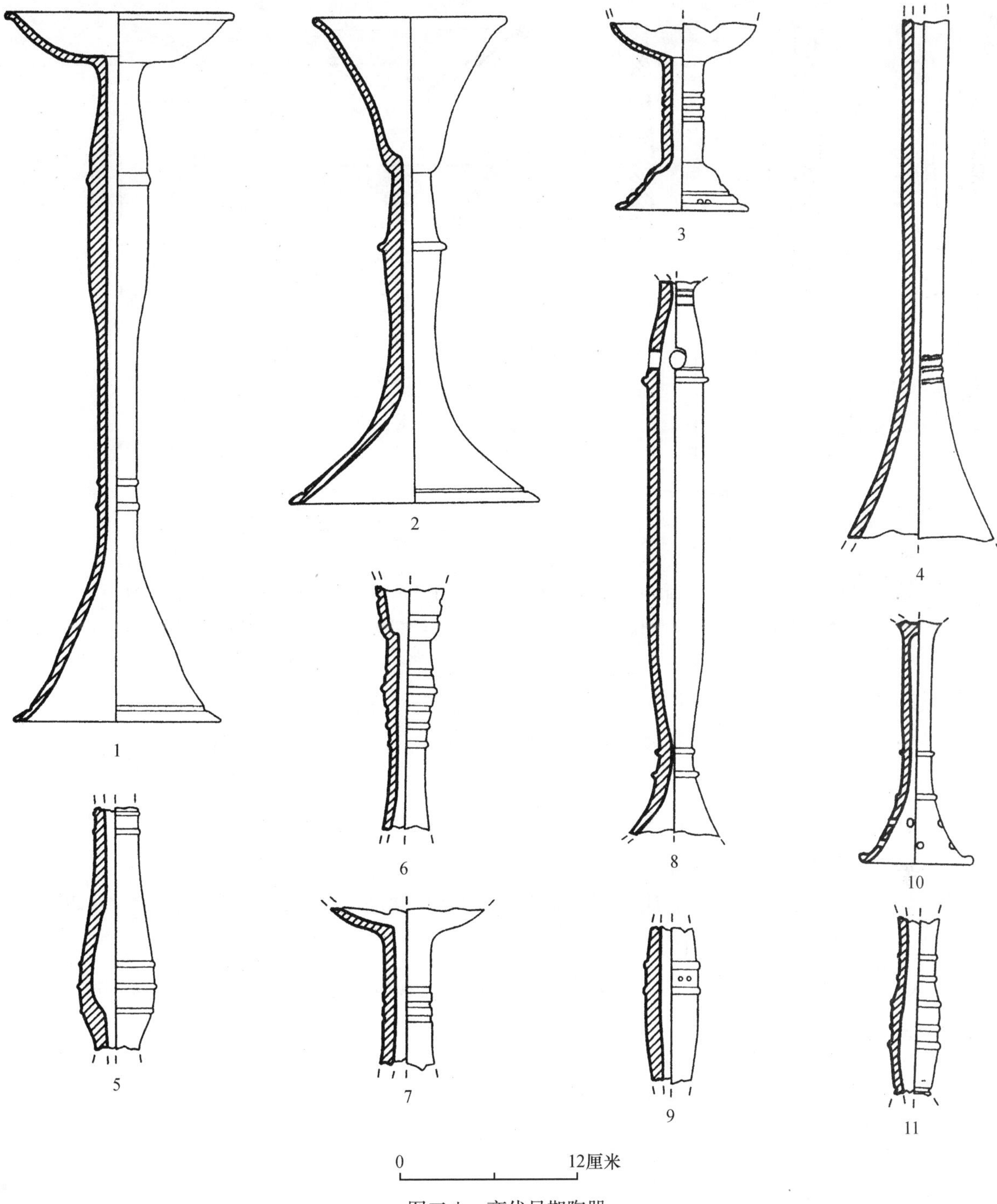

图三八　商代早期陶器

1. Ⅰ式豆（T7⑥：15）　2. Ⅱ式豆（T7⑥：14）　3. Ⅲ式豆（T3⑮：18）　4. Ⅳ式豆（T7⑥：45）　5. Ⅵ式豆（T7⑥：37）　6. Ⅶ式豆（T7⑥：39）　7. Ⅷ式豆（T7⑥：41）　8. Ⅴ式豆（T3⑮：20）　9. Ⅸ式豆（T17H11：2）　10. Ⅹ式豆（T16⑤B：3）　11. Ⅺ式豆（T7⑥：38）

圜。腹折处呈凸弦纹。口径26、残高9厘米（图三九，8）。

器盖　7件。分七式。

Ⅰ式：1件。T7⑥：21，泥质灰陶。轮制。残。圆沿，弧面，蘑菇状纽，纽座饰一道凹弦

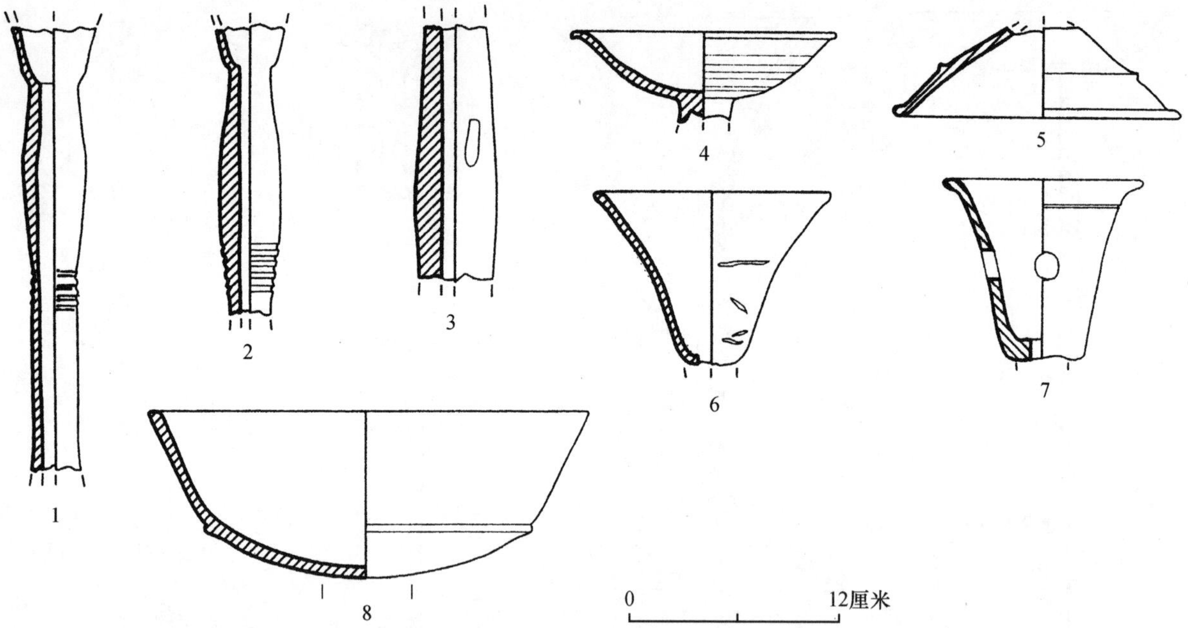

图三九　商代早期陶器

1. Ⅻ式豆（T3⑮：24）　2. XⅢ式豆（T7⑥：46）　3. XⅣ式豆（T7⑥：40）　4. A型豆盘（T7⑥：34）　5. B型豆盘（T7⑥：33）　6. C型豆盘（T7⑥：35）　7. D型豆盘（T7⑥：36）　8. E型豆盘（T7⑥：17）

纹。口径9.8、高3.1厘米（图四○，1）。

Ⅱ式：1件。T7⑥：66，夹砂黑褐陶。轮制。残。圆唇，隆面，矮杯形纽。素面。口径16、高5.8厘米（图四○，2）。

Ⅲ式：1件。T7⑥：6，泥质黑陶。轮修。圆唇，平沿略翘，中隆起安小喇叭状捉手。捉手栏为凹弦纹。口径16.5、高5厘米（图四○，4）。

Ⅳ式：1件。T7⑥：20，泥质黑陶。轮制。残。坦沿，中平起如笠状。纽残。平顶。素面。口径17.2、残高2.8厘米（图四○，5）。

Ⅴ式：1件。T3⑮：22，泥质黑皮陶。轮制，残。覆钵状口沿残。素面。残高8厘米（图四○，3）。

Ⅵ式：1件。T7⑥：22，夹砂灰黄陶。轮制。残。弧面，高喇叭纽，纽沿外翻。纽座饰二道凹弦纹为栏。口径18、高7.6厘米（图四○，6）。

Ⅶ式：1件。T7⑥：10，夹砂灰陶。手制轮修。可复原。折平沿，方唇，尖角状隆起如笠，安小杯形纽。沿内、纽座各饰凹弦纹一至二道。口径27.4、高9.6厘米（图四○，7）。

碗　5件。分五式。

Ⅰ式：1件。T6⑥：2，夹砂红褐陶。贴塑轮修。可复原。圆唇，斜直腹，壁厚胎，外撇高圈足，底内均凹。残。口径16、高8厘米（图四一，1）。

Ⅱ式：1件。T7⑥：2，夹砂红褐陶。手制轮修。可复原。尖圆唇，斜直腹，外八字高圈足，原胎素面，底外成三角形肥足。口径16.8、高8.4厘米（图四一，2）。

Ⅲ式：1件。T7⑥：67，夹砂红褐陶。手制轮修。圆唇近方，坦腹，小平底近圜，圈足残。唇角成棱。素面。口径18.8、残高4.4厘米（图四一，3）。

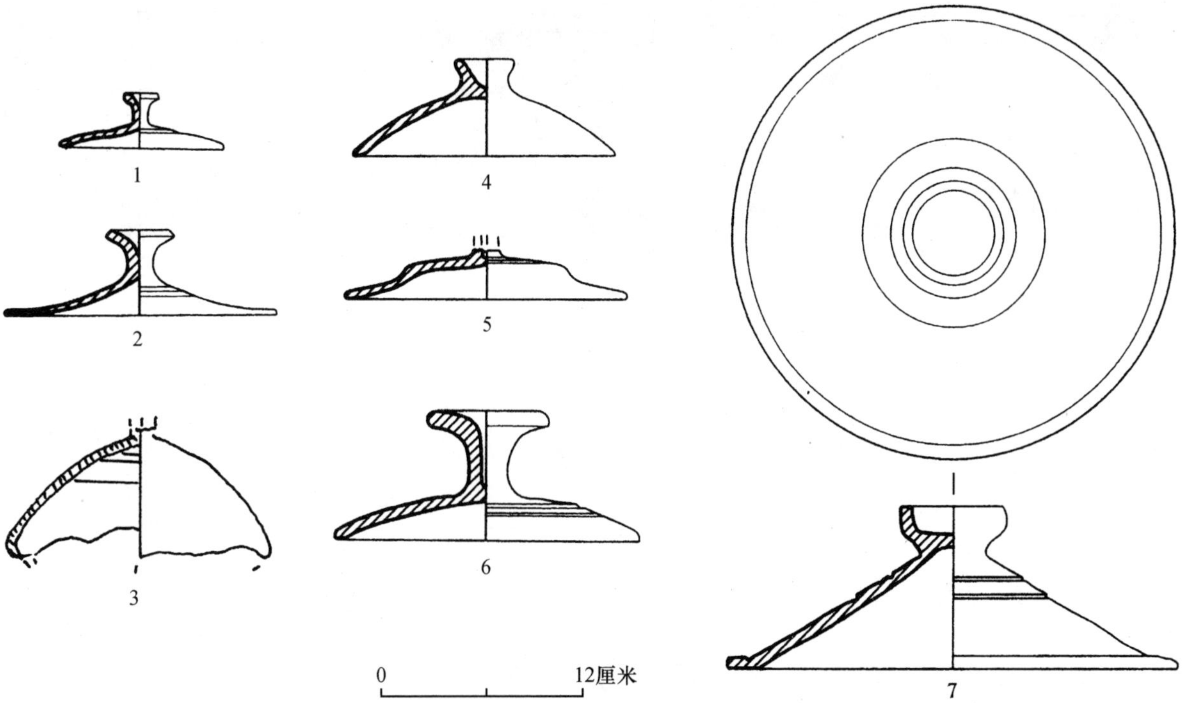

图四〇　商代早期陶器

1. Ⅰ式器盖（T7⑥：21）　2. Ⅱ式器盖（T7⑥：66）　3. Ⅴ式器盖（T3⑮：22）　4. Ⅲ式器盖（T7⑥：6）
5. Ⅳ式器盖（T7⑥：20）　6. Ⅵ式器盖（T7⑥：22）　7. Ⅶ式器盖（T7⑥：10）

Ⅳ式：1件。T7⑥：65，夹砂红褐陶。手制轮修。口沿、上壁残无，仅存近底下腹及外八字圈足，内凹底。厚胎素面。残高5.2厘米（图四一，4）。

Ⅴ式：1件。T7⑥：52，泥质黑灰陶。轮制。口部残。斜直腹下收成小底，圈足成覆杯状。足上有三道凹弦纹。底径15.2、残高15.8厘米（图四一，5）。

盂形器　1件。T7⑥：54，泥质黑陶。轮制。残。圆唇，口微侈，矮领，无肩，垂腹，下残无。腹饰两道凸弦纹，间减地圆圈纹。口径16、残高7.6厘米（图四一，6）。

尖底杯　2件。分二型。

A型　1件。T1⑧：1，泥质灰陶。残，可复原。手捏慢轮修整。圆唇，侈口，微束颈，斜腹内微弧，尖底略弧。器形不规整。素面。口径12、高6.8厘米（图四一，7）。

B型　1件。T1⑧：2，泥质黄陶。慢轮修整。残，可复原。圆唇，侈口，束颈，顺肩。下腹一道凹弦纹，近底一道细凹弦纹。泥片贴塑。小尖底。口径12.4、高11.2厘米（图四一，8）。

钵　3件。分三型。

A型　1件。T3⑮：3，夹砂红褐陶。轮制。可复原。直口，圆唇，斜弧腹下收，贴饼形小底成假圈足。通体饰交错绳纹。口径23.5、高15.6厘米（图四一，9）。

B型　1件。T16⑤B：2，细砂褐灰色陶。轮制。敛口，圆唇，鼓腹下内收，其下残无。素面。口径16、残高5.6厘米（图四一，10）。

C型　1件。T17⑤：11，夹砂灰陶。手制。残，可复原。厚胎，敞口，厚方唇外卷平削，

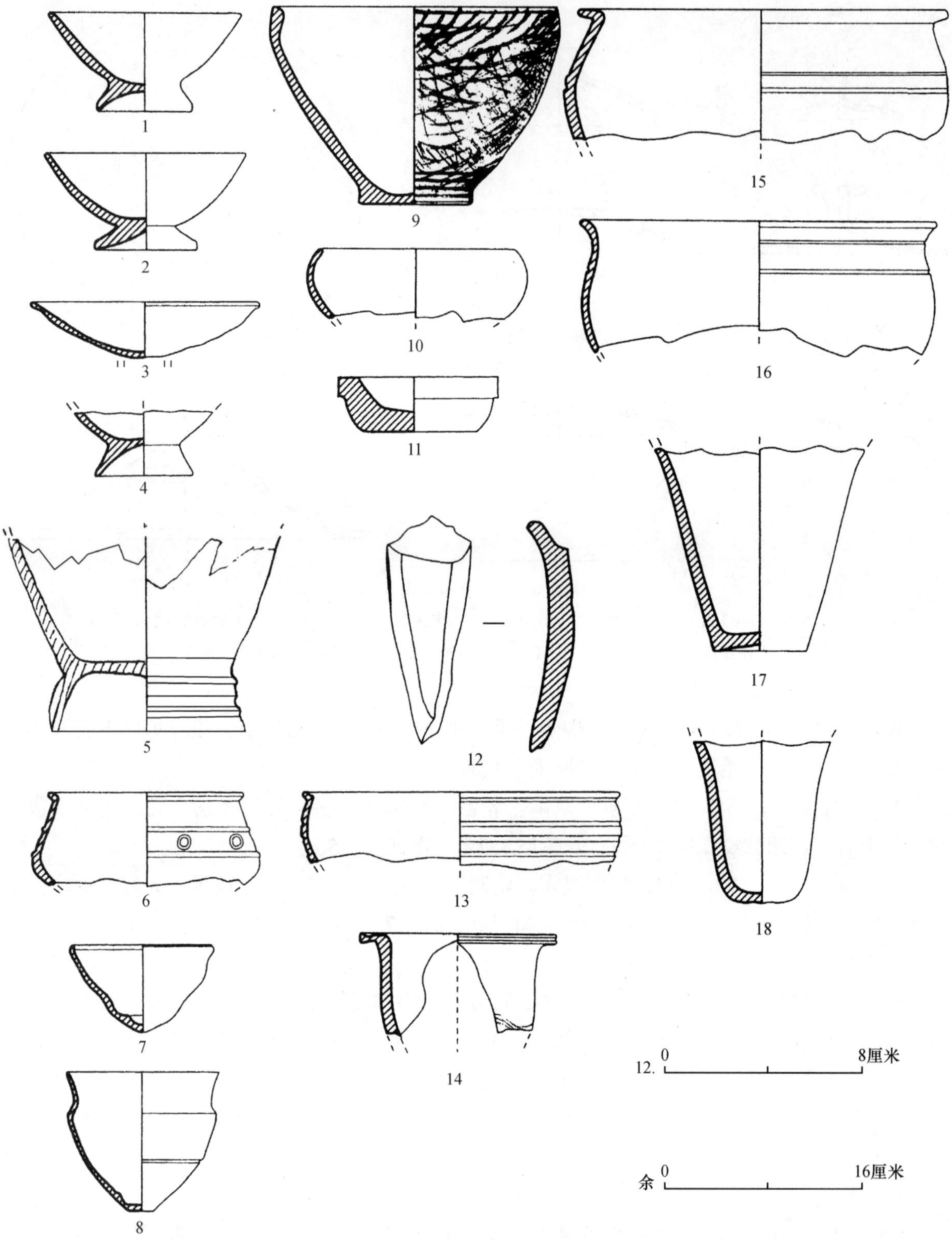

图四一　商代早期陶器

1. Ⅰ式碗（T6⑥：2）　2. Ⅱ式碗（T7⑥：2）　3. Ⅲ式碗（T7⑥：67）　4. Ⅳ式碗（T7⑥：65）　5. Ⅴ式碗（T7⑥：52）　6. 盂形器（T7⑥：54）　7. A型尖底杯（T1⑧：1）　8. B型尖底杯（T1⑧：2）　9. A型钵（T3⑮：3）　10. B型钵（T16⑤B：2）　11. C型钵（T17⑤：11）　12. 矛头（T17H11：1）　13. A型Ⅰ式盆（T17H11：4）　14. A型Ⅱ式盆（T16⑤A：2）　15. B型Ⅰ式盆（T7⑥：61）　16. B型Ⅱ式盆（T3⑮：15）　17. A型杯（T7⑥：50）　18. B型杯（T7⑥：51）

浅腹平底。素面。亦有称之为“船形杯”。口径14、高4.5厘米（图四一，11）。

矛头　1件。T17H11：1，夹细砂灰陶。磨制。残断存矛头。六棱状，锋残。素面。残长9.3厘米（图四一，12）。

盆　4件。分二型。

A型　2件。分二式。

Ⅰ式：1件。T17H11：4，泥质灰陶。轮制。残。敛口，圆唇，卷沿，弧腹下收，其下残无。腹现三道凹弦纹。口径26、残高5.7厘米（图四一，13）。

Ⅱ式：1件。T16⑤A：2，泥质灰陶。轮制。方唇平折沿内凹。斜直壁下收残无。素面。口径16、残高8厘米（图四一，14）。

B型　2件。分二式。

Ⅰ式：1件。T7⑥：61，夹砂灰陶。残。展沿，圆唇，无肩，弧腹，下残无。上腹饰二道凹弦纹。口径30、残高10.8厘米（图四一，15）。

Ⅱ式：1件。T3⑮：15，夹细砂灰陶。广口，圆唇，束颈，顺肩，腹微鼓。下残无。颈及肩各饰一道凹弦纹。口径29、残高10.4厘米（图四一，16）。

杯　2件。分二型。

A型　1件。T7⑥：50，夹细砂黑陶。轮制。口残。筒状斜壁，平底。上腹残无。素面。残口17.2、残高16.4、底径8厘米（图四一，17）。

B型　1件。T7⑥：51，夹砂灰陶。轮制。广口残，微内斜直壁，近底内收，小平底。素面。残高13.2、底径3厘米（图四一，18）。

瓮　4件。分三型。

A型　1件。T7⑥：53，夹砂灰陶。轮制。口沿残。小口，球腹，下残无。素面。口径16、残高19.1厘米（图四二，1）。

B型　2件。分二式。

Ⅰ式：1件。T7⑥：63，夹砂黑褐陶。轮制。窄展沿，矮领，溜肩，鼓腹，下残无。素面。口径26、残高9.2厘米（图四二，2）。

Ⅱ式：1件。T7⑥：64，夹砂灰陶。轮制。残。圆唇，棱沿，侈口，束颈，矮领，溜肩，鼓腹下收，其下残无。肩饰三道细凹纹成带。口径30、残高10厘米（图四二，6）。

C型　1件。T7⑥：62，夹砂灰陶。轮制。圆唇，直口，矮领，广肩，附耳有穿，耳下残无。素面。口径13、残高4.8厘米（图四二，3）。

圈足　2件。分二型。

A型　1件。T7⑥：44，泥质黑陶。上部残无。外八字足略撇。足径8.2厘米（图四二，5）。

B型　1件。T9⑥：14，泥质褐陶。上残无。八字足外翻。足径18、残高6.6厘米（图四二，4）。

高领罐　7件。分三型。

A型　1件。T7⑥：13，夹砂黑陶。轮制。直口，高领，溜肩。鼓腹斜收，口沿重唇加厚起棱。肩饰三道凹弦纹，腹饰凹面箍带，下腹残无。口径14、残高31.8厘米（图四二，7）。

图四二　商代早期陶器

1. A型瓮（T7⑥：53）　2. B型Ⅰ式瓮（T7⑥：63）　3. C型瓮（T7⑥：62）　4. B型圈足（T9⑥：14）
5. A型圈足（T7⑥：44）　6. B型Ⅱ式瓮（T7⑥：64）　7. A型高领罐（T7⑥：13）　8. B型Ⅱ式高领罐（T17⑤：4）
9. C型Ⅰ式高领罐（T3⑮：8）　10. B型Ⅲ式高领罐（T7⑥：49）　11. B型Ⅰ式高领罐（T3⑮：9）
12. B型Ⅳ式高领罐（T7⑥：19）　13. C型Ⅱ式高领罐（T7⑥：48）

B型　4件。分四式。

Ⅰ式：1件。T3⑮：9，夹细砂黑陶。轮制。侈口微喇叭，高领，圆唇，卷沿。颈饰一道凹弦纹，略广肩。肩饰菱格细绳纹。下残无。口径21.2、残高13.8厘米（图四二，11）。

Ⅱ式：1件。T17⑤：4，泥质灰陶。轮制。侈口，尖圆唇，束颈，肩残无。颈饰七道凹弦纹，弦纹上、下有连续圆涡纹。肩下残无。口径18、残高13厘米（图四二，8）。

Ⅲ式：1件。T7⑥：49，夹细砂灰陶。轮制。喇叭口，展沿，尖圆唇。颈中部饰三道凹弦纹。颈下残无。口径20.1、残高12.4厘米（图四二，10）。

Ⅳ式：1件。T7⑥：19，泥质褐陶。轮制，残。圆唇，喇叭状高领。领上饰三道凹弦纹。下残无。口径17.5、残高10厘米（图四二，12）。

C型　2件。分二式。

Ⅰ式：1件。T3⑮：8，泥质黑皮陶。喇叭口，卷沿，圆唇，高领。颈饰二组三道凹弦纹。内壁现七道泥条盘筑痕。外壁六道凹弦纹。颈下残无。口径25.6、残高13.6厘米（图四二，9）。

Ⅱ式：1件。T7⑥：48，轮制。喇叭口，圆唇，折沿，直壁下斜收，折肩下残无。颈根饰三道斜弦纹。肩残无。泥质黑皮红胎陶。口径24、残高20厘米（图四二，13）。

（四）商代晚期

1. 石器

刮削器　1件。T3⑭：33，褐色。砂页岩砾石。锐棱砸击法打制。甲盖状。顶部有砸点波纹射线，右有修琢痕，左及尖部有使用痕。长6.8、宽6厘米（图二七，3）。

铲　1件。T3⑭：31，褐色。完整。变质砂页岩砾石打成。可见4处打击波面，铲刃有使用痕。长10.2、宽5.4厘米（图二七，5）。

尖状器　1件。T3⑭：32，青灰色。变质砂页岩砾石打成。尖部有使用痕，背有砾面。长11.2、宽5.6厘米（图二七，6）。

锛　2件。T3⑭：30，褐黑间白色。完整。变质页岩砾石打磨而成。刃用残。长7.8、宽6厘米（图二八，2）。T3⑬：7，黑色。磨制，完整。玄武岩磨成，刃有使用痕。长4.8、宽2.4厘米（图二八，3）。

2. 陶器

罐　9件。分二型。

A型　折沿罐。4件。分四式。

Ⅰ式：1件。T3⑬：18，夹砂褐陶。折沿，圆唇略翻。唇压印细花口沿。残存的肩、腹饰交错细绳纹。下腹残无。口径28、残高10.4厘米（图四三，1）。

Ⅱ式：1件。T3⑬：16，夹砂灰陶。广口，折沿，折肩。肩及上腹压印大方格纹。下腹残无。口径19.2、残高11.6厘米（图四三，2）。

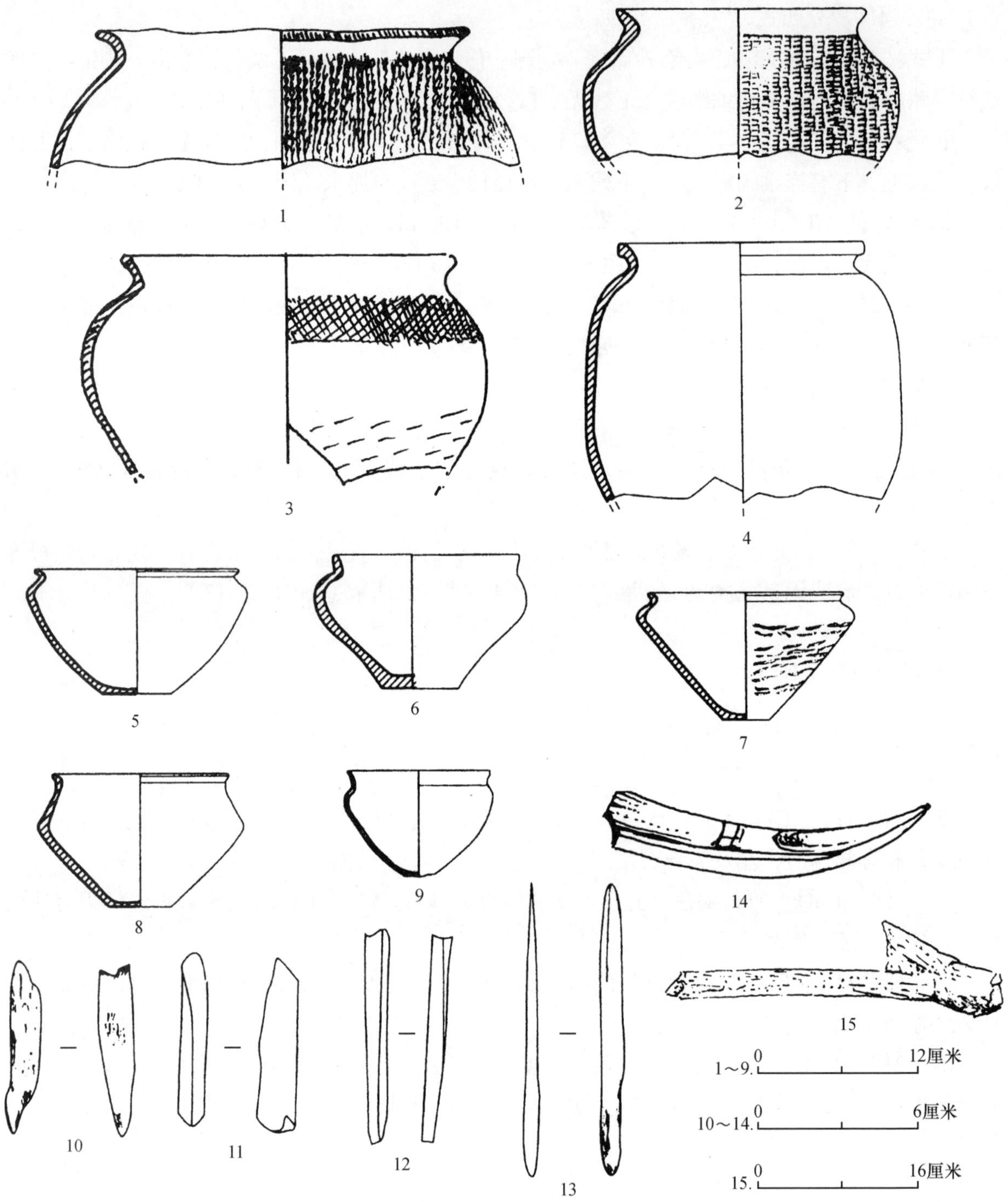

图四三　商代晚期陶器、牙器、骨器、角器

1. A型Ⅰ式陶罐（T3⑬：18）　2. A型Ⅱ式陶罐（T3⑬：16）　3. A型Ⅳ式陶罐（T2⑫：2）　4. A型Ⅲ式陶罐（T3Y1：1）　5. B型Ⅰ式陶罐（T3⑭：6）　6. B型Ⅱ式陶罐（T7③：1）　7. B型Ⅲ式陶罐（T3⑭：9）　8. B型Ⅳ式陶罐（T3⑭：3）　9. B型Ⅴ式陶罐（T3⑬：2）　10. A型Ⅰ式骨器（T9⑥：7）　11. A型Ⅱ式骨器（T9⑥：9）　12. B型Ⅰ式骨器（T9⑥：8）　13. B型Ⅱ式骨器（T7⑥：27）　14. 牙器（T7⑥：28）　15. 鹿角（T7⑥：70）

Ⅲ式：1件。T3Y1：1，夹砂灰陶。折沿，方唇，短领，顺肩，筒腹下残。颈肩间有一道凹弦纹。下腹残无。口径18、残高19.6厘米（图四三，4）。

Ⅳ式：1件。T2⑫：2，夹砂红陶。轮制。侈口，圆唇，折颈，溜肩，弧腹，下残无。肩饰网格绳纹。下腹饰斜绳纹。口径25.6、残高17.7厘米（图四三，3）。

B型　广肩罐。5件。分五式。

Ⅰ式：1件。T3⑭：6，夹砂黑褐陶。轮制。残。修复。折沿，圆唇，广肩，小底。形扁腹浅。腹现两戳点纹。口径15.4、高9.4厘米（图四三，5）。

Ⅱ式：1件。T7③：1，轮制。残修复。泥质灰陶。侈口，尖唇，广肩，斜收腹，小平底。素面。口径14、高10.5厘米（图四三，6）。

Ⅲ式：1件。T3⑭：9，轮制。夹砂黑褐陶。侈口，矮领，广肩，小平底。腹饰细刻划纹。残修复。口径14.8、高9.6厘米（图四三，7）。

Ⅳ式：1件。T3⑭：3，轮制。夹砂灰陶。侈口，束颈，溜肩，鼓折腹，小平底。素面。口径13.6、高10.2厘米（图四三，8）。

Ⅴ式：1件。T3⑬：2，轮制。泥质黄陶，侈口，尖唇，束颈，微广肩，收腹，小平底。口径10.8、高7.9厘米（图四三，9）。

豆　14件。分四型。

A型　4件。分四式。

Ⅰ式：1件。T1M6：1，泥质褐陶。轮制。残。喇叭状座，柱状柄，径3.1厘米，中空。上柄及盘残无。底径16.6、残高29.5厘米（图四四，1）。

Ⅱ式：1件。T3⑭：17，夹砂灰陶。圆柱状中空，中有一道凸弦纹。残存一段。残高13.6厘米（图四四，2）。

Ⅲ式：1件。T3⑬：14，泥质灰陶。残存柱状柄上段及豆盘底，柄中空盘有底。素面。残高16.4厘米（图四四，4）。

Ⅳ式：1件。T3Y1：2，泥夹砂灰陶。轮制。状如擀面杖，中空，盘，足均残无。素面。残高24.6厘米（图四四，18）。

B型　2件。分二式。

Ⅰ式：1件。T3⑭：15，泥质灰陶。轮制。纺锤柱形，鼓部三道凹弦纹，纹间有镂孔。盘、足残无。残高13.5厘米（图四四，3）。

Ⅱ式：1件。T9⑥：12，泥质黑灰陶。轮制。柄及底座完整。盘残无。喇叭形座，柄有二道凸弦纹。底径8、残高9.6厘米（图四四，14）。

C型　7件。分七式。

Ⅰ式：1件。T3⑭：12，夹砂黑褐陶。轮制。仅存豆盘。圆唇，斜坦腹。沿下和近底有凹弦纹一道。口径18.8、残高4.9厘米（图四四，5）。

Ⅱ式：1件。T3⑭：10，泥质灰陶。轮制。仅存豆盘。广口，尖圆唇，斜直腹。近底起折，上腹近沿饰二道凹弦纹。近底起折处一道凸弦纹。残存豆柄痕。口径17.8、残高9厘米（图四四，10）。

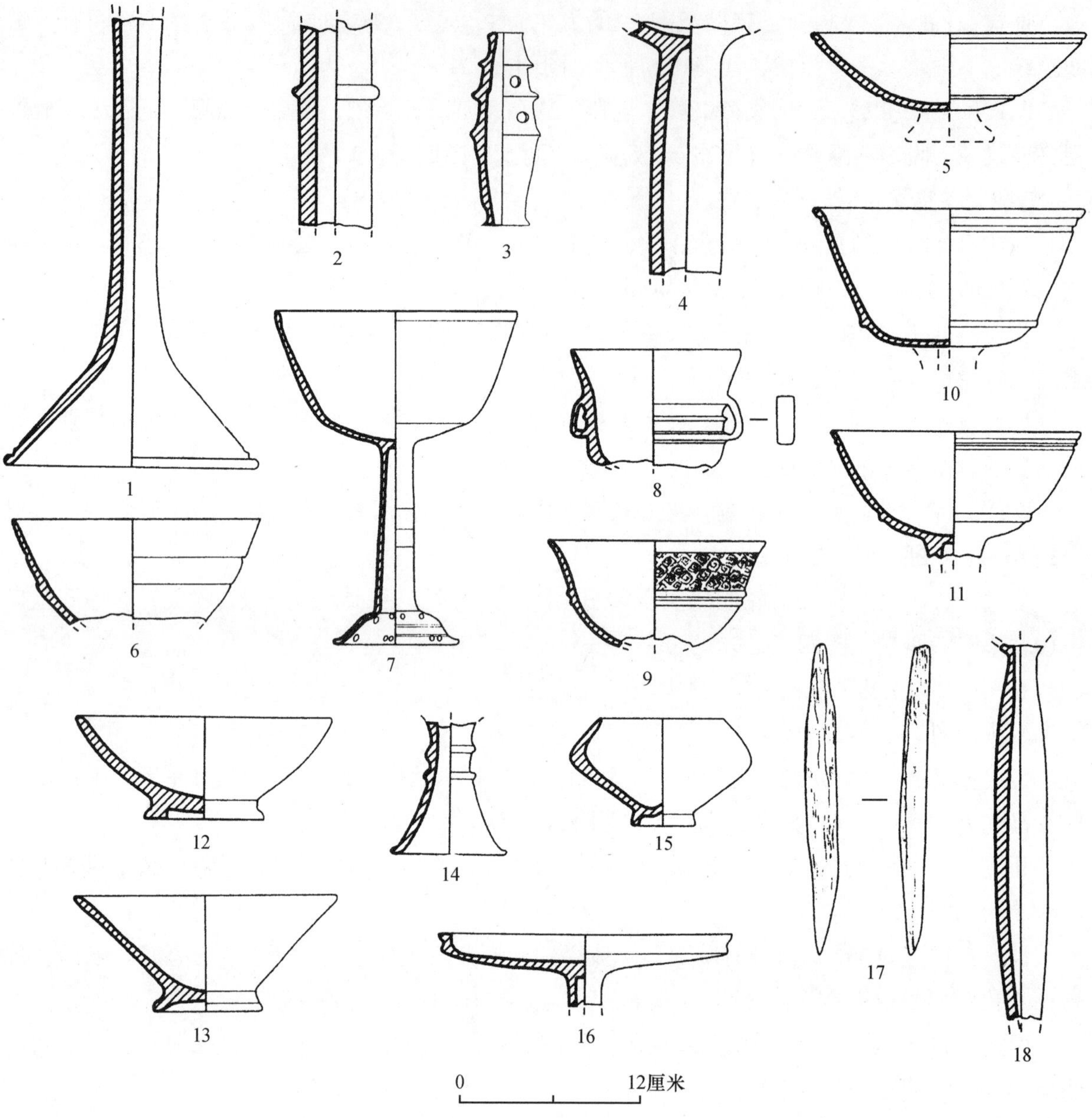

图四四　商代晚期陶器、骨器

1. A型Ⅰ式陶豆（T1M6：1）　2. A型Ⅱ式陶豆（T3⑭：17）　3. B型Ⅰ式陶豆（T3⑭：15）　4. A型Ⅲ式陶豆（T3⑬：14）　5. C型Ⅰ式陶豆　（T3⑭：12）　6. C型Ⅴ式陶豆（T3⑭：13）　7. D型陶豆（T3⑭：2）　8. C型Ⅳ式陶豆（T3⑭：14）　9. C型Ⅵ式陶豆（T3⑬：15）　10. C型Ⅱ式陶豆（T3⑭：10）　11. C型Ⅲ式陶豆（T3⑬：10）　12. A型陶碗（T9⑥：3）　13. B型陶碗（T9⑥：6）　14. B型Ⅱ式陶豆（T9⑥：12）　15. 陶盂（T9⑥：1）　16. C型Ⅶ式陶豆（T9⑥：10）　17. B型Ⅲ式骨器（T9⑥：17）　18. A型Ⅳ式陶豆（T3Y1：2）

Ⅲ式：1件。T3⑬：10，夹砂褐陶。轮制。尖唇，口微侈，束颈，腹微鼓。沿下二道凹弦纹，下腹折处一道凸弦纹。残存柄根。口径16.6、残高7.6厘米（图四四，11）。

Ⅳ式：1件。T3⑭：14，轮制。磨光黑皮陶。广口尖唇束腰，腰饰三道凹弦纹，两下垂式带状附耳，底残柄无。口径11.2、残高7.6厘米（图四四，8）。

Ⅴ式：1件。T3⑭：13，泥质黑陶。轮制。尖唇，斜直腹下收。腹饰二道凹弦纹。底及柄残无。口径17、残高7厘米（图四四，6）。

Ⅵ式：1件。T3⑬：15，泥质磨光黑陶。侈口，尖唇，碗状豆盘，沿下一道凸弦纹，上腹略弧收，下腹微鼓，起鼓处有两道凸弦纹。上腹弧收处饰仿铜云雷纹地，颇显华贵。柄及底残无。口径14.6、残高7.6厘米（图四四，9）。

Ⅶ式：1件。T9⑥：10，夹砂红褐陶。轮制。残。方唇矮直沿外凹，平底。残存豆柄2.2厘米。柄中空。素面。口径20、残高4.8厘米（图四四，16）。

D型　1件。T3⑭：2，泥质黑陶。已复原。轮制。广口，尖唇，斜腹下收，有底。豆盘近底起折，细高柄中空柱状，上细下略粗。柄中有三道凹弦纹。覆钹形足，足根外撇，盘近底，足顶均略折，有凸弦纹。足上饰镂孔。口径16.1、高22厘米（图四四，7）。

碗　2件。分二型。

A型　1件。T9⑥：3，泥质灰陶。手制。已修复。圆唇，斜坦腹，凹底，圈足略外撇，足内方。素面。口径17.5、高6.2厘米（图四四，12）。

B型　1件。T9⑥：6，泥质灰褐陶。轮制。残。已修复。斜直腹，凹底，外八字圈足。口径18、高7.5厘米（图四四，13）。

盂　1件。T9⑥：1，泥质灰陶。轮制。已修复。敛口，折鼓腹，小平底，有圈足。尖唇。素面。口径8.4、高7.2厘米（图四四，15）。

盆　2件。分二型。

A型　1件。T3⑭：34，泥质黑陶。轮制。直壁，微敛沿，尖圆唇。沿下、上腹饰四道凹弦纹成带。折腹斜，底残无。口径40、残高7.8厘米（图四五，1）。

B型　1件。T10④：2，泥质灰陶。轮制。残。卷沿盆。侈口，束颈，肩微鼓，下腹残无。饰竖绳纹。口径32、高10.8厘米（图四五，2）。

小底碗　2件。分二型。

A型　1件。T3⑭：1，夹砂红褐陶。贴塑轮修。可复原。圆唇，微卷沿，斜直壁，小底内凹。素面。口径27、高8.2厘米（图四五，3）。

B型　1件。T3⑬：1，夹砂黑陶。贴塑轮修。斜直壁，圆唇，小底，矮八字足。素面。已复原。口径17.4、高9厘米（图四五，4）。

印　1件。T10④：5，残一角。泥质灰褐陶。方面鼻纽。印文为一卷云纹状阳文。似为制陶印模。长8.4、宽8.4、高7.3厘米（图四五，5）。

纺轮　3件。分三型。

A型　1件。T3⑬：8，夹砂黑陶。完整。轮制。覆钵形。直径4厘米（图四五，6）。

B型　1件。T10④：1，夹砂褐陶。边微残。手制。覆钵形。直径3.3厘米（图四五，7）。

C型　1件。T9⑥：2，夹砂红褐陶。手制。饼形弧面。直径3.4厘米（图四五，12）。

杯　1件。T3⑭：19，夹砂褐陶。轮制。残。直壁，平底。残高8.4厘米（图四五，8）。

鬲　2件。分二型。

A型　1件。T10④：3，夹砂红陶。手制。上腹以下残。侈口，折沿，圆唇，矮束颈。肩微鼓，饰一道凹弦纹。弦下饰竖绳纹。口径56、残高9.2厘米（图四五，9）。

B型　1件。T10④：4，夹砂红陶。手制。侈口，宽平沿。沿面现齿状纹。肩微鼓，弧腹。束颈。颈、肩间一道凹弦纹，弦下饰斜绳纹。下腹残无。口径32、残高7.6厘米（图四五，

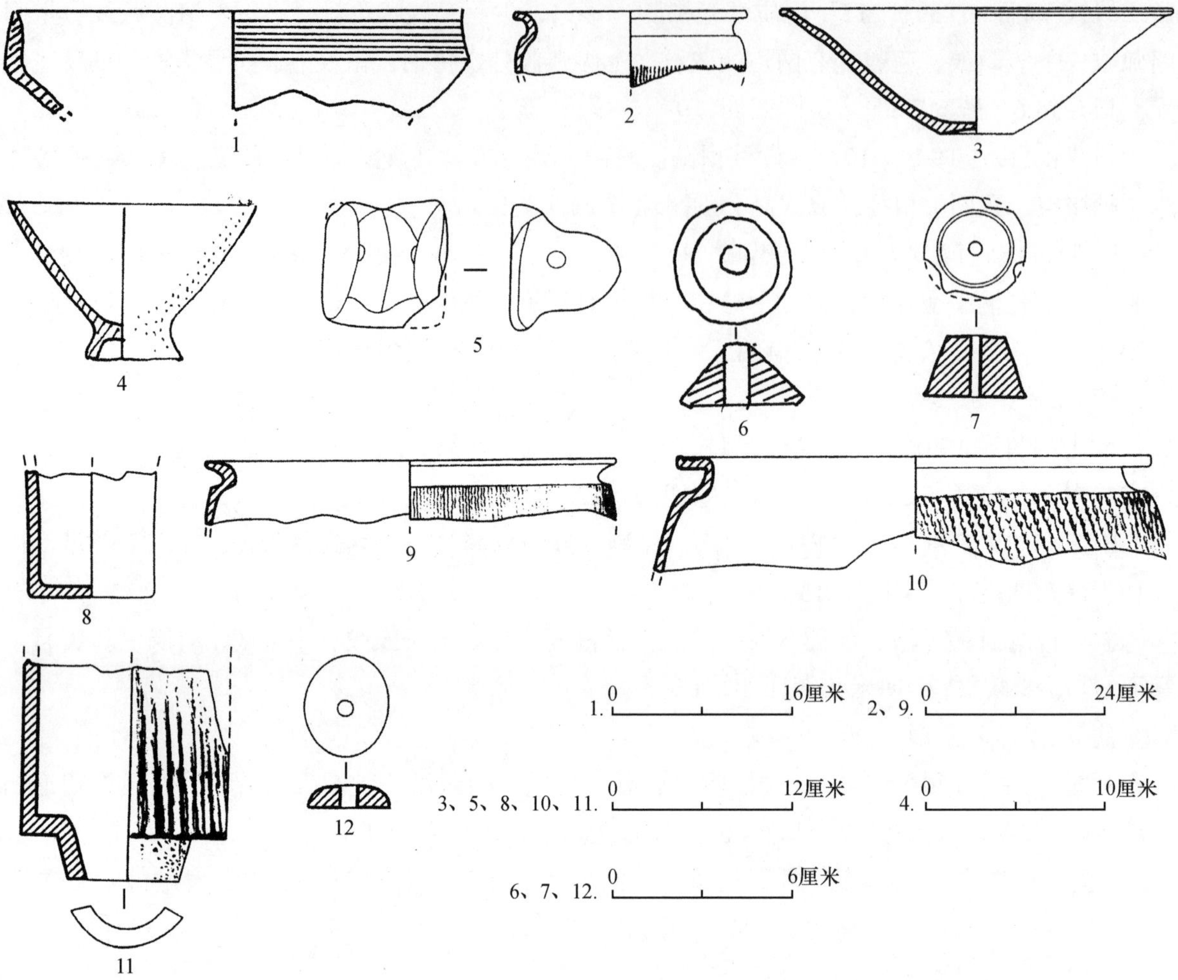

图四五　商代晚期陶器

1. A型盆（T3⑭：34）　2. B型盆（T10④：2）　3. A型小底碗（T3⑭：1）　4. B型小底碗（T3⑬：1）
5. 陶印（T10④：5）　6. A型纺轮（T3⑬：8）　7. B型纺轮（T10④：1）　8. 杯（T3⑭：19）　9. A型鬲（T10④：3）
10. B型鬲（T10④：4）　11. 筒瓦（T2③：1）　12. C型纺轮（T9⑥：2）

10）。

筒瓦　1件。T2③：1，泥质灰陶。模制。筒体直径14厘米。榫舌斜收，子口径8厘米。瓦面饰竖棱纹。残长15厘米（图四五，11）。

器盖　8件。分五型。

A型　1件。T3⑭：16，泥质黑陶。轮制。残存高柄器盖纽。圆柱状，阴刻螺旋纹。残高34.4厘米（图四六，1）。

B型　3件。分三式。

Ⅰ式：1件。T3⑬：9，泥质灰陶。残。弧面喇叭状纽，纽沿折平，方唇。口径16.6、高7厘米（图四六，2）。

Ⅱ式：1件。T3⑭：29，夹砂黑褐陶。轮制。广口，圆唇。面有数道刻划纹。纽残无。残高6.8、口径18.4厘米（图四六，3）。

Ⅲ式：1件。T6⑥：1，夹砂灰陶。轮制。弧盖，矮喇叭捉手。素面。口径18、高6.3厘米

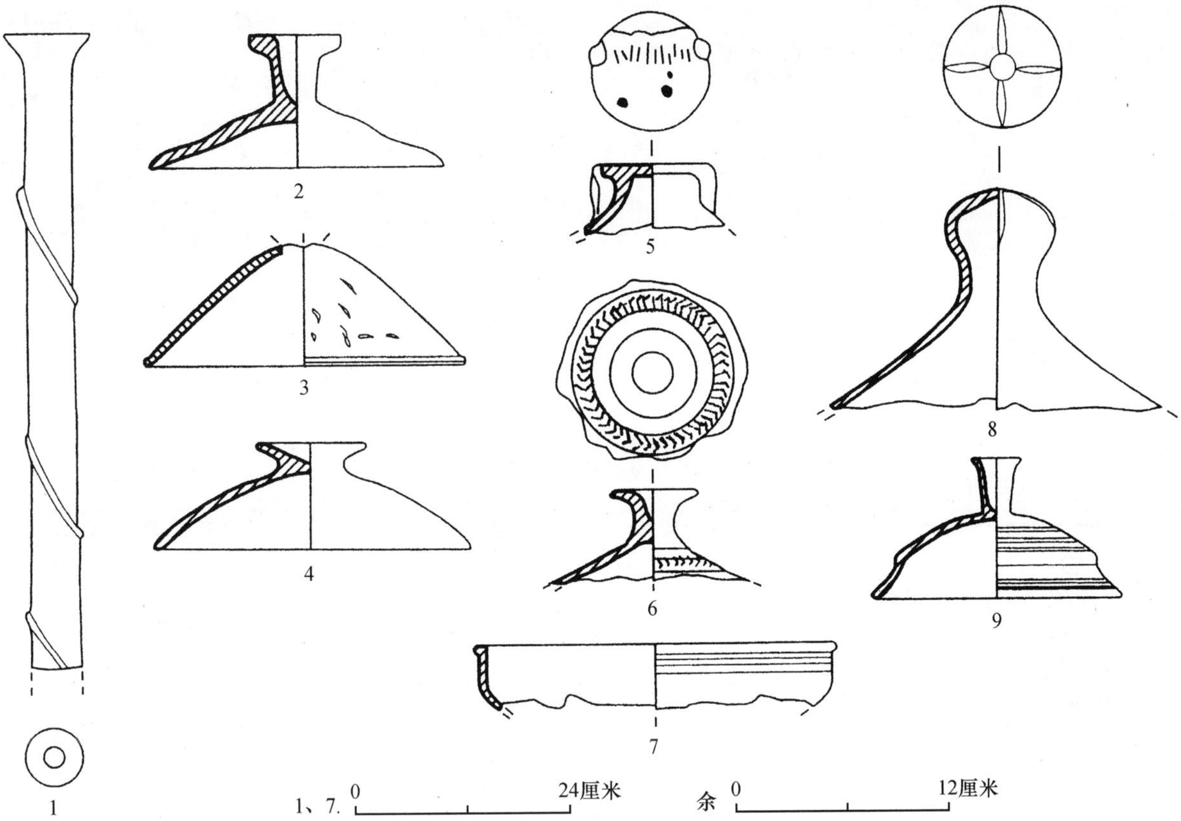

图四六　商代晚期陶器

1. A型器盖（T3⑭：16）　2. B型Ⅰ式器盖（T3⑬：9）　3. B型Ⅱ式器盖（T3⑭：29）　4. B型Ⅲ式器盖（T6⑥：1）　5. C型Ⅰ式器盖（T3⑬：12）　6. C型Ⅱ式器盖（T3⑭：18）　7. 直腹盆（T3⑭：11）　8. D型器盖（T3⑬：11）　9. E型器盖（T3⑬：4）

（图四六，4）。

C型　2件。分二式。

Ⅰ式：1件。T3⑬：12，泥质黑皮陶。手制。仅存覆盆器盖纽，纽面有二戳点和按、划纹。残高3.6厘米（图四六，5）。

Ⅱ式：1件。T3⑭：18，泥质磨光黑皮陶。轮制磨光。残存弧顶和喇叭状纽。纽展沿方唇，纽座一圈横“人”字纹，状如太阳纹。残高5.2厘米（图四六，6）。

D型　1件。T3⑬：11，夹细砂红陶。轮制。乳头状纽，残存喇叭状纽座。盖沿面残无。残高12.2厘米（图四六，8）。

E型　1件。T3⑬：4，泥质灰陶。轮制。笠状盖面，喇叭纽。笠面饰三道凹弦纹，沿饰二道凹弦纹。面、沿间收折。口径14.4、高7.8厘米（图四六，9）。

直腹盆　1件。T3⑭：11，泥质灰陶。轮制。圆唇略卷，直腹下收，底残无。沿下三道凹弦纹。口径40、残高7.8厘米（图四六，7）。

瓮　3件。分三型。

A型　1件。T3⑭：25，夹砂灰陶。贴塑轮修。侈口，圆唇，束颈，矮领，广肩，鼓腹，下残无。肩存一附耳，耳上一圆孔。素面。口径38、残高13.4厘米（图四七，9）。

B型　1件。T3⑭：27，泥夹砂灰陶。轮制。广口，展沿，方唇，束颈，鼓肩，下残无。

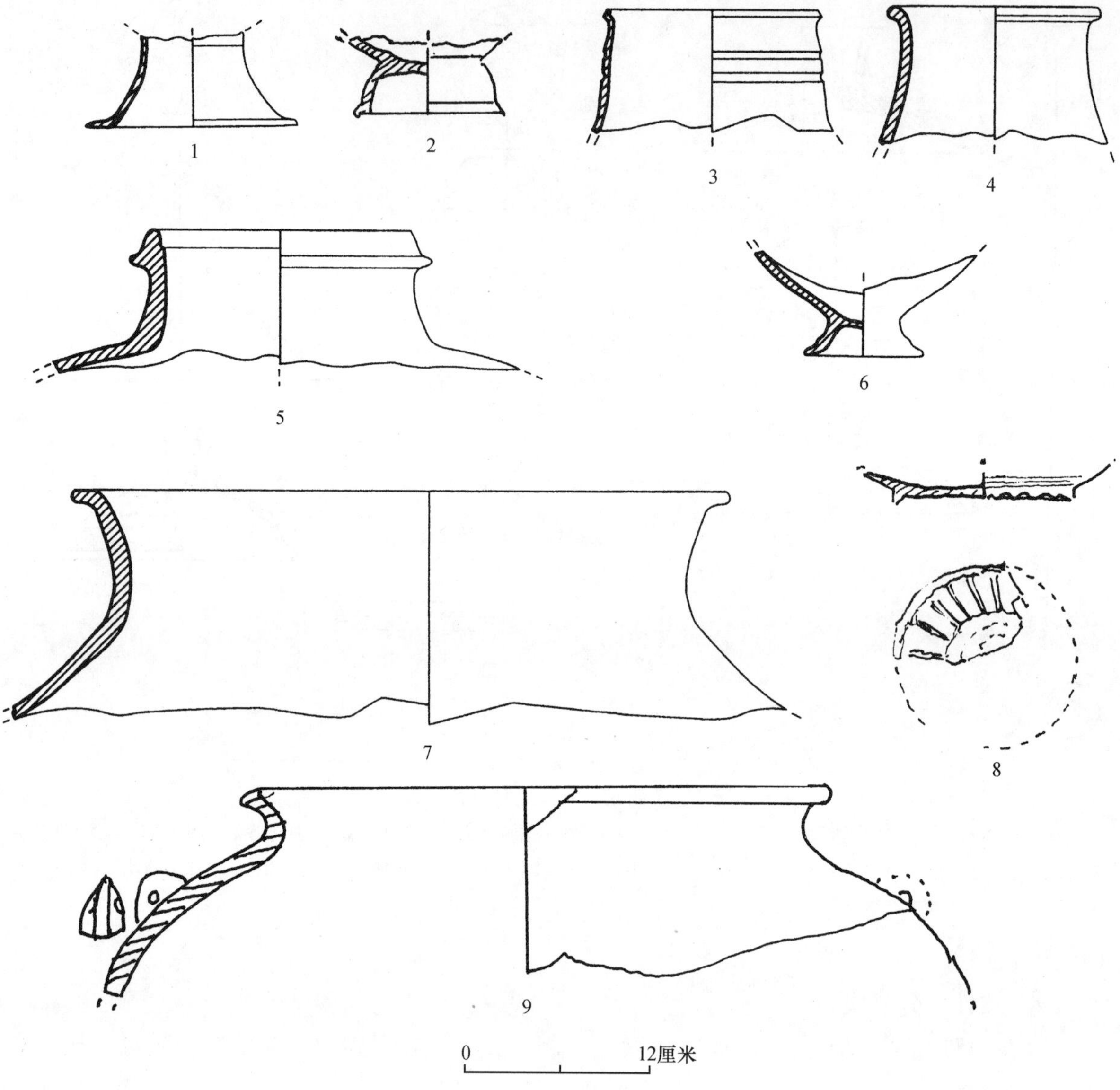

图四七　商代晚期陶器

1. C型圈足（T3⑭：20）　2. D型圈足（T3⑭：21）　3. A型高领罐（T3⑭：24）　4. B型高领罐（T3⑭：23）　5. C型瓮（T3⑭：26）　6. B型圈足（T3⑬：13）　7. B型瓮（T3⑭：27）　8. A型圈足（T3⑭：22）　9. A型瓮（T3⑭：25）

素面。口径39、残高14.4厘米（图四七，7）。

C型　1件。T3⑭：26，夹细砂灰陶。轮制。小口，叠圆唇，口沿起凸棱，肩饰弦纹，广肩下残无。口径17.2、残高8.6厘米（图四七，5）。

圈足　4件。分四型。

A型　1件。T3⑭：22，泥质黑陶。轮制。花足沿，以上残无。足底饰凹凸细弦纹，底面饰轮辐状戳点纹，凹弦纹。底径12、残高1.9厘米（图四七，8）。

B型　1件。T3⑬：13，夹细砂黑陶。轮制。覆钵状撇足。残存器底为斜直腹壁。素面。残高7、底径8厘米（图四七，6）。

C型　1件。T3⑭：20，夹砂红陶，轮制。外八字圈足，足根沿外展。残存底部。素面。

底径14、残高6厘米（图四七，1）。

D型　1件。T3⑭：21，夹砂黑陶。轮制。残存小底，覆钵形圈足。足根沿略撇。底径9.4、残高4.8厘米（图四七，2）。

高领罐　2件。分二型。

A型　1件。T3⑭：24，轮制。夹细砂泥质灰陶。敛壁，直高领，下残无。侈口，圆唇。颈中饰二道凹弦纹。口径14、残高8厘米（图四七，3）。

B型　1件。T3⑭：23，夹细砂灰陶。轮制。长颈，卷沿，圆唇。仅余口沿，余残无。素面。口径14、残高8.9厘米（图四七，4）。

单耳杯　2件。分二式。

Ⅰ式：1件。T3⑬：6，泥质红陶。手制轮修结合。侈口，带流，束腰，垂腹，平底。耳残。口径7.8、高8.4厘米（图四八，1）。

Ⅱ式：1件。T3⑬：5，夹砂红陶。手制轮修结合。可复原。侈口，带流，微鼓腹，平底。口、鋬残。素面。口径9.7、高14厘米（图四八，2）。

釜　2件。分二式。

Ⅰ式：1件。T3⑭：5，夹砂黑褐陶。轮制。侈口，圆唇，鼓肩，斜收腹，小平底。肩饰二道细凹弦纹，腹饰戳点与刻划纹。口径14.8、高11.6厘米（图四八，3）。

Ⅱ式：1件。T3⑭：4，轮制。折沿，圆唇，溜肩，圆腹，圜底。素面。口径16.2、高10厘米（图四八，4）。

花口沿罐　2件。分二型。

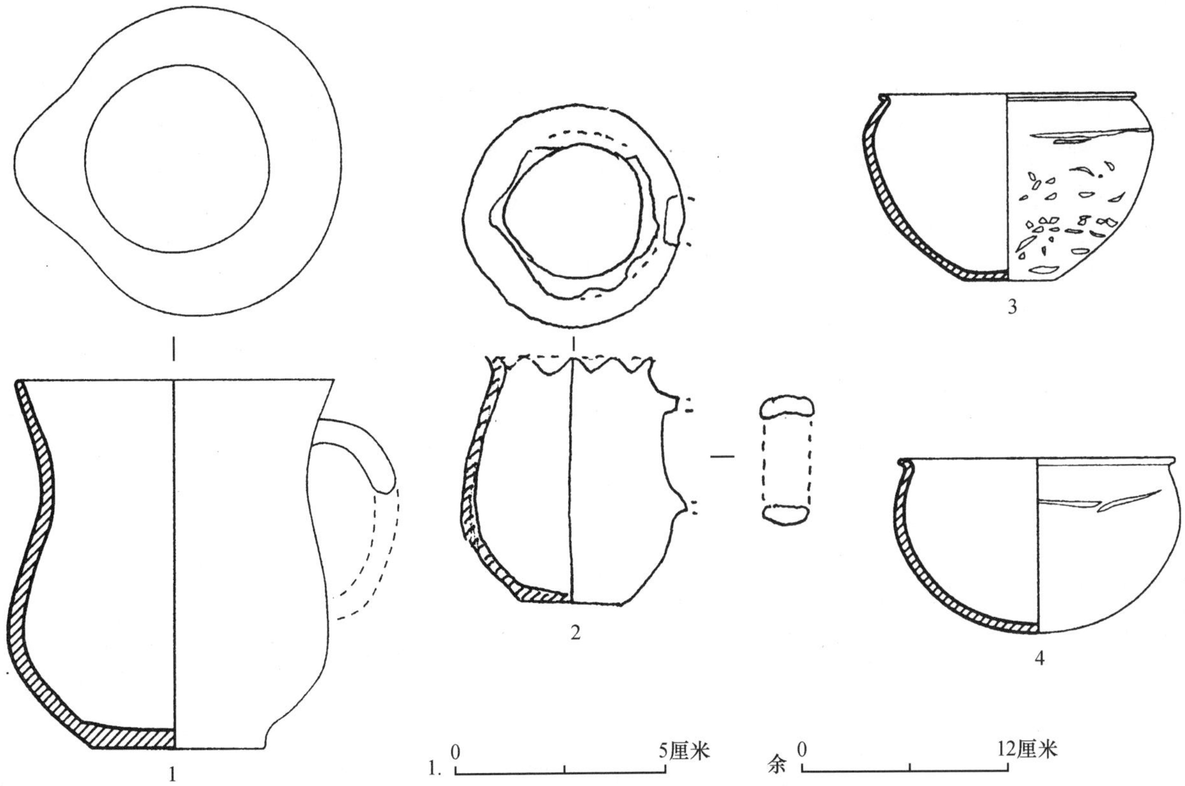

图四八　商代晚期陶器

1. Ⅰ式单耳杯（T3⑬：6）　2. Ⅱ式单耳杯（T3⑬：5）　3. Ⅰ式釜（T3⑭：5）　4. Ⅱ式釜（T3⑭：4）

A型　1件。T9H7：2，夹砂褐陶。轮制。花边口沿，侈口齿状，溜肩，束颈。肩饰竖绳纹。腹残无。口径48、残高13.2厘米（图四九，6）。

B型　1件。T3⑬：17，夹砂红褐陶。轮制。侈口，束颈，口沿残存辊压粗花沿，顺肩，腹微弧，饰粗斜绳纹。下残无。口径21、残高14.5厘米（图四九，5）。

圆腹罐　1件。T9H4：1，夹砂黑褐陶。侈口，束颈，圆腹，小平底。腹径大于高。器表粗糙。素面。口径14.4、底径6、腹径16厘米（图四九，4）。

尖底盏　1件。T9H7：1，夹砂红陶。轮制。直口，圆唇，束颈，微鼓肩，下腹斜收呈尖底。素面。口径8.4、高6.2厘米（图四九，1）。

小纺轮　1件。T9⑤：2，泥质黑皮陶。轮制，残。覆纽状。径2.8、高2厘米（图四九，3）。

浅腹器盖　1件。T9⑤：1，泥质黑皮陶。轮制，残。平顶微弧，沿斜外展，尖唇。纽残无。素面。口径14、残高3.2厘米（图四九，2）。

大口缸　8件。分三型。

A型　3件。分三式。

Ⅰ式：1件。T3⑭：39，夹砂黄陶。轮制。广口，方唇，直筒腹，下腹斜收。底残无。颈饰三棱箍带锥刻斜三点纹。带下饰方格绳纹。口径32、残高31.5厘米（图五〇，3）。

Ⅱ式：1件。T3⑬：19，夹砂红陶。贴塑轮制。折沿，圆唇，颈饰纹索箍带纹。下腹残，饰拍印的方格绳纹，箍带下饰压光带。口径40、残高32厘米（图五〇，4）。

Ⅲ式：1件。T3⑭：35，泥质夹砂黄陶。轮制模印。折沿，方唇，直壁，微弧。下腹残。颈下饰绞索箍带纹，箍带纹下残腹片饰方格绳纹。口径36、残高20厘米（图五〇，6）。

B型　2件。分二式。

Ⅰ式：1件。T3⑮：16，夹砂灰陶。轮制。矮折沿，内压波状花沿，波外对应捺成绞索状花口。顺肩弧腰下残。素面。口径33、残高11.6厘米（图五〇，7）。

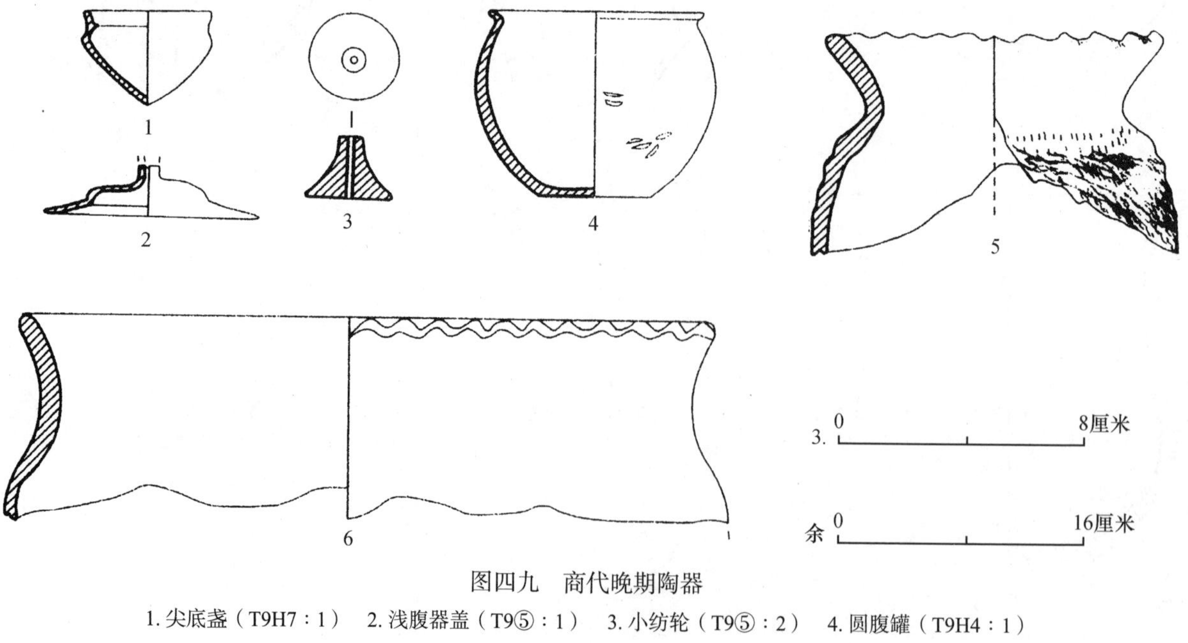

图四九　商代晚期陶器

1. 尖底盏（T9H7：1）　2. 浅腹器盖（T9⑤：1）　3. 小纺轮（T9⑤：2）　4. 圆腹罐（T9H4：1）
5. B型花口沿罐（T3⑬：17）　6. A型花口沿罐（T9H7：2）

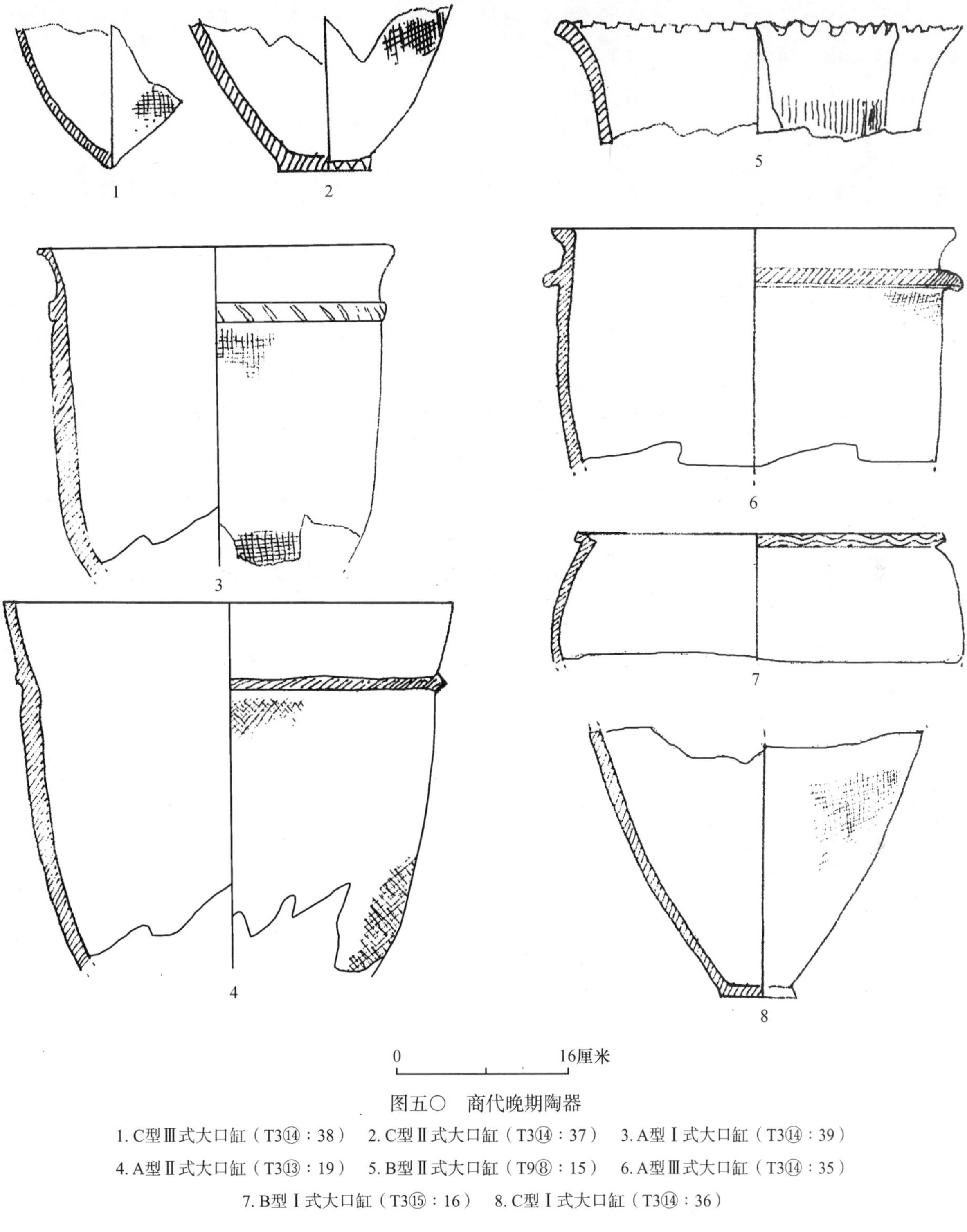

图五〇　商代晚期陶器

1. C型Ⅲ式大口缸（T3⑭：38）　2. C型Ⅱ式大口缸（T3⑭：37）　3. A型Ⅰ式大口缸（T3⑭：39）
4. A型Ⅱ式大口缸（T3⑬：19）　5. B型Ⅱ式大口缸（T9⑧：15）　6. A型Ⅲ式大口缸（T3⑭：35）
7. B型Ⅰ式大口缸（T3⑮：16）　8. C型Ⅰ式大口缸（T3⑭：36）

Ⅱ式：1件。T9⑧：15，夹砂褐陶。轮制。侈口，斜腹，花边口沿。颈下饰竖绳纹。下残无。口径37、残高10.4厘米（图五〇，5）。

C型　3件。分三式。

Ⅰ式：1件。T3⑭：36，夹砂黄陶。轮制模印。上腹残无，下腹斜收，小尖平底。饰方格绳纹。口径31、残高25.4厘米（图五〇，8）。

Ⅱ式：1件。T3⑭：37，夹砂米黄陶。轮制。腹斜收，小平底，上体残无。饰方格绳纹。底径8.5、残高15厘米（图五〇，2）。

Ⅲ式：1件。T3⑭：38，夹砂红陶。轮制。仅存斜下腹尖底。饰方格绳纹。残高15.5厘米（图五〇，1）。

3. 骨、牙、角器

骨器　6件。分三型。

A型　2件。分二式。

Ⅰ式：1件。T9⑥：7，动物骨磨成。不规则棱形，一端残。残长6.5、宽1.2厘米（图四三，10）。

Ⅱ式：1件。T9⑥：9，动物骨磨成。棱柱状。素面。残长6.5、宽1.5厘米（图四三，11）。

B型　3件。分三式。

Ⅰ式：1件。T9⑥：8，动物骨磨成。棱柱状。素面。两端均残。残长8、宽0.4厘米（图四三，12）。

Ⅱ式：1件。T7⑥：27，动物骨磨成，长针状。素面。尖略残。长11.2、宽0.9厘米（图四三，13）。

Ⅲ式：1件。T9⑥：17，动物骨磨成。长针状。素面。尖略残。残长10.2、宽1.2厘米（图四四，17）。

C型　1件。T3⑭：7，骨锥。磨制。尖头柱形，尾残，长6.5、宽0.6厘米（图二八，6）。

牙器　2件。T7⑥：28，兽牙，略磨。黑黄色。残。新月形獠牙，根残无。尖部磨，根残截面呈四方形。牙面刻“士”字纹，正面观，似为“臣”字纹。近尖现减地槽。长11.3、宽2厘米（图四三，14）。T3⑭：8，牙钩。牙黄色。野猪獠牙，根残。精细刻划用，亦作装饰品。长3.4、宽0.6厘米（图二八，7）。

鹿角　1件。T7⑥：70，似为掘土角锄或采集角钩。残长31.8厘米（图四三，15）。

（五）东周时期

1. 石器

锛　1件。T3⑫A：1，完整。灰色。打磨。泥页岩砾石打片，顶和上部打磨。刃打成后精磨。有使用痕。长7.1、宽5.2厘米（图五一，8）。

2. 陶器

鬲　8件。分六型。

A型　1件。T10F2：2，夹砂褐陶。轮制。翻沿，方唇，束颈，有细竖绳纹，鼓肩，弧腹。腹饰竖绳纹。下腹残无。口径28、残高16.2厘米（图五一，13）。

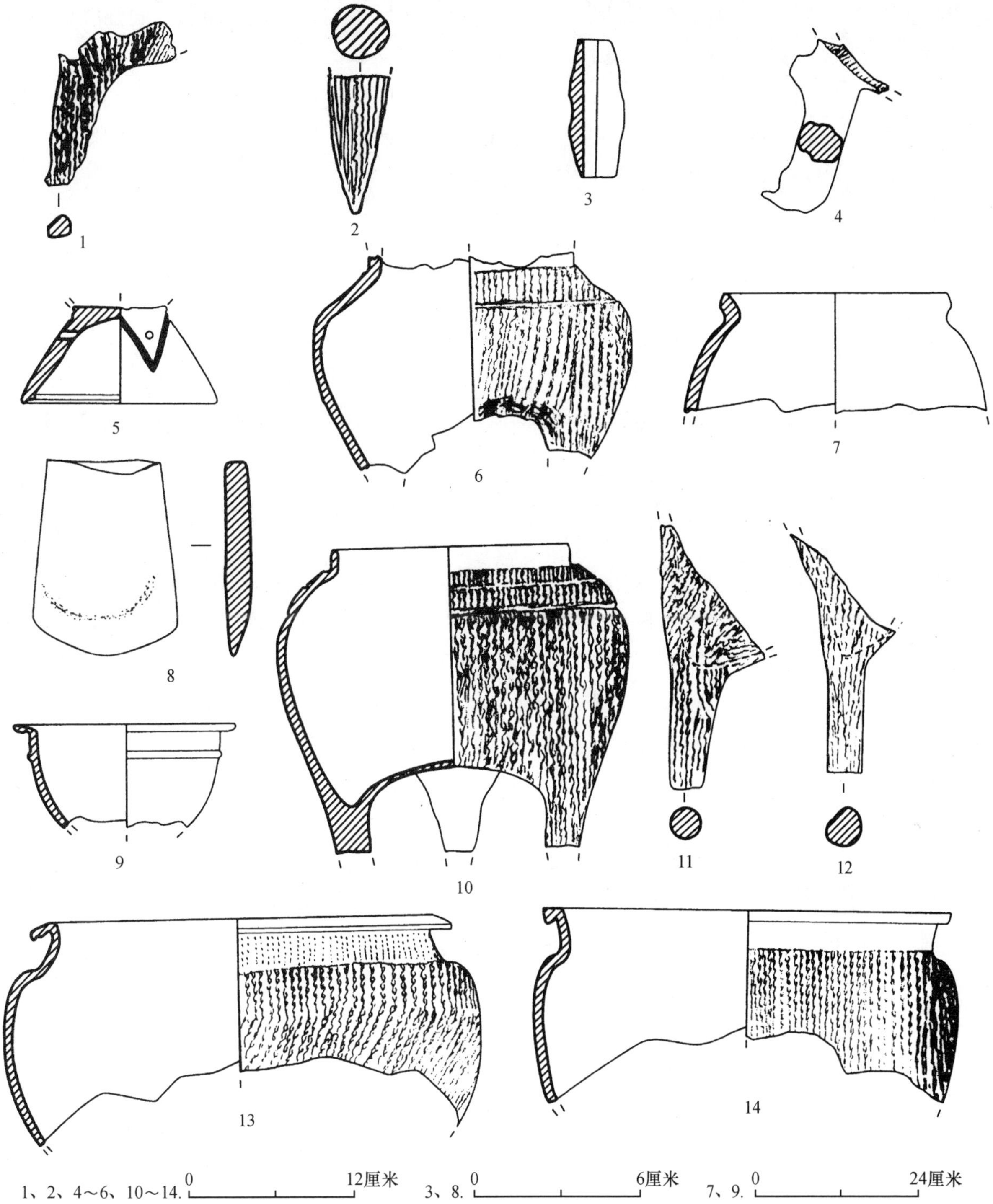

图五一　东周时期陶器、石器

1. E型Ⅰ式陶鬲（T4②：1）　2. F型陶鬲（T3⑨：1）　3. 陶网坠（T3⑪：6）　4. 陶鼎（T3⑪：1）　5. 陶圈足（T3⑫B：1）　6. D型陶鬲（T10F2：4）　7. 陶瓮（T3⑪：5）　8. 石锛（T3⑫A：1）　9. 陶盆（T3⑪：4）　10. C型陶鬲（T10F2：1）　11. E型Ⅱ式陶鬲（T3⑨：2）　12. E型Ⅲ式陶鬲（T3⑪：2）　13. A型陶鬲（T10F2：2）　14. B型陶鬲（T10F2：3）

B型　1件。T10F2：3，夹砂褐陶。轮制。平沿，方唇微勾，束颈，弧腹。腹饰竖绳纹。下腹残无。口径30、残高14.2厘米（图五一，14）。

C型　1件。T10F2：1，夹砂灰褐陶。轮制。直口，圆唇，溜肩，弧腹，连裆。颈下通饰竖绳纹，肩有二道凹弦纹，形成弦断绳纹。平足根，空腹柱足。口径17.5、残高22.4厘米（图五一，10）。

D型　1件。T10F2：4，夹砂黑褐陶。手制。口、足均残无。溜肩，鼓腹。通饰竖绳纹，肩有一道凹弦纹，形成了弦断绳纹。腹径23、残高16.4厘米（图五一，6）。

E型　3件。分三式。

Ⅰ式：1件。T4②：1，夹砂黑陶。手制。鬲足，锥柱实心，残存裆部，连裆，平足根。通件饰竖绳纹。残高11.8厘米（图五一，1）。

Ⅱ式：1件。T3⑨：2，夹砂红陶。手制。鬲足，柱状包足，平裆，平足根。饰绳纹。残高18.7厘米（图五一，11）。

Ⅲ式：1件。T3⑪：2，夹砂黑陶。手制。鬲足，锥柱状，实心，平根。饰绳纹。残高17.6厘米（图五一，12）。

F型　1件。T3⑨：1，夹砂红陶。鬲锥足，实心。饰绳纹。残高9.8厘米（图五一，2）。

瓮　1件。T3⑪：5，夹砂灰陶。轮制。直口微张，圆唇，矮领，颈微收，顺肩。素面。下残无。口径35.2、残高16.8厘米（图五一，7）。

圈足　1件。T3⑫B：1，夹砂黑皮陶。轮制。镂孔。喇叭口状圈足。足上部阴刻“V”形纹，中镂一圆孔。足上残无。底径14.5、残高7.8厘米（图五一，5）。

盆　1件。T3⑪：4。泥质灰陶。展沿圆唇略勾。上腹一道凹弦纹。底残无。口径36、残高15厘米（图五一，9）。

鼎　1件。T3⑪：1。夹炭黑红陶。手制。仅存蹄形鼎足，扁圆实心。残高12.8厘米（图五一，4）。

网坠　1件。T3⑪：6，夹细砂褐陶。轮制。腰鼓形。长5.1、径1.8厘米（图五一，3）。

3. 铜器

剑首　1件。T3⑪：3，青铜，墨绿色。首为喇叭口状，尖沿斜直壁微弧。剑茎圆柱状实心仅存茎根，余残无。首径3.7、残柄长2.35厘米（图五二，1）。

镞　1件。T1M3：1，青铜，斑绿色。铸磨。圆柱铤，有减刹插入箭杆的小圆榫。镞起三棱，有双翼。翼展最宽1.4、铤径0.8厘米，铤减刹榫长1、榫径0.4厘米。通体氧化成绿色，光洁完好，三棱刃锋利。长5.4厘米（图五二，2）。

4. 铁器

锛　1件。T6③：1，黑色。锻造。方銎，长方体，双面刃。锈甚但未残缺。长11、宽5.5厘米（图五二，3）。

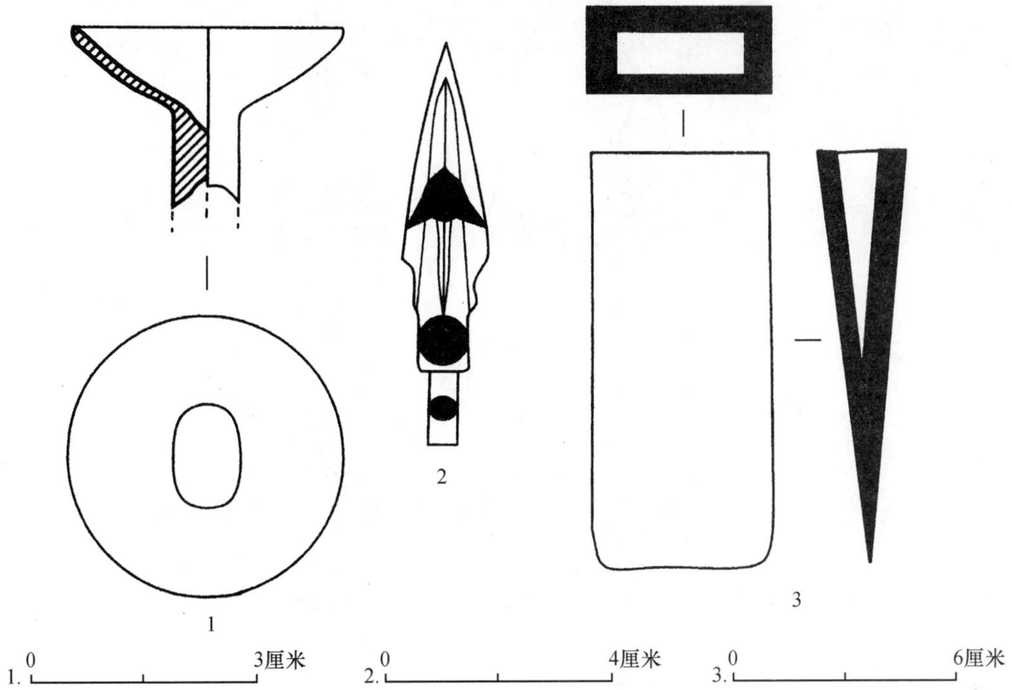

图五二　东周时期铜器、铁器

1. 铜剑首（T3⑪：3）　2. 铜镞（T1M3：1）　3. 铁锛（T6③：1）

（六）汉晋时期

1. 石器

斧　1件。T6⑤：2，灰黑色。打制。完整。变质泥页岩河光石砸击而成。刃部两角现锤击修整点。手握处留砾面。似为石斧坯。长15.8、宽6.4厘米（图五三）。

2. 陶器

罐　1件。T3⑨：8，夹细砂灰陶。轮制。平窄展沿，方唇，束颈。颈饰竖绳纹。口径18、残高7.2厘米（图五四，1）。

盆　1件。T3⑨：7，夹砂灰陶。轮制。平卷折沿，方唇。素面。口径32、残高12.8厘米（图五四，2）。

杯　1件。T3⑨：6，泥质灰陶。捏制轮修。圆唇，腹微弧斜收，圜底。口径6.6、高3厘米（图五四，3）。

碟　2件。分二型。

A型　1件。T2⑨：2，夹砂黑陶。轮修手制。圆唇，厚壁，弧肩，斜收平底。素面。口径9.5、高2.5厘米（图五四，4）。

B型　1件。T3⑨：9，泥质灰陶。轮制。敞口，尖唇，斜腹直收，平底。口径11、高6厘米（图五四，5）。

瓦　4件。分四型。

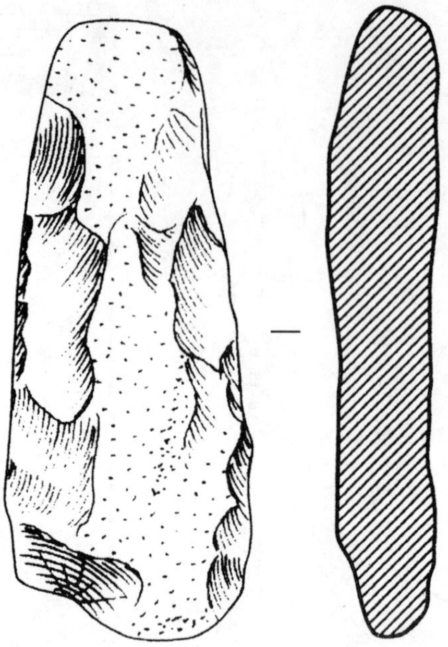

图五三　汉晋时期石斧（T6⑤：2）

A型　1件。板瓦。T3⑨：4，泥质灰陶。模制。显布纹。残长12厘米（图五四，6）。

B型　1件。绳纹板瓦。T3⑪：7，泥质黑陶。饰弦断绳纹。残长37、宽37厘米（图五四，7）。

C型　1件。绳纹筒瓦。T10H8：1，泥质褐陶。轮制。半圆筒状。减刹斜收榫。面饰斜绳纹，中间抹断。似为半圆双合的陶水管。残长32、宽14、厚1.25厘米（图五四，8）。

D型　1件。瓦当。T2⑨：3，泥质灰陶。仅存档沿至内栏。模印圆凸栏，栏、沿间印连珠，内栏残存简化莲瓣及“T”形纹。长11厘米（图五四，9）。

套筒形器　1件。T6⑤：1，夹砂黑陶。轮制。筒形中空，上、下残断，分别饰2、1道凹弦纹。似为豆柄。残高24厘米（图五四，10）。

网坠　7件。分七式。

Ⅰ式：T10②：1，夹砂褐陶。手制。微残。梭状，中空。素面。长5.9、径1.7厘米（图五四，11）。

Ⅱ式：T2⑨：1，夹细砂红陶。手制。残。腹鼓形，中空。素面。长6.5、宽2.6厘米（图五四，12）。

Ⅲ式：T10③：1，夹砂灰褐陶。手制。略残。长鼓形，中空。素面。长4、直径2.1厘米（图五四，13）。

Ⅳ式：T10⑤：11，泥质红陶。手制。枣形，一端残，中空。素面。长5.7、径2.4厘米（图五四，14）。

Ⅴ式：T10⑤：8，泥质红陶。手制。梭柱形。器表剥落不平。中空，素面。长6、径1.6厘米（图五四，15）。

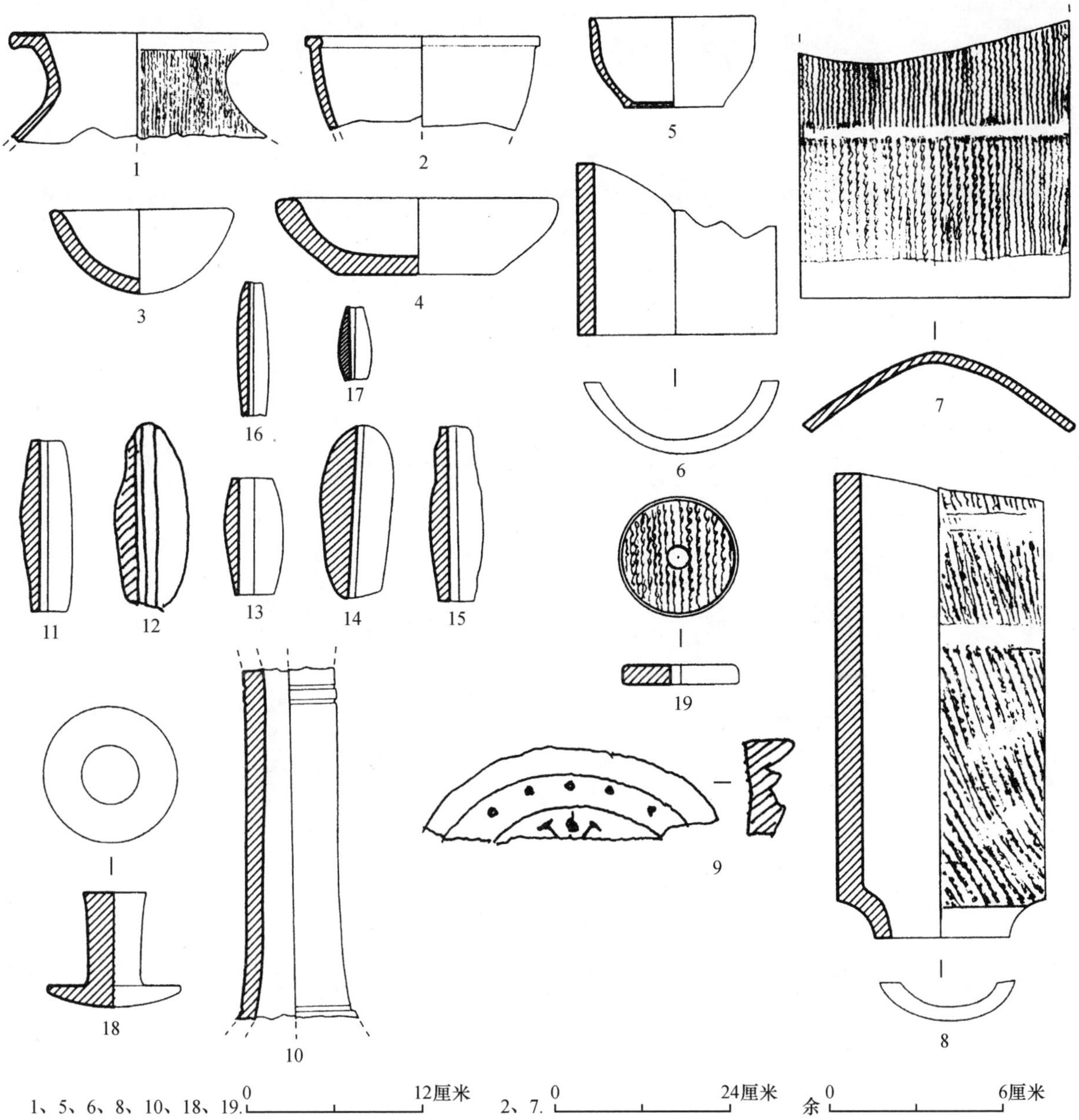

图五四　汉晋时期陶器

1. 罐（T3⑨：8）　2. 盆（T3⑨：7）　3. 杯（T3⑨：6）　4. A型碟（T2⑨：2）　5. B型碟（T3⑨：9）　6. A型瓦（T3⑨：4）　7. B型瓦（T3⑪：7）　8. C型瓦（T10H8：1）　9. D型瓦（T2⑨：3）　10. 套筒形器（T6⑤：1）　11. Ⅰ式网坠（T10②：1）　12. Ⅱ式网坠（T2⑨：1）　13. Ⅲ式网坠（T10③：1）　14. Ⅳ式网坠（T10⑤：11）　15. Ⅴ式网坠（T10⑤：8）　16. Ⅵ式网坠（T10⑤：10）　17. Ⅶ式网坠（T10⑤：9）　18. 拍（T4⑥：1）　19. 穿孔圆陶片（T9⑤：3）

Ⅵ式：T10⑤：10，夹砂褐陶。长管状。手制。素面。中空。长4.6、径1厘米（图五四，16）。

Ⅶ式：T10⑤：9，夹砂红陶。手制。梭形管状。中空，素面。长2.5、径1.1厘米（图五四，17）。

拍　1件。T4⑥：1，泥质灰陶。轮制。完整。实心倒蘑菇状。高8厘米（图五四，18）。

穿孔圆陶片　1件。T9⑤：3，泥质青灰陶。手制。完整。以竖绳纹陶片磨圆并穿圆孔，孔径1.6、直径8、高1.5厘米（图五四，19）。

3. 铜器

铜器口沿　1件。T3⑨：5，铜墨绿色。铸磨。青铜壶口沿。敞口，尖唇凹沿起折，收颈。口径16、残高3.2厘米（图五五，4）。

铜片　1件。T10⑤：14，青绿色。铸磨。似为刀片。长9、宽2.2厘米（图五五，3）。

4. 铁器

锛　1件。T3⑧：1，铁黑色。锻制。方銎，斜内，尖刃帚形。近斧形。长9、宽6.4厘米（图五五，1）。

锄　1件。T3⑨：3，红黑色。锻制。半圆銎，小肩，斜刃略方撇，刃薄。长17.2、宽9厘米（图五五，2）。

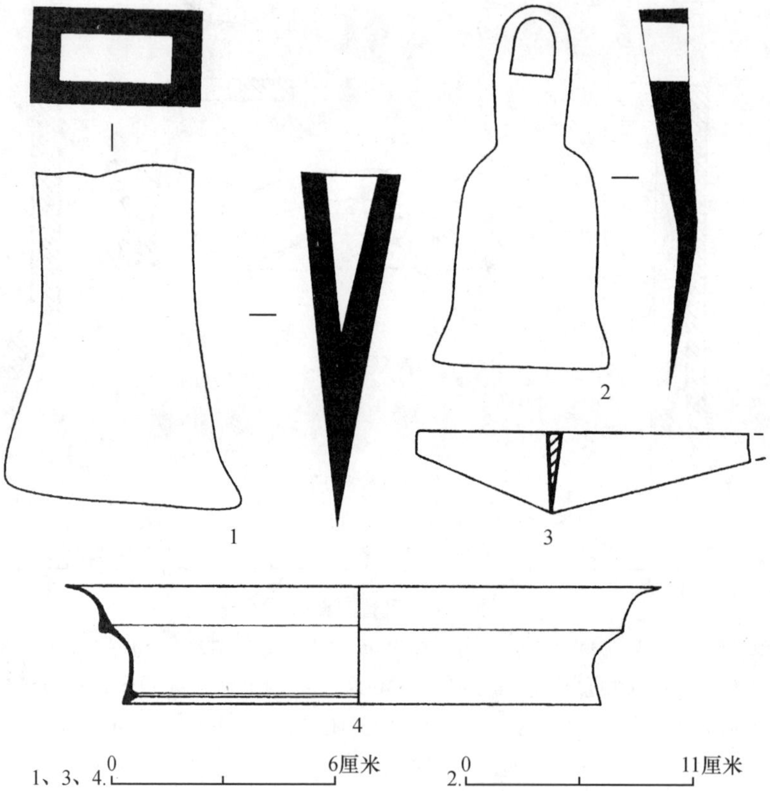

图五五　汉晋时期铜器、铁器

1. 铁锛（T3⑧：1）　2. 铁锄（T3⑨：3）　3. 铜片（T10⑤：14）　4. 铜器口沿（T3⑨：5）

（七）唐宋时期

1. 陶器

瓦当　1件。T3③：1，泥质灰陶。外栏连弧纹间连珠，内栏印莲瓣、莲心纹，印纹规整饱满。直径13.5厘米（图五六，1）。

网坠　1件。T3④：2，泥质红陶。腰鼓形，中空。素面。长3.6、宽2厘米（图五六，3）。

罐　1件。T3④：1，泥质红褐硬陶。轮制。残。直口，方唇，颈饰凸弦棱一道。顺肩，微鼓腹。傍颈凸棱下至腹中部有折耳状鋬。微鼓腹下收，平底。鋬所在上腹部露胎，余施酱褐釉，间黑褐斑。口径14.8、高16厘米（图五六，2）。

2. 青瓷器

盏　1件。T3④：4，褐釉白胎。轮制浸釉。残。敞口，圆唇，束颈，腹斜收，矮饼足，平底心弧。白胎褐釉，底部露胎，现垂釉。素面。口径10、高4厘米（图五六，4）。

小盘　1件。T3⑦：2，白胎豆青釉。轮制。刷釉。敞口，圆唇，斜坦腹，下腹折平斜收，璧足。白胎豆青釉。底、内有白化妆土。残。素面，口径16、高3厘米（图五六，5）。

碗　4件。分四式。

Ⅰ式：1件。T3⑦：1，轮制浸釉。残。敞口，斜腹，尖圆唇，饼足。白胎黄釉不及底。素面。口径21、高6.5厘米（图五六，6）。

Ⅱ式：1件。T3④：3，轮制浸釉。残。敞口，斜沿，圆唇，圈形足，束颈，鼓腹斜收。白胎豆青釉。底、足露胎。素面。口径14.8、高6.5厘米（图五六，7）。

Ⅲ式：1件。T3⑤：2，轮制浸釉。斜坦腹，圆唇，璧足。灰胎青釉不及底。素面。口径15、高5厘米（图五六，8）。

Ⅳ式：1件。T3⑤：1，敞口，圆唇，外撇，斜腹，圈形足。白胎黄釉，底部内外露胎。下腹垂釉。口径19.5、高6厘米（图五六，9）。

四、结　语

（一）各期遗存年代推断

从渝东地区历年来的新石器时代考古发现来看，玉溪遗址上层，玉溪坪遗址上、下层，哨棚嘴文化一期等遗存，可谓峡江地区新石器时代晚期的经典之作。玉溪坪下层和哨棚嘴一期纹饰中都出太阳纹，大地坪晚期也出太阳纹，以这点为契机，结合这三个遗址陶器陶质、纹饰、器形共同点多，如陶质夹砂陶比重大，陶色多褐、灰、黑色，纹饰多绳纹、菱格、箍带、戳印纹等，器形多盘口罐，高弧领罐，侈口（卷沿）罐，深腹罐，中、小花口沿罐，直口或敛口有的腹部饰弦纹的钵，其中有的如出一辙。所以大地坪遗址第三次发掘的文化序列最早年代与玉溪文化上层、玉溪坪文化、哨棚嘴一期相当。但与这几处也有不同之处，如陶系，玉溪坪上层以泥质灰陶为主，玉溪坪下层泥质陶比重大。器形上，玉溪上层和玉溪坪下层少见高直领罐、耸肩罐、瓮、盆。大地坪遗址陶系一直以夹砂陶为主，纹饰以素面为主，分别达到80%左右。大地坪与哨棚嘴一期较为接近，但也有差别。主要在陶系上，哨棚嘴以红褐、黄褐

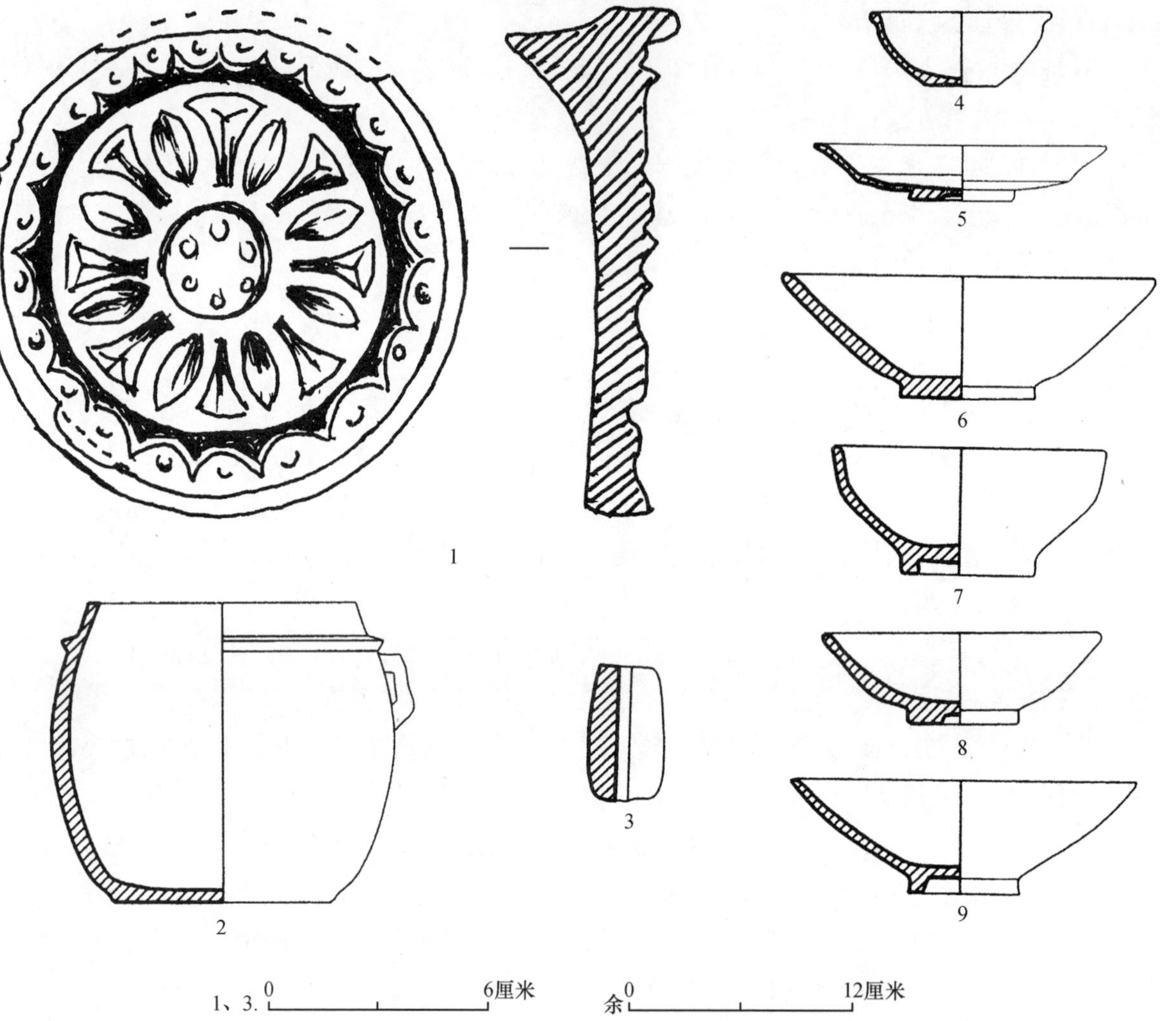

图五六　唐宋时期陶器、青瓷器

1. 陶瓦当（T3③：1）　2. 陶罐（T3④：1）　3. 陶网坠（T3④：2）　4. 青瓷盏（T3④：4）　5. 青瓷小盘（T3⑦：2）
6. Ⅰ式青瓷碗（T3⑦：1）　7. Ⅱ式青瓷碗（T3④：3）　8. Ⅲ式青瓷碗（T3⑤：2）　9. Ⅳ式青瓷碗（T3⑤：1）

为主，而大地坪以灰褐、黑褐陶为主。此次发掘的新石器时代晚期的年代，大致在距今5300～4600年。

大地坪遗址新石器时代末期遗存，与中坝和哨棚嘴二、三期文化的性质和时段既相当，但又各具特色。以上三种遗存的陶系，都以夹砂为主，纹饰盛行绳纹、大菱格纹、凹弦纹和瓦棱纹。器形多侈口（卷沿）罐、粗花沿罐、缸、盘形豆。所不同的是，纹饰方面，中坝和哨棚嘴盛行粗绳纹，大地坪多细绳纹、中绳纹。大地坪箍带纹、细瓦棱纹较多。陶系上，夹砂陶大地坪高达69%，夹砂灰、黑、褐、红褐陶分别占37.2%、17.8%、7.6%和5.5%。就连泥质陶中，灰、黑陶分别占14.5%、4.2%，泥质陶中磨光黑陶占了10.1%，泥质红陶占1.1%。器形上出现耸肩罐要比中坝和哨棚嘴两个遗址同时段略早。

大地坪遗址商代遗存更为丰富。最引人注目的是鬶、盉、高柄豆、鸟头（人面）勺、大量的耸肩罐和器盖。其中不乏精品。根据陶器特点，我们分为早、晚两期。分期的标志是，早期出现较多的鬶和盉，另外还有鸟头（人面）勺、竹节柄豆（灯形器）、广肩小平底罐。晚期不见鬶、盉、鸟头（人面）勺，竹节柄呈擀面杖形，广肩小平底变为浅尖底形。而成都地区三星堆文化遗存分为三期，这三期中未见鬶，仅有盉，盉也比大地坪第三次发掘所出的瘦长。这是否是大地坪与成都三星堆商时期文化的早晚之别和地域特色，还有待进一步研究。

大地坪遗址商代以后的文化遗存包括东周、汉晋、唐宋三个时期。东周时期陶器主要有竖绳纹陶鬲、素面陶瓮、腹饰凹弦纹盆、鼎、腰鼓形网坠，铜器有剑首、双翼三棱镞，铁器有锛。陶器鬲、盆的年代可至战国，且具有浓厚的楚文化风格。汉晋时期器物有陶罐、盆、杯、碟、绳纹板瓦、绳纹筒瓦、套筒形器、制陶拍、铁锄、铁锛等，为峡江地区汉晋常见器。唐宋时期器物较少，有酱褐釉带耳陶罐、莲瓣莲心纹瓦当、青瓷盏、碗、小盘等，唐宋风格明显。

（二）主要文化特征分析

大地坪遗址新石器时代晚期陶器以陶罐为大宗，有折沿罐、盘口罐、高弧领罐、侈口（卷沿）罐、深腹罐、花边口沿罐和卷沿或仰折沿罐。其他器形有广口花沿盆、矮领广肩瓮、斜直壁杯、敛口直壁弦纹钵、敛口弧腹钵、斜直壁钵、撇足圈足等。新石器时代末期的陶器，陶罐大为减少，仅有高直领罐、侈口卷沿罐、花沿罐，出现了商代大宗陶器中的耸肩罐、单耳罐、豆，但与商代早期的同类器有区别，如耸肩罐肥胖，单耳罐侈口垂腹，豆像喇叭形漏斗，柄直筒状而无竹节纹。这些因素可能是三星堆文化前身。到了商代早期，最大的特点是陶鬶和陶盉的涌现。进入商代晚期，这两种器物就没有见到了。骨牙器最早见于新石器时代晚期，是一件骨镞。新石器时代末期标本有骨锥和钩形兽牙。到商代早期出土3件骨锥。商代晚期出土骨器5件，其中有1件应为骨针，1件兽牙上有刻符。骨锥可能是制陶的刻纹工具，骨针应为缝纫工具。

大地坪遗址新石器时代晚期和末期陶器纹饰特点，素面陶占80%以上，纹饰虽少，但品种较多，常见的有太阳纹、戳印纹、交错纹、菱格纹、箍带纹和绳纹等16种。尤其是太阳纹极具特色。到商代，早期仍有太阳纹，只是变成花朵般的模印和退化成没有太阳主体，仅剩芒线的简单形式。总体变化是从新石器时代到商代纹饰呈减少和细化趋势，但交错纹、菱格纹、箍带纹、绳纹仍占多数，由于商代比新石器时代陶质更为细腻，刻划、镂塑、印戳类纹饰也细腻得多，并新出现或增多了波浪纹、符号徽记、横人字纹、绳纹菱格纹和橘皮纹。戳印纹、篮纹、凸弦纹、堆点纹销声匿迹。商代竹节纹大量出现在豆柄、灯形器上，这是标志性的特征。

大地坪遗址新石器时代晚期和末期陶系特点，陶质总的特征是以夹砂陶为大宗。从三个地层的统计看：T17⑥占92.4%，T10⑦占69%，T3⑰占74.7%，平均几乎在80%左右。陶色以灰、黑和褐为主。但泥质陶极少见褐色，而是灰、黑仍为大宗，到末期，出现了磨光泥质黑陶。商代早期陶系夹砂陶仍为主，但比例下降，泥质陶比例上升。泥质陶中黑陶比例上升。颜色上，红、黑比例上升，不再以灰色为主，陶色增艳，陶质变细。商代晚期夹砂陶比例比早期略有下降，以褐陶最多。泥质陶以灰褐陶为大宗。夹砂、泥质陶仍以灰、黑陶为大宗。

大地坪遗址东周文化层不厚，出土遗物也不多。但出土的半地穴房子（F2）很有特色，其用途令人深思。18个柱洞分布面积约30平方米，中心有1个6平方米平面呈葫芦形、上大下小的坑，坑壁经修整，底有两个柱洞。坑内出土了陶片893片，有鬲和大花边口沿罐各4件。这种半地穴式房子，作为人类居住，显然不合适，参照中坝等遗址对类似房址的看法，我们推测可能为制盐作坊。

大地坪遗址是三峡文物抢救发掘中，新发现的时间延续很长的聚落遗址之一。自2002年以来，已连续发掘三次，包含了新石器时代晚期以来的多个时段的遗存，尤以新石器时代较完整的聚落形态、栽培水稻遗存、商代庞大的陶器群的发现更为重要，为峡江地区古文化序列的建立提供了弥足珍贵的资料。

领队：席道合
执行领队：李景业
考古发掘：席道合　李景业　陈晓华
雷军建　黄阳秋　王　峰
江少华　陈　喻
文物修复：刘颜春　黄阳秋　王　峰
照相摄影：席道合　雷军建
绘图：李景业　黄阳秋　陈晓华
王　峰　谭远辉
后期资料整理：黄阳秋　李永峰　文国勋
雷　明　粟林洪
执笔：雷　明

附表一　大地坪遗址第三次发掘探方统计表

探方号	方向（°）	面积（平方米）	深度（厘米）	层数	标本件数	新石器时代		商代		周	汉晋	唐宋	明清	现代
						晚期	末期	早期	晚期					
T1	65	10×10 100	30～200	10	5			⑦⑧⑨		⑥	⑤	④	③	①②
T2	65	10×10 100	25～310	13	5			⑪⑫		⑩	⑥⑦⑧⑨	⑤	③④	①②
T3	65	10×10 100	210～375	18	127			⑮⑯⑰	⑬⑭	⑩⑪⑫	⑧⑨	⑤⑥⑦	③④	①②
T4	65	10×10 100	138～270	8	2								③④⑤⑥⑦	①②
T5	65	10×10 100	10～52	3									②③	①
T6	65	6×6 36	10～320	7	5			⑦	⑥		④⑤		③	①②
T7	65	6×6 36	75～250	8	78		⑦	⑥			④⑤		③	①②
T8	65	10×10 100	25～125	5							⑤	④	③	①②
T9	65	9×9 81	25～275	8	54	⑧	⑦	⑥	⑤		④		③	①②
T10	65	9×9 81	32～285	8	63		⑦	⑥			④⑤		②③	①
T11	345	10×10 100	20～120	4								④	③	①②
T12	345	10×10 100	18～22	3								③	②	①
T13	345	10×10 100	30～50	3								③	②	①
T14	345	10×10 100	30～70	3								③	②	①
T15	345	10×10 100	28～40	3								③	②	①
T16	56	10×10 100	50～260	8	20	⑥⑦		⑤			④		③	①②
T17	56	10×10 100	42～321	8	27	⑥⑦		⑤					③④	①②

附表二 大地坪遗址第三次发掘遗迹统计表 （单位：厘米）

所在探方	类别	层位		形制				填（筑）土		包含遗物遗迹	方向/°	时代
		开口	打破	形状	长	宽	深（高）	土质	土色			
T1	M1	⑦下	⑧	长方	230	84	10	粉砂黏土	灰褐色	砾石、陶片、尖底器1	20	商
T1	M2	⑦下	⑧	长方	205	90	10～18	粉砂黏土	灰褐色	豆柄2、陶片4、石片1、骨痕	200	商
T1	M3	⑦下	⑧	长方	285	100	106	粉砂黏土	灰褐色	大量陶片，另散见动物骨头、石器、残豆柄3	168	商
T1	M4	⑦下	⑧	长方	205	82	18	粉砂黏土	灰褐色	胸椎2节，小口罐残片，陶片数块，石片1件	3	商
T1	H3	⑥下	⑦	圆角梯形	135	95	12～45	粉砂黏土	灰色	铜镞1、残豆柄1、陶片3	82	东周
T2	H1	③下	⑬	近方	92	100	20	粉砂黏土	灰色	较多炭渣	253	汉晋
T2	H2	③下	⑬	近方	100	100	20	粉砂黏土	灰色	多炭渣，少量鱼骨，2块碎陶片，石片3，底铺石块	257	汉晋
T3	Y1	⑫下	⑬	靴形	110	60	40	粉砂黏土	黑色	素面灰陶，夹砂红陶片	65	商
T3	F1	⑫下	⑬		700	550	柱洞50～80	粉砂黏土	灰褐	柱洞16个。含红烧土、鱼骨、泥灰、红陶片、砾石		东周
T9	H4	⑤下	⑥⑦	长方斧形	112	100	40	粉砂黏土	黑褐	红陶鬶、豆盘、豆柄、钵、石片等，多鱼鳃骨	40	商
T9	H6	⑥下	⑦	长方斧形	192	92	40	粉砂黏土	灰褐	鬶、高领罐、盆沿、小罐、钵、豆柄、豆4、陶片砾石	92	商
T9	H7	⑥下	⑦⑧	靴形	186	100	100	粉砂黏土	灰黄	红烧土、石片。陶片多，以泥沙灰为主，红、磨黑少	110	商
T10	M5	③下	④	亚腰长方形	275	110	残12	粉砂黏土	黑褐	人架下肢	125	唐宋

续表

所在探方	类别	层位		形制				填（筑）土		包含遗物遗迹	方向/°	时代
		开口	打破	形状	长	宽	深（高）	土质	土色			
T10	H8	④下	⑤	圆角方形	223	100	54	粉砂黏土	灰黑	汉瓦、周代鬲足、豆柄、五铢	325	汉晋
T10	H9	⑤下	⑥	椭圆形	230	110	25 ~ 60	粉砂黏土	深灰	出土陶片270块，多夹砂灰褐陶。器形多素面小平底罐	95	东周
T10	F2	⑤下	⑥	葫芦形	320 ~ 620	262 ~ 520	144	粉砂黏土	深灰	出土陶片893片，以夹砂灰、黑陶为多。出标本鬲4、大花沿罐4等	30	东周
T10	H10	⑥下	⑦	椭圆形	164	104	29	粉砂黏土	灰褐	出土灰、黑陶豆柄、小平底罐、长颈壶、器盖等18件	350	新石器末
T17	H11	④下	⑦	银铤形	190	80 ~ 128	68 ~ 78	粉砂黏土	灰褐	较多陶片、炭渣、烧土粒，达600片陶片	60	商
T17	F3	③④⑥下	H11生土		310	200		粉砂黏土	灰褐	D1 ~ D3、D6开口于第4层下，D4、D5开口于第3B层下，D3、D6打破H11		唐宋

云阳麻柳林崖墓群2003年度发掘简报

西安半坡博物馆
云阳县文物管理所

麻柳林崖墓群位于云阳县龙角镇龙寺村7组，长江以南，海拔145～167厘米，北距云阳旧县城约15千米。崖墓分布于呈南北走向的中州山山脊西侧，长江支流磨刀溪东岸，又与云利公路（云阳至湖北利川）隔河相望，南边是龙角镇老街所在地。麻柳林包含伸向溪边的三个岩嘴及岩嘴间的山脚陡坡，岩石裸露，荒草遍布，树木丛生，有些低矮处竹木成林。崖墓多分布在与地面成60°～80°斜坡的岩壁上。西安半坡博物馆考古队从2003年9月底至10月上旬对麻柳林及其周边进行了考古调查，根据调查掌握的情况于10月15日布方发掘，11月12日结束麻柳林考古工作。此次发掘分4个区域布方，共开探方（5米×5米）40个，约1000平方米，共发现崖墓16座，均破坏严重，其中15座崖墓空无一物，另一座崖墓仅存3件遗物。

一、地　层

麻柳林崖墓群地层堆积简单，表层10～30厘米，属填造的农耕土，其下20～60厘米厚的含沙土层多属现代扰乱层，其内偶尔可见近代少量瓷片或现代砖、瓦残块，再向下即是岩层。

二、遗　迹

麻柳林出土的16座崖墓发现于4个地点，最大的一群共13座，编号为M1～M13，分布于Ⅰ区（图一）。这群崖墓位于中州山伸向磨刀溪边的高20～30米的崖壁上，崖壁呈60°～80°的斜面，13座崖墓坐南朝北，横向排列，较为壮观。其他M14～M16分别零星分布于Ⅱ、Ⅲ、Ⅳ区三个地点。这16座崖墓结构简单，均为单室墓，按其平面形状可分为三种不同形式，分别为长方形、刀形和“凸”字形。长方形崖墓有M2、M11、M15三座，刀形崖墓仅M9一座，“凸”字形崖墓有M1、M3～M8、M10、M12～M14、M16，共12座。现择要介绍如下。

1. 长方形崖墓

M2　位于Ⅰ区，属长方形石室墓，墓室顶部略呈弧形，因山坡岩面的自然斜度，墓底长度大于墓顶长度。墓道长86、宽90、墓室长280、宽88、高83厘米。墓口斜面呈方形口，墓口西部岩面，有一长方形凹槽，槽长40、宽18、深8～12厘米，似于封墓口有关。该凹槽上方110厘米处有一长30厘米的河卵石镶嵌在岩面上，小圆坑与河卵石大小正合适，当是有意识所为（图二）。墓室中部有厚20～35厘米的淤土，经清理后在墓底发现人牙2枚，随葬品3件，为玛

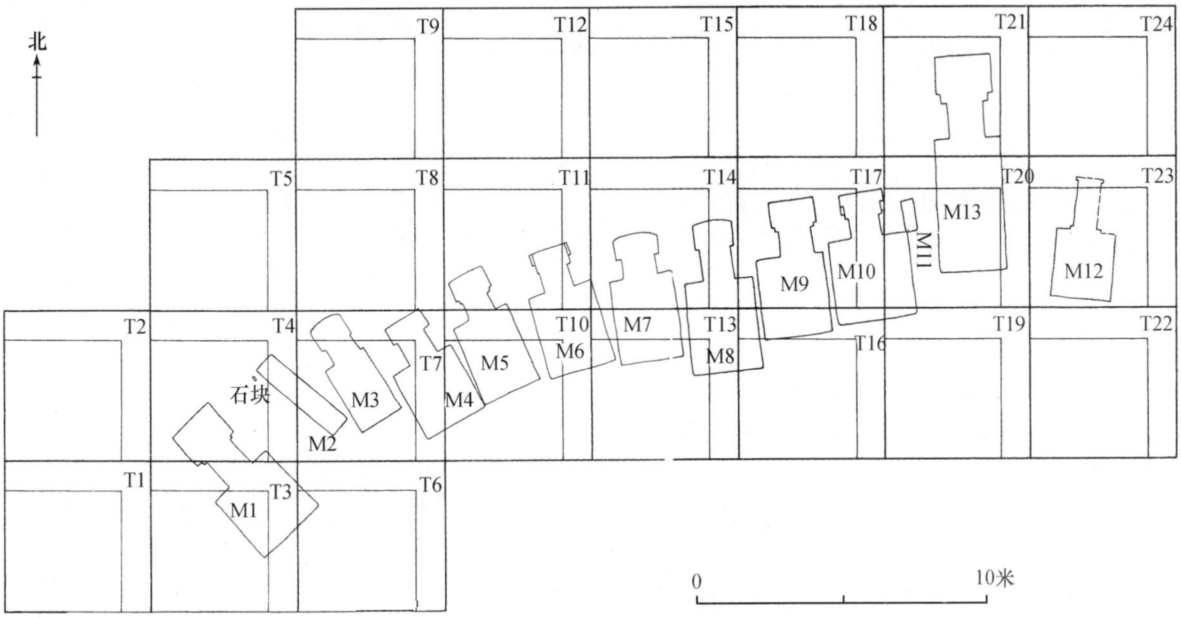

图一 麻柳林崖墓群墓葬分布图（Ⅰ区）

瑙珠 1 枚、料珠1枚、铜钱1枚。

M15 位于Ⅲ区，墓长174、宽126、高128厘米，清理时堆满淤土，两侧壁凿痕细致，后壁凹凸不平，估计是未完工的崖墓。此次考古发掘时，发现崖墓壁多处渗水严重，放弃原因同严重渗水无法使用有关（图三）。

2. 刀形崖墓

M9 位于Ⅰ区，墓道长70、宽154、高114、甬道长92、宽110、高113厘米，墓室平面呈长方形，圆弧顶，长270、宽234、高162厘米，墓室偏向东侧，墓室与甬道整体平面形状如刀形。甬道口四周凿有凹槽，甬道和墓道底部有一凹槽，均系排水用。发现时墓内人骨和随葬品荡然无存，仅有当地居民堆积的杂物（图四）。

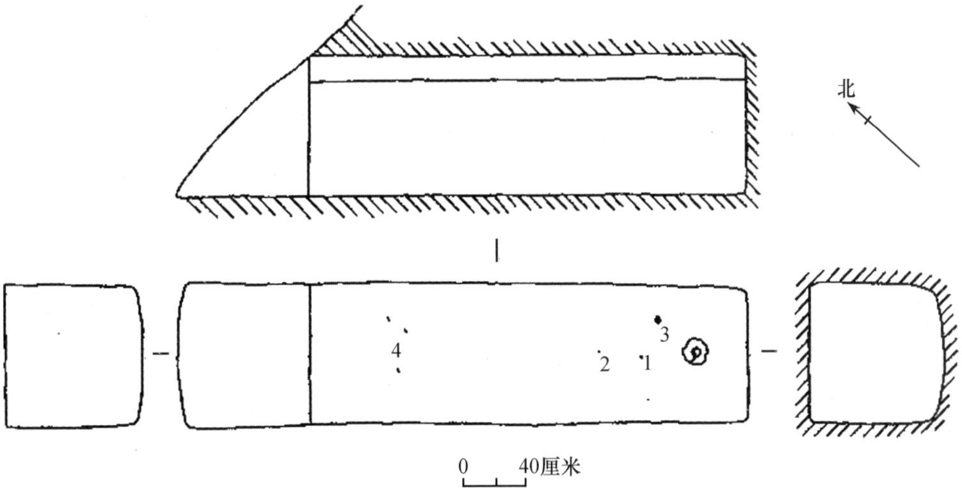

图二 M2平、剖面图

1. 玛瑙珠 2. 料珠 3. 铜钱 4. 牙齿

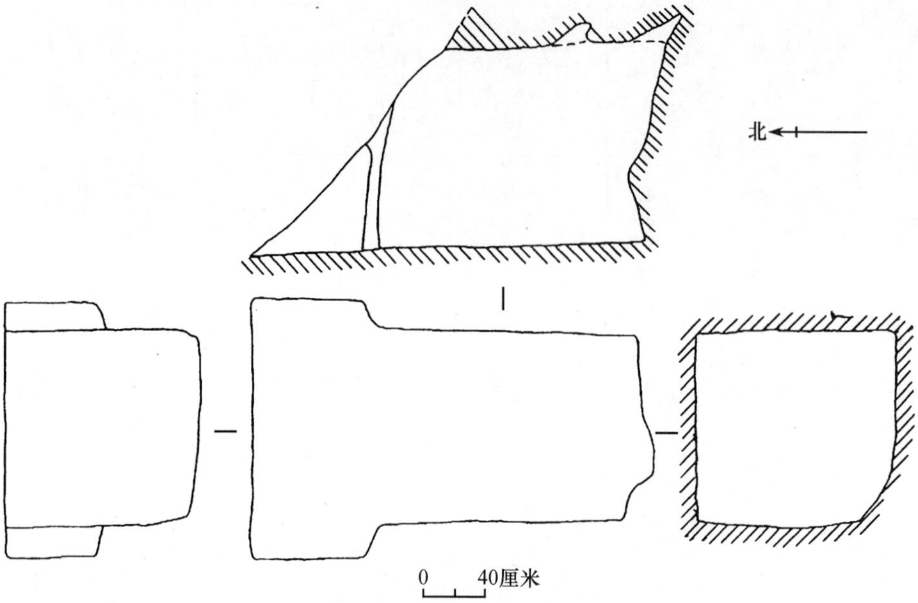

图三 M15平、剖面图

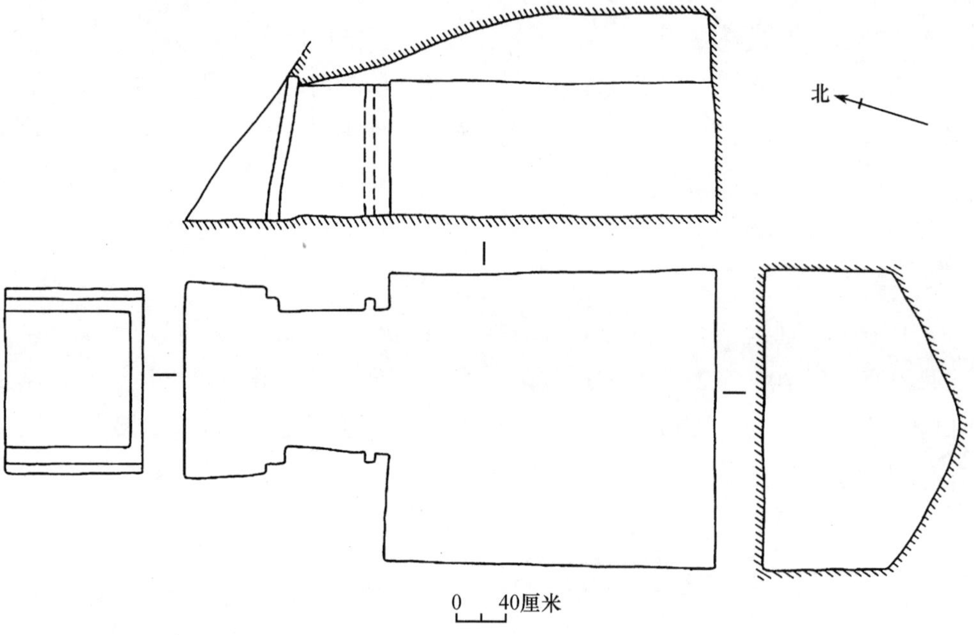

图四 M9平、剖面图

3. “凸”字形崖墓

M13 位于Ⅰ区，坐南向北，是此群崖墓中最大的一座。墓道长132、宽206厘米，墓圹高160、厚28厘米，甬道长120、宽127、高122厘米，墓室平面呈长方形，圆弧顶，长440、宽225、高122厘米。墓室东西两壁及顶部加工极为精细，东西两壁凿有规则的大方格纹，方格中填两组交角呈90°的平行线纹，大方格整齐错缝排为四层；顶部南北向凿有五条阴纹，左右各有四排斜平行线呈“人”字形装饰，各排间以两条阴线区分，纹路清晰，错落有致，美观规整，加之墓口宽大，显得该墓宏伟大气。发现时此墓已被盗一空（图五）。

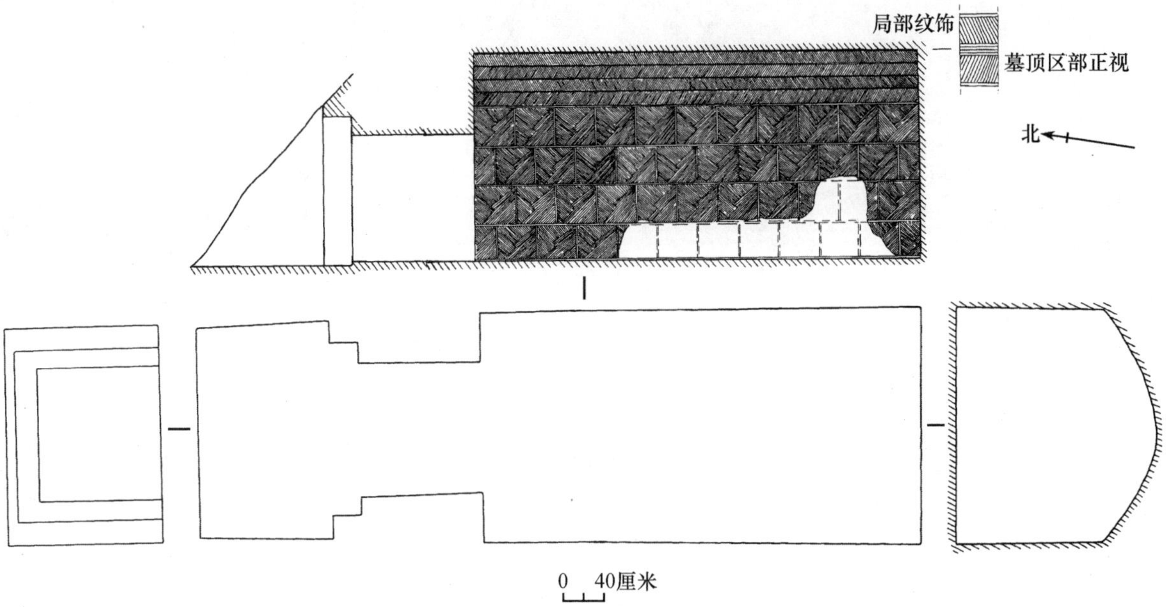

图五　M13平、剖面图

M14　位于Ⅱ区，坐东向西。墓道长112、宽134厘米，墓口较小，高96、宽100厘米，甬道长86、宽100、高95厘米，墓室呈长方形，圆弧顶，长286、宽146、高156厘米，墓室两侧及顶部有较大的裂缝，墓门四周凿出规整平面，墓口底部有一凹槽，使封门更为严密。墓内有30～40厘米厚的淤土，已被严重破坏，未发现人骨和遗物（图六）。

M16　位于Ⅳ区，坐南向北，墓道长100、宽90厘米，甬道长100、宽100、高90厘米，接近墓口处的东西两壁各有一竖槽，作封门用。墓室平面呈不规则圆形，低于甬道，长130、宽140、高108厘米，后壁斜向上沿岩缝延伸，岩石裂缝处似经人为用胶泥涂补。墓口外岩石面有"人"字形排水槽。崖墓因距居民区太近已被破坏，无遗物发现（图七）。

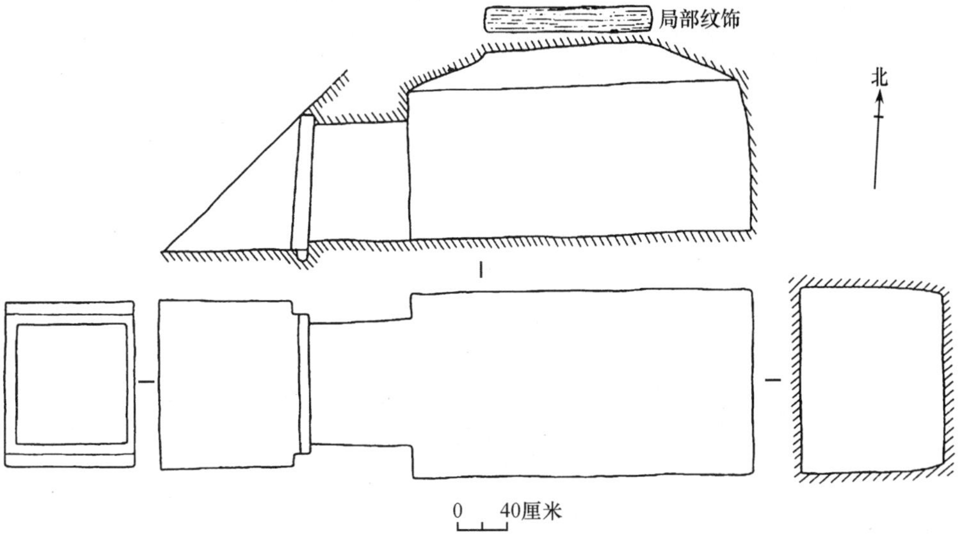

图六　M14平、剖面图

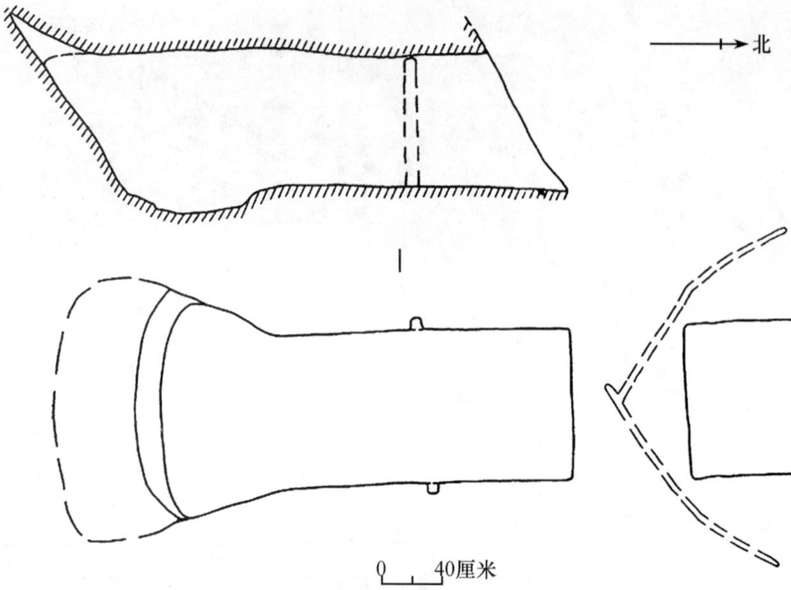

图七　M16平、剖面图

三、遗　　物

麻柳林崖墓群因破坏极为严重，仅发现3件遗物，现分述如下。

玛瑙珠　1枚。M2：1，珠呈红色。圆球形。表面光洁，晶莹细腻。直径1.5厘米，中间有约0.2厘米的小穿孔。应属玛瑙珠饰。

料珠　1枚。M2：2，料珠呈墨蓝色。器形完整，加工精细。表面细腻光洁，呈圆柱形。直径0.75、高0.65厘米，中间有小穿孔，孔径0.15厘米。当为装饰品。

图八　M2出土铜钱（M2：3）

铜钱　1枚。M2：3，方孔圆钱，器形完整。直径2.1、孔径1厘米。其上“五铢”字样清晰可见。约为东汉末五铢铜钱（图八）。

四、结　　语

麻柳林崖墓群所在地的岩体是石质较好的砂岩，崖墓多开凿于同地面呈60°～80°的岩壁上，除少数几座零星分布的崖墓被树木杂草遮蔽以外，Ⅰ区的13座崖墓在磨刀溪崖边高20～30米崖壁处，呈横向排列，其规模较为壮观，从远处也清晰可见，与云利公路隔河相望，来往车辆络绎不绝，加之龙角老镇距此仅1千米左右，所以崖墓从古至今反复遭受破坏，以致遗骨、遗物几被破坏殆尽。

此次发掘的16座崖墓总体结构简单，属单室墓，就单室墓的平面形状分类，可分为长方形、刀形和“凸”字形三种，以“凸”字形为主，约占墓葬总数的75%，长方形墓占18.75%，刀形墓仅占6.25%。

Ⅰ区13座崖墓构成的墓群有可能是家族墓地，其中M13较其他崖墓宏伟大气，墓室做工极其精致，估计M13墓主是此一家族中地位较高的成员。从该墓群中M2出土具东汉末风格的五铢铜钱分析，虽这些崖墓开凿的时间有早有晚，但麻柳林崖墓群属东汉末的可能性较大。

附记：西安半坡博物馆考古队队长王志俊、副队长何周德、郝利民，队员高耀成、李全英、李润全、张志敏7位同志参加了麻柳林崖墓群的田野考古工作和各种资料的室内整理工作。技工李新民、安燕蒙、胡会军、何代林参加该墓群的田野工作。摄影由李润全负责，绘图由李新民、安燕蒙、胡会军完成。工作期间得到了云阳县文管所、龙角镇党委、政府领导和有关同志的热情配合和支持，特表示诚挚的谢意！

执笔：王志俊

附表　麻柳林崖墓形制登记表　（单位：厘米）

墓口	方向（°）	墓道	墓圹	甬道	墓室	备注
		长×宽	高×厚	长×宽×高	长×宽×高	被盗
M1	305	114×190	96×20	112×114×95	260×246×150	被盗
M2	315	86×90			280×88×83	被盗
M3	332	80×120		60×100×112	240×155×123	被盗
M4	332	56×130		94×96×102	244×214×124	被盗
M5	340	70×146	104×14	57×100×106	282×210×126	被盗
M6	343	76×126	108×28	70×100×100	280×210×135	被盗
M7	346	60×154		70×114×106	280×213×130	被盗
M8	342	80×138		118×114×120	312×234×178	被盗
M9	347	70×154	114×15	92×110×113	270×234×162	被盗
M10	343	46×150	112×16	78×108×115	270×280×140	被盗
M11	352				110×42×42	被盗
M12	15	50×82		144×82×84	234×207×134	被盗
M13	352	132×206	160×28	120×127×122	440×225×122	被盗
M14	266	112×134	110×14	86×100×95	286×146×156	被盗
M15	55	80×170			174×126×128	被盗
M16		100×90		100×100×90	130×140×108	被盗

云阳富衣井坡墓群2003年度发掘简报

成都文物考古研究院
绵　阳　博　物　馆
云阳县文物管理所

富衣井坡崖墓、岩坑墓群位于云阳县双江镇建民村二社，是一处略呈西北至东南向、南距长江约1000米的山坡（图一）。山坡坡度较大，长约200、宽约35米。东侧为棠木沟，西侧为沙坪；坡上为老云双公路，坡下为一平坝，即朐忍县旧城址西部区域（图二）。

为配合三峡水利工程建设，成都市文物考古研究所（今成都文物考古研究院）和绵阳博物馆受重庆市文化局委托，承担了云阳富衣井坡崖墓、岩坑墓群发掘工作。富衣井坡崖墓、岩坑墓群在1992年经四川省文物考古研究所调查发现，1994年四川大学考古系复查确认。成都市文物考古研究所和绵阳博物馆组成的三峡考古队在云阳县文物管理所协助下，于2003年9月底至11月初对富衣井坡崖墓、岩坑墓群进行了调查、钻探和发掘，发掘面积500平方米，清理发掘了2座崖墓和4座岩坑墓（图三）。由于早年改地和人为破坏等原因，且墓葬开口均在表土层下，所以保存状况很差。现将墓葬清理发掘结果报告如下。

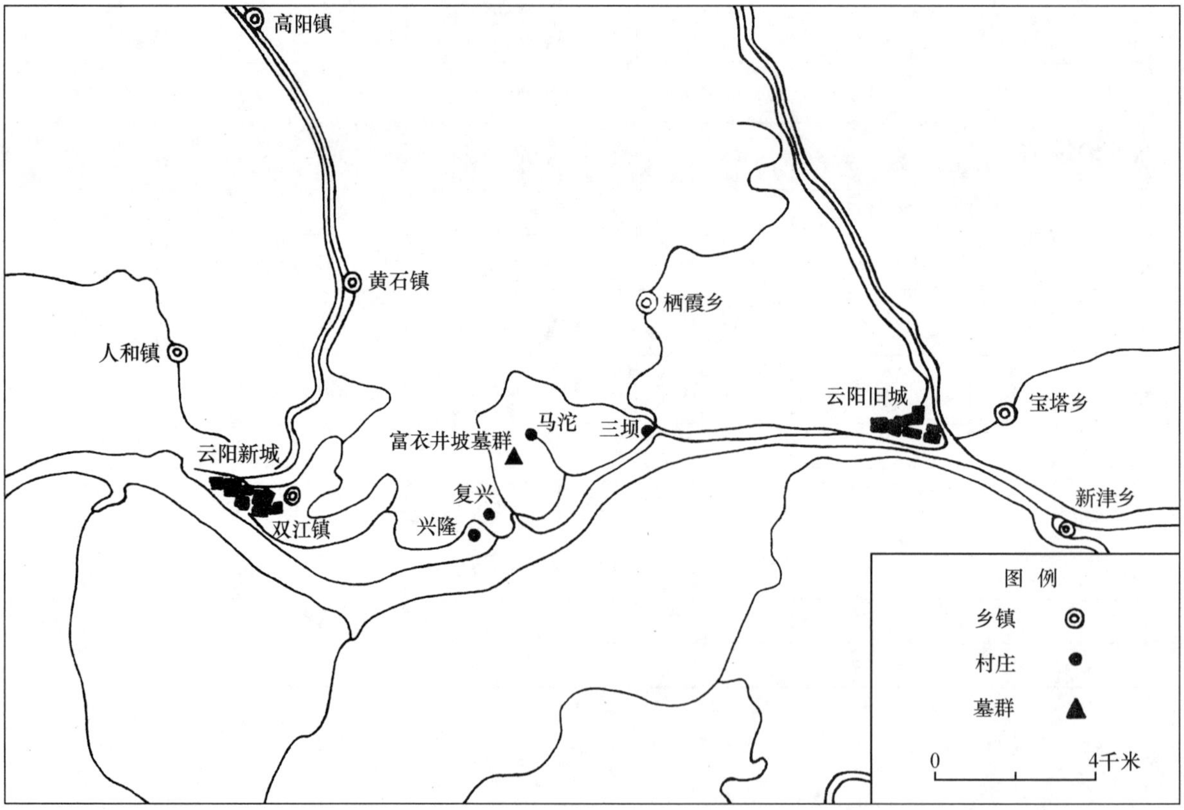

图一　富衣井坡墓群位置示意图

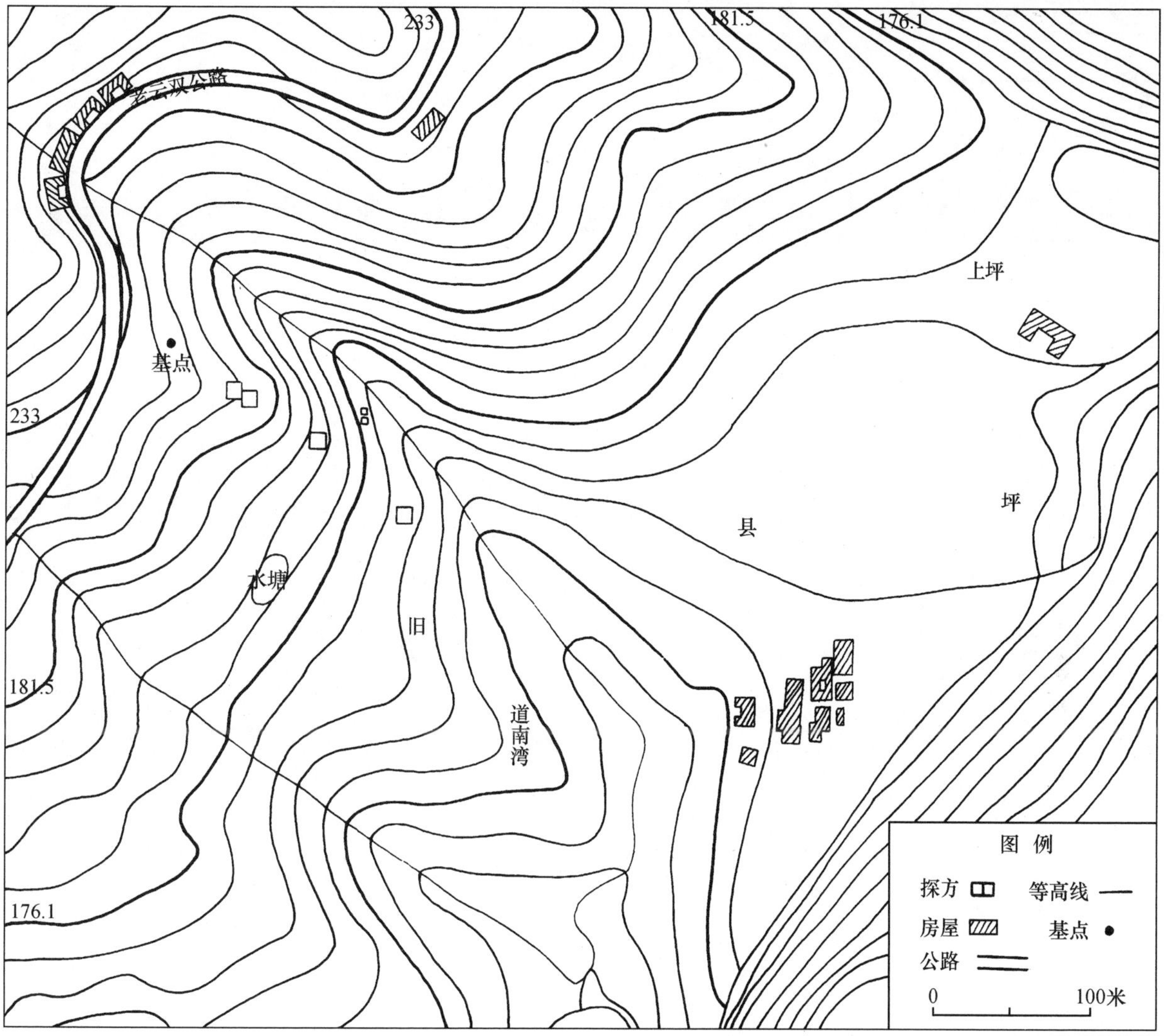

图二　富衣井坡墓群地形及布方图

一、崖　墓

富衣井坡崖墓、岩坑墓群均是凿造在灰色砂岩上。崖墓仅发现2座，而又只有1座结构保存完整，均没有任何器物出土，包括陶片。

M1　由墓道、甬道和墓室三部分组成，全长5.6米。墓道外高内低，向内倾斜，呈斜坡状，长1.86、宽0.98米，其后端用一长0.85、宽0.16、厚0.48米的石板封堵甬道。

甬道和墓室平面呈刀把形，底部均在一个水平面，高出墓道后端0.14米。甬道全长0.96、后端宽0.74米，前端右侧略向外撇，宽0.8米。由于修建人行小道，甬道和墓室前部券顶已经受到毁坏而不存。墓室平面呈长方形，长2.78、宽1.38～1.41米。墓室左右两壁与墓底均成直角，并在高0.96米处起券，最高处为1.4米。墓室前端右角有一依岩凿造的石灶。灶面几近方形，长0.36、宽0.34、灶高0.14米；灶面中部有一近圆形、直径0.23米的灶坑，其右角有一长0.06、宽0～0.04米，向灶坑倾斜的烟道。石灶灶门宽0.14米，面向墓室左壁，已经被毁，形制不明。墓向正东西向，270º（图四）。

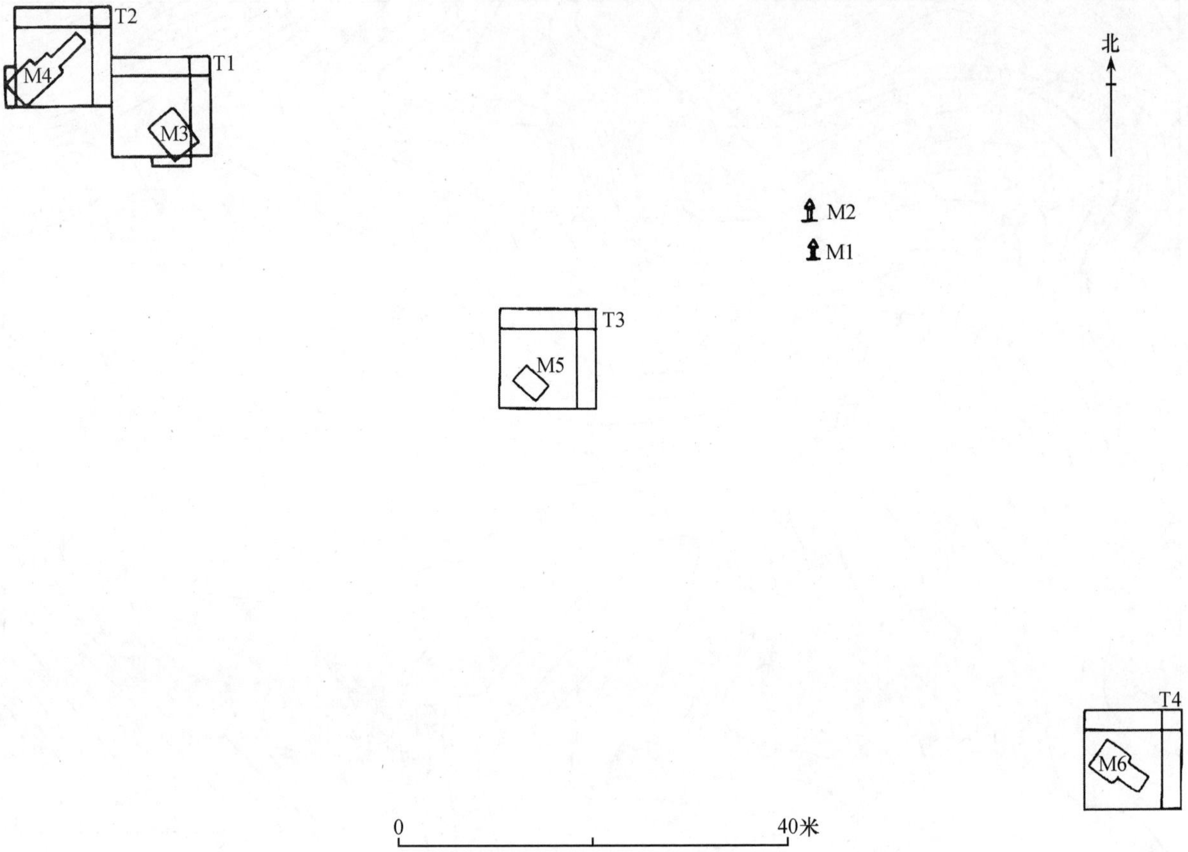

图三　富衣井坡墓群遗迹分布图

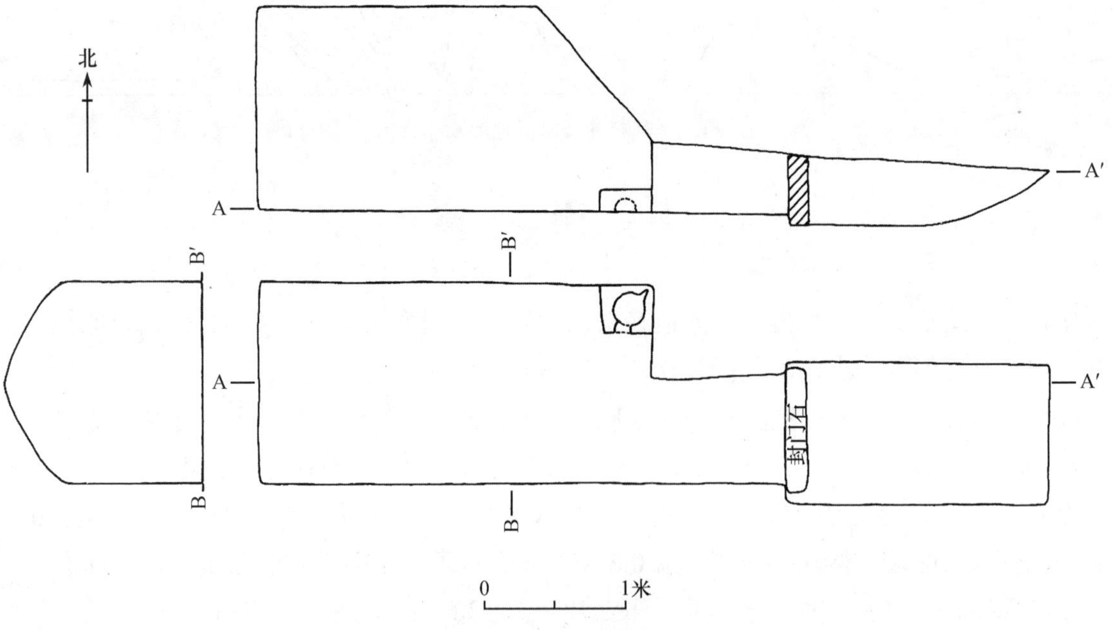

图四　M1平、剖面图

M2　仅存墓室左侧极少部分，形制已经不清楚。残长1.2、宽1.46、高1.3米。墓室左侧有一高出墓底约0.52、残宽约0.2、残长1.1米的石台，可能是依岩凿造的尸台。方向238°（图五）。

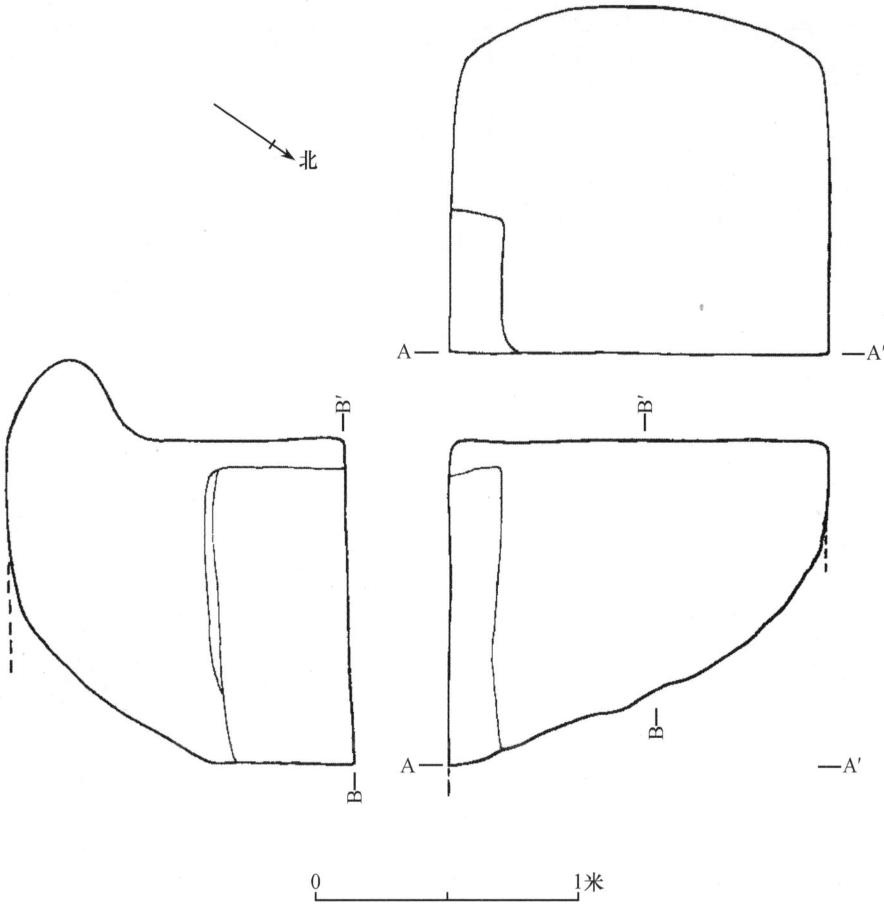

图五　M2平、剖面图

二、岩　坑　墓

经调查了解和钻探，在富衣井坡发现岩坑墓7座，由于早年改地和人为破坏等原因，有3座墓葬遭到完全破坏，我们发掘了结构相对完整的4座岩坑墓。富衣井坡本身是一座土层很薄的山坡，薄薄的土层下就是灰色砂岩，因此，岩坑墓的开口均在表土层下。

M3　残长2～3.2、宽3.4米，高度在墓室后壁尚存0.64～0.8米，在现存墓室前端仅高0.04米。在墓室后部尚有少量的墓葬填土，填土为红褐色黏土，砂性较重，比较疏松。墓室后部左右两个转角呈抹角。砂岩墓底凹凸不平，从墓室后部尚存的三块铺地砖观察，此墓墓底原来应有砖块铺砌，当为岩坑砖室墓。铺地砖均为无纹饰的薄型砖，无完整者，其中一块残长36、宽21、厚3.5厘米。方向225°（图六）。M3发现4件随葬品残片，有陶甑和罐的口沿，以及陶鬲腿和1枚五铢钱，陶鬲腿可能是墓葬填土内的器物。

M4　岩坑砖室墓。由墓道、甬道和墓室三部分组成，全长9.16米。墓道与甬道呈“凸”字形，全长3米，又分为两部分。前面部分前高后低，向内倾斜，呈斜坡状，长1.7、宽1.16～1.19、深0～0.38米。这部分墓道略向右偏。后段比前段低0.7米，其底部与甬道和墓室底部均在一个水平面上，这部分墓道长1.3、宽1.14米，距坑口深1.08～1.16米。前段墓道底部为灰色砂岩，后段墓道底部与甬道和墓室底部一样，均建在紫红色碎石层之上。

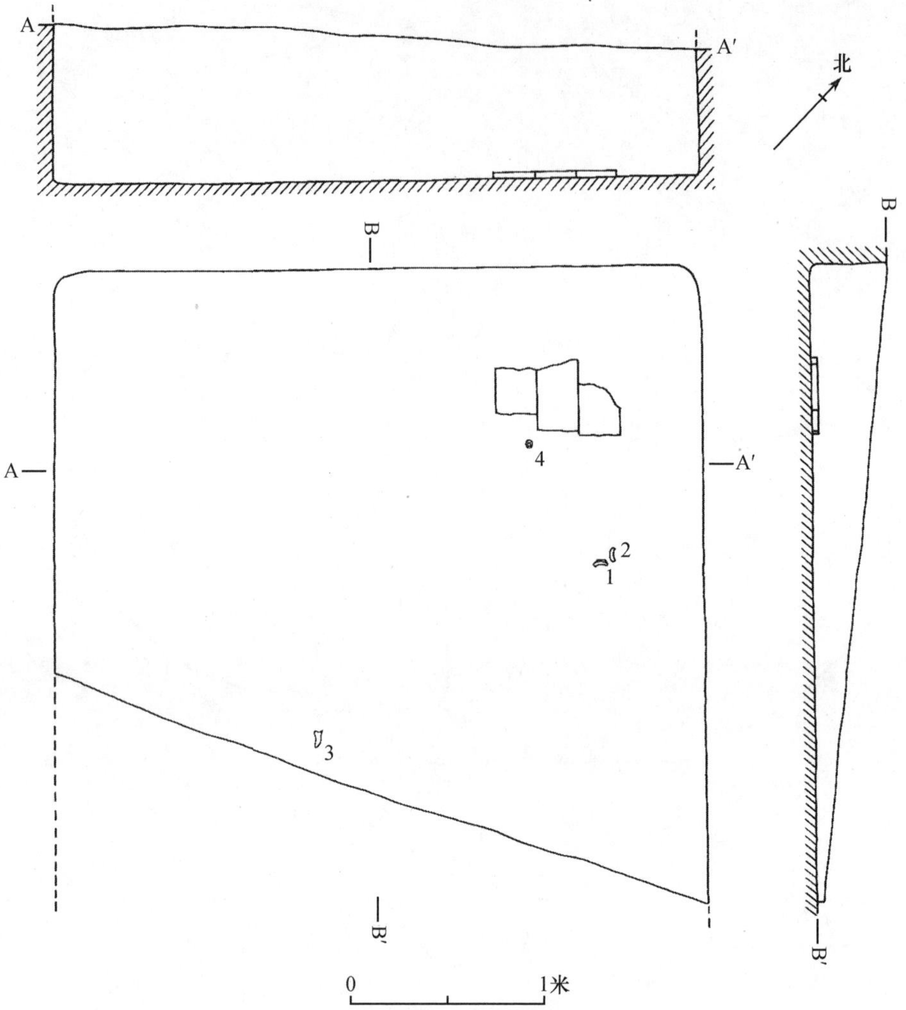

图六　M3平、剖面图

1. 陶甑　2. 陶罐　3. 陶鬲腿　4. 钱币

甬道和墓室平面呈刀把形。甬道全长1.5、宽1.88米。墓室平面呈长方形，长4.66、宽3.32米，现存岩坑深1.76米。甬道和墓室均用砖块砌壁和铺地，从墓坑填土中发现的大量子母砖观察，M4当有砖砌券顶。券顶子母砖外侧长39～41、内侧长35厘米，饰以菱形为主体的几何纹，一般宽20.5、厚10厘米。壁砖都是用长方形砖砌筑，一般饰以菱形为主体的几何纹，大多长42.6、宽19、厚9.5厘米左右。根据现存情况观察，M4是先砌墙砖，而后再铺地砖。铺地砖都是素面的，一般长41.5、宽20.6、厚3.5厘米。墙砖和铺地砖均是错缝平铺，现存墙砖保存最多的在右壁，共7层，高0.7米。铺地砖均为单层，其下铺有一层厚约2厘米的红褐色细土，这当是在紫红色碎石层之上先铺一层薄薄的细土垫平墓底后铺地砖。方向37°（图七）。墓葬填土上部是红褐色沙土，下部为杂花土，夹有较多的黄褐色黏土和大量的碎砖块。在墓室中部略偏北发现一个近年形成的盗洞。

墓室内发现一头骨，口大张；头盖骨较薄，从其大小和牙齿观察，应是一位比较年轻的女性，似乎是非正常死亡。头骨西侧约20厘米处有一片零碎的、被扰乱过的肢骨，从残存的腿骨看，M4应该葬有3个个体。

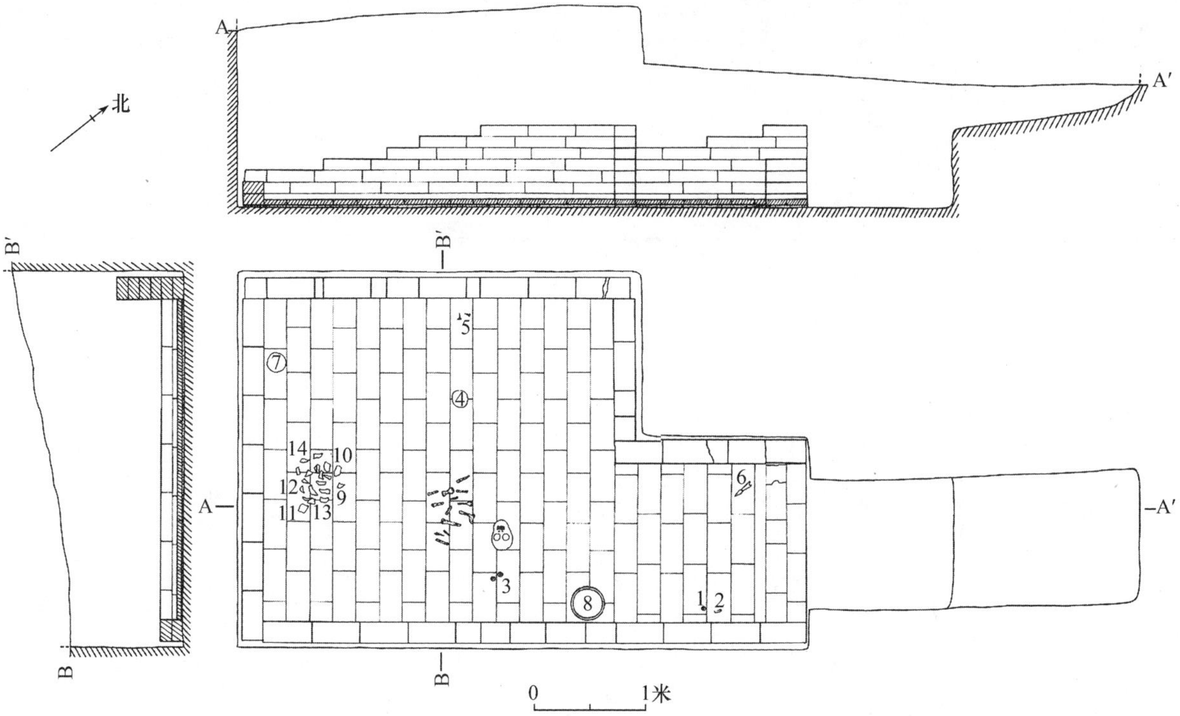

图七　M4平、剖面图

1、3. 钱币　2. 铜耳杯耳部　4、7. 陶钵　5、14. 铁钉　6. 铁矛　8. 陶甑　9～11. 陶罐　12. 陶釜　13. 陶器盖

M4盗扰严重，仅发现15件陶、铜、铁器和钱币等随葬品，而且陶器大多仅存口沿。陶器有甑、钵、釜和罐等；铜器有耳杯和钱币等，耳杯仅存1耳；铁器有钉和矛等。

M5　岩坑砖室墓。仅存墓室，墓室全长3.06、前宽1.86、后宽1.94米；墓葬顺坡势而建，现存后壁高0.86、前壁仅高0.04米。在墓室后壁右角有一块长方形砖，紧靠后壁平铺，应该是后壁墙砖，长40、宽20、厚7.5厘米，饰以菱形为主体的几何纹。墓室前部靠中位置尚存铺地的子母砖，在墓坑填土中亦发现很多的碎子母砖，显然，M5是用子母砖券顶和铺地的。子母砖平面呈梯形，一般上边长35.5、下边长40厘米，宽20.8、厚9.8厘米；券顶时，一般短边向墓室内，内侧饰以菱形为主体的几何纹。方向132°（图八）。

墓内填土为黄褐色黏土，略带砂性。M5盗扰严重，几乎被盗掘一空，仅发现2枚钱币和陶甑、罐的口沿各1片。

M6　由前、后两室组成，前窄后宽，平面呈“凸”字形，现存长度6.34米，方向130°。前室前部已经遭到破坏，有无墓道及具体情况不明。前室比后室低0.22米，前室后部以一块长2.32、宽0.12、高0.28米的砂石板砌成后壁；前室内紧靠砂石板和左壁的地面铺有长近30、宽约20、厚2～3厘米的薄石板，石板下铺垫有厚约3厘米的黄褐色呈砂浆状的细石。从前室铺地石板右侧整齐的边线来看，铺地石板右侧边线与前室右壁间0.32米宽的空间没有铺垫薄石板。现存前室长2.54、宽2.52、高0.28米，底部铺垫薄石板的范围残长2.2、宽2米。

后室长3.8、宽3.34～3.52米，中间稍宽，前后略窄；最高处在其左后角，高1米。后室后部左右两角转角成直角。后室前部紧靠前室后壁中间亦有长近30、宽约20、厚2～3厘米的薄石板铺垫底部，其宽度与前室完全相同，也为2、长2.65米。薄石板下也铺垫有厚约6厘米的黄褐色

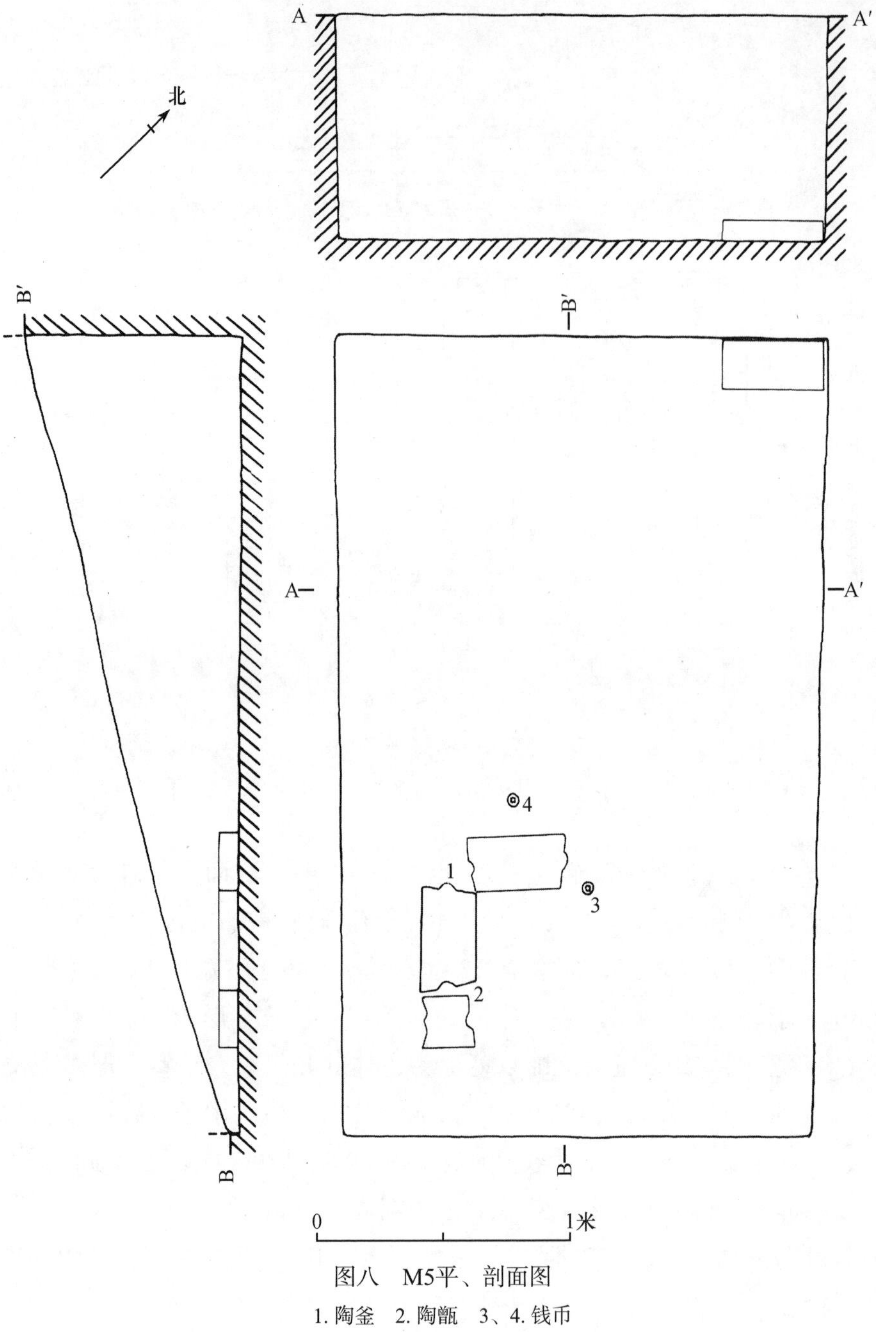

图八　M5平、剖面图
1. 陶釜　2. 陶甑　3、4. 钱币

呈砂浆状的细石。在石板地面的左、右边线两侧和后部均低8～10厘米，且沙石地面显得略为凹凸不平（图九）。

M6表土层呈黑褐色，非常疏松，砂质较重；其下为墓葬填土，呈黄褐色，比较紧密，但砂质也较重。墓葬填土后室较厚，可达50厘米，前室只有零星的分布，且很薄，仅有2～5厘米。此墓也是盗扰严重，仅在前室后部中间和后室中部，以及右后角发现少量残碎的陶俑和陶甑、钵的口沿，以及8枚钱币等；另外，在M6表土内还采集有一件陶俑头和陶猪、陶房残片等。在前室后部的陶片间有零星的人体骨骼，零乱、散碎。在后室的薄石板上，也有零星的人体骨骼。

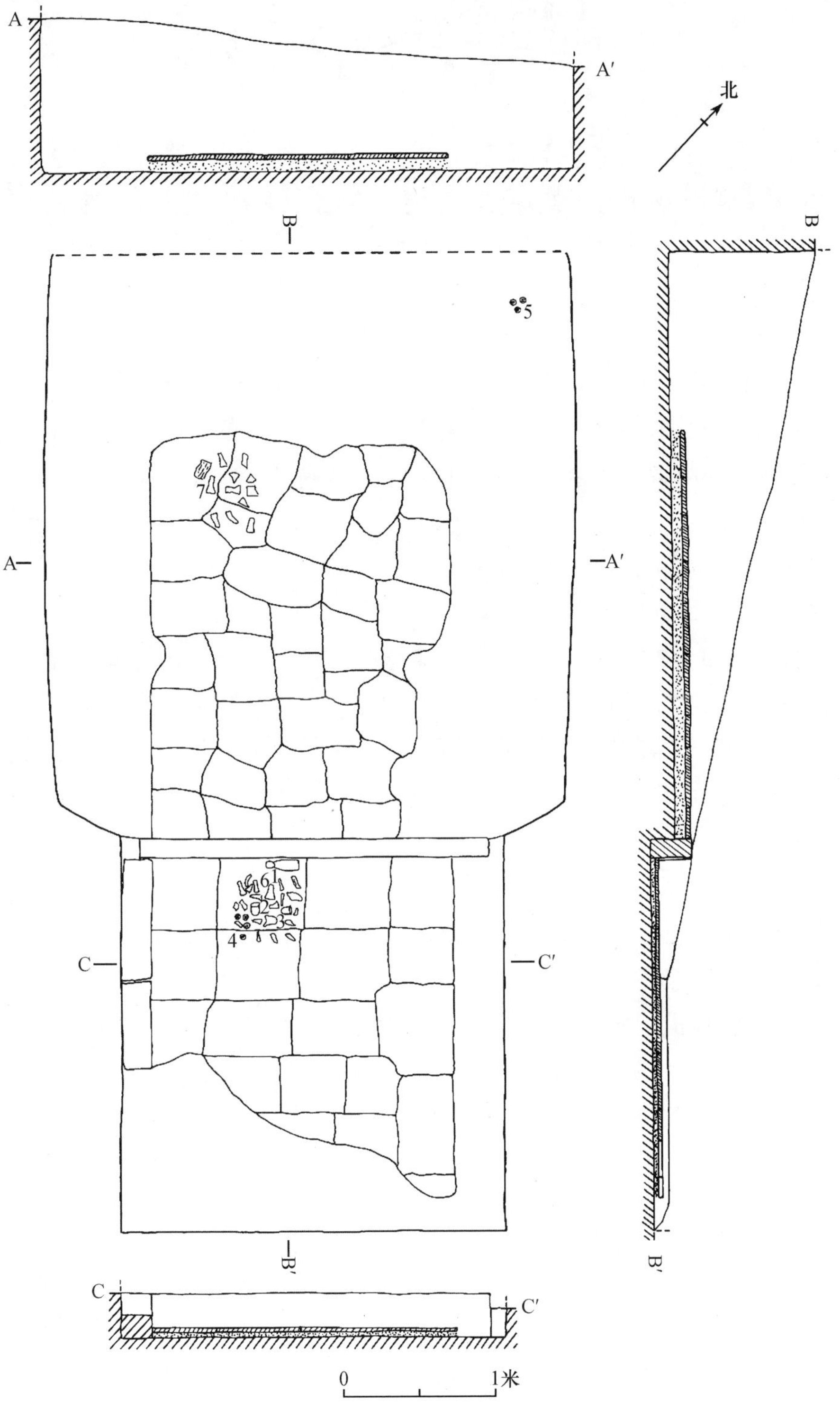

图九　M6平、剖面图

1. 陶执锸俑　2. 陶侍俑　3. 陶俑头　4、5. 钱币　6. 陶甑　7. 陶钵

三、墓葬遗物

富衣井坡崖墓、岩坑墓群仅在岩坑墓中出土了少量的器物，而崖墓中均没有任何器物出土，包括陶片。岩坑墓中出土的器物有陶器、铜器、铁器和钱币等共计39件。

M3　发现4件随葬品，陶甑、罐的口沿各1件，以及1件陶鬲腿和1枚五铢钱，鬲腿可能是墓葬填土内的器物。

陶器　3件。

甑　1件。仅存口沿。M3：1，灰陶。侈口，平沿。口径15、残高2厘米（图一〇，3）。

罐　1件。仅存口沿。M3：2，灰陶。夹有细小的白色石英颗粒。外施一层灰褐色陶衣，大多已经剥落。侈口，圆唇略外卷，广肩。口径16、残高4厘米（图一〇，1）。

鬲腿　1件。M3：3，灰陶，夹有细小的白色石英颗粒。遍饰绳纹。残高8厘米。断面呈圆形，直径2～3.6厘米（图一〇，5）。

钱币　1枚。

五铢钱　1枚。M3：4，“五”字相交两笔弯曲，铢字“金”字头呈三角形，“朱”字上下两笔转圆折。直径2.5、穿径0.9厘米（图一一，1）。

M4　出土陶、铜、铁器和钱币等随葬品15件，陶器大多仅存口沿。陶器有甑、钵、釜和罐等；铜器有耳杯和钱币等，耳杯仅存1耳；铁器有钉和矛等。

陶器　8件。

甑　1件。M4：8，灰陶。敛口，圆唇，弧腹，平底略内凹，底有5个圆形穿孔，径0.6～0.7厘米。外施一层灰褐色陶衣，大多已经剥落。肩部饰细密的菱形纹。口径27、高12、底径15.2厘米（图一〇，15）。

器盖　1件。仅存口沿。M4：13，灰陶，夹少许白色细砂。侈口，圆唇。颈部有一周凹弦纹，并略内收。内外施一层灰褐色陶衣，部分已经剥落。口径15、残高4厘米。

钵　2件。M4：4，灰陶，夹少许白色细砂。侈口，圆唇，弧腹，平底。内沿下有一周凹弦纹，近底有两周不太明显的凸棱。内外施褐色陶衣，部分已经剥落。口径14.4、高4.8、底径7厘米（图一〇，13）。M4：7，黑褐陶，夹少许白色细砂。侈口，圆唇，弧腹，平底。内沿下有一周凹弦纹，腹部及近底有三周不太明显的凸棱。口径14.4、高5.25、底径7.2厘米（图一〇，10）。

釜　1件。仅存口沿。M4：12，灰褐陶，夹少许白色细砂。侈口，平唇略内斜，外折，颈内收，颈部有一周突棱，似乎为堆塑。口径约20、残高3.2厘米（图一〇，9）。

罐　3件。M4：11，仅存口沿。黄褐陶，夹少许白色细砂。敛口，唇近平，沿外折，颈内收。口径约38、残高2.7厘米（图一〇，2）。M4：9，仅存下腹和底部。灰褐陶，夹少许白色细砂。下腹略斜直，平底。外底有一周圆形凹纹。内外施褐色陶衣，部分已经剥落。底径10、残高2.8厘米（图一〇，12）。M4：10，仅存口沿。灰陶，夹少许白色细砂。敛口，唇近平，沿外折，上沿略尖，下沿内收，颈较长。内外施褐色陶衣，部分已经剥落。口径约16、残高3.4厘米（图一〇，4）。

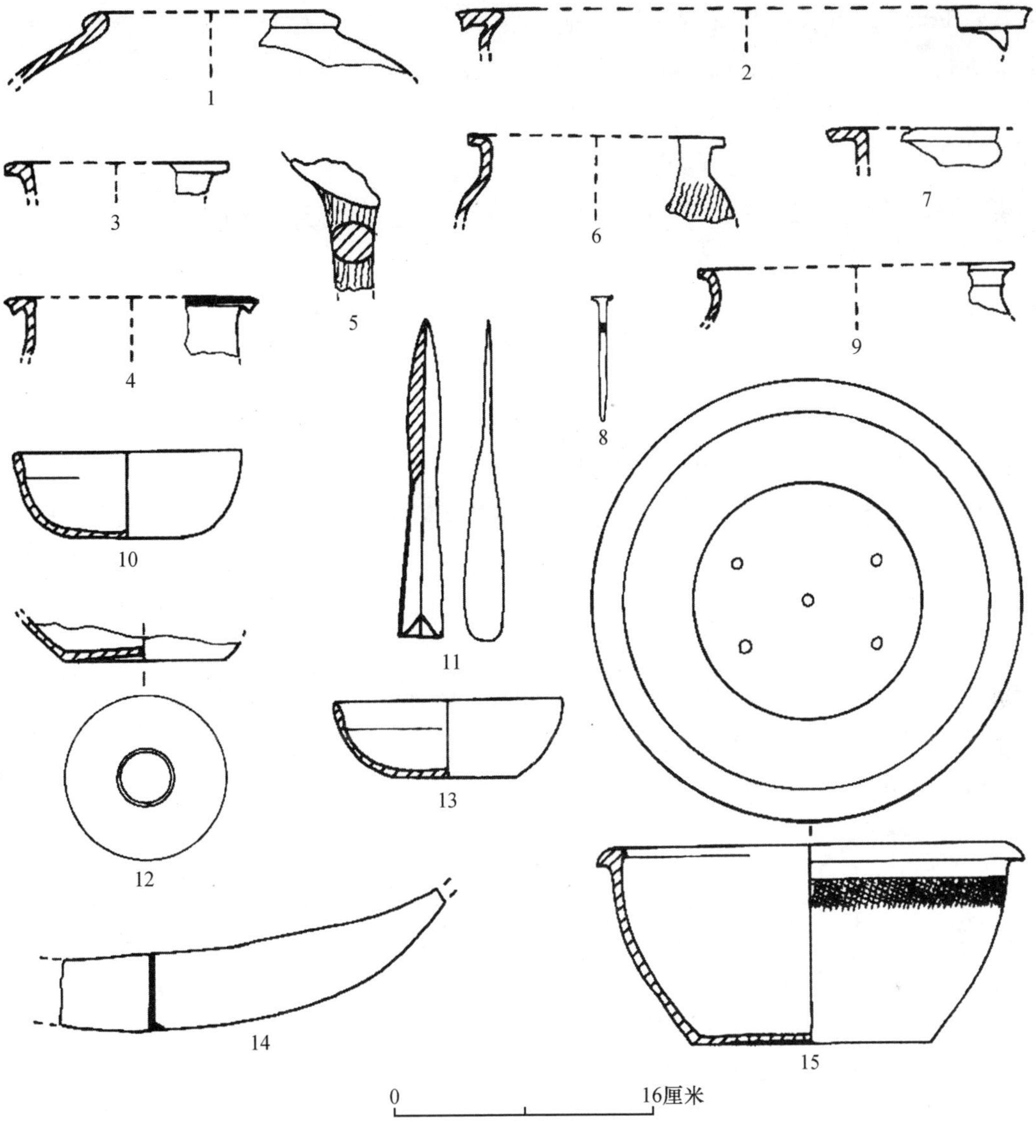

图一〇　M3、M4、M5器物

1、2、4、12. 陶罐（M3：2、M4：11、M4：10、M4：9）　3、7、15. 陶甑（M3：1、M5：2、M4：8）
5. 陶鬲腿（M3：3）　6、9. 陶釜（M5：1、M4：12）　8. 铁钉（M4：5）　10、13. 陶钵（M4：7、M4：4）
11. 铁矛（M4：6）　14. 铜耳杯耳部（M4：2）

铜器　1件。

耳杯　1件。M4：2，仅存一耳，亦残（图一〇，14）。

铁器　3件。

钉　2件。基本一样，锈蚀。M4：5，钉身断面呈方形，尖部残，呈圆形。残长7.6、钉身宽0.2～0.5厘米（图一〇，8）。

矛　1件。基本完整，略有锈蚀。M4：6，圆形长骹，端部开叉，有一对称穿孔，径0.4厘米；前部为扁平双面刃。全长19.5厘米（图一〇，11）。

钱币　3枚。

五铢钱　2枚。可分二式。

Ⅰ式：1枚。“五”字相交两笔略弯曲，铢字“金”字头呈三角形，“朱”字上笔转直角，下笔圆折。M4：1，品质较好。直径2.6、穿径0.95厘米（图一一，3）。

Ⅱ式：1枚。剪边五铢钱。“五”字相交两笔近直，铢字“金”字已残，“朱”字上下两笔转直角。M4：3-1，穿无郭。直径2.1、穿径0.95厘米（图一一，2）。

货泉　1枚。M4：3-2，残，“货”字模糊可辨，“泉”字已锈蚀不存。边与穿均无郭。直径2.15、穿径0.9厘米。

M5　几乎被盗掘一空，仅发现2枚钱币和陶甑、釜的口沿各1件。

陶器2件。

甑　1件。仅存口沿。M5：2，灰陶，夹白色细砂。侈口，唇近平，沿外折。外施一层灰褐色陶衣，大多已经剥落。残高2.2厘米（图一〇，7）。

釜　1件。仅存口沿。M5：1，灰褐陶，夹少许白色细砂。口略侈，平唇略内斜，沿外折，颈内收。残肩饰绳纹，外施一层灰褐色陶衣，大多已经剥落。口径约16、残高5厘米（图一〇，6）。

钱币　2枚。

M5：4，边有郭，穿无郭。文字已经磨滤不清，可能是莽钱的一种。直径1.6、穿径0.6厘米。

五铢钱　1枚。M5：3，“五”字相交两笔略弯曲，铢字“金”字头呈箭镞状，“朱”字上笔转直角，下笔圆折。直径2.5、穿径1厘米（图一一，4）。

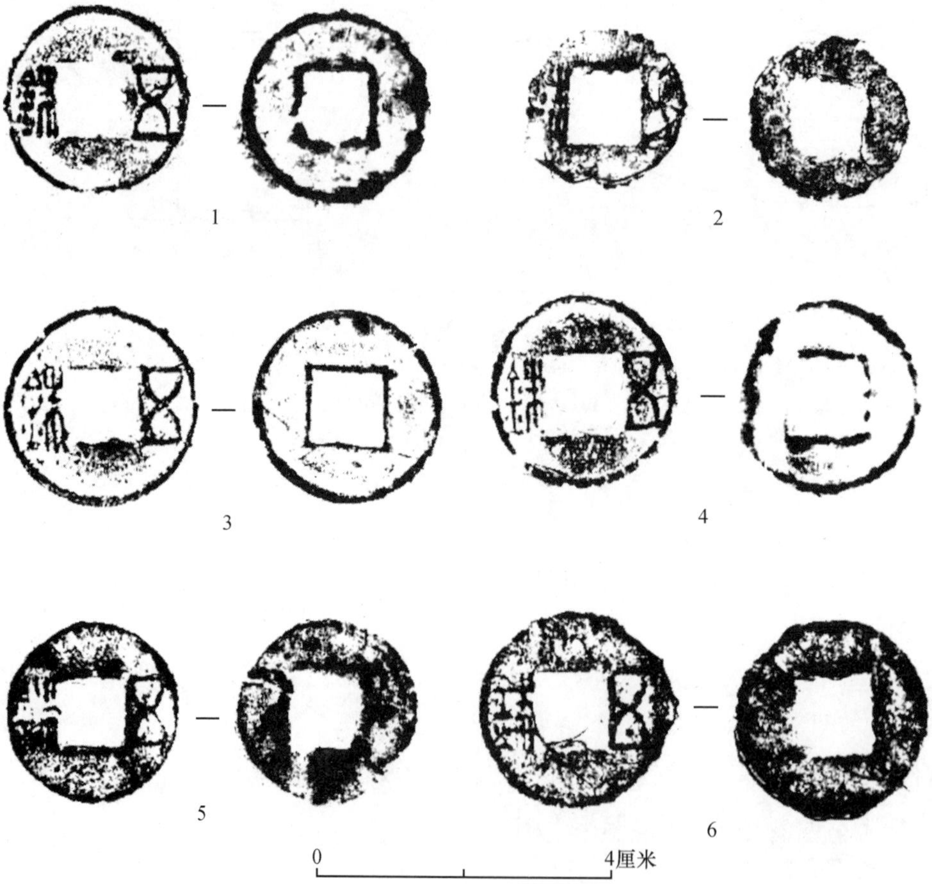

图一一　M3、M4、M5、M6钱币拓片

1. M3：4　2. M4：3-1　3. M4：1　4. M5：3　5. M6：4-1　6. M6：5-1

M6　也是盗扰严重，仅出土有陶俑和陶甑、钵的口沿，以及8枚钱币等。另外，在M6表土内还采集有一件陶俑头和陶猪、陶房等器物残片。共计16件遗物。

甑　1件。仅存口沿。M6：6，灰陶，夹少量白色细砂。口微侈，唇略圆，沿外折内卷。外施一层灰褐色陶衣，部分已经剥落。口径约38、残高4.4厘米（图一二，1）。

钵　1件。仅存口沿。M6：7，灰陶，夹少许白色细砂。侈口，圆唇，弧腹。内沿下有一周凹弦纹。内外施褐色陶衣，部分已经剥落。口径14、残高3.4厘米（图一二，3）。

俑头　2件。M6：3，红陶，夹白色细砂。面目不清，鼻梁较直挺；头顶戴帽。残高9.4厘

图一二　M6陶器

1. 甑（M6：6）　2. 房（采：3）　3. 钵（M6：7）　4、5. 俑头（M6：3、采：1）　6. 猪（采：2）　7. 执锸俑（M6：1）　8. 侍俑（M6：2）

米（图一二，4）。采：1，后部残。红陶，夹白色细砂。高鼻，圆脸，面腴，头顶戴帽。似为女性。残高7.8厘米（图一二，5）。

执锸俑　1件。M6：1，灰陶，夹少许白色细砂。面瘦，两侧嘴角内陷。面目不清，头戴圆形平顶帽，似为农夫戴的斗笠。身穿中长衣，后面开叉，前面露脚，双手执锸于前。外施一层灰褐色陶衣，大部分已经剥落。插全长8.7、俑高22.8厘米（图一二，7）。

侍俑　1件。头后部残。M6：2，灰陶，夹少许白色细砂。大鼻，线眼，戴圆形帽，长裙着地，双手拢袖于上腹。外施一层灰褐色陶衣，大部分已经剥落。高29.2厘米（图一二，8）。

猪　1件。仅存前部右半侧。采：2，灰陶，夹少许白色细砂。外施一层褐色陶衣，部分已经剥落。残长15.5、残高10.2厘米（图一二，6）。

房　1件。仅存房盖的一部分。采：3，红陶，夹白色细砂。残长12.2、残宽12.2厘米（图一二，2）。

钱币　8枚。只有2枚字迹清楚。可分三式。

Ⅰ式：1枚。M6：4-1，"五"字相交两笔弯曲，铢字"金"字头呈三角形，"朱"字上笔转直角。边与穿均无郭。直径2.35、穿径0.85厘米（图一一，5）。

Ⅱ式：1枚。M6：5-1，"五"字相交两笔弯曲，铢字"金"字头呈三角形，"朱"字上笔转直角，下笔圆折。正面边有郭，穿无郭。直径2.6、穿径0.9厘米（图一一，6）。

Ⅲ式：6枚。M6：4-2，文字已经磨漶不清，边与穿均无郭。似为剪边钱。直径1.6、穿径0.9厘米。

四、结　语

富衣井坡崖墓、岩坑墓群发掘了7座墓葬，由于早年改地和近现代的盗扰原因，墓葬结构保存很差，出土遗物也很少，而且很多还是口沿、底部等碎片，这给墓葬的断代带来了一定的难度。我们根据崖墓、岩坑墓的墓葬形制和出土遗物，再结合其他墓葬资料来推断富衣井坡崖墓、岩坑墓群的相对时代。

第一，从墓葬结构看。

崖墓和岩坑墓各有一座结构保存完整的墓葬，即M1、M4，均由墓道、甬道和墓室三部分组成。墓道外高内低，向内倾斜，呈斜坡状。这与四川绵阳白禅一碗水村朱家梁子的6座崖墓墓道一样，外高内低，呈斜坡状。绵阳朱家梁子的崖墓群是东汉早期偏晚的墓葬，其中M3是纪年墓葬，即元和二年（85年）[①]。巫山巫峡镇高塘麦沱汉墓群中的M29为新莽前后墓葬[②]，亦是外高内低的斜坡墓道。

M1、M4的甬道和墓室平面呈刀把形，这是峡江地区汉代比较常见的墓葬形制。如巫山麦

① 绵阳博物馆等：《四川绵阳市朱家梁子东汉崖墓》，《考古》2003年第9期。

② 湖南省文物考古研究所等：《巫山麦沱汉墓群发掘报告》，《重庆库区考古报告集·1997卷》，科学出版社，2001年。

沱汉墓群中的M10、M11、M15、M16、M29、M33、M38、M41等都是刀把形墓葬，时代大多在东汉时期[①]。另外，在巫山瓦岗槽[②]，万州松岭包[③]、上河坝[④]、安全[⑤]、陈家坝[⑥]等墓地都有较多的刀把形东汉时期墓葬，而且主要是东汉晚期墓葬。这些刀把形墓葬又主要是砖室墓，但也有其他材质的墓葬，如巫山麦沱汉墓群中的M33就全是石材铺地、砌壁、券顶[⑦]。

从前面的墓葬形制介绍可知，富衣井坡M4其实就是岩坑砖室墓，M1也是以石材建成的墓葬。因此，从墓葬形制看，它们的时代当与巫山麦沱、瓦岗槽，万州松岭包、上河坝、安全、陈家坝等墓地刀把形墓葬的时代相当，应是东汉时期墓葬。M2与M1相距1米左右，M3与M4相距不足1米，它们的时代也应是东汉时期。

第二，从出土遗物看。

M4岩坑砖室墓出土有陶甑、钵、釜和罐等器形，这些陶器都是四川和峡江地区东汉时期墓葬的常见组合[⑧]。此墓还出土有铜耳杯，在四川绵阳白禅一碗水村朱家梁子的M3纪年崖墓中也有铜耳杯，钱币有新莽货泉和五铢钱，五铢钱有西汉剪边五铢。据此，我们认为M4是东汉早中期墓葬。

M3出土有陶甑和罐等器形和1枚东汉早期五铢钱，加之与M4不足1米的距离，足以说明其时代与M4同时，也是为东汉早中期墓葬。

M5、M6都出土有陶甑、釜、钵等器形，M6还有陶俑和陶猪、陶房等，这些都是东汉中晚期墓葬的常见组合[⑨]。同时，两墓的钱币均为东汉五铢钱，M6还有东汉晚期的五铢钱。显然，M5、M6可以大致定为东汉晚期墓葬。

根据对富衣井坡崖墓、岩坑墓的墓葬形制和出土遗物的简单分析，我们认为富衣井坡崖墓、岩坑墓的时代大致在东汉时期。M1、M2崖墓，以及M3、M4岩坑砖室墓有可能早到东汉早中期，M5、M6为东汉晚期。

附记：这次发掘工作是在重庆市文化局和考古所领导下进行的，在发掘的具体工作中，得

① 湖南省文物考古研究所等：《巫山麦沱汉墓群发掘报告》，《重庆库区考古报告集·1997卷》，科学出版社，2001年。

② 南京博物院考古研究所等：《巫山瓦岗槽汉代墓地发掘报告》，《重庆库区考古报告集·1997卷》，科学出版社，2001年。

③ 青海省文物考古研究所三峡工作队等：《万州松岭包墓地发掘报告》，《重庆库区考古报告集·1997卷》，科学出版社，2001年。

④ 青海省文物考古研究所三峡工作队等：《万州上河坝墓地发掘简报》，《重庆库区考古报告集·1997卷》，科学出版社，2001年。

⑤ 陕西省考古研究所等：《万州安全墓地发掘报告》，《重庆库区考古报告集·1997卷》，科学出版社，2001年。

⑥ 青海省文物考古研究所三峡工作队等：《万州龙宝陈家坝东汉墓发掘报告》，《重庆库区考古报告集·1997卷》，科学出版社，2001年。

⑦ 湖南省文物考古研究所等：《巫山麦沱汉墓群发掘报告》，《重庆库区考古报告集·1997卷》，科学出版社，2001年。

⑧ 罗二虎：《汉代模型明器中的水田模型》，《考古》2003年第4期。

⑨ 罗二虎：《汉代模型明器中的水田模型》，《考古》2003年第4期。

到云阳县文管所的领导和业务干部，以及双江镇建民村二社的干部与村民大力支持、配合。在此谨表谢意！

领队：王　毅
执行领队：唐光孝
发掘者：唐光孝　许　蓉　夏良明
　　　　巩　三　文星明
绘图：夏良明
照相：文星明　杨　伟
修复拓片：巩　三
执笔：唐光孝　许　蓉

云阳新河村崖墓群2003年度发掘简报

西安半坡博物馆
云阳县文物管理所

2003年11月，西安半坡博物馆和云阳县文物管理所对新河村崖墓群进行了调查和发掘。新河村崖墓群位于云阳县新津乡新河村3组，长江南岸（图一），海拔150～160米。崖墓分布于东西向的山脊北侧，此地西为新津口，北临长江，南为长江支流磨刀溪，东是新津乡政府所在地，由此遥望西北方向的云阳旧县城清晰可见。这里原为新河村3组村落，由于三峡库区水位的升高，村民已全部搬迁，部分房基已被长江水淹没。现今地面杂草丛生，现代房基到处可见，部分平缓地带种有蔬菜和庄稼，崖壁斜面上有杂草、竹林和树木。

通过实地调查和走访当地群众，我们基本掌握了新河村崖墓群的分布情况。由现在的新河村小学向西700米的范围，在海拔150～160米的高程上，我们发现了5座崖墓，还有一些崖墓修桥时被破坏掉。由于这里的岩石结构较差，所以不仅崖墓数量少，而且分布零散。

根据调查结果，我们分四个区进行布方。Ⅰ区位于新河小学北约100米处，依据崖壁走向不规则布方，布5米×5米探方6个，自西向东编号为T1～T6；Ⅱ区位于Ⅰ区西北约600米的地方，在此布5米×5米探方12个，自西向东编号为T7～T18；Ⅲ区位于Ⅱ区东南约20米的山坡上，布5米×5米探方1个；Ⅳ区位于Ⅲ东南210米处，布5米×5米探方1个。

由于崖墓均位于较陡峭的岩石斜面上，所以这里的地层都很简单。岩石斜面上一般有苔藓、杂草或小树。而在崖墓洞口前的平缓地带，上层多为20～30厘米厚的耕土，内含现代瓦片、瓷片、玻璃瓶、小石块等。下层为扰乱层，薄厚不一，一般在10～120厘米，厚的地方是现代人为造田而有意回填的堆积，内含与耕土层遗物大同小异；薄的地方是山体岩石剥落而形成的自然堆积层。扰乱层下便为岩石层。

共发现崖墓5座（编号分别为YM1、YM2、YM3、YM4、YM5），蓄水池1座。这些遗迹均开凿于灰色砂质岩的斜面上，现简述如下。

一、遗　　迹

YM1　位于Ⅰ区T2内，发现时墓口周围长满杂草，仅墓口上部少许暴露于外。墓室内淤土厚65～90厘米。土黄色，松软潮湿。淤土内夹杂有大小石块，系墓室顶部坠落所为。在距墓底20～30厘米处的淤土中，发现较多的缸胎质器物残片。在墓室前部的近墓口处，有一具人骨架，骨架下有一条东西向裂缝。人骨架上压有一个长80、宽30厘米的石条，正好在其上方的墓顶有一条东西向大裂缝，说明人骨架上的石条是墓顶脱落的。石条将头骨砸碎，使部分骨架变形，加之墓室内潮湿，部分骨骼已朽。根据现有资料，可以确认该墓为单人仰身直肢葬，头东脚西，面朝南。

YM1整体呈不规则“凸”字形，方向大致是坐南朝北。该墓倒塌现象严重。墓门为半圆形，底宽140、高137厘米，墓门外有倒塌的大小封门石块。墓道为长方形，南北长126、东西宽104～136、高128厘米。墓室结构为不规则长方形，东西长320～350、南北宽250、高150厘米。圆弧形顶，顶部凹凸不平，裂缝多且缝隙大。由于墓室内倒塌、剥落，工具痕迹不清楚。壁面凹凸不平，西壁南段由于岩石自然裂缝拐进增宽。墓室平面较平整。随葬品主要集中分布于人骨架周围，数量较多，共出土瓷、石、铜等文物31件（图二）。

YM2 位于Ⅰ区T3内。墓口淤土厚于墓室内淤土。黄褐色土，松软潮湿，较纯净，有少量植物根茎。该墓大致坐南朝北，面对长江。刀形墓，圆弧顶，墓口开于墓室西侧。墓口为长方形拱形顶，宽98、高112厘米，墓门前有倒塌的封门石块。墓道进深84、宽90～110厘米。墓室南北长240、东西宽220、高140厘米。地面平整，做工精细，尤其是墓底前半部分非常平，如同打磨过似的，中后部因山体裂缝，东南角较低。顶部正中东西有裂缝，而且至今有滴水，这也许是墓内淤土潮湿的原因所在。墓室四壁不甚平整，特别是西壁，中部略鼓，上部凹进，岩壁面上工具痕迹清晰，特别是墓顶经特殊处理，纹路细且有一定规律。

YM2仅发现少量人体骨骼和牙齿，而且凌乱不堪。结合墓室口及墓道出土的6件器物分析（不仅残缺，而且位置明显被移位），说明该墓早期曾被盗掘过（图三）。

YM3 位于Ⅱ区T17内。墓口上部的岩石下陷，墓口被大块岩石封堵的仅剩一半。墓室内填土厚50～60厘米，可分两层，上层厚35～40厘米，含较多现代瓦片和石块，下层填土较纯净。

该墓为刀形，圆弧顶，墓口开于墓室东侧，大致坐南向北。长方形墓口（顶部有些坍塌），长116、高94厘米。墓道为不规则长方形，长150、宽78～116厘米。墓室呈长方形，进深256、宽270、高122厘米。四壁及顶部凹凸不平，岩石面剥落现象严重，墓室西侧与YM4相通。墓口上部石块（150厘米×350厘米）下陷40厘米，崖壁面工具痕迹不清楚。

墓室内发现人骨架两具，东西各一具。东面一具保存较好，头北脚南，仰身直肢葬，上肢骨、胸椎骨、脚趾骨大多已被扰乱。另一具位于这一具西边80厘米的地方，现仅存部分凌乱肢骨，而头骨则位于东侧人骨架的腹部。随葬品也很简单，在墓道发现1件小瓷碗、2枚铜钱（其中1枚残），墓室内发现1件残石器。根据这些迹象分析，首先说明这是一座双人合葬墓，其次说明这座墓曾经被盗（图四）。

YM4 位于Ⅱ区T16内，与东面的YM3相距250厘米。发现时墓口完全被塌陷的石板、石块封堵，墓门宽106、高107厘米。墓道及墓室内填土厚75～105厘米，上层75厘米填土含近现代瓷片、红、灰陶残片，下层淤土较纯净。

该墓整体为刀形。墓道位于墓室东侧，大致坐南朝北，墓道呈不规则长方形，外窄内宽，进深140、宽106～138、高106厘米（图五）。墓室形状为长方形，进深236、宽206、高128厘米，底部较平整，壁面、顶部不平整，顶部已坍塌。墓道与墓室之间有一条东西向小沟，东壁与YM3西壁相通。

墓室内发现人骨架两具，一南一北，相距约40厘米。南面的属二次葬，肢骨均叠压在一起，头骨置于骨骼西侧，头骨旁随葬1件瓷碗，墓室东南角随葬有1件铜釜。北边骨架破坏严重，所剩无几，但可看出为仰身直肢葬，头西脚东。

图一　新河村崖墓群地形图

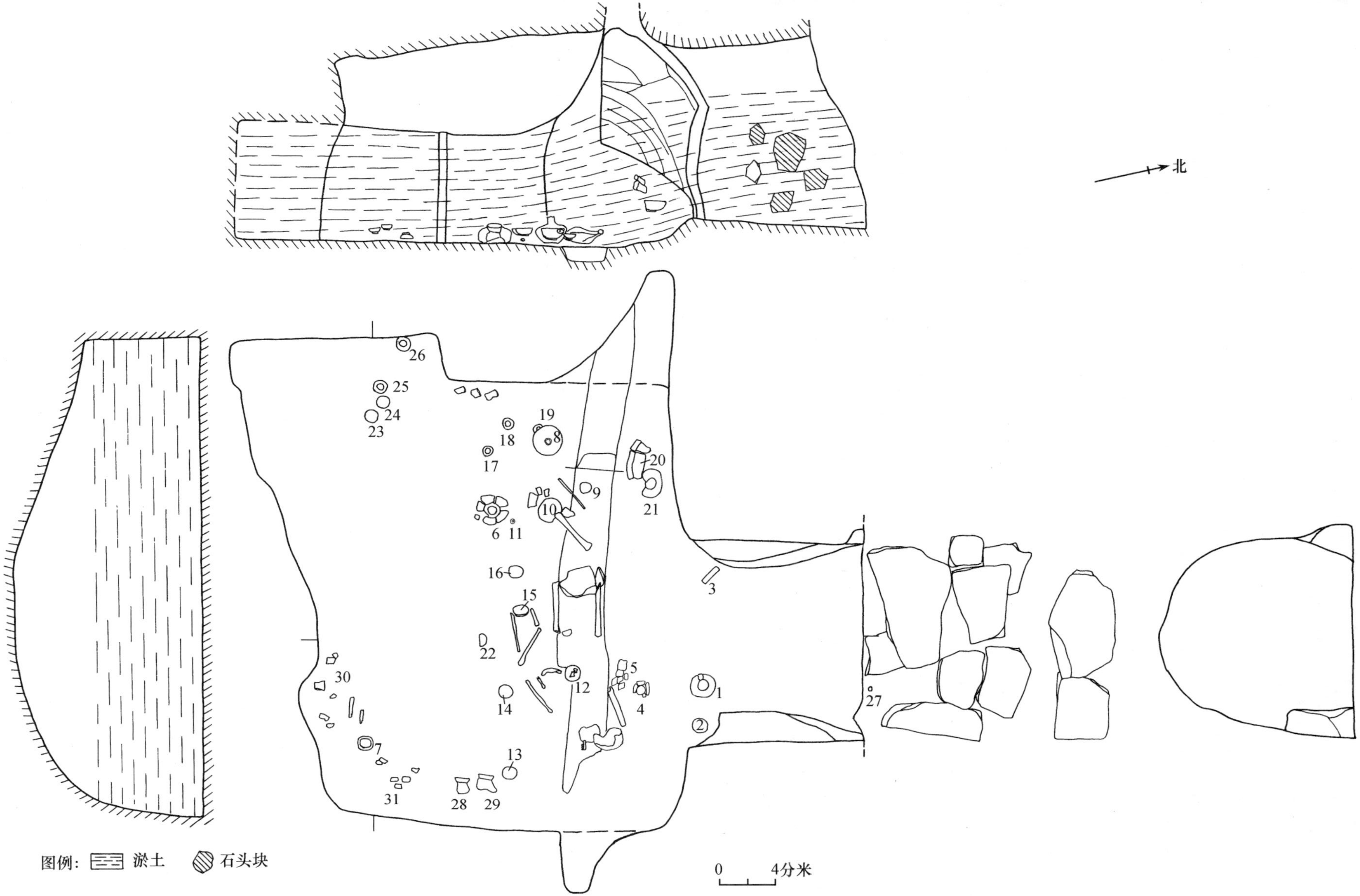

图二　YM1平、剖面图

1. 青瓷四系罐　2、9、10、12～19、22～24、26、28. 青瓷碗　3. 砺石　4、29. 釉陶盆　5. 缸胎盆　6. 青瓷盘口壶　7. 缸胎灯盏　8. 青瓷壶　11. 五铢铜钱　20. 缸胎罐　21. 陶罐　25. 青瓷盏　27. 鎏金铜泡钉　30. 缸胎四系壶　31. 缸胎坛形器

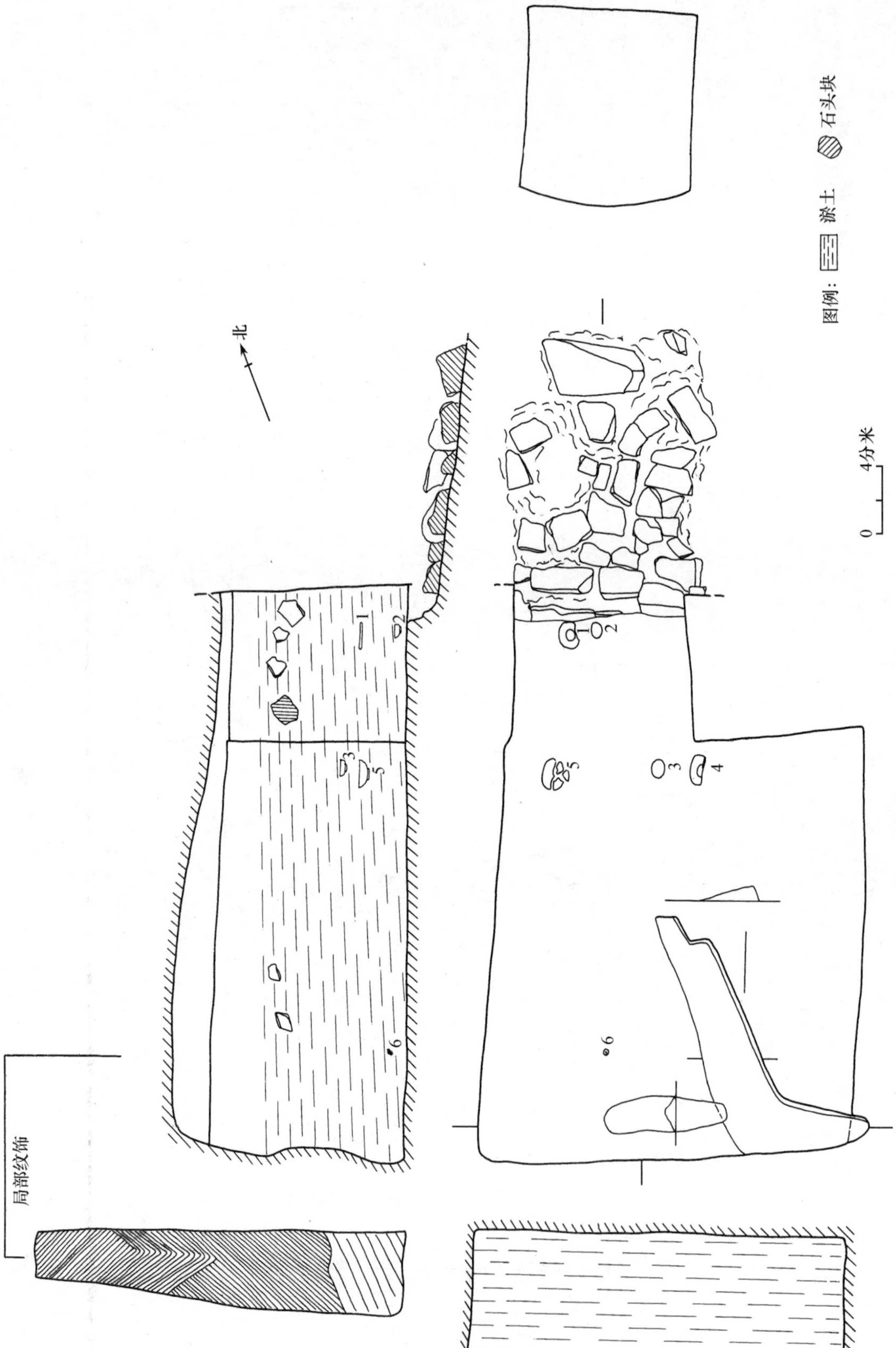

图三 M2平、剖面图
1. 青瓷盏 2、3. 青瓷小碗 4、5. 瓷碗 6. 五铢铜钱

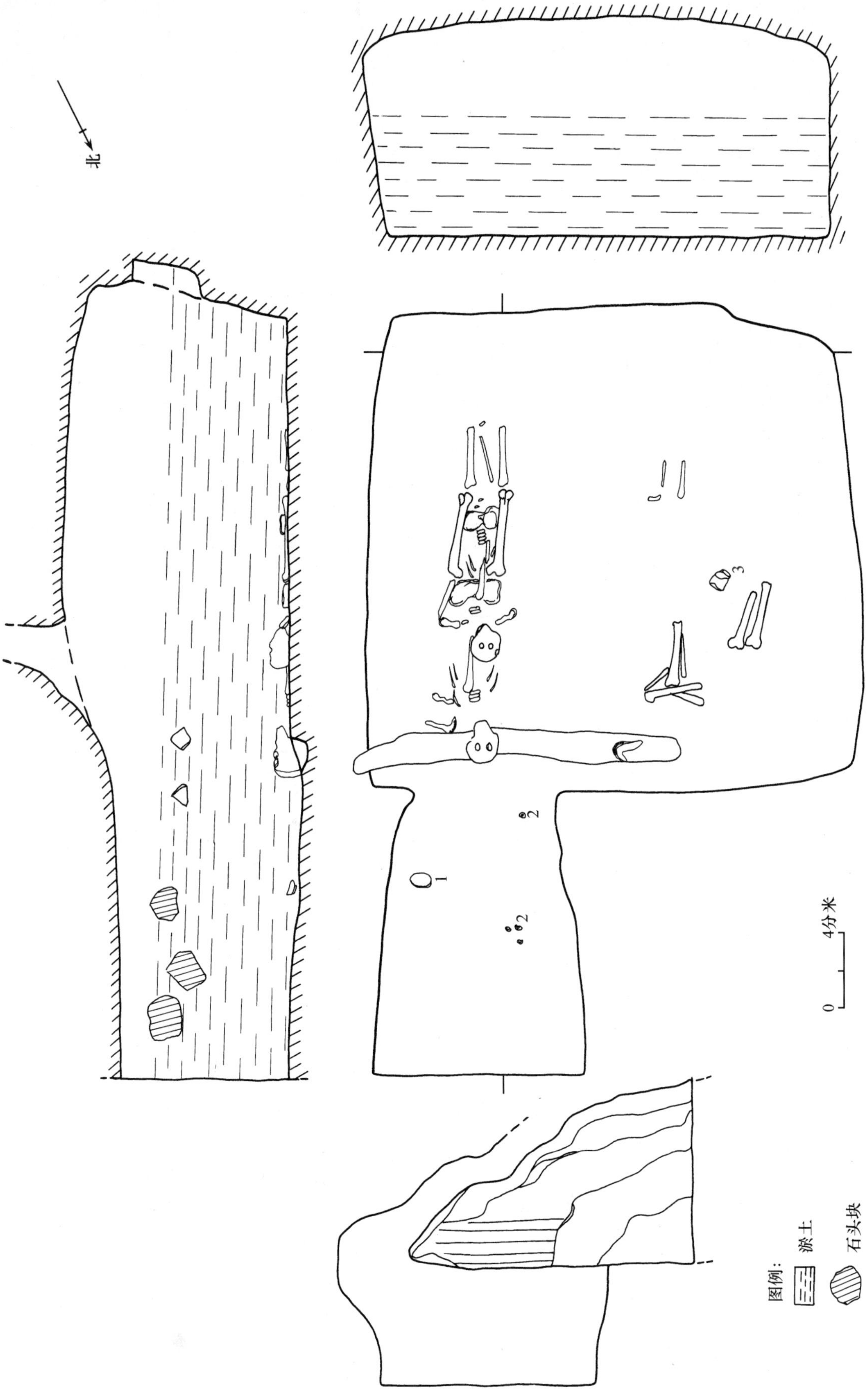

图四 YM3平、剖面图
1. 青瓷小碗 2. 五铢铜钱 3. 残石器

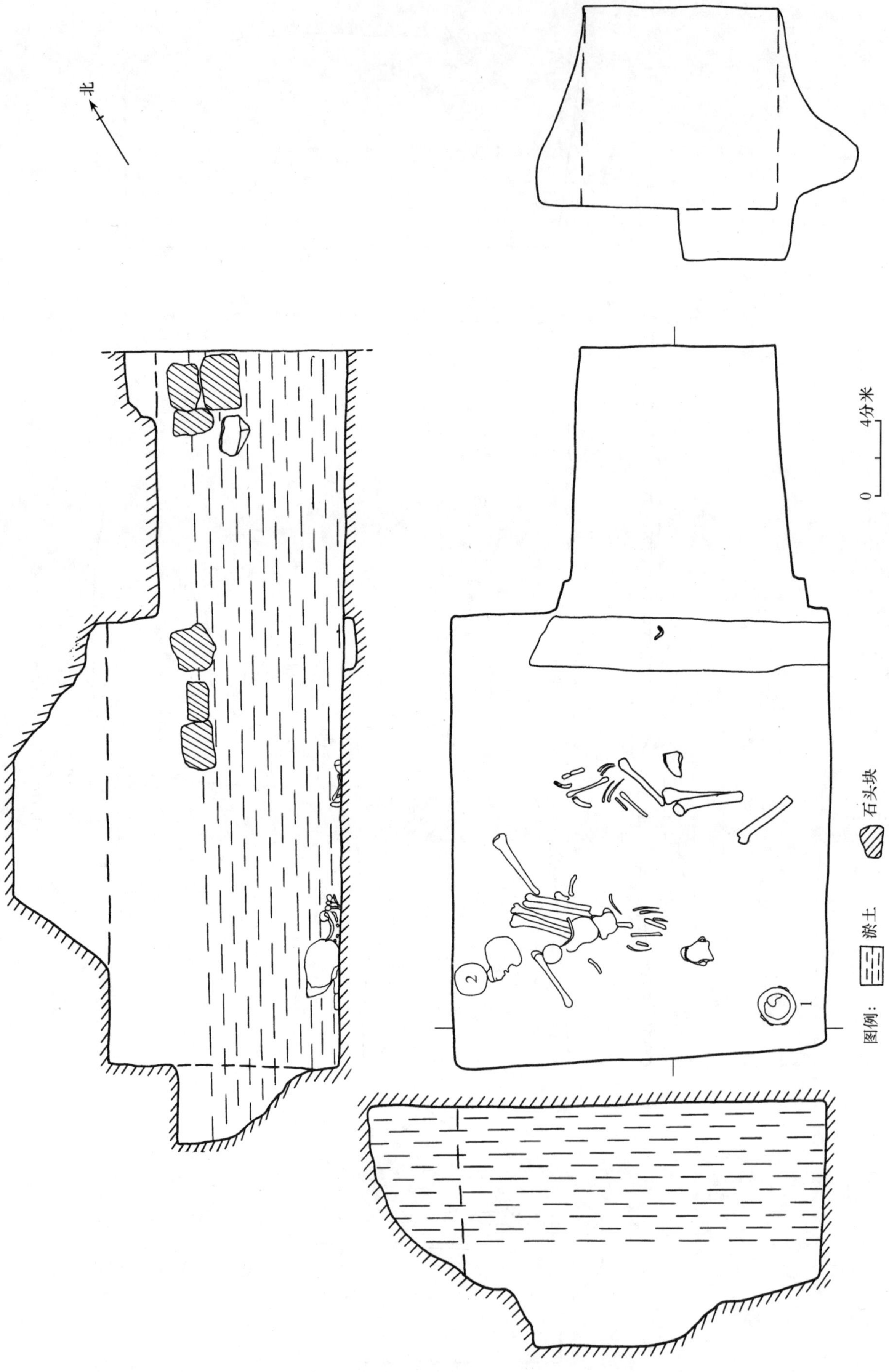

图五 YM4平、剖面图
1. 残铜釜 2. 青瓷碗

YM5　位于Ⅳ区T20内，被盗一空。坐南朝北，呈不规则刀形（图六）。墓口为半圆形，距地面250厘米，宽110、高120厘米。墓道位于墓室西侧，长方形墓道，进深130、宽102～110厘米。墓室为不规则长方形，进深270、宽210、高158厘米。墓室内壁面不规整，圆弧顶，地面较平。

蓄水池　位于Ⅱ区T13内，内部填土全部为现代遗物，平面呈刀形，底部有少量积水。据当地老百姓讲，此为蓄水池，因没有遗物发现，其时代不详。

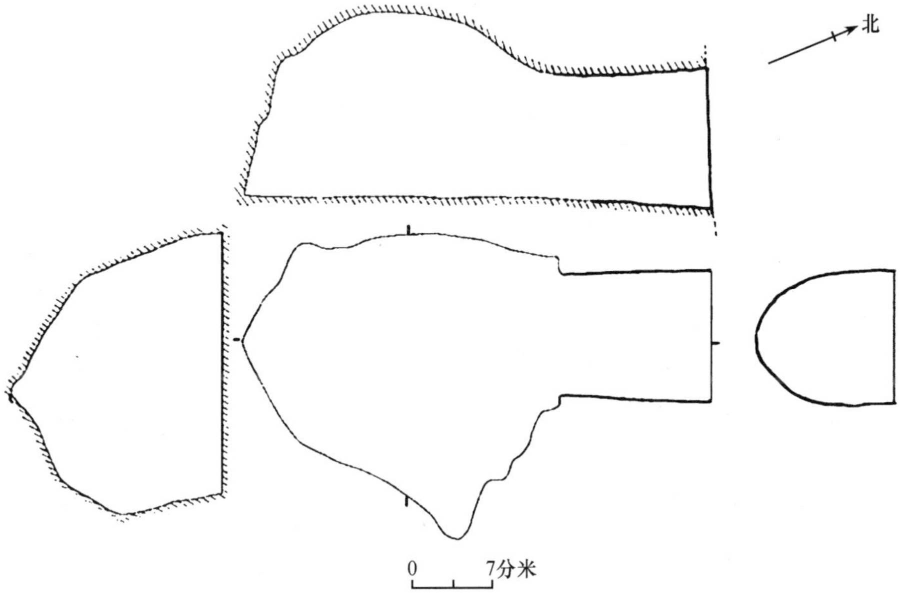

图六　YM5平、剖面图

二、遗　　物

本次发掘共发现各类遗物42件。其中瓷器占绝大多数，还有釉陶器、缸胎器、铜器、石器等。器形以碗为主，还有少量壶、盆、罐、坛形器、盏、釜等。依据出土质地，简述如下。

1. 青瓷器

28件。器形简单，有碗、壶、罐、灯盏等。器表施釉，部分器物釉不及底，多为灰白胎。

碗　23件。有大小之分，以小型碗为多。碗内底部均可见明显支钉痕，根据底部及腹部特征可分两种类型。

A型　22件。器形较小，个别器形较大。敞口，尖圆唇，鼓腹，壁薄厚不一，圆饼足。内外壁施釉。个别口部外有一周弦纹。如YM1：9（图七，1）、YM1：14（图七，2）、YM1：12（图七，3）、YM2：2（图七，4）、YM3：1（图七，5）。

B型　1件。YM1：28，细瓷。器壁较薄，尖唇外撇，腹壁微弧，深腹，高圈足。除圈足内底无釉外，其余部分施青色釉，釉色莹润，式样美观（图七，6）。

四系罐　1件。YM1：1，小口，鼓腹，小平底。桥形系，四系间有四组小乳钉，每组五

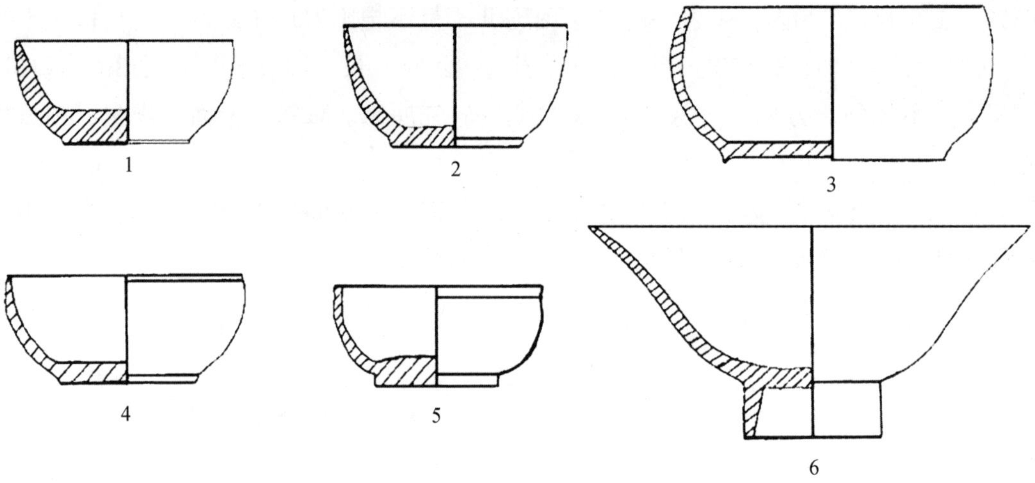

图七　青瓷碗

1～5. A型（YM1：9、YM1：14、YM1：12、YM2：2、YM3：1）　6. B型（YM1：28）

个，呈一条弧线分布。四系所在位置有一周阴弦纹，釉仅施于腹部以上，器内和器底未施釉。口径7.6、底径6.8、高7.6厘米（图八，1）。

盘口壶　1件。YM1：6，保存基本完整，口部略残。浅盘口，盘口外撇，细短颈，鼓腹，平底微内凹。腹上部饰四个对称的桥状横耳。下部未施釉，釉色呈斑纹状。口径10.8、盘口深1.2、腹径18.6、底径10.8、通高16.5厘米（图八，2）。

壶　1件。YM1：8，口部残缺，两个桥形耳间的流和把手残，应为鸡首壶。小口细颈，鼓腹，小平底。器身施青色釉，肩部有两道阴弦纹，在弦纹上有两个对称的桥形横耳。两耳之间，一面圆形断痕中空，与器内相通；一面圆柱形为实心，器底未施釉。残口径4.8、腹径18、通高16.8厘米（图八，3）。

盏　2件。YM1：25，保存较完整。圆唇，直立口，折腹，小平底。腹较深，内底有一小圆圈。除器外壁下半部分和足底外，其余部分施青色釉，釉的光泽已褪。口径8、底径4.1、高3.8厘米（图八，4）。

2. 石器

2件。一件为砺石，编号为YM1：3，长方体。细砂灰质岩。六面均经人为加工。长12.9、宽2.8～3厘米（图八，5）。另一件为残石器，编号为YM3：3，两端残缺。青绿色石灰岩。表面光滑，经人为加工。断面呈扁椭圆形。似石斧类工具。残长8.8、宽7.6、厚1.2～3.4厘米（图八，6）。

3. 铜器

仅发现铜釜和鎏金铜泡钉各1件。

铜釜　YM4：1，质地较差，锈蚀严重，底部残缺。直口，口下有二层台，筒形腹，圜底。口沿上有对称的两对立耳，耳上有圆孔，其中一侧耳上孔因磨损而穿透，所以在其下方

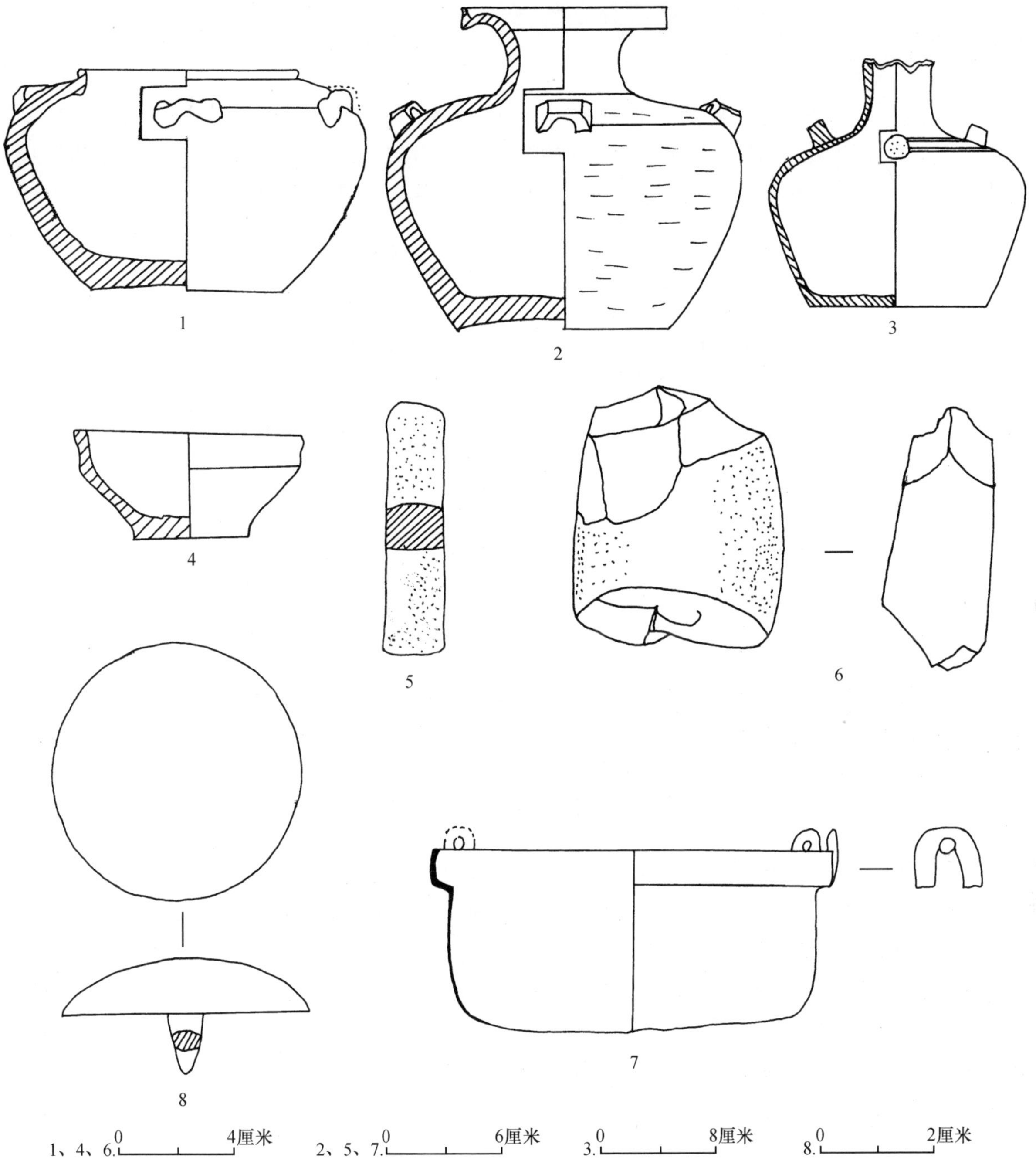

图八 出土器物

1. 青瓷四系罐（YM1：1） 2. 青瓷盘口壶（YM1：6） 3. 青瓷壶（YM1：8） 4. 青瓷盏（YM1：25）
5. 砺石（YM1：3） 6. 残石器（YM3：3） 7. 铜釜（YM4：1） 8. 鎏金铜泡钉（YM1：27）

又钻两孔以便系提梁。釜底烟熏痕迹明显，口沿外饰两道阴弦纹，其他部位素面无饰。口径21.4、腹径19.6、通高9.8厘米（图八，7）。

鎏金铜泡钉 YM1：27，保存完整。泡钉正面鎏金，金光依然清晰可见。泡壁较厚，背面凹陷，中有一钉。直径4.5厘米（图八，8）。

4. 五铢铜钱

3件。YM1～YM3各出土1件。保存状况较差，直径为2.1～2.3厘米。YM1：11和YM3：2（图九，1）两件铜钱相似，“五”字中间两笔弯曲。YM2：6（图九，2）“五”字中间两笔较直。

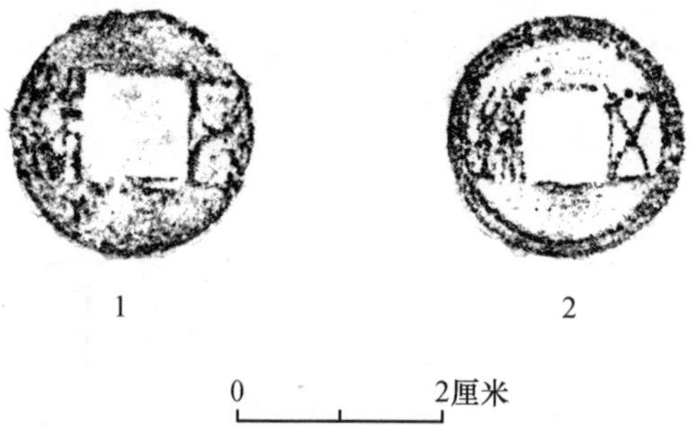

图九　五铢钱拓片
1. YM1：11　2. YM2：6

5. 缸胎器

7件。胎色均为紫红色，胎质细密坚致。釉陶器的胎质较缸胎器略差一些，胎色为砖红色。器物的内外壁大多为素面，个别釉陶盆内有花纹。这些器物均出于YM1的填土中，多为残片，应是将日常生活中的残器打碎后埋入。经修复的器物有罐1件、盆3件、四系壶1件、坛形器1件、灯盏1件。

罐　1件。YM1：20，质地坚硬，介于陶瓷之间。喇叭形高领，口内敛，鼓腹，领下有一道阴弦纹，肩部两道阴弦纹。口径23、腹径23.2、高16.8厘米（图一〇，1）。

盆　3件，其中2件为釉陶。YM1：4，敞口平唇，小平底。器内施双重釉，底层釉为酱色，上层为乳白色，不甚均匀。器外壁酱色底釉施于上半部分，口沿下1～3厘米处施乳白色釉，器外壁下半部分及底部未施釉。口径28、底径11.2、高10厘米（图一〇，2）。YM1：29，器形较大。紫红色缸胎，器内施青色釉。弧形口沿，壁较直，平底。内壁均匀分布三组浅黄色缠绕花纹，飘逸流畅。盆底也有一组花纹，因残缺不甚清楚。盆底周围有支钉痕。口径41、底径21.5、高10.5厘米（图一〇，3）。

四系壶　1件。YM1：30，腹部以下残缺。紫红色缸胎，腹中部以上施黄绿釉。小口，平沿圆唇，细颈。颈与肩部有四个对称的立耳，颈中部有一道阴弦纹。口径10.2、腹径23.8、高24.8厘米（图一〇，5）。

坛形器　1件。YM1：31，仅存口部和肩部，器形大而别致。圆唇敞口，高领鼓腹，底不清楚。口部外周有宽带，下有一周三角形装束带。腹上有5个立耳（其中2个残缺），腹中部以上施深绿色釉，现大多釉已脱落。口径28.8、残高47.4厘米（图一〇，4）。

灯盏　1件。不做介绍。

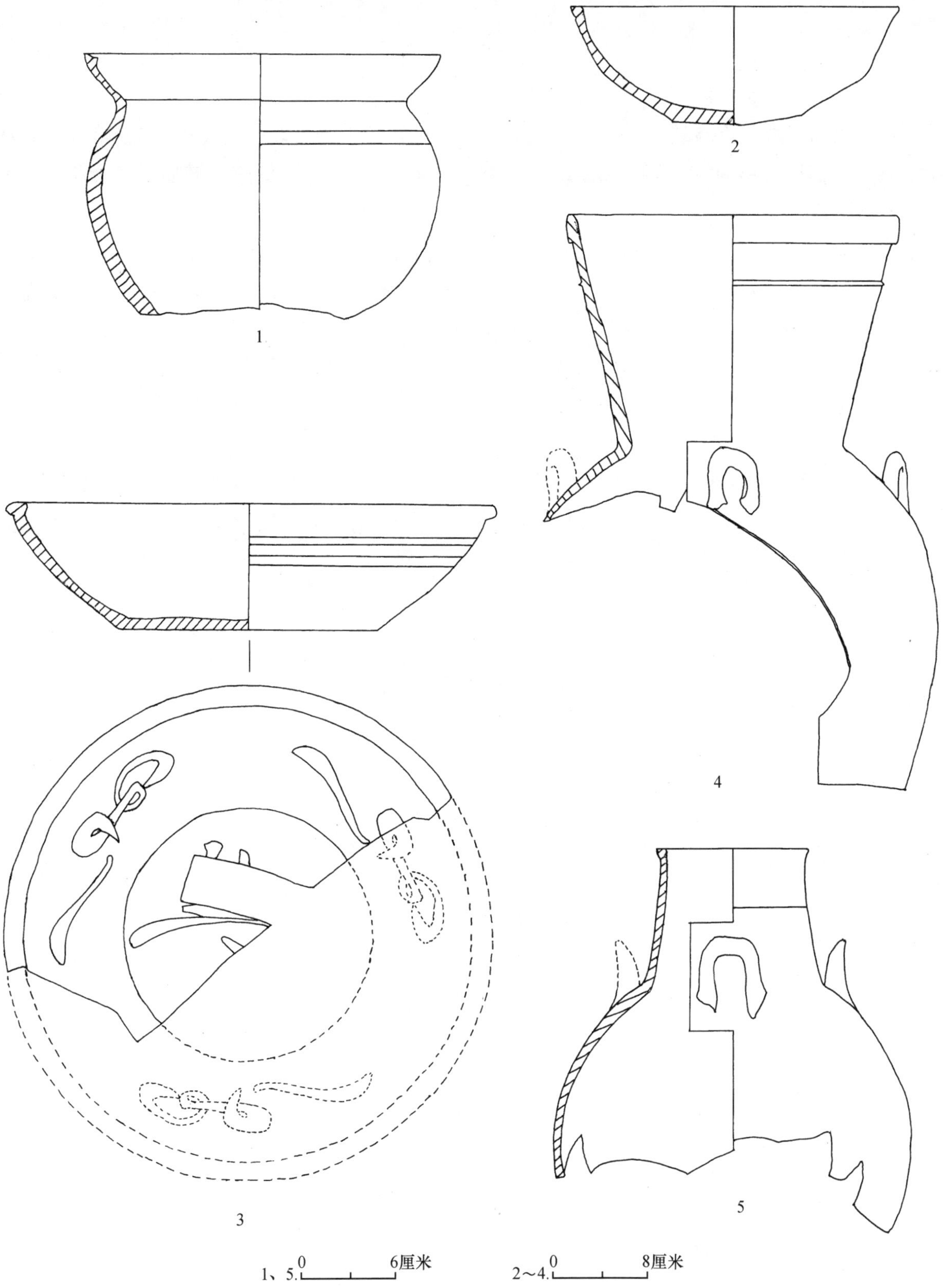

图一〇　缸胎器

1. 罐（YM1：20）　2、3. 盆（YM1：4、YM1：29）　4. 坛形器（YM1：31）　5. 四系壶（YM1：30）

三、结　语

新河村崖墓群基本与现代村落处于同一高度，破坏较为严重。这次发现的5座崖墓，均属小型墓，形制以刀形为主。除一座崖墓（YM5）被盗一空外，其余4座崖墓都有遗物发现。根据共有的瓷碗特征分析，器形变化不大，A型瓷碗各墓都有出土，说明这几座崖墓属同一时代。结合其他出土器物，如青瓷盘口壶、鸡首壶、五铢钱等特征分析，与丰都汇南墓群第三期①，忠县涂井蜀汉崖墓M10、M15②出土的同类器物极为相似，其时代应为六朝时的两晋前后。至于YM1填土中所出的缸胎类器物，其时代明显要晚，应是后期对该墓的二次利用，时代大约在宋元之际。

附记：西安半坡博物馆考古队队长王志俊、副队长何周德、郝利民，队员高耀成、李全英、李润全、张志敏7同志参加了新河村崖墓群的田野考古工作和各种资料的室内整理工作。技工李新民、安燕蒙、胡会军、何代林参加了该墓群的田野工作。摄影由李润全负责，修复工作由郝利民负责，绘图由李新民、安燕蒙、胡会军完成。工作期间得到了云阳县文管所、新津乡党委、政府领导和有关同志的热情配合及支持，特表示诚挚的谢意。

执笔：何周德

① 四川省文物考古研究所等：《丰都汇南墓群发掘简报》，《重庆库区考古报告集·1997卷》，科学出版社，2001年。

② 四川省文物管理委员会：《四川忠县涂井蜀汉崖墓》，《三峡考古之发现》，湖北科学技术出版社，1998年。

忠县临江墓地2003年度发掘简报

岳阳市文物考古研究所
忠 县 文 物 管 理 所

为配合三峡水利工程建设，受重庆市文化局三峡办委托，岳阳市文物考古研究所承担的2003年度三峡库区重庆市忠县临江墓地发掘工作已经结束，现将发掘情况及主要收获报告如下。

一、墓地及工作概况

临江墓地位于重庆市忠县洋渡镇渔洞村（原名临江村），南距洋渡镇约2千米，东北距忠县县城约18千米。为长江东岸（长江在临江一带是自南而北流过）一斜坡地带，西与兴盛镇塘嘴隔江相望，南为水扬溪。地理坐标为东经107°56′49″，北纬30°08′31″，海拔150～180米（图一）。墓葬主要分布在自水扬溪至对窝长约2000米的长条形坡地。除朝门口垸子为移民搬迁留下的废墟外，余皆为农田或菜地。

由于过去大规模的农田改造、修筑道路、村民建房和长期以来的水土流失，已使这一带的原始地貌发生了很大变化，同时也使这里的古墓葬遭到了较为严重的破坏。在田间地头、废墟的断垣残壁和一些护坡上，到处都能见到各种几何纹或铭文墓砖和其他遗物。但是，由于地处偏僻，临江一带未发现盗墓现象。

随着三峡水利工程建设的立项和开工，为保护和抢救库区珍贵的地下文物，从20世纪80年代开始，四川省文物考古研究所、北京大学考古系等单位对临江墓地进行了多次调查和勘探，并制定了发掘保护规划。受重庆市文化局三峡办委托，岳阳市文物考古研究所承担了临江墓地勘探和发掘任务。通过近10天的调查和10 000多平方米的勘探工作，我们在水扬溪溪口、坪上、窑子坪、石庙和对窝5个点共开探方11个，实际发掘面积1020平方米，发掘清理墓葬9座（图二）。

这些墓葬中，除南朝和宋时期的墓葬各1座外，其余7座均为东汉时期的墓葬。但宋墓和7座东汉墓中的3座已遭到严重破坏，仅残存部分墓砖，没有发现随葬器物。其余5座东汉墓葬和南朝墓共清理各类器物88件。

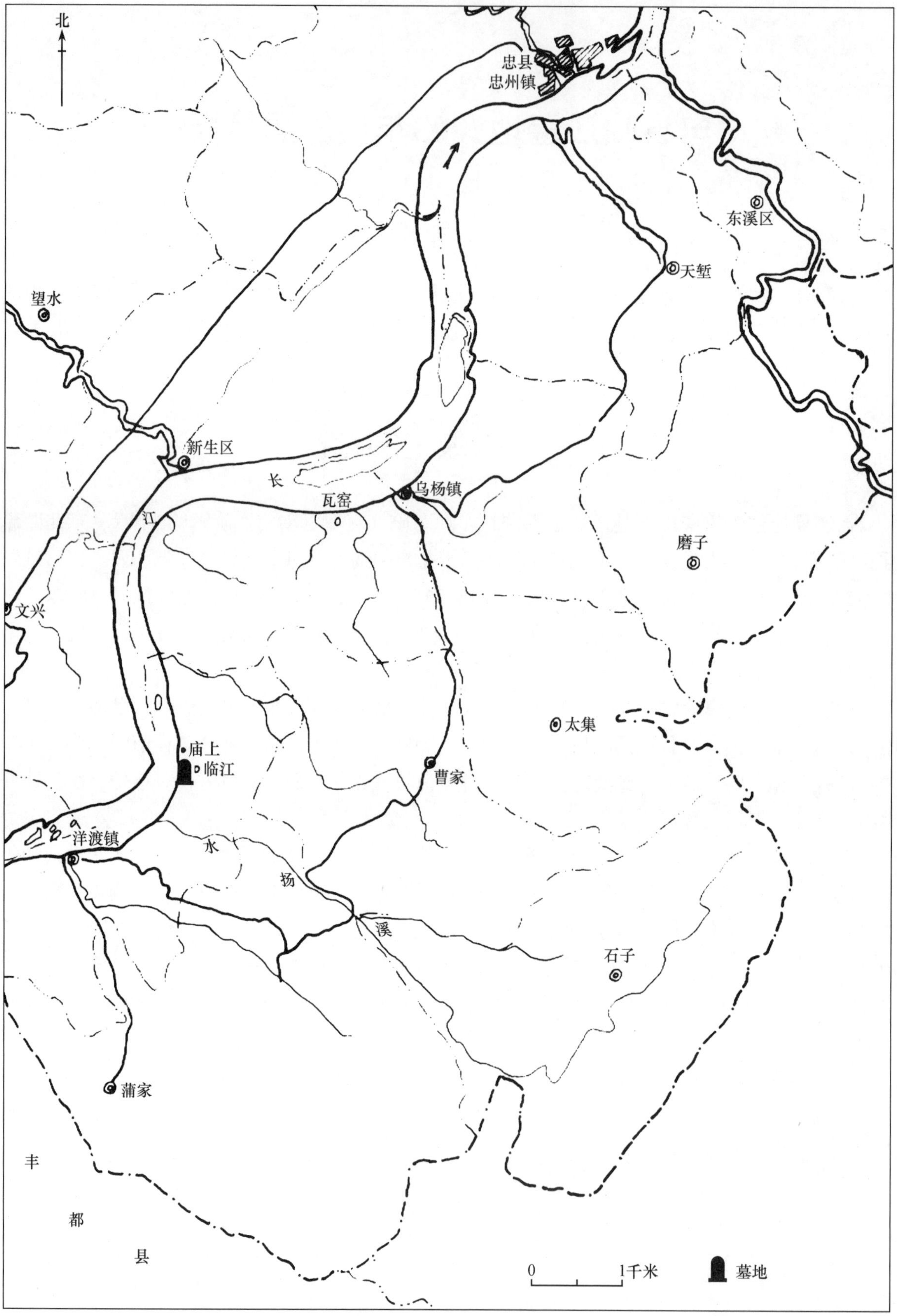

图一　临江墓地位置示意图

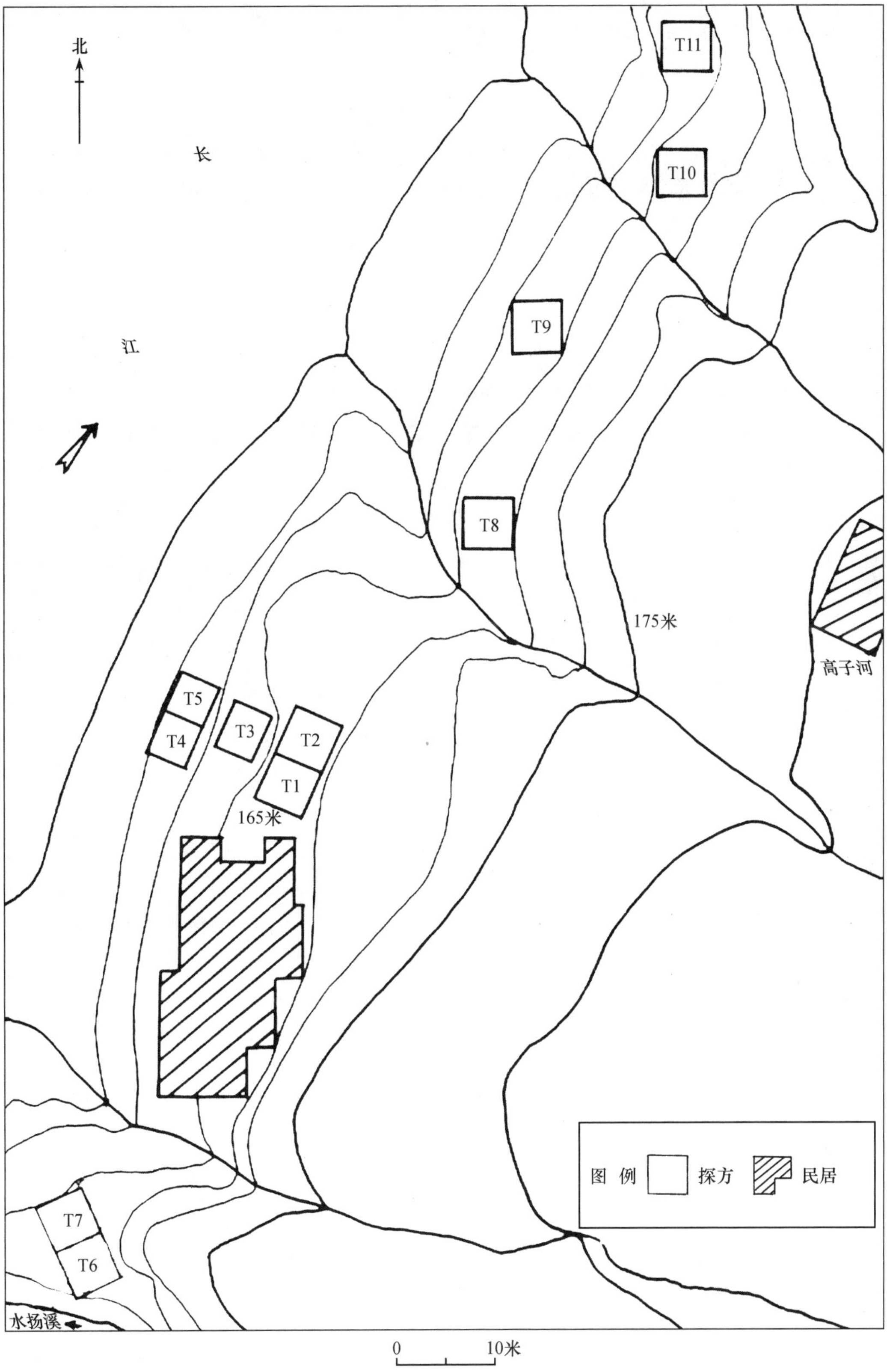

图二　临江墓地发掘探方分布图

二、墓葬形制

5座墓葬均为砖室券拱墓，编号分别为M1、M6～M9，除M1和M9保存较为完整，为刀把形墓葬外，其他墓葬均遭不同程度破坏，不能辨明其完整形状。从发掘清理的情况来看，5座墓葬均开口在表土层（含耕土层和扰乱层）下，直接建在生土层上。

M1　刀把形砖室墓。方向314°，位于T8中部偏南，开口层距地表深约60厘米。墓顶券拱已坍塌，拱砖散落在墓室填土中。墓室全长500、宽305、甬道长230、宽170、残高40～140厘米。墓墙采用长方形模印菱形花纹砖横平错缝砌筑，甬道封门采用两块长方形青石板封砌，甬道及墓室前部无铺地砖，棺床及墓室东部对缝平铺长方形墓砖。随葬品共9件，多放置在墓室和甬道交接处，计有瓷钵、陶钵、釉陶灯、釉陶罐、青铜弩机鋬刀和铁削各1件，另有灰陶罐2件和若干枚五铢铜钱（图三）。

M6　位于T9东部。方向35°。具体形制不明，除墓室南墙较为完整外，东、西墓墙均遭破坏，仅有部分保存，而北墙则全被毁坏。从残存的墓室来看，墓室残长为120（东）～220（西）、宽为365、高约60厘米。无铺地砖，仅留六层墙砖。墓墙采用长方形模印菱形砖砌

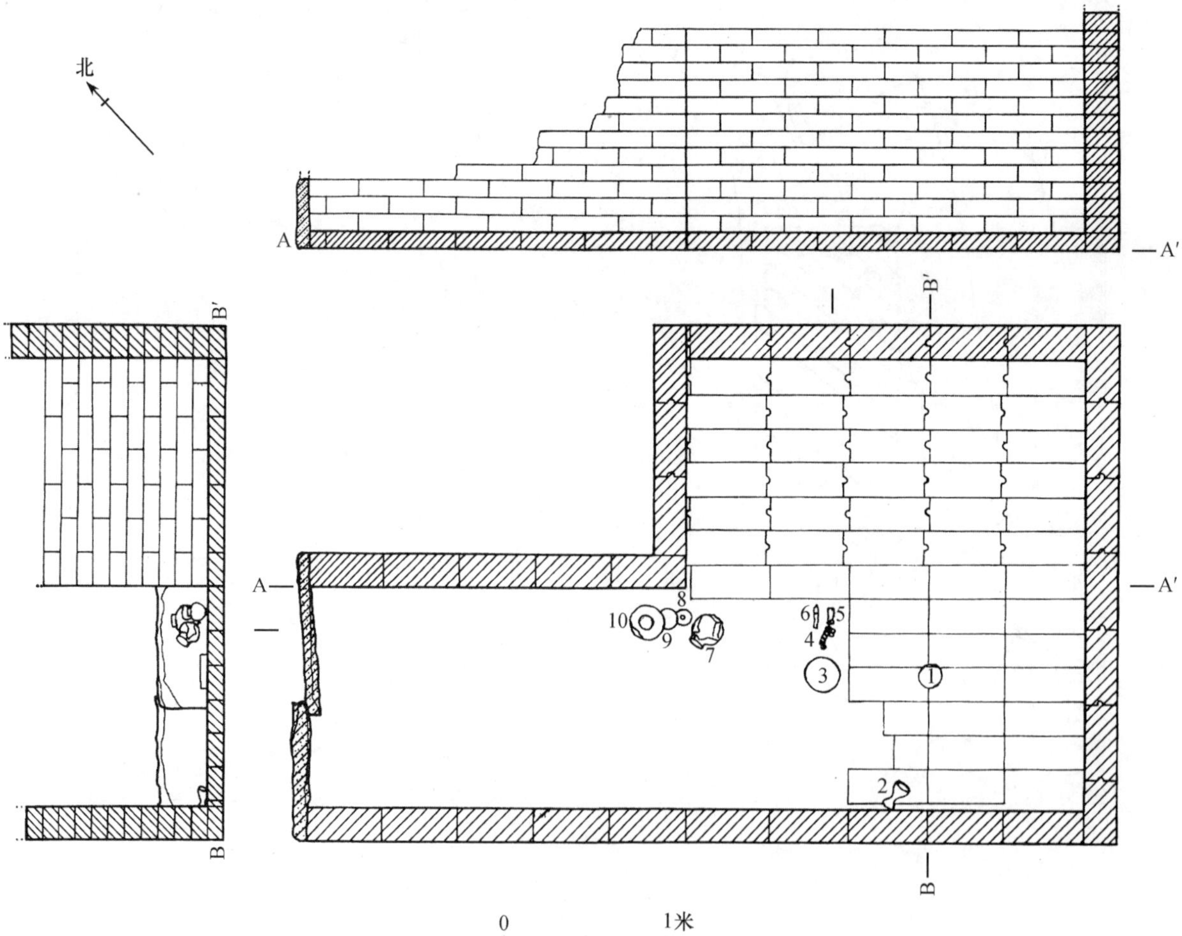

图三　M1平、剖面图

1. 瓷钵　2. 釉陶灯　3. 陶钵　4. 鋬刀　5. 五铢钱　6. 铁削　7、8. 釉陶罐　9、10. 灰陶罐

筑。虽然此墓因水土流失和农田改造破坏较为严重，但从幸存的随葬品来看仍较具特色。从其分布和功能观察，这批随葬品应是一处规模较大的地主庄园模型，是墓主人生前生活的缩影和真实写照。只是由于陶器质地较差，虽然形状可辨，但一触即碎，无法将其完整取出，只能依清理情况做一些简单介绍。从北往南或从下往上看，首先映入眼帘的是站立两侧的人物俑（其中有连体人物俑）。俑中间地板上倒扣两个圆钟，其后是一博具棋盘置于人物立俑中间，博具盘上倒卧一猴俑；往后则是一只庞大的龟趺俑，龟趺上驮着一只造型极度夸张的蛙俑，蛙俑四腿奇长，足高20厘米，前面两腿各有一蜥蜴或蛇类动物缠绕，可惜头部已被毁，但两侧垂耳甚长。龟周围置有数个灯盘和耳杯，在龟趺的东部和南部，则分别是漆案和虎俑，虎俑头部断裂掉落在身侧；再往上，则是规模较大的楼阁和殿宇；紧靠虎俑的是楼阁，与楼阁平行的则是大厅式楼台，墓室西南角则为一独立殿宇式红顶屋，屋顶可明显看出分为五脊，筒瓦清晰可辨，中脊正中有一鸱鸟。其门窗护栏、飞檐斗角别具匠心，甚是壮观；红屋东面则是一四合院式庭院，上下三层，特别是中间第二层，并排有五连间房屋，房与房之间有半圆形拱门相通。在清理完平顶的大厅式楼台后，其底层大厅内发现有人物立俑16尊，这些人物俑大多站立在楼阁和红屋之间的转角部位，面多朝北或西北，应是庄园主人正在举行某项重大活动时的场景。M6的随葬品除上述模型器和耳杯、灯盘等外，同时还发现多枚锈蚀严重的“五铢”铜钱（图四）。

M7　位于T10中部稍偏东，开口层距地表50厘米，方向180°，因水土流失和农田改造，墓葬原有形制已不清楚，墓室前端已遭破坏，仅存后半部分。从残存部分来看，M7东壁残长360、西壁残长260、墓室宽310、残高130厘米。因墓室顶部长期被路人踏压及上部山体挤压，

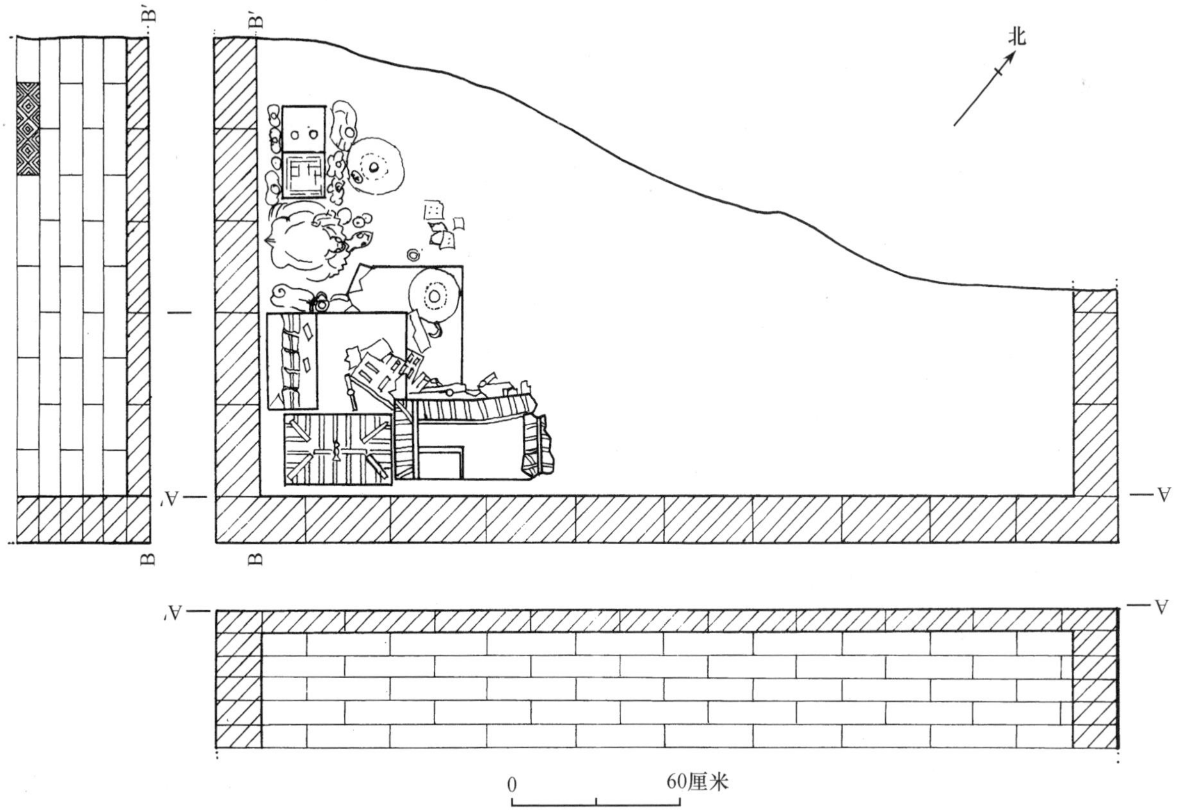

图四　M6平、剖面图

大部分已经坍塌，西壁则沿陡坡向外倾斜，而东南部因地势稍高覆土较厚，券拱尚有部分保存，但连同南部端墙在内，均已严重变形。该墓墓墙大多采用菱形组合花纹砖，墓底则平铺绳纹砖，方向与两侧墙砖平行。经仔细观察，M7的铺地砖多利用破损的残砖铺砌而成，无规律可循。另外，因M7北端已被毁，且早年就已被盗，墓内填土已被全部扰乱，致使顶部垮塌的拱砖、两侧的墙砖已布满墓内填土的各个层位，这既增加了发掘工作的难度，也使墓内随葬品少而零乱。通过拼对整理，从M7填土中清理出土的随葬器物较完整的仅有硬陶器盖1件、瓷盏2件、碗1件，另有四系瓷罐等残器（图五）。

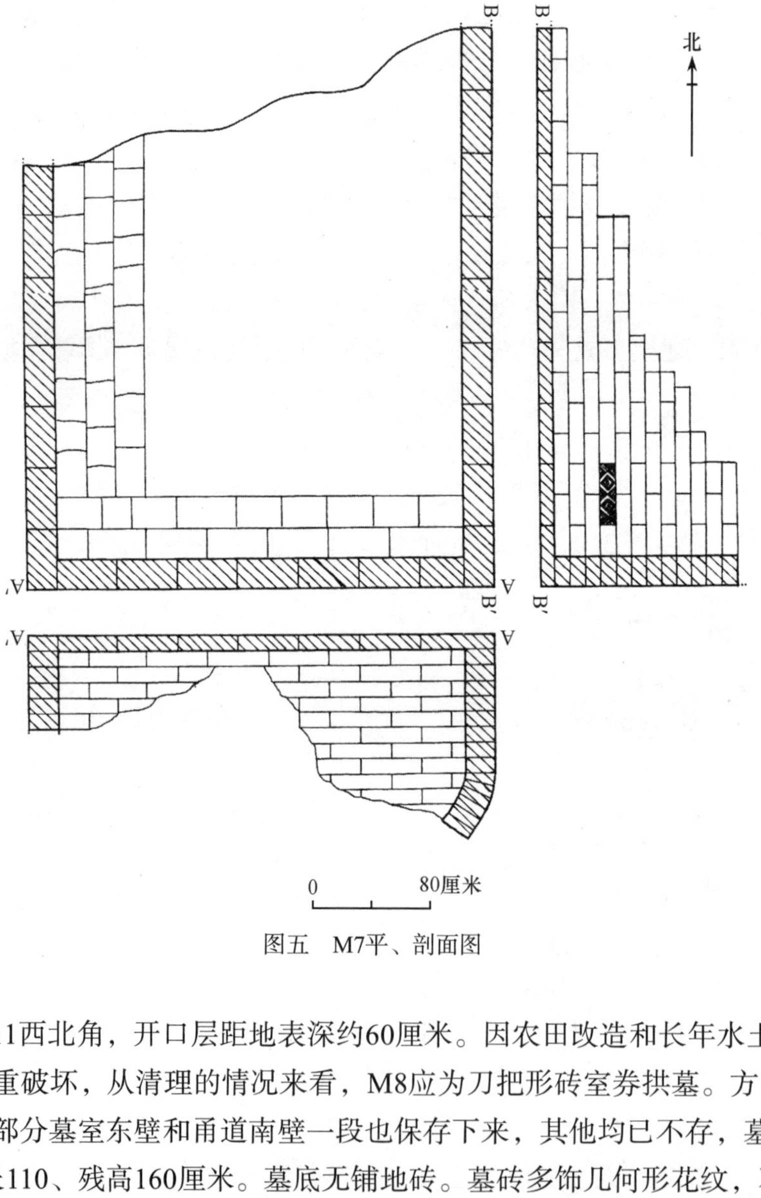

图五　M7平、剖面图

M8　位于T11西北角，开口层距地表深约60厘米。因农田改造和长年水土流失，M8的西部和北部已遭严重破坏，从清理的情况来看，M8应为刀把形砖室券拱墓。方向270°。墓室南端保存较好，大部分墓室东壁和甬道南壁一段也保存下来，其他均已不存，墓室残长340、残宽310、甬道残长110、残高160厘米。墓底无铺地砖。墓砖多饰几何形花纹，不见铭文砖，花纹以太阳纹和菱形组合纹饰为主。该墓因破坏较严重，部分随葬品已扰乱或残损，但仍出土不少釉陶器和陶器，还出土有青铜器和五铢钱等。经修复整理，较完整的计有铜盆，釉陶魁、盘以及猪、鸡等陶俑和少量五铢钱（图六）。

M9　位于T9西部中段，东距M6不足3米，有部分延至探方西隔梁中。开口层距地表110厘米。M9为刀把形砖室券拱墓，方向24°。除甬道前端因农田改造而遭部分破坏外，其他均保

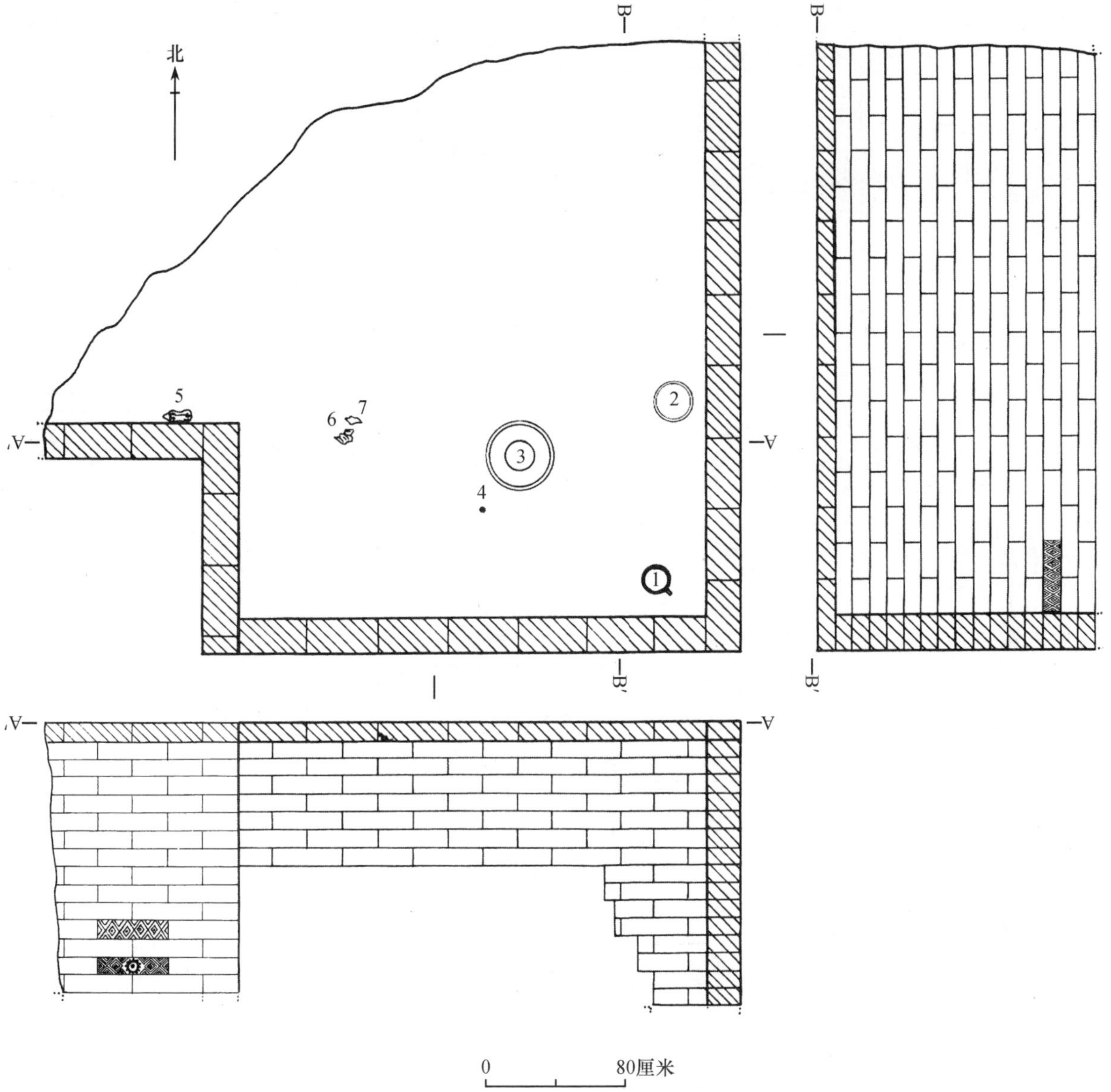

图六　M8平、剖面图

1. 釉陶魁　2. 釉陶盘　3. 铜盆　4. 五铢钱　5. 陶猪俑　6、7. 陶鸡俑

存较为完好，并且墓室券拱大部分保存下来，只有西北一隅近甬道处稍有垮塌。M9甬道残长140、宽150、残高50厘米；墓室长330、宽280、墓底至券顶高220厘米。墓底无铺地砖。墓砖多饰菱形组合花纹，菱形花纹多为四组，个别也有三组的。M9填土多为黄色细砂土，因保存较完好，故随葬器物也较丰富，且多完整器。随葬器物的摆放多集中在甬道和墓室南部一线。除五铢铜钱外，随葬品数量超过50件，以陶器和釉陶器为主。器类有罐、钵、盘、甑、盆、熏炉盖和灯、仓、井等模型明器以及各种陶俑，另外还有完整的青铜双立耳釜和严重锈蚀的铁削各1件（图七）。

墓室均采用灰色模印几何纹砖砌筑，根据墓砖花纹和形制的不同可以分成以下六型。

A型　三角形几何纹“五铢”铭文砖。平面呈梯形，一端有榫眼，一侧有模印花纹，中间为“五铢”铭文，且“铢”字缺“金”旁，两侧各有一组对称的三角形几何纹饰。砖长29～

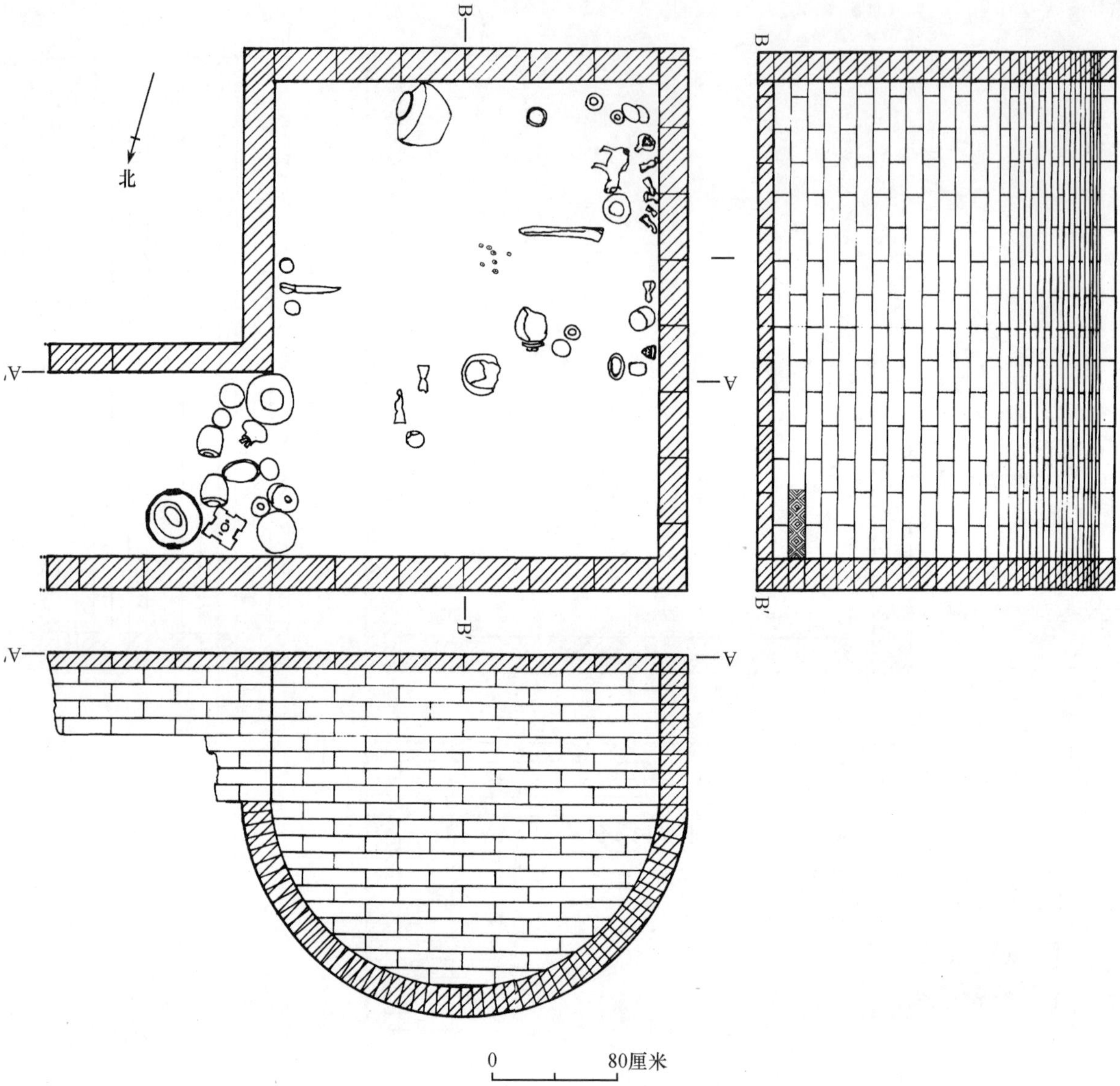

图七　M9平、剖面图

34.5、宽14.5、厚7.5厘米（图八，1）。

B型　“富贵”铭文砖。平面呈梯形，两头分别有榫卯，砖平面中部高低相错约有1厘米，以便券顶时相互咬合。花纹中间为模印篆书“富贵”二字，两侧各有一组两两相对的三角形纹。砖长39～44、宽16、厚10厘米（图八，2）。

C型　车轮三角纹砖。长方形，两端分别有榫卯，砖平面中部高低相错约有1厘米，以便互相咬合。花纹中间为一车轮，两侧各有一组对角的三角形纹。长39、宽19、厚10.5厘米（图八，3）。

D型　菱形“十”字纹砖。长方形，两端分别有榫卯，花纹中间为一圆圈内加“十”字纹，两侧各有一组半大小相套的菱形纹和三角形几何纹组合纹饰。长38、宽17、厚7.5厘米（图八，4）。

E型　菱形几何纹砖。共有两种，一种为一侧模印三组大小相套的菱形花纹与三角形组合

图八　墓砖型式及纹样

1. A型　2. B型　3. C型　4. D型　5、6. E型　7、8. F型

纹饰，长46.5、宽19、厚8.5厘米（图八，5）；另一种为四组大小相套的菱形花纹与三角形组合纹饰，长45、宽19.5、厚8.5厘米（图八，6）。

F型　网纹规矩纹砖。共2件，一件是模印的花纹中间为“十”字纹，四角分别有一“L”纹，其两侧分别为菱形网纹，长43、宽21、厚8.2厘米（图八，7）；另一件的花纹组合和厚度大约为前面一件的一半，长42、宽21.5、厚6厘米（图八，8）。

三、随葬器物

此次发掘，在5座有随葬品的墓葬中，清理出土各类较完整的器物共88件。按质地可分为陶、釉陶、瓷、铜、铁等类，以陶器居多，金属器尤其是铁器锈蚀严重，很难辨明器形。

1. 陶器

62件。以细泥砂灰陶为多，其次是夹砂灰陶和泥质红陶。除少数模型器外，火候均较高，故保存状况较好。完整器及可修复的器物在随葬品中所占的比例较高。在这些随葬器物中，按其功用又可分为生活用具、模型明器和各种类别的陶俑。生活用具以罐、钵、盘为主，另有盆、甑、耳杯等，均轮制。模型明器多为手制，有井、博具、仓、碓臼、房屋等，其中陶房虽造型独特，富丽堂皇，但因火候较低，无一能修复。陶俑又可分为人物俑和动物俑两大类，其工艺均为合范制作。陶器多素面，纹饰主要有弦纹、绳纹、戳印纹、网络纹等，其中以弦纹为多。

罐　11件。依口沿的不同分为二型。

A型　5件。弇口，矮领。依肩和器底变化分三式。

Ⅰ式：3件。扁圆腹，底径大于口径。M1：10，泥质灰陶。卷沿，圆唇，大平底。器内制作痕迹明显，器腹部隐约可见抹去的绳纹。口径14、底径15.2、高15.6厘米（图九，1）。M9：14，泥质灰陶。圆唇，大平底上凹。器内有明显的制作痕迹。口径14、底径15.6、高16.6厘米（图九，2）。M9：12，泥质灰陶。卷沿，圆唇外翻，大平底。口径与底径均为14.4、高15.2厘米（图九，5）。

Ⅱ式：1件。M9：1，泥质灰陶。弇口微侈，卷沿外翻，圆唇，斜折肩微外鼓，鼓腹，下腹近底处曲收，小平底，口径大于底径。腹部拍印有由网络纹组成的三圈菱形纹。口径24、底径16.8、高25.8厘米（图九，4）。

Ⅲ式：1件。M9：52，口部稍残，弇口近直，口径大于底径，下腹斜收，近底处内曲，小平底略上凹。口径11.6、底径8、高11.4厘米（图九，3）。

B型　6件。侈口，鼓腹，平底。依领部的变化分为三式。

Ⅰ式：3件。高束领。M9：6，泥质灰陶。圆唇，溜肩，肩部有两圈凹弦纹，下腹斜收，近底处向内微曲。口径10.4、最大腹径16、底径7.2、高11.6厘米（图九，8）。M9：17，泥质灰陶。圆肩。口径10、底径7.6、高11.6厘米（图九，13）。

Ⅱ式：2件。矮束领。M1：9，泥质灰陶。圆唇，圆肩，腹斜收。肩、腹部共饰三道凹弦纹，器内壁有明显制作痕迹。口径10.4、底径8、高12.6厘米（图九，16）。M9：16，泥质灰陶。圆唇，领微束，溜肩，下腹斜内收，形成曲腹。口径9.2、底径6.8、高11.6厘米（图九，9）。

Ⅲ式：1件。M9：15，泥质灰陶。尖圆唇，矮直领，斜折肩。肩部有一道凹弦纹。口径10.4、通高11.7厘米（图九，14）。

钵　9件。依口沿的不同分为二型。

A型　8件。敞口，平底。又依腹部的变化和纹饰的不同分二式。

Ⅰ式：4件。贴附唇，双折腹，底部向内曲收。M6：50，泥质灰陶。浅腹。口径13.2、高4.4厘米（图九，15）。M9：4，泥质灰陶。唇面有弦纹一周。口径16.2、高6.1厘米（图九，6）。

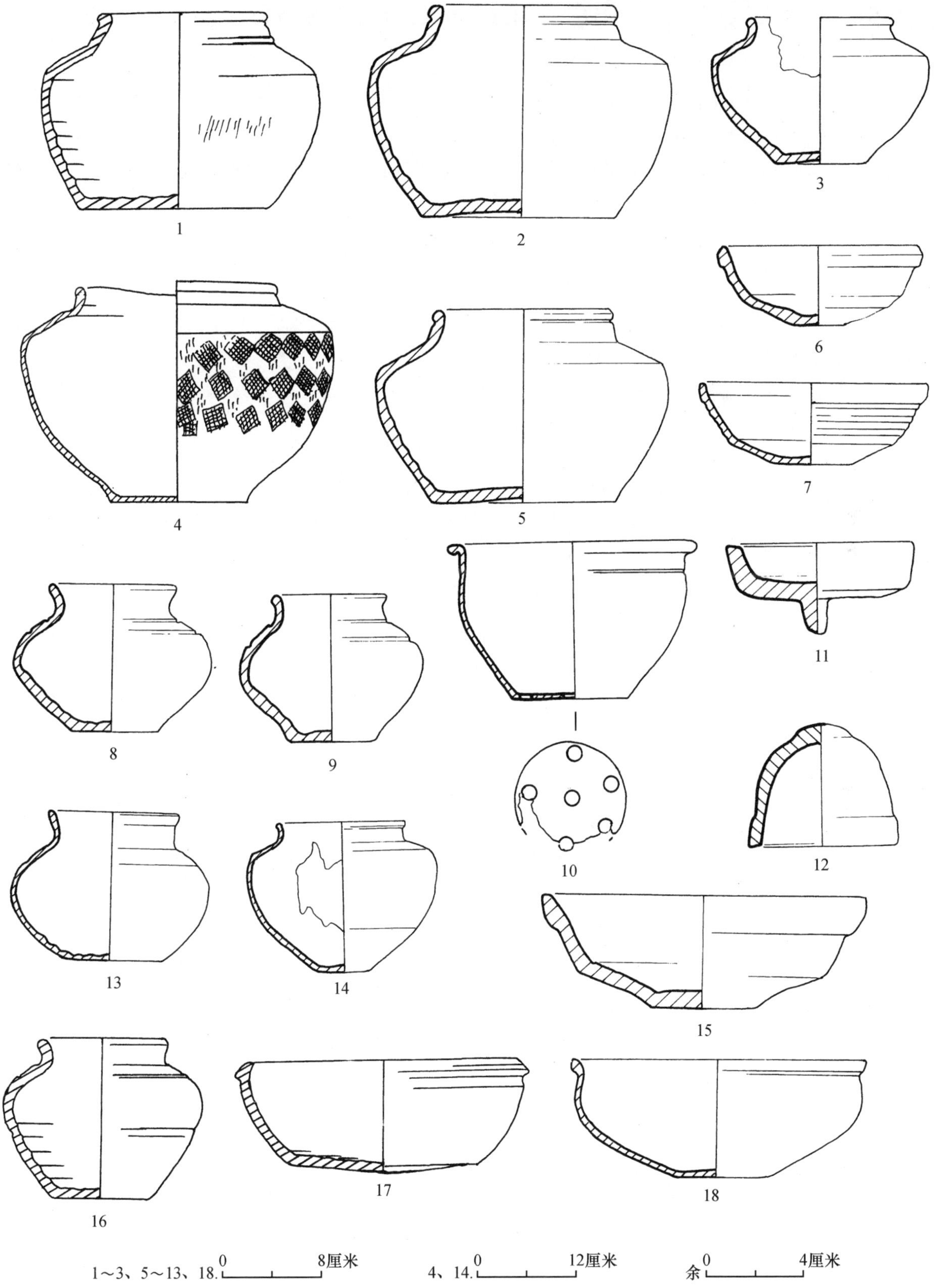

图九 陶器

1、2、5. A型Ⅰ式罐（M1：10、M9：14、M9：12） 3. A型Ⅲ式罐（M9：52） 4. A型Ⅱ式罐（M9：1） 6、15. A型Ⅰ式钵（M9：4、M6：50） 7. A型Ⅱ式钵（M9：36） 8、13. B型Ⅰ式罐（M9：6、M9：17） 9、16. B型Ⅱ式罐（M9：16、M1：9） 10. 甑（M9：3） 11. 灯盘（M6：15） 12. 钟（M6：12） 14. B型Ⅲ式罐（M9：15） 17. B型钵（M1：3） 18. 盆（M9：9）

Ⅱ式：4件。形制大小完全一致。贴附唇，折腹，上腹堆满瓦棱纹。M9∶36，泥质灰陶。口径18.3、高6.5厘米（图九，7）。

B型 1件。M1∶3，泥质灰陶。尖唇，敛口，三角缘，腹外弧，圜底近平。素面。口径21.6、高8.8厘米（图九，17）。

甑 1件。M9∶3，泥质灰陶。直口，外翻沿圆唇，深直腹，下腹斜收，平底，底部稍残，有6个圆形小箅孔。口径30.6、底径16.8、高18.3厘米（图九，10）。

耳杯 2件。形制规格完全一致。M6∶27，泥质红陶。椭圆形，敞口，两侧为月牙形，耳部微上翘，平底。口径7.4～11、通高3.2厘米（图一〇，1）。

盆 1件。M9∶9，泥质灰陶。侈口，卷沿，尖唇，上腹微鼓，下腹斜收，小平底。口径23.5、底径7.2、高9厘米（图九，18）。

仓 2件。泥质灰陶。分二式。

Ⅰ式：1件。M9∶5，侈口，卷沿，圆唇，斜折肩，筒形腹，平底。肩下及腹部分别有一圈戳印纹，腹部有一斜带状穿孔。口径10.6、高16.4厘米（图一〇，6）。

Ⅱ式：1件。M9∶10，弇口，短直领，方唇，平折肩，鼓腹，平底略上凹。口径14、高18.4（图一〇，5）。

灯盘 4件。泥质红陶，器表所涂乳白色颜料多已脱落。其形制规格一致，但器下部榫尖多残损。M6∶15，直口，方唇，折壁，浅盘。口径7.6、残高3.6厘米（图九，11）。根据其形态和功用分析，与其配套使用还应有托盘或器座等。

钟 2件。泥质红陶。形制规格完全一样。整体器形有如一倒扣的尖圜底杯。M6∶12，敞口，贴附唇，斜壁，锅状底带蒂。口径6、通高4.8厘米（图九，12）。

吊桶（又称小盂） 1件。M9∶50，泥质灰陶，器体较小。侈口，圆唇，微束颈，折壁，平底。口径4、高2.9厘米（图一〇，9）。

井 1件。M9∶13，泥质灰陶。平面呈“井”字形。井台有刻划的网格纹、米字纹、曲折纹、弧线纹，另有鱼纹、戳印纹等。井台下有圆形井筒，井口立有两根井架，但井架上横梁已失。井台长20.8、宽19.2、通高12厘米（图一〇，2）。

博具 1件。M6∶10，泥质红陶。方形平盘，盘下四角斜装四个“T”字形矮足。盘面阴刻线条，应为棋盘格。边长14、厚0.8、高2.8厘米（图一〇，7）。

碓臼 1件。M6∶52，泥质红陶。托板平面呈“凸”字形，置两套碓臼。前端设两个圆形碓窝，后部设两个碓箱，并向后面敞开。中间有隔板，以便踏板时作扶手支撑，两边挡板设有长方形窗口。两根碓杆置于碓箱前面挡板上，碓杆和碓头相连呈“十”字形。通长17.4、前后宽分别为9.5和7.2、高7厘米（图一〇，8）。

陶俑 26件。为合范模制而成，以泥质红陶为主，另有少量灰陶，可分为人物俑、动物俑两类。

人物俑 17件。器表多涂有乳白色颜料，但多已脱落，虽完整俑较多，但因陶质疏松，多数俑头面目不清，这给人物俑的分类带来一定困难。经仔细观察和辨别，有舞俑、喂鸟俑、提袋持物俑、持剑俑、跪坐俑及侍俑等。

舞俑 1件。M6∶49，泥质红陶。梳高双髻，面目清秀，左手侧屈伸，右手屈放于身后，

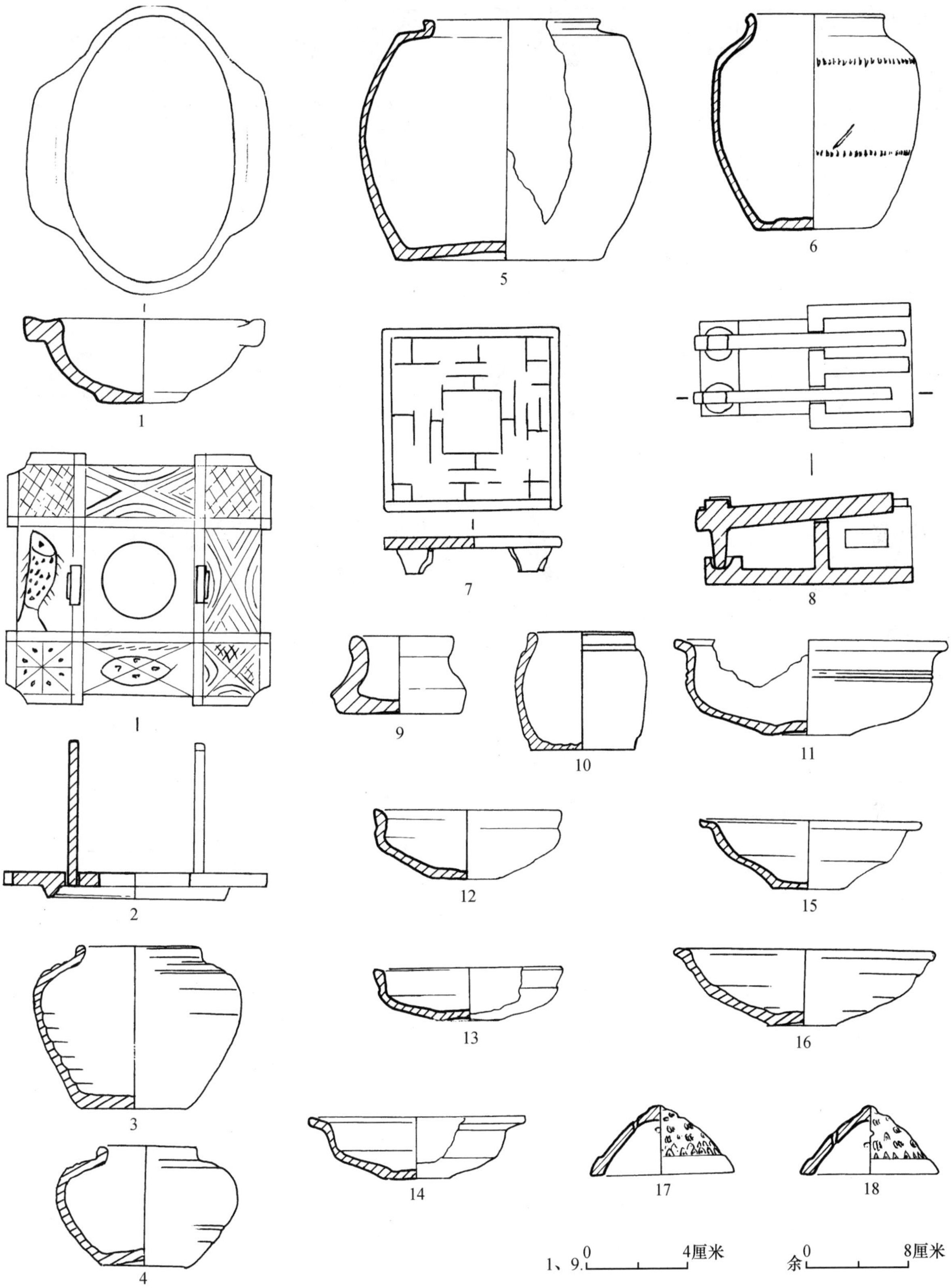

图一〇 陶器、釉陶器

1. 陶耳杯（M6：27） 2. 陶井（M9：13） 3、4. A型釉陶罐（M1：7、M1：8） 5. Ⅱ式陶仓（M9：10）
6. Ⅰ式陶仓（M9：5） 7. 陶博具（M6：10） 8. 陶碓臼（M6：52） 9. 陶吊桶（M9：50） 10. B型釉陶罐（M9：19）
11. 釉陶盆（M9：24） 12、13. 釉陶钵（M9：29、M9：21） 14～16. 釉陶盘（M9：45、M9：44、M8：2）
17、18. 釉陶博山炉盖（M9：20、M9：38）

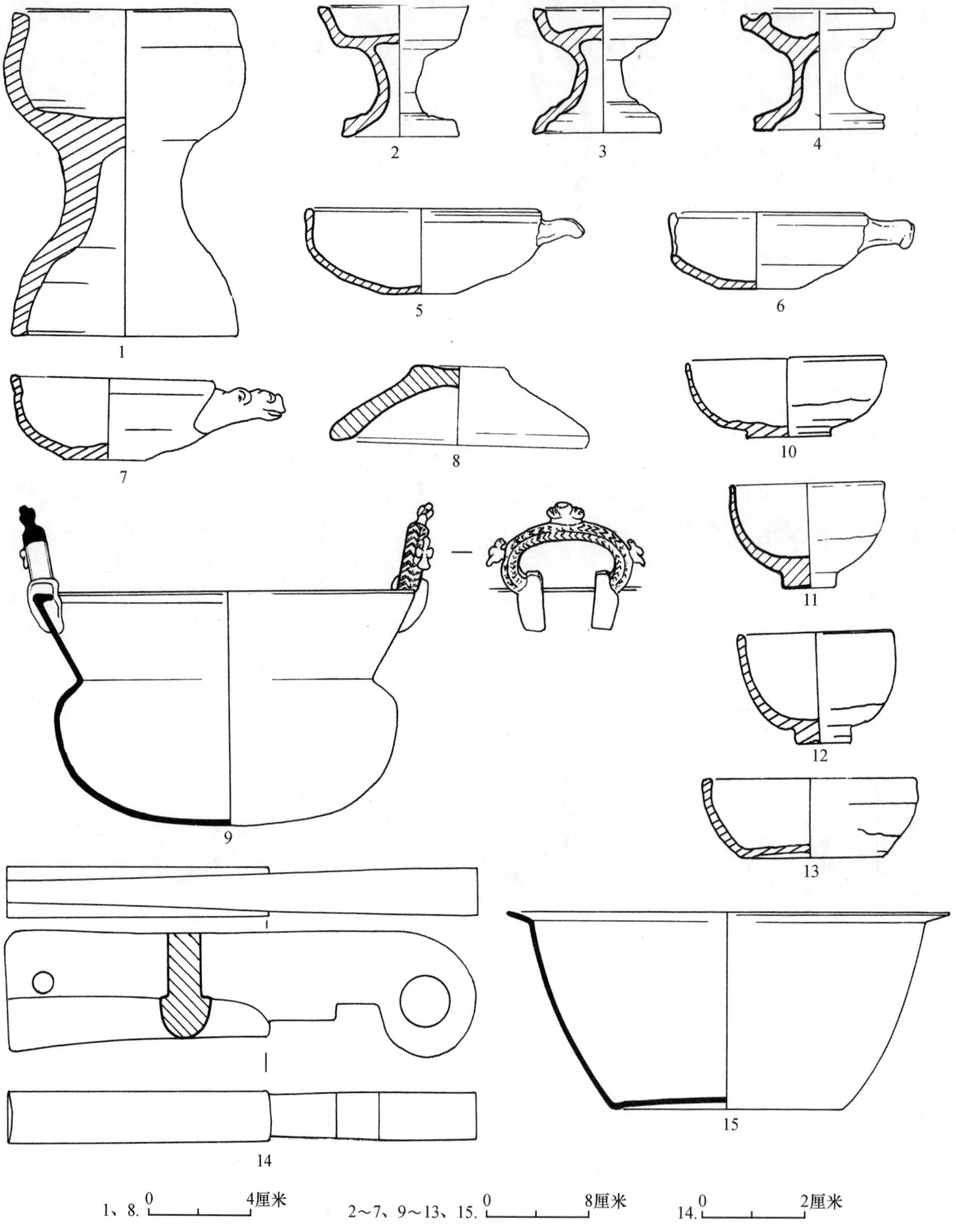

图一一　釉陶器、硬陶器、铜器、瓷器

1. C型釉陶灯（M1：2）　2、3. A型釉陶灯（M9：34、M9：53）　4. B型釉陶灯（M9：7）　5～7. 釉陶魁（M9：18、M9：39、M8：1）　8. 硬陶器盖（M7：3）　9. 铜釜（M9：11）　10. 瓷碗（M7：2）　11、12. 瓷盏（M7：1、M7：4）　13. 瓷钵（M1：1）　14. 铜鐾刀（M1：4）　15. 铜盆（M8：3）

双腿向后跪坐。通高11.8厘米（图一二，1）。

喂鸟俑　2件。泥质红陶。形制完全一样，只是规格有异。M6：39，面部漫漶不清，长衫着地，左手抱鸟于胸前，袖筒下垂，右手做喂食状，双足着履微露。高15.4厘米（图一二，2）。

提袋持物俑　1件。M6：45，泥质红陶。面部模糊不清，左手挽袋，右手持物于身前，穿短衫，露双腿，双足着履。高15.2厘米（图一二，3）。

持剑俑　2件。M9：22，泥质灰陶。头戴冠，面目不清，右衽宽袖着地长袍，双手拢袖于胸前，左肋挟剑，剑首有佩饰。高19.3厘米（图一二，4）。M6：31，泥质红陶。头挽高髻，面目不甚清晰，圆领，右衽宽袖长裙及地，双手拢袖于胸前，左肋持剑。高20.4厘米（图一二，5）。

跪坐俑　1件。M9：51，泥质灰陶。梳髻，裹巾，着长袍，面斜向左，右臂残，左手扶膝，跽坐。高14.4厘米（图一二，6）。

男侍俑　3件。泥质红陶。头顶平冠。M6：37，面目漫漶不清，右衽宽袖着地长袍，两手拢袖于胸前，下部稍残。高17厘米（图一二，7）。M9：35，高鼻，双手拢袖于胸前，长衫及地。高16.6厘米（图一二，8）。M6：35，高鼻，面部表情自然，右衽宽袖长袍拽地，双手拢袖于胸前，双足微露。高24厘米（图一二，9）。

女侍俑　3件。泥质红陶，头挽高髻。M6：34，长脸，高鼻，右衽宽袖及地长裙，双手拢于袖中，下摆缝缀。高21.2厘米（图一二，10）。M6：36，面目不甚清晰，圆领，长裙及地，双手拢袖于胸前，腰带下垂，双足微露。高23.1厘米（图一二，11）。M6：32，长脸高鼻，圆领，右衽宽袖及地长裙，双手拢袖于胸前，下摆缝缀，双足微露。高21厘米（图一二，12）。

童俑　4件。泥质红陶。右衽宽袖长袍及地，双手拢袖于胸前。M6：40，光头，面部漫漶不清，下摆缝缀，双足微露。高15.2厘米（图一二，13）。M6：44，头带包巾，面目不清，双足着履微露。高12.5厘米（图一二，14）。M6：42，头裹巾，面目漫漶不清，圆领。高12.4厘米（图一二，15）。M6：43，下部稍残，头裹巾，面目不甚清晰，双足着履微露。高12.4厘米（图一二，16）。

动物俑　9件。除1件蝙蝠俑外，其他均为十二生肖内动物，计有猪、狗、鸡、虎、猴等。另M6有一件大型蛙俑，因质地较差无法修复而没有列入其中。

猪俑　1件。M8：5，泥质红陶。吻部上翘，耳直立，腿粗壮，尾微上摆，整个体态显得肥硕。体长21.6、高11.2厘米（图一三，1）。

狗俑　1件。M9：2，泥质灰陶。双耳直立，双目圆睁，做吠状，肩腹相接处有提纽，四足粗壮，尾上卷。身长23.6、高18.6厘米（图一三，2）。

鸡俑　2件。M8：6，泥质红陶。高冠，长颈，短喙，双翅清晰，腿粗短，尾部稍残。身高16.6、残长12.8厘米（图一三，8）。M8：7，母鸡，短嘴，短颈，似为俯卧状，下身稍残。身长12.8、残高9.6厘米（图一三，9）。

虎俑　1件。M6：5，泥质红陶，器身上部白色颜料多已脱落。体态肥壮，昂首，双耳直立，瞪眼，高鼻，口大张，露獠牙，胡须向两侧下垂，面部用墨线勾勒出轮廓。粗颈，颈部系套带，颈后有活扣，粗蹄足，后身残。身高34.2、残长37.2厘米（图一三，3）。

图一二　陶俑

1. 舞俑（M6：49）　2. 喂鸟俑（M6：39）　3. 提袋持物俑（M6：45）　4、5. 持剑俑（M9：22、M6：31）
6. 跪坐俑（M9：51）　7～9. 男侍俑（M6：37、M9：35、M6：35）　10～12. 女侍俑（M6：34、M6：36、M6：32）
13～16. 童俑（M6：40、M6：44、M6：42、M6：43）

图一三　陶俑

1. 猪俑（M8：5）　2. 狗俑（M9：2）　3. 虎俑（M6：5）　4～6. 猴俑（M6：48、M6：17、M6：51）
7. 蝙蝠俑（M6：25）　8、9. 鸡俑（M8：6、M8：7）

猴俑　3件。泥质红陶，器身上所涂乳白色颜料大多已脱落。M6：48，昂首，双目圆睁，飘髯，龇牙咧嘴，右手前伸，左手扶在跪坐的左膝上，右腿斜屈伸，前身绘有红彩。高15.6厘米（图一三，4）。M6：17，造型与M6：48基本相同，但方向相反。昂首，圆目，高鼻，口大张，左臂残，右手扶于跪坐的大腿上，左腿斜向左屈伸，下身阳物翘立，前部有红色彩绘。高14.4厘米（图一三，5）。M6：51，昂首，左耳残，右耳直立，双目圆睁，口微张，鼓腮，右手斜前伸握成圈形，飘髯，左腿屈膝，下部残。残高10厘米（图一三，6）。

蝙蝠俑　1件。M6：25，泥质红陶，器身上所涂乳白色颜料多已脱落。双耳直立，嘴尾张，双手握拳前伸，双腿盘座，露趾。高10厘米（图一三，7）。

2. 釉陶器

18件。多生活用器，均是在泥质红胎陶上施以不同颜色的釉，器类有罐、钵、盘、盆、灯、魁、博山炉盖等。

罐 3件。根据口部的不同分成二型。

A型 弇口罐。2件。M1：7，圆唇，短直颈，圆肩，鼓腹，平底。肩部有凹弦纹两周。器表施浅绿色釉。口径9.2、高12.4厘米（图一〇，3）。M1：8，方唇，短直领，圆肩，扁圆腹，平底略上凹。肩、腹有凹弦纹。器身内外施墨绿色釉，底部露胎。口径8.2、高9.2厘米（图一〇，4）。

B型 直口罐。1件。M9：19，直口，方唇，无领，筒形腹，平底。上腹有一圈凹弦纹。浅黄色釉。口径8.4、高9厘米（图一〇，10）。

钵 2件。侈口，折壁，平底。M9：29，侈口近直，方唇，沿面斜朝内，折腹起凸棱，下腹斜收，平底。通体施黄绿色釉，但部分已脱落。口径14.8、高5.2厘米（图一〇，12）。M9：21，口部稍残，侈口近直，方唇，折腹起凸棱，浅盘，小平底略上凹。器表施满酱褐色釉。口径15、高4厘米（图一〇，13）。

盆 1件。M9：24，宽折沿，方唇，直壁，近底斜平收，平底上凹。腹部有凹弦纹两周，器内侧满釉，外壁及底部釉已全部脱落。口部稍残。口径22、高7.2厘米（图一〇，11）。

盘 3件。敞口，平折沿，折腹，浅盘，平底。M9：44，宽平沿，方唇，下腹内曲。器内满饰酱褐色釉，而器身釉已全部脱落。口径17.6、高5.2厘米（图一〇，15）。M8：2，圆唇，沿面斜向内，平底微上凹。沿面及器内施酱褐色釉。口径21、高5.8厘米（图一〇，16）。M9：45，口沿稍残，方唇，宽折沿，沿面斜向内。通体施酱褐色釉，器表已全部脱落，盘内有轮旋痕。口径17.2、高4.8厘米（图一〇，14）。

灯 4件。根据盘口和圈足的不同变化，可分为三型。

A型 2件。盘口，矮柄，喇叭形台座。M9：34，浅盘，圆唇。台座与柄交接处有一圈凹弦纹。通体施黄褐色釉，圈足内侧露胎。灯盘口径12、高10.2厘米（图一一，2）。M9：53，圆唇，粗短柄，喇叭形圈足出台边。器身通体施黄褐釉。口径10.8、高9.6厘米（图一一，3）。

B型 1件。M9：7，双浅盘，尖圆唇，粗矮柄，盘式座。灯盘外口径12、高9厘米（图一一，4）。

C型 1件。M1：2，敛口，方唇，腹外鼓，杯形圈足。灯盘口沿有灯芯烧过的痕迹。器外表施黄绿色釉。口径8.6、高12.5厘米（图一一，1）。

魁 3件。形制基本接近。M9：18，口微敛，圆唇、弧腹，平底。沿下横伸一短柄，并附凹弦纹一周。器内及上腹施酱褐色釉。下腹及底露胎。口径18、高6.6厘米（图一一，5）。M9：39，直口，方唇，折壁，平底。沿下横伸一小鋬，器内侧施酱褐色釉。口径15.2、高5.8厘米（图一一，6）。M8：1，直口，方唇，折壁，平底略上凹。沿下有凹弦纹一周，执柄堆塑一兽头，器身内部及上腹施酱褐色釉。口径16、高6.2厘米（图一一，7）。

博山炉盖 2件。形制基本接近，整体似乳突，圆蒂，斜壁微上鼓，底座出台棱。器身堆塑连绵小山。器表满施酱褐色釉。M9：20，盖上部有穿孔5个。底径11.4、高5.4厘米（图一〇，17）。M9：38，盖上部有4个穿孔。盖沿直径11.2、高5.2厘米（图一〇，18）。

3. 硬陶器

1件。M7：3，为硬陶器盖。似小碟，捉手小平底。有轮旋痕。敞口，圆唇，器形完整。胎为红褐色，器身内侧涂有黄白色釉，器表颜色斑驳。盖口径10.2、高3厘米（图一一，8）。

4. 瓷器

4件。均为生活用具，器类有碗、盏和钵三种。

碗　1件。M7：2，口部稍残，敞口，尖唇，弧腹，假矮圈足。酱褐色胎，器内及上腹施豆绿色釉，下腹及圈足露胎。口径16、高6厘米（图一一，10）。

盏　2件。形制大体相同。侈口，弧腹，圆饼底。M7：1，方唇，豆绿色釉开小片，口稍残。口径12.4、高8厘米（图一一，11）。M7：4，黄白胎，尖唇。釉全部已脱落。口部残。口径12.4、高8.6厘米（图一一，12）。

钵　1件。M1：1，口部近直，圆唇，上腹外弧，下腹斜收，平底上凹。上腹及器内施豆绿色釉，开小片，下腹及底露胎。口径17、高6厘米（图一一，13）。

5. 铜器

3件。为日常生活用器和工具，分别为釜、盆和鋈刀。

釜　1件。M9：11，敛口，宽折沿，扁圆腹，圜底。口沿上有斜立耳一对，立耳顶部为冠状饰，两侧为对称小鸟，底纹为麦穗，器身有明显的烟炱，应为实用器。口径30.4、通高24.8厘米（图一一，9）。

盆　1件。M8：3，敞口，宽平沿，沿面微斜朝内，尖唇，斜腹，平底微上凹。素面。胎较薄。口径34.8、高14厘米（图一一，15）。

鋈刀　1件。M1：4，弩机构件。铜质较好。整体似钥匙形，两端分别有一圆孔，一大一小，应为插栓之用。长9.3、宽1.4～2.4、厚0.8～1.0厘米（图一一，14）。

四、结　语

此次清理发掘的9座墓葬，虽然只有5座墓葬出土有随葬器物，但随葬器物的数量和种类却很丰富。特别是M6和M9两座墓葬，出土了大量的陶质生活器具、模型明器和陶俑等。其葬制、葬俗和随葬品风格特征与峡江地区的同期墓葬大致相同，通过对其墓葬形制和出土器物的对比分析，我们基本可以对这5座墓葬进行初步分期。

M8因为破坏较严重，发掘时仅存一角，虽残片较多，但完整器少，从其出土器物观察，素面铜盆M8：3胎较薄，与奉节县文物管理所的馆藏铜盆极为相似，有西汉晚期至东汉早期的风格。但与之伴出的釉陶魁、盘和猪俑、鸡俑等都具明显的东汉中期特点，因此M8的年代可初步确定为东汉中期。

M1和M9均为刀把形墓，形制相同。M6虽葬式不明，但推测与M1和M9差别不大，时代也应接近。M6随葬的模型器、排列有序的人物俑及规模庞大的庄园模型，都是东汉时期地主庄园的缩影和真实写照，为东汉地主庄园经济发展的鼎盛时期。虽然M9出土的铜釜与重庆水泥厂东汉崖墓①和重庆临江支路西汉墓②所出的同类器较接近，时代可早到东汉中期，但此墓出土的陶井M9：13与重庆万州松岭包③陶井M9：21基本接近；博山炉盖也与万州安全墓地④出土的器盖M19：8和万州龙宝陈家坝东汉墓⑤出土的博山炉盖M1：3也极尽相同；甑和狗俑均与万州松岭包墓地⑥出土的同类器如出一辙。而所有这些墓葬的时代都为东汉晚期，故临江墓地M1、M6、M9三座墓葬的时代也应大体相当，属东汉晚期。

M7虽然已被严重扰乱，但出土的两件瓷盏与丰都汇南墓群⑦B型杯、湖南汨罗⑧及岳阳市郊李家坡⑨南朝墓中所出瓷盏，无论从形制还是施釉风格都高度接近，故其时代在此5座墓中最晚，当属南朝时期。

临江墓地的发掘，为研究三峡地区的古代文化、葬制、葬俗都提供了十分重要的第一手资料，特别是规模宏丽的地主庄园模型、对弈博具及两件铜器，对研究峡江地区的经济、文化和铸造技术等具有十分重要的意义。

附记：此次发掘得到了重庆市文化局三峡办、重庆市文物考古所、忠县文物管理所及洋渡镇文化站的全力支持与帮助，在此表示衷心的感谢！

参加发掘和整理的有郭胜斌、欧继凡、吴承翟、胥卫华、万猛等同志。

绘图：胥卫华　朱岁明　万　猛

执笔：欧继凡　郭胜斌　胥卫华

吴承翟

---

① 王新南：《重庆水泥厂东汉崖墓》，《三峡考古之发现》，湖北科学技术出版社，1998年。

② 重庆市博物馆：《重庆市临江支路西汉墓》，《三峡考古之发现》，湖北科学技术出版社，1998年。

③ 青海省文物考古研究所等：《万州松岭包墓地发掘报告》，《重庆库区考古报告集·1997卷》，科学出版社，2001年。

④ 陕西省考古研究所等：《万州安全墓地发掘报告》，《重庆库区考古报告集·1997卷》，科学出版社，2001年。

⑤ 青海省文物考古研究所等：《万州龙宝陈家坝东汉墓发掘报告》，《重庆库区考古报告集·1997卷》，科学出版社，2001年。

⑥ 青海省文物考古研究所等：《万州松岭包墓地发掘报告》，《重庆库区考古报告集·1997卷》，科学出版社，2001年。

⑦ 四川省文物考古研究所等：《丰都汇南墓群发掘简报》，《重庆库区考古报告集·1997卷》，科学出版社，2001年。

⑧ 湖南省博物馆：《汨罗县东周、秦、西汉、南朝墓发掘报告》，《湖南考古辑刊》（第3集），岳麓书社，1981年。

⑨ 岳阳市文物考古研究所1994年发掘资料。

忠县土地岩崖墓2003年度发掘简报

郑州大学历史学院
忠县文物管理所

一、地理位置与周围环境

土地岩崖墓位于忠县新生镇邓家村东面临江的崖面上，南距新生镇约7千米，北距县城约10千米，东经107°59′36″，北纬30°13′35″。土地岩是长江左岸河床边的一座小山包，属河床内第一阶山地，海拔300米左右。其山脚下的东南部是河床边上一处比较平坦的山前台地——邓家沱，台地上分布着比较丰富的新石器时代晚期至明清时期的文化遗存。土地岩东南隔长江与乌杨镇相望，乌杨镇北部是三峡库区A级文物保护单位将军坟墓地，墓地西侧的河床边上发现有国家级保护文物——“乌杨阙”（图一）。

1973年忠县文物管理所在进行考古调查时发现此崖墓，1994年北京大学考古系对其进行了调查与试掘，并将其确定为三峡水利工程淹没区地下文物B类遗址。

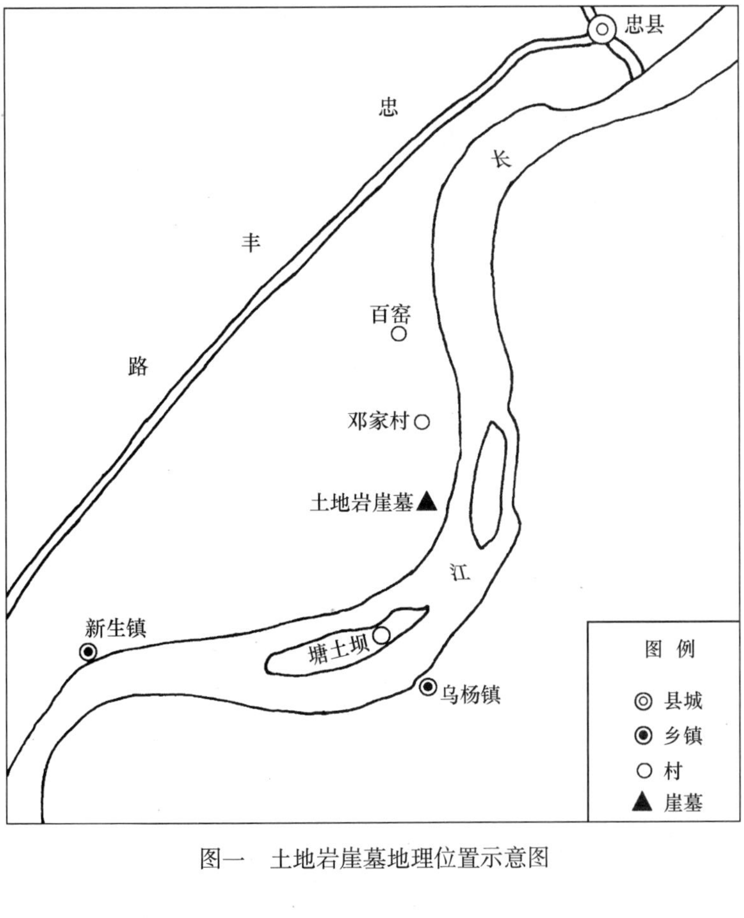

图一　土地岩崖墓地理位置示意图

为配合三峡库区淹没区文物抢救性考古发掘工作，郑州大学考古队受委托于2003年对忠县土地岩崖墓进行了钻探、布方、发掘和清理。

本年度发掘时间为2003年11月，以村民王顺有新建房子的东南角为基点共布设10米×10米探方3个，发掘面积300平方米，清理崖墓4座，出土随葬品26件。探方编号由北向南分别为03ZTT1～03ZTT3（以下简称T1～T3），墓葬号由北向南分别为03ZTM1～03ZTM4（以下简称M1～M4）（图二）。其中，03代表发掘年度，Z代表忠县，T代表土地岩。

图二　土地岩崖墓分布位置示意图

二、墓葬形制及随葬品

（一）M1形制与随葬品

1. 位置与形制

M1位于T1内，其南为M2。墓口所处崖面坡度较陡，墓道所处阶地坡度较缓，墓道长度较短，前方空间较小。

单室墓，由墓道、甬道、墓室组成，总长426厘米。

墓道方向55°，平面呈横长方形，底部呈内高外低的斜坡状，长40～58、宽140、高0～26厘米。

甬道顶部已残，平面呈不甚规则的横长方形，底部也呈内高外低的斜坡状，进深32～45、宽116、残高26～110厘米。

墓室为前窄后宽的梯形，底部也呈里高外低，拱形顶，进深336、宽104～174、高100～108厘米（图三）。

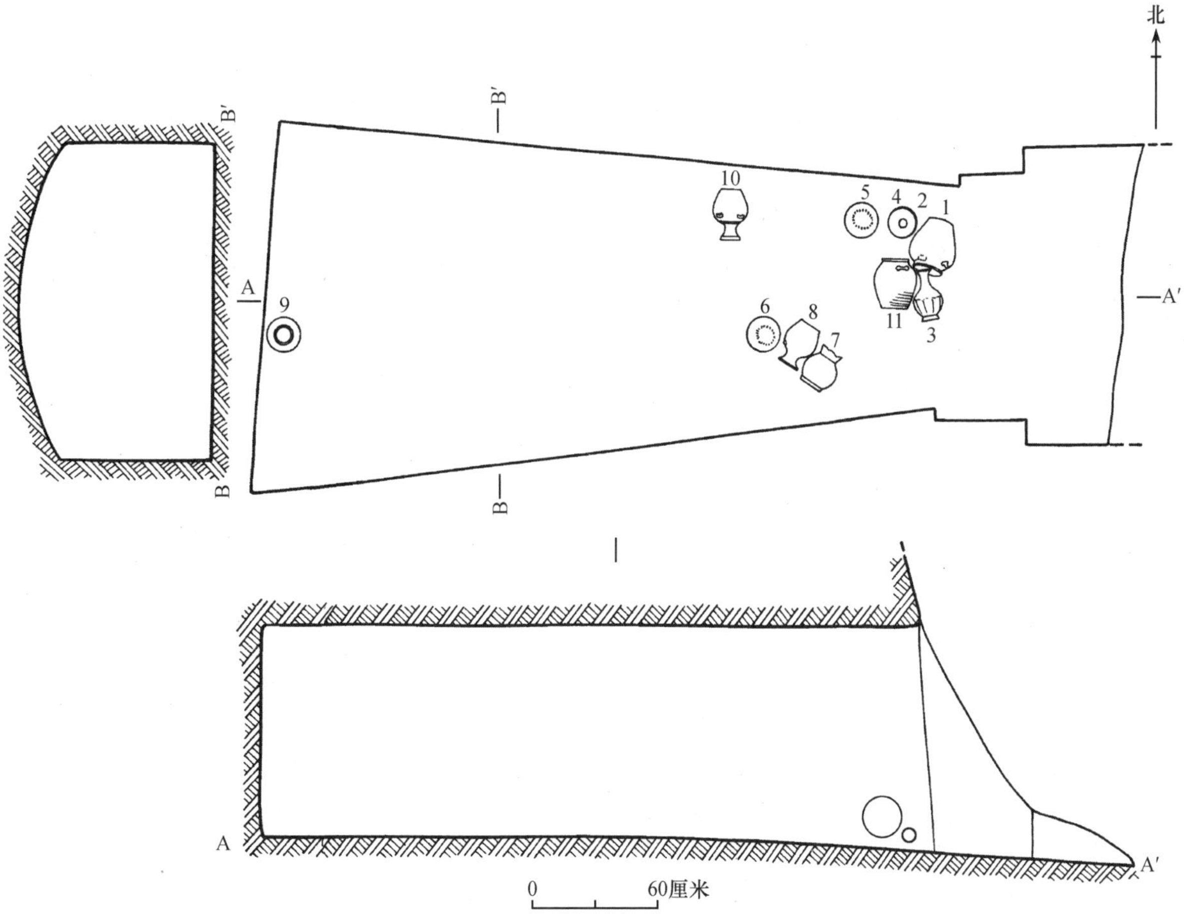

图三　M1平、剖面图

1、11. 瓷四系罐　2、4～6、9. 瓷碗　3. 瓷瓶　7. 瓷壶　8、10. 瓷盘口壶

2. 随葬品

11件。

瓷四系罐　2件。M1∶1，灰白胎，青釉，内部施满釉，外部施半釉，釉层大部脱落。敛口，直沿，平唇，耸肩，内斜腹，平底。肩附桥形四系，腹部有两周凹弦纹。口径17、高18.5、底径12厘米（图四，1）。M1∶11，灰白胎，青釉，釉层大部脱落。侈口，微折沿，尖圆唇，深鼓腹，平底。口沿下饰对称四系，腹部留有指旋纹痕。口径12.8、高23、底径12厘米（图四，2）。

瓷碗　5件。M1∶2，灰白胎，青釉，内外皆满釉。口微敛，内弧腹，平底，圆饼状圈足。内底有一周15个支钉。口径16、高6.5、底径9厘米（图四，8）。M1∶4，灰白胎，青釉，内外满釉。敞口，尖圆唇，深内斜腹，小平底，饼状圈足，圈足底部略微上凹。口沿饰下弧和上弧相对的两周指甲压印形成的水波纹，腹部则被瓜棱纹等分为6瓣。口径14、高10、底径7厘米（图四，5）。M1∶5，灰白胎，青釉，内外满釉。口微敛，尖圆唇，浅内斜腹，平底，圆薄饼圈足。器底有一周12个支钉。口径14、高6.5、底径10厘米（图四，6）。M1∶6，灰白胎，青釉，内满釉，外部施釉不到底。口微敛，尖圆唇，斜弧腹，平底，圆饼状圈足。器底有一周15个支钉。口径15、高7、底径9厘米（图四，7）。M1∶9，灰白胎，青釉，内外满釉。口微敛，尖圆唇，浅弧腹，平底，薄饼圈足。器身饰莲瓣纹，器底有一周12个支钉。口径14、高7、底径10厘米（图四，4）。

瓷瓶　1件。M1∶3，灰白胎，青釉，内外皆满釉。器身与圈足分制。敞口，尖圆唇，细长束颈，圆球形腹，喇叭形圈足。腹上部饰上弧指甲压印形成的水波纹三周，腹身被瓜棱纹分为10瓣。口径8.5、高28、底径8厘米（图四，9）。

瓷壶　1件。M1∶7，灰白胎，青釉，内外满釉。口残，束颈，斜肩，垂腹，平底，圆饼状圈足。肩附对称桥形双耳，附有单柄。底径12、残高18厘米（图四，3）。

瓷盘口壶　2件。M1∶8，灰白胎，青釉，盘口施釉，内部无釉，外部施釉不到底。浅盘口，束颈，耸肩，下腹斜内收，平底。肩附桥形四系，并饰一周凹弦纹。口径11、高20.5、底径11厘米（图四，10）。M1∶10，灰白胎，青釉，盘口施釉，内部无釉，外部施釉不到底，流釉明显。浅盘口，束颈，耸肩，下腹斜内收，平底。肩附桥形四系，耳下有一周凹弦纹。盘径10、高20.5、底径10厘米（图四，11）。

（二）M2形制与随葬品

1. 位置与形制

M2南与M3相邻。墓口所处崖面及墓道所处阶地坡度均较缓，墓道长度较长，前方空间较大。

单室墓，由墓道、墓室组成，总长430厘米。

墓道方向101°。平面呈长方形，底部呈内高外低的斜坡状，长210、宽100、高10～96厘

图四　M1出土器物

1、2. 瓷四系罐（M1∶1、M1∶11）　3. 瓷壶（M1∶7）　4～8. 瓷碗（M1∶9、M1∶4、M1∶5、M1∶6、M1∶2）
9. 瓷瓶（M1∶3）　10、11. 瓷盘口壶（M1∶8、M1∶10）

米。墓门进深20、宽100、高92～96厘米。

墓室平面呈长方形，底部略内高外低，平顶。进深200、宽100、高100～104厘米（图五）。

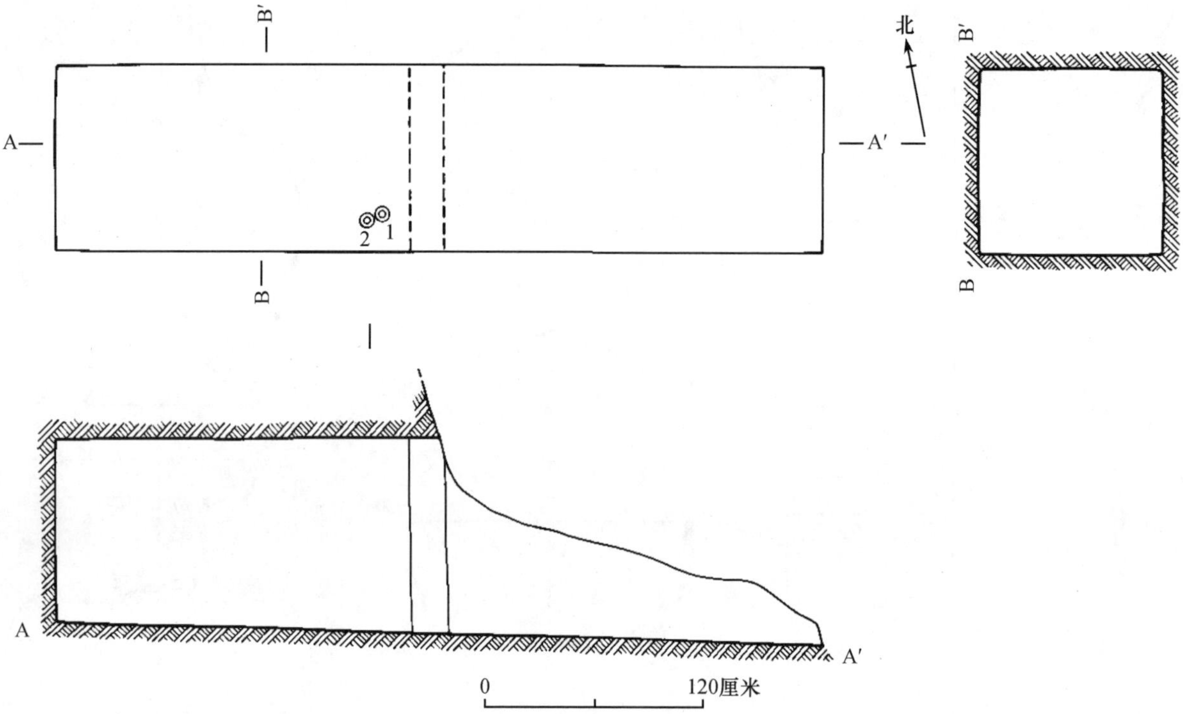

图五 M2平、剖面图

1、2. 瓷盏

2. 随葬品

2件。

瓷盏 2件。M2∶1，灰白胎，青釉，内外皆满釉。口微敛，尖圆唇，微曲腹，平底，饼状圈足。口径8、高4、底径4厘米（图六，2）。M2∶2，灰白胎，青釉，内外皆满釉。口微敛，尖圆唇，微曲腹，平底，饼状圈足。口径8、高4、底径4厘米（图六，1）。

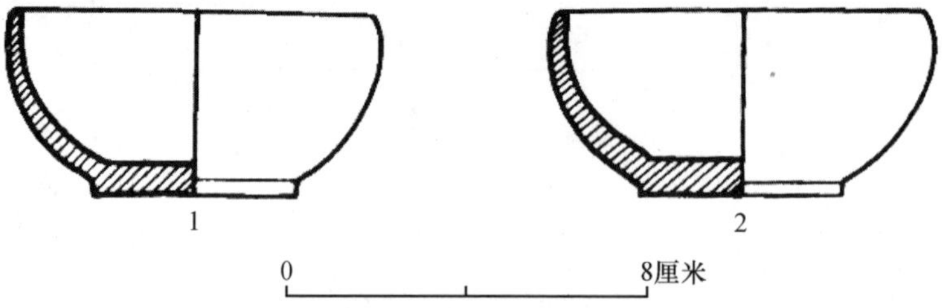

图六 M2出土瓷盏

1. M2∶2 2. M2∶1

（三）M3形制与随葬品

1. 位置与形制

M3左右分别与M2和M4相邻。墓口所处崖面坡度较陡，墓道所处阶地坡度较缓，墓道长度较长，前方空间较大。

单室墓，由墓道、墓门、墓室、排水沟组成，总长560厘米。

墓道方向105°。平面近长方形，底部略内高外低，长320、宽130～136、高6～122厘米。墓门顶部塌陷，进深18、宽132、残高100厘米。

墓室平面近梯形，底部内高外低，拱顶，进深222、宽130～142、高114～130厘米。

排水沟位于墓道中间，长260、宽10～12、深3～9厘米（图七）。

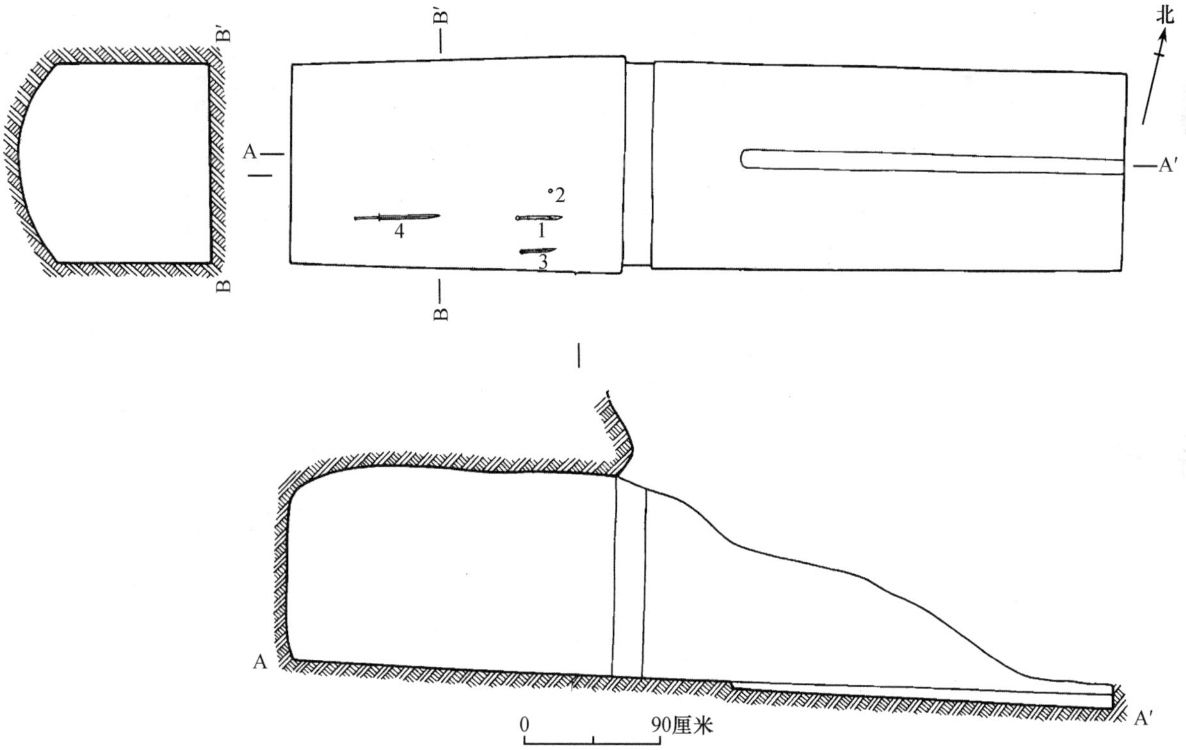

图七 M3平、剖面图

1、3. 铁刀 2. 铜四铢钱 4. 铁剑

2. 随葬品

4件。

铁刀 2件。M3 ：1，环首，单面刀。尖残。残长31厘米（图八，3）。M3 ：3，单面刀，刀首与刀尖皆残。残长38厘米（图八，2）。

孝建四铢 1枚。M3 ：2，正面钱文为“四铢”，背面为“孝建”，“建”字模糊不清。直径2.2厘米（图八，4）。

铁剑 1件。M3 ：4，长条形，双面锋，环首残。残长48厘米（图八，1）。

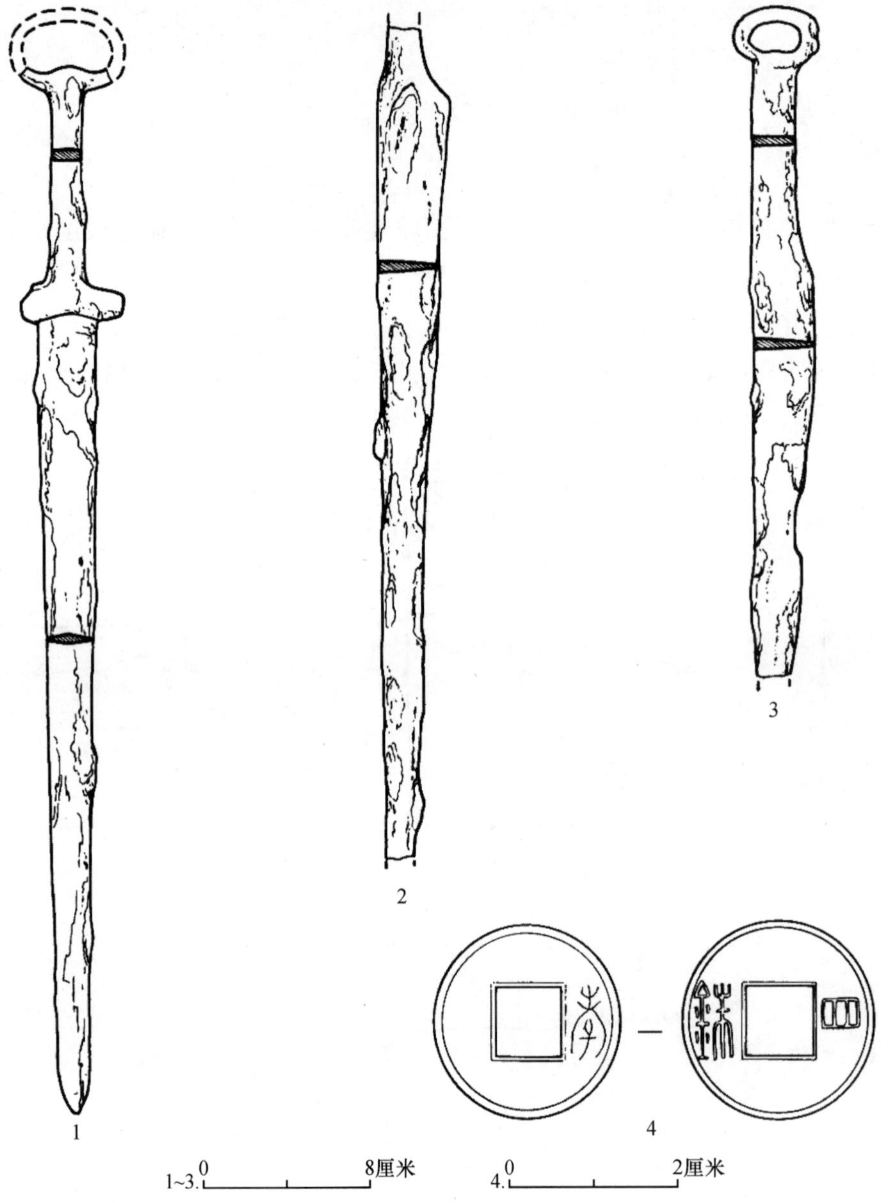

图八　M3出土器物

1. 铁剑（M3：4）　2、3. 铁刀（M3：3、M3：1）　4. 铜四铢钱（M3：2）

（四）M4形制与随葬品

1. 位置与形制

M4左邻M3，墓口所处崖面坡度较陡，墓道所处阶地坡度较缓，墓道长度较长，前方空间较大。

单室墓，由墓道、墓室、排水沟组成，总长450厘米。

墓道方向110°，平面呈梯形，底部呈内高外低，长242～250、宽80～100、高12～50厘米。墓门宽100、高96厘米。

墓室平面为长方形，底部内高外低，拱顶。进深200～208、宽100、高80～96厘米。

排水沟呈“十”字形，位于墓道中间，东西长216、南北长100、宽8～10、深8～12厘米（图九）。

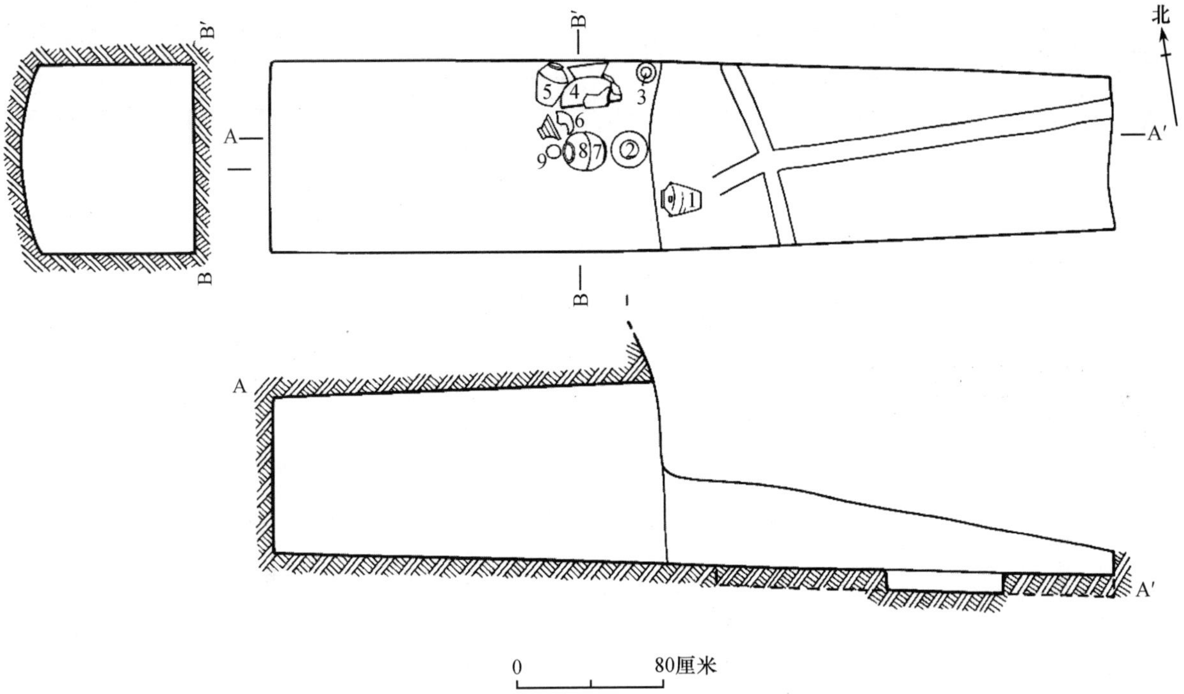

图九　M4平、剖面图

1、6. 瓷四系罐　2、7. 瓷钵　3、8、9. 瓷碗　4. 陶篮　5. 瓷双系罐

2. 随葬品

9件。

瓷四系罐　2件。M4 ：1，灰白胎，青釉，胎外施一层粉红色化妆土，器身上部施青釉，釉层多已脱落。侈口，微折沿，尖圆唇，溜肩，鼓腹微耸，平底。肩饰桥形四耳，内壁留有指旋纹痕。口径10、高16.8、底径9.6厘米（图一〇，2）。M4 ：6，灰白色胎，青釉，胎外施粉红色化妆土，内满釉，外部施釉不到底。敛口，卷沿，圆唇，耸肩，下腹内弧，平底。肩饰桥形四耳。口径7.2、底径6.4、高10厘米（图一〇，9）。

瓷钵　2件。M4 ：2，粉红色胎，器身内外均施青釉，外部施半釉，釉层较薄，冰裂纹清晰，釉面局部脱落。口微敛，圆唇，微曲腹，平底。腹部饰六周凹弦纹，内底周边有10个支钉。口径16.8、高6.4、底径10.4厘米（图一〇，6）。M4 ：7，浅粉红色胎，内外均施青釉，外部施釉不到底，因烧制温度低而釉层玻璃质化较差。口微敛，圆唇，弧腹，平底。口沿外有一周凹弦纹。口径15.2、底径9.6、高6.8厘米（图一〇，7）。

瓷碗　3件。M4 ：3，灰白色胎，胎外施浅粉红色化妆土，器身内外均施青釉，釉层薄，冰裂纹清晰。口微敛，尖圆唇，深弧腹，圆饼状圈足。口沿饰两周指甲压印形成的下弧与上弧相对的连弧纹。口径13.6、高8.4、底径7.2厘米（图一〇，3）。M4 ：8，浅粉红色胎，内外均施青釉，釉层较薄，冰裂纹清晰，釉层局部脱釉。口微敛，圆唇，微弧腹，圆饼形圈足。口沿外饰一周凹弦纹，底内周边留有8个支钉。口径14、底径9.6、高7.6厘米（图一〇，4）。

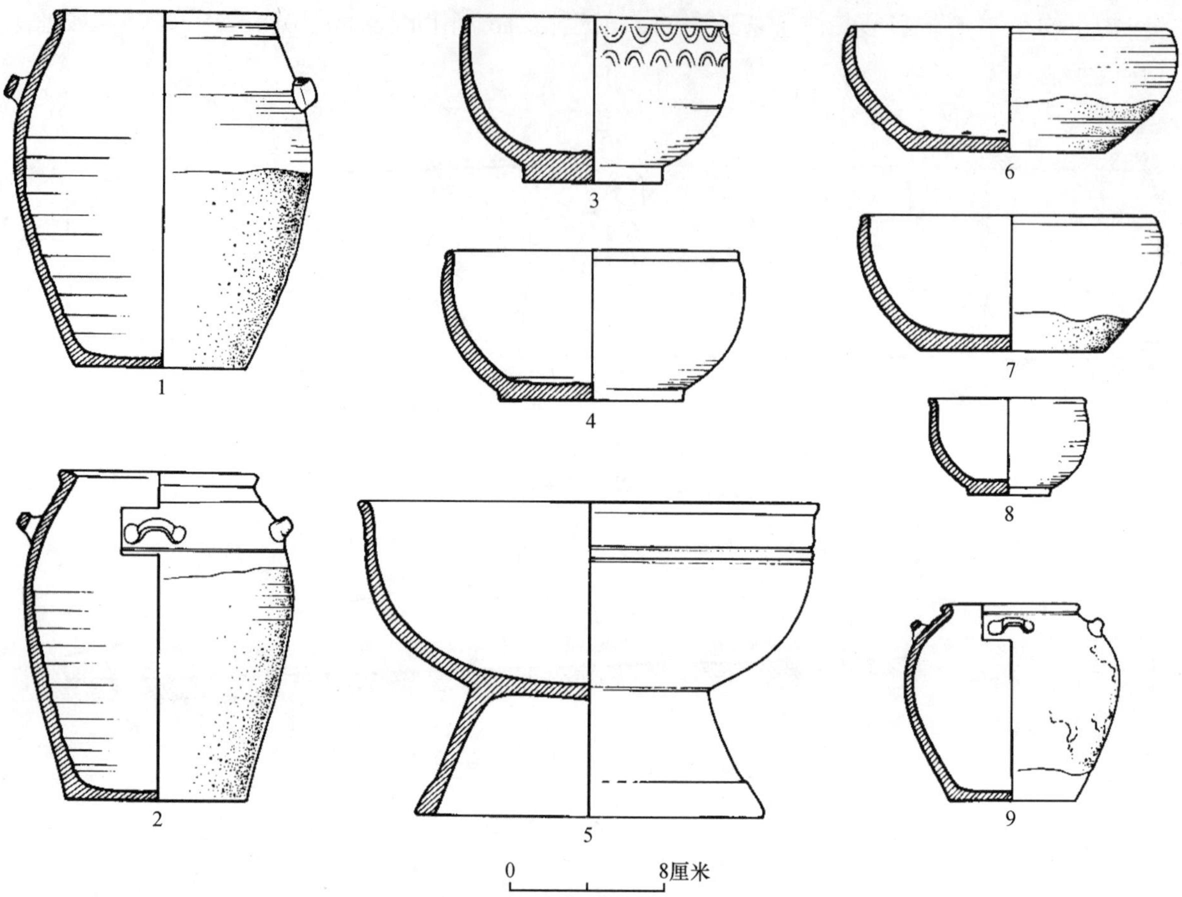

图一〇 M4出土器物

1. 瓷双系罐（M4：5） 2、9. 瓷四系罐（M4：1、M4：6） 3、4、8. 瓷碗（M4：3、M4：8、M4：9）
5. 陶簋（M4：4） 6、7. 瓷钵（M4：2、M4：7）

M4：9，灰白色胎，胎内外施粉红色化妆土，器表内外施青釉，釉层大部脱落。口微敛，尖圆唇，弧腹，平底，圆饼形圈足。口径8、底径4、高5厘米（图一〇，8）。

陶簋 1件。M4：4，夹砂灰陶。火候较低，盘与圈足各轮制成后再合成。口微敞，内弧腹微曲，圜底，喇叭形高圈足。腹上部饰两周凹弦纹。口径24、底径18.4、高16厘米（图一〇，5）。

瓷双系罐 1件。M4：5，灰白色胎，胎内外施粉红色化妆土，器表施青釉，内满釉，外部施半釉，釉面大部脱落。微侈口，圆尖唇，溜肩，鼓腹微耸，平底。肩饰桥形双耳，内壁留有旋痕。口径12、底径8、高18厘米（图一〇，1）。

三、结 语

在随葬品中，M1：11等四系罐分别与丰都汇南墓群M2：41，万州上河坝墓地M2：1、M2：4四系罐形态相近[①]，M1：9、M1：4、M4：3等莲花瓣纹碗分别与丰都汇南墓群

① 青海省文物考古研究所三峡工作队、万州区文物管理所：《万州上河坝墓地发掘简报》，《重庆库区考古报告集·1997卷》，科学出版社，2001年。

M2：11、M8：10等同类器形形态相近。丰都汇南墓群M2、万州上河坝墓地M2均为南朝时期墓葬，因而M1、M4的年代也当与其大体相当，属南朝时期。M2中出土器物与以往忠县发现的南朝时期同类器物器形相似，M3中出土有“建孝四铢”，所以，这两座墓也应为南朝时期。

土地岩墓群面对滔滔横流的长江，这种背山面水的地理环境与“背有靠，前有照”最佳墓地选择理念极为一致。这样的地理环境不仅通风条件好，同时可彰显墓地的气势，又可给人坚固之感。尽管“背有靠，前有照”被披上了封建迷信的外衣，但其朴素的合理性则是不言而喻的。

绘图：寇小时　张清池

执笔：李　锋

忠县上油坊遗址2003年度发掘简报

郑州大学历史学院
忠县文物管理所

上油坊遗址位于忠县石宝镇万松村七社。地理坐标为东经108°07′02″，北纬30°25′41″。西南距县城约20千米，北边距涂井镇约2千米，东边距石宝镇约7千米（图一）。

遗址坐落在汝溪河东岸斗踢子山下一级河床台地上，北、南、西三面被汝溪河环绕，海拔135～145米，属于二期水位线以下。北边与李园遗址相邻，西边隔汝溪河与仙人洞墓地相望，南边与龙滩遗址相邻，距龙滩大桥约500米。

受重庆市文化局三峡办的委托，郑州大学历史学院于2003年下半年对上油坊遗址进行了发掘。布设10米×10米探方14个，10米×5米探方2个，2米×60米探沟1条，发掘总面积为1650平方米（T336东扩3米×10米）（图二）。出土遗迹有灰坑、房址和窑址等，遗物有瓷器、陶器等残片。现将本年度工作简报于下。

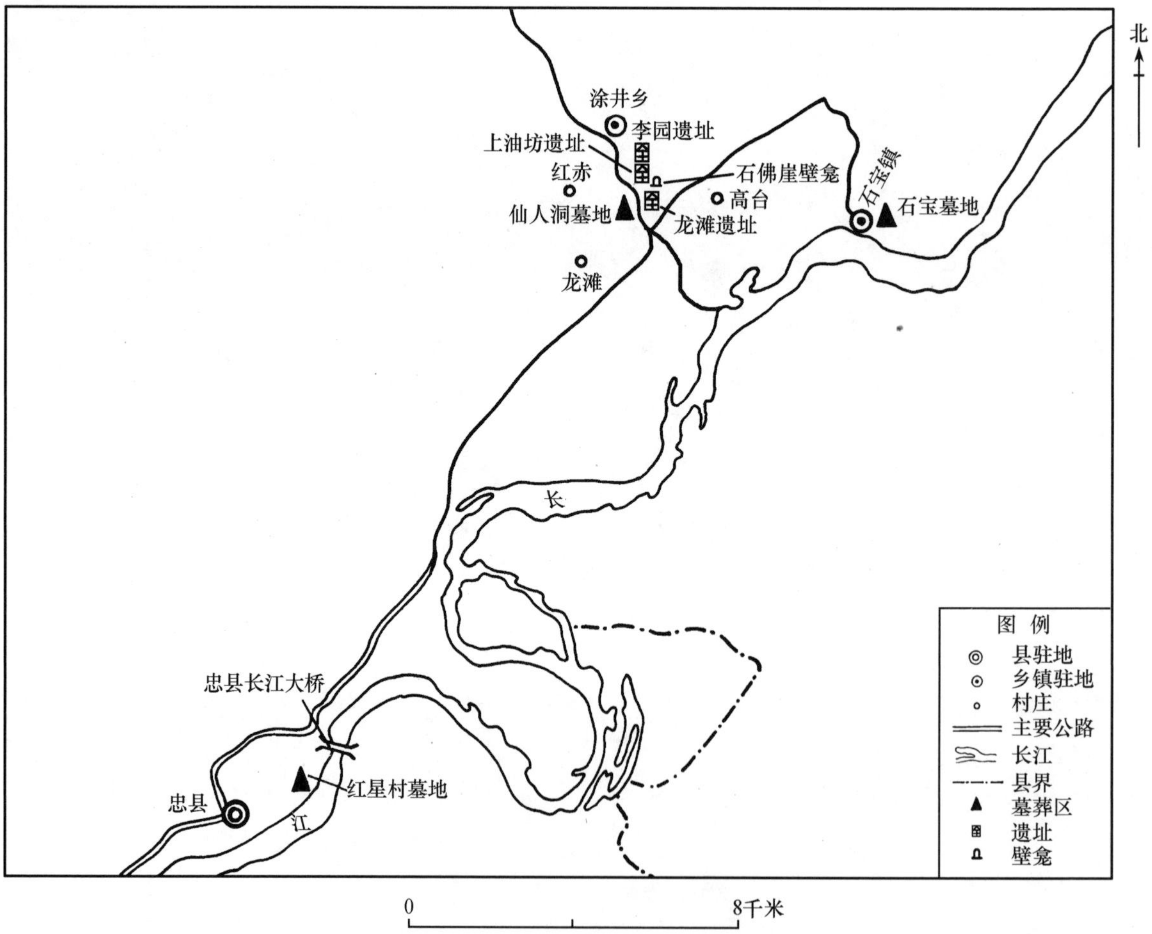

图一　上油坊遗址位置示意图

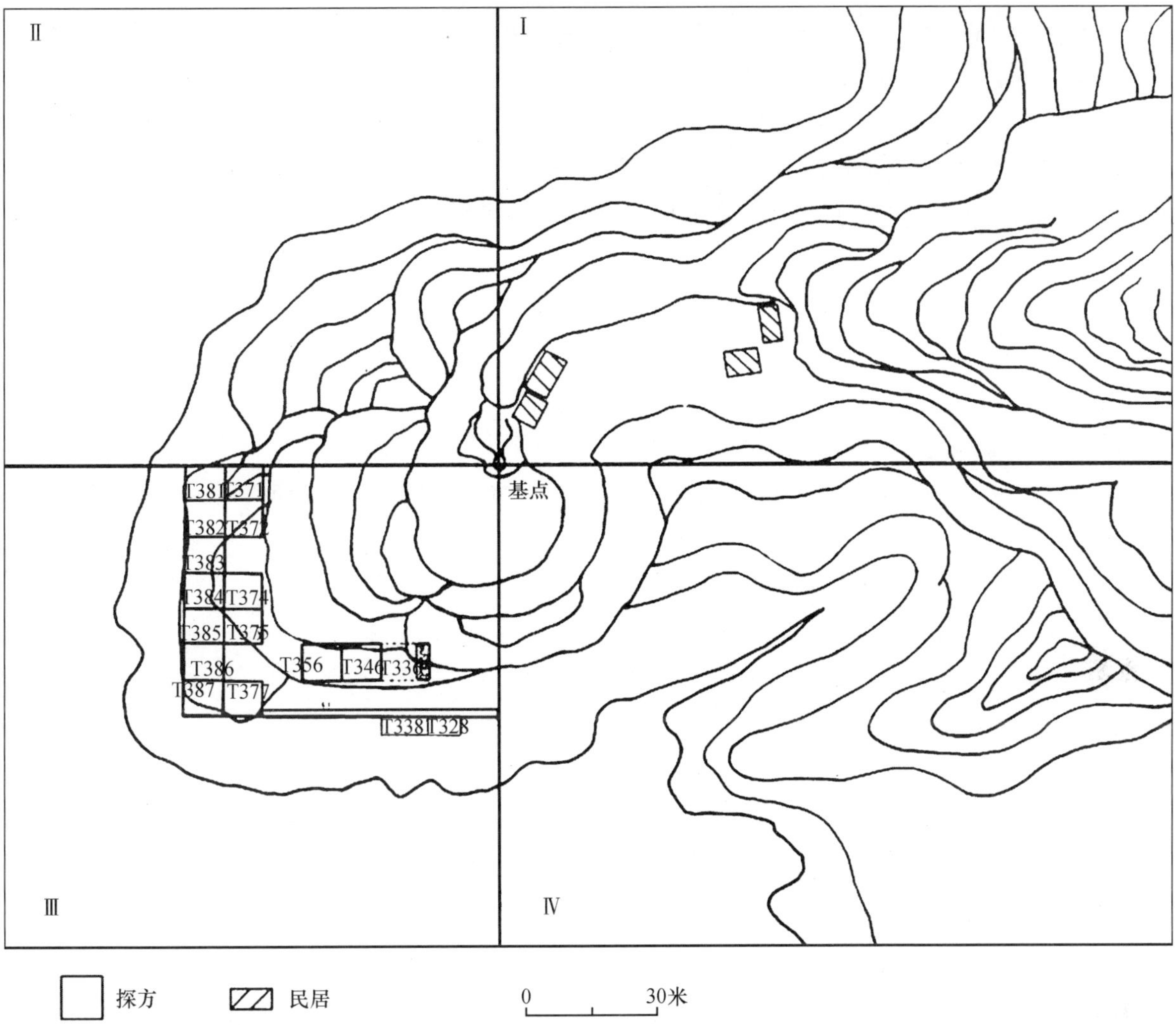

图二　上油坊遗址地形及布方位置示意图

一、地层堆积与分期

由于遗址处在河床台地上，其文化层堆积一般为边缘厚而中部薄。下面分别以T346东壁剖面、T338南壁剖面、T372北壁剖面为例进行介绍。

1. T346 东壁剖面（图三）

第1层：现代耕土层。浅褐色土，厚28～53厘米。土质较黏，但由于经常翻动而土质疏松。包含物有现代生活垃圾、植物根茎、少量青花瓷碎片、铁块等。本层呈水平堆积，分布于整个探方。

第2层：浅黄色土。厚0～20厘米。土软较纯净，含砂量较大。包含物有青花瓷片、陶片等。

第3层：红褐色土。厚0～27厘米。砂质，夹杂黑色小颗粒，致密，主要分布于探方北部。包含物有青花瓷片、素面板瓦、素面筒瓦等，其中瓦片、陶片多为夹砂陶，陶色大部分为灰色。

第6层：浅灰色土。厚0～30厘米。砂质，土中夹杂大量黄色小石子、黑色炭粒，主要分布

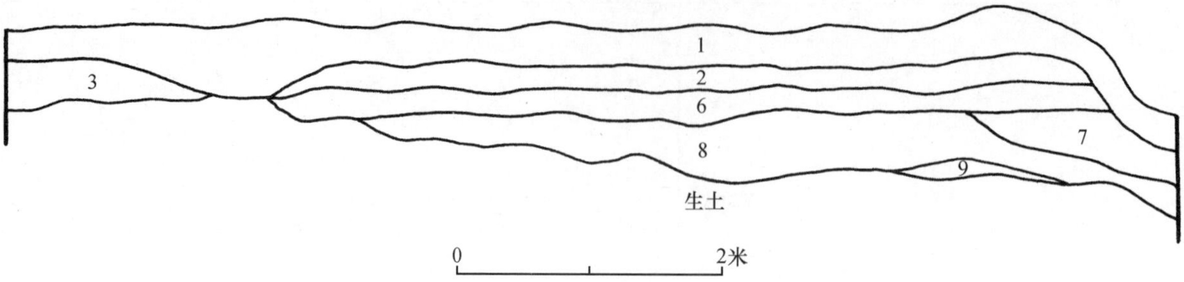

图三　T346东壁剖面图

于探方中南部。包含物有大量青花瓷片、素面板瓦、素面筒瓦及少量绳纹瓦片等。其下北部发现F1柱洞，柱洞开凿在红色岩石上。

第7层：米黄色碎石层。厚0～40厘米。为碎石与黄沙堆积，无包含物，分布于探方的西南角。第7层直接叠压第8层。

第8层：灰土层。厚0～20厘米。砂质，土中夹杂少量黄色颗粒、大量炭粒、零星红烧土块，较致密。包含物有绳纹板瓦、绳纹筒瓦、陶豆柄残片等。本层分布于探方的中部和南部。

第9层：浅灰褐土层。厚0～23厘米。砂质，夹杂红烧土粒。包含物有绳纹板瓦、绳纹筒瓦等残片，本层分布于探方南部。

2. T338 南壁剖面（图四）

第1层：现代耕土层。浅褐色土，土质疏松。厚9～51厘米。包含物为瓦砾、石块、陶片等。

第2层：灰色土，土质较疏松。厚0～35厘米。包含物为瓷片、兽骨等。

第3层：褐色土，土质较致密。厚0～50厘米。包含物为绳纹板瓦、绳纹筒瓦、陶片等。本层分布在探方西南部。

第4层：深褐色土，土质较致密。厚0～70厘米。包含物为绳纹板瓦、绳纹筒瓦、陶片等。本层分布在探方西南部。

第5层：浅褐色土，土质较致密。厚0～50厘米。包含物为绳纹板瓦、绳纹筒瓦、陶片等。本层分布在探方西南部。

第6层：胶泥，红色土，土质较致密，黏度较大。厚0～85厘米。无包含物。

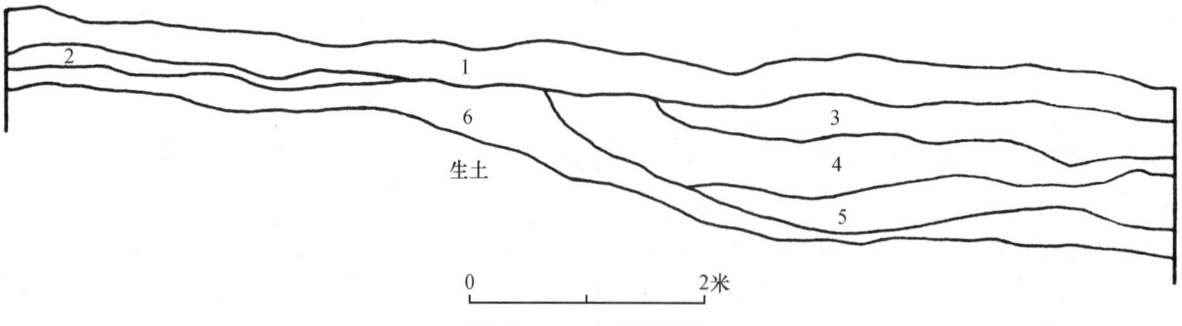

图四　T338南壁剖面图

3. T372 北壁剖面（图五）

第1层：现代耕土层。黑褐色土，结构较紧密，黏土，土质较硬。厚16～26厘米。包含物有大量植物根茎、现代杂物、碎瓦片、细碎青花瓷片等。本层全方分布。

第2层：黑褐色土，结构较紧密，黏土，土质较硬。厚0～20厘米。包含物有灰色素面瓦片、少量青花瓷残片等。

第3层：浅红色土，砂质，结构疏松。厚6～13厘米。本层土质较纯净，未见遗物出土，全方分布。

第4层：红褐色土，砂质，结构疏松。厚0～32厘米。包含物较少，仅见少量碎瓦片。本层在探方西北部无分布。

第5层：红色，瓦片堆积而成。厚0～50厘米。包含物基本全由红色素面碎瓦片组成，还有大量石块。在本层中发现有两片白瓷，一刻有“明”，一刻有“少发”（由右至左），三字皆为简体。本层仅见于第三级台地斜坡上。

第6层：深灰色土，黏土，结构极紧密，土质较硬。厚0～30厘米。包含物有灰色、素面瓦片及青花瓷片。包含物中还发现有一件石器，青色，形体较大，表面光滑，似未磨制成形的石箭头，编号为⑥：1，本层仅见于第三级台地上。

第7层：黄灰色土，黏土，结构较紧密，土质较硬。厚0～46厘米。包含物有大量绳纹瓦片，以筒瓦居多。在本层发现有一件较完整的筒瓦，上饰绳纹，灰色，编号为⑦：1。另有一残破兽面建筑构件，陶质，似狮头，编号为⑦：2。

根据上述地层堆积关系和出土物组合与特征，暂将其分为两期：第一期以T346第8层、第9层和TG1第2层和第3层为代表，出土物组合为陶罐、陶盆、尖底杯及绳纹板瓦、绳纹筒瓦为代表；第二期以T346第3层、第6层为代表，出土物组合为青花瓷、素面板瓦、筒瓦为代表。

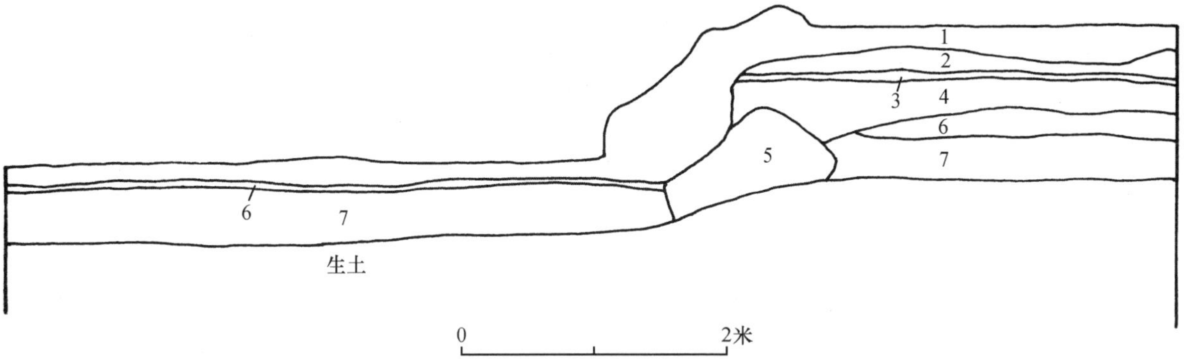

图五　T372北壁剖面图

二、第一期遗存

（一）遗迹

本期遗迹主要有房址1座，窑址1座，灰坑4个。

1. 房址

1座。

F1　位于T346、T336及T336东扩探方内。整体形状为东西长方形，东西14.9、南北9米；方向为189°。其南部地势低平，均匀分布5个柱洞，自西至东分别编号D1、D2、D3、D4、D5（彩版二〇八，2、3），其中D1平面略成长方形，长60、宽40、深60厘米，其内有大量小石块堆积，应是作固定柱子之用。东西两侧各分布1个柱洞，西侧编号D6，平面呈等腰三角形，腰长100、底长60、深30厘米；东侧编号D7，平面不规则形，南北向最宽70、最窄处50、东西向最长70、深20厘米。其内有大量石块堆积，稍大的两块人工加工痕迹十分明显，应是作固定柱子之用。后部为岩石，探方内高出柱洞层面90厘米，探方之外高度在150厘米以上。可以看出这是一座一面坡式的房基。即前有柱子支撑，后面可架置于岩层或石砌墙之上（图六；彩版二〇八，1）。

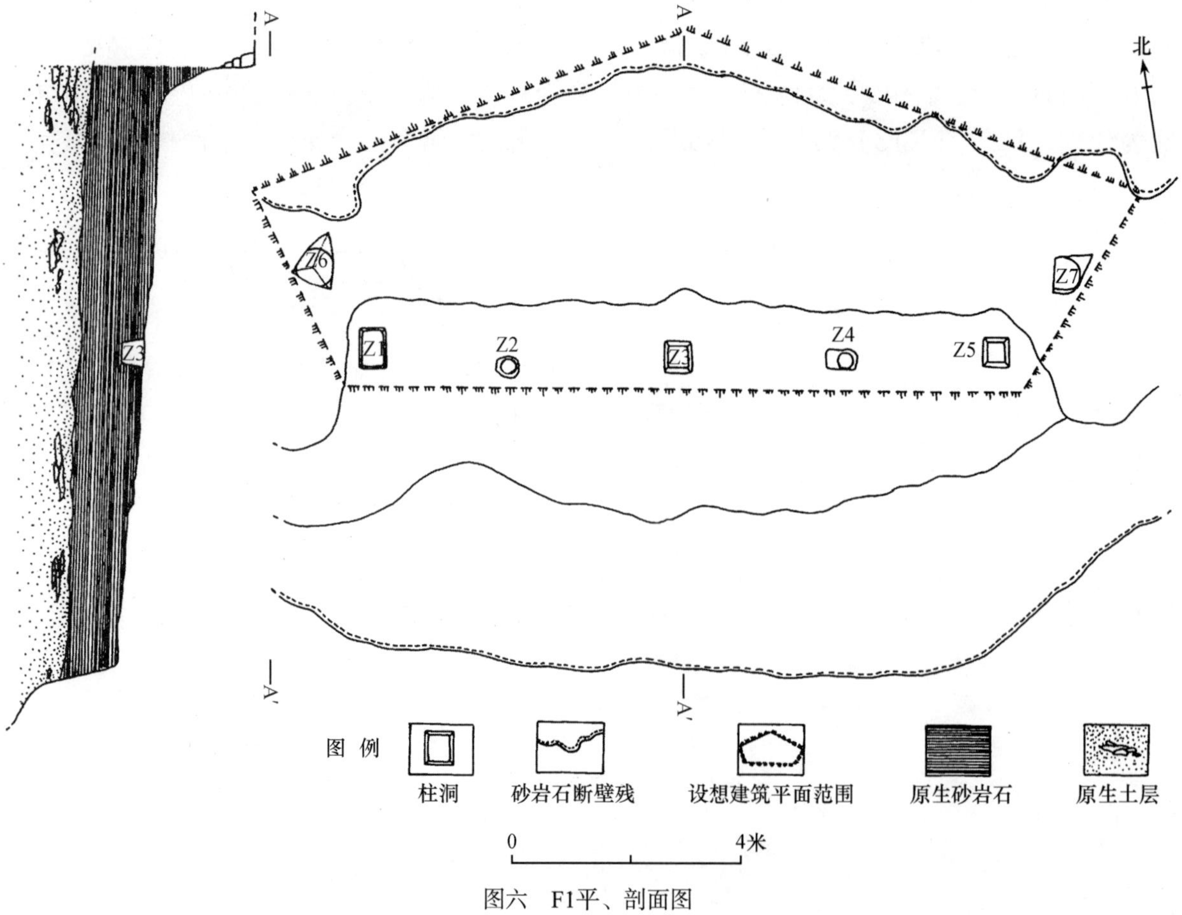

图六　F1平、剖面图

2. 窑址

1座。

Y1　位于T387的东南角，东南部与T377相邻。开口于第3层下，打破生土层，方向为190°。窑址的前半部分遭到破坏，残存窑底。平面形状呈不规则的椭圆形，东西最长140、南北最长100、深50。窑壁为内弧壁且角度较小，底部呈缓坡状，铺有碎砂耐火材料，周壁及底部呈红烧土色，烧结总厚度约5厘米，烧结面坚硬平整。窑内填土为红胶泥，不分层。包含物有红烧土颗粒、炭粒、陶片等，器物种类有板瓦、尖底杯等；陶质大部分为灰陶，少量红陶；纹饰大部分为绳纹，少量素面（图七）。

3. 灰坑

4个。编号H1、H2、H4、H5。

H4　位于T384的中部，开口于第4层下，打破第5层与生土。平面呈不规则形，坑口长径480、短径190、深60厘米。包含物有红烧土颗粒、大量的陶器残片、青铜饰件以及铜钱。器物种类有板瓦、筒瓦、盆、广肩瓮、高领罐、豆、钵、甑、尖底杯、陶饰件、青铜饰件以及铜环。陶质以泥质为主，夹砂次之；陶色以灰陶为主，有部分为红陶；器物纹饰以绳纹为主，还有弦纹、附加堆纹、方格纹、几何形纹等，有部分器物为素面（图八）。

H5　位于T374的东南部，开口于第3层下，打破生土层。平面略呈方形，坑口长105、宽108、深45厘米。坑内填土堆积为深灰褐色土，土质致密、坚硬、有黏性，厚度为20～37厘米，其中包含物有大量的红烧土块、炭粒、大石块以及陶器碎片等。器物种类有盆、罐、尖底

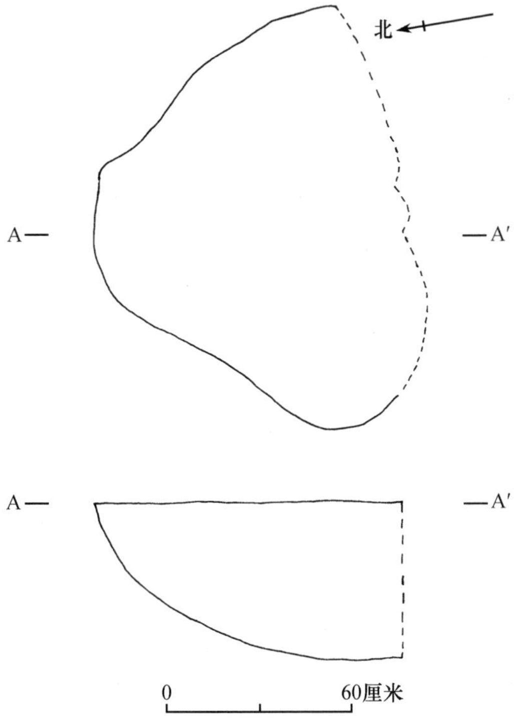

图七　Y1平、剖面图

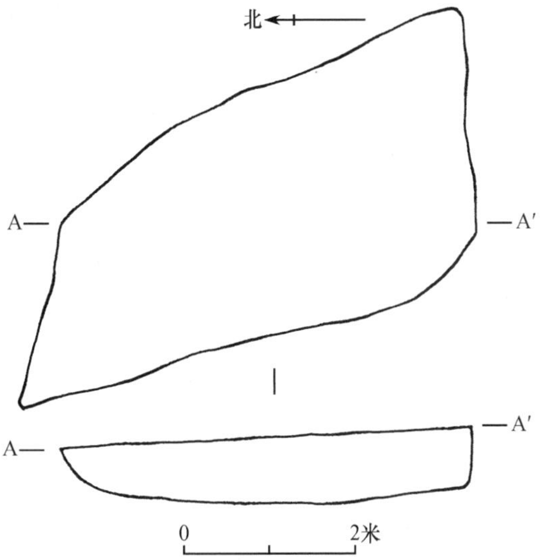

图八　H4平、剖面图

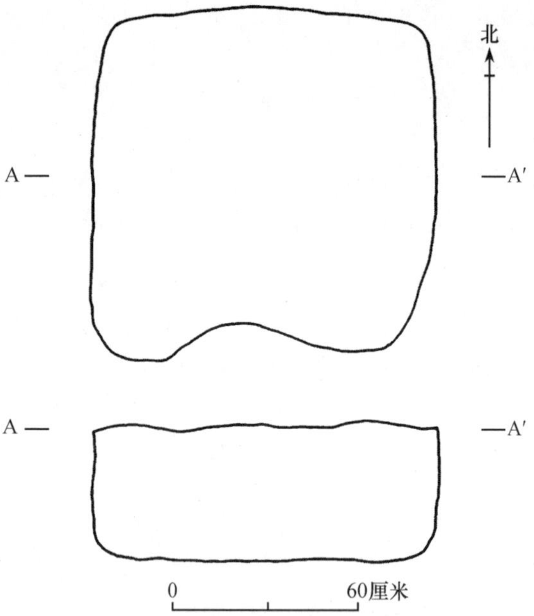

图九 H5平、剖面图

杯以及板瓦；陶质以夹砂灰陶、泥质红陶为主，还有少量的泥质灰陶；纹饰主要为绳纹，素面很少（图九）。

（二）遗物

本期遗物以陶器为主，有少量的石器和铜器。

陶器数量、种类较多，质地以夹砂居多，泥质次之。陶色以灰色为主，另有浅褐色、红褐色、蓝色、砖红色、黑皮红褐胎、黑皮灰胎、灰皮红褐胎等。制法多为轮制，少量为手制；纹饰以绳纹为主，还有部分弦断绳纹、弦纹、篮纹、方格纹、菱形纹等。器类主要为盆、罐、瓮、钵、器盖、平底器、高柄豆、甑、尖底杯、筒瓦、板瓦等。下面按单位述之。

1. H4出土器物

陶盆 4件。H4：8，夹砂灰陶，轮制。侈口，卷沿，方圆唇，弧腹，底残。器表饰一周附加堆纹。口径56、残高13.2厘米（图一〇，1）。H4：11，夹砂灰陶，轮制。侈口，宽折沿，斜方唇，弧腹，下腹残。器表饰凸弦纹一周，外壁留有轮旋痕。口径52、残高5.6厘米（图一〇，2）。H4：15，夹砂灰陶，轮制。侈口，卷沿，方唇，唇面有一周凹槽，弧腹，下腹残。素面。口径44、残高6.4厘米（图一〇，3）。H4：16，夹砂灰陶，轮制。侈口，平折沿，尖圆唇，唇面有一周凹槽，弧腹，下腹残。器表饰凸弦纹一周，凹弦纹七周。口径36、残高8厘米（图一〇，4）。

陶罐 5件。H4：10，夹砂灰陶，轮制。敛口，平折沿，尖圆唇，无领，斜腹，下腹残。器表饰凹弦纹五周，其下饰篮纹。口径18.4、残高7.6厘米（图一〇，10）。H4：12，夹砂灰陶，轮制。侈口，卷沿，圆唇，束颈，颈以下残。素面。口径12.8、残高8.8厘米（图一〇，7）。H4：13，夹砂灰陶，轮制。侈口，折沿，斜方唇，束颈，颈以下残。口径17.6、残高4厘米（图一〇，9）。H4：14，夹砂灰皮红胎陶，轮制。侈口，卷沿，尖圆唇，束颈，颈以下残。口径16、残高5.2厘米（图一〇，8）。H4：20，夹砂灰陶，轮制。敛口，圆唇，折肩，肩以下残。器表饰凹弦纹一周。口径28、残高5.6厘米（图一〇，6）。

陶瓮 3件。H4：9，夹砂灰陶，轮制。敛口，厚圆唇，无领，广肩，下部残。唇部饰两周凹弦纹。口径25.6、残高3.6厘米（图一〇，5）。

陶钵 3件。H4：4，夹砂灰陶，轮制。敞口，尖圆唇，微折腹，腹中部急内收，平底。器表饰凹弦纹两周。内、外壁均留有旋痕。口径17.6、底径5.6、高6厘米（图一〇，11）。H4：5，夹砂灰陶，轮制，内壁留有轮旋痕。敞口，尖圆唇，微折腹，腹中部急内收，底残。器表饰凹弦纹两周。口径18.4、残高4厘米（图一〇，12）。H4：19，夹砂灰陶，轮制。敛

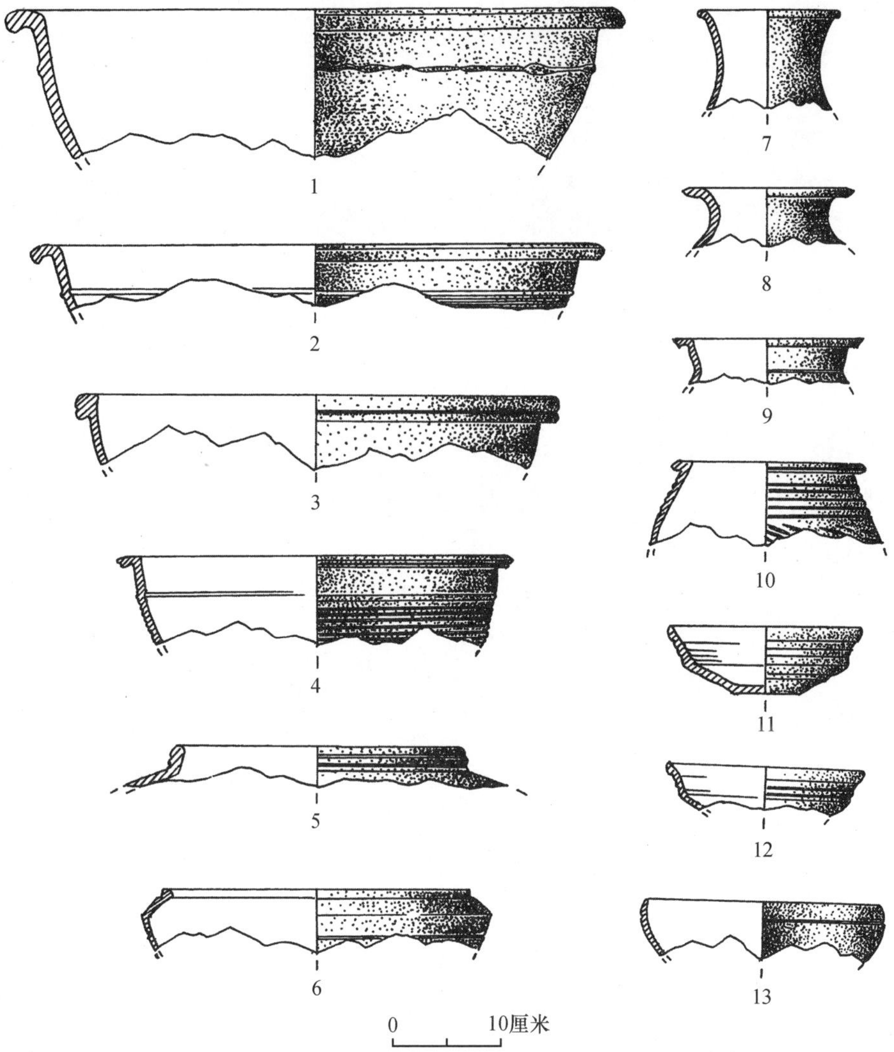

图一〇　H4出土陶器

1～4. 盆（H4：8、H4：11、H4：15、 H4：16）　5. 瓮（H4：9）　6～10. 罐（H4：20、 H4：12、 H4：14、H4：13、H4：10）　11～13. 钵（H4：4、H4：5、H4：19）

口，尖圆唇，耸鼓腹，底残。器表饰凹弦纹一周。口径21.6、残高5.6厘米（图一〇，13）。

陶筒瓦　1件。H4：7，夹砂灰陶，模制。长条形，剖面呈拱形，一端平齐，一端残。器表饰斜向粗绳纹，内壁饰横向间断绳纹。残长27.2、宽17.2、厚1.2厘米（图一一，2）。

陶板瓦　1件。H4：6，夹砂灰褐陶，模制。长条形，剖面呈弧形，一端平齐，一端残。器表饰粗绳纹，上部磨掉，仅残留痕迹；内壁有压印麻点。残长30、宽33.2、厚1.2厘米（图一一，1）。

陶饰件　1件。H4：3，泥质灰陶，手制。上部盘成涡形，下部呈锥形。素面。长4.5厘米（图一一，5）。

铜环　1件。H4：1，青铜质，模制。圆环形。素面。外径2、内径1.4厘米（图一一，3）。

铜饰件　1件。H4：2，青铜质，模制。圆柱体，实心，上端弧形，下端平，中上部1/3处

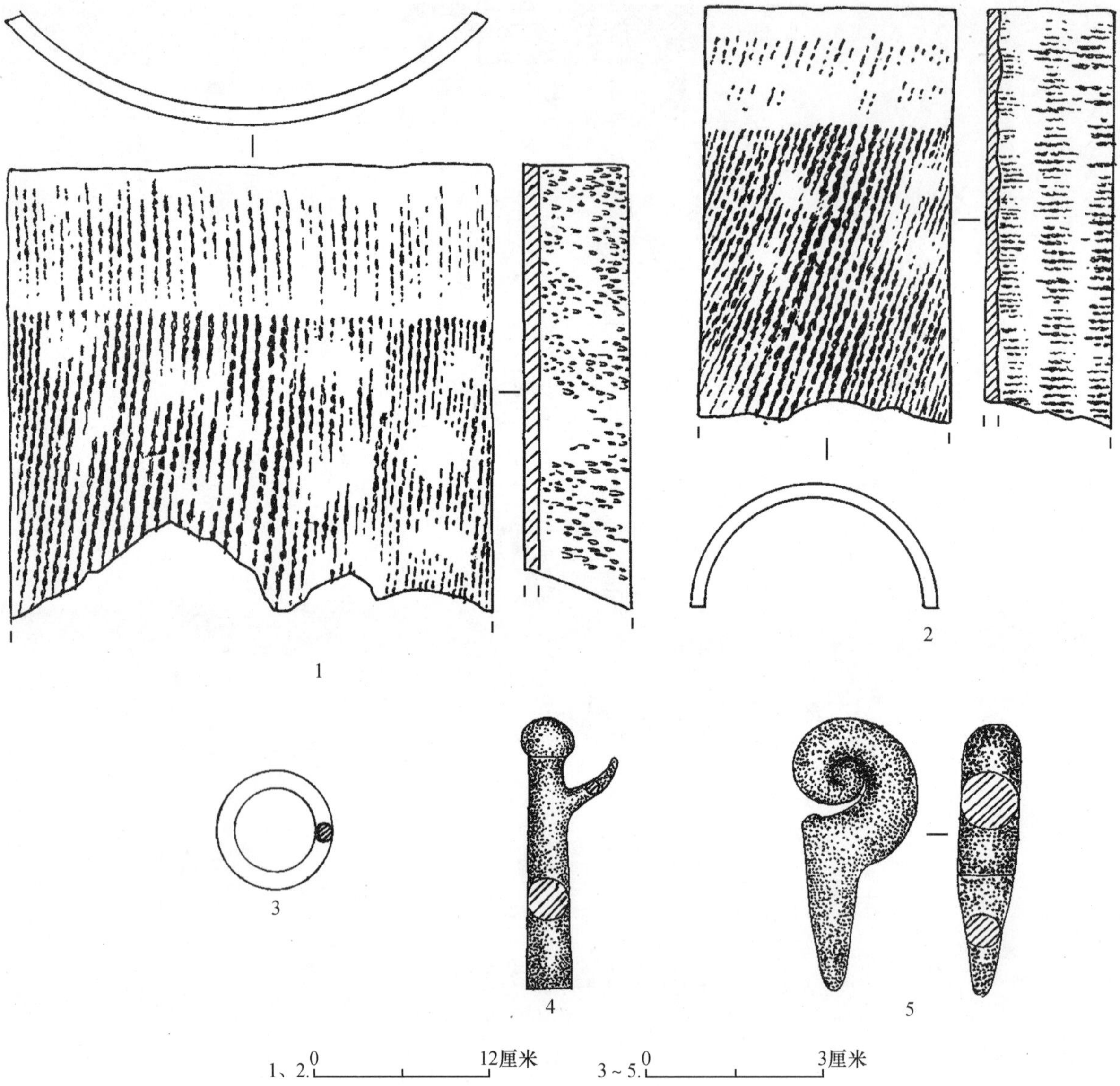

图一一　H4出土器物

1. 陶板瓦（H4：6）　2. 陶筒瓦（H4：7）　3. 铜环（H4：1）　4. 铜饰件（H4：2）　5. 陶饰件（H4：3）

伸出一小叉。素面。长4.5、底径0.7厘米（图一一，4）。

2. T338⑤出土器物

陶瓮　3件。T338⑤：2，泥质灰陶，轮制。微侈口，卷沿，圆唇，直领，广肩，肩以下残。素面。口径12、残高3.2厘米（图一二，1）。T338⑤：3，泥质灰陶，轮制。残存口部，直口，方唇。素面。口径12.8、残高2.4厘米（图一二，2）。T338⑤：4，夹砂浅灰陶，轮制。敛口，卷沿微侈，方唇，广肩，肩以下残。器表饰纵向绳纹。口径21.6、残高5.6厘米（图一二，3）。

陶钵　1件。T338⑤：1，夹砂浅灰陶，轮制。敛口，圆唇，弧腹，腹部有一圆孔，底残。素面。口径14.4、残高4厘米（图一二，4）。

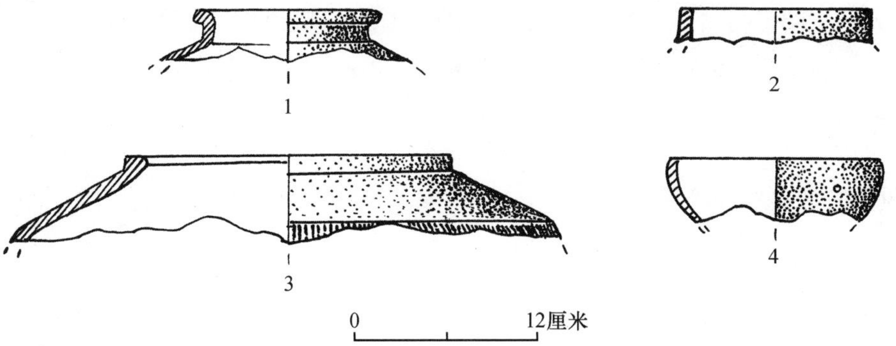

图一二　T338⑤出土陶器

1～3. 瓮（T338⑤：2、T338⑤：3、T338⑤：4）　4. 钵（T338⑤：1）

3. T338④出土器物

陶盆　3件。T338④：2，泥质灰陶，轮制。微敛口，折沿，尖圆唇，弧腹，平底。器表饰细绳纹，并有凸弦纹一周。口径20、残高8厘米（图一三，2）。T338④：3，夹砂灰陶，轮制，外壁留有轮旋痕。敞口，卷沿，尖圆唇，弧腹，底残。器表饰凸弦纹一周。口径44、残高12.8厘米（图一三，1）。T338④：4，夹砂灰陶，轮制。仅残存口沿部分，敛口，折沿，尖圆唇。素面。口径43.2、残高3.2厘米（图一三，3）。

陶瓮　2件。T338④：1，夹砂灰陶，轮制。敛口，圆唇，广肩，肩以下残。素面。口径28、残高4.8厘米（图一三，5）。T338④：7，夹砂灰褐陶，轮制。直口，方唇，广肩，肩以下残。器表饰纵向绳纹及凸弦纹一周。口径18.4、残高3.6厘米（图一三，7）。

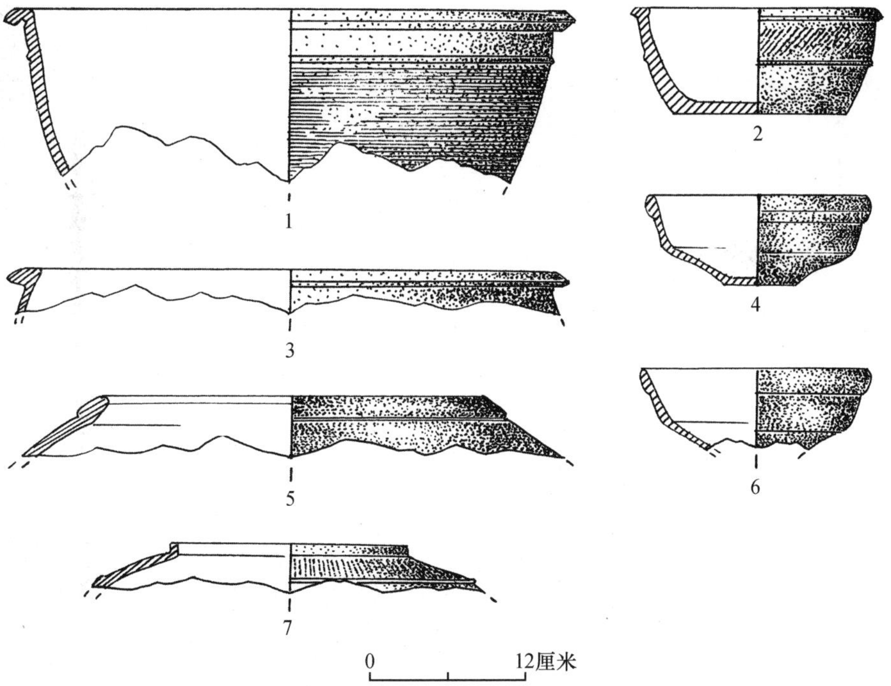

图一三　T338④出土陶器

1～3. 盆（T338④：3、T338④：2、T338④：4）　4、6. 钵（T338④：5、T338④：6）

5、7. 瓮（T338④：1、T338④：7）

陶钵 2件。T338④：5，泥质灰陶，轮制。敞口，圆唇，折腹，小平底。素面。口径17.6、高6.8、底径5.6厘米（图一三，4）。T338④：6，夹砂浅灰陶，轮制。敞口，圆唇，折腹，底残。素面。口径18.4、残高6厘米（图一三，6）。

4. T338 ③出土器物

陶仓 1件。T338③：1，夹砂灰黑陶，轮制。敛口，卷沿微侈，圆唇，折肩，微鼓腹，下腹残。素面，器表留有旋痕。口径13.6、残高5.6厘米（图一四，1）。

陶罐 1件。T338③：2，夹砂灰陶，轮制。侈口，平折沿，圆唇，束颈，颈以下残。素面。口径14.4、残高4.4厘米（图一四，2）。

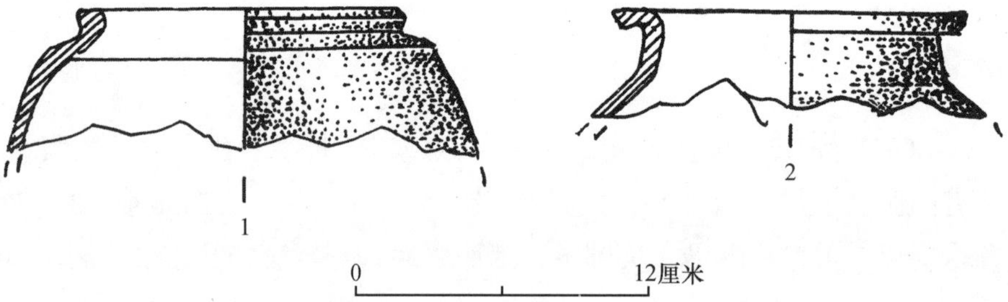

图一四 T338③出土陶器

1. 仓（T338③：1） 2. 罐（T338③：2）

5. T328 ③出土器物

陶盆 1件。T328③：1，夹砂灰皮红褐陶，轮制。侈口，平折沿，方唇，折腹，底残。素面。口径32、残高7.2厘米（图一五，1）。

陶高领罐 1件。T328③：2，夹砂浅灰陶，轮制。侈口，卷沿，方唇，微束颈，颈以下残。素面。口径12、残高3.2厘米（图一五，4）。

陶器盖 2件。T328③：3，夹砂黑皮红褐胎陶，手制。圆形纽，纽中心凸出，弧背盖。纽径5.6、残高3.6厘米（图一五，2）。T328③：4，夹砂黑皮红褐胎陶，手制。圆形纽，纽中心凸出，盖残。素面。纽径4.8、残高2.8厘米（图一五，3）。

陶瓦当 1件。T328③：5，泥质灰陶，模制。残存右半部，上部圆弧形，下部残。饰凹弦纹和卷云纹。残长8、残高5.2、厚1.5厘米（图一五，8）。

陶甑箅 1件。T328③：6，泥质浅灰陶，手轮合制。残存甑底，其上有圆孔。底径16、残高1.6厘米（图一五，5）。

陶筒瓦 1件。T328③：7，夹砂灰陶，模制。长条形，剖面呈拱形，两端均残。器表饰绳纹和弦纹，深浅不一，背面为布纹。残长10、残宽12、厚0.8厘米（图一五，6）。

陶尖底杯 1件。T328③：8，泥质红陶，手制。残存尖底部分。素面。残高2.8、底壁厚0.2～0.6厘米（图一五，7）。

6. T381 ⑥出土器物

陶盆 6件。T381⑥：1，夹砂浅灰陶，轮制。侈口，平折沿，斜方唇，唇面有一周凹槽，

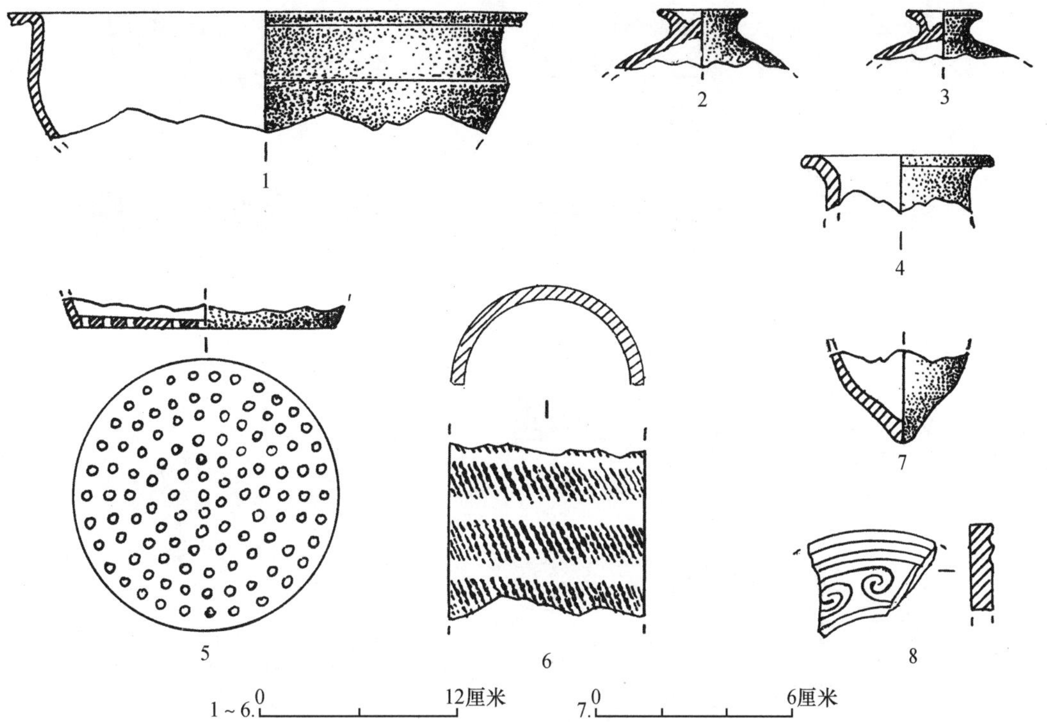

图一五　T328③出土陶器

1. 盆（T328③：1）　2、3. 器盖（T328③：3、T328③：4）　4. 高领罐（T328③：2）　5. 甑箅（T328③：6）　6. 筒瓦（T328③：7）　7. 尖底杯（T328③：8）　8. 瓦当（T328③：5）

弧腹，底残。外壁有抹压痕，内壁留有旋痕。器表饰凸弦纹一周，凹弦纹三周。口径40、残高11.2厘米（图一六，1）。T381⑥：2，夹砂浅灰陶，轮制，外壁留有轮旋痕。侈口，卷沿，圆唇，弧腹，底残。器表饰凹弦纹一周，内壁有凹弦纹三周。口径32、残高10.8厘米（图一六，7）。T381⑥：3，夹砂浅灰陶，轮制。侈口，宽折沿微下垂，方唇，弧腹，下腹残。器表饰凹弦纹两周。外壁留有轮旋痕。口径40、残高7.2厘米（图一六，2）。T381⑥：4，夹砂浅灰陶，轮制。侈口，折沿微下垂，斜方唇，弧腹，下腹残。器表饰凸弦纹一周。外壁留有旋痕。口径44、残高9.6厘米（图一六，3）。T381⑥：5，夹砂浅灰陶，轮制。侈口，卷沿，圆唇，唇面有一周凹槽，弧腹，下腹残。器表饰凸弦纹一周。外壁留有轮旋痕。口径36、残高7.6厘米（图一六，8）。T381⑥：6，夹砂黑皮红褐胎陶，轮制。侈口，卷沿，圆唇，腹残。器表饰凹旋纹三周。口径44、残高4.8厘米（图一六，4）。

陶豆盘　1件。T381⑥：7，夹砂浅灰陶，轮制。敞口，斜直壁，浅腹，平底。素面。口径23.2、底径21.6、残高3.2厘米（图一六，9）。

陶甑箅　1件。T381⑥：8，泥质浅灰陶，手制。残存两个圆形箅孔。素面。残长12、残宽7.2、厚0.8厘米（图一六，12）。

陶瓮　2件。T381⑥：9，夹砂浅灰陶，轮制。敛口，斜高领，卷沿，尖圆唇，广肩，肩以下残。素面。口径26.4、残高6.8厘米（图一六，5）。T381⑥：12，泥质灰陶，轮制。微侈口，卷沿，圆唇，矮领，广肩，肩以下残。口沿下饰一道凹弦纹，器身素面。口径22.8、残高4厘米（图一六，6）。

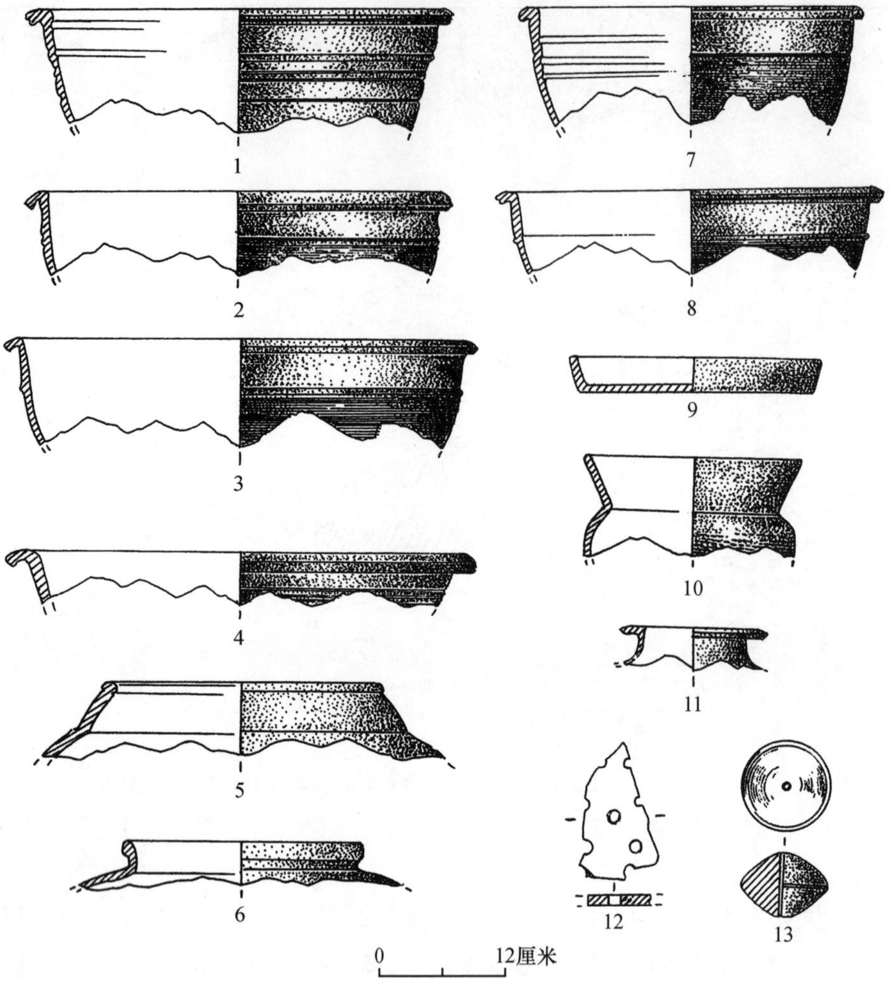

图一六 T381⑥出土陶器

1～4、7、8. 盆（T381⑥：1、T381⑥：3、T381⑥：4、T381⑥：6、T381⑥：2、T381⑥：5）
5、6. 瓮（T381⑥：9、T381⑥：12） 9. 豆盘（T381⑥：7） 10、11. 罐（T381⑥：11、T381⑥：13）
12. 甑箅（T381⑥：8） 13. 算珠（T381⑥：10）

陶罐 2件。T381⑥：11，夹砂灰陶，轮制。敞口呈喇叭形，宽斜折沿，圆唇，鼓肩，肩以下残。器表饰绳纹。口径20、残高8.8厘米（图一六，10）。T381⑥：13，夹砂灰陶，轮制。敛口，平折沿，尖圆唇，微束颈，颈以下残。素面。口径13.6、残高3.6厘米（图一六，11）。

陶算珠 1件。T381⑥：10，泥质青灰陶。梭形，腰部饰三条细弦纹。直径4、高2.8厘米（图一六，13）。

7. T383 ④出土器物

陶钵 1件。T383④：1，夹砂黑皮灰胎陶，轮制。敞口，尖圆唇，折腹，腹中部内收，平底。上腹饰两道凸弦纹。口径21.6、底径7.2、高7.2厘米（图一七，3）。

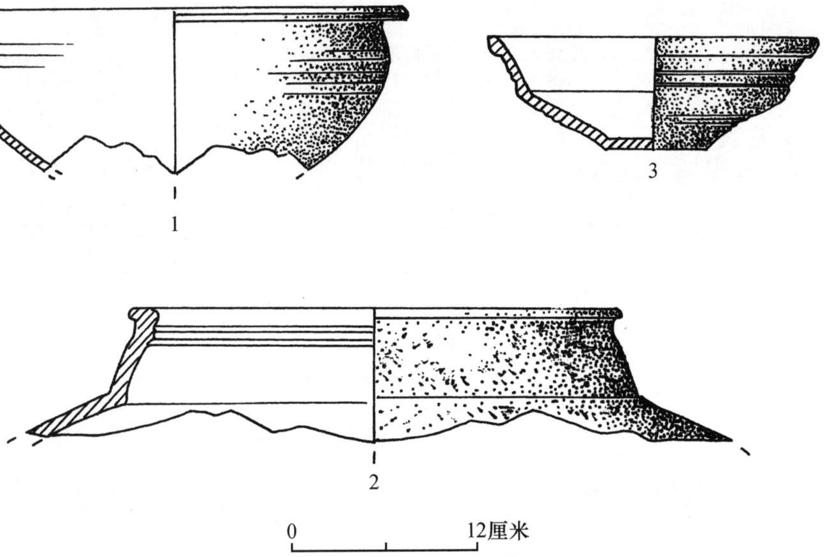

图一七　T382④、T382⑥、T383④出土陶器

1. 盆（T382④：1）　2. 瓮（T382⑥：1）　3. 钵（T383④：1）

8. T382 ④出土器物

陶盆　1件。T382④：1，夹砂灰陶，轮制。侈口，卷沿，方唇，鼓腹，底残。素面。内外壁均留有旋痕。口径30.4、残高10.4厘米（图一七，1）。

9. T382 ⑥出土器物

陶瓮　1件。T382⑥：1，夹砂灰皮红胎陶，轮制。敛口，卷沿，尖圆唇，高领微鼓，广肩，肩以下残。素面，内壁有两周凹槽。口径32、残高8.4厘米（图一七，2）。

10. T371 ⑥出土器物

陶笼圈形模型明器　1件。T371⑥：1，泥质灰陶，合范模制。长方体笼状。外壁饰斜向绳纹，内壁饰横向绳纹，底及另外三壁均有三条长条形孔。平面长14.8、宽14.4、残高13.2厘米（图一八，6）。

11. T371 ⑤出土器物

陶筒瓦　2件。T371⑤：1，泥质灰陶，模制。长条形，剖面呈拱形，一端平齐，一端残。器表饰斜向粗绳纹，深浅不一。残长18、残宽12、厚0.7厘米（图一八，2）。T371⑤：2，夹砂灰陶，模制。长条形，剖面呈拱形，一端平齐，一端残。器表饰斜向粗绳纹。残长10.4、宽16.8、厚0.7厘米（图一八，1）。

陶板瓦　1件。T371⑤：3，夹砂灰陶，模制。长方形，器表饰中绳纹，印痕较浅。残长21.2、残宽21.2、厚1.3厘米（图一八，3）。

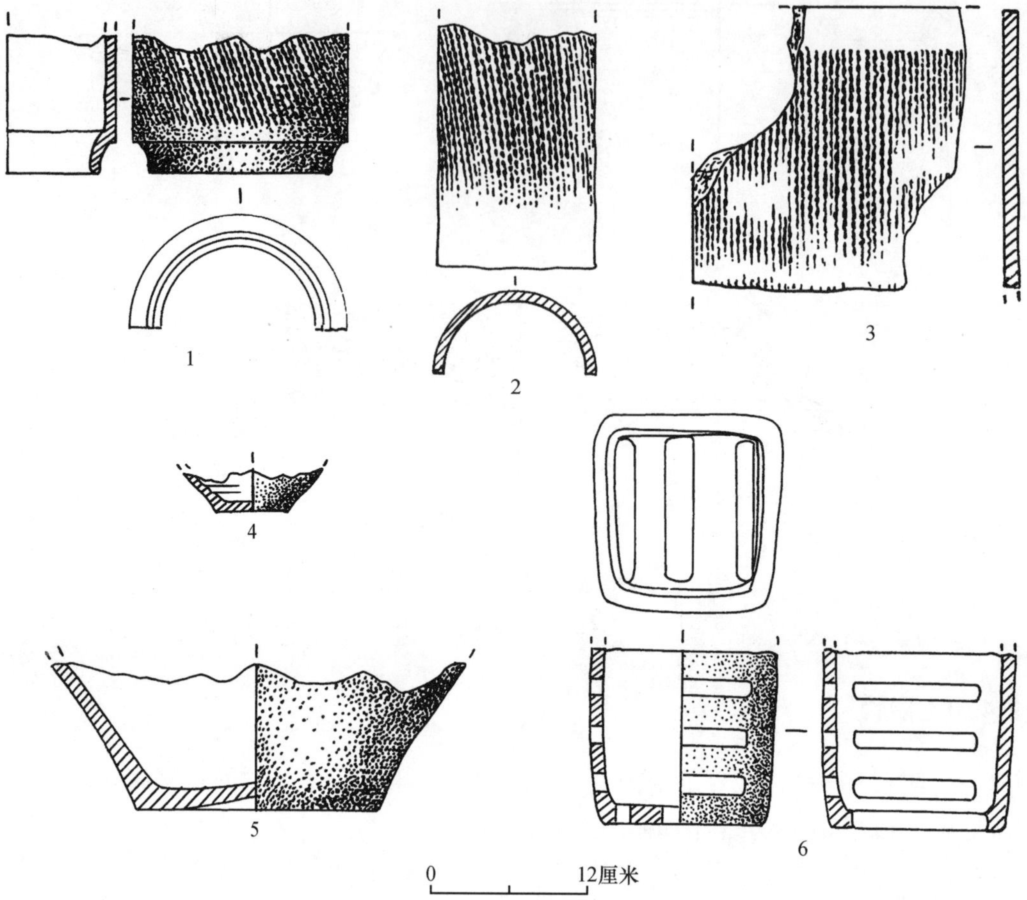

图一八 T371④、⑤、⑥出土陶器

1、2. 筒瓦（T371⑤：2、T371⑤：1） 3. 板瓦（T371⑤：3） 4、5. 器底（T371④：2、T371④：1）
6. 笼圈形模型明器（T371⑥：1）

12. T371 ④出土器物

陶器底 2件。T371④：1，泥质灰褐陶，轮制。上部残，下腹斜收，平底微凹。素面。底径19.2、残高11.2厘米（图一八，5）。T371④：2，泥质红皮灰胎陶，轮制。上部残，下腹弧收，平底。内壁留有轮旋痕。底径6、残高3.2厘米（图一八，4）。

13. T372 ⑥出土器物

瓷四系罐 1件。T372⑥：4，灰褐胎，青黄色釉。轮制。敛口，折沿，圆唇，鼓腹，上腹部有四系，底残。四系、上腹施化妆土，外部施釉不到底。口径16、残高15.6厘米（图一九，4）。

石镞 1件。T372⑥：1，石质，青绿色石磨制而成。平面呈铲形。素面。残长12厘米（图一九，2）。

14. T372 ⑦出土器物

陶筒瓦 1件。T372⑦：1，泥质灰陶，模制。长条形，剖面呈拱形，一端平齐，一端残。器表饰粗绳纹。残长14、残宽15.2、口部宽12.8、厚0.4厘米（图一九，1）。

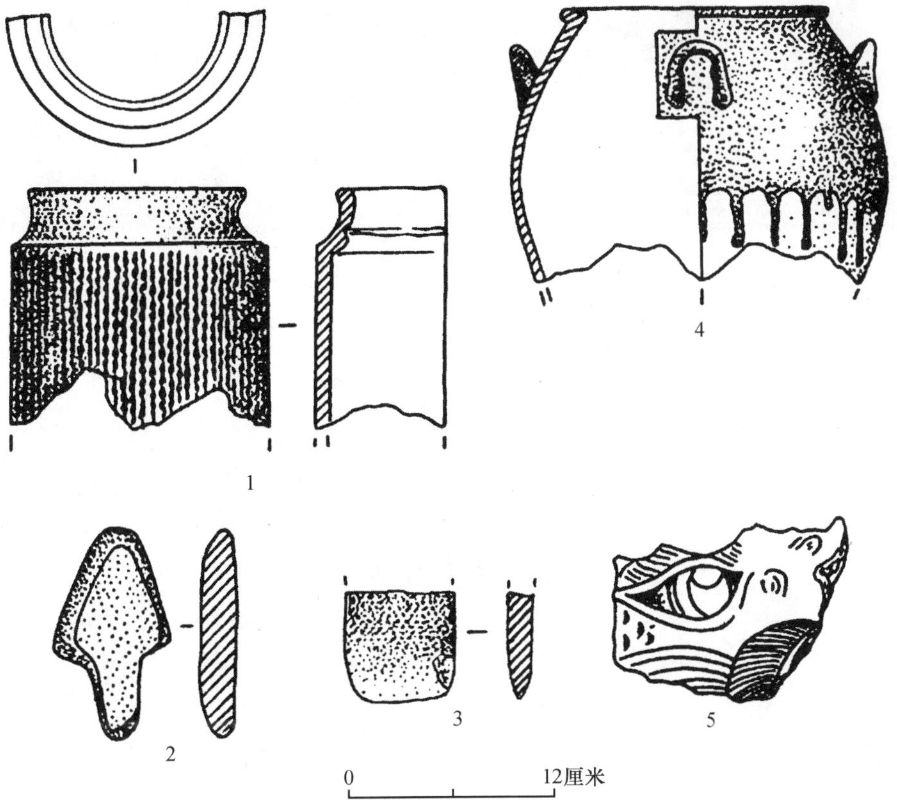

图一九　T371②、T372⑥、T372⑦出土器物

1. 陶筒瓦（T372⑦：1）　2. 石镞（T372⑥：1）　3. 石斧（T371②：1）　4. 瓷四系罐（T372⑥：4）
5. 陶兽面建筑构件（T372⑦：2）

陶兽面建筑构件　1件。T372⑦：2，泥质灰陶，模制。残存兽面部分，形似狮头。残长14、残宽10.6厘米（图一九，5）。

15. T371 ②出土器物

石斧　1件。T371②：1，浅青灰色砂石磨制而成。圆角方形，下端完整，上部残。残长6.4、宽6.4、厚1.6厘米（图一九，3）。

16. T384 ④出土器物

陶钵　1件。T384④：2，夹砂灰陶，轮制。敛口，圆唇，略鼓腹，平底。器表留有轮旋痕。口径18、高6厘米（图二〇，2）。

陶兽面瓦当　1件。T384④：1，泥质灰皮红胎陶，手制。残存兽面部分。残长9、残宽8.4厘米（图二〇，1）。

17. T384 ⑤出土器物

陶瓮　1件。T384⑤：1，夹砂灰陶，轮制。敛口，卷沿，圆唇，广肩，肩以下残。素面。口径40、残高4.4厘米（图二〇，3）。

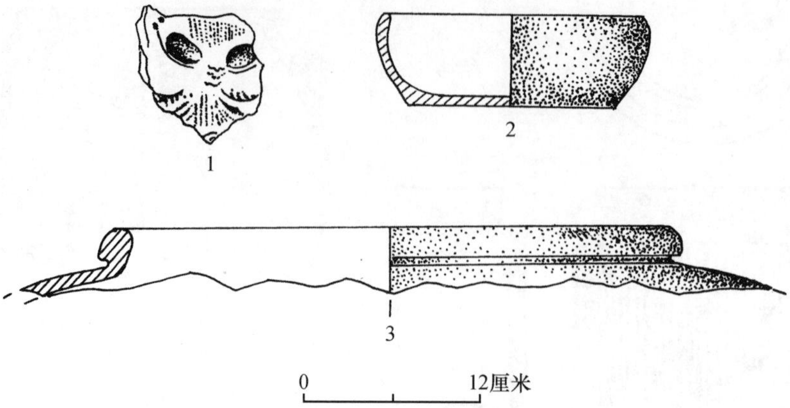

图二〇　T384④、⑤出土陶器

1. 兽面瓦当（T384④：1）　2. 钵（T384④：2）　3. 瓮（T384⑤：1）

三、第二期遗存

（一）遗迹

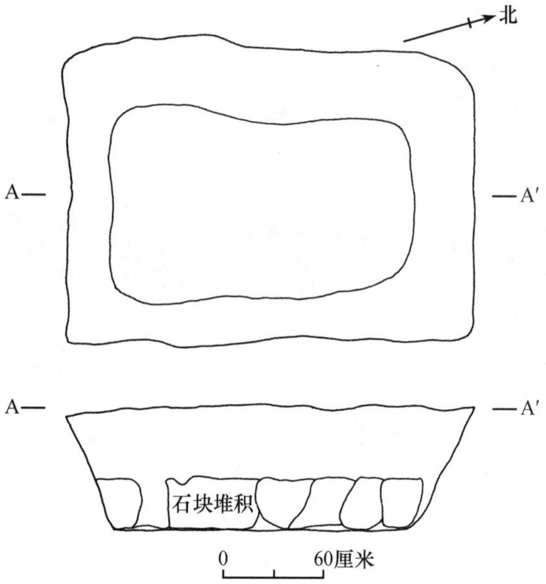

图二一　H3平、剖面图

本期遗迹有灰坑1个，窑址1座。

H3　位于T328的东北部。开口于第1层之下，打破第2层。平面呈长方形，口长240、宽150、深70厘米，内弧壁，坑壁及坑底抹铺石灰，厚约0.8厘米。灰坑内填土堆积从上到下可分为二层，其中第1层为灰土堆积，土质疏松，厚度约为40厘米，无包含物。第2层为石块堆积，这些石块大小不一，随意地错落堆积在一起，厚度约为30厘米（图二一）。

Y2　位于T385的东北角，向北延伸至T384内。开口于第3层下，打破生土层。由工作通道、窑门、窑室组成。方向为260°。工作通道长方形，残长80、宽68～80、深108厘米，两壁光滑。窑门长方形，石块垒砌而成，高47、宽24厘米。窑门之上为探火孔，石块垒砌而成，方形，高16、宽24厘米。窑室平面呈圆形，直壁，顶部残，直径250、残存高度130厘米，由火膛、窑床、火道、烟道等部分组成。火膛马蹄形，进深80、深52厘米。窑床为圆形，平整。火道环形，分布在窑床边缘，长度约为窑底周长的4/5，宽12、深14厘米。烟道3个，其中1号烟道与窑门相对，另两个偏于其南边，长条形，大小不等。1号烟道进深19、宽10、残高128厘米；2号烟道进深16、宽约14、残高120厘米；3号烟道进深20、宽14、残高120厘米（图二二；彩版二〇七）。窑壁烧结厚度约6、受热厚度约20厘米。窑壁因使用时间较长而呈青灰色，窑壁外由于温度扩散的原因而分别呈红褐色和浅褐色。

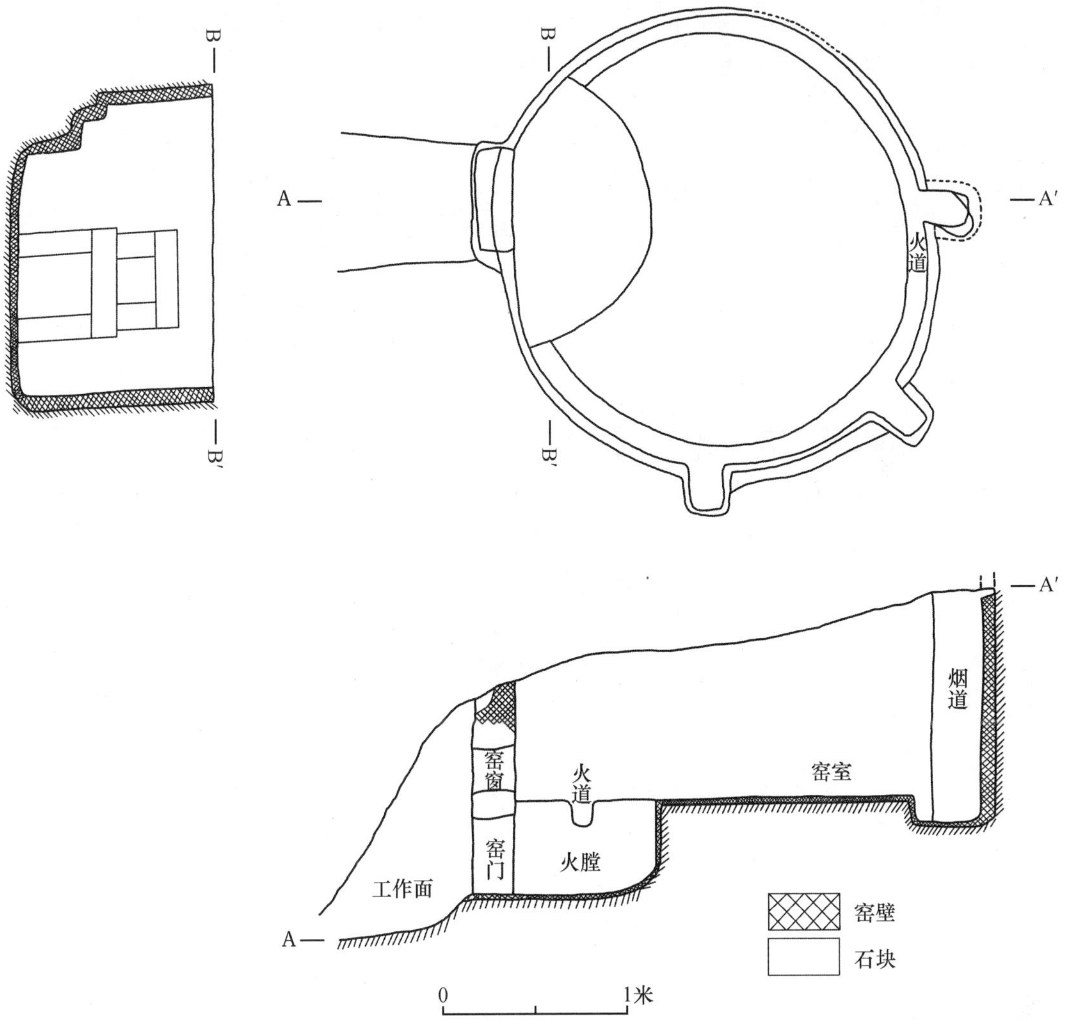

图二二　Y2平、剖面图

窑内堆积根据土质、土色及包含物的变化可以分为三层。第1层为黄褐色土，土质较纯净，结构较致密，黏土，厚0～30厘米，仅分布在地势较低的南部，面积约占窑平面面积的9/10，此层基本无包含物。第2层为灰土层，土质较为疏松，厚10～34厘米。此层在整个窑面均有分布，内含大量红烧土颗粒、炭粒，包含物以碎陶片为主，另有少量碎瓷片。器物种类有板瓦、瓷碗等；陶质陶色以夹砂灰陶为主，泥质灰陶和泥质红陶很少；纹饰以素面为主，绳纹次之。第3层为黑土层，主要为残窑壁夹杂少量灰土，厚84～120厘米。内含红烧土块、大石块以及大量塌陷窑壁。包含物以碎陶片为主，另外发现有几大块厚胎素面板瓦，另有少量碎瓷片。从器物类型上看，陶器器类主要为板瓦，瓷器碎片较少且小，尚不能辨别器形；陶质陶色上以夹砂灰陶为主，泥质灰陶很少；纹饰以素面为主，绳纹次之。

（二）遗物

1. Y2 出土器物

陶板瓦　1件。Y2③：1，夹砂灰陶，模制。厚胎，长条形，剖面呈拱形，一端平齐，一端残。素面，内壁有布纹。残长15.2、宽22、厚2.2厘米（图二三，1）。

瓷碗　1件。Y2③：2，灰白胎，乳白釉。轮制。仅存底部，矮圈足微外撇。素面。底径6.4、残高2.6厘米（图二三，2）。

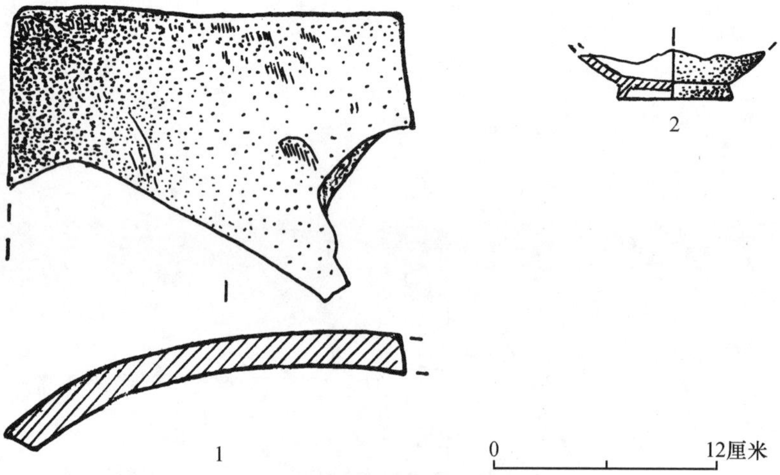

图二三　Y2出土器物

1. 陶板瓦（Y2③：1）　2. 瓷碗（Y2③：2）

2. T346 ②出土器物

瓷碗　1件。T346②：1，白胎，浅青釉。轮制。上部残，曲腹，矮圈足。器表饰点状青花，内壁饰青釉两周，底部饰青花图案，纹样不清。底径4.8、残高4厘米（图二四，2）。

瓷盏　1件。T346②：2，灰白胎，乳白釉。轮制。上部残，斜腹较直，圆饼形足。素面，内壁有釉下纹饰，纹样不清。底径3.2、残高3.2厘米（图二四，3）。

瓷罐　1件。T346②：3，灰褐胎，酱釉。轮制。侈口，尖圆唇，短颈微束，溜肩，鼓腹，底残。颈部有凸弦纹一周，器表饰同心圆花形及宝相花。口径12、残高19.2厘米（图二四，1）。

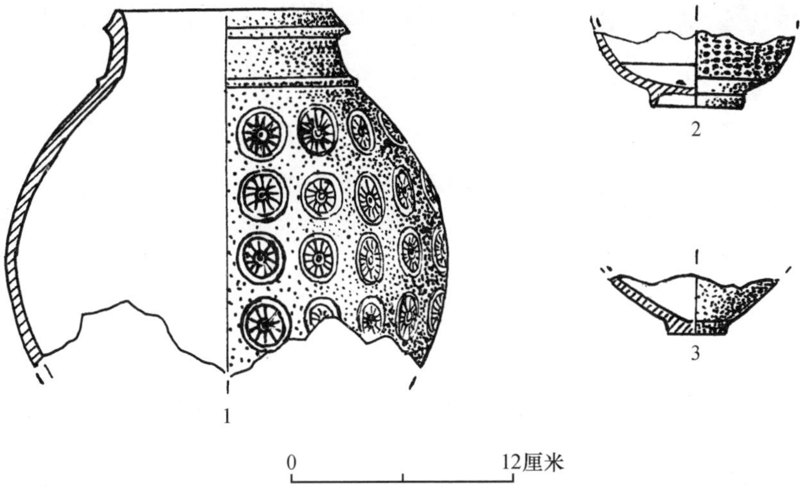

图二四　T346②出土器物

1. 瓷罐（T346②：3）　2. 瓷碗（T346②：1）　3. 瓷盏（T346②：2）

四、结　　语

第一期遗存中T381⑥：4、T381⑥：5盆，T381⑥：9瓮口与忠县杜家院子遗址M1：12盆、M1：5瓮特征相近[①]，H4：8、H4：11、H4：16盆，H4：4、H4：5钵与忠县老鸹冲AM5：6盆、AM1：11钵特征相近[②]。忠县杜家院子遗址M1年代为西汉晚期，老鸹冲AM5、AM1年代为东汉前期，故第一期遗存的年代大约在西汉晚期至东汉前期。第二期遗存中Y2出土的素面板瓦与邓家沱遗址Y1中出土的素面板瓦形制基本一致，邓家沱遗址Y1的年代为明清时期，本遗址第二期遗存的年代也大致在明清时期。

F1整体形状呈圆角长方形，前面5个柱洞中三大两小直线间隔分布，应当是檐柱；左右柱洞形制较大，应当是间柱；背部显然是以岩石为支撑，形成一座面阔、进深各两间的一面坡式房子。这类简易建筑在当地仍有孑遗。因其与南部龙滩遗址发现的龙窑属同一时代，故这一房基应该是当时窑工休息的工棚建筑。

T381⑥中发现的算盘珠属东汉时期遗物，为汉代“珠算”提供了实物资料。东汉数学家徐岳《数术记遗》载：“珠算控带四时，经纬三才。”甄鸾注云：“刻板为三分，其上下一分以定算位，位各五珠，上一珠与下四珠，色别其上。别色之珠，当其下四珠，珠各当一。至下四珠所领，故云控带四时，其珠游于三方之中，故云经纬三才也。”[③]即把木板刻为三部分，上、下两部分是停游珠用的，中间一部分是作定位用的。每位各有5颗珠子，上面一颗珠子与

① 成都市文物考古研究所、重庆市文物局、忠县文物管理所：《忠县杜家院子遗址发掘报告》，《重庆库区考古报告集·2001卷·下》，科学出版社，2007年，第1591页。

② 重庆市文物考古所、重庆市文物局：《忠县老鸹冲遗址（墓葬部分）发掘简报》，《重庆库区考古报告集·2000卷·下》，科学出版社，2007年，第844、849页。

③ 徐岳著，甄鸾注：《数术记遗》，《续修四库全书·子部·天文算法类》，上海古籍出版社，2002年，第614页。

下面四颗珠子用颜色区别，上面一颗珠子当下面四颗珠子，下面四颗珠子则每颗当一，通过拨动算盘珠来完成算术运算。

绘图：张清池　寇小石

执笔：李　锋

附表一　上油坊遗址灰坑统计表

编号	位置	层位关系	形状结构	填土及包含物	方向（°）	期别	备注
H1	T383	④→H1→⑤	平面呈不规则形，底不平。坑口长80、宽25、深22厘米	深灰色填土，夹杂有红黄两色砂石，含有大量红烧土块，出土有灰陶绳纹板瓦、筒瓦	180	一	
H2	T328	②→H2→③	平面呈梯形，内弧壁，平底。坑口长34～116、宽180、深26～60厘米	灰黑色填土，土质疏松，包含有红烧土颗粒。出土有筒瓦、板瓦及其他陶器残片	176	一	
H3	T328	①→H3→②	平面近长方形，内弧壁，平底。坑口长240、宽150、深70厘米	填土分两层：第1层为灰色填土，无包含物。厚40厘米。第2层为石块堆积，厚30厘米	16	二	坑壁有石灰涂抹加工痕迹
H4	T384	④→H4→⑤	平面呈不规则形，南壁近直，北壁弧收，底较平。坑口长径480、短径190、深60厘米	黄褐色填土，包含有红烧土颗粒。出土大量陶器残片，可辨器形有盆、瓮、罐、豆、钵、甑等。另有青铜饰件、铜环	180	一	
H5	T374	③→H5→生土	平面近方形，直壁，平底。坑口长105、宽108、深45厘米	深灰褐色土，土质致密、坚硬、有黏性，厚20～37厘米，其中包含物有大量的红烧土块、炭粒、大石块以及陶器碎片等	90	一	该坑东壁为石壁，其余三壁为黄沙土

附表二　上油坊遗址窑址统计表

编号	位置	层位关系	形状结构	主要包含物	方向（°）	期别	备注
Y1	T387	③→Y1→④	仅残存底部，近椭圆形，弧壁圜底。长140、宽100、深50厘米	少量绳纹灰陶、素面红陶残片。可辨器形有板瓦、尖底杯等	190	一	
Y2	T384、T385	③→Y2→生土	平面近圆形，直径250厘米，由窑门、火膛、窑床、火道、烟道组成	素面板瓦、瓷碗	260	二	
Y3	T338	①→Y3→⑥	平面呈梯形，南部被破坏。残长320、深32厘米。整体呈槽状，壁、底均为红胶泥	红色扰土，包含有小石块、砂粒及蛋壳状碎屑	15	不详	

附表三　上油坊遗址房址统计表

编号	位置	层位关系	形状结构	主要包含物	方向（°）	期别	备注
F1	T346、T336及其东扩部分	⑥→F1→生土	平面呈圆角长方形，长1490厘米。共有7个柱洞	无遗物出土	189	一	推测为工棚

忠县渔洞十一队墓地2003年度发掘简报

郑州大学历史学院
忠县文物管理所

一、地理环境和发掘经过

忠县渔洞十一队墓地位于重庆市忠县洋渡镇渔洞村，南距洋渡镇约3千米，北距县城约20千米（图一）。墓地坐落在村西百米处的山前台地上，台地南北约200、东西约150米，东经107°56′49″，北纬30°10′05″，东南海拔160、西北海拔150米。台地西侧是由南向北奔流的长江，南北两侧为谷底，北为渔洞十一队，南为渔洞十二队。

1994年北京大学三峡库区考古队调查发现该墓地。2001年郑州大学三峡考古队曾对该墓地进行了第一次发掘，共发掘5座墓葬①。

第二次发掘工作于2003年10月开始，至12月结束。开挖10米×10米探方15个（图二），发掘面积1500平方米，共发现墓葬1座、灰坑1座、窑址2座。此次发掘的墓葬，接第一次发掘的墓葬连续编号。

二、地层堆积与分期

（一）地层堆积

以T3、T4、T8三个探方为代表。

1. T3 北壁

T3　位于遗址南部，靠近长江台地断崖边沿，北邻T4（图三）。

第1层：耕土层。呈东高西低分布。厚10～55厘米。浅灰色花土，土质疏松。包含物有现代瓦片和砖块等。其下开口一近代扰坑，包含物有现代瓷片、塑料等杂物。扰坑东部叠压第2A层，西部叠压H1。

第2A层：深35～55、厚0～40厘米。浅灰色，黏土，土质较上层紧密，但仍较疏松。包含物有青花瓷、陶罐、陶盆、瓦等残片。瓦较现代瓦大，陶胎较厚，素面。青花瓷釉色较为灰暗。为明清文化层。

---

① 郑州大学历史学院、忠县文物管理所：《忠县渔洞十一队墓地2001年度发掘简报》，见本书。

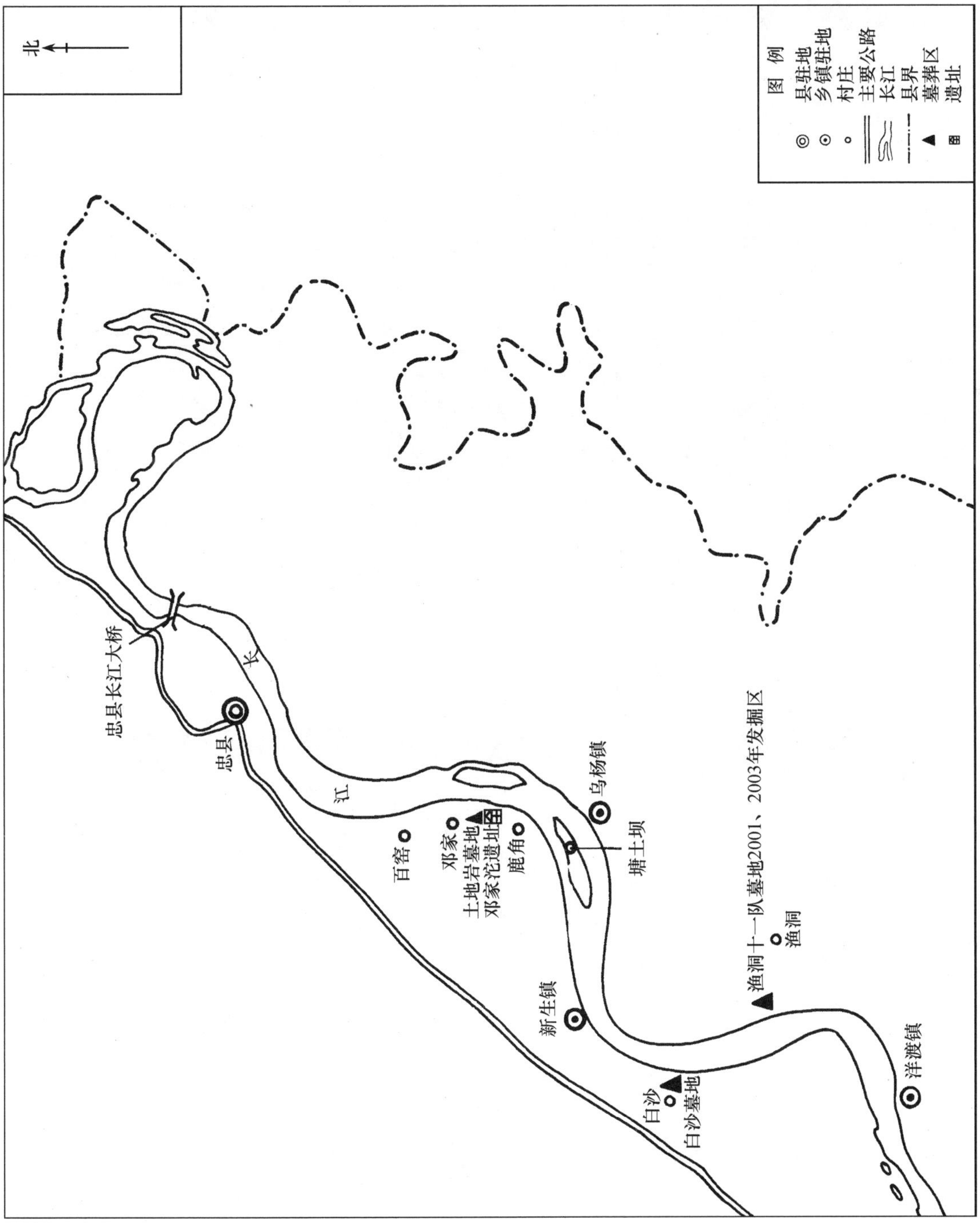

图一 渔洞十一队墓地位置示意图

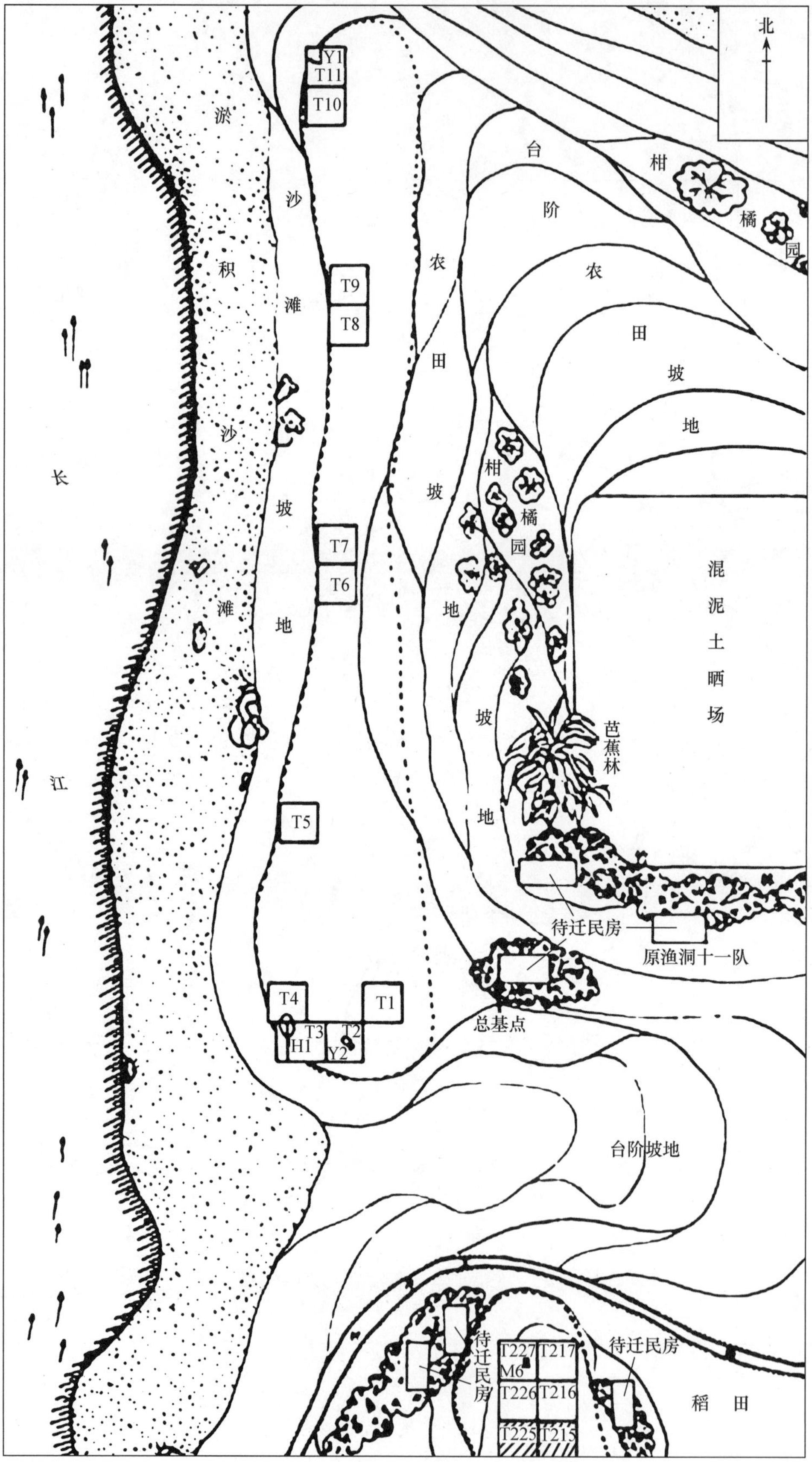

0　20米

图二　渔洞十一队墓地2003年度发掘布方位置示意图

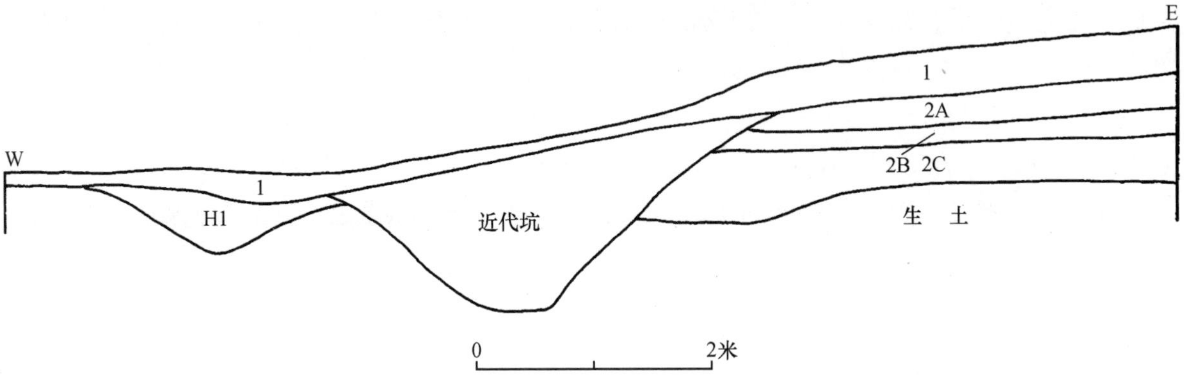

图三　T3北壁剖面图

第2B层：深60～85、厚0～30厘米。土色稍发黄，黏土，结构较紧密，土质较为疏松。包含物有陶罐、陶盆、青花瓷碗、青花瓷杯等器物残片，发现有多个澄滤器残片。为明清文化层。

第2C层：深60～135、厚0～70厘米。灰褐色，黏土，结构较紧密。包含物有陶罐、陶盆、青花瓷等器物残片，出土澄滤器与第2B层澄滤器形制相似。瓦片也较现代瓦厚大。为明清文化层。

H1出土器物较为丰富，器形主要有陶花边口沿罐、高领罐、尖底器、三足器、折沿罐、网坠等。

第2C层和H1下为生土。

2. T4 南壁

T4位于遗址的中部，靠近长江台地断崖边沿位置，北与T5相望，南与T3相邻（图四）。

第1层：耕土层。东部高，西部低。厚10～60厘米。浅灰色，五花土，土质较为疏松，结构不紧密。包含物有现代塑料等杂物。其下开口一近代扰坑，包含物有现代瓷片、塑料等杂物。

扰坑东部叠压第2A层，西部叠压H1。

第2A层：深40、厚0～25厘米。浅灰色，黏土，结构较上层紧密，土质较为疏松。包含

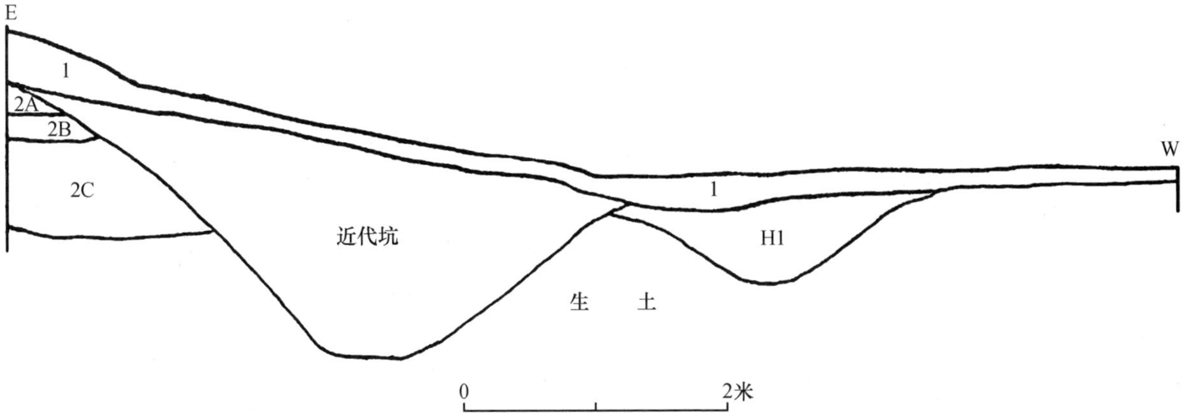

图四　T4南壁剖面图

物有青花瓷、陶罐、瓦等残片，青花瓷釉色较为灰暗，瓦较现代瓦大，且胎较厚。为明清时期堆积。

第2B层：深40～55、厚0～20厘米。灰褐色，土色稍发黄，黏土，结构紧密。包含物有青花瓷盆、澄滤器、瓦等器物残片。瓦与第2A层瓦相似。本层同为明清文化堆积。

第2C层：深55～80、厚0～75厘米。灰褐色，黏土，结构较紧密。包含物有陶盆、陶罐、青花瓷等器物残片。

H1出土器物较为丰富，器形主要有陶花边口沿罐、高领罐、尖底器、三足器、折沿罐、网坠等。

3. T8 东壁

T8位于遗址的北部，北邻T9，东、南两侧为农田，南距T7为40米，西侧为断崖台地（图五）。

第1层：耕土层。厚10～50厘米。呈东北高西南低坡状分布，西侧断崖部位该层少部无存。土色浅黄，土质较细，结构较紧密，质地一般。包含物有草木灰颗粒及塑料布、现代素面瓦片及瓷碗残片少许。

第2层：明清文化层。深10～50、厚15～85厘米。分为二亚层。

第2A层：深10～50、厚0～30厘米。黄沙淤积或沉积层，分布探方南侧大部，平面呈东高西低坡状堆积。土色发黄或浅黄，土质细而纯净，结构紧密，质地较疏松，淤积痕明显，并含有少量水锈，无包含物。应为自然淤积而成。

第2B层：深15～50、厚0～85厘米。该层东北高西南低，呈微坡状分布整个探方大部（除西侧断崖少部无存外）。浅黄褐色土，土质细而黏，结构紧密，质地较硬，土中含红烧土颗粒，出土物不丰富，仅见少量素面瓦片及青花瓷碗残片。据其出土器物推测应为明清时期文化堆积层。

第3层：深70～110、厚50～100厘米。本层呈东高西低微坡状分布整个探方大部。灰褐色，土质黏而细，结构紧密，质地坚硬，土中含红烧土颗粒，红烧土颗粒色泽较鲜红，上层较多，中层少，下层不见。出土遗物不丰富，仅见少量瓷壶、罐残片、青瓷碗残片。

另外，开口于第1层下的M6出土了31件随葬品，主要器形有舞俑、猪、狗、鸡、壶、豆、釜、罐等。

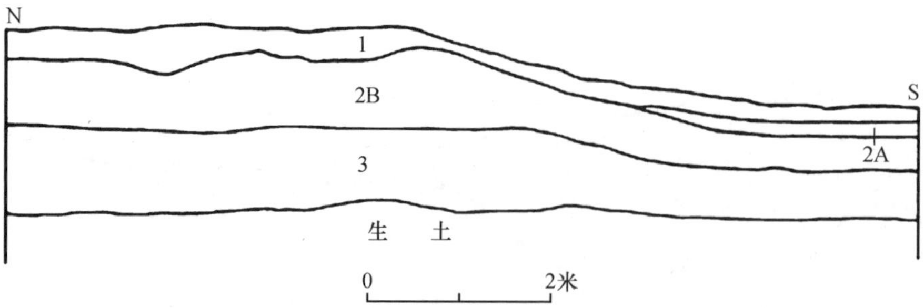

图五　T8东壁剖面图

（二）分期

根据地层关系和出土物组合与特征不同，可将本次发掘的遗存分为四期。

第一期：以H1为代表，器物组合以花边口沿罐、高领罐等为代表。

第二期：以M6代表，器物组合以舞俑、猪、狗、鸡、壶、豆、釜、罐等为代表。

第三期：以T8③等为代表，器物组合以瓷壶、瓷碗、瓷盏等为代表。

第四期：以Y1、Y2及T3②等为代表，器物组合以青花瓷碗、灯台等为代表。

三、第一期遗存

（一）遗迹

灰坑1个。编号H1。位于T4和T3（跨北隔梁部分）中，开口于第1层下，打破生土。平面形状不甚规则，弧壁内收，圜底，底部凹凸不平，坑壁坑底无加工痕迹（图六）。长500、宽40～350、最深处为105厘米。

坑内填土为灰褐色黏土，土质细，质地坚硬，呈颗粒及块状结构，内含少量红烧土颗粒。

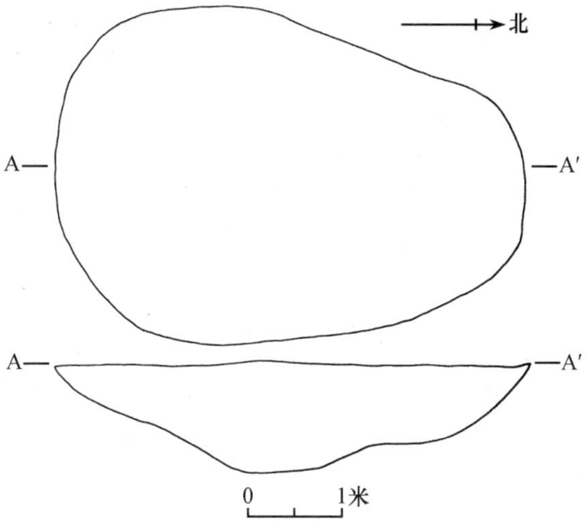

图六　H1平、剖面图

（二）遗物

出土器物较为丰富，器形有陶花边口沿罐、高领罐、素缘罐、圆肩罐、钵、网坠等。

陶花边口沿罐　5件。H1：1，夹细砂灰陶。轮制主体，手捏花边。残。侈口，卷沿，沿面外翻，尖圆唇，高领，束颈，弧腹，中腹以下残。腹饰绳纹。口径17.6、残高10.4厘米（图七，1）。H1：4，夹砂红陶。轮制主体，手捏花边。残。侈口，卷沿，圆唇，束颈，溜肩，肩以下残。腹饰指印中绳纹。口径20、残高7.6厘米（图七，3）。H1：5，夹砂红陶。轮制主体，手捏花边。残。侈口，卷沿，圆唇内敛，束颈，鼓肩，肩以下残。腹饰中绳纹。口径16、残高6厘米（图七，5）。H1：6，夹砂红陶。轮制主体，手捏花边。口沿残，侈口，卷沿，束颈，溜肩，肩以下残。腹饰棒压杂乱绳纹。口径28、残高10厘米（图七，2）。H1：8，夹砂红陶。轮制主体，手捏花边。直口，尖圆唇，弧腹，下腹残。腹饰棒压粗绳纹。口径10.4、残高6厘米（图七，6）。

陶高领罐　1件。H1：2，泥质灰陶，轮制。残。侈口，卷沿，方唇，唇面有一周凹槽，高领，束颈，溜肩，肩以下残。素面。口径14.4、残高8.4厘米（图七，8）。

陶素缘罐　1件。H1：3，夹砂红陶，轮制。残。侈口，卷沿，尖圆唇，束颈，溜肩，肩以

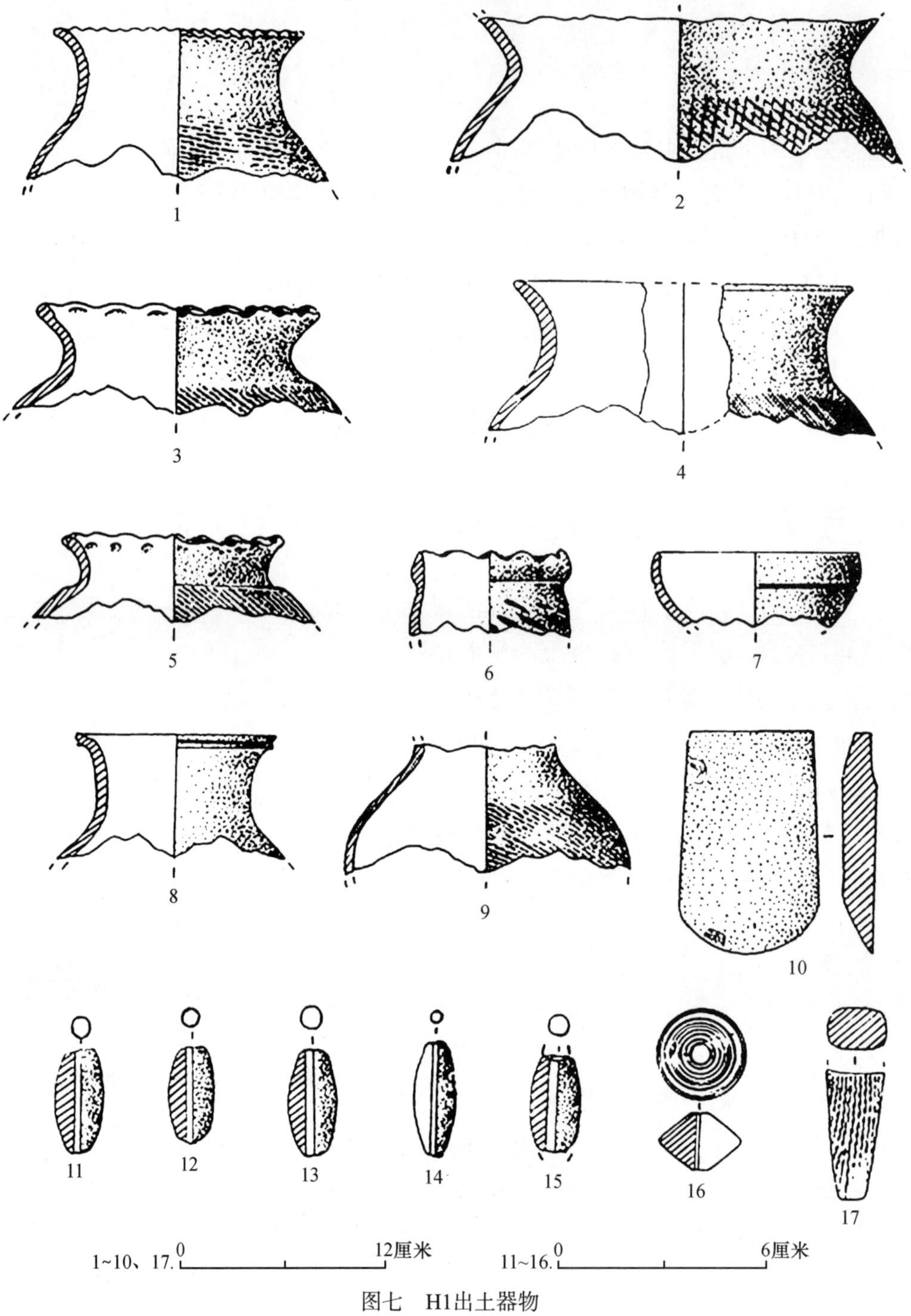

图七 H1出土器物

1~3、5、6. 陶花边口沿罐（H1：1、H1：6、H1：4、H1：5、H1：8） 4. 陶素缘罐（H1：3） 7. 陶钵（H1：9） 8. 陶高领罐（H1：2） 9. 陶圆肩罐（H1：7） 10. 石锛（H1：10） 11~15. 陶网坠（H1：11、H1：12、H1：13、H1：14、H1：15） 16. 陶纺轮（H1：16） 17. 陶器足（H1：17）

下残。腹饰指印方格纹。口径24、残高10.4厘米（图七，4）。

陶圆肩罐 1件。H1：7，泥质灰陶。口残。卷沿，鼓肩，肩以下残。肩、腹饰细绳纹。腹径20、残高8.8厘米（图七，9）。

陶钵 1件。H1：9，夹砂红陶。残。敞口，方唇，弧腹内收，底残。腹饰凹弦纹一周。口径14.4、残高5.2厘米（图七，7）。

陶网坠 5件。H1：11，泥质红陶，手制。残。椭圆形，中有穿孔。素面。残长3.6、腹径1.8、孔径0.6厘米（图七，11）。H1：12，泥质红陶，手制。残。椭圆形，中有穿孔。素面。残长3.2、腹径1.8、孔径0.6厘米（图七，12）。H1：13，泥质红陶，手制。残。椭圆形，中有穿孔。素面。残长3.6、腹径1.7、孔径0.6厘米（图七，13）。H1：14，泥质红陶，手制。残。椭圆形，中有穿孔。素面。长4、腹径1.6、孔径0.4厘米（图七，14）。H1：15，泥质红陶，手制。残。椭圆形，中有穿孔。素面。残长3.4、腹径1.8、孔径0.6厘米（图七，15）。

陶纺轮 1件。H1：16，泥质红陶。算珠形。上下各饰划纹6周。腹径3、孔径0.4、高2厘米（图七，16）。

陶器足 1件。H1：17，夹砂红陶，手制。残。圆锥形。饰绳纹。残高8.8厘米（图七，17）。

石锛 1件。H1：10，青灰石质。磨制。平面呈梯形，单面弧刃，平顶较薄。长7.6、宽5、厚1.2厘米（图七，10）。

四、第二期遗存

（一）遗迹

墓葬1座。编号M6。位于T227的中部，开口于第1层下，打破生土。平面呈长方形，方向95°。西半部和顶部已被破坏，仅存东半部墓室底部，宽118、残长190～200、残高63～75厘米。墓室用子母砖错缝平砌而成。室内填土为黄褐色黏土，土质细腻发黏，结构紧密，质地坚硬，经发掘清理观察，未发现盗扰痕迹。骨架1具，大部腐朽，头东向，其余不详（图八）。

（二）遗物

M6残存随葬品31件，均为陶器和釉陶器。

陶罐 2件。M6：1，夹砂灰陶，轮制。残。侈口，卷沿，圆唇，束颈，圆肩，鼓腹，平底。肩部有一周凹弦纹。口径10、底径8、高12.5厘米（图九，11）。M6：23，夹砂灰陶，轮制。残。侈口，卷沿，圆唇，束颈，圆肩，鼓腹，平底。肩部有两周凹弦纹。口径8.8、底径7.5、高10.8厘米（图九，12）。

釉陶罐 1件。M6：3，夹细砂红陶，铁红釉，内外满釉。口微敛，内斜沿，圆唇，微鼓腹，平底。沿下有一周凹弦纹。口径8、底径8、高9.2厘米（图九，2）。

陶小罐 2件。M6：16，泥质灰陶，轮制。侈口，卷沿，圆唇，束颈，折鼓腹，平底。素面。口径4.2、底径4、高3.2厘米（图九，4）。M6：27，泥质灰陶，轮制。侈口，卷沿，圆唇，束颈，垂腹，大平底。素面。口径3.6、底径4.8、高3.4厘米（图九，6）。

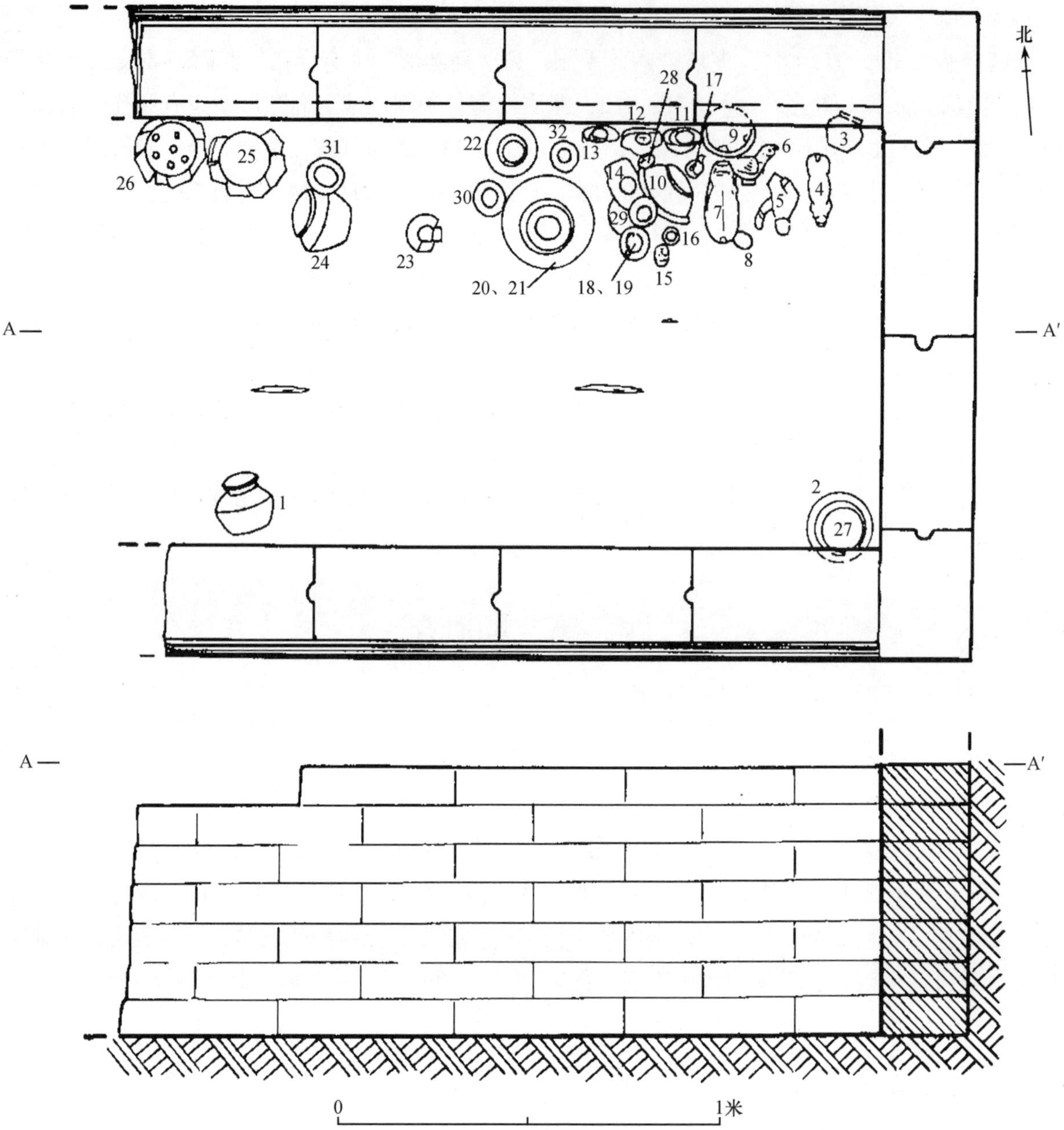

图八　M6平、剖面图

1、23. 陶罐　2、10、22、29. 釉陶盆　3. 釉陶罐　4. 陶狗　5. 陶舞俑　6. 陶公鸡　7. 陶猪　8、11、17. 陶立俑　9、25、28. 陶釜　12. 陶吹埙俑　13. 陶击鼓俑　14. 陶井　15. 陶母鸡　16、27. 陶小罐　18. 陶博山炉　19. 陶豆　20. 釉陶锺　21. 釉陶魁　24. 陶甑　26. 陶抚琴俑　30. 陶抚耳俑　31. 陶勺

陶釜　3件。M6：9，夹砂灰陶。残。敛口，直沿，圆唇，扁圆鼓腹，圜底。肩饰两鸡冠耳鋬及一周凹弦纹。口径18、高19.6厘米（图九，10）。M6：25，夹细砂红陶，轮制。残。侈口，卷平沿，圆唇，曲鼓腹，小平底。上腹饰凹弦纹一周。口径12、高9.6、底径4厘米（图九，5）。M6：28，夹细砂红陶，轮制。残。侈口，卷沿，圆唇，鼓腹，小平底。上腹饰凹弦纹一周。口径11.6、底径4、高10厘米（图九，3）。

釉陶盆　4件。M6：2，夹细砂红褐胎，铁红釉，内满釉，外无釉。轮制。残。敞口，方

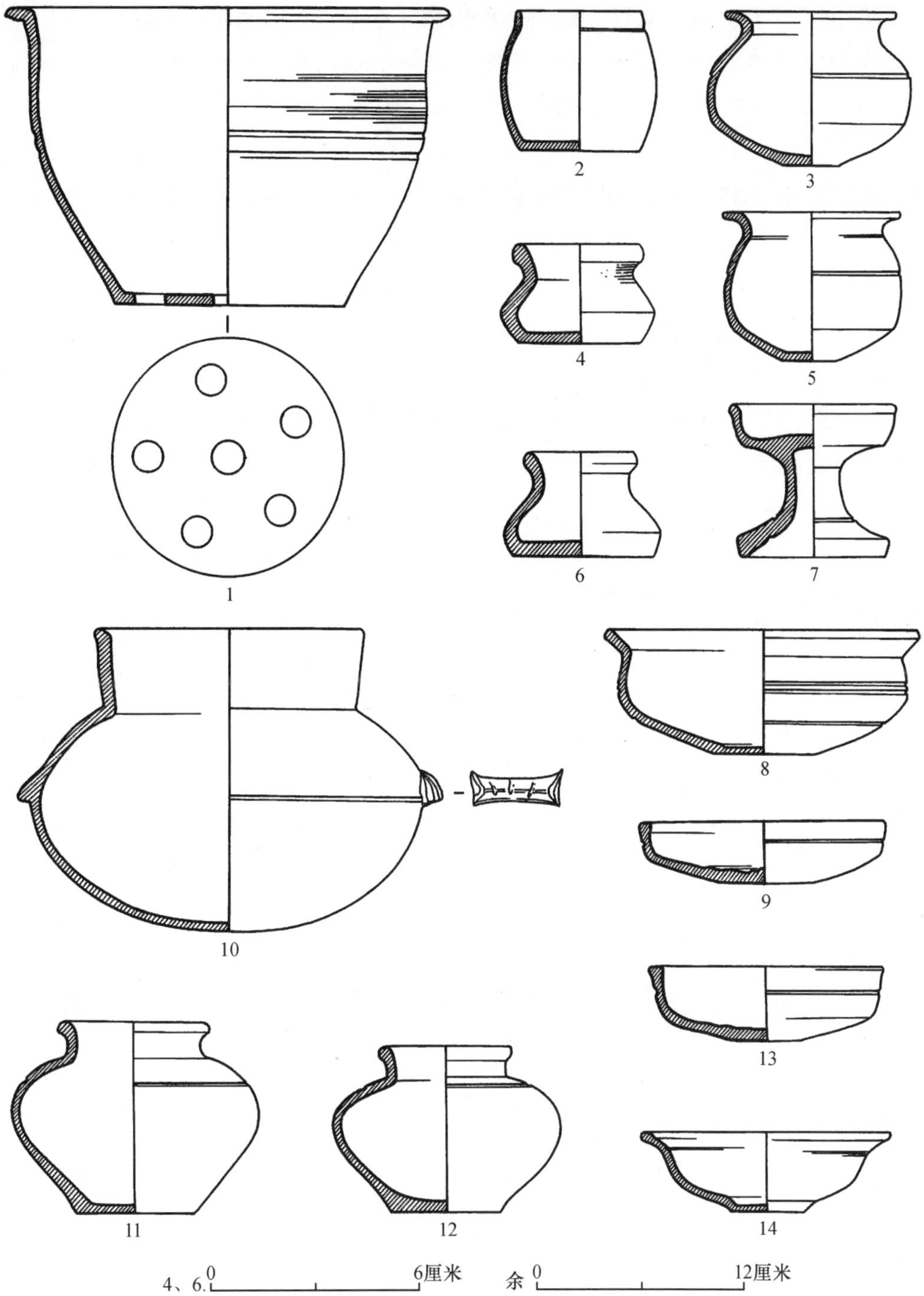

图九 M6出土器物

1. 陶甑（M6：24） 2. 釉陶罐（M6：3） 3、5、10. 陶釜（M6：28、M6：25、M6：9） 4、6. 陶小罐（M6：16、M6：27） 7. 陶豆（M6：19） 8、9、13、14. 釉陶盆（M6：10、M6：22、M6：29、M6：2） 11、12. 陶罐（M6：1、M6：23）

唇，浅曲腹，小平底。素面。口径17、底径4.8、高5.2厘米（图九，14）。M6：10，夹细砂红陶胎，铁红釉，内满釉，外无釉。轮制。残。侈口，宽折沿，方唇，鼓腹，小平底。腹部有三周凹弦纹。口径21、底径7.2、高8厘米（图九，8）。M6：22，夹细砂红陶，银黄釉，内外满釉，大部脱落。轮制。残。直口，圆唇，曲折腹，小平底。器表饰凹弦纹一周。口径16.4、底径5、高4厘米（图九，9）。M6：29，夹细砂红陶，银黄釉，内外满釉，大部脱落。轮制。残。敞口，方唇，平沿，折腹，小平底。器表饰凹弦纹一周。口径16、底径4.4、高4.8厘米（图九，13）。

陶豆　1件。M6：19，泥质红陶，轮制。敞口，圆唇，折腹，喇叭形圈足。唇下有一周凹槽，器表饰凹弦纹一周。口径11.2、底径10、高10厘米（图九，7）。

陶甑　1件。M6：24，夹砂灰陶，轮制。残。敞口，平折沿，尖圆唇，微鼓腹，平底，底有箅孔6个。上腹饰有弦纹。口径30、底径15.2、通高19.2厘米（图九，1）。

釉陶魁　1件。M6：21，夹细砂红陶，银黄釉，内外满釉，多脱落。手轮合制。残。敛口，圆唇，曲腹，平底。口沿下塑一龙头魁斗形柄。器表饰凹弦纹一周。口径17.6、底径8、高6厘米（图一〇，7）。

釉陶锺　1件。M6：20，泥质红陶，铁红釉。残。钵形盖，上饰三个乳钉，盖顶留有旋痕，壶身子母口，束颈，鼓腹，喇叭形圈足。肩有弦纹及铺首衔环。口径14、底径15.2、高32.8厘米（图一〇，3）。

陶博山炉　1件。M6：18，夹细砂红陶，炉身轮制，盖模制。炉身呈豆形，盖身饰火焰形乳突。器表饰凹弦纹两周。炉身直径12、底径10、通高14.5厘米（图一〇，6）。

陶狗　1件。M6：4，泥质红陶，合范模制。残。直立，张口瞠目，兜肚栓环，前后腿根部各有一卷云圈。长23、高16厘米（图一〇，2）。

陶公鸡　1件。M6：6，泥质红陶，合范模制。尖嘴，高冠，直颈，曲身，翘尾直立。长16、高16厘米（图一〇，4）。

陶母鸡　1件。M6：15，泥质灰陶，合范模制。母鸡卧伏，尖喙，曲颈，尾略翘，背负一小鸡，胸前一只，两翼下各一只。长11.6、高8.8厘米（图一〇，5）。

陶猪　1件。M6：7，夹细砂红陶，合范模制。残。低首，长嘴，尖鼻，体肥。长21.2、高11.6厘米（图一〇，1）。

陶勺　1件。M6：31，泥质红陶，模制。勺身圆形圜底，直柄。长15.6、高8.4厘米（图一一，2）。

陶井　1件。M6：14，下部井圈为泥质灰陶，上部建筑为泥质红陶，分块模制。残。井圈上下均为“亚”字形，中有圆形井口；有两根支架作为中间支撑。上部饰有方格纹、枝叶纹等，下部素面。边长20、高13.6厘米（图一一，1）。

陶舞俑　1件。M6：5，夹细砂灰陶，合范模制。头梳髻，右衽长袍，右手上举，左手按胯，腰部扭曲，做舞蹈状。高20厘米（图一二，1）。

陶立俑　3件。M6：8，泥质红陶，合范模制。残。头戴冠，右衽长袍，双手合抱于腰前，直立。高21.5厘米（图一二，2）。M6：11，泥质红陶，合范模制，头戴冠，右衽长袍，双手抱于腰前，直立。高20.5厘米（图一二，3）。M6：17，泥质灰陶，合范模制。头戴冠，右衽长袍，双手抱于胸前，直立。高19.4厘米（图一二，4）。

陶吹埙俑　1件。M6：12，泥质红陶，合范模制。跪坐，头戴胡帽，身穿窄袖袍，双手持埙于嘴，鼓腮。高14.4厘米（图一二，6）。

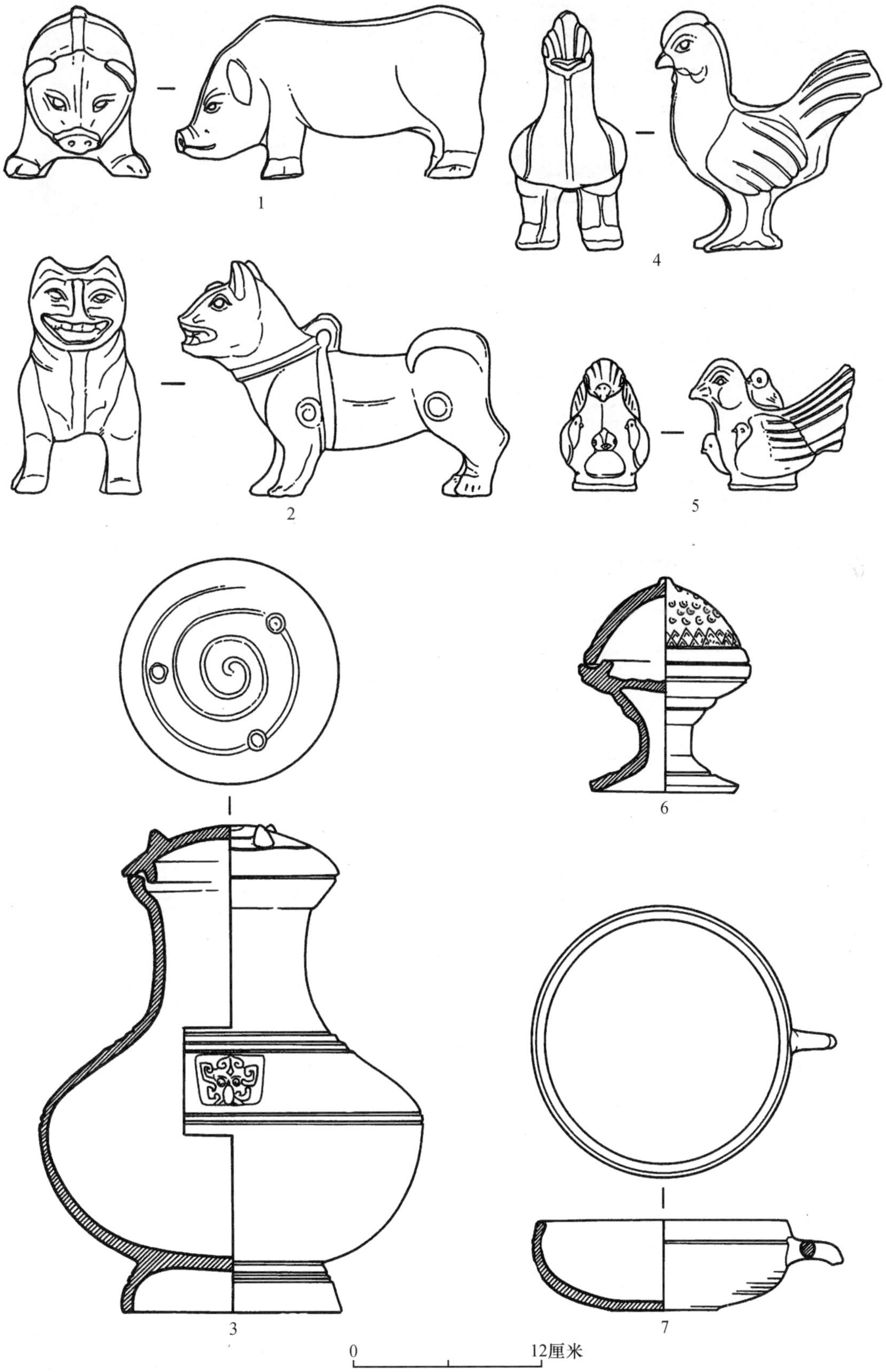

图一〇　M6出土器物

1. 陶猪（M6：7）　2. 陶狗（M6：4）　3. 釉陶锺（M6：20）　4. 陶公鸡（M6：6）　5. 陶母鸡（M6：15）　6. 陶博山炉（M6：18）　7. 釉陶魁（M6：21）

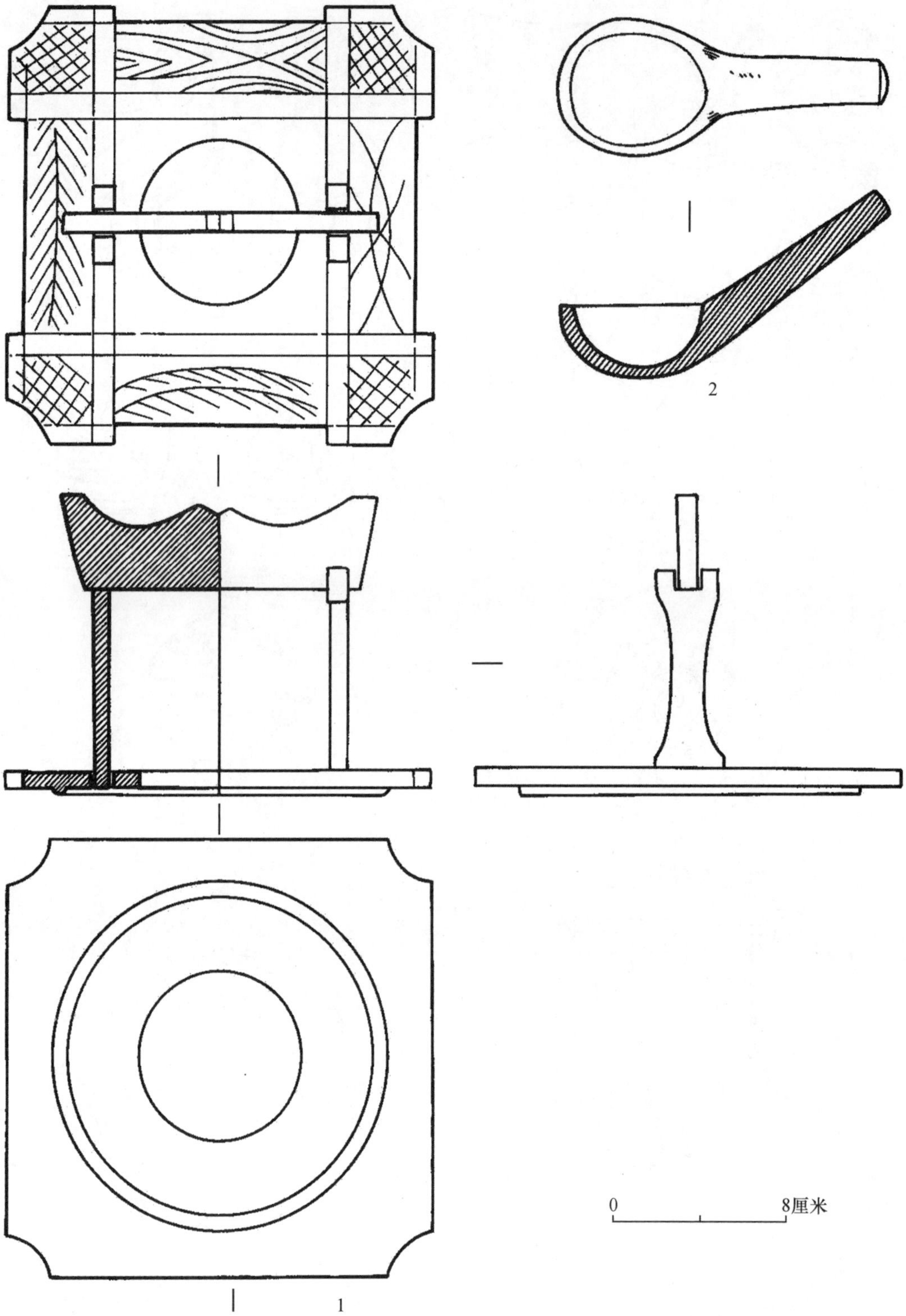

图一一 M6出土陶器

1. 井（M6：14） 2. 勺（M6：31）

图一二　M6出土陶器

1. 舞俑（M6∶5）　2～4. 立俑（M6∶8、M6∶11、M6∶17）　5. 抚耳俑（M6∶30）　6. 吹埙俑（M6∶12）　7. 击鼓俑（M6∶13）　8. 抚琴俑（M6∶26）

陶击鼓俑　1件。M6：13，泥质红陶，合范模制。残。跪坐。头戴梁冠，右衽长袍，右手举起，左手击鼓。高14.8厘米（图一二，7）。

陶抚琴俑　1件。M6：26，泥质红陶，合范模制。残。头戴圆帽，右衽长袍，跪坐，琴置双腿，双手弹抚。高12.8厘米（图一二，8）。

陶抚耳俑　1件。M6：30，泥质红陶。合范模制，帽饰模糊，圆领右衽窄袖长袍，跪坐，右手附耳。高14.8厘米（图一二，5）。

五、第三期遗存

T8③出土器物

瓷壶　1件。T8③：1，红褐色陶衣，夹砂黑皮胎，上腹部饰酱青灰色釉。小盘口，斜方唇，流残，束颈，圆鼓腹，平底。肩、腹处饰一半环形把手，已残。高13.6、底径6.4、腹径10.4厘米（图一三，1）。

瓷碗　1件。T8③：2，青灰胎，器表施青釉，部分脱落。敛口，尖圆唇，弧腹，平底，饼形足。口径15.8、底径8.8、高6.8厘米（图一三，2）。

瓷盏　1件。T8③：3，青灰胎，内壁施酱灰釉，外壁上部施酱褐釉，下部无釉。敞口，浅斜腹，平底。口径9.2、底径3.2、高2.4厘米（图一三，3）。

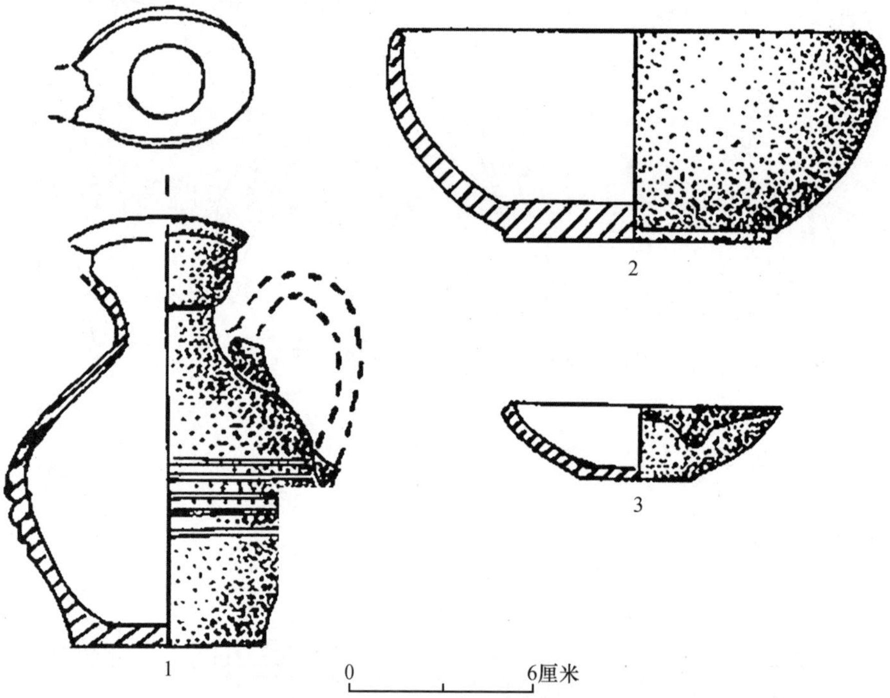

图一三　T8③出土瓷器

1. 壶（T8③：1）　2. 碗（T8③：2）　3. 盏（T8③：3）

六、第四期遗存

（一）遗迹

窑址2座。

1. Y1

Y1位于遗址北部的T11西北角，开口于第1下，打破生土。残存窑室后部，余遭破坏（图一四）。

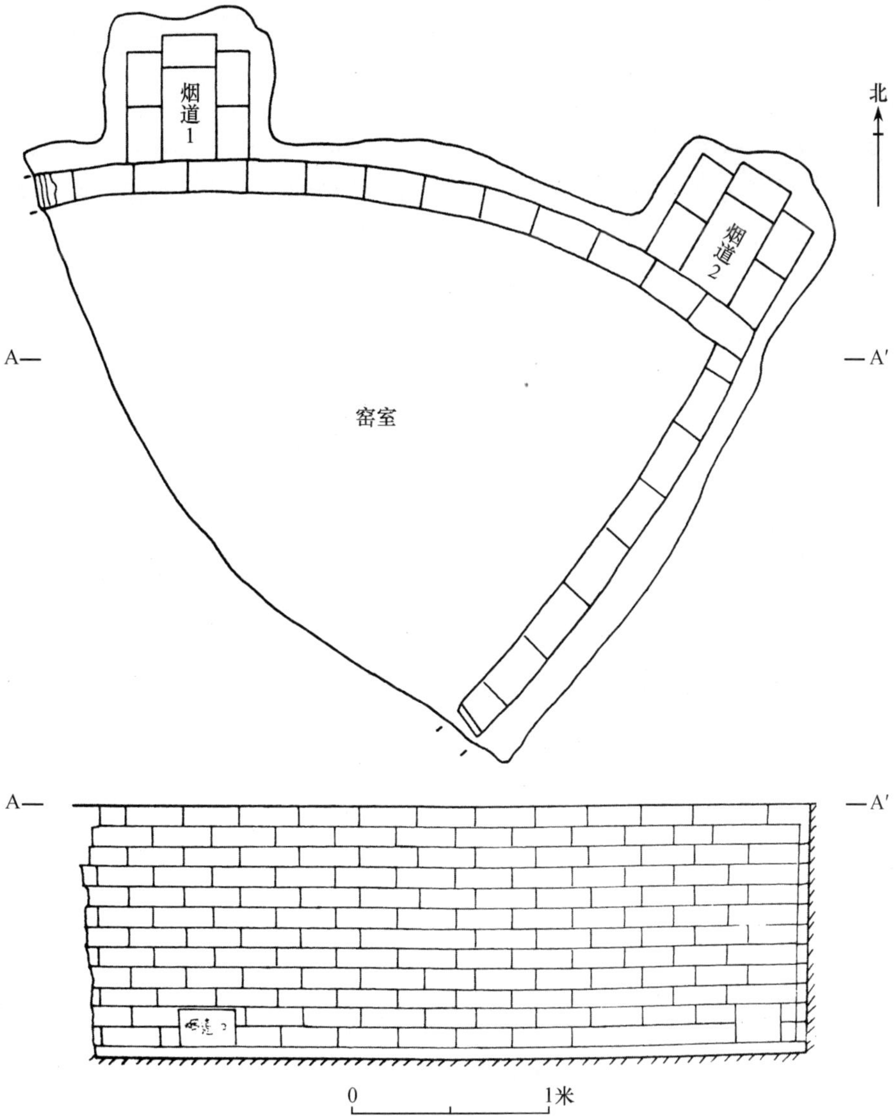

图一四　Y1平、剖面图

窑室残留部分面积约5.5平方米，平底。残存窑壁竖直，用砖坯错缝平砌而成，残高120厘米（用28厘米×16厘米×10厘米砖坯垒砌），窑室东壁残存长度360、西壁残长250厘米。

烟道位于窑室后壁，左右共2个，左侧编号1号，右侧编号2号。烟道口位于窑室底部，与底平面水平。1号烟道口宽28、高20厘米，窑室外的烟道部分用砖坯砌制而成。内孔为长方形，长48、宽28、深120厘米。2号烟道口宽24、高20厘米，其外侧与2号烟道相对应，同样用砖坯自下而上砌制而成。口长48、宽28、高120厘米。

窑室内填土上下一致，为一次性填入，土色浅黄褐，土质细腻发黏，结构疏松，土中含有红烧土块及颗粒，包含物较多，均为窑壁残砖及素面瓦片。依发掘过程观察，填土应为窑址废弃后人为拆除砖块残留部分一次性回填而成，在其底部发现较大数量的残碎瓦片。

2. Y2

Y2位于遗址南部，T2中部偏东位置。开口于第2下，打破生土。该窑仅余火坑及火膛两部分，上部无存，全长170厘米（图一五）。

火坑部分近梯形，弧壁内收，圜底近平，长0.9、宽0.4～0.76、深0.2～0.5米。

火膛部分平面呈长方形，内侧与火坑相连，其余三壁均用石条砌成，底部未用石砌，长0.8、宽0.5、深0.4～0.45米。

火坑与火膛均为中上部填五花杂土，含红烧土颗粒，质地较硬，无包含物，底部发现有较多的草木灰遗存。火膛底部发现一青花瓷碗残片。

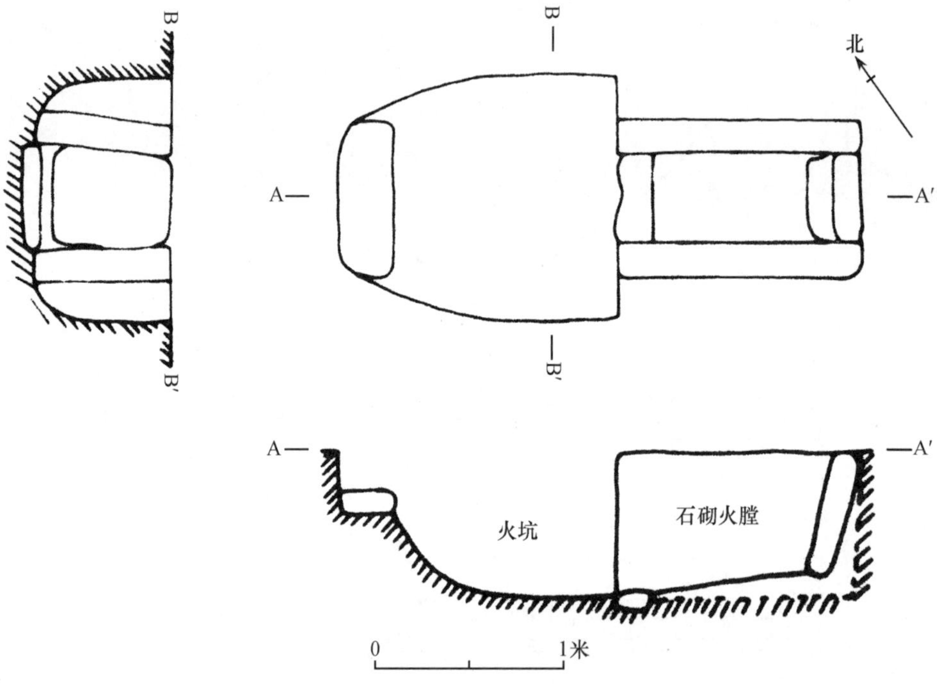

图一五　Y2平、剖面图

（二）遗物

1. T3 ②出土器物

青瓷灯　1件。T3②：1，红褐夹砂胎。仅余柱状柄，支架残。体饰螺旋纹，上部饰豆青釉。残高17.6厘米（图一六，1）。

陶刻槽盆　1件。T3②：2，夹砂红褐胎。轮制。口部残。斜直腹，平底。内壁刻槽，外壁素面。底径9.6、残高9.6厘米（图一六，2）。

青花瓷碗　1件。T3②：3，灰白胎，灰白色釉。敞口，圆唇，上腹斜直，下腹弧内收，矮圈足。器表饰釉下花卉纹，碗内底部所饰纹样不详。口径14.4、高7.2、底径7.2厘米（图一六，3）。

陶网坠　1件。T3②B：1，夹砂灰陶。手制。椭圆形，内有穿孔。长5.5、外径2.8、孔径0.4厘米（图一六，4）。

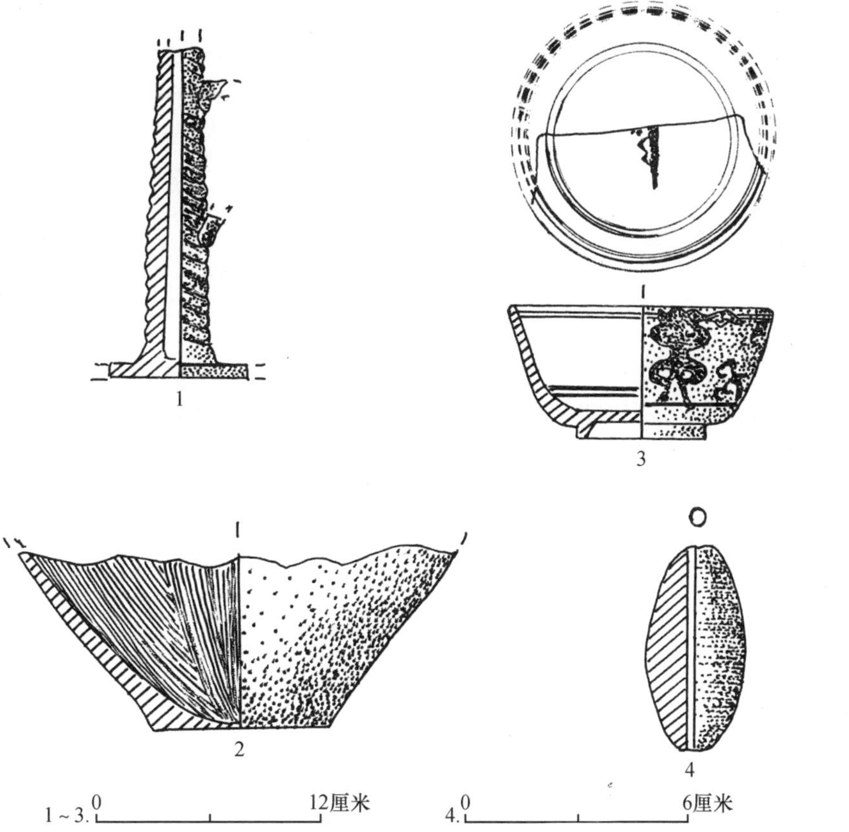

图一六　T3②出土器物

1. 青瓷灯（T3②：1）　2. 陶刻槽盆（T3②：2）　3. 青花瓷碗（T3②：3）　4. 陶网坠（T3②B：1）

2. T4②出土器物

青瓷灯　2件。T4②：1，红褐胎。平盘底，竹节柄，双盘，上盘残。底径11.2、高13.2厘米（图一七，1）。T4②：2，红褐胎。平盘底，下盘浅，敞口，圆唇，内弧腹，上部残。底径15.2、残高3.6厘米（图一七，2）。

釉陶盆　1件。T4②：3，灰褐胎，上部施半釉，釉色酱青。尖圆唇，微敛口，弧腹，底残。腹饰绳纹。口径40、残高15.6厘米（图一七，3）。

铜贯钉　1件。T4②：4，铜质。铸造而成。一端方帽，另一端残。残长5厘米（图一七，4）。

陶网坠　1件。T4②B：1，夹砂灰陶。枣核形，中有穿孔。长5.6、腹径2.8、孔径0.4厘米（图一七，5）。

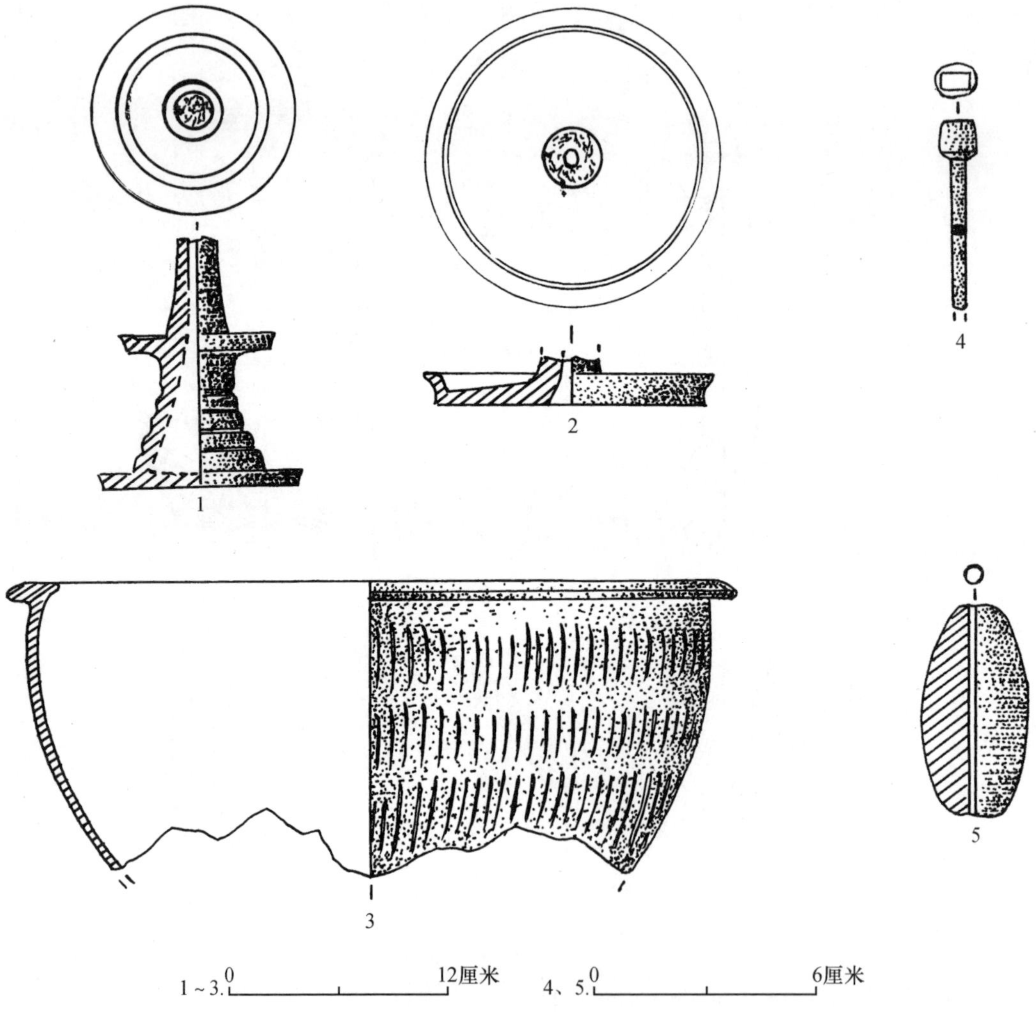

图一七　T4②出土器物

1、2. 青瓷灯（T4②：1、T4②：2）　3. 釉陶盆（T4②：3）　4. 铜贯钉（T4②：4）　5. 陶网坠（T4②B：1）

七、结　　语

在本年度收获的四期遗存中，第一期H1：1、H1：4、H1：5花边口沿罐分别与忠县中坝遗址H529：1、H458：1、F202：3瓮形态相近，H1：8花边口沿罐与忠县中坝遗址H477：3花边圜底罐形态相近，H1：2高领瓮与忠县中坝遗址AT0201㉕：65瓮形态相近[①]。后者的年代被发掘者确定为两周时期，故H1的年代也在西周时期。

第二期M6：20锺、M6：1罐分别与忠县老鸹冲AM6：8锺、AM6：16罐形态相近，M6：8俑与忠县老鸹冲AM14：22俑形态相近[②]。忠县老鸹冲AM6和AM14分别被发掘者确定为东汉前期和晚期，尤其是陶俑的大量出现基本都属东汉晚期，故第二期的年代当在东汉晚期。

第三期出土器物较少，虽然T8③：2碗与忠县土地岩AM1：6碗形态相近[③]，但其带流的瓷壶年代应早不过唐代。

第四期T3②：3青花瓷碗与涪陵石沱遗址B3T1901③：1青花瓷碗形态相近[④]，Y1的残存形态与忠县老鸹冲遗址AY1形制与构造基本相同[⑤]，涪陵石沱遗址B3T1901③和忠县老鸹冲遗址AY1均属明清时期遗存，故第四期遗存的年代应在明清时期。

绘图：张清池　寇小石
执笔：李　锋

① 四川省文物考古研究所、北京大学考古文博学院、美国UCLA大学等：《忠县中坝遗址1999年度发掘简报》，《重庆库区考古报告集·2000卷·下》，科学出版社，2007年，第1022～1025页。

② 重庆市文物考古所、重庆市文物局：《忠县老鸹冲遗址（墓葬部分）发掘简报》，《重庆库区考古报告集·2000卷·下》，科学出版社，2007年，第848、843、853页。

③ 重庆市文物局、重庆市移民局：《忠县仙人洞与土地岩墓地》，科学出版社，2008年，第36页。

④ 北京市文物研究所三峡考古队、重庆市文物局、重庆市涪陵区博物馆：《涪陵石沱遗址发掘报告》，《重庆库区考古报告集·2000卷·下》，科学出版社，2007年，第1108页。

⑤ 重庆市文物考古所、重庆市文物局：《忠县老鸹冲遗址（居址部分）发掘简报》，《重庆库区考古报告集·2000卷·下》，科学出版社，2007年，第880页。

忠县石匣子墓地2004年度发掘简报

北京大学考古文博学院
中山大学人类学系

一、地理位置及发掘经过

石匣子墓地位于重庆市忠县老县城东北约3.4千米处，行政区划属忠县忠州镇郑公村，西南紧邻崖脚（半边街）墓地，东部与周家院子为邻，东南临长江。测量基点（中心位置）地理坐标为东经108°3′4″，北纬30°18′35″，海拔155～175米，面积80 000平方米。该墓地主要坐落在㽏井沟入长江口东北岸的三级阶地上，㽏井沟自西北向东南沿墓地西侧流过，隔㽏井沟与哨棚嘴、瓦渣地遗址相望。遗址原来地貌为有一定坡度的山前坡地，今地表绝大部分已辟为村民菜地。

该墓地于20世纪80年代发现，后曾多次进行调查。1994年2～5月，北京大学考古学系（现更名北京大学考古文博学院，以下使用现名）三峡考古队在调查时对两座已暴露并正受到破坏的砖室墓进行了抢救性清理，据出土遗物推测属东汉时期。其中一座随葬品较丰富，在已被盗扰的情况下仍出土各类遗物120余件，有各类陶动物俑、人物俑、陶模型明器、铁剑、铜摇钱树等①。

2004年春季，由北京大学考古文博学院和中山大学人类学系联合组成的三峡考古队对石匣子墓地进行了首次正式发掘。根据该墓地的地势、地貌情况，发掘采用象限布方和选点发掘相结合的方法。此次发掘中心区布方均采用象限法布方，均为正方向布方，共布设10米×10米的探方11个（分别编为T201、T211、T222、T302、T303、T313、T314、T325、T401、T411、T412。在探方号前加上年度和遗址名，如04ZGST201，“04”代表2004年度，“Z”代表忠县，“G”代表㽏井沟古墓群，“S”代表石匣子墓地），共发掘墓葬3座（分别编号为M1、M2、M3）。此外，为了解石匣子墓地与崖脚墓地之间的关系，在两墓地的交界处选点布设了5米×5米的探方2个和4米×23米的探沟1条，未发现重要遗迹现象（图一）。本次发掘总面积1242平方米，发掘工作从2004年3月中旬开始，到2004年4月上旬结束，历时约一个月。

① 此次清理简报迄今未正式发表，此据北京大学考古文博学院《重庆市忠县发掘规划报告》。

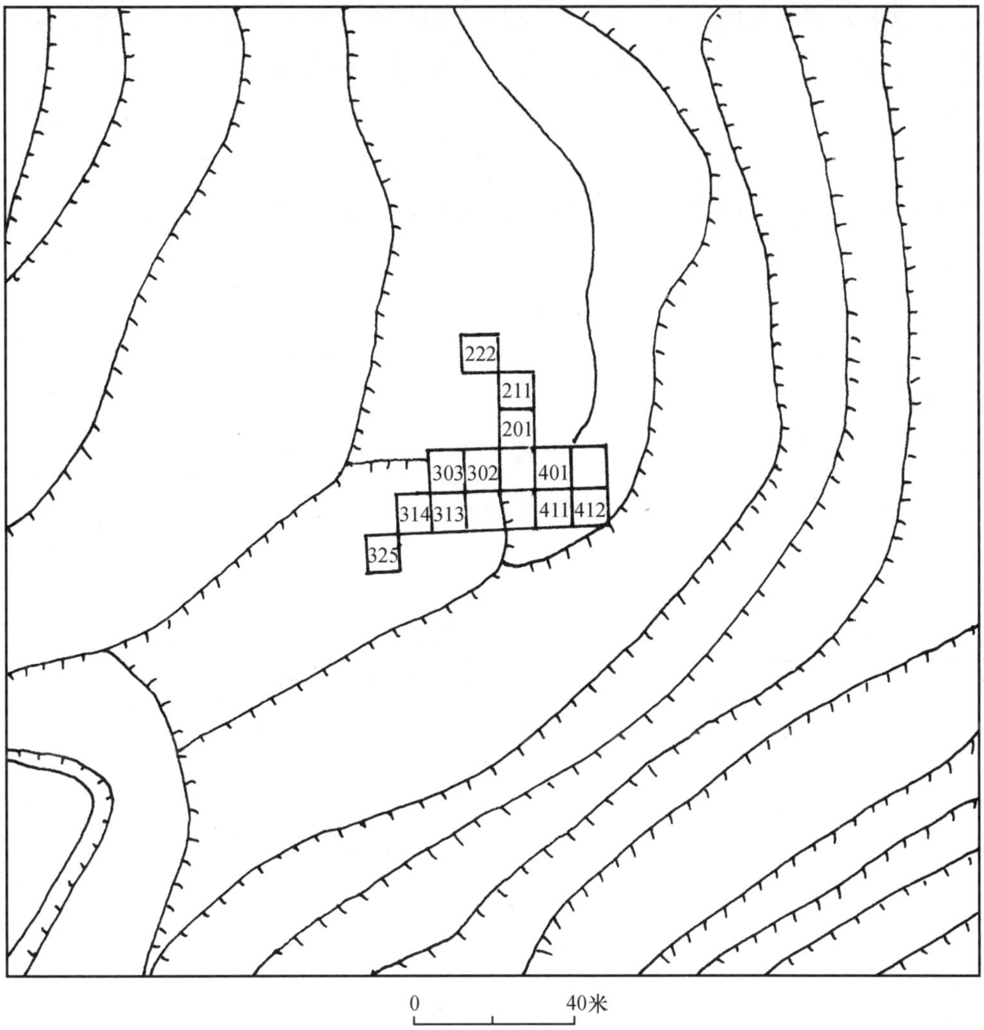

图一　布方示意图

二、地层堆积

本次发掘中心区在石匣子墓地的西北部，地形大体为西北高，向东南倾斜，坡度较大。各探方地层堆积一般为西北薄，东南厚。现以T302为例说明如下。

第1层：距本方西南角地表深0～60、厚7～35厘米。为灰黑色的粉砂土，土质结构十分疏松。该层全方分布，由西北向东南倾斜。本层包含物有农作物根系、青花瓷片、现代废弃物等。地层状况保存良好。

第2层：距本方西南角地表深30～100、厚10～75厘米。为青灰色的粉砂土，土质结构较致密。该层全方分布，北部较薄，南部较厚，由西北向东南倾斜。本层内包含有植物根系、木炭、砖块、黄釉瓷片、青花瓷片、黑皮红胎陶片等。地层状况保存良好。

第3层：距本方西南角地表深90～165、厚0～55厘米。为灰褐色的粉砂土，因包含有大量铁锰沉积，土色比较杂乱，土质结构较疏松。该层仅分布于探方南部，由北向南倾斜。本层内包含有木炭、砖块、铁块等。地层状况保存良好。

第4层：距本方西南角地表深50～115、厚0～30厘米。为青灰褐色的粉砂土，因包含有大量铁锰沉积，土色比较杂乱，土质结构较疏松。该层仅分布于探方西北角，由北向南倾斜。本层内包含有木炭、陶片、缸胎陶片等。地层状况保存良好。

第5层：距本方西南角地表深80～205、厚25～60厘米。为黄褐色的粉砂土，土质结构疏松。该层分布在探方东北角以外的部分，由北向南倾斜。本层内包含有木炭、砖块等。地层状况保存良好。

第6层：距本方西南角地表深70～185、厚0～130厘米。为红褐色的粉砂土，土色比较杂乱，土质结构较疏松。该层仅分布于探方东北角，由北向南陡降。本层内包含有砂岩碎块、木炭等。地层状况保存良好。

第7层：距本方西南角地表深110～205厘米开始，为黄色的砂岩，岩性较差，该层全方分布，由西北向东南倾斜。包括该层往下均为基岩。

各探方地层的对应关系见表一。

表一 各探方地层对应关系表

T201	T211	T222	T302	T303	T313	T314	T325	T401	T411	T412
①	①	①	①	①	①	①	①	①	①	①
	②	②	②	②	②	②A	②			
						②B				
		③			③	③	③		②	②
		④			④	④	④			
			③	③						
			④	④						
			⑤	⑤						
②	③		⑥					②	③	③
③	④	⑤	⑦	⑥	⑤	⑤	⑤	③	④	④

三、墓　　葬

本次发掘共清理墓葬3座，均已被严重破坏。依据墓葬建筑材料，可分为石室墓、砖室墓两种。

（一）石室墓

M1　位于T401内，墓葬一侧已在村民改田整土的过程中破坏，现残存墓葬西侧大部。“凸”字形券顶石室墓。墓向49°。该墓建筑于灰色粉砂土层中，先挖出土圹竖穴，之后用石块砌筑而成。墓口距地表深约1.8米。由墓室和甬道两部分组成。墓室、甬道均采用长条形石块错缝垒砌而成，券顶用楔形条石砌成，墓底用规整砂石板铺成。甬道部分残长170、宽 76厘米；墓室长314、宽158、残高114厘米。

墓室内置长方形石棺一具，棺盖和棺身分别用整块灰色细砂岩雕琢而成。棺盖顶部平缓，两侧倾斜。棺盖残长172、宽88、厚20厘米。棺身略呈口小底大，长228、底宽84、口宽80、高76厘米（图二）。

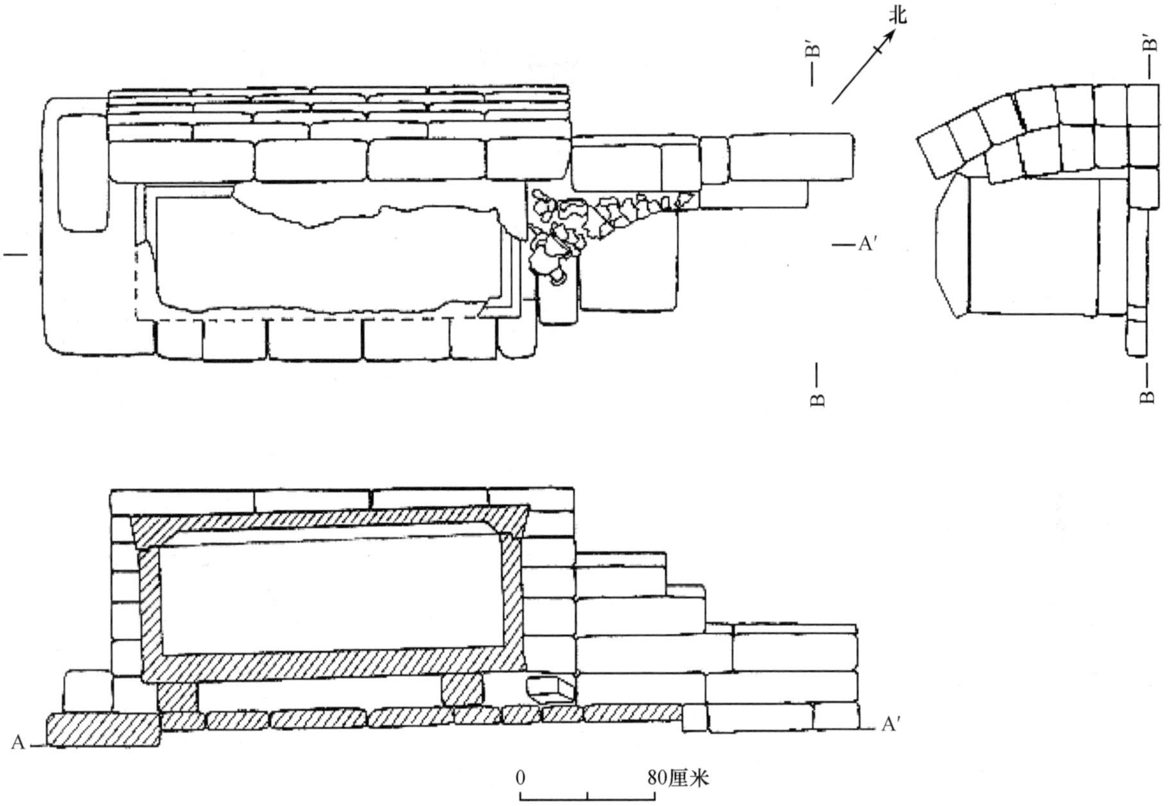

图二　M1平、剖面图

棺内人骨架已完全腐朽，头向、葬式不明。

随葬遗物有人物俑、陶模型以及五铢钱等。

陶庖厨俑　1件。M1：22，泥质红陶，模制。火候较高，质地较硬。身着交领右衽长袍，窄袖，腰束带，坐于几案后。几案内侧置放一条大鱼，鳍、尾清晰，外侧一字排开一只仰躺的龟、一个猪头和一只曲颈反顾的鹅。几案右侧有一扁条状物连接人物的右手与几案，条状物右侧有一凸起，左侧有两个小凸起，此物的功能、形态不明；几案左侧堆放四个球状物，似为果实。几案左侧末端残。头部缺失。残高25.2厘米（图三，1）。

陶跪坐俑　2件。均残剩半身，模制。M1：24，泥质红陶。火候较高，质地较硬。着曳地长袍，呈跪坐姿势，一腿在前，一腿在后，两腿叉开。由于陶俑残损严重，人物衣饰不明。残高8.8厘米（图三，3）。M1：26，夹砂红陶。烧成温度低，质地酥软。两腿略略叉开，双膝平齐，人物衣饰已漫漶不清。残高10厘米（图三，6）。

陶立侍俑　1件。M1：25，泥质红陶，模制。烧成温度较低，质地酥脆。人物整体形态漫漶不清，似为一女性，身着曳地长裙，头挽高髻，双鬓下垂，面相长圆。双手似笼于袖中，置于腰间，袖子宽大。衣服线条流畅。高21.6厘米（图三，2）。

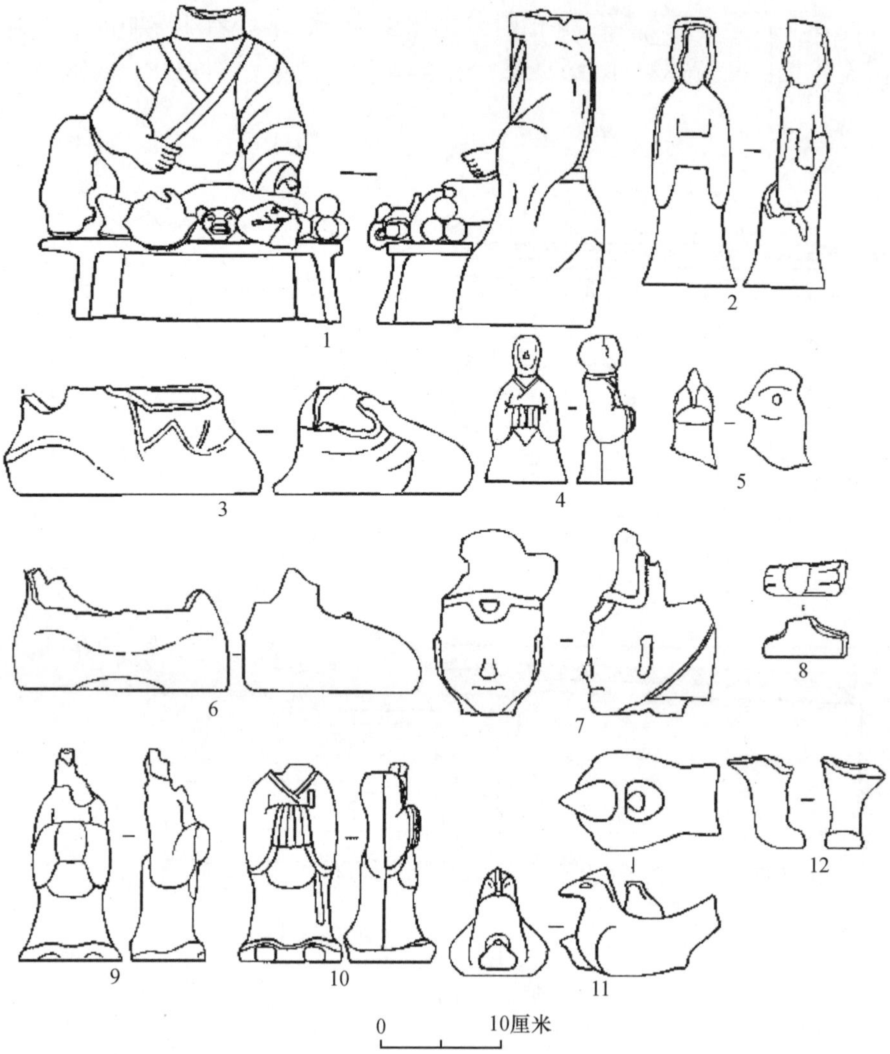

图三　出土陶俑

1. 庖厨俑（M1：22）　2、4、9、10. 立侍俑（M1：25、M3：18、M3：19、M3：21）　3、6. 跪坐俑（M1：24、M1：26）
5. 鸡俑头（M3：1）　7. 人俑头（M1：29）　8、12. 动物俑足（M3：22、M3：24）　11. 子母鸡（M3：20）

陶人俑头　1件。M1：29，泥质红陶，模制。烧成温度低，质地酥脆。面部已漫漶不清，嘴唇微抿。发髻残余中间的一圆髻和一侧的小髻，额际有一额饰。残高15厘米（图三，7）。

陶模型　1件。M1：23，细夹砂红陶，模制。烧成温度较高，质地较硬。表层残留有青黄色釉，釉层较薄且厚薄不匀，有细小开片。可能为一组左右对称的模型的一部分，一边已残缺，上底有一缺口，似还接有其他物体，下底在完好的一侧有圆形的凸起（图四，10）。

五铢钱　22枚。范铸。出自M1石棺中，大多锈蚀严重。圆形，方穿，大部穿背部有郭，边缘有周郭，个别为剪轮钱。从可辨识的“五铢”字形来看，字形大体相同，篆字“五”交股略弯曲，字身略显瘦长。“铢”字“金”字旁头部呈三角形，“朱”字上下折均为方折。尚可测量的铜钱直径2.22～2.6、穿径0.95～1、厚0.1～0.15厘米。

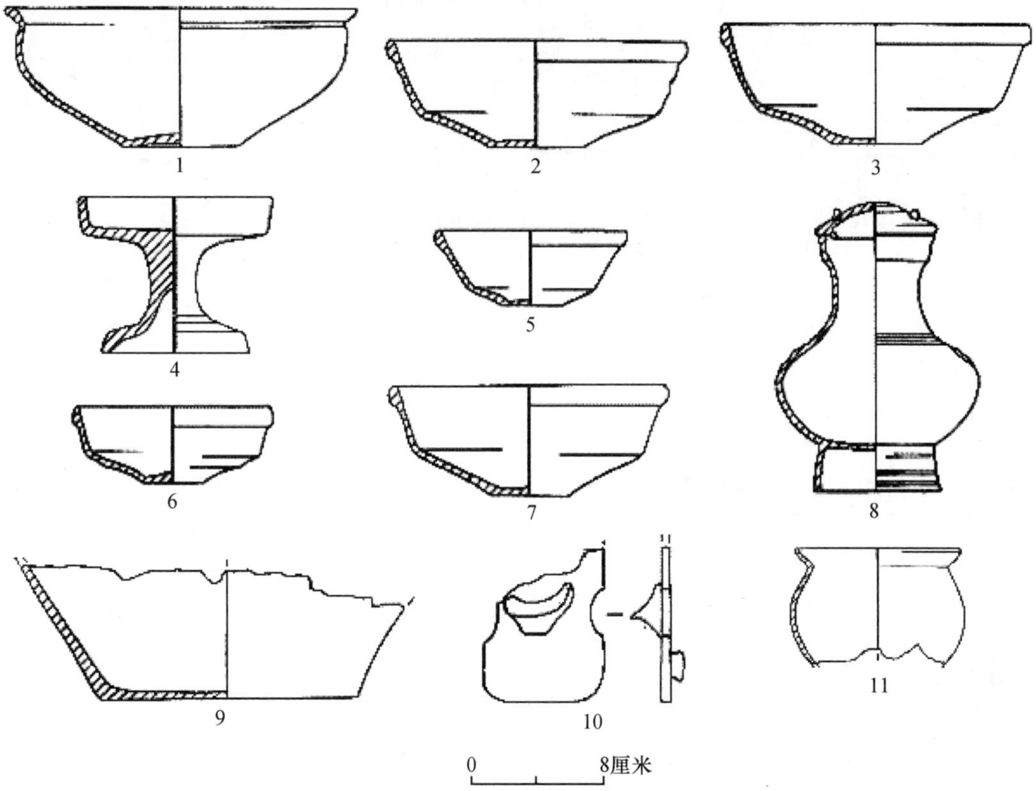

图四　出土器物

1. A型陶钵（M3∶2）　2、3、5～7. B型陶钵（M3∶3、M3∶4、M3∶8、M3∶7、M3∶9）　4. 釉陶豆（M3∶6）　8. 釉陶壶（M3∶12）　9. 陶罐（M3∶29）　10. 陶模型（M1∶23）　11. 陶釜（M2∶1）

（二）砖室墓

1. M2

M2　位于T202南部与T203北部，券顶砖室墓。墓向105°。由墓室和甬道两部分组成，由于甬道和墓室前半部分均被破坏，平面形状不明，推测可能为长方形。

墓室残长405、宽212、残深124厘米；墓室顶部全部塌陷，但从两侧壁的走向上仍可见起券痕迹。墓室以长方形花纹砖错缝垒砌而成。纹饰以菱格、车轮纹以及几何纹组合为主。墓底采用形状不规则的砂岩石板平铺而成，保存良好（图五）。

墓室内葬具、人骨架已完全腐朽，故葬具、头向、葬式均不明。

M2随葬遗物很少，仅有1件陶釜和1枚五铢钱。

陶釜　1件。M2∶1，夹砂灰黑陶，轮制。底部残。圆唇，口微敛，折沿，鼓腹。残高18、壁厚0.8、口径27.2、腹径28.8厘米（图四，11）。

五铢钱　1枚。圆形，方穿，大部穿背部有郭，边缘有周郭。篆字“五”交股略弯曲，字身略显瘦长。“铢”字模糊不清。直径2.5、穿径1、厚0.15厘米。

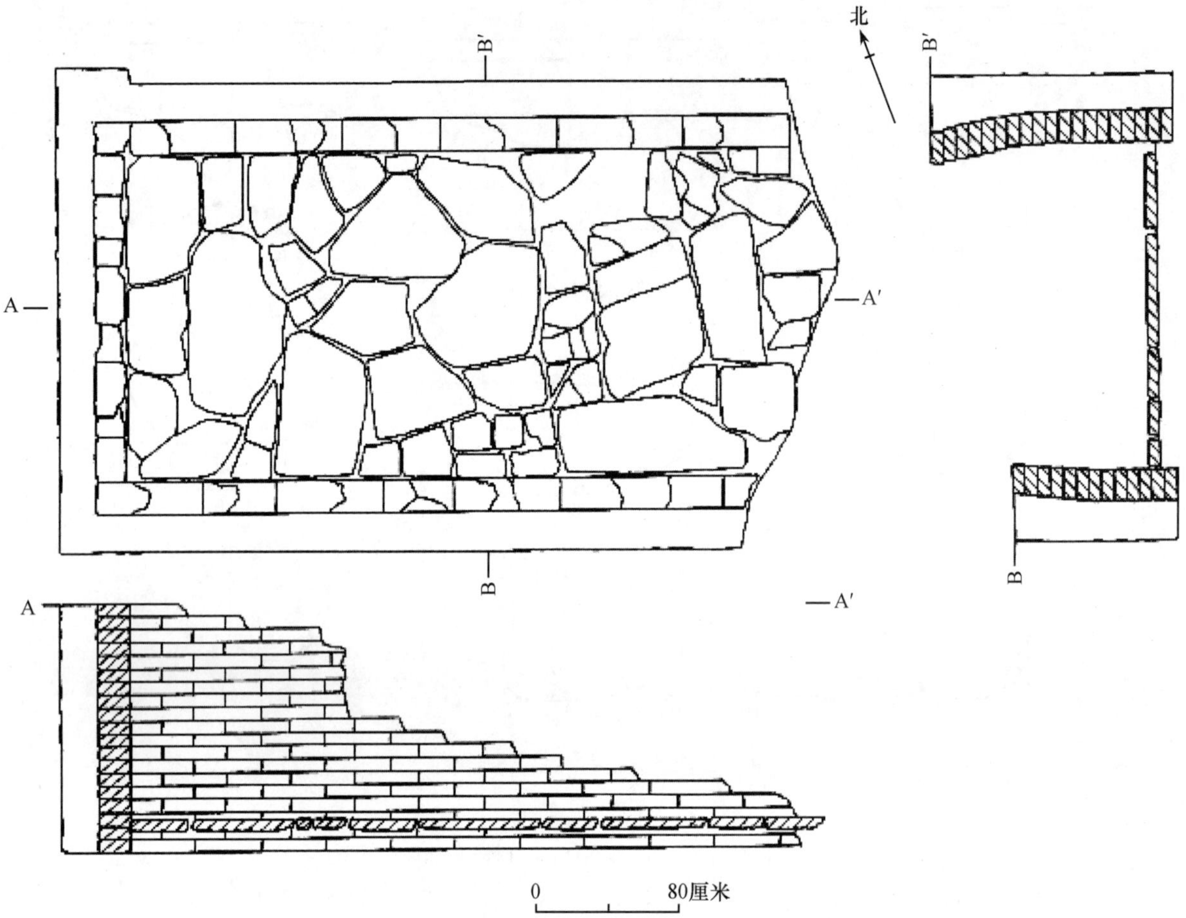

图五　M2平、剖面图

2. M3

M3　位于T2内，“凸”字形砖室券顶墓。由墓室与甬道两部分组成，甬道前端有封门砖。墓向130°。墓室长238、宽246、残深70厘米。甬道长130、宽193、残深75厘米。墓室顶部全部塌陷，墓顶砖全部塌落在墓室及甬道内。墓室、甬道均以长方形花纹砖错缝垒砌而成，墓顶均用子母花纹砖。墓底没有铺地砖或铺地砖已被人撬走，情况不明。

墓砖火候较高，均为青灰色花纹砖，部分因长期水沁严重而呈红色，质地酥软。墓壁砖纹饰为菱格规矩组合纹，长44、宽22、厚10厘米；墓顶砖纹饰有两种：一种为十字折线规矩组合纹，另一种为十字折线富贵纹，规格与墓壁砖基本一致（图六）。

墓室内葬具、人骨架已完全腐朽，仅在墓室一侧遗有人齿数枚和葬具痕迹，葬具、头向、葬式均不明。

M3随葬遗物较丰富，亦较完整，主要分布在墓室的东南角和甬道北侧。有人物俑、动物俑、陶钵、釉陶豆、釉陶壶、陶罐以及五铢钱等。

陶立侍俑　3件。M3∶18，泥质灰陶，火候较高，质地较坚硬。模制。面目漫漶不清，脑后挽有发髻，似为女性。内着高领衫，外披交领曳地长裙，腰束带，袖子宽大，袖口处有收分。双手笼于袖中，置于腰间。臀部凸出，下身较短。高11.8厘米（图三，4）。M3∶19，泥

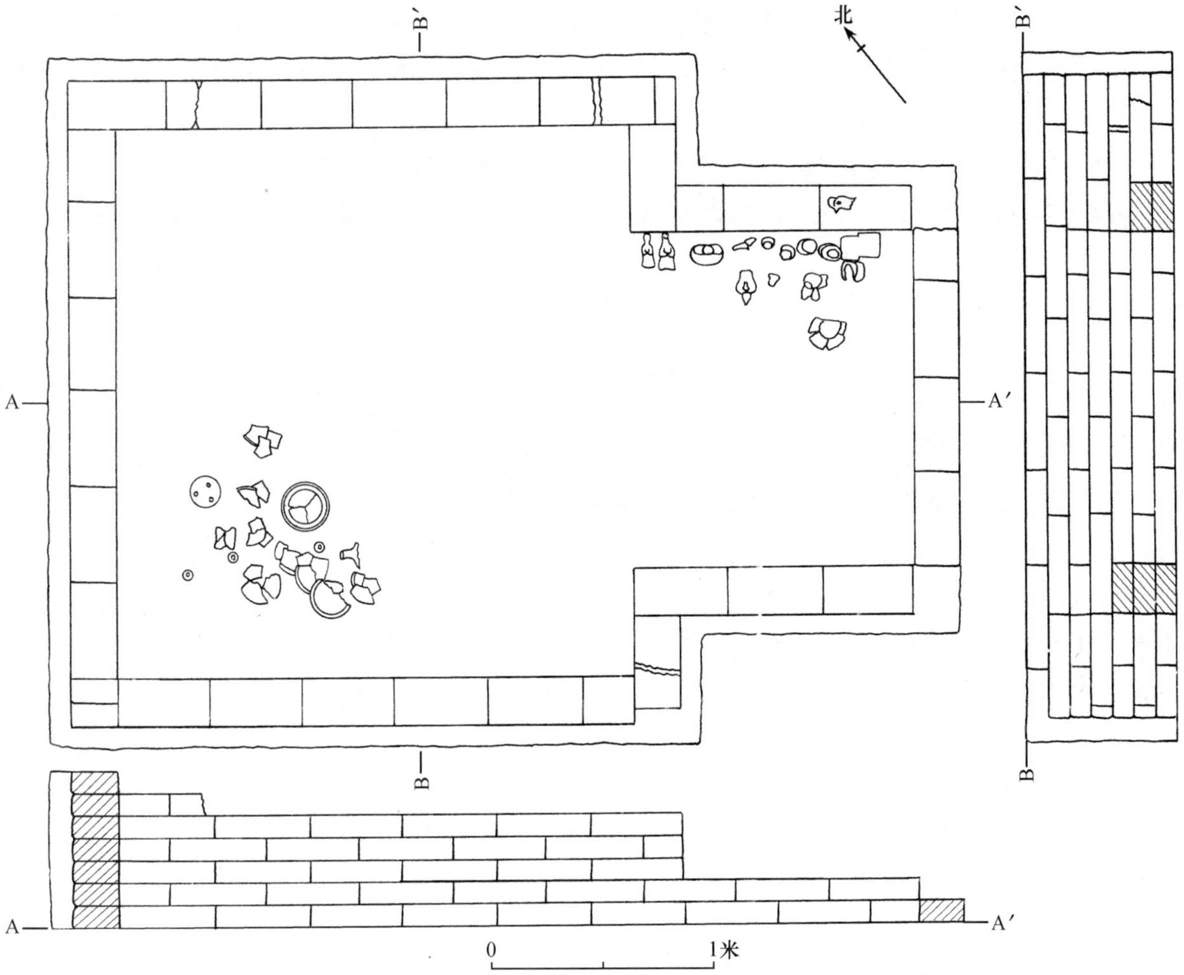

图六　M3平、剖面图

质红陶，火候较高，质地较坚硬。模制。内着高领衫，外披曳地长袍。双手笼于袖中，置于腰间，腰束带，袖子宽大，袖口处有收分。脚蹬靴，靴头微露，臀部突出。衣服线条流畅。头部残。残高17厘米（图三，9）。M3∶21，泥质灰陶，火候较高，质地坚硬。模制。身着交领曳地长袍，右衽，腰束带。足蹬靴，靴头微露，臀部突出。双手笼于袖中，置于腰间，袖子宽大，袖口收分。长袍外似还围有抱肚。头部残。残高16厘米（图三，10）。

陶子母鸡　1件。M3∶20，泥质红陶，火候较高，质地较坚硬。模制。母鸡低冠、尖喙，头部微昂，尾部呈扇形、上翘。双翅、面部已漫漶不清，颈较粗，背脊略平，无足。母鸡背上驮一小鸡，胸前还有一只小鸡，小鸡形态均漫漶不清。通高8.6厘米（图三，11）。

陶鸡俑头　1件。M3∶1，泥质红陶，陶质较差，火候较低。模制。鸡头高冠，头部微昂，尖喙，颈部粗短。眼睛已漫漶不清，仅余轮廓。残高8.2厘米（图三，5）。

陶动物俑足　2件。泥质红陶，火候较高，质地较硬。模制。M3∶22，似为一鸡俑足部，刻划出脚爪。残高3.4厘米（图三，8）。M3∶24，似为兽类腿部，一前腿较细，两后腿较粗壮。残高7.4厘米（图三，12）。

陶钵　7件。青灰色夹细砂陶，轮制轮修。素面。敞口，圆唇。大多火候较高，质地较坚硬。以口部、腹部特征差异可分为二型。

A型　2件。口外侈，沿部有一圈包边，沿部之下有一圈凹弦纹，肩部略鼓，下腹斜收成小平底，腹部无折。M3：13，口径21.2、底径6.8、通高7厘米。M3：2，口径21.6、底径6.8、通高8.4厘米（图四，1）。

B型　5件。口微敛，折腹，下腹斜收成小平底，内底微凸。M3：3，口径18、底径5.6、通高6.4厘米（图四，2）。M3：4，口径18.8、底径5.2、通高7.2厘米（图四，3）。M3：7，口径12、底径3.6、高4.6厘米（图四，6）。M3：8，口径11.2、底径3.6、通高4.6厘米（图四，5）。M3：9，口径16.8、底径4.8、通高6.6厘米（图四，7）。

釉陶豆　1件。M3：6，泥质红陶，火候较低，胎质酥软。轮制轮修。素面，口微侈，方唇，直腹，底部近平，柄细短，矮圈足。内底施黄釉，釉质很差，厚薄不匀。釉的烧成温度很低，极易脱落，有小开片。口径11.6、足径8.8、通高9.3厘米（图四，4）。

釉陶壶　1件。M3：12，泥质红陶，火候较低，胎质酥软。轮制轮修。有刻划。浅盘口，方唇，宽平沿，弧颈，颈部粗短，溜肩，鼓腹，高圈足，足部略外撇，上有两圈凹弦纹。颈部、肩部交接处有三圈凹弦纹。肩部两侧有对称的兽面铺首，线条烦冗复杂，但已漫漶不清。有盖，盖有榫口，盖顶有三个小乳钉。外壁施黄釉，釉质较差，厚薄不匀，有细小开片。釉的烧成温度较低，易脱落。口径7.5、底径8、通高17.2厘米（图四，8）。

陶罐　1件。M3：29，残，仅剩底部。夹细砂青灰陶，火候较高，质地较硬。轮制轮修。平底。素面。底径15.6、残高7.6厘米（图四，9）。

五铢钱　9枚。锈蚀严重。可测直径2.22～2.45、穿径0.9～1厘米。

四、结　　语

（一）墓葬年代的推断

M1为“凸”字形券顶石室墓。峡江地区的券顶石室墓以东汉时期较为常见，平面呈“凸”字形或刀把形，如重庆巫山麦沱汉墓[①]、湖北秭归卜庄河汉墓[②]、湖北巴东西瀼口汉墓[③]等。但仔细对比可以看出，该墓形制与巴东孔包汉墓更为接近。孔包墓地共发掘汉墓3座，均为“凸”字形券顶石室墓，年代属东汉晚期[④]。该墓还伴出有剪轮五铢。剪轮五铢在西汉末和东汉末均曾出现过，但从峡江地区剪轮五铢的发现情况来看，峡江地区的剪轮五铢多出土于东

① 湖南省文物考古研究所、巫山县文物管理所：《巫山麦沱汉墓群发掘报告》，《重庆库区考古报告集·1997卷》，科学出版社，2001年，第104、105、122、123页。

② 宜昌地区博物馆、秭归屈原纪念馆：《秭归卜庄河古墓发掘》，《三峡考古之发现》，湖北科学技术出版社，1998年，第354～356页。

③ 鄂西自治州博物馆：《巴东西瀼口古墓群发掘简报》，《三峡考古之发现》，湖北科学技术出版社，1998年，第357～360页。

④ 中山大学人类学系、湖北省文物局三峡办：《湖北省巴东县孔包墓地发掘报告》，《四川文物》2003年第6期，第3～10页。

汉晚期墓葬中，如秭归卜庄河汉墓[①]、重庆万州松岭包汉墓[②]、万州龙宝陈家坝汉墓[③]、万州安全汉墓[④]等。综合以上分析，可将该墓年代初步推定为东汉晚期。

M2砖室墓由长方形花纹砖错缝砌成，砖纹饰以菱格纹、车轮纹以及几何纹组合为主，这都是东汉墓砖流行的纹饰。而峡江地区此类纹饰的墓砖主要流行于东汉晚期，如万州庙湾汉墓[⑤]、万州龙宝陈家坝汉墓[⑥]、万州安全汉墓[⑦]等。但汉墓墓砖一般较规整，而该墓墓砖规格不一，似是对汉砖的再利用。且该墓墓砖纹饰与崖脚墓地刘宋时代的砖室墓DM2十分相似[⑧]，故将该墓年代初步推定为东汉晚期至六朝早期。

M3砖室墓亦由长方形花纹砖错缝砌成，建造墓壁的砖为菱格规矩组合纹砖，建造墓顶的砖均为子母砖，砖上的纹饰有两种：十字折线规矩组合纹和十字折线富贵纹。这些也都是东汉墓砖流行的纹饰。此外，该墓所出随葬品多为东汉墓葬中的常见物品，如釉陶壶（M3：12）、子母鸡（M3：20）等；该墓出土的人物俑在造型及制作手法上也与峡江地区东汉晚期墓葬所出同类遗物极为相似[⑨]。再结合伴出钱币综合分析，并与本地区同类墓葬形制进行对比，可将该墓年代初步推定为东汉晚期。

---

① 宜昌地区博物馆、秭归屈原纪念馆：《秭归卜庄河古墓发掘》，《三峡考古之发现》，湖北科学技术出版社，1998年，第354～356页。

② 青海省文物考古研究所、万州区文物管理所：《万州松岭包墓地发掘报告》，《重庆库区考古报告集·1997卷》，科学出版社，2001年，第458、459页。

③ 青海省文物考古研究所、万州区文物管理所：《万州龙宝陈家坝东汉墓发掘报告》，《重庆库区考古报告集·1997卷》，科学出版社，2001年，第467、468页。

④ 陕西省考古研究所、万州区文物管理所：《万州安全墓地发掘报告》，《重庆库区考古报告集·1997卷》，科学出版社，2001年，第506、535页。

⑤ 重庆市博物馆、万州区文物管理所：《万州庙湾墓地发掘报告》，《重庆库区考古报告集·1997卷》，科学出版社，2001年，第423页。

⑥ 青海省文物考古研究所、万州区文物管理所：《万州龙宝陈家坝东汉墓发掘报告》，《重庆库区考古报告集·1997卷》，科学出版社，2001年，第463、464页。

⑦ 陕西省考古研究所、万州区文物管理所：《万州安全墓地发掘报告》，《重庆库区考古报告集·1997卷》，科学出版社，2001年，第510页。

⑧ 北京大学考古文博学院三峡考古队、重庆市忠县文物管理所：《忠县崖脚墓地发掘报告》，《重庆库区考古报告集·1998卷》，科学出版社，2003年，第720页。

⑨ 湖南省文物考古研究所、巫山县文物管理所、《巫山麦沱汉墓发掘报告》，《重庆库区考古报告集·1997卷》，科学出版社，2001年；南京博物院考古研究所、巫山县文物管理所：《巫山瓦岗槽汉代墓地发掘报告》，《重庆库区考古报告集·1997卷》，科学出版社，2001年，第131页；青海省文物考古研究所、万州文物管理所：《万州松岭包墓地发掘报告》，《重庆库区考古报告集·1997卷》，科学出版社，2001年，第452页；青海省文物考古研究所、万州区文物管理所：《万州龙宝陈家坝东汉墓发掘报告》，《重庆库区考古报告集·1997卷》，科学出版社，2001年，第466页；陕西省考古研究所、万州区文物管理所：《万州安全墓地发掘报告》，《重庆库区考古报告集·1997卷》，科学出版社，2001年，第520～522页；重庆市文化局、湖南省文物考古研究所、巫山县文物管理所：《巫山麦沱古墓群第二次发掘报告》，《重庆库区考古报告集·1998卷》，科学出版社，2003年，第137～142页；四川省文物考古研究所、丰都县文管所：《丰都汇南墓群发掘报告》，《重庆库区考古报告集·1998卷》，科学出版社，2003年，第795～799页等。

（二）主要收获

（1） 忠县也是峡江地区汉墓比较集中的地区之一，北京大学考古文博学院自1997年起对忠县汉墓陆续发掘。但从历年发掘所掌握的信息看，忠县汉墓主要集中在与石匣子墓地毗邻的崖脚墓地[①]。而通过此次发掘，可初步确认石匣子墓地是忠县又一处汉墓比较集中的古墓地，其下限可能延续到了南朝，从而为我们了解忠县地区汉代至南朝墓葬的分布情况提供了进一步的线索。

（2）由于石匣子墓地与崖脚墓地毗连，两墓地之间的关系显然十分密切，认真探讨彼此之间的关系，对认识㽏井沟古墓群的分布规律具有十分重要的意义。崖脚墓地主要坐落在长江沿岸的二级台地上，石匣子墓地主要坐落在长江沿岸的三级台地上。从目前掌握的资料看，崖脚墓地的年代主要集中于战国时期至新莽时期，东汉时期的墓葬少见，间有南朝早期墓[②]，而石匣子墓地的年代为东汉至南朝时期。由此可见㽏井沟古墓群的演进特点是由早而晚自二级台地向三级台地逐渐推进。

（3）M1所使用的葬具石棺，在当地属首次发现，在整个峡江地区也极为罕见，从而丰富了有关峡江地区汉墓葬具的实物资料。

附记：本次发掘领队由北京大学考古文博学院孙华担任，执行领队由中山大学人类学系考古教研室教师刘文锁、金志伟担任，成员有9人。刘文锁兼负责摄影记录工作。发掘清理、记录、绘图、修复等工作由中山大学人类学系考古专业2000级学生和陕西省、山西省的技术人员承担。在发掘和整理过程中，忠县文物管理所和四川省绵阳市三台县文物管理所给予了大力协助，谨致谢忱！

绘图：方志军
执笔：姚崇新

① 北京大学考古博学院三峡考古队、重庆市忠县文物管理所：《忠县崖脚墓地发掘报告》，《重庆库区考古报告集·1998卷》，科学出版社，2003年，第700～718页。

② 北京大学考古博学院三峡考古队、重庆市忠县文物管理所：《忠县崖脚墓地发掘报告》，《重庆库区考古报告集·1998卷》，科学出版社，2003年，第679～734页。

忠县花灯坟墓群2003年度发掘简报

重庆市文化遗产研究院
常　德　博　物　馆

乌杨汉墓群是重庆市峡江地区一处大型并较为重要的汉墓埋葬区，位于长江上游左岸忠县乌杨镇，墓葬分别埋葬在临江一、二级丘陵之上，属于三峡库区蓄水淹没区。2002年，重庆市文物考古所（今重庆市文化遗产研究院）第一次对乌杨汉墓群花灯坟墓区进行发掘，所掘面积3000余平方米，共发掘了31座墓葬，同时出土了重庆三峡库区保存较为完整的乌杨汉阙。2003年，重庆市文物考古所与常德博物馆联合对花灯坟墓群花坝墓区2000平方米、新田湾墓区（乌杨遗址）1000平方米进行勘探发掘，兹将两个墓区所发掘的墓葬情况报告如下。

一、墓地概况

将军村花灯坟汉墓群沿江分布绵延1.5千米。此次发掘的新田湾墓区处于墓群的中心地段，主要分布在新田湾一较宽而平坦的丘陵之上，丘陵被村民开垦为平坦耕地，临江坡面已被人为改造成梯田，调查勘探中极少有墓葬发现。在耕地中发现一批于生产活动中被破坏的砖石墓，大部分已被掏空。本次发掘的花坝、新田湾两个发掘区，东北距县城约10千米，西南距乌杨镇3千米，东南距刘家院子50余米，海拔155～175米，中心自然地理坐标为北纬30°12′44.10″、东经108°00′28.75″。

2003年10月，常德博物馆考古队进驻工地，随即展开调查与勘探工作，在探明墓葬分布后，采用10米×10米布方法开始发掘。因花坝与新田湾汉墓群同属于一个墓区，属于两个不同的发掘工作计划，而又在同一墓区进行发掘，故用花坝和新田湾两个单位区分。2003ZHT1～2003ZHT21发掘墓葬15座，2003ZWXT1～2003ZWXT10发掘墓葬10座，两区共发掘墓葬25座（图一）。为了便于资料的整理分析，此次在整理发掘资料时故放在同一报告中进行整理。

二、墓葬性质

新田湾、花坝汉墓群共发掘墓葬25座，其中土坑竖穴墓20座（含2座宋墓）、石室墓1座、砖室墓4座，时间跨度从西汉至宋代，但墓区主要以埋葬汉墓为主。发掘汉墓共23座，按时代可划分为西汉、东汉。按类型可划分为长方形土坑竖穴墓与长方形券顶砖室墓，有的砖室墓带有甬道。从墓室结构分析，此批墓葬带有明显的时代特征，部分土坑墓残留有少量未腐烂完的棺椁底板及枕木。埋葬方向多在200°～300°。土坑竖穴墓大小略有差异，墓壁陡直、光滑。填土大部分属于墓坑土回填，但夹有少量的灰色遗址土，填土经过紧密夯筑。ZWXM2、

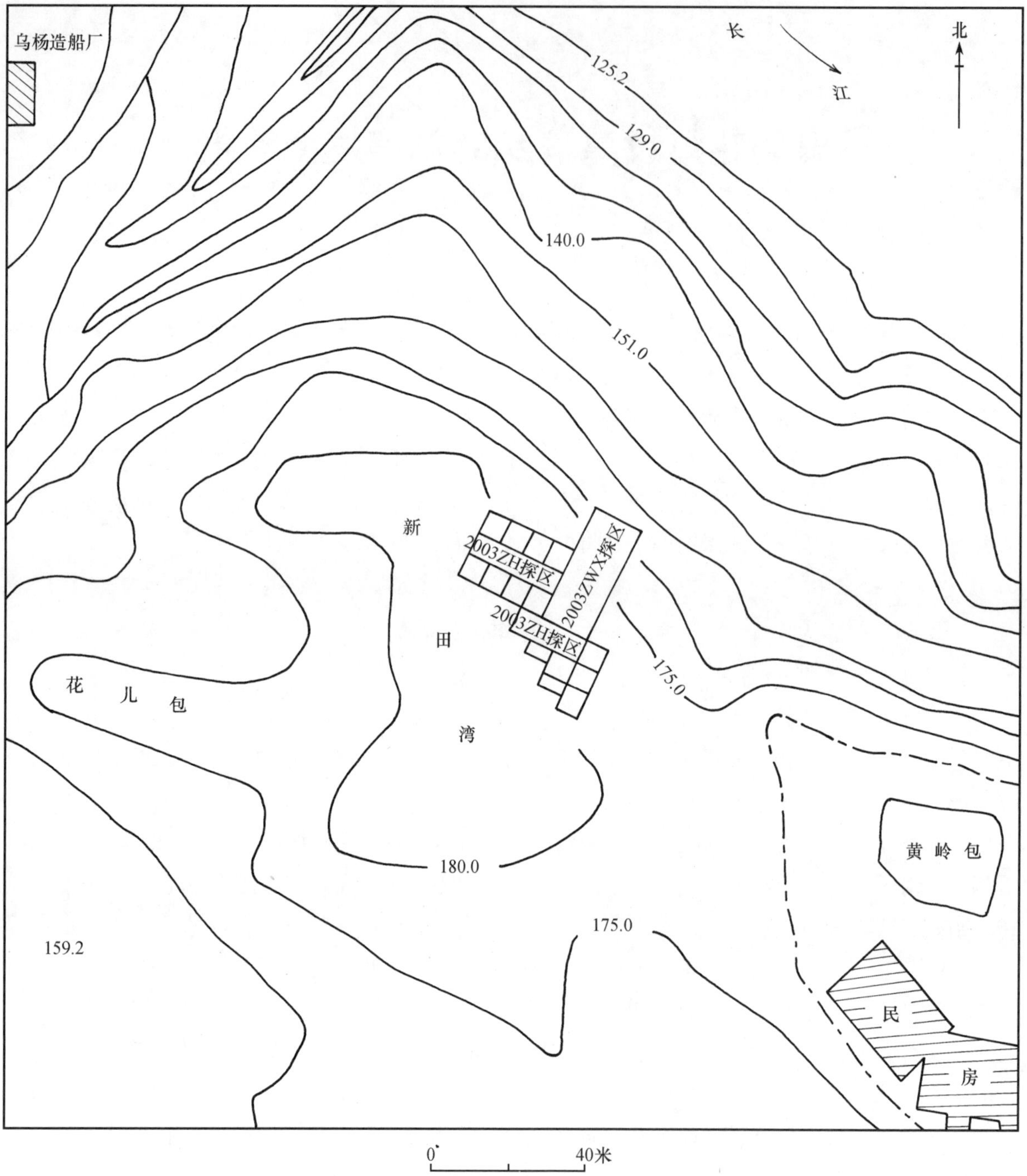

图一　发掘探方分布图

ZWXM3、ZWXM4墓底残留有少量棺椁板，残留痕迹显示墓葬均为一椁一棺。砖室墓多已被人为破坏，仅ZWXM5、ZWXM6、ZWXM10保存相对完整。部分墓葬存在打破关系，如ZWXM5打破ZWXM4，ZWXM9打破ZWXM8及砖室墓ZWXM10。

三、出土器物

此次共发掘墓葬25座，其中土坑墓20座（包括宋代墓2座）、砖室墓4座（其中一座属于刀形砖室墓）、石室墓1座。

（一）西汉墓葬

共13座（ZWXM1、ZWXM2、ZWXM3、ZWXM4，ZHM2、ZHM3、ZHM6、ZHM7、ZHM8、ZHM9、ZHM11、ZHM12、ZHM13），均属于长方形土坑竖穴墓，排列有序，从墓葬规模看虽存在一定的等级差别，但应属同一家族墓地（图二、图三）。

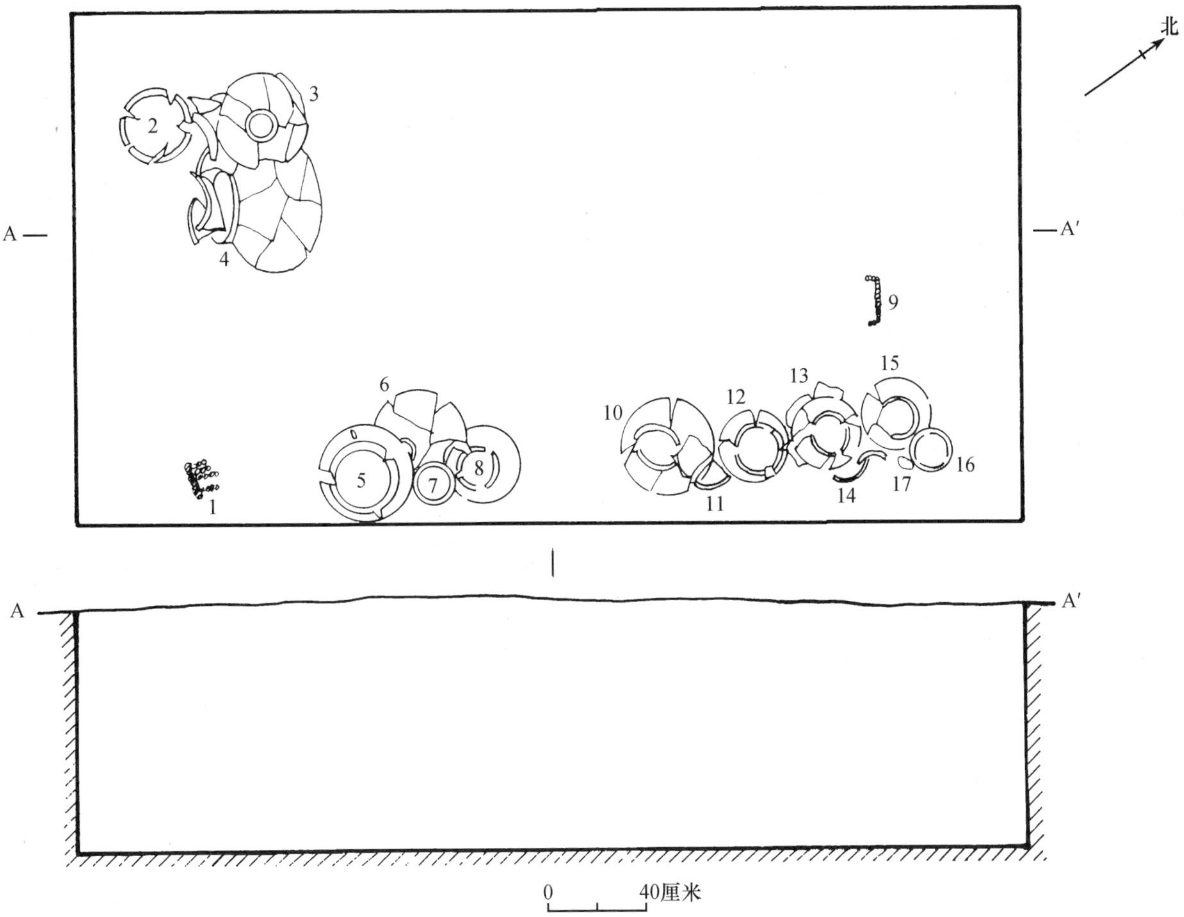

图二　ZHM7平、剖面图

1、9. 铜半两　2、4. 铁釜、陶甑　3、6、10～16. 陶罐　5、8. 铁鍪　7. 陶罐盖　17. 铁器

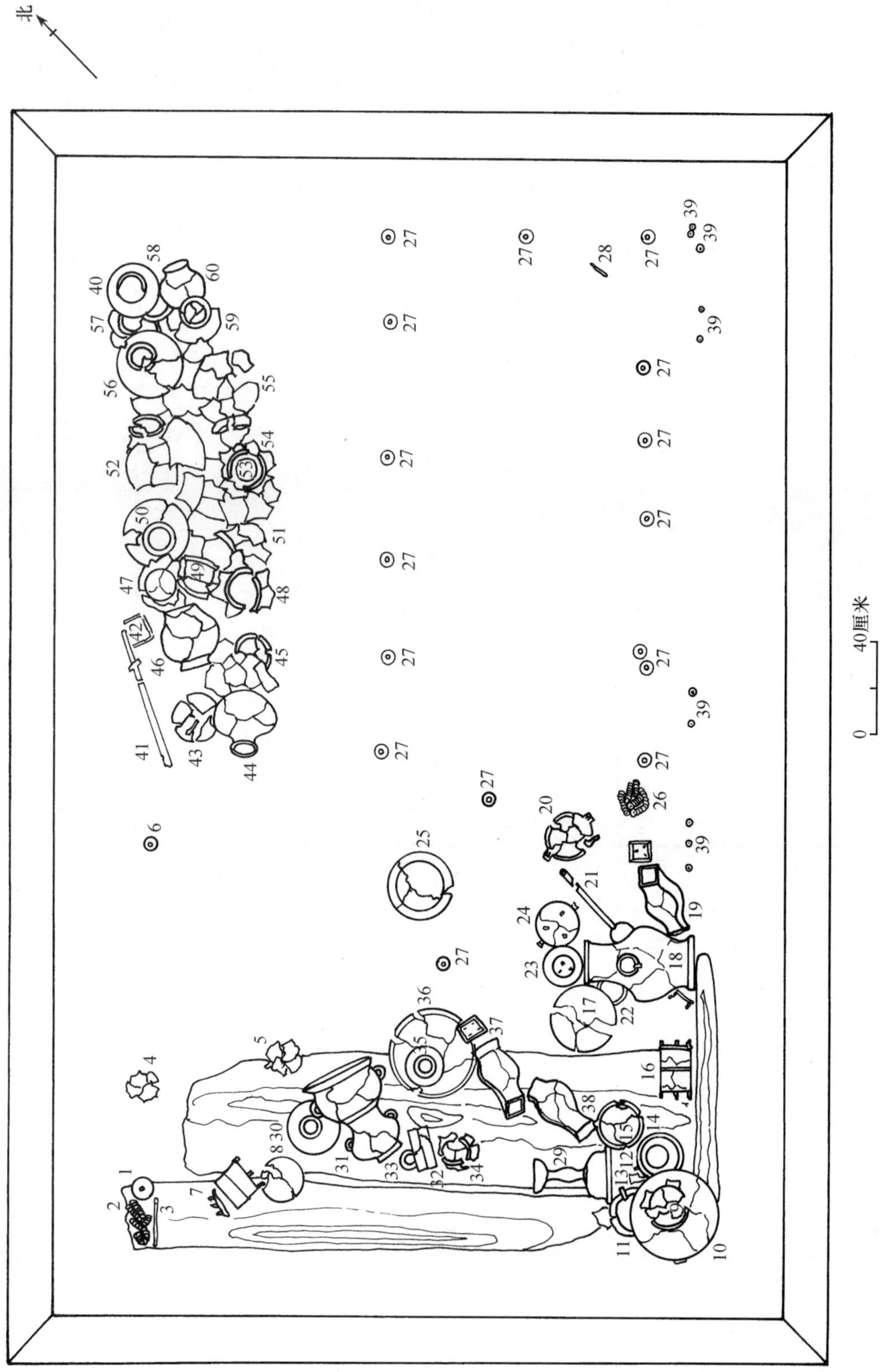

图三 ZWXM4平面图

1. 铜镜 2. 铜钱 3、5. 铁器 4. 铁锄 6. 陶珠 7、16. 漆釦樽 8、35. 漆盒盖 9. 铁甑 10、11、43. 铁釜 12、15. 铜釜 13. 骨器 14. 铜鍪 17. 陶甑 18、22、23. 铜锺 19、37、38. 铜钫 20、24. 铜鼎 21. 铜勺 25. 铜簋 26. 铜半两 27. 石珠 28. 铜箭镞 29. 铜灯 30、32. 漆盒 31、49. 铜器 33、34、40、44~48、50~52、54~60. 陶罐 36. 铜洗 39. 铜饰件 41. 铁剑 42. 铁削 53. 陶器盖

1. 铜器、铁器

铜器、铁器共28件。

铜镜　5件。ZWXM3：3，圆形。三弦纽。座外饰一周素圈。缘内饰连弧纹。素卷缘。直径18厘米（图四，1）。ZWXM4：1，三弦纽。方座。方形内区铸有“长相思，勿相忘，常富贵，乐未央”，每句两端用几何纹相隔。外区饰4组高凸乳钉纹，乳钉用一周草叶纹环绕，之间用4组草叶相隔。外缘饰一周连弧纹。直径13.5厘米（图四，2）。ZWXM1：1，圆形。圆形纽。圆座。宽厚素缘。区内四方格内凸起乳钉纹，变形草叶纹连接。直径14厘米（图五，1）。ZHM11：1，圆形。龟形纽。方纽座。井字区，内区四方铸“长乐未央，长勿相忘”。外区四方饰四组变形叶麦纹。连弧缘。直径15.9、缘厚0.3厘米（图五，2）。ZHM12：8，黑色。圆形。三弦纽。圆纽座。素缘。缘内饰2组间隔对称的变形回纹和草叶纹。直径9.6厘米（图五，3）。

铜鼎　2件。大小形制相同。弧形深盖，盖顶饰三简化兽纽，子母口，口内折，宽平沿，深弧腹，圜底，矮蹄足直立。腹中部饰一道凸棱。附耳内敛。兽纽头外撇。ZWXM4：20，口径18.4、通高20.8厘米（图六，1）。

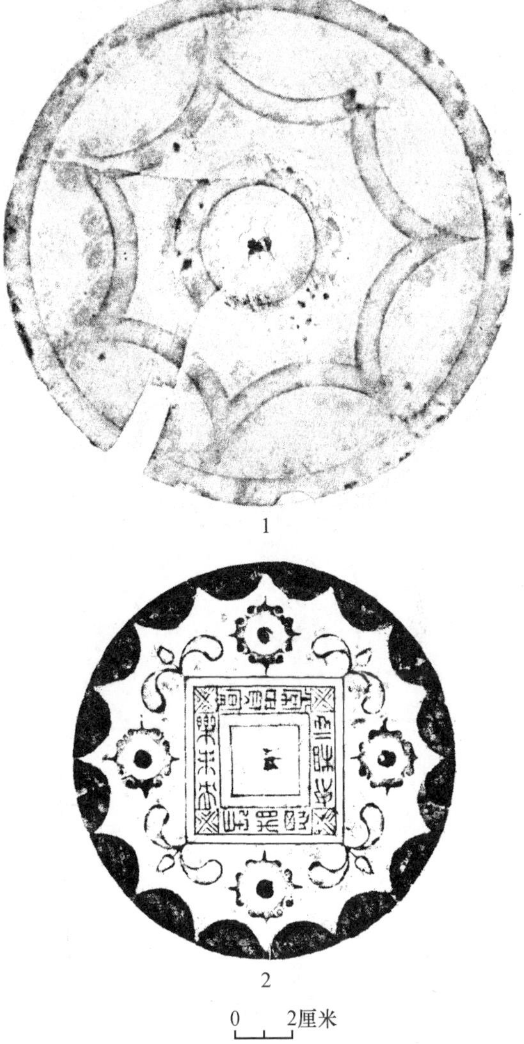

图四　铜镜拓片

1. ZWXM3：3　2. ZWXM4：1

铜锺　2件。ZWXM4：18，盝顶盖，子母口，盖面饰三个凤鸟纽，直口，弧顶，鼓腹，矮直圈足。上腹饰对称兽面铺首衔环。腹上、中、下各饰二道宽凹弦纹。口径18.2、底径22.2、腹径36.8、通高58厘米（图六，2）。ZWXM4：23，盖面饰三个简化兽形纽。长弧颈，溜肩，椭圆鼓腹，矮圈足略外撇。上腹饰对称兽面铺首衔环。腹上、中部各饰一道宽凹弦纹。口径8.6、腹径17.2、底径9.2、通高21.8厘米（图六，3）。

铜鍪　1件。ZWXM4：14，敞口，弧领，折肩，深腹，圜底。折肩处饰对称耳。一侧置长方形鋬，鋬中空，方孔，耳饰于鋬根部，肩饰二周弦纹。口径10.2、腹径13.4、高10.8厘米（图六，4）。

铜钫　1件。ZHM11：22，方唇，直口，弧腹，方形座。腹饰一对兽面铺首衔环。口径10、腹径18.4、口残高5.8、底径11.4、残高24.6厘米（图六，5）。

铜洗　1件。ZWXM4：36，敞口，平沿，腹壁较直，下腹斜曲，腹深，底平，矮圈足。肩部饰对称牛头状铺首，饰三道凹弦纹。口径31.4、底径13.8、残高15.2厘米（图六，6）。

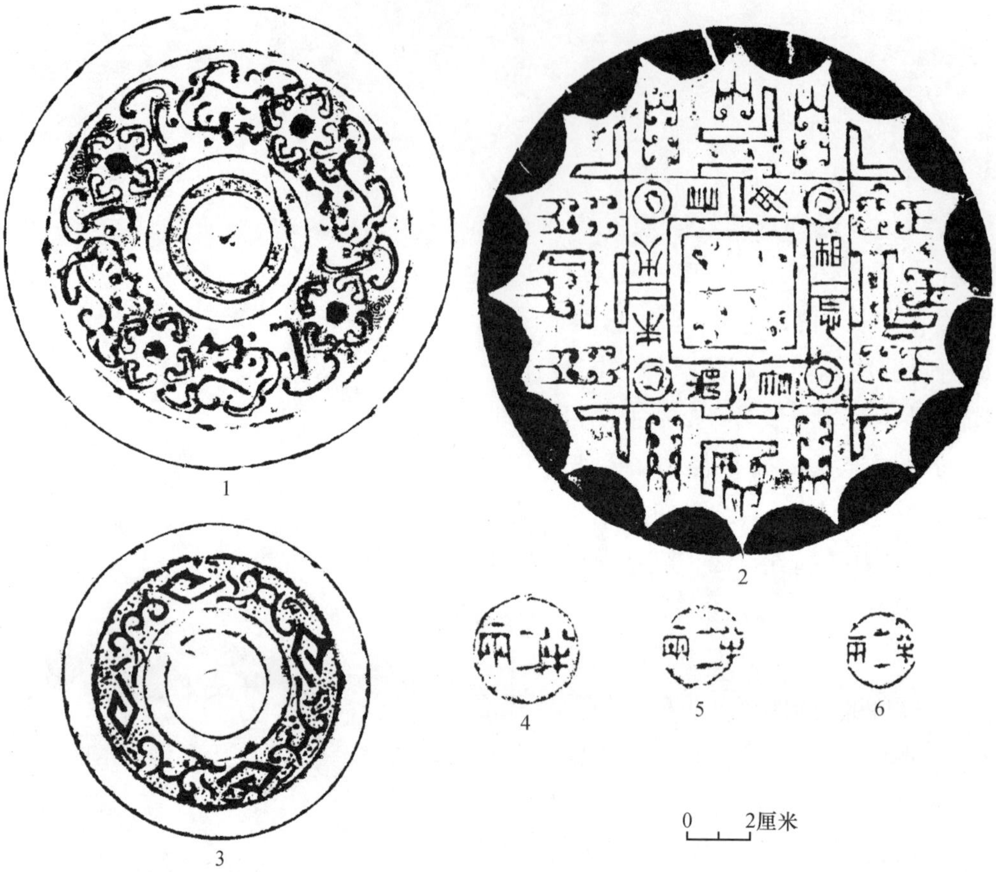

图五 铜镜、铜钱拓片

1～3. 铜镜（ZWXM1：1、ZHM11：1、ZHM12：8） 4. Ⅰ式半两（ZWXM3：1） 5. Ⅱ式半两（ZWXM4：2） 6. Ⅲ式半两（ZWXM1：2）

铜蒜头壶 1件。ZHM11：23，残，仅剩口颈部分。方唇，小口蒜头状，细长弧颈，肩部以下残缺。口径3.6、残高18.2厘米（图六，7）。

铜鐎壶 1件。ZHM11：17，口残。弧颈，折腹，圜底。肩部置有方形手柄，柄上置一圆形立耳。腹饰一周凸弦纹。残高9厘米（图六，8）。

铜灯 1件。ZWXM4：29，铸造。盘、柱焊接组合。直口，方唇，浅盘有三格，三个圆扁形支架与托盘、曲状柱柄连接，喇叭状足。高34、底径18厘米（图七，1）。

铜勺 1件。ZWXM4：21，长直柄，柄端穿孔。椭圆形环。浅腹。环径10、柄宽0.2、通长26厘米（图七，2）。

铜镦 2件。ZWXM2：26a、ZWXM2：26b，圆銎中空。椭圆形径孔。直径2厘米。ZWXM2：26a残长8厘米，ZWXM2：27b残长4.8厘米（图七，3、4）。

铜盖弓帽 1件。ZWXM2：27，器体较薄。圆形平底，管状，中部斜出一刺。高5.4、底宽4.4厘米（图七，5）。

铜矛 1件。ZWXM3：21，矛身短小。矛叶较宽。圆銎，銎口外饰云雷纹一周。骹饰连体龙，蛇纹龙头似虎，双弓形耳。圆脊。器体残蚀较重。残长15.4厘米。

铜泡钉 1件。ZHM11：27，伞状。圆弧顶。锥形钉头。直径1.6、残高0.8厘米（图七，6）。

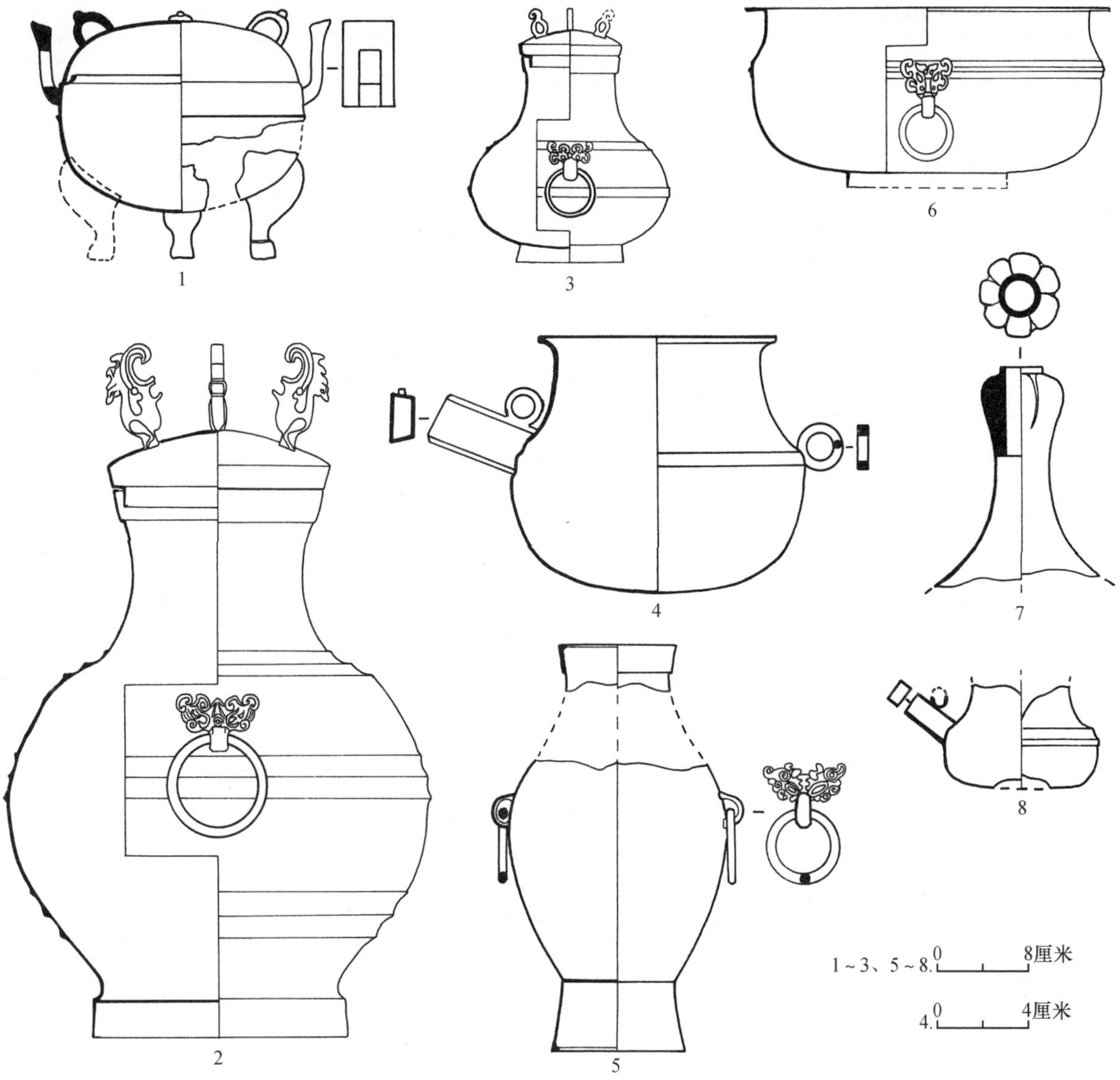

图六 铜器

1. 鼎（ZWXM4：20） 2、3. 锺（ZWXM4：18、ZWXM4：23） 4. 鍪（ZWXM4：14） 5. 钫（ZHM11：22）
6. 洗（ZWXM4：36） 7. 蒜头壶（ZHM11：23） 8. 镳壶（ZHM11：17）

铁斧 1件。ZHM2：15，整体似梯形。刃口平直。銎孔呈方形。残并锈蚀。长14.6、宽6.4～7.8、厚1.5～2.8、胎厚0.5厘米（图七，7）。

铁凿 1件。ZWXM3：39，长条锥状。方銎。双面弧刃。长17、宽3.4、厚2.2厘米（图七，8）。

铁锛 1件。ZWXM3：44，长方形。方銎。两面弧刃，刃口呈圆弧状。长16.2、宽7、厚4厘米（图七，9）。

铁剑 2件。ZHM11：5，椭圆茎。铜格。扁菱形剑身。锋部圆凸。通长42厘米（图七，10）。ZHM11：6，扁圆茎。铜格。剑身横断面呈扁菱茎。薄剑身窄长。通长110厘米（图七，11）。

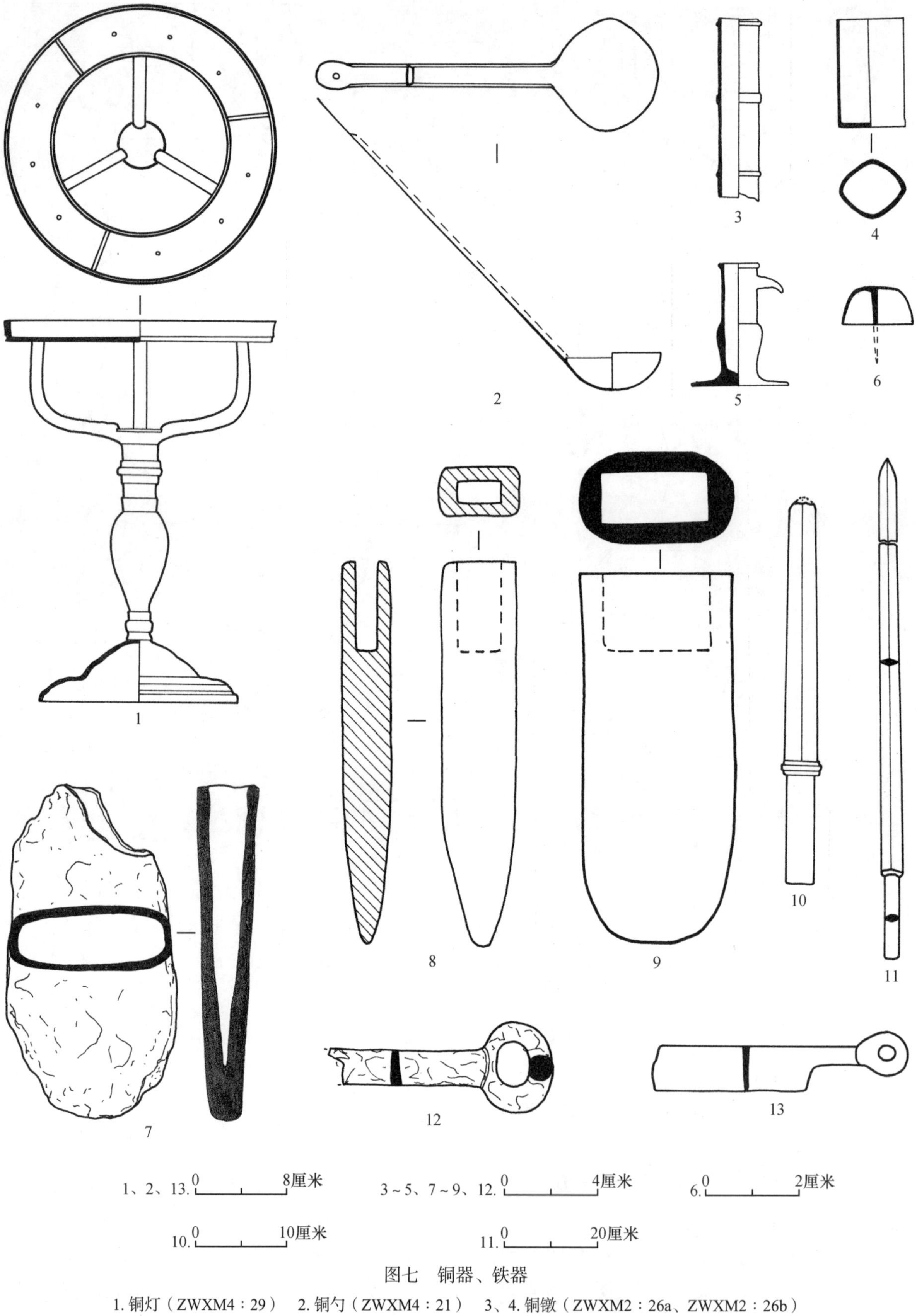

图七　铜器、铁器

1. 铜灯（ZWXM4：29）　2. 铜勺（ZWXM4：21）　3、4. 铜镦（ZWXM2：26a、ZWXM2：26b）
5. 铜盖弓帽（ZWXM2：27）　6. 铜泡钉（ZHM11：27）　7. 铁斧（ZHM2：15）　8. 铁凿（ZWXM3：39）
9. 铁锛（ZWXM3：44）　10、11. 铁剑（ZHM11：5、ZHM11：6）　12. 铁环首刀（ZHM11：3）　13. 铁削（ZWXM1：3）

铁环首刀　1件。ZHM11：3，椭圆形环首。圆茎。刀身残失。残长10.2厘米（图七，12）。

铁削　1件。ZWXM1：3，扁形握手。柄尾椭圆环。薄身残断。长23、厚0.4厘米（图七，13）。

2. 陶器

共修复陶器48件。

罐　22件。分七型。

A型　1件。ZWXM4：44，泥质灰陶。素面。平折沿，方唇，高领，溜肩，鼓腹弧收，圜底。口径15.6、腹径30、高20.4厘米（图八，1）。

B型　11件。可分为二式。

Ⅰ式：5件。ZWXM4：47，泥质灰陶。矮领，直口微敛，圆唇，广肩，鼓腹，下腹缓收，大平底微内凹。口、肩部饰三道朱红彩弦纹，肩饰三道凹弦纹，腹部用四道朱红彩色弦纹和菱形纹搭配组合。口径13.6、腹径31、底径20.8、高24厘米（图八，2）。

Ⅱ式：6件。ZWXM4：40，泥质灰陶。直口微敞，圆唇，广肩下腹微收至大平底。器表通体涂成朱红色，肩饰二道凹弦纹。口径12、腹径23、底径18、高16厘米（图八，3）。

C型　3件。可分二式。

Ⅰ式：1件。ZWXM4：52，泥质灰陶。侈口，卷沿，短束颈，鼓肩，下腹缓收至大平底。肩饰三道凹弦纹。口径14、腹径40.4、底径24、高35.4厘米（图八，4）。

Ⅱ式：2件。ZWXM4：50，泥质灰陶。矮颈，口微侈，尖唇，卷沿，溜肩，鼓腹，斜弧收至平底。肩饰二周凹弦纹和一圈印纹。口径14.6、腹径29.6、底径16.8、高30厘米（图八，5）。

D型　1件。ZHM6：16，夹砂红陶，器表饰黑衣。方唇，折沿，矮领，溜肩，鼓腹，平底内凹。肩、腹饰三道红色弦纹。口径9.2、腹径20.8、底径15、高13.6厘米（图八，6）。

E型　1件。ZHM2：9，泥质灰陶。隆顶盖，子母口，圆唇，侈口，矮领，溜肩，微鼓腹，平底内凹。上腹饰二组绳纹。口径12.8、腹径22.4、底径12.8、复原通高22厘米（图八，7）。

F型　3件。器物形制相同。泥质灰陶。口微侈，宽折沿，圆唇，高领，束颈，溜肩，鼓腹，圜底。腹至器底均饰细绳纹。ZHM9：4，口径15.2、高16厘米（图八，9）。

G型　2件。口沿略有不同。ZHM3：1，泥质灰陶。微敛口，圆唇，矮斜领，溜肩，鼓腹，大平底。素面。口径17、底径19.2、高18.8厘米（图八，8）。

钵　21件。均为泥质灰陶，轮制。可分五型。

A型　6件。敞口，尖唇，曲腹，斜收，平底内凹。素面。器表施黑衣。ZHM12：22，口径18、底径6、高5.2厘米（图九，1）。

B型　4件。式样相同，大小略异。夹细砂灰陶。敞口，尖唇，折腹，平底内凹。ZHM9：6，口径13.6、底径5.4、高4.2厘米（图九，2）。

C型　4件。夹细砂灰陶。敞口，尖唇，曲折腹收，平底。器表施黑衣。ZHM9：23，口径

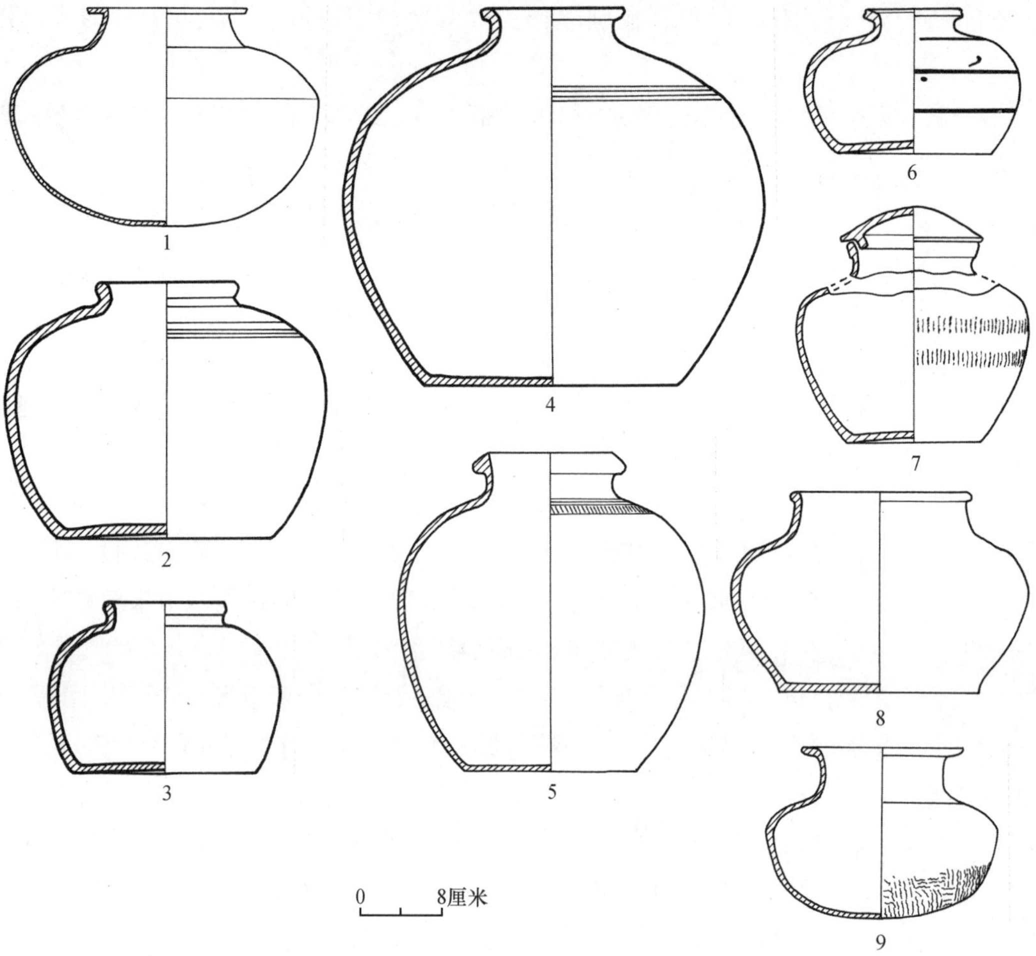

图八 陶器

1. A型罐（ZWXM4：44） 2. B型Ⅰ式罐（ZWXM4：47） 3. B型Ⅱ式罐（ZWXM4：40） 4. C型Ⅰ式罐（ZWXM4：52） 5. C型Ⅱ式罐（ZWXM4：50） 6. D型罐（ZHM6：16） 7. E型罐（ZHM2：9） 8. G型罐（ZHM3：1） 9. F型罐（ZHM9：4）

13.4、底径4.8、高5厘米（图九，3）。

D型 3件。泥质灰陶。敞口微敛，卷沿，圆唇，曲腹斜收。ZHM11：43，沿外饰一周凹弦纹。底微内凹。口径10.2、底径4.8、高4厘米（图九，4）。

E型 4件。ZWXM1：19，泥质灰陶。敞口，圆唇，斜弧壁收。器身饰二道凹弦纹。口径11.4、底4、高3.2厘米（图九，5）。

器盖 4件。分二式。

Ⅰ式：2件。ZHM6：22，夹砂红胎。圆弧顶。顶施黑色陶衣，饰红色彩绘已模糊不清。盖面置有三个对称方形孔，子母口。口径10.4、高3.4厘米（图九，7）。

Ⅱ式：2件。器形相同。泥质灰陶。盖身呈覆形杯状，圆形握手。ZWXM1：17，盖径9.9、高4.4厘米（图九，6）。

灯 1件。ZHM11：11，泥质灰陶。浅圆盘，龟形座，凸棱纹空柱柄立于龟背之上，龟呈爬行状。残口径12.8、残高12厘米（图九，8）。

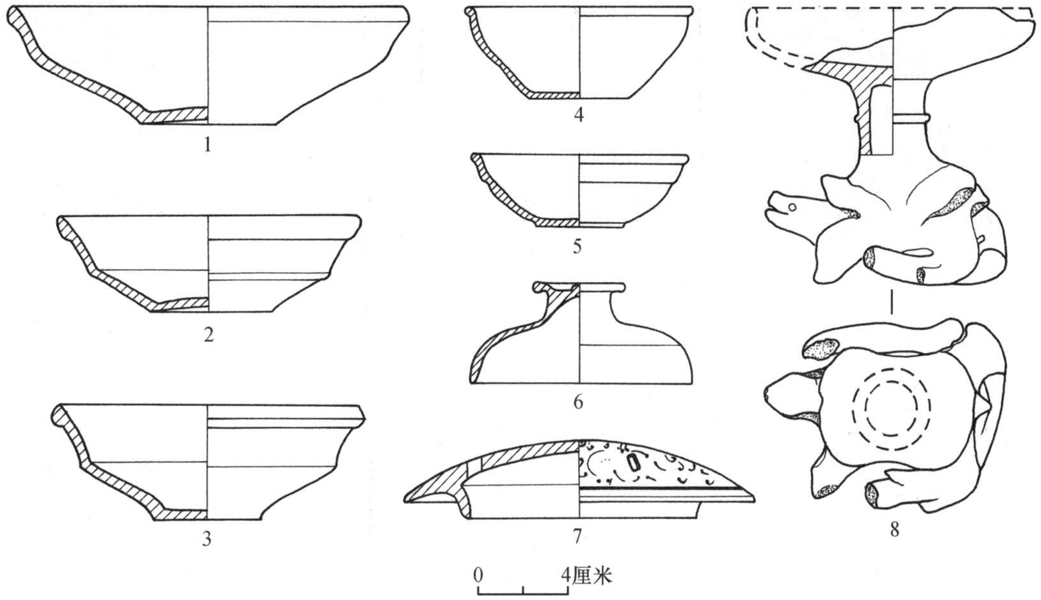

图九 陶器

1. A型钵（ZHM12：22） 2. B型钵（ZHM9：6） 3. C型钵（ZHM9：23） 4. D型钵（ZHM11：43）
5. E型钵（ZWXM1：19） 6. Ⅱ式器盖（ZWXM1：17） 7. Ⅰ式器盖（ZHM6：22） 8. 灯（ZHM11：11）

3. 铜钱

铜钱出土较多，标本来自3座墓葬。

半两 圆形方穿，无内外郭。分三式。

Ⅰ式：2件。ZWXM3：1，较大。“半两”两字上笔高于穿上缘，钱文高挺。直径3.4、穿径0.9厘米（图五，4）。

Ⅱ式：2件。ZWXM4：2，稍小。“半两”两字上笔高于穿上缘，钱文高挺。直径2.6、穿径1厘米（图五，5）。

Ⅲ式：1件。ZWXM1：2，“半两”两字上笔低于穿上缘，钱纹高挺。直径2.3、穿径1厘米（图五，6）。

Ⅰ式半两从字文分析，应当属于秦半两；Ⅱ、Ⅲ式为文帝四铢半两。

4. 其他

漆盒 5件。大小相同。器物内外施黑色漆，光滑。盖顶为圆形握手，子母口，盒口方唇，微鼓腹，平底，圈足外撇。盖、盒各饰三道凹弦纹。ZWXM3：5，盖口径11、底径18、高12厘米，盒口径20、底径13、高14厘米（图一〇，1）。

陶网坠 1件。ZWXM3：19a，泥质灰陶。中鼓，双锥状，中部穿孔。长3.2、孔径0.2厘米（图一〇，2）。

陶球 1件。ZWXM3：45，灰陶。圆形，球心穿孔。素面。直径1.2、孔径0.2厘米（图一〇，5）。

砺石 1件。ZWXM3：19b，石英砂岩质。不规整半球状，磨面平坦光滑。长4.2、宽2.5、

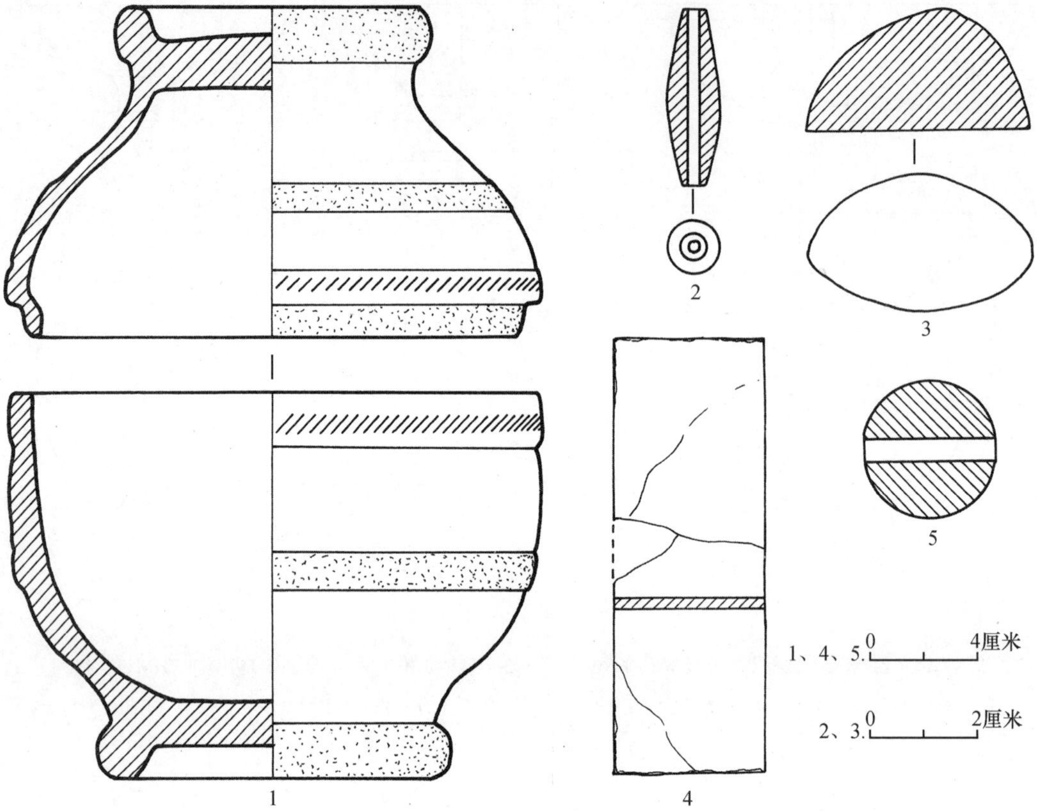

图一〇　其他

1. 漆盒（ZWXM3：5）　2. 陶网坠（ZWXM3：19a）　3. 砺石（ZWXM3：19b）　4. 石镇纸（ZHM8：8）
5. 陶球（ZWXM3：45）

高2.2厘米（图一〇，3）。

石镇纸　1件。ZHM8：8，石灰岩质。长方形。器身薄而光滑。长15.8、宽5.6、厚0.2厘米（图一〇，4）。

（二）东汉墓葬

共10座。墓葬形制可分为土坑竖穴墓、砖室墓和石室墓。从残留痕迹观察为一棺一椁埋葬。其中ZWXM7、ZWXM8、ZWXM9和ZHM1、ZHM10为土坑竖穴墓；ZWXM5（图一一）、ZWXM10属于长方形砖室墓，ZHM5、ZWXM6为刀把形砖室墓；ZHM4（图一二）为刀把形石室墓，破坏严重。随葬器物均置于墓室与甬道结合部，甬道内未见器物。此外墓葬打破关系明显，如ZWXM5打破ZWXM4，ZWXM10和ZWXM8被ZWXM9打破。埋葬方向在40°～320°。依打破关系和埋葬风格，这10座墓葬虽处在同一时代，但有一段时间上的区别。

出土器物依质地可划分为铜器、铁器、陶器、琉璃器等。

1. 铜器、铁器

铜器、铁器共22件。

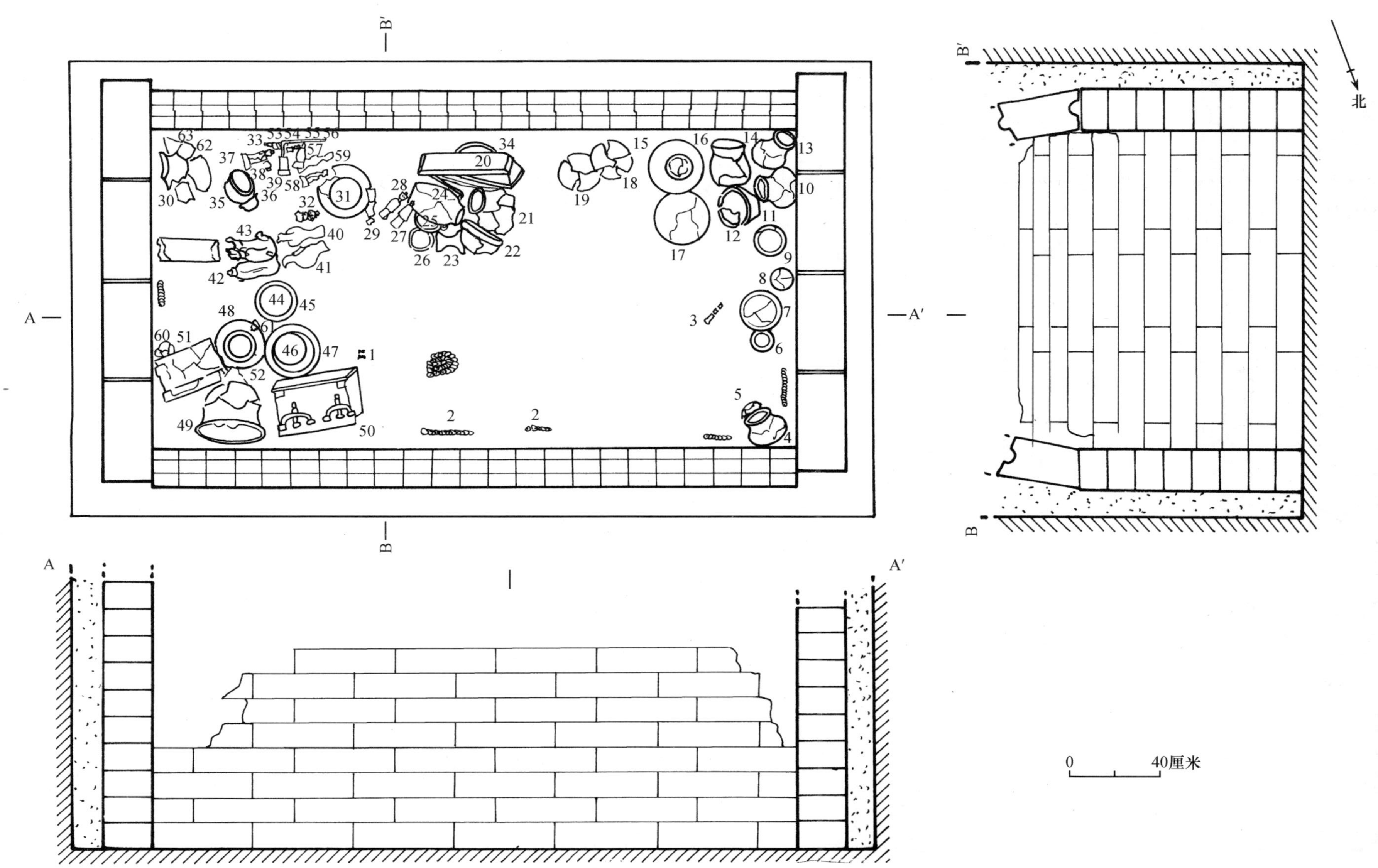

图一一 ZWXM5平、剖面图

1. 琉璃鼻塞 2、32. 铜钱 3. 铁削 4、9、10、14～16、18、19、21、24、45、47. 陶罐 5～8、11～13、17、22、25、26、34～36、44、46、52、60. 陶钵 20、33、50、51. 陶屋 23. 陶博山炉 27～29、38、39、53～59、64. 陶俑 30、31. 陶锺 37、62、63. 陶耳杯 40. 陶鸡 41. 陶子母鸡 42. 陶猪 43. 陶狗 48、49. 陶甑 61. 陶水井

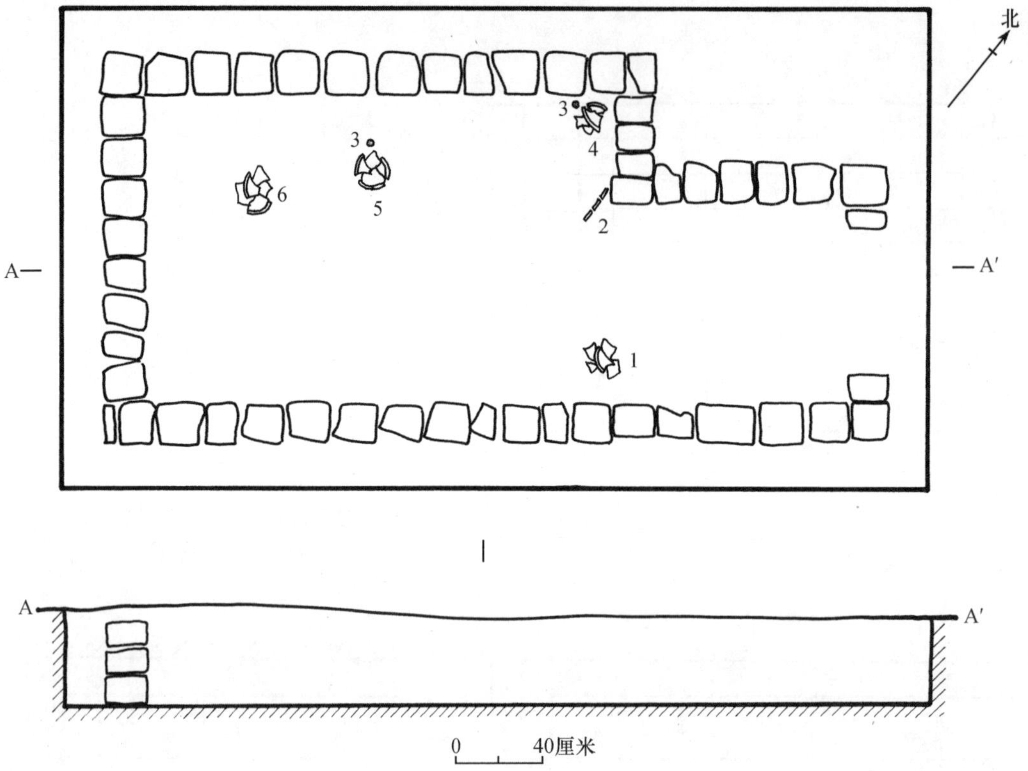

图一二　ZHM4平、剖面图

1、5、6. 陶罐　2. 铁削　3. 铜钱　4. 陶钵

铜镜　1件。ZWXM8：1，圆形。圆形纽。圆纽座。内区及缘各饰一周连弧纹。外区饰高突的4个乳钉，乳钉之间饰4组共20个小乳钉，小乳钉间以连续变形虺纹。直径11、缘厚0.55厘米（图一三，1）。

铜锺　2件。分二式。

Ⅰ式：1件。ZWXM8：2，铸造。直口，方唇，浅盘口，束颈，圆鼓腹，覆式盘口状圈足。腹部饰数道凹弦纹。上腹饰对称兽面衔环铺首。底中部铸有“□”字铭文。口径14、底径17.2、腹径25.8、高32厘米（图一四，1）。

Ⅱ式：1件。ZWXM10：1，盂状口，长弧颈，溜肩，扁鼓腹，平底，八棱形高圈足。腹饰数周瓦棱状弦纹，肩部饰对称兽面衔环铺首。口径13、底径18、腹径22、高29.6厘米（图一四，2）。

铜钫　1件。ZWXM8：3，铸造。直口，方唇，弧颈，长鼓腹，高直圈足微外斜。上腹饰对称兽面衔环铺首。口径10.4、腹径18.4、底径12.4、高31.2厘米（图一四，3）。

铜鍪　4件。分二式。

Ⅰ式：3件。ZWXM8：51，形制相同，大小略异。敞口，方唇，折肩，平底。环形双耳。腹饰一周凸弦纹。口径17.6、底径12、高18厘米（图一四，5）。

Ⅱ式：1件。ZWXM10：17，敞口，仰折沿，折肩，深腹，平底。肩饰对称耳。下腹饰三周凸弦纹。口径28、底径20、高21.6厘米（图一四，4）。

铜盆　1件。ZWXM10：15，素面。敞口，仰折沿，腹壁斜直，平底微内凹。口径39.8、

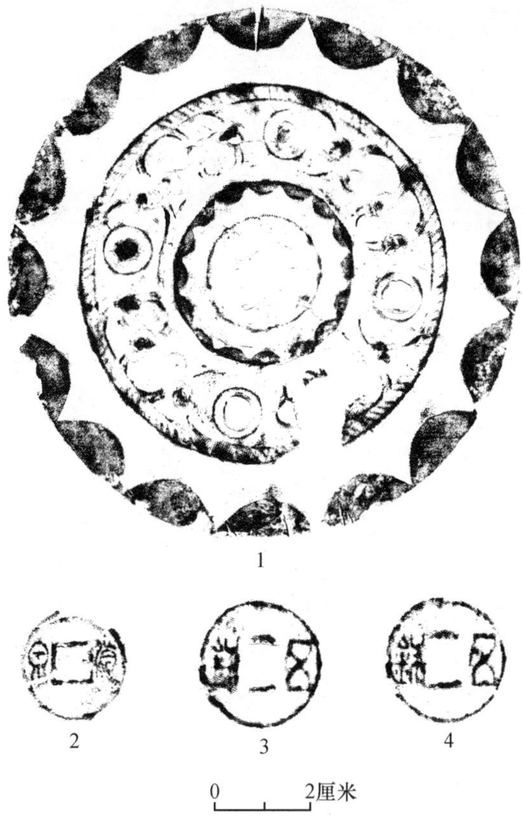

图一三　铜镜、铜钱拓片

1. 铜镜（ZWXM8：1）　2. 铜货泉（ZWXM5：2）　3、4. 铜五铢（ZWXM6：1-1、ZWXM6：1-2）

底径22.6、高15.2厘米（图一四，6）。

铜洗　1件。ZWXM10：16，敞口，仰折沿，直腹，近底弧收，大平底。腹一侧置单耳，另一侧置斜长方形手柄，柄与器身连接处有一凸起扉棱纹以增手柄的牢固度，腹身饰数周凹弦纹。口径27.6、底径16.4、高11.5厘米（图一四，7）。

铜灯　1件。ZWXM8：6，分段铸造焊接。蝙蝠圆形转轮，连接曲状双灯架，浅灯盘底部插口插入灯架托起灯盘，轮下有一独立撑杆，杆与座之间有一只展翅高飞的小鸟，蒜头座杆，镂孔喇叭状圈足。通高35厘米（图一五，1）。

铜镈　1件。ZWXM8：5，椭圆形插孔，中段有箍。口径2.6、高5.8厘米（图一五，2）。

铜扣　1件。ZWXM10：3，盔帽状。直径2、高1.3厘米（图一五，3）。

铜带钩　1件。ZWXM8：4，器身细长，鸟头形钩，圆形纽。长6.8厘米（图一五，4）。

铜镳饰　1件。ZWXM10：19，"S"形，两段，扁叶状，中部圆径有二个穿环孔。饰件散落在陶狗颈脖下部，应属于狗用饰件。长6.6、宽11厘米（图一五，5）。

铁戟　2件。式样大小相同，尖锥形铁刺，援呈直角。ZWXM8：9，长38、宽1.8厘米（图一五，6）。

铁杵臼　1件。ZWXM8：24，侈口，方唇，直腹，假圈足。内置一杵，杵做圆柱状。臼高14.6、口径10、底径7.8厘米；杵长25、直径2.8厘米（图一五，7）。

铁斧　1件。ZWXM8：33，长方形。两面弧形宽刃，平形刃口，刃较纯，长方銎。残长

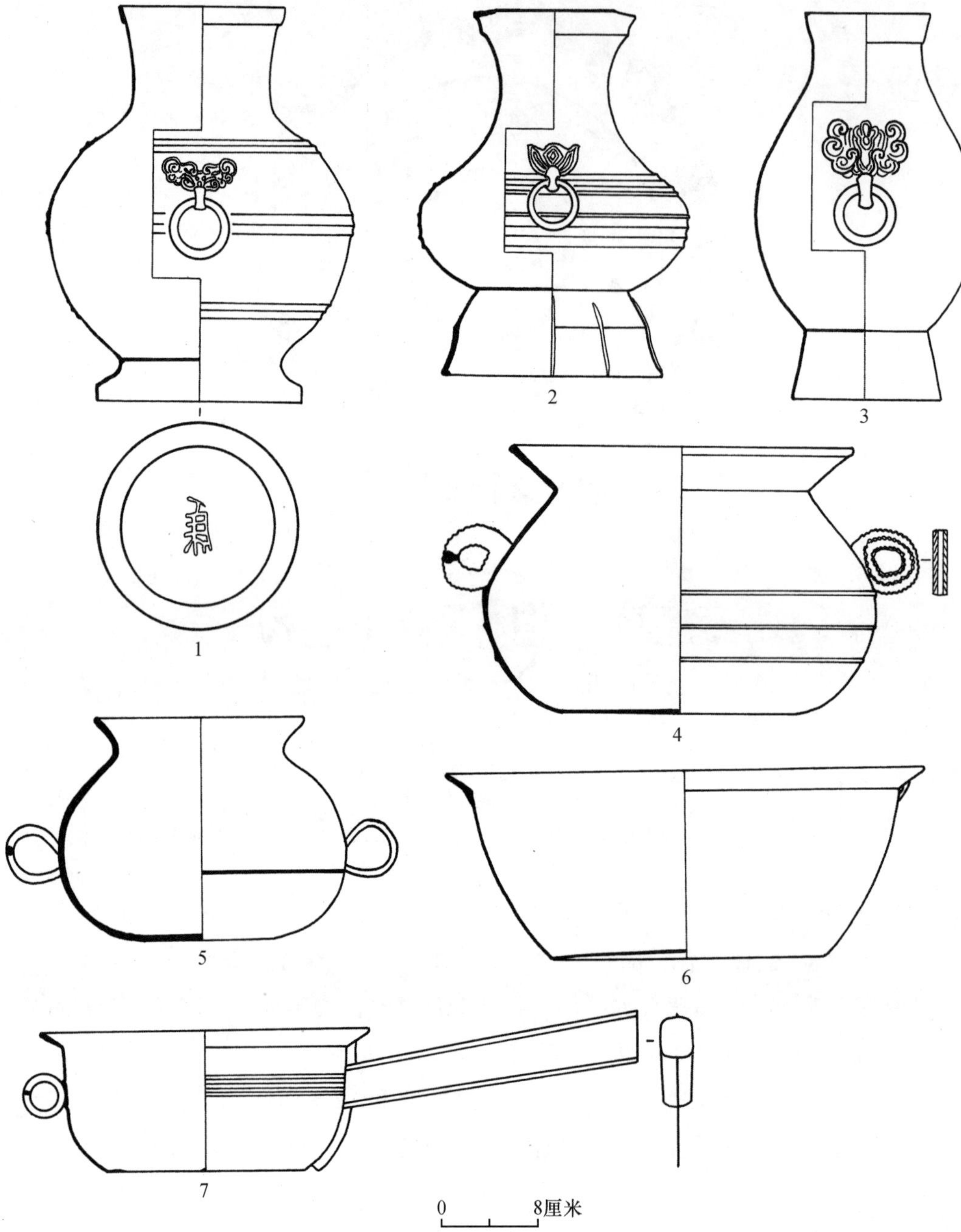

图一四 铜器

1. Ⅰ式锺（ZWXM8：2） 2. Ⅱ式锺（ZWXM10：1） 3. 钫（ZWXM8：3） 4. Ⅱ式鍪（ZWXM10：17） 5. Ⅰ式鍪（ZWXM8：51） 6. 盆（ZWXM10：15） 7. 洗（ZWXM10：16）

13.6、宽8～9、孔长6、宽2厘米（图一五，8）。

铁锄 1件。ZWXM8：32，锻造。长条形。椭圆孔，有肩，长宽扁身，宽平刃。长40.5、宽9厘米（图一五，9）。

铁削 1件。ZHM1：23，锈残。背厚，刃薄。残长6.7、宽2.3、厚0.2～0.7厘米（图一五，10）。

铁刀 1件。ZWXM8：8，环首，宽背，薄刃。长42、宽2.4厘米（图一五，11）。

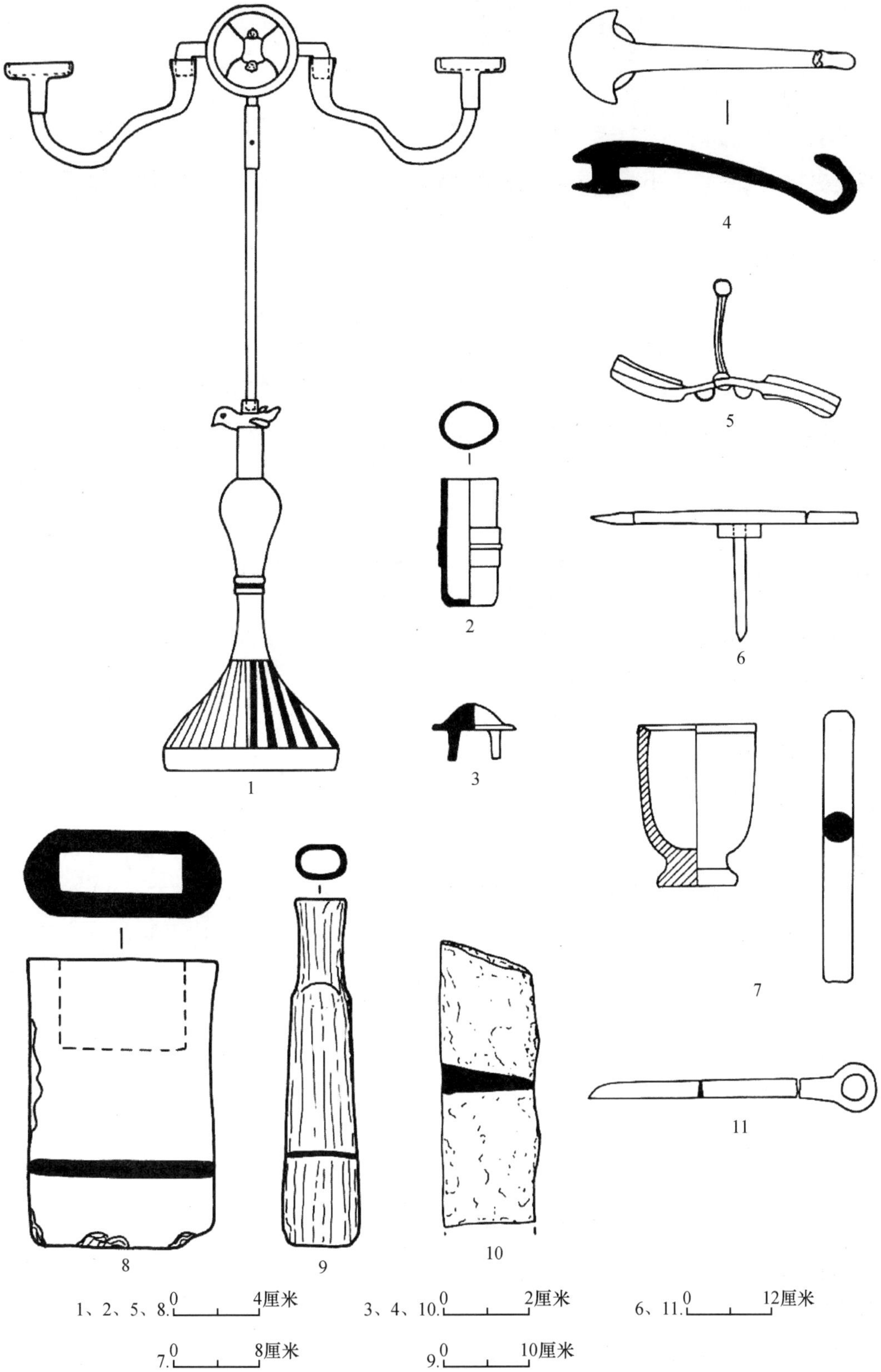

图一五　铜器、铁器

1. 铜灯（ZWXM8：6）　2. 铜镈（ZWXM8：5）　3. 铜扣（ZWXM10：3）　4. 铜带钩（ZWXM8：4）
5. 铜镳饰（ZWXM10：19）　6. 铁戟（ZWXM8：9）　7. 铁杵臼（ZWXM8：24）　8. 铁斧（ZWXM8：33）
9. 铁锄（ZWXM8：32）　10. 铁削（ZHM1：23）　11. 铁刀（ZWXM8：8）

2. 陶器

陶器共修复49件（套）。

罐 13件。分为四型。

A型 6件。灰陶。大小略有差异，形制相同。ZWXM5：15，口微敞，圆唇，广肩，折腹，平底。口径15、腹径23.4、底径15.4、高16厘米（图一六，1）。

B型 4件。分三式。

Ⅰ式：1件。ZWXM5：24，灰陶。直口，圆唇，折肩，深腹，平底。肩饰对称穿孔扁耳。口径11.8、腹径18.2、底径14.8、高21.4厘米（图一六，2）。

Ⅱ式：2件。灰陶。质硬。ZWXM5：9，口微敛，圆唇，广折肩，平底。口径8.8、腹径13.6、底径10.4、高14.8厘米（图一六，3）。

Ⅲ式：1件。ZHM10：9，泥质灰红陶。圆唇，直口微侈，溜肩，深直腹微鼓，大平底。口径12、底径14、高18.4厘米（图一六，4）。

C型 2件。ZHM10：4，泥质灰陶。轮制。直口微侈，圆唇，束颈，高领，溜肩，鼓腹，平底。素面。口径10.8、底径8.4、高11.6厘米（图一六，5）。

D型 1件。ZHM10：5，泥质灰陶。口内敛外侈，圆唇，束颈，溜肩，鼓腹弧收，平底。肩饰一周弦纹。口径10.8、底径10.5、高11.6厘米（图一六，6）。

钵 22件。分六型。

A型 6件。大小略异。均为泥质灰陶。轮制。敞口，折腹，平底。ZWXM9：9，口径13、底径5、高4厘米（图一六，7）。

B型 5件。细泥砂灰陶。轮制。形制同，大小略存区别。敞口，尖圆唇，口包沿，曲折腹，下腹斜直收，平底。ZWXM5：13，口径18、底径6、高6厘米（图一六，8）。

C型 1件。ZWXM5：7，灰陶。敞口，尖圆厚唇，口外包沿，内弧腹，折腹内弧收至小平底。口径17.8、底径5.4、高6.4厘米（图一六，9）。

D型 1件。ZWXM5：22，灰陶。敞口，尖圆厚唇内敛，曲腹折收，小平底。口径18、底径5.2、高6厘米（图一六，10）。

E型 1件。ZWXM5：25，灰陶。直口微敛，方唇，弧腹收至假圈足。口径15、底径4.2、高4.8厘米（图一六，11）。

F型 8件。灰陶。轮制。器形相同，大小有差异。敞口，圆唇，折腹不明显，近弧腹斜收，小平底。ZHM1：33，口径14.4、底径4.4、高3.8厘米（图一六，12）。

盆 1件。ZWXM6：7，灰陶。平折宽沿，圆唇，微敛口，深腹微鼓，斜弧收至平底。腹部饰三周凹弦纹。口径20、腹径9.6、底径9.4、高8.2厘米（图一六，13）。

锺 1件。ZWXM5：31，泥质红陶。盘口，颈部较长，圆鼓腹，大圈足外撇。颈、腹、足饰数周弦纹，腹饰对称变形兽面衔环铺首。有弧顶式盖，盖上有四个乳钉状纽。口径16、腹径24、底径18、通高37厘米（图一七，1）。

甑 2件。ZWXM5：49，泥质灰陶。卷沿，敞口，圆唇，弧腹斜收，平底布满梅花状圆孔。上腹饰一周凹弦纹。口径29.2、底径14、高18.4厘米（图一七，2）。

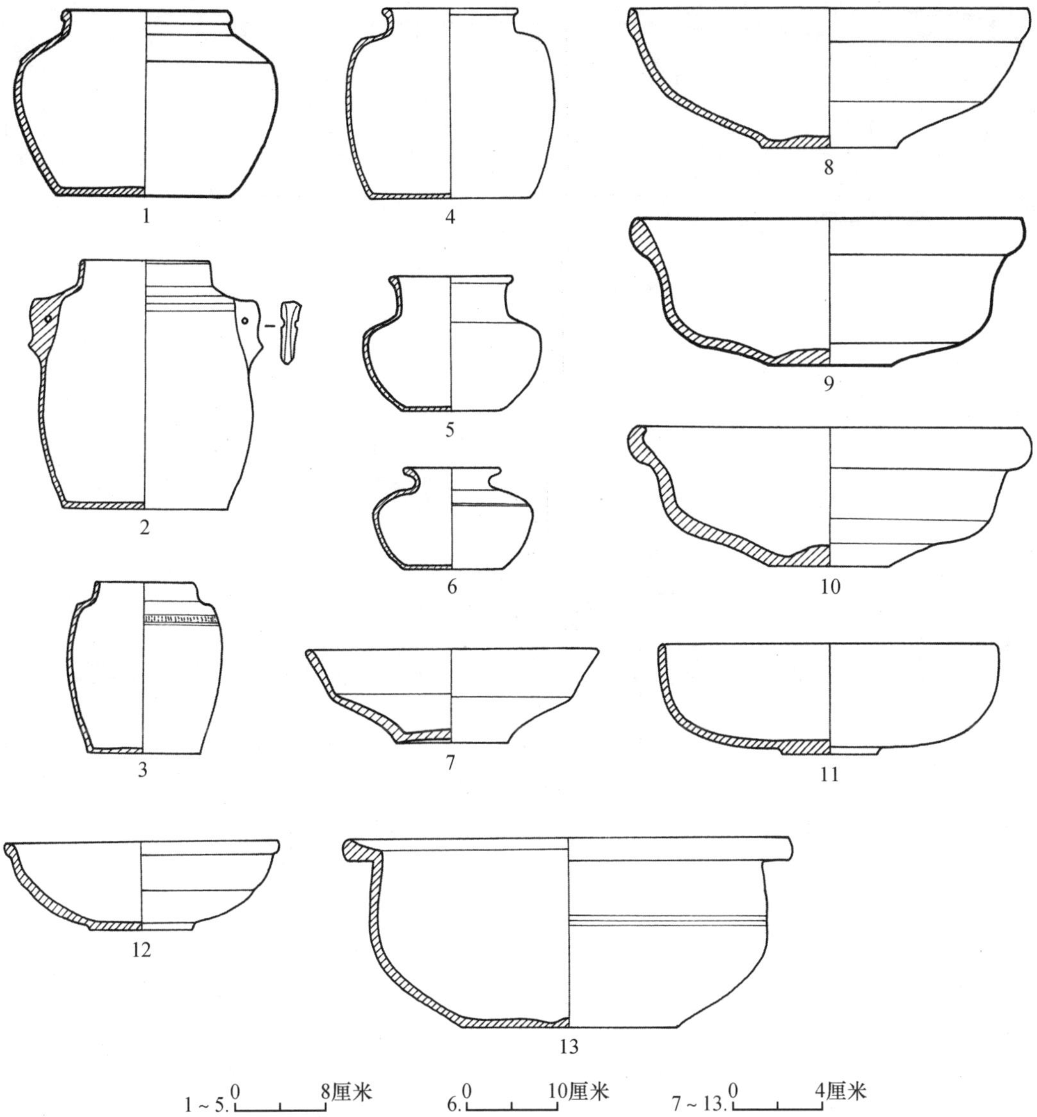

图一六　陶器

1. A型罐（ZWXM5：15）　2. B型Ⅰ式罐（ZWXM5：24）　3. B型Ⅱ式罐（ZWXM5：9）　4. B型Ⅲ式罐（ZHM10：9）　5. C型罐（ZHM10：4）　6. D型罐（ZHM10：5）　7. A型钵（ZWXM9：9）　8. B型钵（ZWXM5：13）　9. C型钵（ZWXM5：7）　10. D型钵（ZWXM5：22）　11. E型钵（ZWXM5：25）　12. F型钵（ZHM1：33）　13. 盆（ZWXM6：7）

博山炉　1件。ZWXM5：23，泥质红陶。山形盖上饰微凸起的火焰状堆纹，盖有烟缝口。灯形炉身，敛口，折腹斜收至柄，矮柱柄中空。残高16、底8.8厘米（图一七，3）。

灶　2件。泥质灰陶。式样大致相同，略有差异。ZWXM8：12，灶体呈长方形，台面置5个圆灶位，方形灶门在侧面，另一端平面置有二小圆孔烟道。长66、宽8~17、高10厘米（图一七，5）。ZWXM8：13，灶体呈长方形，五釜眼圆形灶位，侧面有5个方形灶孔与釜眼相对应。长66、高13.5厘米（图一七，4）。

摇钱树座　1件。ZWXM10：2，泥质红陶。合范模制。顶端置圆柱形插孔，三层叠卧兽，喇叭座，上饰穿结钱纹，底层卧兽似熊，插孔下压一卧状蟾蜍。宽22、高44.5厘米（图一八，1）。

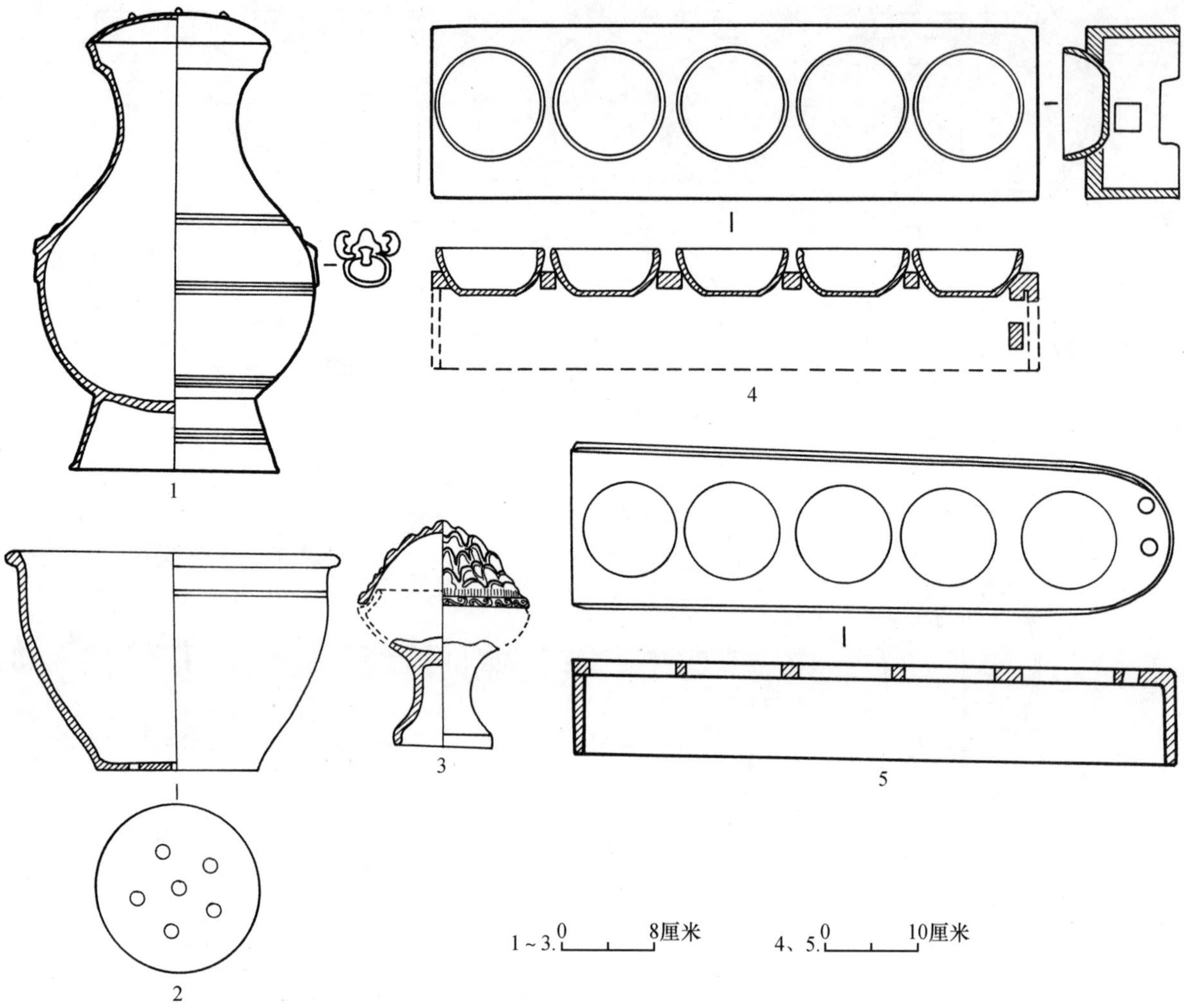

图一七　陶器

1. 锺（ZWXM5：31）　2. 甑（ZWXM5：49）　3. 博山炉（ZWXM5：23）　4、5. 灶（ZWXM8：13、ZWXM8：12）

耳杯　2件。泥制红陶。同一模制。椭圆形。敞口，方唇，弧腹，平底，假圈足。置对称弧耳，耳平口沿。ZWXM5：37，口径9.4～11.2、底径3.6～6.4、高3.4厘米（图一八，2）。

猪圈　1件。ZWXM10：7，泥质红陶。圆形猪圈，长方形围栏，圈与栏有进出门洞，围栏由花格组成。整个猪圈与栏由四蹄足托起。长36、宽15.2～17、高13厘米（图一八，4）。

屋　1件。ZWXM5：20，泥质灰陶。人字屋面，屋顶较平，前屋面有四道瓦垄，墙上有五根方形梁头，梁下端置斗拱构件，屋下端前沿设挡栏，后墙及山墙直立，空心托座。长39.2、宽11.4、高29.8厘米（图一八，5）。

井架　1件。ZWXM6：32，井亭残件。泥质红陶。顶部为两面坡式，屋脊翘起，有瓦垄，亭下置辘轳长方孔，两亭柱为空心。长15、宽6.2、高10厘米（图一八，3）。

水井　1套。ZHM1：4，泥质灰陶。模制。“井”字形。井面四角饰网状纹，圆形井口，立提水支架，配有提水罐。长25～28、厚1、通高3～11.4厘米。小罐口径3.8、腹径6.4、底径3.6、高4.8厘米（图一九）。

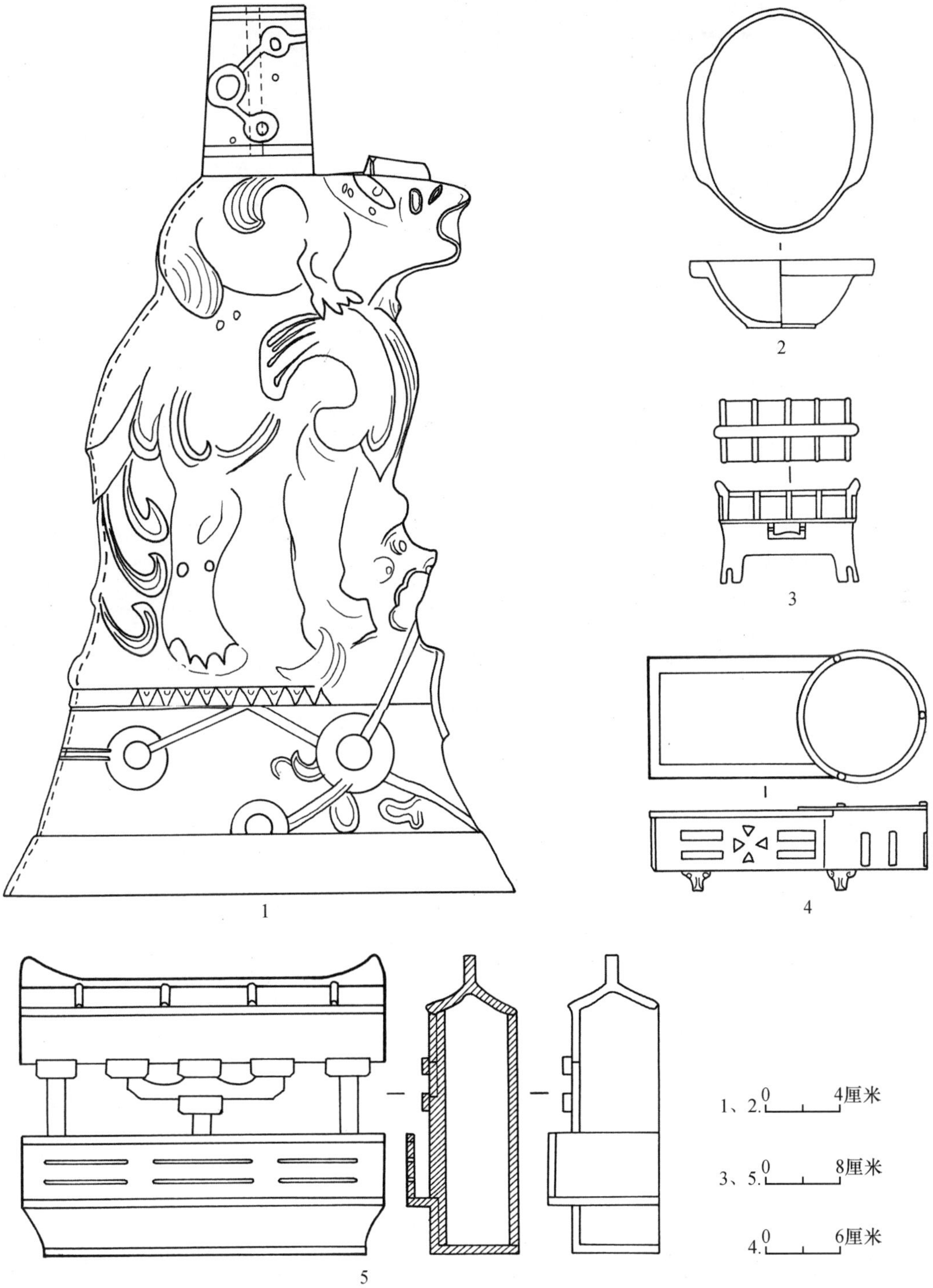

图一八　陶器

1. 摇钱树座（ZWXM10：2）　2. 耳杯（ZWXM5：37）　3. 井架（ZWXM6：32）　4. 猪圈（ZWXM10：7）　5. 屋（ZWXM5：20）

3. 陶俑

陶俑31件。泥质红陶。模制。分人物俑、动物俑，人物俑23件、动物俑8件（其中含2件绿釉陶）。

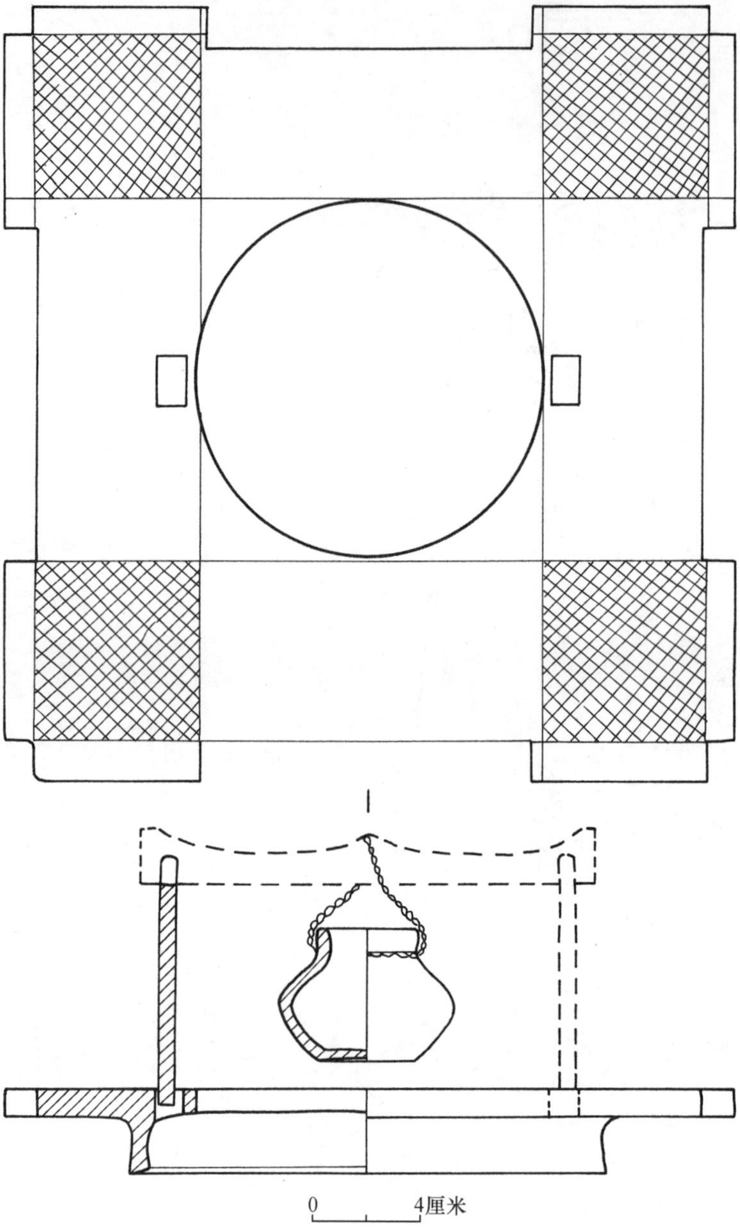

图一九　陶水井（ZHM1：4）

子母俑　1件。ZWXM5：38，银釉。左手抱一小孩抬起，右手长袖包住，提裙状，袖有百折花边。高20.2、宽8～12.4厘米（图二〇，1）。

拱手俑　13件。ZWXM5：57，头戴冠。面目清秀，高鼻。长宽袖。内穿衬衣。双手抱于胸前做拱手状。长袍撒开及地。高20.4、宽6.4～9厘米（图二〇，2）。ZWXM6：15，头戴冠。耳郭不清，面目清秀。身穿交领长袍，内穿衬衣。双手拢于胸前，做拱手状站立。宽8.8～9.2、高26厘米（图二〇，3）。ZWXM10：30，头戴圆顶冠。大眼，高鼻。身穿交领长袍，宽袖。双手拱于前胸。长袍及地，微露脚尖。宽8～8.8厘米（图二〇，4）。

跪坐俑　2件。ZWXM5：55，跪坐。宽袖。左手抬起。头戴冠。高16、宽6.6～12厘米（图二〇，5）。ZWXM5：54，头戴帽。面阔鼻高，较为清秀。双手托腮。宽袖。盘膝而坐。

图二〇 陶俑

1. 子母俑（ZWXM5：38） 2～4. 拱手俑（ZWXM5：57、ZWXM6：15、ZWXM10：30） 5、6. 跪坐俑（ZWXM5：55、ZWXM5：54） 7、9. 抚耳俑（ZWXM10：21、ZWXM5：53） 8. 吹箫俑（ZWXM10：32） 10. 抚琴俑（ZWXM6：24） 11. 武士俑（ZWXM10：31） 12. 说书俑（ZWXM10：20）

高16、宽8.8～10.6厘米（图二〇，6）。

抚耳俑 2件。ZWXM10：21，梳髻。裹巾。着三重衣。右手抚耳。宽袖。左手放于膝上。跪坐。脸微侧。宽16、底径20.4、高27.2厘米（图二〇，7）。ZWXM5：53，头戴冠，冠带垂于脑后。大嘴，高鼻。身穿交领长袍，腰束带。跪坐于垫上。内着衣。右手抬起撑于脑侧耳旁，左手抚于膝上。高16、宽8.2～11厘米（图二〇，9）。

吹箫俑 1件。ZWXM10：32，头戴圆形尖顶冠。身穿交领长袍，窄袖挽于腕部。双手持箫于胸前。跪坐。宽11.2～13.4、高22.6厘米（图二〇，8）。

抚琴俑 2件。ZWXM6：24，头戴帽。高鼻，大眼，浓眉，阔嘴。身穿交领长袍，腰束带。跪坐于地。琴置于架子和腿膝上。双手抚琴，做演奏状。底14、高22厘米（图二〇，10）。

武士俑 1件。ZWXM10：31，头戴冠。大耳，浓眉，大眼睛，高鼻，阔嘴。穿交领及膝短襟。右手收于腰抬起，手做握状，左手握剑首持于胸。长方盾牌置于左侧肘部。脚穿鞋。宽20.8～22.6、高64.6厘米（图二〇，11）。

说书俑 1件。ZWXM10：20，戴巾帻。身穿宽袖交领长袍，内穿圆领衬衣。左手抚于鼓上，右手持棒靠于胸前似在敲打。鼓置于左侧腿膝上。宽12.6、底径22.6、高30.8厘米（图二〇，12）。

狗 2件。形制基本相同。ZWXM5：43，体态肥壮。站立昂首，尖尾上翘，张嘴做吠状，两耳竖立，眼圆鼓。颈系铃，兜肚栓环。长21.6、宽11.2、高27.6厘米（图二一，1）。

猪 2件。形制基本相同。ZWXM5：42，嘴上翘，鼻眼清晰，双目外凸，耳下垂，尾巴扁平状摆向一侧，四肢粗短。体健肥硕，站立状。长23.6、宽9、高13厘米（图二一，2）。

公鸡 2件。ZWXM10：36，器表施绿釉。站立昂头，高冠尖嘴，尾羽上翘，羽翼清晰，脚掌未分。长18、高19.8厘米（图二一，3）。

子母鸡 2件。ZWXM10：35，绿釉陶。曲颈昂头，翘尾，俯卧，鸡背、双翼及前腹下卧有四只小鸡。宽10.2、高15.2、长18.4厘米（图二一，4）。

4. 铜钱

钱币出土若干枚，多为五铢，货泉出土较少。

货泉 1枚。ZWXM5：2，有郭。钱径2.4、穿径0.8厘米。王莽时期钱币（图一三，2）。

五铢 ZWXM6：1-1（图一三，3）、ZWXM6：1-2（图一三，4），圆形方穿，面无内郭，背有内郭。“五”字交笔弯曲，“金”字成箭镞形，四点交圆，“朱”字上下笔圆折，直径2.5、穿径1厘米。

5. 其他

琉璃耳珰 2件。均编为ZWXM5：1，蓝色，半透明。束腰，有对穿孔。孔径0.1、上径0.9、底径1.3、高2厘米（图二一，5）。

墓砖 分七型。均为青灰色。

A型 ZWXM5-1，此类砖侧立面均分成三方格，中部方格内饰一方孔转轮纹，两侧方格内饰几何菱形纹。长25.5、厚7.2厘米（图二二，1）。

B型 ZWXM5-2，主体为几何纹，立面饰二联菱形方格纹，格内饰菱形“回”纹。长39.5、厚9.2厘米（图二三，1）。

图二一　陶器、琉璃器

1. 陶狗（ZWXM5：43）　2. 陶猪（ZWXM5：42）　3. 陶公鸡（ZWXM10：36）　4. 陶子母鸡（ZWXM10：35）
5. 琉璃耳珰（ZWXM5：1）

C型　ZWXM5-3，主体为几何纹，二方格互联，近方格菱形纹，“回”字中部饰一凸起乳钉纹。长44、厚11.3厘米（图二三，2）。

D型　ZWXM6-2，两侧长方格饰菱形纹，中部方格饰“富贵”文字。长33、厚7.3厘米（图二二，2）。

E型　ZWXM6-1，单格菱形纹，中部大菱形格内饰三个转轮。长36.7、厚8.5厘米（图二五）。

F型　ZWXM10-1，上下四组菱形纹连接，一组菱形纹内饰突起乳钉纹，另一组为变形菱形回纹。长44.5、厚7.5厘米（图二四，1）。

G型　ZWXM10-2，长方砖，两侧长方格饰菱形纹，中部正方格饰一转轮，轮四角各饰一小乳钉纹。长39.2、厚8.3厘米（图二四，2）。

这七种类型的菱形纹砖是三峡地区东汉时期墓葬建筑的主要材料，也是判断三峡地区墓葬时代的重要材料之一。

1

2

图二二　墓砖拓片

1. A型（ZWXM5-1）　2. D型（ZWXM6-2）

1

2

图二三　墓砖拓片

1. B型（ZWXM5-2）　2. C型（ZWXM5-3）

（三）宋代墓葬

ZHM14、ZHM15为宋代墓葬。均为长方形土坑墓。墓向230°。填土松软。随葬品放置在头端。ZHM14出土2件一套塔式釉陶罐。ZHM15出土2件器物，1件釉陶碗、1枚棺钉。据两座墓出土器物分析，墓葬时代为宋代。

1

2

图二四　墓砖拓片

1. F型（ZWXM10-1）　2. G型（ZWXM10-2）

图二五　E型墓砖拓片（ZWXM6-1）

四、结　　语

新田湾与花坝两个发掘工作区实属于一个墓葬区。共发掘两汉时期墓葬23座，通过出土资料的对比与分析，可定为西汉墓的有13座，东汉墓葬有10座。

（1）西汉墓，共13座。均为长方形土坑竖穴墓。用一棺一椁下葬，墓内出土器物大致相同，墓葬分布较为集中，间距很近，当属于一个家族墓地。墓内随葬器物以陶罐为主，一部分陶罐外表通体施红衣，另有部分在器表绘有红色彩绘。铜器在这批墓中较有特色，主要显现在ZWXM3、ZWXM4墓内，有铜鼎、锺、洗、鍪、镜等，显示墓主人的特殊身份与地位。出土的ZWXM3：1Ⅰ式半两应当属于秦半两，而ZWXM4：2Ⅱ式半两、ZWXM1：2Ⅲ式半两均为文帝四铢半两，故此，可认定ZWXM1、ZWXM3、ZWXM4墓葬的年代应当属于西汉早中期。ZWXM4虽出有文帝四铢半两，但所出随葬器物显示为西汉中晚期的特点，其余墓中出土的五铢钱虽然破损，但从铭文“五”字交笔弯曲，“铢”字“金”旁较“朱”旁低的特征，我们可知其属于武帝后期致昭帝时期五铢钱，其年代为西汉中晚期。

（2）东汉墓，共10座。其中有3组共8座墓葬存在打破关系，这为较为准确判断墓葬时代早晚关系，建立了一个尺度。第一组ZWXM9平面关系打破了ZWXM10和ZWXM8，但从墓内出土随葬器物分析，三者似存在同一家族内的早晚关系，ZWXM8墓葬的年代应当在西汉晚期到王莽时代，而ZWXM10和ZWXM9则为东汉时期同一时段的早晚关系。第二组ZWXM5东汉砖室墓打破ZWXM4西汉墓，两者的时间跨度较远，应不存在直接的族缘关系。第三组ZHM1、ZHM10、ZHM11之间的打破关系，从出土器物判断ZHM1为东汉时期墓葬，ZHM10属于西汉晚期，ZHM11的下葬时间可早到西汉早中期，这3座墓的时间距离表明它们之间不存在直接的族属关系。

（3）新田湾、花坝两个发掘区内所发掘的西汉、东汉墓葬应属于同一墓地两个不同时期的墓葬。这一点从墓葬的打破关系、墓葬排列、出土器物可以得到认定。西汉墓中出土的一批铜器是其最大特点，反映出墓主人的特殊身份及地位较高。另外，墓地的重复使用应为礼制破坏所决定的。这批墓葬的发掘，为完善花灯坟墓群的时代序列补充了新的资料。

附记：参加发掘工作人员有常德市文物处王永彪，常德博物馆文智、封剑平、龙朝彬、潘智勇、马宏、谭国亮、袁辉等。

绘图：李复平　龙朝彬　马　宏

执笔：邹后曦　王永彪　封剑平

1. 地貌及周围环境

2. 地表残存的卷云纹瓦当

1. 勘探工作场景

2. 台地边缘断崖上的菱形纹砖

1. 地表残存的菱形纹砖

2. 地表残存的青花瓷器底

1. 摄影工作场景

2. 99T1009、99T1010清理工作场景

3. 发掘工作场景

1. Ⅰ区布方场景

2. Ⅰ区布方场景

99M1

1. 99M2

2. 99M2陶器出土情况

1. 遗址远景

2. Ⅰ区工作远景

奉节羊安渡遗址2001年度发掘

1. Ⅰ区T04~T06工作场景

2. Ⅰ区工作场景

1. Ⅰ区T08、T09工作场景

2. Ⅰ区T07平、剖面

1. Ⅰ区T04平、剖面及工作场景

2. Ⅰ区T01平、剖面

1. Ⅰ区T02剖面

2. Ⅰ区T06剖面

1. Ⅰ区T07平、剖面

2. Ⅰ区T06平、剖面

1. Ⅱ T02西壁剖面

2. Ⅱ T02平面及北壁剖面

3. Ⅱ T02东壁剖面

奉节羊安渡遗址2001年度发掘

1. Ⅰ区T08、T09工作场景

2. Ⅰ区T07工作场景

1. ⅠT09

2. ⅠT09西壁剖面

1. Ⅰ T09东壁剖面

2. Ⅰ T09北壁剖面

1. ⅠT09南壁剖面

2. ⅠT08西壁剖面

3. ⅡT01西壁剖面

4. ⅡT01工作场景

1. G1

2. G1

3. ⅡT02北壁剖面

奉节羊安渡遗址2001年度发掘

1. ⅡT02西壁剖面

2. ⅡT02工作场景

3. F1

4. F1

奉节羊安渡遗址2001年度发掘

1. ⅡT04北壁剖面

2. ⅡT04平、剖面

3. ⅡT01平、剖面

奉节羊安渡遗址2001年度发掘

1. 石铲（ⅡT02⑤：2）

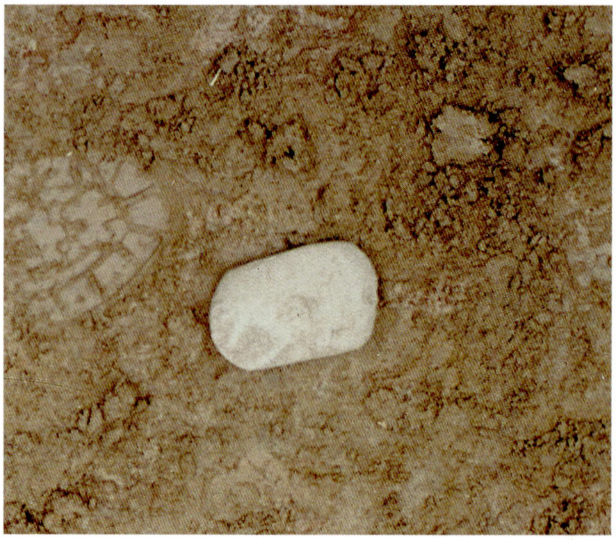
2. 石铲（G1：5）

3. 石铲（ⅡT02④：2）

4. 石铲（ⅠT08③：1）

5. 石铲（ⅠT08③：2）

6. 石铲（G1：5）

奉节羊安渡遗址2001年度发掘出土器物

1. 石铲（ⅡT02④：2）

2. 石铲（ⅡT02⑤：2）

3. 石刮削器（ⅡT02⑤：6）

4. 石刮削器（ⅡT02⑤：3）

5. 石刮削器（ⅡT01②：2）

6. 石刮削器（ⅡT01②：3）

奉节羊安渡遗址2001年度发掘出土器物

1. 石刮削器（G1：4）

2. 石刮削器（G1：1）

3. 石刮削器（ⅡT02⑤：7）

4. 石刮削器（ⅡT01②：1）

5. 石刮削器（ⅡT01②：2）

6. 石刮削器（G1：1）

奉节羊安渡遗址2001年度发掘出土器物

1. 石刮削器（ⅡT02⑤：6）

2. 石刮削器（ⅡT02⑤：3）

3. 石器（G1：3）

4. 石器（G1：2）

5. 石器（G1：3）

6. 石片石器（ⅡT01①：1）

奉节羊安渡遗址2001年度发掘出土器物

1. 石锛（ⅠT09③：1）

2. 石锛（ⅠT09③：1）

3. 石砍砸器（ⅡT01①：2）

4. 石砍砸器（ⅡT05④：1）

5. 石器（G1：2）

奉节羊安渡遗址2001年度发掘出土器物

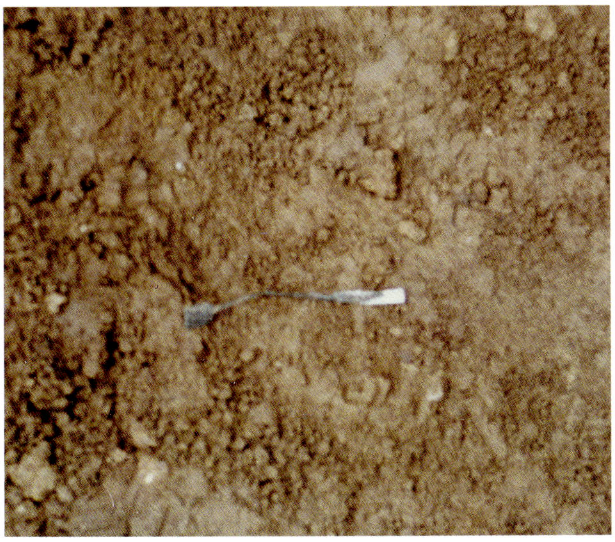

1. 铜器（ⅡT02⑤：4）

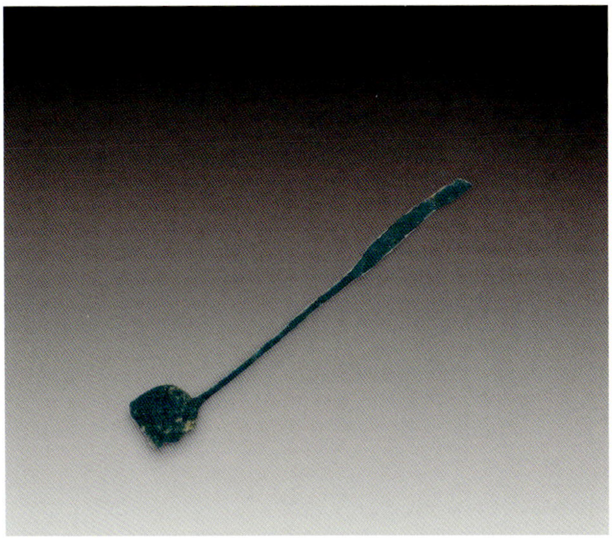

2. 铜器（ⅡT02⑤：4）

3. 铜箭头（ⅠT08③：3）

4. 铜箭头（ⅠT08③：3）

5. 铜钱（ⅠT08①：1）

6. 铜钱（ⅡT02④：1）

奉节羊安渡遗址2001年度发掘出土器物

1. 砖块（ⅡT02⑤：1）

2. 砖块（ⅡT02⑤：1）

3. 陶器盖（ⅡT02⑤：5）

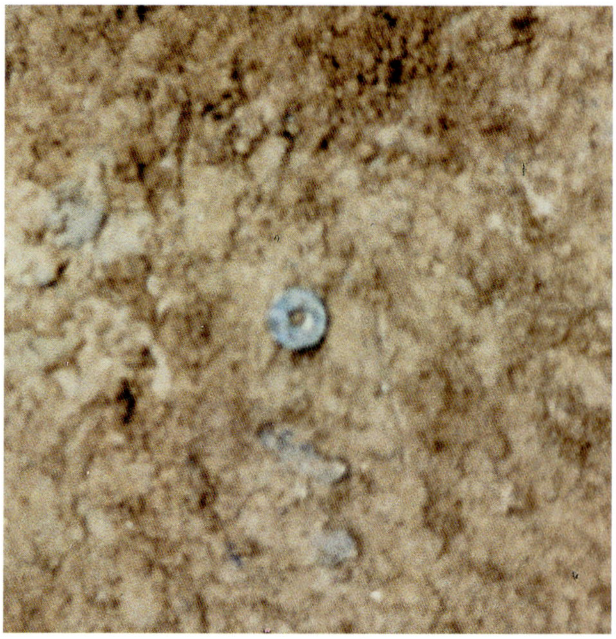

4. 铜钱（ⅡT02④：1）

奉节羊安渡遗址2001年度发掘出土器物

1. Ⅰ区全景

2. Ⅰ区T1

3. M14

万州大地嘴墓地2000年度发掘

1. M14遗物

2. Ⅰ区提取遗物

万州大地嘴墓地2000年度发掘出土器物

1. 梁上墓群发掘前地形地貌

2. 上海大学考古队队员在梁上M3边合影

1. 陶罐（M8：2）

2. Ⅰ式陶釜（M8：1）

3. 陶蒜头壶（M8：5）

4. 铜带钩（M8：7）

1. 铜印章（M8：8）

2. 铜印章印面（M8：8）

3. 铜印章印文（M8：8）

4. 陶案（M1：2）

5. 陶案足细部（M1：2）

6. A型陶釜（M4：37）

万州梁上墓群2001年度发掘出土器物

1. B型陶釜（M4：42）

2. Ⅲ式陶博山炉（M6：1）

3. 陶砚（M2：7）

4. 青瓷虎子（M2：21）

5. 陶公鸡（M4：60）

6. 陶猪（M4：61）

万州梁上墓群2001年度发掘出土器物

1. M5墓顶出露情况

2. Y1

1. 铜灯（M5：20）

2. 铜鋗（M5：15）

3. A型铜鍪（M5：5）

4. Ⅱ式陶屋（M5：42）

5. B型Ⅳ式带盖陶罐（M5：19）

6. 揭开盖后的B型Ⅳ式陶罐（M5：19）

万州银家嘴墓群2002年度发掘出土器物

1. 陶吹箫男俑（M5：55）

2. 陶猪（M5：29）

3. 陶公鸡（M5：56）

4. 陶狗（左M5：32、右M5：30）

5. 陶狗（M5：30）

6. 陶狗（M5：32）

万州银家嘴墓群2002年度发掘出土器物

1. Ⅳ式带盖陶釜（M3：14）

2. 揭开盖后的Ⅳ式陶釜（M3：14）

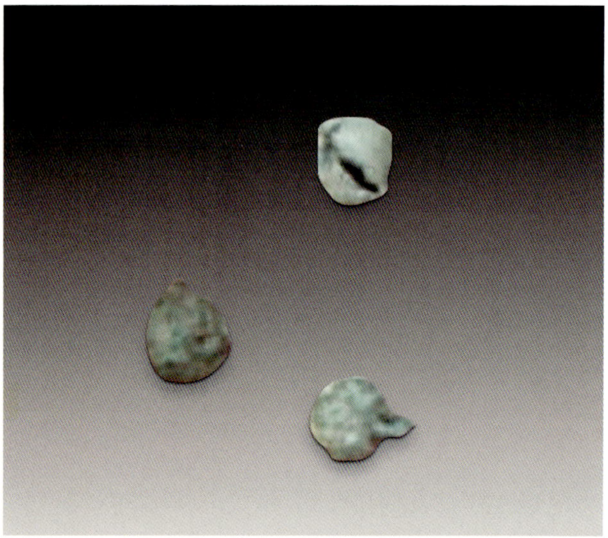

3. 铜小铃铛（M8：11）

4. 陶饼（M8：9）

5. D型陶盆（M8：6）

万州银家嘴墓群2002年度发掘出土器物

1. B型Ⅰ式陶罐（M8：7）

2. B型Ⅱ式陶罐（M8：1）

3. D型Ⅱ式陶罐（M8：8）

4. A型陶罐（M8：5）

万州银家嘴墓群2002年度发掘出土器物

1. 探方全景

2. Y2

1. M1

2. M5

万州糖坊墓群2002年度发掘

1. M6

2. M7

万州糖坊墓群2002年度发掘

1. M1：8

2. M8：8

3. M8：18

4. M5：24

5. M6：16

6. M6：23

万州糖坊墓群2002年度发掘出土瓷碗

1. M6：29

2. M6：45

3. M6：51

4. M9：1

5. M10：1

6. M10：2

万州糖坊墓群2002年度发掘出土瓷碗

1. 碗（M9：2）

2. 罐（M6：26）

3. 罐（M6：52）

4. 罐（M6：59）

5. 罐（M7：9）

6. 罐（M5：10）

万州糖坊墓群2002年度发掘出土瓷器

1. 盖盂（M6：8）

2. 罐（M6：55）

3. 罐（M5：3）

4. 鸡首壶（M5：4）

5. 盘口壶（M6：41）

6. 盘口壶（M5：12）

万州糖坊墓群2002年度发掘出土瓷器

1. 瓷鸡首壶（M6：24）

2. 瓷罐（M7：7）

3. 瓷盘口壶（M7：8）

4. 陶囤（M3：1）

5. 陶囤（M5：7）

6. 陶罐（M6：66）

万州糖坊墓群2002年度发掘出土器物

1. 瓷罐（M5：1）

2. 陶盆（M5：16）

3. 陶壶（M6：27）

4. 陶罐（M6：28）

万州糖坊墓群2002年度发掘出土器物

1. 瓷碗（M5：15）

2. 瓷盘（M10：8）

3. 陶甑（M10：16）

4. 陶器盖（M10：15）

5. 陶钵（M10：17）

6. 陶罐（M8：12）

7. 陶釜（M10：11）

万州糖坊墓群2002年度发掘出土器物

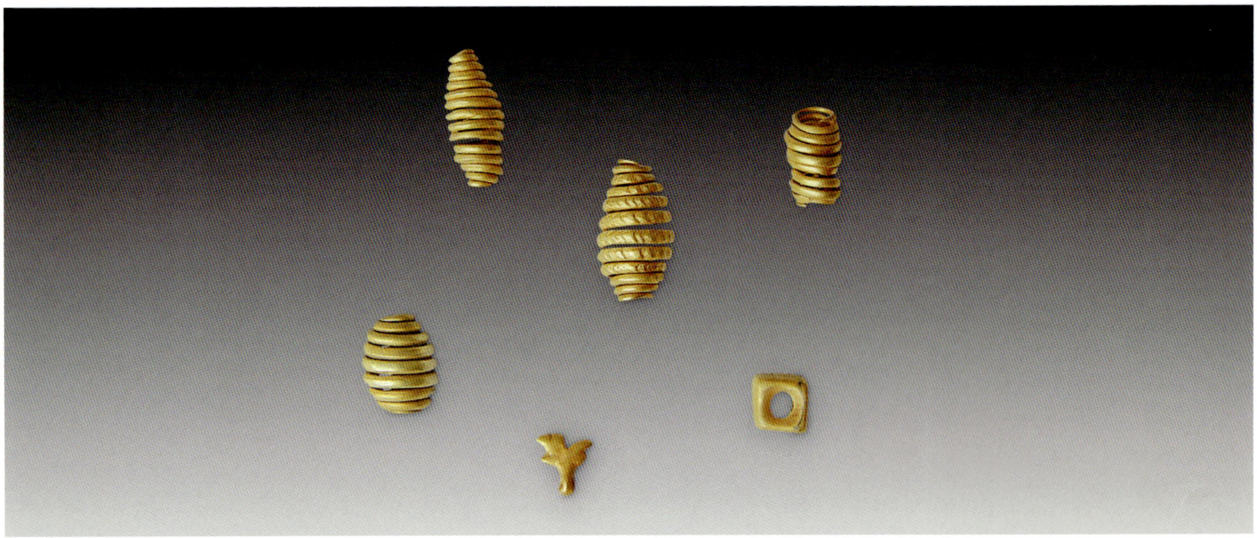

1. 金饰品（M6：1）

2. 银坠（M6：5-2）

3. 银坠（M6：5-1）

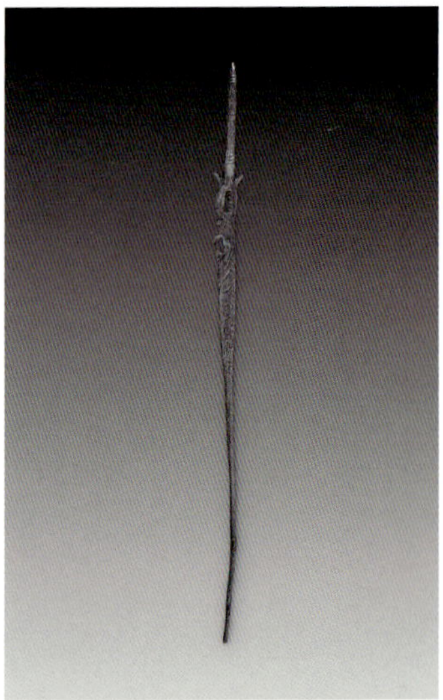

4. 银簪（M6：4）

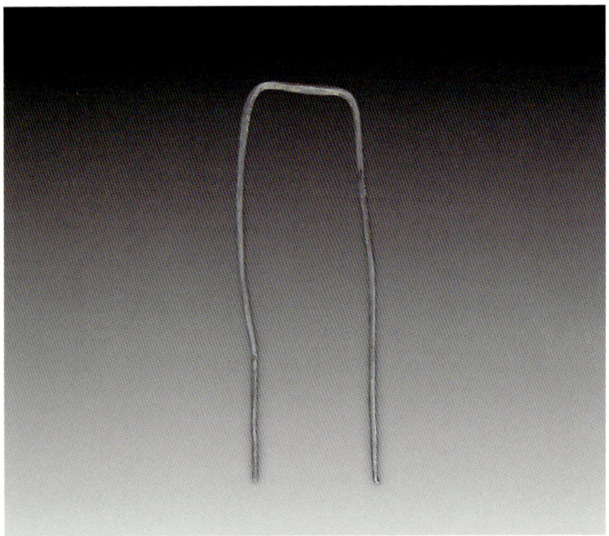

5. 银钗（M8：27）

6. 铁削（M6：67）

万州糖坊墓群2002年度发掘出土器物

1. 银蝶形饰（M1：19）

2. 银泡（M1：21）

3. 锡兽（M6：6）

4. 石黛板（M5：35）

5. 琉璃耳珰（M10：19）

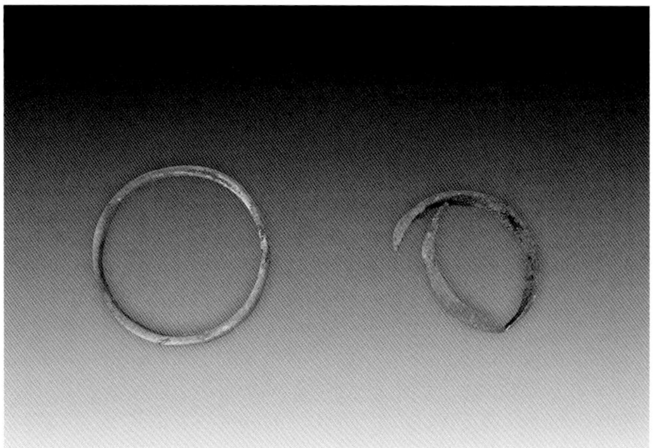
6. 银指环（M1：20）

万州糖坊墓群2002年度发掘出土器物

1. 石串饰（M1：22）

2. 石串饰（M6：2）

3. 石兽形辟邪（M2：10）

4. 铁镜（M1：6）

万州糖坊墓群2002年度发掘出土器物

1. 发掘全景

2. F2石条墙基

1. 石室墓M1

2. 鱼形石雕（T0201②：7）

3. 铜镊子（T0502H1：1）

万州陈家坝遗址2002年度发掘及出土器物

1. 松岭包墓地地势

2. 松岭包墓地地表状况

万州松岭包墓地2002年度发掘

1. M1

2. M4

万州松岭包墓地2002年度发掘

1. M3随葬情况

2. M7

万州松岭包墓地2002年度发掘

1. 红陶歌俑（M8：6）

2. 红陶抚琴俑（M8：5）

3. 红陶猪（M8：2）

4. 红陶鸡（M8：4）

5. 红陶吹奏俑（M8：9）

6. 红陶听唱俑（M1：14）

万州松岭包墓地2002年度发掘出土器物

1. 红陶抚琴俑（M1：21）

2. 红陶舞蹈俑（M8：12）

3. 红陶吹箫俑（M1：20）

4. 红陶吹箫俑侧面（M1：20）

5. 红陶跪隶俑（M1：13）

6. 红陶俑（M1：17）

万州松岭包墓地2002年度发掘出土器物

1. 红陶釜（M3：20）

2. 红陶碗（M3：33）

3. 红陶公鸡（M1：15）

4. 红陶子母鸡（M1：16）

5. 红陶猪（M1：19）

6. 红陶俑头（M8：8）

万州松岭包墓地2002年度发掘出土器物

1. 陶纺轮（M2：4）

2. 灰陶甑（M7：26）

3. 银指环（M2：12）

4. 骨珠（M2：7）

5. 红陶器盖（M7：16）

6. 灰陶钵（M7：53）

万州松岭包墓地2002年度发掘出土器物

1. 石杈（M2：30）

2. 石杈（M2：9）

3. 石杈（M2：10）

4. 石杈（M2：5）

5. 灰陶圜底罐（M4：2）

6. 灰陶圜底罐（M3：6）

万州松岭包墓地2002年度发掘出土器物

1. 灰陶平底罐（M7：33）

2. 灰陶平底罐（M3：25）

3. 釉陶尊（M3：8）

4. 灰陶釜（M7：23）

5. 灰陶圜底罐（M7：37）

6. 灰陶壶（M7：17）

万州松岭包墓地2002年度发掘出土器物

1. 釉陶尊（M3：54）

2. 红陶灯（M3：31）

3. 红陶香熏（M3：12）

4. 釉陶盒（M3：17）

5. 釉陶鼎（M3：51）

6. 釉陶鼎盖（M3：51）

万州松岭包墓地2002年度发掘出土器物

1. 红陶瓢（M3：11）

2. 釉陶壶（M3：10）

3. 铜鍪（M3：69）

4. 灰陶井（M7：13）

5. 铜盆（M3：9）

万州松岭包墓地2002年度发掘出土器物

1. 石网坠（99YMTAT2411⑧：1）

2. 汉花纹小砖（99YMTAT2511⑭：1）

3. 筒瓦（99YMTAT2511⑭：2）

4. 钱币（99YMTAT1711⑧：1）

5. 石范（99YMTAT1811⑧：1）

云阳明堂坝遗址1999年度发掘出土器物

1. 青花瓷片（99YMTAT2511⑩：1）

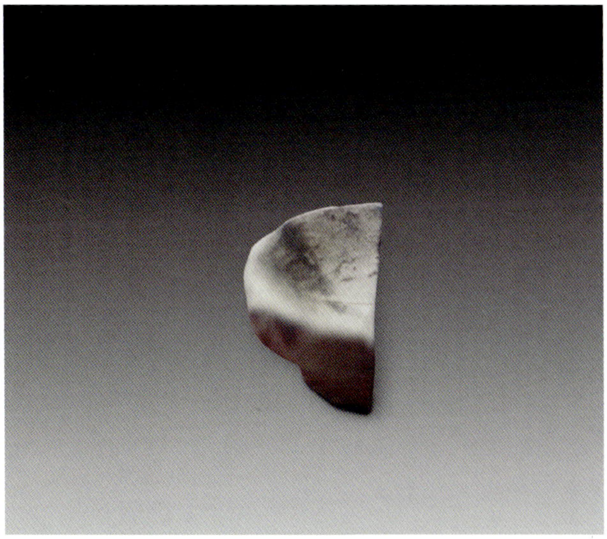

2. 釉陶小碟（99YMTAT2511⑪：1）

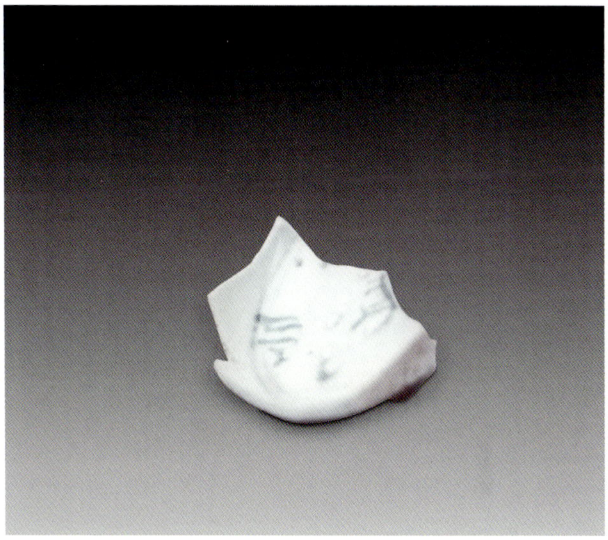

3. 白瓷残片（99YMTAT2511⑩：2）

4. 釉陶灯（99YMTAT2211⑨：1）

5. 釉陶器柄（99YMTAT2511⑪：2）

云阳明堂坝遗址1999年度发掘出土器物

1. M204

2. M204出土器物

云阳余家包遗址2000～2001年度发掘及出土器物

1. M203

2. Y1

1. M207

2. M209

云阳余家包遗址2000～2001年度发掘

1. M207出土器物

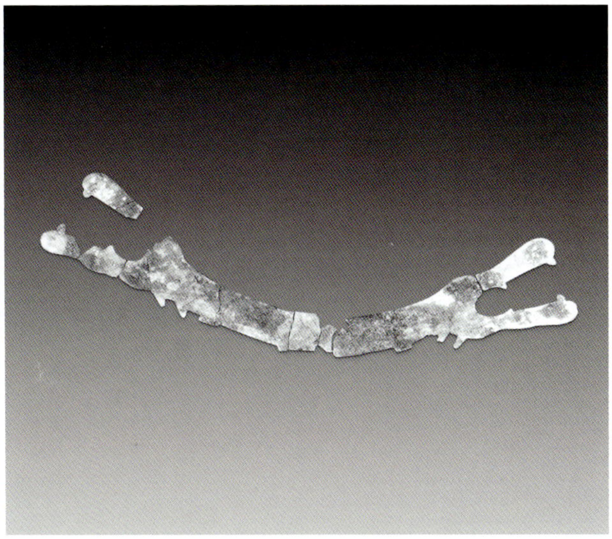

2. 铜龙形饰件（M203：38）

3. 陶鼎（M203：14）

4. 陶鼎（M204：7）

5. 瓷六系壶（M208：1）

6. 瓷钵（Y1：1）

云阳余家包遗址2000～2001年度发掘出土器物

1. M1

2. M8

云阳石家包墓群2002年度发掘

1. M5

2. M18

云阳石家包墓群2002年度发掘

1. 陶魁（M1：6）

2. 陶罐（M1：4）

3. 釉陶罐（M8：3）

4. 铜壶（M5：2）

云阳石家包墓群2002年度发掘出土器物

1. 陶俑（M5：16、M5：13、M5：14）

2. 陶鸡（M9：1）

3. 陶房（M5：10）

4. 陶罐（M18：4）

云阳石家包墓群2002年度发掘出土器物

1. H16陶尖底杯出土场景

2. H16陶尖底杯出土场景

3. 陶尖底杯（H16：4）

4. 陶尖底杯（H16：6）

忠县邓家沱遗址2001年度发掘出土器物

1. W1

2. Y1

忠县邓家沱遗址2001年度发掘

1. 石阙出土场景

2. 石阙出土场景

1. 瓷碗（T1404③：2）

2. 陶瓮（H1：1）

3. 陶折肩盆（H1：2）

4. 陶耸肩罐（H42：1）

5. 陶豆柄（H42：5）

6. 陶大口罐（W1：1）

忠县邓家沱遗址2001年度发掘出土器物

1. H57出土器物

2. H18出土器物

3. H16出土器物

4. H42出土器物

5. H42出土器物

6. H42出土器物

忠县邓家沱遗址2001年度发掘出土器物

1. M3出土器物

2. M5出土器物

3. M2出土器物

4. M4出土器物

5. 陶狗（M4：9）

忠县渔洞十一队墓地2001年度发掘出土器物

1. 遗址远景

2. 探方分布

忠县上油坊遗址2001年度发掘

1. T0601第7A层陶片堆积

2. T0603第7A层板瓦、筒瓦及瓦当残片堆积

1. H35

2. H22

忠县上油坊遗址2001年度发掘

1. H37

2. H31

忠县上油坊遗址2001年度发掘

1. H18

2. H25

忠县上油坊遗址2001年度发掘

1. 汉代窑址分布远景

2. 汉代部分窑址分布（由左至右分别是Y03、Y01、Y05及Y02）

1. Y03全景

2. Y01操作坑北壁

1. Y01第Ⅱ期操作坑、火膛及火道

2. Y01第Ⅱ期火道、火膛及操作坑

1. Y01第Ⅰ期火膛及火道

2. Y01第Ⅰ期火膛及火道

1. Y01窑室

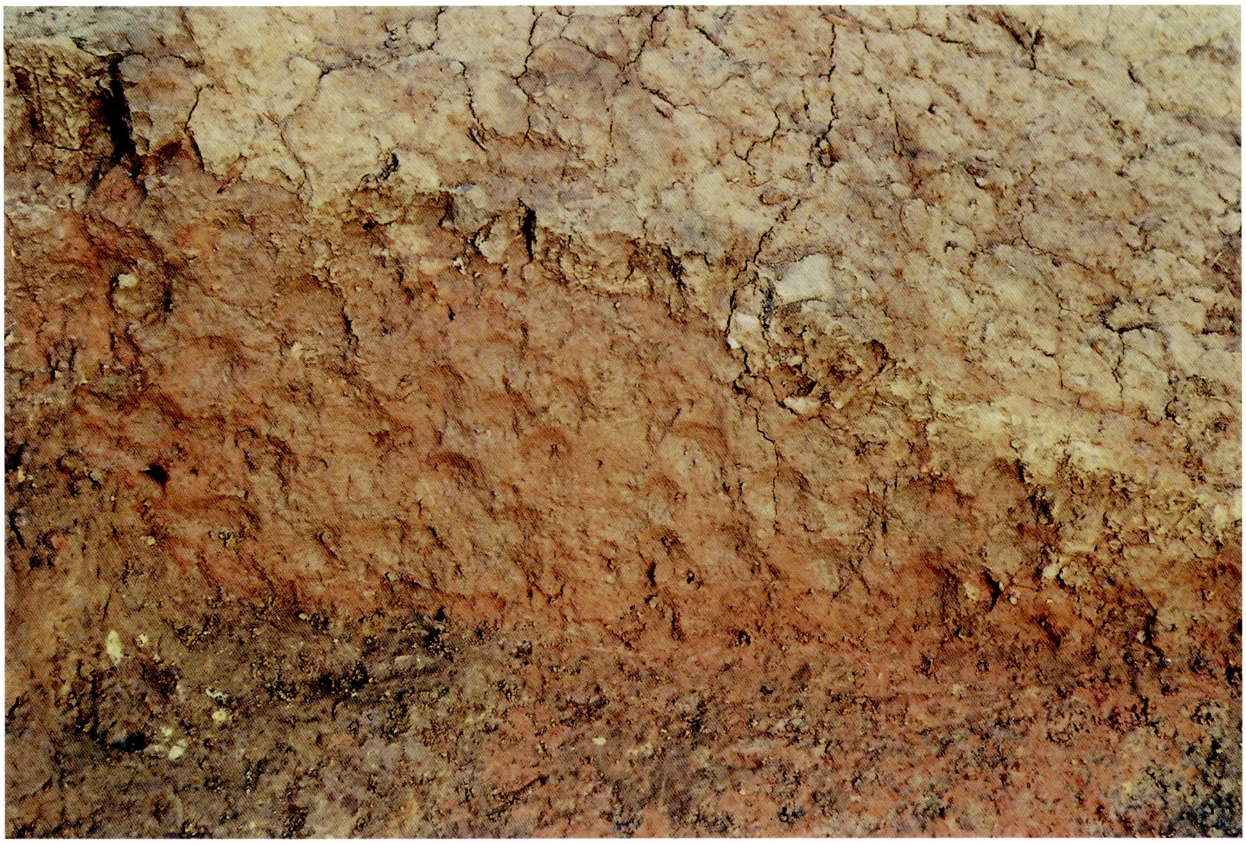
2. Y01窑室壁上的夯窝

1. Y01第Ⅱ期火膛及封门

2. Y01烟洞底部

忠县上油坊遗址2001年度发掘

1. Y02操作坑及火膛左侧石砌壁

2. Y02操作坑及火膛右侧石砌壁

1. Y02操作坑及火膛

2. Y02操作坑左侧石砌壁

1. L01（局部，位于T0502内）

2. L02（局部，位于T1011内）

1. 陶尖底杯

2. A型陶尖底杯
（T0907⑤：26）

3. A型陶尖底杯
（T0907③G：21）

4. A型陶尖底杯
（T0907⑧A：36）

1. A型陶花边口沿罐（T0907⑤：24）

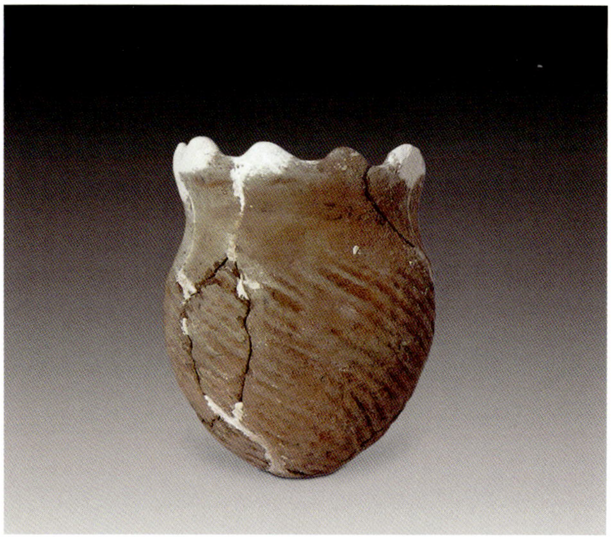

2. A型陶花边口沿罐（T0907⑤：14）

3. B型陶花边口沿罐

4. 陶罐（T1009③F：1）

5. 石斧（T0909③C：4）

6. 石斧（T1009③G：8）

忠县上油坊遗址2001年度发掘出土器物

1. 陶罐（Y05：1）

2. 陶罐（T1009③D：5）

3. 陶瓮（T0501⑦B：8）

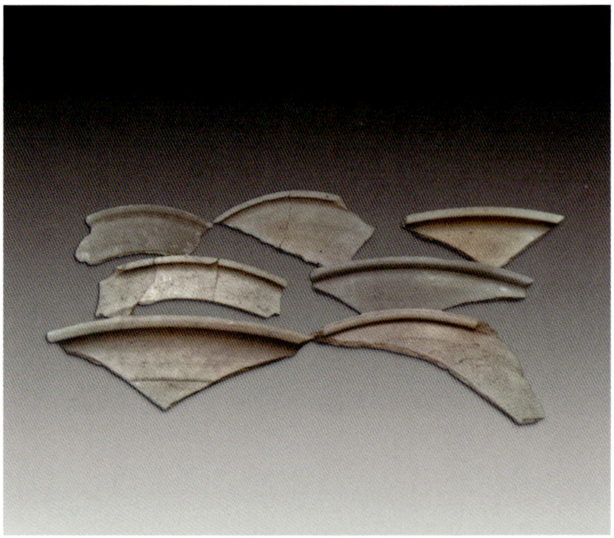

4. 陶盆口沿残片

5. F型陶盆（T0601⑥：5）

6. E型陶盆（T0601⑦B：46）

忠县上油坊遗址2001年度发掘出土器物

1. B型陶碗（T0601⑦B：65）

2. B型陶碗（T0601⑦B：41）

3. B型陶碗（T0601⑦B：61）

4. 陶盘（T0601⑦B：62）

5. 陶盘（T1108③F：4）

6. 陶瓦当（T1108③F：13）

忠县上油坊遗址2001年度发掘出土器物

1. 陶网坠

2. 陶饼、丸及串饰

3. A型陶纺轮（T0601⑦B：32）和陶饼（T1209③D：10）

4. A型陶纺轮（T0601⑦B：67）

5. “余”字刻划（T0601⑦B：66）

6. 四叶状方形戳印纹（Y02：3）

7. “五铢”戳印纹（T0501⑦B：13）

8. “五铢”戳印纹（T0602⑦A：17）

忠县上油坊遗址2001年度发掘出土器物

1. 石斧（H36：1）

2. 石斧（H26：1）

3. 石斧（H26：2）

4. 铁臿（H25：1）

5. 铜箭头（T1010③C：2）

忠县上油坊遗址2001年度发掘出土器物

1. 陶抚琴俑（M6：23）

2. 陶拱手立俑（M6：39）

3. 陶拱手立俑（M6：24）

4. 陶持物立俑（M6：38）

忠县周家坨子遗址2002年度发掘出土器物

1. 摩崖造像

2. 建筑基址

忠县石佛崖遗址2002年度发掘

1. 摩崖造像

2. 摩崖造像

1. 带盖陶仓（02ZSM1：2）

2. 陶罐（02ZSM1：3）

3. 带盖陶壶（02ZSM1：1）

4. 瓷碗（02ZSM2：1）

忠县石宝墓群2002年度发掘出土器物

1. 陶罐（02ZM3：1）

2. 瓷四系罐（02ZM3：2）

3. 瓷双系罐（02ZM3：3）

4. 瓷盏（02ZM3：5）、瓷碗（02ZM3：4、02ZM3：6）

忠县石宝墓群2002年度发掘出土器物

1. F1

2. Y2（左）、Y1（右）

3. Y3

忠县龙滩遗址2002年度发掘

1. M1~M5外景

2. M4正视

1. M8外景

2. M8墓门正视

奉节三塘崖墓群2003年度发掘

1. 陶抚琴俑（M8：23）

2. 陶击鼓俑（M8：26）

3. 瓷四系罐（M3：2）

4. 陶镇墓兽俑（M8：24）

5. 瓷四系罐（M3：4）

奉节三塘崖墓群2003年度发掘出土器物

1. 陶屋（M8：16）

2. 陶盆（M8：3）

3. 陶壶（M8：19）

4. 陶猪（M8：28）

5. 陶狗（M8：29）

奉节三塘崖墓群2003年度发掘出土器物

1. M1正视

2. M2正视

奉节口前崖墓群2003年度发掘

1. Bb型陶罐（M1：3）

2. Bc型陶罐（M1：11）

3. 陶甑（M1：8）

4. 陶盒（M1：4）

奉节口前崖墓群2003年度发掘出土器物

1. 发掘现场一角

2. T60西壁

1. M79、M80、M81之间打破关系

2. M115出土情况

1. M92出土情况

2. M92棺椁痕迹

1. M105出土情况

2. M119出土情况

万州大坪墓群2003年度发掘

1. M89、M90之间打破关系

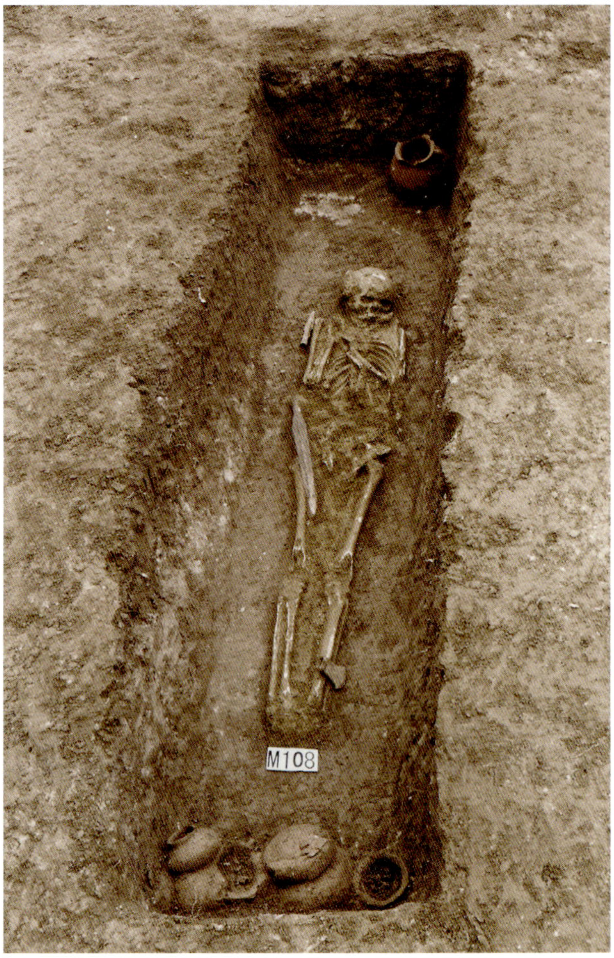

2. M108出土情况

3. M106器物出土情况

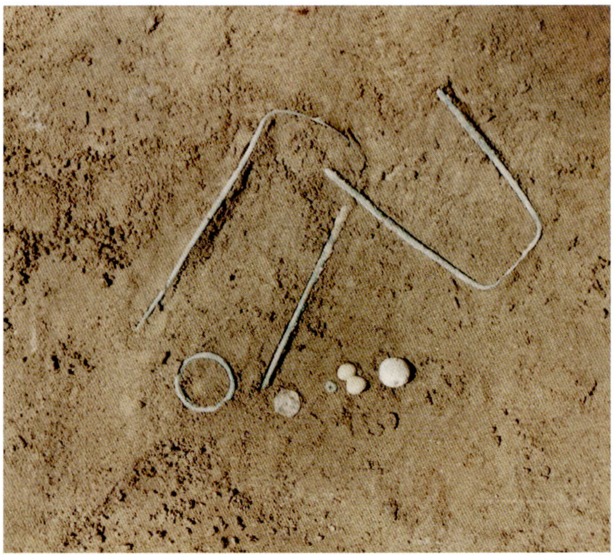

4. 器物出土情况

1. C型陶罐（M70：3）

2. Aa型Ⅱ式陶罐（M108：7）

3. Ab型Ⅲ式陶罐（M82：1）

4. Aa型Ⅲ式陶罐（M108：1）

5. B型Ⅱ式陶罐（M84：3）

6. Ⅰ式陶壶（M70：2）

7. Ⅲ式陶壶（M115：1）

万州大坪墓群2003年度发掘出土器物

1. 陶敦（M115：3）

2. 陶鼎（M115：8）

3. A型Ⅰ式陶豆（M115：2）

4. B型Ⅲ式陶豆（M84：1）

5. B型Ⅰ式陶豆（M85：3）

万州大坪墓群2003年度发掘出土器物

1. Ⅱ式铜鍪（M105：11）

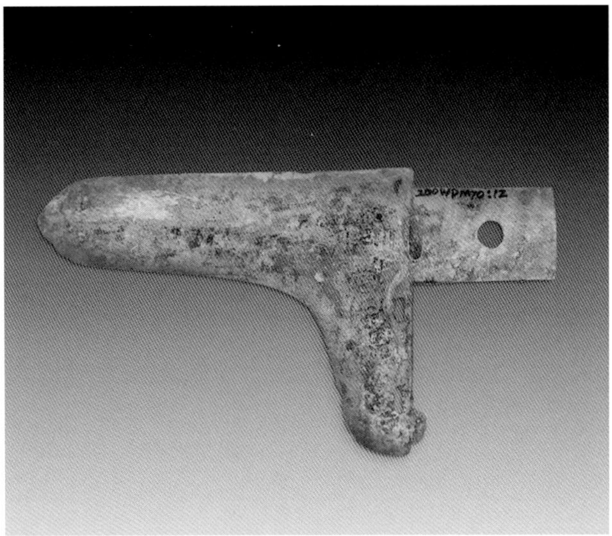

2. 铜戈（M70：12）

3. Ⅰ式铜剑（M107：1）

4. Ⅱ式铜剑（M85：17）

5. Ⅲ式铜剑（M105：9）

6. 铜勺（M70：9）

7. 铜蒜头形饰件（M70：8）

万州大坪墓群2003年度发掘出土器物

1. 铜箭镞（M85出土）

2. 铜斧（M70：4）

3. Ⅲ式铜矛（M105：7）

4. 铜凿（M70：6）

5. Ⅱ式铜矛（M70：11）

6. Ⅰ式铜矛（M92：4）

7. Ⅳ式铜矛（M108：2）

万州大坪墓群2003年度发掘出土器物

1. 铜带钩（M89：7）

2. 铜桥形饰件（M106：8）

3. 铜印章（M106：12）

4. 铜印章（M93：3）

5. 玉环（M106：11）

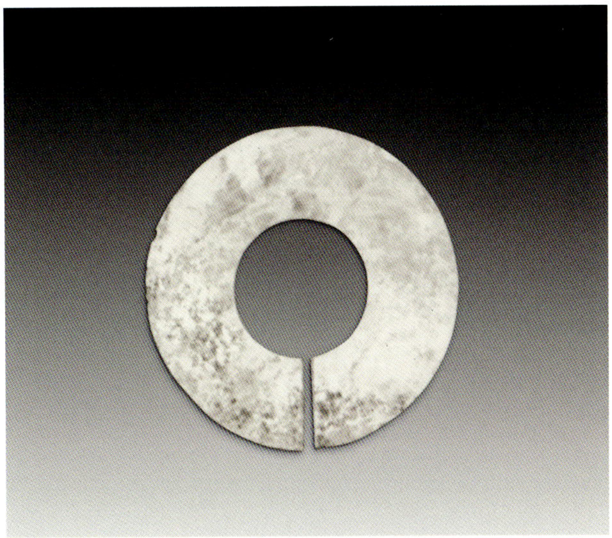
6. 玉玦（M106：33）

万州大坪墓群2003年度发掘出土器物

1. M100出土情况

2. M77出土情况

3. M97器物出土情况

4. M87墓壁石刻（鱼）

1. Ⅱ式陶罐（M100：35）

2. Ⅰ式陶罐（M97：3）

3. 陶耳杯（M103：6）

4. Ⅱ式陶壶（M87：6）

5. Ⅰ式陶壶（M113：1）

6. 陶井（M103：4）

7. Ⅰ式陶楼（M100：3）

8. Ⅱ式陶楼（M97：1）

万州大坪墓群2003年度发掘出土器物

1. A型Ⅰ式陶俑（M100：16）

2. A型Ⅱ式陶俑（M103：7）

3. B型Ⅳ式陶俑（M100：50）

4. B型Ⅳ式陶俑（M103：9）

5. B型Ⅴ式陶俑（M100：66）

6. B型Ⅶ式陶俑（M100：58）

7. B型Ⅱ式陶俑（M100：51）

万州大坪墓群2003年度发掘出土器物

1. 陶羊（M100：42）

2. 陶狗（M104：13）

3. 陶镇墓兽（M100：3）

4. 陶子母鸡（M103：23）

5. 陶猪（M104：14）

6. 铜镜（M79：1）

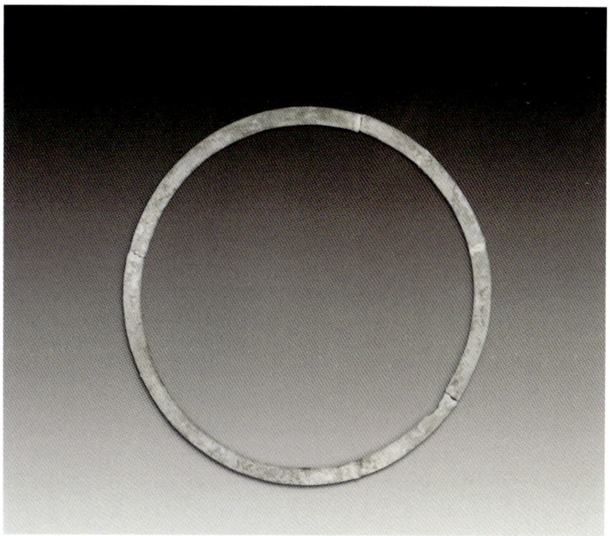

7. 铜环（M100：22）

万州大坪墓群2003年度发掘出土器物

1. Ⅲ式青瓷盘口壶（M114：19）

2. Ⅰ式青瓷盘口壶（M111：11）

3. Ⅱ式青瓷碗（M78：1）

4. Ⅲ式青瓷碗（M114：22）

5. Ⅰ式青瓷碗（M94：1）

6. 铁刀（M112：12）

万州大坪墓群2003年度发掘出土器物

1. M1

2. M2

万州陈家坝墓群2003年度发掘

1. M3

2. 青瓷碗（M2：2）

3. 陶罐（M3：1）

万州陈家坝墓群2003年度发掘及出土器物

1. 巫山古城遗址（人民医院）全景

2. 巫山古城遗址（人民医院）发掘工作照

1. 陶支座（T8⑤：3）

2. 骨梭（M101：14）

3. 石人（M81：3）

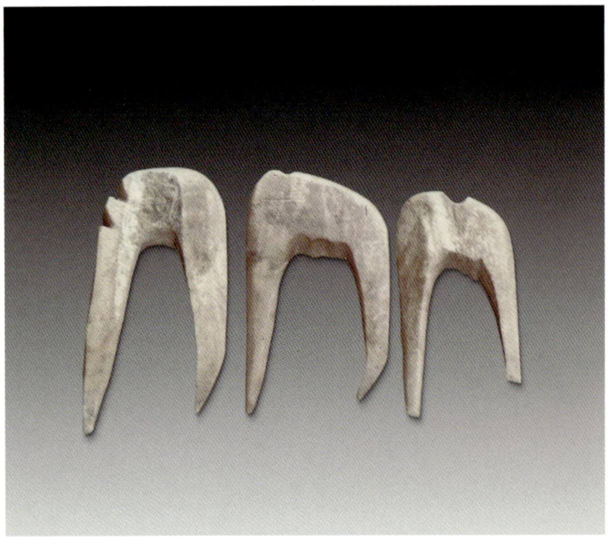

4. 骨器（M111：7）

5. 石龟（M76：2）

巫山古城遗址（人民医院）2003年度发掘出土器物

1. 石支座（T2⑥：7）

2. 红陶盘（M47：2）

3. 陶平底钵（M21：3）

4. 穿孔石铲（M56：16）

巫山古城遗址（人民医院）2003年度发掘出土器物

1. 墓地环境

2. 一区发掘现场

3. M5器物出土情况

巫山平安墓地2003年度发掘

1. 铜鍪（M5：9）

2. 陶筒形罐（M6：5）

3. 陶灶（M5：19）

4. 铜盆（M5：2）

5. 陶壶（M5：1）

6. 陶高领罐（M4：1）

巫山平安墓地2003年度发掘出土器物

1. ⅢM3、ⅢM7墓圹

2. ⅢM5墓室

1. ⅢM9墓室

2. ⅢM1

1. 釉陶盖钵（ⅢM17：16）

2. 釉陶兽形器足（ⅢM16：5）

3. 陶文吏俑（ⅢM17：2）

4. 陶女侍俑（ⅢM17：1）

5. 陶男坐俑（ⅢM17：10）

巫山上西坪古墓地2002～2003年度发掘出土器物

1. 陶灶（ⅢM7：2）

2. 铜铃（ⅢM5：3）

3. 铭文砖

4. 鎏金铜牌饰（ⅣM6）

5. 铜案几镶边（ⅢM7）

6. 青瓷四系罐（ⅣM5：1）

巫山上西坪古墓地2002～2003年度发掘出土器物

1. 遗址发掘前状况

2. 布方场景

3. 03ZD Ⅰ W2

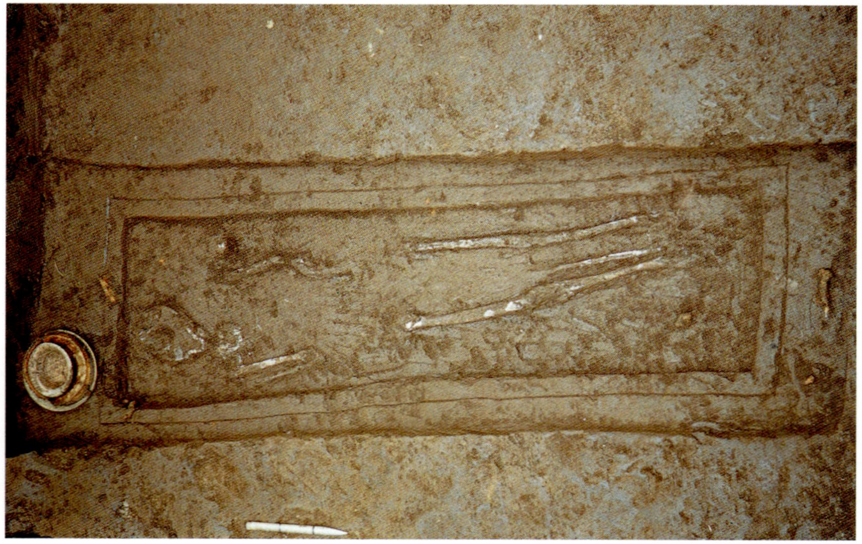

4. 03ZD Ⅰ M3

忠县邓家沱遗址2003年度发掘

1. 船形杯（03ZDⅣT1110④B：1）

2. 船形杯（03ZDⅣT1110④B：2）

3. 深腹盆（03ZDⅠW2：1）

4. 瓮（03ZDⅠW2：2）

忠县邓家沱遗址2003年度发掘出土陶器

1. 石阙出土情景

2. 石阙出土情景

3. 石阙基座

4. 枋子层正面（左阙）

忠县邓家沱遗址2003年度发掘出土器物

1. 左阙斗石正面

2. 左阙阙顶

3. 石阙上的天鹿

4. 石阙上的凤凰

5. 石阙上的神人戏龙图

6. 石阙上的神人托月图

1. 石阙上的天禄

2. 石阙上的三足乌

3. 石阙上的角神

4. 左阙阙身及铭文

忠县邓家沱遗址2003年度发掘出土器物

1. 西Ⅶ区地貌

2. 西Ⅷ区地貌

1. M1

2. M2

3. M2随葬器物

丰都大湾墓群2003年度发掘

1. M4

2. M5

1. M6

2. M7

1. M8

2. M12

丰都大湾墓群2003年度发掘

1. 陶塘（M5：1）

2. 陶井台（M7：11）

3. 陶勺（M7：4）

4. 陶案（M2：7）

5. 瓷壶（M13：10）

丰都大湾墓群2003年度发掘出土器物

1. 陶俑头（M4：1）

2. 陶吹埙俑（M2：4）

3. 陶立侍俑（M11：1）

4. 陶扶耳俑（M2：3）

5. 陶立侍俑（M6：3）

6. 陶立侍俑（M6：1）

丰都大湾墓群2003年度发掘出土器物

1. 陶博山炉盖（M7：9）

2. 陶博山炉（M2：1）

3. 陶公鸡（M7：2）

4. 陶子母鸡（M7：6）

5. 铜鱼（M11：2）

6. 陶狗（M7：3）

丰都大湾墓群2003年度发掘出土器物

1. 陶罐（M7：10）

2. 陶直筒罐（M6：7）

3. 陶罐（M7：1）

4. 陶钵（M7：5）

5. 陶罐（M5：2）

6. 陶罐（M2：6）

丰都大湾墓群2003年度发掘出土器物

1. 陶钵（M6：5）

2. 陶钵（M8：1）

3. 陶罐（M6：2）

4. 陶杯（M7：7）

5. 陶灯（M2：5）

6. 陶甑（M13：8）

丰都大湾墓群2003年度发掘出土器物

1. 陶釜（M10：1）

2. 陶釜（M12：1）

3. 瓷碗（M4：2）

4. 瓷碗（M13：1）

5. 瓷碗（M13：2）

6. 瓷碗（M1：1）

丰都大湾墓群2003年度发掘出土器物

1. 槽房沟墓地全景

2. M1

丰都槽房沟墓地2003年度发掘

1. M2

2. M3

丰都槽房沟墓地2003年度发掘

1. 陶俑（M10：3）

2. 陶俑（M10：2）

3. 陶俑（M11：2）

4. 陶俑（M5：4）

5. 陶俑（M10：1）

6. 陶俑（M4：2）

丰都槽房沟墓地2003年度发掘出土器物

1. 陶俑（M5：5）

2. 陶俑（M5：7）

3. 陶俑（M5：3）

4. 陶俑（M4：8）

5. 陶俑（M5：13）

6. 陶俑（M5：11）

丰都槽房沟墓地2003年度发掘出土器物

1. 陶俑（M12：1）

2. 陶俑（M4：5）

3. 陶俑（M4：6）

4. 陶俑（M4：4）

5. 陶俑（M10：4）

6. 陶俑（M4：3）

丰都槽房沟墓地2003年度发掘出土器物

1. 陶俑（M3：15）

2. 陶俑（M3：39）

3. 陶俑（M2：7）

4. 陶俑（M3：17）

5. 陶俑（M2：29）

6. 陶俑（M3：52）

丰都槽房沟墓地2003年度发掘出土器物

1. 铜壶（M3：2）

2. 陶俑（M1：10）

3. 六系小口青瓷罐（M2：4）

4. 鸡首瓷壶（M2：22）

5. 陶鸡（M11：1）

6. 陶壶（M1：5）

丰都槽房沟墓地2003年度发掘出土器物

1. 陶马（M5：2）

2. 陶马（M5：1）

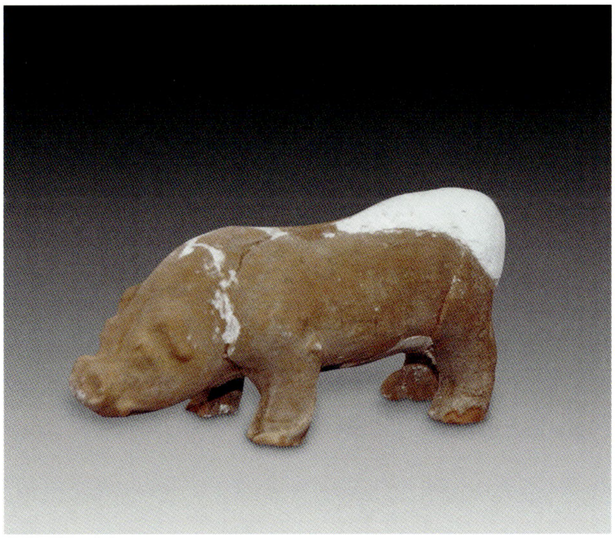

3. 陶猪（M10：10）

4. 陶公鸡（M4：1）

5. 陶鸡（M2：6）

丰都槽房沟墓地2003年度发掘出土器物

1. 陶猪（M1：22）

2. 陶房（M2：2）

3. 瓷钵（M2：15）

4. 瓷碗（M2：10）

5. 铁刀（M1：28）

丰都槽房沟墓地2003年度发掘出土器物

1. 铜鍪（M1：1）

2. 铜盒（M3：5）

3. 铜葫芦形器（M3：9）

4. 铜饰（M3：7）

5. 铜盆（M3：1）

丰都槽房沟墓地2003年度发掘出土器物

1. Ⅰ区部分探方

2. Ⅱ区部分探方

1. Ⅰ区G1

2. Ⅰ区H1

1. 明清青花瓷盘（ⅠT0201G1：2）

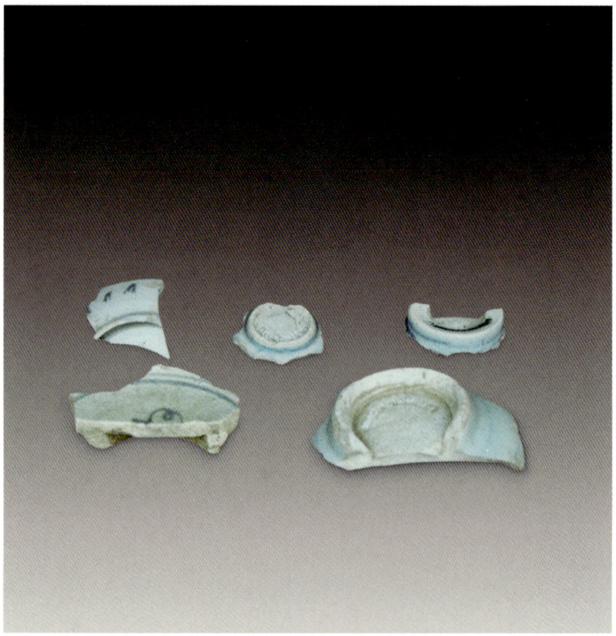

2. 明清青花瓷碗底

3. 明清釉陶罐口沿（ⅠT0201③：1）

4. 明清陶擂钵（ⅠT0203④：1）

丰都麻柳嘴遗址2003～2004年度发掘出土器物

1. 明清陶滴水（ⅠT0101③：2、ⅠT0207③：1）

2. 明清陶网坠（ⅠT0205③：1）

3. 唐代釉陶碗（ⅠT0105⑧：1）

4. 唐代陶碗（ⅠH1：1）

丰都麻柳嘴遗址2003～2004年度发掘出土器物

1. M7券顶结构（细部）

2. M7墓室保存状况和随葬品

1. 魁（M3：10）

2. 直腹罐（M3：11）

3. 鼓腹罐（M3：12）

4. 子母鸡（M3：14）

5. B型钵（M3：8）

6. A型钵（M3：16）

万州大湾墓群2003年度发掘出土陶器

1. A型Ⅱ式陶罐（M6：41）

2. 釉陶熏炉（M3：9）

3. 铜洗（M6：48）

4. 陶盆（M3：17）

5. 石砚（M3：20、M3：21）

6. 陶俑（M3：2）

万州大湾墓群2003年度发掘出土器物

1. 瓷盘口壶（M2：16）

2. A型瓷碗（M2：15）

3. 串珠（M2）

4. A型瓷四系盘口壶（M2：5）

5. C型瓷碗（M2：7）

6. B型瓷碗（M4：6）

万州大湾墓群2003年度发掘出土器物

1. B型四系盘口壶（M2：17）

2. 鸡首壶（M4：1）

3. A型四系盘口壶（M2：8）

4. A型碟（M2：21）

万州大湾墓群2003年度发掘出土瓷器

1. 遗址全貌

2. 工作场景

万州瓦子坪遗址2003年度发掘

1. M5

2. M5随葬品

1. M4

2. M6

3. M7

1. M8墓室破坏情况、券顶（甬道）

2. M8墓室及甬道随葬品（前为封门砖）

1. 鸡首壶（M8：15）

2. 盘口壶（M4：3）

3. 鸡首壶（M8：8）

4. 盘口壶（M8：9）

5. 盘口壶（M5：24）

6. 盘口壶（M5：11）

万州瓦子坪遗址2003年度发掘出土瓷器

1. 鸡首壶（M5：27）

2. 盘口壶（M6：14）

3. 盘口壶（M7：4）

4. 盘口壶（M5：5）

5. 盖罐（M8：36）

6. 罐（M6：13）

万州瓦子坪遗址2003年度发掘出土瓷器

1. 罐（M8：35）

2. 罐（M8：11）

3. 罐（M5：9）

4. 罐（M7：13）

5. 罐（M5：2）

6. 罐（M7：11）

万州瓦子坪遗址2003年度发掘出土瓷器

1. 盖罐（M4：1）

2. 盖罐（M8：12）

3. 龙首碗（M5：8）

4. 碗（M5：22）

5. 碗（M8：3）

6. 碗（M7：8）

万州瓦子坪遗址2003年度发掘出土瓷器

1. 瓷碗（M4：9）

2. 瓷碗（M6：6）

3. 瓷碗（M5：32）

4. 陶甑（M5：37）

5. 瓷盘（M6：7）

6. 瓷盘（M5：15）

7. 瓷三足盘（M5：4）

万州瓦子坪遗址2003年度发掘出土器物

1. 瓷熏炉（M5：38）

2. 陶釜（M6：3）

3. 陶盆（M6：4）

4. 瓷盆（M8：5）

5. 瓷三足盘（M7：12）

6. 瓷器盖（M7：22）

7. 瓷碗盏（M5：14）

万州瓦子坪遗址2003年度发掘出土器物

1. M3墓室南壁鹿纹

2. M3墓室南壁鱼龙纹

3. M3墓室北壁龙纹

4. M3墓室东壁花卉纹

万州瓦子坪遗址2003年度发掘

1. 墓地全景

2. M126棺椁痕迹

3. M126器物出土情形

1. M127器物出土情形

2. M129器物出土情形

1. M138器物出土情形

2. M124器物出土情形

1. 罐（M123：4）

2. 罐（M128：2）

3. 罐（M129：6）

4. 豆（M136：16）

5. 鬲（M124：4）

万州大坪墓群2003年度第二次发掘出土陶器

1. 釜甑（M136：4）

2. 提梁壶（M126：6）

3. 小刀（M136：6）

4. 鍪（M136：1）

5. 铃（M136：19）

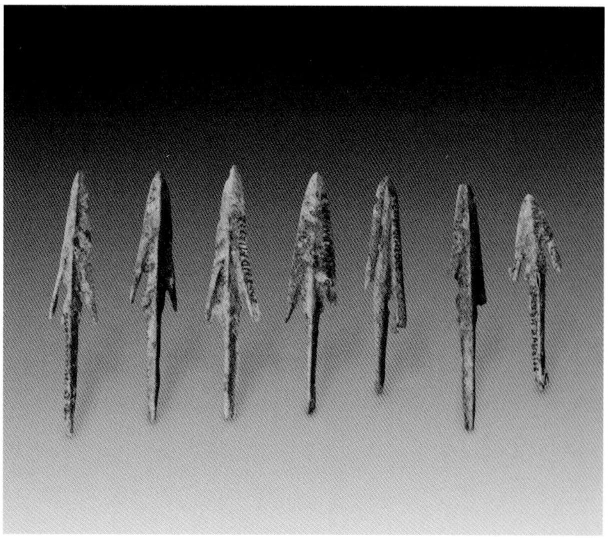

6. 箭镞（M127）

7. 环首刀（M126：3）

8. 勺（M136：3）

万州大坪墓群2003年度第二次发掘出土铜器

1. 铜剑（M136：7）

4. 铜钺（M136：8）

2. 铜剑（M126：4）

3. 铜矛（M126：1）

5. 铜钺（M127：1）

6. 铜斤（M126：5）

7. 铜镯（M128：3）

10. 铜链条带钩挂饰件（M136：18）

8. 玉玦（M136：13）

9. 玉玦（M136：10）

万州大坪墓群2003年度第二次发掘出土器物

1. 陶罐（M134：6）

2. 铁环首刀（M143：18）

3. 铁戟（M143：12）

4. 陶甑（M130：3）
铜釜（M130：2）
铁支架（M130：1）

5. 釉陶壶（M139：1）

6. 铜带钩（M121：4）

万州大坪墓群2003年度第二次发掘出土器物

1. 吹箫俑（M132：29）

2. 击鼓俑（M132：30）

3. 跪坐俑（M132：28）

万州大坪墓群2003年度第二次发掘出土陶俑

1. 孝子溪遗址全貌

2. 砾石砍砸器（T3③：2）

3. 石锛（T4③：1）

1. 东坝遗址外景

2. Ⅰ区部分探方

1. ⅠF1

2. ⅠH5

3. ⅠG1

巫山东坝遗址2003年度发掘

1. Ⅰ式铜镞（ⅠT3234⑤：1）

2. B型铜镞（ⅠT3246⑥：6）

3. Ⅱ式铜镞（ⅠT3344⑤：1）

4. 铁削刀（ⅠT3445⑤：1）

5. 铜环（ⅡH5：4）

6. 铁锸（ⅠT3444⑤：2）

7. Ⅱ式铁斧（ⅠT3345⑤：9）

巫山东坝遗址2003年度发掘出土器物

1. 石凿（ⅠT3345⑤：7）

2. Ⅱ式石斧（ⅠT3146③：7）

3. 影青瓷碗（ⅠT3446④：1）

4. Ⅰ式石斧（ⅠT3144⑤：1）、陶纺轮（ⅠT3443③：1）

5. 青花瓷杯（ⅡH4：1）

6. B型灰白瓷碗（ⅠG1：1）

巫山东坝遗址2003年度发掘出土器物

1. A型灰白瓷碗（ⅠG1：2）

2. B型青花瓷碗（ⅡT1215③：1）

3. 乳白瓷杯（ⅡT1214③：3）

4. B型青花瓷杯（ⅡT1315③：1）

5. A型Ⅰ式青花瓷碗（ⅡH5：3）

6. A型Ⅱ式青花瓷碗（ⅡH6：1）

巫山东坝遗址2003年度发掘出土瓷器

1. M24

2. M25

云阳石家包墓群2003年度发掘

1. M30

2. M31

1. M35

2. M29、M28位置关系

3. M28~M31位置关系

1. 陶罐（M28：4）

2. 陶壶（M26：C2）

3. 陶罐（M40：1）

4. 釉陶壶（M25：11）

5. 陶鸡（M29：3）

6. 铜釜（M39：2）

云阳石家包墓群2003年度发掘出土器物

1. 塘坊墓地全景

2. M2

云阳塘坊墓地2004年度发掘

1. M8

2. M14

云阳塘坊墓地2004年度发掘

1. 釉陶壶（M12：21）

2. 鎏金铜带钩（M12：4）

3. 陶罐（M2：20）

4. 陶镇墓兽（M10：26）

5. 青瓷鸡首壶（M2：13）

云阳塘坊墓地2004年度发掘出土器物

1. Y2窑室

2. Y2烟道

1. F1

2. F1柱洞D1

3. F1柱洞D5

忠县上油坊遗址2003年度发掘

(K-3178.01)

ISBN 978-7-03-063317-0

9 787030 633170 >

定价：2860.00元（全五册）